DIE BIBEL

Einheitsübersetzung
der Heiligen Schrift

DIE BIBEL

Einheitsübersetzung der Heiligen Schrift

Gesamtausgabe

Psalmen und Neues Testament
Ökumenischer Text

Verlag Katholisches Bibelwerk GmbH

Herausgegeben im Auftrag
der Bischöfe Deutschlands,
Österreichs,
der Schweiz,
des Bischofs von Lüttich,
des Bischofs von Bozen-Brixen

Für die Psalmen und das Neue Testament auch
im Auftrag
des Rates der Evangelischen Kirche
in Deutschland
und der Deutschen Bibelgesellschaft

In neuer Rechtschreibung

Die Deutsche Bibliothek – CIP-Einheitsaufnahme

Ein Titeldatensatz für diese Publikation ist
bei Der Deutschen Bibliothek erhältlich.

Lizenzausgabe der Katholischen Bibelanstalt, Stuttgart
Einheitsübersetzung der Heiligen Schrift

ISBN 3-460-32004-4 (mittelalterliche Buchkunst)
ISBN 3-460-32005-2 (Marc Chagall)
ISBN 3-460-32006-0 (Heiliges Land)
ISBN 3-460-32007-9 (Rembrandt van Rijn)
ISBN 3-460-32008-7 (Moderne)
ISBN 3-460-32014-1 (Niederländ. Maler)
ISBN 3-460-32015-X (Renaissance)
ISBN 3-460-32016-8
ISBN 3-460-32017-6
ISBN 3-460-33009-0 (Franz Marc)
ISBN 3-460-33010-4 (Jugendbibel)

Druck: Clausen & Bosse, Leck

Inhaltsverzeichnis

An die Leser dieser Ausgabe

»Der Mensch lebt nicht nur von Brot, sondern von jedem Wort, das aus Gottes Mund kommt« (Mt 4,4).

Diese Aussage Jesu im Kampf gegen den Versucher, die er dem Alten Testament entnimmt (vgl. Dtn 8,3), weist auf die bleibende Bedeutung des Wortes Gottes für die Menschen aller Völker und Zeiten hin.

Schon vor dem Zweiten Vatikanischen Konzil fassten die deutschen katholischen Bischöfe aufgrund einer Denkschrift des Katholischen Bibelwerks Stuttgart den Beschluss, eine neue Übersetzung der Bibel aus den Urtexten für den kirchlichen Gebrauch schaffen zu lassen, um so einen besseren Zugang zum Wort Gottes zu ermöglichen. Sie beauftragten dazu die Bischöfe J. Freundorfer, C. J. Leiprecht und E. Schick. Die österreichischen Bischöfe entsandten später Weihbischof A. Stöger. Den bischöflichen Beauftragten wurde ein Arbeitsausschuss aus Fachleuten der Exegese, Katechese, Liturgik und der deutschen Sprache zur Seite gestellt.

Bei dieser Übersetzung sollten nicht nur die neuen Erkenntnisse der Bibelwissenschaft, sondern auch die Regeln der deutschen Sprache in angemessener Weise berücksichtigt werden. Bis dahin benutzte die katholische Kirche Übersetzungen, welche entweder die lateinische Übersetzung der Bibel durch den heiligen Hieronymus, die Vulgata, zugrunde legten oder doch in besonderer Weise berücksichtigten.

Die Arbeit an der neuen Übersetzung begann 1962. Kurz darauf gestattete das Zweite Vatikanische Konzil den Gebrauch der Landessprachen in der Liturgie und erklärte: »Der Zugang zur Heiligen Schrift muss für alle, die an Christus glauben, weit offenstehen. Darum … bemüht sich die Kirche, dass brauchbare und genaue Übersetzungen in die verschiedenen Sprachen erarbeitet werden, mit Vorrang aus dem Urtext der heiligen Bücher« (Über die Göttliche Offenbarung, Nr. 22). Daraufhin schlossen sich die übrigen katholischen Bischöfe deutschsprachiger Gebiete in Europa dem Unternehmen an, das den Namen »Einheitsübersetzung« erhielt, weil es den Gebrauch einheitlicher biblischer Texte in Gottesdienst und Schule in allen Diözesen ermöglichen sollte. Die einheitliche Texterfassung ließ hoffen, dass sich wichtige Aussagen der Bibel dem Ohr der Gläubigen dauerhafter einprägten. Auch würde eine solche für den Gebrauch der Bibel in der Öffentlichkeit, besonders in Presse, Funk und Fernsehen, von Nutzen sein.

Da die Übersetzung vor allem in der Verkündigung Verwendung finden sollte, musste sie sowohl das Verstehen erleichtern wie auch für das Vorlesen und teilweise auch für das Singen geeignet sein. Darum wurden von Anfang an neben Fachleuten der Bibelwissenschaft auch solche der Liturgik, Katechetik, der Kirchenmusik und der deutschen Sprache herangezogen. Besondere Sorgfalt wurde auf die sprachliche Fassung der hymnischen Texte des Alten und des Neuen Testamentes, insbesondere der Psalmen, verwendet.

Von Anfang an strebten die katholischen Bischöfe die Mitarbeit der evangelischen Kirche in Deutschland an. Die evangelische Michaelsbruderschaft arbeitete von Anfang an durch Beauftragte an der Übersetzung mit. Ab 1967 beteiligte sich die Evangelische Kirche in Deutschland an der Übersetzung der beiden Kirchen gemeinsamen biblischen Lesungen der Sonn- und Festtage und der Psalmen, nachdem Kardinal A. Bea, der erste Leiter des Sekretariats für die Einheit der Christen in Rom, und Bischof K. Scharf, der damalige Vorsitzende des Rates der Evangelischen Kirche in Deutschland, sich bei einem Zusammentreffen für eine solche Zusammenarbeit ausgesprochen hatten. Über diese gemeinsame Arbeit wurde

1970 der erste Vertrag zwischen dem Verband der Diözesen Deutschlands und dem Rat der Evangelischen Kirche in Deutschland und dem Evangelischen Bibelwerk in der Bundesrepublik Deutschland geschlossen.

Ein wichtiges Ergebnis der Zusammenarbeit stellt die Einigung der Beauftragten beider Kirchen auf eine einheitliche deutsche Wiedergabe der biblischen Eigennamen sowie der Bezeichnungen für Orte, Landschaften, Maße und Gewichte dar. Das »Ökumenische Verzeichnis der biblischen Eigennamen« wurde 1972 veröffentlicht.

Ab 1970 erschienen die Übersetzungen einzelner biblischer Bücher im Druck; 1972 wurde die vorläufige Endfassung des Neuen Testamentes, 1974 jene des Alten Testamentes für die Erprobung, vor allem in Liturgie und Schule, veröffentlicht. Die Übersetzung fand Eingang in die neuen liturgischen Bücher, die Lektionare für die biblischen Lesungen im Gottesdienst sowie in das vorläufige deutsche Stundenbuch. Alle Urteilsfähigen wurden von den beteiligten Bischöfen um Kritik und Verbesserungsvorschläge gebeten. Diese ließen zugleich Gutachten erstellen über die Treue gegenüber dem Urtext und über die sprachliche Ausdrucksform der Übersetzung. Die Gesellschaft für Deutsche Sprache, Wiesbaden, wurde für die Überprüfung dieser Übersetzung herangezogen.

Die vorläufige Fassung der Psalmen, die 1971 zuerst im Druck erschien, wurde 1973/74 durch eine ökumenische Arbeitsgruppe überarbeitet, wobei der endgültige Text festgelegt wurde. Ab 1975 begann die Revision der vorläufigen Fassungen des Alten und Neuen Testamentes durch eigens dafür bestellte Revisionskommissionen unter dem Vorsitz von Bischof E. Schick (Neues Testament) und Weihbischof J. Plöger (Altes Testament). Die überaus zahlreichen Stellungnahmen und Verbesserungsvorschläge leisteten für die Erstellung der endgültigen Fassung der Übersetzung wertvolle Dienste.

Im Rahmen dieser Revisionsarbeit weitete die evangelische Seite ihre Mitarbeit auf das ganze Neue Testament aus, einschließlich der Einführungen und knapp gehaltenen Anmerkungen zu den einzelnen biblischen Schriften.

Im Februar 1978 approbierte die Deutsche Bischofskonferenz die Endfassung der Einheitsübersetzung für den kirchlichen Gebrauch in Gottesdienst und Schule. Sie dankte dabei den Übersetzern und allen übrigen Mitarbeitern und Beratern. Ihr folgten die übrigen bischöflichen Auftraggeber aus den deutschsprachigen Gebieten in Europa. Auch der Rat der Evangelischen Kirche in Deutschland und das Evangelische Bibelwerk begrüßten das Ergebnis der gemeinsamen Arbeit. Im März und April 1979 wurden die Einführungen und Anmerkungen von allen Auftraggebern gutgeheißen. Damit fand ein für den deutschen Sprachraum einmaliges Unternehmen seinen Abschluss.

Aufgrund der guten Aufnahme, die der vorläufige Endtext in der Öffentlichkeit fand, ist zu hoffen, dass diese Übersetzung erfüllt, was die Mitglieder der Deutschen Bischofskonferenz bei der Approbation des Textes im Frühjahr 1978 zum Ausdruck brachten: »Die Deutsche Bischofskonferenz ist überzeugt, dass die nun vorliegende Übersetzung der Heiligen Schrift den Entscheidungen des Zweiten Vatikanums gerecht wird, den katholischen und nichtkatholischen Christen wie auch der Kirche Fernstehenden einen sprachlich verständlichen und wissenschaftlich gesicherten Zugang zur Botschaft der Heiligen Schrift zu bieten. Die Einheitsübersetzung ist in gehobenem Gegenwartsdeutsch abgefasst. Ihr fehlt es nicht an dichterischer Schönheit, Treffsicherheit des Ausdruck und Würde biblischer Darstellungskraft. Wir Bischöfe hoffen zuversichtlich, dass die Neuübersetzung auch der zeitgemäßen Gebetssprache einen neuen Anstoß gibt und dass sie hilfreich sein wird in dem Bemühen, dem Wort Gottes im deutschen Sprachraum neue Beachtung und tieferes Verständnis zu verschaffen!«

Daneben verdient im Blick auf die Psalmen und das Neue Testament Beachtung, was der damalige Vorsitzende des Rates der Evangelischen Kirche in Deutschland, Landesbischof Helmut Claß, an den Vorsitzenden der Deutschen Bischofskonferenz, Joseph Kardinal Höffner, schrieb: »Die Tatsache, dass katholische und evangelische Christen nunmehr die Psalmen und ein Neues Testament besitzen, die Exegeten beider Kirchen im offiziellen Auftrag übersetzt haben, kann nicht hoch genug veranschlagt werden. Mehr als einzelne gemeinsame Aktionen führt gemeinsames Hören auf das Wort der Schrift dazu, dass die getrennten Kirchen aufeinander zugehen, um einmal zusammenzufinden unter dem einen Herrn der Kirche, Jesus Christus. Die ökumenische Übersetzung der Psalmen und des Neuen Testamentes leistet dazu einen wichtigen Beitrag.«

Advent 1979

Joseph Kardinal Höffner
Vorsitzender der
Deutschen Bischofskonferenz

Alfred Kardinal Bengsch
Vorsitzender der
Berliner Bischofskonferenz

Franz Kardinal König
Vorsitzender der
Österr. Bischofskonferenz

Pierre Mamie
Vorsitzender der
Schweizerischen Bischofskonferenz

Jean Hengen
Bischof von Luxemburg

Joseph Gargitter
Bischof von Bozen-Brixen

Guillaume-Marie van Zuylen
Bischof von Lüttich

Landesbischof Eduard Lohse
Vorsitzender des Rates
der Evangelischen Kirche in Deutschland
(für die Psalmen und das Neue Testament)

Die Schriften des Alten Testaments

Die Bibel (griechisch bíblos = Buch) oder die Heilige Schrift ist eine Sammlung von Büchern, die das Alte und Neue Testament umfasst. Das Alte Testament wird von Juden und Christen als Offenbarungsurkunde betrachtet. Die Bücher des Alten Testaments stammen von Verfassern, durch die Gott zu den Menschen spricht und durch die das Volk Israel seinen Glauben an die Heilstaten und Verheißungen Gottes bekennt. Juden und Christen glauben an die Inspiration (Eingebung) dieser Bücher durch den Geist Gottes. Das Verzeichnis der Bücher, die zur Heiligen Schrift gehören, nennt man Kanon (griechisch kanón = Maßstab), weil sie den Maßstab für den Glauben darstellen. Jesus und seine Jünger übernahmen die Bücher der Heiligen Schrift, wie sie ihr Volk kannte, und beriefen sich in ihrer Botschaft auf sie als auf das Wort Gottes.

Die Juden Palästinas unterschieden drei Teile der Bibel: die fünf Bücher der Torá oder des Gesetzes (Genesis, Exodus, Levitikus, Numeri, Deuteronomium), die sie Mose zuschrieben; die Bücher der Propheten, die sie in die früheren (Josua, Richter, Samuel, Könige) und die späteren Propheten (Jesaja, Jeremia, Ezechiel und das Buch der zwölf Kleinen Propheten) unterteilten; die (übrigen) Schriften (Psalmen, Ijob, Sprichwörter, Rut, Klagelieder, Hoheslied, Kohelet, Ester, Daniel, Esra-Nehemia und Chronik). Weil sie noch nicht die Zweiteilung der Bücher Samuel, Könige, Esra-Nehemia und Chronik kannten und die zwölf Kleinen Propheten noch in einem einzigen Buch zusammenfassten, zählten sie insgesamt 24 Bücher der Heiligen Schrift; erst in den christlichen Bibelausgaben teilte man die genannten Bücher auf, sodass dieser Kanon 39 Bücher umfasst, die sogenannten protokanonischen Bücher [griechisch prôtos kanón = erster Kanon]. Dieser Kanon ist im Vorwort zur griechischen Sirach-Übersetzung vorausgesetzt und wurde um 100 n. Chr. vom Judentum allgemein anerkannt.

Die Griechisch sprechenden Juden der Diaspora in Ägypten lasen im Gottesdienst der Synagoge die Bibel in einer griechischen Übersetzung, der sogenannten Septuaginta (»Siebzig«, weil angeblich von siebzig Übersetzern stammend). Diese griechische Übersetzung enthielt noch andere Bücher, die bei den Diasporajuden ebenfalls als heilige Schriften galten. Von ihnen übernahm die christliche Kirche die sieben sogenannten deuterokanonischen Bücher (griechisch déuteros kanón = zweiter Kanon) in ihre Bibel: Tobit, Judit, 1 und 2 Makkabäer, Baruch, Weisheit und Sirach, ferner zusätzliche Abschnitte in den Büchern Daniel und Ester.

Demgegenüber legten die Führer der Aramäisch sprechenden Juden Palästinas auf der sog. »Synode« von Jamnia (Jabne, um 100 n. Chr.) offiziell fest, welche Schriften kanonisch sind. Alle in griechischer Sprache geschriebenen Bücher wurden grundsätzlich für nicht kanonisch erklärt. In der hebräischen Bibel fehlen daher die sog. deuterokanonischen Bücher.

In den christlichen Bibelausgaben wurden die Bücher neu geordnet und eingeteilt, und zwar in Geschichtsbücher, Lehrbücher und Prophetenbücher. Erst als die Schriften der Apostel und Apostelschüler ebenfalls kanonisches Ansehen gewonnen hatten und zur Heiligen Schrift gerechnet wurden (vgl. die Einleitung zum Neuen Testament), unterschieden die christlichen Theologen zwischen dem Alten Testament und dem Neuen Testament, wobei »Testament« (lateinisch testamentum) die Bedeutung »Bund« (griechisch: diathéke; hebräisch: berít) bekam.

Das erste Kanonverzeichnis der Kirche, das alle Bücher der christlichen Bibel enthält, geht auf die Provinzialsynode von Hippo (393 n. Chr.) zurück. Es wurde von der lateinischen Kirche und von der Ostkirche übernommen und auf dem Konzil von Trient 1546 bestätigt. Diesen Kanon setzt die lateinische Bibelübersetzung, die sogenannte Vulgata (= die allgemein Verbreitete) voraus. Martin Luther griff für seine Übersetzung bewusst auf den hebräischen Text zurück und schied daher die deuterokanonischen Bücher wieder aus dem Kanon aus. Er übersetzte sie zwar und empfahl ihre Lektüre, rechnete sie aber nicht zur Heiligen

Schrift. Seither bezeichnen die Kirchen der Reformation diese Bücher als Apokryphen, das heißt als der Bibel später zugefügte Schriften. Im Sprachgebrauch der katholischen Theologen dagegen sind Apokryphen andere Bücher, die zwar zeitweise in manchen jüdischen und christlichen Gemeinschaften zur Heiligen Schrift gerechnet und im Gottesdienst vorgelesen wurden, die aber weder die lateinische Kirche noch die Ostkirche in die Bibel aufnahm. Diese Bücher nennen die Theologen der reformatorischen Kirchen Pseudepigraphen, das heißt fälschlich biblischen Personen zugeschriebene Bücher.

Die protokanonischen Bücher sind in Hebräisch überliefert; nur einige Abschnitte haben einen aramäischen Urtext (vgl. die Einleitungen zu Esra und Daniel). Die deuterokanonischen Bücher sind nur in Griechisch erhalten geblieben (vgl. aber die Einleitung zu Sirach).

Die Leitsätze für die interkonfessionelle Zusammenarbeit bei der Bibelübersetzung, die 1968 vom Weltbund der Bibelgesellschaften und dem Sekretariat für die Einheit der Christen beschlossen wurden, sehen vor, dass in ökumenischen Ausgaben die deuterokanonischen Bücher enthalten sind. Für die Bibelausgaben der Bibelgesellschaften wird dabei auf die Möglichkeit verwiesen, die deuterokanonischen Teile vor dem Neuen Testament abzudrucken.

Die meisten Bücher des Alten Testaments sind in einem langen Überlieferungsprozess entstanden. Gott hat zunächst zu den Patriarchen, zu Mose, zu den Propheten und anderen Gottesmännern gesprochen. Diese haben die Offenbarung teils mündlich, teils schriftlich weitergegeben. Die Lehrer Israels haben das so empfangene Wort Gottes betend durchdacht, erläutert und erweitert. Schließlich fanden sich Männer, die der so weitergegebenen Überlieferung jene endgültige schriftliche Form gaben, die Jesus und die Urkirche als Heilige Schrift anerkannten und der Kirche anvertrauten.

Die fünf Bücher des Mose

Die Bücher Genesis, Exodus, Levitikus, Numeri und Deuteronomium bilden bei den Juden eine Einheit, die sie Torá (Gesetz) nennen, weil sie das Gesetz enthalten, das Mose auf dem Sinai von Gott für Israel empfangen hat und das die Grundlage für den Bund zwischen Gott und Israel bildet. Wegen des großen Umfangs teilten schon die Juden die Torá in fünf Bücher ein. Die fünf Buchrollen verwahrte man in den Synagogen in einem Behälter. Darum nannten bereits die Kirchenväter die Sammlung dieser fünf Buchrollen Pentateuch (Fünfrollen-Behälter). Diese fünf Bücher wurden an den Sabbaten und Hochfesten in der Synagoge gelesen, und zwar fortlaufend in einer einjährigen oder dreijährigen Leseordnung. Die Lesung der Torá ist bis heute wesentlicher Bestandteil des jüdischen Gottesdienstes.

Nach jüdischer und christlicher Tradition hat Mose die Torá geschrieben, um sein Volk die Heilsgeschichte von der Erschaffung der Welt bis zum Einzug Israels in das den Erzvätern verheißene Land zu lehren. In die Geschichtsdarstellung sind die Gesetzestexte aufgenommen, die die Juden als das Bundesgesetz vom Sinai verstehen. Die moderne Bibelwissenschaft hat an zeitgeschichtlichen und literarischen Unstimmigkeiten, an Unterschieden in den Gottesnamen, im Wortschatz, im Stil, an den verschiedenen »Theologien« und an anderen Merkmalen festgestellt, dass der Pentateuch eine große, aus mehreren literarischen Schichten bestehende Sammlung von Überlieferungen ist, die in ihrem Kern bis auf die Zeit des Mose (13. Jahrhundert v. Chr.) zurückgehen können.

Man pflegt heute drei Hauptschichten zu unterscheiden, die sich über die vier ersten Bücher erstrecken: 1. Die jahwistische (J), erkennbar an der Vorliebe für den Gottesnamen Jahwe; sie wurde um 900 v. Chr. als Werk eines großen Geschichtsschreibers und Theologen niedergeschrieben. 2. Die elohistische Schicht (E), so genannt wegen der Vorliebe für den Gottesnamen Elohim (= Gott); sie wurde um 720 v. Chr. niedergeschrieben. 3. Die Priesterschrift (P); sie wurde im Babylonischen Exil um 550 v. Chr. von Priestern niedergeschrieben, die besonders an gottesdienstlichen Ordnungen interessiert waren. Die Zuweisung der einzelnen Texte an die drei Schichten ist aber nicht unumstritten. Dazu kommt als ein eigener Überlieferungskomplex das Deuteronomium. In diese drei bzw. vier Schichten haben die Verfasser Überlieferungen eingearbeitet, die ihrerseits auf mündlich umlaufende oder schriftlich vorliegende Traditionen verschiedenen Alters zurückgingen: Erzählungen über Personen und Ereignisse, die für das Werden und die Geschichte Israels wichtig waren; Lieder; Stammbäume; Listen von Orten; Sammlungen von Gesetzen verschiedenen Inhalts.

Die spätere Tradition hat die früheren Überlieferungen bearbeitet, vor allem später notwendige gesetzliche Regelungen in das überkommene Bundesgesetz eingearbeitet. Schließlich hat ein letzter Bearbeiter (Redaktor, abgekürzt R) die ganze ihm vorliegende mündliche und schriftliche Tradition zusammengefasst und unserem Pentateuch die heutige Gestalt verliehen. Damit wollte er seinem Volk nach der Katastrophe des Babylonischen Exils (586–538 v. Chr.) zeigen, wie Gott im Lauf der Geschichte an der Menschheit und besonders an seinem Volk Israel gehandelt hat, und diesem Volk eine feste Lebensordnung geben.

Das Buch Genesis

Das erste der fünf Bücher Mose heißt in der griechischen und in der lateinischen Übersetzung Genesis (Entstehung), weil es von der Entstehung der Welt, der Menschheit und des Volkes Israel handelt. Die Juden nennen das Buch nach dem Anfangswort Bereschit (Im Anfang). Es gliedert sich in zwei Hauptteile: Urgeschichte (Kap. 1 – 11) und Patriarchengeschichte (Kap. 12 – 50). In der Patriarchengeschichte unterscheidet man: die Geschichte der Erzväter (Kap. 12 – 36) und die Geschichte der Söhne Jakobs (Kap. 37 – 50).

Die theologische Bedeutung des Buches liegt in seinen Aussagen über Gott als den Schöpfer der Welt und den Herrn der Geschichte. Wichtig ist dabei vor allem die Erschaffung der Welt durch das Wort Gottes, die Gottebenbildlichkeit des Menschen, die Erzählung von Paradies und Sündenfall, von der Sintflut und dem Bund mit Noach, von der gnadenhaften Erwählung Abrahams und seiner Nachkommen als Segensmittler für die ganze Menschheit, von den Verheißungen an die Patriarchen. Alles Handeln Gottes in der Geschichte ist nach dieser Sicht letztlich auf das Heil der Menschen ausgerichtet.

Das Buch Genesis verarbeitet älteste Überlieferungen Israels und seiner Nachbarvölker über die Urgeschichte der Menschheit und die Vorgeschichte Israels. Es wählt davon Ereignisse aus, die für die Menschheitsgeschichte charakteristisch sind, und zeigt an bestimmten Personen, wie Gott die Menschen zum Heil beruft, wie die Menschen das Heilsangebot Gottes ausschlagen und sich damit selbst immer tiefer ins Unheil stürzen; es zeigt aber auch, wie Gott in Abraham und seinen Nachkommen dem Fluch den unverdienten Segen entgegensetzt, an dem alle Menschen Anteil erhalten sollen (Gen 12,3).

Die Erzählungen der Urgeschichte sind weder als naturwissenschaftliche Aussagen noch als Geschichtsdarstellung, sondern als Glaubensaussagen über das Wesen der Welt und des Menschen und über deren Beziehung zu Gott zu verstehen. Die Geschichte der Erzväter und der Söhne Jakobs sind zwar in Einzelheiten ebenfalls nicht historisch nachprüfbar, doch stimmen die politischen, sozialen, rechtlichen, kulturellen und religiösen Zustände, die hier geschildert werden, weithin mit den Verhältnissen überein, wie sie die heutige Forschung für Palästina und seine Umwelt in der Zeit vor Mose, d. h. für die sog. Mittlere und Späte Bronzezeit, erschlossen hat. Man darf die Geschichtsdarstellung des Buches Genesis nicht an der modernen Geschichtsschreibung messen, sondern man muss sie als antike Geschichtsschreibung und als theologische Geschichtsdeutung beurteilen. Der die Verfasser des Buches inspirierende Gott wollte uns nicht genaue Einzelheiten über die Entstehung der Welt und des Menschen mitteilen oder uns über den exakten Verlauf der Patriarchengeschichte unterrichten. Vielmehr wollte er an den erzählten Begebenheiten sein Heilsangebot und die typischen Reaktionen des Menschen darauf aufzeigen. Damit wollte er deutlich machen, dass er auch Sünder zu Trägern und Vermittlern von Segen und Heil erwählt.

DIE ANFÄNGE: 1,1 – 11,9

Die Erschaffung der Welt: 1,1 – 2,4 a

1 Im Anfang schuf Gott Himmel und
Erde; 2 die Erde aber war wüst und
wirr, Finsternis lag über der Urflut und Got-
tes Geist schwebte über dem Wasser.
3 Gott sprach: Es werde Licht. Und es wur-
de Licht. 4 Gott sah, dass das Licht gut war.
Gott schied das Licht von der Finsternis
5 und Gott nannte das Licht Tag und die
Finsternis nannte er Nacht. Es wurde Abend
und es wurde Morgen: erster Tag.
6 Dann sprach Gott: Ein Gewölbe entstehe
mitten im Wasser und scheide Wasser von
Wasser. 7 Gott machte also das Gewölbe und
schied das Wasser unterhalb des Gewölbes
vom Wasser oberhalb des Gewölbes. So ge-
schah es 8 und Gott nannte das Gewölbe
Himmel. Es wurde Abend und es wurde
Morgen: zweiter Tag.
9 Dann sprach Gott: Das Wasser unterhalb
des Himmels sammle sich an einem Ort, da-
mit das Trockene sichtbar werde. So geschah
es. 10 Das Trockene nannte Gott Land und
das angesammelte Wasser nannte er Meer.
Gott sah, dass es gut war. 11 Dann sprach
Gott: Das Land lasse junges Grün wachsen,
alle Arten von Pflanzen, die Samen tragen,
und von Bäumen, die auf der Erde Früchte
bringen mit ihrem Samen darin. So geschah
es. 12 Das Land brachte junges Grün hervor,
alle Arten von Pflanzen, die Samen tragen,
alle Arten von Bäumen, die Früchte bringen
mit ihrem Samen darin. Gott sah, dass es gut
war. 13 Es wurde Abend und es wurde Mor-
gen: dritter Tag.
14 Dann sprach Gott: Lichter sollen am
Himmelsgewölbe sein, um Tag und Nacht zu
scheiden. Sie sollen Zeichen sein und zur Be-
stimmung von Festzeiten, von Tagen und
Jahren dienen; 15 sie sollen Lichter am Him-
melsgewölbe sein, die über die Erde hin
leuchten. So geschah es. 16 Gott machte die
beiden großen Lichter, das größere, das über
den Tag herrscht, das kleinere, das über die
Nacht herrscht, auch die Sterne. 17 Gott setz-
te die Lichter an das Himmelsgewölbe, da-
mit sie über die Erde hin leuchten, 18 über
Tag und Nacht herrschen und das Licht von
der Finsternis scheiden. Gott sah, dass es gut
war. 19 Es wurde Abend und es wurde Mor-
gen: vierter Tag.
20 Dann sprach Gott: Das Wasser wimmle
von lebendigen Wesen und Vögel sollen über
dem Land am Himmelsgewölbe dahinflie-
gen. 21 Gott schuf alle Arten von großen See-
tieren und anderen Lebewesen, von denen
das Wasser wimmelt, und alle Arten von ge-
fiederten Vögeln. Gott sah, dass es gut war.
22 Gott segnete sie und sprach: Seid frucht-
bar und vermehrt euch und bevölkert das
Wasser im Meer und die Vögel sollen sich auf
dem Land vermehren. 23 Es wurde Abend
und es wurde Morgen: fünfter Tag.
24 Dann sprach Gott: Das Land bringe alle
Arten von lebendigen Wesen hervor, von
Vieh, von Kriechtieren und von Tieren des
Feldes. So geschah es. 25 Gott machte alle
Arten von Tieren des Feldes, alle Arten von
Vieh und alle Arten von Kriechtieren auf
dem Erdboden. Gott sah, dass es gut war.
26 Dann sprach Gott: Lasst uns Menschen
machen als unser Abbild, uns ähnlich. Sie
sollen herrschen über die Fische des Meeres,
über die Vögel des Himmels, über das Vieh,
über die ganze Erde und über alle Kriechtie-
re auf dem Land. 27 Gott schuf also den Men-
schen als sein Abbild; als Abbild Gottes
schuf er ihn. Als Mann und Frau schuf er sie.
28 Gott segnete sie und Gott sprach zu ihnen:
Seid fruchtbar und vermehrt euch, bevölkert
die Erde, unterwerft sie euch und herrscht
über die Fische des Meeres, über die Vögel
des Himmels und über alle Tiere, die sich auf
dem Land regen. 29 Dann sprach Gott: Hier-
mit übergebe ich euch alle Pflanzen auf der

1,1 – 2,4 a Im Gegensatz zu Schöpfungsvorstellungen der Umwelt Israels, nach denen die Elemente des Kosmos Gottheiten sind und durch göttliche Zeugungen entstanden, lehrt hier die priesterliche Tradition Israels, dass alle Dinge, Pflanzen, Tiere und der Mensch durch Gottes Wort entstanden sind. Dabei setzt sie die antike Weltsicht voraus, stellt die Bewegungen und Veränderungen am gestirnten Himmel und auf der Erde so dar, wie sie sich dem Augenschein zeigen, und setzt voraus, dass Gott, von dem Israel die Siebentagewoche mit dem Sabbat als Ruhetag im Bundesgesetz erhalten hat, auch selbst sich bei der Erschaffung der Welt an das Schema der Siebentagewoche gehalten hat. Durch die Erschaffung des Menschen nach Gottes Ebenbild, das letzte Schöpfungswerk, wird der Mensch als Krone und Herr der Schöpfung herausgehoben.

1,6 Nach dem Weltbild seiner Zeit stellt sich der Verfasser das Firmament als eine Halbkugel aus festem Stoff vor, die das Chaoswasser so teilt, dass über ihr und unter ihr Wasser ist, wobei vom oberen Wasser durch Öffnungen im Firmament der Regen herabströmt.

ganzen Erde, die Samen tragen, und alle
Bäume mit samenhaltigen Früchten. Euch
sollen sie zur Nahrung dienen. 30 Allen Tie-
ren des Feldes, allen Vögeln des Himmels
und allem, was sich auf der Erde regt, was
Lebensatem in sich hat, gebe ich alle grünen
Pflanzen zur Nahrung. So geschah es. 31 Gott
sah alles an, was er gemacht hatte: Es war
sehr gut. Es wurde Abend und es wurde Mor-
gen: der sechste Tag.

2 So wurden Himmel und Erde vollendet
und ihr ganzes Gefüge. 2 Am siebten
Tag vollendete Gott das Werk, das er ge-
schaffen hatte, und er ruhte am siebten Tag,
nachdem er sein ganzes Werk vollbracht hat-
te. 3 Und Gott segnete den siebten Tag und
erklärte ihn für heilig; denn an ihm ruhte
Gott, nachdem er das ganze Werk der Schöp-
fung vollendet hatte.

4a Das ist die Entstehungsgeschichte von
Himmel und Erde, als sie erschaffen wur-
den.

1,1: 2,4b; Joh 1,1–3 • 14: Ps 136,7–9 • 26: 2,7; Ps 8,6–9; Eph 4,24; Kol 3,10 • 27: 5,1f • 29: 9,3 • 2,2: Ex 20,8–11.

Das Paradies: 2,4b–25

4b Zur Zeit, als Gott, der Herr, Erde und
Himmel machte, 5 gab es auf der Erde noch
keine Feldsträucher und wuchsen noch keine
Feldpflanzen; denn Gott, der Herr, hatte es
auf die Erde noch nicht regnen lassen und es
gab noch keinen Menschen, der den Acker-
boden bestellte; 6 aber Feuchtigkeit stieg aus
der Erde auf und tränkte die ganze Fläche
des Ackerbodens.

7 Da formte Gott, der Herr, den Menschen
aus Erde vom Ackerboden und blies in seine
Nase den Lebensatem. So wurde der Mensch
zu einem lebendigen Wesen.

8 Dann legte Gott, der Herr, in Eden, im
Osten, einen Garten an und setzte dorthin
den Menschen, den er geformt hatte. 9 Gott,
der Herr, ließ aus dem Ackerboden allerlei
Bäume wachsen, verlockend anzusehen und
mit köstlichen Früchten, in der Mitte des
Gartens aber den Baum des Lebens und den
Baum der Erkenntnis von Gut und Böse.

10 Ein Strom entspringt in Eden, der den
Garten bewässert; dort teilt er sich und wird
zu vier Hauptflüssen. 11 Der eine heißt Pi-
schon; er ist es, der das ganze Land Hawila
umfließt, wo es Gold gibt. 12 Das Gold jenes
Landes ist gut; dort gibt es auch Bdellium-
harz und Karneolsteine. 13 Der zweite Strom
heißt Gihon; er ist es, der das ganze Land
Kusch umfließt. 14 Der dritte Strom heißt
Tigris; er ist es, der östlich an Assur vorbei-
fließt. Der vierte Strom ist der Eufrat.

15 Gott, der Herr, nahm also den Menschen
und setzte ihn in den Garten von Eden, da-
mit er ihn bebaue und hüte. 16 Dann gebot
Gott, der Herr, dem Menschen: Von allen
Bäumen des Gartens darfst du essen, 17 doch
vom Baum der Erkenntnis von Gut und Böse
darfst du nicht essen; denn sobald du davon
isst, wirst du sterben.

18 Dann sprach Gott, der Herr: Es ist nicht
gut, dass der Mensch allein bleibt. Ich will
ihm eine Hilfe machen, die ihm entspricht.

19 Gott, der Herr, formte aus dem Acker-
boden alle Tiere des Feldes und alle Vögel
des Himmels und führte sie dem Menschen
zu, um zu sehen, wie er sie benennen würde.
Und wie der Mensch jedes lebendige Wesen
benannte, so sollte es heißen. 20 Der Mensch
gab Namen allem Vieh, den Vögeln des Him-
mels und allen Tieren des Feldes. Aber eine
Hilfe, die dem Menschen entsprach, fand er
nicht.

21 Da ließ Gott, der Herr, einen tiefen
Schlaf auf den Menschen fallen, sodass er
einschlief, nahm eine seiner Rippen und ver-
schloss ihre Stelle mit Fleisch. 22 Gott, der

2,4b–24 Hier liegt eine ältere Schöpfungsdarstellung vor, in der der Schwerpunkt auf der Erschaffung des Menschen und seiner Lebensordnung (Ehe, Familie, mitmenschliche Gemeinschaft) liegt. Der Mensch scheint noch vor den Pflanzen und Tieren erschaffen zu sein und wird so als Haupt der Schöpfung herausgehoben. – Dadurch, dass der letzte Pentateuchüberarbeiter so verschiedene Schöpfungsdarstellungen miteinander verbindet, zeigt er, dass es ihm nicht auf die naturwissenschaftlichen Gegebenheiten, sondern auf die religiösen Aussagen der beiden Texte ankommt: Alles ist von Gott erschaffen; der Mensch ist nicht das Produkt der Natur, sondern der von Gott in die Welt gesetzte Partner Gottes; der Mensch ist auf Gemeinschaft hin erschaffen; der Mensch hat als Ebenbild Gottes Anteil an der Herrschaft Gottes über die Welt.

2,6 Feuchtigkeit: in H ein Wort unbekannter Bedeutung.

2,7 In H Wortspiel mit den Ausdrücken für Ackerboden (adamáh) und Mensch (adám).

2,11–14 Die Flüsse Pischon und Gihon sowie das Land Hawila lassen sich geographisch nicht bestimmen. Kusch ist etwa der heutige Sudan mit Teilen Äthiopiens; Assur ist die alte Hauptstadt des Assyrerreichs.

2,12 Bdellium ist ein Harz zur Salbenherstellung.

2,21–23 Da sich Israel die Vielheit der Menschen nicht ohne eine gemeinsame Abstammung vorstellen kann, andererseits keinen doppelgeschlechtlichen Urmenschen kennt wie andere Völker, stellt man sich vor, die Frau sei irgendwie aus dem Mann entstanden. Bei der in Israel geläufigen Redensart »ein Bein und ein Fleisch« für enge Verwandtschaft und Gemeinschaft – man kannte keine Verwandt-

Herr, baute aus der Rippe, die er vom Men-
schen genommen hatte, eine Frau und führte
sie dem Menschen zu. 23 Und der Mensch
sprach:
Das endlich ist Bein von meinem Bein /
und Fleisch von meinem Fleisch. / Frau soll
sie heißen, / denn vom Mann ist sie genom-
men.
24 Darum verlässt der Mann Vater und
Mutter und bindet sich an seine Frau und sie
werden *ein* Fleisch. 25 Beide, Adam und seine
Frau, waren nackt, aber sie schämten sich
nicht voreinander.

4b: 1,1 • 7: 1,26f • 24: Mt 19,5; Mk 10,8; Eph 5,31; 1 Kor 6,16.

Der Fall des Menschen: 3,1–24

3 Die Schlange war schlauer als alle Tiere
des Feldes, die Gott, der Herr, gemacht
hatte. Sie sagte zu der Frau: Hat Gott wirk-
lich gesagt: Ihr dürft von keinem Baum des
Gartens essen? 2 Die Frau entgegnete der
Schlange: Von den Früchten der Bäume im
Garten dürfen wir essen; 3 nur von den
Früchten des Baumes, der in der Mitte des
Gartens steht, hat Gott gesagt: Davon dürft
ihr nicht essen und daran dürft ihr nicht
rühren, sonst werdet ihr sterben.
4 Darauf sagte die Schlange zur Frau:
Nein, ihr werdet nicht sterben. 5 Gott weiß
vielmehr: Sobald ihr davon esst, gehen euch
die Augen auf; ihr werdet wie Gott und er-
kennt Gut und Böse. 6 Da sah die Frau, dass
es köstlich wäre, von dem Baum zu essen,
dass der Baum eine Augenweide war und
dazu verlockte, klug zu werden. Sie nahm
von seinen Früchten und aß; sie gab auch ih-
rem Mann, der bei ihr war, und auch er aß.
7 Da gingen beiden die Augen auf und sie
erkannten, dass sie nackt waren. Sie hefteten
Feigenblätter zusammen und machten sich
einen Schurz. 8 Als sie Gott, den Herrn, im
Garten gegen den Tagwind einherschreiten
hörten, versteckten sich Adam und seine
Frau vor Gott, dem Herrn, unter den Bäu-
men des Gartens. 9 Gott, der Herr, rief Adam
zu und sprach: Wo bist du? 10 Er antwortete:
Ich habe dich im Garten kommen hören; da
geriet ich in Furcht, weil ich nackt bin, und
versteckte mich. 11 Darauf fragte er: Wer hat
dir gesagt, dass du nackt bist? Hast du von
dem Baum gegessen, von dem zu essen ich
dir verboten habe? 12 Adam antwortete: Die
Frau, die du mir beigesellt hast, sie hat mir
von dem Baum gegeben und so habe ich ge-
gessen. 13 Gott, der Herr, sprach zu der Frau:
Was hast du da getan? Die Frau antwortete:
Die Schlange hat mich verführt und so habe
ich gegessen.
14 Da sprach Gott, der Herr, zur Schlan-
ge:
Weil du das getan hast, bist du verflucht /
unter allem Vieh und allen Tieren des Fel-
des. / Auf dem Bauch sollst du kriechen / und
Staub fressen alle Tage deines Lebens.
15 Feindschaft setze ich zwischen dich und
die Frau, / zwischen deinen Nachwuchs und
ihren Nachwuchs. / Er trifft dich am Kopf /
und du triffst ihn an der Ferse.
16 Zur Frau sprach er:
Viel Mühsal bereite ich dir, sooft du
schwanger wirst. / Unter Schmerzen ge-
bierst du Kinder. / Du hast Verlangen nach
deinem Mann; / er aber wird über dich herr-
schen.
17 Zu Adam sprach er: Weil du auf deine
Frau gehört und von dem Baum gegessen
hast, von dem zu essen ich dir verboten hat-
te:
So ist verflucht der Ackerboden deinetwe-
gen. / Unter Mühsal wirst du von ihm essen /
alle Tage deines Lebens.
18 Dornen und Disteln lässt er dir wach-
sen / und die Pflanzen des Feldes musst du
essen.
19 Im Schweiße deines Angesichts / sollst
du dein Brot essen, / bis du zurückkehrst
zum Ackerboden; / von ihm bist du ja ge-
nommen. / Denn Staub bist du, zum Staub
musst du zurück.
20 Adam nannte seine Frau Eva (Leben),
denn sie wurde die Mutter aller Lebendigen.
21 Gott, der Herr, machte Adam und seiner
Frau Röcke aus Fellen und bekleidete sie da-
mit. 22 Dann sprach Gott, der Herr: Seht, der
Mensch ist geworden wie wir; er erkennt Gut

schaft dem Blut nach – lag es nahe, an die Entstehung der Frau aus dem »Bein und Fleisch« des Mannes zu denken. Nur Gott konnte die Frau auf diese Weise entstehen lassen.

2,23 denn . . .: Die Ausdrücke für Mann (isch) und Frau (ischáh) sind im Hebräischen ähnlich.

3,1–24 In einfacher und bildhafter Sprache und an Hand eines typischen Beispiels aus dem Alltag stellt der Erzähler die erste Sünde und ihre verhängnisvollen Folgen dar. Die Schlange ist Sinnbild für die gefährliche Macht des Bösen und für die Hinterhältigkeit. Der Baum des Lebens und der Baum der Erkenntnis von Gut und Böse sind Bilder für die nur Gott zukommenden Eigenschaften der Unsterblichkeit und des umfassenden Wissens, über die der Mensch nicht von sich aus verfügen kann, die Gott ihm aber unter Umständen aus Gnade schenkt.

3,8 Tagwind: der Wind, der in Palästina auch an heißen Tagen vom Meer her aufkommt und Kühlung bringt.

und Böse. Dass er jetzt nicht die Hand ausstreckt, auch vom Baum des Lebens nimmt, davon isst und ewig lebt! 23 Gott, der Herr, schickte ihn aus dem Garten von Eden weg, damit er den Ackerboden bestellte, von dem er genommen war. 24 Er vertrieb den Menschen und stellte östlich des Gartens von Eden die Kerubim auf und das lodernde Flammenschwert, damit sie den Weg zum Baum des Lebens bewachten.

1: Joh 8,44; Offb 12,9 • 3: 2,17 • 6: Weish 2,23f; Sir 25,24.

Kain und Abel: 4,1–16

4 Adam erkannte Eva, seine Frau; sie wurde schwanger und gebar Kain. Da sagte sie: Ich habe einen Mann vom Herrn erworben. 2 Sie gebar ein zweites Mal, nämlich Abel, seinen Bruder. Abel wurde Schafhirt und Kain Ackerbauer.

3 Nach einiger Zeit brachte Kain dem Herrn ein Opfer von den Früchten des Feldes dar; 4 auch Abel brachte eines dar von den Erstlingen seiner Herde und von ihrem Fett. Der Herr schaute auf Abel und sein Opfer, 5 aber auf Kain und sein Opfer schaute er nicht. Da überlief es Kain ganz heiß und sein Blick senkte sich. 6 Der Herr sprach zu Kain: Warum überläuft es dich heiß und warum senkt sich dein Blick?

7 Nicht wahr, wenn du recht tust, darfst du aufblicken; wenn du nicht recht tust, lauert an der Tür die Sünde als Dämon.

Auf dich hat er es abgesehen, / doch du werde Herr über ihn!

8 Hierauf sagte Kain zu seinem Bruder Abel: Gehen wir aufs Feld! Als sie auf dem Feld waren, griff Kain seinen Bruder Abel an und erschlug ihn. 9 Da sprach der Herr zu Kain: Wo ist dein Bruder Abel? Er entgegnete: Ich weiß es nicht. Bin ich der Hüter meines Bruders? 10 Der Herr sprach: Was hast du getan? Das Blut deines Bruders schreit zu mir vom Ackerboden. 11 So bist du verflucht, verbannt vom Ackerboden, der seinen Mund aufgesperrt hat, um aus deiner Hand das Blut deines Bruders aufzunehmen. 12 Wenn du den Ackerboden bestellst, wird er dir keinen Ertrag mehr bringen. Rastlos und ruhelos wirst du auf der Erde sein. 13 Kain antwortete dem Herrn: Zu groß ist meine Schuld, als dass ich sie tragen könnte. 14 Du hast mich heute vom Ackerland verjagt und ich muss mich vor deinem Angesicht verbergen; rastlos und ruhelos werde ich auf der Erde sein und wer mich findet, wird mich erschlagen. 15 Der Herr aber sprach zu ihm: Darum soll jeder, der Kain erschlägt, siebenfacher Rache verfallen. Darauf machte der Herr dem Kain ein Zeichen, damit ihn keiner erschlage, der ihn finde. 16 Dann ging Kain vom Herrn weg und ließ sich im Land Nod nieder, östlich von Eden.

Die Nachkommen Kains: 4,17–24

17 Kain erkannte seine Frau; sie wurde schwanger und gebar Henoch. Kain wurde Gründer einer Stadt und benannte sie nach seinem Sohn Henoch. 18 Dem Henoch wurde Irad geboren; Irad zeugte Mehujaël, Mehujaël zeugte Metuschaël und Metuschaël zeugte Lamech.

19 Lamech nahm sich zwei Frauen; die eine hieß Ada, die andere Zilla. 20 Ada gebar Jabal; er wurde der Stammvater derer, die in Zelten und beim Vieh wohnen. 21 Sein Bruder hieß Jubal; er wurde der Stammvater aller Zither- und Flötenspieler. 22 Auch Zilla gebar, und zwar Tubal-Kajin, der die Geräte aller Erz- und Eisenhandwerker schmiedete. Die Schwester Tubal-Kajins war Naama.

23 Lamech sagte zu seinen Frauen:

Ada und Zilla, hört auf meine Stimme, / ihr Frauen Lamechs, lauscht meiner Rede! / Ja,

---

3,24 Eden ist ein symbolischer Ort großer Fruchtbarkeit, den man geographisch nicht festlegen kann. – Kerubim sind Engelgestalten. Übermenschliche Wesen und Feuer bewachen in den Urzeiterzählungen vieler Völker den Zugang zu verbotenen Orten.

4,1 Die Worte Evas sind ein Wortspiel mit dem Namen Kain, der im Hebräischen an das Zeitwort für »erwerben« (kanáh) anklingt.

4,2 Abel bedeutet Windhauch, erinnert also an die Kürze und Hinfälligkeit des Lebens (vgl. Koh 1,2).

4,4 von ihrem Fett, andere Übersetzungsmöglichkeit: von ihren fettesten Tieren.

4,7 als Dämon: singgemäß ergänzt; in H steht trotz des weiblichen Wortes für Sünde eine männliche Zeitwortform, die an einen Unheilsdämon erinnert. Deswegen wird der ganze Satz mit männlichen Formen gebildet. Er will sagen: Nicht den Dämon des Mythus sollst du fürchten, sondern die Sünde, die der gefährlichste Dämon ist.

4,8 Gehen wir aufs Feld!: nach den alten Übersetzungen ergänzt.

4,16 Wortspiel mit Nod und dem Wort für »ruhelos« (nad).

4,17 Zur Frau Kains und zur Stadtgründung, die viele andere Menschen voraussetzt, ist zu bedenken, dass die Erzählungen von Gen in vielen Namen handelnder Personen Typen für Menschengruppen (Völker, Berufsgruppen, Einwohner von Städten) sehen und dass »zeugen« und »Sohn« nicht immer die natürliche Abstammung, sondern auch die Verwandtschaft über mehrere Generationen hinweg zum Ausdruck bringt.

einen Mann erschlage ich für eine Wunde /
und einen Knaben für eine Strieme.
24 Wird Kain siebenfach gerächt, / dann
Lamech siebenundsiebzigfach.

Die Nachkommen Sets: 4,25 – 5,32

25 Adam erkannte noch einmal seine Frau.
Sie gebar einen Sohn und nannte ihn Set
(Setzling); denn sie sagte:
Gott setzte mir anderen Nachwuchs ein /
für Abel, weil ihn Kain erschlug.
26 Auch dem Set wurde ein Sohn geboren
und er nannte ihn Enosch. Damals begann
man den Namen des Herrn anzurufen.
5 Das ist die Liste der Geschlechterfolge
nach Adam: Am Tag, da Gott den Men-
schen erschuf, machte er ihn Gott ähnlich.
2 Als Mann und Frau erschuf er sie, er segne-
te sie und nannte sie Mensch an dem Tag, da
sie erschaffen wurden.
3 Adam war hundertdreißig Jahre alt, da
zeugte er einen Sohn, der ihm ähnlich war,
wie sein Abbild, und nannte ihn Set. 4 Nach
der Geburt Sets lebte Adam noch achthun-
dert Jahre und zeugte Söhne und Töchter.
5 Die gesamte Lebenszeit Adams betrug
neunhundertdreißig Jahre, dann starb er.
6 Set war hundertfünf Jahre alt, da zeugte
er Enosch. 7 Nach der Geburt des Enosch
lebte Set noch achthundertsieben Jahre und
zeugte Söhne und Töchter. 8 Die gesamte Le-
benszeit Sets betrug neunhundertzwölf Jah-
re, dann starb er.
9 Enosch war neunzig Jahre alt, da zeugte
er Kenan. 10 Nach der Geburt Kenans lebte
Enosch noch achthundertfünfzehn Jahre
und zeugte Söhne und Töchter. 11 Die gesam-
te Lebenszeit des Enosch betrug neunhun-
dertfünf Jahre, dann starb er.
12 Kenan war siebzig Jahre alt, da zeugte
er Mahalalel. 13 Nach der Geburt Mahalalels
lebte Kenan noch achthundertvierzig Jahre
und zeugte Söhne und Töchter. 14 Die gesam-
te Lebenszeit Kenans betrug neunhundert-
zehn Jahre, dann starb er.
15 Mahalalel war fünfundsechzig Jahre alt,
da zeugte er Jered. 16 Nach der Geburt Jereds
lebte Mahalalel noch achthundertdreißig
Jahre und zeugte Söhne und Töchter. 17 Die
gesamte Lebenszeit Mahalalels betrug acht-
hundertfünfundneunzig Jahre, dann starb
er.
18 Jered war hundertzweiundsechzig
Jahre alt, da zeugte er Henoch. 19 Nach der
Geburt Henochs lebte Jered noch achthun-
dert Jahre und zeugte Söhne und Töchter.
20 Die gesamte Lebenszeit Jereds betrug
neunhundertzweiundsechzig Jahre, dann
starb er.
21 Henoch war fünfundsechzig Jahre alt,
da zeugte er Metuschelach. 22 Nach der Ge-
burt Metuschelachs ging Henoch seinen Weg
mit Gott noch dreihundert Jahre lang und
zeugte Söhne und Töchter. 23 Die gesamte
Lebenszeit Henochs betrug dreihundert-
fünfundsechzig Jahre. 24 Henoch war seinen
Weg mit Gott gegangen, dann war er nicht
mehr da; denn Gott hatte ihn aufgenommen.
25 Metuschelach war hundertsiebenund-
achtzig Jahre alt, da zeugte er Lamech.
26 Nach der Geburt Lamechs lebte Metu-
schelach noch siebenhundertzweiundachtzig
Jahre und zeugte Söhne und Töchter. 27 Die
gesamte Lebenszeit Metuschelachs betrug
neunhundertneunundsechzig Jahre, dann
starb er.
28 Lamech war hundertzweiundachtzig
Jahre alt, da zeugte er einen Sohn 29 und
nannte ihn Noach (Ruhe). Dabei sagte er: Er
wird uns aufatmen lassen von unserer Arbeit
und von der Mühe unserer Hände um den
Ackerboden, den der Herr verflucht hat.
30 Nach der Geburt Noachs lebte Lamech
noch fünfhundertfünfundneunzig Jahre und
zeugte Söhne und Töchter. 31 Die gesamte
Lebenszeit Lamechs betrug siebenhundert-
siebenundsiebzig Jahre, dann starb er.
32 Noach zeugte im Alter von fünfhundert
Jahren Sem, Ham und Jafet.

5,1f: 1,26f • 3: 1,26f • 29: 3,17.

4,25 Bis hierher war es im Einzelnen fraglich, ob man adam mit »Mensch« übersetzen oder es als Eigenname Adam wiedergeben soll. Erst von hier ab ist Adam sicher Eigenname. – Die Worte Evas erklären sich als Wortspiel mit dem Namen Set, der an das hebräische Zeitwort schat (einsetzen) erinnert.

4,26 Auch der Name Enosch bedeutet »Mensch«. – Hier und an den meisten Stellen, wo in dieser Übersetzung »der Herr« für Gott steht, gebraucht H den Eigennamen Jahwe. Die Übersetzer folgen der Tradition der Juden und Christen, den Eigennamen Jahwe, den die Juden wegen Ex 20,7 = Dtn 5,11 nicht auszusprechen wagten, mit »der Herr« zu umschreiben. Nur wo es unumgänglich schien, wurde der Eigenname belassen (vgl. Ex 3,15).

5,11–32 Zu den Angaben über das hohe Lebensalter der Urväter ist zu bedenken, dass sie nur in der jüngsten Pentateuchschicht stehen; diese arbeitet gern mit symbolischen Zahlenwerten, die wir heute nicht mehr durchschauen. Die babylonischen Listen der Urkönige kennen noch viel höhere Lebensjahre bzw. Regierungszeiten.

5,29 Wortspiel mit dem Namen Noach und den Zeitwörtern für »ruhen« (núach) und »trösten« (niḥám).

Noach und die Sintflut: 6,1 – 9,29

Die Bosheit der Menschen: 6,1–8

6 Als sich die Menschen über die Erde hin
zu vermehren begannen und ihnen
Töchter geboren wurden, 2 sahen die Gottes-
söhne, wie schön die Menschentöchter wa-
ren, und sie nahmen sich von ihnen Frauen,
wie es ihnen gefiel. 3 Da sprach der Herr:
Mein Geist soll nicht für immer im Menschen
bleiben, weil er auch Fleisch ist; daher soll
seine Lebenszeit hundertzwanzig Jahre be-
tragen. 4 In jenen Tagen gab es auf der Erde
die Riesen, und auch später noch, nachdem
sich die Gottessöhne mit den Menschentöch-
tern eingelassen und diese ihnen Kinder ge-
boren hatten. Das sind die Helden der Vor-
zeit, die berühmten Männer.
5 Der Herr sah, dass auf der Erde die
Schlechtigkeit des Menschen zunahm und
dass alles Sinnen und Trachten seines
Herzens immer nur böse war. 6 Da reute es
den Herrn, auf der Erde den Menschen ge-
macht zu haben, und es tat seinem Herzen
weh. 7 Der Herr sagte: Ich will den Men-
schen, den ich erschaffen habe, vom Erdbo-
den vertilgen, mit ihm auch das Vieh, die
Kriechtiere und die Vögel des Himmels,
denn es reut mich, sie gemacht zu haben.
8 Nur Noach fand Gnade in den Augen des
Herrn.

5: 8,21.

Gottes Sorge um Noach: 6,9 – 7,16

9 Das ist die Geschlechterfolge nach No-
ach: Noach war ein gerechter, untadeliger
Mann unter seinen Zeitgenossen; er ging sei-
nen Weg mit Gott. 10 Noach zeugte drei Söh-
ne, Sem, Ham und Jafet. 11 Die Erde aber war
in Gottes Augen verdorben, sie war voller
Gewalttat. 12 Gott sah sich die Erde an: Sie
war verdorben, denn alle Wesen aus Fleisch
auf der Erde lebten verdorben.
13 Da sprach Gott zu Noach: Ich sehe, das
Ende aller Wesen aus Fleisch ist da; denn
durch sie ist die Erde voller Gewalttat. Nun
will ich sie zugleich mit der Erde verderben.
14 Mach dir eine Arche aus Zypressenholz!
Statte sie mit Kammern aus, und dichte sie
innen und außen mit Pech ab! 15 So sollst du
die Arche bauen: Dreihundert Ellen lang,
fünfzig Ellen breit und dreißig Ellen hoch
soll sie sein. 16 Mach der Arche ein Dach und
hebe es genau um eine Elle nach oben an!
Den Eingang der Arche bring an der Seite
an! Richte ein unteres, ein zweites und ein
drittes Stockwerk ein! 17 Ich will nämlich die
Flut über die Erde bringen, um alle Wesen
aus Fleisch unter dem Himmel, alles, was
Lebensgeist in sich hat, zu verderben. Alles
auf Erden soll verenden. 18 Mit dir aber
schließe ich meinen Bund. Geh in die Arche,
du, deine Söhne, deine Frau und die Frauen
deiner Söhne! 19 Von allem, was lebt, von al-
len Wesen aus Fleisch, führe je zwei in die
Arche, damit sie mit dir am Leben bleiben; je
ein Männchen und ein Weibchen sollen es
sein. 20 Von allen Arten der Vögel, von allen
Arten des Viehs, von allen Arten der Kriech-
tiere auf dem Erdboden sollen je zwei zu dir
kommen, damit sie am Leben bleiben.
21 Nimm dir von allem Essbaren mit und leg
dir einen Vorrat an! Dir und ihnen soll es zur
Nahrung dienen. 22 Noach tat alles genau so,
wie ihm Gott aufgetragen hatte.
7 Darauf sprach der Herr zu Noach: Geh
in die Arche, du und dein ganzes Haus,
denn ich habe gesehen, dass du unter deinen
Zeitgenossen vor mir gerecht bist. 2 Von al-
len reinen Tieren nimm dir je sieben Paare
mit und von allen unreinen Tieren je ein

6,1–4 Der letzte Überarbeiter des Pentateuch fügt hier eine alte Tradition über die Entstehung der Riesen ein. Ursprünglich waren die »Gottessöhne« als überirdische Wesen gedacht, die nach den Sagen vieler Völker mit menschlichen Frauen verkehrten und so die Riesen oder die Helden der Vorzeit zeugten. Im heutigen Zusammenhang, für den die alte Erzählung stark gekürzt wurde, werden die Gottessöhne entweder als Engel gedeutet (vgl. Ijob 1,6; 2,1; 38,7; Dan 3,92), die aus ihrer Ordnung gefallen sind, oder als die Nachkommen Sets, die als fromm galten und darum als »Gottessöhne« bezeichnet werden konnten, aber nun Ehen mit den weiblichen Nachkommen Kains eingingen, mit den »Menschentöchtern«, sodass die Laster der Kainiten auch auf die Setiten übergriffen. Der Bearbeiter greift diese Tradition auf, um das auffällige Absinken des Lebensalters der Urväter vor der Flut auf das viel niedrigere Lebensalter nach der Flut zu erklären.

6,55 – 9,29 In der Sintfluterzählung werden alte Traditionen und wahrscheinlich bereits zwei schriftliche Quellen verarbeitet, um die verhängnisvollen Folgen der Sünde zu veranschaulichen. Sintflutsagen finden sich bei vielen Völkern; am nächsten stehen der Bibel babylonische Sintfluterzählungen, die sich aber durch das mythische Beiwerk und durch das Schweigen von einer Schuld des Menschen wesentlich unterscheiden.

6,13 durch sie: durch die Menschen, die mit den »Wesen aus Fleisch« neben den Tieren vor allem gemeint sind.

6,16 hebe es an: H unklar; vielleicht ist gemeint: Das Dach soll in der Mitte eine Elle höher sein als an den Seiten, damit das Wasser abfließen kann.

Paar, 3 auch von den Vögeln des Himmels je sieben Männchen und Weibchen, um Nachwuchs auf der ganzen Erde am Leben zu erhalten. 4 Denn noch sieben Tage dauert es, dann lasse ich es vierzig Tage und vierzig Nächte lang auf die Erde regnen und tilge vom Erdboden alle Wesen, die ich gemacht habe. 5 Noach tat alles, was ihm der Herr aufgetragen hatte. 6 Noach war sechshundert Jahre alt, als die Flut über die Erde kam.

7 Noach ging also mit seinen Söhnen, seiner Frau und den Frauen seiner Söhne in die Arche, bevor das Wasser der Flut kam. 8 Von den reinen und unreinen Tieren, von den Vögeln und allem, was sich auf dem Erdboden regt, 9 kamen immer zwei zu Noach in die Arche, Männchen und Weibchen, wie Gott dem Noach aufgetragen hatte. 10 Als die sieben Tage vorbei waren, kam das Wasser der Flut über die Erde, 11 im sechshundertsten Lebensjahr Noachs, am siebzehnten Tag des zweiten Monats. An diesem Tag brachen alle Quellen der gewaltigen Urflut auf und die Schleusen des Himmels öffneten sich. 12 Der Regen ergoss sich vierzig Tage und vierzig Nächte lang auf die Erde.

13 Genau an jenem Tag waren Noach, die Söhne Noachs, Sem, Ham und Jafet, Noachs Frau und mit ihnen die drei Frauen seiner Söhne in die Arche gegangen, 14 sie und alle Arten der Tiere, alle Arten des Viehs und alle Arten der Kriechtiere, die sich auf der Erde regen, und alle Arten der Vögel, des fliegenden Getiers. 15 Sie waren zu Noach in die Arche gekommen, immer zwei von allen Wesen aus Fleisch, in denen Lebensgeist ist. 16 Von allen Tieren waren Männchen und Weibchen gekommen, wie Gott ihm aufgetragen hatte. Dann schloss der Herr hinter ihm zu.

Die große Flut: 7,17 – 8,22

17 Die Flut auf der Erde dauerte vierzig Tage. Das Wasser stieg und hob die Arche immer höher über die Erde. 18 Das Wasser schwoll an und stieg immer mehr auf der Erde, die Arche aber trieb auf dem Wasser dahin. 19 Das Wasser war auf der Erde gewaltig angeschwollen und bedeckte alle hohen Berge, die es unter dem ganzen Himmel gibt. 20 Das Wasser war fünfzehn Ellen über die Berge hinaus angeschwollen und hatte sie zugedeckt. 21 Da verendeten alle Wesen aus Fleisch, die sich auf der Erde geregt hatten, Vögel, Vieh und sonstige Tiere, alles, wovon die Erde gewimmelt hatte, und auch alle Menschen. 22 Alles, was auf der Erde durch die Nase Lebensgeist atmete, kam um. 23 Gott vertilgte also alle Wesen auf dem Erdboden, Menschen, Vieh, Kriechtiere und die Vögel des Himmels; sie alle wurden vom Erdboden vertilgt. Übrig blieb nur Noach und was mit ihm in der Arche war. 24 Das Wasser aber schwoll hundertfünfzig Tage lang auf der Erde an.

8 Da dachte Gott an Noach und an alle Tiere und an alles Vieh, das bei ihm in der Arche war. Gott ließ einen Wind über die Erde wehen und das Wasser sank. 2 Die Quellen der Urflut und die Schleusen des Himmels schlossen sich; der Regen vom Himmel ließ nach 3 und das Wasser verlief sich allmählich von der Erde. So nahm das Wasser nach hundertfünfzig Tagen ab. 4 Am siebzehnten Tag des siebten Monats setzte die Arche im Gebirge Ararat auf. 5 Das Wasser nahm immer mehr ab, bis zum zehnten Monat. Am ersten Tag des zehnten Monats wurden die Berggipfel sichtbar.

6 Nach vierzig Tagen öffnete Noach das Fenster der Arche, das er gemacht hatte, 7 und ließ einen Raben hinaus. Der flog aus und ein, bis das Wasser auf der Erde vertrocknet war. 8 Dann ließ er eine Taube hinaus, um zu sehen, ob das Wasser auf der Erde abgenommen habe. 9 Die Taube fand keinen Halt für ihre Füße und kehrte zu ihm in die Arche zurück, weil über der ganzen Erde noch Wasser stand. Er streckte seine Hand aus und nahm die Taube wieder zu sich in die Arche. 10 Dann wartete er noch weitere sieben Tage und ließ wieder die Taube aus der Arche. 11 Gegen Abend kam die Taube zu ihm zurück, und siehe da: In ihrem Schnabel hatte sie einen frischen Olivenzweig. Jetzt wusste Noach, dass nur noch wenig Wasser auf der Erde stand. 12 Er wartete weitere sieben Tage und ließ die Taube noch einmal hinaus. Nun kehrte sie nicht mehr zu ihm zurück.

13 Im sechshundertersten Jahr Noachs, am ersten Tag des ersten Monats, hatte sich das Wasser verlaufen. Da entfernte Noach das Verdeck der Arche, blickte hinaus, und siehe: Die Erdoberfläche war trocken. 14 Am siebenundzwanzigsten Tag des zweiten Monats war die Erde trocken. 15 Da sprach Gott zu Noach: 16 Komm heraus aus der Arche, du, deine Frau, deine Söhne und die Frauen deiner Söhne! 17 Bring mit dir alle Tiere heraus, alle Wesen aus Fleisch, die Vögel, das Vieh und alle Kriechtiere, die sich auf der Erde regen. Auf der Erde soll es von ihnen wimmeln; sie sollen fruchtbar sein und sich auf der Erde vermehren. 18 Da kam Noach heraus, er, seine Söhne, seine Frau und die Frauen seiner Söhne. 19 Auch alle Tiere kamen, nach Gattungen geordnet, aus der

Arche, die Kriechtiere, die Vögel, alles, was
sich auf der Erde regt.
20 Dann baute Noach dem Herrn einen Al-
tar, nahm von allen reinen Tieren und von
allen reinen Vögeln und brachte auf dem Al-
tar Brandopfer dar. 21 Der Herr roch den be-
ruhigenden Duft und der Herr sprach bei
sich: Ich will die Erde wegen des Menschen
nicht noch einmal verfluchen; denn das
Trachten des Menschen ist böse von Jugend
an. Ich will künftig nicht mehr alles Leben-
dige vernichten, wie ich es getan habe.
22 So lange die Erde besteht, / sollen nicht
aufhören / Aussaat und Ernte, Kälte und
Hitze, / Sommer und Winter, Tag und Nacht.

8,13: 7,11 • 17: 1,22.28 • 21: 6,5.

Gottes Bund mit Noach: 9,1–17

9 Dann segnete Gott Noach und seine
Söhne und sprach zu ihnen: Seid
fruchtbar, vermehrt euch und bevölkert die
Erde! 2 Furcht und Schrecken vor euch soll
sich auf alle Tiere der Erde legen, auf alle
Vögel des Himmels, auf alles, was sich auf
der Erde regt, und auf alle Fische des Mee-
res; euch sind sie übergeben. 3 Alles Leben-
dige, das sich regt, soll euch zur Nahrung
dienen. Alles übergebe ich euch wie die grü-
nen Pflanzen. 4 Nur Fleisch, in dem noch
Blut ist, dürft ihr nicht essen. 5 Wenn aber
euer Blut vergossen wird, fordere ich
Rechenschaft, und zwar für das Blut eines
jeden von euch. Von jedem Tier fordere ich
Rechenschaft und vom Menschen. Für das
Leben des Menschen fordere ich Rechen-
schaft von jedem seiner Brüder. 6 Wer Men-
schenblut vergießt, dessen Blut wird durch
Menschen vergossen. Denn: Als Abbild Got-
tes hat er den Menschen gemacht. 7 Seid
fruchtbar und vermehrt euch; bevölkert die
Erde und vermehrt euch auf ihr!
8 Dann sprach Gott zu Noach und seinen
Söhnen, die bei ihm waren: 9 Hiermit schlie-
ße ich meinen Bund mit euch und mit euren
Nachkommen 10 und mit allen Lebewesen
bei euch, mit den Vögeln, dem Vieh und allen
Tieren des Feldes, mit allen Tieren der Erde,
die mit euch aus der Arche gekommen sind.
11 Ich habe meinen Bund mit euch geschlos-
sen: Nie wieder sollen alle Wesen aus Fleisch
vom Wasser der Flut ausgerottet werden; nie
wieder soll eine Flut kommen und die Erde
verderben. 12 Und Gott sprach: Das ist das
Zeichen des Bundes, den ich stifte zwischen
mir und euch und den lebendigen Wesen bei
euch für alle kommenden Generationen:
13 Meinen Bogen setze ich in die Wolken; er
soll das Bundeszeichen sein zwischen mir und
der Erde. 14 Balle ich Wolken über der Erde
zusammen und erscheint der Bogen in den
Wolken, 15 dann gedenke ich des Bundes, der
besteht zwischen mir und euch und allen Le-
bewesen, allen Wesen aus Fleisch, und das
Wasser wird nie wieder zur Flut werden, die
alle Wesen aus Fleisch vernichtet. 16 Steht
der Bogen in den Wolken, so werde ich auf ihn
sehen und des ewigen Bundes gedenken zwi-
schen Gott und allen lebenden Wesen, allen
Wesen aus Fleisch auf der Erde. 17 Und Gott
sprach zu Noach: Das ist das Zeichen des Bun-
des, den ich zwischen mir und allen Wesen
aus Fleisch auf der Erde geschlossen habe.

1: 1,28; 9,7 • 3: 1,29 • 6: 1,26–28 • 7: 9,1.

Noachs Fluch und Segen: 9,18–29

18 Die Söhne Noachs, die aus der Arche ge-
kommen waren, sind Sem, Ham und Jafet.
Ham ist der Vater Kanaans. 19 Diese drei
sind die Söhne Noachs; von ihnen stammen
alle Völker der Erde ab. 20 Noach wurde der
erste Ackerbauer und pflanzte einen Wein-
berg. 21 Er trank von dem Wein, wurde davon
betrunken und lag entblößt in seinem Zelt.
22 Ham, der Vater Kanaans, sah die Blöße
seines Vaters und erzählte davon draußen
seinen Brüdern. 23 Da nahmen Sem und Jafet
einen Überwurf; den legten sich beide auf
die Schultern, gingen rückwärts und be-
deckten die Blöße ihres Vaters. Sie hatten ihr
Gesicht abgewandt und konnten die Blöße
des Vaters nicht sehen. 24 Als Noach aus sei-
nem Rausch erwachte und erfuhr, was ihm
sein zweiter Sohn angetan hatte, 25 sagte er:
Verflucht sei Kanaan. / Der niedrigste
Knecht sei er seinen Brüdern.
26 Und weiter sagte er:
Gepriesen sei der Herr, der Gott Sems, /
Kanaan aber sei sein Knecht.
27 Raum schaffe Gott für Jafet. / In Sems
Zelten wohne er, / Kanaan aber sei sein
Knecht.
28 Noach lebte nach der Flut noch dreihun-
dertfünfzig Jahre. 29 Die gesamte Lebenszeit
Noachs betrug neunhundertfünfzig Jahre,
dann starb er.

8,21 Der »beruhigende Duft« ist der Duft der Opfer, der den Zorn Gottes besänftigt; der Ausdruck stammt aus der formelhaften Sprache der Opferritualien (vgl. Ex 29,18.25.41; Lev 1,9.13.17).

9,27 Wortspiel mit dem Namen Jafet und dem ähnlich klingenden Zeitwort »er schaffe Raum« (jaft).

Die Nachkommen Noachs – Völkertafel: 10,1–32

10 Das ist die Geschlechterfolge nach den Söhnen Noachs, Sem, Ham und Jafet. Ihnen wurden nach der Flut Söhne geboren.

2 Die Söhne Jafets sind Gomer, Magog, Madai, Jawan, Tubal, Meschech und Tiras. 3 Die Söhne Gomers sind Aschkenas, Rifat und Togarma. 4 Die Söhne Jawans sind Elischa, Tarschisch, die Kittäer und die Rodaniter. 5 Von ihnen zweigten sich die Inselvölker in ihren verschiedenen Ländern ab, jedes nach seiner Sprache und seinen Sippenverbänden in ihren Völkerschaften.

6 Die Söhne Hams sind Kusch, Ägypten, Put und Kanaan. 7 Die Söhne von Kusch sind Seba, Hawila, Sabta, Ragma und Sabtecha, und die Söhne Ragmas sind Saba und Dedan. 8 Kusch zeugte Nimrod; dieser wurde der erste Held auf der Erde. 9 Er war ein tüchtiger Jäger vor dem Herrn. Deshalb pflegt man zu sagen: Ein tüchtiger Jäger vor dem Herrn wie Nimrod. 10 Kerngebiet seines Reiches war Babel, Erech, Akkad und Kalne im Land Schinar. 11 Von diesem Land zog er nach Assur aus und erbaute Ninive, Rehobot-Ir, Kelach 12 sowie Resen, zwischen Ninive und Kelach, das ist die große Stadt. 13 Ägypten zeugte die Luditer, die Anamiter, die Lehabiter, die Naftuhiter, 14 die Patrositer und die Kasluhiter, von denen die Philister abstammen, ferner die Kaftoriter. 15 Kanaan zeugte Sidon, seinen Erstgeborenen, und Het, 16 ferner die Jebusiter, die Amoriter, die Girgaschiter, 17 die Hiwiter, die Arkiter, die Siniter, 18 die Arwaditer, die Zemariter und die Hamatiter. Später spalteten sich die Sippenverbände der Kanaaniter. 19 Das Gebiet der Kanaaniter reichte von Sidon, wenn man über Gerar kommt, bis Gaza, wenn man über Sodom, Gomorra, Adma und Zebojim kommt, bis Lescha. 20 Das waren die Söhne Hams nach ihren Sippenverbänden, nach ihren Sprachen in ihren Ländern und Völkerschaften.

21 Auch Sem wurden Kinder geboren. Er ist der Stammvater aller Söhne Ebers, der ältere Bruder Jafets. 22 Die Söhne Sems sind Elam, Assur, Arpachschad, Lud und Aram. 23 Die Söhne Arams sind Uz, Hul, Geter und Masch. 24 Arpachschad zeugte Schelach, Schelach zeugte Eber. 25 Dem Eber wurden zwei Söhne geboren; der eine hieß Peleg (Teilung), denn zu seiner Zeit wurde das Land geteilt, und sein Bruder hieß Joktan. 26 Joktan zeugte Almodad, Schelef, Hazarmawet, Jerach, 27 Hadoram, Usal, Dikla, 28 Obal, Abimaël, Scheba, 29 Ofir, Hawila und Jobab. Das alles sind Söhne Joktans. 30 Ihr Siedlungsgebiet reichte von Mescha, wenn man über Sefar kommt, bis ans Ostgebirge. 31 Das waren die Söhne Sems nach ihren Sippenverbänden, nach ihren Sprachen in ihren Ländern, nach ihren Völkern.

32 Das waren die Sippenverbände der Söhne Noachs nach ihrer Geschlechterfolge in ihren Völkern. Von ihnen zweigten sich nach der Flut die Völker der Erde ab.

Der Turmbau zu Babel: 11,1–9

11 Alle Menschen hatten die gleiche Sprache und gebrauchten die gleichen Worte. 2 Als sie von Osten aufbrachen, fanden sie eine Ebene im Land Schinar und siedelten sich dort an. 3 Sie sagten zueinander: Auf, formen wir Lehmziegel und brennen wir sie zu Backsteinen. So dienten ihnen gebrannte Ziegel als Steine und Erdpech als Mörtel. 4 Dann sagten sie: Auf, bauen wir uns eine Stadt und einen Turm mit einer Spitze bis zum Himmel und machen wir uns damit einen Namen, dann werden wir uns nicht über die ganze Erde zerstreuen. 5 Da stieg der Herr herab, um sich Stadt und Turm anzusehen, die die Menschenkinder bauten. 6 Er sprach: Seht nur, *ein* Volk sind sie und *eine* Sprache haben sie alle. Und das ist erst der Anfang ihres Tuns. Jetzt wird ihnen nichts mehr unerreichbar sein, was sie sich auch vornehmen. 7 Auf, steigen wir hinab und verwirren wir dort ihre Sprache, sodass keiner mehr die Sprache des anderen versteht. 8 Der Herr zerstreute sie von dort aus über die ganze Erde und sie hörten auf, an der Stadt zu bauen. 9 Darum nannte man die Stadt Babel (Wirrsal), denn dort hat der Herr die Sprache aller Welt verwirrt, und von dort aus hat er die Menschen über die ganze Erde zerstreut.

10,4 In H steht Dodaniter; wahrscheinlich ist aber Rodaniter zu lesen wie in 1 Chr 1,7. Die hebräischen Buchstaben d und r sind einander sehr ähnlich und konnten leicht verwechselt werden.

10,6 Eine Eigenart solcher alter Listen ist es, dass darin Städte und Länder wie Personen angeführt werden. Nach hebräischer Denkweise haben auch Städte und Länder einen Stammvater (vgl. die Anmerkung zu 4,17).

10,21 Die »Söhne Ebers« sind die Hebräer (hebr.: ibrím).

11,1–9 An der alten Tradition von Babel als dem Schauplatz der Sprachverwirrung zeigt der Erzähler, dass hohe Zivilisation ohne Bindung an Gott die Menschen nicht eint und innerlich einander näher bringt, sondern sie entzweit, sodass sie sich gegenseitig nicht mehr verstehen.

DIE ERZVÄTER: 11,10 – 36,43

Die Vorfahren Abrahams: 11,10–32

10 Das ist die Geschlechterfolge nach Sem:
Sem zeugte im Alter von hundert Jahren Ar-
pachschad, zwei Jahre nach der Flut. 11 Nach
der Geburt Arpachschads lebte Sem noch
fünfhundert Jahre und zeugte Söhne und
Töchter.
12 Arpachschad zeugte mit fünfunddreißig
Jahren Schelach. 13 Nach der Geburt Sche-
lachs lebte Arpachschad noch vierhundert-
drei Jahre und zeugte Söhne und Töchter.
14 Schelach zeugte mit dreißig Jahren
Eber. 15 Nach der Geburt Ebers lebte Sche-
lach noch vierhundertdrei Jahre und zeugte
Söhne und Töchter.
16 Eber war vierunddreißig Jahre alt, da
zeugte er Peleg. 17 Nach der Geburt Pelegs
lebte Eber noch vierhundertdreißig Jahre
und zeugte Söhne und Töchter.
18 Peleg war dreißig Jahre alt, da zeugte er
Regu. 19 Nach der Geburt Regus lebte Peleg
noch zweihundertneun Jahre und zeugte
Söhne und Töchter.
20 Regu war zweiunddreißig Jahre alt, da
zeugte er Serug. 21 Nach der Geburt Serugs
lebte Regu noch zweihundertsieben Jahre
und zeugte Söhne und Töchter.
22 Serug war dreißig Jahre alt, da zeugte er
Nahor. 23 Nach der Geburt Nahors lebte Se-
rug noch zweihundert Jahre und zeugte Söh-
ne und Töchter.
24 Nahor war neunundzwanzig Jahre alt,
da zeugte er Terach. 25 Nach der Geburt Te-
rachs lebte Nahor noch hundertneunzehn
Jahre und zeugte Söhne und Töchter.
26 Terach war siebzig Jahre alt, da zeugte
er Abram, Nahor und Haran.
27 Das ist die Geschlechterfolge nach Te-
rach: Terach zeugte Abram, Nahor und Ha-
ran; Haran zeugte Lot. 28 Dann starb Haran,
noch vor seinem Vater Terach, in seiner Hei-
mat Ur in Chaldäa. 29 Abram und Nahor
nahmen sich Frauen; die Frau Abrams hieß
Sarai und die Frau Nahors hieß Milka; sie
war die Tochter Harans, des Vaters der Mil-
ka und der Jiska. 30 Sarai war unfruchtbar,
sie hatte keine Kinder. 31 Terach nahm sei-
nen Sohn Abram, seinen Enkel Lot, den
Sohn Harans, und seine Schwiegertochter
Sarai, die Frau seines Sohnes Abram, und sie
wanderten miteinander aus Ur in Chaldäa
aus, um in das Land Kanaan zu ziehen. Als
sie aber nach Haran kamen, siedelten sie sich
dort an. 32 Die Lebenszeit Terachs betrug
zweihundertfünf Jahre, dann starb Terach in
Haran.

Abrahams Berufung und Wanderung nach Kanaan: 12,1–9

12 Der Herr sprach zu Abram: Zieh weg
aus deinem Land, von deiner Ver-
wandtschaft und aus deinem Vaterhaus in
das Land, das ich dir zeigen werde. 2 Ich
werde dich zu einem großen Volk machen,
dich segnen und deinen Namen groß machen.
Ein Segen sollst du sein. 3 Ich will segnen, die
dich segnen; wer dich verwünscht, den will
ich verfluchen. Durch dich sollen alle Ge-
schlechter der Erde Segen erlangen.
4 Da zog Abram weg, wie der Herr ihm ge-
sagt hatte, und mit ihm ging auch Lot.
Abram war fünfundsiebzig Jahre alt, als er
aus Haran fortzog. 5 Abram nahm seine Frau
Sarai mit, seinen Neffen Lot und alle ihre
Habe, die sie erworben hatten, und die
Knechte und Mägde, die sie in Haran gewon-
nen hatten. Sie wanderten nach Kanaan aus
und kamen dort an.
6 Abram zog durch das Land bis zur Stätte
von Sichem, bis zur Orakeleiche. Die Kanaa-
niter waren damals im Land. 7 Der Herr er-
schien Abram und sprach: Deinen Nachkom-
men gebe ich dieses Land. Dort baute er dem
Herrn, der ihm erschienen war, einen Altar.
8 Von da brach er auf zum Bergland östlich
von Bet-El und schlug sein Zelt so auf, dass
er Bet-El im Westen und Ai im Osten hatte.
Dort baute er dem Herrn einen Altar und rief
den Namen des Herrn an. 9 Dann zog Abram
immer weiter, dem Negeb zu.

3: 18,18; 22,18; 26,4; 28,14; Sir 44,21; Gal 3,6–18.

12,1–3 In der Berufung Abrahams und der Segenszusage an ihn setzt Gott dem seit der ersten Sünde anwachsenden Fluch den Segen entgegen. Wie der Fluch sich auf die ganze Menschheit auswirkte, so soll nun der Segen die ganze Menschheit erreichen. Zum Mittler des Segens wird Abraham erwählt.

12,3 Jemand segnen bedeutet hier so viel wie jemand Gutes wünschen, ihm Wohlwollen bezeigen, mit ihm Gemeinschaft pflegen; mit dem Verwünschen oder Verfluchen ist zum Ausdruck gebracht, dass man mit dem Betreffenden nichts zu tun haben will, dass man keine Gemeinschaft mit ihm wünscht.

Abraham und Sara in Ägypten: 12,10–20

10 Als über das Land eine Hungersnot kam, zog Abram nach Ägypten hinab, um dort zu bleiben; denn die Hungersnot lastete schwer auf dem Land. 11 Als er sich Ägypten näherte, sagte er zu seiner Frau Sarai: Ich weiß, du bist eine schöne Frau. 12 Wenn dich die Ägypter sehen, werden sie sagen: Das ist seine Frau!, und sie werden mich erschlagen, dich aber am Leben lassen. 13 Sag doch, du seiest meine Schwester, damit es mir deinetwegen gut geht und ich um deinetwillen am Leben bleibe. 14 Als Abram nach Ägypten kam, sahen die Ägypter, dass die Frau sehr schön war. 15 Die Beamten des Pharao sahen sie und rühmten sie vor dem Pharao. Da holte man die Frau in den Palast des Pharao. 16 Er behandelte Abram ihretwegen gut: Abram bekam Schafe und Ziegen, Rinder und Esel, Knechte und Mägde, Eselinnen und Kamele. 17 Als aber der Herr wegen Sarai, der Frau Abrams, den Pharao und sein Haus mit schweren Plagen schlug, 18 ließ der Pharao Abram rufen und sagte: Was hast du mir da angetan? Warum hast du mir nicht gesagt, dass sie deine Frau ist? 19 Warum hast du behauptet, sie sei deine Schwester, sodass ich sie mir zur Frau nahm? Nun, da hast du deine Frau wieder, nimm sie und geh! 20 Dann ordnete der Pharao seinetwegen Leute ab, die ihn, seine Frau und alles, was ihm gehörte, fortgeleiten sollten.

Abraham und Lot: 13,1–13

13 Von Ägypten zog Abram in den Negeb hinauf, er und seine Frau mit allem, was ihm gehörte, und mit ihm auch Lot. 2 Abram hatte einen sehr ansehnlichen Besitz an Vieh, Silber und Gold. 3 Er wanderte von einem Lagerplatz zum andern weiter, vom Negeb bis nach Bet-El, bis zu dem Ort, an dem anfangs sein Zelt gestanden hatte, zwischen Bet-El und Ai, 4 dem Ort, wo er früher den Altar erbaut hatte. Dort rief Abram den Namen des Herrn an.

5 Auch Lot, der mit Abram gezogen war, besaß Schafe und Ziegen, Rinder und Zelte. 6 Das Land war aber zu klein, als dass sich beide nebeneinander hätten ansiedeln können; denn ihr Besitz war zu groß und so konnten sie sich nicht miteinander niederlassen. 7 Zwischen den Hirten Abrams und den Hirten Lots kam es zum Streit; auch siedelten damals noch die Kanaaniter und die Perisiter im Land. 8 Da sagte Abram zu Lot: Zwischen mir und dir, zwischen meinen und deinen Hirten soll es keinen Streit geben; wir sind doch Brüder. 9 Liegt nicht das ganze Land vor dir? Trenn dich also von mir! Wenn du nach links willst, gehe ich nach rechts; wenn du nach rechts willst, gehe ich nach links. 10 Lot blickte auf und sah, dass die ganze Jordangegend bewässert war. Bevor der Herr Sodom und Gomorra vernichtete, war sie bis Zoar hin wie der Garten des Herrn, wie das Land Ägypten. 11 Da wählte sich Lot die ganze Jordangegend aus. Lot brach nach Osten auf und sie trennten sich voneinander. 12 Abram ließ sich in Kanaan nieder, während Lot sich in den Städten jener Gegend niederließ und seine Zelte bis Sodom hin aufschlug. 13 Die Leute von Sodom aber waren sehr böse und sündigten schwer gegen den Herrn.

3: 12,8.

Gottes Verheißung an Abraham: 13,14–18

14 Nachdem sich Lot von Abram getrennt hatte, sprach der Herr zu Abram: Blick auf und schau von der Stelle, an der du stehst, nach Norden und Süden, nach Osten und Westen. 15 Das ganze Land nämlich, das du siehst, will ich dir und deinen Nachkommen für immer geben. 16 Ich mache deine Nachkommen zahlreich wie den Staub auf der Erde. Nur wer den Staub auf der Erde zählen kann, wird auch deine Nachkommen zählen können. 17 Mach dich auf, durchzieh das Land in seiner Länge und Breite; denn dir werde ich es geben. 18 Da zog Abram mit seinen Zelten weiter und ließ sich bei den Eichen von Mamre in Hebron nieder. Dort baute er dem Herrn einen Altar.

15f: 15,7.18–21; 17,8; 26,2–5; 28,1–4.13f; 35,12.

Abraham und Melchisedek: 14,1–24

14 Damals führten Amrafel, der König von Schinar, Arjoch, der König von Ellasar, Kedor-Laomer, der König von Elam, und Tidal, der König der Völker, 2 Krieg gegen Bera, den König von Sodom, Birscha, den König von Gomorra, Schinab, den König von Adma, Schemeber, den König von Zebojim, und den König von Bela, das jetzt Zoar heißt. 3 Sie alle zogen als Verbündete in das Siddimtal, das jetzt Salzmeer heißt. 4 Zwölf Jahre waren sie Kedor-Laomer untertan gewesen, im dreizehnten Jahr fielen sie von ihm ab. 5 Im vierzehnten Jahr kamen Kedor-Laomer und die mit ihm verbündeten Könige. Sie schlugen die Rafaïter in Ascherot-Karnajim, die Susiter in Ham, die Emiter in der Ebene von Kirjatajim 6 und die Horiter in ihrem Gebirge Seïr bis nach El-Paran, das am Rande der Wüste liegt. 7 Auf dem Rück-

weg kamen sie nach En-Mischpat, das jetzt
Kadesch heißt, und verwüsteten das ganze
Gebiet der Amalekiter sowie das der Amori-
ter, die in Hazezon-Tamar wohnten. 8 Der
König von Sodom, der König von Gomorra,
der König von Adma, der König von Zebojim
und der König von Bela, das jetzt Zoar heißt,
zogen aus und stellten sich ihnen im Siddim-
tal zum Kampf, 9 nämlich Kedor-Laomer,
dem König von Elam, Tidal, dem König der
Völker, Amrafel, dem König von Schinar,
und Arjoch, dem König von Ellasar: vier Kö-
nige gegen fünf.

10 Das Siddimtal war voller Erdpechgru-
ben; die Könige von Sodom und Gomorra
mussten fliehen und fielen dort hinein, die
Übrigen flohen ins Gebirge. 11 Die Feinde
nahmen die ganze Habe von Sodom und Go-
morra sowie alle ihre Vorräte mit und zogen
ab. 12 Als sie abzogen, nahmen sie auch Lot,
den Neffen Abrams, und seine Habe mit; Lot
wohnte damals in Sodom.

13 Ein Flüchtling kam und berichtete es
dem Hebräer Abram; Abram wohnte bei den
Eichen des Amoriters Mamre, des Bruders
Eschkols und Aners, die seine Bundesgenos-
sen waren. 14 Als Abram hörte, sein Bruder
sei gefangen, musterte er seine ausgebildete
Mannschaft, dreihundertachtzehn Mann, die
alle in seinem Haus geboren waren, und
nahm die Verfolgung auf bis nach Dan. 15 In
der Nacht verteilten sie sich, er und seine
Knechte, um sie zu überfallen. Er schlug sie
und verfolgte sie bis Hoba, nördlich von Da-
maskus. 16 Er brachte die ganze Habe zu-
rück, auch seinen Bruder Lot und dessen Be-
sitz sowie die Frauen und die übrigen Leute.
17 Als er nach dem Sieg über Kedor-Laomer
und die mit ihm verbündeten Könige zurück-
kam, zog ihm der König von Sodom ins Scha-
wetal entgegen, das jetzt Königstal heißt.

18 Melchisedek, der König von Salem,
brachte Brot und Wein heraus. Er war Pries-
ter des Höchsten Gottes. 19 Er segnete Abram
und sagte:

Gesegnet sei Abram vom Höchsten Gott, /
dem Schöpfer des Himmels und der Erde,
20 und gepriesen sei der Höchste Gott, / der
deine Feinde an dich ausgeliefert hat.

Darauf gab ihm Abram den Zehnten von
allem.

21 Der König von Sodom sagte zu Abram:
Gib mir die Leute zurück, die Habe behalte!
22 Abram entgegnete dem König von Sodom:
Ich erhebe meine Hand zum Herrn, dem
Höchsten Gott, dem Schöpfer des Himmels
und der Erde: 23 Keinen Faden und keinen
Schuhriemen, nichts von allem, was dir
gehört, will ich behalten. Du sollst nicht
behaupten können: Ich habe Abram reich
gemacht. 24 Nur was meine Leute verzehrt
haben und was auf die Männer entfällt, die
mit mir gezogen sind, auf Aner, Eschkol und
Mamre, das sollen sie als ihren Anteil behal-
ten.

18: Ps 110,4; Hebr 5,6.10; 6,20; 7,1.10–17 • 20: Hebr 7,2.4.8f.

Gottes Bund mit Abraham: 15,1–21

15 Nach diesen Ereignissen erging das
Wort des Herrn in einer Vision an
Abram: Fürchte dich nicht, Abram, ich bin
dein Schild; dein Lohn wird sehr groß sein.
2 Abram antwortete: Herr, mein Herr, was
willst du mir schon geben? Ich gehe doch
kinderlos dahin und Erbe meines Hauses ist
Eliëser aus Damaskus. 3 Und Abram sagte:
Du hast mir ja keine Nachkommen gegeben;
also wird mich mein Haussklave beerben.
4 Da erging das Wort des Herrn an ihn: Nicht
er wird dich beerben, sondern dein leiblicher
Sohn wird dein Erbe sein. 5 Er führte ihn
hinaus und sprach: Sieh doch zum Himmel
hinauf und zähl die Sterne, wenn du sie zäh-
len kannst. Und er sprach zu ihm: So zahl-
reich werden deine Nachkommen sein.

6 Abram glaubte dem Herrn und der Herr
rechnete es ihm als Gerechtigkeit an. 7 Er
sprach zu ihm: Ich bin der Herr, der dich aus
Ur in Chaldäa herausgeführt hat, um dir die-
ses Land zu Eigen zu geben. 8 Da sagte Ab-
ram: Herr, mein Herr, woran soll ich erken-
nen, dass ich es zu Eigen bekomme? 9 Der
Herr antwortete ihm: Hol mir ein dreijähri-
ges Rind, eine dreijährige Ziege, einen drei-
jährigen Widder, eine Turteltaube und eine
Haustaube! 10 Abram brachte ihm alle diese
Tiere, zerteilte sie und legte je eine Hälfte
der andern gegenüber; die Vögel aber zerteil-
te er nicht. 11 Da stießen Raubvögel auf die
Fleischstücke herab, doch Abram ver-
scheuchte sie.

12 Bei Sonnenuntergang fiel auf Abram ein
tiefer Schlaf; große, unheimliche Angst
überfiel ihn. 13 Gott sprach zu Abram: Du
sollst wissen: Deine Nachkommen werden
als Fremde in einem Land wohnen, das ihnen
nicht gehört. Sie werden dort als Sklaven

14,14 »Bruder« wird im Hebräischen auch für einen Verwandten (hier: den Neffen) gebraucht.
14,18–20 In der Begegnung Abrahams mit Melchisedek zeigt sich, dass der »höchste Gott, der Schöpfer von Himmel und Erde«, der in Jerusalem verehrt wird, derselbe ist wie der Gott Abrahams.
15,2 Schluss des Verses in H unklar, daher Übersetzung unsicher.

dienen und man wird sie vierhundert Jahre
lang hart behandeln. 14 Aber auch über das
Volk, dem sie als Sklaven dienen, werde ich
Gericht halten und nachher werden sie mit
reicher Habe ausziehen. 15 Du aber wirst in
Frieden zu deinen Vätern heimgehen; in ho-
hem Alter wirst du begraben werden. 16 Erst
die vierte Generation wird hierher zurück-
kehren; denn noch hat die Schuld der Amo-
riter nicht ihr volles Maß erreicht.

17 Die Sonne war untergegangen und es
war dunkel geworden. Auf einmal waren ein
rauchender Ofen und eine lodernde Fackel
da; sie fuhren zwischen jenen Fleischstücken
hindurch. 18 An diesem Tag schloss der Herr
mit Abram folgenden Bund: Deinen Nach-
kommen gebe ich dieses Land vom Grenz-
bach Ägyptens bis zum großen Strom Eufrat,
19 (das Land) der Keniter, der Kenasiter, der
Kadmoniter, 20 der Hetiter, der Perisiter, der
Rafaïter, 21 der Amoriter, der Kanaaniter,
der Girgaschiter, der Hiwiter und der
Jebusiter.

5: 13,16; 22,15–18; 26,4; 28,14 • 6: Röm 4,3.9.22; Gal 3,6; Jak 2,23 • 14: Ex 12,35f • 18: 13,15.

Ismaels Geburt: 16,1–16

16 Sarai, Abrams Frau, hatte ihm keine
Kinder geboren. Sie hatte aber eine
ägyptische Magd namens Hagar. 2 Sarai
sagte zu Abram: Der Herr hat mir Kinder
versagt. Geh zu meiner Magd! Vielleicht
komme ich durch sie zu einem Sohn. Abram
hörte auf sie. 3 Sarai, Abrams Frau, nahm
also die Ägypterin Hagar, ihre Magd, – zehn
Jahre, nachdem sich Abram in Kanaan nie-
dergelassen hatte – und gab sie ihrem Mann
Abram zur Frau. 4 Er ging zu Hagar und sie
wurde schwanger. Als sie merkte, dass sie
schwanger war, verlor die Herrin bei ihr an
Achtung. 5 Da sagte Sarai zu Abram: Das
Unrecht, das ich erfahre, komme auf dich.
Ich habe dir meine Magd überlassen. Kaum
merkt sie, dass sie schwanger ist, so verliere
ich schon an Achtung bei ihr. Der Herr ent-
scheide zwischen mir und dir. 6 Abram ent-
gegnete Sarai: Hier ist deine Magd; sie ist in
deiner Hand. Tu mit ihr, was du willst. Da
behandelte Sarai sie so hart, dass ihr Hagar
davonlief.

7 Der Engel des Herrn fand Hagar an einer
Quelle in der Wüste, an der Quelle auf dem
Weg nach Schur. 8 Er sprach: Hagar, Magd
Sarais, woher kommst du und wohin gehst
du? Sie antwortete: Ich bin meiner Herrin
Sarai davongelaufen. 9 Da sprach der Engel
des Herrn zu ihr: Geh zurück zu deiner Her-
rin und ertrag ihre harte Behandlung! 10 Der
Engel des Herrn sprach zu ihr: Deine Nach-
kommen will ich so zahlreich machen, dass
man sie nicht zählen kann. 11 Weiter sprach
der Engel des Herrn zu ihr: Du bist schwan-
ger, du wirst einen Sohn gebären und ihn
Ismael (Gott hört) nennen; denn der Herr hat
auf dich gehört in deinem Leid.

12 Er wird ein Mensch sein wie ein Wild-
esel. / Seine Hand gegen alle, die Hände aller
gegen ihn! / Allen seinen Brüdern setzt er
sich vors Gesicht.

13 Da nannte sie den Herrn, der zu ihr ge-
sprochen hatte: El-Roï (Gott, der nach mir
schaut). Sie sagte nämlich: Habe ich hier
nicht nach dem geschaut, der nach mir
schaut? 14 Darum nannte sie den Brunnen
Beer-Lahai-Roï (Brunnen des Lebendigen,
der nach mir schaut). Er liegt zwischen
Kadesch und Bered.

15 Hagar gebar dem Abram einen Sohn
und Abram nannte den Sohn, den ihm Hagar
gebar, Ismael. 16 Abram war sechsundacht-
zig Jahre alt, als Hagar ihm Ismael gebar.

1–16 ‖ 21,9–21.

Die Beschneidung als Bundeszeichen:
17,1–27

17 Als Abram neunundneunzig Jahre
alt war, erschien ihm der Herr und
sprach zu ihm: Ich bin Gott, der Allmächtige.
Geh deinen Weg vor mir und sei rechtschaf-
fen! 2 Ich will einen Bund stiften zwischen
mir und dir und dich sehr zahlreich machen.
3 Abram fiel auf sein Gesicht nieder; Gott re-
dete mit ihm und sprach: 4 Das ist mein Bund
mit dir: Du wirst Stammvater einer Menge
von Völkern. 5 Man wird dich nicht mehr
Abram nennen. Abraham (Vater der Menge)
wirst du heißen; denn zum Stammvater einer
Menge von Völkern habe ich dich bestimmt.
6 Ich mache dich sehr fruchtbar und lasse
Völker aus dir entstehen; Könige werden von

15,21 Hiwiter: ergänzt nach einigen alten Übersetzungen.

16,2 Nach altorientalischem Recht konnte eine kinderlose Frau ihrem Mann die Sklavin überlassen. Die Kinder der Sklavin galten dann als legitime Kinder des Ehepaars. Sollte später die Frau wider Erwarten noch eigene Kinder bekommen, konnte der Vater die Kinder der Sklavin nach Übergabe von Geschenken fortschicken, er musste aber die Sklavin dann freilassen (vgl. 21,1–21).

16,12 Der Vers deutet den unbändigen Freiheitsdrang der Wüstenstämme an. Die arabischen Beduinen betrachten sich noch heute als Nachkommen Ismaels.

16,13f In H Wortspiel mit dem Namen des Brunnens.

dir abstammen. 7 Ich schließe meinen Bund
zwischen mir und dir samt deinen Nachkom-
men, Generation um Generation, einen ewi-
gen Bund: Dir und deinen Nachkommen
werde ich Gott sein. 8 Dir und deinen Nach-
kommen gebe ich ganz Kanaan, das Land, in
dem du als Fremder weilst, für immer zu Ei-
gen und ich will ihnen Gott sein. 9 Und Gott
sprach zu Abraham: Du aber halte meinen
Bund, du und deine Nachkommen, Generati-
on um Generation. 10 Das ist mein Bund zwi-
schen mir und euch samt deinen Nachkom-
men, den ihr halten sollt: Alles, was männ-
lich ist unter euch, muss beschnitten werden.
11 Am Fleisch eurer Vorhaut müsst ihr euch
beschneiden lassen. Das soll geschehen zum
Zeichen des Bundes zwischen mir und euch.
12 Alle männlichen Kinder bei euch müssen,
sobald sie acht Tage alt sind, beschnitten
werden in jeder eurer Generationen, seien sie
im Haus geboren oder um Geld von irgendei-
nem Fremden erworben, der nicht von dir
abstammt. 13 Beschnitten muss sein der in
deinem Haus Geborene und der um Geld Er-
worbene. So soll mein Bund, dessen Zeichen
ihr an eurem Fleisch tragt, ein ewiger Bund
sein. 14 Ein Unbeschnittener, eine männliche
Person, die am Fleisch ihrer Vorhaut nicht
beschnitten ist, soll aus ihrem Stammesver-
band ausgemerzt werden. Er hat meinen
Bund gebrochen.
15 Weiter sprach Gott zu Abraham: Deine
Frau Sarai sollst du nicht mehr Sarai nen-
nen, sondern Sara (Herrin) soll sie heißen.
16 Ich will sie segnen und dir auch von ihr ei-
nen Sohn geben. Ich segne sie, sodass Völker
aus ihr hervorgehen; Könige über Völker sol-
len ihr entstammen. 17 Da fiel Abraham auf
sein Gesicht nieder und lachte. Er dachte:
Können einem Hundertjährigen noch Kin-
der geboren werden und kann Sara als
Neunzigjährige noch gebären? 18 Dann sagte
Abraham zu Gott: Wenn nur Ismael vor dir
am Leben bleibt! 19 Gott entgegnete: Nein,
deine Frau Sara wird dir einen Sohn gebären
und du sollst ihn Isaak nennen. Ich werde
meinen Bund mit ihm schließen als einen
ewigen Bund für seine Nachkommen.
20 Auch was Ismael angeht, erhöre ich dich.
Ja, ich segne ihn, ich lasse ihn fruchtbar und
sehr zahlreich werden. Zwölf Fürsten wird
er zeugen und ich mache ihn zu einem großen
Volk. 21 Meinen Bund aber schließe ich mit
Isaak, den dir Sara im nächsten Jahr um die-
se Zeit gebären wird. 22 Als Gott das Ge-
spräch beendet hatte, verließ er Abraham
und fuhr zur Höhe auf.
23 Abraham nahm nun seinen Sohn Ismael
sowie alle in seinem Haus Geborenen und
alle um Geld Erworbenen, alle männlichen
Personen vom Haus Abraham, und beschnitt
das Fleisch ihrer Vorhaut noch am selben
Tag, wie Gott ihm befohlen hatte. 24 Abra-
ham war neunundneunzig Jahre alt, als er
am Fleisch seiner Vorhaut beschnitten wur-
de, 25 und sein Sohn Ismael war dreizehn
Jahre alt, als er am Fleisch seiner Vorhaut
beschnitten wurde. 26 Am selben Tag wurden
Abraham und sein Sohn Ismael beschnitten.
27 Auch alle Männer seines Hauses, die im
Haus Geborenen und die um Geld von Frem-
den Erworbenen, wurden mit ihm beschnit-
ten.

8: 13,15; 15,18–21; 26,3–5; 28,3f; 35,12 • 16: 18,10–14 • 19: 18,10; 21,1–8.

Gott zu Gast bei Abraham: 18,1–33

18 Der Herr erschien Abraham bei den
Eichen von Mamre. Abraham saß zur
Zeit der Mittagshitze am Zelteingang. 2 Er
blickte auf und sah vor sich drei Männer ste-
hen. Als er sie sah, lief er ihnen vom Zeltein-
gang aus entgegen, warf sich zur Erde nieder
3 und sagte: Mein Herr, wenn ich dein Wohl-
wollen gefunden habe, geh doch an deinem
Knecht nicht vorbei! 4 Man wird etwas Was-
ser holen; dann könnt ihr euch die Füße wa-
schen und euch unter dem Baum ausruhen.
5 Ich will einen Bissen Brot holen und ihr
könnt dann nach einer kleinen Stärkung
weitergehen; denn deshalb seid ihr doch bei
eurem Knecht vorbeigekommen. Sie erwi-
derten: Tu, wie du gesagt hast. 6 Da lief Abra-
ham eiligst ins Zelt zu Sara und rief: Schnell
drei Sea feines Mehl! Rühr es an und backe
Brotfladen! 7 Er lief weiter zum Vieh, nahm
ein zartes, prächtiges Kalb und übergab es
dem Jungknecht, der es schnell zubereitete.
8 Dann nahm Abraham Butter, Milch und
das Kalb, das er hatte zubereiten lassen, und
setzte es ihnen vor. Er wartete ihnen unter
dem Baum auf, während sie aßen. 9 Sie frag-
ten ihn: Wo ist deine Frau Sara? Dort im Zelt,
sagte er. 10 Da sprach der Herr: In einem Jahr
komme ich wieder zu dir, dann wird deine
Frau Sara einen Sohn haben. Sara hörte am
Zelteingang hinter seinem Rücken zu.
11 Abraham und Sara waren schon alt; sie
waren in die Jahre gekommen. Sara erging es
längst nicht mehr, wie es Frauen zu ergehen
pflegt. 12 Sara lachte daher still in sich hi-
nein und dachte: Ich bin doch schon alt und
verbraucht und soll noch das Glück der

17,17 Anspielung auf die Bedeutung des Namens Isaak, hebr.: jizchák (= er lacht; vgl. 18,12–15).

18,12–15 Die Erzählung vom Lachen Saras ist wieder Anspielung auf den Namen Isaak (vgl. 17,17).

Liebe erfahren? Auch ist mein Herr doch
schon ein alter Mann! 13 Da sprach der Herr
zu Abraham: Warum lacht Sara und sagt:
Soll ich wirklich noch Kinder bekommen,
obwohl ich so alt bin? 14 Ist beim Herrn etwas
unmöglich? Nächstes Jahr um diese Zeit
werde ich wieder zu dir kommen; dann wird
Sara einen Sohn haben. 15 Sara leugnete: Ich
habe nicht gelacht. Sie hatte nämlich Angst.
Er aber sagte: Doch, du hast gelacht. 16 Die
Männer erhoben sich von ihrem Platz und
schauten gegen Sodom. Abraham wollte
mitgehen, um sie zu verabschieden. 17 Da
sagte sich der Herr: Soll ich Abraham ver-
heimlichen, was ich vorhabe? 18 Abraham
soll doch zu einem großen, mächtigen Volk
werden, durch ihn sollen alle Völker der
Erde Segen erlangen. 19 Denn ich habe ihn
dazu auserwählt, dass er seinen Söhnen und
seinem Haus nach ihm aufträgt, den Weg des
Herrn einzuhalten und zu tun, was gut und
recht ist, damit der Herr seine Zusagen an
Abraham erfüllen kann. 20 Der Herr sprach
also: Das Klagegeschrei über Sodom und Go-
morra, ja, das ist laut geworden, und ihre
Sünde, ja, die ist schwer. 21 Ich will hinabge-
hen und sehen, ob ihr Tun wirklich dem Kla-
gegeschrei entspricht, das zu mir gedrungen
ist. Ich will es wissen. 22 Die Männer wandten
sich von dort ab und gingen auf Sodom zu.

Abraham aber stand noch immer vor dem
Herrn. 23 Er trat näher und sagte: Willst du
auch den Gerechten mit den Ruchlosen weg-
raffen? 24 Vielleicht gibt es fünfzig Gerechte
in der Stadt: Willst du auch sie wegraffen
und nicht doch dem Ort vergeben wegen der
fünfzig Gerechten dort? 25 Das kannst du
doch nicht tun, die Gerechten zusammen mit
den Ruchlosen umbringen. Dann ginge es ja
dem Gerechten genauso wie dem Ruchlosen.
Das kannst du doch nicht tun. Sollte sich der
Richter über die ganze Erde nicht an das
Recht halten? 26 Da sprach der Herr: Wenn
ich in Sodom, in der Stadt, fünfzig Gerechte
finde, werde ich ihretwegen dem ganzen
Ort vergeben. 27 Abraham antwortete und
sprach: Ich habe es nun einmal unternom-
men, mit meinem Herrn zu reden, obwohl ich
Staub und Asche bin. 28 Vielleicht fehlen an
den fünfzig Gerechten fünf. Wirst du wegen
der fünf die ganze Stadt vernichten? Nein,
sagte er, ich werde sie nicht vernichten,
wenn ich dort fünfundvierzig finde. 29 Er
fuhr fort, zu ihm zu reden: Vielleicht finden
sich dort nur vierzig. Da sprach er: Ich werde
es der vierzig wegen nicht tun. 30 Und weiter
sagte er: Mein Herr zürne nicht, wenn ich
weiterrede. Vielleicht finden sich dort nur
dreißig. Er entgegnete: Ich werde es nicht
tun, wenn ich dort dreißig finde. 31 Darauf
sagte er: Ich habe es nun einmal unternom-
men, mit meinem Herrn zu reden. Vielleicht
finden sich dort nur zwanzig. Er antwortete:
Ich werde sie um der zwanzig willen nicht
vernichten. 32 Und nochmals sagte er: Mein
Herr zürne nicht, wenn ich nur noch einmal
das Wort ergreife. Vielleicht finden sich dort
nur zehn. Und wiederum sprach er: Ich wer-
de sie um der zehn willen nicht vernichten.
33 Nachdem der Herr das Gespräch mit
Abraham beendet hatte, ging er weg und
Abraham kehrte heim.

10: 17,15–21; 21,1–8 • 18: 12,2f; 22,17f; 26,4; 28,14.

Das Gericht über Sodom und die Rettung Lots: 19,1–29

19 Die beiden Engel kamen am Abend
nach Sodom. Lot saß im Stadttor von
Sodom. Als er sie sah, erhob er sich, trat auf
sie zu, warf sich mit dem Gesicht zur Erde
nieder 2 und sagte: Meine Herren, kehrt doch
im Haus eures Knechtes ein, bleibt über
Nacht und wascht euch die Füße! Am Mor-
gen könnt ihr euren Weg fortsetzen. Nein,
sagten sie, wir wollen im Freien übernach-
ten. 3 Er redete ihnen aber so lange zu, bis sie
mitgingen und bei ihm einkehrten. Er berei-
tete ihnen ein Mahl, ließ ungesäuerte Brote
backen und sie aßen. 4 Sie waren noch nicht
schlafen gegangen, da umstellten die Ein-
wohner der Stadt das Haus, die Männer von
Sodom, Jung und Alt, alles Volk von weit
und breit. 5 Sie riefen nach Lot und fragten
ihn: Wo sind die Männer, die heute Abend zu
dir gekommen sind? Heraus mit ihnen, wir
wollen mit ihnen verkehren. 6 Da ging Lot zu
ihnen hinaus vor die Tür, schloss sie hinter
sich zu 7 und sagte: Aber meine Brüder, be-
geht doch nicht ein solches Verbrechen!
8 Seht, ich habe zwei Töchter, die noch kei-
nen Mann erkannt haben. Ich will sie euch
herausbringen. Dann tut mit ihnen, was euch
gefällt. Nur jenen Männern tut nichts an;
denn deshalb sind sie ja unter den Schutz
meines Daches getreten. 9 Sie aber schrien:
Mach dich fort!, und sagten: Kommt da so
ein einzelner Fremder daher und will sich als
Richter aufspielen! Nun wollen wir es mit
dir noch schlimmer treiben als mit ihnen. Sie
setzten dem Mann, nämlich Lot, arg zu und
waren schon dabei, die Tür aufzubrechen.
10 Da streckten jene Männer die Hand aus,
zogen Lot zu sich ins Haus und sperrten die

19,8 Das Gastrecht ist im Alten Orient so heilig, dass Lot notgedrungen lieber die Preisgabe seiner Töchter wählt, als dass er seine Gäste preisgibt (vgl. Ri 19,24f).

Tür zu. 11 Dann schlugen sie die Leute drau-
ßen vor dem Haus, Groß und Klein, mit
Blindheit, sodass sie sich vergebens bemüh-
ten, den Eingang zu finden.
12 Die Männer sagten dann zu Lot: Hast du
hier noch einen Schwiegersohn, Söhne,
Töchter oder sonst jemand in der Stadt?
Bring sie weg von diesem Ort! 13 Wir wollen
nämlich diesen Ort vernichten; denn schwer
ist die Klage, die über die Leute zum Herrn
gedrungen ist. Der Herr hat uns geschickt,
die Stadt zu vernichten. 14 Da ging Lot hi-
naus, redete auf seine Schwiegersöhne ein,
die seine Töchter heiraten wollten, und sag-
te: Macht euch auf und verlasst diesen Ort;
denn der Herr will die Stadt vernichten.
Aber seine Schwiegersöhne meinten, er ma-
che nur Spaß.
15 Als die Morgenröte aufstieg, drängten
die Engel Lot zur Eile: Auf, nimm deine Frau
und deine beiden Töchter, die hier sind, da-
mit du nicht wegen der Schuld der Stadt
hinweggerafft wirst. 16 Da er noch zögerte,
fassten die Männer ihn, seine Frau und seine
beiden Töchter an der Hand, weil der Herr
mit ihm Mitleid hatte, führten ihn hinaus
und ließen ihn erst draußen vor der Stadt los.
17 Während er sie hinaus ins Freie führte,
sagte er: Bring dich in Sicherheit, es geht um
dein Leben. Sieh dich nicht um und bleib in
der ganzen Gegend nicht stehen! Rette dich
ins Gebirge, sonst wirst du auch weggerafft.
18 Lot aber sagte zu ihnen: Nein, mein Herr,
19 dein Knecht hat doch dein Wohlwollen ge-
funden. Du hast mir große Gunst erwiesen
und mich am Leben gelassen. Ich kann aber
nicht ins Gebirge fliehen, sonst lässt mich
das Unglück nicht mehr los und ich muss
sterben. 20 Da, die Stadt in der Nähe, dorthin
könnte man fliehen. Sie ist doch klein; dort-
hin will ich mich retten. Ist sie nicht klein?
So könnte ich am Leben bleiben. 21 Er ant-
wortete ihm: Gut, auch das will ich dir ge-
währen und die Stadt, von der du sprichst,
nicht zerstören. 22 Schnell flieh dorthin;
denn ich kann nichts unternehmen, bevor du
dort angekommen bist. Deshalb nannte er
die Stadt Zoar (Kleine).
23 Als die Sonne über dem Land aufgegan-
gen und Lot in Zoar angekommen war, 24 ließ
der Herr auf Sodom und Gomorra Schwefel
und Feuer regnen, vom Herrn, vom Himmel
herab. 25 Er vernichtete von Grund auf jene
Städte und die ganze Gegend, auch alle Ein-
wohner der Städte und alles, was auf den
Feldern wuchs. 26 Als Lots Frau zurück-
blickte, wurde sie zu einer Salzsäule.
27 Am frühen Morgen begab sich Abraham
an den Ort, an dem er dem Herrn gegenüber-
gestanden hatte. 28 Er schaute gegen Sodom
und Gomorra und auf das ganze Gebiet im
Umkreis und sah: Qualm stieg von der Erde
auf wie der Qualm aus einem Schmelzofen.
29 Als Gott die Städte der Gegend vernich-
tete, dachte er an Abraham und ließ Lot mit-
ten aus der Zerstörung fortgeleiten, während
er die Städte, in denen Lot gewohnt hatte,
von Grund auf zerstörte.

Die Stammväter der Moabiter und Ammoniter: 19,0–38

30 Lot zog von Zoar weiter hinauf und ließ
sich mit seinen beiden Töchtern im Gebirge
nieder. Er fürchtete sich nämlich, in Zoar zu
bleiben, und wollte lieber mit seinen beiden
Töchtern in einer Höhle wohnen. 31 Eines
Tages sagte die Ältere zur Jüngeren: Unser
Vater wird alt und einen Mann, der mit uns
verkehrt, wie es in aller Welt üblich ist, gibt
es nicht. 32 Komm, geben wir unserem Vater
Wein zu trinken und legen wir uns zu ihm,
damit wir von unserem Vater Kinder bekom-
men. 33 Sie gaben also ihrem Vater am Abend
Wein zu trinken; dann kam die Ältere und
legte sich zu ihrem Vater. Er merkte nicht,
wie sie sich hinlegte und wie sie aufstand.
34 Am anderen Tag sagte die Ältere zur Jün-
geren: Ich habe gestern bei meinem Vater ge-
legen. Geben wir ihm auch heute Abend
Wein zu trinken, dann geh und leg du dich zu
ihm. So werden wir von unserem Vater Kin-
der bekommen. 35 Sie gaben ihrem Vater also
auch an jenem Abend Wein zu trinken; dann
legte sich die Jüngere zu ihm. Er merkte
nicht, wie sie sich hinlegte und wie sie auf-
stand. 36 Beide Töchter Lots wurden von
ihrem Vater schwanger. 37 Die Ältere gebar
einen Sohn und nannte ihn Moab. Er gilt als
Stammvater der Moabiter bis heute. 38 Auch
die Jüngere gebar einen Sohn und nannte
ihn Ben-Ammi. Er gilt als Stammvater der
Ammoniter bis heute.

Abraham in Gerar: 20,1–18

20 Abraham brach von dort auf und zog
in den Negeb. Er ließ sich zwischen
Kadesch und Schur nieder und hielt sich in
Gerar als Fremder auf. 2 Abraham behaupte-
te von Sara, seiner Frau: Sie ist meine
Schwester. Da schickte Abimelech, der Kö-
nig von Gerar, hin und ließ Sara holen.
3 Nachts kam Gott zu Abimelech und sprach

19,17 Wechsel von Einzahl und Mehrzahl, weil hier zwei Erzählungen miteinander verzahnt sind: eine, die von Gott allein, eine andere, die von drei übermenschlichen Wesen sprach.

zu ihm im Traum: Du musst sterben wegen
der Frau, die du dir genommen hast; sie ist
verheiratet. 4 Abimelech aber war ihr noch
nicht nahe gekommen. Mein Herr, sagte er,
willst du denn auch unschuldige Leute um-
bringen? 5 Hat er mir nicht gesagt, sie sei sei-
ne Schwester? Auch sie selbst hat behauptet,
er sei ihr Bruder. Mit arglosem Herzen und
mit reinen Händen habe ich das getan. 6 Da
sprach Gott zu ihm im Traum: Auch ich
weiß, dass du es mit arglosem Herzen getan
hast. Ich habe dich ja auch daran gehindert,
dich gegen mich zu verfehlen. Darum habe
ich nicht zugelassen, dass du sie anrührst.
7 Jetzt aber gib die Frau dem Mann zurück;
denn er ist ein Prophet. Er wird für dich ein-
treten, dass du am Leben bleibst. Gibst du sie
aber nicht zurück, dann sollst du wissen: Du
musst sterben, du und alles, was dir gehört.

8 Am Morgen stand Abimelech auf, ließ
alle seine Untergebenen rufen und erzählte
ihnen alles, was vorgefallen war. Da gerieten
die Männer in große Furcht. 9 Nun ließ Abi-
melech Abraham rufen und stellte ihn zur
Rede: Was hast du uns angetan? Womit habe
ich denn gegen dich gefehlt, dass du über
mich und mein Reich eine so große Sünde
bringst? Du hast mir etwas angetan, was
man nicht tun darf. 10 Und Abimelech fragte
Abraham: Was hattest du vor, als du das ta-
test? 11 Abraham entgegnete: Ich sagte mir:
Vielleicht gibt es keine Gottesfurcht an die-
sem Ort und man wird mich wegen meiner
Frau umbringen. 12 Übrigens ist sie wirklich
meine Schwester, eine Tochter meines Va-
ters, nur nicht eine Tochter meiner Mutter;
so konnte sie meine Frau werden. 13 Als mich
aber Gott aus dem Haus meines Vaters ins
Ungewisse ziehen hieß, schlug ich ihr vor: Tu
mir den Gefallen und sag von mir überall,
wohin wir kommen: Er ist mein Bruder.

14 Darauf nahm Abimelech Schafe, Ziegen
und Rinder, Knechte und Mägde und
schenkte sie Abraham. Auch gab er ihm sei-
ne Frau Sara zurück; 15 dabei sagte Abime-
lech: Hier, mein Land steht dir offen. Wo es
dir beliebt, da lass dich nieder! 16 Zu Sara
aber sagte er: Da, ich gebe deinem Bruder
tausend Silberstücke. Das soll allen Leuten
in deiner Umgebung die Augen zudecken
und vor allen erfährst du Genugtuung.
17 Abraham trat für ihn bei Gott ein; da heil-
te Gott Abimelech, auch seine Frau und sei-
ne Dienerinnen, sodass sie wieder gebären
konnten. 18 Denn der Herr hatte im Haus
Abimelech jeden Mutterschoß verschlossen
wegen Sara, der Frau Abrahams.

1–18 ‖ 12,10–20; 26,1–11.

Isaaks Geburt: 21,1–8

21 Der Herr nahm sich Saras an, wie er
gesagt hatte, und er tat Sara so, wie
er versprochen hatte. 2 Sara wurde schwan-
ger und gebar dem Abraham noch in seinem
Alter einen Sohn zu der Zeit, die Gott ange-
geben hatte. 3 Abraham nannte den Sohn,
den ihm Sara gebar, Isaak. 4 Als sein Sohn
Isaak acht Tage alt war, beschnitt ihn Abra-
ham, wie Gott ihm befohlen hatte. 5 Abra-
ham war hundert Jahre alt, als sein Sohn
Isaak zur Welt kam. 6 Sara aber sagte: Gott
ließ mich lachen; jeder, der davon hört, wird
mit mir lachen. 7 Wer, sagte sie, hätte Abra-
ham zu sagen gewagt, Sara werde noch Kin-
der stillen? Und nun habe ich ihm noch in
seinem Alter einen Sohn geboren. 8 Das Kind
wuchs heran und wurde entwöhnt. Als Isaak
entwöhnt wurde, veranstaltete Abraham ein
großes Festmahl.

1: 17,15–22; 18,10–15.

Hagar und Ismael: 21,9–21

9 Eines Tages beobachtete Sara, wie der
Sohn, den die Ägypterin Hagar Abraham ge-
boren hatte, umhertollte. 10 Da sagte sie zu
Abraham: Verstoß diese Magd und ihren
Sohn! Denn der Sohn dieser Magd soll nicht
zusammen mit meinem Sohn Isaak Erbe
sein. 11 Dieses Wort verdross Abraham sehr,
denn es ging doch um seinen Sohn. 12 Gott
sprach aber zu Abraham: Sei wegen des
Knaben und deiner Magd nicht verdrossen!
Hör auf alles, was dir Sara sagt! Denn nach
Isaak sollen deine Nachkommen benannt
werden. 13 Aber auch den Sohn der Magd
will ich zu einem großen Volk machen, weil
auch er dein Nachkomme ist. 14 Am Morgen
stand Abraham auf, nahm Brot und einen
Schlauch mit Wasser, übergab beides Hagar,
legte es ihr auf die Schulter, übergab ihr das
Kind und entließ sie. Sie zog fort und irrte in
der Wüste von Beerscheba umher. 15 Als das
Wasser im Schlauch zu Ende war, warf sie
das Kind unter einen Strauch, 16 ging weg
und setzte sich in der Nähe hin, etwa einen
Bogenschuss weit entfernt; denn sie sagte:
Ich kann nicht mit ansehen, wie das Kind
stirbt. Sie saß in der Nähe und weinte laut.

21,6 Wieder Wortspiel mit der Bedeutung des Namens Isaak (vgl. 17,17 und 18,12–15).

21,9–21 Vgl. die Anmerkung zu 16,2.

17 Gott hörte den Knaben schreien; da rief
der Engel Gottes vom Himmel her Hagar zu
und sprach: Was hast du, Hagar? Fürchte
dich nicht, Gott hat den Knaben dort
schreien gehört, wo er liegt. 18 Steh auf,
nimm den Knaben und halt ihn fest an dei-
ner Hand; denn zu einem großen Volk will
ich ihn machen. 19 Gott öffnete ihr die Augen
und sie erblickte einen Brunnen. Sie ging
hin, füllte den Schlauch mit Wasser und gab
dem Knaben zu trinken. 20 Gott war mit dem
Knaben. Er wuchs heran, ließ sich in der
Wüste nieder und wurde ein Bogenschütze.
21 Er ließ sich in der Wüste Paran nieder und
seine Mutter nahm ihm eine Frau aus Ägyp-
ten.

9–21 ‖ 16,1–16.

Der Vertrag Abrahams mit Abimelech:
21,22–34

22 Um jene Zeit sagten Abimelech und sein
Feldherr Pichol zu Abraham: Gott ist mit dir
bei allem, was du unternimmst. 23 Aber nun
schwör mir hier bei Gott, dass du weder
mich noch meinen Thronerben noch meine
Nachfahren hintergehen wirst. Das gleiche
Wohlwollen, das ich dir erwiesen habe, sollst
du mir erweisen und dem Land, in dem du
dich als Fremder aufhältst. 24 Abraham er-
widerte: Gut, ich will den Eid leisten.

25 Abraham stellte aber Abimelech zur
Rede wegen des Brunnens, den ihm Abime-
lechs Knechte weggenommen hatten. 26 Abi-
melech antwortete: Ich weiß nicht, wer das
getan hat. Du hast es mir noch nicht gemel-
det und auch ich habe erst heute davon ge-
hört. 27 Da nahm Abraham Schafe und Rin-
der und gab sie Abimelech; so schlossen bei-
de einen Vertrag. 28 Abraham stellte aber
sieben Lämmer der Herde beiseite. 29 Da
fragte ihn Abimelech: Was sollen die sieben
Lämmer da, die du beiseite gestellt hast?
30 Die sieben Lämmer, sagte er, sollst du von
mir annehmen als Beweis dafür, dass ich die-
sen Brunnen gegraben habe. 31 Darum nann-
te er den Ort Beerscheba (Siebenbrunn oder
Eidbrunn); denn dort leisteten beide einen
Eid. 32 Sie schlossen also zu Beerscheba ei-
nen Vertrag. Dann machten sich Abimelech
und sein Feldherr Pichol auf und kehrten
ins Philisterland zurück. 33 Abraham aber
pflanzte eine Tamariske in Beerscheba und
rief dort den Herrn an unter dem Namen:
Gott, der Ewige. 34 Darauf hielt sich Abra-
ham längere Zeit als Fremder im Philister-
land auf.

31: 26,33.

Abrahams Opfer: 22,1–19

22 Nach diesen Ereignissen stellte Gott
Abraham auf die Probe. Er sprach zu
ihm: Abraham! Er antwortete: Hier bin ich.
2 Gott sprach: Nimm deinen Sohn, deinen
einzigen, den du liebst, Isaak, geh in das
Land Morija und bring ihn dort auf einem
der Berge, den ich dir nenne, als Brandopfer
dar.

3 Frühmorgens stand Abraham auf, sat-
telte seinen Esel, holte seine beiden Jung-
knechte und seinen Sohn Isaak, spaltete
Holz zum Opfer und machte sich auf den
Weg zu dem Ort, den ihm Gott genannt hat-
te. 4 Als Abraham am dritten Tag aufblickte,
sah er den Ort von weitem. 5 Da sagte Abra-
ham zu seinen Jungknechten: Bleibt mit dem
Esel hier! Ich will mit dem Knaben hingehen
und anbeten; dann kommen wir zu euch zu-
rück.

6 Abraham nahm das Holz für das Brand-
opfer und lud es seinem Sohn Isaak auf. Er
selbst nahm das Feuer und das Messer in die
Hand. So gingen beide miteinander. 7 Nach
einer Weile sagte Isaak zu seinem Vater
Abraham: Vater! Er antwortete: Ja, mein
Sohn! Dann sagte Isaak: Hier ist Feuer und
Holz. Wo aber ist das Lamm für das Brand-
opfer? 8 Abraham entgegnete: Gott wird sich
das Opferlamm aussuchen, mein Sohn. Und
beide gingen miteinander weiter.

9 Als sie an den Ort kamen, den ihm Gott
genannt hatte, baute Abraham den Altar,
schichtete das Holz auf, fesselte seinen Sohn
Isaak und legte ihn auf den Altar, oben auf
das Holz. 10 Schon streckte Abraham seine
Hand aus und nahm das Messer, um seinen
Sohn zu schlachten. 11 Da rief ihm der Engel
des Herrn vom Himmel her zu: Abraham,
Abraham! Er antwortete: Hier bin ich. 12 Je-
ner sprach: Streck deine Hand nicht gegen
den Knaben aus und tu ihm nichts zuleide!
Denn jetzt weiß ich, dass du Gott fürchtest;
du hast mir deinen einzigen Sohn nicht vor-
enthalten. 13 Als Abraham aufschaute, sah
er: Ein Widder hatte sich hinter ihm mit sei-
nen Hörnern im Gestrüpp verfangen. Abra-
ham ging hin, nahm den Widder und brachte

21,31 Das hebräische Wort scheba kann sowohl »sieben« als auch »Eid« bedeuten.

22,1–19 Gott stellt Abrahams Glaubensgehorsam auf die äußerste Probe, die Abraham in der Bereitschaft zum schwersten Opfer besteht. In der Erzählung wird aber auch deutlich, dass Gott das Kinderopfer ablehnt, das bei den Kanaanitern bezeugt ist.

ihn statt seines Sohnes als Brandopfer dar.
14 Abraham nannte jenen Ort Jahwe-Jire
(Der Herr sieht), wie man noch heute sagt:
Auf dem Berg lässt sich der Herr sehen.
15 Der Engel des Herrn rief Abraham zum
zweiten Mal vom Himmel her zu 16 und
sprach: Ich habe bei mir geschworen –
Spruch des Herrn: Weil du das getan hast
und deinen einzigen Sohn mir nicht vorent-
halten hast, 17 will ich dir Segen schenken in
Fülle und deine Nachkommen zahlreich ma-
chen wie die Sterne am Himmel und den
Sand am Meeresstrand. Deine Nachkommen
sollen das Tor ihrer Feinde einnehmen.
18 Segnen sollen sich mit deinen Nachkom-
men alle Völker der Erde, weil du auf meine
Stimme gehört hast.
19 Darauf kehrte Abraham zu seinen Jung-
knechten zurück. Sie machten sich auf und
gingen miteinander nach Beerscheba. Abra-
ham blieb in Beerscheba wohnen.

17: 12,2f; 18,18; 26,4f; 28,14; Gal 3,16.

Abrahams Verwandtschaft: 22,20–24

20 Nach diesen Ereignissen meldete man
Abraham: Auch Milka hat deinem Bruder
Nahor Söhne geboren: 21 Uz, seinen Erstge-
borenen, dessen Bruder Bus sowie Kemuël,
den Stammvater der Aramäer, 22 ferner Ke-
sed, Haso, Pildasch, Jidlaf und Betuël. 23 Be-
tuël zeugte Rebekka. Diese acht gebar Milka
dem Nahor, dem Bruder Abrahams. Er hatte
noch eine Nebenfrau namens Rëuma.
24 Auch sie bekam Kinder, nämlich Tebach,
Gaham, Tahasch und Maacha.

Saras Tod und Grabstätte: 23,1–20

23 Die Lebenszeit Saras betrug hun-
dertsiebenundzwanzig Jahre; so lange
lebte Sara. 2 Sie starb in Kirjat-Arba, das
jetzt Hebron heißt, in Kanaan. Abraham
kam, um die Totenklage über sie zu halten
und sie zu beweinen. 3 Danach stand Abra-
ham auf, ging von seiner Toten weg und re-
dete mit den Hetitern. Er sagte: 4 Fremder
und Halbbürger bin ich unter euch. Gebt mir
ein Grab bei euch als Eigentum, damit ich
meine Tote hinausbringen und begraben
kann. 5 Die Hetiter antworteten Abraham:
6 Hör uns an, Herr! Du bist ein Gottesfürst in
unserer Mitte. In der vornehmsten unserer
Grabstätten darfst du deine Tote begraben.
Keiner von uns wird dir seine Grabstätte
versagen und deiner Toten das Begräbnis
verweigern. 7 Abraham aber stand auf, ver-
neigte sich tief vor den Bürgern des Landes,
den Hetitern, 8 verhandelte mit ihnen und
sagte: Wenn ihr damit einverstanden seid,
dass ich meine Tote hinausbringe und begra-
be, dann hört mich an und setzt euch für
mich ein bei Efron, dem Sohn Zohars! 9 Er
soll mir die Höhle von Machpela überlassen,
die ihm gehört, am Rand seines Grund-
stücks. Zum vollen Geldwert soll er sie mir
überlassen als eigene Grabstätte mitten un-
ter euch. 10 Efron saß unter den Hetitern. Der
Hetiter Efron antwortete Abraham, sodass
es die Hetiter, alle, die zum Tor seiner Stadt
Zutritt hatten, hören konnten: 11 Nein, Herr,
hör mich an: Das Grundstück überlasse ich
dir und die Höhle darauf überlasse ich dir; in
Gegenwart der Söhne meines Volkes über-
lasse ich sie dir. Begrab deine Tote! 12 Da
verneigte sich Abraham tief in Gegenwart
der Bürger des Landes 13 und sagte zu Efron,
sodass es die Bürger des Landes hören konn-
ten: Hör mich doch, bitte, an: Ich zahle das
Geld für das Grundstück. Nimm es von mir
an, damit ich dort meine Tote begrabe.
14 Efron antwortete Abraham: 15 Herr, hör
mich an! Land im Wert von vierhundert
Silberstücken, was bedeutet das schon unter
uns? Begrab nur deine Tote!
16 Abraham hörte auf Efron und wog ihm
den Geldbetrag ab, den er in Gegenwart der
Hetiter genannt hatte, vierhundert Silber-
stücke zum üblichen Handelswert. 17 So ging
das Grundstück Efrons in Machpela bei
Mamre, das Feld mit der Höhle darauf und
mit allen Bäumen auf dem Grundstück in
seiner ganzen Ausdehnung ringsum, 18 in
den Besitz Abrahams über, in Gegenwart der
Hetiter, aller, die zum Tor seiner Stadt Zu-
tritt hatten.
19 Dann begrub Abraham seine Frau Sara
in der Höhle des Grundstücks von Machpela
bei Mamre, das jetzt Hebron heißt, in Ka-
naan. 20 Das Grundstück samt der Höhle da-
rauf war also von den Hetitern als Grabstät-
te in den Besitz Abrahams übergegangen.

Isaak und Rebekka: 24,1–67

24 Abraham war alt und hochbetagt; der
Herr hatte ihn mit allem gesegnet.
2 Eines Tages sagte er zum Großknecht sei-

23,10 die zum Tor Zutritt haben: Am Tor finden die Ratsversammlungen und die Gerichtsverhandlungen statt; gemeint sind also die Bürger, die in öffentlichen Angelegenheiten am Tor Sitz und Stimme haben.

24,2 Die Hand unter die Hüfte legen: eine Schwurgebärde (vgl. 47,29).

nes Hauses, der seinen ganzen Besitz verwal-
tete: Leg deine Hand unter meine Hüfte!
3 Ich will dir einen Eid beim Herrn, dem Gott
des Himmels und der Erde, abnehmen, dass
du meinem Sohn keine Frau von den Töch-
tern der Kanaaniter nimmst, unter denen ich
wohne. 4 Du sollst vielmehr in meine Heimat
zu meiner Verwandtschaft reisen und eine
Frau für meinen Sohn Isaak holen. 5 Der
Knecht entgegnete ihm: Vielleicht will aber
die Frau mir gar nicht hierher in dieses Land
folgen. Soll ich dann deinen Sohn in das
Land zurückbringen, aus dem du ausgewan-
dert bist? 6 Hüte dich, antwortete ihm Abra-
ham, meinen Sohn dorthin zurückzubrin-
gen! 7 Der Herr, der Gott des Himmels, der
mich weggeholt hat aus dem Haus meines
Vaters und aus meinem Heimatland, der zu
mir gesagt und mir geschworen hat: Deinen
Nachkommen gebe ich dieses Land!, er wird
seinen Engel vor dir hersenden und so wirst
du von dort eine Frau für meinen Sohn mit-
bringen. 8 Wenn dir aber die Frau nicht fol-
gen will, dann bist du von dem Eid, den du
mir geleistet hast, entbunden. Meinen Sohn
darfst du auf keinen Fall dorthin zurück-
bringen. 9 Da legte der Knecht seine Hand
unter die Hüfte seines Herrn Abraham und
leistete ihm in dieser Sache den Eid.

10 Der Knecht nahm zehn von den Kame-
len seines Herrn und machte sich mit allerlei
kostbaren Sachen aus dem Besitz seines
Herrn auf die Reise. Er brach auf und zog
nach Mesopotamien in die Stadt Nahors.
11 Vor der Stadt ließ er die Kamele am Brun-
nen lagern. Es war gegen Abend, um die Zeit,
da die Frauen herauskommen, um Wasser zu
schöpfen. 12 Er sagte: Herr, Gott meines
Herrn Abraham, lass mich heute Glück ha-
ben und zeig meinem Herrn Abraham deine
Huld! 13 Da stehe ich an der Quelle und die
Töchter der Stadtbewohner werden heraus-
kommen, um Wasser zu schöpfen. 14 Das
Mädchen, zu dem ich dann sage: Reich mir
doch deinen Krug zum Trinken!, und das
antwortet: Trink nur, auch deine Kamele
will ich tränken!, sie soll es sein, die du für
deinen Knecht Isaak bestimmt hast. Daran
will ich erkennen, dass du meinem Herrn
Huld erweist.

15 Kaum hatte er aufgehört zu sprechen, da
kam auch schon aus der Stadt Rebekka mit
dem Krug auf der Schulter. Sie war dem Be-
tuël geboren worden, dem Sohn der Milka,
die die Frau Nahors, des Bruders Abrahams,
war. 16 Das Mädchen war sehr schön und sie
war ledig; noch kein Mann hatte sie erkannt.
Sie stieg zur Quelle hinab, füllte ihren Krug
und kam wieder herauf. 17 Da ging der
Knecht schnell auf sie zu und sagte: Lass
mich ein wenig Wasser aus deinem Krug
trinken! 18 Trink nur, mein Herr!, antwortete
sie, ließ geschwind den Krug auf ihre Hand
herab und gab ihm zu trinken. 19 Nachdem
sie ihm zu trinken gegeben hatte, sagte sie:
Auch für deine Kamele will ich schöpfen, bis
sie sich satt getrunken haben. 20 Flink leerte
sie ihren Krug an der Tränke und lief noch
einmal an den Brunnen zum Schöpfen. So
schöpfte sie für alle Kamele. 21 Der Knecht
Abrahams schaute ihr schweigend zu; er
wollte sehen, ob der Herr seine Reise gelin-
gen ließe oder nicht.

22 Als die Kamele mit dem Trinken fertig
waren, nahm der Mann einen goldenen Na-
senreif, einen halben Schekel schwer, und
zwei goldene Spangen für ihre Arme, zehn
Goldschekel schwer, 23 und fragte: Wessen
Tochter bist du? Sag mir doch, ob im Haus
deines Vaters für uns Platz zum Übernach-
ten ist! 24 Sie antwortete ihm: Ich bin die
Tochter Betuëls, des Sohnes der Milka und
des Nahor. 25 Weiter sagte sie zu ihm: Stroh
und Futter haben wir reichlich, auch Platz
zum Übernachten. 26 Da verneigte sich der
Mann, warf sich vor dem Herrn nieder 27 und
sagte: Gepriesen sei der Herr, der Gott mei-
nes Herrn Abraham, der es meinem Herrn
nicht an Huld und Treue fehlen ließ. Der
Herr hat mich geradewegs zum Haus des
Bruders meines Herrn geführt.

28 Das Mädchen lief weg und erzählte im
Haus seiner Mutter alles, was vorgefallen
war. 29 Rebekka hatte einen Bruder namens
Laban. Laban eilte zu dem Mann hinaus an
die Quelle. 30 Er hatte den Nasenreif und an
den Händen seiner Schwester die Spangen
gesehen und hatte gehört, wie seine Schwes-
ter Rebekka berichtete: So und so hat der
Mann zu mir gesagt. Er kam zu dem Mann,
der bei den Kamelen an der Quelle stand.
31 Laban sagte: Komm, du Gesegneter des
Herrn! Warum stehst du hier draußen? Ich
habe das Haus aufgeräumt und für die Ka-
mele Platz gemacht. 32 Da ging der Mann mit
ins Haus. Man schirrte die Kamele ab und
gab ihnen Stroh und Futter. Für ihn und die
Männer in seiner Begleitung brachte man
Wasser zum Füßewaschen.

33 Als man ihm zu essen vorsetzte, sagte
der Knecht Abrahams: Ich esse nicht, bevor
ich nicht mein Anliegen vorgebracht habe.
Sie antworteten: Rede! 34 Da berichtete er:
Ein Knecht Abrahams bin ich. 35 Der Herr
hat meinen Herrn reichlich gesegnet, sodass
er zu großem Vermögen gekommen ist. Er
hat ihm Schafe und Rinder, Silber und Gold,
Knechte und Mägde, Kamele und Esel gege-

ben. 36 Sara, die Frau meines Herrn, hat mei-
nem Herrn noch in ihrem Alter einen Sohn
geboren. Ihm vermacht er alles, was ihm ge-
hört. 37 Mein Herr hat mir den Eid abgenom-
men: Du darfst für meinen Sohn keine Frau
von den Töchtern der Kanaaniter nehmen, in
deren Land ich wohne. 38 Reise vielmehr zum
Haus meines Vaters und zu meiner Ver-
wandtschaft und hol eine Frau für meinen
Sohn! 39 Ich entgegnete meinem Herrn: Viel-
leicht will aber die Frau nicht mitkommen.
40 Darauf antwortete er mir: Der Herr, vor
dem ich meinen Weg gegangen bin, wird dir
seinen Engel mitschicken und deine Reise
gelingen lassen. Du wirst schon eine Frau für
meinen Sohn mitbringen aus meiner Ver-
wandtschaft, aus dem Haus meines Vaters.
41 Von dem Eid, den du mir geleistet hast,
sollst du dann entbunden sein, wenn du zu
meinen Verwandten kommst und sie dir kei-
ne Frau geben. In diesem Fall bist du von
dem Eid, den du mir geleistet hast, entbun-
den. 42 So kam ich heute an die Quelle und
sagte: Herr, Gott meines Herrn Abraham,
lass doch die Reise gelingen, auf der ich mich
befinde. 43 Da stehe ich nun an der Quelle.
Kommt ein Mädchen aus der Stadt heraus,
um Wasser zu schöpfen, dann will ich sagen:
Gib mir doch aus deinem Krug ein wenig
Wasser zu trinken! 44 Sagt sie zu mir: Trink
nur! Auch für deine Kamele will ich schöp-
fen!, so soll es die Frau sein, die der Herr für
den Sohn meines Herrn bestimmt hat.
45 Kaum hatte ich so zu mir gesagt, kam auch
schon Rebekka mit dem Krug auf der Schul-
ter heraus, stieg zur Quelle hinunter und
schöpfte. Ich redete sie an: Gib mir doch zu
trinken! 46 Da setzte sie geschwind ihren
Krug ab und sagte: Trink nur! Auch deine
Kamele will ich tränken. Ich trank und sie
gab auch den Kamelen zu trinken. 47 Als ich
sie fragte: Wessen Tochter bist du?, antwor-
tete sie: Die Tochter Betuëls, des Sohnes
Nahors, den ihm Milka gebar. Da legte ich
ihr den Reif an die Nase und die Spangen um
die Arme. 48 Ich verneigte mich, warf mich
vor dem Herrn nieder und pries den Herrn,
den Gott meines Herrn Abraham, der mich
geradewegs hierher geführt hat, um die
Tochter des Bruders meines Herrn für dessen
Sohn zu holen. 49 Jetzt aber sagt mir, ob ihr
geneigt seid, meinem Herrn Wohlwollen und
Vertrauen zu schenken. Wenn nicht, so gebt
mir ebenfalls Bescheid, damit ich mich dann
anderswohin wende.

50 Daraufhin antworteten Laban und Be-
tuël: Die Sache ist vom Herrn ausgegangen.
Wir können dir weder Ja noch Nein sagen.
51 Da, Rebekka steht vor dir. Nimm sie und
geh! Sie soll die Frau des Sohnes deines
Herrn werden, wie der Herr es gefügt hat.
52 Als der Knecht Abrahams ihre Antwort
hörte, warf er sich vor dem Herrn zur Erde
nieder. 53 Dann holte der Knecht silbernen
und goldenen Schmuck und Kleider hervor
und schenkte sie Rebekka. Auch ihrem Bru-
der und ihrer Mutter überreichte er kostbare
Geschenke. 54 Er und die Männer seiner Be-
gleitung aßen und tranken und gingen dann
schlafen. Als sie am Morgen aufstanden, sag-
te der Knecht: Entlasst mich jetzt zu meinem
Herrn! 55 Der Bruder Rebekkas und ihre
Mutter antworteten: Das Mädchen soll noch
eine Zeit lang bei uns bleiben, etwa zehn
Tage, dann mag sie sich auf die Reise bege-
ben. 56 Haltet mich nicht auf, antwortete er
ihnen, der Herr hat meine Reise gelingen las-
sen. Lasst mich also zu meinem Herrn zu-
rückkehren! 57 Sie entgegneten: Wir wollen
das Mädchen rufen und es selbst fragen.
58 Sie riefen Rebekka und fragten sie: Willst
du mit diesem Mann reisen? Ja, antwortete
sie. 59 Da ließen sie ihre Schwester Rebekka
und ihre Amme mit dem Knecht Abrahams
und seinen Leuten ziehen. 60 Sie segneten
Rebekka und sagten zu ihr:

Du, unsere Schwester, / werde Mutter von
tausendmal Zehntausend! / Deine Nachkom-
men sollen besetzen / das Tor ihrer Feinde.

61 Rebekka brach mit ihren Mägden auf.
Sie bestiegen die Kamele und folgten dem
Mann. Der Knecht nahm Rebekka mit und
trat die Rückreise an.

62 Isaak war in die Gegend des Brunnens
von Lahai-Roï gekommen und hatte sich im
Negeb niedergelassen. 63 Eines Tages ging
Isaak gegen Abend hinaus, um sich auf dem
Feld zu beschäftigen. Als er aufblickte, sah
er: Kamele kamen daher. 64 Auch Rebekka
blickte auf und sah Isaak. Sie ließ sich vom
Kamel herunter 65 und fragte den Knecht:
Wer ist der Mann dort, der uns auf dem Feld
entgegenkommt? Der Knecht erwiderte: Das
ist mein Herr. Da nahm sie den Schleier und
verhüllte sich.

66 Der Knecht erzählte Isaak alles, was er
ausgerichtet hatte. 67 Isaak führte Rebekka
in das Zelt seiner Mutter Sara. Er nahm sie
zu sich und sie wurde seine Frau. Isaak ge-
wann sie lieb und tröstete sich so über den
Verlust seiner Mutter.

5: 12,1.4 • 7: 13,14–17; 15,17–21 • 15: 11,27–32 • 60: 22,17.

24,62 Zu diesem Brunnen vgl. 16,13f; 25,11.

Die Nachkommen Abrahams: 25,1–6

25 Abraham nahm sich noch eine andere Frau, namens Ketura. 2 Sie gebar ihm Simran, Jokschan, Medan, Midian, Jischbak und Schuach. 3 Jokschan zeugte Scheba und Dedan. Die Söhne Dedans waren die Aschuriter, die Letuschiter und die Lëummiter. 4 Die Söhne Midians waren Efa, Efer, Henoch, Abida und Eldaga. Sie alle waren Söhne Keturas. 5 Abraham vermachte Isaak alles, was ihm gehörte. 6 Den Söhnen der Nebenfrauen, die er hatte, gab Abraham Geschenke und schickte sie noch zu seinen Lebzeiten weg nach Osten, ins Morgenland, weit weg von seinem Sohn Isaak.

Abrahams Tod und Begräbnis: 25,7–11

7 Das ist die Zahl der Lebensjahre Abrahams: Hundertfünfundsiebzig Jahre wurde er alt, 8 dann verschied er. Er starb in hohem Alter, betagt und lebenssatt, und wurde mit seinen Vorfahren vereint. 9 Seine Söhne Isaak und Ismael begruben ihn in der Höhle von Machpela bei Mamre, auf dem Grundstück des Hetiters Efron, des Sohnes Zohars, 10 auf dem Grundstück, das Abraham von den Hetitern gekauft hatte. Dort sind Abraham und seine Frau Sara begraben. 11 Nach dem Tod Abrahams segnete Gott seinen Sohn Isaak und Isaak ließ sich beim Brunnen Lahai-Roï nieder.

10: 23,16–18

Der Stammbaum der Ismaeliter: 25,12–18

12 Das ist die Geschlechterfolge nach Ismael, dem Sohn Abrahams. Ihn hatte die Ägypterin Hagar, die Magd Saras, Abraham geboren. 13 Das sind die Söhne Ismaels nach ihren Namen und nach ihrer Geschlechterfolge: Der Erstgeborene Ismaels war Nebajot; dann kamen Kedar, Adbeel, Mibsam, 14 Mischma, Duma, Massa, 15 Hadad, Tema, Jetur, Nafisch und Kedma. 16 Das waren die Söhne Ismaels und das waren die Namen, die sie in ihren Siedlungen und Zeltlagern trugen: zwölf Fürsten, je einer für einen Stamm. 17 Und das ist die Zahl der Lebensjahre Ismaels: hundertsiebenunddreißig Jahre. Dann verschied er und wurde mit seinen Vorfahren vereint. 18 Ihr Siedlungsgebiet reichte von Hawila bis Schur, das Ägypten gegenüber an der Straße nach Assur liegt. Über alle seine Brüder fiel er her.

Geburt Esaus und Jakobs: 25,19–26

19 Und das ist die Geschlechterfolge nach Isaak, dem Sohn Abrahams: Abraham zeugte Isaak. 20 Isaak war vierzig Jahre alt, als er Rebekka zur Frau nahm. Sie war die Tochter des Aramäers Betuël aus Paddan-Aram, eine Schwester des Aramäers Laban. 21 Isaak betete zum Herrn für seine Frau, denn sie war kinderlos geblieben, und der Herr ließ sich von ihm erbitten. Als seine Frau Rebekka schwanger war, 22 stießen die Söhne einander im Mutterleib. Da sagte sie: Wenn das so ist, was soll dann aus mir werden? Sie ging, um den Herrn zu befragen. 23 Der Herr gab diese Antwort:

Zwei Völker sind in deinem Leib, / zwei Stämme trennen sich / schon in deinem Schoß. / Ein Stamm ist dem andern überlegen, / der ältere muss dem jüngeren dienen.

24 Als die Zeit ihrer Niederkunft gekommen war, zeigte es sich, dass sie Zwillinge in ihrem Leib trug. 25 Der erste, der kam, war rötlich, über und über mit Haaren bedeckt wie mit einem Fell. Man nannte ihn Esau. 26 Darauf kam sein Bruder; seine Hand hielt die Ferse Esaus fest. Man nannte ihn Jakob (Fersenhalter). Isaak war sechzig Jahre alt, als sie geboren wurden.

Verkauf des Erstgeburtsrechts an Jakob: 25,27–34

27 Die Knaben wuchsen heran. Esau war ein Mann geworden, der sich auf die Jagd verstand, ein Mann des freien Feldes. Jakob dagegen war ein untadeliger Mann und blieb bei den Zelten. 28 Isaak hatte Esau lieber, denn er aß gern Wildbret; Rebekka aber hatte Jakob lieber.

29 Einst hatte Jakob ein Gericht zubereitet, als Esau erschöpft vom Feld kam. 30 Da sagte Esau zu Jakob: Gib mir doch etwas zu essen von dem Roten, von dem Roten da, ich bin ganz erschöpft. Deshalb heißt er Edom (Roter). 31 Jakob gab zur Antwort: Dann verkauf mir jetzt sofort dein Erstgeburtsrecht! 32 Schau, ich sterbe vor Hunger, sagte Esau, was soll mir da das Erstgeburtsrecht? 33 Jakob erwiderte: Schwör mir jetzt sofort! Da schwor er ihm und verkaufte sein Erstgeburtsrecht an Jakob. 34 Darauf gab Jakob dem Esau Brot und Linsengemüse; er aß und trank, stand auf und ging seines Weges. Vom Erstgeburtsrecht aber hielt Esau nichts.

33: Hebr 12,16f.

Isaak in Gerar: 26,1–22

26 Im Land brach eine Hungersnot aus, eine andere als die frühere zur Zeit Abrahams. Isaak begab sich nach Gerar zu Abimelech, dem König der Philister. 2 Da er-

schien ihm der Herr und sprach: Geh nicht
nach Ägypten hinunter, bleib in dem Land
wohnen, das ich dir verspreche. 3 Halte dich
als Fremder in diesem Land auf! Ich will mit
dir sein und dich segnen. Denn dir und dei-
nen Nachkommen gebe ich alle diese Länder
und erfülle den Eid, den ich deinem Vater
Abraham geleistet habe. 4 Ich mache deine
Nachkommen zahlreich wie die Sterne am
Himmel und gebe ihnen alle diese Länder.
Mit deinen Nachkommen werden alle Völker
der Erde sich segnen, 5 weil Abraham auf
meinen Ruf gehört und weil er auf meine An-
ordnungen, Gebote, Satzungen und Weisun-
gen geachtet hat. 6 Isaak blieb also in Ge-
rar.

7 Als sich die Männer des Ortes nach seiner
Frau erkundigten, sagte er: Sie ist meine
Schwester. Er fürchtete sich nämlich zu
sagen: Sie ist meine Frau. Er dachte: Die
Männer des Ortes könnten mich sonst wegen
Rebekka umbringen. Sie war nämlich schön.
8 Nachdem er längere Zeit dort zugebracht
hatte, schaute einmal Abimelech, der König
der Philister, durch das Fenster und sah ge-
rade, wie Isaak seine Frau Rebekka liebkos-
te. 9 Da rief Abimelech Isaak und sagte: Sie
ist ja deine Frau. Wie konntest du behaup-
ten, sie sei deine Schwester? Da antwortete
ihm Isaak: Ich sagte mir: Ich möchte nicht
ihretwegen sterben. 10 Abimelech entgegne-
te: Was hast du uns da angetan? Beinahe
hätte einer der Leute mit deiner Frau ge-
schlafen; dann hättest du über uns Schuld
gebracht. 11 Abimelech ordnete für das ganze
Volk an: Wer diesen Mann oder seine Frau
anrührt, wird mit dem Tod bestraft.

12 Isaak säte in diesem Land und er erntete
in diesem Jahr hundertfältig. Der Herr seg-
nete ihn; 13 der Mann wurde reicher und rei-
cher, bis er sehr wohlhabend war. 14 Er besaß
Schafe, Ziegen und Rinder und zahlreiches
Gesinde, sodass ihn die Philister beneideten.
15 Die Philister schütteten alle Brunnen zu,
die die Knechte zur Zeit seines Vaters Abra-
ham gegraben hatten, und füllten sie mit
Erde. 16 Da sagte Abimelech zu Isaak: Zieh
von uns fort; denn du bist uns viel zu mäch-
tig geworden. 17 Isaak zog fort, schlug sein
Lager im Tal von Gerar auf und ließ sich dort
nieder. 18 Die Brunnen, die man zur Zeit sei-
nes Vaters Abraham gegraben hatte und die
die Philister nach dem Tod Abrahams zuge-
schüttet hatten, ließ Isaak wieder aufgraben
und gab ihnen dieselben Namen, die ihnen
sein Vater gegeben hatte. 19 Die Knechte
Isaaks gruben in der Talsohle und fanden
dort einen Brunnen mit frischem Wasser.
20 Die Hirten von Gerar stritten mit den Hir-
ten Isaaks und behaupteten: Uns gehört das
Wasser. Da nannte er den Brunnen Esek
(Zank), denn sie hatten mit ihm gezankt.
21 Als sie einen anderen Brunnen gruben,
stritten sie auch um ihn; so nannte er ihn Sit-
na (Streit). 22 Darauf brach er von dort auf
und grub wieder einen anderen Brunnen.
Um ihn stritten sie nicht mehr. Da nannte er
ihn Rehobot (Weite) und sagte: Jetzt hat uns
der Herr weiten Raum verschafft und wir
sind im Land fruchtbar geworden.

1–11 ‖ 12,10–20; 20,1–18 • 3: 15,18–21 • 4: 15,5; 12,3; 18,18; 22,18; 28,14.

Isaak in Beerscheba: 26,23–35

23 Von dort zog er nach Beerscheba hinauf.
24 In jener Nacht erschien ihm der Herr und
sprach: Ich bin der Gott deines Vaters Abra-
ham. Fürchte dich nicht, denn ich bin mit
dir. Ich segne dich und mache deine Nach-
kommen zahlreich wegen meines Knechtes
Abraham. 25 Dort baute er einen Altar, rief
den Namen des Herrn an und schlug sein
Zelt auf. Isaaks Knechte hoben dort einen
Brunnen aus.

26 Eines Tages kam zu ihm Abimelech aus
Gerar mit seinem Vertrauten Ahusat und
seinem Feldherrn Pichol. 27 Isaak sagte zu
ihnen: Weshalb kommt ihr zu mir? Ihr seid
mir doch Feind und habt mich aus eurem
Gebiet ausgewiesen. 28 Sie entgegneten: Wir
haben deutlich gesehen, dass der Herr mit
dir ist, und wir dachten: Zwischen uns und
dir sollte ein Eid stehen. Wir wollen mit dir
einen Vertrag schließen: 29 Du wirst uns
nichts Böses zufügen, wie auch wir dich
nicht angetastet haben; wir haben dir nur
Gutes erwiesen und dich in Frieden ziehen
lassen. Du bist nun einmal der Gesegnete des
Herrn. 30 Da bereitete er ihnen ein Mahl und
sie aßen und tranken. 31 Früh am Morgen
standen sie auf und leisteten einander den
Eid. Isaak entließ sie und sie schieden von
ihm in Frieden.

32 Am selben Tag kamen die Knechte
Isaaks und erzählten ihm von dem Brunnen,
den sie gegraben hatten. Sie meldeten ihm:
Wir haben Wasser gefunden. 33 Da nannte er
ihn Schiba (Eid); darum heißt die Stadt bis
auf den heutigen Tag Beerscheba (Eid-
brunn).

34 Als Esau vierzig Jahre alt war, nahm er
Judit, die Tochter des Hetiters Beeri, und
Basemat, die Tochter des Hetiters Elon, zu
Frauen. 35 Sie wurden für Isaak und Re-
bekka Anlass zu bitterem Gram.

33: 21,31.

Der Erstgeburtssegen: 27,1–40

27 Als Isaak alt geworden und seine
Augen erloschen waren, sodass er
nicht mehr sehen konnte, rief er seinen älte-
ren Sohn Esau und sagte zu ihm: Mein Sohn!
Er antwortete: Hier bin ich. 2 Da sagte Isaak:
Du siehst, ich bin alt geworden. Ich weiß
nicht, wann ich sterbe. 3 Nimm jetzt dein
Jagdgerät, deinen Köcher und deinen Bogen,
geh aufs Feld und jag mir ein Wild! 4 Bereite
mir dann ein leckeres Mahl, wie ich es gern
mag, und bring es mir zum Essen, damit ich
dich segne, bevor ich sterbe.

5 Rebekka hatte das Gespräch zwischen
Isaak und seinem Sohn Esau mit angehört.
Als Esau zur Jagd aufs Feld gegangen war,
um ein Wild herbeizuschaffen, 6 sagte Re-
bekka zu ihrem Sohn Jakob: Ich habe gehört,
wie dein Vater zu deinem Bruder Esau ge-
sagt hat: 7 Hol mir ein Wild und bereite mir
ein leckeres Mahl zum Essen; dann will ich
dich vor dem Herrn segnen, bevor ich sterbe.
8 Nun hör genau zu, mein Sohn, was ich dir
auftrage: 9 Geh zur Herde und bring mir von
dort zwei schöne Ziegenböckchen! Ich will
damit ein leckeres Mahl für deinen Vater zu-
bereiten, wie er es gern mag. 10 Du bringst es
dann deinem Vater zum Essen, damit er dich
vor seinem Tod segnet. 11 Jakob antwortete
seiner Mutter Rebekka: Mein Bruder Esau ist
aber behaart und ich habe eine glatte Haut.
12 Vielleicht betastet mich mein Vater; dann
könnte er meinen, ich hielte ihn zum Besten,
und ich brächte Fluch über mich statt Segen.
13 Seine Mutter entgegnete: Dein Fluch kom-
me auf mich, mein Sohn. Hör auf mich, geh
und hol mir die Böckchen! 14 Da ging er hin,
holte sie und brachte sie seiner Mutter. Sie
bereitete ein leckeres Mahl zu, wie es sein
Vater gern mochte. 15 Dann holte Rebekka
die Feiertagskleider ihres älteren Sohnes
Esau, die sie bei sich im Haus hatte, und zog
sie ihrem jüngeren Sohn Jakob an. 16 Die
Felle der Ziegenböckchen legte sie um
seine Hände und um seinen glatten Hals.
17 Dann übergab sie das leckere Essen und
das Brot, das sie zubereitet hatte, ihrem
Sohn Jakob.

18 Er ging zu seinem Vater hinein und sag-
te: Mein Vater! Ja, antwortete er, wer bist du,
mein Sohn? 19 Jakob entgegnete seinem Va-
ter: Ich bin Esau, dein Erstgeborener. Ich
habe getan, wie du mir gesagt hast. Setz dich
auf, iss von meinem Wildbret und dann segne
mich! 20 Da sagte Isaak zu seinem Sohn: Wie
hast du nur so schnell etwas finden können,
mein Sohn? Er antwortete: Der Herr, dein
Gott, hat es mir entgegenlaufen lassen. 21 Da
sagte Isaak zu Jakob: Komm näher heran!
Ich will dich betasten, mein Sohn, ob du
wirklich mein Sohn Esau bist oder nicht.
22 Jakob trat zu seinem Vater Isaak hin.
Isaak betastete ihn und sagte: Die Stimme ist
zwar Jakobs Stimme, die Hände aber sind
Esaus Hände. 23 Er erkannte ihn nicht, denn
Jakobs Hände waren behaart wie die seines
Bruders Esau, und so segnete er ihn. 24 Er
fragte: Bist du es, mein Sohn Esau? Ja, ent-
gegnete er. 25 Da sagte Isaak: Bring es mir!
Ich will von dem Wildbret meines Sohnes es-
sen und dich dann segnen. Jakob brachte es
ihm und Isaak aß. Dann reichte er ihm auch
Wein und Isaak trank. 26 Nun sagte sein Va-
ter Isaak zu ihm: Komm näher und küss
mich, mein Sohn! 27 Er trat näher und küsste
ihn. Isaak roch den Duft seiner Kleider, er
segnete ihn und sagte:

Ja, mein Sohn duftet wie das Feld, / das
der Herr gesegnet hat.

28 Gott gebe dir vom Tau des Himmels, /
vom Fett der Erde, viel Korn und Most.

29 Dienen sollen dir die Völker, / Stämme
sich vor dir niederwerfen, / Herr sollst du
über deine Brüder sein. / Die Söhne deiner
Mutter sollen dir huldigen. / Verflucht, wer
dich verflucht. / Gesegnet, wer dich segnet.

30 Kaum hatte Isaak Jakob gesegnet und
war Jakob von seinem Vater Isaak wegge-
gangen, da kam sein Bruder Esau von der
Jagd. 31 Auch er bereitete ein leckeres Mahl,
brachte es seinem Vater und sagte zu ihm:
Mein Vater richte sich auf und esse von dem
Wildbret seines Sohnes, damit du mich dann
segnest. 32 Da fragte ihn sein Vater Isaak:
Wer bist du? Er antwortete: Ich bin dein
Sohn Esau, dein Erstgeborener. 33 Da über-
kam Isaak ein heftiges Zittern und er fragte:
Wer war es denn, der das Wildbret gejagt
und es mir gebracht hat? Ich habe von allem
gegessen, bevor du gekommen bist, und ich
habe ihn gesegnet; gesegnet wird er auch
bleiben. 34 Als Esau die Worte seines Vaters
hörte, schrie er heftig auf, aufs Äußerste ver-
bittert, und sagte zu seinem Vater: Segne
auch mich, Vater! 35 Er entgegnete: Dein
Bruder ist mit List gekommen und hat dir
den Segen weggenommen. 36 Da sagte Esau:
Hat man ihn nicht Jakob (Betrüger) genannt?
Er hat mich jetzt schon zweimal betrogen:
Mein Erstgeburtsrecht hat er mir genommen,
jetzt nimmt er mir auch noch den Segen.

27,36 Der Name Jakob ist mehrdeutig: »Fersenhalter« (vgl. 25,26) und »Betrüger« (vgl. Hos 12,4; Jer 9,3).

Dann sagte er: Hast du mir keinen Segen auf-
gehoben? 37 Isaak antwortete und sagte zu
Esau: Ich habe ihn zum Herrn über dich ge-
macht und alle seine Brüder habe ich ihm als
Knechte gegeben. Auch mit Korn und Most
habe ich ihn versorgt. Was kann ich da noch
für dich tun, mein Sohn? 38 Da sagte Esau zu
seinem Vater: Hattest du denn nur einen ein-
zigen Segen, Vater? Segne auch mich, Vater!
Und Esau begann laut zu weinen. 39 Sein Va-
ter Isaak antwortete ihm und sprach:

Fern vom Fett der Erde musst du wohnen, /
fern vom Tau des Himmels droben.

40 Von deinem Schwert wirst du leben. /
Deinem Bruder wirst du dienen. / Doch
hältst du durch, so streifst du ab / sein Joch
von deinem Nacken.

30–40: Hebr 12,16f.

Jakobs Flucht nach Haran: 27,41 – 28,22

41 Esau war dem Jakob Feind wegen des
Segens, mit dem ihn sein Vater gesegnet hat-
te, und Esau sagte: Es nähern sich die Tage
der Trauer um meinen Vater; dann werde ich
meinen Bruder Jakob umbringen. 42 Als man
Rebekka hinterbrachte, was ihr ältester
Sohn Esau gesagt hatte, ließ sie Jakob, ihren
jüngeren Sohn, rufen und sagte zu ihm: Dein
Bruder Esau will sich an dir rächen und dich
töten. 43 Nun aber, mein Sohn, hör auf mich!
Mach dich auf und flieh zu meinem Bruder
Laban nach Haran! 44 Bleib einige Zeit bei
ihm, bis sich der Groll deines Bruders gelegt
hat. 45 Wenn der Zorn deines Bruders von dir
abgelassen und er vergessen hat, was du ihm
angetan hast, werde ich dich von dort holen
lassen. Warum soll ich euch beide an einem
Tag verlieren?

46 Zu Isaak sagte Rebekka: Mein Leben
ekelt mich wegen der Hetiterinnen. Wenn
Jakob so eine Hetiterin, eine Einheimische,
zur Frau nimmt, was liegt mir dann noch am
Leben?

46: 26,34f.

28 Isaak rief Jakob, segnete ihn und be-
fahl ihm: Nimm keine Kanaaniterin
zur Frau! 2 Mach dich auf, geh nach Paddan-
Aram, zum Haus Betuëls, des Vaters deiner
Mutter! Hol dir von dort eine Frau, eine von
den Töchtern Labans, des Bruders deiner
Mutter! 3 Gott der Allmächtige wird dich
segnen, er wird dich fruchtbar machen und
vermehren: Zu einer Schar von Völkern
wirst du werden. 4 Er wird dir und mit dir
auch deinen Nachkommen den Segen Abra-
hams verleihen, damit du das Land in Besitz
nimmst, in dem du als Fremder lebst, das
aber Gott Abraham gegeben hat. 5 Isaak ver-
abschiedete Jakob und Jakob zog nach Pad-
dan-Aram zu Laban, dem Sohn des Aramä-
ers Betuël. Dieser war der Bruder Rebekkas,
der Mutter Jakobs und Esaus.

6 Esau sah, dass Isaak Jakob segnete und
nach Paddan-Aram schickte, damit er sich
von dort eine Frau holt. Als er ihn segnete,
trug er ihm auf: Nimm dir keine Kanaani-
terin zur Frau! 7 Jakob hörte auf seinen
Vater und seine Mutter und begab sich auf
den Weg nach Paddan-Aram. 8 Als Esau
merkte, dass die Kanaaniterinnen seinem
Vater Isaak nicht gefielen, 9 ging er zu Is-
mael und nahm zu seinen Frauen noch
Mahalat als Frau hinzu, die Schwester
Nebajots, die Tochter Ismaels, des Sohnes
Abrahams.

10 Jakob zog aus Beerscheba weg und ging
nach Haran. 11 Er kam an einen bestimmten
Ort, wo er übernachtete, denn die Sonne war
untergegangen. Er nahm einen von den Stei-
nen dieses Ortes, legte ihn unter seinen Kopf
und schlief dort ein. 12 Da hatte er einen
Traum: Er sah eine Treppe, die auf der Erde
stand und bis zum Himmel reichte. Auf ihr
stiegen Engel Gottes auf und nieder. 13 Und
siehe, der Herr stand oben und sprach: Ich
bin der Herr, der Gott deines Vaters Abra-
ham und der Gott Isaaks. Das Land, auf dem
du liegst, will ich dir und deinen Nachkom-
men geben. 14 Deine Nachkommen werden
zahlreich sein wie der Staub auf der Erde.
Du wirst dich unaufhaltsam ausbreiten nach
Westen und Osten, nach Norden und Süden
und durch dich und deine Nachkommen
werden alle Geschlechter der Erde Segen er-
langen. 15 Ich bin mit dir, ich behüte dich,
wohin du auch gehst, und bringe dich zurück
in dieses Land. Denn ich verlasse dich nicht,
bis ich vollbringe, was ich dir versprochen
habe. 16 Jakob erwachte aus seinem Schlaf
und sagte: Wirklich, der Herr ist an diesem
Ort und ich wusste es nicht. 17 Furcht über-
kam ihn und er sagte: Wie Ehrfurcht gebie-
tend ist doch dieser Ort! Hier ist nichts ande-
res als das Haus Gottes und das Tor des Him-
mels. 18 Jakob stand früh am Morgen auf,
nahm den Stein, den er unter seinen Kopf ge-
legt hatte, stellte ihn als Steinmal auf und
goss Öl darauf. 19 Dann gab er dem Ort den
Namen Bet-El (Gotteshaus). Früher hieß die
Stadt Lus. 20 Jakob machte das Gelübde:
Wenn Gott mit mir ist und mich auf diesem
Weg, den ich eingeschlagen habe, behütet,
wenn er mir Brot zum Essen und Kleider
zum Anziehen gibt, 21 wenn ich wohlbehal-
ten heimkehre in das Haus meines Vaters
und der Herr sich mir als Gott erweist,
22 dann soll der Stein, den ich als Steinmal

aufgestellt habe, ein Gotteshaus werden und
von allem, was du mir schenkst, will ich dir
den zehnten Teil geben.

27,46: 26,34f • 28,3: 17,6–8 • 14: 12,3; 13,16; 18,18; 22,18; 26,4.

Jakobs Frauen und Söhne: 29,1 – 30,24

29 Jakob machte sich auf und zog wei-
ter ins Land der Söhne des Ostens.
2 Eines Tages sah er einen Brunnen auf frei-
em Feld. Dort lagerten drei Herden von
Schafen und Ziegen; denn aus dem Brunnen
tränkte man die Herden. Ein großer Stein lag
über der Brunnenöffnung. 3 Wenn sich dort
alle Herden eingefunden hatten, schob man
den Stein von der Brunnenöffnung und
tränkte das Vieh. Dann schob man den Stein
wieder zurück an seinen Platz über der
Brunnenöffnung. 4 Jakob fragte die Leute
dort: Meine Brüder, woher seid ihr? Aus Ha-
ran, antworteten sie. 5 Da sagte er zu ihnen:
Kennt ihr Laban, den Sohn Nahors? Ja, wir
kennen ihn, antworteten sie. 6 Weiter fragte
er sie: Geht es ihm gut? Sie entgegneten: Ja,
es geht ihm gut. Aber da kommt gerade seine
Tochter Rahel mit der Herde. 7 Da sagte er:
Es ist noch mitten am Tag und nicht die Zeit,
das Vieh zusammenzutreiben. Tränkt doch
die Tiere, dann geht und weidet weiter! 8 Da
sagten sie: Das können wir nicht, bevor nicht
alle Herden sich eingefunden haben. Erst
dann kann man den Stein von der Brunnen-
öffnung wegschieben und die Tiere trän-
ken.

9 Während er sich noch mit ihnen unter-
hielt, war Rahel mit der Herde, die ihrem Va-
ter gehörte, eingetroffen; denn sie war Hir-
tin. 10 Als Jakob Rahel, die Tochter Labans,
des Bruders seiner Mutter, und dessen Herde
sah, trat er hinzu, schob den Stein von der
Brunnenöffnung und tränkte das Vieh La-
bans, des Bruders seiner Mutter. 11 Dann
küsste er Rahel und begann laut zu weinen.
12 Jakob sagte zu Rahel, dass er ein Bruder
ihres Vaters und der Sohn Rebekkas sei. Da
lief sie weg und erzählte es ihrem Vater.
13 Als Laban von Jakob, dem Sohn seiner
Schwester, hörte, lief er ihm entgegen; er
umarmte und küsste ihn und führte ihn in
sein Haus. Jakob erzählte Laban die ganze
Geschichte. 14 Da erwiderte ihm Laban: Du
bist wirklich mein Bein und mein Fleisch.

Als Jakob etwa einen Monat bei ihm ge-
blieben war, 15 sagte Laban zu ihm: Sollst du
mir umsonst dienen, weil du mein Bruder
bist? Sag mir, welchen Lohn du haben willst.
16 Laban hatte zwei Töchter; die ältere hieß
Lea, die jüngere Rahel. 17 Die Augen Leas
waren matt, Rahel aber war schön von Ge-
stalt und hatte ein schönes Gesicht. 18 Jakob
hatte Rahel lieb und so sagte er: Ich will dir
um die jüngere Tochter Rahel sieben Jahre
dienen. 19 Laban entgegnete: Es ist besser,
ich gebe sie dir als einem anderen. Bleib bei
mir! 20 Jakob diente also um Rahel sieben
Jahre. Weil er sie liebte, kamen sie ihm wie
wenige Tage vor. 21 Dann aber sagte er zu
Laban: Gib mir jetzt meine Frau; denn meine
Zeit ist um und ich will nun zu ihr gehen.
22 Da ließ Laban alle Männer des Ortes zu-
sammenkommen und veranstaltete ein Fest-
mahl. 23 Am Abend nahm er aber seine Toch-
ter Lea, führte sie zu ihm und Jakob wohnte
ihr bei. 24 Laban gab seine Magd Silpa seiner
Tochter Lea zur Magd. 25 Am Morgen stellte
sich heraus: Es war Lea. Da sagte Jakob zu
Laban: Was hast du mir angetan? Habe ich
dir denn nicht um Rahel gedient? Warum
hast du mich hintergangen? 26 Laban erwi-
derte: Es ist hierzulande nicht üblich, die
Jüngere vor der Älteren zur Ehe zu geben.
27 Verbring mit dieser noch die Brautwoche,
dann soll dir auch die andere gehören um
weitere sieben Jahre Dienst. 28 Jakob ging
darauf ein. Er verbrachte mit Lea die Braut-
woche, dann gab ihm Laban seine Tochter
Rahel zur Frau. 29 Laban gab seine Magd
Bilha seiner Tochter Rahel zur Magd. 30 Ja-
kob wohnte Rahel ebenfalls bei und er liebte
Rahel mehr als Lea. Er blieb noch weitere
sieben Jahre bei Laban im Dienst.

31 Als der Herr sah, dass Lea zurückgesetzt
wurde, öffnete er ihren Mutterschoß, Rahel
aber blieb unfruchtbar. 32 Lea wurde
schwanger und gebar einen Sohn. Sie nannte
ihn Ruben (Seht, ein Sohn!); denn sie sagte:
Der Herr hat mein Elend gesehen. Jetzt wird
mein Mann mich lieben. 33 Sie wurde aber-
mals schwanger und gebar einen Sohn. Da
sagte sie: Der Herr hat gehört, dass ich zu-
rückgesetzt bin, und hat mir auch noch die-
sen geschenkt. Sie nannte ihn Simeon (Hö-
rer). 34 Sie wurde noch einmal schwanger
und gebar einen Sohn. Da sagte sie: Jetzt
endlich wird mein Mann an mir hängen,
denn ich habe ihm drei Söhne geboren.
Darum nannte sie ihn Levi (Anhang).
35 Abermals wurde sie schwanger und gebar

29,1 – 30,24 Jakobs Ehe mit zwei Schwestern widerspricht Lev 18,18, wird aber vor der Gesetzgebung vom Sinai nicht beanstandet. Zu den Söhnen von den zwei Mägden vgl. die Anmerkung zu 16,2.

29,14 Zu der Redensart vgl. die Anmerkung zu 2,21–23.

einen Sohn. Da sagte sie: Diesmal will ich dem Herrn danken. Darum nannte sie ihn Juda (Dank). Dann bekam sie keine Kinder mehr.

30 Als Rahel sah, dass sie Jakob keine Kinder gebar, wurde sie eifersüchtig auf ihre Schwester. Sie sagte zu Jakob: Verschaff mir Söhne! Wenn nicht, sterbe ich. 2 Da wurde Jakob zornig auf Rahel und sagte: Nehme ich etwa die Stelle Gottes ein, der dir die Leibesfrucht versagt? 3 Sie antwortete: Da ist meine Magd Bilha. Geh zu ihr! Sie soll auf meine Knie gebären, dann komme auch ich durch sie zu Kindern. 4 Sie gab ihm also ihre Magd Bilha zur Frau und Jakob ging zu ihr. 5 Bilha wurde schwanger und gebar Jakob einen Sohn. 6 Rahel sagte: Gott hat mir Recht verschafft; er hat auch meine Stimme gehört und mir einen Sohn geschenkt. Deshalb nannte sie ihn Dan (Richter). 7 Bilha, Rahels Magd, wurde abermals schwanger und gebar Jakob einen zweiten Sohn. 8 Da sagte Rahel: Gotteskämpfe habe ich ausgestanden mit meiner Schwester und ich habe mich durchgesetzt. So nannte sie ihn Naftali (Kämpfer).

9 Als Lea sah, dass sie keine Kinder mehr bekam, nahm sie ihre Magd Silpa und gab sie Jakob zur Frau. 10 Leas Magd Silpa gebar Jakob einen Sohn. 11 Da sprach Lea: Glück auf! So nannte sie ihn Gad (Glück). 12 Als Leas Magd Silpa Jakob einen zweiten Sohn gebar, 13 sagte Lea: Mir zum Glück! Denn die Frauen werden mich beglückwünschen. So nannte sie ihn Ascher (Glückskind).

14 Einst ging Ruben zur Zeit der Weizenernte weg und fand auf dem Feld Alraunen. Er brachte sie seiner Mutter Lea mit. Da sagte Rahel zu Lea: Gib mir doch ein paar von den Alraunen deines Sohnes! 15 Sie aber erwiderte ihr: Ist es dir nicht genug, mir meinen Mann wegzunehmen? Nun willst du mir auch noch die Alraunen meines Sohnes nehmen? Da entgegnete Rahel: Gut, dann soll Jakob für die Alraunen deines Sohnes heute Nacht bei dir schlafen. 16 Als Jakob am Abend vom Feld kam, ging ihm Lea entgegen und sagte: Zu mir musst du kommen! Ich habe dich nämlich erworben um den Preis der Alraunen meines Sohnes. So schlief er in jener Nacht bei ihr. 17 Gott erhörte Lea. Sie wurde schwanger und gebar Jakob einen fünften Sohn. 18 Da sagte Lea: Gott hat mich dafür belohnt, dass ich meine Magd meinem Mann gegeben habe. Sie nannte ihn Issachar (Lohn). 19 Noch einmal wurde Lea schwanger und gebar Jakob einen sechsten Sohn. 20 Da sagte Lea: Gott hat mich mit einem schönen Geschenk bedacht. Jetzt endlich wird mein Mann bei mir bleiben, da ich ihm doch sechs Söhne geboren habe. Sie nannte ihn also Sebulon (Bleibe). 21 Schließlich gebar sie eine Tochter und nannte sie Dina.

22 Nun erinnerte sich Gott an Rahel. Gott erhörte sie und öffnete ihren Mutterschoß. 23 Sie wurde schwanger und gebar einen Sohn. Da sagte sie: Gott hat die Schande von mir genommen. 24 Sie nannte ihn Josef (Zufüger) und sagte: Der Herr gebe mir noch einen anderen Sohn hinzu.

29,20: Hos 12,13.

Jakobs List gegen Laban: 30,25–43

25 Nachdem Rahel Josef geboren hatte, sagte Jakob zu Laban: Entlass mich! Ich will in meine Heimat ziehen. 26 Gib mir meine Frauen und Kinder, um die ich dir gedient habe, damit ich gehen kann. Du weißt ja um meinen Dienst, den ich dir geleistet habe. 27 Laban antwortete ihm: Wenn ich nur dein Wohlwollen finde! Ich stand unter günstigen Vorzeichen und der Herr hat mich deinetwegen gesegnet. 28 Weiter sagte er: Bestimm selbst deinen Lohn und ich werde ihn dir aushändigen. 29 Da sagte Jakob zu ihm: Du weißt um meinen Dienst und um dein Vieh, das mir anvertraut war. 30 Das wenige, das du hattest, bevor ich kam, hat sich gewaltig vermehrt und der Herr hat dich gesegnet für jeden meiner Schritte. Und jetzt – wann werde auch ich etwas für mein eigenes Haus tun können? 31 Da sagte Laban: Was soll ich dir geben? Du brauchst mir weiter nichts zu geben, antwortete Jakob, wenn du mit folgendem Vorschlag einverstanden bist: Ich will dein Vieh weiterhin weiden und hüten. 32 Ich will heute unter deinem Vieh umhergehen. Und du sondere dort alle schwarz gesprenkelten oder schwarz scheckigen und alle dunklen Schafe aus, ebenso die weiß scheckigen und weiß gesprenkelten Ziegen. Das soll mein Lohn sein. 33 Morgen soll meine Redlichkeit offenbar werden, wenn du kommst, meinen Lohn zu besehen: Alles, was nicht weiß gesprenkelt und weiß scheckig unter den Ziegen und dunkel unter den Lämmern ist, das soll als von mir gestohlen gelten. 34 Gut, sagte Laban, wie du gesagt hast, soll es geschehen.

30,3 Die Adoptivmutter nimmt das Kind der Magd unmittelbar nach der Geburt auf ihre Knie zum Zeichen dafür, dass sie es als ihr eigenes annimmt (vgl. 50,23).

30,32 Der Sinn des Verses ist in H nicht klar.

35 Am selben Tag noch sonderte er die hell
gestreiften und weiß scheckigen Ziegen-
böcke aus und alle weiß gesprenkelten und
weiß scheckigen Ziegen, alles, an dem etwas
Weißes war, und alles Dunkle unter den
Lämmern und übergab es seinen Söhnen.
36 Dann entfernte er sich drei Tagesmärsche
von Jakob, der das übrige Vieh Labans wei-
dete. 37 Nun holte sich Jakob frische Ruten
von Silberpappeln, Mandelbäumen und
Platanen, schälte weiße Streifen heraus und
legte so das Weiße an den Ruten bloß. 38 Die
geschälten Ruten legte er in die Tröge, in die
Wasserrinnen, zu denen die Tiere zur Tränke
kamen, gerade vor die Tiere hin. Die Tiere
begatteten sich, wenn sie zur Tränke kamen.
39 Hatten sich die Tiere vor den Ruten begat-
tet, so warfen sie gestreifte, gesprenkelte und
scheckige Junge. 40 Die Lämmer teilte Jakob
auf. Er richtete den Blick der Tiere auf das
Gestreifte und alles Dunkle in der Herde
Labans. So legte er sich selbst Herden zu und
tat sie nicht zum Vieh Labans. 41 Jedes Mal
nun, wenn sich die kräftigen Tiere begatte-
ten, legte Jakob die Ruten in die Tröge, so-
dass die Tiere sie vor Augen hatten, wenn sie
sich begatteten. 42 Bei den schwächlichen
Tieren aber legte er sie nicht hin. So wurden
die schwächlichen Labans, die kräftigen da-
gegen Jakobs Eigentum, 43 und der Mann
wurde überaus reich; er besaß eine Menge
Schafe und Ziegen, Mägde und Knechte,
Kamele und Esel.

Jakobs Trennung von Laban: 31,1 – 32,1

31 Jakob hatte erfahren, dass die Söhne
Labans sagten: Jakob hat alles, was
unserem Vater gehört, weggenommen; auf
Kosten unseres Vaters hat er sich so berei-
chert. 2 Jakob sah Laban ins Gesicht: Laban
war ihm nicht mehr zugetan wie früher. 3 Da
sagte der Herr zu Jakob: Kehr zurück in das
Land deiner Väter und zu deiner Verwandt-
schaft! Ich bin mit dir. 4 Jakob ließ Rahel
und Lea auf das Feld zu seiner Herde rufen
5 und sagte zu ihnen: Ich sehe am Gesicht eu-
res Vaters, dass er mir nicht mehr so gesinnt
ist wie früher. Aber der Gott meines Vaters
war mit mir. 6 Ihr wisst, dass ich mit allen
Kräften eurem Vater gedient habe. 7 Aber
euer Vater hat mich hintergangen und mei-
nen Lohn zehnmal geändert; Gott freilich
hat ihn daran gehindert, mich zu schädigen.
8 Sagte er, die Gesprenkelten sollen dein
Lohn sein, dann warfen alle Tiere gespren-
kelte Junge; sagte er, die Gestreiften sollen
dein Lohn sein, dann warfen alle Tiere ge-
streifte Junge. 9 Gott hat eurem Vater den
Viehbestand entzogen und ihn mir gegeben.
10 Zur Zeit, da die Tiere brünstig waren, hat-
te ich einen Traum; ich sah: Gestreifte, ge-
sprenkelte und fleckige Böcke besprangen
die Tiere. 11 Der Engel Gottes sprach im
Traum zu mir: Jakob! Ich antwortete: Hier
bin ich. 12 Dann sprach er: Schau hin: Alle
Böcke, welche die Tiere bespringen, sind ge-
streift, gesprenkelt oder gefleckt. Ich habe
nämlich alles gesehen, was dir Laban antut.
13 Ich bin der Gott von Bet-El, wo du das
Steinmal gesalbt und mir ein Gelübde ge-
macht hast. Jetzt auf, zieh fort aus diesem
Land und kehr in deine Heimat zurück!
14 Rahel und Lea antworteten ihm: Haben
wir noch Anteil oder Erbe im Haus unseres
Vaters? 15 Gelten wir ihm nicht wie Fremde?
Er hat uns ja verkauft und sogar unser Geld
aufgezehrt. 16 Ja, der ganze Reichtum, den
Gott unserem Vater weggenommen hat, uns
gehört er und unseren Söhnen. Nun also, tu
jetzt alles, was Gott dir gesagt hat. 17 Da
machte sich Jakob auf, hob seine Söhne und
Frauen auf die Kamele 18 und führte sein
ganzes Vieh fort, seinen ganzen Besitz an
Vieh, den er in Paddan-Aram erworben hat-
te, um zu seinem Vater Isaak nach Kanaan
zurückzukehren.

19 Laban war weggegangen, um seine
Schafe zu scheren; da stahl Rahel die Götter-
bilder ihres Vaters, 20 und Jakob überlistete
den Aramäer Laban: Er verriet ihm nicht,
dass er sich davonmachen wollte. 21 Mit al-
lem, was ihm gehörte, machte er sich auf und
davon. Er überquerte den Strom (den Eufrat)
und schlug die Richtung zum Gebirge von
Gilead ein. 22 Am dritten Tag meldete man
Laban, Jakob sei auf und davon. 23 Da nahm
Laban seine Brüder mit und jagte ihm sieben
Tage lang nach. Im Gebirge von Gilead war
er ihm schon ganz nahe. 24 Gott aber kam in
einem nächtlichen Traum zum Aramäer La-
ban und sprach zu ihm: Hüte dich, Jakob
auch nur das Geringste vorzuwerfen.

25 Laban holte Jakob ein, als dieser gerade
im Gebirge die Zelte aufgeschlagen hatte. Da
schlug auch Laban mit seinen Brüdern im
Gebirge von Gilead die Zelte auf. 26 Laban
sagte nun zu Jakob: Was hast du getan? Du
hast mich überlistet und meine Töchter wie

30,40 Der zweite Satz des Verses ist in H unklar.

31,19 Die Schafschur war mit einem Fest verbunden. Laban war daher abgelenkt und für Jakob war das eine günstige Gelegenheit zur Flucht. Nach dem in der Heimat Labans geltenden Erbrecht gehen die Bilder der Familiengötter in den Besitz des Erben über. Durch die Mitnahme der Familiengötter beansprucht Rahel also das Erbrecht.

Kriegsgefangene weggeführt. 27 Warum hast du mir verheimlicht, dass du dich davonmachen wolltest, und warum hast du mich überlistet und mir nichts gesagt? Ich hätte dir gern das Geleit gegeben mit Gesang, Pauken und Harfen. 28 Du hast mir aber nicht einmal gestattet, meine Söhne und Töchter zu küssen. Da hast du töricht gehandelt. 29 Es stünde in meiner Macht, euch Schlimmes anzutun; aber der Gott eures Vaters hat mir gestern Nacht gesagt: Hüte dich, Jakob auch nur das Geringste vorzuwerfen. 30 Nun bist du also fortgezogen, weil du Heimweh hattest nach deinem Vaterhaus. Aber warum hast du meine Götter gestohlen? 31 Jakob erwiderte Laban: Ich fürchtete mich und meinte, du könntest mir deine Töchter wegnehmen. 32 Bei wem du aber deine Götter findest, der soll nicht am Leben bleiben. In Gegenwart unserer Brüder durchsuche, was ich habe, und nimm, was dein ist. Jakob wusste nicht, dass Rahel die Götter gestohlen hatte. 33 Laban betrat das Zelt Jakobs, das Zelt der Lea und das der beiden Mägde, fand aber nichts. Vom Zelt der Lea ging er in das Zelt Rahels. 34 Rahel hatte die Götterbilder genommen, sie in die Satteltasche des Kamels gelegt und sich darauf gesetzt. Laban durchstöberte das ganze Zelt, fand aber nichts. 35 Rahel aber sagte zu ihrem Vater: Sei nicht böse, mein Herr! Ich kann vor dir nicht aufstehen, es geht mir gerade, wie es eben Frauen ergeht. Er suchte weiter, die Götterbilder aber fand er nicht.

36 Da wurde Jakob zornig und begann mit Laban zu streiten. Jakob ergriff das Wort und sagte zu Laban: Was habe ich verbrochen, was habe ich Unrechtes getan, dass du mir nachhetzt? 37 Alle meine Sachen hast du durchstöbert. Was hast du gefunden an Sachen, die zu deinem Haus gehören? Leg sie her vor meine und deine Brüder und sie sollen zwischen uns beiden entscheiden. 38 Schon zwanzig Jahre bin ich bei dir. Deine Schafe und Ziegen hatten keinen Fehlwurf. Die Böcke deiner Herde habe ich nicht aufgezehrt. 39 Gerissenes Vieh habe ich dir nicht gebracht; ich habe es selbst ersetzt. Du hättest ja doch Ersatz gefordert, ob es mir nun bei Tag oder bei Nacht abhanden kam. 40 So ging es mir: Bei Tag fraß mich die Hitze, der Frost bei Nacht und der Schlaf floh meine Augen. 41 Schon zwanzig Jahre diene ich in deinem Haus, vierzehn Jahre um deine beiden Töchter und sechs Jahre um dein Vieh. Du aber hast meinen Lohn zehnmal geändert. 42 Wäre nicht der Gott meines Vaters, der Gott Abrahams und der Schrecken Isaaks, für mich eingetreten, dann hättest du mich jetzt mit leeren Händen weggeschickt. Doch Gott hat mein Elend und die Mühe meiner Hände gesehen und gestern Nacht hat er entschieden. 43 Darauf ergriff Laban das Wort und sagte zu Jakob: Die Töchter sind meine Töchter und die Söhne sind meine Söhne und das Vieh ist mein Vieh und alles, was du siehst, gehört mir. Was kann ich heute für meine Töchter tun oder für die Söhne, die sie geboren haben? 44 Jetzt aber komm, wir wollen einen Vertrag schließen, ich und du. Der Vertrag soll Zeuge sein zwischen mir und dir. 45 Da nahm Jakob einen Stein und richtete ihn als Steinmal auf. 46 Jakob sagte zu seinen Brüdern: Tragt Steine zusammen! Da holten sie Steine und legten einen Steinhügel an. Dort auf dem Steinhügel aßen sie. 47 Laban nannte ihn Jegar-Sahaduta und Jakob nannte ihn Gal-Ed. 48 Dieser Steinhügel, sagte Laban, soll heute Zeuge sein zwischen mir und dir. Darum gab er ihm den Namen Gal-Ed (Zeugenhügel) 49 und Mizpa (Spähturm), weil er sagte: Der Herr sei Späher zwischen mir und dir, wenn wir voneinander nichts mehr wissen. 50 Solltest du meine Töchter schlecht behandeln oder dir außer meinen Töchtern noch andere Frauen nehmen – auch wenn kein Mensch bei uns ist: Sieh, Gott ist Zeuge zwischen mir und dir. 51 Weiter sagte Laban zu Jakob: Hier, dieser Steinhügel, hier, dieses Steinmal, das ich zwischen mir und dir errichtet habe – 52 Zeuge sei dieser Steinhügel. Zeuge sei dieses Steinmal: Nie will ich diesen Steinhügel in böser Absicht gegen dich überschreiten und nie sollst du diesen Steinhügel oder dieses Steinmal in böser Absicht gegen mich überschreiten. 53 Der Gott Abrahams und der Gott Nahors seien Richter zwischen uns. Da leistete Jakob einen Eid beim Schrecken seines Vaters Isaak. 54 Dann schlachtete Jakob auf dem Berg ein Opfertier und lud seine Brüder zum Mahl ein. Sie aßen und verbrachten die Nacht auf dem Berg.

31,28 Söhne: hier im Sinn von »Enkel«.
31,33–35 Aus der Erzählung klingt eine Verspottung der heidnischen Götter heraus.
31,37 Brüder: hier im Sinn von »Verwandte«.
31,42 »Schrecken Isaaks« ist ein altertümlicher Gottesname.
31,49 Gott soll wie ein Späher darüber wachen, dass beide den Vertrag einhalten.
31,53 zwischen uns: H fügt hinzu »der Gott ihrer Väter«, was G mit Recht weglässt. – Zu »Schrecken seines Vaters« vgl. V. 42 und die dortige Anmerkung.

32 Früh am Morgen stand Laban auf,
küsste seine Söhne und Töchter und
segnete sie. Dann machte er sich auf den Weg
und kehrte nach Hause zurück.

31,13: 28,18.20.

Die Boten und Geschenke für Esau:
32,2–22

2 Auch Jakob zog seines Weges. Da begeg-
neten ihm Engel Gottes. 3 Als Jakob sie er-
blickte, sagte er: Das ist das Heerlager Got-
tes. Dem Ort gab er darum den Namen Ma-
hanajim (Doppellager).
4 Jakob sandte Boten vor sich her zu sei-
nem Bruder Esau nach Seïr, in das Gebiet
von Edom. 5 Er trug ihnen auf: Ihr sollt Esau,
meinem Herrn, sagen: So sagt dein Knecht
Jakob: Bei Laban habe ich mich aufgehalten
und bin bis jetzt ausgeblieben. 6 Ich habe
Ochsen und Esel, Schafe und Ziegen, Knech-
te und Mägde. Ich gebe nun meinem Herrn
durch Boten Nachricht, um dein Wohlwollen
zu finden.
7 Die Boten kehrten zu Jakob zurück und
berichteten: Als wir zu deinem Bruder Esau
kamen, war auch er schon unterwegs zu dir.
Vierhundert Mann hat er bei sich. 8 Jakob
wurde angst und bange. Er teilte seine Leute,
die Schafe und Ziegen, die Rinder und
Kamele auf zwei Lager auf 9 und sagte:
Wenn Esau zu dem einen Lager kommt und
es niedermacht, dann kann das andere Lager
entkommen. 10 Und Jakob sagte: Du Gott
meines Vaters Abraham und Gott meines
Vaters Isaak, Herr, du hast mir gesagt: Kehr
in deine Heimat und zu deiner Verwandt-
schaft zurück; ich werde es dir gut gehen
lassen. 11 Ich bin nicht wert all der Huld-
erweise und all der Treue, die du deinem
Knecht erwiesen hast. Denn nur mit einem
Stab habe ich den Jordan dort überschritten
und jetzt sind aus mir zwei Lager geworden.
12 Entreiß mich doch der Hand meines Bru-
ders, der Hand Esaus! Ich fürchte nämlich,
er könnte kommen und mich erschlagen,
Mutter und Kinder. 13 Du hast doch gesagt:
Ich will es dir gut gehen lassen und will deine
Nachkommen zahlreich machen wie den
Sand am Meer, den niemand zählen kann vor
Menge.
14 Er brachte dort jene Nacht zu. Dann
stellte er von allem, was er gerade zur Hand
hatte, ein Geschenk für seinen Bruder Esau
zusammen: 15 zweihundert Ziegen und zwan-
zig Böcke, zweihundert Mutterschafe und
zwanzig Widder, 16 dreißig säugende Kamele
mit ihren Jungen, vierzig Kühe und zehn
Stiere, zwanzig Eselinnen und zehn Esel.
17 Er übergab sie, nach Herden gesondert,
seinen Knechten und sagte zu ihnen: Zieht
mir voraus und haltet zwischen den einzel-
nen Herden Abstand. 18 Dem ersten trug er
auf: Wenn du auf meinen Bruder Esau triffst
und er dich ausfragt: Zu wem gehörst du, wo-
hin gehst du und wem gehört das da vor dir?,
19 dann sag: Deinem Knecht Jakob. Ein Ge-
schenk ist es, gesandt an meinen Herrn, an
Esau. Schau, dort hinter uns kommt er auch
schon selbst. 20 Auch dem zweiten und drit-
ten, allen, die hinter den einzelnen Herden
schritten, trug er auf: Im gleichen Sinn redet
mit Esau, wenn ihr ihn trefft. 21 Sagt: Schau,
dort kommt dein Knecht Jakob auch schon
hinter uns. Denn Jakob sagte sich: Ich will
ihn mit der geschenkten Herde, die vor mir
herzieht, beschwichtigen und ihm dann erst
unter die Augen treten. Vielleicht nimmt er
mich freundlich auf. 22 Die Herde, die er
schenken wollte, zog ihm also voraus, er aber
brachte jene Nacht im Lager zu.

10: 31,3 • 13: 32,10; 22,17; 28,14.

Jakobs Kampf mit Gott: 32,23–33

23 In derselben Nacht stand er auf, nahm
seine beiden Frauen, seine beiden Mägde so-
wie seine elf Söhne und durchschritt die Furt
des Jabbok. 24 Er nahm sie und ließ sie den
Fluss überqueren. Dann schaffte er alles hi-
nüber, was ihm sonst noch gehörte. 25 Als nur
noch er allein zurückgeblieben war, rang mit
ihm ein Mann, bis die Morgenröte aufstieg.
26 Als der Mann sah, dass er ihm nicht bei-
kommen konnte, schlug er ihn aufs Hüftge-
lenk. Jakobs Hüftgelenk renkte sich aus, als
er mit ihm rang. 27 Der Mann sagte: Lass
mich los; denn die Morgenröte ist aufgestie-
gen. Jakob aber entgegnete: Ich lasse dich
nicht los, wenn du mich nicht segnest. 28 Je-
ner fragte: Wie heißt du? Jakob, antwortete
er. 29 Da sprach der Mann: Nicht mehr Jakob
wird man dich nennen, sondern Israel (Got-
tesstreiter); denn mit Gott und Menschen
hast du gestritten und hast gewonnen.
30 Nun fragte Jakob: Nenne mir doch deinen

32,25–33 In dieser Erzählung sind drei alte Traditionen miteinander verwoben: 1. eine von der Umbenennung des Namens Jakob in Israel (vgl. 35,9f); 2. eine, die die Herkunft des Ortsnamens Penuël erklärt (Gottesgesicht); 3. eine, die den sonderbaren Brauch begründet, den Muskelstrang über dem Hüftgelenk der Tiere nicht zu essen. Der unbekannte »Mann« war vielleicht in der vorisraelitischen Form der Erzählung ein dämonisches Wesen; die israelitische Tradition erkennt in ihm Gott selbst oder zumindest ein himmlisches Wesen, einen Engel.

Namen! Jener entgegnete: Was fragst du
mich nach meinem Namen? Dann segnete er
ihn dort. 31 Jakob gab dem Ort den Namen
Penuël (Gottesgesicht) und sagte: Ich habe
Gott von Angesicht zu Angesicht gesehen
und bin doch mit dem Leben davongekom-
men.
32 Die Sonne schien bereits auf ihn, als er
durch Penuël zog; er hinkte an seiner Hüfte.
33 Darum essen die Israeliten den Muskel-
strang über dem Hüftgelenk nicht bis auf
den heutigen Tag; denn er hat Jakob aufs
Hüftgelenk, auf den Hüftmuskel geschla-
gen.

Jakobs Versöhnung mit Esau: 33,1–20

33 Jakob blickte auf und sah: Esau kam
und mit ihm vierhundert Mann. Da
verteilte er die Kinder auf Lea und Rahel
und auf die beiden Mägde. 2 Die Mägde und
deren Kinder stellte er vorn hin, dahinter
Lea und ihre Kinder und zuletzt Rahel und
Josef. 3 Er trat vor und warf sich siebenmal
zur Erde nieder, bis er vor seinem Bruder
stand. 4 Esau lief ihm entgegen, umarmte ihn
und fiel ihm um den Hals; er küsste ihn und
sie weinten. 5 Dann blickte Esau auf und sah
die Frauen mit den Kindern. Er fragte: Wer
sind die dort bei dir? Die Kinder, erwiderte
er, die Gott deinem Knecht aus Wohlwollen
geschenkt hat.
6 Die Mägde und ihre Kinder kamen näher
und warfen sich nieder. 7 Dann kamen auch
Lea und ihre Kinder und warfen sich nieder
und zuletzt kamen Josef und Rahel und war-
fen sich nieder. 8 Da fragte Esau: Was willst
du mit dem ganzen Auftrieb dort, auf den ich
gestoßen bin? Jakob erwiderte: Ich wollte
das Wohlwollen meines Herrn finden. 9 Da-
rauf sagte Esau: Ich habe selber genug, Bru-
der. Behalte, was dir gehört. 10 Nicht doch,
entgegnete Jakob, wenn ich dein Wohlwol-
len gefunden habe, dann nimm das Geschenk
aus meiner Hand an! Denn dafür habe ich
dein Angesicht gesehen, wie man das Ange-
sicht Gottes sieht, und du bist mir wohlwol-
lend begegnet. 11 Nimm doch mein Begrü-
ßungsgeschenk an, das man dir überbracht
hat. Denn Gott hat mir Wohlwollen erwiesen
und ich habe alles, was ich brauche. Er
drängte ihn, bis er annahm.
12 Darauf machte Esau den Vorschlag:
Brechen wir auf und ziehen wir weiter. Ich
will an deiner Seite ziehen. 13 Jakob entgeg-
nete ihm: Mein Herr weiß, dass die Kinder
noch Schonung brauchen; auch habe ich für
säugende Schafe und Rinder zu sorgen.
Überanstrengt man sie nur einen einzigen
Tag, so geht das ganze Vieh ein. 14 Mein Herr
ziehe doch seinem Knecht voraus. Ich aber
will mich dem gemächlichen Gang der Vieh-
herden vor mir und dem Schritt der Kinder
anpassen, bis ich zu meinem Herrn nach Seïr
komme. 15 Darauf sagte Esau: Ich will dir ei-
nige von meinen Leuten zuweisen. Wozu?,
erwiderte Jakob, ich finde ja das Wohlwollen
meines Herrn.
16 Esau kehrte an jenem Tag um und zog
nach Seïr zurück. 17 Jakob brach nach Suk-
kot auf. Er baute sich ein Haus und für sein
Vieh errichtete er Hütten. Darum gab er dem
Ort den Namen Sukkot (Hütten). 18 Jakob
gelangte, als er aus Paddan-Aram kam,
wohlbehalten bis Sichem in Kanaan und
schlug vor der Stadt sein Lager auf. 19 Das
Grundstück, auf dem er sein Zelt aufspann-
te, erwarb er von den Söhnen Hamors, des
Vaters von Sichem, für hundert Kesita.
20 Dort errichtete er einen Altar und nannte
ihn: Gott, der Gott Israels.

Die Rache der Jakobssöhne an den Sichemiten: 34,1–31

34 Dina, die Tochter, die Lea Jakob ge-
boren hatte, ging aus, um sich die
Töchter des Landes anzusehen. 2 Sichem, der
Sohn des Hiwiters Hamor, des Landesfürs-
ten, erblickte sie; er ergriff sie, legte sich zu
ihr und vergewaltigte sie. 3 Er fasste Zunei-
gung zu Dina, der Tochter Jakobs, er liebte
das Mädchen und redete ihm gut zu. 4 Zu sei-
nem Vater Hamor sagte Sichem: Nimm mir
dieses Mädchen zur Frau!
5 Jakob hörte, dass man seine Tochter
Dina entehrt hatte. Seine Söhne waren gera-
de auf dem Feld bei seiner Herde und so be-
hielt Jakob die Sache für sich bis zu ihrer
Rückkehr. 6 Inzwischen kam Hamor, der Va-
ter Sichems, zu Jakob heraus, um mit ihm
darüber zu reden. 7 Als Jakobs Söhne vom
Feld kamen und davon erfuhren, empfanden
sie das als Beleidigung und wurden sehr zor-
nig; eine Schandtat hatte Sichem an Israel
begangen, weil er der Tochter Jakobs bei-
wohnte; so etwas darf man nicht tun.
8 Hamor redete mit ihnen und sagte: Mein

34,1–31 Vergewaltigung einer Frau gilt noch heute bei den Beduinen als ein dem Mord gleichwertiges Verbrechen und löst Blutrache aus. Das Verwerfliche der Tat der Jakobsöhne an den Sichemiten ist nicht die Blutrache an sich, sondern der Vollzug der Blutrache, obwohl bereits Ausgleichsverhandlungen zum erfolgreichen Abschluss gekommen sind, die einem Verzicht auf Blutrache gleichkommen. Zur Blutrache nach Vergewaltigung einer Frau vgl. auch 2 Sam 13.

Sohn Sichem hat zu eurer Tochter Zunei-
gung gefasst. Gebt sie ihm doch zur Frau!
9 Verschwägern wir uns; gebt uns eure Töch-
ter und nehmt die unseren! 10 Ihr könnt euch
bei uns ansiedeln und das Land steht euch
offen. Bleibt da, geht hier euren Geschäften
nach und macht euch im Land ansässig!
11 Sichem sagte zu Dinas Vater und zu ihren
Brüdern: Finde ich euer Wohlwollen, dann
will ich geben, was ihr auch von mir ver-
langt. 12 Legt mir ruhig ein sehr hohes Hei-
ratsgeld und eine hohe Brautgabe auf! Ich
will geben, was ihr von mir verlangt. Nur
gebt mir das Mädchen zur Frau!

13 Die Söhne Jakobs gaben Sichem und
seinem Vater Hamor, als sie die Verhandlun-
gen aufnahmen, eine hinterhältige Antwort,
weil er ihre Schwester entehrt hatte. 14 Sie
sagten zu ihnen: Wir können uns nicht da-
rauf einlassen, unsere Schwester einem Un-
beschnittenen zu geben; denn das gilt bei uns
als Schande. 15 Nur unter der Bedingung ge-
hen wir auf euren Vorschlag ein, dass ihr
euch uns anpasst und alle männlichen Perso-
nen beschneiden lasst. 16 Dann würden wir
euch unsere Töchter geben und wir könnten
eure Töchter nehmen; wir könnten mit euch
zusammen wohnen und ein einziges Volk
werden. 17 Wollt ihr aber von der Beschnei-
dung nichts wissen, so nehmen wir unsere
Tochter zurück und ziehen fort. 18 Hamor
und sein Sohn Sichem waren mit ihrem Vor-
schlag einverstanden. 19 Der junge Mann
verlor keine Zeit, die Angelegenheit zu re-
geln; denn er hatte die Tochter Jakobs lieb
und er war der Einflussreichste von allen im
Hause seines Vaters.

20 Hamor und sein Sohn Sichem gingen an
das Tor ihrer Stadt und sprachen zu ihren
Mitbürgern: 21 Jene Leute sind uns friedlich
gesinnt. Sie könnten sich im Land ansiedeln
und ihren Geschäften nachgehen. Das Land
hat ja nach allen Seiten Platz genug für sie.
Wir könnten ihre Töchter zu Frauen nehmen
und unsere Töchter ihnen geben. 22 Aller-
dings wollen die Männer bloß unter der Be-
dingung auf unseren Vorschlag eingehen,
mit uns zusammen zu wohnen und ein einzi-
ges Volk zu werden, dass sich bei uns alle
Männer beschneiden lassen, so wie sie be-
schnitten sind. 23 Ihre Herden, ihr Besitz, ihr
Vieh, könnte das nicht alles uns gehören?
Gehen wir also auf ihren Vorschlag ein, dann
werden sie bei uns bleiben. 24 Alle, die durch
das Tor der Stadt ausziehen, hörten auf Ha-
mor und seinen Sohn Sichem; und alle Män-
ner, alle, die durch das Tor seiner Stadt aus-
ziehen, ließen sich beschneiden.

25 Am dritten Tag aber, als sie an Wundfie-
ber litten, griffen zwei Söhne Jakobs, Simeon
und Levi, die Brüder Dinas, zum Schwert,
überfielen ungefährdet die Stadt und brach-
ten alles Männliche um. 26 Hamor und seinen
Sohn Sichem machten sie mit dem Schwert
nieder, holten Dina aus dem Hause Sichems
und gingen davon. 27 Dann machten sich die
Söhne Jakobs über die Erschlagenen her und
plünderten die Stadt, weil man ihre Schwes-
ter entehrt hatte. 28 Ihre Schafe und Rinder,
ihre Esel und was es sonst in der Stadt oder
auf dem Feld gab, nahmen sie mit. 29 Ihre
ganze Habe, all ihre Kinder und Frauen
führten sie fort und raubten alles, was sich in
den Häusern fand.

30 Jakob sagte darauf zu Simeon und Levi:
Ihr stürzt mich ins Unglück. Ihr habt mich in
Verruf gebracht bei den Bewohnern des Lan-
des, den Kanaanitern und Perisitern. Meine
Männer kann man an den Fingern abzählen.
Jene werden sich gegen mich zusammentun
und mich niedermachen. Dann ist es vorbei
mit mir und meinem Haus. 31 Die Söhne aber
sagten: Durfte er unsere Schwester wie eine
Dirne behandeln?

30: 49,5–7.

Jakob wieder in Bet-El: 35,1–15

35 Gott sprach zu Jakob: Zieh nach
Bet-El hinauf und lass dich dort nie-
der! Errichte dort einen Altar dem Gott, der
dir auf der Flucht vor deinem Bruder Esau
erschienen ist. 2 Dann sagte Jakob zu seinem
Haus und zu allen, die zu ihm gehörten: Ent-
fernt die fremden Götter aus eurer Mitte, rei-
nigt euch und wechselt eure Kleider! 3 Wir
wollen uns aufmachen und nach Bet-El hi-
naufziehen. Dort will ich einen Altar für den
Gott errichten, der mich am Tag meiner Be-
drängnis erhört hat und der auf meinem Weg
mit mir war. 4 Sie übergaben Jakob alle
fremden Götter, die sie hatten, und die Ringe
an ihren Ohren. Jakob vergrub sie unter der
Eiche bei Sichem. 5 Dann brachen sie auf. Da
überkam ein Gottesschrecken die Städte
ringsum und so verfolgten sie die Söhne Ja-
kobs nicht. 6 Jakob kam nach Lus in Kanaan,
das jetzt Bet-El heißt, er und alles Volk, das
bei ihm war.

7 Er baute dort einen Altar und nannte die
Stätte »Gott von Bet-El«; denn auf der
Flucht vor seinem Bruder hatte Gott sich
ihm dort offenbart.

34,24 die durch das Tor der Stadt ausziehen: die wehrfähigen Männer.

8 Debora, die Amme Rebekkas, starb. Man begrub sie unterhalb von Bet-El unter der Eiche. Er gab ihr den Namen Träneneiche.

9 Gott erschien Jakob noch einmal nach seiner Rückkehr aus Paddan-Aram und segnete ihn. 10 Gott sprach zu ihm: Dein Name ist Jakob. Dein Name soll jedoch nicht mehr Jakob lauten, sondern Israel soll dein Name sein. Er gab ihm also den Namen Israel. 11 Und Gott sprach zu ihm: Ich bin Gott, der Allmächtige. Sei fruchtbar und vermehre dich! Ein Volk, eine Schar von Völkern soll aus dir hervorgehen, Könige sollen deinen Lenden entstammen. 12 Das Land, das ich Abraham und Isaak gegeben habe, will ich dir geben und auch deinen Nachkommen will ich es geben. 13 Dann fuhr Gott von dem Ort, an dem er mit ihm geredet hatte, zum Himmel auf.

14 Jakob richtete an dem Ort, wo Gott mit ihm geredet hatte, ein Steinmal, einen Gedenkstein, auf. Darüber schüttete er ein Trankopfer und goss Öl darauf. 15 Jakob gab dem Ort, an dem Gott mit ihm geredet hatte, den Namen Bet-El.

7: 28,12-22 • 10: 32,29 • 12: 13,14f; 15,17-21; 26,3f.

Benjamins Geburt und Rahels Tod: 35,16–20

16 Sie brachen von Bet-El auf. Nur ein kleines Stück Weg war es noch bis Efrata, als Rahel gebar. Sie hatte eine schwere Geburt. 17 Als sie bei der Geburt schwer litt, redete ihr die Amme zu: Fürchte dich nicht, auch diesmal hast du einen Sohn. 18 Während ihr das Leben entfloh – sie musste nämlich sterben –, gab sie ihm den Namen Ben-Oni (Unheilskind); sein Vater aber nannte ihn Benjamin (Erfolgskind). 19 Als Rahel gestorben war, begrub man sie an der Straße nach Efrata, das jetzt Betlehem heißt. 20 Jakob errichtete ein Steinmal über ihrem Grab. Das ist das Grabmal Rahels bis auf den heutigen Tag.

Die Söhne Jakobs und der Tod Isaaks: 35,21–29

21 Israel brach auf und schlug sein Zelt jenseits von Migdal-Eder auf. 22 Während Israel in jenem Land wohnte, ging Ruben hin und schlief mit Bilha, der Nebenfrau seines Vaters. Israel hörte davon. Jakob hatte zwölf Söhne. 23 Die Söhne Leas waren: Ruben, der Erstgeborene Jakobs, ferner Simeon, Levi, Juda, Issachar und Sebulon. 24 Die Söhne Rahels waren: Josef und Benjamin. 25 Die Söhne Bilhas, der Magd Rahels, waren: Dan und Naftali. 26 Die Söhne Silpas, der Magd Leas, waren: Gad und Ascher. Das waren die Söhne Jakobs, die ihm in Paddan-Aram geboren wurden.

27 Jakob kam zu seinem Vater Isaak nach Mamre, nach Kirjat-Arba, das jetzt Hebron heißt, wo sich Abraham und Isaak als Fremde aufgehalten hatten. 28 Isaak wurde hundertachtzig Jahre alt, 29 dann verschied er. Er starb und wurde mit seinen Vorfahren vereint, betagt und satt an Jahren. Seine Söhne Esau und Jakob begruben ihn.

22: 49,3f.

Die Nachkommen Esaus: 36,1–43

36 Das ist die Geschlechterfolge nach Esau, der auch Edom hieß: 2 Esau nahm sich seine Frauen aus den Töchtern Kanaans: Ada, die Tochter des Hetiters Elon, Oholibama, die Tochter des Ana, eines Sohnes des Hiwiters Zibon, 3 und Basemat, die Tochter Ismaels, eine Schwester Nebajots. 4 Ada gebar dem Esau Elifas, Basemat gebar Reguël 5 und Oholibama gebar Jëusch, Jalam und Korach. Das waren die Söhne Esaus, die ihm in Kanaan geboren wurden.

6 Esau nahm seine Frauen, Söhne und Töchter, alle Personen seines Hauses und seinen Besitz, all sein Vieh und seine ganze Habe, die er in Kanaan erworben hatte, und zog in ein anderes Land, fort von seinem Bruder Jakob. 7 Ihr Besitz war nämlich zu groß, als dass sie zusammen hätten wohnen können. Das Land, in dem sie lebten, konnte wegen ihres Viehbestandes nicht beide ernähren. 8 So ließ sich Esau im Bergland Seïr nieder. Esau ist Edom.

9 Das ist die Geschlechterfolge nach Esau, dem Stammvater von Edom im Bergland Seïr. 10 Die Namen der Söhne Esaus sind: Elifas, der Sohn der Ada, der Frau Esaus, und Reguël, der Sohn Basemats, der Frau Esaus. 11 Die Söhne des Elifas sind: Teman, Omar, Zefo, Gatam und Kenas. 12 Timna war die Nebenfrau des Elifas, des Sohnes Esaus. Sie gebar dem Elifas Amalek. Das waren die Söhne Adas, der Frau Esaus. 13 Die Söhne Reguëls sind: Nahat, Serach, Schamma und Misa. Das waren die Söhne Basemats, der Frau Esaus. 14 Die Söhne, die Oholibama, die Frau Esaus und Tochter Anas, eines Sohnes Zibons, Esau gebar, sind: Jëusch, Jalam und Korach.

15 Das sind die Häuptlinge der Söhne Esaus: die Söhne des Elifas, des Erstgeborenen Esaus: Häuptling Teman, Häuptling Omar, Häuptling Zefo, Häuptling Kenas,

16 Häuptling Korach, Häuptling Gatam, Häuptling Amalek. Das waren die Häuptlinge des Elifas in Edom, lauter Söhne der Ada.

17 Das sind die Söhne Reguëls, des Sohnes Esaus: Häuptling Nahat, Häuptling Serach, Häuptling Schamma, Häuptling Misa. Das waren die Häuptlinge Reguëls in Edom; sie waren die Söhne Basemats, der Frau Esaus.

18 Das sind die Söhne Oholibamas, der Frau Esaus: Häuptling Jëusch, Häuptling Jalam, Häuptling Korach. Das waren die Häuptlinge, die von Oholibama, der Frau Esaus und Tochter Anas, abstammten.

19 Das waren also die Söhne Esaus und deren Häuptlinge. Das ist Edom.

20 Das sind die Söhne des Horiters Seïr, die Einwohner des Landes: Lotan, Schobal, Zibon, Ana, 21 Dischon, Ezer und Dischan. Das waren die Häuptlinge der Horiter, der Söhne Seïrs, in Edom.

22 Die Söhne Lotans sind: Hori und Hemam. Die Schwester Lotans ist Timna. 23 Das sind die Söhne Schobals: Alwan, Manahat, Ebal, Schefi und Onam. 24 Die Söhne Zibons sind: Aja und Ana. Das ist jener Ana, der das Wasser in der Wüste fand, als er die Esel seines Vaters Zibon weidete. 25 Die Kinder Anas sind: Dischon und Oholibama, die Tochter Anas. 26 Die Söhne Dischons sind: Hemdan, Eschban, Jitran und Keran. 27 Die Söhne Ezers sind: Bilhan, Saawan und Akan. 28 Die Söhne Dischans sind: Uz und Aran.

29 Die Häuptlinge der Horiter sind: Häuptling Lotan, Häuptling Schobal, Häuptling Zibon, Häuptling Ana, 30 Häuptling Dischon, Häuptling Ezer, Häuptling Dischan. Das waren die Häuptlinge der Horiter nach ihren Stämmen in Seïr.

31 Die Könige, die in Edom regierten, bevor bei den Israeliten ein König regierte, waren folgende: 32 In Edom regierte Bela, der Sohn Beors; seine Stadt hieß Dinhaba. 33 Als Bela starb, wurde König an seiner Stelle Jobab, der Sohn Serachs aus Bozra. 34 Als Jobab starb, wurde König an seiner Stelle Huscham aus dem Land der Temaniter. 35 Als Huscham starb, wurde König an seiner Stelle Hadad, der Sohn Bedads, der Midian im Grünland von Moab schlug; seine Stadt hieß Awit. 36 Als Hadad starb, wurde König an seiner Stelle Samla aus Masreka. 37 Als Samla starb, wurde König an seiner Stelle Schaul aus Rehobot am Strom (Eufrat). 38 Als Schaul starb, wurde König an seiner Stelle Baal-Hanan, der Sohn Achbors. 39 Als Baal-Hanan, der Sohn Achbors, starb, wurde König an seiner Stelle Hadar; seine Stadt hieß Pagu. Seine Frau hieß Mehetabel; sie war die Tochter Matreds und Enkelin Me-Sahabs.

40 Das sind die Namen der Häuptlinge Esaus nach ihren Sippenverbänden, Orten und Namen: Häuptling Timna, Häuptling Alwa, Häuptling Jetet, 41 Häuptling Oholibama, Häuptling Ela, Häuptling Pinon, 42 Häuptling Kenas, Häuptling Teman, Häuptling Mibzar, 43 Häuptling Magdiël, Häuptling Iram. Das waren die Häuptlinge Edoms nach ihren Siedlungsgebieten in dem Land, das sie besaßen. So viel über Esau, den Stammvater von Edom.

7: 13,6.

DIE SÖHNE JAKOBS: 37,1 – 50,26

Josef und seine Brüder: 37,1–36

37 Jakob ließ sich in dem Land nieder, in dem sich sein Vater als Fremder aufgehalten hatte, in Kanaan. 2 Das ist die Geschlechterfolge nach Jakob: Als Josef siebzehn Jahre zählte, also noch jung war, weidete er mit seinen Brüdern, den Söhnen Bilhas und Silpas, der Frauen seines Vaters, die Schafe und Ziegen. Josef hinterbrachte ihrem Vater, was die Brüder Böses taten. 3 Israel liebte Josef unter allen seinen Söhnen am meisten, weil er ihm noch in hohem Alter geboren worden war. Er ließ ihm einen Ärmelrock machen. 4 Als seine Brüder sahen, dass ihr Vater ihn mehr liebte als alle seine Brüder, hassten sie ihn und konnten mit ihm kein gutes Wort mehr reden.

5 Einst hatte Josef einen Traum. Als er ihn seinen Brüdern erzählte, hassten sie ihn noch mehr. 6 Er sagte zu ihnen: Hört, was ich geträumt habe. 7 Wir banden Garben mitten auf dem Feld. Meine Garbe richtete sich auf und blieb auch stehen. Eure Garben umringten sie und neigten sich tief vor meiner Garbe. 8 Da sagten seine Brüder zu ihm: Willst du etwa König über uns werden oder dich als Herr über uns aufspielen? Und sie hassten ihn noch mehr wegen seiner Träume und seiner Worte.

37,3 Ein »Ärmelrock« ist ein Festtagsgewand.

9 Er hatte noch einen anderen Traum. Er erzählte ihn seinen Brüdern und sagte: Ich träumte noch einmal: Die Sonne, der Mond und elf Sterne verneigten sich tief vor mir. 10 Als er davon seinem Vater und seinen Brüdern erzählte, schalt ihn sein Vater und sagte zu ihm: Was soll das, was du da geträumt hast? Sollen wir vielleicht, ich, deine Mutter und deine Brüder, kommen und uns vor dir zur Erde niederwerfen? 11 Seine Brüder waren eifersüchtig auf ihn, sein Vater aber vergaß die Sache nicht.

12 Als seine Brüder fortgezogen waren, um das Vieh ihres Vaters bei Sichem zu weiden, 13 sagte Israel zu Josef: Deine Brüder weiden bei Sichem das Vieh. Geh, ich will dich zu ihnen schicken. Er antwortete: Ich bin bereit. 14 Da sagte der Vater zu ihm: Geh doch hin und sieh, wie es deinen Brüdern und dem Vieh geht, und berichte mir! So schickte er ihn aus dem Tal von Hebron fort und Josef kam nach Sichem.

15 Ein Mann traf ihn, wie er auf dem Feld umherirrte; er fragte ihn: Was suchst du? 16 Josef antwortete: Meine Brüder suche ich. Sag mir doch, wo sie das Vieh weiden. 17 Der Mann antwortete: Sie sind von hier weitergezogen. Ich habe nämlich gehört, wie sie sagten: Gehen wir nach Dotan. Da ging Josef seinen Brüdern nach und fand sie in Dotan.

18 Sie sahen ihn von weitem. Bevor er jedoch nahe an sie herangekommen war, fassten sie den Plan, ihn umzubringen. 19 Sie sagten zueinander: Dort kommt ja dieser Träumer. 20 Jetzt aber auf, erschlagen wir ihn und werfen wir ihn in eine der Zisternen. Sagen wir, ein wildes Tier habe ihn gefressen. Dann werden wir ja sehen, was aus seinen Träumen wird.

21 Ruben hörte das und wollte ihn aus ihrer Hand retten. Er sagte: Begehen wir doch keinen Mord. 22 Und Ruben sagte zu ihnen: Vergießt kein Blut! Werft ihn in die Zisterne da in der Steppe, aber legt nicht Hand an ihn! Er wollte ihn nämlich aus ihrer Hand retten und zu seinem Vater zurückbringen.

23 Als Josef bei seinen Brüdern angekommen war, zogen sie ihm sein Gewand aus, den Ärmelrock, den er anhatte, 24 packten ihn und warfen ihn in die Zisterne. Die Zisterne war leer; es war kein Wasser darin.

25 Als sie dann beim Essen saßen und aufblickten, sahen sie, dass gerade eine Karawane von Ismaelitern aus Gilead kam. Ihre Kamele waren mit Tragakant, Mastix und Ladanum beladen. Sie waren unterwegs nach Ägypten. 26 Da schlug Juda seinen Brüdern vor: Was haben wir davon, wenn wir unseren Bruder erschlagen und sein Blut zudecken? 27 Kommt, verkaufen wir ihn den Ismaelitern. Wir wollen aber nicht Hand an ihn legen, denn er ist doch unser Bruder und unser Verwandter. Seine Brüder waren einverstanden.

28 Midianitische Kaufleute kamen vorbei. Da zogen sie Josef aus der Zisterne heraus und verkauften ihn für zwanzig Silberstücke an die Ismaeliter. Diese brachten Josef nach Ägypten.

29 Als Ruben zur Zisterne zurückkam, war Josef nicht mehr dort. Er zerriss seine Kleider, 30 wandte sich an seine Brüder und sagte: Der Kleine ist ja nicht mehr da. Und ich, was soll ich jetzt anfangen? 31 Da nahmen sie Josefs Gewand, schlachteten einen Ziegenbock und tauchten das Gewand in das Blut. 32 Dann schickten sie den Ärmelrock zu ihrem Vater und ließen ihm sagen: Das haben wir gefunden. Sieh doch, ob das der Rock deines Sohnes ist oder nicht. 33 Als er ihn angesehen hatte, sagte er: Der Rock meines Sohnes! Ein wildes Tier hat ihn gefressen. Zerrissen, zerrissen ist Josef. 34 Jakob zerriss seine Kleider, legte Trauerkleider an und trauerte um seinen Sohn viele Tage. 35 Alle seine Söhne und Töchter machten sich auf, um ihn zu trösten. Er aber ließ sich nicht trösten und sagte: Ich will dauernd zu meinem Sohn in die Unterwelt hinabsteigen. So beweinte ihn sein Vater. 36 Die Midianiter aber verkauften Josef nach Ägypten an Potifar, einen Hofbeamten des Pharao, den Obersten der Leibwache.

Die Familiengeschichte Judas: 38,1–30

38 Um jene Zeit verließ Juda seine Brüder und begab sich hinunter zu einem Mann aus Adullam, der Hira hieß. 2 Juda sah dort die Tochter eines Kanaaniters namens Schua. Er nahm sie zur Frau und wohnte ihr bei. 3 Sie wurde schwanger, gebar einen Sohn und gab ihm den Namen Er. 4 Sie wurde abermals schwanger, gebar einen Sohn und gab ihm den Namen Onan. 5 Und noch einmal gebar sie einen Sohn und gab ihm den Namen Schela. Juda war in Kesib, als sie ihn gebar.

6 Juda nahm für seinen Erstgeborenen Er eine Frau namens Tamar. 7 Aber Er, der Erstgeborene Judas, missfiel dem Herrn und so ließ ihn der Herr sterben. 8 Da sagte Juda

37,25 Tragakant, Mastix und Ladanum sind wohlriechende Harze, die als Räucherwerk und als Grundstoffe für die Salbenherstellung dienten.

zu Onan: Geh mit der Frau deines Bruders
die Schwagerehe ein und verschaff deinem
Bruder Nachkommen! 9 Onan wusste also,
dass die Nachkommen nicht ihm gehören
würden. Sooft er zur Frau seines Bruders
ging, ließ er den Samen zur Erde fallen und
verderben, um seinem Bruder Nachkommen
vorzuenthalten. 10 Was er tat, missfiel dem
Herrn und so ließ er auch ihn sterben. 11 Nun
sagte Juda zu seiner Schwiegertochter Ta-
mar: Bleib als Witwe im Haus deines Vaters,
bis mein Sohn Schela groß ist. Denn er dach-
te: Er soll mir nicht auch noch sterben wie
seine Brüder. Tamar ging und blieb im Haus
ihres Vaters.

12 Viele Jahre vergingen. Die Tochter
Schuas, die Frau Judas, war gestorben. Als
die Trauer vorbei war, ging Juda mit seinem
Freund Hira aus Adullam hinauf nach Tim-
na zur Schafschur. 13 Man berichtete Tamar:
Dein Schwiegervater geht gerade nach Tim-
na hinauf zur Schafschur. 14 Da zog sie ihre
Witwenkleider aus, legte einen Schleier über
und verhüllte sich. Dann setzte sie sich an
den Ortseingang von Enajim, der an der
Straße nach Timna liegt. Sie hatte nämlich
gemerkt, dass Schela groß geworden war,
dass man sie ihm aber nicht zur Frau geben
wollte.

15 Juda sah sie und hielt sie für eine Dirne;
sie hatte nämlich ihr Gesicht verhüllt. 16 Da
bog er vom Weg ab, ging zu ihr hin und sagte:
Lass mich zu dir kommen! Er wusste ja nicht,
dass es seine Schwiegertochter war. Sie ant-
wortete: Was gibst du mir, wenn du zu mir
kommen darfst? 17 Er sagte: Ich werde dir ein
Ziegenböckchen von der Herde schicken. Sie
entgegnete: Du musst mir aber ein Pfand da-
lassen, bis du es schickst. 18 Da fragte er: Was
für ein Pfand soll ich dir dalassen? Deinen
Siegelring mit der Schnur und den Stab in
deiner Hand, antwortete sie. Er gab es ihr.
Dann ging er zu ihr und sie wurde von ihm
schwanger. 19 Sie stand auf, ging weg, legte
ihren Schleier ab und zog wieder ihre Wit-
wenkleider an.

20 Juda schickte seinen Freund aus Adul-
lam mit dem Ziegenböckchen, um das Pfand
aus der Hand der Frau zurückzuerhalten, er
fand sie aber nicht. 21 Er fragte die Leute aus
dem Ort: Wo ist die Dirne, die in Enajim an
der Straße saß? Sie antworteten ihm: Hier
gibt es keine Dirne. 22 Darauf kehrte er zu
Juda zurück und sagte: Ich habe sie nicht ge-
funden und außerdem behaupten die Leute
aus dem Ort, es gebe da keine Dirne. 23 Juda
antwortete: Soll sie es behalten! Wenn man
uns nur nicht auslacht! Ich habe ja dieses
Böckchen geschickt, aber du hast sie nicht
gefunden.

24 Nach etwa drei Monaten meldete man
Juda: Deine Schwiegertochter Tamar hat
Unzucht getrieben und ist davon schwanger.
Da sagte Juda: Führt sie hinaus! Sie soll ver-
brannt werden. 25 Als man sie hinausführte,
schickte sie zu ihrem Schwiegervater und
ließ ihm sagen: Von dem Mann, dem das ge-
hört, bin ich schwanger. Auch ließ sie sagen:
Sieh genau hin: Wem gehören der Siegelring
mit der Schnur und dieser Stab? 26 Juda
schaute es sich genau an und gab zu: Sie ist
mir gegenüber im Recht, weil ich sie meinem
Sohn Schela nicht zur Frau gegeben habe.
Später verkehrte er mit ihr nicht mehr.

27 Als sie niederkam, waren Zwillinge in
ihrem Leib. 28 Bei der Geburt streckte einer
die Hand heraus. Die Hebamme griff zu,
band einen roten Faden um die Hand und
sagte: Er ist zuerst herausgekommen. 29 Er
zog aber seine Hand wieder zurück und he-
raus kam sein Bruder. Da sagte sie: Warum
hast du dir den Durchbruch erzwungen? So
nannte man ihn Perez (Durchbruch). 30 Dann
erst kam sein Bruder zum Vorschein, an des-
sen Hand der rote Faden war. Ihn nannte
man Serach (Rotglanz).

Josef als Sklave in Ägypten: 39,1–21

39 Josef hatte man nach Ägypten ge-
bracht. Ein Hofbeamter des Pharao,
ein Ägypter namens Potifar, der Oberste der
Leibwache, hatte ihn den Ismaelitern abge-
kauft, die ihn dorthin gebracht hatten. 2 Der
Herr war mit Josef und so glückte ihm alles.
Er blieb im Haus seines ägyptischen Herrn.
3 Dieser sah, dass der Herr mit Josef war und
dass der Herr alles, was er unternahm, unter
seinen Händen gelingen ließ. 4 So fand Josef
sein Wohlwollen und er durfte ihn bedienen.
Er bestellte ihn zum Verwalter seines Hauses
und vertraute ihm alles an, was er besaß.
5 Seit er ihm sein Haus und alles, was ihm ge-
hörte, anvertraut hatte, segnete der Herr das
Haus des Ägypters um Josefs willen. Der Se-
gen des Herrn ruhte auf allem, was ihm ge-

38,12–26 Tamars Handlungsweise erklärt sich als eine Art Notwehrmaßnahme, mit der sie ihr Recht auf Schwagerehe erzwingen will. Wenn ein Mann kinderlos starb, war der nächste Verwandte verpflichtet, die Witwe zu heiraten (Leviratsehe). Der erste Sohn aus dieser Ehe galt als Sohn des Verstorbenen (Dtn 25,5–10; vgl. Rut 2,20; 3,9.12–15; 4,1–14). Die Schuld Judas besteht darin, dass er sich dieser Verpflichtung entzog.

hörte im Haus und auf dem Feld. 6 Er ließ seinen ganzen Besitz in Josefs Hand und kümmerte sich, wenn Josef da war, um nichts als nur um sein Essen. Josef war schön von Gestalt und Aussehen.

7 Nach einiger Zeit warf die Frau seines Herrn ihren Blick auf Josef und sagte: Schlaf mit mir! 8 Er weigerte sich und entgegnete der Frau seines Herrn: Du siehst doch, mein Herr kümmert sich, wenn ich da bin, um nichts im Haus; alles, was ihm gehört, hat er mir anvertraut. 9 Er ist in diesem Haus nicht größer als ich und er hat mir nichts vorenthalten als nur dich, denn du bist seine Frau. Wie könnte ich da ein so großes Unrecht begehen und gegen Gott sündigen? 10 Obwohl sie Tag für Tag auf Josef einredete, bei ihr zu schlafen und ihr zu Willen zu sein, hörte er nicht auf sie. 11 An einem solchen Tag kam er ins Haus, um seiner Arbeit nachzugehen. Niemand vom Hausgesinde war anwesend. 12 Da packte sie ihn an seinem Gewande und sagte: Schlaf mit mir! Er ließ sein Gewand in ihrer Hand und lief hinaus. 13 Als sie sah, dass er sein Gewand in ihrer Hand zurückgelassen hatte und hinausgelaufen war, 14 rief sie nach ihrem Hausgesinde und sagte zu den Leuten: Seht nur! Er hat uns einen Hebräer ins Haus gebracht, der seinen Mutwillen mit uns treibt. Er ist zu mir gekommen und wollte mit mir schlafen; da habe ich laut geschrien. 15 Als er hörte, dass ich laut aufschrie und rief, ließ er sein Gewand bei mir liegen und floh ins Freie. 16 Sein Kleid ließ sie bei sich liegen, bis sein Herr nach Hause kam. 17 Ihm erzählte sie die gleiche Geschichte: Der hebräische Sklave, den du uns gebracht hast, ist zu mir gekommen, um mit mir seinen Mutwillen zu treiben. 18 Als ich laut aufschrie und rief, ließ er sein Gewand bei mir liegen und lief hinaus.

19 Als sein Herr hörte, wie ihm seine Frau erzählte: So hat es dein Sklave mit mir getrieben!, packte ihn der Zorn. 20 Er ließ Josef ergreifen und in den Kerker bringen, wo die Gefangenen des Königs in Haft gehalten wurden. Dort blieb er im Gefängnis. 21 Aber der Herr war mit Josef. Er wandte ihm das Wohlwollen und die Gunst des Gefängnisleiters zu.

Josef im Gefängnis: 39,22 – 40,23

22 Der Gefängnisleiter vertraute der Hand Josefs alle Gefangenen im Kerker an. Alles, was dort zu besorgen war, musste er tun. 23 Der Gefängnisleiter brauchte sich um nichts zu sorgen, was Josef in seine Hand nahm, denn der Herr war mit ihm. Was er auch unternahm, der Herr ließ es ihm gelingen.

40 Einige Zeit später vergingen sich der königliche Mundschenk und der Hofbäcker gegen ihren Herrn, den König von Ägypten. 2 Der Pharao war aufgebracht über seine beiden Hofbeamten, den Obermundschenk und den Oberbäcker. 3 Er gab sie in Haft in das Haus des Obersten der Leibwache, in den Kerker, wo Josef gefangen gehalten wurde. 4 Der Oberste der Leibwache betraute Josef mit ihrer Bedienung. Als sie einige Zeit in Haft waren, 5 hatte jeder von ihnen einen Traum. Der Mundschenk und der Bäcker des Königs von Ägypten, die im Kerker gefangen gehalten wurden, hatten in derselben Nacht einen Traum, der für jeden von ihnen eine besondere Bedeutung haben sollte. 6 Am Morgen kam Josef zu ihnen und sah ihnen an, dass sie missmutig waren. 7 Da fragte er die Hofbeamten des Pharao, die mit ihm im Hause seines Herrn in Gewahrsam gehalten wurden: Warum seht ihr heute so böse drein? 8 Sie antworteten ihm: Wir hatten einen Traum, aber es ist keiner da, der ihn auslegen kann. Josef sagte zu ihnen: Ist nicht das Träumedeuten Sache Gottes? Erzählt mir doch!

9 Darauf erzählte der Obermundschenk Josef seinen Traum. Er sagte zu ihm: Im Traum sah ich vor mir einen Weinstock. 10 Am Weinstock waren drei Ranken und es war mir, als triebe er Knospen. Seine Blüten wuchsen und schon reiften die Beeren an seinen Trauben. 11 Ich hatte den Becher des Pharao in meiner Hand. Ich nahm die Beeren, drückte sie in den Becher des Pharao aus und gab dem Pharao den Becher in die Hand. 12 Da sprach Josef zu ihm: Das ist die Deutung: Die drei Ranken sind drei Tage. 13 Noch drei Tage, dann wird der Pharao dich vorladen und dich wieder in dein Amt einsetzen. Du wirst dem Pharao den Becher reichen, wie es früher deine Aufgabe war, als du noch sein Mundschenk warst. 14 Doch denk an mich, wenn es dir gut geht. Tu mir dann einen Gefallen: Erzähl dem Pharao von mir und hol mich aus diesem Haus heraus! 15 Denn entführt hat man mich aus dem Land der Hebräer und auch hier habe ich nichts getan, dass man mich hätte ins Gefängnis werfen müssen.

16 Als der Oberbäcker merkte, dass Josef eine günstige Deutung gegeben hatte, sagte er zu ihm: Auch ich hatte einen Traum. Ich hatte drei Körbe Feingebäck auf meinem Kopf. 17 Im obersten Korb war allerlei Backwerk für die Tafel des Pharao. Aber die Vögel fraßen es aus dem Korb auf meinem Kopf.

18 Josef antwortete: Das ist die Deutung: Die
drei Körbe sind drei Tage. 19 Noch drei Tage,
dann wird der Pharao dich vorladen und
dich an einem Baum aufhängen; die Vögel
werden von dir das Fleisch abfressen.
20 Drei Tage darauf hatte der Pharao Ge-
burtstag. Er veranstaltete für alle seine Hof-
leute ein Gastmahl. Da lud er vor versam-
meltem Hof den Obermundschenk und den
Oberbäcker vor. 21 Den Obermundschenk
setzte er wieder in sein Amt ein; er durfte
dem Pharao den Becher reichen. 22 Den
Oberbäcker ließ er aufhängen. Alles ge-
schah, wie es Josef ihnen gedeutet hatte.
23 Der Obermundschenk aber dachte nicht
mehr an Josef und vergaß ihn.

Der Traum des Pharao und seine Deutung:
41,1–36

41 Zwei Jahre später hatte der Pharao
einen Traum: Er stand am Nil. 2 Aus
dem Nil stiegen sieben gut aussehende,
wohlgenährte Kühe und weideten im Ried-
gras. 3 Nach ihnen stiegen sieben andere
Kühe aus dem Nil; sie sahen hässlich aus und
waren mager. Sie stellten sich neben die
schon am Nilufer stehenden Kühe 4 und die
hässlichen, mageren Kühe fraßen die sieben
gut aussehenden und wohlgenährten Kühe
auf. Dann erwachte der Pharao. 5 Er schlief
aber wieder ein und träumte ein zweites Mal:
An einem einzigen Halm wuchsen sieben Äh-
ren, prall und schön. 6 Nach ihnen wuchsen
sieben kümmerliche, vom Ostwind ausge-
dörrte Ähren. 7 Die kümmerlichen Ähren
verschlangen die sieben prallen, vollen Äh-
ren. Der Pharao wachte auf: Es war ein
Traum.
8 Am Morgen fühlte er sich beunruhigt; er
schickte hin und ließ alle Wahrsager und
Weisen Ägyptens rufen. Der Pharao erzählte
ihnen seine Träume, doch keiner war da, der
sie ihm hätte deuten können. 9 Da sagte der
Obermundschenk zum Pharao: Heute muss
ich an meine Verfehlung erinnern: 10 Als der
Pharao über seine Diener aufgebracht war,
gab er mich ins Haus des Obersten der Leib-
wache in Haft, mich und den Oberbäcker.
11 Da hatten wir, ich und er, in derselben
Nacht einen Traum, der für jeden eine be-
sondere Bedeutung haben sollte. 12 Dort war
mit uns zusammen ein junger Hebräer, ein
Sklave des Obersten der Leibwache. Wir er-
zählten ihm unsere Träume und er legte sie
uns aus. Jedem gab er die zutreffende Deu-
tung. 13 Wie er es uns gedeutet hatte, so ge-
schah es: Mich setzte man wieder in mein
Amt ein, den andern hängte man auf.
14 Da schickte der Pharao hin und ließ Jo-
sef rufen. Man holte ihn schnell aus dem Ge-
fängnis, schor ihm die Haare, er zog andere
Kleider an und kam zum Pharao. 15 Der Pha-
rao sagte zu Josef: Ich hatte einen Traum,
doch keiner kann ihn deuten. Von dir habe
ich aber gehört, du brauchst einen Traum
nur zu hören, dann kannst du ihn deuten.
16 Josef antwortete dem Pharao: Nicht ich,
sondern Gott wird zum Wohl des Pharao
eine Antwort geben.
17 Da sagte der Pharao zu Josef: In meinem
Traum stand ich am Nilufer. 18 Aus dem Nil
stiegen sieben wohlgenährte, stattliche Kühe
und weideten im Riedgras. 19 Nach ihnen
stiegen sieben andere Kühe herauf, elend,
sehr hässlich und mager. Nie habe ich in
ganz Ägypten so hässliche Kühe gesehen.
20 Die mageren und hässlichen Kühe fraßen
die sieben ersten, fetten auf. 21 Sie ver-
schwanden in ihrem Bauch, aber man merk-
te nicht, dass sie darin waren; sie sahen ge-
nauso elend aus wie vorher. Dann wachte ich
auf. 22 Weiter sah ich in meinem Traum: Auf
einem einzigen Halm gingen sieben volle,
schöne Ähren auf. 23 Nach ihnen wuchsen
sieben taube, kümmerliche, vom Ostwind
ausgedörrte Ähren. 24 Die kümmerlichen
Ähren verschlangen die sieben schönen Äh-
ren. Ich habe das den Wahrsagern erzählt,
aber keiner konnte mir die Deutung sagen.
25 Darauf sagte Josef zum Pharao: Der
Traum des Pharao ist ein und derselbe. Gott
sagt dem Pharao an, was er vorhat: 26 Die sie-
ben schönen Kühe sind sieben Jahre und die
sieben schönen Ähren sind sieben Jahre. Es
ist ein und derselbe Traum. 27 Die sieben ma-
geren und hässlichen Kühe, die nachher he-
raufkamen, sind sieben Jahre und die sieben
leeren, vom Ostwind ausgedörrten Ähren
sind sieben Jahre Hungersnot. 28 Das ist es,
was ich meinte, als ich zum Pharao sagte:
Gott ließ den Pharao sehen, was er vorhat:
29 Sieben Jahre kommen, da wird großer
Überfluss in ganz Ägypten sein. 30 Nach ihnen
aber werden sieben Jahre Hungersnot he-
raufziehen: Da wird der ganze Überfluss in
Ägypten vergessen sein und Hunger wird das
Land auszehren. 31 Dann wird man nichts
mehr vom Überfluss im Land merken wegen
des Hungers, der danach kommt; denn er
wird sehr drückend sein. 32 Dass aber der
Pharao gleich zweimal träumte, bedeutet:
Die Sache steht bei Gott fest und Gott wird
sie bald ausführen. 33 Nun sehe sich der
Pharao nach einem klugen, weisen Mann um
und setze ihn über Ägypten. 34 Der Pharao
möge handeln: Er bestelle Bevollmächtigte
über das Land und besteuere Ägypten mit ei-

nem Fünftel in den sieben Jahren des Über-
flusses. 35 Die Bevollmächtigten sollen alles
Brotgetreide der kommenden guten Jahre
sammeln und auf Weisung des Pharao Korn
aufspeichern; das Brotgetreide sollen sie in
den Städten sicherstellen. 36 Das Brotge-
treide soll dem Land als Rücklage dienen für
die sieben Jahre der Hungersnot, die über
Ägypten kommen werden. Dann wird das
Land nicht an Hunger zugrunde gehen.

11: 40,5.

Josefs Macht über Ägypten: 41,37–57

37 Die Rede gefiel dem Pharao und allen
seinen Hofleuten. 38 Der Pharao sagte zu ih-
nen: Finden wir einen Mann wie diesen hier,
einen, in dem der Geist Gottes wohnt?
39 Dann sagte der Pharao zu Josef: Nachdem
dich Gott all das hat wissen lassen, gibt es
niemand, der so klug und weise wäre wie du.
40 Du sollst über meinem Hause stehen und
deinem Wort soll sich mein ganzes Volk beu-
gen. Nur um den Thron will ich höher sein
als du. 41 Der Pharao sagte weiter zu Josef:
Hiermit stelle ich dich über ganz Ägypten.
42 Der Pharao nahm den Siegelring von sei-
ner Hand und steckte ihn Josef an die Hand.
Er bekleidete ihn mit Byssusgewändern und
legte ihm die goldene Kette um den Hals.
43 Dann ließ er ihn seinen zweiten Wagen be-
steigen. Man rief vor ihm aus: Achtung! So
stellte er ihn über ganz Ägypten. 44 Der Pha-
rao sagte zu Josef: Ich bin der Pharao, aber
ohne dich soll niemand seine Hand oder sei-
nen Fuß regen in ganz Ägypten. 45 Der Pha-
rao verlieh Josef den Namen Zafenat-Pane-
ach und gab ihm Asenat, die Tochter Potife-
ras, des Priesters von On, zur Frau. So wurde
Josef Herr über Ägypten.

46 Josef war dreißig Jahre alt, als er vor
dem Pharao, dem König von Ägypten, stand.
Josef ging vom Pharao weg und durchzog
ganz Ägypten. 47 Das Land brachte in den
sieben Jahren des Überflusses überreichen
Ertrag. 48 Josef ließ während der sieben Jah-
re, in denen es Überfluss gab, alles Brotge-
treide in Ägypten sammeln und in die Städte
schaffen. Das Getreide der Felder rings um
jede Stadt ließ er dort hineinbringen. 49 So
speicherte Josef Getreide in sehr großer
Menge auf, wie Sand am Meer, bis man auf-
hören musste, es zu messen, weil man es
nicht mehr messen konnte.

50 Ein Jahr, bevor die Hungersnot kam,
wurden Josef zwei Söhne geboren. Asenat,
die Tochter Potiferas, des Priesters von On,
gebar sie ihm. 51 Josef nannte den Erstgebo-
renen Manasse (Vergessling), denn er sagte:
Gott hat mich all meine Sorge und mein gan-
zes Vaterhaus vergessen lassen. 52 Den zwei-
ten Sohn nannte er Efraim (Fruchtbringer),
denn er sagte: Gott hat mich fruchtbar wer-
den lassen im Lande meines Elends.

53 Die sieben Jahre des Überflusses in
Ägypten gingen zu Ende 54 und es begannen
die sieben Jahre der Hungersnot, wie es Jo-
sef vorausgesagt hatte. Eine Hungersnot
brach über alle Länder herein, in ganz Ägyp-
ten aber gab es Brot. 55 Da ganz Ägypten
Hunger hatte, schrie das Volk zum Pharao
nach Brot. Der Pharao aber sagte zu den
Ägyptern: Geht zu Josef! Tut, was er euch
sagt. 56 Als die Hungersnot über das ganze
Land gekommen war, öffnete Josef alle Spei-
cher und verkaufte Getreide an die Ägypter.
Aber der Hunger wurde immer drückender
in Ägypten. 57 Auch alle Welt kam nach
Ägypten, um bei Josef Getreide zu kaufen;
denn der Hunger wurde immer drückender
auf der ganzen Erde.

Die erste Reise der Brüder Josefs nach Ägypten: 42,1–38

42 Als Jakob erfuhr, dass es in Ägypten
Getreide zu kaufen gab, sagte er zu
seinen Söhnen: Warum schaut ihr einander
so an? 2 Und er sagte: Ich habe gehört, dass es
in Ägypten Getreide zu kaufen gibt. Zieht
hin und kauft dort für uns Getreide, damit
wir am Leben bleiben und nicht sterben
müssen. 3 Zehn Brüder Josefs zogen also hi-
nunter, um in Ägypten Getreide zu kaufen.
4 Benjamin, den Bruder Josefs, ließ Jakob
nicht mit seinen Brüdern ziehen, denn er
dachte, es könnte ihm ein Unglück zustoßen.
5 Die Söhne Israels kamen also mitten unter
anderen, die auch gekommen waren, um
Getreide zu kaufen; denn Hungersnot
herrschte in Kanaan. 6 Josef verwaltete das
Land. Er war es, der allen Leuten im Lande
Getreide verkaufte. So kamen Josefs Brüder
und warfen sich vor ihm mit dem Gesicht zur
Erde nieder. 7 Als Josef seine Brüder sah, er-
kannte er sie. Aber er gab sich ihnen nicht zu
erkennen, sondern fuhr sie barsch an. Er
fragte sie: Wo kommt ihr her? Aus Kanaan,
um Brotgetreide zu kaufen, sagten sie. 8 Jo-
sef hatte seine Brüder erkannt, sie aber hat-
ten ihn nicht erkannt. 9 Josef erinnerte sich
an das, was er von ihnen geträumt hatte, und
sagte: Spione seid ihr. Um nachzusehen, wo
das Land eine schwache Stelle hat, seid ihr

41,42 Byssus ist eine feine Leinwand.

gekommen. 10 Sie antworteten ihm: Nein, Herr. Um Brotgetreide zu kaufen, sind deine Knechte gekommen. 11 Wir alle sind Söhne ein und desselben Vaters. Ehrliche Leute sind wir, deine Knechte sind keine Spione. 12 Er aber entgegenete ihnen: Nichts da, ihr seid nur gekommen, um nachzusehen, wo das Land eine schwache Stelle hat. 13 Da sagten sie: Wir, deine Knechte, waren zwölf Brüder, Söhne ein und desselben Mannes in Kanaan. Der Jüngste ist bei unserem Vater geblieben und einer ist nicht mehr. 14 Josef aber sagte zu ihnen: Es bleibt dabei, wie ich euch gesagt habe: Spione seid ihr. 15 So wird man euch auf die Probe stellen: Beim Leben des Pharao! Ihr sollt von hier nicht eher loskommen, bis auch euer jüngster Bruder da ist. 16 Schickt einen von euch hin! Er soll euren Bruder holen; ihr anderen aber werdet in Haft genommen. So wird man euer Gerede überprüfen und feststellen können, ob ihr die Wahrheit gesagt habt oder nicht. Beim Leben des Pharao, ja, Spione seid ihr. 17 Dann ließ er sie für drei Tage in Haft nehmen.

18 Am dritten Tag sagte Josef zu ihnen: Tut Folgendes und ihr werdet am Leben bleiben, denn ich fürchte Gott: 19 Wenn ihr ehrliche Leute seid, soll einer von euch Brüdern in dem Gefängnis zurückgehalten werden, in dem ihr in Haft gewesen seid. Ihr anderen aber geht und bringt das gekaufte Getreide heim, um den Hunger eurer Familien zu stillen. 20 Euren jüngsten Bruder aber schafft mir herbei, damit sich eure Worte als wahr erweisen und ihr nicht sterben müsst. So machten sie es.

21 Sie sagten zueinander: Ach ja, wir sind an unserem Bruder schuldig geworden. Wir haben zugesehen, wie er sich um sein Leben ängstigte. Als er uns um Erbarmen anflehte, haben wir nicht auf ihn gehört. Darum ist nun diese Bedrängnis über uns gekommen. 22 Ruben entgegnete ihnen: Habe ich euch nicht gesagt: Versündigt euch nicht an dem Kind! Ihr aber habt nicht gehört. Nun wird für sein Blut von uns Rechenschaft gefordert. 23 Sie aber ahnten nicht, dass Josef zuhörte, denn er bediente sich im Gespräch mit ihnen eines Dolmetschers. 24 Er wandte sich von ihnen ab und weinte. Als er sich ihnen wieder zuwandte und abermals mit ihnen redete, ließ er aus ihrer Mitte Simeon festnehmen und vor ihren Augen fesseln. 25 Josef befahl dann, ihre Behälter mit Getreide zu füllen, einem jeden von ihnen das Geld wieder in den Sack zurückzulegen und ihnen für die Reise Verpflegung mitzugeben. So geschah es. 26 Sie luden das Getreide auf ihre Esel und zogen fort. 27 Als einer seinen Sack öffnete, um in der Herberge seinen Esel zu füttern, sah er sein Geld. Es lag in seinem Getreidesack ganz oben. 28 Er sagte zu seinen Brüdern: Man hat mir mein Geld zurückgegeben. Seht, hier ist es in meinem Getreidesack. Da verließ sie der Mut und sie sagten zitternd zueinander: Was hat uns Gott da angetan?

29 Sie kamen zu ihrem Vater Jakob nach Kanaan und berichteten ihm alles, was ihnen zugestoßen war: 30 Jener Mann, der Herr des Landes, hat uns barsch angefahren und uns für Leute gehalten, die das Land ausspionieren. 31 Wir sagten ihm: Ehrliche Leute sind wir und keine Spione. 32 Wir waren zwölf Brüder, Söhne ein und desselben Vaters. Einer ist nicht mehr und der Jüngste ist bei unserem Vater in Kanaan geblieben. 33 Jener Mann aber, der Herr des Landes, sagte zu uns: Daran will ich erkennen, ob ihr ehrliche Leute seid: Lasst einen von euch Brüdern bei mir zurück, nehmt das Getreide, das den Hunger eurer Familien stillen soll, geht 34 und schafft mir euren jüngsten Bruder herbei! So werde ich erfahren, dass ihr keine Spione, sondern ehrliche Leute seid. Ich gebe euch dann euren Bruder heraus und ihr dürft euch frei im Land bewegen. 35 Während sie nun ihre Säcke leerten, stellten sie fest: Jeder hatte seinen Geldbeutel im Sack. Als sie und ihr Vater ihre Geldbeutel sahen, bekamen sie Angst. 36 Ihr Vater Jakob sagte zu ihnen: Ihr bringt mich um meine Kinder. Josef ist nicht mehr, Simeon ist nicht mehr und Benjamin wollt ihr mir auch noch nehmen. Nichts bleibt mir erspart. 37 Da sagte Ruben zu seinem Vater: Meine beiden Söhne magst du umbringen, wenn ich ihn dir nicht zurückbringe. Vertrau ihn meiner Hand an; ich bringe ihn dir wieder zurück. 38 Nein, sagte er, mein Sohn wird nicht mit euch hinunterziehen. Denn sein Bruder ist schon tot, nur er allein ist noch da. Stößt ihm auf dem Weg, den ihr geht, ein Unglück zu, dann bringt ihr mein graues Haar vor Kummer in die Unterwelt.

9: 37,5–11

Die zweite Reise der Brüder Josefs nach Ägypten: 43,1 – 45,28

43 Der Hunger lastete schwer auf dem Land. 2 Das Getreide, das sie aus Ägypten gebracht hatten, war aufgezehrt. Da sagte ihr Vater zu ihnen: Geht noch einmal hin, kauft uns etwas Brotgetreide! 3 Juda antwortete ihm: Der Mann hat uns nachdrücklich eingeschärft: Kommt mir ja nicht mehr unter die Augen, wenn ihr nicht euren Bruder mitbringt. 4 Wenn du bereit bist, unseren Bruder mitzuschicken, ziehen wir hinunter und kaufen dir Brotgetreide. 5 Willst du ihn aber nicht mitschicken, gehen wir nicht. Denn der Mann hat uns gesagt: Kommt mir ja nicht mehr unter die Augen, wenn ihr nicht euren Bruder mitbringt. 6 Da sagte Israel: Warum habt ihr mir so etwas Schlimmes angetan, jenem Mann zu sagen, dass ihr noch einen Bruder habt? 7 Der Mann, entgegneten sie, hat sich bei uns eingehend nach unserer Verwandtschaft erkundigt und gefragt: Lebt euer Vater noch, habt ihr noch einen Bruder? Wir haben ihm Auskunft gegeben, wie es wirklich ist. Konnten wir denn wissen, dass er sagen würde: Bringt euren Bruder her! 8 Juda schlug seinem Vater Israel vor: Lass den Knaben mit mir ziehen! Dann können wir aufbrechen und uns auf die Reise machen. So werden wir am Leben bleiben und nicht sterben, wir und du und unsere Kinder. 9 Ich verbürge mich für ihn; aus meiner Hand magst du ihn zurückfordern. Wenn ich ihn dir nicht zurückbringe und vor dich hinstelle, will ich alle Tage bei dir in Schuld stehen. 10 Hätten wir nicht so lange gezögert, könnten wir schon zum zweiten Mal zurück sein.

11 Da sagte ihr Vater Israel zu ihnen: Wenn es schon sein muss, dann macht es so: Nehmt von den besten Erzeugnissen des Landes in eurem Gepäck mit und überbringt es dem Mann als Geschenk: etwas Mastix, etwas Honig, Tragakant und Ladanum, Pistazien und Mandeln. 12 Nehmt den doppelten Geldbetrag mit! Das Geld, das sich wieder oben in euren Getreidesäcken fand, gebt mit eigenen Händen zurück! Vielleicht war es ein Versehen. 13 So nehmt denn euren Bruder mit, brecht auf und geht wieder zu dem Mann zurück! 14 Gott, der Allmächtige, lasse euch Erbarmen bei dem Mann finden, sodass er euch den anderen Bruder und Benjamin freigibt. Ich aber, ich verliere noch alle Kinder.

15 Die Männer nahmen das Geschenk und den doppelten Geldbetrag mit und dazu auch Benjamin. Sie machten sich auf, zogen nach Ägypten hinab und traten vor Josef hin. 16 Als Josef bei ihnen Benjamin sah, sagte er zu seinem Hausverwalter: Führe die Männer ins Haus, schlachte ein Tier und richte es her! Die Männer werden nämlich mit mir zu Mittag essen. 17 Der Mann tat, wie Josef angeordnet hatte: Er führte die Männer in das Haus Josefs. 18 Die Männer fürchteten sich, weil man sie in Josefs Haus führte, und dachten: Wegen des Geldes, das sich beim ersten Mal wieder in unseren Getreidesäcken fand, werden wir da hineingeführt. Man wird sich auf uns werfen, man wird uns überfallen und uns als Sklaven zurückhalten samt unseren Eseln. 19 Sie traten näher an den Hausverwalter Josefs heran und begannen mit ihm an der Haustür ein Gespräch. 20 Sie sagten: Bitte, Herr, schon früher sind wir einmal hierher gekommen, um Brotgetreide zu kaufen. 21 Als wir aber in die Herberge kamen und unsere Getreidesäcke öffneten, lag das Geld eines jeden von uns oben im Sack, unser Geld im vollen Betrag. Wir bringen es mit eigenen Händen wieder zurück. 22 Darüber hinaus haben wir noch mehr Geld mitgebracht, um Brotgetreide einzukaufen. Wir wissen nicht, wer das Geld in unsere Säcke gelegt hat. 23 Ihr könnt beruhigt sein, antwortete er, fürchtet euch nicht! Euer Gott, der Gott eures Vaters, hat euch heimlich ein Geschenk in eure Säcke gelegt. Bei mir ist euer Geld eingegangen. Dann brachte er Simeon zu ihnen heraus. 24 Als er die Männer ins Haus Josefs geführt hatte, gab er ihnen Wasser zum Füßewaschen und ließ ihre Esel füttern. 25 Sie legten, bis Josef zu Mittag kam, das Geschenk zurecht; denn sie hatten gehört, dass sie dort essen sollten.

26 Als Josef ins Haus kam, überreichten sie ihm das Geschenk, das sie mit hineingenommen hatten, und warfen sich vor ihm auf die Erde nieder. 27 Er erkundigte sich, wie es ihnen gehe, und fragte: Geht es eurem alten Vater gut, von dem ihr erzählt habt? Ist er noch am Leben? 28 Sie erwiderten: Deinem Knecht, unserem Vater, geht es gut; er lebt noch. Dann verneigten sie sich und warfen sich nieder. 29 Als er hinsah und seinen Bruder Benjamin, den Sohn seiner Mutter, erblickte, fragte er: Ist das euer jüngster Bruder, von dem ihr mir erzählt habt? Und weiter sagte er: Gottes Gnade sei mit dir, mein Sohn. 30 Dann ging Josef schnell weg, denn er konnte sich vor Rührung über seinen Bruder nicht mehr halten; er war dem Weinen nahe. Er zog sich in die Kammer zurück, um sich dort auszuweinen. 31 Dann wusch er sein Gesicht, kam zurück, nahm sich zusammen und ordnete an: Tragt das Essen auf! 32 Man trug das Essen auf, getrennt für ihn, für sie und für die mit ihm speisenden Ägypter. Die Ägypter können nämlich nicht gemeinsam mit den Hebräern essen, weil das bei den Ägyptern als unschicklich gilt. 33 Die Brüder kamen vor ihm so zu sitzen, dass der Erstgeborene den ersten und der Jüngste

43,11 Zu Mastix, Tragakant und Ladanum vgl. die Anmerkung zu 37,25.

den letzten Platz einnahm. Da blickten die
Männer einander verwundert an. 34 Er ließ
ihnen Gerichte vorsetzen, die vor ihm stan-
den, was man aber Benjamin vorsetzte,
übertraf das aller anderen um das Fünf-
fache. Sie tranken mit ihm und waren guter
Dinge.

44 Dann befahl Josef seinem Hausver-
walter: Fülle die Getreidesäcke der
Männer mit so viel Brotgetreide, wie sie tra-
gen können, und leg das Geld eines jeden
oben in den Sack! 2 Meinen Becher, den Sil-
berbecher, leg oben in den Sack des Jüngsten
mit dem Geld, für das er Getreide gekauft
hat. Er tat, wie Josef es angeordnet hatte.
3 Als es am Morgen hell wurde, ließ man die
Männer mit ihren Eseln abreisen. 4 Sie hat-
ten sich noch nicht weit von der Stadt ent-
fernt, da sagte Josef zu seinem Hausverwal-
ter: Auf, jag hinter den Männern her! Wenn
du sie eingeholt hast, sag ihnen: Warum habt
ihr Gutes mit Bösem vergolten und mir den
Silberbecher gestohlen? 5 Das ist doch der,
aus dem mein Herr trinkt und aus dem er
wahrsagt. Da habt ihr etwas Schlimmes ge-
tan. 6 Der Hausverwalter holte sie ein und
sagte zu ihnen, was ihm aufgetragen war.
7 Sie antworteten ihm: Wie kann mein Herr
so etwas sagen? Niemals werden deine
Knechte so etwas tun. 8 Sieh her, das Geld,
das wir oben in unseren Getreidesäcken fan-
den, haben wir dir aus Kanaan zurückge-
bracht. Wie könnten wir da aus dem Haus
deines Herrn Silber oder Gold stehlen? 9 Der
von den Knechten, bei dem sich der Becher
findet, soll sterben und auch wir sollen dann
unserem Herrn als Sklaven gehören. 10 Also
gut, sagte er, es soll geschehen, wie ihr sagt:
Bei wem er sich findet, der sei mein Sklave,
doch ihr anderen sollt straffrei bleiben. 11 Je-
der stellte eiligst seinen Sack auf die Erde
und öffnete ihn: 12 Er durchsuchte alles,
beim Ältesten begann er und beim Jüngsten
hörte er auf. Der Becher fand sich im Sack
Benjamins.

13 Da zerrissen sie ihre Kleider. Jeder be-
lud seinen Esel und sie kehrten in die Stadt
zurück. 14 So kamen Juda und seine Brüder
wieder in das Haus Josefs, der noch dort war.
Sie fielen vor ihm zur Erde nieder. 15 Josef
sagte zu ihnen: Was habt ihr getan? Wusstet
ihr denn nicht, dass ein Mann wie ich wahr-
sagen kann? 16 Juda erwiderte: Was sollen
wir unserem Herrn sagen, was sollen wir
vorbringen, womit uns rechtfertigen? Gott
hat die Schuld deiner Knechte ans Licht ge-
bracht. So sind wir also Sklaven unseres
Herrn, wir und der, bei dem sich der Becher
gefunden hat. 17 Doch Josef gab zur Antwort:
Das kann ich auf keinen Fall tun. Derjenige,
bei dem sich der Becher gefunden hat, der
soll mein Sklave sein. Ihr anderen aber zieht
in Frieden hinauf zu eurem Vater!

18 Da trat Juda an ihn heran und sagte:
Bitte, mein Herr, dein Knecht darf vielleicht
meinem Herrn offen etwas sagen, ohne dass
sein Zorn über deinen Knecht entbrennt;
denn du bist wie der Pharao. 19 Mein Herr
hat seine Knechte gefragt: Habt ihr einen
Vater oder Bruder? 20 Wir erwiderten mei-
nem Herrn: Wir haben einen alten Vater und
einen kleinen Bruder, der ihm noch in hohem
Alter geboren wurde. Dessen Bruder ist ge-
storben; er ist allein von seiner Mutter noch
da und sein Vater liebt ihn besonders. 21 Du
aber hast von deinen Knechten verlangt:
Bringt ihn her zu mir, ich will ihn mit eige-
nen Augen sehen. 22 Da sagten wir zu unse-
rem Herrn: Der Knabe kann seinen Vater
nicht verlassen. Verließe er ihn, so würde der
Vater sterben. 23 Du aber sagtest zu deinen
Knechten: Wenn euer jüngster Bruder nicht
mit euch kommt, dürft ihr mir nicht mehr
unter die Augen treten. 24 Als wir zu deinem
Knecht, deinem Vater, hinaufgekommen wa-
ren, erzählten wir ihm, was mein Herr gesagt
hatte. 25 Als dann unser Vater sagte: Kauft
uns noch einmal etwas Brotgetreide!, 26 ent-
gegneten wir: Wir können nicht hinunterzie-
hen; nur wenn unser jüngster Bruder dabei
ist, ziehen wir hinunter. Wir können nämlich
dem Mann nicht mehr unter die Augen tre-
ten, wenn nicht unser jüngster Bruder dabei
ist. 27 Darauf antwortete uns dein Knecht,
mein Vater: Ihr wisst, dass mir meine Frau
zwei Söhne geboren hat. 28 Einer ist von mir
gegangen und ich sagte: Er ist gewiss zerris-
sen worden. Ich habe ihn bis heute nicht
mehr gesehen. 29 Nun nehmt ihr mir auch
den noch weg. Stößt ihm ein Unglück zu,
dann bringt ihr mein graues Haar vor Leid in
die Unterwelt. 30 Wenn ich jetzt zu deinem
Knecht, meinem Vater, käme und der Knabe
wäre nicht bei uns, da doch sein Herz so an
ihm hängt, 31 wenn er also sähe, dass der
Knabe nicht dabei ist, würde er sterben.
Dann brächten deine Sklaven deinen
Knecht, unseren greisen Vater, vor Gram in
die Unterwelt. 32 Dein Knecht hat sich für
den Knaben beim Vater mit den Worten ver-
bürgt: Wenn ich ihn nicht zu dir zurückbrin-
ge, will ich alle Tage bei meinem Vater in
Schuld stehen. 33 Darum soll jetzt dein
Knecht an Stelle des Knaben dableiben als
Sklave für meinen Herrn; der Knabe aber
soll mit seinen Brüdern ziehen dürfen.
34 Denn wie könnte ich zu meinem Vater
hinaufziehen, ohne dass der Knabe bei mir

wäre? Ich könnte das Unglück nicht mit ansehen, das dann meinen Vater träfe.

45 Josef vermochte sich vor all den Leuten, die um ihn standen, nicht mehr zu halten und rief: Schafft mir alle Leute hinaus! So stand niemand bei Josef, als er sich seinen Brüdern zu erkennen gab. 2 Er begann so laut zu weinen, dass es die Ägypter hörten; auch am Hof des Pharao hörte man davon. 3 Josef sagte zu seinen Brüdern: Ich bin Josef. Ist mein Vater noch am Leben? Seine Brüder waren zu keiner Antwort fähig, weil sie fassungslos vor ihm standen. 4 Josef sagte zu seinen Brüdern: Kommt doch näher zu mir her! Als sie näher herangetreten waren, sagte er: Ich bin Josef, euer Bruder, den ihr nach Ägypten verkauft habt. 5 Jetzt aber lasst es euch nicht mehr leid sein und grämt euch nicht, weil ihr mich hierher verkauft habt. Denn um Leben zu erhalten, hat mich Gott vor euch hergeschickt. 6 Ja, zwei Jahre sind es jetzt schon, dass der Hunger im Land wütet. Und noch fünf Jahre stehen bevor, in denen man weder pflügen noch ernten wird. 7 Gott aber hat mich vor euch hergeschickt, um von euch im Land einen Rest zu erhalten und viele von euch eine große Rettungstat erleben zu lassen. 8 Also nicht ihr habt mich hierher geschickt, sondern Gott. Er hat mich zum Vater für den Pharao gemacht, zum Herrn für sein ganzes Haus und zum Gebieter über ganz Ägypten. 9 Zieht eiligst zu meinem Vater hinauf und meldet ihm: So hat dein Sohn Josef gesagt: Gott hat mich zum Herrn für ganz Ägypten gemacht. Komm herunter zu mir, lass dich nicht aufhalten! 10 Du kannst dich im Gebiet von Goschen niederlassen und wirst in meiner Nähe sein, du mit deinen Söhnen und deinen Kindeskindern, mit deinen Schafen und Ziegen, mit deinen Rindern und mit allem, was dir gehört. 11 Dort werde ich für dich sorgen; denn noch fünf Jahre dauert die Hungersnot. Du mit deinem Haus und allem, was dir gehört, du brauchst dann nicht zu darben. 12 Ihr und mein Bruder Benjamin, ihr seht es ja mit eigenen Augen, dass ich wirklich mit euch rede. 13 Erzählt meinem Vater von meinem hohen Rang in Ägypten und von allem, was ihr gesehen habt. Beeilt euch und bringt meinen Vater her! 14 Er fiel seinem Bruder Benjamin um den Hals und weinte; auch Benjamin weinte an seinem Hals. 15 Josef küsste dann weinend alle seine Brüder. Darauf unterhielten sich seine Brüder mit ihm.

16 Am Hof des Pharao verbreitete sich die Nachricht: Die Brüder Josefs sind gekommen. Dem Pharao und seinen Dienern war das recht. 17 Der Pharao sagte zu Josef: Sag zu deinen Brüdern: So sollt ihr es machen: Beladet eure Tragtiere und reist nach Kanaan zurück! 18 Holt euren Vater und eure Familien und kommt zu mir! Ich will euch das Beste geben, was Ägypten bietet; von den besten Erzeugnissen des Landes dürft ihr essen. 19 Du gib den Auftrag weiter: Tut Folgendes: Nehmt euch aus Ägypten Wagen mit für eure Kinder und Frauen, lasst euren Vater aufsteigen und kommt! 20 Es soll euch nicht leid sein um euren Hausrat. Denn das Beste, was ganz Ägypten bietet, soll euch gehören.

21 Die Söhne Israels machten es so. Josef stellte nach der Weisung des Pharao Wagen zur Verfügung und gab ihnen Verpflegung mit auf die Reise. 22 Allen schenkte er Festgewänder, Benjamin aber schenkte er dreihundert Silberstücke und fünf Festgewänder. 23 Seinem Vater schickte er ungefähr zehn Esel mit, beladen mit dem Besten, was Ägypten bietet, und zehn Eselinnen, beladen mit Getreide und Brot, sowie Reiseverpflegung für seinen Vater. 24 Dann entließ er seine Brüder. Als sie sich auf den Weg machten, sagte er noch zu ihnen: Streitet nicht unterwegs!

25 Sie zogen also von Ägypten hinauf und kamen nach Kanaan zu ihrem Vater Jakob. 26 Sie berichteten ihm: Josef ist noch am Leben. Er ist sogar Herr über ganz Ägypten. Jakobs Herz aber blieb unbewegt; denn er glaubte ihnen nicht. 27 Als sie ihm aber alles erzählten, was Josef zu ihnen gesagt hatte, und als er die Wagen sah, die Josef geschickt hatte, um ihn zu holen, lebte der Geist Jakobs, ihres Vaters, wieder auf 28 und Israel sagte: Genug! Mein Sohn Josef lebt noch. Ich will hingehen und ihn sehen, bevor ich sterbe.

43,3. 42,15f.20 • 7. 42,10–13.

Jakobs Familie in Ägypten: 46,1 – 47,12

46 Israel brach auf mit allem, was ihm gehörte. Er kam nach Beerscheba und brachte dem Gott seines Vaters Isaak Schlachtopfer dar. 2 Da sprach Gott in einer nächtlichen Vision zu Israel: Jakob! Jakob! Hier bin ich!, antwortete er. 3 Gott sprach: Ich bin Gott, der Gott deines Vaters. Fürchte dich nicht, nach Ägypten hinabzuziehen; denn zu einem großen Volk mache ich dich dort. 4 Ich selbst ziehe mit dir hinunter nach

45,7 Hinweis auf die Rettung der Nachkommen Jakobs aus der ägyptischen Knechtschaft, von der Ex 1 – 15 berichtet.

Ägypten und ich führe dich auch selbst wieder herauf. Josef wird dir die Augen zudrücken.

5 Jakob brach von Beerscheba auf. Die Söhne Israels hoben ihren Vater Jakob, ihre Kinder und ihre Frauen auf die Wagen, die der Pharao geschickt hatte, um ihn zu holen. 6 Sie nahmen ihr Vieh und ihre Habe, die sie in Kanaan erworben hatten, und gelangten nach Ägypten, Jakob und mit ihm alle seine Nachkommen. 7 Seine Söhne und Enkel, seine Töchter und Enkelinnen, alle seine Nachkommen brachte er mit nach Ägypten.

8 Das sind die Namen der Söhne Israels, die nach Ägypten kamen, Jakob und seine Söhne: der Erstgeborene Jakobs, Ruben; 9 die Söhne Rubens: Henoch, Pallu, Hezron und Karmi; 10 die Söhne Simeons: Jemuël, Jamin, Ohad, Jachin, Zohar und Schaul, der Sohn der Kanaaniterin; 11 die Söhne Levis: Gerschon, Kehat und Merari; 12 die Söhne Judas: Er, Onan, Schela, Perez und Serach; Er und Onan waren aber in Kanaan gestorben; die Söhne des Perez waren Hezron und Hamul; 13 die Söhne Issachars: Tola, Puwa, Jaschub und Schimron; 14 die Söhne Sebulons: Sered, Elon und Jachleel. 15 Das waren die Söhne Leas, die sie Jakob in Paddan-Aram geboren hatte, dazu seine Tochter Dina, an Söhnen und Töchtern insgesamt dreiunddreißig Personen.

16 Die Söhne Gads: Zifjon, Haggi, Schuni, Ezbon, Eri, Arod und Areli; 17 die Söhne Aschers: Jimna, Jischwa, Jischwi und Beria, dazu ihre Schwester Serach; die Söhne Berias: Heber und Malkiël. 18 Das waren die Söhne Silpas, die Laban seiner Tochter Lea mitgegeben hatte; sie alle hatte sie Jakob geboren, sechzehn Personen.

19 Die Söhne Rahels, der Frau Jakobs: Josef und Benjamin. 20 Josef hatte in Ägypten Kinder erhalten, die ihm Asenat, die Tochter Potiferas, des Priesters von On, geboren hatte: Manasse und Efraim. 21 Die Söhne Benjamins: Bela, Becher, Aschbel, Gera, Naaman, Ehi, Rosch, Muppim, Huppim und Ard. 22 Das waren die Söhne Rahels, die Jakob geboren worden waren, insgesamt vierzehn Personen.

23 Die Söhne Dans: Schuham; 24 die Söhne Naftalis: Jachzeel, Guni, Jezer und Schillem. 25 Das waren die Söhne Bilhas, die Laban seiner Tochter Rahel mitgegeben hatte. Sie alle hatte Bilha Jakob geboren, insgesamt sieben Personen.

26 Die Gesamtzahl der Personen, die mit Jakob nach Ägypten gekommen waren und von ihm abstammten, betrug ohne die Frauen der Söhne Jakobs insgesamt sechsundsechzig Personen. 27 Dazu kommen die Söhne Josefs, die ihm in Ägypten geboren worden waren, zwei Personen. Insgesamt waren vom Haus Jakob siebzig Personen nach Ägypten gekommen.

28 Jakob schickte Juda voraus zu Josef, um ihn zu sich nach Goschen zu bestellen. So kamen sie ins Gebiet von Goschen. 29 Josef ließ seinen Wagen anschirren und zog seinem Vater Israel nach Goschen entgegen. Als er ihn sah, fiel er ihm um den Hals und weinte lange. 30 Israel sagte zu Josef: Jetzt will ich gern sterben, nachdem ich dein Angesicht wieder sehen durfte und weiß, dass du noch am Leben bist. 31 Josef sagte dann zu seinen Brüdern und zum ganzen Haus seines Vaters: Ich will hingehen, will den Pharao benachrichtigen und ihm sagen: Meine Brüder und alle vom Haus meines Vaters, die in Kanaan lebten, sind zu mir gekommen. 32 Die Männer sind Viehhirten, ja, Viehzüchter sind sie. Ihre Schafe, Ziegen und Rinder und alles, was ihnen gehört, haben sie mitgebracht. 33 Der Pharao wird euch rufen lassen und euch fragen, womit ihr euch beschäftigt. 34 Dann sagt: Deine Knechte sind von Jugend an bis jetzt Viehzüchter gewesen, wir waren es und unsere Väter waren es auch schon. Dann werdet ihr euch in Goschen niederlassen dürfen; denn die Ägypter haben gegen alle Viehhirten eine große Abneigung.

47 Josef ging also hin, berichtete dem Pharao und sagte: Mein Vater und meine Brüder sind mit ihren Schafen, Ziegen und Rindern und mit allem, was ihnen gehört, aus Kanaan gekommen. Sie sind bereits in Goschen. 2 Aus dem Kreis seiner Brüder hatte er fünf Männer mitgebracht und stellte sie dem Pharao vor. 3 Der Pharao fragte Josefs Brüder: Womit beschäftigt ihr euch? Sie antworteten dem Pharao: Hirten von Schafen und Ziegen sind deine Knechte; wir sind es und unsere Väter waren es auch schon. 4 Weiter sagten sie zum Pharao: Wir sind gekommen, um uns als Fremde im Land aufzuhalten. Es gibt ja keine Weide für das Vieh deiner Knechte, denn schwer lastet die Hungersnot auf Kanaan. Nun möchten sich deine Knechte in Goschen niederlassen. 5 Darauf sagte der Pharao zu Josef: Dein Vater und deine Brüder sind also zu dir gekom-

---

46,23 Schuham: nach Num 26,42; H irrtümlich: Huschim.

46,28 Der erste Satz ist in H unklar.

men. 6 Ägypten steht dir offen. Im besten Teil des Landes lass deinen Vater und deine Brüder wohnen! Sie sollen sich in Goschen niederlassen. Wenn du aber unter ihnen tüchtige Leute kennst, dann setze sie als Aufseher über meine Herden ein!

7 Darauf führte Josef seinen Vater Jakob hinein und stellte ihn dem Pharao vor. Jakob grüßte den Pharao mit einem Segenswunsch. 8 Der Pharao redete Jakob an: Wie viele Lebensjahre zählst du? 9 Jakob gab dem Pharao zur Antwort: Die Zahl der Jahre meiner Pilgerschaft beträgt hundertdreißig. Gering an Zahl und unglücklich waren meine Lebensjahre und sie reichen nicht heran an die Lebensjahre meiner Väter in den Tagen ihrer Pilgerschaft. 10 Jakob verabschiedete sich vom Pharao mit einem Segenswunsch. 11 Josef siedelte seinen Vater und seine Brüder an und wies ihnen den Grundbesitz in Ägypten zu, im besten Teil des Landes, im Gebiet von Ramses, wie der Pharao verfügt hatte. 12 Josef versorgte seinen Vater und seine Brüder und das ganze Haus seines Vaters mit so viel Brot, dass die Kinder genug zu essen hatten.

Josefs Verwaltung in Ägypten: 47,13–26

13 Im ganzen Land gab es kein Brot und der Hunger war sehr drückend. Ägypten und Kanaan waren vor Hunger erschöpft. 14 Josef hatte das Geld, das in Ägypten und in Kanaan im Umlauf war, für das Getreide, das sie kaufen mussten, eingezogen und in den Palast des Pharao gebracht. 15 So war das Geld in Ägypten und Kanaan ausgegangen. Alle Ägypter kamen zu Josef und sagten: Gib uns Brot! Warum sollen wir vor deinen Augen umkommen? Das Geld ist nämlich zu Ende. 16 Liefert euer Vieh ab, sagte Josef, dann gebe ich euch dafür Brot, wenn das Geld zu Ende ist. 17 So brachten sie ihr Vieh zu Josef und Josef verkaufte ihnen Brot um den Preis der Pferde, ihrer Bestände an Schafen und Ziegen, an Rindern und Eseln. Er versorgte die Leute also in jenem Jahr gegen ihren ganzen Viehbestand mit Brot. 18 Das Jahr ging indes zu Ende und im nächsten Jahr kamen sie und sagten zu ihm: Wir können unserem Herrn nicht verhehlen, dass das Geld zu Ende und unser Viehbestand in den Besitz unseres Herrn übergegangen ist. Wie unser Herr sieht, haben wir nichts mehr als unsere Leiber und unser Ackerland. 19 Warum sollen wir vor deinen Augen umkommen, wir selbst und auch unser Ackerland? Kauf uns und unsere Äcker um Brot! Wir und unser Ackerland wollen dem Pharao dienstbar sein. Stell Saatgut zur Verfügung, so werden wir am Leben bleiben, wir müssen dann nicht sterben und das Ackerland braucht nicht zu verkommen. 20 Josef kaufte also das ganze Ackerland der Ägypter für den Pharao auf; denn die Ägypter verkauften alle ihr Feld, weil sie der Hunger dazu zwang. So wurde das Land Eigentum des Pharao. 21 Das Volk aber machte er ihm Leibeigen von einem Ende Ägyptens bis zum andern. 22 Nur das Ackerland der Priester kaufte er nicht auf, denn den Priestern steht ein festes Einkommen vom Pharao zu; sie leben von dem festen Einkommen, das ihnen der Pharao gewährt. Darum brauchten sie ihr Ackerland nicht zu verkaufen. 23 Nun sprach Josef zum Volk: Seht, heute habe ich euch und euer Ackerland für den Pharao gekauft. Hier habt ihr Saatgut; bestellt nun die Äcker! 24 Vom Ertrag liefert ihr dann ein Fünftel dem Pharao ab, vier Teile aber gehören euch als Saatgut für das Feld sowie als Nahrung für euch, für die Leute in euren Häusern und für eure Kinder. 25 Da antworteten sie: Du hast uns am Leben erhalten. Wenn wir das Wohlwollen unseres Herrn finden, wollen wir gern dem Pharao als Knechte dienen. 26 So verfügte Josef als gültiges Recht bis auf den heutigen Tag, dass das Ackerland Ägyptens zugunsten des Pharao mit einem Fünftel zu besteuern ist. Nur die Äcker der Priester wurden nicht Eigentum des Pharao.

Jakobs letzter Wille: 47,27 – 48,22

27 Israel ließ sich in Ägypten nieder, in der Landschaft Goschen. Sie wurden dort ansässig, waren fruchtbar und vermehrten sich sehr. 28 Jakob lebte noch siebzehn Jahre in Ägypten und die Tage Jakobs, seine Lebensjahre, betrugen hundertsiebenundvierzig Jahre. 29 Als die Zeit kam, da Israel sterben sollte, rief er seinen Sohn Josef und sagte zu ihm: Wenn ich dein Wohlwollen gefunden habe, leg deine Hand unter meine Hüfte, dass du nach Treu und Glauben an mir handeln wirst: Begrab mich nicht in Ägypten! 30 Bin ich zu meinen Vätern entschlafen, dann bring mich fort aus Ägypten und begrab mich in der Grabstätte meiner Väter! Er antwortete: Ich will tun, wie du gesagt hast. 31 Da sagte Jakob: Leiste mir einen Eid! Er leistete ihm den Eid. Darauf neigte sich Israel über das Kopfende seines Bettes.

47,29 Zu der Schwurgebärde vgl. die Anmerkung zu 24,2.

48 Einige Zeit danach ließ Jakob Josef
sagen: Dein Vater ist krank. Da nahm
Josef seine beiden Söhne mit, Manasse und
Efraim, 2 und ließ Jakob melden: Dein Sohn
Josef ist zu dir gekommen. Israel nahm sich
zusammen und setzte sich im Bett auf.
3 Dann sagte Jakob zu Josef: Gott, der All-
mächtige, ist mir zu Lus in Kanaan erschie-
nen und hat mich gesegnet. 4 Er hat zu mir
gesagt: Ich mache dich fruchtbar und ver-
mehre dich, ich mache dich zu einer Schar
von Völkern und gebe dieses Land deinen
Nachkommen zu ewigem Besitz. 5 Jetzt sol-
len deine beiden Söhne, die dir in Ägypten
geboren wurden, bevor ich zu dir nach Ägyp-
ten kam, mir gehören. Efraim und Manasse
sollen mir so viel gelten wie Ruben und Si-
meon. 6 Die Nachkommen aber, die du erst
nach ihnen gezeugt hast, sollen dir gehören;
nach dem Namen ihrer Brüder soll man sie in
ihrem Erbteil benennen. 7 Als ich aus Pad-
dan-Aram kam, starb mir unterwegs Rahel
in Kanaan; nur noch ein kleines Stück war es
bis Efrata. Ich begrub sie dort auf dem Weg
nach Efrata, das jetzt Betlehem heißt.
8 Als Israel die Söhne Josefs sah, fragte er:
Wer sind diese? 9 Josef sagte zu seinem Vater:
Meine Söhne sind es, die mir Gott hier ge-
schenkt hat. Da sagte Israel: Bring sie her zu
mir, ich will sie segnen. 10 Israels Augen wa-
ren vor Alter schwer geworden, er konnte
nicht mehr recht sehen. Er zog die Söhne Jo-
sefs an sich heran, küsste und umarmte sie.
11 Dann sagte Israel zu Josef: Ich hatte nicht
mehr geglaubt, dich jemals wieder zu sehen.
Nun aber hat mich Gott sogar noch deine
Nachkommen sehen lassen. 12 Josef holte sie
von seinen Knien weg und sie warfen sich
mit ihrem Gesicht zur Erde nieder. 13 Dann
nahm Josef beide, Efraim an seine Rechte,
zur Linken Israels, und Manasse an seine
Linke, zur Rechten Israels, und führte sie zu
ihm hin. 14 Israel streckte seine Rechte aus
und legte sie Efraim auf den Kopf, obwohl er
der jüngere war, seine Linke aber legte er
Manasse auf den Kopf, wobei er seine Hände
überkreuzte, obwohl Manasse der Erstgebo-
rene war. 15 Er segnete Josef und sprach:
Gott, vor dem meine Väter Abraham und
Isaak / ihren Weg gegangen sind, / Gott, der
mein Hirt war mein Lebtag bis heute,
16 der Engel, der mich erlöst hat / von jeg-
lichem Unheil, / er segne die Knaben. / Wei-
terleben soll mein Name durch sie, / auch der
Name meiner Väter / Abraham und Isaak. /
Im Land sollen sie sich tummeln, / zahlreich
wie die Fische im Wasser.
17 Als Josef sah, dass sein Vater seine
Rechte Efraim auf den Kopf legte, gefiel ihm
das nicht. Josef ergriff die Hand seines Va-
ters, um sie von Efraims Kopf auf den Kopf
Manasses hinüberzuziehen, 18 und er sagte
zu seinem Vater: Nicht so, Vater, sondern der
ist der Erstgeborene; leg deine Rechte ihm
auf den Kopf! 19 Aber sein Vater wollte
nicht. Ich weiß, mein Sohn, ich weiß, sagte
er, auch er wird zu einem Volk, auch er wird
groß sein; aber sein jüngerer Bruder wird
größer als er und seine Nachkommen werden
zu einer Fülle von Völkern. 20 Er segnete sie
an jenem Tag mit den Worten:
Mit deinem Namen wird Israel segnen und
sagen: Gott mache dich wie Efraim und Ma-
nasse.
21 So setzte Israel Efraim vor Manasse und
er sagte zu Josef: Sieh, ich muss sterben.
Gott wird mit euch sein und euch in das
Land eurer Väter zurückbringen. 22 Ich gebe
dir einen Bergrücken schulterhoch über dei-
nen Brüdern, den ich der Hand der Amoriter
mit Schwert und Bogen entrissen habe.

48,3: 28,13f; 35,11f • 7: 35,16–20.

Der Segen Jakobs: 49,1–27

49 Darauf rief Jakob seine Söhne und
sprach: Versammelt euch, dann sage
ich euch an, was euch begegnet in künftigen
Tagen.
2 Kommt zusammen, ihr Söhne Jakobs,
und hört, / auf Israel hört, auf euren Vater!
3 *Ruben,* mein Erster, du meine Stärke, /
meiner Zeugungskraft Erstling, / übermütig
an Stolz, übermütig an Kraft,
4 brodelnd wie Wasser. Der Erste sollst du
nicht bleiben. / Du bestiegst ja das Bett dei-
nes Vaters; geschändet hast du damals mein
Lager.
5 *Simeon* und *Levi,* die Brüder, / Werk-
zeuge der Gewalt sind ihre Messer.
6 Zu ihrem Kreis mag ich nicht gehören, /
mit ihrer Rotte vereinige sich nicht mein

48,22 Wortspiel mit dem Ortsnamen Sichem, der »Schulter« bedeutet und auch das Bergland bezeichnet, in dem die Stämme Efraim und Manasse ihr Siedlungsgebiet haben.

49,1–27 Man nennt diesen Text »Jakob-Segen«; er enthält aber nicht nur Segenssprüche, sondern auch Flüche und Feststellungen über einzelne Stämme. Der Wortlaut der Sprüche setzt bereits das Schicksal der Stämme voraus. Die Sprache dieses Textes in H ist sehr knapp und verwendet viele schwer verständliche Anspielungen.

49,4 Der Erste sollst du nicht bleiben: Er verliert das Erstgeburtsrecht. Andere Übersetzungsmöglichkeit: Den Übermut dämpfe! (vgl. V. 3).

49,5 Die Messer sind vielleicht die Beschneidungsmesser, die die Sichemiten wehrlos gemacht ha-

Herz. / Denn in ihrem Zorn brachten sie Männer um, / mutwillig lähmten sie Stiere.

7 Verflucht ihr Zorn, da er so heftig, / verflucht ihr Grimm, da er so roh. / Ich teile sie unter Jakob auf, / ich zerstreue sie unter Israel.

8 *Juda*, dir jubeln die Brüder zu, / deine Hand hast du am Genick deiner Feinde. / Deines Vaters Söhne fallen vor dir nieder.

9 Ein junger Löwe ist Juda. / Vom Raub, mein Sohn, wurdest du groß. / Er kauert, liegt da wie ein Löwe, / wie eine Löwin. Wer wagt, sie zu scheuchen?

10 Nie weicht von Juda das Zepter, / der Herrscherstab von seinen Füßen, / bis der kommt, dem er gehört, / dem der Gehorsam der Völker gebührt.

11 Er bindet am Weinstock sein Reittier fest, / seinen Esel am Rebstock. / Er wäscht in Wein sein Kleid, / in Traubenblut sein Gewand.

12 Feurig von Wein funkeln die Augen, / seine Zähne sind weißer als Milch.

13 *Sebulon* wohnt nahe dem Strand, / am Gestade der Schiffe, / mit seinem Rücken nach Sidon hin.

14 *Issachar* ist ein knochiger Esel, / lagernd in seinem Pferch.

15 Er sieht, wie die Ruhe so schön ist / und wie so freundlich das Land; / da neigt er die Schulter als Träger / und wird zum fronenden Knecht.

16 *Dan* schafft Recht seinem Volk / wie nur einer von Israels Stämmen.

17 Zur Schlange am Weg wird Dan, / zur zischelnden Natter am Pfad. / Sie beißt das Pferd in die Fesseln, / sein Reiter stürzt rücklings herab.

18 Auf deine Hilfe harre ich, Herr.

19 *Gad*, ins Gedränge drängen sie ihn, / doch er bedrängt ihre Ferse.

20 *Ascher*, fett ist sein Brot. / Königskost liefert er.

21 *Naftali*, die flüchtige Hirschkuh, / versteht sich auf gefällige Rede.

22 Ein junger Fruchtbaum ist *Josef*, / ein junger Fruchtbaum am Quell, / ein junger Zweig an der Mauer.

23 Man erbittert und reizt ihn, / die Schützen stellen ihm nach.

24 Sein Bogen sitzt sicher; / gelenkig sind Arme und Hände. / Das kommt vom Starken Jakobs, / von dort kommt der Hirt, Israels Fels,

25 vom Gott deines Vaters, er wird dir helfen. / Gott, der Allmächtige, er wird dich segnen / mit Segen des Himmels von droben, / mit Segen tief lagernder Urflut, / mit Segen von Brust und Schoß.

26 Deines Vaters Segen übertrifft / den Segen der uralten Berge, / den man von den ewigen Hügeln ersehnt. / Er komme auf Josefs Haupt, / auf das Haupt des Geweihten der Brüder.

27 *Benjamin* ist ein reißender Wolf: / Am Morgen frisst er die Beute, / am Abend teilt er den Fang.

3–27 ‖ Dtn 33,6–25 • 4: 35,22.

Jakobs Tod und Begräbnis: 49,28 – 50,13

28 Sie alle sind die zwölf Stämme Israels und das war es, was ihr Vater zu ihnen sagte, als er sie segnete. Einen jeden bedachte er mit dem Segen, der ihm zukam. 29 Er trug ihnen ferner auf und sagte zu ihnen: Ich werde mit meinen Vorfahren vereint. Begrabt mich bei meinen Vätern in der Höhle auf dem Grundstück des Hetiters Efron, 30 in der Höhle auf dem Grundstück von Machpela bei Mamre in Kanaan. Das Grundstück hatte Abraham vom Hetiter Efron als eigene Grabstätte gekauft. 31 Dort hat man Abraham und seine Frau Sara begraben; dort hat man Isaak und seine Frau Rebekka begraben; dort habe ich Lea begraben, 32 auf dem Grundstück, das samt der Höhle darauf von den Hetitern in unseren Besitz übergegangen ist. 33 Jakob beendete den Auftrag an seine Söhne und zog seine Füße auf das Bett zurück. Dann verschied er und wurde mit seinen Vorfahren vereint.

50 Josef warf sich über seinen Vater, weinte um ihn und küsste ihn. 2 Darauf befahl er den Ärzten, die ihm zu Dienste standen, seinen Vater einzubalsamieren. Die Ärzte balsamierten also Israel ein. 3 Darüber vergingen vierzig volle Tage, denn so lange dauerte die Einbalsamierung. Die Ägypter beweinten ihn siebzig Tage lang. 4 Als die

ben, oder die Schwerter, mit denen die Jakob-Söhne die Sichemiten niedergemetzelt haben (vgl. 34,13–26).

49,7 Die Stämme Simeon und Levi sind später in anderen Stämmen aufgegangen.

49,10 Gemeint ist vielleicht David, der den Herrscherstab übernimmt. Die Übersetzung ist unsicher.

49,16 Wortspiel mit dem Namen Dan, der auch »der, der Recht spricht« bedeutet (vgl. 30,6).

49,19 Wortspiel mit dem Namen Gad und dem Zeitwort »drängen« (gadád); anders 30,11.

49,24 Der Sinn des letzten Versteils ist in H unklar.

Tage der Trauer vorüber waren, sagte Josef zu den Hofleuten des Pharao: Wenn ich euer Wohlwollen genieße, tragt dem Pharao dieses mein Anliegen vor: 5 Mein Vater hat mich schwören lassen und gesagt: Ich muss sterben; in dem Grab, das ich mir in Kanaan angelegt habe, dort begrabt mich! Nun also möchte ich hinaufziehen und meinen Vater begraben; dann komme ich wieder zurück. 6 Da sagte der Pharao: Zieh hinauf, begrabe deinen Vater, wie du geschworen hast.

7 Josef zog hinauf, um seinen Vater zu begraben. Mit ihm zogen alle Hofleute des Pharao, die Ältesten seines Hofes und alle Ältesten Ägyptens, 8 das ganze Haus Josef, seine Brüder und das Haus seines Vaters. Nur ihre Kinder, ihre Schafe, Ziegen und Rinder ließen sie in Goschen zurück. 9 Auch die Wagen und die dazugehörige Mannschaft zogen mit ihm, sodass es ein sehr großer Zug wurde. 10 Als sie nach Goren-Atad jenseits des Jordan gekommen waren, hielten sie dort eine sehr große, würdige Totenklage; sieben Tage hielt er um seinen Vater Trauer. 11 Die Einheimischen, die Kanaaniter, beobachteten die Trauerfeier in Goren-Atad und sagten: Eine würdige Trauerfeier veranstalten da die Ägypter. Darum heißt der Ort Abel-Mizrajim (Ägyptertrauer); er liegt jenseits des Jordan.

12 Jakobs Söhne taten an Jakob so, wie er ihnen aufgetragen hatte. 13 Sie brachten ihn nach Kanaan und begruben ihn in der Höhle des Grundstücks von Machpela. Abraham hatte das Grundstück bei Mamre als eigene Grabstätte von dem Hetiter Efron gekauft.

49,32: 23,16–18.

Josefs letzte Lebensjahre und sein Tod:
50,14–26

14 Nachdem Josef seinen Vater begraben hatte, kehrte er nach Ägypten zurück, zusammen mit seinen Brüdern und allen, die mitgezogen waren, um seinen Vater zu begraben.

15 Als Josefs Brüder sahen, dass ihr Vater tot war, sagten sie: Wenn sich Josef nur nicht feindselig gegen uns stellt und uns alles Böse vergilt, das wir ihm getan haben. 16 Deshalb ließen sie Josef wissen: Dein Vater hat uns, bevor er starb, aufgetragen: 17 So sagt zu Josef: Vergib doch deinen Brüdern ihre Untat und Sünde, denn Schlimmes haben sie dir angetan. Nun also vergib doch die Untat der Knechte des Gottes deines Vaters! Als man ihm diese Worte überbrachte, musste Josef weinen. 18 Seine Brüder gingen dann auch selbst hin, fielen vor ihm nieder und sagten: Hier sind wir als deine Sklaven. 19 Josef aber antwortete ihnen: Fürchtet euch nicht! Stehe ich denn an Gottes Stelle? 20 Ihr habt Böses gegen mich im Sinne gehabt, Gott aber hatte dabei Gutes im Sinn, um zu erreichen, was heute geschieht: viel Volk am Leben zu erhalten. 21 Nun also fürchtet euch nicht! Ich will für euch und eure Kinder sorgen. So tröstete er sie und redete ihnen freundlich zu.

22 Josef blieb in Ägypten, er und das Haus seines Vaters. Josef wurde hundertzehn Jahre alt. 23 Er sah noch Efraims Söhne und Enkel. Auch die Söhne Machirs, des Sohnes Manasses, kamen auf Josefs Knien zur Welt. 24 Dann sprach Josef zu seinen Brüdern: Ich muss sterben. Gott wird sich euer annehmen, er wird euch aus diesem Land heraus und in jenes Land hinaufführen, das er Abraham, Isaak und Jakob mit einem Eid zugesichert hat. 25 Josef ließ die Söhne Israels schwören: Wenn Gott sich euer annimmt, dann nehmt meine Gebeine von hier mit hinauf! 26 Josef starb im Alter von hundertzehn Jahren. Man balsamierte ihn ein und legte ihn in Ägypten in einen Sarg.

50,23 Josef nimmt die Kinder Manasses zum Zeichen der Adoption unmittelbar nach ihrer Geburt auf seine Knie (vgl. 30,3).

Rembrandt van Rijn (1606–1669)
Die Opferung Isaaks, 1636
Leinwand, 195 × 132,3 cm
Alte Pinakothek, München
Foto: Blauel/Gnamm, Artothek, Peissenberg

Das Buch Exodus

Das Buch Exodus ist vom Buch Genesis deutlich abgehoben. Es schildert die weiteren Schicksale der Nachkommen Jakobs, die in Ägypten zu einem großen Volk werden. Das Buch trägt in der griechischen und lateinischen Bibel den Namen Exodus, das heißt »Auszug«, weil die Schilderung des Auszugs der Israeliten aus Ägypten unter Führung des Mose wesentlicher Bestandteil dieses Buches ist. Bei den Juden heißt das Buch nach den Anfangsworten Elle Schemót (Das sind die Namen). Die Darstellung reicht von der Volkwerdung Israels in Ägypten bis zu den Ereignissen am Sinai. Da aber die erzählenden Teile durch Gesetzestexte und Anordnungen über die Errichtung des Heiligtums sowie Berichte über die Ausführung dieser Anordnungen unterbrochen werden, ist die Gliederung nicht so durchsichtig wie im Buch Genesis.

Man kann den Inhalt folgendermaßen gliedern: Volkwerdung und Fronknechtschaft in Ägypten (Kap. 1); Jugend und Flucht des Mose (Kap. 2); Berufung des Mose und seine Rückkehr nach Ägypten (Kap. 3 und 4); Verhandlungen mit dem Pharao, die ägyptischen Plagen (Kap. 5 – 11); die Feier des Pascha und die Vorbereitungen für den Auszug (12,1 – 13,16); Auszug und Rettung am Schilfmeer (13,17 – 15,21); Wanderung zum Sinai (15,22 – 19,2); Bundesschluss am Sinai (19,3 – 24,18; hier sind eingearbeitet die Zehn Gebote 20,1–17 und das so genannte Bundesbuch Kap. 21 – 23); Anordnungen über Bundeslade, Zeltheiligtum und Priesterschaft (Kap. 25 – 31); der Bundesbruch und seine Folgen (Kap. 32 – 34); die Ausführung der Anordnungen über Bundeslade und Heiligtum (Kap. 35 – 40).

In der Geschichtsdarstellung lassen sich die gleichen literarischen Schichten feststellen wie in Genesis (vgl. die Einleitung zu Genesis). Dazu kommen umfangreiche Gesetze, von denen die Zehn Gebote, das sogenannte Bundesbuch und die Vorschriften in 34,11–26 einst selbstständige kleine Gesetzbücher waren. Sie alle können in ihrem Kern auf die Zeit des Mose (13. Jahrhundert v. Chr.) zurückgehen. Auch ist ein längeres Lied aufgenommen, das die Rettungstat Gottes am Schilfmeer verherrlicht (15,1–18).

Der Auszug aus Ägypten wird heute allgemein in die zweite Hälfte des 13. Jahrhunderts v. Chr. datiert. Da wir über diese Ereignisse keine außerbiblischen Quellen besitzen und außerdem die Texte erst nach langer mündlicher Überlieferung Jahrhunderte nach den Ereignissen ihre heutige Gestalt erhalten haben, können wir den genauen geschichtlichen Hergang nur schwer feststellen. Der wesentliche Verlauf, wie die Knechtschaft in Ägypten, der Auszug unter der Führung des Mose, die Rettung am Schilfmeer, der Bundesschluss am Sinai durch Mose als Mittler zwischen Volk und Gott und die Anfänge einer israelitischen Gesetzgebung dürften aber zuverlässig wiedergegeben sein.

Das Buch ist von großer theologischer Bedeutung wegen der Aussagen über die Erlösung aus Knechtschaft durch das rettende Eingreifen Gottes, über den Bund zwischen Gott und dem Volk Israel, über Mose als den Führer des Volkes, den Mittler des Bundes und auch den großen Fürbitter, der Gottes Zorn nach dem Bundesbruch Israels durch sein Eintreten für das Volk besänftigt. An den großen Jahresfesten Pascha, Pfingsten und Laubhüttenfest wurden die in Exodus geschilderten Ereignisse im Gottesdienst Israels vergegenwärtigt. Sie werden im Christentum als Vorwegnahme und Bilder für die Erlösung durch Jesus Christus verstanden. Die Zehn Gebote haben die Ethik der Kulturvölker maßgeblich geprägt.

ISRAEL IN ÄGYPTEN: 1,1 – 11,10

Jakobs Nachkommen in Ägypten: 1,1–22

1 Das sind die Namen der Söhne Israels,
die nach Ägypten gekommen waren –
mit Jakob waren sie gekommen, jeder mit
seiner Familie: 2 Ruben, Simeon, Levi, Juda,
3 Issachar, Sebulon, Benjamin, 4 Dan, Naftali,
Gad und Ascher. 5 Zusammen waren es sieb-
zig Personen; sie alle stammten von Jakob
ab. Josef aber war bereits in Ägypten.
6 Josef, alle seine Brüder und seine Zeitge-
nossen waren gestorben. 7 Aber die Söhne Is-
raels waren fruchtbar, sodass das Land von
ihnen wimmelte. Sie vermehrten sich und
wurden überaus stark; sie bevölkerten das
Land.
8 In Ägypten kam ein neuer König an die
Macht, der Josef nicht gekannt hatte. 9 Er
sagte zu seinem Volk: Seht nur, das Volk der
Israeliten ist größer und stärker als wir.
10 Gebt Acht! Wir müssen überlegen, was wir
gegen sie tun können, damit sie sich nicht
weiter vermehren. Wenn ein Krieg ausbricht,
können sie sich unseren Feinden anschlie-
ßen, gegen uns kämpfen und sich des Landes
bemächtigen. 11 Da setzte man Fronvögte
über sie ein, um sie durch schwere Arbeit un-
ter Druck zu setzen. Sie mussten für den
Pharao die Städte Pitom und Ramses als
Vorratslager bauen. 12 Je mehr man sie aber
unter Druck hielt, umso stärker vermehrten
sie sich und breiteten sie sich aus, sodass die
Ägypter vor ihnen das Grauen packte. 13 Da-
her gingen sie hart gegen die Israeliten vor
und machten sie zu Sklaven. 14 Sie machten
ihnen das Leben schwer durch harte Arbeit
mit Lehm und Ziegeln und durch alle mögli-
chen Arbeiten auf den Feldern. So wurden
die Israeliten zu harter Sklavenarbeit ge-
zwungen.
15 Zu den hebräischen Hebammen – die
eine hieß Schifra, die andere Pua – sagte der
König von Ägypten: 16 Wenn ihr den Hebräe-
rinnen Geburtshilfe leistet, dann achtet auf
das Geschlecht! Ist es ein Knabe, so lasst ihn
sterben! Ist es ein Mädchen, dann kann es am
Leben bleiben. 17 Die Hebammen aber fürch-
teten Gott und taten nicht, was ihnen der
König von Ägypten gesagt hatte, sondern lie-
ßen die Kinder am Leben. 18 Da rief der Kö-
nig von Ägypten die Hebammen zu sich und
sagte zu ihnen: Warum tut ihr das und lasst
die Kinder am Leben? 19 Die Hebammen ant-
worteten dem Pharao: Bei den hebräischen
Frauen ist es nicht wie bei den Ägypterin-
nen, sondern wie bei den Tieren: Wenn die
Hebamme zu ihnen kommt, haben sie schon
geboren. 20 Gott verhalf den Hebammen zu
Glück; das Volk aber vermehrte sich weiter
und wurde sehr stark. 21 Weil die Hebammen
Gott fürchteten, schenkte er ihnen Kinderse-
gen. 22 Daher gab der Pharao seinem ganzen
Volk den Befehl: Alle Knaben, die den Heb-
räern geboren werden, werft in den Nil! Die
Mädchen dürft ihr alle am Leben lassen.

Die Jugend des Mose: 2,1–14

2 Ein Mann aus einer levitischen Familie
ging hin und nahm eine Frau aus dem
gleichen Stamm. 2 Sie wurde schwanger und
gebar einen Sohn. Weil sie sah, dass es ein
schönes Kind war, verbarg sie es drei Monate
lang. 3 Als sie es nicht mehr verborgen halten
konnte, nahm sie ein Binsenkästchen, dich-
tete es mit Pech und Teer ab, legte den Kna-
ben hinein und setzte ihn am Nilufer im
Schilf aus. 4 Seine Schwester blieb in der
Nähe stehen, um zu sehen, was mit ihm ge-
schehen würde.
5 Die Tochter des Pharao kam herab, um
im Nil zu baden. Ihre Dienerinnen gingen
unterdessen am Nilufer auf und ab. Auf ein-
mal sah sie im Schilf das Kästchen und ließ
es durch ihre Magd holen. 6 Als sie es öffnete
und hineinsah, lag ein weinendes Kind da-
rin. Sie bekam Mitleid mit ihm und sie sagte:
Das ist ein Hebräerkind. 7 Da sagte seine
Schwester zur Tochter des Pharao: Soll ich
zu den Hebräerinnen gehen und dir eine
Amme rufen, damit sie dir das Kind stillt?
8 Die Tochter des Pharao antwortete ihr: Ja,
geh! Das Mädchen ging und rief die Mutter
des Knaben herbei. 9 Die Tochter des Pharao
sagte zu ihr: Nimm das Kind mit und still es
mir! Ich werde dich dafür entlohnen. Die
Frau nahm das Kind zu sich und stillte es.
10 Als der Knabe größer geworden war,
brachte sie ihn der Tochter des Pharao.
Diese nahm ihn als Sohn an, nannte ihn

1,10 und sich des Landes bemächtigen, andere Übersetzungsmöglichkeit: und aus dem Land fortziehen.

1,11 Die beiden Städte wurden vom Pharao Ramses II. (1304–1237 v. Chr.) im östlichen Nildelta als Garnisons- und Vorratsstädte zur Vorbereitung seines Feldzugs gegen die Hetiter angelegt.

2,10 Der Name Mose ist ägyptisch und bedeutet »Kind«; der israelitische Erzähler hört das hebräische Zeitwort »ziehen« (maschah) heraus.

Mose und sagte: Ich habe ihn aus dem Was-
ser gezogen.
11 Die Jahre vergingen und Mose wuchs
heran. Eines Tages ging er zu seinen Brü-
dern hinaus und schaute ihnen bei der Fron-
arbeit zu. Da sah er, wie ein Ägypter einen
Hebräer schlug, einen seiner Stammesbrü-
der. 12 Mose sah sich nach allen Seiten um,
und als er sah, dass sonst niemand da war,
erschlug er den Ägypter und verscharrte ihn
im Sand.
13 Als er am nächsten Tag wieder hinaus-
ging, sah er zwei Hebräer miteinander strei-
ten. Er sagte zu dem, der im Unrecht war:
Warum schlägst du deinen Stammesgenos-
sen? 14 Der Mann erwiderte: Wer hat dich
zum Aufseher und Schiedsrichter über uns
bestellt? Meinst du, du könntest mich um-
bringen, wie du den Ägypter umgebracht
hast? Da bekam Mose Angst und sagte: Die
Sache ist also bekannt geworden.

Mose in Midian: 2,15–22

15 Der Pharao hörte von diesem Vorfall
und wollte Mose töten; Mose aber entkam
ihm. Er wollte in Midian bleiben und setzte
sich an einen Brunnen. 16 Der Priester von
Midian hatte sieben Töchter. Sie kamen zum
Wasserschöpfen und wollten die Tröge fül-
len, um die Schafe und Ziegen ihres Vaters
zu tränken. 17 Doch die Hirten kamen und
wollten sie verdrängen. Da stand Mose auf,
kam ihnen zu Hilfe und tränkte ihre Schafe
und Ziegen. 18 Als sie zu ihrem Vater Reguël
zurückkehrten, fragte er: Warum seid ihr
heute so schnell wieder da? 19 Sie erzählten:
Ein Ägypter hat uns gegen die Hirten vertei-
digt; er hat uns sogar Wasser geschöpft und
das Vieh getränkt. 20 Da fragte Reguël seine
Töchter: Wo ist er? Warum habt ihr ihn dort
gelassen? Holt ihn und ladet ihn zum Essen
ein! 21 Mose entschloss sich, bei dem Mann
zu bleiben, und dieser gab seine Tochter Zip-
pora Mose zur Frau. 22 Als sie einen Sohn ge-
bar, nannte er ihn Gerschom (Ödgast) und
sagte: Gast bin ich in fremdem Land.
22: 18,3.

Die Berufung des Mose: 2,23 – 4,17

23 Nach vielen Jahren starb der König von
Ägypten. Die Israeliten stöhnten noch unter
der Sklavenarbeit; sie klagten und ihr Hilfe-
ruf stieg aus ihrem Sklavendasein zu Gott
empor. 24 Gott hörte ihr Stöhnen und Gott
gedachte seines Bundes mit Abraham, Isaak
und Jakob. 25 Gott blickte auf die Söhne Is-
raels und gab sich ihnen zu erkennen.
3 Mose weidete die Schafe und Ziegen sei-
nes Schwiegervaters Jitro, des Priesters
von Midian. Eines Tages trieb er das Vieh
über die Steppe hinaus und kam zum Gottes-
berg Horeb. 2 Dort erschien ihm der Engel
des Herrn in einer Flamme, die aus einem
Dornbusch emporschlug. Er schaute hin: Da
brannte der Dornbusch und verbrannte doch
nicht. 3 Mose sagte: Ich will dorthin gehen
und mir die außergewöhnliche Erscheinung
ansehen. Warum verbrennt denn der Dorn-
busch nicht?
4 Als der Herr sah, dass Mose näher kam,
um sich das anzusehen, rief Gott ihm aus
dem Dornbusch zu: Mose, Mose! Er antwor-
tete: Hier bin ich. 5 Der Herr sagte: Komm
nicht näher heran! Leg deine Schuhe ab;
denn der Ort, wo du stehst, ist heiliger Bo-
den. 6 Dann fuhr er fort: Ich bin der Gott dei-
nes Vaters, der Gott Abrahams, der Gott
Isaaks und der Gott Jakobs. Da verhüllte
Mose sein Gesicht; denn er fürchtete sich,
Gott anzuschauen.
7 Der Herr sprach: Ich habe das Elend mei-
nes Volkes in Ägypten gesehen und ihre
laute Klage über ihre Antreiber habe ich ge-
hört. Ich kenne ihr Leid. 8 Ich bin herabge-
stiegen, um sie der Hand der Ägypter zu ent-
reißen und aus jenem Land hinaufzuführen
in ein schönes, weites Land, in ein Land, in
dem Milch und Honig fließen, in das Gebiet
der Kanaaniter, Hetiter, Amoriter, Perisiter,
Hiwiter und Jebusiter. 9 Jetzt ist die laute
Klage der Israeliten zu mir gedrungen und
ich habe auch gesehen, wie die Ägypter sie
unterdrücken. 10 Und jetzt geh! Ich sende
dich zum Pharao. Führe mein Volk, die
Israeliten, aus Ägypten heraus! 11 Mose ant-
wortete Gott: Wer bin ich, dass ich zum Pha-
rao gehen und die Israeliten aus Ägypten
herausführen könnte? 12 Gott aber sagte: Ich
bin mit dir; ich habe dich gesandt und als
Zeichen dafür soll dir dienen: Wenn du das
Volk aus Ägypten herausgeführt hast, wer-
det ihr Gott an diesem Berg verehren.
13 Da sagte Mose zu Gott: Gut, ich werde

2,18 Reguël: So auch Num 10,29. In Ex 3,1; 4,18; 18,1 heißt er Jitro, in Ri 4,11 aber Hobab. In den verschiedenen Traditionsschichten lautet der Name anders, ähnlich wie der Berg des Bundesschlusses bald Sinai, bald Horeb heißt.

2,22 Wortspiel mit dem Namen Gerschom, der aus ger (= Gast) und schom (= Öde) zusammengesetzt ist; in der Deutung des Namens wird aber das ungewöhnliche schom durch das geläufigere nokrí (= fremd) verdeutlicht.

2,25 und gab sich ihnen zu erkennen: so nach G.

also zu den Israeliten kommen und ihnen sa-
gen: Der Gott eurer Väter hat mich zu euch
gesandt. Da werden sie mich fragen: Wie
heißt er? Was soll ich ihnen darauf sagen?
14 Da antwortete Gott dem Mose: Ich bin der
«Ich-bin-da». Und er fuhr fort: So sollst du
zu den Israeliten sagen: Der «Ich-bin-da» hat
mich zu euch gesandt. 15 Weiter sprach Gott
zu Mose: So sag zu den Israeliten: Jahwe, der
Gott eurer Väter, der Gott Abrahams, der
Gott Isaaks und der Gott Jakobs, hat mich zu
euch gesandt. Das ist mein Name für immer
und so wird man mich nennen in allen Gene-
rationen. 16 Geh, versammle die Ältesten Is-
raels und sag ihnen: Jahwe, der Gott eurer
Väter, der Gott Abrahams, Isaaks und Ja-
kobs, ist mir erschienen und hat mir gesagt:
Ich habe sorgsam auf euch geachtet und
habe gesehen, was man euch in Ägypten an-
tut. 17 Darum habe ich beschlossen, euch aus
dem Elend Ägyptens hinaufzuführen in das
Land der Kanaaniter, Hetiter, Amoriter, Pe-
risiter, Hiwiter und Jebusiter, in ein Land, in
dem Milch und Honig fließen. 18 Wenn sie auf
dich hören, so geh mit den Ältesten Israels
zum König von Ägypten; sagt ihm: Jahwe,
der Gott der Hebräer, ist uns begegnet. Und
jetzt wollen wir drei Tagesmärsche weit in
die Wüste ziehen und Jahwe, unserem Gott,
Schlachtopfer darbringen. 19 Ich weiß, dass
euch der König von Ägypten nicht ziehen
lässt, es sei denn, er würde von starker Hand
dazu gezwungen. 20 Erst wenn ich meine
Hand ausstrecke und Ägypten niederschlage
mit allen meinen Wundern, die ich in seiner
Mitte vollbringe, wird er euch ziehen lassen.
21 Dann werde ich die Ägypter zugunsten
dieses Volkes umstimmen, und wenn ihr
wegzieht, werdet ihr nicht mit leeren Hän-
den gehen. 22 Jede Frau kann von ihrer
Nachbarin oder Hausgenossin silberne und
goldene Geräte und Kleider verlangen.
Übergebt sie euren Söhnen und Töchtern
und plündert so die Ägypter aus!

4 Mose antwortete: Was aber, wenn sie
mir nicht glauben und nicht auf mich
hören, sondern sagen: Jahwe ist dir nicht er-
schienen? 2 Der Herr entgegnete ihm: Was
hast du da in der Hand? Er antwortete: Einen
Stab. 3 Da sagte der Herr: Wirf ihn auf die
Erde! Mose warf ihn auf die Erde. Da wurde
der Stab zu einer Schlange und Mose wich
vor ihr zurück. 4 Der Herr aber sprach zu
Mose: Streck deine Hand aus und fasse sie
am Schwanz! Er streckte seine Hand aus und
packte sie. Da wurde sie in seiner Hand wie-
der zu einem Stab. 5 So sollen sie dir glau-
ben, dass dir Jahwe erschienen ist, der Gott
ihrer Väter, der Gott Abrahams, der Gott
Isaaks und der Gott Jakobs.

6 Weiter sprach der Herr zu ihm: Leg deine
Hand in deinen Gewandbausch! Er legte
seine Hand hinein. Als er sie herauszog, war
seine Hand von Aussatz weiß wie Schnee.
7 Darauf sagte der Herr: Leg deine Hand
noch einmal in deinen Gewandbausch! Er
legte seine Hand noch einmal hinein. Als er
sie wieder herauszog, sah sie wieder aus wie
der übrige Leib. 8 Wenn sie dir nicht glauben
und sich durch das erste Zeichen nicht über-
zeugen lassen, werden sie auf das zweite Zei-
chen hin glauben. 9 Glauben sie aber selbst
nach diesen beiden Zeichen nicht und lassen
sie sich nicht überzeugen, dann nimm etwas
Nilwasser und schütt es auf trockenen Bo-
den! Das Wasser, das du aus dem Nil geholt
hast, wird auf dem Boden zu Blut werden.
10 Doch Mose sagte zum Herrn: Aber bitte,
Herr, ich bin keiner, der gut reden kann, we-
der gestern noch vorgestern, noch seitdem du
mit deinem Knecht sprichst. Mein Mund und
meine Zunge sind nämlich schwerfällig.
11 Der Herr entgegnete ihm: Wer hat dem
Menschen den Mund gegeben und wer macht
taub oder stumm, sehend oder blind? Doch
wohl ich, der Herr! 12 Geh also! Ich bin mit
deinem Mund und weise dich an, was du re-
den sollst. 13 Doch Mose antwortete: Aber
bitte, Herr, schick doch einen andern!

14 Da entbrannte der Zorn des Herrn über
Mose und er sprach: Hast du nicht noch ei-
nen Bruder, den Leviten Aaron? Ich weiß, er
kann reden; außerdem bricht er gerade auf
und wird dir begegnen. Wenn er dich sieht,
wird er sich von Herzen freuen. 15 Sprich mit
ihm und leg ihm die Worte in den Mund! Ich
aber werde mit deinem und seinem Mund
sein, ich werde euch anweisen, was ihr tun
sollt, 16 und er wird für dich zum Volk reden.
Er wird für dich der Mund sein und du wirst

3,14f Im Hebräischen ist «Jahwe» eine Zeitwort-
form in der 3. Person Einzahl, etwa «er ist da»; da
hier Gott von sich selbst in der 1. Person redet, ge-
braucht er das Zeitwort in der Ich-Form: Ich bin
da. Für «Jahwe» werden allerdings auch andere
Erklärungen versucht, von denen noch am ehesten
zutreffen könnte: Er setzt ins Dasein. Zur Um-
schreibung des Gottesnamens Jahwe mit «der
Herr» vgl. die Anmerkung zu Gen 4,26.

3,18 Hier und an ähnlichen Stellen, wo der Name
Jahwe im Gespräch mit fremden Völkern ge-
braucht wird, ist die Umschreibung mit «der Herr»
nicht angebracht, weil die nicht israelitischen Völ-
ker den Gott Israels nicht als Herrn anerkennen
und weil sie für ihre Götter Eigennamen haben.

4,13 Wörtlich: Schicke, wen du schickst!

für ihn Gott sein. 17 Diesen Stab nimm in
deine Hand! Mit ihm wirst du die Zeichen
vollbringen.

Die Rückkehr des Mose nach Ägypten:
4,18–31

18 Darauf kehrte Mose zu seinem Schwie-
gervater Jitro zurück. Er sagte zu ihm: Ich
will zu meinen Brüdern nach Ägypten zu-
rückkehren. Ich will sehen, ob sie noch am
Leben sind. Jitro antwortete Mose: Geh in
Frieden!
19 Der Herr sprach zu Mose in Midian:
Mach dich auf und kehr nach Ägypten zu-
rück; denn alle, die dir nach dem Leben ge-
trachtet haben, sind tot. 20 Da holte Mose
seine Frau und seine Söhne, setzte sie auf ei-
nen Esel und trat den Rückweg nach Ägyp-
ten an. Den Gottesstab hielt er in der
Hand.
21 Der Herr sprach zu Mose: Wenn du gehst
und nach Ägypten zurückkehrst, halte dir
alle Wunder vor Augen, die ich in deine
Hand gelegt habe, und vollbring sie vor dem
Pharao! Ich will sein Herz verhärten, sodass
er das Volk nicht ziehen lässt. 22 Dann sag
zum Pharao: So spricht Jahwe: Israel ist
mein erstgeborener Sohn. 23 Ich sage dir:
Lass meinen Sohn ziehen, damit er mich ver-
ehren kann. Wenn du dich weigerst, ihn zie-
hen zu lassen, bringe ich deinen erstgebore-
nen Sohn um.
24 Unterwegs am Rastplatz trat der Herr
dem Mose entgegen und wollte ihn töten.
25 Zippora ergriff einen Feuerstein und
schnitt ihrem Sohn die Vorhaut ab. Damit
berührte sie die Beine des Mose und sagte:
Ein Blutbräutigam bist du mir. 26 Da ließ der
Herr von ihm ab. «Blutbräutigam», sagte sie
damals wegen der Beschneidung.
27 Der Herr sprach zu Aaron: Geh hinaus
in die Wüste, Mose entgegen! Da ging er. Am
Gottesberg traf er ihn und küsste ihn.
28 Mose erzählte Aaron von dem Auftrag, mit
dem der Herr ihn gesandt hatte, und von al-
len Zeichen, zu denen er ihn ermächtigt hat-
te. 29 Mose und Aaron gingen und versam-
melten alle Ältesten der Israeliten. 30 Aaron
wiederholte vor ihnen alle Worte, die der
Herr zu Mose gesprochen hatte, und Mose
vollbrachte die Zeichen vor den Augen des
Volkes. 31 Da glaubte das Volk, und als sie
hörten, dass der Herr sich der Israeliten an-
genommen und ihr Elend gesehen habe, ver-
neigten sie sich und warfen sich vor ihm nie-
der.

20: 18,3f.

Die erfolglosen Verhandlungen mit dem
Pharao: 5,1–19

5 Danach gingen Mose und Aaron zum
Pharao und sagten: So spricht Jahwe,
der Gott Israels: Lass mein Volk ziehen, da-
mit sie mir in der Wüste ein Fest feiern kön-
nen. 2 Der Pharao erwiderte: Wer ist Jahwe,
dass ich auf ihn hören und Israel ziehen las-
sen sollte? Ich kenne Jahwe nicht und denke
auch nicht daran, Israel ziehen zu lassen.
3 Da sagten sie: Der Gott der Hebräer ist uns
begegnet und jetzt wollen wir drei Tages-
märsche weit in die Wüste ziehen und Jahwe,
unserem Gott, Schlachtopfer darbringen,
damit er uns nicht mit Pest oder Schwert
straft. 4 Der König von Ägypten entgegnete
ihnen: Warum, Mose und Aaron, wollt ihr die
Leute zum Nichtstun verleiten? Fort mit
euch, tut euren Frondienst! 5 Der Pharao
fuhr fort: So viele Leute sind jetzt im Land
und ihr wollt sie vom Frondienst abhalten?
6 Am selben Tag noch gab der Pharao den
Antreibern der Leute und den Listenführern
die Anweisung: 7 Gebt den Leuten nicht
mehr, wie bisher, Stroh zum Ziegelmachen!
Sie sollen selber gehen und sich Stroh besor-
gen. 8 Legt ihnen aber das gleiche Soll an
Ziegeln auf, das sie bisher erfüllen mussten.
Lasst ihnen davon nichts nach! Denn sie sind
faul, und deshalb schreien sie: Wir wollen
gehen und unserem Gott Schlachtopfer dar-
bringen. 9 Erschwert man den Leuten die Ar-
beit, dann sind sie beschäftigt und kümmern
sich nicht um leeres Geschwätz. 10 Da gingen
die Antreiber der Leute und die Listenführer
zu den Leuten und sagten: So spricht der
Pharao: Ich gebe euch kein Stroh mehr.
11 Geht selbst und besorgt euch Stroh, wo ihr
es findet. Von eurem Arbeitssoll aber wird
euch nichts erlassen. 12 Die Leute verteilten
sich also über ganz Ägypten, um sich Stroh
zu besorgen. 13 Die Antreiber drängten und
sagten: Ihr müsst euer tägliches Soll erfüllen
wie bisher, als euch noch Stroh geliefert
wurde. 14 Die Antreiber des Pharao schlugen
die israelitischen Listenführer, die sie einge-

4,18 Zu Jitro vgl. die Anmerkung zu 2,18.

4,24–26 Eine ähnlich geheimnisvolle Szene wie Gen 32,23–33. Wahrscheinlich betont diese Erzählung die religiöse Bedeutung der Beschneidung. Der schwer kranke Mose konnte nicht beschnitten werden, weil bei den damaligen hygienischen Verhältnissen die Beschneidung fast immer Wundfieber zur Folge hatte (vgl. Gen 34,25 und Jos 5,8f); daher nimmt seine Frau einen Ersatzritus an ihrem Sohn vor.

5,7 Stroh, zu Häcksel geschnitten, dient bei der Ziegelherstellung als Bindemittel für den Lehm.

setzt hatten, und sagten: Warum habt ihr heute nicht wie neulich noch das festgesetzte Soll an Ziegeln erfüllt? 15 Da gingen die israelitischen Listenführer zum Pharao und erhoben vor ihm Klage: Warum tust du deinen Sklaven das an? 16 Man gibt deinen Sklaven kein Stroh, aber man sagt uns: Macht Ziegel! Schau, man hat deine Sklaven geschlagen; die Schuld aber liegt bei deinen Leuten. 17 Er entgegnete: Faul seid ihr, faul. Nur deshalb sagt ihr: Wir wollen gehen und Jahwe Schlachtopfer darbringen. 18 Jetzt aber fort mit euch und tut eure Arbeit! Stroh bekommt ihr nicht, aber euer Soll an Ziegeln müsst ihr erfüllen. 19 Da sahen sich die israelitischen Listenführer in einer üblen Lage, weil man ihnen sagte: Nichts von eurem täglichen Soll an Ziegeln wird euch erlassen.

Die Klage des Mose und die Verheißung Gottes: 5,20 – 6,13

20 Als sie vom Pharao kamen, stießen sie auf Mose und Aaron, die ihnen entgegenkamen. 21 Die Listenführer sagten zu ihnen: Der Herr soll euch erscheinen und euch richten; denn ihr habt uns beim Pharao und seinen Dienern in Verruf gebracht und ihnen ein Schwert in die Hand gegeben, mit dem sie uns umbringen können. 22 Da wandte sich Mose an den Herrn und sagte: Mein Herr, warum behandelst du dieses Volk so schlecht? Wozu hast du mich denn gesandt? 23 Seit ich zum Pharao gegangen bin, um in deinem Namen zu reden, behandelt er dieses Volk noch schlechter, aber du hast dein Volk nicht gerettet.

6 Der Herr antwortete Mose: Jetzt wirst du sehen, was ich dem Pharao antue. Denn von starker Hand gezwungen, wird er sie ziehen lassen, ja, von starker Hand gezwungen, wird er sie sogar aus seinem Land ausweisen.

2 Gott redete mit Mose und sprach zu ihm: Ich bin Jahwe. 3 Ich bin Abraham, Isaak und Jakob als El-Schaddai (Gott, der Allmächtige) erschienen, aber unter meinem Namen Jahwe habe ich mich ihnen nicht zu erkennen gegeben. 4 Auch habe ich einen Bund mit ihnen geschlossen und habe versprochen, ihnen das Land Kanaan zu geben, das Land, in dem sie als Fremde lebten. 5 Ferner habe ich gehört, wie die Israeliten darüber stöhnen, dass die Ägypter sie wie Sklaven behandeln. Da habe ich meines Bundes gedacht 6 und deshalb sag zu den Israeliten: Ich bin Jahwe. Ich führe euch aus dem Frondienst für die Ägypter heraus und rette euch aus der Sklaverei. Ich erlöse euch mit hoch erhobenem Arm und durch ein gewaltiges Strafgericht über sie. 7 Ich nehme euch als mein Volk an und werde euer Gott sein. Und ihr sollt wissen, dass ich Jahwe bin, euer Gott, der euch aus dem Frondienst in Ägypten herausführt. 8 Ich führe euch in das Land, das ich Abraham, Isaak und Jakob unter Eid versprochen habe. Ich übergebe es euch als Eigentum, ich, der Herr.

9 So redete Mose zu den Israeliten. Sie aber hörten nicht auf Mose, weil sie vor harter Arbeit verzagten. 10 Da sprach der Herr zu Mose: 11 Geh, sag dem Pharao, dem König von Ägypten, er solle die Israeliten aus seinem Land fortziehen lassen. 12 Mose erwiderte dem Herrn: Wenn schon die Israeliten nicht auf mich hörten, wie sollte mich dann der Pharao anhören, zumal ich ungeschickt im Reden bin?

13 So redete der Herr mit Mose und mit Aaron. Er gab ihnen den Auftrag, zu den Israeliten und zum Pharao, dem König von Ägypten, zu gehen und die Israeliten aus Ägypten herauszuführen.

Die Nachkommen Rubens, Simeons und Levis: 6,14–30

14 Das sind die Oberhäupter ihrer Großfamilien: Die Söhne Rubens, des Erstgeborenen Israels: Henoch, Pallu, Hezron und Karmi; das waren die Sippenverbände Rubens. 15 Die Söhne Simeons: Jemuël, Jamin, Ohad, Jachin, Zohar und Schaul, der Sohn der Kanaaniterin; das waren die Sippenverbände Simeons. 16 Das sind die Namen der Söhne Levis nach ihrer Geschlechterfolge: Gerschon, Kehat und Merari. Die Lebenszeit Levis betrug hundertsiebenunddreißig Jahre. 17 Die Söhne Gerschons: Libni und Schimi, nach ihren Sippenverbänden. 18 Die Söhne Kehats: Amram, Jizhar, Hebron und Usiël. Die Lebenszeit Kehats betrug hundertdreiunddreißig Jahre. 19 Die Söhne Meraris: Machli und Muschi; das waren die Sippenverbände der Leviten nach ihrer Geschlechterfolge.

20 Amram nahm seine Tante Jochebed zur Frau. Sie gebar ihm Aaron und Mose. Die Lebenszeit Amrams betrug hundertsiebenunddreißig Jahre. 21 Die Söhne Jizhars: Korach, Nefeg und Sichri. 22 Die Söhne Usiëls: Mischaël, Elizafan und Sitri. 23 Aaron nahm Elischeba, die Tochter Amminadabs, die Schwester Nachschons, zur Frau. Sie gebar

6,14f Wahrscheinlich Rest eines verloren gegangenen Verzeichnisses der Zwölf Stämme Israels.

ihm Nadab, Abihu, Eleasar und Itamar.
24 Die Söhne Korachs: Assir, Elkana und
Abiasaf. Das waren die Sippenverbände der
Korachiter. 25 Eleasar, der Sohn Aarons,
nahm eine Tochter Putiëls zur Frau. Sie ge-
bar ihm Pinhas. Das waren die Oberhäupter
der levitischen Großfamilien nach ihren Sip-
penverbänden. 26 Das waren also Aaron und
Mose, zu denen der Herr gesagt hatte: Führt
die Israeliten aus Ägypten und übernehmt
dabei die Leitung der Scharen! 27 Die beiden
waren es, die mit dem Pharao, dem König
von Ägypten, reden und die Israeliten aus
Ägypten herausführen sollten, Mose und Aa-
ron. 28 Damals, als der Herr mit Mose in
Ägypten redete, 29 sagte er zu Mose: Ich bin
Jahwe. Sag dem Pharao, dem König von
Ägypten, alles, was ich dir auftrage. 30 Mose
aber antwortete dem Herrn: Ich bin doch un-
geschickt im Reden; wie soll der Pharao auf
mich hören?

30: 4,10; 6,12.

Die ägyptischen Plagen: 7,1 – 11,10

7 Der Herr sprach zu Mose: Hiermit ma-
che ich dich für den Pharao zum Gott;
dein Bruder Aaron soll dein Prophet sein.
2 Du sollst alles sagen, was ich dir auftrage;
dein Bruder Aaron soll es dem Pharao sagen
und der Pharao muss die Israeliten aus sei-
nem Land fortziehen lassen. 3 Ich aber will
das Herz des Pharao verhärten und dann
werde ich meine Zeichen und Wunder in
Ägypten häufen. 4 Der Pharao wird nicht auf
euch hören. Deshalb werde ich meine Hand
auf Ägypten legen und unter gewaltigem
Strafgericht meine Scharen, mein Volk, die
Israeliten, aus Ägypten führen. 5 Erst wenn
ich meine Hand gegen die Ägypter ausstre-
cke, werden sie erkennen, dass ich der Herr
bin, und dann werde ich die Israeliten aus
ihrer Mitte herausführen. 6 Mose und Aaron
taten, was ihnen der Herr aufgetragen hatte.
So machten sie es. 7 Mose war achtzig Jahre
und Aaron dreiundachtzig Jahre alt, als sie
mit dem Pharao verhandelten.

8 Der Herr sprach zu Mose und Aaron:
9 Wenn der Pharao zu euch sagt: Tut doch ein
Wunder zu eurer Beglaubigung!, dann sag zu
Aaron: Nimm deinen Stab und wirf ihn vor
den Pharao hin! Er wird zu einer Schlange
werden. 10 Als Mose und Aaron zum Pharao
kamen, taten sie, was ihnen der Herr aufge-
tragen hatte: Aaron warf seinen Stab vor den
Pharao und seine Diener hin und er wurde zu
einer Schlange. 11 Da rief auch der Pharao
Weise und Beschwörungspriester und sie, die
Wahrsager der Ägypter, taten mit Hilfe ihrer
Zauberkunst das Gleiche: 12 Jeder warf sei-
nen Stab hin und die Stäbe wurden zu
Schlangen. Doch Aarons Stab verschlang die
Stäbe der Wahrsager. 13 Das Herz des Pha-
rao aber blieb hart und er hörte nicht auf sie.
So hatte es der Herr vorausgesagt.

14 Der Herr sprach zu Mose: Das Herz des
Pharao ist ungerührt und er ist nicht bereit,
das Volk ziehen zu lassen. 15 Geh morgen
früh zum Pharao, wenn er an den Fluss hi-
nuntergeht, und tritt am Nilufer vor ihn hin!
Den Stab, der sich in eine Schlange verwan-
delt hat, nimm mit! 16 Sag zum Pharao: Jah-
we, der Gott der Hebräer, hat mich zu dir ge-
sandt und lässt dir sagen: Lass mein Volk
ziehen, damit sie mich in der Wüste verehren
können. Bis jetzt hast du nicht hören wollen.
17 So spricht Jahwe: Daran sollst du erken-
nen, dass ich Jahwe bin: Mit dem Stab in
meiner Hand schlage ich auf das Wasser im
Nil und es wird sich in Blut verwandeln.
18 Die Fische im Nil werden sterben und der
Nil wird stinken, sodass sich die Ägypter da-
vor ekeln, Nilwasser zu trinken.

19 Dann sprach der Herr zu Mose: Sag Aa-
ron: Nimm deinen Stab und streck deine
Hand über die Gewässer Ägyptens aus, über
ihre Flüsse und Nilarme, über ihre Sümpfe
und alle Wasserstellen; sie sollen zu Blut
werden. Blut soll es geben in ganz Ägypten,
in den Gefäßen aus Holz und Stein. 20 Mose
und Aaron taten, was ihnen der Herr aufge-
tragen hatte. Er erhob den Stab und schlug
vor den Augen des Pharao und seiner Höflin-
ge auf das Wasser im Nil. Da verwandelte
sich alles Nilwasser in Blut. 21 Die Fische im
Nil starben und der Nil stank, sodass die
Ägypter kein Nilwasser mehr trinken konn-
ten. Das Blut gab es in ganz Ägypten. 22 Doch
die Wahrsager der Ägypter taten mit Hilfe
ihrer Zauberkunst das Gleiche. Das Herz des
Pharao blieb hart und er hörte nicht auf sie.
So hatte es der Herr vorausgesagt. 23 Der
Pharao kehrte nach Hause zurück und nahm
die Sache nicht ernst. 24 Alle Ägypter gruben
in der Umgebung des Nil nach Trinkwasser,
denn das Nilwasser konnten sie nicht trin-
ken. 25 So vergingen sieben Tage, nachdem
der Herr den Nil geschlagen hatte.

26 Dann sprach der Herr zu Mose: Geh zum
Pharao und sag ihm: So spricht Jahwe: Lass
mein Volk ziehen, damit sie mich verehren
können. 27 Weigerst du dich, sie ziehen zu

7,1 Wie Gott durch einen Propheten zu Menschen redet, so soll Mose durch seinen Bruder Aaron zum Pharao reden.

lassen, so bringe ich eine Froschplage über dein ganzes Land. 28 Der Nil wird von Fröschen wimmeln; sie werden heraufkommen und in dein Haus eindringen, in dein Schlafgemach, auf dein Bett werden sie kommen, in die Häuser deiner Diener und deines Volkes, in deine Backöfen und Backschüsseln. 29 Über dich, dein Volk und alle deine Diener werden die Frösche kommen.

8 Der Herr sprach zu Mose: Sag zu Aaron: Streck deine Hand mit dem Stab aus über die Flüsse, über die Nilarme und die Sümpfe und lass die Frösche über Ägypten kommen! 2 Aaron streckte seine Hand über die Gewässer Ägyptens aus. Da stiegen die Frösche herauf und bedeckten ganz Ägypten. 3 Doch die Wahrsager taten mit Hilfe ihrer Zauberkunst das Gleiche und ließen die Frösche über Ägypten kommen. 4 Der Pharao rief Mose und Aaron zu sich und sagte: Betet zu Jahwe, er möge mich und mein Volk von den Fröschen befreien. Dann will ich das Volk ziehen lassen und sie können Jahwe Schlachtopfer darbringen. 5 Da sagte Mose zum Pharao: Verfüg über mich! Wann soll ich für dich, deine Diener und dein Volk um Beseitigung der Frösche von dir und aus deinen Häusern beten? Nur im Nil sollen sie erhalten bleiben. 6 Er sagte: Morgen. Mose antwortete: Wie du willst; du sollst erkennen, dass keiner Jahwe, unserem Gott, gleichkommt. 7 Die Frösche werden von dir und deinen Häusern, von deinen Dienern und deinem Volk weichen; nur im Nil werden sie bleiben. 8 Als Mose und Aaron vom Pharao weggegangen waren, schrie Mose zum Herrn um Befreiung von der Froschplage, die er über den Pharao gebracht hatte. 9 Der Herr erfüllte Mose die Bitte und die Frösche in den Häusern, in den Höfen und auf den Feldern starben. 10 Man sammelte sie zu riesigen Haufen und das ganze Land stank davon. 11 Als der Pharao sah, dass die Not vorbei war, verschloss er sein Herz wieder und hörte nicht auf sie. So hatte es der Herr vorausgesagt.

12 Darauf sprach der Herr zu Mose: Sag zu Aaron: Streck deinen Stab aus und schlag damit auf die Erde in den Staub! In ganz Ägypten sollen daraus Stechmücken werden. 13 Sie taten es. Aaron streckte die Hand aus und schlug mit seinem Stab auf die Erde in den Staub. Da wurden Stechmücken daraus, die sich auf Mensch und Vieh setzten. In ganz Ägypten wurden aus dem Staub auf der Erde Stechmücken. 14 Die Wahrsager versuchten mit Hilfe ihrer Zauberkunst ebenfalls Stechmücken hervorzubringen, konnten es aber nicht. Die Stechmücken saßen auf Mensch und Vieh. 15 Da sagten die Wahrsager zum Pharao: Das ist der Finger Gottes. Doch das Herz des Pharao blieb hart und er hörte nicht auf sie. So hatte es der Herr vorausgesagt.

16 Darauf sprach der Herr zu Mose: Steh früh auf, tritt vor den Pharao, wenn er an den Fluss hinuntergeht, und sag zu ihm: So spricht Jahwe: Lass mein Volk ziehen, damit sie mich verehren können. 17 Denn wenn du mein Volk nicht ziehen lässt, lasse ich Ungeziefer auf dich los, auf deine Diener, dein Volk und deine Häuser. Die Häuser in Ägypten werden voll Ungeziefer sein; es wird sogar den Boden, auf dem sie stehen, bedecken. 18 Das Land Goschen aber, in dem mein Volk lebt, will ich an jenem Tag auszeichnen: Dort wird es kein Ungeziefer geben. Daran wirst du erkennen, dass ich, Jahwe, Herr mitten im Land bin. 19 Ich mache einen Unterschied zwischen meinem und deinem Volk. Morgen wird das Zeichen geschehen. 20 Und so tat es der Herr. Ungeziefer kam in Massen über das Haus des Pharao, über das Haus seiner Diener und über ganz Ägypten. Das Land erlitt durch das Ungeziefer schweren Schaden. 21 Da ließ der Pharao Mose und Aaron rufen und sagte: Geht, bringt eurem Gott hier im Land Schlachtopfer dar! 22 Doch Mose erwiderte: Das können wir nicht. Denn wir müssen dem Herrn, unserem Gott, Schlachtopfer darbringen, die bei den Ägyptern Anstoß erregen. Wenn wir vor ihren Augen Schlachtopfer darbringen, die bei ihnen Anstoß erregen, werden sie uns dann nicht steinigen? 23 Wir wollen drei Tagesmärsche weit in die Wüste ziehen und dem Herrn, unserem Gott, Schlachtopfer darbringen, wie er es uns gesagt hat. 24 Der Pharao antwortete: Ich lasse euch ziehen. Bringt also Jahwe, eurem Gott, in der Wüste Schlachtopfer dar! Aber zu weit dürft ihr euch nicht entfernen. Betet auch für mich! 25 Darauf sagte Mose: Gut, ich gehe von dir fort und bete zu Jahwe. Dann wird morgen das Ungeziefer vom Pharao, von seinen Dienern und seinem Volk ablassen. Nur darf der Pharao nicht wieder wortbrüchig werden und das Volk daran hindern, wegzuziehen und Jahwe zu opfern. 26 Mose verließ den Pharao und betete zum Herrn. 27 Der Herr erfüllte Mose die Bitte und befreite den Pharao, seine Diener und sein Volk von dem Ungeziefer; nichts blieb übrig. 28 Der Pharao aber verschloss sein Herz auch diesmal und ließ das Volk nicht ziehen.

9 Wieder sprach der Herr zu Mose: Geh zum Pharao und sag zu ihm: So spricht Jahwe, der Gott der Hebräer: Lass mein Volk ziehen, damit sie mich verehren können.

2 Wenn du dich weigerst, sie ziehen zu las-
sen, und sie immer noch festhältst, 3 wird die
Hand Jahwes dein Vieh auf dem Feld, die
Pferde und Esel, die Kamele und Rinder, die
Schafe und Ziegen, überfallen und über sie
eine sehr schwere Seuche bringen. 4 Aber
Jahwe wird einen Unterschied zwischen dem
Vieh Israels und dem Vieh der Ägypter ma-
chen; nichts von dem, was den Israeliten ge-
hört, wird eingehen. 5 Auch den Zeitpunkt
hat Jahwe schon festgesetzt: Morgen wird
Jahwe das im Lande tun. 6 Am folgenden Tag
tat es der Herr. Alles Vieh der Ägypter ging
ein, vom Vieh der Israeliten aber ging kein
einziges Stück ein. 7 Der Pharao erkundigte
sich, und wirklich: Vom Vieh Israels war
kein einziges Stück eingegangen. Doch der
Pharao verschloss sein Herz und ließ das
Volk nicht ziehen.

8 Da sprach der Herr zu Mose und Aaron:
Holt euch eine Hand voll Ofenruß und Mose
soll ihn vor den Augen des Pharao in die
Höhe werfen. 9 Er wird als Staub auf ganz
Ägypten niedergehen und an Mensch und
Vieh Geschwüre mit aufplatzenden Blasen
hervorrufen, in ganz Ägypten. 10 Sie holten
den Ofenruß, traten vor den Pharao und
Mose warf ihn in die Höhe. Da bildeten sich
an Mensch und Vieh Geschwüre mit aufplat-
zenden Blasen. 11 Die Wahrsager konnten
wegen der Geschwüre Mose nicht gegen-
übertreten, sie waren wie alle Ägypter von
Geschwüren befallen. 12 Aber der Herr ver-
härtete das Herz des Pharao, sodass er nicht
auf sie hörte. So hatte es der Herr dem Mose
vorausgesagt.

13 Darauf sprach der Herr zu Mose: Steh
früh am Morgen auf, tritt vor den Pharao hin
und sag zu ihm: So spricht Jahwe, der Gott
der Hebräer: Lass mein Volk ziehen, damit
sie mich verehren können. 14 Denn diesmal
will ich alle meine Plagen loslassen auf dich,
deine Diener und dein Volk. Daran wirst du
erkennen, dass mir keiner im ganzen Land
gleichkommt. 15 Denn schon jetzt hätte ich
meine Hand ausstrecken und dich und dein
Volk mit der Pest schlagen können und du
wärst vom Erdboden verschwunden. 16 Ich
habe dich aber am Leben gelassen, um
meine Macht zu zeigen und meinen Namen
auf der ganzen Erde bekannt zu machen.
17 Wenn du dich weiterhin als den großen
Herrn über mein Volk aufspielst und sie
nicht ziehen lässt, 18 dann lasse ich morgen
um diese Zeit ein sehr schweres Hagelwetter
niedergehen, wie es in Ägypten seit seiner
Gründung bis auf den heutigen Tag noch
keines gegeben hat. 19 Und nun schick Leute
aus, bring dein Vieh in Sicherheit und alles,
was dir auf dem Feld gehört. Auf alle Men-
schen und auf das Vieh, das auf dem Feld
bleibt und nicht unter Dach gebracht wird,
geht der Hagel nieder und erschlägt sie.
20 Wer sich von den Dienern des Pharao vor
der Drohung des Herrn fürchtete, ließ seine
Knechte und sein Vieh unter Dach bringen.
21 Wer aber das Wort des Herrn nicht ernst
nahm, ließ seine Knechte und sein Vieh auf
dem Feld.

22 Und der Herr sprach zu Mose: Streck
deine Hand zum Himmel empor! Dann wird
Hagel auf ganz Ägypten niedergehen, auf
Mensch und Vieh und auf alle Feldpflanzen
in Ägypten. 23 Mose streckte seinen Stab zum
Himmel empor und der Herr ließ es donnern
und hageln. Blitze fuhren auf die Erde herab
und der Herr ließ Hagel über Ägypten nie-
dergehen. 24 Schwerer Hagel prasselte herab
und in den sehr schweren Hagel hinein zuck-
ten Blitze. Ähnliches hatte es im ganzen
Land der Ägypter noch nicht gegeben, seit
sie ein Volk geworden waren. 25 Der Hagel
erschlug in ganz Ägypten alles, was auf dem
Feld war. Menschen, Vieh und alle Feld-
pflanzen erschlug der Hagel und alle Feld-
bäume zerbrach er. 26 Nur in Goschen, wo
sich die Israeliten aufhielten, hagelte es
nicht. 27 Da ließ der Pharao Mose und Aaron
rufen und sagte zu ihnen: Diesmal bekenne
ich mich schuldig. Jahwe ist im Recht; ich
aber und mein Volk, wir sind im Unrecht.
28 Betet zu Jahwe! Die Donnerstimme Gottes
und der Hagel, das ist zu viel. Ich will euch
jetzt ziehen lassen; ihr müsst nicht länger
bleiben. 29 Mose antwortete ihm: Sobald ich
außerhalb der Stadt bin, werde ich meine
Hände vor Jahwe ausbreiten; der Donner
wird aufhören und es wird kein Hagel mehr
fallen. So wirst du erkennen, dass das Land
Jahwe gehört. 30 Du und Deine Diener aber,
das weiß ich, ihr fürchtet euch noch immer
nicht vor dem Gott Jahwe.

31 Der Flachs und die Gerste waren zer-
schlagen; denn die Gerste hatte gerade Äh-
ren angesetzt und der Flachs stand in Blüte.
32 Der Weizen und der Spelt wurden nicht
zerschlagen, denn sie kommen später heraus.

33 Mose verließ den Pharao, ging vor die
Stadt hinaus und breitete seine Hände vor
dem Herrn aus. Da hörte der Donner auf und
kein Hagel und kein Regen fiel mehr auf die
Erde. 34 Doch als der Pharao sah, dass Regen,
Hagel und Donner aufgehört hatten, blieb er
bei seiner Sünde; er und seine Diener ver-
schlossen wieder ihr Herz. 35 Das Herz des
Pharao blieb hart und er ließ die Israeliten
nicht ziehen. So hatte es der Herr durch
Mose vorausgesagt.

10 Der Herr sprach zu Mose: Geh zum
Pharao! Ich habe sein Herz und das
Herz seiner Diener verschlossen, damit ich
diese Zeichen unter ihnen vollbringen konn-
te 2 und damit du deinem Sohn und deinem
Enkel erzählen kannst, was ich den Ägyp-
tern angetan und welche Zeichen ich unter
ihnen vollbracht habe. Dann werdet ihr er-
kennen, dass ich der Herr bin.
3 Mose und Aaron gingen zum Pharao und
sagten: So spricht Jahwe, der Gott der Heb-
räer: Wie lange willst du dich noch weigern,
dich mir zu unterwerfen? Lass mein Volk
ziehen, damit sie mich verehren können.
4 Wenn du dich weigerst, mein Volk ziehen
zu lassen, so schicke ich morgen Heuschre-
cken über dein Land. 5 Sie werden die Ober-
fläche der Erde bedecken, sodass man den
Erdboden nicht mehr sehen kann. Sie wer-
den auch noch das verzehren, was der Hagel
verschont hat, und alle Bäume kahl fressen,
die auf euren Feldern wachsen. 6 Deine Häu-
ser, die Häuser aller deiner Diener und die
aller Ägypter werden voll davon sein. So et-
was haben deine Väter und Vorväter bis heu-
te nicht gesehen, seitdem sie in diesem Land
leben. Dann wandte sich Mose um und ver-
ließ den Pharao.
7 Die Diener sagten zum Pharao: Wie lange
soll uns dieser Mann noch Unglück bringen?
Lass die Leute ziehen, damit sie Jahwe, ihren
Gott, verehren können. Merkst du denn noch
immer nicht, dass Ägypten zugrunde geht?
8 Da holte man Mose und Aaron zum Pharao
zurück und er sagte zu ihnen: Geht, verehrt
Jahwe, euren Gott! Wer von euch will denn
mitgehen? 9 Mose antwortete: Wir gehen mit
Jung und Alt, mit unseren Söhnen und Töch-
tern; auch die Schafe, Ziegen und Rinder
nehmen wir mit. Denn wir feiern ein Jahwe-
fest. 10 Da sagte er zu ihnen: Dann sei Jahwe
ebenso wenig mit euch, wie ich euch und
eure Kinder ziehen lasse. Seht, ihr habt Bö-
ses im Sinn. 11 Nein, nur ihr Männer dürft ge-
hen und Jahwe verehren; denn das habt ihr
verlangt. Und man jagte sie vom Pharao weg.
12 Darauf sprach der Herr zu Mose: Streck
deine Hand über Ägypten aus! Dann werden
Heuschrecken kommen und über Ägypten
herfallen. Sie werden den ganzen Pflanzen-
wuchs des Landes auffressen, alles, was der
Hagel verschont hat. 13 Da streckte Mose sei-
nen Stab über Ägypten aus und der Herr
schickte den Ostwind in das Land, einen
ganzen Tag und eine ganze Nacht lang. Als
es Morgen wurde, hatte der Ostwind die
Heuschrecken ins Land gebracht. 14 Sie fie-
len über ganz Ägypten her und ließen sich in
Schwärmen auf dem Gebiet von Ägypten
nieder. Niemals vorher gab es so viele Heu-
schrecken wie damals, auch wird es nie wie-
der so viele geben. 15 Sie bedeckten die Ober-
fläche des ganzen Landes und das Land war
schwarz von ihnen. Sie fraßen allen Pflan-
zenwuchs des Landes und alle Baumfrüchte
auf, die der Hagel verschont hatte, und an
den Bäumen und Feldpflanzen in ganz
Ägypten blieb nichts Grünes. 16 Da ließ der
Pharao Mose und Aaron eiligst rufen und
sagte zu ihnen: Ich habe gegen Jahwe, euren
Gott, gesündigt und auch gegen euch. 17 Nur
noch diesmal nehmt meine Sünde von mir
und betet zu Jahwe, eurem Gott, er möge
mich wenigstens noch von dieser tödlichen
Gefahr befreien. 18 Mose verließ den Pharao
wieder und betete zum Herrn. 19 Der Herr
ließ den Wind in einen sehr starken West-
wind umschlagen, der die Heuschrecken
forttrug und ins Schilfmeer warf. Im ganzen
Gebiet von Ägypten blieb keine einzige Heu-
schrecke mehr übrig. 20 Der Herr aber ver-
härtete das Herz des Pharao, sodass er die
Israeliten nicht ziehen ließ.
21 Da sprach der Herr zu Mose: Streck dei-
ne Hand zum Himmel aus; dann wird eine
Finsternis über Ägypten kommen und es
wird stockdunkel werden. 22 Mose streckte
seine Hand zum Himmel aus und schon brei-
tete sich tiefe Finsternis über ganz Ägypten
aus, drei Tage lang. 23 Man konnte einander
nicht sehen und sich nicht von der Stelle
rühren, drei Tage lang. Wo aber die Israeli-
ten wohnten, blieb es hell. 24 Da ließ der Pha-
rao Mose rufen und sagte: Geht und verehrt
Jahwe! Nur eure Schafe, Ziegen und Rinder
sollen bleiben. Eure Kinder dürfen mitzie-
hen. 25 Mose erwiderte: Selbst wenn du uns
Schlacht- und Brandopfer mitgäbest, damit
wir sie Jahwe, unserem Gott, darbringen,
26 müssten unsere Herden doch mitgehen,
keine Klaue darf zurückbleiben. Denn aus
unseren Herden nehmen wir das Opfer, mit
dem wir Jahwe, unseren Gott, verehren; aber
mit welchem Opfertier wir Jahwe verehren
sollen, wissen wir nicht, ehe wir dort ange-
kommen sind. 27 Der Herr verhärtete das
Herz des Pharao, sodass er sie nicht ziehen
lassen wollte. 28 Der Pharao sagte zu Mose:
Weg von mir! Hüte dich, mir jemals wieder
unter die Augen zu treten. Denn an dem Tag,
an dem du mir unter die Augen trittst, musst
du sterben. 29 Da sagte Mose: Gut, dein Wort
soll gelten. Ich werde dir nie mehr unter die
Augen treten.

11 Da sprach der Herr zu Mose: Noch
eine Plage schicke ich dem Pharao
und seinem Land. Danach wird er euch von
hier wegziehen lassen. Und wenn er euch

endlich ziehen lässt, wird er euch sogar fortjagen. 2 Lass unter dem Volk ausrufen, jeder Mann und jede Frau soll sich von dem Nachbarn Geräte aus Silber und Gold erbitten. 3 Der Herr ließ das Volk bei den Ägyptern Gunst finden. Auch Mose genoss in Ägypten bei den Dienern des Pharao und beim Volk hohes Ansehen.

4 Mose sagte: So spricht Jahwe: Um Mitternacht will ich mitten durch Ägypten gehen. 5 Dann wird jeder Erstgeborene in Ägypten sterben, vom Erstgeborenen des Pharao, der auf dem Thron sitzt, bis zum Erstgeborenen der Magd an der Handmühle und bis zu den Erstlingen unter dem Vieh. 6 Geschrei wird sich in ganz Ägypten erheben, so groß, wie es keines je gegeben hat oder geben wird. 7 Doch gegen keinen der Israeliten wird auch nur ein Hund die Zähne fletschen, weder gegen Mensch noch Vieh; denn ihr sollt wissen, dass Jahwe zwischen Ägypten und Israel einen Unterschied macht. 8 Dann werden alle deine Diener hier zu mir herabsteigen, sich vor mir niederwerfen und sagen: Zieht doch fort, du und das ganze Volk, das du anführst. Danach werde ich fortziehen. Er verließ den Pharao, rot vor Zorn.

9 Der Herr sprach zu Mose: Der Pharao hört nicht auf euch; denn ich will viele Wunder in Ägypten vollbringen. 10 Mose und Aaron vollbrachten alle diese Wunder vor den Augen des Pharao, aber der Herr verhärtete das Herz des Pharao, sodass er die Israeliten nicht aus seinem Land fortziehen ließ.

7,1: 4,15f • 9: 4,1–5 • 11,2: 3,22; 12,35f • 5: 4,23.

DER AUSZUG AUS ÄGYPTEN: 12,1 – 18,27

Das Pascha: 12,1 – 13,16

12 Der Herr sprach zu Mose und Aaron in Ägypten: 2 Dieser Monat soll die Reihe eurer Monate eröffnen, er soll euch als der erste unter den Monaten des Jahres gelten. 3 Sagt der ganzen Gemeinde Israel: Am Zehnten dieses Monats soll jeder ein Lamm für seine Familie holen, ein Lamm für jedes Haus. 4 Ist die Hausgemeinschaft für ein Lamm zu klein, so nehme er es zusammen mit dem Nachbarn, der seinem Haus am nächsten wohnt, nach der Anzahl der Personen. Bei der Aufteilung des Lammes müsst ihr berücksichtigen, wie viel der Einzelne essen kann. 5 Nur ein fehlerfreies, männliches, einjähriges Lamm darf es sein, das Junge eines Schafes oder einer Ziege müsst ihr nehmen. 6 Ihr sollt es bis zum vierzehnten Tag dieses Monats aufbewahren. Gegen Abend soll die ganze versammelte Gemeinde Israel die Lämmer schlachten. 7 Man nehme etwas von dem Blut und bestreiche damit die beiden Türpfosten und den Türsturz an den Häusern, in denen man das Lamm essen will. 8 Noch in der gleichen Nacht soll man das Fleisch essen. Über dem Feuer gebraten und zusammen mit ungesäuertem Brot und Bitterkräutern soll man es essen. 9 Nichts davon dürft ihr roh oder in Wasser gekocht essen, sondern es muss über dem Feuer gebraten sein. Kopf und Beine dürfen noch nicht vom Rumpf getrennt sein. 10 Ihr dürft nichts bis zum Morgen übrig lassen. Wenn aber am Morgen noch etwas übrig ist, dann verbrennt es im Feuer! 11 So aber sollt ihr es essen: eure Hüften gegürtet, Schuhe an den Füßen, den Stab in der Hand. Esst es hastig! Es ist die Paschafeier für den Herrn.

12 In dieser Nacht gehe ich durch Ägypten und erschlage in Ägypten jeden Erstgeborenen bei Mensch und Vieh. Über alle Götter Ägyptens halte ich Gericht, ich, der Herr. 13 Das Blut an den Häusern, in denen ihr wohnt, soll ein Zeichen zu eurem Schutz sein. Wenn ich das Blut sehe, werde ich an euch vorübergehen und das vernichtende Unheil wird euch nicht treffen, wenn ich in Ägypten dreinschlage.

14 Diesen Tag sollt ihr als Gedenktag begehen. Feiert ihn als Fest zur Ehre des Herrn! Für die kommenden Generationen macht euch diese Feier zur festen Regel! 15 Sieben Tage lang sollt ihr ungesäuertes Brot essen. Gleich am ersten Tag schafft den Sauerteig aus euren Häusern! Denn jeder, der zwi-

12,1–13,16 Pascha und das Fest der ungesäuerten Brote waren wohl ursprünglich verschiedene Feste: Pascha ein Hirtenfest und Ungesäuerte Brote ein Bauernfest. In Kanaan sind sie zusammengefallen. Das Pascha wurde in den einzelnen Familien gefeiert. Ein Zusatz zu Dtn 16,1–4 in den VV. 5–8 ordnet eine gemeinsame Feier im Zentralheiligtum an. Später schlachten die Priester im Tempel zu Jerusalem die Paschalämmer, die dann von den einzelnen Wallfahrergruppen beim Paschamahl gegessen werden. So feiert auch Jesus das Paschamahl mit seinen Jüngern in Jerusalem.

schen dem ersten und dem siebten Tag Gesäuertes isst, soll aus Israel ausgemerzt werden. 16 Am ersten Tag sollt ihr eine heilige Versammlung einberufen und ebenso eine heilige Versammlung am siebten Tag. An diesen beiden Tagen darf man keinerlei Arbeit tun. Nur das, was jeder zum Essen braucht, dürft ihr zubereiten. 17 Begeht das Fest der ungesäuerten Brote! Denn gerade an diesem Tag habe ich eure Scharen aus Ägypten herausgeführt. Begeht diesen Tag in allen kommenden Generationen; das sei für euch eine feste Regel. 18 Im ersten Monat, vom Abend des vierzehnten Tags bis zum Abend des einundzwanzigsten Tags, esst ungesäuerte Brote! 19 Sieben Tage lang darf sich in euren Häusern kein Sauerteig befinden; denn jeder, der Gesäuertes isst, sei er fremd oder einheimisch, soll aus der Gemeinde Israel ausgemerzt werden. 20 Esst also nichts Gesäuertes! Überall, wo ihr wohnt, sollt ihr ungesäuerte Brote essen.

21 Da rief Mose alle Ältesten Israels zusammen und sagte zu ihnen: Holt Schafe oder Ziegen für eure Sippenverbände herbei und schlachtet das Paschalamm! 22 Dann nehmt einen Ysopzweig, taucht ihn in die Schüssel mit Blut und streicht etwas von dem Blut in der Schüssel auf den Türsturz und auf die beiden Türpfosten! Bis zum Morgen darf niemand von euch das Haus verlassen. 23 Der Herr geht umher, um die Ägypter mit Unheil zu schlagen. Wenn er das Blut am Türsturz und an den beiden Türpfosten sieht, wird er an der Tür vorübergehen und dem Vernichter nicht erlauben, in eure Häuser einzudringen und euch zu schlagen. 24 Haltet euch an diese Anordnung! Sie gelte dir und deinen Nachkommen als feste Regel.

25 Wenn ihr in das Land kommt, das euch der Herr gibt, wie er gesagt hat, so begeht diese Feier! 26 Und wenn euch eure Söhne fragen: Was bedeutet diese Feier?, 27 dann sagt: Es ist das Pascha-Opfer zur Ehre des Herrn, der in Ägypten an den Häusern der Israeliten vorüberging, als er die Ägypter mit Unheil schlug, unsere Häuser aber verschonte.

Das Volk verneigte sich und warf sich nieder. 28 Dann gingen die Israeliten und taten, was der Herr Mose und Aaron befohlen hatte. So machten sie es. 29 Es war Mitternacht, als der Herr alle Erstgeborenen in Ägypten erschlug, vom Erstgeborenen des Pharao, der auf dem Thron saß, bis zum Erstgeborenen des Gefangenen im Kerker, und jede Erstgeburt beim Vieh.

30 Da standen der Pharao, alle seine Diener und alle Ägypter noch in der Nacht auf und großes Wehgeschrei erhob sich bei den Ägyptern; denn es gab kein Haus, in dem nicht ein Toter war. 31 Der Pharao ließ Mose und Aaron noch in der Nacht rufen und sagte: Auf, verlasst mein Volk, ihr beide und die Israeliten! Geht und verehrt Jahwe, wie ihr gesagt habt. 32 Auch eure Schafe, Ziegen und Rinder nehmt mit, wie ihr gesagt habt. Geht und betet auch für mich! 33 Die Ägypter drängten das Volk, eiligst das Land zu verlassen, denn sie sagten: Sonst kommen wir noch alle um. 34 Das Volk nahm den Brotteig ungesäuert mit; sie wickelten ihre Backschüsseln in Kleider ein und luden sie sich auf die Schultern. 35 Die Israeliten taten, was Mose gesagt hatte. Sie erbaten von den Ägyptern Geräte aus Silber und Gold und auch Gewänder. 36 Der Herr ließ das Volk bei den Ägyptern Gunst finden, sodass sie auf ihre Bitte eingingen. Auf diese Weise plünderten sie die Ägypter aus.

37 Die Israeliten brachen von Ramses nach Sukkot auf. Es waren an die sechshunderttausend Mann zu Fuß, nicht gerechnet die Kinder. 38 Auch ein großer Haufen anderer Leute zog mit, dazu Schafe, Ziegen und Rinder, eine sehr große Menge Vieh. 39 Aus dem Teig, den sie aus Ägypten mitgebracht hatten, backten sie ungesäuerte Brotfladen; denn der Teig war nicht durchsäuert, weil sie aus Ägypten verjagt worden waren und nicht einmal Zeit hatten, für Reiseverpflegung zu sorgen.

40 Der Aufenthalt der Israeliten in Ägypten dauerte vierhundertdreißig Jahre. 41 Nach Ablauf der vierhundertdreißig Jahre, genau an jenem Tag, zogen alle Scharen des Herrn aus Ägypten fort. 42 Eine Nacht des Wachens war es für den Herrn, als er sie aus Ägypten herausführte. Als eine Nacht des Wachens zur Ehre des Herrn gilt sie den Israeliten in allen Generationen.

43 Der Herr sprach zu Mose und Aaron: Folgende Regel gilt für das Pascha: Kein Fremder darf davon essen; 44 aber jeder Sklave, den du für Geld gekauft hast, darf davon essen, sobald du ihn beschnitten hast. 45 Halbbürger und Lohnarbeiter dürfen nicht davon essen. 46 In einem Haus muss man es essen. Trag nichts vom Fleisch aus dem Haus! Und ihr sollt keinen Knochen des Paschalammes zerbrechen. 47 Die ganze Ge-

12,37 Die Zahl von 600 000 Männern würde etwa 3 Millionen Personen voraussetzen. Wahrscheinlich handelt es sich um eine symbolische Zahl, deren Bedeutung uns nicht mehr bekannt ist.

meinde Israel soll es so halten. 48 Lebt bei dir jemand als Fremder, der das Pascha zur Ehre des Herrn feiern will, so muss er alle männlichen Angehörigen beschneiden lassen; dann darf er sich am Pascha beteiligen. Er gilt dann wie ein Einheimischer. Doch kein Unbeschnittener darf davon essen. 49 Für Einheimische und für Fremde, die dauernd bei euch leben, gilt das gleiche Gesetz.

50 Alle Israeliten taten, was der Herr Mose und Aaron aufgetragen hatte. So machten sie es. 51 Genau an jenem Tag führte der Herr die Israeliten aus Ägypten heraus, an der Spitze ihrer Scharen.

13 Der Herr sprach zu Mose: 2 Erkläre alle Erstgeburt als mir geheiligt! Alles, was bei den Israeliten den Mutterschoß durchbricht, bei Mensch und Vieh, gehört mir.

3 Mose sagte zum Volk: Denkt an diesen Tag, an dem ihr aus Ägypten, dem Sklavenhaus, fortgezogen seid; denn mit starker Hand hat euch der Herr von dort herausgeführt. Nichts Gesäuertes soll man essen. 4 Heute im Monat Abib seid ihr weggezogen. 5 Wenn dich der Herr in das Land der Kanaaniter, Hetiter, Amoriter, Hiwiter und Jebusiter geführt hat – er hat deinen Vätern mit einem Eid zugesichert, dir das Land zu geben, wo Milch und Honig fließen –, begeh die Feier in diesem Monat! 6 Sieben Tage sollst du ungesäuerte Brote essen, am siebten Tag ist ein Fest zur Ehre des Herrn. 7 Ungesäuerte Brote soll man sieben Tage lang essen. Nichts Gesäuertes soll man bei dir sehen und kein Sauerteig soll in deinem ganzen Gebiet zu finden sein. 8 An diesem Tag erzähl deinem Sohn: Das geschieht für das, was der Herr an mir getan hat, als ich aus Ägypten auszog. 9 Es sei dir ein Zeichen an der Hand und ein Erinnerungsmal an der Stirn, damit das Gesetz des Herrn in deinem Mund sei. Denn mit starker Hand hat dich der Herr aus Ägypten herausgeführt. 10 Halte dich an diese Regel, Jahr für Jahr, zur festgesetzten Zeit!

11 Der Herr wird dich in das Land der Kanaaniter bringen und wird es dir geben, wie er dir und deinen Vätern mit einem Eid zugesichert hat. 12 Dann musst du alles, was den Mutterschoß durchbricht, vor den Herrn bringen; alle männlichen Erstlinge, die dein Vieh wirft, gehören dem Herrn. 13 Jeden Erstling vom Esel aber löse durch ein Schaf aus! Willst du ihn nicht auslösen, dann brich ihm das Genick! Jeden Erstgeborenen deiner Söhne musst du auslösen. 14 Wenn dich morgen dein Sohn fragt: Was bedeutet das?, dann sag ihm: Mit starker Hand hat uns der Herr aus Ägypten, aus dem Sklavenhaus, herausgeführt. 15 Als der Pharao hart blieb und uns nicht ziehen ließ, erschlug der Herr alle Erstgeborenen in Ägypten, bei Mensch und Vieh. Darum opfere ich dem Herrn alle männlichen Tiere, die den Mutterschoß durchbrechen; alle Erstgeborenen meiner Söhne aber löse ich aus. 16 Das sei dir ein Zeichen an deiner Hand und ein Schmuck auf deiner Stirn; denn mit starker Hand hat uns der Herr aus Ägypten herausgeführt.

12,35f: 3,22; 11,2f; Ps 105,37.

Die Rettung am Schilfmeer: 13,17 – 14,31

17 Als der Pharao das Volk ziehen ließ, führte sie Gott nicht den Weg ins Philisterland, obwohl er der kürzere war. Denn Gott sagte: Die Leute könnten es sonst, wenn sie Krieg erleben, bereuen und nach Ägypten zurückkehren wollen. 18 So ließ sie Gott einen Umweg machen, der durch die Wüste zum Schilfmeer führte. Geordnet zogen die Israeliten aus Ägypten hinauf. 19 Mose nahm die Gebeine Josefs mit; denn dieser hatte die Söhne Israels beschworen: Wenn Gott sich euer annimmt, dann nehmt meine Gebeine von hier mit hinauf! 20 Sie brachen von Sukkot auf und schlugen ihr Lager in Etam am Rand der Wüste auf. 21 Der Herr zog vor ihnen her, bei Tag in einer Wolkensäule, um ihnen den Weg zu zeigen, bei Nacht in einer Feuersäule, um ihnen zu leuchten. So konnten sie Tag und Nacht unterwegs sein. 22 Die Wolkensäule wich bei Tag nicht von der Spitze des Volkes und die Feuersäule nicht bei Nacht.

14 Der Herr sprach zu Mose: 2 Sag den Israeliten, sie sollen umkehren und vor Pi-Hahirot zwischen Migdol und dem Meer ihr Lager aufschlagen. Gegenüber von Baal-Zefon sollt ihr am Meer das Lager aufschlagen. 3 Dann denkt der Pharao: Die Israeliten haben sich im Land verlaufen, die Wüste hat sie eingeschlossen. 4 Ich will das Herz des Pharao verhärten, sodass er ihnen nachjagt; dann will ich am Pharao und an seiner ganzen Streitmacht meine Herrlichkeit erweisen und die Ägypter sollen erkennen, dass ich der Herr bin. Und so taten sie es.

5 Als man dem König von Ägypten meldete, das Volk sei geflohen, änderten der Pharao und seine Diener ihre Meinung über das Volk und sagten: Wie konnten wir nur Israel aus unserem Dienst entlassen! 6 Er ließ seinen Streitwagen anspannen und nahm seine Leute mit. 7 Sechshundert auserlesene

Streitwagen nahm er mit und alle anderen
Streitwagen der Ägypter und drei Mann auf
jedem Wagen. 8 Der Herr verhärtete das
Herz des Pharao, des Königs von Ägypten,
sodass er den Israeliten nachjagte, während
sie voll Zuversicht weiterzogen. 9 Die Ägyp-
ter jagten mit allen Pferden und Streitwagen
des Pharao, mit seiner Reiterei und seiner
Streitmacht hinter ihnen her und holten sie
ein, als sie gerade am Meer lagerten. Es war
bei Pi-Hahirot vor Baal-Zefon.

10 Als der Pharao sich näherte, blickten die
Israeliten auf und sahen plötzlich die Ägyp-
ter von hinten anrücken. Da erschraken die
Israeliten sehr und schrien zum Herrn. 11 Zu
Mose sagten sie: Gab es denn keine Gräber in
Ägypten, dass du uns zum Sterben in die
Wüste holst? Was hast du uns da angetan?
Warum hast du uns aus Ägypten herausge-
führt? 12 Haben wir dir in Ägypten nicht
gleich gesagt: Lass uns in Ruhe! Wir wollen
Sklaven der Ägypter bleiben; denn es ist für
uns immer noch besser, Sklaven der Ägypter
zu sein, als in der Wüste zu sterben. 13 Mose
aber sagte zum Volk: Fürchtet euch nicht!
Bleibt stehen und schaut zu, wie der Herr
euch heute rettet. Wie ihr die Ägypter heute
seht, so seht ihr sie niemals wieder. 14 Der
Herr kämpft für euch, ihr aber könnt ruhig
abwarten.

15 Der Herr sprach zu Mose: Was schreist
du zu mir? Sag den Israeliten, sie sollen auf-
brechen. 16 Und du heb deinen Stab hoch,
streck deine Hand über das Meer und spalte
es, damit die Israeliten auf trockenem Boden
in das Meer hineinziehen können. 17 Ich aber
will das Herz der Ägypter verhärten, damit
sie hinter ihnen hineinziehen. So will ich am
Pharao und an seiner ganzen Streitmacht, an
seinen Streitwagen und Reitern meine Herr-
lichkeit erweisen. 18 Die Ägypter sollen er-
kennen, dass ich der Herr bin, wenn ich am
Pharao, an seinen Streitwagen und Reitern
meine Herrlichkeit erweise.

19 Der Engel Gottes, der den Zug der Israe-
liten anführte, erhob sich und ging an das
Ende des Zuges und die Wolkensäule vor ih-
nen erhob sich und trat an das Ende. 20 Sie
kam zwischen das Lager der Ägypter und
das Lager der Israeliten. Die Wolke war da
und Finsternis und Blitze erhellten die
Nacht. So kamen sie die ganze Nacht einan-
der nicht näher. 21 Mose streckte seine Hand
über das Meer aus und der Herr trieb die
ganze Nacht das Meer durch einen starken
Ostwind fort. Er ließ das Meer austrocknen
und das Wasser spaltete sich. 22 Die Israeli-
ten zogen auf trockenem Boden ins Meer
hinein, während rechts und links von ihnen
das Wasser wie eine Mauer stand. 23 Die
Ägypter setzten ihnen nach; alle Pferde des
Pharao, seine Streitwagen und Reiter zogen
hinter ihnen ins Meer hinein. 24 Um die Zeit
der Morgenwache blickte der Herr aus der
Feuer- und Wolkensäule auf das Lager der
Ägypter und brachte es in Verwirrung. 25 Er
hemmte die Räder an ihren Wagen und ließ
sie nur schwer vorankommen. Da sagte der
Ägypter: Ich muss vor Israel fliehen; denn
Jahwe kämpft auf ihrer Seite gegen Ägyp-
ten.

26 Darauf sprach der Herr zu Mose: Streck
deine Hand über das Meer, damit das Wasser
zurückflutet und den Ägypter, seine Wagen
und Reiter, zudeckt. 27 Mose streckte seine
Hand über das Meer und gegen Morgen flu-
tete das Meer an seinen alten Platz zurück,
während die Ägypter auf der Flucht ihm ent-
gegenliefen. So trieb der Herr die Ägypter
mitten ins Meer. 28 Das Wasser kehrte zu-
rück und bedeckte Wagen und Reiter, die
ganze Streitmacht des Pharao, die den Israe-
liten ins Meer nachgezogen war. Nicht ein
Einziger von ihnen blieb übrig. 29 Die Israe-
liten aber waren auf trockenem Boden mit-
ten durch das Meer gezogen, während rechts
und links von ihnen das Wasser wie eine
Mauer stand. 30 So rettete der Herr an jenem
Tag Israel aus der Hand der Ägypter. Israel
sah die Ägypter tot am Strand liegen. 31 Als
Israel sah, dass der Herr mit mächtiger Hand
an den Ägyptern gehandelt hatte, fürchtete
das Volk den Herrn. Sie glaubten an den
Herrn und an Mose, seinen Knecht.

13,19: Gen 50,25.

Das Lied des Mose: 15,1–21

15 Damals sang Mose mit den Israeliten
dem Herrn dieses Lied; sie sagten:
Ich singe dem Herrn ein Lied, / denn er ist
hoch und erhaben. / Rosse und Wagen warf
er ins Meer.

2 Meine Stärke und mein Lied ist der
Herr, / er ist für mich zum Retter geworden.
/ Er ist mein Gott, ihn will ich preisen; / den
Gott meines Vaters will ich rühmen.

3 Der Herr ist ein Krieger, / Jahwe ist sein
Name.

4 Pharaos Wagen und seine Streitmacht /
warf er ins Meer. / Seine besten Kämpfer
versanken im Schilfmeer.

5 Fluten deckten sie zu, / sie sanken in die
Tiefe wie Steine.

14,20 H unklar, darum Übersetzung unsicher.

6 Deine Rechte, Herr, ist herrlich an Stär-
ke; / deine Rechte, Herr, zerschmettert den
Feind.
7 In deiner erhabenen Größe / wirfst du
die Gegner zu Boden. / Du sendest deinen
Zorn; / er frisst sie wie Stoppeln.
8 Du schnaubtest vor Zorn, / da türmte
sich Wasser, / da standen Wogen als Wall, /
Fluten erstarrten im Herzen des Meeres.
9 Da sagte der Feind: Ich jage nach, hole
ein. / Ich teile die Beute, ich stille die Gier. /
Ich zücke mein Schwert, meine Hand jagt sie
davon.
10 Da schnaubtest du Sturm. Das Meer
deckte sie zu. / Sie sanken wie Blei ins tosen-
de Wasser.
11 Wer ist wie du unter den Göttern, o
Herr? / Wer ist wie du gewaltig und heilig, /
gepriesen als furchtbar, Wunder vollbrin-
gend?
12 Du strecktest deine Rechte aus, / da ver-
schlang sie die Erde.
13 Du lenktest in deiner Güte / das Volk,
das du erlöst hast, / du führtest sie macht-
voll / zu deiner heiligen Wohnung.
14 Als die Völker das hörten, erzitterten
sie, / die Philister packte das Schütteln.
15 Damals erschraken die Häuptlinge
Edoms, / die Mächtigen von Moab packte das
Zittern, / Kanaans Bewohner, sie alle ver-
zagten.
16 Schrecken und Furcht überfiel sie, / sie
erstarrten zu Stein / vor der Macht deines
Arms, / bis hindurchzog, o Herr, dein Volk, /
bis hindurchzog das Volk, das du erschufst.
17 Du brachtest sie hin / und pflanztest sie
ein / auf dem Berg deines Erbes. / Einen Ort,
wo du thronst, Herr, / hast du gemacht; / ein
Heiligtum, Herr, haben deine Hände gegrün-
det.
18 Der Herr ist König für immer und ewig.
19 Denn als die Rosse des Pharao mit Wa-
gen und Reitern ins Meer zogen, ließ der Herr
das Wasser des Meeres auf sie zurückfluten,
nachdem die Israeliten auf trockenem Boden
mitten durchs Meer gezogen waren.
20 Die Prophetin Mirjam, die Schwester
Aarons, nahm die Pauke in die Hand und
alle Frauen zogen mit Paukenschlag und
Tanz hinter ihr her. 21 Mirjam sang ihnen
vor:
Singt dem Herrn ein Lied, / denn er ist
hoch und erhaben! / Rosse und Wagen warf
er ins Meer.

2: Ps 118,14; Jes 12,2.

Auf dem Weg zum Sinai: 15,22 – 17,16

22 Mose ließ Israel vom Schilfmeer aufbre-
chen und sie zogen zur Wüste Schur weiter.
Drei Tage waren sie in der Wüste unterwegs
und fanden kein Wasser. 23 Als sie nach Mara
kamen, konnten sie das Wasser von Mara
nicht trinken, weil es bitter war. Deshalb
nannte man es Mara (Bitterbrunn). 24 Da
murrte das Volk gegen Mose und sagte: Was
sollen wir trinken? 25 Er schrie zum Herrn
und der Herr zeigte ihm ein Stück Holz. Als
er es ins Wasser warf, wurde das Wasser
süß.
Dort gab Gott dem Volk Gesetz und
Rechtsentscheidungen und dort stellte er es
auf die Probe. 26 Er sagte: Wenn du auf die
Stimme des Herrn, deines Gottes, hörst und
tust, was in seinen Augen gut ist, wenn du
seinen Geboten gehorchst und auf alle seine
Gesetze achtest, werde ich dir keine der
Krankheiten schicken, die ich den Ägyptern
geschickt habe. Denn ich bin der Herr, dein
Arzt.
27 Dann kamen sie nach Elim. Dort gab es
zwölf Quellen und siebzig Palmen; dort am
Wasser schlugen sie ihr Lager auf.
16 Die ganze Gemeinde der Israeliten
brach von Elim auf und kam in die
Wüste Sin, die zwischen Elim und dem Sinai
liegt. Es war der fünfzehnte Tag des zweiten
Monats nach ihrem Auszug aus Ägypten.
2 Die ganze Gemeinde der Israeliten murrte
in der Wüste gegen Mose und Aaron. 3 Die Is-
raeliten sagten zu ihnen: Wären wir doch in
Ägypten durch die Hand des Herrn gestor-
ben, als wir an den Fleischtöpfen saßen und
Brot genug zu essen hatten. Ihr habt uns nur
deshalb in diese Wüste geführt, um alle, die
hier versammelt sind, an Hunger sterben zu
lassen. 4 Da sprach der Herr zu Mose: Ich will
euch Brot vom Himmel regnen lassen. Das
Volk soll hinausgehen, um seinen täglichen
Bedarf zu sammeln. Ich will es prüfen, ob es
nach meiner Weisung lebt oder nicht. 5 Wenn
sie am sechsten Tag feststellen, was sie zu-
sammengebracht haben, wird es doppelt so
viel sein, wie sie sonst täglich gesammelt ha-
ben.
6 Da sagten Mose und Aaron zu allen Is-
raeliten: Heute Abend sollt ihr erfahren, dass
der Herr euch aus Ägypten geführt hat, 7 und
morgen werdet ihr die Herrlichkeit des
Herrn schauen; denn er hat euer Murren ge-
gen ihn gehört. Aber wer sind schon wir, dass
ihr gegen uns murrt? 8 Weiter sagte Mose:

15,17 Der »Berg deines Erbes« ist wahrscheinlich der Zion in Jerusalem. Demnach dürfte das Lied erst im Tempelgottesdienst von Jerusalem seine heutige Gestalt erhalten haben.

Wenn der Herr euch heute Abend Fleisch zu essen gibt und euch am Morgen mit Brot sättigt, wenn er also euer Murren hört, mit dem ihr ihn bedrängt, was sind wir dann? Nicht uns galt euer Murren, sondern dem Herrn.

9 Dann sagte Mose zu Aaron: Sag der ganzen Gemeinde der Israeliten: Tretet hin vor den Herrn; denn er hat euer Murren gehört. 10 Während Aaron zur ganzen Gemeinde der Israeliten sprach, wandten sie sich zur Wüste hin. Da erschien plötzlich in der Wolke die Herrlichkeit des Herrn. 11 Der Herr sprach zu Mose: 12 Ich habe das Murren der Israeliten gehört. Sag ihnen: Am Abend werdet ihr Fleisch zu essen haben, am Morgen werdet ihr satt sein von Brot und ihr werdet erkennen, dass ich der Herr, euer Gott, bin.

13 Am Abend kamen die Wachteln und bedeckten das Lager. Am Morgen lag eine Schicht von Tau rings um das Lager. 14 Als sich die Tauschicht gehoben hatte, lag auf dem Wüstenboden etwas Feines, Knuspriges, fein wie Reif, auf der Erde. 15 Als das die Israeliten sahen, sagten sie zueinander: Was ist das? Denn sie wussten nicht, was es war. Da sagte Mose zu ihnen: Das ist das Brot, das der Herr euch zu essen gibt. 16 Das ordnet der Herr an: Sammelt davon so viel, wie jeder zum Essen braucht, ein Gomer je Kopf. Jeder darf so viel Gomer holen, wie Personen im Zelt sind. 17 Die Israeliten taten es und sammelten ein, der eine viel, der andere wenig. 18 Als sie die Gomer zählten, hatte keiner, der viel gesammelt hatte, zu viel und keiner, der wenig gesammelt hatte, zu wenig. Jeder hatte so viel gesammelt, wie er zum Essen brauchte. 19 Mose sagte zu ihnen: Davon darf bis zum Morgen niemand etwas übrig lassen. 20 Doch sie hörten nicht auf Mose, sondern einige ließen etwas bis zum Morgen übrig. Aber es wurde wurmig und stank. Da geriet Mose in Zorn über sie.

21 Sie sammelten es Morgen für Morgen, jeder so viel, wie er zum Essen brauchte. Sobald die Sonnenhitze einsetzte, zerging es. 22 Am sechsten Tag sammelten sie die doppelte Menge Brot, zwei Gomer für jeden. Da kamen alle Sippenhäupter der Gemeinde und berichteten es Mose. 23 Er sagte zu ihnen: Es ist so, wie der Herr gesagt hat: Morgen ist Feiertag, heiliger Sabbat zur Ehre des Herrn. Backt, was ihr backen wollt, und kocht, was ihr kochen wollt, den Rest bewahrt bis morgen früh auf! 24 Sie bewahrten es also bis zum Morgen auf, wie es Mose angeordnet hatte, und es faulte nicht, noch wurde es madig. 25 Da sagte Mose: Esst es heute, denn heute ist Sabbat zur Ehre des Herrn. Heute findet ihr draußen nichts. 26 Sechs Tage dürft ihr es sammeln, am siebten Tag ist Sabbat; da findet ihr nichts.

27 Am siebten Tag gingen trotzdem einige vom Volk hinaus, um zu sammeln, fanden aber nichts. 28 Da sprach der Herr zu Mose: Wie lange wollt ihr euch noch weigern, meine Gebote und Weisungen zu befolgen? 29 Ihr seht, der Herr hat euch den Sabbat gegeben; daher gibt er auch am sechsten Tag Brot für zwei Tage. Jeder bleibe, wo er ist. Am siebten Tag verlasse niemand seinen Platz. 30 Das Volk ruhte also am siebten Tag. 31 Das Haus Israel nannte das Brot Manna. Es war weiß wie Koriandersamen und schmeckte wie Honigkuchen.

32 Mose sagte: Der Herr ordnet Folgendes an. Ein volles Gomer Manna ist für die Generationen nach euch aufzubewahren, damit sie das Brot sehen, das ich euch in der Wüste zu essen gab, als ich euch aus Ägypten herausführte. 33 Zu Aaron sagte Mose: Nimm ein Gefäß, schütte ein volles Gomer Manna hinein und stell es vor den Herrn! Es soll für die nachkommenden Generationen aufbewahrt werden. 34 Wie der Herr dem Mose befohlen hatte, stellte Aaron das Manna vor die Bundesurkunde, damit es dort aufbewahrt würde. 35 Die Israeliten aßen vierzig Jahre lang Manna, bis sie in bewohntes Land kamen. Sie aßen Manna, bis sie die Grenze von Kanaan erreichten. 36 Ein Gomer ist der zehnte Teil eines Efa.

17 Die ganze Gemeinde der Israeliten zog von der Wüste Sin weiter, von einem Rastplatz zum andern, wie es der Herr jeweils bestimmte. In Refidim schlugen sie ihr Lager auf. Weil das Volk kein Wasser zu trinken hatte, 2 geriet es mit Mose in Streit und sagte: Gebt uns Wasser zu trinken! Mose aber antwortete: Was streitet ihr mit mir? Warum stellt ihr den Herrn auf die Probe? 3 Das Volk dürstete dort nach Wasser und murrte gegen Mose. Sie sagten: Warum hast du uns überhaupt aus Ägypten hierher geführt? Um uns, unsere Söhne und unser Vieh verdursten zu lassen? 4 Mose schrie zum Herrn: Was soll ich mit diesem Volk anfangen? Es fehlt nur wenig und sie steinigen mich. 5 Der Herr antwortete Mose: Geh am

---

16,31 Manna bedeutet »Was ist das?« (vgl. V. 15). Man vergleicht das biblische Manna oft mit dem genießbaren süßlichen Harz der auf der Sinaihalbinsel noch heute vorkommenden Manna-Tamariske; doch kommt dieses «Manna» in so geringen Mengen vor, dass es nicht für eine größere wandernde Gruppe die Nahrung ersetzen kann. Die Bibel versteht die Mannagabe als Wunder.

Volk vorbei und nimm einige von den Ältes-
ten Israels mit; nimm auch den Stab in die
Hand, mit dem du auf den Nil geschlagen
hast, und geh! 6 Dort drüben auf dem Felsen
am Horeb werde ich vor dir stehen. Dann
schlag an den Felsen! Es wird Wasser he-
rauskommen und das Volk kann trinken.
Das tat Mose vor den Augen der Ältesten Is-
raels. 7 Den Ort nannte er Massa und Meriba
(Probe und Streit), weil die Israeliten Streit
begonnen und den Herrn auf die Probe ge-
stellt hatten, indem sie sagten: Ist der Herr in
unserer Mitte oder nicht?

8 Als Amalek kam und in Refidim den
Kampf mit Israel suchte, 9 sagte Mose zu Jo-
sua: Wähl uns Männer aus und zieh in den
Kampf gegen Amalek! Ich selbst werde mich
morgen auf den Gipfel des Hügels stellen
und den Gottesstab mitnehmen. 10 Josua tat,
was ihm Mose aufgetragen hatte, und
kämpfte gegen Amalek, während Mose, Aa-
ron und Hur auf den Gipfel des Hügels stie-
gen. 11 Solange Mose seine Hand erhoben
hielt, war Israel stärker; sooft er aber die
Hand sinken ließ, war Amalek stärker. 12 Als
dem Mose die Hände schwer wurden, holten
sie einen Steinbrocken, schoben ihn unter
Mose und er setzte sich darauf. Aaron und
Hur stützten seine Arme, der eine rechts, der
andere links, sodass seine Hände erhoben
blieben, bis die Sonne unterging. 13 So be-
siegte Josua mit scharfem Schwert Amalek
und sein Heer. 14 Danach sprach der Herr zu
Mose: Halte das zur Erinnerung in einer Ur-
kunde fest und präg es Josua ein! Denn ich
will die Erinnerung an Amalek unter dem
Himmel austilgen. 15 Mose baute einen Altar
und gab ihm den Namen »Jahwe mein Feld-
zeichen«. 16 Er sagte:

Die Hand an Jahwes Feldzeichen! Krieg
ist zwischen Jahwe und Amalek von Genera-
tion zu Generation.

16,8: Num 11,31–33; Ps 78,26–29; 105,40; Weish 19,11f • 15: 16,4; Num 11,7–9; Dtn 8,3.16; Ps 78,24; Weish 16,20–28 • 35: Jos 5,12 • 17,7: Num 20,7–13; Dtn 32,51; 33,8; Ps 95,8f; 106,32f.

Jitros Rat: Die Berufung von Richtern:
18,1–27

18 Jitro, der Priester von Midian, der
Schwiegervater des Mose, hörte, was
Gott alles an Mose und seinem Volk Israel
getan und wie der Herr Israel aus Ägypten
herausgeführt hatte. 2 Da nahm Jitro, der
Schwiegervater des Mose, Zippora mit sich,
die Frau des Mose – Mose hatte sie wieder
zurückgeschickt –, 3 und ihre beiden Söhne.
Der eine hieß Gerschom (Ödgast), weil Mose
gesagt hatte: Gast bin ich in fremdem Land.
4 Der andere hieß Eliëser (Gotthelf), weil
Mose gesagt hatte: Der Gott meines Vaters
hat mir geholfen und hat mich vor dem
Schwert des Pharao gerettet. 5 Jitro, der
Schwiegervater des Mose, kam mit dessen
Söhnen und dessen Frau in die Wüste am
Gottesberg, wo Mose gerade lagerte. 6 Er ließ
Mose sagen: Ich, dein Schwiegervater Jitro,
komme zu dir zusammen mit deiner Frau
und ihren beiden Söhnen. 7 Da ging Mose
seinem Schwiegervater entgegen, fiel vor
ihm nieder und küsste ihn. Dann fragten sie
einander nach ihrem Wohlergehen und gin-
gen ins Zelt.

8 Mose erzählte seinem Schwiegervater al-
les, was der Herr dem Pharao und den Ägyp-
tern um Israels willen angetan hatte, auch
von allen Schwierigkeiten, denen sie unter-
wegs begegnet waren, und wie der Herr sie
gerettet hatte. 9 Jitro freute sich über alles,
was der Herr an Israel Gutes getan hatte, als
er es aus der Hand der Ägypter rettete.
10 Jitro sagte: Gepriesen sei der Herr, der
euch aus der Hand der Ägypter und des Pha-
rao gerettet hat. 11 Jetzt weiß ich: Jahwe ist
größer als alle Götter. Denn die Ägypter ha-
ben Israel hochmütig behandelt, doch der
Herr hat das Volk aus ihrer Hand gerettet.
12 Dann holte Jitro, der Schwiegervater des
Mose, Tiere für Brandopfer und Schlachtop-
fer zur Ehre Gottes. Aaron und alle Ältesten
Israels kamen, um mit dem Schwiegervater
des Mose vor dem Angesicht Gottes ein Mahl
zu halten.

13 Am folgenden Morgen setzte sich Mose,
um für das Volk Recht zu sprechen. Die
Leute mussten vor Mose vom Morgen bis
zum Abend anstehen. 14 Als der Schwieger-
vater des Mose sah, was er alles für das Volk
zu tun hatte, sagte er: Was soll das, was du da
für das Volk tust? Warum sitzt du hier allein
und die vielen Leute müssen vom Morgen bis
zum Abend vor dir anstehen? 15 Mose ant-
wortete seinem Schwiegervater: Die Leute
kommen zu mir, um Gott zu befragen.
16 Wenn sie einen Streitfall haben, kommen
sie zu mir. Ich entscheide dann ihren Fall
und teile ihnen die Gesetze und Weisungen
Gottes mit.

17 Da sagte der Schwiegervater zu Mose:
Es ist nicht richtig, wie du das machst. 18 So
richtest du dich selbst zugrunde und auch
das Volk, das bei dir ist. Das ist zu schwer für
dich; allein kannst du es nicht bewältigen.
19 Nun hör zu, ich will dir einen Rat geben

18,11 Der Satz »doch der Herr hat sein Volk aus ihrer Hand gerettet« steht in H schon in V. 10.

und Gott wird mit dir sein. Vertritt du das
Volk vor Gott! Bring ihre Rechtsfälle vor ihn,
20 unterrichte sie in den Gesetzen und Wei-
sungen und lehre sie, wie sie leben und was
sie tun sollen. 21 Du aber sieh dich im ganzen
Volk nach tüchtigen, gottesfürchtigen und
zuverlässigen Männern um, die Bestechung
ablehnen. Gib dem Volk Vorsteher für je tau-
send, hundert, fünfzig und zehn! 22 Sie sollen
dem Volk jederzeit als Richter zur Verfügung
stehen. Alle wichtigen Fälle sollen sie vor
dich bringen, die leichteren sollen sie selber
entscheiden. Entlaste dich und lass auch an-
dere Verantwortung tragen! 23 Wenn du das
tust, sofern Gott zustimmt, bleibst du der
Aufgabe gewachsen und die Leute hier kön-
nen alle zufrieden heimgehen.
24 Mose hörte auf seinen Schwiegervater
und tat alles, was er vorschlug. 25 Mose wähl-
te sich tüchtige Männer in ganz Israel aus
und setzte sie als Hauptleute über das Volk
ein, als Vorsteher für je tausend, hundert,
fünfzig und zehn. 26 Sie standen dem Volk
jederzeit als Richter zur Verfügung. Die
schwierigen Fälle brachten sie vor Mose, alle
leichteren entschieden sie selber.
27 Mose verabschiedete seinen Schwieger-
vater und dieser kehrte in sein Land zu-
rück.

3: 2,22.

AM SINAI: 19,1 – 40,38

Das Bundesangebot Gottes: 19,1–25

19 Im dritten Monat nach dem Auszug
der Israeliten aus Ägypten – am heu-
tigen Tag – kamen sie in der Wüste Sinai an.
2 Sie waren von Refidim aufgebrochen und
kamen in die Wüste Sinai. Sie schlugen in
der Wüste das Lager auf. Dort lagerte Israel
gegenüber dem Berg.
3 Mose stieg zu Gott hinauf. Da rief ihm
der Herr vom Berg her zu: Das sollst du dem
Haus Jakob sagen und den Israeliten ver-
künden: 4 Ihr habt gesehen, was ich den
Ägyptern angetan habe, wie ich euch auf Ad-
lerflügeln getragen und hierher zu mir ge-
bracht habe. 5 Jetzt aber, wenn ihr auf meine
Stimme hört und meinen Bund haltet, wer-
det ihr unter allen Völkern mein besonderes
Eigentum sein. Mir gehört die ganze Erde,
6 ihr aber sollt mir als ein Reich von Pries-
tern und als ein heiliges Volk gehören. Das
sind die Worte, die du den Israeliten mittei-
len sollst.
7 Mose ging und rief die Ältesten des Vol-
kes zusammen. Er legte ihnen alles vor, was
der Herr ihm aufgetragen hatte. 8 Das ganze
Volk antwortete einstimmig und erklärte:
Alles, was der Herr gesagt hat, wollen wir
tun. Mose überbrachte dem Herrn die Ant-
wort des Volkes. 9 Der Herr sprach zu Mose:
Ich werde zu dir in einer dichten Wolke kom-
men; das Volk soll es hören, wenn ich mit dir
rede, damit sie auch an dich immer glauben.
Da berichtete Mose dem Herrn, was das Volk
gesagt hatte.
10 Der Herr sprach zu Mose: Geh zum
Volk! Ordne an, dass sie sich heute und mor-
gen heilig halten und ihre Kleider waschen.
11 Sie sollen sich für den dritten Tag bereit-
halten. Am dritten Tag nämlich wird der
Herr vor den Augen des ganzen Volkes auf
den Berg Sinai herabsteigen. 12 Zieh um das
Volk eine Grenze und sag: Hütet euch, auf
den Berg zu steigen oder auch nur seinen Fuß
zu berühren. Jeder, der den Berg berührt,
wird mit dem Tod bestraft. 13 Keine Hand
soll den Berg berühren. Wer es aber tut, soll
gesteinigt oder mit Pfeilen erschossen wer-
den; ob Tier oder Mensch, niemand darf am
Leben bleiben. Erst wenn das Horn ertönt,
dürfen sie auf den Berg steigen.
14 Mose stieg vom Berg zum Volk hinunter
und ordnete an, das Volk solle sich heilig
halten und seine Kleider waschen. 15 Er sag-
te zum Volk: Haltet euch für den dritten Tag
bereit! Berührt keine Frau! 16 Am dritten
Tag, im Morgengrauen, begann es zu don-
nern und zu blitzen. Schwere Wolken lagen
über dem Berg und gewaltiger Hörnerschall
erklang. Das ganze Volk im Lager begann zu
zittern. 17 Mose führte es aus dem Lager hi-
naus Gott entgegen. Unten am Berg blieben
sie stehen. 18 Der ganze Sinai war in Rauch

19,1 am heutigen Tag: Hinweis auf die liturgische Verwendung des Textes an einem bestimmten Tag; die Juden lesen ihn am Wochenfest, unserem Pfingstfest.

gehüllt, denn der Herr war im Feuer auf ihn
herabgestiegen. Der Rauch stieg vom Berg
auf wie Rauch aus einem Schmelzofen. Der
ganze Berg bebte gewaltig 19 und der Hör-
nerschall wurde immer lauter. Mose redete
und Gott antwortete im Donner.

20 Der Herr war auf den Sinai, auf den
Gipfel des Berges, herabgestiegen. Er hatte
Mose zu sich auf den Gipfel des Berges geru-
fen und Mose war hinaufgestiegen. 21 Da
sprach der Herr zu Mose: Geh hinunter und
schärf dem Volk ein, sie sollen nicht neugie-
rig sein und nicht versuchen, zum Herrn vor-
zudringen; sonst müssten viele von ihnen
umkommen. 22 Auch die Priester, die sich
dem Herrn nähern, müssen sich geheiligt ha-
ben, damit der Herr in ihre Reihen keine
Bresche reißt. 23 Mose entgegnete dem Herrn:
Das Volk kann nicht auf den Sinai steigen.
Denn du selbst hast uns eingeschärft: Zieh
eine Grenze um den Berg und erklär ihn für
heilig! 24 Doch der Herr sprach zu ihm: Geh
hinunter und komm zusammen mit Aaron
wieder herauf! Die Priester aber und das
Volk sollen nicht versuchen hinaufzusteigen
und zum Herrn vorzudringen, sonst reißt er
in ihre Reihen eine Bresche. 25 Da ging Mose
zum Volk hinunter und sagte es ihnen.

5f: 1 Petr 2,9.

Die Zehn Gebote: 20,1–21

20 Dann sprach Gott alle diese Worte:
2 Ich bin Jahwe, dein Gott, der dich
aus Ägypten geführt hat, aus dem Sklaven-
haus. 3 Du sollst neben mir keine anderen
Götter haben. 4 Du sollst dir kein Gottesbild
machen und keine Darstellung von irgendet-
was am Himmel droben, auf der Erde unten
oder im Wasser unter der Erde. 5 Du sollst
dich nicht vor anderen Göttern niederwerfen
und dich nicht verpflichten, ihnen zu dienen.
Denn ich, der Herr, dein Gott, bin ein eifer-
süchtiger Gott: Bei denen, die mir Feind
sind, verfolge ich die Schuld der Väter an
den Söhnen, an der dritten und vierten Ge-
neration; 6 bei denen, die mich lieben und
auf meine Gebote achten, erweise ich Tau-
senden meine Huld. 7 Du sollst den Namen
des Herrn, deines Gottes, nicht missbrau-
chen; denn der Herr lässt den nicht unge-
straft, der seinen Namen missbraucht.

8 Gedenke des Sabbats: Halte ihn heilig!
9 Sechs Tage darfst du schaffen und jede Ar-
beit tun. 10 Der siebte Tag ist ein Ruhetag,
dem Herrn, deinem Gott, geweiht. An ihm
darfst du keine Arbeit tun: du, dein Sohn
und deine Tochter, dein Sklave und deine
Sklavin, dein Vieh und der Fremde, der in
deinen Stadtbereichen Wohnrecht hat.
11 Denn in sechs Tagen hat der Herr Himmel,
Erde und Meer gemacht und alles, was dazu-
gehört; am siebten Tag ruhte er. Darum hat
der Herr den Sabbattag gesegnet und ihn für
heilig erklärt.

12 Ehre deinen Vater und deine Mutter, da-
mit du lange lebst in dem Land, das der Herr,
dein Gott, dir gibt.

13 Du sollst nicht morden.

14 Du sollst nicht die Ehe brechen.

15 Du sollst nicht stehlen.

16 Du sollst nicht falsch gegen deinen
Nächsten aussagen.

17 Du sollst nicht nach dem Haus deines
Nächsten verlangen. Du sollst nicht nach der
Frau deines Nächsten verlangen, nach sei-
nem Sklaven oder seiner Sklavin, seinem
Rind oder seinem Esel oder nach irgend-
etwas, das deinem Nächsten gehört.

18 Das ganze Volk erlebte, wie es donnerte
und blitzte, wie Hörner erklangen und der
Berg rauchte. Da bekam das Volk Angst, es
zitterte und hielt sich in der Ferne. 19 Sie
sagten zu Mose: Rede du mit uns, dann wol-
len wir hören. Gott soll nicht mit uns reden,
sonst sterben wir. 20 Da sagte Mose zum
Volk: Fürchtet euch nicht! Gott ist gekom-
men, um euch auf die Probe zu stellen. Die
Furcht vor ihm soll über euch kommen, da-
mit ihr nicht sündigt. 21 Das Volk hielt sich
in der Ferne und Mose näherte sich der
dunklen Wolke, in der Gott war.

2–18 ‖ Dtn 5,6–22 • 5: 23,24; Dtn 5,9; 13,3.

Das Altargesetz: 20,22–26

22 Der Herr sprach zu Mose: Sag den Israe-
liten: Ihr habt gesehen, dass ich vom Himmel
her mit euch geredet habe. 23 Ihr sollt euch
neben mir keine Götter aus Silber machen,
auch Götter aus Gold sollt ihr euch nicht
machen. 24 Du sollst mir einen Altar aus Erde
errichten und darauf deine Schafe, Ziegen
und Rinder als Brandopfer und Heilsopfer
schlachten. An jedem Ort, an dem ich mei-
nem Namen ein Gedächtnis stifte, will ich zu
dir kommen und dich segnen. 25 Wenn du mir
einen Altar aus Steinen errichtest, so sollst
du ihn nicht aus behauenen Quadern bauen.
Du entweihst ihn, wenn du mit einem Meißel
daran arbeitest. 26 Du sollst nicht auf Stufen
zu meinem Altar hinaufsteigen, damit deine
Blöße dabei nicht zum Vorschein komme.

25: Dtn 27,5f.

Das Bundesbuch: 21,1 – 23,33

Einleitung: 21,1

21 Das sind die Rechtsvorschriften, die du ihnen vorlegen sollst:

Hebräische Sklaven: 21,2–11

2 Wenn du einen hebräischen Sklaven kaufst, soll er sechs Jahre Sklave bleiben, im siebten Jahr soll er ohne Entgelt als freier Mann entlassen werden. 3 Ist er allein gekommen, soll er allein gehen. War er verheiratet, soll seine Frau mitgehen. 4 Hat ihm sein Herr eine Frau gegeben und hat sie ihm Söhne oder Töchter geboren, dann gehören Frau und Kinder ihrem Herrn und er muss allein gehen. 5 Erklärt aber der Sklave: Ich liebe meinen Herrn, meine Frau und meine Kinder und will nicht als freier Mann fortgehen, 6 dann soll ihn sein Herr vor Gott bringen, er soll ihn an die Tür oder an den Torpfosten bringen und ihm das Ohr mit einem Pfriem durchbohren; dann bleibt er für immer sein Sklave.

7 Wenn einer seine Tochter als Sklavin verkauft hat, soll sie nicht wie andere Sklaven entlassen werden. 8 Hat ihr Herr sie für sich selbst bestimmt, mag er sie aber nicht mehr, dann soll er sie zurückkaufen lassen. Er hat nicht das Recht, sie an Fremde zu verkaufen, da er seine Zusage nicht eingehalten hat. 9 Hat er sie für seinen Sohn bestimmt, verfahre er mit ihr nach dem Recht, das für Töchter gilt. 10 Nimmt er sich noch eine andere Frau, darf er sie in Nahrung, Kleidung und Beischlaf nicht benachteiligen. 11 Wenn er ihr diese drei Dinge nicht gewährt, darf sie unentgeltlich, ohne Bezahlung, gehen.

Totschlag und Mord: 21,12–14

12 Wer einen Menschen so schlägt, dass er stirbt, wird mit dem Tod bestraft. 13 Wenn er ihm aber nicht aufgelauert hat, sondern Gott es durch seine Hand geschehen ließ, werde ich dir einen Ort festsetzen, an den er fliehen kann. 14 Hat einer vorsätzlich gehandelt und seinen Mitbürger aus dem Hinterhalt umgebracht, sollst du ihn von meinem Altar wegholen, damit er stirbt.

Misshandlung der Eltern: 21,15

15 Wer seinen Vater oder seine Mutter schlägt, wird mit dem Tod bestraft.

15: Lev 20,9; Dtn 27,16.

Menschenraub: 21,16

16 Wer einen Menschen raubt, gleichgültig, ob er ihn verkauft hat oder ob man ihn noch in seiner Gewalt vorfindet, wird mit dem Tod bestraft.

Entehrung der Eltern: 21,17

17 Wer seinen Vater oder seine Mutter verflucht, wird mit dem Tod bestraft.

Körperverletzung durch Menschen: 21,18–27

18 Wenn Männer in Streit geraten und einer den andern mit einem Stein oder einer Hacke verletzt, sodass er zwar nicht stirbt, aber bettlägerig wird, 19 später wieder aufstehen und mit Krücken draußen umhergehen kann, so ist der freizusprechen, der geschlagen hat; nur für die Arbeitsunfähigkeit des Geschädigten muss er Ersatz leisten und er muss für die Heilung aufkommen. 20 Wenn einer seinen Sklaven oder seine Sklavin mit dem Stock so schlägt, dass er unter seiner Hand stirbt, dann muss der Sklave gerächt werden. 21 Wenn er noch einen oder zwei Tage am Leben bleibt, dann soll den Täter keine Rache treffen; es geht ja um sein eigenes Geld. 22 Wenn Männer miteinander raufen und dabei eine schwangere Frau treffen, sodass sie eine Fehlgeburt hat, ohne dass ein weiterer Schaden entsteht, dann soll der Täter eine Buße zahlen, die ihm der Ehemann der Frau auferlegt; er kann die Zahlung nach dem Urteil von Schiedsrichtern leisten. 23 Ist weiterer Schaden entstanden, dann musst du geben: Leben für Leben, 24 Auge für Auge, Zahn für Zahn, Hand für Hand, Fuß für Fuß, 25 Brandmal für Brandmal, Wunde für Wunde, Strieme für Strieme. 26 Wenn einer seinem Sklaven oder seiner Sklavin ein Auge ausschlägt, soll er ihn für das ausgeschlagene Auge freilassen. 27 Wenn er seinem Sklaven oder seiner Sklavin einen Zahn ausschlägt, soll er ihn für den ausgeschlagenen Zahn freilassen.

24: Lev 24,19f; Dtn 19,21; Mt 5,38.

Körperverletzung durch Haustiere: 21,28–32

28 Wenn ein Rind einen Mann oder eine Frau so stößt, dass der Betreffende stirbt, dann muss man das Rind steinigen und sein Fleisch darf man nicht essen; der Eigentümer des Rinds aber bleibt straffrei. 29 Hat

21,1 – 23,33 Diese Gesetzessammlung bezeichnet man heute als Bundesbuch (vgl. 24,7).

das Rind aber schon früher gestoßen und hat
der Eigentümer, obwohl man ihn darauf auf-
merksam gemacht hat, auf das Tier nicht
aufgepasst, sodass es einen Mann oder eine
Frau getötet hat, dann soll man das Rind
steinigen und auch sein Eigentümer soll ge-
tötet werden. 30 Will man ihm aber eine Süh-
ne auferlegen, soll er als Lösegeld für sein
Leben so viel geben, wie man von ihm for-
dert. 31 Stößt das Rind einen Sohn oder eine
Tochter, verfahre man nach dem gleichen
Grundsatz. 32 Stößt das Rind einen Sklaven
oder eine Sklavin, soll der Eigentümer dem
Herrn dreißig Silberschekel zahlen; das Rind
aber soll gesteinigt werden.

Ersatz bei Schädigung fremden Viehs:
21,33–36

33 Wenn jemand einen Brunnen offen lässt
oder einen Brunnen gräbt, ohne ihn abzude-
cken, und es fällt ein Rind oder ein Esel hi-
nein, 34 dann soll der Eigentümer des Brun-
nens Ersatz leisten; er soll dem Eigentümer
des Tieres Geld zahlen, das verendete Tier
aber gehört ihm. 35 Wenn jemandes Rind das
Rind eines anderen stößt, sodass es eingeht,
soll man das lebende Rind verkaufen und
den Erlös aufteilen; auch das verendete Rind
soll man aufteilen. 36 Wenn jedoch der Ei-
gentümer wusste, dass das Rind schon früher
stößig war, aber trotzdem nicht darauf auf-
gepasst hat, soll er das Rind ersetzen, Rind
für Rind, das verendete Rind aber gehört
ihm.

Ersatz bei Diebstahl: 21,37 – 22,3

37 Wenn einer ein Rind oder ein Schaf
stiehlt und es schlachtet oder verkauft, soll
er fünf Stück Großvieh für das Rind oder
vier Stück Kleinvieh für das Schaf als Ersatz
geben.

22 Wird ein Dieb beim Einbruch ertappt
und so geschlagen, dass er stirbt, so
entsteht dadurch keine Blutschuld. 2 Doch
ist darüber bereits die Sonne aufgegangen,
dann entsteht Blutschuld. Ein Dieb muss Er-
satz leisten. Besitzt er nichts, soll man ihn
für den Wert des Gestohlenen verkaufen.
3 Findet man das Gestohlene, sei es Rind,
Esel oder Schaf, noch lebend in seinem Be-
sitz, dann soll er doppelten Ersatz leisten.

Ersatz bei fahrlässigem Feldbrand: 22,4–5

4 Wenn jemand ein Feld oder einen Wein-
berg abbrennt und das Feuer sich ausbreiten
lässt, sodass es das Feld eines andern in
Brand steckt, dann soll er den besten Ertrag
seines Feldes oder Weinbergs als Ersatz da-
für geben. 5 Breitet sich das Feuer aus, er-
fasst es eine Dornenhecke und vernichtet ei-
nen Getreidehaufen, auf dem Halm stehen-
des Getreide oder ein Feld, dann soll der für
den Brand Verantwortliche den Schaden er-
setzen.

Haftung für fremdes Eigentum: 22,6–14

6 Übergibt jemand einem andern Geld
oder Gerät zur Aufbewahrung und es wird
aus dessen Haus gestohlen, dann soll der
Dieb, wenn man ihn findet, doppelten Ersatz
leisten. 7 Findet man den Dieb nicht, soll der
Hausherr vor Gott erklären, dass er sich
nicht selbst am Eigentum des andern ver-
griffen hat. 8 Wenn jemandem etwas verun-
treut wurde, ein Rind, ein Esel, ein Schaf, ein
Kleid oder sonst etwas, und er behauptet: Ja,
das ist es, dann soll der Streitfall der beiden
vor Gott kommen. Wen Gott als schuldig be-
zeichnet, soll dem andern doppelten Ersatz
leisten. 9 Wenn jemand einem andern einen
Esel, ein Rind, ein Schaf oder sonst ein
Haustier zur Verwahrung übergibt und das
Tier eingeht, sich etwas bricht oder fortge-
trieben wird, ohne dass es jemand sieht,
10 dann soll ein Eid beim Namen des Herrn
Klarheit darüber schaffen, dass der eine sich
nicht am Eigentum des andern vergriffen
hat. Der Eigentümer soll an sich nehmen,
was noch da ist, ohne dass der andere Ersatz
zu leisten hätte. 11 Ist es ihm aber gestohlen
worden, muss er dem Eigentümer Ersatz
leisten. 12 Ist das Tier gerissen worden, brin-
ge er es zum Beweis herbei; dann braucht er
für das Gerissene keinen Ersatz zu leisten.
13 Leiht jemand von einem andern ein Tier
und bricht es sich etwas oder geht ein, und
zwar in Abwesenheit des Eigentümers, so
muss er Ersatz leisten. 14 War der Eigentü-
mer aber anwesend, so braucht der andere
keinen Ersatz zu leisten. Ist er Taglöhner, so
geht es von seinem Lohn ab.

Verführung einer Jungfrau: 22,15–16

15 Wenn jemand ein noch nicht verlobtes
Madchen verfuhrt und bei ihm schlaft, dann
soll er das Brautgeld zahlen und sie zur Frau
nehmen. 16 Weigert sich aber ihr Vater, sie
ihm zu geben, dann hat er ihm so viel zu zah-
len, wie der Brautpreis für eine Jungfrau be-
trägt.

**Todeswürdige Verbrechen: Zauberei,
Bestialität, Götzendienst:** 22,17–19

17 Eine Hexe sollst du nicht am Leben las-
sen. 18 Jeder, der mit einem Tier verkehrt,

soll mit dem Tod bestraft werden. 19 Wer einer Gottheit außer Jahwe Schlachtopfer darbringt, an dem soll die Vernichtungsweihe vollstreckt werden.

17: Lev 20,27; Dtn 18,10–12 • 18: 27,21 • 19: Dtn 13,3f; 13–16; 18,13.

Schutz vor Unterdrückung und Ausbeutung: 22,20–26

20 Einen Fremden sollst du nicht ausnützen oder ausbeuten, denn ihr selbst seid in Ägypten Fremde gewesen. 21 Ihr sollt keine Witwe oder Waise ausnützen. 22 Wenn du sie ausnützt und sie zu mir schreit, werde ich auf ihren Klageschrei hören. 23 Mein Zorn wird entbrennen und ich werde euch mit dem Schwert umbringen, sodass eure Frauen zu Witwen und eure Söhne zu Waisen werden.

24 Leihst du einem aus meinem Volk, einem Armen, der neben dir wohnt, Geld, dann sollst du dich gegen ihn nicht wie ein Wucherer benehmen. Ihr sollt von ihm keinen Wucherzins fordern. 25 Nimmst du von einem Mitbürger den Mantel zum Pfand, dann sollst du ihn bis Sonnenuntergang zurückgeben; 26 denn es ist seine einzige Decke, der Mantel, mit dem er seinen bloßen Leib bedeckt. Worin soll er sonst schlafen? Wenn er zu mir schreit, höre ich es, denn ich habe Mitleid.

24: Lev 25,36f; Dtn 23,20f.

Gotteslästerung und Majestätsbeleidigung: 22,27

27 Du sollst Gott nicht verächtlich machen und den Fürsten deines Volkes nicht verfluchen.

Erstlingsopfer: 22,28–29

28 Deinen Reichtum und Überfluss sollst du nicht für dich behalten. Den Erstgeborenen unter deinen Söhnen sollst du mir geben. 29 Ebenso sollst du es mit deinen Rindern, Schafen und Ziegen halten. Sieben Tage sollen sie bei ihrer Mutter bleiben, am achten Tag sollst du sie mir übergeben.

28: 34,19f; Dtn 15,19–23.

Verbot, gerissene Tiere zu essen: 22,30

30 Als heilige Männer sollt ihr mir gehören. Fleisch von einem Tier, das auf dem Feld gerissen wurde, sollt ihr nicht essen; ihr sollt es den Hunden vorwerfen.

30: Lev 17,15.

Verhalten im Rechtsverfahren: 23,1–3

23 Du sollst kein leeres Gerücht verbreiten. Biete deine Hand nicht dem, der Unrecht hat, indem du als falscher Zeuge auftrittst. 2 Du sollst dich nicht der Mehrheit anschließen, wenn sie im Unrecht ist, und sollst in einem Rechtsverfahren nicht so aussagen, dass du dich der Mehrheit fügst und das Recht beugst. 3 Du sollst auch den Geringen in seinem Rechtsstreit nicht begünstigen.

3: Lev 19,15.

Verhalten gegen den Feind: 23,4–5

4 Wenn du dem verirrten Rind oder dem Esel deines Feindes begegnest, sollst du ihm das Tier zurückbringen. 5 Wenn du siehst, wie der Esel deines Gegners unter der Last zusammenbricht, dann lass ihn nicht im Stich, sondern leiste ihm Hilfe!

Verbot von Rechtsbeugung: 23,6–8

6 Du sollst das Recht des Armen in seinem Rechtsstreit nicht beugen. 7 Von einem unlauteren Verfahren sollst du dich fern halten. Wer unschuldig und im Recht ist, den bring nicht um sein Leben; denn ich spreche den Schuldigen nicht frei. 8 Du sollst dich nicht bestechen lassen; denn Bestechung macht Sehende blind und verkehrt die Sache derer, die im Recht sind.

Rechtsschutz des Fremden: 23,9

9 Einen Fremden sollst du nicht ausbeuten. Ihr wisst doch, wie es einem Fremden zumute ist; denn ihr selbst seid in Ägypten Fremde gewesen.

Sabbatjahr und Sabbatfeier: 23,10–12

10 Sechs Jahre kannst du in deinem Land säen und die Ernte einbringen; 11 im siebten sollst du es brach liegen lassen und nicht bestellen. Die Armen in deinem Volk sollen davon essen, den Rest mögen die Tiere des Feldes fressen. Das Gleiche sollst du mit deinem Weinberg und deinen Ölbäumen tun. 12 Sechs Tage kannst du deine Arbeit verrichten, am siebten Tag aber sollst du ruhen, damit dein Rind und dein Esel ausruhen und der Sohn deiner Sklavin und der Fremde zu Atem kommen.

10: Lev 25,2–4 • 12: 20,9f; Dtn 5,12–14.

Mahnung: Treue zum Bundesgott: 23,13

13 Auf alles, was ich euch gesagt habe, sollt ihr achten. Den Namen eines anderen Gottes sollt ihr nicht aussprechen, er soll dir nicht über die Lippen kommen.

Die drei Hauptfeste: 23,14–17

14 Dreimal im Jahr sollst du mir ein Fest
feiern. 15 Du sollst das Fest der ungesäuerten
Brote halten. Im Monat Abib sollst du zur
festgesetzten Zeit sieben Tage lang ungesäu-
ertes Brot essen, wie ich es dir geboten habe.
Denn in diesem Monat bist du aus Ägypten
ausgezogen. Man soll nicht mit leeren Hän-
den vor mir erscheinen. 16 Du sollst auch das
Fest der Ernte, des ersten Ertrags deiner
Aussaat auf dem Feld, halten, ebenso das
Fest der Lese am Ende des Jahres, wenn du
den Ertrag deines Feldes eingebracht hast.
17 Dreimal im Jahr sollen alle deine Männer
vor dem Herrn erscheinen.

14–17: 13,6f; 34,18–23.

Opfervorschriften: 23,18–19

18 Beim Schlachten sollst du das Blut mei-
nes Opfers nicht über gesäuertes Brot flie-
ßen lassen. Das Fett meines Festopfers darf
nicht bis zum Morgen liegen bleiben. 19 Von
den Erstlingsfrüchten deines Ackers sollst
du die besten in das Haus des Herrn, deines
Gottes, bringen. Das Junge einer Ziege
sollst du nicht in der Milch seiner Mutter
kochen.

18: 34,25f.

Schlussmahnung: Verheißung und Warnung: 23,20–33

20 Ich werde einen Engel schicken, der dir
vorausgeht. Er soll dich auf dem Weg schüt-
zen und dich an den Ort bringen, den ich be-
stimmt habe. 21 Achte auf ihn und hör auf
seine Stimme! Widersetz dich ihm nicht! Er
würde es nicht ertragen, wenn ihr euch auf-
lehnt; denn in ihm ist mein Name gegenwär-
tig. 22 Wenn du auf seine Stimme hörst und
alles tust, was ich sage, dann werde ich der
Feind deiner Feinde sein und alle in die Enge
treiben, die dich bedrängen.

23 Wenn mein Engel dir vorausgeht und
dich in das Land der Amoriter, Hetiter, Peri-
siter, Kanaaniter, Hiwiter und Jebusiter
führt und wenn ich sie verschwinden lasse,
24 dann sollst du dich vor ihren Göttern nicht
niederwerfen und dich nicht verpflichten,
ihnen zu dienen. Du sollst keine Kultgegen-
stände herstellen wie sie, sondern sie zerstö-
ren und ihre Steinmale zerschlagen.

25 Wenn ihr dem Herrn, eurem Gott, dient,
wird er dein Brot und dein Wasser segnen.
Ich werde Krankheiten von dir fern halten.
26 In deinem Land wird es keine Frau geben,
die eine Fehlgeburt hat oder kinderlos
bleibt. Ich lasse dich die volle Zahl deiner
Lebenstage erreichen. 27 Ich sende meinen
Schrecken vor dir her, ich verwirre jedes
Volk, zu dem du kommst, und alle deine
Feinde lasse ich vor dir die Flucht ergreifen.
28 Ich lasse vor dir Panik ausbrechen; sie
wird die Hiwiter, Kanaaniter und Hetiter
vor dir hertreiben. 29 Ich vertreibe sie aber
nicht gleich im ersten Jahr; sonst verödet das
Land und die wilden Tiere könnten zu dei-
nem Schaden überhand nehmen. 30 Nur all-
mählich will ich sie vor dir zurückdrängen,
bis du so zahlreich geworden bist, dass du
das Land in Besitz nehmen kannst. 31 Ich set-
ze deine Landesgrenzen fest vom Schilfmeer
bis zum Philistermeer, von der Wüste bis
zum Strom. Wenn ich die Einwohner des
Landes in deine Hand gebe und du sie ver-
treibst, 32 dann sollst du keinen Bund mit ih-
nen und ihren Göttern schließen. 33 Sie sol-
len nicht in deinem Land bleiben. Sonst
könnten sie dich zur Sünde gegen mich ver-
führen, sodass du ihre Götter verehrst; denn
dann würde dir das zu einer Falle.

24: 20,5; Dtn 5,9; 13,3 • 28: Dtn 7,20; Jos 24,12.

Der Bundesschluß: 24,1–18

24 Zu Mose sprach er: Steig zum Herrn
hinauf zusammen mit Aaron, Nadab,
Abihu und mit siebzig von den Ältesten Isra-
els; werft euch in einiger Entfernung nieder!
2 Mose allein soll sich dem Herrn nähern, die
anderen dürfen nicht näher kommen und das
Volk darf den Berg nicht mit ihm zusammen
besteigen.

3 Mose kam und übermittelte dem Volk
alle Worte und Rechtsvorschriften des
Herrn. Das ganze Volk antwortete einstim-
mig und sagte: Alles, was der Herr gesagt
hat, wollen wir tun. 4 Mose schrieb alle Wor-
te des Herrn auf. Am nächsten Morgen stand
er zeitig auf und errichtete am Fuß des Ber-
ges einen Altar und zwölf Steinmale für die
zwölf Stämme Israels. 5 Er schickte die jun-
gen Männer Israels aus. Sie brachten Brand-
opfer dar und schlachteten junge Stiere als
Heilsopfer für den Herrn. 6 Mose nahm die
Hälfte des Blutes und goss es in eine Schüs-
sel, mit der anderen Hälfte besprengte er den
Altar. 7 Darauf nahm er die Urkunde des
Bundes und verlas sie vor dem Volk. Sie ant-
worteten: Alles, was der Herr gesagt hat, wol-
len wir tun; wir wollen gehorchen. 8 Da nahm

23,31 Der »Strom« ist der Eufrat. Bis an den Eufrat reichten die Grenzen Israels nur zur Zeit Davids und Salomos.

Mose das Blut, besprengte damit das Volk und sagte: Das ist das Blut des Bundes, den der Herr aufgrund all dieser Worte mit euch geschlossen hat.

9 Danach stiegen Mose, Aaron, Nadab, Abihu und die siebzig von den Ältesten Israels hinauf 10 und sie sahen den Gott Israels. Die Fläche unter seinen Füßen war wie mit Saphir ausgelegt und glänzte hell wie der Himmel selbst. 11 Gott streckte nicht seine Hand gegen die Edlen der Israeliten aus; sie durften Gott sehen und sie aßen und tranken.

12 Der Herr sprach zu Mose: Komm herauf zu mir auf den Berg und bleib hier! Ich will dir die Steintafeln übergeben, die Weisung und die Gebote, die ich aufgeschrieben habe. Du sollst das Volk darin unterweisen. 13 Da erhob sich Mose mit seinem Diener Josua und stieg den Gottesberg hinauf. 14 Zu den Ältesten sagte er: Bleibt hier, bis wir zu euch zurückkehren; Aaron und Hur sind ja bei euch. Wer ein Anliegen hat, wende sich an sie. 15 Dann stieg Mose auf den Berg und die Wolke bedeckte den Berg. 16 Die Herrlichkeit des Herrn ließ sich auf den Sinai herab und die Wolke bedeckte den Berg sechs Tage lang. Am siebten Tag rief der Herr mitten aus der Wolke Mose herbei. 17 Die Erscheinung der Herrlichkeit des Herrn auf dem Gipfel des Berges zeigte sich vor den Augen der Israeliten wie verzehrendes Feuer. 18 Mose ging mitten in die Wolke hinein und stieg auf den Berg hinauf. Vierzig Tage und vierzig Nächte blieb Mose auf dem Berg.

Die Anordnungen für Heiligtum und Kult: 25,1 – 31,17

Das Heiligtum und seine Geräte: 25,1 – 27,21

25 Der Herr sprach zu Mose: 2 Sag zu den Israeliten, sie sollen für mich eine Abgabe erheben. Von jedem, den sein Sinn dazu bewegt, sollt ihr die Abgabe erheben. 3 Das ist die Abgabe, die ihr von ihnen erheben sollt: Gold, Silber, Kupfer, 4 violetten und roten Purpur, Karmesin, Byssus, Ziegenhaare, 5 rötliche Widderfelle, Tahaschhäute und Akazienholz; 6 Öl für den Leuchter, Balsame für das Salböl und für duftendes Räucherwerk; 7 Karneolsteine und Ziersteine für Efod und Lostasche. 8 Macht mir ein Heiligtum! Dann werde ich in ihrer Mitte wohnen. 9 Genau nach dem Muster der Wohnstätte und aller ihrer Gegenstände, das ich dir zeige, sollt ihr es herstellen.

10 Macht eine Lade aus Akazienholz, zweieinhalb Ellen lang, anderthalb Ellen breit und anderthalb Ellen hoch! 11 Überzieh sie innen und außen mit purem Gold und bring daran ringsherum eine Goldleiste an! 12 Gieß für sie vier Goldringe und befestige sie an ihren vier Füßen, zwei Ringe an der einen Seite und zwei Ringe an der anderen Seite! 13 Fertige Stangen aus Akazienholz an und überzieh sie mit Gold! 14 Steck die Stangen durch die Ringe an den Seiten der Lade, sodass man die Lade damit tragen kann. 15 Die Stangen sollen in den Ringen der Lade bleiben; man soll sie nicht herausziehen. 16 In die Lade sollst du die Bundesurkunde legen, die ich dir gebe. 17 Verfertige auch eine Deckplatte aus purem Gold zweieinhalb Ellen lang und anderthalb Ellen breit! 18 Mach zwei Kerubim aus getriebenem Gold und arbeite sie an den beiden Enden der Deckplatte heraus! 19 Mach je einen Kerub an dem einen und dem andern Ende; auf der Deckplatte macht die Kerubim an den beiden Enden! 20 Die Kerubim sollen die Flügel nach oben ausbreiten, mit ihren Flügeln die Deckplatte beschirmen und sie sollen ihre Gesichter einander zuwenden; der Deckplatte sollen die Gesichter der Kerubim zugewandt sein. 21 Setz die Deckplatte oben auf die Lade und in die Lade leg die Bundesurkunde, die ich dir gebe. 22 Dort werde ich mich dir zu erkennen geben und dir über der Deckplatte zwischen den beiden Kerubim, die auf der Lade der Bundesurkunde sind, alles sagen, was ich dir für die Israeliten auftragen werde.

23 Fertige auch einen Tisch aus Akazienholz an, zwei Ellen lang, eine Elle breit und anderthalb Ellen hoch! 24 Überzieh ihn mit purem Gold und bring daran ringsherum eine Goldleiste an! 25 Mach ihm ringsherum eine handbreite Einfassung und verfertige um diese Einfassung eine goldene Leiste! 26 Mach ihm vier Goldringe und befestige die Ringe an den vier Ecken, die von seinen vier Füßen gebildet werden. 27 Die Ringe sollen dicht unter der Einfassung die Stangen aufnehmen, mit denen man den Tisch trägt. 28 Mach die Stangen aus Akazienholz und

---

25,5 Was Tahaschhäute sind, wissen wir nicht; man vermutet, dass es Haut von Meerestieren (Delphinen?) war.

25,7 Das Efod ist hier ein Kleidungsstück des Priesters. Seine Form hat sich im Lauf der Zeit geändert. In Ri 8,24–27 und 18,14–20 scheint es eher ein Kultobjekt, ein Gottesbild, gewesen zu sein.

25,9 »Wohnstätte« ist in der P-Schicht Ausdruck für das Zeltheiligtum, das als Wohnstätte Gottes unter dem wandernden Volk galt.

überzieh sie mit Gold! Mit ihnen soll man den Tisch tragen. 29 Dazu mach Schüsseln, Schalen, Kannen und Krüge für die Trankopfer! Aus purem Gold sollst du sie anfertigen. 30 Auf dem Tisch sollst du ständig Schaubrote vor mir auflegen.

31 Verfertige auch einen Leuchter aus purem Gold! Der Leuchter, sein Gestell, sein Schaft, seine Kelche, Knospen und Blüten sollen aus einem Stück getrieben sein. 32 Von seinen Seiten sollen sechs Arme ausgehen, drei Leuchterarme auf der einen Seite und drei auf der anderen Seite. 33 Der erste Arm soll drei mandelblütenförmige Kelche mit je einer Knospe und einer Blüte aufweisen und der zweite Arm soll drei mandelblütenförmige Kelche mit je einer Knospe und einer Blüte aufweisen; so alle sechs Arme, die von dem Leuchter ausgehen. 34 Auf dem Schaft des Leuchters sollen vier mandelblütenförmige Kelche, Knospen und Blüten sein, 35 je eine Knospe unten zwischen zwei Armen, entsprechend den sechs Armen, die vom Leuchter ausgehen. 36 Seine Knospen und die Arme sollen ein Ganzes mit dem Schaft bilden; das Ganze soll ein Stück aus getriebenem purem Gold sein. 37 Dann mach für den Leuchter sieben Lampen und setze seine Lampen so auf, dass sie das Licht nach vorn fallen lassen; 38 dazu Dochtscheren und Pfannen aus purem Gold. 39 Aus einem Talent puren Goldes soll man den Leuchter und alle diese Geräte machen. 40 Sieh zu, dass du ihn nach dem Muster ausführst, das du auf dem Berg gesehen hast.

26 Die Wohnstätte sollst du aus zehn Zelttüchern herstellen; aus gezwirntem Byssus, violettem und rotem Purpur und Karmesin mit Kerubim sollst du sie machen, wie es ein Kunstweber macht. 2 Ein Zelttuch soll achtundzwanzig Ellen lang und vier Ellen breit sein; alle Zelttücher sollen dasselbe Maß haben. 3 Fünf Zelttücher sollen jeweils aneinander gefügt sein. 4 Mach Schleifen aus violettem Purpur am Rand des einen Zelttuchs, am Ende des zusammengefügten Stückes; ebenso sollst du es am Rand des letzten Zelttuchs des außen zusammengefügten Stückes machen. 5 Fünfzig Schleifen sollst du an dem einen Zelttuch anbringen und fünfzig Schleifen am Zelttuchende des zweiten zusammengefügten Stückes; die Schleifen sollen einander entsprechen. 6 Du sollst auch fünfzig Goldhaken machen und die Zelttücher mit den Haken verbinden, eines mit dem andern; so soll die Wohnstätte ein Ganzes bilden.

7 Mach Decken aus Ziegenhaar für das Zelt über der Wohnstätte; elf Stück sollst du herstellen. 8 Eine Decke soll dreißig Ellen lang und vier Ellen breit sein; die elf Decken sollen dasselbe Maß haben. 9 Verbinde fünf Decken zu einem Stück und sechs Decken zu einem Stück; die sechste Decke sollst du an der Vorderseite des Zeltes doppelt zusammenlegen. 10 Fünfzig Schleifen mach am Saum der Decke, die das Ende eines zusammengesetzten Stückes bildet, und ebenso fünfzig Schleifen am Saum der Decke, die das Ende des andern zusammengesetzten Stückes bildet. 11 Fertige fünfzig Kupferhaken an, häng die Haken in die Schleifen und setz das Zelt so zusammen, dass es ein Ganzes bildet. 12 Den herabhängenden überschüssigen Teil der Zeltdecke lass zur Hälfte an der Rückseite der Wohnstätte herabhängen! 13 Die überschüssige Elle auf beiden Längsseiten der Zeltdecken soll auf die beiden Seiten der Wohnstätte herabhängen, sodass sie sie bedeckt. 14 Schließlich mach für das Zelt eine Decke aus rötlichen Widderfellen und darüber eine Decke aus Tahaschhäuten!

15 Mach für die Wohnstätte Bretter aus Akazienholz zum Aufstellen! 16 Jedes Brett soll zehn Ellen lang und anderthalb Ellen breit sein; 17 jedes Brett soll durch zwei Zapfen mit dem nächsten verbunden werden. So mach es mit allen Brettern für die Wohnstätte! 18 An Brettern für die Wohnstätte verfertige zwanzig für die Südseite! 19 Stell vierzig Sockel aus Silber her als Unterlage für die zwanzig Bretter je zwei Sockel als Unterlage eines Brettes für seine beiden Zapfen! 20 Für die zweite Seite der Wohnstätte, die Nordseite, ebenfalls zwanzig Bretter 21 und vierzig Sockel aus Silber, je zwei Sockel als Unterlage eines Brettes. 22 Für die Rückseite der Wohnstätte, die Westseite, verfertige sechs Bretter 23 und zwei Bretter stell für die Eckstücke an der Rückseite der Wohnstätte her! 24 Sie sollen einander entsprechen und von unten bis oben zum ersten Ring reichen. So soll es mit den beiden Brettern geschehen, die die Eckstücke bilden. 25 Acht Bretter und sechzehn Sockel aus Silber sollen vorhanden sein, je zwei Sockel als Unterlage für jedes Brett.

26 Verfertige Querlatten aus Akazienholz, fünf für die Bretter auf der einen Seite der

---

26,1.31 Zu Byssus vgl. die Anmerkung zu Gen 41,42.

26,14 Zu den Tahaschhäuten vgl. die Anmerkung zu 25,5.

Wohnstätte, 27 fünf für die Bretter der zwei-
ten Seite der Wohnstätte und fünf für die
Bretter der Rückseite der Wohnstätte, der
Westseite! 28 Die mittlere Querlatte soll in
der Mitte der Bretter angebracht werden und
von einem Ende zum andern reichen.
29 Überzieh die Bretter mit Gold und mach
Ringe aus Gold, welche die Querlatten auf-
nehmen; auch die Querlatten überzieh mit
Gold! 30 So errichte die Wohnstätte nach
dem Muster, das dir auf dem Berg gezeigt
worden ist.
31 Mach einen Vorhang aus violettem und
rotem Purpur, Karmesin und gezwirntem
Byssus; wie Kunstweberarbeit soll er ge-
macht werden, mit Kerubim. 32 Häng ihn an
die vier mit Gold überzogenen Akaziensäu-
len, die auf vier Sockeln aus Silber stehen
sollen. Auch die Nägel der Säulen sollen aus
Gold sein. 33 Häng den Vorhang an die Ha-
ken und bring dorthin, hinter den Vorhang,
die Lade der Bundesurkunde! Der Vorhang
trenne euch das Heiligtum vom Allerheiligs-
ten. 34 Setz die Deckplatte auf die Lade der
Bundesurkunde im Allerheiligsten! 35 Stell
den Tisch außen vor den Vorhang, den
Leuchter gegenüber dem Tisch an die Süd-
seite der Wohnstätte; den Tisch stell an die
Nordseite! 36 Für den Eingang des Zeltes
mach einen Vorhang aus violettem und ro-
tem Purpur, Karmesin und gezwirntem Bys-
sus; Arbeit eines Buntwirkers soll er sein.
37 Für den Vorhang mach fünf Akaziensäu-
len, überzieh sie mit Gold und gieß für sie
fünf kupferne Sockel! Auch die Nägel der
Säulen sollen aus Gold sein.

27 Dann mach aus Akazienholz den Al-
tar, fünf Ellen lang und fünf Ellen
breit – der Altar soll also quadratisch sein –
und drei Ellen hoch. 2 Mach ihm Hörner an
seinen vier Ecken – seine Hörner sollen mit
ihm ein Ganzes bilden – und überzieh ihn
mit Kupfer! 3 Stell auch die Gefäße her für
seine Fett-Asche, seine Schaufeln und Scha-
len, seine Gabeln und Feuerpfannen! Alle
seine Geräte sollst du aus Kupfer herstellen.
4 Mach für den Altar ein Gitterwerk, ein
Netzgitter aus Kupfer, und befestige am
Netzgitter vier Kupferringe, und zwar an
seinen vier Enden! 5 Bring das Gitterwerk
unterhalb der Altareinfassung unten an! Das
Netzgitter soll bis zur Mitte des Altars rei-
chen. 6 Verfertige für den Altar Stangen –
Stangen aus Akazienholz – und überzieh sie
mit Kupfer! 7 Man soll die Stangen in die
Ringe stecken, und zwar sollen die Stangen
an beiden Seiten des Altars angebracht sein,
wenn man ihn trägt. 8 Mach ihn hohl, aus
Brettern! Wie man es dir auf dem Berg ge-
zeigt hat, so soll man es ausführen.
9 Dann mach den Vorhof der Wohnstätte:
für die Südseite die Behänge des Vorhofs aus
gezwirntem Byssus, hundert Ellen lang für
eine Seite, 10 seine zwanzig Säulen und deren
zwanzig Sockel aus Kupfer, die Nägel der
Säulen und deren Querstangen aus Silber;
11 ebenso für die nördliche Längsseite Be-
hänge, hundert Ellen lang, ihre zwanzig
Säulen und deren zwanzig Sockel aus Kup-
fer, die Nägel der Säulen und deren Quer-
stangen aus Silber; 12 für die Breitseite des
Vorhofs im Westen Behänge von fünfzig El-
len, ihre zehn Säulen und deren Sockel.
13 Der Vorhof an der Ostseite soll fünfzig El-
len breit sein, 14 und zwar fünfzehn Ellen Be-
hänge für die eine Seitenwand mit ihren drei
Säulen und deren drei Sockel; 15 für die an-
dere Seitenwand ebenso fünfzehn Ellen Be-
hänge mit ihren drei Säulen und deren drei
Sockel; 16 für das Tor des Vorhofs als Bunt-
wirkerarbeit einen Vorhang von zwanzig El-
len aus violettem und rotem Purpur, Karme-
sin und gezwirntem Byssus, mit ihren vier
Säulen und deren vier Sockeln; 17 alle Säulen
des Vorhofs ringsum mit Querstangen aus
Silber sowie ihre Nägel aus Silber und ihre
Sockel aus Kupfer. 18 Der Vorhof soll hun-
dert Ellen lang, fünfzig Ellen breit und fünf
Ellen hoch sein, die Behänge aus gezwirntem
Byssus, ihre Sockel aus Kupfer. 19 Alle Gerä-
te der Wohnstätte, die darin zu irgendeinem
Dienst verwendet werden, alle ihre Zeltpflö-
cke und alle Zeltpflöcke des Vorhofs sollen
aus Kupfer sein.
20 Du aber befiehl den Israeliten, dass sie
dir reines Öl aus gestoßenen Oliven für den
Leuchter liefern, damit immer Licht brennt.
21 Im Offenbarungszelt außerhalb des Vor-
hangs vor der Bundesurkunde sollen es Aa-
ron und seine Söhne zurichten; es soll vom
Abend bis zum Morgen vor dem Herrn bren-
nen, als eine ständig eingehaltene Verpflich-
tung bei den Israeliten von Generation zu
Generation.

25,1–9: 35,4–10 • 10–22: 37,1–9 • 23–30: 37,10–16 • 31–40: 37,17–24 • 26,1–6: 36,8–13 • 7–14: 36,14–19 • 15–25: 36,20–30 • 26–30: 36,31–34 • 31–37: 36,35–38 • 27,1–8: 38,1–7 • 9–19: 38,9–20 • 20–21: Lev 24,2f.

Die Priestergewänder: 28,1–43

28 Lass aus der Mitte der Israeliten dei-
nen Bruder Aaron und mit ihm auch
seine Söhne zu dir kommen, damit sie mir als
Priester dienen, Aaron mit Nadab, Abihu,
Eleasar und Itamar, den Söhnen Aarons.
2 Lass für deinen Bruder Aaron heilige Ge-
wänder anfertigen, die ihm zur Ehre und

zum Schmuck gereichen. 3 Rede mit allen
Sachverständigen, die ich mit dem Geist der
Weisheit erfüllt habe; sie sollen Aarons Ge-
wänder anfertigen, damit er geheiligt sei und
mir als Priester dient. 4 Das sind die Gewän-
der, die sie anfertigen sollen: Lostasche,
Efod, Obergewand, Leibrock aus gewirktem
Stoff, Turban und Gürtel. Sie sollen also für
deinen Bruder Aaron und für seine Söhne
heilige Gewänder anfertigen, damit er mir
als Priester dient. 5 Sie sollen dazu Gold, vio-
letten und roten Purpur, Karmesin und Bys-
sus verwenden.

6 Das Efod sollen sie als Kunstweberarbeit
herstellen, aus Gold, violettem und rotem
Purpur, Karmesin und gezwirntem Byssus.
7 Es soll zwei miteinander verbundene
Schulterstücke haben, und zwar an seinen
beiden Enden sollen sie miteinander verbun-
den sein. 8 Die Schärpe am Efod soll von der-
selben Machart sein und mit ihm ein einziges
Stück bilden, aus Gold, violettem und rotem
Purpur, Karmesin und gezwirntem Byssus.
9 Nimm die beiden Karneolsteine und
schneide die Namen der Söhne Israels ein:
10 sechs von den Namen in den einen Stein
und die übrigen sechs Namen in den andern
Stein, in der Reihenfolge, wie sie geboren
wurden. 11 In Steinschneidearbeit wie Sie-
gelgravierung sollst du in die beiden Steine
die Namen der Söhne Israels schneiden, in
Goldfassungen eingesetzt sollst du sie her-
stellen. 12 Befestige die beiden Steine an den
Schulterstücken des Efod als Steine, die den
Herrn an die Israeliten erinnern. Aaron soll
ihre Namen auf beiden Schulterstücken vor
dem Herrn zur Erinnerung tragen. 13 Du
sollst also die Fassung aus Gold 14 und zwei
Kettchen aus purem Gold machen; dreh sie
wie eine Schnur, und befestige die schnurar-
tigen Kettchen an den Fassungen!

15 Mach eine Lostasche für den Schieds-
spruch; als Kunstweberarbeit wie das Efod
sollst du sie herstellen; aus Gold, violettem
und rotem Purpur, Karmesin und gezwirn-
tem Byssus sollst du sie herstellen. 16 Sie soll
quadratisch sein, zusammengefaltet, eine
Spanne lang und eine Spanne breit. 17 Beset-
ze sie mit gefassten Edelsteinen in vier Rei-
hen: die erste Reihe mit Rubin, Topas und
Smaragd; 18 die zweite Reihe mit Karfunkel,
Saphir und Jaspis; 19 die dritte Reihe mit
Achat, Hyazinth und Amethyst; 20 die vierte
Reihe mit Chrysolith, Karneol und Onyx; sie
sollen in Gold gefasst und eingesetzt sein.
21 Die Steine sollen auf die Namen der Söhne
Israels lauten, zwölf Steine auf ihre Namen –
in Siegelgravierung. Jeder laute auf einen
Namen der zwölf Stämme. 22 Befestige an
der Lostasche schnurartige, gedrehte Kett-
chen aus purem Gold! 23 An der Lostasche
bring zwei goldene Ringe an und befestige
die Ringe an den Enden der Lostasche! 24 So-
dann verbinde die beiden Goldschnüre mit
den beiden Ringen an den Enden der Losta-
sche; 25 die zwei andern Enden der Schnüre
befestige an den beiden Einfassungen und
häng sie an die Vorderseite der Schulterstü-
cke des Efod! 26 Mach noch zwei Goldringe
und befestige sie an den beiden Enden der
Lostasche, und zwar am inneren Rand, der
dem Efod zugekehrt ist. 27 Mach zwei weite-
re Goldringe und befestige sie unten an den
beiden Schulterstücken des Efod, und zwar
an der Vorderseite, nahe ihrer Naht, aber
oberhalb der Efodschärpe. 28 Man soll die
Lostasche mit ihren Ringen an die Ringe des
Efod mit einer violetten Purpurschnur bin-
den, damit sie über der Efodschärpe bleibt
und sich die Lostasche nicht vom Efod ver-
schiebt. 29 Aaron soll die Namen der Söhne
Israels in der Lostasche für den Schieds-
spruch über seinem Herzen tragen, wenn er
zum Heiligtum kommt, zur immer währen-
den Erinnerung vor dem Herrn. 30 In die Los-
tasche für den Schiedsspruch steck die Lose
Urim und Tummim; sie sollen sich über dem
Herzen Aarons befinden, wenn er vor den
Herrn kommt; Aaron trage den Schieds-
spruch für die Israeliten über seinem Herzen
ständig vor dem Herrn.

31 Verfertige den Efodmantel ganz aus vio-
lettem Purpur; 32 in seiner Mitte soll sich eine
Öffnung für den Kopf befinden; an seiner
Öffnung ringsum soll wie bei der Öffnung ei-
nes Panzerhemds ein gewebter, unzerreißba-
rer Rand angebracht sein. 33 An seinem unte-
ren Saum mach Granatäpfel aus violettem
und rotem Purpur und aus Karmesin, an sei-
nem Saum ringsum, und dazwischen goldene
Glöckchen ringsum: 34 ein Goldglöckchen
und ein Granatapfel abwechselnd ringsum
am Saum des Mantels. 35 Aaron soll ihn beim
Dienst tragen; sein Ton soll zu hören sein,
wenn er in das Heiligtum vor den Herrn hin-
tritt und wenn er wieder herauskommt; sonst
muss er sterben.

36 Mach eine Rosette aus purem Gold und
bring darauf nach Art der Siegelgravierung
die Inschrift an: Heilig dem Herrn. 37 Befes-
tige die Rosette an einer Schnur aus violet-
tem Purpur und bring sie am Turban an; sie
soll an der Vorderseite des Turbans ange-
bracht werden. 38 Sie soll auf Aarons Stirn

28,6 Zum Efod vgl. die Anmerkung zu 25,7.

sein, denn Aaron ist verantwortlich für die
Verfehlungen an den Weihegaben, die die Is-
raeliten weihen, für alle heiligen Abgaben;
sie soll ständig auf Aarons Stirn sein, damit
sie dem Herrn genehm sind.
39 Web den Leibrock aus Byssus; mach ei-
nen Turban aus Byssus und einen Gürtel in
Buntwirkerarbeit! 40 Für die Söhne Aarons
verfertige Leibröcke und mach ihnen Gürtel!
Mach für sie auch Kopfbünde, die ihnen zur
Ehre und zum Schmuck gereichen. 41 Dann
bekleide damit deinen Bruder Aaron und
zusammen mit ihm auch seine Söhne und
salbe sie, setze sie ins Priesteramt ein und
weihe sie, damit sie mir als Priester dienen.
42 Mach ihnen Beinkleider aus Leinen, damit
sie ihre Scham bedecken; von den Hüften
bis zu den Schenkeln sollen sie reichen.
43 Aaron und seine Söhne sollen sie tragen,
wenn sie zum Offenbarungszelt kommen
oder sich dem Altar nähern, um den Dienst
am Heiligtum zu verrichten; so werden sie
keine Schuld auf sich laden und nicht ster-
ben. Als ständig einzuhaltende Verpflich-
tung gelte dies für ihn und seine Nachkom-
men.

1–43 ‖ 39,1–31.

Die Weihe der Priester: 29,1–37

29 Das ist es, was du mit ihnen tun sollst,
wenn du sie zum Priesterdienst für
mich weihst: Nimm einen Jungstier und zwei
fehlerlose Widder, 2 ungesäuerte Brote, mit
Öl vermengte ungesäuerte Kuchen und mit
Öl bestrichene ungesäuerte Brotfladen; aus
Feinmehl sollst du sie zubereiten. 3 Leg sie in
einen Korb und bring sie im Korb herbei,
dazu den Jungstier und die beiden Widder!
4 Lass Aaron und seine Söhne zum Eingang
des Offenbarungszeltes treten, und wasche
sie mit Wasser! 5 Nimm die Gewänder und
bekleide Aaron mit Leibrock, Efodmantel,
Efod und Lostasche und bind ihm die Efod-
schärpe um! 6 Setz ihm den Turban auf den
Kopf und befestige das heilige Diadem am
Turban! 7 Nimm Salböl, gieß es auf sein
Haupt und salb ihn! 8 Lass seine Söhne he-
rantreten und bekleide sie mit Leibröcken!
9 Gürte Aaron und seine Söhne mit einem
Gürtel und bind ihnen die Kopfbünde um!
Das Priestertum gehört dann ihnen als dau-
erndes Anrecht. Setz also Aaron und seine
Söhne ins Priesteramt ein! 10 Lass den Jung-
stier vor das Offenbarungszelt bringen und
Aaron und seine Söhne sollen ihre Hände auf
den Kopf des Jungstiers legen. 11 Dann
schlachte den Jungstier vor dem Herrn am
Eingang des Offenbarungszeltes! 12 Nimm
vom Blut des Jungstiers und gib etwas davon
mit deinem Finger auf die Hörner des Altars!
Das ganze übrige Blut aber gieß am Sockel
des Altars aus! 13 Nimm das ganze Fett, das
die Eingeweide bedeckt, die Fettmasse über
der Leber, die beiden Nieren und ihr Fett
und lass es auf dem Altar in Rauch aufgehen!
14 Das Fleisch des Jungstiers, sein Fell und
seinen Mageninhalt verbrenn im Feuer au-
ßerhalb des Lagers, denn es ist ein Sündop-
fer. 15 Dann hol den einen Widder und Aaron
und seine Söhne sollen ihre Hände auf den
Kopf des Widders legen. 16 Schlachte den
Widder, nimm sein Blut und gieß es ringsum
an den Altar! 17 Zerleg den Widder in seine
Teile, wasche seine Eingeweide und seine
Beine und leg sie auf seine übrigen Teile und
auf seinen Kopf! 18 Dann lass den ganzen
Widder auf dem Altar in Rauch aufgehen!
Ein Brandopfer ist es für den Herrn zum be-
ruhigenden Duft, ein Feueropfer für den
Herrn ist es. 19 Dann hol den zweiten Wid-
der und Aaron und seine Söhne sollen ihre
Hände auf den Kopf des Widders legen.
20 Schlachte den Widder, nimm von seinem
Blut und streich es auf das rechte Ohrläpp-
chen Aarons und seiner Söhne, auf den Dau-
men ihrer rechten Hand und auf die große
Zehe ihres rechten Fußes! Das übrige Blut
gieß ringsum an den Altar! 21 Nimm vom
Blut auf dem Altar und vom Salböl und be-
spreng damit Aaron und dessen Gewänder
sowie seine Söhne und deren Gewänder! Er
und seine Gewänder werden so geweiht sein
und mit ihm auch seine Söhne und deren
Gewänder. 22 Dann nimm vom Widder das
Fett, den Fettschwanz, das Fett, das die Ein-
geweide bedeckt, die Fettmasse über der
Leber, die beiden Nieren und ihr Fett sowie
die rechte Schenkelkeule; denn es ist der
Widder der Priestereinsetzung. 23 Nimm
dazu ein rundes Brot, einen mit Öl zubereite-
ten Brotkuchen und einen Brotfladen aus
dem Korb der ungesäuerten Brote, der sich
vor dem Herrn befindet. 24 Das alles leg
Aaron und seinen Söhnen in die Hände und
lass sie es vor dem Herrn hin- und her-
schwingen und so darbringen! 25 Dann nimm
die Stücke wieder aus ihren Händen und lass
sie auf dem Altar mit dem Brandopfer in
Rauch aufgehen, zum beruhigenden Duft vor
dem Herrn; ein Feueropfer für den Herrn ist
es. 26 Dann nimm die Brust des Widders der
Priestereinsetzung Aarons und schwing sie
vor dem Herrn zur Darbringung hin und her!
Die Brust gehört dir als Anteil. 27 Erkläre die
Brust des Darbringungsritus und die Keule
des Erhebungsritus als heilig; denn sie
wurden vom Widder des Einsetzungsopfers

genommen, dem Widder Aarons und dem
seiner Söhne. 28 Sie gehören Aaron und
seinen Söhnen als dauerndes Anrecht
gegenüber den Israeliten, denn es ist ein
Erhebungsopfer, und zwar ein Erhebungs-
opfer von den Israeliten, von ihren Heils-
opfern, ihren Erhebungsopfern zur Ehre
des Herrn.
29 Die heiligen Gewänder Aarons gehören
nach ihm seinen Söhnen, damit man sie da-
rin salbt und ins Priesteramt einsetzt. 30 Sie-
ben Tage lang soll sie derjenige von seinen
Söhnen tragen, der an seiner Stelle Priester
wird und ins Offenbarungszelt eintritt, um
im Heiligtum den Dienst zu verrichten.
31 Nimm den Einsetzungswidder und koch
sein Fleisch an heiliger Stätte! 32 Aaron und
seine Söhne sollen das Widderfleisch und
das Brot aus dem Korb am Eingang des Of-
fenbarungszeltes essen. 33 Sie sollen das es-
sen, womit sie bei ihrer Priestereinsetzung
und Weihe entsühnt wurden; kein Laie darf
davon essen, denn es ist heilig. 34 Wenn vom
Fleisch des Einsetzungsopfers und vom Brot
etwas bis zum Morgen übrig bleibt, dann
sollst du das Übriggebliebene im Feuer ver-
brennen; man darf es nicht essen, denn es ist
heilig. 35 Tu mit Aaron und seinen Söhnen
genau so, wie ich es dir befohlen habe. Sie-
ben Tage verwende für ihre Priestereinset-
zung! 36 Bereite täglich einen Sündopferstier
für die Entsühnung zu und entsündige den
Altar, indem du ihn entsühnst. Salb ihn, um
ihn zu weihen. 37 Sieben Tage sollst du den
Altar entsühnen und so weihen. Der Altar ist
dann hochheilig; jeder, der den Altar be-
rührt, wird heilig.

1–37 ‖ Lev 8,1–36.

Vorschriften für den Kult: 29,38 – 30,38

38 Folgendes sollst du auf dem Altar dar-
bringen: Tagtäglich und ständig zwei männ-
liche einjährige Lämmer. 39 Das eine Lamm
sollst du am Morgen, das andere zur Zeit der
Abenddämmerung darbringen, 40 dazu ein
Zehntel Feinmehl, das mit einem viertel Hin
Öl aus gestoßenen Oliven vermengt ist, und
als Trankopfer ein viertel Hin Wein für ein
Lamm. 41 Das zweite Lamm bring zur Zeit
der Abenddämmerung dar, mit einer Opfer-
gabe und einem Trankopfer wie am Morgen,
zum beruhigenden Duft als Feueropfer für
den Herrn. 42 Es soll von Generation zu Ge-
neration ein immer währendes Brandopfer
am Eingang des Offenbarungszeltes vor dem
Herrn sein, wo ich mich euch offenbare, um
mit dir dort zu reden. 43 Ich werde mich dort
den Israeliten offenbaren und mich in mei-
ner Herrlichkeit als heilig erweisen. 44 Ich
werde das Offenbarungszelt, den Altar, Aa-
ron und seine Söhne heiligen und für meinen
Priesterdienst weihen. 45 Ich werde mitten
unter den Israeliten wohnen und ihnen Gott
sein. 46 Sie sollen erkennen, dass ich der
Herr, ihr Gott bin, der sie aus Ägypten he-
rausgeführt hat, um in ihrer Mitte zu woh-
nen, ich, der Herr, ihr Gott.

30 Mach auch einen Altar zum Verbren-
nen von Räucherwerk; aus Akazien-
holz sollst du ihn machen. 2 Er soll eine Elle
lang, eine Elle breit, also quadratisch, und
zwei Ellen hoch sein; seine Hörner sollen mit
ihm eine Einheit bilden. 3 Mit purem Gold
überzieh ihn, seine Platte, seine Wände
ringsum und seine Hörner und bring an ihm
ringsum eine Goldleiste an! 4 Mach für ihn
zwei Paar Goldringe, befestige sie unterhalb
seiner Leiste an seinen beiden Seiten, seinen
Seitenwänden, zum Aufnehmen der Stan-
gen, sodass man ihn damit tragen kann.
5 Mach die Stangen aus Akazienholz und
überzieh sie mit Gold! 6 Stell ihn vor den
Vorhang vor der Lade der Bundesurkunde,
vor der Deckplatte über der Bundesurkunde!
Dort will ich mich dir offenbaren. 7 Aaron
soll auf ihm Morgen für Morgen duftendes
Räucherwerk verbrennen; wenn er die Lam-
pen herrichtet, soll er es verbrennen. 8 Wenn
Aaron zur Zeit der Abenddämmerung die
Lampen wieder aufsetzt, soll er das Räu-
cherwerk verbrennen; es soll ein immer wäh-
rendes Rauchopfer vor dem Herrn sein von
Generation zu Generation. 9 Ihr dürft auf
ihm weder ein unerlaubtes Rauchopfer, noch
ein Brandopfer, noch ein Speiseopfer dar-
bringen; auch dürft ihr auf ihm kein Trank-
opfer ausgießen. 10 An seinen Hörnern soll
Aaron einmal im Jahr die Sühne für die Sün-
den vollziehen; mit dem Blut des Sühneop-
fers soll man einmal im Jahr auf ihm die Süh-
ne vollziehen von Generation zu Generation.
Etwas Hochheiliges ist es für den Herrn.
11 Der Herr sprach zu Mose: 12 Wenn du die
Zählung der Israeliten für ihre Veranlagung
durchführst, soll jeder von ihnen ein Löse-
geld für seine Person anlässlich der Veranla-
gung an den Herrn zahlen, damit sie kein
Unheil wegen der Veranlagung trifft. 13 Je-
der von ihnen, der zur Veranlagung kommt,
soll einen halben Schekel, entsprechend dem
Schekelgewicht des Heiligtums, entrichten:
zwanzig Gera auf einen Schekel; einen hal-
ben Schekel soll die Abgabe für den Herrn
betragen. 14 Jeder von zwanzig Jahren und
darüber, der zur Veranlagung kommt, soll
eine Abgabe für den Herrn entrichten. 15 Der
Reiche soll nicht mehr, der Arme nicht weni-

ger als einen halben Schekel geben, wenn ihr die Abgabe für den Herrn als Lösegeld für eure Person entrichtet. 16 Nimm das Silber des Lösegeldes von den Israeliten und verwende es für den Dienst im Offenbarungszelt; es diene den Israeliten zur Erinnerung vor dem Herrn, als Lösegeld für eure Person.

17 Der Herr sprach zu Mose: 18 Verfertige ein Becken aus Kupfer und ein Gestell aus Kupfer für die Waschungen und stell es zwischen das Offenbarungszelt und den Altar; dann füll Wasser ein! 19 Aaron und seine Söhne sollen darin ihre Hände und Füße waschen. 20 Wenn sie zum Offenbarungszelt kommen, sollen sie sich mit Wasser waschen, damit sie nicht sterben. Ebenso sollen sie es halten, wenn sie zum Altar treten, um den Dienst zu verrichten und um Feueropfer für den Herrn in Rauch aufgehen zu lassen. 21 Sie sollen sich ihre Hände und Füße waschen, damit sie nicht sterben. Dies soll für sie eine immer währende Verpflichtung sein, für Aaron und seine Nachkommen von Generation zu Generation.

22 Der Herr sprach zu Mose: 23 Nimm dir Balsam von bester Sorte: fünfhundert Schekel erstarrte Tropfenmyrrhe, halb so viel, also zweihundertfünfzig Schekel, wohlriechenden Zimt, zweihundertfünfzig Schekel Gewürzrohr 24 und fünfhundert Schekel Zimtnelken, nach dem Schekelgewicht des Heiligtums, dazu ein Hin Olivenöl, 25 und mach daraus ein heiliges Salböl, eine würzige Salbe, wie sie der Salbenmischer bereitet. Ein heiliges Salböl soll es sein. 26 Damit salbe das Offenbarungszelt und die Lade der Bundesurkunde, 27 den Tisch und den Leuchter mit ihren Geräten und den Rauchopferaltar, 28 ferner den Brandopferaltar samt allen seinen Geräten und das Becken mit seinem Gestell. 29 So sollst du sie weihen, damit sie hochheilig seien; ein jeder, der sie berührt, wird heilig. 30 Auch Aaron und seine Söhne sollst du salben und sie weihen, damit sie mir als Priester dienen. 31 Zu den Israeliten aber sag: Das soll euch als ein mir heiliges Salböl gelten von Generation zu Generation. 32 Auf keinen menschlichen Körper darf es gegossen werden und ihr dürft auch keines in der gleichen Mischung herstellen; denn heilig ist es, heilig soll es euch sein. 33 Wer eine solche Mischung herstellt oder damit einen Laien salbt, soll aus seinen Stammesgenossen ausgemerzt werden.

34 Der Herr sprach zu Mose: Nimm dir Duftstoffe, Staktetropfen, Räucherklaue, Galbanum, Gewürzkräuter und reinen Weihrauch, von jedem gleich viel, 35 und mach Räucherwerk daraus, ein Würzgemisch, wie es der Salbenmischer herstellt, gesalzen, rein und heilig. 36 Zerstoß einen Teil davon ganz fein und bring davon wieder einen Teil vor die Bundesurkunde im Offenbarungszelt, wo ich dir begegnen werde; hochheilig soll es euch sein. 37 Das Räucherwerk, das du bereiten sollst – in derselben Mischung dürft ihr euch kein anderes herstellen –, soll dir als dem Herrn heilig gelten. 38 Wer solches um des Duftes willen herstellt, soll aus seinen Stammesgenossen ausgemerzt werden.

29,38: Num 28,1–10 • 30,1–5: 37,25–28 • 10: Lev 16,18f • 12: 38,21 • 22–33: 37,29.

Die Beauftragung von Künstlern und Handwerkern: 31,1–11

31 Der Herr sprach zu Mose: 2 Siehe, ich habe Bezalel, den Sohn Uris, den Enkel Hurs, vom Stamm Juda, beim Namen gerufen 3 und ihn mit dem Geist Gottes erfüllt, mit Weisheit, mit Verstand und mit Kenntnis für jegliche Arbeit: 4 Pläne zu entwerfen und sie in Gold, Silber und Kupfer auszuführen 5 und durch Schneiden und Fassen von Steinen und durch Schnitzen von Holz allerlei Werke herzustellen. 6 Ich habe ihm Oholiab, den Sohn Ahisamachs, vom Stamm Dan, beigegeben und allen Kunstverständigen Weisheit verliehen, damit sie alles ausführen, was ich dir aufgetragen habe: 7 das Offenbarungszelt, die Lade für die Bundesurkunde, die Deckplatte darauf und alle Geräte des Zeltes, 8 den Tisch mit seinen Geräten, den Leuchter aus reinem Gold mit allen seinen Geräten und den Rauchopferaltar, 9 den Brandopferaltar mit allen seinen Geräten und das Becken mit seinem Gestell, 10 die gewirkten Gewänder und die heiligen Gewänder des Priesters Aaron sowie die Gewänder seiner Söhne für den Priesterdienst, 11 das Salböl und das duftende Räucherwerk für das Heiligtum. Sie sollen alles so ausführen, wie ich es dir befohlen habe.

Die Feier des Sabbat: 31,12–17

12 Der Herr sprach zu Mose: 13 Sag den Israeliten: Ihr sollt meine Sabbate halten; denn das ist ein Zeichen zwischen mir und euch von Generation zu Generation, damit man erkennt, dass ich, der Herr, es bin, der euch heiligt. 14 Darum haltet den Sabbat; denn er soll euch heilig sein. Wer ihn entweiht, soll mit dem Tod bestraft werden. Denn jeder, der an ihm eine Arbeit verrichtet, soll aus seinen Stammesgenossen ausgemerzt werden. 15 Sechs Tage soll man arbei-

ten; der siebte Tag ist Sabbat, Ruhetag, hei-
lig für den Herrn. Jeder, der am Sabbat ar-
beitet, soll mit dem Tod bestraft werden.
16 Die Israeliten sollen also den Sabbat hal-
ten, indem sie ihn von Generation zu Gene-
ration als einen ewigen Bund halten. 17 Für
alle Zeiten wird er ein Zeichen zwischen mir
und den Israeliten sein. Denn in sechs Tagen
hat der Herr Himmel und Erde gemacht; am
siebten Tag ruhte er und atmete auf.

15: 20,9f; Dtn 5,12–14 • 17: Gen 2,2f.

Der Bruch des Bundes: das goldene Kalb:
31,18 – 33,6

18 Nachdem der Herr zu Mose auf dem
Berg Sinai alles gesagt hatte, übergab er ihm
die beiden Tafeln der Bundesurkunde, stei-
nerne Tafeln, auf die der Finger Gottes ge-
schrieben hatte.

32 Als das Volk sah, dass Mose noch im-
mer nicht vom Berg herabkam, ver-
sammelte es sich um Aaron und sagte zu ihm:
Komm, mach uns Götter, die vor uns herzie-
hen. Denn dieser Mose, der Mann, der uns
aus Ägypten heraufgebracht hat – wir wissen
nicht, was mit ihm geschehen ist. 2 Aaron
antwortete: Nehmt euren Frauen, Söhnen
und Töchtern die goldenen Ringe ab, die sie
an den Ohren tragen, und bringt sie her! 3 Da
nahm das ganze Volk die goldenen Ohrringe
ab und brachte sie zu Aaron. 4 Er nahm sie
von ihnen entgegen, zeichnete mit einem
Griffel eine Skizze und goss danach ein
Kalb. Da sagten sie: Das sind deine Götter,
Israel, die dich aus Ägypten heraufgeführt
haben. 5 Als Aaron das sah, baute er vor dem
Kalb einen Altar und rief aus: Morgen ist ein
Fest zur Ehre des Herrn. 6 Am folgenden
Morgen standen sie zeitig auf, brachten
Brandopfer dar und führten Tiere für das
Heilsopfer herbei. Das Volk setzte sich zum
Essen und Trinken und stand auf, um sich zu
vergnügen.

7 Da sprach der Herr zu Mose: Geh, steig
hinunter, denn dein Volk, das du aus Ägyp-
ten heraufgeführt hast, läuft ins Verderben.
8 Schnell sind sie von dem Weg abgewichen,
den ich ihnen vorgeschrieben habe. Sie ha-
ben sich ein Kalb aus Metall gegossen und
werfen sich vor ihm zu Boden. Sie bringen
ihm Schlachtopfer dar und sagen: Das sind
deine Götter, Israel, die dich aus Ägypten
heraufgeführt haben. 9 Weiter sprach der
Herr zu Mose: Ich habe dieses Volk durch-
schaut: Ein störrisches Volk ist es. 10 Jetzt
lass mich, damit mein Zorn gegen sie ent-
brennt und sie verzehrt. Dich aber will ich zu
einem großen Volk machen. 11 Da versuchte
Mose, den Herrn, seinen Gott, zu besänfti-
gen, und sagte: Warum, Herr, ist dein Zorn
gegen dein Volk entbrannt? Du hast es doch
mit großer Macht und starker Hand aus
Ägypten herausgeführt. 12 Sollen etwa die
Ägypter sagen können: In böser Absicht hat
er sie herausgeführt, um sie im Gebirge um-
zubringen und sie vom Erdboden verschwin-
den zu lassen? Lass ab von deinem glühen-
den Zorn und lass dich das Böse reuen, das
du deinem Volk antun wolltest. 13 Denk an
deine Knechte, an Abraham, Isaak und Isra-
el, denen du mit einem Eid bei deinem eige-
nen Namen zugesichert und gesagt hast: Ich
will eure Nachkommen zahlreich machen
wie die Sterne am Himmel, und: Dieses gan-
ze Land, von dem ich gesprochen habe, will
ich euren Nachkommen geben und sie sollen
es für immer besitzen. 14 Da ließ sich der
Herr das Böse reuen, das er seinem Volk an-
gedroht hatte.

15 Mose kehrte um und stieg den Berg
hinab, die zwei Tafeln der Bundesurkunde in
der Hand, die Tafeln, die auf beiden Seiten
beschrieben waren. Auf der einen wie auf
der andern Seite waren sie beschrieben.
16 Die Tafeln hatte Gott selbst gemacht und
die Schrift, die auf den Tafeln eingegraben
war, war Gottes Schrift.

17 Josua hörte das Lärmen und Schreien
des Volkes und sagte zu Mose: Horch, Krieg
ist im Lager. 18 Mose antwortete: Nicht Sie-
gesgeschrei, auch nicht Geschrei nach Nie-
derlage ist das Geschrei, das ich höre. 19 Als
Mose dem Lager naher kam und das Kalb
und den Tanz sah, entbrannte sein Zorn. Er
schleuderte die Tafeln fort und zerschmet-
terte sie am Fuß des Berges. 20 Dann packte
er das Kalb, das sie gemacht hatten, ver-
brannte es im Feuer und zerstampfte es zu
Staub. Den Staub streute er in Wasser und
gab es den Israeliten zu trinken.

21 Zu Aaron sagte Mose: Was hat dir dieses

32,1–35 Der Stier (im AT oft abwertend: Kalb) ist Sinnbild der Kraft und der Fruchtbarkeit. Darum werden in der Umwelt Israels die Götter oft in Stiergestalt oder mit Hörnern dargestellt. Als später Jerobeam I. die Nordstämme von der Dynastie Davids und vom Kult in Jerusalem losreißt, lässt er in seinen Staatsheiligtümern Bet-El und Dan mit Gold überzogene Stierbilder aufstellen, die zunächst als Symbole für den Gott Israels gedacht waren, aber vom Volk bald als Bilder des Fruchtbarkeitsgottes Baal verehrt wurden (vgl. 1 Kön 12,26–33).

32,4 Er zeichnete eine Skizze: Die Bedeutung von H ist umstritten; andere Übersetzungsmöglichkeit: Er formte das Gold in einer Gussform und goss daraus . . .

Volk getan, dass du ihm eine so große Schuld aufgeladen hast? 22 Aaron erwiderte: Mein Herr möge sich doch nicht vom Zorn hinreißen lassen. Du weißt doch, wie böse das Volk ist. 23 Sie haben zu mir gesagt: Mach uns Götter, die uns vorangehen. Denn dieser Mose, der Mann, der uns aus Ägypten heraufgeführt hat – wir wissen nicht, was mit ihm geschehen ist. 24 Da habe ich zu ihnen gesagt: Wer Goldschmuck trägt, soll ihn ablegen. Sie haben mir das Gold übergeben, ich habe es ins Feuer geworfen und herausgekommen ist dieses Kalb. 25 Mose sah, wie verwildert das Volk war. Denn Aaron hatte es verwildern lassen, zur Schadenfreude ihrer Widersacher.

26 Mose trat an das Lagertor und sagte: Wer für den Herrn ist, her zu mir! Da sammelten sich alle Leviten um ihn. 27 Er sagte zu ihnen: So spricht der Herr, der Gott Israels: Jeder lege sein Schwert an. Zieht durch das Lager von Tor zu Tor! Jeder erschlage seinen Bruder, seinen Freund, seinen Nächsten. 28 Die Leviten taten, was Mose gesagt hatte. Vom Volk fielen an jenem Tag gegen dreitausend Mann. 29 Dann sagte Mose: Füllt heute eure Hände mit Gaben für den Herrn! Denn jeder von euch ist heute gegen seinen Sohn und seinen Bruder vorgegangen und der Herr hat Segen auf euch gelegt.

30 Am folgenden Morgen sprach Mose zum Volk: Ihr habt eine große Sünde begangen. Jetzt will ich zum Herrn hinaufsteigen; vielleicht kann ich für eure Sünde Sühne erwirken. 31 Mose kehrte zum Herrn zurück und sagte: Ach, dieses Volk hat eine große Sünde begangen. Götter aus Gold haben sie sich gemacht. 32 Doch jetzt nimm ihre Sünde von ihnen! Wenn nicht, dann streich mich aus dem Buch, das du angelegt hast. 33 Der Herr antwortete Mose: Nur den, der gegen mich gesündigt hat, streiche ich aus meinem Buch. 34 Aber jetzt geh, führe das Volk, wohin ich dir gesagt habe. Mein Engel wird vor dir hergehen. Am Tag aber, an dem ich Rechenschaft verlange, werde ich über ihre Sünde mit ihnen abrechnen. 35 Der Herr schlug das Volk mit Unheil, weil sie das Kalb gemacht hatten, das Aaron anfertigen ließ.

33 Der Herr sprach zu Mose: Geh, zieh mit dem Volk, das du aus Ägypten heraufgeführt hast, fort von hier, in das Land hinauf, von dem ich Abraham, Isaak und Jakob mit einem Eid versichert habe: Deinen Nachkommen gebe ich es. 2 Ich sende einen Engel, der dir vorangeht, und ich vertreibe die Kanaaniter, Amoriter, Hetiter, Perisiter, Hiwiter und Jebusiter. 3 In ein Land, in dem Milch und Honig fließen, wirst du kommen. Ich selbst ziehe nicht in deiner Mitte hinauf, denn du bist ein störrisches Volk. Es könnte sonst geschehen, dass ich dich unterwegs vertilge. 4 Als das Volk diese Drohung hörte, trauerten sie und keiner legte seinen Schmuck an. 5 Da sprach der Herr zu Mose: Sag zu den Israeliten: Ihr seid ein störrisches Volk. Wenn ich auch nur einen einzigen Augenblick mit dir zöge, müsste ich dir ein Ende machen. Jetzt aber leg deinen Schmuck ab! Dann will ich sehen, was ich mit dir tun kann. 6 Da trugen die Israeliten keinen Schmuck mehr, vom Berg Horeb an.

32,13: Gen 22,17; 26,4; 17,8.

Die Erneuerung des Bundes: 33,7 – 34,35

7 Mose nahm das Zelt und schlug es für sich außerhalb des Lagers auf, in einiger Entfernung vom Lager. Er nannte es Offenbarungszelt. Wenn einer den Herrn aufsuchen wollte, ging er zum Offenbarungszelt vor das Lager hinaus. 8 Wenn Mose zum Zelt hinausging, erhob sich das ganze Volk. Jeder trat vor sein Zelt und sie schauten Mose nach, bis er in das Zelt eintrat. 9 Sobald Mose das Zelt betrat, ließ sich die Wolkensäule herab und blieb am Zelteingang stehen. Dann redete der Herr mit Mose. 10 Wenn das ganze Volk die Wolkensäule am Zelteingang stehen sah, erhoben sich alle und warfen sich vor ihren Zelten zu Boden. 11 Der Herr und Mose redeten miteinander Auge in Auge, wie Menschen miteinander reden. Wenn Mose aber dann ins Lager zurückging, wich sein Diener Josua, der Sohn Nuns, ein junger Mann, nicht vom Zelt.

12 Mose sagte zum Herrn: Du sagst zwar zu mir: Führ dieses Volk hinauf! Du hast mich aber nicht wissen lassen, wen du mitschickst. Du hast doch gesagt: Ich kenne deinen Namen und habe dir meine Gnade geschenkt. 13 Wenn ich aber wirklich deine Gnade gefunden habe, so lass mich doch deinen Weg wissen! Dann werde ich dich erkennen und es wird sich bestätigen, dass ich

32,29 Die Hände mit Gaben füllen war ein Ritus der Priestereinsetzung. Die Priester mussten dabei Opfergaben in die Hände nehmen, die sie Gott darbrachten.

32,35 gemacht, andere Übersetzungsmöglichkeit (nach den alten Übersetzungen): verehrt.

deine Gnade gefunden habe. Sieh diese Leute an: Es ist doch dein Volk! 14 Der Herr antwortete: Mein Angesicht wird mitgehen, bis ich dir Ruhe verschafft habe. 15 Mose entgegnete dem Herrn: Wenn dein Angesicht nicht mitgeht, dann führ uns lieber nicht von hier hinauf! 16 Woran soll man erkennen, dass ich zusammen mit deinem Volk deine Gnade gefunden habe? Doch wohl daran, dass du mit uns ziehst. Und dann werden wir, ich und dein Volk, vor allen Völkern auf der Erde ausgezeichnet werden. 17 Der Herr erwiderte Mose: Auch das, was du jetzt verlangt hast, will ich tun; denn du hast nun einmal meine Gnade gefunden und ich kenne dich mit Namen.

18 Dann sagte Mose: Lass mich doch deine Herrlichkeit sehen! 19 Der Herr gab zur Antwort: Ich will meine ganze Schönheit vor dir vorüberziehen lassen und den Namen des Herrn vor dir ausrufen. Ich gewähre Gnade, wem ich will, und ich schenke Erbarmen, wem ich will. 20 Weiter sprach er: Du kannst mein Angesicht nicht sehen; denn kein Mensch kann mich sehen und am Leben bleiben. 21 Dann sprach der Herr: Hier, diese Stelle da! Stell dich an diesen Felsen! 22 Wenn meine Herrlichkeit vorüberzieht, stelle ich dich in den Felsspalt und halte meine Hand über dich, bis ich vorüber bin. 23 Dann ziehe ich meine Hand zurück und du wirst meinen Rücken sehen. Mein Angesicht aber kann niemand sehen.

34 Weiter sprach der Herr zu Mose: Hau dir zwei steinerne Tafeln zurecht wie die ersten! Ich werde darauf die Worte schreiben, die auf den ersten Tafeln standen, die du zerschmettert hast. 2 Halte dich für morgen früh bereit! Steig am Morgen auf den Sinai und dort auf dem Gipfel des Berges stell dich vor mich hin! 3 Niemand soll mit dir hinaufsteigen; auch soll sich kein Mensch auf dem ganzen Berg sehen lassen und kein Schaf oder Rind soll am Abhang des Berges weiden.

4 Da hieb Mose zwei Tafeln aus Stein zurecht wie die ersten. Am Morgen stand Mose zeitig auf und ging auf den Sinai hinauf, wie es ihm der Herr aufgetragen hatte. Die beiden steinernen Tafeln nahm er mit. 5 Der Herr aber stieg in der Wolke herab und stellte sich dort neben ihn hin. Er rief den Namen Jahwe aus. 6 Der Herr ging an ihm vorüber und rief: Jahwe ist ein barmherziger und gnädiger Gott, langmütig, reich an Huld und Treue: 7 Er bewahrt Tausenden Huld, nimmt Schuld, Frevel und Sünde weg, lässt aber (den Sünder) nicht ungestraft; er verfolgt die Schuld der Väter an den Söhnen und Enkeln, an der dritten und vierten Generation. 8 Sofort verneigte sich Mose bis zur Erde und warf sich zu Boden. 9 Er sagte: Wenn ich deine Gnade gefunden habe, mein Herr, dann ziehe doch mein Herr mit uns. Es ist zwar ein störrisches Volk, doch vergib uns unsere Schuld und Sünde und lass uns dein Eigentum sein! 10 Da sprach der Herr: Hiermit schließe ich einen Bund: Vor deinem ganzen Volk werde ich Wunder wirken, wie sie auf der ganzen Erde und unter allen Völkern nie geschehen sind. Das ganze Volk, in dessen Mitte du bist, wird die Taten des Herrn sehen; denn was ich mit dir vorhabe, wird Furcht erregen. 11 Halte dich an das, was ich dir heute auftrage. Ich werde die Amoriter, Kanaaniter, Hetiter, Perisiter, Hiwiter und Jebusiter vor dir vertreiben.

12 Du hüte dich aber, mit den Bewohnern des Landes, in das du kommst, einen Bund zu schließen; sie könnten dir sonst, wenn sie in deiner Mitte leben, zu einer Falle werden. 13 Ihre Altäre sollt ihr vielmehr niederreißen, ihre Steinmale zerschlagen, ihre Kultpfähle umhauen.

14 Du darfst dich nicht vor einem andern Gott niederwerfen. Denn Jahwe trägt den Namen «der Eifersüchtige»; ein eifersüchtiger Gott ist er.

15 Hüte dich, einen Bund mit den Bewohnern des Landes zu schließen. Sonst werden sie dich einladen, wenn sie mit ihren Göttern Unzucht treiben und ihren Göttern Schlachtopfer darbringen, und du wirst von ihren Schlachtopfern essen. 16 Du wirst von ihren Töchtern für deine Söhne Frauen nehmen; sie werden mit ihren Göttern Unzucht treiben und auch deine Söhne zur Unzucht mit ihren Göttern verführen.

17 Du sollst dir keine Götter aus Metall gießen.

18 Du sollst das Fest der ungesäuerten Brote halten. Im Monat Abib sollst du zur festgesetzten Zeit sieben Tage lang ungesäuertes Brot essen, wie ich es dir geboten habe. Denn im Monat Abib bist du aus Ägypten ausgezogen.

19 Das Erste, was den Mutterschoß durchbricht, jeder männliche Erstling beim Vieh, bei deinen Rindern und Schafen, gehört mir. 20 Den Erstling vom Esel aber sollst du durch ein Schaf auslösen. Willst du ihn nicht auslösen, dann brich ihm das Genick! Jeden Erstgeborenen deiner Söhne musst du auslösen.

Man soll vor mir nicht mit leeren Händen erscheinen.

21 Sechs Tage sollst du arbeiten, am siebten Tag sollst du ruhen; selbst zur Zeit des Pflügens und des Erntens sollst du ruhen.

22 Du sollst das Wochenfest feiern, das
Fest der Erstlingsfrüchte von der Weizen-
ernte und das Fest der Lese an der Jahres-
wende.
23 Dreimal im Jahr sollen alle deine Män-
ner vor dem Herrn, dem Gott Israels, er-
scheinen. 24 Wenn ich die Völker vor dir ver-
trieben und deine Grenzen weiter vorgescho-
ben habe, wird niemand in dein Land einfal-
len, während du dreimal im Jahr hinauf-
ziehst, um vor dem Herrn, deinem Gott, zu
erscheinen.
25 Beim Schlachten sollst du das Blut mei-
nes Opfers nicht über gesäuertes Brot fließen
lassen und vom Schlachttier des Pascha-
festes darf nichts bis zum Morgen liegen
bleiben.
26 Von den Erstlingsfrüchten deines
Ackers sollst du die besten in das Haus des
Herrn, deines Gottes, bringen.
Das Junge einer Ziege sollst du nicht in der
Milch seiner Mutter kochen.
27 Dann sprach der Herr zu Mose: Schreib
diese Worte auf! Denn aufgrund dieser Wor-
te schließe ich mit dir und mit Israel einen
Bund.
28 Mose blieb dort beim Herrn vierzig Tage
und vierzig Nächte. Er aß kein Brot und
trank kein Wasser. Er schrieb die Worte des
Bundes, die zehn Worte, auf Tafeln. 29 Als
Mose vom Sinai herunterstieg, hatte er die
beiden Tafeln der Bundesurkunde in der
Hand.
Während Mose vom Berg herunterstieg,
wusste er nicht, dass die Haut seines Gesich-
tes Licht ausstrahlte, weil er mit dem Herrn
geredet hatte. 30 Als Aaron und alle Israeli-
ten Mose sahen, strahlte die Haut seines Ge-
sichtes Licht aus und sie fürchteten sich, in
seine Nähe zu kommen. 31 Erst als Mose sie
rief, kamen Aaron und alle Sippenhäupter
der Gemeinde zu ihm zurück und Mose rede-
te mit ihnen. 32 Dann kamen alle Israeliten
herbei und er übergab ihnen alle Gebote, die
der Herr ihm auf dem Sinai mitgeteilt hatte.
33 Als Mose aufhörte, mit ihnen zu reden,
legte er über sein Gesicht einen Schleier.
34 Wenn Mose zum Herrn hineinging, um mit
ihm zu reden, nahm er den Schleier ab, bis er
wieder herauskam. Wenn er herauskam, trug
er den Israeliten alles vor, was ihm auf-
getragen worden war. 35 Wenn die Israeliten
das Gesicht des Mose sahen und merkten,
dass die Haut seines Gesichtes Licht aus-
strahlte, legte er den Schleier über sein Ge-
sicht, bis er wieder hineinging, um mit dem
Herrn zu reden.

34,6f: 20,5f; Num 14,18; Dtn 5,9f • 18: 23,15 • 19: 13,12f; 22,28f • 21: 20,9f; 23,12 • 25: 23,18f.

Ausführung der kultischen Anordnungen: 35,1 – 40,38

Das Gesetz über den Sabbat: 35,1–3

35 Mose versammelte die ganze Ge-
meinde der Israeliten und sagte zu
ihnen: Das ist es, was der Herr euch zu tun
befohlen hat: 2 Sechs Tage soll man arbeiten;
der siebte Tag ist heilig, Sabbat, Ruhetag zur
Ehre des Herrn. Jeder, der an ihm arbeitet,
soll mit dem Tod bestraft werden. 3 Am Sab-
bat sollt ihr in keiner eurer Wohnstätten
Feuer anzünden.

2: 20,9f; 31,15; Dtn 5,12–14.

Die Spenden für das Heiligtum: 35,4–29

4 Mose sagte zur ganzen Gemeinde der Is-
raeliten: Der Herr hat Folgendes befohlen:
5 Erhebt von euch eine Abgabe für den
Herrn! Jeder, den sein Herz dazu bewegt,
soll eine Abgabe für den Herrn bringen:
Gold, Silber, Kupfer, 6 violetten und roten
Purpur, Karmesin, Byssus, Ziegenhaare,
7 rötliche Widderfelle, Tahaschhäute und
Akazienholz, 8 Öl für den Leuchter, Balsam
für das Salböl und für das duftende Räu-
cherwerk, 9 Karneolsteine und Ziersteine für
Efod und Lostasche. 10 Alle Sachverständi-
gen unter euch sollen kommen und alles an-
fertigen, was der Herr angeordnet hat: 11 die
Wohnstätte, ihr Zelt und seine Decke, seine
Haken, Bretter, Querlatten, Säulen und So-
ckel, 12 die Lade und ihre Stangen, die Deck-
platte und den Vorhang, 13 den Tisch, seine
Stangen, alle seine Geräte und die Schau-
brote, 14 den Leuchter mit seinen Geräten
und Lampen sowie das Öl für den Leuchter,
15 den Räucheraltar mit seinen Stangen, das
Salböl, das duftende Räucherwerk und den
Türvorhang für den Eingang der Wohnstät-
te, 16 den Brandopferaltar, sein Gitter aus
Kupfer, seine Stangen, all sein Gerät, das
Becken und sein Gestell, 17 die Behänge des
Vorhofs, seine Säulen und Sockel sowie den
Vorhang für das Tor des Vorhofs, 18 die Zelt-
pflöcke der Wohnstätte und des Vorhofs mit
ihren Stricken, 19 die gewirkten Gewänder
für den Dienst im Heiligtum, die heiligen
Gewänder für den Priester Aaron und die
Gewänder für seine Söhne zum Priester-
dienst. 20 Da ging die ganze Gemeinde der
Israeliten weg von Mose; 21 als sie wieder-
kamen, brachte jeder, den sein Herz bewog,
und jeder, den sein Geist dazu antrieb, die
Abgabe für den Herrn zur Herstellung des
Offenbarungszeltes und für seinen gesamten
Dienst und die heiligen Gewänder. 22 Män-
ner und Frauen kamen; alle brachten auf

eigenen Antrieb hin Spangen, Nasenreife
und Fingerringe, Halsketten, allerlei Gold-
gegenstände, jeder, der Gold für den Herrn
als Weihegabe bringen wollte. 23 Alle, die et-
was an violettem und rotem Purpur, Karme-
sin, Byssus, Ziegenhaaren, rötlichen Wid-
derfellen oder Tahaschhäuten bei sich fan-
den, brachten es. 24 Alle, die eine Abgabe an
Silber oder Kupfer leisten wollten, brachten
die Abgabe für den Herrn; alle, die Akazien-
holz beschaffen konnten, geeignet für jede
Bearbeitung, brachten es herbei. 25 Alle
Frauen, die sich auf Handarbeit verstanden,
spannen und brachten das Gesponnene: vio-
letten und roten Purpur, Karmesin und Bys-
sus. 26 Alle kunstfertigen Frauen, die sich
angespornt fühlten, spannen Ziegenhaare.
27 Die Sippenhäupter brachten Karneolstei-
ne und Ziersteine für Efod und Lostasche,
28 Balsam und Öl für den Leuchter, für das
Salböl und für das duftende Räucherwerk.
29 Alle Männer und Frauen, die ihr Herz dazu
trieb, etwas zu irgendeiner Arbeit beizutra-
gen, die der Herr durch Mose anzufertigen
befohlen hatte, alle diese Israeliten brachten
eine Spende für den Herrn.

4–29: 25,1–9.

Die Beauftragung von Künstlern und Handwerkern: 35,30 – 36,7

30 Dann sagte Mose zu den Israeliten: Seht,
der Herr hat Bezalel, den Sohn Uris, des
Sohnes Hurs, vom Stamm Juda, beim Namen
gerufen 31 und ihn mit dem Geist Gottes er-
füllt, mit Weisheit, Klugheit und Kenntnis
für jegliche Arbeit, 32 Pläne zu entwerfen
und sie in Gold, Silber und Kupfer auszu-
führen 33 und durch Schneiden und Fassen
von Steinen und durch Schnitzen von Holz
allerlei Kunstwerke herzustellen. 34 Auch
hat er ihm und Oholiab, dem Sohn Ahisa-
machs, vom Stamm Dan, die Gabe verliehen,
andere zu lehren. 35 Er hat sie erfüllt mit
Kunstsinn zum Ausführen jeder Arbeit eines
Steinschneiders, eines Kunstwebers und ei-
nes Buntwirkers in violettem und rotem Pur-
pur, Karmesin und Byssus sowie eines We-
bers. Sie können alle Arbeiten ausführen
und die Pläne dazu entwerfen.

36 Bezalel und Oholiab und alle kunst-
verständigen Männer, denen der
Herr Weisheit und Klugheit zum Entwerfen
und Ausführen der ganzen Arbeiten für den
Dienst am Heiligtum gegeben hat, sollen al-
les tun, was der Herr angeordnet hat.

2 Mose berief also Bezalel, Oholiab und
alle kunstverständigen Männer, denen der
Herr Weisheit in ihr Herz gegeben hatte, je-
den, den sein Herz antrieb, sich ans Werk zu
machen und es durchzuführen. 3 Sie nahmen
von Mose alle Abgaben entgegen, die die Is-
raeliten gebracht hatten, damit die Arbeiten
für den Dienst am Heiligtum ausgeführt
werden könnten. Man brachte ihm auch wei-
terhin Morgen für Morgen Spenden. 4 Alle
Kunstverständigen, die alle Arbeiten für das
Heiligtum ausführten, kamen aber – jeder
von seiner Arbeit, die er gerade verrichtete –
5 und sagten zu Mose: Das Volk bringt mehr,
als man für die Arbeit benötigt, die der Herr
auszuführen befahl. 6 Da erließ Mose einen
Befehl und ließ im Lager ausrufen: Weder
Mann noch Frau soll sich weiterhin um eine
Abgabe für das Heiligtum bemühen. So be-
wog man das Volk, nichts mehr zu bringen.
7 Es war Material mehr als genug vorhanden,
um alle Arbeiten durchzuführen.

35,30–35: 31,1–11.

Die Ausstattung des Heiligtums: 36,8 – 38,31

8 Die Kunstverständigen unter den Arbei-
tern verfertigten die Wohnstätte aus zehn
Zelttüchern: aus gezwirntem Byssus, violet-
tem und rotem Purpur und Karmesin, mit
Kerubimfiguren; als Kunstweberarbeit
machten sie es. 9 Ein Zelttuch war achtund-
zwanzig Ellen lang und vier Ellen breit; alle
Zelttücher hatten dasselbe Maß. 10 Er fügte
jeweils fünf Zelttücher aneinander. 11 Dann
machte er Schleifen aus violettem Purpur am
Rand des einen Zelttuchs, das das Ende des
zusammengefügten Stückes bildete; ebenso
machte er es am Rande des letzten Zelttuchs
des anderen zusammengefügten Stückes.
12 Fünfzig Schleifen brachte er an dem einen
Zelttuch an und fünfzig Schleifen am Zelt-
tuchende des zweiten zusammengefügten
Stückes; die Schleifen entsprachen einander.
13 Dann machte er fünfzig Goldhaken und
verband die Zelttücher mit den Haken, eines
mit dem andern; so wurde die Wohnstätte
ein Ganzes.

14 Er machte Decken aus Ziegenhaar für
das Zelt über der Wohnstätte; elf Decken
stellte er her. 15 Eine Decke war dreißig Ellen
lang und vier Ellen breit; die elf Decken hat-
ten dasselbe Maß. 16 Er verband fünf Decken
zu einem Stück und sechs Decken zu einem
Stück. 17 Er machte fünfzig Schleifen am
Saum der Decke, die das Ende des einen zu-
sammengesetzten Stückes bildete, und eben-
so fünfzig Schleifen am Saum der Decke,
welche das Ende des anderen zusammenge-
setzten Stückes bildete. 18 Er fertigte fünfzig
Kupferhaken an, um das Zelt zusammen-

zusetzen, damit es ein Ganzes ergäbe.
19 Schließlich machte er für das Zelt eine De-
cke aus rötlichen Widderfellen und darüber
eine Decke aus Tahaschhäuten.
20 Er machte für die Wohnstätte Bretter
aus Akazienholz zum Aufstellen. 21 Jedes
Brett war zehn Ellen lang und anderthalb
Ellen breit; 22 jedes Brett wurde durch zwei
Zapfen mit dem nächsten verbunden. So
machte er es mit allen Brettern der Wohn-
stätte. 23 An Brettern für die Wohnstätte ver-
fertigte er zwanzig für die Südseite. 24 Er
stellte vierzig Sockel aus Silber als Unterla-
ge für die zwanzig Bretter her: je zwei Sockel
als Unterlage eines Brettes für seine beiden
Zapfen. 25 Für die zweite Seite der Wohn-
stätte, die Nordseite, machte er ebenfalls
zwanzig Bretter 26 und vierzig Sockel aus Sil-
ber, je zwei Sockel als Unterlage eines Bret-
tes. 27 Für die Rückseite der Wohnstätte, die
Westseite, verfertigte er sechs Bretter 28 und
zwei Bretter stellte er für die Eckstücke an
der Rückseite der Wohnstätte her. 29 Sie ent-
sprachen einander und reichten von unten
bis oben, zum ersten Ring. So machte er es
mit den beiden Brettern, die die beiden Eck-
stücke bildeten. 30 Es waren also acht Bretter
und sechzehn Sockel aus Silber vorhanden:
je zwei Sockel als Unterlage für ein Brett.
31 Er verfertigte Querlatten aus Akazien-
holz, fünf für die Bretter auf der einen Seite
der Wohnstätte, 32 fünf für die Bretter auf
der zweiten Seite der Wohnstätte und fünf
für die Bretter der Rückseite der Wohnstätte,
der Westseite. 33 Er brachte die mittlere
Querlatte in der Mitte der Bretter an; sie
reichte von einem Ende zum andern. 34 Er
überzog die Bretter mit Gold und machte
Ringe aus Gold, die die Querlatten aufnah-
men; auch die Querlatten überzog er mit
Gold.
35 Er machte einen Vorhang aus violettem
und rotem Purpur, Karmesin und gezwirn-
tem Byssus; er machte ihn in Kunstweberar-
beit, mit Kerubimfiguren. 36 Er machte für
ihn vier Akaziensäulen, überzog sie mit Gold
– auch die Nägel waren aus Gold – und goss
für sie vier Sockel aus Silber. 37 Für den Ein-
gang des Zeltes machte er einen Vorhang aus
violettem und rotem Purpur, Karmesin und
gezwirntem Byssus in Buntwirkerarbeit
38 sowie seine fünf Säulen mit ihren Nägeln
und überzog ihre Kapitelle und ihre Quer-
stangen mit Gold; ihre fünf Sockel waren aus
Kupfer.

37 Dann machte Bezalel die Lade aus
Akazienholz, zweieinhalb Ellen lang,
anderthalb Ellen breit und anderthalb Ellen
hoch. 2 Er überzog sie innen und außen mit
purem Gold und brachte daran ringsherum
eine Goldleiste an. 3 Er goss für sie vier
Goldringe und befestigte sie an ihren vier
Füßen, zwei Ringe an der einen Seite und
zwei Ringe an der anderen Seite. 4 Er fertigte
Stangen aus Akazienholz an und überzog sie
mit Gold. 5 Er steckte die Stangen durch die
Ringe an den Seiten der Lade, sodass man
damit die Lade tragen konnte. 6 Er verfertig-
te auch eine Deckplatte aus purem Gold,
zweieinhalb Ellen lang und anderthalb Ellen
breit. 7 Er machte zwei Kerubim aus getrie-
benem Gold und arbeitete sie aus den beiden
Enden der Deckplatte heraus, 8 und zwar
einen Kerub an dem einen Ende und einen
Kerub an dem andern Ende der Deckplatte;
er arbeitete die Kerubim an ihren beiden
Enden heraus. 9 Die Kerubim breiteten ihre
Flügel nach oben aus; mit ihren Flügeln be-
schirmten sie die Deckplatte und sie wand-
ten ihre Gesichter einander zu; die Gesichter
waren der Deckplatte zugewandt.
10 Er fertigte auch den Tisch aus Akazien-
holz an, zwei Ellen lang, eine Elle breit und
anderthalb Ellen hoch. 11 Er überzog ihn mit
purem Gold und brachte daran ringsherum
eine Goldleiste an. 12 Er machte ihm ringshe-
rum eine handbreite Einfassung und verfer-
tigte um diese Einfassung eine goldene Leis-
te. 13 Er goss für ihn vier Goldringe und be-
festigte die Ringe an den vier Ecken, die von
seinen vier Füßen gebildet wurden. 14 Die
Ringe waren dicht unter der Einfassung, so-
dass sie die Stangen aufnahmen und man
den Tisch tragen konnte. 15 Er machte die
Stangen aus Akazienholz und überzog sie
mit Gold, sodass man den Tisch tragen konn-
te. 16 Dazu machte er die Geräte, die auf dem
Tisch stehen sollten: seine Schüsseln, Scha-
len, Kannen und Krüge für die Trankopfer –
alles aus purem Gold.
17 Er machte den Leuchter aus purem
Gold. Der Leuchter, sein Gestell und sein
Schaft, seine Kelche, Knospen und Blüten
waren aus einem Stück getrieben. 18 Von sei-
nen Seiten gingen sechs Arme aus, drei
Leuchterarme auf der einen Seite und drei
Leuchterarme auf der anderen Seite. 19 Der
erste Arm wies drei mandelblütenförmige
Kelche auf mit je einer Knospe und einer
Blüte und der zweite Arm wies drei mandel-
blütenförmige Kelche auf mit je einer Knos-
pe und einer Blüte; so alle sechs Arme, die
von dem Leuchter ausgingen. 20 An dem
Leuchter waren vier mandelblütenförmige
Kelche, Knospen und Blüten: 21 je eine Knos-
pe unten zwischen zwei Armen, entspre-
chend den sechs Armen, die vom Leuchter
ausgingen. 22 Die Knospen und Arme bilde-

ten mit dem Schaft ein Ganzes; das Ganze war ein Stück aus getriebenem purem Gold. 23 Dann machte er auch für den Leuchter die sieben Lampen, seine Dochtscheren und Pfannen aus purem Gold. 24 Aus einem Talent puren Goldes machte er den Leuchter und alle dazugehörenden Geräte.

25 Auch machte er den Räucheraltar aus Akazienholz, eine Elle lang, eine Elle breit – also quadratisch – und zwei Ellen hoch; seine Hörner bildeten mit ihm eine Einheit. 26 Er überzog ihn mit purem Gold, seine Platte, seine Wände ringsum und seine Hörner, und brachte an ihm ringsum eine Goldleiste an. 27 Er machte für ihn zwei Paar Goldringe und befestigte sie unterhalb der Leiste an seinen beiden Seiten, seinen Seitenwänden, zum Aufnehmen der Stangen, sodass man ihn damit tragen konnte. 28 Er machte die Stangen aus Akazienholz und überzog sie mit Gold. 29 Er bereitete auch das heilige Salböl und das reine duftende Räucherwerk, wie Salbenmischer sie zubereiten.

38 Dann machte er den Brandopferaltar aus Akazienholz, fünf Ellen lang, fünf Ellen breit – also quadratisch – und drei Ellen hoch. 2 Er machte ihm Hörner an seinen vier Ecken – seine Hörner bildeten mit ihm ein Ganzes – und überzog ihn mit Kupfer. 3 Er stellte auch alle Altargeräte her: die Gefäße, die Schaufeln, die Schalen, die Gabeln und die Feuerpfannen. Alle seine Geräte stellte er aus Kupfer her. 4 Er machte auch für den Altar ein Gitterwerk, ein Netzgitter aus Kupfer, unterhalb der Einfassung bis zu seiner halben Höhe. 5 Dann goss er vier Ringe an die vier Enden des kupfernen Gitterwerkes zum Aufnehmen der Stangen. 6 Er verfertigte die Stangen aus Akazienholz und überzog sie mit Kupfer. 7 Er steckte die Stangen in die Ringe an den Seiten des Altars, sodass man ihn damit tragen konnte; er machte ihn hohl, aus Brettern.

8 Er machte das Becken und sein Gestell aus Kupfer, und zwar aus den Spiegeln der Frauen, die am Eingang des Offenbarungszeltes Dienst taten.

9 Dann machte er den Vorhof: für die südliche Längsseite Vorhofbehänge aus gezwirntem Byssus, hundert Ellen. 10 Ihre zwanzig Säulen und deren zwanzig Sockel waren aus Kupfer, die Nägel der Säulen und ihre Querstangen waren aus Silber. 11 Für die nördliche Längsseite hundert Ellen Behänge; ihre zwanzig Säulen und deren zwanzig Sockel waren aus Kupfer; die Nägel der Säulen und ihre Querstangen waren aus Silber. 12 Für die Westseite fünfzig Ellen Behänge, ihre zehn Säulen und deren zehn Sockel; die Nägel der Säulen und ihre Querstangen waren aus Silber. 13 Für die Vorderseite, gegen Osten hin, fünfzig Ellen Behänge, 14 und zwar fünfzehn Ellen Behänge für die eine Seitenwand mit den drei Säulen und den drei Sockeln, 15 ebenso für die andere Seitenwand. So waren beiderseits des Vorhoftores fünfzehn Ellen Behänge mit den drei Säulen und den drei Sockeln. 16 Alle Behänge des Vorhofs ringsum bestanden aus gezwirntem Byssus. 17 Die Sockel der Säulen waren aus Kupfer, die Nägel der Säulen und ihre Querstangen aus Silber, der Überzug ihrer Kapitelle aus Silber. Alle Säulen des Vorhofs hatten Querstangen aus Silber. 18 Für das Tor des Vorhofs machte er einen Vorhang: Er war Buntwirkerarbeit aus violettem und rotem Purpur, Karmesin und gezwirntem Byssus, zwanzig Ellen breit und fünf Ellen hoch, entsprechend den übrigen Behängen des Vorhofs. 19 Ihre vier Säulen und deren vier Sockel waren aus Kupfer, ihre Nägel aus Silber und auch der Überzug ihrer Kapitelle und ihre Querstangen aus Silber. 20 Alle Zeltpflöcke für die Wohnstätte und den Vorhof ringsum waren aus Kupfer.

21 Das ist die Veranlagung zugunsten der Wohnstätte, der Stätte der Bundesurkunde; diese Veranlagung hatte Mose den Leviten unter dem Priester Itamar, dem Sohn Aarons, übertragen. 22 Bezalel, der Sohn Uris, des Sohnes Hurs, vom Stamm Juda, führte alles aus, was der Herr dem Mose befohlen hatte. 23 Mit Oholiab, dem Sohn Ahisamachs, vom Stamm Dan, als Steinschneider, Kunstweber und Buntwirker des violetten und roten Purpurs, des Karmesins und des Byssus führte er alles aus. 24 Das gesamte Gold, das man für alle Arbeiten zur Errichtung des Heiligtums verwendete – es war das Gold der Weihegaben –, wog 29 Talente und 730 Schekel, und zwar nach dem Schekelgewicht des Heiligtums. 25 Das Silber betrug aufgrund der Veranlagung der Gemeinde 100 Talente und 1775 Schekel, und zwar nach dem Schekelgewicht des Heiligtums, 26 einen Halbschekel für jede Person, also die Hälfte eines Schekels, und zwar nach dem Schekelgewicht des Heiligtums, für jeden von zwanzig Jahren und darüber, der zur Veranlagung vortreten musste, also für 603550 Mann. 27 Verwendet wurden 100 Talente Silber zum Guss der Sockel des Heiligtums und der Sockel der Behänge, 100 Talente für 100 Sockel, also ein Talent für einen Sockel. 28 Aus

38,17 Der letzte Satz des Verses ist in H unklar.

1775 Schekel machte er die Nägel für die
Säulen, überzog die Kapitelle und verband
sie miteinander. 29 Das Kupfer der Weihega-
ben betrug 70 Talente und 2400 Schekel.
30 Daraus machte er die Sockel für den Ein-
gang des Offenbarungszeltes, den kupfernen
Altar samt seinem kupfernen Gitterwerk
und alle Altargeräte 31 sowie die Sockel für
den Vorhof ringsum, die Torsockel des Vor-
hofs, alle Zeltpflöcke der Wohnstätte und
alle Zeltpflöcke des Vorhofs ringsum.

38,8–13: 26,1–6 • 14–19: 26,7–14 • 20–30: 26,15–25 • 31–34: 26,26–30 • 35–38: 26,31–37 • 37,1–9: 25,10–22 • 10–16: 25,23–30 • 17–24: 25,31–39 • 25–28: 30,1–10 • 29: 30,22–33 • 38,1–7: 27,1–8 • 9–20: 27,9–19 • 21–26: 30,11–16.

Die Anfertigung der Priestergewänder:
39,1–31

39 Aus violettem und rotem Purpur und
aus Karmesin verfertigten sie die ge-
wirkten Gewänder für den Dienst im Heilig-
tum und verfertigten die heiligen Gewänder
für Aaron, wie es der Herr dem Mose befoh-
len hatte. 2 Sie stellten das Efod her aus
Gold, violettem und rotem Purpur, Karme-
sin und gezwirntem Byssus. 3 Sie schlugen
goldene Plättchen breit, schnitten sie in Fä-
den, um sie zwischen violettem und rotem
Purpur, Karmesin und Byssus als Kunstwe-
berarbeit einzuwirken. 4 Für das Efod mach-
ten sie miteinander verbundene Schulterstü-
cke und befestigten sie an ihren beiden En-
den. 5 Eine Efodschärpe daran bildete mit
ihm ein einziges Stück und war von dersel-
ben Machart, aus Gold, violettem und rotem
Purpur, Karmesin und gezwirntem Byssus,
wie es der Herr dem Mose befohlen hatte.
6 Sie bearbeiteten die in Goldfassungen ein-
gesetzten Karneolsteine und schnitten nach
Siegelart die Namen der Söhne Israels ein.
7 Man setzte sie dann auf die Schulterstücke
des Efod als Steine, die den Herrn an die Is-
raeliten erinnern, wie es der Herr dem Mose
befohlen hatte.

8 Die Lostasche verfertigte man als Kunst-
weberarbeit wie das Efod, aus Gold, violet-
tem und rotem Purpur, Karmesin und ge-
zwirntem Byssus. 9 Sie machten die Los-
tasche quadratisch, zusammengefaltet, eine
Spanne lang und eine Spanne breit. 10 Sie
besetzten sie mit Edelsteinen in vier Reihen:
die erste Reihe mit Rubin, Topas und Sma-
ragd, 11 die zweite Reihe mit Karfunkel,
Saphir und Jaspis, 12 die dritte Reihe mit
Achat, Hyazinth und Amethyst, 13 die vierte
Reihe mit Chrysolith, Karneol und Onyx; sie
waren in Gold gefasst. 14 Die Steine lauteten
auf die Namen der Söhne Israels, zwölf auf
ihre Namen – in Siegelgravierung. Jeder lau-
tete auf den Namen eines der zwölf Stämme.
15 Sie befestigten an der Lostasche schnurar-
tige, gedrehte Kettchen aus purem Gold.
16 Sie machten zwei goldene Einfassungen
und zwei Goldringe und befestigten die bei-
den Ringe an den beiden Enden der Losta-
sche. 17 Die beiden goldenen Schnüre ver-
banden sie mit den beiden Ringen an den
Enden der Lostasche; 18 die zwei anderen
Enden der Schnüre befestigten sie an den
beiden Einfassungen und hängten sie an die
Vorderseite der Schulterstücke des Efod.
19 Sie machten noch zwei Goldringe und be-
festigten sie an den beiden Enden der Losta-
sche, und zwar am inneren Rand, der dem
Efod zugekehrt ist. 20 Sie machten zwei wei-
tere Goldringe und befestigten sie unten an
den beiden Schulterstücken des Efod, und
zwar an der Vorderseite, nahe ihrer Naht,
aber oberhalb der Efodschärpe. 21 Sie ban-
den die Lostasche mit ihren Ringen an die
Ringe des Efod mit einer violetten Purpur-
schnur, sodass sie über der Efodschärpe
blieb und sich die Lostasche nicht vom Efod
verschob, wie es der Herr dem Mose befohlen
hatte. 22 Er machte den Efodmantel als We-
berarbeit gänzlich aus violettem Purpur.
23 In seiner Mitte war die Mantelöffnung, wie
die Öffnung eines Panzerhemds; die Öffnung
hatte ringsum einen gewebten unzerreißba-
ren Rand. 24 An seinem unteren Saum mach-
ten sie Granatäpfel aus violettem und rotem
Purpur und aus gezwirntem Karmesin. 25 Sie
machten Glöckchen aus reinem Gold und be-
festigten die Glöckchen zwischen den Gra-
natäpfeln am Saum des Mantels, ringsum
zwischen den Granatäpfeln: 26 ein Glöck-
chen und ein Granatapfel abwechselnd
ringsum am Saum des Mantels für den
Dienst, wie es der Herr dem Mose befohlen
hatte. 27 Danach machten sie die Leibröcke
aus Byssus als Weberarbeit für Aaron und
seine Söhne, 28 den Turban aus Byssus, den
Schmuck der Kopfbünde aus Byssus, die lei-
nenen Beinkleider aus gezwirntem Byssus
29 und den Gürtel aus gezwirntem Byssus,
violettem und rotem Purpur und Karmesin,
als Buntwirkerarbeit, wie es der Herr dem
Mose befohlen hatte.

30 Sie machten eine Rosette aus purem
Gold, das heilige Diadem, und brachten da-
rauf die Inschrift nach Art der Siegelgravie-
rung an: Heilig dem Herrn. 31 Sie befestigten
sie an einer Schnur aus violettem Purpur, um
sie oben am Turban anzubringen, wie es der
Herr dem Mose befohlen hatte.

1–31 ‖ 28,1–43.

Der Abschluss der Arbeiten: 39,32–43

32 So wurde das ganze Werk für die Wohn-
stätte des Offenbarungszeltes vollendet; die
Israeliten taten genau so, wie es der Herr
dem Mose befohlen hatte. So machten sie es.
33 Sie brachten die Wohnstätte zu Mose: das
Zelt mit allen seinen Geräten, seinen Haken,
Brettern, Querlatten, Säulen und Sockeln,
34 die Decke aus rötlichen Widderfellen, die
Decke aus Tahaschhäuten und die Vorhang-
decke, 35 die Lade der Bundesurkunde mit
ihren Stangen und der Deckplatte, 36 den
Tisch und alle dazugehörigen Geräte sowie
die Schaubrote, 37 den Leuchter aus purem
Gold, seine Lampen – die Lampen der Reihe
nach aufgestellt – und alle seine Geräte so-
wie das Öl für den Leuchter, 38 den goldenen
Altar, das Salböl, das duftende Räucherwerk
und den Vorhang für den Eingang des Zeltes,
39 den kupfernen Altar und das zugehörige
kupferne Gitterwerk mit seinen Stangen
und allen seinen Geräten, das Becken und
sein Gestell, 40 die Behänge des Vorhofs, sei-
ne Säulen und Sockel sowie den Vorhang
für das Tor des Vorhofs, seine Schnüre und
Zeltpflöcke und alle Geräte für den Dienst
an der Wohnstätte, am Offenbarungszelt,
41 die gewirkten Gewänder für den Dienst im
Heiligtum, die heiligen Gewänder für den
Priester Aaron und die Gewänder seiner
Söhne für den Priesterdienst. 42 Genau so,
wie es der Herr dem Mose befohlen hatte,
führten die Israeliten die gesamte Arbeit aus.
43 Mose besichtigte das ganze Werk: Sie
hatten es gemacht, wie der Herr es befohlen
hatte. So hatten sie es gemacht und Mose
segnete sie.

Die Weihe des Heiligtums: 40,1–38

40 Der Herr sprach zu Mose: 2 Am
ersten Tag des ersten Monats sollst
du die Wohnstätte des Offenbarungszeltes
aufstellen. 3 Stell die Lade der Bundesur-
kunde hinein und verdeck die Lade durch
den Vorhang! 4 Bring den Tisch hinein und
leg seine Ausrüstung zurecht; stell den
Leuchter auf und setz seine Lampen auf!
5 Stell den goldenen Räucheraltar vor die
Lade der Bundesurkunde und häng den Vor-
hang vor den Eingang der Wohnstätte! 6 Er-
richte den Brandopferaltar vor dem Eingang
der Wohnstätte, des Offenbarungszeltes!
7 Das Becken stell zwischen das Offenba-
rungszelt und den Altar und gieß Wasser
hinein! 8 Errichte den Vorhof ringsum und
häng den Vorhang an das Tor des Vorhofs!
9 Nimm das Salböl und salbe die Wohnstätte
und alles, was in ihr ist. Weihe sie mit allen
ihren Geräten! So wird sie heilig sein. 10 Sal-
be auch den Brandopferaltar mit all seinen
Geräten und weihe den Altar! So wird der
Altar hochheilig sein. 11 Salbe das Becken
mit seinem Gestell und weihe es! 12 Dann
lass Aaron und seine Söhne zum Eingang des
Offenbarungszeltes herantreten und wasche
sie mit Wasser! 13 Bekleide Aaron mit den
heiligen Gewändern, salbe und weihe ihn,
damit er mir als Priester dient. 14 Dann lass
seine Söhne herantreten und bekleide sie mit
Leibröcken; 15 salbe sie, wie du ihren Vater
gesalbt hast, damit sie mir als Priester die-
nen. Ihre Salbung soll ihnen ein immer wäh-
rendes Priestertum sichern von Generation
zu Generation.

16 Mose tat es. Er machte alles, wie es der
Herr ihm befohlen hatte. 17 Im zweiten Jahr,
am ersten Tag des ersten Monats, stellte man
die Wohnstätte auf. 18 Mose stellte die
Wohnstätte auf, legte ihre Sockel hin, setzte
ihre Bretter darauf, brachte ihre Querlatten
an und stellte ihre Säulen auf. 19 Dann
spannte er das Zelt über die Wohnstätte und
legte die Decke des Zeltes darüber, wie es
der Herr dem Mose befohlen hatte. 20 Dann
nahm er die Bundesurkunde, legte sie in die
Lade, brachte die Stangen an der Lade an
und setzte die Deckplatte oben auf die Lade.
21 Er brachte die Lade in die Wohnstätte,
spannte die Vorhangdecke auf und verdeck-
te so die Lade der Bundesurkunde, wie es der
Herr dem Mose befohlen hatte. 22 Er stellte
den Tisch in das Offenbarungszelt, an die
Nordseite der Wohnstätte, vor den Vorhang.
23 Darauf schichtete er die Brote vor dem
Herrn auf, wie es der Herr dem Mose befoh-
len hatte. 24 Er stellte den Leuchter in das
Offenbarungszelt, dem Tisch gegenüber, an
die Südseite der Wohnstätte. 25 Er setzte die
Lampen vor dem Herrn auf, wie es der Herr
dem Mose befohlen hatte. 26 Dann stellte er
den goldenen Altar in das Offenbarungszelt
vor den Vorhang. 27 Er ließ auf ihm duften-
des Räucherwerk verbrennen, wie es der
Herr dem Mose befohlen hatte. 28 Dann
hängte er den Vorhang an den Eingang der
Wohnstätte. 29 Den Brandopferaltar stellte
er an den Eingang der Wohnstätte, des Of-
fenbarungszeltes, und brachte auf ihm das
Brand- und Speiseopfer dar, wie es der Herr
dem Mose befohlen hatte. 30 Er stellte das
Becken zwischen das Offenbarungszelt und
den Altar und goss Wasser zum Waschen hi-
nein. 31 Darin wuschen Mose, Aaron und sei-
ne Söhne ihre Hände und Füße. 32 Wenn sie
in das Offenbarungszelt eintraten oder sich
dem Altar näherten, wuschen sie sich, wie es

der Herr dem Mose befohlen hatte. 33 Er er-
richtete den Vorhof um die Wohnstätte und
den Altar und ließ den Vorhang am Tor des
Vorhofs aufhängen. So vollendete Mose das
Werk.
34 Dann verhüllte die Wolke das Offenba-
rungszelt und die Herrlichkeit des Herrn
erfüllte die Wohnstätte. 35 Mose konnte das
Offenbarungszelt nicht betreten, denn die
Wolke lag darauf, und die Herrlichkeit des
Herrn erfüllte die Wohnstätte. 36 Immer,
wenn die Wolke sich von der Wohnstätte er-
hob, brachen die Israeliten auf, solange ihre
Wanderung dauerte. 37 Wenn sich aber die
Wolke nicht erhob, brachen sie nicht auf, bis
zu dem Tag, an dem sie sich erhob. 38 Bei Tag
schwebte über der Wohnstätte die Wolke des
Herrn, bei Nacht aber war an ihr Feuer vor
den Augen des ganzen Hauses Israel, solange
ihre Wanderung dauerte.

Das Buch Levitikus

Das Buch trägt in der griechischen und lateinischen Bibel den Namen Levitikus, weil es fast ganz aus Vorschriften für den Kult und für die Priester aus dem Stamm Levi besteht. Die Juden nennen es nach den Anfangsworten Wajjikrá (Und er rief). Das ganze Buch gehört der priesterlichen Überlieferungsschicht (P) an. Es enthält nur zwei kurze erzählende Abschnitte: über den Tod der Aaron-Söhne Nadab und Abihu (10,1–5) und über die Steinigung eines Gotteslästerers (24,10–15). Die Vorschriften dieses Buches werden so in die Geschichtsdarstellung des Pentateuch eingefügt, dass sie als Anordnungen Gottes während des Sinai-Aufenthalts erscheinen.

Die Gliederung des Stoffes ist nicht leicht überschaubar. Lev 8 – 10 greift auf Ex 40 (Einsetzung der Priester aus dem Stamm Levi) zurück. In Kap. 1 – 7 stehen Anweisungen für verschiedene Opfer; in Kap. 11 – 15 folgen Vorschriften über die kultische Reinheit; Kap. 16 ist das Ritual für den Versöhnungstag. In Kap. 17 – 26 folgt das sogenannte Heiligkeitsgesetz, eine Gesetzessammlung, die in ihrem Grundbestand alte Vorschriften ethischer und kultischer Art enthält und wie altorientalische Gesetzbücher mit Segenszusagen und Fluchandrohungen schließt. Ein Nachtrag (Kap. 27) regelt die Ablösung von Gelübden und Zehnten durch Geld.

Dieser ganze Stoff wurde erst nach dem Babylonischen Exil in seine jetzige Gestalt gebracht; das Buch enthält aber vieles, was bereits lange in der Praxis der Priester und in der zur Unterweisung der Priester dienenden Tradition vorlag. Das alles wird unter die Autorität des Mose und des Bundesgesetzes vom Sinai gestellt und daher Mose in den Mund gelegt.

Die für uns teilweise befremdlichen Riten und Vorschriften, die die sogenannte kultische Reinheit regeln und die »Heiligkeit« Israels garantieren sollen, erklären sich daraus, dass die altorientalischen Völker keine scharfe Trennung zwischen Alltagsleben und Religion kannten. Dem heiligen, von aller Befleckung freien Gott dürfen nur Menschen dienen, die sich von ethischen Vergehen freihalten, aber auch die Regeln des Anstands und der Hygiene beachten. Sie müssen sich außerdem von allem fern halten, was an heidnische Bräuche erinnert; dazu gehören der Genuss von bei heidnischen Opfern geschlachteten Tieren und die meisten Trauerriten. Darum machen bestimmte Tiere und Speisen und alles, was mit dem Bereich des Todes zu tun hat, z. B. Leichen und Aas, »unrein«. Wer sich gegen solche Reinheitsbestimmungen vergangen hat, und sei es nur unbeabsichtigt, muss sich bestimmten Reinigungsriten unterziehen und Schuld- oder Sündopfer darbringen, wenn er wieder am Gottesdienst teilnehmen will.

Wenn auch diese Vorschriften durch das Neue Testament überholt sind, behält das Buch Levitikus seine Bedeutung für die Kenntnis des Judentums und für das Verständnis des Neuen Testaments. Durch die strenge Befolgung der levitischen Gesetze hat das Judentum bis heute seine Identität bewahrt und ist nicht im Völkergemisch des Mittelmeerraums aufgegangen.

DIE OPFERVORSCHRIFTEN FÜR DAS VOLK: 1,1 – 5,26

Das Brandopfer: 1,1–17

1 Der Herr rief Mose, redete ihn vom Offenbarungszelt aus an und sprach: 2 Rede zu den Israeliten und sag zu ihnen: Wenn einer von euch dem Herrn von den Haustieren eine Opfergabe darbringt, könnt ihr das mit Rind und Kleinvieh tun. 3 Ist seine Opfergabe ein Brandopfer vom Rind, so bringe er ein männliches Tier ohne Fehler dar; er soll es an den Eingang des Offenbarungszeltes bringen, damit es vor dem Herrn Annahme findet. 4 Er lege seine Hand auf den Kopf des Opfertiers, damit es für ihn angenommen werde, um ihn zu entsühnen. 5 Er soll dann den Stier vor dem Herrn schlachten und die Söhne Aarons, die Priester, sollen das Blut darbringen. Sie sollen es ringsum an den Altar sprengen, der am Eingang des Offenbarungszeltes steht. 6 Dann soll er das Opfer abhäuten und es in Stücke zerlegen. 7 Die Söhne Aarons, die Priester, sollen Feuer auf den Altar bringen und Holz darauf schichten. 8 Hierauf sollen die Söhne Aarons, die Priester, die Stücke sowie den Kopf und das Fett auf das Holz über dem Altarfeuer legen. 9 Der Priester soll dann die Eingeweide und die Beine mit Wasser waschen und das Ganze auf dem Altar in Rauch aufgehen lassen. Ein Brandopfer ist es, ein Feueropfer zum beruhigenden Duft für den Herrn. 10 Ist seine Opfergabe ein Brandopfer vom Kleinvieh, von den Schafen oder Ziegen, dann soll er ein fehlerloses männliches Tier bringen. 11 Er soll es an der Nordseite des Altars vor dem Herrn schlachten und die Söhne Aarons, die Priester, sollen sein Blut ringsum an den Altar sprengen. 12 Dann soll der Priester es in Stücke zerlegen und diese sowie den Kopf und das Fett auf das Holz über dem Altarfeuer legen. 13 Er soll dann die Eingeweide und die Beine mit Wasser waschen und der Priester soll das Ganze darbringen und auf dem Altar in Rauch aufgehen lassen. Ein Brandopfer ist es, ein Feueropfer zum beruhigenden Duft für den Herrn. 14 Ist seine Opfergabe für den Herrn ein Brandopfer vom Geflügel, dann soll er eine Turteltaube oder eine junge Taube bringen. 15 Der Priester soll sie zum Altar bringen, ihren Kopf abtrennen und ihn auf dem Altar in Rauch aufgehen lassen; ihr Blut soll gegen die Altarwand ausgepresst werden. 16 Dann soll er ihren Kropf mit den Federn entfernen und ihn an der Ostseite des Altars auf den Platz der Fett-Asche werfen. 17 Darauf soll der Priester den Vogel an den Flügeln einreißen, ohne ihn dabei zu teilen, und ihn auf dem Altar, auf dem Holz über dem Feuer, in Rauch aufgehen lassen. Ein Brandopfer ist es, ein Feueropfer zum beruhigenden Duft für den Herrn.

Das Speiseopfer: 2,1–16

2 Wenn jemand dem Herrn ein Speiseopfer darbringt, muss seine Opfergabe aus Feinmehl bestehen, auf das er Öl gießen und Weihrauch legen soll. 2 Er bringe es zu den Söhnen Aarons, den Priestern. Er nehme davon eine Hand voll, vom Feinmehl und vom Öl mit dem ganzen Weihrauch, und der Priester lasse sie auf dem Altar als Gedächtnisanteil in Rauch aufgehen, als ein Feueropfer zum beruhigenden Duft für den Herrn. 3 Der Rest des Speiseopfers gehört Aaron und seinen Söhnen als etwas Hochheiliges von den Feueropfern des Herrn.

4 Wenn du ein im Ofen gebackenes Speiseopfer darbringst, so soll es aus Feinmehl sein, ein mit Öl vermengter ungesäuerter Kuchen und ein mit Öl bestrichener ungesäuerter Brotfladen. 5 Ist deine Opfergabe eine auf einer Ofenplatte zubereitete Speise, so soll sie aus ungesäuertem Feinmehl sein, das mit Öl vermengt ist. 6 Du sollst sie zerbröckeln und Öl darüber gießen. Ein Speiseopfer ist es. 7 Ist deine Opfergabe eine im Kochtopf zubereitete Speise, so soll sie aus Feinmehl mit Öl angemacht sein. 8 Du sollst die daraus zubereitete Speise zum Herrn bringen. Man soll sie dem Priester reichen, der sie an den Altar bringt. 9 Der Priester soll davon den Gedächtnisanteil abheben und auf dem Altar in Rauch aufgehen lassen als ein Feueropfer zum beruhigenden Duft für den Herrn. 10 Der Rest des Speiseopfers ge-

1,1–17 Brandopfer sind Tieropfer, bei denen das ganze Tier auf dem Altar verbrannt wird, im Unterschied zu anderen Opfern, bei denen nur ein Teil verbrannt, der andere Teil aber den Priestern übergeben oder von der Gemeinschaft, die das Opfer stiftet, beim Opfermahl verzehrt wird.

1,9 Feueropfer sind alle Opfer, bei denen die Opfergabe ganz oder teilweise verbrannt wird. – Zum »beruhigenden Duft« vgl. die Anmerkung zu Gen 8,21.

2,2 Gedächtnisanteil: der Teil des Opfers, der Gott dazu bewegen soll, an den Opfernden zu denken.

hört Aaron und seinen Söhnen als etwas
Hochheiliges von den Feueropfern des
Herrn. 11 Kein Speiseopfer, das ihr dem
Herrn darbringt, darf mit Sauerteig ange-
macht sein; denn ihr dürft dem Herrn weder
Sauerteig noch Honig als Feueropfer dar-
bringen. 12 Ihr sollt sie dem Herrn als Erst-
lingsopfer darbringen, aber auf dem Altar
sollen sie nicht zum beruhigenden Duft auf-
steigen. 13 Jedes Speiseopfer sollst du salzen
und deinem Speiseopfer sollst du das Salz
des Bundes deines Gottes nicht fehlen las-
sen; jede deiner Opfergaben sollst du mit
Salz darbringen. 14 Wenn du dem Herrn ein
Speiseopfer von den Erstlingsfrüchten dar-
bringst, sollst du geröstete reife Körner und
Grütze aus frischen Körnern als Speiseopfer
deiner Erstlingsfrüchte darbringen. 15 Du
sollst Öl darauf gießen und Weihrauch da-
rauf geben. Ein Speiseopfer ist es. 16 Der
Priester soll den Gedächtnisanteil mit einem
Teil der Grütze und des Öls mit dem ganzen
Weihrauch als ein Feueropfer für den Herrn
in Rauch aufgehen lassen.

Das Heilsopfer: 3,1–17

3 Ist seine Opfergabe ein Heilsopfer und
vom Rind, dann soll er ein männliches
oder ein weibliches fehlerloses Tier vor den
Herrn bringen. 2 Er soll seine Hand auf den
Kopf des Opfers legen und es am Eingang
des Offenbarungszeltes schlachten. Dann
sollen die Söhne Aarons, die Priester, das
Blut ringsum an den Altar sprengen. 3 Er soll
einen Teil dieses Opfers als Feueropfer für
den Herrn darbringen, und zwar das Fett,
das die Eingeweide bedeckt, das gesamte
Fett über den Eingeweiden, 4 die beiden Nie-
ren, das Fett über ihnen und das an den Len-
den sowie die Fettmasse, die er von der
Leber und den Nieren loslöst. 5 Die Söhne
Aarons sollen diesen Teil mit dem Brandop-
fer, das auf dem Holz über dem Feuer liegt,
auf dem Altar in Rauch aufgehen lassen. Es
ist ein Feueropfer zum beruhigenden Duft
für den Herrn. 6 Ist seine Opfergabe ein
Heilsopfer für den Herrn vom Kleinvieh,
dann soll er ein männliches oder weibliches
fehlerloses Tier darbringen. 7 Wenn er ein
Schaf darbringt, soll er es vor den Herrn
bringen. 8 Er soll seine Hand auf den Kopf
des Opfers legen und es vor dem Offenba-
rungszelt schlachten; dann sollen die Söhne
Aarons das Blut ringsum an den Altar spren-
gen. 9 Von diesem Heilsopfer soll er das Fett
als Feueropfer für den Herrn darbringen:
den ganzen Fettschwanz, den er nahe an den
Schwanzwirbelknochen ablösen soll, das
Fett, das die Eingeweide bedeckt, das ge-
samte Fett über den Eingeweiden, 10 die bei-
den Nieren, das Fett über ihnen und das an
den Lenden sowie die Fettmasse, die er von
der Leber und den Nieren loslöst. 11 Der
Priester lasse diese Teile auf dem Altar in
Rauch aufgehen. Das soll eine Feueropfer-
speise für den Herrn sein. 12 Wenn er eine
Ziege darbringt, soll er sie vor den Herrn
bringen. 13 Er soll seine Hand auf ihren Kopf
legen und sie vor dem Offenbarungszelt
schlachten; dann sollen die Söhne Aarons ihr
Blut ringsum an den Altar sprengen. 14 Von
ihr soll er als Feueropfer für den Herrn dar-
bringen: das Fett, das die Eingeweide be-
deckt, das gesamte Fett über den Eingewei-
den, 15 die beiden Nieren, das Fett über ihnen
und das an den Lenden sowie die Fettmasse,
die er von der Leber und den Nieren loslöst.
16 Der Priester lasse diese Teile auf dem Altar
in Rauch aufgehen. Sie sind eine Feueropfer-
speise zum beruhigenden Duft für den
Herrn. Das ganze Fett gehört dem Herrn.
17 Als feste Regel gelte bei euch von Genera-
tion zu Generation an allen euren Wohnstät-
ten: Ihr dürft weder Fett noch Blut genießen.

Das Sündopfer eines Priesters: 4,1–12

4 Der Herr sprach zu Mose: 2 Sag zu den
Israeliten: Wenn einer ohne Vorsatz ge-
gen eines der Gebote des Herrn sündigt und
etwas Verbotenes tut, 3 dann soll er, wenn es
ein gesalbter Priester ist, der sündigt und da-
durch Schuld auf das Volk lädt, dem Herrn
für die von ihm begangene Sünde einen feh-
lerlosen Jungstier als Sündopfer darbringen.
4 Er soll diesen Jungstier zum Eingang des
Offenbarungszeltes vor den Herrn bringen,
ihm die Hand auf den Kopf legen und ihn vor
dem Herrn schlachten. 5 Dann soll der ge-

2,13 Salz des Bundes: Salz gehört zum Mahl und darum auch zum Opfer, das den Bund zwischen Gott und Volk bewusst macht (vgl. Num 18,19 und 2 Chr 13,5).

3,1–17 Bei Heilsopfern oder, wie manche übersetzen, bei Fried- oder Bundesopfern, werden nur die besten Teile des geschlachteten Tiers auf dem Altar verbrannt, während der Rest beim Opfermahl von den Teilnehmern der Feier verzehrt wird (vgl. die Anmerkung zu 1,1–17).

4,1 – 5,26 Der Unterschied zwischen Sündopfern und Schuldopfern ist nur schwer festzustellen. Bei beiden Opferarten geht es um Sühne für absichtliche und unabsichtliche Übertretungen von zumeist kultischen Vorschriften. Dabei spielt das Blut eine wichtige Rolle. Es wird an den Altar und andere

salbte Priester etwas vom Blut dieses Stiers nehmen, es in das Offenbarungszelt bringen, [6] seinen Finger in das Blut tauchen und es vor dem Herrn siebenmal gegen den Vorhang des Heiligtums spritzen. [7] Darauf soll der Priester etwas vom Blut auf die Hörner des Rauchopferaltars tun, der vor dem Herrn im Offenbarungszelt steht, und dann soll er das ganze Blut des Stiers am Sockel des Brandopferaltars ausgießen, der sich am Eingang des Offenbarungszeltes befindet. [8] Dann soll er das ganze Fett des Sündopferstieres abheben, und zwar das Fett, das die Eingeweide bedeckt, das gesamte Fett über den Eingeweiden, [9] die beiden Nieren, das Fett über ihnen und das an den Lenden sowie die Fettmasse, die er von der Leber und den Nieren loslöst – [10] genauso, wie es beim Stier des Heilsopfers geschieht –, und der Priester lasse diese Teile auf dem Brandopferaltar in Rauch aufgehen. [11] Das Fell des Stiers aber, sein ganzes Fleisch mit dem Kopf, den Beinen, den Eingeweiden und dem Mageninhalt, [12] also den ganzen Stier, soll er aus dem Lager hinaus an einen reinen Ort, nämlich den Abfallplatz der Fett-Asche, schaffen und ihn auf einem Holzfeuer verbrennen; auf dem Abfallplatz der Fett-Asche soll es verbrannt werden.

Das Sündopfer der Gemeinde: 4,13–21

[13] Wenn die ganze Gemeinde Israels ohne Vorsatz gesündigt und etwas vom Herrn Verbotenes getan hat, ohne es bemerkt zu haben, und dadurch schuldig wurde, [14] dann soll die Gemeinde für die Verfehlung, sobald sie bekannt wird, einen Jungstier als Sündopfer darbringen und ihn vor das Offenbarungszelt bringen. [15] Die Ältesten der Gemeinde sollen ihre Hände vor dem Herrn auf den Kopf des Stiers legen und man soll ihn vor dem Herrn schlachten. [16] Dann soll der gesalbte Priester etwas vom Blut des Stiers in das Offenbarungszelt tragen, [17] seinen Finger in das Blut tauchen und es siebenmal gegen den Vorhang vor dem Herrn spritzen. [18] Darauf soll er ein wenig von dem Blut auf die Hörner des Altars tun, der vor dem Herrn im Offenbarungszelt steht, und dann soll er das ganze Blut am Sockel des Brandopferaltars ausgießen, der sich am Eingang des Offenbarungszeltes befindet. [19] Dann soll er das ganze Fett des Tieres abheben und es auf dem Altar in Rauch aufgehen lassen. [20] Er soll mit dem Stier tun, was auch mit dem Sündopferstier gemacht wird; so soll er es mit ihm machen. Dann soll er die Gemeinde entsühnen und es wird ihnen vergeben werden. [21] Er soll den Stier aus dem Lager hinausbringen und ihn verbrennen, wie er den ersten Stier verbrannt hat. Das ist das Sündopfer für die Gemeinde.

Das Sündopfer eines Sippenhauptes: 4,22–26

[22] Angenommen, ein Sippenhaupt sündigt, tut ohne Vorsatz etwas, was der Herr, sein Gott, verboten hat, und wird dadurch schuldig, [23] oder man teilt ihm eine Verfehlung mit, die er begangen hat, so soll er als seine Opfergabe einen fehlerlosen Ziegenbock bringen. [24] Er soll die Hand auf den Kopf des Bockes legen und ihn dort schlachten, wo man das Brandopfer vor dem Herrn schlachtet. Ein Sündopfer ist es. [25] Der Priester soll mit seinem Finger etwas vom Blut des Sündopfers auf die Hörner des Brandopferaltars tun, dann das Blut am Sockel des Brandopferaltars ausgießen [26] und das ganze Fett, wie das Fett des Heilsopfers, auf dem Altar in Rauch aufgehen lassen. So entsühnt der Priester den Betreffenden und löst ihn von seiner Sünde; dann wird ihm vergeben werden.

Das Sündopfer eines gewöhnlichen Israeliten: 4,27–35

[27] Wenn jemand aus dem Volk ohne Vorsatz sündigt und schuldig wird, weil er etwas vom Herrn Verbotenes getan hat, [28] oder man teilt ihm eine Verfehlung mit, die er begangen hat, so bringe er als seine Opfergabe für seine Sünde, die er begangen hat, eine fehlerlose Ziege. [29] Er soll die Hand auf den Kopf des Sündopfers legen und es dort schlachten, wo man das Brandopfer schlachtet. [30] Der Priester soll mit seinem Finger etwas vom Blut auf die Hörner des Brandopferaltars tun und dann das ganze Blut am Sockel des Altars ausgießen. [31] Er soll das ganze Fett ablösen, wie man das Fett eines Heilsopfers ablöst, und der Priester soll es auf dem Altar in Rauch aufgehen lassen als beruhigenden Duft für den Herrn und so diesen Mann entsühnen; dann wird ihm vergeben werden. [32] Will er aber zum Sündopfer ein Schaf als Opfergabe bringen, soll er ein

Teile des Heiligtums gesprengt oder gestrichen. Zur Bedeutung des Blutes beim Opfer vgl. 17,11.

4,7 Die Hörner des Altars sind hornförmige Aufbauten an den vier Ecken, die wahrscheinlich die Macht Gottes versinnbilden (vgl. die Anmerkung zu Ex 32,1–35).

fehlerloses weibliches Tier bringen. [33] Er soll die Hand auf den Kopf des Sündopfers legen und es dort schlachten, wo man das Brandopfer schlachtet. [34] Der Priester soll mit seinem Finger etwas vom Blut dieses Opfers nehmen, auf die Hörner des Brandopferaltars tun und das ganze Blut am Sockel des Altars ausgießen. [35] Das ganze Fett soll er ablösen, wie man das Fett des Schafes eines Heilsopfers ablöst. Der Priester soll die Fettteile mit dem Feueropfer des Herrn auf dem Altar in Rauch aufgehen lassen und ihn so entsühnen, um ihn von seiner Sünde zu lösen, die er begangen hat; dann wird ihm vergeben werden.

Die Schuld- und Sündopfer für einzelne Vergehen: 5,1–13

5 Angenommen, jemand sündigt in einem der folgenden Fälle: er hat eine laute Verfluchung gehört, ist Zeuge, da er es gesehen oder darum gewusst hat, aber er zeigt es nicht an und lädt damit Schuld auf sich; [2] oder jemand berührt eine unreine Sache, das Aas eines unreinen wilden Tieres oder eines unreinen Haustiers oder eines unreinen Kriechtiers und es blieb ihm verborgen, aber er merkt es dann und wird unrein und schuldig; [3] oder er berührt etwas Unreines von einem Menschen, dessen Berührung unrein macht, und bemerkt es nicht, aber er erfährt es später und wird schuldig; [4] oder jemand schwört unbesonnen, ob zum Schaden oder zum Nutzen, wie eben der Mensch bisweilen unbesonnen schwört, aber er merkt es gar nicht, doch dann erfährt er es und wird schuldig durch so etwas – [5] wenn also jemand in einem dieser Fälle schuldig wird, so soll er gestehen, wodurch er sich verfehlt hat. [6] Als Schuldopfer für seine begangene Verfehlung soll er dann ein weibliches Stück Kleinvieh, ein Schaf oder eine Ziege, vor den Herrn als Sündopfer bringen und der Priester soll ihn entsühnen und so von seiner Verfehlung lösen. [7] Wenn seine Mittel für ein Schaf nicht ausreichen, soll er als Schuldopfer für seine Verfehlung zwei Turteltauben oder zwei junge Tauben vor den Herrn bringen, die eine als Sünd- und die andere als Brandopfer. [8] Er soll sie zum Priester bringen und dieser soll zuerst die eine für das Sündopfer darbringen. Er soll ihren Kopf vom Genick trennen, aber nicht ganz abreißen; [9] er soll etwas vom Blut des Sündopfers gegen die Altarwand spritzen und das übrige Blut am Sockel des Altars auspressen. Ein Sündopfer ist das. [10] Die zweite Taube soll er, wie vorgeschrieben, als Brandopfer darbringen. Der Priester soll ihn entsühnen und von der Sünde, die er begangen hat, lösen; dann wird ihm vergeben werden. [11] Falls seine Mittel für zwei Turteltauben oder zwei junge Tauben nicht ausreichen, soll er als Opfergabe für seine Verfehlung ein Zehntel Efa Feinmehl darbringen, aber weder Öl noch Weihrauch darauftun, denn es ist ein Sündopfer. [12] Er bringe es dem Priester, der davon eine Hand voll nimmt und als Gedächtnisanteil auf dem Altar mit den Feueropfern des Herrn in Rauch aufgehen lässt. Ein Sündopfer ist das. [13] Der Priester soll ihn so für die von ihm in einem dieser Fälle begangene Verfehlung entsühnen und es wird ihm vergeben werden. Dem Priester gehört das Gleiche wie beim Speiseopfer.

Das Schuldopfer für sakrale Vergehen: 5,14–19

[14] Der Herr sprach zu Mose: [15] Wenn jemand sich verfehlt und sich ohne Vorsatz an Dingen vergeht, die dem Herrn heilig sind, soll er als Schuldopfer für den Herrn von seiner Herde einen fehlerlosen Widder bringen, der in Silberschekel nach dem Schekelgewicht des Heiligtums zu schätzen ist. [16] Wenn er sich am Heiligen verfehlt hat, soll er Ersatz leisten und noch ein Fünftel des Wertes hinzufügen. Er soll es dem Priester geben und dieser soll ihn mit dem Schuldopferwidder entsühnen; dann wird ihm vergeben werden. [17] Wenn jemand sich verfehlt und etwas tut, was der Herr verboten hat, es nicht bemerkt, aber dann schuldig wird, soll er die Folgen seiner Schuld tragen. [18] Er soll als Schuldopfer einen fehlerlosen Widder von seiner Herde nach dem üblichen Schätzwert zum Priester bringen und dieser soll ihn für seine unabsichtliche Verfehlung, die er ohne Vorsatz begangen hat, entsühnen; dann wird ihm vergeben werden. [19] Ein Schuldopfer ist das; der Betreffende hat sich tatsächlich vor dem Herrn schuldig gemacht.

5,1 Wie noch heute bei den Beduinen, so hat man in Israel dem Fluch die Kraft zugeschrieben, das angedeutete Unheil auch wirklich herbeizuführen. Ein Fluch ist üblich und erlaubt, wenn jemand etwas verloren hat und den Finder vor Fundunterschlagung oder den Hehler vor Annahme oder Kauf des Gegenstands warnen will. Der unredliche Finder oder der Hehler würde Unheil auf sich bringen.

5,2 aber er merkt es dann: sinngemäß ergänzt (vgl. V. 3).

Das Schuldopfer für unsoziales Verhalten: 5,20–26

20 Der Herr sprach zu Mose: 21 Wenn jemand sündigt und eine Veruntreuung gegen den Herrn begeht, indem er einen aus seinem Volk über anvertrautes oder hinterlegtes oder geraubtes Gut täuscht oder ihn übervorteilt 22 oder verlorenes Gut findet und es leugnet oder einen Meineid leistet hinsichtlich irgendeiner Sünde, die ein Mensch begehen kann, 23 wenn er also auf solche Weise sündigt und schuldig wird, muss er das, was er geraubt oder durch Übervorteilung gewonnen hat oder was ihm anvertraut wurde, oder das Verlorene, das er gefunden hat, zurückgeben 24 oder er muss den Schaden, den er durch den Meineid angerichtet hat, wieder gutmachen; am Tag seines Schuldopfers erstatte er dem Geschädigten den um ein Fünftel vermehrten Wert. 25 Er soll einen fehlerlosen Widder von seiner Herde nach dem üblichen Schätzwert als sein Schuldopfer vor den Herrn zum Priester bringen 26 und dieser soll ihn vor dem Herrn entsühnen; dann wird ihm jede Tat vergeben werden, durch die er sich schuldig gemacht hat.

21–26: Ex 22,6–14.

DIE OPFERVORSCHRIFTEN FÜR DIE PRIESTER: 6,1 – 7,38

Das Brandopfer: 6,1–6

6 Der Herr sprach zu Mose: 2 Trag Aaron und seinen Söhnen auf: Für das Brandopfer gilt folgendes Gesetz: Das Brandopfer soll die ganze Nacht bis zum Morgen auf der Feuerstelle des Altars bleiben und das Altarfeuer soll darauf brennen. 3 Der Priester soll sein Leinengewand anlegen und seinen Körper mit einem leinenen Beinkleid bedecken. Dann soll er die Fett-Asche nehmen, zu der das Brandopfer auf dem Altar vom Feuer verzehrt wurde, und sie neben den Altar schütten. 4 Dann soll er seine Kleider ablegen, andere anziehen und die Fett-Asche aus dem Lager hinaus an einen reinen Platz schaffen. 5 Das Feuer soll auf dem Altar brennen bleiben, es darf nicht erlöschen und der Priester soll jeden Morgen Holz nachlegen. Er lege darauf das Brandopfer und lasse auf ihm die Fetteile des Heilsopfers in Rauch aufgehen. 6 Ein ständiges Feuer soll auf dem Altar brennen; es darf nicht verlöschen.

3: Ex 28,42f.

Das Speiseopfer: 6,7–11

7 Für das Speiseopfer gilt folgendes Gesetz: Einer der Söhne Aarons bringt es vor den Herrn zur Vorderseite des Altars, 8 hebt von ihm eine Hand voll Feinmehl, zusammen mit dem Öl und dem ganzen darauf befindlichen Weihrauch ab und lässt es als Gedächtnisanteil für den Herrn auf dem Altar zum beruhigenden Duft in Rauch aufgehen. 9 Das Übrige sollen Aaron und seine Söhne als ungesäuertes Brot an einem heiligen Ort, im Vorhof des Offenbarungszeltes, essen. 10 Man soll den Anteil an meinen Feueropfern, den ich ihnen gebe, nicht gesäuert backen. Es ist etwas Hochheiliges wie das Sünd- und das Schuldopfer. 11 Jede männliche Person unter den Söhnen Aarons darf von diesem Anteil an den Feueropfern des Herrn essen. Das gelte bei euch als feste Regel von Generation zu Generation. Alles, was damit in Berührung kommt, wird heilig.

7–11: 2,1–13.

Das Opfer bei der Priesterweihe: 6,12–16

12 Der Herr sprach zu Mose: 13 Das ist die Opfergabe, die Aaron und seine Söhne am Tag ihrer Salbung dem Herrn darbringen sollen: ein Zehntel Efa Feinmehl als dauerndes Speiseopfer, die Hälfte am Morgen und die Hälfte am Abend. 14 Dieses Speiseopfer soll, mit Öl eingerührt, auf einer Ofenplatte zubereitet werden; du sollst es in mehrere Stücke zerbröckeln und als beruhigenden Duft für den Herrn darbringen. 15 Der Priester, der an Aarons Stelle aus dem Kreis seiner Söhne gesalbt ist, soll es zubereiten. Als feste Regel gelte: Das Speiseopfer soll für den Herrn ganz in Rauch aufgehen; 16 jedes Speiseopfer eines Priesters soll ein Ganzopfer sein; man darf es nicht essen.

Das Sündopfer: 6,17–23

17 Der Herr sprach zu Mose: 18 Sag zu Aaron und seinen Söhnen: Für das Sündopfer gilt folgendes Gesetz: Dort, wo man das Brandopfer schlachtet, soll das Sündopfer vor dem Herrn geschlachtet werden. Es ist etwas Hochheiliges. 19 Der Priester, der dieses Opfer darbringt, soll es essen; an einem heiligen Ort, im Vorhof des Offenbarungszeltes, muss es gegessen werden. 20 Alles, was mit dem Fleisch in Berührung kommt, wird

heilig, und wenn vom Blut etwas auf die Gewänder spritzt, soll die Stelle an einem heiligen Ort gewaschen werden. 21 Das Tongefäß, in dem das Fleisch gekocht wird, soll zerbrochen werden, und wenn es in einem Bronzegefäß gekocht wird, muss dieses gescheuert und mit Wasser abgespült werden. 22 Jede männliche Person unter den Priestern darf davon essen; es ist etwas Hochheiliges. 23 Aber man darf kein Sündopfer essen, dessen Blut man in das Offenbarungszelt gebracht hat, um im Heiligtum die Sühne zu vollziehen; es muss im Feuer verbrannt werden.

17–23: 4,1–35.

Das Schuldopfer: 7,1–10

7 Für das Schuldopfer gilt folgendes Gesetz: Es ist etwas Hochheiliges. 2 Dort, wo man das Brandopfer schlachtet, soll man das Schuldopfer schlachten und der Priester soll das Blut ringsum an den Altar sprengen. 3 Dann soll er das ganze Fett davon darbringen: den Fettschwanz, das Fett, das die Eingeweide bedeckt, 4 die beiden Nieren, das Fett über ihnen und das an den Lenden sowie die Fettmasse, die er von der Leber und den Nieren loslöst. 5 Der Priester lasse das alles auf dem Altar als Feueropfer für den Herrn in Rauch aufgehen; es ist ein Schuldopfer. 6 Jede männliche Person unter den Priestern darf davon essen; man soll es an einem heiligen Ort essen. Es ist etwas Hochheiliges. 7 Für das Schuldopfer gilt dasselbe Gesetz wie für das Sündopfer. Es gehört dem Priester, der damit die Sühne vollzieht. 8 Das Fell des Opfertieres, das einer als ein Brandopfer zum Priester bringt, gehört dem Priester, der es darbringt. 9 Jedes Speiseopfer, das im Ofen gebacken oder in einem Kochtopf oder auf einer Ofenplatte zubereitet wurde, gehört dem Priester, der es darbringt. 10 Jedes mit Öl vermengte und jedes trockene Speiseopfer gehört allen Söhnen Aarons ohne Unterschied.

1–10: 5,1–26.

Das Heilsopfer: 7,11–21

11 Für das Heilsopfer, das man für den Herrn darbringt, gilt folgendes Gesetz: 12 Wenn man es als Dankopfer darbringt, soll man zu diesem Dankschlachtopfer ungesäuerten, mit Öl vermengten Kuchen hinzutun und ungesäuerte, mit Öl bestrichene Brotfladen sowie Kuchen aus Feinmehl, das mit Öl vermengt und eingerührt ist. 13 Dazu soll man auch Gebäck aus gesäuertem Brot geben und das alles zusammen mit dem Heilsopfer als Dankopfer darbringen. 14 Einen Teil von jeder Opfergabe soll man mit dem Erhebungsritus dem Herrn darbringen; es gehört dem Priester, der das Blut des Heilsopfers sprengt. 15 Das Opferfleisch des Schlachtdankopfers soll am Tag der Darbringung gegessen werden; nichts davon darf bis zum nächsten Morgen liegen bleiben. 16 Wenn es sich um ein Gelübde oder um ein freiwilliges Opfer handelt, darf das Fleisch am Tag der Darbringung und am folgenden Tag gegessen werden; was übrig bleibt, darf gegessen werden; 17 was aber vom Fleisch des Schlachtopfers dann noch übrig bleibt, soll am dritten Tag verbrannt werden. 18 Wenn man vom Fleisch des Heilsopfers am dritten Tag isst, findet der Darbringende keine Annahme. Es wird ihm nicht angerechnet und ist untauglich und die Person, die davon isst, muss die Folgen ihrer Schuld tragen.

19 Fleisch, das mit irgendetwas Unreinem in Berührung kommt, darf man nicht essen; man soll es im Feuer verbrennen. Jeder Reine darf Opferfleisch essen; 20 wenn aber jemand im Zustand der Unreinheit vom Fleisch des Heilsopfers isst, das dem Herrn gehört, soll er aus seinen Stammesgenossen ausgemerzt werden. 21 Wenn jemand mit irgendetwas Unreinem in Berührung kommt, sei es mit etwas Unreinem von einem Menschen oder einem unreinen Tier oder irgendeiner unreinen, abscheulichen Sache, und dann vom Fleisch eines Heilsopfers isst, das für den Herrn geopfert wird, soll er aus seinen Stammesgenossen ausgemerzt werden.

11–21: 3,1–17.

Das Verbot von Fett- und Blutgenuß: 7,22–27

22 Der Herr sprach zu Mose: 23 Sag zu den Israeliten: Von Rind, Schaf oder Ziege dürft ihr keinerlei Fett essen. 24 Das Fett eines verendeten oder zerrissenen Tieres kann zu jedem Zweck verwendet werden, doch essen dürft ihr es auf keinen Fall. 25 Jeder, der dennoch das Fett eines Tieres isst, das man als Feueropfer für den Herrn darbringt, soll aus seinen Stammesgenossen ausgemerzt werden. 26 Wo immer ihr wohnt, dürft ihr kein Blut genießen, weder von Vögeln, noch vom

7,14 Der Erhebungsritus ist ein ritueller Akt, bei dem der Priester die Opfergabe mit beiden Händen hochhebt zum Zeichen dafür, dass er sie Gott anbietet.

Vieh. 27 Wer Blut genießt, soll aus seinen
Stammesgenossen ausgemerzt werden.

24: Ex 22,30 • 26: Gen 9,4.

Die Feueropfer: 7,28–38

28 Der Herr sprach zu Mose: 29 Sag zu den
Israeliten: Wer ein Tier als Heilsopfer für
den Herrn darbringen will, soll davon als
Opfergabe für den Herrn Folgendes herbei-
bringen: 30 Mit seinen Händen bringe er als
Feueropfer für den Herrn das Fett des Brust-
stückes; er soll dieses Fett und die Brust
bringen, die er vor dem Herrn hin- und her-
schwingen und so darbringen soll. 31 Der
Priester lasse das Fett auf dem Altar in
Rauch aufgehen, die Brust aber gehört Aa-
ron und seinen Söhnen. 32 Für den Erhe-
bungsritus gebt von euren Heilsopfern die
rechte Schenkelkeule dem Priester! 33 Diese
rechte Schenkelkeule soll jenem der Söhne
Aarons als Anteil gehören, der das Blut und
das Fett des Heilsopfers darbringt. 34 Ich
nehme nämlich von den Heilsopfern der Is-
raeliten die Brust für den Darbringungsritus
und die Schenkelkeule für den Erhebungsri-
tus und gebe sie dem Priester Aaron und sei-
nen Söhnen als ein dauerndes Anrecht, das
die Israeliten ihnen gewähren müssen. 35 Das
also ist der Anteil Aarons und seiner Söhne
an den Feueropfern des Herrn an dem Tag,
an dem er sie dem Herrn als Priester dar-
bringt. 36 Das hat der Herr ihnen zu geben
befohlen an dem Tag, an dem er sie unter den
Israeliten salbte. Das gelte für sie als feste
Regel von Generation zu Generation.

37 Das ist das Gesetz für Brandopfer, Spei-
seopfer, Sündopfer, Schuldopfer, Priester-
einsetzungsopfer und Heilsopfer. 38 So hat es
der Herr dem Mose auf dem Sinai an dem
Tag aufgetragen, an dem er die Israeliten
verpflichtete, ihre Gaben dem Herrn in der
Wüste Sinai darzubringen.

DIE PRIESTERGESETZE: 8,1 – 10,20

Die Priesterweihe: 8,1–36

8 Der Herr sprach zu Mose: 2 Nimm Aa-
ron und seine Söhne, die Gewänder, das
Salböl, den Stier für das Sündopfer, die bei-
den Widder und den Korb mit den ungesäu-
erten Broten! 3 Dann ruf die ganze Gemeinde
am Eingang des Offenbarungszeltes zusam-
men! 4 Mose tat, was ihm der Herr befohlen
hatte, und die Gemeinde versammelte sich
am Eingang des Offenbarungszeltes. 5 Mose
sagte zur Gemeinde: Der Herr hat angeord-
net, das Folgende zu tun. 6 Mose ließ Aaron
und seine Söhne näher treten und wusch sie
mit Wasser. 7 Er legte ihm das Gewand an,
gürtete ihn mit dem Gürtel, bekleidete ihn
mit dem Obergewand und legte ihm das Efod
an. Dann band er ihm die Schärpe um, an der
er das Efod befestigte. 8 Er übergab ihm die
Lostasche, in die er die Lose Urim und Tum-
mim steckte. 9 Dann setzte er ihm den Tur-
ban auf und befestigte an der Vorderseite
des Turbans die goldene Rosette, das heilige
Diadem, wie der Herr dem Mose vorge-
schrieben hatte. 10 Darauf nahm Mose das
Salböl und salbte die Wohnstätte und alles,
was darin war, um sie zu weihen. 11 Mit dem
Öl spritzte er siebenmal gegen den Altar,
salbte ihn und alle seine Geräte, das Becken
und sein Gestell, um sie zu weihen. 12 Vom
Salböl goss er etwas auf das Haupt Aarons
und salbte ihn, um ihn zu weihen. 13 Dann
ließ Mose die Söhne Aarons näher treten, be-
kleidete sie mit Gewändern und legte ihnen
den Gürtel an; er setzte ihnen den Kopfbund
auf, wie es der Herr dem Mose befohlen hat-
te. 14 Dann ließ er den Sündopferstier heran
bringen. Auf seinen Kopf legten Aaron und
seine Söhne ihre Hände 15 und Mose
schlachtete ihn. Dann nahm Mose das Blut
und tat etwas davon mit seinem Finger
ringsum auf die Hörner des Altars, um ihn zu
entsündigen. Nachher goss er das Blut am
Sockel des Altars aus und weihte ihn; so ent-

8,1 – 10,20 Dass nur Angehörige des Stammes Levi opfern, hat sich erst in der Königszeit durchgesetzt. Aus Ri 17f erfahren wir zwar, dass Leviten als Priester bevorzugt wurden; aus den Samuelerzählungen und aus den Nachrichten über die Überführung der Bundeslade (2 Sam 6,17f) und über die Tempelweihe (1 Kön 8,62f) ersehen wir aber, dass der Nichtlevit Samuel und die Könige David und Salomo Opfer dargebracht haben. Nach 2 Sam 8,18 und 20,26 hat David seine Söhne und andere Nichtleviten als Priester eingesetzt. Die herausragende Stellung und die Weihe des Hohenpriesters oder einer hohepriesterlichen Dynastie ist für die Königszeit noch nicht nachweisbar, sondern erst in der nachexilischen Zeit zu belegen.

8,10 Zur Wohnstätte vgl. die Anmerkung zu Ex 25,9.

sühnte er ihn. 16 Danach nahm er das ganze Fett, das die Eingeweide bedeckt, die Fettmasse über der Leber, die beiden Nieren und ihr Fett und ließ diese Stücke auf dem Altar in Rauch aufgehen. 17 Was vom Stier noch übrig war, sein Fell und Fleisch sowie seinen Mageninhalt verbrannte er außerhalb des Lagers, wie es der Herr dem Mose befohlen hatte. 18 Dann ließ er den Widder für das Brandopfer herbeibringen. Aaron und seine Söhne legten ihre Hände auf den Kopf des Widders 19 und Mose schlachtete ihn. Er sprengte das Blut ringsum gegen den Altar. 20 Dann zerteilte er den Widder und ließ den Kopf, die Teile und das Fett in Rauch aufgehen. 21 Er wusch die Eingeweide und die Beine mit Wasser und ließ den ganzen Widder auf dem Altar in Rauch aufgehen. Es war ein Brandopfer zum beruhigenden Duft, ein Feueropfer für den Herrn, wie es der Herr dem Mose befohlen hatte.

22 Dann ließ er den zweiten Widder, den Widder für das Opfer der Priestereinsetzung, herbeibringen. Aaron und seine Söhne legten ihre Hände auf den Kopf des Widders 23 und Mose schlachtete ihn. Er nahm etwas Blut und tat es auf das rechte Ohrläppchen Aarons, auf den Daumen seiner rechten Hand und auf die große Zehe seines rechten Fußes. 24 Dann ließ er die Söhne Aarons näher treten und tat etwas Blut auf ihr rechtes Ohrläppchen, auf den Daumen ihrer rechten Hand und auf die große Zehe ihres rechten Fußes. Danach goss Mose das Blut ringsum an den Altar.

25 Er nahm auch das Fett, den Fettschwanz, das ganze Fett, das sich über den Eingeweiden befindet, die Fettmasse über der Leber, die beiden Nieren und ihr Fett und die rechte Schenkelkeule. 26 Aus dem Korb mit den ungesäuerten Broten, der vor dem Herrn stand, nahm er einen ungesäuerten Kuchen, einen Ölbrotkuchen und einen Brotfladen, die er auf die Fettstücke und die rechte Schenkelkeule legte. 27 Das alles gab er in die Hände Aarons und seiner Söhne und ließ sie es vor dem Herrn hin- und herschwingen und so darbringen. 28 Dann nahm es Mose wieder aus ihren Händen und ließ es auf dem Altar mit dem Brandopfer in Rauch aufgehen. Das war das Opfer der Priestereinsetzung zum beruhigenden Duft, ein Feueropfer für den Herrn.

29 Mose nahm auch das Bruststück und vollzog mit ihm vor dem Herrn den Darbringungsritus. Dieser Teil des Einsetzungswidders gehörte Mose als Anteil, wie es der Herr dem Mose befohlen hatte. 30 Danach nahm Mose etwas Salböl und etwas Blut, das auf dem Altar war, und spritzte es auf Aaron und dessen Gewänder sowie auf seine Söhne und deren Gewänder. So weihte er Aaron und dessen Gewänder sowie seine Söhne und deren Gewänder. 31 Mose sagte zu Aaron und seinen Söhnen: Kocht das Fleisch am Eingang des Offenbarungszeltes! Ihr sollt es dort essen, ebenso wie das Brot aus dem Einsetzungskorb, wie ich es angeordnet habe mit den Worten: Aaron und seine Söhne sollen es essen. 32 Was vom Fleisch und vom Brot übrig bleibt, sollt ihr verbrennen. 33 Sieben Tage lang sollt ihr den Eingang des Offenbarungszeltes nicht verlassen, bis die Zeit eurer Einsetzung um ist; denn sieben Tage dauert eure Einsetzung. 34 Wie man es am heutigen Tag getan hat, so hat der Herr angeordnet, soll man es auch weiter tun, um euch zu entsühnen. 35 Sieben Tage lang, Tag und Nacht, sollt ihr am Eingang des Offenbarungszeltes bleiben und auf die Anordnungen des Herrn achten; dann werdet ihr nicht sterben. Denn so ist es mir befohlen worden. 36 Aaron und seine Söhne taten alles, was der Herr durch Mose angeordnet hatte.

1–36 ‖ Ex 29,1–37 • 7: Ex 28,4–43 • 31: Ex 29,31–34.

Das Weiheopfer des Hohenpriesters: 9,1–24

9 Am achten Tag rief Mose Aaron, seine Söhne und die Ältesten Israels zusammen 2 und sagte zu Aaron: Nimm ein Kalb, ein junges Rind, für ein Sündopfer und einen Widder für ein Brandopfer, fehlerlose Tiere, und bring sie her vor den Herrn! 3 Dann sollst du zu den Israeliten sagen: Nehmt einen Ziegenbock für ein Sündopfer, ferner ein Kalb und ein Schaf, einjährige und fehlerlose Tiere, für ein Brandopfer, 4 ein Rind und einen Widder für ein Heilsopfer, um sie vor dem Herrn zu schlachten, und ein Speiseopfer, das mit Öl vermengt ist. Denn heute wird euch der Herr erscheinen. 5 Sie brachten, was Mose befohlen hatte, zum Offenbarungszelt und die ganze Gemeinde kam herbei und stellte sich vor dem Herrn auf. 6 Mose sagte: Das ist es, was der Herr euch zu tun geboten hat, damit euch die Herrlichkeit des Herrn erscheint. 7 Dann sagte Mose zu Aaron: Tritt zum Altar hin, bring dein Sünd- und dein Brandopfer dar und vollzieh so für dich und das Volk die Sühne! Dann bring das Opfer des Volkes dar und entsühne es, wie der Herr befohlen hat.

8 Aaron trat an den Altar und schlachtete

9,7 für dich und das Volk, vielleicht nach G zu korrigieren: für dich und dein Haus.

das Kalb für seine eigene Sünde. 9 Dann
brachten ihm die Söhne Aarons das Blut; er
tauchte seinen Finger in das Blut, tat es auf
die Hörner des Altars und goss das übrige
Blut am Sockel des Altars aus. 10 Das Fett
des Sündopfers, die Nieren und die Fett-
masse über der Leber des Sündopfers ließ er
auf dem Altar in Rauch aufgehen, wie es der
Herr dem Mose befohlen hatte. 11 Das Fleisch
und das Fell verbrannte er außerhalb des
Lagers. 12 Danach schlachtete er das Brand-
opfer; die Söhne Aarons reichten ihm das
Blut und er sprengte es ringsum an den
Altar. 13 Sie reichten ihm die einzelnen Stü-
cke und den Kopf des Brandopfers und er
ließ sie auf dem Altar in Rauch aufgehen.
14 Er wusch die Eingeweide und Beine und
ließ auch sie mit dem Brandopfer auf dem
Altar in Rauch aufgehen.

15 Dann ließ er das Opfer des Volkes heran-
bringen. Er nahm den Bock für das Sündop-
fer des Volkes, schlachtete ihn und brachte
ihn wie den ersten als Sündopfer dar. 16 Da-
rauf ließ er das Brandopfer bringen und ver-
fuhr nach der Vorschrift. 17 Er ließ das Spei-
seopfer bringen, nahm eine Hand voll davon
und ließ es auf dem Altar in Rauch aufgehen,
dazu noch das Morgenbrandopfer. 18 Dann
schlachtete er das Rind und den Widder als
Heilsopfer für das Volk. Die Söhne Aarons
reichten ihm das Blut und er sprengte es
ringsum an den Altar. 19 Die Fettstücke des
Rinds und des Widders, und zwar den
Fettschwanz, das Eingeweidenetz, die
Nieren und die Fettmasse über der Leber,
20 legte er auf die Bruststücke und ließ sie
auf dem Altar in Rauch aufgehen. 21 Die
Bruststücke und die rechte Schenkelkeule
schwang Aaron vor dem Herrn hin und her
und brachte sie so dar, wie es Mose befohlen
hatte.

22 Dann erhob Aaron seine Hände über das
Volk und segnete es. Nachdem er so das
Sünd- und das Brandopfer sowie das Heils-
opfer vollzogen hatte, stieg er herunter
23 und Mose ging mit Aaron in das Offenba-
rungszelt. Dann kamen beide heraus und
segneten das Volk. Da erschien die Herrlich-
keit des Herrn dem ganzen Volk. 24 Feuer
ging vom Herrn aus und verzehrte das
Brandopfer und die Fettstücke auf dem Al-
tar. Als das ganze Volk das sah, stieß es Ju-
belschreie aus und alle fielen auf ihr Gesicht
nieder.

8: 8,14–21 • 16: 1,10–13 • 17: 2,1–16 • 18: 3,1–17.

Die Strafe für unrechtmäßiges Opfern: 10,1–5

10 Die Söhne Aarons, Nadab und Abihu,
nahmen jeder seine Räucherpfanne.
Sie legten Feuer auf, taten Räucherwerk da-
rauf und brachten vor dem Herrn ein uner-
laubtes Feuer dar, eines, das er ihnen nicht
befohlen hatte. 2 Da ging vom Herrn ein
Feuer aus, das sie verzehrte, und sie kamen
vor dem Herrn um. 3 Da sagte Mose zu Aa-
ron: Das ist es, was der Herr meinte, als er
sprach:

An denen, die mir nahe sind, / erweise ich
mich heilig / und vor dem ganzen Volk / zei-
ge ich mich herrlich.

Aaron schwieg. 4 Mose rief Mischaël und
Elizafan, die Söhne von Aarons Onkel Usiël,
und sagte zu ihnen: Kommt her und tragt
eure Brüder vom Heiligtum weg, vor das La-
ger hinaus! 5 Sie traten heran und trugen sie
in ihren Gewändern vor das Lager hinaus,
wie es Mose gesagt hatte.

Der Dienst im Heiligtum: 10,6–20

6 Zu Aaron und seinen Söhnen Eleasar und
Itamar sagte Mose: Lasst euer Haar nicht
lose herunterhängen und zerreißt nicht eure
Kleider, sonst müsst ihr sterben und der
Herr zürnt über die ganze Gemeinde. Eure
Brüder, das ganze Haus Israel, sollen über
den Brand weinen, den der Herr entfacht
hat. 7 Verlasst nicht den Eingang des Offen-
barungszeltes, sonst müsst ihr sterben; denn
das Salböl des Herrn ist auf euch. Sie taten,
was Mose gesagt hatte.

8 Der Herr sagte zu Aaron: 9 Wenn ihr zum
Offenbarungszelt kommt, dürft ihr, du und
deine Söhne, weder Wein noch Bier trinken,
sonst müsst ihr sterben. Das gelte bei euch
als feste Regel von Generation zu Genera-
tion. 10 Ihr sollt zwischen heilig und profan,
zwischen unrein und rein unterscheiden
11 und die Israeliten sollt ihr über alle Vor-
schriften belehren, die der Herr euch durch
Mose verkündet hat. 12 Mose sagte zu Aaron
und seinen überlebenden Söhnen Eleasar
und Itamar: Nehmt das Speiseopfer, das von
den Feueropfern des Herrn übrig bleibt, esst
davon die ungesäuerten Brote neben dem Al-
tar, denn es ist etwas Hochheiliges. 13 An ei-
nem heiligen Ort sollt ihr es essen, denn es ist
das, was dir und deinen Söhnen von den
Feueropfern des Herrn zusteht; so ist es mir
nämlich befohlen worden. 14 Die Brust vom

10,1 Worin die Unrechtmäßigkeit des Opfers bestand, wird für uns nicht klar.

Darbringungsritus und die Schenkelkeule
vom Erhebungsritus sollt ihr, du, deine Söh-
ne und deine Töchter, an einem reinen Ort
essen, denn sie sind der für dich und deine
Söhne bestimmte Anteil an den Heilsopfern
der Israeliten, den man dir gibt. 15 Die
Schenkelkeule vom Erhebungsritus und die
Brust vom Darbringungsritus, die bei den
Fettstücken der Feueropfer sind, sollen sie
zur Darbringung vor den Herrn bringen; sie
sollen dir und deinen Söhnen als dauerndes
Anrecht gehören, wie es der Herr befohlen
hat.

16 Mose erkundigte sich nach dem Sündop-
ferbock, und siehe da, man hatte ihn ver-
brannt. Er geriet über Eleasar und Itamar,
die überlebenden Söhne Aarons, in Zorn und
sagte: 17 Warum habt ihr das Sündopfer
nicht an einem heiligen Ort gegessen? Es ist
etwas Hochheiliges und es wurde euch gege-
ben, damit ihr die Schuld von der Gemeinde
wegnehmt, indem ihr sie vor dem Herrn ent-
sühnt. 18 Sein Blut wurde ja nicht in das In-
nere des Heiligtums gebracht; das Fleisch
hättet ihr im Heiligtum essen sollen, wie ich
es angeordnet habe. 19 Aaron antwortete
Mose: Heute haben sie ihr Sünd- und ihr
Brandopfer vor dem Herrn dargebracht und
doch hat mich so etwas getroffen. Wenn ich
heute das Sündopfer gegessen hätte, hätte
das dem Herrn gefallen? 20 Als Mose das hör-
te, schien es ihm richtig.

DIE REINHEITSGESETZE: 11,1 – 15,33

Reine und unreine Tiere: 11,1–47

11 Der Herr sprach zu Mose und Aaron:
2 Sagt den Israeliten: Das sind die
Tiere, die ihr von allem Vieh auf der Erde es-
sen dürft: 3 Alle Tiere, die gespaltene Klauen
haben, Paarzeher sind und wiederkäuen,
dürft ihr essen. 4 Jedoch dürft ihr von den
Tieren, die wiederkäuen oder gespaltene
Klauen haben, Folgende nicht essen: Ihr sollt
für unrein halten das Kamel, weil es zwar
wiederkäut, aber keine gespaltenen Klauen
hat; 5 ihr sollt für unrein halten den Klipp-
dachs, weil er zwar wiederkäut, aber keine
gespaltenen Klauen hat; 6 ihr sollt für unrein
halten den Hasen, weil er zwar wiederkäut,
aber keine gespaltenen Klauen hat; 7 ihr sollt
für unrein halten das Wildschwein, weil es
zwar gespaltene Klauen hat und Paarzeher
ist, aber nicht wiederkäut. 8 Ihr dürft von ih-
rem Fleisch nicht essen und ihr Aas nicht be-
rühren; ihr sollt sie für unrein halten.

9 Von allen Tieren, die im Wasser leben,
dürft ihr essen; alle Tiere mit Flossen und
Schuppen, die im Wasser, in Meeren und
Flüssen leben, dürft ihr essen. 10 Aber alles,
was in Meeren oder Flüssen lebt, alles Klein-
getier des Wassers und alle Lebewesen, die
im Wasser leben und keine Flossen oder
Schuppen haben, seien euch abscheulich.
11 Ihr sollt sie als abscheulich ansehen; von
ihrem Fleisch dürft ihr nicht essen und ihr
Aas sollt ihr verabscheuen. 12 Alles, was ohne
Flossen oder Schuppen im Wasser lebt, hal-
tet für abscheulich!

13 Unter den Vögeln sollt ihr Folgende ver-
abscheuen – man darf sie nicht essen, sie sind
abscheulich: Aasgeier, Schwarzgeier, Bart-
geier, 14 Milan, die verschiedenen Bussardar-
ten, 15 alle Arten des Raben, 16 Adlereule,
Kurzohreule, Langohreule und die verschie-
denen Falkenarten, 17 Kauz, Fischeule, Bie-
nenfresser, 18 Weißeule, Kleineule, Fischad-
ler, 19 den Storch, die verschiedenen Reiher-
arten, Wiedehopf und Fledermaus.

20 Alle Kleintiere mit Flügeln und vier Fü-
ßen seien euch abscheulich. 21 Von diesen
Kleintieren mit Flügeln und vier Füßen dürft
ihr aber jene essen, die Springbeine haben,
um damit auf dem Boden zu hüpfen. 22 Von
ihnen dürft ihr die verschiedenen Arten der
Wanderheuschrecke, der Solam-, der Hargol-
und der Hagab-Heuschrecke essen. 23 Alle
übrigen Kleintiere mit Flügeln und vier Fü-
ßen aber seien euch abscheulich. 24 An diesen
Tieren verunreinigt ihr euch; jeder, der ihr
Aas berührt, wird unrein bis zum Abend.
25 Jeder, der ihr Aas trägt, muss seine Kleider
waschen und ist unrein bis zum Abend.

26 Alle Tiere mit gespaltenen Klauen, die
aber nicht Paarzeher sind und nicht wieder-
käuen, sollt ihr für unrein halten; jeder, der
sie berührt, wird unrein. 27 Alle Vierfüßler,
die auf Pfoten gehen, sollt ihr für unrein hal-
ten; jeder, der ihr Aas berührt, wird unrein
bis zum Abend, 28 und wer ihr Aas trägt,

10,19 Die Entschuldigung Aarons ist unklar.

11,1–47 Die meisten der für unrein gehaltenen Tiere sind für den Menschen Ekel erregend, gelten als besonders unsauber oder spielen im Kult anderer Völker eine Rolle. Die genaue Bedeutung der hebräischen Tiernamen ist nicht immer gesichert.

11,3 Die Einordnung in die Gattung der Wieder-

muss seine Kleider waschen und ist unrein bis
zum Abend. Ihr sollt sie für unrein halten.
29 Unter dem Kleingetier, das auf dem Bo-
den kriecht, sollt ihr für unrein halten den
Maulwurf, die Maus und die verschiedenen
Arten der Eidechsen, 30 nämlich den Gecko,
die Koach- und die Letaa-Eidechse, den Sa-
lamander und das Chamäleon. 31 Unter allem
Kleingetier sollt ihr diese für unrein halten.
Jeder, der sie berührt, wenn sie tot sind, ist
unrein bis zum Abend.
32 Jeder Gegenstand, auf den eines dieser
Tiere fällt, wenn sie tot sind, wird unrein, je-
des Holzgerät, Kleid, Fell, grobes Zeug und
jeder Gebrauchsgegenstand. Man muss ei-
nen solchen Gegenstand in Wasser tauchen;
er ist unrein bis zum Abend und erst dann
wieder rein. 33 Jedes Tongefäß, in das ein sol-
ches Tier fällt, müsst ihr zerbrechen und sein
Inhalt ist unrein. 34 Jede Speise, die man
essen will, wird unrein, wenn Wasser aus
einem solchen Gefäß darauf kommt; jedes
Getränk, das man trinken will, wird durch
ein solches Gefäß unrein. 35 Alles, worauf ein
Aas von ihnen fällt, wird unrein; ein Back-
ofen und ein kleiner Herd müssen niederge-
rissen werden, denn sie sind unrein und als
unrein sollen sie euch gelten. 36 Nur eine
Quelle und eine Zisterne mit angesammel-
tem Wasser bleiben rein. Jeder, der ein Aas
von jenen Tieren berührt, wird unrein.
37 Wenn ein Aas von ihnen auf irgendeinen
Samen fällt, der gesät werden soll, so bleibt
er rein. 38 Wenn aber das Korn mit Wasser
befeuchtet war und ein solches Aas darauf
fällt, sollt ihr es für unrein halten.
39 Wenn eines der Tiere, das euch zur Nah-
rung dient, verendet, so wird der, der sein
Aas berührt, unrein bis zum Abend. 40 Wer
von solchem Fleisch isst, muss seine Kleider
waschen und ist unrein bis zum Abend; wer
solches Aas trägt, muss seine Kleider wa-
schen und ist unrein bis zum Abend.
41 Jedes Kleintier, das sich auf dem Boden
bewegt, ist abscheulich und darf nicht geges-
sen werden. 42 Alles, was sich auf dem Bauch
oder auf vier und mehr Füßen fortbewegt,
kurz alles Kleingetier, das sich auf dem Bo-
den bewegt, dürft ihr nicht essen, denn es ist
abscheulich. 43 Macht euch nicht selbst ab-
scheulich mit all diesem Gewimmel von
Kleintieren und macht euch durch sie nicht
unrein, indem ihr euch durch sie verunreini-
gen lasst. 44 Denn ich bin der Herr, euer Gott.
Erweist euch als heilig, und seid heilig, weil
ich heilig bin. Verunreinigt euch daher nicht
selbst durch alle diese Kleintiere, die auf
dem Boden kriechen. 45 Denn ich bin der
Herr, der euch aus Ägypten heraufgeführt
hat, um euer Gott zu sein. Ihr sollt daher hei-
lig sein, weil ich heilig bin.
46 Das ist das Gesetz über das Vieh, die
Vögel, alle Lebewesen, die sich im Wasser
bewegen, und alle Lebewesen, die auf dem
Boden kriechen. 47 So soll man das Unreine
und das Reine unterscheiden, die Tiere, die
man essen darf, und jene, die man nicht
essen darf.

1–47 ‖ Dtn 14,3–21a • 39: Ex 22,30.

Die Reinigung der Wöchnerin: 12,1–8

12 Der Herr sprach zu Mose: 2 Sag zu
den Israeliten: Wenn eine Frau nie-
derkommt und einen Knaben gebiert, ist sie
sieben Tage unrein, wie sie in der Zeit ihrer
Regel unrein ist. 3 Am achten Tag soll man
die Vorhaut des Kindes beschneiden 4 und
dreiunddreißig Tage soll die Frau wegen ih-
rer Reinigungsblutung zu Hause bleiben. Sie
darf nichts Geweihtes berühren und nicht
zum Heiligtum kommen, bis die Zeit ihrer
Reinigung vorüber ist. 5 Wenn sie ein Mäd-
chen gebiert, ist sie zwei Wochen unrein wie
während ihrer Regel. Sechsundsechzig Tage
soll sie wegen ihrer Reinigungsblutung zu
Hause bleiben. 6 Wenn die Zeit ihrer Reini-
gung vorüber ist, soll sie, für einen Sohn
ebenso wie für eine Tochter, ein einjähriges
Schaf als Brandopfer und eine junge Taube
oder eine Turteltaube als Sündopfer zum
Priester an den Eingang des Offenbarungs-
zeltes bringen. 7 Er soll es vor dem Herrn
darbringen und sie entsühnen; so wird sie
von ihrem Blutfluss gereinigt.
Das ist das Gesetz für eine Frau, die einen
Knaben oder ein Mädchen gebiert. 8 Wenn
sie die Mittel für ein Schaf nicht aufbringen
kann, soll sie zwei Turteltauben oder zwei
junge Tauben nehmen, eine als Brandopfer
und die andere als Sündopfer; der Priester
soll sie entsühnen und so wird sie gerei-
nigt.

3: Gen 17,12 • 8: Lk 2,24.

Der Aussatz an Menschen: 13,1–46

13 Der Herr sprach zu Mose und Aaron:
2 Wenn sich auf der Haut eines Men-
schen eine Schwellung, ein Ausschlag oder
ein heller Fleck bildet, liegt Verdacht auf

käuer geschieht nach dem Augenschein. Danach gelten z. B. Tiere wie der Hase, die ständig das Maul bewegen, als Wiederkäuer.

12,1–8 Zur Unreinheit der Wöchnerin vgl. die Einleitung.

13,1–46 Das mit »Aussatz« wiedergegebene heb-

Hautaussatz vor. Man soll ihn zum Priester Aaron oder zu einem seiner Söhne, den Priestern, führen. [3] Der Priester soll das Übel auf der Haut untersuchen. Wenn das Haar an der kranken Stelle weiß wurde und die Stelle tiefer als die übrige Haut liegt, ist es Aussatz. Nachdem der Priester das Übel untersucht hat, soll er den Erkrankten für unrein erklären. [4] Wenn aber auf der Haut ein weißer Fleck besteht, der nicht merklich tiefer als die übrige Haut liegt, und das Haar nicht weiß geworden ist, soll der Priester den Befallenen für sieben Tage absondern. [5] Am siebten Tag untersuche er ihn wieder. Wenn er mit seinen eigenen Augen feststellt, dass das Übel gleich geblieben ist und sich auf der Haut nicht ausgebreitet hat, soll er ihn noch einmal für sieben Tage absondern [6] und ihn am siebten Tag abermals untersuchen. Wenn er dann feststellt, dass das Übel nachgelassen und sich auf der Haut nicht ausgebreitet hat, soll ihn der Priester für rein erklären. Es handelt sich um einen Ausschlag. Der Kranke soll seine Kleider waschen, dann ist er rein. [7] Breitet sich jedoch der Ausschlag auf der Haut aus, nachdem der Kranke vom Priester untersucht und für rein erklärt wurde, soll er sich ihm noch einmal zeigen. [8] Stellt der Priester fest, dass der Ausschlag sich auf der Haut ausgebreitet hat, soll der Priester ihn für unrein erklären: Es handelt sich um Aussatz.

[9] Wenn sich also an jemandem ein Übel von der Art des Aussatzes zeigt, soll man ihn zum Priester bringen. [10] Stellt der Priester fest, dass sich auf der Haut eine weiße Schwellung zeigt, dass die Haare heller geworden sind und dass sich an der Schwellung wildes Fleisch gebildet hat, [11] dann ist es ein veralteter Aussatz auf der Haut. Der Priester soll ihn für unrein erklären, ohne ihn erst abzusondern, denn er ist unrein. [12] Wenn aber der Aussatz auf der Haut ausbricht, sie völlig ergreift und sich vom Kopf bis zu den Füßen erstreckt, überall, wohin der Priester schaut, [13] so soll er den Kranken untersuchen und, falls er feststellt, dass der Aussatz den ganzen Körper bedeckt, den Kranken für rein erklären. Da er völlig weiß geworden ist, ist er rein. [14] An dem Tag jedoch, an dem an ihm wildes Fleisch sichtbar wird, ist er unrein. [15] Hat der Priester das wilde Fleisch untersucht, soll er ihn für unrein erklären. Das wilde Fleisch ist etwas Unreines; es ist Aussatz. [16] Wenn aber das wilde Fleisch verschwindet und die befallene Stelle weiß wird, soll der Mann den Priester aufsuchen. [17] Dieser soll ihn untersuchen, und wenn er feststellt, dass die betroffene Stelle tatsächlich weiß geworden ist, soll er den Kranken für rein erklären: Er ist rein.

[18] Wenn sich auf der Haut eines Menschen ein Furunkel bildet und wieder abheilt, [19] sich aber dann an der Stelle des Furunkels eine weiße Schwellung oder ein hellroter Fleck bildet, soll er sich dem Priester zeigen; [20] dieser soll ihn untersuchen. Wenn er eine merkliche Vertiefung der Haut und heller gewordenes Haar feststellt, soll der Priester ihn für unrein erklären; es ist ein Fall von Aussatz, der im Furunkel ausgebrochen ist. [21] Wenn der Priester bei der Untersuchung weder weiße Haare noch eine Vertiefung der Haut, vielmehr ein Abklingen des Übels feststellt, soll er den Kranken sieben Tage lang absondern. [22] Wenn sich das Übel dann doch auf der Haut ausbreitet, soll er ihn für unrein erklären: Es ist ein Fall von Aussatz. [23] Wenn aber der helle Fleck unverändert bleibt, ohne sich auszubreiten, so ist es eine Narbe vom Furunkel; der Priester soll diesen Menschen für rein erklären.

[24] Wenn jemand auf der Haut eine Brandwunde hat und sich eine Wucherung als hellroter oder weißer Fleck bildet, [25] soll ihn der Priester untersuchen. Wenn er heller gewordenes Haar oder eine merkliche Vertiefung des Fleckes in der Haut feststellt, ist es Aussatz, der in der Brandwunde ausgebrochen ist. Der Priester soll den Menschen für unrein erklären; es ist ein Fall von Aussatz. [26] Untersucht ihn der Priester und stellt kein weißes Haar auf dem Fleck, keine Vertiefung der Haut, sondern ein Abklingen fest, so soll er ihn sieben Tage lang absondern. [27] Am siebten Tag soll er ihn wieder untersuchen. Hat sich das Übel auf der Haut ausgebreitet, soll er ihn für unrein erklären; es ist ein Fall von Aussatz. [28] Wenn der helle Fleck unverändert geblieben ist, ohne sich auf der Haut auszubreiten, vielmehr abgeblasst ist, so ist es nur eine angeschwollene Brandnarbe. Der Priester soll den Kranken für rein erklären, denn es ist nur eine Brandnarbe.

[29] Zeigt sich bei einem Mann oder bei einer Frau an Kopf oder Kinn eine kranke Stelle, [30] soll der Priester sie untersuchen. Stellt er dort eine merkliche Hautvertiefung mit rötlich gelb glänzendem, schütter gewordenem Haar fest, soll er den Kranken für unrein erklären. Es ist eine Flechte, ein Aussatz des Kopfes oder des Kinns. [31] Stellt der Priester

räische Wort meint nicht immer die Lepra in unserem Sinn, sondern dürfte auch andere Ekel erregende Hautkrankheiten bezeichnen, die man mit Lepra verwechselte.

bei der Untersuchung dieses Falls von Flechte weder eine merkliche Hautvertiefung noch schwarzes Haar fest, soll er den mit Flechte Behafteten sieben Tage lang absondern. 32 Am siebten Tag soll er das Übel untersuchen. Stellt er fest, dass sich die Flechte nicht ausgebreitet hat, an ihr kein rötlich gelb glänzendes Haar aufgetreten ist und auch keine merkliche Hautvertiefung besteht, 33 soll sich der Kranke rasieren, dabei aber die befallene Stelle aussparen und der Priester soll ihn noch einmal sieben Tage lang absondern. 34 Am siebten Tag soll er das Übel wieder untersuchen. Stellt er fest, dass es sich auf der Haut nicht ausgebreitet hat und dass keine merkliche Hautvertiefung besteht, soll er den Kranken für rein erklären. Dieser soll seine Kleider waschen, dann ist er rein. 35 Hat sich aber die Flechte nach der Reinerklärung doch auf der Haut ausgebreitet, 36 soll ihn der Priester wieder untersuchen. Stellt er fest, dass sich die Flechte auf der Haut ausbreitet, braucht der Priester nicht erst festzustellen, ob das Haar rötlich gelb glänzend ist; er ist unrein. 37 Scheint aber dem Priester die Flechte gleichzubleiben und wächst an ihr schwarzes Haar, so heilt sie ab; er ist rein und der Priester soll ihn für rein erklären.

38 Zeigen sich bei einem Mann oder bei einer Frau Flecken, weiße Flecken auf der Haut, 39 so soll der Priester sie untersuchen. Stellt er fest, dass diese Flecken auf der Haut verblassen, so handelt es sich um einen Ausschlag, der auf der Haut ausgebrochen ist; der Kranke ist rein.

40 Verliert ein Mann auf seinem Kopf die Haare, so ist es eine Hinterkopfglatze; er ist rein. 41 Geschieht es an der Schädelvorderseite, so ist es eine Stirnglatze; er ist rein. 42 Entsteht aber auf der Glatze des Hinterkopfes oder über der Stirn ein hellroter Fleck, so ist es Aussatz, der auf dem Kopf oder auf der Stirn dieses Menschen ausbricht. 43 Der Priester soll ihn untersuchen. Stellt er auf der Hinterkopf- oder auf der Stirnglatze eine hellrote Aussatzschwellung fest, die wie Hautaussatz aussieht, 44 so ist der Mensch aussätzig; er ist unrein. Der Priester muss ihn für unrein erklären; er ist an seinem Kopf von Aussatz befallen.

45 Der Aussätzige, der von diesem Übel betroffen ist, soll eingerissene Kleider tragen und das Kopfhaar ungepflegt lassen; er soll den Schnurrbart verhüllen und ausrufen: Unrein! Unrein! 46 Solange das Übel besteht, bleibt er unrein; er ist unrein. Er soll abgesondert wohnen, außerhalb des Lagers soll er sich aufhalten.

Der Aussatz an Kleidern: 13,47–59

47 Zeigt sich Aussatz auf einem Kleidungsstück, sei es ein Woll- oder Leinenkleid, 48 ein Gewebe oder Gewirke aus Leinen oder Wolle, oder auf Leder oder auf irgendeinem Ledergegenstand, 49 so ist das ein Fall von Aussatz, der dem Priester dann zu zeigen ist, wenn der Fleck auf dem Kleid, dem Leder, dem Gewebe, dem Gewirke oder irgendeinem Ledergerät grüngelblich oder rötlich erscheint. 50 Der Priester soll das Übel untersuchen und den befallenen Gegenstand sieben Tage lang absondern. 51 Wenn er am siebten Tage beobachtet, dass sich das Übel auf dem Kleid, dem Gewebe, dem Gewirke, dem Leder oder Ledergegenstand, was immer es auch sein mag, ausgebreitet hat, so ist es ein Fall von bösartigem Aussatz: Der befallene Gegenstand ist unrein. 52 Man soll dieses Kleid, dieses Gewebe, dieses Gewirke aus Wolle oder Leinen oder das Ledergerät, was es auch sein mag, auf dem sich das Übel zeigt, verbrennen; denn es ist bösartiger Aussatz, der im Feuer verbrannt werden muss. 53 Wenn aber der Priester bei der Untersuchung feststellt, dass das Übel sich auf diesem Kleid, Gewebe, Gewirke oder Ledergerät nicht ausgebreitet hat, 54 soll er den befallenen Gegenstand waschen lassen und ihn noch einmal sieben Tage lang absondern. 55 Nach dem Abwaschen soll er das Übel untersuchen, und wenn er feststellt, dass sich sein Aussehen nicht verändert hat, so ist der Gegenstand unrein, auch wenn sich das Übel nicht ausbreitet; du sollst ihn im Feuer verbrennen. Es liegt eine ausgefressene Vertiefung an seiner Vorder- oder Rückseite vor. 56 Stellt aber der Priester bei der Untersuchung fest, dass das Übel nach dem Abwaschen abgeblasst ist, so soll er die befallene Stelle von dem Kleid, dem Leder, dem Gewebe oder dem Gewirke abreißen. 57 Sollte aber das Übel auf diesem Kleid, Gewebe, Gewirke oder Ledergerät wieder erscheinen, so greift das Übel weiter um sich und du sollst den befallenen Gegenstand im Feuer verbrennen. 58 Aber das Kleid, das Gewebe, das Gewirke oder das Ledergerät, auf dem das Übel nach dem Abwaschen verschwunden

13,47–59 Da man nur vom äußeren Anschein ausging, galten auch Veränderungen an Kleidern durch Fäulnis oder Verrottung, die entsprechenden Krankheitserscheinungen auf der menschlichen Haut ähnelten, als lepraverdächtig und ansteckend.

ist, soll noch einmal gewaschen werden und
ist dann rein.
59 Das ist das Gesetz für den Fall von Aus-
satz auf einem Woll- oder Leinenkleid, einem
Gewebe, Gewirke oder Ledergerät, wenn es
gilt, sie für rein oder unrein zu erklären.

Die Reinigungsriten für vom Aussatz Geheilte: 14,1–32

14 Der Herr sprach zu Mose: 2 Das ist
das Gesetz für den Aussätzigen,
wenn er für rein erklärt wird: Man soll ihn
zum Priester führen 3 und der Priester soll
vor das Lager herauskommen. Stellt er nach
der Untersuchung fest, dass der Aussätzige
von seinem Aussatz geheilt ist, 4 soll er an-
ordnen, dass man für den, der sich der Reini-
gung unterzieht, zwei lebende reine Vögel,
Zedernholz, Karmesin und Ysop nimmt.
5 Dann soll er anordnen, den einen Vogel
über einem Tongefäß mit Quellwasser zu
schlachten. 6 Den lebenden Vogel, das Ze-
dernholz, das Karmesin und den Ysop soll er
nehmen und alles, auch den lebenden Vogel,
in das Blut des über dem Quellwasser ge-
schlachteten Vogels tauchen. 7 Nun soll er
den, der sich der Reinigung vom Aussatz un-
terzieht, siebenmal besprengen und, nach-
dem er ihn für rein erklärt hat, den lebenden
Vogel ins freie Feld fliegen lassen. 8 Der sich
der Reinigung unterzieht, der soll seine Klei-
der waschen, sein ganzes Haar scheren, sich
in Wasser baden und dann rein sein. Nach-
her darf er ins Lager kommen, muss aber
noch sieben Tage außerhalb seines Zeltes
bleiben. 9 Am siebten Tag soll er sein ganzes
Haar scheren, die Kopfhaare, den Bart und
die Augenbrauen; alle Haare muss er sche-
ren. Nachdem er seine Kleider gewaschen
und seinen Körper in Wasser gebadet hat, ist
er rein.
10 Am achten Tag soll er zwei fehlerlose
Widder, ein einjähriges fehlerloses Schaf,
drei Zehntel Efa Speiseopfermehl, das mit Öl
vermengt ist, und ein Log Öl nehmen. 11 Der
Priester, der die Reinigung vornimmt, soll
den, der sich der Reinigung unterzieht, mit
seinen Opfergaben am Eingang des Offen-
barungszeltes vor dem Herrn aufstellen.
12 Dann soll er den einen Widder nehmen, ihn
zusammen mit dem Log Öl als Schuldopfer
darbringen und mit beiden den Darbrin-
gungsritus vor dem Herrn vollziehen. 13 Er
soll den Widder an der Stelle schlachten, wo
man das Sünd- und das Brandopfer schlach-
tet, an dem heiligen Ort. Dieses Schuldopfer
nämlich gehört wie ein Sündopfer dem
Priester, es ist etwas Hochheiliges. 14 Der
Priester soll etwas Blut vom Schlachtopfer
nehmen und es auf das rechte Ohrläppchen
dessen tun, der sich der Reinigung unter-
zieht, und auf den Daumen seiner rechten
Hand und auf die große Zehe seines rechten
Fußes. 15 Dann soll er etwas von dem Log Öl
nehmen und auf seinen eigenen linken
Handteller gießen. 16 Er soll einen Finger sei-
ner rechten Hand in das Öl, das auf seinem
linken Handteller ist, tauchen und mit die-
sem Finger siebenmal Öl vor dem Herrn ver-
spritzen. 17 Dann soll er etwas von dem auf
seinem Handteller übrig gebliebenen Öl auf
das rechte Ohrläppchen dessen tun, der sich
der Reinigung unterzieht, auf den Daumen
seiner rechten Hand und auf die große Zehe
seines rechten Fußes, auf das Blut des
Schuldopfers. 18 Den Rest des Öls, das er auf
seinem Handteller hat, soll er auf den Kopf
dessen tun, der sich der Reinigung unter-
zieht. So soll er ihn vor dem Herrn entsüh-
nen.
19 Nun soll der Priester das Sündopfer
durchführen und den, der sich der Reinigung
unterzieht, von seiner Unreinheit entsühnen.
Danach soll er das Brandopfer schlachten
20 und dieses und das Speiseopfer auf dem
Altar als Ganzopfer darbringen. Hat der
Priester den betreffenden Menschen ent-
sühnt, so ist er rein.
21 Wenn er arm ist und seine Mittel nicht
ausreichen, soll der Priester einen einzigen
Schuldopferwidder für den Darbringungsri-
tus nehmen, um ihn zu entsühnen. Er soll nur
ein Zehntel Efa Feinmehl, das mit Öl ver-
mengt ist, und ein Log Öl als Speiseopfer
nehmen, 22 und je nachdem es seine Mittel
gestatten, soll er zwei Turteltauben oder
zwei junge Tauben bringen, von denen die
eine als Sündopfer und die andere als Brand-
opfer dienen soll. 23 Er soll sie am achten Tag
zu seiner Reinigung dem Priester zum Ein-
gang des Offenbarungszeltes vor den Herrn
bringen. 24 Der Priester soll den Schuldop-
ferwidder und das Log Öl nehmen und damit
den Darbringungsritus vor dem Herrn voll-
ziehen. 25 Hat er diesen Schuldopferwidder
geschlachtet, dann nehme er etwas Blut vom
Schuldopfer und tue es auf das rechte Ohr-
läppchen dessen, der sich der Reinigung un-
terzieht, auf den Daumen seiner rechten
Hand und auf die große Zehe seines rechten
Fußes. 26 Er soll etwas Öl auf seinen linken
Handteller gießen 27 und etwas von diesem
Öl, das auf seinem linken Handteller ist, mit
seinem rechten Zeigefinger siebenmal vor
dem Herrn verspritzen. 28 Dann soll er etwas
von dem Öl, das auf seinem Handteller ist,
auf das rechte Ohrläppchen dessen, der sich

der Reinigung unterzieht, auf den Daumen seiner rechten Hand und auf die große Zehe seines rechten Fußes tun, und zwar auf die Stelle des Schuldopferblutes. 29 Den Rest des Öls auf seinem Handteller soll der Priester auf den Kopf dessen tun, der sich der Reinigung unterzieht. So soll er ihn vor dem Herrn entsühnen. 30 Seinen Mitteln entsprechend soll er die eine der beiden Turteltauben oder jungen Tauben 31 als ein Sündopfer und die andere als ein Brandopfer mit einem Speiseopfer verwenden. Der Priester soll damit den, der sich der Reinigung unterzieht, vor dem Herrn entsühnen.

32 Das ist das Gesetz für einen, der vom Aussatz befallen ist und dessen Mittel für seine Reinigung nicht ausreichen.

14: 8,23; Ex 29,20.

Der Aussatz an Häusern: 14,33–57

33 Der Herr sprach zu Mose und Aaron: 34 Wenn ihr in das Land Kanaan kommt, das ich euch zum Besitz gebe, und ich lasse an einem Haus des Landes, das ihr besitzen werdet, Aussatz auftreten, 35 so soll der Hausherr kommen, es dem Priester anzeigen und sagen: Ich habe an meinem Haus so etwas wie Aussatz gesehen. 36 Der Priester soll anordnen, dass man das Haus räumt, bevor er kommt, um das Übel zu untersuchen; auf diese Weise wird das, was sich im Haus befindet, nicht unrein. Danach erst soll der Priester kommen, um das Haus zu besichtigen. 37 Stellt er dabei fest, dass sich an den Mauern des Hauses grünlich gelbe oder rötliche Vertiefungen zeigen, die Mulden in der Mauer bilden, 38 so soll der Priester aus dem Haus hinausgehen und den Eingang für sieben Tage abschließen. 39 Am siebten Tag soll er wiederkommen. Stellt er bei der Besichtigung fest, dass sich das Übel an den Hausmauern ausgebreitet hat, 40 so ordne er an, die Steine, die vom Übel befallen sind, herauszureißen und sie vor die Stadt hinaus an einen unreinen Ort zu werfen. 41 Dann soll er die Innenwände des Hauses abkratzen lassen und man soll den so entfernten Mörtel aus der Stadt hinausschaffen und an einen unreinen Ort schütten. 42 Man soll andere Steine nehmen, um die herausgerissenen zu ersetzen, und das Haus mit frischem Mörtel bestreichen. 43 Hat man die Steine entfernt, das Haus abgekratzt und neu verputzt und das Übel bricht wieder aus, 44 soll der Priester kommen, um es zu besichtigen. Stellt er fest, dass sich das Übel an dem Haus ausgebreitet hat, so ist bösartiger Aussatz an dem Haus; es ist unrein. 45 Man soll es niederreißen und seine Steine, seine Balken und seinen ganzen Mörtelverputz vor die Stadt hinausbringen an einen unreinen Ort. 46 Jeder, der das Haus während der Tage, an denen es durch den Priester verschlossen war, betreten hat, ist unrein bis zum Abend. 47 Wer im Haus geschlafen hat, muss seine Kleider waschen; wer im Haus gegessen hat, muss seine Kleider waschen.

48 Kommt aber der Priester, um das Übel zu besichtigen, und stellt fest, dass sich das Übel, nachdem das Haus neu verputzt wurde, nicht ausgebreitet hat, soll er das Haus für rein erklären, denn das Übel ist abgeheilt. 49 Um das Haus zu entsündigen, soll er zwei Vögel, Zedernholz, Karmesin und Ysop nehmen. 50 Er soll einen der Vögel über einem Tongefäß mit Quellwasser schlachten. 51 Dann soll er das Zedernholz, den Ysop, das Karmesin und den lebenden Vogel nehmen, um sie in das Blut des geschlachteten Vogels und in das Quellwasser zu tauchen. Er soll das Haus siebenmal besprengen und, 52 nachdem er das Haus mit dem Blut des Vogels, dem Quellwasser, dem lebenden Vogel, dem Zedernholz, dem Ysop und dem Karmesin entsündigt hat, 53 den lebenden Vogel aus der Stadt hinaus ins freie Feld fliegen lassen. So entsühnt er das Haus und es ist wieder rein.

54 Das ist das Gesetz für alle Fälle von Aussatz und Flechte, 55 von Aussatz an Kleidern und Häusern, 56 von Geschwülsten, Ausschlag und hellen Flecken, 57 zur Unterweisung, wann etwas unrein oder rein ist. Das ist das Gesetz über den Aussatz.

Die Unreinheit bei Männern: 15,1–18

15 Der Herr sprach zu Mose und Aaron: 2 Redet zu den Israeliten und sagt zu ihnen: Wenn ein Mann einen Ausfluss aus seinem Körper hat, so ist dieser Ausfluss unrein. 3 Hat er diesen Ausfluss, so besteht seine Unreinheit, ob sein Körper den Ausfluss fließen lässt oder ihn zurückhält; bei ihm liegt Unreinheit vor. 4 Jedes Lager, auf das sich dieser Mann legt, und jeder Gegenstand, auf den er sich setzt, ist unrein. 5 Wer sein

14,33–57 Ähnliches wie zum Aussatz an Kleidern ist zum Aussatz an Häusern zu sagen (vgl. die Anmerkung zu 13,47–59).

15,2 »Ausfluss aus dem Körper« sind alle krankhaften Ausflüsse aus den natürlichen Körperöffnungen und aus ständig nässenden Fisteln. Dazu und zu 15,19–33 vgl. die Einleitung.

Lager berührt, muss seine Kleider waschen, sich in Wasser baden und ist unrein bis zum Abend. 6 Wer sich auf einen Gegenstand setzt, auf dem der Leidende saß, muss seine Kleider waschen, sich in Wasser baden und ist unrein bis zum Abend. 7 Wer den Körper des Leidenden berührt, muss seine Kleider waschen, sich in Wasser baden und ist unrein bis zum Abend. 8 Wenn der Kranke eine reine Person anspuckt, muss sie ihre Kleider waschen, sich in Wasser baden und ist unrein bis zum Abend. 9 Jeder Sattel, den der Kranke benutzt, ist unrein. 10 Jeder, der irgendeinen Gegenstand berührt, der unter dem Kranken war, ist unrein bis zum Abend. Wer einen solchen Gegenstand trägt, muss seine Kleider waschen, sich in Wasser baden und ist unrein bis zum Abend. 11 Jeder, den der Kranke berührt, ohne zuvor seine Hände mit Wasser abzuspülen, muss seine Kleider waschen, sich in Wasser baden und ist unrein bis zum Abend. 12 Ein Tongefäß, das der Kranke berührt, muss zerbrochen und jedes Holzgerät mit Wasser abgespült werden.

13 Wird dieser Mann von seinem Ausfluss rein, soll er sieben Tage bis zu seiner Reinigung zählen. Danach muss er seine Kleider waschen, seinen Körper in Quellwasser baden und ist dann rein. 14 Am achten Tag soll er zwei Turteltauben oder zwei junge Tauben nehmen, vor den Herrn zum Eingang des Offenbarungszeltes kommen und sie dem Priester geben. 15 Mit der einen soll der Priester ein Sündopfer und mit der andern ein Brandopfer darbringen. Der Priester soll ihn so vor dem Herrn wegen seines Ausflusses entsühnen.

16 Hat ein Mann Samenerguss, soll er seinen ganzen Körper in Wasser baden und ist unrein bis zum Abend. 17 Jedes Kleid und jedes Lederstück, auf das Samen gekommen ist, muss mit Wasser gesäubert werden und ist unrein bis zum Abend.

18 Schläft ein Mann, der Samenerguss hat, mit einer Frau, müssen sie sich beide in Wasser baden und sind unrein bis zum Abend.

Die Unreinheit bei Frauen: 15,19–33

19 Hat eine Frau Blutfluss und ist solches Blut an ihrem Körper, soll sie sieben Tage lang in der Unreinheit ihrer Regel verbleiben. Wer sie berührt, ist unrein bis zum Abend. 20 Alles, worauf sie sich in diesem Zustand legt, ist unrein; alles, worauf sie sich setzt, ist unrein. 21 Wer ihr Lager berührt, muss seine Kleider waschen, sich in Wasser baden und ist unrein bis zum Abend. 22 Wer irgendeinen Gegenstand berührt, auf dem sie saß, muss seine Kleider waschen, sich in Wasser baden und ist unrein bis zum Abend. 23 Befindet sich etwas auf dem Bett oder auf dem Gegenstand, auf dem sie saß, wird derjenige, der es berührt, unrein bis zum Abend. 24 Schläft ein Mann mit ihr, so kommt die Unreinheit ihrer Regel auf ihn. Er wird für sieben Tage unrein. Jedes Lager, auf das er sich legt, wird unrein.

25 Hat eine Frau mehrere Tage außerhalb der Zeit ihrer Regel einen Blutfluss oder hält ihre Regel länger an, ist sie für die ganze Dauer dieses Ausflusses im gleichen Zustand der Unreinheit wie während der Zeit ihrer Regel. 26 Jedes Lager, auf das sie sich während der ganzen Dauer ihres Ausflusses legt, ist so wie ihr Lager, auf dem sie während ihrer Regel liegt. Jeder Gegenstand, auf den sie sich setzt, wird unrein wie bei der Unreinheit ihrer Regel. 27 Jeder, der diese Gegenstände berührt, wird unrein; er muss seine Kleider waschen, sich in Wasser baden und ist unrein bis zum Abend.

28 Ist sie von ihrem Ausfluss rein, soll sie sieben Tage zählen und dann rein sein. 29 Am achten Tag soll sie zwei Turteltauben oder zwei junge Tauben nehmen und sie dem Priester zum Eingang des Offenbarungszeltes bringen. 30 Der Priester soll die eine als Sündopfer und die andere als Brandopfer verwenden. Er soll sie so vor dem Herrn wegen ihres verunreinigenden Ausflusses entsühnen.

31 Ihr sollt die Israeliten vor ihrer Unreinheit warnen, damit sie nicht in ihr sterben müssen, weil sie meine Wohnstätte in ihrer Mitte verunreinigen.

32 Das ist das Gesetz für einen Mann, der einen Ausfluss hat, für einen, den ein Samenerguss unrein gemacht hat, 33 und für die Frau in der Unreinheit ihrer Regel, also für den Mann oder die Frau mit Ausfluss und den Mann, der mit einer unreinen Frau schläft.

DAS RITUAL FÜR DEN VERSÖHNUNGSTAG: 16,1–34

16 Nach dem Tod der beiden Söhne Aa-
rons, die umgekommen waren, als sie
vor den Herrn hintraten, redete der Herr mit
Mose. 2 Der Herr sprach zu Mose: Sag dei-
nem Bruder Aaron, er soll nicht zu jeder be-
liebigen Zeit das Heiligtum hinter dem Vor-
hang vor der Deckplatte der Lade betreten.
Dann wird er nicht sterben, wenn ich über
der Deckplatte in einer Wolke erscheine.
3 Aaron darf nur so in das Heiligtum kom-
men: mit einem Jungstier für ein Sündopfer
und einem Widder für ein Brandopfer. 4 Ein
geweihtes Leinengewand soll er anhaben,
leinene Beinkleider tragen, sich mit einem
Leinengürtel gürten und um den Kopf einen
Leinenturban binden. Das sind heilige Ge-
wänder; deshalb soll er seinen ganzen Kör-
per in Wasser baden und sie erst dann anle-
gen. 5 Von der Gemeinde der Israeliten soll er
zwei Ziegenböcke für ein Sündopfer und ei-
nen Widder für ein Brandopfer erhalten.
6 Hat er den Jungstier für seine eigene Sünde
dargebracht und sich und sein Haus ent-
sühnt, 7 dann soll Aaron die beiden Ziegen-
böcke nehmen und sie vor dem Herrn am
Eingang des Offenbarungszeltes aufstellen.
8 Für die beiden Böcke soll er Lose kenn-
zeichnen, ein Los »für den Herrn« und ein
Los »für Asasel«. 9 Aaron soll den Bock, für
den das Los »für den Herrn« herauskommt,
herbeiführen und ihn als Sündopfer darbrin-
gen. 10 Der Bock, für den das Los »für Asa-
sel« herauskommt, soll lebend vor den Herrn
gestellt werden, um für die Sühne zu dienen
und zu Asasel in die Wüste geschickt zu wer-
den. 11 Aaron soll den Jungstier für sein eige-
nes Sündopfer herbeibringen lassen, um sich
und sein Haus zu entsühnen, und diesen
Jungstier als Sündopfer für sich schlach-
ten.

12 Dann soll er eine Räucherpfanne voll
glühender Kohlen vom Altar, der vor dem
Herrn steht, und zwei Hand voll zerstoßenen
duftenden Räucherwerks nehmen. Er soll al-
les hinter den Vorhang bringen 13 und das
Räucherwerk auf das Feuer vor dem Herrn
tun; die Wolke des Räucherwerks soll die
Deckplatte über der Lade einhüllen, damit
er nicht sterben muss. 14 Dann soll er vom
Blut des Jungstiers nehmen und es mit sei-
nem Finger gegen die Vorderseite der Deck-
platte spritzen; auch vor die Deckplatte soll
er mit seinem Finger siebenmal etwas Blut
spritzen. 15 Nachher soll er den Bock
schlachten, der als Sündopfer für das Volk
bestimmt ist, und sein Blut hinter den Vor-
hang tragen. Er soll es mit diesem Blut eben-
so machen wie mit dem Blut des Jungstiers
und es auf die Deckplatte und vor die Deck-
platte spritzen. 16 So soll er das Heiligtum
von den Unreinheiten der Israeliten, von all
ihren Freveltaten und Sünden entsühnen
und so soll er mit dem Offenbarungszelt ver-
fahren, das bei ihnen inmitten ihrer Unrein-
heiten seinen Sitz hat. 17 Kein Mensch darf
im Offenbarungszelt sein, wenn er in das
Heiligtum eintritt, um die Sühne zu vollzie-
hen, bis er es wieder verlässt.

Hat er sich, sein Haus und die ganze
Gemeinde Israels entsühnt, 18 so soll er zum
Altar vor dem Herrn hinausgehen und ihn
entsühnen. Er soll etwas Blut des Jungstiers
und des Bockes nehmen und es auf die Hör-
ner rings um den Altar tun. 19 Etwas von die-
sem Blut soll er mit seinem Finger siebenmal
auf den Altar spritzen. So soll er ihn von den
Unreinheiten der Israeliten reinigen und ihn
heiligen.

20 Hat er so die Entsühnung des Heilig-
tums, des Offenbarungszeltes und des Altars
beendet, soll er den lebenden Bock herbrin-
gen lassen. 21 Aaron soll seine beiden Hände
auf den Kopf des lebenden Bockes legen und
über ihm alle Sünden der Israeliten, alle ihre
Frevel und alle ihre Fehler bekennen. Nach-
dem er sie so auf den Kopf des Bockes gela-
den hat, soll er ihn durch einen bereitstehen-
den Mann in die Wüste treiben lassen 22 und
der Bock soll alle ihre Sünden mit sich in die
Einöde tragen.

Hat er den Bock in die Wüste geschickt,
23 dann soll Aaron wieder in das Offenba-

16,1–34 Der Versöhnungstag wird am 10. Tag des Monats Tischri (September/Oktober), fünf Tage vor dem Laubhüttenfest, gefeiert. Er ist ein Fasttag und der Tag, an dem der Hohepriester sich, die Priester und das Volk für alle Vergehen entsühnt. Nur an diesem Tag darf er das Allerheiligste des Tempels betreten (vgl. auch Num 29,7–11).

16,8.20–22 Der Ritus mit dem Sündenbock für Asasel geht wohl auf einen alten Brauch zurück, der durch den Jahwekult nicht ganz verdrängt werden konnte und darum als symbolische Handlung in das Ritual des Versöhnungstags eingebaut wurde. Asasel ist ein Wüstendämon. Alle Sünden Israels sollen durch die Handauflegung gleichsam auf den Ziegenbock geladen und mit ihm in die Wüste, zu den Wüstendämonen, getrieben, d. h. aus der Mitte Israels verbannt werden.

rungszelt gehen, die Leinengewänder, die er
beim Betreten des Heiligtums angelegt hat,
ablegen und sie dort verwahren. 24 Er soll
seinen Körper in Wasser an einem heiligen
Ort baden, wieder seine Kleider anlegen und
hinausgehen, um sein Brandopfer und das
des Volkes darzubringen. Er soll sich und
das Volk entsühnen 25 und das Fett des
Sündopfers auf dem Altar in Rauch aufge-
hen lassen.
26 Der Mann, der den Bock für Asasel hi-
nausgeführt hat, muss seine Kleider wa-
schen, seinen Körper in Wasser baden und
darf danach wieder in das Lager kommen.
27 Den Jungstier und den Bock, die man als
Sündopfer dargebracht und deren Blut man
in das Heiligtum zur Entsühnung gebracht
hat, soll man aus dem Lager hinausschaffen
und ihr Fell, ihr Fleisch und ihren Mageninhalt
im Feuer verbrennen. 28 Wer sie ver-
brannt hat, muss seine Kleider waschen, den
Körper in Wasser baden und darf danach
wieder ins Lager kommen.
29 Folgendes soll euch als feste Regel gel-
ten: Im siebten Monat, am zehnten Tag des
Monats, sollt ihr euch Enthaltung auferlegen
und keinerlei Arbeit tun, der Einheimische
und ebenso der Fremde, der in eurer Mitte
lebt. 30 Denn an diesem Tag entsühnt man
euch, um euch zu reinigen. Vor dem Herrn
werdet ihr von allen euren Sünden wieder
rein. 31 Dieser Tag ist für euch ein vollständi-
ger Ruhetag, und ihr sollt euch Enthaltung
auferlegen. Das gelte als feste Regel. 32 Der
Priester, den man gesalbt und an Stelle sei-
nes Vaters als Priester eingesetzt hat, soll die
Sühne vollziehen. Er soll die Leinengewän-
der, die heiligen Gewänder, anlegen. 33 Er
soll das geweihte Heiligtum, das Offenba-
rungszelt und den Altar entsühnen; dann soll
er die Priester und das ganze Volk der Ge-
meinde entsühnen. 34 Das soll für euch als
feste Regel gelten: Einmal im Jahr sollen die
Israeliten von allen ihren Sünden entsühnt
werden. Und man tat, wie es der Herr dem
Mose befohlen hatte.

1: 10,1–5 • 2: Ex 25,17–21.

DAS HEILIGKEITSGESETZ: 17,1 – 26,46

Schlachtungen und Blutgenuss: 17,1–16

17 Der Herr sprach zu Mose: 2 Rede zu
Aaron, seinen Söhnen und allen Is-
raeliten und sag zu ihnen: Das ist es, worauf
der Herr euch verpflichtet hat: 3 Jeder Mann
aus dem Haus Israel, der innerhalb oder au-
ßerhalb des Lagers ein Rind, ein Schaf oder
eine Ziege schlachtet 4 und das Tier nicht
zum Eingang des Offenbarungszeltes bringt,
um es dem Herrn vor seiner Wohnstätte zu
opfern, dem soll es als Blutschuld angerech-
net werden; er hat Blut vergossen und soll
aus der Mitte seines Volkes ausgemerzt wer-
den. 5 Daher sollen die Israeliten die Opfer,
die sie (jetzt noch) auf dem freien Feld
schlachten, dem Priester für den Herrn zum
Eingang des Offenbarungszeltes bringen
und sie als Heilsopfer für den Herrn schlach-
ten. 6 Der Priester soll das Blut auf den Altar
des Herrn am Eingang des Offenbarungszel-
tes gießen und das Fett zum beruhigenden
Duft für den Herrn in Rauch aufgehen las-
sen. 7 Sie sollen nicht mehr ihre Schlachtop-
fer für Bocksdämonen schlachten, mit denen
sie Unzucht treiben. Das gelte ihnen und ih-
ren kommenden Generationen als feste Re-
gel.
8 Du sollst ihnen weiter sagen: Jeder Mann
aus dem Haus Israel oder jeder Fremde in
eurer Mitte, der ein Brand- oder Schlachtop-
fer darbringt, 9 ohne es zum Eingang des Of-
fenbarungszeltes zu bringen, um es für den
Herrn zu vollziehen, soll aus seinen Stam-
mesgenossen ausgemerzt werden.
10 Jeder Mann aus dem Haus Israel oder je-
der Fremde in eurer Mitte, der irgendwie
Blut genießt, gegen einen solchen werde ich

17,1–16 Dieser Text scheint zu fordern, dass die Schlachtung eines Tiers nur am Heiligtum geschehen darf, und zwar in Verbindung mit einem Opfer, wobei zumindest das Fett und das Blut Gott gehören. Ein solches Gesetz wäre nur denkbar zur Zeit der Wüstenwanderung, wie sie sich die Priestertradition vorstellt. In Palästina nach der Sesshaftwerdung wäre es nicht durchführbar gewesen. Vielleicht meint aber 17,1–9 nur, dass man nirgends als nur am Heiligtum Schlachtopfer darbringen darf. So ist jedenfalls Dtn 12 gemeint, wo ausdrücklich festgestellt wird, dass man überall einfache Schlachtungen vornehmen darf, wenn man nur das Blut nicht genießt, sondern zur Erde rinnen lässt und mit Erde bedeckt. Auch in Lev 17 wird der Blutgenuss ausdrücklich verboten. Das Verbot wird in V. 11 damit begründet, dass das Blut Sitz des Lebens und von Gott dazu vorgesehen ist, beim Sühnopfer als Ersatz für das durch die Sünde verwirkte Blut des Sünders zu dienen.

mein Angesicht wenden und ihn aus der Mitte seines Volkes ausmerzen. 11 Die Lebenskraft des Fleisches sitzt nämlich im Blut. Dieses Blut habe ich euch gegeben, damit ihr auf dem Altar für euer Leben die Sühne vollzieht; denn das Blut ist es, das für ein Leben sühnt. 12 Deshalb habe ich zu den Israeliten gesagt: Niemand unter euch darf Blut genießen, auch der Fremde, der in eurer Mitte lebt, darf kein Blut genießen. 13 Jeder unter den Israeliten oder der Fremde in eurer Mitte, der Wild oder für den Genuss erlaubte Vögel erlegt, muss das Blut ausfließen lassen und es mit Erde bedecken. 14 Denn das Leben aller Wesen aus Fleisch ist das Blut, das darin ist. Ich habe zu den Israeliten gesagt: Das Blut irgendeines Wesens aus Fleisch dürft ihr nicht genießen; denn das Leben aller Wesen aus Fleisch ist ihr Blut. Jeder, der es genießt, soll ausgemerzt werden.

15 Jeder, sei er einheimisch oder fremd, der ein verendetes oder zerrissenes Tier isst, muss seine Kleider waschen, sich in Wasser baden und ist unrein bis zum Abend; dann ist er rein. 16 Wer seine Kleider nicht wäscht und seinen Körper nicht in Wasser badet, muss die Folgen seiner Schuld tragen.

5: 3,1–17 • 11: Gen 9,4; Dtn 12,23 • 15: 11,40; Ex 22,30.

Sexuelle Vorschriften: 18,1–30

Einleitung: 18,1–5

18 Der Herr sprach zu Mose: 2 Rede zu den Israeliten und sag zu ihnen: Ich bin der Herr, euer Gott. 3 Ihr sollt nicht tun, was man in Ägypten tut, wo ihr gewohnt habt; ihr sollt nicht tun, was man in Kanaan tut, wohin ich euch führe. Ihre Bräuche sollt ihr nicht befolgen. 4 Meine Vorschriften sollt ihr einhalten und meine Satzungen sollt ihr beachten und befolgen. Ich bin der Herr, euer Gott. 5 Ihr sollt auf meine Satzungen und meine Vorschriften achten. Wer sie einhält, wird durch sie leben. Ich bin der Herr.

Unzucht unter Verwandten: 18,6–18

6 Niemand von euch darf sich einer Blutsverwandten nähern, um ihre Scham zu entblößen. Ich bin der Herr. 7 Die Scham deines Vaters, nämlich die Scham deiner Mutter, darfst du nicht entblößen. Sie ist deine Mutter, du darfst ihre Scham nicht entblößen. 8 Die Scham der Frau deines Vaters darfst du nicht entblößen; sie ist die Scham deines Vaters. 9 Die Scham deiner Schwester, einer Tochter deines Vaters oder einer Tochter deiner Mutter, darfst du nicht entblößen, sei sie im Haus oder außerhalb geboren. 10 Die Scham einer Tochter deines Sohnes oder einer Tochter deiner Tochter darfst du nicht entblößen; denn ihre Scham ist deine eigene Scham. 11 Die Scham der Tochter einer Frau deines Vaters darfst du nicht entblößen. Sie ist deinem Vater geboren, also deine Schwester; du darfst ihre Scham nicht entblößen. 12 Die Scham einer Schwester deines Vaters darfst du nicht entblößen; denn sie ist mit deinem Vater leiblich verwandt. 13 Die Scham der Schwester deiner Mutter darfst du nicht entblößen; denn sie ist mit deiner Mutter leiblich verwandt. 14 Die Scham des Bruders deines Vaters darfst du nicht entblößen; du darfst dich seiner Frau nicht nähern; denn sie ist deine Tante. 15 Die Scham deiner Schwiegertochter darfst du nicht entblößen. Sie ist die Frau deines Sohnes; du darfst ihre Scham nicht entblößen. 16 Die Scham der Frau deines Bruders darfst du nicht entblößen; denn sie ist die Scham deines Bruders. 17 Die Scham einer Frau und gleichzeitig die ihrer Tochter darfst du nicht entblößen; weder die Tochter ihres Sohnes noch die Tochter ihrer Tochter darfst du nehmen, um ihre Scham zu entblößen. Sie sind leiblich verwandt, es wäre Blutschande. 18 Du darfst neben einer Frau nicht auch noch deren Schwester heiraten; du würdest sie zur Nebenbuhlerin machen, wenn du zu Lebzeiten der Frau die Scham ihrer Schwester entblößt.

Andere Unzuchtvergehen: 18,19–23

19 Einer Frau, die wegen ihrer Regel unrein ist, darfst du dich nicht nähern, um ihre Scham zu entblößen. 20 Der Frau deines Stammesgenossen darfst du nicht beiwohnen; du würdest dadurch unrein.

21 Von deinen Nachkommen darfst du keinen für Moloch darbringen. Du darfst den Namen deines Gottes nicht entweihen. Ich bin der Herr.

22 Du darfst nicht mit einem Mann schlafen, wie man mit einer Frau schläft; das wäre ein Gräuel. 23 Keinem Vieh darfst du beiwohnen; du würdest dadurch unrein. Keine Frau

---

18,21 Kinderopfer waren in außerordentlichen Notsituationen bei den Kanaanitern üblich (vgl. die Anmerkung zu Gen 22,1–19). Moloch bedeutet eigentlich »König« und ist ein entstellter Beiname für Baal. Nach 2 Kön 23,10; Jer 32,35; Ez 16,20–22 ist das Kinderopfer für Moloch zur Königszeit auch in Israel und Juda geübt worden, wobei man Kinder »durchs Feuer gehen ließ«, d. h. verbrannte.

darf vor ein Vieh hintreten, um sich mit ihm
zu begatten; das wäre eine schandbare Tat.

21: 20,2–5.

Schlussmahnung: 18,24–30

24 Ihr sollt euch nicht durch all das verun-
reinigen; denn durch all das haben sich die
Völker verunreinigt, die ich vor euch vertrie-
ben habe. 25 Das Land wurde unrein, ich
habe an ihm seine Schuld geahndet und das
Land hat seine Bewohner ausgespien. 26 Ihr
aber sollt auf meine Satzungen und Vor-
schriften achten und keine dieser Gräuelta-
ten begehen, weder der Einheimische noch
der Fremde, der in eurer Mitte lebt. 27 Denn
all diese Gräueltaten haben die Leute began-
gen, die vor euch im Land waren, und so
wurde das Land unrein. 28 Wird es etwa
euch, wenn ihr es verunreinigt, nicht ebenso
ausspeien, wie es das Volk vor euch ausge-
spien hat? 29 Alle nämlich, die irgendeine
dieser Gräueltaten begehen, werden aus der
Mitte ihres Volkes ausgemerzt. 30 Achtet auf
meine Anordnungen, befolgt keinen von den
gräulichen Bräuchen, die man vor euch be-
folgt hat, und verunreinigt euch nicht durch
sie. Ich bin der Herr, euer Gott.

Kultische und soziale Gebote: 19,1–37

Einleitung: 19,1–2

19 Der Herr sprach zu Mose: 2 Rede zur
ganzen Gemeinde der Israeliten und
sag zu ihnen: Seid heilig, denn ich, der Herr,
euer Gott, bin heilig.

Die Ehrfurcht gegenüber den Eltern: 19,3–4

3 Jeder von euch soll Mutter und Vater
fürchten und auf meine Sabbate achten; ich
bin der Herr, euer Gott. 4 Ihr sollt euch nicht
anderen Göttern zuwenden und euch nicht
Götterbilder aus Metall gießen; ich bin der
Herr, euer Gott.

3–4: Ex 20,1–12; 23,12; 34,14–17.21; Dtn 5,6–16.

Die rechte Einstellung zum Heilsopfer: 19,5–8

5 Wenn ihr für den Herrn ein Heilsopfer
schlachtet, opfert es so, dass ihr Annahme
findet. 6 An dem Tag, an dem ihr es schlach-
tet, oder am folgenden Tag soll es gegessen
werden; was davon am dritten Tag noch üb-
rig ist, soll im Feuer verbrannt werden. 7 Isst
man davon am dritten Tag, so ist das Opfer
untauglich und findet keine Annahme mehr.
8 Wer davon isst, muss die Folgen seiner
Schuld tragen; denn er hat die Heiligkeit des
Herrn entweiht. Ein solcher Mensch soll aus
seinen Stammesgenossen ausgemerzt wer-
den.

5–8: 7,14–18.

Das Verbot der Nachlese: 19,9–10

9 Wenn ihr die Ernte eures Landes ein-
bringt, sollt ihr das Feld nicht bis zum
äußersten Rand abernten. Du sollst keine
Nachlese von deiner Ernte halten. 10 In
deinem Weinberg sollst du keine Nachlese
halten und die abgefallenen Beeren nicht
einsammeln. Du sollst sie dem Armen und
dem Fremden überlassen. Ich bin der Herr,
euer Gott.

Soziales Verhalten und Nächstenliebe: 19,11–18

11 Ihr sollt nicht stehlen, nicht täuschen
und einander nicht betrügen. 12 Ihr sollt
nicht falsch bei meinem Namen schwören;
du würdest sonst den Namen deines Gottes
entweihen. Ich bin der Herr.

13 Du sollst deinen Nächsten nicht ausbeu-
ten und ihn nicht um das Seine bringen. Der
Lohn des Tagelöhners soll nicht über Nacht
bis zum Morgen bei dir bleiben. 14 Du sollst
einen Tauben nicht verfluchen und einem
Blinden kein Hindernis in den Weg stellen;
vielmehr sollst du deinen Gott fürchten. Ich
bin der Herr.

15 Ihr sollt in der Rechtsprechung kein Un-
recht tun. Du sollst weder für einen Gerin-
gen noch für einen Großen Partei nehmen;
gerecht sollst du deinen Stammesgenossen
richten. 16 Du sollst deinen Stammesgenos-
sen nicht verleumden und dich nicht hinstel-
len und das Leben deines Nächsten fordern.
Ich bin der Herr.

17 Du sollst in deinem Herzen keinen Hass
gegen deinen Bruder tragen. Weise deinen
Stammesgenossen zurecht, so wirst du sei-
netwegen keine Schuld auf dich laden. 18 An
den Kindern deines Volkes sollst du dich
nicht rächen und ihnen nichts nachtragen.
Du sollst deinen Nächsten lieben wie dich
selbst. Ich bin der Herr.

11–12: Ex 20,7.15f; 23,7; Dtn 5,11.19f • 15–16: Ex 23,3–7.

19,18 Unter dem »Nächsten« verstand Israel vor allem den Volks- und Glaubensgenossen; doch sind nach V. 34 auch alle Fremden, die Gastrecht genießen, in das Gebot der Nächstenliebe mit eingeschlossen. Jesus hat es nach Mt 5,43 und Lk 10,27–37 auf alle Menschen ausgedehnt.

Das Verbot von Mischungen: 19,19

19 Ihr sollt auf meine Satzungen achten:
Unter deinem Vieh sollst du nicht zwei Tiere
verschiedener Art sich begatten lassen. Dein
Feld sollst du nicht mit zweierlei Arten be-
säen. Du sollst kein aus zweierlei Fäden ge-
webtes Kleid anlegen.

Unzucht mit der Nebenfrau eines anderen: 19,20–22

20 Wohnt ein Mann einer Frau bei, die
einem andern Mann als Sklavin zur Neben-
frau bestimmt ist und die weder losgekauft
noch freigelassen ist, dann soll der Fall un-
tersucht werden; sterben sollen sie nicht, da
sie nicht freigelassen war. 21 Er soll als sein
Schuldopfer für den Herrn einen Widder
zum Eingang des Offenbarungszeltes brin-
gen. 22 Mit diesem Widder soll der Priester
ihn vor dem Herrn von der begangenen Sün-
de entsühnen; so wird ihm die Sünde, die er
begangen hat, vergeben.

20: Ex 21,7–9.

Die Erstlingsfrüchte: 19,23–25

23 Wenn ihr in das Land kommt und einen
Fruchtbaum pflanzt, sollt ihr seine Früchte
behandeln, als ob sie seine Vorhaut wären.
Drei Jahre lang sollen sie für euch etwas Un-
beschnittenes sein, das man nicht essen darf.
24 Im vierten Jahr sollen alle Früchte als
Festgabe für den Herrn geheiligt sein. 25 Erst
im fünften Jahr dürft ihr die Früchte essen
und den Ertrag für euch ernten. Ich bin der
Herr, euer Gott.

Das Verbot fremder Kultbräuche: 19,26–31

26 Ihr sollt nichts mit Blut essen. Wahrsa-
gerei und Zauberei sollt ihr nicht treiben.
27 Ihr sollt euer Kopfhaar nicht rundum ab-
schneiden. Du sollst deinen Bart nicht stut-
zen. 28 Für einen Toten dürft ihr keine Ein-
schnitte auf eurem Körper anbringen und ihr
dürft euch keine Zeichen einritzen lassen.
Ich bin der Herr.
29 Entweih nicht deine Tochter, indem du
sie der Unzucht preisgibst, damit das Land
nicht der Unzucht verfällt und voller
Schandtat wird. 30 Ihr sollt auf meine Sabba-
te achten und mein Heiligtum fürchten. Ich
bin der Herr. 31 Wendet euch nicht an die To-
tenbeschwörer und sucht nicht die Wahrsa-
ger auf; sie verunreinigen euch. Ich bin der
Herr, euer Gott.

26: 17,10–12 • 30: Ex 20,8; Dtn 5,12.

Die Ehrfurcht vor dem Alter: 19,32

32 Du sollst vor grauem Haar aufstehen,
das Ansehen eines Greises ehren und deinen
Gott fürchten. Ich bin der Herr.

Verhalten gegen Fremde: 19,33–34

33 Wenn bei dir ein Fremder in eurem Land
lebt, sollt ihr ihn nicht unterdrücken. 34 Der
Fremde, der sich bei euch aufhält, soll euch
wie ein Einheimischer gelten und du sollst
ihn lieben wie dich selbst; denn ihr seid
selbst Fremde in Ägypten gewesen. Ich bin
der Herr, euer Gott.

Übervorteilung: 19,35–36

35 Ihr sollt kein Unrecht begehen bei Ge-
richt, mit Längenmaß, Gewicht und Hohl-
maß. 36 Ihr sollt richtige Waagen, richtige
Gewichtsteine, richtiges Efa und richtiges
Hin haben. Ich bin der Herr, euer Gott, der
euch aus Ägypten geführt hat.

Schlussmahnung: 19,37

37 Ihr sollt auf alle meine Satzungen und
alle meine Vorschriften achten und sie befol-
gen. Ich bin der Herr.

Todeswürdige Verbrechen: 20,1–27

Das Kinderopfer: 20,1–5

20 Der Herr sprach zu Mose: 2 Sag zu
den Israeliten: Jeder Mann unter den
Israeliten oder unter den Fremden in Israel,
der eines seiner Kinder dem Moloch gibt,
wird mit dem Tod bestraft. Die Bürger des
Landes sollen ihn steinigen. 3 Ich richte mein
Angesicht gegen einen solchen und merze
ihn aus seinem Volk aus, weil er eines seiner
Kinder dem Moloch gegeben, dadurch mein
Heiligtum verunreinigt und meinen heiligen
Namen entweiht hat. 4 Falls die Bürger des
Landes ihre Augen diesem Mann gegenüber
verschließen, wenn er eines seiner Kinder
dem Moloch gibt, und ihn nicht töten, 5 so
richte ich mein Angesicht gegen ihn und sei-
ne Sippe und merze sie aus der Mitte ihres
Volkes aus, ihn und alle, die sich mit ihm
dem Molochdienst hingeben.

Die Totenbeschwörung und Wahrsagerei: 20,6–8

6 Gegen einen, der sich an Totenbeschwö-
rer und Wahrsager wendet und sich mit ih-

20,2 Zu den Kinderopfern für Moloch vgl. die Anmerkung zu 18,21.

nen abgibt, richte ich mein Angesicht und
merze ihn aus seinem Volk aus. 7 Ihr sollt
euch heiligen, um heilig zu sein; denn ich bin
der Herr, euer Gott. 8 Ihr sollt auf meine Sat-
zungen achten und sie befolgen. Ich bin der
Herr, der euch heiligt.

6: 19,31.

Die Verfluchung der Eltern: 20,9

9 Jeder, der seinen Vater oder seine Mutter
verflucht, wird mit dem Tod bestraft. Da er
seinen Vater oder seine Mutter verflucht hat,
soll sein Blut auf ihn kommen.

9: Ex 21,17.

Der Ehebruch: 20,10

10 Ein Mann, der mit der Frau seines
Nächsten die Ehe bricht, wird mit dem Tod
bestraft, der Ehebrecher samt der Ehebre-
cherin.

10: Ex 20,14; Dtn 5,18.

Unzuchtverbrechen: 20,11–17

11 Ein Mann, der mit der Frau seines Va-
ters schläft, hat die Scham seines Vaters ent-
blößt. Beide werden mit dem Tod bestraft;
ihr Blut soll auf sie kommen. 12 Schläft einer
mit seiner Schwiegertochter, so werden bei-
de mit dem Tod bestraft. Sie haben eine
schändliche Tat begangen, ihr Blut soll auf
sie kommen. 13 Schläft einer mit einem
Mann, wie man mit einer Frau schläft, dann
haben sie eine Gräueltat begangen; beide
werden mit dem Tod bestraft; ihr Blut soll
auf sie kommen. 14 Heiratet einer eine Frau
und ihre Mutter, so ist das Blutschande. Ihn
und die beiden Frauen soll man verbrennen,
damit es keine Blutschande unter euch gibt.
15 Ein Mann, der einem Tier beiwohnt, wird
mit dem Tod bestraft; auch das Tier sollt ihr
töten. 16 Nähert sich eine Frau einem Tier,
um sich mit ihm zu begatten, dann sollst du
die Frau und das Tier töten. Sie werden mit
dem Tod bestraft; ihr Blut soll auf sie kom-
men. 17 Nimmt einer seine Schwester, eine
Tochter seines Vaters oder eine Tochter sei-
ner Mutter und sieht ihre Scham und sie
sieht die seine, so ist es eine Schandtat. Sie
sollen vor den Augen der Söhne ihres Volkes
ausgemerzt werden. Er hat die Scham seiner
Schwester entblößt; er muss die Folgen sei-
ner Schuld tragen.

11–17: 18,6–23.

Der Verkehr mit einer Menstruierenden:
20,18

18 Ein Mann, der mit einer Frau während
ihrer Regel schläft und ihre Scham entblößt,
hat ihre Blutquelle aufgedeckt und sie hat
ihre Blutquelle entblößt; daher sollen beide
aus ihrem Volk ausgemerzt werden.

Die Unzucht mit Verwandten: 20,19–21

19 Die Scham der Schwester deiner Mutter
oder der Schwester deines Vaters sollst du
nicht entblößen; denn wer seine eigene Ver-
wandte entblößt, muss die Folgen seiner
Schuld tragen. 20 Ein Mann, der mit seiner
Tante schläft, hat die Scham seines Onkels
entblößt. Sie müssen die Folgen ihrer Sünde
tragen; sie sollen kinderlos sterben.
21 Nimmt einer die Frau seines Bruders, so ist
das Befleckung. Er hat die Scham seines
Bruders entblößt; sie sollen kinderlos blei-
ben.

Schlussmahnung: 20,22–26

22 Ihr sollt auf alle meine Satzungen und
Vorschriften achten und sie befolgen; dann
wird euch das Land nicht ausspeien, in das
ich euch führe, und ihr werdet dort wohnen
können. 23 Ihr sollt euch nicht nach den
Bräuchen des Volkes richten, das ich vor eu-
ren Augen vertreibe; denn all diese Dinge
haben sie getan, so dass es mich vor ihnen
ekelte. 24 Daher habe ich euch gesagt: Ihr
seid es, die ihren Boden in Besitz nehmen
sollen. Ich bin es, der ihn euch zum Besitz ge-
ben wird, ein Land, in dem Milch und Honig
fließen. Ich bin der Herr, euer Gott, der euch
von diesen Völkern ausgesondert hat.
25 So unterscheidet zwischen reinem und
unreinem Vieh, zwischen unreinen und rei-
nen Vögeln! Macht euch nicht selbst ab-
scheulich mit diesen Tieren, diesen Vögeln,
mit allem, was auf dem Boden kriecht. Ich
habe es für euch als unrein unterschieden.
26 Seid mir geheiligt; denn ich, der Herr,
bin heilig und ich habe euch von all diesen
Völkern ausgesondert, damit ihr mir ge-
hört.

22–26: 18,24–30.

Nachtrag: Die Totenbeschwörung: 20,27

27 Männer oder Frauen, in denen ein To-
ten- oder ein Wahrsagegeist ist, sollen mit
dem Tod bestraft werden. Man soll sie steini-
gen, ihr Blut soll auf sie kommen.

27: 19,31.

Vorschriften für Priester: 21,1–24

Das Verhalten beim Begräbnis von Verwandten: 21,1–6

21 Der Herr sprach zu Mose: Rede zu
den Priestern, den Söhnen Aarons,
und sag zu ihnen: Keiner von ihnen darf sich
an der Leiche eines seiner Stammesgenos-
sen verunreinigen, 2 außer an seinen nächs-
ten Verwandten: seiner Mutter, seinem Va-
ter, seinem Sohn, seiner Tochter oder seinem
Bruder. 3 An seiner unverheirateten Schwes-
ter, die seine nahe Verwandte blieb, da sie
keinem Mann angehörte, darf er unrein wer-
den. 4 Nicht aber darf er an seiner Schwester,
die mit einem Stammesgenossen verheiratet
ist, unrein werden; er würde sich entwei-
hen.
5 Die Priester sollen sich auf ihrem Kopf
keine Glatze scheren, ihren Bart nicht stut-
zen und an ihrem Körper keine Einschnitte
machen. 6 Sie sollen ihrem Gott geheiligt
sein und den Namen ihres Gottes nicht ent-
weihen. Denn sie sind es, die die Feueropfer
des Herrn, die Speise ihres Gottes, darbrin-
gen; darum sollen sie heilig sein.

Ehehindernisse für Priester: 21,7–8

7 Sie dürfen weder eine Dirne, noch eine
Entehrte, noch eine Frau heiraten, die ihr
Mann verstoßen hat; denn der Priester ist
seinem Gott geweiht. 8 Du sollst ihn heilig
halten, denn er bringt die Speise deines Got-
tes dar. Heilig soll er dir sein, denn ich bin
heilig, der Herr, der euch heiligt.

Die Strafe für unzüchtige Priestertöchter: 21,9

9 Wenn sich die Tochter eines Priesters als
Dirne entweiht, so entweiht sie ihren Vater;
sie soll im Feuer verbrannt werden.

Das Verhalten des Hohenpriesters bei Todesfällen: 21,10–12

10 Der Priester, der unter seinen Brüdern
den hochsten Rang einnimmt, auf dessen
Haupt das Salböl ausgegossen wurde und
der durch das Anlegen der heiligen Gewän-
der eingesetzt ist, soll sein Haar nicht lose
herunterhängen lassen, seine Kleider nicht
zerreißen, 11 sich an keinem Leichnam ver-
unreinigen, auch nicht, wenn es sich um Va-
ter oder Mutter handelt. 12 Er soll sich nicht
vom Heiligtum entfernen, um nicht das Hei-
ligtum seines Gottes zu entweihen; denn die
Weihe des Salböls seines Gottes ist auf ihm.
Ich bin der Herr.

Ehehindernisse für den Hohenpriester: 21,13–15

13 Er soll nur eine Jungfrau heiraten.
14 Eine Witwe, eine Verstoßene oder eine
Entehrte, eine Dirne, darf er nicht heiraten;
nur eine Jungfrau aus seinem Stamm darf er
zur Frau nehmen; 15 sonst würde er seine
Nachkommenschaft unter seinen Stammes-
genossen entweihen; denn ich, der Herr, bin
es, der ihn heiligt.

Die körperliche Tauglichkeit für das Priesteramt: 21,16–23

16 Der Herr sprach zu Mose: 17 Sag zu Aa-
ron: Keiner deiner Nachkommen, auch in
den kommenden Generationen, der ein Ge-
brechen hat, darf herantreten, um die Speise
seines Gottes darzubringen. 18 Denn keiner
mit einem Gebrechen darf herantreten: kein
Blinder oder Lahmer, kein im Gesicht oder
am Körper Entstellter, 19 kein Mann, der ei-
nen gebrochenen Fuß oder eine gebrochene
Hand hat, 20 keiner mit Buckel, Muskel-
schwund, Augenstar, Krätze, Flechte oder
Hodenquetschung. 21 Keiner der Nachkom-
men Aarons, des Priesters, darf herantreten,
um die Feueropfer des Herrn darzubringen,
wenn er ein Gebrechen hat. Er hat ein Ge-
brechen, er darf nicht herantreten, um die
Speise seines Gottes darzubringen. 22 Doch
darf er von der Speise seines Gottes, von den
hochheiligen und heiligen Dingen, essen,
23 aber nicht zum Vorhang kommen und sich
nicht dem Altar nähern; denn er hat ein Ge-
brechen und darf meine heiligen Gegenstän-
de nicht entweihen; denn ich bin der Herr,
der sie geheiligt hat.

Schlussbemerkung: 21,24

24 Das sagte Mose zu Aaron, zu dessen
Söhnen und zu allen Israeliten.

21,22 »Speise Gottes« ist das Opfer; im AT wird aber nirgends angenommen, dass Gott die Opferspeise genießt oder ihrer bedarf (vgl. Ps 50,8–13).

Weitere Vorschriften für den Genuss und die Darbringung von Opfern: 22,1–33

Der Ausschluss von Priestern vom Genuss der Opfergaben: 22,1–9

22 Der Herr sprach zu Mose: 2 Sag zu Aaron und seinen Söhnen, sie sollen sich mit den heiligen Opfergaben der Israeliten in Acht nehmen, um meinen heiligen Namen nicht zu entweihen; sie müssen für mich heilig gehalten werden. Ich bin der Herr. 3 Sag zu ihnen: Jeder aus euren Nachkommen, auch in den kommenden Generationen, der sich im Zustand der Unreinheit den heiligen Opfergaben nähert, die die Israeliten dem Herrn weihen, soll ausgemerzt und aus meiner Gegenwart weggeschafft werden. Ich bin der Herr.

4 Keiner aus den Nachkommen Aarons, der aussätzig ist oder einen Ausfluss hat, darf von den heiligen Gaben essen, ehe er rein ist. Wer irgendetwas berührt hat, das durch eine Leiche unrein wurde, wer einen Samenerguss hatte, 5 wer Kleintiere berührt hat und sich damit verunreinigte oder einen Menschen, der ihn durch eine eigene Unreinheit befleckte, 6 jeder, der solche Berührungen hatte, soll bis zum Abend unrein sein und darf von den heiligen Gaben erst essen, nachdem er seinen Körper in Wasser gebadet hat. 7 Mit Sonnenuntergang soll er wieder rein sein und darf danach von den heiligen Gaben essen; denn sie sind sein Lebensunterhalt. 8 Er darf kein verendetes oder zerrissenes Tier essen; er würde sich dadurch verunreinigen. Ich bin der Herr. 9 Sie sollen auf meine Anordnungen achten und keine Sünde auf sich laden; sie sollen sterben, falls sie sie entweihen. Ich, der Herr, bin es, der sie heiligt.

Der Ausschluss der Laien vom Genuss der Opfergaben: 22,10–16

10 Kein Laie darf Heiliges essen; weder der Hausgenosse eines Priesters noch sein Lohnarbeiter darf etwas Heiliges essen. 11 Aber wenn ein Priester eine Person mit seinem Geld als Eigentum erwirbt, darf sie davon essen wie einer, der in seinem Haus geboren ist; sie dürfen von seiner Nahrung essen. 12 Wenn eine Priestertochter einen Laien heiratet, darf sie vom Anteil des Erhebungsritus, von den heiligen Gaben nicht essen; 13 aber wenn sie verwitwet oder verstoßen ist und keine Kinder hat und deshalb in das Haus ihres Vaters zurückkehrt, darf sie wie in ihrer Jugend vom Lebensunterhalt ihres Vaters essen; kein Laie aber darf davon essen.

14 Wenn einer ohne Vorsatz etwas Heiliges isst, soll er es dem Priester ersetzen und ein Fünftel des Wertes hinzufügen. 15 Die Priester dürfen die heiligen Gaben der Israeliten, die sie dem Herrn darbieten, nicht entweihen. 16 Sie würden den Israeliten Schuld aufladen, die zu einem Schuldopfer verpflichtet, wenn sie ihre heiligen Gaben äßen; denn ich bin der Herr, der diese Gaben geheiligt hat.

Die Tauglichkeit der Opfertiere: 22,17–25

17 Der Herr sprach zu Mose: 18 Rede zu Aaron, seinen Söhnen und allen Israeliten und sag zu ihnen: Jeder aus dem Haus Israel oder von den Fremden in Israel, der seine Opfergabe wegen eines Gelübdes oder freiwillig bringt und sie für den Herrn als Brandopfer darbringt, 19 muss, damit ihr Annahme findet, ein fehlerloses, männliches Tier von den Rindern, Schafen oder Ziegen darbringen. 20 Ihr dürft kein Tier mit einem Gebrechen darbringen, denn ihr würdet damit keine Annahme finden. 21 Wenn jemand ein Heilsopfer für den Herrn darbringt, sei es, um ein Gelübde zu erfüllen, oder sei es als freiwillige Gabe, so soll es ein fehlerloses Rind oder Schaf oder eine fehlerlose Ziege sein, um Annahme zu finden; es darf kein Gebrechen haben. 22 Ihr dürft dem Herrn kein Tier opfern, das blind, verstümmelt, krätzig, aussätzig, eitrig ist oder zerbrochene Gliedmaßen hat. Kein Stück von solchen Tieren dürft ihr auf den Altar als ein Feueropfer für den Herrn legen. 23 Ein entstelltes oder verstümmeltes Rind oder Schaf kannst du als freiwillige Opfergabe verwenden, aber als Einlösung eines Gelübdes ist es missfällig. 24 Ihr dürft dem Herrn kein Tier darbringen, das zerdrückte, zerschlagene, ausgerissene oder abgeschnittene Hoden hat. Ihr dürft das in eurem Land nicht tun 25 und ihr dürft kein solches Tier aus der Hand eines Fremden erwerben, um es als Speise eures Gottes darzubringen. Ein derartiger Eingriff an ihnen bewirkt ein Gebrechen; sie würden euch keine Annahme bringen.

Einzelbestimmungen über Opfertiere: 22,26–30

26 Der Herr sprach zu Mose: 27 Wenn ein Rind, ein Schaf oder eine Ziege geboren

22,9 falls sie sie entweihen: H unklar.

22,16 H ist nicht völlig klar.

Rembrandt van Rijn (1606–1669)
Jakob ringt mit dem Engel, um 1659/60
Leinwand, 137 × 116 cm
Gemäldegalerie der Staatlichen Museen, Berlin
Foto: Artothek, Peissenberg

wird, soll das Junge sieben Tage bei seiner
Mutter bleiben. Vom achten Tag an ist es als
Feueropfer für den Herrn annehmbar. 28 Ein
Rind oder Schaf sollt ihr nicht an einem Tag
zugleich mit seinem Jungen schlachten.
29 Wenn ihr dem Herrn ein Dankopfer dar-
bringt, opfert es so, dass es angenommen
werden kann. 30 Man soll es noch am selben
Tag essen, ohne etwas davon bis zum Morgen
übrig zu lassen. Ich bin der Herr.

27: Ex 22,29.

Schlussmahnung: 22,31–33

31 Ihr sollt auf meine Gebote achten und
sie befolgen; ich bin der Herr. 32 Ihr sollt mei-
nen heiligen Namen nicht entweihen, damit
ich inmitten der Israeliten geheiligt werde;
ich, der Herr, bin es, der euch heiligt. 33 Ich,
der euch aus Ägypten herausgeführt hat, um
euer Gott zu sein, ich bin der Herr.

Festordnungen und Feiervorschriften: 23,1 – 24,23

Einleitung: 23,1–2

23 Der Herr sprach zu Mose: 2 Rede zu
den Israeliten und sag zu ihnen: Die
Feste des Herrn, die ihr als Tage heiliger
Versammlung ausrufen sollt, sind folgende:

Der Sabbat: 23,3

3 Sechs Tage soll man arbeiten, aber am
siebten Tag ist vollständiger Ruhetag, ein
Tag heiliger Versammlung, an dem ihr kei-
nerlei Arbeit verrichten dürft. Es ist ein Fei-
ertag zur Ehre des Herrn überall, wo ihr
wohnt.

3: Ex 20,8–11; 31,12–17; 35,2; Dtn 5,12–15.

Das Pascha und das Fest der ungesäuerten Brote: 23,4–8

4 Das sind die Feste des Herrn, Tage heili-
ger Versammlungen, die ihr zur festgesetzten
Zeit ausrufen sollt: 5 Im ersten Monat, am
vierzehnten Tag des Monats, zur Abend-
dämmerung, ist Pascha zur Ehre des Herrn.
6 Am fünfzehnten Tag dieses Monats ist das
Fest der ungesäuerten Brote zur Ehre des
Herrn. Sieben Tage sollt ihr ungesäuertes
Brot essen. 7 Am ersten Tag habt ihr heilige
Versammlung; ihr dürft keine schwere Ar-
beit verrichten. 8 Sieben Tage hindurch sollt
ihr ein Feueropfer für den Herrn darbringen.
Am siebten Tag ist heilige Versammlung; da
dürft ihr keine schwere Arbeit verrichten.

5: Ex 12,2–11 • 6: 23,15; Ex 34,18.

Die Erstlingsfrüchte: 23,9–14

9 Der Herr sprach zu Mose: 10 Rede zu den
Israeliten und sag zu ihnen: Wenn ihr in das
Land kommt, das ich euch gebe, und wenn
ihr dort die Ernte einbringt, sollt ihr dem
Priester die erste Garbe eurer Ernte bringen.
11 Er soll sie vor dem Herrn hin- und her-
schwingen und sie so darbringen, damit ihr
Annahme findet. Am Tag nach dem Sabbat
soll der Priester den Ritus ausführen. 12 Am
Tag, an dem ihr die Garbe darbringt, sollt ihr
dem Herrn auch ein fehlerloses einjähriges
Schaf als Brandopfer herrichten, 13 dazu als
Speiseopfer zwei Zehntel Feinmehl, das mit
Öl vermengt ist. Das Ganze soll ein Feuerop-
fer für den Herrn zum beruhigenden Duft
sein; dazu kommt ein viertel Hin Wein als
Trankopfer. 14 Vor diesem Tag, bevor ihr eu-
rem Gott die Opfergabe gebracht habt, dürft
ihr kein Brot und kein geröstetes oder fri-
sches Korn essen. Das gelte als feste Regel
bei euch von Generation zu Generation
überall, wo ihr wohnt.

Das Wochenfest (Pfingstfest): 23,15–22

15 Vom Tag nach dem Sabbat, an dem ihr
die Garbe für die Darbringung gebracht
habt, sollt ihr sieben volle Wochen zählen.
16 Zählt fünfzig Tage bis zum Tag nach dem
siebten Sabbat, und dann bringt dem Herrn
ein neues Speiseopfer dar! 17 Bringt als Erst-
lingsgaben für den Herrn aus euren Wohn-
sitzen zwei Brote dar, gebacken aus zwei
zehntel Efa Feinmehl mit Sauerteig. 18 Zum
Brot bringt sieben fehlerlose einjährige
Lämmer, einen Jungstier und zwei Widder
als Brandopfer für den Herrn dar, dazu das
Speiseopfer sowie das Trankopfer als ein
Feueropfer zum beruhigenden Duft für den
Herrn. 19 Bereitet auch einen Ziegenbock als
Sündopfer und zwei einjährige Lämmer als
Heilsopfer zu! 20 Der Priester soll sie, zusam-
men mit dem Brot der Erstlingsgaben, vor
dem Herrn hin- und herschwingen und sie so
darbringen; sie sind mit den beiden Läm-
mern heilige Gaben für den Herrn, die dem
Priester gehören. 21 Am selben Tag ruft eine
heilige Versammlung aus und haltet sie ab!
Da dürft ihr keine schwere Arbeit verrich-
ten. Das gelte bei euch als feste Regel von

23,4–8 Zum Pascha und Fest der ungesäuerten Brote vgl. die Anmerkung zu Ex 12,1 – 13,16.

Generation zu Generation überall, wo ihr
wohnt.
22 Wenn ihr die Ernte eures Landes ein-
bringt, sollst du dein Feld nicht bis zum äu-
ßersten Rand abernten und keine Nachlese
deiner Ernte halten. Du sollst das dem Ar-
men und dem Fremden überlassen. Ich bin
der Herr, euer Gott.

15: Ex 23,16; 34,22 • 22: 19,9f.

Der Neujahrstag: 23,23–25

23 Der Herr sprach zu Mose: 24 Sag zu den
Israeliten: Im siebten Monat, am ersten Tag
des Monats, ist für euch Ruhetag, in Erinne-
rung gerufen durch Lärmblasen, eine heilige
Versammlung. 25 Da dürft ihr keine schwere
Arbeit verrichten und ihr sollt dem Herrn ein
Feueropfer darbringen.

Das Versöhnungsfest: 23,26–32

26 Der Herr sprach zu Mose: 27 Am zehnten
Tag dieses siebten Monats ist der Versöh-
nungstag. Da sollt ihr heilige Versammlung
halten. Ihr sollt euch Enthaltung auferlegen
und dem Herrn ein Feueropfer darbringen.
28 An ebendiesem Tag dürft ihr keinerlei Ar-
beit verrichten, denn es ist der Versöhnungs-
tag, an dem man euch vor dem Herrn, eurem
Gott, entsühnt. 29 Denn jede Person, die sich
an diesem Tag nicht Enthaltung auferlegt,
soll aus ihren Stammesgenossen ausgemerzt
werden. 30 Wer an diesem Tag irgendeine Ar-
beit verrichtet, den werde ich aus der Mitte
seines Volkes austilgen. 31 Ihr dürft keinerlei
Arbeit tun. Das gelte bei euch als feste Regel
von Generation zu Generation überall, wo
ihr wohnt. 32 Dieser Tag ist für euch ein voll-
ständiger Ruhetag. Ihr sollt euch Enthaltung
auferlegen. Vom Abend des neunten Tags in
diesem Monat bis zum folgenden Abend sollt
ihr Ruhetag halten.

26–32: 16,2–34.

Das Laubhüttenfest: 23,33–36

33 Der Herr sprach zu Mose: 34 Sag zu den
Israeliten: Am fünfzehnten Tag dieses sieb-
ten Monats ist sieben Tage hindurch das
Laubhüttenfest zur Ehre des Herrn. 35 Am
ersten Tag, einem Tag heiliger Versamm-
lung, dürft ihr keine schwere Arbeit verrich-
ten. 36 Sieben Tage hindurch sollt ihr ein
Feueropfer für den Herrn darbringen. Am
achten Tag habt ihr heilige Versammlung
und ihr sollt ein Feueropfer für den Herrn
darbringen. Es ist der Tag der Festversamm-
lung; da dürft ihr keine schwere Arbeit ver-
richten.

34: Ex 23,16; 34,22.

Schlussbemerkung: 23,37–38

37 Das sind die Festzeiten des Herrn, die
ihr als Tage heiliger Versammlung ausrufen
sollt, dazu bestimmt, für den Herrn Feuerop-
fer, Brandopfer, Speiseopfer, Schlachtopfer
und Trankopfer darzubringen, dem jeweili-
gen Tag entsprechend, 38 abgesehen von den
Sabbaten des Herrn und abgesehen von eu-
ren Geschenken, den gelobten und freiwilli-
gen Gaben, die ihr dem Herrn gebt.

Einzelbestimmung für das Laubhüttenfest: 23,39–44

39 Am fünfzehnten Tag des siebten Monats,
wenn ihr den Ertrag des Landes erntet, feiert
sieben Tage lang das Fest des Herrn! Am ers-
ten und am achten Tag ist Ruhetag. 40 Am
ersten Tag nehmt schöne Baumfrüchte,
Palmwedel, Zweige von dicht belaubten
Bäumen und von Bachweiden und seid sie-
ben Tage lang vor dem Herrn, eurem Gott,
fröhlich! 41 Feiert dieses Fest zur Ehre des
Herrn jährlich sieben Tage lang! Das gelte
bei euch als feste Regel von Generation zu
Generation. Ihr sollt dieses Fest im siebten
Monat feiern. 42 Sieben Tage sollt ihr in Hüt-
ten wohnen. Alle Einheimischen in Israel
sollen in Hütten wohnen, 43 damit eure kom-
menden Generationen wissen, dass ich die
Israeliten in Hütten wohnen ließ, als ich sie
aus Ägypten herausführte. Ich bin der Herr,
euer Gott.
44 Da teilte Mose den Israeliten die Festzei-
ten des Herrn mit.

Einzelbestimmungen über den Leuchter und den Tisch für die Schaubrote: 24,1–9

24 Der Herr sprach zu Mose: 2 Befiehl
den Israeliten, dass sie dir für den
Leuchter reines Öl aus zerstoßenen Oliven
bringen, damit man ständig eine Lampe
brennen lassen kann. 3 Im Offenbarungszelt,
vor dem Vorhang der Lade, soll Aaron diese
Lampe aufstellen. Sie soll hier vor dem
Herrn ständig vom Abend bis zum Morgen
brennen. Das gelte bei euch als feste Regel
von Generation zu Generation. 4 Aaron soll
die Lampen auf dem Leuchter aus reinem
Gold vor dem Herrn ständig in Ordnung hal-
ten. 5 Du sollst Feinmehl nehmen und daraus

24,5 Die zwölf Kuchen werden in Ex 25,30 und 1 Sam 21,7 »Schaubrote« (wörtlich: Brote des Angesichts) genannt, wahrscheinlich in dem Sinn, dass Gott sie anschaut und als Zeichen des Dankes Israels gnädig annimmt.

zwölf Kuchen backen; aus zwei zehntel Efa
Feinmehl soll jeder einzelne Kuchen zube-
reitet sein. 6 Dann sollst du sie in zwei
Schichten, sechs in jeder Schicht, auf den
Tisch aus reinem Gold vor den Herrn legen.
7 Auf jede Schicht sollst du reinen Weih-
rauch tun; er soll der Gedächtnisanteil des
Brotes sein, ein Feueropfer für den Herrn.
8 Sabbat für Sabbat soll man die Brote vor
dem Herrn zurichten als dauernde Bundes-
leistung von Seiten der Israeliten. 9 Sie gehö-
ren Aaron und seinen Söhnen, die sie an ei-
nem heiligen Ort essen sollen; denn sie sind
für ihn etwas Hochheiliges, ein dauerndes
Anrecht von den Feueropfern des Herrn.

2–4: Ex 25,31–40.

Einschub: Die Lästerung des Gottesnamens: 24,10–23

10 Der Sohn einer Israelitin und eines
Ägypters ging unter die Israeliten. Im Lager
geriet er in Streit mit einem Mann, der Isra-
elit war. 11 Der Sohn der Israelitin schmähte
den Gottesnamen und fluchte. Da brachten
sie ihn zu Mose. Der Name der Mutter war
Schelomit; sie war die Tochter Dibris aus
dem Stamm Dan. 12 Man nahm ihn in Ge-
wahrsam, um auf einen Spruch des Herrn
hin zu entscheiden. 13 Der Herr sprach zu
Mose: 14 Lass den, der den Fluch ausgespro-
chen hat, aus dem Lager hinausführen! Alle,
die es gehört haben, sollen ihm ihre Hände
auf den Kopf legen; dann soll ihn die ganze
Gemeinde steinigen. 15 Sag den Israeliten:
Jeder, der seinem Gott flucht, muss die Fol-
gen seiner Sünde tragen. 16 Wer den Namen
des Herrn schmäht, wird mit dem Tod be-
straft; die ganze Gemeinde soll ihn steinigen.
Der Fremde muss ebenso wie der Einheimi-
sche getötet werden, wenn er den Gottesna-
men schmäht.
17 Wer einen Menschen erschlägt, wird mit
dem Tod bestraft. 18 Wer ein Stück Vieh er-
schlägt, muss es ersetzen: Leben für Leben.
19 Wenn jemand einen Stammesgenossen
verletzt, soll man ihm antun, was er getan
hat: 20 Bruch um Bruch, Auge um Auge, Zahn
um Zahn. Der Schaden, den er einem Men-
schen zugefügt hat, soll ihm zugefügt wer-
den. 21 Wer ein Stück Vieh erschlägt, muss es
ersetzen; wer aber einen Menschen erschlägt,
wird mit dem Tod bestraft. 22 Gleiches Recht
soll bei euch für den Fremden wie für den
Einheimischen gelten; denn ich bin der Herr,
euer Gott.
23 Nachdem Mose so zu den Israeliten ge-
sprochen hatte, führten sie den, der den
Fluch ausgesprochen hatte, aus dem Lager
hinaus und steinigten ihn. So erfüllten sie,
was der Herr dem Mose aufgetragen hatte.

15: Ex 20,7; 22,27 • 17: Ex 20,13; 21,12–20 • 20: Ex 21,23–25; Dtn 19,21.

Sabbatjahr und Jubeljahr: 25,1–55

Einleitung: 25,1

25 Der Herr sprach zu Mose auf dem
Berg Sinai:

Das Brachjahr: 25,2–7

2 Rede zu den Israeliten und sag zu ihnen:
Wenn ihr in das Land kommt, das ich euch
gebe, soll das Land Sabbatruhe zur Ehre des
Herrn halten. 3 Sechs Jahre sollst du dein
Feld besäen, sechs Jahre sollst du deinen
Weinberg beschneiden und seinen Ertrag
ernten. 4 Aber im siebten Jahr soll das Land
eine vollständige Sabbatruhe zur Ehre des
Herrn halten: Dein Feld sollst du nicht be-
säen und deinen Weinberg nicht beschnei-
den. 5 Den Nachwuchs deiner Ernte sollst du
nicht ernten und die Trauben deines nicht
beschnittenen Weinstockes sollst du nicht
lesen. Für das Land soll es ein Jahr der
Sabbatruhe sein. 6 Der Sabbat des Landes
selbst soll euch ernähren: dich, deinen
Knecht, deine Magd, deinen Lohnarbeiter,
deinen Halbbürger, alle, die bei dir leben.
7 Auch deinem Vieh und den Tieren in dei-
nem Land wird sein ganzer Ertrag zur Nah-
rung dienen.

2–7: Ex 23,10f.

Das Jubeljahr: 25,8–31

8 Du sollst sieben Jahreswochen, sieben-
mal sieben Jahre, zählen; die Zeit von sieben
Jahreswochen ergibt für dich neunundvier-
zig Jahre. 9 Im siebten Monat, am zehnten
Tag des Monats, sollst du das Signalhorn er-
tönen lassen; am Versöhnungstag sollt ihr
das Horn im ganzen Land ertönen lassen.
10 Erklärt dieses fünfzigste Jahr für heilig
und ruft Freiheit für alle Bewohner des Lan-
des aus! Es gelte euch als Jubeljahr. Jeder
von euch soll zu seinem Grundbesitz zurück-
kehren, jeder soll zu seiner Sippe heimkeh-
ren. 11 Dieses fünfzigste Jahr gelte euch als
Jubeljahr. Ihr sollt nicht säen, den Nach-

25,8–12 Das deutsche Wort »Jubel« kommt vom hebräischen jobél (= Widderhorn). Mit dem Widderhorn blies man Alarm, kündigte man aber auch freudige Ereignisse, Feste und Festzeiten an.

wuchs nicht abernten, die unbeschnittenen
Weinstöcke nicht lesen. 12 Denn es ist ein Ju-
beljahr, es soll euch als heilig gelten. Vom
Feld weg sollt ihr den Ertrag essen. 13 In die-
sem Jubeljahr soll jeder von euch zu seinem
Besitz zurückkehren.

14 Wenn du deinem Stammesgenossen et-
was verkaufst oder von ihm etwas kaufst,
sollt ihr einander nicht übervorteilen.
15 Kaufst du von deinem Stammesgenossen,
so berücksichtige die Zahl der Jahre nach
dem Jubeljahr; verkauft er dir, dann soll er
die noch ausstehenden Ertragsjahre berück-
sichtigen. 16 Je höher die Anzahl der Jahre,
desto höher berechne den Kaufpreis; je ge-
ringer die Anzahl der Jahre, desto weniger
verlang von ihm; denn es ist die Zahl von
Ernteerträgen, die er dir verkauft. 17 Ihr sollt
einander nicht übervorteilen. Fürchte dei-
nen Gott; denn ich bin der Herr, euer Gott.
18 Ihr sollt meine Satzungen befolgen und
auf meine Vorschriften achten und sie aus-
führen; dann werdet ihr im Land in Sicher-
heit wohnen. 19 Das Land wird seine Frucht
geben, ihr werdet euch satt essen und in Si-
cherheit darin wohnen.

20 Wenn ihr aber fragt: Was sollen wir im
siebten Jahr essen, wenn wir nicht säen und
unseren Ertrag nicht ernten dürfen? –
21 Seht, ich werde für euch im sechsten Jahr
meinen Segen aufbieten und er wird den Er-
trag für drei Jahre geben. 22 Wenn ihr im
achten Jahr sät, werdet ihr noch bis zum
neunten Jahr vom alten Ertrag essen können;
bis der Ertrag dieses Jahres kommt, werdet
ihr vom alten essen können.

23 Das Land darf nicht endgültig verkauft
werden; denn das Land gehört mir und ihr
seid nur Fremde und Halbbürger bei mir.
24 Für jeden Grundbesitz sollt ihr ein Rück-
kaufrecht auf das Land gewähren. 25 Wenn
dein Bruder verarmt und etwas von seinem
Grundbesitz verkauft, soll sein Verwandter
als Löser für ihn eintreten und den verkauf-
ten Boden seines Bruders auslösen. 26 Hat ei-
ner keinen Löser, hat er aber die nötigen
Mittel für den Rückkauf selbst aufgebracht,
27 dann soll er die Jahre seit dem Verkauf an-
rechnen und den Restbetrag dem Käufer zu-
rückzahlen; sein Grundbesitz fällt an ihn zu-
rück. 28 Bringt er die nötigen Mittel für diese
Ersatzleistung nicht auf, dann soll der ver-
kaufte Grund bis zum Jubeljahr im Besitz
des Käufers bleiben. Im Jubeljahr wird das
Grundstück frei und es kommt wieder zu sei-
nem Besitz.

29 Verkauft jemand ein Wohnhaus in einer
ummauerten Stadt, so besteht das Rückkauf-
recht bis zum Ablauf des Jahres, das dem
Verkauf folgt; sein Rückkaufrecht ist zeitlich
beschränkt. 30 Erfolgt der Rückkauf bis zum
Ablauf des Jahres nicht, dann soll das Haus
innerhalb der ummauerten Stadt dem Käu-
fer und seinen Nachkommen endgültig ver-
bleiben; er braucht es im Jubeljahr nicht zu
verlassen. 31 Aber die Häuser in Dörfern, die
nicht von Mauern umgeben sind, werden als
Bestandteil des freien Feldes betrachtet; für
sie besteht ein Rückkaufrecht und der Käu-
fer muss es im Jubeljahr verlassen.

Sonderbestimmungen für die Leviten:
25,32–34

32 Für die Städte der Leviten, die Häuser
der Städte, die ihr Erbbesitz sind, gilt: Die
Leviten haben ein zeitlich unbegrenztes
Rückkaufrecht. 33 Wenn einer von den Levi-
ten auf Einlösung verzichtet, fällt im Jubel-
jahr das Haus in der Stadt als Erbbesitz zu-
rück; denn die Häuser in den Städten der Le-
viten sind deren Eigentum mitten unter den
Israeliten. 34 Das Weideland, das zu diesen
Städten gehört, kann nicht verkauft werden;
denn es ist zeitlich unbegrenzt ihr Eigen-
tum.

Soziales Verhalten: 25,35–38

35 Wenn dein Bruder verarmt und sich ne-
ben dir nicht halten kann, sollst du ihn, auch
einen Fremden oder Halbbürger, unterstüt-
zen, damit er neben dir leben kann. 36 Nimm
von ihm keinen Zins und Wucher! Fürchte
deinen Gott und dein Bruder soll neben dir
leben können. 37 Du sollst ihm weder dein
Geld noch deine Nahrung gegen Zins und
Wucher geben. 38 Ich bin der Herr, euer Gott,
der euch aus Ägypten herausgeführt hat, um
euch Kanaan zu geben und euer Gott zu
sein.

36: Ex 22,24; Dtn 23,20f.

Die Freilassung israelitischer Sklaven:
25,39–43

39 Wenn ein Bruder bei dir verarmt und
sich dir verkauft, darfst du ihm keine Skla-

25,25 »Löser« ist der nächste haftpflichtige Blutsverwandte, der für die Vollstreckung der Blutrache, für die Leviratsehe (vgl. die Anmerkung zu Gen 38,12–26) und den Loskauf verschuldeter und darum in Schuldknechtschaft geratener Personen bzw. des verpfändeten Familienbesitzes zu sorgen hatte (vgl. Dtn 25,5f und Rut 2,20; 3,8 – 4,10).

25,33 Wenn einer von den Leviten auf Einlösung verzichtet: so nach Vg.

venarbeit auferlegen; 40 er soll dir wie ein
Lohnarbeiter oder ein Halbbürger gelten
und bei dir bis zum Jubeljahr arbeiten.
41 Dann soll er von dir frei weggehen, er und
seine Kinder, und soll zu seiner Sippe, zum
Eigentum seiner Väter zurückkehren.
42 Denn sie sind meine Knechte; ich habe sie
aus Ägypten herausgeführt; sie sollen nicht
verkauft werden, wie ein Sklave verkauft
wird. 43 Du sollst nicht mit Gewalt über ihn
herrschen. Fürchte deinen Gott!

39–43: Ex 21,2–11.

Die Sklaven aus fremden Völkern: 25,44–46

44 Die Sklaven und Sklavinnen, die euch
gehören sollen, kauft von den Völkern, die
rings um euch wohnen; von ihnen könnt ihr
Sklaven und Sklavinnen erwerben. 45 Auch
von den Kindern der Halbbürger, die bei
euch leben, aus ihren Sippen, die mit euch
leben, von den Kindern, die sie in eurem
Land gezeugt haben, könnt ihr Sklaven erwerben.
Sie sollen euer Eigentum sein 46 und
ihr dürft sie euren Söhnen vererben, damit
diese sie als dauerndes Eigentum besitzen;
ihr sollt sie als Sklaven haben. Aber was eure
Brüder, die Israeliten, angeht, so soll keiner
über den andern mit Gewalt herrschen.

Das Loskaufrecht israelitischer Sklaven bei Fremden: 25,47–54

47 Wenn ein Fremder oder ein Halbbürger
bei dir zu Vermögen kommt, aber dein Bruder
von ihm wirtschaftlich abhängig wird
und sich ihm oder einem Nachkommen aus
der Familie eines Fremden verkauft, 48 dann
soll es, wenn er sich verkauft hat, für ihn ein
Loskaufrecht geben: Einer seiner Brüder soll
ihn auslösen. 49 Auslösen sollen ihn sein Onkel,
der Sohn seines Onkels oder sonst ein
Verwandter aus seiner Sippe. Falls seine
eigenen Mittel ausreichen, kann er sich
selbst loskaufen. 50 Er soll mit dem, der ihn
gekauft hat, die Jahre zwischen dem Verkaufs-
und dem Jubeljahr berechnen; die
Summe des Verkaufspreises soll auf die Zahl
der Jahre verteilt werden, wobei die verbrachte
Zeit wie die eines Lohnarbeiters gilt.
51 Wenn noch viele Jahre abzudienen sind,
soll er ihrer Zahl entsprechend den Lösepreis
von seiner Kaufsumme absetzen.
52 Wenn nur noch wenige Jahre bis zum Jubeljahr
übrig sind, soll er es ihm berechnen;
den Jahren entsprechend soll er den Lösepreis
bezahlen. 53 Er gelte wie ein Lohnarbeiter
Jahr um Jahr bei seinem Herrn; dieser
soll nicht vor deinen Augen mit Gewalt über
ihn herrschen. 54 Wenn er in der Zwischenzeit
nicht losgekauft wird, soll er im Jubeljahr
freigelassen werden, er und seine Kinder.

Abschließende Begründung: 25,55

55 Denn mir gehören die Israeliten als
Knechte, meine Knechte sind sie; ich habe
sie aus Ägypten herausgeführt, ich, der Herr,
euer Gott.

Segen und Fluch: 26,1–46

Die Grundforderungen Gottes: 26,1–2

26 Ihr sollt euch keine Götzen machen,
euch weder ein Gottesbild noch ein
Steinmal aufstellen und in eurem Land keine
Steine mit Bildwerken aufrichten, um euch
vor ihnen niederzuwerfen; denn ich bin der
Herr, euer Gott. 2 Ihr sollt auf meine Sabbate
achten und mein Heiligtum fürchten; ich bin
der Herr.

1: 19,4; Ex 20,4; Dtn 5,8.

Die Segenszusage für Gehorsam: 26,3–13

3 Wenn ihr nach meinen Satzungen handelt,
auf meine Gebote achtet und sie befolgt,
4 so gebe ich euch Regen zur rechten
Zeit; die Erde liefert ihren Ertrag, und der
Baum des Feldes gibt seine Früchte; 5 die
Dreschzeit reicht bei euch bis zur Weinlese
und die Weinlese bis zur Aussaat. Ihr esst
euch satt an eurem Brot und wohnt in eurem
Land in Sicherheit. 6 Ich schaffe Frieden im
Land: Ihr legt euch nieder und niemand
schreckt euch auf. Ich lasse die Raubtiere
aus dem Land verschwinden. Kein Schwert
kommt über euer Land. 7 Verfolgt ihr eure
Feinde, so werden sie vor euren Augen dem
Schwert verfallen. 8 Fünf von euch werden
hundert verfolgen, hundert von euch werden
zehntausend verfolgen und eure Feinde werden
vor euren Augen dem Schwert verfallen.
9 Euch wende ich mich zu, mache euch
fruchtbar und zahlreich und halte meinen
Bund mit euch aufrecht. 10 Ihr werdet noch
von der alten Ernte zu essen haben und das

26,3–38 Im Alten Orient war es Brauch, Gesetzbücher und Verträge mit Flüchen und Segenssprüchen abzuschließen, um vor Missachtung der Gesetze oder vor Vertragsbruch abzuschrecken und zur Befolgung der Gesetze oder zur Vertragstreue anzuspornen. So schließt auch das »Heiligkeitsgesetz« hier und das ursprüngliche Deuteronomium in Dtn 28 mit Segen und Fluch.

Alte hinausschaffen müssen, um Platz für das Neue zu haben. [11] Ich schlage meine Wohnstätte in eurer Mitte auf und habe gegen euch keine Abneigung. [12] Ich gehe in eurer Mitte; ich bin euer Gott und ihr seid mein Volk. [13] Ich bin der Herr, euer Gott, der euch aus dem Land der Ägypter herausgeführt hat, sodass ihr nicht mehr ihre Sklaven zu sein braucht. Ich habe eure Jochstangen zerbrochen und euch wieder aufrecht gehen lassen.

3–13: Dtn 28,1–14.

Strafandrohung und Fluch für Ungehorsam: 26,14–38

[14] Aber wenn ihr auf mich nicht hört und alle diese Gebote nicht befolgt, [15] wenn ihr meine Satzungen missachtet, meine Vorschriften verabscheut und meinen Bund brecht, indem ihr keines meiner Gebote befolgt, [16] so tue auch ich euch Folgendes an: Ich biete gegen euch Bestürzung auf, Schwindsucht und Fieber, die das Augenlicht zum Verlöschen bringen und den Atem ersticken. Ihr sät euer Saatgut vergeblich; eure Feinde werden es verzehren. [17] Ich wende mein Angesicht gegen euch und ihr werdet von euren Feinden geschlagen. Eure Gegner treten euch nieder; ihr flieht, selbst wenn euch niemand verfolgt.

[18] Wenn ihr dann immer noch nicht auf mich hört, fahre ich fort, euch zu züchtigen; siebenfach züchtige ich euch für eure Sünden. [19] Ich breche eure stolze Macht und mache euren Himmel wie Eisen und euer Land wie Bronze. [20] Eure Kraft verbraucht sich vergeblich, euer Land liefert keinen Ertrag mehr und die Bäume im Land tragen keine Früchte mehr. [21] Wenn ihr mir feindlich begegnet und nicht auf mich hören wollt, werde ich noch weitere Schläge über euch kommen lassen, siebenfach, wie es euren Sünden entspricht. [22] Ich lasse auf euch die wilden Tiere los, die euer Land entvölkern, euer Vieh vernichten und euch an Zahl so verringern, dass eure Wege veröden.

[23] Wenn ihr euch dadurch noch nicht warnen lasst und mir weiterhin feindlich begegnet, [24] begegne auch ich euch feindlich und schlage auch ich euch siebenfach für eure Sünden. [25] Ich lasse über euch das Schwert kommen, das Rache für den Bund nehmen wird. Zieht ihr euch in eure Städte zurück, so sende ich die Pest in eure Mitte und ihr geratet in Feindeshand. [26] Ich entziehe euch dann euren Vorrat an Brot, sodass zehn Frauen euer Brot in einem einzigen Backofen backen, dass man euch das Brot abgewogen zuteilt und ihr euch nicht satt essen könnt.

[27] Und wenn ihr daraufhin noch immer nicht auf mich hört und mir immer noch feindlich begegnet, [28] begegne auch ich euch im Zorn und züchtige euch siebenfach für eure Sünden. [29] Ihr esst das Fleisch eurer Söhne und Töchter. [30] Ich vernichte eure Kulthöhen, zerstöre eure Räucheraltäre, häufe eure Leichen über die Leichen eurer Götzen und verabscheue euch. [31] Ich mache eure Städte zu Ruinen, verwüste eure Heiligtümer und will den beruhigenden Duft eurer Opfer nicht mehr riechen. [32] Ich selbst verwüste das Land; eure Feinde, die sich darin niederlassen, werden darüber entsetzt sein. [33] Euch aber zerstreue ich unter die Völker und zücke hinter euch das Schwert. Euer Land wird zur Wüste und eure Städte werden zu Ruinen. [34] Dann erhält das Land seine Sabbate ersetzt, in der ganzen Zeit der Verwüstung, während ihr im Land eurer Feinde seid. Dann hat das Land Ruhe und erhält Ersatz für seine Sabbate. [35] Während der ganzen Zeit der Verwüstung hat es Sabbatruhe, die es an euren Sabbaten nicht hatte, als ihr noch darin wohntet.

[36] In das Herz derer, die von euch überleben, bringe ich Angst in den Ländern ihrer Feinde; das bloße Rascheln verwelkter Blätter jagt sie auf und sie fliehen, wie man vor dem Schwert flieht; sie fallen, ohne dass jemand sie verfolgt. [37] Sie stürzen übereinander wie vor dem Schwert, ohne dass jemand sie verfolgt. Ihr könnt vor euren Feinden nicht standhalten, [38] ihr geht unter den Völkern zugrunde und das Land eurer Feinde frisst euch.

14–38: Dtn 28,15–68.

Umkehr und Vergebung: 26,39–45

[39] Diejenigen von euch, die dann noch überleben, siechen dahin in den Ländern eurer Feinde wegen ihrer Sünden, auch wegen der Sünden ihrer Väter, sodass sie, gleich ihnen, dahinsiechen. [40] Dann werden sie die Schuld eingestehen, die sie selbst und ihre Väter begangen haben durch ihren Treubruch und auch dadurch, dass sie mir feindlich begegnet sind, [41] sodass auch ich ihnen feindlich begegnete und sie in das Land ihrer

---

26,26 Ich entziehe ihnen ihren Vorrat an Brot, wörtlich: Ich zerbreche ihnen den Brotstab; gemeint ist der Holzpflock an der Wand, auf dem die ringförmigen Brote hängen.

26,34 Der Vers bezieht sich auf das Sabbatjahr, in dem das Ackerland brachliegen, also Ruhe haben sollte (vgl. 25,2–7).

Feinde führte. Ihr unbeschnittenes Herz muss sich dann beugen und ihre Sünden müssen sie sühnen. 42 Dann werde ich meines Bundes mit Jakob gedenken, meines Bundes mit Isaak und meines Bundes mit Abraham und ich werde meines Landes gedenken. 43 Das Land aber muss von ihnen verlassen werden und seine Sabbate ersetzt bekommen, indem es ohne seine Bewohner verödet daliegt. Sie sollen ihre Schuld sühnen, weil sie immer wieder meine Vorschriften missachtet und meine Satzungen verabscheut haben. 44 Aber selbst wenn sie im Land ihrer Feinde sind, werde ich sie nicht missachten und sie nicht verabscheuen, um ihnen etwa ein Ende zu machen und meinen Bund mit ihnen zu widerrufen; denn ich bin der Herr, ihr Gott. 45 Ich werde zu ihren Gunsten des Bundes mit den früheren Generationen gedenken, die ich vor den Augen der Völker aus Ägypten herausgeführt habe, um ihr Gott zu sein, ich, der Herr.

Schluss des Heiligkeitsgesetzes: 26,46

46 Das sind die Satzungen, Vorschriften und Gesetze, die der Herr zwischen sich und den Israeliten auf dem Sinai durch die Vermittlung des Mose erlassen hat.

DIE ABLÖSUNG VON GELÜBDEN UND WEIHEGABEN: 27,1–34

Bei Personen: 27,1–8

27 Der Herr sprach zu Mose: 2 Rede zu den Israeliten und sag zu ihnen: Will jemand ein Gelübde für den Herrn einlösen, das er nach dem üblichen Wert einer Person abgelegt hat, 3 so gilt für einen Mann zwischen zwanzig und sechzig Jahren ein Schätzwert von fünfzig Silberschekel, nach dem Schekelgewicht des Heiligtums, 4 für eine Frau ein Schätzwert von dreißig Schekel, 5 für einen Jugendlichen zwischen fünf und zwanzig Jahren, wenn es ein Junge ist, ein Schätzwert von zwanzig Schekel, wenn es ein Mädchen ist, ein Schätzwert von zehn Schekel, 6 für einen Knaben zwischen einem Monat und fünf Jahren ein Schätzwert von fünf und für ein Mädchen ein Schätzwert von drei Silberschekel, 7 für einen Mann von sechzig und mehr Jahren ein Schätzwert von fünfzehn und für eine Frau ein Schätzwert von zehn Schekel. 8 Ist derjenige, der das Gelübde gemacht hat, nicht in der Lage, den Schätzwert zu entrichten, dann soll er die Person dem Priester vorstellen. Dieser soll den Schätzwert nach Maßgabe dessen, was der Gelobende aufbringen kann, feststellen.

Bei Tieren: 27,9–13

9 Handelt es sich um Tiere, die man für den Herrn als Opfergabe darbringen kann, so wird jedes Tier, das man dem Herrn gibt, etwas Heiliges. 10 Man darf es weder auswechseln noch vertauschen, nicht ein gutes gegen ein schlechtes oder ein schlechtes gegen ein gutes geben. Wenn man aber doch ein Tier gegen ein anderes vertauscht, so wird sowohl das eine als auch das andere etwas Heiliges. 11 Handelt es sich um ein unreines Tier, von dem man keine Opfergabe für den Herrn darbringen darf, soll man das Tier dem Priester vorführen, 12 und dieser soll den Durchschnittswert feststellen; an seine Schätzung soll man sich halten. 13 Will man es auslösen, so soll man den Schätzwert um ein Fünftel erhöhen.

Bei Häusern: 27,14–15

14 Will man sein Haus dem Herrn weihen, so soll es der Priester schätzen, indem er seinen Durchschnittswert feststellt. Man halte sich an die Schätzung des Priesters. 15 Will der Mann, der das Haus gelobt hat, es auslösen, so soll er ein Fünftel des Geldes zum Schätzwert hinzufügen und es soll wieder ihm gehören.

Bei Grundstücken: 27,16–24

16 Weiht ein Mann eines von seinen Erbgrundstücken dem Herrn, so soll der Schätzwert seines Saatgutes geschätzt werden. Ein Hómer Saatgerste entspricht fünfzig Silberschekeln. 17 Weiht jemand das Feld vom Jubeljahr an, so halte man sich an diesen Schätzwert; 18 weiht er es aber nach dem Ju-

---

27,1–8 Diese Bestimmung geht vielleicht auf einen alten Brauch zurück, Personen aus der eigenen Sippe aufgrund eines in Notzeiten abgelegten Gelübdes dem Heiligtum zu weihen, d. h. zur Dienstleistung zu übergeben (vgl. 1 Sam 1,11.23–28). Konnte man sich später von der Person nicht trennen, musste man sie gegen Geld auslösen.

27,13.15.27 Der Zuschlag von einem Fünftel zum Schätzwert ist wohl als Buße für die Zurücknahme des Gelübdes gedacht.

beljahr, soll ihm der Priester den Preis ent-
sprechend der bis zum nächsten Jubeljahr
ausstehenden Jahre berechnen und vom
Schätzwert abziehen. 19 Will derjenige, der
das Feld geweiht hat, es wieder auslösen, soll
er ein Fünftel des Geldes zum Schätzwert
hinzufügen, und es soll wieder ihm gehören.
20 Löst er es nicht aus, verkauft es aber einem
anderen, so kann es nicht mehr ausgelöst
werden, 21 und das Feld wird, wenn es im Ju-
beljahr frei wird, etwas Heiliges für den
Herrn, wie ein Feld, das geweihtes Gut ist.
Es wird Eigentum des Priesters. 22 Wenn je-
mand dem Herrn ein Feld weiht, das er er-
worben hat und das nicht zu seinem Erbbe-
sitz gehört, 23 berechne der Priester den
Schätzwert mit Rücksicht auf die Zeit bis
zum Jubeljahr und der Mann bezahle die
Summe am selben Tag als etwas Heiliges für
den Herrn. 24 Im Jubeljahr soll das Feld an
den Verkäufer zurückfallen, dem es als
ererbter Landbesitz gehört.

24: 25,23–28.

Das Maß der Schätzung: 27,25

25 Jede Schätzung bei dir soll nach dem
Schekelgewicht des Heiligtums erfolgen:
Zwanzig Gera entsprechen einem Schekel.

Sonderfälle: 27,26–33

26 Eine Erstgeburt beim Vieh, die als Erst-
lingsgabe dem Herrn gehört, kann man nicht
weihen, weder ein Rind noch ein Schaf; denn
es gehört schon dem Herrn. 27 Aber wenn es
die Erstgeburt eines unreinen Tiers ist, kann
man es um den um ein Fünftel erhöhten
Schätzwert auslösen. Wird das Tier nicht
ausgelöst, soll es nach dem Schätzwert ver-
kauft werden. 28 Aber nichts von dem, was
ein Mann von seinem Eigentum an Men-
schen, Vieh und Feldbesitz als Banngut dem
Herrn geweiht hat, darf verkauft oder ausge-
löst werden. Alles Banngut ist etwas Hoch-
heiliges; es gehört dem Herrn. 29 Kein
menschliches Wesen, das als Banngut ge-
weiht wird, kann zurückgekauft werden;
man muss es töten. 30 Jeder Zehnt des Lan-
des, der vom Ertrag des Landes oder von den
Baumfrüchten abzuziehen ist, gehört dem
Herrn; es ist etwas Heiliges für den Herrn.
31 Will ein Mann einen Teil seines Zehnten
auslösen, muss er ein Fünftel dazuzahlen.
32 Jeder Zehnt an Rind, Schaf und Ziege ist
dem Herrn geweiht, jedes zehnte Stück von
allem, was unter dem Hirtenstab hindurch-
geht. 33 Man soll nicht zwischen dem Guten
und dem Schlechten unterscheiden und kei-
nen Tausch vornehmen. Wenn man es den-
noch tut, werden das Tier und das mit ihm
vertauschte Tier etwas Heiliges; es darf nicht
ausgelöst werden.

Abschluss: 27,34

34 Das sind die Gebote, die der Herr dem
Mose für die Israeliten auf dem Sinai gege-
ben hat.

Das Buch Numeri

Das vierte Buch des Pentateuch trägt in der lateinischen Bibel den Namen Numeri (Zählungen), weil es mit der Zählung bzw. Musterung der wehrfähigen Israeliten beginnt. Die Juden nennen das Buch Bemidbar (In der Wüste), nach einem der ersten Worte. Die Geschichtsdarstellung behandelt zunächst bis 10,10 noch die Vorgänge am Sinai. Der Anfang des Buches ist aber dennoch gut gewählt, weil es sich bei der Musterung und den folgenden Anordnungen überwiegend um Vorgänge handelt, die den Aufbruch vom Sinai vorbereiten.

Die Kapitel 1 – 4 haben neben der Musterung der Wehrfähigen (Kap. 1) die Ordnung der Stämme im Lager und auf dem Marsch (Kap. 2) und die Zählung der Levitengeschlechter (Kap. 3 und 4) zum Inhalt. Es folgen verschiedene andere Vorschriften: Ausweisung von Unreinen aus dem Lager, Abgaben ans Heiligtum, Eifersuchtsordal (Kap. 5), Vorschriften über Nasiräer und Priestersegen (Kap. 6). Die Kapitel 7 – 9 hängen nur lose mit dem Aufbruchthema zusammen; hier geht es um Dinge, die das Heiligtum und seine Versorgung unterwegs betreffen: die Weihegaben der Stammesführer (Kap. 7); der Dienst der Leviten auf dem Marsch und im Lager, die Pascha-Ordnung für besondere Fälle, die Wolkensäule über dem Heiligtum im Lager und beim Aufbruch (Kap. 8 und 9); die Trompetensignale für Aufbruch, Krieg und Fest (10,1–10). Der Rest des Buches (10,11 – 36,13) stellt die Geschehnisse auf der Wüstenwanderung vom Sinai zum Jordan bis kurz vor dem Einzug in Kanaan dar. Doch sind in den Geschichtsablauf immer wieder, wie im Buch Exodus, Gesetzestexte und Listen eingeschoben.

In der Geschichtsdarstellung sind dieselben drei literarischen Schichten nachweisbar wie in den Büchern Genesis und Exodus. An Einzelereignissen werden erzählt: das Murren des Volkes gegen Mose, die Klage des Mose über die ihm von Gott auferlegte Last, die Entlastung des Mose durch die Ausgießung des Geistes auf die Ältesten und das Wachtelwunder (Kap. 11); die Auflehnung der eigenen Geschwister gegen Mose (Kap. 12); der Kundschafterbericht (Kap. 13 und 14); der Aufruhr Korachs, Datans und Abirams (Kap. 16 und 17); das Wasserwunder, der Tod Mirjams und Aarons (Kap. 20); die kupferne Schlange, die Kämpfe mit den Völkern östlich des Jordan (Kap. 21); der Seher Bileam (Kap. 22 – 24); die Tat des Pinhas (Kap. 25); die Berufung Josuas (27,12–23); der Krieg gegen die Midianiter (Kap. 31); die Landzuteilung an die ostjordanischen Stämme (Kap. 32). Ein Verzeichnis der Lagerstätten schließt den Bericht über den Wüstenzug ab (Kap. 33). In den Bericht eingeschaltet und am Schluss des Buches angehängt sind Texte, die die Gesetze vom Sinai ergänzen (Kap. 15; 18 und 19; 27,1–11; 28 – 30; 36), Anweisungen für die Verteilung Kanaans an die Stämme und über die Leviten- und Asylstädte (Kap. 33 – 35). Die Darstellung des Wüstenzugs hat einmal mit dem Bericht über den Tod des Mose geschlossen, doch wurde dieser Bericht an den Schluss des Deuteronomiums verschoben, als dieses Buch den anderen Mosebüchern angefügt wurde (vgl. die Einleitung zu Dtn).

Die Geschichtsdarstellung und die Gesetze im Buch Numeri sollen Israel an die verhängnisvollen Folgen des Murrens gegen Gott, des Aufbegehrens gegen Mose und gegen die priesterliche Kultordnung, des Götzendienstes und des mangelnden Vertrauens gegen den Bundesgott erinnern. Sie zeigen, dass Gott von seinem Volk auch in Zeiten der Not Treue erwartet und bei Versagen des Volkes schwere Strafen verhängt, dass er aber auch zur Vergebung bereit ist, wenn sich Fürsprecher wie Mose für ihr Volk einsetzen. Wie Gott Israel durch die Wüste geführt hat, so wird er es auch weiter durch die Geschichte führen.

AUS DEM PRIESTERGESETZ: 1,1 – 10,10

Die Volks- und Heeresordnung: 1,1–54

1 Am ersten Tag des zweiten Monats im
zweiten Jahr nach dem Auszug aus
Ägypten sprach der Herr in der Wüste Sinai
im Offenbarungszelt zu Mose: 2 Ermittelt die
Gesamtzahl der Israeliten in der Gemeinde,
geordnet nach Sippenverbänden und Großfamilien; zählt mit Namen alle Männer, 3 die
zwanzig Jahre und älter sind, alle wehrfähigen Israeliten. Mustert sie für ihre Heeresverbände, du und Aaron! 4 Aus jedem Stamm
soll euch dabei ein Mann helfen, und zwar
jeweils das Haupt einer Großfamilie. 5 Das
sind die Namen der Männer, die euch helfen
sollen: aus Ruben Elizur, der Sohn Schedëurs; 6 aus Simeon Schelumiël, der Sohn
Zurischaddais; 7 aus Juda Nachschon, der
Sohn Amminadabs; 8 aus Issachar Netanel,
der Sohn Zuars; 9 aus Sebulon Eliab, der
Sohn Helons; 10 von den Nachkommen Josefs: aus Efraim Elischama, der Sohn Ammihuds, und aus Manasse Gamliël, der Sohn
Pedazurs; 11 aus Benjamin Abidan, der Sohn

1,2 Die soziale Schichtung Israels stammt aus der Nomadenzeit der israelitischen Stämme. Israel gliedert sich in Stämme, Sippen, Großfamilien (wörtlich: Vaterhäuser) und Einzelfamilien. Solange der Vater lebt, ist er das Haupt der Großfamilie und hat die Verfügungsgewalt über seine Söhne, selbst wenn sie schon eigene Kinder haben. Am deutlichsten zeigt das Vorgehen beim Losentscheid in Jos 7,16–20, dass die Großfamilie von der Familie des einzelnen verheirateten Mannes zu unterscheiden ist.

Gidonis; [12] aus Dan Ahiëser, der Sohn Ammischaddais; [13] aus Ascher Pagiël, der Sohn Ochrans; [14] aus Gad Eljasaf, der Sohn Reguëls; [15] aus Naftali Ahira, der Sohn Enans. [16] Das sind die von der Gemeinde berufenen Anführer der Stämme ihrer Väter, die Befehlshaber der Tausendschaften Israels.

[17] Mose und Aaron nahmen diese namentlich genannten Männer [18] und versammelten die ganze Gemeinde am ersten Tag des zweiten Monats. Dann ermittelte man die Abstammung aller Männer von zwanzig Jahren und darüber; man zählte sie namentlich, geordnet nach Sippen und Großfamilien. [19] Wie der Herr es Mose befohlen hatte, so musterte man sie in der Wüste Sinai.

[20] Zuerst kamen die Nachkommen Rubens, des Erstgeborenen Israels: Man ermittelte ihre Geschlechterfolge nach Sippen und Großfamilien und zählte mit Namen alle Männer von zwanzig Jahren und darüber, alle Wehrfähigen. [21] Die Zahl der aus dem Stamm Ruben Gemusterten betrug 46 500 Mann.

[22] Sodann die Simeoniter: Man ermittelte ihre Geschlechterfolge nach Sippen und Großfamilien und zählte mit Namen alle Männer von zwanzig Jahren und darüber, alle Wehrfähigen. [23] Die Zahl der aus dem Stamm Simeon Gemusterten betrug 59 300 Mann.

[24] Sodann die Gaditer: Man ermittelte ihre Geschlechterfolge nach Sippen und Großfamilien und zählte mit Namen alle wehrfähigen Männer von zwanzig Jahren und darüber. [25] Die Zahl der aus dem Stamm Gad Gemusterten betrug 45 650 Mann.

[26] Sodann die Nachkommen Judas: Man ermittelte ihre Geschlechterfolge nach Sippen und Großfamilien und zählte mit Namen alle wehrfähigen Männer von zwanzig Jahren und darüber. [27] Die Zahl der aus dem Stamm Juda Gemusterten betrug 74 600 Mann.

[28] Sodann die Issachariter: Man ermittelte ihre Geschlechterfolge nach Sippen und Großfamilien und zählte mit Namen alle wehrfähigen Männer von zwanzig Jahren und darüber. [29] Die Zahl der aus dem Stamm Issachar Gemusterten betrug 54 400 Mann.

[30] Sodann die Sebuloniter: Man ermittelte ihre Geschlechterfolge nach Sippen und Großfamilien und zählte mit Namen alle wehrfähigen Männer von zwanzig Jahren und darüber. [31] Die Zahl der aus dem Stamm Sebulon Gemusterten betrug 57 400 Mann.

[32] Sodann die Nachkommen Josefs, zuerst die Efraimiter: Man ermittelte ihre Geschlechterfolge nach Sippen und Großfamilien und zählte mit Namen alle wehrfähigen Männer von zwanzig Jahren und darüber. [33] Die Zahl der aus dem Stamm Efraim Gemusterten betrug 40 500 Mann.

[34] Sodann die Manassiter: Man ermittelte ihre Geschlechterfolge nach Sippen und Großfamilien und zählte mit Namen alle wehrfähigen Männer von zwanzig Jahren und darüber. [35] Die Zahl der aus dem Stamm Manasse Gemusterten betrug 32 200 Mann.

[36] Sodann die Benjaminiter: Man ermittelte ihre Geschlechterfolge nach Sippen und Großfamilien und zählte mit Namen alle wehrfähigen Männer von zwanzig Jahren und darüber. [37] Die Zahl der aus dem Stamm Benjamin Gemusterten betrug 35 400 Mann.

[38] Sodann die Daniter: Man ermittelte ihre Geschlechterfolge nach Sippen und Großfamilien und zählte mit Namen alle wehrfähigen Männer von zwanzig Jahren und darüber. [39] Die Zahl der aus dem Stamm Dan Gemusterten betrug 62 700 Mann.

[40] Sodann die Ascheriter: Man ermittelte ihre Geschlechterfolge nach Sippen und Großfamilien und zählte mit Namen alle wehrfähigen Männer von zwanzig Jahren und darüber. [41] Die Zahl der aus dem Stamm Ascher Gemusterten betrug 41 500 Mann.

[42] Sodann die Naftaliter: Man ermittelte ihre Geschlechterfolge nach Sippen und Großfamilien und zählte mit Namen alle wehrfähigen Männer von zwanzig Jahren und darüber. [43] Die Zahl der aus dem Stamm Naftali Gemusterten betrug 53 400 Mann.

[44] Das waren die Gemusterten, die Mose und Aaron zusammen mit den Anführern Israels zählten; es waren zwölf Anführer, aus jedem Stamm einer, jeweils das Haupt einer Großfamilie. [45] So ergab sich die Gesamtzahl der gemusterten Israeliten, geordnet nach Großfamilien, also aller wehrfähigen Männer in Israel von zwanzig Jahren und darüber. [46] Als Gesamtzahl der Gemusterten ergab sich 60 3550 Mann. [47] Die aber, die dem Stamm ihrer Väter nach Leviten waren, wurden nicht gemustert.

[48] Der Herr sprach zu Mose: [49] Unter den Israeliten sollst du nur den Stamm Levi nicht mustern und zählen. [50] Betrau die Leviten mit der Sorge für die Wohnstätte der Bundesurkunde, für ihre Geräte und für alles, was dazu gehört. Sie sollen die Wohn-

1,50 Zur Wohnstätte vgl. die Anmerkung zu Ex 25,9.

stätte und alle ihre Geräte tragen und sollen
sie pflegen; sie sollen ihren Lagerplatz rings
um die Wohnstätte haben. 51 Wenn die
Wohnstätte weitergetragen werden soll, sol-
len die Leviten sie abbauen, und wenn die
Wohnstätte das Lager bezieht, sollen die Le-
viten sie aufstellen. Wer ihr zu nahe kommt,
ohne dazu befugt zu sein, wird mit dem Tod
bestraft. 52 Im Lager soll jeder Israelit sein
Zelt an der Stelle aufschlagen, zu der er ge-
hört, und bei dem Feldzeichen, zu dem er ge-
hört, also bei seiner Abteilung im Heer.
53 Die Leviten aber sollen ihr Lager rings um
die Wohnstätte der Bundesurkunde auf-
schlagen, damit nicht der Zorn (Gottes) die
Gemeinde der Israeliten trifft; die Leviten
sollen auf die Anordnung über die Wohn-
stätte der Bundesurkunde achten.

54 Die Israeliten taten alles genau so, wie es
der Herr dem Mose befohlen hatte. So mach-
ten sie es.

1–54 ‖ 26,1–65.

Die Ordnung im Lager und auf dem Marsch: 2,1–34

2 Der Herr sprach zu Mose und Aaron:
2 Alle Israeliten sollen bei ihren Feld-
zeichen lagern, jede Großfamilie mit einer
eigenen Fahne. Sie sollen rings um das Of-
fenbarungszelt so lagern, dass es jeder vor
sich hat. 3 Vorne, nach Osten hin, ist das La-
ger Judas mit seinem Feldzeichen, geordnet
nach Abteilungen. Befehlshaber der Nach-
kommen Judas ist Nachschon, der Sohn Am-
minadabs; 4 sein Heer zählt im Ganzen
74 600 gemusterte Männer. 5 Daran anschlie-
ßend ist das Lager des Stammes Issachar;
Befehlshaber der Issachariter ist Netanel,
der Sohn Zuars; 6 sein Heer zählt im Ganzen
54 400 gemusterte Männer. 7 Dann folgt der
Stamm Sebulon; Befehlshaber der Sebuloni-
ter ist Eliab, der Sohn Helons; 8 sein Heer
zählt im Ganzen 57 400 gemusterte Männer.
9 Die Gesamtzahl der Gemusterten, die zum
Lager Judas gehören, beträgt 186 400 Mann,
geordnet nach Abteilungen. Sie brechen als
Erste auf.

10 Im Süden ist das Lager Rubens mit sei-
nem Feldzeichen, geordnet nach Abteilun-
gen. Befehlshaber der Rubeniter ist Elizur,
der Sohn Schedëurs; 11 sein Heer zählt im
Ganzen 46 500 gemusterte Männer. 12 Daran
anschließend ist das Lager des Stammes Si-
meon; Befehlshaber der Simeoniter ist Sche-
lumiël, der Sohn Zurischaddais; 13 sein Heer
zählt im Ganzen 59 300 gemusterte Männer.
14 Dann folgt der Stamm Gad; Befehlshaber
der Gaditer ist Eljasaf, der Sohn Reguëls;
15 sein Heer zählt im Ganzen 45 650 gemus-
terte Männer. 16 Die Gesamtzahl der Gemus-
terten, die zum Lager Rubens gehören, be-
trägt 151 450 Mann, geordnet nach Abtei-
lungen. Sie brechen als Zweite auf.

17 Dann bricht das Offenbarungszelt auf
und das Lager der Leviten, das in der Mitte
der Lager liegt. Wie sie lagern, so brechen sie
auf, jeder an seiner Stelle, nach Feldzeichen
geordnet.

18 Im Westen ist das Lager Efraims mit sei-
nem Feldzeichen, geordnet nach Abteilun-
gen. Befehlshaber der Efraimiter ist Elischa-
ma, der Sohn Ammihuds; 19 sein Heer zählt
im Ganzen 40 500 gemusterte Männer. 20 Da-
ran anschließend kommt der Stamm Manas-
se; Befehlshaber der Manassiter ist Gamliël,
der Sohn Pedazurs; 21 sein Heer zählt im
Ganzen 32 200 gemusterte Männer. 22 Dann
folgt der Stamm Benjamin; Befehlshaber der
Benjaminiter ist Abidan, der Sohn Gidonis;
23 sein Heer zählt im Ganzen 35 400 gemus-
terte Männer. 24 Die Gesamtzahl der Gemus-
terten, die zum Lager Efraims gehören, be-
trägt 108 100 Mann, geordnet nach Abtei-
lungen. Sie brechen als Dritte auf.

25 Im Norden ist das Lager Dans mit sei-
nem Feldzeichen, geordnet nach Abteilun-
gen. Befehlshaber der Daniter ist Ahiëser,
der Sohn Ammischaddais; 26 sein Heer zählt
im Ganzen 62 700 gemusterte Männer.
27 Daran anschließend ist das Lager des
Stammes Ascher; Befehlshaber der Ascheri-
ter ist Pagiël, der Sohn Ochrans; 28 sein Heer
zählt im Ganzen 41 500 gemusterte Männer.
29 Dann folgt der Stamm Naftali; Befehlsha-
ber der Naftaliter ist Ahira, der Sohn Enans;
30 sein Heer zählt im Ganzen 53 400 gemus-
terte Männer. 31 Die Gesamtzahl der Gemus-
terten, die zum Lager Dans gehören, beträgt
157 600 Mann. Sie brechen als Letzte auf,
nach Feldzeichen geordnet.

32 Das sind also die gemusterten Israeliten,
geordnet nach Großfamilien. Die Gesamt-
zahl der Gemusterten im Lager, geordnet
nach Abteilungen, beträgt 603 550 Mann.
33 Die Leviten wurden, wie der Herr es Mose
befohlen hatte, unter den Israeliten nicht ge-
mustert. 34 Die Israeliten führten alles aus,
was der Herr dem Mose befohlen hatte; sie
lagerten geordnet nach ihren Feldzeichen
und so brachen sie auch auf, jeder in seiner
Sippe und bei seiner Großfamilie.

Die Musterung der Priester- und Levitengeschlechter: 3,1 – 4,49

3 Das ist die Geschlechterfolge nach
Aaron und Mose, zu der Zeit, als der

Herr mit Mose auf dem Sinai redete. 2 Das
waren die Namen der Söhne Aarons: Nadab
als Erstgeborener, dann Abihu, Eleasar und
Itamar. 3 Das waren die Namen der Söhne
Aarons, der gesalbten Priester, die man ins
Priesteramt eingesetzt hatte. 4 Nadab und
Abihu waren vor den Augen des Herrn ge-
storben, als sie in der Wüste Sinai dem Herrn
ein unrechtmäßiges Feueropfer darbrachten.
Sie hatten keine Söhne und so versahen dann
Eleasar und Itamar unter der Aufsicht ihres
Vaters Aaron den Priesterdienst.

5 Der Herr sprach zu Mose: 6 Lass den
Stamm Levi vor dem Priester Aaron antre-
ten, damit sie ihm dienen. 7 Sie sollen auf sei-
ne Anordnungen achten und in der ganzen
Gemeinde vor dem Offenbarungszelt für
Ordnung sorgen, wenn sie an der Wohnstätte
Dienst tun. 8 Sie sollen alle Geräte des Offen-
barungszeltes in Ordnung halten und bei den
Israeliten für Ordnung sorgen, wenn sie an
der Wohnstätte Dienst tun. 9 Die Leviten
sollst du Aaron und seinen Söhnen zuweisen;
sie sollen unter den Israeliten ausschließlich
für den Dienst bei Aaron bestimmt sein.
10 Aaron und seine Söhne aber sollst du be-
auftragen, den Priesterdienst zu versehen.
Wer unbefugt daran teilnimmt, wird mit
dem Tod bestraft.

11 Der Herr sprach zu Mose: 12 Hiermit
nehme ich die Leviten als Ersatz für alle
erstgeborenen Israeliten, die den Mutter-
schoß durchbrechen. Die Leviten gehören
mir; 13 denn alle Erstgeborenen gehören mir.
Als ich in Ägypten alle Erstgeborenen er-
schlug, habe ich alle Erstgeborenen in Israel
mir geheiligt, bei den Menschen und beim
Vieh. Mir gehören sie; ich bin der Herr.

14 Der Herr sprach in der Wüste Sinai zu
Mose: 15 Mustere die Leviten nach ihren
Großfamilien und Sippen! Alle männlichen
Personen von einem Monat und darüber
sollst du mustern. 16 Da musterte sie Mose,
wie ihm durch den Mund des Herrn befohlen
worden war.

17 Das waren die Namen der Söhne Levis:
Gerschon, Kehat und Merari. 18 Die Namen
der Söhne Gerschons und ihrer Sippen wa-
ren Libni und Schimi, 19 die der Söhne Ke-
hats und ihrer Sippen Amram, Jizhar, He-
bron und Usiël, 20 die der Söhne Meraris und
ihrer Sippen Machli und Muschi. Das waren
die Sippen des Stammes Levi, geordnet nach
Großfamilien.

21 Zu Gerschon gehörten die Sippe der Lib-
niter und die Sippe der Schimiter; das waren
die Sippen der Gerschoniter. 22 Die Zahl ih-
rer gemusterten männlichen Personen von
einem Monat und darüber betrug im Ganzen
7500. 23 Die Sippen der Gerschoniter lager-
ten hinter der Wohnstätte gegen Westen.
24 Anführer der Großfamilie der Gerschoni-
ter war Eljasaf, der Sohn Laëls. 25 Die Ger-
schoniter hatten am Offenbarungszelt die
Sorge für die Wohnstätte und das Zelt, für
seine Decke und den Vorhang am Eingang
des Offenbarungszeltes, 26 für die Behänge
des Vorhofs, für den Vorhang am Eingang
des Vorhofs, der ringsum die Wohnstätte und
den Altar umgibt, und für die Zeltstricke, je
nachdem, wie es der Dienst erforderte.

27 Zu Kehat gehörten die Sippe der Amra-
miter, die Sippe der Jizhariter, die Sippe der
Hebroniter und die Sippe der Usiëliter; das
waren die Sippen der Kehatiter. 28 Die Zahl
der männlichen Personen von einem Monat
und darüber betrug im Ganzen 8600; sie hat-
ten am Heiligtum Dienst zu tun. 29 Die Sip-
pen der Kehatiter lagerten an der Südseite
der Wohnstätte. 30 Familienoberhaupt der
Sippen der Kehatiter war Elizafan, der Sohn
Usiëls. 31 Sie hatten die Sorge für die Lade,
den Tisch, den Leuchter, die Altäre, die hei-
ligen Geräte, mit denen sie ihren Dienst ver-
sahen, für den Vorhang und alles, was zu
diesem Dienst gehörte. 32 Der oberste Anfüh-
rer der Leviten war der Priester Eleasar, der
Sohn Aarons. Er war mit der Aufsicht derer
betraut, die am Heiligtum Dienst zu tun hat-
ten.

33 Zu Merari gehörten die Sippe der Mach-
liter und die Sippe der Muschiter; das waren
die Sippen der Merariter. 34 Die Zahl ihrer
gemusterten männlichen Personen von ei-
nem Monat und darüber betrug im Ganzen
6200. 35 Familienoberhaupt der Sippen der
Merariter war Zuriël, der Sohn Abihajils. Sie
lagerten an der Nordseite der Wohnstätte.
36 Die Söhne Meraris waren betraut mit der
Sorge für die Bretter der Wohnstätte, ihre
Querlatten, Säulen und Sockel, ihre Geräte
und alles, was zu diesem Dienst gehörte,
37 ferner für die Säulen des Vorhofs ringsum,
ihre Sockel, ihre Zeltpflöcke und Stricke.

38 Vor der Wohnstätte, an der Vorderseite,
östlich vom Offenbarungszelt, lagerten Mose
und Aaron mit seinen Söhnen. Sie hatten den
Dienst am Heiligtum zu tun, wie er den Is-
raeliten aufgetragen worden war. Wer unbe-
fugt daran teilnimmt, wird mit dem Tod
bestraft.

39 Die Gesamtzahl der Leviten, die Mose
und Aaron auf Befehl des Herrn musterten,
aller männlichen Personen von einem Monat
und darüber, nach Sippen geordnet, betrug
22 000.

40 Der Herr sprach zu Mose: Zähle alle
männlichen erstgeborenen Israeliten, die ei-

nen Monat und älter sind, stell ihre Zahl na-
mentlich fest! 41 Dann nimm für mich, für
mich, den Herrn, die Leviten als Ersatz für
alle erstgeborenen Israeliten entgegen, au-
ßerdem das Vieh der Leviten als Ersatz für
alle Erstlinge unter dem Vieh der Israeli-
ten!

42 Mose musterte alle erstgeborenen Israe-
liten, wie es ihm der Herr befohlen hatte.
43 Die Gesamtzahl der männlichen Erstgebo-
renen, die einen Monat und älter waren, be-
trug bei dieser namentlichen Zählung
22 273. 44 Dann sprach der Herr zu Mose:
45 Nimm die Leviten als Ersatz für alle erst-
geborenen Israeliten entgegen, außerdem
das Vieh der Leviten als Ersatz für das Vieh
der Israeliten! Die Leviten gehören mir, mir,
dem Herrn. 46 Es sind aber 273 erstgeborene
Israeliten mehr als Leviten; sie müssen aus-
gelöst werden. 47 Erheb für jeden fünf Sche-
kel; erheb sie nach dem Schekelgewicht des
Heiligtums, den Schekel zu zwanzig Gera.
48 Übergib das Geld Aaron und seinen Söh-
nen zur Auslösung der überzähligen Israeli-
ten! 49 Da erhob Mose das Lösegeld von de-
nen, die die Zahl der Leviten überstiegen
und deshalb auszulösen waren. 50 1365 Sil-
berschekel erhob Mose von den erstgebore-
nen Israeliten, nach dem Schekelgewicht des
Heiligtums, 51 und er übergab Aaron und sei-
nen Söhnen das Lösegeld, wie es ihm der
Herr befohlen hatte.

4 Der Herr sprach zu Mose und Aaron:
2 Ermittelt die Zahl der Kehatiter unter
den Leviten, geordnet nach Sippen und
Großfamilien, 3 zählt alle Wehrfähigen zwi-
schen dreißig und fünfzig Jahren! Sie sollen
im Offenbarungszelt tätig sein. 4 Die Kehati-
ter haben im Offenbarungszelt das Hochhei-
lige zu betreuen. 5 Beim Aufbruch gehen
Aaron und seine Söhne hinein, nehmen die
Vorhangdecke ab und hüllen damit die Lade
der Bundesurkunde ein. 6 Darüber legen sie
eine Decke aus Tahaschhaut, breiten darü-
ber ein Tuch, ganz aus violettem Purpur, und
bringen an der Lade die Stangen an. 7 Auch
über den Tisch der Schaubrote breiten sie
ein Tuch aus violettem Purpur. Darauf legen
sie die Schüsseln, die Schalen, die Krüge und
die Kannen für das Trankopfer; auch die
Schaubrote sollen darauf sein. 8 Dann brei-
ten sie darüber ein karmesinrotes Tuch,
bedecken es mit einer Tahaschhaut und
bringen die dazugehörenden Stangen an.
9 Weiter nehmen sie ein Tuch aus violettem
Purpur und hüllen damit den Leuchter ein,
auch seine einzelnen Lampen, die Docht-
scheren und Pfannen und alle Ölbehälter, die
man für den Leuchter braucht. 10 Ihn und
alle zu ihm gehörenden Geräte legen sie auf
eine Decke aus Tahaschhaut, dann legen sie
alles auf das Traggestell. 11 Über den golde-
nen Altar breiten sie ein Tuch aus violettem
Purpur, hüllen ihn in eine Decke aus Ta-
haschhaut und bringen seine Stangen an.
12 Dann nehmen sie alle zum Dienst im Hei-
ligtum erforderlichen Geräte, legen sie auf
ein Tuch aus violettem Purpur, hüllen sie in
eine Decke aus Tahaschhaut und legen sie
auf das Traggestell. 13 Sie säubern den Altar
von der Fett-Asche und breiten ein Tuch aus
rotem Purpur über ihn. 14 Auf den Altar le-
gen sie alle Geräte, die man für den Altar-
dienst braucht, die Pfannen, Gabeln, Schau-
feln und Schalen, alle Altargeräte; darüber
breiten sie eine Hülle aus Tahaschhaut und
bringen die Altarstangen an. 15 Erst wenn
Aaron und seine Söhne beim Aufbruch des
Lagers mit dem Verhüllen des Heiligtums
und aller heiligen Geräte fertig sind, kom-
men die Kehatiter und übernehmen den Trä-
gerdienst. Sie dürfen aber das Heilige nicht
berühren, sonst müssen sie sterben. Das ist
die Aufgabe, die die Kehatiter am Offenba-
rungszelt als Träger haben. 16 Der Priester
Eleasar, der Sohn Aarons, hat die Verant-
wortung für das Öl des Leuchters, das duf-
tende Räucherwerk, das ständige Speiseop-
fer und das Salböl, die Verantwortung für
die ganze Wohnstätte und für alles, was es
darin an Heiligem und an Geräten gibt.

17 Der Herr sprach zu Mose und Aaron:
18 Sorgt dafür, dass die Sippen des Stammes
der Kehatiter nicht aus dem Kreis der Levi-
ten ausgerottet werden. 19 Damit sie am Le-
ben bleiben und nicht wegen Berührung des
Hochheiligen sterben, sollt ihr so verfahren:
Aaron und seine Söhne sollen kommen und
jedem von ihnen anweisen, was er zu tun und
zu tragen hat. 20 Dann ist es nicht möglich,
dass sie hineingehen und das Heilige auch
nur für einen Augenblick sehen, und sie wer-
den nicht sterben.

21 Der Herr sprach zu Mose: 22 Ermittle
auch die Zahl der Gerschoniter, geordnet
nach Großfamilien und Sippen! 23 Du sollst
sie mustern für den Dienst am Offenba-
rungszelt, alle wehrfähigen Männer zwi-
schen dreißig und fünfzig Jahren. 24 Die Sip-
pen der Gerschoniter haben folgende Pflich-
ten als Diener und Träger: 25 Sie tragen die
Zelttücher der Wohnstätte und das Offenba-
rungszelt, seine Decke, die Tahaschdecke,
die darüber liegt, und den Vorhang am Ein-
gang des Offenbarungszeltes, 26 ferner die
Behänge des Vorhofs, den Vorhang am Tor-
eingang des Vorhofs, der rings um die Wohn-
stätte und um den Altar liegt, die dazugehö-

renden Stricke und alle Geräte, die sie zu ihrer Arbeit brauchen; sie sollen alle Arbeiten verrichten, die daran auszuführen sind. [27] Der ganze Dienst der Gerschoniter soll nach der Anweisung Aarons und seiner Söhne geschehen, die ihnen alles sagen, alles, was sie zu tragen und zu tun haben. Beauftragt sie mit dem gesamten Trägerdienst! [28] Das ist die Aufgabe der Gerschoniter am Offenbarungszelt. Die Aufsicht über ihren Dienst hat der Priester Itamar, der Sohn Aarons.

[29] Ferner sollst du die Merariter mustern, geordnet nach Sippen und Großfamilien. [30] Du sollst sie mustern für den Dienst am Offenbarungszelt, alle wehrfähigen Männer zwischen dreißig und fünfzig Jahren. [31] Das sind ihre Pflichten und einzelnen Aufgaben als Träger beim Offenbarungszelt: Sie haben die Bretter der Wohnstätte zu tragen, ihre Querlatten, Säulen und Sockel, [32] die Säulen des Vorhofs ringsum, ihre Sockel, Zeltpflöcke und Stricke sowie alle Geräte, die sie zur Erfüllung ihrer Aufgaben brauchen. Ihr sollt jedem die Gegenstände einzeln zuweisen, die sie zu tragen haben. [33] Das ist im Ganzen die Aufgabe der Sippen der Merariter am Offenbarungszelt. Die Aufsicht über sie hat der Priester Itamar, der Sohn Aarons.

[34] Mose, Aaron und die Anführer der Gemeinde musterten die Kehatiter, geordnet nach Sippen und Großfamilien, [35] für den Dienst am Offenbarungszelt, alle wehrfähigen Männer zwischen dreißig und fünfzig Jahren. [36] Die Zahl der nach Sippen gemusterten Männer betrug 2750. [37] Das waren die in den Sippen der Kehatiter Gemusterten, alle, die am Offenbarungszelt Dienst zu tun hatten. Mose und Aaron hatten sie gemustert, wie es der Herr durch Mose befohlen hatte.

[38] Bei den Gerschonitern betrug die Zahl der nach Sippen und Großfamilien für den Dienst am Offenbarungszelt Gemusterten, [39] die Zahl aller wehrfähigen Männer zwischen dreißig und fünfzig Jahren, [40] die, geordnet nach Sippen und Großfamilien, gemustert worden waren, 2630. [41] Das waren die in den Sippen der Gerschoniter Gemusterten, alle, die am Offenbarungszelt Dienst zu tun hatten. Mose und Aaron hatten sie auf Befehl des Herrn gemustert.

[42] Bei den Sippen der Merariter betrug die Zahl der nach Sippen und Großfamilien zum Dienst am Offenbarungszelt Gemusterten, [43] die Zahl aller wehrfähigen Männer zwischen dreißig und fünfzig Jahren, [44] die, geordnet nach Sippen, gemustert worden waren, 3200. [45] Das waren die in den Sippen der Merariter Gemusterten. Mose und Aaron hatten sie gemustert, wie es der Herr durch Mose befohlen hatte.

[46] Die Gesamtzahl der Gemusterten, die Mose, Aaron und die Anführer Israels bei den Leviten, geordnet nach Sippen und Großfamilien, gemustert hatten, [47] die Zahl aller Männer zwischen dreißig und fünfzig Jahren, die zur Erfüllung der Aufgaben und Trägerdienste am Offenbarungszelt fähig waren, [48] die Gesamtzahl dieser Gemusterten betrug 8580. [49] Wie es der Herr durch Mose befohlen hatte, so betraute man jeden Einzelnen von ihnen mit seiner Aufgabe und mit seinem Trägerdienst. Jedem wurde seine Aufgabe zugewiesen, wie der Herr es Mose befohlen hatte.

3,4: Lev 10,1–5 • 11–13: 3,41–45; 8,15–19; Ex 13,11–15; 34,20 • 40–45: 3,11–13.

Die Ausweisung der Unreinen: 5,1–4

5 Der Herr sprach zu Mose: [2] Befiehl den Israeliten, jeden aus dem Lager zu schicken, der an Aussatz oder an einem Ausfluss leidet, und jeden, der sich an einer Leiche verunreinigt hat. [3] Ob Mann oder Frau, schickt sie weg, weist sie aus dem Lager hinaus! Sie sollen nicht das Lager unrein machen, in dem ich mitten unter ihnen wohne. [4] Die Israeliten taten, was der Herr gesagt hatte, und schickten sie aus dem Lager. Wie der Herr es Mose gesagt hatte, so machten sie es.

Schadenersatz und Abgaben ans Heiligtum: 5,5–10

[5] Der Herr sprach zu Mose: [6] Sag zu den Israeliten: Wenn ein Mann oder eine Frau etwas, was dem Herrn gehört, veruntreut hat, also eine von den Sünden begangen hat, wie sie bei Menschen vorkommen, dann ist dieser Mensch schuldig geworden. [7] Sie sollen die Sünde, die sie begangen haben, bekennen und der Schuldige soll das, was er schuldet, voll ersetzen und dem, an dem er schuldig geworden ist, noch ein Fünftel dazugeben. [8] Wenn aber der Anspruchsberechtigte

5,1–4 Zur Unreinheit bei Aussatz vgl. die Anmerkung zu Lev 13,1–46 und die Einleitung zu Lev. – Alles, was mit dem Tod zusammenhängt, also auch Leichen und Gräber, wird für unrein erklärt, um den Totenkult, wie er bei den Nachbarvölkern üblich war, abzuwehren.

5,8 Zum Löser vgl. die Anmerkung zu Lev 25,25.

keinen Löser hat, dem der Schuldige Ersatz
leisten könnte, dann gehört der geschuldete
Betrag dem Herrn zugunsten des Priesters,
ebenso wie der Sühnewidder, mit dem der
Priester für ihn die Sühne erwirkt. 9 Dem
Priester gehören auch alle Weihegeschenke,
die die Israeliten zu ihm bringen. 10 Jeder
kann selbst bestimmen, was er als Weihege-
schenk geben will; was er aber dem Priester
gibt, gehört dem Priester.

Das Eifersuchtsordal: 5,11–31

11 Der Herr sprach zu Mose: 12 Rede zu den
Israeliten und sag ihnen: Angenommen, eine
Frau gerät auf Abwege, sie wird ihrem Mann
untreu, 13 und ein anderer Mann schläft mit
ihr, ohne dass es ihr Mann merkt, angenom-
men also, sie ist unrein geworden, ohne dass
es entdeckt wird, und es gibt keine Zeugen,
weil sie nicht ertappt worden ist, 14 der Mann
aber schöpft Verdacht und wird eifersüchtig
auf seine Frau, die wirklich unrein geworden
ist; angenommen aber auch, er schöpft Ver-
dacht und wird auf seine Frau eifersüchtig,
obwohl sie in Wirklichkeit nicht unrein ge-
worden ist: 15 In einem solchen Fall soll der
Mann seine Frau zum Priester bringen und
soll zugleich die für sie vorgesehene Opfer-
gabe mitbringen: ein zehntel Efa Gersten-
mehl. Er darf kein Öl darauf gießen und kei-
nen Weihrauch darauf streuen; denn es ist
ein Eifersuchtsopfer, ein Opfer zur Ermitt-
lung der Schuld. 16 Der Priester führt die
Frau hinein und stellt sie vor den Herrn. 17 Er
nimmt heiliges Wasser in einem Tongefäß;
dann nimmt er etwas Staub vom Fußboden
der Wohnstätte und streut ihn in das Wasser.
18 Dann stellt der Priester die Frau vor den
Herrn, löst ihr Haar und legt ihr das Ermitt-
lungsopfer, das heißt das Eifersuchtsopfer,
in die Hände; der Priester aber hält das bit-
tere, fluchbringende Wasser in der Hand.
19 Dann beschwört der Priester die Frau und
sagt zu ihr: Wenn kein Mann mit dir geschla-
fen hat, wenn du deinem Mann nicht untreu
gewesen, also nicht unrein geworden bist,
dann wird sich deine Unschuld durch dieses
bittere, fluchbringende Wasser erweisen.
20 Wenn du aber deinem Mann untreu gewe-
sen, wenn du unrein geworden bist und wenn
ein anderer als dein eigener Mann mit dir ge-
schlafen hat – 21 und nun soll der Priester die
Frau mit einem Fluch beschwören und zu ihr
sprechen –, dann wird der Herr dich zum
sprichwörtlichen Beispiel für einen Fluch
und Schwur in deinem Volk machen. Der
Herr wird deine Hüften einfallen und deinen
Bauch anschwellen lassen. 22 Dieses fluch-
bringende Wasser wird in deine Eingeweide
eindringen, so- dass dein Bauch anschwillt
und deine Hüften einfallen. Darauf soll die
Frau antworten: Amen, amen. 23 Der Priester
aber schreibt diese Flüche auf und wischt die
Schrift sodann in das bittere Wasser. 24 Dann
gibt er der Frau das bittere, fluchbringende
Wasser zu trinken, damit dieses Fluchwasser
in sie eindringt und ihr bittere Schmerzen
bereitet. 25 Der Priester nimmt aus der Hand
der Frau das Eifersuchtsopfer, schwingt die
Opfergabe vor dem Herrn hin und her und
bringt sie so dar; dann legt er sie auf den Al-
tar. 26 Der Priester nimmt von der Opfergabe
eine Hand voll als Gedächtnisanteil weg und
lässt ihn auf dem Altar in Rauch aufgehen.
Dann erst lässt er die Frau das Wasser trin-
ken.

27 Sobald er sie das Wasser hat trinken las-
sen, wird das fluchbringende Wasser in sie
eindringen und bittere Schmerzen bewirken,
falls sie unrein und ihrem Mann untreu ge-
worden ist: Es wird ihren Bauch anschwellen
und ihre Hüften einfallen lassen, sodass die
Frau in ihrem Volk zum sprichwörtlichen
Beispiel für einen Fluch wird. 28 Wenn sie
aber nicht unrein geworden, sondern rein ist,
dann wird sich zeigen, dass sie unschuldig
ist, und sie kann weiterhin Kinder bekom-
men.

29 Das ist das Eifersuchtsgesetz für den
Fall, dass eine Frau ihren Mann betrügt und
unrein geworden ist 30 oder dass ein Mann
gegen seine Frau Verdacht schöpft, auf sie
eifersüchtig wird und sie vor den Herrn tre-
ten lässt. Wenn der Priester dieses Gesetz auf
sie anwendet, 31 dann ist der Mann von
Schuld frei, die Frau aber muss die Folgen
ihrer Schuld tragen.

Das Nasiräergelübde: 6,1–21

6 Der Herr sprach zu Mose: 2 Rede zu den
Israeliten und sag zu ihnen: Wenn ein
Mann oder eine Frau etwas Besonderes tun
will und das Nasiräergelübde ablegt, so-
dass er ein dem Herrn geweihter Nasiräer ist,

5,10a Der Sinn von H ist unklar.
5,23 Von Segens- und Fluchformeln erwartet man im Alten Orient, dass von ihnen die Macht ausgeht, das darin Gesagte herbeizuführen. Sie gewinnen nach dem Glauben jener Zeit noch an Kraft, wenn man sie aufschreibt (vgl. die Anmerkung zu Lev 5,1).
6,1–21 Berühmte Nasiräer waren Simson (Ri 13,4f.14) und Samuel (1 Sam 1,11). Beide, anscheinend auch Johannes der Täufer (Lk 1,15; vgl. Mt

3 dann soll er auf Wein und Bier verzichten;
er soll keinen gegorenen Wein und kein ge-
gorenes Bier trinken, auch keinen Trauben-
saft, er soll weder frische noch getrocknete
Trauben essen. 4 Solange er Nasiräer ist, soll
er nichts essen, was von Weinreben stammt,
von den unreifen Trauben angefangen bis zu
den Trebern. 5 Solange das Nasiräergelübde
in Kraft ist, soll auch kein Schermesser sein
Haupt berühren, bis die Zeit abgelaufen ist,
für die er sich dem Herrn als Nasiräer ge-
weiht hat. Er ist heilig, er muss sein Haar
ganz frei wachsen lassen. 6 Solange er sich
dem Herrn als Nasiräer geweiht hat, soll er
auch nicht in die Nähe eines Toten kommen.
7 Nicht einmal an Vater oder Mutter, an Bru-
der oder Schwester soll er sich verunreini-
gen, wenn sie sterben; denn er trägt an sei-
nem Haupt das Zeichen dafür, dass er sich
seinem Gott als Nasiräer geweiht hat.

8 Solange er Nasiräer ist, ist er dem Herrn
heilig. 9 Wenn aber jemand in seiner Nähe
ganz plötzlich stirbt und er dabei sein ge-
weihtes Haupt unrein macht, dann soll er
sein Haar an dem Tag abschneiden, an dem
er wieder rein wird: Am siebten Tag soll er
sein Haar abschneiden, 10 am achten Tag
aber soll er zwei Turteltauben oder zwei jun-
ge Tauben zum Priester an den Eingang des
Offenbarungszeltes bringen. 11 Der Priester
richtet die eine zum Sündopfer, die andere
zum Brandopfer her und entsühnt den, der
an der Leiche eine Sünde auf sich geladen
hat; am selben Tag erklärt der Priester sein
Haupt wieder für heilig. 12 Er soll sich dann
dem Herrn für die Zeit, für die er sich als Na-
siräer verpflichtet hatte, von neuem weihen
und ein einjähriges Lamm als Schuldopfer
darbringen. Die schon abgeleistete Zeit aber
ist verfallen, da das vorige Weihegelübde un-
gültig geworden ist.

13 Das ist das Nasiräergesetz. Am Tag, an
dem die Zeit seiner Nasiräerweihe abgelau-
fen ist, soll man den Mann zum Eingang des
Offenbarungszeltes führen. 14 Er bringt
seine Opfergabe für den Herrn mit: ein feh-
lerloses einjähriges männliches Lamm als
Brandopfer, ein fehlerloses einjähriges
weibliches Lamm als Sühnopfer, einen feh-
lerlosen Widder als Heilsopfer, 15 ferner ei-
nen Korb voll ungesäuerter Kuchen aus
Feinmehl, das mit Öl vermengt ist, sowie voll
ungesäuerter Brotfladen, die mit Öl bestri-
chen sind, ferner das dazugehörende Speise-
opfer und die dazugehörenden Trankopfer.
16 Der Priester bringt alles vor den Herrn
und richtet für den Betreffenden das Sünd-
opfer und das Brandopfer her. 17 Auch rich-
tet er den Widder für das Heilsopfer zur Ehre
des Herrn her, zusammen mit dem Korb voll
ungesäuertem Gebäck; dann richtet der
Priester für den Betreffenden das Speiseop-
fer und das Trankopfer her. 18 Der Nasiräer
schneidet am Eingang des Offenbarungszel-
tes sein geweihtes Haupthaar ab, nimmt das
geweihte Haar und wirft es in das Feuer, das
unter dem Heilsopfer brennt. 19 Nachdem
der Nasiräer sich das Nasiräerhaar abge-
schnitten hat, nimmt der Priester den ge-
kochten Vorderschenkel des Widders, einen
ungesäuerten Kuchen aus dem Korb und ei-
nen ungesäuerten Brotfladen und legt es
dem Nasiräer auf die Hände. 20 Dann
schwingt sie der Priester vor dem Herrn hin
und her und bringt sie so dar. Das ist eine
heilige Gabe für den Priester, zusätzlich zur
Widderbrust für den Darbringungsritus und
zur Schenkelkeule für den Erhebungsritus.
Danach darf der Nasiräer wieder Wein trin-
ken.

21 Das ist das Gesetz für den Nasiräer, der
aufgrund seines Weihegelübdes dem Herrn
eine Opfergabe gelobt, abgesehen von dem,
was er sonst noch leisten kann. Wie es den
Worten des Gelübdes entspricht, das er
abgelegt hat, so muss er handeln, nach dem
Nasiräergesetz, das für seinen Fall gilt.

Der Priestersegen: 6,22–27

22 Der Herr sprach zu Mose: 23 Sag zu Aa-
ron und seinen Söhnen: So sollt ihr die Israe-
liten segnen; sprecht zu ihnen:

24 Der Herr segne dich und behüte dich.

25 Der Herr lasse sein Angesicht über dich
leuchten und sei dir gnädig.

26 Der Herr wende sein Angesicht dir zu
und schenke dir Heil.

27 So sollen sie meinen Namen auf die Is-
raeliten legen und ich werde sie segnen.

Die Weihegaben der Stammesführer:
7,1–88

7 An dem Tag, an dem Mose die Wohn-
stätte errichtet hatte, salbte und weihte
er sie, dazu alle ihre Geräte, ebenso auch den
Altar und alle seine Geräte. Er salbte sie und

11,18), wurden bereits vor ihrer Geburt Gott als Nasiräer geweiht. Das Gesetz von Num 6,1–21 sieht Nasiräergelübde von Eltern nicht vor. Zu den Nasiräern vgl. ferner 1 Makk 3,49 und Am 2,11. Selbst Paulus legt nach seiner Bekehrung das Nasiräergelübde auf Zeit ab (Apg 18,18) und unterstützt andere, damit sie die nach Num 6 vorgeschriebenen Nasiräeropfer aufbringen können (Apg 21,24–26).

weihte alles. 2 Die Anführer Israels, die Oberhäupter ihrer Großfamilien, die Stammesführer, die an der Spitze der Gemusterten standen, brachten ihre Gaben herbei. 3 Sie brachten dem Herrn als ihre Gabe: sechs Planwagen und zwölf Rinder, jeweils für zwei Stammesführer einen Wagen und für jeden Stammesführer einen Stier. Das brachten sie vor die Wohnstätte. 4 Der Herr sprach zu Mose: 5 Nimm die Gaben von ihnen an; sie sollen für den Dienst am Offenbarungszelt verwendet werden. Übergib sie den Leviten, je nach ihrer Aufgabe. 6 Da nahm Mose die Wagen und die Rinder und übergab sie den Leviten. 7 Zwei Wagen und vier Rinder übergab er den Gerschonitern für ihre Aufgaben; 8 vier Wagen und acht Rinder übergab er dem Priester Itamar, dem Sohn Aarons, für die Merariter und ihre Aufgaben; 9 den Kehatitern übergab er nichts, weil ihnen der Dienst an den heiligen Gegenständen anvertraut war, die sie auf ihren Schultern tragen mussten.

10 Die Stammesführer brachten an dem Tag, an dem man den Altar salbte, auch die Spende für die Altarweihe und legten ihre Gaben vor den Altar. 11 Der Herr hatte zu Mose gesagt: Täglich soll jeweils ein Stammesführer seine Gabe als Spende für die Altarweihe bringen.

12 So brachte am ersten Tag Nachschon, der Sohn Amminadabs, für den Stamm Juda seine Gabe herbei. 13 Sie bestand aus einer silbernen Schüssel, hundertdreißig Schekel schwer, einer silbernen Schale zu siebzig Schekel, nach dem Schekelgewicht des Heiligtums, beide gefüllt mit Feinmehl, das mit Öl vermengt war, für das Speiseopfer, 14 ferner aus einer goldenen Schale von zehn Schekel Gewicht, gefüllt mit Räucherwerk, 15 aus einem Jungstier, einem Widder und einem einjährigen Lamm für das Brandopfer, 16 einem Ziegenbock für das Sündopfer 17 sowie aus zwei Rindern, fünf Widdern, fünf Böcken und fünf einjährigen Lämmern für das Heilsopfer. Das war die Gabe Nachschons, des Sohnes Amminadabs.

18 Am zweiten Tag brachte Netanel, der Sohn Zuars, der Stammesführer von Issachar, seine Gabe herbei. 19 Er brachte eine silberne Schüssel, hundertdreißig Schekel schwer, eine silberne Schale zu siebzig Schekel, nach dem Schekelgewicht des Heiligtums, beide gefüllt mit Feinmehl, das mit Öl vermengt war, für das Speiseopfer, 20 ferner eine goldene Schale von zehn Schekel Gewicht, gefüllt mit Räucherwerk, 21 dazu einen Jungstier, einen Widder und ein einjähriges Lamm für das Brandopfer, 22 einen Ziegenbock für das Sündopfer 23 sowie zwei Rinder, fünf Widder, fünf Böcke und fünf einjährige Lämmer für das Heilsopfer. Das war die Gabe Netanels, des Sohnes Zuars.

24 Am dritten Tag kam der Stammesführer der Sebuloniter, Eliab, der Sohn Helons. 25 Seine Gabe bestand aus einer silbernen Schüssel, hundertdreißig Schekel schwer, einer silbernen Schale zu siebzig Schekel, nach dem Schekelgewicht des Heiligtums, beide gefüllt mit Feinmehl, das mit Öl vermengt war, für das Speiseopfer, 26 ferner aus einer goldenen Schale von zehn Schekel Gewicht, gefüllt mit Räucherwerk, 27 aus einem Jungstier, einem Widder und einem einjährigen Lamm für das Brandopfer, 28 einem Ziegenbock für das Sündopfer 29 sowie aus zwei Rindern, fünf Widdern, fünf Böcken und fünf einjährigen Lämmern für das Heilsopfer. Das war die Gabe Eliabs, des Sohnes Helons.

30 Am vierten Tag kam der Stammesführer der Rubeniter, Elizur, der Sohn Schedëurs. 31 Seine Gabe bestand aus einer silbernen Schüssel, hundertdreißig Schekel schwer, einer silbernen Schale zu siebzig Schekel, nach dem Schekelgewicht des Heiligtums, beide gefüllt mit Feinmehl, das mit Öl vermengt war, für das Speiseopfer, 32 ferner aus einer goldenen Schale von zehn Schekel Gewicht, gefüllt mit Räucherwerk, 33 aus einem Jungstier, einem Widder und einem einjährigen Lamm für das Brandopfer, 34 einem Ziegenbock für das Sündopfer 35 sowie aus zwei Rindern, fünf Widdern, fünf Böcken und fünf einjährigen Lämmern für das Heilsopfer. Das war die Gabe Elizurs, des Sohnes Schedëurs.

36 Am fünften Tag kam der Stammesführer der Simeoniter, Schelumiël, der Sohn Zurischaddais. 37 Seine Gabe bestand aus einer silbernen Schüssel, hundertdreißig Schekel schwer, einer silbernen Schale zu siebzig Schekel, nach dem Schekelgewicht des Heiligtums, beide gefüllt mit Feinmehl, das mit Öl vermengt war, für das Speiseopfer, 38 ferner aus einer goldenen Schale von zehn Schekel Gewicht, gefüllt mit Räucherwerk, 39 aus einem Jungstier, einem Widder und einem einjährigen Lamm für das Brandopfer, 40 einem Ziegenbock für das Sündopfer 41 sowie aus zwei Rindern, fünf Widdern, fünf Böcken und fünf einjährigen Lämmern für das Heilsopfer. Das war die Gabe Schelumiëls, des Sohnes Zurischaddais.

42 Am sechsten Tag kam der Stammesführer der Gaditer, Eljasaf, der Sohn Reguëls. 43 Seine Gabe bestand aus einer silbernen Schüssel, hundertdreißig Schekel schwer, ei-

ner silbernen Schale zu siebzig Schekel, nach dem Schekelgewicht des Heiligtums, beide gefüllt mit Feinmehl, das mit Öl vermengt war, für das Speiseopfer, 44 ferner aus einer goldenen Schale von zehn Schekel Gewicht, gefüllt mit Räucherwerk, 45 aus einem Jungstier, einem Widder und einem einjährigen Lamm für das Brandopfer, 46 einem Ziegenbock für das Sündopfer 47 sowie aus zwei Rindern, fünf Widdern, fünf Böcken und fünf einjährigen Lämmern für das Heilsopfer. Das war die Gabe Eljasafs, des Sohnes Reguëls.

48 Am siebten Tag kam der Stammesführer der Efraimiter, Elischama, der Sohn Ammihuds. 49 Seine Gabe bestand aus einer silbernen Schüssel, hundertdreißig Schekel schwer, einer silbernen Schale zu siebzig Schekel, nach dem Schekelgewicht des Heiligtums, beide gefüllt mit Feinmehl, das mit Öl vermengt war, für das Speiseopfer, 50 ferner aus einer goldenen Schale von zehn Schekel Gewicht, gefüllt mit Räucherwerk, 51 aus einem Jungstier, einem Widder und einem einjährigen Lamm für das Brandopfer, 52 einem Ziegenbock für das Sündopfer 53 sowie aus zwei Rindern, fünf Widdern, fünf Böcken und fünf einjährigen Lämmern für das Heilsopfer. Das war die Gabe Elischamas, des Sohnes Ammihuds.

54 Am achten Tag kam der Stammesführer der Manassiter, Gamliël, der Sohn Pedazurs. 55 Seine Gabe bestand aus einer silbernen Schüssel, hundertdreißig Schekel schwer, einer silbernen Schale zu siebzig Schekel, nach dem Schekelgewicht des Heiligtums, beide gefüllt mit Feinmehl, das mit Öl vermengt war, für das Speiseopfer, 56 ferner aus einer goldenen Schale von zehn Schekel Gewicht, gefüllt mit Räucherwerk, 57 aus einem Jungstier, einem Widder und einem einjährigen Lamm für das Brandopfer, 58 einem Ziegenbock für das Sündopfer 59 sowie aus zwei Rindern, fünf Widdern, fünf Böcken und fünf einjährigen Lämmern für das Heilsopfer. Das war die Gabe Gamliëls, des Sohnes Pedazurs.

60 Am neunten Tag kam der Stammesführer der Benjaminiter, Abidan, der Sohn Gidonis. 61 Seine Gabe bestand aus einer silbernen Schüssel, hundertdreißig Schekel schwer, einer silbernen Schale zu siebzig Schekel, nach dem Schekelgewicht des Heiligtums, beide gefüllt mit Feinmehl, das mit Öl vermengt war, für das Speiseopfer, 62 ferner aus einer goldenen Schale zu zehn Schekel Gewicht, gefüllt mit Räucherwerk, 63 aus einem Jungstier, einem Widder und einem einjährigen Lamm für das Brandopfer, 64 einem Ziegenbock für das Sündopfer 65 sowie aus zwei Rindern, fünf Widdern, fünf Böcken und fünf einjährigen Lämmern für das Heilsopfer. Das war die Gabe Abidans, des Sohnes Gidonis.

66 Am zehnten Tag kam der Stammesführer der Daniter, Ahiëser, der Sohn Ammischaddais. 67 Seine Gabe bestand aus einer silbernen Schüssel, hundertdreißig Schekel schwer, einer silbernen Schale zu siebzig Schekel, nach dem Schekelgewicht des Heiligtums, beide gefüllt mit Feinmehl, das mit Öl vermengt war, für das Speiseopfer, 68 ferner aus einer goldenen Schale von zehn Schekel Gewicht, gefüllt mit Räucherwerk, 69 aus einem Jungstier, einem Widder und einem einjährigen Lamm für das Brandopfer, 70 einem Ziegenbock für das Sündopfer 71 sowie aus zwei Rindern, fünf Widdern, fünf Böcken und fünf einjährigen Lämmern für das Heilsopfer. Das war die Gabe Ahiësers, des Sohnes Ammischaddais.

72 Am elften Tag kam der Stammesführer der Ascheriter, Pagiël, der Sohn Ochrans. 73 Seine Gabe bestand aus einer silbernen Schüssel, hundertdreißig Schekel schwer, einer silbernen Schale zu siebzig Schekel, nach dem Schekelgewicht des Heiligtums, beide gefüllt mit Feinmehl, das mit Öl vermengt war, für das Speiseopfer, 74 ferner aus einer goldenen Schale zu zehn Schekel Gewicht, gefüllt mit Räucherwerk, 75 aus einem Jungstier, einem Widder und einem einjährigen Lamm für das Brandopfer, 76 einem Ziegenbock für das Sündopfer 77 sowie aus zwei Rindern, fünf Widdern, fünf Böcken und fünf einjährigen Lämmern für das Heilsopfer. Das war die Gabe Pagiëls, des Sohnes Ochrans.

78 Am zwölften Tag kam der Stammesführer der Naftaliter, Ahira, der Sohn Enans. 79 Seine Gabe bestand aus einer silbernen Schüssel, hundertdreißig Schekel schwer, einer silbernen Schale zu siebzig Schekel, nach dem Schekelgewicht des Heiligtums, beide gefüllt mit Feinmehl, das mit Öl vermengt war, für das Speiseopfer, 80 ferner aus einer goldenen Schale von zehn Schekel Gewicht, gefüllt mit Räucherwerk, 81 aus einem Jungstier, einem Widder und einem einjährigen Lamm für das Brandopfer, 82 einem Ziegenbock für das Sündopfer 83 sowie aus zwei Rindern, fünf Widdern, fünf Böcken und fünf einjährigen Lämmern für das Heilsopfer. Das war die Gabe Ahiras, des Sohnes Enans.

84 Das war die Spende der Stammesführer Israels für die Weihe des Altars, als man den Altar salbte: zwölf silberne Schüsseln, zwölf

silberne Schalen, zwölf goldene Schalen,
85 jede silberne Schüssel hundertdreißig
Schekel schwer, jede silberne Schale siebzig
Schekel schwer, das Silber aller Gefäße zu-
sammen also zweitausendvierhundert Sche-
kel, nach dem Schekelgewicht des Heilig-
tums, 86 ferner zwölf goldene Schalen, gefüllt
mit Räucherwerk, jede Schale zehn Schekel
schwer, nach dem Schekelgewicht des Hei-
ligtums, das Gold aller Schalen zusammen
also hundertzwanzig Schekel; 87 dazu insge-
samt zwölf Rinder, und zwar Stiere, für das
Brandopfer, zwölf Widder, zwölf einjährige
Lämmer und die dazugehörenden Speiseop-
fer, ferner zwölf Ziegenböcke für das Sünd-
opfer, 88 außerdem im Ganzen vierundzwan-
zig Rinder, und zwar Stiere, sechzig Widder,
sechzig Böcke und sechzig einjährige Läm-
mer für das Heilsopfer. Das war die Spende
für die Weihe des Altars, nachdem man ihn
gesalbt hatte.

Die Begegnung des Herrn mit Mose: 7,89

89 Wenn Mose das Offenbarungszelt be-
trat, um mit dem Herrn zu reden, hörte er die
Stimme zu ihm reden. Sie sprach zu ihm von
der Deckplatte her, die auf der Lade der
Bundesurkunde lag, aus dem Raum zwischen
den Kerubim.

Die Bedienung des Leuchters: 8,1–4

8 Der Herr sprach zu Mose: 2 Rede zu Aa-
ron und sag zu ihm: Wenn du die Lam-
pen auf den Leuchter steckst, dann so, dass
das Licht der sieben Lampen vom Leuchter
aus nach vorn fällt. 3 Das tat Aaron; er steck-
te die Lampen so auf, dass ihr Licht vom
Leuchter aus nach vorn fiel, wie der Herr es
Mose aufgetragen hatte. 4 Der Leuchter war
aus Gold getrieben, vom Gestell bis zu den
Blüten war er aus Gold getrieben. Mose hatte
den Leuchter nach dem Muster angefertigt,
das der Herr ihm gezeigt hatte.

4: Ex 25,31–36.40; 37,17–24.

Die Weihe und der Dienst der Leviten:
8,5–26

5 Der Herr sprach zu Mose: 6 Sondere die
Leviten von den Israeliten ab und reinige sie!
7 So sollst du ihre Reinigung vollziehen:
Spreng über sie das Entsündigungswasser!
Sie selbst sollen sich an ihrem ganzen Kör-
per mit einem Schermesser die Haare schnei-
den, ihre Kleider waschen und sich reinigen.
8 Dann sollen sie einen Jungstier nehmen
und dazu als Speiseopfer Feinmehl, das mit
Öl vermengt ist. Einen zweiten Jungstier
sollst du für das Sündopfer nehmen. 9 Dann
sollst du die Leviten vor das Offenbarungs-
zelt führen und die ganze Gemeinde der Is-
raeliten versammeln. 10 Lass die Leviten vor
den Herrn treten! Die Israeliten sollen den
Leviten die Hände auflegen 11 und Aaron soll
an den Leviten im Namen der Israeliten vor
den Augen des Herrn die Weihe vornehmen.
Auf diese Weise sollen sie den Dienst des
Herrn antreten. 12 Die Leviten sollen ihre
Hände den Stieren auf den Kopf legen. Dann
richte den einen als Sündopfer und den an-
deren als Brandopfer für den Herrn her, um
die Leviten zu entsühnen.

13 Lass die Leviten vor Aaron und seine
Söhne treten und vollzieh an ihnen die Wei-
he für den Herrn! 14 Auf diese Weise sollst du
die Leviten aus den Israeliten aussondern;
dann gehören die Leviten mir.

15 Danach sollen die Leviten mit ihrem
Dienst am Offenbarungszelt beginnen. Rei-
nige sie und vollzieh an ihnen die Weihe;
16 denn sie sind mir von den Israeliten über-
geben, als Ersatz für alle, die den Mutter-
schoß durchbrechen; als Ersatz für alle erst-
geborenen Israeliten habe ich sie mir genom-
men. 17 Denn alle erstgeborenen Israeliten
gehören mir, sowohl bei den Menschen als
auch beim Vieh. An dem Tag, an dem ich in
Ägypten alle Erstgeborenen erschlug, habe
ich sie als mir heilig erklärt 18 und habe die
Leviten als Ersatz für alle erstgeborenen Is-
raeliten genommen. 19 Ich gebe die Leviten
dem Aaron und seinen Söhnen; aus dem
Kreis der Israeliten sind sie ihnen überge-
ben, damit sie am Offenbarungszelt den Got-
tesdienst der Israeliten vollziehen und die Is-
raeliten entsühnen. Dann wird die Israeliten
kein Unheil treffen, wenn sie dem Heiligtum
zu nahe kommen.

20 Mose, Aaron und die ganze Gemeinde
der Israeliten taten mit den Leviten genau
das, was der Herr dem Mose hinsichtlich der
Leviten befohlen hatte; das taten die Israeli-
ten mit den Leviten. 21 Die Leviten ließen
sich entsündigen und wuschen ihre Kleider.
Aaron vollzog an ihnen vor den Augen des
Herrn die Weihe und entsühnte sie; so mach-
te er sie rein. 22 Danach traten die Leviten bei
Aaron und seinen Söhnen ihren Dienst am
Offenbarungszelt an. Was der Herr dem
Mose hinsichtlich der Leviten befohlen hat-
te, das tat man mit ihnen.

23 Der Herr sprach zu Mose: 24 Folgendes
gilt für die Leviten: Mit fünfundzwanzig
Jahren und darüber ist jeder verpflichtet, am
Offenbarungszelt seinen Dienst zu tun.
25 Mit fünfzig Jahren endet seine Verpflich-
tung und er braucht keinen Dienst mehr zu

tun; 26 er kann aber am Offenbarungszelt seinen Brüdern bei der Ausübung ihrer Pflichten helfen; doch den eigentlichen Dienst soll er nicht versehen.

So sollst du die Dienstpflichten der Leviten ordnen.

17: 3,11–13; Ex 13,11–15.

Ergänzung der Paschaordnung: 9,1–14

9 Im ersten Monat des zweiten Jahres nach ihrem Auszug aus Ägypten sprach der Herr in der Wüste Sinai zu Mose: 2 Die Israeliten sollen zur festgesetzten Zeit das Paschafest feiern. 3 Am vierzehnten Tag dieses Monats sollt ihr es in der Abenddämmerung zur festgesetzten Zeit feiern. Ihr sollt es genau nach den dafür geltenden Gesetzen und Vorschriften feiern. 4 Da befahl Mose den Israeliten, das Paschafest zu feiern. 5 So feierten sie am vierzehnten Tag des ersten Monats in der Abenddämmerung das Paschafest in der Wüste Sinai. Genau so, wie der Herr es Mose befohlen hatte, machten es die Israeliten.

6 Es gab Männer, die unrein waren, weil sie einen Toten berührt hatten, und die deshalb an jenem Tag das Paschafest nicht feiern konnten. Die Männer kamen noch am selben Tag zu Mose und Aaron 7 und sagten zu ihnen: Wir sind unrein, weil wir einen Toten berührt haben. Warum soll es uns verwehrt sein, zur festgesetzten Zeit wie die anderen Israeliten dem Herrn unsere Opfergabe darzubringen? 8 Mose antwortete ihnen: Bleibt da; ich will hören, was euch der Herr befiehlt. 9 Der Herr sprach zu Mose: 10 Sag den Israeliten: Wenn einige von euch oder von euren Nachkommen unrein sind wegen eines Toten oder wenn sie weit weg auf einer Reise sind, aber trotzdem das Paschafest für den Herrn feiern wollen, 11 dann sollen sie es im zweiten Monat am vierzehnten Tag in der Abenddämmerung feiern; zu ungesäuerten Broten und Bitterkräutern sollen sie das Paschalamm essen. 12 Sie sollen davon nichts bis zum nächsten Morgen übrig lassen und sollen an dem Paschalamm keinen Knochen zerbrechen. Genau so, wie es das Paschagesetz vorschreibt, sollen sie handeln. 13 Wer jedoch rein ist und sich nicht auf einer Reise befindet, es aber trotzdem unterlässt, das Paschafest zu feiern, der soll aus seinen Stammesgenossen ausgemerzt werden, denn er hat dem Herrn seine Gabe nicht zur festgesetzten Zeit dargebracht; ein solcher Mensch muss die Folgen seiner Sünde tragen. 14 Wenn ein Fremder bei euch lebt und das Paschafest für den Herrn feiern will, dann soll er es nach dem Paschagesetz und Pascharecht feiern. Für den Fremden und für den Einheimischen soll bei euch dasselbe Gesetz gelten.

1–14 ‖ Ex 12,1–20.43–49.

Die Wolkensäule über dem heiligen Zelt: 9,15–23

15 An dem Tag, als man die Wohnstätte aufstellte, bedeckte eine Wolke die Wohnstätte, das Zelt der Bundesurkunde. Am Abend legte sie sich wie ein Feuerschein über die Wohnstätte und blieb dort bis zum Morgen. 16 So war es die ganze Zeit: Bei Tag bedeckte die Wolke die Wohnstätte und bei Nacht der Feuerschein. 17 Jedes Mal, wenn sich die Wolke über dem Zelt erhob, brachen die Israeliten auf, und wo sich die Wolke niederließ, dort schlugen die Israeliten ihr Lager auf. 18 Nach dem Gebot des Herrn brachen die Israeliten auf und nach dem Gebot des Herrn schlugen sie ihr Lager auf. Solange die Wolke über der Wohnstätte lag, blieben sie im Lager.

19 Auch wenn die Wolke längere Zeit über der Wohnstätte stehen blieb, achteten die Israeliten auf die Anordnung des Herrn und brachen nicht auf. 20 Und wenn die Wolke nur wenige Tage über der Wohnstätte stehen blieb, blieben sie nach dem Gebot des Herrn nur so lange in ihrem Lager, bis sie nach dem Gebot des Herrn aufzubrechen hatten. 21 Wenn die Wolke nur vom Abend bis zum Morgen blieb und sich am Morgen erhob, dann brachen sie am nächsten Morgen auf. Ob es bei Tag oder bei Nacht war: wenn die Wolke sich erhob, brachen sie auf. 22 Ob es zwei Tage dauerte oder einen Monat oder noch länger: wenn die Wolke über der Wohnstätte anhielt und stehen blieb, dann schlugen die Israeliten ihr Lager auf und brachen nicht auf; erst wenn sie sich erhob, brachen sie auf. 23 Nach dem Gebot des Herrn schlugen sie das Lager auf, nach dem Gebot des Herrn brachen sie auf. Sie achteten auf die Anordnungen des Herrn, so wie es ihnen der Herr durch Mose befahl.

15–18: Ex 40,34–38.

Die Trompetensignale für die Gemeinde: 10,1–10

10 Der Herr sprach zu Mose: 2 Mach dir zwei silberne Trompeten! Aus getriebenem Metall sollst du sie machen. Sie sollen dir dazu dienen, die Gemeinde einzuberufen und den einzelnen Lagern das Zeichen zum Aufbruch zu geben. 3 Wenn man mit den

Trompeten bläst, soll sich die ganze Gemeinde am Eingang des Offenbarungszeltes bei dir versammeln. 4 Wenn man nur einmal bläst, sollen sich die Befehlshaber, die Hauptleute der Tausendschaften Israels, bei dir versammeln. 5 Wenn ihr aber mit großem Lärm blast, dann sollen die Lager auf der Ostseite aufbrechen. 6 Wenn ihr zum zweiten Mal mit großem Lärm blast, dann sollen die Lager auf der Südseite aufbrechen. Je nachdem, wie sie aufzubrechen haben, soll man mit großem Lärm blasen. 7 Wenn die Versammlung einberufen werden soll, dann blast, aber nicht mit großem Lärm! 8 Die Söhne Aarons, die Priester, sollen die Trompeten blasen. Das soll als feste Regel bei euch gelten, von Generation zu Generation. 9 Wenn ihr in eurem Land in einen Krieg mit einem Gegner verwickelt werdet, der euch bedrängt, dann blast mit euren Trompeten Alarm! So werdet ihr euch beim Herrn, eurem Gott, in Erinnerung bringen und vor euren Feinden gerettet werden. 10 Auch an euren Freudentagen, an den Festen und Monatsanfängen, blast zu euren Brand- und Heilsopfern mit den Trompeten! Das wird euch bei eurem Gott in Erinnerung bringen. Ich bin der Herr, euer Gott.

VOM SINAI ZUM JORDAN: 10,11 – 36,13

Der Aufbruch vom Sinai: 10,11–36

11 Am zwanzigsten Tag des zweiten Monats im zweiten Jahr erhob sich die Wolke über der Wohnstätte der Bundesurkunde. 12 Da brachen die Israeliten von der Wüste Sinai auf, wie es die Ordnung für den Aufbruch vorsah, und die Wolke ließ sich in der Wüste Paran nieder.

13 So brachen sie zum ersten Mal auf, wie ihnen der Herr durch Mose befohlen hatte. 14 Als Erstes brach das Feldzeichen des Lagers Juda auf, nach Abteilungen geordnet. Judas Heer befehligte Nachschon, der Sohn Amminadabs. 15 Das Heer des Stammes der Issachariter befehligte Netanel, der Sohn Zuars. 16 Das Heer des Stammes der Sebuloniter befehligte Eliab, der Sohn Helons. 17 Nach dem Abbau der Wohnstätte brachen die Gerschoniter und die Merariter auf, die die Wohnstätte trugen. 18 Dann brach das Feldzeichen des Lagers der Rubeniter auf, nach Abteilungen geordnet. Rubens Heer befehligte Elizur, der Sohn Schedëurs. 19 Das Heer des Stammes der Simeoniter befehligte Schelumiël, der Sohn Zurischaddais. 20 Das Heer des Stammes der Gaditer befehligte Eljasaf, der Sohn Reguëls. 21 Dann brachen die Kehatiter auf, die das Heiligtum trugen. Die Wohnstätte stellte man auf, bevor sie ankamen. 22 Dann brach das Feldzeichen des Lagers der Efraimiter auf, nach Abteilungen geordnet. Efraims Heer befehligte Elischama, der Sohn Ammihuds. 23 Das Heer des Stammes der Manassiter befehligte Gamliël, der Sohn Pedazurs. 24 Das Heer des Stammes der Benjaminiter befehligte Abidan, der Sohn Gidonis. 25 Dann brach das Feldzeichen des Lagers der Daniter auf; sie bildeten die Nachhut aller nach Abteilungen geordneten Lager. Das Heer Dans befehligte Ahiëser, der Sohn Ammischaddais. 26 Das Heer des Stammes der Ascheriter befehligte Pagiël, der Sohn Ochrans. 27 Das Heer des Stammes der Naftaliter befehligte Ahira, der Sohn Enans. 28 Das war die Ordnung für den Aufbruch der Israeliten, geordnet nach Abteilungen. So brachen sie auf.

29 Mose sagte zu Hobab, dem Sohn des Midianiters Reguël, seines Schwiegervaters: Wir brechen auf zu dem Ort, von dem der Herr gesagt hat: Ihn gebe ich euch. Geh mit uns! Wir werden dir Gutes tun; denn der Herr hat zugesagt, Israel Gutes zu tun. 30 Hobab erwiderte ihm: Ich gehe nicht mit, sondern ich gehe in mein Land und zu meiner Verwandtschaft zurück. 31 Da sagte Mose: Verlass uns doch nicht! Denn du kennst die Orte in der Wüste, an denen wir unser Lager aufschlagen können; du kannst unser Auge sein. 32 Wenn du also mitgehst, dann werden wir all das Gute, das der Herr uns schenkt, mit dir teilen.

33 Sie brachen vom Berg des Herrn auf und zogen drei Tagesmärsche weit. Die Bundeslade des Herrn zog drei Tage lang vor ihnen her, um einen Rastplatz für sie zu erkunden. 34 Die Wolke des Herrn war bei Tag über ihnen, wenn sie vom Lager aufbrachen. 35 Wenn die Lade aufbrach, sagte Mose:

Steh auf, Herr, dann zerstreuen sich deine Feinde, / dann fliehen deine Gegner vor dir.

10,36 Der Sinn von H ist unklar.

36 Und wenn man Halt machte, sagte er:
Lass dich nieder, Herr, / bei den zehntau-
sendmal Tausenden Israels!

13–28: 2,1–32 • 35: Ps 68,2.

Mose und die Ältesten: 11,1–35

11 Das Volk lag dem Herrn mit schwe-
ren Vorwürfen in den Ohren. Als der
Herr das hörte, entbrannte sein Zorn; das
Feuer des Herrn brach bei ihnen aus und
griff am Rand des Lagers um sich. 2 Da
schrie das Volk zu Mose und Mose setzte sich
beim Herrn für sie ein. Darauf ging das
Feuer wieder aus. 3 Daher nannte man den
Ort Tabera (Feuerbrand), da das Feuer des
Herrn bei ihnen ausgebrochen war.

4 Die Leute, die sich ihnen angeschlossen
hatten, wurden von der Gier gepackt und
auch die Israeliten begannen wieder zu wei-
nen und sagten: Wenn uns doch jemand
Fleisch zu essen gäbe! 5 Wir denken an die
Fische, die wir in Ägypten umsonst zu essen
bekamen, an die Gurken und Melonen, an
den Lauch, an die Zwiebeln und an den
Knoblauch. 6 Doch jetzt vertrocknet uns die
Kehle, nichts bekommen wir zu sehen als
immer nur Manna.

[7 Das Manna war wie Koriandersamen
und es sah wie Bdelliumharz aus. 8 Die Leute
pflegten umherzugehen und es zu sammeln;
sie mahlten es mit der Handmühle oder zer-
stampften es im Mörser, kochten es in einem
Topf und bereiteten daraus Brotfladen. Es
schmeckte wie Ölkuchen. 9 Wenn bei Nacht
der Tau auf das Lager fiel, fiel auch das
Manna.]

10 Mose hörte die Leute weinen, eine Sippe
wie die andere; jeder weinte am Eingang sei-
nes Zeltes. Da entbrannte der Zorn des
Herrn; Mose aber war verstimmt 11 und sagte
zum Herrn: Warum hast du deinen Knecht so
schlecht behandelt und warum habe ich
nicht deine Gnade gefunden, dass du mir die
Last mit diesem ganzen Volk auferlegst?
12 Habe denn ich dieses ganze Volk in mei-
nem Schoß getragen oder habe ich es gebo-
ren, dass du zu mir sagen kannst: Nimm es
an deine Brust, wie der Wärter den Säugling,
und trag es in das Land, das ich seinen Vä-
tern mit einem Eid zugesichert habe? 13 Wo-
her soll ich für dieses ganze Volk Fleisch
nehmen? Sie weinen vor mir und sagen zu
mir: Gib uns Fleisch zu essen! 14 Ich kann
dieses ganze Volk nicht allein tragen, es ist
mir zu schwer. 15 Wenn du mich so behan-
delst, dann bring mich lieber gleich um,
wenn ich überhaupt deine Gnade gefunden
habe. Ich will mein Elend nicht mehr anse-
hen.

16 Da sprach der Herr zu Mose: Versammle
siebzig von den Ältesten Israels vor mir,
Männer, die du als Älteste des Volkes und
Listenführer kennst; bring sie zum Offenba-
rungszelt! Dort sollen sie sich mit dir zusam-
men aufstellen. 17 Dann komme ich herab
und rede dort mit dir. Ich nehme etwas von
dem Geist, der auf dir ruht, und lege ihn auf
sie. So können sie mit dir zusammen an der
Last des Volkes tragen und du musst sie
nicht mehr allein tragen. 18 Zum Volk aber
sollst du sagen: Heiligt euch für morgen,
dann werdet ihr Fleisch zu essen haben.
Denn ihr habt dem Herrn die Ohren vollge-
weint und gesagt: Wenn uns doch jemand
Fleisch zu essen gäbe! In Ägypten ging es uns
gut. Der Herr wird euch Fleisch zu essen ge-
ben. 19 Nicht nur einen Tag werdet ihr es es-
sen, nicht zwei Tage, nicht fünf Tage, nicht
zehn Tage und nicht zwanzig Tage, 20 son-
dern Monate lang, bis es euch zum Hals he-
raushängt und ihr euch davor ekelt. Denn ihr
habt den Herrn, der mitten unter euch ist,
missachtet und habt vor ihm geweint und ge-
sagt: Warum sind wir aus Ägypten weggezo-
gen?

21 Da entgegnete Mose: Sechshunderttau-
send Mann zu Fuß zählt das Volk, bei dem
ich lebe, und du sagst: Ich gebe ihnen
Fleisch, dass sie Monate lang zu essen haben?
22 Selbst wenn man alle Schafe, Ziegen und
Rinder für sie schlachtet, reicht das für sie?
Wenn man alle Fische des Meeres für sie
fängt, reicht das für sie? 23 Der Herr antwor-
tete Mose: Ist etwa der Arm des Herrn zu
kurz? Du wirst bald sehen, ob mein Wort an
dir in Erfüllung geht oder nicht.

24 Mose ging hinaus und teilte dem Volk
die Worte des Herrn mit. Dann versammelte
er siebzig Älteste des Volkes und stellte sie
rings um das Zelt auf. 25 Der Herr kam in der
Wolke herab und redete mit Mose. Er nahm
etwas von dem Geist, der auf ihm ruhte, und
legte ihn auf die siebzig Ältesten. Sobald der
Geist auf ihnen ruhte, gerieten sie in prophe-
tische Verzückung, die kein Ende nahm.
26 Zwei Männer aber waren im Lager geblie-
ben; der eine hieß Eldad, der andere Medad.
Auch über sie war der Geist gekommen. Sie
standen in der Liste, waren aber nicht zum
Offenbarungszelt hinausgegangen. Sie ge-
rieten im Lager in prophetische Verzückung.
27 Ein junger Mann lief zu Mose und berich-
tete ihm: Eldad und Medad sind im Lager in

11,7 Zu Bdellium vgl. die Anmerkung zu Gen 2,12.

prophetische Verzückung geraten. 28 Da ergriff Josua, der Sohn Nuns, der von Jugend an der Diener des Mose gewesen war, das Wort und sagte: Mose, mein Herr, hindere sie daran! 29 Doch Mose sagte zu ihm: Willst du dich für mich ereifern? Wenn nur das ganze Volk des Herrn zu Propheten würde, wenn nur der Herr seinen Geist auf sie alle legte! 30 Dann ging Mose mit den Ältesten Israels in das Lager zurück.

31 Darauf brach ein Wind los, den der Herr geschickt hatte, und trieb Wachteln vom Meer heran. Er warf sie auf das Lager, einen Tagesmarsch weit in der einen Richtung und einen Tagesmarsch weit in der anderen Richtung rings um das Lager; zwei Ellen hoch lagen sie auf dem Erdboden. 32 Da stand das Volk auf und sammelte die Wachteln ein, den ganzen Tag und die ganze Nacht und den ganzen folgenden Tag. Jeder sammelte mindestens zehn Hómer. Sie legten sie rings um das Lager zum Dörren aus. 33 Sie hatten aber das Fleisch noch zwischen den Zähnen, es war noch nicht gegessen, da entbrannte der Zorn des Herrn über das Volk und der Herr schlug das Volk mit einer bösen Plage. 34 Daher nannte man den Ort Kibrot-Taawa (Giergräber), da man dort die Leute begrub, die von der Gier gepackt worden waren. 35 Von Kibrot-Taawa brach das Volk nach Hazerot auf.

4: Ex 12,38 • 7: Ex 16,13–26 • 11: Ex 5,22 • 18: 11,4f • 29: Joël 3,1f • 31: Ex 16,6–13.

Auflehnung Mirjams und Aarons: 12,1–16

12 Als sie in Hazerot waren, redeten Mirjam und Aaron über Mose wegen der kuschitischen Frau, die er sich genommen hatte. Er hatte sich nämlich eine Kuschiterin zur Frau genommen. 2 Sie sagten: Hat etwa der Herr nur mit Mose gesprochen? Hat er nicht auch mit uns gesprochen? Das hörte der Herr. 3 Mose aber war ein sehr demütiger Mann, demütiger als alle Menschen auf der Erde. 4 Kurz darauf sprach der Herr zu Mose, Aaron und Mirjam: Geht ihr drei hinaus zum Offenbarungszelt! Da gingen die drei hinaus. 5 Der Herr kam in der Wolkensäule herab, blieb am Zelteingang stehen und rief Aaron und Mirjam. Beide traten vor 6 und der Herr sprach: Hört meine Worte! Wenn es bei euch einen Propheten gibt, so gebe ich mich ihm in Visionen zu erkennen und rede mit ihm im Traum. 7 Anders bei meinem Knecht Mose. Mein ganzes Haus ist ihm anvertraut. 8 Mit ihm rede ich von Mund zu Mund, von Angesicht zu Angesicht, nicht in Rätseln. Er darf die Gestalt des Herrn sehen. Warum habt ihr es gewagt, über meinen Knecht Mose zu reden? 9 Der Herr wurde zornig auf sie und ging weg.

10 Kaum hatte die Wolke das Zelt verlassen, da war Mirjam weiß wie Schnee vor Aussatz. Aaron wandte sich Mirjam zu und sah: Sie war aussätzig. 11 Da sagte Aaron zu Mose: Mein Herr, ich bitte dich, lass uns nicht die Folgen der Sünde tragen, die wir leichtfertig begangen haben. 12 Mirjam soll nicht wie eine Totgeburt sein, die schon halb verwest ist, wenn sie den Schoß der Mutter verlässt. 13 Da schrie Mose zum Herrn: Ach, heile sie doch! 14 Der Herr antwortete Mose: Wenn ihr Vater ihr ins Gesicht gespuckt hätte, müsste sie sich dann nicht sieben Tage lang schämen? Sie soll sieben Tage lang aus dem Lager ausgesperrt sein; erst dann soll man sie wieder hereinlassen. 15 So wurde Mirjam sieben Tage aus dem Lager ausgesperrt. Das Volk brach nicht auf, bis man Mirjam wieder hereinließ. 16 Erst nachher brach das Volk von Hazerot auf und schlug dann sein Lager in der Wüste Paran auf.

Der Bericht der Kundschafter: 13,1 – 14,45

13 Der Herr sprach zu Mose: 2 Schick einige Männer aus, die das Land Kanaan erkunden, das ich den Israeliten geben will. Aus jedem Väterstamm sollt ihr einen Mann aussenden, und zwar jeweils einen der führenden Männer. 3 Da schickte Mose von der Wüste Paran die Männer aus, wie es der Herr befohlen hatte. Sie alle waren führende Männer unter den Israeliten 4 und das sind ihre Namen: aus dem Stamm Ruben Schamua, der Sohn Sakkurs; 5 aus dem Stamm Simeon Schafat, der Sohn Horis; 6 aus dem Stamm Juda Kaleb, der Sohn Jefunnes; 7 aus dem Stamm Issachar Jigal, der Sohn Josefs; 8 aus dem Stamm Efraim Hoschea, der Sohn Nuns; 9 aus dem Stamm Benjamin Palti, der Sohn Rafus; 10 aus dem Stamm Sebulon Gadiël, der Sohn Sodis; 11 aus dem Josefstamm Manasse Gadi, der Sohn Susis; 12 aus dem Stamm Dan Ammiël, der Sohn Gemallis; 13 aus dem Stamm Ascher Setur, der Sohn Michaels; 14 aus dem Stamm Naftali Nachbi, der Sohn Wofsis; 15 aus dem Stamm Gad Geüël, der Sohn Machis. 16 Das waren die Namen der Männer, die Mose zur Erkundigung des Landes aussandte. Hoschea aber, den Sohn Nuns, nannte Mose Josua.

17 Als Mose sie ausschickte, um Kanaan erkunden zu lassen, sagte er zu ihnen: Zieht von hier durch den Negeb und steigt hinauf ins Gebirge! 18 Seht, wie das Land beschaffen ist und ob das Volk, das darin wohnt,

stark oder schwach ist, ob es klein oder groß ist; 19 seht, wie das Land beschaffen ist, in dem das Volk wohnt, ob es gut ist oder schlecht und wie die Städte angelegt sind, in denen es wohnt, ob sie offen oder befestigt sind 20 und ob das Land fett oder mager ist, ob es dort Bäume gibt oder nicht. Habt Mut und bringt Früchte des Landes mit! Es war gerade die Zeit der ersten Trauben.

21 Da zogen die Männer hinauf und erkundeten das Land von der Wüste Zin bis Rehob bei Lebo-Hamat. 22 Sie durchzogen zuerst den Negeb und kamen bis Hebron. Dort lebten Ahiman, Scheschai und Talmai, Söhne des Anak. Hebron war sieben Jahre vor der Stadt Zoan, die in Ägypten liegt, erbaut worden. 23 Von dort kamen sie in das Traubental. Dort schnitten sie eine Rebe mit einer Weintraube ab und trugen sie zu zweit auf einer Stange, dazu auch einige Granatäpfel und Feigen. 24 Den Ort nannte man später Traubental wegen der Traube, die die Israeliten dort abgeschnitten hatten.

25 Vierzig Tage, nachdem man sie zur Erkundung des Landes ausgeschickt hatte, machten sie sich auf den Rückweg. 26 Sie kamen zu Mose und Aaron und zu der ganzen Gemeinde der Israeliten in die Wüste Paran nach Kadesch. Sie berichteten ihnen und der ganzen Gemeinde und zeigten ihnen die Früchte des Landes. 27 Sie erzählten Mose: Wir kamen in das Land, in das du uns geschickt hast: Es ist wirklich ein Land, in dem Milch und Honig fließen; das hier sind seine Früchte. 28 Aber das Volk, das im Land wohnt, ist stark und die Städte sind befestigt und sehr groß. Auch haben wir die Söhne des Anak dort gesehen. 29 Amalek wohnt im Gebiet des Negeb, die Hetiter, die Jebusiter und Amoriter wohnen im Gebirge und die Kanaaniter wohnen am Meer und am Ufer des Jordan. 30 Kaleb beruhigte das Volk, das über Mose aufgebracht war, und sagte: Wir können trotzdem hinaufziehen und das Land in Besitz nehmen; wir werden es gewiss bezwingen.

31 Die Männer aber, die mit Kaleb zusammen nach Kanaan hinaufgezogen waren, sagten: Wir können nichts gegen dieses Volk ausrichten; es ist stärker als wir. 32 Und sie verbreiteten bei den Israeliten falsche Gerüchte über das Land, das sie erkundet hatten, und sagten: Das Land, das wir durchwandert und erkundet haben, ist ein Land, das seine Bewohner auffrisst; alle Leute, die wir dort gesehen haben, sind hochgewachsen. 33 Sogar die Riesen haben wir dort gesehen – die Anakiter gehören nämlich zu den Riesen. Wir kamen uns selbst klein wie Heuschrecken vor und auch ihnen erschienen wir so.

14 Da erhob die ganze Gemeinde ein lautes Geschrei und das Volk weinte die ganze Nacht. 2 Alle Israeliten murrten über Mose und Aaron und die ganze Gemeinde sagte zu ihnen: Wären wir doch in Ägypten oder wenigstens hier in der Wüste gestorben! 3 Warum nur will uns der Herr in jenes Land bringen? Etwa damit wir durch das Schwert umkommen und unsere Frauen und Kinder eine Beute der Feinde werden? Wäre es für uns nicht besser, nach Ägypten zurückzukehren? 4 Und sie sagten zueinander: Wir wollen einen neuen Anführer wählen und nach Ägypten zurückkehren.

5 Da warfen sich Mose und Aaron vor der ganzen Gemeindeversammlung der Israeliten auf ihr Gesicht nieder. 6 Josua, der Sohn Nuns, und Kaleb, der Sohn Jefunnes, zwei von denen, die das Land erkundet hatten, zerrissen ihre Kleider 7 und sagten zu der ganzen Gemeinde der Israeliten: Das Land, das wir durchwandert und erkundet haben, dieses Land ist überaus schön. 8 Wenn der Herr uns wohlgesinnt ist und uns in dieses Land bringt, dann schenkt er uns ein Land, in dem Milch und Honig fließen. 9 Lehnt euch nur nicht gegen den Herrn auf! Habt keine Angst vor den Leuten in jenem Land; sie werden unsere Beute. Ihr schützender Schatten ist von ihnen gewichen, denn der Herr ist mit uns. Habt keine Angst vor ihnen! 10 Doch die ganze Gemeinde drohte Mose und Aaron zu steinigen.

Da erschien die Herrlichkeit des Herrn am Offenbarungszelt allen Israeliten, 11 und der Herr sprach zu Mose: Wie lange verachtet mich dieses Volk noch, wie lange noch wollen sie nicht an mich glauben trotz all der Zeichen, die ich mitten unter ihnen vollbracht habe? 12 Ich will sie mit der Pest schlagen und vertreiben; aber dich will ich zu einem Volk machen, das größer und mächtiger ist als dieses. 13 Da antwortete Mose dem Herrn: Die Ägypter werden hören, dass du dieses Volk mit deiner Kraft aus ihrer Mitte hierher geführt hast, 14 und sie werden zu den Einwohnern dieses Landes sagen, sie hätten gehört, dass du, Herr, mitten in diesem Volk warst, dass du, Herr, sichtbar erschienen bist, dass deine Wolke über ihnen stand, dass du ihnen bei Tag in einer Wolkensäule und bei Nacht in einer Feuersäule vorangegangen bist, 15 dass du dann aber dieses Volk wie einen einzigen Mann umgebracht hast. Wenn sie das alles über dich hören, werden die Völker sagen: 16 Weil Jahwe nicht imstande war, dieses Volk in das Land

zu bringen, das er ihnen mit einem Eid zuge-
sichert hatte, hat er sie in der Wüste abge-
schlachtet. 17 Gerade jetzt sollte sich die
Kraft meines Herrn in ihrer ganzen Größe
zeigen, wie du gesagt hast: 18 Ich bin Jahwe,
langmütig und reich an Huld, der Schuld und
Frevel wegnimmt, der aber (den Sünder)
nicht ungestraft lässt, der die Schuld der Vä-
ter an den Söhnen verfolgt, an der dritten
und vierten Generation: 19 Verzeih also die-
sem Volk seine Sünde nach deiner großen
Huld, wie du diesem Volk auch schon bisher
vergeben hast, von Ägypten bis hierher.
20 Da sprach der Herr: Ich verzeihe ihm, da
du mich bittest. 21 Doch so wahr ich lebe und
die Herrlichkeit des Herrn das ganze Land
erfüllt: 22 Alle Männer, die meine Herrlich-
keit und meine Zeichen gesehen haben, die
ich in Ägypten und in der Wüste vollbracht
habe und die mich jetzt schon zum zehnten
Mal auf die Probe gestellt und doch nicht auf
mich gehört haben, 23 sie alle werden das
Land nicht zu sehen bekommen, das ich ih-
ren Vätern mit einem Eid zugesichert habe.
Keiner von denen, die mich verachtet haben,
wird es zu sehen bekommen. 24 Meinen Knecht
Kaleb aber, der anders denkt und treu zu mir
hält, ihn werde ich in das Land bringen. Er
darf es betreten und seine Nachkommen sol-
len es erben. 25 [Die Amalekiter und die Ka-
naaniter sitzen in der Ebene.] Brecht also
morgen auf und schlagt eine andere Richtung
ein, in die Wüste, zum Schilfmeer hin!

26 Der Herr sprach zu Mose und Aaron:
27 Wie lange soll das mit dieser bösen Ge-
meinde so weitergehen, die immer über mich
murrt? Ich habe mir das Murren der Israeli-
ten jetzt lange genug angehört. 28 Sag ihnen:
So wahr ich lebe – Spruch des Herrn –, ich
will euch das antun, womit ihr mir die Ohren
vollgeschrien habt: 29 Hier in der Wüste sol-
len eure Leichen liegen bleiben, alle ohne
Ausnahme; jeder von euch, der gemustert
worden ist, wird sterben, alle Männer von
zwanzig Jahren und darüber, die über mich
gemurrt haben. 30 Keiner von euch wird in
das Land kommen, auch wenn ich meine
Hand erhoben und geschworen habe, euch
darin wohnen zu lassen, außer Kaleb, der
Sohn Jefunnes, und Josua, der Sohn Nuns.
31 Eure Kinder aber, von denen ihr gesagt
habt, sie würden eine Beute der Feinde wer-
den, sie werde ich in das Land bringen. Sie
werden das Land kennen lernen, das ihr ver-
schmäht habt. 32 Eure Leichen aber werden
in dieser Wüste liegen bleiben. 33 Eure Söhne
müssen vierzig Jahre lang ihr Vieh in der
Wüste weiden lassen; sie haben so lange un-
ter eurer Untreue zu leiden, bis ihr alle tot in
der Wüste liegt. 34 So viele Tage, wie ihr ge-
braucht habt, um das Land zu erkunden,
nämlich vierzig Tage, so viele Jahre lang –
für jeden Tag ein Jahr – müsst ihr die Folgen
eurer Schuld tragen, also vierzig Jahre lang;
dann werdet ihr erkennen, was es heißt, mir
Widerstand zu leisten. 35 Ich, der Herr, habe
gesprochen. Unwiderruflich werde ich es mit
dieser ganzen bösen Gemeinde so machen,
die sich gegen mich zusammengerottet hat:
In dieser Wüste finden sie ihr Ende, hier
müssen sie sterben.

36 Die Männer, die Mose ausgeschickt hat-
te, um das Land erkunden zu lassen, die
dann aber nach ihrer Rückkehr die ganze
Gemeinde zum Murren verführt hatten,
37 fielen plötzlich tot zu Boden, vor den Au-
gen des Herrn, alle, die über das Land
falsche Gerüchte verbreitet hatten. 38 Nur
Josua, der Sohn Nuns, und Kaleb, der Sohn
Jefunnes, blieben am Leben, als einzige von
allen, die ausgezogen waren, um das Land zu
erkunden.

39 Mose sagte das alles den Israeliten. Da
wurde das Volk sehr traurig. 40 Sie standen
am nächsten Morgen auf, um auf die Höhe
des Gebirges zu steigen; sie sagten: Wir zie-
hen jetzt zu dem Ort hinauf, den der Herr ge-
nannt hat. Ja, wir haben gesündigt. 41 Da
sagte Mose: Warum übertretet ihr den Befehl
des Herrn? Das wird euch nicht gelingen.
42 Zieht nicht hinauf, denn der Herr ist nicht
bei euch; ihr werdet von euren Feinden nur
geschlagen werden. 43 Denn ihr habt dort die
Amalekiter und die Kanaaniter gegen euch,
und ihr werdet durch das Schwert umkom-
men. Weil ihr euch vom Herrn abgewendet
habt, wird der Herr nicht mit euch sein.
44 Doch in ihrem Starrsinn stiegen sie auf die
Höhe des Gebirges hinauf. Aber die Bundes-
lade des Herrn und Mose wichen nicht von
ihrer Stelle mitten im Lager. 45 Da kamen die
Amalekiter und die Kanaaniter, die dort im
Gebirge wohnten, herunter und schlugen die
Israeliten und zersprengten sie bis nach
Horma.

14,18: Ex 34,6f; Ex 20,5; Dtn 5,9 • 28: 14,2 • 31: 14,3 • 36:
1 Kor 10,5.10.

Opfer und Sühne: 15,1–41

15 Der Herr sprach zu Mose: 2 Rede zu
den Israeliten und sag zu ihnen:
Wenn ihr in das Land kommt, das ich euch
zur Besiedlung geben will, 3 und wenn ihr für
den Herrn ein Feueropfer vorbereitet, ein
Brandopfer oder ein Schlachtopfer zur Er-
füllung eines Gelübdes oder als freiwillige
Gabe oder anlässlich eurer Feste, um dem
Herrn einen beruhigenden Duft von einem

Rind oder Schaf darzubringen, 4 dann soll je-
der, der dem Herrn seine Opfergabe bringt,
als Speiseopfer ein Zehntel Feinmehl dar-
bringen, das mit einem viertel Hin Öl ver-
mengt ist. 5 Und beim Brand- oder Schlacht-
opfer sollst du auf je ein Lamm ein viertel
Hin Wein als Trankopfer herrichten. 6 Auf
einen Widder aber sollst du als Speiseopfer
zwei Zehntel Feinmehl herrichten, das mit
einem drittel Hin Öl vermengt ist, 7 und als
Trankopfer sollst du ein drittel Hin Wein
darbringen, als beruhigenden Duft für den
Herrn. 8 Richtest du ein Kalb als Brand- oder
Schlachtopfer zur Erfüllung eines Gelübdes
oder als Heilsopfer zur Ehre des Herrn her,
9 dann bring auf jedes Kalb als Speiseopfer
drei Zehntel Feinmehl dar, das mit einem
halben Hin Öl vermengt ist; 10 als Trankopfer
sollst du in diesem Fall ein halbes Hin Wein
darbringen. Das ist ein Feueropfer und ein
beruhigender Duft für den Herrn.

11 So soll man es bei jedem Rind, bei jedem
Widder, bei jedem jungen Lamm und jeder
jungen Ziege machen. 12 Je nachdem, wie
viele Tiere ihr zum Opfer herrichtet, sollt ihr
es jeweils machen. 13 So soll es jeder Einhei-
mische machen, wenn er ein Feueropfer als
beruhigenden Duft für den Herrn darbringt.
14 Wenn ein Fremder, der bei euch lebt, oder
einer, dessen Familie schon seit Generatio-
nen unter euch lebt, ein Feueropfer als beru-
higenden Duft für den Herrn darbringen
will, dann soll er es ebenso machen wie ihr.
15 Für euch und für die Fremden, die bei euch
leben, gilt ein und dieselbe Regel; das soll bei
euch als feste Regel des Herrn gelten, von
Generation zu Generation, für euch ebenso
wie für den Fremden: 16 Gleiches Gesetz und
gleiches Recht gilt für euch und für die
Fremden, die bei euch leben.

17 Der Herr sprach zu Mose: 18 Rede zu den
Israeliten und sag zu ihnen: Wenn ihr in das
Land kommt, in das ich euch bringe, 19 und
wenn ihr vom Brot des Landes esst, dann
sollt ihr eine Abgabe für den Herrn entrich-
ten. 20 Als Erstlingsgabe von eurem Brotteig
sollt ihr einen Kuchen abgeben. Ihr sollt ihn
wie die Abgabe von der Tenne abliefern.
21 Von dem ersten Gebäck aus eurem Teig
sollt ihr dem Herrn eine Abgabe entrichten,
von Generation zu Generation.

22 Wenn ihr aus Versehen irgendeines die-
ser Gebote, die der Herr dem Mose mitgeteilt
hat, nicht haltet, 23 irgendetwas, was der
Herr euch durch Mose befohlen hat seit dem
Tag, an dem der Herr die Gebote gegeben
hat, und weiterhin von Generation zu Gene-
ration, 24 dann soll, wenn das Versehen vor-
kam, ohne dass die Gemeinde es bemerkte,
die ganze Gemeinde einen Jungstier zum
Brandopfer als beruhigenden Duft für den
Herrn herrichten, ferner das dazugehörende
Speise- und Trankopfer, wie es Vorschrift
ist, sowie einen Ziegenbock als Sündopfer.
25 Der Priester soll die ganze Gemeinde der
Israeliten entsühnen, dann wird ihnen verge-
ben werden; denn es war ein Versehen und
sie haben ihre Opfergabe als Feueropfer für
den Herrn und ihr Sündopfer für ihr Verse-
hen vor den Herrn gebracht. 26 Der ganzen
Gemeinde der Israeliten und den Fremden,
die bei ihnen leben, wird vergeben werden,
denn das ganze Volk war von dem Versehen
betroffen.

27 Wenn ein einzelner versehentlich sün-
digt, dann soll er eine einjährige Ziege als
Sündopfer darbringen. 28 Der Priester soll
die Person, die versehentlich gesündigt hat,
vor dem Herrn entsühnen; dann wird ihr ver-
geben werden. 29 Für die einheimischen Is-
raeliten und für die Fremden, die bei ihnen
leben, gilt das gleiche Gesetz, wenn jemand
etwas aus Versehen tut. 30 Wer aber, sei er
einheimisch oder fremd, etwas vorsätzlich
tut, der begeht eine Gotteslästerung. Ein sol-
cher Mensch soll aus seinem Volk ausge-
merzt werden; 31 denn er hat das Wort des
Herrn verachtet und sein Gesetz gebrochen.
Ein solcher Mensch muss ausgemerzt wer-
den; er hat schwere Schuld auf sich gela-
den.

32 Als die Israeliten in der Wüste waren,
entdeckten sie einmal, dass einer am Sabbat
Holz sammelte. 33 Die Leute, die ihn beim
Holz Sammeln angetroffen hatten, brachten
ihn vor Mose und Aaron und vor die ganze
Gemeinde. 34 Man sperrte ihn ein, weil noch
nicht entschieden war, was mit ihm gesche-
hen sollte. 35 Der Herr sprach zu Mose: Der
Mann ist mit dem Tod zu bestrafen. Die gan-
ze Gemeinde soll ihn draußen vor dem Lager
steinigen. 36 Da führte die ganze Gemeinde
den Mann vor das Lager hinaus und steinigte
ihn zu Tod, wie der Herr es Mose befohlen
hatte.

37 Der Herr sprach zu Mose: 38 Rede zu den
Israeliten und sag zu ihnen, sie sollen sich
Quasten an ihre Kleiderzipfel nähen, von
Generation zu Generation, und sollen an den
Quasten eine violette Purpurschnur anbrin-
gen; 39 sie soll bei euch zur Quaste gehören.
Wenn ihr sie seht, werdet ihr euch an alle
Gebote des Herrn erinnern, ihr werdet sie
halten und eurem Herzen und euren Augen
nicht nachgeben, wenn sie euch zur Untreue
verleiten wollen. 40 Ihr sollt so an alle meine
Gebote denken und sie halten; dann werdet
ihr eurem Gott heilig sein. 41 Ich bin der

Herr, euer Gott, der euch aus Ägypten he-
rausgeführt hat, um für euch Gott zu sein,
ich, der Herr, euer Gott.

1–31 ‖ Lev 6,17 – 7,18 • 35: Ex 31,15; 35,2 • 38: Mt 23,5.

Der Aufruhr Korachs, Datans und Abirams:
16,1 – 17,28

16 Korach, der Sohn Jizhars, des Soh-
nes Kehats, des Sohnes Levis, ferner
Datan und Abiram, die Söhne Eliabs, und
On, der Sohn Pallus, der Rubeniter, 2 erho-
ben sich gegen Mose, zusammen mit zwei-
hundertfünfzig führenden Männern aus der
Gemeinde, angesehenen Abgeordneten der
Versammlung. 3 Sie rotteten sich gegen Mose
und Aaron zusammen und sagten zu ihnen:
Ihr nehmt euch zu viel heraus. Alle sind hei-
lig, die ganze Gemeinde, und der Herr ist
mitten unter ihnen. Warum erhebt ihr euch
über die Gemeinde des Herrn? 4 Als Mose das
hörte, warf er sich auf sein Gesicht nieder
5 und er sagte zu Korach und seinem ganzen
Anhang: Morgen früh wird der Herr zeigen,
wer zu ihm gehört, wer der Heilige ist und
wer sich ihm nähern darf. Wen der Herr er-
wählt, der darf sich ihm nähern. 6 Du, Ko-
rach, und dein ganzer Anhang, macht Fol-
gendes: Nehmt euch Räucherpfannen, 7 tut
Feuer hinein und legt Weihrauch für den
Herrn darauf, und zwar morgen! Dann wird
sich zeigen, wen der Herr erwählt und wer
der Heilige ist. Ihr nehmt euch zu viel he-
raus, ihr Leviten!

8 Dann sagte Mose zu Korach: Hört, ihr
Leviten! 9 Ist es euch noch zu wenig, dass
euch der Gott Israels aus der Gemeinde Isra-
els herausgehoben hat, um euch in seine
Nähe zu holen, damit ihr an der Wohnstätte
des Herrn Dienst tut, vor die Gemeinde tre-
tet und für sie euren Dienst verrichtet? 10 Er
hat dich und alle deine Brüder, die Leviten,
die bei dir sind, in seine Nähe geholt, doch
nun wollt ihr auch noch das Priesteramt.
11 Deshalb rottet ihr, du und dein ganzer An-
hang, euch gegen den Herrn zusammen.
Über ihn, nicht über Aaron, murrt ihr.

12 Dann ließ Mose Datan und Abiram, die
Söhne Eliabs, rufen. Sie aber ließen ihm sa-
gen: Wir kommen nicht. 13 Ist es nicht genug,
dass du uns aus einem Land, in dem Milch
und Honig fließen, hergeholt hast, um uns in
der Wüste sterben zu lassen? Willst du dich
auch noch als unser Herrscher aufspielen?
14 Du hast uns nicht in ein Land gebracht, in
dem Milch und Honig fließen, und hast uns
keine Felder und Weinberge zum Besitz ge-
geben. Hältst du diese Männer hier etwa für
blind? Wir kommen nicht.

15 Da wurde Mose sehr zornig und sagte
zum Herrn: Sieh ihre Opfer nicht an! Nicht
einen einzigen Esel habe ich ihnen wegge-
nommen, keinem von ihnen habe ich etwas
zuleide getan. 16 Dann sagte Mose zu Korach:
Du und dein ganzer Anhang, erscheint mor-
gen vor dem Herrn, du, diese Männer und
Aaron! 17 Nehmt eure Räucherpfannen mit,
tut Weihrauch hinein und bringt eure Räu-
cherpfannen vor den Herrn, jeder seine eige-
ne Räucherpfanne, im Ganzen also zweihun-
dertfünfzig Räucherpfannen, auch du und
Aaron, bringt eure Räucherpfannen mit!
18 Jeder nahm also seine Räucherpfanne, sie
taten Feuer hinein, legten Weihrauch darauf
und traten an den Eingang des Offenba-
rungszeltes, zusammen mit Mose und Aaron.
19 Korach aber versammelte die ganze Ge-
meinde bei ihnen am Eingang des Offenba-
rungszeltes. Da erschien der ganzen Gemein-
de die Herrlichkeit des Herrn.

20 Der Herr sprach zu Mose und Aaron:
21 Sondert euch von dieser Gemeinde ab! Ich
will ihr auf einen Schlag ein Ende bereiten.
22 Da warfen sie sich auf ihr Gesicht nieder
und sagten: Gott, du Gott der Geister, die
alle Menschen beleben, ein einzelner Mensch
sündigt und du willst der ganzen Gemeinde
zürnen? 23 Der Herr antwortete Mose: 24 Sag
der Gemeinde: Entfernt euch aus der Nähe
der Zelte Korachs, Datans und Abirams!

25 Da stand Mose auf und ging zu Datan
und Abiram und die Ältesten Israels folgten
ihm. 26 Dann sagte er zur Gemeinde: Geht
aus der Nähe der Zelte dieser niederträchti-
gen Leute weg und rührt nichts von dem an,
was ihnen gehört, sonst werdet auch ihr we-
gen aller ihrer Sünden hingerafft. 27 Da ent-
fernten sie sich aus der Nähe der Zelte Ko-
rachs, Datans und Abirams. Datan und Abi-
ram waren herausgekommen und standen
am Eingang ihrer Zelte, zusammen mit ihren
Frauen, Söhnen und kleinen Kindern.
28 Dann sagte Mose: Daran sollt ihr erken-
nen, dass der Herr mich gesandt hat, damit
ich alle diese Taten vollbringe, und dass ich
nicht aus eigenem Antrieb gehandelt habe:
29 Wenn diese Leute sterben, wie jeder
Mensch stirbt, und wenn sie nur so wie jeder
andere Mensch Rechenschaft ablegen müs-
sen, dann hat der Herr mich nicht gesandt.
30 Wenn aber der Herr etwas ganz Unge-
wöhnliches tut, wenn die Erde ihren Rachen

16,1–35 Hier sind zwei einst selbstständige Erzählungen, eine von Korach und eine von Datan und Abiram, zusammengearbeitet.

aufreißt und sie verschlingt zusammen mit
allem, was ihnen gehört, wenn sie also le-
bend in die Unterwelt hinabstürzen, dann
werdet ihr erkennen, dass diese Leute den
Herrn beleidigt haben.

31 Kaum hatte er das gesagt, da spaltete
sich der Boden unter ihnen, 32 die Erde öffne-
te ihren Rachen und verschlang sie samt ih-
rem Haus, mit allen Menschen, die zu Ko-
rach gehörten, und mit ihrem ganzen Besitz.
33 Sie und alles, was zu ihnen gehörte, stürz-
ten lebend in die Unterwelt hinab. Die Erde
deckte sie zu und sie waren aus der Gemein-
de verschwunden. 34 Alle Israeliten, die um
sie herumstanden, liefen weg, als sie sie
schreien hörten; sie sagten: Die Erde wird
auch uns noch verschlingen. 35 Vom Herrn
ging ein Feuer aus und fraß die zweihundert-
fünfzig Männer, die den Weihrauch darge-
bracht hatten.

17 Darauf sprach der Herr zu Mose:
2 Sag zum Priester Eleasar, dem
Sohn Aarons, er soll die Räucherpfannen aus
der Asche herausnehmen, denn sie sind hei-
lig. Die Glut aber streut weit auseinander!
3 Die Räucherpfannen der Männer, die we-
gen ihrer Sünde ums Leben gekommen sind,
soll man zu Blech hämmern und damit den
Altar überziehen; denn sie haben die Räu-
cherpfannen vor den Herrn gebracht und da-
mit sind die Pfannen heilig geworden. Sie
sollen für die Israeliten ein Zeichen sein.
4 Da nahm der Priester Eleasar die kupfer-
nen Räucherpfannen der Männer, die im
Feuer umgekommen waren, und hämmerte
daraus einen Überzug für den Altar. 5 Das
sollte den Israeliten ein mahnendes Zeichen
dafür sein, dass kein Unbefugter, keiner, der
nicht zu den Nachkommen Aarons gehört,
sich dem Herrn nähern darf, um für ihn
Weihrauch zu verbrennen; sonst geht es ihm
genauso, wie es der Herr durch Mose dem
Korach und seinem Anhang angekündigt
hatte.

6 Am nächsten Tag murrte die ganze Ge-
meinde der Israeliten über Mose und Aaron;
sie sagten: Ihr habt das Volk des Herrn getö-
tet. 7 Als sich die Gemeinde gegen Mose und
Aaron zusammenrottete und sich dem Of-
fenbarungszelt zuwandte, bedeckte die Wol-
ke das Zelt und die Herrlichkeit des Herrn
erschien. 8 Mose und Aaron gingen vor das
Offenbarungszelt 9 und der Herr sprach zu
Mose: 10 Verlasst diese Gemeinde, denn ich
will sie in einem einzigen Augenblick ver-
nichten. Da warfen sich Mose und Aaron auf
ihr Gesicht nieder 11 und Mose sagte zu
Aaron: Nimm die Räucherpfanne, tu Feuer
vom Altar hinein, und leg Weihrauch darauf;
dann geh schnell zur Gemeinde und entsüh-
ne sie! Denn vom Herrn ist ein Zorngericht
ausgegangen und die Plage hat schon begon-
nen. 12 Da nahm Aaron die Räucherpfanne,
wie Mose gesagt hatte, und lief mitten unter
die Leute, die versammelt waren. Und wirk-
lich, die Plage hatte im Volk schon begon-
nen. Aaron legte Weihrauch in die Pfanne
und entsühnte das Volk. 13 Er trat zwischen
die Toten und die Lebenden und da hörte die
Plage auf. 14 Durch die Plage waren aber be-
reits vierzehntausendsiebenhundert Men-
schen gestorben, nicht gerechnet die Toten,
die wegen Korach umgekommen waren.
15 Darauf kehrte Aaron zu Mose an den Ein-
gang des Offenbarungszeltes zurück; die
Plage hatte aufgehört.

16 Dann sprach der Herr zu Mose: 17 Rede
zu den Israeliten und lass dir jeweils von ei-
ner Großfamilie einen Stab geben, und zwar
von der Großfamilie des Stammesführers, im
Ganzen also zwölf Stäbe, und schreib ihre
Namen darauf!

18 Auf den Stab Levis schreib den Namen
Aaron; denn auf jede Großfamilie eines
Stammesführers kommt ein Stab. 19 Dann
leg die Stäbe in das Offenbarungszelt vor die
Bundesurkunde, dort, wo ich euch begegne.
20 Dann wird der Stab dessen, den ich erwäh-
le, Blätter bekommen. So will ich vor mir das
Murren zum Schweigen bringen, mit dem sie
euch belästigen. 21 Mose berichtete es den Is-
raeliten. Darauf gaben ihm alle Stammes-
führer die Stäbe, jede Großfamilie eines
Stammesführers einen, im Ganzen also
zwölf Stäbe. Auch Aarons Stab war darun-
ter. 22 Mose legte die Stäbe im Offenbarungs-
zelt vor dem Herrn nieder.

23 Als Mose am nächsten Tag zum Zelt der
Bundesurkunde kam, da war der Stab Aa-
rons, der das Haus Levi vertrat, grün gewor-
den; er trieb Zweige, blühte und trug Man-
deln. 24 Da nahm Mose alle Stäbe von ihrem
Platz vor dem Herrn weg und brachte sie zu
den Israeliten hinaus. Als sie die Stäbe sa-
hen, nahm jeder den seinen. 25 Darauf sagte
der Herr zu Mose: Trag den Stab Aarons zu-
rück vor die Bundesurkunde! Dort soll er
aufbewahrt werden als ein Zeichen für alle
Aufsässigen. Mach mir auf diese Weise ihrem
Murren ein Ende, dann werden sie nicht
sterben. 26 Mose tat genau so, wie es ihm der
Herr befohlen hatte. So machte er es. 27 Die
Israeliten aber sagten zu Mose: Sieh her, wir
kommen um, wir gehen zugrunde, alle gehen
wir noch zugrunde. 28 Jeder, der zu nahe an
die Wohnstätte des Herrn kommt, stirbt.
Sollen wir denn alle umkommen?

16,22: 27,16 • 17,25: Hebr 9,4.

Der Dienst und die Entlohnung der Priester und Leviten: 18,1–32

18 Der Herr sprach zu Aaron: Du, deine Söhne und deine ganze Familie, ihr tragt die Verantwortung für das Heiligtum; du und mit dir deine Söhne, ihr tragt die Verantwortung für euer Priesteramt. 2 Aber auch deine Brüder, den Stamm Levi, deinen väterlichen Stamm, lass zusammen mit dir herkommen! Sie sollen sich dir anschließen und dir dienen, während ihr, du und deine Söhne, vor dem Offenbarungszelt seid. 3 Sie sollen sich an deine Anordnungen und an die für das ganze Zelt geltende Ordnung halten. Nur den heiligen Geräten und dem Altar dürfen sie nicht zu nahe kommen, sonst müssen sie sterben und ihr mit ihnen. 4 Sie sollen sich dir anschließen und sich beim ganzen Dienst am Zelt an die Ordnung halten, die am Offenbarungszelt gilt. Kein Unbefugter darf in eure Nähe kommen. 5 Wenn ihr euch an die Ordnung haltet, die am Heiligtum und am Altar gilt, wird der Zorn (Gottes) nicht mehr über die Israeliten kommen. 6 Seht, ich habe eure Brüder, die Leviten, aus den Israeliten euch übergeben; sie sind dem Herrn übergeben, um den Dienst am Offenbarungszelt zu verrichten. 7 Du aber und mit dir deine Söhne, ihr sollt euer Priesteramt in allem ausüben, was den Altar und den Raum hinter dem Vorhang betrifft; dort sollt ihr euren Dienst tun. Als einen Dienst, der ein Geschenk ist, übergebe ich euch das Priesteramt. Wer sich nähert, ohne dazu befugt zu sein, ist mit dem Tod zu bestrafen.

8 Der Herr sagte zu Aaron: Ich selbst übergebe dir jetzt die Verwaltung der Abgaben, die mir entrichtet werden. Von allen heiligen Gaben der Israeliten gebe ich sie dir als Anteil und deinen Söhnen als ein dauerndes Anrecht. 9 Dir soll an den hochheiligen Gaben all das zufallen, was nicht für das Feuer bestimmt ist: alle ihre Opfergaben bei allen ihren Speise-, Sünd- und Schuldopfern, die sie mir als hochheilige Gaben entrichten; dir und deinen Söhnen gehören sie. 10 Esst sie am hochheiligen Ort! Jede männliche Person darf davon essen; sie sollen dir als heilig gelten.

11 Auch das gehört dir: die Abgabe, die die Israeliten bei allem entrichten, was sie darbringen. Dir und deinen Söhnen und Töchtern, die bei dir sind, habe ich diese Abgabe als dauerndes Anrecht gegeben. Jeder, der rein ist in deinem Haus, darf davon essen. 12 Das Beste von allem Öl, das Beste von allem Most und Getreide, die Erstlingsgaben, die sie dem Herrn entrichten, sie habe ich für dich bestimmt. 13 Von allem, was es in ihrem Land gibt, gehören dir die Erstlingsfrüchte, die sie dem Herrn bringen. Jeder, der rein ist in deinem Haus, darf davon essen. 14 Alles, was in Israel geweiht wird, gehört dir. 15 Alle lebenden Wesen, die den Mutterschoß durchbrechen und die man dem Herrn darbringt, Mensch und Vieh, gehören dir. Du musst aber den Erstgeborenen bei den Menschen auslösen und ebenso musst du auch die erstgeborenen Tiere bei unreinem Vieh auslösen, 16 und zwar musst du die, die ausgelöst werden, im Alter von etwa einem Monat, je nachdem, wie du sie einschätzt, mit Geld auslösen, mit fünf Schekel, gerechnet nach dem Schekelgewicht des Heiligtums, das sind zwanzig Gera. 17 Aber die Erstlinge vom Rind, vom Schaf oder von der Ziege darfst du nicht auslösen; sie sind heilig. Ihr Blut sollst du auf den Altar sprengen und ihre Fettteile als Feueropfer zum beruhigenden Duft für den Herrn in Rauch aufgehen lassen. 18 Ihr Fleisch gehört dir, wie auch die Brust vom Darbringungsritus und auch die rechte Keule dir gehören. 19 Alle Abgaben von den heiligen Opfern, die die Israeliten dem Herrn entrichten, habe ich dir und deinen Söhnen und Töchtern, die bei dir sind, als dauerndes Anrecht gegeben. Das soll für dich und auch für deine Nachkommen als ein ewiger »Salzbund« vor dem Herrn gelten.

20 Der Herr sprach zu Aaron: Du sollst in ihrem Land keinen erblichen Besitz haben. Dir gehört unter ihnen kein Besitzanteil; ich bin dein Besitz und dein Erbteil mitten unter den Israeliten. 21 Den Leviten gebe ich als Erbteil den ganzen Zehnten, den die Israeliten entrichten, als Entgelt für den Dienst, den die Leviten verrichten, den Dienst am Offenbarungszelt. 22 Die Israeliten dürfen künftig nicht mehr in die Nähe des Offenbarungszeltes kommen; sonst laden sie eine Sünde auf sich und sterben. 23 Nur der Levit soll am Offenbarungszelt Dienst tun; die Leviten tragen die Verantwortung – das soll bei euch von Generation zu Generation als feste Regel gelten. Darum sollen sie unter den Israeliten keinen Erbbesitz haben. 24 Denn als Erbteil für die Leviten habe ich die Zehnten bestimmt, die die Israeliten dem Herrn als Abgabe entrichten. Darum habe ich zu den Leviten gesagt, sie sollen keinen Erbbesitz unter den Israeliten bekommen.

18,19 Salzbund: Der Ausdruck kommt vielleicht daher, dass durch gemeinsames Essen von Salz ein Freundschaftsverhältnis besiegelt wurde (vgl. Lev 2,13 und 2 Chr 13,5).

25 Der Herr sprach zu Mose: 26 Rede zu den
Leviten und sag zu ihnen: Wenn ihr von den
Israeliten den Zehnten entgegennehmt, den
ich euch von ihnen als euren Anteil zugewie-
sen habe, dann entrichtet davon dem Herrn
eine Abgabe als Zehnten vom Zehnten!
27 Das soll als eure Abgabe angerechnet wer-
den wie bei den anderen die Abgabe vom Ge-
treide der Tenne und vom Inhalt der Kelter.
28 So sollt auch ihr dem Herrn eine Abgabe
von allen euch zustehenden Zehnten entrich-
ten, die ihr von den Israeliten erhaltet; diese
Abgabe für den Herrn sollt ihr dem Priester
Aaron übergeben. 29 Von allem, was man
euch gibt, sollt ihr die ganze Abgabe für den
Herrn leisten, von allem das Beste, als hei-
lige Gabe. 30 Ferner sag zu ihnen: Wenn ihr
davon das Beste abliefert, wird es den Levi-
ten angerechnet wie den anderen der Ertrag
von Tenne und Kelter. 31 Diesen dürft ihr
überall essen, ihr und eure Familien, denn es
gehört euch als Lohn für euren Dienst am
Offenbarungszelt. 32 Ihr dürft aber keine
Sünde auf euch laden, wenn ihr selbst das
Beste abzugeben habt, und ihr dürft die hei-
ligen Gaben der Israeliten nicht entweihen.
Wenn ihr das befolgt, werdet ihr nicht ster-
ben.

Das Reinigungswasser: 19,1–22

19 Der Herr sprach zu Mose und Aaron:
2 Das ist die Verordnung, die der
Herr erlässt: Sag den Israeliten, sie sollen dir
eine fehlerlose, einwandfreie rote Kuh brin-
gen, die noch nie ein Joch getragen hat.
3 Übergebt die Kuh dem Priester Eleasar!
Dann soll man sie vor das Lager hinausfüh-
ren und sie vor seinen Augen schlachten.
4 Der Priester Eleasar nimmt mit seinem Fin-
ger etwas von ihrem Blut und spritzt damit
siebenmal gegen die Vorderseite des Offen-
barungszeltes. 5 Darauf verbrennt man die
Kuh vor seinen Augen. Ihr Fell, ihr Fleisch
und ihr Blut, alles soll man verbrennen, samt
ihrem Mageninhalt. 6 Der Priester nimmt Ze-
dernholz, Ysop und Karmesin und wirft alles
in das Feuer, in dem die Kuh verbrannt wird.
7 Dann wäscht der Priester seine Kleider, ba-
det seinen Körper in Wasser und kehrt nach-
her ins Lager zurück; der Priester bleibt aber
bis zum Abend unrein. 8 Derjenige, der die
Kuh verbrannt hat, wäscht seine Kleider und
badet seinen Körper in Wasser; er bleibt aber
bis zum Abend unrein. 9 Ein reiner Mann
sammelt die Asche der Kuh und legt sie an
einen reinen Ort außerhalb des Lagers. Sie
wird für die Gemeinde der Israeliten zur Zu-
bereitung des Reinigungswassers aufbe-
wahrt. Es ist ein Sündopfer. 10 Derjenige, der
die Asche der Kuh gesammelt hat, wäscht
dann seine Kleider, bleibt aber bis zum
Abend unrein.

Für die Israeliten und für die Fremden, die
bei ihnen leben, gilt die feste Regel: 11 Wer ir-
gendeinen toten Menschen berührt, ist sie-
ben Tage lang unrein. 12 Am dritten Tag ent-
sündigt er sich mit dem Reinigungswasser
und am siebten Tag wird er rein. Wenn er
sich am dritten Tag nicht entsündigt, dann
wird er am siebten Tag nicht rein. 13 Jeder,
der einen toten Menschen, einen Verstorbe-
nen, anrührt und sich nicht entsündigt, hat
die Wohnstätte des Herrn verunreinigt. Ein
solcher Mensch muss aus Israel ausgemerzt
werden, weil er sich nicht hat mit dem Reini-
gungswasser besprengen lassen. Er ist un-
rein; seine Unreinheit haftet ihm immer
noch an.

14 Folgendes Gesetz gilt, wenn ein Mensch
in einem Zelt stirbt: Jeder, der ins Zelt
kommt oder der schon im Zelt ist, wird für
sieben Tage unrein; 15 auch jedes offene Ge-
fäß, das keinen verschnürten Deckel hat, ist
unrein.

16 Jeder, der auf freiem Feld einen mit dem
Schwert Erschlagenen, einen Toten,
menschliche Gebeine oder ein Grab berührt,
ist für sieben Tage unrein.

17 Für den Unreinen nimmt man etwas
Brandasche vom Sündopfer, schüttet sie in
ein Gefäß und gießt Quellwasser darüber.
18 Ein reiner Mann nimmt Ysop, taucht ihn in
das Wasser und bespritzt damit das Zelt so-
wie die Gefäße und die Menschen, die im
Zelt sind, oder den, der Gebeine, einen Er-
schlagenen, einen Toten oder ein Grab be-
rührt hat. 19 Der Reine bespritzt den Unrei-
nen am dritten und am siebten Tag und ent-
sündigt ihn am siebten Tag. Dann wäscht der
Betreffende seine Kleider und badet seinen
Körper in Wasser; am Abend ist er dann rein.
20 Wer aber unrein geworden ist und sich
nicht entsündigt, ein solcher Mensch ist aus
der Versammlung auszumerzen; denn er hat
das Heiligtum des Herrn verunreinigt. Er hat
sich nicht mit dem Reinigungswasser be-
sprengen lassen; er ist unrein. 21 Das soll bei
den Israeliten als feste Regel gelten. Auch
wer das Reinigungswasser verspritzt hat,
wäscht seine Kleider; wer mit dem Reini-
gungswasser in Berührung kommt, ist bis

19,1–13 Rot ist die Farbe des Blutes. Das Reinigungswasser ist eine Art Weihwasser, das die Reinigung von Sünde und kultischer Unreinheit symbolisiert (vgl. Hebr 9,13).

zum Abend unrein. 22 Alles, was der Unreine berührt, ist unrein. Ebenso ist jeder, der ihn berührt, bis zum Abend unrein.

Das Wasser aus dem Felsen.
Der Tod Mirjams und Aarons: 20,1–29

20 Im ersten Monat kam die ganze Gemeinde der Israeliten in die Wüste Zin und das Volk ließ sich in Kadesch nieder. Dort starb Mirjam und wurde auch dort begraben.

2 Da die Gemeinde kein Wasser hatte, rotteten sie sich gegen Mose und Aaron zusammen. 3 Das Volk geriet mit Mose in Streit; sie sagten: Wären wir doch umgekommen wie unsere Brüder, die vor den Augen des Herrn gestorben sind. 4 Warum habt ihr das Volk des Herrn in diese Wüste geführt? Nur damit wir hier zusammen mit unserem Vieh sterben? 5 Wozu habt ihr uns aus Ägypten hierher geführt? Nur um uns an diesen elenden Ort zu bringen, eine Gegend ohne Korn und Feigen, ohne Wein und Granatäpfel? Nicht einmal Trinkwasser gibt es. 6 Mose und Aaron verließen die Versammlung, gingen zum Eingang des Offenbarungszeltes und warfen sich auf ihr Gesicht nieder. Da erschien ihnen die Herrlichkeit des Herrn.

7 Der Herr sprach zu Mose: 8 Nimm deinen Stab; dann versammelt die Gemeinde, du und dein Bruder Aaron, und sagt vor ihren Augen zu dem Felsen, er solle sein Wasser fließen lassen. Auf diese Weise wirst du für sie Wasser aus dem Felsen fließen lassen und ihnen und ihrem Vieh zu trinken geben. 9 Mose holte den Stab von seinem Platz vor dem Herrn, wie der Herr ihm befohlen hatte. 10 Mose und Aaron riefen die Versammlung vor dem Felsen zusammen und Mose sagte zu ihnen: Hört, ihr Meuterer, können wir euch wohl aus diesem Felsen Wasser fließen lassen? 11 Dann hob er seine Hand hoch und schlug mit seinem Stab zweimal auf den Felsen. Da kam Wasser heraus, viel Wasser, und die Gemeinde und ihr Vieh konnten trinken.

12 Der Herr aber sprach zu Mose und Aaron: Weil ihr mir nicht geglaubt habt und mich vor den Augen der Israeliten nicht als den Heiligen bezeugen wolltet, darum werdet ihr dieses Volk nicht in das Land hineinführen, das ich ihm geben will. 13 Das ist das Wasser von Meriba (Streitwasser), weil die Israeliten mit dem Herrn gestritten haben und er sich als der Heilige erwiesen hat.

14 Mose schickte von Kadesch aus Boten zum König von Edom und ließ ihm sagen: So sagt dein Bruder Israel: Du kennst alle Mühsal, die uns getroffen hat. 15 Unsere Väter sind nach Ägypten gezogen und wir haben viele Jahre in Ägypten gewohnt. Aber die Ägypter haben uns und unsere Väter schlecht behandelt. 16 Da haben wir zum Herrn geschrien und er hat uns gehört. Er schickte einen Boten und der Bote führte uns aus Ägypten heraus. Jetzt sind wir in Kadesch, einer Stadt an der Grenze deines Gebietes. 17 Wir möchten durch dein Land ziehen. Wir werden eure Felder und Weinberge nicht betreten und kein Brunnenwasser trinken. Wir werden die Königsstraße benutzen und weder rechts noch links davon abbiegen, bis wir dein Gebiet durchzogen haben. 18 Edom aber ließ dem Mose sagen: Du wirst bei mir nicht durchziehen, sonst ziehe ich dir mit dem Schwert entgegen. 19 Da ließen ihm die Israeliten sagen: Wir wollen auf der Straße ziehen. Und wenn wir von deinem Wasser trinken, ich und meine Herden, dann zahle ich dafür. Ich will nichts anderes, nur zu Fuß durch dein Land ziehen. 20 Aber Edom ließ wieder sagen: Du wirst nicht durchziehen. Und Edom zog mit schwer bewaffneten Kriegern Israel entgegen, zur Abwehr entschlossen. 21 Da Edom sich also weigerte, Israel durch sein Gebiet ziehen zu lassen, musste Israel einen Umweg machen.

22 Die Israeliten brachen von Kadesch auf und die ganze Gemeinde kam zum Berg Hor. 23 Am Berg Hor, an der Grenze von Edom, sprach der Herr zu Mose und Aaron: 24 Aaron wird jetzt mit seinen Vorfahren vereint; er wird nicht in das Land kommen, das ich für die Israeliten bestimmt habe; denn ihr habt euch am Wasser von Meriba gegen meinen Befehl aufgelehnt. 25 Nimm Aaron und seinen Sohn Eleasar und führ sie auf den Berg Hor hinauf! 26 Dann nimm Aaron seine Gewänder ab und leg sie seinem Sohn Eleasar an! Aaron wird dort mit seinen Vätern vereint werden und sterben. 27 Mose tat, was ihm der Herr befohlen hatte. Sie stiegen vor den Augen der ganzen Gemeinde auf den Berg Hor. 28 Mose nahm Aaron die Gewänder ab und legte sie seinem Sohn Eleasar an. Dann starb Aaron dort auf dem Gipfel des Berges, Mose aber und Eleasar stiegen vom Berg herab. 29 Als die Gemeinde sah, dass Aaron dahingeschieden war, beweinte ihn das ganze Haus Israel dreißig Tage lang.

3–4: 11,4–6; 14,1–4; 17,6–14 • 7–13: Ex 17,3–7 • 14: 21,21–24.

Die kupferne Schlange. Kämpfe unterwegs: 21,1–35

21 Als der kanaanitische König von Arad, der im Negeb saß, hörte, dass Israel auf dem Weg von Atarim heranzog,

griff er die Israeliten an und machte einige
Gefangene. 2 Da gelobte Israel dem Herrn:
Wenn du mir dieses Volk in meine Gewalt
gibst, dann weihe ich ihre Städte dem Unter-
gang. 3 Der Herr hörte auf Israel und gab die
Kanaaniter in seine Gewalt. Israel weihte sie
und ihre Städte dem Untergang. Daher
nannte man den Ort Horma (Untergangs-
weihe).

4 Die Israeliten brachen vom Berg Hor auf
und schlugen die Richtung zum Schilfmeer
ein, um Edom zu umgehen. Unterwegs aber
verlor das Volk den Mut, 5 es lehnte sich ge-
gen Gott und gegen Mose auf und sagte: Wa-
rum habt ihr uns aus Ägypten heraufge-
führt? Etwa damit wir in der Wüste sterben?
Es gibt weder Brot noch Wasser. Dieser elen-
den Nahrung sind wir überdrüssig. 6 Da
schickte der Herr Giftschlangen unter das
Volk. Sie bissen die Menschen und viele Is-
raeliten starben. 7 Die Leute kamen zu Mose
und sagten: Wir haben gesündigt, denn wir
haben uns gegen den Herrn und gegen dich
aufgelehnt. Bete zum Herrn, dass er uns von
den Schlangen befreit. Da betete Mose für
das Volk. 8 Der Herr antwortete Mose: Mach
dir eine Schlange und häng sie an einer Fah-
nenstange auf! Jeder, der gebissen wird,
wird am Leben bleiben, wenn er sie ansieht.
9 Mose machte also eine Schlange aus Kupfer
und hängte sie an einer Fahnenstange auf.
Wenn nun jemand von einer Schlange gebis-
sen wurde und zu der Kupferschlange auf-
blickte, blieb er am Leben.

10 Die Israeliten brachen auf und schlugen
ihr Lager in Obot auf. 11 Dann brachen sie
von Obot auf und schlugen in Ije-Abarim ihr
Lager auf, in der Wüste, die östlich von
Moab liegt. 12 Von dort brachen sie auf und
schlugen ihr Lager am Bach Sered auf.
13 Von dort brachen sie auf und schlugen das
Lager jenseits des Arnon auf, in der Wüste,
die sich vom Amoritergebiet bis zum Arnon
ausdehnt. Der Arnon bildet nämlich die
Grenze zwischen Moab und den Amoritern.
14 Deshalb heißt es im Buch der Kriege des
Herrn: Waheb in Sufa und die Bäche des Ar-
non 15 und die Wasserscheide, die sich zum
Wohngebiet von Ar hinneigt und sich an das
Gebiet von Moab anlehnt. 16 Von dort ging es
weiter nach Beer (Brunnen); es ist der Brun-
nen, von dem der Herr zu Mose gesagt hat:
Versammle das Volk, damit ich ihnen Was-
ser gebe. 17 Damals sang Israel das folgende
Lied:

Steig auf, Brunnen! Singt über ihn ein
Lied,

18 über den Brunnen, den Heerführer gru-
ben, / den die Edlen des Volkes aushoben /
mit dem Zepter, mit ihren Stäben.

Aus der Wüste (zogen sie weiter) nach
Mattana, 19 von Mattana nach Nahaliël, von
Nahaliël nach Bamot, 20 von Bamot zum Tal
im Grünland von Moab, zum Gipfel des Pis-
ga, der auf das Ödland herabschaut.

21 Israel schickte Boten zum Amoriterkö-
nig Sihon und ließ ihm sagen: 22 Ich möchte
durch dein Land ziehen. Wir werden nicht in
die Felder und Weinberge abbiegen und wir
werden kein Wasser aus euren Brunnen trin-
ken. Wir wollen nur die Königsstraße benut-
zen, bis wir dein Gebiet durchzogen haben.
23 Doch Sihon ließ Israel nicht durch sein Ge-
biet ziehen. Er versammelte sein ganzes Volk
und zog Israel in die Wüste entgegen. Als er
nach Jahaz gekommen war, griff er Israel an.
24 Aber Israel schlug ihn mit scharfem
Schwert und besetzte sein Land vom Arnon
bis zum Jabbok, das heißt bis zu dem Gebiet
der Ammoniter, denn Jaser bildete damals
die Grenze zu den Ammonitern. 25 Die Israe-
liten nahmen alle jene Städte ein und ließen
sich in den Amoriterstädten nieder, in
Heschbon und allen seinen Tochterstädten.
26 Heschbon war nämlich die Hauptstadt Si-
hons, des Amoriterkönigs. Sihon hatte aber
zuvor gegen den ersten König von Moab
Krieg geführt und hatte ihm sein ganzes
Land bis zum Arnon abgenommen.

27 Darum sagen die Spruchdichter: /
Kommt nach Heschbon! / Aufgebaut, neu
gegründet wird Sihons Stadt.

28 Denn von Heschbon ging ein Feuer aus, /
eine Flamme von Sihons Burg, / sie hat
Ar-Moab gefressen / und die Arnonhöhen
verschlungen.

29 Weh dir, Moab, / mit dir ist es aus, Volk
des Kamosch. / Seine Söhne hat er zu
Flüchtlingen gemacht, / seine Töchter zu Ge-
fangenen / des Amoriterkönigs Sihon.

30 Ihre Scholle ist dahin / von Heschbon bis
Dibon, / von Naschim bis Nofach bei Me-
deba.

31 Die Israeliten ließen sich im Land der
Amoriter nieder. 32 Mose schickte Boten aus,
um Jaser auskundschaften zu lassen. Die Is-

21,5 Die »elende Nahrung« ist das Manna.

21,9 König Hiskija hat nach 2 Kön 18,4 die kupferne Schlange aus der Mosezeit vernichtet, weil sie unterdessen als ein heidnisches Fruchtbarkeitssymbol missverstanden worden war. Nach Joh 3,14 ist die kupferne Schlange des Mose ein Urbild für den am Kreuz erhöhten Christus.

21,21–35 Andere Traditionen über Sihon und Og finden sich in Dtn 2,24 – 3,13 und Ri 11,19–22.

raeliten eroberten Jasers Tochterstädte und
vertrieben die Amoriter, die dort wohnten.
33 Dann änderten sie die Richtung und zo-
gen den Weg zum Baschan hinauf. Og, der
König des Baschan, zog ihnen mit seinem
ganzen Volk nach Edreï zum Kampf entge-
gen. 34 Der Herr sagte zu Mose: Hab keine
Angst vor ihm; denn ich gebe ihn mit seinem
ganzen Volk und seinem Land in deine Ge-
walt. Mach mit ihm, was du schon mit dem
Amoriterkönig Sihon gemacht hast, der in
Heschbon saß. 35 Da erschlugen die Israeliten
Og und seine Söhne und sein ganzes Volk;
keiner von ihnen konnte entrinnen. Die Is-
raeliten aber besetzten sein Land.

4–5; 11,4–6; 14,1–4; 17,6–14; 20,2–6 • 11: 33,44–48 • 21: 20,14–21.

Der Seher Bileam: 22,1 – 24,25

22 Die Israeliten brachen auf und
schlugen ihr Lager in den Steppen
von Moab auf, jenseits des Jordan bei Jeri-
cho. 2 Balak, der Sohn Zippors, hatte gese-
hen, was Israel den Amoritern alles angetan
hatte. 3 Moab erschrak sehr vor dem Volk
(der Israeliten), weil es so groß war, und es
packte ihn das Grauen vor den Israeliten.
4 Da sagte Moab zu den Ältesten von Midian:
Jetzt wird uns dieser Haufen ringsum alles
abfressen, wie die Rinder das Gras auf den
Weiden abgrasen.

Damals war Balak, der Sohn Zippors, Kö-
nig von Moab. 5 Er schickte Boten zu Bileam,
dem Sohn Beors, nach Petor am Strom, ins
Land seiner Stammesgenossen, um ihn rufen
zu lassen. Er ließ ihm sagen: Aus Ägypten ist
ein Volk herangezogen, das das ganze Land
bedeckt und nun mir gegenüber sich nieder-
gelassen hat. 6 Darum komm her und ver-
fluch mir dieses Volk; denn es ist zu mächtig
für mich. Vielleicht kann ich es dann schla-
gen und aus dem Land vertreiben. Ich weiß:
Wen du segnest, der ist gesegnet; wen du ver-
fluchst, der ist verflucht. 7 Die Ältesten von
Moab und die Ältesten von Midian machten
sich auf den Weg, mit Wahrsagerlohn in den
Händen. Als sie zu Bileam kamen, wieder-
holten sie ihm die Worte Balaks. 8 Bileam
sagte zu ihnen: Bleibt über Nacht hier, dann
werde ich euch berichten, was der Herr zu
mir sagt. Da blieben die Hofleute aus Moab
bei Bileam.

9 Gott kam zu Bileam und fragte ihn: Wer
sind die Männer, die bei dir wohnen? 10 Bile-
am antwortete Gott: Balak, der Sohn Zip-
pors, der König von Moab, hat Boten zu mir
geschickt und lässt mir sagen: 11 Das Volk,
das aus Ägypten herangezogen ist, bedeckt
das ganze Land. Darum komm und ver-
wünsch es für mich! Vielleicht kann ich es
dann im Kampf besiegen und vertreiben.
12 Gott antwortete Bileam: Geh nicht mit!
Verfluch das Volk nicht; denn es ist geseg-
net.

13 Am Morgen stand Bileam auf und sagte
zu den Hofleuten Balaks: Kehrt in euer Land
zurück; denn der Herr erlaubt mir nicht, mit
euch zu gehen. 14 Da machten sich die Hof-
leute aus Moab auf den Weg und kehrten zu
Balak zurück. Sie berichteten: Bileam hat
sich geweigert, mit uns zu kommen.

15 Balak schickte noch einmal Hofleute
aus, mehr und vornehmere als das erste Mal.
16 Sie kamen zu Bileam und sagten zu ihm:
So sagt Balak, der Sohn Zippors: Lass dich
nicht abhalten, zu mir zu kommen. 17 Ich will
dir einen sehr hohen Lohn geben; alles, was
du von mir verlangst, will ich tun. Nur komm
und verwünsch mir dieses Volk! 18 Bileam
antwortete den Dienern Balaks: Auch wenn
mir Balak sein Haus voll Silber und Gold
gäbe, könnte ich dem Befehl des Herrn, mei-
nes Gottes, nicht zuwiderhandeln, sei es in
einer unwichtigen oder einer wichtigen Sa-
che. 19 Doch bleibt auch ihr jetzt über Nacht
hier, bis ich weiß, was der Herr weiter zu mir
sagt. 20 In der Nacht kam Gott zu Bileam und
sprach zu ihm: Wenn die Männer gekommen
sind, um dich zu holen, dann mach dich auf
den Weg und geh mit! Aber du darfst nur das
tun, was ich dir sage. 21 Am Morgen stand Bi-
leam auf, sattelte seinen Esel und ging mit
den Hofleuten aus Moab.

22 Aber Gott wurde zornig, weil Bileam
mitging, und der Engel des Herrn trat Bile-
am in feindlicher Absicht in den Weg, als Bi-
leam, begleitet von zwei jungen Männern,
auf seinem Esel dahinritt. 23 Der Esel sah den
Engel des Herrn auf dem Weg stehen, mit
dem gezückten Schwert in der Hand, und er
verließ den Weg und wich ins Feld aus. Da
schlug ihn Bileam, um ihn auf den Weg zu-
rückzubringen. 24 Darauf stellte sich der En-
gel des Herrn auf den engen Weg zwischen
den Weinbergen, der zu beiden Seiten Mau-
ern hatte. 25 Als der Esel den Engel des Herrn
sah, drückte er sich an der Mauer entlang
und drückte dabei das Bein Bileams gegen
die Mauer. Da schlug ihn Bileam wieder.

22,5 Der »Strom« ist der Eufrat.

22,23–35 Vgl. 2 Petr 2,16. Die Erzählung vom sprechenden Esel will zeigen, wie töricht die Wahrsagerei der Heiden ist: Selbst ein Esel ist klüger als ein Wahrsager, der meint, die Geheimnisse der Gottheit zu kennen.

26 Der Engel des Herrn ging weiter und stell-
te sich an eine besonders enge Stelle, wo es
weder rechts noch links eine Möglichkeit gab
auszuweichen. 27 Als der Esel den Engel des
Herrn sah, ging er unter Bileam in die Knie.
Bileam aber wurde wütend und schlug den
Esel mit dem Stock.

28 Da öffnete der Herr dem Esel den Mund
und der Esel sagte zu Bileam: Was habe ich
dir getan, dass du mich jetzt schon zum drit-
ten Mal schlägst? 29 Bileam erwiderte dem
Esel: Weil du mich zum Narren hältst. Hätte
ich ein Schwert dabei, dann hätte ich dich
schon umgebracht. 30 Der Esel antwortete
Bileam: Bin ich nicht dein Esel, auf dem du
seit eh und je bis heute geritten bist? War es
etwa je meine Gewohnheit, mich so gegen
dich zu benehmen? Da musste Bileam zuge-
ben: Nein.

31 Nun öffnete der Herr dem Bileam die
Augen und er sah den Engel des Herrn auf
dem Weg stehen, mit dem gezückten Schwert
in der Hand. Da verneigte sich Bileam und
warf sich auf sein Gesicht nieder. 32 Der En-
gel des Herrn sagte zu ihm: Warum hast du
deinen Esel dreimal geschlagen? Ich bin dir
feindlich in den Weg getreten, weil mir der
Weg, den du gehst, zu abschüssig ist. 33 Der
Esel hat mich gesehen und ist mir schon
dreimal ausgewichen. Wäre er mir nicht aus-
gewichen, dann hätte ich dich vielleicht jetzt
schon umgebracht, ihn aber am Leben gelas-
sen. 34 Bileam antwortete dem Engel des
Herrn: Ich habe gesündigt, aber nur, weil ich
nicht wusste, dass du mir im Weg standest.
Jetzt aber will ich umkehren, wenn dir mein
Vorhaben nicht recht ist. 35 Der Engel des
Herrn antwortete Bileam: Geh mit den Män-
nern, aber rede nichts, außer was ich dir
sage. Da ging Bileam mit den Hofleuten
Balaks.

36 Als Balak hörte, dass Bileam kam, ging
er ihm entgegen bis zur Grenzstadt Moabs
am Arnon, unmittelbar an der Grenze. 37 Ba-
lak sagte zu Bileam: Ich hatte dich rufen las-
sen. Warum bist du nicht zu mir gekommen?
Kann ich dir nicht einen hohen Lohn geben?
38 Bileam antwortete Balak: Jetzt bin ich
zwar bei dir. Aber kann ich jetzt etwas re-
den? Ich kann nur sagen, was Gott mir in den
Mund legt. 39 Bileam ging mit Balak weiter
nach Kirjat-Huzot. 40 Balak schlachtete Rin-
der und Schafe und ließ damit Bileam und
die Hofleute, die dabei waren, bewirten.
41 Am nächsten Morgen nahm Balak Bileam
mit sich und führte ihn zu den Baalshöhen
hinauf. Von dort konnte er bis zum Volk se-
hen.

23 Bileam sagte zu Balak: Errichte mir
hier sieben Altäre und stell mir hier
sieben junge Stiere und sieben Widder be-
reit! 2 Balak tat, was Bileam gesagt hatte,
und Balak und Bileam brachten auf jedem
Altar einen jungen Stier und einen Widder
dar. 3 Dann sagte Bileam zu Balak: Bleib bei
deinem Brandopfer stehen! Ich aber will bei-
seite gehen; vielleicht begegnet mir der Herr.
Was er mich sehen lässt, werde ich dir mit-
teilen. Dann ging er auf die kahle Höhe.

4 Gott begegnete Bileam. Bileam sagte zu
ihm: Ich habe sieben Altäre hergerichtet und
auf jedem Altar einen jungen Stier und einen
Widder dargebracht. 5 Da legte der Herr dem
Bileam ein Wort in den Mund und sagte: Geh
zu Balak zurück und sag ihm das und das!
6 Bileam kehrte also zurück. Balak stand bei
seinem Brandopfer und alle Hofleute Moabs
waren bei ihm. 7 Da begann Bileam mit sei-
nem Orakelspruch und sagte:

Aus Aram führte mich Balak her, / der Kö-
nig von Moab vom Ostgebirge: / »Geh, ver-
fluche mir Jakob! / Geh, drohe Israel!«

8 Doch wie soll ich verwünschen, / wen
Gott nicht verwünscht, / wie soll ich dro-
hen, / wem Jahwe nicht droht?

9 Denn vom Gipfel der Felsen sehe ich es, /
von den Höhen aus erblicke ich es: / Dort, ein
Volk, es wohnt für sich, / es zählt sich nicht
zu den Völkern.

10 Wer zählt Jakobs Menge, zahlreich wie
Staub, / wer die Zehntausende Israels? / Oh,
könnte ich den Tod der Gerechten sterben /
und wäre mein Ende dem seinen gleich.

11 Da sagte Balak zu Bileam: Was hast du
mir angetan? Ich habe dich geholt, damit du
meine Feinde verwünschst, und nun hast du
sie stattdessen gesegnet. 12 Bileam antworte-
te: Muß ich nicht das sagen, was der Herr mir
in den Mund legt?

13 Darauf sagte Balak zu ihm: Geh mit mir
an einen anderen Ort, von wo aus du das
Volk sehen kannst. Du wirst freilich nur den
äußersten Rand sehen; ganz wirst du es nicht
sehen. Von dort aus verwünsch es mir! 14 Er
nahm ihn mit zum Späherfeld am Gipfel des
Pisga, errichtete dort sieben Altäre und
brachte auf jedem Altar einen jungen Stier
und einen Widder dar. 15 Bileam sagte zu

22,32 zu abschüssig: Der Sinn des hebräischen Wortes ist unklar. Wenn es hier richtig übersetzt ist, dann ist es wohl in übertragener Bedeutung gemeint.

22,41 bis zum Volk, wörtlich: bis an den äußersten Rand des Volkes (Israel).

23,10 dem seinen, gemeint ist: dem Ende Israels.

Balak: Bleib hier bei deinem Brandopfer stehen, ich aber will dort drüben auf die Begegnung mit dem Herrn warten. 16 Der Herr begegnete Bileam, legte ihm ein Wort in den Mund und sagte: Kehr zu Balak zurück und sag ihm das und das! 17 Als Bileam zu Balak kam, stand er bei seinem Opfer und die Hofleute Moabs waren bei ihm. Balak fragte ihn: Was hat der Herr gesagt? 18 Da begann Bileam mit seinem Orakelspruch und sagte:

Auf, Balak, höre, / lausche mir, Sohn Zippors!

19 Gott ist kein Mensch, der lügt, / kein Menschenkind, das etwas bereut. / Spricht er etwas und tut es dann nicht, / sagt er etwas und hält es dann nicht?

20 Sieh her, ich habe es übernommen zu segnen; / so muss ich segnen, ich kann's nicht widerrufen.

21 Man erblickt kein Übel in Jakob, / man sieht kein Unheil in Israel. / Jahwe, sein Gott, ist bei ihm, / seinem König jubelt Israel zu.

22 Gott hat sie aus Ägypten geführt. / Er hat Hörner wie ein Wildstier.

23 Zauberei wirkt nicht gegen Jakob, / Beschwörung hilft nicht gegen Israel – / [Jetzt sagt man zu Jakob, zu Israel: / Was hat Gott getan?]

24 ein Volk wie ein Löwe, der aufsteht, / wie ein Raubtier, das sich erhebt. / Es legt sich nicht hin, / bevor es die Beute gefressen / und das Blut der Erschlagenen getrunken hat.

25 Da sagte Balak zu Bileam: Wenn du es schon nicht verwünschen willst, dann segne es doch wenigstens nicht! 26 Bileam antwortete Balak: Habe ich es dir nicht gesagt: Ich muss alles tun, was der Herr mir befiehlt.

27 Darauf sagte Balak zu Bileam: Komm mit, ich will dich noch an einen anderen Ort mitnehmen. Vielleicht ist es Gott recht, dass du mir das Volk von dort aus verfluchst. 28 Balak nahm also Bileam mit auf den Gipfel des Pegor, der auf das Ödland herabschaut. 29 Bileam sagte zu Balak: Bau mir hier sieben Altäre und stell mir hier sieben junge Stiere und sieben Widder bereit! 30 Balak tat, was Bileam gesagt hatte, und brachte auf jedem Altar einen jungen Stier und einen Widder dar.

24 Bileam aber sah, dass es dem Herrn recht war, wenn er Israel segnete. Er suchte nicht geheimnisvolle Zeichen, wie er sonst zu tun pflegte, sondern wandte sein Gesicht der Wüste zu. 2 Als Bileam aufblickte, sah er Israel im Lager, nach Stämmen geordnet. Da kam der Geist Gottes über ihn, 3 er begann mit seinem Orakelspruch und sagte:

Spruch Bileams, des Sohnes Beors, / Spruch des Mannes mit geschlossenem Auge,

4 Spruch dessen, der Gottesworte hört, / der eine Vision des Allmächtigen sieht, / der daliegt mit entschleierten Augen:

5 Jakob, wie schön sind deine Zelte, / wie schön deine Wohnstätten, Israel!

6 Wie Bachtäler ziehen sie sich hin, / wie Gärten am Strom, / wie Eichen, vom Herrn gepflanzt, / wie Zedern am Wasser.

7 Von seinen Schöpfeimern rinnt das Wasser, / reichlich Wasser hat seine Saat. / Sein König ist Agag überlegen, / seine Königsherrschaft erstarkt.

8 Ja, Gott hat ihn aus Ägypten geführt. / Er hat Hörner wie ein Wildstier. / Er frißt die Völker, die ihm Feind sind, / er zermalmt ihre Knochen / und zerbricht ihre Pfeile.

9 Er duckt sich, liegt da wie ein Löwe, / wie ein Raubtier. Wer wagt es, ihn aufzujagen? / Wer dich segnet, ist gesegnet, / und wer dich verflucht, ist verflucht.

10 Da wurde Balak zornig auf Bileam. Er schlug die Hände zusammen und sagte zu Bileam: Ich habe dich gerufen, damit du meine Feinde verwünschst, du aber hast sie schon dreimal gesegnet. 11 Geh weg, dorthin, woher du gekommen bist! Ich habe versprochen, dir einen hohen Lohn zu geben, aber Jahwe hat dich daran gehindert, ihn zu erhalten. 12 Bileam antwortete Balak: Habe ich nicht gleich zu deinen Boten, die du zu mir geschickt hast, gesagt: 13 Auch wenn mir Balak sein Haus voll Silber und Gold gibt, kann ich dem Befehl des Herrn nicht zuwiderhandeln und nach eigenem Gutdünken Gutes oder Böses bewirken. Ich muss sagen, was der Herr sagt. 14 Gut, ich gehe jetzt zu meinem Volk zurück. Ich will dir aber noch verraten, was dieses Volk deinem Volk in der Zukunft antun wird. 15 Und er begann mit seinem Orakelspruch und sagte:

Spruch Bileams, des Sohnes Beors, / Spruch des Mannes mit geschlossenem Auge,

16 Spruch dessen, der Gottesworte hört, / der die Gedanken des Höchsten kennt, / der eine Vision des Allmächtigen sieht, / der daliegt mit entschleierten Augen:

17 Ich sehe ihn, aber nicht jetzt, / ich erblicke ihn, aber nicht in der Nähe: / Ein Stern

---

23,23 Der Einschub gibt hier keinen Sinn.

24,17 Wahrscheinlich ist David und sein Sieg über die Moabiter gemeint.

geht in Jakob auf, / ein Zepter erhebt sich in
Israel. / Er zerschlägt Moab die Schläfen /
und allen Söhnen Sets den Schädel.
18 Edom wird sein Eigentum, / Seïr, sein
Feind, wird sein Besitz. / Israel aber wird
mächtig und stark.
19 Aus Jakob steigt einer herab / und ver-
nichtet alles, was aus der Stadt entkam.
20 Dann sah Bileam Amalek; er begann mit
seinem Orakelspruch und sagte:
Amalek war das erste unter den Völkern, /
doch es endet im Untergang.
21 Dann sah Bileam die Keniter; er begann
mit seinem Orakelspruch und sagte:
Dein Wohnsitz, Kain, ist sicher und fest, /
dein Nest ist auf Felsen gebaut;
22 doch es wird hinweggefegt werden. /
Nicht mehr lange, dann führt Assur dich
weg.
23 Er begann nochmals mit seinem Orakel-
spruch und sagte:
Weh, wer wird am Leben bleiben, wenn
Gott das tut?
24 Schiffe kommen von den Kittäern, / sie
demütigen Assur, sie demütigen Eber. / Doch
auch er endet im Untergang.
25 Dann brach Bileam auf und kehrte in
seine Heimat zurück und auch Balak zog
seines Weges.

22,6: 24,9; Gen 12,3; 27,29 • 24,3: 24,15f • 7: 1 Sam 15,8 • 9: 22,6; Gen 12,3; 27,29 • 13: 22,18 • 15–16: 24,3f.

Der Priester Pinhas: 25,1–18

25 Als sich Israel in Schittim aufhielt,
begann das Volk mit den Moabite-
rinnen Unzucht zu treiben. 2 Sie luden das
Volk zu den Opferfesten ihrer Götter ein, das
Volk aß mit ihnen und fiel vor ihren Göttern
nieder. 3 So ließ sich Israel mit Baal-Pegor
ein. Da entbrannte der Zorn des Herrn gegen
Israel 4 und der Herr sprach zu Mose: Nimm
alle Anführer des Volkes und spieße sie für
den Herrn im Angesicht der Sonne auf Pfäh-
le, damit sich der glühende Zorn des Herrn
von Israel abwendet. 5 Da sagte Mose zu den
Richtern Israels: Jeder soll die von seinen
Leuten töten, die sich mit Baal-Pegor einge-
lassen haben.
6 Unter den Israeliten war einer, der zu sei-
nen Brüdern kam und eine Midianiterin mit-
brachte, und zwar vor den Augen des Mose
und der ganzen Gemeinde der Israeliten,
während sie am Eingang des Offenbarungs-
zeltes weinten. 7 Als das der Priester Pinhas,
der Sohn Eleasars, des Sohnes Aarons, sah,
stand er mitten in der Gemeinde auf, ergriff
einen Speer, 8 ging dem Israeliten in den
Frauenraum nach und durchbohrte beide,
den Israeliten und die Frau, auf ihrem Lager.
Danach nahm die Plage, die die Israeliten
getroffen hatte, ein Ende. 9 Im Ganzen aber
waren vierundzwanzigtausend Menschen an
der Plage gestorben.
10 Der Herr sprach zu Mose: 11 Der Priester
Pinhas, der Sohn Eleasars, des Sohnes Aa-
rons, hat meinen Zorn von den Israeliten ab-
gewendet dadurch, dass er sich bei ihnen für
mich ereiferte. So musste ich die Israeliten
nicht in meinem leidenschaftlichen Eifer
umbringen. 12 Darum sage ich: Hiermit ge-
währe ich ihm meinen Friedensbund. 13 Ihm
und seinen Nachkommen wird der Bund des
ewigen Priestertums zuteil, weil er sich für
seinen Gott ereifert und die Israeliten ent-
sühnt hat.
14 Der Israelit, der zusammen mit der Mi-
dianiterin erschlagen worden war, hieß Sim-
ri; er war ein Sohn Salus und ein führender
Mann aus einer simeonitischen Großfamilie.
15 Die erschlagene Midianiterin hieß Kosbi;
sie war die Tochter Zurs, und dieser war das
Haupt einer Großfamilie in Midian.
16 Der Herr sprach zu Mose: 17 Greift die
Midianiter an und schlagt sie; 18 denn auch
sie haben euch arglistig angegriffen, als sie
euch mit Pegor und mit ihrer Schwester Kos-
bi überlisteten, der Tochter eines führenden
Midianiters, die erschlagen wurde, als die
Plage wegen Pegor ausgebrochen war.

Die zweite Volkszählung: 25,19 – 26,65

26 19 Nach jener Plage 1 sagte der Herr
zu Mose und zu dem Priester Eleasar,
dem Sohn Aarons: 2 Ermittelt die Gesamt-
zahl der Gemeinde aller Israeliten, die zwan-
zig Jahre und älter sind, aller wehrfähigen
Israeliten, nach Großfamilien geordnet. 3 Da
redeten Mose und der Priester Eleasar zu den
Israeliten in den Steppen von Moab, am Jor-
dan bei Jericho, 4 zu allen Männern von
zwanzig Jahren und darüber, wie der Herr es
Mose befohlen hatte.
Das sind die Israeliten, die aus Ägypten
ausgezogen waren: 5 Ruben war der Erstge-
borene Israels. Zu den Rubenitern gehörten
von Henoch die Sippe der Henochiter, von
Pallu die Sippe der Palluiter, 6 von Hezron
die Sippe der Hezroniter, von Karmi die
Sippe der Karmiter. 7 Das waren die Sippen
der Rubeniter. Die Zahl der bei ihnen Gemus-
terten betrug 43 730 Mann. 8 Der Sohn Pal-
lus war Eliab; 9 die Söhne Eliabs: Nemuël,

24,23 Der Fragesatz ist in H unklar.

24,24 Wer der ist, der im Untergang endet, ist unklar.

Datan und Abiram. Datan und Abiram wa-
ren die Abgeordneten der Gemeinde, die mit
Mose und Aaron in Streit geraten waren, zu-
sammen mit den Anhängern Korachs, als
diese mit dem Herrn in Streit geraten waren.
10 Die Erde tat ihren Rachen auf und ver-
schlang sie und Korach, als seine Anhänger
ums Leben kamen; das Feuer fraß die zwei-
hundertfünfzig Mann und sie wurden zu
einem warnenden Zeichen. 11 Die Söhne Ko-
rachs waren aber dabei nicht ums Leben ge-
kommen.

12 Zu den Simeonitern gehörten folgende
Sippen: von Jemuël die Sippe der Jemuëliter,
von Jamin die Sippe der Jaminiter, von Ja-
chin die Sippe der Jachiniter, 13 von Serach
die Sippe der Serachiter, von Schaul die
Sippe der Schauliter. 14 Das waren die Sip-
pen der Simeoniter, im Ganzen 22 200
Mann.

15 Zu den Gaditern gehörten folgende Sip-
pen: von Zifjon die Sippe der Zifjoniter, von
Haggi die Sippe der Haggiter, von Schuni die
Sippe der Schuniter, 16 von Osni die Sippe
der Osniter, von Eri die Sippe der Eriter,
17 von Arod die Sippe der Aroditer, von Areli
die Sippe der Areliter. 18 Das waren die Sip-
pen der Gaditer mit ihren Gemusterten, im
Ganzen 40 500 Mann.

19 Die Söhne Judas waren: Er und Onan;
Er und Onan aber waren in Kanaan gestor-
ben. 20 Zu Juda gehörten folgende Sippen:
von Schela die Sippe der Schelaniter, von
Perez die Sippe der Pereziter, von Serach die
Sippe der Serachiter. 21 Zu den Perezitern
gehörten von Hezron die Sippe der Hezroni-
ter und von Hamul die Sippe der Hamuliter.
22 Das waren die Sippen Judas mit ihren Ge-
musterten, im Ganzen 76 500 Mann.

23 Zu den Issacharitern gehörten folgende
Sippen: von Tola die Sippe der Tolaiter, von
Puwa die Sippe der Puwaniter, 24 von Ja-
schub die Sippe der Jaschubiter, von Schim-
ron die Sippe der Schimroniter. 25 Das waren
die Sippen Issachars mit ihren Gemusterten,
im Ganzen 64 300 Mann.

26 Zu den Sebulonitern gehörten folgende
Sippen: von Sered die Sippe der Serediter,
von Elon die Sippe der Eloniter, von Jachleel
die Sippe der Jachleeliter. 27 Das waren die
Sippen der Sebuloniter mit ihren Gemuster-
ten, im Ganzen 60 500 Mann.

28 Bei den Josefstämmen Manasse und
Efraim gehörten folgende Sippen 29 zu den
Manassitern: von Machir die Sippe der Ma-
chiriter; Machir zeugte Gilead und von Gile-
ad stammt die Sippe der Gileaditer. 30 Das
sind die Gileaditer: von Ieser die Sippe der
Ieseriter, von Helek die Sippe der Helekiter,
31 von Asriël die Sippe der Asriëliter, von
Schechem die Sippe der Schechemiter, 32 von
Schemida die Sippe der Schemidaiter, von
Hefer die Sippe der Heferiter. 33 Zelofhad,
der Sohn Hefers, hatte keine Söhne, sondern
nur Töchter; die Töchter Zelofhads hießen
Machla, Noa, Hogla, Milka und Tirza. 34 Das
waren die Sippen Manasses mit ihren Ge-
musterten, im Ganzen 52 700 Mann.

35 Zu den Efraimitern gehörten folgende
Sippen: von Schutelach die Sippe der Schu-
telachiter, von Becher die Sippe der Becheri-
ter, von Tahan die Sippe der Tahaniter. 36 Zu
den Schutelachitern gehört von Eran die
Sippe der Eraniter. 37 Das waren die Sippen
der Efraimiter mit ihren Gemusterten, im
Ganzen 32 500 Mann. Das waren die Josef-
stämme nach ihren Sippen.

38 Zu den Benjaminitern gehörten folgende
Sippen: von Bela die Sippe der Belaiter,
von Aschbel die Sippe der Aschbeliter, von
Ahiram die Sippe der Ahiramiter, 39 von
Schufam die Sippe der Schufamiter, von
Hufam die Sippe der Hufamiter. 40 Die Söh-
ne Belas waren Ard und Naaman; von Ard
stammt die Sippe der Arditer, von Naaman
die Sippe der Naamaniter. 41 Das waren die
Benjaminiter nach ihren Sippen; die Zahl
der bei ihnen Gemusterten betrug 45 600
Mann.

42 Zu den Danitern gehörten folgende Sip-
pen: von Schuham die Sippe der Schuhami-
ter. Das waren die Sippen Dans. 43 Die Zahl
der Gemusterten bei den Sippen der Schuha-
miter betrug im Ganzen 64 400 Mann.

44 Zu den Ascheritern gehörten folgende
Sippen: von Jimna die Sippe der Jimnaiter,
von Jischwi die Sippe der Jischwiter, von
Beria die Sippe der Beriaiter. 45 Zu den Be-
riaitern gehörten folgende Sippen: von He-
ber die Sippe der Heberiter, von Malkiël die
Sippe der Malkiëliter. 46 Die Tochter Aschers
hieß Serach. 47 Das waren die Sippen der
Ascheriter mit ihren Gemusterten, im Gan-
zen 53 400 Mann.

48 Zu den Naftalitern gehörten folgende
Sippen: von Jachzeel die Sippe der Jachzee-
liter, von Guni die Sippe der Guniter, 49 von
Jezer die Sippe der Jezeriter, von Schillem
die Sippe der Schillemiter. 50 Das waren die
Sippen Naftalis. Die Zahl der bei ihnen Ge-
musterten betrug 45 400 Mann.

51 Die Gesamtzahl der gemusterten Israeli-
ten betrug 601 730 Mann.

52 Der Herr sprach zu Mose: 53 An diese
Männer soll das Land als Erbbesitz verteilt
werden, entsprechend der Zahl der verzeich-
neten Namen. 54 Wer mehr Namen zählt,
dem sollst du einen größeren Erbbesitz ge-

ben; wer weniger zählt, dem sollst du einen
kleineren Erbbesitz geben. Jedem soll sein
Erbbesitz entsprechend der Zahl der bei ihm
Gemusterten gegeben werden. 55 Doch soll
das Land durch das Los verteilt werden und
sie sollen ihren Erbbesitz nach den Namen
der Stämme ihrer Väter erhalten. 56 Der Erb-
besitz soll durch das Los zwischen den gro-
ßen und den kleinen Stämmen aufgeteilt
werden.

57 Zu den im Stamm Levi Gemusterten ge-
hörten folgende Sippen: von Gerschon die
Sippe der Gerschoniter, von Kehat die Sippe
der Kehatiter, von Merari die Sippe der
Merariter. 58 Das sind die Sippen Levis: die
Sippe der Libniter, die Sippe der Hebroniter,
die Sippe der Machliter, die Sippe der Mu-
schiter, die Sippe der Korachiter.

Kehat zeugte Amram. 59 Die Frau Amrams
hieß Jochebed; sie war die Tochter Levis, die
dem Levi noch in Ägypten geboren wurde.
Sie gebar dem Amram Aaron und Mose so-
wie deren Schwester Mirjam. 60 Dem Aaron
wurden Nadab, Abihu, Eleasar und Itamar
geboren. 61 Nadab und Abihu aber waren ge-
storben, als sie dem Herrn ein unerlaubtes
Feueropfer darbrachten.

62 Bei den Leviten wurden im Ganzen
23 000 Mann gemustert, alle männlichen
Personen im Alter von einem Monat und da-
rüber. Sie wurden aber nicht zusammen mit
den Israeliten gemustert; denn ihnen wurde
kein Erbbesitz wie den anderen Israeliten
gegeben.

63 Das waren die von Mose und dem Pries-
ter Eleasar gemusterten Israeliten, die sie in
den Steppen von Moab am Jordan bei Jeri-
cho gemustert hatten. 64 Unter ihnen war
niemand mehr von denen, die Mose und der
Priester Aaron in der Wüste Sinai gemustert
hatten. 65 Denn über sie hatte der Herr ja ge-
sagt: Sie müssen in der Wüste sterben. Daher
war keiner von ihnen am Leben geblieben
außer Kaleb, der Sohn Jefunnes, und Josua,
der Sohn Nuns.

26,1–65 ‖ 1,1–54 • 26,10: 16,1–35 • 19: Gen 38,3–10 • 33: 27,1–11 • 60: 3,2.4; Lev 10,1–5 • 64: 1; 3 • 65: 14,21–35.

Die Erbordnung: 27,1–11

27 Die Töchter Zelofhads, des Sohnes
Hefers, des Sohnes Gileads, des Soh-
nes Machirs, des Sohnes Manasses, aus den
Sippen Manasses, des Sohnes Josefs, – diese
Töchter hießen Machla, Noa, Hogla, Milka
und Tirza –, 2 kamen zu Mose, zum Priester
Eleasar, zu den Anführern und zur ganzen
Gemeinde an den Eingang des Offenba-
rungszeltes und sagten: 3 Unser Vater ist in
der Wüste gestorben. Er gehörte nicht zu den
Anhängern Korachs, die sich gegen den
Herrn zusammengerottet hatten; denn er
war bereits wegen seiner eigenen Sünde ge-
storben. Aber er hinterließ keine Söhne.
4 Warum soll nun der Name unseres Vaters
aus seiner Sippe verschwinden, weil er kei-
nen Sohn hatte? Gib uns also eigenen Grund
und Boden bei den Brüdern unseres Vaters!
5 Mose trug ihren Fall dem Herrn vor 6 und
der Herr sprach zu Mose: 7 Die Töchter Ze-
lofhads haben Recht. Du musst ihnen eige-
nen Grund und Boden als Erbbesitz bei den
Brüdern ihres Vaters geben, also den Erbbe-
sitz ihres Vaters auf sie übertragen. 8 Sag zu
den Israeliten: Wenn jemand ohne Söhne
stirbt, dann übertragt seinen Erbbesitz auf
seine Tochter! 9 Hat er keine Tochter, dann
gebt seinen Erbbesitz seinen Brüdern! 10 Hat
er keine Brüder, dann gebt seinen Erbbesitz
den Brüdern seines Vaters! 11 Hat sein Vater
keine Brüder, dann gebt seinen Erbbesitz
dem nächsten Verwandten aus seiner Sippe;
er soll ihn bekommen. Das wurde für die Is-
raeliten geltendes Recht, wie der Herr es
Mose befohlen hatte.

1: 26,33.

Die Berufung Josuas: 27,12–23

12 Der Herr sprach zu Mose: Steig auf das
Abarimgebirge dort und sieh dir das Land
an, das ich den Israeliten gegeben habe.
13 Wenn du es gesehen hast, wirst du mit dei-
nen Vorfahren vereint werden wie dein Bru-
der Aaron; 14 denn ihr habt euch in der Wüste
Zin meinem Befehl widersetzt, als die Ge-
meinde aufbegehrte und ihr vor ihren Augen
hättet bezeugen sollen, dass ich der Heilige
bin. [Das ist das »Streitwasser« von Kadesch
in der Wüste Zin.]

15 Da sagte Mose zum Herrn: 16 Der Herr,
der Gott der Geister, die alle Menschen bele-
ben, setze einen Mann als Anführer der Ge-
meinde ein, 17 der vor ihnen her in den
Kampf zieht und vor ihnen her wieder in das
Lager einzieht, der sie zum Krieg hinaus-
führt und sie zurückführt; die Gemeinde des
Herrn soll nicht sein wie Schafe, die keinen
Hirten haben. 18 Der Herr antwortete Mose:
Nimm Josua, den Sohn Nuns, einen Mann,
der mit Geist begabt ist, und leg ihm deine
Hand auf! 19 Dann lass ihn vor den Priester
Eleasar und vor die ganze Gemeinde treten
und gib ihm vor ihren Augen deine Anwei-
sungen! 20 Gib ihm einen Teil deiner Würde
ab, damit die ganze Gemeinde der Israeliten
auf ihn hört. 21 Er soll vor den Priester Elea-
sar treten und ihn vor dem Herrn um die

Entscheidungen durch das Urim-Orakel bit-
ten. Nach seinem Befehl sollen sie in den
Kampf ziehen und nach seinem Befehl sollen
sie wieder in das Lager einziehen, er und mit
ihm alle Israeliten und die ganze Gemeinde.
22 Mose tat, was ihm der Herr befohlen hatte.
Er nahm Josua und ließ ihn vor den Priester
Eleasar und vor die ganze Gemeinde treten.
23 Er legte ihm seine Hände auf und gab ihm
seine Anweisungen, wie es der Herr durch
Mose befohlen hatte.

13: 20,22–29 • 14: 20,2–13; Ex 17,7 • 16: 16,22 • 17: Mt 9,36; Mk 6,34.

Opfer und Feste: 28,1 – 30,1

28 Der Herr sprach zu Mose: 2 Gib den
Israeliten folgenden Befehl und sag
zu ihnen: Ihr sollt darauf bedacht sein, zur
festgesetzten Zeit meine Opfergaben, meine
Speise, durch das Feueropfer als beruhigen-
den Duft mir darzubringen. 3 Sag ihnen: Das
ist das Feueropfer, das ihr dem Herrn dar-
bringen sollt: täglich zwei fehlerlose einjäh-
rige Lämmer als regelmäßiges Brandopfer.
4 Das eine Lamm sollst du am Morgen, das
zweite Lamm zur Abenddämmerung her-
richten, 5 dazu ein zehntel Efa Feinmehl, das
mit einem viertel Hin gestoßenen Öls ver-
mengt ist, als Speiseopfer. 6 Das ist das
regelmäßige Brandopfer, das am Sinai als
beruhigender Duft für den Herrn, als Feuer-
opfer hergerichtet wurde. 7 Das dazugehö-
rende Trankopfer soll aus einem viertel Hin
je Lamm bestehen. Am Heiligtum gieß als
Trankopfer für den Herrn berauschendes
Getränk aus! 8 Das zweite Lamm sollst du
zur Abenddämmerung herrichten; ebenso
wie am Morgen sollst du es zusammen mit ei-
nem Speiseopfer und einem dazugehörenden
Trankopfer als Feueropfer, als beruhigenden
Duft für den Herrn herrichten. 9 Am Sabbat
aber nimm zwei fehlerlose einjährige Läm-
mer, dazu als Speiseopfer zwei Zehntel Fein-
mehl, das mit Öl vermengt ist, sowie das da-
zugehörende Trankopfer; 10 das sei das Sab-
batbrandopfer an jedem Sabbat, zusätzlich
zum regelmäßigen Brandopfer mit dem ent-
sprechenden Trankopfer.

11 An den Monatsanfängen sollt ihr für den
Herrn als Brandopfer zwei einjährige Jung-
stiere, einen Widder und sieben fehlerlose
einjährige Lämmer darbringen, 12 dazu je
Jungstier drei Zehntel Feinmehl, das mit Öl
vermengt ist, als Speiseopfer, außerdem zwei
Zehntel Feinmehl, das mit Öl vermengt ist,
als zu dem Widder gehörendes Speiseopfer
13 sowie je Lamm ein Zehntel Feinmehl, das
mit Öl vermengt ist, als Speiseopfer; dies sei
das Brandopfer als beruhigender Duft, als
Feueropfer für den Herrn. 14 Die dazugehö-
renden Trankopfer bestehen aus einem hal-
ben Hin Wein je Jungstier, einem drittel Hin
für den Widder und einem viertel Hin Wein
je Lamm. Das ist das monatliche Opfer, das
in jedem Monat des Jahres am Neumond
dargebracht wird.

15 Auch soll man einen Ziegenbock als
Sündopfer für den Herrn herrichten, zusätz-
lich zu dem regelmäßigen Brandopfer und
dem dazugehörenden Trankopfer.

16 Am vierzehnten Tag des ersten Monats
ist das Paschafest zur Ehre des Herrn. 17 Der
fünfzehnte Tag dieses Monats ist ein Festtag.
Sieben Tage lang ißt man ungesäuerte Brote.
18 Am ersten Tag findet eine heilige Ver-
sammlung statt; an ihm dürft ihr keine
schwere Arbeit verrichten; 19 ihr sollt ein
Feueropfer darbringen, ein Brandopfer für
den Herrn: zwei Jungstiere, einen Widder
und sieben fehlerlose einjährige Lämmer.
20 Als das dazugehörende Speiseopfer sollt
ihr je Jungstier drei Zehntel Feinmehl, das
mit Öl vermengt ist, und zwei Zehntel für
den Widder herrichten; 21 außerdem sollst du
je Lamm ein Zehntel herrichten, 22 dazu ei-
nen Ziegenbock als Sündopfer, um euch zu
entsühnen. 23 Das sollt ihr zusätzlich zu dem
Morgenopfer herrichten, das zu dem regel-
mäßigen Brandopfer gehört. 24 Ebenso sollt
ihr es während der sieben Tage täglich mit
den Speisen und mit dem Feueropfer als dem
beruhigenden Duft für den Herrn halten.
Das soll zusätzlich zu dem regelmäßigen
Brandopfer und dem dazugehörenden
Trankopfer geschehen. 25 Am siebten Tag
sollt ihr eine heilige Versammlung abhalten;
an diesem Tag dürft ihr keine schwere Arbeit
verrichten. 26 Auch am Tag der Erstlings-
früchte, wenn ihr dem Herrn das Speiseopfer
vom neuen Getreide darbringt, an eurem
Wochenfest, sollt ihr die heilige Versamm-
lung abhalten; auch an diesem Tag dürft ihr
keine schwere Arbeit verrichten; 27 ihr sollt
als Brandopfer und als beruhigenden Duft
für den Herrn zwei Jungstiere, einen Widder
und sieben einjährige Lämmer darbringen,
28 ferner als dazugehörendes Speiseopfer je
Jungstier drei Zehntel Feinmehl, das mit Öl
vermengt ist, zwei Zehntel für den einen
Widder 29 und ein Zehntel für jedes der sie-
ben Lämmer, 30 außerdem einen Ziegenbock,
um euch zu entsühnen. 31 Das sollt ihr zu-
sätzlich zu dem regelmäßigen Brandopfer,
dem dazugehörenden Speiseopfer und den
dazugehörenden Trankopfern darbringen.
Aber ihr dürft dabei nur fehlerlose Tiere ver-
wenden.

29 Am ersten Tag des siebten Monats
sollt ihr eine heilige Versammlung
abhalten; an diesem Tag dürft ihr keine
schwere Arbeit verrichten. Es soll für euch
ein Tag sein, an dem mit großem Lärm die
Trompete geblasen wird. 2 Richtet als Brand-
opfer, als beruhigenden Duft für den Herrn
einen Jungstier, einen Widder und sieben
fehlerlose einjährige Lämmer her, 3 ferner
als zu dem Stier gehörendes Speiseopfer drei
Zehntel Feinmehl, das mit Öl vermengt ist,
sowie zwei Zehntel für den einen Widder
4 und ein Zehntel für jedes der sieben Läm-
mer, 5 dazu einen Ziegenbock als Sündopfer,
um euch zu entsühnen, 6 das alles zusätzlich
zum monatlichen Brandopfer und zum dazu-
gehörenden Speiseopfer und zusätzlich zum
regelmäßigen Brandopfer, zum dazugehö-
renden Speiseopfer und den dazugehören-
den Trankopfern, wie sie der Vorschrift ent-
sprechen, als beruhigenden Duft, als Feuer-
opfer für den Herrn.

7 Am zehnten Tag dieses siebten Monats
sollt ihr eine heilige Versammlung abhalten.
An diesem Tag sollt ihr euch Enthaltung auf-
erlegen und dürft keinerlei Arbeit verrich-
ten; 8 ihr sollt dem Herrn ein Brandopfer als
beruhigenden Duft darbringen. Dafür sollt
ihr einen Jungstier, einen Widder und sieben
fehlerlose einjährige Lämmer verwenden,
9 ferner als zu dem Stier gehörendes Speise-
opfer drei Zehntel Feinmehl, das mit Öl ver-
mengt ist, sowie zwei Zehntel für den einen
Widder 10 und ein Zehntel für jedes der sie-
ben Lämmer, 11 außerdem einen Ziegenbock
als Sündopfer, und zwar zusätzlich zum
Sündopfer der Entsühnung, zum regelmäßi-
gen Brandopfer, zum dazugehörenden Spei-
seopfer und den dazugehörenden Trankop-
fern.

12 Am fünfzehnten Tag des siebten Monats
sollt ihr eine heilige Versammlung abhalten.
An diesem Tag dürft ihr keine schwere Ar-
beit verrichten; ihr sollt sieben Tage lang ein
Fest zur Ehre des Herrn feiern. 13 Ihr sollt
ein Brandopfer darbringen, als Feueropfer,
als beruhigenden Duft für den Herrn. Drei-
zehn Jungstiere, zwei Widder und vierzehn
fehlerlose einjährige Lämmer sollen es sein,
14 ferner als dazugehörendes Speiseopfer
drei Zehntel Feinmehl, das mit Öl vermengt
ist, für jeden der dreizehn Stiere, zwei Zehn-
tel für jeden der zwei Widder 15 und ein
Zehntel für jedes der vierzehn Lämmer,
16 außerdem ein Ziegenbock als Sündopfer,
das alles zusätzlich zum regelmäßigen
Brandopfer und zum dazugehörenden Spei-
se- und Trankopfer.

17 Am zweiten Tag sollen es zwölf Jung-
stiere, zwei Widder und vierzehn fehlerlose
einjährige Lämmer sein, 18 dazu die Speise-
und Trankopfer, entsprechend der Zahl der
Stiere, Widder und Lämmer, wie es vorge-
schrieben ist, 19 ferner ein Ziegenbock als
Sündopfer, das alles zusätzlich zum regel-
mäßigen Brandopfer sowie zum dazugehö-
renden Speise- und Trankopfer.

20 Am dritten Tag sollen es elf Stiere, zwei
Widder und vierzehn fehlerlose einjährige
Lämmer sein, 21 dazu die Speise- und Trank-
opfer, entsprechend der Zahl der Stiere,
Widder und Lämmer, wie es vorgeschrieben
ist, 22 ferner ein Bock als Sündopfer, das alles
zusätzlich zum regelmäßigen Brandopfer
und zum dazugehörenden Speise- und
Trankopfer.

23 Am vierten Tag sollen es zehn Stiere,
zwei Widder und vierzehn fehlerlose einjäh-
rige Lämmer sein, 24 dazu die Speise- und
Trankopfer, entsprechend der Zahl der Stie-
re, Widder und Lämmer, wie es vorgeschrie-
ben ist, 25 ferner ein Ziegenbock als Sündop-
fer, das alles zusätzlich zum regelmäßigen
Brandopfer und zum dazugehörenden Spei-
se- und Trankopfer.

26 Am fünften Tag sollen es neun Stiere,
zwei Widder und vierzehn fehlerlose einjäh-
rige Lämmer sein, 27 dazu die Speise- und
Trankopfer, entsprechend der Zahl der Stie-
re, Widder und Lämmer, wie es vorgeschrie-
ben ist, 28 ferner ein Bock als Sündopfer, das
alles zusätzlich zum regelmäßigen Brandop-
fer und zum dazugehörenden Speise- und
Trankopfer.

29 Am sechsten Tag sollen es acht Stiere,
zwei Widder und vierzehn fehlerlose einjäh-
rige Lämmer sein, 30 dazu die Speise- und
Trankopfer, entsprechend der Zahl der Stie-
re, Widder und Lämmer, wie es vorgeschrie-
ben ist, 31 ferner ein Bock als Sündopfer, das
alles zusätzlich zum regelmäßigen Brandop-
fer und zum dazugehörenden Speise- und
Trankopfer.

32 Am siebten Tag sollen es sieben Stiere,
zwei Widder und vierzehn fehlerlose einjäh-
rige Lämmer sein, 33 dazu die Speise- und
Trankopfer, entsprechend der Zahl der Stie-
re, Widder und Lämmer, wie es vorgeschrie-
ben ist, 34 ferner ein Bock als Sündopfer, das
alles zusätzlich zum regelmäßigen Brand-
opfer und zum dazugehörenden Speise- und
Trankopfer.

35 Am achten Tag sollt ihr eine Festver-
sammlung abhalten. An diesem Tag dürft ihr
keine schwere Arbeit verrichten; 36 ihr sollt
als Brandopfer, als Feueropfer, als beruhi-
genden Duft für den Herrn einen Stier, einen
Widder und sieben fehlerlose einjährige

Lämmer darbringen, 37 dazu die dem Stier, dem Widder und den Lämmern entsprechenden Speise- und Trankopfer, wie es vorgeschrieben ist, 38 ferner einen Bock als Sündopfer, das alles zusätzlich zum regelmäßigen Brandopfer und zum dazugehörenden Speise- und Trankopfer.

39 Das sollt ihr zur Ehre des Herrn an euren Festtagen tun, abgesehen von euren Brand-, Speise-, Trank- und Heilsopfern, die ihr gelobt habt oder freiwillig darbringt.

30 Mose teilte den Israeliten alles genau so mit, wie es ihm der Herr aufgetragen hatte.

28,2–8: Ex 29,38–46.

Die Gültigkeit von Gelübden: 30,2–17

2 Mose sagte zu den Stammeshäuptern der Israeliten: Das befiehlt der Herr: 3 Wenn ein Mann dem Herrn ein Gelübde ablegt oder sich durch einen Eid zu einer Enthaltung verpflichtet, dann darf er sein Wort nicht brechen; genau so, wie er es ausgesprochen hat, muss er es ausführen.

4 Wenn aber eine Frau dem Herrn ein Gelübde ablegt oder sich zu einer Enthaltung verpflichtet, während sie noch ledig im Haus ihres Vaters lebt, 5 dann soll ihr Vater von ihrem Gelübde oder von der Enthaltung, zu der sie sich verpflichtet hat, erfahren. Schweigt ihr Vater dazu, dann treten die Gelübde oder jede Enthaltung, zu der sie sich verpflichtet hat, in Kraft; 6 versagt aber ihr Vater an dem Tag, an dem er davon erfährt, seine Zustimmung, dann tritt das Gelübde oder die Enthaltung, zu der sie sich verpflichtet hat, nicht in Kraft; der Herr wird es ihr erlassen, weil ihr Vater seine Zustimmung versagt hat. 7 Heiratet sie einen Mann, während sie durch ein Gelübde oder durch ein voreiliges Wort, mit dem sie sich verpflichtet hat, gebunden ist, 8 dann bleiben die Gelübde oder die Enthaltung, zu der sie sich verpflichtet hat, in Kraft, falls ihr Mann an dem Tag, an dem er davon erfährt, dazu schweigt. 9 Wenn ihr Mann aber an dem Tag, an dem er davon erfährt, seine Zustimmung versagt, dann hat er ihr Gelübde, an das sie gebunden war, oder das voreilige Wort, durch das sie sich verpflichtet hatte, außer Kraft gesetzt und der Herr wird es ihr erlassen.

10 Aber das Gelübde einer Witwe oder einer verstoßenen Frau – alles, wozu sie sich verpflichtet hat – bleibt für sie in Kraft. 11 Wenn sie im Haus ihres Mannes etwas gelobt oder sich mit einem Eid zu einer Enthaltung verpflichtet hat, 12 dann bleiben alle Gelübde und jede Enthaltung, zu der sie sich verpflichtet hat, in Kraft, wenn ihr Mann zwar davon gehört, aber geschwiegen und seine Zustimmung nicht versagt hat. 13 Wenn aber ihr Mann an dem Tag, an dem er davon hörte, ihr Gelübde oder die Verpflichtung zur Enthaltung, die sie ausgesprochen hat, außer Kraft gesetzt hat, dann ist alles aufgehoben; ihr Mann hat es außer Kraft gesetzt und der Herr wird es ihr erlassen. 14 Ihr Mann kann jedes Gelübde und jeden Eid, der zu einer Enthaltung verpflichtet, anerkennen oder außer Kraft setzen. 15 Schweigt ihr Mann dazu von einem Tag bis zum andern, dann erkennt er alle Gelübde und Verpflichtungen zur Enthaltung an. Er hat sie anerkannt, denn er hat an dem Tag, an dem er davon erfahren hat, geschwiegen. 16 Hat er aber davon erfahren und setzte sie erst später außer Kraft, dann trägt er dafür die Verantwortung.

17 Das sind die Gesetze, die der Herr dem Mose aufgetragen hat; sie gelten für den Mann und seine Frau, für den Vater und seine ledige Tochter, solange sie noch im Haus ihres Vaters lebt.

Der Midianiterkrieg: 31,1–54

31 Der Herr sprach zu Mose: 2 Nimm für die Israeliten Rache an den Midianitern! Danach wirst du mit deinen Vorfahren vereint werden. 3 Da redete Mose zum Volk und sagte: Rüstet einen Teil eurer Männer für den Heeresdienst! Sie sollen über Midian herfallen, um die Rache des Herrn an Midian zu vollstrecken. 4 Aus jedem Stamm Israels sollt ihr tausend Mann zum Heer abstellen. 5 Man hob also aus den Tausendschaften Israels je Stamm tausend Mann aus, im Ganzen zwölftausend zum Krieg gerüstete Männer. 6 Mose schickte die tausend Mann je Stamm zum Heer, zusammen mit dem Priester Pinhas, dem Sohn Eleasars, der die heiligen Geräte und die Lärmtrompeten mitnahm. 7 Sie zogen gegen Midian zu Feld, wie der Herr es Mose befohlen hatte, und brachten alle männlichen Personen um. 8 Als sie die Männer erschlagen hatten, brachten sie auch noch die Könige von Midian um: Ewi, Rekem, Zur, Hur und Reba, die fünf Könige von Midian. Auch Bileam, den Sohn Beors, brachten sie mit dem Schwert um. 9 Die Frauen von Midian und deren kleine Kinder nahmen die Israeliten als Gefangene mit. Das ganze Vieh und der reiche Besitz der Midianiter wurde ihre Beute. 10 Alle Städte im Siedlungsgebiet der Midianiter und ihre Zeltdörfer brannten sie nieder. 11 Alle Menschen und das ganze Vieh, das sie erbeu-

tet und geraubt hatten, nahmen sie mit. 12 Sie
brachten die Gefangenen und die geraubte
Beute zu Mose, zum Priester Eleasar und
zur Gemeinde der Israeliten in das Lager in
den Steppen von Moab am Jordan bei
Jericho.
13 Mose, der Priester Eleasar und alle An-
führer der Gemeinde gingen ihnen aus dem
Lager entgegen. 14 Mose aber geriet in Zorn
über die Befehlshaber, die Hauptleute der
Tausendschaften und die Hauptleute der
Hundertschaften, die von dem Kriegszug zu-
rückkamen.
15 Er sagte zu ihnen: Warum habt ihr alle
Frauen am Leben gelassen? 16 Gerade sie ha-
ben auf den Rat Bileams hin die Israeliten
dazu verführt, vom Herrn abzufallen und
dem Pegor zu dienen, sodass die Plage über
die Gemeinde des Herrn kam. 17 Nun bringt
alle männlichen Kinder um und ebenso alle
Frauen, die schon einen Mann erkannt und
mit einem Mann geschlafen haben. 18 Aber
alle weiblichen Kinder und die Frauen, die
noch nicht mit einem Mann geschlafen ha-
ben, lasst für euch am Leben! 19 Schlagt aber
für sieben Tage eure Zelte außerhalb des La-
gers auf! Jeder von euch, der einen Menschen
umgebracht hat, und jeder, der einen Er-
schlagenen berührt hat, muss sich am dritten
und am siebten Tag der Entsündigung unter-
ziehen, ihr selbst wie eure Gefangenen.
20 Auch alle Kleidungsstücke, alle Lederwa-
ren, alle Erzeugnisse aus Ziegenhaaren und
alle Holzgeräte müsst ihr entsündigen.
21 Der Priester Eleasar sagte zu den Män-
nern, die von dem Kriegszug zurückgekehrt
waren: Das ist die gesetzliche Verordnung,
die der Herr dem Mose aufgetragen hat:
22 Nur das Gold, das Silber, das Kupfer, das
Eisen, das Zinn und das Blei, 23 alles, was
Feuer nicht verbrennen kann, sollt ihr
durchs Feuer ziehen, damit es rein wird.
Doch es muss auch noch mit Reinigungswas-
ser entsündigt werden. Alles aber, was im
Feuer verbrennen kann, zieht durchs Was-
ser! 24 Wascht am siebten Tag eure Kleider,
dann seid ihr rein und dürft in das Lager zu-
rückkommen.
25 Der Herr sprach zu Mose: 26 Zähl zusam-
men mit dem Priester Eleasar und den Fami-
lienhäuptern der Gemeinde die Beute, die
gefangenen Menschen und Tiere! 27 Teil die
Beute zur Hälfte zwischen denen, die am
Krieg teilgenommen haben, und der ganzen
Gemeinde. 28 Dann erheb von den Kriegern,
die mit dem Heer ausgezogen sind, als Steuer
für den Herrn je einen von fünfhundert Ge-
fangenen, je ein Tier von fünfhundert Rin-
dern, Eseln, Schafen und Ziegen. 29 Nehmt
sie von dem Beuteanteil der Krieger; dann
gib sie dem Priester Eleasar als Abgabe für
den Herrn! 30 Von dem Anteil der Beute, der
auf die Israeliten entfällt, sollst du je einen
von fünfzig Gefangenen und je ein Tier von
fünfzig Rindern, Eseln, Schafen und Ziegen,
also vom ganzen Vieh, nehmen und den
Leviten übergeben, die auf die Anordnungen
für die Wohnstätte des Herrn zu achten
haben.
31 Mose und der Priester Eleasar taten, was
der Herr dem Mose befohlen hatte. 32 Die
überaus reiche Beute, die das Kriegsvolk im
Heer gemacht hatte, betrug 675 000 Schafe
und Ziegen, 33 72 000 Rinder, 34 61 000 Esel
35 und insgesamt 32 000 Menschen, Frauen,
die noch mit keinem Mann geschlafen hat-
ten. 36 Die Hälfte des Anteils derer, die mit
dem Heer ausgezogen waren, betrug also
337 500 Schafe und Ziegen; 37 die Steuer für
den Herrn von den Schafen und Ziegen be-
trug also 675 Stück. 38 Rinder waren es
36 000, davon fielen 72 als Steuer an den
Herrn. 39 Esel waren es 30 500, davon fielen
61 als Steuer an den Herrn. 40 Menschen wa-
ren es 16 000, davon fielen 32 als Steuer an
den Herrn. 41 Mose übergab die Steuer als
Abgabe für den Herrn dem Priester Eleasar,
wie der Herr es ihm befohlen hatte.
42 Von der für die Israeliten bestimmten
Hälfte, die Mose von der gesamten Beute der
Krieger abgezweigt hatte, 43 von der für die
Gemeinde bestimmten Hälfte – im Ganzen
337500 Schafe und Ziegen, 44 36000 Rinder,
45 30500 Esel 46 und 16000 Menschen – 47 von
dieser für die Israeliten bestimmten Hälfte
also nahm Mose je eine von fünfzig gefange-
nen Frauen und je eines von fünfzig Tieren
und übergab sie den Leviten, die auf die An-
ordnungen für die Wohnstätte des Herrn zu
achten haben, wie der Herr es Mose befohlen
hatte.
48 Die Befehlshaber der Heeresverbände,
die Hauptleute der Tausendschaften und die
Hauptleute der Hundertschaften kamen zu
Mose 49 und sagten: Deine Knechte haben die
Krieger gezählt, die unter unserem Befehl

31,16 Die Nachricht über Bileam steht im Gegensatz zu Kap. 22 – 24. Ihr liegt entweder eine andere Tradition zugrunde, oder es handelt sich um eine spätere Kombination aus Kap. 22 – 24 und 25,1–18.

31,27 Zur Teilung der Beute mit denen, die am Feldzug nicht teilgenommen haben, vgl. Jos 22,8 und 1 Sam 30,24f.

31,47 Die hohen Zahlen der Beute erklären sich wohl aus der Vorliebe der Orientalen für Übertreibungen.

standen; kein einziger Mann wird vermisst.
50 Darum bringen wir eine Gabe für den
Herrn, jeder, was er an Goldgeräten, an
Armbändern, Spangen, Siegelringen, Ohr-
ringen und anderen Schmucksachen gefun-
den hat; damit wollen wir uns vor dem Herrn
entsühnen. 51 Mose und der Priester Eleasar
nahmen das Gold und alle Kunstgegenstän-
de von ihnen entgegen. 52 Diese Abgabe an
Gold, die sie für den Herrn von den Haupt-
leuten der Tausendschaften und den Haupt-
leuten der Hundertschaften einsammelten,
betrug im Ganzen 16 750 Schekel. 53 Von den
Kriegern hatte nämlich jeder auch noch für
sich Beute gemacht. 54 Mose und der Priester
Eleasar nahmen das Gold von den Haupt-
leuten der Tausendschaften und von den
Hauptleuten der Hundertschaften entgegen
und brachten es in das Offenbarungszelt, als
Zeichen, das den Herrn an die Israeliten
erinnern sollte.

Die Landzuteilung an die ostjordanischen Stämme: 32,1–42

32 Die Rubeniter und die Gaditer hat-
ten sehr große Viehherden. Als sie
nun das Land Jaser und das Land Gilead
sahen, erschien ihnen diese Gegend gut ge-
eignet für ihre Viehhaltung. 2 Darum kamen
sie zu Mose, zu dem Priester Eleasar und zu
den Anführern der Gemeinde und sagten:
3 Atarot, Dibon, Jaser, Nimra, Heschbon,
Elale, Sibma, Nebo und Beon, 4 das Land,
das der Herr für die Gemeinde Israel erobert
hat, ist gut geeignet für die Viehhaltung und
deine Knechte haben Viehherden. 5 Sie sag-
ten: Wenn wir dein Wohlwollen gefunden
haben, dann gebe man dieses Land deinen
Knechten als Besitz. Nimm uns nicht über
den Jordan mit! 6 Mose antwortete den Gadi-
tern und den Rubenitern: Sollen eure Brüder
in den Krieg ziehen, während ihr hier sitzen
bleibt? 7 Warum wollt ihr den Israeliten den
Mut nehmen, in das Land hinüberzuziehen,
das der Herr für sie bestimmt hat? 8 Genauso
haben es schon eure Väter gemacht, als ich
sie von Kadesch-Barnea ausgeschickt hatte,
damit sie das Land erkundeten. 9 Sie waren
bis zum Traubental hinaufgekommen, hat-
ten das Land gesehen und haben dann den
Israeliten den Mut genommen, sodass sie das
Land nicht mehr betreten wollten, das der
Herr für sie bestimmt hatte. 10 Damals ent-
brannte der Zorn des Herrn und er schwor:
11 Auf keinen Fall werden die, die aus Ägyp-
ten heraufgekommen sind, die Männer von
zwanzig Jahren und darüber, das Land zu
sehen bekommen, das ich Abraham, Isaak
und Jakob mit einem Eid zugesichert habe;
denn sie haben nicht treu zu mir gehalten.
12 Nur der Kenasiter Kaleb, der Sohn Jefun-
nes, und Josua, der Sohn Nuns, waren ausge-
nommen, denn sie hielten treu zum Herrn.
13 Der Zorn des Herrn entbrannte über Israel
und er ließ sie vierzig Jahre lang in der Wüste
umherirren, bis die ganze Generation ausge-
storben war, die getan hatte, was dem Herrn
missfiel. 14 Und jetzt kommt ihr anstelle
eurer Väter, ihr Brut von Sündern, um den
glühenden Zorn des Herrn auf Israel noch
größer zu machen? 15 Wenn ihr euch von ihm
abwendet, wird er dieses ganze Volk noch
länger in der Wüste lassen und ihr richtet
das ganze Volk zugrunde.

16 Doch sie traten noch näher an Mose he-
ran und sagten: Wir errichten hier Pferche
für unser Vieh, unsere Schafe und Ziegen,
und bauen Städte für unsere Kinder. 17 Wir
selbst aber rüsten uns und ziehen bewaffnet
vor den Israeliten her, bis wir sie in ihr Land
gebracht haben. Unterdessen werden unsere
Kinder in den Städten wohnen, die zum
Schutz gegen die Einwohner des Landes be-
festigt sind. 18 Wir kehren nicht in unsere
Häuser zurück, bevor jeder Israelit seinen
Erbbesitz erhalten hat. 19 Wir verlangen auf
der anderen Seite des Jordan keinen Erbbe-
sitz wie sie, wenn wir diesseits, östlich des
Jordan, unseren Erbbesitz bekommen.
20 Mose antwortete ihnen: Wenn ihr das tut,
wenn ihr euch also vor den Augen des Herrn
zum Kampf rüstet 21 und jeder von euch, der
sich gerüstet hat, vor den Augen des Herrn
den Jordan überschreitet und kämpft, bis er
seine Feinde vertrieben hat 22 und das Land
dem Herrn unterworfen ist, dann dürft ihr
nachher umkehren und ihr seid gegenüber
dem Herrn und Israel frei von weiteren Ver-
pflichtungen. Dann soll dieses Land vor den
Augen des Herrn euch als Eigentum gehören.
23 Wenn ihr das aber nicht tut, versündigt ihr
euch gegen den Herrn. Dann habt ihr die
Folgen für eure Sünde zu tragen; das müsst
ihr wissen. 24 Baut euch Städte für eure Kin-
der und errichtet Pferche für eure Schafe
und Ziegen! Aber haltet auch, was ihr ver-
sprochen habt. 25 Da sagten die Gaditer und
die Rubeniter zu Mose: Deine Knechte wer-
den tun, was mein Herr befiehlt. 26 Unsere
Kinder, unsere Frauen und unsere Herden,
unser ganzes Vieh, werden dort in den Städ-
ten von Gilead bleiben. 27 Alle deine Knechte
aber werden sich rüsten und vor den Augen
des Herrn über den Jordan in den Krieg zie-
hen, wie mein Herr befiehlt.

28 Für sie gab Mose dem Priester Eleasar,
Josua, dem Sohn Nuns, und den Familien-

häuptern der israelitischen Stämme folgen-
de Weisung: 29 Er sagte zu ihnen: Wenn die
Gaditer und die Rubeniter, zum Kampf ge-
rüstet, vor den Augen des Herrn mit euch
den Jordan überschreiten und wenn ihr das
Land unterworfen habt, dann gebt ihnen das
Land Gilead zum Besitz! 30 Wenn sie sich
aber nicht rüsten und mit euch hinüberge-
hen, dann sollen sie mitten unter euch in Ka-
naan eigenen Grund und Boden erhalten.
31 Die Gaditer und die Rubeniter antworte-
ten: Was der Herr zu deinen Knechten sagt,
werden wir tun. 32 Wir rüsten uns und ziehen
vor den Augen des Herrn nach Kanaan hinü-
ber, dann bleibt uns jenseits des Jordan un-
ser Erbbesitz erhalten. 33 Da übergab Mose
den Gaditern, den Rubenitern und dem hal-
ben Stamm des Manasse, des Sohnes Josefs,
das Reich des Amoriterkönigs Sihon und das
Reich Ogs, des Königs des Baschan, das
Land mit seinen Städten und deren ganzen
Umgebung, soweit das Land reichte.

34 Die Gaditer erbauten die befestigten
Städte Dibon, Atarot, Aroër, 35 Atrot-Scho-
fan, Jaser, Jogboha, 36 Bet-Nimra und Bet-
Haran und errichteten Schafpferche. 37 Die
Rubeniter erbauten Heschbon, Elale, Kirja-
tajim, 38 Nebo und Baal-Meon, denen sie an-
dere Namen gaben, sowie Sibma. Sie gaben
nämlich den Städten, die sie wieder aufbau-
ten, neue Namen.

39 Die Söhne Machirs, des Sohnes des Ma-
nasse, zogen nach Gilead und eroberten es.
Sie vertrieben die Amoriter, die dort lebten.
40 Da übergab Mose Gilead dem Machir, dem
Sohn des Manasse, und Machir ließ sich dort
nieder. 41 Jaïr, der Sohn des Manasse, zog in
den Kampf und eroberte die Zeltdörfer der
Amoriter; er nannte sie Hawot-Jaïr (Zeltdör-
fer Jaïrs). 42 Nobach zog in den Kampf, er-
oberte Kenat und seine Tochterstädte und
nannte es nach seinem eigenen Namen
Nobach.

9: 14,1–38 • 10–12: 14,21–24.30f.

Das Verzeichnis der Lagerstationen: 33,1–49

33 Das sind die Wegstrecken, die die Is-
raeliten bei ihrem Auszug aus Ägyp-
ten unter der Führung von Mose und Aaron
zurücklegten, nach Abteilungen geordnet.
2 Mose schrieb die Orte, an denen sie zu den
einzelnen Wegstrecken aufbrachen, auf Be-
fehl des Herrn auf. Das sind also die Weg-
strecken in der Reihenfolge, in der die Israe-
liten aufbrachen: 3 Aus Ramses brachen sie
am fünfzehnten Tag des ersten Monats auf.
Am Tag nach dem Paschafest zogen die Is-
raeliten vor den Augen aller Ägypter voll
Zuversicht aus, 4 während die Ägypter ihre
Erstgeborenen begruben, die der Herr bei ih-
nen alle erschlagen hatte, und während der
Herr an ihren Göttern sein Strafgericht voll-
streckte.

5 Die Israeliten brachen von Ramses auf
und schlugen ihr Lager in Sukkot auf. 6 Von
Sukkot brachen sie auf und schlugen ihr La-
ger in Etam, am Rand der Wüste, auf. 7 Von
Etam brachen sie auf, bogen nach Pi-Hahi-
rot gegenüber Baal-Zefon ab und schlugen
ihr Lager vor Migdol auf. 8 Von Pi-Hahirot
brachen sie auf und zogen mitten durch das
Meer in die Wüste. In der Wüste Etam waren
sie drei Tage unterwegs und schlugen dann
ihr Lager in Mara auf. 9 Von Mara brachen
sie auf und kamen nach Elim. In Elim gab es
zwölf Quellen und siebzig Palmen; daher
schlugen sie dort ihr Lager auf. 10 Von Elim
brachen sie auf und schlugen ihr Lager am
Schilfmeer auf. 11 Vom Schilfmeer brachen
sie auf und schlugen ihr Lager in der Wüste
Sin auf. 12 Von der Wüste Sin brachen sie auf
und schlugen ihr Lager in Dofka auf. 13 Von
Dofka brachen sie auf und schlugen ihr La-
ger in Alusch auf. 14 Von Alusch brachen sie
auf und schlugen ihr Lager in Refidim auf;
dort hatte das Volk kein Wasser zu trinken.
15 Von Refidim brachen sie auf und schlugen
ihr Lager in der Wüste Sinai auf. 16 Aus der
Wüste Sinai brachen sie auf und schlugen ihr
Lager in Kibrot-Taawa auf. 17 Von Kibrot-
Taawa brachen sie auf und schlugen ihr La-
ger in Hazerot auf. 18 Von Hazerot brachen
sie auf und schlugen ihr Lager in Ritma auf.
19 Von Ritma brachen sie auf und schlugen
ihr Lager in Rimmon-Perez auf. 20 Von Rim-
mon-Perez brachen sie auf und schlugen ihr
Lager in Libna auf. 21 Von Libna brachen sie
auf und schlugen ihr Lager in Rissa auf.
22 Von Rissa brachen sie auf und schlugen ihr
Lager in Kehelata auf. 23 Von Kehelata bra-
chen sie auf und schlugen ihr Lager am Berg
Schefer auf. 24 Vom Berg Schefer brachen sie
auf und schlugen ihr Lager in Harada auf.
25 Von Harada brachen sie auf und schlugen
ihr Lager in Makhelot auf. 26 Von Makhelot
brachen sie auf und schlugen ihr Lager in
Tahat auf. 27 Von Tahat brachen sie auf und
schlugen ihr Lager in Terach auf. 28 Von
Terach brachen sie auf und schlugen ihr La-
ger in Mitka auf. 29 Von Mitka brachen sie
auf und schlugen ihr Lager in Haschmona
auf. 30 Von Haschmona brachen sie auf und
schlugen ihr Lager in Moserot auf. 31 Von
Moserot brachen sie auf und schlugen ihr
Lager in Bene-Jaakan auf. 32 Von Bene-
Jaakan brachen sie auf und schlugen ihr La-
ger in Hor-Gidgad auf. 33 Von Hor-Gidgad

brachen sie auf und schlugen ihr Lager in
Jotbata auf. 34 Von Jotbata brachen sie auf
und schlugen ihr Lager in Abrona auf. 35 Von
Abrona brachen sie auf und schlugen ihr La-
ger in Ezjon-Geber auf. 36 Von Ezjon-Geber
brachen sie auf und schlugen ihr Lager in
der Wüste Zin, das heißt Kadesch, auf. 37 Von
Kadesch brachen sie auf und schlugen ihr
Lager am Berg Hor am Rand von Edom
auf.

38 Auf Befehl des Herrn stieg der Priester
Aaron auf den Berg Hor und starb dort im
vierzigsten Jahr nach dem Auszug der Israe-
liten aus Ägypten, am ersten Tag des fünften
Monats. 39 Aaron war hundertdreiundzwan-
zig Jahre alt, als er auf dem Berg Hor
starb.

40 Der kanaanitische König von Arad, der
im Negeb, im Süden Kanaans saß, hörte,
dass die Israeliten heranrückten.

41 Vom Berg Hor brachen sie auf und
schlugen ihr Lager in Zalmona auf. 42 Von
Zalmona brachen sie auf und schlugen ihr
Lager in Punon auf. 43 Von Punon brachen
sie auf und schlugen ihr Lager in Obot auf.
44 Von Obot brachen sie auf und schlugen ihr
Lager in Ije-Abarim, im Gebiet von Moab,
auf. 45 Von Ijim brachen sie auf und schlugen
ihr Lager in Dibon-Gad auf. 46 Von Dibon-
Gad brachen sie auf und schlugen ihr Lager
in Almon-Diblatajim auf. 47 Von Almon-Di-
blatajim brachen sie auf und schlugen ihr
Lager im Abarimgebirge vor Nebo auf.
48 Vom Abarimgebirge brachen sie auf und
schlugen ihr Lager in den Steppen von Moab
am Jordan bei Jericho auf; 49 ihr Lager am
Jordan erstreckte sich von Bet-Jeschimot bis
Abel-Schittim in den Steppen von Moab.

3: Ex 14,8 • 8: Ex 14 • 38: 20,22–29 • 40: 21,1.

Die Anweisungen für die Landverteilung:
33,50 – 34,29

50 In den Steppen von Moab, am Jordan bei
Jericho, sprach der Herr zu Mose: 51 Rede zu
den Israeliten und sag zu ihnen: Wenn ihr
den Jordan überschritten und Kanaan betre-
ten habt, 52 dann vertreibt vor euch alle Ein-
wohner des Landes und vernichtet alle ihre
Götterbilder! Alle ihre aus Metall gegosse-
nen Figuren sollt ihr vernichten und alle ihre
Kulthöhen zerstören. 53 Dann nehmt das
Land in Besitz und lasst euch darin nieder;
denn ich habe es euch zum Besitz gegeben.
54 Verteilt das Land durch das Los an eure
Sippen! Einem großen Stamm gebt großen
Erbbesitz, einem kleinen Stamm gebt klei-
nen Erbbesitz! Worauf das Los eines jeden
fällt, das soll ihm gehören. Teilt das Land so
unter die Stämme eurer Väter auf! 55 Wenn
ihr die Einwohner des Landes vor euch nicht
vertreibt, dann werden die, die von ihnen üb-
rig bleiben, zu Splittern in euren Augen und
zu Stacheln in eurer Seite. Sie werden euch
in dem Land, in dem ihr wohnt, in eine große
Gefahr bringen. 56 Dann werde ich mit euch
machen, was ich mit ihnen machen wollte.

34 Der Herr sprach zu Mose: 2 Befiehl
den Israeliten und sag ihnen, wenn
ihr nach Kanaan kommt: Das ist das Land,
das euch als erblicher Besitz zufällt, Kanaan
in seinen jetzigen Grenzen. 3 Eure Südgrenze
soll von der Wüste Zin aus an Edom entlang
verlaufen, und zwar soll sie vom Ende des
Salzmeers im Osten ausgehen. 4 Dann soll
eure Grenze südlich des Skorpionenpasses
sich bis Zin erstrecken. Ihre Ausläufer sollen
bis südlich von Kadesch-Barnea reichen.
Von dort soll sie sich bis Hazar-Addar und
bis Azmon hinziehen. 5 Von Azmon soll die
Grenze zum Grenzbach Ägyptens abbiegen
und die Ausläufer der Grenze sollen bis zum
Meer reichen. 6 Eure Grenze im Westen soll
das Große Meer mit seinem Strand sein. Das
sei eure Westgrenze. 7 Das sei eure Nord-
grenze: Vom Großen Meer sollt ihr euch eine
Linie bis zum Berg Hor abstecken, 8 und vom
Berg Hor eine Linie bis Lebo-Hamat. Die
Ausläufer dieser Grenze sollen bis Zedad
reichen. 9 Dann soll die Grenze weitergehen
bis Sifron und ihre Ausläufer sollen bis Ha-
zar-Enan reichen. Das sei eure Nordgrenze.
10 Als Ostgrenze sollt ihr eine Linie von Ha-
zar-Enan bis Schefam abstecken. 11 Von
Schefam soll die Grenze nach Ribla östlich
von Ajin hinuntersteigen. Dann soll die
Grenze zum Rand des Gebirges östlich des
Sees von Kinneret hinuntergehen. 12 Dann
soll die Grenze zum Jordan hinunterführen
und ihre Ausläufer sollen bis zum Salzmeer
reichen. Das seien die Grenzen rings um euer
Land.

13 Da befahl Mose den Israeliten: Das ist
das Land, das ihr durch das Los als Erbbesitz
verteilen sollt. Der Herr hat befohlen, es den
neuneinhalb Stämmen zu geben; 14 denn der
Stamm der Rubeniter mit seinen Sippen und
der Stamm der Gaditer mit seinen Sippen
und der halbe Stamm Manasse haben ihren
Erbbesitz schon erhalten. 15 Diese zweiein-

34,3–6 Salzmeer wird das Tote Meer wegen seines hohen Salzgehalts genannt; das Große Meer ist das Mittelmeer.

34,11 Der See von Kinneret ist der See Gennesaret.

34,12 Zum Salzmeer vgl. die Anmerkung zu V. 3–6.

halb Stämme haben ihren Erbbesitz jenseits
des Jordan erhalten, östlich von Jericho.
16 Der Herr sprach zu Mose: 17 Das sind die
Namen der Männer, die das Land unter euch
verteilen sollen: der Priester Eleasar und Jo-
sua, der Sohn Nuns. 18 Außerdem nehmt zur
Verteilung des Landes je einen führenden
Mann aus jedem Stamm hinzu! 19 Das sind
die Namen dieser Männer: für den Stamm
Juda Kaleb, der Sohn Jefunnes; 20 für den
Stamm der Simeoniter Schemuël, der Sohn
Ammihuds; 21 für den Stamm Benjamin Eli-
dad, der Sohn Kislons; 22 für den Stamm der
Daniter der Anführer Bukki, der Sohn Jo-
glis; 23 bei den Josefstämmen für den Stamm
der Manassiter der Anführer Hanniël, der
Sohn Efods, 24 und für den Stamm der Efrai-
miter der Anführer Kemuël, der Sohn Schif-
tans; 25 für den Stamm der Sebuloniter der
Anführer Elizafan, der Sohn Parnachs; 26 für
den Stamm der Issachariter der Anführer
Paltiël, der Sohn Asans; 27 für den Stamm
der Ascheriter der Anführer Ahihud, der
Sohn Schelomis; 28 für den Stamm der Naf-
taliter der Anführer Pedahel, der Sohn Am-
mihuds. 29 Das waren die Männer, die der
Herr dazu verpflichtete, in Kanaan den
Israeliten ihren Erbanteil zuzuteilen.

33,51: Ex 34,12f • 54: 26,52–56 • 34,14f: 32,1–42.

Die Leviten- und Asylstädte: 35,1–34

35 In der Steppe von Moab, am Jordan
bei Jericho, sprach der Herr zu Mose:
2 Befiehl den Israeliten, sie sollen von ihrem
Erbbesitz den Leviten einige Städte abge-
ben, in denen sie sich niederlassen können.
Auch die ringsum zu den Städten gehörende
Weidefläche sollt ihr den Leviten überlassen.
3 Die Städte sollen ihnen als Wohnsitz gehö-
ren und die dazugehörenden Weideflächen
sollen ihrem Vieh, ihren Herden und allen
ihren Tieren zur Verfügung stehen. 4 Die
Weideflächen der Städte, die ihr den Leviten
gebt, sollen ringsum von der Stadtmauer
zweitausend Ellen nach außen reichen.
5 Außerhalb der Stadt sollt ihr in östlicher
Richtung zweitausend Ellen, in südlicher
Richtung zweitausend Ellen, in westlicher
Richtung zweitausend Ellen und in nördli-
cher Richtung zweitausend Ellen abmessen.
Die Stadt soll also in der Mitte liegen. Das
soll den Leviten als Weidefläche der Städte
gehören. 6 Unter den Städten, die ihr ihnen
abgebt, sollen sechs Asylstädte sein, die ihr
als Zufluchtsorte für den bestimmt, der ei-
nen Menschen erschlagen hat. Außerdem
sollt ihr ihnen weitere zweiundvierzig Städte
geben. 7 Im Ganzen sind es achtundvierzig
Städte samt ihren Weideflächen, die ihr den
Leviten abgeben sollt. 8 Die Zahl der Städte,
die ihr vom Landbesitz der Israeliten abgebt,
sollt ihr bei einem großen Stamm höher, bei
einem kleinen niedriger ansetzen; jeder
Stamm soll von seinen Städten den Leviten
so viele abgeben, wie es der Größe seines ei-
genen Erbbesitzes entspricht.
9 Der Herr sprach zu Mose: 10 Rede zu den
Israeliten und sag zu ihnen: Wenn ihr den
Jordan überschritten und Kanaan betreten
habt, 11 dann sollt ihr einige Städte auswäh-
len, die euch als Asylstädte dienen. Dorthin
kann einer fliehen, der einen Menschen ohne
Vorsatz erschlagen hat. 12 Die Städte sollen
euch als Asyl vor dem Bluträcher dienen, so-
dass der, der getötet hat, nicht sterben muss,
bevor er vor dem Gericht der Gemeinde
stand. 13 Von den Städten, die ihr abgebt,
sollen euch sechs als Asylstädte dienen.
14 Drei dieser Städte sollt ihr jenseits des Jor-
dan und drei in Kanaan bestimmen; sie sol-
len Asylstädte sein. 15 Den Israeliten, auch
den Fremden und den Halbbürgern bei euch,
sollen diese sechs Städte als Asyl zur Verfü-
gung stehen; dorthin kann jeder fliehen, der
ohne Vorsatz einen Menschen erschlagen
hat.
16 Wenn er ihn aber mit einem Eisengerät
so geschlagen hat, dass er stirbt, ist er ein
Mörder. Der Mörder ist mit dem Tod zu
bestrafen. 17 Wenn er ihn mit einem Stein in
der Hand, der groß genug ist, jemanden zu
töten, so geschlagen hat, dass er stirbt, ist er
ein Mörder. Der Mörder ist mit dem Tod zu
bestrafen. 18 Auch wenn er ihn mit einem
hölzernen Gegenstand, der geeignet ist, ei-
nen Menschen zu töten, so geschlagen hat,
dass er stirbt, ist er ein Mörder. Der Mörder
ist mit dem Tod zu bestrafen.
19 Der Bluträcher darf den Mörder töten;
sobald er ihn trifft, darf er ihn töten.
20 Wenn einer einen andern aus Hass stößt
oder aus dem Hinterhalt nach ihm wirft, so-
dass er stirbt, 21 oder wenn er ihn in feindli-
cher Absicht mit der Hand so schlägt, dass er
stirbt, dann soll der, der zugeschlagen hat,
mit dem Tod bestraft werden; er ist ein Mör-
der. Der Bluträcher darf den Mörder töten,
sobald er ihn trifft.
22 Wenn aber einer einen andern aus Un-
achtsamkeit, ohne feindliche Absicht, gesto-
ßen oder ohne Hinterhältigkeit irgendeinen
Gegenstand auf ihn geworfen hat 23 oder
wenn er, ohne ihn zu sehen, einen Stein, der

35,4 zweitausend Ellen: so nach G und nach dem Zusammenhang (vgl. V. 5); H: tausend Ellen.

einen Menschen töten kann, auf ihn fallen ließ, sodass er starb – vorausgesetzt, er war nicht sein Feind und suchte ihn auch nicht zu schädigen –, 24 dann soll die Gemeinde zwischen dem, der getötet hat, und dem Bluträcher nach diesen Grundsätzen ein Urteil fällen: 25 Die Gemeinde soll den, der getötet hat, vor der Gewalt des Bluträchers retten und ihn in die Asylstadt, in die er geflohen war, zurückbringen. Er darf darin wohnen, bis der Hohepriester stirbt, den man mit heiligem Öl gesalbt hat. 26 Wenn der, der getötet hat, das Gebiet der Asylstadt verlässt, in die er geflohen ist, 27 und der Bluträcher ihn außerhalb seiner Asylstadt trifft, darf dieser den, der getötet hat, umbringen; dadurch entsteht ihm keine Blutschuld. 28 Denn der, der getötet hat, soll bis zum Tod des Hohenpriesters in der Asylstadt bleiben; nach dem Tod des Hohenpriesters kann er zu seinem Land und zu seinem Besitz zurückkehren. 29 Das soll bei euch überall, wo ihr wohnt, von Generation zu Generation als Recht gelten.

30 Wenn irgendjemand einen Menschen erschlägt, darf man den Mörder nur aufgrund von Zeugenaussagen töten; doch aufgrund der Aussage nur eines einzigen Zeugen darf man einen Menschen nicht töten. 31 Ihr sollt kein Sühnegeld annehmen für das Leben eines Mörders, der schuldig gesprochen und zum Tod verurteilt ist; denn er muss mit dem Tod bestraft werden. 32 Auch dürft ihr von einem, der in eine Asylstadt geflohen ist, kein Sühnegeld annehmen, sodass er vor dem Tod des Hohenpriesters in die Heimat zurückkehren könnte. 33 Ihr dürft das Land, in dem ihr wohnt, nicht entweihen; denn Blut entweiht das Land, und man kann das Land von dem darin vergossenen Blut nur durch das Blut dessen entsühnen, der es vergossen hat. 34 Verunreinigt nicht das Land, in dem ihr euch niedergelassen habt und in dessen Mitte ich selbst wohne; denn ich, der Herr, wohne mitten unter den Israeliten.

1–34 ‖ Ex 21,12–14; Jos 20,1–9; Dtn 19,1–10 • 30: Dtn 17,6; 19,15

Weitere Erbrechtsbestimmungen: 36,1–13

36 Die Familienoberhäupter der Nachkommen Gileads, des Sohnes Machirs, des Sohnes Manasses, aus den Sippen der Nachkommen Josefs, kamen zu Mose und den führenden Männern, den Familienhäuptern der Israeliten, um mit ihnen zu reden. 2 Sie sagten: Der Herr hat meinem Herrn aufgetragen, das Land durch das Los als Erbbesitz an die Israeliten zu verteilen. Mein Herr erhielt aber vom Herrn auch den Auftrag, den Erbbesitz unseres Bruders Zelofhad seinen Töchtern zu geben. 3 Wenn diese nun einen Mann aus einem anderen israelitischen Stamm heiraten, dann geht ihr Besitz dem Erbbesitz unserer Väter verloren und wird zum Erbbesitz des Stammes, in den sie einheiraten; er geht also unserem Erbanteil verloren. 4 Sobald das Jubeljahr für die Israeliten kommt, wird ihr Erbbesitz zum Erbbesitz des Stammes, in den sie einheiraten, aber dem Erbbesitz unseres väterlichen Stammes geht ihr Erbbesitz verloren.

5 Da befahl Mose den Israeliten auf Anweisung des Herrn: Die Männer vom Stamm der Söhne Josefs haben Recht. 6 Das ist es, was der Herr den Töchtern Zelofhads befiehlt: Heiratet, wen ihr wollt, nur müsst ihr einen Mann aus einer Sippe eures väterlichen Stammes heiraten. 7 Der Erbbesitz darf bei den Israeliten nicht von einem Stamm auf den andern übergehen; denn jeder Israelit soll fest mit dem Erbbesitz seines väterlichen Stammes verbunden bleiben. 8 Jede Tochter, die Anspruch auf Erbbesitz in einem israelitischen Stamm hat, muss einen Mann aus einer Sippe ihres väterlichen Stammes heiraten, damit bei den Israeliten jeder im Erbbesitz seiner Väter bleibt. 9 Der Erbbesitz darf nicht von einem Stamm auf einen andern übergehen. Denn jeder Israelit soll fest mit dem Erbbesitz seines Stammes verbunden bleiben.

10 Die Töchter Zelofhads taten, was der Herr dem Mose befohlen hatte. 11 Machla, Tirza, Hogla, Milka und Noa, die Töchter Zelofhads, heirateten Söhne ihrer Onkel; 12 sie heirateten Männer aus den Sippen der Nachkommen Manasses, des Sohnes Josefs. So blieb ihr Erbbesitz dem Stamm ihrer väterlichen Sippe erhalten.

13 Das sind die Gebote und Rechte, die der Herr den Israeliten in den Steppen von Moab, am Jordan bei Jericho, durch Mose gegeben hat.

2: 27,1–11.

36,2 Mose wird in ehrfurchtsvoller Anrede »Herr« genannt. Zum ersten »Herr« vgl. die Anmerkung zu Gen 4,26.

Das Buch Deuteronomium

Das Buch Deuteronomium erzählt von den letzten Lebenstagen des Mose und schließt den Pentateuch ab. Vor seinem Tod verkündet Mose noch einmal das Gesetz vom Sinai. Daher trägt dieses Buch in der griechischen und in der lateinischen Bibel den Namen Deuteronomium (Zweites Gesetz; vgl. 17,18). Die Juden nennen dieses Buch Dewarim (Worte) nach den Anfangsworten Elle haddebarim (Das sind die Worte).

Das Buch Deuteronomium enthält zum Teil sehr alte Texte. Doch in seine jetzige Gestalt wuchs es erst in der ausgehenden Königszeit, im Exil und nach dem Exil hinein. Indem Israel seine späteren Ordnungen und Einsichten bis in die Zeit des Mose zurückverlegt, bekennt es, dass es sich dabei um Gottes Weisung und Setzung handelt, an der man für immer festhalten soll.

Die letzte Wurzel des deuteronomischen Gesetzes ist wahrscheinlich ein Bundestext aus der Richterzeit, der noch in Ex 34,10–26 erhalten ist. Er spiegelt eine Ordnung, in der Jahwe, der Gott Israels, selbst als Herrscher des Volkes galt. Nachdem Israel einen König erhalten hatte, konnte man zunächst mit solchen Vorstellungen nichts anfangen. Die Tradition wurde aber weitergepflegt und in der frühen Königszeit hatte das Bundesgesetz die Gestalt angenommen, die in Ex 20,22 – 23,33, dem sog. Bundesbuch, erhalten ist. Im ausgehenden 8. Jahrhundert scheint man in Juda bei religiösen Reformversuchen, erstmalig wohl unter König Hiskija, auf diese alten Traditionen zurückgegriffen zu haben. In den neu redigierten Text kamen die Gesetze über die Zentralisierung der Opfer, Abgaben und Wallfahrtsfeste an einem einzigen Heiligtum (Jerusalem; vgl. 2 Kön 18,22); irgendwann wurden Gesetze eingefügt, die am alten Text der Zehn Gebote orientiert waren; damals entstand auch die feierliche »deuteronomische Sprache«, die wohl für den öffentlichen Vortrag bei Bundesschluss oder Bundeserneuerung gedacht war. Im Jahr 622 v. Chr. verpflichtete König Joschija von Jerusalem sein Reich auf ein im Tempel gefundenes Gesetz (2 Kön 22f). Dieses dürfte eine Fassung des deuteronomischen Gesetzes gewesen sein, die mit Dtn 6,4 einsetzte und große Teile der jetzigen Kapitel 6 – 28 enthielt. Dieses Gesetz, das im Lauf der Zeit noch viele Erweiterungen erfuhr, war von da an bis zum Untergang Jerusalems (586 v. Chr.), im Exil und auch nach der Heimkehr die Lebensgrundlage des jüdischen Volkes, bis es durch das »Heiligkeitsgesetz« (Lev 19 – 26) ergänzt und dann zusammen mit vielen anderen gesetzlichen Materialien in der Gesetzgebung des Pentateuch zusammengefasst wurde.

Noch zu Lebzeiten Joschijas wurde ein Geschichtswerk verfasst, das von Mose bis zu diesem König reichte. An seinen Anfang wurde das deuteronomische Gesetz gestellt, gewissermaßen als göttlicher Maßstab für die Geschichte des Volkes. Damals wurde es als Moserede stilisiert und mit anderen Reden des Mose umgeben, die zum Teil Rückblicke auf die Wüstenzeit Israels und Ausblicke auf die Geschichte Israels enthalten. Dieses »Deuteronomistische Geschichtswerk« wurde in und nach dem Babylonischen Exil noch mehrfach überarbeitet. Es umfasst jetzt die Bücher Dtn bis 2 Kön. Bei der Herstellung des Pentateuch in nachexilischer Zeit wurde das Buch Deuteronomium von diesem Geschichtswerk abgetrennt und durch einige weitere Texte, vor allem aus der »Priesterschrift«, mit den ersten vier Büchern des Pentateuch verklammert (vgl. die Einleitung zu den Fünf Büchern des Mose).

Das Buch stellt sich jetzt als eine Sammlung von Mosereden dar, die durch ein Überschriftensystem in vier Teile gegliedert ist: 1,1 – 4,43 »Rede« des Mose (Rückblick und Mahnung); 4,44 – 28,68 »Weisung« des Mose (Verkündigung des Gesetzes); 28,69 – 32,52 die »Worte, mit denen der Bund geschlossen wurde« (letzte Verfügungen des Mose); 33,1–29 »Segen« des Mose (mit angehängtem Bericht über seinen Tod und sein Begräbnis 34,1–12). Das Moselied (32,1–43) und der Mosesegen (33,2–29) sind alte Dichtungen.

Man kann das Deuteronomium als Zeugnis der ersten großen theologischen Synthese in Israel betrachten. Hier werden zum ersten Mal unter den Leitgedanken der Verpflichtung Is-

raels auf den ausschließlichen Dienst für seinen Gott Jahwe und des Verhältnisses Gott-Volk nach Art eines Lehnsverhältnisses zwischen einem Herrn und denen, die sich ihm durch einen Vertrag anvertraut haben (»Bund«), die verschiedensten Traditionen zu einer Einheit zusammengefasst. Für uns sind viele Institutionen, die sich in den Gesetzen spiegeln, Vergangenheit. Doch zeigt dieses alle Lebensbereiche in das Gottesverhältnis hineinziehende Buch, dass Gott sich ein Volk schaffen will, als Zeichen unter den Völkern und als Zeuge seiner Herrschaft.

DIE REDE DES MOSE: RÜCKBLICK UND MAHNUNG: 1,1 – 4,43

Ort und Zeit: 1,1–5

1 Das sind die Worte, die Mose vor ganz
Israel gesprochen hat. Er sprach sie jenseits des Jordan, in der Wüste, in der Araba, östlich von Suf, zwischen Paran und Tofel, Laban, Hazerot und Di-Sahab.
2 Elf Tage sind es vom Horeb auf dem Weg zum Gebirge Seïr bis nach Kadesch-Barnea.
3 Es war im vierzigsten Jahr, im elften Monat, am ersten Tag des Monats. Mose sagte den Israeliten genau das, was ihm der Herr für sie aufgetragen hatte.
4 Nachdem er Sihon, den König der Amoriter, der in Heschbon seinen Sitz hatte, und Og, den König des Baschan, der in Aschtarot seinen Sitz hatte, bei Edreï geschlagen hatte,
5 begann Mose jenseits des Jordan im Land Moab, diese Weisung aufzuschreiben. Er sagte:

4: 2,24 – 3,11.

Der Aufbruch vom Horeb: 1,6–18

6 Der Herr, unser Gott, hat am Horeb zu uns gesagt: Ihr habt euch lange genug an diesem Berg aufgehalten.
7 Nun wendet euch dem Bergland der Amoriter zu, brecht auf und zieht hinauf! Zieht aus gegen alle seine Bewohner in der Araba, auf dem Gebirge, in der Schefela, im Negeb und an der Meeresküste! Zieht in das Land der Kanaaniter und in das Gebiet des Libanon, bis an den großen Strom, den Eufrat!
8 Hiermit liefere ich euch das Land aus. Zieht hinein und nehmt es in Besitz, das Land, von dem ihr wisst: Der Herr hat euren Vätern Abraham, Isaak und Jakob geschworen, es ihnen und später ihren Nachkommen zu geben.
9 Damals habe ich zu euch gesagt: Ich kann euch nicht allein tragen.
10 Der Herr, euer Gott, hat euch zahlreich gemacht. Ja, ihr seid heute schon so zahlreich wie die Sterne am Himmel.
11 Und der Herr, der Gott eurer Väter, lasse eure Zahl auf das Tausendfache wachsen und segne euch, wie er es euch versprochen hat.
12 Wie soll ich allein euch tragen: eure Bürde, eure Last, eure Rechtshändel?
13 Schlagt für jeden eurer Stämme weise, gebildete und bewährte Männer vor, damit ich sie als eure Führer einsetze.
14 Ihr habt mir geantwortet: Das ist ein guter Vorschlag. Führ ihn aus!
15 Also habe ich die Führer eurer Stämme, weise und bewährte Männer, genommen und sie zu euren Führern ernannt: als Anführer für je tausend, Anführer für je hundert, Anführer für je fünfzig, Anführer für je zehn, und als Listenführer, für jeden eurer Stämme.
16 Damals habe ich eure Richter verpflichtet: Lasst jeden Streit zwischen euren Brüdern vor euch kommen. Entscheidet gerecht, sei es der Streit eines Mannes mit einem Bruder oder mit einem Fremden.
17 Kennt vor Gericht kein Ansehen der Person! Klein wie Groß hört an! Fürchtet euch nicht vor angesehe-

1,1–5 Vorbemerkung zur Rede des Mose 1,6 – 4,40. Die Orts- und Zeitangaben gelten auch für die weiteren Mosereden, vor allem auch für die in 1,5 ausdrücklich genannte »Weisung« 5,1 – 28,68. Die Orts- und Entfernungsangaben sind spätere ergänzende Zusätze, wie sie sich noch mehrfach in Kap. 1 – 4 finden.

1,6 Horeb ist in Dtn der Name des Sinai.

1,7 »Bergland der Amoriter« ist in Dtn der Name für das verheißene Land westlich des Jordan. Es wird hier näher umschrieben und in einer Texterweiterung bis zum Eufrat hin ausgedehnt, ähnlich wie in Dtn 11,24 und Jos 1,4. Das entspricht dem Umfang des davidischen Reichs.

1,8 von dem ihr wisst: Die Wendung ist hier und an anderen Stellen eingefügt, weil man die komplizierte hebräische Satzkonstruktion im Deutschen so am besten wiedergeben kann.

1,9–18 Wahrscheinlich ein Zusatz.

1,16 Im Dtn werden alle Angehörigen des eigenen Volkes als »Brüder« betrachtet. »Fremder« meint hier und häufig in Dtn den Gastbürger mit eingeschränkten Rechten.

1,17 Andere Übersetzungsmöglichkeit: denn das Gericht kommt von Gott.

nen Leuten; denn das Gericht hat mit Gott
zu tun. Und ist euch eine Sache zu schwierig,
legt sie mir vor; dann werde ich sie anhören.
18 Damals habe ich euch alle Vorschriften ge-
geben, nach denen ihr handeln sollt.

6–8: Ex 33,1 • 7: 19,8 • 9–18: Ex 18,13–27; Num 11,11–17 • 10: Hebr 11,12 • 13: 1,15; 5,23; 29,9; 33,5 • 15: 1,13; 16,18 • 16–17: 16,18–20; 17,8–13; 2 Chr 19,5–11; Joh 7,51 • 17: Jak 2,9 • 18: Ex 24,3–8

Israels Unglaube in Kadesch-Barnea: 1,19–46

19 Dann brachen wir auf, verließen den
Horeb und wanderten durch diese ganze gro-
ße und Furcht erregende Wüste – ihr habt sie
erlebt – auf dem Weg zum Amoriterbergland,
wie es uns der Herr, unser Gott, befohlen
hatte. Wir kamen bis Kadesch-Barnea.
20 Dort sagte ich zu euch: Nun seid ihr am
Bergland der Amoriter angekommen, das
der Herr, unser Gott, uns gibt. 21 Sieh, der
Herr, dein Gott, hat dir das Land ausgelie-
fert. Zieh hinauf und nimm es in Besitz, wie
der Herr, der Gott deiner Väter, es dir befoh-
len hat. Fürchte dich nicht und hab keine
Angst! 22 Da seid ihr zu mir gekommen, ihr
alle, und habt gesagt: Wir wollen einige
Männer vorausschicken. Sie sollen uns das
Land auskundschaften und uns Bericht er-
statten über den Weg, den wir hinaufziehen,
und über die Städte, auf die wir treffen wer-
den. 23 Der Vorschlag erschien mir gut. Ich
wählte unter euch zwölf Männer aus, für je-
den Stamm einen. 24 Sie wendeten sich dem
Bergland zu, zogen hinauf, gelangten bis
zum Traubental und erkundeten es. 25 Sie
pflückten einige von den Früchten des Lan-
des, brachten sie zu uns herab und erstatte-
ten uns Bericht. Sie sagten: Das Land, das
der Herr, unser Gott, uns gibt, ist prächtig.
26 Doch ihr habt euch geweigert hinaufzuzie-
hen. Ihr habt euch dem Befehl des Herrn, eu-
res Gottes, widersetzt 27 und habt in euren
Zelten gemurrt. Ihr habt gesagt: Weil er uns
hasst, hat der Herr uns aus Ägypten geführt.
Er will uns in die Gewalt der Amoriter ge-
ben, um uns zu vernichten. 28 Wohin geraten
wir, wenn wir hinaufziehen? Unsere Brüder
haben uns den Mut genommen, als sie be-
richteten: Ein Volk, größer und zahlreicher
als wir, Städte, groß, mit himmelhohen Mau-
ern. Sogar Anakiter haben wir dort gesehen.
29 Da habe ich zu euch gesagt: Ihr dürft nicht
vor ihnen zurückweichen und dürft euch
nicht vor ihnen fürchten. 30 Der Herr, euer
Gott, der euch vorangeht, wird für euch
kämpfen, genau so, wie er vor euren Augen
in Ägypten auf eurer Seite gekämpft hat.
31 Das Gleiche tat er in der Wüste, du hast es
selbst erlebt. Da hat der Herr, dein Gott, dich
auf dem ganzen Weg, den ihr gewandert seid,
getragen, wie ein Vater seinen Sohn trägt,
bis ihr an diesen Ort kamt. 32 Trotzdem habt
ihr nicht an den Herrn, euren Gott, geglaubt,
33 der euch auf dem Weg vorangegangen war,
um euch die Stelle für das Lager zu suchen.
Bei Nacht ging er im Feuer voran, um euch
den Weg zu zeigen, auf dem ihr gehen solltet,
bei Tag in der Wolke. 34 Der Herr hörte euer
lautes Murren, wurde unwillig und schwor:
35 Kein einziger von diesen Männern, von
dieser verdorbenen Generation, soll das
prächtige Land sehen, von dem ihr wisst: Ich
habe geschworen, es euren Vätern zu geben.
36 Nur Kaleb, der Sohn Jefunnes, wird es se-
hen. Ihm und seinen Söhnen werde ich das
Land geben, das er betreten hat. Denn er ist
dem Herrn ganz und gar nachgefolgt.
37 Auch mir grollte der Herr euretwegen und
sagte: Auch du sollst nicht in das Land hi-
neinkommen. 38 Josua, der Sohn Nuns, dein
Gehilfe, wird hineinkommen. Verleih ihm
Macht: Er soll das Land an Israel als Erb-
besitz verteilen. 39 Und eure Kleinen, von de-
nen ihr sagt: Zur Beute werden sie!, und eure
Kinder, die heute noch nichts von Gut und
Böse wissen, sie werden in das Land hinein-
kommen. Ihnen gebe ich es und sie nehmen
es dann auch in Besitz. 40 Ihr aber, wendet
euch zur Wüste, brecht auf und nehmt den
Weg zum Schilfmeer! 41 Ihr habt mir darauf
erwidert: Wir haben vor dem Herrn gesün-
digt. Doch jetzt wollen wir hinaufziehen und
kämpfen, genau so, wie es uns der Herr, un-
ser Gott, befohlen hat. Und jeder legte die
Waffen an und gürtete sich, um ins Bergland
zu ziehen. 42 Doch der Herr sprach zu mir:

1,19–45 Der wegen des Unglaubens Israels misslungene Versuch, das verheißene Land von Süden aus zu erobern, ist nach Num 10,11 ins zweite Jahr des Wüstenzugs zu setzen.

1,24 Das Traubental liegt bei Hebron.

1,28 Andere Lesart: größer und höher gewachsen als wir. Die Anakiter sind eine auch aus ägyptischen Texten bekannte Gruppe aus der Urbevölkerung des Landes. Sie lebten im Gebiet von Hebron.

1,37 Mose wird der Zugang zum verheißenen Land wegen seiner Verantwortung für das Volk verweigert (vgl. 3,26). Anders in Num 20,12 (P); vgl. Dtn 32,51.

1,38 Macht verleihen: Ritus der Amtseinsetzung.

1,41 Andere Übersetzungsmöglichkeit: Jeder legte die Waffen an und zog leichten Sinnes ins Bergland hinauf.

Sag ihnen: Ihr sollt nicht hinaufziehen und nicht kämpfen; denn ich bin nicht in eurer Mitte. Ich will nicht, dass eure Feinde euch niederstoßen. 43 Ich habe euch zugeredet, doch ihr habt nicht gehört. Ihr habt euch dem Befehl des Herrn widersetzt. In eurer Vermessenheit seid ihr ins Bergland gezogen. 44 Da rückten die Amoriter, die dort im Bergland wohnen, gegen euch aus. Sie verfolgten euch wie ein Bienenschwarm und versprengten euch in Seïr bis nach Horma hin. 45 Als ihr zurückkamt, weintet ihr vor dem Herrn. Doch er hat auf eure Klagen nicht gehört und hatte kein Ohr mehr für euch. 46 Dann hieltet ihr euch lange in Kadesch auf – die ganze Zeit, die ihr dort geblieben seid.

19–46: 9,23; 13 – 14 • 19: 29,1 • 28: 9,1f • 29–31: 20,2–4 • 31: 29,1; Apg 13,18 • 33: Ex 13,21f • 36: Jos 14,6–15 • 37: 3,23–27; 4,21f; 31,2 • 38: 3,28; 31,6–8.23; Jos 1,2–9; 13,1–7 • 46: Num 20,1

Der Zug ins Ostjordanland: 2,1–13

2 Dann wendeten wir uns der Wüste zu, brachen auf und nahmen den Weg zum Schilfmeer, wie es der Herr mir befohlen hatte. Wir umzogen lange Zeit das Gebirge Seïr. 2 Dann sagte der Herr zu mir: 3 Ihr seid jetzt lange genug um dieses Gebirge herumgezogen. Wendet euch jetzt nach Norden! 4 Befiehl dem Volk: Ihr werdet jetzt durch das Gebiet von Stammverwandten ziehen, durch das Gebiet der Nachkommen Esaus, die in Seïr wohnen. Wenn sie Furcht vor euch zeigen, dann seid auf der Hut, 5 und beginnt keine Feindseligkeiten gegen sie! Von ihrem Land gebe ich euch keinen Fußbreit; denn das Gebirge Seïr habe ich für Esau zum Besitz bestimmt. 6 Was ihr an Getreide zum Essen braucht, kauft von ihnen für Silber; selbst das Trinkwasser beschafft euch von ihnen gegen Silber! 7 Der Herr, dein Gott, hatte dich reich gesegnet bei der Arbeit deiner Hände. Er wusste, dass du in dieser großen Wüste unterwegs warst. Vierzig Jahre lang war der Herr, dein Gott, bei dir. Nichts hat dir gefehlt. 8 Wir zogen also weg aus dem Gebiet in der Nähe der Söhne Esaus, unserer Stammverwandten, die in Seïr wohnen, weg vom Weg durch die Araba, von Elat und Ezjon-Geber. Wir wendeten uns (nach Norden) und zogen den Weg zur Wüste Moab entlang. 9 Und der Herr sagte zu mir: Begegne Moab nicht feindlich, beginn keinen Kampf mit ihnen! Von ihrem Land bestimme ich dir kein Stück zum Besitz; denn Ar habe ich für die Nachkommen Lots zum Besitz bestimmt. 10 Einst saßen dort die Emiter, ein Volk, das groß, zahlreich und hoch gewachsen war wie die Anakiter. 11 Wie die Anakiter galten auch sie als Rafaïter, die Moabiter aber nennen sie Emiter. 12 In Seïr saßen einst die Horiter, aber deren Besitz haben die Nachkommen Esaus übernommen. Als sie vordrangen, vernichteten sie die Horiter und setzten sich an deren Stelle, so wie die Israeliten es mit dem Land taten, das ihnen der Herr zum Besitz bestimmt hatte. 13 Und jetzt steht auf und überquert das Tal des Sered! Da überquerten wir das Tal des Sered.

1–25: Num 21,4–20 • 2–8: Num 20,14–21 • 5: Apg 7,5 • 7: 8,4; 28,12; 29,4.

Die Eroberung des Ostjordanlandes: 2,14 – 3,17

14 Die Zeit, die wir von Kadesch-Barnea an gewandert waren, bis wir das Tal des Sered überquerten, betrug achtunddreißig Jahre. So lange dauerte es, bis die Generation der waffenfähigen Männer vollständig ausgestorben war, sodass sich keiner von ihnen mehr im Lager befand, wie es ihnen der Herr geschworen hatte. 15 Der Herr hatte seine Hand gegen sie ausgestreckt und Verwirrung unter ihnen verbreitet, bis sie ausgestorben waren, sodass sich keiner von ihnen mehr im Lager befand. 16 Als alle waffenfähigen Männer ausgestorben und tot waren, sodass keiner von ihnen mehr im Volk lebte, 17 sagte der Herr zu mir: 18 Wenn du heute durch das Gebiet von Moab, durch Ar, ziehst, 19 kommst du nahe an den Ammonitern vorbei. Begegne ihnen nicht feindlich, beginne keine Feindseligkeiten gegen sie! Vom Land der Ammoniter bestimme ich dir kein Stück zum Besitz; denn ich habe es für die Nachkommen Lots zum Besitz bestimmt. 20 Auch dieses gilt als Land der Rafaïter. Einst saßen die Rafaïter darin. Die Ammoniter nennen sie die Samsummiter, 21 ein Volk, das groß, zahlreich und hoch gewachsen war wie die Anakiter. Der Herr vernichtete die Rafaïter, als die Ammoniter eindrangen. Diese übernahmen ihren Besitz und setzten sich an ihre Stelle. 22 Das war das Gleiche, was der

1,46 Die umständliche und zugleich unbestimmte Zeitangabe überspielt die Theorie des Buchs Num, nach der die Israeliten 38 Jahre in Kadesch waren. Nach Dtn 2,1.14 sind die Israeliten bald wieder aufgebrochen und 38 Jahre lang in der Wüste umhergezogen.

2,10–12 Erklärender Zusatz (vgl. die Anmerkung zu 1,1–5).

2,20–23 Erklärender Zusatz (vgl. die Anmerkung zu 1,1–5).

Herr für die Nachkommen Esaus getan hat,
die in Seïr sitzen. Als sie vordrangen, ver-
nichtete er die Horiter. Die Nachkommen
Esaus übernahmen ihren Besitz und setzten
sich an ihre Stelle. So blieb es bis heute.
23 Das Gleiche geschah mit den Awitern, die
in einzelnen Dörfern bis nach Gaza hin sa-
ßen. Die Kaftoriter, die aus Kaftor ausge-
wandert waren, vernichteten sie und setzten
sich an ihre Stelle. 24 Steht auf, brecht auf
und überquert das Tal des Arnon! Hiermit
gebe ich Sihon, den König von Heschbon,
den Amoriter, mit seinem Land in eure Ge-
walt. Fang an, in Besitz zu nehmen! Bei Si-
hon sollst du den Kampf beginnen. 25 Und
ich fange heute an, den Völkern überall un-
ter dem Himmel Schrecken und Furcht vor
dir ins Gesicht zu zeichnen. Wenn sie von dir
nur hören, zittern sie. Sie winden sich vor
Angst, wenn sie dich sehen. 26 Da sandte ich
aus der Wüste Kedemot Boten zu Sihon, dem
König von Heschbon, und ließ ihm folgendes
Abkommen vorschlagen: 27 Ich will durch
dein Land ziehen. Ich werde mich genau an
den Weg halten, ohne ihn rechts oder links
zu verlassen. 28 Was ich an Getreide zum Es-
sen brauche, wirst du mir für Silber verkau-
fen, auch das Trinkwasser wirst du mir ge-
gen Silber geben. Ich werde nur zu Fuß
durchziehen, 29 so wie die Nachkommen
Esaus, die in Seïr wohnen, und die Moabiter,
die in Ar wohnen, es mir erlaubt haben. (Das
soll gelten,) bis ich über den Jordan in das
Land gezogen bin, das der Herr, unser Gott,
uns gibt. 30 Doch Sihon, der König von
Heschbon, weigerte sich, uns bei sich durch-
ziehen zu lassen. Denn der Herr, dein Gott,
hatte seinen Kampfgeist gestärkt und ihm
Mut gemacht, um ihn in deine Gewalt zu ge-
ben, wie es inzwischen geschehen ist. 31 Zu
mir aber sagte der Herr: Hiermit fange ich
an. Ich liefere dir Sihon und sein Land aus.
Du fang an, in Besitz zu nehmen! Fang mit
seinem Land an! 32 Sihon rückte mit seinem
ganzen Volk gegen uns aus, um bei Jahaz zu
kämpfen. 33 Der Herr, unser Gott, lieferte ihn
uns aus. Wir schlugen ihn, seine Söhne und
sein ganzes Volk. 34 Damals eroberten wir
alle seine Städte. Wir weihten die ganze
männliche Bevölkerung, die Frauen, die Kin-
der und die Greise der Vernichtung; keinen
ließen wir überleben. 35 Als Beute behielten
wir nur das Vieh und das, was wir in den er-
oberten Städten geplündert hatten. 36 Von
Aroër am Rand des Arnontals und von der
Stadt, die im Tal liegt, bis hin nach Gilead
gab es keine befestigte Stadt, deren Mauern
für uns zu hoch waren. Alle hat uns der Herr,
unser Gott, ausgeliefert. 37 Nur dem Land
der Ammoniter hast du dich nicht genähert,
dem gesamten Randgebiet des Jabboktals
und den Städten im Gebirge, also allem, was
der Herr, unser Gott, uns verwehrt hatte.

3 Dann wendeten wir uns dem Weg zum
Baschan zu und zogen hinauf. Og, der
König des Baschan, rückte mit seinem gan-
zen Volk gegen uns aus, um bei Edreï zu
kämpfen. 2 Der Herr sagte zu mir: Fürchte
ihn nicht, denn ich gebe ihn, sein ganzes
Volk und sein Land in deine Gewalt. Tu mit
ihm, was du mit Sihon getan hast, dem Kö-
nig der Amoriter, der in Heschbon seinen
Sitz hatte. 3 Und der Herr, unser Gott, gab
auch Og, den König des Baschan, und sein
ganzes Volk in unsere Gewalt. Wir schlugen
ihn und ließen keinen überleben. 4 Damals
eroberten wir alle seine Städte. Es gab keine
befestigte Stadt, die wir ihnen nicht genom-
men hätten: sechzig Städte, den ganzen Be-
zirk von Argob, das Königreich des Og im
Baschan. 5 Alle diese Städte waren durch
hohe Mauern, Torflügel und Torbalken be-
festigt. Hinzu kamen die zahlreichen offenen
Landstädte. 6 Wir weihten sie der Vernich-
tung, wie wir es mit Sihon, dem König von
Heschbon, getan hatten. Wir weihten die
ganze männliche Bevölkerung und die Frau-
en, Kinder und Greise der Vernichtung. 7 Al-
les Vieh und das, was wir in den Städten ge-
plündert hatten, behielten wir als Beute.

8 Damals entrissen wir der Gewalt der bei-
den Amoriterkönige jenseits des Jordan das
Land vom Arnontal bis zum Gebirge Her-
mon – 9 die Sidonier nennen den Hermon
Sirjon, die Amoriter nennen ihn Senir –,
10 alle Städte der Hochebene, ganz Gilead
und den ganzen Baschan bis nach Salka und
Edreï, das heißt nur die Städte des König-
reichs Ogs im Baschan. 11 Denn Og, der Kö-
nig des Baschan, war als Einziger von den
letzten Rafaïtern noch übrig geblieben. Sein
Bett war aus Eisen. Steht es nicht in Rabba,
der Hauptstadt der Ammoniter? Es ist neun
gewöhnliche Ellen lang und vier breit. 12 Die-
ses Land nahmen wir damals in Besitz. Von
Aroër an, das am Arnontal liegt, einschließ-

2,34 weihten der Vernichtung: In älteren Bibelübersetzungen stand hier und an ähnlichen Stellen das Wort »Bann« oder »bannen«, das aber missverständlich ist. Gemeint ist die Vernichtung der Bevölkerung, und es ist dabei ein Wort benutzt, das in früheren Zeiten Vernichtung aufgrund von Gelübden oder Götterweisungen bezeichnete. Zur deuteronomischen Kriegstheorie vgl. 20,10–18.

3,9.13f Erklärender Zusatz (vgl. die Anmerkung zu 1,1–5).

lich der Hälfte des Gebirges Gilead und ihrer Städte, übergab ich es (euch,) den Rubenitern und Gaditern. 13 Den Rest von Gilead und den ganzen Baschan, soweit er zum Königreich Ogs gehört hatte, übergab ich (euch,) der einen Hälfte des Stammes Manasse – den ganzen Bezirk von Argob. Diesen ganzen Baschan bezeichnet man als Land der Rafaïter. 14 Jaïr, der Sohn Manasses, übernahm den ganzen Bezirk von Argob einschließlich des Gebiets der Geschuriter und der Maachatiter und benannte sie nach seinem eigenen Namen: Er nannte den Baschan Hawot-Jaïr (Zeltdörfer Jaïrs). So heißt er noch heute. 15 Dem Machir übergab ich Gilead, 16 den Rubenitern und Gaditern aber gab ich das Gebiet von Gilead bis zum Arnontal, das Tal selbst und das zugehörige Gebiet bis zum Jabbok, wo das Tal die Grenze zu den Ammonitern bildet, 17 dazu die Araba und den Jordan mit dem zugehörigen Gebiet, vom See Kinneret bis zum Meer der Araba, dem Salzmeer am Fuß der Steilhänge des Pisga, nach Osten hin.

2,15: Ex 14,24 • 25: 11,25; 28,10; Ex 15,14 • 26–37: Num 21,21–25 • 34: 20,16–18 • 3,1–7: Num 21,33–35 • 6: 20,16–18 • 12–17 Num 32; Jos 13,15–33.

Die Vorbereitungen zur Eroberung des Westjordanlandes: 3,18–29

18 Damals wies ich euch an: Der Herr, euer Gott, hat euch dieses Land gegeben, sodass ihr es in Besitz nehmen könnt. Doch jetzt, in Waffen, sollt ihr zunächst mit allen Wehrfähigen an der Spitze eurer Brüder, der Israeliten, über den Jordan ziehen. 19 Nur eure Frauen, Kinder, Greise und Herden – ich weiß, ihr habt viele Herden – können in den Städten bleiben, die ich für euch bestimmt habe. 20 Erst wenn der Herr euren Brüdern wie euch Ruhe verschafft hat, erst wenn auch sie das Land jenseits des Jordan in Besitz genommen haben, das der Herr, euer Gott, ihnen gibt, dürft ihr zurückkehren, jeder zu seinem Besitz, den ich für euch bestimmt habe.

21 Damals wies ich Josua an: Du hast mit eigenen Augen alles gesehen, was der Herr, euer Gott, mit diesen beiden Königen getan hat. Das Gleiche wird der Herr mit allen Königreichen tun, zu denen du hinüberziehst. 22 Ihr sollt sie nicht fürchten; denn der Herr, euer Gott, ist es, der für euch kämpft.

23 Damals rief ich den Herrn um Gnade für mich an: 24 Gott, mein Herr! Du hast angefangen, deinen Knecht deine Macht und deine starke Hand schauen zu lassen. Welcher Gott im Himmel oder auf der Erde hat etwas vollbracht, was deinen Taten und deinen Siegen vergleichbar wäre? 25 Lass mich doch hinüberziehen! Lass mich das prächtige Land jenseits des Jordan sehen, dieses prächtige Bergland und den Libanon! 26 Doch euretwegen zürnte mir der Herr und erhörte mich nicht. Der Herr sagte zu mir: Genug! Trag mir diese Sache niemals wieder vor! 27 Steig auf den Gipfel des Pisga, richte die Augen nach Westen, nach Norden, nach Süden und nach Osten und schau mit eigenen Augen hinüber! Doch hinüberziehen über den Jordan hier wirst du nicht. 28 Setz Josua ein, verleih ihm Macht und Stärke: Er soll an der Spitze dieses Volkes hinüberziehen. Er soll an sie das Land als Erbbesitz verteilen, das du nur schauen darfst. 29 So blieben wir in der Talschlucht gegenüber Bet-Pegor.

18–20: Num 32,16f; Jos 1,13 • 21–22: 20,2–4 • 23–27: 1,37 • 27: 34,1–3 • 29: Num 25

Ermahnung und Ausblick: 4,1–40

4 Und nun, Israel, höre die Gesetze und Rechtsvorschriften, die ich euch zu halten lehre. Hört und ihr werdet leben, ihr werdet in das Land, das der Herr, der Gott eurer Väter, euch gibt, hineinziehen und es in Besitz nehmen. 2 Ihr sollt dem Wortlaut dessen, worauf ich euch verpflichte, nichts hinzufügen und nichts davon wegnehmen; ihr sollt auf die Gebote des Herrn, eures Gottes, achten, auf die ich euch verpflichte. 3 Ihr habt mit eigenen Augen gesehen, was der Herr wegen des Baal-Pegor getan hat. Jeden, der dem Baal-Pegor nachfolgte, hat der Herr, dein Gott, in deiner Mitte vernichtet. 4 Ihr aber habt euch am Herrn, eurem Gott, fest gehalten, und darum seid ihr alle heute noch am Leben.

5 Hiermit lehre ich euch, wie es mir der Herr, mein Gott, aufgetragen hat, Gesetze und Rechtsvorschriften. Ihr sollt sie innerhalb des Landes halten, in das ihr hineinzieht, um es in Besitz zu nehmen. 6 Ihr sollt auf sie achten und sollt sie halten. Denn darin besteht eure Weisheit und eure Bildung in den Augen der Völker. Wenn sie die-

3,14–17 Wohl spätere Variante zu VV. 12f.
3,29 Bet-Pegor ist der Ort, Baal-Pegor (4,3) der dort verehrte kanaanäische Gott.
4,5 Das deuteronomische Gesetz verpflichtet Israel innerhalb des verheißenen Landes nach dessen Einnahme.
4,6f Hier ist besonders an die Zeit Salomos gedacht, wie sie in 1 Kön 3 – 11 geschildert wird.

ses Gesetzeswerk kennen lernen, müssen sie
sagen: In der Tat, diese große Nation ist ein
weises und gebildetes Volk. 7 Denn welche
große Nation hätte Götter, die ihr so nah
sind, wie Jahwe, unser Gott, uns nah ist, wo
immer wir ihn anrufen? 8 Oder welche große
Nation besäße Gesetze und Rechtsvorschrif-
ten, die so gerecht sind wie alles in dieser
Weisung, die ich euch heute vorlege?

9 Jedoch, nimm dich in Acht, achte gut auf
dich! Vergiss nicht die Ereignisse, die du mit
eigenen Augen gesehen, und die Worte, die
du gehört hast. Lass sie dein ganzes Leben
lang nicht aus dem Sinn! Präge sie deinen
Kindern und Kindeskindern ein! 10 Vergiss
nicht den Tag, als du am Horeb vor dem
Herrn, deinem Gott, standest. Der Herr hatte
zu mir gesagt: Ruf mir das Volk zusammen!
Ich will sie meine Worte hören lassen. Sie
sollen lernen, mich zu fürchten, so lange, wie
sie im Land leben, und sie sollen es auch ihre
Kinder lehren. 11 Ihr wart herangekommen
und standet unten am Berg und der Berg
brannte: Feuer, hoch bis in den Himmel hi-
nauf, Finsternis, Wolken und Dunkel. 12 Der
Herr sprach zu euch mitten aus dem Feuer.
Ihr hörtet den Donner der Worte. Eine Ge-
stalt habt ihr nicht gesehen. Ihr habt nur den
Donner gehört. 13 Der Herr offenbarte euch
seinen Bund, er verpflichtete euch, ihn zu
halten: die Zehn Worte. Er schrieb sie auf
zwei Steintafeln. 14 Mir befahl damals der
Herr, euch Gesetze und Rechtsvorschriften
zu lehren, die ihr in dem Land halten sollt, in
das ihr hinüberzieht, um es in Besitz zu neh-
men.

15 Nehmt euch um eures Lebens willen gut
in Acht! Denn eine Gestalt habt ihr an dem
Tag, als der Herr am Horeb mitten aus dem
Feuer zu euch sprach, nicht gesehen. 16 Lauft
nicht in euer Verderben und macht euch kein
Gottesbildnis, das irgendetwas darstellt,
keine Statue, kein Abbild eines männlichen
oder weiblichen Wesens, 17 kein Abbild ir-
gendeines Tiers, das auf der Erde lebt, kein
Abbild irgendeines gefiederten Vogels, der
am Himmel fliegt, 18 kein Abbild irgendeines
Tiers, das am Boden kriecht, und kein Ab-
bild irgendeines Meerestieres im Wasser un-
ter der Erde. 19 Wenn du die Augen zum
Himmel erhebst und das ganze Himmelsheer
siehst, die Sonne, den Mond und die Sterne,
dann lass dich nicht verführen! Du sollst
dich nicht vor ihnen niederwerfen und ihnen
nicht dienen. Der Herr, dein Gott, hat sie al-
len anderen Völkern überall unter dem Him-
mel zugewiesen. 20 Euch aber hat der Herr
genommen und aus dem Schmelzofen, aus
Ägypten, herausgeführt, damit ihr sein Volk,
sein Erbbesitz werdet – wie ihr es heute seid.
21 Zwar hat der Herr mir wegen eures Mur-
rens gegrollt und mir geschworen, ich dürfe
nicht über den Jordan ziehen und das präch-
tige Land betreten, das der Herr, dein Gott,
dir als Erbbesitz gibt. 22 Ich muss in diesem
Land hier sterben und werde nicht über den
Jordan ziehen. Aber ihr werdet hinüberzie-
hen und dieses prächtige Land in Besitz neh-
men.

23 Nehmt euch in Acht! Vergesst nicht den
Bund, den der Herr, euer Gott, mit euch ge-
schlossen hat. Ihr sollt euch kein Gottesbild-
nis machen, das irgendetwas darstellt, was
der Herr, dein Gott, dir verboten hat. 24 Denn
der Herr, dein Gott, ist verzehrendes Feuer.
Er ist ein eifersüchtiger Gott. 25 Wenn du
Kinder und Kindeskinder zeugst und ihr im
Land heimisch seid, wenn ihr dann ins Ver-
derben lauft und ein Gottesbildnis macht,
das irgendetwas darstellt, wenn ihr also tut,
was in den Augen des Herrn, deines Gottes,
böse ist, und wenn ihr ihn erzürnt – 26 den
Himmel und die Erde rufe ich heute als Zeu-
gen gegen euch an: dann werdet ihr unver-
züglich aus dem Land ausgetilgt sein, in das
ihr jetzt über den Jordan zieht, um es in Be-
sitz zu nehmen. Nicht lange werdet ihr darin
leben. Ihr werdet vernichtet werden. 27 Der
Herr wird euch unter die Völker verstreuen.
Nur einige von euch werden übrig bleiben in
den Nationen, zu denen der Herr euch führt.
28 Dort müsst ihr Göttern dienen, Machwer-
ken von Menschenhand, aus Holz und Stein.
Sie können nicht sehen und nicht hören,
nicht essen und nicht riechen. 29 Dort werdet
ihr den Herrn, deinen Gott, wieder suchen.
Du wirst ihn auch finden, wenn du dich mit
ganzem Herzen und mit ganzer Seele um ihn
bemühst. 30 Wenn du in Not bist, werden alle
diese Worte dich finden. In späteren Tagen
wirst du zum Herrn, deinem Gott, zurück-
kehren und auf seine Stimme hören. 31 Denn
der Herr, dein Gott, ist ein barmherziger
Gott. Er lässt dich nicht fallen und gibt dich
nicht dem Verderben preis und vergisst nicht
den Bund mit deinen Vätern, den er ihnen
beschworen hat.

32 Forsche doch einmal in früheren Zeiten

4,16–20 Umschreibende Erklärung zum ersten der Zehn Gebote. Dabei ist weniger eine bildhafte Jahweverehrung gemeint, als eher die Verehrung anderer Götter unter verschiedensten Gestalten (vgl. 2 Kön 21,3–8; 23,4–14; Ez 8).

4,19 Die für Israel nicht erlaubte Verehrung der Gestirne wird anderen Völkern zugestanden.

nach, die vor dir gewesen sind, seit dem Tag, als Gott den Menschen auf der Erde schuf; forsche nach vom einen Ende des Himmels bis zum andern Ende: Hat sich je etwas so Großes ereignet wie dieses und hat man je solche Worte gehört? 33 Hat je ein Volk einen Gott mitten aus dem Feuer im Donner sprechen hören, wie du ihn gehört hast, und ist am Leben geblieben? 34 Oder hat je ein Gott es ebenso versucht, zu einer Nation zu kommen und sie mitten aus einer anderen herauszuholen unter Prüfungen, unter Zeichen, Wundern und Krieg, mit starker Hand und hoch erhobenem Arm und unter großen Schrecken, wie es der Herr, euer Gott, in Ägypten mit euch getan hat, vor deinen Augen? 35 Das hast du sehen dürfen, damit du erkennst: Jahwe ist der Gott, kein anderer ist außer ihm. 36 Vom Himmel herab ließ er dich seinen Donner hören, um dich zu erziehen. Auf der Erde ließ er dich sein großes Feuer sehen und mitten aus dem Feuer hast du seine Worte gehört. 37 Weil er deine Väter lieb gewonnen hatte, hat er alle Nachkommen eines jeden von ihnen erwählt und dich dann in eigener Person durch seine große Kraft aus Ägypten geführt, 38 um bei deinem Angriff Völker zu vertreiben, die größer und mächtiger sind als du, um dich in ihr Land zu führen und es dir als Erbbesitz zu geben, wie es jetzt geschieht. 39 Heute sollst du erkennen und dir zu Herzen nehmen: Jahwe ist der Gott im Himmel droben und auf der Erde unten, keiner sonst. 40 Daher sollst du auf seine Gesetze und seine Gebote, auf die ich dich heute verpflichte, achten, damit es dir und später deinen Nachkommen gut geht und du lange lebst in dem Land, das der Herr, dein Gott, dir gibt für alle Zeit.

1–4: 30,15–20 • 2: 13,1; Offb 22,18f • 3: 29,1; Num 25,1–9 • 5: 12,1; 31,13 • 7–8: Röm 3,2 • 9–14: 5,2–31; Ex 19 – 20; Dtn 5,24; 29,1; 31,13; 32,46 • 11–12: Hebr 12,18f • 12: Joh 1,18; 5,37; 6,46 • 15–19: Röm 1,23 • 16–19: 5,8f • 19–20: 32,8f; 17,2–5; 29,25 • 20: 9,29; 1 Kön 8,51 • 21: 1,37 • 23: 29,24 • 24: 5,9; Hebr 12,29 • 25–28: 28,15–68 • 26: 30,18f; 31,28 • 28: 27,15; 28,36; Ps 115,4–8; 135,15–18 • 29–31: 30,1–10 • 31: Gen 15,18 • 32–40: 8,2–6 • 34: 34,11f • 35: Mk 12,32; 1 Kor 8,4 • 37: 10,15 • 38: 18,12 • 39: 1 Kor 8,4.

Die Asylstädte im Ostjordanland: 4,41–43

41 Damals hat Mose jenseits des Jordan, nach Osten hin, drei Städten eine Sonderstellung zugewiesen. 42 Dorthin soll jeder, der einen Menschen getötet hat, fliehen können, falls er den andern ohne Vorsatz getötet hat und nicht schon früher mit ihm verfeindet gewesen ist. Wenn er in eine dieser Städte flieht, darf er am Leben bleiben. 43 Es sind Bezer im Wüstengebiet der Hochebene für die Rubeniter, Ramot in Gilead für die Gaditer und Golan im Baschan für die Manassiter.

41–43: 19,1–10; Num 35,6–15.

DIE VERKÜNDIGUNG DES GESETZES: 4,44 – 28,68

Ort und Zeit: 4,44–49

44 Und das ist die Weisung, die Mose den Israeliten vorgelegt hat. 45 Das sind die Satzungen, die Gesetze und Rechtsvorschriften, die Mose den Israeliten verkündet hat, als sie aus Ägypten zogen. 46 Es geschah jenseits des Jordan, in der Talschlucht gegenüber Bet-Pegor, im Land Sihons, des Königs der Amoriter, der in Heschbon seinen Sitz hatte. Ihn hatten Mose und die Israeliten geschlagen, als sie aus Ägypten zogen. 47 Sie hatten sein Land und das Land Ogs, des Königs des Baschan, in Besitz genommen, das Land der

4,35.39 Die Frage nach der Existenz fremder Götter stellt das Dtn noch nicht; Israel ist jedoch einzig auf seinen Gott Jahwe verpflichtet. Doch hier wird ähnlich wie in Jes 41,22f; 43,10–13; 44,6 und 45,5 eine streng monotheistische Aussage erreicht.

4,37 Andere Übersetzungsmöglichkeit: Weil er deine Väter lieb gewonnen hatte, hat er »seinen Nachkommen« erwählt. – Dann läge eine für den Leser damals erkennbare Anspielung an Gen 17,19 vor, wo Abraham gesagt bekommt, Gott werde seinen Bund mit ihm über die Isaak-Linie weiterführen.

4,41–43 Die Einrichtung der Asylstädte dient dazu, die bei jeder Tötung mögliche Blutrache zu mildern. Schuldloser Unfall und fahrlässige Tötung werden von der Blutrache ausgenommen, nur noch Totschlag und Mord fallen unter sie.

4,44–5,1a Vorbemerkungen zur Rede des Mose 5,1 – 26,19; 28,1–68. »als sie aus Ägypten zogen« (V. 45) meint ganz unbestimmt: in den Jahren des Anfangs der Volksgeschichte. Die »Weisung« wird nicht einfach geboten, sondern Israel von Mose »vorgelegt«; denn sie ist ein Bundestext, der frei angenommen werden soll (vgl. 26,17–19 und 28,69 – 30,20, ferner Ex 19,7f; 21,1 und 24,3). Auch hinter »Satzungen« (4,45) steht ein Wort, das im Alten Orient »Vertragsurkunde« bedeutet und das in den vorausgehenden Büchern stets mit »Bundesurkunde« übersetzt ist.

4,45 Andere Lesart: die Satzungen, Gesetze und Rechtsvorschriften.

beiden Amoriterkönige jenseits des Jordan,
im Osten, 48 von Aroër am Rand des Arnon-
tals bis zum Gebirge Sion – das ist der Her-
mon – 49 und die ganze Araba jenseits des
Jordan nach Osten hin, bis zum Meer der
Araba unterhalb der Steilhänge des Pisga.

Der Bund am Horeb: Die Zehn Gebote:
5,1–22

5 Mose rief ganz Israel zusammen. Er
sagte zu ihnen: Höre, Israel, die Gesetze
und Rechtsvorschriften, die ich euch heute
vortrage. Ihr sollt sie lernen, auf sie achten
und sie halten.

2 Der Herr, unser Gott, hat am Horeb einen
Bund mit uns geschlossen. 3 Nicht mit unse-
ren Vätern hat der Herr diesen Bund ge-
schlossen, sondern mit uns, die wir heute
hier stehen, mit uns allen, mit den Lebenden.
4 Auge in Auge hat der Herr auf dem Berg
mitten aus dem Feuer mit euch geredet. 5 Ich
stand damals zwischen dem Herrn und euch,
um euch das Wort des Herrn weiterzugeben;
denn ihr wart aus Furcht vor dem Feuer
nicht auf den Berg gekommen. Der Herr
sprach:

6 Ich bin Jahwe, dein Gott, der dich aus
Ägypten geführt hat, aus dem Sklavenhaus.
7 Du sollst neben mir keine anderen Götter
haben. 8 Du sollst dir kein Gottesbildnis ma-
chen, das irgendetwas darstellt am Himmel
droben, auf der Erde unten oder im Wasser
unter der Erde. 9 Du sollst dich nicht vor an-
deren Göttern niederwerfen und dich nicht
verpflichten, ihnen zu dienen. Denn ich, der
Herr, dein Gott, bin ein eifersüchtiger Gott:
Bei denen, die mir Feind sind, verfolge ich
die Schuld der Väter an den Söhnen und an
der dritten und vierten Generation; 10 bei de-
nen, die mich lieben und auf meine Gebote
achten, erweise ich Tausenden meine Huld.

11 Du sollst den Namen des Herrn, deines
Gottes, nicht missbrauchen; denn der Herr
lässt den nicht ungestraft, der seinen Namen
missbraucht.

12 Achte auf den Sabbat: Halte ihn heilig,
wie es dir der Herr, dein Gott, zur Pflicht ge-
macht hat. 13 Sechs Tage darfst du schaffen
und jede Arbeit tun. 14 Der siebte Tag ist ein
Ruhetag, dem Herrn, deinem Gott, geweiht.
An ihm darfst du keine Arbeit tun: du, dein
Sohn und deine Tochter, dein Sklave und
deine Sklavin, dein Rind, dein Esel und dein
ganzes Vieh und der Fremde, der in deinen
Stadtbereichen Wohnrecht hat. Dein Sklave
und deine Sklavin sollen sich ausruhen wie
du. 15 Denk daran: Als du in Ägypten Sklave
warst, hat dich der Herr, dein Gott, mit star-
ker Hand und hoch erhobenem Arm dort he-
rausgeführt. Darum hat es dir der Herr, dein
Gott, zur Pflicht gemacht, den Sabbat zu
halten.

16 Ehre deinen Vater und deine Mutter, wie
es dir der Herr, dein Gott, zur Pflicht ge-
macht hat, damit du lange lebst und es dir
gut geht in dem Land, das der Herr, dein
Gott, dir gibt.

17 Du sollst nicht morden, 18 du sollst nicht
die Ehe brechen, 19 du sollst nicht stehlen,
20 du sollst nicht Falsches gegen deinen
Nächsten aussagen, 21 du sollst nicht nach
der Frau deines Nächsten verlangen und du
sollst nicht das Haus deines Nächsten begeh-
ren, nicht sein Feld, seinen Sklaven oder
seine Sklavin, sein Rind oder seinen Esel,
nichts, was deinem Nächsten gehört.

22 Diese Worte sagte der Herr auf dem Berg
zu eurer vollzähligen Versammlung, mitten
aus dem Feuer, aus Wolken und Dunkel, un-
ter lautem Donner, diese Worte und sonst
nichts. Er schrieb sie auf zwei Steintafeln
und übergab sie mir.

1: 11,32; 12,1; 26,16 • 2–31: Apg 7,38 • 3: 28,69; 29,13f • 4–22: Ex 19f • 6–22 ‖ Ex 20,2–18 • 7: Ex 23,13; 34,14 • 8: 27,15 • 9–10: 7,9f; Ex 34,7; Ex 34,14 • 10: 11,1 • 13: Ex 23,12; 34,21; Lk 13,14 • 14: Mk 2,27; Lk 23,56 • 15: 15,15; 16,12; 24,18.22; Apg 13,17 • 16–21: Mt 19,18f; Mk 10,19; Lk 18,20; Röm 13,9 • 16: Mt 15,4; Mk 7,10; Eph 6,2f • 17f: Jak 2,11; Mt 5,21 • 18: Mt 5,27 • 21: Röm 7,7 • 22–27: Hebr 12,18f.

Die Einsetzung des Mose als Gesetzesmittler:
5,23–33

23 Als ihr den Donner mitten aus der Fins-
ternis gehört hattet und der Berg immer

5,3 Der Vers widerspricht nicht 2,14. In ihren Vätern stand die gegenwärtige Generation selbst am Gottesberg. Die Vergangenheit wird kultisch vergegenwärtigt.

5,6–21 Der Text der Zehn Gebote weist gegenüber Ex 20,2–17 kleine Unterschiede auf. Am wichtigsten ist, dass das Sabbatgebot neu begründet und zum eigentlichen Zentrum des Textes ausgebaut wird. Diese Fassung der Zehn Gebote ist wohl die jüngere.

5,11 Andere Übersetzungsmöglichkeit: Du sollst bei dem Namen des Herrn, deines Gottes, keinen Meineid schwören, denn der Herr spricht den nicht frei, der bei seinem Namen einen Meineid schwört. – Die oben gegebene weitere Übersetzung erlaubt es, auch anderen Missbrauch des Jahwenamens, etwa durch Magie, einzuschließen.

5,14 der in deinen Stadtbereichen Wohnrecht hat, wörtlich: der in deinen Stadttoren ist. – So immer, wenn diese Wendung wiederkehrt.

5,17 Manche Bibelausgaben zählen die VV. 17–20 nur als V. 17; entsprechend ändert sich die Zählung der folgenden Verse.

noch in Feuer stand, seid ihr zu mir gekom-
men – eure Stammesführer und Ältesten –
24 und habt gesagt: Sieh, der Herr, unser
Gott, hat uns seine Herrlichkeit und Macht
gezeigt und wir haben seine donnernde
Stimme mitten aus dem Feuer gehört. Heute
ist es uns geschehen, dass Gott zu Menschen
sprach und sie am Leben blieben. 25 Trotz-
dem: Warum sollen wir noch einmal das Le-
ben aufs Spiel setzen? Denn dieses große
Feuer könnte uns verzehren. Wenn wir noch
einmal die donnernde Stimme des Herrn, un-
seres Gottes, hören, werden wir sterben.
26 Denn welches Wesen aus Fleisch wäre am
Leben geblieben, wenn es wie wir die don-
nernde Stimme des lebendigen Gottes gehört
hätte, als er mitten aus dem Feuer redete?
27 Geh du allein hin! Höre alles, was der
Herr, unser Gott, sagt. Berichte uns dann al-
les, was der Herr, unser Gott, dir gesagt hat,
und wir werden es hören und halten. 28 Der
Herr hörte euer Geschrei, als ihr auf mich
einredetet, und sagte zu mir: Ich habe das
Geschrei dieses Volkes gehört, mit dem es
dich bedrängt hat. Alles, was sie von dir ver-
langen, ist recht. 29 Möchten sie doch diese
Gesinnung behalten, mich fürchten und ihr
Leben lang auf alle meine Gebote achten,
damit es ihnen und ihren Nachkommen im-
mer gut geht. 30 Geh und sag ihnen: Kehrt zu
euren Zelten zurück! 31 Und du, stell dich
hierher zu mir! Ich will dir das ganze Gebot
mitteilen, die Gesetze und Rechtsvorschrif-
ten, die du sie lehren sollst und die sie halten
sollen in dem Land, das ich ihnen gebe und
das sie in Besitz nehmen sollen.
32 Daher sollt ihr darauf achten, dass ihr
handelt, wie es der Herr, euer Gott, euch vor-
geschrieben hat. Ihr sollt weder rechts noch
links abweichen. 33 Ihr sollt nur auf dem Weg
gehen, den der Herr, euer Gott, euch vorge-
schrieben hat, damit ihr Leben habt und es
euch gut geht und ihr lange lebt in dem
Land, das ihr in Besitz nehmt.

23–31: 18,16–19; Ex 20,18–21 • 23: 1,13; 19,12; 27,1; 29,9; 31,9.28 • 24: 4,9; 29,1.

**Die Grundforderung Gottes:
Liebe und Furcht:** 6,1–25

6 Und das ist das Gebot, das sind die Ge-
setze und Rechtsvorschriften, die ich
euch im Auftrag des Herrn, eures Gottes,
lehren soll und die ihr halten sollt in dem
Land, in das ihr hinüberzieht, um es in Be-
sitz zu nehmen. 2 Wenn du den Herrn, deinen
Gott, fürchtest, indem du auf alle seine Ge-
setze und Gebote, auf die ich dich verpflich-
te, dein ganzes Leben lang achtest, du, dein
Sohn und dein Enkel, wirst du lange leben.
3 Deshalb, Israel, sollst du hören und darauf
achten, (alles, was der Herr, unser Gott, mir
gesagt hat,) zu halten, damit es dir gut geht
und ihr so unermesslich zahlreich werdet,
wie es der Herr, der Gott deiner Väter, dir
zugesagt hat, in dem Land, wo Milch und
Honig fließen.
4 Höre, Israel! Jahwe, unser Gott, Jahwe
ist einzig. 5 Darum sollst du den Herrn, dei-
nen Gott, lieben mit ganzem Herzen, mit
ganzer Seele und mit ganzer Kraft.
6 Diese Worte, auf die ich dich heute ver-
pflichte, sollen auf deinem Herzen geschrie-
ben stehen. 7 Du sollst sie deinen Söhnen
wiederholen. Du sollst von ihnen reden,
wenn du zu Hause sitzt und wenn du auf der
Straße gehst, wenn du dich schlafen legst
und wenn du aufstehst. 8 Du sollst sie als
Zeichen um das Handgelenk binden. Sie sol-
len zum Schmuck auf deiner Stirn werden.
9 Du sollst sie auf die Türpfosten deines Hau-
ses und in deine Stadttore schreiben.
10 Und wenn der Herr, dein Gott, dich in
das Land führt, von dem du weißt: er hat dei-
nen Vätern Abraham, Isaak und Jakob ge-
schworen, es dir zu geben – große und schöne
Städte, die du nicht gebaut hast, 11 mit Gü-
tern gefüllte Häuser, die du nicht gefüllt hast,
in den Felsen gehauene Zisternen, die du
nicht gehauen hast, Weinberge und Ölbäume,
die du nicht gepflanzt hast –, wenn du dann
isst und satt wirst: 12 nimm dich in Acht, dass
du nicht den Herrn vergisst, der dich aus
Ägypten, dem Sklavenhaus, geführt hat.

5,31 Andere Lesart: Ich will dir das ganze Gebot, die Gesetze und die Rechtsvorschriften mitteilen.

6,2f Die den Zusammenhang unterbrechende Erweiterung will die Motive von 5,27–29 noch einmal anklingen lassen.

6,4 Andere Übersetzungsmöglichkeit: Jahwe ist unser Gott, Jahwe allein. – Wie man auch übersetzt, der Vers bietet keine Lehre vom Monotheismus, sondern besagt, dass Jahwe für Israel der einzige Gott ist. Nach Sach 14,9 gilt diese Aussage nicht nur für Israel, sondern für alle Völker. Später wird der Vers als Bekenntnis zum Monotheismus verstanden. Die im Text gegebene Übersetzung zeigt, dass auf die Sprache der Liebeslyrik angespielt wird (vgl. Hld 6,8f).

6,6 Das Herz wird mit einer Schreibtafel verglichen. Da das Herz auch als Sitz des Gedächtnisses galt, ist hier gesagt, man solle »diese Worte« auswendig wissen.

6,7 Du sollst von ihnen reden, andere Übersetzungsmöglichkeit: Du sollst sie aufsagen.

13 Den Herrn, deinen Gott, sollst du fürchten;
ihm sollst du dienen, bei seinem Namen
sollst du schwören. 14 Ihr sollt nicht anderen
Göttern nachfolgen, keinem Gott eines Vol-
kes, das in eurer Nachbarschaft wohnt.
15 Denn der Herr, dein Gott, ist als eifersüch-
tiger Gott in deiner Mitte. Der Zorn des
Herrn, deines Gottes, könnte gegen dich ent-
brennen, er könnte dich im ganzen Land ver-
nichten. 16 Ihr sollt den Herrn, euren Gott,
nicht auf die Probe stellen, wie ihr ihn bei
Massa auf die Probe gestellt habt.
17 Ihr sollt auf die Gebote des Herrn, eures
Gottes, genau achten, auf seine Satzungen
und Gesetze, auf die er dich verpflichtet hat.
18 Du sollst tun, was in seinen Augen richtig
und gut ist. Dann wird es dir gut gehen und
du kannst in das prächtige Land, das der
Herr deinen Vätern mit einem Schwur ver-
sprochen hat, hineinziehen und es in Besitz
nehmen. 19 Der Herr wird alle deine Feinde
vor dir herjagen, wie er es zugesagt hat.
20 Wenn dich morgen dein Sohn fragt: Wa-
rum achtet ihr auf die Satzungen, die Geset-
ze und Rechtsvorschriften, auf die der Herr,
unser Gott, euch verpflichtet hat?, 21 dann
sollst du deinem Sohn antworten: Wir waren
Sklaven des Pharao in Ägypten und der Herr
hat uns mit starker Hand aus Ägypten ge-
führt. 22 Der Herr hat vor unseren Augen ge-
waltige, unheilvolle Zeichen und Wunder an
Ägypten, am Pharao und an seinem ganzen
Haus getan, 23 uns aber hat er dort herausge-
führt, um uns in das Land, das er unseren
Vätern mit einem Schwur versprochen hatte,
hineinzuführen und es uns zu geben. 24 Der
Herr hat uns verpflichtet, alle diese Gesetze
zu halten und den Herrn, unseren Gott, zu
fürchten, damit es uns das ganze Leben lang
gut geht und er uns Leben schenkt, wie wir
es heute haben. 25 Nur dann werden wir (vor
Gott) im Recht sein, wenn wir darauf achten,
dieses ganze Gesetz vor dem Herrn, unserem
Gott, so zu halten, wie er es uns zur Pflicht
gemacht hat.

3: Ex 3,8.17 • 4–5: Mk 12,29–33; • 4: Röm 3,30; 1 Kor 8,4 • 5: 5,10; 11,1; 2 Kön 23,3; Lk 10,27 • 6–9: 11,18–20; 30,11–14 • 8–9: Mt 23,5; Ex 13,9.16 • 10–11: Jos 24,13 • 12–15: 5,6–9 • 13: Mt 4,10; Lk 4,8 • 14: 2 Kön 23,3 • 16: Ex 17,2–7; Num 20,1–13; Mt 4,7; Lk 4,12 • 17: 5,10; 2 Kön 23,3 • 18–19: 16,20; 1,8 • 19: 2,25; Ex 23,27–31; 34,11 • 20: Ex 13,14.

Israel und die Völker des Landes: 7,1–26

7 Wenn der Herr, dein Gott, dich in das
Land geführt hat, in das du jetzt hinein-
ziehst, um es in Besitz zu nehmen, wenn er
dir viele Völker aus dem Weg räumt – Heti-
ter, Girgaschiter und Amoriter, Kanaaniter
und Perisiter, Hiwiter und Jebusiter, sieben
Völker, die zahlreicher und mächtiger sind
als du –, 2 wenn der Herr, dein Gott, sie dir
ausliefert und du sie schlägst, dann sollst du
sie der Vernichtung weihen. Du sollst keinen
Vertrag mit ihnen schließen, sie nicht ver-
schonen 3 und dich nicht mit ihnen ver-
schwägern. Deine Tochter gib nicht seinem
Sohn und nimm seine Tochter nicht für dei-
nen Sohn! 4 Wenn er deinen Sohn verleitet,
mir nicht mehr nachzufolgen, und sie dann
anderen Göttern dienen, wird der Zorn des
Herrn gegen euch entbrennen und wird dich
unverzüglich vernichten. 5 So sollt ihr gegen
sie vorgehen: Ihr sollt ihre Altäre nieder-
reißen, ihre Steinmale zerschlagen, ihre
Kultpfähle umhauen und ihre Götterbilder
im Feuer verbrennen.
6 Denn du bist ein Volk, das dem Herrn,
deinem Gott, heilig ist. Dich hat der Herr,
dein Gott, ausgewählt, damit du unter allen
Völkern, die auf der Erde leben, das Volk
wirst, das ihm persönlich gehört. 7 Nicht weil
ihr zahlreicher als die anderen Völker wäret,
hat euch der Herr ins Herz geschlossen und
ausgewählt; ihr seid das kleinste unter allen
Völkern. 8 Weil der Herr euch liebt und weil
er auf den Schwur achtet, den er euren Vä-
tern geleistet hat, deshalb hat der Herr euch
mit starker Hand herausgeführt und euch
aus dem Sklavenhaus freigekauft, aus der
Hand des Pharao, des Königs von Ägypten.
9 Daran sollst du erkennen: Jahwe, dein
Gott, ist der Gott; er ist der treue Gott; noch
nach tausend Generationen achtet er auf den
Bund und erweist denen seine Huld, die ihn
lieben und auf seine Gebote achten. 10 Denen
aber, die ihm Feind sind, vergilt er sofort
und tilgt einen jeden aus; er zögert nicht,
wenn einer ihm Feind ist, sondern vergilt
ihm sofort. 11 Deshalb sollst du auf das Gebot
achten, auf die Gesetze und Rechtsvorschrif-

6,13 »fürchten« meint die Gottesverehrung in all ihren Formen.

6,17 Andere Lesart: Ihr sollt auf die Gebote des Herrn, eures Gottes, genau achten und auf seine Satzungen und Gesetze, auf die er dich verpflichtet hat.

6,22 Das »Haus« des Pharao ist wohl die Gesamtheit seiner Untertanen (vgl. Gen 41,40).

7,4 mir nicht mehr nachzufolgen: Mose wechselt für einen Augenblick in das Ich Gottes.

7,6 das ihm persönlich gehört: Hier wird in H ein Begriff für Eigentum gebraucht, der schwer zu übersetzen ist. Der Familienvater konnte neben dem Familienbesitz und der König neben dem Krongut noch ganz besonderen, persönlichen Besitz haben. Der betreffende Ausdruck konnte im Alten Orient auch auf die Vasallen eines Großkönigs angewandt werden. Das klingt hier an.

7,11 Andere Lesart: Deshalb sollst du auf das Gebot, die Gesetze und die Rechtsvorschriften achten,

ten, auf die ich dich heute verpflichte, und
du sollst sie halten.
12 Wenn ihr diese Rechtsvorschriften hört,
auf sie achtet und sie haltet, wird der Herr,
dein Gott, dafür auf den Bund achten und
dir die Huld bewahren, die er deinen Vätern
geschworen hat. 13 Er wird dich lieben, dich
segnen und dich zahlreich machen. Er wird
die Frucht deines Leibes und die Frucht dei-
nes Ackers segnen, dein Korn, deinen Wein
und dein Öl, die Kälber, Lämmer und Zick-
lein, in dem Land, von dem du weißt: Er hat
deinen Vätern geschworen, es dir zu geben.
14 Du wirst mehr als die anderen Völker ge-
segnet sein. Weder Mann noch Frau noch
Vieh, nichts wird bei dir unfruchtbar sein.
15 Alle Krankheiten wird der Herr von dir
ablenken. Keine der schweren ägyptischen
Seuchen, die du kennst, wird er dir auferle-
gen, sondern über alle deine Feinde wird er
sie bringen. 16 Du wirst alle Völker verzeh-
ren, die der Herr, dein Gott, für dich be-
stimmt. Du sollst in dir kein Mitleid mit ih-
nen aufsteigen lassen. Und du sollst ihren
Göttern nicht dienen; denn dann liefest du in
eine Falle.
17 Wenn du überlegst: Diese Völker sind
größer als ich – wie sollte ich sie vertreiben
können?, 18 dann sollst du vor ihnen keine
Furcht haben. Du sollst an das denken, was
der Herr, dein Gott, mit dem Pharao und mit
ganz Ägypten gemacht hat: 19 an die schwe-
ren Prüfungen, die du mit eigenen Augen ge-
sehen hast, an die Zeichen und Wunder, an
die starke Hand und den hoch erhobenen
Arm, mit denen der Herr, dein Gott, dich he-
rausgeführt hat. So wird es der Herr, dein
Gott, mit allen Völkern machen, vor denen
du Furcht hast. 20 Außerdem wird der Herr,
dein Gott, Panik unter ihnen ausbrechen las-
sen, so lange, bis auch die ausgetilgt sind, die
überleben konnten und sich vor dir versteckt
haben. 21 Du sollst nicht erschreckt zurück-
weichen, wenn sie angreifen; denn der Herr,
dein Gott, ist als großer und Furcht erregen-
der Gott in deiner Mitte. 22 Doch der Herr,
dein Gott, wird diese Völker dir nur nach
und nach aus dem Weg räumen. Du kannst
sie nicht rasch ausmerzen, weil sonst die wil-
den Tiere überhand nehmen und dir scha-
den. 23 Doch wird der Herr, dein Gott, dir
diese Völker ausliefern. Er wird sie in aus-
weglose Verwirrung stürzen, bis sie vernich-
tet sind. 24 Er wird ihre Könige in deine Ge-
walt geben. Du wirst ihren Namen unter dem
Himmel austilgen. Keiner wird deinem An-
griff standhalten können, bis du sie schließ-
lich vernichtet hast.
25 Ihre Götterbilder sollt ihr im Feuer ver-
brennen. Du sollst nicht das Silber oder Gold
haben wollen, mit dem sie überzogen sind.
Du sollst es nicht an dich nehmen, damit du
dabei nicht in eine Falle läufst. Denn es ist
dem Herrn, deinem Gott, ein Gräuel. 26 Du
sollst aber keinen Gräuel in dein Haus brin-
gen, sonst bist du wie er der Vernichtung ge-
weiht. Du sollst Grauen und Abscheu vor
ihm haben, denn er ist der Vernichtung ge-
weiht.

1–26: Ex 23,20–33; 34,11–16; Ri 2,1–5 • 1–2: 20,17f; Jos 10,40 • 1: Apg 13,19 • 4: 13,3; 28,14 • 5: Ex 23,24; 34,13 • 6–8: 10,15; 14,2.21; 26,18f; 28,9; Ex 19,3–6; 22,30; Röm 9,4; Tit 2,14; 1 Petr 2,9 • 8–11: 8,2–6 • 8–10: 5,6–10 • 8: Hos 11,1; Gen 15,18 • 9: 11,1; 1 Kor 1,9; 10,13 • 12–16: 28,1–14 • 13: 28,4; Lk 1,42 • 15: 28,27; Ex 15,26 • 16: 19,13 • 17–18: 1,28–31; 20,2–4; 18,12 • 18: 29,1 • 25–26: Jos 7 • 25: 7,5; 27,15

Israel und der Reichtum: 8,1–20

8 Ihr sollt auf das ganze Gebot, auf das
ich dich heute verpflichte, achten und
es halten, damit ihr Leben habt und zahl-
reich werdet und in das Land, das der Herr
euren Vätern mit einem Schwur versprochen
hat, hineinziehen und es in Besitz nehmen
könnt.
2 Du sollst an den ganzen Weg denken, den
der Herr, dein Gott, dich während dieser
vierzig Jahre in der Wüste geführt hat, um
dich gefügig zu machen und dich zu prüfen.
Er wollte erkennen, wie du dich entscheiden
würdest: ob du auf seine Gebote achtest oder
nicht. 3 Durch Hunger hat er dich gefügig ge-
macht und hat dich dann mit dem Manna ge-
speist, das du nicht kanntest und das auch
deine Väter nicht kannten. Er wollte dich er-
kennen lassen, dass der Mensch nicht nur
von Brot lebt, sondern dass der Mensch von
allem lebt, was der Mund des Herrn spricht.
4 Deine Kleider sind dir nicht in Lumpen
vom Leib gefallen und dein Fuß ist nicht ge-
schwollen, diese vierzig Jahre lang. 5 Daraus
sollst du die Erkenntnis gewinnen, dass der
Herr, dein Gott, dich erzieht, wie ein Vater
seinen Sohn erzieht. 6 Du sollst auf die Gebo-
te des Herrn, deines Gottes, achten, auf sei-
nen Wegen gehen und ihn fürchten.
7 Wenn der Herr, dein Gott, dich in ein
prächtiges Land führt, ein Land mit Bächen,
Quellen und Grundwasser, das im Tal und
am Berg hervorquillt, 8 ein Land mit Weizen
und Gerste, mit Weinstock, Feigenbaum und

auf die ich dich heute verpflichte.
7,25f Das mit »Gräuel« übersetzte Wort, das noch öfter als Begründung von Gesetzen vorkommt, meint etwas Ekelhaftes, dessen man sich schämt.
8,3 Wörtlich: was aus dem Mund des Herrn hervorgeht.

Granatbaum, ein Land mit Ölbaum und Honig, 9 ein Land, in dem du nicht armselig dein Brot essen musst, in dem es dir an nichts fehlt, ein Land, dessen Steine aus Eisen sind, aus dessen Bergen du Erz gewinnst; 10 wenn du dort isst und satt wirst und den Herrn, deinen Gott, für das prächtige Land, das er dir gegeben hat, preist, 11 dann nimm dich in acht und vergiss den Herrn, deinen Gott, nicht, missachte nicht seine Gebote, Rechtsvorschriften und Gesetze, auf die ich dich heute verpflichte. 12 Und wenn du gegessen hast und satt geworden bist und prächtige Häuser gebaut hast und sie bewohnst, 13 wenn deine Rinder, Schafe und Ziegen sich vermehren und Silber und Gold sich bei dir häuft und dein gesamter Besitz sich vermehrt, 14 dann nimm dich in Acht, dass dein Herz nicht hochmütig wird und du den Herrn, deinen Gott, nicht vergisst, der dich aus Ägypten, dem Sklavenhaus, geführt hat; 15 der dich durch die große und Furcht erregende Wüste geführt hat, durch Feuernattern und Skorpione, durch ausgedörrtes Land, wo es kein Wasser gab; der für dich Wasser aus dem Felsen der Steilwand hervorsprudeln ließ; 16 der dich in der Wüste mit dem Manna speiste, das deine Väter noch nicht kannten, (und der das alles tat,) um dich gefügig zu machen, dich zu prüfen und dir zuletzt Gutes zu tun. 17 Dann nimm dich in Acht und denk nicht bei dir: Ich habe mir diesen Reichtum aus eigener Kraft und mit eigener Hand erworben. 18 Denk vielmehr an den Herrn, deinen Gott: Er war es, der dir die Kraft gab, Reichtum zu erwerben, weil er seinen Bund, den er deinen Vätern geschworen hatte, so verwirklichen wollte, wie er es heute tut.

19 Wenn du aber den Herrn, deinen Gott, vergisst und anderen Göttern nachfolgst, ihnen dienst und dich vor ihnen niederwirfst – heute rufe ich Zeugen gegen euch an: dann werdet ihr völlig ausgetilgt werden. 20 Wie die Völker, die der Herr bei eurem Angriff austilgt, so werdet auch ihr dafür ausgetilgt werden, dass ihr nicht auf die Stimme des Herrn, eures Gottes, gehört habt.

1: 16,20 • 2–6: 4,32–40; 7,8–11; 9,4–7; 10,20–22; 11,1–7; 29,1–8 • 2: 13,4; Gen 22,1; Ex 15,25; 16,4; 20,20 • 3: Ex 17; Num 11,4–9; Mt 4,4; Lk 4,4; 1 Kor 10,3 • 4: 2,7; 29,4 • 5: Hebr 12,7 • 7–20: 6,10–14; 11,10–15; 2 Kön 18,32 • 15: Num 21,4–9; Ex 17,1–7 • 18: Gen 15,18 • 19–20: 28,15–68 • 19: 30,19.

Kein Rechtsanspruch Israels auf das Land: 9,1–8

9 Höre, Israel! Heute wirst du den Jordan überschreiten, um in das Land von Völkern, die größer und mächtiger sind als du, hineinzuziehen und ihren Besitz zu übernehmen. Du wirst in große Städte mit himmelhohen Mauern kommen, 2 zu einem großen, hoch gewachsenen Volk, den Anakitern – du kennst ja die Redensart und hast sie oft gehört: Wer kann den Söhnen Anaks widerstehen? 3 Heute wirst du erkennen, dass der Herr, dein Gott, wie ein verzehrendes Feuer selbst vor dir hinüberzieht. Er wird sie vernichten und er wird sie dir unterwerfen, sodass du sie unverzüglich vertreiben und austilgen kannst, wie es der Herr dir zugesagt hat. 4 Wenn der Herr, dein Gott, sie vor dir herjagt, sollst du nicht meinen: Ich bin im Recht, daher lässt mich der Herr in das Land hineinziehen und es in Besitz nehmen; diese Völker sind im Unrecht, daher vertreibt sie der Herr vor mir. 5 Denn nicht, weil du im Recht bist und die richtige Gesinnung hast, kannst du in ihr Land hineinziehen und es in Besitz nehmen. Vielmehr vertreibt der Herr, dein Gott, diese Völker vor dir, weil sie im Unrecht sind und weil der Herr die Zusage einlösen will, die er deinen Vätern Abraham, Isaak und Jakob mit einem Schwur bekräftigt hat. 6 Du sollst erkennen: Du bist ein halsstarriges Volk. Daher kann dir der Herr, dein Gott, dieses prächtige Land nicht etwa aufgrund eines Rechtsanspruchs geben, damit du es in Besitz nimmst. 7 Denk daran und vergiss nicht, dass du in der Wüste den Unwillen des Herrn, deines Gottes, erregt hast. Von dem Tag an, als du aus Ägypten auszogst, bis zur Ankunft an diesem Ort habt ihr euch dem Herrn ständig widersetzt. 8 Vor allem am Horeb habt ihr den Unwillen des Herrn erregt. Damals grollte er euch so sehr, dass er euch vernichten wollte.

1–6: 18,12; 1–2: 1,28; 11,23 • 2: Num 13,32f • 3: 6,19; 31,3; Hebr 12,29 • 4–7: 8,2–6 • 4–6: Röm 10,3; Phil 3,9 • 4: 6,19.25; 8,17; Röm 10,6 • 5: Gen 15,18 • 6: 9,13; Ex 32,9; Apg 7,51 • 7: 1,26.43; Num 20,10.24; Ez 20,8.13.21; Ps 78,17.40.56.

Der Bundesbruch und die Bundeserneuerung am Horeb: 9,9 – 10,11

9 Als ich auf den Berg gestiegen war, um die Steintafeln entgegenzunehmen, die Tafeln des Bundes, den der Herr mit euch geschlossen hatte, blieb ich vierzig Tage und vierzig Nächte auf dem Berg, aß kein Brot und trank kein Wasser. 10 Der Herr übergab mir die beiden Steintafeln, die mit dem Gottesfinger beschrieben waren. Auf den Tafeln standen alle die Worte, die der Herr am Tag der Versammlung auf dem Berg mitten aus dem Feuer zu euch gesprochen hatte.

11 Es war am Ende der vierzig Tage und der vierzig Nächte, als mir der Herr die beiden Steintafeln, die Tafeln des Bundes, über-

gab 12 und zu mir sagte: Steh auf, steig rasch
hinunter, weg von hier; denn dein Volk, das
du aus Ägypten geführt hast, läuft ins Ver-
derben. Sie sind rasch von dem Weg abgewi-
chen, den ich ihnen vorgeschrieben habe. Sie
haben sich ein Bildnis gegossen. 13 Weiter
sagte der Herr zu mir: Ich habe mir dieses
Volk angesehen. Ja, es ist ein halsstarriges
Volk. 14 Lass mich, damit ich sie vernichte,
ihren Namen unter dem Himmel auslösche
und dich zu einem Volk mache, das mächti-
ger und zahlreicher als dieses ist. 15 Ich
wandte mich um und stieg den Berg hinun-
ter. Der Berg stand in Feuer. Ich trug die bei-
den Tafeln des Bundes auf meinen Armen.
16 Und ich sah, was geschehen war: Ja, ihr
hattet euch an dem Herrn, eurem Gott, ver-
sündigt, ihr hattet euch ein Kalb gegossen,
ihr wart rasch von dem Weg abgewichen,
den der Herr euch vorgeschrieben hatte.
17 Ich packte die beiden Tafeln, die ich auf
meinen Armen trug, schleuderte sie fort und
zerschmetterte sie vor euren Augen.

18 Dann warf ich mich vor dem Herrn nie-
der. Wie beim ersten Mal blieb ich vierzig
Tage und vierzig Nächte vor ihm, aß kein
Brot und trank kein Wasser, wegen all der
Sünde, die ihr begangen hattet, indem ihr ta-
tet, was in den Augen des Herrn böse ist, so-
dass ihr ihn erzürntet. 19 Denn ich hatte
Angst vor dem glühenden Zorn des Herrn. Er
war voll Unwillen gegen euch und wollte
euch vernichten. Doch der Herr erhörte mich
auch diesmal. 20 [Auch dem Aaron grollte der
Herr sehr und er wollte ihn vernichten. Da-
mals betete ich auch für Aaron.] 21 Ich nahm
das Kalb, die Sünde, die ihr euch gemacht
hattet, verbrannte es im Feuer, zerstieß es
und zermahlte es vollständig, bis es feiner
Staub war; den Staub streute ich in den
Bach, der vom Berg herunterfließt.

22 Auch in Tabera, in Massa und in Kibrot-
Taawa habt ihr den Unwillen des Herrn er-
regt. 23 Als der Herr euch von Kadesch-Bar-
nea aussandte mit dem Befehl: Zieht hinauf
und nehmt das Land in Besitz, das ich euch
gebe!, da habt ihr euch dem Befehl des
Herrn, eures Gottes, widersetzt, ihr habt ihm
nicht geglaubt und nicht auf seine Stimme
gehört. 24 Ihr habt euch dem Herrn wider-
setzt, seit er euch kennt.

25 Ich warf mich also vor dem Herrn nieder
und lag vor ihm vierzig Tage und vierzig
Nächte lang. Ich warf mich nieder, weil der
Herr gedroht hatte, er werde euch vernich-
ten. 26 Ich betete zum Herrn und sagte: Gott,
mein Herr, bring nicht das Verderben über
dein Volk und deinen Erbbesitz, die du in dei-
ner Macht freigekauft und mit starker Hand
aus Ägypten geführt hast. 27 Denk an deine
Knechte, an Abraham, Isaak und Jakob! Be-
achte nicht den Starrsinn dieses Volkes, sein
Verschulden und seine Sünde, 28 damit man
nicht in dem Land, aus dem du uns geführt
hast, sagt: Offenbar kann der Herr sie nicht
in das Land führen, das er ihnen zugesagt
hat, oder er liebt sie nicht; also hat er sie nur
herausgeführt, um sie in der Wüste sterben
zu lassen. 29 Sie sind aber doch dein Volk und
dein Erbbesitz, die du mit großer Kraft und
hoch erhobenem Arm herausgeführt hast.

10 Damals sagte der Herr zu mir: Hau
zwei Steintafeln zurecht, so wie die
ersten, und steig zu mir auf den Berg! Fertige
auch eine hölzerne Lade an! 2 Ich will auf die
Tafeln die gleichen Worte schreiben wie auf
die ersten, die du zerschmettert hast; diese
Tafeln sollst du dann in die Lade legen. 3 Ich
fertigte eine Lade aus Akazienholz an, hieb
zwei Steintafeln zurecht, so wie die ersten,
und stieg auf den Berg. Ich hielt die beiden
Tafeln in der Hand. 4 Wie bei der ersten In-
schrift schrieb der Herr auf die Tafeln die
Zehn Worte, die er am Tag der Versammlung
auf dem Berg mitten aus dem Feuer zu euch
gesprochen hatte, und der Herr übergab sie
mir. 5 Ich wandte mich um, stieg den Berg hi-
nunter und legte die Tafeln in die Lade, die
ich angefertigt hatte. Dort blieben sie, wie
der Herr es mir befohlen hatte. 6 [Die Israeli-
ten zogen von Beerot-Bene-Jaakan nach Mo-
ser. Dort starb Aaron, dort wurde er auch
begraben. Sein Sohn Eleasar wurde an sei-
ner Stelle Priester. 7 Von dort zogen sie nach
Hor-Gidgad, von Hor-Gidgad nach Jotbata,
einer Gegend, wo es Bäche gab, die immer
Wasser führten.] 8 Damals sonderte der Herr
den Stamm Levi aus, damit er die Lade des
Bundes des Herrn trage, vor dem Herrn ste-
he, vor ihm Dienst tue und in seinem Namen
den Segen spreche. So geschieht es noch heu-
te. 9 Deshalb erhielt Levi nicht wie seine
Brüder Landanteil und Erbbesitz. Der Herr
ist sein Erbbesitz, wie es der Herr, dein Gott,
ihm zugesagt hat.

10 Zu mir aber, als ich wie beim ersten Mal
vierzig Tage und vierzig Nächte lang auf
dem Berg blieb und als der Herr mich auch
diesmal erhörte, weil er dich nicht dem Ver-
derben preisgeben wollte, 11 sprach der Herr:
Steh auf und tritt zum Aufbruch an die Spit-
ze des Volkes! Sie sollen in das Land hinein-

9,24 Andere Lesart: seit ich euch kenne.

10,6f Erklärender Zusatz (vgl. die Anmerkung zu 1,1–5).

ziehen und es in Besitz nehmen, das Land,
von dem du weißt: Ich habe ihren Vätern ge-
schworen, es ihnen zu geben.

9,9–29: Ex 32 • 9: 5,22; Mt 4,2; Lk 4,2 •10–11: 2 Kor 3,3 • 10: Ex 31,18; Apg 7,38; • 14: Ex 32,10; Num 14,12 • 19: Hebr 12,21 • 22: Ex 17,2–7; Num 11 • 23: 1,19–40; Num 13f • 26–29: Ex 32,11–13; Num 14,13–19 • 10,1: Ex 34,1 • 3–5: Hebr 9,4 • 6–7: Num 33,31–33; Num 20,22–29 • 8: 17,9.18; 18,1.5; 21,5; 24,8; 27,9; 31,9 • 9: 12,12; 14,27.29; 18,1f • 11: Ex 32,34; 33,1.

Bundestreue und Ernte: 10,12 – 11,21

12 Und nun, Israel, was fordert der Herr,
dein Gott, von dir außer dem einen: dass du
den Herrn, deinen Gott, fürchtest, indem du
auf allen seinen Wegen gehst, ihn liebst und
dem Herrn, deinem Gott, mit ganzem Herzen
und mit ganzer Seele dienst; 13 dass du ihn
fürchtest, indem du auf die Gebote des Herrn
und seine Gesetze achtest, auf die ich dich
heute verpflichte. Dann wird es dir gut ge-
hen. 14 Sieh, dem Herrn, deinem Gott, gehö-
ren der Himmel, der Himmel über den
Himmeln, die Erde und alles, was auf ihr
lebt. 15 Doch nur deine Väter hat der Herr ins
Herz geschlossen, nur sie hat er geliebt. Und
euch, ihre Nachkommen, hat er später unter
allen Völkern ausgewählt, wie es sich heute
zeigt.
16 Ihr sollt die Vorhaut eures Herzens be-
schneiden und nicht länger halsstarrig sein.
17 Denn der Herr, euer Gott, ist der Gott über
den Göttern und der Herr über den Herren.
Er ist der große Gott, der Held und der
Furchterregende. Er lässt kein Ansehen gel-
ten und nimmt keine Bestechung an. 18 Er
verschafft Waisen und Witwen ihr Recht. Er
liebt die Fremden und gibt ihnen Nahrung
und Kleidung – 19 auch ihr sollt die Fremden
lieben, denn ihr seid Fremde in Ägypten ge-
wesen.
20 Du sollst den Herrn, deinen Gott, fürch-
ten. Ihm sollst du dienen, an ihm sollst du
dich festhalten, bei seinem Namen sollst du
schwören. 21 Er ist dein Lobgesang, er ist
dein Gott. Für dich hat er all das Große und
Furchterregende getan, das du mit eigenen
Augen gesehen hast. 22 Als deine Vorfahren
nach Ägypten zogen, waren sie nur siebzig
an der Zahl; jetzt aber hat der Herr, dein
Gott, dich so zahlreich gemacht wie die Ster-
ne am Himmel.
11 Darum sollst du den Herrn, deinen
Gott, lieben und dein Leben lang
auf seine Dienstordnung, auf seine Geset-
ze, Rechtsvorschriften und Gebote achten.
2/7 Heute sollt ihr erkennen, dass der Herr
euch erzogen hat. Denn nicht eure Kinder,
die die Erziehung durch den Herrn, euren
Gott, nicht kennen gelernt und nicht miter-
lebt haben, sondern ihr selbst habt alle
großen Taten, die der Herr getan hat, mit
eigenen Augen gesehen, seine Macht, seine
starke Hand und seinen hoch erhobenen
Arm, 3 seine Zeichen und seine Taten: was er
in Ägypten mit dem Pharao, dem König von
Ägypten, und mit seinem ganzen Land getan
hat; 4 was er mit dem ägyptischen Heer, den
Rossen und Streitwagen getan hat – das
Wasser des Schilfmeers ließ der Herr über
ihnen zusammenschlagen, als sie euch nach-
setzten, und er riss sie in die Tiefe, sodass sie
heute nicht mehr sind –; 5 was er mit euch in
der Wüste getan hat, bis ihr an diesen Ort ge-
kommen seid; 6 was er mit Datan und Abi-
ram getan hat, den Söhnen Eliabs, des Soh-
nes Rubens – die Erde riss ihren Rachen auf
und verschlang sie mit ihren Familien, ihren
Zelten und ihrem ganzen Tross in der Mitte
von ganz Israel.
8 Daher sollt ihr auf das ganze Gebot, auf
das ich dich heute verpflichte, achten, damit
ihr stark seid und in das Land, in das ihr jetzt
hinüberzieht, um es in Besitz zu nehmen, hi-
neinziehen und es in Besitz nehmen könnt.
9 Ihr sollt darauf achten, damit ihr lange lebt
in dem Land, von dem ihr wißt: Der Herr hat
euren Vätern geschworen, es ihnen und ihren
Nachkommen zu geben, ein Land, in dem
Milch und Honig fließen. 10 Denn das Land,
in das du hineinziehst, um es in Besitz zu
nehmen, ist nicht wie das Land Ägypten, aus
dem ihr ausgezogen seid. Dort musstest du,

10,12 – 11,12 In diesem Stück wechseln immer wieder Gebot und Begründung. In den Begründungen stehen der Reihe nach die wichtigsten Elemente der Heilsgeschichte. Zugleich wird der Gott Israels als Schöpfergott und Spender der Fruchtbarkeit gezeichnet.

10,14 Andere Übersetzungsmöglichkeit: Sieh, dem Herrn, deinem Gott, gehören der Himmel, ja, der hohe Himmel, und die Erde mit allem, was auf ihr lebt.

10,17f Hier werden die wichtigsten Elemente des altorientalischen Königsideals auf Gott übertragen.

10,17 Andere Übersetzungsmöglichkeit: Denn der Herr, euer Gott, ist der wahre Gott und der wahre Herrscher.

10,20 »Sich fest halten«, meint die Loyalität gegenüber einem Oberherrn (vgl. 2 Sam 20,2).

11,2/7 In V. 2 scheint ein Stück des ursprünglichen Textes durch ein Abschreibversehen verloren gegangen zu sein. Deshalb ist der erste Satz entsprechend dem ähnlichen Vers 8,5 ergänzt. Die deutsche Sprache erfordert es, V. 7 zu V. 2 vorzuziehen.

11,7 Vgl. die Anmerkung zu 11,2/7.

wenn der Same gesät war, den Boden künstlich bewässern wie in einem Gemüsegarten. 11 Das Land, in das ihr jetzt hinüberzieht, um es in Besitz zu nehmen, ist ein Land mit Bergen und Tälern und es trinkt das Wasser, das als Regen vom Himmel fällt. 12 Es ist ein Land, um das der Herr, dein Gott, sich kümmert. Stets ruhen auf ihm die Augen des Herrn, deines Gottes, vom Anfang des Jahres bis zum Ende des Jahres.

13 Und wenn ihr auf meine Gebote hört, auf die ich euch heute verpflichte, wenn ihr also den Herrn, euren Gott, liebt und ihm mit ganzem Herzen und mit ganzer Seele dient, 14 dann gebe ich eurem Land seinen Regen zur rechten Zeit, den Regen im Herbst und den Regen im Frühjahr, und du kannst Korn, Most und Öl ernten; 15 dann gebe ich deinem Vieh sein Gras auf dem Feld und du kannst essen und satt werden. 16 Aber nehmt euch in Acht! Lasst euer Herz nicht verführen, weicht nicht vom Weg ab, dient nicht anderen Göttern und werft euch nicht vor ihnen nieder! 17 Sonst wird der Zorn des Herrn gegen euch entbrennen; er wird den Himmel zuschließen, es wird kein Regen fallen, der Acker wird keinen Ertrag bringen und ihr werdet unverzüglich aus dem prächtigen Land getilgt sein, das der Herr euch geben will.

18 Diese meine Worte sollt ihr auf euer Herz und auf eure Seele schreiben. Ihr sollt sie als Zeichen um das Handgelenk binden. Sie sollen zum Schmuck auf eurer Stirn werden. 19 Ihr sollt sie eure Söhne lehren, indem ihr von ihnen redet, wenn du zu Hause sitzt und wenn du auf der Straße gehst, wenn du dich schlafen legst und wenn du aufstehst. 20 Du sollst sie auf die Türpfosten deines Hauses und in deine Stadttore schreiben. 21 So sollen die Tage, die ihr und eure Söhne in dem Land lebt, von dem ihr wißt: der Herr hat euren Vätern geschworen, es ihnen zu geben, so zahlreich werden wie die Tage, die der Himmel sich über der Erde wölbt.

10,12f: 6,4–25; 11,1 • 12: Mi 6,8; • 15: 7,6–8 • 16: 9,6.13; Jer 4,4; Röm 2,29 • 17: 19,16; Apg 10,34; Röm 2,11; Gal 2,6; Eph 6,9; Kol 3,25; 1 Tim 6,15; 1 Petr 1,17; Offb 17,14 • 19: Ex 22,20; 23,9 • 20–22: 8,2–6 • 20: 6,13 • 21: 29,1 • 22: Gen 46,27; Ex 1,5; Apg 7,14, Hebr 11,12 • 11,1–7: 8,2–6 • 1: 5,10; 6,5; 7,9; 10,12; 11,13.22; 13,4; 19,9; 30,6.16.20 • 2/7: 29,1 • 3: Ex 7 – 15 • 4: Ex 14f • 5: Ex 16; Num 21 • 6: Num 16 • 8: 16,20 • 9: 6,3 • 13–17: 28 • 13: 11,1; • 14: Jak 5,7 • 17: 28,23 • 18–20: 6,6–9; 30,11–14.

Die Verheißung der Eroberung des Landes: 11,22–25

22 Wenn ihr auf dieses ganze Gebot, auf das ich euch heute verpflichte, genau achtet und es haltet, wenn ihr den Herrn, euren Gott, liebt, auf allen seinen Wegen geht und euch an ihm fest haltet, 23 dann wird der Herr alle diese Völker vor euch vertreiben und ihr werdet den Besitz von Völkern übernehmen, die größer und mächtiger sind als ihr. 24 Jede Stelle, die euer Fuß berührt, soll euch gehören, von der Wüste an. Dazu soll der Libanon euer Gebiet sein, vom Strom, dem Eufrat, bis zum Meer im Westen. 25 Keiner wird eurem Angriff standhalten können. Dem ganzen Land, das ihr betretet, wird der Herr, euer Gott, Schrecken und Furcht vor euch ins Gesicht zeichnen, wie er es euch zugesagt hat.

22–25: 18,12; Jos 1,1–9 • 22: 11,1; • 23: 7,1; 1,28; 9,1 • 24: 1,7; 19,8 • 25: 2,25; 28,10.

Überleitung: 11,26–32

26 Seht, heute werde ich euch den Segen und den Fluch vorlegen: 27 den Segen, weil ihr auf die Gebote des Herrn, eures Gottes, auf die ich euch heute verpflichte, hört, 28 und den Fluch für den Fall, dass ihr nicht auf die Gebote des Herrn, eures Gottes, hört, sondern von dem Weg abweicht, den ich euch heute vorschreibe, und anderen Göttern nachfolgt, die ihr früher nicht gekannt habt.

29 Und wenn der Herr, dein Gott, dich in das Land geführt hat, in das du jetzt hineinziehst, um es in Besitz zu nehmen, dann sollst du auf dem Berg Garizim den Segen und auf dem Berg Ebal den Fluch verkünden. 30 [Liegen denn beide nicht jenseits des Jordan, hinter der Straße, im Westen, im Gebiet der Kanaaniter, die in der Araba wohnen, gegenüber Gilgal bei den Orakel-Eichen?]

31 Wenn ihr jetzt den Jordan überschreitet, um in das Land, das der Herr, euer Gott, euch gibt, hineinzuziehen und es in Besitz zu nehmen, und wenn ihr es in Besitz genommen habt und es bewohnt, 32 dann sollt ihr auf alle Gesetze und Rechtsvorschriften, die ich euch heute vorlege, achten und sie halten.

26–28: 28 • 29: 27,2–26 • 31–32: 12–26 • 32: 5,1.

11,13–15 Mose gebraucht teilweise das Ich der Gottesrede. Vielleicht spielt er auf einen bekannten Text an.

11,18 Andere Übersetzungsmöglichkeit: Diese meine Worte sollt ihr auf euren Herzen und auf euren Seelen anbringen.

11,24 Im Hintergrund steht der Rechtsbrauch, zum Zeichen des Besitzantritts ein Grundstück zu betreten (vgl. Ps 60,10).

11,30 Dieser späte Zusatz verlegt Garizim und Ebal in die Nähe von Gilgal. Vermutlich stammt er aus antisamaritanischer Tendenz.

Die Deuteronomische Gesetzessammlung: 12,1 – 26,19

Einleitung: 12,1

12 Das sind die Gesetze und Rechtsvor-
schriften, auf die ihr achten und die
ihr halten sollt in dem Land, das der Herr,
der Gott deiner Väter, dir gegeben hat, damit
du es in Besitz nimmst. Sie sollen so lange
gelten, wie ihr in dem Land leben werdet.

1: 4,5; 5,1; 31,13.

Die Vernichtung fremder Kultstätten: 12,2f

2 Ihr sollt alle Kultstätten zerstören, an de-
nen die Völker, deren Besitz ihr übernehmt,
ihren Göttern gedient haben: auf den hohen
Bergen, auf den Hügeln und unter jedem üp-
pigen Baum. 3 Ihr sollt ihre Altäre niederrei-
ßen und ihre Steinmale zerschlagen. Ihre
Kultpfähle sollt ihr im Feuer verbrennen
und die Bilder ihrer Götter umhauen. Ihre
Namen sollt ihr an jeder solchen Stätte til-
gen.

2: 1 Kön 14,23; 2 Kön 16,4; 17,10; Jer 2,20; Hos 4,13 • 3: 7,5.25; Ex 23,24; 34,13.

Eine einzige Kultstätte für Israel: 12,4–7

4 Ihr sollt nicht das Gleiche tun (wie diese
Völker), wenn ihr den Herrn, euren Gott,
verehrt, 5 sondern ihr sollt nach der Stätte
fragen, die der Herr, euer Gott, aus allen eu-
ren Stammesgebieten auswählen wird, in-
dem er dort seinen Namen anbringt. Nach
seiner Wohnung sollt ihr fragen und dorthin
sollst du ziehen. 6 Dorthin sollt ihr eure
Brandopfertiere und Schlachtopfertiere brin-
gen, eure Zehnten und Handerhebungsopfer,
was ihr dem Herrn gelobt habt und was ihr
freiwillig gebt, und die Erstlinge eurer Rin-
der, Schafe und Ziegen. 7 Dort sollt ihr vor
dem Herrn, eurem Gott, das Mahl halten. Ihr
sollt fröhlich sein, ihr und eure Familien, aus
Freude über alles, was eure Hände geschafft
haben, weil der Herr, dein Gott, dich geseg-
net hat.

4–28: Ex 20,24; 2 Kön 18,22; Joh 4,20 • 5: 12,21; 14,24; 1 Kön 9,3; 11,36; 14,21; 2 Kön 21,4.7; 1 Kön 6,13; 8,12.

Der Zeitpunkt des Inkrafttretens: 12,8–12

8 Ihr sollt nicht tun, was jeder Einzelne für
richtig hält, wie es hier bei uns heute noch
geschieht. 9 Denn ihr seid bis jetzt nicht in
die Ruhe und in den Erbbesitz eingezogen,
die der Herr, dein Gott, dir gibt. 10 Wenn ihr
aber den Jordan überschritten habt und in
dem Land wohnt, das der Herr, euer Gott, an
euch als Erbbesitz verteilt, wenn er euch
Ruhe vor allen euren Feinden ringsum ver-
schafft hat und ihr in Sicherheit wohnt,
11 dann sollt ihr alles, wozu ich euch ver-
pflichte, an die Stätte bringen, die der Herr,
euer Gott, auswählt, indem er dort seinen
Namen wohnen lässt: eure Brandopfertiere
und Schlachtopfertiere, eure Zehnten und
Handerhebungsopfer und alle eure auserle-
senen Gaben, die ihr dem Herrn gelobt habt.
12 Dort sollt ihr vor dem Herrn, eurem Gott,
fröhlich sein, ihr, eure Söhne und Töchter,
eure Sklaven und Sklavinnen sowie die Le-
viten, die in euren Stadtbereichen Wohn-
recht haben; denn der Levit hat nicht wie ihr
Landanteil und Erbbesitz.

10: 2 Sam 7,1.11; 1 Kön 5,5 • 11: 14,23; 16,2.6.11; 26,2; Jer 7,12 • 12: 10,9.

Die Unterscheidung von Opfer und Schlachtung: 12,13–19

13 Nimm dich in Acht! Verbrenn deine
Brandopfertiere nicht an irgendeiner Stätte,
die dir gerade vor die Augen kommt, 14 son-
dern nur an der Stätte, die der Herr im Ge-
biet eines deiner Stämme auswählt. Dort
sollst du deine Brandopfertiere verbrennen
und dort sollst du alles ausführen, wozu ich
dich verpflichte. 15 Doch darfst du immer,
wenn du es möchtest, und überall in deinen
Stadtbereichen schlachten und Fleisch es-
sen, so weit der Segen reicht, den dir der
Herr, dein Gott, geschenkt hat. Jeder, der
Reine wie der Unreine, darf davon essen, wie
bei Gazelle und Damhirsch. 16 Das Blut aber
sollt ihr nicht genießen, sondern wie Wasser
auf die Erde schütten. 17 Auch darfst du in
deinen Stadtbereichen nicht den Zehnten
von Korn, Wein und Öl verzehren, die Erst-
linge von Rindern, Schafen und Ziegen, alle
Gaben, die du dem Herrn gelobt hast, die
freiwilligen Gaben und deine Handerhe-

12,5 Ursprünglich lautete der Text vermutlich: indem er dort seinen Namen anbringt, um ihn (dort) wohnen zu lassen. Dorthin sollst du ziehen. – Die Anbringung des Namens an einem Ort, etwa durch eine königliche Inschrift, war im Alten Orient Zeichen der Besitzergreifung und Herrschaft. Das Gleiche meinte der Ausdruck »seinen Namen an einem Ort wohnen lassen«. Beide Wendungen werden in den deuteronomischen Gesetzen nebeneinander gebraucht. Die Rede vom Wohnenlassen des Namens (vgl. 12,11; 14,23; 16,2.6.11; 26,2) wehrt zugleich die Vorstellung ab, Gott selbst wohne im Tempel (vgl. 1 Kön 8,12f;) im Tempel wohnt nur Gottes Name. Das bedeutet: Wenn dieser Name im Tempel angerufen wird, erhört Gott das Gebet. Gott selbst wohnt im Himmel (vgl. 26,15).

bungsopfer. 18 Vor dem Herrn, deinem Gott, sollst du sie verzehren, an der Stätte, die der Herr, dein Gott, auswählen wird – du, dein Sohn und deine Tochter, dein Sklave und deine Sklavin sowie die Leviten, die in deinen Stadtbereichen Wohnrecht haben –, und du sollst vor dem Herrn, deinem Gott, fröhlich sein und dich freuen über alles, was deine Hände geschafft haben. 19 Nimm dich in Acht, und lass die Leviten nicht im Stich, solange du im Land lebst.

15–16: 15,22f; 14,5 • 17–18: 14,22–27 • 19: 14,27.

Das Blut bei Opfer und Schlachtung: 12,20–28

20 Wenn der Herr, dein Gott, dein Gebiet vergrößert, wie er es dir zugesagt hat, und du, weil du Appetit auf Fleisch hast, sagst: Ich möchte gern Fleisch essen, dann darfst du so viel Fleisch essen, wie du möchtest. 21 Und wenn die Entfernung zu der Stätte, die der Herr, dein Gott, auswählen wird, indem er dort seinen Namen anbringt, zu groß ist, dann schlachte, so wie ich es dir erlaubt habe, Rinder, Schafe oder Ziegen, die der Herr dir geschenkt hat, und iss in deinen Stadtbereichen, so viel du möchtest. 22 Auch sollst du davon essen, wie man von Gazelle und Damhirsch isst: Der Reine und der Unreine dürfen gemeinsam davon essen. 23 Doch beherrsche dich und genieße kein Blut; denn Blut ist Lebenskraft und du sollst nicht zusammen mit dem Fleisch die Lebenskraft verzehren. 24 Du sollst es nicht genießen, sondern wie Wasser auf die Erde schütten. 25 Du sollst es nicht genießen, damit es dir und später deinen Söhnen gut geht, weil du tust, was in den Augen des Herrn richtig ist. 26 Die heiligen Abgaben jedoch, zu denen du verpflichtet bist, und die Gaben, die du selbst dem Herrn gelobt hast, sollst du aufladen und du sollst damit zu der Stätte ziehen, die der Herr auswählen wird. 27 Dort sollst du deine Brandopfertiere auf dem Altar des Herrn, deines Gottes, darbringen, das Fleisch und das Blut. Bei deinen Schlachtopfertieren soll das Blut auf den Altar des Herrn, deines Gottes, geschüttet werden, das Fleisch sollst du essen. 28 Achte und höre auf alle diese Worte, auf die ich dich verpflichte, damit es dir und später deinen Söhnen immer gut geht, weil du tust, was in den Augen des Herrn, deines Gottes, gut und richtig ist.

20: 19,8 • 21: 12,5; 14,24 • 22–25: 15,22f.

Das Verbot kanaanäischer Kultbräuche: 12,29–31

29 Wenn der Herr, dein Gott, die Völker, in deren Land du hineinziehst, um ihren Besitz zu übernehmen, vor dir niedergestreckt hat, wenn du ihren Besitz übernommen hast und dort wohnst, 30 dann nimm dich in Acht! Lauf nicht hinter ihnen her in die Falle, nachdem sie bei deinem Angriff vernichtet worden sind. Erkundige dich nicht nach ihren Göttern und frag nicht: Wie dienen denn diese Völker ihren Göttern? Ich will das Gleiche tun wie sie. 31 Wenn du dem Herrn, deinem Gott, dienst, sollst du nicht das Gleiche tun wie sie; denn sie haben, wenn sie ihren Göttern dienten, alle Gräuel begangen, die der Herr hasst. Sie haben sogar ihre Söhne und Töchter im Feuer verbrannt, wenn sie ihren Göttern dienten.

29–31: 7 • 30: Ex 23,33; 34,12 • 31: 18,9f; 2 Kön 17,31; Jer 7,31; 19,5.

Das Verbot einer Änderung dieses Gesetzes: 13,1

13 Ihr sollt auf den vollständigen Wortlaut dessen, worauf ich euch verpflichte, achten und euch daran halten. Ihr sollt nichts hinzufügen und nichts wegnehmen.

1: 4,2; Offb 22,18f.

Die Anstiftung zum Abfall durch Propheten und Traumseher: 13,2–6

2 Wenn in deiner Mitte ein Prophet oder ein Traumseher auftritt und dir ein Zeichen oder Wunder ankündigt, 3 wobei er sagt: Folgen wir anderen Göttern nach, die du bisher nicht kanntest, und verpflichten wir uns, ihnen zu dienen!, und wenn das Zeichen und Wunder, das er dir angekündigt hatte, eintrifft, 4 dann sollst du nicht auf die Worte dieses Propheten oder Traumsehers hören; denn der Herr, euer Gott, prüft euch, um zu erkennen, ob ihr das Volk seid, das den Herrn, seinen Gott, mit ganzem Herzen und mit ganzer Seele liebt. 5 Ihr sollt dem Herrn, eurem Gott, nachfolgen, ihn sollt ihr fürchten, auf seine Gebote sollt ihr achten, auf seine Stimme sollt ihr hören, ihm sollt ihr dienen, an ihm sollt ihr euch fest halten. 6 Der Prophet oder Traumseher aber soll mit dem Tod bestraft werden. Er hat euch aufgewiegelt gegen den Herrn, euren Gott, der euch

13,1 Manche Bibelausgaben zählen diesen Vers als 12,32; entsprechend ändert sich die Verszählung in Kap. 13.

aus Ägypten geführt und dich aus dem Skla-
venhaus freigekauft hat. Denn er wollte dich
davon abbringen, auf dem Weg zu gehen, den
der Herr, dein Gott, dir vorgeschrieben hat.
Du sollst das Böse aus deiner Mitte weg-
schaffen.

2–19: 5,6–9; Ex 22,19 • 2–4: Mt 24,24; Mk 13,22; 2 Petr 2,1; Offb 13,14 • 2: Jer 23,25–32 • 3: 7,4; 28,14 • 4: 6,5; 8,2; 11,1; 1 Kor 11,19 • 5: 10,20; 2 Kön 23,3 • 6: 21,21; 1 Kor 5,13.

Die geheime Anstiftung zum Abfall: 13,7–12

7 Wenn dein Bruder, der dieselbe Mutter
hat wie du, oder dein Sohn oder deine Toch-
ter oder deine Frau, mit der du schläfst, oder
dein Freund, den du liebst wie dich selbst,
dich heimlich verführen will und sagt: Ge-
hen wir und dienen wir anderen Göttern –
(wobei er Götter meint,) die du und deine
Vorfahren noch nicht kannten, 8 unter den
Göttern der Völker, die in eurer Nachbar-
schaft wohnen, in der Nähe oder weiter ent-
fernt, zwischen dem einen Ende der Erde
und dem andern Ende der Erde –, 9 dann
sollst du nicht nachgeben und nicht auf ihn
hören. Du sollst in dir kein Mitleid mit ihm
aufsteigen lassen, sollst keine Nachsicht für
ihn kennen und die Sache nicht vertuschen.
10 Sondern du sollst ihn anzeigen. Wenn er
hingerichtet wird, sollst du als Erster deine
Hand gegen ihn erheben, dann erst das ganze
Volk. 11 Du sollst ihn steinigen und er soll
sterben; denn er hat versucht, dich vom
Herrn, deinem Gott, abzubringen, der dich
aus Ägypten geführt hat, aus dem Sklaven-
haus. 12 Ganz Israel soll davon hören, damit
sie sich fürchten und nicht noch einmal ei-
nen solchen Frevel in deiner Mitte begehen.

7: 13,3 • 9: 19,13 • 10: 17,7 • 12: 21,21.

Der Abfall einer Stadt: 13,13–19

13 Wenn du aus einer deiner Städte, die der
Herr, dein Gott, dir als Wohnort gibt, er-
fährst: 14 Niederträchtige Menschen sind aus
deiner Mitte herausgetreten und haben ihre
Mitbürger vom Herrn abgebracht, indem sie
sagten: Gehen wir und dienen wir anderen
Göttern, die ihr bisher nicht kanntet!,
15 wenn du dann durch Augenschein und
Vernehmung genaue Ermittlungen ange-
stellt hast und sich gezeigt hat: Ja, es ist
wahr, der Tatbestand steht fest, dieser Gräu-
el ist in deiner Mitte geschehen, 16 dann sollst
du die Bürger dieser Stadt mit scharfem
Schwert erschlagen, du sollst an der Stadt
und an allem, was darin lebt, auch am Vieh,
mit scharfem Schwert die Vernichtungswei-
he vollstrecken. 17 Alles, was du in der Stadt
erbeutet hast, sollst du auf dem Marktplatz
aufhäufen, dann sollst du die Stadt und die
gesamte Beute als Ganzopfer für den Herrn,
deinen Gott, im Feuer verbrennen. Für im-
mer soll sie ein Schutthügel bleiben und nie
wieder aufgebaut werden. 18 Von dem, was
der Vernichtung geweiht war, soll nichts in
deiner Hand zurückbleiben, damit der Herr
von seinem glühenden Zorn ablässt und dir
wieder sein Erbarmen schenkt, sich deiner
annimmt und dich wieder zahlreich macht,
wie er es deinen Vätern geschworen hat 19 für
den Fall, dass du auf die Stimme des Herrn,
deines Gottes, hörst, auf alle seine Gebote,
auf die ich dich heute verpflichte, achtest
und tust, was in den Augen des Herrn, deines
Gottes, richtig ist.

14: 13,3 • 15: 19,18 • 16–17: 20,16–18 • 17: Jos 8,28 • 18: Jos 7.

Das Verbot kanaanäischer Trauerbräuche: 14,1–2

14 Ihr seid Kinder des Herrn, eures Got-
tes. Ihr sollt euch für einen Toten
nicht wund ritzen und keine Stirnglatzen
scheren. 2 Denn du bist ein Volk, das dem
Herrn, deinem Gott, heilig ist, und dich hat
der Herr ausgewählt, damit du unter allen
Völkern, die auf der Erde leben, das Volk
wirst, das ihm persönlich gehört.

1–2: Mt 5,45; 6,9; Lk 6,35; 11,2 • 2: 7,6; 26,18f; Tit 2,14; 1 Petr 2,9.

Die Speiseverbote: 14,3–21a

3 Du sollst nichts essen, was ein Gräuel ist.
4 Dies sind die Großtiere, die ihr essen dürft:
Rind, Lamm, Zicklein, 5 Damhirsch, Gazelle,
Rehbock, Wildziege, Wisent, Wildschaf und
Steinbock. 6 Ihr dürft jedes Großtier essen,
das gespaltene Klauen hat, und zwar ganz

13,6 »Du sollst das Böse aus deiner Mitte wegschaffen« und ähnliche Wendungen stehen am Schluss mehrerer Gesetze, die inhaltlich den Zehn Geboten zuzuordnen sind. Daraus ersieht man, dass die Zehn Gebote ursprünglich eine Liste der todeswürdigen Verbrechen in Israel waren.

13,7 dein Bruder, der dieselbe Mutter hat wie du: In einer polygamen Familie besteht eine besondere Zuneigung zwischen den Kindern der gleichen Mutter.

13,10 So nach G; H: sondern du sollst ihn töten.

14,4–18 Die Übersetzung der Tiernamen ist nicht immer sicher.

14,8.13 In beiden Versen liegt ein sehr früh verderbter Text vor; die Wiederherstellung ist unsicher.

gespaltene Klauen, und das zu den Wiederkäuern gehört. 7 Von den Großtieren, die wiederkäuen oder ganz gespaltene Klauen haben, dürft ihr aber Folgende nicht essen: Kamel, Hase, Klippdachs. Sie sind zwar Wiederkäuer, haben aber keine gespaltenen Klauen. Sie sollen euch als unrein gelten. 8 Ebenso das Wildschwein, denn es hat zwar gespaltene Klauen, ist aber kein Wiederkäuer. Es soll euch als unrein gelten. Vom Fleisch dieser Tiere dürft ihr nicht essen und ihr Aas dürft ihr nicht berühren. 9 Von allem, was im Wasser lebt, dürft ihr Folgendes essen: Alles, was Flossen und Schuppen hat, dürft ihr essen. 10 Alles, was keine Flossen und keine Schuppen hat, dürft ihr nicht essen. Es soll euch als unrein gelten. 11 Alle reinen Vögel dürft ihr essen. 12 Dies sind die Vögel, die ihr nicht essen dürft: Aasgeier, Schwarzgeier, Bartgeier, 13 Milan, die verschiedenen Bussardarten, 14 alle Arten des Raben, 15 Adlereule, Kurzohreule, Langohreule und die verschiedenen Falkenarten, 16 Kauz, Bienenfresser, Weißeule, 17 Kleineule, Fischadler, Fischeule, 18 Storch und die verschiedenen Reiherarten, Wiedehopf, Fledermaus 19 und alles fliegende Kleingetier: Sie sollen euch als unrein gelten und dürfen nicht gegessen werden. 20 Alle reinen geflügelten Tiere dürft ihr essen. 21a Ihr dürft keinerlei Aas essen. Du sollst es dem Fremden, der in euren Stadtbereichen Wohnrecht hat, zum Essen überlassen oder es einem Ausländer verkaufen. Denn du bist ein Volk, das dem Herrn, deinem Gott, heilig ist.

3–21a ∥ Lev 11,1–47 • 21a: Ex 22,30; Dtn 7,6.

Das Verbot eines Fruchtbarkeitszaubers: 14,21b

21b Du sollst ein Zicklein nicht in der Milch seiner Mutter kochen.

21b: Ex 23,19; 34,26.

Die jährlichen Abgaben an das Heiligtum: 14,22–27

22 Du sollst jedes Jahr den Zehnten von der gesamten Ernte geben, die dein Acker erbringt aus dem, was du angebaut hast. 23 Vor dem Herrn, deinem Gott, sollst du an der Stätte, die er auswählt, indem er dort seinen Namen wohnen lässt, deinen Zehnten an Korn, Wein und Öl und die Erstlinge deiner Rinder, Schafe und Ziegen verzehren, damit du lernst, den Herrn, deinen Gott, zu fürchten, solange du lebst. 24 Wenn aber der Weg dorthin deine Kräfte übersteigt, weil die Stätte, die der Herr auswählt, indem er dort seinen Namen anbringt, so weit entfernt liegt und der Herr, dein Gott, dich so gesegnet hat, dass du den Zehnten nicht dorthin tragen kannst, 25 dann sollst du alles für Silber verkaufen, das Silber als deinen Besitz zusammenbinden, zu der Stätte ziehen, die der Herr, dein Gott, auswählt, 26 dort für das Silber alles kaufen, worauf du Appetit hast – Rinder, Schafe, Ziegen, Wein und Bier, alles, wonach es deinen Gaumen verlangt –, und dann sollst du vor dem Herrn, deinem Gott, Mahl halten und fröhlich sein, du und deine Familie. 27 Auch sollst du die Leviten, die in deinen Stadtbereichen Wohnrecht haben, nicht im Stich lassen, denn sie haben nicht wie du Landanteil und Erbbesitz.

22–27: 12,17–19 • 23: 12,11; 15,19–23 • 24: 12,5.21 • 27: 10,9.

Der Zehnt für die Armen in jedem dritten Jahr: 14,28f

28 In jedem dritten Jahr sollst du den ganzen Zehnten deiner Jahresernte in deinen Stadtbereichen abliefern und einlagern 29 und die Leviten, die ja nicht wie du Landanteil und Erbbesitz haben, die Fremden, die Waisen und die Witwen, die in deinen Stadtbereichen wohnen, können kommen, essen und satt werden, damit der Herr, dein Gott, dich stets segnet bei der Arbeit, die deine Hände tun.

28–29: 26,12–15 • 29: 10,9; 28,12.

Der Verzicht auf Forderungen in jedem siebten Jahr: 15,1–6

15 In jedem siebten Jahr sollst du die Ackerbrache einhalten. 2 Und so lautet eine Bestimmung für die Brache: Jeder Gläubiger soll den Teil seines Vermögens, den er einem andern unter Personalhaftung als Darlehen gegeben hat, brachliegen lassen. Er soll gegen den andern, falls dieser sein Bruder ist, nicht mit Zwang vorgehen; denn er hat die Brache für den Herrn verkündet. 3 Gegen einen Ausländer darfst du mit Zwang vorgehen. Wenn es sich aber um deinen Bruder handelt, dann lass deinen Vermögensteil brachliegen! 4 Doch eigentlich sollte es bei dir gar keine Armen geben; denn der Herr wird dich reich segnen in dem

---

14,28 Wahrscheinlich in jedem dritten Jahr nach einem Sabbatjahr; denn im Sabbatjahr gehörten alle Erträge den Armen (vgl. Ex 23,11).

15,1–6 Das Gesetz über den Verzicht auf Forderungen in jedem siebten Jahr wird als Weiterentwicklung des alten Brauchs der Ackerbrache im siebten Jahr und zum Teil mit den dorthin gehörenden Ausdrücken formuliert.

Land, das der Herr, dein Gott, dir als Erbbesitz gibt und das du in Besitz nimmst, 5 wenn du auf die Stimme des Herrn, deines Gottes, hörst, auf dieses Gebot, auf das ich dich heute verpflichte, achtest und es hältst. 6 Wenn der Herr, dein Gott, dich segnet, wie er es dir zugesagt hat, dann kannst du vielen Völkern gegen Pfand leihen, du selbst aber brauchst nichts zu verpfänden; du wirst über viele Völker Gewalt haben, über dich aber werden sie keine Gewalt haben.

1–11: 15,9.12; 31,10; Ex 23,10f • 3: 23,20f • 4–6: 28,1–13 • 6: 28,12.

Die Kredithilfen an arme Israeliten: 15,7–11

7 Wenn bei dir ein Armer lebt, irgendeiner deiner Brüder in irgendeinem deiner Stadtbereiche in dem Land, das der Herr, dein Gott, dir gibt, dann sollst du nicht hartherzig sein und sollst deinem armen Bruder deine Hand nicht verschließen. 8 Du sollst ihm deine Hand öffnen und ihm gegen Pfand leihen, was der Not, die ihn bedrückt, abhilft. 9 Nimm dich in Acht, dass du nicht in niederträchtigem Herzen den Gedanken hegst: Bald kommt das siebte Jahr, das Brachjahr!, und deinen armen Bruder böse ansiehst und ihm nichts gibst, sodass er den Herrn gegen dich anruft und Strafe für diese Sünde über dich kommt. 10 Du sollst ihm etwas geben, und wenn du ihm gibst, soll auch dein Herz nicht böse darüber sein; denn wegen dieser Tat wird dich der Herr, dein Gott, segnen in allem, was du arbeitest, und in allem, was deine Hände schaffen. 11 Die Armen werden niemals ganz aus deinem Land verschwinden. Darum mache ich dir zur Pflicht: Du sollst deinem Not leidenden und armen Bruder, der in deinem Land lebt, deine Hand öffnen.

7–8: 1 Joh 3,17 • 9: 15,1 • 11: Mt 26,11; Mk 14,7; Joh 12,8.

Die Selbstverknechtung: 15,12–18

12 Wenn dein Bruder, ein Hebräer – oder auch eine Hebräerin –, sich dir verkauft, soll er dir sechs Jahre als Sklave dienen. Im siebten Jahr sollst du ihn als freien Mann entlassen. 13 Und wenn du ihn als freien Mann entlässt, sollst du ihn nicht mit leeren Händen entlassen. 14 Du sollst ihm von deinen Schafen und Ziegen, von deiner Tenne und von deiner Kelter so viel mitgeben, wie er tragen kann. Wie der Herr, dein Gott, dich gesegnet hat, so sollst du ihn bedenken. 15 Denk daran: Als du in Ägypten Sklave warst, hat der Herr, dein Gott, dich freigekauft. Darum verpflichte ich dich heute auf dieses Gebot. 16 Wenn dieser Sklave dir aber erklärt: Ich will nicht von dir freigelassen werden – denn er hat dich und deine Familie lieb gewonnen, weil es ihm bei dir gut ging –, 17 so nimm einen Pfriem und stich ihn durch sein Ohr in die Tür: Dann ist er dein Sklave für immer. Bei einer Sklavin sollst du das Gleiche tun. 18 Halt es nicht für eine Härte, wenn du ihn als freien Mann entlassen musst; denn was er in den sechs Jahren für dich erarbeitet hat, entspricht dem, was du einem Tagelöhner als Lohn hättest zahlen müssen. Dann wird der Herr, dein Gott, dich in allem segnen, was du tust.

12–18: Ex 21,2–11; Jer 34,8–22 • 12: 15,1; Joh 8,35 • 15: 5,15.

Die Erstgeburt des Viehs: 15,19–23

19 Alle männlichen Erstlinge, die unter deinen Rindern, Schafen und Ziegen geboren werden, sollst du dem Herrn, deinem Gott, weihen. Mit einem Erstlingsstier darfst du nicht arbeiten und ein Erstlingsschaf darfst du nicht scheren. 20 Jahr für Jahr sollst du die Erstlinge vor dem Herrn, deinem Gott, an der Stätte, die der Herr auswählt, essen, du und deine Familie. 21 Doch wenn ein Tier einen Fehler hat, wenn es hinkt oder blind ist, wenn es irgendeinen Makel hat, sollst du es nicht für den Herrn, deinen Gott, schlachten. 22 In deinen Stadtbereichen sollst du es verzehren; der Reine und der Unreine können es gemeinsam essen, wie bei Gazelle und Damhirsch. 23 Nur das Blut sollst du nicht genießen, sondern wie Wasser auf die Erde schütten.

19–23: Ex 13,2.11–16; 22,29; 34,19 • 20: 14,23 • 22–23: 12,15f.22–25.

Das Frühlingsfest: 16,1–8

16 Achte auf den Monat Abib und feiere dem Herrn, deinem Gott, das Paschafest; denn im Monat Abib hat der Herr, dein Gott, dich nachts aus Ägypten geführt. 2 Als Paschatiere für den Herrn, deinen Gott, sollst du Schafe, Ziegen oder Rinder schlachten an der Stätte, die der Herr auswählen wird, indem er dort seinen Namen wohnen lässt. 3 Du sollst nichts Gesäuertes dazu essen. Sieben Tage lang sollst du ungesäuertes

---

15,14 Andere Lesart: Womit der Herr, dein Gott, dich gesegnet hat, damit sollst du ihn bedenken.

16,1 Andere Übersetzungsmöglichkeit: Achte auf den Neumond im Abib! – Der Monat Abib entspricht dem März/April unseres Kalenders.

Brot dazu essen, die Speise der Bedrängnis, damit du dein ganzes Leben lang des Tages gedenkst, an dem du aus Ägypten gezogen bist. Denn in Hast bist du aus Ägypten gezogen. 4 In deinem ganzen Gebiet soll sieben Tage lang kein Sauerteig zu finden sein und vom Fleisch des Tieres, das du am Abend des ersten Tages schlachtest, darf bis zum andern Morgen nichts übrig bleiben. 5 Du darfst das Paschatier nicht in irgendeinem der Stadtbereiche schlachten, die der Herr, dein Gott, dir geben wird, 6 sondern nur an der Stätte, die der Herr, dein Gott, auswählt, indem er dort seinen Namen wohnen lässt. Dort sollst du das Paschatier schlachten, am Abend bei Sonnenuntergang, zu der Stunde, in der du aus Ägypten gezogen bist. 7 Du sollst es an der Stätte kochen und verzehren, die der Herr, dein Gott, ausgewählt hat, und am Morgen darfst du wieder zu deinen Zelten zurückkehren. 8 Sechs Tage sollst du ungesäuertes Brot essen, am siebten Tag ist eine Festversammlung für den Herrn, deinen Gott; da sollst du keine Arbeit tun.

1–17: Ex 23,14–17; 34,18–26 • 1–8: Lk 2,41; Ex 12; 2 Kön 23,21 • 2: 12,11 • 3–4: 26,7; Ex 3,7; 12,11; 13,3–10; 23,18; 34,25; 1 Kor 5,8 • 6: 12,11.

Das Wochenfest: 16,9–12

9 Du sollst sieben Wochen zählen. Wenn man die Sichel an den Halm legt, sollst du beginnen, die sieben Wochen zu zählen. 10 Danach sollst du dem Herrn, deinem Gott, das Wochenfest feiern und dabei eine freiwillige Gabe darbringen, die du danach bemisst, wie der Herr, dein Gott, dich gesegnet hat. 11 Du sollst vor dem Herrn, deinem Gott, fröhlich sein, du, dein Sohn und deine Tochter, dein Sklave und deine Sklavin, auch die Leviten, die in deinen Stadtbereichen Wohnrecht haben, und die Fremden, Waisen und Witwen, die in deiner Mitte leben. Du sollst fröhlich sein an der Stätte, die der Herr, dein Gott, auswählt, indem er dort seinen Namen wohnen lässt. 12 Denk daran: Du bist in Ägypten Sklave gewesen. Daher sollst du auf diese Gesetze achten und sie halten.

9–11: Apg 2,1; 1 Kor 16,8 • 11: 12,11 • 12: 5,15.

Das Laubhüttenfest: 16,13–15

13 Das Laubhüttenfest sollst du sieben Tage lang feiern, nachdem du das Korn von der Tenne und den Wein aus der Kelter eingelagert hast. 14 Du sollst an deinem Fest fröhlich sein, du, dein Sohn und deine Tochter, dein Sklave und deine Sklavin, die Leviten und die Fremden, Waisen und Witwen, die in deinen Stadtbereichen wohnen. 15 Sieben Tage lang sollst du dem Herrn, deinem Gott, das Fest feiern an der Stätte, die der Herr auswählt. Wenn dich der Herr, dein Gott, in allem gesegnet hat, in deiner Ernte und in der Arbeit deiner Hände, dann sollst du wirklich fröhlich sein.

14: 26,11 • 15: 28,12.

Die Verpflichtung zu Wallfahrten: 16,16f

16 Dreimal im Jahr sollen alle deine Männer hingehen, um das Angesicht des Herrn, deines Gottes, an der Stätte, die er auswählt, zu schauen: am Fest der Ungesäuerten Brote, am Wochenfest und am Laubhüttenfest. Man soll nicht mit leeren Händen hingehen, um das Angesicht des Herrn zu schauen, 17 sondern jeder mit seiner Gabe, die dem Segen entspricht, den du vom Herrn, deinem Gott, erhalten hast.

16: Ex 23,14–17; 34,18–23.

Das Verhalten der Richter in den Ortschaften: 16,18–20

18 Richter und Listenführer sollst du in allen Stadtbereichen einsetzen, die der Herr, dein Gott, dir in deinen Stammesgebieten gibt. Sie sollen dem Volk Recht sprechen und gerechte Urteile fällen. 19 Du sollst das Recht nicht beugen. Du sollst kein Ansehen der Person kennen. Du sollst keine Bestechung annehmen; denn Bestechung macht Weise blind und verdreht die Fälle derer, die im Recht sind. 20 Gerechtigkeit, Gerechtigkeit – ihr sollst du nachjagen, damit du Leben hast und das Land in Besitz nehmen kannst, das der Herr, dein Gott, dir gibt.

18–20: 1,16f; 2 Chr 19,5–7 • 18: 1,15; 20,5–9; 20,9; 31,28 • 19–20: Ex 23,1–3.6–8; Jak 2,9 • 20: 6,18f; 8,1; 11,8; Jos 23,5.

Das Verbot nichtjahwistischer Kultsymbole: 16,21f

21 Du sollst neben dem Altar des Herrn, deines Gottes, den du dir baust, keinen Kultpfahl, keinerlei Holz einpflanzen. 22 Du sollst kein Steinmal von der Art errichten, die der Herr, dein Gott, hasst.

21–22: 12,3 • 21: Ex 20,24; 1 Kön 14,15; 2 Kön 21,7; 23,6f; • 22: 1 Kön 14,23; 2 Kön 17,10.

16,16 um das Angesicht des Herrn ... zu schauen: so nach dem mutmaßlichen Urtext. In den erhaltenen Textzeugen ist zur Wahrung der Unsichtbarkeit Gottes der Text leicht abgeändert: um vor dem Angesicht des Herrn ... zu erscheinen.

Das Verbot fehlerhafter Opfer: 17,1

17 Du sollst dem Herrn, deinem Gott,
keinen Stier und kein Lamm
schlachten, die einen Fehler, irgendeine
Missbildung haben, denn das ist dem Herrn,
deinem Gott, ein Gräuel.

1: Mal 1,6–9.

Das Verfahren beim Abfall zu Gestirngöttern: 17,2–7

2 Wenn in deiner Mitte, in einem der Stadt-
bereiche, die der Herr, dein Gott, dir gibt, ein
Mann – oder auch eine Frau – lebt, der tut,
was in den Augen des Herrn, deines Gottes,
böse ist, und sich über seinen Bund hinweg-
setzt, 3 wenn er hingeht, anderen Göttern
dient und sich vor ihnen niederwirft – und
zwar vor der Sonne, dem Mond oder dem
ganzen Himmelsheer, was ich verboten ha-
be –, 4 wenn dir das gemeldet wird, wenn du
den Fall anhängig machst, genaue Ermitt-
lungen anstellst und es sich zeigt: Ja, es ist
wahr, der Tatbestand steht fest, dieser Gräu-
el ist in Israel geschehen!, 5 dann sollst du
diesen Mann oder diese Frau, die den Frevel
begangen haben, den Mann oder die Frau, zu
einem deiner Stadttore führen und steinigen
und sie sollen sterben. 6 Wenn es um Leben
oder Tod eines Angeklagten geht, darf er nur
auf die Aussage von zwei oder drei Zeugen
hin zum Tod verurteilt werden. Auf die Aus-
sage eines einzigen Zeugen hin darf er nicht
zum Tod verurteilt werden. 7 Wenn er hin-
gerichtet wird, sollen die Zeugen als Erste
ihre Hand gegen ihn erheben, dann erst das
ganze Volk. Du sollst das Böse aus deiner
Mitte wegschaffen.

2–5: 4,19; 13,2–19; 2 Kön 17,16; 21,3.5; 23,4f; Dtn 29,24 • 4: 19,18 • 6: 19,15; Mt 18,16; Joh 8,17; 2 Kor 13,1; 1 Tim 5,19; Hebr 10,28 • 7: 13,10; 21,21; Joh 8,7; 1 Kor 5,13.

Das sakrale Gerichtsverfahren: 17,8–13

8 Wenn bei einem Verfahren wegen Mord,
Eigentumsdelikt oder Körperverletzung –
also wegen Streitsachen, über die in deinen
Stadtbereichen entschieden werden darf –
der Fall für dich zu ungewöhnlich liegt, dann
sollst du dich aufmachen, zu der Stätte hi-
naufziehen, die der Herr auswählt, 9 und vor
die levitischen Priester und den Richter tre-
ten, der dann amtiert. Du sollst genaue Er-
mittlungen anstellen lassen und sie sollen dir
den Urteilsspruch verkünden. 10 Dann sollst
du dich an den Spruch halten, den sie dir an
dieser Stätte, die der Herr auswählt, verkün-
den, und du sollst auf alles, was sie dich leh-
ren, genau achten und es halten. 11 An den
Wortlaut der Weisung, die sie dich lehren,
und an das Urteil, das sie fällen, sollst du
dich halten. Von dem Spruch, den sie dir ver-
künden, sollst du weder rechts noch links
abweichen. 12 Ein Mann aber, der so vermes-
sen ist, auf den Priester, der dort steht, um
vor dem Herrn, deinem Gott, Dienst zu tun,
oder auf den Richter nicht zu hören, dieser
Mann soll sterben. Du sollst das Böse aus Is-
rael wegschaffen. 13 Das ganze Volk soll da-
von hören, damit sie sich fürchten und nicht
noch einmal so vermessen sind.

8–13: 21,5; Ex 18,13–26; 2 Chr 19,8–11 • 9: 10,8; 19,17; 26,3 • 12–13: 21,21; 20,2.

Der König: 17,14–20

14 Wenn du in das Land, das der Herr, dein
Gott, dir gibt, hineingezogen bist, es in Besitz
genommen hast, in ihm wohnst und dann
sagst: Ich will einen König über mich einset-
zen wie alle Völker in meiner Nachbar-
schaft!, 15 dann darfst du einen König über
dich einsetzen, doch nur einen, den der Herr,
dein Gott, auswählt. Nur aus der Mitte dei-
ner Brüder darfst du einen König über dich
einsetzen. Einen Ausländer darfst du nicht
über dich einsetzen, weil er nicht dein Bru-
der ist. 16 Der König soll sich aber nicht zu
viele Pferde halten. Er soll das Volk nicht
nach Ägypten zurückbringen, um mehr Pfer-
de zu bekommen; denn der Herr hat zu euch
gesagt: Ihr sollt auf diesem Weg nie wieder
zurückkehren. 17 Er soll sich auch keine gro-
ße Zahl von Frauen nehmen, damit sein Sinn
nicht vom rechten Weg abweicht. Er soll
nicht zu viel Silber und Gold anhäufen.
18 Und wenn er seinen Königsthron bestiegen
hat, soll er sich von dieser Weisung, die die
levitischen Priester aufbewahren, auf einer
Schriftrolle eine Zweitschrift anfertigen las-
sen. 19 Sein Leben lang soll er die Weisung
mit sich führen und in der Rolle lesen, damit
er lernt, den Herrn, seinen Gott, zu fürchten,
auf alle Worte dieser Weisung und dieser Ge-
setze zu achten, sie zu halten, 20 sein Herz
nicht über seine Brüder zu erheben und von
dem Gebot weder rechts noch links abzuwei-

17,3 was ich verboten habe: vgl. die Anmerkung zu 11,13–15.

17,18 Mit »dieser Weisung« dürfte der Text der Kapitel 5 – 28 gemeint sein. Der Buchname »Deuteronomium« kommt vielleicht von diesem Vers.

18,4 Andere Übersetzungsmöglichkeit: Du sollst ihm das Beste von Korn, Wein und Öl und das Beste aus der Schafschur geben.

chen, damit er lange als König in Israels Mitte lebt, er und seine Nachkommen.

14–20: 1 Sam 7,2 – 8,22; 10,18f; 21,1–25 • 15: 1 Sam 10,24; 16,1–13; 2 Sam 5,1–3 • 16: 28,68; Gen 26,2; 2 Sam 8,4; 1 Kön 10,26–29 • 17: 1 Kön 10,14–25; 11,1–8 • 18–20: Jos 1,7–9; 1 Kön 2,1–4 • 18: 10,8; 31,9.26 • 20: 5,32f.

Die Einkünfte der Priester: 18,1–8

18 Die levitischen Priester – der ganze Stamm Levi – sollen nicht wie das übrige Israel Landanteil und Erbbesitz haben. Sie sollen sich von den Opferanteilen des Herrn, von seinem Erbbesitz, ernähren. 2 Der Stamm Levi soll inmitten seiner Brüder leben, aber keinen Erbbesitz haben. Der Herr selbst ist sein Erbbesitz, wie er es ihm zugesagt hat. 3 Und das ist das Recht, das die Priester gegenüber dem Volk haben, gegenüber denen, die ein Schlachtopfertier schlachten, sei es ein Stier oder ein Lamm: Man soll dem Priester den Bug, die Kinnbacken und den Labmagen geben. 4 Du sollst ihm den ersten Ertrag von Korn, Wein und Öl und den ersten Ertrag der Schafschur geben. 5 Denn der Herr, dein Gott, hat den Stamm Levi unter allen deinen Stämmen dazu ausgewählt, dass er im Namen des Herrn dasteht und Dienst tut – Levi und seine Nachkommen, ihr Leben lang. 6 Wenn ein Levit aus einem deiner Stadtbereiche irgendwo in Israel, in dem er als Fremder gewohnt hat, zu der Stätte kommt, die der Herr ausgewählt hat, und zwar, wann immer er möchte, 7 und wenn er dann wie alle seine levitischen Brüder, die dort vor dem Herrn stehen, im Namen des Herrn, seines Gottes, Dienst tut, 8 sollen alle die gleiche Zuteilung erhalten, ohne dass man berücksichtigt, wie groß sein väterliches Vermögen ist.

1–5: 1 Kor 9,13; 1–2: 10,8f; 1 Sam 2,28 • 4: 26,1–11; Ex 23,19 • 5: 10,8 • 6–8: 2 Kön 23,9 • 6: Ri 17,7; 19,1.

Die Zauberer und Propheten: 18,9–22

9 Wenn du in das Land hineinziehst, das der Herr, dein Gott, dir gibt, sollst du nicht lernen, die Gräuel dieser Völker nachzuahmen. 10 Es soll bei dir keinen geben, der seinen Sohn oder seine Tochter durchs Feuer gehen lässt, keinen, der Losorakel befragt, Wolken deutet, aus dem Becher weissagt, zaubert, 11 Gebetsbeschwörungen hersagt oder Totengeister befragt, keinen Hellseher, keinen, der Verstorbene um Rat fragt. 12 Denn jeder, der so etwas tut, ist dem Herrn ein Gräuel. Wegen dieser Gräuel vertreibt sie der Herr, dein Gott, vor dir. 13 Du sollst ganz und gar bei dem Herrn, deinem Gott, bleiben. 14 Denn diese Völker, deren Besitz du übernimmst, hören auf Wolkendeuter und Orakelleser. Für dich aber hat der Herr, dein Gott, es anders bestimmt. 15 Einen Propheten wie mich wird dir der Herr, dein Gott, aus deiner Mitte, unter deinen Brüdern, erstehen lassen. Auf ihn sollt ihr hören. 16 Der Herr wird ihn als Erfüllung von allem erstehen lassen, worum du am Horeb, am Tag der Versammlung, den Herrn, deinen Gott, gebeten hast, als du sagtest: Ich kann die donnernde Stimme des Herrn, meines Gottes, nicht noch einmal hören und dieses große Feuer nicht noch einmal sehen, ohne dass ich sterbe. 17 Damals sagte der Herr zu mir: Was sie von dir verlangen, ist recht. 18 Einen Propheten wie dich will ich ihnen mitten unter ihren Brüdern erstehen lassen. Ich will ihm meine Worte in den Mund legen und er wird ihnen alles sagen, was ich ihm auftrage. 19 Einen Mann aber, der nicht auf meine Worte hört, die der Prophet in meinem Namen verkünden wird, ziehe ich selbst zur Rechenschaft. 20 Doch ein Prophet, der sich anmaßt, in meinem Namen ein Wort zu verkünden, dessen Verkündigung ich ihm nicht aufgetragen habe, oder der im Namen anderer Götter spricht, ein solcher Prophet soll sterben. 21 Und wenn du denkst: Woran können wir ein Wort erkennen, das der Herr nicht gesprochen hat?, 22 dann sollst du wissen: Wenn ein Prophet im Namen des Herrn spricht und sein Wort sich nicht erfüllt und nicht eintrifft, dann ist es ein Wort, das nicht der Herr gesprochen hat. Der Prophet hat sich nur angemaßt, es zu sprechen. Du sollst dich dadurch nicht aus der Fassung bringen lassen.

9: 12,31; 20,18; 32,16; 1 Kön 14,24 • 10: 2 Kön 16,3; 21,2.11; 23,13; Dtn 12,31; Ex 22,17; 2 Kön 9,22; 16,3; 17,17; 21,6; 23,10 • 11: 1 Sam 28; 2 Kön 21,6; 23,24 • 12: 4,38; 7,17; 9,1–6; 11,22–25 • 13: 2 Sam 22,24; Mt 5,48 • 14: 18,10 • 15–19: 2 Kön 17,13; Mt 17,5; Mk 9,7; Lk 9,35; Joh 1,21; 6,14; 7,40; Apg 3,22f; 7,37 • 16–19: 5,23–31 • 18: Ex 4,15 • 20: Jer 14,13–18 • 21–22: Jer 28; Ez 33,33.

Die Asylstädte: 19,1–10

19 Wenn der Herr, dein Gott, die Völker, deren Land der Herr, dein Gott, dir geben will, niederstreckt und du ihren Besitz übernimmst und in ihren Städten und Häusern wohnst, 2 sollst du in dem Land, das der

18,8 Deutung von H unsicher.

18,15.18 Hier ist Israel zugesagt, dass es immer Propheten haben wird, die ihm den Willen Gottes mitteilen. Später wurde aus diesem Text die Verheißung eines endzeitlichen Propheten herausgelesen.

Herr, dein Gott, dir gibt, damit du es in Be-
sitz nimmst, drei Städten eine Sonderstel-
lung zuweisen. 3 Du sollst die Wegstrecken
berechnen und die Fläche des Landes, das
der Herr, dein Gott, dir als Erbbesitz gibt, in
drei Teile teilen. Dann kann jeder, der einen
Menschen getötet hat, in diese Städte flie-
hen. 4 Und so lautet die Bestimmung für ei-
nen, der jemand getötet hat und dorthin
flieht, um am Leben zu bleiben: Wenn er den
andern ohne Vorsatz erschlagen hat und
nicht schon früher mit ihm verfeindet gewe-
sen ist, 5 zum Beispiel wenn er mit einem an-
dern in den Wald gegangen ist, um Bäume zu
fällen, seine Hand mit der Axt ausgeholt hat,
um einen Baum umzuhauen, das Eisenblatt
sich vom Stiel gelöst und den andern getrof-
fen hat und dieser gestorben ist, dann kann
er in eine dieser Städte fliehen, um am Leben
zu bleiben. 6 Es darf nicht sein, dass der Weg
(zum Heiligtum) zu weit ist, damit nicht der
Bluträcher, der aus Rachedurst den, der ge-
tötet hat, verfolgt, ihn einholt und tödlich
trifft, obwohl kein Recht besteht, ihn zu tö-
ten, da er ja mit dem Getöteten nicht schon
früher verfeindet war. 7 Deshalb mache ich
dir zur Pflicht: Du sollst drei Städten eine
Sonderstellung zuweisen. 8 Und wenn der
Herr, dein Gott, dein Gebiet vergrößert, wie
er es deinen Vätern geschworen hat, und dir
das ganze Land, von dem er gesagt hat, er
werde es deinen Vätern geben, wirklich gibt,
9 weil du auf dieses ganze Gebot, auf das ich
dich heute verpflichte, achtest und es hältst,
indem du den Herrn, deinen Gott, liebst und
dein Leben lang auf seinen Wegen gehst,
dann sollst du diese drei Städte um drei wei-
tere vermehren. 10 So soll verhindert werden,
dass mitten in dem Land, das der Herr, dein
Gott, dir als Erbbesitz gibt, unschuldiges
Blut vergossen wird und Blutschuld über
dich kommt.

1–13: 4,41–43; Ex 21,12–14; Jos 20 • 6: 2 Sam 14,7 • 8: 1,7; 11,24; 12,20; Gen 15,18; Ex 23,31; 34,24; Jos 1,4; 1 Kön 5,1–4 • 9: 11,1 • 10: 19,13; 21,7–9; 22,8; 27,25.

Die Auslieferung eines Mörders aus der Asylstadt: 19,11–13

11 Wenn es sich um einen Mann handelt,
der mit einem andern verfeindet war, wenn
er ihm auflauerte, ihn überfiel und tödlich
traf, sodass er starb, und wenn er in eine die-
ser Städte floh, 12 dann sollen die Ältesten
seiner Stadt ihn von dort holen lassen und in
die Gewalt des Bluträchers geben und er soll
sterben. 13 Du sollst in dir kein Mitleid mit
ihm aufsteigen lassen. Du sollst das Blut des
Unschuldigen aus Israel wegschaffen und es
wird dir gut gehen.

12: 5,23; 21,1–9.19; 22,13–21; 25,5–10 • 13: 7,16; 13,9; 19,21; 25,12; 21,21; 19,10.

Die Grenzverrückung: 19,14

14 An deinem Erbbesitz, der dir in dem
Land zugeteilt werden soll, das der Herr,
dein Gott, dir gibt, damit du es in Besitz
nimmst, sollst du die Grenzmarkierung zu
deinem Nachbarn hin, die die Vorfahren er-
richtet haben, nicht verrücken.

14: 27,17.

Die Zahl der Zeugen: 19,15

15 Wenn es um ein Verbrechen oder ein
Vergehen geht, darf ein einzelner Belas-
tungszeuge nicht Recht bekommen, welches
Vergehen auch immer der Angeklagte be-
gangen hat. Erst auf die Aussage von zwei
oder drei Zeugen darf eine Sache Recht be-
kommen.

15: 17,6; Mt 18,16; Joh 8,17; 2 Kor 13,1; 1 Tim 5,19; Hebr 10,28.

Die falsche Aussage vor Gericht: 19,16–21

16 Wenn jemand vor Gericht geht und als
Zeuge einen andern zu Unrecht der Anstif-
tung zum Aufruhr bezichtigt, 17 wenn die
beiden Parteien mit ihrem Rechtsstreit vor
den Herrn hintreten, vor die Priester und
Richter, die dann amtieren, 18 wenn die Rich-
ter eine genaue Ermittlung anstellen und
sich zeigt: Der Mann ist ein falscher Zeuge,
er hat seinen Bruder fälschlich bezichtigt,
19 dann sollt ihr mit ihm so verfahren, wie er
mit seinem Bruder verfahren wollte. Du
sollst das Böse aus deiner Mitte wegschaffen.
20 Die Übrigen sollen davon hören, damit sie
sich fürchten und nicht noch einmal ein sol-
ches Verbrechen in deiner Mitte begehen.
21 Und du sollst in dir kein Mitleid aufsteigen
lassen: Leben für Leben, Auge für Auge,
Zahn für Zahn, Hand für Hand, Fuß für Fuß.

16–21: 5,20; Ex 23,1 • 17: 17,9; 26,3 • 18: 13,15; 17,4 • 19–20: 21,21 • 19: 1 Kor 5,13; • 21: 19,13; Ex 21,23–25; Mt 5,38.

19,15f Die Funktion des Zeugen und die des Anklägers waren nicht klar geschieden.

19,16 Aufruhr, andere Übersetzungsmöglichkeit: Abfall (vom Herrn). Welches Vergehen hier genau gemeint ist, bleibt unklar.

19,17 Gemeint ist die Anwendung des Gesetzes von 17,8–13 oder die Anrufung eines Gottesentscheids durch den zu Unrecht Angeklagten.

Das Aufgebot des Volksheeres: 20,1–9

20 Wenn du zum Kampf gegen deine Feinde ausziehst und Pferde und Wagen und ein Kriegsvolk erblickst, das zahlreicher ist als du, dann sollst du dich nicht vor ihnen fürchten; denn der Herr, dein Gott, der dich aus Ägypten heraufgeführt hat, ist bei dir. 2 Wenn ihr in den Kampf zieht, soll der Priester vortreten, dem Kriegsvolk eine Ansprache halten 3 und zu ihnen sagen: Höre, Israel! Ihr zieht heute in den Kampf gegen eure Feinde. Verliert nicht den Mut! Fürchtet euch nicht, geratet nicht durcheinander und weicht nicht erschreckt zurück, wenn sie angreifen. 4 Denn der Herr, euer Gott, zieht mit euch, um für euch gegen eure Feinde zu kämpfen und euch zu retten. 5 Dann sollen die Listenführer zum Kriegsvolk sagen: Ist unter euch einer, der ein neues Haus gebaut und noch nicht eingeweiht hat? Er trete weg und kehre zu seinem Haus zurück, damit er nicht im Kampfe fällt und ein anderer es einweiht. 6 Ist unter euch einer, der einen Weinberg angelegt und noch nicht die erste Lese gehalten hat? Er trete weg und kehre nach Hause zurück, damit er nicht im Kampfe fällt und ein anderer die erste Lese hält. 7 Ist unter euch einer, der sich mit einer Frau verlobt und sie noch nicht geheiratet hat? Er trete weg und kehre nach Hause zurück, damit er nicht im Kampfe fällt und ein anderer seine Frau heiratet. 8 Außerdem sollen die Listenführer zum Kriegsvolk sagen: Ist unter euch einer, der sich fürchtet und keinen Mut hat? Er trete weg und kehre nach Hause zurück, damit nicht auch noch seinen Brüdern der Mut genommen wird. 9 Und wenn die Listenführer damit zu Ende sind, dies dem Kriegsvolk zu sagen, sollen sie Truppenführer ernennen und ihnen das Kommando über das Kriegsvolk übertragen.

2–4: 1,29–31; 3,21f; 31,2–6; Ex 14,13f; Jos 23,3–13; Dtn 17,12 • 4: Ex 14,30; Ri 2,18; 6,37; 7,7; 10,12; 1 Sam 7,8; 14,23.39 • 5–9: 16,18; 28,30 • 7: 24,5 • 8: Ri 7,3.

Der Krieg gegen Städte: 20,10–18

10 Wenn du vor eine Stadt ziehst, um sie anzugreifen, dann sollst du ihr zunächst eine friedliche Einigung vorschlagen. 11 Nimmt sie die friedliche Einigung an und öffnet dir die Tore, dann soll die gesamte Bevölkerung, die du dort vorfindest, zum Frondienst verpflichtet und dir untertan sein. 12 Lehnt sie eine friedliche Einigung mit dir ab und will sich mit dir im Kampf messen, dann darfst du sie belagern. 13 Wenn der Herr, dein Gott, sie in deine Gewalt gibt, sollst du alle männlichen Personen mit scharfem Schwert erschlagen. 14 Die Frauen aber, die Kinder und Greise, das Vieh und alles, was sich sonst in der Stadt befindet, alles, was sich darin plündern lässt, darfst du dir als Beute nehmen. Was du bei deinen Feinden geplündert hast, darfst du verzehren; denn der Herr, dein Gott, hat es dir geschenkt. 15 So sollst du mit allen Städten verfahren, die sehr weit von dir entfernt liegen und nicht zu den Städten dieser Völker hier gehören. 16 Aus den Städten dieser Völker jedoch, die der Herr, dein Gott, dir als Erbbesitz gibt, darfst du nichts, was Atem hat, am Leben lassen. 17 Vielmehr sollst du die Hetiter und Amoriter, Kanaaniter und Perisiter, Hiwiter und Jebusiter der Vernichtung weihen, so wie es der Herr, dein Gott, dir zur Pflicht gemacht hat, 18 damit sie euch nicht lehren, alle Gräuel nachzuahmen, die sie begingen, wenn sie ihren Göttern dienten, und ihr nicht gegen den Herrn, euren Gott, sündigt.

16–18: 13,16f • 17–18: 7,1–4 • 18: 18,9

Die Schonung des Baumbestandes: 20,19f

19 Wenn du eine Stadt längere Zeit hindurch belagerst, um sie anzugreifen und zu erobern, dann sollst du ihrem Baumbestand keinen Schaden zufügen, indem du die Axt daran legst. Du darfst von den Bäumen essen, sie aber nicht fällen mit dem Gedanken, die Bäume auf dem Feld seien der Mensch selbst, sodass sie von dir belagert werden müssten. 20 Nur den Bäumen, von denen du weißt, dass sie keine Fruchtbäume sind, darfst du Schaden zufügen. Du darfst sie fällen und daraus Belagerungswerk bauen gegen die Stadt, die gegen dich kämpfen will, bis sie schließlich fällt.

Der Mord durch einen unbekannten Täter: 21,1–9

21 Wenn in dem Land, das der Herr, dein Gott, dir gibt, damit du es in Besitz nimmst, einer auf freiem Feld ermordet aufgefunden wird und man nicht weiß, wer ihn erschlagen hat, 2 dann sollen deine Ältesten und Richter hinausgehen und feststellen,

20,19 die Bäume auf dem Feld seien der Mensch selbst: Von den Bäumen leben die Menschen der Stadt. Wer sie vernichtet, nimmt den Menschen für lange Zeit ihren Lebensunterhalt.

21,1–9 War der Mörder nicht bekannt, dann konnte die Blutrache sich gegen jeden Menschen aus der nächstliegenden Stadt richten. Durch die hier vorgeschriebene rechtlich-rituelle Aktion befreite sich die Stadt von dieser Bedrohung.

wie weit die Städte ringsum von dem Ermordeten entfernt sind. 3 Wenn feststeht, welche Stadt dem Ermordeten am nächsten liegt, sollen die Ältesten dieser Stadt eine junge Kuh aussuchen, die noch nicht zur Arbeit verwendet worden ist, das heißt, die noch nicht unter dem Joch gegangen ist. 4 Die Ältesten dieser Stadt sollen die Kuh in ein ausgetrocknetes Bachtal bringen, wo weder geackert noch gesät wird. Dort sollen sie im Bachbett der Kuh das Genick brechen. 5 Dann sollen die Priester, die Nachkommen Levis, herantreten; denn sie hat der Herr, dein Gott, dazu ausgewählt, vor ihm Dienst zu tun und im Namen des Herrn den Segen zu sprechen. Nach ihrem Spruch soll jeder Rechtsstreit und jeder Fall von Körperverletzung entschieden werden. 6 Alle Ältesten dieser Stadt sollen, weil sie dem Ermordeten am nächsten sind, über der Kuh, der im Bachbett das Genick gebrochen wurde, ihre Hände waschen. 7 Sie sollen feierlich sagen: Unsere Hände haben dieses Blut nicht vergossen und unsere Augen haben nichts gesehen. 8 Deck es zu, zum Schutz deines Volkes Israel, das du freigekauft hast, Herr, und lass kein unschuldig vergossenes Blut in der Mitte deines Volkes Israel bleiben. Dann ist das Blut zu ihrem Schutz zugedeckt. 9 Du wirst das unschuldig vergossene Blut aus deiner Mitte wegschaffen können, wenn du tust, was in den Augen des Herrn richtig ist.

1–9: 5,17; 19,12 • 5: 10,8; 17,8–13; 19,17 • 6–7: Mt 27,24 • 7–9: 19,10 • 9: 21,21.

Die Heirat einer Kriegsgefangenen: 21,10–14

10 Wenn du zum Kampf gegen deine Feinde ausziehst und der Herr, dein Gott, sie alle in deine Gewalt gibt, wenn du dabei Gefangene machst 11 und unter den Gefangenen eine Frau von schöner Gestalt erblickst, wenn sie dein Herz gewinnt und du sie heiraten möchtest, 12 dann sollst du sie in dein Haus bringen und sie soll sich den Kopf scheren, ihre Nägel kürzen 13 und die Gefangenenkleidung ablegen. Sie soll in deinem Haus wohnen und einen Monat lang ihren Vater und ihre Mutter beweinen. Danach darfst du mit ihr Verkehr haben, du darfst ihr Mann werden und sie deine Frau. 14 Wenn sie dir aber nicht mehr gefällt, darfst du sie entlassen, und sie darf tun, was sie will. Auf keinen Fall darfst du sie für Silber verkaufen. Auch darfst du sie nicht als Sklavin kennzeichnen. Denn du hast sie dir gefügig gemacht.

Das Erbrecht des erstgeborenen Sohnes: 21,15–17

15 Wenn ein Mann zwei Frauen hat, eine, die er liebt, und eine, die er nicht liebt, und wenn beide ihm Söhne gebären, die geliebte wie die ungeliebte, und der erstgeborene Sohn von der ungeliebten stammt, 16 dann darf er, wenn er sein Erbe unter seine Söhne verteilt, den Sohn der geliebten Frau nicht als Erstgeborenen behandeln und damit gegen das Recht des wirklichen Erstgeborenen, des Sohnes der ungeliebten Frau, verstoßen. 17 Vielmehr soll er den Erstgeborenen, den Sohn der Ungeliebten, anerkennen, indem er ihm von allem, was er besitzt, den doppelten Anteil gibt. Ihn hat er zuerst gezeugt, er besitzt das Erstgeborenenrecht.

17: Gen 49,3.

Die Verstoßung eines Sohnes: 21,18–21

18 Wenn ein Mann einen störrischen und widerspenstigen Sohn hat, der nicht auf die Stimme seines Vaters und seiner Mutter hört, und wenn sie ihn züchtigen und er trotzdem nicht auf sie hört, 19 dann sollen Vater und Mutter ihn packen, vor die Ältesten der Stadt und die Torversammlung des Ortes führen 20 und zu den Ältesten der Stadt sagen: Unser Sohn hier ist störrisch und widerspenstig, er hört nicht auf unsere Stimme, er ist ein Verschwender und Trinker. 21 Dann sollen alle Männer der Stadt ihn steinigen und er soll sterben. Du sollst das Böse aus deiner Mitte wegschaffen. Ganz Israel soll davon hören, damit sie sich fürchten.

18–21: 5,16; Ex 21,15.17 • 19: 19,12 • 21: 13,6.12; 17,7.12; 19,13.19; 21,9; 22,21f; 24,7; Ri 20,13.

Die Bestattung von Hingerichteten: 21,22f

22 Wenn jemand ein Verbrechen begangen hat, auf das die Todesstrafe steht, wenn er hingerichtet wird und du den Toten an einen

---

21,12f Haarescheren, Nägelschneiden und Neueinkleidung sind wahrscheinlich Symbolhandlungen, die besagen, hier beginne ein neues Leben. Der Sinn der Trauer ist die seelische Loslösung von der Vergangenheit.

21,17 den doppelten Anteil, andere Übersetzungsmöglichkeit: zwei Drittel.

21,18–21 Das Gesetz begrenzt die in der patriarchalischen Gesellschaft unbegrenzte väterliche Gewalt auf doppelte Weise: Die Verstoßung eines Sohnes muss über ein öffentliches Gerichtsverfahren laufen und neben dem Vater muss auch die Mutter tätig werden.

Pfahl hängst, [23] dann soll die Leiche nicht über Nacht am Pfahl hängen bleiben, sondern du sollst ihn noch am gleichen Tag begraben; denn ein Gehenkter ist ein von Gott Verfluchter. Du sollst das Land nicht unrein werden lassen, das der Herr, dein Gott, dir als Erbbesitz gibt.

22–23: Jos 8,29; Mt 27,57f; Joh 19,31 • 22: Apg 10,39 • 23: Gal 3,13.

Gefundenes Gut: 22,1–3

22 Du sollst nicht untätig zusehen, wie ein Stier oder ein Lamm deines Bruders sich verläuft. Du sollst dann nicht so tun, als gingen sie dich nichts an, sondern sie deinem Bruder zurückbringen. [2] Wenn dein Bruder nicht in der Nähe wohnt oder wenn du ihn nicht kennst, sollst du das Tier in deinen Stall tun und es soll dir zur Verfügung stehen, bis dein Bruder es sucht und du es ihm zurückgeben kannst. [3] Ebenso sollst du es mit einem Esel halten, ebenso mit einem Gewand, ebenso mit allem anderen, was dein Bruder verloren hat: was er verloren hat und was du findest. Du kannst gar nicht so tun, als ginge dich das nichts an.

1–3: Ex 23,4.

Die nachbarschaftliche Hilfe: 22,4

[4] Du sollst nicht untätig zusehen, wie ein Esel oder ein Ochse deines Bruders auf dem Weg zusammenbricht. Du sollst dann nicht so tun, als gingen sie dich nichts an, sondern ihm helfen, sie wieder aufzurichten.

4: Ex 23,5.

Kleidung und Geschlecht: 22,5

[5] Eine Frau soll nicht die Ausrüstung eines Mannes tragen und ein Mann soll kein Frauenkleid anziehen; denn jeder, der das tut, ist dem Herrn, deinem Gott, ein Gräuel.

Die Aushebung von Vogelnestern: 22,6f

[6] Wenn du unterwegs auf einem Baum oder auf der Erde zufällig ein Vogelnest mit Jungen oder mit Eiern darin findest und die Mutter auf den Jungen oder auf den Eiern sitzt, sollst du die Mutter nicht zusammen mit den Jungen herausnehmen. [7] Sondern du sollst die Mutter fliegen lassen und nur die Jungen nehmen, damit es dir gut geht und du lange lebst.

7: 5,16.

Schutzgeländer an Dachterrassen: 22,8

[8] Wenn du ein neues Haus baust, sollst du um die Dachterrasse eine Brüstung ziehen. Du sollst nicht dadurch, dass jemand herunterfällt, Blutschuld auf dein Haus legen.

8: 19,10.

Das Verbot von Vermischung: 22,9–11

[9] Du sollst in deinem Weinberg keine anderen Pflanzen anbauen, sonst verfällt das Ganze dem Heiligtum, sowohl was du zusätzlich angebaut hast als auch was der Weinberg trägt. [10] Du sollst nicht Ochse und Esel zusammen vor den Pflug spannen. [11] Du sollst für deine Kleidung kein Mischgewebe aus Wolle und Flachs verwenden.

Die Quasten: 22,12

[12] Du sollst an den vier Zipfeln des Überwurfs, den du trägst, Quasten anbringen.

12: Mt 23,5.

Die Beschuldigung der Ehefrau wegen vorehelichen Verkehrs: 22,13–21

[13] Wenn ein Mann eine Frau geheiratet und mit ihr Verkehr gehabt hat, sie aber später nicht mehr liebt [14] und ihr Anrüchiges vorwirft, sie in Verruf bringt und behauptet: Diese Frau habe ich geheiratet, aber als ich mich ihr näherte, entdeckte ich, dass sie nicht mehr unberührt war!, [15] wenn Vater und Mutter des Mädchens dann das Beweisstück ihrer Unberührtheit holen und zu den Ältesten der Stadt ans Tor bringen [16] und der Vater des Mädchens den Ältesten erklärt: Ich habe diesem Mann meine Tochter zur Frau gegeben, aber er liebt sie nicht mehr, [17] ja er wirft ihr jetzt Anrüchiges vor, indem er sagt: Ich habe entdeckt, dass deine Tochter nicht mehr unberührt war!; aber hier ist das Beweisstück für die Unberührtheit meiner Tochter!, und wenn sie das Gewand (aus der Hochzeitsnacht) vor den Ältesten der Stadt

22,5 Kleidertausch spielte in kanaanäischen Kulten eine Rolle.
22,15 das Beweisstück ihrer Unberührtheit, wörtlich: ihre Unberührtheit. Es gehörte wohl zu den Hochzeitsbräuchen, dass nach dem ersten Verkehr den Eltern das letzte vorhochzeitliche Gewand ihrer Tochter, das als Betttuch gedient hatte und nun Blutspuren aufwies, überreicht wurde. Es konnte deshalb in einem Prozess als Beweisstück dafür dienen, dass die Frau unberührt in die Ehe gekommen war.

ausbreiten, 18 dann sollen die Ältesten dieser Stadt den Mann packen und züchtigen lassen. 19 Sie sollen ihm eine Geldbuße von hundert Silberschekel auferlegen und sie dem Vater des Mädchens übergeben, weil der Mann eine unberührte Israelitin in Verruf gebracht hat. Sie soll seine Frau bleiben. Er darf sie niemals entlassen. 20 Wenn der Vorwurf aber zutrifft, wenn sich keine Beweisstücke für die Unberührtheit des Mädchens beibringen lassen, 21 soll man das Mädchen hinausführen und vor die Tür ihres Vaterhauses bringen. Dann sollen die Männer ihrer Stadt sie steinigen und sie soll sterben; denn sie hat eine Schandtat in Israel begangen, indem sie in ihrem Vaterhaus Unzucht trieb. Du sollst das Böse aus deiner Mitte wegschaffen.

13–29: 5,18.21 • 13–21: 19,12 • 21: 21,21; Gen 34,7; Jos 7,15; Ri 20,6.10; 2 Sam 13,12; 1 Kor 5,13.

Der Ehebruch mit einer verheirateten Frau: 22,22

22 Wenn ein Mann dabei ertappt wird, wie er bei einer verheirateten Frau liegt, dann sollen beide sterben, der Mann, der bei der Frau gelegen hat, und die Frau. Du sollst das Böse aus Israel wegschaffen.

22: 21,21; Joh 8,5.

Der Beischlaf mit der Verlobten eines anderen: 22,23–27

23 Wenn ein unberührtes Mädchen mit einem Mann verlobt ist und ein anderer Mann ihr in der Stadt begegnet und sich mit ihr hinlegt, 24 dann sollt ihr beide zum Tor dieser Stadt führen. Ihr sollt sie steinigen und sie sollen sterben, das Mädchen, weil es in der Stadt nicht um Hilfe geschrien hat, und der Mann, weil er sich die Frau eines andern gefügig gemacht hat. Du sollst das Böse aus deiner Mitte wegschaffen. 25 Wenn der Mann dem verlobten Mädchen aber auf freiem Feld begegnet, sie fest hält und sich mit ihr hinlegt, dann soll nur der Mann sterben, der bei ihr gelegen hat, 26 dem Mädchen aber sollst du nichts tun. Bei dem Mädchen handelt es sich nicht um ein Verbrechen, auf das der Tod steht; denn dieser Fall ist so zu beurteilen, wie wenn ein Mann einen andern überfällt und ihn tötet. 27 Auf freiem Feld ist er ihr begegnet, das verlobte Mädchen mag um Hilfe geschrien haben, aber es ist kein Helfer da gewesen.

24: 1 Kor 5,13.

Der Beischlaf mit einer noch nicht Verlobten: 22,28f

28 Wenn ein Mann einem unberührten Mädchen, das noch nicht verlobt ist, begegnet, sie packt und sich mit ihr hinlegt und sie ertappt werden, 29 soll der Mann, der bei ihr gelegen hat, dem Vater des Mädchens fünfzig Silberschekel zahlen und sie soll seine Frau werden, weil er sie sich gefügig gemacht hat. Er darf sie niemals entlassen.

28–29: Ex 22,15f.

Die Blutschande: 23,1

23 Ein Mann darf eine Frau seines Vaters nicht heiraten; denn er darf das Bett seines Vaters nicht aufdecken.

1: 27,20; 1 Kor 5,1.

Die Aufnahme in die Versammlung des Herrn: 23,2–9

2 In die Versammlung des Herrn darf keiner aufgenommen werden, dessen Hoden zerquetscht sind oder dessen Glied verstümmelt ist. 3 In die Versammlung des Herrn darf kein Bastard aufgenommen werden; auch in der zehnten Generation dürfen seine Nachkommen nicht in die Versammlung des Herrn aufgenommen werden. 4 In die Versammlung des Herrn darf kein Ammoniter oder Moabiter aufgenommen werden, auch nicht in der zehnten Generation. Niemals dürfen ihre Nachkommen in die Versammlung des Herrn aufgenommen werden; 5 denn sie sind euch nicht mit Brot und Wasser auf dem Weg entgegengegangen, als ihr aus Ägypten zogt, und Moab hat Bileam, den Sohn Beors, aus Petor in Mesopotamien gedungen und gegen dich ausgesandt, damit er dich verfluchte – 6 doch der Herr, dein Gott, hat sich geweigert, Bileam zu erhören, und der Herr, dein Gott, hat für dich den Fluch in Segen verwandelt; denn der Herr, dein Gott, liebt dich. 7 Du sollst dich nie und nimmer um einen Friedens- und Freundschaftsvertrag mit ihnen bemühen. 8 Der Edomiter dagegen soll dir kein Gräuel sein; denn er ist

---

22,23 Durch die »Verlobung« erwarb der Bräutigam das Anrecht auf die Frau.

23,1 Manche Bibelausgaben zählen diesen Vers als 22,30; entsprechend ändern sich die Verszahlen von Kap. 23.

23,3 Bastard: in H ein Wort mit umstrittener Bedeutung.

dein Bruder. Der Ägypter soll dir kein Gräuel
sein; denn du hast als Fremder in seinem
Land gewohnt. 9 In der dritten Generation
dürfen ihre leiblichen Nachkommen in die
Versammlung des Herrn aufgenommen wer-
den.

3: Sach 9,6 • 5–6: Num 22–24.

Die Reinheit des Heerlagers: 23,10–15

10 Wenn du ins Feld ziehst und gegenüber
deinen Feinden das Lager aufschlägst, sollst
du dich vor jeder Unsauberkeit hüten.
11 Wenn jemand unter dir ist, der nicht mehr
rein ist, weil nachts etwas geschah, soll er in
das Vorgelände des Lagers gehen und das
Lager nicht betreten. 12 Wenn der Abend
kommt, soll er sich mit Wasser waschen, und
wenn die Sonne untergeht, darf er in das La-
ger zurückkehren. 13 Du sollst im Vorgelände
des Lagers eine Ecke haben, wo du austreten
kannst. 14 In deinem Gepäck sollst du eine
Schaufel haben, und wenn du dich draußen
hinhocken willst, dann grab damit ein Loch
und nachher deck deine Notdurft wieder zu!
15 Denn der Herr, dein Gott, hält sich in der
Mitte deines Lagers auf, um dich der Gefahr
zu entreißen und dir deine Feinde auszulie-
fern. Dein Lager soll heilig sein, damit er bei
dir nichts Anstößiges sieht und sich nicht
von dir abwendet.

Das Verbot der Auslieferung von Flüchtlingen: 23,16f

16 Du sollst einen fremden Untertan, der
vor seinem Herrn bei dir Schutz sucht, sei-
nem Herrn nicht ausliefern. 17 Bei dir soll er
wohnen dürfen, in deiner Mitte, in einem
Ort, den er sich in einem deiner Stadtberei-
che auswählt, wo es ihm gefällt. Du sollst ihn
nicht ausbeuten.

Das Verbot sakraler Prostitution: 23,18f

18 Unter den Frauen Israels soll es keine
sakrale Prostitution geben, und unter den
Männern Israels soll es keine sakrale Prosti-
tution geben. 19 Du sollst weder Dirnenlohn
noch Hundegeld in den Tempel des Herrn,
deines Gottes, bringen. Kein Gelübde kann
dazu verpflichten; denn auch diese beiden
Dinge sind dem Herrn, deinem Gott, ein
Gräuel.

18–19: 1 Kön 14,24; 15,12; 22,47; 2 Kön 23,7.

Zinsen: 23,20f

20 Du darfst von deinem Bruder keine Zin-
sen nehmen: weder Zinsen für Geld noch
Zinsen für Getreide noch Zinsen für sonst et-
was, wofür man Zinsen nimmt. 21 Von einem
Ausländer darfst du Zinsen nehmen, von
deinem Bruder darfst du keine Zinsen neh-
men, damit der Herr, dein Gott, dich segnet
in allem, was deine Hände schaffen, in dem
Land, in das du hineinziehst, um es in Besitz
zu nehmen.

20–21: 15,3; Ex 22,24.

Gelübde: 23,22–24

22 Wenn du vor dem Herrn, deinem Gott,
ein Gelübde machst, sollst du nicht zögern,
es zu erfüllen; sonst wird es der Herr, dein
Gott, von dir einfordern und die Strafe für
diese Sünde wird über dich kommen.
23 Wenn du davon absiehst, Gelübde zu ma-
chen, wird auch die Strafe für diese Sünde
nicht über dich kommen. 24 Was deinem
Mund entfahren ist, darauf sollst du auch
achten und du sollst es halten, da du dem
Herrn, deinem Gott, ja aus freien Stücken
gelobt hast, was dein Mund genannt hat.

22: Mt 5,33.

Früchte am Weg: 23,25f

25 Wenn du in den Weinberg eines andern
kommst, darfst du so viel Trauben essen, wie
du magst, bis du satt bist, nur darfst du
nichts in ein Gefäß tun. 26 Wenn du durch das
Kornfeld eines andern kommst, darfst du mit
der Hand Ähren abreißen, aber die Sichel
darfst du auf dem Kornfeld eines andern
nicht schwingen.

26: Mt 12,1; Mk 2,23; Lk 6,1.

Die Wiederaufnahme einer geschiedenen Ehefrau: 24,1–4

24 Wenn ein Mann eine Frau geheiratet
hat und ihr Ehemann geworden ist,
sie ihm dann aber nicht gefällt, weil er an ihr
etwas Anstößiges entdeckt, wenn er ihr dann
eine Scheidungsurkunde ausstellt, sie ihr

23,16 einen fremden Untertan, andere Übersetzungsmöglichkeit: einen Sklaven (aus dem Ausland).
23,19 Hundegeld: die Bezahlung bei männlicher Prostitution.
23,20f Zumindest innerhalb Israels spielten Darlehen keine Rolle, außer wenn eine Familie in Not geraten war. Das vorausgesetzt, ist ein Darlehen Pflicht der Nächstenliebe und Zins – der damals sehr hoch war – würde seine Natur verkehren.
24,1 Anstößiges: Was genau gemeint ist, wird nicht deutlich. Vielleicht liegt gar keine Einschränkung des Falles auf einen ganz bestimmten Scheidungsgrund vor. Die Ehescheidung wird jedenfalls als selbstverständlich vorausgesetzt.

übergibt und sie aus seinem Haus fortschickt, 2 wenn sie sein Haus dann verlässt, hingeht und die Frau eines anderen Mannes wird, 3 wenn auch der andere Mann sie nicht mehr liebt, ihr eine Scheidungsurkunde ausstellt, sie ihr übergibt und sie aus seinem Haus fortschickt, oder wenn der andere Mann, der sie geheiratet hat, stirbt, 4 dann darf sie ihr erster Mann, der sie fortgeschickt hat, nicht wieder heiraten, sodass sie wieder seine Frau würde, nachdem sie für ihn unberührbar geworden ist. Das wäre dem Herrn ein Gräuel. Du sollst das Land, das der Herr, dein Gott, dir als Erbbesitz gibt, nicht der Sünde verfallen lassen.

1: Mt 5,31; 19,7; Mk 10,4.

Die Befreiung Neuvermählter vom Kriegsdienst: 24,5

5 Wenn ein Mann neu vermählt ist, muss er nicht mit dem Heer ausrücken. Man soll auch keine andere Leistung von ihm verlangen. Ein Jahr lang darf er frei von Verpflichtungen zu Hause bleiben und die Frau, die er geheiratet hat, erfreuen.

5: 20,7.

Verbotenes Pfandgut: 24,6

6 Man darf nicht die Handmühle oder den oberen Mühlstein als Pfand nehmen; denn dann nimmt man das Leben selbst als Pfand.

Der Menschenraub: 24,7

7 Wenn ein Mann dabei ertappt wird, wie er einen seiner Brüder, einen Israeliten, entführt, ihn als Sklaven kennzeichnet und verkauft, dann soll dieser Entführer sterben. Du sollst das Böse aus deiner Mitte wegschaffen.

7: 19,19; 21,21; Ex 21,16; 1 Kor 5,13.

Der Aussatz: 24,8f

8 Nimm dich in Acht, wenn Aussatz als Seuche auftritt. Achte genau auf alles, wozu euch die levitischen Priester anweisen, und haltet es! So wie ich es ihnen aufgetragen habe, sollt ihr darauf achten und es halten. 9 Denkt an das, was der Herr, dein Gott, als ihr aus Ägypten zogt, unterwegs mit Mirjam getan hat.

8: 10,8 • 9: Num 12.

Die Pfandeinbringung und Pfandbehandlung: 24,10–13

10 Wenn du einem andern irgendein Darlehen gibst, sollst du, um das Pfand zu holen, nicht sein Haus betreten. 11 Du sollst draußen stehen bleiben und der Mann, dem du das Darlehen gibst, soll dir ein Pfand nach draußen bringen. 12 Wenn er in Not ist, sollst du sein Pfand nicht über Nacht behalten. 13 Bei Sonnenuntergang sollst du ihm sein Pfand zurückgeben. Dann kann er in seinem Mantel schlafen, er wird dich segnen und du wirst vor dem Herrn, deinem Gott, im Recht sein.

12–13: Ex 22,25f.

Die Lohnauszahlung an den Tagelöhner: 24,14f

14 Du sollst den Lohn eines Notleidenden und Armen unter deinen Brüdern oder unter den Fremden, die in deinem Land innerhalb deiner Stadtbereiche wohnen, nicht zurückhalten. 15 An dem Tag, an dem er arbeitet, sollst du ihm auch seinen Lohn geben. Die Sonne soll darüber nicht untergehen; denn er ist in Not und lechzt danach. Dann wird er nicht den Herrn gegen dich anrufen und es wird keine Strafe für eine Sünde über dich kommen.

14–15: Mt 20,8; Mk 10,19; Jak 5,4; Mal 3,5.

Das Verbot der Sippenhaft: 24,16

16 Väter sollen nicht für ihre Söhne und Söhne nicht für ihre Väter mit dem Tod bestraft werden. Jeder soll nur für sein eigenes Verbrechen mit dem Tod bestraft werden.

16: 7,10; 2 Kön 14,6; Ez 18.

Die sozial Schwachen: 24,17f

17 Du sollst das Recht von Fremden, die Waisen sind, nicht beugen; du sollst das Kleid einer Witwe nicht als Pfand nehmen. 18 Denk daran: Als du in Ägypten Sklave warst, hat dich der Herr, dein Gott, dort freigekauft. Darum mache ich es dir zur Pflicht, diese Bestimmung einzuhalten.

17–18: Ex 22,20–23; 23,9 • 17: 27,19; • 18: 5,15.

Die vergessene Garbe: 24,19

19 Wenn du dein Feld aberntest und eine Garbe auf dem Feld vergisst, sollst du nicht

24,7 Möglicherweise ist hier der ursprüngliche Sinn des siebten Gebots zu greifen. »Entführen« in diesem Gesetz und »stehlen« in 5,19 geben dasselbe hebräische Wort wieder.

24,14 Andere Lesart: Du sollst einen Not leidenden und armen Taglöhner unter deinen Brüdern oder unter den Fremden, die in deinem Land innerhalb deiner Stadtbereiche wohnen, nicht ausbeuten.

umkehren, um sie zu holen. Sie soll den
Fremden, Waisen und Witwen gehören, da-
mit der Herr, dein Gott, dich bei jeder Arbeit
deiner Hände segnet.

19: 28,12.

Die Nachlese: 24,20–22

20 Wenn du einen Ölbaum abgeklopft hast,
sollst du nicht auch noch die Zweige absu-
chen. Was noch hängt, soll den Fremden,
Waisen und Witwen gehören. 21 Wenn du in
deinem Weinberg die Trauben geerntet hast,
sollst du keine Nachlese halten. Sie soll den
Fremden, Waisen und Witwen gehören.
22 Denk daran: Du bist in Ägypten Sklave ge-
wesen. Darum mache ich es dir zur Pflicht,
diese Bestimmung einzuhalten.

22: 5,15.

Die Prügelstrafe: 25,1–3

25 Wenn zwei Männer eine Auseinan-
dersetzung haben, vor Gericht gehen
und man zwischen ihnen die Entscheidung
fällt, indem man dem Recht gibt, der im
Recht ist, und den schuldig spricht, der
schuldig ist, 2 dann soll der Richter, falls der
Schuldige zu einer Prügelstrafe verurteilt
wurde, anordnen, dass er sich hinlegt und in
seiner Gegenwart eine bestimmte Anzahl
von Schlägen erhält, wie es seiner Schuld
entspricht. 3 Vierzig Schläge darf er ihm ge-
ben lassen, mehr nicht. Sonst könnte dein
Bruder, wenn man ihm darüber hinaus noch
viele Schläge gibt, in deinen Augen entehrt
werden.

3: 2 Kor 11,24.

Der Ochse beim Dreschen: 25,4

4 Du sollst dem Ochsen zum Dreschen kei-
nen Maulkorb anlegen.

4: 1 Kor 9,9; 1 Tim 5,18.

Die Schwagerehe: 25,5–10

5 Wenn zwei Brüder zusammen wohnen
und der eine von ihnen stirbt und keinen
Sohn hat, soll die Frau des Verstorbenen
nicht die Frau eines fremden Mannes außer-
halb der Familie werden. Ihr Schwager soll
sich ihrer annehmen, sie heiraten und die
Schwagerehe mit ihr vollziehen. 6 Der erste
Sohn, den sie gebiert, soll den Namen des
verstorbenen Bruders weiterführen. So soll
dessen Name in Israel nicht erlöschen.
7 Wenn der Mann aber seine Schwägerin
nicht heiraten will und seine Schwägerin zu
den Ältesten ans Tor hinaufgeht und sagt:
Mein Schwager will dem Namen seines Bru-
ders in Israel keinen Bestand sichern und hat
es deshalb abgelehnt, mit mir die Schwager-
ehe einzugehen!, 8 wenn die Ältesten seiner
Stadt ihn dann vorladen und zur Rede stel-
len, er aber bei seiner Haltung bleibt und er-
klärt: Ich will sie nicht heiraten!, 9 dann soll
seine Schwägerin vor den Augen der Ältes-
ten zu ihm hintreten, ihm den Schuh vom
Fuß ziehen, ihm ins Gesicht spucken und
ausrufen: So behandelt man einen, der sei-
nem Bruder das Haus nicht baut. 10 Ihm soll
man in Israel den Namen geben: Barfüßer-
haus.

5–10: 19,12 • 5–6: Mt 22,24; Mk 12,19; Lk 20,28.

Übergriff beim Streit: 25,11f

11 Wenn zwei Männer, ein Mann und sein
Bruder, miteinander raufen und die Frau des
einen hinzukommt, um ihren Mann aus der
Gewalt des andern, der auf ihn einschlägt, zu
befreien, und wenn sie die Hand ausstreckt
und dessen Schamteile ergreift, 12 dann sollst
du ihr die Hand abhacken. Du sollst in dir
kein Mitleid aufsteigen lassen.

12: 19,13.

Falsches Gewicht und Maß: 25,13–16

13 Du sollst in deinem Beutel nicht zwei
verschiedene Gewichte haben, ein größeres
und ein kleineres. 14 Du sollst in deinem
Haus nicht zwei verschiedene Efa haben, ein
größeres und ein kleineres. 15 Volle und rich-
tige Gewichte sollst du haben, volle und
richtige Hohlmaße sollst du haben, damit du
lange in dem Land lebst, das der Herr, dein
Gott, dir gibt. 16 Denn alle, die so etwas tun,
alle Betrüger, sind dem Herrn ein Gräuel.

Die Vergeltung an den Amalekitern:
25,17–19

17 Denk daran, was Amalek dir unterwegs
angetan hat, als ihr aus Ägypten zogt: 18 wie

25,5–10: Die Schwagerehe war üblich, doch konnte man sie verweigern. Das hatte jedoch Rechtsfolgen, die in den Symbolhandlungen von VV. 9f deutlich werden. Beim Verkauf eines Grundstücks zog man den Schuh aus und gab ihn dem Käufer (vgl. Rut 4,7). Wenn die Frau ihrem Schwager den Schuh auszieht, entzieht sie ihm den Erbbesitz ihres verstorbenen Mannes, der sonst an ihn fiele. Als Frau, der die Schwagerehe verweigert wurde, ist sie öffentlich entehrt. Durch Anspeien gibt sie die Ehrlosigkeit an den Schuldigen weiter.

er unterwegs auf dich stieß und, als du müde
und matt warst, ohne jede Gottesfurcht alle
erschöpften Nachzügler von hinten nieder-
machte. 19 Wenn der Herr, dein Gott, dir von
allen deinen Feinden ringsum Ruhe ver-
schafft hat in dem Land, das der Herr, dein
Gott, dir als Erbbesitz gibt, damit du es in
Besitz nimmst, dann lösche die Erinnerung
an Amalek unter dem Himmel aus! Du sollst
nicht vergessen.

17–19: Ex 17,14; 1 Sam 15 • 19: 12,10.

Die Darbringung der Erstlingsfrüchte: 26,1–11

26 Wenn du in das Land, das der Herr,
dein Gott, dir als Erbbesitz gibt, hi-
neinziehst, es in Besitz nimmst und darin
wohnst, 2 dann sollst du von den ersten Er-
trägen aller Feldfrüchte, die du in dem Land,
das der Herr, dein Gott, dir gibt, eingebracht
hast, etwas nehmen und in einen Korb legen.
Dann sollst du zu der Stätte ziehen, die der
Herr, dein Gott, auswählt, indem er dort sei-
nen Namen wohnen lässt. 3 Du sollst vor den
Priester treten, der dann amtiert, und sollst
zu ihm sagen: Heute bestätige ich vor dem
Herrn, deinem Gott, dass ich in das Land ge-
kommen bin, von dem ich weiß: Er hat unse-
ren Vätern geschworen, es uns zu geben.
4 Dann soll der Priester den Korb aus deiner
Hand entgegennehmen und ihn vor den Altar
des Herrn, deines Gottes, stellen. 5 Du aber
sollst vor dem Herrn, deinem Gott, folgendes
Bekenntnis ablegen:
Mein Vater war ein heimatloser Aramäer.
Er zog nach Ägypten, lebte dort als Fremder
mit wenigen Leuten und wurde dort zu ei-
nem großen, mächtigen und zahlreichen
Volk. 6 Die Ägypter behandelten uns
schlecht, machten uns rechtlos und legten
uns harte Fronarbeit auf. 7 Wir schrien zum
Herrn, dem Gott unserer Väter, und der Herr
hörte unser Schreien und sah unsere Recht-
losigkeit, unsere Arbeitslast und unsere Be-
drängnis. 8 Der Herr führte uns mit starker
Hand und hoch erhobenem Arm, unter gro-
ßem Schrecken, unter Zeichen und Wundern
aus Ägypten, 9 er brachte uns an diese Stätte
und gab uns dieses Land, ein Land, in dem
Milch und Honig fließen. 10 Und siehe, nun
bringe ich hier die ersten Erträge von den
Früchten des Landes, das du mir gegeben
hast, Herr.
Wenn du den Korb vor den Herrn, deinen
Gott, gestellt hast, sollst du dich vor dem
Herrn, deinem Gott, niederwerfen. 11 Dann
sollst du fröhlich sein und dich freuen über
alles Gute, das der Herr, dein Gott, dir und
deiner Familie gegeben hat: du, die Leviten
und die Fremden in deiner Mitte.

1–11: 14,22–27; 18,4; Ex 23,19; 34,26 • 2: 12,10f • 3: 17,9; 19,17 • 5–8: Num 20,15f • 5: Gen 12,10; 18,18; 46,3; 47,4 • 6–9: 6,21–23 • 6: Ex 1,11f; 5,9.23 • 7: Ex 3,7.9 • 8: Ex 3,19; 4,8f.21; 8,19; 15,11.16 • 9: 6,3; Ex 3,8; 23,20 • 11: 16,14.

Das Gebet nach der Ablieferung des Zehnten für die Armen: 26,12–15

12 Wenn du im dritten Jahr, dem Zehnt-
jahr, alle Zehntanteile von deiner Ernte voll-
ständig ausgesondert und für die Leviten,
Fremden, Waisen und Witwen abgeliefert
hast und sie davon in deinen Stadtbereichen
essen und satt werden, 13 dann sollst du vor
dem Herrn, deinem Gott, sagen:
Ich habe alle heiligen Abgaben aus mei-
nem Haus geschafft. Ich habe sie für die Le-
viten und die Fremden, für die Waisen und
die Witwen gegeben, genau nach deinem Ge-
bot, auf das du mich verpflichtet hast. Ich
habe dein Gebot nicht übertreten und habe
es nicht vergessen. 14 Ich habe in der Trauer-
zeit nicht davon gegessen. Ich habe nichts
davon weggeschafft, als ich unrein war. Ich
habe nichts davon einem Toten gespendet.
Ich habe auf die Stimme des Herrn, meines
Gottes, gehört. Ich habe alles so gehalten,
wie du es mir zur Pflicht gemacht hast.
15 Blick von deiner heiligen Wohnung, vom
Himmel, herab, und segne dein Volk Israel
und das Land, das du uns gegeben hast, wie
du es unseren Vätern geschworen hattest,
das Land, wo Milch und Honig fließen.

12: 14,28f • 15: 28,8.

Der Grund, das Gesetz zu halten: der Bund: 26,16–19

16 Heute, an diesem Tag, verpflichtet dich
der Herr, dein Gott, diese Gesetze und die
Rechtsvorschriften zu halten. Du sollst auf
sie achten und sie halten mit ganzem Herzen
und mit ganzer Seele.
17 Heute hast du der Erklärung des Herrn
zugestimmt. Er hat dir erklärt: Er will dein

26,17–19 Diese in H sehr kompakten, die Gesetzessammlung abschließenden Sätze interpretieren das Gesetz als »Bund« zwischen Gott und Israel. Entsprechend der Struktur von Verträgen der damaligen Welt nennt jede der beiden Parteien sowohl ihre eigenen Verpflichtungen als auch die der Gegenseite. Hinter den Formulierungen für die Verpflichtung Gottes steht die Bundesformel: Ihr seid mein Volk und ich bin euer Gott (vgl. 29,12).

Gott werden und du sollst auf seinen Wegen
gehen, auf seine Gesetze, Gebote und
Rechtsvorschriften achten und auf seine
Stimme hören.
18 Und der Herr hat heute deiner Erklä-
rung zugestimmt. Du hast ihm erklärt: Du
möchtest das Volk werden, das ihm persön-
lich gehört, wie er es dir zugesagt hat. Du
willst auf alle seine Gebote achten; 19 er soll
dich über alle Völker, die er geschaffen hat,
erheben – zum Lob, zum Ruhm, zur Zierde –;
und du möchtest ein Volk werden, das ihm,
dem Herrn, deinem Gott, heilig ist, wie er es
zugesagt hat.

16: 5,1 • 17–19: 29,12; 2 Sam 7,24 • 18–19: 7,6 • 19: 28,1.9.

Einschub: Aufträge für die Zeit nach dem Jordanübergang: 27,1–26

27 Mose und die Ältesten Israels befah-
len dem Volk: Achtet auf das ganze
Gebot, auf das ich euch heute verpflichte.
2 An dem Tag, wenn ihr über den Jordan
zieht in das Land, das der Herr, dein Gott,
dir gibt, sollst du große Steine aufrichten, sie
mit Kalk bestreichen 3 und alle Worte dieser
Weisung darauf schreiben, wenn du hinü-
berziehst, um in das Land, das der Herr, dein
Gott, dir gibt, das Land, wo Milch und Honig
fließen, hineinzuziehen, wie der Herr, der
Gott deiner Väter, es dir zugesagt hat.
4 Wenn ihr über den Jordan zieht, sollt ihr
diese Steine, die zu errichten ich euch heute
befehle, auf dem Berg Garizim aufrichten.
Mit Kalk sollst du sie bestreichen. 5 Dort
sollst du dem Herrn, deinem Gott, einen
Altar bauen, einen Altar aus Steinen. Du
darfst nicht mit Eisenwerkzeug daran ar-
beiten. 6 Aus unbehauenen Steinen sollst du
den Altar des Herrn, deines Gottes, bauen
und auf ihm sollst du Brandopfertiere für
den Herrn, deinen Gott, verbrennen. 7 Dort
sollst du Heilsopfertiere schlachten und ver-
zehren und vor dem Herrn, deinem Gott,
fröhlich sein. 8 Und auf die Steine sollst du in
schöner Schrift alle Worte dieser Weisung
schreiben.
9 Mose und die levitischen Priester sagten
zu ganz Israel: Sei still und höre, Israel: Heu-
te, an diesem Tag, bist du das Volk des Herrn,
deines Gottes, geworden. 10 Du sollst auf die
Stimme des Herrn, deines Gottes, hören und
seine Gebote und Gesetze halten, auf die ich
dich heute verpflichte.
11 Am gleichen Tag befahl Mose dem Volk:
12 Folgende Stämme sollen sich auf dem Berg
Garizim aufstellen, um das Volk zu segnen,
wenn ihr den Jordan überschritten habt: Si-
meon, Levi, Juda, Issachar, Josef und Benja-
min. 13 Folgende Stämme sollen sich am Berg
Ebal aufstellen, um den Fluch zu sprechen:
Ruben, Gad, Ascher, Sebulon, Dan und Naf-
tali. 14 Die Leviten sollen über alle Männer
Israels mit lauter Stimme ausrufen: 15 Ver-
flucht ist der Mann, der ein Gottesbildnis,
das dem Herrn ein Gräuel ist, ein Künstler-
machwerk, schnitzt oder gießt und es heim-
lich aufstellt. Und das ganze Volk soll ausru-
fen: Amen. 16 Verflucht, wer Vater oder Mut-
ter schmäht. Und das ganze Volk soll rufen:
Amen. 17 Verflucht, wer den Grenzstein sei-
nes Nachbarn verrückt. Und das ganze Volk
soll rufen: Amen. 18 Verflucht, wer einem
Blinden den falschen Weg weist. Und das
ganze Volk soll rufen: Amen. 19 Verflucht,
wer das Recht der Fremden, die Waisen sind,
und das der Witwen beugt. Und das ganze
Volk soll rufen: Amen. 20 Verflucht, wer sich
mit der Frau seines Vaters hinlegt, denn er
deckt das Bett seines Vaters auf. Und das
ganze Volk soll rufen: Amen. 21 Verflucht,
wer sich mit irgendeinem Tier hinlegt. Und
das ganze Volk soll rufen: Amen. 22 Ver-
flucht, wer sich mit seiner Schwester hinlegt,
mit der Tochter seines Vaters oder mit der
Tochter seiner Mutter. Und das ganze Volk
soll rufen: Amen. 23 Verflucht, wer sich mit
seiner Schwiegermutter hinlegt. Und das
ganze Volk soll rufen: Amen. 24 Verflucht,
wer einen andern heimlich erschlägt. Und
das ganze Volk soll rufen: Amen. 25 Ver-
flucht, wer sich bestechen lässt, einen un-
schuldigen Menschen zu töten. Und das ganze
Volk soll rufen: Amen. 26 Verflucht, wer nicht
die Worte dieser Weisung stützt, indem er sie
hält. Und das ganze Volk soll rufen: Amen.

1–13: Jos 8,30–35 • 1: 5,23 • 4: Joh 4,20 • 5–6: Ex 20,25 • 9: 7,6; 10,8; 26,17–19 • 10: 28,1 • 11–13: 11,29 • 15: 4,16.28; 5,8; 7,25; 9,12; 31,29; Ri 17,3; 1 Kön 14,9; 2 Kön 17,16; 21,7 • 16: 5,16; Ex 21,17 • 17: 5,21; 19,14 • 19: 24,17; Ex 22,20–23; 23,9 • 20: 23,1; 2 Sam 16,22; 1 Kor 5,1 • 21: Ex 22,18 • 24: 5,17; Ex 21,12 • 25: 19,10; Ex 23,8 • 26: 2 Kor 3,9; Gal 3,10.

27,4 Garizim, andere Lesart: Ebal; sie stammt aus antisamaritischer Tendenz, denn nach V. 13 ist der Ebal der Berg des Verfluchens und der Tempel der Samariter stand auf dem Garizim.

27,14–26 Vom letzten Satz abgesehen, richten sich die Verfluchungen alle gegen Verbrechen, die im Geheimen geschehen sind. Da menschliche Justiz sie nicht fassen kann, werden sie der göttlichen Ahndung überantwortet.

Der Abschluss der Verkündigung des Gesetzes: 28,1–68

Der Segen für Gehorsam: 28,1–14

28 Wenn du auf die Stimme des Herrn,
deines Gottes, hörst, indem du auf
alle seine Gebote, auf die ich dich heute ver-
pflichte, achtest und sie hältst, wird dich der
Herr, dein Gott, über alle Völker der Erde er-
heben. 2 Alle diese Segnungen werden über
dich kommen und dich erreichen, wenn du
auf die Stimme des Herrn, deines Gottes,
hörst: 3 Gesegnet bist du in der Stadt, geseg-
net bist du auf dem Land. 4 Gesegnet ist die
Frucht deines Leibes, die Frucht deines
Ackers und die Frucht deines Viehs, die Käl-
ber, Lämmer und Zicklein. 5 Gesegnet ist
dein Korb und dein Backtrog. 6 Gesegnet bist
du, wenn du heimkehrst, gesegnet bist du,
wenn du ausziehst. 7 Der Herr stößt die Fein-
de, die sich gegen dich erheben, nieder und
liefert sie dir aus. Auf einer Straße ziehen sie
gegen dich aus, auf sieben Straßen fliehen sie
vor dir. 8 Der Herr befiehlt dem Segen, an
deiner Seite zu sein: in deinen Speichern und
bei allem, was deine Hände schaffen. Der
Herr segnet dich in dem Land, das er, dein
Gott, dir gibt. 9 Der Herr lässt dich erstehen
als das Volk, das ihm heilig ist, wie er es dir
unter der Bedingung geschworen hat, dass
du auf die Gebote des Herrn, deines Gottes,
achtest und auf seinen Wegen gehst. 10 Dann
sehen alle Völker der Erde, dass der Name
des Herrn über dir ausgerufen ist, und fürch-
ten sich vor dir. 11 Der Herr schenkt dir
Gutes im Überfluss bei der Frucht deines
Leibes, bei der Frucht deines Viehs und bei
der Frucht deines Ackers in dem Land, von
dem du weißt: Der Herr hat deinen Vätern
geschworen, es dir zu geben. 12 Der Herr öff-
net dir den Himmel, seine Schatzkammer
voll köstlichen Wassers: Er gibt deinem
Land zur rechten Zeit Regen und segnet jede
Arbeit deiner Hände. An viele Völker kannst
du ausleihen und du brauchst nichts zu ent-
leihen. 13 Der Herr macht dich zum Kopf und
nicht zum Schwanz. Du kennst nur den Auf-
stieg, du kennst keinen Abstieg, wenn du auf
die Gebote des Herrn, deines Gottes, auf die
ich dich heute verpflichte, hörst, auf sie
achtest und sie hältst.
14 Von allen Worten, die ich euch heute
vorschreibe, sollst du weder rechts noch
links abweichen. Du sollst nicht anderen
Göttern nachfolgen und ihnen dienen.

1–14 || Lev 26,3–13; Dtn 28,15–45; 7,12–16; 11,13–15; 30,16 • 1: 26,19 • 4: 7,13; 30,9; Lk 1,42 • 8: 26,15 • 9: 7,6; 26,18f • 10: 2,25; 11,25; 2 Sam 12,28; 1 Kön 8,43; Jer 14,9 • 12: 2,7; 14,29; 16,15; 24,19; 30,9; 15,6 • 14: 7,4; 13,3.

Der Fluch für Ungehorsam: 28,15–68

15 Wenn du nicht auf die Stimme des
Herrn, deines Gottes, hörst, indem du nicht
auf alle seine Gebote und Gesetze, auf die ich
dich heute verpflichte, achtest und sie nicht
hältst, werden alle diese Verfluchungen über
dich kommen und dich erreichen: 16 Ver-
flucht bist du in der Stadt, verflucht bist du
auf dem Land. 17 Verflucht ist dein Korb und
dein Backtrog. 18 Verflucht ist die Frucht
deines Leibes und die Frucht deines Ackers,
die Kälber, Lämmer und Zicklein. 19 Ver-
flucht bist du, wenn du heimkehrst, ver-
flucht bist du, wenn du ausziehst. 20 Ver-
fluchtsein, Verwirrtsein, Verwünschtsein
lässt der Herr auf dich los, auf alles, was dei-
ne Hände schaffen und was du tust, bis du
bald vernichtet und bis du ausgetilgt bist
wegen deines Tuns, durch das du mich
böswillig verlassen hast. 21 Der Herr heftet
die Pest an dich, bis er dich ausgemerzt hat
aus dem Land, in das du hineinziehst, um es
in Besitz zu nehmen. 22 Der Herr schlägt dich
mit Schwindsucht, Fieber und Brand, mit
Glut und Trockenheit, Versengung und
Vergilbung. Sie verfolgen dich, bis du ausge-
tilgt bist. 23 Der Himmel über deinem Kopf
wird zu Erz, die Erde unter dir wird zu Ei-
sen. 24 Der Herr verwandelt den Regen, den
dein Land erhält, in Staub. Asche fällt vom
Himmel auf dich herab, bis du vernichtet
bist. 25 Der Herr stößt dich nieder und liefert
dich deinen Feinden aus. Auf einer Straße
ziehst du gegen sie aus, auf sieben Straßen
fliehst du vor ihnen. Alle Könige der Erde er-
schauern vor dir. 26 Deine Leichen liegen da,
zum Fraß für alle Vögel des Himmels und
für die Tiere der Erde und keiner ver-
scheucht sie. 27 Der Herr schlägt dich mit
dem ägyptischen Geschwür, mit Beulen,
Krätze und Grind und keiner kann dich hei-
len. 28 Der Herr schlägt dich mit Wahnsinn,
Blindheit und Irresein. 29 Am hellen Mittag

28,12 Andere Übersetzungsmöglichkeit: Der Herr tut dir sein köstliches Schatzhaus auf, den Himmel.

28,20 zum Ende des Verses vgl. die Anmerkung zu 11,13–15.

28,22 mit Glut und Trockenheit, andere Lesart: mit Glut und Schwert. – Der Vers zählt wahrscheinlich nur menschliche Krankheiten auf.

28,24 Andere Lesart: Der Herr verwandelt den Regen, den dein Land erhält, in Staub und Asche. Beide fallen vom Himmel auf dich herab, bis du vernichtet bist.

tappst du im Dunkel wie ein Blinder. Deine Wege führen nicht zum Erfolg. Dein Leben lang wirst du ausgebeutet und ausgeraubt und niemand hilft dir. 30 Du verlobst dich mit einer Frau und ein anderer schläft mit ihr. Du baust ein Haus und wohnst nicht darin. Du legst einen Weinberg an und hältst nicht einmal die erste Lese. 31 Dein Ochse wird vor deinen Augen geschlachtet und du bekommst nicht einmal davon zu essen. Dein Esel wird dir weggerissen und kehrt nicht zurück. Deine Schafe und Ziegen werden deinen Feinden ausgeliefert und niemand kommt dir zu Hilfe. 32 Deine Söhne und Töchter werden einem anderen Volk ausgeliefert, du siehst dir den ganzen Tag nach ihnen die Augen aus und zwingst sie doch nicht herbei. 33 Den Ertrag deines Ackers und all deinen Gewinn verzehrt ein Volk, das du früher nicht einmal gekannt hast, und du wirst dein Leben lang nur ausgebeutet und misshandelt. 34 Wahnsinn befällt dich bei dem Anblick, der sich deinen Augen bietet. 35 Der Herr schlägt dich mit bösen Geschwüren am Knie und am Schenkel, und keiner kann dich heilen. Von der Sohle bis zum Scheitel bist du krank. 36 Der Herr bringt dich und den König, den du über dich eingesetzt hast, zu einem Volk, das du und deine Väter früher nicht einmal gekannt haben, und dort musst du anderen Göttern dienen, Göttern aus Holz und Stein. 37 Alle Völker, zu denen der Herr dich führt, wenden sich entsetzt von dir ab, sagen Spottverse über dich auf und stimmen Hohngelächter an. 38 Viel Saatgut trägst du aufs Feld, aber du erntest wenig. Das andere hat die Heuschrecke gefressen. 39 Weinberge legst du an und pflegst sie, aber du trinkst keinen Wein und bringst keinen in den Keller. Der Wurm hat ihn weggefressen. 40 Ölbäume wachsen überall in deinem Land, aber du hast kein Öl, um dich zu salben. Dein Ölbaum hat die Oliven abgeworfen. 41 Söhne und Töchter hast du gezeugt, aber sie sind nicht bei dir. Sie sind als Gefangene weggezogen. 42 Alle deine Bäume und Feldfrüchte nimmt das Ungeziefer in Besitz. 43 Der Fremde, der in deiner Mitte wohnt, steigt immer höher nach oben, hoch über dich hinaus, und du steigst immer tiefer hinab. 44 Er leiht dir aus und du kannst ihm nichts ausleihen. Er wird zum Kopf und du wirst zum Schwanz.

45 Alle diese Verfluchungen werden über dich kommen, dich verfolgen und dich erreichen, bis du vernichtet bist, wenn du auf die Stimme des Herrn, deines Gottes, nicht hörst und nicht auf seine Gebote und Gesetze, auf die er dich verpflichtet hat, achtest. 46 Für immer werden sie als Zeichen und Wunder an dir und an deinen Nachkommen haften.

47 Weil du dem Herrn, deinem Gott, nicht gedient hast aus Freude und Dankbarkeit dafür, dass alles in Fülle da war, 48 musst du deinen Feinden dienen, die der Herr gegen dich ausgesandt hat. Hunger und Durst wirst du leiden, nackt sein und nichts mehr haben. Er legt dir ein eisernes Joch auf den Nacken, bis er dich vernichtet hat. 49 Der Herr trägt zum Kampf gegen dich ein Volk aus der Ferne herbei, von den Enden der Erde, das wie ein Adler herabstößt, ein Volk, dessen Sprache du noch nie gehört hast, 50 ein Volk mit unbeweglichem Gesicht, das sich dem Greis nicht zuwendet und für das Kind kein Mitleid zeigt. 51 Es verzehrt die Frucht deines Viehs und die Frucht deines Ackers, bis du vernichtet bist. Es lässt dir nichts übrig vom Korn, vom Wein und vom Öl, von den Kälbern, Lämmern und Zicklein, bis es dich ausgetilgt hat. 52 Es belagert dich in allen deinen Städten, bis die Mauern fallen, die hohen, fest gefügten Mauern, auf die du dich in deinem ganzen Land verlässt. Es belagert dich in allen deinen Städten in dem ganzen Land, das der Herr, dein Gott, dir gegeben hat. 53 In der Not der Belagerung, wenn dein Feind dich einschnürt, musst du die Frucht deines eigenen Leibes essen, das Fleisch deiner Söhne und Töchter, die dir der Herr, dein Gott, geschenkt hat. 54 Der weichlichste und verwöhnteste Mann blickt dann bei dir missgünstig auf seinen Bruder, auf die Frau, mit der er schläft, und auf den Rest der Kinder, die er noch übrig gelassen hat, 55 und möchte niemandem etwas abgeben von dem Fleisch seiner Kinder, das er isst, weil ihm keine Nahrung mehr übrig geblieben ist in der Not der Belagerung, wenn dein Feind dich in allen deinen Städten einschnürt. 56 Die weichlichste und verwöhnteste Frau, die noch nie versucht hat, ihren Fuß auf die Erde zu setzen vor lauter Verwöhntheit und Verweichlichung, blickt missgünstig auf den Mann, mit dem sie schläft, auf ihren Sohn und ihre Tochter, 57 auf die Nachgeburt, die zwischen ihren Beinen hervorkommt, und auf die Kinder, die sie noch gebären wird; denn sie will sie heimlich essen, weil sie nichts mehr hat in der Not der Belagerung, wenn dein Feind dich in allen deinen Städten einschnürt.

58 Wenn du nicht auf alle Worte dieser Weisung, die in dieser Urkunde aufgezeichnet sind, achtest und sie hältst, aus Furcht vor diesem herrlichen und Furcht erregenden Namen, vor Jahwe, deinem Gott, 59 wird der Herr die Schläge, die er dir und deinen Nachkommen versetzt, über alles Gewohnte

hinaus steigern zu gewaltigen und hartnäckigen Schlägen, zu schlimmen und hartnäckigen Krankheiten. 60 Er wird alle ägyptischen Seuchen, vor denen du Angst hast, wieder über dich bringen und sie werden an dir haften bleiben. 61 Auch alle Krankheiten und Schläge, die nicht in der Urkunde dieser Weisung aufgezeichnet sind, wird der Herr über dich bringen, bis du vernichtet bist. 62 Dann werden nur noch wenige Leute von euch übrig bleiben, statt dass ihr zahlreich seid wie die Sterne am Himmel; denn du hast nicht auf die Stimme des Herrn, deines Gottes, gehört. 63 So wie der Herr seine Freude daran hatte, euch Gutes zu tun und euch zahlreich zu machen, so wird der Herr seine Freude daran haben, euch auszutilgen und euch zu vernichten. Ihr werdet aus dem Land, in das du nun hineinziehst, um es in Besitz zu nehmen, herausgerissen werden. 64 Der Herr wird dich unter alle Völker verstreuen, vom einen Ende der Erde bis zum anderen Ende der Erde. Dort musst du anderen Göttern dienen, die du und deine Väter vorher nicht einmal gekannt haben, Göttern aus Holz und Stein. 65 Unter diesen Nationen wirst du keine Ruhe finden. Es wird keine Stelle geben, wohin du deinen Fuß setzen kannst. Der Herr wird dir dort das Herz erzittern, die Augen verlöschen und den Atem stocken lassen. 66 Du wirst in Lebensgefahr schweben, bei Nacht und bei Tag erschrecken und deines Lebens nicht mehr sicher sein. 67 Am Morgen wirst du sagen: Wenn es doch schon Abend wäre!, und am Abend: Wenn es doch schon Morgen wäre! – um dem Schrecken zu entfliehen, der dein Herz befällt, und dem Anblick, der sich deinen Augen bietet. 68 Der Herr wird dich auf Schiffen nach Ägypten zurückbringen, auf einem Weg, von dem ich dir gesagt hatte: Du sollst ihn niemals wieder sehen. Dort werdet ihr euch deinen Feinden als Sklaven und Sklavinnen zum Verkauf anbieten, aber niemand wird euch kaufen.

15–68 ‖ Lev 26,14–38; Dtn 4,25–28; 8,19f; 11,16f; 30,17f • 15–45: 28,1–14 • 21: 1 Kön 8,37 • 23: 11,17; 1 Kön 8,35 • 25: 1 Kön 8,33 • 27: 7,15; 28,60; Ex 9,9; Offb 16,2 • 30: 20,5–7 • 35: Offb 16,2 • 36: 4,28; 17,15; 28,64; 2 Kön 17,4–6; 25,7.11 • 37: 1 Kön 9,7 • 48: Jer 28,13f • 49: Jer 5,15; 1 Kor 14,21 • 52: Jer 5,17 • 53: 2 Kön 6,28f; Jer 19,9 • 59–60: 28,27 • 62: 1,10 • 63: 30,9 • 64: 28,36; Lk 21,24 • 68: 17,16; Gen 26,2; Hos 8,13; 9,3.

DIE LETZTEN VERFÜGUNGEN DES MOSE: 28,69 – 32,52

69 Das sind die Worte, mit denen der Bund geschlossen wurde, den Mose im Auftrag des Herrn in Moab mit den Israeliten schloss, zusätzlich zu dem Bund, den er mit ihnen am Horeb geschlossen hatte.

69: 5,2

Rückblick: 29,1–8

29 Mose rief ganz Israel zusammen und sagte zu den Israeliten: Ihr habt alles gesehen, was der Herr in Ägypten vor euren Augen mit dem Pharao, mit seinem ganzen Hof und seinem ganzen Land getan hat. 2 Mit eigenen Augen hast du jene schweren Prüfungen, die großen Zeichen und Wunder gesehen. 3 Aber einen Verstand, der wirklich erkennt, Augen, die wirklich sehen, und Ohren, die wirklich hören, hat der Herr euch bis zum heutigen Tag nicht gegeben. 4 Ich habe euch vierzig Jahre lang durch die Wüste geführt. Eure Kleider sind euch nicht in Lumpen vom Leib gefallen, deine Schuhe sind dir nicht an den Füßen zerrissen, 5 ihr habt kein Brot gegessen und keinen Wein und kein Bier getrunken, denn ihr solltet erkennen: Ich bin Jahwe, euer Gott. 6 Und so kamt ihr bis an diesen Ort. Sihon, der König von Heschbon, und Og, der König des Baschan, sind gegen uns zum Kampf ausgerückt und wir haben sie geschlagen. 7 Wir haben ihnen ihr Land genommen und es den Rubenitern, den Gaditern und der Hälfte des Stammes der Manassiter als Erbbesitz gegeben. 8 Darum achtet auf die Bestimmungen dieses Bundes und haltet sie, damit euch alles, was ihr tut, gelingt.

1–8: 8,2–6 • 1–3: 1,19.31; 3,21; 4,3.9.35; 5,24; 7,18f; 10,21; 17,7; 29,16.21 • 3: Mt 13,14; Röm 11,8 • 4: 2,7; 8,4 • 6–7: 2,24 – 3,13 • 8: Jos 1,7f.

Partner und Inhalt des Bundes: 29,9–14

9 Ihr habt euch heute alle vor dem Herrn, eurem Gott, aufgestellt: eure Anführer,

---

28,69 Manche Bibelausgaben zählen diesen Vers schon als 29,1; entsprechend ändert sich die Verszählung in Kap. 29. V. 69 ist jedoch Einführung zum Folgenden, nicht Abschluss des Vorangehenden, und steht parallel zu 1,1; 4,44 und 33,1.

29,4f Gottesrede; vgl. die Anmerkung zu 11,13–15.

29,9 eure Anführer, Stammesführer, Ältesten und Listenführer, andere Übersetzungsmöglichkeit: eure Stammesführer, Ältesten und Listenführer.

Stammesführer, Ältesten und Listenführer,
alle Männer Israels, 10 eure Kinder und Grei-
se, eure Frauen und auch die Fremden in dei-
nem Lager, vom Holzarbeiter bis zum Was-
serträger. 11 Du schreitest jetzt zwischen den
Zeichen des Bundes mit dem Herrn, deinem
Gott, hindurch, den Zeichen der Selbstver-
wünschung. Der Herr, dein Gott, schließt
heute mit dir diesen Bund, 12 um dich heute
als sein Volk einzusetzen und dein Gott zu
werden, wie er es dir zugesagt und deinen
Vätern Abraham, Isaak und Jakob geschwo-
ren hat. 13 Nicht mit euch allein schließe ich
diesen Bund und setze diese Verwünschung
in Kraft, 14 sondern ich schließe ihn mit de-
nen, die heute hier bei uns vor dem Herrn,
unserem Gott, stehen, und mit denen, die
heute nicht hier bei uns sind.

9: 1,13; 5,23; 16,18; 33,5 • 10: Jos 9,27 • 12: 26,17–19 • 13–14: 5,3.

Die Strafe für den geheimen Vorbehalt beim Bundesschwur: 29,15–20

15 Ihr wisst noch von unserem Aufenthalt
in Ägypten und von unserem Zug mitten
durch die Völker, deren Gebiet ihr durchzie-
hen musstet. 16 Ihr habt bei ihnen Scheusale
und Götzen aus Holz und Stein, aus Silber
und Gold gesehen. 17 Es soll keinen unter
euch geben, weder Mann noch Frau, weder
Sippe noch Stamm, der heute sein Herz vom
Herrn, unserem Gott, abwendet und anfängt,
den Göttern dieser Völker zu dienen. Es soll
bei euch keine Wurzel wachsen, die Gift und
Wermut hervorbringt, 18 das heißt keinen,
der beim Hören der Worte dieser Verwün-
schung insgeheim folgenden Gegensegen
über sich spricht: Mir soll nichts geschehen,
wenn ich aus eigenem Entschluss etwas tue,
damit Wasserfülle die Dürre beendet. 19 Der
Herr wird sich weigern, ihm zu verzeihen, er
wird schnauben vor Zorn und Eifersucht ge-
gen einen solchen Menschen. Jede Verwün-
schung, die in dieser Urkunde aufgezeichnet
ist, wird auf ihn lauern und der Herr wird
seinen Namen unter dem Himmel auslö-
schen. 20 Entsprechend den Verwünschun-
gen, die beim Abschluss des Bundes gespro-
chen werden und in dieser Urkunde der Wei-
sung einzeln aufgezeichnet sind, wird der
Herr ihn von allen Stämmen Israels abson-
dern, damit es ihm schlecht ergeht.

17: Apg 8,23; Hebr 12,15 • 19–20: 28,15–68; Offb 22,18.

Die Androhung der Vertreibung: 29,21–28

21 Dann wird eine spätere Generation, also
eure Söhne, die nach euch erstehen, und die
Ausländer, die aus fernen Ländern kommen,
die Schläge sehen, die dieses Land getroffen
haben, und die Seuchen, die der Herr in ihm
ausbrechen ließ: 22 Schwefel und Salz bede-
cken es; seine Fläche ist eine einzige Brand-
stätte; es kann nicht besät werden und lässt
nichts aufkeimen; kein Hälmchen kann
wachsen; alles ist wie nach der Zerstörung
von Sodom und Gomorra, Adma und Zebo-
jim, die der Herr in seinem glühenden Zorn
zerstört hat. 23 Dann werden sie und alle Völ-
ker fragen: Warum hat der Herr diesem Land
so etwas angetan? Warum entbrannte dieser
gewaltige Zorn? 24 Und man wird antworten:
Weil sie den Bund verlassen haben, den Jah-
we, der Gott ihrer Väter, mit ihnen geschlos-
sen hatte, als er sie aus Ägypten führte,
25 weil sie angefangen haben, anderen Göt-
tern zu dienen und sich vor ihnen niederzu-
werfen, Göttern, die sie vorher nicht einmal
gekannt hatten und die er ihnen nicht zuge-
wiesen hatte. 26 Deshalb entbrannte der Zorn
des Herrn gegen dieses Land. Deshalb
brachte der Herr den ganzen Fluch, der in
dieser Urkunde aufgezeichnet ist, über das
Land, 27 riss sie mit glühendem Zorn und
großem Unwillen aus ihrem Land heraus
und warf sie in ein anderes Land, in dem sie
heute noch sind.
28 Was noch verborgen ist, steht bei dem
Herrn, unserem Gott. Was schon offenbar
ist, gilt für uns und unsere Kinder auf ewig:

29,11 Wörtlich: Du schreitest jetzt durch in dem Bund deines Gottes und in seiner Verwünschung. – Diese Worte begleiteten wahrscheinlich eine symbolische Handlung, in der man zwischen den Teilen zerstückelter Tiere hindurchschritt. Man brachte dadurch zum Ausdruck, dass es einem so wie den Tieren ergehen soll, wenn man seine Zusage nicht hält (vgl. Gen 15,9f.17; Jer 34,18–20).

29,18 Gemeint ist, dass er insgeheim sich an einen anderen Gott wendet, den er als Regenspender betrachtet. Andere Übersetzungsmöglichkeit: keinen, der sich beim Hören deiner Worte insgeheim Segen verspricht, indem er sagt: Mir soll nichts geschehen, auch wenn ich mit verstocktem Herzen lebe, sodass das bewässerte Land mit dem verdorrten zusammen weggerafft wird. – Bewässertes und verdorrtes Land zusammen würde dann »alle« bedeuten, die Guten und die Sünder.

29,28 Andere Übersetzungsmöglichkeit: Die verhüllte Rolle ist das Exemplar für den Herrn, unseren Gott. Die unverhüllte Rolle ist für alle Zeit das Exemplar für uns und unsere Kinder. Wir sollen alle Bestimmungen dieser Weisung halten. – In diesem Fall würde darauf angespielt, dass bei Bundesschlüssen für jeden der beiden Partner eine Urkunde ausgestellt wurde.

dass wir alle Bestimmungen dieser Weisung halten sollen.

21–27: 1 Kön 9,8f; Jer 5,19; 13,22; 16,10–13; 22,8f • 22: Gen 14,2; 19,15–29; Jer 49,18; 50,40 • 24: 4,23; 17,2; 31,16.20; Jos 7,11.15; 23,16; Ri 2,20; 1 Kön 11,11; 2 Kön 17,15.38; 18,12 • 25: 4,19 • 28: 32,34.

Die Heimkehrverheißung: 30,1–10

30 Und wenn alle diese Worte über dich gekommen sind, der Segen und der Fluch, die ich dir vorgelegt habe, wenn du sie dir zu Herzen nimmst mitten unter den Völkern, unter die der Herr, dein Gott, dich versprengt hat, 2 und wenn du zum Herrn, deinem Gott, zurückkehrst und auf seine Stimme hörst in allem, wozu ich dich heute verpflichte, du und deine Kinder, mit ganzem Herzen und mit ganzer Seele, 3 dann wird der Herr, dein Gott, dein Schicksal wenden, er wird sich deiner erbarmen, sich dir zukehren und dich aus allen Völkern zusammenführen, unter die der Herr, dein Gott, dich verstreut hat. 4 Und wenn einige von dir bis ans Ende des Himmels versprengt sind, wird dich der Herr, dein Gott, von dort zusammenführen, von dort wird er dich holen. 5 Und der Herr, dein Gott, wird dich in das Land, das deine Väter in Besitz genommen haben, zurückbringen. Du wirst es wieder in Besitz nehmen und er wird dich glücklicher und zahlreicher machen als deine Väter. 6 Der Herr, dein Gott, wird dein Herz und das Herz deiner Nachkommen beschneiden. Dann wirst du den Herrn, deinen Gott, mit ganzem Herzen und mit ganzer Seele lieben können, damit du Leben hast. 7 Alle diese Verwünschungen aber wird der Herr, dein Gott, über deine Feinde und Gegner verhängen, die dich verfolgt haben. 8 Du jedoch wirst umkehren, auf die Stimme des Herrn hören und alle seine Gebote, auf die ich dich heute verpflichte, halten, 9 und der Herr, dein Gott, wird dir Gutes im Überfluss schenken, bei jeder Arbeit deiner Hände, bei der Frucht deines Leibes, bei der Frucht deines Viehs und bei der Frucht deines Ackers. Denn der Herr wird sich, wie er sich an deinen Vätern gefreut hat, auch an dir wieder freuen. Er wird dir Gutes tun, 10 wenn du auf die Stimme des Herrn, deines Gottes, hörst und auf seine Gebote und Gesetze achtest, die in dieser Urkunde der Weisung einzeln aufgezeichnet sind, und wenn du zum Herrn, deinem Gott, mit ganzem Herzen und mit ganzer Seele zurückkehrst.

1–10: 4,29–31; Jer 29,10–14; 32,37–42 • 1: 28,1–68 • 2: 4,30 • 3: 28,64 • 4: Mt 24,31 • 6: 10,16; 11,1; Röm 2,29 • 9: 28,4.11f.63.

Das dem Menschen nahe Gebot: 30,11–14

11 Dieses Gebot, auf das ich dich heute verpflichte, geht nicht über deine Kraft und ist nicht fern von dir. 12 Es ist nicht im Himmel, sodass du sagen müsstest: Wer steigt für uns in den Himmel hinauf, holt es herunter und verkündet es uns, damit wir es halten können? 13 Es ist auch nicht jenseits des Meeres, sodass du sagen müsstest: Wer fährt für uns über das Meer, holt es herüber und verkündet es uns, damit wir es halten können? 14 Nein, das Wort ist ganz nah bei dir, es ist in deinem Mund und in deinem Herzen, du kannst es halten.

11–14: Jer 31,31–34 • 11: 1 Joh 5,3 • 12–14: Röm 10,6–10; Joh 3,13 • 14: 6,6–9; 11,18–20; Röm 2,15.

Segen und Fluch – Leben und Tod: 30,15–20

15 Hiermit lege ich dir heute das Leben und das Glück, den Tod und das Unglück vor. 16 Wenn du auf die Gebote des Herrn, deines Gottes, auf die ich dich heute verpflichte, hörst, indem du den Herrn, deinen Gott, liebst, auf seinen Wegen gehst und auf seine Gebote, Gesetze und Rechtsvorschriften achtest, dann wirst du leben und zahlreich werden und der Herr, dein Gott, wird dich in dem Land, in das du hineinziehst, um es in Besitz zu nehmen, segnen.

17 Wenn du aber dein Herz abwendest und nicht hörst, wenn du dich verführen lässt, dich vor anderen Göttern niederwirfst und ihnen dienst – 18 heute erkläre ich euch: Dann werdet ihr ausgetilgt werden; ihr werdet nicht lange in dem Land leben, in das du jetzt über den Jordan hinüberziehst, um hineinzuziehen und es in Besitz zu nehmen. 19 Den Himmel und die Erde rufe ich heute als Zeugen gegen euch an. Leben und Tod lege ich dir vor, Segen und Fluch. Wähle also das Leben, damit du lebst, du und deine Nachkommen. 20 Liebe den Herrn, deinen Gott, hör auf seine Stimme und halte dich an ihm fest; denn er ist dein Leben. Er ist die Länge deines Lebens, das du in dem Land verbringen darfst, von dem du weißt: Der Herr hat deinen Vätern Abraham, Isaak und Jakob geschworen, es ihnen zu geben.

15–20: 4,1–4; 32,47 • 16: 11,1; 28,1–14 • 17–18: 28,15–68 • 18: 8,19 • 19: 4,26; 8,19; 31,28 • 20: 11,1.

Die Einsetzung Josuas durch Mose: 31,1–8

31 Mose trat vor ganz Israel hin und sprach diese Worte. 2 Er sagte zu ihnen: Ich bin jetzt hundertzwanzig Jahre alt.

30,16 Der Anfang des Verses ist nur in G erhalten.

Ich kann nicht mehr in den Kampf ziehen. Auch hat der Herr zu mir gesagt: Du wirst
den Jordan hier nicht überschreiten. [3] Der
Herr, dein Gott, zieht selbst vor dir hinüber, er selbst vernichtet diese Völker bei deinem Angriff, sodass du ihren Besitz übernehmen kannst. Josua zieht vor dir hinüber, wie es
der Herr zugesagt hat. [4] Der Herr wird an ihnen tun, was er an Sihon und Og, den Amoriterkönigen, die er vernichtete, und an ihrem Land getan hat. [5] Der Herr wird sie euch
ausliefern: Dann sollt ihr an ihnen genau nach dem Gebot handeln, auf das ich euch
verpflichtet habe. [6] Empfangt Macht und
Stärke: Fürchtet euch nicht und weicht nicht erschreckt zurück, wenn sie angreifen; denn der Herr, dein Gott, zieht mit dir. Er lässt dich nicht fallen und verlässt dich nicht.

[7] Mose rief Josua herbei und sagte vor den Augen ganz Israels zu ihm: Empfange Macht und Stärke: Du sollst mit diesem Volk in das Land hineinziehen, von dem du weißt: Der Herr hat ihren Vätern geschworen, es ihnen zu geben. Du sollst es an sie als Erbbesitz
verteilen. [8] Der Herr selbst zieht vor dir her.
Er ist mit dir. Er lässt dich nicht fallen und verlässt dich nicht. Du sollst dich nicht fürchten und keine Angst haben.

2–6: 20,2–4 • 2: 1,37; 34,7 • 3: 1,38; 9,3 • 4: 7,1–4; 20,16–18 • 7–8: 1,38; Hebr 4,8 • 8: Hebr 13,5.

Die Verlesung des Gesetzes im Sabbatjahr: 31,9–13

[9] Mose schrieb diese Weisung auf und übergab sie den Priestern, den Nachkommen Levis, die die Lade des Bundes des Herrn
trugen, und allen Ältesten Israels. [10] Mose
schrieb ihnen vor: In jedem siebten Jahr, in einer der Festzeiten des Brachjahres, beim
Laubhüttenfest, [11] wenn ganz Israel zusammenkommt, um an der Stätte, die der Herr auswählt, das Angesicht des Herrn, deines Gottes zu schauen, sollst du diese Weisung
vor ganz Israel laut vortragen. [12] Versammle
das Volk – die Männer und Frauen, Kinder und Greise, dazu die Fremden, die in deinen Stadtbereichen Wohnrecht haben –, damit sie zuhören und auswendig lernen und den Herrn, euren Gott, fürchten und darauf achten, dass sie alle Bestimmungen dieser Wei-
sung halten. [13] Vor allem ihre Kinder, die das
alles noch nicht kennen, sollen zuhören und lernen, den Herrn, euren Gott, zu fürchten. Das sollt ihr so lange tun, wie ihr in dem Land lebt, in das ihr jetzt über den Jordan hinüberzieht, um es in Besitz zu nehmen.

9: 5,23; 10,8; 17,18; 31,26 • 13: 4,5; 12,1; 32,46.

Die Erscheinung Gottes: 31,14f

[14] Der Herr sagte zu Mose: Sieh, deine Zeit ist gekommen: Du wirst sterben. Ruf Josua und tritt mit ihm in das Offenbarungszelt, damit ich ihn einsetzen kann. Mose und Josua gingen hin und traten in das Offenba-
rungszelt hinein. [15] Der Herr erschien ihnen
am Zelt in einer Wolkensäule. Die Wolkensäule stand über dem Eingang des Zeltes.

14: Ex 33,7–11.

Die Offenbarung des Moseliedes: 31,16–22

[16] Und der Herr sagte zu Mose: Sieh, du wirst jetzt bald zu deinen Vätern gebettet werden. Dann wird dieses Volk sich erheben; man wird in seiner Mitte Unzucht treiben, indem man den fremden Göttern des Landes nachfolgt, in das es jetzt hineinzieht, es wird mich verlassen und den Bund brechen, den
ich mit ihm geschlossen habe. [17] An jenem
Tag wird mein Zorn gegen sie entbrennen. Ich werde sie verlassen und mein Angesicht vor ihnen verbergen. Dann wird dieses Volk verzehrt werden. Not und Zwang jeder Art werden es treffen. An jenem Tag wird es sich fragen: Hat mich diese Not nicht deshalb getroffen, weil mein Gott nicht mehr in meiner
Mitte ist? [18] Aber ich werde an jenem Tag
mein Angesicht nur noch mehr verbergen wegen all des Bösen, das dieses Volk getan hat; denn es hat sich anderen Göttern zuge-
wandt. [19] Doch jetzt schreibt dieses Lied auf!
Lehre es die Israeliten! Lass es sie auswendig lernen, damit dieses Lied mein Zeuge gegen
die Israeliten werde. [20] Wenn ich dieses Volk
in das Land geführt habe, das ich seinen Vätern mit einem Schwur versprochen habe, in das Land, wo Milch und Honig fließen, und wenn es gegessen hat und satt und fett ge-

---

31,1f Andere Lesart: Als Mose damit zu Ende war, diese Worte ganz Israel vorzutragen, sagte er zu ihnen.

31,7 Du sollst mit diesem Volk in das Land hineinziehen, andere Lesart: Du sollst dieses Volk in das Land führen.

31,11 Vgl. die Anmerkung zu 16,16.

31,14f.23 Nachdem Mose Josua in das Amt des Heerführers bei der Landnahme und des Landverteilers nach der Landnahme eingesetzt hat (VV. 7f), bestätigt Gott hier das erste der beiden Ämter; die Bestätigung des zweiten findet sich in Jos 1,6–9.

31,16–21 Diese erste Überleitung zum Moselied spielt nur auf die erste Hälfte des Lieds an, die von Israels Abfall und Bestrafung handelt. Offenbar soll vor allem dieser Teil des Lieds vom Leser beachtet werden. Ähnliches gilt von der zweiten Überleitung in VV. 28f.

worden ist und sich anderen Göttern zuge-
wandt hat, wenn sie ihnen gedient und mich
verworfen haben und es so meinen Bund ge-
brochen hat, [21] dann wird, wenn Not und
Zwang jeder Art es treffen, dieses Lied vor
ihm als Zeuge aussagen; denn seine Nach-
kommen werden es nicht vergessen, sondern
es auswendig wissen. Ich kenne seine Nei-
gung, die sich schon heute regt, noch ehe ich
es in das Land gebracht habe, das ich mit ei-
nem Schwur versprochen habe. [22] An jenem
Tag schrieb Mose dieses Lied auf und lehrte
es die Israeliten.

16: 29,24; 32,12; Ex 34,15f; Ri 2,17; 8,27.33 • 17: 32,20–30 • 19: 32,1–43 • 20: 29,24; 32,13–18 • 21: 31,26; 32,23–25.

Die Einsetzung Josuas durch Gott: 31,23

[23] Der Herr aber setzte Josua, den Sohn Nuns, in sein Amt ein und sagte: Empfange Macht und Stärke: Du sollst die Israeliten in das Land führen, das ich ihnen mit einem Schwur versprochen habe. Ich werde bei dir sein.

23: 1,38.

Die Hinterlegung des Gesetzes: 31,24–29

[24] Als Mose damit zu Ende war, den Text
dieser Weisung in eine Urkunde einzutragen,
ohne irgendetwas auszulassen, [25] befahl
Mose den Leviten, die die Lade des Bundes
des Herrn trugen: [26] Nehmt diese Urkunde
der Weisung entgegen und legt sie neben die
Lade des Bundes des Herrn, eures Gottes!
Dort diene sie als Zeuge gegen euch. [27] Denn
ich kenne deine Widersetzlichkeit und deine
Halsstarrigkeit. Seht, schon jetzt, wo ich
noch unter euch lebe, habt ihr euch dem
Herrn widersetzt. Was wird erst nach mei-
nem Tod geschehen? [28] Versammelt um mich
alle Ältesten eurer Stämme und alle eure
Listenführer, damit ich ihnen diesen Text
vortragen und Himmel und Erde gegen sie
als Zeugen anrufen kann. [29] Denn ich weiß:
Nach meinem Tod werdet ihr ins Verderben
laufen und von dem Weg abweichen, den ich
euch vorgeschrieben habe. Dann, in künfti-
gen Tagen, wird euch die Not begegnen, weil
ihr tut, was in den Augen des Herrn böse ist,
und weil ihr ihn durch euer Machwerk er-
zürnt.

25–26: 17,18; 31,9 • 26–27: Joh 5,45; Dtn 31,12 • 27: 9,6f.24 • 28: 4,26; 5,23; 16,18; 30,19; 32,1 • 29: 4,16.25; 9,12f; 27,15; 32,5.20.23.

Das Lied des Mose: 31,30 – 32,44

[30] Und Mose trug der vollzähligen Versammlung Israels den Wortlaut dieses Liedes vor, ohne irgendetwas auszulassen:

32 Hört zu, ihr Himmel, ich will reden, /
die Erde lausche meinen Worten.
[2] Meine Lehre wird strömen wie Regen, / meine Botschaft wird fallen wie Tau, / wie Regentropfen auf das Gras / und wie Tauperlen auf die Pflanzen.
[3] Ich will den Namen des Herrn verkünden. / Preist die Größe unseres Gottes!
[4] Er heißt: der Fels. Vollkommen ist, was er tut; / denn alle seine Wege sind recht. / Er ist ein unbeirrbar treuer Gott, / er ist gerecht und gerade.
[5] Ein falsches, verdrehtes Geschlecht fiel von ihm ab, / Verkrüppelte, die nicht mehr seine Söhne sind.
[6] Ist das euer Dank an den Herrn, / du dummes, verblendetes Volk? / Ist er nicht dein Vater, dein Schöpfer? / Hat er dich nicht geformt und hingestellt?
[7] Denk an die Tage der Vergangenheit, / lerne aus den Jahren der Geschichte! / Frag deinen Vater, er wird es dir erzählen, / frag die Alten, sie werden es dir sagen.
[8] Als der Höchste (den Göttern) die Völker übergab, / als er die Menschheit aufteilte, / legte er die Gebiete der Völker / nach der Zahl der Götter fest;
[9] der Herr nahm sich sein Volk als Anteil, / Jakob wurde sein Erbland.
[10] Er fand ihn in der Steppe, / in der Wüste, wo wildes Getier heult. / Er hüllte ihn ein, gab auf ihn Acht / und hütete ihn wie seinen Augenstern,
[11] wie der Adler, der sein Nest beschützt / und über seinen Jungen schwebt, / der seine Schwingen ausbreitet, ein Junges ergreift / und es flügelschlagend davonträgt.
[12] Der Herr allein hat Jakob geleitet, / kein fremder Gott stand ihm zur Seite.

32,1 meinen Worten, wörtlich: den Worten meines Mundes.
32,3 den Namen des Herrn, andere Übersetzungsmöglichkeit: einen Namen Jahwes. – Auf jeden Fall wird hier angekündigt, dass in diesem Lied für den unter dem Namen Jahwe bekannten Gott Israels ein neuer Name ausgerufen werden soll. Er beherrscht das ganze Lied und lautet: der Fels. Unter diesem Namen wurde Gott wohl in Jerusalem verehrt (vgl. Ps 62,8; 89,27).
32,5 Schwieriger, wahrscheinlich verderbter Text.
32,8 nach der Zahl der Götter, andere Lesart: nach der Zahl der Söhne Israels. – Diese Lesart ist jünger. Sie wurde eingeführt, um polytheistische Vorstellungen, die dieses Lied noch ohne Bedenken benutzt, zu beseitigen. Die gemeinte Zahl ist 70. Es gab 70 Götter, die die 70 Völker der Welt regierten. Da Israel (Jakob) 70 Nachkommen hatte, als er nach Ägypten zog (Ex 1,5), erlaubte man sich die Änderung von »Götter« in »Söhne Israels«.

13 Er führte ihn auf die Berge des Landes, /
er nährte ihn mit den Früchten des Feldes, /
er stillte ihn mit Wein aus den Felsen, / mit
Öl aus Felsspalten.
14 Mit Butter von Kühen, Milch von Scha-
fen und Ziegen, / dazu kam Fett von Läm-
mern, / von Widdern aus Baschan / und von
Ziegenböcken, / dazu Feinmehl aus Weizen. /
Das Blut der Trauben trankst du gegoren.
15 Und Jakob aß und wurde satt, / Jeschu-
run wurde fett und bockte. / Ja, fett und voll
und feist bist du geworden. / Er stieß den
Gott, der ihn geformt hatte, von sich / und
hielt den Fels für dumm, der ihn gerettet
hatte.
16 Sie weckten seine Eifersucht durch
Fremde, / durch gräuliche Wesen reizten sie
ihn zum Zorn:
17 Sie opferten Geistern, die keine Gotthei-
ten sind, / und Göttern, die sie früher nicht
kannten, / Neulingen, die erst vor kurzem
gekommen waren, / vor denen eure Väter
sich nicht fürchteten.
18 An den Fels, der dich gezeugt hat, /
dachtest du nicht mehr, / du vergaßest den
Gott, der dich geboren hat.
19 Da sah der Herr, dass er geschmäht wur-
de / von seinen Söhnen und Töchtern, / die
seinen Zorn erregten.
20 Und er sagte: Ich will mein Gesicht vor
ihnen verbergen / und dann sehen, was in
Zukunft mit ihnen geschieht. / Denn sie sind
eine Generation des Aufruhrs, / Söhne, in
denen die Untreue sitzt.
21 Sie haben meine Eifersucht geweckt /
durch einen Gott, der kein Gott ist, / mich
zum Zorn gereizt durch ihre Götter aus
Luft – / so wecke ich ihre Eifersucht / durch
ein Volk, das kein Volk ist, / durch ein dum-
mes Volk reize ich sie zum Zorn.
22 In meiner Nase ist Feuer entbrannt. / Es
lodert bis in die unterste Totenwelt, / ver-
zehrt die Erde und was auf ihr wächst / und
schmilzt die Fundamente der Berge.
23 Immer neue Not bürde ich ihnen auf, /
ich setze gegen sie alle meine Pfeile ein.
24 Sie werden ausgemergelt durch den
Hunger, / verzehrt durch die Pest und die
verheerende Seuche. / Den Zahn der Raub-
tiere lasse ich auf sie los, / dazu das Gift der
im Staube Kriechenden.
25 Auf der Straße raubt das Schwert die
Kinder / und in den Zimmern der Schre-
cken. / Da stirbt der junge Mann und das
Mädchen, / der Säugling und der Greis.
26 Ich könnte sagen: Sie sollen nicht mehr
sein, / kein Mensch soll später noch an sie
denken,
27 müsste ich nicht auch ihren Feind an-
greifen, / der meinen Zorn erregt, / ihre Geg-
ner, die sich nicht täuschen sollen, / die nicht
sagen sollen: Unsere Hand ist erhoben, / der
Herr hat nichts von allem getan.
28 Doch diesem Volk fehlt es an Rat, / ihm
mangelt es an Verstand.
29 Wären sie klug, so begriffen sie alles /
und verstünden, was in Zukunft mit ihnen
geschieht.
30 Wie kann ein Einziger hinter tausend
herjagen / und zwei zehntausend in die
Flucht schlagen, / es sei denn, ihr Fels hat sie
verkauft, / der Herr hat sie preisgegeben?
31 Doch der Fels unserer Feinde ist nicht
wie unser Fels; / das beweisen unsere Feinde.
32 Ihr Weinstock stammt von dem Wein-
stock Sodoms, / vom Todesacker Gomorras. /
Ihre Trauben sind giftige Trauben / und tra-
gen bittere Beeren.
33 Ihr Wein ist Schlangengift / und Gift
von ekligen Ottern.
34 Liegt dies nicht bei mir verborgen, / in
meinen Vorratskammern versiegelt
35 bis zum Tag der Strafe und Vergeltung, /
bis zu der Zeit, da ihr Fuß wanken wird? /
Doch der Tag ihres Verderbens ist nah / und
ihr Verhängnis kommt schnell. –
36 Ja, der Herr wird seinem Volk Recht ge-
ben / und mit seinen Dienern Mitleid ha-
ben. / Er wird sehen: Jede Hand ist ermü-
det, / es gibt nur noch Unterdrückte und
Hilflose.
37 Und er wird sagen: Wo sind ihre Göt-
ter? / Wo ist der Fels, bei dem sie Schutz
suchten?
38 Die das Fett ihrer Schlachtopfer essen, /
die den Wein ihrer Trankopfer trinken – / die

32,13 er nährte ihn mit den Früchten des Feldes, andere Lesart: und er aß von den Früchten des Feldes. – Er stillte ihn mit Wein aus dem Felsen, mit Öl aus den Felsspalten: Es ist wohl an Weinberge und Ölhaine gedacht, die auf felsendurchwachsenen Berghängen angelegt sind. Andere Übersetzungsmöglichkeit: mit Honig aus dem Felsen.

32,15 Die erste Zeile fehlt bei einem Teil der Textzeugen. – Jeschurun: kultischer Name für Israel.

32,19 Andere Lesart: Der Herr sah (es) und er verstieß im Zorn seine Söhne und Töchter.

32,24 im Staube Kriechende: Schlangen.

32,28 diesem Volk: gemeint sind die Gegner Israels.

32,31 In der zweiten Vershälfte ist die Deutung von H unsicher.

32,35 Andere Lesart: Mein ist die Strafe und die Vergeltung zu der Zeit, da ihr Fuß wanken wird. – Röm 12,19 und Hebr 10,30 setzen diese Lesart voraus.

sollen vortreten und euch helfen. / Dieser Fels soll ein Schutzdach über euch sein.

39 Jetzt seht: Ich bin es, nur ich, / und kein Gott tritt mir entgegen. / Ich bin es, der tötet und der lebendig macht. / Ich habe verwundet; nur ich werde heilen. / Niemand kann retten, wonach meine Hand gegriffen hat.

40 Ich hebe meine Hand zum Himmel empor / und sage: So wahr ich ewig lebe:

41 Habe ich erst die Klinge meines Schwertes geschliffen, / um das Recht in meine Hand zu nehmen, / dann zwinge ich meinen Gegnern die Strafe auf / und denen, die mich hassen, die Vergeltung.

42 Meine Pfeile mache ich trunken von Blut, / während mein Schwert sich ins Fleisch frisst – / trunken vom Blut Erschlagener und Gefangener, / ins Fleisch des höchsten feindlichen Fürsten.

43 Erhebt das Siegesgeschrei, ihr Himmel, zusammen mit ihm, / werft euch vor ihm nieder, ihr Götter! / Denn er erzwingt die Strafe für das Blut seiner Söhne / und entsühnt das Land seines Volkes.

44 Dann kam Mose zum Volk und trug ihm das Lied in seinem vollen Wortlaut vor, er und Josua, der Sohn Nuns.

4: Röm 9,14; 2 Thess 3,3; Offb 15,3; 16,5 • 5: Mt 17,17; Lk 9,41; Apg 2,40; Phil 2,15; Mt 6,9; Lk 11,2; Joh 8,41 • 8: Apg 17,27; Ps 82 • 15: 33,5.26 • 16: 1 Kor 10,20; Offb 9,20 • 20: Mt 17,17; Lk 9,41 • 21: Röm 10,19; 11,11; 1 Kor 10,22 • 29: Lk 19,42 • 31: 1 Sam 2,2 • 35–36: Lk 21,22; Röm 12,19; Hebr 10,30; 1 Thess 4,6 • 36: 2 Kön 14,26; Ps 135,14 • 39: Jes 43,10–13 • 40: Offb 10,5f • 43: Röm 15,10 G; Hebr 1,6; Offb 6,10; 18,20; 19,2.

Die Mahnung zur Belehrung der nächsten Generation: 32,45–47

45 Als Mose damit zu Ende war, alle diese Worte vor ganz Israel vorzutragen, 46 sagte er zu ihnen: Schenkt allen Bestimmungen eure Beachtung. Heute beschwöre ich euch: Verpflichtet eure Kinder, dass auch sie auf alle Bestimmungen dieser Weisung achten und sie halten. 47 Das ist kein leeres Wort, das ohne Bedeutung für euch wäre, sondern es ist euer Leben. Wenn ihr diesem Wort folgt, werdet ihr lange in dem Land leben, in das ihr jetzt über den Jordan hinüberzieht, um es in Besitz zu nehmen.

46: 4,9; 31,13 • 47: 4,1–4; 30,15–20.

Gottes Weisung über das Sterben des Mose: 32,48–52

48 Am selben Tag sagte der Herr zu Mose: 49 Geh hinauf in das Gebirge Abarim, das du vor dir siehst, steig auf den Berg Nebo, der in Moab gegenüber Jericho liegt, und schau auf das Land Kanaan, das ich den Israeliten als Grundbesitz geben werde. 50 Dort auf dem Berg, den du ersteigst, sollst du sterben und sollst mit deinen Vorfahren vereint werden, wie dein Bruder Aaron auf dem Berg Hor gestorben ist und mit seinen Vorfahren vereint wurde. 51 Denn ihr seid mir untreu gewesen inmitten der Israeliten beim Haderwasser von Kadesch in der Wüste Zin und habt mich inmitten der Israeliten nicht als den Heiligen geehrt. 52 Du darfst das Land von der anderen Talseite aus sehen. Aber du darfst das Land, das ich den Israeliten geben werde, nicht betreten.

48–52: Num 27,12–14; 33,47f; Apg 7,45 • 50: Num 20,22–29 • 51: Num 20,2–13.

DER SEGEN DES MOSE: 33,1–29

33 Und das ist der Segen, mit dem Mose, der Mann Gottes, die Israeliten segnete, bevor er starb.

Einleitung: 33,2–5

2 Er sprach:

Der Herr kam hervor aus dem Sinai, / er leuchtete vor ihnen auf aus Seïr, / er strahlte aus dem Gebirge Paran, / er trat heraus aus Tausenden von Heiligen. / Ihm zur Rechten flammte vor ihnen das Feuer des Gesetzes.

3 Der du die Völker liebst: / In deiner Hand sind alle Heiligen eines jeden von ihnen. / Sie haben sich dir zu Füßen geworfen, / jeder wird sich erheben, wenn du es befiehlst.

4 Mose hat uns eine Weisung übergeben, / ein Besitztum für eine Gemeinde Jakobs,

32,45 Hier sind drei verschiedene Textfassungen überliefert. Die Übersetzung folgt der wahrscheinlichsten Rekonstruktion.

33,2–29 Ein sehr alter, mehrfach neu gedeuteter und erweiterter Text. Er ist hier nach der ältesten in Handschriften erfassbaren Gestalt übersetzt. Einleitung und Schluss bilden zusammen einen rahmenden Psalm. Er ist in der hier übersetzten Fassung heilsgeschichtlich zu verstehen

33,2 vor ihnen: vor den Israeliten. Der Vers spricht von der Offenbarung am Sinai, nimmt aber auch anderes aus der Wüstenwanderung Israels hinein. Die »Heiligen« sind die Engel. Der Ausdruck »Tausende von Heiligen« ist in H aber zugleich eine An-

5 und ein König erstand in Jeschurun – /
als sich die Häupter des Volkes versammelten, / die Vereinigung der Stämme Israels.

2: Ri 5,4; Ps 68,8; Mt 25,31; Jud 14 • 3: Apg 20,32; 26,18; Eph 1,18 • 5: 1,13; 29,9; 32,15.

Der Segen über die Stämme:
33,6–25

6 Ruben soll leben, er sterbe nicht aus – /
doch habe er wenig Männer.
7 Und dies sagte er für Juda:
Höre, Herr, die Stimme Judas, / führ ihn heim zu seinem Volk. / Mit eigenen Händen kämpfe er dafür – / sei du ihm Hilfe gegen seine Feinde.
8 Für Levi sagte er:
Levi hat deine Tummim erhalten, / deine Urim dein treuer Gefolgsmann, / den du in Massa auf die Probe stelltest, / mit dem du strittest am Wasser von Meriba;
9 der von seinem Vater und seiner Mutter sagte: / Ich habe beide nie gesehen!, / und der seine Brüder nicht erkannte / und von seinen Kindern nichts wissen wollte. / Denn die Leviten haben auf dein Wort geachtet – / nun wachen sie über deinen Bund.
10 Sie lehren Jakob deine Rechtsvorschriften, / Israel deine Weisung. / Sie legen Weihrauch auf, damit du ihn riechst, / legen das Ganzopfer auf deinen Altar.
11 Segne, Herr, Levis Besitz, / freu dich am Werk seiner Hände! / Zerschlag seinen Feinden die Hüften, / seinen Hassern, sodass sie sich nicht mehr erheben.
12 Für Benjamin sagte er:
In Sicherheit wohne / der Liebling des Herrn. / Täglich wacht / über ihn der Höchste / und zwischen seinen Schultern wohne er.
13 Und für Josef sagte er:
Sein Land sei vom Herrn gesegnet / mit Köstlichem des Himmels, mit Tau, / mit Grundwasser, das in der Tiefe lagert,
14 mit Köstlichem aus den Erzeugnissen der Sonne, / mit Köstlichem aus dem, was jeden Monat sprießt,
15 mit dem Besten uralter Berge, / mit Köstlichem ewiger Hügel,
16 mit Köstlichem des Landes und seiner Bewohner / und (über ihn komme) die Gnade dessen, / der im Dornbusch wohnt. / Das komme über Josefs Haupt, / auf den Scheitel des Geweihten aus seiner Brüder Schar.
17 Der Erstling seines Stiers – wie herrlich ist er! / Seine Hörner sind Büffelhörner. / Mit ihnen stoße er die Völker alle zusammen nieder, / die Enden der Welt. / Das sind die Zehntausende aus Efraim, / das sind die Tausende aus Manasse.
18 Und für Sebulon sagte er:
Lache, Sebulon, wenn du in See stichst, / und du, Issachar, in deinen Zelten!
19 Sie werden Völker zum Berge rufen, / dort werden sie gültige Opfer schlachten. / Denn sie nähren sich vom Überfluss der Meere, / von Schätzen, die im Sand verborgen sind.
20 Und für Gad sagte er:
Gepriesen sei der, der Gad Raum schafft. / Gad lauert wie ein Löwe, / Arm und Kopf reißt er ab.
21 Das erste Stück hat er sich ausgesucht, / denn wo der Anteil des Anführers war, / da

---

spielung auf eine weitere Örtlichkeit der Wüstenwanderung: Meribat Kadesch.
33,3 die Völker: hier die zwölf Stämme Israels. Ihre »Heiligen« sind entweder ihre Schutzengel oder die einzelnen Menschen aus den Stämmen.
33,4 Weisung: die deuteronomische Gesetzgebung im Land Moab.
33,5 Einführung des Königtums unter Samuel. Zu Jeschurun vgl. die Anmerkung zu 32,15.
33,7 Entweder die Zeit nach Sauls Tod oder die Zeit nach der Reichsspaltung.
33,8 Tummim und Urim sind Orakelinstrumente. Andere Lesart: Deine Tummim und Urim gebühren deinem treuen Gefolgsmann.
33,10 Wörtlich: Sie legen Weihrauch in deine Nase.
33,12 Andere Lesart: In Sicherheit wohne der Liebling des Herrn an dessen Seite. Täglich wacht er über ihn und zwischen seinen Schultern wohnt er. – Das Wohnen zwischen den Schultern kann sich auf Benjamin beziehen: Er sei an Gottes Schultern, an Gottes Brust geborgen. Oder es kann sich auf Gott beziehen: Sein Heiligtum stehe zwischen den Schultern, d. h. den Bergen des Stammesgebiets von Benjamin.
33,14 Erzeugnisse der Sonne: wohl die Früchte, die nur einmal im Jahr wachsen, im Gegensatz zu dem, »was jeden Monat sprießt«, d. h. während des ganzen Jahres wächst.
33,16 seiner Brüder Schar: die zwölf Söhne Jakobs.
33,17 Josefs »Stier« ist der Gott Israels. Noch in der Königszeit wurde Gott auch in Gestalt eines Stierbildes verehrt. Josef gilt dem Dichter als Gottes Erstgeborener, wird also selbst auch mit einem gewaltigen Stier verglichen.
33,19 Der »Berg« war vielleicht ursprünglich der Tabor. »Schätze, die im Sand verborgen sind«: entweder zugewehtes Strandgut oder der Sand selbst, der für die Glaserzeugung gebraucht wurde.
33,20 Der, »der Gad Raum schafft«, ist Jahwe, der Gott Israels.
33,21 Andere Lesart: Das erste Stück hat er sich ausgesucht, denn dort ist der Anteil des verborge-

versammelten sich die Häupter des Volkes. /
Er tat, was vor dem Herrn recht ist, / (hielt
sich) gemeinsam mit Israel (an) seine Rechts-
vorschriften.
22 Und für Dan sagte er:
Dan ist ein junger Löwe, / der aus dem Ba-
schan hervorspringt.
23 Und für Naftali sagte er:
Naftali, gesättigt mit Gnade, / gefüllt mit
dem Segen des Herrn – / See und Süden
nimm in Besitz!
24 Und für Ascher sagte er:
Mehr als die (anderen) Söhne sei Ascher
gesegnet, / bei seinen Brüdern sei er beliebt, /
er bade seinen Fuß in Öl.
25 Deine Riegel seien von Eisen und Bron-
ze. / Hab Frieden, solange du lebst!

6–25: ‖ Gen 49,3–27 • 8: 1 Sam 14,37–42 G; Ex 17; Num 20,2–13 • 9: Ex 32,27–29; Mt 10,37; Lk 14,26 • 12: 2 Thess 2,13 • 16: Ex 3,2–4.

Schluss: 33,26–29

26 Keiner ist wie der Gott Jeschuruns, / der
in den Himmel steigt, um dir zu helfen, / auf
die Wolken in seiner Hoheit.
27 Eine Wohnung ist der Gott der Urzeit, /
von unten (tragen sie) die Arme des Ewigen. /
Er trieb den Feind vor dir her, / er sagte (zu
dir): Vernichte!
28 So siedelte Israel sich sicher an, / die
Quelle Jakobs für sich allein, / in einem Land
voller Korn und Wein, / dessen Himmel Tau
träufeln lässt.
29 Wie glücklich bist du, Israel! / Wer ist
dir gleich, / du Volk, gerettet durch den
Herrn, / den Schild, der dir hilft, / deine Ho-
heit, wenn das Schwert kommt? Deine Fein-
de werden sich vor dir erniedrigen / und du
setzt deinen Fuß auf ihre Nacken.

28: Gen 27,28.

DER TOD DES MOSE: 34,1–9

34 Mose stieg aus den Steppen von
Moab hinauf auf den Nebo, den Gip-
fel des Pisga gegenüber Jericho, und der
Herr zeigte ihm das ganze Land. Er zeigte
ihm Gilead bis nach Dan hin, 2 ganz Naftali,
das Gebiet von Efraim und Manasse, ganz
Juda bis zum Mittelmeer, 3 den Negeb und
die Jordangegend, den Talgraben von Jeri-
cho, der Palmenstadt, bis Zoar. 4 Der Herr
sagte zu ihm: Das ist das Land, das ich Abra-
ham, Isaak und Jakob versprochen habe mit
dem Schwur: Deinen Nachkommen werde
ich es geben. Ich habe es dich mit deinen Au-
gen schauen lassen. Hinüberziehen wirst du
nicht. 5 Danach starb Mose, der Knecht des
Herrn, dort in Moab, wie es der Herr be-
stimmt hatte. 6 Man begrub ihn im Tal, in
Moab, gegenüber Bet-Pegor. Bis heute kennt
niemand sein Grab.
7 Mose war hundertzwanzig Jahre alt, als
er starb. Sein Auge war noch nicht getrübt,
seine Frische war noch nicht geschwunden.
8 Die Israeliten beweinten Mose dreißig Tage
lang in den Steppen von Moab. Danach war
die Zeit des Weinens und der Klage um Mose
beendet. 9 Josua, der Sohn Nuns, war vom
Geist der Weisheit erfüllt, denn Mose hatte
ihm die Hände aufgelegt. Die Israeliten hör-
ten auf ihn und taten, was der Herr dem
Mose aufgetragen hatte.

1–3: 3,27 • 4: 1,37; 3,26–28; 4,21f; 3,12 • 7: 31,2 • 8: Num 20,29 • 9: Num 27,18–23.

DER ABSCHLUSS DER FÜNF BÜCHER DES MOSE: 34,10–12

10 Niemals wieder ist in Israel ein Prophet
wie Mose aufgetreten. Ihn hat der Herr Auge
in Auge berufen. 11 Keiner ist ihm vergleich-
bar, wegen all der Zeichen und Wunder, die
er in Ägypten im Auftrag des Herrn am Pha-
rao, an seinem ganzen Hof und an seinem
ganzen Land getan hat, 12 wegen all der Be-
weise seiner starken Hand und wegen all der
Furcht erregenden und großen Taten, die
Mose vor den Augen von ganz Israel voll-
bracht hat.

10: Ex 33,11 • 11: Num 12,6–8 • 12: 4,34.

nen Anführers. Er kam zu den Häuptern des Volkes. – Der »verborgene Anführer« ist nach der jüdischen Tradition Mose, der im Gebiet des Stammes Gad an einem unbekannten Ort begraben ist. Bei der Versammlung der »Häupter des Volkes« kann man für die hier übersetzte Textfassung an die deuteronomische Gesetzgebung durch Mose denken.

33,23 See und Süden: See Gennesaret und dessen Südufer. Der Hauptbesitz von Naftali war im galiläischen Bergland. Hier wird nur auf eine Gebietsausdehnung nach Süden hingewiesen.

33,26 Zu Jeschurun vgl. die Anmerkung zu 32,15.

33,28 Quelle Jakobs: alle, die aus Jakob hervorgegangen sind, also das Volk Israel durch die Generationen hindurch.

34,1–3 Ein Teil der Textzeugen bringt eine andere, kürzere Landbeschreibung.

Die Bücher der Geschichte des Volkes Gottes

Das Buch Josua

Dieses Buch ist nach Josua, dem Nachfolger des Mose, benannt. Es berichtet vom Einzug Israels in das verheißene Land und umfasst den Zeitraum vom Tod des Mose bis zum Tod Josuas. In dieser Zeit wird nach der Darstellung des Buches das von Gott verheißene Land westlich des Jordan erobert und durch Josua an die Stämme Israels verteilt, soweit sie nicht schon im Ostjordanland (Ruben, Gad und der halbe Stamm Manasse) Landbesitz erhalten haben (vgl. Num 32). Der Bericht über die feierliche Verpflichtung Israels auf Jahwe, seinen Gott, schließt das Buch ab. Dementsprechend besteht das Buch aus drei Teilen: Eroberung des Westjordanlandes unter Führung Josuas (Kap. 1 – 12); Verteilung des Landes (Kap. 13 – 22); Verpflichtung auf Jahwe (Kap. 23 und 24).

Der erste Teil enthält Erzählungen über die Landnahme, die als rein kriegerisches Unternehmen gesehen wird (doch vgl. Ri 1). Die meisten dieser Erzählungen, ausgenommen der Bericht über die Schlacht bei dem im Norden Palästinas gelegenen Merom (11,1–15), spielen in Mittelpalästina. Dort gewann der Stamm Benjamin, dem Josua angehörte, sein Gebiet. Josua wird zur beherrschenden Gestalt der ganzen Darstellung der Eroberung des Landes: Nach seiner Beauftragung (Kap. 1) wird Jericho erkundet (Kap. 2) und der Jordan überschritten (Kap. 3 und 4). Israel lagert in Gilgal (Kap. 5) und erobert von dort aus durch göttliche Hilfe Jericho (Kap. 6). Nach einem Fehlschlag, der durch einen Diebstahl Achans an dem Jahwe geweihten Beutegut verursacht war, wird Ai erobert (Kap. 7 und 8). Die Gibeoniter erlisten sich einen Vertrag mit Israel (Kap. 9); in der Nähe ihrer Stadt werden fünf Könige der Kanaaniter besiegt (Kap. 10). Über Eroberungen im Süden und Norden wird nur zusammenfassend berichtet (10,28 – 11,23). Eine Liste der in Kanaan besiegten Könige beschließt die Darstellung der Landnahme (Kap. 12).

Die Erzählungen des Buches Josua sind von recht verschiedener Art: Neben Kampfberichten stehen listenartige Angaben, Anweisungen und Berichte über kultische Begehungen, Erzählungen über Auseinandersetzungen in Israel selbst und mit den Bewohnern des Landes. Einige dieser Erzählungen, darunter Kap. 22, »erklären« auffallende Gegebenheiten: den Steinkreis bei Gilgal, die zwölf Steine im Jordan, die Ortsnamen »Hügel der Vorhäute« und Gilgal, den Steinhaufen im Achortal bei Jericho, den Ruinenhügel bei Ai, das Vertragsverhältnis mit Gibeon, den Altar im Ostjordanland. Man bezeichnet sie deshalb als Ätiologien (Ursprungserzählungen).

Der zweite Teil enthält die Angaben über die Verteilung des Landes. Nach dem Befehl Gottes (13,1–7) werden das Ostjordanland (13,15–33) und das Westjordanland an die Stämme verteilt (Kap. 14 – 19). Asyl- und Levitenstädte werden eingerichtet (Kap. 20 und 21). Der Streit um einen Altar östlich des Jordan wird beigelegt (Kap. 22). In der Gebiets- und Grenzbeschreibung der einzelnen Stämme sind vermutlich alte Listen, vor allem über die verwaltungsmäßige Einteilung Judas, verwendet.

Der dritte Teil des Buches enthält zwei Abschiedsreden, in denen Josua Israel zum Gehorsam gegenüber Gott verpflichtet. Diese Verpflichtung übernimmt Israel auf dem »Landtag« zu Sichem (Kap. 23 und 24).

Das Buch Josua, das zum Deuteronomistischen Geschichtswerk gehört (vgl. die Einleitung zum Buch Deuteronomium), will bezeugen, dass Gott die Landverheißung eingelöst hat, und es mahnt Israel, seinem Bund mit Gott treu zu bleiben.

DIE EROBERUNG DES LANDES: 1,1 – 12,24

Der Befehl zur Besetzung des Westjordanlandes: 1,1–18

1 Nachdem Mose, der Knecht des Herrn,
gestorben war, sagte der Herr zu Josua,
dem Sohn Nuns, dem Diener des Mose:
2 Mein Knecht Mose ist gestorben. Mach
dich also auf den Weg und zieh über den Jor-
dan hier mit diesem ganzen Volk in das
Land, das ich ihnen, den Israeliten, geben
werde. 3 Jeden Ort, den euer Fuß betreten
wird, gebe ich euch, wie ich es Mose verspro-
chen habe. 4 Euer Gebiet soll von der Steppe
und vom Libanon an bis zum großen Strom,
zum Eufrat, reichen – das ist das ganze Land
der Hetiter – und bis hin zum großen Meer,
wo die Sonne untergeht. 5 Niemand wird dir
Widerstand leisten können, solange du lebst.
Wie ich mit Mose war, will ich auch mit dir
sein. Ich lasse dich nicht fallen und verlasse
dich nicht. 6 Sei mutig und stark! Denn du
sollst diesem Volk das Land zum Besitz ge-
ben, von dem du weißt: Ich habe ihren Vä-
tern geschworen, es ihnen zu geben. 7 Sei nur
mutig und stark und achte genau darauf,
dass du ganz nach der Weisung handelst, die
mein Knecht Mose dir gegeben hat. Weich
nicht nach rechts und nicht nach links davon
ab, damit du Erfolg hast in allem, was du un-
ternimmst. 8 Über dieses Gesetzbuch sollst
du immer reden und Tag und Nacht darüber
nachsinnen, damit du darauf achtest, genau
so zu handeln, wie darin geschrieben steht.
Dann wirst du auf deinem Weg Glück und
Erfolg haben. 9 Habe ich dir nicht befohlen:
Sei mutig und stark? Fürchte dich also nicht
und hab keine Angst; denn der Herr, dein
Gott, ist mit dir bei allem, was du unter-
nimmst.
10 Da befahl Josua den Listenführern im
Volk: 11 Geht durch das Lager und befehlt
den Leuten: Versorgt euch mit Lebensmit-
teln; denn in drei Tagen werdet ihr den Jor-
dan hier überschreiten, um in das Land hi-
neinzuziehen und es in Besitz zu nehmen,
das der Herr, euer Gott, euch zu eigen gibt.
12 Und den Rubenitern, den Gaditern und
dem halben Stamm Manasse sagte Josua:
13 Erinnert euch an das, was Mose, der
Knecht des Herrn, euch geboten hat: Der
Herr, euer Gott, gewährt euch Ruhe und gibt
euch dieses Land. 14 Eure Frauen, eure Kin-
der und euer Vieh sollen in dem Land blei-
ben, das Mose euch östlich des Jordan gege-
ben hat. Ihr aber sollt mit euren Brüdern
hinübergehen, ihnen kampfbereit mit allen
Kriegern voranziehen und ihnen helfen,
15 bis der Herr euren Brüdern ebenso wie
euch Ruhe gewährt und bis auch sie das
Land in Besitz nehmen, das der Herr, euer
Gott, ihnen gibt. Dann sollt ihr in euren eige-
nen Besitz zurückkehren, in das Land, das
euch Mose, der Knecht des Herrn, östlich des
Jordan gegen Sonnenaufgang als Besitz ge-
geben hat. 16 Sie antworteten Josua: Alles,
was du uns befohlen hast, wollen wir tun
und dahin, wohin du uns schickst, werden
wir gehen. 17 Genauso, wie wir auf Mose ge-
hört haben, wollen wir auch auf dich hören.
Der Herr aber, dein Gott, möge mit dir sein,
wie er mit Mose gewesen ist. 18 Jeder, der sich
deinem Befehl widersetzt und nicht allen
deinen Anordnungen gehorcht, soll mit dem
Tod bestraft werden. Sei nur mutig und
stark!

1: Dtn 34,5 • 3: Dtn 11,24 • 5: Dtn 31,6.8 • 6: Dtn 3,28 • 7: Dtn 5,32; 29,8 • 11: Dtn 3,12–29 • 12–18: 4,12 • 13: Num 32,20–29.

Die Kundschafter in Jericho: 2,1–24

2 Josua, der Sohn Nuns, schickte von
Schittim heimlich zwei Kundschafter
aus und befahl ihnen: Geht, erkundet das
Land, besonders die Stadt Jericho! Sie bra-
chen auf und kamen zu dem Haus einer Dir-
ne namens Rahab; dort wollten sie über-
nachten. 2 Man meldete dem König von Jeri-
cho: Heute Nacht sind ein paar Männer hier-
her gekommen, Israeliten, um das Land aus-
zukundschaften. 3 Da schickte der König von
Jericho Boten zu Rahab und ließ ihr sagen:
Gib die Männer heraus, die bei dir in deinem
Haus eingekehrt sind; denn sie sind gekom-
men, um das ganze Land auszukundschaf-

1,4 Umschreibung des verheißenen Landes in seiner idealen größten Ausdehnung. Syrien-Palästina ist nach den assyrischen Königsinschriften das Hetiterland.

1,6b Vgl. die Anmerkung zu Dtn 1,8.

1,12 Diese Stämme hatten ihren Landanteil bereits im Ostjordanland erhalten (vgl. Num 32).

1,14f östlich, wörtlich: jenseits; vom Standpunkt des Autors aus betrachtet, der in Palästina lebt.

2,1 Schittim lag am Ostrand der Jordansenke, Jericho gegenüber. Das Haus der Rahab scheint eine an der Stadtmauer gelegene (V. 15) Herberge zu sein. Rahab, im Stammbaum Jesu Mt 1,5 als Mutter des Boas genannt, wird Hebr 11,31 wegen ihres Glaubens, Jak 2,25 wegen ihrer guten Werke gerühmt.

ten. [4] Da nahm die Frau die beiden Männer
und versteckte sie. (Zu den Boten aber) sagte
sie: Ja, die Männer sind zu mir gekommen;
doch ich wusste nicht, woher sie waren. [5] Als
das Stadttor bei Einbruch der Dunkelheit
geschlossen werden sollte, sind die Männer
weggegangen; ich weiß aber nicht, wohin sie
gegangen sind. Lauft ihnen schnell nach,
dann könnt ihr sie noch einholen. [6] Sie hatte
aber die Männer auf das flache Dach ge-
bracht und unter den Flachsstängeln ver-
steckt, die auf dem Dach aufgeschichtet wa-
ren. [7] Inzwischen hatte man die Verfolgung
der Männer aufgenommen, und zwar in
Richtung Jordan, zu den Furten hin. Und
man hatte das Stadttor geschlossen, nach-
dem die Verfolger hinausgegangen waren.

[8] Bevor die Männer sich niederlegten, stieg
Rahab zu ihnen auf das Dach hinauf [9] und
sagte zu ihnen: Ich weiß, dass der Herr euch
das Land gegeben hat und dass uns Furcht
vor euch befallen hat und alle Bewohner des
Landes aus Angst vor euch vergehen. [10] Denn
wir haben gehört, wie der Herr das Wasser
des Schilfmeers euretwegen austrocknen
ließ, als ihr aus Ägypten ausgezogen seid.
Wir haben auch gehört, was ihr mit Sihon
und Og, den beiden Königen der Amoriter
jenseits des Jordan, gemacht habt: Ihr habt
sie dem Untergang geweiht. [11] Als wir das
hörten, zerschmolz unser Herz und jedem
stockte euretwegen der Atem; denn der Herr,
euer Gott, ist Gott droben im Himmel und
hier unten auf der Erde. [12] Nun schwört mir
beim Herrn, dass ihr der Familie meines Va-
ters euer Wohlwollen erweist, wie ich es euch
erwiesen habe, und gebt mir ein sicheres Zei-
chen dafür, [13] dass ihr meinen Vater und
meine Mutter, meine Brüder und meine
Schwestern und alles, was ihnen gehört, am
Leben lasst und dass ihr uns vor dem Tod be-
wahrt. [14] Die Männer antworteten ihr: Wir
bürgen mit unserem Leben für euch, wenn
ihr nur unsere Sache nicht verratet. Wenn
uns der Herr das Land gibt, werden wir dir
unser Wohlwollen und unsere Treue zeigen.
[15] Darauf ließ die Frau sie mit einem Seil
durch das Fenster die Stadtmauer hinab; das
Haus, in dem sie wohnte, war nämlich in die
Stadtmauer eingebaut. [16] Sie riet ihnen:
Geht ins Gebirge, damit die Verfolger euch
nicht finden; dort haltet euch drei Tage lang
verborgen, bis die Verfolger zurückgekehrt
sind; dann könnt ihr eures Weges gehen.
[17] Die Männer sagten zu ihr: Wir können uns
nur unter folgender Bedingung an den Eid
halten, den du uns hast schwören lassen:
[18] Wenn wir in das Land eindringen, musst
du diese geflochtene purpurrote Schnur an
das Fenster binden, durch das du uns herab-
gelassen hast, und du musst deinen Vater,
deine Mutter, deine Brüder und die ganze
Familie deines Vaters bei dir in deinem Haus
versammeln. [19] Jeder aber, der aus der Tür
deines Hauses heraustritt, ist selbst schuld,
wenn sein Blut vergossen wird. Wir sind
dann ohne Schuld. Doch bei jedem, der mit
dir in deinem Haus bleibt, tragen wir die
Schuld, wenn Hand an ihn gelegt wird.
[20] Auch wenn du unsere Sache verrätst,
brauchen wir uns nicht an den Eid zu halten,
den du uns hast schwören lassen. [21] Sie ant-
wortete: Es sei, wie ihr gesagt habt. Dann
ließ sie die beiden gehen und band die pur-
purrote Schnur an das Fenster. [22] Die Män-
ner gingen also und kamen ins Gebirge; dort
blieben sie drei Tage, bis die Verfolger (in die
Stadt) zurückgekehrt waren. Die Verfolger
hatten sie überall gesucht, aber nicht gefun-
den. [23] Dann machten sich die beiden Män-
ner auf den Rückweg. Sie stiegen vom Gebir-
ge herab, überschritten den Jordan und ka-
men zu Josua, dem Sohn Nuns. Sie erzählten
ihm alles, was sie erfahren hatten, [24] und
sagten: Der Herr hat uns das ganze Land
ausgeliefert; alle Bewohner des Landes ver-
gehen aus Angst vor uns.

1: 6,22 • 10: Ex 14,21; Num 21,21–26 • 12: 6,25 • 14: 6,22.

Der Übergang über den Jordan: 3,1–17

3 Am frühen Morgen brach Josua mit al-
len Israeliten von Schittim auf. Als sie
an den Jordan kamen, übernachteten sie
dort, bevor sie ihn überschritten. [2] Nach drei
Tagen gingen die Listenführer durch das La-
ger [3] und befahlen dem Volk: Wenn ihr die
Bundeslade des Herrn, eures Gottes, seht
und die levitischen Priester, die sie tragen,
dann sollt auch ihr von dort, wo ihr gerade
seid, aufbrechen und ihr folgen; [4] nur müsst
ihr zwischen ihr und euch einen Abstand von
zweitausend Ellen lassen, ihr dürft nicht zu
nahe an sie herankommen. So werdet ihr
wissen, welchen Weg ihr gehen sollt; denn
ihr seid den Weg ja früher noch nie gegan-
gen. [5] Und Josua sagte zum Volk: Heiligt

2,10 Dem Untergang weihen: eine alte Kriegssitte, die auf Gottes Befehl bei der Eroberung des Landes anzuwenden war (vgl. 6,18–24; 10,22–27 und die Anmerkung zu Dtn 2,34).

2,19 ist selbst schuld, wenn sein Blut vergossen wird: wörtlich: sein Blut ist auf seinem Haupt.

3,5 Wie für eine kultische Handlung muss sich das Volk durch sexuelle Enthaltung und Reinigen der Kleider bereit machen.

euch; denn morgen wird der Herr mitten unter euch Wunder tun. 6 Und zu den Priestern sagte Josua: Nehmt die Bundeslade auf und zieht dem Volk voran! Und sie nahmen die Bundeslade auf und gingen dem Volk voraus.

7 Da sagte der Herr zu Josua: Heute fange ich an, dich vor den Augen ganz Israels groß zu machen, damit alle erkennen, dass ich mit dir sein werde, wie ich mit Mose gewesen bin. 8 Du aber sollst den Priestern, die die Bundeslade tragen, befehlen: Wenn ihr zum Ufer des Jordan kommt, geht in den Jordan hinein und bleibt dort stehen! 9 Darauf sagte Josua zu den Israeliten: Kommt her und hört die Worte des Herrn, eures Gottes! 10 Dann sagte Josua: Daran sollt ihr erkennen, dass ein lebendiger Gott mitten unter euch ist: Er wird die Kanaaniter, die Hetiter, Hiwiter, Perisiter, Girgaschiter, Amoriter und Jebusiter vor euren Augen vertreiben. 11 Seht, die Bundeslade des Herrn der ganzen Erde zieht vor euch her durch den Jordan. 12 Wählt nun zwölf Männer aus den Stämmen Israels aus, aus jedem Stamm einen! 13 Sobald die Füße der Priester, die die Lade des Herrn tragen, des Herrn der ganzen Erde, im Wasser des Jordan stehen, wird das Wasser des Jordan, das von oben herabkommt, wie abgeschnitten sein und wie ein Wall dastehen.

14 Als dann das Volk seine Zelte verließ und aufbrach, um den Jordan zu überschreiten, gingen die Priester, die die Bundeslade trugen, an der Spitze des Volkes. 15 Und als die Träger der Lade an den Jordan kamen und die Füße der Priester, die die Lade trugen, das Wasser berührten – der Jordan war aber während der ganzen Erntezeit über alle Ufer getreten –, 16 da blieben die Fluten des Jordan stehen. Das von oben herabkommende Wasser stand wie ein Wall in weiter Entfernung, bei der Stadt Adam, die in der Nähe von Zaretan liegt. Die zum Meer der Araba, zum Salzmeer, hinabfließenden Fluten dagegen liefen vollständig ab und das Volk zog Jericho gegenüber durch den Jordan. 17 Die Priester, die die Bundeslade des Herrn trugen, standen, während ganz Israel trockenen Fußes hindurchzog, fest und sicher mitten im Jordan auf trockenem Boden, bis das ganze Volk den Jordan durchschritten hatte.

7: 4,14; 1,5.17 • 13: 4,7 • 16: Ex 14,21; Ps 114,3.

Die zwölf Gedenksteine: 4,1 – 5,1

4 Als das ganze Volk den Jordan durchschritten hatte, sagte der Herr zu Josua: 2 Wählt aus dem Volk zwölf Männer aus, aus jedem Stamm einen, 3 und befehlt ihnen: Hebt hier, an der Stelle mitten im Jordan, wo die Priester fest und sicher standen, zwölf Steine auf, nehmt sie mit hinüber und legt sie an dem Ort nieder, an dem ihr die nächste Nacht verbringt. 4 Da rief Josua die zwölf Männer, die er aus den Israeliten bestimmt hatte, aus jedem Stamm einen, 5 und sagte zu ihnen: Geht vor der Lade des Herrn, eures Gottes, her bis zur Mitte des Jordan; dort soll jeder von euch einen Stein auf seine Schulter heben, so viele Steine, wie es Stämme der Israeliten gibt. 6 Sie sollen unter euch ein Zeichen sein. Wenn euch eure Söhne morgen fragen: Was bedeuten diese Steine für euch?, 7 dann antwortet ihnen: (Sie bedeuten,) dass die Fluten des Jordan vor der Bundeslade des Herrn wie abgeschnitten waren; als sie durch den Jordan zog, waren die Fluten des Jordan wie abgeschnitten. So sind diese Steine ein ewiges Erinnerungszeichen für die Israeliten. 8 Die Israeliten taten, was Josua befohlen hatte, und nahmen zwölf Steine mitten aus dem Jordan, so viele, wie es Stämme der Israeliten gab, wie es der Herr dem Josua befohlen hatte. Sie nahmen sie mit hinüber zu ihrem Rastplatz und stellten sie dort auf. 9 Und in der Mitte des Jordan richtete Josua zwölf Steine auf, dort, wo die Priester gestanden hatten, die die Bundeslade trugen; sie stehen dort bis zum heutigen Tag. 10 Die Priester aber, die die Lade trugen, blieben mitten im Jordan stehen, bis alles geschehen war, was der Herr durch Josua dem Volk befohlen hatte [ganz so, wie Mose dem Josua befohlen hatte], und das Volk beeilte sich und zog hinüber. 11 Als das ganze Volk vollständig hinübergezogen war, zog auch die Lade des Herrn hinüber und die Priester (gingen wieder) dem Volk voraus. 12 Die Rubeniter, die Gaditer und der halbe Stamm Manasse zogen kampfbereit vor den Israeliten her, wie es ihnen Mose befohlen hatte. 13 Es waren etwa vierzigtausend bewaffnete Männer, die vor den Augen des Herrn zum Kampf in die Steppen von Jericho zogen.

14 An jenem Tag machte der Herr den Josua in den Augen ganz Israels groß und man hatte Ehrfurcht vor ihm, wie man vor Mose

3,12 Die Aufgabe der zwölf Männer wird in 4,2–5 mitgeteilt.

3,16 Die Stadt Adam sucht man in der Nähe der Einmündung des Jabbok in den Jordan. Das »Meer der Araba« ist das Tote Meer.

4,1–9.20–24 Hier werden Herkunft und Bedeutung der zwölf Steine im Jordan bzw. in Gilgal erklärt.

zeit seines Lebens Ehrfurcht hatte. 15 Da
sagte der Herr zu Josua: 16 Befiehl den Pries-
tern, die die Lade der Bundesurkunde tra-
gen, aus dem Jordan heraufzusteigen. 17 Da
befahl Josua den Priestern: Steigt aus dem
Jordan herauf! 18 Als nun die Priester, die die
Bundeslade des Herrn trugen, aus der Mitte
des Jordan heraufstiegen und ihre Füße das
Ufer berührten, da kehrte das Wasser des
Jordan an seinen Ort zurück und trat wie zu-
vor wieder über alle Ufer. 19 Das Volk zog am
zehnten Tag des ersten Monats durch den
Jordan und schlug in Gilgal, am Ostrand des
Gebietes von Jericho, sein Lager auf.

20 In Gilgal stellte Josua die zwölf Steine
auf, die man aus dem Jordan mitgenommen
hatte. 21 Er sagte zu den Israeliten: Wenn
eure Söhne morgen ihre Väter fragen: Was
bedeuten diese Steine?, 22 dann sollt ihr sie
belehren: Hier hat Israel trockenen Fußes
den Jordan durchschritten; 23 denn der Herr,
euer Gott, hat das Wasser des Jordan vor eu-
ren Augen austrocknen lassen, bis ihr hin-
durchgezogen wart, genau so wie es Jahwe,
euer Gott, mit dem Schilfmeer machte, das
er vor unseren Augen austrocknen ließ, bis
wir hindurchgezogen waren. 24 Daran sollen
alle Völker der Erde erkennen, dass die Hand
des Herrn stark ist, und ihr sollt allezeit Jah-
we, euren Gott, fürchten.

5 Alle Könige der Amoriter jenseits des
Jordan im Westen und alle Könige der
Kanaaniter am Meer hörten, dass der Herr
das Wasser des Jordan vor den Augen der
Israeliten austrocknen ließ, bis sie hinüber-
gezogen waren; da zerschmolz ihr Herz und
jedem stockte der Atem wegen der Israeli-
ten.

4,12: 1,12–16 • 23: Ex 14,21f.

Die Beschneidung in Gilgal: 5,2–12

2 Damals sagte der Herr zu Josua: Mach dir
Steinmesser und ordne wieder eine Be-
schneidung der Israeliten an, eine zweite!
3 Da machte sich Josua Steinmesser und er
beschnitt die Israeliten auf dem »Hügel der
Vorhäute«. 4 Josua nahm die Beschneidung
vor, weil das ganze Volk, das aus Ägypten
ausgezogen war, das heißt die Männer, alle
Krieger, nach ihrem Auszug aus Ägypten auf
dem Weg durch die Wüste gestorben waren.
5 Als das Volk auszog, waren alle beschnit-
ten. Alle aber, die nach dem Auszug aus
Ägypten unterwegs in der Wüste geboren
wurden, hatte man nicht beschnitten. 6 Denn
vierzig Jahre lang wanderten die Israeliten
durch die Wüste. Schließlich war das ganze
Volk, alle Krieger, die aus Ägypten ausgezo-
gen waren, umgekommen, weil sie nicht auf
die Stimme des Herrn gehört hatten. Der
Herr hatte ihnen geschworen, er werde sie
das Land nicht schauen lassen, das er ihren
Vätern mit einem Eid zugesichert hatte, ein
Land, in dem Milch und Honig fließen. 7 Ihre
Söhne, die der Herr an ihre Stelle treten ließ,
beschnitt Josua; denn sie waren noch unbe-
schnitten, da man sie unterwegs nicht be-
schnitten hatte. 8 Als nun das ganze Volk be-
schnitten war, blieb man an Ort und Stelle,
im Lager, bis die Männer wieder gesund wa-
ren. 9 Und der Herr sagte zu Josua: Heute
habe ich die ägyptische Schande von euch
abgewälzt. Darum nennt man diesen Ort bis
zum heutigen Tag Gilgal (Wälzplatz).

10 Als die Israeliten in Gilgal ihr Lager
hatten, feierten sie am Abend des vierzehn-
ten Tages jenes Monats in den Steppen von
Jericho das Pascha. 11 Am Tag nach dem Pa-
scha, genau an diesem Tag, aßen sie unge-
säuerte Brote und geröstetes Getreide aus
den Erträgen des Landes. 12 Vom folgenden
Tag an, nachdem sie von den Erträgen des
Landes gegessen hatten, blieb das Manna
aus; von da an hatten die Israeliten kein
Manna mehr, denn sie aßen in jenem Jahr
von der Ernte des Landes Kanaan.

2: Gen 17,10–14 • 6: Num 14,22f • 11: Lev 23,10.14 • 12: Ex 16,35.

Der Anführer des Heeres des Herrn: 5,13–15

13 Als Josua bei Jericho war und Ausschau
hielt, sah er plötzlich einen Mann mit einem
gezückten Schwert in der Hand vor sich ste-
hen. Josua ging auf ihn zu und fragte ihn:
Gehörst du zu uns oder zu unseren Feinden?
14 Er antwortete: Nein, ich bin der Anführer
des Heeres des Herrn. Ich bin soeben gekom-
men. Da warf sich Josua vor ihm zu Boden,
um ihm zu huldigen, und fragte ihn: Was
befiehlt mein Herr seinem Knecht? 15 Der
Anführer des Heeres des Herrn antwortete
Josua: Zieh deine Schuhe aus; denn der Ort,
wo du stehst, ist heilig. Und Josua tat es.

15: Ex 3,5.

5,2 Eine frühere Beschneidung ist hier vorausgesetzt, sie wird aber in den bekannten Texten nicht erwähnt.

5,9 Der Name Gilgal bedeutet wohl »Steinkreis« (vgl. 4,19 f); er wird hier von galal (wälzen) abgeleitet.

5,11f Ungesäuerte Brote gehören nach Ex 12,18 zum Paschamahl; soeben gereiftes, wohl mit den Ähren geröstetes Getreide (vgl. Lev 2,14) ist die Erstlingsfrucht des Landes. Das Aufhören des Manna bezeichnet das Ende der Wüstenwanderung.

Die Eroberung Jerichos: 6,1–27

6 Jericho hielt wegen der Israeliten die Tore fest verschlossen. Niemand konnte heraus und niemand konnte hinein. 2 Da sagte der Herr zu Josua: Sieh her, ich gebe Jericho und seinen König samt seinen Kriegern in deine Gewalt. 3 Ihr sollt mit allen Kriegern um die Stadt herumziehen und sie einmal umkreisen. Das sollst du sechs Tage lang tun. 4 Sieben Priester sollen sieben Widderhörner vor der Lade hertragen. Am siebten Tag sollt ihr siebenmal um die Stadt herumziehen und die Priester sollen die Hörner blasen. 5 Wenn das Widderhorn geblasen wird und ihr den Hörnerschall hört, soll das ganze Volk in lautes Kriegsgeschrei ausbrechen. Darauf wird die Mauer der Stadt in sich zusammenstürzen; dann soll das Volk hinübersteigen, jeder an der nächstbesten Stelle. 6 Da rief Josua, der Sohn Nuns, die Priester und sagte: Nehmt die Bundeslade und lasst sieben Priester sieben Widderhörner vor der Lade des Herrn hertragen. 7 Und zum Volk sagte er: Zieht rings um die Stadt herum und lasst die bewaffneten Männer vor der Lade des Herrn herziehen!

8 Und es geschah so, wie Josua es dem Volk gesagt hatte: Sieben Priester trugen die sieben Widderhörner vor dem Herrn her und bliesen im Gehen die Hörner und die Bundeslade des Herrn zog hinter ihnen her. 9 Die bewaffneten Männer gingen vor den Priestern her, die die Hörner bliesen, die Nachhut folgte der Lade und man blies ständig die Hörner. 10 Dem Volk aber befahl Josua: Erhebt kein Kriegsgeschrei und lasst eure Stimmen nicht hören! Kein Wort komme aus eurem Mund bis zu dem Tag, an dem ich zu euch sage: Erhebt das Kriegsgeschrei! Dann sollt ihr losschreien.

11 Darauf ließ er die Lade des Herrn um die Stadt herumziehen und sie einmal umkreisen. Dann kam man zum Lager zurück und übernachtete im Lager. 12 Früh am anderen Morgen brach Josua auf und die Priester trugen die Lade des Herrn. 13 Sieben Priester trugen die sieben Widderhörner der Lade des Herrn voraus und bliesen ständig die Hörner. Die bewaffneten Männer zogen vor ihnen her und die Nachhut folgte der Lade des Herrn. Man blies ständig die Hörner. 14 So zogen sie auch am zweiten Tag einmal um die Stadt herum und kehrten wieder ins Lager zurück. Das machten sie sechs Tage lang.

15 Am siebten Tag aber brachen sie beim Anbruch der Morgenröte auf und zogen, wie gewohnt, um die Stadt, siebenmal; nur an diesem Tag zogen sie siebenmal um die Stadt. 16 Als die Priester beim siebten Mal die Hörner bliesen, sagte Josua zum Volk: Erhebt das Kriegsgeschrei! Denn der Herr hat die Stadt in eure Gewalt gegeben. 17 Die Stadt mit allem, was in ihr ist, soll zu Ehren des Herrn dem Untergang geweiht sein. Nur die Dirne Rahab und alle, die bei ihr im Haus sind, sollen am Leben bleiben, weil sie die Boten versteckt hat, die wir ausgeschickt hatten. 18 Hütet euch aber davor, von dem, was dem Untergang geweiht ist, etwas zu begehren und wegzunehmen; sonst weiht ihr das Lager Israels dem Untergang und stürzt es ins Unglück. 19 Alles Gold und Silber und die Geräte aus Bronze und Eisen sollen dem Herrn geweiht sein und in den Schatz des Herrn kommen. 20 Darauf erhob das Volk das Kriegsgeschrei und die Widderhörner wurden geblasen. Als das Volk den Hörnerschall hörte, brach es in lautes Kriegsgeschrei aus. Die Stadtmauer stürzte in sich zusammen, und das Volk stieg in die Stadt hinein, jeder an der nächstbesten Stelle. So eroberten sie die Stadt. 21 Mit scharfem Schwert weihten sie alles, was in der Stadt war, dem Untergang, Männer und Frauen, Kinder und Greise, Rinder, Schafe und Esel.

22 Zu den beiden Männern, die das Land erkundet hatten, sagte Josua: Geht zu dem Haus der Dirne und holt von dort die Frau und alles, was ihr gehört, wie ihr es ihr geschworen habt. 23 Da gingen die jungen Männer, die Kundschafter, und holten Rahab, ihren Vater, ihre Mutter, ihre Brüder und alles, was ihr gehörte; sie führten ihre ganze Verwandtschaft (aus der Stadt) heraus und wiesen ihnen einen Platz außerhalb des Lagers Israels an. 24 Die Stadt aber und alles, was darin war, brannte man nieder; nur das Silber und Gold und die Geräte aus Bronze und Eisen brachte man in den Schatz im Haus des Herrn. 25 Die Dirne Rahab und die Familie ihres Vaters und alles, was ihr gehörte, ließ Josua am Leben. So wohnt ihre Familie bis heute mitten in Israel; denn Rahab hatte die Boten versteckt, die Josua ausgesandt

---

6,1 Jericho ist eine bis ins 7. Jahrtausend v. Chr. zurückreichende Stadt; die Eroberung durch Josua ist bisher archäologisch nicht nachgewiesen. Ihre Einnahme wird nach Art einer Prozession mit der Bundeslade geschildert.

6,18 begehren: Text korr. nach G. – Von der Beute, die Gott geweiht war und vernichtet werden musste, durfte nichts weggenommen werden.

hatte, um Jericho auskundschaften zu lassen.

26 Damals schwor Josua: Verflucht beim
Herrn sei der Mann, der es unternimmt, diese
Stadt Jericho wieder aufzubauen. Seinen
Erstgeborenen soll es ihn kosten, wenn er sie
neu gründet, und seinen Jüngsten, wenn er
ihre Tore wieder aufrichtet. 27 Der Herr war
mit Josua und sein Ruhm verbreitete sich im
ganzen Land.

18: Lev 27,28 • 20: Hebr 11,30 • 21: 8,2 • 22: 2,14 • 25: 2,13.

Der Kampf um Ai. Achans Diebstahl:
7,1–26

7 Die Israeliten aber veruntreuten etwas
von dem, was dem Untergang geweiht
war. Denn Achan, der Sohn Karmis, des
Sohnes Sabdis, des Sohnes Serachs, vom
Stamm Juda, nahm etwas von dem, was dem
Untergang geweiht war. Da entbrannte der
Zorn des Herrn über die Israeliten.

2 Josua schickte von Jericho aus einige
Männer nach Ai, das bei Bet-Awen, östlich
von Bet-El liegt, und sagte zu ihnen: Geht
hinauf, und erkundet das Land! Die Männer
gingen hinauf und erkundeten Ai. 3 Als sie zu
Josua zurückkamen, sagten sie zu ihm: Es
braucht nicht das ganze Volk hinaufzuziehen. Etwa zwei- oder dreitausend Mann sollen hinaufziehen; sie können Ai besiegen.
Bemüh nicht das ganze Volk dorthin! Denn
dort sind nur wenige Leute. 4 So stiegen vom
Volk etwa dreitausend Mann nach Ai hinauf;
aber sie mussten vor den Männern von Ai die
Flucht ergreifen. 5 Die Männer von Ai erschlugen sechsunddreißig von ihnen; die andern verfolgten sie vom Stadttor bis zu den
Steinbrüchen und schlugen sie an der Steige.
Da zerschmolz das Herz des Volkes und
wurde zu Wasser. 6 Josua zerriss seine Kleider und warf sich zusammen mit den Ältesten vor der Lade des Herrn mit dem Gesicht
zu Boden und blieb dort bis zum Abend liegen. Sie streuten sich Asche auf das Haupt
7 und Josua sagte: Ach Herr, mein Gott!
Warum hast du dieses Volk über den Jordan
ziehen lassen? Um uns den Amoritern auszuliefern, damit sie uns vernichten? Hätten wir
uns doch dazu entschlossen, jenseits des Jordan zu bleiben! 8 Ach Herr, was soll ich sagen, nachdem Israel seinen Feinden den
Rücken gezeigt hat? 9 Das werden die
Kanaaniter und alle Bewohner des Landes
hören und sie werden uns umzingeln und
unseren Namen im ganzen Land ausrotten.
Was willst du dann für deinen großen Namen
tun?

10 Da sagte der Herr zu Josua: Steh auf!
Warum liegst du da, mit dem Gesicht zur
Erde? 11 Israel hat gesündigt. Sie haben sich
sogar gegen meinen Bund vergangen, den ich
ihnen auferlegt habe. Sie haben etwas weggenommen von dem, was dem Untergang geweiht war; sie haben es gestohlen; sie haben
es unterschlagen und zu ihren eigenen Sachen getan. 12 Deshalb können die Israeliten
dem Angriff ihrer Feinde nicht mehr standhalten und müssen ihren Feinden den Rücken zeigen; denn sie sind nun selbst dem
Untergang geweiht. Ich werde nicht mehr
mit euch sein, wenn ihr bei euch nicht alles,
was dem Untergang geweiht ist, vernichtet.
13 Auf! Heilige das Volk und sag: Heiligt euch
für morgen! Denn so hat der Herr, der Gott
Israels, gesprochen: Bei dir, Israel, ist etwas,
was dem Untergang geweiht ist. Du kannst
dem Angriff deiner Feinde nicht standhalten, solange ihr nicht alles, was dem Untergang geweiht ist, aus eurer Mitte entfernt
habt. 14 Morgen sollt ihr Stamm für Stamm
antreten und der Stamm, den der Herr bezeichnet, soll Sippe für Sippe antreten und
die Sippe, die der Herr dann bezeichnet, soll
Großfamilie für Großfamilie antreten und
die Großfamilie, die der Herr dann bezeichnet, soll Mann für Mann antreten. 15 Bei wem
man dann etwas findet, das dem Untergang
geweiht ist, der soll mit allem, was er hat,
verbrannt werden, weil er sich am Bund des
Herrn vergangen und in Israel eine Schandtat verübt hat.

16 Josua ließ also früh am Morgen Israel
Stamm für Stamm antreten; da wurde der
Stamm Juda bezeichnet. 17 Dann ließ er die
Sippen Judas antreten; da wurde die Sippe
der Serachiter bezeichnet. Dann ließ er die
Sippe der Serachiter nach Großfamilien antreten; da wurde Sabdi bezeichnet. 18 Dann
ließ er dessen Familie Mann für Mann antreten; da wurde Achan, der Sohn Karmis, der
Enkel Sabdis, des Sohnes Serachs, vom

6,26 Der Fluch deutet auf 1 Kön 16,34 hin.

7,2 Auch die Zerstörung von Ai (Trümmerhaufen) ist wie die von Jericho archäologisch nicht nachgewiesen. – Bet-Awen (Haus des Unheils) ist wohl ein herabwürdigender Name für Bet-El (vgl. Hos 4,15; Am 5,5).

7,6 Das Zerreißen der Kleider und das Bestreuen des Kopfes mit Staub oder Asche waren Zeichen der Trauer und des Schmerzes (vgl. 1 Sam 4,12; 2 Sam 1,2).

7,17 Großfamilien: Text korr. mit S und einigen H-Handschriften. – Zum Ausdruck Großfamilie vgl. die Anmerkung zu Num 1,2.

Stamm Juda bezeichnet. 19 Josua sagte zu
Achan: Mein Sohn, gib dem Herrn, dem Gott
Israels, die Ehre und leg vor ihm ein Ge-
ständnis ab! Sag mir offen, was du getan
hast, und verheimliche mir nichts! 20 Achan
antwortete Josua: Es ist wahr, ich habe mich
gegen den Herrn, den Gott Israels, versün-
digt. Das und das habe ich getan: 21 Ich sah
unter der Beute einen schönen Mantel aus
Schinar, außerdem zweihundert Schekel Sil-
ber und einen Goldbarren, der fünfzig Sche-
kel wog. Ich wollte es haben und nahm es an
mich. Es ist in meinem Zelt im Boden vergra-
ben, das Silber an unterster Stelle. 22 Josua
schickte Boten und sie liefen zum Zelt, und
wirklich: die Sachen waren im Zelt Achans
vergraben, das Silber an unterster Stelle.
23 Sie holten alles aus dem Zelt heraus,
brachten es zu Josua und allen Israeliten und
breiteten es vor dem Herrn aus.

24 Da nahm Josua Achan, den Sohn Se-
rachs, ebenso das Silber und den Mantel und
den Goldbarren, seine Söhne und Töchter,
seine Rinder, Esel und Schafe, sein Zelt und
seine ganze Habe. Er und ganz Israel brach-
ten alles ins Tal Achor. 25 Dann sagte Josua:
Womit du uns ins Unglück gestürzt hast, da-
mit stürzt dich der Herr heute ins Unglück.
Und ganz Israel steinigte Achan. [Sie ver-
brannten sie im Feuer und steinigten sie.]
26 Man errichtete über ihm einen großen
Steinhaufen, der bis zum heutigen Tag zu se-
hen ist, und der Herr ließ ab von seinem glü-
henden Zorn. Deshalb nennt man diesen Ort
bis heute Achortal (Unglückstal).

16: 1 Sam 10,20 • 26: Jes 65,10; Hos 2,17.

Die Vernichtung von Ai: 8,1–29

8 Dann sagte der Herr zu Josua: Fürchte
dich nicht und hab keine Angst! Nimm
alle kriegstüchtigen Männer, brich auf und
zieh nach Ai! Siehe, ich habe den König von
Ai und sein Volk, seine Stadt und sein Land
in deine Gewalt gegeben. 2 Du sollst es mit Ai
und seinem König ebenso machen, wie du es
mit Jericho und seinem König gemacht hast.
Doch ihren Besitz und das Vieh in der Stadt
dürft ihr erbeuten. Leg im Rücken der Stadt
einen Hinterhalt! 3 Da brach Josua mit dem
ganzen Heer auf und zog nach Ai. Er wählte
dreißigtausend kampferprobte Männer aus
und schickte sie bei Nacht weg 4 mit dem Be-
fehl: Seht zu, dass ihr im Rücken der Stadt
einen Hinterhalt legt, aber nicht zu weit ent-
fernt von der Stadt. Dort haltet euch alle be-
reit! 5 Ich aber werde mit allen Leuten, die
bei mir sind, gegen die Stadt vorrücken, und
wenn man dann wie beim ersten Mal einen
Ausfall macht, werden wir vor ihnen fliehen.
6 Sie werden uns verfolgen, bis wir sie von
der Stadt weggelockt haben, denn sie wer-
den denken: Sie fliehen vor uns wie beim ers-
ten Mal. Wenn wir vor ihnen geflohen sind,
7 dann könnt ihr aus dem Hinterhalt hervor-
brechen und die Stadt besetzen. Der Herr,
euer Gott, wird sie euch ausliefern. 8 Wenn
ihr dann die Stadt eingenommen habt, sollt
ihr sie in Brand stecken. Handelt nach dem
Wort des Herrn! Seht, ich habe es euch be-
fohlen. 9 Dann schickte sie Josua weg und sie
legten sich westlich von Ai in den Hinterhalt,
zwischen Bet-El und Ai. Josua aber blieb die
Nacht über beim Volk.

10 Früh am Morgen stand Josua auf, mus-
terte das Volk und zog zusammen mit den
Ältesten Israels an der Spitze des Volkes
nach Ai hinauf. 11 Das ganze Heer zog mit
ihm hinauf und rückte bis in die Nähe der
Stadt vor. Im Norden von Ai schlugen sie ihr
Lager auf; zwischen ihnen und Ai lag ein Tal.
12 Dann nahm er etwa fünftausend Mann
und legte sie westlich der Stadt, zwischen
Bet-El und Ai, in einen Hinterhalt. 13 So
stellten sie das Volk auf: Das Lager war im
Norden der Stadt und der Hinterhalt west-
lich der Stadt. Josua aber verbrachte die
Nacht unten im Tal.

14 Als das der König von Ai sah, brach er
mit den Männern der Stadt am Morgen in al-
ler Eile auf und zog mit seinem ganzen Volk
zum (sogenannten) Versammlungsplatz vor
der Steppe, um gegen Israel zu kämpfen. Er
wusste nicht, dass man ihm im Rücken der
Stadt einen Hinterhalt gelegt hatte. 15 Josua
und die Israeliten ließen sich von ihnen
schlagen und flohen zur Wüste hin. 16 Nun
wurde das ganze Volk, das noch in der Stadt
war, zu ihrer Verfolgung aufgeboten. Sie
verfolgten Josua und wurden so von der
Stadt weggelockt. 17 Niemand blieb in Ai
[und Bet-El] zurück; alle rückten aus, ließen
die Stadt ohne Schutz zurück und verfolgten
die Israeliten. 18 Da sagte der Herr zu Josua:
Streck das Sichelschwert in deiner Hand ge-
gen Ai aus, denn ich gebe es in deine Gewalt.
Josua streckte das Sichelschwert in seiner
Hand gegen Ai aus. 19 Als er seine Hand aus-
streckte, brachen die Männer im Hinterhalt
eiligst aus ihrer Stellung hervor, stürmten in
die Stadt, nahmen sie ein und steckten sie
sogleich in Brand. 20 Als die Männer von Ai

7,26 Achor klingt an »Achan« an. Mit der Erzählung wird der Name des Achortals gedeutet.

8,12f V. 12 fehlt größtenteils, V. 13 ganz in G; wohl ein Nachtrag.

sich umwandten, sahen sie plötzlich aus der
Stadt Rauch zum Himmel aufsteigen. Aber
sie konnten weder vor noch zurück und hat-
ten keine Möglichkeit zur Flucht. Denn das
Volk, das zur Wüste hin geflohen war, wand-
te sich nun gegen den Verfolger. 21 Als
nämlich Josua und ganz Israel sahen, dass
aus der Stadt Rauch aufstieg, dass also die
Männer aus dem Hinterhalt die Stadt einge-
nommen hatten, machten sie kehrt und
schlugen die Männer von Ai. 22 Denn weil
diese ihnen aus der Stadt nachgerückt wa-
ren, waren sie nun von beiden Seiten her
mitten zwischen die Israeliten geraten. Die
Israeliten schlugen sie so vernichtend, dass
keiner von ihnen mehr übrig blieb, der hätte
entkommen und sich in Sicherheit bringen
können. 23 Den König von Ai aber nahmen
sie lebend gefangen und brachten ihn zu Jo-
sua.

24 Als die Israeliten sämtliche Bewohner
von Ai, die ihnen nachgejagt waren, ohne
Ausnahme auf freiem Feld und in der Wüste
mit scharfem Schwert getötet hatten und
alle gefallen waren, kehrte ganz Israel nach
Ai zurück und machte auch dort alles mit
scharfem Schwert nieder. 25 Es gab an jenem
Tag insgesamt zwölftausend Gefallene,
Männer und Frauen, alle Einwohner von Ai.
26 Josua aber ließ seine Hand mit dem Sichel-
schwert nicht sinken, bis er alle Einwohner
von Ai dem Untergang geweiht hatte. 27 Nur
das Vieh und den Besitz der Stadt nahm Is-
rael für sich als Beute, nach dem Befehl, den
der Herr Josua gegeben hatte. 28 Dann
brannte Josua Ai nieder und machte es für
immer zu einem Trümmerhaufen und zu ei-
nem öden Platz; das ist es geblieben bis zum
heutigen Tag. 29 Den König von Ai aber ließ
er an einem Baum aufhängen; dort hing er
bis zum Abend. Als die Sonne unterging,
nahm man die Leiche auf Befehl Josuas von
dem Baum ab und warf sie vor das Tor der
Stadt. Man errichtete über ihr einen großen
Steinhaufen, der noch heute da ist.

6: 7,4 • 29: Dtn 21,23.

Der Bau des Altars und die Verkündigung des Gesetzes: 8,30–35

30 Damals errichtete Josua auf dem Berg
Ebal für den Herrn, den Gott Israels, einen
Altar 31 aus unbehauenen Steinen, die noch
kein eisernes Werkzeug berührt hatte, so wie
Mose, der Knecht des Herrn, es den Israeli-
ten geboten hatte und wie es im Gesetzbuch
des Mose geschrieben steht. Auf diesem Al-
tar brachte man dem Herrn Brandopfer dar
und schlachtete Heilsopfer. 32 Und Josua
brachte dort auf den Steinen eine Abschrift
des Gesetzes des Mose an; er schrieb vor den
Augen der Israeliten darauf. 33 Ganz Israel
und die Ältesten, die Listenführer und die
Richter, standen zu beiden Seiten der Lade
neben den levitischen Priestern, den Trä-
gern der Bundeslade des Herrn, dazu
Fremde und Einheimische. Die eine Hälfte
von ihnen war dem Berg Garizim zuge-
wandt, die andere dem Berg Ebal, wie es
Mose, der Knecht Jahwes, für die Segnung
des Volkes Israel früher angeordnet hatte.
34 Danach verlas Josua das Gesetz im vollen
Wortlaut, Segen und Fluch, genau so, wie es
im Buch des Gesetzes aufgezeichnet ist.
35 Von all dem, was Mose angeordnet hatte,
gab es kein einziges Wort, das Josua nicht
vor der ganzen Versammlung Israels verle-
sen hätte; auch die Frauen und Kinder und
die Fremden, die mit ihnen zogen, waren da-
bei.

30: Dtn 27,2–8 • 31: Ex 20,25 • 32: Ex 24,1–8 • 33: Dtn 11,29; 27,12f.

Die List der Gibeoniter: 9,1–27

9 Davon hörten alle Könige jenseits des
Jordan, auf dem Gebirge, in der Schefe-
la und an der ganzen Küste des großen Mee-
res bis hin zum Libanon: die Hetiter, die
Amoriter, die Kanaaniter, die Perisiter, die
Hiwiter und die Jebusiter. 2 Sie taten sich
zusammen, um gemeinsam gegen Josua und
Israel den Kampf aufzunehmen.

3 Als die Einwohner von Gibeon erfuhren,
was Josua mit Jericho und Ai gemacht hatte,
4 griffen sie zu einer List. Sie versahen sich
mit Verpflegung, packten alte Säcke und
alte, brüchige und geflickte Weinschläuche
auf ihre Esel und machten sich damit auf den
Weg. 5 Sie zogen alte, geflickte Schuhe und
alte Mäntel an. Das ganze Brot in ihrem Vor-
rat war trocken und krümelig. 6 So zogen sie
zu Josua ins Lager nach Gilgal und sagten zu
ihm und zu den Israeliten: Wir kommen aus
einem fernen Land. Schließt doch einen Ver-
trag mit uns! 7 Da antworteten die Israeliten
den Hiwitern: Vielleicht wohnt ihr mitten in
unserem Gebiet. Wie können wir da einen
Vertrag mit euch schließen? 8 Sie aber sagten
zu Josua: Wir sind deine Knechte. Josua

8,25 Einwohner: Text korr. nach G.

9,1 Gibeon, nördlich von Jerusalem, blieb wie die in V. 17 genannten Städte lange Zeit kanaanäisch.

9,7–9 Weit entfernte Völker konnten milder behandelt werden (Dtn 20,10–15) als die Völker Kanaans (Dtn 7,1–11; 20,16—18), mit denen Israel kein Abkommen schließen durfte.

fragte sie: Wer seid ihr und woher kommt
ihr? 9 Sie antworteten ihm: Deine Knechte
kommen aus einem weit entfernten Land,
angezogen vom Ruhm des Herrn, deines Got-
tes. Wir haben von seinem Ruhm und von al-
lem gehört, was er in Ägypten getan hat,
10 und auch von allem, was er mit den beiden
Königen der Amoriter jenseits des Jordan
gemacht hat, mit Sihon, dem König von
Heschbon, und mit Og, dem König des Ba-
schan in Aschtarot. 11 Da sagten unsere Äl-
testen und alle Bewohner des Landes zu uns:
Nehmt Verpflegung für unterwegs mit, zieht
ihnen entgegen und sagt zu ihnen: Wir sind
eure Knechte. Nun schließt mit uns einen
Vertrag! 12 Unser Brot hier war noch warm,
als wir es aus unseren Häusern als Vorrat
mitnahmen an dem Tag, als wir uns auf
den Weg zu euch machten. Jetzt aber, seht
her: Es ist trocken und krümelig. 13 Auch
diese Weinschläuche waren neu, als wir sie
füllten; und jetzt, seht her: Sie sind brüchig.
Und hier, unsere Mäntel und unsere Schuhe,
sie sind durch den weiten Weg ganz abge-
nützt. 14 Da nahmen die Israeliten etwas von
der Verpflegung; aber den Mund des Herrn
befragten sie nicht. 15 So gewährte ihnen
Josua Frieden und schloss mit ihnen einen
Vertrag, sie am Leben zu lassen. Auch die
Vorsteher der Gemeinde leisteten ihnen
einen Eid.

16 Drei Tage aber, nachdem sie mit ihnen
den Vertrag geschlossen hatten, erfuhren
sie, dass die Männer aus der Nähe waren und
mitten in ihrem Gebiet wohnten. 17 Die Is-
raeliten brachen auf und kamen am dritten
Tag zu ihren Städten: nach Gibeon, Kefira,
Beerot und Kirjat-Jearim. 18 Aber die Israe-
liten erschlugen die Einwohner nicht, weil
die Vorsteher der Gemeinde ihnen beim Herrn,
dem Gott Israels, einen Eid geleistet hatten.
Doch die ganze Gemeinde war empört über
die Vorsteher. 19 Da sagten alle Vorsteher zu
der Gemeinde: Wir haben ihnen beim Herrn,
dem Gott Israels, einen Eid geleistet. Darum
können wir ihnen nichts tun. 20 Wir wollen es
so mit ihnen machen: Wir werden sie am Le-
ben lassen, damit nicht wegen des Eides, den
wir ihnen geschworen haben, ein Zornge-
richt über uns kommt. 21 Die Vorsteher sag-
ten also zu ihnen: Sie sollen am Leben blei-
ben. So wurden sie Holzfäller und Wasser-
träger für die ganze Gemeinde, wie es ihnen
die Vorsteher sagten.

22 Darauf rief Josua die Gibeoniter und
sagte zu ihnen: Warum habt ihr uns ge-
täuscht und gesagt: Wir wohnen sehr weit
entfernt von euch, obwohl ihr mitten in un-
serem Gebiet wohnt? 23 Nun seid ihr ver-
flucht; ihr müsst für immer Sklaven, Holz-
fäller und Wasserträger für das Haus meines
Gottes sein. 24 Sie antworteten Josua: Deinen
Knechten wurde genau berichtet, was Jah-
we, dein Gott, seinem Knecht Mose befohlen
hat: euch das ganze Land zu geben und alle
Bewohner des Landes vor euren Augen zu
vernichten. Darum hatten wir große Angst
vor euch und fürchteten um unser Leben.
Deshalb haben wir das getan. 25 Jetzt sind
wir in deiner Hand. Mach mit uns, was dir
gut und recht erscheint. 26 Daraufhin tat er
Folgendes: Er rettete sie zwar aus der Ge-
walt der Israeliten, sodass sie sie nicht töte-
ten; 27 doch er machte sie an jenem Tag zu
Holzfällern und Wasserträgern für die Ge-
meinde und für den Altar des Herrn an dem
Ort, den er erwählen würde. Das sind sie bis
zum heutigen Tag geblieben.

3: 6,20f; 8,26.29 • 10: 12,2.4; Num 21,21–35 • 15: 11,19.

Der Krieg mit den fünf Kanaaniter-Königen: 10,1–27

10 Adoni-Zedek, der König von Jerusa-
lem, hörte, dass Josua Ai erobert und
dem Untergang geweiht hatte – wie er es mit
Jericho und seinem König gemacht hatte, so
hatte er es auch mit Ai und seinem König ge-
macht – und dass die Einwohner von Gibeon
mit den Israeliten Frieden geschlossen hat-
ten und weiterhin mitten unter ihnen leben
durften. 2 Da bekam er große Angst; denn die
Stadt Gibeon war ebenso groß wie die Städte
mit Königssitz; sie war größer als Ai und alle
ihre Männer waren kampferprobte Krieger.
3 Darum sandte Adoni-Zedek, der König von
Jerusalem, Boten an Hoham, den König von
Hebron, an Piram, den König von Jarmut, an
Jafia, den König von Lachisch, und an Debir,
den König von Eglon, und ließ ihnen sagen:
4 Zieht herauf zu mir und helft mir! Wir wol-
len Gibeon schlagen, weil es mit Josua und
den Israeliten Frieden geschlossen hat. 5 Da
sammelten sich die fünf Könige der Amoriter

9,14 Mund des Herrn: Gemeint ist eine Entscheidung, vermittelt vielleicht durch einen Seher oder Propheten (vgl. Jer 15,19).

9,21 Holzfällen und Wassertragen waren Sklavendienste. Nach VV. 23.27 waren Gibeoniter Tempelsklaven.

10,1 Jerusalem wurde erst durch David erobert (vgl. 2 Sam 5,6–9).

10,2 er: Text korr. nach S und Vg.

10,3 Städte südlich und südwestlich von Jerusalem.

und zogen mit ihren ganzen Heeren hinauf: der König von Jerusalem, der König von Hebron, der König von Jarmut, der König von Lachisch und der König von Eglon. Sie belagerten Gibeon und eröffneten den Kampf gegen die Stadt.

6 Darauf sandten die Männer von Gibeon (Boten) zu Josua ins Lager nach Gilgal und ließen ihm sagen: Lass deine Knechte nicht im Stich! Zieh schnell herauf zu uns, rette uns und komm uns zu Hilfe; denn alle Amoriterkönige, die das Bergland bewohnen, haben sich gegen uns zusammengetan. 7 Da zog Josua mit dem ganzen Heer, mit allen kampferprobten Männern, von Gilgal herauf. 8 Der Herr sagte zu Josua: Fürchte dich nicht vor ihnen; denn ich gebe sie in deine Gewalt. Keiner von ihnen kann dir standhalten. 9 Nachdem Josua die ganze Nacht von Gilgal her auf dem Marsch gewesen war, stieß er plötzlich auf sie. 10 Der Herr versetzte sie beim Anblick der Israeliten in Verwirrung, sodass Josua ihnen bei Gibeon eine schwere Niederlage beibringen konnte. Er verfolgte sie in Richtung auf die Steige von Bet-Horon und schlug sie bis nach Aseka und Makkeda zurück. 11 Als sie auf der Flucht vor Israel an den Abhang von Bet-Horon kamen, warf der Herr große Steine auf sie vom Himmel her, bis nach Aseka hin, sodass viele umkamen. Es kamen mehr durch die Hagelsteine um, als die Israeliten mit dem Schwert töteten.

12 Damals, als der Herr die Amoriter den Israeliten preisgab, redete Josua mit dem Herrn; dann sagte er in Gegenwart der Israeliten:

Sonne, bleib stehen über Gibeon / und du, Mond, über dem Tal von Ajalon! –

13 Und die Sonne blieb stehen / und der Mond stand still, / bis das Volk an seinen Feinden Rache genommen hatte.

Das steht im »Buch des Aufrechten«. Die Sonne blieb also mitten am Himmel stehen und ihr Untergang verzögerte sich, ungefähr einen ganzen Tag lang. 14 Weder vorher noch nachher hat es je einen solchen Tag gegeben, an dem der Herr auf die Stimme eines Menschen gehört hätte; der Herr kämpfte nämlich für Israel.

15 Danach kehrte Josua und mit ihm ganz Israel in das Lager nach Gilgal zurück. 16 Die fünf Könige aber waren geflohen und hatten sich in der Höhle bei Makkeda versteckt. 17 Da meldete man Josua: Wir haben die fünf Könige gefunden; sie haben sich in der Höhle bei Makkeda versteckt. 18 Josua sagte: Wälzt große Steine vor den Eingang der Höhle und stellt einige Männer davor, um die Könige zu bewachen. 19 Ihr (anderen) aber bleibt nicht stehen, sondern verfolgt die Feinde und macht auch noch die Nachhut nieder! Lasst sie nicht bis zu ihren Städten gelangen; denn der Herr, euer Gott, hat sie in eure Gewalt gegeben. 20 So brachten Josua und die Israeliten ihnen endgültig eine schwere Niederlage bei, die sie völlig vernichtete; nur einige Flüchtlinge konnten entkommen und in die festen Städte gelangen. 21 Darauf kehrte das ganze Heer wohlbehalten zu Josua nach Makkeda zurück und keiner wagte es mehr, die Israeliten zu bedrohen.

22 Dann sagte Josua: Öffnet den Eingang der Höhle und bringt die fünf Könige aus der Höhle zu mir her! 23 Sie taten es und führten die fünf Könige aus der Höhle heraus: den König von Jerusalem, den König von Hebron, den König von Jarmut, den König von Lachisch und den König von Eglon. 24 Als man die Könige zu Josua gebracht hatte, rief Josua alle Israeliten herbei und sagte zu den Anführern der Krieger, die mit ihm ausgezogen waren: Kommt her, setzt diesen Königen euren Fuß auf den Nacken! Sie kamen herbei und setzten ihnen den Fuß auf den Nacken. 25 Und Josua sagte zu ihnen: Fürchtet euch nicht und habt keine Angst! Seid mutig und stark! Denn so wird es der Herr mit allen euren Feinden machen, mit denen ihr kämpfen werdet. 26 Danach erschlug Josua die Könige und ließ die Leichen an fünf Bäumen aufhängen. Dort blieben sie bis zum Abend hängen. 27 Bei Sonnenuntergang befahl Josua, sie von den Bäumen abzunehmen und in die Höhle zu werfen, in der sie sich zuvor versteckt hatten. Dann wälzte man große Steine vor den Eingang der Höhle; sie liegen dort bis zum heutigen Tag.

1: 6; 8; 9 • 10: Ex 23,27; Ri 4,15; 1 Sam 7,10 • 12: Hab 3,11 • 13: 2 Sam 1,18 • 27: Dtn 21,23.

Die Eroberung von sechs Städten: 10,28–43

28 Am gleichen Tag nahm Josua Makkeda ein und erschlug seine Einwohner und seinen König mit scharfem Schwert. Er weihte sie und alles, was in der Stadt lebte, dem Untergang; niemand ließ er entkommen. Mit dem König von Makkeda machte er es, wie

10,12f Der Sieg, in dem Gott durch ein schweres Unwetter Israel half, wird mit einem Stück aus einem uns nicht bekannten Liederbuch gefeiert und dichterisch ausgemalt.

er es mit dem König von Jericho gemacht hatte. 29 Dann zog Josua mit ganz Israel von Makkeda weiter nach Libna und kämpfte gegen Libna. 30 Der Herr gab auch Libna und seinen König in die Gewalt Israels. Josua erschlug alles, was in ihm lebte, mit scharfem Schwert; niemand ließ er entkommen. Mit seinem König machte er es, wie er es mit dem König von Jericho gemacht hatte. 31 Dann zog Josua mit ganz Israel von Libna weiter nach Lachisch, belagerte die Stadt und griff sie an. 32 Und der Herr gab auch Lachisch in die Gewalt Israels. Josua nahm die Stadt am zweiten Tag ein. Er erschlug alles, was in ihr lebte, mit scharfem Schwert, genau so, wie er es mit Libna gemacht hatte. 33 Als Horam, der König von Geser, heranzog, um Lachisch zu helfen, schlug Josua auch ihn und sein Volk und ließ niemand übrig, der hätte entkommen können. 34 Dann zog Josua mit ganz Israel von Lachisch weiter nach Eglon. Sie belagerten die Stadt und griffen sie an. 35 Noch am gleichen Tag nahmen sie die Stadt ein und erschlugen ihre Einwohner mit scharfem Schwert. Alles, was in ihr lebte, weihte man noch am gleichen Tag dem Untergang, genau so, wie man es mit Lachisch gemacht hatte. 36 Von Eglon zog Josua mit ganz Israel nach Hebron hinauf und griff es an. 37 Sie nahmen die Stadt ein und erschlugen [ihren König und] alles, was in ihr lebte, ebenso die Einwohner aller ihrer Tochterstädte, mit scharfem Schwert; niemand ließ er entkommen, genau so, wie er es mit Eglon gemacht hatte. Er weihte die Stadt und alles, was in ihr lebte, dem Untergang. 38 Dann wandte sich Josua mit ganz Israel gegen Debir und griff die Stadt an. 39 Er eroberte die Stadt und ihre (Tochter)städte, nahm ihren König gefangen, erschlug ihre Einwohner mit scharfem Schwert und weihte alles, was in ihr lebte, dem Untergang; niemand ließ er entkommen. Wie er es mit Hebron und mit Libna und seinem König gemacht hatte, so machte er es auch mit Debir und seinem König. 40 So schlug Josua das ganze Land – das Bergland und den Negeb, die Schefela und ihre Ausläufer – mit allen seinen Königen. Niemand ließ er entkommen; alles, was lebte, weihte er dem Untergang, wie es der Herr, der Gott Israels, befohlen hatte. 41 Josua eroberte (das ganze Gebiet) von Kadesch-Barnea bis Gaza und ebenso das ganze Land Goschen und das Gebiet bis nach Gibeon. 42 Aller dieser Könige und ihrer Länder bemächtigte sich Josua mit einem Schlag; denn der Herr, der Gott Israels, kämpfte für Israel. 43 Dann kehrte Josua mit ganz Israel in das Lager nach Gilgal zurück.

Der Sieg über die Könige im Norden:
11,1–14

11 Als Jabin, der König von Hazor, das hörte, schickte er Boten zu Jobab, dem König von Madon, zum König von Schimron, zum König von Achschaf 2 und zu den Königen im Norden auf dem Gebirge und in der Araba südlich von Kinneret, in der Schefela und auf den Höhen von Dor im Westen, 3 zu den Kanaanitern im Osten und im Westen, zu den Amoritern, Hetitern und Perisitern, zu den Jebusitern im Gebirge und den Hiwitern am Fuß des Hermon im Land Mizpe. 4 Da rückten sie aus mit all ihren Truppen, einem Heer so groß und zahlreich wie der Sand am Ufer des Meeres, dazu mit einer großen Menge von Pferden und Wagen. 5 Alle diese Könige taten sich zusammen, rückten heran und bezogen gemeinsam ihr Lager bei den Wassern von Merom, um den Kampf mit Israel aufzunehmen.

6 Der Herr sagte zu Josua: Fürchte dich nicht vor ihnen! Denn morgen um diese Zeit werde ich sie alle erschlagen Israel zu Füßen legen. Du wirst ihre Pferde lähmen und ihre Wagen in Brand stecken. 7 Da rückte Josua mit dem ganzen Heer an den Wassern von Merom plötzlich gegen sie vor und überfiel sie. 8 Der Herr gab sie in die Gewalt der Israeliten und die Israeliten schlugen sie und verfolgten sie bis Groß-Sidon und Misrefot-Majim und bis zur Ebene von Mizpe im Osten. Sie schlugen sie so vernichtend, dass keiner von ihnen übrig blieb, der hätte entkommen können. 9 Josua machte mit ihnen, was der Herr ihm gesagt hatte: Er lähmte ihre Pferde und steckte ihre Wagen in Brand.

10 Daraufhin kehrte Josua um und nahm Hazor ein; ihren König erschlug er mit dem Schwert. Hazor hatte früher die Oberherrschaft über alle diese Königreiche. 11 Die Israeliten erschlugen alles, was in der Stadt lebte, mit scharfem Schwert und weihten es dem Untergang. Nichts Lebendiges blieb übrig. Die Stadt selbst steckte man in Brand.

10,37 Nach VV. 23–26 ist der König schon tot.
11,1f Nach der Eroberung des Südens (10,1–11) wird die Unterwerfung des nördlichen Palästina (11,1–14) berichtet. Hauptgegner ist der König von Hazor, einer bedeutenden, alten Stadt. »Kinneret« wird der See Gennesaret und sein Umland genannt.

12 Aller dieser Königsstädte samt ihren
Königen bemächtigte sich Josua; er erschlug
alles mit scharfem Schwert und weihte es
dem Untergang, wie Mose, der Knecht des
Herrn, befohlen hatte. 13 Alle die Städte, die
(heute noch) auf ihren Trümmerhügeln ste-
hen, verbrannte Israel nicht; nur Hazor
brannte Josua nieder. 14 Den ganzen Besitz
aus diesen Städten und das Vieh nahmen die
Israeliten für sich, die Menschen aber er-
schlugen sie alle mit scharfem Schwert und
rotteten sie völlig aus. Niemand ließen sie am
Leben.

1: Ri 4,2.

Das eroberte Land: 11,15 – 12,24

15 Wie der Herr es seinem Knecht Mose be-
fohlen hatte, so hatte es Mose Josua befohlen
und so führte Josua es aus: Er unterließ
nichts von all dem, was der Herr dem Mose
befohlen hatte. 16 So nahm Josua dieses gan-
ze Land ein, das Gebirge und den ganzen Ne-
geb, das ganze Land Goschen und die Sche-
fela, die Araba und das Gebirge Israels mit
seiner Schefela: 17 (das ganze Land) von den
kahlen Bergen, die nach Seïr hin ansteigen,
bis nach Baal-Gad in der Libanonsenke am
Fuß des Hermongebirges. Alle ihre Könige
nahm Josua gefangen und schlug sie tot.
18 Lange Zeit führte Josua gegen alle diese
Könige Krieg. 19 Es gab keine Stadt, die mit
den Israeliten Frieden geschlossen hätte, au-
ßer den Hiwitern, die Gibeon bewohnten.
Alle musste man im Kampf nehmen. 20 Denn
vom Herrn war beschlossen worden, ihr Herz
angesichts des Kampfes mit Israel zu verhär-
ten, um sie dem Untergang zu weihen; Israel
sollte keine Gnade bei ihnen walten lassen,
sondern sie ausrotten, wie es der Herr dem
Mose befohlen hatte.

21 Damals zog Josua auch gegen die Anaki-
ter, die im Gebirge, in Hebron, in Debir, in
Anab, im Bergland von Juda und im Berg-
land von Israel wohnten; er rottete sie über-
all aus und weihte sie samt ihren Städten
dem Untergang. 22 Im Land der Israeliten
blieben keine Anakiter übrig; nur in Gaza,
Gat und Aschdod verblieben sie.

23 Josua nahm das ganze Land ein, genau
so, wie es der Herr zu Mose gesagt hatte, und
Josua verteilte es als Erbbesitz an Israel ent-
sprechend seiner Stammeseinteilung. Dann
war der Krieg zu Ende und das Land hatte
Ruhe.

12 Das sind die Könige des Landes, die
von den Israeliten geschlagen wur-
den, und die Länder, die sie in Besitz nah-
men, jenseits des Jordan im Osten vom Ar-
nontal bis zum Hermongebirge mit der gan-
zen Araba im Osten: 2 Sihon, der Amoriter-
könig, der in Heschbon wohnte; er herrschte
von Aroër am Rand des Arnontales und von
der Mitte des Tals an über das halbe Gilead
bis zum Jabboktal, das die Grenze zu den
Ammonitern bildet, 3 ferner über die Araba
bis zum See Kinneret im Osten und bis zum
Meer der Araba, dem Salzmeer im Osten in
Richtung auf Bet-Jeschimot und im Süden
über das Gebiet am Fuß des Berges Pisga,
4 dann das Gebiet des Og, des Königs von Ba-
schan, der von den Rafaïtern übrig geblieben
war und in Aschtarot und in Edreï wohnte;
5 er herrschte über das Hermongebirge und
Salcha und den ganzen Baschan bis zum Ge-
biet der Geschuriter und der Maachatiter
sowie über das halbe Gilead bis zum Gebiet
Sihons, des Königs von Heschbon. 6 Mose,
der Knecht des Herrn, und die Israeliten hat-
ten sie geschlagen und Mose, der Knecht des
Herrn, hatte das Land den Rubenitern, den
Gaditern und dem halben Stamm Manasse
zum Besitz gegeben. 7 Das sind die Könige
des Landes, die Josua und die Israeliten
jenseits des Jordan im Westen geschlagen
hatten, von Baal-Gad in der Libanonsenke
bis zu den kahlen Bergen, die nach Seïr hin
ansteigen – Josua gab ihr Land den Stämmen
Israels zum Besitz, deren Stammeseinteilung
entsprechend: 8 im Gebirge und in der
Schefela, in der Araba und an den Bergab-
hängen, in der Wüste und im Negeb, (das
Land) der Hetiter, der Amoriter, der Kanaa-
niter, der Perisiter, der Hiwiter und der
Jebusiter:

9 Der König von Jericho: einer; der König
von Ai, das seitlich von Bet-El liegt: einer;
10 der König von Jerusalem: einer; der König
von Hebron: einer; 11 der König von Jarmut:
einer; der König von Lachisch: einer; 12 der
König von Eglon: einer; der König von Geser:
einer; 13 der König von Debir: einer; der Kö-
nig von Geder: einer; 14 der König von Hor-
ma: einer; der König von Arad: einer; 15 der
König von Libna: einer; der König von Adul-
lam: einer; 16 der König von Makkeda: einer;
der König von Bet-El: einer; 17 der König von
Tappuach: einer; der König von Hefer: einer;
18 der König von Afek: einer; der König von
Scharon: einer; 19 der König von Madon: ei-
ner; der König von Hazor: einer; 20 der König
von Schimron-Meron: einer; der König von
Achschaf: einer; 21 der König von Taanach:

12,4 Der Zusatz »das Gebiet des« fehlt in G und nimmt auf 12,1 keine Rücksicht.

einer; der König von Megiddo: einer; 22 der
König von Kedesch: einer; der König von
Jokneam am Karmel: einer; 23 der König von
Dor an der Höhe von Dor: einer; der König
von Gojim in Galiläa: einer; 24 der König von
Tirza: einer; zusammen: einunddreißig Könige.

11,15: Dtn 20,10–15 • 19: 9,15 • 20: Dtn 7,2 • 21: 14,12–15; Dtn 9,2 • 12,2: 9,10; Num 21,23f • 4: 9,10; Num 21,33; Dtn 3 • 6: Num 32,33.

DIE VERTEILUNG DES LANDES: 13,1 – 22,34

Das Land im Westen: 13,1–14

13 Als Josua alt und hochbetagt war,
sagte der Herr zu ihm: Du bist alt und
hochbetagt, aber vom Land bleibt noch sehr
viel in Besitz zu nehmen. 2 Das ist das Land,
das noch übrig ist: alle Bezirke der Philister
und das ganze Gebiet der Geschuriter 3 vom
Schihor-Fluss östlich von Ägypten bis zum
Gebiet von Ekron im Norden – es wird den
Kanaanitern zugerechnet –, die fünf Philisterfürsten von Gaza, Aschdod, Aschkelon,
Gat und Ekron sowie die Awiter 4 im Süden,
das ganze Land der Kanaaniter und Meara,
das zu Sidon gehört, bis nach Afek und bis
zum Gebiet der Amoriter, 5 ferner das Land
der Gibliter und der ganze Libanon im Osten, von Baal-Gad am Fuß des Hermongebirges bis nach Lebo-Hamat. 6 Alle Bewohner
des Berglandes vom Libanon bis nach Misrefot-Majim, alle Sidonier werde ich selbst vor den Israeliten vertreiben. Du aber verlose das Land unter Israel als Erbbesitz, wie ich
es dir befohlen habe. 7 Verteil nun dieses
Land als Erbbesitz an die neun Stämme und den halben Stamm Manasse.
8 Die andere Hälfte des Stammes Manasse und mit ihm die Rubeniter und Gaditer hatten ihren Erbbesitz schon erhalten; ihn hatte Mose ihnen jenseits des Jordan im Osten gegeben, [wie ihn Mose, der Knecht des Herrn,
ihnen zugewiesen hatte], 9 von Aroër am
Rand des Arnontales und von der Stadt an, die mitten im Tal liegt, also die ganze Ebene
von Medeba bis Dibon, 10 alle Städte des
Amoriterkönigs Sihon, der in Heschbon herrschte, bis zum Gebiet der Ammoniter,
11 dazu Gilead und das Gebiet der Geschuriter und Maachatiter und das ganze Hermongebirge und den ganzen Baschan bis nach
Salcha, 12 das ganze Reich des Og im Baschan, der in Aschtarot und Edreï herrschte. Er war vom Rest der Rafaïter übrig geblieben. Mose hatte sie geschlagen und vertrieben.
13 Aber die Israeliten vertrieben die
Geschuriter und die Maachatiter nicht; so wohnen Geschuriter und Maachatiter bis zum heutigen Tag mitten in Israel.
14 Nur dem Stamm Levi gab Josua keinen Erbbesitz; der Herr, der Gott Israels, ist sein Erbteil, wie der Herr ihm gesagt hatte.

3: Ri 3,3 • 8: 13,15–32 • 14: 13,33; 18,7; Num 18,20f; Dtn 18,1.

Die Verteilung des Ostjordanlandes: 13,15–33

15 Die Zuteilung an den Stamm der Rubeniter hatte also Mose entsprechend ihren
Sippen vorgenommen. 16 Ihnen war zuteil
geworden das Gebiet von Aroër am Rand des Arnontales und von der Stadt an, die mitten im Tal liegt: die ganze Ebene bei Medeba,
17 Heschbon und alle seine Städte in der Ebene, Dibon, Bamot-Baal und Bet-Baal-Meon,
18 Jahaz, Kedemot und Mefaat, 19 Kirjatajim,
Sibma und Zeret-Schahar auf dem Berg im
Tal, 20 Bet-Pegor, die Abhänge des Pisga,
Bet-Jeschimot 21 und alle Städte der Ebene,
das heißt: das ganze Reich des Amoriterkönigs Sihon, der in Heschbon herrschte. Mose hatte ihn und die Fürsten Midians geschlagen: Ewi, Rekem, Zur, Hur und Reba, die Heerführer Sihons, die im Land wohnten.
22 Auch den Wahrsager Bileam, den Sohn
Beors, hatten die Israeliten zusammen mit den anderen mit dem Schwert erschlagen.
23 Die Grenze der Rubeniter bildete der Jordan und sein Ufergebiet. Dieses Gebiet mit seinen Städten und Gehöften ist der Erbbesitz der Rubeniter, entsprechend ihren Sippen.
24 Mose hatte auch die Zuteilung an den Stamm Gad, die Gaditer, entsprechend ihren
Sippen vorgenommen. 25 Ihnen war zuteil
geworden das Gebiet von Jaser und alle Städte Gileads, das halbe Land der Ammoniter bis Aroër, das gegenüber Rabba liegt,
26 (das Land) von Heschbon bis Ramat-Mizpe und Betonim und von Mahanajim bis

13,8 Der Anfang des Verses »Die andere Hälfte des Stammes Manasse« ist sinngemäß ergänzt.

13,14 H liest nach Dtn 18,1, aber im Gegensatz zu Jos 13,33: die Feueropfer des Herrn, des Gottes Israels, sind ein Erbteil.

zum Gebiet von Lo-Dabar, 27 dazu im Tal Bet-Haram, Bet-Nimra, Sukkot und Zafon – der Rest des Reiches Sihons, des Königs von Heschbon –, ferner der Jordan und das Gebiet bis zum Ende des Sees von Kinneret jenseits des Jordan im Osten. 28 Dieses Gebiet mit seinen Städten und Gehöften ist der Erbbesitz der Gaditer, entsprechend ihren Sippen.

29 Mose hatte auch die Zuteilung an den halben Stamm Manasse vorgenommen, [dem halben Stamm Manasse wurde zuteil] entsprechend seinen Sippen. 30 Sein Gebiet umfasste von Mahanajim an den ganzen Baschan, das ganze Reich des Königs Og vom Baschan und alle Zeltdörfer Jaïrs im Baschan, sechzig Städte. 31 Die Hälfte von Gilead sowie Aschtarot und Edreï, die Königsstädte des Og vom Baschan, fiel den Nachkommen Machirs, des Sohnes Manasses zu, und zwar der Hälfte der Machiriter entsprechend ihren Sippen.

32 Das sind die Gebiete, die Mose in den Steppen von Moab jenseits des Jordan östlich von Jericho als Erbbesitz verteilt hatte.

33 Dem Stamm Levi aber hatte Mose keinen Erbbesitz zugeteilt. Der Herr, der Gott Israels, ist ihr Erbteil, wie er es ihnen gesagt hatte.

15–32 ‖ Num 32,1–42 • 22: Num 22,5; 31,8 • 33: 13,14; 18,7.

Die Verteilung des Westjordanlandes: 14,1–15

14 Das sind die Gebiete, die die Israeliten als Erbbesitz im Land Kanaan erhielten und die der Priester Eleasar sowie Josua, der Sohn Nuns, und die Anführer der Sippen der Israeliten zuteilten – 2 durch das Los teilten sie es ihnen zu, wie es der Herr durch Mose befohlen hatte –, den neuneinhalb Stämmen. 3 Denn Mose hatte zweieinhalb Stämmen ihren Erbbesitz schon jenseits des Jordan zugewiesen; den Leviten gab er keinen Erbbesitz in ihrer Mitte. 4 Denn die Nachkommen Josefs bildeten zwei Stämme, Manasse und Efraim. Den Leviten gab man also keinen Landanteil, sondern nur Städte als Wohnsitz und die dazugehörenden Weideflächen für das Vieh, das sie besaßen. 5 Wie es der Herr dem Mose befohlen hatte, so machten es die Israeliten und verteilten das Land.

6 Damals traten die Judäer in Gilgal an Josua heran und Kaleb, der Sohn des Kenasiters Jefunne, sagte zu ihm: Du weißt, was der Herr zu Mose, dem Gottesmann, in Kadesch-Barnea über mich und dich gesagt hat. 7 Ich war vierzig Jahre alt, als mich Mose, der Knecht des Herrn, in Kadesch-Barnea aussandte, damit ich das Land erkundete, und ich erstattete ihm Bericht, wie ich es mir vorgenommen hatte. 8 Während meine Brüder, die mit mir hinaufgezogen waren, das Volk mutlos machten, hielt ich treu zum Herrn, meinem Gott. 9 An jenem Tag schwor Mose: Das Land, das dein Fuß betreten hat, soll dir und deinen Söhnen für immer als Erbbesitz gehören, weil du treu zum Herrn, deinem Gott, gehalten hast. 10 Nun sieh her: Der Herr hat mich, wie er es versprochen hat, am Leben gelassen. Fünfundvierzig Jahre ist es her, seit der Herr dieses Wort zu Mose gesprochen hat, als Israel durch die Wüste zog. Heute bin ich, wie du siehst, fünfundachtzig Jahre alt. 11 Ich bin immer noch so stark wie damals, als Mose mich ausgesandt hat; wie meine Kraft damals war, so ist sie noch heute, wenn es gilt, zu kämpfen, auszuziehen und heimzukehren. 12 Nun gib mir also dieses Bergland, von dem der Herr an jenem Tag geredet hat. Denn du hast selbst an jenem Tag gehört, dass Anakiter dort sind und große befestigte Städte. Vielleicht ist der Herr mit mir, sodass ich sie vertreiben kann, wie der Herr gesagt hat. 13 Da segnete Josua Kaleb, den Sohn Jefunnes, und gab ihm Hebron als Erbbesitz. 14 Deshalb gehört Hebron bis zum heutigen Tag dem Kenasiter Kaleb, dem Sohn Jefunnes, weil er treu zum Herrn, dem Gott Israels, gehalten hat. 15 Hebron hieß früher Kirjat-Arba (Stadt des Arba); Arba war der größte Mann unter den Anakitern. Danach war der Krieg zu Ende und das Land hatte Ruhe.

1: Num 34,17 • 2: Num 26,55 • 3: 13,14.33; Dtn 10,9 • 4: 21,1–42 • 6: Num 14,24; Dtn 1,36 • 7: Num 13,6.30 • 8: Num 14,24; 32,11f • 12: 11,21 • 13: 15,13–17; 21,12; Ri 1,20 • 14: Num 32,12.

Das Gebiet des Stammes Juda: 15,1–63

15 An den Stamm der Judäer fiel durch das Los, entsprechend seinen Sippen, der Anteil gegen die Grenze Edoms hin, südwärts der Wüste Zin zu gelegen, die im äußersten Süden ist. 2 Die Südgrenze Judas beginnt am Ende des Salzmeeres, an der (Meeres)zunge, die sich nach Süden erstreckt, 3 verläuft dann südlich zur Skorpionen-Steige, zieht sich hinüber nach Zin, steigt südlich von Kadesch-Barnea hinauf, führt hinüber nach Hezron, steigt hinauf nach Addar und

---

14,2 durch das Los teilten sie es ihnen zu: Text korr. nach G.

14,6 Die Verteilung des Westjordanlandes beginnt mit dem südlich von Juda wohnenden kleinen Stamm der Kalebiter und schreitet nach Norden voran.

wendet sich nach Karka; 4 dann führt sie hi-
nüber nach Azmon, geht hinaus zum Grenz-
bach Ägyptens und läuft am Meer aus. Das
ist die Südgrenze des Stammes Juda.
5 Die Ostgrenze bildet das Salzmeer bis
zur Jordanmündung. Für die Nordseite be-
ginnt die Grenze an der Meereszunge bei der
Jordanmündung. 6 Die Grenze geht dann
nach Bet-Hogla hinauf und läuft nördlich an
Bet-Araba vorbei. Dann zieht sie sich hinauf
zum Stein Bohans, des Sohnes Rubens.
7 Vom Achortal steigt sie empor nach Debir
und wendet sich nordwärts nach Gelilot ge-
genüber der Steige von Adummim, die süd-
lich des Bachtals liegt; dann führt sie hinü-
ber zum Wasser von En-Schemesch und
läuft hinaus zur Rogel-Quelle. 8 Von da an
steigt die Grenze hinauf in das Ben-Hinnom-
Tal südlich des Bergrückens der Jebusiter –
das ist Jerusalem – und weiter empor zum
Gipfel des Berges, der westlich des Hinnom-
Tals am nördlichen Rand der Rafaïter-Ebene
liegt. 9 Vom Gipfel des Berges biegt die
Grenze ab zur Neftoach-Quelle und führt hi-
naus zum Berg Efron. Dann biegt sie ab nach
Baala, das ist Kirjat-Jearim. 10 Von Baala
wendet sich die Grenze nach Westen zum
Berg Seïr, führt dann an der Nordflanke des
Berges von Jearim, das ist Kesalon, vorbei,
hinab nach Bet-Schemesch und hinüber
nach Timna. 11 Dann verläuft sie hinaus zur
Nordflanke von Ekron, biegt ab nach Schik-
karon, geht hinüber zum Berg Baala und hi-
naus nach Jabneel. Die Grenze läuft aus am
Meer. 12 Das große Meer und das Küstenge-
biet bilden die Westgrenze. Das ist das Ge-
biet der Judäer ringsum, entsprechend ihren
Sippen.
13 Kaleb aber, dem Sohn Jefunnes, gab Jo-
sua einen Anteil mitten unter den Judäern,
nach der Anweisung des Herrn an Josua (und
zwar) Kirjat-Arba – Arba war der Vater
Anaks –, das heißt Hebron. 14 Kaleb vertrieb
von dort die drei Anakiter Scheschai, Ahi-
man und Talmai, die Söhne Anaks. 15 Von
dort zog er hinauf zu den Einwohnern von
Debir. Debir hieß früher Kirjat-Sefer. 16 Und
Kaleb sagte: Wer Kirjat-Sefer besiegt und
einnimmt, dem gebe ich meine Tochter Ach-
sa zur Frau. 17 Otniël, der Sohn des Kenas,
eines Bruders Kalebs, nahm die Stadt ein
und Kaleb gab ihm seine Tochter Achsa zur
Frau. 18 Als sie bei Otniël ankam, drängte er
sie, von ihrem Vater ein Stück Land zu ver-
langen. Da ließ sie sich vom Esel herabglei-
ten und Kaleb fragte sie: Was hast du? 19 Sie
antwortete: Gib mir ein Geschenk als Zei-
chen des Segens! Wenn du mich schon ins
Trockenland schickst, dann gib mir auch
Wasserstellen! Da gab er ihr die obere und
die untere Wasserquelle.
20 Das ist der Erbbesitz des Stammes der
Judäer, entsprechend ihren Sippen: 21 Die
Städte im Bereich des Stammes der Judäer
waren folgende:
an der Grenze zu Edom im Negeb: Kab-
zeel, Eder, Jagur, 22 Kina, Dimona, Adada,
23 Kadesch, Hazor, Jitna, 24 Sif, Telem,
Bealot, 25 Hazor-Hadatta, Kerijot-Hezron,
das ist Hazor, 26 Amam, Schema, Molada,
27 Hazar-Gadda, Heschmon, Bet-Pelet,
28 Hazar-Schual, Beerscheba und seine
Tochterstädte, 29 Baala, Ijim, Ezem, 30 Elto-
lad, Kesil, Horma, 31 Ziklag, Madmanna,
Sansanna, 32 Lebaot, Schilhim und En-Rim-
mon: im ganzen neunundzwanzig Städte mit
den dazugehörenden Gehöften;
33 in der Schefela: Eschtaol, Zora, Aschna,
34 Sanoach, En-Gannim, Tappuach, Enajim,
35 Jarmut, Adullam, Socho, Aseka, 36 Schaa-
rajim, Aditajim, Gedera und Gederotajim:
vierzehn Städte mit den dazugehörenden
Gehöften; 37 Zenan, Hadascha, Migdal-Gad,
38 Dilan, Mizpe, Jokteel, 39 Lachisch, Bozkat,
Eglon, 40 Kabbon, Lachmas, Kitlisch, 41 Ge-
derot, Bet-Dagon, Naama und Makkeda:
sechzehn Städte mit den dazugehörenden
Gehöften; 42 Libna, Eter, Aschan, 43 Jiftach,
Aschna, Nezib, 44 Keïla, Achsib und Mare-
scha: neun Städte mit den dazugehörenden
Gehöften; 45 Ekron mit den dazugehörenden
Tochterstädten und Gehöften, 46 von Ekron
bis zum Meer alles, was auf der Seite von
Aschdod liegt, samt den dazugehörenden
Gehöften; 47 Aschdod mit den dazugehören-
den Tochterstädten und Gehöften, Gaza mit
den dazugehörenden Tochterstädten und
Gehöften bis zum Grenzbach Ägyptens und
zum großen Meer mit dem Küstengebiet;
48 auf dem Gebirge: Schamir, Jattir, Socho,

15,4 des Stammes Juda: Text korr. nach G (wörtlich: für sie); H: für euch.
15,7 nach Gelilot: Text korr. (vgl. 18,7); H: Gilgal.
15,9 zum Berg Efron: Text korr. nach G; H: zu den Städten des Berges Efron.
15,18 Übersetzung unsicher.
15,19 ein Geschenk als Zeichen des Segens, wörtlich: einen Segen.
15,20–63 Die Aufstellung geht auf alte Ortslisten zurück, in denen die Bezirke Judas umschrieben waren.
15,28 und seine Tochterstädte: Text korr., H ist verderbt, vgl. G.
15,32 En-Rimmon: Text korr. nach Neh 11,29 (vgl. Jos 19,7).

49 Danna, Kirjat-Sanna, das ist Debir,
50 Anab, Eschtemoa, Anim, 51 Goschen, Ho-
lon und Gilo: elf Städte mit den dazugehö-
renden Gehöften; 52 Arab, Duma, Eschan,
53 Janum, Bet-Tappuach, Afeka, 54 Humta,
Kirjat-Arba, das ist Hebron, und Zior: neun
Städte und die dazugehörenden Gehöfte;
55 Maon, Karmel, Sif, Jutta, 56 Jesreel, Jok-
deam, Sanoach, 57 Kaim, Gibea und Timna:
zehn Städte mit den dazugehörenden Gehöf-
ten; 58 Halhul, Bet-Zur, Gedor, 59 Maarat,
Bet-Anot und Eltekon: sechs Städte mit den
dazugehörenden Gehöften; Tekoa, Efrata,
das ist Betlehem, Pegor, Etam, Kulon, Ta-
tam, Schoresch, Kerem, Gallim, Bet-Ter und
Manocho: elf Städte mit den dazugehören-
den Gehöften: 60 Kirjat-Baal, das ist Kirjat-
Jearim, und Rabba: zwei Städte mit den da-
zugehörenden Gehöften;

61 in der Steppe: Bet-Araba, Middin, Se-
chacha, 62 Nibschan, Ir-Melach und En-
Gedi: sechs Städte mit den dazugehörenden
Gehöften.

63 Nur die Jebusiter, die in Jerusalem
wohnten, konnten die Judäer nicht vertrei-
ben und so wohnen die Jebusiter bis zum
heutigen Tag mit den Judäern zusammen in
Jerusalem.

13–19: 14,13–15; Ri 1,10–15 • 17: Ri 3,9.

Das Gebiet der Nachkommen Josefs:
16,1 – 17,18

16 Das war der Anteil, der den Nach-
kommen Josefs durch das Los zufiel:
(Seine Grenze verläuft) vom Jordan bei Jeri-
cho zu den Quellen von Jericho im Osten,
dann von Jericho aus in die Wüste aufstei-
gend und ins Gebirge von Bet-El. 2 Von Bet-
El geht sie nach Lus hinaus und hinüber zum
Gebiet der Arkiter nach Atarot. 3 Dann führt
sie westwärts hinab zum Gebiet der Jafleti-
ter bis zum Gebiet von Unter-Bet-Horon und
Geser und läuft am Meer aus.

4 Erbbesitz erhielten auch die Söhne Jo-
sefs, Manasse und Efraim. 5 Dies war das Ge-
biet der Efraimiter, entsprechend ihren Sip-
pen: Die Grenze ihres Erbbesitzes [im Osten]
verläuft von Atarot-Adar bis Ober-Bet-Ho-
ron 6 und läuft zum Meer. Von Michmetat im
Norden wendet sich die Grenze ostwärts
nach Taanat-Schilo und geht ostwärts daran
vorbei nach Janoach. 7 Von Janoach führt sie
hinab nach Atarot und Naara, berührt Jeri-
cho und läuft am Jordan aus. 8 Von Tappu-
ach geht die Grenze westwärts zum Bach
Kana und läuft am Meer aus. Das ist der
Erbbesitz des Stammes der Efraimiter, ent-
sprechend ihren Sippen; 9 ferner (gehören)
den Efraimitern vereinzelte Städte mitten
im Erbbesitz der Manassiter, und zwar die
Städte samt den dazugehörenden Gehöften.
10 Die Efraimiter konnten aber die Kanaani-
ter, die in Geser wohnten, nicht vertreiben.
So wohnen die Kanaaniter bis zum heutigen
Tag mitten in Efraim; sie wurden aber zu
Fronknechten gemacht.

17 Dem Stamm des Manasse – er war
der Erstgeborene Josefs – fiel durch
das Los folgender Anteil zu: Machir, der
Erstgeborene Manasses, der Vater Gileads, –
er war ein kampferprobter Mann – erhielt
Gilead und den Baschan. 2 Auch die übrigen
Söhne Manasses erhielten einen (Anteil)
entsprechend ihren Sippen: die Söhne
Abiësers, die Söhne Heleks, die Söhne
Asriëls, die Söhne Schechems, die Söhne
Hefers und die Söhne Schemidas; das sind
die männlichen Nachkommen Manasses, des
Sohnes Josefs, mit ihren Sippen. 3 Zelofhad
aber, der Sohn Hefers, des Sohnes Gileads,
des Sohnes Machirs, des Sohnes Manasses,
hatte keine Söhne, sondern nur Töchter.
Seine Töchter hatten folgende Namen:
Machla, Noa, Hogla, Milka und Tirza. 4 Sie
erschienen vor dem Priester Eleasar und vor
Josua, dem Sohn Nuns, und vor den Anfüh-
rern und sagten: Der Herr hat Mose befoh-
len, uns Erbbesitz im Kreis unserer Brüder
zu geben. Da gab er ihnen, gemäß der Anwei-
sung des Herrn, Erbbesitz im Kreis der Brü-
der ihres Vaters. 5 So entfielen auf Manasse,
abgesehen vom Land Gilead und dem
Baschan, die jenseits des Jordan liegen, zehn
Anteile. 6 Denn die Töchter Manasses er-
hielten Erbbesitz im Kreis seiner Söhne. Das
Land Gilead aber erhielten die übrigen
Söhne Manasses.

7 Das Gebiet Manasses reicht vom Gebiet
Aschers bis nach Michmetat, das gegenüber
von Sichem liegt. Von dort verläuft die
Grenze nach Süden bis zu den Einwohnern
von En-Tappuach. 8 Manasse wurde das Ge-
biet von Tappuach zuteil, Tappuach selbst
aber, an der Grenze Manasses, den Efraimi-
tern. 9 Dann zieht sich die Grenze hinab zum
Bach Kana; südlich des Bachs gehören ein-
zelne Städte mitten unter den Städten Ma-
nasses zu Efraim. Nördlich des Bachs ist die
Grenze Manasses; sie läuft am Meer aus.
10 Das Gebiet im Süden gehört Efraim und
das Gebiet im Norden Manasse, dessen
Grenze das Meer bildet. Im Norden grenzen
sie an Ascher, im Osten an Issachar. 11 Ma-

15,59b Dieser Versteil ist nur in G erhalten.

17,11 Sinn und Bedeutung des Zusatzes unsicher.

nasse erhielt in Issachar und in Ascher Bet-
Schean und seine Tochterstädte, Jibleam
und seine Tochterstädte, die Einwohner von
Dor und seinen Tochterstädten, die Einwoh-
ner von En-Dor und seinen Tochterstädten,
die Einwohner von Taanach und seinen
Tochterstädten, die Einwohner von Megiddo
und seinen Tochterstädten [drei Anhöhen].
12 Doch die Manassiter konnten diese Städte
nicht in Besitz nehmen; es gelang den Ka-
naanitern, ihre Wohnsitze in diesem Land zu
halten. 13 Als die Israeliten jedoch stark ge-
worden waren, zwangen sie die Kanaaniter
zur Fron; aber vertreiben konnten sie sie
nicht.
14 Die Nachkommen Josefs sagten zu Jo-
sua: Warum hast du uns nur ein einziges Los
und nur einen einzigen Anteil als Erbbesitz
gegeben, obwohl wir ein zahlreiches Volk
sind, nachdem uns der Herr so sehr gesegnet
hat? 15 Josua antwortete ihnen: Wenn ihr ein
so zahlreiches Volk seid, dann steigt doch hi-
nauf in das Waldgebiet und rodet für euch
dort im Land der Perisiter und Rafaïter,
wenn euch das Gebirge Efraim zu eng ist.
16 Da sagten die Nachkommen Josefs: Das
Bergland reicht für uns nicht aus. Im ebenen
Land aber wohnen die Kanaaniter, die alle
eiserne Kampfwagen haben, wie etwa die
Leute in Bet-Schean und seinen Tochter-
städten und die Leute in der Ebene Jesreel.
17 Josua erwiderte dem Haus Josef, Efraim
und Manasse: Ihr seid ein zahlreiches Volk
und habt große Kraft. Ihr erhaltet nicht nur
einen einzigen Anteil; 18 denn auch das Berg-
land soll euch gehören. Es ist bewaldet; ihr
könnt es roden. Das so gewonnene Land soll
euch gehören, wenn ihr auch die Kanaaniter
nicht vertreiben könnt, weil sie eiserne
Kampfwagen haben und weil sie stark
sind.

17,1: 13,29f; Num 26,29; Ri 5,14 • 3: Num 26,33; 27,1–8; 36,2 • 9: 16,8f • 11: Ri 1,27f.

Das Gebiet der übrigen Stämme:
18,1 – 19,51

18 Die ganze Gemeinde der Israeliten
versammelte sich in Schilo. Dort
schlugen sie das Offenbarungszelt auf; das
ganze Land lag unterworfen vor ihnen.
2 Aber noch waren von den Israeliten sieben
Stämme übrig, die ihren Erbbesitz nicht zu-
geteilt bekommen hatten. 3 Da sagte Josua
zu den Israeliten: Wie lange wollt ihr noch
zögern, hinzugehen und das Land in Besitz
zu nehmen, das der Herr, der Gott eurer Vä-
ter, euch gegeben hat? 4 Bestimmt drei Män-
ner aus jedem Stamm; ich will sie aussenden.
Sie sollen sich auf den Weg machen, durch
das ganze Land ziehen und es im Hinblick
auf ihren Erbbesitz schriftlich aufnehmen.
Dann sollen sie (wieder) zu mir kommen.
5 Ihr sollt es unter euch in sieben Teile auftei-
len. Juda soll auf seinem Gebiet im Süden
bleiben und das Haus Josef soll auf seinem
Gebiet im Norden bleiben. 6 Ihr also sollt das
Land in sieben Teilen schriftlich aufnehmen
und (die Aufzeichnung) zu mir hierher brin-
gen. Ich werde dann hier vor dem Herrn, un-
serem Gott, das Los für euch werfen. 7 Doch
Levi bekommt keinen Anteil unter euch,
denn sein Erbbesitz ist das Priestertum des
Herrn. Und Gad, Ruben und der halbe
Stamm Manasse haben bereits ihren Erbbe-
sitz erhalten; ihn hat Mose, der Knecht des
Herrn, ihnen gegeben, jenseits des Jordan im
Osten.
8 Da machten sich die Männer auf den Weg
und zogen fort. Josua hatte denen, die fort-
zogen, befohlen, das Land schriftlich aufzu-
nehmen, und gesagt: Geht, zieht durch das
Land und nehmt es schriftlich auf! Dann
kommt zu mir zurück und ich will hier in
Schilo vor dem Herrn das Los für euch wer-
fen. 9 Die Männer gingen fort, durchquerten
das Land und zeichneten es in einem Buch
auf, geordnet nach Städten und in sieben
Teile gegliedert. Dann kamen sie wieder zu
Josua ins Lager nach Schilo. 10 Und Josua
warf in Schilo vor den Augen des Herrn das
Los für die Israeliten. So verteilte Josua das
Land an sie, entsprechend ihren Abteilun-
gen.
11 Das (erste) Los fiel auf den Stamm der
Benjaminiter und ihre Sippen. Als ihr Anteil
ergab sich das Gebiet zwischen den Judäern
und den Nachkommen Josefs. 12 Ihre Grenze
im Norden beginnt am Jordan. Dann steigt
sie hinauf zum Bergrücken nördlich von Je-
richo und weiter nach Westen ins Gebirge
und läuft sodann ins Weidegebiet von Bet-
Awen hinaus. 13 Von dort zieht sie sich hinü-
ber nach Lus, südlich am Bergrücken von
Lus, das ist Bet-El, vorbei; dann steigt sie
nach Atrot-Addar hinab zu dem Berg, der
südlich von Unter-Bet-Horon liegt. 14 Da-
rauf biegt sie ab und wendet sich auf der

17,16 Die Wagen hatten eiserne Beschläge. In Israel wurden solche Wagen erst unter Salomo eingeführt (vgl. 1 Kön 10,28f).

17,18 nicht: Text korr. (vgl. V. 13; 16,10).

18,1 Nicht mehr Gilgal (14,6), sondern Schilo, ein zentrales Heiligtum nach 1 Sam 1 – 4 und Jer 7,12, ist jetzt Mittelpunkt aller Stämme Israels.

18,7 Levi: Text korr.; H: die Leviten.

Westseite nach Süden, von dem Berg aus, der
Bet-Horon südlich gegenüberliegt. Sie läuft
aus bei Kirjat-Baal, das ist Kirjat-Jearim,
eine Stadt der Judäer. Das ist die Westseite.
15 Die Südseite (der Grenze) beginnt am
Rand von Kirjat-Jearim. Sie verläuft dann
westwärts hin zur Neftoach-Quelle. 16 Dann
zieht sie sich hinab zum Rand des Berges, der
dem Ben-Hinnom-Tal gegenüber im Norden
der Rafaïter-Ebene liegt. Sie steigt in das
Ben-Hinnom-Tal hinab südlich des Berg-
rückens der Jebusiter und führt zur Rogel-
Quelle hinunter. 17 Dann biegt sie nach Nor-
den ab, geht weiter nach En-Schemesch und
nach Gelilot, gegenüber der Steige von
Adummim, und steigt dann zum Stein des
Bohan, des Sohnes Rubens, hinab. 18 Sie geht
nördlich am Bergrücken von Bet-Araba vor-
bei und führt weiter in die Araba hinunter.
19 Dann führt die Grenze nördlich am Berg-
rücken von Bet-Hogla vorbei und läuft nörd-
lich der Landzunge des Salzmeers aus, am
südlichen Ende des Jordan. Das ist die Süd-
grenze. 20 Der Jordan bildet die Grenze auf
der Ostseite. Das ist der Erbbesitz der Benja-
miniter mit seinen Grenzen ringsum, ent-
sprechend ihren Sippen.

21 Das sind die Städte des Stammes der
Benjaminiter, entsprechend ihren Sippen:
Jericho, Bet-Hogla, Emek-Keziz, 22 Bet-Ara-
ba, Zemarajim, Bet-El, 23 Awim, Para, Ofra,
24 Kefar-Ammoni, Ofni und Geba: zwölf
Städte mit den dazugehörenden Gehöften;
25 ferner Gibeon, Rama, Beerot, 26 Mizpe, Ke-
fira, Moza, 27 Rekem, Jirpeel, Tarala, 28 Zela,
Elef, Jebus, das ist Jerusalem, Gibea und
Kirjat: vierzehn Städte mit den dazugehö-
renden Gehöften. Das ist der Erbbesitz der
Benjaminiter, entsprechend ihren Sippen.

19 Das zweite Los fiel [auf Simeon] auf
den Stamm der Simeoniter und ihre
Sippen. Ihr Erbbesitz lag mitten im Erbbe-
sitz der Judäer. 2 Sie erhielten als Erbbesitz:
Beerscheba, Scheba, Molada, 3 Hazar-Schu-
al, Baala, Ezem, 4 Eltolad, Betul, Horma,
5 Ziklag, Bet-Markabot, Hazar-Susa, 6 Bet-
Lebaot und Scharuhen: dreizehn Städte mit
den dazugehörenden Gehöften; 7 ferner Ajin,
Rimmon, Atar und Aschan: vier Städte mit
den dazugehörenden Gehöften, 8 dazu alle
Gehöfte rings um diese Städte bis hin nach
Baalat-Beer und Ramat-Negeb. Das ist der
Erbbesitz des Stamms der Simeoniter, ent-
sprechend ihren Sippen. 9 Der Erbbesitz der
Simeoniter war ein Stück vom Anteil der Ju-
däer; denn der Anteil der Judäer war für die-
se zu groß. So erhielten die Simeoniter Erb-
besitz mitten in deren Erbbesitz.

10 Das dritte Los fiel auf die Sebuloniter
und ihre Sippen. Das Gebiet ihres Erbbesit-
zes erstreckt sich bis nach Sarid. 11 Ihre
Grenze steigt westwärts nach Marala hinauf,
berührt Dabbeschet und stößt an das Bach-
tal gegenüber von Jokneam. 12 Von Sarid aus
wendet sie sich nach Osten [dem Sonnenauf-
gang zu] zum Gebiet von Kislot-Tabor, läuft
weiter nach Daberat und hinauf nach Jafia.
13 Von dort geht sie wieder ostwärts dem
Sonnenaufgang zu nach Gat-Hefer und Et-
Kazin und weiter nach Rimmon und biegt
dann ab nach Nea. 14 Sie zieht sich um Nea
herum, geht dann in nördlicher Richtung
nach Hannaton und läuft im Tal Jiftach-El
aus. 15 (Dazu kommen) . . . Kattat, Nahalal,
Schimron, Jidala und Betlehem: zwölf Städ-
te mit den dazugehörenden Gehöften. 16 Das
ist der Erbbesitz der Sebuloniter, entspre-
chend ihren Sippen: die Städte mit den da-
zugehörenden Gehöften.

17 Das vierte Los fiel [auf Issachar,] auf die
Issachariter und ihre Sippen. 18 Ihr Gebiet
erstreckt sich bis Jesreel und (umfasst) Ke-
sullot, Schunem, 19 Hafarajim, Schion, Ana-
hara, 20 Rabbit, Kischjon, Ebez, 21 Remet,
En-Gannim, En-Hadda und Bet-Pazzez.
22 Die Grenze berührt Tabor, Schahazajim
und Bet-Schemesch. Dann läuft sie am Jor-
dan aus: Im Ganzen sind es sechzehn Städte
mit den dazugehörenden Gehöften. 23 Das ist
der Erbbesitz der Issachariter, entsprechend
ihren Sippen: die Städte mit den dazugehö-
renden Gehöften.

24 Das fünfte Los fiel auf den Stamm der
Ascheriter und ihre Sippen. 25 Ihr Gebiet
umfasst Helkat, Hali, Beten, Achschaf,
26 Alammelech, Amad und Mischal; es stößt
im Westen an den Karmel und an den Fluss
Libnat. 27 Im Osten dagegen verläuft die
Grenze nach Bet-Dagon, stößt an Sebulon
und berührt im Norden das Tal Jiftach-El,

18,18 Bet-Araba: Text korr. (vgl. V. 22; 15,6.61); H: Araba.

19,1–7 Grenzen des Stammesgebiets von Simeon werden nicht angegeben, weil der Stamm in Juda aufgegangen ist.

19,10–16 Das Stammesgebiet von Sebulon liegt, vom Meer und vom See Gennesaret etwa gleich weit entfernt, nordwestlich an den Tabor angrenzend, mitten im Land.

19,13 und biegt dann ab: Text korr.; H ist verderbt.

19,15 Der Text ist unvollständig überliefert.

19,17–23 Issachars Gebiet erstreckt sich östlich des Tabor bis zum Jordan und umfasst auch den Ortsteil der Jesreelebene.

19,24–31 Ascher erhält das Land am Meer von Tyrus bis südlich des Karmel.

ferner Bet-Emek und Negiël und geht dann nordwärts nach Kabul 28 – Abdon, Rehob, Hammon und Kana gehören dazu – und bis nach Groß-Sidon. 29 Dann wendet sich die Grenze nach Rama und geht bis zur Festung Tyrus. Von dort wendet sie sich nach Hosa und läuft am Meer aus. (Dazu gehören) . . . Mahaleb, Achsib, 30 Umma, Afek und Rehob: (im ganzen) zweiundzwanzig Städte mit den dazugehörenden Gehöften. 31 Das ist der Erbbesitz des Stammes der Ascheriter, entsprechend ihren Sippen: die Städte mit den dazugehörenden Gehöften.

32 Das sechste Los fiel auf die Naftaliter und ihre Sippen. 33 Ihre Grenze geht von Helef, von der Eiche bei Zaanannim, aus über Adami-Nekeb und Jabneel bis nach Lakkum und läuft am Jordan aus. 34 Umgekehrt geht die Grenze westwärts nach Asnot-Tabor und von dort hinaus nach Hukkok. Sie stößt im Süden an Sebulon; im Westen stößt sie an Ascher und im Osten [an Juda und] an den Jordan. 35 (Dazu kommen) die befestigten Städte Ziddim, Zer, Hammat-Rakkat, Kinneret, 36 Adama, Rama, Hazor, 37 Kedesch, Edreï, En-Hazor, 38 Jiron, Migdal-El, Horem, Bet-Anat und Bet-Schemesch: neunzehn Städte mit den dazugehörenden Gehöften. 39 Das ist der Erbbesitz der Naftaliter entsprechend ihren Sippen: die Städte mit den dazugehörenden Gehöften.

40 Das siebte Los fiel auf den Stamm der Daniter und ihre Sippen. 41 Das Gebiet ihres Erbbesitzes umfasste Zora, Eschtaol, Ir-Schemesch, 42 Schaalbim, Ajalon, Jitla, 43 Elon, Timna, Ekron, 44 Elteke, Gibbeton, Baalat, 45 Jehud, Bene-Berak, Gat-Rimmon, 46 Me-Jarkon, Rakkon samt dem Gebiet gegenüber Jafo. 47 Doch das Gebiet wurde den Danitern zu eng. Da zogen die Daniter nach Leschem hinauf, eröffneten den Kampf gegen Leschem, nahmen es ein und erschlugen seine Einwohner mit scharfem Schwert. Sie nahmen die Stadt in Besitz und blieben dort. Sie nannten Leschem von nun an Dan, nach dem Namen ihres Stammvaters Dan. 48 Das ist der Erbbesitz des Stammes der Daniter, entsprechend ihren Sippen: die Städte mit den dazugehörenden Gehöften.

49 So vollendeten die Israeliten die Verteilung der Gebiete des Landes. Die Israeliten gaben auch Josua, dem Sohn Nuns, Erbbesitz in ihrer Mitte. 50 Auf Befehl des Herrn gaben sie ihm die Stadt, die er sich erbeten hatte: Timnat-Serach im Gebirge Efraim. Er baute die Stadt wieder auf und wohnte dort.

51 Das sind die erblichen Anteile, die der Priester Eleasar und Josua, der Sohn Nuns, und die Häupter der Großfamilien der Israeliten in Schilo vor den Augen des Herrn, am Eingang des Offenbarungszeltes, den Stämmen der Israeliten durch das Los zuteilten. Dann waren sie mit der Verteilung des Landes fertig.

18,7: 13,14.33 • 19,47: Ri 18,27–29.

Die Asylstädte: 20,1–9

20 Damals sagte der Herr zu Josua: 2 Sag den Israeliten: Bestimmt die Asylstädte bei euch, von denen ich zu euch durch Mose gesprochen habe. 3 Dorthin kann jeder fliehen, der getötet hat, das heißt, der versehentlich, ohne Vorsatz, einen Menschen erschlagen hat. Die Städte sollen euch als Asyl vor dem Bluträcher dienen. 4 Wenn jemand in eine von diesen Städten flieht, soll er am Eingang des Stadttors stehen bleiben und den Ältesten der Stadt seine Sache vortragen. Sie sollen ihn zu sich in die Stadt aufnehmen und ihm eine Unterkunft geben, damit er bei ihnen bleiben kann. 5 Wenn dann der Bluträcher ihn verfolgt, sollen sie ihm den, der getötet hat, nicht ausliefern; denn er hat seinen Nächsten versehentlich erschlagen und ohne ihn vorher gehasst zu haben. 6 Er soll in dieser Stadt bleiben, bis er vor die Gemeinde zur Gerichtsverhandlung treten kann, bis zum Tod des Hohenpriesters, der in jenen Tagen im Amt ist. Dann darf der, der getötet hat, wieder in seine Stadt und in sein Haus zurückkehren – in die Stadt, aus der er geflohen ist.

7 Man wählte also Kedesch in Galiläa, im Gebirge Naftali, aus, ferner Sichem im Gebirge Efraim und Kirjat-Arba, das ist Hebron, im Gebirge Juda. 8 Jenseits des Jordan [östlich von Jericho] bestimmte man Bezer in der Steppe, in der Ebene, vom Stamm Ruben, Ramot in Gilead vom Stamm Gad und Golan im Baschan vom Stamm Manasse.

19,32–39 Naftalis Gebiet liegt westlich des oberen Jordan und des Sees Gennesaret, östlich von Ascher und Sebulon, nördlich von Issachar.

19,34 Der Zusatz trifft sachlich nicht zu; er fehlt zu Recht in G.

19,40–48 Zunächst siedelte der Stamm Dan im Nordwesten des Stammes Juda (vgl. 15,33.45.57). Später wird der Stamm Dan zur Auswanderung in das Gebiet nördlich des Sees Gennesaret gezwungen (vgl. Ri 1,34; 18,1–29).

19,47a Text korr. (vgl. Ri 1,34); H: Das Gebiet . . . ging hinaus (ging verloren?).

20,7 Man wählte: Text korr. (vgl. Num 35,11); H: Sie heiligten; wohl unter Einfluss des folgenden Namens Kedesch (Heiligtum).

9 Das waren die Asylstädte für alle Israeliten
und für die Fremden, die sich bei ihnen auf-
hielten. Dorthin konnte jeder, der ohne Vor-
satz einen Menschen erschlagen hatte, flie-
hen, um nicht durch die Hand des Bluträ-
chers zu sterben, bevor er vor der Gemeinde
gestanden hätte.

1–9: ‖ Num 35,9–29; Dtn 19,1–10.

Die Städte für die Leviten: 21,1–42

21 Die Familienoberhäupter der Leviten
kamen in Schilo im Land Kanaan zu
dem Priester Eleasar, zu Josua, dem Sohn
Nuns, und zu den Stammeshäuptern der Is-
raeliten 2 und sagten zu ihnen: Der Herr hat
durch Mose befohlen, uns Städte zum Woh-
nen und ihre Weideflächen für unser Vieh zu
geben. 3 Da gaben die Israeliten den Leviten
nach der Anordnung des Herrn aus ihrem
Erbbesitz die folgenden Städte mit ihren
Weideflächen. 4 Als das Los auf die Sippen
der Kehatiter fiel, erhielten unter den Levi-
ten die Nachkommen des Priesters Aaron
durch das Los dreizehn Städte vom Stamm
Juda, vom Stamm der Simeoniter und vom
Stamm Benjamin. 5 Die übrigen Kehatiter
erhielten, entsprechend ihren Sippen, durch
das Los zehn Städte vom Stamm Efraim,
vom Stamm Dan und vom halben Stamm
Manasse. 6 Die Nachkommen Gerschons er-
hielten, entsprechend ihren Sippen, durch
das Los dreizehn Städte vom Stamm Issa-
char, vom Stamm Ascher, vom Stamm Naf-
tali und vom halben Stamm Manasse im Ba-
schan. 7 Die Nachkommen Meraris erhielten,
entsprechend ihren Sippen, zwölf Städte
vom Stamm Ruben, vom Stamm Gad und
vom Stamm Sebulon. 8 Diese Städte mit ih-
ren Weideflächen gaben die Israeliten durch
das Los den Leviten, wie es der Herr durch
Mose befohlen hatte.
9 Vom Stamm der Judäer und vom Stamm
der Simeoniter gaben sie ihnen die folgen-
den, namentlich genannten Städte. 10 Sie
wurden den Nachkommen Aarons unter den
Kehatitern, unter den Leviten, zuteil; denn
auf sie fiel das erste Los. 11 Ihnen gab man
die Stadt des Arba, des Vaters Anaks, also
Hebron, im Gebirge Juda, mit seinen Weide-
flächen ringsum. 12 Das Ackerland der Stadt
aber und die dazugehörenden Gehöfte hatte
man Kaleb, dem Sohn Jefunnes, als Besitz
gegeben. 13 Den Nachkommen des Priesters
Aaron gab man also die Asylstadt für solche,
die einen Menschen erschlagen haben, He-
bron mit seinen Weideflächen, ferner Libna
mit seinen Weideflächen, 14 Jattir mit seinen
Weideflächen, Eschtemoa mit seinen Weide-
flächen, 15 Holon mit seinen Weideflächen,
Debir mit seinen Weideflächen, 16 Ajin mit
seinen Weideflächen, Jutta mit seinen Wei-
deflächen und Bet-Schemesch mit seinen
Weideflächen: neun Städte von den zwei
Stämmen (den Judäern und den Simeoni-
tern). 17 Vom Stamm Benjamin (gab man ih-
nen) Gibeon mit seinen Weideflächen, Geba
mit seinen Weideflächen, 18 Anatot mit sei-
nen Weideflächen und Alemet mit seinen
Weideflächen: vier Städte. 19 Im Ganzen er-
hielten die Nachkommen Aarons, die Pries-
ter waren, dreizehn Städte mit ihren Wei-
deflächen. 20 Die Sippen der levitischen Ke-
hatiter, die von den Nachkommen Kehats
außerdem noch vorhanden waren, erhielten
die Städte ihres Anteils vom Stamm Efraim.
21 Man gab ihnen die Asylstädte für solche,
die einen Menschen erschlagen haben, Si-
chem mit seinen Weideflächen im Gebirge
Efraim, ferner Geser mit seinen Weideflä-
chen, 22 Kibzajim mit seinen Weideflächen
und Bet-Horon mit seinen Weideflächen:
vier Städte; 23 vom Stamm Dan erhielten sie
Elteke mit seinen Weideflächen, Gibbeton
mit seinen Weideflächen, 24 Ajalon mit sei-
nen Weideflächen und Gat-Rimmon mit sei-
nen Weideflächen: vier Städte; 25 vom halben
Stamm Manasse erhielten sie Taanach mit
seinen Weideflächen und Gat-Rimmon mit
seinen Weideflächen: zwei Städte. 26 Im
Ganzen erhielten die Sippen der übrigen
Nachkommen Kehats zehn Städte. 27 Den
Gerschonitern aus den levitischen Sippen
gab man vom halben Stamm Manasse die
Asylstadt für solche, die einen Menschen er-
schlagen haben, Golan im Baschan mit
seinen Weideflächen sowie Aschtarot mit
seinen Weideflächen: zwei Städte; 28 vom
Stamm Issachar erhielten sie Kischjon mit
seinen Weideflächen, Daberat mit seinen
Weideflächen, 29 Jarmut mit seinen Weide-
flächen und En-Gannim mit seinen Weide-
flächen: vier Städte; 30 vom Stamm Ascher
erhielten sie Mischal mit seinen Weideflä-
chen, Abdon mit seinen Weideflächen,
31 Helkat mit seinen Weideflächen und
Rehob mit seinen Weideflächen: vier Städte;
32 vom Stamm Naftali erhielten sie die Asyl-
stadt für solche, die einen Menschen erschla-
gen haben, Kedesch in Galiläa mit seinen

21,5f entsprechend ihren Sippen, vom Stamm: Text korr. nach V. 7; H: von den Sippen des Stammes.

21,9–40 Die in 20,7–9 genannten Asylstädte sind auch Levitenstädte; darin besitzen die Leviten Wohn- und Weiderechte.

Weideflächen sowie Hammot-Dor mit seinen Weideflächen und Kartan mit seinen Weideflächen: drei Städte. 33 Im Ganzen erhielten die Gerschoniter, entsprechend ihren Sippen, dreizehn Städte mit ihren Weideflächen. 34 Den übrigen Leviten, also den Sippen der Nachkommen Meraris, gab man vom Stamm Sebulon Jokneam mit seinen Weideflächen, Karta mit seinen Weideflächen, 35 Dimna mit seinen Weideflächen und Nahalal mit seinen Weideflächen: vier Städte; 36 dazu vom Stamm Ruben Bezer mit seinen Weideflächen, Jahaz mit seinen Weideflächen, 37 Kedemot mit seinen Weideflächen und Mefaat mit seinen Weideflächen: vier Städte; 38 vom Stamm Gad erhielten sie die Asylstadt für solche, die einen Menschen erschlagen haben, Ramot-Gilead mit seinen Weideflächen, ferner Mahanajim mit seinen Weideflächen, 39 Heschbon mit seinen Weideflächen und Jaser mit seinen Weideflächen: zusammen vier Städte. 40 Im Ganzen erhielten die Merariter entsprechend ihren Sippen, die unter den Sippen der Leviten noch übrig waren, als ihren Anteil zwölf Städte.

41 Die Gesamtanzahl der Levitenstädte mitten im Besitz der Israeliten betrug achtundvierzig, mit ihren Weideflächen. 42 Diese Städte bestanden jeweils aus der Stadt und den Weideflächen in ihrer Umgebung; so war es bei allen diesen Städten.

1–3: 14,4; Num 35,1–8 • 12: 15,13.

Die Ruhe in der neu gewonnenen Heimat: 21,43 – 22,9

43 So gab der Herr Israel das ganze Land, das er ihren Vätern mit einem Eid zugesichert hatte. Sie nahmen es in Besitz und wohnten darin. 44 Und der Herr verschaffte ihnen Ruhe ringsum, genau so, wie er es ihren Vätern mit einem Eid zugesichert hatte. Keiner von all ihren Feinden konnte ihnen Widerstand leisten; alle ihre Feinde gab der Herr in ihre Gewalt. 45 Keine von all den Zusagen, die der Herr dem Haus Israel gegeben hatte, war ausgeblieben; jede war in Erfüllung gegangen.

22 Damals rief Josua die Rubeniter, die Gaditer und den halben Stamm Manasse zu sich 2 und sagte zu ihnen: Ihr habt alles befolgt, was euch Mose, der Knecht des Herrn, befohlen hat; ihr habt auch mir in allem gehorcht, was ich euch befohlen habe. 3 Ihr habt eure Brüder während dieser langen Zeit bis heute nicht im Stich gelassen und habt darauf geachtet, den Befehl des Herrn, eures Gottes, zu befolgen. 4 Nun hat der Herr, euer Gott, euren Brüdern Ruhe verschafft, wie er es ihnen versprochen hatte. Kehrt also nun wieder zu euren Zelten zurück, in das Land, das euch gehört und das euch Mose, der Knecht des Herrn, jenseits des Jordan gegeben hat. 5 Achtet aber genau darauf, das Gebot und das Gesetz zu erfüllen, das euch Mose, der Knecht des Herrn, gegeben hat: den Herrn, euren Gott, zu lieben, auf allen seinen Wegen zu gehen, seine Gebote zu halten, euch ihm anzuschließen und ihm von ganzem Herzen und ganzer Seele zu dienen. 6 Dann segnete sie Josua und ließ sie ziehen und sie begaben sich zu ihren Zelten.

7 Der einen Hälfte des Stammes Manasse hatte Mose im Baschan (Land) gegeben, der anderen Hälfte gab Josua bei ihren Brüdern (Land) auf der anderen Seite des Jordan im Westen. Als Josua sie nun wieder zu ihren Zelten ziehen ließ und sie segnete, 8 sagte er zu ihnen: Mit reichen Schätzen kehrt ihr zu euren Zelten zurück, mit sehr viel Vieh, mit Silber und Gold, mit Bronze, Eisen und sehr vielen Gewändern. Teilt die Beute, die ihr euren Feinden abgenommen habt, mit euren Brüdern. 9 So verließen die Rubeniter, die Gaditer und der halbe Stamm Manasse die Israeliten und zogen von Schilo im Land Kanaan nach Gilead, in das Land, das ihnen gehörte und das sie auf den durch Mose ergangenen Befehl des Herrn hin in Besitz genommen hatten.

22,1: Num 32,20–22; Dtn 3,18–20.

Der Altar am Jordan: 22,10–34

10 Als sie zu den Steinkreisen am Jordan kamen, die noch im Land Kanaan liegen, errichteten die Rubeniter, die Gaditer und der halbe Stamm Manasse dort am Jordan einen Altar von stattlichem Aussehen. 11 Da erhielten die Israeliten folgende Nachricht: Schaut, die Rubeniter, die Gaditer und der halbe Stamm Manasse haben gegenüber dem Land Kanaan bei den Steinkreisen am Jordan jenseits des Gebiets der Israeliten einen Altar errichtet. 12 Als die Israeliten das hörten, versammelte sich die ganze Gemeinde Israels in Schilo, um gegen sie ins Feld zu ziehen. 13 Die Israeliten schickten den Priester Pinhas, den Sohn Eleasars, zu

21,45 war ausgeblieben, wörtlich: war dahingefallen (vgl. 23,14).

22,10–34 Die Kritik an dem Altar geht von dem Grundsatz aus, dass es nur ein einziges Heiligtum in Israel geben darf (vgl. Dtn 12,4–7).

den Rubenitern, den Gaditern und zum hal-
ben Stamm Manasse in Gilead. 14 Mit ihm
gingen zehn Anführer [aus jeder Familie],
aus jedem Stamm Israels je ein Anführer; je-
der gehörte zu den Familienoberhäuptern
der Tausendschaften Israels. 15 Als sie zu den
Rubenitern, den Gaditern und dem halben
Stamm Manasse ins Land Gilead kamen,
sagten sie zu ihnen: 16 So hat die ganze Ge-
meinde des Herrn gesagt: Was soll denn die-
ser Treubruch bedeuten, den ihr gegen den
Gott Israels begeht, indem ihr euch heute
vom Herrn abwendet, indem ihr euch einen
Altar errichtet und euch heute dadurch ge-
gen den Herrn auflehnt? 17 Ist uns der Frevel
von Pegor zu wenig? Von ihm haben wir uns
bis heute noch nicht gereinigt und seinetwe-
gen ist die Plage über die Gemeinde des
Herrn gekommen. 18 Ihr aber wendet euch
heute vom Herrn ab. Wenn ihr euch heute
gegen den Herrn auflehnt, wird sich sein
Zorn morgen gegen die ganze Gemeinde Is-
raels richten. 19 Falls das Land, das euch ge-
hört, unrein ist, dann kommt herüber in das
Land, das dem Herrn gehört und wo die
Wohnstätte des Herrn ist, und siedelt euch
bei uns an! Aber lehnt euch nicht gegen den
Herrn auf und zieht uns nicht dadurch in eu-
ren Aufruhr hinein, dass ihr für euch selber
einen zweiten Altar, neben dem Altar des
Herrn, unseres Gottes, baut. 20 Ist nicht sein
Zorn über die ganze Gemeinde Israels ge-
kommen, als sich Achan, der Sohn Serachs,
treulos an dem Gut vergriffen hatte, das dem
Untergang geweiht war? Und er war nur ein
einzelner Mann. Musste er nicht für seinen
Frevel sterben?

21 Darauf antworteten die Rubeniter, die
Gaditer und der halbe Stamm Manasse den
Befehlshabern der Tausendschaften Israels:
22 Gott, ja Gott, der Herr – Gott, ja Gott, der
Herr, er weiß es und Israel soll es wissen:
Wenn das Untreue, wenn das Auflehnung
gegen den Herrn war, dann soll er uns heute
nicht helfen. 23 Ob wir uns einen Altar er-
richtet haben, um uns vom Herrn abzuwen-
den, und ob wir auf ihm Brandopfer und
Speiseopfer darbringen und Heilsopfer her-
richten wollten, möge der Herr selbst unter-
suchen. 24 Nein, wir haben das nur aus Sorge
getan, und zwar aus folgender Überlegung:
Eure Söhne könnten morgen zu unseren
Söhnen sagen: Was habt ihr mit dem Herrn,
dem Gott Israels, zu tun? 25 Als Grenze hat
der Herr den Jordan zwischen uns und euch,
das heißt den Rubenitern und Gaditern, ge-
legt. Ihr habt keinen Anteil am Herrn. So
könnten eure Söhne unsere Söhne davon ab-
halten, den Herrn zu fürchten. 26 Deshalb
sagten wir uns: Wir wollen einen Altar er-
richten, nicht für Brandopfer und nicht für
Schlachtopfer; 27 er soll vielmehr ein Zeuge
sein zwischen uns und euch und zwischen
den Generationen nach uns dafür, dass wir
den Dienst vor dem Angesicht des Herrn
durch Brandopfer, Schlachtopfer und Heils-
opfer verrichten dürfen. Dann können eure
Söhne morgen nicht unseren Söhnen sagen:
Ihr habt keinen Anteil am Herrn. 28 Wir
dachten: Wenn sie morgen so zu uns und un-
seren Nachkommen sprechen, werden wir zu
ihnen sagen: Seht euch doch die Gestalt des
Altares des Herrn an, den unsere Väter er-
richtet haben, nicht für Brandopfer und
nicht für Schlachtopfer, sondern damit er
Zeuge zwischen uns und euch sei. 29 Es sei
fern von uns, dass wir uns gegen den Herrn
auflehnen und uns heute von ihm abwenden,
indem wir einen zweiten Altar für Brandop-
fer, Speiseopfer und Schlachtopfer neben
dem Altar des Herrn, unseres Gottes, errich-
ten, der vor seiner Wohnstätte steht.

30 Als der Priester Pinhas und die Ober-
häupter der Gemeinde [die Befehlshaber der
Tausendschaften Israels], die bei ihm waren,
hörten, was die Rubeniter, die Gaditer und
die Manassiter sagten, waren sie damit ein-
verstanden. 31 Und der Priester Pinhas, der
Sohn Eleasars, sagte zu den Rubenitern, den
Gaditern und den Manassitern: Jetzt wissen
wir, dass der Herr mitten unter uns ist; denn
ihr habt keinen solchen Treubruch gegen den
Herrn begangen. Dadurch habt ihr die Israe-
liten vor der (strafenden) Hand des Herrn
bewahrt. 32 Dann verließen der Priester Pin-
has, der Sohn Eleasars, und die Oberhäupter
die Rubeniter und Gaditer und kehrten aus
dem Land Gilead ins Land Kanaan zu den
Israeliten zurück. Sie berichteten ihnen alles
33 und die Israeliten waren damit einverstan-
den. Sie priesen Gott und dachten nicht
mehr daran, gegen die Rubeniter und Gadi-
ter ins Feld zu ziehen und das Land zu ver-
wüsten, in dem sie wohnten. 34 Die Rubeniter
und Gaditer nannten den Altar Zeuge, denn
(sie sagten): Er steht mitten unter uns als
Zeuge dafür, dass Jahwe Gott ist.

17: Num 25 • 20: 7,1–26.

22,19 Gott hat sein Heiligtum im Westjordanland. Wenn das Land östlich des Jordan als unrein betrachtet wird, ist die Verehrung Gottes dort nicht möglich. – zieht uns . . . hinein: Text korr.

22,22 soll er uns nicht helfen: Text korr., mit den alten Übersetzungen; H: hilf du uns nicht!

22,34a Zeuge: Text korr., eingefügt mit einigen H-Handschriften und S (vgl. V. 27).

DIE VERPFLICHTUNG AUF JAHWE: 23,1 – 24,33

Josuas Rede an das Volk: 23,1–16

23 Lange Zeit später, nachdem der Herr
Israel Ruhe vor all seinen Feinden
ringsum verschafft hatte und Josua alt und
betagt geworden war, 2 rief Josua ganz Isra-
el, seine Ältesten und Häupter, seine Richter
und Listenführer zusammen und sagte zu ih-
nen: Ich bin nun alt und betagt. 3 Ihr habt
selbst alles gesehen, was der Herr, euer Gott,
mit all diesen Völkern vor euren Augen ge-
macht hat; denn der Herr, euer Gott, hat
selbst für euch gekämpft. 4 Seht, ich habe
euch die Gebiete dieser Völker, die noch üb-
rig geblieben sind, und all der Völker, die ich
vernichtet habe, vom Jordan bis zum großen
Meer im Westen entsprechend euren Stäm-
men als Erbbesitz zugeteilt. 5 Der Herr, euer
Gott, wird sie (auch künftig) vor euren Au-
gen verjagen und sie vor euren Augen ver-
treiben und ihr werdet ihr Land in Besitz
nehmen, wie es euch der Herr, euer Gott,
versprochen hat. 6 Haltet aber immer daran
fest, alles zu beachten und zu tun, was im
Gesetzbuch des Mose geschrieben steht;
weicht nicht nach rechts oder links davon
ab! 7 Vermischt euch nicht mit diesen Völ-
kern, die bei euch noch übrig geblieben sind;
den Namen ihrer Götter sollt ihr nicht nen-
nen und nicht bei ihnen schwören, ihr sollt
ihnen nicht dienen und euch nicht vor ihnen
niederwerfen, 8 sondern am Herrn, eurem
Gott, fest halten, wie ihr es bis heute getan
habt. 9 Der Herr hat vor euren Augen große
und mächtige Völker vertrieben; bis heute
konnte niemand euch standhalten. 10 Ein
Einziger von euch kann tausend verfolgen;
denn der Herr, euer Gott, kämpft selbst für
euch, wie er es euch versprochen hat. 11 Ach-
tet darum um eures Lebens willen sehr da-
rauf, dass ihr (immer) den Herrn, euren Gott,
liebt. 12 Denn wenn ihr euch wirklich von
ihm abwendet und euch diesen Völkern, die
bei euch noch übrig geblieben sind, an-
schließt, wenn ihr euch mit ihnen verschwä-
gert, wenn ihr euch mit ihnen vermischt und
sie sich mit euch vermischen, 13 dann könnt
ihr gewiss sein, dass der Herr, euer Gott, die-
se Völker nicht mehr vor euren Augen ver-
treiben wird. Sie werden zur Schlinge und
zur Falle für euch, zur Peitsche für euren Rü-
cken und zum Stachel in euren Augen, bis
ihr aus diesem schönen Land verschwindet,
das der Herr, euer Gott, euch gegeben hat.
14 Ich selbst muss heute den Weg alles Irdi-
schen gehen. Ihr aber sollt mit ganzem Her-
zen und ganzer Seele erkennen, dass von all
den Zusagen, die der Herr, euer Gott, euch
gegeben hat, keine einzige ausgeblieben ist;
alle sind sie eingetroffen, keine einzige von
ihnen ist ausgeblieben. 15 Wie aber bisher
jede Zusage, die der Herr, euer Gott, euch ge-
geben hat, eingetroffen ist, so wird der Herr,
euer Gott, künftig jede Drohung gegen euch
verwirklichen, bis er euch aus diesem schö-
nen Land hinweggerafft hat, das euch der
Herr, euer Gott, gegeben hat. 16 Wenn ihr
euch gegen den Bund, auf den der Herr, euer
Gott, euch verpflichtet hat, vergeht, wenn ihr
anderen Göttern dient und sie anbetet, dann
wird der Zorn des Herrn gegen euch entbren-
nen und ihr werdet rasch aus dem schönen
Land verschwinden, das er euch gegeben hat.

13: Num 33,55; Ri 2,3.

Die Versammlung des Volkes in Sichem: 24,1–28

24 Josua versammelte alle Stämme Is-
raels in Sichem; er rief die Ältesten
Israels, seine Oberhäupter, Richter und Lis-
tenführer zusammen und sie traten vor Gott
hin. 2 Josua sagte zum ganzen Volk: So
spricht der Herr, der Gott Israels: Jenseits
des Stroms wohnten eure Väter von Urzeiten
an [Terach, der Vater Abrahams und der Va-
ter Nahors] und dienten anderen Göttern.
3 Da holte ich euren Vater Abraham von jen-
seits des Stroms und ließ ihn durch das ganze
Land Kanaan ziehen. Ich schenkte ihm zahl-
reiche Nachkommenschaft und gab ihm
Isaak. 4 Dem Isaak gab ich Jakob und Esau
und ich verlieh Esau das Bergland Seïr, da-
mit er es in Besitz nahm. Jakob aber und sei-
ne Söhne zogen nach Ägypten hinab. 5 Dann
sandte ich Mose und Aaron und strafte
Ägypten durch das, was ich in Ägypten tat.
Danach habe ich euch herausgeführt 6 [ich
führte eure Väter heraus] aus Ägypten und
ihr seid ans Meer gekommen. Die Ägypter

23,1–16 Die erste Abschiedsrede Josuas (vgl. 23,2 mit 24,1) ist in Sprache, Stil und Gedankenführung des Dtn gehalten.

23,14 ausgeblieben ist: vgl. die Anmerkung zu 21,45.

24,1–28 Der sog. Landtag zu Sichem ist eine Versammlung der Stämme Israels. Vor ihnen hält Josua eine zweite Abschiedsrede. Auch darin klingen deuteronomische Gedanken an.

aber verfolgten eure Väter mit Wagen und
Pferden bis zum Schilfmeer. 7 Da schrien
eure Väter zum Herrn und er legte zwischen
euch und die Ägypter eine Finsternis und
ließ das Meer über sie kommen, sodass es sie
überflutete. Mit eigenen Augen habt ihr ge-
sehen, was ich in Ägypten getan habe. Dann
habt ihr euch lange in der Wüste aufgehal-
ten. 8 Ich brachte euch in das Land der Amo-
riter, die jenseits des Jordan wohnten. Sie
kämpften mit euch, aber ich gab sie in eure
Gewalt; ihr habt ihr Land in Besitz genom-
men und ich habe sie euretwegen vernichtet.
9 Dann erhob sich der König Balak von
Moab, der Sohn Zippors, und kämpfte gegen
Israel. Er schickte Boten zu Bileam, dem
Sohn Beors, und ließ ihn rufen, damit er euch
verflucht. 10 Ich aber wollte keinen Fluch
von Bileam hören. Darum musste er euch
segnen und ich rettete euch aus seiner Ge-
walt. 11 Dann habt ihr den Jordan durch-
schritten und seid nach Jericho gekommen;
die Bürger von Jericho kämpften gegen euch,
ebenso die Amoriter, die Perisiter, die
Kanaaniter, die Hetiter, die Girgaschiter, die
Hiwiter und die Jebusiter und ich gab sie in
eure Gewalt. 12 Ich habe Panik vor euch her-
geschickt. Sie trieb sie vor euch her [die bei-
den Könige der Amoriter]; das geschah nicht
durch dein Schwert und deinen Bogen. 13 Ich
gab euch ein Land, um das ihr euch nicht be-
müht hattet, und Städte, die ihr nicht erbaut
hattet. Ihr habt in ihnen gewohnt und ihr
habt von Weinbergen und Ölbäumen geges-
sen, die ihr nicht gepflanzt hattet. 14 Fürch-
tet also jetzt den Herrn und dient ihm in voll-
kommener Treue. Schafft die Götter fort,
denen eure Väter jenseits des Stroms und in
Ägypten gedient haben, und dient dem
Herrn! 15 Wenn es euch aber nicht gefällt,
dem Herrn zu dienen, dann entscheidet euch
heute, wem ihr dienen wollt: den Göttern,
denen eure Väter jenseits des Stroms dien-
ten, oder den Göttern der Amoriter, in deren
Land ihr wohnt. Ich aber und mein Haus, wir
wollen dem Herrn dienen.

16 Das Volk antwortete: Das sei uns fern,
dass wir den Herrn verlassen und anderen
Göttern dienen. 17 Denn der Herr, unser
Gott, war es, der uns und unsere Väter aus
dem Sklavenhaus Ägypten herausgeführt
hat und der vor unseren Augen alle die gro-
ßen Wunder getan hat. Er hat uns beschützt
auf dem ganzen Weg, den wir gegangen sind,
und unter allen Völkern, durch deren Gebiet
wir gezogen sind. 18 Der Herr hat alle Völker
vertrieben, auch die Amoriter, die vor uns im
Land wohnten. Auch wir wollen dem Herrn
dienen; denn er ist unser Gott. 19 Da sagte Jo-
sua zum Volk: Ihr seid nicht imstande, dem
Herrn zu dienen, denn er ist ein heiliger
Gott, ein eifersüchtiger Gott; er wird euch
eure Frevel und eure Sünden nicht verzei-
hen. 20 Wenn ihr den Herrn verlasst und
fremden Göttern dient, dann wird er sich
von euch abwenden, wird Unglück über euch
bringen und euch ein Ende bereiten, obwohl
er euch zuvor Gutes getan hat. 21 Das Volk
aber sagte zu Josua: Nein, wir wollen dem
Herrn dienen. 22 Josua antwortete dem Volk:
Ihr seid Zeugen gegen euch selbst, dass ihr
euch für den Herrn und für seinen Dienst
entschieden habt. [Sie antworteten: Das sind
wir.] 23 Schafft also jetzt die fremden Götter
ab, die noch bei euch sind, und neigt eure
Herzen dem Herrn zu, dem Gott Israels!
24 Das Volk sagte zu Josua: Dem Herrn, unse-
rem Gott, wollen wir dienen und auf seine
Stimme hören.

25 So schloss Josua an jenem Tag einen
Bund für das Volk und gab dem Volk Gesetz
und Recht in Sichem. 26 Josua schrieb alle
diese Worte in das Buch des Gesetzes Gottes
und er nahm einen großen Stein und stellte
ihn in Sichem unter der Eiche auf, die im
Heiligtum des Herrn steht. 27 Dabei sagte er
zu dem ganzen Volk: Seht her, dieser Stein
wird ein Zeuge sein gegen uns; denn er hat
alle Worte des Herrn gehört, die er zu uns ge-
sprochen hat. Er soll ein Zeuge sein gegen
euch, damit ihr euren Gott nicht verleugnet.
28 Dann entließ Josua das Volk, einen jeden
in seinen Erbbesitz.

2: Gen 11,26 • 3: Gen 12 – 24 • 4: Gen 25,19–26; 27; 32,4; 36,1–8; 46,6 • 5: Ex 3 – 15 • 6: Ex 14 • 8: Num 21,25.31 • 9–10: Num 22 – 24; Ri 11,25 • 11: 3,16f; 6,1–11 • 12; 10,1f; Ex 23,27f; Dtn 7,20 • 13: Dtn 6,10f •19: Ex 20,5 •26: Gen 35,4; Ri 9,6.

Die Grabstätten Josuas, Josefs und Eleasars: 24,29–33

29 Nach diesen Ereignissen starb Josua, der
Sohn Nuns, der Knecht des Herrn, im Alter
von hundertzehn Jahren. 30 Man begrub ihn
in Timnat-Serach, im Gebiet seines Erbbe-
sitzes auf dem Gebirge Efraim, nördlich vom
Berg Gaasch. 31 Israel aber diente dem
Herrn, solange Josua lebte und solange die
Ältesten am Leben waren, die Josua über-
lebten und alles wussten, was der Herr für

24,10 Ich wollte keinen Fluch von Bileam hören, wörtlich: Ich wollte nicht auf Bileam hören.
24,12 Der Zusatz passt besser zu V. 8.

24,25–28 Josua tritt als Bundesmittler auf. Sichem ist ein altes Heiligtum, das bereits in der Patriarchenzeit eine Rolle spielt.

Israel getan hatte. 32 Die Gebeine Josefs, die die Israeliten aus Ägypten mitgebracht hatten, begrub man in Sichem auf dem Grundstück, das Jakob von den Söhnen Hamors, des Vaters Sichems, für hundert Kesita erworben hatte; es war den Nachkommen Josefs als Erbbesitz zuteil geworden. 33 Auch Eleasar, der Sohn Aarons, starb und man begrub ihn in Gibea, (der Stadt) seines Sohnes Pinhas, die man ihm im Gebirge Efraim gegeben hatte.

29: Ri 2,8f • 31: Ri 2,7 • 32: Gen 50,25; 33,19 • 33: Dtn 10,6.

Das Buch der Richter

Das Buch der Richter hat seinen Namen von den »Richtern«, die in der Zeit nach der Landnahme Israels wichtige Leitungsaufgaben erfüllten und einzelne Sippenverbände oder Stammesgruppen aus der Bedrängnis durch Feinde retteten. Zu den Leitungsaufgaben gehörte vor allem die Rechtsprechung (daher der Name »Richter«).

Den Hauptteil des Buches machen die Erzählungen über die verschiedenen Richtergestalten aus (3,7 – 16,31). Voraus geht eine Einleitung, die an das Buch Josua anknüpft; sie bietet eine knappe Beschreibung der Landnahme durch einzelne Stämme und leitet mit einer allgemeinen Charakterisierung der Richterzeit zu den Richtererzählungen über (1,1 – 3,6). Auf den Hauptteil folgen zwei längere Anhänge, in denen die Gründung des Heiligtums von Dan (Kap. 17 und 18) sowie die Schandtat und Bestrafung der Benjaminiter von Gibea (Kap. 19 – 21) berichtet werden.

Die Heldenerzählungen des Hauptteils waren ursprünglich wohl bei einzelnen Stämmen beheimatet. Auffällig breit werden die wunderbare Geburt Simsons und dessen außergewöhnliche Taten geschildert (Kap. 13 – 16). Auch die Geschichte Gideons nimmt einen breiten Raum ein (Kap. 6 – 8); seine Berufung wird mit der Gründung eines Heiligtums verbunden (Kap. 6). Im Debora-Lied (Kap. 5) wird der Sieg über Sisera und sein Heer besungen; es gehört zu den ältesten Texten des Alten Testaments. Die Fabel in 9,8–15 ist ein politischer Text, der unterstreicht, dass man das Königtum in Israel nicht ohne den Willen Gottes erlangen kann.

Die Zeit zwischen Josua und Samuel war nach dem Bild, das das Richterbuch zeichnet, eine Periode, in der sich Israel im Land Kanaan, zumeist gegen Feinde von außen, behaupten musste. Das gelang dem Volk nicht aus eigener Kraft, wie es auch das verheißene Land nicht durch eigene Anstrengung, sondern nur mit Gottes Hilfe erobert hatte. Das Verhältnis Israels zu seinem Gott entschied auch darüber, ob Israel ruhig in seinem Land wohnen konnte. Das war die Überzeugung der Bearbeiter, die die einzelnen Erzählungen zu einem Gesamtbild der Richterzeit zusammenstellten.

Der Geschichtsverlauf wird nach folgenden Leitgedanken des Deuteronomisten beurteilt: Jahwe allein verehren; auf seine Stimme hören; seine Gebote befolgen; anderen Göttern nicht nachlaufen. So kommen die Verfasser zu ihrer in der Konsequenz beeindruckenden Wertung der Richterzeit (Kap. 2) und gewinnen ein Schema, das sie an diese Zeit anlegen können: Abfall von Gott, Strafe, Hilferuf, Umkehr, Rettung, Wohlergehen und Frieden, solange das Volk auf die Richter hört und Gott die Treue hält (so erstmals 3,7–11). Das Richterbuch ist ein eindrucksvolles Zeugnis für den Glauben an den Herrschaftsanspruch Gottes gegenüber seinem Volk, aber auch an seine Treue und Fürsorge.

DIE CHARAKTERISIERUNG DER RICHTERZEIT: 1,1 – 3,6

Die Eroberung des Gebiets der Stämme Juda und Simeon: 1,1–21

1 Nach dem Tod Josuas befragten die Israeliten den Herrn: Wer von uns soll zuerst gegen die Kanaaniter in den Kampf ziehen? 2 Der Herr antwortete: Juda soll (zuerst) hinaufziehen; ich gebe das Land in seine Gewalt. 3 Da sagte Juda zu seinem Bruder Simeon: Zieh mit mir hinauf in das Gebiet, das mir durch das Los zugefallen ist; wir wollen (zusammen) gegen die Kanaaniter kämpfen. Dann werde auch ich mit dir in dein Gebiet ziehen. Da ging Simeon mit ihm. 4 Juda zog hinauf und der Herr gab die Kanaaniter und die Perisiter in ihre Gewalt. Sie schlugen sie bei Besek – (ein Heer von) zehntausend Mann. 5 Sie stießen bei Besek auf Adoni-Besek, kämpften mit ihm und schlugen die Kanaaniter und die Perisiter. 6 Adoni-Besek floh, aber sie verfolgten ihn, ergriffen ihn und hackten ihm die Daumen und die großen Zehen ab. 7 Da sagte Adoni-Besek: Siebzig Könige mit abgehackten Daumen und abgehackten großen Zehen haben unter meinem Tisch (den Abfall) aufgelesen. Wie ich gehandelt habe, so vergilt mir Gott. Man brachte ihn nach Jerusalem und dort starb er. 8 Die Judäer kämpften auch gegen Jerusalem, nahmen es ein, schlugen die Stadt mit scharfem Schwert und steckten sie in Brand. 9 Danach zogen die Judäer weiter, um gegen die Kanaaniter zu kämpfen, die im Gebirge, im Negeb und in der Schefela wohnten.

10 Juda zog auch gegen die Kanaaniter, die in Hebron wohnten – Hebron hieß früher Kirjat-Arba -, und sie schlugen Scheschai, Ahiman und Talmai. 11 Von dort zogen sie weiter gegen die Einwohner von Debir. Debir hieß früher Kirjat-Sefer. 12 Da sagte Kaleb: Wer Kirjat-Sefer schlägt und einnimmt, dem gebe ich meine Tochter Achsa zur Frau. 13 Otniël, der Sohn des Kenas, des jüngeren Bruders Kalebs, nahm die Stadt ein. Da gab ihm Kaleb seine Tochter Achsa zur Frau. 14 Als sie nun ankam, drängte er sie, von ihrem Vater ein Stück Land zu verlangen. Da ließ sie sich vom Esel herabgleiten und Kaleb fragte sie: Was hast du? 15 Sie antwortete: Gib mir ein Geschenk als Zeichen des Segens! Wenn du mich schon ins Trockenland schickst, dann gib mir auch Wasserstellen! Da gab Kaleb ihr die Obere und die Untere Quelle.

16 Die Söhne des Keniters (Hobab), des Schwiegervaters des Mose, waren mit den Judäern von der Palmenstadt zur Wüste Juda südlich von Arad hinaufgezogen; nun zogen sie weiter und ließen sich bei den Amalekitern nieder. 17 Juda aber zog mit seinem Bruder Simeon weiter. Sie schlugen die Kanaaniter, die in Zefat wohnten, weihten die Stadt dem Untergang und nannten sie Horma (Untergangsweihe). 18 Doch Gaza und sein Gebiet, Aschkelon und sein Gebiet, Ekron und sein Gebiet konnte Juda nicht erobern. 19 Der Herr war mit Juda, sodass es das Bergland in Besitz nehmen konnte. Aber die Bewohner der Ebene konnten sie nicht vertreiben, weil sie eiserne Kampfwagen hatten. 20 Dem Kaleb gab man Hebron, wie Mose es angeordnet hatte; er vertrieb von dort die drei Söhne Anaks. 21 Die Benjaminiter konnten die Jebusiter, die in Jerusalem wohnten, nicht vertreiben und so blieben die Jebusiter bei den Benjaminitern in Jerusalem wohnen bis auf den heutigen Tag.

8: Jos 10,40; 11,16–20 • 10–15: Jos 15,13–19 • 13: 3,9 • 16: 4,11; 1 Sam 15,6 • 17: Dtn 20,13–17 • 20: Jos 14,6–15; Jos 14,6–15, 11,21 • 21: Jos 15,63.

Die Eroberung des Gebiets der Nachkommen Josefs: 1,22–36

22 Auch die Nachkommen Josefs zogen hinauf, und zwar nach Bet-El. Und der Herr war mit ihnen. 23 Die Nachkommen Josefs ließen Bet-El beobachten. Die Stadt hieß früher Lus. 24 Als die Wachen einen Mann aus der Stadt herauskommen sahen, sagten sie zu ihm: Zeig uns, wo man in die Stadt eindringen kann, dann werden wir dir unser Wohlwollen beweisen. 25 Er zeigte ihnen eine Stelle, wo sie in die Stadt eindringen konn-

---

1,4f Besek liegt nördlich von Samaria. Anscheinend wird Adoni-Besek mit Adoni-Zedek von Jerusalem in Verbindung gebracht (vgl. Jos 10).

1,6f Die grausame Sitte soll den Feind kampfunfähig machen.

1,14 drängte er sie: Text korr. nach G (vgl. Jos 15,18).

1,15 ein Geschenk als Zeichen des Segens, wörtlich: einen Segen (vgl. Jos 15,19).

1,16 nun zogen sie weiter und ließen sich . . . nieder: Text korr. vgl. G; H: Er ging hin und wohnte beim Volk.

1,18 nicht: Text korr. nach G und V. 19.

1,21 Jerusalem lag zwischen dem Gebiet Judas und dem Benjamins (vgl. Jos 18,16).

1,22 die Nachkommen: so G; H: das Haus.

ten, und sie schlugen die Stadt mit scharfem
Schwert. Den Mann aber und seine ganze
Sippe ließen sie gehen. 26 Der Mann ging in
das Land der Hetiter, erbaute eine Stadt und
nannte sie Lus. Das ist ihr Name bis auf den
heutigen Tag.

27 Manasse konnte (die Einwohner von)
Bet-Schean und seinen Tochterstädten so-
wie von Taanach und seinen Tochterstädten,
die Einwohner von Dor und seinen Tochter-
städten, die Einwohner von Jibleam und sei-
nen Tochterstädten und die Einwohner von
Megiddo und seinen Tochterstädten nicht
vertreiben. So gelang es den Kanaanitern, in
dieser Gegend zu verbleiben. 28 Als die Israe-
liten stark geworden waren, zwangen sie die
Kanaaniter zur Fron, aber vertreiben konn-
ten sie sie nicht.

29 Efraim konnte die Kanaaniter nicht ver-
treiben, die in Geser wohnten. Darum blie-
ben die Kanaaniter mitten unter ihnen in
Geser wohnen.

30 Sebulon konnte die Einwohner von Ki-
tron und die Einwohner von Nahalol nicht
vertreiben. Darum blieben die Kanaaniter
mitten unter ihnen wohnen, aber sie wurden
Fronarbeiter.

31 Ascher konnte die Einwohner von Akko
und die Einwohner von Sidon nicht ver-
treiben, auch nicht (die Einwohner) von
Mahaleb, Achsib, Helba, Afek und Roheb.
32 Darum leben die Ascheriter mitten unter
den Kanaanitern, die in der Gegend wohnen
blieben, weil man sie nicht vertreiben konn-
te.

33 Naftali konnte die Einwohner von Bet-
Schemesch und die Einwohner von Bet-Anat
nicht vertreiben und wohnt deshalb mitten
unter den Kanaanitern, die im Land verblie-
ben sind. Die Einwohner von Bet-Schemesch
und Bet-Anat aber wurden Fronarbeiter.

34 Die Amoriter drängten die Daniter ins
Bergland ab und ließen sie nicht in die Ebene
herabkommen. 35 Es gelang den Amoritern,
in Har-Heres, Ajalon und Schaalbim zu blei-
ben; als aber das Haus Josef ihnen überlegen
war, wurden sie Fronarbeiter. 36 Das Gebiet
der Amoriter reicht von der Skorpionenstei-
ge bis nach Sela und darüber hinaus.

27: Jos 17,11–13 • 29: Jos 16,10 • 34: 18,1.

Die Erscheinung des Engels des Herrn: 2,1–5

2 Der Engel des Herrn kam von Gilgal
nach Bochim hinauf und sagte: Ich habe
euch aus Ägypten heraufgeführt und euch in
das Land gebracht, das ich euren Vätern mit
einem Eid zugesichert hatte. Ich hatte ge-
sagt: Ich werde meinen Bund mit euch nie-
mals aufheben; 2 aber ihr dürft keinen Bund
mit den Bewohnern dieses Landes schließen
und ihre Altäre sollt ihr niederreißen. Doch
ihr habt auf meine Stimme nicht gehört. Wa-
rum habt ihr das getan? 3 Deshalb sage ich
euch jetzt: Ich werde sie nicht vor euren Au-
gen vertreiben, sondern sie sollen euch Wi-
derstand leisten und ihre Götter sollen euch
zu Fall bringen. 4 Als der Engel des Herrn
das zum Volk gesagt hatte, brachen alle
Israeliten in lautes Weinen aus. 5 Darum
nannten sie jenen Ort Bochim (Ort des Wei-
nens). Und sie brachten dort dem Herrn Op-
fer dar.

2: Dtn 7,2–5 • 3: Jos 23,13.

Josuas Tod: 2,6–10

6 Als Josua das Volk ziehen ließ, machten
sich die Israeliten auf den Weg, um das Land
in Besitz zu nehmen; jeder (ging) zu seinem
Erbbesitz. 7 Und das Volk diente dem Herrn,
solange Josua lebte und solange die Ältesten
am Leben waren, die Josua überlebten und
all die großen Taten des Herrn gesehen hat-
ten, die er für Israel getan hatte. 8 Josua, der
Sohn Nuns, der Knecht des Herrn, starb im
Alter von hundertzehn Jahren 9 und man be-
grub ihn in Timnat-Heres, im Gebiet seines
Erbbesitzes auf dem Gebirge Efraim, nörd-
lich vom Berg Gaasch. 10 Auch seine ganze
Generation wurde mit ihren Vätern vereint
und nach ihnen kam eine andere Generation,
die den Herrn und die Taten, die er für Israel
vollbracht hatte, nicht mehr kannte.

7: Jos 24,31 • 9: Jos 24,30.

Die Berufung von Richtern: 2,11–23

11 Die Israeliten taten, was dem Herrn
missfiel, und dienten den Baalen. 12 Sie ver-
ließen den Herrn, den Gott ihrer Väter, der
sie aus Ägypten herausgeführt hatte, und lie-
fen anderen Göttern nach, den Göttern der
Völker, die rings um sie wohnen. Sie warfen
sich vor ihnen nieder und erzürnten dadurch
den Herrn. 13 Als sie den Herrn verließen und
dem Baal und den Astarten dienten, 14 ent-
brannte der Zorn des Herrn gegen Israel. Er
gab sie in die Gewalt von Räubern, die sie
ausplünderten, und lieferte sie der Gewalt
ihrer Feinde ringsum aus, sodass sie ihren

1,31 Mahaleb: Text korr. (vgl. Jos 19,29).
2,3 Widerstand leisten: Text korr., vgl. G.
2,11.13 Baal ist der Gott der Fruchtbarkeit und Gegenspieler Jahwes; Astarte ist eine Fruchtbarkeitsgöttin. Die Baale und Astarten sind die lokalen Ausprägungen dieser Gottheiten.

Feinden keinen Widerstand mehr leisten
konnten. 15 Sooft sie auch in den Krieg zo-
gen, war die Hand des Herrn gegen sie, und
sie hatten kein Glück, wie der Herr gesagt
und ihnen geschworen hatte. So gerieten sie
in große Not. 16 Der Herr aber setzte Richter
ein, die sie aus der Gewalt der Räuber befrei-
ten. 17 Doch sie gehorchten auch ihren Rich-
tern nicht, sondern gaben sich anderen Göt-
tern hin und warfen sich vor ihnen nieder.
Rasch wichen sie von dem Weg ab, den ihre
Väter, den Geboten des Herrn gehorsam, ge-
gangen waren. Sie handelten nicht so (wie
ihre Väter). 18 Wenn aber der Herr bei ihnen
Richter einsetzte, dann war der Herr mit
dem Richter und rettete die Israeliten aus
der Gewalt ihrer Feinde, solange der Richter
lebte; denn der Herr hatte Mitleid mit ihnen,
wenn sie über ihre Feinde und Unterdrücker
klagten. 19 Sobald aber der Richter gestorben
war, wurden sie rückfällig und trieben es
noch schlimmer als ihre Väter, liefen ande-
ren Göttern nach, dienten ihnen und warfen
sich vor ihnen nieder. Sie ließen nicht ab von
ihrem bösen Treiben und von ihrem störri-
schen Verhalten. 20 Da entbrannte der Zorn
des Herrn gegen Israel. Er sagte: Weil dieses
Volk meinen Bund übertreten hat, zu dem
ich ihre Väter verpflichtet habe, und weil es
nicht auf meine Stimme hört, 21 werde auch
ich kein einziges der Völker mehr vor ihren
Augen vertreiben, die Josua bei seinem Tod
noch übrig gelassen hat. 22 Israel soll durch
sie auf die Probe gestellt werden, ob es daran
fest hält, den Weg des Herrn zu gehen, wie es
seine Väter taten, oder nicht. 23 Darum ließ
der Herr diese Völker (im Land) und vertrieb
sie vorerst nicht. Er hatte sie auch nicht in
die Gewalt Josuas gegeben.

14: Lev 26,17.

Fremde Völker unter den Israeliten:
3,1–6

3 Das sind die Völker, die der Herr (im
Land) ließ, um durch sie die Israeliten,
alle, die von all den Kämpfen um Kanaan
nichts mehr wussten, auf die Probe zu stellen
2 – (er tat das) nur, um die Generationen der
Israeliten, die das Kriegführen nicht mehr
kannten, darin zu unterrichten; denn sie
wussten von den Kriegen, die früher waren,
nichts mehr –: 3 die fünf Fürsten der Philister
und alle Kanaaniter und Sidonier und Hiwi-
ter, die auf dem Libanongebirge wohnen,
vom Berg Baal-Hermon bis nach Lebo-
Hamat. 4 Sie waren dazu da, dass die Israeli-
ten durch sie auf die Probe gestellt würden
und dass in Erfahrung gebracht würde, ob
sie den Geboten des Herrn gehorchten, auf
die er ihre Väter durch Mose verpflichtet
hatte. 5 Die Israeliten wohnten also mitten
unter den Kanaanitern, Hetitern, Amoritern,
Perisitern, Hiwitern und Jebusitern. 6 Sie
nahmen sich deren Töchter zu Frauen und
ihre Töchter gaben sie deren Söhnen und sie
dienten deren Göttern.

1: 2,21f • 3: Jos 13,3.

DIE EINZELNEN RICHTER: 3,7 – 16,31

Otniël: 3,7–11

7 Die Israeliten taten, was dem Herrn miss-
fiel. Sie vergaßen den Herrn, ihren Gott, und
dienten den Baalen und den Kultpfählen.
8 Da entbrannte der Zorn des Herrn gegen
die Israeliten und er lieferte sie der Gewalt
des Kuschan-Rischatajim aus, des Königs
von Aram in Mesopotamien. So mussten die
Israeliten acht Jahre lang Kuschan-Rischa-
tajim dienen. 9 Als die Israeliten zum Herrn
schrien, gab der Herr den Israeliten einen
Retter, der sie befreite: Otniël, den Sohn des
Kenas, den jüngeren Bruder Kalebs. 10 Der
Geist des Herrn kam über ihn und er wurde
Richter in Israel. Er zog in den Kampf und
der Herr gab Kuschan-Rischatajim, den Kö-
nig von Aram, in seine Gewalt und Otniël
unterwarf Kuschan-Rischatajim. 11 Darauf
hatte das Land vierzig Jahre lang Ruhe;
dann starb Otniël, der Sohn des Kenas.

9: 1,13; Jos 15,17 • 10: 6,34; 11,29; 13,25; 14,6.19; 15,14.

2,16 Diese Richter sind Männer, die dem Volk zu seinem Recht verhelfen, also Retter aus der Not und insofern Führer des Volkes.

3,3 Die fünf Philisterfürsten herrschten in den Städten Gaza, Gat, Aschdod, Aschkelon und Ekron.

3,9 Andere Lesart: des jüngeren Bruders. – Anscheinend waren die Südstämme von dem feindlichen Einfall betroffen.

3,13 Die Palmenstadt ist Jericho. Der Angriff richtet sich vor allem gegen Benjamin.

Ehud und Schamgar: 3,12–31

12 Und wiederum taten die Israeliten, was
dem Herrn missfiel. Der Herr aber gab
Eglon, dem König von Moab, Macht über Is-
rael, weil sie taten, was dem Herrn missfiel.
13 Eglon verbündete sich mit den Ammoni-
tern und Amalekitern, zog in den Kampf,
schlug Israel und eroberte die Palmenstadt.
14 Darauf mussten die Israeliten achtzehn
Jahre lang Eglon, dem König von Moab, die-
nen. 15 Als aber die Israeliten zum Herrn
schrien, gab ihnen der Herr einen Retter:
Ehud, den Sohn Geras, aus dem Stamm Ben-
jamin, einen Linkshänder. Als nun die Israe-
liten durch ihn Tribut an Eglon, den König
von Moab, schickten, 16 machte sich Ehud ei-
nen Dolch mit zwei Schneiden, eine Spanne
lang, und band ihn unter seinem Gewand an
seine rechte Hüfte. 17 So überbrachte er
Eglon, dem König von Moab, den Tribut.
Eglon aber war ein sehr beleibter Mann.
18 Als Ehud mit der Übergabe des Tributs zu
Ende war, schickte er die Leute, die die Ab-
gaben getragen hatten, weg; 19 er selber aber
kehrte bei den Götterbildern in Gilgal um,
ging (zum König) zurück und sagte: Ich habe
eine geheime Botschaft an dich, König. Da
gebot der König Ruhe und alle Anwesenden
gingen hinaus. 20 Nun trat Ehud zu ihm he-
rein. Eglon saß in seinem kühlen Oberge-
mach, das für ihn allein bestimmt war, und
Ehud sagte: Ich habe eine Botschaft Gottes
für dich. Da erhob sich der König von seinem
Sessel. 21 Ehud aber streckte seine linke
Hand aus, ergriff den Dolch an seiner rech-
ten Hüfte und stieß ihn Eglon in den Leib.
22 Die Klinge drang samt dem Heft hinein
und das Fett umschloss die Klinge. Ehud zog
den Dolch nicht aus dem Leib Eglons heraus
[er ging zum Seiteneingang hinaus], 23 son-
dern schloss die Tür des Obergemachs hinter
sich, schob den Riegel vor und ging zur Halle
hinaus. 24 Als er weggegangen war, kamen
die Diener und sahen, dass die Tür des Ober-
gemachs verriegelt war. Sie meinten, Eglon
verrichte in der kühlen Kammer seine Not-
durft. 25 Sie warteten aber vergeblich. Und
als er die Tür des Obergemachs nicht öffnete,
nahmen sie den Schlüssel und schlossen auf:
Da lag ihr Herr tot auf dem Boden. 26 Ehud
aber war entkommen, während sie gezögert
hatten. Er war bereits an den Götterbildern
vorbeigegangen und hatte sich nach Seïra in
Sicherheit gebracht. 27 Sobald er dort ange-
kommen war, ließ er auf dem Gebirge Efraim
das Widderhorn blasen und die Israeliten
zogen mit ihm vom Gebirge hinab, er an ih-
rer Spitze. 28 Er sagte zu ihnen: Folgt mir,
denn der Herr hat eure Feinde, die Moabiter,
in eure Gewalt gegeben. Sie zogen mit ihm
hinab, besetzten die Jordanübergänge nach
Moab und ließen niemand mehr hinüber.
29 Damals erschlugen sie von Moab etwa
zehntausend Mann, alles starke und kriegs-
tüchtige Männer, und keiner entkam. 30 So
musste sich Moab an jenem Tag der Gewalt
Israels unterwerfen und das Land hatte
achtzig Jahre lang Ruhe.

31 Auf Ehud folgte Schamgar, der Sohn des
Anat. Er erschlug sechshundert Philister mit
einem Ochsenstecken. Auf diese Weise trug
auch er zur Rettung Israels bei.

31: 5,6.

Debora und Barak: 4,1 – 5,31

Der Sieg über Sisera: 4,1–16

Als Ehud gestorben war, taten die Israe-
liten wieder, was dem Herrn missfiel.
2 Darum lieferte sie der Herr der Gewalt Ja-
bins, des Königs von Kanaan, aus, der in Ha-
zor herrschte. Sein Heerführer war Sisera,
der in Haroschet-Gojim wohnte. 3 Da schrien
die Israeliten zum Herrn, denn Sisera besaß
neunhundert eiserne Kampfwagen und hatte
die Israeliten zwanzig Jahre lang grausam
unterdrückt. 4 Damals war Debora, eine Pro-
phetin, die Frau des Lappidot, Richterin in
Israel. 5 Sie hatte ihren Sitz unter der Debo-
ra-Palme zwischen Rama und Bet-El im Ge-
birge Efraim und die Israeliten kamen zu ihr
hinauf, um sich Recht sprechen zu lassen.
6 Sie schickte Boten zu Barak, dem Sohn
Abinoams aus Kedesch-Naftali, ließ ihn rufen
und sagte zu ihm: Der Herr, der Gott Israels,
befiehlt: Geh hin, zieh auf den Berg Tabor
und nimm zehntausend Naftaliter und Sebu-
loniter mit dir! 7 Ich aber werde Sisera, den
Heerführer Jabins, mit seinen Wagen und
seiner Streitmacht zu dir an den Bach Ki-
schon lenken und ihn in deine Hand geben.
8 Barak sagte zu ihr: Wenn du mit mir gehst,
werde ich gehen; wenn du aber nicht mit mir
gehst, werde ich nicht gehen. 9 Sie sagte: Ja,
ich gehe mit dir; aber der Ruhm bei dem Un-
ternehmen, zu dem du ausziehst, wird dann
nicht dir zuteil; denn der Herr wird Sisera
der Hand einer Frau ausliefern. Und Debora
machte sich auf und ging zusammen mit Ba-
rak nach Kedesch. 10 Barak rief Sebulon und
Naftali in Kedesch zusammen und zehn-

3,22 Die Übersetzung des Zusatzes ist unsicher.

tausend Mann folgten ihm (auf den Tabor)
hinauf. Auch Debora ging mit ihm.
11 Der Keniter Heber aber, der sich von
Kain, von den Söhnen Hobabs, des Schwie-
gervaters des Mose, getrennt hatte, hatte sein
Zelt an der Eiche von Zaanannim bei Ke-
desch aufgeschlagen.
12 Als man nun Sisera meldete, dass Barak,
der Sohn Abinoams, auf den Berg Tabor ge-
zogen sei, 13 beorderte Sisera alle seine Wa-
gen – neunhundert eiserne Kampfwagen –
und das ganze Kriegsvolk, das er bei sich
hatte, von Haroschet-Gojim an den Bach Ki-
schon. 14 Da sagte Debora zu Barak: Auf!
Denn das ist der Tag, an dem der Herr den
Sisera in deine Gewalt gegeben hat. Ja, der
Herr zieht selbst vor dir her. Barak zog also
vom Berg Tabor herab und die zehntausend
Mann folgten ihm. 15 Und der Herr brachte
Sisera, alle seine Wagen und seine ganze
Streitmacht [mit scharfem Schwert] vor den
Augen Baraks in große Verwirrung. Sisera
sprang vom Wagen und floh zu Fuß. 16 Barak
verfolgte die Wagen und das Heer bis nach
Haroschet-Gojim. Das ganze Heer Siseras
fiel unter dem scharfen Schwert; nicht ein
einziger Mann blieb übrig.

2: Jos 11,1 • 5: Gen 35,8 • 11: 1,16 • 15: 5,20; Ex 23,27; Jos 10,10; 1 Sam 7,10.

Siseras Tod: 4,17–24

17 Sisera war zu Fuß zum Zelt der Jaël, der
Frau des Keniters Heber, geflohen; denn
zwischen Jabin, dem König von Hazor, und
der Familie des Keniters Heber herrschte
Frieden. 18 Jaël ging Sisera entgegen und
sagte zu ihm: Kehr ein, Herr, kehr ein bei
mir, hab keine Angst! Da begab er sich zu ihr
ins Zelt und sie deckte ihn mit einem Tep-
pich zu. 19 Er sagte zu ihr: Gib mir doch et-
was Wasser zu trinken, ich habe Durst. Sie
öffnete einen Schlauch mit Milch und gab
ihm zu trinken; dann deckte sie ihn wieder
zu. 20 Er sagte zu ihr: Stell dich an den Zelt-
eingang, und wenn einer kommt und dich
fragt: Ist jemand hier?, dann antworte: Nein.
21 Doch Jaël, die Frau Hebers, holte einen
Zeltpflock, nahm einen Hammer in die
Hand, ging leise zu Sisera hin und schlug
ihm den Zeltpflock durch die Schläfe, sodass
er noch in den Boden drang. So fand Sisera,
der vor Erschöpfung eingeschlafen war, den
Tod. 22 Da erschien gerade Barak, der Sisera
verfolgte. Jaël ging ihm entgegen und sagte:
Komm, ich zeige dir den Mann, den du
suchst. Er ging mit ihr hinein; da sah er Sise-
ra tot am Boden liegen, mit dem Pflock in
seiner Schläfe.
23 So demütigte Gott an diesem Tag Jabin,
den König von Kanaan, vor den Israeliten
24 und die Faust der Israeliten lag immer
schwerer auf Jabin, dem König von Kanaan,
bis sie Jabin, den König von Kanaan, ganz
vernichtet hatten.

19: 5,25.

Das Debora-Lied: 5,1–31

5 Debora und Barak, der Sohn Abinoams,
sangen an jenem Tag dieses Lied:
2 Dass Führer Israel führten / und das Volk
sich bereit zeigte, / dafür preist den Herrn!
3 Hört, ihr Könige, horcht auf, ihr Fürs-
ten! / Ich will dem Herrn zu Ehren singen, /
ich will zu Ehren des Herrn, / des Gottes
Israels, spielen.
4 Herr, als du auszogst aus Seïr, / als du
vom Grünland Edoms heranschrittest, / da
bebte die Erde, die Himmel ergossen sich, /
ja, aus den Wolken ergoss sich das Wasser.
5 Die Berge wankten vor dem Blick des
Herrn, [das ist der Sinai] / vor dem Blick des
Herrn, des Gottes Israels.
6 In den Tagen Schamgars, des Sohnes des
Anat, / in den Tagen Jaëls lagen die Wege
verlassen da; / wer unterwegs war, musste
Umwege machen.
7 Bewohner des offenen Landes gab es
nicht mehr, / es gab sie nicht mehr in Israel, /
bis du dich erhobst, Debora, / bis du dich
erhobst, Mutter in Israel.
8 Man hatte sich neue Götter erwählt. / Es
gab kein Brot an den Toren. / Schild und
Speer waren nicht mehr zu sehen / bei den
vierzigtausend in Israel.
9 Mein Herz gehört Israels Führern. / Ihr,
die ihr bereit seid im Volk, / preist den
Herrn!
10 Ihr, die ihr auf weißen Eselinnen reitet, /
die ihr auf Teppichen sitzt, / die ihr auf der
Straße dahinzieht, singt!
11 Horch, sie jubeln zwischen den Trän-
ken, / dort besingt man die rettenden Taten
des Herrn, / seine hilfreiche Tat an den Bau-
ern in Israel. / Damals zog das Volk des
Herrn hinab zu den Toren.
12 Auf, auf, Debora! Auf, auf, sing ein
Lied! / Erheb dich, Barak, / führ deine Ge-
fangenen heim, / Sohn Abinoams!
13 Dann steige herab, / was übrig ist unter

4,13 Der Bach Kischon durchfließt den Westteil der Jesreelebene.
4,15 Zusatz aus V. 16.
5,1 Der Text des Lieds ist vielfach verderbt.
5,8b Text korr.

den Herrlichen des Volkes. / Der Herr steige
herab / mit mir unter den Helden.
14 Aus Efraim zogen sie hinunter ins Tal, /
hinter ihnen Benjamin mit seinen Scharen; /
von Machir stiegen die Führer hinab, / von
Sebulon die, die das Zepter tragen.
15 Die Fürsten Issachars zusammen mit
Debora / und wie Issachar so auch Barak, /
ins Tal getragen von seinen Füßen. / In Ru-
bens Bezirken / überlegte man lange.
16 Warum sitzt du zwischen den Hürden /
und hörst bei den Herden dem Flötenspiel
zu? / In Rubens Bezirken / überlegte man
lange.
17 Gilead bleibt jenseits des Jordan. / Wa-
rum verweilt Dan bei den Schiffen? / Ascher
sitzt am Ufer des Meeres, / bleibt ruhig an
seinen Buchten.
18 Sebulon ist ein Volk, / das sein Leben
aufs Spiel setzt, / auch Naftali auf den Hö-
hen des Feldes.
19 Könige kamen und kämpften, / damals
kämpften Kanaans Könige / in Taanach, an
den Wassern Megiddos, / doch Beute an Sil-
ber machten sie nicht.
20 Vom Himmel her kämpften die Sterne, /
von ihren Bahnen aus kämpften sie gegen
Sisera.
21 Der Bach Kischon schwemmte sie fort, /
der altberühmte Bach, der Bach Kischon. /
Meine Seele soll auftreten mit Macht.
22 Damals stampften die Hufe der Pferde /
im Jagen, im Dahinjagen der Hengste.
23 Ihr sollt Meros verfluchen, / spricht der
Engel des Herrn. / Mit Flüchen flucht seinen
Bewohnern; / denn sie kamen dem Herrn
nicht zu Hilfe, / zu Hilfe dem Herrn unter
den Helden.
24 Gepriesen sei Jaël unter den Frauen, /
die Frau des Keniters Heber, / gepriesen un-
ter den Frauen im Zelt.
25 Er hatte Wasser verlangt, sie gab ihm
Milch, / in einer prächtigen Schale reichte
sie Sahne.
26 Ihre Hand streckte sie aus nach dem
Pflock, / ihre Rechte nach dem Hammer des
Schmieds. / Sie erschlug Sisera, zermalmte
sein Haupt, / zerschlug, durchbohrte seine
Schläfe.
27 Zu ihren Füßen brach er zusammen, fiel
nieder, lag da, / zu ihren Füßen brach er zu-
sammen, fiel nieder. / Wo er zusammen-
brach, da lag er vernichtet.
28 Aus ihrem Fenster blickt Siseras Mut-
ter / und klagt durch das Gitter: / Warum
säumt sein Wagen zu kommen, / warum
zögert der Hufschlag seiner Gespanne?
29 Eine Kluge aus ihren Fürstinnen ant-
wortet ihr, / und sie selbst wiederholt deren
Worte:
30 Sicher machen und teilen sie Beute, /
ein, zwei Frauen für jeden Mann, / Beute an
Kleidern für Sisera, / Beute an Kleidern, /
für meinen Hals als Beute ein, zwei bunte
Tücher.
31 So gehen all deine Feinde zugrunde,
Herr. / Doch die, die ihn lieben, sind wie die
Sonne, / wenn sie aufgeht in ihrer Kraft.
Dann hatte das Land vierzig Jahre lang
Ruhe.

4: Dtn 33,2 • 6: 3,31 • 25: 4,19.

Die Berufung Gideons: 6,1–24

6 Die Israeliten taten, was dem Herrn
missfiel. Da gab sie der Herr in die Ge-
walt Midians, sieben Jahre lang. 2 Als Midian
die Oberhand gewann, machten sich die Is-
raeliten die Schluchten in den Bergen und
die Höhlen und die Bergnester (als Unter-
schlupf) vor den Midianitern zurecht. 3 Doch
immer, wenn die Israeliten gesät hatten, ka-
men Midian, die Amalekiter und die Leute
aus dem Osten und zogen gegen sie heran.
4 Sie belagerten die Israeliten und vernich-
teten die Ernte des Landes bis hin in die Ge-
gend von Gaza. Sie ließen in Israel keine Le-
bensmittel übrig, auch kein Schaf, kein Rind
und keinen Esel. 5 Denn sie zogen mit ihren
Herden und Zelten heran und kamen so
zahlreich wie die Heuschrecken herbei.
Zahllos waren sie selbst und auch ihre Ka-
mele. Sie kamen und verheerten das Land.
6 So verarmte Israel sehr wegen Midian und
die Israeliten schrien zum Herrn. 7 Als nun
die Israeliten wegen Midian zum Herrn
schrien, 8 schickte der Herr einen Propheten
zu den Israeliten. Dieser sagte zu ihnen: So
spricht der Herr, der Gott Israels: Ich selbst
habe euch aus Ägypten heraufgeführt. Ich
habe euch aus dem Sklavenhaus herausge-
führt. 9 Ich habe euch aus der Gewalt Ägyp-

5,14a Text korr.
5,14d H fügt am Schluss, wohl als erklärenden Zusatz im Sinn von »hoher Beamter«, hinzu: Schreiber.
5,15e Text korr. mit V. 16.
5,17 Nicht alle Stämme beteiligten sich am Kampf (vgl. V. 23).
5,20 Gemeint ist ein Eingreifen Jahwes durch ein Unwetter (vgl. V. 21).
5,29 eine Kluge: Text (Einzahl statt Mehrzahl) korr., vgl. S und Vg.
6,1 Die Midianiter waren Kamelnomaden (V. 5); sie fielen wiederholt mit verbündeten Stämmen in Palästina ein.

tens und aus der Gewalt all eurer Unterdrü-
cker befreit. Ich habe sie vor euren Augen
vertrieben und euch ihr Land gegeben.
10 Und ich habe euch gesagt: Ich bin der
Herr, euer Gott. Fürchtet nicht die Götter
der Amoriter, in deren Land ihr wohnt. Aber
ihr habt nicht auf meine Stimme gehört.
11 Der Engel des Herrn kam und setzte sich
unter die Eiche bei Ofra, die dem Abiësriter
Joasch gehörte. Sein Sohn Gideon war gera-
de dabei, in der Kelter Weizen zu dreschen,
um ihn vor Midian in Sicherheit zu bringen.
12 Da erschien ihm der Engel des Herrn und
sagte zu ihm: Der Herr sei mit dir, starker
Held. 13 Doch Gideon sagte zu ihm: Ach,
mein Herr, ist der Herr wirklich mit uns?
Warum hat uns dann all das getroffen? Wo
sind alle seine wunderbaren Taten, von de-
nen uns unsere Väter erzählt haben? Sie sag-
ten doch: Wirklich, der Herr hat uns aus
Ägypten heraufgeführt. Jetzt aber hat uns
der Herr verstoßen und uns der Faust Mi-
dians preisgegeben. 14 Da wandte sich der
Herr ihm zu und sagte: Geh und befrei mit
der Kraft, die du hast, Israel aus der Faust
Midians! Ja, ich sende dich. 15 Er entgegnete
ihm: Ach, mein Herr, womit soll ich Israel
befreien? Sieh doch, meine Sippe ist die
schwächste in Manasse und ich bin der
Jüngste im Haus meines Vaters. 16 Doch der
Herr sagte zu ihm: Weil ich mit dir bin, wirst
du Midian schlagen, als wäre es nur ein
Mann. 17 Gideon erwiderte ihm: Wenn ich
dein Wohlwollen gefunden habe, dann gib
mir ein Zeichen dafür, dass du selbst es bist,
der mit mir redet. 18 Entfern dich doch nicht
von hier, bis ich zu dir zurückkomme; ich
will eine Gabe für dich holen und sie vor dich
hinlegen. Er sagte: Ich werde bleiben, bis du
zurückkommst. 19 Gideon ging (ins Haus) hi-
nein und bereitete ein Ziegenböckchen zu
sowie ungesäuerte Brote von einem Efa
Mehl. Er legte das Fleisch in einen Korb, tat
die Brühe in einen Topf, brachte beides zu
ihm hinaus unter die Eiche und setzte es ihm
vor. 20 Da sagte der Engel Gottes zu ihm:
Nimm das Fleisch und die Brote, und leg sie
hier auf den Felsen, die Brühe aber gieß weg!
Gideon tat es. 21 Der Engel des Herrn streck-
te den Stab aus, den er in der Hand hatte,
und berührte mit seiner Spitze das Fleisch
und die Brote. Da stieg Feuer von dem Fels-
block auf und verzehrte das Fleisch und die
Brote. Der Engel des Herrn aber war Gide-
ons Augen entschwunden. 22 Als nun Gideon
sah, dass es der Engel des Herrn gewesen
war, sagte er: Weh mir, Herr und Gott, ich
habe den Engel des Herrn von Angesicht zu
Angesicht gesehen. 23 Der Herr erwiderte
ihm: Friede sei mit dir! Fürchte dich nicht,
du wirst nicht sterben. 24 Gideon errichtete
an jener Stelle einen Altar für den Herrn und
nannte ihn: Der Herr ist Friede. Der Altar
steht bis zum heutigen Tag in Ofra, (der
Stadt) der Abiësriter.

11: 8,22 • 14: 1 Sam 12,11; Hebr 11,32 • 16: Ex 3,12 • 22: Ex 33,20; Jes 6,5.

Die Zerstörung des Baal-Altars: 6,25–32

25 In jener Nacht sagte der Herr zu Gideon:
Nimm das Rind deines Vaters, den sieben-
jährigen fetten Farren, reiß den Altar des
Baal nieder, der deinem Vater gehört, und
den Kultpfahl daneben hau um! 26 Bau einen
Altar für den Herrn, deinen Gott, auf der
Höhe der Burg hier, entsprechend der vor-
geschriebenen Ordnung, nimm den fetten
Farren und bring ihn mit dem Holz des
Kultpfahls, den du umhaust, als Brandopfer
dar. 27 Da nahm Gideon zehn seiner Knechte
und tat, was der Herr zu ihm gesagt hatte.
Weil er sich aber vor seiner Familie und den
Leuten der Stadt fürchtete, es bei Tag zu tun,
tat er es bei Nacht. 28 Als die Einwohner der
Stadt am Morgen aufstanden, sahen sie, dass
der Altar des Baal zerstört, der Kultpfahl
daneben umgehauen und der fette Farren
auf dem neu erbauten Altar geopfert war.
29 Da sagten sie zueinander: Wer hat das ge-
tan? Sie suchten und forschten nach und
stellten fest: Gideon, der Sohn des Joasch,
hat es getan. 30 Die Einwohner der Stadt sag-
ten deshalb zu Joasch: Gib deinen Sohn he-
raus! Er muss sterben, denn er hat den Altar
des Baal niedergerissen und den Kultpfahl
daneben umgehauen. 31 Joasch erwiderte al-
len, die um ihn herumstanden: Wollt ihr
etwa für Baal streiten? Wollt *ihr* ihn retten?
Wer für ihn streitet, soll noch vor dem Mor-
gen sterben. Wenn Baal Gott ist, soll er für
sich selbst streiten, weil man seinen Altar
niedergerissen hat. 32 Darum nannte man
Gideon seit jenem Tag Jerubbaal – das heißt:
Baal möge gegen ihn streiten –; denn er hat
seinen Altar niedergerissen.

32: 7,1.

6,11 Ofra lag nördlich von Sichem. Der Weizen muss heimlich in der Kelter ausgeklopft werden, um eine Beschlagnahme durch die Philister zu vermeiden. Der Engel des Herrn und Gott wechseln im Text.

6,21 Durch das wunderbare, durch den Engel des Herrn entzündete Feuer wird die Stelle als heiliger Ort bezeichnet und folglich nach V. 24 zur Kultstätte.

6,25.28 fetten (Farren): Text korr.; H: zweiten.

6,32 Jerubbaal erscheint in 7,1 als zweiter Name Gideons und bedeutet »Baal möge (für ihn) streiten« oder »Baal möge sich groß erweisen«.

Das göttliche Zeichen vor der Schlacht gegen die Midianiter: 6,33–40

33 Ganz Midian, Amalek und die Leute aus dem Osten taten sich zusammen, zogen herüber und schlugen in der Ebene Jesreel ihr Lager auf. 34 Da kam der Geist des Herrn über Gideon. Gideon blies ins Widderhorn und rief die Abiësriter, ihm (in den Kampf) zu folgen. 35 Auch schickte er Boten in ganz Manasse umher und rief Manasse, ihm (in den Kampf) zu folgen. Außerdem schickte er Boten in Ascher, Sebulon und Naftali umher und auch diese stießen zu ihnen.

36 Da sagte Gideon zu Gott: Wenn du Israel wirklich durch meine Hand retten willst, wie du gesagt hast – 37 sieh her, ich lege frisch geschorene Wolle auf die Tenne; wenn der Tau allein auf die Wolle fällt und es auf dem ganzen (übrigen) Boden trocken bleibt, dann weiß ich, dass du durch meine Hand Israel retten willst, wie du gesagt hast. 38 Und so geschah es. Als er früh am Morgen hinkam und die Wolle ausdrückte, konnte er den Tau – eine Schale voll Wasser – aus der Wolle herauspressen. 39 Darauf sagte Gideon zu Gott: Dein Zorn möge nicht gegen mich entbrennen, wenn ich noch einmal rede. Ich möchte es nur noch dieses eine Mal mit der Wolle versuchen: Die Wolle allein soll dieses Mal trocken bleiben und auf dem ganzen (übrigen) Boden soll Tau liegen. 40 Und Gott machte es in der folgenden Nacht so: Die Wolle allein blieb trocken und auf dem ganzen übrigen Boden lag Tau.

34: 3,10; 11,29; 13,25.

Der Kampf gegen die Midianiter: 7,1 – 8,3

7 Am frühen Morgen brach Jerubbaal – das ist Gideon – mit allen Leuten, die er bei sich hatte, auf und sie errichteten bei der Harod-Quelle ihr Lager; das Lager Midians war nördlich davon beim Hügel More in der Ebene. 2 Der Herr sagte zu Gideon: Die Leute, die du bei dir hast, sind zu zahlreich, als dass ich Midian in deine Gewalt geben könnte. Sonst könnte sich Israel mir gegenüber rühmen und sagen: Meine eigene Hand hat mich gerettet. 3 Ruf daher so laut, dass die Leute es hören: Wer sich fürchtet und Angst hat, soll umkehren. Gideon musterte sie und darauf kehrten von den Leuten zweiundzwanzigtausend um, während zehntausend bei ihm blieben. 4 Doch der Herr sagte zu Gideon: Die Leute sind immer noch zu zahlreich. Führ sie hinab ans Wasser; dort will ich sie für dich mustern. Von wem ich sagen werde: Er soll mit dir gehen!, der soll mitgehen, und jeder, von dem ich zu dir sagen werde: Dieser soll nicht mit dir gehen!, der soll nicht mitgehen. 5 Gideon führte die Leute zum Wasser hinab und der Herr sagte zu ihm: Stell alle, die das Wasser mit der Zunge auflecken, wie es ein Hund tut, auf einen besonderen Platz, und ebenso alle, die sich zum Trinken hinknien. 6 Die Zahl derer, die das Wasser aufleckten, betrug dreihundert Mann. Alle übrigen Leute aber knieten sich hin, um das Wasser zu trinken, indem sie es mit der Hand zum Mund führten. 7 Der Herr sagte zu Gideon: Durch die dreihundert Mann, die (das Wasser) aufgeleckt haben, will ich euch retten; ich werde Midian in deine Gewalt geben. Alle übrigen Leute sollen nach Hause gehen. 8 Gideon entließ also alle Israeliten, jeden zu seinem Zelt, und sie nahmen die Verpflegung der Leute und ihre Widderhörner mit. Nur die dreihundert Mann behielt er bei sich.

Das Lager Midians lag unterhalb von ihm in der Ebene. 9 In jener Nacht geschah es, dass Jahwe zu ihm sagte: Steh auf, geh zum Lager hinab; denn ich habe es in deine Gewalt gegeben. 10 Wenn du dich aber davor fürchtest hinabzusteigen, dann geh (zuerst allein) mit deinem Diener Pura ins Lager hinab 11 und höre, was man dort redet. Dann wirst du die Kraft bekommen, zum Lager hinabzuziehen. Gideon ging also mit seinem Diener Pura bis unmittelbar an die Krieger im Lager heran. 12 Midian und Amalek und die Leute des Ostens waren in die Ebene eingefallen, zahlreich wie die Heuschrecken, und ihre Kamele waren zahllos wie der Sand am Ufer des Meeres. 13 Als Gideon ankam, erzählte gerade einer dem andern einen Traum. Er sagte: Hör zu, ich hatte einen Traum: Ich sah, wie ein Laib Gerstenbrot ins Lager Midians rollte. Er gelangte bis zum Zelt und stieß dagegen, sodass es umfiel und umgestülpt dalag. Dann brach das Zelt zusammen. 14 Der andere antwortete: Das bedeutet nichts anderes als das Schwert des Israeliten Gideon, des Sohnes des Joasch. Gott hat Midian und das ganze Lager in seine Gewalt gegeben.

15 Als Gideon die Erzählung von dem Traum und seine Deutung hörte, warf er sich

7,1 Die Harod-Quelle liegt in der Jesreelebene am Fuß der Gilboa-Berge.
7,3 musterte sie: Text korr. (vgl. V. 4).
7,6 Text durch Umstellung korr., vgl. G.
7,8b Text und Übersetzung unsicher.

nieder und betete. Dann kehrte er ins Lager
Israels zurück und rief: Auf! Der Herr hat
das Lager Midians in eure Gewalt gegeben.
16 Gideon teilte die dreihundert Mann in drei
Abteilungen und gab allen Männern Widder-
hörner und leere Krüge in die Hand; in den
Krügen waren Fackeln. 17 Er sagte zu ihnen:
Seht auf mich und macht alles ebenso wie
ich! Passt auf: Ich gehe nun an den Rand des
Lagers (der Midianiter) und das, was ich ma-
che, müsst auch ihr machen. 18 Wenn ich und
alle, die bei mir sind, das Widderhorn blasen,
dann müsst auch ihr rings um das ganze La-
ger eure Hörner blasen und rufen: Für den
Herrn und Gideon! 19 Gideon und die hun-
dert Mann, die bei ihm waren, gelangten zu
Beginn der mittleren Nachtwache an den
Rand des Lagers (der Midianiter); man hatte
gerade die Wachen aufgestellt. Sie bliesen
das Widderhorn und zerschlugen die Krüge,
die sie in der Hand hatten. 20 Nun bliesen
auch die beiden anderen Abteilungen ihre
Hörner, zerschlugen die Krüge, ergriffen mit
der linken Hand die Fackeln, während sie in
der rechten Hand die Widderhörner hielten,
um zu blasen, und schrien: Das Schwert für
den Herrn und Gideon! 21 Dabei blieben sie
rings um das Lager stehen, jeder an dem
Platz, wo er gerade war. Im Lager liefen alle
durcheinander, schrien und flohen. 22 Als die
dreihundert Männer ihre Hörner bliesen,
richtete der Herr im ganzen Lager das
Schwert des einen gegen den andern. Alle im
Lager flohen bis nach Bet-Schitta, Zereda,
Sefat-Abel-Mehola und Tabbat. 23 Nun wur-
den die Israeliten aus Naftali, Ascher und
ganz Manasse aufgeboten, um die Midianiter
zu verfolgen. 24 Außerdem schickte Gideon
Boten im ganzen Bergland von Efraim um-
her und ließ sagen: Zieht hinab gegen Midian
und nehmt ihm die Wasserstellen weg bis
nach Bet-Bara und (besetzt) den Jordan-
übergang! So wurden alle Männer Efraims
zusammengerufen und sie besetzten die
Wasserstellen bis Bet-Bara und den Jordan-
übergang. 25 Sie nahmen auch die zwei Mi-
dianiterfürsten Oreb (Rabe) und Seeb (Wolf)
gefangen. Oreb töteten sie am Rabenfelsen
und Seeb töteten sie an der Wolfskelter;
dann setzten sie die Verfolgung Midians fort.
Die Köpfe Orebs und Seebs aber brachten sie
zu Gideon über den Jordan.
8 Die Efraimiter aber sagten zu Gideon:
Was hast du uns da angetan, dass du
uns nicht hast rufen lassen, als du ausgezo-
gen bist, um gegen Midian zu kämpfen? Und
sie stritten heftig mit ihm. 2 Er antwortete
ihnen: Was habe ich schon getan im Ver-
gleich zu euch? Ist nicht die Nachlese
Efraims besser als die Weinlese Abiësers?
3 In eure Gewalt hat Gott Oreb und Seeb, die
Fürsten Midians, gegeben. Was vermochte
ich zu tun im Vergleich zu euch? Als er das
sagte, legte sich ihr Zorn gegen ihn.

7,1: 6,32 • 3: Dtn 20,8 • 25: Ps 83,12 • 8,1: 12,1.

Der Feldzug im Ostjordanland: 8,4–21

4 Als Gideon an den Jordan gekommen
und mit den dreihundert Männern, die bei
ihm waren, hinübergegangen war, erschöpft
von der Verfolgung, 5 sagte er zu den Ein-
wohnern von Sukkot: Gebt doch den Leuten,
die mir folgen, einige Laibe Brot, denn sie
sind erschöpft. Ich bin dabei, Sebach und
Zalmunna, die Könige von Midian, zu verfol-
gen. 6 Doch die Oberen von Sukkot entgeg-
neten: Hast du denn Sebach und Zalmunna
schon in deiner Gewalt? Warum sollten wir
deinem Heer Brot geben? 7 Darauf sagte Gi-
deon: Wahrhaftig, wenn der Herr Sebach
und Zalmunna in meine Gewalt gegeben hat,
dann dresche ich euch den Leib mit Wüsten-
dornen und Stechdisteln. 8 Dann zog er von
Sukkot hinauf nach Penuël und sprach die
Leute dort in derselben Weise an, aber die
Einwohner von Penuël antworteten ihm ge-
nauso, wie die Männer von Sukkot geant-
wortet hatten. 9 Da drohte er auch den Män-
nern von Penuël: Wenn ich heil zurückkehre,
werde ich die Burg hier niederreißen.
10 Sebach und Zalmunna befanden sich
mit ihrem Heerlager in Karkor; es waren
etwa fünfzehntausend Mann; das war alles,
was von dem ganzen Heerlager der Leute aus
dem Osten übrig geblieben war. Hundert
zwanzigtausend mit dem Schwert bewaff-
nete Männer waren gefallen. 11 Gideon zog
auf dem Beduinenweg östlich von Nobach
und Jogboha hinauf und schlug das (feind-
liche) Heer, das sich in Sicherheit wähnte.
12 Sebach und Zalmunna, die beiden Könige
von Midian, flohen, aber er verfolgte sie,
nahm sie gefangen und scheuchte das ganze
Heerlager auseinander.
13 Als Gideon, der Sohn des Joasch, aus
dem Kampf von Maale-Heres zurückkehrte,
14 nahm er einen jungen Mann fest, der zu

7,20 auch die beiden anderen, wörtlich: die drei (dabei ist die Abteilung von V. 19 einbezogen).

7,25 Der Vers erklärt, warum die beiden Orte so genannt werden.

8,2 Gideon verwendet ein Wortspiel.

8,6.15 Wörtlich: Hast du denn die Faust Sebachs und Zalmunnas schon in deiner Hand? – Sukkot und Penuël liegen am Jabbok.

den Leuten von Sukkot gehörte. Er fragte
ihn aus und dieser musste ihm die Oberen
und Ältesten von Sukkot aufschreiben, sie-
benundsiebzig Männer. 15 Als er nun zu den
Einwohnern von Sukkot kam, sagte er: Hier
sind Sebach und Zalmunna, deretwegen ihr
mich verhöhnt habt mit den Worten: Ist denn
Sebach und Zalmunna schon in deiner
Hand? Warum sollten wir deinen erschöpf-
ten Männern Brot geben? 16 Dann ergriff er
die Ältesten der Stadt, die Männer von Suk-
kot, und drosch sie mit den Wüstendornen
und mit den Stechdisteln. 17 Die Burg von
Penuël aber riss er nieder und tötete die
Männer in der Stadt.
18 Dann sagte er zu Sebach und Zalmunna:
Wie sahen die Männer aus, die ihr in Tabor
getötet habt? Sie antworteten: Sie waren wie
du; jeder sah aus wie ein Königssohn. 19 Er
entgegnete: Es waren meine Brüder, die Söh-
ne meiner Mutter. So wahr der Herr lebt:
Hättet ihr sie am Leben gelassen, würde ich
euch nicht töten. 20 Und er sagte zu Jeter, sei-
nem Erstgeborenen: Auf, töte sie! Aber der
Junge zog sein Schwert nicht; er hatte Angst,
weil er noch so jung war. 21 Da sagten Sebach
und Zalmunna: Steh selber auf und schlag
uns nieder! Denn wie der Mann, so seine
Kraft. Da stand Gideon auf und tötete Se-
bach und Zalmunna. Dann nahm er ihren
Kamelen die kleinen Monde ab, die sie am
Hals trugen.

Die Ablehnung der Königswürde: 8,22–35

22 Die Israeliten sagten zu Gideon: Werde
unser Herrscher, du und auch dein Sohn und
dein Enkel; denn du hast uns aus der Gewalt
Midians befreit. 23 Aber Gideon antwortete
ihnen: Ich will nicht über euch herrschen,
und auch mein Sohn soll nicht über euch
herrschen; der Herr soll über euch herr-
schen.
24 Weiter sagte Gideon zu ihnen: Ich
möchte euch um etwas bitten: Jeder von
euch gebe mir einen Ring aus seiner Beute.
Die Feinde hatten nämlich goldene Ringe,
denn sie waren Ismaeliter. 25 Sie antworte-
ten: Wir geben sie dir gern. Sie breiteten ei-
nen Mantel aus und jeder legte einen Ring
aus seiner Beute darauf. 26 Das Gewicht der
goldenen Ringe, um die er gebeten hatte,
betrug tausendsiebenhundert Goldschekel,
ohne die kleinen Monde und die Ohrgehänge
und die Purpurkleider, die die Könige von
Midian getragen hatten, und ohne die Hals-
ketten ihrer Kamele. 27 Gideon machte da-
raus ein Efod und stellte es in seiner Stadt
Ofra auf. Und ganz Israel trieb dort damit
Abgötterei. Das brachte Gideon und sein
Haus zu Fall.
28 Midian aber war von den Israeliten ge-
demütigt, sodass es sein Haupt nicht mehr
erheben konnte. Das Land hatte dann vierzig
Jahre lang Ruhe, solange Gideon lebte. 29 Je-
rubbaal, der Sohn des Joasch, ging heim und
blieb bei seiner Familie. 30 Gideon hatte
siebzig leibliche Söhne, denn er hatte viele
Frauen. 31 Auch seine Nebenfrau, die in Si-
chem war, gebar ihm einen Sohn; dem gab er
den Namen Abimelech. 32 Gideon, der Sohn
des Joasch, starb in hohem Alter und wurde
im Grab seines Vaters Joasch in Ofra, der
Stadt der Abiësriter, begraben. 33 Als Gideon
tot war, trieben die Israeliten wieder Abgöt-
terei mit den Baalen und machten den »Baal
des Bundes« zu ihrem Gott. 34 Die Israeliten
dachten nicht mehr an den Herrn, ihren
Gott, der sie aus der Gewalt all ihrer Feinde
ringsum befreit hatte. 35 Auch dem Haus Je-
rubbaal-Gideon erwiesen sie kein Wohlwol-
len, wie es all dem Guten entsprochen hätte,
das es für Israel getan hatte.

31: 9,1.

Die Wahl Abimelechs zum König: 9,1–6

9 Abimelech, der Sohn Jerubbaals, ging
nach Sichem zu den Brüdern seiner
Mutter und sagte zu ihnen und zur ganzen
Sippe der Familie seiner Mutter: 2 Redet
doch allen Bürgern von Sichem zu und sagt:
Was ist besser für euch: wenn siebzig Män-
ner über euch herrschen, alle Söhne Jerub-
baals, oder wenn nur ein Mann über euch
herrscht? Denkt auch daran, dass ich euer
Fleisch und Bein bin. 3 Da redeten die Brü-
der seiner Mutter seinetwegen allen Bürgern
Sichems zu, und zwar genau mit seinen Wor-
ten, sodass sich ihr Herz Abimelech zuwand-
te. Denn sie sagten sich: Er ist unser Bruder.
4 Sie gaben ihm siebzig Silberstücke aus dem
Tempel des »Baal des Bundes« und Abime-
lech warb damit Männer an, die nichts zu
verlieren hatten und zu allem fähig waren;
sie wurden sein Gefolge. 5 Dann drang er in

8,21 Gideon vollstreckt die Blutrache.

8,24 Die Ismaeliter gelten als Händler (vgl. Gen 37,24–27).

8,27 Efod ist hier ein Kultgegenstand, vielleicht ein Gottesbild.

8,33 Der Baal des Bundes ist der Stadtgott von Sichem (vgl. 9,4).

9,4b Wörtlich: die leer und zuchtlos waren (vgl. 11,3).

Rembrandt van Rijn (1606–1669)
Joseph und die Frau des Potiphar, 1655
Öl/Leinwand, 113,5 × 90 cm
Gemäldegalerie der Staatlichen Museen, Berlin
Foto: Artothek, Peissenberg

das Haus seines Vaters in Ofra ein und
brachte seine Brüder, die Söhne Jerubbaals,
siebzig Mann, auf ein und demselben Stein
um. Nur Jotam, der jüngste Sohn Jerubbaals,
blieb übrig, weil er sich versteckt hatte. 6 Da
versammelten sich alle Bürger von Sichem
und Bet-Millo, zogen zu der Eiche, die bei
Sichem steht, und machten Abimelech zum
König.

1: 8,31 • 2: Gen 2,23 • 4: 8,33 • 5: 8,35 • 6: Gen 35,4; Jos 24,26.

Die Fabel vom König der Bäume: 9,7–21

7 Als man das Jotam meldete, stellte er sich
auf den Gipfel des Berges Garizim und rief
ihnen mit erhobener Stimme zu:
Hört auf mich, ihr Bürger von Sichem, /
damit Gott auf euch hört.
8 Einst machten sich die Bäume auf, / um
sich einen König zu salben, / und sie sagten
zum Ölbaum: / Sei du unser König!
9 Der Ölbaum sagte zu ihnen: / Soll ich
mein Fett aufgeben, / mit dem man Götter
und Menschen ehrt, / und hingehen, um über
den anderen Bäumen zu schwanken?
10 Da sagten die Bäume zum Feigenbaum: /
Komm, sei du unser König!
11 Der Feigenbaum sagte zu ihnen: / Soll
ich meine Süßigkeit aufgeben / und meine
guten Früchte / und hingehen, um über den
anderen Bäumen zu schwanken?
12 Da sagten die Bäume zum Weinstock: /
Komm, sei du unser König!
13 Der Weinstock sagte zu ihnen: / Soll ich
meinen Most aufgeben, / der Götter und
Menschen erfreut, / und hingehen, um über
den anderen Bäumen zu schwanken?
14 Da sagten alle Bäume zum Dornen-
strauch: / Komm, sei du unser König!
15 Der Dornenstrauch sagte zu den Bäu-
men: / Wollt ihr mich wirklich zu eurem Kö-
nig salben? / Kommt, findet Schutz in mei-
nem Schatten! / Wenn aber nicht, dann soll
vom Dornenstrauch Feuer ausgehen / und
die Zedern des Libanon fressen.
16 Wenn ihr also treu und redlich gehan-
delt habt, als ihr Abimelech zum König
machtet, und wenn ihr an Jerubbaal und sei-
nem Haus gut gehandelt habt, wenn ihr so an
ihm gehandelt habt, wie das Wirken meines
Vaters es verdient, 17 der für euch gekämpft,
sein Leben gewagt und euch aus der Gewalt
Midians befreit hat, 18 während ihr euch
heute gegen das Haus meines Vaters erhoben
habt, seine Söhne, siebzig Männer, auf ein
und demselben Stein umgebracht und Abi-
melech, den Sohn seiner Sklavin, zum König
über die Bürger von Sichem gemacht habt,
weil er euer Bruder ist, – 19 wenn ihr also
heute treu und redlich an Jerubbaal und sei-
nem Haus gehandelt habt, dann sollt ihr eure
Freude haben an Abimelech und er soll seine
Freude an euch haben. 20 Wenn aber nicht,
dann soll Feuer von Abimelech ausgehen
und die Bürger Sichems und Bet-Millos fres-
sen. Und von den Bürgern Sichems und von
Bet-Millo soll Feuer ausgehen und Abi-
melech fressen. 21 Dann machte sich Jotam
davon, floh vor seinem Bruder Abimelech
nach Beer und ließ sich dort nieder.

53: 2 Sam 11,21.

Der Kampf um Sichem: 9,22–49

22 Als Abimelech drei Jahre lang über Isra-
el geherrscht hatte, 23 sandte Gott einen bö-
sen Geist zwischen Abimelech und die Bür-
ger von Sichem, sodass die Bürger von Si-
chem von Abimelech abfielen. 24 Das Verbre-
chen an den siebzig Söhnen Jerubbaals sollte
sich rächen; über ihren Bruder Abimelech,
der sie umgebracht hatte, sollte die Strafe
für das Blutvergießen kommen und ebenso
über die Bürger von Sichem, die ihm tatkräf-
tig bei der Ermordung seiner Brüder gehol-
fen hatten. 25 Die Bürger von Sichem legten
ihm auf den Höhen der Berge einen Hinter-
halt. Sie raubten dort jeden aus, der auf sei-
nem Weg bei ihnen vorbeikam. Das wurde
Abimelech gemeldet.
26 Gaal, der Sohn Ebeds, kam mit seinen
Brüdern und Knechten nach Sichem und die
Bürger von Sichem fassten Vertrauen zu
ihm. 27 Sie gingen aufs Feld hinaus, hielten in
ihren Weinbergen die Weinlese, kelterten
und feierten ein Freudenfest; sie zogen zum
Haus ihres Gottes, aßen und tranken und
verfluchten Abimelech. 28 Gaal, der Sohn
Ebeds, sagte: Wer ist schon Abimelech? Und
was ist Sichem, dass wir Abimelech dienen
sollten? Ist er nicht der Sohn Jerubbaals und
ist nicht Sebul sein Vogt? Dient lieber den
Männern Hamors, des Vaters von Sichem!
Warum sollten wir ihm dienen? 29 Wäre doch
dieses Volk in meiner Gewalt; ich wollte
Abimelech vertreiben. Ich würde zu Abime-
lech sagen: Du hast ein großes Heer, also zieh

9,9 mit dem: Text korr., vgl. G.
9,24 die ihm geholfen hatten, wörtlich: die seine Hände stark gemacht hatten.
9,26 und Knechten: Text korr.
9,29 ich würde . . . sagen: Text korr. nach G. – Du hast ein großes Heer: Text korr.; H: Mach groß (?) dein Heer!

in den Kampf! 30 Als Sebul, der Vogt der
Stadt, von den Reden Gaals, des Sohnes
Ebeds, hörte, entbrannte sein Zorn. 31 Er
schickte Boten zu Abimelech nach Aruma
und ließ ihm sagen: Gaal, der Sohn Ebeds,
und seine Brüder sind nach Sichem gekom-
men und hetzen nun die Stadt gegen dich
auf. 32 Brich also noch in der Nacht mit den
Leuten auf, die du bei dir hast, und leg dich
auf dem freien Feld in einen Hinterhalt!
33 Am Morgen aber brich bei Sonnenaufgang
auf und rück gegen die Stadt vor! Sobald
dann Gaal mit seinen Leuten gegen dich
ausrückt, mach mit ihm, wie es sich für dich
ergibt. 34 Abimelech brach noch in der Nacht
mit allen Leuten, die er bei sich hatte, auf
und sie legten sich in vier Abteilungen bei
Sichem in einen Hinterhalt. 35 Als Gaal, der
Sohn Ebeds, herauskam und vor das Stadt-
tor trat, brach Abimelech mit seinen Leuten
aus dem Hinterhalt hervor. 36 Als Gaal die
Männer sah, sagte er zu Sebul: Sieh, da stei-
gen Leute von den Höhen der Berge herun-
ter. Sebul entgegnete ihm: Du siehst den
Schatten der Berge für Menschen an. 37 Doch
Gaal redete weiter und sagte: Sieh doch, da
kommen Leute vom Nabel des Landes herab
und eine Abteilung kommt aus der Richtung
der Orakel-Eiche. 38 Da sagte Sebul zu ihm:
Wo bleibt nun dein großes Maul, mit dem du
gesagt hast: Wer ist schon Abimelech, dass
wir ihm dienen sollten? Sind das nicht die
Leute, die du verachtet hast? Rück jetzt nur
aus, und kämpfe mit ihnen! 39 Da rückte
Gaal an der Spitze der Bürger von Sichem
aus und kämpfte gegen Abimelech. 40 Aber er
musste vor ihm fliehen und Abimelech ver-
folgte ihn und viele wurden erschlagen, sie
fielen, noch bevor sie das Tor erreicht hatten.
41 Abimelech aber kehrte nach Aruma zurück
und Sebul vertrieb Gaal und seine Brüder; sie
konnten nicht mehr in Sichem bleiben.

42 Am anderen Morgen gingen die Leute
(von Sichem) aufs Feld hinaus. Das meldete
man Abimelech. 43 Er nahm seine Leute,
teilte sie in drei Abteilungen und legte auf
dem Feld einen Hinterhalt. Als er sah, wie
die Leute aus der Stadt herauskamen, über-
fiel er sie und erschlug sie. 44 Abimelech
stürmte mit der Abteilung, die bei ihm war,
vor und bezog am Eingang des Stadttors
Stellung, während die beiden anderen Abtei-
lungen auf die, die auf dem Feld waren, ein-
drangen und sie erschlugen. 45 Abimelech
kämpfte den ganzen Tag gegen die Stadt. Er
eroberte sie und tötete ihre Einwohner.
Dann zerstörte er die Stadt und streute Salz
über sie.

46 Als die Besatzung der Burg von Sichem
davon hörte, zog sie sich in das Gewölbe des
Tempels des »Bundesgottes« zurück. 47 Abi-
melech wurde gemeldet, dass sich die ganze
Besatzung der Burg von Sichem dort ver-
sammelt hatte. 48 Daraufhin stieg Abimelech
mit all seinen Leuten den Berg Zalmon hi-
nauf. Abimelech nahm seine Axt in die
Hand, hieb einen Busch ab, hob ihn auf, legte
ihn auf seine Schulter und sagte zu seinen
Leuten: Macht mir nach, was ihr gesehen
habt, aber schnell! 49 Da hieben auch alle
seine Leute einen Busch ab und zogen hinter
Abimelech her. Sie legten die Zweige auf das
Gewölbe und zündeten sie an und steckten
das Gewölbe über der Besatzung in Brand.
So kam auch die ganze Besatzung der Burg
von Sichem um, etwa tausend Männer und
Frauen.

Der Tod Abimelechs: 9,50–57

50 Dann zog Abimelech nach Tebez, bela-
gerte die Stadt und nahm sie ein. 51 Mitten in
der Stadt aber war eine starke Burg. Dorthin
flohen alle Männer und Frauen, alle Bürger
der Stadt. Sie schlossen hinter sich zu und
stiegen auf das Dach der Burg. 52 Abimelech
rückte an die Burg heran und eröffnete den
Kampf gegen sie. Als er sich dem Burgtor nä-
herte, um es in Brand zu stecken, 53 warf eine
Frau Abimelech einen Mühlstein auf den
Kopf und zerschmetterte ihm den Schädel.
54 Da rief er seinen Waffenträger und sagte
zu ihm: Schnell, zieh dein Schwert und töte
mich! Man soll nicht von mir sagen: Eine
Frau hat ihn umgebracht. Der junge Mann
durchbohrte ihn und er starb.

55 Als die Israeliten sahen, dass Abimelech
tot war, ging jeder zurück in seinen Heimat-
ort. 56 So ließ Gott das Verbrechen, das Abi-
melech an seinem Vater begangen hatte, als
er seine siebzig Brüder umbrachte, auf ihn
selbst zurückfallen. 57 Auch auf die Einwoh-
ner von Sichem ließ Gott alles Böse, das sie
getan hatten, zurückfallen. So kam über sie
der Fluch Jotams, des Sohnes Jerubbaals.

53: 2 Sam 11,21.

9,31 Aruma: Text korr. nach V. 41.

9,37 Nabel des Landes: gemeint ist wohl der Garizim als Mittelpunkt.

9,41 kehrte zurück: Text korr., vgl. G; H: wohnte.

9,44f mit der Abteilung: Text korr., vgl. G. Das Ausstreuen von Salz über der zerstörten Stadt ist eine Symbolhandlung, die eine dauernde Verwüstung andeutet (vgl. Dtn 29,22; Ps 107,34).

9,46.49 Gewölbe: Übersetzung unsicher.

9,48 seine Axt: Text korr., vgl. G.

9,50 Tebez liegt nördlich von Sichem.

Tola und Jaïr: 10,1–5

10 Nach Abimelech trat Tola auf, der Sohn Puwas, des Sohnes Dodos, um Israel zu retten, ein Mann aus Issachar. Er wohnte in Schamir auf dem Gebirge Efraim. 2 Er war dreiundzwanzig Jahre lang Richter über Israel. Dann starb er und wurde in Schamir begraben.

3 Nach ihm trat Jaïr aus Gilead auf; er war zweiundzwanzig Jahre lang Richter über Israel. 4 Er hatte dreißig Söhne, die auf dreißig Eseln ritten und dreißig Städte besaßen. Man nennt sie bis auf den heutigen Tag »die Zeltdörfer Jaïrs«; sie liegen im Land Gilead. 5 Als Jaïr starb, wurde er in Kamon begraben.

1: Gen 46,13; Num 26,23 • 3: Num 32,41; Dtn 3,14; Jos 13,30.

Erneute Unterdrückung der Israeliten: 10,6–16

6 Die Israeliten taten wieder, was dem Herrn missfiel. Sie dienten den Baalen und Astarten, den Göttern Arams, den Göttern Sidons, den Göttern Moabs, den Göttern der Ammoniter und den Göttern der Philister. Sie verließen den Herrn und dienten ihm nicht mehr. 7 Deshalb entbrannte der Zorn des Herrn über Israel und er lieferte sie der Gewalt der Philister und der Ammoniter aus. 8 Sie quälten und unterdrückten die Israeliten in jener Zeit achtzehn Jahre lang, alle Israeliten jenseits des Jordan im Land der Amoriter, nämlich in Gilead. 9 Dann kamen die Ammoniter über den Jordan, um auch gegen Juda, Benjamin und das Haus Efraim Krieg zu führen. Israel geriet in große Bedrängnis 10 und die Israeliten schrien zum Herrn: Wir haben gegen dich gesündigt; denn wir haben unseren Gott verlassen und den Baalen gedient. 11 Der Herr erwiderte den Israeliten: Nicht wahr, von Ägypten an [auch von den Amoritern, Ammonitern und Philistern her, 12 ebenso die Sidonier, Amalek und Midian] haben sie euch unterdrückt. Als ihr aber zu mir geschrien habt, habe ich euch aus ihrer Gewalt befreit. 13 Ihr aber habt mich verlassen und anderen Göttern gedient. Darum werde ich euch nicht mehr retten. 14 Geht und schreit doch zu den Göttern, die ihr euch erwählt habt; sie sollen euch retten in der Zeit der Not. 15 Die Israeliten aber sagten zum Herrn: Wir haben gesündigt. Mach mit uns, was dir gefällt, nur rette uns heute! 16 Und sie entfernten die fremden Götter aus ihrer Mitte und dienten dem Herrn. Da konnte er das Elend Israels nicht länger ertragen.

Die Wahl Jiftachs zum Richter: 10,17 – 11,11

17 Die Ammoniter wurden aufgeboten und schlugen ihr Lager in Gilead auf. Auch die Israeliten versammelten sich; sie bezogen ihr Lager in Mizpa. 18 Da sagten die Leute [die führenden Männer Gileads] zueinander: Wer ist der Mann, der den Kampf gegen die Ammoniter aufnimmt? Er soll das Oberhaupt aller Bewohner Gileads werden.

11 Jiftach, der Gileaditer, war ein tapferer Held; er war der Sohn einer Dirne und Gilead war sein Vater. 2 Auch Gileads Ehefrau gebar ihm Söhne. Als nun die Söhne der Ehefrau herangewachsen waren, jagten sie Jiftach fort und sagten zu ihm: Du sollst im Haus unseres Vaters nicht erben; denn du bist der Sohn einer anderen Frau. 3 Da floh Jiftach vor seinen Brüdern. Er ließ sich im Land Tob nieder, und Männer, die nichts zu verlieren hatten, scharten sich um ihn und zogen mit ihm (zu Streifzügen) aus. 4 Nach einiger Zeit begannen die Ammoniter Krieg mit Israel. 5 Als nun die Ammoniter mit Israel Krieg begannen, machten sich die Ältesten Gileads auf den Weg, um Jiftach aus dem Land Tob zu holen. 6 Sie sagten zu Jiftach: Komm, sei unser Anführer, dann können wir gegen die Ammoniter kämpfen. 7 Jiftach erwiderte den Ältesten Gileads: Habt ihr mich nicht gehasst und aus dem Haus meines Vaters verjagt? Warum kommt ihr jetzt zu mir, da ihr in Bedrängnis seid? 8 Die Ältesten Gileads antworteten Jiftach: Eben darum haben wir uns jetzt dir wieder zugewandt. Du sollst mit uns gehen und gegen die Ammoniter kämpfen; du sollst unser Oberhaupt und der Anführer aller Bewohner Gileads werden. 9 Jiftach entgegnete den Ältesten Gileads: Wenn ihr mich zum Kampf gegen die Ammoniter zurückholt und der Herr sie vor meinen Augen preisgibt, werde ich dann wirklich euer Oberhaupt sein? 10 Die Ältesten Gileads antworteten Jiftach: Der Herr soll unser Zeuge sein: Wirklich, so wie du es eben gesagt hast, so werden wir es machen. 11 Daraufhin ging Jiftach mit den Ältesten Gileads und die Leute machten ihn zu ihrem Oberhaupt und Anführer. Jiftach aber brachte in Mizpa alle seine Angelegenheiten vor den Herrn.

10,4 Städte: Text korr. nach den alten Übersetzungen.
10,12 Midian: Text korr. nach G.
10,18 Der Zusatz ist eine Erläuterung im Sinn von 11,5.

Die Verhandlung mit den Ammonitern: 11,12–28

12 Danach schickte Jiftach Boten zum König der Ammoniter und ließ ihn fragen: Was haben wir gegeneinander, dass du herangerückt bist, um in meinem Land Krieg zu führen? 13 Der König der Ammoniter antwortete den Boten Jiftachs: Israel hat mir mein Land zwischen dem Arnon und dem Jabbok, bis hin zum Jordan, weggenommen, als es aus Ägypten heraufzog. Gib es jetzt freiwillig wieder zurück! 14 Darauf schickte Jiftach noch einmal Boten zum König der Ammoniter 15 und ließ ihm sagen: So spricht Jiftach: Israel hat das Land Moabs und das Land der Ammoniter nicht weggenommen. 16 Als Israel aus Ägypten heraufzog, wanderte es durch die Wüste bis zum Schilfmeer und kam nach Kadesch. 17 Da schickte Israel Boten zum König von Edom und ließ ihm sagen: Ich möchte durch dein Land ziehen. Aber der König von Edom hörte nicht darauf. Auch zum König von Moab schickten sie, aber auch er wollte nicht (hören). Deshalb blieb Israel in Kadesch. 18 Es zog dann durch die Wüste, umging das Land Edoms und das Land Moabs und kam so in das Gebiet östlich vom Land Moabs. Sie schlugen jenseits des Arnon ihr Lager auf, kamen also gar nicht in das Gebiet Moabs; denn der Arnon ist die Grenze Moabs. 19 Dann sandte Israel Boten zu Sihon, dem König der Amoriter, dem König von Heschbon, und ließ ihm sagen: Wir möchten durch dein Gebiet in unser Land ziehen. 20 Sihon aber glaubte nicht, dass Israel nur durch sein Gebiet durchziehen wollte. Er sammelte daher seine Männer, schlug in Jahaz sein Lager auf und eröffnete den Kampf gegen Israel. 21 Der Herr, der Gott Israels, aber gab Sihon und alle seine Männer in die Gewalt Israels. Israel schlug sie und eroberte das ganze Land, das die Amoriter bewohnten. 22 So nahmen sie das ganze Land der Amoriter vom Arnon bis zum Jabbok und von der Wüste bis zum Jordan in Besitz. 23 Der Herr, der Gott Israels, hat also die Amoriter vor den Augen seines Volkes Israel vertrieben. Und du willst es nun aus seinem Besitz vertreiben? 24 Ist es nicht so: Wen Kemosch, dein Gott, vertreibt, dessen Besitz nimmst du, und wen immer der Herr, unser Gott, vor unseren Augen vertreibt, dessen Besitz nehmen wir. 25 Bist du denn wirklich besser als der Moabiterkönig Balak, der Sohn Zippors? Hat er denn mit Israel einen Streit oder einen Krieg angefangen? 26 Israel saß dreihundert Jahre lang in Heschbon und seinen Tochterstädten, in Aroër und seinen Tochterstädten und in allen Städten, die zu beiden Seiten des Arnon liegen. Warum habt ihr diese Städte nicht in jener Zeit an euch gerissen? 27 Was mich betrifft, so habe ich dir kein Unrecht getan, aber du willst mir Böses antun, indem du den Kampf gegen mich eröffnest. Der Herr soll unser Richter sein; er möge heute im Streit zwischen den Israeliten und den Ammonitern entscheiden. 28 Doch der König der Ammoniter hörte nicht auf die Botschaft, die ihm Jiftach schickte.

18: Num 21,13 • 19: Num 21,21–31 • 25: Num 22,2; Jos 24,9.

Jiftachs Sieg: 11,29–40

29 Da kam der Geist des Herrn über Jiftach und Jiftach zog durch Gilead und Manasse nach Mizpa in Gilead und von Mizpa in Gilead zog er gegen die Ammoniter. 30 Jiftach legte dem Herrn ein Gelübde ab und sagte: Wenn du die Ammoniter wirklich in meine Gewalt gibst 31 und wenn ich wohlbehalten von den Ammonitern zurückkehre, dann soll, was immer mir (als Erstes) aus der Tür meines Hauses entgegenkommt, dem Herrn gehören und ich will es ihm als Brandopfer darbringen. 32 Darauf zog Jiftach gegen die Ammoniter in den Kampf und der Herr gab sie in seine Gewalt. 33 Er schlug sie im ganzen Gebiet zwischen Aroër und Minnit bis hin nach Abel-Keramim vernichtend (und nahm) zwanzig Städte (ein). So wurden die Ammoniter vor den Augen der Israeliten gedemütigt. 34 Als Jiftach nun nach Mizpa zu seinem Haus zurückkehrte, da kam ihm seine Tochter entgegen; sie tanzte zur Pauke. Sie war sein einziges Kind; er hatte weder einen Sohn noch eine andere Tochter. 35 Als er sie sah, zerriss er seine Kleider und sagte: Weh, meine Tochter! Du machst mich niedergeschlagen und stürzt mich ins Unglück. Ich habe dem Herrn mit eigenem Mund etwas versprochen und kann nun nicht mehr zurück. 36 Sie erwiderte ihm: Mein Vater, wenn du dem Herrn mit eigenem Mund etwas versprochen hast, dann tu mit mir, was du versprochen hast, nachdem dir der Herr Rache an deinen Feinden, den Ammonitern, verschafft hat. 37 Und sie sagte zu ihrem Vater: Nur das eine möge mir gewährt werden: Lass mir noch zwei Monate Zeit, damit ich in die Berge gehe und zusammen mit meinen

11,37f meine Jugend, wörtlich: meine Jungfrauschaft. – Jiftachs Tochter klagt, dass sie sterben muss, noch ehe sie Frau und Mutter werden konnte.

Freundinnen meine Jugend beweine. 38 Er
entgegnete: Geh nur!, und ließ sie für zwei
Monate fort. Sie aber ging mit ihren Freun-
dinnen hin und beweinte ihre Jugend in den
Bergen. 39 Als zwei Monate zu Ende waren,
kehrte sie zu ihrem Vater zurück und er tat
mit ihr, was er gelobt hatte; sie aber hatte
noch mit keinem Mann Verkehr gehabt. So
wurde es Brauch in Israel, 40 dass Jahr für
Jahr die Töchter Israels (in die Berge) gehen
und die Tochter des Gileaditers Jiftach be-
klagen, vier Tage lang, jedes Jahr.

29: 3,10; 6,34; 13,25.

Der Krieg der Efraimiter gegen Jiftach:
12,1–7

12 Die Männer aus Efraim wurden (zum
Kampf) aufgeboten; sie zogen nach
Zafon und sagten zu Jiftach: Warum bist du
gegen die Ammoniter in den Kampf gezogen
und hast uns nicht aufgefordert, mit dir zu
ziehen? Wir werden dir dein Haus über dem
Kopf anzünden. 2 Jiftach sagte zu ihnen: Ich
selbst und mein Volk lagen mit den Ammoni-
tern in heftigem Streit. Ich habe euch geru-
fen, aber ihr habt mich nicht aus ihrer Ge-
walt befreit. 3 Als ich nun sah, dass ihr mir
nicht helfen wolltet, setzte ich mein Leben
aufs Spiel und zog gegen die Ammoniter und
der Herr gab sie in meine Gewalt. Warum
seid ihr nun heute zu mir heraufgekommen,
um Krieg mit mir anzufangen? 4 Darauf sam-
melte Jiftach alle Männer aus Gilead und
kämpfte gegen Efraim und die Männer aus
Gilead schlugen Efraim. Die Efraimiter hat-
ten gesagt: Ihr seid Flüchtlinge aus Efraim;
Gilead liegt ja mitten in Efraim, mitten in
Manasse. 5 Gilead besetzte die nach Efraim
führenden Übergänge über den Jordan. Und
wenn efraimitische Flüchtlinge (kamen und)
sagten: Ich möchte hinüber!, fragten ihn die
Männer aus Gilead: Bist du ein Efraimiter?
Wenn er Nein sagte, 6 forderten sie ihn auf:
Sag doch einmal »Schibbolet«. Sagte er dann
»Sibbolet«, weil er es nicht richtig ausspre-
chen konnte, ergriffen sie ihn und machten
ihn dort an den Furten des Jordan nieder. So
fielen damals zweiundvierzigtausend Mann
aus Efraim.

7 Jiftach war sechs Jahre lang Richter in
Israel. Dann starb Jiftach, der Gileaditer,
und wurde in seiner Stadt in Gilead begra-
ben.

1: 8,1.

Die Richter Ibzan, Elon und Abdon:
12,8–15

8 Nach ihm war Ibzan aus Betlehem Rich-
ter in Israel. 9 Er hatte dreißig Söhne; dreißig
Töchter gab er nach auswärts (in die Ehe)
und dreißig Töchter führte er seinen Söhnen
von auswärts zu. Ibzan war sieben Jahre
lang Richter in Israel. 10 Dann starb er und
wurde in Betlehem begraben.

11 Nach ihm war Elon, der Sebuloniter,
Richter in Israel; er war zehn Jahre lang
Richter in Israel. 12 Dann starb der Sebuloni-
ter Elon und wurde in Ajalon im Land Sebu-
lon begraben.

13 Nach ihm war Abdon, der Sohn Hillels
aus Piraton, Richter in Israel. 14 Er hatte
vierzig Söhne und dreißig Enkel, die auf
siebzig Eseln ritten. Er war acht Jahre lang
Richter in Israel.

15 Dann starb Abdon, der Sohn Hillels aus
Piraton, und wurde in Piraton, im Land
Efraim, auf dem Amalekiterberg begraben.

Die Ankündigung der Geburt Simsons:
13,1–25

13 Die Israeliten taten wieder, was dem
Herrn missfiel. Deshalb gab sie der
Herr vierzig Jahre lang in die Gewalt der
Philister. 2 Damals lebte in Zora ein Mann
namens Manoach, aus der Sippe der Daniter;
seine Frau war unfruchtbar und hatte keine
Kinder. 3 Der Engel des Herrn erschien der
Frau und sagte zu ihr: Gewiss, du bist un-
fruchtbar und hast keine Kinder; aber du
sollst schwanger werden und einen Sohn ge-
bären. 4 Nimm dich jedoch in Acht und trink
weder Wein noch Bier und iss nichts Unrei-
nes! 5 Denn siehe, du wirst schwanger wer-
den und einen Sohn gebären. Es darf kein
Schermesser an seine Haare kommen; denn
der Knabe wird von Geburt an ein Gott ge-
weihter Nasiräer sein. Er wird damit begin-
nen, Israel aus der Gewalt der Philister zu
befreien. 6 Die Frau ging und sagte zu ihrem
Mann: Ein Gottesmann ist zu mir gekom-
men; er sah aus, wie der Engel Gottes aus-
sieht, überaus Furcht erregend. Ich habe ihn
nicht gefragt, woher er kam, und er hat mir
auch seinen Namen nicht genannt. 7 Er sagte
zu mir: Siehe, du wirst schwanger werden
und einen Sohn gebären. Trink jedoch kei-
nen Wein und kein Bier und iss nichts Unrei-
nes; denn der Knabe wird von Geburt an ein
Gott geweihter Nasiräer sein, bis zum Tag

11,40 Der Brauch wird mit der Vollstreckung des Gelübdes Jiftachs erklärt.

12,6 An der besonderen Aussprache dieses Wortes werden die efraimitischen Flüchtlinge erkannt.

12,7 in seiner Stadt: Text korr. nach G.

13,5 Ein Nasiräer (= Ausgesonderter, Geweihter),

seines Todes. 8 Da betete Manoach zum
Herrn und sagte: Bitte, mein Herr, lass doch
den Gottesmann, den du gesandt hast, noch
einmal zu uns kommen und uns belehren,
was wir mit dem Knaben machen sollen, der
geboren werden soll. 9 Und Gott erhörte die
Bitte Manoachs. Der Engel Gottes kam noch
einmal zu der Frau, als sie gerade auf dem
Feld war; ihr Mann Manoach war nicht bei
ihr. 10 Sie lief schnell zu ihrem Mann, um es
ihm mitzuteilen; sie sagte zu ihm: Eben ist
der Mann, der damals zu mir gekommen ist,
wieder erschienen. 11 Manoach stand auf und
folgte seiner Frau. Als er zu dem Mann kam,
fragte er ihn: Bist du der Mann, der mit meiner Frau geredet hat? Er antwortete: Ja, ich
bin es. 12 Da sagte Manoach: Wenn sich nun
dein Wort erfüllt, wie sollen wir es mit dem
Knaben halten, was sollen wir mit ihm tun?
13 Der Engel des Herrn antwortete Manoach:
Die Frau soll sich vor all dem hüten, was ich
ihr gesagt habe. 14 Nichts, was vom Weinstock kommt, darf sie genießen; weder Wein
noch Bier darf sie trinken und nichts Unreines essen. Alles, was ich ihr befohlen habe,
muss sie beachten. 15 Manoach sagte zum
Engel des Herrn: Wir möchten dich gern einladen und dir ein Ziegenböckchen zubereiten. 16 Aber der Engel des Herrn sagte zu Manoach: Auch wenn du mich einlädst, werde
ich von deinem Mahl nichts essen. Wenn du
aber ein Brandopfer herrichten willst, bring
es dem Herrn dar! Manoach wusste nämlich
nicht, dass es der Engel des Herrn war.
17 Deshalb fragte Manoach den Engel des
Herrn: Wie ist dein Name? Wenn eintrifft,
was du gesagt hast, möchten wir dir gern
Ehre erweisen. 18 Der Engel des Herrn erwiderte: Warum fragst du mich nach meinem
Namen? Er ist wunderbar. 19 Da nahm Manoach das Ziegenböckchen und brachte es
zusammen mit einem Speiseopfer auf einem
Felsblock dem Herrn dar, der Wunder tut.
[Manoach und seine Frau sahen zu.] 20 Als
die Flamme vom Altar zum Himmel aufstieg,
stieg der Engel des Herrn in der Flamme des
Altars mit empor. Als Manoach und seine
Frau das sahen, warfen sie sich zu Boden auf
ihr Gesicht. 21 Von da an aber erschien der
Engel des Herrn dem Manoach und seiner
Frau nicht mehr. Da erkannte Manoach, dass
es der Engel des Herrn gewesen war, 22 und
sagte zu seiner Frau: Sicher müssen wir sterben, weil wir Gott gesehen haben. 23 Doch
seine Frau entgegnete ihm: Wenn der Herr
uns hätte töten wollen, hätte er nicht aus
unserer Hand Brand- und Speiseopfer
angenommen und er hätte uns nicht all das
sehen und uns auch nichts Derartiges hören
lassen. 24 Die Frau gebar einen Sohn und
nannte ihn Simson; der Knabe wuchs heran
und der Herr segnete ihn. 25 Dann aber
begann der Geist des Herrn, ihn umherzu
treiben im Lager Dans zwischen Zora und
Eschtaol.

4: Num 6,2–21 • 5: Jes 7,14 • 17: Gen 32,30 • 22: Ex 33,20; Jes 6,5 • 25: 3,10; 6,34; 11,29; 1 Sam 10,6.

Simsons Hochzeit: 14,1–20

14 Als Simson (eines Tages) nach Timna
hinabging, fiel sein Blick auf eine der
jungen Philisterinnen aus Timna. 2 Als er
wieder heraufkam, teilte er es seinem Vater
und seiner Mutter mit und sagte: Ich habe in
Timna eine junge Philisterin gesehen. Gebt
sie mir doch zur Frau! 3 Sein Vater und seine
Mutter erwiderten ihm: Gibt es denn unter
den Töchtern deiner Stammesbrüder und in
meinem ganzen Volk keine Frau, sodass du
fortgehen und eine Frau von diesen unbeschnittenen Philistern heiraten musst? Simson antwortete seinem Vater: Gib mir diese,
denn sie gefällt mir. 4 Sein Vater und seine
Mutter wussten nicht, dass es vom Herrn so
geplant war, weil er einen Anlass zum
Kampf mit den Philistern suchte. Damals
herrschten nämlich die Philister über Israel.
5 Simson ging [mit seinem Vater und seiner
Mutter] nach Timna. Als sie bei den Weinbergen von Timna waren, kam ihm plötzlich
ein brüllender junger Löwe entgegen. 6 Da
kam der Geist des Herrn über Simson und
Simson zerriss den Löwen mit bloßen Händen, als würde er ein Böckchen zerreißen.
Aber seinem Vater und seiner Mutter teilte
er nicht mit, was er getan hatte. 7 Dann ging
er hinab und redete mit der Frau und sie gefiel Simson. 8 Nach einiger Zeit ging er wieder hin, um sie zu heiraten. Dabei bog er vom
Weg ab, um nach dem Kadaver des Löwen

---

wie es Simson auf Weisung Gottes sein soll, muss verschiedene Arten von Enthaltsamkeit auf sich nehmen, die hier auch Simsons Mutter zu beachten hat (vgl. die Anmerkung zu Num 6,1–21).

13,19 der Wunder tut: Text korr., vgl. G. Unter diesem Titel wird Gott anscheinend an diesem Heiligtum bei Zora verehrt (vgl. die VV. 18 und 20). – Der Zusatz stammt aus V. 20.

14,1 Die Philister kamen im Verlauf der Wanderung der sog. Seevölker über Kaftor (Am 9,7, vielleicht Kreta oder Kappadozien) nach Ägypten, wurden zurückgeschlagen und siedelten sich an der Küste Palästinas an, das von ihnen den Namen hat (Palästina = Philisterland).

14,5 Nach V. 6 geht Simson allein nach Timna.

zu sehen. Da fand er im Körper des Löwen
einen Bienenschwarm und Honig. 9 Er löste
den Honig mit den Händen heraus und aß
davon im Weitergehen. Als er zu seinem
Vater und zu seiner Mutter kam, gab er
ihnen davon und sie aßen ebenfalls. Er sagte
ihnen aber nicht, dass er den Honig aus dem
Kadaver des Löwen herausgeholt hatte.
10 Auch sein Vater kam zu der Frau hinab
und Simson veranstaltete dort ein Trinkge-
lage, wie es die jungen Leute zu machen pfle-
gen. 11 Weil man aber vor ihm Angst hatte,
holte man dreißig Männer hinzu, die um ihn
sein sollten. 12 Simson sagte zu ihnen: Ich
will euch ein Rätsel aufgeben. Wenn ihr es
mir in den sieben Tagen des Gelages erraten
und lösen könnt, dann will ich euch dreißig
Hemden und dreißig Festgewänder geben.
13 Wenn ihr mir aber die Lösung nicht sagen
könnt, dann sollt ihr mir dreißig Hemden
und dreißig Festgewänder geben. Sie sagten
zu ihm: Sag uns dein Rätsel, wir möchten es
hören. 14 Er sagte zu ihnen: Vom Fresser
kommt Speise, vom Starken kommt Süßes.
Sie aber konnten es drei Tage lang nicht lö-
sen. 15 Am vierten Tag sagten sie zur Frau
Simsons: Überrede deinen Mann, dass er uns
die Lösung des Rätsels nennt; sonst werden
wir dich samt dem Haus deines Vaters ver-
brennen. Habt ihr uns hierher eingeladen,
um uns arm zu machen? 16 Da weinte die
Frau Simsons vor ihm und sagte: Du hast
eine Abneigung gegen mich und liebst mich
nicht. Du hast den Söhnen meines Volkes ein
Rätsel aufgegeben und hast mir nicht die Lö-
sung gesagt. Er erwiderte ihr: Ich habe es ja
nicht einmal meinem Vater und meiner Mut-
ter gesagt. Wie sollte ich es dir sagen? 17 Sie
aber weinte sieben Tage lang vor ihm, solan-
ge sie Gelage hielten. Am siebten Tag aber
sagte er es ihr, weil sie ihm so zusetzte, und
sie teilte die Lösung den Söhnen ihres Vaters
mit. 18 Und am siebten Tag sagten die Män-
ner der Stadt zu ihm, bevor die Sonne unter-
ging: Was ist süßer als Honig und was ist
stärker als ein Löwe? Er erwiderte ihnen:
Hättet ihr nicht mit meiner Kuh gepflügt,
dann hättet ihr mein Rätsel nicht erraten.
19 Und der Geist des Herrn kam über ihn; er
ging nach Aschkelon hinab und erschlug
dort dreißig Mann von ihnen, nahm ihnen
ihre Kleider und gab die Gewänder denen,
die das Rätsel gelöst hatten. Dann ging er
zornentbrannt hinauf in das Haus seines Va-
ters. 20 Seine Frau erhielt sein Freund, der
der Brautführer gewesen war.

19: 3,10.

Die Vernichtung der Ernte: 15,1–8

15 Einige Zeit danach, zur Zeit der Wei-
zenernte, besuchte Simson seine
Frau. Er brachte ein Ziegenböckchen mit
und sagte (zu ihrem Vater): Ich will zu mei-
ner Frau in die Kammer. Aber ihr Vater ließ
ihn nicht hinein, 2 sondern sagte: Ich dachte,
du magst sie sicher nicht mehr. Darum habe
ich sie deinem Freund gegeben. Aber ist
nicht ihre jüngere Schwester noch schöner
als sie? Die kannst du an ihrer Stelle haben.
3 Simson antwortete ihm: Diesmal bin ich
frei von Schuld, wenn ich den Philistern et-
was Böses antue. 4 Simson ging weg und fing
dreihundert Füchse. Dann nahm er Fackeln,
band je zwei Füchse an den Schwänzen zu-
sammen und befestigte eine Fackel in der
Mitte zwischen zwei Schwänzen. 5 Er zünde-
te die Fackeln an und ließ die Füchse in die
Getreidefelder der Philister laufen. So ver-
brannte er die Garben und das noch stehen-
de Korn, ebenso die Weingärten und die Öl-
bäume. 6 Als die Philister fragten: Wer hat
das getan?, antwortete man: Simson, der
Schwiegersohn des Timniters, weil dieser
ihm seine Frau weggenommen und seinem
Freund gegeben hat. Da zogen die Philister
hinauf und verbrannten die Frau samt dem
Haus ihres Vaters. 7 Darauf sagte ihnen Sim-
son: Wenn ihr es so macht, dann werde ich
nicht mehr aufhören, bis ich an euch Rache
genommen habe. 8 Und er schlug ihnen mit
gewaltigen Schlägen die Knochen entzwei.
Dann ging er weg und hauste in der Felsen-
höhle von Etam.

Simsons Sieg bei Lehi: 15,9–20

9 Die Philister zogen nach Juda herauf,
schlugen dort ihr Lager auf und besetzten
die Gegend von Lehi. 10 Die Männer von Juda
fragten sie: Warum seid ihr gegen uns gezo-
gen? Sie antworteten: Wir sind heraufge-
kommen, um Simson gefangen zu nehmen
und es mit ihm so zu machen, wie er es mit
uns gemacht hat. 11 Da zogen dreitausend

14,11 Weil man aber vor ihm Angst hatte: Text korr. nach G; H: Weil sie ihn aber sahen.

14,15 Am vierten Tag: Text korr. nach G.

14,18 Simson wirft den jungen Leuten vor, sie hätten von seiner Frau die Lösung des Rätsels erzwungen.

15,4b band ... zusammen, wörtlich: wendete Schwanz gegen Schwanz.

15,8 Die Knochen entzwei, wörtlich: Wade auf Schenkel; wohl eine sprichwörtliche Redensart.

Männer aus Juda zur Felsenhöhle von Etam hinab und sagten zu Simson: Weißt du nicht, dass die Philister unsere Herren sind? Was hast du uns da angetan? Er antwortete ihnen: Wie sie es mit mir gemacht haben, so habe ich es mit ihnen gemacht. 12 Sie erwiderten ihm: Wir sind herabgekommen, um dich zu fesseln und in die Gewalt der Philister zu geben. Simson sagte zu ihnen: Schwört mir, dass ihr selber nicht über mich herfallen werdet. 13 Sie antworteten ihm: Nein, wir wollen dich nur fesseln und in ihre Gewalt geben, aber töten wollen wir dich nicht. Sie fesselten ihn also mit zwei neuen Stricken und führten ihn aus der Felsenhöhle weg. 14 Als er nach Lehi hinaufkam und die Philister ihm mit Triumphgeschrei entgegenliefen, kam der Geist des Herrn über ihn. Die Stricke an seinen Armen wurden wie Fäden, die vom Feuer versengt werden, und die Fesseln fielen von seinen Händen. 15 Er fand den noch blutigen Kinnbacken eines Esels, ergriff ihn mit der Hand und erschlug damit tausend Männer. 16 Damals sagte Simson: Mit dem Kinnbacken eines Esels habe ich sie gründlich verprügelt; mit einem Eselskinnbacken habe ich tausend Männer erschlagen. 17 Als er das gesagt hatte, warf er den Kinnbacken weg; daher nannte man den Ort Ramat Lehi (Kinnbackenhöhe).

18 Weil er großen Durst hatte, rief er zum Herrn und sagte: Du hast deinem Knecht diesen großen Sieg verliehen; jetzt aber soll ich vor Durst sterben und den Unbeschnittenen in die Hände fallen. 19 Da spaltete Gott die Höhle von Lehi und es kam Wasser daraus hervor, sodass Simson trinken konnte. Seine Lebensgeister kehrten zurück und er lebte wieder auf. Deshalb nennt man die Quelle bei Lehi bis zum heutigen Tag »Quelle des Rufers«.

20 Simson war zur Zeit der Philister zwanzig Jahre lang Richter in Israel.

14: 3,10 • 20: 16,31.

Simson in Gaza: 16,1–3

16 Als Simson (eines Tages) nach Gaza kam, sah er dort eine Dirne und ging zu ihr. 2 Als man den Leuten von Gaza berichtete: Simson ist hier!, suchten sie überall (nach ihm) und lauerten ihm [die ganze Nacht] am Stadttor auf. Die ganze Nacht über verhielten sie sich still und sagten: Wir warten bis zum Morgengrauen, dann bringen wir ihn um. 3 Simson aber schlief bis gegen Mitternacht. Dann stand er auf, packte die Flügel des Stadttors mit den beiden Pfosten und riss sie zusammen mit dem Riegel heraus. Er lud alles auf seine Schultern und trug es auf den Gipfel des Berges, der Hebron gegenüberliegt.

Simson und Delila: 16,4–22

4 Danach verliebte sich Simson in eine Frau im Tal Sorek, sie hieß Delila. 5 Die Fürsten der Philister kamen zu ihr und sagten zu ihr: Versuch ihn zu betören und herauszufinden, wodurch er so große Kraft besitzt und wie wir ihn überwältigen und fesseln können, um ihn zu bezwingen. Jeder von uns gibt dir dann elfhundert Silberstücke. 6 Darauf sagte Delila zu Simson: Sag mir doch, wodurch du so große Kraft besitzt und wie man dich fesseln kann, um dich niederzuzwingen. 7 Simson sagte zu ihr: Wenn man mich mit sieben frischen Sehnen fesselt, die noch nicht getrocknet sind, dann werde ich schwach und bin wie jeder andere Mensch. 8 Die Fürsten der Philister brachten ihr also sieben frische Sehnen, die noch nicht getrocknet waren, und sie fesselte ihn damit, 9 während einige Männer bei ihr in der Kammer auf der Lauer lagen. Dann rief sie ihm zu: Simson, die Philister kommen! Er aber zerriss die Sehnen, wie ein Zwirnfaden reißt, wenn er dem Feuer zu nahe gekommen ist. Doch das Geheimnis seiner Kraft wurde nicht bekannt. 10 Darauf sagte Delila zu Simson: Du hast mich getäuscht und mir etwas vorgelogen. Sag mir doch endlich, womit man dich fesseln kann. 11 Er erwiderte ihr: Wenn man mich mit neuen Stricken fesselt, mit denen noch keine Arbeit getan worden ist, werde ich schwach und bin wie jeder andere Mensch. 12 Delila nahm also neue Stricke und band ihn damit. Dann rief sie ihm zu: Simson, die Philister kommen!, während wieder einige Männer in der Kammer auf der Lauer lagen. Er aber riss die Stricke von seinen Armen wie Fäden. 13 Darauf sagte Delila zu Simson: Bis jetzt hast du mich getäuscht und mir etwas vorgelogen. Sag mir doch, womit man dich fesseln kann. Er erwiderte ihr: Wenn du die sieben Locken auf meinem Kopf mit den Kettfäden des Webstuhls verknotest und mit dem Pflock

15,16 habe ich sie verprügelt: Text korr. mit G. Das hebräische Wort für Esel und das für gründlich verprügeln bilden ein Wortbild.

16,2 Als man berichtete: ergänzt nach G. Der Zusatz »die ganze Nacht« ist eine Doppelschreibung, die, aus V. 2b genommen, diesem widerspricht.
16,13f Text ergänzt, vgl. G.

festmachst, werde ich schwach und bin wie jeder andere Mensch. 14 Nun wiegte sie ihn in den Schlaf und verknotete die sieben Locken auf seinem Kopf mit den Kettfäden und machte sie mit dem Pflock fest. Dann rief sie ihm zu: Simson, die Philister kommen! Er fuhr aus dem Schlaf hoch und riss den Webepflock mit den Kettfäden heraus. 15 Darauf sagte sie zu ihm: Wie kannst du sagen: Ich liebe dich!, wenn mir dein Herz nicht gehört? Jetzt hast du mich dreimal belogen und mir nicht gesagt, wodurch du so große Kraft besitzt. 16 Als sie ihm mit ihrem Gerede jeden Tag zusetzte und ihn (immer mehr) bedrängte, wurde er es zum Sterben leid; 17 er offenbarte ihr alles und sagte zu ihr: Ein Schermesser ist mir noch nicht an die Haare gekommen; denn ich bin von Geburt an Gott als Nasiräer geweiht. Würden mir die Haare geschoren, dann würde meine Kraft mich verlassen; ich würde schwach und wäre wie jeder andere Mensch. 18 Nun merkte Delila, dass er ihr alles offenbart hatte. Sie schickte jemand zu den Philisterfürsten, um sie zu rufen und ihnen sagen zu lassen: Kommt her! Diesmal hat er mir alles offenbart. Die Philisterfürsten kamen zu ihr herauf und brachten das Geld mit. 19 Delila ließ Simson auf ihren Knien einschlafen, [rief einen Mann] und schnitt dann die sieben Locken auf seinem Kopf ab. So begann sie ihn zu schwächen und seine Kraft wich von ihm. 20 Dann rief sie: Simson, die Philister kommen! Er erwachte aus seinem Schlaf und dachte: Ich werde auch diesmal wie bisher entkommen und die Fesseln abschütteln. Denn er wusste nicht, dass der Herr ihn verlassen hatte. 21 Da packten ihn die Philister und stachen ihm die Augen aus. Sie führten ihn nach Gaza hinab und fesselten ihn mit Bronzeketten und er musste im Gefängnis die Mühle drehen. 22 Doch sein Haar, das man abgeschnitten hatte, fing wieder an zu wachsen.

Gefangenschaft und Tod Simsons: 16,23–31

23 Die Fürsten der Philister versammelten sich, um ihrem Gott Dagon ein großes Opfer darzubringen und ein Freudenfest zu feiern. Sie sagten: Unser Gott hat unseren Feind Simson in unsere Gewalt gegeben. 24 Als das Volk Simson sah, priesen sie ihren Gott und sagten:

Unser Gott hat unseren Feind / in unsere Gewalt gegeben, / ihn, der unser Land verwüstet hat, / der so viele von uns erschlagen hat.

25 Als sie guter Dinge waren, sagten sie: Ruft Simson her, wir wollen unseren Spaß mit ihm treiben. Und sie ließen Simson aus dem Gefängnis holen, damit er ihr Spaßmacher sei. Sie stellten ihn zwischen die Säulen. 26 Simson aber sagte zu dem Jungen, der ihn an der Hand führte: Lass mich los, ich will die Säulen betasten, von denen das Haus getragen wird, und mich daranlehnen. 27 Das Haus war voll von Männern und Frauen; alle Fürsten der Philister waren da und auf dem Flachdach saßen etwa dreitausend Männer und Frauen. Sie alle wollten Simson als Spaßmacher sehen. 28 Simson aber rief zum Herrn und sagte: Herr und Gott, denk doch an mich und gib mir nur noch dieses eine Mal die Kraft, mein Gott, damit ich an den Philistern Rache nehmen kann, wenigstens für eines von meinen beiden Augen. 29 Dann packte Simson die beiden Mittelsäulen, von denen das Haus getragen wurde, und stemmte sich gegen sie, gegen die eine mit der rechten Hand und gegen die andere mit der linken. 30 Er sagte: So mag ich denn zusammen mit den Philistern sterben. Er streckte sich mit aller Kraft und das Haus stürzte über den Fürsten und über allen Leuten, die darin waren, zusammen. So war die Zahl derer, die er bei seinem Tod tötete, größer als die, die er während seines Lebens getötet hatte. 31 Seine Brüder und die ganze Familie seines Vaters kamen herab; sie holten ihn, brachten ihn heim und begruben ihn zwischen Zora und Eschtaol im Grab seines Vaters Manoach.

Simson war zwanzig Jahre lang Richter in Israel.

31: 13,25; 15,20.

NACHTRÄGE: 17,1 – 21,25

Das Heiligtum Michas: 17,1–13

17 Im Gebirge Efraim lebte ein Mann namens Micha. 2 Er sagte zu seiner Mutter: Die elfhundert Silberstücke, die dir jemand weggenommen hat und deretwegen du den Fluch ausgestoßen und ihn sogar vor meinen Ohren wiederholt hast, dieses Geld befindet sich bei mir; ich selber habe es genommen. Seine Mutter sagte: Sei gesegnet

17,2 Beim Verlust von Eigentum sprach man einen Fluch über den Dieb oder unredlichen Finder aus, damit er aus Furcht vor dem im Fluch angedrohten Unheil den Gegenstand zurückgibt (vgl. Lev 5,1

vom Herrn, mein Sohn. 3 Er gab die elfhundert Silberstücke seiner Mutter zurück. Seine Mutter aber sagte: Ich weihe mein Silber dem Herrn, damit es wieder meinem Sohn zugute kommt. Man soll ein mit Metall überzogenes Gottesbild machen. Fürs Erste aber will ich es dir wiedergeben. 4 Doch der Sohn gab das Silber seiner Mutter zurück. Seine Mutter nahm zweihundert Silberstücke und gab sie einem Goldschmied. Der machte ein mit Metall überzogenes Gottesbild daraus, das dann im Haus Michas aufgestellt wurde. 5 So hatte Micha ein Gotteshaus. Er machte nun ein Efod und Terafim und stellte einen seiner Söhne dazu an, ihm als Priester zu dienen. 6 In jenen Tagen gab es in Israel noch keinen König; jeder tat, was ihm gefiel.

7 In Betlehem in Juda lebte (damals) ein junger Mann [aus der Sippe Juda]. Er war Levit und lebte dort als Fremder. 8 Dieser Mann zog aus der Stadt, aus Betlehem in Juda, fort, um sich irgendwo als Fremder niederzulassen, wo immer es sei. Auf seiner Wanderung kam er auch ins Gebirge Efraim zum Haus Michas. 9 Micha fragte ihn: Woher kommst du? Er antwortete ihm: Ich bin ein Levit aus Betlehem in Juda und bin unterwegs, um mich irgendwo als Fremder niederzulassen, wo immer es sei. 10 Micha sagte zu ihm: Bleib bei mir und sei mir Vater und Priester! Ich werde dir jährlich zehn Silberstücke geben, dazu die nötigen Kleider und deinen Lebensunterhalt. [Da ging der Levit.] 11 Der Levit willigte ein, bei ihm zu bleiben, und der junge Mann wurde für Micha wie einer seiner Söhne. 12 Micha stellte also den jungen Leviten als Priester an und er blieb bei ihm im Haus. 13 Und Micha sagte: Nun weiß ich, dass der Herr mir Gutes erweisen wird; denn ich habe einen Leviten als Priester.

6: 18,1; 19,1; 21,25.

Die Kundschafter aus Dan: 18,1–10

18 Damals gab es noch keinen König in Israel. Der Stamm der Daniter war zu jener Zeit dabei, sich einen Erbbesitz zu suchen, um sich niederzulassen; denn es war ihm inmitten der Stämme Israels bis zu jener Zeit noch kein Erbbesitz zugefallen. 2 Daher schickten die Daniter von ihrer Sippe fünf kampferprobte Männer aus Zora und Eschtaol aus, um das Land zu durchstreifen und zu erkunden. Sie sagten zu ihnen: Geht, erkundet das Land! Die Männer kamen ins Gebirge Efraim zum Haus Michas und übernachteten dort. 3 Als sie beim Haus Michas waren, fiel ihnen die Mundart des jungen Leviten auf. Sie gingen zu ihm hin und fragten ihn: Wer hat dich hierher gebracht? Was willst du hier und was tust du hier? 4 Er antwortete ihnen: Das und das hat Micha mit mir gemacht; er hat mich angestellt und so wurde ich sein Priester. 5 Sie sagten zu ihm: Befrag doch Gott für uns, damit wir erfahren, ob die Reise, die wir machen, Erfolg haben wird. 6 Der Priester erwiderte ihnen: Zieht in Frieden weiter! Der Weg, den ihr gehen wollt, liegt vor den Augen des Herrn.

7 Die fünf Männer zogen weiter und kamen nach Lajisch. Sie sahen, dass das Volk dort ungestört nach Art der Sidonier lebte, ruhig und sicher. Es gab niemand, der Schaden anrichtete im Land, keinen Eroberer und keine Unterdrückung. Sie waren weit entfernt von den Sidoniern und hatten auch mit den Aramäern nichts zu tun. 8 Als die Männer zu ihren Brüdern nach Zora und Eschtaol kamen, sagten ihre Brüder zu ihnen: Wie ist es euch ergangen? 9 Sie antworteten: Auf, lasst uns gegen jene Leute (in den Kampf) ziehen. Denn wir haben gesehen, dass das Land sehr schön ist. Warum wollt ihr zögern? Seid nicht so träge! Macht euch auf den Weg dorthin und nehmt das Land in Besitz! 10 Ihr findet ein sorgloses Volk vor, wenn ihr hinkommt. Das Land ist nach allen Seiten hin weiträumig. Wahrhaftig, Gott hat es in eure Gewalt gegeben. Es ist ein Ort, wo es an nichts fehlt, was es auf Erden gibt.

1: 17,6; 1,34; Jos 19,47.

Der Zug der Daniter nach Lajisch: 18,11–31

11 Darauf brachen von dort, also von Zora und Eschtaol aus, sechshundert mit Waffen ausgerüstete Männer aus der Sippe der Daniter auf. 12 Sie zogen hinauf und schlugen bei Kirjat-Jearim in Juda ihr Lager auf; deshalb nennt man diesen Ort bis auf den heutigen Tag »Lager Dans«; es liegt hinter Kirjat-

---

und die dortige Anmerkung). Die Mutter macht den Fluch nach Klärung der Angelegenheit durch einen Segen unwirksam.

17,5 und stellte an, wörtlich: und füllte die Hand (vgl. Ex 28,41; 29,9.24).

17,7 Der Zusatz fehlt in S, vgl. G.

17,10 Vater: Ehrentitel für Amtsperson. – Der Zusatz widerspricht dem folgenden; wohl falsche Lesart aus V. 11.

18,2 fünf kampferprobte Männer: Text korr. nach G.

18,7 mit den Aramäern: Text korr. nach G; H: mit den Menschen. – Lajisch (Dan) liegt im Quellgebiet des Jordan (vgl. V. 29).

Jearim. 13 Von dort zogen sie hinüber ins Ge-
birge Efraim und kamen zum Haus Michas.
14 Da sagten die fünf Männer, die unterwegs
gewesen waren, um das Land [Lajisch] zu er-
kunden, zu ihren Brüdern: Wisst ihr auch,
dass es in diesen Häusern ein Efod und Tera-
fim sowie ein mit Metall überzogenes Got-
tesbild gibt? Überlegt also, was ihr tun wollt.
15 Da bogen sie (von ihrem Weg) ab und gin-
gen zum Haus des jungen Leviten [zum Haus
Michas] und begrüßten ihn. 16 Die sechshun-
dert mit Waffen ausgerüsteten Daniter blie-
ben am Hoftor stehen, 17 während die fünf
Männer, die unterwegs gewesen waren, um
das Land zu erkunden, hineingingen. Sie
nahmen das Gottesbild mit dem Metallüber-
zug sowie das Efod und die Terafim, wäh-
rend der Priester am Eingang des Tores bei
den sechshundert mit Waffen ausgerüsteten
Männern stand. 18 Als die Leute in das Haus
Michas eindrangen und das Gottesbild mit
dem Metallüberzug, das Efod und die Tera-
fim nahmen, fragte sie der Priester: Was
macht ihr da? 19 Sie antworteten ihm:
Schweig! Halt den Mund! Geh mit uns und
werde uns Vater und Priester! Was ist besser
– wenn du Priester im Haus eines einzigen
Mannes bist oder wenn du Priester für einen
Stamm und eine Sippe in Israel bist? 20 Das
erschien dem Priester gut. Er nahm das Efod,
die Terafim und das Gottesbild und begab
sich damit unter die Leute. 21 Dann brachen
sie auf und zogen weiter. Die Kinder, das
Vieh und die Habe führten sie an der Spitze
des Zuges mit sich.

22 Als sie schon weit vom Haus Michas weg
waren, rief Micha die Männer in den Häu-
sern, die in der Nähe lagen, zusammen und
sie verfolgten die Daniter. 23 Sie riefen hinter
den Danitern her, diese aber wandten sich
um und sagten zu Micha: Was ist los? Warum
habt ihr euch zusammengetan? 24 Er antwor-
tete: Ihr habt meinen Gott, den ich mir ge-
macht hatte, und auch den Priester wegge-
nommen und seid davongezogen. Was habe
ich jetzt noch? Wie könnt ihr da zu mir sa-
gen: Was ist los? 25 Die Daniter entgegneten
ihm: Lass dein Geschwätz, sonst fallen unse-
re erbitterten Leute über euch her und du
bist selbst schuld, wenn du zusammen mit
deiner Familie das Leben verlierst. 26 Dann
zogen die Daniter auf ihrem Weg weiter. Mi-
cha aber sah ein, dass sie stärker waren als
er, kehrte um und ging nach Hause zurück.
27 Sie aber nahmen das Bild, das Micha ange-
fertigt hatte, samt dem Priester, den er hatte,
und überfielen Lajisch, ein ruhiges und
friedliches Volk. Sie erschlugen die Leute
mit scharfem Schwert und steckten die Stadt
in Brand. 28 Niemand konnte zu Hilfe kom-
men; denn die Stadt lag weit entfernt von Si-
don und hatte auch mit den Aramäern nichts
zu tun; sie lag im Tal von Bet-Rehob. Die Da-
niter bauten die Stadt wieder auf und wohn-
ten in ihr. 29 Sie nannten sie Dan, nach dem
Namen ihres Stammvaters Dan, der einst
dem Israel geboren worden war. Doch früher
hatte die Stadt den Namen Lajisch. 30 Die
Daniter stellten das Gottesbild bei sich auf
und Jonatan, der Sohn Gerschoms, des Soh-
nes des Mose, und seine Nachkommen dien-
ten dem Stamm der Daniter als Priester bis
zu dem Tag, an dem die Bewohner des Lan-
des in die Gefangenschaft geführt wurden.
31 Sie hatten also das Gottesbild, das Micha
gemacht hatte, bei sich aufgestellt und (es
stand dort) die ganze Zeit über, solange es
das Gotteshaus in Schilo gab.

27: Jos 19,47 • 30: 2 Kön 15,29.

Die Schandtat der Männer von Gibea:
19,1–30

19 In jenen Tagen, als es noch keinen
König in Israel gab, lebte im entle-
gensten Teil des Gebirges Efraim ein Levit
als Fremder. Er hatte sich eine Frau aus Bet-
lehem in Juda zur Nebenfrau genommen.
2 Aber seine Nebenfrau wurde zornig auf ihn
und verließ ihn; sie ging in das Haus ihres
Vaters nach Betlehem in Juda zurück. Dort
war sie nun schon vier Monate lang. 3 Da
machte sich ihr Mann auf den Weg und zog
ihr mit seinem Knecht und zwei Eseln nach,
um ihr ins Gewissen zu reden und sie zu-
rückzuholen. Die Frau brachte ihn in das
Haus ihres Vaters, und als der Vater der jun-
gen Frau ihn sah, kam er ihm freudig entge-
gen. 4 Da sein Schwiegervater, der Vater der
jungen Frau, ihn dringend darum bat, blieb
er drei Tage bei ihm. Sie aßen und tranken
und er übernachtete dort. 5 Als sie am vierten
Tag frühmorgens aufgestanden waren und
er sich auf den Weg machen wollte, sagte
der Vater der jungen Frau zu seinem
Schwiegersohn: Stärke dich erst noch mit
einem Bissen Brot; dann könnt ihr gehen.
6 Sie setzten sich und die beiden aßen und
tranken zusammen. Der Vater der jungen
Frau aber sagte zu dem Mann: Entschließ

18,28 mit den Aramäern: Text korr. (vgl. die Anmerkung zu V. 7).
18,30 des Mose: Text korr., vgl. G, Vg; H: Manasses, wohl nachträgliche Korrektur.
19,2 wurde zornig: So versteht wohl zu Recht G den Text im Sinn eines Zerwürfnisses.

dich doch, (noch einmal) über Nacht zu bleiben, und lass es dir gut gehen! 7 Der Mann stand auf, um zu gehen; doch sein Schwiegervater nötigte ihn, sodass er dort noch einmal übernachtete. 8 Als er sich dann am Morgen des fünften Tages auf den Weg machen wollte, sagte der Vater der jungen Frau: Stärke dich erst noch und bleibt hier, bis der Tag zur Neige geht. So aßen die beiden zusammen. 9 Dann stand der Mann auf, um mit seiner Nebenfrau und seinem Knecht abzureisen. Sein Schwiegervater aber, der Vater der jungen Frau, sagte zu ihm: Sieh doch, der Tag geht zu Ende und es wird Abend. Bleibt über Nacht hier! Der Tag geht zur Neige; übernachte hier und lass es dir gut gehen! Morgen früh könnt ihr euch dann auf den Heimweg zu deinem Zelt machen. 10 Aber der Mann wollte nicht mehr übernachten, sondern erhob sich und ging mit seinen zwei gesattelten Eseln, seiner Nebenfrau und seinem Knecht fort.

Sie kamen zu einem Ort gegenüber von Jebus, das heißt Jerusalem. 11 Als sie dort waren, war der Tag schon fast zu Ende gegangen. Darum sagte der Knecht zu seinem Herrn: Komm, wir wollen in der Jebusiterstadt hier einkehren und übernachten. 12 Sein Herr antwortete ihm: Wir wollen nicht in einer Stadt von Fremden, die nicht zu den Israeliten gehört, einkehren, sondern nach Gibea weiterziehen. 13 Und er sagte zu seinem Knecht: Lass uns lieber zu einem anderen Ort gehen; wir wollen in Gibea oder Rama übernachten. 14 Sie zogen also weiter; als sie bei Gibea, das zu Benjamin gehört, waren, ging die Sonne unter. 15 Sie bogen daher dort (vom Weg) ab, um nach Gibea hineinzugehen und dort zu übernachten. In der Stadt setzte er sich auf dem Marktplatz nieder; aber es fand sich niemand, der ihn in seinem Haus zum Übernachten aufnehmen wollte.

16 Schließlich kam ein alter Mann am Abend von seiner Arbeit auf dem Feld. Der Mann stammte aus dem Gebirge Efraim und lebte als Fremder in Gibea; die Einwohner des Ortes waren Benjaminiter. 17 Als der alte Mann aufsah, erblickte er den Wanderer auf dem Platz der Stadt und fragte ihn: Woher kommst du und wohin gehst du? 18 Er antwortete ihm: Wir sind auf der Durchreise von Betlehem in Juda zum entlegensten Teil des Gebirges Efraim. Von dort komme ich; ich war nach Betlehem in Juda gegangen und bin nun auf dem Weg nach Hause. Aber hier findet sich niemand, der mich in sein Haus aufnimmt, 19 obwohl wir alles dabeihaben, Stroh und Futter für unsere Esel und auch Brot und Wein für mich, deine Magd und den Knecht, der bei deinem Diener ist. Es fehlt also an nichts. 20 Der alte Mann entgegnete: Sei mir willkommen! Was dir fehlt, das lass nur meine Sorge sein; auf dem Platz jedenfalls darfst du nicht übernachten. 21 Und er führte ihn in sein Haus und schüttete den Eseln Futter vor. Sie wuschen sich die Füße und aßen und tranken. 22 Während sie sich's nun wohl sein ließen, umringten plötzlich einige Männer aus der Stadt, übles Gesindel, das Haus, schlugen an die Tür und sagten zu dem alten Mann, dem Besitzer des Hauses: Bring den Mann heraus, der in dein Haus gekommen ist; wir wollen unseren Mutwillen mit ihm treiben. 23 Der Besitzer des Hauses ging zu ihnen hinaus und sagte zu ihnen: Nein, meine Brüder, so etwas Schlimmes dürft ihr nicht tun. Dieser Mann ist als Gast in mein Haus gekommen; darum dürft ihr keine solche Schandtat begehen. 24 Da ist meine jungfräuliche Tochter und seine Nebenfrau. Sie will ich zu euch hinausbringen; ihr könnt sie euch gefügig machen und mit ihnen tun, was euch gefällt. Aber an diesem Mann dürft ihr keine solche Schandtat begehen. 25 Doch die Männer wollten nicht auf ihn hören. Da ergriff der Levit seine Nebenfrau und brachte sie zu ihnen auf die Straße hinaus. Sie missbrauchten sie und trieben die ganze Nacht hindurch bis zum Morgen ihren Mutwillen mit ihr. Sie ließen sie erst gehen, als die Morgenröte heraufzog. 26 Als der Morgen anbrach, kam die Frau zurück; vor der Haustür des Mannes, bei dem ihr Herr wohnte, brach sie zusammen und blieb dort liegen, bis es hell wurde.

27 Ihr Herr stand am Morgen auf, öffnete die Haustür und ging hinaus, um seine Reise fortzusetzen. Da lag die Frau, seine Nebenfrau, zusammengebrochen am Eingang des Hauses, die Hände auf der Schwelle. 28 Er sagte zu ihr: Steh auf, wir wollen gehen!

19,10 und seinem Knecht: Text korr., vgl. G und VV. 11f. – Jebus wird Jerusalem wegen der dort wohnenden Jebusiter genannt.

19,13f Gibea, nördlich von Jerusalem, ist die Stadt Sauls.

19,18 nach Hause: Text korr. nach G und V. 29; H: zum Haus des Herrn.

19,22 unseren Mutwillen mit ihm treiben, wörtlich: ihn erkennen.

19,23f Der Hausherr muss nach den Regeln der Gastfreundschaft den Gast schützen (vgl. die Anmerkung zu Gen 19,8).

Doch sie antwortete nicht. Da legte er sie auf
den Esel und machte sich auf die Heimreise.
29 Als er nach Hause gekommen war, nahm er
ein Messer, ergriff seine Nebenfrau, zer-
schnitt sie in zwölf Stücke, Glied für Glied,
und schickte sie in das ganze Gebiet Israels.
30 Jeder, der das sah, sagte: So etwas ist noch
nie geschehen, so etwas hat man nicht erlebt,
seit die Söhne Israels aus Ägypten heraufge-
zogen sind, bis zum heutigen Tag. Denkt da-
rüber nach, beratet und sagt (was ihr dazu
meint)!

1: 17,6 • 22–24: Gen 19,4–11 • 29: 1 Sam 11,7 • 30: Hos 10,9.

Die Beratung in Mizpa: 20,1–10

20 Alle Israeliten von Dan bis Beer-
scheba und auch die Bewohner von
Gilead kamen herbei und die Gemeinde ver-
sammelte sich einmütig beim Herrn in Miz-
pa. 2 Die Häupter des ganzen Volkes, alle
Stämme Israels, traten zu einer Versamm-
lung des Volkes Gottes zusammen, vierhun-
derttausend Mann zu Fuß, mit Schwertern
bewaffnet. 3 Die Benjaminiter erfuhren, dass
die Israeliten nach Mizpa hinaufgezogen wa-
ren. Die Israeliten sagten: Berichtet, wie die-
ses Verbrechen geschehen ist. 4 Der Levit,
der Mann der ermordeten Frau, antwortete:
Ich bin mit meiner Nebenfrau nach Gibea,
das in Benjamin liegt, gekommen, um zu
übernachten. 5 Da rotteten sich die Bürger
von Gibea gegen mich zusammen und um-
ringten nachts in feindlicher Absicht das
Haus. Sie wollten mich umbringen und mei-
ne Nebenfrau vergewaltigten sie, sodass sie
gestorben ist. 6 Da nahm ich den Leichnam
meiner Nebenfrau, schnitt ihn in Stücke und
schickte sie in alle Gebiete des Erbbesitzes
der Israeliten; denn sie hatten mitten in Isra-
el ein schändliches Verbrechen begangen.
7 Nun seid ihr alle hier, ihr Israeliten; also
besprecht euch miteinander und beratet hier
(was zu tun ist)! 8 Da erhob sich das ganze
Volk wie ein Mann und sagte: Keiner von uns
darf in sein Zelt gehen und keiner von uns
darf in sein Haus zurückkehren. 9 Wir wollen
Folgendes mit Gibea machen: Wir wollen ge-
gen die Stadt (in den Kampf) ziehen. 10 Und
zwar wählen wir aus allen Stämmen Israels
jeweils zehn Männer von hundert und hun-
dert von tausend und tausend von zehntau-
send durch das Los aus. Sie sollen Verpfle-
gung für die Leute holen, die gekommen
sind, um mit Gibea in Benjamin zu machen,
was es nach der Schandtat verdient, die es
mitten in Israel begangen hat.

1: 21,1; 1 Sam 7,5; 10,17.

Der Aufmarsch vor Gibea: 20,11–18

11 So versammelten sich alle Israeliten, ge-
schlossen wie ein Mann, bei der Stadt. 12 Und
die Stämme Israels schickten Boten durch
das ganze Gebiet des Stammes Benjamin
und ließen sagen: Was ist das für eine üble
Tat, die bei euch geschehen ist? 13 Gebt uns
also das üble Gesindel von Gibea heraus, wir
wollen es töten und wollen das Böse in Israel
austilgen. Doch die Benjaminiter wollten
nicht auf die Stimme ihrer Brüder, der Israe-
liten, hören. 14 Sie kamen vielmehr aus ihren
Städten bei Gibea zusammen, um gegen die
Israeliten in den Kampf zu ziehen. 15 Als man
an jenem Tag die Benjaminiter aus den Städ-
ten musterte, zählte man sechsundzwanzig-
tausend mit Schwertern bewaffnete Männer,
ohne die Einwohner von Gibea. [Siebenhun-
dert auserlesene Männer wurden gemustert.]
16 Unter diesen Männern befanden sich sie-
benhundert besonders auserlesene Männer;
sie waren alle Linkshänder und konnten ei-
nen Stein haargenau schleudern, ohne je das
Ziel zu verfehlen. 17 Auch die Männer Israels
ließen sich mustern. Es waren ohne die
Benjaminiter vierhunderttausend mit dem
Schwert bewaffnete Männer, alles tüchtige
Krieger. 18 Sie brachen auf, zogen nach Bet-
El hinauf und befragten Gott. Die Israeliten
sagten: Wer von uns soll zuerst gegen die
Benjaminiter in den Kampf ziehen? Der Herr
antwortete: Zuerst Juda.

Die Niederlage der Israeliten: 20,19–28

19 Die Israeliten brachen am Morgen auf
und bezogen ihr Lager gegenüber Gibea.
20 Dann rückten die Israeliten zum Kampf
gegen die Benjaminiter aus und stellten sich
ihnen gegenüber vor Gibea zum Kampf auf.
21 Die Benjaminiter rückten von Gibea aus
und streckten an diesem Tag zweiundzwan-
zigtausend Israeliten zu Boden. 22 Doch die
Männer Israels fassten wieder Mut und stell-
ten sich noch einmal zum Kampf auf, am
gleichen Ort, wo sie sich am ersten Tag auf-

19,29 So wird die schreckliche Tat auf drastische Weise mitgeteilt und alle werden aufgerufen, den Mord zu rächen.

20,1 Mizpa in Benjamin (Jos 18,26) lag nördlich von Jerusalem, auf der Straße nach Sichem.

20,9 Wir wollen (in den Kampf) ziehen: Text korr. nach G. – »durch das Los« ist in der Übersetzung zu V. 10 gezogen.

20,12 des Stammes: Text korr. nach G und Vg.

gestellt hatten. 23 Die Israeliten waren näm-
lich (inzwischen nach Bet-El) hinaufgezo-
gen, hatten bis zum Abend vor dem Herrn
geweint und ihn gefragt: Sollen wir noch
einmal zum Kampf gegen unseren Bruder
Benjamin antreten? Der Herr hatte geant-
wortet: Zieht hinauf gegen ihn! 24 Als nun die
Israeliten am zweiten Tag gegen die Benja-
miniter vorrückten, 25 zogen ihnen die Ben-
jaminiter wiederum von Gibea aus entgegen
und streckten noch einmal achtzehntausend
Männer aus Israel zu Boden, die alle mit
Schwertern bewaffnet waren. 26 Darauf zo-
gen alle Israeliten, das ganze Volk, hinauf
nach Bet-El. Dort saßen sie klagend vor dem
Herrn; sie fasteten an jenem Tag bis zum
Abend und brachten dem Herrn Brandopfer
und Heilsopfer dar. 27 Dann befragten die Is-
raeliten wieder den Herrn. In Bet-El stand
nämlich in jenen Tagen die Bundeslade Got-
tes 28 und Pinhas, der Sohn Eleasars, des
Sohnes Aarons, tat in jenen Tagen Dienst vor
dem Angesicht des Herrn. Die Israeliten sag-
ten: Sollen wir noch einmal ausrücken zum
Kampf mit unserem Bruder Benjamin oder
sollen wir es aufgeben? Der Herr antwortete:
Zieht hinauf! Denn morgen gebe ich ihn in
eure Gewalt.

28: Num 25,7.

Die Vernichtung der Benjaminiter:
20,29–48

29 Darauf legten die Israeliten rings um Gi-
bea Leute in den Hinterhalt. 30 Am dritten
Tag zogen die Israeliten wieder gegen die
Benjaminiter hinauf und stellten sich, wie
die beiden vorigen Male, bei Gibea auf. 31 Die
Benjaminiter aber rückten gegen die Israeli-
ten aus und ließen sich von der Stadt weglo-
cken; sie begannen, wie die beiden vorigen
Male, auf freiem Feld einzelne Israeliten zu
erschlagen, und zwar an den Straßen, von
denen die eine nach Bet-El, die andere nach
Gibeon hinaufführt, im Ganzen etwa dreißig
Mann. 32 Die Benjaminiter dachten: Sie wer-
den von uns geschlagen wie beim ersten Mal.
Die Israeliten aber sagten: Wir wollen flie-
hen und sie von der Stadt weg zu den Stra-
ßen hinlocken. 33 Alle Israeliten zogen sich
also von ihrem Platz zurück und stellten sich
bei Baal-Tamar wieder auf. Die Israeliten
aber, die westlich von Gibea im Hinterhalt
lagen, brachen aus ihrer Stellung hervor.
34 Darauf rückten zehntausend ausgewählte
Männer aus ganz Israel gegenüber Gibea
heran. Es gab einen schweren Kampf; die
Benjaminiter erkannten nicht, dass das Un-
heil sie ereilte. 35 Der Herr schlug die Benja-
miniter vor den Augen Israels und die Israe-
liten machten an jenem Tag fünfundzwan-
zigtausendundeinhundert Mann aus Benja-
min nieder, alles mit Schwertern bewaffnete
Krieger.

36 Die Benjaminiter sahen, dass sie ge-
schlagen waren. Die Israeliten gaben Benja-
min weiteres Gelände preis; denn sie ver-
trauten auf den Hinterhalt, den sie bei Gibea
gelegt hatten. 37 Die Leute im Hinterhalt
stürmten nun schnell auf Gibea los. Sie ka-
men aus dem Hinterhalt hervor und erschlu-
gen alles in der Stadt mit scharfem Schwert.
38 Die Israeliten hatten mit den Männern im
Hinterhalt verabredet, dass sie eine Rauch-
wolke aus der Stadt aufsteigen lassen soll-
ten. 39 Als nun die Israeliten im Kampf
kehrtmachten und Benjamin anfing, etwa
dreißig Israeliten zu erschlagen, weil sie sag-
ten: Sicher wird Israel von uns völlig ge-
schlagen wie beim ersten Kampf!, 40 da be-
gann aus der Stadt eine hohe Rauchsäule
aufzusteigen. Als die Benjaminiter sich um-
wandten, sahen sie, dass die Stadt wie ein
Ganzopfer zum Himmel emporflammte.
41 Als dann die Israeliten wieder kehrtmach-
ten, gerieten die Benjaminiter in Verwir-
rung; denn sie erkannten, dass das Unglück
sie ereilt hatte. 42 Sie zogen sich vor den Is-
raeliten in Richtung auf die Wüste zurück,
konnten aber dem Kampf nicht entrinnen.
Denn nun kamen auch die Männer (Israels)
aus der Stadt, nahmen die Benjaminiter in
die Zange und vernichteten sie. 43 Sie umzin-
gelten die Benjaminiter und verfolgten sie
von Noha [zertraten sie] bis in die Gegend
östlich von Gibea. 44 Achtzehntausend Mann
aus Benjamin fielen, alles kampferprobte
Männer. 45 Die Übrigen wandten sich um
und flohen auf die Wüste zu, nach Sela-Rim-
mon. Die Israeliten hielten Nachlese und
vernichteten auf den Straßen noch einmal
fünftausend Mann. Bei der Verfolgung, die
sich bis nach Gidom hinzog, erschlugen sie
nochmals zweitausend von ihnen. 46 Die
Gesamtzahl der Gefallenen aus Benjamin
betrug an diesem Tag fünfundzwanzigtau-
send, lauter mit dem Schwert bewaffnete
Krieger. 47 Nur sechshundert Mann konnten
sich absetzen und in die Wüste nach Sela-
Rimmon fliehen; sie blieben vier Monate in
Sela-Rimmon. 48 Die Israeliten aber kehrten
zu den Benjaminitern zurück und erschlugen

20,31 nach Gibeon: Text korr., H: nach Gibea.
20,42 aus der Stadt: Text korr., vgl. G.
20,43 von Noha: Text korr. nach G.

alles, was zu finden war, mit scharfem
Schwert, die Stadt samt Menschen und Vieh.
Ebenso steckten sie alle Städte, die sie
finden konnten, in Brand.

47: 21,13.

Die Sorge um den Rest von Benjamin: 21,1–9

21 Die Israeliten hatten in Mizpa ge-
schworen: Keiner von uns darf seine
Tochter einem Benjaminiter zur Frau geben.
2 Nun kam das Volk nach Bet-El; sie saßen
dort bis zum Abend vor Gott, jammerten laut
und klagten sehr. 3 Sie sagten: Warum, Herr,
Gott Israels, musste das in Israel geschehen,
dass heute ein ganzer Stamm Israels fehlt?
4 Am anderen Morgen in aller Frühe erbaute
das Volk dort einen Altar und brachte
Brandopfer und Heilsopfer dar. 5 Und die
Israeliten fragten: Wer aus allen Stämmen
Israels ist nicht zu der Versammlung zum
Herrn heraufgekommen? Man hatte nämlich
gegen den, der nicht zum Herrn nach Mizpa
hinaufziehen würde, einen feierlichen Schwur
getan und gesagt: Er wird mit dem Tod be-
straft. 6 Nun aber hatten die Israeliten Mitleid
mit ihrem Bruder Benjamin und sagten: Heute
ist ein ganzer Stamm von Israel abgehauen
worden. 7 Wie können wir denen, die übrig ge-
blieben sind, Frauen verschaffen? Wir haben
doch beim Herrn geschworen, ihnen keine von
unseren Töchtern zur Frau zu geben. 8 Darum
fragten sie: Ist etwa einer von den Stämmen
Israels nicht zum Herrn nach Mizpa hinaufge-
zogen? Und tatsächlich war niemand aus Ja-
besch-Gilead zur Versammlung ins Heerlager
gekommen. 9 Denn als man die Leute muster-
te, zeigte es sich, dass keiner der Einwohner
von Jabesch-Gilead da war.

1: 20,1.

Der Feldzug gegen Jabesch-Gilead: 21,10–14

10 Die Gemeinde schickte deshalb zwölf-
tausend Mann von den Kriegsleuten nach
Jabesch-Gilead mit dem Befehl: Geht hin
und erschlagt die Einwohner von Jabesch-
Gilead mit scharfem Schwert, auch Frauen
und Kinder. 11 So sollt ihr es machen: Alles,
was männlich ist, und alle Frauen, die schon
Verkehr mit einem Mann hatten, sollt ihr
dem Untergang weihen. 12 Sie fanden aber
unter den Einwohnern von Jabesch-Gilead
vierhundert jungfräuliche Mädchen, die
noch keinen Verkehr mit einem Mann hat-
ten. Diese brachten sie ins Lager nach Schilo
im Land Kanaan. 13 Darauf schickte die gan-
ze Gemeinde Boten und verhandelte mit den
Benjaminitern, die in Sela-Rimmon waren,
und bot ihnen Frieden an. 14 So kehrten die
Benjaminiter damals zurück und die Israeli-
ten gaben ihnen die Frauen aus Jabesch-
Gilead, die sie dort am Leben gelassen hat-
ten. Aber diese reichten für sie nicht aus.

13: 20,47.

Der Frauenraub in Schilo: 21,15–25

15 Das Volk hatte Mitleid mit Benjamin;
denn der Herr hatte eine Lücke in die
Stämme Israels gerissen. 16 Die Ältesten der
Gemeinde sagten: Wie können wir den übri-
gen Männern Frauen verschaffen, da in Ben-
jamin die Frauen ausgerottet sind? 17 Und sie
sagten: Der Besitz der übrig gebliebenen
Benjaminiter ist ja noch immer da. Kein
Stamm darf in Israel ausgelöscht werden.
18 Von unseren Töchtern können wir ihnen
jedoch keine als Frauen geben; denn die Is-
raeliten haben geschworen: Verflucht sei,
wer den Benjaminitern eine Frau gibt. 19 Sie
sagten also: Da ist doch Jahr für Jahr ein
Fest des Herrn in Schilo nördlich von Bet-El,
östlich der Straße, die von Bet-El nach Si-
chem führt, südlich von Lebona. 20 Und sie
forderten die Benjaminiter auf: Geht hin und
legt euch in den Weinbergen dort auf die
Lauer! 21 Wenn ihr dann seht, wie die Töch-
ter Schilos herauskommen, um im Reigen zu
tanzen, dann kommt aus den Weinbergen
hervor und jeder von euch soll sich von den
Töchtern Schilos eine Frau rauben. Dann
geht heim ins Land Benjamin! 22 Wenn dann
ihre Väter oder Brüder kommen und bei uns
Klage erheben, werden wir zu ihnen sagen:
Vergebt ihnen; denn wir konnten im Kampf
(gegen Jabesch) nicht für jeden eine Frau ge-
winnen und ihr selbst konntet sie ihnen nicht
geben; sonst hättet ihr euch schuldig ge-
macht. 23 Die Benjaminiter machten es so
und jeder nahm sich eines von den tanzenden
Mädchen, die sie raubten. Dann kehrten sie
in ihren Erbbesitz zurück, bauten die Städte
wieder auf und wohnten darin. 24 Auch die
Israeliten gingen dann in Bet-El wieder aus-
einander, jeder zu seinem Stamm und zu sei-
ner Sippe. Jeder zog heim in seinen Erb-
besitz. 25 In jenen Tagen gab es noch keinen
König in Israel; jeder tat, was ihm gefiel.

25: 17,6.

20,48 samt Menschen: Text korr., vgl. Vg, S und einige H-Handschriften.

21,19 Wahrscheinlich ist an das Laubhüttenfest gedacht.

21,22 Vergebt: Text korr.; H: Vergebt uns.

Das Buch Rut

Das Büchlein Rut, eine novellenartige Erzählung, trägt seinen Namen nach der Hauptperson, einer moabitischen Frau, die die Ahnfrau Davids werden sollte. Josephus Flavius, der jüdische, um 90 n. Chr. in griechischer Sprache schreibende Historiker, hat das Büchlein anscheinend als Anhang zum Richterbuch gekannt (vgl. Ri 17 – 21). Die Handlung spielt in der Richterzeit. In der jüdischen Bibel steht das Buch unter den »Fünf Festrollen«, d. h. den kleinen Büchern, die an bestimmten Festen in der Synagoge gelesen wurden (Rut, Hld, Koh, Klgl und Est); in der christlichen Bibel gehört es zu den »Geschichtsbüchern« und folgt auf das Buch der Richter.

Der Aufbau des Buches ist einfach und übersichtlich: Ein gewisser Elimelech aus Betlehem wandert wegen einer Hungersnot ins Moabiterland aus. Dort heiraten seine Söhne moabitische Frauen. Dann sterben aber Elimelech und seine Söhne. Die Witwe Noomi will in ihre Heimat Betlehem zurückkehren. Sie fordert ihre Schwiegertöchter auf, wieder zu ihren Familien zu gehen. Die eine geht, die andere namens Rut aber erklärt, sie wolle bei ihr bleiben. So kommen Noomi und Rut nach Betlehem (Kap. 1). Dort lernt Rut beim Ährenlesen den Gutsbesitzer Boas, einen Verwandten ihres verstorbenen Mannes, kennen, der sie freundlich behandelt (Kap. 2). Auf geschickte Weise wird Boas an seine Löserpflicht erinnert. Er erklärt sich bereit, ein Grundstück aus dem Besitz des verstorbenen Mannes, das Noomi hätte verkaufen müssen, auszulösen und damit auch Rut, die Witwe seines Verwandten, zu heiraten (Kap. 3). Da aber ein noch näherer Verwandter Noomis da ist, kommt es zu Verhandlungen am Stadttor, bei denen der andere zum Verzicht bewogen wird. So geht Boas die »Schwagerehe« (Leviratsehe) ein, zu der er sich als »Löser« verpflichtet fühlt. Er bekommt mit Rut einen Sohn namens Obed. Dieser wird der Vater Isais und Großvater Davids. Der Erzählung wurde später der Stammbaum Davids angeschlossen (Kap. 4).

Die Entstehung des Büchleins wird heute von einigen in die Königszeit, von anderen in die nachexilische Zeit, etwa in die Zeit Esras, datiert. Der Verfasser wollte vielleicht durch den Hinweis auf die moabitische Abstammung Davids einer antimoabitischen Tendenz seiner Zeit, wie sie etwa aus Dtn 23,4–6 spricht, entgegenwirken und zeigen, dass Gott sogar eine moabitische Frau in seinen Heilsplan einfügt. Das Wort Ruts zu ihrer Schwiegermutter »Wohin du gehst, gehe auch ich, und wo du bleibst, da bleibe auch ich. Dein Volk ist mein Volk und dein Gott ist mein Gott« (1,16f) ist das Bekenntnis einer Nichtisraelitin zum Gott Israels. Es zeigt, dass Gott auch den Heiden, die sich zu Abraham und seinen Nachkommen, zum Volk Israel, bekennen, Segen und Heil schenkt (vgl. Gen 12,3).

Die Vorgeschichte: 1,1–5

1 Zu der Zeit, als die Richter regierten,
kam eine Hungersnot über das Land.
Da zog ein Mann mit seiner Frau und seinen
beiden Söhnen aus Betlehem in Juda fort,
um sich als Fremder im Grünland Moabs
niederzulassen. 2 Der Mann hieß Elimelech,
seine Frau Noomi, und seine Söhne hießen
Machlon und Kiljon; sie waren Efratiter aus
Betlehem in Juda. Als sie im Grünland Moabs ankamen, blieben sie dort. 3 Elimelech,
der Mann Noomis, starb und sie blieb mit ihren beiden Söhnen zurück. 4 Diese nahmen
sich moabitische Frauen, Orpa und Rut, und
so wohnten sie dort etwa zehn Jahre lang.

1,3f Nach Dtn 23,4–6 und Neh 13,1–3 dürfen Ammoniter und Moabiter nicht in die Glaubensgemeinschaft Israels aufgenommen werden und darum waren auch Ehen mit Moabiterinnen verboten. Entweder galt dieses Gesetz bei der Abfassung des Buches noch nicht; dann müsste es noch vor Joschija (641–609 v. Chr.) entstanden sein. Oder der Verfasser schrieb in bewusstem Gegensatz zu den rigorosen Ehegesetzen Esras (um 400 v. Chr.), die sich nie voll durchsetzen konnten.

5 Dann starben auch Machlon und Kiljon
und Noomi blieb allein, ohne ihren Mann
und ohne ihre beiden Söhne.

1: Ri 10,1–5; 12,7–15; 1 Sam 7,15–17.

Die Heimkehr: 1,6–22

6 Da brach sie mit ihren Schwiegertöch-
tern auf, um aus dem Grünland Moabs heim-
zukehren; denn sie hatte dort gehört, der
Herr habe sich seines Volkes angenommen
und ihm Brot gegeben. 7 Sie verließ zusam-
men mit ihren beiden Schwiegertöchtern
den Ort, wo sie sich aufgehalten hatte. Als
sie nun auf dem Heimweg in das Land Juda
waren, 8 sagte Noomi zu ihren Schwieger-
töchtern: Kehrt doch beide heim zu euren
Müttern! Der Herr erweise euch Liebe, wie
ihr sie den Toten und mir erwiesen habt.
9 Der Herr lasse jede von euch Geborgenheit
finden bei einem Gatten. Damit küsste sie
beide zum Abschied; doch Orpa und Rut be-
gannen laut zu weinen 10 und sagten zu ihr:
Nein, wir wollen mit dir zu deinem Volk ge-
hen. 11 Noomi sagte: Kehrt doch um, meine
Töchter! Warum wollt ihr mit mir ziehen?
Habe ich etwa in meinem Leib noch Söhne,
die eure Männer werden könnten? 12 Kehrt
um, meine Töchter, und geht; denn ich bin zu
alt, noch einem Mann zu gehören. Selbst
wenn ich dächte, ich habe noch Hoffnung, ja,
wenn ich noch diese Nacht einem Mann ge-
hörte und gar Söhne bekäme: 13 Wolltet ihr
warten, bis sie erwachsen sind? Wolltet ihr
euch so lange abschließen und ohne einen
Mann leben? Nein, meine Töchter! Mir täte
es bitter leid um euch; denn mich hat die
Hand des Herrn getroffen. 14 Da weinten sie
noch lauter. Doch dann gab Orpa ihrer
Schwiegermutter den Abschiedskuss, wäh-
rend Rut nicht von ihr ließ. 15 Noomi sagte:
Du siehst, deine Schwägerin kehrt heim zu
ihrem Volk und zu ihrem Gott. Folge ihr
doch! 16 Rut antwortete: Dränge mich nicht,
dich zu verlassen und umzukehren. Wohin
du gehst, dahin gehe auch ich, und wo du
bleibst, da bleibe auch ich. Dein Volk ist
mein Volk und dein Gott ist mein Gott. 17 Wo
du stirbst, da sterbe auch ich, da will ich be-
graben sein. Der Herr soll mir dies und das an-
tun – nur der Tod wird mich von dir scheiden.
18 Als sie sah, dass Rut darauf bestand, mit ihr
zu gehen, redete sie nicht länger auf sie ein.
19 So zogen sie miteinander bis Betlehem.
Als sie in Betlehem ankamen, geriet die
ganze Stadt ihretwegen in Bewegung. Die
Frauen sagten: Ist das nicht Noomi? 20 Doch
sie erwiderte: Nennt mich nicht mehr Noomi
(Liebliche), sondern Mara (Bittere); denn viel
Bitteres hat der Allmächtige mir getan.
21 Reich bin ich ausgezogen, aber mit leeren
Händen hat der Herr mich heimkehren las-
sen. Warum nennt ihr mich noch Noomi, da
doch der Herr gegen mich gesprochen und
der Allmächtige mir Schlimmes angetan hat?
22 So kehrte Noomi mit Rut, ihrer moabiti-
schen Schwiegertochter, aus dem Grünland
Moabs heim. Zu Beginn der Gerstenernte
kamen sie in Betlehem an.

Rut auf dem Acker des Boas: 2,1–23

2 Noomi hatte einen Verwandten von ih-
rem Mann her, einen Grundbesitzer; er
war aus dem Geschlecht Elimelechs und
hieß Boas. 2 Eines Tages sagte die Moabite-
rin Rut zu Noomi: Ich möchte aufs Feld ge-
hen und Ähren lesen, wo es mir jemand er-
laubt. Sie antwortete ihr: Geh, Tochter! 3 Rut
ging hin und las auf dem Feld hinter den
Schnittern her. Dabei war sie auf ein Grund-
stück des Boas aus dem Geschlecht Elime-
lechs geraten. 4 Und nun kam Boas von Bet-
lehem dazu. Er sagte zu den Schnittern: Der
Herr sei mit euch! Sie antworteten ihm: Der
Herr segne dich. 5 Boas fragte seinen
Knecht, der die Schnitter beaufsichtigte:
Wem gehört dieses Mädchen da? 6 Der
Knecht antwortete: Es ist eine junge Moabi-
terin, die mit Noomi aus dem Grünland
Moabs gekommen ist. 7 Sie hat gesagt: Ich
möchte gern Ähren lesen und bei den Garben
hinter den Schnittern her sammeln. So kam
sie zu uns und hielt aus vom Morgen bis jetzt
und gönnte sich kaum Ruhe. 8 Boas sagte zu
Rut: Höre wohl, meine Tochter, geh auf kein
anderes Feld, um zu lesen; entfern dich nicht
von hier, sondern halte dich an meine
Mägde; 9 behalte das Feld im Auge, wo sie
ernten, und geh hinter ihnen her! Ich werde
meinen Knechten befehlen, dich nicht anzu-
rühren. Hast du Durst, so darfst du zu den
Gefäßen gehen und von dem trinken, was die
Knechte schöpfen. 10 Sie sank vor ihm
nieder, beugte sich zur Erde und sagte: Wie
habe ich es verdient, dass du mich so ach-
test, da ich doch eine Fremde bin? 11 Boas
antwortete ihr: Mir wurde alles berichtet,

1,5f Nach 4,3f besitzt die Familie Elimelechs einen Acker bei Betlehem. Nach Lev 25,23–28 soll der Grundbesitz bei der Sippe bleiben; darum ist der nächste Verwandte eines in Not geratenen Israeliten verpflichtet, den aus Not veräußerten Acker auszulösen. Da die Familie ihres Mannes ausgestorben war, konnte Noomi hoffen, mit dem Grundbesitz für sich und ihre Schwiegertochter eine neue Existenz aufzubauen, wenn ihre Verwandten ihr dabei halfen; darum wagte sie die Heimkehr.

was du nach dem Tod deines Mannes für deine Schwiegermutter getan hast, wie du deinen Vater und deine Mutter, dein Land und deine Verwandtschaft verlassen hast und zu einem Volk gegangen bist, das dir zuvor unbekannt war. 12 Der Herr, der Gott Israels, zu dem du gekommen bist, um dich unter seinen Flügeln zu bergen, möge dir dein Tun vergelten und dich reich belohnen. 13 Sie sagte: Du bist sehr gütig zu mir, Herr. Du hast mir Mut gemacht und so freundlich zu deiner Magd gesprochen und ich bin nicht einmal eine deiner Mägde.

14 Zur Essenszeit sagte Boas zu ihr: Komm und iss von dem Brot, tauch deinen Bissen in die Würztunke! Sie setzte sich neben die Schnitter. Er reichte ihr geröstete Körner und sie aß sich satt und behielt noch übrig. 15 Als sie wieder aufstand zum Ährenlesen, befahl Boas seinen Knechten: Auch wenn sie zwischen den Garben liest, dürft ihr sie nicht schelten. 16 Ihr sollt sogar für sie etwas aus den Bündeln herausziehen und liegen lassen; sie mag es auflesen und ihr dürft sie nicht schelten.

17 So sammelte sie auf dem Feld bis zum Abend. Als sie ausklopfte, was sie aufgelesen hatte, war es etwa ein Efa Gerste. 18 Sie hob es auf, ging in die Stadt und zeigte ihrer Schwiegermutter, was sie aufgelesen hatte. Dann packte sie aus, was sie von ihrer Mahlzeit übrig behalten hatte, und gab es ihr. 19 Ihre Schwiegermutter fragte: Wo hast du heute gelesen und gearbeitet? Gesegnet sei, der auf dich Acht hatte. Sie berichtete ihrer Schwiegermutter, bei wem sie gearbeitet hatte, und sagte: Der Mann, bei dem ich heute gearbeitet habe, heißt Boas. 20 Da sagte Noomi zu ihrer Schwiegertochter: Gesegnet sei er vom Herrn, der seine Gunst den Lebenden und Toten nicht entzogen hat. Und sie erzählte ihr: Der Mann ist mit uns verwandt, er ist einer unserer Löser. 21 Die Moabiterin Rut sagte: Er hat noch zu mir gesagt: Halte dich an meine Knechte, bis sie meine Ernte eingebracht haben. 22 Gut, meine Tochter, sagte Noomi zu Rut, wenn du mit seinen Mägden hinausgehst, dann kann man dich auf einem anderen Feld nicht belästigen.

23 Rut hielt sich beim Ährenlesen an die Mägde des Boas, bis die Gersten- und Weizenernte beendet war. Danach blieb sie bei ihrer Schwiegermutter.

Rut auf der Tenne des Boas: 3,1–15

3 Ihre Schwiegermutter Noomi sagte zu ihr: Meine Tochter, ich möchte dir ein Heim verschaffen, in dem es dir gut geht. 2 Nun ist ja Boas, bei dessen Mägden du warst, ein Verwandter von uns. Heute Abend worfelt er die Gerste auf der Tenne. 3 Wasch dich, salbe dich und zieh dein Obergewand an, dann geh zur Tenne! Zeig dich aber dem Mann nicht, bis er fertig gegessen und getrunken hat. 4 Wenn er sich niederlegt, so merk dir den Ort, wo er sich hinlegt. Geh dann hin, deck den Platz zu seinen Füßen auf und leg dich dorthin! Er wird dir dann sagen, was du tun sollst. 5 Rut antwortete ihr: Alles, was du sagst, will ich tun. 6 Sie ging zur Tenne und tat genauso, wie ihre Schwiegermutter ihr aufgetragen hatte. 7 Als Boas gegessen und getrunken hatte und es ihm wohl zumute wurde, ging er hin, um sich neben dem Getreidehaufen schlafen zu legen. Nun trat sie leise heran, deckte den Platz zu seinen Füßen auf und legte sich nieder. 8 Um Mitternacht schrak der Mann auf, beugte sich vor und fand eine Frau zu seinen Füßen liegen. 9 Er fragte: Wer bist du? Sie antwortete: Ich bin Rut, deine Magd. Breite doch den Saum deines Gewandes über deine Magd, denn du bist Löser. 10 Da sagte er: Gesegnet bist du vom Herrn, meine Tochter. So zeigst du deine Zuneigung noch schöner als zuvor; denn du bist nicht den jungen Männern, ob arm oder reich, nachgelaufen. 11 Fürchte dich nicht, meine Tochter! Alles, was du sagst, will ich dir tun; denn jeder in diesen Mauern weiß, dass du eine tüchtige Frau bist. 12 Gewiss, ich bin Löser, aber es gibt noch einen Löser, der näher verwandt ist als ich. 13 Bleib über Nacht, und wenn er dich dann am Morgen lösen will, gut, so mag er lösen.

2,20 Zum »Löser« vgl. die Anmerkung zu 1,5f und zu Lev 25,25.

3,2–4 Auf der Tenne, die sich im Freien vor der Stadt befindet, wird zunächst das Getreide gedroschen, indem man mit Ochsen ein schlittenartiges, unten mit spitzen Haken versehenes Gerät über das Getreide führt und so die Ähren zerkleinert, wobei die Körner herausfallen. Dann wirft man mit Gabeln oder Schaufeln das gedroschene Getreide hoch, sodass der Wind die Spreu fortträgt, während die schwereren Körner zu Boden fallen. Diesen Reinigungsvorgang nennt man Worfeln. Das durch Worfeln gereinigte Getreide wird in Haufen am Rand der Tenne gesammelt. Um Diebstahl zu verhindern, schläft man über Nacht beim Getreide.

3,9 »Das Gewand über jemand breiten« bedeutet so viel wie »jemand beschützen«. Hier ist an den Schutz der kinderlosen Witwe durch den Vollzug der Leviratsehe gedacht.

Wenn er dich aber nicht lösen will, so werde
ich dich lösen, so wahr der Herr lebt. Bleib
liegen bis zum Morgen! 14 Sie blieb zu seinen
Füßen liegen bis zum Morgen. Doch noch ehe
man einander erkennen konnte, stand sie
auf. Denn Boas wollte nicht bekannt werden
lassen, dass die Frau auf die Tenne gekom-
men war. 15 Er sagte zu ihr: Reich mir das
Tuch, das du umgelegt hast. Sie hielt es hin
und er füllte sechs Maß Gerste hinein und
lud es ihr auf. Dann ging er zur Stadt.

12: Dtn 25,5f.

Der Rat der Schwiegermutter: 3,16–18

16 Rut kam nun zu ihrer Schwiegermutter
und diese fragte: Wie steht es, meine Toch-
ter? Sie erzählte ihr, wie viel Gutes ihr der
Mann erwiesen hatte, 17 und sagte: Diese
sechs Maß Gerste hat er mir gegeben; denn er
meinte: Du sollst nicht mit leeren Händen zu
deiner Schwiegermutter kommen. 18 Noomi
antwortete ihr: Warte ab, meine Tochter, bis
du erfährst, wie die Sache ausgeht; denn der
Mann wird nicht ruhen, ehe er noch heute
die Sache erledigt hat.

Die Verhandlung im Tor: 4,1–12

4 Indes war Boas zum Tor gegangen und
hatte sich dort niedergelassen. Da ging
gerade der Löser vorüber, von dem Boas ge-
sprochen hatte. Er sagte zu ihm: Komm he-
rüber und setz dich hierher! Der kam herü-
ber und setzte sich. 2 Dann holte Boas zehn
Männer von den Ältesten der Stadt und sag-
te: Setzt euch hierher! Sie taten es. 3 Darauf
sagte er zu dem Löser: Das Grundstück, das
unserem Verwandten Elimelech gehört, will
Noomi, die aus dem Grünland Moabs zu-
rückgekehrt ist, verkaufen. 4 Ich dachte, ich
will dich davon unterrichten und dir sagen:
Erwirb es in Gegenwart der hier Sitzenden
und in Gegenwart der Ältesten meines Vol-
kes! Wenn du lösen willst, so löse! Willst du
aber nicht lösen, so sag es mir, damit ich es
weiß; denn außer dir ist niemand zum Lösen
da und ich bin nach dir an der Reihe. Jener
antwortete: Ich werde lösen. 5 Boas fuhr fort:
Wenn du den Acker aus der Hand der Noomi
erwirbst, dann erwirbst du zugleich auch die
Moabiterin Rut, die Frau des Verstorbenen,
um den Namen des Toten auf seinem Erbe
wieder erstehen zu lassen. 6 Der Löser sagte:
Dann kann ich für mich nicht lösen, sonst
schädige ich mein eigenes Erbe. Übernimm
du mein Löserecht; denn ich kann nicht lö-
sen. 7 Früher bestand in Israel folgender
Brauch: Um ein Löse- oder Tauschgeschäft
rechtskräftig zu machen, zog man den Schuh
aus und gab ihn seinem Partner. Das galt in
Israel als Bestätigung. 8 Der Löser sagte nun
zu Boas: Erwirb es!, und er zog seinen Schuh
aus. 9 Boas sagte zu den Ältesten und zu al-
lem Volk: Ihr seid heute Zeugen, dass ich al-
les Eigentum Elimelechs sowie das Kiljons
und Machlons aus der Hand der Noomi er-
worben habe. 10 Auch Rut, die Moabiterin,
die Frau Machlons, habe ich mir zur Frau er-
worben, um den Namen des Verstorbenen
auf seinem Erbe wieder erstehen zu lassen,
damit sein Name unter seinen Verwandten
und innerhalb der Mauern seiner Stadt nicht
erlischt. Ihr seid heute Zeugen. 11 Da ant-
wortete alles Volk im Tor samt den Ältesten:
Wir sind Zeugen. Der Herr mache die Frau,
die in dein Haus kommt, wie Rahel und Lea,
die zwei, die das Haus Israel aufgebaut ha-
ben. Komm zu Reichtum in Efrata und zu
Ansehen in Betlehem! 12 Dein Haus gleiche
dem Haus des Perez, den Tamar dem Juda
geboren hat, durch die Nachkommenschaft,
die der Herr dir aus dieser jungen Frau
geben möge.

3: Lev 25,24f; Jer 32,7f • 6: Dtn 25,7–10 • 11: Gen 29 – 31 •
12: Gen 38,29.

Das gesegnete Kind: 4,13–17

13 So nahm Boas Rut zur Frau und ging zu
ihr. Der Herr ließ sie schwanger werden und
sie gebar einen Sohn. 14 Da sagten die
Frauen zu Noomi: Gepriesen sei der Herr,
der es dir heute nicht an einem Löser hat feh-
len lassen. Sein Name soll in Israel gerühmt
werden. 15 Du wirst jemand haben, der dein
Herz erfreut und dich im Alter versorgt;
denn deine Schwiegertochter, die dich liebt,
hat ihn geboren, sie, die mehr wert ist als sie-
ben Söhne. 16 Noomi nahm das Kind, drückte
es an ihre Brust und wurde seine Wärterin.
17 Die Nachbarinnen wollten ihm einen
Namen geben und sagten: Der Noomi ist ein
Sohn geboren. Und sie gaben ihm den
Namen Obed. Er ist der Vater Isais, des
Vaters Davids.

4,5 Die Auslösung eines Grundstücks und die Leviratsehe bilden für den nächsten Verwandten eine Einheit.

4,7 In Dtn 25,5–9 hat das Ausziehen der Schuhe eine andere Bedeutung: Es soll denjenigen, der die Schwagerehe verweigert, der Schande preisgeben. Hier aber bedeutet es lediglich den Verzicht zugunsten eines anderen.

4,10 Nach Dtn 25,5f ist nur der Bruder, nicht ein weiterer Verwandter zur Leviratsehe verpflichtet;

Der Stammbaum: 4,18–22

18 Das ist die Geschlechterfolge nach Perez: Perez zeugte Hezron, 19 Hezron zeugte Ram, Ram zeugte Amminadab, 20 Amminadab zeugte Nachschon, Nachschon zeugte Salmon, 21 Salmon zeugte Boas, Boas zeugte Obed, 22 Obed zeugte Isai und Isai zeugte David.

Die Samuelbücher

Die Epoche, die mit dem Namen Samuel verbunden ist, ist eine Zeit des Übergangs. Samuel handelt noch wie einer der Richter, er tritt aber auch wie ein Prophet auf. Unter seiner maßgeblichen Mitwirkung entsteht in Israel das Königtum. Weder zwischen den beiden Büchern noch am Ende von 2 Sam ist ein Einschnitt in der Geschichte Israels zu erkennen. Dennoch hat die Abgrenzung und Zweiteilung des ursprünglich einen Samuelbuches innerhalb des Deuteronomistischen Geschichtswerks (dazu vgl. die Einleitung zu Dtn) Sinn und Grund. 1 Sam schließt mit dem Ende des ersten Königs, des Benjaminiters Saul; in 1 Kön beginnt mit Salomo, dem Nachfolger Davids, die Reihe von Herrschern, die einen bereits zur festen Institution gewordenen Thron besteigen.

Der Aufbau der beiden Samuelbücher folgt dem Verlauf der Ereignisse, setzt aber Schwerpunkte, an denen die Darstellung ausführlicher wird. 1 Sam beginnt mit der Kindheitsgeschichte Samuels (Kap. 1 – 3), wohl einer Überlieferung aus Schilo. Daran schließt sich die Lade-Erzählung an (Kap. 4 – 6), zu der sachlich auch 2 Sam 6 gehört. Samuel wirkt als Richter (Kap. 7) und als prophetischer Seher und Gottesmann. Im Auftrag Gottes salbt er Saul zum ersten König Israels (Kap. 8 – 12), dessen Regierungszeit in Kap. 13 – 31 geschildert wird. Nach Sauls Tod wird David, dessen Aufstieg sich seit langem angebahnt hat, König zunächst von Juda (2 Sam 2 – 4), dann von ganz Israel (5,1–5). David erobert Jerusalem (5,6–16), macht es nach einem Sieg über die Philister (5,17–25) zur Hauptstadt und überführt die Bundeslade dorthin (Kap. 6). Gott verheißt ihm durch den Propheten Natan seinen besonderen Beistand und ein ewiges Königtum (Kap. 7).

Von den Kriegen Davids ist in den Kapiteln 8, 10 und 11 die Rede. Kap. 9 berichtet von Davids Großmut gegen den Enkel Sauls, Kap. 11 und 12 von seiner Sünde, Kap. 13 – 19 von den Wirren um die Thronnachfolge und von Abschaloms Aufstand und Ende, Kap. 20 von der Erhebung des Benjaminiters Scheba. Hier schließt 1 Kön an. Außerhalb des Erzählungszusammenhangs stehen die Nachträge über die Hungersnot und über die Blutrache der Gibeoniter (21,1–14), über Davids Helden (21,15–22; 23,8–29) – dazu der Psalm Davids (Kap. 22 = Ps 18) und seine letzten Worte (23,1–7) - sowie über die Volkszählung und ihre Bestrafung (Kap. 24).

Den Autoren, die die Samuelbücher in der vorliegenden Form gestaltet haben, lagen bereits größere Werke vor, die sie aufnahmen und anscheinend nur wenig veränderten: die bereits genannte Lade- Erzählung (1 Sam 4 – 6; 2 Sam 6), die Geschichte von Davids Aufstieg (1 Sam 16,13 – 2 Sam 5) und die Geschichte der Thronfolge (2 Sam 10 – 20; 1 Kön 1 und 2). Die Erzählung von der heiligen Lade diente dazu, Jerusalem als die von Israels Gott erwählte Stadt auszuweisen. Im Ziel mit ihr verwandt ist 2 Sam 24, wo auf den Platz des künftigen Tempels durch die Erscheinung des Engels Jahwes hingewiesen wird. Die beiden

---

nach Lev 25,25–27 muss aber auch ein weiterer Verwandter, wenn kein näherer vorhanden ist, einen Acker auslösen.

4,18–22 Der Stammbaum Davids findet sich auch in 1 Chr 2,5–15 und in Mt 1,3–6, wo Rut in V. 5 ausdrücklich als die Stammmutter Davids genannt wird; in Mt 1 wird der Stammbaum dann bis auf Jesus weitergeführt. So gilt in der christlichen Tradition Rut als Ahnfrau Jesu.

Darstellungen vom Aufstieg Davids und von seiner Nachfolge sind aus Helden- und Familiengeschichten zusammengefügt. Die Kindheitsgeschichte Samuels (1 Sam 1 – 3) ist mit Überlieferungen des Heiligtums von Schilo eng verbunden. Das Danklied der Hanna (1 Sam 2), das Totenlied auf Saul und Jonatan (2 Sam 1), der Psalm (2 Sam 22) und die letzten Worte Davids (2 Sam 23) sind dem Liedgut Israels entnommen.

Die deuteronomistischen Kreise, die bei der Gestaltung der Samuelbücher tätig waren, trugen an wichtigen Punkten ihre eigene theologische Meinung ein, besonders in ihrer Auffassung vom Königtum. Einer königfreundlichen Strömung, die dem geschichtlichen Hergang eher entsprechen dürfte, steht eine kritische Haltung gegenüber. Hier meldet sich warnend (1 Sam 8 und 10) die deuteronomistische Theologie zu Wort, sie bejaht jedoch die davidische Dynastie, vor allem wegen ihrer Verbindung mit dem Tempel (2 Sam 7). So wird in 2 Sam 7 der Grund für die messianische Erwartung gelegt, die bis ins Neue Testament weiterwirken sollte.

Das erste Buch Samuel

ELI UND SAMUEL: 1,1 – 3,21

Die Geburt Samuels: 1,1–20

1 Einst lebte ein Mann aus Ramatajim,
ein Zufiter vom Gebirge Efraim. Er hieß
Elkana und war ein Sohn Jerohams, des
Sohnes Elihus, des Sohnes Tohus, des Soh-
nes Zufs, ein Efraimiter. 2 Er hatte zwei
Frauen. Die eine hieß Hanna, die andere Pe-
ninna. Peninna hatte Kinder, Hanna aber
hatte keine Kinder. 3 Dieser Mann zog Jahr
für Jahr von seiner Stadt nach Schilo hinauf,
um den Herrn der Heere anzubeten und ihm
zu opfern. Dort waren Hofni und Pinhas, die
beiden Söhne Elis, Priester des Herrn. 4 An
dem Tag, an dem Elkana das Opfer dar-
brachte, gab er seiner Frau Peninna und all
ihren Söhnen und Töchtern ihre Anteile.
5 Hanna aber gab er einen doppelten Anteil;
denn er hatte Hanna lieb, obwohl der Herr
ihren Schoß verschlossen hatte. 6 Ihre Riva-
lin aber kränkte und demütigte sie sehr, weil
der Herr ihren Schoß verschlossen hatte.
7 So machte es Elkana Jahr für Jahr. Sooft
sie zum Haus des Herrn hinaufzogen,
kränkte Peninna sie; und Hanna weinte und
aß nichts. 8 Ihr Mann Elkana fragte sie: Han-
na, warum weinst du, warum isst du nichts,
warum ist dein Herz betrübt? Bin ich dir
nicht viel mehr wert als zehn Söhne?
9 Nachdem man in Schilo gegessen und ge-
trunken hatte, stand Hanna auf und trat vor
den Herrn. Der Priester Eli saß an den Tür-
pfosten des Tempels des Herrn auf seinem
Stuhl. 10 Hanna war verzweifelt, betete zum
Herrn und weinte sehr. 11 Sie machte ein Ge-
lübde und sagte: Herr der Heere, wenn du
das Elend deiner Magd wirklich ansiehst,
wenn du an mich denkst und deine Magd
nicht vergisst und deiner Magd einen männ-
lichen Nachkommen schenkst, dann will ich
ihn für sein ganzes Leben dem Herrn über-
lassen; kein Schermesser soll an sein Haupt
kommen. 12 So betete sie lange vor dem
Herrn. Eli beobachtete ihren Mund; 13 denn
Hanna redete nur still vor sich hin, ihre Lip-
pen bewegten sich, doch ihre Stimme war
nicht zu hören.
Eli hielt sie deshalb für betrunken 14 und
sagte zu ihr: Wie lange willst du dich noch
wie eine Betrunkene aufführen? Sieh zu,
dass du deinen Weinrausch los wirst! 15 Han-
na gab zur Antwort: Nein, Herr! Ich bin eine

1,1 Rama – H hat die spätere Namensform Ramatajim – ist auch die Wirkungsstätte Samuels. – ein Zufiter: Text korr., vgl. G und 9,5.

1,3 Herr der Heere: H: Jahwe Zebaot, von G oft mit Pantokrator (Allherrscher) übersetzt. Mit den Heeren sind die himmlischen Heere, nämlich die Gestirne und die Engel, aber auch die Heere Israels gemeint. – Zu Schilo vgl. die Anmerkung zu Jos 18,1.

1,5 doppelten: Übersetzung unsicher.

1,9 und trat vor den Herrn: ergänzt nach G.

1,11 Samuel wird ähnlich wie ein Nasiräer Gott geweiht (vgl. die Anmerkungen zu Num 6,1–21 und Ri 13,5).

unglückliche Frau. Ich habe weder Wein ge-
trunken noch Bier; ich habe nur dem Herrn
mein Herz ausgeschüttet. 16 Halte deine
Magd nicht für eine nichtsnutzige Frau;
denn nur aus großem Kummer und aus Trau-
rigkeit habe ich so lange geredet. 17 Eli erwi-
derte und sagte: Geh in Frieden! Der Gott Is-
raels wird dir die Bitte erfüllen, die du an ihn
gerichtet hast. 18 Sie sagte: Möge deine Magd
Gnade finden vor deinen Augen. Dann ging
sie weg; sie aß wieder und hatte kein trauri-
ges Gesicht mehr.
19 Am nächsten Morgen standen sie früh
auf und beteten den Herrn an. Dann mach-
ten sie sich auf den Heimweg und kehrten in
ihr Haus nach Rama zurück. Elkana erkann-
te seine Frau Hanna; der Herr dachte an sie,
20 und Hanna wurde schwanger. Als die Zeit
abgelaufen war, gebar sie einen Sohn und
nannte ihn Samuel, denn (sie sagte): Ich habe
ihn vom Herrn erbeten.

1: 1 Chr 6,11f.19f.

Samuel wird dem Herrn geweiht: 1,21–28

21 Als dann Elkana mit seiner ganzen Fa-
milie wieder hinaufzog, um dem Herrn das
jährliche Opfer und die Gaben, die er gelobt
hatte, darzubringen, 22 zog Hanna nicht mit,
sondern sagte zu ihrem Mann: Ich werde den
Knaben erst, wenn er entwöhnt ist, hinauf-
bringen; dann soll er vor dem Angesicht des
Herrn erscheinen und für immer dort blei-
ben. 23 Ihr Mann Elkana sagte zu ihr: Tu, was
dir gefällt. Bleib hier, bis du ihn entwöhnt
hast. Wenn nur der Herr sein Wort erfüllt!
Die Frau blieb also daheim und stillte ihren
Sohn, bis sie ihn entwöhnte. 24 Als sie ihn
entwöhnt hatte, nahm sie ihn mit hinauf,
dazu einen dreijährigen Stier, ein Efa Mehl
und einen Schlauch Wein. So brachte sie ihn
zum Haus des Herrn in Schilo; der Knabe
aber war damals noch sehr jung. 25 Als sie
den Stier geschlachtet hatten, brachten sie
den Knaben zu Eli, 26 und Hanna sagte: Bitte,
mein Herr, so wahr du lebst, mein Herr, ich
bin die Frau, die damals neben dir stand, um
zum Herrn zu beten. 27 Ich habe um diesen
Knaben gebetet und der Herr hat mir die
Bitte erfüllt, die ich an ihn gerichtet habe.
28 Darum lasse ich ihn auch vom Herrn zu-
rückfordern. Er soll für sein ganzes Leben
ein vom Herrn Zurückgeforderter sein. Und
sie beteten dort den Herrn an.

Danklied der Hanna: 2,1–11

2 Hanna betete. Sie sagte:
Mein Herz ist voll Freude über den
Herrn, / große Kraft gibt mir der Herr. / Weit
öffnet sich mein Mund gegen meine Feinde; /
denn ich freue mich über deine Hilfe.
2 Niemand ist heilig, nur der Herr; / denn
außer dir gibt es keinen (Gott); / keiner ist
ein Fels wie unser Gott.
3 Redet nicht immer so vermessen, / kein
freches Wort komme aus eurem Mund; /
denn der Herr ist ein wissender Gott / und
bei ihm werden die Taten geprüft.
4 Der Bogen der Helden wird zerbrochen, /
die Wankenden aber gürten sich mit Kraft.
5 Die Satten verdingen sich um Brot, /
doch die Hungrigen können feiern für im-
mer. / Die Unfruchtbare bekommt sieben
Kinder, / doch die Kinderreiche welkt da-
hin.
6 Der Herr macht tot und lebendig, / er
führt zum Totenreich hinab und führt auch
herauf.
7 Der Herr macht arm und macht reich, / er
erniedrigt und er erhöht.
8 Den Schwachen hebt er empor aus dem
Staub / und erhöht den Armen, der im
Schmutz liegt; / er gibt ihm einen Sitz bei
den Edlen, / einen Ehrenplatz weist er ihm
zu. / Ja, dem Herrn gehören die Pfeiler der
Erde; / auf sie hat er den Erdkreis gegrün-
det.
9 Er behütet die Schritte seiner From-
men, / doch die Frevler verstummen in der
Finsternis; / denn der Mensch ist nicht stark
aus eigener Kraft.
10 Wer gegen den Herrn streitet, wird zer-
brechen, / der Höchste lässt es donnern am
Himmel. / Der Herr hält Gericht bis an die
Grenzen der Erde. / Seinem König gebe er
Kraft / und erhöhe die Macht seines Gesalb-
ten.
11 Darauf kehrte Elkana in sein Haus nach
Rama zurück, der Knabe aber stand von da
an im Dienst des Herrn unter der Aufsicht
des Priesters Eli.

1,20 Der Name wird nur nach dem Klang des Wortes gedeutet.
1,24 einen dreijährigen Stier: Text korr. nach G, vgl. V. 25; H: drei Stiere.
2,1c Wörtlich: Mein Horn ist durch Jahwe erhöht. Das Horn ist Symbol der Kraft. Das Lied der Hanna ist Vorbild für das Magnificat LK 1,46–55.
2,3 so vermessen: Text korr., vgl. G.
2,5 können feiern für immer, wörtlich: hören auf für immer.
2,10 der Höchste: Text korr. (vgl. Ps 18,14). – die Macht, wörtlich: das Horn, vgl. die Anmerkung zu V. 1c.

Die Schuld des Hauses Eli: 2,12–36

12 Die Söhne Elis waren nichtsnutzige Menschen. Sie kümmerten sich nicht um den Herrn 13 und sie pflegten sich gegenüber dem Volk so zu verhalten: Sooft jemand ein Schlachtopfer darbrachte und das Fleisch kochte, kam ein Diener des Priesters mit einer dreizinkigen Gabel in der Hand. 14 Er stach in den Kessel oder den Topf, in das Becken oder die Schüssel, und alles, was die Gabel heraufholte, nahm der Priester für sich. So machten sie es bei allen Israeliten, die dorthin, nach Schilo, kamen. 15 Noch bevor man das Fett in Rauch aufgehen ließ, kam der Diener des Priesters und sagte zu dem Mann, der opferte: Gib mir Fleisch zum Braten für den Priester; er nimmt von dir aber kein gekochtes Fleisch an, sondern nur rohes. 16 Wenn ihm der Mann erwiderte: Zuerst muss man doch das Fett in Rauch aufgehen lassen, dann nimm dir, was dein Herz begehrt!, sagte ihm der Diener: Nein, gib es sofort her, sonst nehme ich es mit Gewalt. 17 Die Sünde der jungen Männer war sehr schwer in den Augen des Herrn; denn sie behandelten das Opfer des Herrn mit Verachtung.

18 Der junge Samuel aber versah den Dienst vor dem Angesicht des Herrn, bekleidet mit dem leinenen Efod. 19 Seine Mutter machte ihm immer wieder ein kleines Obergewand und brachte es ihm jedes Jahr mit, wenn sie zusammen mit ihrem Mann hinaufzog, um das jährliche Opfer darzubringen. 20 Dann segnete Eli Elkana und seine Frau und sagte: Der Herr gebe dir für den, den er von dir erbeten hat, andere Nachkommenschaft von dieser Frau. Darauf gingen sie wieder in ihren Heimatort zurück. 21 Der Herr aber nahm sich Hannas an; sie wurde schwanger und bekam noch drei Söhne und zwei Töchter. Der Knabe Samuel aber wuchs beim Herrn heran.

22 Eli war sehr alt geworden. Er hörte von allem, was seine Söhne allen Israeliten antaten, auch, dass sie mit den Frauen schliefen, die sich vor dem Eingang des Offenbarungszeltes aufhielten. 23 Er sagte zu ihnen: Warum tut ihr so etwas? Warum muss ich von allen Leuten solch schlimme Dinge über euch hören? 24 Nein, meine Söhne, was man, wie ich höre, im Volk des Herrn über euch verbreitet, ist nicht gut. 25 Wenn ein Mensch gegen einen Menschen sündigt, kann Gott Schiedsrichter sein. Wenn aber ein Mensch gegen den Herrn sündigt, wer kann dann für ihn eintreten? Aber sie hörten nicht auf die Stimme ihres Vaters; denn der Herr war entschlossen, sie umkommen zu lassen. 26 Der Knabe Samuel aber wuchs heran und gewann immer mehr an Gunst beim Herrn und auch bei den Menschen.

27 Da kam ein Gottesmann zu Eli und sagte zu ihm: So spricht der Herr: Habe ich mich dem Haus deines Vaters nicht deutlich offenbart, als deine Vorfahren in Ägypten dem Haus des Pharao gehörten? 28 Ich habe sie aus allen Stämmen Israels für mich als Priester erwählt, damit sie zu meinem Altar hinaufgehen, das Rauchopfer darbringen und vor meinen Augen das Efod tragen. Auch habe ich dem Haus deines Vaters alle Feueropfer der Israeliten überlassen. 29 Warum missachtet ihr also aus Missgunst Schlachtopfer und Speiseopfer, die ich angeordnet habe? Warum ehrst du deine Söhne mehr als mich und warum mästet ihr euch mit dem Besten aller Gaben meines Volkes Israel? 30 Darum – Spruch des Herrn, des Gottes Israels:

Ich hatte fest zugesagt: Dein Haus und das Haus deines Vaters sollen für ewig vor meinem Angesicht ihren Dienst versehen. Nun aber – Spruch des Herrn: Das sei fern von mir; denn nur die, die mich ehren, werde ich ehren, die aber, die mich verachten, geraten in Schande. 31 Es werden Tage kommen, da werde ich deinen Arm abhauen und die Macht deines Vaterhauses vernichten; in deinem Haus wird es keinen alten Mann mehr geben. 32 Du wirst voll Neid auf all das Gute blicken, das der Herr für Israel tun wird. Nie mehr wird es in deinem Haus einen alten Mann geben. 33 Nur einen werde ich nicht wegreißen von meinem Altar, wenn ich deine Augen brechen und deine Seele verschmachten lasse; aber der ganze Nachwuchs deines Hauses wird im besten Mannesalter sterben. 34 Und das soll das Zeichen sein, das sich an deinen beiden Söhnen Hofni und Pinhas verwirklichen wird: Beide werden an einem Tag sterben. 35 Ich aber werde mir einen zuverlässigen Priester einsetzen, der nach meinem Herzen und nach meinem Sinn handeln wird. Ich will ihm ein Haus bauen, das Bestand hat, und er wird allezeit

2,13–15 Die Söhne Elis begnügten sich nicht mit den ihnen zustehenden Opferanteilen (vgl. Lev 7,33f; Dtn 18,3).
2,27 deine Vorfahren, wörtlich: sie.
2,29 aus Missgunst: Text korr., vgl. G.
2,30 ihren Dienst versehen, wörtlich: ein und aus gehen.
2,32 voll Neid: Text korr., vgl. V. 29.
2,35 Vgl. die Anmerkung zu V. 30.

vor den Augen meines Gesalbten seinen
Dienst versehen. 36 Wer dann von deinem
Haus noch übrig ist, wird kommen und sich
um ein Geldstück oder einen Laib Brot vor
ihm niederwerfen und sagen: Nimm mich
doch in eine der Priestergruppen auf, damit
ich ein Stück Brot zu essen habe.

15: Lev 7,11–17.28–34 • 26: Lk 2,52 • 28: Dtn 18,1 • 30: Ex 28,1 • 31: 1 Kön 2,27 • 34: 4,11.

Die erste Offenbarung an Samuel: 3,1–21

3 Der junge Samuel versah den Dienst
des Herrn unter der Aufsicht Elis. In je-
nen Tagen waren Worte des Herrn selten; Vi-
sionen waren nicht häufig. 2 Eines Tages ge-
schah es: Eli schlief auf seinem Platz; seine
Augen waren schwach geworden und er
konnte nicht mehr sehen. 3 Die Lampe Got-
tes war noch nicht erloschen und Samuel
schlief im Tempel des Herrn, wo die Lade
Gottes stand. 4 Da rief der Herr den Samuel
und Samuel antwortete: Hier bin ich. 5 Dann
lief er zu Eli und sagte: Hier bin ich, du hast
mich gerufen. Eli erwiderte: Ich habe dich
nicht gerufen. Geh wieder schlafen! Da ging
er und legte sich wieder schlafen. 6 Der Herr
rief noch einmal: Samuel! Samuel stand auf
und ging zu Eli und sagte: Hier bin ich, du
hast mich gerufen. Eli erwiderte: Ich habe
dich nicht gerufen, mein Sohn. Geh wieder
schlafen!

7 Samuel kannte den Herrn noch nicht und
das Wort des Herrn war ihm noch nicht of-
fenbart worden. 8 Da rief der Herr den
Samuel wieder, zum dritten Mal. Er stand
auf und ging zu Eli und sagte: Hier bin ich,
du hast mich gerufen. Da merkte Eli, dass
der Herr den Knaben gerufen hatte. 9 Eli
sagte zu Samuel: Geh, leg dich schlafen!
Wenn er dich (wieder) ruft, dann antworte:
Rede, Herr; denn dein Diener hört. Samuel
ging und legte sich an seinem Platz nieder.
10 Da kam der Herr, trat (zu ihm) heran und
rief wie die vorigen Male: Samuel, Samuel!
Und Samuel antwortete: Rede, denn dein Die-
ner hört. 11 Der Herr sagte zu Samuel: Für-
wahr, ich werde in Israel etwas tun, sodass
jedem, der davon hört, beide Ohren gellen.
12 An jenem Tag werde ich an Eli vom An-
fang bis zum Ende alles verwirklichen, was
ich seinem Haus angedroht habe. 13 Ich habe
ihm angekündigt, dass ich über sein Haus für
immer das Urteil gesprochen habe wegen sei-
ner Schuld; denn er wusste, wie seine Söhne
Gott lästern, und gebot ihnen nicht Einhalt.
14 Darum habe ich dem Haus Eli geschworen:
Die Schuld des Hauses Eli kann durch Opfer
und durch Gaben in Ewigkeit nicht gesühnt
werden. 15 Samuel blieb bis zum Morgen lie-
gen, dann öffnete er die Türen zum Haus des
Herrn. Er fürchtete sich aber, Eli von der Vi-
sion zu berichten. 16 Da rief Eli Samuel und
sagte: Samuel, mein Sohn! Er antwortete:
Hier bin ich. 17 Eli fragte: Was war es, das er
zu dir gesagt hat? Verheimliche mir nichts!
Gott möge dir dies und das antun, wenn du
mir auch nur eines von all den Worten ver-
heimlichst, die er zu dir gesprochen hat.
18 Da teilte ihm Samuel alle Worte mit und
verheimlichte ihm nichts. Darauf sagte Eli:
Es ist der Herr. Er tue, was ihm gefällt.

19 Samuel wuchs heran und der Herr war
mit ihm und ließ keines von all seinen Wor-
ten unerfüllt. 20 Ganz Israel von Dan bis
Beerscheba erkannte, dass Samuel als Pro-
phet des Herrn beglaubigt war. 21 Auch wei-
terhin erschien der Herr in Schilo: Der Herr
offenbarte sich Samuel in Schilo durch sein
Wort.

2: 4,15.

VERLUST UND RÜCKKEHR DER BUNDESLADE: 4,1 – 7,1

Die Bundeslade bei den Philistern: 4,1 – 5,12

4 Das Wort Samuels erging an ganz Isra-
el. Israel zog gegen die Philister in den
Krieg. Sie schlugen ihr Lager bei Eben-Eser
auf und die Philister hatten ihr Lager in
Afek. 2 Die Philister rückten in Schlachtord-
nung gegen Israel vor und der Kampf wogte
hin und her. Israel wurde von den Philistern
besiegt, die von Israels Heer auf dem Feld
etwa viertausend Mann erschlugen. 3 Als das
Volk ins Lager zurückkam, sagten die Ältes-
ten Israels: Warum hat der Herr heute die
Philister über uns siegen lassen? Wir wollen
die Bundeslade des Herrn aus Schilo zu uns
holen; er soll in unsere Mitte kommen und
uns aus der Gewalt unserer Feinde retten.

3,13 Gott lästern: Text korr. nach G; H: sich Fluch zuziehen.

3,19 und ließ ... unerfüllt, wörtlich: und ließ keines seiner Worte zu Boden fallen.

4,1 Afek ist ein bedeutender Ort an der Küstenstraße nördlich von Jafo.

4 Das Volk schickte also (Männer) nach Schi-
lo und sie holten von dort die Bundeslade des
Herrn der Heere, der über den Kerubim
thront. Hofni und Pinhas, die beiden Söhne
Elis, begleiteten die Bundeslade Gottes. 5 Als
nun die Bundeslade des Herrn ins Lager
kam, erhob ganz Israel ein lautes Freudenge-
schrei, sodass die Erde dröhnte. 6 Die Philis-
ter hörten das laute Geschrei und sagten:
Was ist das für ein lautes Geschrei im Lager
der Hebräer? Als sie erfuhren, dass die Lade
des Herrn ins Lager gekommen sei, 7 fürchte-
ten sich die Philister; denn sie sagten: Gott
ist zu ihnen ins Lager gekommen. Und sie
riefen: Weh uns! Denn so etwas ist früher nie
geschehen. 8 Weh uns! Wer rettet uns aus der
Hand dieses mächtigen Gottes? Das ist der
Gott, der Ägypten mit allerlei Plagen [in der
Wüste] geschlagen hat. 9 Seid tapfer, Philis-
ter, und seid Männer, damit ihr nicht den
Hebräern dienen müsst, wie sie euch gedient
haben. Seid Männer und kämpft! 10 Da tra-
ten die Philister zum Kampf an und Israel
wurde besiegt, so- dass alle zu ihren Zelten
flohen. Es war eine sehr schwere Niederlage.
Von Israel fielen dreißigtausend Mann Fuß-
volk. 11 Die Lade Gottes wurde erbeutet und
die beiden Söhne Elis, Hofni und Pinhas,
fanden den Tod.

12 Ein Benjaminiter lief vom Schlachtfeld
weg und kam noch am gleichen Tag nach
Schilo, mit zerrissenen Kleidern und Staub
auf dem Haupt. 13 Als er ankam, saß Eli auf
seinem Stuhl neben der Straße und hielt
Ausschau; denn er hatte Angst um die Lade
Gottes. Als der Mann kam und in der Stadt
berichtete, schrie die ganze Stadt auf. 14 Eli
hörte das laute Geschrei und fragte: Was be-
deutet dieser Lärm? Der Mann lief schnell
herbei und berichtete Eli. 15 Eli war acht-
undneunzig Jahre alt; seine Augen waren
starr geworden, sodass er nichts mehr sehen
konnte. 16 Der Mann sagte zu Eli: Ich bin der
Mann, der vom Schlachtfeld gekommen ist;
ich bin heute aus der Schlacht geflohen. Eli
fragte: Wie ist es denn zugegangen, mein
Sohn? 17 Der Bote antwortete: Israel ist vor
den Philistern geflohen. Das Volk hat eine
schwere Niederlage erlitten. Auch deine bei-
den Söhne Hofni und Pinhas sind tot und die
Lade Gottes ist weggeschleppt worden.
18 Als er die Lade Gottes erwähnte, fiel Eli
rückwärts von seinem Stuhl neben dem Tor,
brach sich das Genick und starb, denn er war
ein alter und schwerfälliger Mann. Er war
vierzig Jahre lang Richter in Israel gewe-
sen.

19 Seine Schwiegertochter, die Frau des
Pinhas, war schwanger und stand vor der
Niederkunft. Als sie die Nachricht vernahm,
dass die Lade Gottes weggeschleppt und
dass ihr Schwiegervater und ihr Mann tot
waren, sank sie zu Boden und gebar (ihr
Kind); denn die Wehen waren über sie ge-
kommen. 20 Sie lag im Sterben und die Frau-
en, die um sie herumstanden, sagten: Fürchte
dich nicht, du hast einen Sohn geboren.
Doch sie achtete nicht darauf und antworte-
te nichts. 21 Sie nannte den Knaben Ikabod –
das will besagen: Fort ist die Herrlichkeit
aus Israel – wegen des Verlustes der Lade
Gottes und wegen (des Todes) ihres Schwie-
gervaters und ihres Mannes. 22 Sie sagte:
Fort ist die Herrlichkeit aus Israel, denn die
Lade Gottes ist weggeschleppt worden.

5 Die Philister brachten die Lade Gottes,
die sie erbeutet hatten, von Eben-Eser
nach Aschdod. 2 Dann nahmen sie die Lade
Gottes, brachten sie in den Tempel Dagons
und stellten sie neben Dagon auf. 3 Als die
Einwohner von Aschdod aber am nächsten
Morgen aufstanden, war Dagon vornüber
gefallen und lag vor der Lade des Herrn mit
dem Gesicht auf dem Boden. Sie nahmen
Dagon und stellten ihn wieder an seinen
Platz. 4 Doch als sie am nächsten Morgen in
der Frühe wieder aufstanden, da war Dagon
wieder vornüber gefallen und lag vor der
Lade des Herrn mit dem Gesicht auf dem Bo-
den. Dagons Kopf und seine beiden Hände
lagen abgeschlagen auf der Schwelle. Nur
der Rumpf war Dagon geblieben. 5 Deshalb
treten die Priester Dagons und alle, die in
den Tempel Dagons kommen, bis zum heuti-
gen Tag nicht auf die Schwelle des Dagon
von Aschdod.

6 Die Hand des Herrn lastete schwer auf
den Einwohnern von Aschdod, und er ver-
setzte sie in Schrecken und schlug Aschdod
und sein Gebiet mit der Beulenpest. 7 Als die
Einwohner von Aschdod sahen, was ge-
schah, sagten sie: Die Lade des Gottes Israels
darf nicht bei uns bleiben; denn seine Hand
liegt schwer auf uns und auf unserem Gott

4,4 die beiden: Text korr. nach G; H: und dort die beiden.

4,12 Zerrissene Kleider und Staub auf dem Haupt sind Zeichen der Trauer und des Schmerzes.

4,21 Der Name Ikabod ist volkstümlich gedeutet.

5,2 Dagon war eine bei den Semiten weit verbreitete, auch von den Philistern verehrte Gottheit, vielleicht ein Getreidegott (dagan = Getreide).

5,5 Die Sitte, nicht auf die Schwelle zu treten, wird hier mit der Niederlage Dagons erklärt. Sie entstand aber wohl aus der Scheu, auf die Schwellendämonen zu treten.

Dagon. 8 Sie sandten (Boten) zu allen Fürs-
ten der Philister, riefen sie bei sich zusam-
men und fragten sie: Was sollen wir mit der
Lade des Gottes Israels machen? Die Fürsten
erklärten: Die Lade des Gottes Israels soll
nach Gat hinüberziehen. Darauf brachte
man die Lade des Gottes Israels nach Gat.
9 Doch nachdem man sie nach Gat gebracht
hatte, kam die Hand des Herrn über diese
Stadt und versetzte sie in gewaltigen Schre-
cken. Er schlug die Leute der Stadt, vom
Kleinsten bis zum Größten, sodass Pestbeu-
len bei ihnen aufbrachen.

10 Darauf schickte man die Lade Gottes
nach Ekron. Als die Lade Gottes nach Ekron
kam, schrien die Einwohner von Ekron auf
und sagten: Sie bringen die Lade des Gottes
Israels zu uns herüber, um uns und unser
Volk zu töten. 11 Darauf sandten sie (Boten)
zu allen Fürsten der Philister, riefen sie zu-
sammen und sagten: Schafft die Lade des
Gottes Israels fort! Sie soll an den Ort zu-
rückkehren, an den sie gehört, und nicht uns
und unser Volk töten. Denn ein tödlicher
Schrecken lag über der ganzen Stadt; die
Hand Gottes lastete schwer auf ihr. 12 Die
Leute, die nicht starben, waren mit Pestbeu-
len geschlagen, und der Hilfeschrei der Stadt
stieg zum Himmel empor.

4,1: 29,1 • 11: 2,34; Ps 78,61 • 15: 3,2 • 22: Ps 78,61.

Die Rückkehr der Lade: 6,1 – 7,1

6 Die Lade des Herrn war sieben Monate
lang im Gebiet der Philister. 2 Dann rie-
fen die Philister ihre Priester und Wahrsager
herbei und fragten sie: Was sollen wir mit
der Lade des Herrn machen? Gebt uns Aus-
kunft, auf welche Weise wir sie an den Ort
zurückschicken sollen, an den sie gehört.
3 Sie antworteten: Wenn ihr die Lade des
Gottes Israels zurückschickt, dann schickt
sie nicht ohne Gabe zurück! Ihr müsst viel-
mehr ein Sühnegeschenk entrichten. Dann
werdet ihr Heilung finden und ihr werdet er-
kennen, warum seine Hand nicht von euch
ablässt. 4 Sie fragten weiter: Was für ein
Sühnegeschenk sollen wir ihm entrichten?
Sie antworteten: Fünf goldene Beulen und
fünf goldene Mäuse, entsprechend der Zahl
der Philisterfürsten; denn alle hat die gleiche
Plage getroffen, auch eure Fürsten. 5 Macht
also Abbilder eurer Pestbeulen und der Mäu-
se, die euer Land verwüsten, und gebt dem
Gott Israels die Ehre! Vielleicht lässt er seine
Hand leichter werden über euch, eurem Gott
und eurem Land. 6 Warum wollt ihr euer
Herz verhärten, wie die Ägypter und der
Pharao ihr Herz verhärtet haben? Sie muss-
ten doch auch die Israeliten, nachdem sie sie
übel behandelt hatten, entlassen und diese
konnten fortgehen. 7 Macht also jetzt einen
neuen Wagen; holt zwei säugende Kühe, auf
die noch kein Joch gelegt worden ist, und
spannt die Kühe vor den Wagen; ihre Kälber
aber nehmt ihnen weg und bringt sie nach
Hause! 8 Dann nehmt die Lade des Herrn
und stellt sie auf den Wagen und legt dane-
ben in einer Tasche die goldenen Gegenstän-
de, die ihr ihm als Sühnegabe entrichten
wollt; dann lasst sie fortziehen! 9 Gebt aber
acht: Wenn die Lade in Richtung Bet-Sche-
mesch, also in ihr Gebiet hinaufzieht, dann
war er es, der uns dieses große Unheil zuge-
fügt hat; wenn nicht, dann wissen wir, dass
nicht seine Hand uns getroffen hat, sondern
dass es ein Zufall gewesen ist. 10 Die Leute
machten es so. Sie nahmen zwei säugende
Kühe und spannten sie an den Wagen; ihre
Kälber aber hielten sie zu Hause zurück.
11 Sie stellten die Lade des Herrn auf den
Wagen und auch die Tasche mit den golde-
nen Mäusen und den Abbildern ihrer Ge-
schwüre. 12 Die Kühe aber gingen gerade-
wegs in Richtung Bet-Schemesch; sie folgten
genau der Straße, wichen weder nach rechts
noch nach links ab und brüllten immerzu.
Die Fürsten der Philister folgten ihnen bis
zur Grenze von Bet-Schemesch. 13 Die Leute
von Bet-Schemesch waren gerade im Tal bei
der Weizenernte. Als sie aufblickten und die
Lade sahen, freuten sie sich sehr darüber.
14 Als der Wagen bis zum Feld Joschuas von
Bet-Schemesch gekommen war, blieb er ste-
hen. Dort lag ein großer Stein. Sie spalteten
das Holz des Wagens und brachten die Kühe
dem Herrn als Brandopfer dar. 15 [Die Levi-
ten hatten die Lade des Herrn und die Ta-
sche, die neben ihr stand und in der goldene
Gegenstände waren, herabgehoben und auf
den großen Stein gestellt. Die Männer von
Bet-Schemesch brachten an jenem Tag dem
Herrn Brandopfer und Schlachtopfer dar.]
16 Die fünf Fürsten der Philister sahen zu;
dann kehrten sie am gleichen Tag nach
Ekron zurück.

17 Das sind die goldenen Geschwüre, die
die Philister dem Herrn als Sühnegabe ent-
richtet haben: eines für Aschdod, eines für
Gaza, eines für Aschkelon, eines für Gat, ei-
nes für Ekron, 18 dazu die goldenen Mäuse

6,4 Die Weihgeschenke bilden die erkrankten Körperteile und die Plage ab und sind als Bitte an Gott gedacht.

6,9 Es soll ein Gottesurteil herbeigeführt werden.

6,15 Zusatz im Sinn von Num 4.

6,18 Der große Stein: Text korr., vgl. G.

entsprechend der Zahl der Philisterstädte
unter den fünf Fürsten, von der befestigten
Stadt bis zum offenen Dorf. Der große Stein,
auf den man die Lade des Herrn gestellt hat-
te, liegt noch bis zum heutigen Tag auf dem
Feld des Joschua aus Bet-Schemesch.
19 Der Herr aber strafte die Leute von Bet-
Schemesch, weil sie die Lade des Herrn an-
geschaut hatten. Er erschlug aus dem Volk
siebzig Mann [fünfzigtausend Mann]. Da
trauerte das Volk, weil der Herr einen so
schweren Schlag gegen das Volk geführt hat-
te. 20 Die Männer von Bet-Schemesch sagten:
Wer kann vor dem Herrn, diesem heiligen
Gott, bestehen? Und zu wem soll er von uns
aus hinaufziehen? 21 Sie schickten Boten zu
den Einwohnern von Kirjat-Jearim und lie-
ßen sagen: Die Philister haben die Lade des
Herrn zurückgebracht. Kommt herab und
holt sie zu euch hinauf!

7 Da kamen die Leute von Kirjat-Jearim
und holten die Lade des Herrn zu sich
hinauf. Sie brachten sie in das Haus Abina-
dabs auf der Anhöhe. Und seinen Sohn Elea-
sar weihten sie, dass er die Lade des Herrn
bewache.

6: Ex 8,28; 9,7 • 19: Num 4,20; 2 Sam 6,6f • 21: 1 Chr 13,6; Ps 132,6.

SAMUEL UND SAUL: 7,2 – 15,35

Samuel als Richter: 7,2–17

2 Seit dem Tag, an dem die Lade in Kirjat-
Jearim ihre Wohnung nahm, war eine lange
Zeit vergangen, zwanzig Jahre. Als sich das
ganze Haus Israel klagend an den Herrn
wandte, 3 sagte Samuel zum ganzen Haus Is-
rael: Wenn ihr von ganzem Herzen zum
Herrn zurückkehren wollt, dann schafft die
fremden Götter mitsamt den Astarten aus
eurer Mitte fort! Wendet euer Herz wieder
dem Herrn zu, und dient ihm allein; dann
wird er euch aus der Gewalt der Philister be-
freien. 4 Da entfernten die Israeliten die Baa-
le und Astarten und dienten nur noch dem
Herrn. 5 Darauf sagte Samuel: Versammelt
ganz Israel in Mizpa; ich will für euch zum
Herrn beten. 6 Da versammelten sie sich in
Mizpa, sie schöpften Wasser und gossen es
vor dem Herrn aus. Dort fasteten sie an die-
sem Tag und sagten: Wir haben uns gegen
den Herrn versündigt. Samuel sprach den
Israeliten Recht in Mizpa. 7 Die Philister
erfuhren, dass sich die Israeliten in Mizpa
versammelt hatten, und ihre Fürsten zogen
gegen Israel heran. Als die Israeliten das
hörten, bekamen sie Angst vor den Philis-
tern. 8 Sie sagten zu Samuel: Kehr dich nicht
schweigend von uns ab und hör nicht auf,
zum Herrn, unserem Gott, zu rufen, damit
er uns aus der Hand der Philister befreit.
9 Da nahm Samuel ein junges Lamm und
brachte es dem Herrn als Ganzopfer dar. Er
rief zum Herrn für Israel und der Herr er-
hörte ihn. 10 Als Samuel das Brandopfer dar-
brachte, rückten die Philister schon zum
Kampf gegen Israel heran. Da ließ der Herr
mit gewaltigem Krachen noch am gleichen
Tag einen Donner gegen die Philister er-
schallen und brachte sie so in Verwirrung,
dass sie von den Israeliten geschlagen wur-
den. 11 Nun zogen die Israeliten von Mizpa
aus, verfolgten die Philister bis unterhalb
von Bet-Kar und schlugen sie. 12 Samuel
nahm einen Stein und stellte ihn zwischen
Mizpa und Jeschana auf. Er nannte ihn
Eben-Eser (Stein der Hilfe) und sagte: Bis
hierher hat uns der Herr geholfen. 13 So wur-
den die Philister gedemütigt und drangen
nicht mehr in das Gebiet Israels ein; und die
Hand des Herrn lastete auf den Philistern,
solange Samuel lebte. 14 Die Städte von
Ekron bis Gat, die die Philister Israel wegge-
nommen hatten, kamen an Israel zurück; das
ganze Gebiet dieser Städte entriss Israel den
Philistern wieder. Aber zwischen Israel und
den Amoritern war Friede.
15 Samuel war Richter in Israel, solange er
lebte. 16 Jahr für Jahr zog er umher und
machte die Runde durch Bet-El, Gilgal und
Mizpa und sprach an all diesen Orten Israel
Recht. 17 Dann kehrte er jeweils nach Rama
zurück, denn dort hatte er sein Haus. Auch
dort sprach er Israel Recht und er baute dort
einen Altar für den Herrn.

5: 10,17; Ri 20,1 • 10: 14,15; Ex 14,24; 23,27; Jos 10,10; Ri 4,15.

6,19 Übertreibender Zusatz, der bei einem Teil der Textzeugen fehlt.

6,20 Bet-Schemesch liegt östlich von Aschdod, Kirjat-Jearim westlich von Jerusalem.

7,6 Der Wasser-Ritus ist wohl ein Bußakt.

7,12 Jeschana: Text korr., vgl. G.

Die Forderung nach einem König: 8,1–22

8 Als Samuel alt geworden war, setzte er seine Söhne als Richter Israels ein. 2 Sein erstgeborener Sohn hieß Joël, sein zweiter Abija. Sie waren in Beerscheba Richter. 3 Seine Söhne gingen nicht auf seinen Wegen, sondern waren auf ihren Vorteil aus, ließen sich bestechen und beugten das Recht. 4 Deshalb versammelten sich alle Ältesten Israels und gingen zu Samuel nach Rama. 5 Sie sagten zu ihm: Du bist nun alt und deine Söhne gehen nicht auf deinen Wegen. Darum setze jetzt einen König bei uns ein, der uns regieren soll, wie es bei allen Völkern der Fall ist. 6 Aber Samuel missfiel es, dass sie sagten: Gib uns einen König, der uns regieren soll. Samuel betete deshalb zum Herrn, 7 und der Herr sagte zu Samuel: Hör auf die Stimme des Volkes in allem, was sie zu dir sagen. Denn nicht dich haben sie verworfen, sondern mich haben sie verworfen: Ich soll nicht mehr ihr König sein. 8 Das entspricht ganz ihren Taten, die sie (immer wieder) getan haben, seitdem ich sie aus Ägypten heraufgeführt habe, bis zum heutigen Tag; sie haben mich verlassen und anderen Göttern gedient. So machen sie es nun auch mit dir. 9 Doch hör jetzt auf ihre Stimme, warne sie aber eindringlich und mach ihnen bekannt, welche Rechte der König hat, der über sie herrschen wird.

10 Samuel teilte dem Volk, das einen König von ihm verlangte, alle Worte des Herrn mit. 11 Er sagte: Das werden die Rechte des Königs sein, der über euch herrschen wird: Er wird eure Söhne holen und sie für sich bei seinen Wagen und seinen Pferden verwenden und sie werden vor seinem Wagen herlaufen. 12 Er wird sie zu Obersten über (Abteilungen von) Tausend und zu Führern über (Abteilungen von) Fünfzig machen. Sie müssen sein Ackerland pflügen und seine Ernte einbringen. Sie müssen seine Kriegsgeräte und die Ausrüstung seiner Streitwagen anfertigen. 13 Eure Töchter wird er holen, damit sie ihm Salben zubereiten und kochen und backen. 14 Eure besten Felder, Weinberge und Ölbäume wird er euch wegnehmen und seinen Beamten geben. 15 Von euren Äckern und euren Weinbergen wird er den Zehnten erheben und ihn seinen Höflingen und Beamten geben. 16 Eure Knechte und Mägde, eure besten jungen Leute und eure Esel wird er holen und für sich arbeiten lassen. 17 Von euren Schafherden wird er den Zehnten erheben. Ihr selber werdet seine Sklaven sein. 18 An jenem Tag werdet ihr wegen des Königs, den ihr euch erwählt habt, um Hilfe schreien, aber der Herr wird euch an jenem Tag nicht antworten.

19 Doch das Volk wollte nicht auf Samuel hören, sondern sagte: Nein, ein König soll über uns herrschen. 20 Auch wir wollen wie alle anderen Völker sein. Unser König soll uns Recht sprechen, er soll vor uns herziehen und soll unsere Kriege führen. 21 Samuel hörte alles an, was das Volk sagte, und trug es dem Herrn vor. 22 Und der Herr sagte zu Samuel: Hör auf ihre Stimme und setz ihnen einen König ein! Da sagte Samuel zu den Israeliten: Geht heim, jeder in seine Stadt!

2: 1 Chr 6,13 • 5: Dtn 17,14–20; Apg 13,20f • 7: 10,19; Ex 15,18; Ps 74,12

Die Salbung Sauls zum König: 9,1 – 10,16

9 Damals lebte in Benjamin ein Mann namens Kisch, ein Sohn Abiëls, des Sohnes Zerors, des Sohnes Bechorats, des Sohnes Afiachs, ein wohlhabender Benjaminiter. 2 Er hatte einen Sohn namens Saul, der jung und schön war; kein anderer unter den Israeliten war so schön wie er; er überragte alle um Haupteslänge.

3 Eines Tages verliefen sich die Eselinnen von Sauls Vater Kisch. Da sagte Kisch zu seinem Sohn Saul: Nimm einen von den Knechten, mach dich mit ihm auf den Weg und such die Eselinnen! 4 Sie durchquerten das Gebirge Efraim und durchstreiften das Gebiet von Schalischa, fanden sie aber nicht. Sie zogen durch das Gebiet von Schaalim – ohne Erfolg; dann durchwanderten sie das Land Jemini, fanden sie aber wieder nicht. 5 Als sie in das Gebiet von Zuf gekommen waren, sagte Saul zu seinem Knecht, der ihn begleitete: Komm, wir wollen umkehren, sonst macht sich mein Vater um uns noch mehr Sorgen als um die Eselinnen. 6 Der Knecht erwiderte ihm: In dieser Stadt wohnt doch ein Gottesmann. Er ist sehr angesehen; alles, was er sagt, trifft mit Sicherheit ein. Lasst uns jetzt zu ihm gehen; vielleicht kann er uns sagen, welchen Weg wir hätten gehen sollen. 7 Saul antwortete dem Knecht: Was

9,1–11,15 Die verschiedenen, teilweise widersprüchlichen Überlieferungen darüber, wie Saul König wurde, sind hier aneinander gereiht: Der Prophet Samuel benennt und salbt ihn (9,1 – 10,16); er wird durch Losentscheid König (10,17–27); er weist sich selbst durch einen Sieg als Führer des Volkes aus (11,1–15).

9,6 »Gottesmann« ist ein Titel für Männer, die von Gott zu einer besonderen Aufgabe erwählt werden, wie Mose (Dtn 33,1) oder die Propheten (1 Kön 13,4–20; 17,18; 2 Kön 1,9f).

sollen wir dem Mann mitbringen, wenn wir
hingehen? Das Brot in unseren Taschen ist zu
Ende. Wir haben nichts, was wir dem Got-
tesmann als Geschenk bringen könnten.
Oder haben wir sonst etwas? 8 Darauf ant-
wortete ihm der Knecht: Sieh her, ich habe
noch einen Viertel-Silberschekel bei mir.
Den will ich dem Gottesmann geben, damit
er uns Auskunft über den Weg gibt. 9 – Frü-
her sagte man in Israel, wenn man hinging,
um Gott zu befragen: Wir wollen zum Seher
gehen. Denn wer heute Prophet genannt
wird, hieß früher Seher. – 10 Saul sagte zu
seinem Knecht: Dein Vorschlag ist gut.
Komm, wir wollen hingehen. Sie gingen also
in die Stadt, wo der Gottesmann wohnte.
11 Als sie die Steige zur Stadt hinaufgingen,
trafen sie einige Mädchen, die herauskamen,
um Wasser zu schöpfen. Sie fragten sie: Ist
der Seher hier? 12 Sie antworteten ihnen: Ja,
er ist da, da vorn. Beeilt euch aber, denn er
ist gerade in die Stadt gekommen, weil das
Volk heute auf der Kulthöhe ein Opferfest
feiert. 13 Wenn ihr in die Stadt kommt, wer-
det ihr ihn gerade noch treffen, bevor er zur
Kulthöhe hinaufsteigt, um am Mahl teilzu-
nehmen. Denn das Volk isst nicht, ehe er
kommt, weil er das Opfer segnen muss; erst
dann essen die Eingeladenen. Geht also hi-
nauf; denn jetzt könnt ihr ihn treffen. 14 Da
gingen sie weiter zur Stadt hinauf. Und als
sie zur Mitte der Stadt gekommen waren,
kam ihnen gerade Samuel entgegen, der zur
Kulthöhe hinaufgehen wollte.

15 Der Herr aber hatte Samuel, einen Tag
bevor Saul kam, das Ohr für eine Offenba-
rung geöffnet und gesagt: 16 Morgen um diese
Zeit schicke ich einen Mann aus dem Gebiet
Benjamins zu dir. Ihn sollst du zum Fürsten
meines Volkes Israel salben. Er wird mein
Volk aus der Gewalt der Philister befreien;
denn ich habe die Not meines Volkes Israel
gesehen und sein Hilfeschrei ist zu mir ge-
drungen. 17 Als Samuel Saul sah, sagte der
Herr zu ihm: Das ist der Mann, von dem ich
dir gesagt habe: Der wird über mein Volk
herrschen. 18 Saul trat mitten im Tor zu
Samuel und fragte: Sag mir doch, wo das
Haus des Sehers ist. 19 Samuel antwortete
Saul: Ich bin der Seher. Geh vor mir her zur
Kulthöhe hinauf! Ihr sollt heute mit mir es-
sen. Morgen früh will ich dich dann weiter-
ziehen lassen. Ich werde dir Auskunft über
alles geben, was du auf dem Herzen hast.
20 Über die Eselinnen, die dir vor drei Tagen
abhanden gekommen sind, brauchst du dir
keine Gedanken zu machen. Sie wurden ge-
funden. Auf wen aber richtet sich die ganze
Sehnsucht Israels? Gilt sie nicht dir und dem
ganzen Haus deines Vaters? 21 Da antwortete
Saul: Bin ich nicht ein Benjaminiter, also aus
dem kleinsten Stamm Israels? Ist meine Sip-
pe nicht die geringste von allen Sippen des
Stammes Benjamin? Warum sagst du so et-
was zu mir? 22 Samuel nahm Saul und seinen
Knecht mit, führte sie in das Haus und wies
ihnen die Ehrenplätze unter den Eingelade-
nen an; es waren etwa dreißig Männer (ver-
sammelt). 23 Samuel sagte zum Koch: Bring
das Stück her, das ich dir gegeben habe, das,
von dem ich dir gesagt habe: Halt es bei dir
zurück! 24 Da trug der Koch die Keule auf
und setzte sie Saul vor; er sagte: Das ist das,
was übrig blieb. Greif zu und iss! Als ich das
Volk eingeladen hatte, ist dieses Stück für
dich und für diese Stunde aufgehoben wor-
den. An jenem Tag aß Saul zusammen mit
Samuel. 25 Dann stiegen sie von der Kulthö-
he in die Stadt hinab und Samuel hatte mit
Saul auf dem Flachdach eine Unterredung.
26 Früh am Morgen, als die Dämmerung an-
brach, rief Samuel zu Saul aufs Dach hinauf:
Steh auf! Ich will dir das Geleit geben. Saul
stand auf und beide gingen zusammen hi-
naus. 27 Als sie zur Grenze des Stadtgebietes
gekommen waren, sagte Samuel zu Saul:
Sag dem Knecht, er soll vorausgehen; du
aber bleib nun hier stehen! Ich will dir ein
Gotteswort verkünden. Da ging der Knecht
voraus.

10 Da nahm Samuel den Ölkrug und
goss Saul das Öl auf das Haupt,
küsste ihn und sagte: Hiermit hat der Herr
dich zum Fürsten über sein Erbe gesalbt.
2 Wenn du jetzt von mir weggehst, wirst du
beim Grab der Rahel in Zelzach im Gebiet
von Benjamin zwei Männer treffen und sie
werden zu dir sagen: Die Eselinnen, nach de-
nen du auf der Suche bist, sind gefunden
worden. Doch denkt dein Vater nicht mehr
an die Sache mit den Eselinnen, sondern
macht sich Sorgen um euch und sagt: Was
kann ich nur wegen meines Sohnes unter-
nehmen? 3 Wenn du dann von dort weiter-
ziehst und zur Tabor-Eiche kommst, werden
dir dort drei Männer begegnen, die zu Gott
nach Bet-El hinaufziehen. Einer trägt ein
Böckchen, einer trägt drei Laib Brot und ei-
ner trägt einen Schlauch Wein. 4 Sie werden
dich grüßen und dir zwei Brote geben; die
sollst du von ihnen annehmen. 5 Danach
wirst du nach Gibeat-Elohim kommen, wo

9,14.18 Über Ort und Art des Zusammentreffens gab es anscheinend verschiedene Überlieferungen.
9,16 die Not: Text nach G ergänzt.

die Vorposten der Philister stehen. Wenn du dort in die Stadt hineingehst, wirst du eine Schar von Propheten treffen, die von der Kulthöhe herabkommen, und vor ihnen wird Harfe, Pauke, Flöte und Zither gespielt. Sie selbst sind in prophetischer Verzückung. 6 Dann wird der Geist des Herrn über dich kommen und du wirst wie sie in Verzückung geraten und in einen anderen Menschen verwandelt werden. 7 Wenn du aber all diese Zeichen erlebst, dann tu, was sich gerade ergibt; denn Gott ist mit dir. 8 Hernach geh mir voraus nach Gilgal hinab! Ich werde dann bereits auf dem Weg zu dir sein, um Brandopfer darzubringen und Heilsopfer zu schlachten. Sieben Tage musst du warten, bis ich zu dir komme. Dann werde ich dir verkünden, was du tun sollst.

9 Als sich Saul nun umwandte, um von Samuel wegzugehen, verwandelte Gott sein Herz. Und noch am gleichen Tag trafen alle diese Zeichen ein. 10 Als sie, Saul und sein Knecht, nach Gibea gelangten, kam ihnen tatsächlich eine Schar von Propheten entgegen. Der Geist Gottes kam über Saul und Saul geriet mitten unter ihnen in prophetische Verzückung. 11 Alle, die ihn von früher kannten, sahen, wie er zusammen mit den Propheten in Verzückung war. Die Leute sagten zueinander: Was ist denn nur mit dem Sohn des Kisch geschehen? Ist auch Saul unter den Propheten? 12 Einer von dort erwiderte: Wer ist denn schon deren Vater? So ist das Sprichwort entstanden: Ist denn auch Saul unter den Propheten?

13 Als die Verzückung zu Ende war, ging Saul nach Gibea hinein. 14 Der Onkel Sauls fragte ihn und seinen Knecht: Wo seid ihr denn gewesen? Er antwortete: Wir waren weg, um die Eselinnen zu suchen. Als wir aber sahen, dass sie nirgends (zu finden) waren, gingen wir zu Samuel. 15 Sauls Onkel sagte: Erzähl mir doch, was Samuel euch gesagt hat. 16 Saul antwortete seinem Onkel: Er hat uns mit Bestimmtheit gesagt, dass die Eselinnen gefunden worden sind. Die Sache mit dem Königtum aber, von der Samuel gesprochen hatte, erzählte er ihm nicht.

9,21: 15,17 • 10,1: 15,1 • 2: Gen 35,19f • 6: Ri 13,25 • 8: 11,14; 13,8 • 10: 19,20–24 • 12: 19,24.

Die Wahl Sauls zum König: 10,17–27

17 Samuel rief das Volk zum Herrn nach Mizpa zusammen. 18 Er sagte zu den Israeliten: So spricht der Herr, der Gott Israels: Ich habe Israel aus Ägypten heraufgeführt, ich habe euch aus der Gewalt der Ägypter befreit und aus der Gewalt all der Königreiche, die euch bedrängt haben. 19 Ihr aber habt heute euren Gott verworfen, der euer Retter in allen Nöten und Bedrängnissen war, und ihr habt gesagt: Nein, du sollst einen König bei uns einsetzen. Stellt euch jetzt also vor dem Herrn auf, (geordnet) nach euren Stämmen und Tausendschaften. 20 Und Samuel ließ alle Stämme Israels antreten (um das Los zu werfen). Das Los fiel auf den Stamm Benjamin. 21 Darauf ließ er den Stamm Benjamin (geordnet) nach seinen Sippen antreten und das Los fiel auf die Sippe Matri. Und schließlich fiel das Los auf Saul, den Sohn des Kisch. Man suchte ihn (überall), fand ihn aber nicht. 22 Sie befragten noch einmal den Herrn: Ist noch jemand hierher gekommen? Der Herr antwortete: Ja, aber er hat sich beim Tross versteckt. 23 Sie liefen hin und holten ihn von dort. Als er mitten unter das Volk trat, überragte er alle anderen um Haupteslänge. 24 Und Samuel sagte zum ganzen Volk: Habt ihr gesehen, wen der Herr erwählt hat? Keiner ist ihm gleich im ganzen Volk. Da jubelte das ganze Volk und sagte: Es lebe der König! 25 Samuel machte dem Volk das Königsrecht bekannt, schrieb es in ein Buch und legte das Buch vor dem Herrn nieder. Dann entließ Samuel das ganze Volk, jeden in sein Haus. 26 Auch Saul ging in sein Haus nach Gibea. Und mit ihm zog eine Schar von Männern, deren Herz Gott berührt hatte. 27 Niederträchtige Menschen aber sagten: Was kann uns der schon helfen? Sie verachteten ihn und brachten ihm kein Geschenk. Er aber tat, als merkte er es nicht.

17: 7,5 • 19: 8,7 • 20: Jos 7,16 • 25: Dtn 17,14–20 • 27: 11,12.

Hilfe für Jabesch: 11,1–13

11 Da zog der Ammoniter Nahasch heran und belagerte Jabesch-Gilead. Die Männer von Jabesch sagten zu Nahasch: Schließ einen Vertrag mit uns, dann wollen wir dir dienen. 2 Der Ammoniter Nahasch erwiderte ihnen: Unter einer Bedingung will ich mit euch einen Vertrag schließen: Ich steche euch allen das rechte Auge aus und bringe damit Schande über ganz Israel. 3 Die Ältesten von Jabesch sagten: Lass uns sieben Tage Zeit! Wir wollen Boten durch das ganze Gebiet von Israel schicken. Wenn sich nie-

---

10,13 nach Gibea hinein: Text korr., vgl. G; H: auf die Höhe.

10,19 Nein: Text korr. nach mehreren Textzeugen.

10,25 Das Königsgesetz bezieht sich nicht auf 8,10–18, sondern eher auf das Königsgesetz von Dtn 17,14–20.

mand findet, der uns retten kann, werden
wir uns dir ergeben. 4 Als die Boten nach Gi-
bea-Saul kamen und die Sache dem Volk
vortrugen, brach das ganze Volk in lautes
Weinen aus. 5 Saul kam gerade hinter seinen
Rindern vom Feld her und fragte: Was haben
denn die Leute, dass sie weinen? Sie erzähl-
ten ihm, was die Männer von Jabesch berich-
tet hatten. 6 Als Saul das hörte, kam der
Geist Gottes über ihn und sein Zorn ent-
brannte heftig. 7 Er ergriff ein Gespann Rin-
der und hieb es in Stücke, schickte die Stü-
cke durch Boten in das ganze Gebiet von Is-
rael und ließ sagen: Wer nicht hinter Saul
und Samuel in den Kampf zieht, dessen Rin-
dern soll es ebenso gehen. Da fiel der Schre-
cken des Herrn auf das ganze Volk und sie
rückten aus wie ein Mann. 8 Als Saul sie in
Besek musterte, waren es dreihunderttau-
send Männer aus Israel und dreißigtausend
Männer aus Juda. 9 Sie sagten zu den Boten,
die gekommen waren: Folgendes sollt ihr den
Männern von Jabesch-Gilead sagen: Mor-
gen, wenn die Sonne am heißesten brennt,
bekommt ihr Hilfe. Die Boten gingen heim
und berichteten alles und die Männer von
Jabesch freuten sich. 10 Sie ließen Nahasch
sagen: Morgen werden wir zu euch hinaus-
kommen. Dann könnt ihr mit uns machen,
was euch gefällt. 11 Am nächsten Morgen
stellte Saul das Volk in drei Abteilungen auf.
Um die Zeit der Morgenwache drangen sie
mitten in das Lager ein und zur Zeit der Mit-
tagshitze hatten sie die Ammoniter geschla-
gen. Nur wenige blieben übrig; sie wurden
zerstreut, sodass nicht einmal zwei von ih-
nen beieinander blieben.

12 Da sagte das Volk zu Samuel: Wer hat
damals gesagt: Soll etwa Saul als König über
uns herrschen? Gebt diese Männer heraus,
damit wir sie töten. 13 Saul aber sagte: An
diesem Tag soll niemand getötet werden;
denn heute hat der Herr Israel Hilfe ge-
bracht.

6: Ri 13,25 • 12: 10,27 • 13: 14,45 • 14: 10,8.

Samuels Abschied: 11,14 – 12,25

14 Samuel sagte zum Volk: Kommt, wir
wollen nach Gilgal gehen und dort das Kö-
nigtum erneuern. 15 Da ging das ganze Volk
nach Gilgal. Sie machten dort in Gilgal Saul
vor dem Herrn zum König, schlachteten dem
Herrn Heilsopfer und Saul und alle Männer
Israels waren voll Freude.

12 Samuel sagte zu ganz Israel: Ihr
wisst, ich habe in allem, was ihr mir
gesagt habt, auf euch gehört und einen Kö-
nig bei euch eingesetzt. 2 Seht, hier ist nun
der König, der vor euch in den Krieg ziehen
wird. Ich selbst bin alt und grau geworden
und meine Söhne leben ja mitten unter euch.
Von meiner Jugend an bis zum heutigen Tag
bin ich vor euch hergegangen. 3 Hier stehe
ich; antwortet mir in Gegenwart des Herrn
und seines Gesalbten: Wem habe ich je ein
Rind weggenommen? Wem habe ich einen
Esel weggenommen? Wen habe ich übervor-
teilt, wen ungerecht behandelt? Von wem
habe ich Bestechungsgeld angenommen und
habe beide Augen zugedrückt? Ich will es
euch zurückerstatten. 4 Sie antworteten: Du
hast uns weder übervorteilt noch ungerecht
behandelt, noch hast du von jemand etwas
angenommen. 5 Er sagte zu ihnen: Der Herr
ist Zeuge euch gegenüber und auch sein Ge-
salbter ist heute Zeuge dafür, dass ihr mir
nichts vorwerfen könnt. Sie erwiderten: Sie
sind Zeugen.

6 Und Samuel sagte zum Volk: Der Herr ist
es gewesen, der Mose und Aaron erschaffen
und eure Väter aus Ägypten heraufgeführt
hat. 7 Tretet nun zu mir, damit ich mit euch
vor den Augen des Herrn ins Gericht gehe
und euch alle Wohltaten des Herrn vorhalte,
die er euch und euren Vätern erwiesen hat.
8 Als Jakob nach Ägypten gekommen war
und die Ägypter eure Väter unterdrückten
und sie zum Herrn schrien, da sandte der
Herr Mose und Aaron. Sie führten eure Väter
aus Ägypten heraus und gaben ihnen Wohn-
sitze an diesem Ort. 9 Eure Väter aber verga-
ßen den Herrn, ihren Gott. Da verkaufte er
sie an Sisera, den Feldherrn von Hazor, an
die Philister und an den König von Moab
und diese führten Krieg gegen sie. 10 Da
schrien sie zum Herrn und sagten: Wir haben
gesündigt; denn wir haben den Herrn verlas-
sen und den Baalen und Astarten gedient.
Befrei uns jetzt aus der Gewalt unserer Fein-
de; wir wollen wieder dir dienen. 11 Darauf
sandte der Herr Jerubbaal, Barak, Jiftach
und Samuel und befreite euch aus der Ge-
walt eurer Feinde ringsumher, sodass ihr in

11,4 Gibea-Saul liegt nördlich von Jerusalem. Ausgrabungen haben eine Burg aus der Zeit um 1000 v. Chr. freigelegt, die man mit Saul in Verbindung bringt.

12,5 dass ihr mir nichts vorwerfen könnt, wörtlich: dass ihr in meiner Hand nichts gefunden habt.

12,7 euch vorhalte: ergänzt nach G.

12,8 und die Ägypter eure Väter unterdrückten: ergänzt nach G.

12,11 Bedan: G und S lesen Barak.

Sicherheit leben konntet. 12 Als ihr aber saht, dass Nahasch, der König der Ammoniter, gegen euch ausrückte, sagtet ihr zu mir: Nein, ein König soll über uns herrschen!, obwohl doch der Herr, euer Gott, euer König ist. 13 Seht, hier ist euer König, den ihr verlangt und den ihr euch erwählt habt. Ja, der Herr hat euch einen König gegeben. 14 Wenn ihr den Herrn fürchtet und ihm dient, wenn ihr auf seine Stimme hört und euch seinem Befehl nicht widersetzt, wenn sowohl ihr als auch der König, der über euch herrscht, dem Herrn, eurem Gott, folgt (dann geht es euch gut). 15 Wenn ihr aber nicht auf die Stimme des Herrn hört und euch seinem Befehl widersetzt, dann wird die Hand des Herrn gegen euch (ausgestreckt) sein wie gegen eure Väter.

16 Nun tretet her und seht die große Tat mit an, die der Herr vor euren Augen vollbringen wird. 17 Ist jetzt nicht gerade Weizenernte? Ich werde zum Herrn rufen und er wird Gewitter und Regen schicken. So werdet ihr erkennen und einsehen, wie groß euer Unrecht in den Augen des Herrn ist, das ihr dadurch begangen habt, dass ihr für euch einen König verlangt habt. 18 Samuel rief zum Herrn und der Herr schickte noch am gleichen Tag Gewitter und Regen. Da geriet das ganze Volk in große Furcht vor dem Herrn und vor Samuel 19 und alle sagten zu Samuel: Bete für deine Knechte zum Herrn, deinem Gott, damit wir nicht umkommen; denn wir haben all unseren Sünden noch die Bosheit hinzugefügt, einen König für uns zu verlangen. 20 Samuel erwiderte dem Volk: Fürchtet euch nicht! Ihr habt all dieses Böse getan; doch weicht (von nun an) nicht mehr von der Nachfolge des Herrn ab und dient dem Herrn mit ganzem Herzen! 21 Weicht ja nicht ab und folgt nicht den nichtigen (Göttern), die nichts nützen und nicht retten können, weil sie nichtig sind. 22 Um seines großen Namens willen wird der Herr sein Volk nicht verstoßen; denn er hat sich entschlossen, euch zu seinem Volk zu machen. 23 Auch ich weise es weit von mir, mich am Herrn zu versündigen, und höre deshalb nicht auf, für euch zu beten; ich werde euch den guten und geraden Weg weisen. 24 Nur fürchtet den Herrn und dient ihm treu und von ganzem Herzen! Denn ihr seht, welch große Dinge er an euch getan hat. 25 Wenn ihr aber wieder Böses tut, dann werdet sowohl ihr als auch euer König dahingerafft werden.

11,14: 10,8 • 12,1: 8,6; 11,15 • 8: Ex 3,7f • 9: Ri 4,2; 10,7; 13,1; 3,12 • 10: Ri 10,10 • 11: Ri 6,14; 11,29; Hebr 11,32 • 12: 11,1f; 8,19.

Die Herrschaft Sauls: 13,1–22

13 Saul war . . . Jahre alt, als er König wurde, und er regierte zwei . . . Jahre über Israel. 2 Saul wählte sich dreitausend Mann aus Israel aus; zweitausend davon waren bei Saul in Michmas und auf dem Berg von Bet-El und tausend waren bei Jonatan in Gibea-Benjamin. Den Rest des Volkes entließ er, jeden zu seinem Zelt. 3 Jonatan erschlug den Vogt der Philister, der in Geba saß; die Philister hörten davon. Saul aber ließ im ganzen Land das Widderhorn blasen und ausrufen: Die Hebräer sollen es hören. 4 Und ganz Israel hörte die Kunde: Saul hat den Vogt der Philister erschlagen und dadurch hat sich Israel bei den Philistern verhasst gemacht. Das Volk wurde aufgeboten, Saul nach Gilgal zu folgen. 5 Die Philister versammelten sich zum Kampf gegen Israel; sie hatten dreitausend Wagen und sechstausend Wagenkämpfer und ein Heer so zahlreich wie der Sand am Ufer des Meeres. Sie zogen herauf und schlugen bei Michmas, östlich von Bet-Awen, ihr Lager auf. 6 Als die Israeliten sahen, dass sie in Gefahr gerieten und dass das Volk bedrängt wurde, versteckten sie sich in Höhlen, Schlupflöchern, Felsspalten, Gruben und Zisternen. 7 Viele gingen über den Jordan in das Land Gad und Gilead. Saul war noch in Gilgal und das ganze Volk, das ihm gefolgt war, hatte große Angst. 8 Er wartete in Gilgal sieben Tage auf Samuel, wie vereinbart, aber Samuel kam nicht. Als ihm nun das Volk davonlief, 9 sagte Saul: Bringt das Brandopfer und die Heilsopfer zu mir her! Und er brachte das Opfer dar. 10 Gerade als er mit der Darbringung des Opfers fertig war, kam Samuel. Saul ging ihm entgegen, um ihn zu begrüßen. 11 Samuel aber fragte: Was hast du getan? Saul antwortete: Weil ich sah, dass mir das Volk davonlief und du nicht zu dem vereinbarten Zeitpunkt gekommen bist und die Philister sich bei Michmas versammelt haben, 12 dachte ich: Jetzt werden die Philister

---

12,17 Gewitter und Regen gibt es in der Erntezeit in Palästina äußerst selten.

13,1 Die Zahlen sind nicht überliefert.

13,2 Michmas: nordöstlich von Jerusalem.

13,3 Geba: nordöstlich von Jerusalem.

13,5 dreitausend: Text korr., vgl. G und S; H: dreißigtausend. – Zu Bet-Awen vgl. Jos 7,2 und Hos 4,15 und die dortigen Anmerkungen.

13,7 Viele: Text korr.; H: Hebräer.

gegen mich nach Gilgal herabziehen, noch
ehe ich den Herrn gnädig gestimmt habe.
Darum habe ich es gewagt, das Brandopfer
darzubringen. 13 Samuel erwiderte Saul: Du
hast töricht gehandelt: Hättest du den Befehl
befolgt, den dir der Herr, dein Gott, gegeben
hat, dann hätte er jetzt deine Herrschaft
über Israel für immer gefestigt. 14 Nun aber
wird deine Herrschaft keinen Bestand ha-
ben. Der Herr hat sich einen Mann nach sei-
nem Herzen gesucht und ihn zum Fürsten
seines Volkes gemacht. Denn du hast nicht
befolgt, was der Herr dir befohlen hat.

15 Danach brach Samuel auf und ging von
Gilgal nach Gibea-Benjamin hinauf. Saul
musterte das Volk, das noch bei ihm war; es
waren etwa sechshundert Mann. 16 Saul, sein
Sohn Jonatan und die Leute, die noch bei ih-
nen waren, standen bei Geba-Benjamin,
während die Philister ihr Lager bei Michmas
hatten. 17 Da zogen aus dem Lager der Philis-
ter drei Abteilungen aus, um zu plündern.
Eine Abteilung wandte sich in Richtung Ofra
im Gebiet von Schual; 18 die zweite Abtei-
lung zog in Richtung Bet-Horon, und die
dritte Abteilung wandte sich in Richtung auf
den Hügel, der über das Hyänental weg in
die Wüste hinüberschaut.

19 Damals war im ganzen Land kein
Schmied zu finden. Denn die Philister hatten
sich gesagt: Die Hebräer sollen sich keine
Schwerter und Lanzen machen können.
20 Alle Israeliten mussten zu den Philistern
hinabgehen, wenn jemand sich eine Pflug-
schar, eine Hacke, eine Axt oder eine Sichel
schmieden lassen wollte. 21 Der Preis für das
Schärfen der Pflugscharen, der Hacken, des
Dreizacks und der Äxte und das Einsetzen
des Ochsenstachels betrug ein Pim. 22 Als es
nun zum Krieg kam, fand sich im ganzen
Volk, das bei Saul und Jonatan war, weder
ein Schwert noch ein Speer. Nur Saul und
sein Sohn Jonatan hatten (solche Waffen).

8: 10,8 • 13: 10,8 • 14: 16,1; Apg 13,22 • 19: Ri 5,8.

Jonatans Heldentat: 13,23 – 14,15

23 Ein Posten der Philister rückte gegen
den Pass von Michmas vor.

14 Eines Tages sagte Jonatan, der Sohn
Sauls, zu seinem Waffenträger:
Komm, wir wollen zu dem Posten der Philis-
ter hinübergehen, der da drüben steht. Sei-
nem Vater sagte er aber nichts davon. 2 Saul
saß an der Flurgrenze von Gibea unter dem
Granatapfelbaum, der bei Migron steht. Das
Volk, das er bei sich hatte, zählte etwa sechs-
hundert Mann. 3 Damals trug Ahija, der
Sohn Ahitubs, des Bruder Ikabods, des Soh-
nes des Pinhas, des Sohnes Elis, des Priesters
des Herrn in Schilo, das Efod. Auch das Volk
wusste nicht, dass Jonatan weggegangen
war. 4 An den Übergängen, wo Jonatan zu
dem Posten der Philister hinüberzukommen
versuchte, war hüben und drüben eine Fels-
zacke; die eine nannte man Bozez, die andere
Senne. 5 Die eine Felszacke erhebt sich wie
eine Säule auf der Nordseite, gegenüber von
Michmas, die andere auf der Südseite, ge-
genüber von Geba. 6 Jonatan sagte also zu
seinem Waffenträger: Komm, wir wollen
hinübergehen zu dem Posten dieser Unbe-
schnittenen. Vielleicht wird der Herr für uns
handeln; für den Herrn ist es ja keine
Schwierigkeit zu helfen, sei es durch viele
oder durch wenige. 7 Sein Waffenträger er-
widerte ihm: Tu nur, was du im Sinn hast.
Geh, ich bin mit dabei; ganz wie du willst.
8 Jonatan sagte: Hör zu! Wir wollen zu den
Männern hinübergehen und uns ihnen offen
zeigen. 9 Und wenn sie dann zu uns sagen:
Bleibt stehen, bis wir zu euch kommen!,
dann bleiben wir stehen, wo wir sind, und
gehen nicht zu ihnen hinauf. 10 Wenn sie aber
sagen: Kommt zu uns herauf!, dann wollen
wir zu ihnen hinaufsteigen; denn der Herr
hat sie in unsere Hand gegeben. Das soll für
uns das Zeichen sein. 11 Die beiden zeigten
sich also dem Posten der Philister. Die Phi-
lister sagten: Seht nur, die Hebräer sind aus
ihren Löchern hervorgekommen, in denen
sie sich versteckt hatten. 12 Die Wachtposten
riefen zu Jonatan und seinem Waffenträger
hinüber und sagten: Kommt nur herauf zu
uns, wir werden euch etwas erzählen. Da
sagte Jonatan zu seinem Waffenträger: Geh
hinter mir hinauf; denn der Herr hat sie in
die Gewalt Israels gegeben. 13 Jonatan klet-
terte auf Händen und Füßen hinauf und sein
Waffenträger folgte ihm. Da ergriffen sie vor
Jonatan die Flucht, aber sein Waffenträger,
der hinter ihm war, tötete sie. 14 Das war der
erste Schlag, den Jonatan und sein Waffen-
träger führten. Sie erschlugen etwa zwanzig

13,17 Ofra: nordöstlich von Jerusalem.
13,18 den Hügel: Text korr., vgl. G; H: das Gebiet. – Bet-Horon: westlich von Michmas (vgl. die Anmerkung zu V. 2). – Das Hyänental verläuft wohl in Richtung Jericho.
13,21 ein Pim: eine Gewichtseinheit, zwei Drittel eines Schekels. – Der Vers ist verderbt und unklar. Die hebräischen Bezeichnungen für die eisernen Geräte werden wie die in V. 20 verschieden gedeutet.
14,13 Da ergriffen sie die Flucht: Text korr.; H: Da fielen sie um.

Mann, auf einer Fläche, die ungefähr einen
halben Morgen groß war. 15 Großer Schre-
cken entstand im Lager (der Philister) und
auf dem Feld und im ganzen Volk; auch der
Vorposten und die plündernden Abteilungen
erschraken. Dazu bebte die Erde und es ent-
stand ein Gottesschrecken.

14,15: 7,10

Der Sieg über die Philister: 14,16–23

16 Die Späher Sauls in Gibea-Benjamin sa-
hen ein Getümmel, das wogte und hin und
her lief. 17 Da sagte Saul zu den Leuten, die
bei ihm waren: Prüft einmal und seht nach,
wer von unseren Leuten weggegangen ist.
Sie sahen nach, und tatsächlich fehlten Jo-
natan und sein Waffenträger. 18 Saul sagte
zu Ahija: Bring die Lade Gottes her! Denn
die Lade war an jenem Tag bei den Israeliten
(im Lager). 19 Während Saul mit dem Pries-
ter redete, wurde das Getümmel im Lager
der Philister immer größer. Da sagte Saul zu
dem Priester: Halt ein! 20 Saul aber und alle
Leute, die bei ihm waren, zogen gemeinsam
in den Kampf. Da sahen sie, dass (im Lager
der Philister) jeder sein Schwert gegen den
anderen gerichtet hatte und dass ein ganz
gewaltiges Getümmel entstanden war.
21 Auch die Hebräer, die bis zu diesem Zeit-
punkt aufseiten der Philister gestanden und
mit ihnen in den Krieg gezogen waren,
wandten sich nun (von ihnen) ab, um aufsei-
ten Israels zu sein, das zu Saul und Jonatan
hielt. 22 Als die Israeliten, die sich im Gebirge
Efraim versteckt hatten, hörten, dass die
Philister auf der Flucht waren, setzten auch
sie ihnen im Kampf nach 23 und der Kampf
dehnte sich bis Bet-Awen aus. So rettete der
Herr an jenem Tag Israel.

Sauls Schwur: 14,24–46

24 Die Israeliten aber waren an jenem Tag
in Bedrängnis geraten. Darum stellte Saul
das Volk unter einen Fluch und sagte: Ver-
flucht sei jeder, der vor dem Abend etwas
isst, bevor ich mich an meinen Feinden ge-
rächt habe. Das Volk nahm also bis zum
Abend keine Nahrung zu sich. 25 Nun gab es
in jener ganzen Gegend viele Bienennester,
sodass Honig auf freiem Feld zu finden war.
26 Als das Volk zu den Waben kam und sah,
dass Honig aus ihnen herausfloss, streckte
niemand seine Hand aus, um etwas davon zu
nehmen. Denn das Volk fürchtete den
Schwur (Sauls). 27 Jonatan aber hatte nicht
gehört, wie sein Vater das Volk beschwor. Er
tauchte den Stock, den er in der Hand hielt,
mit der Spitze in eine Honigwabe und führte
den Honig mit der Hand zum Mund. Da
leuchteten seine Augen wieder. 28 Einer aus
dem Volk aber sagte: Dein Vater hat das
Volk mit einem Eid beschworen und gesagt:
Verflucht sei jeder, der heute etwas isst. Das
Volk war aber erschöpft. 29 Jonatan erwider-
te: Mein Vater stürzt das Land ins Unglück.
Seht nur, meine Augen leuchten, weil ich ein
bisschen von diesem Honig gegessen habe.
30 Ja, hätte das Volk heute von der Beute, die
es gemacht hat, ordentlich gegessen! Dann
wäre die Niederlage der Philister noch grö-
ßer geworden.

31 Die Israeliten schlugen an diesem Tag
die Philister (im ganzen Gebiet) zwischen
Michmas und Ajalon, das Volk aber war sehr
erschöpft. 32 Deshalb stürzte sich das Volk
auf die Beute, nahm Schafe, Rinder und Käl-
ber, schlachtete sie, sodass das Blut einfach
auf die Erde floss. Und das Volk aß (das
Fleisch) samt dem Blut. 33 Da meldete man
Saul: Sieh nur, das Volk versündigt sich ge-
gen den Herrn, es isst (das Fleisch) samt dem
Blut. Er sagte: Ihr habt ein Unrecht began-
gen. Wälzt sofort einen großen Stein her!
34 Und er befahl: Geht unter die Leute und
sagt ihnen: Jeder soll sein Rind und sein
Lamm zu mir bringen und es hier schlachten
und essen. Versündigt euch nicht gegen den
Herrn, indem ihr es samt dem Blut esst. Da
brachten die Leute noch in der Nacht alles,
was sie in der Hand hatten, herbei und
schlachteten es dort. 35 Und Saul erbaute
dem Herrn einen Altar. Es war der erste Al-
tar, den er dem Herrn erbaute.

36 Saul sagte: Wir wollen in der Nacht hin-
ter den Philistern herziehen und unter ihnen
plündern, bis der Tag anbricht. Keinen von
ihnen wollen wir übrig lassen. Die Leute
antworteten: Tu nur, was du für richtig
hältst. Der Priester aber sagte: Wir wollen
(erst) hier vor Gott hintreten. 37 Saul fragte
also Gott: Soll ich hinter den Philistern her-
ziehen? Wirst du sie in die Gewalt Israels ge-
ben? Gott aber gab an jenem Tag keine Ant-

14,18f Saul wollte vermutlich Gott befragen, was zu tun sei.

14,25 Der erste Teil des Verses ist verderbt, die Übersetzung ein Versuch.

14,32b So die vielfach angenommene Deutung von H. Andere Übersetzungsmöglichkeit: Und das Volk aß über dem Blut, d. h. auf der Stelle, auf die das Blut geflossen war; dadurch wurde sie heiliger Bereich.

14,34 alles, was: Text korr. nach G. – Der große Stein (V. 32) dient als Altar; das Blut als Sitz des Lebens gehört Gott.

wort. 38 Darauf sagte Saul: Alle Anführer des
Volkes, kommt her und forscht nach, wo-
durch diese Sünde heute zustande gekom-
men ist. 39 So wahr der Herr, der Retter Isra-
els, lebt: Selbst wenn es sich um meinen
Sohn Jonatan handeln würde – er muss ster-
ben. Doch niemand aus dem Volk antworte-
te. 40 Saul aber sagte zu allen Israeliten: Ihr
sollt auf der einen Seite stehen, ich und mein
Sohn Jonatan wollen auf der anderen Seite
stehen. Das Volk antwortete Saul: Tu, was
du für richtig hältst. 41 Darauf sagte Saul
zum Herrn: Gott Israels, gib uns volle Klar-
heit! Da fiel das Los auf Jonatan und Saul,
das Volk aber ging frei aus. 42 Saul sagte:
Werft nun das Los zwischen mir und meinem
Sohn Jonatan! Das Los fiel auf Jonatan.
43 Da sagte Saul zu Jonatan: Sag mir, was
hast du getan? Jonatan bekannte es ihm und
sagte: Ich habe mit der Spitze des Stockes,
den ich in der Hand hatte, ein wenig Honig
genommen und davon versucht. Ich bin be-
reit zu sterben. 44 Saul erwiderte: Gott möge
mir dies und das antun – Jonatan, du musst
sterben. 45 Aber das Volk sagte zu Saul: Soll
Jonatan sterben, der so viel für die Rettung
Israels getan hat? Das darf nicht sein! So
wahr der Herr lebt: Ihm soll kein Haar ge-
krümmt werden. Denn nur mit Gottes Hilfe
hat er heute diese Tat vollbracht. So befreite
das Volk Jonatan und er brauchte nicht zu
sterben. 46 Saul aber gab die Verfolgung der
Philister auf und zog wieder hinauf und die
Philister kehrten in ihre Städte zurück.

32: Lev 3,17 • 45: 11,13.

Die Kriege Sauls: 14,47–48

47 Als Saul die Königswürde über Israel er-
langt hatte, führte er ringsum mit all seinen
Feinden Krieg: mit Moab und den Ammoni-
tern, mit Edom und den Königen von Zoba
und mit den Philistern. Wohin er sich auch
wandte, war er siegreich. 48 Er vollbrachte
tapfere Taten, schlug Amalek und befreite
Israel aus der Gewalt derer, die es ausraub-
ten.

Sauls Familie: 14,49–52

49 Die Söhne Sauls waren Jonatan, Jischwi
und Malkischua. Die ältere seiner beiden
Töchter hieß Merab, die jüngere Michal.
50 Sauls Frau hieß Ahinoam; sie war eine
Tochter des Ahimaaz. Sein Heerführer hieß
Abner; er war ein Sohn Ners, des Onkels
Sauls; 51 Kisch, der Vater Sauls, und Ner, der
Vater Abners, waren Söhne Abiëls.
52 Der harte Krieg gegen die Philister hörte
nicht auf, solange Saul lebte. Jeden starken
und kriegstüchtigen Mann, den Saul sah,
nahm er in seinen Dienst.

50: 2 Sam 2,8.

Der Krieg gegen die Amalekiter.
Sauls Verstoßung: 15,1–35

15 Samuel sagte zu Saul: Der Herr hatte
mich gesandt, um dich zum König
seines Volkes Israel zu salben. Darum gehor-
che jetzt den Worten des Herrn! 2 So spricht
der Herr der Heere: Ich habe beobachtet, was
Amalek Israel angetan hat: Es hat sich ihm
in den Weg gestellt, als Israel aus Ägypten
heraufzog. 3 Darum zieh jetzt in den Kampf
und schlag Amalek! Weihe alles, was ihm ge-
hört, dem Untergang! Schone es nicht, son-
dern töte Männer und Frauen, Kinder und
Säuglinge, Rinder und Schafe, Kamele und
Esel! 4 Saul bot das Volk auf und musterte es
in Telaim. Es waren zweihunderttausend
Mann Fußvolk [und zehntausend Mann aus
Juda]. 5 Saul rückte bis zur Stadt der Amale-
kiter vor und legte im Bachtal einen Hinter-
halt. 6 Den Kenitern aber ließ er sagen: Auf,
zieht fort, verlasst das Gebiet der Amaleki-
ter, damit ich euch nicht zusammen mit ih-
nen vernichte; denn ihr habt euch gegenüber
allen Israeliten freundlich verhalten, als sie
aus Ägypten heraufzogen. Da verließen die
Keniter das Gebiet der Amalekiter. 7 Saul
aber schlug die Amalekiter (im ganzen Ge-
biet) zwischen Hawila und der Gegend von
Schur, das Ägypten gegenüberliegt. 8 Agag,
den König von Amalek, brachte er lebend in
seine Gewalt; das ganze Volk aber weihte er
mit scharfem Schwert dem Untergang.
9 Saul und das Volk schonten Agag, ebenso
auch die besten von den Schafen und Rin-
dern, nämlich das Mastvieh und die Läm-
mer, sowie alles, was sonst noch wertvoll
war. Das wollten sie nicht dem Untergang
weihen. Nur alles Minderwertige und Wert-
lose weihten sie dem Untergang.
10 Deshalb erging das Wort des Herrn an
Samuel: 11 Es reut mich, dass ich Saul zum
König gemacht habe. Denn er hat sich von
mir abgewandt und hat meine Befehle nicht
ausgeführt. Das verdross Samuel sehr und er
schrie die ganze Nacht zum Herrn. 12 Am
nächsten Morgen machte sich Samuel auf

14,47 war er siegreich: Text korr. nach G; H: frevelte er.

15,9 das Mastvieh: Text korr. nach der aramäischen Übersetzung; H: die zweiten.

15,12 Karmel: südlich von Hebron.

den Weg und ging Saul entgegen. Man hatte
Samuel mitgeteilt: Saul ist nach Karmel ge-
kommen und hat sich (dort) ein Denkmal er-
richtet; dann ist er umgekehrt und nach Gil-
gal hinab weitergezogen. [13] Als Samuel nun
zu Saul kam, sagte Saul zu ihm: Gesegnet
seist du vom Herrn. Ich habe den Befehl des
Herrn ausgeführt. [14] Samuel erwiderte: Und
was bedeutet dieses Blöken von Schafen, das
mir in die Ohren dringt, und das Gebrüll der
Rinder, das ich da höre? [15] Saul antwortete:
Man hat sie aus Amalek mitgebracht, weil
das Volk die besten von den Schafen und
Rindern geschont hat, um sie dem Herrn,
deinem Gott, zu opfern. Das übrige haben
wir dem Untergang geweiht. [16] Da sagte
Samuel zu Saul: Hör auf! Ich will dir ver-
künden, was der Herr mir heute Nacht ge-
sagt hat. Saul antwortete: Sprich! [17] Samuel
sagte: Bist du nicht, obwohl du dir gering
vorkommst, das Haupt der Stämme Israels?
Der Herr hat dich zum König von Israel ge-
salbt. [18] Dann hat dich der Herr auf den Weg
geschickt und gesagt: Geh und weihe die
Amalekiter, die Übeltäter, dem Untergang;
kämpfe gegen sie, bis du sie vernichtet hast.
[19] Warum hast du nicht auf die Stimme des
Herrn gehört, sondern hast dich auf die Beu-
te gestürzt und getan, was dem Herrn miss-
fällt? [20] Saul erwiderte Samuel: Ich habe
doch auf die Stimme des Herrn gehört; ich
bin den Weg gegangen, auf den der Herr
mich geschickt hat; ich habe Agag, den Kö-
nig von Amalek, hergebracht und die Amale-
kiter dem Untergang geweiht. [21] Aber das
Volk hat von der Beute einige Schafe und
Rinder genommen, das Beste von dem, was
dem Untergang geweiht war, um es dem
Herrn, / deinem Gott, in Gilgal zu opfern.
[22] Samuel aber sagte:

Hat der Herr an Brandopfern und
Schlachtopfern das gleiche Gefallen / wie
am Gehorsam gegenüber der Stimme des
Herrn? / Wahrhaftig, Gehorsam ist besser als
Opfer, / Hinhören besser als das Fett von
Widdern.

[23] Denn Trotz ist ebenso eine Sünde wie
die Zauberei, / Widerspenstigkeit ist ebenso
(schlimm) / wie Frevel und Götzendienst. /
Weil du das Wort des Herrn verworfen hast, /
verwirft er dich als König.

[24] Da sagte Saul zu Samuel: Ich habe ge-
sündigt; denn ich habe mich über den Befehl
des Herrn und deine Anweisungen hinweg-
gesetzt, ich habe mich vor dem Volk gefürch-
tet und auf seine Stimme gehört. [25] Darum
nimm doch die Sünde von mir weg und kehr
mit mir zurück, damit ich den Herrn anbete.
[26] Samuel erwiderte Saul: Ich kehre nicht
mit dir zurück; denn du hast das Wort des
Herrn verworfen und nun hat der Herr dich
verworfen, sodass du nicht mehr König von
Israel sein kannst. [27] Als Samuel sich um-
wandte, um wegzugehen, griff Saul nach
dem Zipfel seines Mantels, doch der riss ab.
[28] Da sagte Samuel zu ihm: So entreißt dir
heute der Herr die Herrschaft über Israel
und gibt sie einem anderen, der besser ist als
du. [29] Er, der ewige Ruhm Israels, kann we-
der lügen noch bereuen. Er ist doch kein
Mensch, sodass er etwas bereuen müsste.
[30] Saul erwiderte: Ich habe gesündigt; erwei-
se mir aber jetzt vor den Ältesten des Volkes
und vor Israel die Ehre, mit mir zurückzu-
kehren, damit ich den Herrn, deinen Gott,
anbete. [31] Da kehrte Samuel um und folgte
Saul und Saul betete den Herrn an. [32] Darauf
sagte Samuel: Bringt Agag, den König von
Amalek, zu mir! Agag wurde in Fesseln zu
ihm gebracht und sagte: Wahrhaftig, die Bit-
terkeit des Todes ist gewichen. [33] Samuel
aber erwiderte:

Wie dein Schwert die Frauen um ihre Kin-
der gebracht, / so sei unter den Frauen deine
Mutter kinderlos gemacht.

Und Samuel hieb vor den Augen des Herrn
in Gilgal Agag in Stücke. [34] Dann ging
Samuel nach Rama und Saul zog hinauf in
sein Haus nach Gibea-Saul.

[35] Samuel sah Saul vor dem Tag seines To-
des nicht mehr. Samuel trauerte um Saul,
weil es den Herrn reute, dass er Saul zum
König über Israel gemacht hatte.

1: 10,1 • 2: Ex 17,8–16; Dtn 25,17–19 • 6: Ri 1,16 • 7: Gen 20,1; 25,18 • 17: 9,21 • 19: 28,18; 1 Chr 10,13 • 23: 16,1 • 28: 28,17 • 29: Num 23,19 • 35: 19,18–24.

SAUL UND DAVID: 16,1 – 31,13

Davids Salbung zum König: 16,1–13

16 Der Herr sagte zu Samuel: Wie lange
willst du noch um Saul trauern? Ich
habe ihn doch verworfen; er soll nicht mehr
als König über Israel herrschen. Fülle dein
Horn mit Öl und mach dich auf den Weg! Ich
schicke dich zu dem Betlehemiter Isai; denn
ich habe mir einen von seinen Söhnen als
König ausersehen. [2] Samuel erwiderte: Wie
kann ich da hingehen? Saul wird es erfahren

und mich umbringen. Der Herr sagte: Nimm ein junges Rind mit und sag: Ich bin gekommen, um dem Herrn ein Schlachtopfer darzubringen. 3 Lade Isai zum Opfer ein! Ich selbst werde dich dann erkennen lassen, was du tun sollst: Du sollst mir nur den salben, den ich dir nennen werde. 4 Samuel tat, was der Herr befohlen hatte. Als er nach Betlehem kam, gingen ihm die Ältesten der Stadt zitternd entgegen und fragten: Bedeutet dein Kommen Frieden? 5 Er antwortete: Frieden. Ich bin gekommen, um dem Herrn ein Schlachtopfer darzubringen. Heiligt euch und kommt mit mir zum Opfer! Dann heiligte er Isai und seine Söhne und lud sie zum Opfer ein. 6 Als sie kamen und er den Eliab sah, dachte er: Gewiss steht nun vor dem Herrn sein Gesalbter. 7 Der Herr aber sagte zu Samuel: Sieh nicht auf sein Aussehen und seine stattliche Gestalt, denn ich habe ihn verworfen; Gott sieht nämlich nicht auf das, worauf der Mensch sieht. Der Mensch sieht, was vor den Augen ist, der Herr aber sieht das Herz. 8 Nun rief Isai den Abinadab und ließ ihn vor Samuel treten. Dieser sagte: Auch ihn hat der Herr nicht erwählt. 9 Isai ließ Schima kommen. Samuel sagte: Auch ihn hat der Herr nicht erwählt. 10 So ließ Isai sieben seiner Söhne vor Samuel treten, aber Samuel sagte zu Isai: Diese hat der Herr nicht erwählt. 11 Und er fragte Isai: Sind das alle deine Söhne? Er antwortete: Der jüngste fehlt noch, aber der hütet gerade die Schafe. Samuel sagte zu Isai: Schick jemand hin und lass ihn holen; wir wollen uns nicht zum Mahl hinsetzen, bevor er hergekommen ist. 12 Isai schickte also jemand hin und ließ ihn kommen. David war blond, hatte schöne Augen und eine schöne Gestalt. Da sagte der Herr: Auf, salbe ihn! Denn er ist es. 13 Samuel nahm das Horn mit dem Öl und salbte David mitten unter seinen Brüdern. Und der Geist des Herrn war über David von diesem Tag an. Samuel aber brach auf und kehrte nach Rama zurück.

1: 13,14; 15,23 • 3: 1 Chr 11,3 • 10: 17,12; 1 Chr 2,13–15 • 12: 17,42 • 13: 2 Sam 2,4; 5,3; Ps 89,21.

David im Dienst Sauls: 16,14–23

14 Der Geist des Herrn war von Saul gewichen; jetzt quälte ihn ein böser Geist, der vom Herrn kam. 15 Da sagten die Diener Sauls zu ihm: Du siehst, ein böser Geist Gottes quält dich. 16 Darum möge unser Herr seinen Knechten, die vor ihm stehen, befehlen, einen Mann zu suchen, der die Zither zu spielen versteht. Sobald dich der böse Geist Gottes überfällt, soll er auf der Zither spielen; dann wird es dir wieder gut gehen. 17 Saul sagte zu seinen Dienern: Seht euch für mich nach einem Mann um, der gut spielen kann, und bringt ihn her zu mir! 18 Einer der jungen Männer antwortete: Ich kenne einen Sohn des Betlehemiters Isai, der Zither zu spielen versteht. Und er ist tapfer und ein guter Krieger, wortgewandt, von schöner Gestalt, und der Herr ist mit ihm. 19 Da schickte Saul Boten zu Isai und ließ ihm sagen: Schick mir deinen Sohn David, der bei den Schafen ist. 20 Isai nahm einen Esel, dazu Brot, einen Schlauch Wein und ein Ziegenböckchen und schickte seinen Sohn David damit zu Saul. 21 So kam David zu Saul und trat in seinen Dienst; Saul gewann ihn sehr lieb, und David wurde sein Waffenträger. 22 Darum schickte Saul zu Isai und ließ ihm sagen: David soll in meinem Dienst bleiben; denn er hat mein Wohlwollen gefunden. 23 Sooft nun ein Geist Gottes Saul überfiel, nahm David die Zither und spielte darauf. Dann fühlte sich Saul erleichtert, es ging ihm wieder gut und der böse Geist wich von ihm.

14: 18,10; 19,9 • 22: 18,2.

David und Goliat: 17,1–58

17 Die Philister zogen ihre Truppen zum Kampf zusammen. Sie versammelten sich bei Socho, das zu Juda gehört, und schlugen zwischen Socho und Aseka in Efes-Dammim ihr Lager auf. 2 Auch Saul und die Männer Israels sammelten sich; sie schlugen ihr Lager im Terebinthental auf und traten zum Kampf gegen die Philister an. 3 Die Philister standen an dem Berg auf der einen Seite, die Israeliten an dem Berg auf der anderen Seite; zwischen ihnen lag das Tal.

4 Da trat aus dem Lager der Philister ein Vorkämpfer namens Goliat aus Gat hervor. Er war sechs Ellen und eine Spanne groß. 5 Auf seinem Kopf hatte er einen Helm aus Bronze und er trug einen Schuppenpanzer aus Bronze, der fünftausend Schekel wog. 6 Er hatte bronzene Schienen an den Beinen und zwischen seinen Schultern hing ein Sichelschwert aus Bronze. 7 Der Schaft seines Speeres war (so dick) wie ein Weberbaum

16,7 Gott sieht: Text ergänzt nach G.
16,14 Die von Gott verliehene Begabung zum Führertum ging Saul verloren; er litt an einer psychischen Störung.

17,1 Socho: westlich von Betlehem. – Der Text des Kapitels lässt erkennen, dass verschiedene Überlieferungen über David miteinander verbunden wurden.

und die eiserne Speerspitze wog sechshundert Schekel. Sein Schildträger ging vor ihm her. 8 Goliat trat vor und rief zu den Reihen der Israeliten hinüber: Warum seid ihr ausgezogen und habt euch zum Kampf aufgestellt? Bin ich nicht ein Philister und seid ihr nicht die Knechte Sauls? Wählt euch doch einen Mann aus! Er soll zu mir herunterkommen. 9 Wenn er mich im Kampf erschlagen kann, wollen wir eure Knechte sein. Wenn ich ihm aber überlegen bin und ihn erschlage, dann sollt ihr unsere Knechte sein und uns dienen. 10 Und der Philister sagte weiter: Heute habe ich die Reihen Israels verhöhnt (und gesagt): Schickt mir doch einen Mann, damit wir gegeneinander kämpfen können. 11 Als Saul und ganz Israel diese Worte des Philisters hörten, erschraken sie und hatten große Angst.

12 David war der Sohn eines Efratiters namens Isai aus Betlehem in Juda, der acht Söhne hatte. Zur Zeit Sauls war Isai bereits alt und betagt. 13 Die drei ältesten Söhne Isais waren zusammen mit Saul in den Krieg gezogen. Seine drei Söhne, die mit in den Krieg gezogen waren, hießen Eliab – er war der Erstgeborene –, der zweite Abinadab, der dritte Schima. 14 Die drei Ältesten waren Saul gefolgt. David aber war der jüngste. 15 David kehrte öfters vom Hof Sauls nach Betlehem zurück, um die Schafe seines Vaters zu hüten.

16 Der Philister kam jeden Morgen und Abend und stellte sich kampfbereit hin – vierzig Tage lang. 17 Eines Tages sagte Isai zu seinem Sohn David: Nimm für deine Brüder ein Efa von diesem gerösteten Korn und diese zehn Brote und lauf damit zu ihnen ins Lager. 18 Und diese zehn Käse bring dem Obersten der Tausendschaft! Sieh nach, ob es deinen Brüdern gut geht, und lass dir ein Pfand (als Lebenszeichen) von ihnen geben! 19 Saul ist mit ihnen und all den anderen Israeliten im Terebinthental und sie kämpfen gegen die Philister. 20 David brach früh am Morgen auf, überließ die Herde einem Wächter, lud die Sachen auf und ging, wie es ihm Isai befohlen hatte. Als er zur Wagenburg kam, rückte das Heer gerade in Schlachtordnung aus und ließ den Kampfruf erschallen. 21 Israel und die Philister stellten sich, Reihe gegen Reihe, zum Kampf auf. 22 David legte das Gepäck ab, überließ es dem Wächter des Trosses und lief zur Schlachtreihe. Er ging zu seinen Brüdern und fragte, wie es ihnen gehe. 23 Während er noch mit ihnen redete, trat gerade aus den Reihen der Philister ihr Vorkämpfer, der Philister namens Goliat aus Gat, hervor; er rief die gewohnten Worte und David hörte es. 24 Als die Israeliten den Mann sahen, hatten sie alle große Angst vor ihm und flohen. 25 Sie sagten: Habt ihr gesehen, wie dieser Mann daherkommt? Er kommt doch nur, um Israel zu verhöhnen. Wer ihn erschlägt, den wird der König sehr reich machen; er wird ihm seine Tochter geben und seine Familie wird er von allen Steuern in Israel befreien. 26 David fragte die Männer, die bei ihm standen: Was wird man für den Mann tun, der diesen Philister erschlägt und die Schande von Israel wegnimmt? Wer ist denn dieser unbeschnittene Philister, dass er die Schlachtreihen des lebendigen Gottes verhöhnen darf? 27 Die Leute antworteten ihm dasselbe: Das und das wird man dem tun, der ihn erschlägt. 28 Sein ältester Bruder Eliab hörte, wie er mit den Männern redete, und er wurde zornig auf David. Er sagte: Wozu bist du denn hergekommen? Wem hast du denn die paar Schafe in der Wüste überlassen? Ich kenne doch deine Keckheit und die Bosheit in dir. Du bist nur hergekommen, um den Kampf zu sehen. 29 David erwiderte: Was habe ich denn jetzt wieder getan? Ich habe doch nur gefragt. 30 Dann wandte er sich von ihm ab und einem anderen zu und fragte ihn dasselbe. Die Leute antworteten ihm wie beim ersten Mal.

31 Als bekannt wurde, was David gesagt hatte, berichtete man davon auch in Sauls Umgebung und Saul ließ ihn holen. 32 David sagte zu Saul: Niemand soll wegen des Philisters den Mut sinken lassen. Dein Knecht wird hingehen und mit diesem Philister kämpfen. 33 Saul erwiderte ihm: Du kannst nicht zu diesem Philister hingehen, um mit ihm zu kämpfen; du bist zu jung, er aber ist ein Krieger seit seiner Jugend. 34 David sagte zu Saul: Dein Knecht hat für seinen Vater die Schafe gehütet. Wenn ein Löwe oder ein Bär kam und ein Lamm aus der Herde wegschleppte, 35 lief ich hinter ihm her, schlug auf ihn ein und riss das Tier aus seinem Maul. Und wenn er sich dann gegen mich aufrichtete, packte ich ihn an der Mähne und schlug ihn tot. 36 Dein Knecht hat den Löwen und den Bären erschlagen und diesem unbeschnittenen Philister soll es genauso ergehen wie ihnen, weil er die Schlachtreihen des lebendigen Gottes verhöhnt hat. 37 Und David sagte weiter: Der Herr, der mich aus der Gewalt des Löwen und des Bären gerettet hat, wird mich auch aus der Gewalt dieses Philisters retten. Da antwortete Saul David: Geh, der Herr sei mit dir. 38 Und Saul zog David seine Rüstung an; er setzte ihm einen bronzenen Helm auf den

Kopf und legte ihm seinen Panzer an, 39 und
über der Rüstung hängte er ihm sein Schwert
um. David versuchte (in der Rüstung) zu ge-
hen, aber er war es nicht gewohnt. Darum
sagte er zu Saul: Ich kann in diesen Sachen
nicht gehen, ich bin nicht daran gewöhnt.
Und er legte sie wieder ab, 40 nahm seinen
Stock in die Hand, suchte sich fünf glatte
Steine aus dem Bach und legte sie in die
Hirtentasche, die er bei sich hatte (und) die
(ihm als) Schleudersteintasche (diente). Die
Schleuder in der Hand, ging er auf den Phi-
lister zu.

41 Der Philister kam immer näher an David
heran; sein Schildträger schritt vor ihm her.
42 Voll Verachtung blickte der Philister Da-
vid an, als er ihn sah; denn David war noch
sehr jung, er war blond und von schöner Ge-
stalt. 43 Der Philister sagte zu David: Bin ich
denn ein Hund, dass du mit einem Stock zu
mir kommst? Und er verfluchte David bei
seinen Göttern.

44 Er rief David zu: Komm nur her zu mir,
ich werde dein Fleisch den Vögeln des Him-
mels und den wilden Tieren (zum Fraß) ge-
ben. 45 David antwortete dem Philister: Du
kommst zu mir mit Schwert, Speer und Si-
chelschwert, ich aber komme zu dir im Na-
men des Herrn der Heere, des Gottes der
Schlachtreihen Israels, den du verhöhnt
hast. 46 Heute wird dich der Herr mir auslie-
fern. Ich werde dich erschlagen und dir den
Kopf abhauen. Die Leichen des Heeres der
Philister werde ich noch heute den Vögeln
des Himmels und den wilden Tieren (zum
Fraß) geben. Alle Welt soll erkennen, dass Is-
rael einen Gott hat. 47 Auch alle, die hier ver-
sammelt sind, sollen erkennen, dass der Herr
nicht durch Schwert und Speer Rettung ver-
schafft; denn es ist ein Krieg des Herrn und
er wird euch in unsere Gewalt geben. 48 Als
der Philister weiter vorrückte und immer nä-
her an David herankam, lief auch David von
der Schlachtreihe (der Israeliten) aus schnell
dem Philister entgegen. 49 Er griff in seine
Hirtentasche, nahm einen Stein heraus,
schleuderte ihn ab und traf den Philister an
der Stirn. Der Stein drang in die Stirn ein
und der Philister fiel mit dem Gesicht zu Bo-
den. 50 So besiegte David den Philister mit
einer Schleuder und einem Stein; er traf den
Philister und tötete ihn, ohne ein Schwert in
der Hand zu haben. 51 Dann lief David hin
und trat neben den Philister. Er ergriff sein
Schwert, zog es aus der Scheide, schlug ihm
den Kopf ab und tötete ihn. Als die Philister
sahen, dass ihr starker Mann tot war, flohen
sie. 52 Die Männer von Israel und Juda aber
griffen an, erhoben das Kriegsgeschrei und
verfolgten die Philister bis nach Gat und bis
vor die Tore von Ekron. Von Schaarajim bis
nach Gat und Ekron lagen die erschlagenen
Philister am Weg. 53 Nach der Verfolgung
kehrten die Israeliten zurück und plünderten
das Lager der Philister. 54 David nahm den
Kopf des Philisters und brachte ihn nach Je-
rusalem. Goliats Waffen aber legte er in sein
Zelt.

55 Als Saul David dem Philister entgegen-
gehen sah, sagte er zu Abner, seinem Heer-
führer: Abner, wessen Sohn ist der junge
Mann? Abner antwortete: So wahr du lebst,
König, ich weiß es nicht. 56 Der König sagte:
Dann erkundige dich, wessen Sohn der Kna-
be ist. 57 Als David zurückkehrte, nachdem
er den Philister erschlagen hatte, nahm ihn
Abner mit und führte ihn zu Saul. David
hatte den Kopf des Philisters noch in der
Hand. 58 Saul fragte ihn: Wessen Sohn bist
du, junger Mann? David antwortete: Der
Sohn deines Knechtes Isai aus Betlehem.

12: 16,10 • 15: 18,2 • 42: 16,12 • 54: 21,10.

Jonatans Freundschaft mit David: 18,1–9

18 Nach dem Gespräch Davids mit Saul
schloss Jonatan David in sein Herz.
Und Jonatan liebte David wie sein eigenes
Leben. 2 Saul behielt David von jenem Tag
an bei sich und ließ ihn nicht mehr in das
Haus seines Vaters zurückkehren. 3 Jonatan
schloss mit David einen Bund, weil er ihn
wie sein eigenes Leben liebte. 4 Er zog den
Mantel, den er anhatte, aus und gab ihn Da-
vid, ebenso seine Rüstung, sein Schwert, sei-
nen Bogen und seinen Gürtel. 5 David zog ins
Feld und überall, wohin Saul ihn schickte,
hatte er Erfolg, sodass Saul ihn an die Spitze
seiner Krieger stellte. David war beim gan-
zen Volk und bei den Dienern Sauls beliebt.
6 Als sie nach Davids Sieg über den Philister
heimkehrten, zogen die Frauen aus allen
Städten Israels König Saul singend und tan-
zend mit Handpauken, Freudenrufen und
Zimbeln entgegen. 7 Die Frauen spielten und
riefen voll Freude:

Saul hat Tausend erschlagen, / David aber
Zehntausend.

17,52 nach Gat: Text korr., vgl. G und die zweite Vershälfte; H: bis zu einem Tal.

18,4 Jonatan gibt symbolisch einen Teil seiner selbst als Zeichen der Verbundenheit.

8 Saul wurde darüber sehr zornig. Das Lied missfiel ihm und er sagte: David geben sie Zehntausend, mir aber geben sie nur Tausend. Jetzt fehlt ihm nur noch die Königswürde. 9 Von diesem Tag an war Saul gegen David voll Argwohn.

2: 16,22; 17,15 • 3: 19,1; 20,8.17; 23,18; 2 Sam 1,26; 21,7 • 6–7: 21,12; 29,5.

Sauls Feindschaft gegen David: 18,10–30

10 Am folgenden Tag kam über Saul wieder ein böser Gottesgeist, sodass er in seinem Haus in Raserei geriet. David aber spielte wie jeden Tag. Saul hatte den Speer in der Hand. 11 Saul dachte: Ich will David an die Wand spießen!, und schleuderte den Speer, aber David wich ihm zweimal aus. 12 Und Saul begann sich vor David zu fürchten, weil der Herr mit David war, Saul aber verlassen hatte. 13 Darum entfernte Saul David aus seiner Umgebung und machte ihn zum Obersten einer Tausendschaft. So zog David an der Spitze der Leute hinaus (in den Krieg) und wieder heim. 14 David hatte Erfolg, wohin ihn auch sein Weg führte, und der Herr war mit ihm. 15 Als Saul sah, dass David sehr erfolgreich war, bekam er noch mehr Angst vor ihm. 16 Ganz Israel und Juda aber liebte David, weil er an ihrer Spitze hinaus (in den Krieg) und wieder heimzog.

17 Saul sagte zu David: Hier ist meine älteste Tochter Merab. Ich will sie dir zur Frau geben, wenn du dich mir als tapfer erweist und die Kriege des Herrn führst. Saul dachte nämlich: Ich will nicht meine Hand gegen ihn erheben; das sollen die Philister tun. 18 David antwortete Saul: Wer bin ich denn und was ist schon meine Sippe und die Verwandtschaft meines Vaters in Israel, dass ich der Schwiegersohn des Königs werden sollte? 19 Als aber dann die Zeit kam, in der Sauls Tochter Merab David zur Frau gegeben werden sollte, wurde sie Adriël aus Mehola zur Frau gegeben. 20 Sauls Tochter Michal liebte David; dies teilte man Saul mit. Es war ihm recht; 21 denn er sagte sich: Ich will sie ihm geben; sie soll ihm zum Verhängnis werden, sodass er den Philistern in die Hände fällt. Saul sagte zu David: Heute in zwei Jahren kannst du mein Schwiegersohn werden. 22 Seinen Dienern aber befahl Saul: Redet heimlich mit David und sagt: Du siehst, dass der König Gefallen an dir hat und dass alle seine Diener dich gern haben; du könntest sofort der Schwiegersohn des Königs werden. 23 Sauls Diener redeten also in dieser Weise mit David. David aber erwiderte: Scheint es euch so leicht zu sein, der Schwiegersohn des Königs zu werden? Ich bin doch ein armer und geringer Mann. 24 Die Diener berichteten Saul: Das und das hat David gesagt. 25 Saul antwortete: So sollt ihr David sagen: Der König möchte keine andere Brautgabe als die Vorhäute von hundert Philistern, um an den Feinden des Königs Rache zu nehmen. Saul plante nämlich, David den Philistern in die Hände fallen zu lassen. 26 Seine Diener berichteten David, was Saul gesagt hatte, und es war David recht, dass er so der Schwiegersohn des Königs werden sollte. Die gesetzte Frist war noch nicht um, 27 als David sich auf den Weg machte und mit seinen Leuten zog; er erschlug zweihundert von den Philistern, brachte ihre Vorhäute zum König und legte sie vollzählig vor ihn hin, um sein Schwiegersohn zu werden. Und Saul gab ihm seine Tochter Michal zur Frau. 28 Als Saul immer deutlicher erkannte, dass der Herr mit David war und dass seine Tochter Michal ihn liebte, 29 fürchtete er sich noch mehr vor David. So wurde Saul für alle Zeit zum Feind Davids.

30 Die Fürsten der Philister zogen (immer wieder) in den Kampf; sooft sie aber ausrückten, hatte David mehr Erfolg als alle anderen Diener Sauls, sodass sein Name immer mehr galt.

10: 16,14 • 11: 20,33 • 19: 2 Sam 21,8 • 27: 2 Sam 3,14.

Jonatans Vermittlung: 19,1–7

19 Saul redete vor seinem Sohn Jonatan und vor allen seinen Dienern davon, dass er David töten wolle. Sauls Sohn Jonatan aber hatte David sehr gern; 2 deshalb berichtete er David davon und sagte: Mein Vater Saul will dich töten. Nimm dich also morgen früh in Acht, verbirg dich in einem Versteck! 3 Ich aber will zusammen mit meinem Vater auf das Feld hinausgehen; dort, wo du dich versteckt hältst, werde ich stehen bleiben und mit meinem Vater über dich reden, und wenn ich etwas erfahre, werde ich dir Bescheid geben. 4 Jonatan redete also zugunsten Davids mit seinem Vater und sagte zu ihm: Der König möge sich doch nicht an seinem Knecht David versündigen; denn er hat sich ja auch nicht an dir versündigt und seine Taten sind für dich sehr nützlich gewesen. 5 Er hat sein Leben aufs Spiel gesetzt und den Philister erschlagen. Der Herr hat (durch ihn) ganz Israel viel Hilfe gebracht.

18,21 in zwei Jahren: Text korr., vgl. V. 26

Du hast es selbst gesehen und dich darüber
gefreut. Warum willst du dich nun versündi-
gen und unschuldiges Blut vergießen, indem
du David ohne jeden Grund tötest? 6 Saul
hörte auf Jonatan und schwor: So wahr der
Herr lebt: David soll nicht umgebracht wer-
den. 7 Jonatan rief David und berichtete ihm
alles. Dann führte Jonatan David zu Saul
und David war wieder in Sauls Dienst wie
vorher.

1: 18,3 • 5: 17,50.

Davids Flucht: 19,8–24

8 Der Krieg ging weiter und David zog
wieder gegen die Philister in den Kampf. Er
brachte ihnen eine schwere Niederlage bei
und sie ergriffen die Flucht.

9 Doch wieder kam vom Herrn ein böser
Geist über Saul, während er in seinem Haus
saß und den Speer in der Hand hielt und Da-
vid auf der Zither spielte. 10 Da versuchte
Saul, David mit dem Speer an die Wand zu
spießen; aber er wich Saul aus, sodass der
Speer in die Wand fuhr. David floh und
brachte sich in Sicherheit. Noch in derselben
Nacht 11 schickte Saul Boten zum Haus Da-
vids, die ihm auflauern und ihn am nächsten
Morgen töten sollten. Doch Michal, Davids
Frau, warnte ihn und sagte: Wenn du dich
nicht noch in dieser Nacht in Sicherheit
bringst, wirst du morgen früh umgebracht.
12 Michal ließ David durch das Fenster hi-
nab, sodass er fliehen und sich in Sicherheit
bringen konnte. 13 Dann nahm Michal das
Götterbild, legte es in Davids Bett, umgab
seinen Kopf mit einem Geflecht von Ziegen-
haaren und deckte es mit einem Kleidungs-
stück zu. 14 Als nun Saul die Boten schickte,
die David holen sollten, sagte sie: Er ist
krank. 15 Saul schickte die Boten (zurück),
um nach David zu sehen, und befahl: Bringt
ihn im Bett zu mir her; er soll umgebracht
werden. 16 Als die Boten kamen, entdeckten
sie im Bett ein Götterbild mit einem Geflecht
von Ziegenhaaren um den Kopf. 17 Da sagte
Saul zu Michal: Warum hast du mich so be-
trogen und meinen Feind entkommen lassen,
sodass er sich in Sicherheit bringen konnte?
Michal antwortete Saul: Er hat zu mir ge-
sagt: Lass mich weggehen, sonst bringe ich
dich um. 18 David floh also und brachte sich
in Sicherheit. Er kam zu Samuel nach Rama
und erzählte ihm alles, was Saul ihm ange-
tan hatte. Dann ging er zusammen mit
Samuel ins Prophetenhaus und beide blieben
dort. 19 Als man nun Saul berichtete: David
ist in Rama, und zwar im Prophetenhaus!,
20 da schickte Saul Boten, um David holen zu
lassen. Sobald sie die Schar der Propheten
mit Samuel an ihrer Spitze in prophetischer
Verzückung sahen, kam der Geist Gottes
auch über die Boten Sauls und auch sie
gerieten in Verzückung. 21 Als man Saul
das meldete, schickte er andere Boten; aber
auch sie gerieten in Verzückung. Da schickte
er zum dritten Mal Boten; doch auch sie
gerieten in Verzückung. 22 Darauf ging er
selbst nach Rama. Als er zu der großen Zis-
terne in Sechu kam, fragte er: Wo sind
Samuel und David? Man antwortete ihm: Sie
sind gerade im Prophetenhaus in Rama.
23 Als er von dort zum Prophetenhaus in
Rama weiterging, kam auch über ihn der
Geist Gottes, und er ging in prophetischer
Verzückung weiter, bis er zum Propheten-
haus in Rama kam. 24 Er zog sogar seine
Kleider aus und blieb auch in Samuels Ge-
genwart in Verzückung. Den ganzen Tag und
die ganze Nacht über lag er nackt da. Des-
halb sagt man: Ist denn auch Saul unter den
Propheten?

9: 16,14 • 20–24: 10,10–12 • 24: 10,12.

Jonatans Beistand für David: 20,1–42

20 David floh aus dem Prophetenhaus
in Rama, ging zu Jonatan und hielt
ihm vor: Was habe ich denn getan? Was ist
meine Schuld? Was habe ich gegen deinen
Vater verbrochen, dass er mir nach dem Le-
ben trachtet? 2 Jonatan antwortete ihm: Das
ist undenkbar. Du wirst nicht sterben. Du
weißt doch: Mein Vater tut nichts Wichtiges
oder Unwichtiges, ohne es mir zu offenba-
ren. Warum sollte mein Vater gerade das vor
mir verheimlichen? Nein, das kann nicht
sein. 3 David aber beteuerte nochmals: Dein
Vater weiß genau, dass ich dein Wohlwollen
gefunden habe, und sagt sich: Jonatan soll
das nicht wissen, sonst wird er betrübt.
Aber, so wahr der Herr lebt und so wahr du
selbst lebst: Zwischen mir und dem Tod liegt
nur ein Schritt. 4 Jonatan fragte David: Was
meinst du? Was könnte ich für dich tun?
5 David antwortete Jonatan: Du weißt doch,
morgen ist Neumond. Da müsste ich unbe-
dingt am Mahl des Königs teilnehmen. Lass

19,13 Götterbild: H: Terafim (ein Kultobjekt unbekannter Form).

19,18f Prophetenhaus: in H ein Wort unsicherer Bedeutung; es dürfte sich um eine Prophetenniederlassung handeln (vgl. 2 Kön 6,1f).

20,5 Der Neumond ist wie der Sabbat Fest- und Ruhetag (vgl. 2 Kön 4,23; Hos 2,13; Am 8,5).

mich fortgehen, damit ich mich bis übermor-
gen Abend auf dem Feld versteckt halte.
6 Wenn dein Vater mich vermisst, dann sag:
David hat mich dringend gebeten, in seine
Heimatstadt Betlehem gehen zu dürfen, weil
dort das jährliche Opfer für die ganze Sippe
stattfindet. 7 Wenn er dann sagt: Gut!, dann
steht es günstig für deinen Knecht. Wenn er
aber in heftigen Zorn gerät, dann kannst du
daran erkennen, dass das Unheil von ihm be-
schlossen ist. 8 Zeig deinem Knecht also dei-
ne Freundschaft; denn du hast mit deinem
Knecht einen Bund vor dem Herrn geschlos-
sen. Wenn ich Schuld auf mich geladen habe,
dann töte mich gleich! Warum willst du mich
erst zu deinem Vater bringen? 9 Jonatan ant-
wortete: Das darf nicht mit dir geschehen.
Sobald ich sicher weiß, dass mein Vater be-
schlossen hat, Unheil über dich zu bringen,
werde ich es dir auf jeden Fall mitteilen.

10 David aber fragte Jonatan: Wer wird mir
die Nachricht bringen, wenn dir dein Vater
etwa eine schroffe Antwort gibt? 11 Jonatan
sagte zu David: Komm, wir wollen aufs Feld
hinausgehen. Beide gingen aufs Feld hinaus.
12 Und Jonatan sagte zu David: Beim Herrn,
dem Gott Israels: Wenn ich morgen oder
übermorgen um diese Zeit bei meinem Vater
in Erfahrung bringe, dass es gut für David
steht, dann werde ich jemand schicken und
es dir sagen lassen. 13 Der Herr möge Jonatan
dies und das antun: Wenn mein Vater Böses
gegen dich im Sinn hat, werde ich es dir sa-
gen und werde dich in Frieden gehen lassen.
Der Herr möge mit dir sein, wie er mit mei-
nem Vater gewesen ist. 14 Nicht wahr, wenn
ich dann noch am Leben bin, wirst du ent-
sprechend der Huld des Herrn an mir han-
deln. Wenn ich aber umkomme, 15 dann ent-
zieh meinem Haus niemals deine Gunst,
selbst wenn der Herr jeden der Feinde Da-
vids auf dem Erdboden ausrottet. 16 So
schloss Jonatan einen Bund mit dem Haus
David. – Der Herr halte sich schadlos an Da-
vids Feinden. – 17 Und Jonatan ließ auch Da-
vid bei seiner Liebe zu ihm schwören; denn
er liebte ihn wie sein eigenes Leben. 18 Dann
sagte Jonatan zu ihm: Morgen ist Neumond.
Du wirst vermisst werden; denn man wird
deinen Platz beobachten. 19 Übermorgen
aber geh weit hinab, an den Ort, wo du dich
am Tag der Tat versteckt hattest, und setz
dich neben den Stein dort. 20 Ich werde dann
drei Pfeile in seine Nähe schießen, als ob ich
ein Ziel treffen wollte. 21 Dann gib Acht: Ich
schicke meinen Diener (und sage zu ihm):
Geh, such nach den Pfeilen! Wenn ich dem
Diener ausdrücklich sage: Pass auf, die Pfei-
le liegen von dir aus herwärts, hol sie!, dann
komm, denn es steht günstig für dich und es
liegt nichts vor, so wahr der Herr lebt.
22 Wenn ich aber zu dem jungen Mann sage:
Pass auf, die Pfeile liegen von dir aus weiter
draußen!, dann geh weg, denn der Herr
schickt dich fort. 23 Für diese Vereinbarung,
die wir, ich und du, getroffen haben, soll der
Herr auf ewig mein und dein Zeuge sein.
24 Daraufhin versteckte sich David auf dem
Feld.

So kam der Neumond und der König setzte
sich zu Tisch, um das Mahl zu halten. 25 Er
setzte sich wie jedes Mal auf seinen gewohn-
ten Platz an der Wand; Jonatan saß ihm ge-
genüber und Abner saß an Sauls Seite. Da-
vids Platz aber blieb leer. 26 Saul sagte an
diesem Tag nichts, denn er dachte: Es ist ihm
etwas zugestoßen, was ihn unrein sein lässt;
sicher ist er nicht rein. 27 Als aber am zweiten
Tag, dem Tag nach dem Neumond, der Platz
Davids wieder leer blieb, sagte Saul zu sei-
nem Sohn Jonatan: Warum ist der Sohn Isais
gestern und heute nicht zum Essen gekom-
men? 28 Jonatan antwortete Saul: David hat
mich dringend gebeten, nach Betlehem ge-
hen zu dürfen. 29 Er sagte: Lass mich gehen;
denn in der Stadt findet ein Opfer unserer
Sippe statt. Mein Bruder selbst hat mich auf-
gefordert (zu kommen). Wenn ich dein Wohl-
wollen gefunden habe, dann möchte ich jetzt
gehen und meine Brüder wieder sehen. Des-
wegen ist David nicht an den Tisch des Kö-
nigs gekommen. 30 Da wurde Saul zornig
über Jonatan und sagte: Du Sohn eines ent-
arteten und aufsässigen Weibes! Ich weiß
sehr gut, dass du dich zu deiner eigenen
Schande und zur Schande des Schoßes dei-
ner Mutter für den Sohn Isais entschieden
hast. 31 Doch solange der Sohn Isais auf Er-
den lebt, wirst weder du noch dein Königtum
Bestand haben. Schick also sofort jemand
hin und lass ihn holen; denn er ist ein Kind
des Todes. 32 Jonatan antwortete seinem Va-
ter Saul: Warum soll er umgebracht werden?
Was hat er getan? 33 Da schleuderte Saul den
Speer gegen ihn, um ihn zu töten. Nun wuss-
te Jonatan, dass sein Vater beschlossen hat-
te, David umzubringen. 34 Voll Zorn stand er
vom Tisch auf und aß an diesem zweiten

20,16 Der Sinn des zweiten Satzes ist in H unklar, die Übersetzung ein Versuch.

20,19 Welche Tat gemeint ist, wird aus H nicht deutlich.

20,25 saß ihm gegenüber: Text korr. nach G; H: stand auf.

20,26 Für ein Kultmahl muss man im Zustand kultischer Reinheit sein.

Neumondtag nichts; denn er war bekümmert wegen David, weil sein Vater ihn beschimpft hatte.

35 Am nächsten Morgen ging Jonatan, wie er mit David verabredet hatte, aufs Feld hinaus und ein junger Diener war bei ihm. 36 Er sagte zu dem Diener: Lauf, such die Pfeile, die ich abschieße. Der Diener lief und er schoss einen Pfeil über ihn hinaus. 37 Als der Diener an die Stelle kam, wohin Jonatan den Pfeil geschossen hatte, rief Jonatan dem Diener nach: Liegt der Pfeil von dir aus nicht noch weiter draußen? 38 Und er rief dem Diener nach: Beeil dich, schnell, bleib nicht stehen! Der Diener Jonatans hob den Pfeil auf und kam zu seinem Herrn zurück. 39 Der Diener aber ahnte nichts; nur Jonatan und David wussten von der Vereinbarung. 40 Jonatan gab dem Diener, den er bei sich hatte, seine Waffen und sagte zu ihm: Geh, bring sie in die Stadt! 41 Als der Diener heimgegangen war, verließ David sein Versteck neben dem Stein, warf sich mit dem Gesicht zur Erde nieder und verneigte sich dreimal tief (vor Jonatan). Dann küssten sie einander und beide weinten. David hörte nicht auf zu weinen 42 und Jonatan sagte zu ihm: Geh in Frieden! Für das, was wir beide uns im Namen des Herrn geschworen haben, sei der Herr zwischen mir und dir, zwischen meinen und deinen Nachkommen auf ewig Zeuge.

8: 18,3 • 30: 23,17 • 33: 18,11.

David bei Ahimelech: 21,1–10

21 Dann brach David auf und ging weg, Jonatan aber begab sich in die Stadt zurück. 2 David gelangte nach Nob zu dem Priester Ahimelech. Ahimelech kam David aufgeregt entgegen und fragte ihn: Warum bist du allein und hast niemand bei dir? 3 David antwortete dem Priester Ahimelech: Der König hat mir einen Auftrag gegeben und zu mir gesagt: Niemand darf etwas von der Angelegenheit erfahren, in der ich dich sende und mit der ich dich beauftrage. Darum habe ich meine Leute an einen bestimmten Ort bestellt. 4 Hast du vielleicht etwas zur Hand für mich? Fünf Brote vielleicht? Dann gib sie mir, oder gib mir, was du sonst finden kannst. 5 Der Priester gab David Antwort und sagte: Gewöhnliches Brot habe ich nicht zur Hand, nur heiliges Brot ist da; aber dann müssen sich die jungen Männer von Frauen ferngehalten haben. 6 David antwortete dem Priester: Wir haben uns schon gestern und vorgestern von Frauen ferngehalten. Als ich auszog, waren die Waffen der jungen Männer geheiligt; wenn dies auch ein gewöhnlicher Marsch ist, so wird er doch durch die Waffen geheiligt. 7 Da gab ihm der Priester heiliges Brot, denn es gab dort nur die Schaubrote, die man von (dem Tisch) vor dem Angesicht des Herrn entfernt, um an dem Tag, an dem sie weggenommen werden, frisches Brot aufzulegen. 8 Damals hielt sich dort im Heiligtum des Herrn gerade einer von den Knechten Sauls auf, ein Edomiter namens Doëg; er war der Oberste von Sauls Hirten. 9 David fragte Ahimelech: Hast du einen Speer oder ein Schwert zur Hand? Denn ich konnte weder mein Schwert noch andere Waffen mitnehmen, weil der Auftrag des Königs so dringend war. 10 Der Priester antwortete: Das Schwert des Philisters Goliat, den du im Terebinthental erschlagen hast, liegt hier, in einem Mantel eingewickelt, hinter dem Efod. Wenn du es nehmen willst, nimm es! Außer diesem gibt es keines hier. David sagte: Kein anderes kommt ihm gleich; gib es mir!

2: 22,9–19 • 5: Lev 24,5–9; Ex 19,15 • 7: Mt 12,3f • 10: 17,50f.54.

David in Gat, Adullam und Mizpe: 21,11 – 22,5

11 David brach noch am gleichen Tag auf und floh vor Saul. Er kam zu Achisch, dem König von Gat. 12 Doch die Diener des Achisch sagten zu ihrem Herrn: Ist das nicht David, der König des Landes? Ist das nicht der, von dem man beim Reigentanz gesungen hat: Saul hat Tausend erschlagen, David aber Zehntausend? 13 David nahm sich diese Worte zu Herzen und er fürchtete sich sehr vor Achisch, dem König von Gat. 14 Darum verstellte er sich vor ihnen und tat in ihrer Gegenwart so, als sei er wahnsinnig; er kritzelte auf die Flügel des Tores und ließ sich den Speichel in den Bart laufen. 15 Achisch sagte zu seinen Dienern: Seht ihr nicht, dass der Mann verrückt ist? Warum bringt ihr ihn zu mir? 16 Gibt es bei mir nicht schon genug Verrückte, sodass ihr auch noch diesen Mann

---

20,41 neben dem Stein: Text korr., vgl. V. 19; unklar. – hörte nicht auf zu weinen: H unklar, Übersetzung ein Versuch.

21,2 Nob wird nach Jes 10,32 nördlich von Jerusalem vermutet. Ahimelech ist nach 14,3 ein Urenkel Elis.

21,5–7 Heiliges Brot darf wie die Schaubrote nur im Zustand kultischer Reinheit genossen werden.

21,10 Efod ist hier ein Kultgegenstand unbekannten Aussehens.

zu mir herbringt, damit er bei mir verrückt spielt? Soll der etwa auch noch in mein Haus kommen?

22 Darum ging David von dort weg und brachte sich in der Höhle von Adullam in Sicherheit. Als seine Brüder und seine Familie davon hörten, kamen sie zu ihm hinab. 2 Auch schlossen sich ihm viele Männer an, die unter Druck standen, sowie alle möglichen Leute, die Schulden hatten oder verbittert waren, und er wurde ihr Anführer. So waren etwa vierhundert Mann um ihn. 3 Von dort zog David nach Mizpe-Moab und sagte zum König von Moab: Mein Vater und meine Mutter möchten (von zu Hause) wegziehen und bei euch bleiben, bis ich weiß, was Gott mit mir vorhat. 4 So brachte er seine Eltern zum König von Moab und sie blieben bei ihm, solange David sich in den unzugänglichen Bergen aufhielt. 5 Der Prophet Gad aber sagte zu David: Bleib nicht in den Bergen, sondern zieh weg und geh wieder ins Land Juda! Und David zog weg und kam nach Jaar-Heret.

21,11: 27,2; Ps 56,1 • 12: 18,7 • 14: Ps 34,1 • 22,5: 2 Sam 24,11; 1 Chr 29,29.

Sauls Rache an den Priestern von Nob:
22,6–23

6 Saul hörte, David und die Männer, die er bei sich hatte, seien entdeckt worden. Er saß gerade in Gibea unter der Tamariske auf der Höhe. Er hatte den Speer in der Hand und alle seine Diener standen um ihn herum. 7 Da sagte Saul zu seinen Dienern, die um ihn standen: Hört her, ihr Benjaminiter! Euch allen wird wohl der Sohn Isais Felder und Weinberge geben und euch zu Obersten von Tausendschaften und Hundertschaften machen, 8 weil ihr euch alle gegen mich verschworen habt. Keiner hat mir etwas davon gesagt, als mein Sohn einen Bund mit dem Sohn Isais schloss, und keinem tat es Leid um mich, sodass er mir mitgeteilt hätte, dass mein Sohn meinen Knecht dazu angestiftet hat, mir aufzulauern, wie es jetzt der Fall ist. 9 Da antwortete der Edomiter Doëg, der bei den Dienern Sauls stand: Ich habe den Sohn Isais gesehen, wie er gerade nach Nob zu Ahimelech, dem Sohn Ahitubs, kam. 10 Ahimelech befragte für ihn den Herrn und gab ihm Verpflegung; auch das Schwert des Philisters Goliat gab er ihm.

11 Darauf schickte der König jemand hin und ließ den Priester Ahimelech, den Sohn Ahitubs, rufen sowie alle vom Haus seines Vaters, die Priester von Nob. Als sie alle zum König gekommen waren, 12 sagte Saul: Hör her, Sohn Ahitubs! Er antwortete: Hier bin ich, mein Herr. 13 Saul sagte zu ihm: Warum habt ihr euch gegen mich verschworen, du und der Sohn Isais? Du hast ihm doch Brot und ein Schwert gegeben und für ihn Gott befragt, sodass er sich gegen mich erheben und mir auflauern kann, wie es heute der Fall ist. 14 Ahimelech erwiderte dem König: Wer hat sich denn von allen deinen Dienern so sehr bewährt wie David, der Schwiegersohn des Königs, der Anführer deiner Leibwache, der in deinem Haus hoch geehrt ist? 15 Habe ich denn erst heute begonnen, für ihn Gott zu befragen? Keineswegs! Der König möge seinem Knecht und dem ganzen Haus meines Vaters nichts unterstellen; denn dein Knecht hat von all dem nichts gewusst, weder Wichtiges noch Unwichtiges. 16 Doch der König sagte: Du bist dem Tod verfallen, Ahimelech, du und das ganze Haus deines Vaters. 17 Und der König sagte den Läufern, die bei ihm standen: Umzingelt die Priester des Herrn und tötet sie! Denn auch sie haben David die Hand gereicht; sie haben gewusst, dass er auf der Flucht war, und mir nichts davon berichtet. Aber die Diener des Königs wollten ihre Hand nicht erheben, um die Priester des Herrn niederzustoßen. 18 Da sagte der König zu Doëg: Komm her, stoß du die Priester nieder! Der Edomiter Doëg ging zu den Priestern hin und stieß sie nieder. Er brachte an jenem Tag fünfundachtzig Männer um, die das leinene Efod trugen. 19 Auch die Priesterstadt Nob schlug er mit scharfem Schwert: Die Männer und Frauen, die Kinder und Säuglinge, die Rinder, Esel und Schafe (erschlug er) mit scharfem Schwert. 20 Nur ein einziger Sohn Ahimelechs, des Sohnes Ahitubs, namens Abjatar konnte sich in Sicherheit bringen und zu David fliehen. 21 Abjatar berichtete David, dass Saul die Priester des Herrn umgebracht hatte. 22 Da sagte David zu Abjatar: Ich wusste schon an jenem Tag, als der Edomiter Doëg dort war, dass er Saul bestimmt alles berichten werde. Ich selbst bin schuld am Tod all der Leute aus dem Haus deines Vaters. 23 Bleib bei mir, fürchte dich nicht; denn der, der mir nach dem Leben trachtet, trachtet auch dir nach dem Leben; bei mir bist du in Sicherheit.

9: 21,8; Ps 52,2 • 20: 23,6; Mk 2,26 • 23: 1 Kön 2,26.

22,1 Adullam: südwestlich von Jerusalem.

22,22 Ich selbst bin schuld: Text korr. nach G.

David in Keïla und in der Steppe Sif:
23,1–28

23 Man berichtete David: Die Philister
kämpfen gerade gegen Keïla und
plündern die Scheunen. 2 Da befragte David
den Herrn: Soll ich hinziehen und diese Phi-
lister schlagen? Der Herr antwortete David:
Geh, schlag die Philister und rette Keïla!
3 Aber die Männer Davids sagten: Schau, wir
müssen schon hier in Juda Angst haben, wie
viel mehr erst dann, wenn wir nach Keïla ge-
gen die Truppen der Philister ziehen sollen.
4 David befragte daher noch einmal den
Herrn und der Herr gab zur Antwort: Brich
auf, zieh nach Keïla hinab; denn ich werde
die Philister in deine Hand geben. 5 Darauf
zog David mit seinen Männern gegen Keïla
und kämpfte gegen die Philister. Er trieb
ihre Herden weg und brachte den Philistern
eine schwere Niederlage bei. So rettete Da-
vid die Einwohner von Keïla.

6 Als Abjatar, der Sohn Ahimelechs, zu Da-
vid nach Keïla floh, nahm er auch das Efod
mit. 7 Saul aber wurde berichtet, dass David
in Keïla war. Und Saul sagte: Gott hat ihn
mir ausgeliefert; er hat sich selbst gefangen,
indem er in eine Stadt mit Tor und Riegel ge-
gangen ist. 8 Saul bot das ganze Volk zum
Kampf auf, um nach Keïla hinabzuziehen
und David und seine Männer zu belagern.
9 Als David merkte, dass Saul Böses gegen
ihn im Schild führte, sagte er zu dem Priester
Abjatar: Bring das Efod her! 10 Dann sprach
David: Herr, Gott Israels, dein Knecht hat
gehört, dass Saul beabsichtigt, nach Keïla zu
kommen, um die Stadt meinetwegen zu ver-
nichten. 11 Werden die Bürger von Keïla
mich ihm ausliefern? Wird Saul herabkom-
men, wie dein Knecht gehört hat? Herr, Gott
Israels, teile es deinem Knecht mit! Der Herr
antwortete: Er wird herabkommen. 12 David
fragte weiter: Werden die Bürger von Keïla
mich und meine Männer an Saul ausliefern?
Der Herr antwortete: Sie werden euch aus-
liefern. 13 Da brach David mit seinen Män-
nern auf, etwa sechshundert Mann. Sie ver-
ließen Keïla und streiften umher, wie es sich
gerade ergab. Als Saul berichtet wurde, dass
David aus Keïla entkommen war, ließ er von
seinem Plan ab und rückte nicht aus.

14 David setzte sich in der Steppe auf Berg-
festungen fest; er ließ sich in den Bergen der
Steppe Sif nieder. Saul suchte ihn die ganze
Zeit, aber Gott gab ihn nicht in seine Hand.
15 David aber wusste, dass Saul ausgezo-
gen war, weil er ihm nach dem Leben trach-
tete.

Als David in Horescha in der Steppe Sif
war, 16 brach Jonatan, der Sohn Sauls, auf
und ging zu David nach Horescha; er stärkte
Davids Vertrauen auf Gott. 17 Er sagte zu
ihm: Fürchte dich nicht; die Hand meines
Vaters Saul wird dich nicht erreichen. Du
wirst König über Israel sein und ich werde
der Zweite nach dir sein. Auch mein Vater
Saul weiß das. 18 Und die beiden schlossen
vor dem Herrn (erneut) einen Bund. David
blieb in Horescha und Jonatan ging wieder
nach Hause.

19 Einige Sifiter gingen zu Saul nach Gibea
hinauf und berichteten ihm: David hat sich
bei uns auf den Bergfestungen bei Horescha
versteckt, und zwar auf der Anhöhe von
Hachila südlich von Jeschimon. 20 Wenn es
dir, König, beliebt, herabzukommen, dann
komm! Es wird dann unsere Sache sein, ihn
dem König auszuliefern. 21 Saul erwiderte:
Gesegnet seid ihr vom Herrn, weil ihr Mit-
leid mit mir habt. 22 Geht, haltet euch bereit,
forscht nach und merkt euch den Ort, wo er
sich aufhält und wer ihn dort gesehen hat;
denn man hat mir gesagt, er sei schlau. 23 Be-
obachtet und erkundet alle Schlupfwinkel,
in denen er sich verstecken könnte. Wenn ihr
sichere Angaben habt, kehrt zu mir zurück;
dann werde ich mit euch gehen. Wenn er
wirklich im Land ist, werde ich ihn unter al-
len Tausendschaften Judas aufspüren. 24 Sie
brachen auf und zogen vor Saul her nach Sif.
David aber und seine Männer waren in der
Steppe Maon, in der Araba südlich von Je-
schimon. 25 Saul und seine Männer machten
sich auf die Suche. Als man das David mel-
dete, zog er weiter hinunter zu den Felsen in
der Steppe Maon und blieb dort. Saul hörte
davon und folgte ihm in die Steppe Maon.
26 Saul zog auf der einen Seite des Berges da-
hin, David und seine Männer auf der ande-
ren Seite des Berges. David versuchte, rasch
von Saul wegzukommen, während Saul und
seine Männer schon dabei waren, ihn und
seine Leute zu umzingeln, um sie gefangen
zu nehmen. 27 Doch da kam ein Bote zu Saul
und sagte: Komm schnell, die Philister sind
in das Land eingefallen. 28 Saul ließ von der
Verfolgung Davids ab und zog den Philistern
entgegen. Deshalb nennt man diesen Ort
Sela-Machlekot (Fels der Trennung).

6: 22,18–20 • 17: 20,30f; 24,21 • 18: 18,3 • 19: 26,1; Ps 54,2 •
23: 27,1.

23,1 Keïla: südlich von Adullam (vgl. die Anmerkung zu 22,1).

23,14f Sif: südlich von Hebron; Horescha: weiter südlich.

Davids Achtung vor Sauls Leben: 24,1–23

24 Von dort zog David hinauf und setzte
sich in den schwer zugänglichen
Bergen bei En-Gedi fest. 2 Als Saul von der
Verfolgung der Philister zurückkehrte, be-
richtete man ihm: Gib Acht, David ist in der
Steppe von En-Gedi. 3 Da nahm Saul drei-
tausend Mann, ausgesuchte Leute aus ganz
Israel, und zog aus, um David und seine
Männer bei den Steinbock-Felsen zu suchen.
4 Auf seinem Weg kam er zu einigen Schaf-
hürden. Dort war eine Höhle. Saul ging hi-
nein, um seine Notdurft zu verrichten. David
aber und seine Männer saßen hinten in der
Höhle. 5 Da sagten die Männer zu David: Das
ist der Tag, von dem der Herr zu dir gesagt
hat: Sieh her, ich gebe deinen Feind in deine
Gewalt und du kannst mit ihm machen, was
dir richtig erscheint. Da stand David auf und
schnitt heimlich einen Zipfel von Sauls Man-
tel ab. 6 Hinterher aber schlug David das Ge-
wissen, weil er einen Zipfel vom Mantel
Sauls abgeschnitten hatte. 7 Er sagte zu sei-
nen Männern: Der Herr bewahre mich davor,
meinem Gebieter, dem Gesalbten des Herrn,
so etwas anzutun und Hand an ihn zu legen;
denn er ist der Gesalbte des Herrn. 8 Und Da-
vid fuhr seine Leute mit scharfen Worten an
und ließ nicht zu, dass sie sich an Saul ver-
griffen. Als Saul die Höhle verlassen hatte
und seinen Weg fortsetzte, 9 stand auch Da-
vid auf, verließ die Höhle und rief Saul nach:
Mein Herr und König! Als Saul sich um-
blickte, verneigte sich David bis zur Erde
und warf sich (vor ihm) nieder. 10 Dann sagte
David zu Saul: Warum hörst du auf die Wor-
te von Leuten, die sagen: Gib acht, David
will dein Verderben. 11 Doch heute kannst du
mit eigenen Augen sehen, dass der Herr dich
heute in der Höhle in meine Gewalt gegeben
hat. Man hat mir gesagt, ich solle dich töten;
aber ich habe dich geschont. Ich sagte: Ich
will nicht die Hand an meinen Herrn legen;
denn er ist der Gesalbte des Herrn. 12 Sieh
her, mein Vater! Hier, der Zipfel deines
Mantels ist in meiner Hand. Wenn ich einen
Zipfel deines Mantels abgeschnitten und dich
nicht getötet habe, dann kannst du erkennen
und einsehen, dass ich weder Bosheit noch
Aufruhr im Sinn habe und dass ich mich nicht
gegen dich versündigt habe; du aber stellst
mir nach, um mir das Leben zu nehmen.
13 Der Herr soll zwischen mir und dir ent-
scheiden. Der Herr soll mich an dir rächen;
aber meine Hand wird dich nicht anrühren,
14 wie das alte Sprichwort sagt: Von den
Frevlern geht Frevel aus; aber meine Hand
soll dich nicht anrühren. 15 Hinter wem zieht
der König von Israel her? Wem jagst du
nach? Einem toten Hund, einem einzigen
Floh! 16 Der Herr soll unser Richter sein und
zwischen mir und dir entscheiden. Er blicke
her, er soll meinen Rechtsstreit führen und
mir dir gegenüber Recht verschaffen.

17 Als David das zu Saul gesagt hatte, ant-
wortete Saul: Ist das nicht deine Stimme,
mein Sohn David? Und Saul begann laut zu
weinen 18 und sagte zu David: Du bist ge-
rechter als ich; denn du hast mir Gutes er-
wiesen, während ich böse an dir gehandelt
habe. 19 Du hast heute bewiesen, dass du gut
an mir gehandelt hast; obwohl der Herr mich
in deine Gewalt gegeben hatte, hast du mich
nicht getötet. 20 Wenn jemand auf seinen
Feind trifft, lässt er ihn dann im Guten sei-
nen Weg weiterziehen? Der Herr möge dir
mit Gutem vergelten, was du mir heute getan
hast. 21 Jetzt weiß ich, dass du König werden
wirst und dass das Königtum in deiner Hand
Bestand haben wird. 22 Darum schwöre mir
nun beim Herrn, dass du meine Nachkom-
men nicht ausrotten und meinen Namen
nicht aus dem Haus meines Vaters austilgen
wirst. 23 Und David schwor es Saul. Saul zog
nach Hause, David aber und seine Männer
stiegen wieder in die unzugänglichen Berge
hinauf.

7: 26,9; 2 Sam 1,14 • 15: 26,20.

David und Abigajil: 25,1–44

25 Samuel starb und ganz Israel ver-
sammelte sich und hielt für ihn die
Totenklage. Man begrub ihn in seinem Haus
in Rama.

Danach brach David auf und zog in die
Steppe Paran hinab. 2 Damals lebte in Maon
ein Mann, der sein Gut in Karmel hatte. Der
Mann war sehr reich; er besaß dreitausend
Schafe und tausend Ziegen. Er war eben da-
bei, in Karmel seine Schafe zu scheren. 3 Der
Mann hieß Nabal und seine Frau Abigajil.
Die Frau war klug und von schöner Gestalt,
aber der Mann war roh und bösartig; er war
ein Kalebiter. 4 David hörte in der Steppe,

24,1 En-Gedi: am Westufer des Toten Meeres.

24,6f Die Tat konnte auch symbolisch als Wegreißen der Herrschaft oder Minderung der Lebenskraft verstanden werden.

24,11 Ich habe dich geschont: Text korr., vgl. die alten Übersetzungen.

24,14 David will sagen: Ich bin kein Frevler.

25,1 Paran ist ein Steppengebiet im Norden der Sinaihalbinsel.

25,2 Karmel: vgl. die Anmerkung zu 15,12.

dass Nabal dabei war, seine Schafe zu scheren. 5 Er schickte zehn junge Männer hin und sagte zu ihnen: Geht hinauf nach Karmel, und wenn ihr zu Nabal kommt, entbietet ihm in meinem Namen den Friedensgruß 6 und sagt so zu meinem Bruder: Friede sei mit dir, Friede mit deinem Haus, Friede mit allem, was dir gehört. 7 Ich habe soeben gehört, dass du bei der Schafschur bist. Nun sind deine Hirten mit ihren Schafen bei uns gewesen; wir haben ihnen nichts zuleide getan und sie haben nichts vermisst, solange sie in Karmel waren. 8 Frag deine jungen Leute, sie werden es dir bestätigen. Mögen also meine jungen Männer dein Wohlwollen finden; wir sind ja an deinem Festtag gekommen. Darum gib deinen Knechten und deinem Sohn David, was du gerade zur Hand hast. 9 Davids junge Leute kamen zu Nabal und redeten im Auftrag Davids, wie er es gesagt hatte, mit ihm; danach warteten sie ruhig ab. 10 Nabal aber gab den Knechten Davids zur Antwort: Wer ist denn David, wer ist der Sohn Isais? Heute gibt es viele Knechte, die ihren Herren davongelaufen sind. 11 Soll ich etwa mein Brot und mein Wasser und was ich für meine Schafscherer geschlachtet habe, nehmen und es Männern geben, von denen ich nicht einmal weiß, woher sie sind? 12 Die Leute Davids kehrten um und kamen (zu David zurück). Als sie angekommen waren, berichteten sie ihm alles, was Nabal gesagt hatte. 13 Da sagte David zu seinen Männern: Jeder hänge sein Schwert um. Alle hängten ihr Schwert um; auch David hängte sein Schwert um. Und sie zogen mit David hinauf, etwa vierhundert Mann, während zweihundert beim Gepäck blieben.

14 Inzwischen hatte einer der jungen Männer Abigajil, der Frau Nabals, berichtet: David hat aus der Steppe Boten geschickt, um unserem Herrn seine Segenswünsche entbieten zu lassen, aber er hat sie schroff abgewiesen. 15 Dabei waren die Männer sehr freundlich zu uns. Wir wurden nicht beschimpft und wir haben nie etwas vermisst in der ganzen Zeit, in der wir mit ihnen umherzogen, als wir auf der Weide waren. 16 Sie haben bei Tag und bei Nacht eine Mauer um uns gebildet, die ganze Zeit hindurch, da wir mit ihnen zusammen waren und unsere Schafe hüteten. 17 Nun aber überleg dir genau, was du tun kannst; denn unserem Herrn und seinem ganzen Haus droht Unheil. Er ist ein so übler Mensch, dass man nicht mit ihm reden kann. 18 Da nahm Abigajil in aller Eile zweihundert Brote und zwei Schläuche Wein, fünf schon zurechtgemachte Schafe, fünf Sea geröstetes Korn, hundert Rosinenkuchen und zweihundert Feigenkuchen, lud alles auf Esel 19 und sagte zu ihren Knechten: Geht mir schon voraus, ich komme euch gleich nach. Ihrem Mann Nabal aber teilte sie nichts davon mit.

20 Als sie auf ihrem Esel im Schutz eines Berges hinabritt, kamen ihr plötzlich David und seine Männer entgegen, sodass sie mit ihnen zusammentraf. 21 David hatte eben gesagt: Wahrhaftig, ich habe all das, was diesem Mann gehört, ganz umsonst in der Steppe beschützt; von all seinem Besitz wurde nichts vermisst, doch er hat mir Gutes mit Bösem vergolten. 22 Gott möge mir dies und das antun, wenn ich von allem, was ihm gehört, bis zum Morgen auch nur einen Mann übriglasse. 23 Als Abigajil David sah, stieg sie schnell von ihrem Esel, warf sich vor David nieder und verneigte sich bis zur Erde. 24 Sie fiel ihm zu Füßen und sagte: Mich allein, Herr, trifft die Schuld. Möge deine Magd mit dir reden dürfen; höre, was deine Magd zu sagen hat. 25 Mein Herr achte nicht auf diesen üblen Mann Nabal; denn wie sein Name sagt, so ist er: Nabal (Tor) heißt er und voll Torheit ist er. Ich, deine Magd, habe die jungen Leute, die du, mein Herr, geschickt hast, nicht gesehen. 26 Doch nun, so wahr der Herr lebt und so wahr du selbst lebst, hat dich der Herr davor bewahrt, Blutschuld auf dich zu laden und dir selbst zu helfen. Möge es deinen Feinden und allen, die gegen meinen Herrn Böses planen, ebenso ergehen wie Nabal. 27 Dieses Geschenk aber, das deine Magd meinem Herrn mitgebracht hat, möge jetzt den jungen Leuten gegeben werden, die meinem Herrn folgen. 28 Verzeih deiner Magd ihr Vergehen! Denn der Herr wird meinem Herrn sicher ein Haus errichten, das Bestand hat, weil mein Herr die Kriege des Herrn führt, und man wird dir nichts Böses vorwerfen können, solange du lebst. 29 Wenn sich aber ein Mensch erhebt, um dich zu verfolgen und dir nach dem Leben zu trachten, dann sei das Leben meines Herrn beim Herrn, deinem Gott, eingebunden in den Beutel des Lebens; das Leben deiner Feinde

25,6 zu meinem Bruder: Text korr., vgl. Vg.

25,8 Die Schafschur wird mit einem Fest abgeschlossen (vgl. Sam 13,23).

25,22 mir: Text korr., vgl. G; H: den Feinden Davids.

25,29 Die Wendung »Beutel des Lebens« hängt damit zusammen, dass man kostbare Dinge (Münzen, Gold) in einem versiegelten Beutel aufbewahrt. So sorgfältig soll Davids Leben verwahrt werden.

aber möge der Herr mit einer Schleuder fort-
schleudern. 30 Wenn dann der Herr meinem
Herrn all das Gute erweist, das er dir ver-
sprochen hat, und dich zum Fürsten über Is-
rael macht, 31 dann sollst du nicht darüber
stolpern und dein Gewissen soll meinem
Herrn nicht vorwerfen können, dass du ohne
Grund Blut vergossen hast und dass sich
mein Herr selbst geholfen hat. Wenn der
Herr aber meinem Herrn Gutes erweist,
dann denk an deine Magd! 32 Da sagte David
zu Abigajil: Gepriesen sei der Herr, der Gott
Israels, der dich mir heute entgegengeschickt
hat. 33 Gepriesen sei deine Klugheit und ge-
priesen seist du, weil du mich heute daran
gehindert hast, Blutschuld auf mich zu laden
und mir selbst zu helfen. 34 Aber so wahr der
Herr, der Gott Israels, lebt, der mich davon
abgehalten hat, dir etwas Böses zu tun: Wä-
rest du mir nicht so schnell entgegengekom-
men, dann wäre von Nabals Männern am an-
deren Morgen keiner mehr übrig gewesen.
35 Und David nahm von ihr entgegen, was sie
ihm gebracht hatte, und sagte zu ihr: Geh in
Frieden hinauf in dein Haus! Denk aber da-
ran: Ich habe auf dich gehört und dich gnä-
dig aufgenommen. 36 Als Abigajil zu Nabal
kam, veranstaltete er in seinem Haus gerade
ein Trinkgelage wie ein König. Nabal war in
fröhlicher Stimmung, aber völlig betrunken.
Darum erzählte sie ihm mit keinem Wort,
was geschehen war, bis zum anderen Mor-
gen. 37 Als dann am Morgen der Rausch Na-
bals vorüber war, berichtete ihm seine Frau,
was sich zugetragen hatte. Da versagte das
Herz in seiner Brust und er war wie verstei-
nert. 38 Nach etwa zehn Tagen schlug der
Herr den Nabal, sodass er starb. 39 Als David
hörte, dass Nabal tot sei, sagte er: Gepriesen
sei der Herr, der meinen Rechtsstreit gegen
Nabal wegen der Schmach, die mir angetan
wurde, geführt hat und der seinen Knecht
von einer bösen Tat zurückgehalten hat; die
Bosheit Nabals aber hat der Herr auf ihn
selbst zurückfallen lassen. Darauf schickte
David (Boten) zu Abigajil (mit dem Ange-
bot), er wolle sie zur Frau nehmen. 40 Die
Diener Davids kamen zu Abigajil nach Kar-
mel, redeten mit ihr und sagten: David
schickt uns zu dir, weil er dich zur Frau neh-
men will. 41 Sie stand auf, verneigte sich bis
zur Erde und sagte: Deine Magd steht als
Dienerin bereit, um den Dienern meines
Herrn die Füße zu waschen. 42 Dann machte
sich Abigajil in aller Eile auf, setzte sich auf
ihren Esel und ihre fünf Mägde folgten ihr.
Sie zog den Boten Davids nach und wurde
seine Frau. 43 Aus Jesreel hatte sich David
zuvor schon Ahinoam zur Frau genommen.
So hatte er zwei Frauen. 44 Saul aber hatte
seine Tochter Michal, die Frau Davids, Palti,
dem Sohn des Lajisch aus Gallim, gegeben.

30: 2 Sam 5,2 • 42: 2 Sam 2,2 • 44: 2 Sam 3,14f.

Erneute Schonung von Sauls Leben:
26,1–25

26 Die Sifiter kamen zu Saul nach Gibea
und sagten: David hält sich auf der
Anhöhe von Hachila gegenüber von Jeschi-
mon auf. 2 Saul machte sich mit dreitausend
Mann, ausgesuchten Kriegern aus Israel, auf
den Weg und zog in die Wüste von Sif hinab,
um dort nach David zu suchen. 3 Er schlug
sein Lager auf der Anhöhe von Hachila am
Weg gegenüber von Jeschimon auf, David
aber blieb in der Wüste. Als er sah, dass Saul
ihm in die Wüste folgte, 4 schickte er Kund-
schafter aus und erfuhr, an welchem Ort sich
Saul aufhielt. 5 Er brach auf und kam zu dem
Ort, wo Saul sein Lager hatte. Und David
konnte die Stelle sehen, wo Saul sich mit sei-
nem Heerführer Abner, dem Sohn Ners, zur
Ruhe hingelegt hatte: Saul schlief mitten im
Lager, während seine Leute rings um ihn he-
rum lagen. 6 Da wandte sich David an den
Hetiter Ahimelech und an Abischai, den
Sohn der Zeruja, den Bruder Joabs, und sag-
te: Wer geht mit mir zu Saul ins Lager hinab?
Abischai antwortete: Ich gehe mit. 7 So ka-
men David und Abischai in der Nacht zu den
Leuten (Sauls) und fanden Saul mitten im
Lager schlafend; sein Speer steckte neben
seinem Kopf in der Erde und rings um ihn
schliefen Abner und seine Leute. 8 Da sagte
Abischai zu David: Heute hat Gott deinen
Feind in deine Hand gegeben. Jetzt werde
ich ihn mit einem einzigen Speerstoß auf den
Boden spießen, einen zweiten brauche ich
nicht dafür. 9 David aber erwiderte Abischai:
Bring ihn nicht um! Denn wer hat je seine
Hand gegen den Gesalbten des Herrn erho-
ben und ist ungestraft geblieben? 10 Und er
fügte hinzu: So wahr der Herr lebt: Der Herr
möge ihn schlagen, ob nun der Tag kommt,
an dem er sterben muss, oder ob er in den
Krieg zieht und dort umkommt. 11 Mich aber
bewahre der Herr davor, dass ich meine
Hand gegen den Gesalbten des Herrn erhebe.
Nimm jetzt den Speer neben seinem Kopf
und den Wasserkrug und lass uns gehen!
12 David nahm den Speer und den Wasser-
krug, die neben Sauls Kopf waren, und sie
gingen weg. Niemand sah und niemand be-

25,36 Der Versschluß lautet wörtlich: erzählte sie ihm weder Kleines noch Großes bis zum Morgenlicht.

merkte etwas, und keiner wachte auf; alle
schliefen, denn der Herr hatte sie in einen
tiefen Schlaf fallen lassen.
13 David ging auf die andere Seite (des
Tals) hinüber und stellte sich in größerer
Entfernung auf den Gipfel des Berges, so-
dass ein weiter Zwischenraum zwischen ih-
nen war. 14 Dann rief er dem Volk und Abner,
dem Sohn Ners, zu: Abner, willst du antwor-
ten? Abner antwortete und sagte: Wer bist
du, warum rufst du nach dem König? 15 Da-
vid antwortete Abner: Bist du nicht ein
Mann, dem keiner in Israel gleicht? Warum
hast du deinen Herrn, den König, nicht be-
wacht? Es ist nämlich einer aus dem Volk ins
Lager eingedrungen, um den König, deinen
Herrn, umzubringen. 16 Das war nicht gut,
was du da gemacht hast. So wahr der Herr
lebt: Ihr habt den Tod verdient, weil ihr eu-
ren Herrn, den Gesalbten des Herrn, nicht
bewacht habt. Sieh doch nach, wo der Speer
des Königs und der Wasserkrug sind, die ne-
ben dem Kopf des Königs standen. 17 Saul er-
kannte die Stimme Davids und sagte: Ist das
deine Stimme, mein Sohn David? David ant-
wortete: Es ist meine Stimme, mein Herr und
König. 18 Dann fragte er: Warum verfolgt ei-
gentlich mein Herr seinen Knecht? Was habe
ich denn getan? Welches Unrecht habe ich
begangen? 19 Möge doch mein Herr, der Kö-
nig, jetzt auf die Worte seines Knechtes hö-
ren: Wenn der Herr dich gegen mich aufge-
reizt hat, möge er ein wohlriechendes Opfer
erhalten. Wenn es aber Menschen waren,
dann sollen sie verflucht sein vor dem Herrn;
denn sie haben mich vertrieben, sodass ich
jetzt nicht mehr am Erbbesitz des Herrn teil-
haben kann. Sie sagen: Geh fort, diene ande-
ren Göttern! 20 Doch mein Blut soll nicht
fern vom Herrn zur Erde fließen. Der König
von Israel ist ausgezogen, um einen einzigen
Floh zu suchen, wie man in den Bergen ein
Rebhuhn jagt. 21 Darauf sagte Saul: Ich habe
gesündigt. Komm zurück, mein Sohn David!
Ja, ich werde dir nichts zuleide tun, weil dir
heute mein Leben so kostbar war. Ich sehe
ein, ich habe töricht gehandelt und schwere
Fehler gemacht. 22 David erwiderte: Seht
her, hier ist der Speer des Königs. Einer von
den jungen Männern soll herüberkommen
und ihn holen. 23 Der Herr wird jedem seine
Gerechtigkeit und Treue vergelten. Obwohl
dich der Herr heute in meine Hand gegeben
hatte, wollte ich meine Hand nicht an den
Gesalbten des Herrn legen. 24 Doch denk da-
ran: Wie dein Leben heute in meinen Augen
wertvoll war, so wird auch mein Leben in
den Augen des Herrn wertvoll sein; er wird
mich aus aller Bedrängnis erretten. 25 Saul
sagte zu David: Gesegnet seist du, mein Sohn
David. Du wirst es sicher vollbringen, dir
wird es auch bestimmt gelingen. Und David
zog weiter, Saul aber kehrte an seinen Ort
zurück.

1: 23,19; Ps 54,2 • 19: Gen 8,21; 4,14.16 • 20: 24,15 • 21: 2 Kön 1,13f.

David bei den Philistern: 27,1 – 28,2

27 David überlegte: Eines Tages werde
ich doch noch durch Saul umge-
bracht. Es bleibt nichts anderes übrig, als
mich im Land der Philister in Sicherheit zu
bringen. Dann wird Saul mich in Ruhe las-
sen und aufhören, mich weiter im ganzen
Gebiet Israels zu suchen, und ich bin seiner
Hand entkommen. 2 David machte sich also
auf den Weg und ging mit den sechshundert
Männern, die bei ihm waren, zu Achisch hi-
nüber, dem Sohn Maochs, dem König von
Gat. 3 Und er blieb mit seinen Leuten bei
Achisch in Gat; alle hatten ihre Familien bei
sich, David seine beiden Frauen: Ahinoam,
die Jesreeliterin, und Abigajil aus Karmel,
die (frühere) Frau Nabals. 4 Als man Saul
meldete, dass David nach Gat geflohen war,
suchte er nicht mehr weiter nach ihm. 5 Da-
vid sagte zu Achisch: Wenn ich dein Wohl-
wollen gefunden habe, dann weise mir einen
Platz in einer der Städte des flachen Landes
zu, wo ich mich niederlassen kann. Warum
soll dein Knecht bei dir in der Königsstadt
wohnen? 6 Da gab ihm Achisch noch am glei-
chen Tag Ziklag. Deshalb gehört Ziklag den
Königen von Juda bis zum heutigen Tag.
7 Die Zeit, die David im Land der Philister
verbrachte, betrug ein Jahr und vier Monate.
8 David zog mit seinen Männern aus und
sie unternahmen Raubzüge bei den Geschu-
ritern, den Geresitern und den Amalekitern;
diese bewohnen von jeher das Gebiet in
Richtung Schur und nach Ägypten zu. 9 Da-
vid verheerte das Land und ließ weder Män-
ner noch Frauen am Leben; Schafe und Rin-
der, Esel, Kamele und Kleider aber nahm er
mit. Wenn er dann zurückkehrte und zu
Achisch kam 10 und Achisch ihn fragte: Wo-
hin habt ihr heute euren Raubzug gemacht?,
antwortete David: Ins Südland von Juda,
oder: Ins Südland der Jerachmeeliter, oder:
Ins Südland der Keniter. 11 Weder Männer
noch Frauen ließ er am Leben und er brachte
niemand nach Gat; denn er sagte sich:
Niemand soll etwas über uns berichten und

26,19 Hier wird die Meinung vertreten, dass ein Gott nur in seinem Land verehrt werden kann.

sagen können: Das und das hat David
gemacht. So hielt er es die ganze Zeit über,
solange er sich im Land der Philister auf-
hielt. 12 Achisch aber schenkte David Ver-
trauen, denn er sagte sich: Er hat sich bei sei-
nem Volk, bei den Israeliten, so verhasst
gemacht, dass er für immer mein Knecht
bleiben muss.

28 In jenen Tagen sammelten die Philis-
ter ihre Truppen, um gegen Israel in
den Kampf zu ziehen. Da sagte Achisch zu
David: Du weißt sehr wohl, dass du samt dei-
nen Männern mit mir ins Feldlager ziehen
musst. 2 David antwortete Achisch: Auf diese
Weise wirst du selbst erfahren, was dein
Knecht tun wird. Achisch sagte zu David:
Gut, ich mache dich für diese ganze Zeit zu
meinem Leibwächter.

27,1: 23,23 • 2: 21,11–16 • 6: 30,1 • 10: 30,29.

Saul bei der Totenbeschwörerin von En-Dor: 28,3–25

3 Samuel war gestorben und ganz Israel
hatte die Totenklage für ihn gehalten und
ihn in seiner Stadt Rama begraben. Saul
aber hatte die Totenbeschwörer und die
Wahrsager aus dem Land vertrieben. 4 Als
sich die Philister gesammelt hatten, rückten
sie heran und schlugen bei Schunem ihr La-
ger auf. Saul versammelte ganz Israel und sie
schlugen ihr Lager im (Bergland von) Gilboa
auf. 5 Als Saul das Lager der Philister sah,
bekam er große Angst und sein Herz begann
zu zittern. 6 Da befragte Saul den Herrn,
aber der Herr gab ihm keine Antwort, weder
durch Träume, noch durch die Losorakel,
noch durch die Propheten. 7 Daher sagte
Saul zu seinen Dienern: Sucht mir eine Frau,
die Gewalt über einen Totengeist hat; ich
will zu ihr gehen und sie befragen. Seine
Diener antworteten ihm: In En-Dor gibt es
eine Frau, die über einen Totengeist Gewalt
hat. 8 Da machte sich Saul unkenntlich, zog
andere Kleider an und ging mit zwei Män-
nern zu der Frau. Sie kamen in der Nacht bei
der Frau an und er sagte zu ihr: Wahrsage
mir durch den Totengeist! Lass für mich den
heraufsteigen, den ich dir nenne. 9 Die Frau
antwortete ihm: Du weißt doch selbst, was
Saul getan hat: Er hat die Totenbeschwörer
und die Wahrsager im Land ausgerottet. Wa-
rum stellst du mir eine Falle, um mich zu tö-
ten? 10 Saul aber schwor ihr beim Herrn und
sagte: So wahr der Herr lebt: Es soll dich in
dieser Sache keine Schuld treffen. 11 Die
Frau sagte: Wen soll ich für dich heraufstei-
gen lassen? Er antwortete: Lass Samuel für
mich heraufsteigen! 12 Als die Frau Samuel
erblickte, schrie sie laut auf und sagte zu
Saul: Warum hast du mich getäuscht? Du
bist ja Saul! 13 Der König sagte zu ihr: Hab
keine Angst! Was siehst du denn? Die Frau
antwortete Saul: Ich sehe einen Geist aus der
Erde heraufsteigen. 14 Er fragte sie: Wie sieht
er aus? Sie antwortete: Ein alter Mann steigt
herauf; er ist in einen Mantel gehüllt. Da er-
kannte Saul, dass es Samuel war. Er verneig-
te sich mit dem Gesicht zur Erde und warf
sich zu Boden. 15 Und Samuel sagte zu Saul:
Warum hast du mich aufgestört und mich
heraufsteigen lassen? Saul antwortete: Ich
bin in großer Bedrängnis. Die Philister füh-
ren Krieg gegen mich und Gott ist von mir
gewichen und hat mir keine Antwort mehr
gegeben, weder durch die Propheten noch
durch die Träume. Darum habe ich dich ge-
rufen, damit du mir sagst, was ich tun soll.
16 Samuel erwiderte: Warum fragst du mich?
Der Herr ist doch von dir gewichen und ist
dein Feind geworden. 17 Er hat getan, was er
durch mich angekündigt hatte: Der Herr hat
dir das Königtum aus der Hand gerissen und
hat es einem anderen, nämlich David, gege-
ben. 18 Weil du nicht auf die Stimme des
Herrn gehört und seinen glühenden Zorn an
Amalek nicht vollstreckt hast, darum hat dir
der Herr heute das getan. 19 Der Herr wird
auch Israel zusammen mit dir in die Gewalt
der Philister geben und morgen wirst du
samt deinen Söhnen bei mir sein; auch das
Heerlager Israels wird der Herr in die Ge-
walt der Philister geben. 20 Da fiel Saul der
Länge nach jäh zu Boden; so sehr war er über
die Worte Samuels erschrocken. Es war auch
keine Kraft mehr in ihm, weil er den ganzen
Tag und die ganze Nacht keinen Bissen ge-
gessen hatte. 21 Die Frau ging zu Saul hin
und sah, dass er ganz verstört war; sie sagte
zu ihm: Deine Magd hat auf deine Stimme
gehört; ich habe mein Leben aufs Spiel ge-
setzt, als ich auf das hörte, was du zu mir ge-
sagt hast. 22 Jetzt aber höre auch du auf die
Stimme deiner Magd! Ich will dir ein Stück
Brot zum Essen geben. Dann wirst du wieder
zu Kräften kommen und kannst deines We-
ges gehen. 23 Er aber weigerte sich und sagte:
Ich esse nichts. Doch seine Diener und die
Frau drängten ihn, bis er auf ihre Stimme
hörte. Er erhob sich vom Boden und setzte
sich aufs Bett. 24 Die Frau hatte ein Mastkalb
im Haus. Sie schlachtete es in aller Eile,
nahm Mehl, knetete Teig und backte un-
gesäuerte Brote. 25 Das alles setzte sie Saul

28,4 Gilboa: ein Bergzug im Südosten der Jesreelebene.

und seinen Knechten vor; sie aßen, standen auf und gingen noch in der gleichen Nacht zurück.

3: 25,1 • 8: 1 Chr 10,13 • 17: 15,28 • 18: 15,18f; Ex 17,14–16 • 19: 31,6.

Davids Entlassung aus dem Heer der Philister: 29,1–11

29 Die Philister versammelten ihr ganzes Heer bei Afek, während die Israeliten ihr Lager an der Quelle bei Jesreel aufgeschlagen hatten. 2 Als nun die Fürsten der Philister mit ihren Hundertschaften und Tausendschaften auf dem Marsch waren – David und seine Männer zogen mit Achisch am Schluss –, 3 fragten die Obersten der Philister: Was sollen diese Hebräer hier? Achisch antwortete den Obersten der Philister: Das ist doch David, der Knecht Sauls, des Königs von Israel, der seit Jahr und Tag bei mir ist. Seit dem Tag, da er übergelaufen ist, bis heute fand ich bei ihm nichts Nachteiliges. 4 Die Obersten der Philister aber wurden zornig auf ihn und sagten zu ihm: Schick den Mann zurück! Er soll an den Ort zurückkehren, den du ihm zugewiesen hast, und nicht mit uns in den Kampf ziehen. Dann kann er sich in der Schlacht nicht gegen uns wenden. Womit könnte er sich die Gunst seines Herrn besser erwerben als mit den Köpfen unserer Leute hier? 5 Ist das nicht der gleiche David, von dem man beim Reigentanz gesungen hat: Saul hat Tausend erschlagen, David aber Zehntausend?

6 Da rief Achisch David zu sich und sagte zu ihm: So wahr Jahwe lebt, du bist ein aufrechter Mann und es wäre in meinen Augen gut, wenn du mit mir ins Feld ziehen und wieder zurückkommen würdest; denn ich habe an dir nichts Unrechtes entdeckt seit dem Tag, an dem du zu mir gekommen bist, bis heute. Aber den Fürsten bist du nicht genehm. 7 Darum kehr jetzt um und zieh in Frieden; so wirst du nichts tun, was den Fürsten der Philister missfällt. 8 David sagte zu Achisch: Was habe ich denn getan? Was hast du an deinem Knecht auszusetzen gehabt von dem Tag an, an dem ich in deinen Dienst getreten bin, bis heute? Warum darf ich nicht mitkommen und gegen die Feinde meines Herrn, des Königs, kämpfen? 9 Achisch antwortete David: Gewiss, mir bist du teuer wie ein Engel Gottes; aber die Obersten der Philister haben gesagt: Er soll nicht mit uns in den Kampf ziehen. 10 Darum brich morgen früh auf, samt den Knechten deines Herrn, die mit dir gekommen sind. Brecht morgen früh auf, sobald es hell wird, und geht (nach Hause)! 11 David machte sich also mit seinen Männern in aller Frühe auf den Weg; er zog noch am Morgen weg und kehrte ins Land der Philister zurück; die Philister aber zogen nach Jesreel hinauf.

5: 18,7.

Davids Feldzug gegen die Amalekiter: 30,1–31

30 Als David und seine Männer am dritten Tag nach Ziklag kamen, waren die Amalekiter in den Negeb und in Ziklag eingefallen und hatten Ziklag erobert und niedergebrannt. 2 Die Frauen und was sonst in der Stadt war, Jung und Alt, hatten sie, ohne jemand zu töten, gefangen genommen und bei ihrem Abzug mit sich weggeführt. 3 Als David mit seinen Männern zur Stadt kam, sah er, dass sie niedergebrannt und die Frauen, Söhne und Töchter gefangen genommen worden waren. 4 Da brachen David und die Leute, die bei ihm waren, in lautes Weinen aus und sie weinten, bis sie keine Kraft mehr zum Weinen hatten. 5 Auch die beiden Frauen Davids, die Jesreeliterin Ahinoam und Abigajil, die (frühere) Frau Nabals aus Karmel, waren gefangen genommen worden. 6 David geriet in große Bedrängnis, denn das Volk drohte ihn zu steinigen; alle im Volk waren gegen ihn erbittert wegen (des Verlustes) ihrer Söhne und Töchter. Aber David fühlte, dass der Herr, sein Gott, ihm Kraft gab. 7 Er sagte zu dem Priester Abjatar, dem Sohn Ahimelechs: Bring das Efod zu mir! Abjatar brachte das Efod zu David. 8 Und David befragte den Herrn: Soll ich diese Räuberbande verfolgen? Werde ich sie einholen? Der Herr antwortete: Verfolg sie! Denn du wirst sie mit Sicherheit einholen und deine Leute befreien. 9 David brach also mit den sechshundert Mann, die bei ihm waren, auf und sie kamen bis zum Bach Besor. Die Nachzügler machten dort Rast. 10 David nahm mit vierhundert Mann die Verfolgung auf; die zweihundert Mann machten Rast, weil sie zu erschöpft waren, um den Bach Besor zu überschreiten.

11 Man griff dort im Gelände einen Ägypter auf und brachte ihn zu David. Sie gaben ihm Brot zu essen und Wasser zu trinken, 12 außerdem gepresste Feigen und zwei Rosinenkuchen. Als er gegessen hatte, kehrten seine Lebensgeister zurück; er hatte nämlich schon drei Tage und drei Nächte keinen Bissen Brot mehr gegessen und keinen Schluck Wasser getrunken. 13 David fragte ihn: Zu wem gehörst du und woher bist du? Er sagte: Ich bin ein junger Ägypter, der Sklave eines

Amalekiters. Mein Herr hat mich zurückgelassen, als ich heute vor drei Tagen krank wurde. 14 Wir waren in das Südland der Kereter und in das Gebiet von Juda und in das Südland von Kaleb eingefallen und hatten Ziklag niedergebrannt. 15 David sagte zu ihm: Kannst du mich zu dieser Räuberbande hinführen? Er antwortete: Schwöre mir bei Gott, dass du mich nicht tötest und mich nicht an meinen Herrn ausliefern wirst; dann will ich dich zu dieser Räuberbande hinführen. 16 Als er David hinführte, sah man die Amalekiter über die ganze Gegend verstreut; sie aßen und tranken und feierten, weil sie im Land der Philister und im Land Juda so reiche Beute gemacht hatten. 17 David fiel im Morgengrauen über sie her (und der Kampf dauerte) bis zum Abend des folgenden Tages; keiner von ihnen entkam, außer vierhundert jungen Männern, die sich auf ihre Kamele setzen und fliehen konnten. 18 David entriss den Amalekitern alles wieder, was sie erbeutet hatten; auch seine beiden Frauen befreite er. 19 Nichts fehlte, weder Jung noch Alt, weder Söhne noch Töchter, weder von der Beute noch sonst etwas, was die Amalekiter ihnen weggenommen hatten. Alles brachte David zurück. 20 David nahm auch alle Schafe und Rinder mit. Man trieb sie vor David her und sagte: Das ist Davids Beute.

21 David kam zu den zweihundert Mann zurück, die zu erschöpft gewesen waren, um ihm zu folgen, und die man am Bach Besor zurückgelassen hatte. Sie kamen David und seinen Leuten entgegen, und als David mit seinen Leuten herankam, entbot er ihnen den Friedensgruß. 22 Doch einige boshafte und nichtsnutzige Männer, die mit David gezogen waren, sagten: Sie sind nicht mit uns gezogen; darum wollen wir ihnen auch nichts von der Beute geben, die wir zurückgeholt haben, ausgenommen ihre Frauen und ihre Kinder. Diese sollen sie mitnehmen und (nach Hause) gehen. 23 David aber erwiderte: So dürft ihr es mit dem, was der Herr uns gegeben hat, nicht machen, meine Brüder. Er hat uns behütet und die Räuberbande, die uns überfallen hatte, in unsere Hand gegeben. 24 Wer würde in dieser Sache auf euch hören? Nein, der Anteil dessen, der beim Tross geblieben ist, soll genau so groß sein wie der Anteil dessen, der in den Kampf gezogen ist. Man soll die Beute gleichmäßig verteilen. 25 So geschah es an jenem Tag und auch weiterhin; denn David machte es zu Brauch und Recht in Israel und so ist es bis auf den heutigen Tag geblieben.

26 Als David dann nach Ziklag heimgekehrt war, schickte er einen Teil von der Beute an die Ältesten von Juda, die ihm nahestanden, und ließ ihnen sagen: Hier ist ein Geschenk für euch aus der Beute von den Feinden des Herrn 27 – an die Ältesten in Bet-El, in Ramat-Negeb, in Jattir, 28 in Aroër, in Sifmot, in Eschtemoa, 29 in Karmel, in den Städten der Jerachmeeliter, in den Städten der Keniter, 30 in Horma, in Bor-Aschan, in Atach, 31 und in Hebron, ferner an all die Orte, wo David auf seinen Streifzügen mit seinen Männern gewesen war.

1: 27,6 • 24: Num 31,27 • 29: 27,10.

Sauls Ende: 31,1–13

31 Als die Philister gegen Israel kämpften, flohen die Israeliten vor ihnen; viele waren gefallen und lagen erschlagen auf dem Gebirge von Gilboa. 2 Die Philister verfolgten Saul und seine Söhne und erschlugen Sauls Söhne Jonatan, Abinadab und Malkischua. 3 Um Saul selbst entstand ein schwerer Kampf. Die Bogenschützen hatten ihn getroffen und er war sehr schwer verwundet. 4 Da sagte Saul zu seinem Waffenträger: Zieh dein Schwert und durchbohre mich damit! Sonst kommen diese Unbeschnittenen, durchbohren mich und treiben ihren Mutwillen mit mir. Der Waffenträger wollte es nicht tun; denn er hatte große Angst. Da nahm Saul selbst das Schwert und stürzte sich hinein. 5 Als der Waffenträger sah, dass Saul tot war, stürzte auch er sich in sein Schwert und starb zusammen mit Saul. 6 So kamen Saul, seine drei Söhne, sein Waffenträger und alle seine Männer an jenem Tag gemeinsam ums Leben. 7 Als die Israeliten auf der anderen Seite der Ebene und jenseits des Jordan sahen, dass die Israeliten geflohen und dass Saul und seine Söhne tot waren, verließen sie ihre Städte und flohen. Dann kamen die Philister und besetzten die Städte.

8 Als am nächsten Tag die Philister kamen, um die Erschlagenen auszuplündern, fanden sie Saul und seine drei Söhne, die auf dem Gebirge von Gilboa gefallen waren. 9 Sie schlugen ihm den Kopf ab, zogen ihm die Rüstung aus und schickten beides im Land

30,20 vor David her: Text korr., vgl. Vg.
30,29 Karmel: Text korr. nach G. – Die in VV. 27–31 genannten Städte und Orte liegen wohl alle südlich von Hebron.

der Philister umher, um ihrem Götzentempel
und dem Volk die Siegesnachricht zu über-
mitteln. 10 Die Rüstung Sauls legten sie im
Astartetempel nieder; seinen Leichnam aber
hefteten sie an die Mauer von Bet-Schean.
11 Als die Einwohner von Jabesch-Gilead
hörten, was die Philister mit Saul gemacht
hatten, 12 brachen alle kriegstüchtigen Män-
ner auf, marschierten die ganze Nacht hin-
durch und nahmen die Leiche Sauls und die
Leichen seiner Söhne von der Mauer von
Bet-Schean ab; sie brachten sie nach Jabesch
und verbrannten sie dort. 13 Dann nahmen
sie die Gebeine, begruben sie unter der
Tamariske von Jabesch und fasteten sieben
Tage lang.

1–13 ‖ 1 Chr 10,1–12 • 5–6: 28,19 • 11f: 11,1–11; 2 Sam 21,12.

Das zweite Buch Samuel

KÖNIG DAVID: 1,1 – 9,13

Sauls Tod und Davids Klage: 1,1–27

1 Als David nach dem Tod Sauls von sei-
nem Sieg über die Amalekiter zurückge-
kehrt war und sich zwei Tage lang in Ziklag
aufgehalten hatte, 2 kam am dritten Tag ein
Mann aus dem Lager Sauls, mit zerrissenen
Kleidern und Staub auf dem Haupt. Als er
bei David angelangt war, warf er sich (vor
ihm) auf den Boden nieder und huldigte ihm.
3 David fragte ihn: Woher kommst du? Er
antwortete ihm: Ich habe mich aus dem La-
ger Israels gerettet. 4 David sagte zu ihm:
Wie stehen die Dinge? Berichte mir! Er erwi-
derte: Das Volk ist aus dem Kampf geflohen,
viele von den Männern sind gefallen und um-
gekommen; auch Saul und sein Sohn Jona-
tan sind tot. 5 David fragte den jungen Mann,
der ihm die Nachricht brachte: Woher weißt
du, dass Saul und sein Sohn Jonatan tot
sind? 6 Der junge Mann, der ihm die Nach-
richt brachte, sagte: Ich kam zufällig auf das
Gebirge von Gilboa; da sah ich, wie sich Saul
auf seinen Speer stützte und Kriegswagen
und Reiter auf ihn eindrangen. 7 Er wandte
sich um, und als er mich sah, rief er mich. Ich
antwortete: Hier bin ich. 8 Er fragte mich:
Wer bist du? Ich gab ihm zur Antwort: Ich
bin ein Amalekiter. 9 Da sagte er zu mir:
Komm her zu mir und töte mich! Denn mich
hat ein Schwächeanfall erfasst, aber noch ist
alles Leben in mir. 10 Ich ging also zu ihm hin
und tötete ihn; denn ich wusste, dass er seine
Niederlage nicht überleben würde. Dann
nahm ich den Stirnreif, den er auf dem Kopf
trug, und die Spange, die er am Arm hatte,
und bringe sie nun hierher zu meinem Herrn.
11 Da fasste David sein Gewand und zerriss
es und ebenso (machten es) alle Männer, die
bei ihm waren. 12 Sie klagten, weinten und
fasteten bis zum Abend wegen Saul, seines
Sohnes Jonatan, des Volkes des Herrn und
des Hauses Israel, die unter dem Schwert ge-
fallen waren. 13 Und David fragte den jungen
Mann, der ihm die Nachricht gebracht hatte:
Woher bist du? Er antwortete: Ich bin der
Sohn eines Einwanderers aus Amalek. 14 Da-
vid fragte ihn: Wie kommt es, dass du dich
nicht davor gefürchtet hast, deine Hand aus-
zustrecken, um den Gesalbten des Herrn um-
zubringen? 15 Darauf rief David einen von
seinen jungen Männern zu sich und sagte:
Komm her, stoß ihn nieder! Und er schlug
ihn tot. 16 David aber sagte zu ihm: Dein Blut
über dein Haupt; denn dein Mund hat dich
verurteilt, als du sagtest: Ich habe den Ge-
salbten des Herrn getötet.
17 Und David sang die folgende Totenklage
auf Saul und seinen Sohn Jonatan; 18 er sag-
te, man solle es die Söhne Judas als Bogen-
lied lehren; es steht im »Buch des Aufrech-
ten«:
19 Israel, dein Stolz liegt erschlagen auf
deinen Höhen. / Ach, die Helden sind gefal-
len!

31,10 Bet-Schean: südöstlich der Jesreelebene.
31,12 sie brachten sie: Text korr. nach G; H: sie kamen.
1,18 Die Überschrift des Lieds ist schwer deutbar.

20 Meldet es nicht in Gat, / verkündet es
nicht auf Aschkelons Straßen, / damit die
Töchter der Philister sich nicht freuen, / da-
mit die Töchter der Unbeschnittenen nicht
jauchzen.
21 Ihr Berge in Gilboa, kein Tau und kein
Regen / falle auf euch, ihr trügerischen Ge-
filde. / Denn dort wurde der Schild der Hel-
den befleckt, / der Schild des Saul, als wäre
er nicht mit Öl gesalbt.
22 Ohne das Blut von Erschlagenen, / ohne
das Mark der Helden / kam der Bogen Jona-
tans nie zurück; / auch das Schwert Sauls /
kehrte niemals erfolglos zurück.
23 Saul und Jonatan, die Geliebten und
Teuren, / im Leben und Tod sind sie nicht ge-
trennt. / Sie waren schneller als Adler, / wa-
ren stärker als Löwen.
24 Ihr Töchter Israels, um Saul müsst ihr
weinen; / er hat euch in köstlichen Purpur
gekleidet, / hat goldenen Schmuck auf eure
Gewänder geheftet.
25 Ach, die Helden sind gefallen mitten im
Kampf. / Jonatan liegt erschlagen auf deinen
Höhen.
26 Weh ist mir um dich, mein Bruder Jona-
tan. / Du warst mir sehr lieb. / Wunderbarer
war deine Liebe für mich / als die Liebe der
Frauen.
27 Ach, die Helden sind gefallen, / die Waf-
fen des Kampfes verloren.

4: 1 Sam 31,1–4 • 14: 1 Sam 24,7; 26,9 • 15–16: 4,10.22 • 18: Jos 10,13 • 26: 1 Sam 18,3.

David wird König von Juda: 2,1–11

2 Danach befragte David den Herrn: Soll
ich in eine der Städte Judas hinaufzie-
hen? Der Herr antwortete ihm: Zieh hinauf!
David fragte: Wohin soll ich ziehen? Er ant-
wortete: Nach Hebron. 2 David zog also nach
Hebron mit seinen beiden Frauen, Ahinoam
aus Jesreel und Abigajil, der (früheren) Frau
Nabals aus Karmel. 3 Auch die Männer, die
bei ihm waren, führte David hinauf, jeden
mit seiner Familie, und sie ließen sich in den
Städten um Hebron nieder. 4 Dann kamen
die Männer Judas (nach Hebron) und salb-
ten David dort zum König über das Haus
Juda.
Als man David berichtete, dass die Ein-
wohner von Jabesch-Gilead Saul begraben
hatten, 5 schickte er Boten zu den Männern
von Jabesch-Gilead und ließ ihnen sagen: Ihr
sollt vom Herrn gesegnet sein, weil ihr Saul,
eurem Herrn, dieses Wohlwollen erwiesen
und ihn begraben habt. 6 Möge der Herr euch
jetzt auch sein Wohlwollen und seine Treue
erweisen; auch ich will euch dafür Gutes tun,
dass ihr das getan habt. 7 Nun aber zeigt
euren Mut und seid tapfer; denn Saul, euer
Herr, ist tot, mich aber hat das Haus Juda zu
seinem König gesalbt. 8 Doch Abner, der
Sohn Ners, der Heerführer Sauls, hatte Isch-
baal, den Sohn Sauls, mit sich nach Mahana-
jim genommen 9 und ihn (dort) zum König
über Gilead, Ascher, Jesreel, Efraim und
Benjamin und über ganz Israel gemacht.
10 Sauls Sohn Ischbaal war vierzig Jahre alt,
als er König von Israel wurde, und er war
zwei Jahre König; nur das Haus Juda stand
hinter David. 11 Die Zeit, die David in He-
bron König über das Haus Juda war, betrug
sieben Jahre und sechs Monate.

2: 1 Sam 25,42f • 4: 5,3; 1 Sam 16,13; 31,12f • 8: 1 Sam 14,50 • 10: 4,5.

Der Krieg zwischen David und Ischbaal:
2,12 – 3,1

12 Abner, der Sohn Ners, zog mit den
Knechten Ischbaals, des Sohnes Sauls, von
Mahanajim nach Gibeon. 13 Auch Joab, der
Sohn der Zeruja, und die Knechte Davids
waren ausgezogen; sie trafen mit ihnen am
Teich von Gibeon zusammen. Die einen blie-
ben diesseits, die anderen jenseits des Tei-
ches. 14 Da sagte Abner zu Joab: Die jungen
Männer könnten doch zu einem Kampfspiel
vor uns antreten. Joab erwiderte: Sie sollen
antreten. 15 Sie stellten sich also auf und es
wurde abgezählt: zwölf für Benjamin und
Ischbaal, den Sohn Sauls, und zwölf von den
Leuten Davids. 16 Jeder fasste seinen Gegner
am Kopf und stieß ihm das Schwert in die
Seite, sodass alle miteinander fielen. Des-
halb nannte man diesen Ort bei Gibeon: Hel-
kat-Hazzurim (Feld der Steinmesser). 17 Der
Kampf wurde an jenem Tag sehr hart. Abner
und die Israeliten wurden von den Leuten
Davids geschlagen. 18 Auch die drei Söhne
der Zeruja waren dabei: Joab, Abischai und
Asaël. Asaël war so flink auf den Beinen wie
eine Gazelle im Gelände. 19 Asaël jagte Ab-
ner nach, ohne nach rechts oder links abzu-
weichen. 20 Da wandte sich Abner um und
sagte: Bist du es, Asaël? Asaël antwortete: Ja,
ich bin es. 21 Abner sagte zu ihm: Bieg doch

1,21 ihr trügerischen Gefilde: Text korr.; H: ihr Gefilde der Erstlingsgarben.

2,8 Ischbaal: so lautet der Name richtig (vgl. 1 Chr 8,39; 9,39); H verändert den Namen, um den darin enthaltenen Gottesnamen Baal verächtlich zu machen, in Isch-Boschet (Mann der Schande); vgl. auch 4,4.

2,13 Joab, der Sohn Zerujas, der Schwester Davids (1 Chr 2,16), war der Heerführer Davids (vgl. 8,16).

nach rechts oder links ab, greif dir einen von
den jungen Männern und nimm dir seine
Rüstung! Asaël aber wollte nicht von ihm
ablassen. 22 Abner sagte noch einmal zu Asa-
ël: Lass von mir ab! Warum soll ich dich zu
Boden schlagen? Wie könnte ich dann noch
deinem Bruder Joab in die Augen blicken?
23 Als Asaël sich weigerte, von ihm abzulas-
sen, stieß ihm Abner das (stumpfe) Ende des
Speers in den Bauch, sodass der Speer hinten
wieder herauskam. Asaël stürzte zu Boden
und starb auf der Stelle. Alle aber, die an den
Ort kamen, wo Asaël niedergestürzt und ge-
storben war, blieben stehen. 24 Joab und Abi-
schai jedoch jagten Abner nach. Als die Son-
ne unterging, waren sie bis Gibeat-Amma
gelangt, das Giach gegenüber am Weg in die
Steppe von Gibeon liegt. 25 Die Benjaminiter
in der Gefolgschaft Abners sammelten sich,
bildeten eine geschlossene Gruppe und stell-
ten sich auf dem Gipfel eines Hügels auf.
26 Abner rief Joab zu: Soll denn das Schwert
unaufhörlich um sich fressen? Weißt du
nicht, dass das zu einem bitteren Ende füh-
ren wird? Wann endlich wirst du deinen
Leuten befehlen, die Verfolgung ihrer Brü-
der aufzugeben? 27 Joab antwortete: So wahr
Gott lebt: Wenn du nichts gesagt hättest,
dann hätten die Leute erst am Morgen den
Rückzug angetreten und aufgehört, ihre
Brüder zu verfolgen. 28 Dann ließ Joab das
Widderhorn blasen und alle (seine) Leute
machten Halt; sie setzten den Kampf nicht
mehr fort und verfolgten die Israeliten nicht
mehr. 29 Abner und seine Männer durchzo-
gen während jener Nacht die Araba, über-
schritten den Jordan, gingen durch die
Schlucht und kamen nach Mahanajim zu-
rück. 30 Als Joab aufhörte, Abner zu verfol-
gen, und seine Leute wieder sammelte, fehl-
ten außer Asaël von den Leuten Davids
neunzehn Mann. 31 Davids Leute aber hatten
von den Benjaminitern und von den Män-
nern Abners dreihundertsechzig Mann er-
schlagen [die waren tot]. 32 Sie nahmen Asaël
mit und begruben ihn im Grab seines Vaters
in Betlehem. Dann marschierte Joab mit sei-
nen Männern die ganze Nacht hindurch in
Richtung Hebron, das sie bei Tagesanbruch
erreichten.

3 Der Krieg zwischen dem Haus Saul und
dem Haus David zog sich lange hin. Da-
vid wurde immer stärker, während das Haus
Saul immer schwächer wurde.

3,1: 5,10.

Die in Hebron geborenen Söhne Davids: 3,2–5

2 In Hebron wurden David folgende Söhne
geboren: Sein Erstgeborener Amnon stamm-
te von Ahinoam aus Jesreel, 3 sein zweiter,
Kilab, von Abigajil, der (früheren) Frau Na-
bals aus Karmel; der dritte war Abschalom,
der Sohn der Maacha, der Tochter des Kö-
nigs Talmai von Geschur, 4 der vierte Adoni-
ja, der Sohn der Haggit, der fünfte Schefatja,
der Sohn der Abital, 5 der sechste Jitream
von Davids Frau Egla. Diese Söhne wurden
David in Hebron geboren.

2–5: 5,13–16; 1 Chr 3,1–4.

David und Abner: 3,6–21

6 Solange zwischen dem Haus Saul und
dem Haus David Krieg herrschte, hielt Ab-
ner entschieden zum Haus Saul. 7 Saul hatte
eine Nebenfrau namens Rizpa gehabt; sie
war eine Tochter Ajas. Da sagte Ischbaal zu
Abner: Warum bist du zu der Nebenfrau
meines Vaters gegangen? 8 Da wurde Abner
sehr zornig über die Frage Ischbaals und sag-
te: Bin ich denn ein Hundskopf aus Juda? Ich
erweise dem Haus Sauls, deines Vaters, und
seinen Brüdern und Verwandten auch heute
mein Wohlwollen und habe dich nicht in die
Hände Davids fallen lassen. Und du willst
mich jetzt wegen eines Vergehens mit dieser
Frau zur Rechenschaft ziehen? 9 Gott soll
Abner dies und das antun, wenn ich nicht ge-
genüber David so handle, wie der Herr es
ihm geschworen hat: 10 das Königtum dem
Haus Saul zu nehmen und den Thron Davids
aufzustellen in Israel und Juda, von Dan bis
Beerscheba. 11 Darauf konnte Ischbaal Ab-
ner nichts erwidern; denn er hatte Angst vor
ihm. 12 Abner schickte in eigener Sache Bo-
ten zu David und ließ ihm sagen: Wem gehört
das Land? Schließ also einen Vertrag mit
mir; dann werde ich dir helfen, um ganz Is-
rael auf deine Seite zu bringen. 13 David ant-
wortete: Gut, ich will einen Vertrag mit dir
schließen; nur das eine verlange ich von dir:
Du darfst mir nicht unter die Augen treten,
falls du nicht Michal, die Tochter Sauls, mit-
bringst, wenn du kommst und vor mir er-
scheinst. 14 Dann schickte David Boten zu
Ischbaal, dem Sohn Sauls, und ließ ihm sa-
gen: Gib meine Frau Michal heraus, für die
ich die hundert Vorhäute der Philister als
Brautpreis bezahlt habe. 15 Ischbaal schickte
(einen Boten) zu ihrem Mann Paltiël, dem

3,12 in eigener Sache: Bedeutung des betreffenden hebräischen Wortes unsicher.

Sohn des Lajisch, und ließ sie ihm wegnehmen. 16 Ihr Mann lief bis nach Bahurim weinend hinter ihr her. Erst als Abner zu ihm sagte: Geh, kehr um!, kehrte er um. 17 Darauf verhandelte Abner mit den Ältesten Israels und sagte: Schon seit langer Zeit wollt ihr David zu eurem König haben. 18 Jetzt müsst ihr handeln. Denn der Herr hat zu David gesagt: Durch meinen Knecht David will ich mein Volk Israel aus der Gewalt der Philister und all seiner Feinde retten. 19 Auch mit den Benjaminitern redete Abner (in dieser Weise). Dann ging Abner nach Hebron, um David alles zu berichten, was Israel und das ganze Haus Benjamin für gut befunden hatten. 20 So kam Abner mit zwanzig Männern zu David nach Hebron. David veranstaltete für Abner und seine Begleiter ein Mahl. 21 Abner sagte zu David: Ich will mich auf den Weg machen und ganz Israel um meinen Herrn, den König, sammeln. Sie sollen mit dir einen Vertrag schließen und du sollst überall König sein, wo du es wünschst. Damit ließ David Abner in Frieden ziehen.

7: 21,8 • 14–15: 1 Sam 18,27; 25,44.

Abners Tod: 3,22–39

22 Inzwischen kamen die Leute Davids und Joab von einem Streifzug; sie brachten reiche Beute mit. Abner war nicht mehr bei David in Hebron; denn David hatte ihn in Frieden ziehen lassen. 23 Als Joab mit seiner ganzen Mannschaft ankam, meldete man ihm: Abner, der Sohn Ners, ist zum König gekommen und der König hat ihn wieder in Frieden ziehen lassen. 24 Joab ging zum König und sagte zu ihm: Was hast du getan? Abner ist zu dir gekommen. Warum hast du ihn wieder weggehen lassen? 25 Du kennst doch Abner, den Sohn Ners. Er ist nur gekommen, um dich zu täuschen und zu erkunden, wann du kommst und wann du gehst, und so zu erfahren, was du alles vorhast. 26 Als Joab David verlassen hatte, schickte er Boten hinter Abner her, die ihn von Bor-Sira zurückholten. David aber wusste nichts davon. 27 Als Abner nach Hebron zurückkehrte, führte ihn Joab beiseite in das Innere des Tores, als wolle er ungestört mit ihm reden. Dort stach er ihn, um Blutrache für seinen Bruder Asaël zu nehmen, in den Bauch, sodass er starb. 28 Als David später davon hörte, sagte er: Ich und mein Königtum sind vor dem Herrn für alle Zeit ohne Schuld am Blut Abners, des Sohnes Ners. 29 Sie falle auf Joab und seine ganze Familie zurück. Immer soll es in Joabs Familie Menschen geben, die an Blutungen und Aussatz leiden, die an Krücken gehen, durch das Schwert umkommen und denen es an Brot mangelt.

30 Joab und sein Bruder Abischai brachten Abner um, weil er ihren Bruder Asaël bei Gibeon im Kampf getötet hatte. 31 David aber sagte zu Joab und allen Leuten, die bei ihm waren: Zerreißt eure Kleider, legt Trauergewänder an und geht klagend vor Abner her! König David selbst aber ging hinter der Bahre her. 32 Man begrub Abner in Hebron. Und der König begann am Grab Abners laut zu weinen und auch das ganze Volk weinte.

33 Der König stimmte die Totenklage für Abner an und sang:

Musste Abner sterben, / wie ein schlechter Mensch stirbt?

34 Deine Hände waren nicht gefesselt / und deine Füße lagen nicht in Ketten. / Du bist gefallen, / wie man unter der Hand von Verbrechern fällt.

Da weinten alle noch mehr um ihn. 35 Als nun die Leute kamen, um David zum Essen zu bewegen, während es noch Tag war, schwor David: Gott soll mir dies und das antun, wenn ich Brot oder sonst etwas zu mir nehme, bevor die Sonne untergeht. 36 Als das Volk das erfuhr, gefiel es ihm sehr, wie überhaupt alles, was der König tat, dem ganzen Volk gefiel. 37 Alle Leute, auch ganz Israel, erkannten an jenem Tag, dass die Ermordung Abners, des Sohnes Ners, nicht vom König ausgegangen war. 38 Und der König sagte zu seinen Dienern: Wisst ihr nicht, dass heute ein Fürst gefallen ist und ein großer Mann in Israel? 39 Obwohl ich zum König gesalbt worden bin, bin ich heute noch zu schwach und diese Männer, die Söhne der Zeruja, sind stärker als ich. Dem, der das Verbrechen begangen hat, vergelte der Herr so, wie es seiner bösen Tat entspricht.

27: 2,23 • 28: 1 Kön 2,5 • 30: 2,23 • 39: 2,18.

Ischbaals Tod: 4,1–12

4 Als Ischbaal, der Sohn Sauls, hörte, dass Abner in Hebron ums Leben gekommen war, verlor er allen Mut und ganz Israel war bestürzt.

2 Der Sohn Sauls hatte zwei Männer als Truppenführer; der eine hieß Baana, der an-

3,29 David, der zu schwach ist, um gegen den Mörder Joab vorzugehen (V. 39), begnügt sich mit einem Fluch.

dere Rechab; sie waren Söhne Rimmons aus Beerot, Benjaminiter; denn auch Beerot wird zu Benjamin gerechnet. 3 Die Beerotiter sind nämlich einst nach Gittajim geflohen und leben dort bis zum heutigen Tag als Fremde. 4 Jonatan, der Sohn Sauls, hatte einen Sohn, der an beiden Füßen gelähmt war. Er war fünf Jahre alt gewesen, als die Nachricht vom Tod Sauls und Jonatans aus Jesreel eintraf; seine Amme hatte ihn aufgehoben, um mit ihm zu fliehen, aber in der Eile der Flucht war er ihr vom Arm gefallen; seitdem war er gelähmt. Sein Name war Merib-Baal. 5 Rechab und Baana, die Söhne Rimmons aus Beerot, machten sich auf den Weg und kamen um die heißeste Zeit des Tages zum Haus Ischbaals, der eben seine Mittagsruhe hielt. 6 Die Türhüterin des Hauses war beim Weizenreinigen schläfrig geworden und eingeschlafen; 7 so konnten Rechab und sein Bruder Baana unbemerkt in das Haus eindringen. Ischbaal lag in seinem Schlafzimmer auf dem Bett. Sie schlugen ihn tot, hieben ihm den Kopf ab und nahmen den Kopf mit. Sie gingen die ganze Nacht hindurch auf dem Weg durch die Araba, 8 brachten den Kopf Ischbaals zu David nach Hebron und sagten zum König: Da ist der Kopf deines Feindes Ischbaal, des Sohnes Sauls, der dir nach dem Leben trachtete. Aber der Herr hat heute unserem Herrn, dem König, Rache an Saul und seinen Nachkommen verschafft. 9 David erwiderte Rechab und seinem Bruder Baana, den Söhnen Rimmons aus Beerot: So wahr der Herr lebt, der mich aus aller Not befreit hat: 10 Den, der mir die Nachricht gebracht hat: Saul ist tot!, und der gemeint hat, ein Freudenbote zu sein, den habe ich in Ziklag ergreifen und umbringen lassen; so gab ich ihm den verdienten Botenlohn. 11 Und wenn nun ruchlose Männer einen rechtschaffenen Mann in seinem Haus auf seinem Bett erschlagen haben, sollte ich dann nicht sein Blut von euch zurückfordern und euch von der Erde austilgen? 12 Und David gab seinen Leuten den Befehl, sie zu töten; sie taten es. Sie schlugen ihnen Hände und Füße ab und hängten die Leichen am Teich von Hebron auf. Den Kopf Ischbaals aber nahmen sie und begruben ihn im Grab Abners in Hebron.

1: 3,27 • 4: 9,3 • 5: 2,8 • 10: 1,15.

Die Anerkennung Davids als König von ganz Israel: 5,1–12

5 Alle Stämme Israels kamen zu David nach Hebron und sagten: Wir sind doch dein Fleisch und Bein. 2 Schon früher, als noch Saul unser König war, bist du es gewesen, der Israel in den Kampf und wieder nach Hause geführt hat. Der Herr hat zu dir gesagt: Du sollst der Hirt meines Volkes Israel sein, du sollst Israels Fürst werden. 3 Alle Ältesten Israels kamen zum König nach Hebron; der König David schloss mit ihnen in Hebron einen Vertrag vor dem Herrn und sie salbten David zum König von Israel.

4 David war dreißig Jahre alt, als er König wurde, und er regierte vierzig Jahre lang. 5 In Hebron war er sieben Jahre und sechs Monate König von Juda und in Jerusalem war er dreiunddreißig Jahre König von ganz Israel und Juda.

6 Der König zog mit seinen Männern nach Jerusalem gegen die Jebusiter, die in dieser Gegend wohnten. Die Jebusiter aber sagten zu David: Du kommst hier nicht herein; die Blinden und Lahmen werden dich vertreiben. Das sollte besagen: David wird hier nicht eindringen. 7 Dennoch eroberte David die Burg Zion; sie wurde die Stadt Davids. 8 David sagte an jenem Tag: Jeder, der den Schacht erreicht, soll die Jebusiter erschlagen, auch die Lahmen und Blinden, die David in der Seele verhasst sind. Daher sagt man: Ein Blinder und ein Lahmer kommt nicht ins Haus.

9 David ließ sich in der Burg nieder und nannte sie die Stadt Davids. Und David begann ringsum zu bauen, und zwar vom Millo an bis zur Burg. 10 David wurde immer mächtiger und der Herr, der Gott der Heere, war mit ihm. 11 Hiram, der König von Tyrus, schickte eine Gesandtschaft zu David und ließ ihm Zedernholz überbringen; auch Zimmerleute und Steinmetzen schickte er und sie bauten für David einen Palast. 12 So erkannte David, dass der Herr ihn als König von Israel bestätigt hatte und dass der Herr sein Königtum wegen seines Volkes Israel zu hohem Ansehen gebracht hatte.

1–12 ‖ 1 Chr 11,1–10; 14,1f • 1: 19,13; Gen 2,23 • 2: 1 Sam 13,14; 18,13.16; 25,30; 2 Sam 6,21; 7,8 • 3: 2,4; 1 Sam 16,13 • 4–5: 1 Kön 2,11; 1 Chr 3,4; 29,27 • 6: Jos 15,63; Ri 1,21 • 10: 3,1.

4,4 Merib-Baal: So lautet der Name richtig (vgl. 1 Chr 8,34; 9,40); er wurde ähnlich wie der Name Ischbaal (vgl. Anm. zu 2,8) in H verunstaltet zu Mefiboschet.

4,6 Text korr. nach G; in H nimmt V. 6, teilweise mit anderem Inhalt, V. 7 vorweg.

5,8 Text schwer verständlich.

5,9 Millo: Stadtteil von Jerusalem westlich des Tempelbereichs. Der Name bedeutet »Auffüllung«, »Aufschüttung« o. dgl.

Die in Jerusalem geborenen Söhne Davids: 5,13–16

13 Als David von Hebron gekommen war,
nahm er sich noch Nebenfrauen, auch Frau-
en aus Jerusalem. So wurden ihm noch mehr
Söhne und Töchter geboren. 14 Das sind die
Namen der Söhne, die ihm in Jerusalem
geboren wurden: Schima, Schobab, Natan,
Salomo, 15 Jibhar, Elischua, Nefeg, Jafia,
16 Elischama, Eljada und Elifelet.

13–16 ‖ 1 Chr 14,3–7 • 13: 3,2–5; 1 Chr 3,5–9.

Der Krieg mit den Philistern: 5,17–25

17 Die Philister hörten, dass man David
zum König von Israel gesalbt hatte. Da zogen
alle herauf, um David gefangen zu nehmen.
David erfuhr davon und zog sich in eine
Bergfestung zurück. 18 Als die Philister he-
rankamen und in der Rafaïterebene umher-
streiften, 19 befragte David den Herrn; er
sagte: Soll ich die Philister angreifen? Wirst
du sie in meine Hand geben? Der Herr ant-
wortete David: Greif sie an; denn ich werde
die Philister bestimmt in deine Hand geben.
20 Da zog David nach Baal-Perazim. Dort
schlug er die Philister und sagte: Der Herr
hat die Reihen meiner Feinde vor meinen
Augen durchbrochen, wie Wasser (einen
Damm) durchbricht. Deshalb nennt man je-
nen Ort Baal-Perazim (Herr der Durchbrü-
che).

21 Die Philister ließen dort ihre Götterbil-
der zurück, sodass David und seine Männer
sie mitnehmen konnten.

22 Doch die Philister zogen noch einmal
herauf und streiften in der Rafaïterebene
umher. 23 David befragte wieder den Herrn
und der Herr antwortete ihm: Zieh nicht hi-
nauf, umgeh sie in ihrem Rücken und komm
von den Baka-Bäumen her an sie heran!
24 Wenn du dann in den Wipfeln der Baka-
Bäume ein Geräusch wie von Schritten
hörst, dann beeil dich; denn dann geht der
Herr vor dir her, um das Heer der Philister zu
schlagen. 25 David tat, was der Herr ihm
befohlen hatte, und er schlug die Philister
(im ganzen Gebiet) zwischen Geba und der
Gegend von Geser.

17–25 ‖ 1 Chr 14,8–17 • 18: 23,13; 1 Sam 22,1.

Die Überführung der Bundeslade nach Jerusalem: 6,1–23

6 David versammelte wiederum alle jun-
gen Krieger aus Israel, dreißigtausend
Mann, 2 brach auf und zog mit seinem gan-
zen Heer nach Baala in Juda, um von dort die
Lade Gottes heraufzuholen, über der der
Name des Herrn der Heere, der über den Ke-
rubim thront, ausgerufen worden ist. 3 Sie
stellten die Lade Gottes auf einen neuen Wa-
gen und holten sie so vom Haus Abinadabs,
das auf einem Hügel stand; Usa und Achjo,
die Söhne Abinadabs, lenkten den neuen
Wagen 4 [sie holten sie also aus dem Haus
Abinadabs, das auf dem Hügel stand,] mit
der Lade Gottes und Achjo ging vor der Lade
her. 5 David und das ganze Haus Israel tanz-
ten und sangen vor dem Herrn mit ganzer
Hingabe und spielten auf Zithern, Harfen
und Pauken, mit Rasseln und Zimbeln. 6 Als
sie zur Tenne Nachons kamen, brachen die
Rinder aus und Usa streckte seine Hand
nach der Lade Gottes aus und fasste sie an.
7 Da entbrannte der Zorn des Herrn gegen
Usa und Gott erschlug ihn auf der Stelle we-
gen dieser Vermessenheit, sodass er neben
der Lade Gottes starb. 8 David war sehr er-
regt darüber, dass der Herr den Usa so plötz-
lich dahingerafft hatte, und man nennt den
Ort bis heute darum Perez-Usa (Wegraffung
Usas). 9 An jenem Tag bekam David Angst
vor dem Herrn und er sagte: Wie soll die
Lade des Herrn jemals zu mir kommen?
10 Darum wollte David die Lade des Herrn
nicht zu sich in die Davidstadt bringen las-
sen, sondern stellte sie in das Haus des Obed-
Edom aus Gat. 11 Drei Monate lang blieb die
Lade des Herrn im Haus Obed-Edoms aus
Gat, und der Herr segnete Obed-Edom und
sein ganzes Haus.

12 Als man König David berichtete: Der
Herr hat das Haus Obed-Edoms und alles,
was ihm gehört, um der Lade Gottes willen
gesegnet, da ging David hin und brachte die
Lade Gottes voll Freude aus dem Haus Obed-
Edoms in die Davidstadt hinauf. 13 Sobald
die Träger der Lade des Herrn sechs Schritte
gegangen waren, opferte er einen Stier und
ein Mastkalb. 14 Und David tanzte mit ganzer
Hingabe vor dem Herrn her und trug dabei

5,18 Rafaïterebene: die Ebene südwestlich von Jerusalem.

5,23 Die Baka-Bäume sind wahrscheinlich Mastixsträucher, die im Gebirge Juda häufig vorkommen.

6,2 nach Baala in Juda: Text korr. nach 1 Chr 13,6; H: von den Bürgern Judas.

6,3 Usa und Achjo sind wohl Enkel Abinadabs.

6,5 mit ganzer Hingabe: Text korr. nach G und 1 Chr 13,8; H: mit Zypressenhölzern.

6,8 Der Ortsname wird durch die erzählte Begebenheit erklärt. Den Leviten war es unter Todesstrafe verboten, die Lade zu berühren (vgl. Num 4,15).

das leinene Efod. 15 So brachten David und
das ganze Haus Israel die Lade des Herrn
unter Jubelgeschrei und unter dem Klang
des Widderhorns hinauf. 16 Als die Lade des
Herrn in die Davidstadt kam, schaute Mi-
chal, Sauls Tochter, aus dem Fenster, und als
sie sah, wie der König David vor dem Herrn
hüpfte und tanzte, verachtete sie ihn in ih-
rem Herzen. 17 Man trug die Lade des Herrn
in das Zelt, das David für sie aufgestellt hat-
te, und setzte sie an ihren Platz in der Mitte
des Zeltes und David brachte dem Herrn
Brandopfer und Heilsopfer dar. 18 Als David
mit dem Darbringen der Brandopfer und
Heilsopfer fertig war, segnete er das Volk im
Namen des Herrn der Heere 19 und ließ an
das ganze Volk, an alle Israeliten, Männer
und Frauen, je einen Laib Brot, einen Dattel-
kuchen und einen Traubenkuchen austeilen.
Dann gingen alle wieder nach Hause.

20 Als David zurückkehrte, um seine Fami-
lie zu begrüßen, kam ihm Michal, die Tochter
Sauls, entgegen und sagte: Wie würdevoll
hat sich heute der König von Israel benom-
men, als er sich vor den Augen der Mägde
seiner Untertanen bloßgestellt hat, wie sich
nur einer vom Gesindel bloßstellen kann.
21 David erwiderte Michal: Vor dem Herrn,
der mich statt deines Vaters und seines gan-
zen Hauses erwählt hat, um mich zum Fürs-
ten über das Volk des Herrn, über Israel, zu
bestellen, vor dem Herrn habe ich getanzt;
22 für ihn will ich mich gern noch geringer
machen als diesmal und in meinen eigenen
Augen niedrig erscheinen. Bei den Mägden
jedenfalls, von denen du gesprochen hast,
stehe ich in Ehren. 23 Michal aber, die Toch-
ter Sauls, bekam bis zu ihrem Tod kein Kind.

12–23 ‖ 1 Chr 13,1–14 • 2: 1 Sam 6,21; 1 Chr 13,6; Ps 132,3–6 • 7: Num 4,20; 1 Sam 6,19 • 14–19: 1 Chr 15,27f • 19–20: 1 Chr 16,43 • 21: 5,2.

Die Verheißung an David: 7,1–29

7 Als nun der König in seinem Haus
wohnte und der Herr ihm Ruhe vor al-
len seinen Feinden ringsum verschafft hatte,
2 sagte er zu dem Propheten Natan: Ich woh-
ne in einem Haus aus Zedernholz, die Lade
Gottes aber wohnt in einem Zelt. 3 Natan
antwortete dem König: Geh nur und tu alles,
was du im Sinn hast; denn der Herr ist mit
dir. 4 Aber in jener Nacht erging das Wort
des Herrn an Natan: 5 Geh zu meinem
Knecht David und sag zu ihm: So spricht der
Herr: Du willst mir ein Haus bauen, damit
ich darin wohne? 6 Seit dem Tag, als ich die
Israeliten aus Ägypten heraufgeführt habe,
habe ich bis heute nie in einem Haus ge-
wohnt, sondern bin in einer Zeltwohnung
umhergezogen. 7 Habe ich in der Zeit, als ich
bei den Israeliten von Ort zu Ort zog, jemals
zu einem der Richter Israels, die ich als Hir-
ten über mein Volk Israel eingesetzt hatte,
ein Wort gesagt und sie gefragt: Warum habt
ihr mir kein Haus aus Zedernholz gebaut?
8 Sag also jetzt meinem Knecht David: So
spricht der Herr der Heere: Ich habe dich von
der Weide und von der Herde weggeholt, da-
mit du Fürst über mein Volk Israel wirst,
9 und ich bin überall mit dir gewesen, wohin
du auch gegangen bist. Ich habe alle deine
Feinde vor deinen Augen vernichtet und ich
will dir einen großen Namen machen, der
dem Namen der Großen auf der Erde gleich
ist. 10 Ich will meinem Volk Israel einen Platz
zuweisen und es einpflanzen, damit es an
seinem Ort (sicher) wohnen kann und sich
nicht mehr ängstigen muss und schlechte
Menschen es nicht mehr unterdrücken wie
früher 11 und auch von dem Tag an, an dem
ich Richter in meinem Volk Israel eingesetzt
habe. Ich verschaffe dir Ruhe vor allen dei-
nen Feinden. Nun verkündet dir der Herr,
dass der Herr dir ein Haus bauen wird.
12 Wenn deine Tage erfüllt sind und du dich
zu deinen Vätern legst, werde ich deinen
leiblichen Sohn als deinen Nachfolger ein-
setzen und seinem Königtum Bestand verlei-
hen. 13 Er wird für meinen Namen ein Haus
bauen und ich werde seinem Königsthron
ewigen Bestand verleihen. 14 Ich will für ihn
Vater sein und er wird für mich Sohn sein.
Wenn er sich verfehlt, werde ich ihn nach
Menschenart mit Ruten und mit Schlägen
züchtigen. 15 Meine Huld aber soll nicht von
ihm weichen, wie sie von Saul gewichen ist,
den ich vor deinen Augen verstoßen habe.
16 Dein Haus und dein Königtum sollen
durch mich auf ewig bestehen bleiben; dein
Thron soll auf ewig Bestand haben. 17 Natan
sprach zu David genauso, wie es (ihm) gesagt
und offenbart worden war.

18 Da ging König David hin und setzte sich
vor dem Herrn nieder und sagte: Wer bin ich,
mein Herr und Gott, und was ist mein Haus,
dass du mich bis hierher geführt hast? 19 Weil
das in deinen Augen noch zu wenig war,
mein Herr und Gott, hast du dem Haus dei-
nes Knechtes sogar Zusagen für die ferne
Zukunft gemacht. Ist das eine Weisung, wie

6,23 Die Kinderlosigkeit Michals wird als Strafe für die Verspottung Davids verstanden.

7,1–17 Die Natan-Verheißung bildet die Grundlage für das dauernde Bestehen der Daviddynastie und damit für die messianische Erwartung.

7,7 Richter: Text korr. mit 1 Chr 17,6; H: Stämme.

sie einem (schwachen) Menschen zukommt,
mein Herr und Gott? 20 Was soll David noch
weiter zu dir sagen? Du kennst deinen
Knecht, mein Herr und Gott. 21 Um deines
Wortes willen und nach der Absicht deines
Herzens hast du alle diese großen Taten ge-
tan und deinem Knecht offenbart. 22 Darum
bist du groß, mein Herr und Gott. Ja, keiner
ist dir gleich, und außer dir gibt es keinen
Gott nach allem, was wir mit unseren Ohren
gehört haben. 23 Welches andere Volk auf der
Erde ist wie dein Volk Israel? Wo wäre ein
Gott hingegangen, um ein Volk für sich als
sein Volk freizukaufen und ihm einen Na-
men zu machen und für dieses Volk große
und erstaunliche Taten zu vollbringen, so
wie du ganze Völker und ihre Götter vertrie-
ben hast vor den Augen deines Volkes, das
du dir von den Ägyptern freigekauft hast?
24 Du hast Israel auf ewig zu deinem Volk
bestimmt und du, Herr, bist sein Gott ge-
worden.

25 Doch nun, Herr und Gott, verleih dem
Wort, das du über deinen Knecht und über
sein Haus gesprochen hast, für immer Gel-
tung und tu, was du gesagt hast. 26 Dann
wird dein Name groß sein für ewige Zeiten
und man wird sagen: Der Herr der Heere ist
Israels Gott!, und das Haus deines Knechtes
David wird vor deinen Augen Bestand ha-
ben. 27 Denn du, Herr der Heere, Gott Israels,
hast deinem Knecht offenbart: Ich will dir
ein Haus bauen. Darum fand dein Knecht
den Mut, so zu dir zu beten: 28 Ja, mein Herr
und Gott, du bist der einzige Gott und deine
Worte sind wahr. Du hast deinem Knecht ein
solches Glück zugesagt. 29 So segne jetzt
gnädig das Haus deines Knechtes, damit es
ewig vor deinen Augen Bestand hat. Denn
du, mein Herr und Gott, hast es versprochen
und mit deinem Segen wird das Haus deines
Knechtes für immer gesegnet sein.

1–29 ‖ 1 Chr 17,1–27 • 2: Ps 132,1–5 • 5–6: 1 Kön 5,17; 8,16.27; 1 Chr 22,8; Jes 66,1 • 8: 5,2; 1 Sam 16,11–13 • 9: Gen 12,2 • 12: 1 Kön 8,20 • 13: 1 Kön 5,19; 6,12; Ps 89,4f; Jes 9,6 • 14: Ps 89,27; 2,7; Hebr 1,5; Lk 1,32 • 15: 1 Sam 15,23.26.

Die Siege Davids: 8,1–14

8 Hernach schlug David die Philister. Er
unterwarf sie und nahm ihnen die Zügel
der Herrschaft aus der Hand. 2 Auch die
Moabiter schlug er. Sie mussten sich neben-
einander auf die Erde legen und er maß die
Reihe mit einer Messschnur ab: jeweils zwei
Schnurlängen wurden getötet und jeweils
eine volle Schnurlänge ließ er am Leben. So
wurden die Moabiter David untertan und
tributpflichtig. 3 David schlug auch Hadad-
Eser, den Sohn Rehobs, den König von Zoba,
als dieser ausgezogen war, um seine Macht
am Eufrat wiederzugewinnen. 4 David nahm
von ihm siebzehnhundert Wagenkämpfer
und zwanzigtausend Fußsoldaten gefangen;
er ließ alle Wagenpferde lähmen und behielt
nur hundert (für sich) zurück.

5 Als die Aramäer von Damaskus Hadad-
Eser, dem König von Zoba, zu Hilfe kamen,
erschlug David 22000 von den Aramäern
6 und besetzte das Aramäerreich von Damas-
kus. So wurden die Aramäer David untertan
und tributpflichtig. Der Herr half David bei
allem, was er unternahm.

7 David erbeutete die goldenen Schilde,
die die Krieger Hadad-Esers trugen, und
brachte sie nach Jerusalem. 8 In Tebach und
Berotai, den Städten Hadad-Esers, erbeutete
der König David eine große Menge Bronze.
9 Als Toï, der König von Hamat, hörte, dass
David das ganze Heer Hadad-Esers geschla-
gen hatte, 10 schickte er seinen Sohn Hado-
ram mit Gefäßen aus Gold, Silber und
Bronze zu König David. Er ließ ihm den
Friedensgruß entbieten und ihn dazu be-
glückwünschen, dass er Hadad-Eser im
Krieg geschlagen hatte; Toï lebte nämlich im
Krieg mit Hadad-Eser. 11 König David weih-
te auch diese Gefäße dem Herrn, zusammen
mit dem Gold und Silber, das er von all den
Völkern, die er unterwarf, erbeutet hatte:
12 von Aram und Moab, von den Ammoni-
tern, den Philistern, von Amalek, sowie die
Beute von Hadad-Eser, dem Sohn Rehobs,
dem König von Zoba.

13 So machte sich David einen Namen. Als
er nach dem Sieg über Aram zurückkehrte,
schlug er Edom im Salztal, achtzehntausend
Mann, 14 und setzte in Edom Vögte ein. [In
ganz Edom setzte er Vögte ein.] So wurde
ganz Edom von David unterworfen. Der
Herr half David bei allem, was er unter-
nahm.

1–14 ‖ 1 Chr 18,1–13 • 13: Ps 60,2 • 14: Num 24,18.

7,23 Text korr.; vgl. die alten Übersetzungen und 1 Chr 17,21.
8,1 die Zügel der Herrschaft, wörtlich: den Zaum des Unterarms.
8,2 Nach 1 Sam 22,3 hatte David gute Beziehungen zu den Moabitern. Warum diese Bluttat geschah, ist unbekannt.
8,3 Zoba: ein aramäisches Stadtkönigtum nördlich von Damaskus.
8,9 Hamat: eine Stadt am Orontes.
8,11 erbeutet hatte: Text korr. nach 1 Chr 18,11; H: geheiligt hatte.
8,13 schlug er Edom: Text korr., vgl. G und 1 Chr 18,12.

Die Beamten Davids: 8,15–18

15 David war König von ganz Israel und sorgte für Recht und Gerechtigkeit in seinem ganzen Volk. 16 Joab, der Sohn der Zeruja, war Heerführer und Joschafat, der Sohn Ahiluds, war Sprecher des Königs. 17 Zadok, der Sohn Ahitubs, und Abjatar, der Sohn Ahimelechs, waren Priester, Seraja war Staatsschreiber. 18 Benaja, der Sohn Jojadas, war der Befehlshaber der Kereter und Peleter. Auch die Söhne Davids waren Priester.

15–18 ‖ 20,23–26; 1 Chr 18,14–17 • 17: 1 Sam 22,20; 1 Kön 2,27.

Jonatans Sohn: 9,1–13

9 David sagte: Gibt es noch jemand, der vom Haus Saul übrig geblieben ist? Ich will ihm um Jonatans willen eine Huld erweisen. 2 Zum Haus Sauls gehörte ein Knecht namens Ziba; man rief ihn zu David und der König fragte ihn: Bist du Ziba? Er antwortete: Ja, dein Knecht. 3 Der König fragte ihn: Ist vom Haus Sauls niemand mehr am Leben, dass ich ihm göttliche Huld erweisen könnte? Ziba antwortete dem König: Es gibt einen Sohn Jonatans, der an beiden Füßen gelähmt ist. 4 Der König sagte zu ihm: Wo ist er? Ziba antwortete dem König: Er lebt jetzt im Haus Machirs, des Sohnes Ammiëls, in Lo-Dabar. 5 Da schickte der König David hin und ließ ihn aus dem Haus Machirs, des Sohnes Ammiëls, in Lo-Dabar holen. 6 Als Merib-Baal, der Sohn Jonatans, des Sohnes Sauls, zu David kam, warf er sich (vor ihm) auf sein Gesicht nieder und huldigte ihm. David sagte: Merib-Baal! Er antwortete: Hier ist dein Knecht. 7 David sagte zu ihm: Fürchte dich nicht; denn ich will dir um deines Vaters Jonatan willen eine Huld erweisen: Ich gebe dir alle Felder deines Großvaters Saul zurück und du sollst immer an meinem Tisch essen. 8 Da warf sich Merib-Baal (vor ihm) nieder und sagte: Was ist dein Knecht, dass du dich einem toten Hund zuwendest, wie ich es bin? 9 Der König David rief Ziba, den Diener Sauls, und sagte zu ihm: Alles, was Saul und seiner ganzen Familie gehört hat, gebe ich dem Sohn deines Herrn. 10 Du sollst mit deinen Söhnen und Knechten für ihn das Land bebauen und ihm den Ertrag bringen, damit der Sohn deines Herrn zu essen hat. Merib-Baal selbst aber, der Sohn deines Herrn, soll immer an meinem Tisch essen. Ziba hatte fünfzehn Söhne und zwanzig Knechte. 11 Ziba sagte zum König: Genauso, wie es mein Herr, der König, seinem Knecht befohlen hat, wird es dein Knecht tun. Und Merib-Baal aß am Tisch Davids wie einer von den Söhnen des Königs. 12 Merib-Baal hatte einen kleinen Sohn namens Micha und alle, die im Haus Zibas wohnten, waren Merib-Baals Knechte. 13 Merib-Baal blieb also in Jerusalem; denn er aß immer am Tisch des Königs; er war aber an beiden Füßen gelähmt.

2: 16,1 • 3: 4,4 • 5: 17,27 • 6: 19,25 • 7: 19,29 • 9–11: 19,29f.

DIE GESCHICHTE VON DAVIDS THRONFOLGE: 10,1 – 20,26; 1 Kön 1,1 – 2,46

Der Krieg mit den Ammonitern und den Aramäern: 10,1–19

10 Als darauf der König der Ammoniter starb und sein Sohn Hanun an seiner Stelle König wurde, 2 sagte David: Ich will Hanun, dem Sohn des Nahasch, mein Wohlwollen zeigen, so wie sein Vater mir sein Wohlwollen gezeigt hat. Und David schickte eine Gesandtschaft zu ihm und ließ ihm durch seine Diener sein Beileid zum Tod seines Vaters aussprechen. Als die Diener in das Land der Ammoniter kamen, 3 sagten die Fürsten der Ammoniter zu Hanun, ihrem Herrn: Will David wirklich deinen Vater vor deinen Augen ehren, weil er Leute schickt, die dir sein Beileid aussprechen sollen? Hat David seine Diener nicht viel eher zu dir geschickt, um die Stadt zu durchforschen und auszukundschaften und sie dann verwüsten zu lassen? 4 Darauf ließ Hanun die Diener Davids festnehmen, ihnen die Hälfte des Bartes abscheren und ihnen die Kleider zur Hälfte abschneiden, bis zum Gesäß herauf. So schickte er sie weg. 5 Als man David das meldete, schickte er ihnen jemand entgegen und ließ ihnen, weil sie so schwer geschändet waren, sagen: Bleibt in Jericho und kehrt

8,17 Abjatar, der Sohn Ahimelechs: Text korr. nach S und 1 Sam 22,20; 23,6; 30,7; H: Ahimelech, der Sohn Abjatars.

8,18 der Befehlshaber: Text korr. nach 20,23. – Die Kereter und Peleter sind ausländische Söldner im Dienst Davids (vgl. 15,18; 20,7.23; 1 Kön 1,38.44).

9,4 Lo-Dabar: im Ostjordanland.

erst zurück, wenn euer Bart wieder gewach-
sen ist. 6 Als die Ammoniter merkten, dass
sie sich bei David verhasst gemacht hatten,
schickten sie (Boten) und warben die Ara-
mäer von Bet-Rehob und von Zoba an,
zwanzigtausend Mann Fußvolk, außerdem
den König von Maacha mit tausend Mann
und die Leute von Tob mit zwölftausend
Mann. 7 David erfuhr davon und schickte
Joab mit dem ganzen Heer, allen kriegstüch-
tigen Männern, hin. 8 Die Ammoniter rück-
ten aus und stellten sich vor dem Stadttor
zum Kampf auf, während die Aramäer von
Zoba und Rehob und die Leute von Tob und
Maacha jeweils für sich draußen auf dem
freien Feld standen. 9 Als Joab sah, dass ihm
ein Angriff von vorn und von hinten drohte,
traf er eine Auswahl aus den Kerntruppen
Israels und stellte sie gegen die Aramäer auf.
10 Den Rest des Heeres unterstellte er seinem
Bruder Abischai, damit er sie den Ammoni-
tern gegenüber aufstelle. 11 Joab sagte: Wenn
die Aramäer stärker sind als ich, dann komm
du mir zu Hilfe! Wenn die Ammoniter stär-
ker sind als du, dann werde ich dir zu Hilfe
kommen. 12 Sei tapfer! Wir wollen mutig für
unser Volk und für die Städte unseres Gottes
kämpfen. Der Herr aber möge tun, was er für
recht hält. 13 Da griff Joab mit seinen Leuten
die Aramäer an und diese ergriffen die
Flucht vor ihm. 14 Als die Ammoniter sahen,
dass die Aramäer flohen, ergriffen auch sie
die Flucht vor Abischai und zogen sich in die
Stadt zurück. Joab kehrte nach dem Kampf
gegen die Ammoniter nach Jerusalem zu-
rück.

15 Die Aramäer sahen, dass sie von Israel
geschlagen waren, aber sie sammelten sich
wieder. 16 Hadad-Eser schickte Boten und
ließ die Aramäer, die diesseits des Stroms
wohnten, ausrücken. Sie kamen nach Helam,
an ihrer Spitze Schobach, der Oberbefehls-
haber Hadad-Esers. 17 Als man das David
meldete, versammelte er ganz Israel, über-
schritt den Jordan und kam nach Helam. Die
Aramäer nahmen David gegenüber Aufstel-
lung und eröffneten den Kampf gegen ihn.
18 Doch sie mussten vor den Israeliten flie-
hen. David vernichtete siebenhundert ara-
mäische Kriegswagen und tötete vierzig-
tausend Reiter. Auch Schobach, den Ober-
befehlshaber des Heeres, schlug er nieder,
sodass er an Ort und Stelle starb. 19 Die
Könige, die Hadad-Esers Vasallen waren,
sahen nun ein, dass sie von den Israeliten be-
siegt waren. Sie schlossen Frieden mit den
Israeliten und unterwarfen sich ihnen. Von
da an fürchteten sich die Aramäer, den
Ammonitern noch weiter zu helfen.

1–19 ‖ 1 Chr 19,1–19 • 2: 1 Sam 11,1.

David und Batseba: 11,1–27

11 Um die Jahreswende, zu der Zeit, in
der die Könige in den Krieg ziehen,
schickte David den Joab mit seinen Män-
nern und ganz Israel aus und sie verwüste-
ten das Land der Ammoniter und belagerten
Rabba. David selbst aber blieb in Jerusa-
lem.

2 Als David einmal zur Abendzeit von sei-
nem Lager aufstand und auf dem Flachdach
des Königspalastes hin- und herging, sah er
von dort aus eine Frau, die badete. Die Frau
war sehr schön anzusehen. 3 David schickte
jemand hin und erkundigte sich nach ihr.
Man sagte ihm: Das ist Batseba, die Tochter
Ammiëls, die Frau des Hetiters Urija. 4 Da-
rauf schickte David Boten zu ihr und ließ sie
holen; sie kam zu ihm, und er schlief mit ihr –
sie hatte sich gerade von ihrer Unreinheit ge-
reinigt. Dann kehrte sie in ihr Haus zurück.
5 Die Frau war aber schwanger geworden
und schickte deshalb zu David und ließ ihm
mitteilen: Ich bin schwanger.

6 Darauf sandte David einen Boten zu Joab
(und ließ ihm sagen): Schick den Hetiter Uri-
ja zu mir! Und Joab schickte Urija zu David.
7 Als Urija zu ihm kam, fragte David, ob es
Joab und dem Volk gut gehe und wie es mit
dem Kampf stehe. 8 Dann sagte er zu Urija:
Geh in dein Haus hinab und wasch dir die
Füße! Urija verließ das Haus des Königs und
es wurde ihm ein Geschenk des Königs nach-
getragen. 9 Urija aber legte sich am Tor des
Königshauses bei den Knechten seines Herrn
nieder und ging nicht in sein Haus hinab.
10 Man berichtete David: Urija ist nicht in
sein Haus hinabgegangen. Darauf sagte
David zu Urija: Bist du nicht gerade von
einer Reise gekommen? Warum bist du nicht
in dein Haus hinuntergegangen? 11 Urija
antwortete David: Die Lade und Israel und
Juda wohnen in Hütten und mein Herr Joab
und die Knechte meines Herrn lagern auf
freiem Feld; da soll ich in mein Haus

10,6 Die aramäischen Städte liegen nördlich der Jordanquellen und im nördlichen Ostjordanland.
10,16 diesseits, wörtlich: jenseits; gemeint ist das Gebiet westlich des Eufrat (vgl. 1 Kön 5,4). »Jenseits des Stroms« ist in assyrischen Texten, vor allem in der Perserzeit, das Gebiet der westlichen Provinzen.
11,1 das Land: so sinngemäß nach 1 Chr 20,1.
11,11 Die Lade Gottes wurde in den Kampf mitgenommen (vgl. 1 Sam 4,3f; Num 10,35f).

gehen, um zu essen und zu trinken und bei
meiner Frau zu liegen? So wahr du lebst und
so wahr deine Seele lebt, das werde ich
nicht tun. 12 Darauf sagte David zu Urija:
Bleib auch heute noch hier; morgen werde
ich dich wegschicken. So blieb Urija an je-
nem Tag in Jerusalem. Am folgenden Tag
13 lud David ihn ein, bei ihm zu essen und zu
trinken, und machte ihn betrunken. Am
Abend aber ging Urija weg, um sich wieder
auf seinem Lager bei den Knechten seines
Herrn niederzulegen; er ging nicht in sein
Haus hinab.
14 Am anderen Morgen schrieb David ei-
nen Brief an Joab und ließ ihn durch Urija
überbringen. 15 Er schrieb in dem Brief:
Stellt Urija nach vorn, wo der Kampf am
heftigsten ist, dann zieht euch von ihm zu-
rück, sodass er getroffen wird und den Tod
findet. 16 Joab hatte die Stadt beobachtet
und er stellte Urija an einen Platz, von dem
er wusste, dass dort besonders tüchtige Krie-
ger standen. 17 Als dann die Leute aus der
Stadt einen Ausfall machten und gegen Joab
kämpften, fielen einige vom Volk, das heißt
von den Kriegern Davids; auch der Hetiter
Urija fand den Tod. 18 Joab schickte (einen
Boten) zu David und ließ ihm den Verlauf
des Kampfes berichten. 19 Und er befahl dem
Boten: Wenn du dem König alles über den
Verlauf des Kampfes bis zu Ende berichtet
hast 20 und wenn dann der König in Zorn ge-
rät und zu dir sagt: Warum seid ihr beim
Kampf so nahe an die Stadt herangegangen?
Habt ihr nicht gewusst, dass sie von der
Mauer herabschießen? 21 Wer hat Abimelech,
den Sohn Jerubbaals, erschlagen? Hat nicht
eine Frau in Tebez einen Mühlstein von der
Mauer auf ihn herabgeworfen, sodass er
starb? Warum seid ihr so nahe an die Mauer
herangegangen?, dann sollst du sagen: Auch
dein Knecht, der Hetiter Urija, ist tot. 22 Der
Bote ging fort, kam zu David und berichtete
ihm alles, was Joab ihm aufgetragen hatte.
23 Der Bote sagte zu David: Die Männer wa-
ren stärker als wir und waren gegen uns bis
aufs freie Feld vorgedrungen; wir aber
drängten sie bis zum Eingang des Tores zu-
rück. 24 Da schossen die Schützen von der
Mauer herab auf deine Knechte, sodass eini-
ge von den Knechten des Königs starben;
auch dein Knecht, der Hetiter Urija, ist tot.
25 Da sagte David zu dem Boten: So sollst du
zu Joab sagen: Betrachte die Sache nicht als
so schlimm; denn das Schwert frisst bald
hier, bald dort. Setz den Kampf gegen die
Stadt mutig fort und zerstöre sie! So sollst
du ihm Mut machen. 26 Als die Frau Urijas
hörte, dass ihr Mann Urija tot war, hielt sie
für ihren Gemahl die Totenklage. 27 Sobald
die Trauerzeit vorüber war, ließ David sie zu
sich in sein Haus holen. Sie wurde seine Frau
und gebar ihm einen Sohn. Dem Herrn aber
missfiel, was David getan hatte.

1: 12,26 • 4: Ex 20,14.17; Dtn 5,18.21 • 21: Ri 9,53f.

Gottes Strafe für David: 12,1–25

12 Darum schickte der Herr den Natan
zu David; dieser ging zu David und
sagte zu ihm: In einer Stadt lebten einst zwei
Männer; der eine war reich, der andere arm.
2 Der Reiche besaß sehr viele Schafe und
Rinder, 3 der Arme aber besaß nichts außer
einem einzigen kleinen Lamm, das er ge-
kauft hatte. Er zog es auf und es wurde bei
ihm zusammen mit seinen Kindern groß. Es
aß von seinem Stück Brot und es trank aus
seinem Becher, in seinem Schoß lag es und
war für ihn wie eine Tochter. 4 Da kam ein
Besucher zu dem reichen Mann und er
brachte es nicht über sich, eines von seinen
Schafen oder Rindern zu nehmen, um es für
den zuzubereiten, der zu ihm gekommen
war. Darum nahm er dem Armen das Lamm
weg und bereitete es für den Mann zu, der zu
ihm gekommen war.
5 Da geriet David in heftigen Zorn über
den Mann und sagte zu Natan: So wahr der
Herr lebt: Der Mann, der das getan hat, ver-
dient den Tod. 6 Das Lamm soll er vierfach
ersetzen, weil er das getan und kein Mitleid
gehabt hat. 7 Da sagte Natan zu David: Du
selbst bist der Mann. So spricht der Herr, der
Gott Israels: Ich habe dich zum König von Is-
rael gesalbt und ich habe dich aus der Hand
Sauls gerettet. 8 Ich habe dir das Haus deines
Herrn und die Frauen deines Herrn in den
Schoß gegeben und ich habe dir das Haus Is-
rael und Juda gegeben, und wenn das zu we-
nig ist, gebe ich dir noch manches andere
dazu. 9 Aber warum hast du das Wort des
Herrn verachtet und etwas getan, was ihm
missfällt? Du hast den Hetiter Urija mit dem
Schwert erschlagen und hast dir seine Frau
zur Frau genommen; durch das Schwert der
Ammoniter hast du ihn umgebracht. 10 Da-
rum soll jetzt das Schwert auf ewig nicht
mehr von deinem Haus weichen; denn du
hast mich verachtet und dir die Frau des
Hetiters genommen, damit sie deine Frau
werde. 11 So spricht der Herr: Ich werde da-

11,21 Jerubbaals: Text korr. nach G (vgl. Ri 7,1); H liest Jerubbeschet, um den Namen des Gottes Baal verächtlich zu machen (vgl. die Anmerkungen zu 2,8; 4,4).

für sorgen, dass sich aus deinem eigenen Haus das Unheil gegen dich erhebt, und ich werde dir vor deinen Augen deine Frauen wegnehmen und sie einem andern geben; er wird am hellen Tag bei deinen Frauen liegen. 12 Ja, du hast es heimlich getan, ich aber werde es vor ganz Israel und am hellen Tag tun. 13 Darauf sagte David zu Natan: Ich habe gegen den Herrn gesündigt. Natan antwortete David: Der Herr hat dir deine Sünde vergeben; du wirst nicht sterben. 14 Weil du aber die Feinde des Herrn durch diese Sache zum Lästern veranlasst hast, muss der Sohn, der dir geboren wird, sterben.

15 Dann ging Natan nach Hause. Der Herr aber ließ das Kind, das die Frau des Urija dem David geboren hatte, schwer krank werden. 16 David suchte Gott wegen des Knaben auf und fastete streng; und wenn er heimkam, legte er sich bei Nacht auf die bloße Erde. 17 Die Ältesten seines Hauses kamen zu ihm, um ihn dazu zu bewegen, von der Erde aufzustehen. Er aber wollte nicht und aß auch nicht mit ihnen. 18 Am siebten Tag aber starb das Kind. Davids Diener fürchteten sich, ihm mitzuteilen, dass das Kind tot war; denn sie sagten: Wir haben ihm zugeredet, als das Kind noch am Leben war; er aber hat nicht auf uns gehört. Wie können wir ihm jetzt sagen: Das Kind ist tot? Er würde ein Unheil anrichten. 19 David jedoch sah, dass seine Diener miteinander flüsterten, und merkte daran, dass das Kind tot war. Er fragte seine Diener: Ist das Kind tot? Sie antworteten: Ja, es ist tot. 20 Da erhob sich David von der Erde, wusch sich, salbte sich, wechselte seine Kleider, ging zum Haus des Herrn und warf sich (davor) nieder. Als er dann nach Hause zurückkehrte, verlangte er (zu essen). Man setzte ihm etwas vor und er aß. 21 Da fragten ihn seine Diener: Was soll das bedeuten, was du getan hast? Als das Kind noch am Leben war, hast du seinetwegen gefastet und geweint. Nachdem aber das Kind tot ist, stehst du auf und isst. 22 Er antwortete: Als das Kind noch am Leben war, habe ich gefastet und geweint; denn ich dachte: Wer weiß, vielleicht ist der Herr mir gnädig und das Kind bleibt am Leben. 23 Jetzt aber, da es tot ist, warum soll ich da noch fasten? Kann ich es zurückholen? Ich werde einmal zu ihm gehen, aber es kommt nicht zu mir zurück. 24 Und David tröstete seine Frau Batseba; er ging zu ihr hinein und schlief mit ihr. Und sie gebar einen Sohn und er gab ihm den Namen Salomo. Der Herr liebte Salomo 25 und sandte den Propheten Natan, damit er ihm um des Herrn willen den Namen Jedidja (Liebling des Herrn) gebe.

6: Ex 21,37 • 9: 1 Kön 15,5 • 10: 13,28f; 18,14; 1 Kön 2,24f • 11: 16,22; 20,3 • 13: Ps 51,2.

Die Eroberung von Rabba: 12,26–31

26 Joab kämpfte gegen Rabba, (die Stadt) der Ammoniter, und er eroberte die Königsstadt. 27 Darauf schickte Joab Boten zu David und ließ ihm sagen: Ich habe gegen Rabba gekämpft und dabei auch die Wasserstadt eingenommen. 28 Darum versammle jetzt den Rest des Heeres, belagere die Stadt und nimm sie selbst ein, damit nicht ich sie einnehme und mein Name über ihr ausgerufen wird. 29 David sammelte also das ganze Heer, zog nach Rabba, kämpfte gegen die Stadt und nahm sie ein. 30 Dann nahm er ihrem König die Krone vom Haupt, deren Gewicht ein Talent Gold betrug und an der ein kostbarer Stein war; sie wurde nun Davids Krone. Und er schaffte eine sehr große Beute aus der Stadt fort. 31 Auch ihre Einwohner führte er fort und stellte sie an die Steinsägen, an die eisernen Spitzhacken und an die eisernen Äxte und ließ sie in den Ziegeleien arbeiten. So machte er es mit allen Städten der Ammoniter. Dann kehrte David mit dem ganzen Heer nach Jerusalem zurück.

26: 11,1 • 30–31: 1 Chr 20,2f.

Amnon und Tamar: 13,1–22

13 Danach geschah folgendes: Abschalom, der Sohn Davids, hatte eine schöne Schwester namens Tamar und Amnon, der Sohn Davids, verliebte sich in sie. 2 Amnon war sehr bedrückt und wurde fast krank wegen seiner Schwester Tamar; denn sie war Jungfrau und es schien Amnon unmöglich, ihr etwas anzutun. 3 Nun hatte Amnon einen Freund namens Jonadab, einen Sohn des Schima, des Bruders Davids. Jonadab war ein sehr kluger Mann. 4 Er sagte zu Amnon: Warum bist du jeden Morgen so bedrückt, Sohn des Königs? Willst du es mir

---

12,25 Der Name Jedidja, der nur hier vorkommt, weist schon auf die Nachfolge Davids hin und bringt auch zum Ausdruck, dass Gott nun dem König wieder gnädig ist.

12,26 Rabba: die Hauptstadt des Ammoniterreichs, heute Amman.

12,30 Wahrscheinlich ist eher der Wert als das Gewicht (etwa 41 kg) der Krone gemeint.

12,31 ließ sie arbeiten: Text korr.; H: führte sie hindurch.

13,1 Abschaloms und Tamars Mutter war Maacha; Amnons Mutter war Ahinoam.

Rembrandt van Rijn (1606–1669)
Jakob segnet die Söhne Josephs, 1656
Leinwand, 175 × 210,5 cm
Staatliche Gemäldegalerie, Kassel
Foto: Joachim Blauel, Artothek, Peissenberg

nicht erzählen? Amnon antwortete ihm: Ich
liebe Tamar, die Schwester meines Bruders
Abschalom. 5 Da sagte Jonadab zu ihm: Leg
dich ins Bett und stell dich krank! Wenn
dann dein Vater kommt, um nach dir zu se-
hen, sag zu ihm: Lass doch meine Schwester
Tamar zu mir kommen und mir etwas zu es-
sen machen; sie soll die Krankenkost vor
meinen Augen zubereiten, sodass ich zuse-
hen und aus ihrer Hand essen kann. 6 Amnon
legte sich also hin und stellte sich krank. Als
der König kam, um nach ihm zu sehen, sagte
Amnon zum König: Meine Schwester Tamar
möge doch zu mir kommen; sie soll mir vor
meinen Augen zwei Kuchen backen und ich
will die Krankenkost aus ihrer Hand essen.
7 David schickte jemand ins Haus der Tamar
und ließ ihr sagen: Geh doch in das Haus dei-
nes Bruders Amnon und mach ihm etwas zu
essen! 8 Tamar ging in das Haus ihres Bru-
ders Amnon, der im Bett lag. Sie nahm Teig,
knetete vor seinen Augen die Kuchen und
backte sie. 9 Dann nahm sie die Pfanne und
legte ihm (das Gericht) vor. Amnon aber
wollte nichts essen, sondern sagte: Schickt
alle hinaus! Als alle aus dem Zimmer hi-
nausgegangen waren, 10 sagte Amnon zu Ta-
mar: Bring das Essen in die (innere) Kam-
mer, ich möchte sie aus deiner Hand essen.
Tamar nahm die Kuchen, die sie zubereitet
hatte, und brachte sie ihrem Bruder Amnon
in die Kammer. 11 Als sie ihm aber die Ku-
chen zum Essen reichte, griff er nach ihr und
sagte zu ihr: Komm, leg dich zu mir, Schwes-
ter! 12 Sie antwortete ihm: Nein, mein Bru-
der, entehre mich nicht! So etwas tut man in
Israel nicht. Begeh keine solche Schandtat!
13 Wohin sollte ich denn in meiner Schande
gehen? Du würdest als einer der niederträch-
tigsten Menschen in Israel dastehen. Rede
doch mit dem König, er wird mich dir nicht
verweigern. 14 Doch Amnon wollte nicht auf
sie hören, sondern packte sie und zwang sie,
mit ihm zu schlafen. 15 Hinterher aber emp-
fand Amnon eine sehr große Abneigung ge-
gen sie; ja, der Hass, mit dem er sie nun hass-
te, war größer als die Liebe, mit der er sie ge-
liebt hatte. Amnon sagte zu ihr: Steh auf, geh
weg! 16 Sie erwiderte ihm: Nicht doch! Wenn
du mich wegschickst, wäre das ein noch grö-
ßeres Unrecht als das, das du mir schon an-
getan hast. Er aber wollte nicht auf sie hö-
ren, 17 sondern rief den jungen Mann, der in
seinen Diensten stand, und sagte: Bringt die-
ses Mädchen da von mir weg auf die Straße
hinaus und schließt die Tür hinter ihr ab!
18 Sein Diener brachte sie hinaus und schloss
die Tür hinter ihr zu. Sie hatte ein Ärmel-
kleid an; denn solche Obergewänder trugen
die Königstöchter, solange sie Jungfrauen
waren. 19 Tamar aber streute sich Asche auf
das Haupt und zerriss das Ärmelkleid, das
sie anhatte, sie legte ihre Hand auf den Kopf
und ging schreiend weg. 20 Ihr Bruder Ab-
schalom fragte sie: War dein Bruder Amnon
mit dir zusammen? Sprich nicht darüber,
meine Schwester, er ist ja dein Bruder.
Nimm dir die Sache nicht so zu Herzen! Von
da an lebte Tamar einsam im Haus ihres
Bruders Abschalom. 21 Doch der König Da-
vid erfuhr von der ganzen Sache und wurde
darüber sehr zornig. 22 Abschalom aber rede-
te nicht mehr mit Amnon, weder im Guten
noch im Bösen; er hasste Amnon, weil dieser
seine Schwester Tamar vergewaltigt hatte.

Abschaloms Rache an Amnon: 13,23–37

23 Zwei Jahre später ließ Abschalom in
Baal-Hazor, das bei Efraim liegt, seine
Schafe scheren und lud alle Söhne des Kö-
nigs ein. 24 Er ging zum König und sagte:
Dein Knecht lässt gerade seine Schafe sche-
ren. Der König möge doch samt seinen Die-
nern seinen Knecht dorthin begleiten. 25 Der
König antwortete Abschalom: Nein, mein
Sohn, wir können doch nicht alle kommen;
wir wollen dir nicht zur Last fallen. Obwohl
Abschalom ihn dringend bat, wollte er nicht
mitgehen, sondern wollte ihn mit dem Se-
gensgruß verabschieden. 26 Da sagte Abscha-
lom: Kann nicht wenigstens mein Bruder
Amnon mit uns gehen? Der König fragte ihn:
Warum soll er mit dir gehen? 27 Abschalom
aber drängte ihn (noch mehr) und der König
ließ Amnon und seine anderen Söhne mit
ihm gehen. 28 Abschalom befahl seinen jun-
gen Leuten: Gebt Acht: Wenn Amnon vom
Wein guter Laune ist, werde ich zu euch sa-
gen: Schlagt Amnon tot! Dann tötet ihn!
Habt keine Angst! Ich selbst habe es euch ja
befohlen. Seid mutig und tapfer! 29 Die jun-
gen Leute Abschaloms machten mit Amnon,
was ihnen Abschalom befohlen hatte. Da
sprangen alle Söhne des Königs auf, stiegen
auf ihre Maultiere und flohen. 30 Sie waren
noch auf dem Weg, als zu David das Gerücht
gelangte: Abschalom hat alle Söhne des Kö-
nigs erschlagen; nicht einer von ihnen ist üb-
rig geblieben. 31 Da stand der König auf, zer-

13,13 Demnach waren Ehen zwischen Halbgeschwistern möglich; nach Lev 18,11; 20,17 und Dtn 27,22 sind sie streng verboten.

13,18 Die beiden Sätze sind sinngemäß umgestellt.

13,23 Baal-Hazor: nordöstlich von Bet-El.

riss seine Kleider und warf sich zu Boden.
Auch alle seine Diener, die um ihn herum-
standen, zerrissen ihre Kleider. 32 Jonadab
aber, der Sohn Schimas, des Bruders Davids,
sagte: Mein Herr soll nicht glauben, dass alle
jungen Männer, alle Söhne des Königs, tot
sind. Nur Amnon ist tot; denn Abschalom
war verbittert seit dem Tag, an dem Amnon
seine Schwester vergewaltigte. 33 Mein Herr,
der König, nehme sich die Sache nicht so zu
Herzen und denke nicht: Alle Söhne des Kö-
nigs sind tot. Nur Amnon ist tot.

34 Abschalom aber war geflohen. Der junge
Mann jedoch, der Wache hielt, schaute aus
und sah plötzlich, dass eine Menge Leute auf
dem hinter ihm liegenden Weg von der Seite
des Berges herabkamen. 35 Da sagte Jonadab
zum König: Sieh, da kommen die Söhne des
Königs. Es ist so, wie dein Knecht gesagt hat.
36 Kaum hatte er das gesagt, da kamen die
Söhne des Königs. Sie begannen laut zu
weinen und auch der König und alle seine
Diener brachen in heftiges Weinen aus.
37 Abschalom aber floh und ging zu Talmai,
dem Sohn des Königs Ammihud von Geschur
und David trauerte lange Zeit um seinen
Sohn.

37: 14,23.

Abschaloms Rückkehr: 13,38 – 14,33

38 Abschalom war also geflohen und nach
Geschur gegangen; dort blieb er drei Jahre.
39 Dann aber hörte der König allmählich auf,
gegen Abschalom zu hadern; denn er hatte
sich damit abgefunden, dass Amnon tot war.

14 Als Joab, der Sohn der Zeruja, merk-
te, dass das Herz des Königs sich
wieder Abschalom zuwandte, 2 schickte er
(einen Boten) nach Tekoa und ließ von dort
eine kluge Frau holen. Er sagte zu ihr: Tu so,
als ob du trauerst, zieh Trauergewänder an
und salbe dich nicht mit Öl! Stell dich wie
eine Frau, die schon lange Zeit um einen To-
ten trauert. 3 Dann geh zum König und
sprich Folgendes zu ihm – und Joab sagte
ihr, was sie sagen sollte. 4 Die Frau aus
Tekoa ging zum König, warf sich mit dem
Gesicht auf die Erde nieder, um ihm zu
huldigen und sagte: Hilf mir, mein König!
5 Der König fragte sie: Was hast du? Sie ant-
wortete: Ach, ich bin eine Witwe; mein Mann
ist tot. 6 Deine Magd hatte zwei Söhne. Die
beiden bekamen auf dem Feld Streit mitei-
nander, und weil niemand da war, der sich
zwischen die beiden gestellt hätte, schlug der
eine den anderen tot. 7 Da erhob sich die
ganze Verwandtschaft gegen deine Magd.
Sie sagten: Gib den, der seinen Bruder er-
schlagen hat, heraus, damit wir ihn töten,
weil er seinen Bruder ums Leben gebracht
hat. So wollten sie sogar den Erben vernich-
ten. Sie wollten die Kohle, die mir geblieben
ist, auslöschen, um meinem Mann weder Na-
men noch Nachkommen auf dem Erdboden
zu lassen. 8 Da sagte der König zu der Frau:
Geh nach Hause! Ich werde deine Sache in
Ordnung bringen. 9 Die Frau aus Tekoa er-
widerte dem König: Mein Herr und König,
dann lastet die Schuld auf mir und dem Haus
meines Vaters. Der König aber und sein
Thron werden schuldlos sein. 10 Der König
antwortete: Wenn jemand gegen dich
spricht, bring ihn zu mir; er wird dir nicht
wieder zu nahe treten. 11 Sie aber sagte: Der
König rufe doch den Herrn, deinen Gott, da-
für an, dass der Bluträcher nicht noch mehr
Unheil anrichtet und meinen Sohn um-
bringt. Der König antwortete: So wahr der
Herr lebt, deinem Sohn soll kein Haar ge-
krümmt werden.

12 Darauf sagte die Frau: Deine Magd
möchte meinem Herrn, dem König, noch ein
Wort sagen. Er antwortete: Sprich! 13 Da
fragte die Frau: Warum planst du genau das
Gleiche gegen das Volk Gottes? Wenn der
König ein solches Urteil gefällt hat, spricht
er sich selbst schuldig, da er seinen verstoße-
nen (Sohn) nicht zurückkehren lässt. 14 Wir
müssen alle sterben und sind wie das Wasser,
das man auf die Erde schüttet und nicht wie-
der einsammeln kann. Aber Gott wird dem
das Leben nicht nehmen, der darauf aus ist,
dass ein von ihm Verstoßener nicht verstoßen
bleibt. 15 Dass ich aber hergekommen bin,
um dem König, meinem Herrn, das zu sagen,
geschah, weil die Leute mir Angst machten.
Darum sagte sich deine Magd: Ich will mit
dem König reden; vielleicht wird der König
tun, was seine Magd sagt. 16 Ja, der König
wird (auf mich) hören und seine Magd aus

13,32 Abschalom war verbittert, wörtlich: es lag über Abschaloms Mund.
13,37 Abschaloms Mutter war eine Königstochter aus Geschur (3,3).
13,39 zu hadern: Text korr., vgl. G.
14,1 Tekoa: südlich von Betlehem, Heimat des Propheten Amos.
14,8 Ich werde ... in Ordnung bringen, wörtlich: Ich werde deinetwegen Befehl geben.
14,11c Wörtlich: Keines von den Haaren deines Sohnes soll zu Boden fallen.
14,14 Einen Toten kann man nicht wieder ins Leben rufen, selbst wenn Abschalom verstoßen bleibt. Der Sinn des zweiten Satzes ist nicht ganz klar. Mit V. 15 kehrt die Rede der Frau zu dem angenommenen Fall zurück.

der Hand des Mannes retten, der mich zu-
sammen mit meinem Sohn aus dem Erb-
besitz austilgen will. 17 Deine Magd hat sich
gesagt: Das Wort meines Herrn, des Königs,
wird mich beruhigen; denn mein Herr, der
König, ist gerade so wie der Engel Gottes: Er
hört Gutes und Böses. Der Herr, dein Gott,
sei mit dir.

18 Der König erwiderte der Frau: Verhehl
mir nichts von dem, was ich dich jetzt frage.
Die Frau sagte: Mein Herr und König, rede!
19 Da fragte der König: Hat etwa Joab bei all
dem die Hand im Spiel? Die Frau antwortete:
So wahr du lebst, mein Herr und König, an
all dem, was mein Herr, der König, sagt,
kann man sich unmöglich rechts oder links
vorbeidrücken. Ja, dein Knecht Joab war es,
der mir das befohlen hat; er hat all diese
Worte deiner Magd in den Mund gelegt.
20 Das hat dein Knecht Joab getan, um der
Sache ein anderes Gesicht zu geben. Mein
Herr ist weise wie der Engel Gottes, der alles
weiß, was im Land geschieht.

21 Darauf sagte der König zu Joab: Gut, ich
erfülle dir diese deine Bitte. Geh, bring den
jungen Abschalom zurück! 22 Joab warf sich
mit dem Gesicht auf die Erde nieder und
huldigte (dem König). Er segnete den König
und sagte: Heute hat dein Knecht erkannt,
dass ich dein Wohlwollen gefunden habe,
mein Herr und König, weil der König die Bit-
te seines Knechtes erfüllt hat. 23 Dann brach
Joab auf, ging nach Geschur und brachte
Abschalom nach Jerusalem zurück. 24 Der
König aber sagte: Er soll in sein Haus gehen,
aber er soll mir nicht unter die Augen treten.
Abschalom ging in sein Haus, aber dem Kö-
nig durfte er nicht unter die Augen treten.

25 In ganz Israel gab es keinen schöneren
und lobenswerteren Mann als Abschalom.
Vom Scheitel bis zur Sohle war kein Makel
an ihm. 26 Und wenn er sein Haar schneiden
ließ – das geschah von Zeit zu Zeit, weil es so
schwer wurde, dass er es schneiden lassen
musste – und man wog sein Haar, dann wog
es zweihundert Schekel nach königlichem
Gewicht. 27 Drei Söhne wurden Abschalom
geboren und eine Tochter namens Tamar; sie
wurde eine Frau von großer Schönheit.
28 Abschalom wohnte zwei Jahre lang in Je-
rusalem, ohne dem König unter die Augen zu
treten. 29 Da schickte Abschalom jemand zu
Joab, weil er ihn zum König senden wollte;
aber Joab wollte nicht kommen. Er schickte
noch ein zweites Mal jemand hin, aber er
wollte wieder nicht kommen. 30 Da sagte Ab-
schalom zu seinen Knechten: Seht, das Feld
Joabs, das neben meinem liegt; er hat dort
Gerste (angebaut). Geht hin, steckt es in
Brand! Die Diener Abschaloms steckten das
Feld in Brand. 31 Darauf machte sich Joab
auf den Weg, suchte Abschalom in seinem
Haus auf und fragte ihn: Warum haben deine
Knechte das Feld in Brand gesteckt, das mir
gehört? 32 Abschalom antwortete: Ich hatte
doch jemand zu dir geschickt und dir sagen
lassen: Komm her, ich möchte dich zum Kö-
nig senden. Du sollst ihn fragen: Wozu bin
ich eigentlich von Geschur hergekommen?
Es wäre für mich besser gewesen, ich wäre
dort geblieben. Jetzt aber möchte ich dem
König vor die Augen treten. Wenn eine
Schuld auf mir liegt, soll er mich töten.
33 Joab ging zum König und berichtete ihm
alles und der König ließ Abschalom rufen. Er
kam zum König und fiel vor ihm mit dem
Gesicht zur Erde nieder. Und der König
küsste Abschalom.

14,7: Dtn 19,11–13 • 23: 13,37 • 27: 18,18.

Abschaloms Aufstand gegen David: 15,1–12

15 Einige Zeit danach schaffte sich Ab-
schalom einen Wagen und Pferde an
sowie fünfzig Mann, die immer vor ihm her-
liefen. 2 Früh am Morgen stellte er sich neben
den Weg zum Stadttor, und sooft jemand mit
einer Streitsache zum König vor Gericht ge-
hen wollte, sprach er ihn an und sagte: Aus
welcher Stadt bist du? Wenn der dann ant-
wortete: Dein Knecht ist aus einem der
Stämme Israels!, 3 sagte Abschalom zu ihm:
Was du sagst, ist ja gut und recht, aber beim
König gibt es niemand, der dich anhört.
4 Und Abschalom fügte hinzu: Würde mich
doch jemand zum Richter im Land machen,
damit jeder, der einen Streit oder eine
Rechtssache hat, zu mir kommt; ich würde
ihm Recht verschaffen. 5 Ging dann einer auf
ihn zu, um vor ihm niederzufallen, dann
streckte er die Hand aus, hielt ihn fest und
küsste ihn. 6 So machte es Abschalom bei al-
len Israeliten, die zum König vor Gericht ge-
hen wollten, und so stahl er sich in das Herz
der Israeliten.

7 Nach vier Jahren sagte Abschalom zum
König: Ich möchte nach Hebron gehen, um
ein Gelübde zu erfüllen, das ich dem Herrn
abgelegt habe. 8 Denn dein Knecht hat bei
seinem Aufenthalt in Geschur in Aram das

15,2 Abschalom wendet sich werbend vor allem an die Nordstämme. Der oberste Richter im Land (V. 4) ist der König. Anscheinend gab es auch unter David Grund zur Klage über die Rechtspflege.

15,7 vier: Text korr., vgl. G und S; H: vierzig.

Gelübde gemacht: Wenn der Herr mich wirklich nach Jerusalem zurückkehren lässt, dann will ich für den Herrn einen Gottesdienst feiern. 9 Der König antwortete ihm: Geh in Frieden! Da brach Abschalom auf und ging nach Hebron. 10 Doch (von dort) schickte er Boten an alle Stämme Israels und ließ ihnen sagen: Wenn ihr den Klang des Widderhorns hört, dann sollt ihr rufen: Abschalom ist König in Hebron. 11 Zweihundert Männer aus Jerusalem waren mit Abschalom gegangen; er hatte sie eingeladen und sie waren mit ihm gezogen, ohne von der ganzen Sache etwas zu ahnen. 12 Als er seine Opfer darbrachte, ließ Abschalom auch den Giloniter Ahitofel, den Berater Davids, aus seiner Heimatstadt Gilo kommen. So wurde die Verschwörung immer größer und immer mehr Leute schlossen sich Abschalom an.

1: 1 Kön 1,5 • 8: 13,37f.

Davids Flucht aus Jerusalem: 15,13 – 16,14

13 Als ein Bote kam und David meldete: Das Herz der Israeliten hat sich Abschalom zugewandt!, 14 sagte David zu allen seinen Dienern, die noch bei ihm in Jerusalem waren: Auf, wir müssen fliehen, denn für uns gibt es keine Rettung vor Abschalom. Beeilt euch mit dem Aufbruch, sonst kommt er und holt uns ein, bringt Unglück über uns und schlägt die Stadt mit scharfem Schwert. 15 Die Diener des Königs sagten zu ihm: Ganz wie der Herr und König sich entscheidet. Hier sind deine Knechte. 16 So zog der König fort und sein ganzes Haus folgte ihm. Nur die zehn Nebenfrauen ließ der König zurück; sie sollten das Haus bewachen.

17 Als der König mit den Leuten, die ihm folgten, fortzog, blieben sie beim letzten Haus stehen 18 und alle seine Diener zogen an ihm vorüber, dazu alle Kereter und Peleter und alle Gatiter, jene sechshundert Mann, die ihm aus Gat gefolgt waren; sie alle zogen vor dem König vorüber. 19 Da sagte der König zu Ittai aus Gat: Warum willst auch du mit uns gehen? Kehr um und bleib beim (neuen) König! Denn du bist ein Ausländer und aus deiner Heimat verbannt. 20 Erst gestern bist du gekommen – und schon heute sollte ich dich aufjagen, um mit uns zu gehen? Ich gehe, wohin ich eben gehe. Du aber kehr um und bring deine Brüder in Liebe und Treue zurück! 21 Doch Ittai erwiderte dem König: So wahr der Herr lebt und so wahr mein Herr, der König, lebt: Nur an dem Ort, wo mein Herr, der König, ist, dort wird auch dein Diener sein, sei es um zu leben oder um zu sterben. 22 Da sagte David zu Ittai: Dann geh und zieh (mit deinen Leuten) vorüber! Und der Gatiter zog mit allen seinen Männern und dem ganzen Tross, den er bei sich hatte, vorüber. 23 Alle weinten laut, als die Leute (an David) vorüberzogen. Dann überschritt der König den Bach Kidron und alle zogen weiter auf dem Weg zur Steppe.

24 Auch Zadok und all die Leviten um ihn, die die Bundeslade Gottes trugen, waren dabei. Sie stellten die Lade Gottes nieder und Abjatar brachte Opfer dar, bis alle Leute aus der Stadt vollzählig (an David) vorübergezogen waren. 25 Der König sagte zu Zadok: Bring die Lade Gottes in die Stadt zurück! Wenn ich vor den Augen des Herrn Gnade finde, dann wird er mich zurückführen und mich die Lade und ihre Stätte wieder sehen lassen. 26 Wenn er aber sagt: Ich habe an dir keinen Gefallen!, gut, dann mag er mit mir machen, was ihm gefällt. 27 Und (weiter) sagte der König zu dem Priester Zadok: Siehst du das ein? Kehr in Frieden in die Stadt zurück, ebenso dein Sohn Ahimaaz und Abjatars Sohn Jonatan, eure beiden Söhne. 28 Merkt euch: Ich werde an den Furten zur Steppe warten, bis von euch eine Nachricht kommt, die mir Bescheid gibt. 29 Darauf brachten Zadok und Abjatar die Lade Gottes nach Jerusalem zurück und blieben dort.

30 David stieg weinend und mit verhülltem Haupte den Ölberg hinauf; er ging barfuß und alle Leute, die bei ihm waren, verhüllten ihr Haupt und zogen weinend hinauf. 31 Man hatte David die Nachricht gebracht, dass auch Ahitofel unter den Verschwörern aufseiten Abschaloms war. Da sagte David: Herr, vereitle den Rat Ahitofels!

32 Als David auf den Gipfel des Berges kam, auf dem man sich vor Gott niederwirft, kam ihm plötzlich der Arkiter Huschai entgegen, mit zerrissenen Kleidern und Erde auf dem Haupt. 33 David sagte zu ihm: Wenn du mit mir ziehst, wärest du mir nur eine Last. 34 Wenn du aber in die Stadt zurückkehrst und zu Abschalom sagst: Ich bin dein Knecht, mein König, ich war früher der Knecht deines Vaters, jetzt aber will ich dein Knecht sein!, dann kannst du für mich den Rat Ahitofels durchkreuzen. 35 Die Priester Zadok und Abjatar werden auch dort bei dir sein und du kannst alles, was du aus dem Haus des Königs hörst, den Priestern Zadok und Abjatar berichten. 36 Sie haben dort auch ihre beiden Söhne bei sich, Zadok den

15,32 Hier wird ein uns sonst nicht bekanntes Heiligtum auf dem Ölberg vorausgesetzt.

Ahimaaz und Abjatar den Jonatan; durch sie
könnt ihr mir alles übermitteln, was ihr hört.
37 So kam Huschai, der Freund Davids, in die
Stadt zurück, als Abschalom gerade in Jeru-
salem ankam.

16 Als David vom Gipfel des Berges aus
ein Stück weiterzog, da kam ihm
Ziba, der Diener Merib-Baals, mit einem
Paar gesattelter Esel entgegen. Sie waren
mit zweihundert Broten, hundert Trauben-
kuchen, hundert frischen Früchten und ei-
nem Schlauch Wein beladen. 2 Der König
fragte Ziba: Was hast du damit vor? Ziba
antwortete: Die Esel sind für die königliche
Familie als Reittiere bestimmt, das Brot und
die Früchte zur Verpflegung deiner Diener,
der Wein ist zum Trinken für die, die in der
Steppe müde werden. 3 Der König fragte: Wo
ist der Sohn deines Herrn? Ziba antwortete
dem König: Er ist in Jerusalem geblieben;
denn er hat gesagt: Heute wird mir das Haus
Israel das Königtum meines Vaters wieder-
geben. 4 Da sagte der König zu Ziba: Jetzt
soll alles, was Merib-Baal gehört, dir gehö-
ren. Ziba antwortete: Ich habe mich (vor dir)
niedergeworfen; möge ich Gnade finden vor
deinen Augen, mein Herr und König.
5 Als König David nach Bahurim kam, da
kam plötzlich aus der Stadt ein Mann na-
mens Schimi, ein Sohn Geras aus der Sippe
des Hauses Saul. Er kam David mit Flüchen
entgegen, 6 und warf mit Steinen nach ihm
und allen Dienern des Königs David, obwohl
das ganze Volk und alle Krieger rechts und
links um ihn standen. 7 Schimi schrie und
fluchte: Verschwinde, verschwinde, du Mör-
der, du Niederträchtiger! 8 Der Herr hat all
deine Blutschuld am Haus Sauls, an dessen
Stelle du König geworden bist, auf dich zu-
rückfallen lassen. Der Herr hat das König-
tum in die Hand deines Sohnes Abschalom
gegeben. Nun bist du ins Unglück geraten;
denn du bist ein Mörder. 9 Da sagte Abischai,
der Sohn der Zeruja, zum König: Warum
flucht dieser tote Hund meinem Herrn, dem
König? Ich will hinübergehen und ihm den
Kopf abschlagen. 10 Doch der König antwor-
tete: Was habe ich mit euch zu schaffen, ihr
Söhne der Zeruja? Wenn er flucht und wenn
der Herr ihm gesagt hat: Verfluch David!,
wer darf dann fragen: Warum tust du das?
11 Und weiter sagte David zu Abischai und
all seinen Dienern: Seht, mein leiblicher
Sohn trachtet mir nach dem Leben, wie viel
mehr muss es dann dieser Benjaminiter tun.
Lasst ihn fluchen! Sicherlich hat es ihm der
Herr geboten. 12 Vielleicht sieht der Herr
mein Elend an und erweist mir Gutes für den
Fluch, der mich heute trifft. 13 David und
seine Männer setzten ihren Weg fort; Schimi
ging am Berghang neben ihnen her und
fluchte ununterbrochen, warf mit Steinen
nach ihm und bewarf ihn mit Erde. 14 Er-
schöpft kam der König mit allen Leuten, die
er bei sich hatte, an den Jordan; dort konnte
er wieder Atem schöpfen.

15,16: 16,21; 20,3 • 31: 17,14 • 32: 1 Kön 3,2 • 34: 17,7 • 37: 16,15; 1 Chr 27,33 • 16,3–4: 19,25–31 • 5–12: 19,17–24; 1 Kön 2,8f.

Abschalom in Jerusalem: 16,15 – 17,23

15 Abschalom war mit dem ganzen Heer
der Israeliten nach Jerusalem gekommen;
auch Ahitofel war bei ihm. 16 Als der Arkiter
Huschai, der Freund Davids, zu Abschalom
kam, sagte er zu Abschalom: Es lebe der Kö-
nig, es lebe der König! 17 Abschalom fragte
Huschai: So sieht die Liebe zu deinem
Freund aus? Warum bist du nicht mit deinem
Freund gegangen? 18 Huschai sagte zu Ab-
schalom: Nein, ich gehöre vielmehr zu dem,
den der Herr und dieses Volk und alle Israe-
liten erwählt haben; bei ihm will ich bleiben.
19 Und außerdem: Wem diene ich denn? Doch
nur seinem Sohn. Wie ich vor den Augen dei-
nes Vaters Dienst getan habe, so will ich
auch dir zur Verfügung stehen.
20 Abschalom sagte zu Ahitofel: Gebt einen
Rat, was wir tun sollen. 21 Ahitofel sagte zu
Abschalom: Geh zu den Nebenfrauen deines
Vaters, die er hiergelassen hat, um das Haus
zu bewachen. So wird ganz Israel erfahren,
dass du dich bei deinem Vater verhasst ge-
macht hast, und alle, die zu dir halten, werden
ermutigt. 22 Man errichtete für Abschalom
ein Zelt auf dem Dach, und Abschalom ging
vor den Augen ganz Israels zu den Neben-
frauen seines Vaters. 23 Ein Rat, den Ahitofel
gab, galt in jenen Tagen so viel, als hätte man
ein Gotteswort erbeten. So viel galt jeder Rat
Ahitofels, bei David wie bei Abschalom.

17 Und Ahitofel sagte weiter zu Abscha-
lom: Ich möchte zwölftausend Mann
auswählen, mit ihnen noch heute Nacht auf-
brechen und David nachsetzen. 2 Ich will ihn
überfallen, wenn er noch müde und ermattet
ist, und ihm einen Schrecken einjagen. Alle
Leute, die bei ihm sind, werden fliehen und

16,12 mein Elend: Text korr. nach G.

16,14 an den Jordan: Ortsangabe, die in H fehlt, ergänzt nach G und 15,28.

16,21 Der Rat des angesehenen Ahitofel will erreichen, dass der Bruch Abschaloms mit seinem Vater unheilbar wird und dass dadurch auch die Schwankenden auf die Seite Abschaloms gezogen werden.

ich kann den König, wenn er allein ist, er-
schlagen. 3 Dann werde ich das ganze Volk
zu dir zurückführen, wie eine Neuvermählte
zu ihrem Mann heimgeholt wird. Du trach-
test ja nur dem einen Mann nach dem Leben;
das ganze übrige Volk aber soll Frieden ha-
ben. 4 Der Plan erschien Abschalom und al-
len Ältesten Israels gut.
5 Abschalom aber sagte: Ruft auch den Ar-
kiter Huschai! Wir wollen hören, was er zu
sagen hat. 6 Als Huschai kam, sagte Abscha-
lom zu ihm: Das und das hat Ahitofel gesagt.
Sollen wir seinen Vorschlag ausführen?
Wenn nicht, dann rede du! 7 Da sagte Hu-
schai zu Abschalom: Diesmal ist der Rat, den
Ahitofel gegeben hat, nicht gut. 8 Und er fuhr
fort: Du kennst deinen Vater und seine Män-
ner; sie sind Krieger und von wildem Mut er-
füllt, wie eine Bärin im freien Gelände, der
man die Jungen geraubt hat. Dein Vater ist
ein Krieger, der mit seinen Leuten keine
Nachtruhe hält. 9 Sicher hält er sich jetzt in
einer Höhle oder an einem anderen Ort ver-
steckt. Wenn nun gleich zu Anfang einige
von deinen Leuten fallen und man hört da-
von, wird man sagen: Die Anhänger Abscha-
loms haben eine Niederlage erlitten. 10 Dann
wird auch der Tapferste – und habe er ein
Herz wie ein Löwe – völlig den Mut verlie-
ren; denn ganz Israel weiß, dass dein Vater
ein Held ist und tapfere Männer bei sich hat.
11 Darum rate ich: Alle Israeliten zwischen
Dan und Beerscheba sollen sich bei dir ver-
sammeln, (ein Heer) so zahlreich wie der
Sand am Ufer des Meeres. Du selbst musst
(mit ihnen) in den Kampf ziehen. 12 Wenn wir
ihn dann in einem der Orte, wo er sich auf-
hält, finden, überfallen wir ihn, wie der Tau
auf die Erde fällt; dann wird von ihm und al-
len Männern, die bei ihm sind, auch nicht ei-
ner übrig bleiben. 13 Und wenn er sich in eine
Stadt zurückzieht, so wird ganz Israel Seile
an (den Mauern) jener Stadt befestigen und
wir schleifen sie ins Tal hinab, sodass dort,
wo sie sind, kein Stein mehr zu finden ist.
14 Da sagten Abschalom und alle Israeliten:
Der Rat des Arkiters Huschai ist besser als
der Rat Ahitofels. Der Herr hatte es nämlich
so bestimmt; der gute Rat Ahitofels sollte
durchkreuzt werden, weil der Herr Unheil
über Abschalom bringen wollte.
15 Darauf sagte Huschai zu den Priestern
Zadok und Abjatar: Das und das hat Ahito-
fel Abschalom und den Ältesten Israels gera-
ten und das und das habe ich geraten.
16 Schickt jetzt schnell jemand zu David und
lasst ihm sagen: Bleib heute Nacht nicht bei
den Furten, (die) zur Steppe (hinüberführen),
sondern zieh sofort hinüber, damit nicht der
König samt allen Leuten, die er bei sich hat,
vernichtet wird. 17 Jonatan und Ahimaaz
aber hielten sich an der Rogel-Quelle auf;
eine Magd ging zu ihnen und brachte ihnen
die Nachricht, sie aber gingen zu König Da-
vid und machten ihm Meldung. Sie durften
sich nämlich nicht sehen lassen und konnten
deshalb die Stadt nicht betreten. 18 Doch ein
junger Mann sah sie trotzdem und meldete es
Abschalom. Die beiden aber gingen schnell
weiter und kamen zum Haus eines Mannes in
Bahurim, der in seinem Hof einen Brunnen
hatte. Sie stiegen hinein 19 und die Frau
nahm eine Decke, breitete sie über die Öff-
nung des Brunnens und streute Körner da-
rauf, sodass man nichts merken konnte.
20 Als Abschaloms Knechte zu der Frau ins
Haus kamen, fragten sie: Wo sind Ahimaaz
und Jonatan? Die Frau antwortete ihnen: Sie
sind von hier zum Wasser weitergegangen.
Die Knechte machten sich auf die Suche, als
sie sie aber nicht fanden, kehrten sie nach
Jerusalem zurück. 21 Nachdem sie wegge-
gangen waren, stiegen die beiden aus dem
Brunnen heraus, gingen zu König David und
brachten ihm die Nachricht. Sie sagten zu
David: Brecht auf und geht schnell über den
Fluss hinüber; denn Ahitofel hat gegen euch
den und den Rat erteilt. 22 Da brach David
mit allen Leuten, die noch bei ihm waren,
auf, und zog über den Jordan. Als es Morgen
wurde, war auch nicht mehr einer da, der
den Jordan nicht überschritten hätte.
23 Als Ahitofel sah, dass sein Rat nicht aus-
geführt wurde, sattelte er seinen Esel, brach
auf und kehrte in seine Heimatstadt zurück.
Dann bestellte er sein Haus und erhängte
sich. So starb er und man begrub ihn im
Grab seines Vaters.

16,15: 15,37 • 21: 15,16 • 22: 12,11 • 17,7: 15,34 • 14: 15,31 • 15–21: 15,36.

Davids Vorbereitungen zum Kampf:
17,24 – 18,5

24 Als David nach Mahanajim gekommen
war, überschritt Abschalom mit allen Israeli-

17,3b Text korr. nach G.
17,9 von deinen Leuten, wörtlich: von ihnen; gemeint sind die Leute Abschaloms.
17,14 Der Rat Huschais soll David Zeitgewinn bringen.
17,17 Die Rogel-Quelle ist bei Jerusalem, südlich der Vereinigung des Kidrontals mit dem Hinnomtal.
17,20 von hier zum Wasser: Text korr.
17,23 Selbstmord begeht im AT nur jemand, der einem grausamen Tod entgehen will (vgl. Ri 9,54; 1 Sam 31,4; 1 Kön 16,18; 2 Makk 14,43–46).

ten den Jordan. 25 Abschalom hatte Amasa anstelle Joabs an die Spitze des Heeres gestellt. Amasa war der Sohn eines Ismaeliters namens Jeter und der Abigal, die eine Tochter des Nahasch und eine Schwester von Joabs Mutter Zeruja war. 26 Die Israeliten unter Abschalom schlugen ihr Lager im Gebiet von Gilead auf.

27 Als nun David nach Mahanajim gekommen war, brachten ihm Schobi, der Sohn des Nahasch aus der Ammoniterstadt Rabba, und Machir, der Sohn Ammiëls aus Lo-Dabar, sowie der Gileaditer Barsillai aus Roglim 28 Matten und Decken, irdene Gefäße, Weizen, Gerste, Mehl und geröstetes Korn, Bohnen und Linsen [und geröstetes Korn]; 29 außerdem brachten sie David und seinen Leuten Honig und Butter, Schafe und Käse als Nahrung. Denn sie sagten: Das Volk in der Steppe ist hungrig, durstig und erschöpft.

18 Dann musterte David die Leute, die bei ihm waren, und setzte Anführer ein über die einzelnen Tausendschaften und Hundertschaften. 2 Dann ließ er seine Leute ausrücken, ein Drittel (von ihnen) unter Joab, ein Drittel unter Abischai, dem Sohn der Zeruja und Bruder Joabs, und ein Drittel unter dem Gatiter Ittai. Der König sagte zu seinen Leuten: Auch ich will mit euch in den Kampf ziehen. 3 Doch sie erwiderten: Du sollst nicht mit uns in den Kampf ziehen; denn wenn wir fliehen, wird man sich um uns nicht kümmern; und wenn die Hälfte von uns stirbt, wird man sich um uns nicht kümmern. Doch du giltst so viel wie zehntausend von uns und außerdem wäre es besser, wenn du uns von der Stadt aus zu Hilfe kommen könntest. 4 Der König antwortete ihnen: Ich will tun, was ihr für richtig haltet. Darauf stellte sich der König neben das Tor (der Stadt) und die Leute zogen nach Hundertschaften und Tausendschaften geordnet hinaus. 5 Und der König befahl Joab, Abischai und Ittai: Geht mir mit dem Jungen, mit Abschalom, schonend um! Alle Leute hörten, wie der König seinen Anführern wegen Abschalom diese Anweisung gab.

17,27: 9,4; 19,32; 1 Kön 2,7 • 18,2f: 15,19 • 5: 18,12.

Abschaloms Tod: 18,6–32

6 Die Leute zogen ins Feld, den Israeliten entgegen, und im Wald Efraim kam es zur Schlacht. 7 Die Israeliten wurden von den Leuten Davids geschlagen und erlitten eine schwere Niederlage; an jenem Tag fielen zwanzigtausend von ihnen. 8 Der Kampf breitete sich über die ganze dortige Gegend aus und der Wald verschlang an jenem Tag mehr Krieger als das Schwert. 9 Plötzlich kam Abschalom in das Blickfeld der Krieger Davids; er ritt auf einem Maultier. Als das Maultier unter den Ästen einer großen Eiche hindurchlief, blieb Abschalom mit dem Kopf fest an der Eiche hängen, sodass er zwischen Himmel und Erde schwebte und das Maultier unter ihm weglief. 10 Jemand sah es und meldete Joab: Ich habe gerade Abschalom an einer Eiche hängen sehen. 11 Joab sagte zu dem Mann, der ihm das meldete: Wenn du es gesehen hast, warum hast du ihn nicht sofort an Ort und Stelle niedergestoßen? Ich hätte dir dann gern zehn Silberstücke und einen Gürtel gegeben. 12 Der Mann antwortete Joab: Auch wenn ich tausend Silberstücke auf die Hand ausgezahlt erhielte, würde ich meine Hand nicht gegen den Sohn des Königs erheben; denn der König hat dir, Abischai und Ittai vor unseren Ohren befohlen: Gebt mir auf den Jungen, auf Abschalom, Acht! 13 Hätte ich heimtückisch gehandelt und ihm etwas getan – dem König bleibt ohnehin nichts verborgen –, dann würdest du dich (aus der Sache) heraushalten. 14 Joab erwiderte: Ich kann mich nicht noch länger mit dir aufhalten. Und er nahm drei Spieße in die Hand und stieß sie Abschalom, der noch lebend an der Eiche hing, ins Herz. 15 Die zehn Waffenträger Joabs umringten Abschalom und schlugen ihn tot. 16 Dann ließ Joab das Widderhorn blasen und die Krieger hörten auf, die Israeliten zu verfolgen, weil Joab ihnen Einhalt gebot. 17 Sie nahmen Abschalom und warfen ihn im Wald in eine tiefe Grube und errichteten über ihm einen riesigen Steinhaufen. Alle Israeliten aber flohen, jeder in sein Zelt. – 18 Abschalom hatte sich schon zu Lebzeiten den Gedenkstein, der jetzt im Königstal steht, herbeischaffen und für sich aufstellen lassen; denn er sagte sich: Ich habe keinen Sohn, der meinen Namen im Gedächtnis (der Menschen) halten würde. Er benannte den Stein nach seinem Namen; deshalb heißt er bis zum heutigen Tag »Abschaloms Hand«

19 Ahimaaz, der Sohn Zadoks, sagte: Ich will zum König eilen und ihm die freudige Nachricht bringen, dass der Herr ihm Recht gegenüber seinen Feinden verschafft hat. 20 Joab sagte zu ihm: Du würdest heute kein Freudenbote sein. An einem anderen Tag

17,25 Ismaeliters: Text korr. nach 1 Chr 2,17.

17,27 brachten: ergänzt nach G.

kannst du eine gute Nachricht überbringen; heute würdest du nichts Erfreuliches melden; denn der Sohn des Königs ist tot. 21 Und Joab befahl einem Kuschiter: Geh, melde dem König, was du gesehen hast. Der Kuschiter warf sich vor Joab nieder, dann eilte er davon. 22 Ahimaaz, der Sohn Zadoks, sagte noch einmal zu Joab: Mag kommen, was will, ich möchte auch hineilen, hinter dem Kuschiter her. Joab antwortete: Warum willst du denn hinlaufen, mein Sohn? Du bekommst keinen Botenlohn. 23 Doch Ahimaaz sagte: Mag kommen, was will; ich laufe hin. Joab erwiderte: Dann lauf! Ahimaaz lief los, nahm den Weg durch die Jordansenke und überholte den Kuschiter. 24 David saß zwischen den beiden Toren. Der Späher aber war auf das Dach des Tores, auf die Mauer, gestiegen, und als er Ausschau hielt, sah er einen einzelnen Mann herbeilaufen. 25 Der Späher rief dem König die Meldung zu. Der König sagte: Wenn er allein ist, dann bringt er eine gute Nachricht. Während der Mann herankam, 26 sah der Späher noch einen anderen herbeieilen und rief zum Tor hinab: Da läuft noch ein einzelner Mann herbei. Der König sagte: Auch er bringt eine gute Nachricht. 27 Darauf sagte der Späher: Ich sehe, der erste läuft in der Art des Ahimaaz, des Sohnes Zadoks. Und der König sagte: Das ist ein guter Mann, er kommt mit einer guten Nachricht. 28 Ahimaaz rief dem König den Friedensgruß zu, warf sich vor ihm mit dem Gesicht zur Erde nieder und sagte: Gepriesen sei der Herr, dein Gott, der (dir) die Männer ausgeliefert hat, die ihre Hand gegen meinen Herrn, den König, erhoben haben. 29 Der König fragte: Geht es dem Jungen, Abschalom, gut? Ahimaaz antwortete: Ich sah ein großes Getümmel, als Joab den Knecht des Königs, deinen Knecht, wegschickte; darum weiß ich nicht, was da geschah. 30 Der König befahl: Tritt zur Seite und stell dich hierher! Ahimaaz trat zur Seite und blieb dort stehen. 31 Da kam auch der Kuschiter und sagte: Mein Herr, der König, lasse sich die gute Nachricht bringen, dass der Herr dir heute Recht verschafft hat gegenüber allen, die sich gegen dich erhoben hatten. 32 Der König fragte den Kuschiter: Geht es dem Jungen, Abschalom, gut? Der Kuschiter antwortete: Wie dem jungen Mann möge es allen Feinden meines Herrn, des Königs, ergehen, allen, die sich in böser Absicht gegen dich erhoben haben.

12: 18,5 • 18: 14,27.

Davids Klage um Abschalom: 19,1–9a

19 Da zuckte der König zusammen, stieg in den oberen Raum des Tores hinauf und weinte. Während er hinaufging, rief er (immer wieder): Mein Sohn Abschalom, mein Sohn, mein Sohn Abschalom! Wäre ich doch an deiner Stelle gestorben, Abschalom, mein Sohn, mein Sohn! 2 Man meldete Joab: Der König weint und trauert um Abschalom. 3 So wurde der Tag der Rettung für das ganze Volk zu einem Trauertag; denn die Leute hörten an diesem Tag: Der König ist voll Schmerz wegen seines Sohnes. 4 Die Leute schlichen sich an jenem Tag in die Stadt, wie sich Leute davonschleichen, die Schande auf sich geladen haben, weil sie im Kampf geflohen sind. 5 Der König aber hatte sein Gesicht verhüllt und rief laut: Mein Sohn Abschalom! Abschalom, mein Sohn, mein Sohn! 6 Da ging Joab zum König ins Haus hinein und sagte: Du hast heute alle deine Diener offen beschimpft, die dir, deinen Söhnen und Töchtern, deinen Frauen und Nebenfrauen das Leben gerettet haben. 7 Du zeigst ja denen deine Liebe, die dich hassen, und deinen Hass denen, die dich lieben; denn du gabst uns heute zu verstehen, dass dir die Anführer und die Krieger nichts bedeuten. Jetzt weiß ich, dass es in deinen Augen ganz richtig wäre, wenn Abschalom noch am Leben wäre, wir alle aber heute gestorben wären. 8 Doch nun steh auf, geh hinaus und sag deinen Leuten einige anerkennende Worte! Denn ich schwöre dir beim Herrn: Wenn du nicht (zu ihnen) hinausgehst, dann wird bis zur kommenden Nacht keiner mehr bei dir sein und das wird für dich schlimmer sein als alles Unheil, das dir von deiner Jugend an bis jetzt zugestoßen ist. 9 Da stand der König auf und setzte sich in das Tor. Und im Volk wurde bekannt: Der König sitzt im Tor. Da kamen alle Leute zum König.

Davids Rückkehr nach Jerusalem: 19,9b–44

Nachdem die Israeliten geflohen und in ihre Zelte zurückgekehrt waren, 10 stritten sich alle Leute in allen Stämmen Israels und sagten: Der König hat uns aus der Gewalt unserer Feinde befreit, er hat uns aus der Gewalt der Philister gerettet und jetzt hat er vor Abschalom aus dem Land fliehen müssen. 11 Abschalom aber, den wir zu unserem König gesalbt haben, ist im Kampf gefallen. Warum zögert ihr jetzt, den König zurückzuholen? 12 So redete man in ganz Israel. Und

18,23 Doch Ahimaaz sagte: ergänzt nach G.

19,12 V. 12 a und b sind sinngemäß umgestellt.

die Nachricht davon drang bis zum König
vor [in sein Haus]. Da schickte König David
(einen Boten) zu den Priestern Zadok und
Abjatar und ließ ihnen sagen: Sagt zu den
Ältesten Judas: Warum wollt ihr die letzten
sein, die den König in sein Haus zurückho-
len? 13 Ihr seid meine Brüder, ihr seid mein
Fleisch und Bein. Warum wollt ihr die letz-
ten sein, die den König zurückholen? 14 Und
zu Amasa sollt ihr sagen: Bist du nicht mein
Fleisch und Bein? Gott soll mir dies und das
antun, wenn du nicht bei mir für alle Zeit an-
stelle Joabs der Befehlshaber des Heeres sein
wirst. 15 So machte David sich das Herz aller
Männer in Juda geneigt, sodass sie wie ein
Mann zu ihm hielten. Sie sandten dem König
die Aufforderung: Kehr zurück, du selbst
und alle deine Diener! 16 Da machte sich der
König auf den Rückweg und kam an den
Jordan, die Judäer aber, die dem König
entgegengezogen waren, um ihn über den
Jordan zu geleiten, waren bis nach Gilgal ge-
kommen.

17 Auch der Benjaminiter Schimi aus Ba-
hurim, der Sohn Geras, eilte herbei und zog
mit den Männern von Juda dem König David
entgegen. 18 Bei ihm waren tausend Mann
aus Benjamin, darunter Ziba, der Diener des
Hauses Saul, mit seinen fünfzehn Söhnen
und seinen zwanzig Knechten. Sie waren
schon vor dem König an den Jordan gelangt
19 und durchschritten die Furt, um die Fami-
lie des Königs hinüberzugeleiten und alles zu
tun, was dem König gut erschien. Als der
König gerade den Jordan überschreiten
wollte, fiel Schimi, der Sohn Geras, vor ihm
nieder 20 und sagte zu ihm: Mein Herr möge
mir meine Schuld nicht anrechnen; mögest
du nicht an das denken, was dein Knecht
sich an dem Tag zu Schulden kommen ließ,
als mein Herr, der König, Jerusalem verließ;
der König nehme es sich nicht so zu Herzen;
21 denn dein Knecht weiß, dass er gesündigt
hat. Sieh her, ich bin heute als Erster vom
ganzen Haus Josef hergekommen, um mei-
nem Herrn, dem König, entgegenzugehen.
22 Da fragte Abischai, der Sohn der Zeruja:
Müsste nicht Schimi dafür mit dem Tod
bestraft werden, dass er den Gesalbten des
Herrn verflucht hat? 23 David aber sagte:
Was habe ich mit euch zu schaffen, ihr Söhne
der Zeruja? Warum benehmt ihr euch plötz-
lich wie Feinde von mir? Soll heute jemand
in Israel getötet werden, wo ich doch weiß,
dass ich ab heute wieder König von Israel
bin? 24 Und der König sagte zu Schimi: Du
sollst nicht sterben. Der König bekräftigte es
ihm mit einem Schwur.

25 Auch Merib-Baal, der Sohn Sauls, kam
dem König entgegen. Er hatte seine Füße
und seinen Bart nicht mehr gepflegt und sei-
ne Kleider nicht gewaschen seit dem Tag, an
dem der König weggegangen war, bis zu dem
Tag, an dem er wohlbehalten zurückkam.
26 Als er von Jerusalem aus dem König entge-
genkam, fragte ihn der König: Warum bist
du damals nicht mit mir weggegangen,
Merib-Baal? 27 Er antwortete: Mein Herr und
König, mein Diener hat mich hintergangen.
Dein Knecht sagte zu ihm: Ich will mir die
Eselin satteln und mit dem König zusammen
wegreiten; dein Knecht ist ja lahm. 28 Man
hat deinen Knecht bei meinem Herrn, dem
König, verleumdet. Aber mein Herr, der Kö-
nig, ist wie der Engel Gottes; darum tu, was
dir gefällt. 29 Obwohl das ganze Haus meines
Vaters von meinem Herrn, dem König, nichts
anderes als den Tod zu erwarten hatte, hast
du deinen Knecht unter die aufgenommen,
die an deinem Tisch essen. Was habe ich
noch für ein Recht, den König weiterhin an-
zurufen? 30 Der König antwortete ihm: Wa-
rum machst du so (viele) Worte? Ich habe be-
stimmt: Du und Ziba, ihr sollt euch das Land
teilen. 31 Darauf sagte Merib-Baal: Er kann
auch das ganze nehmen, nachdem mein Herr,
der König, wohlbehalten in sein Haus zu-
rückgekehrt ist.

32 Der Gileaditer Barsillai war aus Roglim
herabgekommen und mit dem König an den
Jordan gezogen, um ihn am Jordan zu verab-
schieden. 33 Barsillai war sehr alt, ein Mann
von achtzig Jahren. Er hatte den König ver-
sorgt, als dieser sich in Mahanajim aufhielt;
er war nämlich sehr reich. 34 Der König sagte
zu Barsillai: Zieh mit mir hinüber, ich will
für dich bei mir in Jerusalem sorgen. 35 Doch
Barsillai antwortete dem König: Wie viele
Jahre habe ich denn noch zu leben, dass ich
mit dem König nach Jerusalem hinaufziehen
sollte? 36 Ich bin jetzt achtzig Jahre alt. Kann
ich denn noch Gutes und Böses unterschei-
den? Kann dein Knecht noch Geschmack fin-
den an dem, was er isst und trinkt? Höre ich
denn noch die Stimme der Sänger und
Sängerinnen? Warum soll denn dein Knecht
noch meinem Herrn, dem König, zur Last
fallen? 37 Nur eine kleine Strecke wollte dein

19,16 Gilgal: in der Nähe von Jericho (vgl. 1 Sam 7,16).
19,19 und durchschritten: Text korr.
19,25 Merib-Baal hat wegen des Unglücks, das David getroffen hat, getrauert.
19,26 von Jerusalem aus: Text korr. (vgl. 9,10f); H: nach Jerusalem.

Knecht den König zum Jordan begleiten.
Warum will sich der König bei mir in dieser
Weise erkenntlich zeigen? 38 Dein Knecht
möchte umkehren und in seiner Heimatstadt
beim Grab seines Vaters und seiner Mutter
sterben. Aber hier ist dein Knecht Kimham;
er mag mit meinem Herrn, dem König, hinü-
berziehen. Tu für ihn, was dir gefällt. 39 Der
König erwiderte: Kimham soll mit mir hinü-
berziehen; ich werde für ihn tun, was du für
gut hältst. Alles aber, was du von mir be-
gehrst, will ich für dich tun. 40 Darauf zog
das ganze Volk über den Jordan und auch
der König ging hinüber. Der König küsste
Barsillai und segnete ihn und Barsillai kehr-
te in seinen Heimatort zurück. 41 Der König
aber zog weiter nach Gilgal und Kimham
ging mit ihm. Das ganze Volk von Juda zog
mit dem König, dazu halb Israel.

42 Da kamen alle Israeliten zum König und
sagten zu ihm: Warum haben unsere Brüder,
die Männer von Juda, dich uns geraubt und
den König, seine Familie und alle seine Män-
ner über den Jordan geführt? 43 Alle Judäer
antworteten den Israeliten: Weil der König
uns näher steht. Warum bist du darüber er-
zürnt? Haben wir denn ein Stück vom König
gegessen oder ist er etwa von uns weggetra-
gen worden? 44 Die Israeliten antworteten
den Judäern: Ich habe zehn Anteile am Kö-
nig, außerdem bin ich dir gegenüber der
Erstgeborene. Warum hast du mich also ge-
ring geachtet? War es nicht zuerst mein
Wunsch, meinen König zurückzuholen? Die
Antwort der Judäer hierauf war noch schär-
fer als die Rede der Israeliten.

13: Gen 2,23 • 17–24: 16,5–12; 1 Kön 2,8 • 25–31: 9,6; 16,3f • 29–30: 9,7.9–11 • 32: 17,27.

Schebas Aufstand gegen David: 20,1–22

20 Damals lebte ein niederträchtiger
Mensch namens Scheba, ein Sohn
des Bichri, ein Benjaminiter. Er ließ das
Widderhorn blasen und rief:

Welchen Anteil haben wir an David? / Wir
haben keinen Erbbesitz beim Sohn Isais. / In
deine Zelte, Israel!

2 Da verließen alle Israeliten Davids Ge-
folgschaft und folgten Scheba, dem Sohn
Bichris. Die Männer aus Juda aber hielten
weiter zu ihrem König, vom Jordan bis nach
Jerusalem.

3 Als David in sein Haus nach Jerusalem
zurückkehrte, nahm der König die zehn Ne-
benfrauen, die er zurückgelassen hatte, um
das Haus zu bewachen, und ließ sie in Ge-
wahrsam bringen. Er versorgte sie, ging aber
nicht mehr zu ihnen und sie blieben bis zu
ihrem Tod eingesperrt – schon zu Lebzeiten
des Mannes im Witwenstand. 4 Der König
befahl Amasa: Ruf mir in drei Tagen die
Männer Judas zusammen; dann sei auch du
selbst wieder hier! 5 Amasa ging, um die Ju-
däer zusammenzurufen. Aber er versäumte
die Frist, die der König ihm gesetzt hatte.
6 Da sagte David zu Abischai: Nun wird uns
Scheba, der Sohn Bichris, gefährlicher als
Abschalom. Nimm darum die Knechte dei-
nes Herrn mit und verfolg Scheba, damit er
nicht die befestigten Städte einnimmt und
uns die Augen ausreißt.

7 Da zog Abischai mit Joab und den Kere-
tern und Peletern und allen Helden in den
Kampf. Sie zogen von Jerusalem aus, um
Scheba, den Sohn Bichris, zu verfolgen.

8 Als sie bei dem großen Stein von Gibeon
waren, war Amasa gerade vor ihnen ange-
kommen. Joab trug sein Gewand [seine Klei-
dung] und darüber einen Gurt für das
Schwert. Dieses hing so in einer Scheide an
seiner Hüfte, dass es herausglitt, wenn die
Scheide hervorkam. 9 Joab sagte zu Amasa:
Geht es dir gut, mein Bruder? und griff mit
der rechten Hand nach dem Bart Amasas,
um ihn zu küssen. 10 Amasa aber achtete
nicht auf das Schwert, das Joab in der (lin-
ken) Hand hatte, und Joab stieß es ihm in
den Bauch, sodass seine Eingeweide zu Bo-
den quollen. Amasa starb, ohne dass Joab ein
zweites Mal zustieß. Dann setzten Joab und
sein Bruder Abischai die Verfolgung Sche-
bas, des Sohnes Bichris, fort. 11 Einer von
den Leuten Joabs aber blieb bei Amasa ste-
hen und rief: Wer zu Joab hält und wer zu
David gehört, der folge Joab nach. 12 Amasa
aber hatte sich in seinem Blut mitten auf der
Straße gewälzt. Als der Mann sah, dass alle
Leute stehen blieben, schaffte er Amasa von
der Straße weg auf das Feld und warf ein
Kleidungsstück über ihn, weil jeder, der vor-
beikam und ihn sah, stehen blieb. 13 Erst
nachdem er ihn von der Straße weggeschafft
hatte, zogen alle Männer vorüber und Joab
nach, um Scheba, den Sohn Bichris, zu ver-
folgen.

19,38 Kimham ist der Sohn Barsillais; als Untertan Davids ist er dessen Knecht.

19,42 Die Israeliten hatten früher als die Judäer die Rückführung des Königs geplant; sie fühlen sich zurückgesetzt.

20,6 und uns die Augen ausreißt: Übersetzung und Bedeutung unsicher.

20,7 zog Abischai mit Joab: Text korr., vgl. G; H: zogen mit ihm die Männer Joabs und die . . .

20,8 Text und Sinn unsicher.

14 Scheba zog in allen Stämmen Israels umher, bis nach Abel-Bet-Maacha. Alle Bichriter sammelten sich um ihn und folgten ihm. 15 Als aber die Leute Joabs angekommen waren, schlossen sie ihn in Abel-Bet-Maacha ein; sie schütteten einen Damm gegen die Stadt auf, der bis an die Mauer heranreichte, und alle Leute, die bei Joab geblieben waren, bemühten sich, die Mauer zu zerstören und zum Einsturz zu bringen. 16 Da rief eine kluge Frau aus der Stadt: Hört her! Hört her! Sagt Joab: Komm hierher, ich will mit dir reden. 17 Er trat zu ihr heran. Die Frau fragte: Bist du Joab? Er antwortete: Ja, ich bin es. Da sagte sie zu ihm: Hör auf die Worte deiner Magd! Er antwortete: Ich höre. 18 Sie sagte: Früher pflegte man zu sagen: Man frage doch in Abel an, dann kann man die Sache zu einem (guten) Ende führen. 19 Wir sind die friedlichsten, treuesten Menschen in Israel. Du aber bist darauf aus, eine Stadt, die für Israel (wie) eine Mutter ist, zu vernichten. Warum zerstörst du das Erbe des Herrn? 20 Joab antwortete: Das liegt mir ganz und gar fern: Ich will die Stadt nicht vernichten und zerstören. 21 So ist es nicht. Vielmehr hat ein Mann aus dem Gebirge Efraim namens Scheba, ein Sohn Bichris, seine Hand gegen den König, gegen David, erhoben. Ihn allein gebt heraus! Dann werde ich von der Stadt abziehen. Die Frau sagte zu Joab: Gib Acht, sein Kopf wird dir über die Mauer zugeworfen werden. 22 Dann redete die kluge Frau mit allen Leuten (in der Stadt), und sie schlugen Scheba, dem Sohn Bichris, den Kopf ab und warfen ihn Joab zu. Da ließ Joab das Widderhorn blasen und alle zogen von der Stadt ab und gingen wieder zu ihren Zelten; Joab aber kehrte nach Jerusalem zum König zurück.

1: 1 Kön 12,16 • 3: 12,11; 16,21f • 10: 1 Kön 2,5.

Die Beamten Davids: 20,23–26

23 Joab war Befehlshaber des ganzen Heeres der Israeliten und Benaja, der Sohn Jojadas, war der Befehlshaber der Kereter und Peleter. 24 Adoniram beaufsichtigte die Fronarbeiten und Joschafat, der Sohn Ahiluds, war der Sprecher des Königs. 25 Schewa war Staatsschreiber und Zadok und Abjatar waren Priester. 26 Auch der Jaïriter Ira war Davids Priester.

23–26 ‖ 8,16–18; 1 Chr 18,14–17 • 23: 1 Kön 4,4.6.

NACHTRÄGE: 21,1 – 24,25

Die Rache der Gibeoniter und die Treue der Rizpa: 21,1–14

21 Zur Zeit Davids herrschte drei Jahre hintereinander eine Hungersnot. Da suchte David den Herrn auf (um ihn zu befragen). Der Herr sagte: Auf Saul und seinem Haus lastet eine Blutschuld, weil er die Gibeoniter getötet hat. 2 Da rief der König die Gibeoniter zu sich und redete mit ihnen. Die Gibeoniter stammten nicht von den Söhnen Israels ab, sondern von einem Rest der Amoriter. Obwohl die Israeliten sich ihnen gegenüber mit einem Eid (zum Wohlwollen) verpflichtet hatten, versuchte Saul in seinem Eifer für die Söhne Israels und Judas, sie zu vernichten. 3 David sagte also zu den Gibeonitern: Was soll ich für euch tun? Womit kann ich Sühne leisten, damit ihr dem Erbe des Herrn wieder Segen bringt? 4 Die Gibeoniter antworteten ihm: Wir wollen weder Silber noch Gold von Saul und seinem Haus; auch steht es uns nicht zu, jemand in Israel zu töten. David sagte: Was meint ihr, was soll ich für euch tun? 5 Sie sagten zum König: Der Mann, der uns vernichten wollte und der darauf aus war, uns auszurotten, sodass wir uns in keinem Gebiet Israels mehr hätten halten können, 6 von dessen Söhnen soll man uns sieben Männer geben. Wir wollen sie vor dem Herrn im Gibea Sauls, des vom Herrn Erwählten, hinrichten. Der König antwortete: Ich will sie euch geben. 7 Merib-Baal, den Sohn Jonatans, des Sohnes Sauls, aber verschonte der König wegen der Abmachung zwischen David und Jonatan, dem Sohn Sauls, die sie mit einem Eid beim Herrn bekräftigt hatten. 8 Der König nahm Armoni und Mefi-Boschet, die beiden Söhne, die Rizpa, die Tochter Ajas, dem Saul geboren hatte, und die fünf Söhne, die Michal, die Tochter Sauls, dem Adriël, dem Sohn Barsillais aus Mehola, geboren hatte. 9 Er lieferte sie

---

20,14 Alle Bichriter sammelten sich um ihn: Text korr. – Abel-Bet-Maacha: in Nordgaliläa.
21,6 Die Gibeoniter wollen die Blutrache ausüben.
21,7 Merib-Baal: H: Mefi-Boschet (vgl. die Anmerkung zu 4,4).

den Gibeonitern aus, die sie auf dem Berg vor dem Angesicht des Herrn hinrichteten; so kamen alle sieben auf einmal um. Sie wurden in den ersten Tagen der Ernte getötet, zu Beginn der Gerstenernte. [10] Rizpa, die Tochter Ajas, aber nahm Sackleinen und legte es für sich auf den Felsen und (sie blieb dort) bei den Toten vom Beginn der Ernte, bis sich Wasser vom Himmel über die Toten ergoss. Sie ließ nicht zu, dass bei Tag die Vögel des Himmels und bei Nacht die Tiere des Feldes an sie herankamen. [11] Als David erzählt wurde, was Rizpa, die Tochter Ajas und Nebenfrau Sauls, getan hatte, [12] holte er die Gebeine Sauls und die Gebeine seines Sohnes Jonatan von den Bürgern von Jabesch-Gilead, die sie heimlich vom Marktplatz in Bet-Schean weggenommen hatten, wo die Philister sie aufgehängt hatten, als sie Israel am Gilboa schlugen. [13] Er ließ also von dort die Gebeine Sauls und die Gebeine seines Sohnes Jonatan heraufbringen.

Dann sammelte man die Gebeine der Hingerichteten ein [14] und begrub sie zusammen mit den Gebeinen Sauls und seines Sohnes Jonatan in Zela im Land Benjamin, im Grab von Sauls Vater Kisch. Man tat alles, was der König befohlen hatte, und Gott ließ sich daraufhin für das Land gnädig stimmen.

2: Jos 9,3.15.19 • 7: 1 Sam 18,3 • 8: 3,7; 1 Sam 18,19 • 12: 1 Sam 31,12f.

Die Helden Davids und ihre Taten: 21,15–22

[15] Wieder einmal kam es zum Krieg zwischen den Philistern und Israel. David zog mit seinen Leuten hinab. Als sie gegen die Philister kämpften, wurde David müde. [16] Jischbi aus Nob, ein Rafaïter, dessen Bronze-Speer dreihundert Schekel wog und der mit einem neuen Schwert umgürtet war, sagte, er werde David erschlagen. [17] Aber Abischai, der Sohn der Zeruja, kam David zu Hilfe und schlug den Philister tot. Damals leisteten die Männer Davids ihm folgenden Schwur: Du wirst nicht mehr mit uns in den Kampf ziehen, damit du nicht die Leuchte Israels auslöschst.

[18] Danach kam es bei Gob wieder zum Kampf mit den Philistern. Damals erschlug Sibbechai aus Huscha den Sippai, der zu den Rafaïtern gehörte.

[19] Als es wieder einmal bei Gob zum Kampf gegen die Philister kam, erschlug Elhanan, der Sohn Jaïrs aus Betlehem, den Goliat aus Gat, dessen Speer einem Weberbaum glich. [20] Dann kam es noch einmal bei Gat zum Kampf. Da trat ein Mann von riesenhafter Größe auf; er hatte an jeder Hand sechs Finger und an jedem Fuß sechs Zehen, zusammen vierundzwanzig; auch er stammte von Rafa ab. [21] Als er Israel verhöhnte, erschlug ihn Jonatan, der Sohn von Davids Bruder Schima.

[22] Diese vier stammten von Rafa aus Gat ab; sie fielen durch die Hand Davids und seiner Krieger.

18–22: 1 Chr 20,4–8.

Davids Dankgebet: 22,1–51

22 David sang dem Herrn an dem Tag, als ihn der Herr aus der Gewalt all seiner Feinde und aus der Gewalt Sauls errettet hatte, folgendes Lied:

[2] Herr, du mein Fels, meine Burg, mein Retter,

[3] mein Gott, mein Fels, bei dem ich mich berge, / mein Schild und sicheres Heil, meine Feste, / meine Zuflucht, mein Helfer, / der mich vor der Gewalttat rettet.

[4] Ich rufe: Der Herr sei gepriesen!, / und ich werde vor meinen Feinden gerettet.

[5] Denn mich umfingen die Wellen des Todes, / mich erschreckten die Fluten des Verderbens.

[6] Die Bande der Unterwelt umstrickten mich, / über mich fielen die Schlingen des Todes.

[7] In meiner Not rief ich zum Herrn / und rief zu meinem Gott. / Aus seinem Heiligtum hörte er mein Rufen, / mein Hilfeschrei (drang) zu seinen Ohren.

[8] Da wankte und schwankte die Erde, / die Grundfesten des Himmels erbebten. / Sie wankten, denn sein Zorn war entbrannt.

[9] Rauch stieg aus seiner Nase auf, / aus seinem Mund kam verzehrendes Feuer, / glühende Kohlen sprühten aus von ihm.

[10] Er neigte den Himmel und fuhr herab, / zu seinen Füßen dunkle Wolken.

[11] Er fuhr auf dem Kerub und flog daher; / er schwebte auf den Flügeln des Windes.

[12] Er hüllte sich in Finsternis, / in dunkles Wasser und dichtes Gewölk wie in ein Zelt.

[13] Von seinem Glanz flammten glühende Kohlen auf.

[14] Da ließ der Herr den Donner vom Himmel her dröhnen, / der Höchste ließ seine Stimme erschallen.

[15] Er schoss seine Pfeile und streute sie, / er schleuderte Blitze und jagte sie dahin.

[16] Da wurden sichtbar die Tiefen des Mee-

21,17 Die »Leuchte Israels« ist der König, also David.

21,19 Jaïrs: Text korr. nach 1 Chr 20,5.
22,12 dunkles: Text korr. nach Ps 18.

res, / die Grundfesten der Erde wurden entblößt / durch das Drohen des Herrn, / vor dem Schnauben seines zornigen Atems.

17 Er griff aus der Höhe herab und fasste mich, / zog mich heraus aus gewaltigen Wassern.

18 Er entriss mich meinen mächtigen Feinden, / die stärker waren als ich und mich hassten.

19 Sie überfielen mich am Tag meines Unheils, / doch der Herr wurde mein Halt.

20 Er führte mich hinaus ins Weite, / er befreite mich, denn er hatte an mir Gefallen.

21 Der Herr hat mir vergolten, / weil ich gerecht bin und meine Hände rein sind.

22 Denn ich hielt mich an die Wege des Herrn / und fiel nicht ruchlos ab von meinem Gott.

23 Ja, ich habe alle seine Gebote vor Augen, / weiche von seinen Gesetzen niemals ab.

24 Ich war vor ihm ohne Makel, / ich nahm mich in Acht vor der Sünde.

25 Darum hat der Herr mir vergolten, / weil ich gerecht bin / und weil ich rein bin vor seinen Augen.

26 Gegen den Treuen zeigst du dich treu, / an dem Aufrichtigen handelst du recht.

27 Gegen den Reinen zeigst du dich rein, / doch falsch gegen den Falschen.

28 Dem bedrückten Volk bringst du Heil, / doch die Blicke der Stolzen zwingst du nieder.

29 Ja, du bist meine Leuchte, Herr. / Der Herr macht meine Finsternis hell.

30 Mit dir erstürme ich Wälle, / mit meinem Gott überspringe ich Mauern.

31 Vollkommen ist Gottes Weg, / das Wort des Herrn ist im Feuer geläutert. / Ein Schild ist er für alle, die sich bei ihm bergen.

32 Denn wer ist Gott als allein der Herr, / wer ist ein Fels, wenn nicht unser Gott?

33 Gott ist meine starke Burg, / er gab mir meinen Weg ohne Hindernis frei.

34 Er ließ mich springen schnell wie Hirsche, / auf hohem Weg ließ er mich gehen.

35 Er lehrte meine Hände kämpfen, / meine Arme, den ehernen Bogen zu spannen.

36 Du gabst mir deine Hilfe zum Schild, / dein Zuspruch machte mich groß.

37 Du schaffst meinen Schritten weiten Raum, / meine Knöchel wanken nicht.

38 Ich verfolge meine Feinde und vertilge sie, / ich kehre nicht um, bis sie vernichtet sind.

39 Ich vernichte sie, ich schlage sie nieder; / sie können sich nicht mehr erheben, / sie fallen und liegen unter meinen Füßen.

40 Du hast mich zum Kampf mit Kraft umgürtet, / hast (alle) in die Knie gezwungen, / die sich gegen mich erhoben.

41 Meine Feinde hast du zur Flucht gezwungen; / ich konnte die vernichten, die mich hassen.

42 Sie schreien, doch hilft ihnen niemand, / sie schreien zum Herrn, doch er gibt keine Antwort.

43 Ich zermalme sie wie Staub auf der Erde, / wie Unrat auf der Straße zertrete, zermalme ich sie.

44 Du rettest mich aus dem Streit meines Volkes, / bewahrst mich als Haupt ganzer Völker. / Stämme, die ich früher nicht kannte, / sind mir nun untertan.

45 Mir huldigen die Söhne der Fremde; / sobald sie mich nur hören, gehorchen sie mir.

46 Die Söhne der Fremde schwinden dahin, / sie kommen zitternd aus ihren Burgen hervor.

47 Es lebt der Herr! Mein Fels sei gepriesen! / Der Gott, der Fels meines Heils, sei hoch erhoben;

48 denn Gott verschaffte mir Vergeltung / und unterwarf mir die Völker.

49 Du hast mich meinen Feinden entführt, / mich über meine Gegner erhoben, / dem Mann der Gewalt mich entrissen.

50 Darum will ich dir danken, Herr, vor den Völkern, / ich will deinem Namen singen und spielen.

51 Seinem König verlieh er große Hilfe, / Huld erwies er seinem Gesalbten, / David und seinem Stamm auf ewig.

1–51 ‖ Ps 18,1–51.

Davids letzte Worte: 23,1–7

23 Das sind die letzten Worte Davids: Spruch Davids, des Sohnes Isais, / Spruch des hochgestellten Mannes, / des Gesalbten des Gottes Jakobs, / des Lieblingshelden der Lieder Israels:

2 Der Geist des Herrn sprach durch mich, / sein Wort war auf meiner Zunge.

22,27 doch falsch: Text korr. nach Ps 18.
22,28 doch die Blicke der Stolzen: Text korr. nach Ps 18.
22,42a Sie schreien: Text korr. nach Ps 18.
22,46 sie kommen zitternd: Text korr. nach Ps 18.

23,2–7 Davids »letzte Worte« (V. 1) sind keine Abschiedsrede, sondern ein Danklied für die Wohltaten Gottes (V. 5), eingerahmt von einer Weisung für den König (VV. 3f.6f).

3 Der Gott Israels sprach, / zu mir sagte der Fels Israels: / Wer gerecht über die Menschen herrscht, / wer voll Gottesfurcht herrscht,

4 der ist wie das Licht am Morgen, / wenn die Sonne aufstrahlt / an einem Morgen ohne Wolken, / der nach dem Regen grünes Gras / aus der Erde hervorsprießen lässt.

5 Ist nicht mein Haus durch Gott gesichert? / Weil er mir einen ewigen Bund gewährt hat, ist es in allem wohlgeordnet und gut gesichert. / All mein Heil und alles, was ich begehrte, / ließ er es nicht aufsprießen?

6 All die Übeltäter aber sind wie verwehte Dornen; / man fasst sie nicht mit der Hand an.

7 Wenn jemand sie anrühren will, / rüstet er sich mit Eisen und einer Lanze; / sie werden im Feuer verbrannt.

Davids Helden: 23,8–39

8 Das sind die Namen der Helden Davids: Jischbaal, der Hachmoniter, das Haupt der Drei; er schwang seine Streitaxt über achthundert Männer und erschlug sie alle auf einmal. 9 Nach ihm kommt (als Zweiter) der Ahoachiter Eleasar, der Sohn Dodos, unter den drei Helden. Er war bei David in Pas-Dammim, als die Philister sich zum Kampf sammelten. Als sich die Israeliten zurückzogen, 10 hielt er (allein) stand und schlug auf die Philister ein, bis seine Hand erlahmte und am Schwert erstarrte. So verschaffte der Herr an jenem Tag (Israel) einen großen Sieg. Das Volk kehrte wieder um und folgte Eleasar, aber nur noch, um zu plündern. 11 Nach ihm kommt (als dritter) der Harariter Schamma, der Sohn Ages. Einst versammelten sich die Philister bei Lehi. Dort war ein Linsenfeld. Als das Volk vor den Philistern floh, 12 stellte sich Schamma mitten in das Feld, behauptete es und schlug die Philister. So verlieh ihm der Herr einen großen Sieg.

13 Als sich einst das Lager der Philister in der Rafaïterebene befand, kamen drei von den Dreißig zu Beginn der Ernte hinab zur Höhle Adullam. 14 David hielt sich damals in der Bergfestung auf und ein Posten der Philister lag in Betlehem. 15 Da bekam David großen Durst und er sagte: Wer bringt mir Wasser aus der Zisterne am Tor von Betlehem? 16 Da drangen die drei Helden in das Lager der Philister ein, schöpften Wasser aus der Zisterne am Tor von Betlehem, nahmen es mit und brachten es David. Doch er wollte es nicht trinken, sondern goss es für den Herrn als Trankopfer aus 17 und sagte: Das sei fern von mir, Herr, dass ich so etwas tue. Ist es nicht sozusagen das Blut der Männer, die unter Lebensgefahr hingegangen sind? Darum wollte er es nicht trinken. Eine solche Tat vollbrachten die drei Helden.

18 Joabs Bruder Abischai, der Sohn der Zeruja, war der Anführer der Dreißig. Er schwang seinen Speer über dreihundert Männer und erschlug sie; bei den drei Helden hatte er einen großen Namen. 19 Unter den Dreißig war er hoch geehrt und er wurde ihr Anführer, aber an die Drei reichte er nicht heran. 20 Benaja aus Kabzeel, der Sohn Jojadas, war ein tapferer Mann, der große Taten vollbrachte. Er erschlug die beiden Söhne Ariëls aus Moab. Als einmal Schnee gefallen war, kam er zu einer Zisterne und erlegte darin einen Löwen. 21 Auch erschlug er einen Ägypter, einen Furcht erregenden Mann. Der Ägypter hatte einen Speer in der Hand. Benaja aber ging nur mit einem Stock auf ihn los, riss ihm den Speer aus der Hand und tötete ihn mit diesem Speer. 22 Solche Taten vollbrachte Benaja, der Sohn Jojadas. Er hatte bei den drei Helden einen großen Namen. 23 Unter den Dreißig war er hoch geehrt, aber an die Drei reichte er nicht heran. David stellte ihn an die Spitze seiner Leibwache.

24 Zu den Dreißig gehörte Joabs Bruder Asaël, ferner Elhanan aus Betlehem, der Sohn Dodos, 25 Schamma und Elika aus Harod, 26 Helez aus Pelet, Ira aus Tekoa, der Sohn des Ikkesch, 27 Abiëser aus Anatot, Sibbechai aus Huscha, 28 Zalmon, der Ahoachiter, Machrai aus Netofa, 29 Heled aus Netofa, der Sohn Baanas, Ittai aus Gibea in Benjamin, der Sohn Ribais, 30 Benaja aus Piraton, Hiddai aus Nahale-Gaasch, 31 Abialbon aus Bet-Araba, Asmawet aus Bahurim, 32 Eljachba aus Schaalbon, Jaschen aus Nun, 33 Schamma aus Harar, Ahiam aus Harar, der Sohn Scharars, 34 Elifelet aus Maacha,

---

23,4 hervorsprießen lässt: Text korr.
23,5a gesichert: Text korr.
23,7 H liest am Ende des Verses noch ein Wort, das wohl aus dem folgenden Vers hierher geraten ist.
23,8b Text korr., vgl. G und 1 Chr 11,11.
23,9 Pas-Dammim: Text korr., vgl. 1 Chr 11,13.
23,11 bei Lehi: Text korr.
23,15 Da bekam David großen Durst, wörtlich: Da hatte David ein Verlangen.
23,19 Unter den Dreißig: Text korr.; H: Unter den Drei.
23,20 Söhne: eingefügt nach G.
23,27 Sibbechai: Text korr., vgl. G-Handschriften und 1 Chr 11,29.
23,32 Jaschen aus Nun: Text korr., vgl. 1 Chr 11,34 in G-Handschriften.

der Sohn Ahasbais, Eliam aus Gilo, der Sohn
Ahitofels, 35 Hezro aus Karmel, Paarai aus
Arab, 36 Jigal aus Zoba, der Sohn Natans,
Mibhar aus Gad, 37 Zelek, der Ammoniter,
Nachrai aus Beerot, der Waffenträger Joabs,
des Sohnes der Zeruja, 38 Ira aus Jattir, Ga-
reb aus Jattir 39 sowie Urija, der Hetiter. Im
Ganzen (waren es) siebenunddreißig.

8–39 ‖ 1 Chr 11,10–47.

Davids Volkszählung: 24,1–25

24 Der Zorn des Herrn entbrannte noch
einmal gegen Israel und er reizte Da-
vid gegen das Volk auf und sagte: Geh, zähl
Israel und Juda! 2 Der König befahl Joab,
dem Obersten des Heeres, der bei ihm war:
Durchstreift alle Stämme Israels von Dan bis
Beerscheba, und mustert das Volk, damit ich
weiß, wie viele es sind. 3 Joab aber sagte zum
König: Der Herr, dein Gott, möge das Volk
vermehren, hundertmal mehr, als es jetzt ist,
und mein Herr, der König, möge es mit eige-
nen Augen sehen. Warum aber hat mein
Herr, der König, Gefallen an einer solchen
Sache? 4 Doch der König beharrte gegenüber
Joab und den Anführern des Heeres auf sei-
nem Befehl und Joab und die Anführer des
Heeres verließen den König, um das Volk Is-
rael zu mustern. 5 Sie überschritten den Jor-
dan und begannen bei Aroër, rechts von der
Stadt, die mitten im Tal liegt. Dann gingen
sie auf Gad und Jaser zu 6 und weiter nach
Gilead und ins Land der Hetiter nach Ka-
desch. Von dort aus zogen sie nach Dan und
von Dan wandten sie sich nach Sidon.
7 Dann kamen sie zur Festung Tyrus und zu
all den Städten der Hiwiter und der Kanaa-
niter. Darauf zogen sie in den Negeb von
Juda hinab nach Beerscheba. 8 So durch-
streiften sie das ganze Land und kamen nach
neun Monaten und zwanzig Tagen wieder
nach Jerusalem zurück. 9 Und Joab gab dem
König das Ergebnis der Volkszählung be-
kannt: Israel zählte achthunderttausend
Krieger, die mit dem Schwert kämpfen
konnten, und Juda fünfhunderttausend.

10 Dann aber schlug David das Gewissen,
weil er das Volk gezählt hatte, und er sagte
zum Herrn: Ich habe schwer gesündigt, weil
ich das getan habe. Doch vergib deinem
Knecht seine Schuld, Herr; denn ich habe
sehr unvernünftig gehandelt. 11 Als David
am Morgen aufstand, war bereits folgendes
Wort des Herrn an den Propheten Gad, den
Seher Davids, ergangen: 12 Geh und sag zu
David: So spricht der Herr: Dreierlei lege ich
dir vor. Wähl dir eines davon! Das werde ich
dir antun. 13 Gad kam zu David, teilte ihm
das Wort mit und sagte: Was soll über dich
kommen? Sieben Jahre Hungersnot in dei-
nem Land? Oder drei Monate, in denen dich
deine Feinde verfolgen und du vor ihnen flie-
hen musst? Oder soll drei Tage lang die Pest
in deinem Land wüten? Überleg dir sehr ge-
nau, was ich dem, der mich gesandt hat, als
Antwort überbringen soll. 14 Da sagte David
zu Gad: Ich habe große Angst. Wir wollen
lieber dem Herrn in die Hände fallen, denn
seine Barmherzigkeit ist groß; den Menschen
aber möchte ich nicht in die Hände fallen.
15 Da ließ der Herr über Israel eine Pest kom-
men; sie dauerte von jenem Morgen an bis zu
dem festgesetzten Zeitpunkt und es starben
zwischen Dan und Beerscheba siebzigtau-
send Menschen im Volk. 16 Als der Engel sei-
ne Hand gegen Jerusalem ausstreckte, um es
ins Verderben zu stürzen, reute den Herrn
das Unheil und er sagte zu dem Engel, der
das Volk ins Verderben stürzte: Es ist jetzt
genug, lass deine Hand sinken! Der Engel
war gerade bei der Tenne des Jebusiters
Arauna. 17 Als David den Engel sah, der das
Volk schlug, sagte er zum Herrn: Ich bin es
doch, der gesündigt hat; ich bin es, der sich
vergangen hat. Aber diese, die Herde, was
haben denn sie getan? Erheb deine Hand
gegen mich und gegen das Haus meines
Vaters!

18 Am gleichen Tag kam Gad zu David und
sagte zu ihm: Geh hinauf und errichte dem
Herrn auf der Tenne des Jebusiters Arauna
einen Altar! 19 David ging hinauf, wie es Gad
gesagt und der Herr befohlen hatte.
20 Arauna hielt gerade Ausschau und sah
den König mit seinen Dienern kommen. Er
ging hinaus, warf sich vor dem König mit
dem Gesicht zur Erde nieder 21 und sagte:
Warum kommt mein Herr, der König, zu sei-
nem Knecht? David antwortete: Um von dir

23,38 aus Jattir: Text korr. vgl. G-Handschriften.
24,1 Der Vers schließt sachlich an 21,1–14 an. Eine Volkszählung wird als Sünde des Misstrauens gegenüber Gott betrachtet; sie konnte als Nachprüfung des Segens, der sich im Wachstum des Volkes ausdrückte (V. 3), verstanden werden.
24,2 durchstreift: Text korr.; Angleichung an V. 4.
24,5 begannen: Text korr., vgl. G; H: lagerten sich.
24,6 nach Kadesch: Text korr., vgl. G. – wandten sie sich: Text korr., vgl. G.
24,15 Die Strafe entspricht dem Vergehen. Wenn das Volk vermindert wird, ist der König, dessen Macht sich mindert, getroffen.
24,18–25 Die Erzählung erklärt, warum die Tenne des Arauna ein heiliger Ort geworden ist. Hier baute Salomo den Tempel (vgl. 1 Chr 22,1; 2 Chr 3,1).

die Tenne zu kaufen und dem Herrn einen
Altar zu errichten, damit die Plage im Volk
aufhört. 22 Arauna antwortete David: Mein
Herr, der König, möge alles nehmen, was er
für gut findet, und es (als Opfer) darbringen.
Sieh her, hier sind die Rinder für das Brand-
opfer und die Dreschschlitten und das Ge-
schirr der Rinder als Brennholz. 23 Das alles
gab [der König] Arauna dem König und sag-
te zu ihm: Der Herr, dein Gott, sei dir gnädig.
24 Der König erwiderte Arauna: Nein, ich
will es dir gegen Bezahlung abkaufen; ich
will dem Herrn, meinem Gott, keine unbe-
zahlten Brandopfer darbringen. David kauf-
te also die Tenne und die Rinder für fünfzig
Silberschekel. 25 Und er baute dort einen Al-
tar für den Herrn und brachte Brandopfer
und Heilsopfer dar; der Herr aber ließ sich
um des Landes willen erweichen und die
Plage hörte auf in Israel.

1–25 ‖ 1 Chr 21,1–26.

Die Bücher der Könige

Die beiden ersten Kapitel von 1 Könige bilden den Abschluss der Geschichte Davids und gehören inhaltlich noch zu den Samuelbüchern. Deshalb wurden die Samuel- und Königsbücher vielfach als Einheit verstanden, für die man die gemeinsame Bezeichnung »Bücher der Könige« (in der griechischen Bibel »Bücher der Königsherrschaften«) gebrauchte. Doch sprechen die Verschiedenheit des Stils, der Sprache, der Darstellungsweise und des Urteils über die Könige Israels für die Selbstständigkeit der Königsbücher.

Die beiden Bücher enthalten die Geschichte der Könige bis zum Babylonischen Exil. Sie sind in folgende Abschnitte gegliedert: 1. die Geschichte Salomos (1 Kön 1 – 11); 2. die Geschichte der getrennten Reiche (1 Kön 12 – 2 Kön 17); 3. die weitere Geschichte des Südreiches Juda (2 Kön 18 – 25). Umfangreiche Abschnitte über das Wirken der Propheten Elija, Elischa und anderer Gottesmänner sind vor allem in 1 Kön 17 – 19 und 2 Kön 1 – 10 eingeschoben. Die Geschichte der einzelnen Könige ist in einen bestimmten Rahmen eingebaut mit Alters- und Datumsangaben, Urteilen über das religiöse Verhalten, Bemerkungen über Tod, Begräbnis und Nachfolger, mit Hinweisen auf Quellenwerke. Die besonderen Aussagen über die einzelnen Könige sind nach Inhalt und Umfang sehr verschieden und werden der Bedeutung der Herrscher nicht immer gerecht. Als besonders wichtig werden ihre Leistungen für Tempel und Gottesdienst und ihr Verhalten zum Bund Gottes mit Israel gewertet. Als Richtlinien gelten dabei die im Deuteronomium festgelegten Normen der Gottesverehrung. Die Könige des Nordreichs werden daher insgesamt wegen des Kultes in Bet-El getadelt, der im Widerspruch zum Gottesdienst in Jerusalem steht. Erfolge und Unglück werden als Lohn und Strafe für Gehorsam oder Abfall gedeutet.

Die Zuverlässigkeit eines Geschichtswerkes beruht auf den Quellen, die bei seiner Abfassung zur Verfügung standen. Die Königsbücher selbst erwähnen eine »Chronik Salomos«, eine »Chronik der Könige von Juda« und eine »Chronik der Könige von Israel« als Werke, in denen der Leser weitere Mitteilungen finden konnte. Viele Anzeichen sprechen dafür, dass noch andere Quellen, z. B. Urkunden, Listen, Prophetengeschichten, Volkserzählungen vorlagen, aus denen einzelne Abschnitte ganz oder in Auszügen übernommen wurden. Oft wurden solche Texte der Absicht des Verfassers entsprechend überarbeitet oder ergänzt; sein persönlicher Beitrag ist vor allem in eingestreuten Ermahnungen oder Betrachtungen zu erkennen (z. B. 2 Kön 17 und 21).

Das letzte Ereignis, das in den Königsbüchern erwähnt wird, ist die Begnadigung des Königs Jojachin um 560 v. Chr. Es wurde offensichtlich erwähnt, um mit einem Lichtblick auf die Zukunft schließen zu können. Das Ende des Babylonischen Exils war demnach noch nicht eingetreten, sodass die Zeit zwischen 560 und 538 als Entstehungszeit der Bücher anzunehmen ist. Ihr Verfasser ist unbekannt. Heute werden die beiden Bücher gewöhnlich dem Deuteronomistischen Geschichtswerk zugerechnet (vgl. die Einleitung zum Buch Deuteronomium).

Das erste Buch der Könige

DIE GESCHICHTE SALOMOS: 1,1 – 11,43

Der Kampf um die Nachfolge Davids: 1,1–27

1 König David war alt und hochbetagt; auch wenn man ihn in Decken hüllte, wurde ihm nicht mehr warm. 2 Da sagten seine Diener zu ihm: Man suche für unseren Herrn, den König, ein unberührtes Mädchen, das ihn bedient und pflegt. Wenn es an seiner Seite schläft, wird es unserem Herrn, dem König, warm werden. 3 Man suchte nun im ganzen Land Israel nach einem schönen Mädchen, fand Abischag aus Schunem und brachte sie zum König. 4 Das Mädchen war überaus schön. Sie pflegte den König und diente ihm; doch der König erkannte sie nicht.

5 Adonija, der Sohn der Haggit, trat anmaßend auf und sagte: Ich werde König sein. Er beschaffte sich Wagen und Besatzung dazu sowie fünfzig Mann, die vor ihm herliefen. 6 Sein Vater David hatte ihn nie in seinem Leben getadelt und nie zu ihm gesagt: Warum tust du das? Auch war Adonija ein sehr stattlicher Mann; seine Mutter hatte ihn nach Abschalom geboren. 7 Er verhandelte mit Joab, dem Sohn der Zeruja, und mit dem Priester Abjatar. Beide stellten sich hinter Adonija. 8 Der Priester Zadok aber und Benaja, der Sohn Jojadas, und der Prophet Natan, auch Schimi, Reï und die Helden Davids schlossen sich ihm nicht an. 9 Adonija schlachtete nun am Stein Sohelet bei der Rogel-Quelle Schafe, Rinder und Mastkälber zum Opfermahl. Er lud dazu alle seine Brüder, die Königssöhne, sowie alle Männer von Juda ein, die im Dienst des Königs standen. 10 Den Propheten Natan jedoch und Benaja sowie die Helden und seinen Bruder Salomo lud er nicht ein.

11 Da sagte Natan zu Batseba, der Mutter Salomos: Hast du nicht gehört, dass Adonija, der Sohn der Haggit, König geworden ist, ohne dass David, unser Herr, davon weiß? 12 Komm nun, ich will dir einen Rat geben, wie du dir und deinem Sohn Salomo das Leben retten kannst. 13 Geh zum König David und sag zu ihm: Mein Herr und König, du hast doch deiner Magd geschworen: Dein Sohn Salomo soll nach mir König sein und er soll auf meinem Thron sitzen. Warum ist nun Adonija König geworden? 14 Noch während du dort mit dem König redest, will auch ich kommen und deine Worte bestätigen. 15 Batseba ging zum König in das Gemach. Er war sehr gealtert und Abischag aus Schunem bediente ihn. 16 Batseba verneigte sich und warf sich vor dem König nieder, und der König fragte sie: Was willst du? 17 Sie sagte: Mein Herr, du selbst hast doch deiner Magd beim Herrn, deinem Gott, geschworen: Dein Sohn Salomo soll nach mir König sein und er soll auf meinem Thron sitzen. 18 Nun aber ist Adonija König geworden und du, mein Herr und König, weißt nichts davon. 19 Er hat eine Menge Rinder, Mastkälber und Schafe geschlachtet und alle Söhne des Königs, den Priester Abjatar und den Feldherrn Joab dazu eingeladen. Doch deinen Knecht Salomo hat er nicht eingeladen. 20 Auf dich, mein Herr und König, sind nun die Augen ganz Israels gerichtet. Du sollst ihnen bekannt geben, wer nach meinem Herrn und König auf dem Thron sitzen wird. 21 Sonst müssen ich und mein Sohn Salomo es büßen, wenn mein Herr und König zu seinen Vätern entschlafen ist.

22 Während sie noch mit dem König redete, kam der Prophet Natan. 23 Man meldete dem König: Der Prophet Natan ist da. Er trat vor den König, warf sich vor ihm nieder, mit dem Gesicht zur Erde, 24 und sagte: Mein Herr und König, du hast wohl verfügt: Adonija soll nach mir König sein und er soll auf mei-

1,4 der König erkannte sie nicht: Er hatte mit ihr keine eheliche Gemeinschaft.

1,5 Ebenso hatte sich Abschalom verhalten, als er nach dem Königtum trachtete (vgl. 2 Sam 15,1). Adonija war jetzt der älteste überlebende Sohn Davids und konnte mit der Thronfolge rechnen.

1,9 Die Machtübernahme sollte mit einem Opfer verbunden werden. Da Opferfeiern von einzelnen Familien öfter begangen wurden (1 Sam 1,3; 16,2; 20,6; 2 Sam 15,7) und zu ihnen Verwandte und Freunde geladen wurden, konnte Adonija seine Anhänger sammeln, ohne Verdacht zu erregen. Zur Rogel-Quelle vgl. 2 Sam 17,17.

1,12 Zur Sicherung ihrer Herrschaft ließen orientalische Könige oft nach Erlangung des Throns ihre einstigen Gegner beseitigen.

nem Thron sitzen. 25 Denn er ist heute hinabgezogen, hat eine Menge Rinder, Mastkälber und Schafe geschlachtet und hat dazu alle Söhne des Königs, die Obersten des Heeres und den Priester Abjatar eingeladen. Sie essen und trinken mit ihm und rufen: Es lebe der König Adonija! 26 Mich aber, deinen Knecht, sowie den Priester Zadok und Benaja, den Sohn Jojadas, und deinen Knecht Salomo hat er nicht eingeladen. 27 Wenn nun diese Verfügung wirklich von meinem Herrn und König ergangen ist, warum hast du dann deinen Knecht nicht wissen lassen, wer nach meinem Herrn und König auf dem Thron sitzen wird?

Die Bestellung Salomos zum Thronfolger: 1,28–37

28 Darauf befahl König David: Ruft mir Batseba! Sie kam zum König herein, trat vor den König hin 29 und der König schwor ihr: So wahr der Herr lebt, der mein Leben aus jeder Gefahr gerettet hat: 30 Ich habe dir beim Herrn, dem Gott Israels, geschworen, dass dein Sohn Salomo nach mir König sein und an meiner Stelle auf meinem Thron sitzen soll, und so will ich es heute wahr machen. 31 Da verneigte sich Batseba bis zur Erde, warf sich vor dem König nieder und rief: Ewig lebe mein Herr, der König David!

32 Hierauf befahl König David: Ruft mir den Priester Zadok, den Propheten Natan und Benaja, den Sohn Jojadas! Sie erschienen vor dem König 33 und dieser trug ihnen auf: Nehmt das Gefolge eures Herrn mit euch, setzt meinen Sohn Salomo auf mein eigenes Maultier und führt ihn zum Gihon hinab! 34 Dort sollen ihn der Priester Zadok und der Prophet Natan zum König von Israel salben und ihr sollt in das Horn stoßen und rufen: Es lebe König Salomo! 35 Dann zieht mit ihm herauf! Er soll kommen, sich auf meinen Thron setzen und König werden an meiner Stelle; denn ihn habe ich zum Fürsten von Israel und Juda bestimmt. 36 Benaja, der Sohn Jojadas, antwortete dem König: So sei es, so füge es der Herr, der Gott meines Herrn und Königs. 37 Wie der Herr mit meinem Herrn und König war, so möge er auch mit Salomo sein. Er mache seinen Thron noch erhabener als den Thron meines Herrn, des Königs David.

Die Thronbesteigung Salomos: 1,38–53

38 Der Priester Zadok, der Prophet Natan und Benaja, der Sohn Jojadas, zogen mit den Keretern und Peletern hinab. Sie setzten Salomo auf das Maultier des Königs David und führten ihn zum Gihon. 39 Der Priester Zadok hatte das Salbhorn aus dem Zelt mitgenommen und salbte Salomo. Hierauf blies man das Widderhorn und alles Volk rief: Es lebe König Salomo! 40 Nun zog das ganze Volk mit ihm hinauf. Dabei spielten sie auf Flöten und waren voller Freude, sodass bei ihrem Geschrei die Erde zu bersten drohte.

41 Das hörten Adonija und alle Geladenen, die bei ihm waren. Sie hatten eben das Mahl beendet. Als Joab den Schall des Hornes hörte, rief er: Was soll das laute Lärmen in der Stadt? 42 Während er noch redete, kam Jonatan, der Sohn des Priesters Abjatar. Adonija rief ihm zu: Komm, du bist ein tüchtiger Mann. Du bringst sicher eine gute Nachricht. 43 Doch Jonatan erwiderte Adonija: Im Gegenteil. Unser Herr, der König David, hat Salomo als König eingesetzt. 44 Er hat mit ihm den Priester Zadok ausgeschickt sowie den Propheten Natan und Benaja, den Sohn Jojadas, samt den Keretern und Peletern und diese haben ihn auf das Maultier des Königs gesetzt. 45 Der Priester Zadok und der Prophet Natan haben ihn am Gihon zum König gesalbt. Von dort sind sie voller Freude hinaufgezogen und die Stadt ist in großer Aufregung. Das war der Lärm, den ihr gehört habt. 46 Salomo hat sich bereits auf den königlichen Thron gesetzt. 47 Auch sind die Diener des Königs gekommen, um unseren Herrn, den König David, zu beglückwünschen und zu rufen: Gott lasse Salomos Ruhm noch größer werden als deinen und er mache seinen Thron noch erhabener als deinen Thron. Dabei hat sich der König auf seinem Lager tief verneigt. 48 Auch hat der König gesagt: Gepriesen sei der Herr, der Gott Israels, der mir heute gewährt hat, dass mein Nachkomme auf meinem Thron sitzt und dass meine Augen das noch sehen dürfen. 49 Da erschraken alle Geladenen, die bei Adonija waren, und brachen auf; jeder ging seines Weges.

50 Adonija fürchtete sich vor Salomo. Er stand auf, eilte zum Altar und ergriff dessen Hörner. 51 Man meldete Salomo: Adonija hat aus Furcht vor König Salomo die Hörner des Altars ergriffen und gesagt: König Salomo

1,32 Benaja war der Führer der Leibwache (vgl. 2 Sam 8,18).

1,33 Die Gihon-Quelle liegt näher am Königspalast als die Rogel-Quelle.

1,38 Die Kereter und Peleter waren ausländische Söldner, die David als Leibwache dienten.

1,50 Der Altar als Asylstätte gewährte Adonija Schutz.

schwöre mir zuerst, dass er seinen Knecht
nicht mit dem Schwert hinrichten lässt.
52 Salomo versprach: Wenn er sich wie ein
rechtschaffener Mann verhält, soll ihm kein
Haar gekrümmt werden. Stellt es sich aber
heraus, dass er unrecht handelt, muss er
sterben. 53 Darauf ließ ihn König Salomo
vom Altar wegholen. Als er kam und vor Kö-
nig Salomo niederfiel, befahl ihm dieser:
Geh in dein Haus!

Davids letzte Anordnungen und sein Tod: 2,1–12

2 Als die Zeit herankam, da David sterben
sollte, ermahnte er seinen Sohn Salomo:
2 Ich gehe nun den Weg alles Irdischen. Sei
also stark und mannhaft! 3 Erfüll deine
Pflicht gegen den Herrn, deinen Gott: Geh
auf seinen Wegen und befolg alle Gebote,
Befehle, Satzungen und Anordnungen, die
im Gesetz des Mose niedergeschrieben sind.
Dann wirst du Erfolg haben bei allem, was
du tust, und in allem, was du unternimmst.
4 Und der Herr wird sein Wort wahr machen,
das er mir gegeben hat, als er sagte: Wenn
deine Söhne auf ihren Weg achten und auf-
richtig mit ganzem Herzen und ganzer Seele
vor mir leben, wird es dir nie an Nachkom-
men auf dem Thron Israels fehlen.
5 Du weißt selbst, was Joab, der Sohn der
Zeruja, mir angetan hat: was er den beiden
Heerführern Israels, Abner, dem Sohn Ners,
und Amasa, dem Sohn Jeters, angetan hat.
Er hat sie ermordet, hat mit Blut, das im
Krieg vergossen wurde, den Frieden belastet
und mit unschuldigem Blut den Gürtel an
seinen Hüften und die Schuhe an seinen Fü-
ßen befleckt. 6 Lass dich von deiner Weisheit
leiten und sorge dafür, dass sein graues
Haupt nicht unbehelligt in die Unterwelt
kommt. 7 Doch die Söhne Barsillais aus Gile-
ad sollst du freundlich behandeln. Sie sollen
zu denen gehören, die von deinem Tisch es-
sen; denn sie sind mir ebenso entgegenge-
kommen, als ich vor deinem Bruder Abscha-
lom fliehen musste. 8 Da ist auch Schimi, der
Sohn Geras, vom Stamm Benjamin, aus Ba-
hurim. Er hat einen bösen Fluch gegen mich
ausgesprochen, als ich nach Mahanajim floh.
Doch ist er mir an den Jordan entgegenge-
kommen und ich habe ihm beim Herrn ge-
schworen, dass ich ihn nicht mit dem Schwert
hinrichten werde. 9 Jetzt aber lass ihn nicht
ungestraft! Du bist ein kluger Mann und
weißt, was du mit ihm tun sollst. Schick sein
graues Haupt blutig in die Unterwelt!
10 David entschlief zu seinen Vätern und
wurde in der Davidstadt begraben. 11 Die
Zeit, in der David über Israel König war, be-
trug vierzig Jahre. In Hebron regierte er sie-
ben und in Jerusalem dreiunddreißig Jahre.
12 Salomo saß nun auf dem Thron seines Va-
ters David und seine Herrschaft festigte sich
mehr und mehr.

5: 2 Sam 3,27; 20,10 • 7: 2 Sam 17,27–29 • 8: 2 Sam 16,5; 19,19–24.

Das Ende der Gegner Salomos: 2,13–46

13 Adonija, der Sohn der Haggit, begab
sich zu Batseba, der Mutter Salomos. Sie
fragte ihn: Kommst du in friedlicher Ab-
sicht? Er antwortete: Ja. 14 Dann fuhr er fort:
Ich möchte mit dir reden. Sie erwiderte:
Rede nur! 15 Da sagte er: Du weißt, dass mir
das Königtum zustand und dass ganz Israel
mich als König haben wollte. Doch ist mir
die Königswürde entgangen; sie ist meinem
Bruder zugefallen, weil sie ihm vom Herrn
bestimmt war. 16 Jetzt aber möchte ich eine
einzige Bitte an dich richten. Weise mich
nicht ab! Sie antwortete: Sprich sie nur aus!
17 Da begann er: Rede doch mit König Salo-
mo; dich wird er nicht abweisen. Bitte ihn,
dass er mir Abischag aus Schunem zur Frau
gibt. 18 Batseba erwiderte: Gut, ich werde in
deiner Angelegenheit mit dem König reden.
19 Als nun Batseba zu König Salomo kam,
um mit ihm wegen Adonija zu sprechen, er-
hob sich der König, ging ihr entgegen und
verneigte sich vor ihr. Dann setzte er sich auf
seinen Thron und ließ auch für die Königin-
mutter einen Thron hinstellen. Sie setzte sich
an seine rechte Seite 20 und begann: Eine ein-
zige kleine Bitte hätte ich an dich. Weise
mich nicht ab! Der König antwortete ihr:
Sprich sie nur aus, Mutter! Ich werde dich
nicht abweisen. 21 Da bat sie: Man gebe doch
Abischag aus Schunem deinem Bruder Ado-
nija zur Frau. 22 Der König Salomo entgeg-
nete seiner Mutter: Warum bittest du für
Adonija um Abischag aus Schunem? Fordere

2,5 Damals war David nicht in der Lage, Joab zu bestrafen. Nach israelitischer Vorstellung von Vergeltung entsprachen die Anweisungen Davids an seinen Sohn der auf David lastenden Verpflichtung, den Tod der beiden Männer zu rächen.
2,8f Die alte Zeit glaubte, dass ein einmal ausgesprochener Fluch mit unwiderstehlicher Kraft fortwirkt. David musste daher fürchten, dass seinem Haus Unglück drohte, solange Schimis Fluch nicht gerächt war. Da er selbst durch den Eid gebunden war, sollte Salomo die Drohung beseitigen.
2,19f Die Mutter des Königs hatte als »Herrin« (15,13) eine Ehrenstellung inne.

doch gleich das Königtum für ihn! Er ist ja mein älterer Bruder und auf seiner Seite stehen der Priester Abjatar und Joab, der Sohn der Zeruja. 23 Und König Salomo schwor beim Herrn: Gott soll mir dies und das antun, wenn dieses Ansinnen Adonija nicht das Leben kostet. 24 So wahr der Herr lebt, der mich eingesetzt und auf den Thron meines Vaters David erhoben hat und der mir, wie er versprochen hat, ein Haus gebaut hat: Noch heute muss Adonija sterben. 25 Darauf schickte König Salomo Benaja, den Sohn Jojadas, hinauf und dieser versetzte Adonija den Todesstoß.

26 Zum Priester Abjatar sagte der König: Geh auf dein Landgut nach Anatot! Zwar hast du den Tod verdient; doch will ich dich heute nicht töten, weil du die Lade Gottes, des Herrn, vor meinem Vater David getragen und alle Demütigungen mit meinem Vater geteilt hast. 27 So setzte Salomo Abjatar als Priester des Herrn ab und erfüllte das Wort, das der Herr über das Haus Eli in Schilo gesprochen hatte.

28 Die Kunde davon erreichte Joab. Er hatte zu Adonija gehalten, sich aber nicht an Abschalom angeschlossen. Er floh in das Zelt des Herrn und ergriff die Hörner des Altars. 29 Man meldete dem König Salomo: Joab ist in das Zelt des Herrn geflohen und steht neben dem Altar. Salomo sandte Benaja, den Sohn Jojadas, mit dem Auftrag: Geh hin und stoß ihn nieder! 30 Benaja kam in das Zelt des Herrn und rief Joab zu: Der König befiehlt dir herauszukommen. Doch Joab antwortete: Nein, hier will ich sterben. Benaja berichtete dem König: Das hat Joab gesagt, so hat er mir geantwortet. 31 Da gebot ihm der König: Tu, was er gesagt hat! Stoß ihn nieder und begrab ihn! Nimm so von mir und vom Haus meines Vaters das Blut, das Joab ohne Grund vergossen hat. 32 Der Herr lasse sein Blut auf sein Haupt kommen, weil er ohne Wissen meines Vaters zwei Männer, die gerechter und besser waren als er, niedergestoßen und mit dem Schwert getötet hat: Abner, den Sohn Ners, den Heerführer Israels, und Amasa, den Sohn Jeters, den Heerführer Judas. 33 Ihr Blut komme für immer auf das Haupt Joabs und seiner Nachkommen. David aber, seinen Nachkommen, seinem Haus und seinem Thron sei vom Herrn immerfort Heil beschieden. 34 Nun ging Benaja, der Sohn Jojadas, hinauf, stieß Joab nieder und tötete ihn. Er wurde auf seinem Besitz in der Steppe begraben. 35 Der König setzte dann Benaja, den Sohn Jojadas, an seiner Stelle über das Heer und dem Priester Zadok verlieh er die Stelle Abjatars.

36 Hierauf ließ der König Schimi rufen und befahl ihm: Bau dir ein Haus in Jerusalem, bleib hier und geh nicht weg, weder dahin noch dorthin! 37 Du sollst wissen, dass du sterben musst, sobald du hinausgehst und das Kidrontal überschreitest. Du wirst dann selbst schuld sein an deinem Tod. 38 Schimi antwortete dem König: Gut, dein Knecht wird tun, was mein Herr, der König, bestimmt hat. So blieb Schimi viele Tage in Jerusalem. 39 Nach Verlauf von drei Jahren entflohen zwei Sklaven Schimis zu Achisch, dem Sohn Maachas, dem König von Gat. Man meldete Schimi: Deine Sklaven sind in Gat. 40 Da machte er sich auf, sattelte seinen Esel und begab sich zu Achisch nach Gat, um seine Sklaven zu suchen. Er ging hin und holte sie aus Gat zurück. 41 Es wurde aber Salomo hinterbracht, dass Schimi von Jerusalem nach Gat gegangen und wieder zurückgekehrt sei. 42 Er ließ daher Schimi rufen und hielt ihm vor: Habe ich dich nicht beim Herrn schwören lassen und dich gewarnt: Sobald du weggehst und dich dahin oder dorthin begibst, so weißt du, dass du sterben musst? Und du hast geantwortet: Gut, ich habe es gehört. 43 Warum hast du den Eid beim Herrn und den Befehl, den ich dir gegeben habe, nicht beachtet? 44 Und weiter sagte der König zu Schimi: Du weißt, wie viel Böses du meinem Vater David angetan hast; jetzt lässt es der Herr auf dich selbst zurückfallen. 45 Der König Salomo aber sei gesegnet und der Thron Davids stehe fest vor dem Herrn in Ewigkeit. 46 Hierauf erteilte der König dem Benaja, dem Sohn Jojadas, Befehl und dieser ging hinaus und versetzte Schimi den Todesstoß. Die Herrschaft war nun fest in der Hand Salomos.

26: 1 Sam 22,20–23 • 27: 1 Sam 2,30–36.

Salomos Heirat: 3,1

3 Salomo verschwägerte sich mit dem Pharao, dem König von Ägypten. Er nahm eine Tochter des Pharao zur Frau und brachte sie in die Davidstadt, bis er sein Haus, das Haus des Herrn und die Mauern rings um Jerusalem vollendet hatte.

Salomos Bitte um Weisheit: 3,2–15

2 Das Volk opferte zu jener Zeit auf den Kulthöhen, weil dem Namen des Herrn noch

---

3,1 Die Heirat bedeutete, dass Salomo von Ägypten als König anerkannt wurde.

3,2 Kulthöhen in der Nähe vieler Städte galten in alter Zeit als rechtmäßig (vgl. Ex 20,24), wurden

kein Haus gebaut war. 3 Salomo aber liebte
den Herrn und befolgte die Gebote seines
Vaters David; nur brachte er auf den Kulthö-
hen Schlachtopfer und Rauchopfer dar.
4 So ging der König nach Gibeon, um dort
zu opfern; denn hier war die angesehenste
Kulthöhe. Tausend Brandopfer legte Salomo
auf ihren Altar. 5 In Gibeon erschien der
Herr dem Salomo nachts im Traum und for-
derte ihn auf: Sprich eine Bitte aus, die ich
dir gewähren soll. 6 Salomo antwortete: Du
hast deinem Knecht David, meinem Vater,
große Huld erwiesen; denn er lebte vor dir in
Treue, in Gerechtigkeit und mit aufrichti-
gem Herzen. Du hast ihm diese große Huld
bewahrt und ihm einen Sohn geschenkt, der
heute auf seinem Thron sitzt. 7 So hast du
jetzt, Herr, mein Gott, deinen Knecht anstel-
le meines Vaters David zum König gemacht.
Doch ich bin noch sehr jung und weiß nicht,
wie ich mich als König verhalten soll. 8 Dein
Knecht steht aber mitten in deinem Volk, das
du erwählt hast: einem großen Volk, das man
wegen seiner Menge nicht zählen und nicht
schätzen kann. 9 Verleih daher deinem
Knecht ein hörendes Herz, damit er dein
Volk zu regieren und das Gute vom Bösen zu
unterscheiden versteht. Wer könnte sonst
dieses mächtige Volk regieren? 10 Es gefiel
dem Herrn, dass Salomo diese Bitte aus-
sprach. 11 Daher antwortete ihm Gott: Weil
du gerade diese Bitte ausgesprochen hast
und nicht um langes Leben, Reichtum oder
um den Tod deiner Feinde, sondern um Ein-
sicht gebeten hast, um auf das Recht zu hö-
ren, 12 werde ich deine Bitte erfüllen. Sieh,
ich gebe dir ein so weises und verständiges
Herz, dass keiner vor dir war und keiner
nach dir kommen wird, der dir gleicht.
13 Aber auch das, was du nicht erbeten hast,
will ich dir geben: Reichtum und Ehre, so-
dass zu deinen Lebzeiten keiner unter den
Königen dir gleicht. 14 Wenn du auf meinen
Wegen gehst, meine Gesetze und Gebote be-
folgst wie dein Vater David, dann schenke
ich dir ein langes Leben. 15 Da erwachte Sa-
lomo und merkte, dass es ein Traum war. Als
er nach Jerusalem kam, trat er vor die Bun-
deslade des Herrn, brachte Brand- und
Heilsopfer dar und gab ein Festmahl für alle
seine Diener.

4–15 ‖ 2 Chr 1,3–13.

Das salomonische Urteil: 3,16–28

16 Damals kamen zwei Dirnen und traten
vor den König. 17 Die eine sagte: Bitte, Herr,
ich und diese Frau wohnen im gleichen
Haus, und ich habe dort in ihrem Beisein ge-
boren. 18 Am dritten Tag nach meiner Nie-
derkunft gebar auch diese Frau. Wir waren
beisammen; kein Fremder war bei uns im
Haus, nur wir beide waren dort. 19 Nun starb
der Sohn dieser Frau während der Nacht;
denn sie hatte ihn im Schlaf erdrückt. 20 Sie
stand mitten in der Nacht auf, nahm mir
mein Kind weg, während deine Magd schlief,
und legte es an ihre Seite. Ihr totes Kind aber
legte sie an meine Seite. 21 Als ich am Morgen
aufstand, um mein Kind zu stillen, war es
tot. Als ich es aber am Morgen genau ansah,
war es nicht mein Kind, das ich geboren hat-
te. 22 Da rief die andere Frau: Nein, mein
Kind lebt und dein Kind ist tot. Doch die ers-
te entgegnete: Nein, dein Kind ist tot und
mein Kind lebt. So stritten sie vor dem Kö-
nig. 23 Da begann der König: Diese sagt: Mein
Kind lebt und dein Kind ist tot! und jene
sagt: Nein, dein Kind ist tot und mein Kind
lebt. 24 Und der König fuhr fort: Holt mir ein
Schwert! Man brachte es vor den König.
25 Nun entschied er: Schneidet das lebende
Kind entzwei und gebt eine Hälfte der einen
und eine Hälfte der anderen! 26 Doch nun bat
die Mutter des lebenden Kindes den König –
es regte sich nämlich in ihr die mütterliche
Liebe zu ihrem Kind: Bitte, Herr, gebt ihr
das lebende Kind und tötet es nicht! Doch
die andere rief: Es soll weder mir noch dir
gehören. Zerteilt es! 27 Da befahl der König:
Gebt jener das lebende Kind und tötet es
nicht; denn sie ist seine Mutter. 28 Ganz
Israel hörte von dem Urteil, das der König
gefällt hatte, und sie schauten mit Ehrfurcht
zu ihm auf; denn sie erkannten, dass die
Weisheit Gottes in ihm war, wenn er Recht
sprach.

Die Verwaltung des Reiches: 4,1 – 5,8

4 König Salomo war König von ganz Isra-
el. 2 Dies waren seine obersten Beam-
ten: Asarja, der Enkel Zadoks, war Priester.
3 Elihoref und Ahija, die Söhne Schischas,
waren Staatsschreiber, Joschafat, der Sohn

---

aber in Dtn 12 verboten. Der Verfasser der Königsbücher beurteilt Salomo und die späteren Könige nach diesem Verbot.

3,4 In Gibeon, nördlich von Jerusalem, befand sich nach 1 Chr 21,29 und 2 Chr 1,3 das aus der Wüstenzeit stammende heilige Zelt.

4,1–6 Die Besetzung der Ämter entspricht der späteren Zeit Salomos. Der Priester Zadok ist bereits durch seinen Enkel (1 Chr 5,34f) ersetzt. Die Schaffung der Ämter eines Palastvorstehers, eines Freundes des Königs und eines Vorgesetzten der Statthalter, die in den Listen Davids noch fehlen, zeigt den Fortschritt im Ausbau der Verwaltung.

Ahiluds, war Sprecher des Königs. 4 Benaja,
der Sohn Jojadas, war Heerführer [Zadok
und Abjatar waren Priester]. 5 Asarja, der
Sohn Natans, war Vorgesetzter der Statthal-
ter. Sabud, der Sohn Natans, war der Freund
des Königs, 6 Ahischar war Palastvorsteher
und Adoniram, der Sohn Abdas, war Aufse-
her über die Fronarbeiten.

7 Salomo hatte zwölf Statthalter für ganz
Israel, die den König und sein Haus versorg-
ten. Je einen Monat im Jahr hatte ihn jeder
zu versorgen. 8 Das sind ihre Namen: Der
Sohn Hurs (war Statthalter) im Gebirge
Efraim, 9 der Sohn Dekers in Makaz, Schaal-
bim, Bet-Schemesch, Elon und Bet-Hanan,
10 der Sohn Heseds in Arubbot. Ihm unter-
standen Socho und das ganze Gebiet von He-
fer. 11 Dem Sohn Abinadabs unterstand der
ganze Höhenrücken von Dor. Er hatte Tafat,
eine Tochter Salomos, zur Frau. 12 Baana,
der Sohn Ahiluds, verwaltete Taanach, Me-
giddo und ganz Bet-Schean, das an der Seite
von Zaretan unterhalb von Jesreel liegt, (das
ist das ganze Gebiet) von Bet-Schean bis
Abel-Mehola und bis über Jokneam hinaus.
13 Der Sohn Gebers (war Statthalter) in Ra-
mot-Gilead. Ihm unterstanden die Zeltdörfer
Jaïrs, des Sohnes des Manasse, in Gilead und
der Kreis Argob im Baschan, sechzig große
Städte mit Mauern und bronzenen Torrie-
geln. 14 Ahinadab, der Sohn Iddos, (war
Statthalter) in Mahanajim, 15 Ahimaaz in
Naftali. Auch er hatte eine Tochter Salomos,
nämlich Basemat, zur Frau. 16 Baana, der
Sohn Huschais, (war Statthalter) in Ascher
und Bealot, 17 Joschafat, der Sohn Paruachs,
in Issachar, 18 Schimi, der Sohn Elas, in Ben-
jamin. 19 Geber, der Sohn Uris, (verwaltete)
in Gilead das Land Sihons, des Königs der
Amoriter, und Ogs, des Königs des Baschan.
Dazu kam ein Vogt im Land Juda.

20 Das Volk von Juda und Israel war zahl-
reich wie der Sand am Meer. Es hatte zu es-
sen und zu trinken und war glücklich.

5 Salomo war Herrscher über alle Reiche
vom Eufrat bis zum Land der Philister
und bis an die Grenze Ägyptens. Sie entrich-
teten Abgaben und waren Salomo untertan,
solange er lebte.

2 Der tägliche Unterhalt Salomos belief
sich auf dreißig Kor Feinmehl, sechzig Kor
gewöhnliches Mehl, 3 zehn Mastrinder,
zwanzig Weiderinder, hundert Schafe, nicht
gerechnet die Hirsche, Gazellen, Rehe und
das gemästete Geflügel. 4 Denn er herrschte
über das ganze Gebiet diesseits des Stromes,
von Tifsach bis Gaza, über alle Könige dies-
seits des Stromes. Er hatte Frieden ringsum
nach allen Seiten. 5 Juda und Israel lebten in
Sicherheit von Dan bis Beerscheba; ein jeder
saß unter seinem Weinstock und seinem Fei-
genbaum, solange Salomo lebte. 6 Salomo
hatte viertausend Stallplätze für seine Wa-
genpferde und zwölftausend Mann als Be-
satzung für die Wagen.

7 Jene Statthalter, jeder in seinem Monat,
versorgten den König Salomo und alle, die zu
seinem Tisch Zutritt hatten. Sie ließen es an
nichts fehlen. 8 Die Gerste und das Stroh für
die Pferde und Zugtiere brachten sie jeweils
an den Ort, für den jeder zuständig war.

5,6: 10,26; 2 Chr 9,25.

Die Weisheit Salomos: 5,9–14

9 Gott gab Salomo Weisheit und Einsicht
in hohem Maß und Weite des Herzens – wie
Sand am Strand des Meeres. 10 Die Weisheit
Salomos war größer als die Weisheit aller
Söhne des Ostens und alle Weisheit Ägyp-
tens. 11 Er war weiser als alle Menschen, wei-
ser als Etan, der Esrachiter, als Heman, Kal-
kol und Darda, die Söhne Mahols. Sein
Name war bekannt bei allen Völkern rings-
um. 12 Er verfasste dreitausend Sprichwörter
und die Zahl seiner Lieder betrug tausend-
undfünf. 13 Er redete über die Bäume, von
der Zeder auf dem Libanon bis zum Ysop,

4,5 »Freund des Königs« ist hier Amtsbezeichnung. In H steht vor dem Titel »Freund« noch das Wort »Priester«.

4,7–19 Die Gaueinteilung erfasste nur das Gebiet, aus dem später das Nordreich Israel entstand.

5,1 David hatte im Norden das Reich von Damaskus und im Süden die Edomiter unterworfen und beherrschte dadurch das ganze Gebiet vom Eufrat bis an die Grenzen Ägyptens. Die Küstengebiete der Philister blieben aber selbstständig.

5,2f Der große Aufwand diente zur Versorgung aller Personen, die im Dienst des Staates standen.

5,4 Eintragung aus nachexilischer Zeit. Zu »diesseits des Stromes« vgl. die Anmerkung zu 2 Sam 10,16. – Tifsach = Thapsakus am Eufrat.

5,5 Die Formel »von Dan bis Beerscheba« umschreibt die ganze Nord-Süd-Ausdehnung des von Israeliten bewohnten Gebiets. – Unter seinem Weinstock und seinem Feigenbaum sitzen ist Zeichen des Glücks und der Zufriedenheit (vgl. 2 Kön 18,31; Mi 4,4; Sach 3,10).

5,6 Von Salomo wurde der Kriegswagen im israelitischen Heer eingeführt. Seine Besatzung bestand wahrscheinlich aus drei Mann. Wenn jeder Stallplatz zwei Pferde, das Gespann für einen Wagen enthielt, verteilen sich die 12 000 Mann auf 4000 Wagen, so 2 Chr 9,25 (H: 40 000); der Wirklichkeit näher kommt vielleicht die Zahl 1400 in 1 Kön 10,26.

5,10 Söhne des Ostens: die Nomadenstämme der syrisch-arabischen Wüste.

der an der Mauer wächst. Er redete über das Vieh, die Vögel, das Gewürm und die Fische. 14 Von allen Völkern kamen Leute, um die Weisheit Salomos zu hören, Abgesandte von allen Königen der Erde, die von seiner Weisheit vernommen hatten.

9: Ps 139,18 • 11: 1 Chr 2,6; Ps 89,1.

Die Vorbereitungen zum Tempelbau: 5,15–32

15 Hiram, der König von Tyrus, sandte seine Diener zu Salomo; denn er hatte gehört, dass man ihn anstelle seines Vaters zum König gesalbt habe. Hiram war nämlich zeitlebens ein Freund Davids gewesen. 16 Und Salomo ließ Hiram sagen: 17 Du weißt selbst, dass mein Vater David durch Kriege verhindert war, dem Namen des Herrn, seines Gottes, ein Haus zu bauen, da seine Feinde ihn bedrängten, bis der Herr sie ihm unter die Füße legte. 18 Jetzt aber hat mir der Herr, mein Gott, ringsum Ruhe verschafft. Es gibt keinen Widersacher mehr und keine Gefahr. 19 Darum gedenke ich, dem Namen des Herrn, meines Gottes, ein Haus zu bauen; denn er hat meinem Vater David zugesagt: Dein Sohn, den ich an deiner Stelle auf deinen Thron setzen werde, wird meinem Namen das Haus bauen. 20 Befiehl nun, dass man auf dem Libanon Zedern für mich fällt. Meine Knechte sollen mit deinen Knechten arbeiten. Den Lohn für deine Knechte werde ich dir geben, ganz wie du bestimmst. Du weißt ja selbst, dass wir niemand haben, der so gut Holz fällen kann wie die Leute von Sidon.

21 Als Hiram die Botschaft Salomos vernahm, freute er sich sehr und rief aus: Gepriesen sei heute Jahwe, der David einen weisen Sohn als Herrscher über dieses große Volk gegeben hat. 22 Er ließ Salomo sagen: Ich habe die Botschaft vernommen, die du an mich gesandt hast, und werde deinen Wunsch nach Zedern- und Zypressenholz erfüllen. 23 Meine Leute werden es vom Libanon an das Meer schaffen. Ich lasse es dann auf dem Meer an den Ort flößen, den du mir nennen wirst. Dort lasse ich es wieder auseinander nehmen, sodass du es abholen kannst. Du aber erfülle meinen Wunsch und sende Lebensmittel für mein Haus! 24 Also lieferte Hiram so viel Zedern- und Zypressenholz, wie Salomo wollte, 25 und Salomo gab Hiram zwanzigtausend Kor Weizen zum Unterhalt seines Hofes und zwanzig Kor feinstes Öl. Diese Menge lieferte Salomo Jahr für Jahr an Hiram.

26 Der Herr schenkte Salomo Weisheit, wie er es ihm versprochen hatte. Zwischen Salomo und Hiram herrschte Friede und sie schlossen miteinander ein Bündnis.

27 König Salomo ließ Leute aus ganz Israel zum Frondienst ausheben. Dieser umfasste 30 000 Fronpflichtige. 28 Von ihnen schickte er abwechselnd jeden Monat 10 000 Mann auf den Libanon. Einen Monat waren sie auf dem Libanon und zwei Monate zu Hause. Adoniram leitete den Frondienst. 29 Ferner hatte Salomo 70 000 Lastträger und 80 000 Steinhauer im Gebirge, 30 nicht eingerechnet die 3600 Werkführer unter dem Befehl der Statthalter, denen die Leitung der Arbeit oblag. Sie führten die Aufsicht über die Arbeiter. 31 Der König ließ mächtige, kostbare Steine brechen, um mit Quadern das Fundament des Tempels zu legen. 32 Die Bauleute Salomos bearbeiteten mit den Bauleuten Hirams und den Gebalitern das Holz und die Steine und richteten sie her für den Bau des Tempels.

15–32 ‖ 2 Chr 2,2–17 • 19: 2 Sam 7,12f.

Der Tempelbau: 6,1–38

6 Im vierhundertachtzigsten Jahr nach dem Auszug der Israeliten aus Ägypten, im vierten Jahr der Regierung Salomos über Israel, im Monat Siw, das ist der zweite Monat, begann er das Haus des Herrn zu bauen.

2 Das Haus, das König Salomo für den Herrn baute, war sechzig Ellen lang, zwanzig Ellen breit und dreißig Ellen hoch. 3 Die Vorhalle vor dem Hauptraum des Hauses war zwanzig Ellen breit, entsprechend der Breite des Hauses, und zehn Ellen tief in der Längsrichtung des Hauses. 4 Er machte für das Haus Fenster mit Rahmen und Gittern. 5 An die Wände des Hauses, und zwar an die

5,15 Zum Verhältnis Hirams zu David vgl. 2 Sam 5,11.

5,29 Die Lastträger und Steinhauer wurden nach 2 Chr 2,16f aus der nichtisraelitischen Bevölkerung genommen. Den hohen Zahlen, die kaum der Wirklichkeit entsprechen, mag eine nicht mehr bekannte Symbolik zugrunde liegen.

5,32 Gebaliter sind die Bewohner der Stadt Gebal (= Byblus) nördlich von Beirut.

6,1–7,51 Die Kap. 6 und 7 bereiten dem Verständnis erhebliche Schwierigkeiten. Besonders die Angaben über den Tempel sind oft schwer verständlich. H ist mehrfach durch Schreibfehler, Erweiterungen und Kürzungen entstellt. Diese Schwierigkeiten, in der Übersetzung teilweise geglättet, werden in den folgenden Anmerkungen nicht ausdrücklich erwähnt.

Wände des Hauptraums und des hinteren Raumes, legte er ringsum einen Anbau mit Kammern. 6 Dieser war im Untergeschoss fünf Ellen, im mittleren sechs und im dritten sieben Ellen breit; die Außenwand des Hauses hatte er abgestuft, um sie nachher nicht beschädigen zu müssen. 7 Beim Bau des Hauses wurden Steine verwendet, die man schon im Steinbruch fertig behauen hatte; Hämmer, Meißel und sonstige eiserne Werkzeuge waren beim Bau des Hauses nicht zu hören. 8 Die Türe zu den unteren Kammern war an der Südseite des Hauses. Über Treppen stieg man zum mittleren und vom mittleren zum dritten Stockwerk hinauf. 9 Als er den Bau des Hauses vollendet hatte, überdeckte er es mit Balken und Brettern aus Zedernholz. 10 Den Anbau führte er um das ganze Haus. Seine Höhe betrug (in jedem Stockwerk) fünf Ellen und Zedernbalken verbanden ihn mit dem Haus.

11 Das Wort des Herrn erging an Salomo: 12 Dieses Haus, das du baust, – wenn du meinen Geboten gehorchst und auf meine Vorschriften achtest und alle meine Befehle ausführst und befolgst, dann werde ich an dir das Wort wahr machen, das ich zu deinem Vater David gesprochen habe. 13 Und ich werde inmitten der Israeliten wohnen und mein Volk Israel nicht verlassen.

14 So vollendete Salomo den Bau des Hauses. 15 Er täfelte seine Innenwände mit Zedernholz aus; vom Fußboden bis zu den Balken der Decke ließ er eine Holzvertäfelung anbringen. Den Fußboden belegte er mit Zypressenholz. 16 Zwanzig Ellen vor der Rückseite des Hauses errichtete er vom Fußboden bis zum Gebälk eine Wand aus Zedernholz und schuf so die Gotteswohnung, das Allerheiligste. 17 Vierzig Ellen lang war der davorliegende Hauptraum. 18 Im Innern hatte das Haus Zedernverkleidung mit eingeschnitzten Blumengewinden und Blütenranken. Alles war aus Zedernholz, kein Stein war zu sehen. 19 Im Innern des Hauses richtete er die Gotteswohnung ein, um die Bundeslade des Herrn aufstellen zu können. 20 Die Wohnung war zwanzig Ellen lang, zwanzig Ellen breit und zwanzig Ellen hoch; er überzog sie mit bestem Gold. Auch ließ er einen Altar aus Zedernholz herstellen. 21 Das Innere des Hauses ließ Salomo mit bestem Gold auskleiden und vor der Gotteswohnung ließ er goldene Ketten anbringen. 22 So überzog er das ganze Haus vollständig mit Gold; auch den Altar vor der Gotteswohnung überzog er ganz mit Gold.

23 In der Gotteswohnung ließ er zwei Kerubim aus Olivenholz anfertigen. Ihre Höhe betrug zehn Ellen. 24 Fünf Ellen maß der eine Flügel des Kerubs und fünf Ellen sein anderer Flügel. Von einem Flügelende bis zum anderen waren es zehn Ellen. 25 Auch der zweite Kerub war zehn Ellen hoch. Beide hatten gleiches Maß und gleiche Gestalt. 26 Der eine Kerub war zehn Ellen hoch und ebenso hoch war der andere. 27 Er stellte die Kerubim mitten in den innersten Raum. Ihre Flügel waren so ausgespannt, dass der Flügel des einen Kerubs die eine Wand, der Flügel des zweiten Kerubs die andere Wand, die Flügel in der Mitte des Raumes aber einander berührten. 28 Er ließ die Kerubim mit Gold überziehen.

29 An allen Wänden des Hauses, im inneren wie im äußeren Raum, ließ er ringsum Kerubim, Palmen und Blütenranken einschnitzen. 30 Auch die Fußböden des hinteren und des vorderen Raumes ließ er mit Gold belegen.

31 Für den Eingang zur Gotteswohnung ließ er Türflügel aus Olivenholz anfertigen. Die Giebelbalken und die Seitenpfosten bildeten ein Fünfeck. 32 An den beiden Türflügeln aus Olivenholz ließ er Kerubim, Palmen und Blütenranken einschnitzen und sie mit Gold überziehen, indem er auf die Kerubim und die Palmen Gold auftragen ließ. 33 Ebenso ließ er für den Eingang zum Hauptraum Türpfosten aus Olivenholz anfertigen, die ein Viereck bildeten, 34 dazu zwei Türflügel aus Zypressenholz. Zwei drehbare Teile hatte der eine Türflügel und zwei drehbare Teile der andere. 35 Er ließ auf ihnen Kerubim, Palmen und Blütenranken einschnitzen und auf das Schnitzwerk dünnes Blattgold legen.

36 Er legte den inneren Hof an (und umgab ihn mit einer Mauer) aus drei Lagen Quadern und einer Lage Zedernbalken.

37 Im vierten Jahr, im Monat Siw, war das Fundament für das Haus des Herrn gelegt worden 38 und im elften Jahr, im Monat Bul, das ist der achte Monat, wurde das Haus mit all seinem Zubehör vollendet, ganz so, wie es geplant war. Sieben Jahre hatte man an ihm gebaut.

1–38 ‖ 2 Chr 3,1–14 • 12: 2 Sam 7,8–16.

6,21 Ketten: Vielleicht ist ein Wort ausgefallen: einen Vorhang an goldenen Ketten.

6,23–28 Die Kerubim hatten wohl menschenähnliches Aussehen. Die Bundeslade wurde zwischen sie gestellt (8,7), sodass sie ihre Flügel über sie breiteten.

6,38 Der Monat Bul entspricht ungefähr unserem Oktober/November.

Die Palastgebäude: 7,1–12

7 An seinem Palast baute Salomo drei-
zehn Jahre, bis er ihn ganz vollendet
hatte.
2 Er baute das Libanonwaldhaus, hundert
Ellen lang, fünfzig Ellen breit und dreißig
Ellen hoch, mit drei Reihen von Zedernsäu-
len und mit Zedernbalken über den Säulen.
3 Eine Decke aus Zedernholz war über den
Kammern, die über den Säulen lagen; es wa-
ren fünfundvierzig Säulen, fünfzehn in jeder
Reihe. 4 In drei Reihen waren Fenster so an-
gebracht, dass dreimal eine Fensterreihe ei-
ner anderen gegenüberstand. 5 Alle Türen
und Fenster waren viereckig gerahmt. Drei-
mal stand eine Fensterreihe der anderen ge-
genüber.
6 Salomo baute die Säulenhalle, fünfzig
Ellen lang und dreißig Ellen breit, davor eine
Halle mit Säulen und einem Vordach.
7 Er schuf die Thronhalle, das ist die Ge-
richtshalle, um darin Recht zu sprechen. Sie
war vom Fußboden bis zum Gebälk mit Ze-
dernholz ausgetäfelt.
8 Sein eigenes Wohnhaus stand im anderen
Hof, von der Halle aus nach innen zu. Es hat-
te die gleiche Bauart. Auch baute Salomo für
die Tochter des Pharao, die er geheiratet hat-
te, ein Haus, das dieser Halle glich.
9 Alle diese Bauten waren vom Grund bis
zu den Gesimsen aus wertvollen Steinen auf-
geführt, die in der Größe von Quadern an der
Innen- wie Außenseite mit der Säge zuge-
schnitten waren ... 10 Die Fundamente be-
standen aus wertvollen, mächtigen Steinblö-
cken, aus Steinen von zehn und Steinen von
acht Ellen. 11 Darüber lagen wertvolle Steine
in der Größe von Quadern sowie Zedernbal-
ken. 12 Der große Hof war rings von einer
Mauer aus drei Lagen Quadern und einer
Lage Zedernbalken umgeben; ebenso der in-
nere Hof um das Haus des Herrn und der Hof
um die Palasthalle.

Die Ausstattung des Tempels: 7,13–51

13 König Salomo ließ Hiram aus Tyrus
kommen. 14 Dieser war der Sohn einer Witwe
aus dem Stamm Naftali. Sein Vater war ein
Bronzeschmied aus Tyrus. Er war mit Weis-
heit, Verstand und Geschick begabt, um jede
Bronze-Arbeit auszuführen. Er kam zum
König Salomo und führte alle Arbeiten für
ihn aus.
15 Er formte die zwei bronzenen Säulen.
Achtzehn Ellen betrug die Höhe der einen
Säule und ein Band von zwölf Ellen um-
spannte sie. Ihre Wandstärke betrug vier
Finger; innen war sie hohl. Ebenso war die
zweite Säule. 16 Dazu machte er zwei Kapi-
telle, um sie oben auf die Säulen zu setzen;
sie waren aus Bronze gegossen. Fünf Ellen
betrug die Höhe des einen Kapitells und fünf
Ellen die Höhe des anderen. 17 Auch machte
er Geflechte [Flechtwerksarbeit, kettenför-
mige Bänder] für die Kapitelle oben auf den
Säulen, und zwar ein Geflecht für das eine
Kapitell und ein Geflecht für das andere.
18 Ferner machte er Granatäpfel und legte sie
in zwei Reihen ringsum über die Geflechte,
sodass sie die Kapitelle oben auf den Säulen
bedeckten. Ebenso verfuhr er mit dem zwei-
ten Kapitell. 19 Die Kapitelle oben auf den
Säulen hatten die Form einer Lilienblüte ...
20 ... 21 Er stellte die Säulen an der Vorhalle
des Tempels auf. Die eine Säule stellte er auf
die rechte Seite und nannte sie Jachin, die
andere stellte er auf die linke Seite und
nannte sie Boas. 22 Oben auf den Säulen wa-
ren lilienförmige Gebilde. So wurde die Ar-
beit an den Säulen zu Ende geführt.
23 Dann machte er das »Meer«. Es wurde
aus Bronze gegossen und maß zehn Ellen von
einem Rand zum andern; es war völlig rund
und fünf Ellen hoch. Eine Schnur von drei-
ßig Ellen konnte es rings umspannen. 24 Un-
terhalb seines Randes waren rundum Ran-
kengebilde. In einer Länge von dreißig Ellen
umsäumten sie das Meer ringsum in zwei
Reihen. Sie wurden beim Guss mitgegossen.
25 Das Meer stand auf zwölf Rindern. Von ih-
nen schauten drei nach Norden, drei nach
Westen, drei nach Süden und drei nach Os-
ten. Das Meer ruhte oben auf den Rindern.
Ihre Hinterteile waren nach innen gekehrt.
26 Die Wand des Meeres war eine Handbreit

7,2 Das Libanonwaldhaus erhielt seinen Namen von den Zedernsäulen, die wie ein Wald in ihm standen. Es übertraf den Tempel an Größe. Zur Zeit Jesajas diente es als Zeughaus (Jes 22,8).

7,9 H zum Teil unverständlich.

7,12 Die gesamten Palastbauten standen in einem Hof, der als der Große Hof bezeichnet wird. Durch die Mauer, die ihn umgab, war die Königsburg als eigener Stadtteil von der Bürgerstadt abgesondert.

7,13 Die Berufung eines ausländischen Künstlers war notwendig, da das Kunstgewerbe in Israel noch wenig entwickelt war.

7,19f H unverständlich.

7,21 Die Namen Jachin und Boas werden verschieden gedeutet. Sie bilden vielleicht einen Satz: »Er (Gott) verleihe Festigkeit mit Kraft«, und drücken die Hoffnung auf den Bestand des Tempels und des Throns aus.

7,23 Nach 2 Chr 4,6 diente das »Meer« den Priestern zu rituellen Waschungen.

dick. Sein Rand war wie der Rand eines Bechers geformt, einer Lilienblüte gleich. Es fasste zweitausend Bat.

27 Er machte die zehn fahrbaren Gestelle aus Bronze. Jedes war vier Ellen lang, vier Ellen breit und drei Ellen hoch. 28 Und so waren die Gestelle beschaffen: Sie hatten Querleisten, und zwar Querleisten zwischen den Eckleisten. 29 Auf den Querleisten zwischen den Eckleisten waren Bilder von Löwen, Rindern und Kerubim, und ebenso auf den Eckleisten. Über den Löwen und Rindern sowie unter ihnen waren Kranzgewinde eingehämmert. 30 Jedes Gestell hatte vier bronzene Räder und bronzene Achsen. An den vier Füßen waren Ansätze, die unterhalb des Kessels angegossen waren ... 31 ... (Der Kasten des Gestells) war eineinhalb Ellen hoch. Auch an seiner Öffnung waren Verzierungen. Die Querleisten waren nicht rund, sondern viereckig. 32 Die vier Räder waren unter den Querleisten. Ihre Halter waren am Gestell befestigt. Jedes Rad war eineinhalb Ellen hoch. 33 Sie waren gearbeitet wie Wagenräder. Ihre Halter, Felgen, Speichen und Naben waren alle gegossen. 34 Die vier Ansätze waren an den vier Ecken eines jeden Gestells angebracht und bildeten mit ihm ein Ganzes. 35 Der Aufsatz des Gestells war eine halbe Elle hoch und völlig rund. An ihm waren seine Halter und Leisten angesetzt. 36 Auf die Wandflächen, Halter und Querleisten ließ Salomo Bilder von Kerubim, Löwen und Palmen eingravieren ... 37 In dieser Weise fertigte Hiram die zehn Gestelle an. Sie hatten alle gleichen Guss, gleiches Maß und gleiche Gestalt. 38 Dazu machte er zehn bronzene Kessel. Jeder fasste vierzig Bat und hatte eine Weite von vier Ellen. Für jedes der zehn Gestelle war ein Kessel bestimmt. 39 Fünf von den Gestellen brachte er an die Südseite des Hauses und fünf an die Nordseite. Das »Meer« stellte er an die Südseite des Hauses, gegen Südosten. 40 Auch machte Hiram die Töpfe, Schaufeln und Schalen.

So führte Hiram alle Arbeiten zu Ende, die er dem König Salomo für das Haus des Herrn anzufertigen hatte: 41 zwei Säulen, zwei beckenförmige Kapitelle oben auf den Säulen, die zwei Flechtwerke, mit denen man die beiden beckenförmigen Kapitelle oben auf den Säulen bedeckte, 42 die vierhundert Granatäpfel für die beiden Flechtwerke, die in zwei Reihen an jedem Flechtwerk angebracht waren und die beiden beckenförmigen Kapitelle auf den Säulen bedeckten, 43 die zehn fahrbaren Gestelle, die zehn Kessel für die Gestelle, 44 das eine Meer, die zwölf Rinder unter dem Meer, 45 die Töpfe, Schaufeln und Schalen. Alle diese Geräte, die Hiram dem König Salomo für das Haus des Herrn anfertigte, waren aus glatter Bronze. 46 In der Jordanau zwischen Sukkot und Zaretan ließ sie der König in Formen aus festem Lehm gießen. 47 Und Salomo gab allen Geräten ihren Platz. Wegen ihrer überaus großen Menge war das Gewicht der Bronze nicht festzustellen.

48 Salomo ließ alle Geräte, die zum Haus des Herrn gehörten, anfertigen: den goldenen Altar, den goldenen Tisch, auf den man die Schaubrote legte, 49 die fünf Leuchter auf der rechten und die fünf Leuchter auf der linken Seite vor der Gotteswohnung, aus bestem Gold, dazu die goldenen Blüten, Lampen und Dochtscheren, 50 ferner die Becken, Messer, Schalen, Schüsseln und Pfannen aus bestem Gold. Auch die Stirnseiten der Türen des inneren Raumes zum Allerheiligsten und die Stirnseiten der beiden Türflügel, die zum Hauptraum führten, waren mit Gold verkleidet.

51 So wurden alle Arbeiten, die König Salomo für das Haus des Herrn ausführen ließ, vollendet. Dann brachte er die Weihegaben seines Vaters David hinein und legte das Silber, das Gold und die Geräte in die Schatzkammern des Hauses des Herrn.

13–51 ‖ 2 Chr 3,15 – 5,1 • 15: 2 Kön 25,17; Jer 52,21.

Die Übertragung der Bundeslade: 8,1–13

8 Damals versammelte Salomo die Ältesten Israels, alle Stammesführer und die Häupter der israelitischen Großfamilien bei sich in Jerusalem, um die Bundeslade des Herrn aus der Stadt Davids, das ist Zion, heraufzuholen. 2 Am Fest im Monat Etanim, das ist der siebte Monat, kamen alle Männer Israels bei König Salomo zusammen. 3 In Gegenwart aller Ältesten Israels nahmen die Priester die Lade 4 und brachten sie zugleich mit dem Offenbarungszelt und den heiligen Geräten, die im Zelt waren, hinauf. Die

7,30f.36 H teilweise unverständlich.

7,46 Bodenfunde haben gezeigt, dass die hier lebende vorisraelitische Bevölkerung sich auf Metallverarbeitung verstand.

8,2 Der Monat Etanim (Monat »der ständig fließenden Bäche«) entspricht ungefähr unserem September/Oktober. Das Fest ist das Laubhüttenfest.

8,4 Durch die Unterbringung des Offenbarungszeltes von Gibeon im Tempel und seine Vereinigung mit der Bundeslade übernahm der Tempel die Aufgabe des Wanderheiligtums der Wüstenzeit.

Priester und die Leviten übernahmen den
Trägerdienst. 5 König Salomo aber und die
ganze Gemeinde Israels, die bei ihm vor der
Lade versammelt war, schlachteten Schafe
und Rinder, die man wegen ihrer Menge
nicht zählen und nicht berechnen konnte.
6 Darauf stellten die Priester die Bundeslade
des Herrn an ihren Platz, in die Gotteswoh-
nung des Hauses, in das Allerheiligste, unter
die Flügel der Kerubim. 7 Denn die Kerubim
breiteten ihre Flügel über den Ort, wo die
Lade stand, und bedeckten sie und ihre
Stangen von oben her. 8 Die Stangen waren
so lang, dass man ihre Spitzen im Heiligtum
vor der Gotteswohnung sehen konnte; drau-
ßen aber waren sie nicht zu sehen. Sie blie-
ben dort bis zum heutigen Tag. 9 In der Lade
befanden sich nur die zwei steinernen Ta-
feln, die Mose am Horeb hineingelegt hatte,
die Tafeln des Bundes, den der Herr mit den
Israeliten beim Auszug aus Ägypten ge-
schlossen hatte. 10 Als dann die Priester aus
dem Heiligtum traten, erfüllte die Wolke das
Haus des Herrn. 11 Sie konnten wegen der
Wolke ihren Dienst nicht verrichten; denn
die Herrlichkeit des Herrn erfüllte das Haus
des Herrn. 12 Damals sagte Salomo:

Der Herr hat die Sonne an den Himmel ge-
setzt; / er selbst wollte im Dunkel wohnen.
13 Ich habe ein fürstliches Haus für dich
gebaut, / eine Wohnstätte für ewige Zeiten.

1–13 ‖ 2 Chr 5,2–11; 6,1f.

Die Ansprache des Königs: 8,14–21

14 Dann wandte sich der König um und
segnete die ganze Versammlung Israels. Alle
standen 15 und er betete: Gepriesen sei der
Herr, der Gott Israels. Seine Hand hat ausge-
führt, was sein Mund meinem Vater David
verheißen hat, als er sprach: 16 Seit dem Tag,
da ich mein Volk Israel aus Ägypten führte,
habe ich aus keinem der Stämme Israels eine
Stadt für den Bau eines Hauses erwählt, um
meinen Namen dort wohnen zu lassen. David
aber habe ich zum Herrscher über mein Volk
Israel erwählt. 17 Mein Vater David wollte
dem Namen des Herrn, des Gottes Israels,
ein Haus bauen. 18 Doch der Herr sprach zu
ihm: Wenn du dir vorgenommen hast, mei-
nem Namen ein Haus zu bauen, hast du ei-
nen guten Entschluss gefasst. 19 Doch sollst
nicht du das Haus bauen; sondern erst dein
leiblicher Sohn soll meinem Namen das
Haus bauen. 20 Der Herr hat jetzt sein Ver-
sprechen, das er gegeben hat, wahr gemacht:
Ich bin an die Stelle meines Vaters David
getreten und habe den Thron Israels bestie-
gen, wie es der Herr zugesagt hatte. Ich habe
dem Namen des Herrn, des Gottes Israels,
das Haus gebaut 21 und darin einen Raum
für die Lade geschaffen. Sie enthält die
Tafeln des Bundes, den der Herr mit unseren
Vätern geschlossen hat, als er sie aus Ägyp-
ten führte.

14–21 ‖ 2 Chr 6,3–11 • 17–19: 2 Sam 7,1–13.

Das Weihegebet: 8,22–53

22 Dann trat Salomo in Gegenwart der
ganzen Versammlung Israels vor den Altar
des Herrn, breitete seine Hände zum Himmel
aus 23 und betete: Herr, Gott Israels, im Him-
mel oben und auf der Erde unten gibt es kei-
nen Gott, der so wie du Bund und Huld sei-
nen Knechten bewahrt, die mit ungeteiltem
Herzen vor ihm leben. 24 Du hast das Ver-
sprechen gehalten, das du deinem Knecht,
meinem Vater David, gegeben hast. Deine
Hand hat heute erfüllt, was dein Mund ver-
sprochen hat. 25 Und nun, Herr, Gott Israels,
halte auch das andere Versprechen, das du
deinem Knecht David, meinem Vater, gege-
ben hast, als du sagtest: Es soll dir nie an ei-
nem Nachkommen fehlen, der vor mir auf
dem Thron Israels sitzt, wenn nur deine Söh-
ne darauf achten, ihren Weg so vor mir zu
gehen, wie du es getan hast. 26 Gott Israels,
möge sich jetzt dein Wort, das du deinem
Knecht David, meinem Vater, gegeben hast,
als wahr erweisen.

27 Wohnt denn Gott wirklich auf der Erde?
Siehe, selbst der Himmel und die Himmel
der Himmel fassen dich nicht, wie viel weni-
ger dieses Haus, das ich gebaut habe. 28 Wen-
de dich, Herr, mein Gott, dem Beten und Fle-
hen deines Knechtes zu! Höre auf das Rufen
und auf das Gebet, das dein Knecht heute
vor dir verrichtet. 29 Halte deine Augen offen
über diesem Haus bei Nacht und bei Tag,
über der Stätte, von der du gesagt hast, dass
dein Name hier wohnen soll. Höre auf das
Gebet, das dein Knecht an dieser Stätte ver-
richtet. 30 Achte auf das Flehen deines
Knechtes und deines Volkes Israel, wenn sie
an dieser Stätte beten. Höre sie im Himmel,
dem Ort, wo du wohnst. Höre sie und ver-
zeih!

31 Wenn sich jemand gegen seinen Nächs-
ten verfehlt und dieser ihm einen Eid abver-

8,12 Der erste Satz ist nur in G überliefert.
8,31–51 Der Hauptteil des Gebets fleht nicht um Hilfe in augenblicklicher Not, sondern zählt Fälle auf, die in Zukunft Anlass zu einem Gebet im Tempel geben können. Es lassen sich sieben Bitten feststellen. Die Siebenzahl als heilige Zahl mag beabsichtigt sein.

langt, den er schwören muss, und er dann
kommt und vor deinem Altar in diesem Haus
schwört, 32 so höre du es im Himmel und
greif ein! Verschaff deinen Knechten Recht;
verurteile den Schuldigen und lass sein Tun
auf ihn selbst zurückfallen! Den Schuldlosen
aber sprich frei und vergilt ihm, wie es seiner
Gerechtigkeit entspricht.

33 Wenn dein Volk Israel von einem Feind
geschlagen wird, weil es gegen dich gesün-
digt hat, und dann wieder zu dir umkehrt,
deinen Namen preist und in diesem Haus zu
dir betet und fleht, 34 so höre du es im Him-
mel! Vergib deinem Volk Israel seine Sünde;
lass sie in das Land zurückkommen, das du
ihren Vätern gegeben hast.

35 Wenn der Himmel verschlossen ist und
kein Regen fällt, weil sie gegen dich gesün-
digt haben, und wenn sie dann an diesem Ort
beten, deinen Namen preisen und von ihrer
Sünde lassen, weil du sie demütigst, 36 so
höre du sie im Himmel! Vergib deinen
Knechten und deinem Volk Israel ihre Sün-
den; denn du führst sie den guten Weg, den
sie gehen sollen. Spende Regen deinem Land,
das du deinem Volk zum Erbbesitz gegeben
hast.

37 Wenn im Land Hungersnot herrscht,
wenn Pest ausbricht, wenn Getreidebrand,
Rost, Heuschrecken und Ungeziefer auftre-
ten, wenn Feinde sie im eigenen Land be-
drängen, wenn irgendeine Plage oder
Krankheit sie trifft, 38 (so höre du) jedes Ge-
bet und Flehen eines jeden einzelnen und
deines ganzen Volkes Israel; denn sie alle
kennen die Not ihres Herzens und erheben
ihre Hände zu diesem Haus. 39 Höre sie dann
im Himmel, dem Ort, wo du wohnst, und ver-
zeih! Greif ein, und vergilt jedem, wie es sein
Tun verdient. Du kennst ja ihre Herzen; denn
du allein kennst die Herzen aller Menschen.
40 So werden sie dich fürchten, solange sie in
dem Land leben, das du unseren Vätern ge-
geben hast.

41 Auch Fremde, die nicht zu deinem Volk
Israel gehören, werden wegen deines Na-
mens aus fernen Ländern kommen; 42 denn
sie werden von deinem großen Namen, dei-
ner starken Hand und deinem hoch erhobe-
nen Arm hören. Sie werden kommen und in
diesem Haus beten. 43 Höre sie dann im Him-
mel, dem Ort, wo du wohnst, und tu alles,
weswegen der Fremde zu dir ruft. Dann wer-
den alle Völker der Erde deinen Namen er-
kennen. Sie werden dich fürchten, wie dein
Volk Israel dich fürchtet, und erfahren, dass
dein Name ausgerufen ist über diesem Haus,
das ich gebaut habe.

44 Wenn dein Volk auf dem Weg, den du es
führst, gegen seine Feinde in den Krieg zieht
und wenn es dann zu dir betet, zur Stadt hin-
gewendet, die du erwählt hast, und zu dem
Haus hin, das ich deinem Namen gebaut
habe, 45 so höre du im Himmel sein Beten und
Flehen und verschaff ihm Recht.

46 Wenn sie gegen dich sündigen – es gibt ja
niemand, der nicht sündigt – und du ihnen
zürnst, sie ihren Bedrängern preisgibst und
ihre Feinde sie gefangen fortführen in ein
fernes oder nahes Land, 47 so werden sie im
Land ihrer Gefangenschaft in sich gehen. Sie
werden im Land ihrer Gefangenschaft um-
kehren, zu dir flehen und rufen: Wir haben
gesündigt, Unrecht getan und gefrevelt.
48 Mit ganzem Herzen und ganzer Seele wer-
den sie im Land ihrer Feinde, von denen sie
als Gefangene weggeführt wurden, zu dir
umkehren und zu dir beten, zum Land hin-
gewendet, das du ihren Vätern gegeben hast,
zur Stadt hin, die du erwählt hast, und zum
Haus hin, das ich deinem Namen gebaut
habe. 49 Höre dann im Himmel, dem Ort, wo
du wohnst, ihr Beten und Flehen! Verschaff
ihnen Recht 50 und verzeih deinem Volk, was
es gegen dich gesündigt hat; verzeih ihm alle
Frevel, die es gegen dich begangen hat. Lass
sie bei ihren Unterdrückern Mitleid und Er-
barmen finden! 51 Sie sind ja dein Volk und
dein Eigentum, das du aus dem Schmelzofen,
aus Ägypten, herausgeführt hast.

52 Halte deine Augen offen für das Flehen
deines Knechtes und für das Flehen deines
Volkes Israel! Erhöre sie, sooft sie zu dir ru-
fen. 53 Du hast dir Israel unter allen Völkern
der Erde als Eigentum ausgewählt, wie du es
durch deinen Knecht Mose verkündet hast,
als du unsere Väter aus Ägypten geführt
hast, Herr und Gott.

22–52 ‖ 2 Chr 6,12–40.

Salomos Segen: 8,54–61

54 Als Salomo dieses flehentliche Gebet
zum Herrn beendet hatte, erhob er sich auf
dem Platz vor dem Altar des Herrn, wo er
niedergekniet war und die Hände zum Him-
mel ausgebreitet hatte. 55 Er trat vor die gan-
ze Versammlung Israels, segnete sie und rief
mit lauter Stimme: 56 Gepriesen sei der Herr,
der seinem Volk Israel Ruhe geschenkt hat,

8,35 sie demütigst: Text korr. nach G; H: sie erhörst.

8,63 Zum Heilsopfer vgl. die Anmerkung zu Lev 3,1–17. – Den hohen Zahlen der Opfertiere mag eine uns unbekannte Symbolik zugrunde liegen.

wie er es versprochen hat. Von all den herrlichen Verheißungen, die er durch seinen Knecht Mose verkündet hat, ist nicht eine hinfällig geworden. 57 Der Herr, unser Gott, sei mit uns, wie er mit unseren Vätern war. Er verlasse uns nicht und verstoße uns nicht. 58 Er lenke unsere Herzen zu sich hin, damit wir auf seinen Wegen gehen und die Gebote, Befehle und Anordnungen befolgen, die er unseren Vätern gegeben hat. 59 Mögen diese Worte, die ich flehend vor dem Herrn, unserem Gott, gesprochen habe, ihm Tag und Nacht gegenwärtig bleiben. Möge er seinem Knecht und seinem Volk Israel Recht verschaffen, wie es jeder Tag verlangt, 60 damit alle Völker der Erde erkennen, dass niemand Gott ist als der Herr allein. 61 Euer Herz aber bleibe ungeteilt beim Herrn, unserem Gott, sodass ihr seinen Gesetzen folgt und auf seine Gebote achtet, wie es heute geschieht.

Der Abschluss der Feier: 8,62–66

62 Dann brachten der König und mit ihm ganz Israel vor dem Herrn Opfer dar. 63 Zweiundzwanzigtausend Rinder und hundertzwanzigtausend Schafe ließ Salomo als Heilsopfer für den Herrn schlachten. So vollzogen der König und alle Israeliten die Weihe des Hauses des Herrn. 64 An jenem Tag weihte der König auch die Mitte des Hofes, der vor dem Haus des Herrn war, als er dort das Brandopfer, das Speiseopfer und die Fettstücke der Heilsopfer darbrachte. Der bronzene Altar, der vor dem (Tempel des) Herrn stand, war nämlich zu klein, um das Brandopfer, das Speiseopfer und die Fettstücke der Heilsopfer fassen zu können.

65 Salomo feierte damals mit ganz Israel, das von Lebo-Hamat bis zum Grenzbach Ägyptens zu einer großen Versammlung vor dem Herrn, unserem Gott, erschienen war, das (Laubhütten-)Fest sieben Tage lang [und nochmals sieben Tage, zusammen vierzehn Tage]. 66 Am achten Tag entließ er das Volk. Sie priesen den König und gingen zu ihren Zelten, frohen Mutes und voll Freude über all das Gute, das der Herr an seinem Knecht David und seinem Volk Israel getan hatte.

62–66 ‖ 2 Chr 7,4–10.

Die Verheißung für den Tempel: 9,1–9

9 Nachdem Salomo den Bau des Tempels und des königlichen Palastes vollendet und alle Pläne, die er auszuführen wünschte, verwirklicht hatte, 2 erschien ihm der Herr zum zweiten Mal, wie er ihm in Gibeon erschienen war. 3 Er sprach zu ihm: Ich habe dein flehentliches Gebet, das du an mich gerichtet hast, gehört und dieses Haus, das du gebaut hast, geheiligt. Meinen Namen werde ich für immer hierher legen, meine Augen und mein Herz werden allezeit hier weilen. 4 Wenn du mit ungeteiltem und aufrichtigem Herzen vor mir den Weg gehst, den dein Vater David gegangen ist, und wenn du alles tust, was ich dir befohlen habe, wenn du auf meine Gebote und Rechtsvorschriften achtest, 5 dann werde ich deinen Königsthron auf ewig in Israel bestehen lassen, wie ich es deinem Vater David zugesichert habe, zu dem ich gesagt habe: Es soll dir nie an einem Nachkommen auf dem Thron Israels fehlen. 6 Doch wenn ihr und eure Söhne euch von mir abwendet und die Gebote und Gesetze, die ich euch gegeben habe, übertretet, wenn ihr euch anschickt, andere Götter zu verehren und anzubeten, 7 dann werde ich Israel in dem Land ausrotten, das ich ihm gegeben habe. Das Haus, das ich meinem Namen geweiht habe, werde ich aus meinem Angesicht wegschaffen und Israel soll zum Gespött und zum Hohn unter allen Völkern werden. 8 Dieses Haus wird zu einem Trümmerhaufen werden und jeder, der vorübergeht, wird sich entsetzen und zischen. Man wird fragen: Warum hat der Herr diesem Land und diesem Haus das angetan? 9 Und man wird antworten: Weil sie den Herrn, ihren Gott, der ihre Väter aus Ägypten geführt hat, verlassen, sich an andere Götter gehängt, sich vor ihnen niedergeworfen und sie verehrt haben, darum hat der Herr all dieses Unglück über sie gebracht.

1–9 ‖ 2 Chr 7,11–22 • 2–3: 3,4f • 5: 2 Sam 7,16.

Verschiedene Nachrichten über Salomo: 9,10–28

10 Zwanzig Jahre hatte Salomo an den beiden Häusern, dem Tempel des Herrn und dem königlichen Palast, gebaut. 11 Der König Hiram von Tyrus hatte ihn dabei mit Zedern-

---

8,65 Späterer Zusatz, eingefügt in der Annahme, dass die Tempelweihe und das Laubhüttenfest nicht gleichzeitig, sondern nacheinander in je siebentägiger Feier begangen wurden. – Lebo-Hamat: Name einer Landschaft oder eines Ortes zwischen Libanon und Antilibanon oder weiter im Norden, am Orontes.

9,8 wird zu einem Trümmerhaufen werden: sinngemäß korr.; H: wird hoch sein. – Zischen ist ein Zeichen des Spottes.

und Zypressenholz sowie mit Gold in der gewünschten Menge unterstützt. Damals trat König Salomo zwanzig Städte in der Landschaft Galiläa an Hiram ab. 12 Als aber Hiram aus Tyrus herüberkam, um die Städte anzusehen, die Salomo ihm gegeben hatte, gefielen sie ihm nicht. 13 Er meinte: Was sind das für Städte, die du mir gegeben hast, mein Bruder? – Man nennt sie Land Kabul bis zum heutigen Tag. 14 Hiram hatte dem König hundertzwanzig Talente Gold gesandt.

15 So verhielt es sich mit dem Frondienst: König Salomo hatte Fronarbeiter ausgehoben zum Bau des Tempels, seines Palastes, des Millo und der Mauern von Jerusalem, Hazor, Megiddo und Geser. 16 Der Pharao, der König von Ägypten, war nämlich heraufgezogen, hatte Geser erobert und eingeäschert, die Kanaaniter, die darin wohnten, getötet und die Stadt als Brautgeschenk seiner Tochter, der Frau Salomos, gegeben. 17 Salomo baute nun Geser wieder auf. Ferner baute er das untere Bet-Horon aus 18 sowie Baala und Tamar in der Steppe im Land (Juda), 19 dazu alle Vorratsstädte, die ihm gehörten, die Städte für die Wagen und ihre Mannschaft und was er sonst in Jerusalem, auf dem Libanon und im ganzen Bereich seiner Herrschaft zu bauen wünschte. 20 Die Reste der Amoriter, Hetiter, Perisiter, Hiwiter und Jebusiter, die nicht zu den Israeliten gehörten 21 und von denen noch Nachkommen im Land lebten – die Israeliten hatten sie nicht ausrotten können –, hob Salomo als Fronarbeiter aus und sie blieben es bis zum heutigen Tag. 22 Von den Israeliten aber machte Salomo niemand zum Sklaven; sie waren seine Krieger und Beamten, seine Obersten und Hauptleute, die Befehlshaber über seine Wagen und deren Mannschaft. 23 Die Leitung der Arbeiten Salomos oblag den fünfhundertfünfzig Werkführern unter dem Befehl der Statthalter. Sie hatten die Aufsicht über die Leute, die bei den Arbeiten beschäftigt waren.

24 Als die Tochter des Pharao aus der Davidstadt in ihr Haus hinaufgezogen war, das Salomo für sie gebaut hatte, baute er den Millo aus.

25 Dreimal im Jahr brachte Salomo auf dem Altar, den er für den Herrn erbaut hatte, Brand- und Heilsopfer dar und ließ seine Opfergaben vor dem Herrn in Rauch aufgehen. Und er vollendete das Haus.

26 König Salomo baute auch eine Flotte in Ezjon-Geber, das bei Elat an der Küste des Schilfmeers in Edom liegt. 27 Hiram schickte seine Leute, geübte Seefahrer, mit den Leuten Salomos zu Schiff aus. 28 Sie fuhren nach Ofir, holten von dort vierhundertzwanzig Talente Gold und brachten es dem König Salomo.

10–28 ‖ 2 Chr 8,1–18 • 15: 2 Sam 5,9.

Die Königin von Saba: 10,1–13

10 Die Königin von Saba hörte vom Ruf Salomos und kam, um ihn mit Rätselfragen auf die Probe zu stellen. 2 Sie kam nach Jerusalem mit sehr großem Gefolge, mit Kamelen, die Balsam, eine gewaltige Menge Gold und Edelsteine trugen, trat bei Salomo ein und redete mit ihm über alles, was sie sich vorgenommen hatte. 3 Salomo gab ihr Antwort auf alle Fragen. Es gab nichts, was dem König verborgen war und was er ihr nicht hätte sagen können. 4 Als nun die Königin von Saba die ganze Weisheit Salomos erkannte, als sie den Palast sah, den er gebaut hatte, 5 die Speisen auf seiner Tafel, die Sitzplätze seiner Beamten, das Aufwarten der Diener und ihre Gewänder, seine Getränke und sein Opfer, das er im Haus des Herrn darbrachte, da stockte ihr der Atem. 6 Sie sagte zum König: Was ich in meinem Land über dich und deine Weisheit gehört habe, ist wirklich wahr. 7 Ich wollte es nicht glauben, bis ich nun selbst gekommen bin und es mit eigenen Augen gesehen habe. Und wahrlich, nicht einmal die Hälfte hat man mir berichtet; deine Weisheit und deine Vorzüge übertreffen alles, was ich gehört habe. 8 Glücklich sind deine Männer, glücklich diese deine Diener, die allezeit vor dir

9,13 Den Namen konnte man verächtlich verstehen als »wie dürres Holz« (vgl. Jes 44,19). Kabul: östlich von Akko.

9,15 Zu Millo vgl. die Anmerkung zu 2 Sam 5,9.

9,16 Vgl. die Anmerkung zu 3,1.

9,17f Der Ausbau der Städte sicherte das Land gegen Angriffe vom Norden und von Ägypten.

9,25 Der König bestritt vielleicht nur den Aufwand für die Opfer, die von den Priestern dargebracht wurden. Die Dreizahl entsprach wohl den drei Hauptfesten (vgl. 2 Chr 8,13). – Opfergaben: Text korr.

9,28 Ofir wird in Südarabien oder an der gegenüberliegenden Küste Afrikas vermutet.

10,1 Saba: wahrscheinlich eine Landschaft im nördlichen Arabien, die auch in assyrischen Texten genannt wird. Andere denken an das berühmte Handelsvolk der Sabäer in Südarabien. – H hat den Zusatz »im Namen des Herrn«; er ist wahrscheinlich durch Verschreibung aus dem Namen Salomo entstanden.

stehen und deine Weisheit hören. [9] Gepriesen
sei Jahwe, dein Gott, der an dir Gefallen
fand und dich auf den Thron Israels setzte.
Weil Jahwe Israel ewig liebt, hat er dich zum
König bestellt, damit du Recht und Gerech-
tigkeit übst. [10] Sie gab dem König hundert-
zwanzig Talente Gold, dazu eine sehr große
Menge Balsam und Edelsteine. Niemals
mehr kam so viel Balsam in das Land, wie
die Königin von Saba dem König Salomo
schenkte.
[11] Auch die Flotte Hirams, die Gold aus
Ofir holte, brachte von dort große Mengen
Almuggimholz und Edelsteine. [12] Der König
ließ aus dem Almuggimholz Schnitzarbeiten
für das Haus des Herrn und den königlichen
Palast sowie Zithern und Harfen für die Sän-
ger anfertigen. Solches Almuggimholz ist nie
wieder in das Land gekommen und bis zum
heutigen Tag nicht mehr gesehen worden.
[13] König Salomo gewährte der Königin
von Saba alles, was sie wünschte und be-
gehrte. Dazu beschenkte er sie reichlich, wie
es nur der König Salomo vermochte.
Schließlich kehrte sie mit ihrem Gefolge in
ihr Land zurück.

1–13 ‖ 2 Chr 9,1–12.

Salomos Reichtum: 10,14–29

[14] Das Gewicht des Goldes, das alljährlich
bei Salomo einging, betrug sechshundert-
sechsundsechzig Goldtalente. [15] Dabei sind
nicht eingerechnet die Abgaben der Kauf-
leute und die Einnahmen, die von den Händ-
lern, von allen Königen Arabiens und von
den Statthaltern des Landes kamen.
[16] König Salomo ließ zweihundert Schilde
aus gehämmertem Gold herstellen; sechs-
hundert Goldschekel verwandte er für jeden
Schild. [17] Dazu machte er dreihundert klei-
nere Schilde aus gehämmertem Gold; drei
Minen Gold verwandte er für jeden. Er
brachte sie in das Libanonwaldhaus.
[18] Ferner ließ der König einen großen
Thron aus Elfenbein anfertigen und mit bes-
tem Gold überziehen. [19] Sechs Stufen führ-
ten zum Thron hinauf. An seiner Rückseite
war der Kopf eines Jungstiers und zu beiden
Seiten des Sitzes befanden sich Armlehnen.
Zwei Löwen standen neben den Lehnen
[20] und zwölf zu beiden Seiten der sechs Stu-
fen. Dergleichen ist noch für kein Königreich
geschaffen worden.
[21] Alle Trinkgefäße des Königs Salomo
waren aus Gold; ebenso waren alle Geräte
des Libanonwaldhauses aus bestem Gold.
Silber galt in den Tagen Salomos als wertlos;
[22] denn der König hatte eine Tarschischflotte
auf dem Meer, zusammen mit den Schiffen
Hirams. Einmal in drei Jahren kam die Tar-
schischflotte und brachte Gold, Silber, El-
fenbein, Affen und Perlhühner.
[23] So übertraf König Salomo alle Könige
der Erde an Reichtum und Weisheit. [24] Alle
Welt begehrte ihn zu sehen und die Weisheit
zu hören, die Gott in sein Herz gelegt hatte.
[25] Alle brachten ihm Jahr für Jahr ihre Ga-
ben: silberne und goldene Gefäße, Gewän-
der, Waffen, Balsam, Pferde und Maultiere.
[26] Salomo beschaffte sich Wagen und Be-
satzung dazu. Er hatte vierzehnhundert Wa-
gen und zwölftausend Mann als Besatzung
und brachte sie in die Wagenstädte sowie in
die Umgebung des Königs nach Jerusalem.
[27] Der König machte das Silber in Jerusalem
so häufig wie die Steine und die Zedern so
zahlreich wie die Maulbeerfeigenbäume in
der Schefela. [28] Man bezog die Pferde für Sa-
lomo aus Ägypten und Koë; die Händler des
Königs kauften sie in Koë. [29] Ein Wagen, der
aus Ägypten kam, kostete sechshundert und
ein Pferd hundertfünfzig Silberschekel.
Ebenso trieb man Handel mit allen hetiti-
schen und aramäischen Königen.

14–28 ‖ 2 Chr 9,13–28 • 26–29 ‖ 2 Chr 1,14–17.

Salomos Bundesbruch: 11,1–8

11 König Salomo liebte neben der Toch-
ter des Pharao noch viele andere aus-
ländische Frauen: Moabiterinnen, Ammoni-
terinnen, Edomiterinnen, Sidonierinnen,
Hetiterinnen. [2] Es waren Frauen aus den
Völkern, von denen der Herr den Israeliten
gesagt hatte: Ihr dürft nicht zu ihnen gehen
und sie dürfen nicht zu euch kommen; denn
sie würden euer Herz ihren Göttern zuwen

10,11 Algummimholz oder Almuggimholz ist eine nicht näher bestimmbare wertvolle Holzart.
10,12 Die genaue Bedeutung des mit »Schnitzarbeiten« übersetzten Wortes ist unbekannt.
10,14 Das Spiel mit der Zahl sechs lässt eine sinnbildliche Bedeutung vermuten (vgl. Offb 13,18).
10,15 Die Übersetzung setzt geringfügige Korrekturen voraus.
10,16 Die Schilde dienten als Prunkstücke bei feierlichen Auftritten (vgl. 14,28).
10,19 der Kopf eines Jungstiers: Text korr. nach G; H: ein runder Kopf.
10,22 Tarschischflotte: Flotte von Schiffen, die den weiten Weg nach Tarschisch an der Küste Spaniens zurücklegen konnten.
10,26 vierzehnhundert: vgl. die Anmerkung zu 5,6.
10,28 Statt Ägypten (hebräisch Mizrajim) ist vielleicht Muzri (Königreich an der zilizischen Küste, wie Koë) zu lesen.

den. An diesen hing Salomo mit Liebe. 3 Er
hatte siebenhundert fürstliche Frauen und
dreihundert Nebenfrauen. Sie machten sein
Herz abtrünnig. 4 Als Salomo älter wurde,
verführten ihn seine Frauen zur Verehrung
anderer Götter, sodass er dem Herrn, seinem
Gott, nicht mehr ungeteilt ergeben war wie
sein Vater David. 5 Er verehrte Astarte, die
Göttin der Sidonier, und Milkom, den Göt-
zen der Ammoniter. 6 Er tat, was dem Herrn
missfiel, und war ihm nicht so vollkommen
ergeben wie sein Vater David. 7 Damals bau-
te Salomo auf dem Berg östlich von Jerusa-
lem eine Kulthöhe für Kemosch, den Götzen
der Moabiter, und für Milkom, den Götzen
der Ammoniter. 8 Dasselbe tat er für alle sei-
ne ausländischen Frauen, die ihren Göttern
Rauch- und Schlachtopfer darbrachten.

2: Ex 34,16; Dtn 7,3.

Ankündigung des Gerichts: 11,9–13

9 Der Herr aber wurde zornig über Salo-
mo, weil sich sein Herz von ihm, dem Gott
Israels, abgewandt hatte, der ihm zweimal
erschienen war 10 und ihm verboten hatte,
fremden Göttern zu dienen. Doch Salomo
hielt sich nicht an das, was der Herr von ihm
verlangt hatte. 11 Daher sprach der Herr zu
ihm: Weil es so mit dir steht, weil du meinen
Bund gebrochen und die Gebote nicht be-
folgt hast, die ich dir gegeben habe, werde
ich dir das Königreich entreißen und es dei-
nem Knecht geben. 12 Nur deines Vaters Da-
vid wegen werde ich es nicht schon zu deinen
Lebzeiten tun; erst deinem Sohn werde ich es
entreißen. 13 Doch werde ich ihm das König-
tum nicht ganz entreißen; ich lasse deinem
Sohn noch einen Stamm wegen meines
Knechtes David und wegen Jerusalem, der
Stadt, die ich erwählt habe.

9: 3,4–15; 9,1–9.

Salomos Gegner: 11,14–40

14 Der Herr ließ Salomo einen Widersacher
erstehen, den Edomiter Hadad aus der kö-
niglichen Familie von Edom. 15 Als David die
Edomiter geschlagen hatte und sein Heer-
führer Joab hinaufzog, um die Gefallenen zu
begraben, tötete er in Edom alles, was männ-
lich war. 16 Sechs Monate hielt sich Joab mit
ganz Israel in Edom auf, bis er alles, was
männlich war, ausgerottet hatte. 17 Hadad
aber konnte mit einigen Edomitern, die im
Dienst seines Vaters standen, entfliehen und
nach Ägypten entkommen. Er war noch sehr
jung. 18 Sie waren von Midian aufgebrochen
und nach Paran gelangt. Dort nahmen sie
noch andere Männer mit und kamen nach
Ägypten zum Pharao, dem König von Ägyp-
ten. Dieser gab Hadad ein Haus, sorgte für
seinen Unterhalt und schenkte ihm ein
Grundstück. 19 Hadad fand solche Gnade
beim Pharao, dass dieser ihm die Schwester
seiner Gemahlin, der Königin Tachpenes,
zur Frau gab. 20 Die Schwester der Tachpe-
nes gebar ihm den Sohn Genubat und Tach-
penes zog ihn im Haus des Pharao auf. So
lebte Genubat im Haus des Pharao unter
dessen Söhnen. 21 Als nun Hadad in Ägypten
hörte, dass David zu seinen Vätern entschla-
fen und der Heerführer Joab tot war, bat er
den Pharao: Lass mich in mein Land zurück-
kehren! 22 Der Pharao entgegnete ihm: Was
fehlt dir denn bei mir, dass du in dein Land
zurückkehren willst? Doch Hadad antworte-
te: Lass mich ziehen!

23 Gott ließ Salomo noch einen anderen
Widersacher erstehen, Reson, den Sohn Elja-
das, der vor seinem Herrn, dem König Ha-
dad-Eser von Zoba, geflohen war. 24 Als Da-
vid viele Aramäer niedermachen ließ, sam-
melte Reson Männer um sich und wurde An-
führer einer Freischar. Später zog er nach
Damaskus, ließ sich dort nieder und wurde
König in Damaskus. 25 Er war ein Widersa-
cher Israels, solange Salomo lebte, und ver-
mehrte das Unglück, das von Hadad ausging;
er hasste Israel und herrschte über Aram.
26 Auch Jerobeam, der Sohn Nebats, ein Be-
amter Salomos, erhob sich gegen den König.
Er war ein Efratiter aus Zereda; seine Mutter
hieß Zerua und war Witwe. 27 Mit der Erhe-
bung hatte es folgende Bewandtnis: Salomo
baute den Millo und schloss die Lücke in der
Stadt Davids, seines Vaters. 28 Jerobeam war
ein tüchtiger Mann, und als Salomo sah, wie
der junge Mann arbeitete, machte er ihn zum
Aufseher über alle Fronarbeiten des Hauses
Josef. 29 Als in jener Zeit Jerobeam einmal

11,3 Nachahmung der Haremsbräuche orientalischer Herrscher.

11,7 Milkom: Text korr. nach V. 5 und V. 33; H: Moloch.

11,15 geschlagen hatte: Text korr. nach G.

11,23–25 David hatte Hadad-Eser von Zoba besiegt und Damaskus unterworfen (vgl. 2 Sam 8,3–6; 10,16–19). Reson gelang es, sich in Damaskus als König zu behaupten. Das mag zu Beginn der Regierung Salomos geschehen sein.

11,26 Efratiter: Angehöriger des Stammes Efraim. – Zereda: zwischen Jafo und Schilo.

11,27f Die Erhebung Jerobeams steht in zeitlichem Zusammenhang mit dem Bau des Millo (vgl. die Anmerkung zu 2 Sam 5,9).

aus Jerusalem herauskam, begegnete ihm
auf dem Weg der Prophet Ahija aus Schilo.
Dieser war mit einem neuen Mantel beklei-
det. Während nun beide allein auf freiem
Feld waren, 30 fasste Ahija den neuen Man-
tel, den er anhatte, zerriss ihn in zwölf Stü-
cke 31 und sagte zu Jerobeam: Nimm dir zehn
Stücke; denn so spricht der Herr, der Gott Is-
raels: Ich nehme Salomo das Königtum weg
und gebe dir zehn Stämme. 32 Nur ein Stamm
soll ihm verbleiben wegen meines Knechtes
David und wegen Jerusalem, der Stadt, die
ich aus allen Stämmen Israels erwählt habe.
33 Denn er hat mich verlassen und Astarte,
die Göttin der Sidonier, Kemosch, den Gott
der Moabiter, und Milkom, den Gott der
Ammoniter, angebetet. Er ist von meinen
Wegen abgewichen und hat nicht wie sein
Vater David das getan, was mir gefällt; er
hat meine Gebote und Satzungen übertreten.
34 Doch werde ich ihm das Königtum nicht
ganz wegnehmen. Wegen meines Knechtes
David, den ich erwählt habe und der
meine Befehle und Gebote befolgt hat, lasse
ich ihm die Herrschaft, solange er lebt.
35 Erst seinem Sohn werde ich das König-
reich nehmen und dir zehn Stämme geben.
36 Seinem Sohn werde ich einen einzigen
Stamm geben, damit meinem Knecht
David für immer eine Leuchte vor mir
bleibe in Jerusalem, der Stadt, die ich er-
wählt habe, um auf sie meinen Namen zu
legen. 37 Dich aber will ich nehmen, damit du
ganz nach deinem Begehren herrschen
kannst; du sollst König von Israel sein.
38 Wenn du nun auf alles hörst, was ich dir
gebiete, auf meinen Wegen gehst und das
tust, was mir gefällt, wenn du meine Gebote
und Befehle befolgst wie mein Knecht David,
dann werde ich mit dir sein. Ich werde dir ein
Haus bauen, das Bestand hat, wie ich es für
David gebaut habe, und dir Israel überge-
ben. 39 Die Nachkommen Davids werde ich
für den Abfall bestrafen, doch nicht für alle
Zeiten. 40 Salomo suchte nun Jerobeam zu
töten. Doch dieser machte sich auf und floh
nach Ägypten zu Schischak, dem König von
Ägypten. Dort blieb er bis zum Tod Salomos.

38: 2 Sam 7,16.

Salomos Tod: 11,41–43

41 Die übrige Geschichte Salomos, alle sei-
ne Taten und die Beweise seiner Weisheit,
sind aufgezeichnet in der Chronik Salomos.
42 Die Zeit, in der Salomo in Jerusalem über
ganz Israel König war, betrug vierzig Jahre.
43 Er entschlief zu seinen Vätern und wurde
in der Stadt seines Vaters David begraben.
Sein Sohn Rehabeam wurde König an seiner
Stelle.

41–43 ‖ 2 Chr 9,29–31.

DIE GESCHICHTE DER GETRENNTEN REICHE
ERSTER TEIL: 12,1 – 22,54

Der Abfall der zehn Nordstämme: 12,1–19

12 Rehabeam begab sich nach Sichem;
denn dorthin war ganz Israel gekom-
men, um ihn zum König zu machen. 2 Jerobe-
am, der Sohn Nebats, hörte davon, während
er noch in Ägypten war, wohin er vor dem
König Salomo hatte fliehen müssen; er
kehrte jetzt aus Ägypten zurück. 3 Man
sandte zu ihm und ließ ihn rufen. So kamen
also Jerobeam und die ganze Versammlung
Israels (nach Sichem) und sie sagten zu Re-
habeam: 4 Dein Vater hat uns ein hartes Joch
auferlegt. Erleichtere du jetzt den harten
Dienst deines Vaters und das schwere Joch,
das er uns auferlegt hat. Dann wollen wir dir
dienen. 5 Er antwortete ihnen: Geht weg und
kommt nach drei Tagen wieder zu mir! Als
sich das Volk entfernt hatte, 6 beriet sich Kö-
nig Rehabeam mit den älteren Männern, die
zu Lebzeiten seines Vaters Salomo in dessen
Dienst gestanden hatten. Er fragte sie: Wel-
chen Rat gebt ihr mir? Was soll ich diesem
Volk antworten? 7 Sie sagten zu ihm: Wenn
du dich heute zum Diener dieses Volkes
machst, ihnen zu Willen bist, auf sie hörst
und freundlich mit ihnen redest, dann wer-

11,31f Der eine Stamm, der dem Sohn Salomos verbleiben soll, ist Juda. Dass Jerobeam nur zehn statt der erwarteten elf Stämme erhält, erklärt sich aus dem Fehlen Levis, der kein Stammesgebiet besaß. Da auch Simeon nicht mehr als eigener Stamm vorhanden war, sind Efraim und Manasse, die Josefstämme, getrennt mitgezählt.

11,40 Schischak hatte 945 v. Chr. die 21. Dynastie, die mit Salomo verschwägert war, gestürzt.

12,1 Mit »Israel« ist in den Königsbüchern bald das ungeteilte Volk, bald nur die Nordstämme, bald das nach dem Tod Salomos entstandene Nordreich gemeint.

12,2 kehrte . . . zurück: Text korr. nach 2 Chr 10,2; H: blieb in Ägypten.

den sie immer deine Diener sein. 8 Doch er
verwarf den Rat, den die Älteren ihm gege-
ben hatten, und beriet sich mit den jungen
Leuten, die mit ihm groß geworden waren
und jetzt in seinem Dienst standen. 9 Er frag-
te sie: Welchen Rat gebt ihr mir? Was sollen
wir diesem Volk antworten, das zu mir sagt:
Erleichtere das Joch, das dein Vater uns auf-
erlegt hat? 10 Die jungen Leute, die mit ihm
groß geworden waren, sagten zu ihm: So
sollst du diesem Volk antworten, das zu dir
sagt: Dein Vater hat uns ein schweres Joch
auferlegt; erleichtere es uns! So sollst du zu
ihnen sagen: Mein kleiner Finger ist stärker
als die Lenden meines Vaters. 11 Hat mein
Vater euch ein schweres Joch aufgebürdet,
so werde ich es noch schwerer machen. Mein
Vater hat euch mit Peitschen gezüchtigt, ich
werde euch mit Skorpionen züchtigen.

12 Am dritten Tag kamen Jerobeam und
das ganze Volk zu Rehabeam; denn der Kö-
nig hatte ihnen gesagt: Kommt am dritten
Tag wieder zu mir! 13 Der König gab nun
dem Volk eine harte Antwort. Er verwarf
den Rat, den die Älteren ihm erteilt hatten,
14 und antwortete ihnen nach dem Rat der
jungen Leute: Mein Vater hat euer Joch
schwer gemacht. Ich werde es noch schwerer
machen. Mein Vater hat euch mit Peitschen
gezüchtigt, ich werde euch mit Skorpionen
züchtigen. 15 Der König hörte also nicht auf
das Volk; denn der Herr hatte es so be-
stimmt, um das Wort wahr zu machen, das er
durch Ahija von Schilo zu Jerobeam, dem
Sohn Nebats, gesprochen hatte.

16 Als die Israeliten sahen, dass der König
nicht auf sie hörte, gaben sie ihm zur Ant-
wort:

Welchen Anteil haben wir an David? / Wir
haben keinen Erbbesitz beim Sohn Isais. / In
deine Zelte, Israel! / Nun kümmere dich um
dein Haus, David!

So begab sich Israel zu seinen Zelten.
17 Nur über die Israeliten, die in den Städten
Judas wohnten, blieb Rehabeam König.
18 Und als er den Fronaufseher Adoniram
hinschickte, steinigte ihn ganz Israel zu
Tode. Dem König Rehabeam gelang es, den
Wagen zu besteigen und nach Jerusalem zu
entkommen. 19 So fiel Israel vom Haus David
ab und ist abtrünnig bis zum heutigen Tag.

1–19 ‖ 2 Chr 10,1–19 • 15: 11,29–39 • 16: 2 Sam 20,1.

Jerobeam I. von Israel: 12,20–25

20 Als die Israeliten erfuhren, dass Jero-
beam zurückgekehrt war, ließen sie ihn zur
Versammlung rufen und machten ihn zum
König über ganz Israel. Der Stamm Juda al-
lein hielt noch zum Haus David.

21 Rehabeam kam nach Jerusalem und ver-
sammelte das ganze Haus Juda und den
Stamm Benjamin, hundertachtzigtausend
auserlesene Krieger, um gegen das Haus Is-
rael zu kämpfen und das Königtum für Re-
habeam, den Sohn Salomos, zurückzugewin-
nen. 22 Doch das Wort Gottes erging an Sche-
maja, den Mann Gottes: 23 Sag zu Rehabeam,
dem Sohn Salomos, dem König von Juda,
und zum ganzen Haus Juda und Benjamin
und zum übrigen Volk: 24 So spricht der
Herr: Zieht nicht in den Krieg gegen eure
Brüder, die Israeliten! Jeder kehre in sein
Haus zurück; denn ich habe es so verfügt. Sie
hörten auf das Wort des Herrn und kehrten
heim, wie der Herr es befohlen hatte.

25 Jerobeam baute Sichem im Gebirge
Efraim aus und ließ sich dort nieder. Von
Sichem zog er nach Penuël und baute auch
diese Stadt aus.

21–24 ‖ 2 Chr 11,1–5.

Die religiöse Trennung: 12,26–33

26 Jerobeam dachte bei sich: Das Königtum
könnte wieder an das Haus David fallen.
27 Wenn dieses Volk hinaufgeht, um im Haus
des Herrn in Jerusalem Opfer darzubringen,
wird sich sein Herz wieder seinem Herrn,
dem König Rehabeam von Juda, zuwenden.
Mich werden sie töten und zu Rehabeam,
dem König von Juda, zurückkehren. 28 So
ging er mit sich zu Rate, ließ zwei goldene
Kälber anfertigen und sagte zum Volk: Ihr
seid schon zu viel nach Jerusalem hinaufge-
zogen. Hier ist dein Gott, Israel, der dich aus
Ägypten heraufgeführt hat. 29 Er stellte das
eine Kalb in Bet-El auf, das andere brachte
er nach Dan. 30 Dies wurde Anlass zur Sün-
de. Das Volk zog sogar bis nach Dan, vor das
eine Kalb. 31 Auch errichtete er Kulthöhen
und setzte Priester ein, die aus allen Teilen
des Volkes stammten und nicht zu den Söh-
nen Levis gehörten. 32 Für den fünfzehnten
Tag des achten Monats stiftete Jerobeam ein
Fest, das dem Fest in Juda entsprach. Er

12,11 »Skorpione« sind hier Geißeln mit Knoten und Stacheln.

12,17 Israeliten, die in den Städten Judas wohnten: Angehörige der Nordstämme, die sich in Juda niedergelassen hatten.

12,25 Sichem blieb nur kurze Zeit Hauptstadt des Nordreichs. – Penuël lag im Ostjordanland am Mittellauf des Jabbok.

12,28 zum Volk: Text korr. nach G; H: zu ihnen.

12,30 vor das eine Kalb: H unklar.

12,32 Das Fest entsprach dem Laubhüttenfest.

stieg in Bet-El zum Altar hinauf, um den
Kälbern zu opfern, die er hatte anfertigen
lassen. In Bet-El ließ er auch die Priester, die
er für die Kulthöhen bestellt hatte, Dienst
tun. 33 Am fünfzehnten Tag des achten Mo-
nats stieg er zum Altar hinauf, den er in Bet-
El errichtet hatte. Er hatte sich diesen Monat
eigens ausgedacht und diesen Tag zu einem
Fest für die Israeliten bestimmt. An ihm
stieg er zum Altar hinauf, um zu opfern.

28: Ex 32,4.

Der ungehorsame Gottesmann: 13,1–34

13 Während Jerobeam am Altar stand,
um zu opfern, kam ein Gottesmann
aus Juda im Auftrag des Herrn nach Bet-El.
2 Er rief im Auftrag des Herrn gegen den Al-
tar: Altar, Altar! So spricht der Herr: Dem
Haus David wird ein Sohn geboren mit Na-
men Joschija. Dieser wird auf dir die Höhen-
priester hinschlachten, die auf dir opfern,
und die Gebeine von Menschen wird man auf
dir verbrennen. 3 Er gab an jenem Tag auch
ein Zeichen und sprach: Das ist das Zeichen
dafür, dass der Herr gesprochen hat: Der Al-
tar wird zerbersten und die Asche auf ihm
wird zerstreut werden. 4 Als der König die
Worte hörte, die der Gottesmann gegen den
Altar in Bet-El ausrief, streckte er am Altar
seine Hand aus und befahl: Nehmt ihn fest!
Doch die Hand, die er gegen ihn ausgestreckt
hatte, erstarrte; er konnte sie nicht mehr zu-
rückziehen. 5 Der Altar aber zerbarst und die
Asche auf ihm wurde zerstreut, wie es der
Gottesmann im Auftrag des Herrn als Zei-
chen verkündet hatte. 6 Nun ergriff der Kö-
nig das Wort und sagte zu dem Gottesmann:
Besänftige doch den Herrn, deinen Gott, und
bete für mich, dass ich meine Hand wieder
an mich ziehen kann. Da besänftigte der
Gottesmann den Herrn und der König konn-
te seine Hand wieder an sich ziehen; sie war
wie zuvor. 7 Darauf sagte der König zum
Gottesmann: Komm in mein Haus und stärke
dich! Auch möchte ich dir ein Geschenk ge-
ben. 8 Der Gottesmann aber erwiderte dem
König: Ich werde nicht mit dir gehen, auch
wenn du mir die Hälfte deines Hauses gibst.
Ich werde an diesem Ort weder essen noch
trinken. 9 Denn so wurde mir durch das Wort
des Herrn befohlen: Du darfst dort weder
essen noch trinken; und auf dem Weg,
den du gekommen bist, darfst du nicht zu-
rückkehren. 10 Daher schlug er einen ande-
ren Weg ein und kehrte nicht auf dem Weg
zurück, auf dem er nach Bet-El gekommen
war.

11 In Bet-El aber wohnte ein alter Prophet.
Als dessen Söhne heimkamen, erzählten sie
ihm alles, was der Gottesmann an diesem
Tag in Bet-El getan und was er zum König
gesagt hatte. 12 Darauf fragte sie der Vater:
Auf welchem Weg ist er fortgezogen? Die
Söhne hatten gesehen, welchen Weg der Got-
tesmann, der aus Juda gekommen war, ein-
geschlagen hatte. 13 Da befahl er ihnen: Sat-
telt mir den Esel! Sie taten es und er stieg
auf, 14 ritt dem Gottesmann nach und traf
ihn unter einer Eiche sitzend an. Er fragte
ihn: Bist du der Gottesmann, der aus Juda
gekommen ist? Jener antwortete: Ich bin es.
15 Da bat er ihn: Komm in mein Haus und iss
Brot mit mir! 16 Doch jener entgegnete: Ich
kann nicht mit dir zurückkehren und werde
an diesem Ort mit dir weder essen noch trin-
ken. 17 Denn im Auftrag des Herrn ist das
Wort an mich ergangen: Du darfst dort we-
der essen noch trinken und auf dem Weg, den
du gekommen bist, darfst du nicht zurück-
kehren. 18 Der andere aber sagte: Auch ich
bin ein Prophet wie du und ein Engel hat mir
im Auftrag des Herrn befohlen: Hol ihn zu-
rück! Er soll in dein Haus kommen, um zu
essen und zu trinken. So belog er ihn. 19 Nun
kehrte er um und aß und trank im Haus des
Propheten.

20 Während sie bei Tisch saßen, erging das
Wort des Herrn an den Propheten, der ihn
zurückgeholt hatte, 21 und er rief es dem Got-
tesmann aus Juda zu: So spricht der Herr:
Weil du gegen den Befehl des Herrn gehan-
delt und das Verbot übertreten hast, das dir
der Herr, dein Gott, auferlegt hat, 22 weil du
zurückgekehrt bist und an dem Ort gegessen
und getrunken hast, an dem zu essen und zu
trinken er dir verboten hatte, darum soll dei-
ne Leiche nicht in das Grab deiner Väter
kommen. 23 Nachdem der Gottesmann geges-
sen und getrunken hatte, sattelte der Pro-
phet, der ihn zurückgeholt hatte, für ihn den

13,2 Über die Erfüllung der Weissagung berichtet 2 Kön 23,15–18. Der Name Joschija wurde erst aufgrund des Geschehenen eingefügt. – Die Totengebeine bewirkten die größte Verunreinigung des Altars.

13,8 Der Gottesmann sollte durch sein Verhalten ausdrücken, dass zwischen Gott und dem Nordreich keine Verbindung besteht.

13,11 Söhne: H hat Einzahl.

13,23 H wörtlich: sattelte er ihm, dem Propheten, den er zurückgeholt hatte, den Esel.

13,24 Der Auftrag Gottes ist für den Gottesmann ein Schicksal, dem er sich nicht entziehen kann. Weil er sich weigerte, das Fehlen jeglicher Gemeinschaft zwischen Gott und dem Nordreich darzustellen, muss er es in seinem Tod zum Ausdruck brin-

Esel. 24 Er zog fort; doch unterwegs fiel ihn ein Löwe an und tötete ihn. Seine Leiche lag hingestreckt am Weg und der Esel stand neben ihr. Auch der Löwe blieb neben der Leiche stehen. 25 Die Leute, die vorübergingen, sahen die Leiche am Weg liegen und den Löwen neben ihr stehen. Sie kamen und erzählten es in der Stadt, in der der alte Prophet wohnte. 26 Als der Prophet, der ihn vom Weg zurückgeholt hatte, davon hörte, sagte er: Das ist der Gottesmann, der gegen den Befehl des Herrn gehandelt hat. Darum hat ihn der Herr dem Löwen preisgegeben und dieser hat ihn zerrissen und getötet, wie es der Herr ihm angekündigt hatte. 27 Dann befahl er seinen Söhnen: Sattelt mir den Esel! Sie taten es 28 und er machte sich auf und fand die Leiche am Weg hingestreckt; der Esel und der Löwe standen neben ihr. Der Löwe hatte die Leiche nicht gefressen und den Esel nicht zerrissen. 29 Der Prophet hob nun die Leiche auf, legte sie auf den Esel und kam mit ihr in die Stadt zurück, um dem Gottesmann die Totenklage zu halten und ihn zu begraben. 30 Er bestattete ihn in seinem eigenen Grab und man klagte um ihn: Ach, mein Bruder! 31 Nachdem er ihn begraben hatte, sagte er zu seinen Söhnen: Wenn ich gestorben bin, bringt mich in das Grab, in dem der Gottesmann beigesetzt ist, und legt meine Gebeine neben die seinen! 32 Denn das Wort, das er im Auftrag des Herrn gegen den Altar in Bet-El und gegen alle Höhentempel in den Städten Samariens gesprochen hat, wird in Erfüllung gehen.

33 Jerobeam kehrte auch nach diesem Ereignis von seinem bösen Weg nicht um. Er bestellte weiterhin aus allen Teilen des Volkes Priester für die Kulthöhen; jeden, der es wünschte, setzte er als Höhenpriester ein. 34 Das aber wurde dem Haus Jerobeam als Sünde angerechnet, sodass es vernichtet und vom Erdboden vertilgt wurde.

Das kranke Kind Jerobeams: 14,1–18

14 In jener Zeit erkrankte Jerobeams Sohn Abija. 2 Jerobeam befahl daher seiner Frau: Mach dich auf, verkleide dich, damit man nicht erkennt, dass du Jerobeams Frau bist, und geh nach Schilo! Dort wohnt der Prophet Ahija, der mir verkündet hat, dass ich König dieses Volkes sein werde. 3 Nimm zehn Brote, Kuchen und einen Krug Honig mit und geh zu ihm! Er wird dir sagen, was mit dem Kind geschehen wird. 4 Die Frau Jerobeams tat so; sie machte sich auf, ging nach Schilo und kam in das Haus Ahijas. Dieser aber konnte nicht mehr sehen; denn seine Augen waren im Alter starr geworden. 5 Doch der Herr hatte ihm gesagt: Die Frau Jerobeams kommt, um von dir Auskunft über ihren kranken Sohn zu erhalten. Das und das sollst du zu ihr sagen. Wenn sie kommt, wird sie sich verstellen. 6 Sobald sie sich nun der Türe näherte und Ahija das Geräusch ihrer Schritte hörte, rief er: Komm herein, Frau Jerobeams! Warum verstellst du dich? Ich habe dir eine harte Botschaft zu verkünden. 7 Geh heim und sag zu Jerobeam: So spricht der Herr, der Gott Israels: Ich habe dich mitten aus dem Volk emporgehoben und zum Fürsten meines Volkes Israel gemacht. 8 Ich habe das Königtum dem Haus David entrissen und dir gegeben. Du aber bist nicht wie mein Knecht David gewesen, der meine Gebote hielt, mir mit ganzem Herzen folgte und nur das tat, was mir gefällt. 9 Du hast es schlimmer getrieben als alle, die vor dir waren, du bist hingegangen, hast dir andere Götter und Gussbilder gemacht und mich dadurch erzürnt. Mir hast du den Rücken gekehrt. 10 Darum bringe ich Unglück über das Haus Jerobeam und rotte von ihm alles, was männlich ist, bis zum letzten Mann in Israel aus. Ich fege das Haus Jerobeam hinweg, wie man Kot hinwegfegt, bis nichts mehr vorhanden ist. 11 Wer vom Haus Jerobeam in der Stadt stirbt, den werden die Hunde fressen; und wer auf dem freien Feld stirbt, den werden die Vögel des Himmels fressen. Ja, der Herr hat gesprochen. 12 Du aber mach dich auf und geh in dein Haus! Sobald deine Füße die Stadt betreten, wird der Knabe sterben. 13 Ganz Israel wird ihm die Totenklage halten und ihn begraben; denn er allein wird vom Haus Jerobeam ein Grab erhalten, weil im Haus Jerobeam nur an ihm sich etwas fand, was dem Herrn, dem Gott Israels, gefiel. 14 Der Herr aber wird sich einen König von Israel bestellen, der das Haus Jerobeam ausrottet ... 15 Der Herr wird Israel schlagen, dass es schwankt wie das Rohr im Wasser, und er wird Israel aus diesem guten Land, das er den Vätern gegeben hat, ausreißen und es jenseits des Stromes zerstreuen, weil sie sich Kultpfähle gemacht und ihn dadurch erzürnt haben. 16 Er wird Israel preisgeben wegen der Sünden, die Jerobeam begangen und zu denen er

gen, indem er von der Grabesgemeinschaft mit seinen Verwandten ausgeschlossen wird.

14,14 H unverständlich.
14,15 dass es schwankt: sinngemäß ergänzt.

Israel verführt hat. 17 Da stand die Frau Jerobeams auf und ging. Als sie nach Tirza kam und über die Schwelle des Hauses trat, starb der Knabe. 18 Ganz Israel begrub ihn und hielt ihm die Totenklage, wie der Herr durch seinen Knecht, den Propheten Ahija, vorausgesagt hatte.

2: 11,29–39 • 10: 16,4; 21,21–24; 2 Kön 9,8.

Jerobeams Tod: 14,19–20

19 Die übrige Geschichte Jerobeams, welche Kriege er führte und wie er regierte, ist aufgezeichnet in der Chronik der Könige von Israel. 20 Die Regierungszeit Jerobeams betrug zweiundzwanzig Jahre. Er entschlief zu seinen Vätern und sein Sohn Nadab wurde König an seiner Stelle.

Rehabeam von Juda: 14,21–31

21 Rehabeam, der Sohn Salomos, war König in Juda. Er war einundvierzig Jahre alt, als er König wurde, und regierte siebzehn Jahre in Jerusalem, der Stadt, die der Herr aus allen Stämmen Israels erwählt hatte, um seinen Namen auf sie zu legen. Seine Mutter hieß Naama und war eine Ammoniterin. 22 Juda aber tat, was dem Herrn missfiel. Die Sünden, die sie begingen, reizten ihn mehr als alles, was ihre Väter getan hatten. 23 Denn auch sie errichteten Kulthöhen, Steinmale und Kultpfähle auf allen hohen Hügeln und unter jedem üppigen Baum. 24 Sogar Hierodulen gab es im Land. Die Israeliten ahmten alle Gräuel der Völker nach, die der Herr vor ihnen vertrieben hatte.

25 Im fünften Jahr des Königs Rehabeam zog Schischak, der König von Ägypten, gegen Jerusalem. 26 Er raubte die Schätze des Tempels und die Schätze des königlichen Palastes und nahm alles weg, auch alle goldenen Schilde, die Salomo hatte anfertigen lassen. 27 An deren Stelle ließ König Rehabeam bronzene anfertigen und übergab sie den Befehlshabern der Läufer, die den Eingang zum Haus des Königs bewachten. 28 Sooft nun der König in das Haus des Herrn ging, trugen die Läufer die Schilde und brachten sie dann wieder in ihre Wachstube zurück.

29 Die übrige Geschichte Rehabeams und alle seine Taten sind aufgezeichnet in der Chronik der Könige von Juda. 30 Es war aber dauernd Krieg zwischen Rehabeam und Jerobeam. 31 Rehabeam entschlief zu seinen Vätern und wurde bei seinen Vätern in der Davidstadt begraben. Seine Mutter hieß Naama und war eine Ammoniterin. Sein Sohn Abija wurde König an seiner Stelle.

21–31 ‖ 2 Chr 12,9–16.

Abija von Juda: 15,1–8

15 Im achtzehnten Jahr des Königs Jerobeam, des Sohnes Nebats, wurde Abija König von Juda. 2 Er regierte drei Jahre in Jerusalem. Seine Mutter hieß Maacha und war eine Enkelin Abschaloms. 3 Er verfiel allen Sünden, die sein Vater vor ihm begangen hatte, und sein Herz war nicht ungeteilt beim Herrn, seinem Gott, wie das Herz seines Vaters David. 4 Nur Davids wegen ließ ihm der Herr, sein Gott, eine Leuchte in Jerusalem, indem er seinen Sohn als Nachfolger einsetzte und Jerusalem bestehen ließ. 5 Denn David hatte getan, was dem Herrn gefiel. Er war sein Leben lang von keinem Gebot abgewichen, außer in der Sache Urijas, des Hetiters. 6 Es war aber Krieg zwischen Rehabeam und Jerobeam, solange er lebte.

7 Die übrige Geschichte Abijas und alle seine Taten sind aufgezeichnet in der Chronik der Könige von Juda. Zwischen Abija und Jerobeam herrschte Krieg. 8 Abija entschlief zu seinen Vätern; man begrub ihn in der Davidstadt. Sein Sohn Asa wurde König an seiner Stelle.

1–8 ‖ 2 Chr 13,1–2.22–23 • 5: 2 Sam 11,2–25.

Asa von Juda: 15,9–24

9 Im zwanzigsten Jahr Jerobeams, des Königs von Israel, wurde Asa König von Juda. 10 Er regierte einundvierzig Jahre in Jerusa-

---

14,17 Tirza, nördlich von Sichem, blieb bis Omri (885–874 v. Chr.) Hauptstadt des Nordreichs (vgl. die Anmerkung zu 16,24).

14,23 Pfähle aus Holz standen als Sinnbilder der Göttin Aschera oder Astarte neben oder auf den Altären. Steinmale, sog. Mazzeben, wurden zur Erinnerung an Personen (Gen 35,20) oder besondere Erlebnisse (Gen 28,18; 35,14) errichtet und waren in diesem Fall auch für den frommen Israeliten unbedenklich. Dagegen erscheinen sie zusammen mit heiligen Pfählen in heidnischen Kulten als Symbole des Baal. – Üppige Bäume konnten im wasserarmen Palästina leicht als Offenbarungsstätte einer Fruchtbarkeitsgottheit gedeutet werden.

14,24 Die in der Umwelt Israels geübte kultische Unzucht im Dienst heidnischer Götter war nach Dtn 23,18 verboten und wurde von den Propheten bekämpft (vgl. Jer 3,2; Hos 4,14).

14,27 Die »Läufer« waren ursprünglich die Begleiter des Königs; später dienten sie als Palastwache.

15,2 Nach 2 Chr 13,2 war seine Mutter Michaja, die Tochter Uriëls, aus Gibea.

15,6 Der Vers wiederholt 14,30.

lem. Seine Großmutter hieß Maacha und war
eine Enkelin Abschaloms. 11 Asa tat, was
dem Herrn gefiel, wie sein Vater David. 12 Er
entfernte die Hierodulen aus dem Land und
beseitigte alle Götzenbilder, die seine Väter
gemacht hatten. 13 Auch seine Großmutter
Maacha enthob er ihrer Stellung als Herrin,
weil sie der Aschera ein Schandbild errichtet
hatte. Er ließ ihr Schandbild umhauen und
im Kidrontal verbrennen. 14 Nur die Kulthö-
hen verschwanden nicht. Doch das Herz
Asas war ungeteilt beim Herrn, solange er
lebte. 15 Er brachte auch die Weihegaben sei-
nes Vaters und seine eigenen Weihegaben in
das Haus des Herrn: Silber, Gold und allerlei
Geräte.

16 Zwischen Asa und Bascha, dem König
von Israel, herrschte Krieg, solange sie leb-
ten. 17 Bascha, der König von Israel, zog ge-
gen Juda und baute Rama aus, um Asa, den
König von Juda, daran zu hindern, in den
Krieg zu ziehen. 18 Da nahm Asa alles Silber
und Gold, das in den Schatzkammern des
Tempels noch vorhanden war, dazu alle
Schätze des königlichen Palastes, und ließ
sie durch seine Abgesandten zu Ben-Hadad
bringen, dem Sohn Tabrimmons und Enkel
Hesjons, dem König von Aram, der in Da-
maskus seinen Sitz hatte. Dabei ließ er ihm
sagen: 19 Zwischen mir und dir, zwischen
meinem Vater und deinem Vater, soll ein
Bündnis sein. Ich schicke dir Silber und
Gold als Geschenk. Löse also dein Bündnis
mit Bascha, dem König von Israel, damit er
von mir abzieht. 20 Ben-Hadad hörte auf Kö-
nig Asa. Er sandte seine Heerführer gegen
die Städte Israels und verwüstete Ijon, Dan,
Abel-Bet-Maacha, ganz Kinneret sowie das
ganze Land Naftali. 21 Als Bascha dies er-
fuhr, hörte er auf, Rama auszubauen, und
zog sich nach Tirza zurück. 22 König Asa
aber bot ganz Juda bis zum letzten Mann auf
und ließ die Steine und Balken wegnehmen,
mit denen Bascha Rama ausgebaut hatte.
Mit ihnen baute König Asa Geba in Benja-
min und Mizpa aus.

23 Die ganze übrige Geschichte Asas, alle
seine Erfolge und Taten sowie die Städte, die
er baute, sind aufgezeichnet in der Chronik
der Könige von Juda. In seinem Alter er-
krankte er an den Füßen. 24 Asa entschlief zu
seinen Vätern und wurde bei seinen Vätern
in der Stadt seines Vaters David begraben.
Sein Sohn Joschafat wurde König an seiner
Stelle.

9–12 ‖ 2 Chr 14,1–4 • 13–15 ‖ 2 Chr 15,16–18 • 16–22 ‖ 2 Chr 16,1–6.

Nadab von Israel: 15,25–32

25 Nadab, der Sohn Jerobeams, wurde Kö-
nig von Israel im zweiten Jahr des Königs
Asa von Juda. Er regierte zwei Jahre über Is-
rael 26 und tat, was dem Herrn missfiel. Er
folgte den Wegen seines Vaters und hielt an
der Sünde fest, zu der dieser Israel verführt
hatte. 27 Bascha, der Sohn Ahijas, aus dem
Stamm Issachar, zettelte eine Verschwörung
gegen ihn an und erschlug ihn bei Gibbeton,
das den Philistern gehörte. Nadab belagerte
nämlich damals Gibbeton mit ganz Israel.
28 Im dritten Jahr des Königs Asa von Juda
tötete ihn Bascha und wurde König an seiner
Stelle. 29 Als er aber König geworden war,
beseitigte er das ganze Haus Jerobeam. Er
ließ keinen am Leben, sondern rottete es völ-
lig aus, wie der Herr durch seinen Knecht
Ahija von Schilo vorausgesagt hatte. 30 Das
geschah wegen der Sünden, die Jerobeam
begangen und zu denen er Israel verführt
hatte, und wegen des Ärgers, den er dem
Herrn, dem Gott Israels, bereitet hatte.

31 Die übrige Geschichte Nadabs und alle
seine Taten sind aufgezeichnet in der Chro-
nik der Könige von Israel. 32 Zwischen Asa
und Bascha, dem König von Israel, herrschte
Krieg, solange sie lebten.

29: 14,10f.

Bascha von Israel: 15,33 – 16,7

33 Im dritten Jahr des Königs Asa von Juda
wurde Bascha, der Sohn Ahijas, König über
ganz Israel. Er regierte in Tirza vierund-
zwanzig Jahre 34 und tat, was dem Herrn
missfiel. Er folgte den Wegen Jerobeams und
hielt an der Sünde fest, zu der dieser Israel
verführt hatte.

16 Da erging das Wort des Herrn an
Jehu, den Sohn Hananis, gegen Ba-
scha: 2 Ich habe dich aus dem Staub empor-
gehoben und zum Fürsten meines Volkes Is-
rael gemacht. Du aber bist den Wegen Jero-
beams gefolgt und hast mein Volk Israel zur
Sünde verleitet, sodass sie mich durch ihre

15,13 Zur Stellung der Königin-Mutter vgl. die Anmerkung zu 2,19f.

15,15 seine eigenen Weihegaben: Text korr. nach G und 2 Chr 15,18.

15,17 Rama: nördlich von Jerusalem. Der Besitz der Stadt gab Bascha die Möglichkeit, den Truppen von Juda den Weg zu ihren nördlichen Grenzorten zu versperren.

15,20 Die Städte liegen westlich des Oberlaufs des Jordan.

15,21 zog sich zurück: Text korr. nach G und Vg.

Sünden erzürnten. 3 Darum werde ich Ba-
scha und sein Haus wegfegen und sein Haus
dem Haus Jerobeams, des Sohnes Nebats,
gleichmachen. 4 Wer vom Haus Bascha in der
Stadt stirbt, den werden die Hunde fressen;
und wer auf dem freien Feld stirbt, den wer-
den die Vögel des Himmels fressen.
5 Die übrige Geschichte Baschas, seine Ta-
ten und Erfolge, sind aufgezeichnet in der
Chronik der Könige von Israel. 6 Bascha ent-
schlief zu seinen Vätern und wurde in Tirza
begraben. Sein Sohn Ela wurde König an
seiner Stelle. 7 Das Wort des Herrn war
durch den Propheten Jehu, den Sohn Hana-
nis, an Bascha und sein Haus ergangen, weil
er tat, was dem Herrn missfiel, weil er ihn
durch das Werk seiner Hände erzürnte und
es dem Haus Jerobeam gleichtat, aber auch
weil er dieses ausgerottet hatte.

16,4: 14,10f; 21,21–24; 2 Kön 9,8.

Ela von Israel: 16,8–14

8 Im sechsundzwanzigsten Jahr des Königs
Asa von Juda wurde Ela, der Sohn Baschas,
König von Israel. Er regierte in Tirza zwei
Jahre. 9 Gegen ihn zettelte sein Knecht Sim-
ri, der Befehlshaber der einen Hälfte der
Kriegswagen, eine Verschwörung an. Ela
war in Tirza und hatte sich im Haus Arzas,
des Palastvorstehers in Tirza, völlig betrun-
ken. 10 Simri drang ein und erschlug ihn im
siebenundzwanzigsten Jahr des Königs Asa
von Juda und wurde König an seiner Stelle.
11 Als er aber König geworden war und den
Thron bestiegen hatte, beseitigte er das gan-
ze Haus Bascha. Er ließ nichts am Leben,
was männlich war, keinen Verwandten und
keinen Freund. 12 So rottete Simri das ganze
Haus Bascha aus, wie es der Herr durch den
Propheten Jehu über Bascha vorausgesagt
hatte. 13 Dies geschah wegen aller Sünden,
die Bascha und sein Sohn Ela begangen und
zu denen sie Israel verführt hatten. Durch
ihre Götzen erzürnten sie den Herrn, den
Gott Israels.
14 Die übrige Geschichte Elas und alle
seine Taten sind aufgezeichnet in der Chro-
nik der Könige von Israel.

Simri von Israel: 16,15–20

15 Im siebenundzwanzigsten Jahr des Kö-
nigs Asa von Juda war Simri sieben Tage
König in Tirza. Das Volk belagerte damals
Gibbeton, das den Philistern gehörte. 16 Als
das Kriegsvolk während der Belagerung hör-
te, dass Simri eine Verschwörung angezettelt
und den König erschlagen hatte, rief ganz
Israel Omri, den Befehlshaber des Heeres,
noch am gleichen Tag im Lager zum König
von Israel aus. 17 Omri zog nun mit ganz Isra-
el von Gibbeton hinauf und schloss Tirza ein.
18 Als Simri sah, dass die Stadt genommen
war, zog er sich in den Wohnturm des könig-
lichen Palastes zurück, steckte den Palast
über sich in Brand und fand den Tod. 19 Dies
traf ihn zur Strafe für die Sünden, die er be-
gangen hatte; denn er hatte getan, was dem
Herrn missfiel. Er war den Wegen Jerobeams
gefolgt und hatte an der Sünde festgehalten,
die dieser begangen und zu der er Israel ver-
führt hatte.
20 Die übrige Geschichte Simris und die
Verschwörung, die er angezettelt hat, sind
aufgezeichnet in der Chronik der Könige von
Israel.

15: 15,27.

Omri von Israel: 16,21–28

21 Damals spaltete sich das Volk Israel in
zwei Parteien. Die eine Hälfte des Volkes
stand hinter Tibni, dem Sohn Ginats, und
machte ihn zum König; die andere Hälfte
schloss sich Omri an. 22 Doch die Anhänger
Omris waren stärker als die Gefolgschaft
Tibnis, des Sohnes Ginats, und als Tibni
starb, wurde Omri König.
23 Im einunddreißigsten Jahr des Königs
Asa von Juda wurde Omri König von Israel.
Er regierte zwölf Jahre, davon sechs in Tirza.
24 Dann kaufte er von Schemer für zwei Ta-
lente Silber den Berg Samaria, errichtete
Bauten auf ihm und nannte die Stadt, die er
baute, Samaria, nach dem Namen Schemers,
des Besitzers des Berges. 25 Omri tat, was
dem Herrn missfiel, und trieb es noch
schlimmer als alle seine Vorgänger. 26 Er
folgte ganz den Wegen Jerobeams, des Soh-
nes Nebats, und hielt an der Sünde fest, zu
der dieser die Israeliten verführt hatte, so-
dass sie den Herrn, den Gott Israels, durch
ihre Götzen erzürnten.
27 Die übrige Geschichte Omris, seine Ta-
ten und die Erfolge, die er errang, sind auf-
gezeichnet in der Chronik der Könige von

16,24 Das wichtigste Ereignis in der Geschichte Omris ist die Gründung einer neuen Hauptstadt Samaria. Die Palastanlagen Omris (Umrisse sind zum Teil noch erkennbar) wurden erst unter Ahab zu Ende geführt. Schemer war vielleicht der Name des Berges und des Familienverbands, dem er gehörte. Nach ihm erhielt die Stadt den Namen Schomron, griechisch Samaria.

16,27 Von der Bedeutung und dem Ansehen Omris zeugt die Bezeichnung »Haus Omri« für das Nordreich in assyrischen Inschriften.

Israel. 28 Omri entschlief zu seinen Vätern
und wurde in Samaria begraben. Sein Sohn
Ahab wurde König an seiner Stelle.

Ahab von Israel: 16,29–34

29 Ahab, der Sohn Omris, wurde König von
Israel im achtunddreißigsten Jahr des Kö-
nigs Asa von Juda. Er regierte in Samaria
zweiundzwanzig Jahre über Israel 30 und tat,
was dem Herrn missfiel, mehr als alle seine
Vorgänger. 31 Es war noch das wenigste, dass
er an den Sünden Jerobeams, des Sohnes Ne-
bats, festhielt. Er nahm Isebel, die Tochter
Etbaals, des Königs der Sidonier, zur Frau,
ging hin, diente dem Baal und betete ihn an.
32 Im Baalstempel, den er in Samaria baute,
errichtete er einen Altar für den Baal.
33 Auch stellte er einen Kultpfahl auf und tat
noch vieles andere, womit er den Herrn, den
Gott Israels, mehr erzürnte als alle Könige
Israels vor ihm. 34 In seinen Tagen baute Hiël
aus Bet-El Jericho wieder auf. Um den Preis
seines Erstgeborenen Abiram legte er die
Fundamente und um den Preis seines jüngs-
ten Sohnes Segub setzte er die Tore ein, wie
es der Herr durch Josua, den Sohn Nuns,
vorausgesagt hatte.

34: Jos 6,26.

Elija am Bach Kerit: 17,1–7

17 Der Prophet Elija aus Tischbe in
Gilead sprach zu Ahab: So wahr der
Herr, der Gott Israels, lebt, in dessen Dienst
ich stehe: in diesen Jahren sollen weder Tau
noch Regen fallen, es sei denn auf mein Wort
hin.

2 Danach erging das Wort des Herrn an
Elija: 3 Geh weg von hier, wende dich nach
Osten und verbirg dich am Bach Kerit öst-
lich des Jordan! 4 Aus dem Bach sollst du
trinken und den Raben habe ich befohlen,
dass sie dich dort ernähren. 5 Elija ging weg
und tat, was der Herr befohlen hatte; er be-
gab sich zum Bach Kerit östlich des Jordan
und ließ sich dort nieder. 6 Die Raben brach-
ten ihm Brot und Fleisch am Morgen und
ebenso Brot und Fleisch am Abend und er
trank aus dem Bach. 7 Nach einiger Zeit aber
vertrocknete der Bach; denn es fiel kein Re-
gen im Land.

Elija in Sarepta: 17,8–24

8 Da erging das Wort des Herrn an Elija:
9 Mach dich auf und geh nach Sarepta, das
zu Sidon gehört, und bleib dort! Ich habe
dort einer Witwe befohlen, dich zu versor-
gen. 10 Er machte sich auf und ging nach Sa-
repta. Als er an das Stadttor kam, traf er
dort eine Witwe, die Holz auflas. Er bat sie:
Bring mir in einem Gefäß ein wenig Wasser
zum Trinken! 11 Als sie wegging, um es zu
holen, rief er ihr nach: Bring mir auch einen
Bissen Brot mit! 12 Doch sie sagte: So wahr
der Herr, dein Gott, lebt: Ich habe nichts
mehr vorrätig als eine Hand voll Mehl im
Topf und ein wenig Öl im Krug. Ich lese hier
ein paar Stücke Holz auf und gehe dann
heim, um für mich und meinen Sohn etwas
zuzubereiten. Das wollen wir noch essen und
dann sterben. 13 Elija entgegnete ihr: Fürchte
dich nicht! Geh heim und tu, was du gesagt
hast. Nur mache zuerst für mich ein kleines
Gebäck und bring es zu mir heraus! Danach
kannst du für dich und deinen Sohn etwas
zubereiten; 14 denn so spricht der Herr, der
Gott Israels: Der Mehltopf wird nicht leer
werden und der Ölkrug nicht versiegen bis
zu dem Tag, an dem der Herr wieder Regen
auf den Erdboden sendet. 15 Sie ging und tat,
was Elija gesagt hatte. So hatte sie mit ihm
und ihrem Sohn viele Tage zu essen. 16 Der
Mehltopf wurde nicht leer und der Ölkrug
versiegte nicht, wie der Herr durch Elija ver-
sprochen hatte.

17 Nach einiger Zeit erkrankte der Sohn
der Witwe, der das Haus gehörte. Die Krank-
heit verschlimmerte sich so, dass zuletzt kein
Atem mehr in ihm war. 18 Da sagte sie zu Eli-
ja: Was habe ich mit dir zu schaffen, Mann
Gottes? Du bist nur zu mir gekommen, um an
meine Sünde zu erinnern und meinem Sohn
den Tod zu bringen. 19 Er antwortete ihr: Gib
mir deinen Sohn! Und er nahm ihn von ih-
rem Schoß, trug ihn in das Obergemach hi-
nauf, in dem er wohnte, und legte ihn auf
sein Bett. 20 Dann rief er zum Herrn und sag-
te: Herr, mein Gott, willst du denn auch über
die Witwe, in deren Haus ich wohne, Unheil
bringen und ihren Sohn sterben lassen?
21 Hierauf streckte er sich dreimal über den
Knaben hin, rief zum Herrn und flehte: Herr,
mein Gott, lass doch das Leben in diesen

16,34 Der Tod der beiden Söhne mag auf einem Unglücksfall beruhen; man sah aber darin die Erfüllung des Fluchs.

17,1 der Prophet Elija aus Tischbe: Text korr. nach G.

17,15 und ihrem Sohn: Text sinngemäß korr.; H: und ihrem Haus.

17,18 Die Frau fürchtet, dass sie durch die Gegenwart Elijas in ihrem Haus das Augenmerk seines Gottes auf sich und ihre Sünden gelenkt hat und dass er sie nun durch den Tod ihres Sohnes bestraft.

17,21 Das gleiche Verhalten wird von Elischa in 2 Kön 4,34 und von Paulus in Apg 20,10 berichtet.

Knaben zurückkehren! 22 Der Herr erhörte
das Gebet Elijas. Das Leben kehrte in den
Knaben zurück und er lebte wieder auf.
23 Elija nahm ihn, brachte ihn vom Oberge-
mach in das Haus hinab und gab ihn seiner
Mutter zurück mit den Worten: Sieh, dein
Sohn lebt. 24 Da sagte die Frau zu Elija: Jetzt
weiß ich, dass du ein Mann Gottes bist und
dass das Wort des Herrn wirklich in deinem
Mund ist.

Das Gottesurteil auf dem Karmel: 18,1–46

18 Nach langer Zeit – es war im dritten
Jahr – erging das Wort des Herrn an
Elija: Geh und zeig dich dem Ahab! Ich will
Regen auf die Erde senden. 2 Da ging Elija
hin, um sich Ahab zu zeigen.

Die Hungersnot war groß in Samaria.
3 Daher rief Ahab den Palastvorsteher Obad-
ja. Dieser war sehr gottesfürchtig. 4 Als Ise-
bel die Propheten des Herrn ausrottete, hatte
Obadja hundert von ihnen beiseite genom-
men, sie zu je fünfzig in einer Höhle verbor-
gen und mit Brot und Wasser versorgt.
5 Ahab befahl nun Obadja: Geh an alle Was-
serquellen und Bäche im Land! Vielleicht
finden wir Gras, damit wir Pferde und Maul-
tiere am Leben erhalten können und nicht
einen Teil des Viehs töten müssen. 6 Sie teil-
ten sich das Land, um es zu durchstreifen.
Ahab ging in die eine und Obadja in die an-
dere Richtung.

7 Als nun Obadja unterwegs war, kam ihm
Elija entgegen. Obadja erkannte ihn, warf
sich vor ihm nieder und rief: Bist du es, mein
Herr Elija? 8 Dieser antwortete: Ich bin es.
Geh und melde deinem Herrn: Elija ist da.
9 Obadja entgegnete: Was habe ich mir zu
Schulden kommen lassen, dass du deinen
Knecht an Ahab ausliefern und dem Tod
preisgeben willst? 10 So wahr der Herr, dein
Gott, lebt: Es gibt kein Volk und kein Reich,
wo mein Herr dich nicht hätte suchen lassen.
Und wenn man sagte: Er ist nicht hier, dann
ließ er dieses Reich oder Volk schwören, dass
man dich nicht gefunden habe. 11 Und jetzt
befiehlst du: Geh und melde deinem Herrn:
Elija ist da. 12 Wenn ich nun von dir weggehe,
könnte ja der Geist des Herrn dich an einen
Ort tragen, den ich nicht kenne. Käme ich
dann zu Ahab, um dich zu melden, und
könnte er dich nicht finden, so würde er
mich töten. Dabei hat dein Knecht doch von
Jugend auf den Herrn gefürchtet. 13 Hat man
dir denn nicht berichtet, was ich getan habe,
als Isebel die Propheten des Herrn umbrach-
te? Ich habe doch hundert von ihnen, je fünf-
zig in einer Höhle, verborgen und mit Brot
und Wasser versorgt. 14 Und nun befiehlst
du: Geh und melde deinem Herrn: Elija ist
da. Ahab würde mich töten. 15 Doch Elija
antwortete: So wahr der Herr der Heere lebt,
in dessen Dienst ich stehe: Heute noch werde
ich ihm vor die Augen treten.

16 Obadja kam zu Ahab und brachte ihm
die Nachricht. Ahab ging Elija entgegen.
17 Sobald er ihn sah, rief er aus: Bist du es,
Verderber Israels? 18 Elija entgegnete: Nicht
ich habe Israel ins Verderben gestürzt, son-
dern du und das Haus deines Vaters, weil ihr
die Gebote des Herrn übertreten habt und
den Baalen nachgelaufen seid. 19 Doch
schick jetzt Boten aus und versammle mir
ganz Israel auf dem Karmel, auch die vier-
hundertfünfzig Propheten des Baal und die
vierhundert Propheten der Aschera, die vom
Tisch Isebels essen.

20 Ahab schickte in ganz Israel umher und
ließ die Propheten auf dem Karmel zusam-
menkommen. 21 Und Elija trat vor das ganze
Volk und rief: Wie lange noch schwankt ihr
nach zwei Seiten? Wenn Jahwe der wahre
Gott ist, dann folgt ihm! Wenn aber Baal es
ist, dann folgt diesem! Doch das Volk gab
ihm keine Antwort. 22 Da sagte Elija zum
Volk: Ich allein bin als Prophet des Herrn
übrig geblieben; die Propheten des Baal aber
sind vierhundertfünfzig. 23 Man gebe uns
zwei Stiere. Sie sollen sich einen auswählen,
ihn zerteilen und auf das Holz legen, aber
kein Feuer anzünden. Ich werde den andern
zubereiten, auf das Holz legen und kein Feu-
er anzünden. 24 Dann sollt ihr den Namen eu-
res Gottes anrufen und ich werde den Namen
des Herrn anrufen. Der Gott, der mit Feuer
antwortet, ist der wahre Gott. Da rief das
ganze Volk: Der Vorschlag ist gut.

25 Nun sagte Elija zu den Propheten des
Baal: Wählt ihr zuerst den einen Stier aus
und bereitet ihn zu; denn ihr seid die Mehr-
heit. Ruft dann den Namen eures Gottes an,
entzündet aber kein Feuer! 26 Sie nahmen

18,10 Man schrieb dem Prophetenwort eine selbstständig wirkende Macht zu. Ahab glaubt daher, dass Elija die Dürre nicht nur angekündigt, sondern sie auch herbeigeführt hat, und trachtet ihm deshalb nach dem Leben.

18,21 Das Volk fleht sowohl zu Jahwe als auch zu Baal um Regen. Die Rede Elijas schließt aus, dass beide zugleich Gott sein können, und macht dadurch das erwartete Wunder zu einer Entscheidung für Jahwe als den alleinigen Gott.

18,26 Sie tanzten hüpfend: Das hebräische Wort deutet an, dass bei dem Tanz Bewegungen um den Altar ausgeführt werden, die Not und Behinderung ausdrücken. – den sie gebaut hatten: Text korr. nach den meisten alten Übersetzungen; H: den er erbaut hatte.

den Stier, den er ihnen überließ, und bereite-
ten ihn zu. Dann riefen sie vom Morgen bis
zum Mittag den Namen des Baal an und
schrien: Baal, erhöre uns! Doch es kam kein
Laut und niemand gab Antwort. Sie tanzten
hüpfend um den Altar, den sie gebaut hatten.
27 Um die Mittagszeit verspottete sie Elija
und sagte: Ruft lauter! Er ist doch Gott. Er
könnte beschäftigt sein, könnte beiseite ge-
gangen oder verreist sein. Vielleicht schläft
er und wacht dann auf. 28 Sie schrien nun mit
lauter Stimme. Nach ihrem Brauch ritzten
sie sich mit Schwertern und Lanzen wund,
bis das Blut an ihnen herabfloß. 29 Als der
Mittag vorüber war, verfielen sie in Raserei
und das dauerte bis zu der Zeit, da man das
Speiseopfer darzubringen pflegt. Doch es
kam kein Laut, keine Antwort, keine Erhö-
rung.

30 Nun forderte Elija das ganze Volk auf:
Tretet her zu mir! Sie kamen und Elija baute
den zerstörten Altar Jahwes wieder auf. 31 Er
nahm zwölf Steine, nach der Zahl der Stäm-
me der Söhne Jakobs, zu dem der Herr ge-
sagt hatte: Israel soll dein Name sein. 32 Er
fügte die Steine zu einem Altar für den Na-
men des Herrn, zog rings um den Altar einen
Graben und grenzte eine Fläche ab, die zwei
Sea Saat hätte aufnehmen können. 33 So-
dann schichtete er das Holz auf, zerteilte den
Stier und legte ihn auf das Holz. 34 Nun be-
fahl er: Füllt vier Krüge mit Wasser und
gießt es über das Brandopfer und das Holz!
Hierauf sagte er: Tut es noch einmal! Und sie
wiederholten es. Dann sagte er: Tut es zum
dritten Mal! Und sie taten es zum dritten
Mal. 35 Das Wasser lief rings um den Altar.
Auch den Graben füllte er mit Wasser. 36 Zu
der Zeit nun, da man das Speiseopfer darzu-
bringen pflegt, trat der Prophet Elija an den
Altar und rief: Herr, Gott Abrahams, Isaaks
und Israels, heute soll man erkennen, dass du
Gott bist in Israel, dass ich dein Knecht bin
und all das in deinem Auftrag tue. 37 Erhöre
mich, Herr, erhöre mich! Dieses Volk soll er-
kennen, dass du, Herr, der wahre Gott bist
und dass du sein Herz zur Umkehr wendest.
38 Da kam das Feuer des Herrn herab und
verzehrte das Brandopfer, das Holz, die Stei-
ne und die Erde. Auch das Wasser im Graben
leckte es auf. 39 Das ganze Volk sah es, warf
sich auf das Angesicht nieder und rief:
Jahwe ist Gott, Jahwe ist Gott! 40 Elija aber
befahl ihnen: Ergreift die Propheten des
Baal! Keiner von ihnen soll entkommen.
Man ergriff sie und Elija ließ sie zum Bach
Kischon hinabführen und dort töten.

41 Dann sagte Elija zu Ahab: Geh hinauf,
iss und trink; denn ich höre das Rauschen
des Regens. 42 Während Ahab wegging, um
zu essen und zu trinken, stieg Elija zur Höhe
des Karmel empor, kauerte sich auf den Bo-
den nieder und legte seinen Kopf zwischen
die Knie. 43 Dann befahl er seinem Diener:
Geh hinauf und schau auf das Meer hinaus!
Dieser ging hinauf, schaute hinaus und mel-
dete: Es ist nichts zu sehen. Elija befahl: Geh
noch einmal hinauf! So geschah es siebenmal.
44 Beim siebten Mal meldete der Diener: Eine
Wolke, klein wie eine Menschenhand, steigt
aus dem Meer herauf. Darauf sagte Elija:
Geh hinauf und sag zu Ahab: Spanne an und
fahr hinab, damit der Regen dich nicht auf-
hält. 45 Es dauerte nicht lange, da verfinster-
te sich der Himmel durch Sturm und Wolken
und es fiel ein starker Regen. Ahab bestieg
den Wagen und fuhr nach Jesreel. 46 Über
Elija aber kam die Hand des Herrn. Er gür-
tete sich und lief vor Ahab her bis dorthin,
wo der Weg nach Jesreel abzweigt.

31: Gen 32,29; 35,10.

Elija am Horeb: 19,1–13a

19 Ahab erzählte Isebel alles, was Elija
getan, auch dass er alle Propheten
mit dem Schwert getötet habe. 2 Sie schickte
einen Boten zu Elija und ließ ihm sagen: Die
Götter sollen mir dies und das antun, wenn
ich morgen um diese Zeit dein Leben nicht
dem Leben eines jeden von ihnen gleich ma-
che. 3 Elija geriet in Angst, machte sich auf
und ging weg, um sein Leben zu retten. Er
kam nach Beerscheba in Juda und ließ dort
seinen Diener zurück. 4 Er selbst ging eine
Tagereise weit in die Wüste hinein. Dort

18,27 Elija knüpft an Vorstellungen an, die den Baalspropheten bekannt waren.

18,29 Der Hinweis auf das Speiseopfer ist eine Zeitbestimmung: am späten Nachmittag.

18,32 Durch den Graben sollte der Raum um den Altar als heiliger Bezirk abgegrenzt werden.

18,34 Das Übergießen mit Wasser bedeutet vielleicht eine Reinigung des Altars und des Opfers. Zugleich wurde so das Anzünden von Feuer erschwert und das Wunder erschien umso eindrucksvoller.

18,40 Elija sah in den Baalspropheten die Hauptstützen des heidnischen Kults und nützte die Stimmung des Volkes, um der Gefahr eines neuen Abfalls zu begegnen.

19,2 Isebel wagte es nicht, gewaltsam gegen Elija vorzugehen. Ihre Warnung sollte ihn zur Flucht zwingen und seinen Einfluss auf das Volk verhindern.

19,3 geriet in Angst: Text korr. nach G; H: sah.

setzte er sich unter einen Ginsterstrauch und
wünschte sich den Tod. Er sagte: Nun ist es
genug, Herr. Nimm mein Leben; denn ich bin
nicht besser als meine Väter. 5 Dann legte er
sich unter den Ginsterstrauch und schlief
ein. Doch ein Engel rührte ihn an und
sprach: Steh auf und iss! 6 Als er um sich
blickte, sah er neben seinem Kopf Brot, das
in glühender Asche gebacken war, und einen
Krug mit Wasser. Er aß und trank und legte
sich wieder hin. 7 Doch der Engel des Herrn
kam zum zweiten Mal, rührte ihn an und
sprach: Steh auf und iss! Sonst ist der Weg
zu weit für dich. 8 Da stand er auf, aß und
trank und wanderte, durch diese Speise ge-
stärkt, vierzig Tage und vierzig Nächte bis
zum Gottesberg Horeb. 9 Dort ging er in eine
Höhle, um darin zu übernachten. Doch das
Wort des Herrn erging an ihn: Was willst du
hier, Elija? 10 Er sagte: Mit leidenschaftli-
chem Eifer bin ich für den Herrn, den Gott
der Heere, eingetreten, weil die Israeliten
deinen Bund verlassen, deine Altäre zerstört
und deine Propheten mit dem Schwert getö-
tet haben. Ich allein bin übrig geblieben und
nun trachten sie auch mir nach dem Leben.
11 Der Herr antwortete: Komm heraus und
stell dich auf den Berg vor den Herrn! Da zog
der Herr vorüber: Ein starker, heftiger
Sturm, der die Berge zerriss und die Felsen
zerbrach, ging dem Herrn voraus. Doch der
Herr war nicht im Sturm. Nach dem Sturm
kam ein Erdbeben. Doch der Herr war nicht
im Erdbeben. 12 Nach dem Beben kam ein
Feuer. Doch der Herr war nicht im Feuer.
Nach dem Feuer kam ein sanftes, leises Säu-
seln. 13 Als Elija es hörte, hüllte er sein Ge-
sicht in den Mantel, trat hinaus und stellte
sich an den Eingang der Höhle.

Neue Aufträge: 19,13b–18

Da vernahm er eine Stimme, die ihm zu-
rief: Was willst du hier, Elija? 14 Er antwor-
tete: Mit Leidenschaft bin ich für den Herrn,
den Gott der Heere, eingetreten, weil die Is-
raeliten deinen Bund verlassen, deine Altäre
zerstört und deine Propheten mit dem
Schwert getötet haben. Ich allein bin übrig
geblieben und nun trachten sie auch mir
nach dem Leben. 15 Der Herr antwortete
ihm: Geh deinen Weg durch die Wüste zu-
rück und begib dich nach Damaskus! Bist du
dort angekommen, salbe Hasaël zum König
über Aram! 16 Jehu, den Sohn Nimschis,
sollst du zum König von Israel salben und
Elischa, den Sohn Schafats aus Abel-Meho-
la, salbe zum Propheten an deiner Stelle.
17 So wird es geschehen: Wer dem Schwert
Hasaëls entrinnt, den wird Jehu töten. Und
wer dem Schwert Jehus entrinnt, den wird
Elischa töten. 18 Ich werde in Israel sieben-
tausend übrig lassen, alle, deren Knie sich
vor dem Baal nicht gebeugt und deren Mund
ihn nicht geküsst hat.

15: 2 Kön 8,7–15 • 16: 2 Kön 9,1–10.

Die Berufung Elischas: 19,19–21

19 Als Elija von dort weggegangen war,
traf er Elischa, den Sohn Schafats. Er war
gerade mit zwölf Gespannen am Pflügen und
er selbst pflügte mit dem zwölften. Im Vor-
beigehen warf Elija seinen Mantel über ihn.
20 Sogleich verließ Elischa die Rinder, eilte
Elija nach und bat ihn: Lass mich noch mei-
nem Vater und meiner Mutter den Ab-
schiedskuss geben; dann werde ich dir
folgen. Elija antwortete: Geh, aber komm
dann zurück! Bedenke, was ich an dir getan
habe. 21 Elischa ging von ihm weg, nahm sei-
ne zwei Rinder und schlachtete sie. Mit dem
Joch der Rinder kochte er das Fleisch und
setzte es den Leuten zum Essen vor. Dann
stand er auf, folgte Elija und trat in seinen
Dienst.

Aramäerkriege: 20,1–43

20 Ben-Hadad, der König von Aram,
sammelte sein ganzes Heer. In sei-
nem Gefolge waren zweiunddreißig Könige

19,8 Elija begab sich zum Horeb (= Sinai), auf dem das Gesetz verkündet worden war, um das er sich leidenschaftlich bemüht hatte.

19,11–13a Bei der Verkündigung der Gebote erschien Gott am Sinai mit Blitz und Donner, Feuer und Erdbeben (Ex 19,16–19) und offenbarte sich so als heiliger und Furcht erregender Gott. Auch vor Elija bot er diese Kräfte auf; doch waren sie nur seine Vorboten.

19,13b–18 Die Aufträge sind wohl bei anderer Gelegenheit ergangen; sie sind nicht Fortführung der vorausgehenden Offenbarung. Die ersten beiden Aufträge wurden erst durch Elischa verwirklicht und waren wohl ursprünglich an ihn gerichtet.

19,16 Zur Angleichung an die vorher erwähnte Salbung der Konige wird auch die Berufung Elischas als Salbung bezeichnet.

19,20 Der Vorgang erinnert an die Berufung der Jünger Jesu (vgl. Mt 4,19–22). Die volle Ausstattung Elischas zum Propheten erfolgte erst bei der Entrückung Elijas (2 Kön 2).

20,1–43 In diesem Kapitel sind Verhältnisse vorausgesetzt, die unter Ahab nicht bestanden; die Vorgänge fallen in die Zeit des Königs Joasch von Israel, vgl. 2 Kön 13,3.7.17–19.24f. Sie werden hier auf Ahab übertragen.

20,1 Gemeint ist Ben-Hadad III., der Zeitgenosse des Joasch (vgl. 2 Kön 13,24f). Unter Ahab regierte in Damaskus Hadad-Eser.

mit Pferden und Wagen. Er zog herauf, belagerte Samaria und bestürmte es. 2 Dann schickte er Boten in die Stadt zu Ahab, dem König von Israel, 3 und ließ ihm sagen: So spricht Ben-Hadad: Dein Silber und dein Gold gehören mir. Auch deine Frauen und deine edlen Söhne gehören mir. 4 Der König von Israel antwortete: Ganz wie du sagst, mein Herr und König, soll es geschehen. Ich gehöre dir mit allem, was ich besitze. 5 Aber die Boten kamen ein zweites Mal und meldeten: So spricht Ben-Hadad: Ich habe dir sagen lassen, dass du mir dein Silber und Gold, deine Frauen und Söhne ausliefern sollst. 6 Doch morgen um diese Zeit werde ich meine Leute zu dir schicken, damit sie dein Haus und auch die Häuser deiner Diener durchsuchen und alles, was wertvoll ist, nehmen und forttragen. 7 Da rief der König von Israel alle Ältesten des Landes zu sich und sagte: Seht und erkennt, dass dieser Mann Böses im Sinn hat. Er hat von mir meine Frauen und Söhne, mein Silber und Gold gefordert, und ich habe ihm nichts verweigert. 8 Da antworteten ihm alle Ältesten und das ganze Volk: Gehorch ihm nicht und willige nicht ein! 9 Er gab daher den Abgesandten Ben-Hadads den Bescheid: Sagt zu meinem Herrn, dem König: Alles, was du zuerst von deinem Knecht verlangt hast, will ich tun; doch diese Forderung kann ich nicht erfüllen. Die Boten zogen ab und meldeten es ihrem Herrn. 10 Darauf sandte Ben-Hadad abermals Boten (zu Ahab) und ließ ihm sagen: Die Götter sollen mir dies und das antun, wenn der Staub Samarias ausreicht, um allen Leuten in meinem Gefolge die Hand zu füllen. 11 Doch der König von Israel antwortete: Sagt zu ihm: Wer den Gürtel anlegt, soll sich nicht rühmen wie einer, der ihn bereits ablegt. 12 Als Ben-Hadad diese Meldung empfing, hielt er gerade in den Zelten ein Gelage mit den Königen. Er befahl seinen Leuten anzugreifen und diese begannen den Sturm auf die Stadt.

13 Doch ein Prophet kam zu Ahab, dem König von Israel, und sagte: So spricht der Herr: Siehst du diese gewaltige Menge? Ich gebe sie heute in deine Hand und du wirst erkennen, dass ich der Herr bin. 14 Ahab fragte: Durch wen? Er erwiderte: So spricht der Herr: Durch die Truppe der Provinzstatthalter. Als dann der König weiter wissen wollte, wer den Kampf eröffnen solle, sprach er: Du selbst. 15 Daraufhin musterte er die Truppe der Provinzstatthalter; es waren zweihundertzweiunddreißig Mann. Nach ihnen musterte er das ganze Kriegsvolk, die Gesamtheit der Israeliten; es waren siebentausend Mann. 16 Als sie um die Mittagszeit ausrückten, zechte Ben-Hadad mit den zweiunddreißig Königen, seinen Bundesgenossen, in den Zelten. 17 Die Truppe der Provinzstatthalter rückte zuerst aus. Ben-Hadad hatte Beobachter ausgesandt und sie meldeten ihm, dass Leute aus Samaria herauskommen. 18 Er befahl: Wenn sie in friedlicher Absicht kommen, ergreift sie lebendig! Wenn sie zum Kampf ausrücken, ergreift sie ebenfalls lebendig! 19 Sobald nun die Truppe der Statthalter und das Heer, das ihr folgte, aus der Stadt ausgerückt waren, 20 gelang es jedem einzelnen, seinen Gegner zu überwinden. Die Aramäer mussten fliehen und die Israeliten setzten ihnen nach. Ben-Hadad, der König von Aram, konnte zu Pferd entkommen, ebenso einige Wagenkämpfer. 21 Als dann auch der König von Israel ausrückte, vernichtete er die Pferde und Kriegswagen und bereitete den Aramäern eine schwere Niederlage.

22 Da erschien der Prophet wieder beim König von Israel und sagte zu ihm: Sammle deine Kräfte und überleg dir gut, was du zu tun hast; denn um die Jahreswende wird der König von Aram abermals gegen dich ziehen. 23 Zum König von Aram hatten nämlich seine Ratgeber gesagt: Ihr Gott ist ein Gott der Berge; darum waren sie uns überlegen. Wenn wir aber in der Ebene mit ihnen kämpfen, dann werden wir sie bestimmt besiegen. 24 Tu also folgendes: Entfern die Könige aus ihrer Stellung und ersetze sie durch Statthalter! 25 Dann sammle ein ebenso großes Heer, wie du es verloren hast, und ebenso viele Pferde und Kriegswagen, wie du zuvor hattest. Wir werden in der Ebene mit ihnen kämpfen und sie gewiss besiegen.

Ben-Hadad befolgte ihren Rat. 26 Um die Jahreswende musterte er die Aramäer und rückte zum Krieg gegen Israel bis Afek vor. 27 Auch die Israeliten wurden gemustert und mit Lebensmitteln versehen. Sie zogen den Aramäern entgegen und lagerten ihnen ge-

---

20,2 Der Name Ahab findet sich nur noch in VV. 13f.

20,7 Zur Rettung der Stadt war der König zu den größten persönlichen Opfern bereit. Über das Vermögen der Untertanen wollte er nicht ohne deren Zustimmung verfügen.

20,11 In einer sprichwörtlichen Redensart wird gesagt, dass man sich eines Erfolgs erst rühmen soll, wenn man ihn erlangt hat.

20,26 Afek liegt östlich vom See Gennesaret; vielleicht ist ein Ort in der Nähe von Samaria gemeint.

genüber wie ein paar kleine Ziegenherden;
die Aramäer aber füllten die ganze Gegend.
28 Nun trat der Gottesmann zum König von
Israel hin und sagte: So spricht der Herr:
Weil die Aramäer sagen, dass der Herr ein
Gott der Berge und nicht ein Gott der Ebe-
nen sei, gebe ich diese ganze gewaltige Men-
ge in deine Hand; und ihr werdet erkennen,
dass ich der Herr bin. 29 Sie lagen dann sie-
ben Tage einander gegenüber. Am siebten
Tag kam es zur Schlacht und die Israeliten
töteten vom aramäischen Fußvolk hundert-
tausend Mann an einem Tag. 30 Der Rest floh
in die Stadt Afek; doch die Mauer stürzte
über den siebenundzwanzigtausend Mann,
die übrig geblieben waren, zusammen.

Auch Ben-Hadad war in die Stadt geflo-
hen und irrte von einem Gemach in das an-
dere. 31 Da sagten seine Ratgeber zu ihm: Wir
haben gehört, dass die Könige des Hauses
Israel milde Könige sind. Wir wollen daher
Trauergewänder anlegen und mit Stricken
um den Hals zum König von Israel hinausge-
hen. Vielleicht schenkt er dir das Leben.
32 Sie legten also Trauergewänder an und mit
Stricken um den Hals kamen sie zum König
von Israel. Sie flehten ihn an: Dein Knecht
Ben-Hadad bittet dich, ihm das Leben zu
schenken. Er antwortete: Lebt er noch? Er ist
mein Bruder. 33 Die Männer nahmen das
Wort als gutes Zeichen, gingen sogleich da-
rauf ein und sagten: Ben-Hadad ist dein Bru-
der. Dann befahl der König von Israel: Geht,
bringt ihn zu mir! Als Ben-Hadad kam,
nahm er ihn zu sich auf seinen Wagen. 34 Da
erklärte Ben-Hadad: Die Städte, die mein
Vater deinem Vater weggenommen hat, wer-
de ich zurückgeben und in Damaskus magst
du dir Handelsniederlassungen errichten,
wie mein Vater es in Samaria getan hat. Der
König von Israel erwiderte: Auf diese Abma-
chung hin werde ich dich freilassen. So
schloss er mit ihm einen Vertrag und ließ ihn
frei.

35 Einer von den Prophetenjüngern sprach
im Auftrag des Herrn zu seinem Gefährten:
Schlag mich! Als dieser sich weigerte, ihn zu
schlagen, 36 sagte er zu ihm: Weil du der
Stimme des Herrn nicht gehorcht hast, wird
dich ein Löwe töten, sobald du von mir weg-
gegangen bist. Der Mann hatte sich kaum
von ihm entfernt, als ihn ein Löwe anfiel und
tötete. 37 Hierauf traf der Prophet einen an-
dern und befahl ihm: Schlag mich! Dieser
schlug auf ihn ein und verwundete ihn. 38 So-
gleich begab sich der Prophet zum König
und stellte sich ihm in den Weg. Durch eine
Binde über den Augen hatte er sich unkennt-
lich gemacht. 39 Als der König vorbeikam,
rief er ihn und sagte: Dein Knecht ist in den
Kampf gezogen. Da kam jemand herbei,
brachte mir einen Gefangenen und befahl:
Bewach diesen Mann! Wenn er entkommt,
dann musst du es mit deinem Leben büßen,
oder du musst ein Talent Silber bezahlen.
40 Während nun dein Knecht da und dort zu
tun hatte, konnte der Gefangene entkom-
men. Da sagte der König von Israel: Du hast
dir dein Urteil selbst gesprochen. 41 Sogleich
nahm der Prophet die Binde von den Augen
und der König von Israel erkannte ihn als ei-
nen von den Propheten. 42 Dieser aber sagte
zu ihm: So spricht der Herr: Weil du den
Mann, dessen Verderben ich wollte, aus dei-
ner Hand entlassen hast, muss dein Leben
für sein Leben, dein Volk für sein Volk ein-
stehen. 43 Missmutig und verdrossen ging der
König von Israel nach Hause und kam nach
Samaria.

36: 13,24.

Nabots Weinberg: 21,1–29

21 Danach trug sich Folgendes zu. Nabot
aus Jesreel hatte einen Weinberg in
Jesreel neben dem Palast Ahabs, des Königs
von Samarien. 2 Ahab verhandelte mit Nabot
und schlug ihm vor: Gib mir deinen Wein-
berg! Er soll mir als Gemüsegarten dienen;
denn er liegt nahe bei meinem Haus. Ich will
dir dafür einen besseren Weinberg geben.
Wenn es dir aber lieber ist, bezahle ich dir
den Kaufpreis in Geld. 3 Doch Nabot erwi-
derte: Der Herr bewahre mich davor, dass
ich dir das Erbe meiner Väter überlasse.
4 Darauf kehrte Ahab in sein Haus zurück.
Er war missmutig und verdrossen, weil Na-
bot aus Jesreel zu ihm gesagt hatte: Ich wer-
de dir das Erbe meiner Väter nicht überlas-
sen. Er legte sich auf sein Bett, wandte das
Gesicht zur Wand und wollte nicht essen.
5 Seine Frau Isebel kam zu ihm herein und
fragte: Warum bist du missmutig und willst
nicht essen? 6 Er erzählte ihr: Ich habe mit

20,33 als gutes Zeichen: Text sinngemäß korr.
20,34 Vgl. 2 Kön 13,25. Der König von Israel war zum Frieden bereit, den das Land dringend benötigte. Die Hinrichtung Ben-Hadads hätte seinen Nachfolger nur zur Fortsetzung des Kriegs veranlasst.
20,37 Um beim König mit seiner Erzählung Glauben zu finden, will der Prophet als Verwundeter erscheinen, der vom Schlachtfeld kommt.
20,39f Der König sollte gezwungen werden, sich selbst das Urteil zu sprechen (vgl. 2 Sam 12,1–7).
21,1 Jesreel war neben Samaria Residenzstadt.

Nabot aus Jesreel verhandelt und ihm ge-
sagt: Verkauf mir deinen Weinberg für Geld,
oder wenn es dir lieber ist, gebe ich dir einen
anderen dafür. Doch er hat geantwortet: Ich
werde dir meinen Weinberg nicht geben.
7 Da sagte seine Frau Isebel zu ihm: Du bist
doch jetzt König in Israel. Steh auf, iss und
sei guter Dinge! Ich werde dir den Weinberg
Nabots aus Jesreel verschaffen.
8 Sie schrieb Briefe im Namen Ahabs, ver-
sah sie mit seinem Siegel und schickte sie an
die Ältesten und Vornehmen, die mit Nabot
zusammen in der Stadt wohnten. 9 In den
Briefen schrieb sie: Ruft ein Fasten aus und
lasst Nabot oben vor allem Volk Platz neh-
men! 10 Setzt ihm aber zwei nichtswürdige
Männer gegenüber! Sie sollen gegen ihn als
Zeugen auftreten und sagen: Du hast Gott
und den König gelästert. Führt ihn dann hi-
naus und steinigt ihn zu Tode! 11 Die Männer
der Stadt, die Ältesten und Vornehmen, die
mit ihm zusammen in der Stadt wohnten, ta-
ten, was Isebel ihnen geboten hatte, was in
den Briefen stand, die sie ihnen gesandt hat-
te. 12 Sie riefen ein Fasten aus und ließen Na-
bot oben vor allem Volk Platz nehmen. 13 Es
kamen aber auch die beiden nichtswürdigen
Männer und setzten sich ihm gegenüber. Sie
standen vor dem Volk als Zeugen gegen Na-
bot auf und sagten: Nabot hat Gott und den
König gelästert. Sogleich führte man ihn aus
der Stadt hinaus und steinigte ihn zu Tode.
14 Darauf ließen sie Isebel melden: Nabot
wurde gesteinigt und ist tot. 15 Sobald sie
hörte, dass Nabot gesteinigt wurde und tot
war, sagte sie zu Ahab: Auf, nimm den Wein-
berg Nabots aus Jesreel in Besitz, den er dir
für Geld nicht verkaufen wollte; denn Nabot
lebt nicht mehr; er ist tot. 16 Als Ahab hörte,
dass Nabot tot war, stand er auf und ging
zum Weinberg Nabots aus Jesreel hinab, um
von ihm Besitz zu ergreifen.
17 Da erging das Wort des Herrn an Elija
aus Tischbe: 18 Mach dich auf und geh Ahab,
dem König von Israel, entgegen, der in Sa-
maria seinen Wohnsitz hat. Er ist zum Wein-
berg Nabots hinabgegangen, um von ihm Be-
sitz zu ergreifen. 19 Sag ihm: So spricht der
Herr: Durch einen Mord bist du Erbe gewor-
den? Weiter sag ihm: So spricht der Herr: An
der Stelle, wo die Hunde das Blut Nabots ge-
leckt haben, werden Hunde auch dein Blut
lecken. 20 Ahab sagte zu Elija: Hast du mich
gefunden, mein Feind? Er erwiderte: Ich
habe dich gefunden. Weil du dich hergabst,
das zu tun, was dem Herrn missfällt, 21 werde
ich Unheil über dich bringen. Ich werde dein
Geschlecht hinwegfegen und von Ahabs Ge-
schlecht alles, was männlich ist, bis zum
letzten Mann in Israel ausrotten. 22 Weil du
mich zum Zorn gereizt und Israel zur Sünde
verführt hast, werde ich mit deinem Haus
verfahren wie mit dem Haus Jerobeams, des
Sohnes Nebats, und mit dem Haus Baschas,
des Sohnes Ahijas. 23 Und über Isebel ver-
kündet der Herr: Die Hunde werden Isebel
an der Mauer von Jesreel auffressen. 24 Wer
von der Familie Ahabs in der Stadt stirbt,
den werden die Hunde fressen, und wer auf
dem freien Feld stirbt, den werden die Vögel
des Himmels fressen.
25 Es gab in der Tat niemand, der sich wie
Ahab hergab zu tun, was dem Herrn missfiel,
da seine Frau Isebel ihn verführte. 26 Sein
Tun war überaus verwerflich; er lief den
Götzen nach und folgte den Gebräuchen der
Amoriter, die der Herr vor den Israeliten
vertrieben hatte.
27 Als Ahab diese Drohungen hörte, zerriss
er seine Kleider, trug ein Bußgewand auf
dem bloßen Leib, fastete, schlief im Bußge-
wand und ging bedrückt umher. 28 Da erging
das Wort des Herrn an Elija aus Tischbe:
29 Hast du gesehen, wie Ahab sich vor mir ge-
demütigt hat? Weil er sich vor mir gedemü-
tigt hat, will ich das Unglück nicht schon in
seinen Tagen kommen lassen. Erst in den Ta-
gen seines Sohnes werde ich das Unheil über
sein Haus bringen.

10: Lev 24,16 • 21: 14,10; 16,4; 2 Kön 9,8 • 23: 2 Kön 9,36.

Der Krieg mit den Aramäern, Ahabs Tod: 22,1–40

22 Drei Jahre hatte das Land Ruhe und
gab es keinen Krieg zwischen Aram
und Israel. 2 Als im dritten Jahr Joschafat,
der König von Juda, zum König von Israel
kam, 3 sagte der König von Israel zu seinen
Beamten: Ihr wisst doch, dass Ramot-Gilead
uns gehört. Wir aber zögern, es dem König
von Aram zu entreißen. 4 Und er fragte Jo-
schafat: Würdest du mit mir gegen Ramot-

21,9 Ein allgemeines Fasten konnte bei Unglück und Trauer zur Unterstützung einer Bitte oder zur Aufdeckung einer Schuld angeordnet werden. Der Ehrenplatz, den man Nabot anbot, sollte seine Schuld um so verwerflicher erscheinen lassen.

21,10 lästern: wörtlich: segnen. Nabot soll beschuldigt werden, Fluchworte über den König ausgesprochen zu haben (vgl. Ex 22,27).

21,19 Die Drohung ging am Sohn Ahabs in Erfüllung (vgl. 2 Kön 9,25f).

22,2 Joram, der Sohn Joschafats, war mit Atalja, der Tochter Ahabs, verheiratet (vgl. 2 Kön 8,18).

22,3 Ramot-Gilead, unter Salomo Sitz eines Statthalters (4,13), war an Damaskus gefallen.

Gilead in den Krieg ziehen? Dieser antworte-
te dem König von Israel: Ich ziehe mit dir,
mein Volk mit deinem Volk, meine Pferde
mit deinen Pferden.
5 Joschafat bat aber den König von Israel:
Befrag doch zuvor den Herrn! 6 Da versam-
melte der König von Israel die Propheten,
gegen vierhundert Mann, und fragte sie: Soll
ich gegen Ramot-Gilead zu Felde ziehen,
oder soll ich es lassen? Sie gaben den Be-
scheid: Zieh hinauf! Der Herr gibt die Stadt
in die Hand des Königs. 7 Doch Joschafat
sagte: Ist hier sonst kein Prophet des Herrn,
den wir befragen könnten? 8 Der König von
Israel antwortete Joschafat: Es ist noch einer
da, durch den wir den Herrn befragen könn-
ten. Doch ich hasse ihn; denn er weissagt mir
nie Gutes, sondern immer nur Schlimmes. Es
ist Micha, der Sohn Jimlas. Joschafat erwi-
derte: Der König sage das nicht. 9 Da rief der
König von Israel einen Hofbeamten herbei
und befahl ihm, unverzüglich Micha, den
Sohn Jimlas, zu holen. 10 Der König von Isra-
el und Joschafat, der König von Juda, saßen
in königlichen Gewändern auf ihren Thro-
nen. Sie befanden sich auf der Tenne beim
Tor Samarias und alle Propheten weissagten
vor ihnen. 11 Zidkija, der Sohn Kenaanas,
hatte sich eiserne Hörner gemacht und rief:
So spricht der Herr: Mit diesen wirst du die
Aramäer niederstoßen, bis du sie vernichtet
hast. 12 Alle Propheten weissagten in glei-
cher Weise und riefen: Zieh nach Ramot-Gi-
lead und sei erfolgreich; der Herr gibt die
Stadt in die Hand des Königs.
13 Der Bote aber, der Micha holen sollte,
redete ihm zu: Die Worte der Propheten wa-
ren ohne Ausnahme günstig für den König.
Mögen deine Worte ihren Worten gleichen.
Sag daher Gutes an! 14 Doch Micha erwider-
te: So wahr der Herr lebt: Nur was der Herr
mir sagt, werde ich sagen. 15 Als er zum Kö-
nig kam, fragte ihn dieser: Micha, sollen wir
gegen Ramot-Gilead zu Felde ziehen, oder
sollen wir es lassen? Micha antwortete: Zieh
hinauf und sei erfolgreich! Der Herr gibt die
Stadt in die Hand des Königs. 16 Doch der
König entgegnete: Wie oft muss ich dich be-
schwören, mir im Namen des Herrn nur die
Wahrheit zu sagen? 17 Da sagte Micha: Ich
sah ganz Israel über die Berge zerstreut wie
Schafe, die keinen Hirten haben. Und der
Herr sagte: Sie haben keine Herren mehr. So
gehe jeder in Frieden nach Hause. 18 Da
wandte sich der König von Israel an Joscha-
fat: Habe ich es dir nicht gesagt? Er weissagt
mir nie Gutes, sondern immer nur Schlim-
mes. 19 Micha aber fuhr fort: Darum – höre
das Wort des Herrn: Ich sah den Herrn auf
seinem Thron sitzen; das ganze Heer des
Himmels stand zu seiner Rechten und seiner
Linken. 20 Und der Herr fragte: Wer will
Ahab betören, sodass er nach Ramot-Gilead
hinaufzieht und dort fällt? Da hatte der eine
diesen, der andere jenen Vorschlag. 21 Zu-
letzt trat der Geist vor, stellte sich vor den
Herrn und sagte: Ich werde ihn betören. Der
Herr fragte ihn: Auf welche Weise? 22 Er gab
zur Antwort: Ich werde mich aufmachen und
zu einem Lügengeist im Mund all seiner Pro-
pheten werden. Da sagte der Herr: Du wirst
ihn betören; du vermagst es. Geh und tu es!
23 So hat der Herr jetzt einen Geist der Lüge
in den Mund all deiner Propheten gelegt;
denn er hat über dich Unheil beschlossen.
24 Da trat Zidkija, der Sohn Kenaanas, zu
Micha, schlug ihn ins Gesicht und rief: Wie,
sollte denn der Geist des Herrn von mir ge-
wichen sein, um mit dir zu reden? 25 Micha
erwiderte: Du wirst es an jenem Tag erfah-
ren, an dem du von einem Gemach in das an-
dere eilst, um dich zu verstecken. 26 Der Kö-
nig von Israel aber gab den Befehl: Nehmt
Micha fest, führt ihn zum Stadtobersten
Amon und zum Prinzen Joasch 27 und mel-
det: So spricht der König: Werft diesen Mann
ins Gefängnis, und haltet ihn streng bei Brot
und Wasser, bis ich wohlbehalten zurück-
komme. 28 Doch Micha erwiderte: Wenn du
wohlbehalten zurückkommst, dann hat der
Herr nicht durch mich geredet. [Und er sag-
te: Hört, alle ihr Völker!]
29 Darauf zog der König von Israel mit Jo-
schafat, dem König von Juda, gegen Ramot-
Gilead. 30 Der König von Israel sagte zu Jo-
schafat: Ich will mich verkleiden und so in
den Kampf ziehen. Du aber behalte deine
Gewänder an! So ging der König von Israel
verkleidet in den Kampf. 31 Der König von
Aram hatte aber den zweiunddreißig Obers-

22,6 Gemeint sind Propheten, die im Dienst des Königs standen und die nach dem Wunsch des Königs redeten.

22,16 Ahab erkennt, dass Micha ironisch spricht.

22,19–23 Der Entschluss zum Unternehmen gegen Ramot-Gilead, bei dem der König den Tod finden sollte, wird als Rat eines von Gott unterschiedenen Geistes, des Lügengeistes, hingestellt. In ähnlicher Weise wird die Anregung zu der für David verhängnisvollen Volkszählung, die in 2 Sam 24,1 dem zürnenden Gott zugeschrieben wird, in 1 Chr 21,1 dem Satan zugeschrieben.

22,28 Zusatz aus Mi 1,2, veranlasst durch die Gleichsetzung des hier genannten Micha mit dem Micha des Prophetenbuches.

ten seiner Kriegswagen befohlen: Greift niemanden an, er sei hohen oder niederen Ranges, außer den König von Israel! 32 Als daher die Obersten der Kriegswagen Joschafat erblickten und ihn für den König von Israel hielten, stürmten sie auf ihn ein, sodass er um Hilfe schrie. 33 Doch als sie sahen, dass er nicht der König von Israel war, ließen sie von ihm ab. 34 Ein Mann aber spannte aufs Geratewohl seinen Bogen und traf den König von Israel zwischen Panzer und Leibgurt. Dieser befahl daher seinem Wagenlenker: Wende um und bring mich aus der Schlacht; denn ich bin verwundet. 35 Da aber die Schlacht an jenem Tag heftig wurde, blieb der König im Kampf gegen die Aramäer aufrecht im Wagen stehen. Am Abend starb er. Das Blut der Wunde war in das Innere des Wagens geflossen. 36 Bei Sonnenuntergang ließ man im Lager ausrufen: Jeder kehre in seine Stadt, in sein Land zurück! 37 So starb der König; man brachte ihn nach Samaria und begrub ihn dort. 38 Als man im Teich von Samaria den Wagen ausspülte, leckten Hunde sein Blut, und Dirnen wuschen sich darin, nach dem Wort, das der Herr gesprochen hatte.

39 Die übrige Geschichte Ahabs und alle seine Taten, der Bericht über das Elfenbeinhaus, das er gebaut, und die Städte, die er ausgebaut hat, sind aufgezeichnet in der Chronik der Könige von Israel. 40 Ahab entschlief zu seinen Vätern und sein Sohn Ahasja wurde König an seiner Stelle.

4–35 ‖ 2 Chr 18,1–34 • 4: 2 Kön 3,7 • 19: Jes 6,1–3 • 38: 21,19.

Joschafat von Juda: 22,41–51

41 Im vierten Jahr des Königs Ahab von Israel wurde Joschafat, der Sohn Asas, König von Juda. 42 Er war fünfunddreißig Jahre alt, als er König wurde, und regierte fünfundzwanzig Jahre in Jerusalem. Seine Mutter hieß Asuba und war eine Tochter Schilhis. 43 Er folgte ganz den Wegen seines Vaters Asa, ohne von ihnen abzuweichen, und tat, was dem Herrn gefiel. 44 Nur die Kulthöhen verschwanden nicht. Das Volk brachte noch Schlacht- und Rauchopfer auf ihnen dar. 45 Joschafat hatte auch Frieden mit dem König von Israel.

46 Die übrige Geschichte Joschafats, die Erfolge, die er errang, und die Kriege, die er führte, sind aufgezeichnet in der Chronik der Könige von Juda. 47 Er entfernte die letzten Hierodulen, die in den Tagen seines Vaters Asa übrig geblieben waren, aus dem Land. 48 In Edom gab es damals keinen König; ein Statthalter vertrat den König. 49 Auch baute Joschafat eine Tarschischflotte, die nach Ofir fahren sollte, um Gold zu holen. Doch kam es nicht zur Fahrt, da die Schiffe in Ezjon-Geber zerschellten. 50 Damals sagte Ahasja, der Sohn Ahabs, zu Joschafat: Meine Leute sollen mit deinen Leuten auf den Schiffen fahren. Doch Joschafat lehnte es ab. – 51 Joschafat entschlief zu seinen Vätern und wurde bei seinen Vätern in der Stadt seines Vaters David begraben. Sein Sohn Joram wurde König an seiner Stelle.

41–51 ‖ 2 Chr 20,31 – 21,1 • 47: 15,12.

Ahasja von Israel: 22,52–54

52 Im siebzehnten Jahr des Königs Joschafat von Juda wurde Ahasja, der Sohn Ahabs, in Samaria König von Israel. Er regierte zwei Jahre über Israel 53 und tat, was dem Herrn missfiel. Er folgte den Wegen seines Vaters und seiner Mutter und den Wegen Jerobeams, des Sohnes Nebats, der Israel zur Sünde verführt hatte. 54 Auch diente er Baal und betete ihn an. So erzürnte er den Herrn, den Gott Israels, ganz so, wie es sein Vater getan hatte.

22,38 Die Weissagung ist nicht überliefert.
22,49 Schiffe, die nach dem Muster der in 10,22 erwähnten gebaut waren.

Das zweite Buch der Könige

DIE GESCHICHTE DER GETRENNTEN REICHE
ZWEITER TEIL: 1,1 – 17,41

Elija und Ahasja: 1,1–18

1 Nach dem Tod Ahabs fiel Moab von Is-
rael ab. 2 Ahasja war in Samaria durch
das Gitter seines Obergemachs gefallen und
hatte sich verletzt. Er sandte Boten ab mit
dem Auftrag: Geht, befragt Beelzebul, den
Gott von Ekron, ob ich von diesem Leiden
genesen werde. 3 Doch der Engel des Herrn
sprach zu Elija aus Tischbe: Mach dich auf,
geh den Boten des Königs von Samaria ent-
gegen und sag zu ihnen: Gibt es denn keinen
Gott in Israel, sodass ihr fortgehen müsst,
um Beelzebul, den Gott von Ekron, zu befra-
gen? 4 Darum: So spricht der Herr: Vom La-
ger, auf das du dich gelegt hast, wirst du nicht
mehr aufstehen; denn du musst sterben. Elija
ging weiter. 5 Die Boten aber kehrten zum
König zurück und er fragte sie: Wie kommt
es, dass ihr schon zurück seid? 6 Sie antwor-
teten ihm: Ein Mann kam uns entgegen und
trug uns auf: Kehrt zum König zurück, der
euch gesandt hat, und sagt zu ihm: So spricht
der Herr: Gibt es denn keinen Gott in Israel,
sodass du Boten aussenden musst, die Beel-
zebul, den Gott von Ekron, befragen sollen?
Darum wirst du von dem Lager, auf das du
dich gelegt hast, nicht mehr aufstehen; denn
du musst sterben. 7 Da fragte er sie: Wie sah
der Mann aus, der euch entgegenkam und
diese Worte zu euch sprach? 8 Sie erwiderten:
Er trug einen Mantel aus Ziegenhaaren und
hatte einen ledernen Gurt um die Hüften. Da
sagte er: Das war Elija aus Tischbe.

9 Er sandte nun den Hauptmann über
Fünfzig und seine Leute zu ihm. Dieser stieg
zu Elija hinauf, der auf dem Gipfel des Ber-
ges saß, und rief ihm zu: Mann Gottes, der
König befiehlt dir herabzukommen. 10 Doch
Elija antwortete dem Hauptmann der Fünf-
zig: Wenn ich ein Mann Gottes bin, so falle
Feuer vom Himmel und verzehre dich und
deine Fünfzig. Sogleich fiel Feuer vom Him-
mel und verzehrte ihn und seine Leute.
11 Darauf sandte der König einen anderen
Hauptmann über Fünfzig und seine Leute zu
ihm. Auch dieser ergriff das Wort und rief
Elija zu: Mann Gottes, so spricht der König:
Komm sofort herab! 12 Doch Elija antworte-
te ihnen: Wenn ich ein Mann Gottes bin, so
falle Feuer vom Himmel und verzehre dich
und deine Fünfzig. Sogleich fiel das Feuer
Gottes vom Himmel und verzehrte ihn und
seine Leute. 13 Nun schickte der König einen
dritten Hauptmann über Fünfzig und seine
Leute. Dieser kam hinauf, kniete vor Elija
nieder und flehte ihn an: Mann Gottes,
möchte doch mein Leben und das Leben dei-
ner fünfzig Knechte kostbar sein in deinen
Augen. 14 Feuer ist vom Himmel gefallen und
hat die ersten zwei Hauptleute und ihre
fünfzig Mann verzehrt. Möchte nun mein
Leben kostbar sein in deinen Augen. 15 Da
sagte der Engel des Herrn zu Elija: Geh mit
ihm hinab und fürchte dich nicht vor ihm!
Elija stand also auf, ging mit ihm zum König
hinab 16 und hielt ihm vor: So spricht der
Herr: Du hast Boten ausgesandt, um Beelze-
bul, den Gott von Ekron, zu befragen, als
gäbe es in Israel keinen Gott, dessen Wort
man einholen könnte. Darum wirst du von
dem Lager, auf das du dich gelegt hast, nicht
mehr aufstehen; denn du musst sterben. 17 So
starb Ahasja nach dem Wort des Herrn, das
Elija verkündet hatte.

(Sein Bruder) Joram wurde König an sei-
ner Stelle im zweiten Jahr Jorams, des Soh-
nes Joschafats, des Königs von Juda; denn er

1,2 Die Bezeichnung Zebul (= Fürst) wurde Baal und anderen Göttern beigelegt; sie ist auch im Namen des Gottes von Ekron enthalten. Mt 10,25 hat die ursprüngliche Namensform Beelzebul. Baalzebub in H ist eine Entstellung des Namens (= Herr der Fliegen).

1,8 Der Mantel war das besondere Kleidungsstück der Propheten (1 Sam 28,14; 1 Kön 19,13.19; 2 Kön 2,8.14; Sach 13,4; Mt 3,4).

1,17 Sein Bruder: eingefügt wegen des Zusammenhangs, vgl. 3,1. Der Regierungswechsel wird hier in das zweite Jahr Jorams, des Nachfolgers Joschafats, in 3,1 dagegen in das 18. Jahr Joschafats datiert. Der Unterschied entstand dadurch, dass in 3,1 die Regierungsjahre Omris und seiner Nachfolger Ahab und Ahasja vom Todesjahr Simris (= 27. Jahr Asas), in 1,17 dagegen, wie in G, erst vom Beginn der Alleinherrschaft Omris (= 31. Jahr Asas, nach Ausschaltung Tibnis) an berechnet wurden.

hatte keinen Sohn. 18 Die übrige Geschichte Ahasjas und seine Taten sind aufgezeichnet in der Chronik der Könige von Israel.

Die Entrückung Elijas: 2,1–18

2 An dem Tag, da der Herr Elija im Wirbelsturm in den Himmel aufnehmen wollte, ging Elija mit Elischa von Gilgal weg. 2 Er sagte zu Elischa: Bleib hier; denn der Herr hat mich nach Bet-El gesandt. Doch Elischa erwiderte: So wahr der Herr lebt und so wahr du lebst: Ich verlasse dich nicht. So gingen sie nach Bet-El. 3 Dort kamen die Prophetenjünger, die in Bet-El waren, zu Elischa heraus und sagten zu ihm: Weißt du, dass der Herr heute deinen Meister über dein Haupt hinweg aufnehmen wird? Er antwortete: Auch ich weiß es. Seid still! 4 Elija aber sagte zu ihm: Bleib hier, Elischa; denn der Herr hat mich nach Jericho gesandt. Elischa erwiderte: So wahr der Herr lebt und so wahr du lebst: Ich verlasse dich nicht. So kamen sie nach Jericho. 5 Dort traten die Prophetenjünger, die in Jericho waren, an Elischa heran und sagten zu ihm: Weißt du, dass der Herr heute deinen Meister über dein Haupt hinweg aufnehmen wird? Er antwortete ihnen: Auch ich weiß es. Seid still! 6 Elija aber bat ihn: Bleib hier; denn der Herr hat mich an den Jordan gesandt. Elischa erwiderte: So wahr der Herr lebt und so wahr du lebst: Ich verlasse dich nicht. So gingen beide miteinander. 7 Fünfzig Prophetenjünger folgten ihnen und blieben dann seitwärts in einiger Entfernung stehen. Die beiden traten an den Jordan. 8 Hier nahm Elija seinen Mantel, rollte ihn zusammen und schlug mit ihm auf das Wasser. Dieses teilte sich nach beiden Seiten und sie schritten trockenen Fußes hindurch. 9 Als sie drüben angekommen waren, sagte Elija zu Elischa: Sprich eine Bitte aus, die ich dir erfüllen soll, bevor ich von dir weggenommen werde. Elischa antwortete: Möchten mir doch zwei Anteile deines Geistes zufallen. 10 Elija entgegnete: Du hast etwas Schweres erbeten. Wenn du siehst, wie ich von dir weggenommen werde, wird es dir zuteil werden. Sonst aber wird es nicht geschehen. 11 Während sie miteinander gingen und redeten, erschien ein feuriger Wagen mit feurigen Pferden und trennte beide voneinander. Elija fuhr im Wirbelsturm zum Himmel empor. 12 Elischa sah es und rief laut: Mein Vater, mein Vater! Wagen Israels und sein Lenker! Als er ihn nicht mehr sah, fasste er sein Gewand und riss es mitten entzwei. 13 Dann hob er den Mantel auf, der Elija entfallen war, kehrte um und trat an das Ufer des Jordan. 14 Er nahm den Mantel, der Elija entfallen war, schlug mit ihm auf das Wasser und rief: Wo ist der Herr, der Gott des Elija? Als er auf das Wasser schlug, teilte es sich nach beiden Seiten und Elischa ging hinüber.

15 Die Prophetenjünger von Jericho, die in der Nähe standen, sahen ihn und sagten: Der Geist des Elija ruht auf Elischa. Sie kamen ihm entgegen und warfen sich vor ihm zur Erde nieder. 16 Dann sagten sie zu ihm: Unter deinen Knechten sind fünfzig starke Männer. Sie sollen auf die Suche nach deinem Meister gehen. Der Geist des Herrn könnte ihn fortgetragen und auf einem der Berge oder in einem der Täler niedergesetzt haben. Doch Elischa entgegnete: Schickt niemand! 17 Als sie aber heftig darauf bestanden, sagte er: Schickt sie also hin! Sie schickten fünfzig Mann aus und diese suchten drei Tage lang. Da sie ihn nicht fanden, 18 kehrten sie zu Elischa zurück. Er hielt sich noch in Jericho auf und sagte zu ihnen: Habe ich euch nicht gesagt: Ihr sollt nicht hingehen?

Die ersten Taten Elischas: 2,19–25

19 Die Männer der Stadt sagten zu Elischa: Unser Herr sieht, dass man in dieser Stadt gut wohnen kann; nur das Wasser ist ungesund und in der Gegend gibt es viele Fehlgeburten. 20 Elischa befahl: Bringt mir eine neue Schüssel und schüttet Salz hinein! Man brachte sie ihm 21 und er ging zur Wasserquelle und warf das Salz hinein mit den Worten: So spricht der Herr: Ich mache dieses Wasser gesund. Es wird keinen Tod und keine Fehlgeburt mehr verursachen. 22 Daher ist das Wasser bis zum heutigen Tag gesund, wie es Elischa vorausgesagt hatte.

23 Von dort ging er nach Bet-El. Während er den Weg hinaufstieg, kamen junge Burschen aus der Stadt und verspotteten ihn: Sie riefen ihm zu: Kahlkopf, komm herauf! Kahlkopf, komm herauf! 24 Er wandte sich um, sah sie an und verfluchte sie im Namen des Herrn. Da kamen zwei Bären aus dem Wald

---

2,1 Gilgal ist nicht der in Jos 4,19 genannte Ort bei Jericho, sondern ein Ort nördlich von Bet-El.

2,3 Prophetenjünger: die Mitglieder der Prophetengemeinschaften.

2,9 Durch die Verleihung von zwei Anteilen des Geistes des Elija fällt Elischa die Stellung eines Erstgeborenen zu (vgl. Dtn 21,17).

2,12 Der Ausruf drückt die Bedeutung Elijas aus. Der Kriegswagen gehörte zur wirkungsvollsten Ausrüstung des damaligen Heeres.

und zerrissen zweiundvierzig junge Leute.
25 Von dort ging er zum Berg Karmel und
kehrte dann nach Samaria zurück.

Joram von Israel: 3,1–27

3 Im achtzehnten Jahr Joschafats, des
Königs von Juda, wurde Joram, der
Sohn Ahabs, in Samaria König von Israel. Er
regierte zwölf Jahre 2 und tat, was dem
Herrn missfiel. Doch trieb er es nicht so
schlimm wie sein Vater und seine Mutter;
denn er entfernte das Steinmal des Baal, das
sein Vater errichtet hatte. 3 Nur an der Sün-
de, zu der Jerobeam, der Sohn Nebats, Israel
verführt hatte, hielt er fest und ließ nicht von
ihr ab.

4 Mescha, der König von Moab, betrieb
Schafzucht und musste dem König von Israel
hunderttausend Lämmer und die Wolle von
hunderttausend Widdern liefern. 5 Nach dem
Tod Ahabs aber fiel der König von Moab
vom König von Israel ab. 6 König Joram
rückte daher zu dieser Zeit von Samaria aus
und musterte ganz Israel. 7 Auch ließ er Jo-
schafat, dem König von Juda, sagen: Der Kö-
nig von Moab ist von mir abgefallen. Willst
du mit mir gegen Moab in den Krieg ziehen?
Joschafat antwortete: Ich ziehe mit dir, mein
Volk mit deinem Volk, meine Pferde mit dei-
nen Pferden. 8 Dann fragte Joram: Auf wel-
chem Weg sollen wir hinaufziehen? Joscha-
fat entschied: Durch die Wüste von Edom.

9 Der König von Israel, der König von Juda
und der König von Edom rückten nun aus.
Als sie bereits einen Weg von sieben Tagen
zurückgelegt hatten, fehlte es dem Heer und
dem Vieh, das sie mitführten, an Wasser.
10 Der König von Israel sagte: Weh uns, der
Herr hat diese drei Könige hierher gerufen,
um sie in die Gewalt der Moabiter zu geben.
11 Joschafat aber fragte: Ist hier kein Prophet
des Herrn, durch den wir den Herrn befragen
könnten? Einer von den Dienern des Königs
von Israel antwortete: Hier ist Elischa, der
Sohn Schafats, der Elija Wasser über die
Hände gegossen hat. 12 Joschafat sagte: Bei
ihm ist das Wort des Herrn.

Da ging der König von Israel mit Joschafat
und dem König von Edom zu ihm hinab.
13 Doch Elischa sagte zum König von Israel:
Was habe ich mit dir zu schaffen? Geh zu den
Propheten deines Vaters und zu den Prophe-
ten deiner Mutter! Der König von Israel ent-
gegnete: Darum geht es jetzt nicht. Der Herr
hat diese drei Könige hierher gerufen, um sie
in die Gewalt der Moabiter zu geben. 14 Eli-
scha antwortete: So wahr der Herr der Heere
lebt, in dessen Dienst ich stehe: Wenn ich
nicht auf Joschafat, den König von Juda,
Rücksicht nähme, dich würde ich nicht be-
achten und keines Blickes würdigen. 15 Aber
nun holt mir einen Harfenspieler! Als der
Spieler über die Saiten fuhr, kam die Hand
des Herrn über Elischa 16 und er rief: So
spricht der Herr: Macht in diesem Tal Grube
neben Grube! 17 Denn so spricht der Herr:
Ihr werdet weder Wind noch Regen sehen.
Doch dieses Tal wird sich mit Wasser füllen
und ihr werdet trinken, wie auch eure Her-
den und euer Vieh. 18 Aber das ist dem Herrn
noch zu wenig. Er wird die Moabiter in eure
Gewalt geben. 19 Ihr werdet alle Festungen
und ihre besten Städte erobern, alle wertvol-
len Bäume fällen, alle Wasserquellen zu-
schütten und alle guten Äcker mit Steinen
verderben. 20 Und wirklich, am nächsten
Morgen, zur Zeit, da man das Speiseopfer
darzubringen pflegt, kam Wasser von Edom
her und die ganze Gegend wurde vom Was-
ser überflutet.

21 Als ganz Moab erfuhr, dass die Könige
zum Krieg gegen das Land anrückten, wur-
den alle aufgeboten, die Waffen tragen
konnten; sie stellten sich an der Grenze auf.
22 Frühmorgens aber, als die Sonne über dem
Wasser aufging, erschien ihnen das Wasser
drüben rot wie Blut. 23 Sie sagten: Das ist
Blut. Die Könige haben sich selbst umge-
bracht; einer hat den andern erschlagen. Auf
jetzt, zur Beute, ihr Moabiter! 24 Doch als sie
sich dem Lager der Israeliten näherten, er-
hoben sich diese und schlugen die Moabiter
in die Flucht. Unaufhörlich drängten die
Israeliten nach und machten sie nieder. 25 Sie
zerstörten die Städte und auf alle guten
Äcker warf jeder seinen Stein, bis sie ganz
bedeckt waren. Auch schütteten sie alle
Wasserquellen zu und fällten alle wertvollen
Bäume. Zuletzt blieb nur noch Kir-Heres
übrig; diese Stadt umstellten und beschossen
die Schleuderer. 26 Als der König von Moab
sah, dass er dem Angriff nicht mehr stand-
halten konnte, sammelte er siebenhundert
mit dem Schwert bewaffnete Männer um
sich und versuchte beim König von Edom

3,5 Über die Erfolge Meschas berichtet ein nach ihm benannter Gedenkstein.

3,20 Der Hinweis auf das Speiseopfer ist Zeitangabe wie in 1 Kön 18,29.

3,22 Die rote Färbung des Wassers könnte vom mitgeführten Sand oder von einer Luftspiegelung kommen, bei der das Wasser unter der aufgehenden Sonne rot erschien.

3,24 drängten die Israeliten nach: Text korr. nach G.

durchzubrechen. Doch es gelang ihnen nicht.
27 Nun nahm er seinen erstgeborenen Sohn,
der nach ihm König werden sollte, und
brachte ihn auf der Mauer als Brandopfer
dar. Da kam ein gewaltiger Zorn über Israel.
Sie zogen von Moab ab und kehrten in ihr
Land zurück.

2: 1 Kön 16,32 • 7: 1 Kön 22,4.

Das Öl der Witwe: 4,1–7

4 Eine von den Frauen der Prophetenjün-
ger wandte sich laut rufend an Elischa:
Mein Mann, dein Knecht, ist gestorben. Du
weißt, dass dein Knecht gottesfürchtig war.
Nun kommt der Gläubiger, um sich meine
beiden Söhne als Sklaven zu nehmen. 2 Eli-
scha fragte sie: Was kann ich für dich tun?
Sag mir: Was hast du im Haus? Sie antwor-
tete: Deine Magd hat nichts im Haus als ei-
nen Krug Öl. 3 Da sagte er: Geh und erbitte
dir auf der Gasse von allen deinen Nachbarn
leere Gefäße, aber nicht zu wenige! 4 Dann
geh heim, verschließ die Tür hinter dir und
deinen Söhnen, gieß Öl in alle diese Gefäße
und stell die gefüllten beiseite! 5 Sie ging von
ihm weg und verschloss die Tür hinter sich
und ihren Söhnen. Diese reichten ihr die Ge-
fäße hin und sie füllte ein. 6 Als alle Gefäße
voll waren, sagte sie zu ihrem Sohn: Bring
mir noch ein Gefäß! Er antwortete: Es ist
keines mehr da. Da floß das Öl nicht mehr
weiter. 7 Sie aber kam und erzählte es dem
Gottesmann. Dieser befahl ihr: Geh, verkauf
das Öl und bezahl deine Schuld! Von dem,
was übrig bleibt, magst du mit deinen Söh-
nen leben.

Die Totenerweckung: 4,8–37

8 Eines Tages ging Elischa nach Schunem.
Dort lebte eine vornehme Frau, die ihn drin-
gend bat, bei ihr zu essen. Seither kehrte er
zum Essen bei ihr ein, sooft er vorbeikam.
9 Sie aber sagte zu ihrem Mann: Ich weiß,
dass dieser Mann, der ständig bei uns vorbei-
kommt, ein heiliger Gottesmann ist. 10 Wir
wollen ein kleines, gemauertes Obergemach
herrichten und dort ein Bett, einen Tisch, ei-
nen Stuhl und einen Leuchter für ihn bereit-
stellen. Wenn er dann zu uns kommt, kann er
sich dorthin zurückziehen.
11 Als Elischa eines Tages wieder hinkam,
ging er in das Obergemach, um dort zu schla-
fen. 12 Dann befahl er seinem Diener Gehasi:
Ruf diese Schunemiterin! Er rief sie, und als
sie vor ihm stand, 13 befahl er dem Diener:
Sag zu ihr: Du hast dir so viel Mühe um uns
gemacht. Was können wir für dich tun? Sol-
len wir beim König oder beim Obersten des
Heeres ein Wort für dich einlegen? Doch sie
entgegnete: Ich wohne inmitten meiner Ver-
wandten. 14 Und als er weiter fragte, was
man für sie tun könne, sagte Gehasi: Nun, sie
hat keinen Sohn und ihr Mann ist alt. 15 Da
befahl er: Ruf sie herein! Er rief sie und sie
blieb in der Tür stehen. 16 Darauf versicherte
ihr Elischa: Im nächsten Jahr um diese Zeit
wirst du einen Sohn liebkosen. Sie aber ent-
gegnete: Ach nein, Herr, Mann Gottes, täu-
sche doch deiner Magd nichts vor! 17 Doch
die Frau wurde schwanger und im nächsten
Jahr, um die Zeit, die Elischa genannt hatte,
gebar sie einen Sohn.
18 Als das Kind herangewachsen war, ging
es eines Tages zu seinem Vater hinaus zu den
Schnittern. 19 Dort klagte es ihm: Mein Kopf,
mein Kopf! Der Vater befahl seinem Knecht:
Trag das Kind heim zu seiner Mutter! 20 Der
Knecht nahm es und brachte es zu ihr. Es saß
noch bis zum Mittag auf ihren Knien; dann
starb es. 21 Sie stieg nun in das obere Gemach
hinauf, legte das Kind auf das Bett des Got-
tesmannes und schloss die Tür hinter ihm ab.
Dann verließ sie das Haus, 22 rief ihren Mann
und bat ihn: Schick mir einen von den
Knechten und einen Esel! Ich will zum Got-
tesmann eilen und komme bald zurück.
23 Er wandte ein: Warum gehst du heute zu
ihm? Es ist doch nicht Neumond und
nicht Sabbat. Doch sie sagte nur: Friede mit
dir!, 24 sattelte den Esel und befahl dem
Knecht: Treib tüchtig an und halte mich
beim Reiten nicht auf, es sei denn, dass ich es
dir sage.
25 So reiste sie ab und kam zum Gottes-
mann auf den Karmel. Als er sie von ferne
sah, sagte er zu seinem Diener Gehasi: Da
kommt die Schunemiterin. 26 Lauf ihr entge-
gen und frag sie: Geht es dir gut? Geht es
auch deinem Mann und dem Kind gut? Sie
antwortete: Es geht gut. 27 Sobald sie aber
zum Gottesmann auf den Berg kam, umfass-
te sie seine Füße. Gehasi trat hinzu, um sie
wegzudrängen; aber der Gottesmann wehrte
ab: Lass sie; denn ihre Seele ist betrübt.
Doch der Herr hat mir den Grund verborgen
und mir nicht mitgeteilt. 28 Darauf sagte sie:
Habe ich denn meinen Herrn um einen Sohn

4,1 Zahlungsunfähige Schuldner konnten zu Skla-ven gemacht werden (vgl. Am 2,6; 8,6; Mt 18,25).

4,8 Schunem: nördlich von Jesreel.

4,13 Die Frau hält eine Vermittlung beim König für unnötig und bezeugt damit die starke Stellung des Familienverbands im israelitischen Staat.

4,23 Aus der Frage geht hervor, dass man an Neumondtagen und Sabbaten Propheten aufsuchte.

gebeten? Habe ich nicht gesagt: Mach mir keine falschen Hoffnungen? 29 Elischa befahl nun Gehasi: Gürte dich, nimm meinen Stab in die Hand und mach dich auf den Weg! Wenn du jemand begegnest, so grüß ihn nicht; und wenn dich jemand grüßt, so antworte ihm nicht! Leg meinen Stab auf das Gesicht des Kindes! 30 Aber die Mutter des Kindes sagte: So wahr der Herr lebt und so wahr du lebst: Ich lasse nicht von dir ab. Da stand er auf und folgte ihr. 31 Gehasi war vorausgeeilt und hatte den Stab auf das Gesicht des Kindes gelegt; doch es kam kein Laut und kein Lebenszeichen. Daher lief er zum Gottesmann zurück und berichtete: Das Kind ist nicht aufgewacht.

32 Als Elischa in das Haus kam, lag das Kind tot auf seinem Bett. 33 Er ging in das Gemach, schloss die Tür hinter sich und dem Kind und betete zum Herrn. 34 Dann trat er an das Bett und warf sich über das Kind; er legte seinen Mund auf dessen Mund, seine Augen auf dessen Augen, seine Hände auf dessen Hände. Als er sich so über das Kind hinstreckte, kam Wärme in dessen Leib. 35 Dann stand er auf, ging im Haus einmal hin und her, trat wieder an das Bett und warf sich über das Kind. Da nieste es siebenmal und öffnete die Augen. 36 Nun rief Elischa seinen Diener Gehasi und befahl ihm, die Schunemiterin zu rufen. Er rief sie, und als sie kam, sagte der Gottesmann zu ihr: Nimm deinen Sohn! 37 Sie trat hinzu, fiel Elischa zu Füßen und verneigte sich bis zur Erde. Dann nahm sie ihren Sohn und ging hinaus.

18–37: 1 Kön 17,17–24 • 34: 1 Kön 17,21; Apg 20,10.

Die ungenießbare Speise: 4,38–41

38 Elischa kehrte nach Gilgal zurück. Im Land herrschte damals eine Hungersnot. Als die Prophetenjünger vor ihm saßen, befahl er seinem Diener: Setz den großen Topf auf und koch ein Gericht für die Prophetenjünger! 39 Einer von ihnen ging auf das Feld hinaus, um Malven zu holen. Dabei fand er ein wildes Rankengewächs und pflückte davon so viele Früchte, wie sein Gewand fassen konnte. Dann kam er zurück und schnitt sie in den Kochtopf hinein, da man sie nicht kannte. 40 Als man sie aber den Männern zum Essen vorsetzte und sie von der Speise kosteten, schrien sie laut und riefen: Der Tod ist im Topf, Mann Gottes. Sie konnten nichts essen. 41 Doch er befahl: Bringt mir etwas Mehl! Er streute das Mehl in den Topf und sagte: Setzt es nun den Leuten zum Essen vor! Jetzt war nichts Schädliches mehr im Topf.

Die Brotvermehrung: 4,42–44

42 Einmal kam ein Mann von Baal-Schalischa und brachte dem Gottesmann Brot von Erstlingsfrüchten, zwanzig Gerstenbrote, und frische Körner in einem Beutel. Elischa befahl seinem Diener: Gib es den Leuten zu essen! 43 Doch dieser sagte: Wie soll ich das hundert Männern vorsetzen? Elischa aber sagte: Gib es den Leuten zu essen! Denn so spricht der Herr: Man wird essen und noch übrig lassen. 44 Nun setzte er es ihnen vor; und sie aßen und ließen noch übrig, wie der Herr gesagt hatte.

Die Heilung des Aramäers Naaman: 5,1–27

5 Naaman, der Feldherr des Königs von Aram, galt viel bei seinem Herrn und war angesehen; denn durch ihn hatte der Herr den Aramäern den Sieg verliehen. Der Mann war tapfer, aber an Aussatz erkrankt. 2 Nun hatten die Aramäer bei einem Streifzug ein junges Mädchen aus dem Land Israel verschleppt. Es war in den Dienst der Frau Naamans gekommen. 3 Es sagte zu seiner Herrin: Wäre mein Herr doch bei dem Propheten in Samaria! Er würde seinen Aussatz heilen. 4 Naaman ging zu seinem Herrn und meldete ihm: Das und das hat das Mädchen aus Israel gesagt. 5 Der König von Aram antwortete: So geh doch hin; ich werde dir ein Schreiben an den König von Israel mitgeben. Naaman machte sich auf den Weg. Er nahm zehn Talente Silber, sechstausend Schekel Gold und zehn Festkleider mit 6 und überbrachte dem König von Israel das Schreiben. Es hatte folgenden Inhalt: Wenn jetzt dieser Brief zu dir gelangt, so wisse: Ich habe meinen Knecht Naaman zu dir geschickt, damit du seinen Aussatz heilst. 7 Als der König von Israel den Brief gelesen hatte, zerriss er seine Kleider und rief: Bin ich denn ein Gott, der töten und zum Leben erwecken kann? Er schickt einen Mann zu mir, damit ich ihn von seinem Aussatz heile. Merkt doch und seht, dass er nur Streit mit mir sucht.

8 Als der Gottesmann Elischa hörte, der König von Israel habe seine Kleider zerrissen, ließ er ihm sagen: Warum hast du deine Kleider zerrissen? Naaman soll zu mir kommen; dann wird er erfahren, dass es in Israel

5,6 In Damaskus zählte man Elischa zu den Hofpropheten; daher richtete der König das Schreiben an den König von Israel, der einen Propheten mit der Heilung beauftragen kann.

einen Propheten gibt. 9 So kam Naaman mit seinen Pferden und Wagen und hielt vor dem Haus Elischas. 10 Dieser schickte einen Boten zu ihm hinaus und ließ ihm sagen: Geh und wasch dich siebenmal im Jordan! Dann wird dein Leib wieder gesund, und du wirst rein. 11 Doch Naaman wurde zornig. Er ging weg und sagte: Ich dachte, er würde herauskommen, vor mich hintreten, den Namen Jahwes, seines Gottes, anrufen, seine Hand über die kranke Stelle bewegen und so den Aussatz heilen. 12 Sind nicht der Abana und der Parpar, die Flüsse von Damaskus, besser als alle Gewässer Israels? Kann ich nicht dort mich waschen, um rein zu werden? Voll Zorn wandte er sich ab und ging weg. 13 Doch seine Diener traten an ihn heran und redeten ihm zu: Wenn der Prophet etwas Schweres von dir verlangt hätte, würdest du es tun; wie viel mehr jetzt, da er zu dir nur gesagt hat: Wasch dich und du wirst rein. 14 So ging er also zum Jordan hinab und tauchte siebenmal unter, wie ihm der Gottesmann befohlen hatte. Da wurde sein Leib gesund wie der Leib eines Kindes und er war rein.

15 Nun kehrte er mit seinem ganzen Gefolge zum Gottesmann zurück, trat vor ihn hin und sagte: Jetzt weiß ich, dass es nirgends auf der Erde einen Gott gibt außer in Israel. So nimm jetzt von deinem Knecht ein Dankgeschenk an! 16 Elischa antwortete: So wahr der Herr lebt, in dessen Dienst ich stehe: Ich nehme nichts an. Auch als Naaman ihn dringend bat, es zu nehmen, lehnte er ab. 17 Darauf sagte Naaman: Wenn es also nicht sein kann, dann gebe man deinem Knecht so viel Erde, wie zwei Maultiere tragen können; denn dein Knecht wird keinem andern Gott mehr Brand- und Schlachtopfer darbringen als Jahwe allein. 18 Nur dies möge Jahwe deinem Knecht verzeihen: Wenn mein Herr zur Anbetung in den Tempel Rimmons geht, stützt er sich dort auf meinen Arm. Ich muss mich dann im Tempel Rimmons niederwerfen, wenn er sich dort niederwirft. Dann möge das Jahwe deinem Knecht verzeihen. 19 Elischa antwortete: Geh in Frieden!

Als Naaman schon eine Strecke Weges von ihm entfernt war, 20 sagte sich Gehasi, der Diener Elischas, des Gottesmannes: Mein Herr hat diesen Aramäer Naaman geschont und nichts von dem angenommen, was er mitgebracht hatte. So wahr der Herr lebt: Ich werde ihm nachlaufen und mir etwas von ihm holen. 21 Gehasi eilte ihm also nach. Als ihn Naaman hinter sich herankommen sah, beugte er sich ihm vom Wagen aus zu und fragte: Steht alles gut? 22 Er antwortete: Ja; nur lässt mein Herr sagen: Soeben sind vom Gebirge Efraim zwei junge Männer, zwei Prophetenjünger, zu mir gekommen. Gib ihnen doch ein Talent Silber und zwei Festkleider! 23 Naaman erwiderte: Tu mir den Gefallen und nimm zwei Talente! Er bat ihn dringend darum und tat zwei Talente Silber in zwei Beutel, legte zwei Festkleider dazu und ließ sie durch zwei Diener vor ihm hertragen. 24 Als Gehasi auf der Höhe angekommen war, nahm er ihnen die Geschenke ab und brachte sie in das Haus. Die Männer schickte er weg und sie kehrten zurück. 25 Er selbst ging hinein und trat vor seinen Herrn. Elischa fragte ihn: Woher kommst du, Gehasi? Er antwortete: Dein Knecht ist nirgendwohin gegangen. 26 Da sagte Elischa zu ihm: War nicht mein Geist zugegen, als sich jemand von seinem Wagen aus dir zuwandte? Ist es denn Zeit, Geld anzunehmen und Kleider, Ölgärten, Weinberge, Schafe und Rinder, Knechte und Mägde zu erwerben? 27 Der Aussatz Naamans aber soll für immer an dir und deinen Nachkommen haften. Gehasi ging hinaus und war vom Aussatz weiß wie Schnee.

Das verlorene Beil: 6,1–7

6 Die Prophetenjünger klagten bei Elischa: Der Raum, in dem wir vor dir sitzen, ist zu eng für uns. 2 Wir wollen an den Jordan gehen und dort soll jeder von uns einen Balken holen, damit wir uns hier einen Raum errichten, in dem wir wohnen können. Er antwortete: Geht! 3 Einer aber bat ihn: Erweis uns den Gefallen und geh mit deinen Knechten! Er erwiderte: Ich gehe mit. 4 Er ging also mit ihnen und sie kamen an den Jordan und fällten Bäume. 5 Einem aber fiel beim Fällen seines Stammes die eiserne Klinge des Beils in das Wasser. Er rief laut: Wehe, mein Herr, das Beil ist auch noch geliehen! 6 Der Gottesmann fragte: Wohin ist es gefallen? Er zeigte ihm die Stelle; Elischa schnitt ein Stück Holz ab, warf es dorthin und brachte das Eisen zum Schwimmen. 7 Dann befahl er: Hol es herauf! Der Mann streckte die Hand aus und ergriff es.

5,13 Wenn: Text korr.

5,17 Der besonderen Beziehung Jahwes zum Land Israel wegen will er Opfer auf israelitischer Erde darbringen.

5,18 wenn er sich dort niederwirft: Text korr. nach G; H: wenn ich mich dort niederwerfe.

Die Gefangenen des Propheten: 6,8–23

8 Der König von Aram führte Krieg mit Israel. Er verabredete mit seinen Untergebenen, an einer bestimmten Stelle einen Hinterhalt zu legen. 9 Aber der Gottesmann ließ dem König von Israel sagen: Hüte dich, an jener Stelle vorbeizugehen; denn die Aramäer liegen dort im Hinterhalt. 10 Der König von Israel schickte nun Späher an die Stelle, die ihm der Gottesmann genannt und vor der er ihn gewarnt hatte, und nahm sich dort in Acht. Als das nicht nur einmal oder zweimal geschah, 11 wurde der König von Aram beunruhigt. Er rief seine Untergebenen und fragte sie: Könnt ihr mir nicht angeben, wer von den Unsrigen zum König von Israel hält? 12 Da sagte einer von seinen Leuten: Niemand, mein Herr und König, sondern Elischa, der Prophet in Israel, verrät dem König von Israel, was du in deinem Schlafzimmer sprichst. 13 Da befahl er: Geht und erkundet, wo er sich aufhält, damit ich ihn festnehmen lasse. Man meldete ihm: Er ist in Dotan. 14 Er schickte also Pferde und Wagen und eine starke Truppe dorthin. Sie erreichten die Stadt in der Nacht und umstellten sie. 15 Als der Diener des Gottesmannes am nächsten Morgen aufstand und hinaustrat, hatte die Truppe die Stadt mit Pferden und Wagen umstellt. Da sagte der Diener zu seinem Herrn: Wehe, mein Herr, was sollen wir tun? 16 Doch dieser sagte: Fürchte dich nicht! Bei uns sind mehr als bei ihnen. 17 Dann betete Elischa: Herr, öffne ihm die Augen, damit er sieht. Und der Herr öffnete dem Diener die Augen: Er sah den Berg rings um Elischa voll von feurigen Pferden und Wagen.

18 Als dann die Aramäer anrückten, betete Elischa zum Herrn und rief: Schlag doch diese Leute mit Verblendung! Und der Herr schlug sie auf das Wort Elischas hin mit Verblendung. 19 Daraufhin sagte Elischa zu ihnen: Das ist nicht der richtige Weg und nicht die richtige Stadt. Folgt mir! Ich werde euch zu dem Mann führen, den ihr sucht. Er führte sie aber nach Samaria. 20 Als sie dort angekommen waren, betete Elischa: Herr, öffne ihnen die Augen, damit sie sehen. Der Herr öffnete ihnen die Augen und sie sahen, dass sie mitten in Samaria waren.

21 Sobald nun der König von Israel sie erblickte, rief er Elischa zu: Soll ich sie totschlagen, mein Vater? 22 Doch dieser erwiderte: Töte sie nicht! Erschlägst du denn jene, die du mit deinem Schwert und Bogen gefangen nimmst? Setz ihnen Brot und Wasser vor, damit sie essen und trinken und dann zu ihrem Herrn zurückkehren. 23 Der König gab ihnen reichlich zu essen und zu trinken und entließ sie zu ihrem Herrn. Seitdem kamen keine aramäischen Streifscharen mehr in das Land Israel.

Die Rettung aus Hungersnot: 6,24 – 7,20

24 Danach sammelte Ben-Hadad, der König von Aram, seine ganze Streitmacht, zog gegen Samaria und belagerte es. 25 In der eingeschlossenen Stadt entstand eine große Hungersnot, sodass der Kopf eines Esels achtzig Silberschekel kostete und ein Viertelkab Milchsterne fünf Silberschekel. 26 Als der König von Israel einmal auf der Mauer vorbeischritt, rief ihm eine Frau zu: Hilf mir, mein Herr und König! 27 Er antwortete: Wenn dir der Herr nicht hilft, wie soll ich dir helfen? Soll es etwas von der Tenne oder von der Kelter sein? 28 Dann fragte er sie: Was fehlt dir? Sie sagte: Diese Frau hat von mir verlangt: Gib deinen Sohn her, damit wir ihn heute aufessen. Meinen Sohn werden wir dann morgen verzehren. 29 So haben wir meinen Sohn gekocht und aufgegessen. Als ich aber am nächsten Tag zu ihr sagte: Gib jetzt deinen Sohn her, damit wir ihn verzehren, hatte sie ihren Sohn versteckt. 30 Als der König die Worte der Frau hörte, zerriss er seine Kleider, und da er auf der Mauer entlangging, sah das Volk, dass er ein Bußgewand auf dem bloßen Leib trug. 31 Er rief: Gott soll mir dies und das antun, wenn Elischa, der Sohn Schafats, bis heute Abend seinen Kopf behält.

32 Elischa hielt sich in seinem Haus auf und die Ältesten saßen bei ihm. Der König hatte einen Mann vor sich her gesandt; aber noch vor der Ankunft des Boten sagte Elischa zu den Ältesten: Merkt ihr, dass dieser Sohn eines Mörders (seinen Henker) schickt, der mir den Kopf abschlagen soll? Gebt nun Acht! Wenn der Bote kommt, verschließt die Tür und haltet ihn an der Tür zurück! Sind nicht schon die Schritte seines Herrn hinter

6,8f Hinterhalt: Text korr. nach G (V. 9).
6,13 Dotan: nördlich von Samaria.
6,24 Ben-Hadad III., der Nachfolger Hasaëls. In Israel regiert Joasch (vgl. 13,24f).
6,25 Milchstern: ein Zwiebelgewächs, das man nur in Notzeiten aß; andere Übersetzungsmöglichkeit: Taubenmist.
6,33 kam der König: H: kam der Bote. – Der König konnte Elischa für die Not verantwortlich machen, wenn sie von ihm angekündigt worden war (vgl. die Anmerkung zu 1 Kön 18,10) oder wenn Elischa gegen den Willen des Königs zum Durchhalten geraten hatte.

ihm zu hören? 33 Noch während er mit ihnen redete, kam der König und sagte: Dieses Elend kommt vom Herrn. Was soll ich noch vom Herrn erwarten?

7 Doch Elischa entgegnete: Hört das Wort des Herrn! So spricht der Herr: Morgen um diese Zeit kostet am Tor von Samaria ein Sea Feinmehl nur noch einen Schekel und auch zwei Sea Gerste kosten nur noch einen Schekel. 2 Doch der Adjutant, auf dessen Arm sich der König stützte, antwortete dem Gottesmann: Selbst wenn der Herr Schleusen am Himmel anbrächte, könnte das nicht geschehen. Elischa erwiderte: Du wirst es mit deinen eigenen Augen sehen, aber nicht davon essen.

3 Vor dem Eingang des Stadttors saßen vier aussätzige Männer. Sie sagten zueinander: Warum sitzen wir hier, bis wir sterben? 4 Wollten wir in die Stadt gehen, in der Hungersnot herrscht, dann sterben wir in ihr. Bleiben wir draußen, dann sterben wir auch. Kommt, wir gehen in das Lager der Aramäer hinüber! Wenn sie uns am Leben lassen, bleiben wir am Leben. Wenn sie uns töten, so sterben wir. 5 Sie machten sich daher in der Abenddämmerung auf, um in das Lager der Aramäer zu gehen. Doch als sie in den Bereich des aramäischen Lagers kamen, war dort niemand zu sehen. 6 Der Herr hatte nämlich das Rollen von Wagen, das Getrampel von Pferden und das Lärmen eines großen Heeres im Lager vernehmen lassen, sodass einer zum andern sagte: Der König von Israel hat die Könige der Hetiter und die Könige von Ägypten gegen uns angeworben, um uns überfallen zu lassen. 7 Sie waren daher in der Dämmerung aufgebrochen und geflohen. Dabei hatten sie ihre Zelte, Pferde und Esel und das ganze Lager, so wie es war, zurückgelassen, um durch die Flucht ihr Leben zu retten. 8 Als nun die Aussätzigen in den Bereich des Lagers kamen, gingen sie in ein Zelt, aßen und tranken, nahmen Silber, Gold und Kleider und entfernten sich, um die Beute zu verstecken. Dann kamen sie zurück, gingen in ein anderes Zelt, machten auch hier ihre Beute und entfernten sich wieder, um sie zu verstecken. 9 Dann aber sagten sie zueinander: Wir handeln nicht recht. Heute ist ein Tag froher Botschaft. Wenn wir schweigen und bis zum Morgengrauen warten, trifft uns Schuld. Kommt also; wir gehen und melden es im Palast des Königs. 10 Sie machten sich auf, riefen die Wächter der Stadt und erzählten ihnen: Wir sind in das Lager der Aramäer gekommen. Aber dort war niemand zu sehen und kein menschlicher Laut zu hören. Die Pferde und Esel waren angebunden und die Zelte standen so da, wie sie waren. 11 Da schlugen die Wächter Lärm und man meldete es drinnen im Palast des Königs.

12 Noch in der Nacht stand der König auf und sagte zu seinen Leuten: Ich will euch erklären, was die Aramäer gegen uns planen. Sie wissen, dass wir Hunger leiden, und haben das Lager nur verlassen, um sich auf dem freien Feld zu verstecken mit dem Hintergedanken: Wenn sie die Stadt verlassen, nehmen wir sie lebendig gefangen und dringen in die Stadt ein. 13 Doch einer von den Leuten schlug vor: Man nehme doch fünf von den noch vorhandenen Pferden. Ihnen mag es ergehen wie den vielen Israeliten, die schon zugrunde gegangen sind. Wir wollen Männer mit den Pferden hinschicken und dann weiter sehen. 14 Man nahm also zwei Wagen mit den Pferden. Der König schickte sie der Streitmacht der Aramäer nach und befahl ihnen: Brecht auf und seht nach! 15 Sie fuhren hinter ihnen her bis an den Jordan und fanden den ganzen Weg mit Kleidern und Waffen übersät, die die Aramäer auf ihrer überstürzten Flucht weggeworfen hatten. Als sie zurückkamen und dem König Meldung erstatteten, 16 strömte das Volk hinaus und plünderte das Lager der Aramäer. Jetzt kostete ein Sea Feinmehl nur noch einen Schekel und auch zwei Sea Gerste kosteten nur noch einen Schekel, wie es der Herr vorausgesagt hatte.

17 Der König hatte die Aufsicht über das Tor dem Adjutanten übertragen, auf dessen Arm er sich zu stützen pflegte. Ihn trat das Volk im Stadttor nieder und so starb er, wie es ihm der Gottesmann vorausgesagt hatte, als der König gekommen war, um mit ihm zu reden. 18 Als nämlich der Gottesmann zum König sagte: Morgen um diese Zeit kosten am Tor von Samaria zwei Sea Gerste nur noch einen Schekel und ein Sea Feinmehl kostet nur noch einen Schekel, 19 hatte der Adjutant dem Gottesmann geantwortet: Selbst wenn der Herr Schleusen am Himmel anbrächte, könnte dies nicht geschehen. Und Elischa hatte ihm erwidert: Du wirst es mit deinen Augen sehen, aber nicht davon essen. 20 So geschah es ihm nun: Das Volk trat ihn im Tor nieder, sodass er starb.

7,1 Man wird Lebensmittel wieder zu normalen Preisen erhalten, sie werden also wieder in genügender Menge vorhanden sein.

7,11 schlugen Lärm: Text korr. nach G.

7,13 H ist durch Doppelschreibung einer Zeile entstellt.

Die Sorge für die Frau aus Schunem: 8,1–6

8 Elischa sagte zu der Frau, deren Sohn er zum Leben erweckt hatte: Mach dich auf, zieh mit deiner Familie fort und halte dich irgendwo in der Fremde auf; denn der Herr hat eine Hungersnot verhängt. Schon kommt sie über das Land und sie wird sieben Jahre dauern. 2 Da machte sich die Frau auf den Weg und tat, was ihr der Gottesmann geraten hatte. Sie zog mit ihren Angehörigen fort und hielt sich sieben Jahre im Land der Philister auf. 3 Nach Ablauf von sieben Jahren kehrte sie aus dem Land der Philister zurück und ging zum König, um wegen ihres Hauses und ihrer Felder seine Hilfe zu erbitten. 4 Der König war gerade im Gespräch mit Gehasi, dem Diener des Gottesmannes, und hatte ihn aufgefordert: Erzähl mir alles Große, das Elischa vollbracht hat. 5 Während dieser dem König erzählte, wie Elischa den Toten zum Leben erweckt hatte, kam die Frau, deren Sohn er zum Leben erweckt hatte, um wegen ihres Hauses und ihrer Felder die Hilfe des Königs zu erbitten. Da sagte Gehasi: Das, mein Herr und König, ist die Frau und das ist ihr Sohn, den Elischa zum Leben erweckt hat. 6 Nun fragte der König die Frau selbst und sie erzählte ihm alles. Darauf gab ihr der König einen Beamten mit und trug ihm auf: Verschaff ihr alles wieder, was ihr gehört, auch den ganzen Ertrag ihrer Felder von dem Tag an, da sie das Land verlassen hat, bis heute.

1: 4,32–37.

Elischa in Damaskus: 8,7–15

7 Elischa kam nach Damaskus, wo Ben-Hadad, der König von Damaskus, krank daniederlag. Man meldete ihm, dass der Gottesmann gekommen sei. 8 Darauf befahl der König dem Hasaël: Nimm ein Geschenk, geh dem Gottesmann entgegen und befrag durch ihn Jahwe, ob ich von dieser Krankheit wieder genesen werde. 9 Hasaël ging Elischa entgegen; als Geschenk nahm er allerlei Kostbarkeiten von Damaskus mit, so viel, wie vierzig Kamele tragen konnten. Er kam zu Elischa, trat vor ihn hin und sagte: Dein Sohn Ben-Hadad, der König von Aram, hat mich zu dir gesandt und lässt fragen: Werde ich von dieser Krankheit wieder genesen? 10 Elischa antwortete ihm: Geh und sag ihm: Du wirst genesen. – Doch der Herr hat mir gezeigt, dass er sterben muss. 11 Hasaël verzog keine Miene und blickte ihn scharf an. Der Gottesmann aber weinte. 12 Als Hasaël dann fragte: Warum weint mein Herr?, gab er zur Antwort: Weil ich weiß, wie viel Leid du den Israeliten bringen wirst. Du wirst ihre Festungen in Brand stecken, ihre jungen Männer mit dem Schwert töten, ihre Kinder zerschmettern, ihren schwangeren Frauen den Leib aufschlitzen. 13 Hasaël entgegnete: Was ist denn dein Knecht, dieser Hund, dass er so gewaltige Dinge tun könnte? Elischa antwortete: Der Herr hat dich mir als König von Aram gezeigt. 14 Hasaël verließ Elischa und kehrte zu seinem Herrn zurück. Dieser fragte ihn: Was hat Elischa zu dir gesagt? Und er gab zur Antwort: Er hat zu mir gesagt, dass du genesen wirst. 15 Am folgenden Tag aber nahm er eine Decke, tauchte sie ins Wasser und legte sie ihm über das Gesicht, sodass er starb. Hasaël wurde König an seiner Stelle.

12: 10,32f; Am 1,3.

Joram von Juda: 8,16–24

16 Im fünften Jahr Jorams, des Sohnes Ahabs, des Königs von Israel, während Joschafat noch König von Juda war, wurde Joram, der Sohn Joschafats, König von Juda. 17 Er war zweiunddreißig Jahre alt, als er König wurde, und regierte acht Jahre in Jerusalem. 18 Er folgte den Wegen der Könige von Israel, wie es das Haus Ahab getan hatte; denn er hatte eine Tochter Ahabs zur Frau und er tat, was dem Herrn missfiel. 19 Doch der Herr wollte Juda nicht verderben wegen seines Knechtes David, dem er versprochen hatte, er werde ihm für immer eine Leuchte vor seinen Augen geben.

20 In den Tagen Jorams fiel Edom von Juda ab und setzte einen eigenen König ein. 21 Joram zog daher mit all seinen Kriegswagen nach Zaïr. Während der Nacht griff er an

8,7 Ben-Hadad II., der Vorgänger Hasaëls.

8,10 Der Bescheid des Propheten besteht aus zwei scheinbar sich widersprechenden Sätzen. Der erste wird von manchen so verstanden: Du könntest genesen, aber der Tod wird durch andere Ursachen herbeigeführt werden. Hasaël täuscht den kranken König, indem er ihm den zweiten Teil des Bescheids vorenthält und dadurch auch den Sinn des ersten Teils verfälscht.

8,15 Das Subjekt des Satzes wird nicht ausdrücklich genannt. Wahrscheinlich wurde der König von Hasaël ermordet.

8,16 Das fünfte Jahr Jorams von Israel war erst das 22./23. Jahr Joschafats. Sein Sohn übernahm also die Regierung zu Lebzeiten seines Vaters, vgl. 2 Chr 21,4.

8,21 Joram und die Hauptleute seiner Wagentruppe waren von den Edomitern eingeschlossen, nachdem die Mannschaften geflohen waren. Doch gelang ihnen der Durchbruch und die Flucht.

und schlug die Edomiter, die ihn und die Obersten der Kriegswagen umzingelt hatten; seine Leute aber waren in die Zelte geflohen. 22 Doch Edom fiel von Juda ab und ist abtrünnig bis zum heutigen Tag. Damals, zur gleichen Zeit, fiel auch Libna ab.

23 Die übrige Geschichte Jorams und alle seine Taten sind aufgezeichnet in der Chronik der Könige von Juda. 24 Joram entschlief zu seinen Vätern und wurde bei seinen Vätern in der Davidstadt begraben. Sein Sohn Ahasja wurde König an seiner Stelle.

16–24 ‖ 2 Chr 21,5–10 • 19: 1 Kön 11,36.

Ahasja von Juda: 8,25–29

25 Im zwölften Jahr Jorams, des Sohnes Ahabs, des Königs von Israel, wurde Ahasja, der Sohn Jorams, König von Juda. 26 Er war zweiundzwanzig Jahre alt, als er König wurde, und regierte ein Jahr in Jerusalem. Seine Mutter hieß Atalja; sie war eine Enkelin Omris, des Königs von Israel. 27 Er folgte den Wegen des Hauses Ahab und tat, was dem Herrn missfiel, wie das Haus Ahab; denn er war mit dem Haus Ahab verschwägert. 28 Er zog auch mit Joram, dem Sohn Ahabs, gegen Hasaël, den König von Aram, nach Ramot-Gilead in den Krieg. Dabei verwundeten die Aramäer Joram. 29 König Joram musste heimkehren, um in Jesreel von den Wunden Heilung zu suchen, die ihm die Aramäer geschlagen hatten, als er in Ramot gegen ihren König Hasaël kämpfte. Ahasja, der Sohn Jorams, der König von Juda, kam hinab, um Joram, den Sohn Ahabs, in Jesreel zu besuchen, als er krank daniederlag.

25–29 ‖ 2 Chr 22,2–6.

Der Aufstand Jehus: 9,1–15a

9 Der Prophet Elischa rief einen von den Prophetenjüngern und trug ihm auf: Gürte dich, nimm diesen Ölkrug und geh nach Ramot-Gilead! 2 Wenn du dorthin kommst, such Jehu, den Sohn Joschafats, des Sohnes Nimschis! Geh zu ihm, ruf ihn aus dem Kreis seiner Brüder und begib dich mit ihm in das innerste Gemach! 3 Dann nimm den Ölkrug, gieß ihn über seinem Haupt aus und sag: So spricht der Herr: Ich salbe dich zum König über Israel. Dann öffne die Tür und eile unverzüglich fort! 4 Der Prophetenjünger ging nach Ramot-Gilead. 5 Als er hinkam, saßen die Obersten des Heeres gerade beisammen. Er sagte: Ich habe einen Auftrag an dich, Oberst. Jehu fragte: An wen von uns? Der junge Mann antwortete: An dich, Oberst. 6 Da stand Jehu auf und ging in das Haus. Der Prophetenjünger goss ihm das Öl über das Haupt mit den Worten: So spricht der Herr, der Gott Israels: Ich salbe dich zum König über das Volk des Herrn, über Israel. 7 Du wirst dem Haus Ahabs, deines Herrn, schwere Schläge versetzen und ich werde Rache nehmen für das Blut meiner Knechte, der Propheten, und für das Blut aller Diener des Herrn, das Isebel vergossen hat. 8 Das ganze Haus Ahab wird zugrunde gehen. Ich werde vom Haus Ahab alles, was männlich ist, bis zum letzten Mann in Israel ausrotten 9 und es dem Haus Ahab ergehen lassen wie dem Haus Jerobeams, des Sohnes Nebats, und dem Haus Baschas, des Sohnes Ahijas. 10 Isebel werden auf der Flur von Jesreel die Hunde fressen und niemand wird sie begraben. Dann öffnete er die Tür und eilte davon.

11 Als Jehu zu den Leuten seines Herrn herauskam, fragten sie ihn: Steht es gut? Warum ist denn dieser Verrückte zu dir gekommen? Er antwortete: Ihr kennt doch den Mann und sein Gerede. 12 Doch sie sagten: Das sind Ausflüchte. Teil uns nur alles mit! Da gab er zu: So und so hat er zu mir gesagt: So spricht der Herr: Ich salbe dich zum König über Israel. 13 Sogleich nahmen alle ihre Kleider, legten sie ihm zu Füßen auf die bloßen Stufen, stießen in das Horn und riefen: Jehu ist König. 14 So verschwor sich Jehu, der Sohn Joschafats, des Sohnes Nimschis, gegen Joram. – Joram hatte mit ganz Israel vor Ramot-Gilead im Abwehrkampf gegen Hasaël, den König von Aram, gestanden. 15 Er war dann heimgekehrt, um in Jesreel Heilung von den Wunden zu suchen, die ihm die Aramäer geschlagen hatten, als er gegen ihren König Hasaël kämpfte.

8: 1 Kön 14,10f; 16,4; 21,21–24.

Das Ende der beiden Könige: 9,15b–29

Jehu sagte nun: Wenn ihr einverstanden seid, lassen wir keinen aus der Stadt entkommen, der nach Jesreel gehen und dort Meldung machen könnte. 16 Dann bestieg er seinen Wagen, um selbst nach Jesreel zu fahren; denn dort lag Joram danieder. Auch Ahasja, der König von Juda, war dorthin gekommen, um Joram zu besuchen. 17 Der Wächter, der in Jesreel auf dem Turm stand,

---

8,28 Joram nahm den Versuch, Ramot-Gilead zu erobern, wieder auf (vgl. 1 Kön 22).

9,11 fragten sie: Text korr. nach G; H: fragte er.

9,13 Durch das Hinbreiten ihrer Kleider drücken sie aus, dass sie sich ihm unterwerfen (vgl. Mt 21,8).

sah die Schar Jehus herankommen und mel-
dete: Ich sehe eine Schar. Da befahl Joram:
Hol einen Reiter und schick ihn der Schar
entgegen! Er soll fragen, ob er in friedlicher
Absicht kommt. 18 Als der Reiter sie erreich-
te, sagte er: Der König lässt fragen, ob ihr in
friedlicher Absicht kommt. Doch Jehu ant-
wortete: Was geht es dich an, ob wir in fried-
licher Absicht kommen? Reih dich hinter mir
ein! Der Wächter meldete: Der Bote hat sie
erreicht, kehrt aber nicht mehr zurück.
19 Nun schickte der König einen zweiten Rei-
ter. Dieser kam zu ihnen und sagte: Der Kö-
nig lässt fragen, ob ihr in friedlicher Absicht
kommt. Doch Jehu antwortete: Was geht es
dich an, ob wir in friedlicher Absicht kom-
men? Reih dich hinter mir ein! 20 Der Wäch-
ter meldete wieder: Er hat sie erreicht, kehrt
aber nicht mehr zurück. Die Art, wie ihr An-
führer fährt, ist die Art Jehus, des Enkels
Nimschis; denn er fährt wie ein Rasender.
21 Da ließ Joram selbst anspannen. Man
machte seinen Wagen bereit, und Joram, der
König von Israel, und Ahasja, der König von
Juda, fuhren, jeder auf seinem Wagen, Jehu
entgegen. Sie trafen ihn beim Acker Nabots
aus Jesreel. 22 Als Joram Jehu sah, fragte er:
Kommst du in friedlicher Absicht, Jehu?
Doch dieser erwiderte: Wie sollte ich in
friedlicher Absicht kommen, solange die Un-
zucht deiner Mutter Isebel und ihre vielen
Zaubereien andauern? 23 Da lenkte Joram
um und wollte fliehen, während er Ahasja
zurief: Verrat, Ahasja! 24 Doch Jehu ergriff
den Bogen und traf Joram zwischen die
Schultern, sodass der Pfeil sein Herz durch-
bohrte und er in seinem Wagen niedersank.
25 Dann befahl Jehu seinem Adjutanten Bid-
kar: Nimm ihn, und wirf ihn auf den Acker
Nabots aus Jesreel. Denk daran: Ich und du
fuhren auf unseren Gespannen hinter seinem
Vater Ahab her, als der Herr dieses Wort über
ihn verkünden ließ: 26 Fürwahr, ich habe ges-
tern das Blut Nabots und seiner Söhne gese-
hen – Spruch des Herrn. Ich werde an dir auf
diesem Acker Vergeltung üben – Spruch des
Herrn. Nimm ihn also und wirf ihn auf den
Acker, wie es der Herr gesagt hat.
27 Als Ahasja, der König von Juda, dies
sah, floh er in Richtung Bet-Gan. Doch Jehu
verfolgte ihn und rief: Schlagt auch diesen
nieder! Man schlug ihn beim Anstieg nach
Gur, das bei Jibleam liegt, im Wagen nieder.
Er kam noch bis Megiddo, wo er starb. 28 Sei-
ne Diener brachten ihn nach Jerusalem und
begruben ihn bei seinen Vätern in seinem
Grab in der Davidstadt. 29 Im elften Jahr Jo-
rams, des Sohnes Ahabs, war Ahasja König
von Juda geworden.

26: 1 Kön 21,19.

Das Ende Isebels: 9,30–37

30 Als Jehu nach Jesreel kam und Isebel
dies erfuhr, legte sie Schminke auf ihre Au-
gen, schmückte ihr Haupt und schaute durch
das Fenster hinab. 31 Während dann Jehu an
das Tor trat, rief sie ihm zu: Geht es Simri,
dem Mörder seines Herrn, gut? 32 Jehu
schaute zum Fenster empor und fragte: Ist
jemand da, der zu mir hält? Zwei oder drei
Hofleute sahen zu ihm herab 33 und er be-
fahl ihnen: Werft sie herunter! Sie warfen sie
herunter und Isebels Blut bespritzte die
Wand und die Pferde, die sie zertraten.
34 Dann ging Jehu hinein, um zu essen und zu
trinken. Schließlich befahl er: Seht nach die-
ser Verfluchten und begrabt sie; denn sie ist
eine Königstochter. 35 Doch als sie hinka-
men, um sie zu begraben, fanden sie von ihr
nur noch den Schädel, die Füße und die Hän-
de. 36 Und sie kamen zurück, um es ihm zu
melden. Er aber sagte: Das ist das Wort, das
der Herr durch seinen Knecht Elija aus
Tischbe verkündet hat: Auf der Flur von Jes-
reel werden die Hunde das Fleisch Isebels
fressen. 37 Die Leiche Isebels soll wie Mist
auf dem Feld in der Flur Jesreels liegen,
sodass man nicht mehr sagen kann: Das ist
Isebel.

31: 1 Kön 16,10 • 36: 1 Kön 21,23.

Der Untergang des Hauses Ahab: 10,1–17

10 Ahab hatte siebzig Söhne in Samaria.
Jehu sandte nun Briefe nach Sama-
ria an die Fürsten der Stadt, an die Ältesten
und die Erzieher der Söhne Ahabs. Darin
schrieb er: 2 Wenn jetzt dieses Schreiben zu
euch kommt, bedenkt: Bei euch sind die Söh-
ne eures Herrn. Ihr habt die Wagen und die
Pferde, eine befestigte Stadt und die Waffen.
3 Seht euch nach dem besten und tüchtigsten

9,29 Nachtrag, der das in 8,25 genannte zwölfte Jahr Jorams berichtigen soll. Da beide Könige im zwölften Jahr Jorams starben und Ahasja nur ein Jahr regierte, muss er im 11. Jahr Jorams König geworden sein.

9,30 Sie weiß, was ihr bevorsteht, und will noch im Tod ihre Würde zeigen.

9,31 Sie bezeichnet höhnisch Jehu als Simri, der den König tötete und sich bereits nach sieben Tagen das Leben nahm (vgl. 1 Kön 16,10.15–18).

10,1 Fürsten der Stadt . . . Erzieher der Söhne: Text korr. nach dem Zusammenhang.

unter den Söhnen eures Herrn um, setzt ihn
auf den Thron seines Vaters und kämpft für
das Haus eures Herrn! 4 Doch sie bekamen
große Angst und sagten: Die beiden Könige
konnten ihm nicht standhalten. Wie sollten
wir es können? 5 Daher ließen der Palastvor-
steher, der Stadtoberste, die Ältesten und die
Erzieher dem Jehu melden: Wir sind deine
Knechte und wollen alles tun, was du uns be-
fiehlst; wir werden keinen König aufstellen.
Tu, was du für richtig hältst.

6 Darauf schrieb er einen zweiten Brief an
sie mit folgendem Inhalt: Wenn ihr auf mei-
ner Seite steht und meinen Befehlen gehor-
chen wollt, dann nehmt die Köpfe der Söhne
eures Herrn und kommt morgen um diese
Zeit zu mir nach Jesreel! Die siebzig Söhne
des Königs waren bei den Großen der Stadt,
die sie erzogen. 7 Sobald der Brief angekom-
men war, ergriff man die Söhne des Königs,
machte alle siebzig nieder, legte ihre Köpfe
in Körbe und schickte sie zu Jehu nach Jes-
reel. 8 Als der Bote mit der Meldung eintraf,
dass man die Köpfe der Königssöhne ge-
bracht habe, befahl Jehu: Schichtet sie bis
zum Morgen in zwei Haufen vor dem Tor
auf! 9 Am nächsten Morgen ging er hinaus,
trat vor das Volk und sagte: Ihr seid ohne
Schuld. Ich bin es, der die Verschwörung ge-
gen meinen Herrn angezettelt und ihn getö-
tet hat. Doch wer hat diese alle erschlagen?
10 Erkennt also, dass keine der Drohungen
unerfüllt bleibt, die der Herr gegen das Haus
Ahab ausgesprochen hat. Der Herr hat das
getan, was er durch seinen Knecht Elija ver-
kündet hat. 11 Hierauf ließ Jehu alle vom
Haus Ahab erschlagen, die noch in Jesreel
übrig geblieben waren, alle Großen und Ver-
trauten Ahabs, auch alle seine Priester; kei-
nen von ihnen ließ er entkommen.

12 Dann brach er auf, um nach Samaria zu
ziehen. Als er unterwegs bei Bet-Eked-Roïm
war, 13 traf er die Brüder Ahasjas, des Königs
von Juda. Er fragte sie: Wer seid ihr? Sie
antworteten: Wir sind die Brüder Ahasjas
und sind gekommen, um die Söhne des Kö-
nigs und die Söhne der Herrin zu begrüßen.
14 Da befahl er: Ergreift sie lebendig! Man
ergriff sie lebendig und machte sie am Brun-
nen von Bet-Eked nieder. Es waren zwei-
undvierzig Mann; keinen von ihnen ließ er
am Leben.

15 Von da zog er weiter und traf Jonadab,
den Sohn Rechabs, der ihm entgegenkam. Er
grüßte ihn und fragte: Ist dein Herz aufrich-
tig gegen mich wie mein Herz gegen dich?
Jonadab antwortete: So ist es. (Da sagte
Jehu:) Wenn es so ist, dann reich mir deine
Hand! Da reichte er ihm die Hand und Jehu
nahm ihn zu sich auf den Wagen 16 und sagte:
Komm mit mir und sieh meinen Eifer für
den Herrn! So ließ er ihn bei sich im Wagen
fahren. 17 Als er nach Samaria kam, ließ er
alle erschlagen, die vom Haus Ahab dort
noch übrig geblieben waren. Sie wurden
ausgerottet, wie es der Herr zu Elija gesagt
hatte.

10: 1 Kön 21,18–24 • 15: Jer 35,1–11.

Die Beseitigung der Baalspriester: 10,18–29

18 Jehu versammelte das ganze Volk und
trug ihm vor: Ahab hat Baal nur wenig ge-
dient; Jehu wird ihm eifriger dienen. 19 Ruft
jetzt alle Propheten Baals, alle seine Diener
und Priester zu mir! Keiner darf fernbleiben;
denn ich will ein großes Schlachtopfer für
Baal darbringen. Wer nicht erscheint, soll
sein Leben verlieren. Jehu tat dies aus Hin-
terlist, weil er die Baalsdiener vernichten
wollte. 20 Darauf befahl Jehu: Bereitet eine
Festversammlung zur Ehre Baals vor! Und
um sie einzuberufen, 21 sandte Jehu Boten
durch ganz Israel. Alle Baalsdiener kamen;
es gab keinen, der fernblieb. Sie betraten den
Baalstempel, der sich von einem Ende zum
andern füllte. 22 Nun befahl Jehu dem Ver-
walter der Kleiderkammer, jedem Baalsdie-
ner ein Kleid zu reichen. Nachdem dieser die
Gewänder überreicht hatte, 23 betrat Jehu
mit Jonadab, dem Sohn Rechabs, den Baals-
tempel und forderte die Baalsdiener auf:
Vergewissert euch, dass nur Baalsdiener hier
sind und dass kein Diener Jahwes sich unter
euch befindet. 24 Darauf begannen sie,
Schlacht- und Brandopfer darzubringen.

Jehu hatte aber draußen achtzig Mann
aufgestellt und ihnen gesagt: Wer einen von
den Männern, die ich in eure Hand gebe, ent-
kommen lässt, wird mit seinem Leben dafür
büßen. 25 Nach Beendigung des Brandopfers
befahl er den Läufern und ihren Hauptleu-
ten: Kommt her und macht sie nieder! Kei-
ner darf entrinnen. Die Läufer und ihre
Hauptleute erschlugen sie mit scharfem
Schwert und warfen die Leichen hinaus.
Dann machten sie sich über den Tempel des
Baal her, 26 schafften das Steinmal des

10,13 Brüder: im weiteren Sinn von »Verwandten«; die »Herrin« ist die Königin-Mutter.

10,16 ließ er ihn ... fahren: Text korr. nach G; H: ließen sie ihn ... fahren.

10,25 Zu den Läufern vgl. die Anmerkung zu 1 Kön 14,27. – Der Schluß des Verses in H: machten sie sich über die Stadt des Tempels des Baal her.

Baalstempels weg und verbrannten es. 27 Sie
zerschlugen das Steinmal des Baal, rissen
den Baalstempel nieder und machten ihn zu
einer Stätte des Unrats; das blieb er bis zum
heutigen Tag. 28 So beseitigte Jehu den Baal
aus Israel. 29 Doch von den Sünden, zu denen
Jerobeam, der Sohn Nebats, Israel verführt
hatte, den goldenen Kälbern in Bet-El und
Dan, ließ Jehu nicht ab.

Verschiedene Angaben über Jehu: 10,30–36

30 Der Herr sprach zu Jehu: Weil du mein
Vorhaben genau vollstreckt und am Haus
Ahab alles ausgeführt hast, was ich ihm zu-
gedacht hatte, sollen Nachkommen von dir
bis in das vierte Geschlecht auf dem Thron
Israels sitzen. 31 Doch Jehu war nicht darauf
bedacht, mit ganzem Herzen das Gesetz des
Herrn, des Gottes Israels, zu befolgen. Er ließ
nicht von den Sünden ab, zu denen Jerobeam
die Israeliten verführt hatte.
32 In jenen Tagen begann der Herr, Israel
zu verkleinern. Hasaël schlug sie in allen Ge-
bieten Israels 33 östlich des Jordan: Er ver-
wüstete das ganze Land Gilead, das Gebiet
der Stämme Gad, Ruben und Manasse bis
nach Aroër am Arnon, Gilead und den Ba-
schan.
34 Die übrige Geschichte Jehus, alle seine
Taten und Erfolge, sind aufgezeichnet in der
Chronik der Könige von Israel. 35 Jehu ent-
schlief zu seinen Vätern; man begrub ihn in
Samaria. Sein Sohn Joahas wurde König an
seiner Stelle. 36 Die Zeit, die Jehu in Samaria
König von Israel war, betrug achtundzwan-
zig Jahre.

Atalja: 11,1–20

11 Als Atalja, die Mutter Ahasjas, sah,
dass ihr Sohn tot war, ging sie daran,
die ganze Nachkommenschaft der königli-
chen Familie auszurotten. 2 Doch Joscheba,
die Tochter des Königs Joram und Schwester
Ahasjas, nahm Joasch, den Sohn Ahasjas,
aus dem Kreis der Königssöhne, die ermor-
det werden sollten, weg und brachte ihn
heimlich mit seiner Amme in die Bettenkam-
mer. Dort versteckte sie ihn vor Atalja, so-
dass er nicht getötet wurde. 3 Er blieb sechs
Jahre bei ihr im Haus des Herrn verborgen,
während Atalja das Land regierte.
4 Im siebten Jahr bestellte der Priester Jo-
jada die Hundertschaftsführer der Karer
und Läufer zu sich. Er führte sie in das Haus
des Herrn, schloss mit ihnen ein Abkommen,
ließ sie im Haus des Herrn schwören und
zeigte ihnen den Sohn des Königs. 5 Dann
ordnete er an: Das ist es, was ihr tun sollt:
Ein Drittel von der Wache, die am Sabbat
aufzieht, soll den Königspalast bewachen,
6 ein Drittel soll am Tor Sur und ein Drittel
am Tor hinter den Läufern stehen. Auf diese
Weise sollt ihr abwechselnd die Bewachung
des Tempels übernehmen. 7 Die zwei Abtei-
lungen aber, die am Sabbat abziehen, sollen
im Haus des Herrn beim König als Wache
stehen. 8 Schart euch mit der Waffe in der
Hand um den König! Wer in die Reihen ein-
zudringen versucht, soll getötet werden.
Seid beim König, wenn er auszieht und wenn
er einzieht. 9 Die Führer der Hundertschaf-
ten befolgten alle Weisungen des Priesters
Jojada. Jeder holte seine Leute, sowohl jene,
die am Sabbat aufzogen, als auch jene, die
am Sabbat abzogen. Sie kamen zum Priester
Jojada 10 und dieser gab den Anführern der
Hundertschaften die Lanzen und Schilde,
die dem König David gehört hatten und sich
jetzt im Haus des Herrn befanden. 11 Die
Läufer stellten sich mit der Waffe in der
Hand von der Südseite des Tempels bis zur
Nordseite vor dem Altar und dem Tempel
rings um den König auf. 12 Dann führte Joja-
da den Königssohn heraus und überreichte
ihm den Stirnreif und das Königsgesetz. So
machten sie ihn zum König, salbten ihn,
klatschten in die Hände und riefen: Es lebe
der König!
13 Als Atalja das Geschrei des Volkes hör-
te, kam sie zu den Leuten in das Haus des
Herrn. 14 Da sah sie den König am gewohn-
ten Platz bei der Säule stehen; die Obersten
und die Trompeter waren bei ihm und alle
Bürger des Landes waren voller Freude und
bliesen die Trompeten. Atalja zerriss ihre
Kleider und schrie: Verrat, Verrat! 15 Doch
der Priester Jojada befahl den Hundert-
schaftsführern, die das Kommando über die
Truppen hatten: Führt sie durch die Reihen

10,30 Das Vorgehen gegen das Haus Ahab wird als Ausführung der von Gott beschlossenen Strafgerichte anerkannt; anders jedoch in Hos 1,4.

10,33 Dadurch ging das ganze Ostjordanland verloren.

11,2 versteckte sie: Text korr. nach G; H: versteckten sie.

11,3 Durch Atalja, die Tochter Ahabs, war die davidische Linie unterbrochen. Ihre Regierung galt daher als illegitim.

11,4 Karer waren ausländische Söldner wie die Kereter und Peleter. Zu den »Läufern« vgl. die Anmerkung zu 1 Kön 14,27.

11,5 soll den Königspalast bewachen: Text korr. nach G.

hinaus und schlagt jeden mit dem Schwert
nieder, der ihr folgen will; denn – so sagte der
Priester – sie soll nicht im Haus des Herrn
getötet werden. 16 Da legte man Hand an sie,
und als sie an den Weg kam, auf dem man die
Pferde zum Palast des Königs führt, wurde
sie dort getötet.

17 Jojada schloss nun den Bund des Herrn
mit König und Volk. Sie versprachen, dass
sie das Volk des Herrn sein wollten. Auch
König und Volk ließ er einen Bund schließen.
18 Darauf zogen alle Bürger des Landes zum
Baalstempel und rissen ihn nieder. Sie zer-
trümmerten seine Altäre und Bilder voll-
ständig und erschlugen den Baalspriester
Mattan vor den Altären. Auch stellte Jojada
Posten vor das Haus des Herrn 19 und rief
die Hundertschaftsführer, die Karer und
Läufer sowie alle Bürger des Landes herbei.
Sie führten den König aus dem Haus des
Herrn durch das Tor der Läufer hinab in den
königlichen Palast. Dort setzte er sich auf
den Thron der Könige. 20 Alle Bürger des
Landes waren voll Freude und die Stadt
blieb ruhig. Atalja aber hatte man vor dem
Palast des Königs mit dem Schwert umge-
bracht.

1–20 ‖ 2 Chr 22,10 – 23,21 • 12: Dtn 17,18.

Joasch von Juda: 12,1–22

12 Joasch war sieben Jahre alt, als er
König wurde. 2 Im siebten Jahr Jehus
wurde er König und vierzig Jahre regierte er
in Jerusalem. Seine Mutter hieß Zibja und
stammte aus Beerscheba. 3 Er tat, was dem
Herrn gefiel, solange der Priester Jojada ihn
unterwies. 4 Nur die Kulthöhen verschwan-
den nicht. Das Volk brachte noch Schlacht-
und Rauchopfer auf ihnen dar.

5 Joasch gab den Priestern die Weisung:
Alles Geld, das als Weihegabe in das Haus
des Herrn gebracht wird, ferner das Geld,
das jemandem durch Schätzung auferlegt
wird oder das er nach der Schätzung für an-
dere zu entrichten hat, endlich das Geld, das
jemand freiwillig in das Haus des Herrn
bringt, 6 das alles sollen die Priester an sich
nehmen, jeder von seinen Bekannten. Sie
sollen damit die Schäden ausbessern, die
man am Tempel feststellt. 7 Als aber die
Priester im dreiundzwanzigsten Jahr des
Königs Joasch die Schäden des Hauses noch
nicht beseitigt hatten, 8 ließ König Joasch
den Priester Jojada und die übrigen Priester
kommen und hielt ihnen vor: Warum bessert
ihr die Schäden am Tempel nicht aus? Von
jetzt an dürft ihr das Geld, das von euren Be-
kannten kommt, nicht mehr an euch neh-
men, sondern müsst es unverzüglich zur
Ausbesserung der Schäden des Hauses ablie-
fern. 9 Die Priester waren damit einverstan-
den, dass sie vom Volk kein Geld mehr an-
nehmen durften, aber auch für die Schäden
des Hauses nicht mehr aufkommen mussten.

10 Der Priester Jojada nahm nun einen
Kasten, bohrte ein Loch in seinen Deckel
und stellte ihn neben dem Altar rechts vom
Eingang zum Tempel des Herrn auf. Dahi-
nein legten die Priester, die an der Schwelle
Wache hielten, alles Geld, das in den Tempel
des Herrn gebracht wurde. 11 Wenn sie dann
sahen, dass viel Geld im Kasten war, kam
der Schreiber des Königs mit dem Hohen-
priester. Sie leerten den Kasten, zählten das
Geld, das sich im Haus des Herrn befand,
12 und übergaben es abgewogen den Werk-
meistern, die die Arbeiten im Haus des Herrn
beaufsichtigten. Diese verwendeten es für
die Zimmerleute und Bauarbeiter, die im
Haus des Herrn beschäftigt waren, 13 für die
Maurer und Steinmetzen, ebenso zum An-
kauf von Holz und Bruchsteinen, die man
zur Beseitigung der Schäden am Haus des
Herrn benötigte, und zur Bestreitung aller
Unkosten, die bei der Ausbesserung des
Hauses entstanden. 14 Man ließ jedoch von
dem Geld, das in den Tempel kam, keine sil-
bernen Becken, Lichtscheren, Schalen,
Trompeten, auch keinerlei Gold- und Silber-
geräte für das Haus des Herrn anfertigen,
15 sondern gab alles den Werkmeistern, die
damit das Haus des Herrn instand setzten.
16 Man rechnete mit den Männern, denen
man das Geld zur Ausbezahlung an die Ar-
beiter übergab, nicht ab; denn sie waren zu-
verlässige Leute. 17 Geld für Schuld- und
Sündopfer dagegen wurde nicht an den Tem-
pel abgeführt, sondern gehörte den Pries-
tern.

18 Damals zog Hasaël, der König von
Aram, herauf, griff Gat an und eroberte es.
Als er sich anschickte, auch gegen Jerusalem
zu ziehen, 19 nahm Joasch, der König von
Juda, alle Weihegaben, die Joschafat, Joram
und Ahasja, seine Vorgänger, die Könige von
Juda, gespendet hatten, dazu seine eigenen
Weihegaben und alles Gold, das in den
Schatzkammern des Tempels und des könig-
lichen Palastes war, und sandte alles an

11,17 Der Bund zwischen König und Volk hatte die Wiedereinsetzung der davidischen Dynastie zum Ziel.

12,11 sie leerten: Text korr. nach 2 Chr 24,11; H: sie verschnürten.

Hasaël, den König von Aram, der daraufhin
von Jerusalem abzog.
20 Die übrige Geschichte des Joasch und
alle seine Taten sind aufgezeichnet in der
Chronik der Könige von Juda. 21 Seine Die-
ner erhoben sich gegen ihn; sie zettelten eine
Verschwörung an und erschlugen ihn im
Haus am Millo beim Abstieg nach Silla.
22 Sabad, der Sohn Schimats, und Josabad,
der Sohn Schomers, seine Diener, waren es,
die ihn erschlugen. So starb er und man be-
grub ihn bei seinen Vätern in der Davidstadt.
Sein Sohn Amazja wurde König an seiner
Stelle.

1–22 ‖ 2 Chr 24,1–27 • 5: Lev 27,1–8.

Joahas von Israel: 13,1–9

13 Im dreiundzwanzigsten Jahr des
Joasch, des Sohnes Ahasjas, des Kö-
nigs von Juda, wurde Joahas, der Sohn Je-
hus, König von Israel. Er regierte siebzehn
Jahre in Samaria 2 und tat, was dem Herrn
missfiel; er hielt an der Sünde fest, zu der
Jerobeam, der Sohn Nebats, Israel verführt
hatte, und ließ nicht von ihr ab. 3 Deswegen
entbrannte der Zorn des Herrn gegen Israel.
Er gab sie in die Gewalt Hasaëls, des Königs
von Aram, und seines Sohnes Ben-Hadad,
die ganze Zeit hindurch.
4 Als aber Joahas den Herrn besänftigte,
erhörte ihn der Herr; denn er sah die Be-
drängnis, die der König von Aram über Isra-
el brachte. 5 Er gab Israel einen Helfer, so-
dass es sich aus der Gewalt Arams befreien
konnte und die Israeliten wieder in ihren
Zelten wohnten wie früher. 6 Doch ließen sie
nicht von der Sünde ab, zu der das Haus Je-
robeam Israel verführt hatte, sondern hiel-
ten an ihr fest. Auch der Kultpfahl blieb in
Samaria stehen.
7 Der Herr ließ vom Heer des Joahas nur
fünfzig Wagenkämpfer, zehn Wagen und
zehntausend Mann Fußtruppen übrig. Alles
andere hatte der König von Aram vernichtet
und dem Staub gleichgemacht, auf den man
tritt.
8 Die übrige Geschichte des Joahas, alle
seine Taten und Erfolge, sind aufgezeichnet
in der Chronik der Könige von Israel. 9 Er
entschlief zu seinen Vätern; man begrub ihn
in Samaria. Sein Sohn Joasch wurde König
an seiner Stelle.

Joasch von Israel: 13,10–13

10 Im siebenunddreißigsten Jahr des Kö-
nigs Joasch von Juda wurde Joasch, der
Sohn des Joahas, König von Israel. Er regier-
te sechzehn Jahre in Samaria 11 und tat, was
dem Herrn missfiel; er ließ nicht von der
Sünde ab, zu der Jerobeam, der Sohn Ne-
bats, Israel verführt hatte.
12 Die übrige Geschichte des Joasch, alle
seine Taten und Erfolge, wie er mit Amazja,
dem König von Juda, Krieg führte, all das ist
aufgezeichnet in der Chronik der Könige von
Israel. 13 Joasch entschlief zu seinen Vätern
und Jerobeam bestieg seinen Thron. Joasch
wurde in Samaria bei den Königen von Israel
begraben.

12–13: 14,15f.

Die Krankheit und der Tod Elischas:
13,14–21

14 Als Elischa von der Krankheit befallen
wurde, an der er sterben sollte, ging Joasch,
der König von Israel, zu ihm hinab. Er wein-
te vor ihm und rief: Mein Vater, mein Vater!
Wagen Israels und sein Lenker! 15 Doch Eli-
scha befahl ihm: Hol einen Bogen und Pfeile!
Er holte sie herbei. 16 Dann sagte Elischa
zum König von Israel: Leg deine Hand auf
den Bogen! Da legte er die Hand auf den Bo-
gen, Elischa aber legte seine Hände auf die
Hände des Königs. 17 Hierauf sagte er: Öffne
das Fenster nach Osten! Der König öffnete es
und Elischa forderte ihn auf zu schießen. Als
er abschoss, rief Elischa: Ein Siegespfeil vom
Herrn, ein Siegespfeil gegen Aram. Du wirst
Aram bei Afek vernichtend schlagen. 18 Wei-
ter sagte er: Nimm die Pfeile! Als der König
von Israel sie genommen hatte, befahl ihm
Elischa, auf den Boden zu schlagen. Der Kö-
nig tat drei Schläge und hielt dann inne.
19 Da wurde der Gottesmann unwillig über
ihn und sagte: Du hättest fünf- oder sechs-
mal schlagen sollen; dann hättest du die Ara-
maer vernichtend geschlagen. Jetzt aber
wirst du sie nur dreimal schlagen.
20 Elischa starb und man begrub ihn. In je-
nem Jahr fielen moabitische Räuberscharen
in das Land ein. 21 Als man einmal einen To-
ten begrub und eine dieser Scharen erblick-
te, warf man den Toten in das Grab Elischas
und floh. Sobald aber der Tote die Gebeine
Elischas berührte, wurde er wieder lebendig
und richtete sich auf.

14: 2,12 • 19: 13,25.

13,7 Der Vers ist Fortsetzung von V. 3.
13,17 Der König soll die Worte des Propheten durch sinnbildliche Handlungen begleiten. Die Erfüllung der Weissagung berichtet 1 Kön 20,26–30.
13,20 In jenem Jahr: Text korr.; andere Korrektur: Jahr für Jahr.

Die Erfolge gegen Aram: 13,22–25

22 Hasaël, der König von Aram, bedrängte Israel, solange Joahas lebte. 23 Doch der Herr war seinem Volk gnädig und hatte Erbarmen mit ihm. Wegen seines Bundes mit Abraham, Isaak und Jakob wandte er sich ihm wieder zu. Er wollte es nicht verderben und hatte es bis dahin nicht von seinem Angesicht verstoßen. 24 Als daher Hasaël, der König von Aram, starb und sein Sohn Ben-Hadad an seiner Stelle König wurde, 25 konnte Joasch, der Sohn des Joahas, Ben-Hadad, dem Sohn Hasaëls, die Städte wieder entreißen, die dieser seinem Vater Joahas im Krieg weggenommen hatte. Dreimal schlug ihn Joasch und gewann die israelitischen Städte zurück.

25: 1 Kön 20,34.

Amazja von Juda: 14,1–22

14 Im zweiten Jahr des Joasch, des Sohnes des Joahas, des Königs von Israel, wurde Amazja, der Sohn des Joasch, König von Juda. 2 Er war fünfundzwanzig Jahre alt, als er König wurde, und regierte neunundzwanzig Jahre in Jerusalem. Seine Mutter hieß Joaddan und stammte aus Jerusalem. 3 Er tat, was dem Herrn gefiel, wenn auch nicht in der Weise seines Ahnherrn David; sein Verhalten glich dem seines Vaters Joasch. 4 Die Kulthöhen verschwanden nicht; das Volk brachte noch Schlacht- und Rauchopfer auf ihnen dar.

5 Sobald die Herrschaft fest in seiner Hand war, ließ er die Diener hinrichten, die seinen Vater, den König, erschlagen hatten. 6 Die Söhne der Mörder aber verschonte er, wie der Herr es geboten hatte und wie es im Gesetzbuch des Mose niedergeschrieben ist: Die Väter sollen nicht für ihre Söhne und die Söhne nicht für ihre Väter mit dem Tod bestraft werden, sondern jeder soll nur für sein eigenes Verbrechen sterben.

7 Er besiegte die Edomiter, zehntausend Mann, im Salztal, nahm Sela im Kampf und nannte es Jokteel, wie es bis heute genannt wird.

8 Damals sandte Amazja Boten an Joasch, den Sohn des Joahas, des Sohnes Jehus, den König von Israel, und ließ ihm sagen: Komm, wir wollen (im Kampf) einander gegenübertreten. 9 Doch Joasch, der König von Israel ließ dem König Amazja von Juda sagen: Der Dornstrauch auf dem Libanon ließ der Zeder auf dem Libanon sagen: Gib deine Tochter meinem Sohn zur Frau! Aber die Tiere des Libanon liefen über den Dornstrauch und zertraten ihn. 10 Du hast Edom besiegt und bist übermütig geworden. Wahre doch deinen Ruhm und bleib zu Hause! Wozu willst du das Unglück herausfordern und zu Fall kommen, du und Juda mit dir? 11 Doch Amazja wollte nicht hören. Daraufhin rückte Joasch, der König von Israel, aus. Er und Amazja, der König von Juda, traten bei Bet-Schemesch, das zu Juda gehört, einander gegenüber. 12 Die Judäer wurden von den Israeliten geschlagen und flohen zu ihren Zelten. 13 Den König Amazja von Juda, den Sohn des Joasch, des Sohnes Ahasjas, nahm König Joasch von Israel bei Bet-Schemesch gefangen und brachte ihn nach Jerusalem. Dort riss er die Mauer der Stadt vom Efraimtor bis zum Ecktor auf einer Strecke von vierhundert Ellen nieder, 14 nahm alles Gold und Silber sowie alle Geräte, die sich im Haus des Herrn und in den Schatzkammern des königlichen Palastes befanden, ließ sich Geiseln stellen und kehrte nach Samaria zurück.

15 Die übrige Geschichte des Joasch, seine Taten und Erfolge, auch wie er mit Amazja, dem König von Juda, Krieg führte, all das ist aufgezeichnet in der Chronik der Könige von Israel. 16 Joasch entschlief zu seinen Vätern und wurde in Samaria bei den Königen von Israel begraben. Sein Sohn Jerobeam wurde König an seiner Stelle.

17 Amazja, der Sohn des Joasch, der König von Juda, lebte nach dem Tod des Joasch, des Sohnes des Joahas, des Königs von Israel, noch fünfzehn Jahre. 18 Die übrige Geschichte Amazjas ist aufgezeichnet in der Chronik der Könige von Juda. 19 Gegen ihn zettelte man in Jerusalem eine Verschwörung an. Er floh nach Lachisch; aber man sandte Verfolger hinter ihm her nach Lachisch, die ihn dort erschlugen. 20 Man brachte ihn auf Pferden nach Jerusalem; dort wurde er bei seinen Vätern in der Davidstadt begraben. 21 Das ganze Volk von Juda nahm nun Asarja, der damals sechzehn Jahre alt war, und machte ihn zum König anstelle seines Vaters Amazja. 22 Er baute Elat aus, das er für Juda zurückgewonnen

---

14,13 und brachte ihn: Text korr. nach 2 Chr 25,23; H: und kam.

14,21f V. 21 und vielleicht auch 22 gehören in den Zusammenhang von V. 14.

14,25 Zu Lebo-Hamat vgl. die Anmerkung zu 1 Kön 8,65. Das »Meer der Araba« ist das Tote Meer. Auch Am 6,13 erwähnt Eroberungen im Ostjordanland. Eine entsprechende Weissagung findet sich nicht im AT.

hatte, nachdem der König zu seinen Vätern entschlafen war.

1–20 ‖ 2 Chr 25,1–4.17–28 • 6: Dtn 24,16; Ez 18,10–23 • 15–16: 13,12f • 21–22: 2 Chr 26,1f.

Jerobeam II. von Israel: 14,23–29

23 Im fünfzehnten Jahr Amazjas, des Sohnes des Joasch, des Königs von Juda, wurde Jerobeam, der Sohn des Joasch, König von Israel. Er regierte einundvierzig Jahre in Samaria 24 und tat, was dem Herrn missfiel; er ließ nicht von all den Sünden ab, zu denen Jerobeam, der Sohn Nebats, Israel verführt hatte. 25 Er stellte die Grenzen Israels wieder her von Lebo-Hamat bis zum Meer der Araba, wie es der Herr, der Gott Israels, durch seinen Knecht, den Propheten Jona, den Sohn Amittais aus Gat-Hefer, vorhergesagt hatte. 26 Denn der Herr sah die bittere Not Israels: dass bis zum letzten Mann alle dahinschwanden und dass es für Israel keinen Retter gab. 27 Er hatte nicht im Sinn, den Namen Israels unter dem Himmel auszutilgen. Darum half er ihnen durch Jerobeam, den Sohn des Joasch.

28 Die übrige Geschichte Jerobeams, alle seine Taten und Erfolge, wie er Krieg führte, ... all das ist aufgezeichnet in der Chronik der Könige von Israel. 29 Jerobeam entschlief zu seinen Vätern, den Königen von Israel, und sein Sohn Secharja wurde König an seiner Stelle.

Asarja (Usija) von Juda: 15,1–7

15 Im siebenundzwanzigsten Jahr Jerobeams, des Königs von Israel, wurde Asarja, der Sohn Amazjas, König von Juda. 2 Er war sechzehn Jahre alt, als er König wurde, und regierte zweiundfünfzig Jahre in Jerusalem. Seine Mutter hieß Jecholja und stammte aus Jerusalem. 3 Genau wie sein Vater Amazja tat er, was dem Herrn gefiel. 4 Nur die Kulthöhen verschwanden nicht; das Volk brachte noch Schlacht- und Rauchopfer auf ihnen dar. 5 Doch der Herr schlug den König mit Aussatz. Er musste bis zu seinem Tod in einem abgesonderten Haus wohnen, während Jotam, der Sohn des Königs, Vorsteher des Palastes war und die Bürger des Landes regierte.

6 Die übrige Geschichte Asarjas und alle seine Taten sind aufgezeichnet in der Chronik der Könige von Juda. 7 Asarja entschlief zu seinen Vätern; man begrub ihn bei seinen Vätern in der Davidstadt. Sein Sohn Jotam wurde König an seiner Stelle.

1–7 ‖ 2 Chr 26,3–4.16–23 • 5: 2 Chr 26,21.

Secharja von Israel: 15,8–12

8 Im achtunddreißigsten Jahr des Königs Asarja von Juda wurde Secharja, der Sohn Jerobeams, König von Israel. Er regierte sechs Monate in Samaria. 9 Wie seine Väter tat er, was dem Herrn missfiel. Er ließ nicht von den Sünden ab, zu denen Jerobeam, der Sohn Nebats, Israel verführt hatte. 10 Gegen ihn zettelte Schallum, der Sohn des Jabesch, eine Verschwörung an; er erschlug ihn in Jibleam und wurde König an seiner Stelle.

11 Die übrige Geschichte Secharjas ist aufgezeichnet in der Chronik der Könige von Israel. 12 So erfüllte sich das Wort, das der Herr zu Jehu gesprochen hatte: Nachkommen von dir sollen bis in das vierte Geschlecht auf dem Thron Israels sitzen. So ist es geschehen.

12: 10,30.

Schallum von Israel: 15,13–16

13 Im neununddreißigsten Jahr Usijas, des Königs von Juda, wurde Schallum, der Sohn des Jabesch, König und regierte einen Monat in Samaria. 14 Gegen ihn zog Menahem, der Sohn Gadis, von Tirza heran, kam nach Samaria, erschlug Schallum, den Sohn des Jabesch, in Samaria und wurde König an seiner Stelle.

15 Die übrige Geschichte Schallums und die Verschwörung, die er angezettelt hat, sind aufgezeichnet in der Chronik der Könige von Israel. 16 Damals eroberte Menahem von Tirza aus die Stadt Tifsach und tötete alle Bewohner der Stadt und ihrer Umgebung, weil sie ihm die Tore nicht geöffnet hatten. Er eroberte sie und ließ ihren schwangeren Frauen den Leib aufschlitzen.

Menahem von Israel: 15,17–22

17 Im neununddreißigsten Jahr Asarjas, des Königs von Juda, wurde Menahem, der Sohn Gadis, König von Israel. Er regierte zehn Jahre in Samaria 18 und tat, was dem Herrn missfiel; er ließ nicht von den Sünden

---

14,28 H: und wie er Damaskus und Hamat für Juda in Israel zurückbrachte. Sinn unklar.

15,1 Der Name des Königs ist in beiden Formen überliefert (vgl. V. 13 und 2 Chr 26,1).

15,2 Die Zeit vom 27. Jahr Jerobeams bis zum 2. Jahr Pekachs (V. 32) umspannt nur 28 Jahre. Die hier genannte Zahl 52 setzt voraus, dass er schon 24 Jahre vor dem Tod Amazjas als Mitregent oder Stellvertreter seines Vaters König geworden war.

15,10 Jibleam: südlich von Jesreel; in H ist der Name entstellt.

ab, zu denen Jerobeam, der Sohn Nebats, Is-
rael verführt hatte. 19 In seinen Tagen kam
Pul, der König von Assur, in das Land. Me-
nahem gab ihm tausend Talente Silber, da-
mit er ihm helfe, seine Herrschaft zu festi-
gen. 20 Um das Geld dem König von Assur
abliefern zu können, musste er den wohlha-
benden Männern in Israel eine Steuer aufer-
legen; fünfzig Silberschekel kamen auf je-
den. Daraufhin zog der König von Assur ab
und blieb nicht länger im Land.
21 Die übrige Geschichte Menahems und
alle seine Taten sind aufgezeichnet in der
Chronik der Könige von Israel. 22 Er ent-
schlief zu seinen Vätern und sein Sohn Pe-
kachja wurde König an seiner Stelle.

Pekachja von Israel: 15,23–26

23 Im fünfzigsten Jahr Asarjas, des Königs
von Juda, wurde Pekachja, der Sohn Mena-
hems, König von Israel. Er regierte zwei Jah-
re in Samaria 24 und tat, was dem Herrn
missfiel; er ließ nicht von den Sünden ab, zu
denen Jerobeam, der Sohn Nebats, Israel
verführt hatte. 25 Gegen ihn zettelte sein Ad-
jutant Pekach, der Sohn Remaljas, eine Ver-
schwörung an und erschlug ihn im Wohn-
turm des königlichen Palastes in Samaria ...
Er hatte fünfzig Mann aus Gilead bei sich,
tötete Pekachja und wurde König an seiner
Stelle.
26 Die übrige Geschichte Pekachjas und
alle seine Taten sind aufgezeichnet in der
Chronik der Könige von Israel.

Pekach von Israel: 15,27–31

27 Im zweiundfünfzigsten Jahr des Königs
Asarja von Juda wurde Pekach, der Sohn Re-
maljas, König von Israel. Er regierte zwanzig
Jahre in Samaria 28 und tat, was dem Herrn
missfiel; er ließ nicht von den Sünden ab, zu
denen Jerobeam, der Sohn Nebats, Israel
verführt hatte. 29 In den Tagen Pekachs, des
Königs von Israel, zog Tiglat-Pileser, der
König von Assur, heran. Er eroberte Ijon,
Abel-Bet-Maacha, Janoach, Kedesch, Hazor,
Gilead, Galiläa, das ganze Land Naftali, und
verschleppte ihre Bewohner nach Assur.
30 Hoschea aber, der Sohn Elas, zettelte eine
Verschwörung gegen Pekach, den Sohn Re-
maljas, an. Er erschlug ihn und wurde König
an seiner Stelle im zwanzigsten Jahr Jotams,
des Sohnes Usijas.
31 Die übrige Geschichte Pekachs und alle
seine Taten sind aufgezeichnet in der Chro-
nik der Könige von Israel.

Jotam von Juda: 15,32–38

32 Im zweiten Jahr Pekachs, des Sohnes
Remaljas, des Königs von Israel, wurde Jo-
tam, der Sohn Usijas, König von Juda. 33 Er
war fünfundzwanzig Jahre alt, als er König
wurde, und regierte sechzehn Jahre in Jeru-
salem. Seine Mutter hieß Jeruscha und war
eine Tochter Zadoks. 34 Er tat, was dem
Herrn gefiel, genau wie sein Vater Usija.
35 Nur die Kulthöhen verschwanden nicht.
Das Volk brachte noch Schlacht- und
Rauchopfer auf ihnen dar. Er baute das
obere Tor am Haus des Herrn.
36 Die übrige Geschichte Jotams und seine
Taten sind aufgezeichnet in der Chronik der
Könige von Juda. 37 In jenen Tagen begann
der Herr, Rezin, den König von Aram, und
Pekach, den Sohn Remaljas, gegen Juda zie-
hen zu lassen. 38 Jotam aber entschlief zu sei-
nen Vätern und wurde bei seinen Vätern in
der Stadt seines Vaters David begraben. Sein
Sohn Ahas wurde König an seiner Stelle.

32–38 ‖ 2 Chr 27,1–9.

Ahas von Juda: 16,1–20

16 Im siebzehnten Jahr Pekachs, des
Sohnes Remaljas, wurde Ahas, der
Sohn Jotams, König von Juda. 2 Er war
zwanzig Jahre alt, als er König wurde, und

15,19 In seinen Tagen: Text korr. nach G; H: alle seine Tage (mit dem vorausgehenden Satz verbunden). – Pul ist der babylonische Thronname des assyrischen Königs Tiglat-Pileser III. (745–727 v. Chr.). Seine Annalen berichten ausführlich über seine Vasallen und erwähnen unter ihnen auch Menahem von Samaria.

15,20 Von der Steuer wurden auf diese Weise 72 000 Bürger betroffen.

15,25 H unverständlich.

15,29 Die genannten Städte liegen im Norden des Reiches Israel. Naftali ist der Landstrich westlich des Jordan zwischen dem See Gennesaret und dem Hule-See. Assyrische Texte berichten ausführlich über den Feldzug Tiglat-Pilesers.

15,33 In den sechzehn Jahren sind zehn Jahre enthalten, in denen Jotam für seinen erkrankten Vater die Regierungsgeschäfte führte (V. 5). Auf den Tod Usijas folgten daher nicht sechzehn, sondern nur sechs Jahre Jotams. Die Nichtbeachtung dieser Tatsache führte zu Unstimmigkeiten in den Daten Pekachs, Hoscheas und des Ahas, die auch durch nachträgliche Änderungen nicht beseitigt werden konnten.

16,1 In Wirklichkeit ist es das siebte Jahr Pekachs.

16,2 Ahas regierte nur sechs Jahre: drei gleichzeitig mit Pekach (15,27) und drei mit Hoschea (18,1).

regierte sechzehn Jahre in Jerusalem. Er tat
nicht wie sein Vater David, was dem Herrn,
seinem Gott, gefiel, 3 sondern er folgte den
Wegen der Könige von Israel. Er ließ sogar
seinen Sohn durch das Feuer gehen und
ahmte so die Gräuel der Völker nach, die der
Herr vor den Israeliten vertrieben hatte.
4 Auf den Kulthöhen und Hügeln und unter
jedem üppigen Baum brachte er Schlacht-
und Rauchopfer dar.
5 Damals unternahmen Rezin, der König
von Aram, und Pekach, der Sohn Remaljas,
der König von Israel, einen Kriegszug gegen
Jerusalem. Sie schlossen Ahas ein, konnten
ihn aber nicht zum Kampf zwingen. 6 Zur
gleichen Zeit gewann Rezin, der König von
Aram, Elat für Edom zurück. Er vertrieb die
Judäer aus Elat, und die Edomiter kamen
und blieben dort ansässig bis zum heutigen
Tag. 7 Ahas aber sandte Boten an Tiglat-Pi-
leser, den König von Assur, und ließ ihm sa-
gen: Ich bin dein Knecht und dein Sohn; zieh
herauf und rette mich aus der Hand des Kö-
nigs von Aram und des Königs von Israel, die
mich bedrohen. 8 Zugleich nahm Ahas das
Silber und Gold, das sich im Haus des Herrn
und in den Schatzkammern des königlichen
Palastes befand, und sandte es als Huldi-
gungsgeschenk an den König von Assur.
9 Dieser hörte auf ihn, zog gegen Damaskus,
nahm es ein und verschleppte seine Bewoh-
ner nach Kir; Rezin aber ließ er hinrichten.
10 Als König Ahas zu Tiglat-Pileser, dem
König von Assur, nach Damaskus kam und
den Altar in Damaskus sah, schickte er dem
Priester Urija ein Abbild und eine genaue
Beschreibung des Altars. 11 Daraufhin baute
der Priester Urija einen Altar; genau nach
dem Auftrag, den König Ahas von Damaskus
aus erteilt hatte, ließ er ihn anfertigen, bevor
der König aus Damaskus zurückkehrte.
12 Als dann Ahas nach seiner Rückkehr aus
Damaskus den Altar sah, ging er zu ihm hin,
stieg hinauf 13 und verbrannte auf ihm sein
Brand- und Speiseopfer, goss sein Trankop-
fer aus und besprengte den Altar mit dem
Blut seiner Heilsopfer. 14 Den bronzenen Al-
tar aber, der zwischen dem neuen Altar und
dem Tempel vor dem Herrn stand, ließ er von
seinem Platz vor dem Tempel wegrücken
und nördlich vom neuen Altar aufstellen.
15 Zugleich gab er dem Priester Urija die An-
weisung: Auf dem neuen großen Altar sollst
du das Brandopfer am Morgen und das Spei-
seopfer am Abend, das Brandopfer des Kö-
nigs und sein Speiseopfer sowie das Brand-
opfer aller Bürger des Landes, ihr Speiseop-
fer und ihre Trankopfer darbringen. Auf ihn
sollst du auch das Blut aller Brand- und
Schlachtopfer sprengen. Was aber mit dem
bronzenen Altar geschehen soll, will ich
noch überlegen. 16 Der Priester Urija tat al-
les, was König Ahas angeordnet hatte.
17 König Ahas ließ die Leisten an den fahr-
baren Gestellen abtrennen und die Kessel
aus ihnen nehmen, auch das »Meer« von den
bronzenen Rindern, auf denen es ruhte, weg-
nehmen und auf das Steinpflaster setzen.
18 Ferner ließ er den überdachten Sabbat-
gang, den man an den Tempel angebaut hat-
te, und den äußeren Zugang für den König
vom Haus des Herrn entfernen. Er tat dies
mit Rücksicht auf den König von Assur.
19 Die übrige Geschichte des Ahas und
seine Taten sind aufgezeichnet in der Chro-
nik der Könige von Juda. 20 Ahas entschlief
zu seinen Vätern und wurde bei seinen Vä-
tern in der Davidstadt begraben. Sein Sohn
Hiskija wurde König an seiner Stelle.

1–20 ‖ 2 Chr 28,1–27.

Die Eroberung Samarias: 17,1–23

17 Im zwölften Jahr des Königs Ahas
von Juda wurde Hoschea, der Sohn
Elas, in Samaria König von Israel. Er regier-
te neun Jahre 2 und tat, was dem Herrn miss-
fiel, jedoch nicht in dem Maß wie die Könige
von Israel, die vor ihm herrschten. 3 Gegen
ihn zog Salmanassar, der König von Assur.
Hoschea musste sich ihm unterwerfen und
Abgaben entrichten. 4 Dann aber erfuhr der
König von Assur, dass Hoschea an einer Ver-
schwörung beteiligt war. Er hatte nämlich
Boten nach So zum König von Ägypten ge-
sandt und die jährliche Abgabe an den König

16,3 Er ließ ihn durch das Feuer gehen: Er verbrannte ihn als Opfergabe für Baal (vgl. die Anmerkung zu Lev 18,21).

16,4 Vgl. die Anmerkung zu 1 Kön 14,23.

16,5 Damaskus hatte das Nordreich und andere Staaten für ein Bündnis gegen Assur gewonnen. Da Jotam und Ahas den Beitritt verweigerten, kam es zum sog. Syrisch-efraimitischen Krieg. Er gab Anlass zur Immanuel-Weissagung von Jes 7,1–17.

16,6 Edom: Text korr.; H: Aram.

16,10–16 Ahas wollte keinen neuen Kult einführen, sondern nur die Bauweise des Altars übernehmen.

16,17 Die bronzenen Gestelle und das »Meer« waren von Salomo für den Tempel angefertigt worden (vgl. 1 Kön 7,23–39). Ahas war vielleicht durch Not gezwungen, das entbehrliche Metall für andere Zwecke (Tribut an Assur) zu verwenden.

16,18 Sabbatgang: Übersetzung unsicher.

17,4 So: Name der Stadt Saïs, Sitz der 24. Dynastie.

von Assur nicht mehr geleistet. Daher ließ
ihn dieser festnehmen und ins Gefängnis
werfen. 5 Der König von Assur fiel über das
ganze Land her, rückte gegen Samaria vor
und belagerte es drei Jahre lang. 6 Im neun-
ten Jahr Hoscheas eroberte er die Stadt,
verschleppte die Israeliten nach Assur und
siedelte sie in Halach, am Habor, einem
Fluss von Gosan, und in den Städten der
Meder an.

7 Das geschah, weil die Israeliten sich ge-
gen den Herrn, ihren Gott, versündigten, der
sie aus Ägypten, aus der Gewalt des Pharao,
des Königs von Ägypten, heraufgeführt hat-
te. Sie verehrten fremde Götter, 8 ahmten die
Bräuche der Völker nach, die der Herr vor
den Israeliten vertrieben hatte, und folgten
dem Beispiel, das die Könige von Israel ga-
ben. 9 Gegen den Herrn, ihren Gott, ersannen
die Israeliten Dinge, die nicht recht waren.
Sie bauten sich Kulthöhen in allen ihren
Städten, vom Wachtturm angefangen bis zur
befestigten Stadt, 10 errichteten Steinmale
und Kultpfähle auf jedem hohen Hügel und
unter jedem üppigen Baum. 11 Auf allen
Kulthöhen brachten sie Opfer dar wie die
Völker, die der Herr vor ihnen vertrieben
hatte, taten böse Dinge und erzürnten da-
durch den Herrn. 12 Sie dienten den Götzen,
obwohl der Herr es ihnen verboten hatte.
13 Der Herr warnte Israel und Juda durch
alle seine Propheten, durch alle Seher: Kehrt
um von euren bösen Wegen, achtet auf meine
Befehle und meine Gebote genau nach dem
Gesetz, das ich euren Vätern gegeben und
euch durch meine Knechte, die Propheten,
verkündet habe. 14 Doch sie wollten nicht
hören, sondern versteiften ihre Nacken wie
ihre Väter, die nicht auf den Herrn, ihren
Gott, vertrauten. 15 Sie verwarfen seine Ge-
bote und den Bund, den er mit ihren Vätern
geschlossen hatte, und verschmähten die
Warnungen, die er an sie richtete. Sie liefen
nichtigen Göttern nach und wurden selbst
zunichte; sie ahmten die Völker ihrer Umge-
bung nach, obwohl der Herr verboten hatte,
ihrem Beispiel zu folgen. 16 Sie übertraten
alle Gebote des Herrn, ihres Gottes, schufen
sich Gussbilder, zwei Kälber, stellten einen
Kultpfahl auf, beteten das ganze Heer des
Himmels an und dienten dem Baal. 17 Ihre
Söhne und Töchter ließen sie durch das
Feuer gehen, trieben Wahrsagerei und Zau-
berei und gaben sich dazu her zu tun, was
dem Herrn missfiel, und ihn zu erzürnen.
18 Darum wurde der Herr über Israel sehr
zornig. Er verstieß es von seinem Angesicht,
sodass der Stamm Juda allein übrig blieb.

19 Doch auch Juda befolgte nicht die Be-
fehle des Herrn, seines Gottes, sondern ahm-
te die Bräuche nach, die Israel eingeführt
hatte. 20 Darum verwarf der Herr das ganze
Geschlecht Israels. Er demütigte sie und gab
sie Räubern preis; schließlich verstieß er sie
von seinem Angesicht. 21 Er hatte Israel vom
Haus David losgerissen und sie hatten Jero-
beam, den Sohn Nebats, als König einge-
setzt. Jerobeam aber machte Israel vom
Herrn abtrünnig und verführte es zu schwe-
rer Sünde. 22 Die Israeliten begingen all die
Sünden, die Jerobeam begangen hatte, und
ließen nicht von ihnen ab. 23 Schließlich ver-
stieß der Herr Israel von sich, wie er es durch
seine Knechte, die Propheten, angedroht
hatte. So wanderte Israel aus seinem Land
weg in die Verbannung nach Assur und blieb
dort bis zum heutigen Tag.

15: Jer 2,5 • 21: 1 Kön 11,31.

Die Umsiedlung der Bevölkerung: 17,24–28

24 Der König von Assur brachte Leute aus
Babel, Kuta, Awa, Hamat und Sefarwajim in
das Land und siedelte sie anstelle der Isra-
eliten in den Städten Samariens an. Sie nah-
men Samarien in Besitz und ließen sich in
seinen Städten nieder. 25 In der ersten Zeit,
in der sie dort wohnten, erwiesen sie dem
Herrn keine Verehrung. Er schickte deshalb
Löwen unter sie, die manche von ihnen töte-
ten. 26 Da meldete man dem König von Assur:
Die Völker, die du weggeführt und in den
Städten Samariens angesiedelt hast, wissen
nicht, wie man den Landesgott verehren soll.
Er hat daher Löwen unter sie gesandt, von
denen sie getötet werden, weil sie nicht wis-
sen, wie man den Landesgott verehren soll.
27 Da befahl der König von Assur: Bringt ei-
nen von den Priestern zurück, die ihr von
dort weggeführt habt. Er soll zu ihnen gehen,
bei ihnen wohnen und sie belehren, wie man
den Landesgott verehren soll. 28 So kam ei-
ner von den Priestern zurück, die man aus
Samarien weggeführt hatte. Er ließ sich in

17,5f Beide Verse sind Parallelbericht zu VV. 3f.

17,6 Samaria wurde im Spätherbst 722 v. Chr. erobert. Die Wegführung der Bevölkerung erfolgte erst 720 durch Sargon. Die genannten Gegenden liegen im nördlichen Mesopotamien. Medien ist das Bergland südwestlich des Kaspischen Meers.

17,16 Heer des Himmels: die Sterne, die von den östlichen Völkern als Götter verehrt wurden.

17,24 Die neue Bevölkerung kam aus dem Osten und Norden.

17,27 Er soll zu ihnen gehen: H: Sie sollen . . .

Bet-El nieder und belehrte sie, wie man den Herrn verehren müsse.

Die Religion der neuen Bevölkerung: 17,29–41

29 Jedes Volk aber schuf sich seine eigenen Götter und stellte sie in den Höhentempeln auf, die von den Bewohnern Samariens erbaut worden waren. Jedes Volk tat dies in der Stadt, in der es wohnte. 30 Die Leute aus Babel machten sich Bilder Sukkot-Benots. Die Ansiedler aus Kuta stellten Bilder Nergals her. Jene aus Hamat schufen Bilder Aschimas. 31 Die Awiter fertigten Bilder des Nibhas und des Tartak an. Die, die aus Sefarwajim gekommen waren, verbrannten ihre Kinder zur Ehre Adrammelechs und Anammelechs, der Götter von Sefarwajim. 32 Gleichzeitig verehrten sie aber auch den Herrn. Auch setzten sie aus ihren eigenen Reihen Priester für die Kulthöhen ein, die für sie in den Höhentempeln Dienst taten. 33 So verehrten sie den Herrn und dienten daneben ihren Göttern nach den Bräuchen der Völker, aus denen man sie weggeführt hatte.

34 Bis zum heutigen Tag handeln sie nach ihren früheren Bräuchen. Sie fürchten den Herrn nicht und halten sich nicht an die Satzungen und Bräuche, an das Gesetz und die Gebote, auf die der Herr die Nachkommen Jakobs, dem er den Namen Israel gegeben hatte, verpflichtet hat. 35 Der Herr hat nämlich mit ihnen einen Bund geschlossen und ihnen befohlen: Ihr dürft keine fremden Götter verehren, sie nicht anbeten, ihnen nicht dienen und ihnen keine Opfer darbringen. 36 Den Herrn allein, der euch mit großer Kraft und hoch erhobenem Arm aus Ägypten heraufgeführt hat, sollt ihr fürchten und anbeten und ihm eure Opfer darbringen. 37 Die Satzungen und Bräuche, das Gesetz und die Gebote, die er für euch niedergeschrieben hat, sollt ihr befolgen und alle Tage erfüllen. Fremde Götter aber dürft ihr nicht verehren. 38 Ihr sollt den Bund, den er mit euch geschlossen hat, nicht vergessen und fremde Götter nicht verehren. 39 Den Herrn allein, euren Gott, sollt ihr fürchten. Er wird euch aus der Gewalt all eurer Feinde erretten. 40 Doch sie wollten nicht hören, sondern sie handelten, wie sie es immer schon gewohnt waren. 41 Sie verehren den Herrn und dienen zugleich ihren Götzen. Was ihre Väter getan haben, das tun auch ihre Kinder und Kindeskinder bis zum heutigen Tag.

DIE WEITERE GESCHICHTE DES REICHES JUDA: 18,1 – 25,30

Hiskija: 18,1–12

18 Im dritten Jahr Hoscheas, des Sohnes Elas, des Königs von Israel, wurde Hiskija, der Sohn des Ahas, König von Juda. 2 Er war fünfundzwanzig Jahre alt, als er König wurde, und regierte neunundzwanzig Jahre in Jerusalem. Seine Mutter hieß Abi und war eine Tochter Secharjas. 3 Genau wie sein Vater David tat er, was dem Herrn gefiel. 4 Er schaffte die Kulthöhen ab, zerbrach die Steinmale, zerstörte den Kultpfahl und zerschlug die Kupferschlange, die Mose angefertigt hatte und der die Israeliten bis zu jener Zeit Rauchopfer darbrachten – man nannte sie Nehuschtan (Kupferbild). 5 Er setzte sein Vertrauen auf den Herrn, den Gott Israels. Unter allen Königen Judas, die nach ihm kamen oder vor ihm lebten, war keiner wie er. 6 Er hing dem Herrn an, ohne von ihm abzuweichen, und hielt die Gebote, die der Herr dem Mose gegeben hatte. 7 Daher war der Herr mit ihm; in allem, was er unternahm, hatte er Erfolg. So fiel er vom König von Assur ab und war ihm nicht länger untertan. 8 Auch schlug er die Philister bis Gaza und den Umkreis dieser Stadt, vom Wachtturm bis zur befestigten Stadt.

9 Im vierten Jahr des Königs Hiskija, das ist im siebten Jahr Hoscheas, des Sohnes Elas, des Königs von Israel, zog Salmanassar, der König von Assur, gegen Samaria und belagerte es. 10 Nach drei Jahren, das ist im sechsten Jahr Hiskijas und im neunten Jahr Hoscheas, des Königs von Israel, wurde Samaria erobert. 11 Der König von Assur verschleppte die Israeliten nach Assur und brachte sie nach Halach, an den Habor, ei-

17,30f Die Aufzählung nennt Namen von weniger oder nicht bekannten Gottheiten, die vom Volk mehr verehrt wurden als die Staatsgottheiten. Nergal ist der Gott der Unterwelt, der Sonnenhitze und der Pest.

17,34b–40a Einschaltung, die die Schuld der im Land verbliebenen Israeliten hervorhebt.

18,4 Zum ersten Mal wird berichtet, dass ein judäischer König die Kulthöhen beseitigt. – Zur Kupferschlange vgl. Num 21,4–9 und die Anmerkung zu Num 21,9.

nen Fluss von Gosan, und in die Städte der Meder. 12 Denn sie hatten auf die Stimme des Herrn, ihres Gottes, nicht gehört, seinen Bund gebrochen und die Gebote, die Mose, der Knecht des Herrn, verkündet hatte, übertreten und sie nicht befolgt.

1–3: 2 Chr 29,1f • 9–11: 17,5f.

Sanheribs Feldzug gegen Jerusalem: 18,13 – 19,37

Erste Gesandtschaft Sanheribs: 18,13–37

13 Im vierzehnten Jahr des Königs Hiskija zog Sanherib, der König von Assur, gegen alle befestigten Städte Judas und nahm sie ein. 14 Hiskija aber, der König von Juda, schickte Boten an den König von Assur nach Lachisch und ließ ihm sagen: Ich habe gefehlt. Lass ab von mir! Alles, was du mir auferlegst, will ich tragen. Der König von Assur verlangte von Hiskija, dem König von Juda, dreihundert Talente Silber und dreißig Talente Gold. 15 Hiskija musste alles Geld abliefern, das sich im Haus des Herrn und in den Schatzkammern des königlichen Palastes befand. 16 Damals ließ Hiskija, der König von Juda, die Türen am Tempel des Herrn und die Pfosten, die er mit Gold und Silber überzogen hatte, zerschlagen und lieferte das Metall an den König von Assur.

17 Doch der König von Assur sandte den Tartan, den Rabsaris und den Rabschake mit einer großen Streitmacht von Lachisch aus gegen König Hiskija. Sie zogen nach Jerusalem hinauf, stellten sich an der Wasserleitung des oberen Teiches auf, der an der Walkerfeldstraße liegt, 18 und ließen den König rufen. Der Palastvorsteher Eljakim, der Sohn Hilkijas, der Staatsschreiber Schebna und Joach, der Sohn Asafs, der Sprecher des Königs, gingen zu ihnen hinaus.

19 Der Rabschake sagte zu ihnen: Sagt zu Hiskija: So spricht der Großkönig, der König von Assur: Worauf vertraust du denn, dass du dich so sicher fühlst? 20 Du glaubst wohl, bloßes Gerede sei im Krieg schon Rat und Stärke? Auf wen vertraust du also, dass du von mir abgefallen bist? 21 Du vertraust gewiss auf Ägypten, dieses geknickte Schilfrohr, das jeden, der sich darauf stützt, in die Hand sticht und sie durchbohrt. Denn so macht es der Pharao, der König von Ägypten, mit allen, die ihm vertrauen. 22 Wenn ihr aber zu mir sagt: Wir vertrauen auf Jahwe, unseren Gott!, dann bedenkt: Ist nicht gerade er der Gott, dessen Kulthöhen und Altäre Hiskija beseitigt hat? Hat nicht Hiskija in Juda und Jerusalem angeordnet: Nur vor diesem Altar in Jerusalem dürft ihr euch niederwerfen? 23 Geh doch mit meinem Herrn, dem König von Assur, eine Wette ein! Ich gebe dir zweitausend Pferde: Kannst du die Reiter für sie stellen? 24 Wie willst du auch nur einen einzigen Statthalter meines Herrn in die Flucht schlagen, und wäre es der unbedeutendste seiner Knechte? Du vertraust ja nur auf Ägypten, auf seine Wagen und deren Besatzung. 25 Außerdem: Bin ich denn gegen den Willen Jahwes heraufgezogen, um dieses Land zu verwüsten? Jahwe selbst hat mir befohlen: Zieh gegen dieses Land, und verwüste es!

26 Da sagten Eljakim, der Sohn Hilkijas, sowie Schebna und Joach zu dem Rabschake: Sprich doch aramäisch mit deinen Knechten; wir verstehen es. Sprich vor den Ohren des Volkes, das auf der Mauer steht, nicht judäisch mit uns! 27 Der Rabschake antwortete ihnen: Hat mich mein Herr etwa beauftragt, das alles nur zu deinem Herrn und zu dir zu sagen und nicht vielmehr zu all den Männern, die auf der Mauer sitzen und ihren eigenen Kot essen und ihren Harn trinken wie ihr? 28 Dann trat der Rabschake vor und rief laut auf Judäisch: Hört die Worte des Großkönigs, des Königs von Assur! 29 So spricht der König: Lasst euch nicht von Hiskija betören; denn er kann euch nicht aus meiner Hand retten. 30 Er soll euch nicht verleiten, auf Jahwe zu vertrauen, und sagen: Jahwe wird uns sicher retten und diese Stadt wird dem König von Assur nicht in die Hände fallen. 31 Hört nicht auf Hiskija! Denn so spricht der König von Assur: Trefft mit

---

18,13–16 Nach assyrischen Quellen fand der Feldzug 701 v. Chr. statt; das ist das 26. Jahr Hiskijas. Das 14. Jahr ist aus 20,6 errechnet.

18,16 Ähnliches geschah unter Ahas (vgl. 16,17).

18,17–19,36 Die zeitliche Einordnung des hier beschriebenen Vorgangs ist schwer möglich.

18,17 Tartan, Rabsaris und Rabschake: assyrische Beamtenbezeichnungen, etwa Oberfeldherr, Oberkämmerer und Obermundschenk. – In Lachisch, südwestlich von Jerusalem, war das Hauptquartier des assyrischen Heeres. Die Eroberung der Stadt ist auf einem Relief in Ninive dargestellt.

18,21 Der Zug Sanheribs war durch ein Bündnis der westlichen Vasallen mit Ägypten veranlasst.

18,26 Das Aramäische begann vom 8. bis 6. Jh. zur Sprache des Handels und der Diplomatie zu werden. Der Text setzt voraus, dass es in Jerusalem von den höheren Beamten, nicht aber vom Volk verstanden wurde.

18,29 aus meiner Hand: Text korr.; H: aus seiner Hand.

mir ein Abkommen und ergebt euch! Dann
kann jeder von euch von seinem Weinstock
und von seinem Feigenbaum essen und Was-
ser aus seiner Zisterne trinken, 32 bis ich
komme und euch in ein Land bringe, das eu-
rem Land gleicht: in ein Land voll Getreide
und Most, ein Land voll Brot und Wein, ein
Land mit Ölbäumen und Honig. So werdet
ihr am Leben bleiben und nicht umkommen.
Hört nicht auf Hiskija; denn er führt euch in
die Irre, wenn er sagt: Jahwe wird uns retten.
33 Hat denn einer von den Göttern der ande-
ren Völker sein Land vor dem König von As-
sur gerettet? 34 Wo sind die Götter von Ha-
mat und Arpad? Wo sind die Götter von Se-
farwajim, Hena und Awa? Haben sie etwa
Samaria vor mir gerettet? 35 Wer von all den
Göttern der anderen Länder hat sein Land
vor mir gerettet? Wie sollte dann Jahwe Je-
rusalem vor mir retten? 36 Das Volk aber
schwieg und gab ihm keine Antwort; denn
der König hatte befohlen: Ihr dürft ihm nicht
antworten.
37 Der Palastvorsteher Eljakim, der Sohn
Hilkijas, der Staatsschreiber Schebna und
Joach, der Sohn Asafs, der Sprecher des
Königs, zerrissen ihre Kleider, gingen zu
Hiskija und berichteten ihm, was der Rab-
schake gesagt hatte.

13–37 ‖ Jes 36,1–22; 2 Chr 32,1–19 • 17: Jes 7,3.

Die Reaktion des Königs Hiskija: 19,1–7

19 Als König Hiskija das hörte, zerriss
er seine Kleider, legte ein Trauerge-
wand an und ging in das Haus des Herrn.
2 Dann sandte er den Palastvorsteher Elja-
kim, den Staatsschreiber Schebna und die
Ältesten der Priester in Trauergewändern zu
dem Propheten Jesaja, dem Sohn des Amoz.
3 Sie sagten zu ihm: So spricht Hiskija: Heute
ist ein Tag der Not, der Strafe und der
Schande. Die Kinder sind bis an die Öffnung
des Mutterschoßes gelangt, doch den Frauen
fehlt die Kraft zum Gebären. 4 Aber viel-
leicht hört der Herr, dein Gott, alle Worte des
Rabschake, den sein Herr, der König von As-
sur, hergesandt hat, damit er den lebendigen
Gott beschimpft, und vielleicht schickt der
Herr, dein Gott, eine Strafe für die Worte,
die er gehört hat. Darum bete für den Rest,
der noch übrig ist. 5 Jesaja antwortete den
Abgesandten des Königs Hiskija, die zu ihm
gekommen waren: 6 Sagt zu eurem Herrn
Folgendes: So spricht der Herr: Fürchte dich
nicht wegen der Worte, die du gehört hast
und mit denen die Knechte des Königs von
Assur mich verhöhnt haben. 7 Seht, ich lege
einen Geist in ihn, sodass er ein Gerücht hört
und in sein Land zurückkehrt; dort bringe
ich ihn durch das Schwert zu Fall.

1–7 ‖ Jes 37,1–7 • 3: Hos 13,13.

Die zweite Gesandtschaft Sanheribs:
19,8–13

8 Der Rabschake trat den Rückweg an und
fand den König von Assur im Kampf gegen
die Stadt Libna. Sanherib war inzwischen,
wie der Rabschake gehört hatte, von La-
chisch abgezogen. 9 Dann erfuhr Sanherib,
dass Tirhaka, der König von Kusch, zum
Kampf gegen ihn heranzog. Er schickte wie-
derum Boten zu Hiskija mit dem Auftrag:
10 So sollt ihr zu Hiskija, dem König von
Juda, sagen: Lass dir nicht von deinem Gott,
auf den du vertraust, einreden, Jerusalem
werde dem König von Assur nicht in die
Hände fallen. 11 Du hast doch gehört, was die
Könige von Assur mit allen anderen Ländern
gemacht haben. Sie haben sie dem Unter-
gang geweiht. Und du meinst, du wirst geret-
tet? 12 Sind denn die Völker, die von meinen
Vätern vernichtet wurden, von ihren Göttern
gerettet worden, die Völker von Gosan,
Haran und Rezef, die Söhne von Eden, die in
Telassar wohnten? 13 Wo ist der König von
Hamat, der König von Arpad, der König der
Stadt Sefarwajim, wo sind die Könige von
Hena und Awa?

8–13 ‖ Jes 37,8–13.

Das Gebet des Königs: 19,14–19

14 Hiskija nahm das Schreiben von den
Boten in Empfang und las es. Dann ging er
zum Haus des Herrn hinauf, breitete das
Schreiben vor dem Herrn aus 15 und betete
vor dem Herrn; er sagte: Herr, Gott Israels,
der über den Kerubim thront, du allein bist
der Gott aller Reiche der Erde. Du hast den
Himmel und die Erde gemacht. 16 Wende mir
dein Ohr zu, Herr, und höre! Öffne, Herr,
deine Augen und sieh her! Hör alles, was
Sanherib sagt, der seinen Boten hergesandt
hat, um den lebendigen Gott zu verhöhnen.
17 Es ist wahr, Herr, die Könige von Assur
haben die Völker vernichtet, ihre Länder
verwüstet 18 und ihre Götter ins Feuer ge-
worfen. Aber das waren keine Götter, son-
dern Werke von Menschenhand, aus Holz
und Stein; darum konnte man sie vernichten.

19,9 Tirhaka, der 690–664 v. Chr. als dritter Pharao der 25., nubischen Dynastie regierte, war 701 für seinen Bruder Schebitku Oberbefehlshaber des ägyptischen Heeres in Palästina.

19 Nun aber, Herr, unser Gott, rette uns aus seiner Hand, damit alle Reiche der Erde erkennen, dass du, Jahwe, Gott bist, du allein.

14–19 ǁ Jes 37,14–20.

Die Verheißung der göttlichen Hilfe durch Jesaja: 19,20–34

20 Jesaja, der Sohn des Amoz, schickte zu Hiskija (einen Boten) und ließ ihm sagen: So spricht der Herr, der Gott Israels: Ich habe gehört, wie du wegen des Königs Sanherib von Assur zu mir gebetet hast. 21 Das ist das Wort des Herrn gegen ihn:

Dich verachtet, dich verspottet / die Jungfrau, die Tochter Zion.

Die Tochter Jerusalem / schüttelt spöttisch den Kopf über dich.

22 Wen hast du beschimpft und verhöhnt, / gegen wen die Stimme erhoben, / auf wen voll Hochmut herabgeblickt? / Auf den Heiligen Israels.

23 Durch deine Gesandten hast du den Herrn verhöhnt; / du hast gesagt: / Mit meinen zahlreichen Wagen fuhr ich / auf die Höhen der Berge, / in die fernsten Winkel des Libanon. / Ich fällte seine hohen Zedern, / seine schönsten Zypressen, / kam bis zu seinen entlegensten Hütten, / in das Dickicht seiner Wälder.

24 Ich habe Brunnen gegraben / und fremdes Wasser getrunken. / Ich ließ unter dem Schritt meiner Füße / alle Ströme Ägyptens vertrocknen.

25 Hast du nicht gehört: / Schon vor langer Zeit habe ich es so gefügt, / seit den Tagen der Vorzeit habe ich es so geplant; / jetzt ließ ich es kommen. / So konntest du befestigte Städte zerstören / und in Trümmer verwandeln.

26 Ihre Bewohner waren machtlos, / in Schrecken und Schande gestoßen. / Sie glichen den Pflanzen auf dem Feld / und dem frischen Grün, / dem Gras auf den Dächern, / das im Ostwind verdorrt.

27 Ich weiß, ob du ruhst, ob du gehst oder kommst, / ob du dich gegen mich auflehnst.

28 Weil du gegen mich wütest / und dein Lärm meine Ohren erreicht hat, / ziehe ich dir einen Ring durch die Nase / und lege dir einen Zaum in das Maul. / Auf dem Weg, auf dem du herankamst, / treibe ich dich wieder zurück.

29 Und das soll für dich (Hiskija) ein Vorzeichen sein: In diesem Jahr isst man, was von selbst nachwächst, im nächsten Jahr, was wild wächst; im dritten Jahr aber sollt ihr wieder säen und ernten, die Weinberge bepflanzen und ihre Früchte genießen. 30 Wer vom Haus Juda entronnen und übrig geblieben ist, wird wieder unten Wurzeln treiben und oben Frucht tragen. 31 Denn von Jerusalem wird ein Rest ausziehen, vom Berg Zion ziehen die Geretteten hinaus. Der leidenschaftliche Eifer des Herrn wird das vollbringen. 32 Darum – so spricht der Herr über den König von Assur: Er wird nicht in diese Stadt eindringen; er wird keinen einzigen Pfeil hineinschießen, er wird nicht unter dem Schutz seines Schildes gegen sie anrennen und keinen Damm gegen sie aufschütten. 33 Auf dem Weg, auf dem er gekommen ist, wird er wieder zurückkehren. Aber in diese Stadt wird er nicht eindringen – Spruch des Herrn. 34 Ich werde diese Stadt beschützen und retten, um meinetwillen und um meines Knechtes David willen.

20–34 ǁ Jes 37,21–35 • 26: Ps 129,6 • 28: Ez 38,4 • 30: Ps 80,10.

Die Rettung der Stadt: 19,35–37

35 In jener Nacht zog der Engel des Herrn aus und erschlug im Lager der Assyrer hundertfünfundachtzigtausend Mann. Als man am nächsten Morgen aufstand, fand man sie alle als Leichen. 36 Da brach Sanherib, der König von Assur, auf und kehrte in sein Land zurück. Er blieb in Ninive. 37 Als er eines Tages im Tempel seines Gottes Nisroch betete, erschlugen ihn seine Söhne Adrammelech und Sarezer mit dem Schwert. Darauf mussten sie in das Land Ararat fliehen und Sanheribs Sohn Asarhaddon wurde König an seiner Stelle.

35–37 ǁ Jes 37,36–38.

Die Krankheit Hiskijas: 20,1–11

20 In jenen Tagen wurde Hiskija schwer krank und war dem Tod nahe. Der Prophet Jesaja, der Sohn des Amoz, kam zu ihm und sagte: So spricht der Herr: Bestell dein Haus; denn du wirst sterben, du wirst nicht am Leben bleiben. 2 Da drehte sich Hiskija mit dem Gesicht zur Wand und betete zum Herrn: 3 Ach, Herr, denk daran, dass

19,21 »Jungfrau« und »Tochter« sind bei den Propheten Bezeichnungen für die Bevölkerung von Ländern oder Städten.

19,26 Ostwind: Text korr. nach dem Jesaja-Text von Qumran.

19,28 dein Lärm: Text sinngemäß korr.; H: deine Sorglosigkeit.

19,29f Der Spruch setzt voraus, dass zwei Jahre hindurch keine Aussaat, aber eine kärgliche Ernte möglich ist.

19,37 seine Söhne: ergänzt nach Jes 37,38.

ich mein Leben lang treu und mit aufrichti-
gem Herzen meinen Weg vor deinen Augen
gegangen bin und dass ich immer getan habe,
was dir gefällt. Und Hiskija begann laut zu
weinen. 4 Jesaja hatte aber die innere Stadt
noch nicht verlassen, als das Wort des Herrn
an ihn erging: 5 Kehr um und sag zu Hiskija,
dem Fürsten meines Volkes: So spricht der
Herr, der Gott deines Vaters David: Ich habe
dein Gebet gehört und deine Tränen gesehen.
Nun heile ich dich. Übermorgen wirst du
zum Haus des Herrn hinaufgehen; 6 zu deiner
Lebenszeit will ich noch fünfzehn Jahre hin-
zufügen. Und ich will dich und diese Stadt
aus der Hand des Königs von Assur retten
und diese Stadt beschützen, um meinetwil-
len und um meines Knechtes David willen.
8 Hiskija aber fragte Jesaja: Was ist das
Zeichen dafür, dass der Herr mich heilen
wird und ich übermorgen zum Haus des
Herrn hinaufgehen werde? 9 Jesaja antwor-
tete: Das soll für dich das Zeichen des Herrn
sein, dass der Herr sein Versprechen halten
wird: Soll der Schatten zehn Stufen weiter
abwärts oder zehn Stufen rückwärts gehen?
10 Hiskija erwiderte: Für den Schatten ist es
ein Leichtes, zehn Stufen weiter abwärts zu
gehen. Nein, er soll zehn Stufen rückwärts
gehen. 11 Da rief der Prophet Jesaja zum
Herrn und dieser ließ den Schatten die zehn
Stufen zurückgehen, die er auf den Stufen
des Ahas bereits herabgestiegen war. 7 Da-
rauf sagte Jesaja: Holt einen Feigenbrei!
Man holte ihn, strich ihn auf das Geschwür
und der König wurde gesund.

1–11 || Jes 38,1–8; 2 Chr 32,24–26.

Die Gesandtschaft aus Babel: 20,12–21

12 Damals sandte Merodach-Baladan, der
Sohn Baladans, der König von Babel, einen
Brief und Geschenke an Hiskija; denn er hat-
te von seiner Krankheit gehört. 13 Hiskija
freute sich darüber und zeigte den Gesand-
ten sein ganzes Schatzhaus, das Silber und
das Gold, die Vorräte an Balsam und feinem
Öl, sein Waffenlager und alle anderen Schät-
ze, die er besaß. Es gab nichts in seinem
Haus und in seinem Herrschaftsbereich, das
er ihnen nicht gezeigt hätte. 14 Danach kam
der Prophet Jesaja zu König Hiskija und
fragte ihn: Was haben diese Männer gesagt?
Woher sind sie gekommen? Hiskija antwor-
tete: Sie sind aus einem fernen Land, aus
Babel, gekommen. 15 Er fragte weiter: Was
haben sie in deinem Haus gesehen? Hiskija
antwortete: Sie haben alles gesehen, was in
meinem Haus ist. Es gibt nichts in meinen
Schatzkammern, das ich ihnen nicht gezeigt
hätte. 16 Da sagte Jesaja zu Hiskija: Höre das
Wort des Herrn: 17 Es werden Tage kommen,
an denen man alles, was in deinem Haus ist,
alles, was deine Väter bis zum heutigen Tag
angesammelt haben, nach Babel bringt.
Nichts wird übrig bleiben, spricht der Herr.
18 Auch von deinen eigenen Söhnen, die du
noch bekommen wirst, wird man einige mit-
nehmen und sie werden als Kämmerer im
Palast des Königs von Babel dienen müssen.
19 Hiskija sagte zu Jesaja: Das Wort des
Herrn, das du mir gesagt hast, ist gut. Und er
dachte: Wenn nur zu meinen Lebzeiten noch
Friede und Sicherheit herrschen.
20 Die übrige Geschichte Hiskijas und alle
seine Erfolge, wie er den Teich und die Was-
serleitung angelegt und das Wasser in die
Stadt geleitet hat, das alles ist aufgezeichnet
in der Chronik der Könige von Juda. 21 His-
kija entschlief zu seinen Vätern und sein
Sohn Manasse wurde König an seiner
Stelle.

12–19 || Jes 39,1–8.

Manasse: 21,1–18

21 Manasse war zwölf Jahre alt, als er
König wurde, und regierte fünfund-
fünfzig Jahre in Jerusalem. Seine Mutter
hieß Hefzi-Bah. 2 Er tat, was dem Herrn
missfiel, und ahmte die Gräuel der Völker
nach, die der Herr vor den Israeliten vertrie-
ben hatte. 3 Er baute die Kulthöhen wieder
auf, die sein Vater Hiskija zerstört hatte, er-
richtete Altäre für den Baal, ließ einen
Kultpfahl anfertigen, wie es schon Ahab, der
König von Israel, getan hatte, warf sich vor
dem ganzen Heer des Himmels nieder und
diente ihm. 4 Auch baute er Altäre im Haus
des Herrn, obwohl der Herr gesagt hatte: Auf
Jerusalem will ich meinen Namen legen. 5 In

20,8 V. 7 ist wegen des Zusammenhangs nach V. 11 eingereiht.
20,9 soll der Schatten: Text korr. nach G. Es kann sich um die Beobachtung des Schattens an einer Sonnenuhr oder an den Stufen der Treppe handeln.
20,12 Merodach: nach G und Jes 39,1; H: Berodach.
20,13 freute sich: Text korr. nach G und Jes 39,2; H: hörte davon. – Merodach-Baladan hatte sich im Kampf gegen Assur zum König von Babylon gemacht und suchte Bundesgenossen. Hiskija scheint bereit gewesen zu sein und zeigte seine Schätze, um sich als leistungsfähigen Helfer zu empfehlen. Jesaja hatte wiederholt vor solchen Bündnissen gewarnt.
21,3 Heer des Himmels: vgl. die Anmerkung zu 17,16.

den beiden Höfen des Tempels baute er Altä-
re für das ganze Heer des Himmels. 6 Er ließ
seinen Sohn durch das Feuer gehen, trieb
Zauberei und Wahrsagerei, bestellte Toten-
beschwörer und Zeichendeuter. So tat er vie-
les, was dem Herrn missfiel und ihn erzürn-
te. 7 Er brachte auch den Kultpfahl, den er
hatte anfertigen lassen, in das Haus, von dem
der Herr zu David und dessen Sohn Salomo
gesagt hatte: Auf dieses Haus und auf Jeru-
salem, das ich aus allen Stämmen Israels
auserwählt habe, will ich meinen Namen auf
ewig legen. 8 Ich werde Israels Fuß nicht
mehr unstet außerhalb des Landes wandern
lassen, das ich ihren Vätern gegeben habe,
wenn sie nur alles befolgen, was ich ihnen
geboten habe, und mein ganzes Gesetz ein-
halten, das ihnen mein Knecht Mose gegeben
hat. 9 Doch sie wollten nicht hören und Ma-
nasse verführte sie, noch Schlimmeres zu tun
als die Völker, die der Herr vor den Augen
der Israeliten vernichtet hatte.

10 Da ließ der Herr durch seine Knechte,
die Propheten, sagen: 11 Weil Manasse, der
König von Juda, diese Gräuel verübt und
noch Schlimmeres getrieben hat als die
Amoriter vor ihm, weil er auch Juda durch
seine Götzen zur Sünde verführt hat, 12 da-
rum – so spricht der Herr, der Gott Israels:
Ich bringe Unheil über Jerusalem und Juda,
sodass jedem, der davon hört, beide Ohren
gellen werden. 13 Ich will an Jerusalem die
Messschnur Samarias und die Waage des
Hauses Ahab anlegen und Jerusalem auswi-
schen, wie man eine Schüssel auswischt und
dann umdreht. 14 Den Rest meines Erbbesit-
zes will ich preisgeben und den Feinden aus-
liefern. So wird mein Volk ein Raub und eine
Beute all seiner Feinde werden; 15 denn es
hat getan, was mir missfällt, und mich er-
zürnt seit dem Tag, da seine Väter aus Ägyp-
ten zogen, bis zum heutigen Tag. 16 Manasse
vergoss unschuldiges Blut in Strömen, bis er
Jerusalem von einem Ende zum andern da-
mit anfüllte; er verführte Juda zur Sünde,
sodass es tat, was dem Herrn missfiel.

17 Die übrige Geschichte Manasses, alle
seine Taten und die Sünden, die er beging,
sind aufgezeichnet in der Chronik der Köni-
ge von Juda. 18 Manasse entschlief zu seinen
Vätern und wurde im Garten seines Hauses,
im Garten Usas, begraben. Sein Sohn Amon
wurde König an seiner Stelle.

1–18 ‖ 2 Chr 33,1–20 • 3: 1 Kön 16,33 • 4: 1 Kön 8,16 • 8: 2 Sam 7,10 • 18: 2 Chr 33,20.

Amon: 21,19–26

19 Amon war zweiundzwanzig Jahre alt,
als er König wurde, und regierte zwei Jahre
in Jerusalem. Seine Mutter hieß Meschulle-
met und war eine Tochter des Haruz aus Jot-
ba. 20 Wie sein Vater Manasse tat er, was dem
Herrn missfiel, 21 und folgte ganz den Wegen,
die sein Vater gegangen war. Er diente den
Götzen, die sein Vater verehrt hatte, und
warf sich vor ihnen nieder. 22 Er verließ den
Herrn, den Gott seiner Väter, und hielt sich
nicht an die Wege des Herrn. 23 Gegen ihn
zettelten seine Diener eine Verschwörung an
und töteten ihn in seinem Haus. 24 Doch die
Bürger des Landes erschlugen alle, die sich
gegen den König Amon verschworen hatten,
und machten seinen Sohn Joschija zum Kö-
nig an seiner Stelle.

25 Die übrige Geschichte Amons, seine Ta-
ten, sind aufgezeichnet in der Chronik der
Könige von Juda. 26 Man begrub ihn in sei-
nem Grab im Garten Usas und sein Sohn
Joschija wurde König an seiner Stelle.

19–24 ‖ 2 Chr 33,21–25.

Joschija, Einleitung: 22,1–2

22 Joschija war acht Jahre alt, als er
König wurde, und regierte einund-
dreißig Jahre in Jerusalem. Seine Mutter
hieß Jedida und war eine Tochter Adajas aus
Bozkat. 2 Er tat, was dem Herrn gefiel, und
folgte ganz den Wegen seines Vaters David,
ohne nach rechts oder links abzuweichen.

1–2 ‖ 2 Chr 34,1–2.

Die Auffindung des Gesetzbuches: 22,3–20

3 Im achtzehnten Jahr seiner Regierung
sandte König Joschija den Staatsschreiber
Schafan, den Sohn Azaljas, des Sohnes Me-
schullams, in das Haus des Herrn mit dem
Auftrag: 4 Geh zum Hohenpriester Hilkija!
Er soll das Geld ausschütten, das in das Haus
des Herrn gebracht worden ist und das die
Wächter an den Schwellen vom Volk gesam-
melt haben. 5 Man soll es den Werkmeistern
geben, die im Haus des Herrn angestellt sind,
und diese sollen es für die Arbeiter verwen-
den, die im Tempel die Schäden des Hauses
zu beseitigen haben, 6 für die Zimmerleute,
Bauarbeiter, Maurer, sowie zum Ankauf von
Holz und Bruchsteinen, die man zur Beseiti-
gung der Schäden am Haus des Herrn benö-
tigt. 7 Doch soll man über das Geld, das

22,3f Es ist das Jahr 623/22 v. Chr. Ähnlich wurde unter Joasch Geld zur Instandsetzung des Tempels beschafft (vgl. 12,10–16).

22,4 ausschütten: korr. nach V. 9; H: fertig machen.

ihnen übergeben wird, nicht abrechnen. Sie
sollen auf Treu und Glauben handeln.
8 Damals teilte der Hohepriester Hilkija
dem Staatsschreiber Schafan mit: Ich habe
im Haus des Herrn das Gesetzbuch gefun-
den. Hilkija übergab Schafan das Buch und
dieser las es. 9 Darauf begab sich der Staats-
schreiber Schafan zum König und meldete
ihm: Deine Knechte haben das Geld ausge-
schüttet, das sich im Haus vorfand, und es
den Werkmeistern übergeben, die im Haus
des Herrn angestellt sind. 10 Dann sagte der
Staatsschreiber Schafan zum König: Der
Priester Hilkija hat mir ein Buch gegeben.
Schafan las es dem König vor. 11 Als der Kö-
nig die Worte des Gesetzbuches hörte, zerriss
er seine Kleider 12 und befahl dem Priester
Hilkija sowie Ahikam, dem Sohn Schafans,
Achbor, dem Sohn Michas, dem Staats-
schreiber Schafan und Asaja, dem Diener
des Königs: 13 Geht und befragt den Herrn
für mich, für das Volk und für ganz Juda we-
gen dieses Buches, das aufgefunden wurde.
Der Zorn des Herrn muss heftig gegen uns
entbrannt sein, weil unsere Väter auf die
Worte dieses Buches nicht gehört und weil
sie nicht getan haben, was in ihm niederge-
schrieben ist.
14 Da gingen der Priester Hilkija, Ahikam,
Achbor, Schafan und Asaja zur Prophetin
Hulda. Sie war die Frau Schallums, des Soh-
nes Tikwas, des Sohnes des Harhas, des Ver-
walters der Kleiderkammer, und wohnte in
Jerusalem in der Neustadt. Die Abgesandten
trugen ihr alles vor 15 und sie gab ihnen diese
Antwort: So spricht der Herr, der Gott Isra-
els: Sagt zu dem Mann, der euch zu mir ge-
schickt hat: 16 So spricht der Herr: Ich bringe
Unheil über diesen Ort und seine Bewohner,
alle Drohungen des Buches, das der König
von Juda gelesen hat. 17 Denn sie haben mich
verlassen, anderen Göttern geopfert und
mich durch alle Werke ihrer Hände erzürnt.
Darum ist mein Zorn gegen diesen Ort ent-
brannt und er wird nicht erlöschen. 18 Sagt
aber zum König von Juda, der euch herge-
sandt hat, um den Herrn zu befragen: So
spricht der Herr, der Gott Israels: Durch die
Worte, die du gehört hast, 19 wurde dein Herz
erweicht. Du hast dich vor dem Herrn gede-
mütigt, als du vernahmst, was ich über die-
sen Ort und seine Bewohner gesprochen
habe: dass sie zu einem Bild des Entsetzens
und zum Fluch werden sollen. Du hast deine
Kleider zerrissen und vor mir geweint. Da-
rum habe ich dich erhört – Spruch des Herrn.
20 Ich werde dich mit deinen Vätern vereinen
und du sollst in Frieden in deinem Grab bei-
gesetzt werden. Deine Augen sollen all das
Unheil nicht mehr sehen, das ich über diesen
Ort bringen werde. – Sie berichteten dies
dem König.

3–20 ‖ 2 Chr 34,8–28.

Die Beseitigung von Missständen: 23,1–27

23 Der König ließ alle Ältesten Judas
und Jerusalems bei sich zusammen-
kommen. 2 Er ging zum Haus des Herrn hi-
nauf mit allen Männern Judas und allen Ein-
wohnern Jerusalems, den Priestern und Pro-
pheten und allem Volk, Jung und Alt. Er ließ
ihnen alle Worte des Bundesbuches vorlesen,
das im Haus des Herrn gefunden worden
war. 3 Dann trat der König an die Säule und
schloss vor dem Herrn diesen Bund: Er wolle
dem Herrn folgen, auf seine Gebote, Satzun-
gen und Gesetze von ganzem Herzen und
ganzer Seele achten und die Vorschriften des
Bundes einhalten, die in diesem Buch nie-
dergeschrieben sind. Das ganze Volk trat
dem Bund bei.
4 Hierauf befahl der König dem Hohen-
priester Hilkija, den Priestern des zweiten
Ranges und den Wächtern an den Schwellen,
alle Gegenstände aus dem Tempel des Herrn
hinauszuschaffen, die für den Baal, die
Aschera und das ganze Heer des Himmels
angefertigt worden waren. Er ließ sie außer-
halb Jerusalems bei den Terrassen des
Kidrontals verbrennen und die Asche nach
Bet-El bringen. 5 Auch setzte er die Götzen-
priester ab, die von den Königen von Juda
bestellt worden waren und die auf den Kult-
höhen, in den Städten Judas und in der Um-
gebung Jerusalems Opfer verbrannt sowie
dem Baal, der Sonne, dem Mond, den Bildern
des Tierkreises und dem ganzen Heer des
Himmels geopfert hatten. 6 Den Kultpfahl
schaffte er aus dem Haus des Herrn und aus
Jerusalem hinaus in das Kidrontal und ver-
brannte ihn dort; er zermalmte ihn zu Staub

22,8 Die Reform Joschijas (Kap. 23) betrifft hauptsächlich den Kult, lässt aber den Schluss zu, dass es sich beim aufgefundenen Gesetzbuch um eine Sammlung von Gesetzen handelt, die im wesentlichen Dtn 12–29 entspricht. Sie konnte während der langen Regierung Manasses in Vergessenheit geraten sein.

22,13 in ihm niedergeschrieben ist: Text korr. nach 2 Chr 34,21; H: gegen uns niedergeschrieben ist.

22,20 Der Aufschub der Strafe wird als Wohltat bezeichnet (vgl. 1 Kön 11,35; 21,29; 2 Kön 20,19).

23,3 schloss diesen Bund: Er verpflichtete das Volk zur Befolgung der im Buch verzeichneten Gebote.

und streute diesen auf die Gräber des einfa-
chen Volkes. 7 Ferner riss er die Gemächer
der Hierodulen am Tempel nieder, in denen
die Frauen Schleier für die Aschera webten.
8 Er holte alle Priester aus den Städten Judas
weg und machte die Kulthöhen von Geba bis
Beerscheba, auf denen die Priester geopfert
hatten, unrein. Er zerstörte die Torhöhen,
die am Eingang zum Tor des Stadtobersten
Josua auf der linken Seite dessen waren, der
das Stadttor betrat. 9 Doch durften die Hö-
henpriester nicht an den Altar des Herrn in
Jerusalem treten, sondern nur von den unge-
säuerten Broten inmitten ihrer Brüder essen.
10 Ebenso machte er das Tofet im Tal der
Söhne Hinnoms unrein, damit niemand
mehr seinen Sohn oder seine Tochter für den
Moloch durch das Feuer gehen ließ. 11 Er ent-
fernte die Pferde, die die Könige von Juda zu
Ehren der Sonne am Eingang zum Haus des
Herrn bei der Zelle des Kämmerers Netan-
Melech am Parwar aufgestellt hatten, und
verbrannte die Sonnenwagen im Feuer.
12 Auch die Altäre, die die Könige von Juda
auf dem Dach über dem Obergemach des
Ahas errichtet hatten, sowie die Altäre, die
Manasse in den beiden Höfen des Tempels
aufgestellt hatte, ließ der König abbrechen.
Er schlug sie dort in Trümmer und warf ih-
ren Schutt in das Kidrontal. 13 Desgleichen
entweihte der König die Kulthöhen östlich
von Jerusalem, südlich vom Berg des Verder-
bens, die Salomo, der König von Israel, für
Astarte, die Göttin der Sidonier, für Ke-
mosch, den Götzen der Moabiter, und für
Milkom, den Gräuel der Ammoniter, erbaut
hatte. 14 Er zerbrach die Steinmale, hieb die
Kultpfähle um und füllte ihre Stätten mit
Menschenknochen.

15 Auch den Altar von Bet-El, die Kulthöhe,
die Jerobeam, der Sohn Nebats, der Verfüh-
rer Israels, errichtet hatte, auch diesen Altar
zerstörte er samt der Kulthöhe. Er steckte
das Höhenheiligtum in Brand, zermalmte die
Steine zu Staub und verbrannte den
Kultpfahl. 16 Als Joschija sich umwandte
und die Gräber sah, die dort auf dem Berg
waren, ließ er die Gebeine aus ihnen nehmen
und auf dem Altar verbrennen. So machte er
ihn unrein gemäß dem Wort des Herrn, das
der Gottesmann ausgerufen hatte, der diese
Drohung aussprach. 17 Und als dann der
König fragte: Was ist das für ein Denkmal,
das ich hier sehe?, antworteten ihm die Män-
ner der Stadt: Das ist das Grab des Gottes-
mannes, der aus Juda gekommen war und vo-
rausgesagt hatte, was du am Altar von Bet-El
getan hast. 18 Da befahl er: Lasst ihn ruhen!
Niemand soll seine Gebeine berühren. So
ließ man seine Gebeine samt den Gebeinen
des Propheten, der aus Samaria stammte,
ungestört. 19 Auch beseitigte Joschija alle
Höhentempel in den Städten Samariens, die
die Könige von Israel errichtet und durch die
sie den Herrn erzürnt hatten. Er verfuhr mit
ihnen so, wie er es in Bet-El getan hatte.
20 Alle Höhenpriester, die dort waren, ließ er
auf den Altären niedermachen und Men-
schengebeine auf den Altären verbrennen.
Darauf kehrte er nach Jerusalem zurück.

21 Nun befahl der König dem ganzen Volk:
Feiert das Paschafest zur Ehre des Herrn,
eures Gottes, wie es in diesem Bundesbuch
vorgeschrieben ist. 22 Ein solches Pascha
war nämlich nicht gefeiert worden seit den
Tagen der Richter, die Israel regierten, auch
nicht in der ganzen Zeit der Könige von Isra-
el und Juda. 23 Erst im achtzehnten Jahr des
Königs Joschija wurde dieses Pascha zur
Ehre des Herrn in Jerusalem begangen.
24 Auch die Totenbeschwörer und Zeichen-
deuter, die Hausgötter, Götzen und alle
Gräuel, die im Land Juda und in Jerusalem
zu sehen waren, fegte Joschija hinweg. So
führte er die Worte des Gesetzes aus, die in
dem Buch niedergeschrieben waren, das der

23,7 Hierodulen: Tempeldirnen (vgl. die Anmerkung zu 1 Kön 14,24). Die Bedeutung der Schleier ist unbekannt.

23,8 Es sind Jahwepriester, die auf den Kulthöhen außerhalb Jerusalems Dienst taten (vgl. die Anmerkung zu 1 Kön 3,2). Durch ihre Abberufung hörten die Opfer an jenen Orten auf und der Tempel wurde zur einzigen Kultstätte gemäß Dtn 12,5–18. – Torhöhen sind Opferstätten, die nach dem Vorbild der Kulthöhen an den Stadttoren errichtet wurden.

23,9 Missstände, die sich an den Kulthöhen eingestellt hatten, konnten zu Zweifeln an der Eignung dieser Priester führen. Erst Dtn 18,6–8 brachte ihnen die volle Gleichberechtigung.

23,10 Tofet: eine heidnische Kultstätte zu Ehren des Gottes Moloch im Hinnomtal südlich von Jerusalem (vgl. Jes 30,33; Jer 7,32; 19,6.11–14). Zu Moloch vgl. die Anmerkung zu Lev 18,21.

23,11 Die Sonne wurde in der Umwelt Israels als Gottheit verehrt. Die hier gemachte Aussage ist dunkel. Parwar ist wahrscheinlich ein Hof oder Platz an der Westseite des Tempels.

23,12 Die Altäre auf dem Dach des Obergemachs haben wohl dem Gestirnkult gedient.

23,19 Joschija hatte demnach Teile des ehemaligen Nordreichs unter seine Herrschaft gebracht und so das Reich Davids in kleinerem Umfang wiederhergestellt. Durch die Zerstörung von Bet-El war zugleich das Heiligtum beseitigt, das die religiöse Spaltung des Volkes begründet hatte.

23,22 Vgl. die Anmerkung zu 2 Chr 35,18.

Priester Hilkija im Haus des Herrn gefun-
den hatte. 25 Es gab vor ihm keinen König,
der so mit ganzem Herzen, mit ganzer Seele
und mit all seinen Kräften zum Herrn um-
kehrte und so getreu das Gesetz des Mose
befolgte, und auch nach ihm war keiner wie
er.
26 Doch der Herr ließ von der gewaltigen
Glut seines Zornes nicht ab. Sein Zorn war
über Juda entbrannt wegen all der Kränkun-
gen, die Manasse ihm zugefügt hatte.
27 Darum sprach der Herr: Auch Juda will
ich von meinem Angesicht entfernen, wie ich
Israel entfernt habe. Ich verwerfe diese Stadt
Jerusalem, die ich erwählt habe, und das
Haus, von dem ich gesagt habe: Hier wird
mein Name sein.

1-3 ‖ 2 Chr 34,29–33 • 13: 1 Kön 11,7 • 16: 1 Kön 13,2 • 21: 2 Chr 35,1–19 • 25: Dtn 6,5.

Das Ende Joschijas: 23,28–30

28 Die übrige Geschichte Joschijas und alle
seine Taten sind aufgezeichnet in der Chro-
nik der Könige von Juda. 29 In seinen Tagen
unternahm der Pharao Necho, der König von
Ägypten, einen Kriegszug gegen den König
von Assur an den Eufrat. König Joschija
stellte sich ihm entgegen. Doch der Pharao
tötete ihn bei Megiddo, sobald er ihn sah.
30 Die Diener Joschijas hoben den Toten auf
einen Wagen, brachten ihn von Megiddo weg
nach Jerusalem und begruben ihn in seinem
Grab. Dann nahmen die Bürger des Landes
Joahas, den Sohn Joschijas, salbten ihn und
machten ihn zum König an seines Vaters
Stelle.

28–30 ‖ 2 Chr 35,20–24; 36,1.

Joahas: 23,31–35

31 Joahas war dreiundzwanzig Jahre alt,
als er König wurde, und regierte drei Monate
in Jerusalem. Seine Mutter hieß Hamutal
und war eine Tochter Jirmejas aus Libna.
32 Genau wie seine Väter tat er, was dem
Herrn missfiel. 33 Doch der Pharao Necho
setzte ihn zu Ribla im Land Hamat als König
von Jerusalem ab und legte dem Land eine
Geldbuße von hundert Talenten Silber und
einem Talent Gold auf. 34 Dann machte der
Pharao Necho Eljakim, den Sohn Joschijas,
anstelle seines Vaters Joschija zum König
und änderte seinen Namen in Jojakim. Joa-
has aber nahm er fest und brachte ihn nach
Ägypten, wo er starb. 35 Jojakim lieferte dem
Pharao das Silber und das Gold ab. Doch
musste er das Land besteuern, um das Geld
aufbringen zu können, das der Pharao
forderte. Nach dem Vermögen eines jeden
Bürgers trieb er von den Bürgern des Landes
das Silber und das Gold ein, um es an den
Pharao Necho abzuliefern.

32–35 ‖ 2 Chr 36,2–4.

Jojakim: 23,36 – 24,7

36 Jojakim war fünfundzwanzig Jahre alt,
als er König wurde, und regierte elf Jahre in
Jerusalem. Seine Mutter hieß Sebuda und
war eine Tochter Pedajas aus Ruma. 37 Wie
seine Väter tat er, was dem Herrn missfiel.
24 In seinen Tagen zog Nebukadnezzar,
der König von Babel, herauf. Jojakim
war ihm drei Jahre untertan; dann aber fiel
er von ihm ab. 2 Der Herr sandte nun die
Räuberscharen der Chaldäer, Aramäer,
Moabiter und Ammoniter gegen ihn. Er ließ
sie über Juda herfallen und es verwüsten,
wie er durch seine Diener, die Propheten, an-
gedroht hatte. 3 Nur weil der Herr zürnte,
kam dieses Unglück über Juda, sodass er es
von seinem Angesicht verstieß. Es geschah
wegen der Sünde Manasses, für alles, was
dieser getan hatte, 4 auch wegen des un-
schuldigen Blutes, das Manasse vergossen
und mit dem er Jerusalem angefüllt hatte.
Das wollte der Herr nicht mehr verzeihen.
5 Die übrige Geschichte Jojakims und alle
seine Taten sind aufgezeichnet in der Chro-
nik der Könige von Juda. 6 Jojakim ent-
schlief zu seinen Vätern und sein Sohn Joja-
chin wurde König an seiner Stelle. 7 Der Kö-
nig von Ägypten unternahm keinen Kriegs-
zug mehr aus seinem Land; denn der König
von Babel hatte ihm alles genommen, was
vom Grenzbach Ägyptens bis zum Eufrat
den Königen von Ägypten gehört hatte.

23,36–24,6 ‖ 2 Chr 36,5–8.

Jojachin: 24,8–17

8 Jojachin war achtzehn Jahre alt, als er
König wurde, und regierte drei Monate in Je-

23,29 Vgl. die Anmerkung zu 2 Chr 35,20.
23,33 setzte ihn als König ab: Text korr. nach G.
23,34 brachte ihn: Text korr. nach 2 Chr 36,4. Durch die Verleihung eines neuen Namens drückt der Pharao aus, dass Jojakim sein Untertan ist.
23,35 Das Gleiche wird von Menahem berichtet (vgl. 15,20).
24,3 zürnte: Text korr. nach V. 20 und G.
24,7 Ägypten, das die Vorherrschaft über Syrien und Palästina anstrebte, wurde von Nebukadnezzar 605 v. Chr. bei Karkemisch am Eufrat entscheidend geschlagen.

rusalem. Seine Mutter hieß Nehuschta und war eine Tochter Elnatans aus Jerusalem. 9 Wie sein Vater tat er, was dem Herrn missfiel. 10 In jener Zeit zogen die Truppen Nebukadnezzars, des Königs von Babel, gegen Jerusalem und belagerten die Stadt. 11 Als dann König Nebukadnezzar von Babel selbst vor der Stadt erschien, während seine Krieger sie belagerten, 12 ging Jojachin, der König von Juda, mit seiner Mutter, seinen Dienern, Fürsten und Kämmerern zum König von Babel hinaus, und dieser nahm ihn im achten Jahr seiner Regierung fest. 13 Wie der Herr angedroht hatte, nahm Nebukadnezzar auch alle Schätze des Hauses des Herrn und die Schätze des königlichen Palastes weg und zerbrach alle goldenen Geräte, die Salomo, der König von Israel, im Haus des Herrn hatte anfertigen lassen. 14 Von ganz Jerusalem verschleppte er alle Vornehmen und alle wehrfähigen Männer, insgesamt zehntausend Mann, auch alle Schmiede und Schlosser. Von den Bürgern des Landes blieben nur die geringen Leute zurück. 15 Jojachin verschleppte er nach Babel. Auch die Mutter des Königs, die königlichen Frauen und Kämmerer sowie die einflussreichen Männer des Landes verschleppte er von Jerusalem nach Babel, 16 dazu alle Wehrfähigen, siebentausend Mann, die Schmiede und Schlosser, tausend an der Zahl, lauter kriegstüchtige Männer. Sie alle verschleppte der babylonische König nach Babel. 17 Dann machte der König von Babel den Mattanja, den Onkel Jojachins, an dessen Stelle zum König und änderte seinen Namen in Zidkija.

8–17 ‖ 2 Chr 36,9–10.

Zidkija: 24,18 – 25,7

18 Zidkija war einundzwanzig Jahre alt, als er König wurde, und regierte elf Jahre in Jerusalem. Seine Mutter hieß Hamutal und war eine Tochter Jirmejas aus Libna. 19 Er tat, was dem Herrn missfiel, genauso wie es Jojakim getan hatte. 20 Weil der Herr über Juda und Jerusalem erzürnt war, kam es so weit, dass er sie von seinem Angesicht verstieß.

25 Zidkija hatte sich gegen den König von Babel empört. Im neunten Regierungsjahr, am zehnten Tag des zehnten Monats, rückte Nebukadnezzar, der König von Babel, mit seiner ganzen Streitmacht vor Jerusalem und belagerte es. Man errichtete ringsherum einen Belagerungswall. 2 Bis zum elften Jahr des Königs Zidkija wurde die Stadt belagert. 3 Am neunten Tag des vierten Monats war in der Stadt die Hungersnot groß geworden, und die Bürger des Landes hatten kein Brot mehr. 4 Damals wurden Breschen in die Stadtmauer geschlagen. Der König und alle Krieger verließen die Stadt bei Nacht auf dem Weg durch das Tor zwischen den beiden Mauern, das zum königlichen Garten hinausführt, obwohl die Chaldäer rings um die Stadt lagen. Sie schlugen die Richtung nach der Araba ein. 5 Aber die chaldäischen Truppen setzten dem König nach und holten ihn in den Niederungen von Jericho ein, nachdem alle seine Truppen ihn verlassen und sich zerstreut hatten. 6 Man ergriff den König und brachte ihn nach Ribla, zum König von Babel, und dieser sprach über ihn das Urteil. 7 Die Söhne Zidkijas machte man vor dessen Augen nieder. Zidkija ließ er blenden, in Fesseln legen und nach Babel bringen.

24,18 – 25,7 ‖ 2 Chr 36,11–12; Jer 52,1–11.

Das Ende des Reiches Juda: 25,8–26

8 Am siebten Tag des fünften Monats – das ist im neunzehnten Jahr des Königs Nebukadnezzar, des Königs von Babel – rückte Nebusaradan, der Kommandant der Leibwache und Diener des Königs von Babel, in Jerusalem ein 9 und steckte das Haus des Herrn, den königlichen Palast und alle Häuser Jerusalems in Brand. Jedes große Haus ließ er in Flammen aufgehen. 10 Auch die Umfassungsmauern Jerusalems rissen die chaldäischen Truppen, die dem Kommandanten der Leibwache unterstanden, nieder. 11 Den Rest der Bevölkerung, der noch in der Stadt geblieben war, sowie alle, die zum König von Babel übergelaufen waren, und den Rest der Handwerker schleppte Nebusaradan, der Kommandant der Leibwache, in die Verbannung. 12 Nur von den armen Leuten im Land ließ der Kommandant der Leibwache einen Teil als Wein- und Ackerbauern zurück.

13 Die bronzenen Säulen am Haus des Herrn, die fahrbaren Gestelle und das Eherne Meer beim Haus des Herrn zerschlugen die Chaldäer und nahmen alle Gegenstände aus Bronze mit nach Babel. 14 Auch die

24,15 Die Gefangennahme erfolgte 597 v. Chr. Babylonische Texte aus der Zeit Nebukadnezzars verzeichnen Lebensmittelzuweisungen an Jojachin und seine Söhne.

25,4 Zwei in H fehlende Wörter sind aus Jer 52,7 ergänzt.

Töpfe, Schaufeln, Messer und Becher sowie
alle bronzenen Geräte, die man beim Tem-
peldienst verwendete, nahmen sie weg.
15 Ebenso nahm der Kommandant der Leib-
wache die Kohlenpfannen und die Schalen
weg, die sämtlich aus Gold oder aus Silber
waren, 16 ferner die zwei Säulen, das eine
»Meer«, die Gestelle, die Salomo für das
Haus des Herrn hatte anfertigen lassen – die
Bronze von all diesen Geräten war nicht zu
wägen. 17 Achtzehn Ellen betrug die Höhe
der einen Säule, und oben hatte sie ein Kapi-
tell aus Bronze. Die Höhe des einen Kapitells
betrug fünf Ellen; das Kapitell umgaben
Flechtwerk und Granatäpfel, alles aus Bron-
ze. Ebenso war es bei der zweiten Säule auf
dem Flechtwerk.

18 Der Kommandant der Leibwache nahm
ferner den Oberpriester Seraja, den zweiten
Priester Zefanja und die drei Schwellen-
wächter mit. 19 Aus der Stadt nahm er einen
Hofbeamten, der Kommandant der Soldaten
war, und fünf Leute vom persönlichen
Dienst des Königs mit, die sich noch in der
Stadt befanden, sowie den Schreiber des
Heerführers, der die Bürger des Landes aus-
zuheben hatte, schließlich sechzig Mann von
der Bürgerschaft, die sich noch in der Stadt
befanden. 20 Nebusaradan, der Kommandant
der Leibwache nahm sie fest und schickte sie
zum König von Babel nach Ribla. 21 Der Kö-
nig von Babel ließ sie in Ribla in der Land-
schaft Hamat hinrichten. So wurde Juda von
seiner Heimat weggeführt.

22 Über das Volk, das im Land Juda geblie-
ben war und das Nebukadnezzar, der König
von Babel, zurückgelassen hatte, setzte er
Gedalja, den Sohn Ahikams und Enkel
Schafans, als Statthalter ein. 23 Als nun alle
Truppenführer und ihre Mannschaften hör-
ten, dass der König von Babel Gedalja als
Statthalter eingesetzt habe, kamen sie zu
ihm nach Mizpa. Es waren Jischmael, der
Sohn Netanjas, Johanan, der Sohn Kare-
achs, Seraja, der Sohn Tanhumets aus Neto-
fa, und Jaasanja, der Sohn des Maachatiters,
mit ihren Leuten. 24 Gedalja schwor ihnen
und ihren Mannschaften und sagte ihnen:
Fürchtet euch nicht vor den chaldäischen
Beamten! Bleibt im Land und dient dem Kö-
nig von Babel; dann wird es euch gut gehen.
25 Aber im siebten Monat kam Jischmael, der
Sohn Netanjas, des Sohnes Elischamas, ein
Mann aus königlichem Geschlecht, mit zehn
Mann. Sie erschlugen Gedalja samt den Ju-
däern und Chaldäern, die bei ihm in Mizpa
waren. 26 Dann machte sich das ganze Volk
vom Kleinsten bis zum Größten mit den Trup-
penführern auf und zog nach Ägypten. Sie
fürchteten sich nämlich vor den Chaldäern.

8–21 || 2 Chr 36,17–21; Jer 52,12–27 • 22: Jer 40,7 – 41,18.

Die Begnadigung Jojachins: 25,27–30

27 Im siebenunddreißigsten Jahr nach der
Wegführung Jojachins, des Königs von Juda,
am siebenundzwanzigsten Tag des zwölften
Monats, begnadigte Ewil-Merodach, der Kö-
nig von Babel, im Jahr seines Regierungsan-
tritts Jojachin, den König von Juda, und ent-
ließ ihn aus dem Kerker. 28 Er söhnte sich mit
ihm aus und wies ihm seinen Sitz oberhalb
des Sitzes der anderen Könige an, die bei
ihm in Babel waren. 29 Er durfte seine Ge-
fängniskleidung ablegen und ständig bei
ihm speisen, solange er lebte. 30 Sein Unter-
halt – ein dauernder Unterhalt – wurde ihm
vom König von Babel in der bestimmten
Menge täglich geliefert, solange er lebte.

27–30 || Jer 52,31–34.

25,27 Es ist das Jahr 561 v. Chr. Ewil-Merodach (babylonisch Amel-Marduk) war der Sohn und Nachfolger Nebukadnezzars.

Die Bücher der Chronik

Die Chronik-Bücher tragen in der hebräischen Bibel die Überschrift »Ereignisse der Tage«. Der Name »Chronik« stammt vom Kirchenlehrer Hieronymus, der die Bücher als »Chronik der gesamten göttlichen Geschichte« bezeichnete. Sie behandeln die Geschichte von Adam bis zum Ende des Babylonischen Exils.

Der erste Teil (Kap. 1 – 9) besteht überwiegend aus Namenslisten, die zumeist genealogisch geordnet sind, die Gliederung des Volkes in Stämme berücksichtigen, eingehender aber nur die königliche und die priesterlich-levitische Linie aufführen. Gelegentlich sind geschichtliche Notizen eingestreut. Erst in 1 Chr 10 beginnt die Darstellung der Geschichte Davids, die bis zum Ende des ersten Buches reicht. Es folgt die Geschichte Salomos (2 Chr 1 – 9) und die Geschichte Judas bis zum Untergang des Reichs (2 Chr 10 – 36). Die in 1 Chr 10 beginnende Geschichte umfasst den gleichen Zeitraum, der auch in 2 Sam und in den Büchern der Könige behandelt wird; größere Abschnitte sind von dort wörtlich übernommen.

Eine umfassende Darstellung der Ereignisse ist nicht angestrebt. Im Mittelpunkt des Interesses stehen das von Gott auserwählte Herrscherhaus David und das auf Gottes Weisung hin gestiftete Heiligtum in Jerusalem. Auf die Geschichte des Nordreichs, das sich von der Dynastie David losgelöst hatte, wird nur selten Bezug genommen und selbst in der Geschichte Davids bleibt unerwähnt, was nicht dem beabsichtigten Ziel dient, nämlich der Verherrlichung des davidischen Königtums und des Kultes in Jerusalem. Ausführlich werden die Leistungen der einzelnen Könige für den Bau und für die Erhaltung des Tempels und ihre Sorge für den Gottesdienst beschrieben. Der Bericht über den Bau des Tempels, der von David vorbereitet und von Salomo ausgeführt wurde, zeigt durch seinen größeren Umfang und seine Stellung in der Mitte des Werkes die Bedeutung des Heiligtums im Glauben Israels an.

Der Verfasser ist unbekannt. Aus der Vorliebe, mit der er von den Tempelsängern berichtet, hat man geschlossen, dass er aus ihrem Kreis stammt. In 1 Chr 3,19–24 werden fünf Generationen nach Serubbabel, der seit 537 v. Chr. in Jerusalem tätig war, gezählt. Wenn der Verfasser damit die Vertreter der davidischen Linie bis zu seiner Zeit mitgeteilt hat, ergibt sich die Zeit um 400 v. Chr. als Abfassungszeit der Bücher. Doch ist eine spätere Abfassung nicht auszuschließen.

Die Zuverlässigkeit des Chronisten wurde vielfach bestritten. Man warf ihm vor, dass er die geschichtlichen Vorgänge nach seinem rigorosen Vergeltungsglauben einseitig darstelle und Verhältnisse der späteren Zeit in frühere Jahre verlege. Diese Fragen bedürfen in jedem einzelnen Fall einer besonderen Prüfung. Größere Abschnitte der Chronik sind jedenfalls geschichtlich zuverlässigen Berichten der Königsbücher entnommen; an der Geschichtlichkeit zahlreicher Mitteilungen, die der Verfasser anderen Quellen entnimmt, zu zweifeln, besteht kein Grund. Man muss die Arbeitsweise des Verfassers berücksichtigen: Er war von der mosaischen Herkunft der gottesdienstlichen Vorschriften des Pentateuch und ihrer dauernden Geltung überzeugt und hielt es daher für angebracht, mit Urkunden und Ordnungen einer späteren Zeit Vorgänge und Verhältnisse früherer Zeiten zu beschreiben. Daher sind die Bücher der Chronik vor allem für das Verständnis der Zeit des Verfassers bedeutsam. Er selbst will in erster Linie der religiösen Belehrung seiner Zeitgenossen dienen.

Das erste Buch der Chronik

GESCHLECHTSREGISTER UND FAMILIENLISTEN: 1,1 – 9,44

Die Nachkommen Adams bis Abraham: 1,1–27

1 Adam, Set, Enosch, 2 Kenan, Mahalalel, Jered, 3 Henoch, Metuschelach, Lamech, 4 Noach, Sem, Ham und Jafet.

5 Die Söhne Jafets waren: Gomer, Magog, Madai, Jawan, Tubal, Meschech und Tiras. 6 Die Söhne Gomers waren: Aschkenas, Rifat und Togarma. 7 Die Söhne Jawans waren: Elischa, Tarschisch, die Kittäer und die Rodaniter.

8 Die Söhne Hams waren: Kusch, Ägypten, Put und Kanaan. 9 Die Söhne des Kusch waren: Seba, Hawila, Sabta, Ragma und Sabtecha; und die Söhne Ragmas waren: Saba und Dedan. 10 Kusch zeugte Nimrod. Dieser wurde der erste Held auf der Erde. 11 Ägypten zeugte die Luditer, die Anamiter, die Lehabiter, die Naftuhiter, 12 die Patrositer und die Kasluhiter, von denen die Philister abstammen, ferner die Kaftoriter. 13 Kanaan zeugte Sidon, seinen Erstgeborenen, und Het, 14 ferner die Jebusiter, die Amoriter, die Girgaschiter, 15 die Hiwiter, die Arkiter, die Siniter, 16 die Arwaditer, die Zemariter und die Hamatiter.

17 Die Söhne Sems waren: Elam, Assur, Arpachschad, Lud, Aram, Uz, Hul, Geter und Meschech. 18 Arpachschad zeugte Schelach, Schelach zeugte Eber. 19 Eber wurden zwei Söhne geboren; der eine hieß Peleg (Teilung), denn zu seiner Zeit wurde das Land geteilt; sein Bruder hieß Joktan. 20 Joktan zeugte Almodad, Schelef, Hazarmawet, Jerach, 21 Hadoram, Usal, Dikla, 22 Obal, Abimaël, Saba, 23 Ofir, Hawila und Jobab. Das alles waren Söhne Joktans.

24 Sem, Arpachschad, Schelach, 25 Eber, Peleg, Regu, 26 Serug, Nahor, Terach, 27 Abram, das ist Abraham.

1–27 || Gen 5,1–32; 10,2–29; 11,10–27.

Die Nachkommen Abrahams: 1,28–42

28 Die Söhne Abrahams waren Isaak und Ismael. 29 Das ist die Geschlechterfolge nach ihnen: Der Erstgeborene Ismaels war Nebajot; dann kamen Kedar, Adbeel, Mibsam, 30 Mischma, Duma, Massa, Hadad, Tema, 31 Jetur, Nafisch und Kedma. Das waren die Söhne Ismaels.

32 Die Söhne Keturas, der Nebenfrau Abrahams: Sie gebar Simran, Jokschan, Medan, Midian, Jischbak und Schuach. Die Söhne Jokschans waren Saba und Dedan. 33 Die Söhne Midians waren: Efa, Efer, Henoch, Abida und Eldaa. Sie alle waren Söhne Keturas.

34 Abraham zeugte Isaak. Die Söhne Isaaks waren Esau und Israel.

35 Die Söhne Esaus waren: Elifas, Reguël, Jëusch, Jalam und Korach. 36 Die Söhne des Elifas waren: Teman, Omar, Zefo, Gatam, Kenas, Timna und Amalek. 37 Die Söhne Reguëls waren: Nahat, Serach, Schamma und Misa.

38 Die Söhne Seïrs waren: Lotan, Schobal, Zibon, Ana, Dischon, Ezer und Dischan. 39 Die Söhne Lotans waren Hori und Hemam. Die Schwester Lotans war Timna. 40 Die Söhne Schobals waren: Alwan, Manahat, Ebal, Schefi und Onam. Die Söhne Zibons waren Aja und Ana. 41 Der Sohn Anas war Dischon. Die Söhne Dischons waren: Hemdan, Eschban, Jitran und Keran. 42 Die Söhne Ezers waren Bilhan, Saawan und Akan. Die Söhne Dischons waren Uz und Aran.

28–42 || Gen 25,1–4.12–16; 36,4–28.

Die Herrscher in Edom: 1,43–54

43 Die Könige, die in Edom regierten, bevor über die Israeliten ein König regierte, waren folgende: Bela, der Sohn Beors; seine Stadt hieß Dinhaba. 44 Als Bela starb, wurde König an seiner Stelle Jobab, der Sohn Serachs, aus Bozra. 45 Als Jobab starb, wurde König an seiner Stelle Huscham aus dem Land der Temaniter. 46 Als Huscham starb, wurde König an seiner Stelle Hadad, der Sohn Bedads, der Midian im Grünland von Moab schlug;

1,24–27 Der jeweils folgende Name bezeichnet den Sohn des vorausgehenden.

1,28–42 Manche Namen dieser und der folgenden Listen sind durch Schreibfehler entstellt und in Gen sowie in G in anderer Form überliefert. In den folgenden Anmerkungen wird darauf nicht im Einzelnen eingegangen.

seine Stadt hieß Awit. 47 Als Hadad starb,
wurde König an seiner Stelle Samla aus
Masreka. 48 Als Samla starb, wurde König an
seiner Stelle Schaul aus Rehobot am Strom
(Eufrat). 49 Als Schaul starb, wurde König an
seiner Stelle Baal-Hanan, der Sohn Achbors.
50 Als Baal-Hanan starb, wurde König an
seiner Stelle Hadad; seine Stadt hieß Pagu.
Seine Frau hieß Mehetabel; sie war die Tochter Matreds und die Enkelin Me-Sahabs.
51 Als Hadad starb, regierten Häuptlinge
in Edom: Häuptling Timna, Häuptling Alwa,
Häuptling Jetet, 52 Häuptling Oholibama,
Häuptling Ela, Häuptling Pinon, 53 Häuptling Kenas, Häuptling Teman, Häuptling
Mibzar, 54 Häuptling Magdiël, Häuptling
Iram. Das waren die Häuptlinge Edoms.

43–54 ‖ Gen 36,31–43.

Die Söhne Jakobs: 2,1–2

2 Das waren die Söhne Israels: Ruben, Simeon, Levi, Juda, Issachar, Sebulon,
2 Dan, Josef, Benjamin, Naftali, Gad und
Ascher.

1–2 ‖ Gen 35,23–26.

Der Stamm Juda: 2,3 – 4,23

Die Nachkommen Judas: 2,3–9

3 Die Söhne Judas waren: Er, Onan und
Schela. Diese drei wurden ihm von der Tochter Schuas, der Kanaaniterin, geboren. Aber
Er, der Erstgeborene Judas, missfiel dem
Herrn und so ließ ihn der Herr sterben. 4 Judas Schwiegertochter Tamar gebar Perez
und Serach. Juda hatte insgesamt fünf Söhne. 5 Die Söhne des Perez waren Hezron und
Hamul, 6 und die Söhne Serachs: Simri,
Etan, Heman, Kalkol und Darda, insgesamt
fünf. 7 Der Sohn Simris war Karmi und der
Sohn Karmis Achan. Dieser brachte Unglück über Israel, da er sich an der geweihten
Beute vergriff. 8 Der Sohn Etans war Asarja.
9 Dem Hezron wurden die Söhne Jerachmeel,
Ram und Kaleb geboren.

3–9 ‖ Gen 38,3–7.27–30 • 5: Gen 46,12 • 7: Jos 7.

Die Nachkommen Rams: 2,10–17

10 Ram zeugte Amminadab, Amminadab
zeugte Nachschon, den Anführer der Söhne
Judas, 11 Nachschon zeugte Salmon, Salmon
zeugte Boas, 12 Boas zeugte Obed, Obed
zeugte Isai, 13 Isai zeugte Eliab als Erstgeborenen, als zweiten Abinadab, als dritten
Schima, 14 als vierten Netanel, als fünften
Raddai, 15 als sechsten Ozem, als siebten
David. 16 Ihre Schwestern waren Zeruja und
Abigajil. Die Söhne der Zeruja waren Abischai, Joab und Asaël, diese drei. 17 Abigajil
gebar Amasa. Der Vater Amasas war der
Ismaeliter Jeter.

10–15 ‖ Rut 4,19–22.

Die Nachkommen Kalebs: 2,18–24

18 Kaleb, der Sohn Hezrons, zeugte mit seiner Frau Asuba die Jeriot. Deren Söhne waren Jescher, Schobab und Ardon. 19 Als Asuba starb, heiratete Kaleb Efrata, die ihm den
Hur gebar. 20 Hur zeugte Uri und Uri zeugte
Bezalel.
21 Danach ging Hezron zur Tochter Machirs, des Vaters Gileads. Er war sechzig
Jahre alt, als er sie nahm, und sie gebar ihm
Segub. 22 Segub zeugte Jaïr. Dieser besaß
dreiundzwanzig Städte im Land Gilead.
23 Doch die Geschuriter und Aramäer nahmen die Zeltdörfer Jaïrs sowie Kenat und
seine Tochterstädte weg, insgesamt sechzig
Städte. Sie alle hatten den Nachkommen
Machirs, des Vaters Gileads, gehört.
24 Nach dem Tod Hezrons kam Kaleb zu
Efrata. Eine Frau Hezrons war Abija; sie gebar ihm Aschhur, den Vater Tekoas.

22: Ri 10,3.

Die Nachkommen Jerachmeels: 2,25–41

25 Die Söhne Jerachmeels, des Erstgeborenen Hezrons, waren: Ram, der Erstgeborene,
ferner Buna, Oren, Ozem und Ahija. 26 Jerachmeel hatte noch eine andere Frau namens Atara. Sie war die Mutter Onams.
27 Die Söhne Rams, des Erstgeborenen Jerachmeels, waren: Maaz, Jamin und Eker.
28 Die Söhne Onams waren Schammai und
Jada und die Söhne Schammais Nadab und
Abischur. 29 Die Frau Abischurs hieß Abihajil. Sie gebar ihm Achban und Molid. 30 Die
Söhne Nadabs waren Seled und Appajim.
Seled starb ohne Nachkommen. 31 Der Sohn
Appajims war Jischi, der Sohn Jischis Scheschan und die Tochter Scheschans Achlai.

2,3–14 Die von Juda zu David führende Linie begegnet auch im Stammbaum Jesu (vgl. Mt 1,3–6 und Lk 3,32f).

2,16 Die Söhne der Zeruja spielen eine wichtige Rolle in der Geschichte Davids. Joab war Befehlshaber des Heeres Davids.

2,20 Bezalel war der Künstler, der unter Mose das heilige Zelt mit der Bundeslade und den heiligen Geräten angefertigt hat (vgl. Ex 36 – 38).

2,31 die Tochter: sinngemäß korr., vgl. V. 34.

32 Die Söhne Jadas, des Bruders von Scham-
mai, waren Jeter und Jonatan. Jeter starb
ohne Nachkommen. 33 Die Söhne Jonatans
waren Pelet und Sasa. Das waren die Nach-
kommen Jerachmeels.
34 Scheschan hatte keine Söhne, sondern
nur Töchter. Scheschan hatte einen ägypti-
schen Sklaven namens Jarha. 35 Diesem gab
Scheschan seine Tochter zur Frau und sie
gebar ihm Attai. 36 Attai zeugte Natan,
Natan zeugte Sabad, 37 Sabad zeugte Eflal,
Eflal zeugte Obed, 38 Obed zeugte Jehu, Jehu
zeugte Asarja, 39 Asarja zeugte Helez, Helez
zeugte Elasa, 40 Elasa zeugte Sismai, Sismai
zeugte Schallum, 41 Schallum zeugte Jekam-
ja und Jekamja zeugte Elischama.

Die zweite Liste der Nachkommen Kalebs: 2,42–55

42 Die Söhne Kalebs, des Bruders Jerach-
meels, waren: Mescha, sein Erstgeborener –
er war der Vater Sifs –, und sein zweiter
Sohn Marescha, der Vater Hebrons. 43 Die
Söhne Hebrons waren: Korach, Tappuach,
Rekem und Schema. 44 Schema zeugte Ra-
ham, den Vater Jorkoams, und Rekem
zeugte Schammai. 45 Der Sohn Schammais
war Maon und Maon war der Vater von Bet-
Zur.
46 Efa, die Nebenfrau Kalebs, gebar Haran,
Moza und Gases. Haran zeugte Jahdai. 47 Die
Söhne Jahdais waren: Regem, Jotam, Ge-
schan, Pelet, Efa und Schaaf. 48 Kalebs Ne-
benfrau Maacha gebar Scheber und Tirhana.
49 Sie gebar auch Schaaf, den Vater Mad-
mannas, sowie Schewa, den Vater Machbe-
nas und Gibeas. Die Tochter Kalebs war
Achsa. 50 Das waren die Nachkommen Ka-
lebs.
Die Söhne Hurs, des Erstgeborenen der
Efrata, waren: Schobal, der Vater von Kirjat-
Jearim, 51 Salmon, der Vater von Betlehem,
und Haref, der Vater von Bet-Gader.
52 Schobal, der Vater von Kirjat-Jearim, hat-
te als Söhne: Reaja und Hazi, den Manahati-
ter. 53 Die Sippenverbände von Kirjat-Jea-
rim waren die Jeteriter, die Putiter, die
Schumatiter und die Mischraïter. Von ihnen
zweigten ab die Zoraïter und die Eschtaoli-
ter. 54 Die Söhne Salmons waren: Betlehem,
die Netofatiter, Atrot-Bet-Joab, die Hälfte
der Manahatiter und der Zoraïter.
55 Die Sippenverbände von Sofer, die Ein-
wohner von Jabez, die Tiratiter, Schimatiter
und Suchatiter waren Keniter, die von Ham-
mat, dem Vater von Bet-Rechab, stammten.

49: Jos 15,16.

Die Nachkommen Davids: 3,1–24

3 Das waren die Söhne Davids, die ihm in
Hebron geboren wurden: Sein Erstgebo-
rener war Amnon von Ahinoam aus Jesreel,
der zweite Daniel von Abigajil aus Karmel,
2 der dritte Abschalom, der Sohn der Ma-
acha, der Tochter des Königs Talmai von Ge-
schur, der vierte Adonija, der Sohn der Hag-
git, 3 der fünfte Schefatja von Abital, der
sechste Jitream von seiner Frau Egla.
4 Sechs wurden ihm in Hebron geboren. Er
regierte dort sieben Jahre und sechs Monate.
Dreiunddreißig Jahre regierte er in Jerusa-
lem.
5 Und diese wurden ihm in Jerusalem ge-
boren: Schima, Schobab, Natan, Salomo –
diese vier waren Söhne der Batseba, der
Tochter Ammiëls –, 6 ferner Jibhar, Elischua,
Elifelet, 7 Nogah, Nefeg, Jafia, 8 Elischama,
Eljada und Elifelet, insgesamt neun. 9 Das ist
die Gesamtheit der Söhne Davids, ohne die
Söhne der Nebenfrauen. Ihre Schwester war
Tamar.
10 Der Sohn Salomos war Rehabeam, des-
sen Sohn war Abija, dessen Sohn Asa, dessen
Sohn Joschafat, 11 dessen Sohn Joram,
dessen Sohn Ahasja, dessen Sohn Joasch,
12 dessen Sohn Amazja, dessen Sohn Asarja,
dessen Sohn Jotam, 13 dessen Sohn Ahas,
dessen Sohn Hiskija, dessen Sohn Manasse,
14 dessen Sohn Amon, dessen Sohn Joschija.
15 Die Söhne Joschijas waren: der Erstgebo-
rene Johanan, der zweite Jojakim, der dritte
Zidkija, der vierte Schallum. 16 Jojakims
Söhne waren: Jojachin und Zidkija. 17 Die
Söhne Jojachins, des Gefangenen, waren:
Schealtiël, 18 Malkiram, Pedaja, Schenazzar,
Jekamja, Hoschama und Nedabja. 19 Die
Söhne Pedajas waren Serubbabel und Schi-
mi. Die Söhne Serubbabels waren Meschul-
lam und Hananja. Ihre Schwester war Sche-
lomit. 20 Meschullams Söhne waren: Haschu-

2,50 Zu Hur, dem Sohn der Efrata, vgl. 2,19.
2,55 Die Keniter waren ein midianitischer Stamm, der sich z. T. an die Israeliten anschloss.
3,10–16 Die Liste nennt aus jeder Generation nur den Inhaber des Königtums. Die Namen sind auch im Stammbaum Jesu enthalten (vgl. Mt 1,6–11).
3,17 Jojachin wurde 597 v. Chr. als Gefangener nach Babel gebracht (vgl. 2 Kön 24,12).
3,19 Serubbabel wird hier als Sohn Pedajas, des dritten Sohns, sonst aber (Esra 3,2; Hag 1,1; Mt 1,12) als Sohn Schealtiëls, des Erstgeborenen Jojachins, bezeichnet.

ba, Ohel, Berechja, Hasadja und Juschab-Hesed, insgesamt fünf. 21 Die Söhne Hananjas waren: Pelatja, Jeschaja, Refaja, Arnan, Obadja und Schechanja. 22 Die Söhne Schechanjas waren Schemaja, Hattusch, Jigal, Bariach, Nearja und Schafat, insgesamt sechs. 23 Die Söhne Nearjas waren: Eljoënai, Hiskija und Asrikam, insgesamt drei. 24 Die Söhne Eljoënais waren: Hodawja, Eljaschib, Pelaja, Akkub, Johanan, Delaja und Anani, insgesamt sieben.

1–4: 2 Sam 3,2–5 • 5–8: 2 Sam 5,14–16 • 9: 2 Sam 13,1–22 • 10–19: Mt 1,7–12.

Einzelne Familien des Stammes Juda: 4,1–23

4 Die Söhne Judas waren: Perez, Hezron, Kaleb, Hur und Schobal. 2 Reaja, der Sohn Schobals, zeugte Jahat und Jahat zeugte Ahumai und Lahad. Das waren die Sippen der Zoraïter.

3 Und das waren die Söhne Etams: Jesreel, Jischma und Jidbasch. Der Name ihrer Schwester war Hazlelponi.

4 Penuel war der Vater Gedors und Eser der Vater Huschas. Das waren die Nachkommen Hurs, des Erstgeborenen der Efrata, des Vaters von Betlehem.

5 Aschhur, der Vater Tekoas, hatte zwei Frauen, Hela und Naara. 6 Naara gebar ihm Ahusam, Hefer, Temni und Ahaschtari. Das waren die Söhne der Naara. 7 Die Söhne der Hela waren: Zeret, Zohar und Etnan.

8 Koz zeugte Anub, Zobeba, ferner die Sippen Aharhels, des Sohnes Harums.

9 Jabez war angesehener als seine Brüder. Seine Mutter hatte ihn Jabez genannt, denn sie sagte: Ich habe ihn unter Beschwerden geboren. 10 Doch Jabez rief zum Gott Israels und sprach: Möchtest du mich segnen und mein Gebiet erweitern. Möchte deine Hand mit mir sein, dass du mich freimachst von Unheil und ich ohne Beschwerden bleibe. Und Gott erfüllte seine Bitte.

11 Kelub, der Bruder Schuhas, zeugte Mehir, den Vater Eschtons. 12 Eschton zeugte Bet-Rafa, Paseach und Tehinna, den Vater von Ir-Nahasch. Das sind die Männer von Recha.

13 Die Söhne des Kenas waren Otniël und Seraja, die Söhne Otniëls Hatat und Meonotai. 14 Meonotai zeugte Ofra. Seraja zeugte Joab, den Vater von Ge-Haraschim (Tal der Handwerker); denn sie waren Handwerker.

15 Die Söhne Kalebs, des Sohnes Jefunnes, waren: Iru, Ela und Naam. Der Sohn Elas war Kenas.

16 Die Söhne Jehallelels waren: Sif, Sifa, Tirja und Asarel.

17 Die Söhne Esras waren: Jeter, Mered, Efer und Jalon. (Bitja, die ägyptische Frau Mereds,) gebar Mirjam, Schammai und Jischbach, den Vater von Eschtemoa. 18 Seine judäische Frau gebar: Jered, den Vater von Gedor, Heber, den Vater von Socho, und Jekutiël, den Vater von Sanoach. Das waren die Söhne der Bitja, der Tochter des Pharao, die Mered geheiratet hatte, 19 und die Söhne seiner judäischen Frau, der Schwester Nahams, des Vaters von Keïla, dem Garmiter, und von Eschtemoa, dem Maachatiter.

20 Die Söhne Schimons waren: Amnon, Rinna, Ben-Hanan und Tilon. Die Söhne Jischis waren Sohet und Ben-Sohet.

21 Die Söhne Schelas, des Sohnes Judas, waren: Er, der Vater Lechas, Lada, der Vater Mareschas, sowie die Sippen des Hauses der Byssusbearbeiter von Bet-Aschbea, 22 ferner Jokim und die Männer von Koseba, sowie Joasch und Saraf, die Moab in Besitz genommen hatten, aber wieder nach Betlehem zurückgekehrt waren – die Berichte sind altüberliefert. 23 Sie sind die Töpfer und Einwohner von Netaïm und Gedera und wohnen dort im Dienst des Königs.

Der Stamm Simeon: 4,24–43

24 Die Söhne Simeons waren: Jemuël, Jamin, Jarib, Serach und Schaul. 25 Dessen Sohn war Schallum, dessen Sohn Mibsam und dessen Sohn Mischma. 26 Der Sohn Mischmas war Hammuël, dessen Sohn Sakkur und dessen Sohn Schimi. 27 Schimi hatte sechzehn Söhne und sechs Töchter. Doch seine Brüder waren nicht kinderreich und alle ihre Sippen erreichten nicht die Zahl der Söhne Judas.

28 Sie wohnten in Beerscheba, Molada, Hazar-Schual, 29 Baala, Ezem, Eltolad, 30 Betuël, Horma, Ziklag, 31 Bet-Markabot, Hazar-Susim, Bet-Biri und Schaarajim. Das waren ihre Städte mit den dazugehörenden Gehöften, bis David König wurde, 32 dazu noch Etam, Ajin, Rimmon, Tochen und Aschan, fünf Städte 33 mit all ihren Gehöften im Um-

3,21 Nach dem korrigierten Text sind alle hier genannten Söhne Hananjas untereinander Brüder. Demnach sind fünf Generationen nach Serubbabel genannt; das ist ein wichtiger Hinweis auf die Entstehungszeit des Buchs, vgl. die Einleitung.

4,1 Der jeweils folgende Name bezeichnet den Sohn des vorhergehenden.

4,9 Jabez erinnert an das Wort ozeb (= Beschwerde).

4,17 Ergänzt aus V. 18.

kreis dieser Städte bis nach Baal hin. Das waren ihre Wohnsitze und sie hatten ihre eigenen Stammeslisten.

34 Meschobab, Jamlech, Joscha, der Sohn Amazjas, 35 Joël, Jehu, der Sohn Joschibjas, des Sohnes Serajas, des Sohnes Asiëls, 36 Eljoënai, Jaakoba, Jeschohaja, Asaja, Adiël, Jesimiël, Benaja, 37 Sisa, der Sohn Schifis, des Sohnes Allons, des Sohnes Jedajas, des Sohnes Schimris, des Sohnes Schemajas: 38 Diese namentlich Genannten waren führende Männer in ihren Sippenverbänden. Ihre Großfamilien hatten sich stark vermehrt. 39 Daher zogen sie, um Weideplätze für ihre Schafe und Ziegen zu suchen, zum Osten des Tals, wo der Weg nach Gedor abzweigt. 40 Sie fanden fette und gute Weideplätze. Das Land war nach allen Seiten hin ausgedehnt, ruhig und friedlich; denn die früheren Bewohner gehörten zu den Hamiten. 41 So kamen diese mit Namen Aufgezeichneten in den Tagen des Königs Hiskija von Juda, zerstörten ihre Zelte und erschlugen die Mëuniter, die sich dort fanden. Sie weihten sie für immer dem Untergang und ließen sich an ihrer Stelle nieder; denn es gab dort Weideplätze für ihre Schafe und Ziegen.

42 Von den Nachkommen Simeons zogen fünfhundert Mann in das Gebirge Seïr. Pelatja, Nearja, Refaja und Usiël, die Söhne Jischis, standen an ihrer Spitze. 43 Sie schlugen die Restbevölkerung, die von den Amalekitern noch vorhanden war, und wohnen dort bis zum heutigen Tag.

24: Gen 46,10; Num 26,12–14 • 28: Jos 19,2–8.

Der Stamm Ruben: 5,1–10

5 Die Söhne Rubens, des Erstgeborenen Israels: Ruben war der Erstgeborene. Da er aber das Bett seines Vaters entweiht hatte, wurde sein Erstgeburtsrecht den Söhnen Josefs, des Sohnes Israels, gegeben. Doch richten sich die Stammeslisten nicht nach dem Erstgeburtsrecht; 2 Juda erlangte nämlich die Herrschaft über seine Brüder und einer aus ihm wurde der Fürst, obwohl das Erstgeburtsrecht bei Josef war. 3 Die Söhne Rubens, des Erstgeborenen Israels, waren: Henoch, Pallu, Hezron und Karmi.

4 Der Sohn Joëls war Schemaja, dessen Sohn Gog, dessen Sohn Schimi, 5 dessen Sohn Micha, dessen Sohn Reaja, dessen Sohn Baal, 6 dessen Sohn Beera, den Tiglat-Pileser, der König von Assur, verschleppte. Er war der Anführer der Rubeniter. 7 Seine Brüder wurden, als sie sich nach ihren Geschlechterfolgen in die Stammeslisten eintragen ließen, seinen Familien zugezählt. Der erste war Jëiël, ihm folgte Secharja.

8 Bela war der Sohn des Asas, des Sohnes Schemas, des Sohnes Joëls.

Die Rubeniter wohnten in Aroër bis Nebo und Baal-Meon. 9 Ostwärts wohnten sie bis an den Rand der Steppe, die sich vom Eufrat her erstreckt; denn sie besaßen große Herden im Land Gilead. 10 In den Tagen Sauls führten sie Krieg mit den Hagaritern. Diese fielen in ihre Hand und sie besetzten ihre Zelte auf der ganzen Ostseite von Gilead.

1: Gen 35,22; 49,3f • 3: Gen 46,9.

Der Stamm Gad: 5,11–17

11 Die Nachkommen Gads wohnten ihnen gegenüber im Gebiet des Baschan bis Salcha. 12 Ihr Oberhaupt war Joël; Schafam war der Zweite, dazu kamen Janai und Schafat; sie wohnten im Baschan. 13 Ihre Brüder mit ihren Großfamilien waren Michael, Meschullam, Scheba, Jorai, Jakan, Sia und Eber, insgesamt sieben.

14 Das waren die Söhne Abihajils, des Sohnes Huris, des Sohnes Jaroachs, des Sohnes Gileads, des Sohnes Michaels, des Sohnes Jeschischais, des Sohnes Jachdos, des Sohnes des Bus: ... 15 Ahi, der Sohn Abdiëls, des Sohnes Gunis, war Haupt ihrer Großfamilien. 16 Sie wohnten in Gilead, im Baschan und seinen Tochterstädten und an allen Weideflächen Scharons bis zu ihren Ausläufern. 17 In den Tagen Jotams, des Königs von Juda, und in den Tagen Jerobeams, des Königs von Israel, wurden alle in die Stammeslisten eingetragen.

Der Krieg mit Nachbarstämmen: 5,18–22

18 Die Krieger von Ruben, Gad und dem halben Stamm Manasse, Männer, die Schild und Schwert trugen, den Bogen spannten und im Kampf geübt waren, vierundvierzigtausendsiebenhundertsechzig Mann, die im Heer ausrückten, 19 führten Krieg gegen die Hagariter und gegen Jetur, Nafisch und Nodab. 20 Sie waren siegreich und konnten die Hagariter und deren Verbündete in ihre Gewalt bringen; denn sie schrien im Kampf zu

5,1 Der Vers will erklären, warum das Buch den Stamm Juda und nicht die Stämme Ruben oder Josef an erster Stelle bringt: Es geschah, weil ihm das Königtum zufiel.

5,8 Die Städte liegen im Süden des Ostjordanlands.

5,14 Die Namen der Söhne fehlen in H.

Gott und dieser ließ sich erbitten, da sie auf ihn vertrauten. 21 So führten sie deren Besitz weg: 50000 Kamele, 250000 Schafe und 2000 Esel, dazu 100000 Personen. 22 Viele Feinde wurden erschlagen und fielen, denn es war ein Krieg Gottes. Die Israeliten siedelten sich an ihrer Stelle an und blieben dort bis zur Verschleppung.

Der Stamm Ost-Manasse: 5,23–26

23 Die Angehörigen des halben Stammes Manasse wohnten in dem Land, das vom Baschan bis Baal-Hermon, zum Senir und zum Hermongebirge reicht. Sie waren sehr zahlreich. 24 Und das waren die Häupter ihrer Großfamilien: Efer, Jischi, Eliël, Asriël, Jirmeja, Hodawja und Jachdiël. Sie waren tapfere Krieger, Männer von Namen, Häupter ihrer Großfamilien. 25 Doch wurden sie dem Gott ihrer Väter untreu und gaben sich den Göttern der Landesbevölkerung hin, die Gott vor ihnen vertrieben hatte. 26 Darum erweckte der Gott Israels den Geist Puls, des Königs von Assur, das heißt den Geist Tiglat-Pilesers, des Königs von Assur. Dieser führte die Rubeniter, die Gaditer und den halben Stamm Manasse in die Verbannung und brachte sie nach Halach, an den Habor, nach Hara und an den Fluss von Gosan. Dort sind sie bis zum heutigen Tag.

26: 2 Kön 17,6.

Der Stamm Levi: 5,27–41

27 Die Söhne Levis waren: Gerschon, Kehat und Merari. 28 Die Söhne Kehats waren: Amram, Jizhar, Hebron und Usiël. 29 Die Kinder Amrams waren: Aaron, Mose und Mirjam. Die Söhne Aarons waren: Nadab, Abihu, Eleasar und Itamar. 30 Eleasar zeugte Pinhas, Pinhas zeugte Abischua, 31 Abischua zeugte Bukki, Bukki zeugte Usi, 32 Usi zeugte Serachja, Serachja zeugte Merajot, 33 Merajot zeugte Amarja, Amarja zeugte Ahitub, 34 Ahitub zeugte Zadok, Zadok zeugte Ahimaaz, 35 Ahimaaz zeugte Asarja, Asarja zeugte Johanan, 36 Johanan zeugte Asarja – dieser war es, der im Tempel, den Salomo in Jerusalem erbaute, das Priesteramt verwaltete –, 37 Asarja zeugte Amarja, Amarja zeugte Ahitub, 38 Ahitub zeugte Zadok, Zadok zeugte Schallum, 39 Schallum zeugte Hilkija, Hilkija zeugte Asarja, 40 Asarja zeugte Seraja, Seraja zeugte Jozadak. 41 Jozadak zog fort, als der Herr Juda und Jerusalem durch Nebukadnezzar in die Verbannung führte.

27–30 ‖ Ex 6,16–25.

Die Nachkommen der drei Söhne Levis: 6,1–15

6 Die Söhne Levis waren: Gerschon, Kehat und Merari. 2 Die Söhne Gerschons hießen Libni und Schimi. 3 Kehats Söhne waren: Amram, Jizhar, Hebron und Usiël. 4 Die Söhne Meraris waren: Machli und Muschi.

Das sind die Sippen der Leviten nach ihren Stammvätern: 5 Der Sohn Gerschons war Libni, dessen Sohn Jahat, dessen Sohn Simma, 6 dessen Sohn Joach, dessen Sohn Iddo, dessen Sohn Serach und dessen Sohn Etni. 7 Der Sohn Kehats war Amminadab, dessen Sohn Korach, dessen Sohn Assir, 8 dessen Sohn Elkana, dessen Sohn Abiasaf, dessen Sohn Assir, 9 dessen Sohn Tahat, dessen Sohn Uriël, dessen Sohn Usija und dessen Sohn Schaul. 10 Die Söhne Elkanas waren Amasai und Ahimot. 11 Der Sohn Elkanas war Elkana, dessen Sohn Zuf, dessen Sohn Tohu, 12 dessen Sohn Eliab, dessen Sohn Jeroham, dessen Sohn Elkana, dessen Sohn Samuel. 13 Die Söhne Samuels waren: Joël, der Erstgeborene, und der zweite war Abija. 14 Der Sohn Meraris war Machli, dessen Sohn Libni, dessen Sohn Schimi, dessen Sohn Usa, 15 dessen Sohn Schima, dessen Sohn Haggija und dessen Sohn Asaja.

11: 1 Sam 1,1 • 13: 1 Sam 8,2.

Abstammung der Sänger: 6,16–32

16 Diese sind es, die David zur Pflege des Gesangs im Haus des Herrn bestellte, nachdem die Lade eine bleibende Stätte gefunden hatte. 17 Sie versahen ihren Dienst als Sänger vor der Wohnstätte des Offenbarungszeltes, bis Salomo das Haus des Herrn in Jerusalem baute. Gemäß ihren Satzungen standen sie in ihrem Dienst. 18 Diese sind es, die mit ihren Söhnen den Dienst besorgten:

Von den Nachkommen der Kehatiter: Heman, der Sänger, der Sohn Joëls, des Sohnes Samuels, 19 des Sohnes Elkanas, des Sohnes

5,26 zu Pul: vgl. die Anmerkung zu 2 Kön 15,19.

5,36 Die Zwischenbemerkung ist an falscher Stelle eingereiht. Sie gehört zu dem in V. 35 genannten Asarja (vgl. 1 Kön 4,2).

6,13 Text korr. nach 1 Sam 8,2.

6,16 David ließ die Lade nach Jerusalem bringen und in einem Zelt aufstellen. Unter Salomo erhielt sie im Tempel ihre bleibende Stätte.

6,17 Nach 1 Chr 21,29 und 2 Chr 1,3 befand sich das heilige Zelt (ohne die Bundeslade) zur Zeit Davids in Gibeon; dort wurden auch die Opfer unter Leitung des Priesters Zadok dargebracht (vgl. 1 Chr 16,39). Der Kult hörte dort auf, als Salomo das Zelt nach Jerusalem bringen ließ.

Jerohams, des Sohnes Eliëls, des Sohnes To-
hus, 20 des Sohnes Zufs, des Sohnes Elkanas,
des Sohnes Mahats, des Sohnes Amasais,
21 des Sohnes Elkanas, des Sohnes Joëls, des
Sohnes Asarjas, des Sohnes Zefanjas, 22 des
Sohnes Tahats, des Sohnes Assirs, des Soh-
nes Abiasafs, des Sohnes Korachs, 23 des
Sohnes Jizhars, des Sohnes Kehats, des Soh-
nes Levis, des Sohnes Israels.

24 Sein Bruder war Asaf, der zu seiner
Rechten stand: Er war der Sohn Berechjas,
des Sohnes Schimas, 25 des Sohnes Michaels,
des Sohnes Maasejas, des Sohnes Malkijas,
26 des Sohnes Etnis, des Sohnes Serachs, des
Sohnes Adajas, 27 des Sohnes Etans, des Soh-
nes Simmas, des Sohnes Schimis, 28 des Soh-
nes Jahats, des Sohnes Gerschoms, des Soh-
nes Levis.

29 Die Söhne Meraris, ihre Brüder, standen
zur Linken: Etan, der Sohn Kischis, des Soh-
nes Abdis, des Sohnes Malluchs, 30 des Soh-
nes Haschabjas, des Sohnes Amazjas, des
Sohnes Hilkijas, 31 des Sohnes Amzis, des
Sohnes Banis, des Sohnes Schemers, 32 des
Sohnes Machlis, des Sohnes Muschis, des
Sohnes Meraris, des Sohnes Levis.

19: 1 Sam 1,1.

Die Aufgaben der Leviten und Priester: 6,33–34

33 Ihre Brüder, die Leviten, waren für den
gesamten Dienst an der Wohnstätte des Hau-
ses Gottes bestimmt. 34 Aaron aber und seine
Söhne verbrannten die Opfer auf dem
Brandopferaltar und dem Rauchopferaltar.
Sie besorgten jeden Dienst am Allerheiligs-
ten und vollzogen die Sühne für Israel, genau
wie Mose, der Knecht Gottes, angeordnet
hatte.

Die Nachkommen Aarons: 6,35–38

35 Das sind die Nachkommen Aarons: Sein
Sohn war Eleasar, dessen Sohn Pinhas, des-
sen Sohn Abischua, 36 dessen Sohn Bukki,
dessen Sohn Usi, dessen Sohn Serachja,
37 dessen Sohn Merajot, dessen Sohn Amarja,
dessen Sohn Ahitub, 38 dessen Sohn Zadok,
dessen Sohn Ahimaaz.

35–38: 5,29–34.

Die Wohnsitze der Leviten: 6,39–66

39 Das sind ihre Wohnsitze mit ihren Zelt-
lagern auf ihrem Gebiet: Den Nachkommen
Aarons von der Sippe der Kehatiter, auf die
das erste Los gefallen war, 40 gaben sie He-
bron im Land Juda mit seinen Weideflächen
ringsum. 41 Das Ackerland der Stadt aber
und ihre Gehöfte gaben sie Kaleb, dem Sohn
Jefunnes. 42 Sie gaben den Nachkommen Aa-
rons die Asylstadt Hebron, ferner Libna mit
seinen Weideflächen, Jattir und Eschtemoa
mit seinen Weideflächen, 43 Holon mit seinen
Weideflächen, Debir mit seinen Weideflä-
chen, 44 Aschan mit seinen Weideflächen,
(Jutta mit seinen Weideflächen,) Bet-Sche-
mesch mit seinen Weideflächen. 45 Vom
Stamm Benjamin gaben sie ihnen: (Gibeon
mit seinen Weideflächen,) Geba mit seinen
Weideflächen, Alemet mit seinen Weideflä-
chen, Anatot mit seinen Weideflächen. Ins-
gesamt gehörten ihnen dreizehn Städte mit
ihren Weideflächen. 46 Den übrigen Sippen
von den Nachkommen Kehats gaben sie
durch das Los zehn Städte vom halben
Stamm Manasse.

47 Den Nachkommen Gerschoms gaben die
Israeliten entsprechend ihren Sippen aus
dem Stamm Issachar, aus dem Stamm
Ascher, aus dem Stamm Naftali und aus dem
Stamm Manasse im Baschan dreizehn
Städte. 48 Den Nachkommen Meraris gaben
sie entsprechend ihren Sippen aus dem
Stamm Ruben, aus dem Stamm Gad und aus
dem Stamm Sebulon durch das Los zwölf
Städte.

49 Die Israeliten gaben den Leviten die
Städte samt ihren Weideflächen. 50 Durch
das Los gaben sie ihnen aus dem Stamm
Juda, aus dem Stamm Simeon und aus dem
Stamm Benjamin diese Städte, die sie na-
mentlich bezeichneten.

51 Die Angehörigen der kehatitischen Sip-
pen erhielten durch das Los vom Stamm
Efraim folgende Städte: 52 Man gab ihnen die
Asylstadt Sichem mit ihren Weideflächen
auf dem Gebirge Efraim, ferner Geser mit
seinen Weideflächen, 53 Kibzajim mit seinen
Weideflächen, Bet-Horon mit seinen Weide-
flächen; 54 (vom Stamm Dan: Elteke mit sei-
nen Weideflächen, Gibbeton mit seinen Wei-
deflächen,) Ajalon mit seinen Weideflächen,
Gat-Rimmon mit seinen Weideflächen;
55 vom halben Stamm Manasse: Taanach mit
seinen Weideflächen und Jibleam mit seinen
Weideflächen. Diese gaben sie den Sippen
der übrigen Kehatiter.

6,39–66 Einige Ortsnamen fehlen in H und wurden aus Jos 21 ergänzt.

6,42 Eine Asylstadt ist ein Ort, wohin ein Totschläger fliehen konnte, um vor dem Bluträcher sicher zu sein (vgl. Dtn 19,1–13).

6,44f.54 Ergänzt aus Jos 21,16f.23.

6,55 Die »übrigen« Kehatiter sind jene, die nicht Nachkommen Aarons sind (vgl. 6,39–45).

56 Den Nachkommen Gerschoms gaben sie
von den Sippen des halben Stamms Manasse:
Golan im Baschan mit seinen Weideflächen,
Aschtarot mit seinen Weideflächen; 57 vom
Stamm Issachar: Kischjon mit seinen Weide-
flächen, Daberat mit seinen Weideflächen,
58 Ramot mit seinen Weideflächen, En-Gan-
nim mit seinen Weideflächen; 59 vom Stamm
Ascher: Mischal mit seinen Weideflächen,
Abdon mit seinen Weideflächen, 60 Helkat
mit seinen Weideflächen, Rehob mit seinen
Weideflächen; 61 vom Stamm Naftali: Ke-
desch in Galiläa mit seinen Weideflächen,
Hammon mit seinen Weideflächen, Kirjata-
jim mit seinen Weideflächen.

62 Den übrigen Nachkommen Meraris ga-
ben sie vom Stamm Sebulon: (Jokneam mit
seinen Weideflächen, Karta mit seinen Wei-
deflächen,) Rimmon mit seinen Weideflä-
chen, Tabor mit seinen Weideflächen; 63 im
Land jenseits des Jordan bei Jericho, östlich
des Jordan, vom Stamm Ruben: Bezer in der
Steppe mit seinen Weideflächen, Jahaz mit
seinen Weideflächen, 64 Kedemot mit seinen
Weideflächen, Mefaat mit seinen Weideflä-
chen; 65 vom Stamm Gad: Ramot in Gilead
mit seinen Weideflächen, Mahanajim mit
seinen Weideflächen, 66 Heschbon mit seinen
Weideflächen und Jaser mit seinen Weide-
flächen.

39–66 || Jos 21,3–39.

Der Stamm Issachar: 7,1–5

7 Die Söhne Issachars waren: Tola, Puwa,
Jaschub und Schimron, zusammen vier.
2 Die Söhne Tolas waren: Usi, Refaja, Jeriël,
Jachmai, Jibsam und Schemuël. Sie waren
Häupter der Großfamilien Tolas, tapfere
Krieger, jeder entsprechend seiner Ge-
schlechterfolge. Zur Zeit Davids zählten sie
22 600 Mann. 3 Die Söhne Usis waren:
Serachja, Michael, Obadja, Joël und Jischija,
insgesamt fünf. Sie alle waren Oberhäupter.
4 Sie hatten, geordnet nach ihrer Geschlech-
terfolge und nach ihren Großfamilien, ein
Kriegsheer von 36 000 Mann zu stellen; denn
sie hatten viele Frauen und Kinder. 5 Ihre
Brüder aus allen Sippen Issachars waren
tapfere Krieger. Ihre Aufzeichnung ergab
insgesamt 87 000 Mann.

Der Stamm Benjamin: 7,6–12

6 Die Söhne Benjamins waren: Bela, Be-
cher und Jediaël, insgesamt drei. 7 Die Söhne
Belas waren: Ezbon, Usi, Usiël, Jerimot und
Ir, insgesamt fünf. Sie waren Häupter ihrer
Großfamilien und tapfere Krieger. Ihre Auf-
zeichnung ergab 22 034 Mann. 8 Die Söhne
Bechers waren: Semira, Joasch, Eliëser, El-
joënai, Omri, Jeremot, Abija, Anatot und
Alemet. Sie alle waren Söhne Bechers. 9 Die
Aufzeichnung entsprechend ihrer Ge-
schlechterfolge nach den Häuptern ihrer
Großfamilien und nach den tapferen Krie-
gern ergab 20 200 Mann. 10 Der Sohn Je-
diaëls war Bilhan und die Söhne Bilhans
waren: Jëusch, Benjamin, Ehud, Kenaana,
Setan, Tarschisch und Ahischahar. 11 Sie alle
waren Söhne Jediaëls, Häupter ihrer Groß-
familien, tapfere Krieger, 17 200 Mann, die
im Heer zum Krieg ausrückten.

12 Schuppim und Huppim waren Söhne
Irs, Huschim der Sohn Ahers.

6: Gen 46,21.

Der Stamm Naftali: 7,13

13 Die Söhne Naftalis waren: Jachzeel,
Guni, Jezer und Schallum, die Nachkommen
der Bilha.

13: Gen 46,24.

Der Stamm Manasse: 7,14–19

14 Der Sohn Manasses war Asriël. Seine
aramäische Nebenfrau gebar Machir, den
Vater Gileads. 15 Machir nahm eine Frau für
Huppim und Schuppim. Der Name seiner
Schwester war Maacha. Der Name des zwei-
ten (Sohnes Hefers) war Zelofhad. Dieser
hatte nur Töchter. 16 Maacha, die Frau
Machirs, gebar einen Sohn und nannte ihn
Peresch; sein Bruder hieß Scheresch. Dessen
Söhne waren Ulam und Rekem. 17 Der Sohn
Ulams war Bedan. Das waren die Söhne
Gileads, des Sohnes Machirs, des Sohnes
Manasses. 18 Seine Schwester Molechet ge-
bar Ischhod, Abiëser und Machla. 19 Die
Söhne Schemidas waren Achjan, Schechem,
Likhi und Aniam.

Der Stamm Efraim: 7,20–29

20 Der Sohn Efraims war Schutelach. Des-
sen Sohn war Bered, dessen Sohn Tahat, des-
sen Sohn Elada, dessen Sohn Tahat, 21 des-
sen Sohn Sabad und dessen Sohn Schute-
lach sowie Eser und Elad. Diese erschlug
die einheimische Bevölkerung von Gat, weil

6,62 Ergänzt nach Jos 21,34.
7,14–19 Der Text ist nur lückenhaft überliefert.
7,15 Der Name Hefer ist aus Num 26,33 zu entnehmen.

sie hinabgezogen waren, um deren Vieh wegzunehmen. 22 Darüber trauerte ihr Vater Efraim lange Zeit und seine Brüder kamen, ihn zu trösten. 23 Dann ging er zu seiner Frau; sie wurde schwanger und gebar einen Sohn. Er nannte ihn Beria, da er zur Zeit des Unglücks in seinem Haus geboren wurde. 24 Seine Tochter war Scheera. Sie erbaute das untere und das obere Bet-Horon sowie Usen-Scheera.

25 Weitere Söhne (Efraims) waren Refach und Reschef. Dessen Sohn war Telach, dessen Sohn Tahan, 26 dessen Sohn Ladan, dessen Sohn Ammihud, dessen Sohn Elischama, 27 dessen Sohn Nun und dessen Sohn Josua.

28 Ihr Besitz und ihre Wohnplätze waren Bet-El mit seinen Tochterstädten, gegen Osten Naara, gegen Westen Geser mit seinen Tochterstädten, Sichem mit seinen Tochterstädten bis nach Aja und seinen Tochterstädten. 29 In der Hand der Nachkommen Manasses waren Bet-Schean mit seinen Tochterstädten, Taanach mit seinen Tochterstädten, Megiddo mit seinen Tochterstädten und Dor mit seinen Tochterstädten. In ihnen wohnten die Nachkommen Josefs, des Sohnes Israels.

20: Num 26,35–37.

Der Stamm Ascher: 7,30–40

30 Die Söhne Aschers waren: Jimna, Jischwa, Jischwi und Beria. Ihre Schwester war Serach. 31 Die Söhne Berias waren Heber und Malkiël. Dieser war der Vater von Birsajit. 32 Heber zeugte Jaflet, Schemer, Hotam und deren Schwester Schua. 33 Die Söhne Jaflets waren Pasach, Bimhal und Aschwat. Das waren die Söhne Jaflets. 34 Die Söhne Schemers waren: Ahi, Rohga, Hubba und Aram. 35 Die Söhne seines Bruders Hotam waren: Zofach, Jimna, Schelesch und Amal. 36 Die Söhne Zofachs waren: Suach, Harnefer, Schual, Beri, Jimra, 37 Bezer, Hod, Schamma, Schilscha, Jitran und Beera. 38 Die Söhne Jitrans waren: Jefunne, Pispa und Ara. 39 Die Söhne Ullas waren: Arach, Hanniël und Rizja. 40 Alle diese waren Nachkommen Aschers, auserlesene Häupter von Großfamilien, tapfere Krieger, Häupter unter den führenden Männern. Ihre Aufzeichnung für das Kriegsheer ergab 26 000 Mann.

30: Gen 46,17.

Das zweite Verzeichnis des Stammes Benjamin: 8,1–28

8 Benjamin zeugte Bela als seinen Erstgeborenen, Aschbel als zweiten, Achrach als dritten, 2 Noha als vierten und Rafa als fünften. 3 Bela hatte folgende Söhne: Ard, Gera, Abihud, 4 Abischua, Naaman, Ahoach, 5 Gera, Schefufan und Huram.

6 Und das waren die Söhne Ehuds ... Sie waren die Familienhäupter der Bewohner von Geba ... Man führte sie in die Verbannung nach Manahat. 7 Naaman, Ahija und Gera ... Dieser führte sie gefangen fort. Er zeugte Usa und Ahihud.

8 Schaharajim zeugte im Grünland von Moab Söhne, nachdem er seine Frauen Huschim und Baara entlassen hatte. 9 Mit seiner Frau Hodesch zeugte er Jobab, Zibja, Mescha, Malkam, 10 Jëuz, Sacheja und Mirma. Das waren seine Söhne, die Häupter ihrer Großfamilien. 11 Mit Huschim zeugte er Abitub und Elpaal. 12 Die Söhne Elpaals waren: Eber, Mischam und Schemed. Dieser baute Ono und Lod mit seinen Tochterstädten.

13 Beria und Schema waren die Häupter der Großfamilien der Einwohner von Ajalon. Sie vertrieben die Einwohner von Gat. 14 Ihre Brüder waren Elpaal, Schaschak und Jeroham. 15 Sebadja, Arad, Eder, 16 Michael, Jischpa und Joha waren Söhne Berias. 17 Sebadja, Meschullam, Hiski, Heber, 18 Jischmerai, Jislia und Jobab waren Söhne Elpaals. 19 Jakim, Sichri, Sabdi, 20 Eliënai, Zilletai, Eliël, 21 Adaja, Beraja und Schimrat waren Söhne Schimis. 22 Jischpan, Eber, Eliël, 23 Abdon, Sichri, Hanan, 24 Hananja, Elam, Antotija, 25 Jifdeja und Penuël waren Söhne Schaschaks. 26 Schamscherai, Scheharja, Atalja, 27 Jaareschja, Elija und Sichri waren Söhne Jerohams. 28 Sie waren Häupter der Großfamilien entsprechend ihrer Geschlechterfolge, ihre Oberhäupter, und wohnten in Jerusalem.

1: Gen 46,21.

Die Familie Sauls: 8,29–40

29 In Gibeon wohnte Jëiël, der Vater Gibeons. Seine Frau war Maacha 30 und sein erstgeborener Sohn war Abdon. Ihm folgten Zur, Kisch, Baal, Ner, Nadab, 31 Gedor, Achjo, Secher und Miklot. 32 Miklot zeugte Schima. Auch sie wohnten in Jerusalem bei ihren

---

7,23 Man hörte im Namen Beria einen Anklang zu beraah (= im Unglück).

8,6f Der Text ist nur lückenhaft überliefert.
8,21 Für Schimi steht in V. 13 Schema.

Brüdern, ihnen gegenüber. 33 Ner zeugte Ab-
ner und Kisch zeugte Saul. Saul zeugte Jona-
tan, Malkischua, Abinadab und Eschbaal.
34 Der Sohn Jonatans war Merib-Baal. Me-
rib-Baal zeugte Micha. 35 Die Söhne Michas
waren: Piton, Melech, Tachrea und Ahas.
36 Ahas zeugte Joadda und Joadda zeugte
Alemet, Asmawet und Simri. Simri zeugte
Moza, 37 Moza zeugte Bina; dessen Sohn war
Rafa, dessen Sohn Elasa und dessen Sohn
Azel. 38 Azel hatte sechs Söhne und das sind
ihre Namen: Asrikam, Bochru, Jischmael,
Schearja, Obadja und Hanan. Alle diese wa-
ren Söhne Azels. 39 Die Söhne seines Bruders
Eschek waren: Ulam, sein Erstgeborener; der
zweite war Jëusch und der dritte Elifelet.
40 Die Söhne Ulams waren tapfere Krieger,
die den Bogen spannten. Sie hatten viele
Söhne und Enkel, insgesamt hundertfünfzig.
Alle diese gehörten zu den Nachkommen
Benjamins.

9 So ließ sich ganz Israel in die Stammes-
listen eintragen. Sie wurden in das
Buch der Könige von Israel und Juda aufge-
nommen.

8,29–38 ǁ 9,35–44 • 33: 1 Sam 31,2 • 34: 2 Sam 9,6.

Jerusalemer Familien nach dem Exil: 9,1–18

Juda wurde wegen seiner Treulosigkeit
nach Babel weggeführt. 2 Die ersten Ansied-
ler, die sich wieder auf ihrem Besitz in ihren
Städten niederließen, waren Israeliten,
Priester, Leviten und Tempeldiener. 3 In Je-
rusalem wohnten von den Angehörigen Ju-
das, Benjamins, Efraims und Manasses fol-
gende:

4 Utai, der Sohn Ammihuds, des Sohnes
Omris, des Sohnes Imris, des Sohnes Banis,
ein Nachkomme des Perez, des Sohnes Ju-
das. 5 Von den Nachkommen Schelas: Asaja,
der Erstgeborene, und dessen Söhne. 6 Von
den Nachkommen Serachs: Jëuël. Die Zahl
ihrer Brüder betrug 690 Mann.

7 Von den Nachkommen Benjamins: Sallu,
der Sohn Meschullams, des Sohnes Hodaw-
jas, des Sohnes Senuas; 8 ferner Jibneja, der
Sohn Jerohams, und Ela, der Sohn Usis, des
Sohnes Michris, sowie Meschullam, der
Sohn Schefatjas, des Sohnes Reguëls, des
Sohnes Jibnijas; 9 dazu ihre Brüder nach ih-
rer Geschlechterfolge, insgesamt 956 Mann.
Sie alle waren Oberhäupter ihrer Großfami-
lien.

10 Von den Priestern: Jedaja, Jojarib, Ja-
chin, 11 Asarja, der Sohn Hilkijas, des Sohnes
Meschullams, des Sohnes Zadoks, des Soh-
nes Merajots, des Sohnes Ahitubs, der Fürst
des Hauses Gottes; 12 ferner Adaja, der Sohn
Jerohams, des Sohnes Paschhurs, des Sohnes
Malkijas, und Masai, der Sohn Adiëls, des
Sohnes Jachseras, des Sohnes Meschullams,
des Sohnes Meschillemots, des Sohnes Im-
mers, 13 sowie ihre Brüder, die Häupter ihrer
Großfamilien, insgesamt 1760 Mann. Sie wa-
ren tüchtige Männer in der Besorgung des
Dienstes im Haus Gottes.

14 Von den Leviten: Schemaja, der Sohn
Haschubs, des Sohnes Asrikams, des Sohnes
Haschabjas, von den Nachkommen Meraris;
15 ferner Bakbakar, Heresch, Galal, Mattan-
ja, der Sohn Michas, des Sohnes Sichris, des
Sohnes Asafs, 16 sowie Abda, der Sohn
Schammuas, des Sohnes Galals, des Sohnes
Jedutuns, und Berechja, der Sohn Asas, des
Sohnes Elkanas, der in den Dörfern der Ne-
tofatiter wohnte.

17 Die Torwächter waren: Schallum, Ak-
kub, Talmon und Ahiman. Ihr Bruder Schal-
lum war das Oberhaupt. 18 Er hat bis heute
die Wache am Königstor im Osten. Das sind
die Torwächter in den Lagern der Leviten.

1–18 ǁ Neh 11,3–19.

Levitische Dienste: 9,19–34

19 Schallum, der Sohn Kores, des Sohnes
Abiasafs, des Sohnes Korachs, und seine
Brüder aus seiner Großfamilie, die Korachi-
ter, hatten als Wächter den Dienst an den
Schwellen des Zeltes zu besorgen. Ihre Väter
waren im Lager des Herrn Wächter am Ein-
gang gewesen. 20 Pinhas, der Sohn Eleasars,
war einst ihr Anführer – der Herr sei mit
ihm. 21 Secharja, der Sohn Meschelemjas,
war Torwächter am Eingang des Offenba-
rungszeltes. 22 Die als Torwächter an den
Schwellen ausersehen waren, zählten insge-
samt 212 Mann. Sie hatten sich in ihren Dör-
fern in die Stammeslisten eingetragen und
waren von David und dem Seher Samuel in
ihr Amt eingesetzt worden. 23 Mit ihren Söh-
nen standen sie nach der Dienstordnung als
Wächter an den Toren zum Haus des Herrn,
zum Haus des Zeltes. 24 Sie waren nach den

9,2 »Erste Ansiedler« sind nach dem Hinweis auf die Babylonische Gefangenschaft die ersten Heimkehrer unter Serubbabel und Jeschua (vgl. Esra 2). »Israeliten« sind hier (neben Priestern, Leviten und Tempeldienern) die Laien.

9,20 Der Satz »Der Herr sei mit ihm« ist der früheste Beleg für die Sitte, dem Namen einer verehrungswürdigen Person eine Segensformel beizufügen.

vier Himmelsrichtungen aufgestellt, nach
Osten, Westen, Norden und Süden. 25 Ihre
Brüder wohnten in ihren Dörfern und muss-
ten jeweils sieben Tage, von einem Zeitpunkt
zum andern, mit ihnen zum Dienst erschei-
nen. 26 Ständig im Dienst waren nur die vier
obersten Torwächter.

Einige Leviten hatten die Aufsicht über
die Kammern und die Schätze im Haus Got-
tes. 27 Sie blieben auch während der Nacht in
der Nähe des Hauses Gottes; denn ihnen war
die Wache übertragen und sie hatten den
Schlüssel, um jeden Morgen zu öffnen. 28 Ei-
nige von ihnen überwachten die Geräte für
den Dienst. Sie trugen sie abgezählt hinein
und brachten sie abgezählt wieder heraus.
29 Andere waren zur Aufsicht über die sons-
tigen Geräte und alle Geräte des Heiligtums
bestellt. Sie hatten das Feinmehl, den Wein
und das Öl, den Weihrauch und verschieden-
artigen Balsam zu besorgen. 30 Einige von
den Söhnen der Priester bereiteten die Sal-
ben für den Balsam. 31 Mattitja, einer der
Leviten, der Erstgeborene des Korachiters
Schallum, war amtlich mit der Zubereitung
des Backwerks beauftragt. 32 Ein Teil der
Kehatiter, ihrer Amtsbrüder, hatte für die
Schaubrote zu sorgen, die sie jeden Sabbat
aufzulegen hatten.

33 Das waren die Sänger, Häupter der
Großfamilien bei den Leviten, die, von ande-
ren Arbeiten befreit, in den Kammern wohn-
ten, da sie Tag und Nacht im Dienst sein
mussten ...

34 Das waren die Häupter der Großfami-
lien der Leviten nach ihrer Geschlechterfol-
ge, die Häupter. Sie wohnten in Jerusalem.

Die Familie Sauls: 9,35–44

35 In Gibeon wohnte Jëiël, der Vater Gibe-
ons. Seine Frau war Maacha 36 und sein erst-
geborener Sohn war Abdon. Ihm folgten Zur,
Kisch, Baal, Ner, Nadab, 37 Gedor, Achjo,
Secher und Miklot. 38 Miklot zeugte Schima.
Auch sie wohnten in Jerusalem bei ihren
Brüdern, ihnen gegenüber. 39 Ner zeugte Ab-
ner und Kisch zeugte Saul. Saul zeugte Jona-
tan, Malkischua, Abinadab und Eschbaal.
40 Der Sohn Jonatans war Merib-Baal. Me-
rib-Baal zeugte Micha. 41 Die Söhne Michas
waren: Piton, Melech, Tachrea und Ahas.
42 Ahas zeugte Joadda und Joadda zeugte
Alemet, Asmawet und Simri. Simri zeugte
Moza, 43 Moza zeugte Bina; dessen Sohn war
Refaja, dessen Sohn Elasa und dessen Sohn
Azel. 44 Azel hatte sechs Söhne und das sind
ihre Namen: Asrikam, Bochru, Jischmael,
Schearja, Obadja und Hanan. Das waren die
Söhne Azels.

35–44 ‖ 8,29–38.

DIE GESCHICHTE DAVIDS: 10,1 – 29,30

Das Ende Sauls: 10,1–14

10 Als die Philister gegen Israel kämpf-
ten, flohen die Israeliten vor ihnen.
Viele waren gefallen und lagen erschlagen
auf dem Gebirge Gilboa. 2 Die Philister ver-
folgten Saul und seine Söhne und erschlugen
Sauls Söhne Jonatan, Abinadab und Malki-
schua. 3 Um Saul selbst entstand ein schwe-
rer Kampf. Die Bogenschützen hatten ihn
getroffen und er war schwer verwundet. 4 Da
sagte Saul zu seinem Waffenträger: Zieh
dein Schwert und durchbohre mich damit!
Sonst kommen diese Unbeschnittenen und
treiben mit mir ihren Mutwillen. Der Waf-
fenträger wollte es nicht tun, denn er hatte
große Angst. Da nahm Saul selbst das
Schwert und stürzte sich hinein. 5 Als der
Waffenträger sah, dass Saul tot war, stürzte
auch er sich in sein Schwert und starb. 6 So
kamen Saul und seine drei Söhne ums Le-
ben; sein ganzes Haus starb mit ihm. 7 Als die
Israeliten in der Ebene (Jesreel) sahen, dass
die Krieger Israels geflohen und dass Saul
und seine Söhne tot waren, verließen sie ihre
Städte und flohen. Dann kamen die Philister
und besetzten die Städte.

8 Als am nächsten Tag die Philister ka-
men, um die Erschlagenen auszuplündern,
fanden sie Saul und seine Söhne, die auf dem
Gebirge Gilboa gefallen waren. 9 Sie zogen
ihn aus, nahmen seinen Kopf und seine Rüs-
tung und schickten beides im Land der Phi-
lister umher, um ihren Götzen und dem Volk
die Siegesnachricht zu übermitteln. 10 Die
Rüstung Sauls legten sie im Tempel ihrer

9,33 Die erwartete Aufzählung der Namen fehlt hier.

10,6 In 8,29–38 werden zwar noch zwölf Generationen nach Saul erwähnt. Da sie aber unbedeutend blieben, kann V. 6 sagen, dass mit Saul sein ganzes Haus, d.h. seine Dynastie, ausstarb.

10,10 Zu Dagon vgl. die Anmerkung zu 1 Sam 5,2.

Götter nieder. Seinen Kopf aber hefteten sie
an den Tempel des Dagon. 11 Als die Einwoh-
ner von Jabesch-Gilead hörten, was die Phi-
lister mit Saul gemacht hatten, 12 brachen
alle kriegstüchtigen Männer auf, nahmen die
Leiche Sauls und die Leichen seiner Söhne
und brachten sie nach Jabesch. Sie begruben
ihre Gebeine unter der Terebinthe in Jabesch
und fasteten sieben Tage lang.
13 So starb Saul wegen der Treulosigkeit,
die er gegen den Herrn begangen hatte. Er
hatte das Wort des Herrn nicht befolgt und
den Totengeist befragt, um Auskunft zu su-
chen; 14 an den Herrn aber hatte er sich nicht
gewandt. Darum ließ er ihn sterben und
übergab das Königtum David, dem Sohn
Isais.

1–12 ‖ 1 Sam 31,1–13 • 11: 1 Sam 11 • 13: 1 Sam 15,19; 28,8–19.

Die Anerkennung Davids als König: 11,1–3

11 Ganz Israel versammelte sich bei
David in Hebron und sagte: Wir sind
doch dein Fleisch und Bein. 2 Schon früher,
als Saul noch König war, hast du Israel in
den Kampf und wieder nach Hause geführt.
Und der Herr, dein Gott, hat zu dir gesagt:
Du sollst der Hirt meines Volkes Israel sein,
du sollst der Fürst meines Volkes Israel wer-
den. 3 Alle Ältesten Israels kamen zum König
nach Hebron; David schloss mit ihnen in He-
bron einen Vertrag vor dem Herrn und sie
salbten David zum König von Israel gemäß
dem Wort, das der Herr durch Samuel ver-
kündet hatte.

1–3 ‖ 2 Sam 5,1–3 • 3: 1 Sam 16.

Die Eroberung Jerusalems: 11,4–9

4 David zog mit ganz Israel nach Jerusa-
lem, das ist Jebus. Dort saßen noch die Jebu-
siter, die damals im Land wohnten. 5 Die Je-
busiter aber sagten zu David: Du wirst nicht
in die Stadt hereinkommen. Doch David er-
oberte die Burg Zion; sie wurde die Stadt
Davids. 6 Damals sagte David: Wer als erster
die Jebusiter schlägt, soll Hauptmann und
Anführer werden. Da stieg Joab, der Sohn
der Zeruja, als Erster hinauf und wurde
Hauptmann. 7 David ließ sich in der Burg
nieder und daher nannte man sie Davidstadt.
8 Er baute an der Stadt ringsum vom Millo
an und im Umkreis, während Joab die übrige
Stadt wiederherstellte. 9 David wurde immer
mächtiger und der Herr der Heere war mit
ihm.

4–9 ‖ 2 Sam 5,6–10.

Davids Helden: 11,10–19

10 Das sind die Obersten der Helden Da-
vids, die mit ganz Israel in der Sache des Kö-
nigtums fest zu ihm hielten, um ihn nach
dem Wort des Herrn zum König von Israel zu
machen. 11 Das ist das Verzeichnis der Hel-
den Davids: Jaschobam, der Sohn Hachmo-
nis, war das Haupt der Drei; er schwang
seine Lanze über dreihundert Männer und
erschlug sie alle auf einmal. 12 Nach ihm
kommt der Ahoachiter Eleasar, der Sohn
Dodos. 13 Er war bei David, als die Philister
sich bei Pas-Dammim zum Kampf sammel-
ten. Dort war ein Gerstenfeld. Als das Volk
vor den Philistern floh, 14 stellte er sich mit-
ten in das Feld, behauptete es und schlug die
Philister. So verlieh ihm der Herr einen gro-
ßen Sieg.
15 Als sich einst das Lager der Philister in
der Rafaïterebene befand, kamen drei von
den dreißig Helden zu David in das Felsen-
nest, in die Höhle Adullam. 16 David hielt
sich damals in seiner Bergfestung auf und
ein Posten der Philister lag in Betlehem.
17 Da bekam David großen Durst und er sag-
te: Wer bringt mir Wasser aus der Zisterne
am Tor von Betlehem? 18 Da drangen die drei
Helden in das Lager der Philister ein,
schöpften Wasser aus der Zisterne am Tor
von Betlehem, nahmen es mit und brachten
es David. Doch er wollte es nicht trinken,
sondern goss es als Trankopfer für den Herrn
aus 19 und sagte: Das sei fern von mir, Gott,
dass ich so etwas tue. Soll ich das Blut dieser
Männer trinken, die unter Lebensgefahr hin-
gegangen sind? Denn unter Lebensgefahr
haben sie es geholt. Darum wollte er es nicht
trinken. Eine solche Tat vollbrachten die
drei Helden.

10–19 ‖ 2 Sam 23,8–17.

Weitere Helden Davids: 11,20–47

20 Joabs Bruder Abischai war der Anführer
der Dreißig. Er schwang seinen Speer über
dreihundert Männer und erschlug sie; er

11,1 dein Fleisch und Bein: vgl. die Anmerkung zu Gen 2,21–23.

11,11 Jaschobam ist wohl absichtliche Entstellung des Namens Jischbaal (vgl. 2 Sam 23,8). – drei: H: dreißig. Es gab einen Heldenkreis mit drei und einen größeren mit dreißig Männern.

11,13 In H sind einige Sätze verloren gegangen, sodass der Name des dritten Helden, Schamma, wegfiel und seine Leistungen auf den zweiten übertragen wurden. Sam 23,9–12 ist der volle Wortlaut noch erhalten. Gerste: in 2 Sam 23,11: Linsen.

11,20f dreißig: in H zu »drei« verschrieben.

hatte bei den drei Helden einen großen Na-
men. 21 Unter den Dreißig war er hoch geehrt
und er wurde ihr Anführer, aber an die Drei
reichte er nicht heran.
22 Benaja aus Kabzeel, der Sohn Jojadas,
war ein tapferer Mann, der große Taten voll-
brachte. Er erschlug die beiden Söhne Ariëls
aus Moab. Als einmal Schnee gefallen war,
kam er zu einer Zisterne und erlegte darin
einen Löwen. 23 Auch erschlug er einen rie-
senhaften Ägypter, der fünf Ellen groß war.
Der Ägypter hatte einen Speer gleich einem
Weberbaum in der Hand. Benaja aber ging
nur mit einem Stock auf ihn los, riss ihm den
Speer aus der Hand und tötete ihn mit die-
sem Speer. 24 Solche Taten vollbrachte Bena-
ja, der Sohn Jojadas. Er hatte bei den drei
Helden einen großen Namen. 25 Unter den
Dreißig war er hoch geehrt, aber an die Drei
reichte er nicht heran. David stellte ihn an
die Spitze seiner Leibwache.
26 Tapfere Helden waren Joabs Bruder
Asaël, Elhanan aus Betlehem, der Sohn Do-
dos, 27 Schammot aus Harod, Helez aus Bet-
Pelet, 28 Ira aus Tekoa, der Sohn des Ikkesch,
Abiëser aus Anatot, 29 Sibbechai aus Huscha,
Ilai der Ahoachiter, 30 Mahrai aus Netofa,
Heled aus Netofa, der Sohn Baanas, 31 Ittai
aus Gibea in Benjamin, der Sohn Ribais, Be-
naja aus Piraton, 32 Hiddai aus Nahale-
Gaasch, Abiël aus Bet-Araba, 33 Asmawet
aus Bahurim, Eljachba aus Schaalbim, 34 Ja-
schen der Guniter, Jonatan aus Harar, der
Sohn Schages, 35 Ahiam aus Harar, der Sohn
Sachars, Elifal, der Sohn Urs, 36 Hefer aus
Mechera, Ahija aus Gilo, 37 Hezro aus Kar-
mel, Naarai, der Sohn Esbais, 38 Joël, der
Bruder Natans, Mibhar, der Sohn Hagris,
39 Zelek, der Ammoniter, Nachrai aus Beer-
ot, der Waffenträger Joabs, des Sohnes der
Zeruja, 40 Ira aus Jattir, Gareb aus Jattir,
41 Urija, der Hetiter, Sabad, der Sohn Ach-
lais, 42 Adina, der Sohn Schisas, aus dem
Stamm Ruben, Haupt der Rubeniter und An-
führer von dreißig Mann, 43 Hanan, der Sohn
Maachas, Joschafat aus Meten, 44 Usija aus
Aschtarot, Schama und Jëiël, die Söhne Ho-
tams, aus Aroër, 45 Jediaël, der Sohn Schim-
ris, und sein Bruder Joha aus Tiz, 46 Eliël aus
Mahanajim, Jeribai und Joschawja, die
Söhne Elnaams, Jitma, der Moabiter, 47 Eliël,
Obed und Jaasiël aus Zoba.

20–47 ‖ 2 Sam 23,18–39.

Das dritte Verzeichnis von Anhängern Davids: 12,1–23

12 Diese sind es, die zu David nach
Ziklag kamen, als er sich noch von
Saul, dem Sohn des Kisch, fernhalten muss-
te. Sie gehörten zu den Helden, die ihn im
Kampf unterstützten. 2 Sie waren mit dem
Bogen ausgerüstet und konnten mit der
rechten und mit der linken Hand Steine
schleudern und Pfeile mit dem Bogen ab-
schießen. Von den Stammesbrüdern Sauls,
von Benjamin, kamen: 3 Ahiëser, ihr Anfüh-
rer, ferner Joasch, der Sohn Schemaas, aus
Gibea, Jesiël und Pelet, die Söhne Asmawets,
Beracha und Jehu aus Anatot, 4 Jischmaja
aus Gibeon, ein Held unter den Dreißig und
ihr Anführer, 5 Jirmeja, Jahasiël, Johanan
und Josabad aus Gedera, 6 Elusai, Jerimot,
Bealja, Schemarja und Schefatja aus Haruf,
7 Elkana, Jischija, Asarel, Joëser und Jascho-
bam, die Korachiter, 8 Joëla und Sebadja, die
Söhne Jerohams, aus Gedor.
9 Auch Gaditer traten zu David über und
kamen in die Bergfestung in der Wüste. Sie
waren tapfere Helden, kampfgeübte Krieger
mit Schild und Lanze, waren wie Löwen an-
zusehen und flink wie Gazellen auf den Ber-
gen. 10 Eser war der erste, Obadja der zweite,
Eliab der dritte, 11 Mischmanna der vierte,
Jirmeja der fünfte, 12 Attai der sechste, Eliël
der siebte, 13 Johanan der achte, Elsabad der
neunte, 14 Jirmeja der zehnte, Machbannai
der elfte. 15 Diese waren von den Gaditern
gekommen. Sie waren Hauptleute im Heer.
Der kleinste von ihnen nahm es mit hundert,
der stärkste mit tausend auf. 16 Sie waren es,
die im ersten Monat den Jordan überquerten,
als er über die Ufer getreten war und die
Täler im Osten und Westen abgeschnitten
waren.
17 Auch Angehörige Benjamins und Judas
kamen zu David in die Bergfestung. 18 David
trat zu ihnen heraus, sprach sie an und sagte:
Wenn ihr in friedlicher Absicht zu mir
kommt, um mir zu helfen, so bin ich zur Ge-

11,26–47 Die Namen sind teilweise durch Schreibfehler entstellt. Die Korrekturen stützen sich zumeist auf 2 Sam und G. In 2 Sam schließt die Liste mit Urija; Chr fügt sechzehn weitere Namen hinzu.

12,1 Um sich der Verfolgung durch Saul zu entziehen, war David zum Philisterkönig Achisch übergetreten, der ihm die Stadt Ziklag, nördlich von Beerscheba, als Aufenthalt zuwies (vgl. 1 Sam 27,6).

12,9 Vor seinem Übertritt zu den Philistern hielt sich David längere Zeit in der Bergfestung Adullam, südwestlich von Betlehem, auf und sammelte Anhänger um sich (vgl. 1 Sam 22,1).

meinschaft mit euch bereit. Wenn ihr aber kommt, um mich den Feinden zu verraten, obwohl ich kein Unrecht begangen habe, dann soll der Gott unserer Väter es sehen und euch strafen. 19 Da ergriff ein Geist Amasai, das Haupt der Dreißig, sodass er ausrief: Dir, David, gehören wir. Zu dir, Sohn Isais, stehen wir. Heil, Heil sei dir, Heil deinem Helfer; denn dir hilft dein Gott. Da nahm sie David auf und reihte sie ein unter die Anführer seiner Schar.

20 Auch von Manasse gingen einige zu David über. David zog damals im Heer der Philister gegen Saul in den Krieg, brachte ihnen aber keine Hilfe, da ihn die Fürsten der Philister nach einer Beratung wegschickten. Sie sagten nämlich: Er könnte um den Preis unserer Köpfe zu seinem Herrn, zu Saul, übergehen. 21 David kehrte daher nach Ziklag zurück. Zu dieser Zeit stießen von Manasse zu ihm: Adnach, Josabad, Jediaël, Michael, Josabad, Elihu und Zilletai, die Häupter der Tausendschaften Manasses. 22 Sie halfen David im Kampf gegen die Räuberscharen (der Amalekiter); denn sie alle waren tapfere Krieger und wurden Oberste im Heer. 23 Tag für Tag kamen Leute zu David, um ihm zu helfen; und so entstand ein großes Heerlager gleich einem Heerlager Gottes.

20: 1 Sam 29.

Die Gefolgschaft bei der Thronerhebung in Hebron:

24 Das sind die Zahlen aller wehrfähigen Männer, die zu David nach Hebron kamen, um ihm nach dem Wort des Herrn das Königtum Sauls zu übertragen: 25 Aus Juda kamen 6800 wehrfähige Männer, die Schild und Lanze trugen. 26 Aus Simeon kamen 7100 tapfere Krieger, 27 aus Levi 4600 Mann, 28 dazu Jojada, der Fürst der Nachkommen Aarons, mit 3700 Mann 29 und Zadok, ein junger, tapferer Krieger, dessen Großfamilie 22 Führer stellte. 30 Aus Benjamin, den Stammesbrüdern Sauls, kamen 3000 Mann. Ihre Mehrheit war bis dahin in der Gefolgschaft des Hauses Saul geblieben.

31 Aus Efraim kamen 20800 in ihren Großfamilien hoch angesehene Krieger, 32 aus dem halben Stamm Manasse 18000 Mann, die namentlich dazu bestimmt waren, zu kommen und David zum König zu machen. 33 Von den Angehörigen Issachars, die die Zeiten verstanden und wussten, was Israel zu tun hatte, kamen 200 Oberste mit allen Stammesbrüdern, die ihrem Befehl unterstanden. 34 Aus Sebulon kamen 50 000 wehrfähige Männer, die mit allen Kriegswaffen zu kämpfen verstanden und sich ohne Vorbehalt einordneten. 35 Aus Naftali kamen 1000 Anführer und mit ihnen 37 000 Mann mit Schild und Lanze, 36 aus Dan 28 600 kampfbereite Männer, 37 aus Ascher 40 000 wehrfähige, kampfbereite Männer. 38 Von jenseits des Jordan, aus Ruben, Gad und dem halben Stamm Manasse kamen 120 000 Mann mit allen Waffen eines Kriegsheeres. 39 Alle diese waren Krieger, die sich willig einordneten. Sie kamen in ehrlicher Gesinnung nach Hebron, um David zum König von ganz Israel zu machen; aber auch alle übrigen Israeliten waren einig im Wunsch, David zum König zu machen. 40 Sie blieben drei Tage dort bei David; sie aßen und tranken, denn ihre Stammesbrüder hatten für sie gesorgt. 41 Auch jene, die bis nach Issachar, Sebulon und Naftali hin in ihrer Nähe wohnten, brachten auf Eseln, Kamelen, Maultieren und Rindern Lebensmittel zum Unterhalt herbei: Mehl, Feigen- und Traubenkuchen, Wein, Öl und eine große Menge Rinder und Schafe; denn es herrschte Freude in Israel.

Die Überführung der Bundeslade nach Jerusalem: 13,1–14

13 David besprach sich mit den Obersten der Tausend- und Hundertschaften und mit allen führenden Leuten. 2 Dann sagte er zur ganzen Versammlung Israels: Wenn ihr einverstanden seid und wenn es dem Herrn, unserem Gott, gefällt, schicken wir überallhin Boten zu unseren Brüdern, die in allen Gegenden Israels geblieben sind, sowie zu den Priestern und Leviten, die in ihren Städten und auf ihren Weideflächen wohnen. Sie sollen sich bei uns versammeln 3 und wir wollen die Lade unseres Gottes zu uns heraufholen; denn in den Tagen Sauls haben wir uns nicht um sie gekümmert. 4 Die ganze Versammlung stimmte dem Vorhaben zu, denn der Plan gefiel dem ganzen Volk.

5 David versammelte nun ganz Israel vom Schihor in Ägypten bis Lebo-Hamat, um die Lade Gottes von Kirjat-Jearim heraufzuho-

12,20 (David) brachte ... keine Hilfe: Text korr.; H: sie brachten ... keine Hilfe.
13,3 Die Lade war in der Zeit des Priesters Eli von den Philistern erbeutet worden (vgl. 1 Sam 4,11). Sie befand sich nach ihrer Rückgabe an Israel im Haus Abinadabs in Kirjat-Jearim (vgl. 1 Sam 7,1).
13,5 Gemeint ist die Ausdehnung des Landes vom östlichsten Nilarm (Schihor) bis Lebo-Hamat an der syrischen Grenze.

len. 6 Er zog mit ganz Israel nach Baala bei Kirjat-Jearim, das zu Juda gehörte, um von dort die Lade Gottes heraufzuholen, über der der Name des Herrn, der über den Kerubim thront, ausgerufen worden ist. 7 Sie holten die Lade Gottes auf einem neuen Wagen vom Haus Abinadabs ab; Usa und Achjo lenkten den Wagen. 8 David und ganz Israel tanzten und sangen vor Gott mit ganzer Hingabe und spielten auf Zithern, Harfen und Pauken, mit Zimbeln und Trompeten. 9 Als sie zur Tenne Kidons kamen, brachen die Rinder aus und Usa streckte seine Hand aus, um die Lade festzuhalten. 10 Da entbrannte der Zorn des Herrn gegen Usa und er erschlug ihn, weil er seine Hand nach der Lade ausgestreckt hatte, sodass er dort vor Gott starb. 11 David war sehr erregt darüber, dass der Herr den Usa so plötzlich dahingerafft hatte, und man nennt den Ort bis heute darum Perez-Usa (Wegraffung Usas). 12 An jenem Tag bekam David Angst vor Gott, sodass er sagte: Wie soll ich die Lade Gottes zu mir bringen? 13 Er ließ sie darum nicht zu sich in die Davidstadt bringen, sondern stellte sie in das Haus Obed-Edoms aus Gat. 14 Drei Monate lang blieb die Lade Gottes im Haus Obed-Edoms und der Herr segnete das Haus Obed-Edoms und alles, was ihm gehörte.

1–14 || 2 Sam 6,12–23.

Das Erstarken des Königtums: 14,1–7

14 Hiram, der König von Tyrus, schickte eine Gesandtschaft zu David und ließ ihm Zedernholz überbringen; auch Maurer und Zimmerleute schickte er, die ihm einen Palast bauen sollten. 2 So erkannte David, dass ihn der Herr als König von Israel bestätigt hatte; denn wegen seines Volkes Israel war Davids Königtum zu hohem Ansehen gelangt. 3 David nahm sich noch weitere Frauen in Jerusalem und zeugte noch Söhne und Töchter. 4 Das sind die Namen der Söhne, die ihm in Jerusalem geboren wurden: Schima, Schobab, Natan, Salomo, 5 Jibhar, Elischua, Elpelet, 6 Nogah, Nefeg, Jafia, 7 Elischama, Beeljada und Elifelet.

1–7 || 2 Sam 5,11–16 • 4–7: 3,5–8.

Krieg mit den Philistern: 14,8–17

8 Die Philister hörten, dass David zum König von ganz Israel gesalbt worden war. Da zogen alle herauf, um David gefangen zu nehmen. David erfuhr davon und zog ihnen entgegen. 9 Als die Philister herankamen und in der Rafaïterebene umherstreiften, 10 befragte David Gott: Soll ich die Philister angreifen? Wirst du sie in meine Hand geben? Der Herr antwortete ihm: Greif sie an, ich will sie in deine Hand geben. 11 Da zog David nach Baal-Perazim. Dort schlug er die Philister und sagte: Gott hat durch meine Hand die Reihen meiner Feinde durchbrochen, wie Wasser (einen Damm) durchbricht. Deshalb nennt man jenen Ort Baal-Perazim (Herr der Durchbrüche). 12 Die Philister ließen dort ihre Götter zurück und David befahl, sie im Feuer zu verbrennen.

13 Doch die Philister streiften noch einmal im Tal der Rafaïter umher. 14 David befragte Gott wieder und Gott antwortete ihm: Zieh nicht hinter ihnen her, sondern umgeh sie und komm von den Baka-Bäumen her an sie heran! 15 Wenn du dann in den Wipfeln der Baka-Bäume ein Geräusch wie von Schritten hörst, dann rück zum Kampf aus; denn Gott geht vor dir her, um das Heer der Philister zu schlagen. 16 David tat, was Gott ihm befohlen hatte, und er schlug das Heer der Philister (im ganzen Gebiet) von Gibeon bis Geser. 17 So drang der Ruhm Davids in alle Länder und der Herr legte Furcht vor ihm auf alle Völker.

8–17 || 2 Sam 5,17–25.

Die Überführung der Lade in die Davidstadt: Die Vorbereitungen: 15,1–24

15 David baute sich Häuser in der Davidstadt; er richtete auch eine Stätte für die Lade Gottes her und stellte ein Zelt für sie auf. 2 Damals ordnete er an, dass nur die Leviten die Lade tragen dürfen; denn sie hat der Herr erwählt, seine Lade zu tragen und immerfort bei ihr Dienst zu tun.

3 Hierauf berief David ganz Israel nach Jerusalem, um die Lade des Herrn an den Ort zu bringen, den er für sie hergerichtet hatte. 4 Er ließ die Nachkommen Aarons und die Leviten kommen: 5 von den Nachkommen Kehats den Vorsteher Uriël und seine Brüder, 120 Mann, 6 von den Nachkommen Meraris den Vorsteher Asaja und seine Brüder, 220 Mann, 7 von den Nachkommen Gerschoms den Vorsteher Joël und seine Brüder, 130 Mann, 8 von den Nachkommen Elizafans den Vorsteher Schemaja und seine Brüder, 200 Mann, 9 von den Nachkommen Hebrons den Vorsteher Eliël und seine Brüder, 80 Mann, 10 von den Nachkommen Usiëls den Vorsteher Amminadab und seine Brüder, 112 Mann.

11 David rief die Priester Zadok und Abjatar sowie die Leviten Uriël, Asaja, Joël, Schemaja, Eliël und Amminadab zu sich 12 und befahl ihnen: Ihr seid die Familien-

häupter der Leviten. Ihr und eure Brüder,
heiligt euch und bringt die Lade des Herrn,
des Gottes Israels, herauf an den Ort, den ich
für sie hergerichtet habe. 13 Weil ihr beim
ersten Mal nicht beteiligt wart, hat der Herr,
unser Gott, Unglück über uns gebracht; denn
wir sind nicht auf ihn bedacht gewesen, wie
es sich gehört hätte. 14 Da heiligten sich die
Priester und die Leviten, um die Lade des
Herrn, des Gottes Israels, heraufzubringen.
15 Die Leviten hoben die Lade Gottes mit den
Tragstangen auf ihre Schultern, wie es Mose
auf Befehl des Herrn angeordnet hatte.
16 Den Vorstehern der Leviten befahl Da-
vid, sie sollten ihre Stammesbrüder, die Sän-
ger, mit ihren Instrumenten, mit Harfen, Zi-
thern und Zimbeln, aufstellen, damit sie zum
Freudenjubel laut ihr Spiel ertönen ließen.
17 Sie stellten daher die Leviten Heman, den
Sohn Joëls, und seinen Stammesbruder Asaf,
den Sohn Berechjas, auf, ferner von den
Nachkommen Meraris ihren Stammesbruder
Etan, den Sohn Kuschajas. 18 Zu ihnen ka-
men von ihren Brüdern im zweiten Dienst-
rang: Secharja, Jaasiël, Schemiramot, Jehiël,
Unni, Eliab, Benaja, Maaseja, Mattitja, Eli-
felehu, Mikneja, Obed-Edom und Jëiël, [die
Torwächter]. 19 Die Sänger Heman, Asaf und
Etan schlugen die bronzenen Zimbeln. 20 Se-
charja, Jaasiël, Schemiramot, Jehiël, Unni,
Eliab, Maaseja und Benaja spielten nach ela-
mitischer Weise auf Harfen 21 und Mattitja,
Elifelehu, Mikneja, Obed-Edom, Jëiël und
Asasja in der achten Stufe auf Zithern, um
den Gesang zu führen. 22 Kenanja, der Vor-
steher der Leviten, leitete den Vortrag. Er
gab dazu Anweisungen, da er sich darauf
verstand. 23 Berechja und Elkana waren Tor-
wächter für die Lade. 24 Die Priester Sche-
banja, Joschafat, Netanel, Amasai, Secharja,
Benaja und Eliëser bliesen die Trompeten
vor der Lade Gottes. Obed-Edom und Jehija
waren Torwächter für die Lade.

15: Num 7,9.

Der Einzug der Lade: 15,25 – 16,3

25 David, die Ältesten Israels und die Füh-
rer der Tausendschaften, die gegangen wa-
ren, um die Bundeslade des Herrn aus dem
Haus Obed-Edoms heraufzuholen, waren
voller Freude. 26 Damit Gott den Leviten, die
die Bundeslade des Herrn trugen, beistand,
opferte man sieben Stiere und sieben Wid-
der. 27 David war mit einem Mantel aus Bys-
sus bekleidet, ebenso alle Leviten, die die
Lade trugen, sowie die Sänger und Kenanja,
der den Vortrag der Sänger leitete. Dabei
trug David das leinene Efod. 28 So brachte
ganz Israel die Bundeslade des Herrn hinauf
unter großem Jubelgeschrei und unter dem
Klang des Widderhorns, unter dem Lärm der
Trompeten und Zimbeln, beim Spiel der
Harfen und Zithern.
29 Als die Bundeslade des Herrn in die Da-
vidstadt kam, schaute Michal, Sauls Toch-
ter, aus dem Fenster, und als sie sah, wie
König David hüpfte und tanzte, verachtete
sie ihn in ihrem Herzen.
16 Man trug die Lade Gottes in das Zelt,
das David für sie aufgestellt hatte,
setzte sie an ihren Platz in der Mitte des Zel-
tes und brachte Brand- und Heilsopfer vor
Gott dar. 2 Als David mit dem Darbringen
der Brand- und Heilsopfer fertig war, segne-
te er das Volk im Namen des Herrn 3 und ließ
an alle Israeliten, Männer und Frauen, je
einen Laib Brot, einen Dattelkuchen und
einen Traubenkuchen austeilen.

15,25 – 16,3 ‖ 2 Sam 6,12–19.

Das Loblied Davids: 16,4–36

4 David bestellte für den Dienst vor der
Lade des Herrn Leviten, die den Herrn, den
Gott Israels, rühmen, loben und preisen soll-
ten. 5 Er bestellte Asaf als ersten, Secharja
als zweiten, ferner Jaasiël, Schemiramot, Je-
hiël, Mattitja, Eliab, Benaja, Obed-Edom
und Jëiël. Sie sollten die Harfen und Zithern
spielen, Asaf die Zimbeln schlagen 6 und die
Priester Benaja und Jahasiël ständig die
Trompeten blasen vor der Bundeslade Got-
tes.
7 An jenem Tag ließ David Asaf und seine
Amtsbrüder zum ersten Mal diesen Lobpreis
zur Ehre des Herrn vortragen:
8 Dankt dem Herrn! Ruft seinen Namen
an! / Macht unter den Völkern seine Taten
bekannt!
9 Singt ihm und spielt ihm, / sinnt nach
über all seine Wunder!
10 Rühmt euch seines heiligen Namens! /
Alle, die den Herrn suchen, / sollen sich von
Herzen freuen.
11 Fragt nach dem Herrn und seiner
Macht, / sucht sein Antlitz allezeit!
12 Denkt an die Wunder, die er getan hat, /

15,13–15 Der Chronist sieht im Berühren der Lade durch Laien ein Vergehen gegen Num 4,15.

15,17 Von der Abstammung der Sänger berichtet 6,16–32.

15,18 Secharja, Jaasiël: Text korr.; H: Secharja, Sohn Jaasiëls.

15,20f Die Bedeutung der Ausdrücke »nach elamitischer Weise« und »in der achten Stufe« ist unklar.

an seine Zeichen und die Beschlüsse aus sei-
nem Mund!
13 Bedenkt es, ihr Nachkommen seines
Knechtes Abraham, / ihr Kinder Jakobs, die
er erwählt hat!
14 Er, der Herr, ist unser Gott. / Seine
Herrschaft umgreift die Erde.
15 Ewig denkt er an seinen Bund, / an das
Wort, das er gegeben hat für tausend Ge-
schlechter,
16 an den Bund, den er mit Abraham ge-
schlossen, / an den Eid, den er Isaak ge-
schworen hat.
17 Er bestimmte ihn als Satzung für Ja-
kob, / als ewigen Bund für Israel.
18 Er sprach: Dir will ich Kanaan geben, /
das Land, das dir als Erbe bestimmt ist.
19 Als sie noch gering waren an Zahl, / nur
wenige und fremd im Land,
20 und noch zogen von Volk zu Volk, / von
einem Reich zum andern,
21 da ließ er sie von niemand bedrücken, /
wies ihretwegen Könige zurecht:
22 Tastet meine Gesalbten nicht an, / tut
meinen Propheten nichts zuleide!
23 Singt dem Herrn, alle Länder der Erde! /
Verkündet sein Heil von Tag zu Tag!
24 Erzählt bei den Völkern von seiner Herr-
lichkeit, / bei allen Nationen von seinen
Wundern!
25 Denn groß ist der Herr und hoch zu prei-
sen, / mehr zu fürchten als alle Götter.
26 Alle Götter der Heiden sind nichtig, /
der Herr aber hat den Himmel geschaffen.
27 Hoheit und Pracht sind vor seinem An-
gesicht, / Macht und Glanz in seinem Heilig-
tum.
28 Bringt dar dem Herrn, ihr Stämme der
Völker, / bringt dar dem Herrn Lob und
Ehre!
29 Bringt dar dem Herrn die Ehre seines
Namens, / spendet Opfergaben und tretet vor
ihn hin! / In heiligem Schmuck werft euch
nieder vor dem Herrn,
30 erbebt vor ihm, alle Länder der Erde! /
Den Erdkreis hat er gegründet, sodass er
nicht wankt.
31 Der Himmel freue sich, die Erde frohlo-
cke. / Verkündet bei den Völkern: Der Herr
ist König.
32 Es brause das Meer und alles, was es er-
füllt, / es jauchze die Flur und was auf ihr
wächst.
33 Jubeln sollen alle Bäume des Waldes vor
dem Herrn, / wenn er kommt, um die Erde zu
richten.
34 Danket dem Herrn, denn er ist gütig, /
denn seine Huld währt ewig.
35 Sagt: Hilf uns, du Gott unsres Heils, /
führe uns zusammen, rette uns vor den Völ-
kern!
Wir wollen deinen heiligen Namen prei-
sen, / uns rühmen, weil wir dich loben dür-
fen.
36 Gepriesen sei der Herr, der Gott Isra-
els, / vom Anfang bis ans Ende der Zeiten.
Und das ganze Volk rief: Amen, und: Lob
sei dem Herrn.

8–22 ‖ Ps 105,1–15 • 23–33 ‖ Ps 96,1–13 • 34 ‖ Ps 106,1 • 35–36 ‖ Ps 106,47f.

Der Gottesdienst in Jerusalem und in Gibeon: 16,37–43

37 Auf Befehl Davids blieben Asaf und sei-
ne Brüder vor der Bundeslade des Herrn, um
dauernd den täglichen Dienst bei ihr zu ver-
richten. 38 Bei ihnen waren Obed-Edom und
seine Brüder, achtundsechzig Mann. Obed-
Edom, der Sohn Jedutuns, und Hosa waren
Torwächter.
39 Dem Priester Zadok aber und seinen
Amtsbrüdern, den Priestern, übertrug er den
Dienst vor der Wohnstätte des Herrn auf der
Kulthöhe in Gibeon. 40 Sie sollten täglich am
Morgen und am Abend auf dem Brandopfer-
altar dem Herrn Opfer darbringen und alles
ausführen, was im Gesetz geschrieben steht,
auf das der Herr die Israeliten verpflichtet
hat. 41 Bei ihnen waren Heman und Jedutun
sowie die anderen, die ausgewählt und na-
mentlich dazu bestimmt waren, den Herrn
zu loben: »Denn seine Huld währt ewig.«
42 Heman und Jedutun hatten Trompeten
und Zimbeln für die Spieler und Instrumente
für die Gotteslieder. Die Söhne Jedutuns wa-
ren für das Tor bestellt.
43 Dann ging das ganze Volk wieder nach
Hause. Auch David ging heim, um seine Fa-
milie zu begrüßen.

43: 2 Sam 6,19f.

Die Verheißung an David: 17,1–15

17 Als nun David in seinem Haus wohn-
te, sagte er zu dem Propheten Natan:
Ich wohne in einem Haus aus Zedernholz,

16,37–41 Nach Chr wurde der liturgische Dienst fortan sowohl vor der Bundeslade in Jerusalem als auch vor dem Zelt in Gibeon vollzogen. Als Sänger wirkten Heman und Jedutun (= Etan, vgl. 15,17) in Gibeon, Asaf in Jerusalem. Da Zadok für den Opferdienst in Gibeon bestellt war, ist anzunehmen, dass Abjatar in Jerusalem wirkte.
16,38 Chr unterscheidet den Sänger Obed-Edom (15,18.21; 16,5) vom Torhüter gleichen Namens (15,24; 16,38; 26,4) und dem Nichtisraeliten aus Gat (13,13f).

die Bundeslade des Herrn aber steht in ei-
nem Zelt. 2 Natan antwortete David: Tu al-
les, was du im Sinn hast; denn Gott ist mit
dir. 3 Aber in jener Nacht erging das Wort
Gottes an Natan: 4 Geh zu meinem Knecht
David und sag zu ihm: So spricht der Herr:
Nicht du sollst mir das Haus bauen, damit
ich darin wohne. 5 Seit dem Tag, als ich Isra-
el aus Ägypten herausgeführt habe, habe ich
bis zum heutigen Tag nie in einem Haus ge-
wohnt, sondern bin von Zelt zu Zelt, von
Wohnstätte zu Wohnstätte mitgewandert.
6 Habe ich in der Zeit, als ich bei den Israeli-
ten von Ort zu Ort zog, jemals zu einem der
Richter Israels, die ich als Hirten über mein
Volk eingesetzt hatte, ein Wort gesagt und
sie gefragt: Warum habt ihr mir kein Haus
aus Zedernholz gebaut? 7 Sag also jetzt mei-
nem Knecht David: So spricht der Herr der
Heere: Ich habe dich von der Weide und von
der Herde weggeholt, damit du Fürst meines
Volkes Israel wirst, 8 und bin überall mit dir
gewesen, wohin du auch gegangen bist. Ich
habe alle deine Feinde vor deinen Augen ver-
nichtet und ich will dir einen Namen ma-
chen, der dem Namen der Großen auf der
Erde gleich ist. 9 Ich will meinem Volk Israel
einen Platz zuweisen und will es einpflan-
zen, damit es an seinem Ort (sicher) wohnen
kann und sich nicht mehr ängstigen muss
und schlechte Menschen es nicht zugrunde
richten wie am Anfang, 10 seit den Tagen, als
ich Richter in meinem Volk Israel eingesetzt
habe. Ich werfe alle deine Feinde nieder und
mache dich groß. Der Herr aber wird dir ein
Haus bauen. 11 Wenn deine Tage erfüllt sind
und du zu deinen Vätern gehst, dann werde
ich einen von deinen Nachkommen, einen
von deinen Söhnen, als deinen Nachfolger
einsetzen und seinem Königtum Bestand
verleihen. 12 Er wird für mich ein Haus
bauen und ich werde seinem Thron ewigen
Bestand verleihen. 13 Ich will für ihn Vater
sein und er wird für mich Sohn sein. Meine
Huld will ich ihm nicht entziehen, wie ich
sie dem entzogen habe, der vor dir König
war. 14 In meinem Haus und in meinem
Königtum werde ich ihm ewigen Bestand
verleihen; sein Thron wird für immer beste-
hen bleiben.
15 Natan sprach zu David genau so, wie es
(ihm) gesagt und offenbart worden war.

1–15 ‖ 2 Sam 7,1–17.

Das Gebet Davids: 17,16–27

16 Da ging König David hin, setzte sich vor
dem Herrn nieder und sagte: Wer bin ich,
mein Herr und Gott, und was ist mein Haus,
dass du mich bis hierher geführt hast? 17 Weil
das in deinen Augen noch zu wenig war, o
Gott, hast du dem Haus deines Knechtes Zu-
sagen für eine ferne Zukunft gemacht und
mich angeschaut . . ., mein Herr und Gott.
18 Was soll David noch weiter zu dir sagen?
Du kennst deinen Knecht. 19 Herr, um deines
Knechtes willen und nach der Absicht deines
Herzens hast du alle diese großen Taten ge-
tan und alle diese großen Dinge offenbart.
20 Herr, keiner ist dir gleich und außer dir
gibt es keinen Gott nach allem, was wir mit
unseren Ohren gehört haben. 21 Welches an-
dere Volk auf der Erde ist wie dein Volk Is-
rael? Wo wäre ein Gott hingegangen, um ein
Volk für sich freizukaufen und sich den
Ruhm großer und erstaunlicher Taten zu
verschaffen? Du hast vor den Augen deines
Volkes, das du von den Ägyptern freigekauft
hast, ganze Völker vertrieben.
22 Du hast Israel für immer zu deinem Volk
bestimmt und du, Herr, bist sein Gott gewor-
den. 23 Möge doch jetzt auch das Wort, Herr,
das du über deinen Knecht und über sein
Haus gesprochen hast, sich für immer als
wahr erweisen. Tu, was du gesagt hast.
24 Dann wird dein Name sich als wahr erwei-
sen und groß sein für ewige Zeiten und man
wird sagen: Der Herr der Heere ist Israels
Gott!, und das Haus deines Knechtes David
wird vor deinen Augen Bestand haben.
25 Denn du, mein Gott, hast deinem Knecht
offenbart: Ich will dir ein Haus bauen. Da-
rum fand dein Knecht den Mut, zu dir zu be-
ten. 26 Ja, Herr, du bist der einzige Gott; du
hast deinem Knecht ein solches Glück zuge-
sagt. 27 Du hast jetzt gnädig das Haus deines
Knechtes gesegnet, damit es ewig vor deinen
Augen Bestand hat. Denn du, Herr, hast es
gesegnet und es bleibt für immer gesegnet.

16–27 ‖ 2 Sam 7,18–29 • 24: Ex 3,13–15.

Die Siege Davids: 18,1–13

18 Hernach schlug David die Philister.
Er unterwarf sie und nahm ihnen
Gat und seine Tochterstädte weg. 2 Auch die
Moabiter schlug er; sie wurden David unter-
tan und tributpflichtig.

17,10 und mache dich groß: Text korr. nach G; H: und verkünde dir (nach 2 Sam 7,11).
17,17 H ist unverständlich.
17,18 zu dir sagen: Text korr. nach 2 Sam 7,20.
17,21 Text korr. nach G.

3 David schlug auch Hadad-Eser, den König von Zoba, das in Richtung Hamat liegt, als dieser ausgezogen war, um seine Macht am Eufrat zu festigen. 4 David erbeutete von ihm tausend Wagen und nahm siebentausend Wagenkämpfer und zwanzigtausend Fußsoldaten gefangen; er ließ alle Wagenpferde lähmen und behielt nur hundert von ihnen für sich zurück.

5 Als die Aramäer von Damaskus Hadad-Eser, dem König von Zoba, zu Hilfe kamen, erschlug David zweiundzwanzigtausend von ihnen 6 und besetzte das Aramäerreich von Damaskus. So wurden die Aramäer David untertan und tributpflichtig. Der Herr half David bei allem, was er unternahm. 7 David erbeutete die goldenen Schilde, die die Krieger Hadad-Esers trugen, und brachte sie nach Jerusalem. 8 In Tibhat und Kun, den Städten Hadad-Esers, erbeutete David eine sehr große Menge Bronze, aus der Salomo später das »Eherne Meer«, die Säulen und die bronzenen Geräte anfertigen ließ.

9 Als Toï, der König von Hamat, hörte, dass David das ganze Heer Hadad-Esers, des Königs von Zoba, geschlagen hatte, 10 schickte er seinen Sohn Hadoram mit Gefäßen aus Gold, Silber und Bronze zu König David. Er ließ ihm den Friedensgruß entbieten und ihn dazu beglückwünschen, dass er Hadad-Eser im Krieg geschlagen hatte. Toï lebte nämlich im Krieg mit Hadad-Eser. 11 König David weihte auch diese Gefäße dem Herrn, zusammen mit dem Silber und Gold, das er von allen Völkern, von Edom und Moab, von den Ammonitern, Philistern und Amalekitern erbeutet hatte.

12 Abischai, der Sohn der Zeruja, schlug von Edom im Salztal achtzehntausend Mann 13 und David setzte in Edom Vögte ein. So wurde ganz Edom von David unterworfen. Der Herr half David bei allem, was er unternahm.

1–13 ‖ 2 Sam 8,1–14 • 8: 2 Chr 4.

Die Beamten Davids: 18,14–17

14 David war König von ganz Israel und sorgte für Recht und Gerechtigkeit in seinem ganzen Volk. 15 Joab, der Sohn der Zeruja, war Heerführer. Joschafat, der Sohn Ahiluds, war Sprecher des Königs. 16 Zadok, der Sohn Ahitubs, und Abjatar, der Sohn Ahimelechs, waren Priester. Schawscha war Staatsschreiber. 17 Benaja, der Sohn Jojadas, war Befehlshaber der Kereter und Peleter. Die Söhne Davids waren die Ersten an der Seite des Königs.

14–17 ‖ 2 Sam 8,15–18; 20,23–26.

Der Krieg mit den Ammonitern und Aramäern: 19,1 – 20,3

19 Als darauf Nahasch, der König der Ammoniter, starb und sein Sohn an seiner Stelle König wurde, 2 sagte David: Ich will Hanun, dem Sohn des Nahasch, mein Wohlwollen zeigen, weil sein Vater auch mir sein Wohlwollen gezeigt hat. Und David schickte eine Gesandtschaft zu Hanun und ließ ihm sein Beileid zum Tod seines Vaters aussprechen. Als die Diener Davids in das Land der Ammoniter kamen, um Hanun das Beileid auszusprechen, 3 sagten die Fürsten der Ammoniter zu Hanun: Will David wirklich deinen Vater vor deinen Augen ehren, weil er Leute schickt, die dir sein Beileid aussprechen sollen? Sind seine Diener nicht viel eher zu dir gekommen, um das Land auszukundschaften und zu durchforschen und es dann zu verwüsten? 4 Darauf ließ Hanun die Diener Davids festnehmen, ihnen den Bart scheren und ihnen die Kleider zur Hälfte abschneiden, bis zum Gesäß herauf. So schickte er sie weg. 5 Sie zogen fort, und als man David meldete, was mit den Männern geschehen war, schickte er ihnen jemand entgegen und ließ ihnen, weil sie so schwer geschändet waren, sagen: Bleibt in Jericho und kehrt erst zurück, wenn euer Bart wieder gewachsen ist.

6 Als die Ammoniter merkten, dass sie sich bei David verhasst gemacht hatten, schickten Hanun und die Ammoniter tausend Talente Silber, um in Mesopotamien, Aram-Maacha und Zoba Wagenkämpfer samt Wagen anzuwerben. 7 Sie warben zweiunddreißigtausend Kriegswagen an und gewannen den König von Maacha mit seinen Kriegsleuten. Diese zogen heran und lagerten vor Medeba. Auch die Ammoniter sammelten sich aus ihren Städten und zogen in den Kampf. 8 David erfuhr davon und schickte Joab mit dem ganzen Heer, allen kriegstüchtigen Männern, hin. 9 Die Ammoniter rückten aus und stellten sich vor der Stadt zum Kampf auf, während die Könige, die gekommen waren, jeweils für sich draußen auf dem freien Feld

18,4 In 2 Sam 8,4 ist nur von siebzehnhundert Wagenkämpfern die Rede.
18,16 Text korr. nach 1 Sam 22,20; 23,6 und 30,7.
18,17 Nach 2 Sam 8,18 waren die Söhne Davids Priester. Chr vermeidet diese Bezeichnung, da nach dem zu ihrer Zeit geltenden Gesetz nur Angehörige des Stamms Levi Priester sein konnten.
19,7 Medeba: östlich der Nordküste des Toten Meers.

standen. [10] Als Joab sah, dass ihm ein Angriff von vorn und von hinten drohte, traf er eine Auswahl aus der Kerntruppe Israels und stellte sie gegen die Aramäer auf. [11] Den Rest des Heeres unterstellte er seinem Bruder Abischai, damit sie sich den Ammonitern gegenüber aufstellten. [12] Joab sagte: Wenn die Aramäer stärker sind als ich, dann komm du mir zu Hilfe! Wenn die Ammoniter stärker sind als du, dann werde ich dir zu Hilfe kommen. [13] Sei tapfer! Wir wollen mutig für unser Volk und für die Städte unseres Gottes kämpfen. Der Herr aber möge tun, was er für recht hält. [14] Dann griff Joab mit seinen Leuten die Aramäer an und diese ergriffen die Flucht vor ihm. [15] Als die Ammoniter sahen, dass die Aramäer flohen, ergriffen sie die Flucht vor seinem Bruder Abischai und zogen sich in die Stadt zurück. Joab kehrte heim nach Jerusalem.

[16] Die Aramäer sahen, dass sie von Israel geschlagen waren. Sie schickten Boten und ließen die Aramäer, die diesseits des Stromes wohnten, ausrücken; an ihrer Spitze stand Schobach, der Oberbefehlshaber Hadad-Esers. [17] Als man das David meldete, versammelte er ganz Israel, überschritt den Jordan, zog gegen sie und nahm ihnen gegenüber Aufstellung. Während er sich den Aramäern gegenüber zum Kampf aufstellte, eröffneten sie den Kampf. [18] Doch sie mussten vor den Israeliten fliehen. David vernichtete siebentausend aramäische Kriegswagen und tötete vierzigtausend Mann von ihren Fußtruppen. Auch Schobach, den Oberbefehlshaber des Heeres, tötete er. [19] Die Vasallen Hadad-Esers sahen nun ein, dass sie von den Israeliten besiegt waren. Sie schlossen Frieden mit David und unterwarfen sich ihm. Von da an hatten die Aramäer kein Verlangen mehr, den Ammonitern zu helfen.

20 Um die Jahreswende, zu der Zeit, in der die Könige in den Krieg ziehen, führte Joab die Streitmacht in das Feld und verwüstete das Land der Ammoniter. Er rückte bis Rabba vor und belagerte es. David selbst blieb in Jerusalem. Joab eroberte Rabba und zerstörte es. [2] David nahm ihrem König die Krone vom Haupt. Er stellte fest, dass ihr Gewicht ein Talent Gold betrug; an ihr war ein kostbarer Stein. Sie wurde nun Davids Krone. Und er schaffte eine sehr große Beute aus der Stadt fort. [3] Auch ihre Einwohner führte er fort und stellte sie an die Steinsägen, an die eisernen Spitzhacken und an die eisernen Äxte. So machte er es mit allen Städten der Ammoniter. Dann kehrte David mit dem ganzen Heer nach Jerusalem zurück.

19,1 – 20,3 ‖ 2 Sam 10,1 – 11,1; 12,30–31.

Einzelne Heldentaten: 20,4–8

[4] Danach kam es bei Geser wieder zum Kampf mit den Philistern. Damals erschlug Sibbechai aus Huscha den Sippai, der zu den Rafaïtern gehörte. Die Philister wurden niedergeworfen.

[5] Als es wieder einmal zum Kampf gegen die Philister kam, erschlug Elhanan, der Sohn Jaïrs, den Lachmi, den Bruder Goljats aus Gat, dessen Speer einem Weberbaum glich. [6] Dann kam es noch einmal bei Gat zum Kampf. Da trat ein Mann von riesenhafter Größe auf; er hatte je sechs Finger und sechs Zehen, zusammen vierundzwanzig; auch er stammte von Rafa ab. [7] Als er Israel verhöhnte, erschlug ihn Jonatan, der Sohn von Davids Bruder Schima. [8] Diese stammten von Rafa aus Gat ab; sie fielen durch die Hand Davids und seiner Krieger.

4–8 ‖ 2 Sam 21,18–22.

Davids Volkszählung: 21,1–17

21 Der Satan trat gegen Israel auf und reizte David, Israel zu zählen. [2] David befahl Joab und den Anführern des Volkes: Geht, zählt Israel von Beerscheba bis Dan und bringt mir Bescheid, damit ich weiß, wie viele es sind. [3] Joab aber sagte zum König: Der Herr möge sein Volk vermehren, hundertmal mehr, als es jetzt ist. Sind denn nicht alle, mein Herr und König, Untertanen meines Herrn? Warum hat mein Herr diesen Wunsch? Warum soll Israel in Schuld geraten? [4] Doch der König beharrte gegenüber

---

19,16 diesseits: vgl. die Anmerkung zu 2 Sam 10,16.

19,18 In 2 Sam 10,18 ist nur von siebenhundert Wagen die Rede.

20,3 David blieb während der Belagerung Rabbas in Jerusalem. In diese Zeit fällt sein Vergehen mit Batseba, der Frau des Hetiters Urija (vgl. 2 Sam 11,2 – 12,25), über das der Chronist nicht berichtet. – und stellte sie: Text korr. nach 2 Sam 12,31.

20,4 kam es wieder: Text korr. mit G und 2 Sam 21,18.

20,5 Der Chronist will hier den Widerspruch zwischen 1 Sam 17 und 2 Sam 21,19 ausgleichen.

21,1 Zur Verwerflichkeit der Volkszählung vgl. die Anmerkung zu 2 Sam 24,1. Während nach 2 Sam Gott selbst in David den Entschluss zur Volkszählung weckte, wird dies in Chr dem Satan zugeschrieben, der in Ijob 1 – 2 und in Sach 3,1f als Widersacher und Gegenspieler Gottes erscheint.

Joab auf seinem Befehl. So ging Joab weg
und durchzog ganz Israel. Als er nach Jeru-
salem zurückkam, 5 gab er David das Ergeb-
nis der Volkszählung bekannt. Ganz Israel
zählte 1 100 000 Krieger, die mit dem
Schwert kämpfen konnten, und Juda zählte
470 000 Mann, die mit dem Schwert kämp-
fen konnten. 6 Levi und Benjamin hatte
Joab nicht zusammen mit ihnen gezählt,
denn der Befehl des Königs war ihm ein
Gräuel.
7 Doch das missfiel Gott; darum schlug er
Israel. 8 Nun sagte David zu Gott: Ich habe
schwer gesündigt, weil ich das getan habe.
Doch vergib deinem Knecht seine Schuld,
denn ich habe sehr unvernünftig gehandelt.
9 Der Herr aber sprach zu Gad, dem Seher
Davids: 10 Geh und sag zu David: So spricht
der Herr: Dreierlei lege ich dir vor. Wähl dir
eines davon! Das werde ich dir antun. 11 Gad
kam zu David und sagte zu ihm: So spricht
der Herr: Wähle dir: 12 drei Jahre Hungers-
not, oder drei Monate, in denen du vor dei-
nen Feinden fliehen musst und das Schwert
deiner Gegner dich verfolgt, oder drei Tage,
in denen das Schwert des Herrn, die Pest, im
Land wütet und der Engel des Herrn über
alle Gebiete Israels Verderben bringt. Über-
leg nun, was ich dem, der mich gesandt hat,
als Antwort überbringen soll. 13 Da sagte
David zu Gad: Ich habe große Angst. Ich will
lieber dem Herrn in die Hände fallen, denn
seine Barmherzigkeit ist groß. Den Men-
schen aber möchte ich nicht in die Hände
fallen. 14 Da ließ der Herr über Israel eine
Pest kommen und es kamen in Israel siebzig-
tausend Menschen um.
15 Gott sandte einen Engel nach Jerusa-
lem, um es ins Verderben zu stürzen. Doch
als er mit der Vernichtung begann, sah es
der Herr und das Unheil reute ihn. Er sagte
zu dem Engel des Verderbens: Es ist jetzt ge-
nug, lass deine Hand sinken! Der Engel des
Herrn stand gerade bei der Tenne des Jebu-
siters Arauna. 16 Als David aufblickte, sah er
den Engel des Herrn zwischen Erde und
Himmel stehen. Er hielt das gezückte
Schwert in der Hand gegen Jerusalem ge-
richtet. Da fielen David und die Ältesten, die
in Trauergewänder gehüllt waren, auf ihr
Angesicht nieder 17 und David rief zu Gott:
Habe nicht ich befohlen, das Volk zu zählen?
Ich bin es doch, der gesündigt und Böses ge-
tan hat. Aber diese, die Herde, was haben
denn sie getan? Herr, mein Gott, erheb deine
Hand zum Schlag gegen mich und gegen das
Haus meines Vaters, nicht aber gegen dein
Volk!

1–17 || 2 Sam 24,1–17.

Die Bestimmung des Tempelplatzes:
21,18–30

18 Der Engel des Herrn befahl Gad, zu Da-
vid zu sagen, er solle hinaufgehen und dem
Herrn auf der Tenne des Jebusiters Arauna
einen Altar errichten. 19 David ging hinauf,
wie ihm Gad im Namen des Herrn befohlen
hatte. 20 Arauna hatte sich umgewandt und
den Engel erblickt. Seine vier Söhne, die bei
ihm waren, versteckten sich. Er drosch gera-
de Weizen. 21 Als nun David zu Arauna kam
und dieser aufschaute und David sah, kam er
aus der Tenne heraus und warf sich vor Da-
vid mit dem Gesicht zur Erde nieder. 22 Da
sagte David zu Arauna: Überlass mir den
Platz der Tenne! Ich möchte auf ihm einen
Altar für den Herrn errichten. Um den vollen
Kaufpreis sollst du ihn mir geben, damit die
Plage im Volk aufhört. 23 Arauna antwortete
David: Du magst ihn nehmen; mein Herr und
König tue, was er für gut findet. Ich gebe dir
die Rinder für die Brandopfer, die Dresch-
schlitten als Brennholz und den Weizen zum
Speiseopfer; ich will dir alles geben. 24 Doch
König David sagte zu Arauna: Nein, ich will
dir den Platz zum vollen Preis abkaufen. Ich
will nicht dein Eigentum wegnehmen und
dem Herrn unbezahlte Brandopfer darbrin-
gen. 25 So gab David dem Arauna für den
Platz sechshundert abgewogene Goldsche-
kel. 26 Er baute dort einen Altar für den
Herrn, brachte Brand- und Heilsopfer dar
und rief den Herrn an. Dieser antwortete
ihm durch Feuer, das vom Himmel auf den
Altar des Brandopfers niederfiel. 27 Dem En-
gel aber gebot der Herr, das Schwert in die
Scheide zu stecken.
28 Damals merkte David, dass ihn der Herr
auf der Tenne des Jebusiters Arauna erhörte,

21,5 Nach dem Wortlaut ist die Zahl des Stammes Juda in den 1,1 Millionen enthalten. Die Zahlen in 2 Sam 24,9 ergeben 1,3 Millionen. Erfasst wurden nur die Wehrfähigen. Chr ergänzt, dass auch der Stamm Benjamin, auf dessen Gebiet Jerusalem lag, und der Stamm Levi, der den Kultdienst besorgte, in die Zählung nicht einbezogen waren.

21,12 fliehen musst: Text korr. nach G und 2 Sam 24,13.

21,13 Davids Antwort schließt nur die zweite Möglichkeit aus.

21,25 Nach 2 Sam 24,24 betrug der Preis für das Grundstück fünfzig Schekel Silber. Chr nennt eine zwölfmal höhere Zahl und spricht von Goldschekeln. Dadurch wird angedeutet, dass der Platz für alle zwölf Stämme erworben wurde und dass es sich um einen sehr kostbaren Bauplatz, nämlich den Tempelplatz, handelt.

und brachte dort Opfer dar. 29 Die Wohn-
stätte des Herrn aber, die Mose in der Wüste
angefertigt hatte, und der Brandopferaltar
waren zu jener Zeit auf der Kulthöhe von
Gibeon. 30 Doch David konnte sich nicht
mehr dorthin begeben, um Gott aufzusu-
chen; denn ihn hatte vor dem Schwert des
Engels des Herrn Schrecken erfasst.

18–26 ‖ 2 Sam 24,18–25 • 29: Ex 36,8–38; 2 Chr 1,3–5.

Die Vorbereitungen für den Tempelbau: 22,1–19

22 Damals sagte David: Hier soll das
Haus Gottes, des Herrn, stehen und
hier der Altar für die Brandopfer Israels. 2 Er
ließ daher die Fremden im Land Israel zu-
sammenholen und bestellte sie als Steinmet-
zen, die Quadern für den Bau des Hauses
Gottes behauen sollten. 3 Auch ließ er eine
Menge Eisen für die Nägel, für die Torflügel
und für die Klammern bereitstellen, dazu
Bronze in einer Menge, dass sie nicht mehr
gewogen werden konnte, 4 und ungezählte
Zedernstämme. Die Bewohner von Sidon
und Tyrus lieferten David Zedernholz in
Menge. 5 David dachte nämlich: Mein Sohn
Salomo ist noch jung und unerfahren; das
Haus aber, das dem Herrn gebaut werden
soll, muss groß werden und in aller Welt Lob
und Bewunderung finden. Ich will daher
Vorbereitungen dazu treffen. So stellte
David vor seinem Tod vieles bereit.
6 Dann rief er seinen Sohn Salomo und
trug ihm auf, dem Herrn, dem Gott Israels,
ein Haus zu bauen. 7 Er sagte zu ihm: Ich
selbst hatte vor, dem Namen des Herrn, mei-
nes Gottes, ein Haus zu bauen. 8 Da erging
das Wort des Herrn an mich: Du hast viel
Blut vergossen und schwere Kriege geführt.
Du sollst meinem Namen kein Haus bauen,
denn du hast vor meinen Augen viel Blut zur
Erde fließen lassen. 9 Doch wurde dir ein
Sohn geboren. Dieser wird ein Mann der
Ruhe sein: Ich will ihm Ruhe vor allen seinen
Feinden ringsum verschaffen. Salomo ist
sein Name und in seinen Tagen werde ich Is-
rael Frieden und Ruhe gewähren. 10 Er wird
meinem Namen ein Haus bauen; er wird für
mich Sohn sein und ich werde für ihn Vater
sein. Seinen Königsthron werde ich in Israel
festigen für immer. 11 Möge jetzt der Herr mit
dir sein, mein Sohn, damit du Erfolg hast
und das Haus des Herrn, deines Gottes,
baust, wie er es von dir vorausgesagt hat.
12 Nur gebe dir der Herr Klugheit und Ein-
sicht. Er mache dich zum Gebieter in Israel
und helfe dir, das Gesetz des Herrn, deines
Gottes, zu erfüllen. 13 Du wirst Erfolg haben,
wenn du die Gesetze und Rechtsvorschriften
gewissenhaft befolgst, die der Herr dem
Mose für Israel aufgetragen hat. Sei mutig
und stark! Fürchte dich nicht und verzag
nicht! 14 Sieh her, trotz aller Not konnte ich
für das Haus des Herrn hunderttausend Ta-
lente Gold und eine Million Talente Silber
bereitstellen. Bronze und Eisen sind in sol-
chen Mengen vorhanden, dass sie nicht ge-
wogen werden können. Auch Holz und Stei-
ne habe ich herbeigeschafft und du wirst
noch mehr dazutun. 15 Du hast Handwerker
in großer Anzahl, Steinmetzen, Maurer,
Zimmerleute und zahllose Künstler, die jede
Arbeit 16 in Gold, Silber, Bronze und Eisen
ausführen können. Auf denn, geh ans Werk
und der Herr sei mit dir.
17 Darauf befahl David allen führenden
Männern Israels, seinem Sohn Salomo zu
helfen: 18 Ist nicht der Herr, euer Gott, mit
euch gewesen und hat euch ringsum Ruhe
verschafft? Er hat die Bewohner des Landes
in meine Gewalt gegeben, sodass nun das
Land dem Herrn und seinem Volk unterwor-
fen ist. 19 Richtet daher euer Herz und euren
Sinn darauf, den Herrn, euren Gott, zu su-
chen. Auf denn, baut das Heiligtum Gottes,
des Herrn, um dann die Bundeslade des
Herrn und die heiligen Geräte Gottes in das
Haus zu bringen, das man seinem Namen er-
richtet.

7: 2 Sam 7 • 8: 1 Kön 5,17 • 10: 17,12.

Die Dienstklassen der Leviten: 23,1–23

23 David war alt und hochbetagt und
bestellte seinen Sohn Salomo zum
König von Israel. 2 Er versammelte dazu alle

21,29 In Gibeon wurden zwar noch die vorgeschriebenen Opfer dargebracht und der kultische Dienst vollzogen (16,39f); doch David vermied es, daran teilzunehmen.

22,1 – 29,9 Einzelne Aussagen dieser Kapitel lassen erkennen, dass dem Chronisten das heilige Zelt der Wüstenzeit nach der Beschreibung von Ex und der nachexilische Tempel vorschwebten.

22,2 In 1 Kön 9,20f wird das von Salomo berichtet. Doch nennt bereits die Beamtenliste Davids in 2 Sam 20,24 einen Aufseher über die Fronarbeiter.

22,9 Der Name Salomo enthält den Wortstamm schalom (= Frieden).

22,14 Die Zahlen für die Gold- und Silbermengen sind ungewöhnlich hoch und daher wohl nur Ausdruck für die Hochschätzung des Tempels.

23,1–26,32 Die Einfügung der folgenden Listen beruht auf der Meinung, dass David bereits den Gottesdienst im neuen Tempel geordnet hat. Sie gehören aber der späteren Zeit an (vgl. 23,24–28).

führenden Männer Israels, die Priester und Leviten.

3 Die Leviten waren von dreißig Jahren an aufwärts gezählt worden. Ihre Zahl betrug 38 000 Mann. 4 Von diesen hatten 24 000 den Dienst im Haus des Herrn zu leiten, 6 000 waren Listenführer und Richter, 5 4 000 Torwächter und 4 000 sollten den Herrn mit den Instrumenten preisen, die David zum Lobpreis anfertigen ließ.

6 David teilte die Leviten in Klassen ein nach den Söhnen Levis: Gerschon, Kehat und Merari.

7 Zu den Nachkommen Gerschons gehörten Ladan und Schimi. 8 Von den Söhnen Ladans war Jehiël der erste; ihm folgten Setam und Joël; insgesamt waren es drei. 9 Die Söhne Jehiëls waren Schelomit, Hasiël und Haran, insgesamt drei. Sie waren die Familienhäupter Ladans. 10 Die Söhne Schimis waren Jahat, Sisa, Jëusch und Beria. Das waren die vier Söhne Schimis. 11 Jahat war der erste, Sisa der zweite. Jëusch und Beria hatten nur wenige Söhne; sie bildeten daher nur eine Großfamilie und eine Dienstklasse.

12 Die Söhne Kehats waren: Amram, Jizhar, Hebron und Usiël, insgesamt vier. 13 Die Söhne Amrams waren Aaron und Mose. Aaron und seine Söhne wurden für immer dazu bestimmt, Hochheiliges zu betreuen, Rauchopfer vor dem Herrn zu verbrennen, ihm zu dienen und allezeit in seinem Namen zu segnen. 14 Die Söhne des Mose aber, des Mannes Gottes, wurden dem Stamm der Leviten zugerechnet. 15 Die Söhne des Mose waren Gerschom und Eliëser. 16 Von den Söhnen Gerschoms war Schubaël der erste. 17 Der Erstgeborene Eliësers war Rehabja. Andere Söhne hatte er nicht. Die Söhne Rehabjas dagegen waren sehr zahlreich. 18 Von den Söhnen Jizhars war Schelomit der erste. 19 Die Söhne Hebrons waren: der erste Jerija, der zweite Amarja, der dritte Jahasiël, der vierte Jekamam. 20 Von den Söhnen Usiëls war Micha der erste und Jischija der zweite.

21 Die Söhne Meraris waren Machli und Muschi. Die Söhne Machlis waren Eleasar und Kisch. 22 Eleasar hinterließ keine Söhne, als er starb; er hatte nur Töchter und diese heirateten die Söhne des Kisch, ihre Vettern. 23 Die Söhne Muschis waren: Machli, Eder und Jeremot, insgesamt drei.

12: 5,28f; 6,3 • 15: Ex 18,3f • 21: 6,4.

Die Aufgaben der Leviten: 23,24–32

24 Das waren die Leviten nach ihren Großfamilien mit deren Häuptern, wie sie Kopf für Kopf gezählt und bestellt worden waren. Sie besorgten, von zwanzig Jahren an aufwärts, den Dienst am Haus des Herrn. 27 Nach den letzten Anordnungen Davids zählte man die Leviten von zwanzig Jahren an aufwärts. 25 David sagte nämlich: Der Herr, der Gott Israels, hat seinem Volk Israel Ruhe verliehen und für immer in Jerusalem Wohnung genommen. 26 Die Leviten brauchen das Zelt und all seine Geräte für den Dienst nicht mehr zu tragen. 28 Ihre Stellung im Dienst des Hauses des Herrn an der Seite der Söhne Aarons verpflichtet sie vielmehr zur Aufsicht über die Höfe und Kammern, zur Reinigung alles Heiligen, zum Dienst im Haus Gottes, 29 zur Besorgung der Schaubrote, des Feinmehls für die Speiseopfer und die ungesäuerten Brote, der Bratpfannen und des Backwerks sowie zur Überwachung der Hohl- und Längenmaße. 30 Sie müssen auch jeden Morgen und Abend bereitstehen, um den Herrn zu loben und zu preisen. 31 Desgleichen sollen sie bei allen Brandopfern, die an den Sabbaten, Neumonden und Festen dem Herrn dargebracht werden, vollzählig, wie es ihre Pflicht ist, immer vor ihm erscheinen. 32 So sollen sie den Dienst im Offenbarungszelt, den Dienst am Heiligtum und die Bedienung der Söhne Aarons, ihrer Amtsbrüder, bei ihren Verrichtungen im Haus des Herrn übernehmen.

26: Num 3,5–9.

Die Dienstklassen der Priester: 24,1–19

24 Auch die Nachkommen Aarons waren in Abteilungen gegliedert. Die Söhne Aarons waren: Nadab, Abihu, Eleasar und Itamar. 2 Nadab und Abihu starben vor ihrem Vater. Da sie keine Söhne hatten, übernahmen Eleasar und Itamar das Pries-

23,3 Als Beginn des Dienstalters der Leviten werden dreißig Jahre (Num 4,2f.23.30; 1 Chr 23,3), fünfundzwanzig Jahre (Num 8,24) und zwanzig Jahre (1 Chr 23,24.27; 2 Chr 31,17; Esra 3,8) genannt. Zu diesen Änderungen kam es, als in nachexilischer Zeit der liturgische Dienst an Bedeutung gewann und der Aufgabenbereich der Leviten sich vergrößerte.

23,5 die David . . . anfertigen ließ: Text korr. nach G.

23,9 In H steht für Jehiël der Name Schimi, dessen Söhne jedoch in V. 10 genannt werden. Man erwartet einen der Söhne Ladans.

23,27 Vers sinngemäß umgestellt.

tertum. 3 David teilte sie gemeinsam mit Za-
dok, einem Nachkommen Eleasars, und mit
Ahimelech, einem Nachkommen Itamars, in
ihre Dienstklassen ein. 4 Dabei ergab sich,
dass bei den Nachkommen Eleasars mehr
führende Männer waren als bei den Nach-
kommen Itamars. Man teilte daher den
Nachkommen Eleasars sechzehn Oberhäup-
ter von Großfamilien zu und den Nachkom-
men Itamars nur acht für ihre Großfamilien.
5 Doch teilte man diese wie jene durch das
Los ein; denn Fürsten des Heiligtums, Fürs-
ten Gottes, waren sowohl unter den Nach-
kommen Eleasars wie auch unter den Nach-
kommen Itamars. 6 Der Schreiber Schemaja,
der Sohn Netanels, ein Levit, schrieb sie auf
im Beisein des Königs, der führenden Män-
ner, des Priesters Zadok, Abjatars, des Soh-
nes Ahimelechs, sowie der Familienhäupter
der Priester und Leviten. Jeweils zwei Groß-
familien wurden aus der Linie Eleasars und
eine aus der Linie Itamars ausgelost.
7 Das erste Los fiel auf Jojarib, das zweite
auf Jedaja, 8 das dritte auf Harim, das vierte
auf Seorim, 9 das fünfte auf Malkija, das
sechste auf Mijamin, 10 das siebte auf Koz,
das achte auf Abija, 11 das neunte auf Je-
schua, das zehnte auf Schechanja, 12 das elfte
auf Eljaschib, das zwölfte auf Jakim, 13 das
dreizehnte auf Huppa, das vierzehnte auf
Jeschebab, 14 das fünfzehnte auf Bilga, das
sechzehnte auf Immer, 15 das siebzehnte auf
Hesir, das achtzehnte auf Pizzez, 16 das
neunzehnte auf Petachja, das zwanzigste auf
Jeheskel, 17 das einundzwanzigste auf Ja-
chin, das zweiundzwanzigste auf Gamul,
18 das dreiundzwanzigste auf Delaja, das
vierundzwanzigste auf Maasja. 19 Das waren
ihre Dienstklassen, nach denen sie in das
Haus des Herrn kommen mussten, wie es
ihre Pflicht war, die sie von ihrem Vater Aa-
ron übernommen hatten; so hatte es ihm der
Herr, der Gott Israels, befohlen.

1: 5,29 • 2: Lev 10,1f.

Die Levitenordnung: 24,20–31

20 Zu den übrigen Leviten, und zwar zu
den Söhnen Amrams, gehörte Schubaël, zu
den Söhnen Schubaëls Jechdeja. 21 Von Re-
habja, und zwar von den Söhnen Rehabjas,
war Jischija der erste. 22 Zu den Nachkom-
men Jizhars gehörte Schelomit, zu den Söh-
nen Schelomits Jahat. 23 Von den Söhnen
Hebrons war Jerija der erste, Amarja der
zweite, Jahasiël der dritte, Jekamam der
vierte. 24 Der Sohn Usiëls war Micha. Zu den
Söhnen Michas gehörte Schamir. 25 Der Bru-
der Michas war Jischija. Zu den Söhnen Ji-
schijas gehörte Secharja. 26 Die Söhne Mera-
ris waren Machli und Muschi. Der Sohn Jaa-
sijas war Bani. 27 Meraris Nachkommen über
Jaasija waren: Bani, Schoham, Sakkur und
Ibri. 28 Zu Machli gehörten Eleasar, der kei-
ne Kinder hatte, und Kisch. 29 Der Sohn des
Kisch war Jerachmeel. 30 Die Söhne Muschis
waren: Machli, Eder und Jerimot. – Das wa-
ren die Leviten nach ihren Großfamilien.
31 Auch sie warfen das Los wie ihre Brüder,
die Söhne Aarons, im Beisein des Königs Da-
vid, Zadoks und Ahimelechs sowie der Fami-
lienhäupter der Priester und Leviten, und
zwar die Familien des Oberhauptes wie die
seines jüngsten Bruders.

20–31 ‖ 23,17–23.

Die Dienstklassen der Sänger: 25,1–31

25 David und die Obersten des Heeres
sonderten die Söhne Asafs, Hemans
und Jedutuns, die auf Zithern, Harfen und
Zimbeln spielten, für ihren Dienst aus. Und
das ist das Verzeichnis der Männer, die den
Dienst versahen: 2 Von den Söhnen Asafs:
Sakkur, Josef, Netanja und Asarela. Die
Söhne Asafs standen unter der Leitung
Asafs, der nach der Anweisung des Königs
spielte. 3 Von Jedutun: die Söhne Jedutuns:
Gedalja, Zeri, Schimi, Jeschaja, Haschabja
und Mattitja, insgesamt sechs. Sie standen
unter der Leitung ihres Vaters Jedutun, der
zum Lob und Preis des Herrn die Zither
spielte. 4 Von Heman: die Söhne Hemans:
Bukkija, Mattanja, Usiël, Schubaël, Jerimot,
Hananja, Hanani, Eliata, Giddalti, Romam-
ti-Eser, Joschbekascha, Malloti, Hotir, Ma-
hasiot. 5 Sie alle waren Söhne Hemans, des
Sehers des Königs, gemäß der Verheißung
Gottes, der ihm Erhöhung der Macht ver-
sprach. So schenkte Gott dem Heman vier-
zehn Söhne und drei Töchter. 6 Alle diese
spielten unter der Leitung ihrer Väter, näm-
lich Asafs, Jedutuns und Hemans, beim Ge-
sang im Haus des Herrn auf Zimbeln, Harfen
und Zithern. Sie hatten den Dienst im Haus
Gottes nach der Weisung des Königs zu be-
sorgen. 7 Sie zählten zusammen mit ihren
Amtsbrüdern, die im Gesang zu Ehren des
Herrn unterrichtet waren, 288 Mann, lauter
geübte Leute. 8 Sie warfen das Los zur Fest-

24,6 Abjatars, des Sohnes Ahimelechs: Text korr. wie in 18,16, – jeweils zwei: sinngemäß korr. – und eine: Text korr. nach G.

24,10 Zur Priesterklasse Abija gehörte Zacharias, der Vater Johannes' des Täufers (vgl. Lk 1,5).

stellung des Dienstes, und zwar der Geringste
wie der Größte, der Meister wie der Schüler.
9 Das erste Los traf auf Josef,
das zweite auf Gedalja, seine Brüder und
Söhne: 12;
10 das dritte auf Sakkur, seine Söhne und
Brüder: 12;
11 das vierte auf Zeri, seine Söhne und
Brüder: 12;
12 das fünfte auf Netanja, seine Söhne und
Brüder: 12;
13 das sechste auf Bukkija, seine Söhne
und Brüder: 12;
14 das siebte auf Asarela, seine Söhne und
Brüder: 12;
15 das achte auf Jeschaja, seine Söhne und
Brüder: 12;
16 das neunte auf Mattanja, seine Söhne
und Brüder: 12;
17 das zehnte auf Schimi, seine Söhne und
Brüder: 12;
18 das elfte auf Usiël, seine Söhne und Brü-
der: 12;
19 das zwölfte auf Haschabja, seine Söhne
und Brüder: 12;
20 das dreizehnte auf Schubael, seine Söh-
ne und Brüder: 12;
21 das vierzehnte auf Mattitja, seine Söhne
und Brüder: 12;
22 das fünfzehnte auf Jerimot, seine Söhne
und Brüder: 12;
23 das sechzehnte auf Hananja, seine Söh-
ne und Brüder: 12;
24 das siebzehnte auf Joschbekascha, seine
Söhne und Brüder: 12;
25 das achtzehnte auf Hanani, seine Söhne
und Brüder: 12;
26 das neunzehnte auf Malloti, seine Söhne
und Brüder: 12;
27 das zwanzigste auf Eliata, seine Söhne
und Brüder: 12;
28 das einundzwanzigste auf Hotir, seine
Söhne und Brüder: 12;
29 das zweiundzwanzigste auf Giddalti,
seine Söhne und Brüder: 12;
30 das dreiundzwanzigste auf Mahasiot,
seine Söhne und Brüder: 12;
31 das vierundzwanzigste auf Romamti-
Eser, seine Söhne und Brüder: 12.

Torwächter: 26,1–19

26 Bei den Abteilungen der Torwächter
gehörte Meschelemja, der Sohn Ko-
res, ein Nachkomme Abiasafs, zu den Kora-
chitern. 2 Von den Söhnen Meschelemjas war
Secharja der Erstgeborene, Jediaël der zwei-
te, Sebadja der dritte, Jatniël der vierte,
3 Elam der fünfte, Johanan der sechste, El-
joënai der siebte.
4 Von den Söhnen Obed-Edoms war Sche-
maja der Erstgeborene, Josabad der zweite,
Joach der dritte, Sachar der vierte, Netanel
der fünfte, 5 Ammiël der sechste, Issachar
der siebte, Pëulletai der achte. Gott hatte ihn
nämlich gesegnet. 6 Auch seinem Sohn Sche-
maja wurden Söhne geboren. Sie wurden
Oberhäupter in ihren Großfamilien, denn sie
waren tüchtige Männer. 7 Die Söhne Sche-
majas waren Otni, Refaël und Obed. Die
Söhne seines Bruders Elsabad waren Elihu
und Semachja, ebenfalls tüchtige Männer.
8 Diese alle waren Nachkommen Obed-
Edoms. Sie selbst, ihre Söhne und Brüder,
waren tüchtige Leute und zu ihrem Dienst
befähigt: zweiundsechzig Angehörige Obed-
Edoms.
9 Auch Meschelemja hatte Söhne und Brü-
der, achtzehn tüchtige Männer.
10 Ebenso wurden Hosa, einem Nachkom-
men Meraris, Söhne geboren. Schimri war
ihr Oberhaupt. Sein Vater hatte ihn dazu ge-
macht, obwohl er nicht der Erstgeborene
war. 11 Sein zweiter Sohn war Hilkija, der
dritte Tebalja, der vierte Secharja. Insge-
samt hatte Hosa dreizehn Söhne und Brü-
der.
12 Diese Abteilungen der Torwächter be-
sorgten die Wache mit der Gesamtheit ihrer
Männer. Wie ihre Brüder taten sie Dienst im
Haus des Herrn. 13 Sie warfen für jedes ein-
zelne Tor das Los in ihren Großfamilien, der
Geringste wie der Größte. 14 Das Los für das
Osttor fiel auf Meschelemja; für seinen Sohn
Secharja, einen klugen Berater, warf man
das Los und es traf auf das Nordtor. 15 Obed-
Edom fiel das Südtor zu und seinen Söhnen
das Vorratshaus. 16 Auf Hosa traf das West-
tor mit dem Schallechettor an der aufstei-
genden Straße. Eine Wache entsprach der
andern.
17 Im Osten standen täglich sechs Posten,
im Norden täglich vier, im Süden täglich
vier, an den Vorratskammern je zwei. 18 Am
Parbar im Westen waren vier für die Straße
und zwei für den Parbar bestimmt. 19 Das
waren die Abteilungen der Torwächter aus

25,9 In H steht vor Josef noch der Name Asaf.
26,7 Elsabad: Josabad in V. 4 ist derselbe Name, nur mit anderer Gottesbezeichnung gebildet.
26,16 In H steht vor Hosa der Name Schuppim infolge Verschreibung aus dem vorausgehenden Wort.
26,17 täglich: singgemäß ergänzt.
26,18 Zu Parbar vgl. die Anmerkung zu 2 Kön 23,11; dort: Parwar.

den Nachkommen der Korachiter und den
Nachkommen Meraris.

Die Aufseher über die Schatzkammern:
26,20–28

20 Einige von den Leviten, ihren Stammes-
brüdern, wachten über die Schätze des Hau-
ses Gottes und über die Schätze aus den Wei-
hegaben. 21a Es waren dies die Söhne Ladans,
eines Nachkommen Gerschons, nämlich Je-
hiël 22a mit seinen Söhnen sowie Setam und
sein Bruder Joël. 21b Sie waren die Familien-
häupter Ladans, des Sohnes Gerschons,
22b und wachten über die Schätze im Haus
des Herrn. 23 Zu ihnen kamen Nachkommen
Amrams, Jizhars, Hebrons und Usiëls.
24 Schubaël, der Sohn Gerschoms und Enkel
des Mose, war Oberaufseher über die Schät-
ze gewesen. 25 Sein Stammesbruder aus der
Linie Eliësers war dessen Sohn Rehabja;
dessen Sohn war Jeschaja, dessen Sohn Jo-
ram, dessen Sohn Sichri und dessen Sohn
Schelomit. 26 Schelomit und seine Brüder
hatten die Aufsicht über alle Schätze aus den
Weihegaben, die König David, die Häupter
der Großfamilien, die Obersten der Tausend-
und Hundertschaften und die Obersten des
Heeres gespendet hatten. 27 Diese hatten aus
der Kriegsbeute Weihegaben gestiftet, um
das Haus des Herrn gut auszustatten. 28 Sie
überwachten auch alles, was der Seher
Samuel, Saul, der Sohn des Kisch, Abner,
der Sohn Ners, und Joab, der Sohn der Zeru-
ja, gespendet hatten. Jeder, der eine Weihe-
gabe darbrachte, legte sie in die Hand Sche-
lomits und seiner Brüder.

21a: 23,8 • 23: 23,12f • 24: 23,15–17.

Die Verwaltungsdienste: 26,29–32

29 Von den Nachkommen Jizhars waren
Kenanja und seine Söhne als Beamte und
Richter für die äußeren Angelegenheiten in
Israel bestellt. 30 Von den Nachkommen
Hebrons hatten Haschabja und seine Brü-
der, siebzehnhundert tüchtige Männer, die
Aufsicht über Israel westlich des Jordan in
allen Angelegenheiten des Herrn und im
Dienst des Königs. 31 Haupt der Hebroniter
war Jerija. Im vierzigsten Jahr der Regierung
Davids suchte man anhand der Geschlech-
terlisten die Großfamilien der Hebroniter ab
und fand unter ihnen tüchtige Männer in
Jaser in Gilead. 32 König David setzte Jerija
und seine Stammesbrüder, zweitausendsie-
benhundert tüchtige Männer, Häupter ihrer
Familien, über die Rubeniter, Gaditer und
den halben Stamm Manasse in allen Angele-
genheiten Gottes und des Königs.

Die Heerführer Davids: 27,1–15

27 Die Israeliten nach ihrer Anzahl, die
Familienhäupter, die Obersten der
Tausend- und Hundertschaften und ihre Be-
amten dienten dem König in allen Angele-
genheiten der Abteilungen, die Monat für
Monat das ganze Jahr hindurch antraten und
abzogen. Jede Abteilung war 24 000 Mann
stark.

2 Die erste Abteilung für den ersten Monat
befehligte Jaschobam, der Sohn Sabdiëls. Zu
seiner Abteilung gehörten 24 000 Mann. 3 Er
war ein Nachkomme des Perez und Haupt
aller Obersten des Heeres im ersten Monat.
4 Die Abteilung des zweiten Monats befeh-
ligte der Ahoachiter Dodai, ein Fürst. Zu sei-
ner Abteilung gehörten 24 000 Mann. 5 Der
dritte Heerführer, für den dritten Monat,
war Benaja, der Sohn des Priesters Jojada,
ein Oberhaupt. Zu seiner Abteilung gehörten
24 000 Mann. 6 Dieser Benaja war ein Held
unter den Dreißig und Anführer der Dreißig
sowie seiner eigenen Abteilung. Sein Sohn
war Ammisabad. 7 Der vierte Befehlshaber,
für den vierten Monat, war Asaël, der Bruder
Joabs. Nach ihm war es sein Sohn Sebadja.
Zu seiner Abteilung gehörten 24 000 Mann.
8 Der fünfte, für den fünften Monat, war der
Oberst Schamhut, ein Nachkomme Serachs.
Zu seiner Abteilung gehörten 24 000 Mann.
9 Der sechste, für den sechsten Monat, war
Ira, der Sohn des Ikkesch, aus Tekoa. Zu sei-
ner Abteilung gehörten 24 000 Mann. 10 Der
siebte, für den siebten Monat, war Helez aus
Pelet, ein Efraimiter. Zu seiner Abteilung
gehörten 24 000 Mann. 11 Der achte, für den
achten Monat, war der Huschatiter Sibbe-
chai, ein Nachkomme Serachs. Zu seiner Ab-
teilung gehörten 24 000 Mann. 12 Der neunte,
für den neunten Monat, war Abiëser aus
Anatot vom Stamm Benjamin. Zu seiner Ab-
teilung gehörten 24 000 Mann. 13 Der zehnte,
für den zehnten Monat, war Mahrai aus Ne-
tofa, ein Nachkomme Serachs. Zu seiner Ab-
teilung gehörten 24 000 Mann. 14 Der elfte,
für den elften Monat, war Benaja aus Pira-

26,20 ihren Stammesbrüdern: Text korr. nach G.
26,21f Text aus inhaltlichen Gründen umgestellt.
26,29 Nach Dtn 17,8–13; 19,16f und 21,5 waren die Leviten an der Rechtsprechung beteiligt.
27,2–15 Die Namen der zwölf Befehlshaber sind in der Liste der Helden Davids enthalten (vgl. 11,11–40).
27,4 In H folgen auf den Namen Varianten des Wortes für »Abteilung«.

ton, ein Efraimiter. Zu seiner Abteilung ge-
hörten 24 000 Mann. 15 Der zwölfte, für den
zwölften Monat, war Heldai aus Netofa vom
Geschlecht Otniël. Zu seiner Abteilung ge-
hörten 24 000 Mann.

4: 11,12; 2 Sam 23,9 • 5: 11,22–25.

Die Oberhäupter der Stämme: 27,16–24

16 Diese standen an der Spitze der Stämme
Israels: Fürst bei den Rubenitern war Elië-
ser, der Sohn Sichris; bei Simeon war es
Schefatja, der Sohn Maachas; 17 bei Levi Ha-
schabja, der Sohn Kemuëls; bei Aaron Za-
dok; 18 bei Juda Elihu, ein Bruder Davids; bei
Issachar Omri, der Sohn Michaels; 19 bei
Sebulon Jischmaja, der Sohn Obadjas; bei
Naftali Jerimot, der Sohn Asriëls; 20 bei den
Efraimitern Hoschea, der Sohn Asasjas; bei
der einen Hälfte des Stammes Manasse Joël,
der Sohn Pedajas; 21 bei der anderen Hälfte
des Stammes Manasse in Gilead war es Jid-
do, der Sohn Secharjas; bei Benjamin Jaa-
siël, der Sohn Abners; 22 bei Dan Asarel, der
Sohn Jerohams. Das waren die Anführer der
Stämme Israels.
23 Die Zahl derer, die noch nicht zwanzig
Jahre alt waren, hatte David nicht aufneh-
men lassen; denn der Herr hatte verspro-
chen, dass er Israel zahlreich werden lasse
wie die Sterne des Himmels. 24 Joab, der
Sohn der Zeruja, hatte die Zählung begon-
nen, aber nicht zu Ende geführt, da ihretwe-
gen ein Zorngericht über Israel gekommen
war. So wurde ihre Zahl nicht in die Chronik
des Königs David aufgenommen.

23: 21,1–6 • 24: 21,1–15; 2 Sam 24,1–15.

Die Verwalter des königlichen Besitzes: 27,25–31

25 Asmawet, der Sohn Adiëls, hatte die
Aufsicht über die Schätze des Königs, Jona-
tan, der Sohn Usijas, über die Vorräte auf
dem Land, in den Städten, Dörfern und Tür-
men, 26 Esri, der Sohn Kelubs, über die Feld-
arbeiter, die den Boden zu bestellen hatten,
27 Schimi aus Rama über die Weinberge,
Sabdi aus Schefam über die Weinvorräte in
den Weinbergen, 28 Baal-Hanan aus Bet-Ga-
der über die Öl- und Maulbeerfeigenbäume
in der Schefela, Joasch über die Ölvorräte,
29 Schitrai, der Scharoniter, über die Rinder,
die in der Scharonebene weideten, Schafat,
der Sohn Adlais, über die Rinder in den Tä-
lern, 30 der Ismaeliter Obil über die Kamele,
Jechdeja aus Meronot über die Esel, 31 der
Hagariter Jasis über die Schafe und Ziegen.
Sie alle waren Verwalter des Eigentums, das
dem König David gehörte.

Die höchsten Beamten: 27,32–34

32 Jonatan, der Onkel Davids, war sein Be-
rater. Er war ein kluger, schriftkundiger
Mann. Jehiël, der Sohn Hachmonis, war bei
den Söhnen des Königs. 33 Ahitofel war Be-
rater des Königs, der Arkiter Huschai war
Freund des Königs. 34 Nach Ahitofel war Jo-
jada, der Sohn Benajas (Berater des Königs).
Abjatar war Priester und Joab Heerführer
des Königs.

33: 2 Sam 16,23.

Der Auftrag zum Tempelbau: 28,1–21

28 David versammelte in Jerusalem alle
führenden Männer Israels, die Vor-
steher der Stämme und der Abteilungen, die
im Dienst des Königs standen, die Obersten
der Tausend- und der Hundertschaften, die
Verwalter des ganzen Eigentums und des
Viehbesitzes des Königs und seiner Söhne,
dazu die Hofbeamten, die Helden und alle
tapferen Krieger. 2 Dabei erhob sich König
David und sagte: Hört mich an, meine Brü-
der und mein Volk! Ich selbst hatte vor, für
die Bundeslade des Herrn, den Fußschemel
unseres Gottes, eine Ruhestätte zu errichten,
und traf Vorbereitungen für den Bau. 3 Doch
Gott sprach zu mir: Du sollst meinem Namen
kein Haus bauen; denn du hast Kriege ge-
führt und Blut vergossen. 4 Der Herr, der
Gott Israels, hat mich aus dem ganzen Haus
meines Vaters für immer zum König von Is-
rael auserwählt. Er hat Juda zur Herrschaft
bestimmt und im Haus Juda das Haus mei-
nes Vaters. Unter den Söhnen meines Vaters
hat er an mir Gefallen gefunden, sodass er
mich zum König über Israel machte. 5 Unter
allen meinen Söhnen aber – der Herr hat mir
ja viele Söhne geschenkt – hat er meinen
Sohn Salomo erwählt, dass er auf dem Kö-
nigsthron des Herrn über Israel herrscht.
6 Er sprach zu mir: Dein Sohn Salomo soll
mein Haus und meine Höfe bauen; denn ihn
habe ich mir zum Sohn erwählt und ich wer-
de ihm Vater sein. 7 Ich will seinem König-

27,33 Freund des Königs: eine Amtsbezeichnung (vgl. 1 Kön 4,5).

27,34 war Priester: sinngemäß ergänzt.

28,1 Unter den Helden sind die in 11,11–47 genannten Männer zu verstehen.

28,5 Da Gott der eigentliche König Israels und der König sein Stellvertreter ist, ist der Thron des irdischen Königs in Wirklichkeit der Thron Gottes.

tum ewigen Bestand verleihen, wenn er mannhaft meine Gebote und Anordnungen befolgt, wie es heute der Fall ist. 8 Und nun ermahne ich euch vor den Augen ganz Israels, der Versammlung des Herrn, und vor den Ohren unseres Gottes: Achtet auf alle Gebote des Herrn, eures Gottes, und befolgt sie, damit ihr im Besitz des prächtigen Landes bleibt und es für immer auf eure Söhne nach euch vererben könnt. 9 Du aber, mein Sohn Salomo, erkenne den Gott deines Vaters; diene ihm mit ungeteiltem Herzen und williger Seele; denn der Herr erforscht alle Herzen und kennt jedes Sinnen der Gedanken. Wenn du ihn suchst, lässt er sich von dir finden. Wenn du ihn aber verlässt, verwirft er dich auf ewig. 10 Sieh nun zu: Der Herr hat dich erwählt, dass du ihm ein Haus als Heiligtum erbaust. Sei mutig und geh ans Werk!

11 Darauf übergab David seinem Sohn Salomo den Plan der Vorhalle, des Hauptraums mit seinen Schatzkammern, Obergemächern und Innenräumen und des Raums der Deckplatte 12 sowie den Plan von allem, was er sich für die Höfe des Tempels und für alle Kammern ringsum vorgenommen hatte. Er gab Anweisungen über die Schätze des Gotteshauses und die Schätze aus den Weihegaben, 13 über die Abteilungen der Priester und Leviten, über den Vollzug des gesamten Dienstes am Haus des Herrn und über alle Geräte, die man zum Dienst im Haus des Herrn benötigte. 14 Dazu übergab er ihm seine Berechnungen über das Gold, mit Angabe des Gewichtes des Goldes für jedes einzelne Dienstgerät, und über alle silbernen Geräte, mit Angabe des Gewichtes eines jeden Dienstgerätes. 15 Er nannte ihm das Gewicht der goldenen Leuchter mit ihren goldenen Lampen, mit Angabe des Gewichtes eines jeden Leuchters und seiner Lampen, sowie der silbernen Leuchter, mit Angabe des Gewichtes eines jeden Leuchters und seiner Lampen, entsprechend der Verwendung eines jeden Leuchters. 16 Er bestimmte das Gold mit Angabe des Gewichtes für die einzelnen Schaubrotetische und des Silbers für die silbernen Tische. 17 Ebenso gab er ihm Auskunft über die Gabeln, Schalen und Kannen aus purem Gold, über die goldenen Becher, mit Angabe des Gewichtes eines jeden Bechers, auch über die silbernen Becher, mit Angabe des Gewichtes eines jeden Bechers. 18 Er verordnete geläutertes Gold für den Räucheraltar, mit Angabe des Gewichtes, und Gold für den Aufbau des Thronwagens, die Kerubim, die ihre Flügel ausbreiteten und die Bundeslade des Herrn bedeckten. 19 All das legte er dar in einer Schrift aus der Hand des Herrn, die über ihm ruhte, und erörterte alle Arbeiten, die der Plan vorsah.

20 Dann sagte David zu seinem Sohn Salomo: Sei mutig und stark! Geh ans Werk! Fürchte dich nicht und verzage nicht! Denn der Herr, mein Gott, wird mit dir sein. Er wird dich nicht erlahmen lassen und dich nicht im Stich lassen, bis alle Arbeiten für den Dienst des Hauses des Herrn zu Ende geführt sind. 21 Sieh, die Abteilungen der Priester und Leviten stehen da, zu jeder Dienstleistung im Haus Gottes bereit. Bei jeder Arbeit und zu jedem Dienst werden dir alle willig nach ihren Fähigkeiten beistehen; ebenso werden dir die führenden Männer und das ganze Volk in jeder Angelegenheit zur Seite stehen.

2: 2 Sam 7,2–17 • 3: 22,8.

Die Spenden für den Tempelbau: 29,1–9

29 Darauf wandte sich König David an die ganze Versammlung: Mein Sohn Salomo, den allein Gott erwählt hat, ist noch jung und unerfahren. Das Werk aber ist groß; denn wir bauen nicht für Menschen, sondern für Gott, den Herrn. 2 Nach meinen besten Kräften habe ich nun für das Haus meines Gottes Gold beschafft für die goldenen, Silber für die silbernen, Bronze für die bronzenen, Eisen für die eisernen und Holz für die hölzernen Gegenstände, dazu Schohamsteine mit Einfassungen, Malachit und buntfarbige Steine sowie allerlei Edelsteine und Alabaster in Menge. 3 Aus Liebe zum Haus meines Gottes spende ich aus meinem Besitz, meinem Gold und Silber, über all das hinaus, was ich für das Haus des Heiligtums schon bereitgestellt habe, 4 noch weitere

28,11 Raum der Deckplatte: Der Chronist nennt so das Allerheiligste, weil für ihn die Deckplatte über der Bundeslade der wichtigste Kultgegenstand ist. An ihr vollzieht nach Lev 16,13f der Hohepriester den Sühneritus für die Gemeinde am Versöhnungstag.

28,15f Der Text beschreibt Einrichtungen zur Zeit des Chronisten. 1 Kön 7,48 erwähnt nur einen Schaubrotetisch.

28,18 Thronwagen: Bezeichnung der Bundeslade, im Anschluss an Ez 1, wo Gott, wie sonst auf der Bundeslade, auf Kerubim thront und die Kerubim auf einem Wagen mit vier Rädern stehen.

28,19 über ihm: Text korr. nach G.

29,4 Handelsfahrten nach Ofir sind erst unter Salomo bezeugt (vgl. 1 Kön 9,28).

3 000 Talente Gold vom Ofirgold und 7 000
Talente geläutertes Silber. Man soll damit
die Wände der Räume verkleiden 5 und Gold
zur Verfügung haben für die goldenen und
Silber für die silbernen Gegenstände und für
jede Arbeit von Künstlerhand. Wer ist nun
bereit, seine Hand ebenso für den Herrn zu
füllen?
6 Da zeigten die Häupter der Großfamilien,
die Vorsteher der israelitischen Stämme, die
Obersten der Tausend- und Hundertschaften
und die obersten Beamten des königlichen
Dienstes ihre Freigebigkeit. 7 Sie spendeten
für den Bau des Hauses Gottes 5 000 Talente
Gold, 10 000 Golddariken, 10 000 Talente
Silber, 18 000 Talente Bronze, 100 000 Ta-
lente Eisen. 8 Wer Edelsteine besaß, gab sie
zum Schatz des Hauses des Herrn in die
Hände Jehiëls, eines Nachkommen Ger-
schons. 9 Das Volk freute sich über diese
Freigebigkeit, denn sie hatten mit ungeteil-
tem Herzen willig für den Herrn gespendet.
Auch König David hatte eine große Freude.

1: 22,5 • 3: 22,14.

Das Dankgebet Davids: 29,10–20

10 Da pries David den Herrn vor der gan-
zen Versammlung und rief: Gepriesen bist
du, Herr, Gott unseres Vaters Israel, von
Ewigkeit zu Ewigkeit. 11 Dein, Herr, sind
Größe und Kraft, Ruhm und Glanz und Ho-
heit; dein ist alles im Himmel und auf Erden.
Herr, dein ist das Königtum. Du erhebst dich
als Haupt über alles. 12 Reichtum und Ehre
kommen von dir; du bist der Herrscher über
das All. In deiner Hand liegen Kraft und
Stärke; von deiner Hand kommt alle Größe
und Macht. 13 Darum danken wir dir, unser
Gott, und rühmen deinen herrlichen Namen.
14 Doch wer bin ich und was ist mein Volk,
dass wir die Kraft besaßen, diese Gaben zu
spenden? Von dir kommt ja alles; und was
wir dir gegeben haben, stammt aus deiner
Hand. 15 Denn wir sind nur Gäste bei dir,
Fremdlinge, wie alle unsere Väter. Wie ein
Schatten sind unsere Tage auf Erden und
ohne Hoffnung. 16 Herr, unser Gott, diese
ganze Fülle, die wir bereitgestellt haben, um
dir, deinem heiligen Namen, ein Haus zu
bauen, kam aus deiner Hand; dir gehört al-
les. 17 Ich weiß, mein Gott, dass du die Her-
zen prüfst und an Aufrichtigkeit Gefallen
hast. Mit aufrichtigem Herzen habe ich dies
alles gegeben und ich habe mit Freuden ge-
sehen, wie auch dein Volk, das sich hier ein-
gefunden hat, dir willig spendet. 18 Herr,
Gott unserer Väter Abraham, Isaak und Isra-
el, erhalte diese Gesinnung für immer im
Herzen deines Volkes! Lenke sein Herz auf
dich! 19 Gib auch meinem Sohn Salomo ein
ungeteiltes Herz, damit er auf deine Gebote,
Anordnungen und Gesetze achtet und alles
tut, um den Bau zu errichten, den ich vorbe-
reitet habe. 20 Dann befahl David der ganzen
Versammlung: Preist den Herrn, euren Gott!
Und die ganze Versammlung lobte den
Herrn, den Gott ihrer Väter. Sie verneigten
sich und warfen sich nieder vor dem Herrn
und dem König.

15: Ps 39,13 • 17: Ps 7,10.

Salomos Thronbesteigung: 29,21–25

21 Am folgenden Tag brachten sie dem
Herrn Opfer dar. Sie spendeten zu Brandop-
fern tausend Stiere, tausend Widder, tau-
send Lämmer sowie die dazugehörenden
Trankopfer. Dazu kam eine Menge Schlacht-
opfer für ganz Israel. 22 Voller Freude aßen
und tranken sie an jenem Tag vor dem Herrn
und machten Salomo, den Sohn Davids, zum
zweiten Mal zum König. Sie salbten ihn zum
Fürsten des Herrn und Zadok salbten sie
zum Priester. 23 Salomo setzte sich nun an-
stelle seines Vaters David als König auf den
Thron des Herrn. Er hatte Glück und ganz
Israel leistete ihm Gehorsam. 24 Alle hohen
Beamten und Helden, auch alle Söhne des
Königs David, unterwarfen sich Salomo.
25 Der Herr ließ Salomo überaus mächtig
werden vor den Augen Israels. Er verlieh sei-
nem Königtum einen Glanz, wie ihn kein
König in Israel vor ihm besessen hatte.

Der Abschluss der Geschichte Davids:
29,26–30

26 David, der Sohn Isais, war König von
ganz Israel. 27 Die Zeit, die er in Israel regier-
te, betrug vierzig Jahre. In Hebron regierte
er sieben und in Jerusalem dreiunddreißig
Jahre. 28 Er starb in hohem Alter, satt an Ta-
gen, Reichtum und Ehre. Sein Sohn Salomo
wurde König an seiner Stelle. 29 Die frühere

29,5 Seine Hand für Jahwe füllen: hier nicht Weiheritus, wie Ex 28,41; Lev 8,27; 1 Kön 13,33 in H, sondern: etwas in die Hand nehmen, um es dem Herrn darzubringen.

29,7 Eine Darike ist eine Münze; die Bezeichnung soll auf den Perserkönig Darius I. (522–486 v. Chr.) zurückgehen.

29,24 Vgl. die Anmerkung zu 28,1.

29,29 Die erwähnten Quellenwerke könnten die biblischen Samuelbücher sein, die über die drei Genannten berichten.

und die spätere Geschichte des Königs David
ist aufgezeichnet in der Geschichte des
Sehers Samuel, in der Geschichte des Pro-
pheten Natan und in der Geschichte des Se-
hers Gad. 30 Sie berichten von seiner ganzen
Regierung, seiner Machtentfaltung und von
den Zeiten, die über ihn, über Israel und alle
Reiche der Länder hinweggegangen sind.

Das zweite Buch der Chronik

DIE GESCHICHTE SALOMOS: 1,1 – 9,31

Salomos Bitte um Weisheit: 1,1–13

1 Salomo, der Sohn Davids, gewann
Macht in seinem Königtum, der Herr,
sein Gott, war mit ihm und ließ ihn überaus
stark werden.
2 Er sprach mit ganz Israel, den Obersten
der Tausend- und Hundertschaften, den
Richtern, mit allen Fürsten aus ganz Israel
und mit den Häuptern der Großfamilien.
3 Dann ging er mit der ganzen Versammlung,
die bei ihm war, zur Kulthöhe von Gibeon;
denn hier war das Offenbarungszelt Gottes,
das Mose, der Knecht des Herrn, in der Wüs-
te angefertigt hatte. 4 Die Lade Gottes jedoch
hatte David aus Kirjat-Jearim an den Ort
bringen lassen, den er für sie hergerichtet
hatte. Er hatte nämlich in Jerusalem ein Zelt
für sie aufgestellt. 5 Der bronzene Altar, den
Bezalel, der Sohn Uris und Enkel Hurs, ge-
macht hatte, stand in Gibeon vor der Wohn-
stätte des Herrn. Ihn suchten Salomo und die
ganze Versammlung Israels auf. 6 Salomo
stieg dort auf den bronzenen Altar vor dem
Herrn beim Offenbarungszelt und brachte
auf ihm tausend Brandopfer dar.
7 In jener Nacht erschien Gott dem Salomo
und forderte ihn auf: Sprich eine Bitte aus,
die ich dir gewähren soll. 8 Salomo antworte-
te Gott: Du hast meinem Vater David große
Huld erwiesen und mich an seiner Stelle zum
König gemacht. 9 So möge sich nun, mein
Herr und Gott, dein Wort an meinen Vater
David als wahr erweisen; denn du hast mich
zum König gemacht über ein Volk, das zahl-
reich ist wie der Staub der Erde. 10 Verleih
mir daher Weisheit und Einsicht, damit ich
weiß, wie ich mich vor diesem Volk verhalten
soll. Denn wer könnte sonst dieses mächtige
Volk regieren? 11 Gott antwortete Salomo:
Weil dir das am Herzen liegt, weil du nicht
um Reichtum, Vermögen, Ehre oder um den
Tod deiner Feinde, auch nicht um langes Le-
ben gebeten hast, sondern weil du um Weis-
heit und Einsicht gebeten hast, um mein
Volk zu regieren, zu dessen König ich dich
bestellt habe, 12 sollen dir Weisheit und Ein-
sicht zuteil werden. Aber auch Reichtum,
Vermögen und Ehre will ich dir geben, wie
sie kein König vor dir erlangt hat und auch
nach dir keiner haben wird. 13 Darauf ging
Salomo von der Kulthöhe in Gibeon, vom
Offenbarungszelt, weg nach Jerusalem und
herrschte über Israel.

1–13 ‖ 1 Kön 3,4–15 • 4: 1 Chr 15 • 5: Ex 38,1–7 • 8: 1 Chr 17 • 9: Gen 13,16.

Salomos Reichtum: 1,14–17

14 Salomo beschaffte sich Wagen und die
Besatzung dazu. Er hatte vierzehnhundert
Wagen und zwölftausend Mann als Besat-
zung und brachte sie in die Wagenstädte so-
wie in die Umgebung des Königs nach Jeru-
salem. 15 Der König machte das Silber und
das Gold in Jerusalem so häufig wie die
Steine und die Zedern so zahlreich wie die
Maulbeerfeigenbäume in der Schefela.
16 Man bezog die Pferde für Salomo aus
Ägypten und Koë. Die Händler des Königs
kauften sie in Koë. 17 Einen Wagen brachten
sie aus Ägypten für sechshundert und ein
Pferd für hundertfünfzig Silberschekel.

1,3 Der Chronist hält das Opfer auf dem alten Brandopferaltar vor dem heiligen Zelt in Gibeon für rechtmäßig (vgl. 1 Chr 16,39f; 21,29); anders 1 Kön 3,2f.

1,13 von der Kulthöhe: Text korr. nach G.

1,16 Vgl. die Anmerkung zu 1 Kön 10,28.

Ebenso trieb man Handel mit allen hetiti-
schen und aramäischen Königen.

14–17 ‖ 1 Kön 10,26–29.

Die Vorbereitungen zum Tempelbau:
1,18 – 2,17

18 Salomo beschloss, einen Tempel für den
Namen des Herrn und eine königliche Resi-
denz für sich zu bauen.

2 Er ließ 70 000 Lastträger und 80 000
Steinhauer im Gebirge auszählen und
setzte 3 600 Aufseher über sie. 2 Dann sandte
er Boten zu Hiram, dem König von Tyrus,
und ließ ihm sagen: Du hast meinem Vater
David geholfen und ihm Zedern geliefert,
damit er sich ein Haus als Wohnung bauen
konnte. 3 Ich möchte jetzt dem Namen des
Herrn, meines Gottes, ein Haus bauen und es
ihm weihen. Man soll wohlriechendes Räu-
cherwerk vor ihm anzünden, ständig die
Brote auflegen und jeden Morgen und jeden
Abend, an den Sabbaten, Neumondtagen
und Festen des Herrn, unseres Gottes,
Brandopfer darbringen. So ist es Israel für
ewige Zeiten zur Pflicht gemacht worden.
4 Das Haus, das ich bauen will, soll groß wer-
den, denn unser Gott ist größer als alle Göt-
ter. 5 Wer aber besitzt die Kraft, ihm ein
Haus zu bauen? Der Himmel und die Himmel
der Himmel fassen ihn nicht. Und wer bin
ich, dass ich ihm ein Haus baue, wenn auch
nur, um Rauchopfer vor ihm darzubringen?
6 Schick mir nun einen fähigen Mann, der
Arbeiten in Gold, Silber, Bronze, Eisen, ro-
tem Purpur, Karmesin und blauem Purpur
ausführen kann und sich aufs Gravieren ver-
steht. Er soll mit den Künstlern zusammen-
arbeiten, die bei mir in Juda und Jerusalem
sind und die mein Vater David bestellt hat.
7 Liefere mir auch Zedern, Zypressen und
Algummimholz vom Libanon! Ich weiß, dass
deine Leute die Bäume des Libanon zu fällen
verstehen. Meine Leute sollen deinen Leuten
dabei helfen. 8 Sie sollen eine Menge Holz
herrichten; denn das Haus, das ich bauen
will, soll groß und wunderbar werden. 9 Den
Arbeitern, die das Holz fällen, gebe ich zum
Unterhalt für deine Knechte 20 000 Kor
Weizen, 20 000 Kor Gerste, 20 000 Bat Wein
und 20 000 Bat Öl.
10 Hiram, der König von Tyrus, antwortete
Salomo in einem Schreiben, das er ihm sand-
te: Weil der Herr sein Volk liebt, hat er dich
ihm als König gegeben. 11 Ferner schrieb Hi-
ram: Gepriesen sei der Herr, der Gott Israels,
der Himmel und Erde gemacht hat. Er hat
dem König David einen weisen Sohn gege-
ben, der Einsicht und Verstand besitzt, um
ein Haus für den Herrn und eine königliche
Residenz für sich selbst zu bauen. 12 Ich schi-
cke dir einen fähigen, klugen Mann, Hiram-
Abi, 13 den Sohn einer danitischen Frau. Sein
Vater stammt aus Tyrus. Er versteht es, Ar-
beiten in Gold, Silber, Bronze, Eisen, Stein,
Holz, rotem und blauem Purpur, Byssus und
Karmesin auszuführen, alle Gravierungen
zu besorgen und jeden Plan zu entwerfen,
der ihm aufgetragen wird. Er wird mit dei-
nen Künstlern und den Künstlern meines
Herrn, deines Vaters David, zusammenar-
beiten. 14 Den Weizen, die Gerste, das Öl und
den Wein, von denen mein Herr gesprochen
hat, möge er seinen Knechten liefern. 15 Wir
aber werden die Bäume auf dem Libanon
fällen, so viele du nötig hast, und sie dir in
Flößen auf dem Meer nach Jafo schaffen. Du
magst sie dann nach Jerusalem hinaufbrin-
gen.
16 Salomo ließ nun alle Fremden zählen,
die im Land Israel wohnten, nachdem schon
sein Vater David eine Zählung unter ihnen
vorgenommen hatte. Es fanden sich 153 600
Mann. 17 Von diesen machte er 70 000 zu
Lastträgern, 80 000 zu Steinhauern im Ge-
birge und 3 600 zu Aufsehern, die das Volk
zur Arbeit anhalten sollten.

2,2–17 ‖ 1 Kön 5,15–32 • 5: 1 Kön 8,27 • 12–13: 1 Kön 7,13f.

Der Tempelbau: 3,1–7

3 Salomo begann, das Haus des Herrn in
Jerusalem auf dem Berg Morija zu bau-
en, wo der Herr seinem Vater David erschie-
nen war, an der Stätte, die David bestimmt
hatte, auf der Tenne des Jebusiters Arauna.
2 Er begann den Bau im zweiten Monat, im
vierten Jahr seiner Regierung.
3 Dies sind die Grundmaße, die Salomo für
den Bau des Hauses Gottes festlegte. Die
Länge betrug sechzig Ellen – die Elle nach
dem früheren Maß gerechnet – und die Breite

2,3 Das Brot, das aufgelegt wird, sind die Schaubrote (vgl. Lev 24,6).

2,7 Zu Algummim (Almuggim) vgl. die Anmerkung zu 1 Kön 10,11.

2,9 zum Unterhalt: Text korr. nach G und 1 Kön 5,25. 1 Kön spricht nur von 20 000 Kor Weizen und 20 Kor (= 200 Bat) Öl.

3,1–4,22 H ist einige Male durch Schreibfehler entstellt; sie werden im folgenden nicht eigens vermerkt.

3,1 Morija ist die Gegend, in der Abraham nach Gen 22,2 seinen Sohn opfern sollte. Der Ort des Tempels ist also durch die Opfer Abrahams und Davids (2 Sam 24,25; 1 Chr 21,26; 22,1) im Voraus bezeichnet worden.

zwanzig Ellen. 4 Die Halle vor dem Haupt-
raum war zwanzig Ellen breit, entsprechend
der Breite des Hauses, und zwanzig Ellen
hoch. Er überzog sie innen mit purem Gold.
5 Den Hauptraum vertäfelte er mit Zypres-
senholz, überzog dieses mit echtem Gold und
brachte Palmen und kettenförmige Bänder
darauf an. 6 Auch schmückte er das Haus mit
kostbaren Steinen. Das Gold war Parwajim-
gold. 7 So überzog er das Haus, die Balken,
die Schwellen, seine Wände und Türen mit
Gold und ließ in die Wände Kerubim ein-
schnitzen.

1–7 ‖ 1 Kön 6,1–22.29.

Das Allerheiligste: 3,8–14

8 Er schuf den Raum des Allerheiligsten.
Seine Länge betrug zwanzig Ellen, der Brei-
te des Hauses entsprechend, und seine Breite
zwanzig Ellen. Er überzog es mit echtem
Gold im Gewicht von sechshundert Talen-
ten. 9 Für die Nägel verwendete er Gold im
Gewicht von fünfzig Schekeln. Auch die
Obergemächer ließ er mit Gold verkleiden.
10 Im Raum des Allerheiligsten ließ er zwei
Kerubim anfertigen . . . und mit Gold über-
ziehen. 11 Die Flügel der Kerubim hatten zu-
sammen eine Spannweite von zwanzig Ellen.
Der Flügel des einen war fünf Ellen lang und
berührte die Wand des Hauses Der zweite
Flügel war fünf Ellen lang und berührte den
Flügel des anderen Kerubs. 12 Der Flügel des
zweiten Kerubs war fünf Ellen lang und be-
rührte die Wand des Hauses und auch der
andere Flügel war fünf Ellen lang und stieß
an den Flügel des ersten Kerubs. 13 Die Flü-
gel dieser Kerubim hatten eine Spannweite
von zwanzig Ellen. Sie selbst standen auf ih-
ren Füßen und ihre Gesichter waren dem In-
nenraum zugewandt. 14 Er verfertigte auch
den Vorhang aus blauem und rotem Purpur,
aus Karmesin und Byssus und brachte da-
rauf Kerubim an.

8: 1 Kön 6,19f • 10–13 ‖ 1 Kön 6,23–28.

Die Ausstattung des Tempels: 3,15 – 5,1

15 Für die Vorderseite des Hauses machte
er zwei Säulen von achtzehn Ellen Höhe. Das
Kapitell auf ihnen maß fünf Ellen. 16 Dazu
schuf er kettenförmige Bänder und brachte
sie oben auf den Säulen an. Auch machte er
hundert Granatäpfel und befestigte sie an
den kettenförmigen Bändern. 17 Die Säulen
stellte er vor dem Tempel auf, die eine auf
der rechten, die andere auf der linken Seite.
Die rechte nannte er Jachin, die linke
Boas.

4 Er ließ einen bronzenen Altar herstel-
len, zwanzig Ellen lang, zwanzig Ellen
breit und zehn Ellen hoch.
2 Dann machte er das »Meer«. Es wurde
aus Bronze gegossen, maß zehn Ellen von ei-
nem Rand zum andern, war völlig rund und
fünf Ellen hoch. Eine Schnur von dreißig El-
len konnte es rings umspannen. 3 Unterhalb
seines Rands waren rundum Bilder von Rin-
dern. In einem Band von dreißig Ellen Länge
umsäumten sie das Meer ringsum in zwei
Reihen. Sie wurden bei seinem Guss mitge-
gossen. 4 Das Meer stand auf zwölf Rindern.
Von ihnen schauten drei nach Norden, drei
nach Westen, drei nach Süden und drei nach
Osten. Das Meer ruhte oben auf den Rindern.
Ihre Hinterteile waren nach innen gekehrt.
5 Die Wand des Meeres war eine Handbreit
dick. Sein Rand war wie der Rand eines Be-
chers geformt, einer Lilienblüte gleich. Es
fasste dreitausend Bat. 6 Auch machte er
zehn Kessel, von denen er fünf an die Südsei-
te und fünf an die Nordseite brachte. Sie
dienten für die Waschungen; was zum
Brandopfer gehörte, sollte man in ihnen ab-
spülen. Das Meer war für die Waschungen
der Priester bestimmt.
7 Er machte die zehn goldenen Leuchter
der Vorschrift gemäß und stellte sie im Tem-
pel auf, fünf auf der rechten und fünf auf der
linken Seite. 8 Ferner machte er zehn Tische
und brachte sie in den Tempel, fünf auf die
rechte und fünf auf die linke Seite. Des-
gleichen verfertigte er hundert goldene
Schalen.
9 Auch schuf er den Vorhof der Priester
und den großen Hof mit seinen Toren. Die
Torflügel überzog er mit Bronze. 10 Das Meer
stellte er an die Südseite des Hauses gegen

3,4 Nach H hätte die Höhe 120 Ellen betragen.
3,6 Der Ausdruck »Parwajimgold« weist wahrscheinlich auf die Herkunft des Goldes hin.
3,9 Die Obergemächer befanden sich im Anbau, der um den Hauptbau und das Allerheiligste lief (vgl. 1 Kön 6,5f).
3,10 H teilweise unverständlich.
3,15 achtzehn: nach 1 Kön 7,15; H: fünfunddreißig.
3,17 Zu den Namen der Säulen vgl. die Anmerkung zu 1 Kön 7,21.
4,1 Der Altar wird im Baubericht von 1 Kön nicht erwähnt; doch wird sein Vorhandensein vorausgesetzt (vgl. 1 Kön 8,22.64).
4,3 H: zehn Ellen.
4,9 Der Hof der Priester wird in 1 Kön 6,36 und 7,12 »innerer Hof« genannt. Die Bezeichnung in Chr deutet an, dass er zu ihrer Zeit nur noch von den Priestern betreten werden durfte.

Südosten. 11 Endlich machte Hiram die Töpfe, Schaufeln und Schalen.

So führte Hiram die Arbeiten zu Ende, die er dem König Salomo für das Haus Gottes anzufertigen hatte: 12 zwei Säulen, zwei beckenförmige Kapitelle oben auf den Säulen, die zwei Flechtwerke, mit denen man die beiden beckenförmigen Kapitelle oben auf den Säulen bedeckte, 13 die vierhundert Granatäpfel für die beiden Flechtwerke, die in zwei Reihen an jedem Flechtwerk angebracht waren und die die beiden beckenförmigen Kapitelle auf den Säulen bedeckten, 14 die zehn fahrbaren Gestelle, die zehn Kessel für die Gestelle, 15 das eine Meer, die zwölf Rinder unter ihm, 16 die Töpfe, Schaufeln und Gabeln. Alle diese Geräte machte Hiram-Abi dem König Salomo für das Haus des Herrn aus glatter Bronze. 17 In der Jordanau zwischen Sukkot und Zereda ließ sie der König in Formen aus festem Lehm gießen. 18 Salomo ließ alle diese Geräte in überaus großer Menge anfertigen; das Gewicht der Bronze war darum nicht festzustellen.

19 Salomo ließ alle Geräte, die zum Haus Gottes gehörten, anfertigen: den goldenen Altar, die Tische, auf die man die Schaubrote legte, 20 die Leuchter mit ihren Lampen aus bestem Gold, um sie der Vorschrift gemäß vor der Gotteswohnung anzuzünden, 21 die goldenen Blüten, Lampen und Dochtscheren aus bestem Gold, 22 ferner die Messer, Schalen, Schüsseln und Pfannen aus bestem Gold. An den Türen des Hauses waren die Flügel im inneren Raum gegen das Allerheiligste und die beiden Türflügel, die zum Hauptraum führten, mit Gold verkleidet.

5 So wurden alle Arbeiten, die Salomo für das Haus des Herrn ausführen ließ, vollendet. Dann brachte er die Weihegaben seines Vaters David hinein und legte das Silber, das Gold und alle Geräte in die Schatzkammern des Hauses Gottes.

3,15 – 5,1 ‖ 1 Kön 7,13–51.

Die Übertragung der Bundeslade: 5,2 – 6,2

2 Damals versammelte Salomo die Ältesten Israels, alle Stammesführer und die Anführer der israelitischen Großfamilien in Jerusalem, um die Bundeslade des Herrn aus der Stadt Davids, das ist Zion, heraufzuholen. 3 Am Fest, das ist im siebten Monat, kamen alle Männer Israels beim König zusammen. 4 In Gegenwart aller Ältesten Israels nahmen die Leviten die Lade 5 und brachten sie zugleich mit dem Offenbarungszelt und den heiligen Geräten, die im Zelt waren, hinauf. Die Priester und die Leviten übernahmen den Trägerdienst. 6 König Salomo aber und die ganze Gemeinde Israels, die bei ihm vor der Lade versammelt war, schlachteten Schafe und Rinder, die man wegen ihrer Menge nicht zählen und nicht berechnen konnte. 7 Darauf stellten die Priester die Bundeslade des Herrn an ihren Platz, in die Gotteswohnung des Hauses, in das Allerheiligste, unter die Flügel der Kerubim. 8 Denn die Kerubim breiteten ihre Flügel über den Ort, wo die Lade stand, und bedeckten sie und ihre Stangen von oben her. 9 Die Stangen waren so lang, dass man ihre Spitzen an der Lade vor der Gotteswohnung sehen konnte; draußen aber waren sie nicht zu sehen. Sie blieben dort bis zum heutigen Tag. 10 In der Lade befanden sich nur die zwei Tafeln, die Mose am Horeb hineingelegt hatte, die Tafeln des Bundes, den der Herr mit den Israeliten beim Auszug aus Ägypten geschlossen hatte.

11 Darauf traten die Priester aus dem Heiligtum. Alle, die gekommen waren, unabhängig davon, zu welcher Abteilung sie gehörten, hatten sich geheiligt. 12 Die levitischen Sänger, Asaf, Heman, Jedutun, ihre Söhne und Brüder, standen alle, in Byssus gekleidet, mit Zimbeln, Harfen und Zithern an der Ostseite des Altars. Bei ihnen waren hundertzwanzig Priester, die auf Trompeten bliesen. 13 Es kam wie aus einem Mund, wenn die Trompeter und Sänger gleichzeitig zum Lob und Preis des Herrn sich vernehmen ließen. Als sie mit ihren Trompeten, Zimbeln und Musikinstrumenten einsetzten und den Herrn priesen, »Denn er ist gütig, denn seine Huld währt ewig«, erfüllte eine Wolke den Tempel, das Haus des Herrn. 14 Die Priester konnten wegen der Wolke ihren Dienst nicht verrichten; denn die Herrlichkeit des Herrn erfüllte das Haus Gottes.

6 Damals sagte Salomo: Der Herr sprach, er wolle im Dunkel wohnen. 2 Ich habe ein fürstliches Haus für dich gebaut, eine Wohnstätte für ewige Zeiten.

5,2 – 6,2 ‖ 1 Kön 8,1–13 • 5,13: Ps 106,1; 107,1; 118,1; 136.

5,3 Das Fest ist das Laubhüttenfest.

5,9 bis zum heutigen Tag: Der Chronist übernahm diese Bemerkung unverändert seiner Vorlage. Der Tempel war 586 v. Chr. zerstört worden. Zur Zeit des Chronisten war die Bundeslade nicht mehr vorhanden.

5,11–13 Fehlt in 1 Kön.

Die Ansprache des Königs: 6,3–11

3 Dann wandte sich der König um und segnete die ganze Versammlung Israels. Alle standen 4 und er betete: Gepriesen sei der Herr, der Gott Israels. Seine Hand hat ausgeführt, was sein Mund meinem Vater David verheißen hat, als er sprach: 5 Seit dem Tag, da ich mein Volk aus dem Land Ägypten führte, habe ich aus keinem der Stämme Israels eine Stadt für den Bau eines Hauses erwählt, um meinen Namen dort wohnen zu lassen. Auch habe ich keinen Mann zum Fürsten meines Volkes Israel erwählt. 6 Nur Jerusalem habe ich zur Wohnung für meinen Namen und David zum Herrscher über mein Volk Israel erwählt. 7 Mein Vater David wollte dem Namen des Herrn, des Gottes Israels, ein Haus bauen. 8 Doch der Herr sprach zu ihm: Wenn du dir vorgenommen hast, meinem Namen ein Haus zu bauen, hast du einen guten Entschluss gefasst. 9 Doch sollst nicht du das Haus bauen, sondern erst dein leiblicher Sohn soll meinem Namen das Haus bauen. 10 Der Herr hat jetzt sein Versprechen, das er gegeben hat, wahr gemacht: Ich bin an die Stelle meines Vaters David getreten und habe den Thron Israels bestiegen, wie es der Herr zugesagt hat. Ich habe dem Namen des Herrn, des Gottes Israels, das Haus gebaut 11 und die Lade darin aufgestellt. Sie enthält die Tafeln des Bundes, den der Herr mit den Israeliten geschlossen hat.

3–11 ‖ 1 Kön 8,14–21.

Das Weihegebet: 6,12–42

12 Dann trat er in Gegenwart der ganzen Versammlung Israels vor den Altar des Herrn und breitete seine Hände aus. 13 Salomo hatte nämlich eine bronzene Tribüne anfertigen lassen und sie in der Mitte des Hofes aufgestellt. Sie war fünf Ellen lang, fünf Ellen breit und drei Ellen hoch. Er trat auf sie, ließ sich im Angesicht der ganzen Versammlung Israels auf die Knie nieder, breitete seine Hände zum Himmel aus 14 und betete: Herr, Gott Israels, im Himmel und auf der Erde gibt es keinen Gott, der so wie du Bund und Huld seinen Knechten bewahrt, die mit ungeteiltem Herzen vor ihm leben. 15 Du hast das Versprechen gehalten, das du deinem Knecht, meinem Vater David, gegeben hast. Deine Hand hat heute erfüllt, was dein Mund versprochen hat. 16 Und nun, Herr, Gott Israels, halte auch das andere Versprechen, das du deinem Knecht David, meinem Vater, gegeben hast, als du sagtest: Es soll dir nie an einem Nachkommen fehlen, der vor mir auf dem Thron Israels sitzt, wenn nur deine Söhne darauf achten, ihren Weg so nach meinem Gesetz zu gehen, wie du es getan hast. 17 Herr, Gott Israels, möge sich jetzt dein Wort, das du deinem Knecht David gegeben hast, als wahr erweisen.

18 Wohnt denn Gott wirklich bei den Menschen auf der Erde? Siehe, selbst der Himmel und die Himmel der Himmel fassen dich nicht, wie viel weniger dieses Haus, das ich gebaut habe. 19 Wende dich, Herr, mein Gott, dem Beten und Flehen deines Knechtes zu! Hör auf das Rufen und auf das Gebet, das dein Knecht vor dir verrichtet. 20 Halte deine Augen offen über diesem Haus bei Tag und bei Nacht, über der Stätte, von der du gesagt hast, dass du deinen Namen hierher legen willst. Höre auf das Gebet, das dein Knecht an dieser Stätte verrichtet. 21 Achte auf das Flehen deines Knechtes und deines Volkes Israel, wenn sie an dieser Stätte beten. Höre sie im Himmel, dem Ort, wo du wohnst. Höre sie und verzeih!

22 Wenn sich jemand gegen seinen Nächsten verfehlt und dieser ihm einen Eid abverlangt, den er schwören muss, und er dann kommt und vor deinem Altar in diesem Haus schwört, 23 so höre du es im Himmel und greif ein! Verschaff deinen Knechten Recht! Vergilt dem Schuldigen und lass sein Tun auf ihn selbst zurückfallen! Den Schuldlosen aber sprich frei und vergilt ihm, wie es seiner Gerechtigkeit entspricht.

24 Wenn dein Volk Israel von einem Feind geschlagen wird, weil es gegen dich gesündigt hat, und dann wieder umkehrt, deinen Namen preist und in diesem Haus zu dir betet und fleht, 25 so höre du es im Himmel! Vergib deinem Volk Israel seine Sünde; lass sie in das Land zurückkommen, das du ihnen und ihren Vätern gegeben hast.

26 Wenn der Himmel verschlossen ist und kein Regen fällt, weil sie gegen dich gesündigt haben, und wenn sie dann an diesem Ort beten, deinen Namen preisen und von ihrer Sünde lassen, weil du sie demütigst, 27 so höre du sie im Himmel! Vergib deinen Knechten und deinem Volk Israel ihre Sünden; denn du führst sie den guten Weg, den sie gehen sollen. Spende Regen deinem Land, das du deinem Volk zum Erbbesitz gegeben hast.

28 Wenn im Land Hungersnot herrscht, wenn Pest ausbricht, wenn Getreidebrand, Rost, Heuschrecken und Ungeziefer auftre-

6,26 sie demütigst: Text korr. nach G; H: sie erhörst.

ten, wenn Feinde sie im eigenen Land be-
drängen, wenn irgendeine Plage oder
Krankheit sie trifft, 29 (so höre du) jedes Ge-
bet und Flehen eines jeden einzelnen und
deines ganzen Volkes Israel; denn sie alle
kennen ihre Not und ihr Leid und erheben
ihre Hände zu diesem Haus. 30 Höre sie dann
im Himmel, dem Ort, wo du wohnst, und ver-
zeih! Vergilt jedem, was sein Tun verdient.
Du kennst ja ihre Herzen, denn du allein
kennst die Herzen der Menschen. 31 So wer-
den sie dich fürchten und auf deinen Wegen
gehen, solange sie in dem Land leben, das du
unseren Vätern gegeben hast.
32 Auch Fremde, die nicht zu deinem Volk
Israel gehören, werden wegen deines großen
Namens, deiner starken Hand und deines
hoch erhobenen Armes aus fernem Land
kommen. Sie werden kommen und in diesem
Haus beten. 33 Höre sie dann im Himmel,
dem Ort, wo du wohnst, und tu alles, weswe-
gen der Fremde zu dir ruft. Dann werden alle
Völker der Erde deinen Namen erkennen. Sie
werden dich fürchten, wie dein Volk Israel
dich fürchtet, und erfahren, dass dein Name
ausgerufen ist über diesem Haus, das ich ge-
baut habe.
34 Wenn dein Volk gegen seine Feinde in
den Krieg zieht, auf dem Weg, den du es sen-
dest, und wenn es dann zu dir betet, zu dieser
Stadt hingewendet, die du erwählt hast, und
zu dem Haus hin, das ich deinem Namen ge-
baut habe, 35 so höre du im Himmel sein Be-
ten und Flehen und verschaff ihm Recht!
36 Wenn sie gegen dich sündigen – es gibt ja
niemand, der nicht sündigte – und du ihnen
zürnst, sie ihren Bedrängern preisgibst und
ihre Feinde sie gefangen fortführen in ein
fernes oder nahes Land, 37 so werden sie im
Land ihrer Gefangenschaft in sich gehen. Sie
werden im Land ihrer Gefangenschaft um-
kehren, zu dir flehen und rufen: Wir haben
gesündigt, Unrecht getan und gefrevelt.
38 Mit ganzem Herzen und ganzer Seele wer-
den sie im Land ihrer Feinde, von denen sie
als Gefangene weggeführt wurden, zu dir
umkehren und beten, zu dem Land hinge-
wendet, das du ihren Vätern gegeben hast, zu
der Stadt hin, die du erwählt hast, und zu
dem Haus hin, das ich deinem Namen gebaut
habe. 39 Höre dann im Himmel, dem Ort, wo
du wohnst, ihr Beten und Flehen. Verschaff
ihnen Recht und verzeih deinem Volk, was es
gegen dich gesündigt hat.
40 Lass jetzt, mein Gott, deine Augen für
das Gebet an diesem Ort offen sein und deine
Ohren darauf Acht haben! 41 Herr und Gott,
mach dich nun auf zum Ort deiner Ruhe, du
und deine machtvolle Lade! Deine Priester,
Herr und Gott, sollen sich in Heil kleiden
und deine Frommen sich des Glückes freuen.
42 Herr und Gott, weise deinen Gesalbten
nicht ab! Sei eingedenk der Hulderweise an
David, deinen Knecht!

12–40 ‖ 1 Kön 8,22–52 • 41: Ps 132,8–10 • 42: Jes 55,3.

Der Abschluss der Feier: 7,1–10

7 Als Salomo sein Gebet beendet hatte,
fiel Feuer vom Himmel und verzehrte
das Brandopfer und die Schlachtopfer. Die
Herrlichkeit des Herrn erfüllte den Tempel.
2 Die Priester konnten das Haus des Herrn
nicht betreten, da die Herrlichkeit des Herrn
es erfüllte. 3 Alle Israeliten sahen, wie das
Feuer herabfiel und wie die Herrlichkeit des
Herrn über dem Tempel erschien. Sie warfen
sich mit dem Gesicht zur Erde auf das Stein-
pflaster nieder, beteten den Herrn an und
priesen ihn: »Denn er ist gütig, denn seine
Huld währt ewig.«
4 Dann brachten der König und das ganze
Volk vor dem Herrn Opfer dar. 5 Zweiund-
zwanzigtausend Rinder und hundertzwan-
zigtausend Schafe ließ König Salomo zum
Opfer schlachten. So vollzogen der König
und das ganze Volk die Weihe des Hauses
Gottes. 6 Die Priester taten ihren Dienst und
die Leviten spielten die Instrumente für die
Lieder des Herrn. König David hatte diese
Geräte anfertigen lassen, um den Herrn zu
preisen: »Denn seine Huld währt ewig.«
Während die Leviten den Lobpreis Davids
vortrugen, bliesen die Priester ihnen gegen-
über die Trompeten und ganz Israel nahm
daran teil. 7 Salomo weihte auch die Mitte
des Hofes, der vor dem Haus des Herrn war,
als er dort die Brandopfer und die Fettstücke
der Heilsopfer darbrachte. Der bronzene
Altar, den Salomo hatte anfertigen lassen,
konnte nämlich das Brandopfer, das Speise-
opfer und die Fettstücke nicht fassen.
8 Salomo feierte damals mit ganz Israel,
das von Lebo-Hamat bis zum Grenzbach
Ägyptens zu einer sehr großen Versammlung
erschienen war, auch das (Laubhütten-)Fest
sieben Tage lang. 9 Am achten Tag hielten sie
eine Festversammlung. Die Weihe des Altars

6,38 ihrer Feinde: Text korr. nach G und 1 Kön 8,48; H: ihrer Gefangenschaft.

7,1 Wie vom ersten Opfer Aarons (Lev 9,24) und dem Opfer Davids (1 Chr 21,26) wird nun vom ersten Opfer im Tempel gesagt, dass Gott selbst es entzündete und so den Tempel als rechtmäßige Opferstätte anerkannte.

hatten sie nämlich sieben Tage lang gefeiert
und auch das Fest dauerte sieben Tage. 10 Am
dreiundzwanzigsten Tag des siebten Monats
entließ der König das Volk zu seinen Zelten.
Sie waren voll Freude und frohen Mutes
über das Gute, das der Herr an David, an
Salomo und an seinem Volk Israel getan
hatte.

3: 5,13 • 4–10 ‖ 1 Kön 8,62–66.

Die göttliche Verheißung für den Tempel:
7,11–22

11 Nachdem Salomo das Haus des Herrn
und den königlichen Palast vollendet und
alle seine Pläne für das Haus des Herrn und
für seinen Palast verwirklicht hatte, 12 er-
schien ihm der Herr in der Nacht und sprach
zu ihm: Ich habe dein Gebet gehört und die-
sen Ort als Opferstätte für mich erwählt.
13 Wenn ich den Himmel verschließe und
kein Regen fällt oder wenn ich der Heuschre-
cke gebiete, das Land kahl zu fressen, wenn
ich die Pest in mein Volk sende 14 und mein
Volk, über das mein Name ausgerufen ist,
sich demütigt und betet, mich sucht und von
seinen schlechten Wegen umkehrt, dann
höre ich es im Himmel. Ich verzeihe seine
Sünde und bringe seinem Land Heilung.
15 Meine Augen sollen jetzt für das Gebet an
diesem Ort offen sein und meine Ohren sol-
len darauf achten. 16 Ich habe jetzt dieses
Haus erwählt und geheiligt, damit mein
Name ewig hier sei. Meine Augen und mein
Herz werden allezeit hier weilen. 17 Wenn du
deinen Weg vor mir gehst, wie ihn dein Vater
David gegangen ist, und wenn du alles tust,
was ich dir befohlen habe, wenn du auf mei-
ne Gesetze und Rechtsvorschriften achtest,
18 dann werde ich deinen Königsthron beste-
hen lassen, wie ich es deinem Vater David
zugesichert habe, zu dem ich gesagt habe: Es
soll dir nie an einem Herrscher über Israel
fehlen. 19 Doch wenn ihr euch von mir ab-
wendet und meine Gesetze und Gebote, die
ich euch gegeben habe, übertretet, wenn ihr
euch anschickt, andere Götter zu verehren
und euch vor ihnen niederzuwerfen, 20 dann
werde ich euch aus meinem Land vertreiben,
das ich euch gegeben habe. Dieses Haus, das
ich meinem Namen geweiht habe, werde ich
aus meinem Angesicht wegschaffen und zum
Gespött und zum Hohn unter allen Völkern
machen. 21 Jeder, der an diesem Haus, das so
erhaben war, vorübergeht, wird sich entset-
zen und fragen: Warum hat der Herr diesem
Land und diesem Haus das angetan? 22 Und
man wird antworten: Weil sie den Herrn, den
Gott ihrer Väter, der sie aus Ägypten geführt
hat, verlassen und sich an andere Götter ge-
hängt, sich vor ihnen niedergeworfen und sie
verehrt haben, darum hat er all dieses Un-
glück über sie gebracht.

11–22 ‖ 1 Kön 9,1–9 • 13–14: 6,26–28.

Verschiedene Nachrichten über Salomo:
8,1–18

8 Nach Ablauf von zwanzig Jahren, in de-
nen Salomo das Haus des Herrn und
seinen Palast gebaut hatte, 2 baute er auch
die Städte aus, die Hiram ihm (zurück) gege-
ben hatte, und siedelte Israeliten darin an.
3 Salomo zog nach Hamat-Zoba und er-
oberte es. 4 Er baute Tadmor in der Steppe
aus und alle Vorratsstädte, die er in Hamat
anlegte. 5 Er baute auch das obere und das
untere Bet-Horon zu Festungen mit Mauern,
Toren und Riegeln aus, 6 ebenso Baala und
alle Vorratsstädte, die ihm gehörten, die
Städte für die Wagen und ihre Mannschaft
und was er sonst in Jerusalem, auf dem Liba-
non und im ganzen Bereich seiner Herrschaft
zu bauen wünschte.
7 Die Reste der Hetiter, Amoriter, Perisi-
ter, Hiwiter und Jebusiter, die nicht zu den
Israeliten gehörten 8 und von denen noch
Nachkommen im Land lebten – die Israeliten
hatten sie nicht ausgerottet – hob Salomo als
Fronarbeiter aus und sie blieben es bis zum
heutigen Tag. 9 Von den Israeliten aber
machte Salomo niemand zum Sklaven für
seine Arbeit; sie waren seine Krieger, seine
Obersten und Hauptleute, die Befehlshaber
über seine Wagen und deren Mannschaft.
10 Zweihundertfünfzig Werkführer, die unter
dem Befehl der Statthalter Salomos standen,
hatten die Aufsicht über die Arbeiter.
11 Salomo brachte die Tochter des Pharao
aus der Davidstadt in das Haus, das er für sie
gebaut hatte; denn er sagte: Eine Frau soll
nicht im Haus Davids, des Königs von Israel,
wohnen; denn die Räume, in die die Lade des
Herrn gekommen ist, sind heilig.
12 Damals brachte Salomo auf dem Altar,
den er vor der Halle für den Herrn erbaut
hatte, Brandopfer dar. 13 Auch an den Sab-
baten und Neumondtagen ließ er die Opfer

8,2 Nach 1 Kön 9,11–13 hatte Salomo zwanzig Städte in Galiläa an Hiram abgetreten, die diesem aber nicht gefielen. Der Chronist will sagen, dass Salomo sie wieder zurückerhielt.

8,9 seine Obersten und Hauptleute: Text korr. nach G und 1 Kön 9,22; H: die Obersten seiner Hauptleute.

darbringen, die nach dem Befehl des Mose für diese Tage angeordnet waren. Das Gleiche tat er dreimal im Jahr, jeweils an den Festen, am Fest der Ungesäuerten Brote, am Wochenfest und am Laubhüttenfest. 14 Dem Auftrag seines Vaters David folgend, bestellte er die Abteilungen der Priester für ihren Dienst und die Leviten für ihre Aufgabe, Loblieder zu singen und an der Seite der Priester Dienst zu tun, wie es für jeden Tag vorgeschrieben war. Auch bestellte er die Torwächter nach ihren Abteilungen für die einzelnen Tore; denn so lautete der Befehl Davids, des Mannes Gottes. 15 Man wich in keinem Punkt von den Befehlen ab, die der König für die Priester und für die Leviten erlassen hatte. 16 So wurde das ganze Werk Salomos planmäßig ausgeführt, vom Tag der Grundlegung des Hauses des Herrn bis zu seiner Fertigstellung, bis zur Vollendung des Hauses des Herrn.

17 Damals begab sich Salomo nach Ezjon-Geber und Elat an der Küste des Meeres in Edom. 18 Hiram schickte ihm durch seine Knechte Schiffe und geübte Seefahrer. Sie fuhren mit den Leuten Salomos nach Ofir, holten von dort vierhundertfünfzig Talente Gold und brachten es dem König Salomo.

1–18 ‖ 1 Kön 9,10–28.

Die Königin von Saba: 9,1–12

9 Die Königin von Saba hörte vom Ruf Salomos und kam mit sehr großem Gefolge, mit Kamelen, die Balsam, eine Menge Gold und Edelsteine trugen, nach Jerusalem, um ihn mit Rätselfragen auf die Probe zu stellen. Sie trat bei Salomo ein und redete mit ihm über alles, was sie sich vorgenommen hatte. 2 Salomo gab ihr Antwort auf alle Fragen. Es gab nichts, was ihm verborgen war und was er ihr nicht hätte sagen können. 3 Als nun die Königin von Saba die Weisheit Salomos erkannte, als sie den Palast sah, den er gebaut hatte, 4 die Speisen auf seiner Tafel, die Sitzplätze seiner Beamten, das Aufwarten seiner Diener und ihre Gewänder, seine Mundschenken und ihre Gewänder, sein Opfer, das er im Haus des Herrn darbrachte, da stockte ihr der Atem. 5 Sie sagte zum König: Was ich in meinem Land über dich und deine Weisheit gehört habe, ist wirklich wahr. 6 Ich wollte es nicht glauben, bis ich nun selbst gekommen bin und es mit eigenen Augen gesehen habe. Und wahrhaftig, nicht einmal die Hälfte hat man mir berichtet von der Größe deiner Weisheit. Du übertriffst alles, was ich gehört habe. 7 Glücklich sind deine Männer und glücklich diese deine Diener, die allezeit vor dir stehen und deine Weisheit hören. 8 Gepriesen sei Jahwe, dein Gott, der an dir Gefallen gefunden und dich auf seinen Thron gesetzt hat, damit du König bist für Jahwe, deinen Gott. Weil dein Gott Israel liebt und ihm ewigen Bestand verleihen will, hat er dich zum König bestellt, damit du Recht und Gerechtigkeit übst. 9 Sie gab dem König hundertzwanzig Talente Gold, dazu eine sehr große Menge Balsam und Edelsteine. Balsam, wie ihn die Königin von Saba dem König Salomo schenkte, gab es nicht wieder.

10 Auch die Leute Hirams und die Leute Salomos, die Gold aus Ofir holten, brachten Algummimholz und Edelsteine. 11 Der König ließ aus dem Algummimholz Schnitzarbeiten für das Haus des Herrn und den königlichen Palast sowie Zithern und Harfen für die Sänger anfertigen. Dergleichen hatte man vordem im Land Juda nicht gesehen.

12 König Salomo gewährte der Königin von Saba alles, was sie wünschte und begehrte, ausgenommen das, was sie dem König geschenkt hatte. Schließlich kehrte sie mit ihrem Gefolge in ihr Land zurück.

1–12 ‖ 1 Kön 10,1–13.

Salomos Reichtum: 9,13–28

13 Das Gewicht des Goldes, das alljährlich bei Salomo einging, betrug sechshundertsechsundsechzig Goldtalente. 14 Dabei sind nicht eingerechnet die Abgaben, die von den Kaufleuten und Händlern kamen. Auch alle Könige von Arabien und die Statthalter des Landes brachten Salomo Gold und Silber.

15 König Salomo ließ zweihundert Schilde aus gehämmertem Gold herstellen. Sechshundert Schekel gehämmertes Gold verwandte er für jeden Schild. 16 Dazu machte er dreihundert kleinere Schilde aus gehämmertem Gold. Dreihundert Schekel Gold

8,18 In Chr sind zwei Tatsachen zusammengefasst: Hiram sandte Schiffe, die im Mittelmeer nach Tarschisch fuhren (9,21), und Seeleute, die von Elat aus mit der israelitischen Schiffsbesatzung nach Ofir fuhren.

9,1 Zu Saba vgl. die Anmerkung zu 1 Kön 10,1.

9,4 sein Opfer: Text korr. nach G und 1 Kön 10,5; H: sein Obergemach.

9,8 Vgl. die Anmerkung zu 1 Chr 28,5.

9,10 zu Algummimholz vgl. die Anmerkung zu 1 Kön 10,11.

9,14 die Abgaben: H: die Männer.

9,16 Das Libanonwaldhaus war einer der Palastbauten Salomos (vgl. 1 Kön 7,2–5).

verwendete er für jeden. Er brachte sie in das
Libanonwaldhaus.
17 Ferner ließ der König einen großen
Thron aus Elfenbein anfertigen und mit pu-
rem Gold überziehen. 18 Sechs Stufen führ-
ten zum Thron hinauf. An seiner Rückseite
war ein goldenes Lamm und zu beiden Sei-
ten des Sitzes befanden sich Armlehnen.
Zwei Löwen standen neben den Lehnen
19 und zwölf zu beiden Seiten der sechs Stu-
fen. Dergleichen ist noch für kein Königreich
geschaffen worden.
20 Alle Trinkgefäße des Königs Salomo
waren aus Gold; ebenso waren alle Geräte
des Libanonwaldhauses aus bestem Gold.
Silber galt in den Tagen Salomos als wertlos;
21 denn der König hatte eine Flotte, die mit
den Leuten Hirams nach Tarschisch fuhr.
Einmal in drei Jahren kam die Tarschisch-
flotte und brachte Gold, Silber, Elfenbein,
Affen und Perlhühner.
22 So übertraf König Salomo alle Könige
der Erde an Reichtum und Weisheit. 23 Alle
Könige der Erde begehrten, ihn zu sehen und
die Weisheit zu hören, die Gott in sein Herz
gelegt hatte. 24 Alle brachten ihm Jahr für
Jahr ihre Gaben: silberne und goldene Gefä-
ße, Gewänder, Waffen, Balsam, Pferde und
Maultiere.
25 Salomo hatte viertausend Stallplätze
für seine Pferde sowie Wagen und zwölftau-
send Mann als Besatzung. Er brachte sie in
die Wagenstädte sowie in die Umgebung des
Königs nach Jerusalem. 26 Er war Herrscher
über alle Könige vom Eufrat bis zum Land
der Philister und bis an die Grenze Ägyp-
tens. 27 Salomo machte das Silber in Jerusa-
lem so häufig wie die Steine und die Zedern
so zahlreich wie die Maulbeerfeigenbäume
in der Schefela. 28 Man bezog die Pferde für
Salomo aus Ägypten und aus allen Län-
dern.

13–28 ‖ 1 Kön 10,14–28 • 25: 1 Kön 5,6; 10,26 • 26: 1 Kön 5,1 • 27–28: 1 Kön 10,27f.

Salomos Tod: 9,29–31

29 Die übrige Geschichte Salomos, die frü-
here und die spätere, ist aufgezeichnet in der
Geschichte des Propheten Natan, in der
Weissagung Ahijas aus Schilo und in der Vi-
sion des Sehers Jedo über Jerobeam, den
Sohn Nebats. 30 Salomo war vierzig Jahre in
Jerusalem König über ganz Israel. 31 Er ent-
schlief zu seinen Vätern und man begrub ihn
in der Stadt seines Vaters David. Sein Sohn
Rehabeam wurde König an seiner Stelle.

29–31 ‖ 1 Kön 11,41–43.

DIE GESCHICHTE JUDAS BIS ZUM UNTERGANG: 10,1 – 36,23

Der Abfall der zehn Nordstämme:
10,1 – 11,5

10 Rehabeam begab sich nach Sichem;
denn dorthin war ganz Israel gekom-
men, um ihn zum König zu machen. 2 Jerobe-
am, der Sohn Nebats, hörte davon, während
er in Ägypten war, wohin er vor dem König
Salomo hatte fliehen müssen; er kehrte jetzt
aus Ägypten zurück. 3 Man sandte zu ihm
und ließ ihn rufen. So kamen also Jerobeam
und ganz Israel (nach Sichem) und sie sag-
ten zu Rehabeam: 4 Dein Vater hat uns ein
hartes Joch auferlegt. Erleichtere jetzt den
harten Dienst deines Vaters und das
schwere Joch, das er uns auferlegt hat. Dann
wollen wir dir dienen. 5 Er antwortete ihnen:
Kommt nach drei Tagen wieder zu mir! Als
sich das Volk entfernt hatte, 6 beriet sich Kö-
nig Rehabeam mit den älteren Männern, die
zu Lebzeiten seines Vaters Salomo in dessen
Dienst gestanden hatten. Er fragte sie: Wel-
chen Rat gebt ihr mir? Was soll ich diesem
Volk antworten? 7 Sie sagten zu ihm: Wenn
du gut gegen dieses Volk bist, ihnen zu Wil-
len bist und freundlich mit ihnen redest,
dann werden sie immer deine Diener sein.
8 Doch er verwarf den Rat, den die Älteren
ihm gegeben hatten, und beriet sich mit den
jungen Leuten, die mit ihm groß geworden
waren und jetzt in seinem Dienst standen.
9 Er fragte sie: Welchen Rat gebt ihr mir?
Was sollen wir diesem Volk antworten, das
zu mir sagt: Erleichtere das Joch, das dein

9,18b Text korr. nach 1 Kön 10,19.

9,29 Ahija aus Schilo wirkte unter Salomo und Jerobeam I. (vgl. 1 Kön 11,29–39; 14,2–16). Jedo ist vielleicht der in 12,15 und 13,22 genannte Prophet Iddo.

10,1 »Israel« bezeichnet hier und öfter die Angehörigen der Nordstämme, die nach dem Abfall von der Dynastie Davids das Nordreich Israel bildeten. Daneben kann in Chr mit »Israel« das Gesamtvolk der zwölf Stämme oder auch die Bevölkerung des Südreichs Juda gemeint sein.

Vater uns auferlegt hat. 10 Die jungen Leute, die mit ihm groß geworden waren, sagten zu ihm: So sollst du dem Volk antworten, das zu dir sagt: Dein Vater hat uns ein schweres Joch auferlegt. Erleichtere es uns! So sollst du zu ihnen sagen: Mein kleiner Finger ist stärker als die Lenden meines Vaters. 11 Hat mein Vater euch ein schweres Joch aufgebürdet, so werde ich es noch schwerer machen. Mein Vater hat euch mit Peitschen gezüchtigt, ich werde euch mit Skorpionen züchtigen.

12 Am dritten Tag kamen Jerobeam und das ganze Volk zu Rehabeam; denn der König hatte ihnen gesagt: Kommt am dritten Tag wieder zu mir! 13 Der König gab ihnen nun eine harte Antwort. Er verwarf den Rat der Älteren 14 und antwortete ihnen nach dem Rat der jungen Leute: Mein Vater hat euer Joch schwer gemacht. Ich werde es noch schwerer machen. Mein Vater hat euch mit Peitschen gezüchtigt, ich werde euch mit Skorpionen züchtigen. 15 Der König hörte also nicht auf das Volk; denn Gott hatte es so bestimmt, um das Wort wahr zu machen, das er durch Ahija von Schilo zu Jerobeam, dem Sohn Nebats, gesprochen hatte.

16 Als alle Israeliten sahen, dass der König nicht auf sie hörte, gaben sie ihm zur Antwort:

Welchen Anteil haben wir an David? / Wir haben keinen Erbbesitz beim Sohn Isais. / In deine Zelte, Israel! / Nun kümmere dich um dein Haus, David!

So begab sich ganz Israel zu seinen Zelten. 17 Nur über die Israeliten, die in den Städten Judas wohnten, blieb Rehabeam König. 18 Und als er den Fronaufseher Hadoram hinschickte, steinigten ihn die Israeliten zu Tode. Dem König Rehabeam gelang es, den Wagen zu besteigen und nach Jerusalem zu entkommen. 19 So fiel Israel vom Haus David ab und ist abtrünnig bis zum heutigen Tag.

11 Rehabeam kam nach Jerusalem und versammelte das Haus Juda und Benjamin, hundertachtzigtausend auserlesene Krieger, um gegen die Israeliten zu kämpfen und das Königtum für Rehabeam zurückzugewinnen. 2 Doch das Wort des Herrn erging an Schemaja, den Mann Gottes: 3 Sag zu Rehabeam, dem Sohn Salomos, dem König von Juda, und zu allen Israeliten in Juda und Benjamin: 4 So spricht der Herr: Zieht nicht in den Krieg gegen eure Brüder! Jeder kehre in sein Haus zurück, denn ich habe es so verfügt. Sie hörten auf die Worte des Herrn und sahen davon ab, gegen Jerobeam zu ziehen. 5 Rehabeam blieb in Jerusalem.

10,1 – 11,5 ‖ 1 Kön 12,1–24 • 10,2: 1 Kön 11,26–40 • 15: 1 Kön 11,30–39.

Rehabeam: 11,5 – 12,16

Rehabeam baute Städte in Juda zu Festungen aus. 6 Er baute aus: Betlehem, Etam, Tekoa, 7 Bet-Zur, Socho, Adullam, 8 Gat, Marescha, Sif, 9 Adorajim, Lachisch, Aseka, 10 Zora, Ajalon und Hebron, die alle in Juda und Benjamin lagen, lauter Festungen. 11 Er machte die Festungen stark, setzte Befehlshaber über sie ein und legte Vorräte an Nahrungsmitteln, Öl und Wein in ihnen an. 12 In jede einzelne Stadt brachte er Schilde und Lanzen. So machte er sie sehr stark.

Rehabeam herrschte über Juda und Benjamin. 13 Auch die Priester und Leviten, die (zerstreut) in ganz Israel lebten, stellten sich aus all ihren Gebieten bei ihm ein. 14 Denn die Leviten verließen ihre Weideflächen und ihren Besitz und zogen nach Juda und Jerusalem, weil Jerobeam und seine Söhne ihnen den Priesterdienst für den Herrn verwehrten. 15 Jerobeam bestellte sich eigene Priester für die Kulthöhen, für die Bocksgeister und für die Kälber, die er gemacht hatte. 16 Den Leviten folgten aus allen Stämmen Israels auch andere, die darauf bedacht waren, den Herrn, den Gott Israels, zu suchen. Sie kamen nach Jerusalem, um dem Herrn, dem Gott ihrer Väter, Opfer darzubringen. 17 Sie stärkten das Reich Juda und waren drei Jahre lang eine Stütze für Rehabeam, den Sohn Salomos; denn drei Jahre folgten sie den Wegen Davids und Salomos.

18 Rehabeam nahm sich Mahalat, die Tochter Jerimots, des Sohnes Davids, und der Abihajil, der Tochter Eliabs, des Sohnes Isais, zur Frau. 19 Sie gebar ihm die Söhne Jëusch, Schemarja und Saham. 20 Nach ihr nahm er Maacha, die Enkelin Abschaloms. Sie gebar ihm Abija, Attai, Sisa und Schelomit. 21 Rehabeam aber liebte Maacha, die Enkelin Abschaloms, mehr als seine anderen Frauen und Nebenfrauen. Er hatte nämlich achtzehn Frauen und sechzig Nebenfrauen genommen und achtundzwanzig Söhne und

---

10,11 Vgl. die Anmerkung zu 1 Kön 12,11.

10,14 Mein Vater: Text korr. nach G und 1 Kön 12,14.

11,6–10 Die Orte liegen südlich und westlich von Jerusalem. Durch ihren Ausbau sollte Juda gegen Angriffe aus Ägypten geschützt werden, das unter dem Pharao Schischak Palästina bedrohte (vgl. Kap. 12).

11,15 Die Einsetzung von Priestern, die nicht dem Stamm Levi angehörten, wurde schon in 1 Kön

sechzig Töchter gezeugt. 22 Abija, den Sohn
der Maacha, bestellte Rehabeam zum Ober-
haupt und Fürsten unter seinen Brüdern;
denn er hatte vor, ihn zum König zu machen.
23 In kluger Weise verteilte er alle Gegenden
Judas und Benjamins und alle festen Städte
an seine Söhne. Auch verschaffte er ihnen
reichlichen Unterhalt und warb viele Frauen
für sie.

12 Als aber seine Herrschaft gefestigt
und er stark geworden war, fiel er
mit ganz Israel vom Gesetz des Herrn ab.
2 Im fünften Jahr des Königs Rehabeam zog
Schischak, der König von Ägypten, gegen Je-
rusalem, da sie dem Herrn untreu geworden
waren. 3 Er kam mit zwölfhundert Wagen
und sechzigtausend Wagenkämpfern. Zahl-
los war das Kriegsvolk, das mit ihm aus
Ägypten kam: Libyer, Sukkijiter und Ku-
schiter. 4 Er eroberte die Festungen in Juda
und rückte vor Jerusalem. 5 Damals kam der
Prophet Schemaja zu Rehabeam und zu den
führenden Leuten Judas, die sich vor Schi-
schak nach Jerusalem zurückgezogen hat-
ten, und sagte zu ihnen: So spricht der Herr:
Ihr habt mich verlassen; darum verlasse
auch ich euch und übergebe euch der Hand
Schischaks. 6 Doch nun demütigten sich die
führenden Leute Israels und der König und
sagten: Der Herr ist gerecht. 7 Als der Herr
sah, dass sie sich demütigten, erging das
Wort des Herrn an Schemaja: Sie haben sich
gedemütigt; darum werde ich sie nicht ver-
derben. Bald werde ich ihnen Rettung brin-
gen und mein Zorn soll sich nicht durch
Schischak über Jerusalem ergießen. 8 Doch
sollen sie ihm untertan werden, damit sie
den Unterschied zwischen meinem Dienst
und dem Dienst der irdischen Reiche erfah-
ren. 9 Schischak, der König von Ägypten, zog
also gegen Jerusalem. Er raubte die Schätze
des Tempels und die Schätze des königlichen
Palastes und nahm alles weg, auch die golde-
nen Schilde, die Salomo hatte anfertigen las-
sen. 10 An deren Stelle ließ König Rehabeam
bronzene anfertigen und übergab sie den Be-
fehlshabern der Läufer, die den Eingang
zum Haus des Königs bewachten. 11 Sooft
nun der König in das Haus des Herrn ging,
kamen die Läufer, trugen die Schilde und
brachten sie dann wieder in ihre Wachstube
zurück. 12 Da der König sich demütigte, ließ
der Zorn des Herrn von ihm ab, so- dass er
ihn nicht ganz zugrunde richtete. Es gab ja
in Juda noch manches Gute. 13 So gewann
König Rehabeam wieder festen Halt in Jeru-
salem und herrschte weiter als König.

Er war einundvierzig Jahre alt, als er Kö-
nig wurde, und regierte siebzehn Jahre in Je-
rusalem, der Stadt, die der Herr aus allen
Stämmen Israels erwählt hatte, um seinen
Namen dorthin zu legen. Seine Mutter hieß
Naama und war eine Ammoniterin. 14 Er tat
Böses und war nicht darauf bedacht, den
Herrn zu suchen.

15 Die frühere und die spätere Geschichte
Rehabeams ist aufgezeichnet in der Ge-
schichte des Propheten Schemaja und des
Sehers Iddo. Sie enthalten auch seinen
Stammbaum. Der Krieg zwischen Rehabeam
und Jerobeam dauerte die ganze Zeit an.
16 Rehabeam entschlief zu seinen Vätern und
wurde in der Davidstadt begraben. Sein
Sohn Abija wurde König an seiner Stelle.

11,15: 1 Kön 12,28 • 12,9–16 ‖ 1 Kön 14,21–31.

Abija: 13,1–23

13 Im achtzehnten Jahr des Königs Je-
robeam wurde Abija König von
Juda. 2 Er regierte drei Jahre in Jerusalem.
Seine Mutter hieß Michaja und war eine
Tochter Uriëls aus Gibea.

Es war aber Krieg zwischen Abija und Je-
robeam. 3 Abija begann den Kampf mit ei-
nem Heer von vierhunderttausend auserlese-
nen Kriegern. Jerobeam stellte ihm acht-
hunderttausend auserlesene, tapfere Krieger
entgegen. 4 Da stieg Abija auf die Höhe des
Berges Zemarajim im Gebirge Efraim und
rief: Hört mich an, Jerobeam und ganz Isra-
el! 5 Wisst ihr denn nicht, dass der Herr, der
Gott Israels, David und seinen Söhnen das
Königtum von Israel in einem Salzbund auf
ewige Zeiten verliehen hat? 6 Doch Jerobe-
am, der Sohn Nebats, der Knecht Salomos,
des Sohnes Davids, erhob sich und empörte
sich gegen seinen Herrn. 7 Um ihn sammelten
sich haltlose, nichtswürdige Leute, die Reha-
beam, dem Sohn Salomos, überlegen waren.
Rehabeam war eben noch jung und zaghaft
und konnte gegen sie nicht aufkommen. 8 Ihr
glaubt nun, euch gegen das Königtum des
Herrn, das in der Hand der Söhne Davids

12,31 getadelt. – Bocksgeister sind in der Volksphantasie Dämonen in Bocksgestalt. – Die »Kälber« sind die Stierbilder, die Jerobeam I. in Bet-El und Dan aufstellen ließ (vgl. 1 Kön 12,28f).

11,21 Nachahmung der Haremsbräuche orientalischer Herrscher.

12,8 Die Forderungen Gottes sind leichter zu erfüllen als die Ansprüche der Menschen (vgl. 1 Chr 21,13).

12,10 Läufer: vgl. die Anmerkung zu 1 Kön 14,27.

13,5 Zu »Salzbund« vgl. Num 18,19.

liegt, behaupten zu können, weil ihr ein
großer Haufen seid und die goldenen Kälber
bei euch habt, die Jerobeam zu euren Göt-
tern gemacht hat. 9 Habt ihr nicht die Pries-
ter des Herrn, die Nachkommen Aarons, und
die Leviten verstoßen und euch Priester
bestellt wie die Völker anderer Länder?
Jeder, der mit einem jungen Stier und sieben
Widdern zu euch kam, um sich in das Pries-
teramt einsetzen zu lassen, wurde Priester
der Nichtgötter. 10 Doch unser Gott ist der
Herr. Wir haben ihn nicht verlassen. Die
Nachkommen Aarons dienen ihm als Pries-
ter und die Leviten versehen ihren Dienst.
11 Jeden Morgen und jeden Abend bringen
sie dem Herrn Brandopfer und wohlriechen-
des Räucherwerk dar, schichten Brote auf
den reinen Tisch und bedienen den goldenen
Leuchter mit seinen Lampen, um sie jeden
Abend anzuzünden; denn wir achten auf die
Anordnung des Herrn, unseres Gottes. Doch
ihr habt ihn verlassen. 12 Seht: Gott ist mit
uns, er steht an unserer Spitze. Bei uns sind
auch seine Priester mit den Lärmtrompeten,
um gegen euch Kriegslärm zu blasen. Israe-
liten, kämpft nicht gegen den Herrn, den
Gott eurer Väter; denn ihr werdet keinen Er-
folg haben.

13 Doch Jerobeam ließ die Leute im Hinter-
halt eine Umgehung ausführen, um den Ju-
däern in den Rücken zu fallen. So stand seine
Abteilung vor den Judäern, der Hinterhalt
aber in ihrem Rücken. 14 Als daher die Judä-
er sich umwandten, sahen sie, dass ihnen der
Angriff von vorne und von hinten drohte. Sie
schrien zum Herrn und die Priester bliesen
die Trompeten. 15 Dann erhoben die Judäer
das Kriegsgeschrei, und während sie lärm-
ten, schlug Gott den Jerobeam und ganz Is-
rael durch Abija und Juda. 16 Die Israeliten
mussten vor den Judäern fliehen. Gott gab
sie in ihre Gewalt 17 und Abija und seine
Leute versetzten ihnen harte Schläge, sodass
fünfhunderttausend auserlesene Krieger von
ihnen fielen. 18 So wurden die Israeliten
damals gedemütigt, die Judäer aber ge-
wannen die Oberhand, denn sie stützten sich
auf den Herrn, den Gott ihrer Väter. 19 Abija
verfolgte Jerobeam und nahm ihm folgende
Städte weg: Bet-El mit seinen Tochter-
städten, Jeschana mit seinen Tochterstädten
und Efron mit seinen Tochterstädten.
20 Jerobeam kam in den Tagen Abijas nicht
wieder zu Macht. Schließlich schlug ihn der
Herr und er starb. 21 Abija aber wurde mäch-
tig. Er nahm sich vierzehn Frauen und zeug-
te zweiundzwanzig Söhne und sechzehn
Töchter.

22 Die übrige Geschichte Abijas, sein Le-
ben und seine Reden sind aufgezeichnet in
den Erläuterungen des Propheten Iddo.
23 Abija entschlief zu seinen Vätern; man be-
grub ihn in der Davidstadt. Sein Sohn Asa
wurde König an seiner Stelle. In seinen Ta-
gen hatte das Land zehn Jahre Ruhe.

1–23 ‖ 1 Kön 15,1–8.

Asas Erfolge: 14,1–14

14 Asa tat, was gut und recht war in den
Augen des Herrn, seines Gottes. 2 Er
entfernte die fremden Altäre und die Kult-
höhen, zerbrach die Steinmale, hieb die
Kultpfähle um 3 und befahl den Judäern, den
Herrn, den Gott ihrer Väter, zu suchen und
das Gesetz und die Gebote zu halten. 4 Er be-
seitigte die Kulthöhen und die Rauchopfer-
altäre aus allen Städten Judas. Das Reich
hatte Ruhe unter ihm.

5 Weil das Land Ruhe hatte und weil er in
jenen Jahren keinen Krieg führen musste,
konnte Asa Festungen in Juda ausbauen.
Der Herr hatte ihm nämlich Ruhe verschafft.
6 Er sagte daher zu den Männern Judas: Wir
wollen diese Städte ausbauen und sie mit
Mauern, Türmen, Toren und Riegeln verse-
hen; denn noch liegt das Land frei vor uns.
Weil wir den Herrn, unseren Gott, eifrig
gesucht haben, hat er uns ringsum Ruhe
verschafft. So konnten sie bauen und hatten
Erfolg.

7 Asa hatte ein Heer von dreihunderttau-
send Mann aus Juda, die Schild und Lanze
führten, und zweihundertachtzigtausend
Mann aus Benjamin, die den Rundschild tru-
gen und den Bogen spannten. Sie alle waren
tapfere Krieger. 8 Gegen sie zog der Kuschi-
ter Serach mit einem Heer von einer Million
Mann und dreihundert Wagen. Er kam bis
Marescha. 9 Asa zog ihm entgegen und sie
stellten sich im Tal nördlich von Marescha
zum Kampf auf. 10 Doch Asa rief zum Herrn,
seinem Gott, und sagte: Herr, im Streit zwi-
schen einem Mächtigen und einem Schwa-
chen kann niemand so helfen wie du. Hilf
uns, Herr, unser Gott; denn du bist unsere

14,2 Zu »Kulthöhen« vgl. die Anmerkung zu 1 Kön 3,2. – Zu »Steinmalen« und »Kultpfählen« vgl. die Anmerkung zu 1 Kön 14,23.

14,8 Kuschiter sind hier nicht die Bewohner Äthiopiens oder des Sudan, sondern ein kleinerer Volksstamm südlich des israelitischen Siedlungsgebiets, vgl. die Ortsnamen Marescha (VV. 8f) und Gerar (VV. 12f).

14,9 nördlich: Text korr. nach G.

Stütze und in deinem Namen sind wir gegen
diese Übermacht gezogen. Herr, du bist un-
ser Gott und kein Mensch soll etwas gegen
dich vermögen. 11 Da schlug der Herr die Ku-
schiter vor Asa und Juda und die Kuschiter
mussten fliehen; 12 Asa und seine Leute ver-
folgten sie bis Gerar. Von den Kuschitern
fielen so viele, dass sie sich nicht mehr erhol-
ten. Sie zerbrachen vor dem Herrn und
seinem Heerlager. Die Judäer aber machten
reiche Beute. 13 Sie schlugen alle Städte im
Umkreis von Gerar, denn der Schrecken des
Herrn war über sie gekommen. Die Judäer
plünderten sie aus, denn es gab in ihnen viel
zu erbeuten. 14 Auch die Zeltlager bei den
Herden überwältigten sie, führten eine Men-
ge Schafe und Ziegen und Kamele fort und
kehrten dann nach Jerusalem zurück.

1–4 ‖ 1 Kön 15,9–12.

Die Bundeserneuerung unter Asa: 15,1–18

15 Über Asarja, den Sohn Odeds, kam
der Geist Gottes. 2 Er ging zu Asa hi-
naus und sagte zu ihm: Hört mich an, Asa
und ihr alle von Juda und Benjamin! Der
Herr ist mit euch, wenn ihr zu ihm haltet.
Wenn ihr ihn sucht, lässt er sich von euch
finden; wenn ihr ihn aber verlasst, verlässt er
euch. 3 Lange Zeit lebte Israel ohne den wah-
ren Gott, ohne einen belehrenden Priester,
ohne Gesetz. 4 In ihrer Not bekehrten sie sich
zum Herrn, dem Gott Israels, und da sie ihn
suchten, ließ er sich von ihnen finden. 5 In je-
nen Zeiten konnte niemand sicher aus- und
eingehen, denn große Unruhe lag über allen
Bewohnern der Länder. 6 Ein Volk wurde
vom andern bedrängt, eine Stadt von der an-
dern, denn Gott beunruhigte sie durch aller-
lei Not. 7 Ihr aber, seid stark! Eure Hände
sollen nicht erschlaffen, denn euer Tun wird
seinen Lohn finden.

8 Als Asa diese Worte und Weissagungen
des Propheten Asarja, des Sohnes Odeds,
hörte, entfernte er mutig die Götzenbilder
aus dem ganzen Gebiet von Juda und Benja-
min sowie aus den Städten, die er im Gebirge
Efraim erobert hatte. Auch erneuerte er den
Altar des Herrn, der vor dem Tempel des
Herrn stand. 9 Dann versammelte er ganz
Juda und Benjamin sowie die Leute von
Efraim, Manasse und Simeon, die sich bei ih-
nen aufhielten. Sehr viele waren nämlich aus
Israel zu ihm übergegangen, als sie sahen,
dass der Herr, sein Gott, mit ihm war. 10 Im
dritten Monat des fünfzehnten Jahres der
Regierung Asas kamen sie in Jerusalem zu-
sammen 11 und opferten an jenem Tag dem
Herrn siebenhundert Rinder und siebentau-
send Schafe von der Beute, die sie gemacht
hatten. 12 Sie gingen die Verpflichtung ein,
mit ganzem Herzen und ganzer Seele den
Herrn, den Gott ihrer Väter, zu suchen.
13 Wer aber nicht den Herrn, den Gott Isra-
els, suchen würde, sollte getötet werden, sei
er klein oder groß, Mann oder Frau. 14 Das
schworen sie dem Herrn mit lauter Stimme,
unter Freudenrufen, beim Schall der Trom-
peten und Hörner. 15 Ganz Juda freute sich
über den Schwur, denn sie hatten ihn mit
ganzem Herzen geleistet. Und da sie mit bes-
tem Willen den Herrn suchten, ließ er sich
von ihnen finden und verschaffte ihnen
ringsum Ruhe.

16 König Asa enthob auch seine Großmut-
ter Maacha ihrer Stellung als Herrin, weil sie
der Aschera ein Schandbild errichtet hatte.
Er ließ das Schandbild umhauen, es zer-
trümmern und im Kidrontal verbrennen.
17 Nur die Kulthöhen verschwanden nicht
aus Israel. Doch das Herz Asas war ungeteilt
(beim Herrn), solange er lebte. 18 Er brachte
auch die Weihegaben seines Vaters und seine
eigenen Weihegaben in das Haus Gottes: Sil-
ber, Gold und allerlei Geräte.

16–18 ‖ 1 Kön 15,13–15.

Der Krieg Asas mit dem Nordreich:
15,19 – 16,10

19 Es gab keinen Krieg bis zum fünfund-
dreißigsten Jahr der Regierung Asas.

16 Im sechsunddreißigsten Regierungs-
jahr Asas zog Bascha, der König von
Israel, gegen Juda und baute Rama aus, um
Asa, den König von Juda, daran zu hindern,
in den Krieg zu ziehen. 2 Da nahm Asa Silber
und Gold aus den Schatzkammern des Tem-
pels und des königlichen Palastes und sandte
es an Ben-Hadad, den König von Aram, der
in Damaskus seinen Sitz hatte. Dabei ließ er
ihm sagen: 3 Zwischen mir und dir, zwischen
meinem Vater und deinem Vater soll ein
Bündnis sein. Ich schicke dir Silber und
Gold. Löse also dein Bündnis mit Bascha,
dem König von Israel, damit er von mir ab-
zieht. 4 Ben-Hadad hörte auf König Asa. Er

14,12 Das israelitische Heer ist das Heerlager Gottes, des eigentlichen Königs Israels.

15,3–6 Die Verse beschreiben die Zeit der Richter.

15,8 Asarja, des Sohnes: Text sinngemäß ergänzt.

15,19–16,1 Die Zahlen 35 und 36 beruhen auf einem Versehen des Schreibers, da Bascha schon im 26. Jahr Asas starb (vgl. 1 Kön 16,8).

16,1 Vgl. die Anmerkung zu 1 Kön 15,17.

16,4 Abel-Majim heißt in 1 Kön 15,20 Abel-Bet-Maacha.

sandte seine Heerführer gegen die Städte Is-
raels und diese verwüsteten Ijon, Dan und
Abel-Majim sowie alle Vorratshäuser in den
Städten Naftalis. 5 Als Bascha das erfuhr,
hörte er auf, Rama auszubauen, und stellte
die Arbeit ein. 6 König Asa aber holte ganz
Juda herbei und ließ die Steine und Balken
wegnehmen, mit denen Bascha Rama ausge-
baut hatte. Mit ihnen baute er Geba und
Mizpa aus.

7 Damals kam der Seher Hanani zu Asa,
dem König von Juda, und hielt ihm vor: Weil
du dich auf den König von Aram gestützt
hast und nicht auf den Herrn, deinen Gott,
darum ist das Heer des Königs von Aram
deiner Hand entkommen. 8 Hatten nicht
auch die Kuschiter und Libyer ein gewalti-
ges Heer mit sehr vielen Wagen und Wagen-
kämpfern? Weil du dich aber auf den Herrn
stütztest, gab er es in deine Gewalt. 9 Denn
die Augen des Herrn schweifen über die gan-
ze Erde, um denen ein starker Helfer zu sein,
die mit ungeteiltem Herzen zu ihm halten.
Hierin hast du töricht gehandelt, denn von
nun an wirst du Krieg haben. 10 Asa aber
wurde zornig über den Seher. Er ließ ihn im
Gefängnis in den Block legen, denn er war
über ihn sehr aufgebracht. Auch einige aus
dem Volk ließ Asa damals misshandeln.

15,19 – 16,6 ‖ 1 Kön 15,17–22 • 16,8: 14,7–14.

Der Tod Asas: 16,11–14

11 Die frühere und die spätere Geschichte
Asas ist aufgezeichnet im Buch der Könige
von Juda und Israel. 12 Im neununddreißigs-
ten Jahr seiner Regierung erkrankte Asa an
den Füßen. Die Krankheit war sehr heftig.
Aber auch in der Krankheit suchte er nicht
den Herrn, sondern die Ärzte. 13 Asa ent-
schlief zu seinen Vätern; er starb im einund-
vierzigsten Jahr seiner Regierung. 14 Man
setzte ihn bei in seiner Grabstätte, die er sich
in der Davidstadt angelegt hatte. Man legte
ihn auf ein Lager, das mit Balsam und aller-
lei kunstvoll zubereiteten Salben ausgestat-
tet war, und zündete zu seiner Ehre ein
gewaltiges Feuer an.

11–14 ‖ 1 Kön 15,23f.

Joschafats glückliche Regierung: 17,1 – 18,1

17 Joschafat, der Sohn Asas, wurde Kö-
nig anstelle seines Vaters. Er wurde
mächtig in Israel, 2 brachte Truppen in alle
befestigten Städte Judas und legte eine Be-
satzung in das Land Juda und in die Städte
Efraims, die sein Vater Asa erobert hatte.
3 Der Herr war mit Joschafat; denn er folgte
den früheren Wegen seines Vaters und such-
te nicht die Baale auf, 4 sondern den Gott sei-
nes Vaters. Er befolgte seine Gebote und
machte es nicht wie Israel. 5 Darum festigte
der Herr die Königsherrschaft in seiner
Hand. Ganz Juda brachte Joschafat Ge-
schenke, sodass ihm Reichtum und Ehre in
hohem Maß zuteil wurden. 6 Da sein Herz
den Wegen des Herrn folgte, erstarkte sein
Mut und so entfernte er auch die Kulthöhen
und die Kultpfähle aus Juda.

7 Im dritten Jahr seiner Regierung sandte
er seine Beamten Ben-Hajil, Obadja, Sechar-
ja, Netanel und Michaja zur Belehrung des
Volkes in die Städte Judas. 8 Bei ihnen waren
die Leviten Schemaja, Netanja, Sebadja,
Asaël, Schemiramot, Jonatan, Adonija, To-
bija und Tob-Adonija sowie die Priester Eli-
schama und Joram. 9 Sie lehrten in Juda; mit
dem Gesetzbuch des Herrn durchzogen sie
alle Städte Judas und belehrten das Volk.

10 Über alle Königreiche der Länder rings
um Juda kam der Schrecken des Herrn, so-
dass sie mit Joschafat keinen Krieg anfingen.
11 Die Philister brachten ihm Geschenke und
zahlten Tribut. Auch die Araber lieferten
ihm Kleinvieh: siebentausendsiebenhundert
Widder und siebentausendsiebenhundert
Ziegenböcke. 12 So wurde Joschafat immer
mächtiger. Er baute in Juda Burgen und
Vorratsstädte 13 und unternahm viel in den
Städten Judas. In Jerusalem standen tapfere
Krieger zu seiner Verfügung. 14 Und das war
ihre Dienstordnung nach ihren Großfamili-
en: Für Juda waren als Tausendschaftsfüh-
rer bestellt der Oberst Adna mit 300 000 tap-
feren Kriegern 15 und ihm zur Seite der
Oberst Johanan mit 280 000 Mann 16 sowie
Amasja, der Sohn Sichris, der sich freiwillig
(zum Kriegsdienst) für den Herrn gestellt
hatte, mit 200 000 tapferen Kriegern. 17 Aus
Benjamin kam Eljada, ein tapferer Krieger,
mit 200 000 Mann, die Bogen und Schild tru-
gen. 18 Ihm zur Seite stand Josabad mit
180 000 zum Heeresdienst gerüsteten Män-
nern. 19 Sie dienten dem König zusätzlich zu
jenen, die er in die Festungen in ganz Juda
gebracht hatte.

18 So wurden Joschafat Reichtum und
Ehre in hohem Maß zuteil.

17,3 seines Vaters: Infolge eines Missverständnisses des Schreibers steht in H: seines Vaters David.

17,10 »Schrecken des Herrn« ist die Furcht vor Gott, der Joschafat gegen alle Anfeindungen in Schutz nehmen würde.

18,1 Joram, der Sohn Joschafats, war mit Atalja, der Tochter Ahabs, verheiratet (vgl. 21,6).

Joschafats Teilnahme am Feldzug Ahabs:
18,1 – 19,3

Joschafat verschwägerte sich mit Ahab.
2 Als er nach einigen Jahren zu Ahab nach
Samaria kam, ließ Ahab für ihn und seine
Leute eine Menge Schafe und Rinder
schlachten und überredete ihn, gegen Ra-
mot-Gilead in den Krieg zu ziehen. 3 Ahab,
der König von Israel, fragte Joschafat, den
König von Juda: Würdest du mit mir gegen
Ramot-Gilead ziehen? Er antwortete: Ich
ziehe mit dir, mein Volk mit deinem Volk.
Ich nehme mit dir am Krieg teil.

4 Joschafat bat aber den König von Israel:
Befrag doch zuvor den Herrn! 5 Da versam-
melte der König von Israel die Propheten,
vierhundert Mann, und fragte sie: Soll ich
gegen Ramot-Gilead zu Felde ziehen oder
soll ich es lassen? Sie gaben den Bescheid:
Zieh hinauf! Gott gibt die Stadt in die Hand
des Königs. 6 Doch Joschafat sagte: Ist hier
sonst kein Prophet des Herrn, den wir befra-
gen könnten? 7 Der König von Israel antwor-
tete Joschafat: Es ist noch einer da, durch
den wir den Herrn befragen könnten. Doch
ich hasse ihn; denn er weissagt mir nie Gu-
tes, sondern immer nur Schlimmes. Es ist
Micha, der Sohn Jimlas. Joschafat erwiderte:
Der König sage das nicht. 8 Da rief der König
von Israel einen Hofbeamten herbei und be-
fahl ihm, unverzüglich Micha, den Sohn Jim-
las, zu holen. 9 Der König von Israel und
Joschafat, der König von Juda, saßen in kö-
niglichen Gewändern auf ihren Thronen. Sie
befanden sich auf der Tenne beim Tor Sama-
rias und alle Propheten weissagten vor ih-
nen. 10 Zidkija, der Sohn Kenaanas, hatte
sich eiserne Hörner gemacht und rief: So
spricht der Herr: Mit diesen wirst du die
Aramäer niederstoßen, bis du sie vernichtet
hast. 11 Alle Propheten weissagten in glei-
cher Weise und riefen: Zieh nach Ramot-
Gilead und sei erfolgreich; der Herr gibt die
Stadt in die Hand des Königs.

12 Der Bote aber, der Micha holen sollte,
redete ihm zu: Die Worte der Propheten wa-
ren ohne Ausnahme günstig für den König.
Mögen deine Worte ihren Worten gleichen.
Sag daher Gutes an! 13 Doch Micha erwider-
te: So wahr der Herr lebt: Nur was Gott mir
sagt, werde ich sagen. 14 Als er zum König
kam, fragte ihn dieser: Micha, sollen wir ge-
gen Ramot-Gilead zu Felde ziehen oder sol-
len wir es lassen? Micha antwortete: Zieht
hinauf und seid erfolgreich! Sie werden eu-
rer Gewalt übergeben werden. 15 Doch der
König entgegnete: Wie oft muss ich dich be-
schwören, mir im Namen des Herrn nur die
Wahrheit zu sagen? 16 Da sagte Micha: Ich
sah ganz Israel über die Berge zerstreut wie
Schafe, die keinen Hirten haben. Und der
Herr sagte: Sie haben keine Herren mehr. So
gehe jeder in Frieden nach Hause. 17 Da
wandte sich der König von Israel an Joscha-
fat: Habe ich es dir nicht gesagt? Er weissagt
mir nie Gutes, sondern immer nur Schlim-
mes. 18 Micha aber fuhr fort: Darum hört das
Wort des Herrn: Ich sah den Herrn auf sei-
nem Thron sitzen; das ganze Heer des Him-
mels stand zu seiner Rechten und seiner Lin-
ken. 19 Und der Herr fragte: Wer will Ahab,
den König von Israel, betören, sodass er nach
Ramot-Gilead hinaufzieht und dort fällt? Da
hatte der eine diesen, der andere jenen Vor-
schlag. 20 Zuletzt trat der Geist vor, stellte
sich vor den Herrn und sagte: Ich werde ihn
betören. Der Herr fragte ihn: Auf welche
Weise? 21 Er gab zur Antwort: Ich werde
mich aufmachen und zu einem Lügengeist
im Mund all seiner Propheten werden. Da
sagte der Herr: Du wirst ihn betören; du ver-
magst es. Geh und tu es! 22 So hat der Herr
jetzt einen Geist der Lüge in den Mund dei-
ner Propheten gelegt; denn er hat über dich
Unheil beschlossen. 23 Da trat Zidkija, der
Sohn Kenaanas, zu Micha, schlug ihn ins Ge-
sicht und rief: Wie, sollte denn der Geist des
Herrn von mir gewichen sein, um mit dir zu
reden? 24 Micha erwiderte: Du wirst es an je-
nem Tag erfahren, an dem du von einem Ge-
mach in das andere eilst, um dich zu verste-
cken. 25 Der König von Israel aber gab den
Befehl: Nehmt Micha fest, führt ihn zum
Stadtobersten Amon und zum Prinzen Jo-
asch 26 und meldet: So spricht der König:
Werft diesen Mann ins Gefängnis, und haltet
ihn streng bei Brot und Wasser, bis ich wohl-
behalten zurückkomme. 27 Doch Micha er-
widerte: Wenn du wohlbehalten zurück-
kommst, dann hat der Herr nicht durch mich
geredet. [Und er sagte: Hört, alle ihr Völ-
ker!]

28 Darauf zog der König von Israel mit Jo-
schafat, dem König von Juda, gegen Ramot-
Gilead. 29 Der König von Israel sagte zu
Joschafat: Ich will mich verkleiden und so in
den Kampf ziehen. Du aber behalte deine
Gewänder an! So ging der König von Israel
verkleidet in den Kampf. 30 Der König von
Aram hatte aber den Obersten seiner
Kriegswagen befohlen: Greift niemanden an,
er sei hohen oder niederen Ranges, außer den

18,20 Zum »Geist« vgl. die Anmerkung zu 1 Kön 22,19–23.

König von Israel. 31 Als daher die Obersten
der Kriegswagen Joschafat erblickten und
ihn für den König von Israel hielten, stürm-
ten sie auf ihn ein, sodass er um Hilfe schrie.
Doch der Herr half ihm und lenkte sie von
ihm weg. 32 Als sie nämlich sahen, dass er
nicht der König von Israel war, ließen sie von
ihm ab. 33 Ein Mann aber spannte aufs Gera-
tewohl seinen Bogen und traf den König von
Israel zwischen Panzer und Leibgurt. Dieser
befahl daher dem Wagenlenker: Wende um
und bring mich aus der Schlacht; denn ich
bin verwundet. 34 Da aber die Schlacht an je-
nem Tag heftig wurde, hielt der König von
Israel den Aramäern gegenüber im Wagen
stand bis zum Abend. Zur Zeit des Sonnen-
untergangs starb er.

19 Joschafat aber, der König von Juda,
kehrte wohlbehalten nach Jerusalem
in sein Haus zurück. 2 Da trat ihm der Seher
Jehu, der Sohn Hananis, entgegen und hielt
ihm vor: Musstest du dem Frevler helfen und
liebst du jene, die den Herrn hassen? So las-
tet nun der Zorn des Herrn auf dir. 3 Doch
fand sich auch Gutes an dir. Du hast die
Kultpfähle aus dem Land beseitigt und dei-
nen Sinn darauf gerichtet, den wahren Gott
zu suchen.

18,1–34 ‖ 1 Kön 22,4–35 • 18: Jes 6,1–3 • 27: Mi 1,2.

Joschafats Sorge für das Recht: 19,4–11

4 Joschafat blieb in Jerusalem. Dann zog er
wieder von Beerscheba bis zum Gebirge
Efraim unter dem Volk umher und führte es
zum Herrn, dem Gott ihrer Väter, zurück.
5 Er bestellte Richter im Land für jede ein-
zelne feste Stadt Judas 6 und gab ihnen die
Weisung: Seht zu, was ihr tut; denn nicht im
Auftrag von Menschen haltet ihr Gericht,
sondern im Auftrag des Herrn. Er steht euch
in der Rechtsprechung zur Seite. 7 Lasst euch
also von der Furcht des Herrn leiten und
handelt gewissenhaft; denn beim Herrn, un-
serem Gott, gibt es keine Ungerechtigkeit,
kein Ansehen der Person, keine Bestechlich-
keit. 8 Außerdem bestellte Joschafat in Jeru-
salem Leviten, Priester und Familienhäupter
für das Gericht des Herrn und für Streitig-
keiten unter den Einwohnern Jerusalems.
9 Er trug ihnen auf: Mit Furcht vor dem
Herrn, mit Festigkeit und ehrlichem Herzen
verfahrt folgendermaßen: 10 Bei jedem
Streitfall, den eure Brüder in ihren Städten
euch vorlegen, mag es sich nun um Blut-
schuld oder um eine Weisung, um ein Gebot
oder um Gesetze und Rechte handeln, sollt
ihr die Beteiligten warnen, damit sie nicht
vor dem Herrn schuldig werden und ein
Zorngericht über euch und eure Brüder
kommt. Das sollt ihr tun, damit ihr euch
nicht versündigt. 11 Seht, der Oberpriester
Amarja ist euer Vorgesetzter in allen Angele-
genheiten des Herrn und Sebadja, der Sohn
Jischmaels, der Fürst des Hauses Juda, in al-
len Angelegenheiten des Königs. Als Beamte
stehen euch die Leviten zur Verfügung. Geht
mutig an die Arbeit und der Herr sei mit
dem, der seine Pflicht erfüllt.

Joschafats Sieg über die Feinde: 20,1–30

20 Danach zogen die Moabiter und Am-
moniter mit einer Anzahl von Mëu-
nitern zum Krieg gegen Joschafat heran.
2 Boten kamen und meldeten Joschafat: Ein
großer Heerhaufen zieht von jenseits des
Meeres, von Edom, gegen dich. Sie stehen
schon in Hazezon-Tamar, das ist En-Gedi.
3 Joschafat geriet in Furcht; er beschloss, den
Herrn zu befragen, und ließ in ganz Juda ein
Fasten ausrufen. 4 Die Judäer versammelten
sich, um vom Herrn (Hilfe) zu erbitten. Auch
aus allen Städten Judas kamen sie herbei,
um den Herrn zu bitten. 5 Joschafat aber trat
im Haus des Herrn, im neuen Vorhof, vor die
Versammlung Judas und Jerusalems 6 und
betete: Herr, Gott unserer Väter, bist nicht
du Gott im Himmel und Herrscher über alle
Reiche der Völker? In deiner Hand liegen
Kraft und Stärke; niemand kann dir wider-
stehen. 7 Hast nicht du, unser Gott, die Be-
wohner dieses Landes vor deinem Volk Israel
vertrieben und für alle Zeiten ihr Gebiet den
Nachkommen Abrahams, deines Freundes,
gegeben? 8 Sie ließen sich darin nieder,
bauten deinem Namen ein Heiligtum und
sagten: 9 Wenn Unglück, Schwert, Über-
schwemmung, Pest oder Hunger über uns
kommen, wollen wir vor dieses Haus und vor
dein Angesicht hintreten; denn dein Name
ist gegenwärtig in diesem Haus. Wir wollen
in unserer Not zu dir rufen und du wirst uns
dann hören und wirst helfen. 10 Da stehen
nun die Ammoniter, Moabiter und die Be-
wohner des Berglands Seïr (an unseren
Grenzen). Du hast den Israeliten bei ihrem

19,5 Die Einsetzung von Richtern in den Städten entspricht dem Gesetz in Dtn 16,18.

19,8 Gemeint sind Streitigkeiten unter den Einwohnern (Text korr. nach G) Jerusalems bei Vergehen gegen das göttliche Gesetz.

20,1 Die Mëuniter sind benannt nach der Stadt Maan im Gebirge Seïr, südlich des Toten Meers. Der Name ist durch G bezeugt; H hat »Ammoniter«, die unmittelbar vorher genannt waren.

20,2 von Edom: sinngemäß korr.; H: von Aram.

Auszug aus Ägypten nicht erlaubt, ihr Ge-
biet zu betreten. Sie haben sich von ihnen
ferngehalten und sie nicht ausgerottet.
11 Dafür erweisen sie uns nun Böses; sie kom-
men, um uns aus deinem Besitz zu vertrei-
ben, den du uns verliehen hast. 12 Wirst du,
unser Gott, nicht über sie Gericht halten?
Wir sind machtlos vor dieser gewaltigen
Menge, die gegen uns zieht, und wissen
nicht, was wir tun sollen. Nur auf dich sind
unsere Augen gerichtet.

13 Während ganz Juda, mit Kindern, Frau-
en und Söhnen, vor dem Herrn stand, 14 kam
mitten in der Versammlung der Geist des
Herrn über Jahasiël, den Sohn Secharjas, des
Sohnes Benajas, des Sohnes Jëiëls, des Soh-
nes Mattanjas, einen Leviten von den Söh-
nen Asafs. 15 Er rief: Ihr Judäer alle, ihr Ein-
wohner Jerusalems und du, König Joschafat,
merkt auf! So spricht der Herr zu euch:
Fürchtet euch nicht und erschreckt nicht vor
diesem großen Heerhaufen; denn nicht eure,
sondern Gottes Sache ist der Krieg. 16 Zieht
morgen gegen sie hinab! Sie werden die Stei-
ge von Ziz heraufkommen und ihr werdet am
Ausgang des Tals vor der Wüste Jeruël auf
sie stoßen. 17 Doch werdet ihr nicht kämpfen
müssen. Tretet an, bleibt aber stehen und
seht zu, wie der Herr euch Rettung ver-
schafft. Juda und Jerusalem, fürchtet euch
nicht und habt keine Angst! Morgen sollt ihr
vor ihren Augen ausrücken und der Herr
wird mit euch sein. 18 Da verneigte sich Jo-
schafat mit dem Gesicht zur Erde. Auch alle
Judäer und die Einwohner Jerusalems fielen
vor dem Herrn nieder und beteten ihn an.
19 Darauf erhoben sich von den Leviten die
Nachkommen Kehats, und zwar die Nach-
kommen Korachs, um den Herrn, den Gott
Israels, mit lauter und mächtiger Stimme zu
preisen.

20 Früh am nächsten Morgen zogen sie in
die Wüste von Tekoa. Beim Aufbruch trat
Joschafat hin und rief: Hört mir zu, Juda und
ihr Einwohner Jerusalems! Vertraut auf den
Herrn, euren Gott, dann werdet ihr bestehen.
Vertraut auf seine Propheten, dann werdet
ihr Erfolg haben. 21 Nachdem er sich mit dem
Volk beraten hatte, stellte er Sänger für den
Herrn auf, die in heiligem Schmuck dem
kampfbereiten Heer voranzogen, Loblieder
sangen und riefen: Dankt dem Herrn; denn
seine Huld währt ewig. 22 Während sie den
Jubelruf und Lobpreis anstimmten, führte
der Herr Feinde aus dem Hinterhalt gegen
die Ammoniter, Moabiter und die Bewohner
des Berglands Seïr, die gegen Juda gezogen
waren, sodass sie geschlagen wurden. 23 Da-
rauf stellten sich die Ammoniter und Moabi-
ter gegen die Bewohner des Berglands Seïr,
weihten sie dem Untergang und vernichteten
sie. Nachdem sie die Bewohner Seïrs voll-
ends aufgerieben hatten, gerieten sie selbst
gegeneinander zu ihrem eigenen Verderben.
24 Als daher die Judäer an die Stelle kamen,
von der aus man die Wüste überschauen
konnte, und ihren Blick auf die feindlichen
Scharen richteten, sahen sie nur Leichen am
Boden liegen; keiner war entkommen. 25 Da
rückte Joschafat mit seinen Leuten an, um
die Beute zu sammeln. Sie fanden bei ihnen
eine Menge Waren, Kleider, kostbare Geräte
und nahmen so viel an sich, dass sie es nicht
mehr tragen konnten. Drei Tage plünderten
sie, denn die Beute war reichlich. 26 Am vier-
ten Tag sammelten sie sich im Tal Beracha
und priesen dort den Herrn. Darum nennt
man diese Gegend Tal Beracha (Preistal) bis
zum heutigen Tag. 27 Darauf wandten sich
alle Männer Judas und Jerusalems mit Jo-
schafat an ihrer Spitze voller Freude zur
Heimkehr nach Jerusalem; denn der Herr
hatte ihnen Freude über ihre Feinde verlie-
hen. 28 Unter dem Spiel der Harfen, Zithern
und Trompeten kamen sie nach Jerusalem
zum Haus des Herrn. 29 Der Schrecken Got-
tes aber erfasste alle Reiche der Länder, als
sie hörten, dass der Herr gegen die Feinde Is-
raels gekämpft habe. 30 So hatte das Reich
Joschafats Frieden und sein Gott verschaffte
ihm ringsum Ruhe.

6: 1 Chr 29,12 • 9: 6,28 • 10: Dtn 2,4–19 • 20: Jes 7,9 • 21: Ps 136,1.

Weitere Nachrichten über Joschafat:
20,31–37

31 Joschafat war König von Juda. Er war
fünfunddreißig Jahre alt, als er König wur-
de, und regierte fünfundzwanzig Jahre in Je-
rusalem. Seine Mutter hieß Asuba und war
eine Tochter Schilhis. 32 Er folgte den Wegen
seines Vaters Asa, ohne von ihnen abzuwei-
chen, und tat, was dem Herrn gefiel. 33 Nur
die Kulthöhen verschwanden nicht. Das
Volk hatte seinen Sinn noch nicht auf den
Gott seiner Väter gerichtet.

34 Die übrige Geschichte Joschafats, die
frühere und die spätere, ist aufgezeichnet in
der Geschichte Jehus, des Sohnes Hananis,

20,25 Kleider: Text korr.

20,33 Der Chronist empfindet es als Mangel, dass nach der Erbauung des Tempels noch Opfer außerhalb Jerusalems dargebracht werden.

die in das Buch der Könige von Israel aufgenommen wurde.

35 Zuletzt verbündete sich Joschafat, der König von Juda, mit Ahasja, dem König von Israel, dessen Tun frevelhaft war. 36 Joschafat schloss mit ihm ein Abkommen, um Schiffe zu bauen, die nach Tarschisch fahren sollten. Sie bauten die Schiffe in Ezjon-Geber. 37 Doch Eliëser, der Sohn Dodawas aus Marescha, weissagte gegen Joschafat: Weil du dich mit Ahasja verbündet hast, wird der Herr dein Werk zerstören. So zerschellten denn die Schiffe und konnten nicht nach Tarschisch fahren.

31–37 ‖ 1 Kön 22,41–50.

Joram: 21,1–20

21 Joschafat entschlief zu seinen Vätern und wurde bei seinen Vätern in der Davidstadt begraben. Sein Sohn Joram wurde König an seiner Stelle. 2 Seine Brüder, die Söhne Joschafats, waren: Asarja, Jehiël, Secharja, Asarja, Michael und Schefatja; sie alle waren Söhne Joschafats, des Königs von Juda. 3 Ihr Vater gab ihnen reiche Geschenke an Silber, Gold und anderen Kostbarkeiten, dazu befestigte Städte in Juda. Das Königtum aber verlieh er Joram; denn dieser war der Erstgeborene. 4 Doch Joram erhob sich gegen das Königtum seines Vaters, gewann die Oberhand und ließ alle seine Brüder und auch einige führende Männer Israels mit dem Schwert hinrichten.

5 Joram war zweiunddreißig Jahre alt, als er König wurde, und regierte acht Jahre in Jerusalem. 6 Er folgte den Wegen der Könige von Israel, wie es das Haus Ahab getan hatte; denn er hatte eine Tochter Ahabs zur Frau und er tat, was dem Herrn missfiel. 7 Doch der Herr wollte das Haus David nicht verderben wegen des Bundes, den er mit David geschlossen hatte, und weil er ihm versprochen hatte, er werde ihm und seinen Söhnen für immer eine Leuchte geben.

8 In den Tagen Jorams fiel Edom von Juda ab und setzte einen eigenen König ein. 9 Joram zog daher mit seinen Obersten und allen Kriegswagen gegen sie. Während der Nacht griff er an und schlug die Edomiter, die ihn und die Obersten der Kriegswagen umzingelt hatten. 10 Doch Edom fiel von Juda ab und ist abtrünnig bis zum heutigen Tag. Damals, zur gleichen Zeit, fiel auch Libna von Juda ab; denn Joram hatte den Herrn, den Gott seiner Väter, verlassen. 11 Auch errichtete er Kulthöhen auf den Bergen Judas und verführte die Einwohner Jerusalems zur Untreue und Juda zum Abfall.

12 Damals traf ein Schreiben des Propheten Elija bei ihm ein. Es hatte folgenden Inhalt: So spricht der Herr, der Gott deines Vaters David: Weil du nicht auf den Wegen deines Vaters Joschafat und auf den Wegen Asas, des Königs von Juda, 13 sondern auf den Wegen der Könige von Israel gegangen bist, weil du Juda und die Einwohner Jerusalems zur Untreue verführt hast, wie es das Haus Ahab getan hat, und weil du deine eigenen Brüder aus der Familie deines Vaters, die besser waren als du, getötet hast, 14 darum wird der Herr dein Volk, deine Söhne und Frauen und deinen ganzen Besitz mit harten Schlägen treffen. 15 Du selbst wirst in schweres Siechtum verfallen und an deinen Eingeweiden erkranken, sodass sie nach Jahr und Tag infolge der Krankheit herausfallen werden.

16 Der Herr reizte nun den Wagemut der Philister und der Araber, die neben den Kuschitern wohnen, gegen Joram auf. 17 Sie zogen gegen Juda, überfielen das Land und nahmen den ganzen Besitz weg, der sich im Palast des Königs fand; auch seine Söhne und Frauen führten sie weg. Es blieb ihm kein Sohn außer Joahas, dem jüngsten von ihnen. 18 Nach all dem schlug der Herr den Joram mit einer unheilbaren Krankheit in den Eingeweiden. 19 Nach Jahr und Tag, zwei Tage vor seinem Ende, fielen infolge der Krankheit seine Eingeweide heraus und er starb unter großen Schmerzen. Das Volk zündete zu seiner Ehre kein Feuer an, wie das bei seinen Vätern geschehen war. 20 Er war zweiunddreißig Jahre alt, als er König wurde, und regierte acht Jahre in Jerusalem. Er ging dahin, von niemand bedauert. Man begrub ihn in der Davidstadt, aber nicht in den Gräbern der Könige.

1 ‖ 1 Kön 22,51 • 5–10 ‖ 2 Kön 8,16–24 • 7: 1 Kön 11,36.

Ahasja: 22,1–9

22 Die Einwohner Jerusalems machten nun seinen jüngsten Sohn Ahasja zum König an seiner Stelle. Alle älteren Brü-

20,36 Hier ist Tarschisch in Spanien (9,21) mit Ofir, das von Ezion-Geber aus durch das Rote Meer erreicht wurde, verwechselt.

21,2 Juda: Text korr. nach G; H: Israel, doch vgl. die Anmerkung zu 10,1.

21,8–10 Vgl. die Anmerkung zu 2 Kön 8,21.

21,16 Kuschiter: wie in 14,8.

21,17 Joahas: Im folgenden wird er Ahasja genannt.

der hatte die Räuberbande getötet, die mit
den Arabern in das Lager eingedrungen war.
So kam Ahasja, der Sohn Jorams, des Königs
von Juda, zur Herrschaft. 2 Ahasja war zwei-
undzwanzig Jahre alt, als er König wurde,
und regierte ein Jahr in Jerusalem. Seine
Mutter hieß Atalja; sie war eine Enkelin Om-
ris. 3 Auch er folgte den Wegen des Hauses
Ahab, denn seine Mutter verführte ihn durch
ihren Rat zum Bösen. 4 Wie die Angehörigen
des Hauses Ahab tat er, was dem Herrn miss-
fiel; denn diese stürzten ihn nach dem Tod
seines Vaters durch ihren Rat ins Verder-
ben.
5 Ihrem Rat folgend, zog er mit Joram, dem
Sohn Ahabs, dem König von Israel, gegen
Hasaël, den König von Aram, nach Ramot-
Gilead in den Krieg. Dabei verwundeten die
Aramäer Joram 6 und er musste heimkehren,
um in Jesreel von den Wunden Heilung zu
suchen, die ihm die Aramäer geschlagen hat-
ten, als er in Ramot gegen ihren König Hasa-
ël kämpfte. Ahasja, der Sohn Jorams, der
König von Juda, kam hinab, um Joram, den
Sohn Ahabs, in Jesreel zu besuchen, als er
krank daniederlag. 7 Von Gott aber war es
zum Verderben Ahasjas bestimmt, dass er
sich zu Joram begab. Mit Joram fuhr er nach
seiner Ankunft Jehu, dem Enkel Nimschis,
entgegen, den der Herr gesalbt hatte, damit
er das Haus Ahab ausrotte. 8 Als Jehu seinen
Streit mit dem Haus Ahab austrug, stieß er
auf die Hofleute Judas und die Verwandten
Ahasjas, die im Dienst Ahasjas standen, und
machte sie nieder. 9 Dann ließ er Ahasja su-
chen. Man nahm ihn fest, während er sich in
Samaria verborgen hielt, brachte ihn vor
Jehu und tötete ihn. Doch gab man ihm ein
Grab; denn sie sagten: Er ist ein Enkel Jo-
schafats, der den Herrn mit ganzem Herzen
gesucht hat. Im Haus Ahasjas war nun nie-
mand mehr, der fähig gewesen wäre, die Kö-
nigsherrschaft zu übernehmen.

2–9 ‖ 2 Kön 8,25–29; 9,27f • 7: 2 Kön 9,21 • 8: 2 Kön 10,
12–14.

Atalja: 22,10 – 23,21

10 Als Atalja, die Mutter Ahasjas sah, dass
ihr Sohn tot war, ging sie daran, die ganze
Nachkommenschaft der königlichen Familie
des Hauses Juda auszurotten. 11 Doch Jo-
scheba, die Tochter des Königs, nahm Jo-
asch, den Sohn Ahasjas, aus dem Kreis der
Königssöhne, die ermordet werden sollten,
weg und brachte ihn heimlich mit seiner
Amme in die Bettenkammer. Dort versteckte
sie ihn vor Atalja, sodass diese ihn nicht tö-
ten konnte. Joscheba, die Tochter des Königs
Joram und Frau des Priesters Jojada, war die
Schwester Ahasjas. 12 Joasch blieb sechs
Jahre bei ihr im Haus Gottes verborgen,
während Atalja das Land regierte.

23 Doch im siebten Jahr fasste Jojada
Mut und verbündete sich mit den
Hundertschaftsführern, mit Asarja, dem
Sohn Jerohams, Jischmaël, dem Sohn Joha-
nans, Asarja, dem Sohn Obeds, Maaseja, dem
Sohn Adajas, und Elischafat, dem Sohn
Sichris. 2 Sie durchzogen Juda und versam-
melten die Leviten aus allen Städten Judas
sowie die Häupter der israelitischen Großfa-
milien in Jerusalem. 3 Dort schloss die Ver-
sammlung im Haus Gottes einen Bund mit
dem König. Jojada legte ihnen dar: Seht da
den Sohn des Königs! Er soll herrschen, wie
der Herr den Nachkommen Davids verspro-
chen hat. 4 Das ist es, was ihr tun sollt: Ein
Drittel von der Wache, die am Sabbat auf-
zieht, soll bei den Priestern und Leviten sein,
die an den Schwellen wachen. 5 Ein Drittel
soll am Königspalast und ein Drittel am Je-
sodtor stehen. Das ganze Volk aber soll in
den Höfen des Hauses des Herrn bleiben.
6 Niemand darf in das Haus des Herrn kom-
men als nur die Priester und die diensttuen-
den Leviten; diese können eintreten, denn
sie sind heilig. Das ganze Volk aber soll die
Anordnungen des Herrn befolgen. 7 Die
Leviten sollen sich mit der Waffe in der
Hand um den König scharen. Wer in das
Haus einzudringen versucht, soll getötet
werden. Seid beim König, wenn er einzieht
und wenn er auszieht. 8 Die Leviten und Ju-
däer befolgten alle Weisungen des Priesters
Jojada. Jeder holte seine Leute, sowohl jene,
die am Sabbat aufzogen, als auch jene, die
am Sabbat abzogen; denn der Priester Jojada
hatte die Abteilungen nicht entlassen. 9 Er
gab den Anführern der Hundertschaften die
Lanzen sowie die großen und kleinen Schil-
de, die dem König David gehört hatten und
sich jetzt im Haus Gottes befanden. 10 Die

22,2 zweiundzwanzig: so nach G und 2 Kön 8,26; H: zweiundvierzig.

22,5f Vgl. 2 Kön 8,28f.

22,6 von den Wunden: Text korr. nach G und 2 Kön 8,29. Für Ahasja hat H Asarja.

22,10 – 23,21 Vgl. die Anmerkungen zu 2 Kön 11,1–17.

22,10 auszurotten: Text korr. nach G und 2 Kön 11,1.

22,11 Als Frau des Priesters Jojada konnte Joscheba den Königssohn im Tempelbereich verborgen halten.

22,12 bei ihr: Text korr. nach G und 2 Kön 11,3; H: bei ihnen.

Rembrandt van Rijn (1606–1669)
Mose zerschmettert die Gesetzestafeln, 1659
Leinwand, 168,5 × 136,5 cm
Gemäldegalerie der Staatlichen Museen, Berlin
Foto: Joachim Blauel, Artothek, Peissenberg

ganze Mannschaft stellte er mit der Waffe in
der Hand von der Südseite des Tempels bis
zur Nordseite vor dem Altar und dem Tem-
pel rings um den König auf. 11 Dann führte
man den Königssohn heraus. Man überreich-
te ihm den Stirnreif und das Königsgesetz
und machte ihn so zum König. Jojada und
seine Söhne salbten ihn und riefen: Es lebe
der König!
12 Als Atalja das Geschrei des Volkes hör-
te, das herbeilief und dem König zujubelte,
kam sie zu den Leuten in das Haus des
Herrn. 13 Da sah sie den König am Eingang
bei seiner Säule stehen; die Obersten und die
Trompeter waren bei ihm und alle Bürger
des Landes waren voller Freude und bliesen
die Trompeten, während die Sänger mit ih-
ren Instrumenten dastanden und das Zei-
chen zum Lobpreis gaben. Atalja zerriss ihre
Kleider und schrie: Verrat, Verrat! 14 Doch
der Priester Jojada befahl den Hundert-
schaftsführern, die das Kommando über die
Truppen hatten: Führt sie durch die Reihen
hinaus und jeder, der ihr folgen will, soll mit
dem Schwert niedergeschlagen werden. Er
sagte: Tötet sie nicht im Haus des Herrn!
15 Da legte man Hand an sie, und als sie zum
Eingang des Rosstores am königlichen Pa-
last kam, machte man sie dort nieder.
16 Jojada schloss nun den Bund des Herrn
mit dem ganzen Volk und mit dem König. Sie
versprachen, dass sie das Volk des Herrn sein
wollten. 17 Darauf zog das ganze Volk zum
Baalstempel und riss ihn nieder. Sie zer-
trümmerten seine Altäre und Bilder und er-
schlugen den Baalspriester Mattan vor den
Altären.
18 Dann betraute Jojada die Priester und
Leviten mit der Aufsicht über das Haus des
Herrn. David hatte sie für das Haus des
Herrn in Klassen eingeteilt; nach seiner An-
weisung sollten sie unter Freudengesängen
und Liedern die Brandopfer für den Herrn
darbringen, wie sie im Gesetz des Mose vor-
geschrieben sind. 19 Auch stellte er Wächter
an die Tore des Hauses des Herrn, damit nie-
mand hereinkäme, der mit einer Unreinheit
behaftet wäre. 20 Hierauf nahm Jojada die
Hundertschaftsführer, die Vornehmen und
Großen des Volkes sowie alle Bürger des
Landes und führte den König vom Haus des
Herrn hinab. Sie kamen durch das obere Tor
in den königlichen Palast und setzten Joasch
auf den Königsthron. 21 Alle Bürger des Lan-
des waren voller Freude und die Stadt blieb
ruhig. Atalja aber hatte man mit dem
Schwert umgebracht.

22,10 – 23,21 ‖ 2 Kön 11,1–20 • 23,11: Dtn 17,18.

Joasch: 24,1–27

24 Joasch war sieben Jahre alt, als er
König wurde, und regierte vierzig
Jahre in Jerusalem. Seine Mutter hieß Zibja
und stammte aus Beerscheba. 2 Joasch tat,
was dem Herrn gefiel, solange der Priester
Jojada lebte. 3 Jojada warb für ihn zwei
Frauen und er zeugte Söhne und Töchter.
4 Danach fasste Joasch den Entschluss, das
Haus des Herrn zu erneuern. 5 Er ließ die
Priester und die Leviten zusammenkommen
und sagte zu ihnen: Geht in die Städte Judas
und sammelt Geld von ganz Israel, um Jahr
für Jahr Ausbesserungen am Haus eures
Gottes vornehmen zu können. Beeilt euch
dabei! Als sich aber die Leviten nicht beeil-
ten, 6 rief Joasch den Oberpriester Jojada zu
sich und hielt ihm vor: Warum hast du die
Leviten nicht angehalten, von Juda und Je-
rusalem die Abgabe zu erheben, die Mose,
der Knecht des Herrn, und die Versammlung
Israels für das Zelt der Bundesurkunde vor-
geschrieben haben? 7 Die ruchlose Atalja und
ihre Bauleute haben das Haus Gottes verfal-
len lassen und sogar die Weihegaben des
Hauses des Herrn für die Baale verwendet.
8 Der König ließ nun einen Kasten anfertigen
und außen am Tor des Hauses des Herrn auf-
stellen. 9 Dann rief man in Juda und Jerusa-
lem aus, man solle die Abgabe für den Herrn
entrichten, die Mose, der Knecht Gottes, den
Israeliten in der Wüste befohlen hat. 10 Alle
führenden Männer und das ganze Volk wa-
ren darüber erfreut. Sie brachten ihre Bei-
träge und warfen sie in den Kasten, bis er
voll war. 11 Zu bestimmten Zeiten ließ man
den Kasten durch Leviten zur Überprüfung
zum König bringen. Wenn man sah, dass viel
Geld darin war, kamen der Schreiber des
Königs und der Beauftragte des Oberpries-
ters, leerten den Kasten und trugen ihn wie-
der an seinen Platz zurück. Das taten sie Tag
für Tag und brachten viel Geld zusammen.
12 Der König und Jojada übergaben es den
Werkmeistern, die am Haus des Herrn tätig
waren, und diese bestellten Maurer und
Zimmerleute sowie Eisen- und Bronze-
schmiede, die das Haus des Herrn erneuern
und seine Schäden beseitigen sollten. 13 Die
Werkmeister griffen zu und unter ihrer Lei-

23,14 befahl den Hundertschaftsführern: Text korr. nach G und 2 Kön 11,15; H: führte die Hundertschaftsführer ... heraus.

23,16 des Herrn: Text korr. nach 2 Kön 11,17.

tung gingen die Ausbesserungsarbeiten gut
voran. Sie stellten das Haus Gottes nach sei-
nen Plänen wieder her und erhöhten seine
Festigkeit. [14] Als sie fertig waren, brachten
sie den Rest des Geldes vor den König und
vor Jojada und dieser ließ dafür Geräte für
das Haus des Herrn, Kult- und Opfergeräte,
Schalen und sonstige Gefäße aus Gold und
Silber anfertigen.

Solange Jojada lebte, wurden ständig im
Haus des Herrn Opfer dargebracht. [15] Jojada
aber wurde alt und satt an Lebenstagen; er
war hundertdreißig Jahre alt, als er starb.
[16] Man begrub ihn bei den Königen in der
Davidstadt; denn er hatte an Israel, für Gott
und sein Haus, Gutes getan.

[17] Nach dem Tod Jojadas kamen die füh-
renden Männer Judas zum König und warfen
sich vor ihm nieder. Dieser hörte damals auf
sie, [18] sodass sie den Bund des Herrn, des
Gottes ihrer Väter, verließen und die
Kultpfähle und Götzenbilder verehrten. We-
gen dieser Schuld kam ein Zorngericht über
Juda und Jerusalem. [19] Der Herr schickte
Propheten zu ihnen, um sie zur Umkehr zum
Herrn zu bewegen, aber man hörte nicht auf
ihre Warnung. [20] Da kam der Geist Gottes
über Secharja, den Sohn des Priesters Joja-
da. Er trat vor das Volk und hielt ihm vor: So
spricht Gott: Warum übertretet ihr die Ge-
bote des Herrn? So könnt ihr kein Glück
mehr haben. Weil ihr den Herrn verlassen
habt, wird er euch verlassen. [21] Sie aber taten
sich gegen ihn zusammen und steinigten ihn
auf Befehl des Königs im Hof des Hauses des
Herrn. [22] König Joasch dachte nicht mehr an
die Treue, mit der ihm Jojada, der Vater Se-
charjas, gedient hatte, sondern ließ dessen
Sohn töten. Dieser aber rief sterbend aus:
Der Herr möge es sehen und vergelten.

[23] Um die Jahreswende zog das Heer der
Aramäer gegen Joasch. Sie drangen nach
Juda und Jerusalem vor und machten alle
führenden Männer des Volkes nieder. Ihre
gesamte Beute brachte man zum König von
Damaskus. [24] Mit nur wenig Kriegern war
das Heer der Aramäer gekommen; aber der
Herr gab ein sehr großes Heer in ihre Gewalt,
weil die Israeliten den Herrn, den Gott ihrer
Väter, verlassen hatten. So vollzogen die
Aramäer an Joasch das Strafgericht. [25] Als
sie abzogen und ihn schwer krank zurücklie-
ßen, verschworen sich seine Diener gegen ihn
wegen der Blutschuld am Sohn des Priesters
Jojada und erschlugen ihn auf seinem Bett.
Man begrub ihn in der Davidstadt, aber
nicht in den Gräbern der Könige. [26] Die Ver-
schwörer waren Sabad, der Sohn der Ammo-
niterin Schimat, und Josabad, der Sohn der
Moabiterin Schomer. [27] Weitere Nachrichten
über seine Söhne, über die vielen Propheten-
sprüche gegen ihn und über die Wiederher-
stellung des Hauses Gottes sind aufgezeich-
net in den Erläuterungen zum Buch der
Könige. Sein Sohn Amazja wurde König an
seiner Stelle.

1–27 ‖ 2 Kön 12,1–22 • 6: Ex 30,12–16; 38,24–26 • 20: 15,2.

Amazja: 25,1–13

25 Amazja war fünfundzwanzig Jahre
alt, als er König wurde, und regierte
neunundzwanzig Jahre in Jerusalem. Seine
Mutter hieß Joaddan und stammte aus Jeru-
salem. [2] Er tat, was dem Herrn gefiel, wenn
auch nicht mit ungeteiltem Herzen. [3] Sobald
die Herrschaft fest in seiner Hand war, ließ
er die Diener hinrichten, die seinen Vater,
den König, erschlagen hatten. [4] Ihre Söhne
aber verschonte er, wie es im Gesetz, im
Buch des Mose, geschrieben steht, wo der
Herr geboten hat: Die Väter sollen nicht für
ihre Söhne und die Söhne nicht für ihre Vä-
ter mit dem Tod bestraft werden, sondern je-
der soll nur für sein eigenes Verbrechen ster-
ben.

[5] Amazja versammelte die Judäer aus ganz
Juda und Benjamin und stellte sie nach
Großfamilien unter den Führern der Tau-
send- und Hundertschaften auf. Er ließ alle,
die zwanzig Jahre und darüber waren, mus-
tern. Ihre Zählung ergab dreihunderttau-
send auserlesene, wehrfähige Männer, die
Lanze und Schild trugen. [6] Dazu ließ er in
Israel hunderttausend tapfere Krieger um
hundert Silbertalente anwerben. [7] Doch ein
Gottesmann kam zu ihm und sagte: Das Heer
Israels, o König, soll nicht mit dir ziehen;
denn der Herr ist nicht mit Israel, er hilft
keinem Efraimiter. [8] Rück vielmehr allein
aus und nimm mutig und entschlossen den
Kampf auf! Gott könnte dich sonst vor dem
Feind zu Fall bringen; denn Gott hat die
Macht, zu helfen oder zu stürzen. [9] Amazja
erwiderte dem Gottesmann: Wozu habe ich
dann den israelitischen Söldnerscharen hun-
dert Talente gegeben? Der Gottesmann ant-
wortete: Der Herr kann dir viel mehr als die-
se geben. [10] Da schied Amazja die Truppe,
die aus Efraim zu ihm gekommen war, aus
und ließ sie in ihre Heimat zurückkehren. Sie
geriet deswegen in heftigen Zorn über Juda

24,21 Darauf bezieht sich das Wort Jesu in Mt 23,35.

25,2 Die Einschränkung bezieht sich auf V. 14.

und zog grollend in ihr Land zurück. 11 Amazja aber fasste Mut und führte sein Volk in den Krieg. Er zog in das Salztal und erschlug von den Seïritern zehntausend Mann. 12 Zehntausend nahmen die Judäer lebend gefangen, führten sie auf die Höhe eines Felsens und stürzten sie hinab, sodass alle zerschmettert wurden. 13 Die Angehörigen der Söldnertruppe aber, die Amazja zurückgeschickt und am Kriegszug nicht hatte teilnehmen lassen, überfielen die Städte Judas zwischen Samaria und Bet-Horon, erschlugen dort dreitausend Mann und machten reiche Beute.

1–4 ‖ 2 Kön 14,1–6 • 4: Dtn 24,16; Ez 18,10–20 • 7: 19,2; 20,37.

Amazjas Übermut und Tod: 25,14–28

14 Nach der Rückkehr vom Sieg über die Edomiter stellte Amazja die Götter der Seïriter, die er mitgebracht hatte, als Götter für sich auf, fiel vor ihnen nieder und brachte ihnen Opfer dar. 15 Da entbrannte der Zorn des Herrn gegen Amazja. Er sandte einen Propheten zu ihm und ließ ihm sagen: Warum suchst du die Götter des Volkes, die ihr Volk aus deiner Hand nicht retten konnten? 16 Amazja fiel ihm ins Wort und rief: Haben wir dich zum Berater des Königs bestellt? Halt ein! Warum soll man dich schlagen? Da hielt der Prophet inne und sagte: Ich weiß, dass Gott dein Verderben plant, weil du das getan und auf meinen Rat nicht gehört hast.

17 Nach einer Beratung sandte Amazja, der König von Juda, Boten an Joasch, den Sohn des Joahas, des Sohnes Jehus, den König von Israel, und ließ ihm sagen: Komm, wir wollen (im Kampf) einander gegenübertreten. 18 Doch Joasch, der König von Israel, ließ dem König Amazja von Juda sagen: Der Dornstrauch auf dem Libanon ließ der Zeder auf dem Libanon sagen: Gib deine Tochter meinem Sohn zur Frau! Aber die Tiere des Libanon liefen über den Dornstrauch und zertraten ihn. 19 Du denkst: Ich habe Edom besiegt!, und bist übermütig geworden. Wahre jetzt deinen Ruhm und bleib zu Hause! Wozu willst du das Unglück herausfordern und zu Fall kommen, du und Juda mit dir? 20 Doch Amazja wollte nicht hören; denn Gott hatte es so bestimmt, um sie ihren Feinden preiszugeben, weil sie die Götter der Edomiter suchten. 21 Joasch, der König von Israel, rückte daraufhin aus. Er und Amazja, der König von Juda, traten bei Bet-Schemesch, das zu Juda gehört, einander gegenüber. 22 Die Judäer wurden von den Israeliten geschlagen und flohen zu ihren Zelten. 23 Den König Amazja von Juda, den Sohn des Joasch, des Sohnes des Joahas, nahm König Joasch von Israel bei Bet-Schemesch gefangen und brachte ihn nach Jerusalem. Dort riss er die Mauer der Stadt vom Efraimtor bis zum Ecktor auf einer Strecke von vierhundert Ellen nieder, 24 nahm alles Gold und Silber sowie alle Geräte, die sich im Haus Gottes bei Obed-Edom befanden, samt den Schätzen des königlichen Palastes, ließ sich Geiseln stellen und kehrte nach Samaria zurück.

25 Amazja, der Sohn des Joasch, der König von Juda, lebte nach dem Tod des Joasch, des Sohnes des Joahas, des Königs von Israel, noch fünfzehn Jahre. 26 Die übrige Geschichte Amazjas, die frühere und die spätere, ist aufgezeichnet im Buch der Könige von Juda und Israel. 27 Zur Zeit, da Amazja sich vom Herrn abwandte, bildete sich in Jerusalem gegen ihn eine Verschwörung. Er floh nach Lachisch; aber man sandte Verfolger hinter ihm her nach Lachisch, die ihn dort erschlugen. 28 Man brachte ihn auf Pferden nach Jerusalem und begrub ihn bei seinen Vätern in der Davidstadt.

17–28 ‖ 2 Kön 14,8–20 • 24: 1 Chr 26,15.

Usija (Asarja): 26,1–23

26 Das ganze Volk von Juda nahm Usija, der damals sechzehn Jahre alt war, und machte ihn zum König anstelle seines Vaters Amazja. 2 Er baute Elat aus, das er für Juda zurückgewonnen hatte, nachdem Amazja zu seinen Vätern entschlafen war. 3 Usija war sechzehn Jahre alt, als er König wurde, und regierte zweiundfünfzig Jahre in Jerusalem. Seine Mutter hieß Jecholja und stammte aus Jerusalem. 4 Genau wie sein Vater Amazja tat er, was dem Herrn gefiel. 5 Er war bestrebt, Gott zu suchen, solange Secharja lebte, der ihn in der Furcht Gottes unterwies, und solange er den Herrn suchte, ließ ihn Gott erfolgreich sein. 6 Er unternahm einen Kriegszug gegen die Philister, riss die Mauern von Gat, Jabne und Aschdod nieder und baute Städte bei Aschdod und im übrigen Gebiet der Philister aus. 7 Gott stand

25,23 Joahas: vgl. die Anmerkung zu 21,17.
25,28 in der Davidstadt: Text korr. nach G und 2 Kön 14,20; H: in der Stadt Judas.
26,4 Der Vergleich mit Amazja ist aus 2 Kön 15,3 übernommen; vgl. aber die Anmerkung zu 25,2.
26,5 in der Furcht: Text korr. nach G. – Secharja ist sonst unbekannt.
26,7 Zu den Mëunitern vgl. die Anmerkung zu 20,1.

ihm bei gegen die Philister, gegen die Ara-
ber, die in Gur-Baal wohnten, und gegen die
Mëuniter. 8 Die Ammoniter zahlten ihm Tri-
but und sein Ruhm reichte bis an die Grenze
Ägyptens, denn er war überaus mächtig ge-
worden. 9 In Jerusalem baute Usija Türme
am Ecktor und am Taltor sowie im Winkel
und befestigte sie. 10 Auch in der Steppe bau-
te er Türme und grub viele Zisternen. Er be-
saß nämlich große Herden in der Schefela
und in der Ebene und beschäftigte Acker-
und Weinbauern in den Bergen und im
Fruchtland, denn er liebte den Ackerbau.
11 Usija hatte ein kriegstüchtiges Heer, das,
nach Abteilungen gegliedert, in der Stärke
ausrückte, die der Staatsschreiber Jëiël und
der Amtmann Maaseja unter Aufsicht Ha-
nanjas, eines der Obersten des Königs, bei
der Musterung festgestellt hatten. 12 Unter
den Kriegern waren insgesamt zweitausend-
sechshundert Häupter von Großfamilien.
13 Sie befehligten ein Heer von dreihundert-
siebentausendfünfhundert kampffähigen
Männern, die stark genug waren, um dem
König gegen seine Feinde zu helfen. 14 Für
das ganze Heer stellte Usija Schilde, Lanzen,
Helme, Panzer, Bogen und Schleudersteine
bereit. 15 In Jerusalem ließ er kunstvolle
Wurfmaschinen bauen und auf den Türmen
und Mauerecken aufstellen, um Pfeile und
große Steine abschießen zu können. So wur-
de er weithin berühmt; denn ihm wurde
außergewöhnliche Hilfe zuteil, sodass er an
Macht gewann.

16 Doch als er mächtig geworden war, wur-
de sein Herz übermütig und er handelte ver-
kehrt. Er wurde dem Herrn, seinem Gott, un-
treu und drang in den Tempel des Herrn ein,
um auf dem Rauchopferaltar zu opfern.
17 Aber der Priester Asarja folgte ihm mit
achtzig mutigen Priestern des Herrn. 18 Sie
traten dem König Usija entgegen und sagten
zu ihm: Nicht dir, Usija, steht es zu, dem
Herrn Rauchopfer darzubringen, sondern
den Priestern, den Söhnen Aarons, die ge-
weiht sind, das Rauchopfer darzubringen.
Verlass das Heiligtum; denn du bist untreu
geworden und es gereicht dir nicht zur Ehre
vor Gott, dem Herrn. 19 Usija wurde zornig;
er hielt schon die Räucherpfanne in der
Hand, um das Rauchopfer darzubringen. Als
er sich aber zornig gegen die Priester wand-
te, brach an seiner Stirn der Aussatz hervor.
Es geschah vor den Augen der Priester, wäh-
rend er im Tempel neben dem Rauchopferal-
tar stand. 20 Als daher der Oberpriester
Asarja und alle anderen Priester sich ihm
zuwandten, zeigte sich der Aussatz an seiner
Stirn. Sie drängten ihn eiligst von dort weg
und auch er selbst beeilte sich hinauszukom-
men, da der Herr ihn geschlagen hatte. 21 So
war König Usija aussätzig bis zu seinem Tod.
Da er vom Haus des Herrn ausgeschlossen
war, musste er als Aussätziger in einem abge-
sonderten Haus wohnen, während sein Sohn
Jotam Vorsteher des königlichen Palastes
war und die Bürger des Landes regierte.

22 Die übrige Geschichte Usijas, die frühe-
re und die spätere, schrieb der Prophet Jesa-
ja, der Sohn des Amoz. 23 Usija entschlief zu
seinen Vätern und man begrub ihn bei seinen
Vätern auf dem Feld bei der Grabstätte der
Könige; denn man sagte: Er war aussätzig.
Sein Sohn Jotam wurde König an seiner
Stelle.

1–23 ‖ 2 Kön 14,21–22; 15,1–7.

Jotam: 27,1–9

27 Jotam war fünfundzwanzig Jahre
alt, als er König wurde, und regierte
sechzehn Jahre in Jerusalem. Seine Mutter
hieß Jeruscha und war eine Tochter Zadoks.
2 Er tat, was dem Herrn gefiel, genau wie sein
Vater Usija, aber er drang nicht in den Tem-
pel des Herrn ein. Das Volk jedoch handelte
immer noch verkehrt. 3 Er baute das obere
Tor am Haus des Herrn. Auch an der Mauer
des Ofel baute er viel. 4 Ebenso baute er
Städte im Gebirge Juda aus, errichtete Bur-
gen und Türme in den Waldgebieten, 5 führte
Krieg mit dem König der Ammoniter und be-
siegte ihn. Die Ammoniter mussten ihm in
jenem Jahr hundert Talente Silber, zehntau-
send Kor Weizen und zehntausend Kor Gers-
te abliefern. Die gleiche Abgabe leisteten sie
auch im zweiten und dritten Jahr. 6 So wurde
Jotam mächtig; denn er achtete in seinem
Verhalten auf den Herrn, seinen Gott.

7 Die übrige Geschichte Jotams, alle seine
Kriege und Unternehmungen, sind aufge-
zeichnet im Buch der Könige von Israel und
Juda. 8 Er war fünfundzwanzig Jahre alt, als
er König wurde, und regierte sechzehn Jahre
in Jerusalem. 9 Jotam entschlief zu seinen
Vätern und man begrub ihn in der David-
stadt. Sein Sohn Ahas wurde König an seiner
Stelle.

1–9 ‖ 2 Kön 15,32–38 • 2: 26,16.

Ahas: 28,1–15

28 Ahas war zwanzig Jahre alt, als er
König wurde, und regierte sechzehn
Jahre in Jerusalem. Er tat nicht wie sein Va-

28,1 Wahrscheinlich regierte Ahas nur sechs, nicht sechzehn Jahre (vgl. die Anmerkung zu 2 Kön 16,2).

ter David, was dem Herrn gefiel, 2 sondern er
folgte den Wegen der Könige von Israel.
Auch ließ er Gussbilder für die Baale anfer-
tigen, 3 opferte im Tal Ben-Hinnom, ver-
brannte seine Söhne im Feuer und ahmte so
die Gräuel der Völker nach, die der Herr vor
den Augen der Israeliten vertrieben hatte.
4 Auf den Kulthöhen und Hügeln und unter
jedem üppigen Baum brachte er Schlacht-
und Rauchopfer dar.

5 Darum gab ihn der Herr, sein Gott, in die
Hand des Königs der Aramäer. Sie schlugen
ihn, führten ihm viele Gefangene weg und
brachten sie nach Damaskus. Ebenso geriet
er in die Hand des Königs von Israel. Pekach,
der Sohn Remaljas, bereitete ihm eine
schwere Niederlage. 6 Er erschlug an einem
Tag in Juda hundertzwanzigtausend Mann,
lauter tapfere Krieger, da sie den Herrn, den
Gott ihrer Väter, verlassen hatten. 7 Sichri,
ein efraimitischer Kriegsheld, tötete den Kö-
nigssohn Maaseja, den Hausvorsteher Asri-
kam und Elkana, den Zweiten nach dem Kö-
nig. 8 Die Israeliten führten von ihren Stam-
mesbrüdern zweihunderttausend Frauen,
Söhne und Töchter als Gefangene weg,
machten bei ihnen auch reiche Beute und
brachten sie nach Samaria.

9 Dort lebte ein Prophet des Herrn namens
Oded. Dieser ging dem Heer entgegen, das
nach Samaria zurückkehrte, und hielt ihm
vor: Seht, weil der Herr, der Gott eurer Vä-
ter, über Juda erzürnt war, hat er sie in eure
Hand gegeben. Ihr habt unter ihnen mit ei-
ner Wut gemordet, die zum Himmel schreit.
10 Jetzt wollt ihr euch Leute aus Juda und Je-
rusalem als Knechte und Mägde untertan
machen. Steht denn nicht ihr gerade in
Schuld vor dem Herrn, eurem Gott? 11 Hört
daher jetzt auf mich! Gebt die Gefangenen
zurück, die ihr von euren Stammesbrüdern
weggeführt habt. Es würde sonst der glühen-
de Zorn des Herrn euch treffen. 12 Darauf
traten einige von den Häuptern der Efraimi-
ter, nämlich Asarja, der Sohn Johanans, Be-
rechja, der Sohn Meschillemots, Jehiskija,
der Sohn Schallums, und Amasa, der Sohn
Hadlais, zu den Heimkehrern vom Feldzug
hin, 13 redeten mit ihnen und sagten: Bringt
die Gefangenen nicht hierher! Schon liegt
eine Schuld vor dem Herrn auf uns und ihr
wollt unsere Sünde und Schuld noch ver-
mehren. Ist doch unsere Schuld schon groß
genug und der glühende Zorn des Herrn las-
tet auf Israel. 14 Daraufhin gaben die bewaff-
neten Krieger in Gegenwart der Obersten
und der ganzen Versammlung die Gefange-
nen und die Beute frei. 15 Männer, die na-
mentlich dazu bestimmt waren, gingen hin
und nahmen sich der Gefangenen an. Sie be-
kleideten alle, die nackt waren, aus der Beu-
te und versahen sie mit Gewändern und
Schuhen. Sie gaben ihnen zu essen und zu
trinken, salbten die Schwachen unter ihnen
und setzten sie auf Esel. So brachten sie die
Gefangenen in die Palmenstadt Jericho in
die Nähe ihrer Stammesbrüder. Sie selbst
kehrten nach Samaria zurück.

1–8 ǁ 2 Kön 16,1–5.

Die Bedrängnis durch Assur: 28,16–27

16 In jener Zeit sandte König Ahas einen
Hilferuf an den König von Assur; 17 denn
auch die Edomiter waren eingedrungen, hat-
ten Juda besiegt und Gefangene weggeführt.
18 Zugleich überfielen die Philister die Städ-
te der Schefela und des judäischen Negeb,
eroberten Bet-Schemesch, Ajalon, Gederot,
Socho mit seinen Tochterstädten, Timna mit
seinen Tochterstädten und Gimso mit seinen
Tochterstädten und setzten sich darin fest;
19 denn der Herr demütigte Juda wegen
Ahas', des Königs von Juda, der die Zügello-
sigkeit in Juda förderte und gegen den Herrn
treulos war. 20 Tiglat-Pileser, der König von
Assur, kam zu ihm; doch brachte er ihm nur
Bedrängnis, aber keine Stärkung. 21 Ahas
musste den Tempel, den königlichen Palast
und die führenden Männer berauben und al-
les dem König von Assur geben, fand jedoch
keine Hilfe. 22 Selbst in der Zeit der Be-
drängnis setzte König Ahas seine Treulosig-
keit gegen den Herrn fort. 23 Er brachte den
Göttern von Damaskus, die ihn geschlagen
hatten, Opfer dar und sagte: Die Götter der
aramäischen Könige haben ihren Verehrern
geholfen. Ihnen will ich opfern und sie wer-
den mir helfen. Doch sie dienten nur dazu,
ihn und ganz Israel zu Fall zu bringen.
24 Ahas ließ die Geräte des Hauses Gottes zu-
sammenholen und zerschlagen, schloss die
Tore des Hauses des Herrn und errichtete Al-
täre an allen Ecken Jerusalems. 25 In jeder
einzelnen Stadt Judas baute er Kulthöhen,
um anderen Göttern zu opfern. So erzürnte
er den Herrn, den Gott seiner Väter.

26 Seine übrige Geschichte und alle seine
Unternehmungen, die früheren und die spä-
teren, sind aufgezeichnet im Buch der Köni-
ge von Juda und Israel. 27 Ahas entschlief zu
seinen Vätern und man begrub ihn in Jeru-

28,16–18 Das geschah während des Syrisch-efraimitischen Kriegs (vgl. 2 Kön 16,5–7).

28,19 König von Juda: Text korr. nach G; H: Israel, vgl. aber die Anmerkung zu 10,1.

salem, innerhalb der Stadt, legte ihn also nicht in die Gräber der Könige von Israel. Sein Sohn Hiskija wurde König an seiner Stelle.

16–27 ‖ 2 Kön 16,7–19.

Einleitung zur Geschichte Hiskijas: 29,1–2

29 Hiskija war fünfundzwanzig Jahre alt, als er König wurde, und regierte neunundzwanzig Jahre in Jerusalem. Seine Mutter hieß Abi und war eine Tochter Secharjas. 2 Genau wie sein Vater David tat er, was dem Herrn gefiel.

1–2 ‖ 2 Kön 18,1–3.

Die Wiederherstellung des Kultes: 29,3–36

3 Im ersten Jahr seiner Regierung, im ersten Monat, öffnete er die Tore des Hauses des Herrn und setzte sie wieder instand. 4 Darauf ließ er die Priester und die Leviten kommen, versammelte sie auf dem Platz im Osten 5 und sagte zu ihnen: Leviten, hört mich an! Heiligt euch jetzt und heiligt das Haus des Herrn, des Gottes eurer Väter! Schafft alles Unreine aus dem Heiligtum! 6 Unsere Väter haben treulos gehandelt und getan, was dem Herrn, unserem Gott, missfällt. Sie haben ihn verlassen und ihre Blicke von der Wohnstätte des Herrn abgewandt und ihr den Rücken gekehrt. 7 Sogar die Tore der Vorhalle (des Tempels) haben sie geschlossen, die Lampen ausgelöscht, kein Rauchopfer angezündet und dem Gott Israels im Heiligtum kein Brandopfer dargebracht. 8 Darum kam der Zorn des Herrn über Juda und Jerusalem. Er machte sie zum Schreckbild, zum Gegenstand des Entsetzens und zum Gespött, wie ihr es mit eigenen Augen seht. 9 Deswegen sind unsere Väter unter dem Schwert gefallen und sind unsere Söhne, Töchter und Frauen in Gefangenschaft. 10 Ich habe nun vor, einen Bund mit dem Herrn, dem Gott Israels, zu schließen, damit sein glühender Zorn von uns ablässt. 11 Meine Söhne, seid jetzt nicht nachlässig! Euch hat ja der Herr dazu erwählt, dass ihr vor ihm steht und ihm dient. Ihr sollt seine Diener sein und ihm Opfer darbringen.

12 Da standen folgende Leviten auf: Mahat, der Sohn Amasais, und Joël, der Sohn Asarjas, von den Nachkommen der Kehatiter; Kisch, der Sohn Abdis, und Asarja, der Sohn Jehallelels, von den Nachkommen Meraris; Joach, der Sohn Simmas, und Eden, der Sohn Joachs, von den Gerschonitern; 13 Schimri und Jëiël von den Nachkommen Elizafans; Secharja und Mattanja von den Nachkommen Asafs; 14 Jehiël und Schimi von den Nachkommen Hemans; Schemaja und Usiël von den Nachkommen Jedutuns. 15 Sie versammelten ihre Stammesbrüder und heiligten sich. Dann gingen sie auf Befehl des Königs, der sich auf die Worte des Herrn stützte, daran, das Haus des Herrn zu reinigen. 16 Die Priester betraten das Innere des Hauses des Herrn, um es zu reinigen. Sie schafften alles Unreine, das sie im Tempel des Herrn fanden, in den Hof des Hauses des Herrn. Dort übernahmen es die Leviten und trugen es in das Kidrontal hinaus. 17 Am ersten Tag des ersten Monats begannen sie mit der Reinigung; am achten Tag des Monats kamen sie zur Vorhalle des Herrn; dann heiligten sie das Haus des Herrn innerhalb von acht Tagen. Am sechzehnten Tag des ersten Monats hatten sie die Arbeit vollendet.

18 Darauf gingen sie zum König Hiskija hinein und meldeten: Wir haben das ganze Haus des Herrn gesäubert. Den Brandopferaltar mit all seinen Geräten, den Tisch für die Schaubrote mit all seinen Geräten, 19 alle Geräte, die König Ahas während seiner Regierung durch seine Treulosigkeit entweiht hat, haben wir instand gesetzt und geheiligt. Sie stehen nun vor dem Altar des Herrn.

20 Am nächsten Morgen versammelte König Hiskija die führenden Männer der Stadt und ging mit ihnen in das Haus des Herrn hinauf. 21 Man führte sieben Stiere, sieben Widder, sieben Lämmer und sieben Ziegenböcke als Sündopfer für das Königshaus, für das Heiligtum und für Juda herbei und der König befahl den Priestern, den Nachkommen Aarons, sie auf dem Altar des Herrn darzubringen. 22 Man schlachtete die Rinder; die Priester fingen das Blut auf und sprengten es an den Altar. Dann schlachteten sie die Widder und sprengten das Blut an den Altar. Dann schlachteten sie die Lämmer und sprengten das Blut an den Altar. 23 Zuletzt brachte man die Böcke für das Sündopfer vor den König und die Versammlung, damit sie die Hände auf sie legten. 24 Dann schlachteten die Priester die Böcke und sprengten das Blut als Sündopfer an den Altar, um für ganz Israel Sühne zu erwirken; denn der König hatte das Brandopfer und das Sündopfer für ganz Israel bestimmt. 25 Er stellte die Leviten mit Zimbeln, Harfen und Zithern im Haus des Herrn auf, wie es der Anordnung Davids, des königlichen Sehers Gad und des Propheten Natan entsprach. Diese Weisungen waren vom Herrn durch seine Propheten ergangen. 26 Die Leviten traten mit den Instrumenten Davids und die Priester mit ihren Trompeten an. 27 Dann

ließ Hiskija das Brandopfer auf dem Altar darbringen. Als das Opfer begann, setzten gleichzeitig auch der Gesang zur Ehre des Herrn und die Trompeten ein, begleitet von den Instrumenten Davids, des Königs von Israel. 28 Die ganze Versammlung warf sich nieder, während der Gesang ertönte und die Trompeten schmetterten. Dies alles dauerte bis zum Abschluss des Opfers. 29 Nach der Darbringung des Brandopfers verneigten sich der König und alle, die sich bei ihm eingefunden hatten, und warfen sich nieder. 30 König Hiskija und die führenden Männer befahlen den Leviten, den Herrn mit den Worten Davids und des Sehers Asaf zu preisen. Diese sangen den Lobpreis mit Freuden, verneigten sich und warfen sich nieder.

31 Hierauf nahm Hiskija das Wort und sagte: Ihr steht jetzt mit vollen Händen vor dem Herrn. Tretet heran und bringt Schlacht- und Dankopfer zum Haus des Herrn! Da brachte die Versammlung Schlacht- und Dankopfer herbei; manche gaben freiwillig noch Brandopfer hinzu. 32 Die Anzahl der Brandopfer, die die Versammlung spendete, betrug siebzig Rinder, hundert Widder und zweihundert Lämmer. Sie wurden alle als Brandopfer dem Herrn dargebracht. 33 Die Weihegaben beliefen sich auf sechshundert Rinder und dreitausend Schafe. 34 Es waren aber zu wenig Priester vorhanden, um alle Brandopfer enthäuten zu können. Daher halfen ihnen ihre Amtsbrüder, die Leviten, bis die Arbeit geschehen war und die Priester sich geheiligt hatten; denn die Leviten hatten sich eifriger um ihre Heiligung bemüht als die Priester. 35 Es war aber auch die Anzahl der Brandopfer sehr groß, die neben den Fettstücken der Heilsopfer und den zum Brandopfer gehörenden Trankopfern dargebracht werden mussten. So wurde der Dienst im Haus des Herrn wiederhergestellt. 36 Hiskija und das ganze Volk freuten sich, dass Gott dies dem Volk gewährt hatte; denn es war wider Erwarten schnell geschehen.

3–36: 2 Kön 18,4–8 • 25: 1 Chr 16,4–6.

Die Feier des Paschafestes: 30,1 – 31,1

30 Hiskija sandte Boten zu ganz Israel und Juda, schrieb auch Briefe an Efraim und Manasse und forderte sie auf, zum Haus des Herrn nach Jerusalem zu kommen und zur Ehre des Herrn, des Gottes Israels, das Pascha zu feiern. 2 Dann beriet er sich mit seinen Hofleuten und der ganzen Versammlung in Jerusalem, ob sie das Pascha nicht erst im zweiten Monat begehen sollten; 3 denn sie konnten es damals nicht abhalten, da sich nicht genügend Priester geheiligt hatten und das Volk nicht in Jerusalem versammelt war. 4 Der Plan gefiel dem König und der ganzen Versammlung. 5 Sie beschlossen, man solle in ganz Israel von Dan bis Beerscheba ausrufen, dass sie kommen und in Jerusalem zur Ehre des Herrn, des Gottes Israels, das Pascha feiern sollten; denn man hatte es bisher nicht vollzählig so gehalten, wie es vorgeschrieben war.

6 Die Eilboten durchzogen nun mit den Briefen aus der Hand des Königs und seiner Hofleute ganz Israel und Juda und verkündeten im Auftrag des Königs: Israeliten, kehrt um zum Herrn, dem Gott Abrahams, Isaaks und Israels, damit er sich dem Rest zuwendet, der von der Hand der Könige von Assur verschont geblieben ist. 7 Seid nicht wie eure Väter und Brüder, die dem Herrn, dem Gott ihrer Väter, untreu geworden sind, sodass er sie zu einem Bild des Entsetzens machte, wie ihr es vor Augen habt. 8 Seid jetzt nicht hartnäckig wie eure Väter! Reicht dem Herrn die Hand und kommt in sein Heiligtum, das er für immer geheiligt hat. Dient dem Herrn, eurem Gott, damit sein Zorn von euch ablässt. 9 Wenn ihr zum Herrn zurückkehrt, werden eure Brüder und Söhne Erbarmen finden bei denen, die sie als Gefangene weggeführt haben. Sie werden in dieses Land zurückkehren dürfen; denn der Herr, euer Gott, ist gnädig und barmherzig. Er wird sein Angesicht nicht von euch abwenden, wenn ihr zu ihm umkehrt.

10 Die Eilboten zogen von Stadt zu Stadt durch das Gebiet von Efraim und Manasse bis nach Sebulon. Doch man lachte und spottete über sie. 11 Nur einige Männer von Ascher, Manasse und Sebulon beugten sich und kamen nach Jerusalem. 12 Auch in Juda waltete die Hand Gottes und bewirkte, dass sie einmütig den Befehl des Königs und der führenden Männer befolgten, wie es dem

29,31 Wörtlich: Ihr habt jetzt eure Hand für den Herrn gefüllt.

29,33 Die Menge der Tiere benötigte man zum Opfermahl, das mit der Einweihungsfeier verbunden war.

29,34 Die Priester und Leviten mussten vor der Ausübung ihres Dienstes »sich heiligen«, d.h. verschiedene Reinigungsriten auf sich nehmen.

30,2 Num 9,10f gestattet in Ergänzung zu Ex 12,6 in besonderen Fällen die Verlegung des Pascha auf den zweiten Monat. Zur Paschafeier des ganzen Volkes vgl. die Anmerkung zu Ex 12,1 – 13,6.

30,9 Im Jahr 722 v. Chr. war das Nordreich untergegangen und ein Teil der Bevölkerung nach Assyrien in die Gefangenschaft verschleppt worden.

Wort des Herrn entsprach. 13 So versammelte
sich viel Volk in Jerusalem, um im zweiten
Monat das Fest der Ungesäuerten Brote zu
begehen. Es war eine sehr große Versamm-
lung. 14 Sie machten sich auf, entfernten die
Altäre in Jerusalem, beseitigten alle Rauch-
opferaltäre und warfen sie in das Kidrontal.
15 Am vierzehnten Tag des zweiten Monats
schlachteten sie das Pascha. Die Priester und
Leviten aber fühlten sich beschämt. Sie hei-
ligten sich, brachten Brandopfer zum Haus
des Herrn 16 und begaben sich pflichtgemäß
an ihren Platz, nach dem Gesetz des Mose,
des Mannes Gottes. Die Priester sprengten
das Blut (an den Altar), das sie von den Levi-
ten entgegennahmen. 17 Weil viele in der
Versammlung sich nicht geheiligt hatten,
schlachteten die Leviten die Paschalämmer
für alle, denen die Reinheit fehlte, die man
für die Weihe an den Herrn brauchte.
18 Denn ein großer Teil des Volkes, viele
nämlich aus Efraim, Manasse, Issachar und
Sebulon, hatten sich nicht gereinigt. Sie
aßen das Pascha nicht in der vorgeschriebe-
nen Weise. Doch Hiskija betete für sie und
sagte: Der Herr, der Gütige, entsühne 19 je-
den, der seinen Sinn darauf richtet, den
Herrn, den Gott seiner Väter, zu suchen,
auch wenn er nicht die Reinheit besitzt, die
dem Heiligtum gebührt. 20 Der Herr hörte
auf Hiskija und ließ das Volk unversehrt.
21 So feierten die Israeliten, die sich in Jeru-
salem eingefunden hatten, das Fest der Un-
gesäuerten Brote sieben Tage hindurch mit
großer Freude. Tag für Tag priesen die Levi-
ten und Priester den Herrn mit lauten In-
strumenten. 22 Die Leviten zeigten großes
Verständnis für den Dienst des Herrn und
Hiskija ermunterte sie zu ihrer Arbeit. Als
dann die sieben Tage der Festzeit zu Ende
waren, an denen sie Heilsopfer darbrachten
und den Herrn, den Gott ihrer Väter, priesen,
23 beschloss die ganze Versammlung, weitere
sieben Tage zu feiern, und so machten sie
auch diese sieben Tage zu einem Freuden-
fest. 24 Hiskija, der König von Juda, hatte
nämlich tausend Stiere und siebentausend
Schafe für die Versammlung gestiftet und
die führenden Männer hatten tausend Stiere
und zehntausend Schafe für die Versamm-
lung gestiftet; von den Priestern aber hatten
sich sehr viele geheiligt. 25 So freute sich die
ganze Versammlung Judas, die Priester und
die Leviten und alle, die aus Israel gekom-
men waren, auch die Fremden, die sich aus
dem Gebiet Israels eingefunden hatten oder
in Juda wohnten. 26 Die Freude war groß in
Jerusalem; denn seit den Tagen Salomos, des
Sohnes Davids, des Königs von Israel, hatte
es dergleichen in Jerusalem nicht mehr ge-
geben. 27 Zuletzt standen die levitischen
Priester auf und segneten das Volk. Gott
hörte ihr Rufen und ihr Gebet drang zu
seiner heiligen Wohnung, zum Himmel, em-
por.

31 Nachdem sie dies alles beendet hat-
ten, zogen die anwesenden Israeliten
insgesamt in die Städte Judas, zertrümmer-
ten die Steinmale, hieben die Kultpfähle um
und zerstörten die Kulthöhen und Altäre in
ganz Juda, Benjamin, Efraim und Manasse
vollständig. Darauf kehrten alle in ihre
Städte auf ihren Besitz zurück.

31,1: 2 Kön 18,4.

Die Neuordnung des Tempeldienstes:
31,2–21

2 Hiskija stellte die Abteilungen der Pries-
ter und Leviten nach ihren Dienstklassen
auf. Er wies alle Priester und Leviten einzeln
in ihren Dienst ein und bestellte sie zum
Vollzug der Brand- und Heilsopfer, zu
Dienstleistungen und zum Vortrag der
Dank- und Lobgesänge an den Toren des La-
gers des Herrn.
3 Der Beitrag, den der König aus seinem
Vermögen für die Brandopfer leistete, betraf
die Opfer am Morgen und am Abend sowie
die Brandopfer an den Sabbaten, Neumond-
tagen und Festen, die durch das Gesetz des
Herrn vorgeschrieben waren.
4 Hiskija befahl dem Volk, das heißt, den
Einwohnern Jerusalems, die den Priestern
und den Leviten zustehenden Anteile abzu-
liefern, damit sie sich ganz dem Gesetz des
Herrn widmen könnten. 5 Sobald der Befehl
bekannt wurde, brachten die Israeliten die
Ersterträge von Getreide, Most, Öl, Honig
und allen Früchten des Feldes reichlich her-
bei und lieferten den Zehnten von allem voll-
zählig ab. 6 Ebenso brachten die Israeliten
und die Judäer, die in den Städten Judas
wohnten, den Zehnten von den Rindern und
Schafen sowie den Zehnten von den Weihe-
gaben, die dem Herrn, ihrem Gott, überge-
ben wurden. Sie reihten Stapel an Stapel.
7 Im dritten Monat fingen sie an, die unterste

30,22 zu Ende waren: Text korr. nach G.
30,26 Hinweis auf das Tempelweihfest unter Salomo.
31,2 Der Ausdruck »Lager des Herrn« vergleicht den Tempelbereich mit dem Zeltlager der Wüstenzeit.
31,4 Nach Num 18,21–32 gehörten den Priestern und Leviten die Zehnten und Erstlingsfrüchte.

Schicht zu legen, und im siebten Monat waren sie damit fertig. 8 Als dann Hiskija und die führenden Männer kamen und die aufgestapelten Mengen sahen, priesen sie den Herrn und sein Volk Israel. 9 Hiskija erkundigte sich bei den Priestern und den Leviten wegen der aufgestapelten Mengen 10 und der Oberpriester Asarja aus dem Haus Zadok gab zur Antwort: Seitdem man begonnen hat, die Abgaben in das Haus des Herrn zu bringen, haben wir zu essen, werden satt und lassen noch reichlich übrig; denn der Herr hat sein Volk gesegnet. Diese Menge ist übrig geblieben.

11 Hiskija ließ nun Kammern im Haus des Herrn herrichten, und als man sie hergerichtet hatte, 12 brachte man die Abgaben, die Zehnten und die Weihegaben gewissenhaft dorthin. Der Levit Konanja war Aufseher über sie und sein Bruder Schimi sein Stellvertreter. 13 Ihnen standen auf Anordnung des Königs Hiskija und Asarjas, des Fürsten des Hauses Gottes, Jehiël, Asasja, Nahat, Asaël, Jerimot, Josabad, Eliël, Jismachja, Mahat und Benaja als Beamte zur Seite. 14 Der Levit Kore, der Sohn Jimnas, der Wächter am Osttor, wachte über die freiwilligen Spenden an Gott, damit die für den Herrn bestimmte Abgabe und das Hochheilige abgeliefert würden. 15 Ihm standen Eden, Minjamin, Jeschua, Schemaja, Amarja und Schechanja in den Priesterstädten gewissenhaft zur Seite, damit ihre Amtsbrüder, die Vornehmen wie die Geringen, abteilungsweise ihre Anteile erhielten.

16 Außerdem hatte man für alle, die abteilungsweise in das Haus des Herrn kamen, um aufgrund ihrer Obliegenheiten und entsprechend den Erfordernissen eines jeden Tages ihren Dienst zu verrichten, Verzeichnisse angelegt. Sie erfassten alle männlichen Personen, die drei Jahre und darüber waren. 17 Dabei war die Eintragung der Priester nach Großfamilien geschehen; die Leviten wurden, von zwanzig Jahren an aufwärts, nach ihren Obliegenheiten und nach ihren Abteilungen aufgeschrieben. 18 Die Eintragung erfasste bei jeder Gemeinschaft alle Kinder, Frauen, Söhne und Töchter; denn auch diese wurden durch deren ständigen Dienst geheiligt. 19 Für die Söhne Aarons, die Priester, die auf den Weideflächen ihrer Städte wohnten, wurden in jeder einzelnen Stadt Männer bestellt, die namentlich bestimmt waren, um allen männlichen Angehörigen der Priester und allen im Verzeichnis stehenden Leviten ihre Anteile zu geben.

20 So verfuhr Hiskija in ganz Juda. Er tat, was gut, recht und getreu war vor dem Herrn, seinem Gott. 21 Bei jedem Unternehmen, das er im Dienst des Hauses Gottes oder für das Gesetz und die Gebote begann, um seinen Gott zu suchen, handelte er mit Hingabe seines ganzen Herzens und hatte Erfolg.

6: Num 18,8–32.

Sanheribs Feldzug gegen Jerusalem:
32,1–23

32 Nach diesen Maßnahmen und diesen Beweisen der Treue Hiskijas zog Sanherib, der König von Assur, heran. Er fiel in Juda ein, belagerte die festen Städte und gedachte, sie für sich zu erobern. 2 Als Hiskija sah, dass Sanherib herankam und sich zum Krieg gegen Jerusalem anschickte, 3 überlegte er mit seinen Obersten und Helden, ob man nicht die Wasserquellen außerhalb der Stadt verstopfen solle. Sie unterstützten sein Vorhaben. 4 Man holte viel Volk zusammen und verstopfte alle Quellen und den Bach, der mitten durch das Tal fließt; denn man sagte sich: Wozu sollen die Könige von Assur bei ihrer Ankunft reichlich Wasser finden? 5 Auch unternahm der König Anstrengungen, um die ganze Mauer auszubessern, in der Risse entstanden waren. Er erhöhte die Türme, baute draußen die andere Mauer, befestigte den Millo in der Davidstadt und ließ viele Wurfspieße und Schilde anfertigen. 6 Dann setzte er Kriegsoberste über das Volk und versammelte sie vor sich am Platz vor dem Stadttor. Dort sprach er ihnen Mut zu und sagte: 7 Seid mutig und tapfer! Fürchtet euch nicht und erschreckt nicht vor dem König von Assur und dem großen Heer, das bei ihm ist; denn bei uns ist mehr als bei ihm. 8 Bei ihm sind Arme aus Fleisch, bei uns aber ist der Herr, unser Gott, der uns hilft und unsere Kriege führt. Das Volk wurde durch die Worte Hiskijas, des Königs von Juda, ermutigt.

9 Als dann Sanherib, der König von Assur, später mit seiner ganzen Streitmacht vor Lachisch stand, sandte er seine Diener nach Jerusalem zu Hiskija, dem König von Juda, und zu allen Judäern, die in Jerusalem

31,14 das Hochheilige: die Anteile, die bei bestimmten Opfern von den Priestern am Heiligtum gegessen werden mussten (vgl. Lev 2,3; 6,10.18; 7,6; 14,13).

32,9–22 Vgl. die Anmerkungen zu 2 Kön 18 und 19.

wohnten. Er ließ ihnen sagen: 10 So spricht Sanherib, der König von Assur: Worauf vertraut ihr denn, dass ihr im belagerten Jerusalem bleibt? 11 Hiskija führt euch nur irre, um euch durch Hunger und Durst umkommen zu lassen, wenn er sagt: Der Herr, unser Gott, wird uns aus der Hand des Königs von Assur retten. 12 Hat nicht gerade Hiskija seine Kulthöhen und Altäre beseitigt und in Juda und Jerusalem angeordnet: Nur vor einem einzigen Altar dürft ihr euch niederwerfen und auf ihm Opfer anzünden? 13 Wisst ihr denn nicht, was ich und meine Väter mit allen Völkern in anderen Ländern gemacht haben? Konnten denn die Götter der Völker in diesen Ländern ihr Land aus meiner Hand retten? 14 Wer von all den Göttern dieser Völker, die meine Väter dem Untergang geweiht haben, konnte sein Volk aus meiner Hand retten? Wie sollte dann euer Gott euch aus meiner Hand retten? 15 Lasst euch jetzt nicht von Hiskija betören und euch nicht auf diese Weise irreführen! Glaubt ihm nicht! Denn kein Gott irgendeines anderen Volkes oder Reiches konnte sein Volk aus meiner Hand und aus der Hand meiner Väter retten. Wie viel weniger wird euer Gott euch aus meiner Hand retten! 16 Noch vieles andere redeten die Abgesandten Sanheribs gegen Gott, den Herrn, und seinen Knecht Hiskija. 17 Sanherib schrieb auch einen Brief, in dem er den Herrn, den Gott Israels, verhöhnte. Er schrieb darin über ihn: Wie die Götter der Völker in anderen Ländern ihr Volk nicht aus meiner Hand gerettet haben, so wird auch der Gott Hiskijas sein Volk nicht aus meiner Hand retten. 18 Der Bevölkerung Jerusalems, die auf der Mauer stand, riefen die Abgesandten ihren Auftrag mit lauter Stimme auf Judäisch zu, um sie in Furcht und Schrecken zu versetzen und so die Stadt erobern zu können. 19 Sie redeten vom Gott Jerusalems wie von den Göttern der anderen Völker auf der Erde, die nur ein Werk von Menschen sind. 20 Doch König Hiskija und der Prophet Jesaja, der Sohn des Amoz, beteten in dieser Angelegenheit zum Herrn und riefen zum Himmel. 21 Da sandte der Herr einen Engel, der alle Kriegshelden, Fürsten und Hauptleute im Lager des Königs von Assur vernichtete. Sanherib musste, mit Schande bedeckt, in sein Land zurückkehren. Als er in den Tempel seines Gottes kam, machten ihn dort seine eigenen Söhne mit dem Schwert nieder. 22 So befreite der Herr den Hiskija und die Einwohner Jerusalems aus der Hand Sanheribs, des Königs von Assur, und aus der Hand aller Feinde. Er verlieh ihnen ringsum Ruhe. 23 Viele brachten Gaben für den Herrn nach Jerusalem und kostbare Geschenke für Hiskija, den König von Juda. Er war seitdem hochgeehrt in den Augen aller Völker.

1–23 ‖ 2 Kön 18,13 – 19,37; Jes 36 und 37.

Weitere Nachrichten über Hiskija: 32,24–33

24 In jenen Tagen wurde Hiskija schwer krank und war dem Tod nahe. Er betete zum Herrn und dieser erhörte ihn und gab ihm ein Wunderzeichen. 25 Doch Hiskija zeigte keine Dankbarkeit für die empfangene Wohltat und wurde hochmütig. Da kam ein Zorngericht über ihn und über Juda und Jerusalem. 26 Nun aber demütigte sich Hiskija mit den Einwohnern Jerusalems in seinem Stolz und so kam das Zorngericht des Herrn nicht schon in den Tagen Hiskijas über sie.

27 Hiskija wurden Reichtum und Ehre in hohem Maß zuteil. Er erwarb Schätze an Silber, Gold, Edelsteinen, Balsam, Schilden und allerlei kostbaren Geräten. 28 Auch hatte er Speicher für Getreide, Most und Öl, dazu Ställe für jede Art von Vieh und Hürden für die Herden. 29 Er hatte sich nämlich Esel und einen reichen Besitz an Schafen und Rindern verschafft, denn Gott hatte ihm ein sehr großes Vermögen verliehen. 30 Hiskija war es auch, der den oberen Abfluss des Gihonwassers verstopfte und es nach Westen in die Davidstadt hinableitete. Bei allem, was er unternahm, hatte er Erfolg. 31 So war es auch, als die babylonischen Obersten ihre Unterhändler zu ihm sandten, um Auskunft über das Zeichen zu erlangen, das im Land erschienen war. Da überließ ihn Gott sich selbst, um zu erproben, wie er wirklich gesinnt war.

32 Die übrige Geschichte Hiskijas und seine frommen Taten sind aufgezeichnet in der Vision des Propheten Jesaja, des Sohnes des Amoz, und im Buch der Könige von Juda und Israel. 33 Hiskija entschlief zu seinen Vätern und man begrub ihn beim Aufgang zu den Gräbern der Nachkommen Davids. Bei seinem Tod erwiesen ihm ganz Juda und die Einwohner Jerusalems die Ehre. Sein Sohn Manasse wurde König an seiner Stelle.

24–26 ‖ 2 Kön 20,1–11 • 31: 2 Kön 20,10–19.

32,22 verlieh ihnen Ruhe: Text korr. nach G.
32,24 erhörte ihn: Text korr. nach G. 2 Kön 20,1–11 berichtet ausführlich über die Heilung und das Wunderzeichen.
32,28 Hürden für die Herden: Text korr. nach G und Vg.
32,29 Esel: Text korr.; H: Städte.

Manasse: 33,1–20

33 Manasse war zwölf Jahre alt, als er
König wurde, und regierte fünfund-
fünfzig Jahre in Jerusalem. 2 Er tat, was dem
Herrn missfiel, und ahmte die Gräuel der
Völker nach, die der Herr vor den Augen der
Israeliten vertrieben hatte. 3 Er baute die
Kulthöhen wieder auf, die sein Vater Hiskija
zerstört hatte, errichtete Altäre für die Baa-
le, ließ Kultpfähle anfertigen, warf sich vor
dem ganzen Heer des Himmels nieder und
diente ihm. 4 Auch baute er solche Altäre im
Haus des Herrn, obwohl der Herr gesagt hat-
te: In Jerusalem soll mein Name auf ewig
bleiben. 5 In den beiden Höfen des Tempels
baute er Altäre für das ganze Heer des Him-
mels. 6 Er ließ im Tal Ben-Hinnom seine Söh-
ne durch das Feuer gehen, trieb Zauberei,
Wahrsagerei und andere geheime Künste,
bestellte Totenbeschwörer und Zeichendeu-
ter. So tat er vieles, was dem Herrn missfiel
und ihn erzürnte. 7 Er brachte auch das Göt-
terbild, das er hatte anfertigen lassen, in das
Haus Gottes, von dem Gott zu David und
dessen Sohn Salomo gesagt hatte: Auf dieses
Haus und auf Jerusalem, das ich aus allen
Stämmen Israels auserwählt habe, will ich
meinen Namen auf ewig legen. 8 Ich werde
Israels Fuß nicht mehr außerhalb des Landes
ziehen lassen, das ich für eure Väter be-
stimmt habe, wenn sie nur alles befolgen,
was ich ihnen im ganzen Gesetz, in den Ge-
boten und Rechtsvorschriften des Mose be-
fohlen habe. 9 Doch Manasse verführte Juda
und die Einwohner Jerusalems, noch
Schlimmeres zu tun als die Völker, die der
Herr vor den Augen der Israeliten vernichtet
hatte. 10 Der Herr redete zu Manasse und zu
seinem Volk. Doch sie achteten nicht darauf.
11 Da ließ der Herr die Heerführer des Kö-
nigs von Assur gegen sie anrücken. Sie er-
griffen Manasse in seinem Versteck, fessel-
ten ihn mit bronzenen Ketten und führten
ihn nach Babel. 12 Als man ihn so bedrängte,
suchte er den Herrn, seinen Gott, zu besänf-
tigen. Er beugte sich tief vor dem Gott seiner
Väter 13 und betete zu ihm. Gott erbarmte
sich seiner; er hörte sein Flehen und ließ ihn
als König nach Jerusalem zurückkehren. So
musste Manasse erfahren, dass der Herr der
wahre Gott ist.
14 Danach baute er draußen an der David-
stadt eine Mauer, die im Tal westlich vom
Gihon gegen das Fischtor lief, sodass er den
Ofel umschloss; er machte sie sehr hoch.
Auch bestellte er Kriegsoberste für alle be-
festigten Städte Judas. 15 Sodann entfernte
er die fremden Götter und das Götzenbild
aus dem Haus des Herrn, auch alle Altäre,
die er auf dem Berg des Hauses des Herrn
und in Jerusalem errichtet hatte, und warf
sie vor die Stadt hinaus. 16 Den Altar des
Herrn aber stellte er wieder her, brachte auf
ihm Heils- und Dankopfer dar und befahl
Juda, dem Herrn, dem Gott Israels, zu die-
nen. 17 Doch opferte das Volk immer noch
auf den Kulthöhen, wenn auch nur dem
Herrn, seinem Gott.
18 Die übrige Geschichte Manasses, sein
Gebet zu seinem Gott und die Worte der Se-
her, die im Namen des Herrn, des Gottes Is-
raels, zu ihm redeten, sind aufgezeichnet in
der Geschichte der Könige von Israel. 19 Sein
Gebet und dessen Erhörung, alle seine Sün-
den und treulosen Taten, die Orte, an denen
er Kulthöhen errichtete und Kultpfähle und
Götzenbilder aufstellte, bevor er sich demü-
tigte, sind aufgezeichnet in der Geschichte
seiner Seher. 20 Manasse entschlief zu seinen
Vätern und man begrub ihn im Garten seines
Hauses. Sein Sohn Amon wurde König an
seiner Stelle.

1–20 ‖ 2 Kön 21,1–18 • 3: 31,1 • 4: 1 Kön 9,3 • 7: 1 Kön 9,3 • 8: 2 Sam 7,10.

Amon: 33,21–25

21 Amon war zweiundzwanzig Jahre alt,
als er König wurde, und regierte zwei Jahre
in Jerusalem. 22 Wie sein Vater Manasse tat
er, was dem Herrn missfiel; er opferte allen
Götzenbildern, die sein Vater Manasse hatte
machen lassen, und verehrte sie. 23 Doch de-
mütigte er sich nicht vor dem Herrn wie sein
Vater Manasse, sondern vermehrte die
Schuld. 24 Gegen ihn zettelten seine Diener
eine Verschwörung an und töteten ihn in sei-
nem Haus. 25 Doch die Bürger des Landes er-

33,3 Heer des Himmels: die Sterne, die vielfach als göttliche Wesen verehrt wurden.

33,6 Er ließ sie durch das Feuer gehen: vgl. die Anmerkung zu 2 Kön 16,3.

33,7 Gemeint ist das Bild der Göttin Aschera, der weiblichen Entsprechung zu Baal (vgl. 2 Kön 21,7).

33,11 In assyrischen Texten wird Manasse als Vasall der Könige Asarhaddon und Assurbanipal erwähnt; von seiner Gefangenschaft ist nicht die Rede.

33,14 Vielleicht Fortsetzung der von Hiskija begonnenen Mauer (vgl. 32,5).

33,19 seiner Seher: Text korr.; der Ausdruck in H wird von manchen Auslegern als Eigenname (Hosai) verstanden.

33,20 im Garten: nach G und 2 Kön 21,18 eingefügt.

schlugen alle, die sich gegen König Amon verschworen hatten, und machten seinen Sohn Joschija zum König an seiner Stelle.

21–25 ‖ 2 Kön 21,19–24.

Joschijas Kampf gegen den Götzendienst: 34,1–7

34 Joschija war acht Jahre alt, als er König wurde, und regierte einunddreißig Jahre in Jerusalem. 2 Er tat, was dem Herrn gefiel, und folgte den Wegen seines Vaters David, ohne nach rechts oder links abzuweichen.

3 Im achten Jahr seiner Regierung, als er noch jung war, begann er, den Gott seines Vaters David zu suchen. Im zwölften Jahr fing er an, Juda und Jerusalem von den Kulthöhen, den Kultpfählen, den Schnitz- und Gussbildern zu reinigen. 4 Vor seinen Augen riss man die Altäre der Baale nieder. Er ließ die Rauchopferaltäre, die auf ihnen standen, zerschlagen, die Kultpfähle zerstören, die Schnitz- und Gussbilder zermalmen, ihren Staub auf die Gräber derer streuen, die ihnen geopfert hatten, 5 und Gebeine von Priestern auf ihren Altären verbrennen. So reinigte er Juda und Jerusalem. 6 Auch in den Städten von Manasse, Efraim, Simeon bis nach Naftali 7 riss er überall auf ihren Plätzen die Altäre nieder, zerstörte die Kultpfähle, zermalmte die Götzenbilder und zertrümmerte die Rauchopferaltäre im ganzen Land Israel. Dann kehrte er nach Jerusalem zurück.

1–2 ‖ 2 Kön 22,1–2.

Die Auffindung des Gesetzbuchs: 34,8–28

8 Im achtzehnten Jahr seiner Regierung, während der Säuberung des Landes und des Tempels, sandte König Joschija Schafan, den Sohn Azaljas, den Stadtobersten Maaseja und den Sprecher des Königs, Joach, den Sohn des Joahas, in das Haus des Herrn, seines Gottes, um es instand setzen zu lassen. 9 Sie kamen zum Hohenpriester Hilkija und man gab das Geld heraus, das in das Haus Gottes gebracht worden war und das die Leviten, die Wächter an den Schwellen, von Manasse, Efraim und dem ganzen übrigen Israel, von ganz Juda, Benjamin und den Einwohnern Jerusalems gesammelt hatten. 10 Sie gaben es den Werkmeistern, die im Haus des Herrn angestellt waren, und diese verwendeten es für die Arbeiter, die im Haus des Herrn tätig waren, um seine Schäden auszubessern und das Haus instand zu setzen. 11 Sie gaben es den Zimmerleuten und Bauarbeitern zum Ankauf von Bruchsteinen und Holz zur Beschaffung der Klammern und zur Erneuerung des Gebälks in den Gebäuden, die von den Königen von Juda vernachlässigt worden waren. 12 Die Männer handelten bei ihrer Arbeit auf Treu und Glauben. Zu ihrer Leitung waren die Leviten Jahat und Obadja von den Nachkommen Meraris sowie Secharja und Meschullam von den Nachkommen Kehats bestellt. Die Leviten, die sich auf die Musikinstrumente verstanden, 13 befehligten die Lastträger und hatten die Aufsicht über alle Arbeiter bei verschiedenen Dienstleistungen. Einzelne Leviten waren Schreiber, Listenführer und Torwächter.

14 Als man das Geld herausnahm, das in das Haus des Herrn gebracht worden war, fand der Priester Hilkija das Buch des Gesetzes des Herrn, das durch Mose verkündet worden war. 15 Hilkija berichtete darüber dem Staatsschreiber Schafan und sagte: Ich habe im Haus des Herrn das Gesetzbuch gefunden. Hilkija übergab Schafan das Buch 16 und dieser brachte es zum König mit der Meldung: Deine Knechte haben alles ausgeführt, was ihnen aufgetragen wurde. 17 Sie haben das Geld ausgeschüttet, das sich im Haus des Herrn vorfand, und es den Aufsehern und Arbeitern gegeben. 18 Dann sagte der Staatsschreiber zum König: Der Priester Hilkija hat mir ein Buch gegeben. Schafan las dem König daraus vor.

19 Als der König die Worte des Gesetzes hörte, zerriss er seine Kleider 20 und befahl dem Priester Hilkija sowie Ahikam, dem Sohn Schafans, Abdon, dem Sohn Michas, dem Staatsschreiber Schafan und Asaja, dem Diener des Königs: 21 Geht und befragt den Herrn für mich und den Rest Israels und Judas wegen des Buches, das aufgefunden wurde. Denn der Zorn des Herrn, der sich über uns ergossen hat, muss groß sein, weil unsere Väter auf das Wort des Herrn nicht geachtet und weil sie nicht getan haben, was in diesem Buch niedergeschrieben ist.

22 Da ging Hilkija mit den Männern, die der König bestimmt hatte, zur Prophetin Hulda. Sie war die Frau Schallums, des Soh-

34,5 Die Berührung mit Totengebeinen zieht die größte Verunreinigung nach sich.
34,8–28 Vgl. die Anmerkungen zu 2 Kön 22.
34,20 Abdon: In 2 Kön 22,12 lautet der Name Achbor.
34,22 Statt Tokhat und Hasra stehen in 2 Kön 22,14 die Namen Tikwa und Harhas.

nes Tokhats, des Sohnes Hasras, des Verwalters der Kleiderkammer, und wohnte in Jerusalem in der Neustadt. Die Abgesandten trugen ihr die Angelegenheit vor 23 und sie gab ihnen diese Antwort: So spricht der Herr, der Gott Israels: Sagt zu dem Mann, der euch zu mir geschickt hat: 24 So spricht der Herr: Ich bringe Unheil über diesen Ort und seine Bewohner, alle Flüche, die im Buch geschrieben stehen, das man dem König von Juda vorgelesen hat. 25 Denn sie haben mich verlassen, anderen Göttern geopfert und mich durch alle Werke ihrer Hände erzürnt. Darum hat sich mein Zorn über diesen Ort ergossen und er wird nicht erlöschen. 26 Sagt aber zum König von Juda, der euch hergesandt hat, um den Herrn zu befragen: So spricht der Herr, der Gott Israels: Durch die Worte, die du gehört hast, 27 wurde dein Herz erweicht. Du hast dich vor Gott gedemütigt, als du seine Drohungen gegen diesen Ort und seine Bewohner vernommen hast. Du hast dich vor mir gedemütigt, deine Kleider zerrissen und hast vor mir geweint. Darum habe ich dich erhört – Spruch des Herrn. 28 Ich werde dich mit deinen Vätern vereinen und du sollst in Frieden in deinem Grab beigesetzt werden. Deine Augen sollen all das Unheil nicht mehr sehen, das ich über diesen Ort und seine Bewohner bringen werde. – Sie berichteten das dem König.

8–28 || 2 Kön 22,3–20.

Die Erneuerung des Bundes: 34,29–33

29 Der König ließ alle Ältesten Judas und Jerusalems bei sich zusammenkommen. 30 Er ging zum Haus des Herrn hinauf mit allen Männern Judas und den Einwohnern Jerusalems, den Priestern und Leviten und allem Volk, alt und jung. Er ließ ihnen alle Worte des Bundesbuches vorlesen, das im Haus des Herrn gefunden worden war. 31 Dann trat der König an seinen Platz und schloss vor dem Herrn diesen Bund: Er wolle dem Herrn folgen, auf seine Gebote, Satzungen und Gesetze von ganzem Herzen und ganzer Seele achten und die Vorschriften des Bundes durchführen, die in diesem Buch niedergeschrieben sind. 32 Er ließ auch alle, die sich in Jerusalem und Benjamin befanden, dem Bund beitreten und die Einwohner Jerusalems hielten sich an den Bund Gottes, des Gottes ihrer Väter. 33 Joschija entfernte alle Gräuel aus allen Gebieten der Israeliten und veranlasste alle, die in Israel lebten, dem Herrn, ihrem Gott, zu dienen. Solange er lebte, fielen sie nicht mehr vom Herrn, dem Gott ihrer Väter, ab.

29–33 || 2 Kön 23,1–3.

Die Feier des Paschafestes: 35,1–19

35 Joschija feierte in Jerusalem ein Pascha zur Ehre des Herrn. Man schlachtete das Pascha am vierzehnten Tag des ersten Monats. 2 Er ließ die Priester zu ihrem Dienst antreten und ermunterte sie zu ihrer Tätigkeit im Haus des Herrn. 3 Zu den Leviten, die ganz Israel zu unterweisen hatten und dem Herrn heilig waren, sagte er: Die heilige Lade hat man in das Haus gebracht, das Salomo, der Sohn Davids, der König von Israel, gebaut hat. Ihr braucht sie nicht mehr auf euren Schultern zu tragen. Dient nun dem Herrn, eurem Gott, und seinem Volk Israel! 4 Haltet euch bereit nach euren Großfamilien und euren Abteilungen gemäß der Vorschrift Davids, des Königs von Israel, und der Weisung seines Sohnes Salomo. 5 Seid den Familiengruppen eurer Brüder, den Leuten des Volkes, im Heiligtum zu Diensten; ein Teil einer levitischen Großfamilie (soll jeweils bereitstehen). 6 Schlachtet das Pascha und heiligt euch! Bereitet es auch für eure Brüder, damit alles geschieht, was der Herr durch Mose gesagt hat.

7 Joschija spendete den Leuten aus dem Volk, die sich eingefunden hatten, 30 000 Stück Kleinvieh, Lämmer und junge Ziegen zu Paschaopfern und 3 000 Rinder. Sie stammten aus dem Besitz des Königs. 8 Auch seine hohen Beamten gaben freiwillige Spenden für das Volk, die Priester und die Leviten. Hilkija, Secharja und Jehiël, die Vorsteher des Gotteshauses, gaben den Priestern 2 600 Stück Kleinvieh zu Paschaopfern und 300 Rinder. 9 Konanja und seine Brüder Schemaja und Netanel, ferner Haschabja, Jëiël und Josabad, die Vorsteher der Leviten, spendeten für die Leviten 5 000 Tiere zu Paschaopfern und 500 Rinder. 10 Als man so zum Dienst gerüstet war, traten die Priester an ihren Platz und die Leviten zu ihren Abteilungen gemäß dem Befehl des Königs. 11 Die Leviten schlachteten die Paschaopfer und die Priester sprengten das Blut aus, das sie aus ihrer Hand empfingen. Darauf enthäuteten die Leviten die Tiere. 12 Die zum Brandopfer bestimmten Stücke

---

35,3 hat man ... gebracht: Text korr. nach G; H: bringt.

35,12 Der Bemerkung ist zu entnehmen, dass Teile des Paschalamms wie beim Friedopfer auf dem Altar verbrannt wurden.

legten sie beiseite und gaben sie den Familiengruppen des Volkes, damit sie dem Herrn dargebracht würden, wie es im Buch des Mose vorgeschrieben war. Ebenso machten sie es mit den Rindern. 13 Dann brieten sie das Pascha der Vorschrift gemäß am Feuer. Die heiligen Gaben kochten sie in Kesseln, Töpfen und Schüsseln und brachten sie eilends zu allen Angehörigen des Volkes. 14 Hierauf besorgten sie das Pascha für sich selbst und für die Priester; denn die Priester, die Nachkommen Aarons, waren mit der Darbringung der Brandopfer und der Fettstücke bis in die Nacht hinein beschäftigt. Darum bereiteten es die Leviten für sich und die Priester, die Nachkommen Aarons. 15 Die Sänger, die Nachkommen Asafs, waren an ihrem Platz gemäß der Vorschrift Davids, Asafs, Hemans und Jedutuns, des königlichen Sehers. Ebenso standen die Torwächter an den einzelnen Toren. Sie brauchten ihren Dienst nicht zu verlassen; denn ihre Amtsbrüder, die Leviten, bereiteten für sie das Pascha.

16 So war der gesamte Dienst für den Herrn an jenem Tag gut geordnet. Man feierte das Pascha und brachte auf dem Altar des Herrn Brandopfer dar, wie es König Joschija befohlen hatte. 17 Sieben Tage lang begingen damals die Israeliten, die sich eingefunden hatten, das Pascha und das Fest der Ungesäuerten Brote. 18 Ein Pascha wie dieses war seit den Tagen des Propheten Samuel in Israel nicht mehr gefeiert worden. Keiner von den Königen Israels hat ein Pascha veranstaltet, wie es Joschija mit den Priestern und Leviten, mit ganz Juda und den anwesenden Israeliten und den Einwohnern Jerusalems feierte. 19 Im achtzehnten Jahr der Regierung Joschijas wurde dieses Pascha begangen.

1-19: 2 Kön 23,21-23 • 12: Lev 3,8-11 • 13: Ex 12,8.

Das Ende Joschijas: 35,20–27

20 Nachdem Joschija all dies zur Instandsetzung des Hauses getan hatte, zog Necho, der König von Ägypten, herauf, um bei Karkemisch am Eufrat zu kämpfen. Joschija stellte sich ihm entgegen. 21 Necho aber sandte Boten zu ihm und ließ ihm sagen: Was habe ich mit dir zu tun, König von Juda? Nicht gegen dich ziehe ich heute, sondern gegen das Herrscherhaus, das mit mir im Krieg steht. Gott hat mir Eile geboten; lass daher ab von Gott, der auf meiner Seite steht; sonst wird er dich verderben. 22 Doch Joschija zog sich nicht vor Necho zurück, sondern wagte es, ihn anzugreifen. Er hörte nicht auf die Worte Nechos, die aus dem Mund Gottes kamen, sondern trat in der Ebene von Megiddo zum Kampf gegen ihn an. 23 Aber die Bogenschützen trafen den König Joschija, der nun seinen Dienern zurief: Bringt mich weg, denn ich bin schwer verwundet. 24 Sie hoben ihn vom Kriegswagen, setzten ihn auf seinen zweiten Wagen und brachten ihn nach Jerusalem. Dort starb er und wurde in den Gräbern seiner Väter beigesetzt. Ganz Juda und Jerusalem trauerten um Joschija. 25 Jeremia aber hielt Klage über Joschija und alle Sänger und Sängerinnen singen auf ihn Klagelieder bis zum heutigen Tag. Es wurde dies zu einem festen Brauch in Israel. Sie sind aufgezeichnet in den Klageliedern.

26 Die übrige Geschichte Joschijas und seine frommen Taten, die ganz dem entsprachen, was im Gesetz des Herrn vorgeschrieben ist, 27 seine frühere und spätere Geschichte, all das ist aufgezeichnet im Buch der Könige von Israel und Juda.

20–24 || 2 Kön 23,28–30.

Joahas: 36,1–4

36 Die Bürger des Landes nahmen nun Joahas, den Sohn Joschijas, und machten ihn anstelle seines Vaters zum König in Jerusalem. 2 Joahas war dreiundzwanzig Jahre alt, als er König wurde. Er regierte drei Monate in Jerusalem; 3 dann setzte ihn der König von Ägypten als König in Jerusalem ab und legte dem Land eine Geldbuße von hundert Talenten Silber und einem Talent Gold auf. 4 Er machte Eljakim, den Bruder des Joahas, zum König von Juda und Jerusalem und änderte seinen Namen in Jojakim. Seinen Bruder Joahas aber nahm Necho fest und brachte ihn nach Ägypten.

1–4 || 2 Kön 23,30–35.

35,18 Im Unterschied zum Pascha Hiskijas, bei dem das erstrebte Ziel nur teilweise erreicht wurde (30,10), war diesmal das ganze Volk vertreten. Das war zum letzten Mal zur Zeit Samuels, nach 2 Kön 23,22 zur Zeit der Richter, der Fall gewesen. Jos 5,10 erwähnt die letzte gemeinsame Paschafeier am Ende der Wüstenwanderung.

35,20 Das Assyrerreich war nach dem Fall Ninives 612 v. Chr. dem Ansturm der Chaldäer erlegen. Ein kleiner Rest versuchte sich noch in Haran zu behaupten. Zu seiner Unterstützung unternahm der Pharao Necho den hier genannten Zug.

35,22 wagte es: Text korr. nach G.

35,25 Das biblische Buch der Klagelieder trauert über den Untergang Jerusalems, ist daher von dem hier genannten verschieden.

Jojakim: 36,5–8

5 Jojakim war fünfundzwanzig Jahre alt, als er König wurde. Er regierte elf Jahre in Jerusalem und tat, was dem Herrn, seinem Gott, missfiel. 6 Gegen ihn zog Nebukadnezzar, der König von Babel, herauf und legte ihn in Ketten, um ihn nach Babel wegzuführen. 7 Auch einen Teil der Geräte des Hauses des Herrn brachte Nebukadnezzar nach Babel und stellte sie in seinem Palast in Babel auf.

8 Die übrige Geschichte Jojakims, die Gräueltaten, die er verübte, und was sich sonst über ihn findet, das alles ist aufgezeichnet im Buch der Könige von Israel und Juda. Sein Sohn Jojachin wurde König an seiner Stelle. 5–8 ‖ 2 Kön 23,36f; 24,5f.

Jojachin: 36,9–10

9 Jojachin war achtzehn Jahre alt, als er König wurde. Er regierte drei Monate und zehn Tage in Jerusalem und tat, was dem Herrn missfiel. 10 Um die Jahreswende ließ König Nebukadnezzar ihn samt den kostbaren Geräten des Hauses des Herrn nach Babel bringen. Er machte Zidkija, den Bruder Jojakims, zum König von Juda und Jerusalem. 9–10 ‖ 2 Kön 24,8–17.

Zidkija: 36,11–16

11 Zidkija war einundzwanzig Jahre alt, als er König wurde. Er regierte elf Jahre in Jerusalem 12 und tat, was dem Herrn, seinem Gott, missfiel; er beugte sich nicht vor dem Propheten Jeremia, der im Auftrag des Herrn zu ihm sprach. 13 Auch fiel er vom König Nebukadnezzar ab, der ihn bei Gott einen Eid hatte schwören lassen. Er versteifte seinen Nacken, verhärtete sein Herz und kehrte nicht um zum Herrn, dem Gott Israels. 14 Auch alle führenden Männer Judas und die Priester und das Volk begingen viel Untreue. Sie ahmten die Gräueltaten der Völker nach und entweihten das Haus, das der Herr in Jerusalem zu seinem Heiligtum gemacht hatte. 15 Immer wieder hatte der Herr, der Gott ihrer Väter, sie durch seine Boten gewarnt; denn er hatte Mitleid mit seinem Volk und seiner Wohnung. 16 Sie aber verhöhnten die Boten Gottes, verachteten sein Wort und verspotteten seine Propheten, bis der Zorn des Herrn gegen sein Volk so groß wurde, dass es keine Heilung mehr gab.

11–16 ‖ 2 Kön 24,18–20.

Das Ende des Reiches Juda: 36,17–21

17 Der Herr ließ nun den König der Chaldäer gegen sie heranziehen. Dieser tötete ihre jungen Krieger in ihrem Heiligtum mit dem Schwert und verschonte keinen jungen Mann und keine junge Frau, keinen Greis und Betagten; alle gab Gott in seine Hand. 18 Nebukadnezzar ließ die großen und kleinen Geräte des Hauses Gottes, die Tempelschätze und die Schätze des Königs und seiner hohen Beamten insgesamt nach Babel bringen. 19 Die Chaldäer verbrannten das Haus Gottes, rissen die Mauern Jerusalems nieder, legten Feuer an alle seine Paläste und zerstörten alle wertvollen Geräte. 20 Alle, die dem Schwert entgangen waren, führte Nebukadnezzar in die Verbannung nach Babel. Dort mussten sie ihm und seinen Söhnen als Sklaven dienen, bis das Reich der Perser zur Herrschaft kam. 21 Da ging das Wort in Erfüllung, das der Herr durch den Mund Jeremias verkündet hatte. Das Land bekam seine Sabbate ersetzt, es lag brach während der ganzen Zeit der Verwüstung, bis siebzig Jahre voll waren.

17–21 ‖ 2 Kön 25,8–21 • 21: Jer 27,7.

Der Beginn der Wiederherstellung Israels: 36,22–23

22 Im ersten Jahr des Königs Kyrus von Persien sollte sich erfüllen, was der Herr durch Jeremia gesprochen hatte. Darum erweckte der Herr den Geist des Königs Kyrus von Persien und Kyrus ließ in seinem ganzen Reich mündlich und schriftlich den Befehl verkünden: 23 So spricht Kyrus, der König von Persien: Der Herr, der Gott des Himmels, hat mir alle Reiche der Erde verliehen. Er selbst hat mir aufgetragen, ihm in Jerusalem in Juda ein Haus zu bauen. Jeder unter euch, der zu seinem Volk gehört – der Herr, sein Gott, sei mit ihm –, der soll hinaufziehen. 22–23 ‖ Esra 1,1–3.

36,6 Die hier erwähnte Gefangennahme wird sonst nicht berichtet.
36,9 achtzehn: Text korr. nach 2 Kön 24,8; H: acht.
36,10 Jojachin ergab sich freiwillig den Babyloniern und wurde nach Babylon gebracht, wo er bis zu seiner Begnadigung gefangen gehalten wurde (vgl. 2 Kön 25,27). – den Bruder Jojakims: H: seinen Bruder.
36,14 führenden Männer Judas: so mit G; H: Obersten der Priester.
36,21 Während der Dauer der Gefangenschaft blieben große Teile des Landes unbebaut. Auf diese Weise wurde ihm die Ruhe ersetzt, die es wegen der Nichteinhaltung des Sabbatjahrs hatte entbehren müssen (vgl. Lev 26,34f).

Die Bücher Esra und Nehemia

Die Bücher Esra und Nehemia bilden nach weit verbreiteter Meinung zusammen mit den Büchern der Chronik das Chronistische Geschichtswerk. Im Rahmen dieser Geschichtsdarstellung, die mit der Begründung der Gottesherrschaft in Israel unter David und Salomo anhebt, um anschließend am Beispiel der Königszeit die Treulosigkeit des Gottesvolkes, aber auch die dem Sünder stets gewährte Möglichkeit der Umkehr zu verdeutlichen, berichten die Bücher Esra und Nehemia von der heilvollen Wende in der Geschichte des Gottesvolkes nach dem Babylonischen Exil.

Die verbannten Judäer erhalten durch den Erlass des Perserkönigs Kyrus die Erlaubnis, nach Jerusalem heimzukehren und den Tempel wieder aufzubauen (Esra 1 – 6). Als aber nach der Einweihung des neu errichteten Tempels die Festigung des jungen Gemeinwesens ins Stocken gerät, kommt im Auftrag des persischen Königs der Priester und Schriftgelehrte Esra nach Jerusalem, um in der Heimat die Verhältnisse nach dem Gesetz des Mose zu ordnen (Esra 7 – 10). In Verbindung mit ihm bemüht sich auch Nehemia, der bis dahin am persischen Hof eine hohe Beamtenstelle innegehabt hat, um den Wiederaufbau der Mauern Jerusalems (Neh 1 – 6) sowie um die Reform des religiösen Lebens und um die Beseitigung ärgerniserregender Missstände (Neh 7 – 13).

Im Rahmen des Chronistischen Geschichtswerkes stellt der Verfasser der Bücher Esra und Nehemia die Zeit nach dem Babylonischen Exil in Jerusalem und Juda so dar, dass sie deutlich an die Begründung der Gottesherrschaft in Israel nach dem Scheitern des Königtums Sauls erinnert. Der Wiederaufbau Jerusalems, die Einweihung des Tempels und die Neubegründung des religiösen Lebens im Land nach dem Gesetz des Mose bezeichnen darum nach der Meinung des Verfassers die Wende vom Unheil zum Heil, von einer Zeit des Gerichts und des Zorns zu einer Zeit der neuen Zuwendung Gottes zu Israel und Israels zu seinem Gott. Und wie nach chronistischer Darstellung die Zeit Davids nur als Vorstufe zu der als Ideal der Gottesherrschaft geschilderten Zeit Salomos erscheint, so wird auch bei der Neuordnung der Gemeinde unter Esra und Nehemia der Abstand deutlich, der diese Zeit von der noch ausstehenden endgültigen Offenbarung der Herrlichkeit Gottes über Israel trennt.

Die von Esra und Nehemia wiederholt ausgesprochene Mahnung, Gott und seinem Gesetz die Treue zu halten und sich auf seine Führung zu verlassen, gilt daher einer Gemeinde, die sich zwar als »heiliger Same« (Esra 9,2) und als »geretteter Rest« (Esra 9,15) begreift, die aber noch ein endgültiges Heilshandeln Gottes erwartet.

Die Bücher Esra und Nehemia, die auch aramäisch geschriebene Urkunden aus der Perserzeit verwenden (Esra 4,8 – 6,18; 7,12–26), sind zusammen mit den Büchern der Chronik um 400 v. Chr. oder etwas später in Jerusalem verfasst worden.

Das Buch Esra

DIE HEIMKEHR DER JUDEN UND DER WIEDERAUFBAU DES TEMPELS: 1,1 – 6,22

Die Erlaubnis zur Heimkehr und zum Tempelbau: 1,1–11

1 Im ersten Jahr des Königs Kyrus von Persien sollte sich erfüllen, was der Herr durch Jeremia gesprochen hatte. Darum erweckte der Herr den Geist des Königs Kyrus von Persien und Kyrus ließ in seinem ganzen Reich mündlich und schriftlich den Befehl verkünden: 2 So spricht der König Kyrus von Persien: Der Herr, der Gott des Himmels, hat mir alle Reiche der Erde verliehen. Er selbst hat mir aufgetragen, ihm in Jerusalem in Juda ein Haus zu bauen. 3 Jeder unter euch, der zu seinem Volk gehört – sein Gott sei mit ihm –, der soll nach Jerusalem in Juda hinaufziehen und das Haus des Herrn, des Gottes Israels, aufbauen; denn er ist der Gott, der in Jerusalem wohnt. 4 Und jeden, der irgendwo übrig geblieben ist, sollen die Leute des Ortes, in dem er ansässig war, unterstützen mit Silber und Gold, mit beweglicher Habe und Vieh, neben den freiwilligen Gaben für das Haus Gottes in Jerusalem.

5 Die Familienoberhäupter von Juda und Benjamin sowie die Priester und Leviten, kurz alle, deren Geist Gott erweckte, machten sich auf den Weg, um nach Jerusalem zu ziehen und dort das Haus des Herrn zu bauen. 6 Alle ihre Nachbarn unterstützten sie in jeder Weise mit Silber und Gold, mit beweglicher Habe und mit Vieh sowie mit wertvollen Dingen, abgesehen von dem, was jeder für den Tempel spendete. 7 König Kyrus gab auch die Geräte des Hauses des Herrn zurück, die Nebukadnezzar aus Jerusalem weggeschleppt und in das Haus seines Gottes gebracht hatte. 8 König Kyrus von Persien übergab sie dem Schatzmeister Mitredat und dieser zählte sie Scheschbazzar, dem Oberen von Juda, vor. 9 Das war ihre Zahl: 30 goldene Opferschalen, 1000 silberne Opferschalen, 29 Räucherpfannen, 10 30 goldene Becher, 410 silberne Becher, 1000 sonstige Geräte. 11 Insgesamt waren es 5400 Geräte aus Gold und Silber. All das brachte Scheschbazzar mit, als er mit den Verschleppten von Babel nach Jerusalem zurückkehrte.

1–3 ‖ 2 Chr 36,22f; Jer 25,11f; 29,10 • 2: Jes 44,28; 45,1–4.

Das Verzeichnis der heimkehrenden Laien: 2,1–35

2 Hier folgt eine Liste der Einwohner der Provinz Juda, die aus der Gefangenschaft und der Verschleppung heimzogen. Nebukadnezzar, der König von Babel, hatte sie nach Babel gebracht; nun kehrten sie nach Jerusalem und Juda zurück, jeder in seine Stadt. 2 Sie kamen zusammen mit Serubbabel, Jeschua, Nehemja, Seraja, Reelaja, Mordochai, Bilschan, Misperet, Bigwai, Rehum und Baana.

Das ist die Zahl der Männer des Volkes Israel: 3 Nachkommen des Parosch: 2 172. 4 Nachkommen Schefatjas: 372. 5 Nachkommen Arachs: 775. 6 Nachkommen des Pahat-Moab, und zwar Nachkommen Jeschuas und Joabs: 2 812. 7 Nachkommen Elams: 1 254. 8 Nachkommen Sattus: 945. 9 Nachkommen Sakkais: 760. 10 Nachkommen Banis: 642. 11 Nachkommen Bebais: 623. 12 Nachkommen Asgads: 1 222. 13 Nachkommen Adonikams: 666. 14 Nachkommen Bigwais: 2 056. 15 Nachkommen Adins: 454. 16 Nachkommen Aters aus der Linie Hiskijas: 98. 17 Nachkommen Bezais: 323. 18 Nachkommen Joras: 112. 19 Nachkommen Haschums: 223. 20 Nachkommen Gibbars: 95. 21 Männer aus Betlehem: 123. 22 Männer aus Netofa: 56. 23 Männer aus Anatot: 128. 24 Männer aus Asmawet: 42. 25 Männer aus Kirjat-Jearim, Kefira und Beerot: 743. 26 Männer aus Rama und Geba: 621. 27 Männer aus Michmas: 122. 28 Männer aus Bet-El und Ai: 223. 29 Männer aus Nebo: 52. 30 Nachkommen des Magbisch: 156. 31 Nachkommen eines anderen Elam: 1 254. 32 Nachkommen Harims: 320. 33 Män-

1,11 Die angegebene Gesamtzahl der Tempelgeräte übersteigt die Summe der vorher wohl nur als Beispiele genannten Einzelposten (vgl. auch Bar 1,8).

2,2 Männer des Volkes Israel: die Laien im Unterschied zu den in VV. 36–43 genannten Priestern und Leviten.

ner aus Lod, Hadid und Ono: 725. 34 Männer aus Jericho: 345. 35 Nachkommen Senaas: 3 630.

1–35 || Neh 7,6–38.

Das Verzeichnis der heimkehrenden Priester und Leviten: 2,36–63

36 Von den Priestern: Nachkommen Jedajas vom Haus Jeschua: 973. 37 Nachkommen Immers: 1 052. 38 Nachkommen Paschhurs: 1 247. 39 Nachkommen Harims: 1 017.

40 Von den Leviten: Nachkommen Jeschuas, und zwar Nachkommen Kadmiëls, Binnuis und Hodawjas: 74.

41 Von den Sängern: Nachkommen Asafs: 128.

42 Von den Torwächtern: Nachkommen Schallums, Nachkommen Aters, Nachkommen Talmons, Nachkommen Akkubs, Nachkommen Hatitas, Nachkommen Schobais, im Ganzen: 139.

43 Von den Tempeldienern: Nachkommen Zihas, Nachkommen Hasufas, Nachkommen Tabbaots, 44 Nachkommen des Keros, Nachkommen Sias, Nachkommen Padons, 45 Nachkommen Lebanas, Nachkommen Hagabas, Nachkommen Akkubs, 46 Nachkommen Hagabs, Nachkommen Salmais, Nachkommen Hanans, 47 Nachkommen Giddels, Nachkommen Gahars, Nachkommen Reajas, 48 Nachkommen Rezins, Nachkommen Nekodas, Nachkommen Gasams, 49 Nachkommen Usas, Nachkommen Paseachs, Nachkommen Besais, 50 Nachkommen Asnas, Nachkommen der Mëuniter, Nachkommen der Nefusiter, 51 Nachkommen Bakbuks, Nachkommen Hakufas, Nachkommen Harhurs, 52 Nachkommen Bazluts, Nachkommen Mehidas, Nachkommen Harschas, 53 Nachkommen des Barkos, Nachkommen Siseras, Nachkommen Temachs, 54 Nachkommen Neziachs, Nachkommen Hatifas.

55 Von den Nachkommen der Knechte Salomos: Nachkommen Sotais, Nachkommen Soferets, Nachkommen Perudas, 56 Nachkommen Jaalas, Nachkommen Darkons, Nachkommen Giddels, 57 Nachkommen Schefatjas, Nachkommen Hattils, Nachkommen des Pocheret-Zebajim und Nachkommen des Ami. 58 Die Gesamtzahl der Tempeldiener und der Nachkommen der Knechte Salomos betrug 392.

59 Die Folgenden kamen aus Tel-Melach, Tel-Harscha, Kerub-Addon und Immer, konnten aber nicht angeben, ob sie ihrer Familie und Herkunft nach aus Israel stammten: 60 Nachkommen Delajas, Nachkommen Tobijas und Nachkommen Nekodas, im Ganzen 652; 61 dazu bei den Priestern die Nachkommen Habajas, die Nachkommen des Koz und die Nachkommen Barsillais; dieser hatte eine von den Töchtern Barsillais aus Gilead geheiratet und dessen Namen angenommen. 62 Die Genannten suchten ihre Eintragung im Geschlechterverzeichnis, aber man fand sie nicht; deshalb wurden sie aus dem Priesterstand ausgeschlossen. 63 Der Statthalter untersagte ihnen, vom Hochheiligen zu essen, bis ein Priester für den Losentscheid mit Urim und Tummim zur Verfügung stehe.

36–63 || Neh 7,39–65 • 43: 8,20 • 55: 1 Kön 9,20f • 61: 2 Sam 17,27; 19,32 • 63: Lev 2,3; 6,9–11; 7,6–10.33–35; Ex 28,30.

Die Volkszählung: 2,64–70

64 Die ganze Volksgemeinde zählte insgesamt 42 360 Personen. 65 Dabei waren ihre Knechte und Mägde nicht mitgerechnet; das waren im Ganzen 7 337 Personen; dazu kamen noch 200 Sänger und Sängerinnen. 66 Pferde hatten sie 736, Maultiere 245, 67 Kamele 435, Esel 6 720.

68 Als sie zum Haus des Herrn in Jerusalem kamen, machten einige von den Familienoberhäuptern großzügige Spenden, damit man das Gotteshaus an seiner alten Stelle wieder errichten könne. 69 Ihrem Vermögen entsprechend gaben sie für den Bauschatz 61 000 Golddariken, 5 000 Minen Silber und 100 Priestergewänder.

70 Die Priester, die Leviten, ein Teil des Volkes, die Sänger, die Torwächter und die Tempeldiener ließen sich in ihren Städten nieder, ebenso alle übrigen Israeliten.

64–70 || Neh 7,66–72.

Der Beginn des Kults und des Tempelbaus: 3,1–13

3 Als der siebte Monat herankam und die Israeliten bereits in ihren Heimatstädten waren, versammelte sich das ganze Volk geschlossen in Jerusalem. 2 Jeschua, der Sohn des Jozadak, mit seinen Brüdern, den Priestern, und Serubbabel, der Sohn Schealtiëls, mit seinen Brüdern gingen daran, den Altar des Gottes Israels wieder aufzubauen, um auf ihm Brandopfer darzubringen, wie es im Gesetz des Gottesmannes Mose vorgeschrieben ist. 3 Sie errichteten den Altar an seiner alten Stelle, obwohl die Völker der Nachbarländer sie davon abzuschrecken suchten, und brachten auf ihm dem Herrn Brandopfer dar, je ein Brandopfer am Morgen und am Abend. 4 Dann feierten sie der Vorschrift entsprechend das Laubhüttenfest

und brachten Tag für Tag so viele Opfer dar,
wie es für die einzelnen Tage festgesetzt ist.
5 Von da an brachten sie auch das ständige
Brandopfer wieder dar, ferner die Opfer an
den Neumondtagen und an allen dem Herrn
geheiligten Festzeiten sowie alle freiwilligen
Opfer, die jemand dem Herrn spendete. 6 Am
ersten Tag des siebten Monats hatten sie be-
gonnen, dem Herrn Brandopfer darzubrin-
gen; aber die Fundamente für den Tempel
des Herrn waren noch nicht gelegt. 7 Darum
nahmen sie Steinhauer und Zimmerleute in
Dienst; den Sidoniern und Tyrern lieferten
sie Nahrungsmittel, Getränke und Öl, damit
sie Zedernstämme vom Libanon über das
Meer nach Jafo brachten; das hatte ihnen der
König Kyrus von Persien erlaubt.

8 Im zweiten Monat des zweiten Jahres
nach ihrer Ankunft beim Gotteshaus in Jeru-
salem machten sich ans Werk Serubbabel,
der Sohn Schealtiëls, und Jeschua, der Sohn
des Jozadak, mit ihren übrigen Brüdern,
nämlich den Priestern, Leviten und allen, die
aus der Gefangenschaft nach Jerusalem zu-
rückgekommen waren. Sie bestimmten die
Leviten, die zwanzig Jahre und älter waren,
dazu, die Arbeiten am Haus des Herrn zu lei-
ten.

9 Jeschua, seine Söhne und Brüder, Kad-
miël und seine Söhne sowie die Söhne
Hodawjas traten gemeinsam an, um die an-
zuleiten, die die Arbeiten am Gotteshaus
ausführten; dazu kamen noch die Söhne He-
nadads sowie ihre Söhne und Brüder, eben-
falls Leviten. 10 Als die Bauleute das Funda-
ment für den Tempel des Herrn gelegt hat-
ten, kamen die Priester in ihren Gewändern
und mit den Trompeten, außerdem die Levi-
ten, die Nachkommen Asafs, mit den
Zimbeln, um den Herrn zu preisen nach der
Ordnung Davids, des Königs von Israel.
11 Sie begannen, den Herrn zu loben und zu
preisen: »Denn er ist gütig und seine Huld
gegenüber Israel währt ewig«. Und das gan-
ze Volk erhob ein lautes Jubelgeschrei zum
Preis des Herrn, weil das Fundament für das
Haus des Herrn gelegt war. 12 Viele betagte
Priester, Leviten und Familienoberhäupter
hatten noch den ersten Tempel gesehen. Als
nun vor ihren Augen das Fundament für den
neuen Tempel gelegt wurde, weinten sie laut.
Viele andere aber schrien vor Jubel und
Freude. 13 Man konnte im lauten Freuden-
jubel das Weinen der anderen kaum hören,
so laut war das Geschrei des Volkes und der
Lärm war weithin zu hören.

2: Ex 27,1–8; Lev 6,2 • 3: Ex 29,38–42 • 4: Num 29,12–38 • 7: 1 Kön 5,20–29 • 10: 1 Chr 25 • 11: 2 Chr 5,13; Jer 33,11 • 12: Hag 2,3.

Die Störung beim Tempelbau: 4,1–16

4 Die Feinde von Juda und Benjamin er-
fuhren, dass die Heimkehrer für den
Herrn, den Gott Israels, einen Tempel bau-
ten. 2 Da kamen sie zu Serubbabel und den
Familienoberhäuptern und sagten: Wir wol-
len zusammen mit euch bauen. Denn wie ihr
verehren auch wir euren Gott und opfern
ihm seit der Zeit des Königs Asarhaddon von
Assur, der uns hierher gebracht hat. 3 Aber
Serubbabel, Jeschua und die übrigen Ober-
häupter der Großfamilien Israels erwiderten
ihnen: Es geht nicht, dass wir mit euch zu-
sammen unserem Gott ein Haus bauen, son-
dern wir allein wollen für den Herrn, den
Gott Israels, bauen, wie es uns König Kyrus
von Persien aufgetragen hat. 4 Da machte
das Volk des Landes die Leute von Juda
mutlos und schreckte sie vom Bauen ab.
5 Man bestach sogar königliche Räte gegen
sie, um ihr Vorhaben zu vereiteln; das dauer-
te die ganze Regierungszeit des Perserkönigs
Kyrus bis zur Regierung des Königs Darius
von Persien. 6 Als dann Xerxes König wurde,
setzten sie zu Beginn seiner Herrschaft eine
Anklage gegen die Bewohner von Juda und
Jerusalem auf.

7 In der Zeit des Artaxerxes schrieb Bisch-
lam zusammen mit Mitredat, Tabeel und sei-
nen übrigen Amtsgenossen an den König
Artaxerxes von Persien. Der Brief war ins
Aramäische übersetzt und in aramäischer
Schrift geschrieben. 8 Der Befehlshaber
Rehum und der Schreiber Schimschai
schrieben an den König Artaxerxes folgen-
den Brief gegen Jerusalem: 9 Die Absender:
Der Befehlshaber Rehum und der Schreiber
Schimschai sowie ihre übrigen Amtsgenos-
sen, die Richter, Gesandten, Aufseher und
Verwalter, die Leute aus Erech, Babel und
Susa – das sind Elamiter – 10 und die übrigen
Volksgruppen, die der große und berühmte
Asenappar weggeführt und in den Städten
von Samaria und im übrigen Gebiet jenseits
des Stroms angesiedelt hat. 11 Dies ist nun
eine Abschrift des Briefes, den sie an Arta-
xerxes schickten: An den König Artaxerxes,
von deinen Knechten, den Leuten jenseits

4,1 Heimkehrer: wörtlich: Söhne der Verschleppung.
4,8 Hier wechselt der bis dahin hebräische Text ins Aramäische.
4,10 jenseits des Stroms: vgl. die Anmerkung zu 2 Sam 10,16.

des Stroms. 12 Dem König sei gemeldet: Die
Juden, die aus deiner Nähe wegzogen, sind
zu uns nach Jerusalem gekommen. Sie bauen
die aufrührerische und böse Stadt wieder
auf; sie stellen die Mauern wieder her und si-
chern die Fundamente. 13 Dem König sei nun
gemeldet: Wenn diese Stadt wieder aufge-
baut ist und ihre Mauern vollendet sind,
dann entrichten die Juden keine Steuern,
Abgaben und Zölle mehr. So bringt sie den
Königen schließlich nur Schaden. 14 Nun ist
aber das Salz des Palastes unser Salz; darum
ist es nicht recht, wenn wir mit ansehen, wie
der König erniedrigt wird. Deshalb senden
wir dem König Nachricht: 15 Man möge in
der Chronik deiner Väter nachforschen; du
wirst dann in der Chronik finden und fest-
stellen: Diese Stadt ist eine aufrührerische
Stadt; sie hat Königen und Provinzen
Schaden gebracht und von jeher hat man
in ihr Empörung angestiftet. Deshalb ist
diese Stadt ja auch zerstört worden. 16 Wir
machen also den König darauf aufmerksam:
Wird diese Stadt wieder aufgebaut und wer-
den ihre Mauern vollendet, dann hast du kei-
nen Anteil mehr am Gebiet jenseits des
Stroms.

2: 2 Kön 17,24–41.

Das Verbot der Fortsetzung des Baus:
4,17–24

17 Der König schickte folgende Erwide-
rung: An den Befehlshaber Rehum und den
Schreiber Schimschai sowie ihre übrigen
Genossen, die in Samaria und dem übrigen
Gebiet jenseits des Stroms wohnen, meinen
Gruß. 18 Das Schriftstück, das ihr an uns ge-
sandt habt, ist mir in Übersetzung vorgele-
sen worden. 19 Daraufhin befahl ich nachzu-
forschen, und man fand: Diese Stadt hat sich
von jeher gegen die Könige erhoben und in
ihr gab es immer wieder Aufruhr und Empö-
rung. 20 Mächtige Könige geboten über Jeru-
salem und herrschten über das ganze Gebiet
jenseits des Stroms und ihnen entrichtete
man Steuern, Abgaben und Zölle. 21 Gebt
also Befehl, dass man jenen Männern ihr Tun
verwehrt. Diese Stadt darf nicht wieder auf-
gebaut werden, bis weitere Anordnungen
von mir ergehen. 22 Hütet euch, in dieser Sa-
che nachlässig zu sein; sonst könnte großer
Schaden zum Nachteil der Könige entste-
hen.

23 Sobald das Schreiben des Königs Arta-
xerxes vor Rehum und dem Schreiber
Schimschai sowie ihren Amtsgenossen verle-
sen worden war, gingen diese eilends nach
Jerusalem zu den Juden und hinderten sie
mit Waffengewalt an ihrer Arbeit. 24 So kam
die Arbeit am Gotteshaus in Jerusalem zum
Stillstand und ruhte bis zum zweiten Jahr
der Herrschaft des Perserkönigs Darius.

Die Wiederaufnahme der Bauarbeiten:
5,1–17

5 Damals traten Haggai, der Prophet, und
Sacharja, der Sohn Iddos, auf und spra-
chen als Propheten zu den Juden in Juda und
Jerusalem im Namen des Gottes Israels, der
über ihnen wachte. 2 Daraufhin machten
sich Serubbabel, der Sohn Schealtiëls, und
Jeschua, der Sohn des Jozadak, an die Arbeit
und nahmen den Bau des Gotteshauses in Je-
rusalem wieder auf. Die Propheten Gottes
standen ihnen bei und unterstützten sie.

3 In dieser Zeit kamen Tattenai, der Statt-
halter des Gebiets jenseits des Stroms, und
Schetar-Bosnai sowie ihre Amtsgenossen zu
den Juden und fragten sie: Wer hat euch die
Erlaubnis erteilt, dieses Haus wieder aufzu-
bauen und das Holzwerk innen zu vollenden?
4 Und sie fragten weiter: Wie heißen die
Männer, die diesen Bau aufführen? 5 Aber
über die Ältesten der Juden wachte das Auge
ihres Gottes; so ließ man sie weiterarbeiten,
bis ein Bericht an Darius abgegangen und
die Antwort darauf zurückgekommen sei.

6 Das ist eine Abschrift des Briefes, den
Tattenai, der Statthalter des Gebiets jenseits
des Stroms, und Schetar-Bosnai mit seinen
Amtsgenossen, den Beamten im Gebiet jen-
seits des Stroms, an den König Darius sand-
ten. 7 Sie schickten ihm einen Bericht folgen-
den Inhalts: Dem König Darius alles Gute!
8 Dem König sei gemeldet, dass wir in der
Provinz Juda das Haus des großen Gottes be-
sichtigt haben. Die Leute bauen es mit Qua-
dersteinen und belegen die Wände mit Holz.
Sie betreiben diese Arbeit mit Eifer und sie
geht unter ihren Händen gut voran. 9 Wir be-
fragten die Ältesten: Wer hat euch die Er-
laubnis erteilt, dieses Haus wieder aufzu-
bauen und das Holzwerk innen zu vollenden?
10 Wir fragten sie auch nach ihren Namen,
um sie dir zu melden. Was wir schreiben,
sind die Namen der Männer, die an ihrer
Spitze stehen. 11 Sie gaben uns folgende Ant-
wort: Wir verehren den Gott des Himmels
und der Erde und bauen das Gotteshaus wie-
der auf, das einst viele Jahre lang hier stand;
ein großer König von Israel hat es erbaut und
vollendet. 12 Unsere Väter aber erzürnten
den Gott des Himmels; darum gab er sie in
die Hand des Chaldäers Nebukadnezzar, des
Königs von Babel. Er zerstörte dieses Haus
und verschleppte das Volk nach Babel.
13 Doch im ersten Jahr, als Kyrus König von

Babel war, gab König Kyrus den Befehl, die-
ses Gotteshaus wieder aufzubauen. 14 Nebu-
kadnezzar hatte auch die goldenen und sil-
bernen Geräte des Gotteshauses aus dem
Tempel von Jerusalem weggenommen und in
den Tempel von Babel gebracht. König Ky-
rus ließ sie nun wieder aus dem Tempel von
Babel holen und einem Mann namens
Scheschbazzar übergeben, den er als Statt-
halter einsetzte. 15 Er sagte zu ihm: Nimm
diese Geräte, zieh heim und bring sie in den
Tempel zu Jerusalem! Das Gotteshaus soll
an seiner alten Stelle wieder aufgebaut wer-
den. 16 Darauf kam jener Scheschbazzar und
legte die Fundamente für das Gotteshaus in
Jerusalem. Seitdem baut man daran, bis
jetzt; aber es ist noch nicht fertig.
17 Wenn es dem König nun recht ist, so for-
sche man dort in Babel in den königlichen
Schatzhäusern nach, ob wirklich von König
Kyrus ein Befehl vorliegt, jenes Gotteshaus
in Jerusalem wieder aufzubauen. Seinen
Entscheid in der Sache sende dann der Kö-
nig uns zu.

1: Hag 1,1–11; Sach 4,9 • 5: 1 Kön 8,29 • 11: 1 Kön 6 – 8.

Der Weiterbau mit königlicher Unterstützung: 6,1–12

6 Auf Befehl des Königs Darius forschte
man nun in den Schatzhäusern nach,
dort, wo in Babel die Urkunden aufbewahrt
wurden. 2 In der Festung Ekbatana in der
Provinz Medien fand man eine Schriftrolle,
in der geschrieben war: Beurkundung: 3 Im
ersten Jahr des Königs Kyrus hat König Ky-
rus einen Befehl erlassen, der das Gotteshaus
in Jerusalem betrifft: Das Haus soll wieder
aufgebaut werden als Ort, an dem man Opfer
darbringt. Seine Fundamente sollen erhalten
bleiben. Seine Höhe soll sechzig Ellen betra-
gen und seine Breite zwanzig Ellen. 4 Auf
drei Lagen Quadersteinen soll eine Lage
Holz kommen. Die Kosten bestreitet der kö-
nigliche Hof. 5 Auch soll man die goldenen
und silbernen Geräte des Gotteshauses zu-
rückgeben, die Nebukadnezzar aus dem
Tempel von Jerusalem weggenommen und
nach Babel gebracht hat. Alles soll wieder an
seinen alten Platz in den Tempel von Jerusa-
lem kommen und in das Gotteshaus gebracht
werden.
6 Darum, Tattenai, Statthalter des Gebiets
jenseits des Stroms, Schetar-Bosnai und
eure Amtsgenossen, die Beamten des Gebiets
jenseits des Stroms: Haltet euch aus der
Sache dort heraus! 7 Lasst die Arbeit an
jenem Gotteshaus weitergehen! Der Statt-
halter der Juden und ihre Ältesten mögen
das Gotteshaus an seiner früheren Stelle
wieder aufbauen. 8 Auch ordne ich an, wie
ihr die Ältesten der Juden dort beim Bau je-
nes Gotteshauses unterstützen sollt: Aus den
königlichen Einkünften, die das Gebiet jen-
seits des Stroms aufbringt, sollen jenen Män-
nern pünktlich die Kosten bezahlt werden,
damit sie nicht aufgehalten werden. 9 Auch
ist ihnen jeden Tag ohne Versäumnis zu lie-
fern, was nach den Angaben der Priester von
Jerusalem an Stieren, Widdern und Läm-
mern als Brandopfer für den Gott des Him-
mels benötigt wird, auch Weizen und Salz,
Wein und Öl. 10 So mögen sie dem Gott des
Himmels wohlgefällige Opfer darbringen
und auch für das Leben des Königs und sei-
ner Söhne beten. 11 Schließlich befehle ich:
Jedem, der diesen Erlass missachtet, reiße
man einen Balken aus seinem Haus und
pfähle ihn auf diesem Balken; sein Haus soll
wegen seines Vergehens zu einem Trümmer-
haufen gemacht werden. 12 Der Gott aber,
der seinen Namen dort wohnen lässt, ver-
nichte jeden König und jedes Volk, die sich
unterfangen, den Erlass zu missachten und
jenes Gotteshaus in Jerusalem zu zerstören.
Ich, Darius, habe den Befehl gegeben; man
befolge ihn genau.

Die Vollendung des Baus und die Tempelweihe: 6,13–22

13 Tattenai, der Statthalter des Gebiets
jenseits des Stroms, Schetar-Bosnai und ihre
Amtsgenossen befolgten genau den Befehl,
den der König Darius gesandt hatte, 14 und
die Ältesten der Juden bauten weiter. Dank
der Wirksamkeit Haggais, des Propheten,
und Sacharjas, des Sohnes Iddos, kamen sie
gut voran. Sie konnten den Bau vollenden,
wie der Gott Israels es geboten und wie Ky-
rus und Darius sowie der Perserkönig Arta-
xerxes es befohlen hatten. 15 Das Gotteshaus
war fertig am dritten Tag des Monats Adar,
im sechsten Jahr der Regierung des Königs
Darius. 16 Die Israeliten, die Priester, die Le-
viten und die übrigen, die heimgekehrt wa-
ren, feierten voll Freude die Einweihung die-
ses Gotteshauses. 17 Bei der Einweihung des
Gotteshauses brachten sie als Opfer dar:
hundert Stiere, zweihundert Widder und
vierhundert Lämmer, dazu als Sündopfer für
ganz Israel zwölf Ziegenböcke, entsprechend
der Zahl der Stämme Israels. 18 Für den Got-

6,19 Von hier ab ist der Urtext wieder hebräisch, vgl. die Anmerkung zu 4,8.

tesdienst in Jerusalem bestellten sie die Priester nach ihren Klassen und die Leviten nach ihren Abteilungen, wie es das Buch des Mose vorschreibt.

19 Am vierzehnten Tag des ersten Monats feierten die Heimkehrer das Pascha-Fest. 20 Jeder der Priester und Leviten hatte sich gereinigt, sodass sie alle rein waren. Die Leviten schlachteten das Paschalamm für alle Heimkehrer und für ihre Brüder, die Priester, und für sich selbst. 21 Dieses Paschalamm aßen die Israeliten, die aus der Verbannung heimgekehrt waren, sowie alle, die sich von der Unreinheit der Völker des Landes abgesondert hatten, um mit ihnen zusammen den Herrn, den Gott Israels, zu suchen. 22 Sieben Tage lang feierten sie voll Freude das Fest der Ungesäuerten Brote. Denn der Herr hatte sie froh gemacht und ihnen das Herz des Königs von Assur zugewandt, sodass er sie bei der Arbeit am Haus Gottes, des Gottes Israels, unterstützte.

14: 5,1; 1,2; 7,19–24 • 16–17: 1 Kön 8,1f.62–65 • 17: 2 Chr 29,20–32 • 18: 1 Chr 24,19 • 19: 2 Chr 35,10–15.

ESRA UND DIE NEUORDNUNG DER GEMEINDE IN JERUSALEM: 7,1 – 10,44

Esra, der Gesetzeslehrer: 7,1–10

7 Nach diesen Ereignissen unter der Herrschaft des Perserkönigs Artaxerxes kam Esra, der Sohn Serajas, des Sohnes Asarjas, des Sohnes Hilkijas, 2 des Sohnes Schallums, des Sohnes Zadoks, des Sohnes Ahitubs, 3 des Sohnes Amarjas, des Sohnes Asarjas, des Sohnes Merajots, 4 des Sohnes Serachjas, des Sohnes Usis, des Sohnes Bukkis, 5 des Sohnes Abischuas, des Sohnes des Pinhas, des Sohnes Eleasars, des Sohnes des Hohenpriesters Aaron. 6 Dieser Esra kam also von Babel herauf. Er war ein Schriftgelehrter, kundig im Gesetz des Mose, das der Herr, der Gott Israels, gegeben hatte. Weil die Hand des Herrn, seines Gottes, über ihm war, gewährte der König ihm alles, was er wünschte. 7 Mit ihm zog im siebten Jahr des Königs Artaxerxes auch eine Anzahl von Israeliten sowie von Priestern, Leviten, Sängern, Torwächtern und Tempeldienern nach Jerusalem. 8 Im fünften Monat dieses siebten Regierungsjahrs des Königs kam Esra in Jerusalem an. 9 Den Aufbruch von Babel hatte er auf den Ersten des ersten Monats festgesetzt und am Ersten des fünften Monats kam er in Jerusalem an, da die gütige Hand seines Gottes über ihm war. 10 Denn Esra war von ganzem Herzen darauf aus, das Gesetz des Herrn zu erforschen und danach zu handeln und es als Satzung und Recht in Israel zu lehren.

1: 1 Chr 5,29–40.

Der zweite Befehl zur Rückführung: 7,11–23

11 Das ist eine Abschrift des Erlasses, den der König Artaxerxes dem Priester und Schriftgelehrten Esra mitgab, dem Schriftkundigen in den Geboten und Satzungen, die der Herr Israel gegeben hatte: 12 Artaxerxes, der König der Könige, wünscht dem Priester Esra, dem Schriftkundigen im Gesetz des Gottes des Himmels, alles Gute. 13 Das ist es, was ich befehle: Jeder in meinem Reich, der zum Volk Israel oder seinen Priestern und Leviten gehört und gewillt ist, nach Jerusalem zu gehen, darf mit dir ziehen. 14 Denn du bist von dem König und seinen sieben Räten ausgesandt und sollst nach dem Gesetz deines Gottes, das in deiner Hand ist, untersuchen, wie es in Juda und Jerusalem steht. 15 Auch sollst du das Silber und Gold hinbringen, das der König und seine Räte dem Gott Israels gespendet haben, der in Jerusalem seine Wohnstätte hat. 16 Bring auch alles Silber und Gold dorthin, das du in der ganzen Provinz Babel bekommst, samt den Spenden, die das Volk Israel und die Priester für das Haus ihres Gottes in Jerusalem geben. 17 Von diesem Geld sollst du dann gewissenhaft Stiere, Widder und Lämmer sowie die dazugehörenden Speiseopfer und Trankopfer kaufen und sie auf dem Altar des Hauses eures Gottes in Jerusalem darbringen. 18 Das übrige Silber und Gold dürft ihr nach dem Willen eures Gottes verwenden, wie es dir und deinen Amtsbrüdern gut scheint. 19 Auch die Geräte, die man dir für den Dienst im Haus deines Gottes übergibt, sollst du dem Gott in Jerusalem abliefern. 20 Den restlichen Bedarf für das Haus deines Gottes, den du aufzubringen hast, bekommst du aus den königlichen Schatzhäusern. 21 Ich, der König Artaxerxes, befehle allen Schatzmeistern im Gebiet jenseits des Stroms: Al-

7,12–26 Das Schreiben des Artaxerxes ist in aramäischer Sprache überliefert (vgl. 4,8 – 6,18).

les, was der Priester Esra, der Schriftkundi-
ge im Gesetz des Gottes des Himmels, von
euch fordert, soll man pünktlich liefern,
22 und zwar bis zu hundert Talenten Silber,
bis zu hundert Kor Weizen, bis zu hundert
Bat Wein, bis zu hundert Bat Öl, dazu Salz in
jeder Menge. 23 Alles, was der Gott des Him-
mels befiehlt, soll man mit frommem Eifer
liefern für das Haus des Gottes des Himmels,
damit nicht ein Strafgericht das Reich des
Königs und seiner Söhne trifft.

14: Est 1,14 • 15: 2 Makk 3,2 • 20: 6,9.

Neue Anordnungen: 7,24–28

24 Auch wird euch Folgendes bekannt ge-
macht: Niemand ist befugt, irgendeinem
Priester, Leviten, Sänger, Torwächter, Tem-
peldiener oder Arbeiter dieses Gotteshauses
Steuern, Abgaben oder Zölle aufzuerlegen.

25 Du aber, Esra, bestelle Rechtskundige
und Richter nach dem weisen Gesetz deines
Gottes, das in deiner Hand ist; sie sollen dem
ganzen Volk im Gebiet jenseits des Stroms
Recht sprechen, allen, die das Gesetz deines
Gottes kennen; wer es aber nicht kennt, den
sollt ihr es lehren. 26 Doch über jeden, der das
Gesetz deines Gottes und das Gesetz des Kö-
nigs nicht befolgt, halte man streng Gericht
und verurteile ihn je nachdem zum Tod, zum
Ausschluss (aus der Gemeinde), zu einer
Geldstrafe oder zu Gefängnis!

27 Gepriesen sei der Herr, der Gott unserer
Väter! Denn er hat dem König das alles ins
Herz gelegt, um das Haus des Herrn in Jeru-
salem so herrlich auszustatten. 28 Mir hat er
die Gunst des Königs und seiner Räte sowie
all der mächtigen Großen des Königs zuge-
wandt. Ich aber fasste Mut, da die Hand des
Herrn, meines Gottes, über mir war, und
sammelte Familienoberhäupter aus Israel,
die bereit waren, mit mir hinaufzuziehen.

Das Verzeichnis der Heimkehrer: 8,1–20

8 Das sind die Familienoberhäupter und
die bei ihnen Eingetragenen, die unter
der Herrschaft des Königs Artaxerxes mit
mir aus Babel hinaufgezogen sind: 2 Von den
Nachkommen des Pinhas: Gerschom; von
den Nachkommen Itamars: Daniel; von den
Nachkommen Davids: Hattusch, 3 der Sohn
Schechanjas. Von den Nachkommen des Pa-
rosch: Secharja und mit ihm 150 eingetra-
gene Männer. 4 Von den Nachkommen des
Pahat-Moab: Eljoënai, der Sohn Serachjas,
und mit ihm 200 Männer. 5 Von den Nach-
kommen Sattus: Schechanja, der Sohn Jaha-
siëls, und mit ihm 300 Männer. 6 Von den
Nachkommen Adins: Ebed, der Sohn Jona-
tans, und mit ihm 50 Männer. 7 Von den
Nachkommen Elams: Jeschaja, der Sohn
Ataljas, und mit ihm 70 Männer. 8 Von den
Nachkommen Schefatjas: Sebadja, der Sohn
Michaels, und mit ihm 80 Männer. 9 Von den
Nachkommen Joabs: Obadja, der Sohn Je-
hiëls, und mit ihm 218 Männer. 10 Von den
Nachkommen Banis: Schelomit, der Sohn
Josifjas, und mit ihm 160 Männer. 11 Von den
Nachkommen Bebais: Secharja, der Sohn
Bebais, und mit ihm 28 Männer. 12 Von den
Nachkommen Asgads: Johanan, der Sohn
Katans, und mit ihm 110 Männer. 13 Von den
Nachkommen Adonikams: die letzten; sie
heißen: Elifelet, Jëiël und Schemaja und mit
ihnen 60 Männer. 14 Und von den Nachkom-
men Bigwais: Utai, der Sohn Sabbuds, und
mit ihm 70 Männer.

15 Ich ließ alle an dem Fluss zusammen-
kommen, der an Ahawa vorbeifließt. Dort
blieben wir drei Tage. Ich stellte fest, dass
zwar Laienvolk und Priester da waren; doch
fand ich dort keine Leviten. 16 Da schickte
ich einige verständige Männer, nämlich Elië-
ser, Ariël, Schemaja, Elnatan, Jarib, Elna-
tan, Natan, Secharja und Meschullam 17 zu
Iddo, dem Vorsteher der Ortschaft Kasifja;
ich sagte ihnen, was sie zu Iddo und zu sei-
nen Brüdern, die in der Ortschaft Kasifja an-
sässig waren, sagen sollten, damit sie uns
Diener für das Haus unseres Gottes überlie-
ßen. 18 Da die gütige Hand unseres Gottes
über uns war, schickten sie uns einen ein-
sichtigen Mann, einen von den Nachkommen
Machlis, des Sohnes Levis, des Sohnes Isra-
els, nämlich Scherebja, mit seinen Söhnen
und Brüdern, zusammen 18 Männer; 19 fer-
ner von den Nachkommen Meraris den Ha-
schabja und mit ihm Jeschaja samt ihren
Söhnen und Brüdern, 20 Männer; 20 dazu
eine Anzahl von Tempeldienern, die David
und die Obersten dem Tempel geschenkt
hatten, damit sie den Leviten dienten, im
ganzen 220 Tempeldiener. Sie alle sind na-
mentlich aufgezeichnet.

2: Num 25,7–13; 1 Chr 5,29f; 24,1–4 • 20: 2,43–54; 1 Chr 9,2.

Der Bericht über die Reise: 8,21–36

21 Dann rief ich dort am Fluss bei Ahawa
ein Fasten aus; so wollten wir uns vor unse-
rem Gott beugen und von ihm eine glückli-
che Reise erbitten für uns, unsere Familien
und die ganze Habe. 22 Denn ich schämte

7,26 Gemeint ist der Ausschluss aus der Gemeinde der Heimgekehrten (vgl. 10,8).

mich, vom König Soldaten und Reiter zu for-
dern, die uns gegen Feinde auf dem Weg
schützen sollten. Vielmehr hatten wir dem
König gesagt: Die Hand unseres Gottes ist
schützend über allen, die ihn suchen; doch
seine Macht und sein Zorn kommen über
alle, die ihn verlassen. 23 Wir fasteten also
und suchten in dieser Sache Hilfe bei unse-
rem Gott und er erhörte uns.

24 Dann wählte ich von den Obersten der
Priester zwölf aus, dazu Scherebja und Ha-
schabja und mit ihnen noch zehn ihrer Brü-
der. 25 Ich wog vor ihnen das Silber, das Gold
und die Geräte, die Weihegaben, die der Kö-
nig, seine Räte und Großen sowie alle Israe-
liten, die dort lebten, für das Haus unseres
Gottes gestiftet hatten. 26 Ich wog alles und
legte es in ihre Hände: sechshundertfünfzig
Talente Silber und hundert silberne Geräte,
die zwei Talente wogen; ferner hundert Ta-
lente Gold 27 und zwanzig goldene Becher im
Wert von tausend Golddariken sowie zwei
Geräte aus feinster, glänzender Bronze,
kostbar wie Gold. 28 Und ich sagte zu ihnen:
Ihr seid dem Herrn heilig, auch die Geräte
sind heilig; das Silber und das Gold sind
Weihegaben für den Herrn, den Gott eurer
Väter. 29 Bewacht und behütet das alles, bis
ihr es vor den Obersten der Priester und Le-
viten sowie den Oberhäuptern der Familien
Israels in Jerusalem wägt und darbringt, in
den Räumen des Hauses des Herrn. 30 Die
Priester und Leviten nahmen das Silber, das
Gold und die Geräte abgewogen in Empfang,
um sie nach Jerusalem in das Haus unseres
Gottes zu bringen.

31 Am zwölften Tag des ersten Monats bra-
chen wir von dem Fluss bei Ahawa auf, um
nach Jerusalem zu ziehen. Die Hand unseres
Gottes war über uns und er beschützte uns
unterwegs vor Feinden und Räubern. 32 Als
wir nach Jerusalem kamen, ruhten wir dort
drei Tage aus. 33 Am vierten Tag wog man im
Haus unseres Gottes das Silber und das Gold
sowie die Geräte und übergab sie dem Pries-
ter Meremot, dem Sohn Urijas; bei ihm wa-
ren Eleasar, der Sohn des Pinhas, sowie die
Leviten Josabad, der Sohn Jeschuas, und
Noadja, der Sohn Binnuis. 34 Man übergab
alles, gezählt und gewogen, und verzeichnete
gleichzeitig das genaue Gewicht.

35 Die Verschleppten, die jetzt aus der Ge-
fangenschaft heimgekehrt waren, brachten
dem Gott Israels Brandopfer dar: zwölf Stie-
re für ganz Israel, sechsundneunzig Widder
und siebenundsiebzig Lämmer, ferner zwölf
Ziegenböcke für ein Sündopfer – all das als
Brandopfer für den Herrn.

36 Man übergab die Anordnungen des Kö-
nigs den königlichen Satrapen und den
Statthaltern im Gebiet jenseits des Stroms.
Sie unterstützten von nun an das Volk und
das Haus Gottes.

22: Neh 2,9 • 36: 5,17; 7,11–26.

Das Verbot von Mischehen: 9,1–4

9 Als das vollbracht war, kamen die
Obersten zu mir und sagten: Das Volk
Israel und die Priester und die Leviten haben
sich nicht fern gehalten von der Bevölkerung
des Landes und ihren Gräueltaten, von den
Kanaanitern, Hetitern, Perisitern, Jebusi-
tern, Ammonitern, Moabitern, Ägyptern und
Amoritern. 2 Sie haben von deren Töchtern
Frauen genommen für sich und ihre Söhne.
So hat sich der heilige Same mit den Völkern
des Landes vermischt und die Obersten und
Beamten waren bei diesem Treubruch die
Ersten. 3 Als ich das hörte, zerriss ich mein
Gewand und meinen Mantel; ich raufte mir
die Haare und den Bart und setzte mich er-
schüttert nieder. 4 Da versammelten sich alle
um mich, die wegen des Treubruchs der
Heimkehrer die Drohungen des Gottes Isra-
els fürchteten. Bis zum Abendopfer saß ich
erschüttert da.

1: Dtn 7,1–4; 23,3f • 2: Mal 2,10–12; Neh 13,23–28; Jes 6,13.

Esras Bußgebet: 9,5–15

5 Zur Zeit des Abendopfers erhob ich mich
aus meiner Bußübung, mit zerrissenem Ge-
wand und Mantel. Dann warf ich mich auf
die Knie, breitete die Hände aus und betete
zum Herrn, meinem Gott: 6 Mein Gott, ich
schäme mich und wage nicht, die Augen zu
dir, mein Gott, zu erheben. Denn unsere Ver-
gehen sind uns über den Kopf gewachsen;
unsere Schuld reicht bis zum Himmel. 7 Seit
den Tagen unserer Väter bis heute sind wir
in großer Schuld. Wegen unserer Vergehen
wurden wir, unsere Könige und Priester, den
Königen der Länder ausgeliefert, dem
Schwert, der Gefangenschaft, der Plünde-
rung und der Schande, wie es noch heute der
Fall ist. 8 Jetzt, für einen kurzen Augenblick,
hat der Herr, unser Gott, uns Erbarmen ge-
zeigt; er hat einen Rest gerettet und übrig ge-
lassen und uns einen Ruheplatz an seinem
heiligen Ort gewährt. So ließ unser Gott un-
sere Augen aufleuchten, er ließ uns ein wenig
aufleben in unserer Knechtschaft. 9 Ja, wir
sind Knechte. Aber auch in unserer Knecht-
schaft hat unser Gott uns nicht verlassen. Er
wandte uns die Gunst der Könige von Per-
sien zu. Er ließ uns aufleben, sodass wir das
Haus unseres Gottes wieder aufbauen und es
aus den Trümmern wieder aufrichten konn-

ten. Er gewährte uns ein geschütztes Gebiet
in Juda und Jerusalem.
10 Aber jetzt, unser Gott, was sollen wir
nach all dem sagen? Wir haben ja deine Ge-
bote verlassen. 11 Du hast durch deine Die-
ner, die Propheten, geboten: Das Land, in
das ihr kommt, um es in Besitz zu nehmen,
ist ein beflecktes Land; denn die Völker im
Land haben es befleckt; in ihrer Unreinheit
haben sie es mit ihren Gräueltaten erfüllt,
vom einen Ende bis zum andern. 12 Darum
dürft ihr eure Töchter nicht ihren Söhnen als
Frauen geben, noch dürft ihr ihre Töchter
für eure Söhne nehmen. Ihr Glück und ihren
Wohlstand sollt ihr nicht begehren. Dann
werdet ihr stark sein und die Güter des Lan-
des genießen und sie euren Kindern vererben
für alle Zeit.
13 Was ist alles über uns gekommen wegen
unserer bösen Taten und unserer großen
Schuld! Dabei hast du, unser Gott, unsere
Schuld mit Nachsicht behandelt und uns
diese Schar von Geretteten gelassen. 14 Kön-
nen wir nach alledem von neuem deine Ge-
bote brechen und uns mit diesen gräuelbela-
denen Völkern verschwägern? Musst du uns
dann nicht zürnen, bis wir ganz vernichtet
sind, sodass kein Rest von Geretteten mehr
übrig bleibt? 15 Herr, Gott Israels, du bist ge-
recht; darum hast du uns als geretteten Rest
übrig gelassen, wie es heute der Fall ist. Nun
stehen wir vor dir mit unserer Schuld. Nein,
so kann niemand vor dir bestehen.

11: Lev 18,24–27; Dtn 7,1.3; Ez 36,17; 37,25.

Die Auflösung der Mischehen:
10,1–17

10 Während Esra vor dem Haus Gottes
auf den Knien lag und weinend sein
Gebet und sein Bekenntnis sprach, versam-
melte sich um ihn eine sehr große Gemeinde
von Männern, Frauen und Kindern aus Isra-
el. Auch das Volk vergoss viele Tränen.
2 Schechanja, der Sohn Jehiëls, einer der
Nachkommen Elams, nahm das Wort und
sagte zu Esra: Ja, wir haben unserem Gott
die Treue gebrochen; wir haben fremde
Frauen aus der Bevölkerung des Landes ge-
heiratet. Doch auch jetzt gibt es noch Hoff-
nung für Israel: 3 Wir wollen jetzt mit unse-
rem Gott einen Bund schließen und uns ver-
pflichten, dass wir alle fremden Frauen samt
ihren Kindern wegschicken nach dem Rat
meines Herrn und aller, die das Gebot unse-
res Gottes fürchten. Man handle nach dem
Gesetz. 4 Steh auf! Denn dir obliegt die Sa-
che. Wir aber stehen dir bei. Fass Mut und
handle! 5 Da stand Esra auf; er ließ die
Obersten der Priester, der Leviten und ganz
Israels schwören, nach diesem Vorschlag zu
handeln, und sie leisteten den Eid. 6 Dann
verließ Esra den Platz vor dem Haus Gottes
und ging in die Kammer Johanans, des Soh-
nes Eljaschibs. Dort verbrachte er die Nacht,
aß aber kein Brot und trank kein Wasser;
denn er trauerte über den Treubruch der
Heimkehrer.
7 Dann machte man in Juda und Jerusalem
allen Heimkehrern bekannt, sie sollten sich
in Jerusalem versammeln. 8 Jeder, der nicht
binnen drei Tagen komme, wie es die Vorste-
her und Ältesten beschlossen hätten, dessen
ganzer Besitz solle der Vernichtung anheim
fallen und er selbst solle aus der Gemeinde
der Heimkehrer ausgeschlossen werden. 9 Da
versammelten sich nach drei Tagen alle
Männer von Juda und Benjamin in Jerusa-
lem; es war am zwanzigsten Tag des neunten
Monats. Das ganze Volk ließ sich auf dem
Platz vor dem Haus Gottes nieder. Alle zit-
terten wegen der Sache, um die es ging, aber
auch wegen des Regens, der niederging.
10 Der Priester Esra stand auf und sagte zu
ihnen: Ihr habt dem Herrn die Treue gebro-
chen; ihr habt fremde Frauen genommen und
so die Schuld Israels noch größer gemacht.
11 So legt nun vor dem Herrn, dem Gott eurer
Väter, ein Bekenntnis ab und tut, was er
wünscht: Trennt euch von der Bevölkerung
des Landes, insbesondere von den fremden
Frauen! 12 Darauf antwortete die ganze Ge-
meinde laut: Alles, was du uns gesagt hast,
müssen wir tun. 13 Aber es sind viele Men-
schen und es ist Regenzeit; da kann man
nicht im Freien bleiben und die Angelegen-
heit ist nicht an einem oder zwei Tagen ab-
zumachen. Denn viele von uns haben sich in
dieser Sache verfehlt. 14 Unsere Vorsteher
sollen darum die ganze Gemeinde vertreten.
Alle, die in unseren Städten fremde Frauen
geheiratet haben, sollen dann zu festgesetz-
ten Zeiten herkommen, dazu die Ältesten
und Richter jeder einzelnen Stadt, bis wir
den Zorn unseres Gottes, der wegen dieser
Sache entbrannt ist, von uns abgewendet
haben.
15 Nur Jonatan, der Sohn Asaëls, und Jach-
seja, der Sohn Tikwas, sprachen gegen die-
sen Vorschlag; Meschullam und der Levit
Schabbetai unterstützten sie. 16 Die Heim-
kehrer machten es aber so, wie vorgeschla-
gen worden war. Der Priester Esra wählte
Männer aus, für jede Großfamilie ein Fami-
lienoberhaupt; alle wurden mit Namen auf-
gerufen. Am ersten Tag des zehnten Monats
traten sie zusammen, um die Sache zu unter-
suchen, 17 und am ersten Tag des ersten

Monats waren sie fertig mit den Fällen aller
Männer, die fremde Frauen geheiratet hat-
ten.

6: Neh 13,4 • 8: 7,26.

Die Liste der Betroffenen: 10,18–44

18 Unter den Priestern fand man folgende,
die fremde Frauen geheiratet hatten: Von
den Nachkommen Jeschuas, des Sohnes des
Jozadak, und seinen Brüdern: Maaseja, Elië-
ser, Jarib und Gedalja. 19 Sie gaben die Hand
darauf, ihre Frauen wegzuschicken, und
brachten für ihre Schuld einen Widder als
Schuldopfer dar. 20 Von den Nachkommen
Immers fand man schuldig: Hanani und Se-
badja; 21 von den Nachkommen Harims:
Maaseja, Elija, Schemaja, Jehiël und Usija;
22 von den Nachkommen Paschhurs: Eljoë-
nai, Maaseja, Jischmael, Netanel, Josabad
und Elasa. 23 Von den Leviten: Josabad,
Schimi, Kelaja, das ist Kelita, Petachja, Juda
und Eliëser. 24 Von den Sängern: Eljaschib.
Von den Torwächtern: Schallum, Telem und
Uri. 25 Unter den Israeliten von den Nach-
kommen des Parosch: Ramja, Jisija, Malkija,
Mijamin, Eleasar, Malkija und Benaja; 26 von
den Nachkommen Elams: Mattanja, Sechar-
ja, Jehiël, Abdi, Jeremot und Elija; 27 von den
Nachkommen Sattus: Eljoënai, Eljaschib,
Mattanja, Jeremot, Sabad und Asisa; 28 von
den Nachkommen Bebais: Johanan, Hanan-
ja, Sabbai und Atlai; 29 von den Nachkom-
men Banis: Meschullam, Malluch, Adaja, Ja-
schub, Scheal und Jeremot; 30 von den Nach-
kommen des Pahat-Moab: Adna, Kelal, Be-
naja, Maaseja, Mattanja, Bezalel, Binnui und
Manasse; 31 von den Nachkommen Harims:
Eliëser, Jischija, Malkija, Schemaja, Simeon,
32 Benjamin, Malluch und Schemarja; 33 von
den Nachkommen Haschums: Mattenai,
Mattatta, Sabad, Elifelet, Jeremai, Manasse
und Schimi; 34 von den Nachkommen Big-
wais: Maadai, Amram, Uël, 35 Benaja, Bedja,
Keluhi, 36 Wanja, Meremot, Eljaschib,
37 Mattanja, Mattenai und Jaasai; 38 von den
Nachkommen Binnuis: Schimi, 39 Schelemja,
Natan und Adaja; 40 von den Nachkommen
Sakkais: Schaschai, Scharai, 41 Asarel, Sche-
lemja, Schemarja, 42 Schallum, Amarja und
Josef; 43 von den Nachkommen Nebos: Jëiël,
Mattitja, Sabad, Sebina, Jaddai, Joël und
Benaja. 44 Alle diese hatten fremde Frauen
geheiratet; sie trennten sich nun von ihren
Frauen, auch wenn sie von ihnen Kinder hat-
ten.

18: 2,36–39 • 19: Lev 5,14–19 • 25–43: 2,3–35.

Das Buch Nehemia

DER WIEDERAUFBAU DURCH NEHEMIA: 1,1 – 6,19

Das Gebet Nehemias: 1,1–11

1 Bericht des Nehemia, des Sohnes Ha-
chaljas. Im Monat Kislew, im zwanzigs-
ten Jahr des Artaxerxes, war ich in der
Festung Susa; 2 da kam Hanani, einer meiner
Brüder, mit einigen Männern aus Juda. Ich
fragte sie, wie es den Juden gehe, den Geret-
teten, die von den Gefangenen übrig geblie-
ben waren, und wie es um Jerusalem stehe.
3 Sie sagten zu mir: Der Rest, der von den Ge-
fangenen übrig geblieben ist, lebt dort in der
Provinz in großer Not und Schmach. Die
Stadtmauer von Jerusalem ist niedergelegt
und die Tore sind abgebrannt. 4 Als ich das
hörte, setzte ich mich nieder und weinte. Ich
trauerte tagelang, fastete und betete zu dem
Gott des Himmels. 5 Ich sagte:

Ach, Herr, Gott des Himmels, du großer
und furchtgebietender Gott! Du hältst deinen
Bund und bewahrst deine Gnade denen, die
dich lieben und deine Gebote halten. 6 Hab
ein aufmerksames Ohr und ein offenes Auge
und hör das Gebet deines Knechtes! Ich bete
jetzt Tag und Nacht vor dir für die Söhne Is-
raels, deine Diener. Ich lege ein Bekenntnis
ab wegen der Sünden der Söhne Israels. Wir
haben gegen dich gesündigt; auch ich und

10,44 Text gestört, daher Übersetzung unsicher.

1,1 Das 20. Jahr des Perserkönigs Artaxerxes I. ist das Jahr 445 v. Chr.

meine Familie haben gesündigt. 7 Wir haben
sehr schlecht gegen dich gehandelt: Wir ha-
ben die Gebote, Gesetze und Anordnungen
missachtet, die du deinem Diener Mose gege-
ben hast. 8 Aber denk an das Wort, das du
deinem Diener Mose aufgetragen hast: Wenn
ihr mir die Treue brecht, dann werde ich
euch unter die Völker zerstreuen; 9 wenn ihr
aber zu mir umkehrt, meine Gebote befolgt
und sie ausführt, dann sammle ich euch wie-
der, selbst die, die bis ans Ende des Himmels
verschlagen wurden; ich bringe sie an den
Ort, den ich erwählt habe, um dort meinen
Namen wohnen zu lassen.

10 Sie sind ja deine Knechte, dein Volk, das
du erlöst hast mit deiner großen Kraft und
deiner starken Hand. 11 Ach, Herr, dein Ohr
höre aufmerksam auf das Gebet deines
Knechtes und das Gebet deiner Knechte, die
von Herzen deinen Namen fürchten: Gewäh-
re deinem Knecht heute Erfolg und lass ihn
Erbarmen finden bei diesem Mann!

Ich war nämlich Mundschenk beim
König.

1: Est 1,2f; Dan 8,2 • 3: Esra 4,21–24 • 4: Esra 9,3 • 5: Dan 9,4 • 8–9: Dtn 30,1–4 • 10: Dtn 9,29.

Die Rückkehr Nehemias: 2,1–10

2 Im Monat Nisan, im zwanzigsten Jahr
des Königs Artaxerxes, nahm ich den
Wein und reichte ihn dem König – mein Amt
war es nämlich, für den Wein zu sorgen. Nie
zuvor hatte der König mein Aussehen
schlecht gefunden; 2 jetzt aber fragte er
mich: Warum siehst du so schlecht aus? Du
bist doch nicht etwa krank? Nein, du hast ge-
wiss Kummer. Ich erschrak sehr; 3 dann sag-
te ich zum König: Der König möge ewig le-
ben. Wie sollte ich nicht schlecht aussehen?
Die Stadt, in der die Gräber meiner Väter
sind, liegt in Trümmern und ihre Tore sind
vom Feuer verzehrt. 4 Der König erwiderte:
Was möchtest du also? Da betete ich zum
Gott des Himmels; 5 dann sagte ich zum Kö-
nig: Wenn du, König, es für gut findest und
wenn du deinem Knecht vertraust, so sende
mich nach Juda, damit ich die Stadt wieder
aufbaue, in der die Gräber meiner Väter sind.

6 Darauf fragte mich der König, während
die Königin neben ihm saß: Wie lang soll dei-
ne Reise dauern? Wann kommst du zurück?
Ich nannte ihm eine bestimmte Zeit; der Kö-
nig war einverstanden und ließ mich ziehen.
7 Ich sagte dem König noch: Wenn der König
es für gut findet, dann gebe man mir Briefe
mit an die Statthalter des Gebiets jenseits
des Stroms, damit sie mich bis nach Juda
durchreisen lassen; 8 ferner einen Brief an
Asaf, den Verwalter der königlichen Wälder:
Er soll mir Bauholz liefern für die Tore der
Tempelburg, für die Stadtmauer und für das
Haus, in das ich ziehen will. Der König be-
willigte es mir, weil die gütige Hand meines
Gottes über mir war.

9 So kam ich zu den Statthaltern im Gebiet
jenseits des Stroms und ich übergab ihnen
die Briefe des Königs. Der König hatte mir
auch Hauptleute und Reiter als Geleit gege-
ben. 10 Sanballat, der Horoniter, und Tobija,
der Knecht von Ammon, hörten davon. Es
verdross sie sehr, dass da ein Mann kam, der
sich für das Wohl der Israeliten einsetzte.

7: Esra 4,10f; 7,11 • 9: Esra 8,22.

Der Entschluss zum Mauerbau: 2,11–20

11 So kam ich nach Jerusalem. Dort blieb
ich drei Tage. 12 Dann machte ich mich bei
Nacht auf, nahm aber nur einige wenige
Männer mit. Noch hatte ich keinem Men-
schen mitgeteilt, was mein Gott mir eingege-
ben hatte, für Jerusalem zu tun. Ich nahm
keine Tiere mit außer dem einen, auf dem ich
ritt. 13 So ritt ich bei Nacht zum Taltor hi-
naus. An der Drachenquelle vorbei gelangte
ich zum Aschentor. Dabei besichtigte ich die
Mauern Jerusalems: Sie waren niedergeris-
sen und die Tore vom Feuer verzehrt. 14 Ich
ritt zum Quelltor und zum Königsteich hinü-
ber. Hier konnte ich mit dem Reittier nicht
mehr vorwärts kommen. 15 So ging ich bei
Nacht das Bachtal hinauf und besichtigte die
Mauer. Dann kehrte ich um und kam durch
das Taltor wieder zurück. 16 Die Vorsteher
wussten nicht, wohin ich gegangen war und
was ich vorhatte. Denn ich hatte bis dahin
den Juden nichts mitgeteilt, weder den
Priestern noch den Vornehmen, noch den Be-
amten und den übrigen, die an dem Werk
mitwirken sollten. 17 Jetzt aber sagte ich zu
ihnen: Ihr seht selbst, in welchem Elend wir
leben: Jerusalem liegt in Trümmern und sei-
ne Tore sind abgebrannt. Gehen wir daran
und bauen wir die Mauern Jerusalems wie-
der auf! So machen wir unserer Schande ein
Ende. 18 Dann berichtete ich ihnen, wie die
Hand meines Gottes so gütig über mir gewe-
sen war und was der König mir zugesagt hat-
te. Da sagten sie: Wir wollen ans Werk gehen
und bauen. Und sie nahmen die gute Sache
in die Hand.

19 Als aber Sanballat, der Horoniter, Tobi-
ja, der Knecht von Ammon, und der Araber
Geschem davon hörten, verspotteten sie uns
und sagten verächtlich: Was soll das, was ihr
da macht? Wollt ihr euch etwa gegen den Kö-
nig auflehnen? 20 Ich ließ ihnen antworten:

Der Gott des Himmels wird uns Erfolg ver-
leihen. Wir, seine Knechte, wollen ans Werk
gehen und bauen. Ihr hingegen habt weder
einen Anteil (an der Stadt) noch Anrecht (auf
sie); es gibt keine Erinnerung an euch in Je-
rusalem.

11: Esra 8,32 • 13: 3,13–15; 12,31–34.37 • 19: Esra 4,23.

Der Bericht über den Bau: 3,1–32

3 Der Hohepriester Eljaschib und seine
Brüder, die Priester, machten sich ans
Werk und bauten das Schaftor auf. Sie setz-
ten die Balken ein und brachten die Torflü-
gel an. Sie bauten weiter bis zum Turm der
Hundert, setzten die Balken ein und kamen
bis zum Turm Hananel. 2 Anschließend bau-
ten die Männer von Jericho und daneben
baute Sakkur, der Sohn Imris. 3 Das Fischtor
bauten die Söhne des Senaa; sie setzten die
Balken ein und brachten die Torflügel, Rie-
gel und Sperrbalken an. 4 Neben ihnen ar-
beitete an der Instandsetzung Meremot, der
Sohn Urijas, des Sohnes des Koz. Daneben
arbeitete Meschullam, der Sohn Berechjas,
des Sohnes Meschesabels. Daneben arbeitete
Zadok, der Sohn Baanas. 5 Daneben arbeite-
ten die Leute aus Tekoa. Die Vornehmen un-
ter ihnen freilich beugten den Nacken nicht
zum Dienst für ihre Herren. 6 Jojada, der
Sohn Paseachs, und Meschullam, der Sohn
Besodjas, arbeiteten an der Instandsetzung
des Jeschanators; sie setzten die Balken ein
und brachten die Torflügel, Riegel und
Sperrbalken an. 7 Daneben arbeitete Melatja
aus Gibeon und Jadon aus Meronot sowie die
Leute aus Gibeon und Mizpa, dort wo der
Statthalter des Gebiets jenseits des Stroms
seinen Sitz hatte. 8 Daneben arbeitete Usiël,
der Sohn Harhajas, einer von den Gold-
schmieden; und daneben arbeitete Hananja,
ein Salbenhersteller. Sie befestigten Jerusa-
lem bis zur Breiten Mauer. 9 Daneben arbei-
tete Refaja, der Sohn Hurs, der Vorsteher der
einen Hälfte des Bezirks von Jerusalem.
10 Daneben arbeitete Jedaja, der Sohn
Harumafs, gegenüber seinem Haus; und
daneben arbeitete Hattusch, der Sohn
Haschabnejas. 11 Malkija, der Sohn Harims,
und Haschub, der Sohn des Pahat-Moab, ar-
beiteten an der Instandsetzung des folgen-
den Stückes und des Ofenturms. 12 Daneben
arbeitete Schallum, der Sohn des Lohesch,
der Vorsteher der anderen Hälfte des Bezirks
von Jerusalem. Ihm halfen seine Töchter.
13 Hanun und die Einwohner von Sanoach
arbeiteten an der Instandsetzung des Tal-
tors; sie bauten es auf und brachten die Tor-
flügel, Riegel und Sperrbalken an; sie setzten
auch weitere tausend Ellen der Mauer in-
stand, bis zum Aschentor. 14 Malkija, der
Sohn Rechabs, der Vorsteher des Bezirks von
Bet-Kerem, arbeitete an der Instandsetzung
des Aschentors; er baute es auf und brachte
die Torflügel, Riegel und Sperrbalken an.
15 Schallun, der Sohn Kolhoses, der Vorste-
her des Bezirks von Mizpa, arbeitete an der
Instandsetzung des Quelltors; er baute es
auf, versah es mit einem Dach und brachte
die Torflügel, Riegel und Sperrbalken an.
Weiter setzte er die Mauer am Teich der
Wasserleitung beim Königsgarten instand,
bis zu den Stufen, die von der Davidstadt he-
rabführen. 16 Hinter ihm arbeitete Nehemja,
der Sohn des Asbuk, der Vorsteher der einen
Hälfte des Bezirks von Bet-Zur; er arbeitete
bis zu der Stelle gegenüber den Gräbern Da-
vids und weiter bis zum künstlichen Teich
und zur Kaserne der Leibwache. 17 Hinter
ihm arbeiteten die Leviten, nämlich Rehum,
der Sohn Banis, und daneben Haschabja, der
Vorsteher der einen Hälfte des Bezirks von
Keïla; er arbeitete für seinen Bezirk. 18 Hin-
ter ihm arbeiteten die Brüder dieser Leviten
unter Binnui, dem Sohn des Henadad, dem
Vorsteher der anderen Hälfte des Bezirks
von Keïla. 19 Neben ihm arbeitete Eser, der
Sohn Jeschuas, der Vorsteher von Mizpa, an
der Instandsetzung des folgenden Stückes,
gegenüber dem Aufstieg zum Zeughaus am
Winkel. 20 Hinter ihm arbeitete Baruch, der
Sohn Sabbais, an der Instandsetzung des an-
schließenden Stückes, vom Winkel bis an
den Eingang zum Haus des Hohenpriesters
Eljaschib. 21 Hinter ihm arbeitete Meremot,
der Sohn Urijas, des Sohnes des Koz, am an-
schließenden Stück, vom Eingang bis zum
Ende des Hauses von Eljaschib. 22 Hinter
ihm arbeiteten die Priester, die im Umkreis
wohnten. 23 Dahinter arbeiteten Benjamin
und Haschub gegenüber ihrem Haus und
hinter ihnen arbeitete Asarja, der Sohn
Maasejas, des Sohnes Ananejas, neben sei-
nem Haus. 24 Dahinter arbeitete Binnui, der
Sohn Henadads, an der Instandsetzung des
anschließenden Stückes, vom Haus des
Asarja bis zum Winkel und weiter bis zur
Ecke. 25 Palal, der Sohn Usais, arbeitete ge-
genüber dem Winkel und dem oberen Turm,
der vom königlichen Palast am Wachthof
vorspringt. Hinter ihm arbeiteten Pedaja,
der Sohn des Parosch, 26 und die Tempeldie-
ner, die auf dem Ofel wohnten, bis zu der
Stelle gegenüber dem Wassertor im Osten

3,1 Text korr.; H unklar.

und dem vorspringenden Turm. 27 Dahinter
arbeiteten die Leute von Tekoa an der In-
standsetzung des anschließenden Stückes,
von der Stelle, die dem großen, vorspringen-
den Turm gegenüberliegt, bis zur Mauer des
Ofel. 28 Oberhalb des Rosstors arbeiteten die
Priester, jeder seinem Haus gegenüber.
29 Dahinter arbeitete Zadok, der Sohn Im-
mers, seinem Haus gegenüber, und hinter
ihm arbeitete Schemaja, der Sohn Schech-
anjas, der Wächter des Osttors. 30 Dahinter
arbeiteten Hananja, der Sohn Schelemjas,
und Hanun, der sechste Sohn Zalafs, an der
Instandsetzung eines weiteren Stückes. Da-
hinter arbeitete Meschullam, der Sohn Be-
rechjas, gegenüber seiner Zelle. 31 Hinter
ihm arbeitete Malkija, einer von den Gold-
schmieden, bis zum Haus der Tempeldiener
und der Händler, gegenüber dem Wachttor,
und bis zum Obergemach an der Ecke. 32 Und
zwischen dem Obergemach an der Ecke und
dem Schaftor arbeiteten die Goldschmiede
und die Händler.

1: Jer 31,38–40; Neh 12,31–39 • 15: 2 Kön 20,20; Joh 9,7 • 25: Jer 32,2 • 29: Ez 40,6.

Der Spott der Feinde: 3,33–38

33 Als Sanballat hörte, dass wir die Mauer
aufbauten, wurde er zornig und ärgerte sich
sehr. Er spottete über die Juden 34 und sagte
vor seinen Brüdern und dem Heer von Sama-
rien: Was machen diese elenden Juden da?
Wollen sie Jerusalem wieder für sich befesti-
gen? Wollen sie Opfer darbringen? Wollen sie
es an einem Tag vollenden? Können sie die
Steine, die doch ausgeglüht sind, aus den
Schutthaufen zu neuem Leben aufrichten?
35 Und Tobija von Ammon, der neben ihm
stand, sagte: Lasst sie nur bauen! Springt ein
Fuchs hinauf, dann reißt er ihre Steinmauer
nieder.

36 Hör, unser Gott, wie wir zum Gespött
geworden sind. Lass ihren Hohn auf sie
selbst zurückfallen! Gib sie der Plünderung
und der Gefangenschaft preis! 37 Deck ihr
Vergehen nicht zu! Ihre Sünde soll bei dir
nicht ausgelöscht sein, denn sie haben die
Bauenden beleidigt.

38 Wir bauten an der Mauer weiter und
bald hatte sich die Mauer ringsum bis zur
Hälfte geschlossen. Das ermutigte das Volk
zur weiteren Arbeit.

33: 2,10.19 • 37: Jer 18,23.

Störaktionen von außen: 4,1–17

4 Als aber Sanballat und Tobija sowie die
Araber, die Ammoniter und die Leute
von Aschdod hörten, dass der Wiederaufbau
der Mauer von Jerusalem voranging – denn
die Breschen schlossen sich allmählich –,
wurden sie wütend 2 und alle zusammen ver-
schworen sich, gegen Jerusalem in den Krieg
zu ziehen und dort Unruhe zu stiften. 3 Wir
aber beteten zu unserem Gott und stellten
Tag und Nacht eine Wache auf, um uns vor
ihnen zu schützen. 4 Doch dann sagten die
Juden: Den Trägern geht die Kraft aus, denn
es liegt zu viel Schutt da; es wird uns nie ge-
lingen, die Mauer aufzubauen. 5 Unsere
Feinde aber sagten: Sie sollen nichts merken
und nichts von uns sehen, bis wir mitten un-
ter ihnen stehen; dann metzeln wir sie nieder
und machen dem Unternehmen ein Ende.
6 Doch die Juden, die bei ihnen lebten, ka-
men und sagten uns mindestens zehnmal:
Aus allen Orten ringsum, wo sie wohnen, zie-
hen sie gegen uns heran. 7 Da stellte ich un-
terhalb der Mauer auf dem freien Gelände
das Volk nach Sippen geordnet auf, mit
Schwertern, Lanzen und Bogen bewaffnet.
8 Ich musterte sie, dann erhob ich mich und
sagte zu den Vornehmen, den Beamten und
den übrigen Männern: Fürchtet euch nicht
vor ihnen! Denkt an den Herrn; er ist groß
und furchtgebietend. Kämpft für eure Brü-
der und Söhne, für eure Töchter und Frauen
und für eure Häuser!

9 Unsere Feinde erfuhren, dass uns ihr
Vorhaben bekannt geworden war. So verei-
telte Gott ihren Plan und wir alle kehrten zu
der Mauer zurück, jeder zu seiner Arbeit.
10 Seit jenem Tag arbeitete nur die Hälfte
meiner Leute am Bau; die andere Hälfte hielt
Lanzen, Schilde, Bogen und Panzer bereit
und die Obersten standen hinter dem ganzen
Volk Juda, 11 das an der Mauer baute. Die
Lastträger arbeiteten so: Mit der einen Hand
taten sie ihre Arbeit, in der andern hielten
sie den Wurfspieß. 12 Von den Bauleuten hat-
te jeder sein Schwert um die Hüften gegürtet
und so bauten sie. Ständig hatte ich den
Hornbläser bei mir 13 und ich sagte zu den
Vornehmen, den Beamten und den übrigen:
Die Arbeit ist vielfältig und weit ausgedehnt.
Wir stehen auf der Mauer zerstreut und weit
voneinander entfernt. 14 Wo ihr also das
Horn ertönen hört, dort sammelt euch um
uns! Unser Gott wird für uns streiten. 15 So
arbeiteten wir am Bau, während die Hälfte
die Lanzen bereit hielt, vom Anbruch der
Morgenröte bis zum Aufgang der Sterne.
16 Damals sagte ich dem Volk noch: Jeder soll
mit seinen Leuten auch nachts in Jerusalem
bleiben; dann stehen sie uns in der Nacht als
Wache zur Verfügung und am Tag zur

Arbeit. 17 Weder ich noch meine Brüder,
weder meine Leute noch die Wachmann-
schaft, die mich begleitete, keiner von uns
zog seine Kleider aus; jeder hatte seine Waffe
an der Seite.

14: Ex 14,14.

Unfriede in den eigenen Reihen: 5,1–13

5 Die Männer des einfachen Volkes und
ihre Frauen erhoben aber laute Klage
gegen ihre jüdischen Stammesbrüder. 2 Die
einen sagten: Wir müssen unsere Söhne und
Töchter verpfänden, um Getreide zu bekom-
men, damit wir zu essen haben und leben
können. 3 Andere sagten: Wir müssen unsere
Felder, Weinberge und Häuser verpfänden,
um in der Hungerzeit Getreide zu bekom-
men. 4 Wieder andere sagten: Auf unsere Fel-
der und Weinberge mussten wir Geld auf-
nehmen für die Steuern des Königs. 5 Wir
sind doch vom selben Fleisch wie unsere
Stammesbrüder; unsere Kinder sind ihren
Kindern gleich und doch müssen wir unsere
Söhne und Töchter zu Sklaven erniedrigen.
Einige von unseren Töchtern sind schon
erniedrigt worden. Wir sind machtlos und
unsere Felder und Weinberge gehören ande-
ren.

6 Als ich ihre Klage und diese Worte hörte,
wurde ich sehr zornig. 7 Ich überlegte mir die
Sache; dann stellte ich die Vornehmen und
die Beamten zur Rede und sagte zu ihnen:
Die eigenen Stammesbrüder bedrückt ihr
mit Schuldforderungen. Und ich berief ih-
retwegen eine große Versammlung ein 8 und
sagte zu ihnen: Wir haben von unseren jüdi-
schen Stammesbrüdern, die an andere Völ-
ker verkauft worden waren, so viele wie
möglich losgekauft. Ihr aber, ihr wollt eure
eigenen Stammesbrüder verkaufen, damit
sie dann wieder an uns verkauft werden. Da
schwiegen sie und wussten nichts zu erwi-
dern. 9 Darauf sagte ich: Was ihr tut, ist nicht
recht. Wollt ihr nicht das Gebot unseres Got-
tes gewissenhaft einhalten, um so dem Hohn
der uns feindlichen Völker zu entgehen?
10 Auch ich und meine Brüder und meine
Leute haben Stammesbrüdern Geld und Ge-
treide geliehen. Erlassen wir ihnen doch die-
se Schuldforderungen. 11 Gebt ihnen unver-
züglich ihre Äcker und Weinberge, ihre Öl-
gärten und Häuser zurück und erlasst ihnen
die Schuld an Geld und Getreide, Wein und
Öl, die sie bei euch haben. 12 Da erklärten sie:
Wir wollen alles zurückgeben und nichts
mehr von ihnen fordern. Wir wollen tun, was
du gesagt hast. Darauf rief ich die Priester
herbei und ließ die Leute schwören, dass sie
ihre Zusage halten würden. 13 Dann schüt-
telte ich den Bausch meines Gewandes aus
und sagte: Genauso schüttle Gott jeden, der
diese Zusage nicht hält, aus seinem Haus
und seinem Eigentum; er sei ebenso ausge-
schüttelt und leer. Die ganze Versammlung
antwortete: Amen, so sei es!, und pries den
Herrn und das Volk erfüllte die Zusage.

1: Jer 34,8–16 • 2: 2 Kön 4,1; Mt 18,25 • 5: Lev 25,39.43 • 8: Lev 25,47f • 9: Lev 25,35–37 • 11: Dtn 15,1f.

Nehemia als Statthalter: 5,14–19

14 Außerdem verzichtete ich mit meinen
Brüdern auf den Unterhalt, den ich als Statt-
halter hätte beanspruchen können, und zwar
von dem Tag an, an dem mich der König zum
Statthalter in Juda bestellt hatte, vom zwan-
zigsten bis zum zweiunddreißigsten Jahr des
Artaxerxes, also zwölf Jahre lang. 15 Die
Statthalter, die mir vorangingen, hatten das
Volk schwer belastet; sie hatten von ihm täg-
lich vierzig Silberschekel für ihren Unter-
halt erhoben; auch ihre Leute hatten das
Volk unterdrückt. Ich hingegen tat das aus
Gottesfurcht nicht. 16 Auch beim Bau der
Mauer habe ich selbst Hand angelegt. Wir
haben kein Feld gekauft. Alle meine Leute
halfen dort gemeinsam bei der Bauarbeit.
17 An meinem Tisch speisten die führenden
Juden und die Beamten, hundertfünfzig an
der Zahl, sowie die, die von den Völkern
ringsumher zu uns kamen. 18 Täglich wurden
ein Ochse, sechs auserlesene Schafe und
auch Geflügel zubereitet und all das ging auf
meine Kosten. Dazu kam alle zehn Tage eine
Menge von verschiedenen Weinen. Trotzdem
habe ich den Unterhalt eines Statthalters
nicht eingefordert, denn der Frondienst lag
schon schwer genug auf diesem Volk.

19 Denk daran, mein Gott, und lass mir all
das zugute kommen, was ich für dieses Volk
getan habe.

19: 6,14; 13,14.31; Ps 132,1.

Die Abwehr der Feinde: 6,1–19

6 Sanballat, Tobija, der Araber Geschem
und unsere übrigen Feinde erfuhren,
dass ich die Mauer fertig gebaut hatte und
dass in ihr keine Lücke mehr war. Allerdings
hatte ich damals die Torflügel noch nicht in
die Tore eingesetzt. 2 Da ließen Sanballat
und Geschem mir sagen: Komm, wir wollen

4,17 Übersetzung wegen Störungen in H unsicher.

5,13 Im Gewandbausch trug man Feldfrüchte (vgl. Ps 129,7; Lk 6,38).

uns in Kefirim in der Ebene von Ono treffen.
Sie hatten aber Böses gegen mich im Sinn.
3 Ich schickte Boten an sie mit der Antwort:
Ich arbeite gerade an einem großen Werk;
darum kann ich nicht kommen. Die Arbeit
würde stocken, wenn ich sie verließe und zu
euch käme. 4 Viermal schickten sie mir die
gleiche Einladung und jedes Mal gab ich ih-
nen die gleiche Antwort. 5 Da schickte mir
Sanballat in gleicher Weise zum fünften Mal
seinen Diener; er brachte einen unverschlos-
senen Brief, 6 in dem stand: Unter den Völ-
kern geht das Gerücht um – und Geschem
bestätigt es –, dass du mit den Juden einen
Aufstand planst. Deshalb baust du die Mau-
er auf. Und du willst, wie man sagt, König
der Juden werden. 7 Du hast auch, so hört
man, Propheten bestellt, die in Jerusalem
von dir sagen und ausrufen sollen: Juda hat
einen König. Solche Gerüchte werden aber
dem König zu Ohren kommen. Darum komm
jetzt, wir wollen zusammen beraten. 8 Ich
ließ ihm antworten: Nichts von dem, was du
behauptest, ist geschehen. Das hast du alles
selbst erfunden. 9 Sie alle wollten uns näm-
lich einschüchtern; sie dachten: Dann lassen
sie die Hände von dem Werk und es kommt
nicht zustande. Nun aber rührte ich die Hän-
de erst recht.

10 Eines Tages ging ich in das Haus Sche-
majas, des Sohnes Delajas, des Sohnes Me-
hetabels; er war nämlich dort festgehalten.
Er sagte: Gehen wir zusammen in das Haus
Gottes, ins Innere des Tempels, und ver-
schließen wir die Türen des Tempels! Denn
man wird kommen, um dich zu töten. In der
Nacht wird man kommen, um dich zu töten.
11 Ich erwiderte: Sollte ein Mann wie ich flie-
hen? Wer von meinesgleichen würde am Le-
ben bleiben, wenn er den Tempel beträte? Ich
gehe nicht hin. 12 Ich erkannte deutlich, dass
nicht Gott ihn geschickt hatte; er hatte viel-
mehr diese Prophezeiung über mich nur ge-
sprochen, weil Tobija und Sanballat ihn ge-
dungen hatten. 13 Er war gedungen, damit
ich aus Furcht so handeln und mich versün-
digen sollte. Damit wollten sie mich in üblen
Ruf bringen, um mich verächtlich zu ma-
chen. 14 Mein Gott, vergiss dem Tobija und
dem Sanballat nicht, was sie getan haben,
auch nicht der Prophetin Noadja und den
übrigen Propheten, die mir Angst machen
wollten.

15 Nach zweiundfünfzig Tagen, am Fünf-
undzwanzigsten des Monats Elul, war die
Mauer vollendet. 16 Als alle unsere Feinde es
hörten, fürchteten sich alle Völker rings um
uns her. Ihr Hochmut verging ihnen und sie
mussten einsehen, dass unser Gott es war,
der dieses Werk vollbracht hatte.

17 In jener Zeit sandten die Vornehmen von
Juda auch viele Briefe an Tobija und Briefe
von Tobija gelangten an sie. 18 Denn viele
Menschen in Juda waren ihm durch einen
Eid verpflichtet. Er war nämlich der
Schwiegersohn Schechanjas, des Sohnes
Arachs, und sein Sohn Johanan hatte die
Tochter Meschullams, des Sohnes Berechjas,
geheiratet. 19 Auch rühmten sie vor mir seine
Verdienste und trugen ihm zu, was ich sagte.
Tobija schickte auch Briefe, um mir Furcht
zu machen.

2: Esra 2,33 • 6: Esra 4,11–16 • 11: Num 18,7; 2 Chr 26,16–20 • 12: Jer 23,15–17.

ORDNUNGEN UND REFORMEN: 7,1 – 13,31

Die Fertigstellung der Mauer: 7,1–3

7 Als die Mauer gebaut war und ich die
Torflügel hatte einsetzen lassen, wur-
den die Torwächter bestellt. 2 Zu Befehlsha-
bern über Jerusalem ernannte ich meinen
Bruder Hanani und den Burghauptmann
Hananja; denn dieser war ein zuverlässiger
und gottesfürchtiger Mann, wie es nicht viele
gab. 3 Ich sagte zu ihnen: Die Tore Jerusa-
lems dürfen erst geöffnet werden, wenn die
Sonne heiß scheint; und noch während sie
am Himmel steht, soll man die Tore schlie-
ßen und verriegeln. Auch soll man Wachen
aus den Einwohnern Jerusalems bilden; je-
der soll eine bestimmte Zeit des Wach-
dienstes haben, und zwar jeweils vor seinem
Haus.

Das Verzeichnis der Laienbevölkerung: 7,4–38

4 Nun war die Stadt weit ausgedehnt und
groß; es war aber wenig Volk darin und es
gab nicht viele Häuser, die wieder aufgebaut
waren. 5 Da gab mir mein Gott in den Sinn,
die Vornehmen, die Beamten und das Volk
zusammenzurufen, um sie nach Familien in

7,1 H fügt nach den Torwächtern noch »und die Sänger und Leviten« an, ein unpassender späterer Zusatz.

Listen einzutragen. Ich fand das Familien-
verzeichnis derer, die zuerst heimgekehrt
waren; darin fand ich geschrieben:
6 Hier folgt eine Liste der Einwohner der
Provinz Juda, der Verschleppten, die aus
dem Exil heimgekehrt sind. Nebukadnezzar,
der König von Babel, hatte sie verschleppt;
nun kehrten sie nach Jerusalem und Juda
zurück, jeder in seine Stadt. 7 Sie kamen
mit Serubbabel, Jeschua, Nehemja, Asarja,
Raamja, Nahamani, Mordochai, Bilschan,
Misperet, Bigwai, Rehum und Baana.
Das ist die Zahl der Männer des Volkes
Israel: 8 Nachkommen des Parosch 2 172.
9 Nachkommen Schefatjas 372. 10 Nachkom-
men Arachs 652. 11 Nachkommen Pahat-Mo-
abs, und zwar Nachkommen Jeschuas und
Joabs, 2 818. 12 Nachkommen Elams 1 254.
13 Nachkommen Sattus 845. 14 Nachkommen
Sakkais 760. 15 Nachkommen Binnuis 648.
16 Nachkommen Bebais 628. 17 Nachkommen
Asgads 2 322. 18 Nachkommen Adonikams
667. 19 Nachkommen Bigwais 2 067. 20 Nach-
kommen Adins 655. 21 Nachkommen Aters
der Linie Hiskija 98. 22 Nachkommen Ha-
schums 328. 23 Nachkommen Bezais 324.
24 Nachkommen Harifs 112. 25 Nachkommen
Gibeons 95. 26 Männer von Betlehem und Ne-
tofa 188. 27 Männer von Anatot 128. 28 Män-
ner von Bet-Asmawet 42. 29 Männer von Kir-
jat-Jearim, Kefira und Beerot 743. 30 Männer
von Rama und Geba 621. 31 Männer von
Michmas 122. 32 Männer von Bet-El und Ai
123. 33 Männer von dem andern Nebo 52.
34 Nachkommen des andern Elam 1 254.
35 Nachkommen Harims 320. 36 Männer von
Jericho 345. 37 Männer von Lod, Hadid und
Ono 721. 38 Nachkommen Senaas 3 930.

6–38 ‖ Esra 2,1–35.

Das Verzeichnis der Priester und Leviten: 7,39–65

39 Von den Priestern: Nachkommen Jeda-
jas vom Haus Jeschua 973. 40 Nachkommen
Immers 1052. 41 Nachkommen Paschhurs
1 247. 42 Nachkommen Harims 1 017.
43 Von den Leviten: Nachkommen Je-
schuas, nämlich Kadmiël, Binnui und Ho-
dawja, 74.
44 Von den Sängern: Nachkommen Asafs
148.
45 Von den Torwächtern: Nachkommen
Schallums, Nachkommen Aters, Nachkom-
men Talmons, Nachkommen Akkubs, Nach-
kommen Hatitas, Nachkommen Schobais,
zusammen 138.
46 Von den Tempeldienern: Nachkommen
Zihas, Nachkommen Hasufas, Nachkommen
Tabbaots, 47 Nachkommen Keros', Nach-
kommen Sias, Nachkommen Padons,
48 Nachkommen Lebanas, Nachkommen Ha-
gabas, Nachkommen Salmais, 49 Nachkom-
men Hanans, Nachkommen Giddels, Nach-
kommen Gahars, 50 Nachkommen Reajas,
Nachkommen Rezins, Nachkommen Neko-
das, 51 Nachkommen Gasams, Nachkommen
Usas, Nachkommen Paseachs, 52 Nachkom-
men Besais, Nachkommen der Mëuniter,
Nachkommen der Nefusiter, 53 Nachkommen
Bakbuks, Nachkommen Hakufas, Nachkom-
men Harhurs, 54 Nachkommen Bazluts,
Nachkommen Mehidas, Nachkommen Har-
schas, 55 Nachkommen Barkos', Nachkom-
men Siseras, Nachkommen Temachs,
56 Nachkommen Neziachs und Nachkommen
Hatifas. 57 Von den Nachkommen der
Knechte Salomos: Nachkommen Sotais,
Nachkommen Soferets, Nachkommen Peru-
das, 58 Nachkommen Jaalas, Nachkommen
Darkons, Nachkommen Giddels, 59 Nach-
kommen Schefatjas, Nachkommen Hattils,
Nachkommen Pocheret-Zebajims und Nach-
kommen Amons. 60 Zusammen waren es 392
Tempeldiener und Nachkommen der Knech-
te Salomos.
61 Die Folgenden sind aus Tel-Melach, Tel-
Harscha, Kerub-Addon und Immer gekom-
men, konnten aber nicht angeben, ob sie
nach Großfamilie und Abkunft überhaupt
aus Israel stammten: 62 Nachkommen Dela-
jas, Nachkommen Tobijas und Nachkommen
Nekodas, insgesamt 642; 63 dazu bei den
Priestern die Nachkommen Habajas, die
Nachkommen des Koz und die Nachkommen
Barsillais; dieser hatte eine von den Töchtern
Barsillais aus Gilead geheiratet und dessen
Namen angenommen. 64 Die Genannten
suchten ihre Eintragung im Geschlechter-
verzeichnis; aber man fand sie nicht; deshalb
wurden sie aus dem Priesterstand ausge-
schlossen; 65 der Statthalter untersagte ih-
nen, vom Hochheiligen zu essen, bis der
Priester mit den Urim und Tummim auftrete.

39–65 ‖ Esra 2,36–63 • 65: Lev 6,9–11; Ex 28,30.

Die Volkszählung: 7,66–72

66 Die ganze Volksgemeinde zählte insge-
samt 42 360 Personen. 67 Dabei waren ihre
Knechte und Mägde nicht mitgerechnet; es
waren 7 337 Personen. Dazu kamen 245 Sän-
ger und Sängerinnen; und sie hatten 736
Pferde und 245 Maultiere 68 sowie 435 Ka-
mele und 6 720 Esel.

7,67 Die Angaben über Pferde und Maultiere sind nach Esra 2,66 ergänzt.

69 Einige von den Familienoberhäuptern
brachten Spenden für das Werk. Der Statt-
halter spendete für den Bauschatz 1 000
Golddariken, 50 Schalen, 30 Priesterkleider
und 500 (Minen Silber). 70 Von den Familien-
oberhäuptern spendeten einige für den Bau-
schatz 20 000 Golddariken und 2 200 Minen
Silber. 71 Was das übrige Volk spendete, be-
trug 20 000 Golddariken, 2 000 Minen Silber
und 67 Priesterkleider.
72 Die Priester, Leviten, Torwächter und
Sänger, auch ein Teil des Volkes und die
Tempeldiener, ließen sich in ihren Städten
nieder, und ebenso alle übrigen Israeliten in
ihren Städten. Als der siebte Monat heran-
kam, waren die Israeliten bereits in ihren
Städten.

66–72 ‖ Esra 2,64–70.

Die Unterweisung im Gesetz: 8,1–12

8 Das ganze Volk versammelte sich ge-
schlossen auf dem Platz vor dem Was-
sertor und bat den Schriftgelehrten Esra, das
Buch mit dem Gesetz des Mose zu holen, das
der Herr den Israeliten vorgeschrieben hat.
2 Am ersten Tag des siebten Monats brachte
der Priester Esra das Gesetz vor die Ver-
sammlung; zu ihr gehörten die Männer und
die Frauen und alle, die das Gesetz verstehen
konnten. 3 Vom frühen Morgen bis zum Mit-
tag las Esra auf dem Platz vor dem Wasser-
tor den Männern und Frauen und denen, die
es verstehen konnten, das Gesetz vor. Das
ganze Volk lauschte auf das Buch des Geset-
zes. 4 Der Schriftgelehrte Esra stand auf ei-
ner Kanzel aus Holz, die man eigens dafür
errichtet hatte. Neben ihm standen rechts
Mattitja, Schema, Anaja, Urija, Hilkija und
Maaseja und links Pedaja, Mischaël, Malki-
ja, Haschum, Haschbaddana, Secharja und
Meschullam. 5 Esra öffnete das Buch vor al-
ler Augen, denn er stand hoher als das ver-
sammelte Volk. Als er das Buch aufschlug,
erhoben sich alle. 6 Dann pries Esra den
Herrn, den großen Gott; darauf antworteten
alle mit erhobenen Händen: Amen, amen!
Sie verneigten sich, warfen sich vor dem
Herrn nieder, mit dem Gesicht zur Erde.
7 Die Leviten Jeschua, Bani, Scherebja, Ja-
min, Akkub, Schabbetai, Hodija, Maaseja,
Kelita, Asarja, Josabad, Hanan und Pelaja
erklärten dem Volk das Gesetz; die Leute
blieben auf ihrem Platz. 8 Man las aus dem
Buch, dem Gesetz Gottes, in Abschnitten vor
und gab dazu Erklärungen, sodass die Leute
das Vorgelesene verstehen konnten.
9 Der Statthalter Nehemia, der Priester
und Schriftgelehrte Esra und die Leviten,
die das Volk unterwiesen, sagten dann zum
ganzen Volk: Heute ist ein heiliger Tag zu
Ehren des Herrn, eures Gottes. Seid nicht
traurig und weint nicht! Alle Leute weinten
nämlich, als sie die Worte des Gesetzes hör-
ten. 10 Dann sagte Esra zu ihnen: Nun geht,
haltet ein festliches Mahl und trinkt süßen
Wein! Schickt auch denen etwas, die selbst
nichts haben; denn heute ist ein heiliger Tag
zur Ehre des Herrn. Macht euch keine Sor-
gen; denn die Freude am Herrn ist eure Stär-
ke. 11 Auch die Leviten beruhigten das ganze
Volk und sagten: Seid still, denn dieser Tag
ist heilig. Macht euch keine Sorgen! 12 Da
gingen alle Leute nach Hause, um zu essen
und zu trinken und auch andern davon zu
geben und um ein großes Freudenfest zu be-
gehen; denn sie hatten die Worte verstanden,
die man ihnen verkündet hatte.

1: Esra 3,1; 7,6 • 6: 5,13; 1 Chr 16,36 • 10: Dtn 14,29; 26,12.

Die Feier des Laubhüttenfestes: 8,13–18

13 Am zweiten Tag versammelten sich die
Familienoberhäupter des ganzen Volkes so-
wie die Priester und Leviten bei dem Schrift-
gelehrten Esra, um die Worte des Gesetzes
weiter kennen zu lernen. 14 Da fanden sie im
Gesetz, das der Herr durch Mose geboten
hat, die Stelle, an der es heißt: Die Israeliten
sollen während des Festes im siebten Monat
in Laubhütten wohnen. 15 Wie man sie unter-
richtet hatte, ließen sie nun in all ihren Städ-
ten und in Jerusalem ausrufen: Geht in die
Berge und holt Zweige von veredelten und
von wilden Ölbäumen, Zweige von Myrten,
Palmen und Laubbäumen zum Bau von
Laubhütten, wie es vorgeschrieben ist. 16 Da
ging das Volk hinaus; man holte Zweige und
baute sich Laubhütten, der eine auf seinem
flachen Dach, andere in ihren Höfen, in den
Vorhöfen des Gotteshauses, auf dem Platz
am Wassertor und auf dem Platz am Efraim-
tor. 17 Die ganze Gemeinde, alle, die aus der
Gefangenschaft heimgekehrt waren, bauten
Laubhütten und wohnten darin. So hatten
die Israeliten es nicht mehr gehalten seit den
Tagen Josuas, des Sohnes Nuns, bis zu die-
sem Tag, und die Freude war überaus groß.
18 Jeden Tag las Esra aus dem Buch des Ge-
setzes Gottes vor, vom ersten Tag bis zum
letzten. So feierte man das Fest sieben Tage
lang; am achten Tag war, wie vorgeschrie-
ben, die Festversammlung.

14: Lev 23,40–42 • 18: Lev 23,36.

7,72 in ihren Städten: ergänzt aus Esra 2,70.
8,2 und alle, die das Gesetz verstehen konnten: die Kinder, die schon das Alter der Vernunft erreicht hatten.

Der Bußgottesdienst: 9,1–5

9 Am vierundzwanzigsten Tag dieses Monats kamen die Israeliten zu einem Fasten zusammen, in Bußgewänder gehüllt und das Haupt mit Staub bedeckt. 2 Die, die ihrer Abstammung nach Israeliten waren, sonderten sich von allen Fremden ab; sie traten vor und bekannten ihre Sünden und die Vergehen ihrer Väter. 3 Sie erhoben sich von ihren Plätzen und man las drei Stunden lang aus dem Buch des Gesetzes des Herrn, ihres Gottes, vor. Dann bekannten sie drei Stunden lang ihre Schuld und warfen sich vor dem Herrn, ihrem Gott, nieder. 4 Auf der Tribüne der Leviten erhoben sich Jeschua, Bani, Kadmiël, Schebanja, Bunni, Scherebja, Bani und Kenani und riefen laut zum Herrn, ihrem Gott. 5 Die Leviten Jeschua, Kadmiël, Bani, Haschabneja, Scherebja, Hodija, Schebanja und Petachja sagten: Erhebt euch und preist den Herrn, euren Gott, von Ewigkeit zu Ewigkeit! Man preise deinen herrlichen Namen, obwohl er erhaben ist über allen Preis und Ruhm.

2: Esra 10,11f • 5: Dan 3,26.

Das Bußgebet: 9,6–37

6 Du, Herr, bist der Einzige. Du hast den Himmel geschaffen und den Himmel der Himmel und sein ganzes Heer, die Erde und alles, was auf ihr ist, die Meere und alles, was darin lebt. Ihnen allen gibst du das Leben. Das Heer des Himmels betet dich an. 7 Du, Herr, bist der Gott, der Abraham auserwählt hat. Du hast ihn aus Ur in Chaldäa herausgeführt und ihm den Namen Abraham verliehen. 8 Du hast sein Herz getreu befunden; deshalb hast du mit ihm den Bund geschlossen (und ihm versprochen), seinen Nachkommen das Land der Kanaaniter, Hetiter, Amoriter, Perisiter, Jebusiter und Girgaschiter zu geben, und du hast dein Wort gehalten, denn du bist gerecht. 9 Du hast das Elend unserer Väter in Ägypten gesehen und du hast ihren Notschrei am Schilfmeer gehört. 10 Du hast Zeichen und Wunder getan am Pharao, an all seinen Dienern und am ganzen Volk in seinem Land; denn du wusstest, dass sie mit Israel ihren Übermut getrieben hatten. So hast du dir einen Namen gemacht, der gerühmt wird bis zum heutigen Tag. 11 Du hast das Meer vor ihnen zerteilt und sie schritten auf trockenem Boden mitten durchs Meer; doch ihre Verfolger hast du in die Tiefe gestürzt wie einen Stein, der in reißendem Wasser versinkt. 12 Durch eine Wolkensäule hast du sie bei Tag geleitet und durch eine Feuersäule bei Nacht, um ihnen den Weg zu erhellen, den sie gehen sollten. 13 Du bist auf den Berg Sinai herabgestiegen und hast vom Himmel her mit ihnen gesprochen; du hast ihnen klare Ordnungen und zuverlässige Gesetze gegeben, gute Satzungen und Gebote. 14 Deinen heiligen Sabbat hast du ihnen bekannt gemacht und hast ihnen durch deinen Diener Mose Gebote, Satzungen und Anweisungen gegeben. 15 Du hast ihnen Brot vom Himmel gegeben, als sie Hunger hatten, und hast Wasser aus dem Felsen sprudeln lassen, als sie Durst litten. Endlich hast du ihnen befohlen, in das Land, das du ihnen unter einem Eid zugesagt hattest, hineinzuziehen und es in Besitz zu nehmen.

16 Unsere Väter aber wurden hochmütig; sie waren trotzig und hörten nicht auf seine Gebote. 17 Sie weigerten sich zu gehorchen und dachten nicht mehr an die Wunder, die du an ihnen getan hattest. Hartnäckig setzten sie sich in den Kopf, als Sklaven nach Ägypten zurückzukehren. Doch du bist ein Gott, der verzeiht, du bist gnädig und barmherzig, langmütig und reich an Huld; darum hast du sie nicht verlassen. 18 Sie machten sich sogar ein gegossenes Kalb und sagten: Das ist dein Gott, der dich aus Ägypten herausgeführt hat!, und sie verübten schwere Frevel. 19 Du aber hast sie in deinem großen Erbarmen nicht in der Wüste verlassen. Die Wolkensäule wich nicht von ihnen bei Tag, sondern führte sie auf ihrem Weg; ebenso erhellte die Feuersäule bei Nacht den Weg, den sie gehen sollten. 20 Du gabst ihnen deinen guten Geist, um sie zur Einsicht zu bringen. Du entzogst ihnen dein Manna nicht und gabst ihnen Wasser für ihren Durst. 21 Vierzig Jahre lang hast du für sie in der Wüste gesorgt. Sie litten keinen Mangel; ihre Kleider zerfielen nicht, ihre Füße schwollen nicht an. 22 Du hast ihnen ganze Reiche und Völker ausgeliefert und als Randgebiet zugeteilt. So nahmen sie das Land des Königs Sihon von Heschbon in Besitz und das Land des Königs Og des Baschan. 23 Du hast ihre Nachkommen so zahlreich gemacht wie die Sterne am Himmel und hast sie in das Land geführt, von dem du ihren Vätern versprochen hattest, sie würden dort hineinziehen und es in Besitz nehmen. 24 Und die Nachkommen zogen in das Land und nahmen es

9,3 drei Stunden lang, wörtlich: ein Viertel des Tags.

9,6 »Der Himmel der Himmel« ist nach dem damaligen Weltbild der oberste Himmel.

9,17 Übersetzung nach G.

in Besitz. Du hast ihnen die Kanaaniter, die
Bewohner des Landes, unterworfen. Du
gabst sie in ihre Gewalt, die Völker des Lan-
des samt ihren Königen, und sie durften mit
ihnen machen, was sie wollten. 25 Sie erober-
ten befestigte Städte und fruchtbares Acker-
land. Häuser mit all ihrem Reichtum nahmen
sie in Besitz, ausgehauene Zisternen, Wein-
berge, Ölbäume und Obstbäume in Menge.
Sie aßen sich satt, wurden fett und lebten gut
von deinen reichen Gaben.

26 Dann aber wurden sie trotzig; sie em-
pörten sich gegen dich und kehrten deinem
Gesetz den Rücken. Deine Propheten warn-
ten sie zwar und wollten sie zu dir zurück-
führen; doch man tötete sie und verübte
schwere Frevel. 27 Da gabst du unsere Väter
in die Gewalt ihrer Feinde, die sie hart be-
drängten. Wenn sie dann bedrängt wurden,
schrien sie zu dir und du erhörtest sie im
Himmel. In deinem großen Erbarmen schick-
test du ihnen Retter, die sie aus der Gewalt
ihrer Feinde befreiten. 28 Doch sobald sie
Ruhe hatten, taten sie wieder Dinge, die dir
missfielen. Da liefertest du sie wieder der
Gewalt ihrer Feinde aus, die sie unterdrück-
ten. Nun schrien sie wieder zu dir und du er-
hörtest sie im Himmel; oft hast du sie befreit
in deinem großen Erbarmen. 29 Du warntest
sie, um sie zu deinem Gesetz zurückzufüh-
ren. Sie aber waren stolz; sie hörten nicht auf
deine Gebote und versündigten sich gegen
deine Vorschriften; und doch lebt durch sie
der Mensch, der sie befolgt. Sie kehrten dir
trotzig den Rücken zu, waren starrsinnig
und gehorchten dir nicht. 30 Viele Jahre hast
du mit ihnen Geduld gehabt, hast sie ge-
warnt durch deinen Geist, durch deine Pro-
pheten; doch sie hörten nicht. Da gabst du
sie in die Gewalt der benachbarten Völker.
31 In deinem großen Erbarmen hast du sie
aber nicht ausgerottet; du hast sie nicht ver-
lassen, denn du bist ein gnädiger und barm-
herziger Gott.

32 Und jetzt, unser Gott, du großer, starker,
furchtgebietender Gott, der den Bund hält
und uns seine Gnade bewahrt: Achte nicht
gering all die Mühsal, die uns getroffen hat,
unsere Könige und Vorsteher, unsere Pries-
ter und Propheten, unsere Väter und dein
ganzes Volk seit den Tagen der Könige von
Assur bis heute. 33 Du warst gerecht bei al-
lem, was über uns gekommen ist. Du hast
uns deine Treue bewiesen; wir aber haben
gesündigt. 34 Unsere Könige, Vorsteher und
Priester und unsere Väter befolgten dein Ge-
setz nicht; sie missachteten deine Gebote
und die Warnungen, die du an sie gerichtet
hast. 35 Sie lebten in ihrem eigenen König-
reich, in der Fülle des Reichtums, den du ih-
nen gewährt hast, in dem weiten, fruchtba-
ren Land, das du vor sie hingebreitet hast;
sie aber haben dir trotzdem nicht gedient
und sich nicht von ihrem bösen Treiben ab-
gewandt. 36 Darum sind wir heute Knechte.
Du hast unseren Vätern dieses Land gege-
ben, damit sie seine Früchte und seinen
Reichtum genießen; wir aber leben darin als
Knechte. 37 Sein reicher Ertrag geht an die
Könige, die du wegen unserer Sünden über
uns gesetzt hast. Sie verfügen über uns selbst
und unser Vieh nach ihrem Belieben. Darum
sind wir in großer Not.

6: Dtn 6,4; 10,14 • 7: Gen 11,31; 12,1–3 • 8: Gen 15,18–21 • 9: Ex 3,7 • 10: Ex 18,11; Dtn 6,22 • 11: Ex 14f • 12: Ex 13,21f • 13: Ex 19,18 • 14: Ex 20,8–11 • 15: Ex 16,4; 17,6 • 16–17: Num 14,1–4 • 17: Ex 34,6 • 18: Ex 32,4 • 21: Dtn 8,4 • 22: Num 21,21–35 • 23: Dtn 1,10; Jos 12 • 25: Dtn 6,10f; 32,15 • 27: Ri 2,14–19; 3,9 • 28: Ps 106,43 • 29: Sach 7,11f; Lev 18,5 • 30: Jer 7,25f; 44,4–6 • 32: 2 Makk 1,24; Bar 2,11; Dan 9,4 • 37: Dtn 28,31; Jes 1,7; Klgl 5,4.13–15.

Die Verpflichtung auf das Gesetz: 10,1–40

10 Wegen all dem schließen wir nun ei-
nen Vertrag und schreiben ihn nie-
der. Auf der gesiegelten Urkunde stehen die
Namen unserer Obersten, Leviten und Pries-
ter. 2 Auf der gesiegelten Urkunde stehen:
der Statthalter Nehemia, der Sohn Hachal-
jas, und Zidkija, 3 Seraja, Asarja, Jirmeja,
4 Paschhur, Armarja, Malkija, 5 Hattusch,
Schebanja, Malluch, 6 Harim, Meremot,
Obadja, 7 Daniel, Ginneton, Baruch, 8 Me-
schullam, Abija, Mijamin, 9 Maasja, Bilga
und Schemaja; das sind die Priester.

10 Dann die Leviten: Jeschua, der Sohn As-
anjas, Binnui, der Nachkomme Henadads,
und Kadmiël, 11 sodann ihre Brüder Sche-
banja, Hodija, Kelita, Pelaja, Hanan, 12 Mi-
cha, Rehob, Haschabja, 13 Sakkur, Schereb-
ja, Schebanja, 14 Hodija, Bani und Beninu.

15 Dann folgen die Oberhäupter des Vol-
kes: Parosch, Pahat-Moab, Elam, Sattu,
Bani, 16 Bunni, Asgad, Bebai, 17 Adonija, Big-
wai, Adin, 18 Ater, Hiskija, Asur, 19 Hodija,
Haschum, Bezai, 20 Harif, Anatot, Nebai,
21 Magpiasch, Meschullam, Hesir, 22 Mesche-
sabel, Zadok, Jaddua, 23 Pelatja, Hanan,
Anaja, 24 Hoschea, Hananja, Haschub,
25 Lohesch, Pilha, Schobek, 26 Rehum,
Haschabna, Maaseja, 27 Ahija, Hanan, Anan,
28 Malluch, Harim und Baana.

29 Die übrigen vom Volk, von den Priestern

9,30 Wörtlich: Da gabst du sie in die Gewalt der Völker der (anderen) Länder. Gemeint sind die heidnischen Nachbarn Israels (vgl. 10,29; Esra 3,3).

und Leviten, die Torwächter, Sänger und
Tempeldiener, alle, die sich von den Völkern
der anderen Länder abgesondert und dem
Gesetz Gottes zugewandt haben, ihre Frau-
en, Söhne und Töchter, alle, die das nötige
Verständnis besitzen: 30 Sie schließen sich
ihren führenden Brüdern an; sie verpflichten
sich unter Eid und Schwur, das Gesetz Got-
tes zu befolgen, das durch Mose, den Diener
Gottes, gegeben wurde, und alle Gebote des
Herrn, unseres Gottes, seine Vorschriften
und Satzungen zu beachten und zu erfüllen.
31 Wir werden unsere Töchter nicht den
Völkern im Land zu Frauen geben, noch ihre
Töchter für unsere Söhne nehmen. 32 Wenn
die Völker des Landes Waren, besonders Ge-
treide jeder Art, am Sabbat zum Verkauf an-
bieten, werden wir ihnen am Sabbat oder an
einem anderen heiligen Tag nichts abneh-
men. Wir verzichten in jedem siebten Jahr
auf den Ertrag des Bodens und auf jede
Schuldforderung. 33 Ferner übernehmen wir
die Pflicht, jährlich ein Drittelschekel für
den Dienst im Haus unseres Gottes zu geben,
34 für die Schaubrote, das tägliche Speiseop-
fer und das tägliche Brandopfer, für die Op-
fer an den Sabbaten, Neumondtagen und
Festen, für die Weiheopfer und die Sündop-
fer, durch die man Israel Sühne verschafft,
und für alle Arbeiten im Haus unseres Got-
tes. 35 Die Lieferung des Brennholzes haben
wir ausgelost unter den Priestern, den Levi-
ten und dem Volk. Jede Familie soll es jähr-
lich zu der für sie bestimmten Zeit zum Haus
unseres Gottes bringen. Es soll auf dem Altar
des Herrn, unseres Gottes, brennen, wie es
im Gesetz vorgeschrieben ist. 36 Ferner brin-
gen wir jährlich zum Haus des Herrn die ers-
ten Erträge unserer Felder und die ersten Er-
träge aller Baumfrüchte, 37 unsere erstgebo-
renen Söhne und die ersten Jungen unseres
Viehs, wie es im Gesetz vorgeschrieben ist.
Die ersten Jungen unserer Rinder und Scha-
fe bringen wir zum Haus unseres Gottes für
die Priester, die im Haus unseres Gottes
Dienst tun. 38 Den Erstanteil von unserem
Brotteig und von den Früchten aller Bäume
sowie von Wein und Öl bringen wir für die
Priester in die Kammern des Hauses unseres
Gottes. Den Leviten geben wir den Zehnten
vom Ertrag unseres Bodens. Die Leviten
selbst erheben den Zehnten an allen Orten,
wo wir das Feld bebauen. 39 Wenn die Levi-
ten den Zehnten erheben, soll ein Priester,
ein Nachkomme Aarons, die Leviten beglei-
ten. Die Leviten bringen dann den Zehnten
vom Zehnten zum Haus unseres Gottes in die
Vorratskammern. – 40 In diese Kammern
nämlich bringen die Israeliten und die Levi-
ten die Abgaben an Getreide, Wein und Öl.
Dort sind die Vorratsbehälter des Heilig-
tums, der Priester, die Dienst tun, der Tor-
wächter und Sänger. – So werden wir das
Haus unseres Gottes nicht im Stich lassen.

29: Esra 6,21; Neh 8,2f • 31: Esra 9,1f; 10,2–11; Ex 34,16; Dtn 7,1–3 • 32: Jer 17,19–22; Neh 13,15–22; Ex 23,10f; Dtn 15,1–3 • 33: Ex 30,13; Mt 17,24 • 35: 13,31; Lev 6,5 • 36: Num 18,12–32 • 37: Ex 13,2.13 • 38: Num 15,20f; Dtn 14,22; Num 18,26–32 • 40: Jer 40,10.

Die Liste der Einwohner Jerusalems:
11,1–19

11 Die Obersten des Volkes ließen sich
in Jerusalem nieder. Die übrigen
Männer warfen das Los und veranlassten so
jeden Zehnten, sich in der heiligen Stadt
Jerusalem niederzulassen. Neun Zehntel
blieben in den Landstädten. 2 Das Volk aber
segnete alle Männer, die sich bereit erklär-
ten, in Jerusalem zu wohnen.
3 Das sind die Oberhäupter des Bezirks,
die in Jerusalem und in den Städten Judas
wohnten. Alle wohnten in ihren Städten, je-
der auf seinem Besitz: die Israeliten, die
Priester, die Leviten, die Tempeldiener und
die Nachkommen der Knechte Salomos. 4 In
Jerusalem wohnten von den Angehörigen
der Stämme Juda und Benjamin folgende
Männer: von den Angehörigen des Stammes
Juda: Ataja, der Sohn Usijas, des Sohnes
Secharjas, des Sohnes Amarjas, des Sohnes
Schefatjas, des Sohnes Mahalels, von den
Nachkommen des Perez; 5 ferner Maaseja,
der Sohn Baruchs, des Sohnes Kolhoses, des
Sohnes Hasajas, des Sohnes Adajas, des Soh-
nes Jojaribs, des Sohnes Secharjas, von den
Nachkommen Schelas. 6 Die Gesamtzahl der
Nachkommen des Perez, die in Jerusalem
wohnten, betrug 468 kriegstüchtige Männer.
7 Von den Angehörigen des Stammes Benja-
min waren es folgende Männer: Sallu, der
Sohn Mechullams, des Sohnes Joëds, des
Sohnes Pedajas, des Sohnes Kolajas, des
Sohnes Maasejas, des Sohnes Itiëls, des Soh-
nes Jeschajas, 8 und seine Brüder, insgesamt
928 kriegstüchtige Männer. 9 Ihr Vorsteher
war Joël, der Sohn Sichris; Juda, der Sohn
Senuas, stand der Stadt als zweiter vor.
10 Von den Priestern: Jedaja, Jojarib, Ja-
chin; 11 Seraja, der Sohn Hilkijas, des Sohnes

10,31 Die »Völker im Land« sind die heidnischen Mitbewohner und Nachbarn Israels (vgl. Esra 9,1f).

10,33 Ein Drittelschekel ist eine Silbermünze.

11,8 Text korr.

Meschullams, des Sohnes Zadoks, des Soh-
nes Merajots, des Sohnes Ahitubs, der Fürst
des Hauses Gottes; 12 dazu ihre Brüder, die
den Dienst im Tempel versahen, insgesamt
822 Männer; ferner Adaja, der Sohn Jero-
hams, des Sohnes Pelaljas, des Sohnes Am-
zis, des Sohnes Secharjas, des Sohnes Pasch-
hurs, des Sohnes Malkijas, 13 und seine
Brüder, 242 Familienoberhäupter; weiter
Amaschsai, der Sohn Asarels, des Sohnes
Achsais, des Sohnes Meschillemots, des Soh-
nes Immers, 14 und seine Brüder, 128 kriegs-
tüchtige Männer. Ihr Vorsteher war Sabdiël,
der Sohn Haggedolims. 15 Von den Leviten:
Schemaja, der Sohn Haschubs, des Sohnes
Asrikams, des Sohnes Haschabjas, des Soh-
nes Bunnis. 16 Von den Oberhäuptern der Le-
viten: Schabbetai und Josabad, die dem äu-
ßeren Dienst des Hauses Gottes vorstanden.
17 Mattanja, der Sohn Michas, des Sohnes
Sabdis, des Sohnes Asafs, der den Lobgesang
leitete und beim Gebet das Danklied an-
stimmte; Bakbukja als zweiter unter seinen
Brüdern; ferner Abda, der Sohn Schammu-
as, des Sohnes Galals, des Sohnes Jedutuns.
18 Insgesamt wohnten 284 Leviten in der
Heiligen Stadt.

19 Dazu die Torwächter: Akkub, Talmon
und ihre Brüder, die an den Toren Wache
hielten, insgesamt 172 Männer.

1: 7,4 • 3–19 ‖ 1 Chr 9,2–17 • 10–11: 1 Chr 9,10f.

Die Ansiedlungsbestimmungen: 11,20–36

21 Die Tempeldiener wohnten auf dem
Ofel. Ziha und Gischpa standen ihnen vor.
22 Vorsteher der Leviten in Jerusalem war
Usi, der Sohn Banis, des Sohnes Haschabjas,
des Sohnes Mattanjas, des Sohnes Michas,
einer der Nachkommen Asafs, die nach der
Dienstordnung des Hauses Gottes zu singen
hatten. 23 Für sie galt nämlich eine königli-
che Vorschrift, die bestimmte, was die Sän-
ger an den einzelnen Tagen zu singen hatten.
24 Petachja, der Sohn Meschesabels, einer
der Nachkommen Serachs, des Sohnes Ju-
das, stand dem König in allem, was das Volk
betraf, zur Seite.

20 Die übrigen Israeliten, Priester und Le-
viten wohnten in den anderen Städten Judas,
jeder auf seinem Besitztum, 25 und in den Ge-
höften auf ihren Fluren. Angehörige des
Stammes Juda wohnten in Kirjat-Arba und
seinen Tochterstädten, in Dibon und seinen
Tochterstädten, in Kabzeel und den dazuge-
hörenden Gehöften, 26 in Jeschua, Molada
und Bet-Pelet, 27 in Hazar-Schual sowie in
Beerscheba und seinen Tochterstädten, 28 in
Ziklag sowie in Mechona und seinen Toch-
terstädten, 29 in En-Rimmon, Zora, Jarmut,
30 Sanoach, Adullam und den zu ihnen gehö-
renden Gehöften, in Lachisch und seiner Ge-
markung sowie in Aseka und seinen Tochter-
städten. Sie siedelten also von Beerscheba
bis zum Hinnomtal.

31 Angehörige des Sammes Benjamin
wohnten in Geba, Michmas und Aja sowie in
Bet-El und seinen Tochterstädten, 32 ferner
in Anatot, Nob, Ananeja, 33 Hazor, Rama,
Gittajim, 34 Hadid, Zeboim, Neballat, 35 Lod
und Ono und im Tal der Werkleute. 36 Von
den Leviten kamen einige Abteilungen Judas
zu Benjamin.

Die Listen von Priester- und Levitenfamilien: 12,1–26

12 Folgende Priester und Leviten ka-
men herauf, zusammen mit Serubba-
bel, dem Sohn Schealtiëls, und Jeschua:
Seraja, Jirmeja, Esra, 2 Amarja, Malluch,
Hattusch, 3 Schechanja, Harim, Meremot,
4 Iddo, Ginneton, Abija, 5 Mijamin, Maadja,
Bilga, 6 Schemaja, Jojarib, Jedaja, 7 Sallu,
Amok, Hilkija und Jedaja. Das waren die
Oberhäupter der Priester zur Zeit Jeschuas.
Ferner ihre Brüder, 8 die Leviten: Jeschua,
Binnui, Kadmiël, Scherebja, Juda und Mat-
tanja; ihm und seinen Brüdern oblag der
Lobgesang. 9 Ihnen gegenüber standen Bak-
bukja und Unni und ihre Brüder, so wie sie
für den Dienst eingeteilt waren.

10 Jeschua zeugte Jojakim, Jojakim zeugte
Eljaschib und Eljaschib Jojada; 11 Jojada
zeugte Jonatan und Jonatan zeugte Jad-
dua.

12 In der Zeit Jojakims waren folgende
Priester die Oberhäupter ihrer Familien: Me-
raja in der Familie Seraja, Hananja in der
Familie Jirmeja, 13 Meschullam in der Fami-
lie Esra, Johanan in der Familie Amarja,
14 Jonatan in der Familie Malluch, Josef in
der Familie Schebanja, 15 Adna in der Fami-
lie Harim, Helkai in der Familie Meremot,
16 Secharja in der Familie Iddo, Meschullam
in der Familie Ginneton, 17 Sichri in der Fa-
milie Abija, . . . in der Familie Mijamin, Pil-
tai in der Familie Maadja, 18 Schammua in
der Familie Bilga, Jonatan in der Familie
Schemaja, 19 Mattenai in der Familie Jojarib,
Usi in der Familie Jedaja, 20 Kallai in der
Familie Sallu, Eber in der Familie Amok,

11,21 VV. 21–24 passen besser vor V. 20.

12,17 Der Name des Oberhaupts der Familie Mija-
min ist ausgefallen

21 Haschabja in der Familie Hilkija, Netanel in der Familie Jedaja.
22 Die Oberhäupter der levitischen Priesterfamilien in der Zeit Eljaschibs, Jojadas, Johanans und Jadduas sind in der Chronik verzeichnet bis zur Regierung des Persers
Darius. 23 Von den Leviten sind die Oberhäupter der Familien in der Chronik verzeichnet bis zur Zeit Johanans, des Sohnes
Eljaschibs. 24 Die Oberhäupter der Leviten waren: Haschabja, Scherebja, Jeschua, Binnui, Kadmiël und ihre Brüder, die ihnen beim Lob- und Dankgesang gegenüberstanden, Abteilung für Abteilung, nach der Vorschrift des Gottesmannes David,
25 nämlich Mattanja, Bakbukja und Obadja. Meschullam, Talmon und Akkub hielten als Torwächter die Wache an den Vorratskammern der Tore.
26 Diese Leviten waren im Amt zur Zeit Jojakims, des Sohnes Jeschuas, des Sohnes Jozadaks, und zur Zeit des Statthalters Nehemia und des Priesters und Schriftgelehrten Esra.

Die Einweihung der Mauer: 12,27–43

27 Bei der Einweihung der Mauer Jerusalems holte man die Leviten aus allen ihren Wohnsitzen nach Jerusalem, um mit frohen Lobgesängen und mit der Musik von Zimbeln, Harfen und Zithern die Einweihung zu
vollziehen. 28 Da fanden sich die Sänger aus dem Umkreis von Jerusalem ein und aus den Gehöften der Leute von Netofa,
29 aus Bet-Gilgal und den Gemarkungen von Geba und Asmawet; die Sänger hatten sich nämlich rings um Jerusalem Gehöfte gebaut.
30 Die Priester und Leviten reinigten sich selbst; sie reinigten auch das Volk, die Tore und die Mauer.
31 Dann ließ ich die Vorsteher von Juda auf die Mauer steigen und stellte zwei große Festchöre auf. Der eine zog oben auf der Mauer nach rechts dem Aschentor zu.
32 Ihm folgte Hoschaja mit der einen Hälfte der Vorsteher von Juda.
33 Dann kamen Asarja, Esra, Meschullam,
34 Juda, Benjamin, Schemaja und Jirmeja;
35 sie waren Priester und bliesen die Trompeten. Dann kamen Secharja, der Sohn Jonatans, des Sohnes Schemajas, des Sohnes Mattanjas, des Sohnes Michajas, des Sohnes Sakkurs, des Sohnes
Asafs, 36 und seine Brüder Schemaja, Asarel, Milalai, Gilalai, Maai, Netanel, Juda und Hanani mit den Musikinstrumenten des Gottesmannes David. Vor ihnen her schritt Esra,
der Schriftgelehrte. 37 Sie zogen zum Quelltor, stiegen dann geradeaus die Stufen zur Davidstadt und den Aufgang zur Mauer hinauf und kamen am Palast Davids entlang
zum Wassertor im Osten. 38 Der zweite Festchor ging nach links – ihm folgte ich mit der andern Hälfte des Volkes –, oben auf der Mauer am Ofenturm vorbei zur Breiten Mau-
er, 39 dann über das Efraimtor, das Jeschanator und das Fischtor, am Turm Hananel und am Tor der Hundert vorbei zum Schaftor; er
machte Halt am Wachtor. 40 Dann stellten sich die beiden Festchöre im Hof des Hauses Gottes auf, auch ich und die Hälfte der Be-
amten, die bei mir waren, 41 sowie die Priester Eljakim, Maaseja, Mijamin, Michaja, Eljoënai, Secharja und Hananja mit den
Trompeten 42 und (die Leviten) Maaseja, Schemaja, Eleasar, Usi, Johanan, Malkija, Elam und Eser. Nun ließen sich die Sänger
hören; ihr Leiter war Jisrachja. 43 An diesem Tag brachte man große Schlachtopfer dar und alle freuten sich; denn Gott hatte ihnen eine große Freude bereitet. Auch die Frauen und Kinder waren fröhlich und der Jubel in Jerusalem war weithin zu hören.

27: Esra 3,10 • 30: Esra 6,20 • 31: 2,13–15; 3,1–3 • 36: 2 Chr 29,25–27 • 43: Esra 6,17.

Die Ordnung der heiligen Abgaben: 12,44–47

44 In jener Zeit wurden Männer bestellt zur Aufsicht über die Kammern, die für die Vorräte, Abgaben, Erstlingsfrüchte und Zehnten bestimmt waren. In diesen Kammern sammelte man von den Feldern der einzelnen Städte die Anteile, die den Priestern und Leviten gesetzlich zukamen. Denn die Juden waren den Priestern und Leviten, die im
Dienst standen, wohlgesinnt. 45 Sie versahen den Dienst (im Haus) ihres Gottes und vollzogen die Reinigungsriten; auch die Sänger und Torwächter taten Dienst nach den Vorschriften Davids und seines Sohnes Salomo.
46 Denn schon früher, in der Zeit Davids und Asafs, gab es Vorsteher der Sänger, die zur Ehre Gottes Lob- und Danklieder vortrugen.
47 Zur Zeit Serubbabels und zur Zeit Nehemias lieferte ganz Israel die Anteile für die Sänger und Torwächter ab, je nachdem es der tägliche Bedarf erforderte. Man gab den Leviten einen heiligen Anteil und die Leviten gaben davon den Söhnen Aarons einen heiligen Anteil.

44: 10,39f; 13,10–18 • 45: 1 Chr 16,4f.

Weitere Reformen Nehemias: 13,1–14

13 Zu jener Zeit las man dem Volk aus dem Buch des Mose vor; da fand man die Stelle, an der steht: Ammoniter und Moabiter dürfen niemals in die Gemeinde

Gottes eintreten; 2 denn sie sind den Israeli-
ten einst nicht mit Brot und Wasser entge-
gengekommen. Moab hat gegen sie Bileam
gedungen, der sie verfluchen sollte. Doch un-
ser Gott verwandelte den Fluch in einen Se-
gen. 3 Als man dieses Gesetz gehört hatte,
sonderte man aus Israel alle Mischvölker
aus.

4 Früher hatte der Priester Eljaschib die
Kammern des Hauses unseres Gottes be-
treut; er war verwandt mit Tobija 5 und hatte
darum für ihn eine große Kammer einrichten
lassen. Dort bewahrte man früher das Opfer-
mehl und den Weihrauch auf sowie die Be-
hälter und den Zehnten von Getreide, Wein
und Öl, der den Leviten, Sängern und Tor-
wächtern gesetzlich zukam, außerdem die
Abgaben für die Priester. 6 Bei all dem war
ich aber nicht in Jerusalem gewesen; denn im
zweiunddreißigsten Jahr des Artaxerxes, des
Königs von Babel, war ich zum König ge-
reist. Nach einiger Zeit erbat ich aber vom
König (die Erlaubnis zur Abreise) 7 und kam
wieder nach Jerusalem. Nun bemerkte ich
die Untat, die Eljaschib zugunsten Tobijas
begangen hatte, indem er ihm in den Vorhö-
fen des Hauses Gottes eine Kammer einge-
richtet hatte. 8 Das missfiel mir sehr und ich
warf den ganzen Hausrat Tobijas aus der
Kammer hinaus. 9 Dann ließ ich die Kammer
reinigen und brachte die Behälter des Hau-
ses Gottes, das Opfermehl und den Weih-
rauch wieder dorthin.

10 Ich erfuhr auch, dass die Anteile der Le-
viten nicht abgeliefert wurden; darum waren
die Leviten und die Sänger, die den Dienst
zu versehen hatten, weggegangen, jeder auf
seinen Landbesitz. 11 Da machte ich den Be-
amten Vorwürfe und sagte: Warum wird das
Haus Gottes vernachlässigt? Und ich holte
die Leviten wieder zusammen und stellte sie
auf ihren Posten. 12 Nun brachte ganz Juda
wieder den Zehnten von Getreide, Wein und
Öl zu den Vorratskammern. 13 Zur Aufsicht
über die Vorratskammern bestimmte ich den
Priester Schelemja, den Schreiber Zadok
und den Leviten Pedaja. Ihnen stellte ich
Hanan, den Sohn Sakkurs, des Sohnes Mat-
tanjas, an die Seite, denn sie galten als zu-
verlässig. Ihnen oblag es nun, den Zehnten
an ihre Brüder zu verteilen.

14 Denk dafür an mich, mein Gott, und
lösch die guten Taten nicht aus, die ich für
das Haus meines Gottes und seine Ordnung
vollbracht habe.

1: Dtn 23,4–6 • 4: 2,19; 12,44 • 7: Mt 21,12 • 9: 12,30 • 10: 12,47 • 12: 10,38 • 14: 5,19.

Die Sabbatordnung: 13,15–22

15 Damals sah ich in Juda Leute, die am
Sabbat die Kelter traten. Andere brachten
Getreide ein und luden es auf Esel; auch
Wein, Trauben, Feigen und Lasten aller Art
brachten sie am Sabbattag nach Jerusalem.
Ich verwarnte sie, weil sie an diesem Tag Le-
bensmittel verkauften. 16 Die Leute von Ty-
rus, die in Juda wohnten, brachten Fische
und allerlei Waren und verkauften sie am
Sabbat an die Juden, sogar in Jerusalem.
17 Da machte ich den Vornehmen von Juda
Vorwürfe und sagte zu ihnen: Wie könnt ihr
eine solche Untat begehen und den Sabbat
entweihen? 18 Haben das nicht schon eure
Väter getan? Dafür ließ unser Gott all dieses
Unheil über uns und diese Stadt kommen.
Wollt ihr neuen Zorn über Israel bringen, in-
dem ihr den Sabbat entweiht? 19 Ich ließ von
da an vor dem Anbruch des Sabbats, wenn es
in den Toren Jerusalems dunkel wurde, die
Tore schließen und befahl, sie erst nach dem
Sabbat wieder zu öffnen. Auch stellte ich ei-
nige meiner Leute an die Tore, damit am
Sabbattag keine Lasten hereingebracht
wurden. 20 Einmal und ein zweites Mal über-
nachteten die Händler und die Verkäufer
von allerlei Waren draußen vor Jerusalem.
21 Da warnte ich sie und sagte zu ihnen:
Wozu übernachtet ihr gerade vor der Mauer?
Wenn ihr es noch einmal tut, lasse ich euch
festnehmen. Von da an kamen sie nicht mehr
am Sabbat. 22 Den Leviten aber befahl ich,
sie sollten sich reinigen und sich als Wächter
an die Tore stellen, damit man den Sabbat-
tag heilig halte. Auch dafür denk an mich,
mein Gott, und sei mir gnädig in deiner gro-
ßen Huld!

15–16: 10,32; Jer 17,19–27 • 22: 12,30.

Das Verbot der Mischehen: 13,23–31

23 Damals sah ich auch Juden, die Frauen
von Aschdod, Ammon und Moab geheiratet
hatten. 24 Die Hälfte ihrer Kinder redete in
der Sprache von Aschdod oder in der Spra-
che eines der anderen Völker, konnten aber
nicht mehr Jüdisch. 25 Ich machte ihnen Vor-
würfe und verfluchte sie. Einige von ihnen
schlug ich und packte sie bei den Haaren. Ich
beschwor sie bei Gott: Ihr dürft eure Töchter
nicht ihren Söhnen geben noch ihre Töchter
zu Frauen für eure Söhne oder für euch
selbst nehmen. 26 Hat sich nicht wegen sol-
cher Frauen Salomo, der König Israels, ver-
sündigt? Unter den vielen Völkern gab es
keinen König wie ihn. Er wurde von seinem

13,19 Der Sabbat beginnt mit dem Sonnenuntergang.

Gott geliebt; darum hatte ihn Gott zum Kö-
nig über ganz Israel gemacht. Aber selbst ihn
haben die fremden Frauen zur Sünde ver-
führt. 27 Und jetzt hört man von euch, dass
ihr genau dieselbe Untat begeht und unse-
rem Gott die Treue brecht, indem ihr fremde
Frauen heiratet.
28 Einer der Söhne des Hohenpriesters
Jojada, des Sohnes Eljaschibs, war der
Schwiegersohn des Sanballat von Horon; ihn
verwies ich aus meinem Gebiet. 29 Vergiss es
ihnen nicht, mein Gott, dass sie das Priester-
tum und den Bund der Priester und Leviten
befleckt haben.
30 So habe ich das Volk von allem gerei-
nigt, was fremd war. Für die Priester und
Leviten habe ich Ordnungen aufgestellt, die
jedem seinen Dienst zuteilen. 31 Auch habe
ich angeordnet, wie man an den festgesetz-
ten Zeiten das Brennholz liefern und die ers-
ten Erträge bringen soll. Denk daran, mein
Gott, und halt es mir zugute!

23: Esra 9,1f • 25: Dtn 7,3 • 26: 1 Kön 11,1–8; 10,23; 2 Sam 12,24f • 28: Lev 21,14 • 29: Num 25,12f; Mal 2,8 • 31: 10,35; 13,14; 5,19.

Das Buch Tobit

Das Buch erzählt von einem frommen Israeliten namens Tobit, der nach dem Untergang des Nordreichs Israel in Assyrien lebt und während einer schweren Glaubensprüfung die Hilfe seines Gottes erfährt. Tobit, der seinen Stammesbrüdern in der Fremde nach besten Kräften und selbst unter Lebensgefahr jede Art von Barmherzigkeit erweist, wird vom Unglück verfolgt. Auf der Flucht vor dem Zugriff der staatlichen Behörden büßt er seine Habe ein und verliert durch ein Missgeschick auch noch sein Augenlicht. Statt Mitleid und Liebe erfährt er von seiner Frau nur Vorwürfe und bittere Verkennung (Kap. 1 – 3). In dieser Not schickt Gott seinen Engel Rafael zu Hilfe. Dieser begleitet Tobias, den Sohn Tobits, auf einer gefahrvollen Reise nach Medien, gewinnt ihm dort Sara, die einzige Tochter des reichen Raguël, zur Frau und heilt schließlich Tobit von seiner Blindheit (Kap. 4 – 12). Ein Lobpreis des Rettergottes und Ermahnungen Tobits an seinen Sohn schließen das Buch ab (Kap. 13 und 14).

Das Buch hat nicht die Mitteilung wirklich geschehener Ereignisse, sondern religiöse und sittliche Unterweisung zum Ziel. Der Erzähler versetzt Tobit zwar in das Exil Israels nach Assyrien, doch hat er deutlich das Exil Israels zu einer viel späteren Zeit im Auge: Er denkt an die Weltdiaspora, in der sich Israel nach dem Untergang des davidischen Reichs und nach dem Verlust seiner politischen Selbständigkeit befindet. In dieser Diaspora steht der Angehörige des Gottesvolkes oft allein; er lebt dort ohne den Schutz eines eigenen Staatswesens, ist der Willkür fremder Herrscher ausgeliefert und durch die Berührung mit einer heidnischen Umwelt gefährdet. Auf die Frage, wie sich in dieser Lage der einzelne Gläubige verhalten soll, um die Hilfe seines Gottes zu erlangen, antwortet das Buch Tobit, indem es am Beispiel eines frommen Israeliten die entscheidenden Voraussetzungen für das Eingreifen Gottes darstellt. Die literarische Art des Buches ist daher als Lehrschrift im Gewand einer geschichtlichen Erzählung zu bestimmen.

Die theologische Bedeutung des Buches ist in der Glaubensüberzeugung zu sehen, dass jeder Israelit in den Nöten der Weltdiaspora die rettende Hilfe seines Gottes erfahren kann, wenn er in Treue zu diesem Gott und seinem Gesetz, aber auch zum Gottesvolk und den Überlieferungen der Väter steht. Das Buch ist auch bedeutsam geworden für die Lehre von den Schutzengeln.

Das Buch Tobit ist uns in griechischer Sprache überliefert und wahrscheinlich im 2. Jahrhundert v. Chr. in Palästina verfasst worden. Die in Qumran gefundenen hebräischen und aramäischen Fragmente sind noch nicht endgültig ediert.

EINLEITUNG: 1,1–2

1 Buch der Geschichte Tobits.
Tobit war der Sohn Tobiëls, des Sohnes
Hananels, des Sohnes Aduëls, des Sohnes
Gabaëls. Er gehörte zum Geschlecht Asiëls
und zum Stamm Naftali. 2 Zur Zeit des assy-
rischen Königs Salmanassar wurde er als
Gefangener aus Tisbe verschleppt, einem Ort
südlich von Kedesch-Naftali in Galiläa,
oberhalb Hazor.

2: 2 Kön 17,1–23; 18,9–11.

DIE ANFECHTUNG UND NOT TOBITS: 1,3 – 3,17

Tobit in der Heimat: 1,3–9

3 Ich, Tobit, habe mich mein ganzes Leben
lang an den Weg der Wahrheit und Gerech-
tigkeit gehalten und ich habe den Brüdern
aus meinem Stamm und meinem Volk, die
mit mir zusammen in das Land der Assyrer
nach Ninive gekommen waren, aus Barm-
herzigkeit viel geholfen. 4 Als ich noch in
meiner Heimat im Land Israel lebte – ich war
damals ein junger Mann –, sagte sich das
ganze Geschlecht meines Stammvaters Naf-
tali vom Tempel in Jerusalem los. Jerusalem
war die Stadt, die aus dem ganzen Stammes-
gebiet Israels auserwählt worden war, damit
alle Stämme dort ihre Opfer darbrachten;
dort war der Tempel, die Wohnung des Al-
lerhöchsten, für alle Geschlechter und für
alle Zeiten geweiht und gebaut worden.
5 Alle Stämme, die sich losgesagt hatten, op-
ferten dem Stierbild des Baal, auch das Ge-
schlecht meines Stammvaters Naftali. 6 Nur
ich zog immer wieder zu den Festen nach Je-
rusalem, wie es ganz Israel durch ewige Sat-
zung vorgeschrieben ist. Ich brachte die
Erstlinge, die Zehnten der Feldfrüchte und
die Wolle von der ersten Schafschur mit
7 und gab sie den Priestern, den Söhnen Aa-
rons, für den Altar. Den ersten Zehnten aller
Feldfrüchte gab ich den Leviten, die in Jeru-
salem Dienst taten. Den zweiten Zehnten
verkaufte ich und verwendete den Erlös all-
jährlich für meine Wallfahrt nach Jerusalem.
8 Den dritten Zehnten gab ich denen, für die
er bestimmt war, wie es Debora, die Mutter
meines Vaters, geboten hatte; denn ich war
nach dem Tod meines Vaters völlig verwaist.
9 Als ich ein Mann geworden war, heiratete
ich Hanna, die aus dem Geschlecht unseres
Vaters stammte, und wir bekamen einen
Sohn, den wir Tobias nannten.

6: Ex 23,17; 34,23 • 6–7: Num 18,24–32; Dtn 14,22; 18,4 • 8: Dtn 14,28f; 26,12.

Tobit in der Verbannung: 1,10–22

10 In der Gefangenschaft in Ninive aßen
die Brüder meines Stammes und alle Leute
meines Volkes von den Speisen, die auch die
Heiden aßen. 11 Ich aber hütete mich, davon
zu essen, 12 denn ich dachte mit ganzem Her-
zen an Gott. 13 Der Höchste schenkte mir
Gunst und Ansehen bei Salmanassar und ich
wurde Einkäufer am Hof. 14 Dabei kam ich
auf einer Reise auch nach Medien und ver-
traute Gabaël, dem Bruder des Gabrija, in
der Stadt Rages in Medien zehn Talente Sil-
ber zur Aufbewahrung an. 15 Als Salmanas-
sar starb, wurde sein Sohn Sanherib an sei-
ner Stelle König. Seine Regierungszeit war
von Unruhen erfüllt und ich konnte nicht
mehr nach Medien reisen.
16 Schon zur Zeit Salmanassars hatte ich
den Brüdern meines Stammes aus Barmher-
zigkeit viel geholfen: 17 Ich gab den Hun-
gernden mein Brot und den Nackten meine
Kleider; wenn ich sah, dass einer aus meinem
Volk gestorben war und dass man seinen
Leichnam hinter die Stadtmauer von Ninive
geworfen hatte, begrub ich ihn. 18 Ich begrub
heimlich auch alle, die der König Sanherib
hinrichten ließ, nachdem er wie ein Flücht-
ling aus Judäa heimgekehrt war. Denn viele
ließ er in seiner Wut hinrichten. Wenn aber
der König die Leichen suchen ließ, waren sie
nicht mehr zu finden. 19 Ein Einwohner von
Ninive ging jedoch zum König und erstattete
Anzeige; er sagte, ich sei es, der sie begrabe.

1,1 Tobit ist die gräzisierte Kurzform von Tobijahu. Vg gebraucht für Vater und Sohn die Form Tobias, die in G dem Sohn vorbehalten ist.

1,2 Gedacht ist hier an die Verschleppung der Nordstämme Israels in die assyrische Gefangenschaft 722 v. Chr.

1,18 Der Erzähler denkt an die in 2 Kön 18f und Jes 36f berichteten Ereignisse.

Deshalb musste ich mich verstecken. Als ich
erfuhr, dass man mich suchte, um mich zu
töten, bekam ich Angst und floh. 20 Damals
wurde mir meine ganze Habe geraubt und es
blieb mir nichts mehr als nur meine Frau
Hanna und mein Sohn Tobias. 21 Doch es
dauerte nicht einmal fünfzig Tage, da wurde
Sanherib von seinen beiden Söhnen ermor-
det. Sie mussten in das Gebirge Ararat flie-
hen, aber dann wurde sein Sohn Asarhaddon
an seiner Stelle König. Er machte Achikar,
den Sohn meines Bruders Hanaël, zum Herrn
über das ganze Rechnungswesen und die
ganze Verwaltung seines Reiches. 22 Weil
Achikar ein gutes Wort für mich einlegte,
durfte ich nach Ninive zurückkehren. Achi-
kar war Mundschenk und Siegelbewahrer
sowie Bevollmächtigter für die Verwaltung
des Reiches und das Rechnungswesen. Asar-
haddon hatte ihm, meinem Neffen, die zweit-
höchste Stelle in seinem Reich verliehen.

Tobits Erblindung: 2,1–10

2 Als ich heimkehrte und meine Frau
Hanna und mein Sohn Tobias mir wie-
dergeschenkt waren, veranstaltete man mir
zu Ehren am Pfingsttag – dem Fest der Sie-
ben Wochen – ein Festmahl. 2 Ich setzte mich
zu Tisch; als ich aber die vielen Speisen sah,
sagte ich zu meinem Sohn: Geh zu unseren
Brüdern, und wenn du einen Armen findest,
der dem Herrn treu geblieben ist, bring ihn
her; ich warte auf dich. 3 Er kam zurück und
sagte: Auf dem Marktplatz liegt einer von
unserem Volk, den man erdrosselt hat. 4 Ich
sprang auf, noch ehe ich etwas gegessen hat-
te, und verbarg den Toten bis zum Sonnen-
untergang in einer Hütte. 5 Nach meiner
Rückkehr wusch ich mich und aß voll Trauer
mein Mahl. 6 Ich erinnerte mich an das Wort
des Propheten Amos: Eure Feste sollen sich
in Trauer verwandeln und alle eure Freuden-
lieder in Totenklage. Und ich begann zu wei-
nen. 7 Nach Sonnenuntergang ging ich hi-
naus, um ein Grab zu schaufeln, und begrub
den Toten. 8 Meine Nachbarn aber sagten hä-
misch: Er hat schon gar keine Angst mehr,
wegen dieser Tat hingerichtet zu werden.
Eben erst hat er fliehen müssen und schon
begräbt er wieder die Toten.

9 Als ich ihn begraben hatte und in der
Nacht nach Hause kam, legte ich mich an der
Hofmauer zum Schlafen nieder, weil ich un-
rein geworden war. Mein Gesicht ließ ich un-
bedeckt, 10 ohne auf die Sperlinge zu achten,
die in der Mauer nisteten. Da ließen die
Sperlinge ihren warmen Kot in meine offe-
nen Augen fallen, und es bildeten sich weiße
Flecke in meinen Augen. Ich ging zu den
Ärzten, doch sie konnten mir nicht helfen.
Achikar sorgte für meinen Unterhalt, bis er
in die Provinz Elymaïs zog.

6: Am 8,10.

Tobits Verhöhnung durch seine Frau: 2,11–14

11 Meine Frau Hanna fertigte zu Hause
Webarbeiten an, wie sie Frauen zu machen
pflegen, 12 und lieferte sie dann bei den Be-
stellern ab. Einmal geschah es, dass sie ihr
nicht nur den Lohn zahlten, sondern auch
noch ein Ziegenböckchen dazuschenkten.
13 Als sie heimkam, fing das Tier an zu me-
ckern. Ich fragte sie: Wo hast du das Böck-
chen her? Es ist doch nicht etwa gestohlen?
Dann gib es seinen Eigentümern zurück!
Denn was gestohlen ist, darf man nicht es-
sen. 14 Sie erwiderte: Es wurde mir zusätz-
lich zu meinem Lohn geschenkt. Aber ich
glaubte ihr nicht und verlangte, dass sie es
seinen Eigentümern zurückbrachte, und ich
schämte mich ihretwegen. Doch sie antwor-
tete: Wo ist denn der Lohn für deine Barm-
herzigkeit und Gerechtigkeit? Jeder weiß,
was sie dir eingebracht haben.

14: Ijob 2,9.

Tobits Gebet: 3,1–6

3 Da wurde ich traurig und begann zu
weinen. In meinem Schmerz betete ich:
2 Herr, du bist gerecht, alle deine Wege und
Taten zeugen von deiner Barmherzigkeit
und Wahrheit; wahr und gerecht ist dein Ge-
richt in Ewigkeit. 3 Denk an mich und blick
auf mich herab! Straf mich nicht für die
Sünden und Fehler, die ich und meine Väter
dir gegenüber begangen haben. 4 Sie haben
nicht auf deine Gebote gehört. Darum hast
du uns der Plünderung, der Gefangenschaft
und dem Tod preisgegeben; bei allen Völ-
kern, unter die wir zerstreut worden sind,
hast du uns zum Gespött gemacht. 5 Auch
jetzt treffen mich zu Recht deine harten
Strafen, die du über mich kommen lässt we-
gen meiner und meiner Väter Sünden. Denn
wir haben deine Gebote nicht gehalten und
haben den Weg deiner Wahrheit verlassen.
6 Tu also mit mir, was dir gefällt. Lass mei-
nen Geist von mir scheiden; lass mich ster-
ben und zu Staub werden! Es ist besser für
mich, tot zu sein als zu leben. Denn unge-

3,6 ewige Ruhestatt: Gemeint ist das Grab (vgl. Koh 12,5; Ps 49,12; Ez 26,20).

rechte Vorwürfe musste ich anhören und ich bin sehr betrübt. Lass mich jetzt aus meiner Not zur ewigen Ruhestatt gelangen! Wende deine Augen nicht von mir ab!

6: 1 Kön 19,4.

Saras Verhöhnung durch ihre Mägde: 3,7–9

7 Am gleichen Tag geschah es, dass in Ekbatana in Medien Sara, die Tochter Raguëls, von den Mägden ihres Vaters ebenfalls beschimpft wurde. 8 Sie war mit sieben Männern verheiratet gewesen; doch der böse Dämon Aschmodai hatte sie alle getötet, bevor sie mit ihr geschlafen hatten. Die Mägde sagten zu ihr: Begreifst du denn nicht, dass du deine eigenen Männer erwürgst? Sieben hast du gehabt, doch kein einziger ist dir geblieben. 9 Mit welchem Recht also behandelst du uns so hart? Wenn sie schon sterben mussten, dann verschwinde du doch mit ihnen! Hoffentlich bekommen wir nie einen Sohn oder eine Tochter von dir zu sehen.

Saras Gebet: 3,10–15

10 Als Sara das hörte, wurde sie so traurig, dass sie sich erhängen wollte. Aber sie dachte: Ich bin die einzige Tochter meines Vaters. Wenn ich das täte, wäre es eine große Schande für ihn und ich wäre schuld daran, dass der alte Mann vor Kummer ins Grab sinkt. 11 Darum trat sie ans Fenster und betete: Gepriesen seist du, Herr, mein Gott. Gepriesen sei dein heiliger und ehrwürdiger Name in Ewigkeit. Alle deine Werke sollen dich ewig preisen. 12 Nun aber, Herr, habe ich meine Augen und mein Gesicht dir zugewandt. 13 Lass mich von dieser Erde scheiden, damit ich nicht länger solche Beschimpfungen hören muss. 14 Du weißt, Herr, dass ich frei bin von jeder Sünde mit einem Mann. 15 Weder meinen eigenen Namen noch den meines Vaters habe ich befleckt in dem Land, wo ich gefangen bin. Ich bin die einzige Tochter meines Vaters; er hat kein anderes Kind, das ihn beerben könnte. Auch ist kein naher Verwandter da und kein Sohn eines Verwandten, dessen Frau ich werden müsste. Schon sieben Männer habe ich verloren. Was nützt mir da noch das Leben? Doch wenn es dir nicht gefällt, mich sterben zu lassen, dann blick auf mich herab und hab Erbarmen mit mir, damit ich nicht länger solche Beschimpfungen hören muss.

11: Dan 6,11.

Gottes Hilfe in Aussicht: 3,16–17

16 Das Gebet beider, Tobits und Saras, fand Gehör bei der Majestät des großen Rafael. 17 Er wurde gesandt, um beide zu heilen: um Tobit von den weißen Flecken auf seinen Augen zu befreien und um Sara, die Tochter Raguëls, mit Tobits Sohn Tobias zu vermählen und den bösen Dämon Aschmodai zu fesseln. Denn Tobias sollte Sara zur Frau haben. Und Tobit kehrte zur gleichen Zeit in sein Haus zurück, als Sara, die Tochter Raguëls, aus ihrem Zimmer herabkam.

DIE RETTUNG DURCH GOTTES GÜTIGE FÜHRUNG: 4,1 – 12,22

Belehrungen für Tobias: 4,1–21

4 An diesem Tag erinnerte sich Tobit an das Geld, das er in der Stadt Rages in Medien bei Gabaël hinterlegt hatte. 2 Er dachte: Ich habe mir den Tod gewünscht. Warum soll ich nicht meinen Sohn Tobias rufen und ihm von dem Geld erzählen, bevor ich sterbe? 3 Er rief ihn also und sagte: Mein Sohn, wenn ich gestorben bin, begrab mich! Lass deine Mutter nicht im Stich, sondern halte sie in Ehren, solange sie lebt. Tu, was sie erfreut, und mach ihr keinen Kummer! 4 Denk daran, mein Sohn, dass sie deinetwegen viel Beschwerden hatte, als sie dich in ihrem Schoß trug. Wenn sie gestorben ist, begrab sie an meiner Seite im selben Grab! 5 Denk alle Tage an den Herrn, unseren Gott, mein Sohn, und hüte dich davor, zu sündigen und seine Gebote zu übertreten. Handle gerecht, solange du lebst; geh nicht auf den Wegen des Unrechts! 6 Denn wenn du dich an die Wahrheit hältst, wirst du bei allem, was du tust, erfolgreich sein. 7 Allen, die gerecht handeln, hilf aus Barmherzigkeit mit dem, was du hast. Sei nicht kleinlich, wenn

3,8 Der Dämon Aschmodai wird im AT nur hier genannt. Die jüdische Tradition deutet den Namen mit dem hebräischen Zeitwort hischmid (= verderben) als »Verderber«. Wahrscheinlich ist der Name persisch: aëschma daëva = böser Dämon.

du Gutes tust. Wende deinen Blick niemals
ab, wenn du einen Armen siehst, dann wird
auch Gott seinen Blick nicht von dir abwen-
den. 8 Hast du viel, so gib reichlich von dem,
was du besitzt; hast du wenig, dann zögere
nicht, auch mit dem Wenigen Gutes zu tun.
9 Auf diese Weise wirst du dir einen kostba-
ren Schatz für die Zeit der Not ansammeln.
10 Denn Gutes zu tun rettet vor dem Tod und
bewahrt vor dem Weg in die Finsternis.
11 Wer aus Barmherzigkeit hilft, der bringt
dem Höchsten eine Gabe dar, die ihm ge-
fällt.

12 Mein Sohn, hüte dich vor jeder Art von
Unzucht! Vor allem: nimm eine Frau aus
dem Stamm deiner Väter! Nimm keine frem-
de Frau, die nicht zum Volk deines Vaters
gehört; denn wir stammen von Propheten ab.
Mein Sohn, denk an Noach, Abraham, Isaak
und Jakob, unsere ersten Vorfahren! Sie alle
haben Frauen aus ihrem Stamm geheiratet
und sind mit Kindern gesegnet worden; ihre
Nachkommen werden das Land besitzen.
13 Darum liebe die Brüder aus deinem
Stamm, mein Sohn, fühle dich nicht erhaben
über deine Verwandten und die Söhne und
Töchter deines Volkes und sei nicht zu stolz,
dir aus ihrer Mitte eine Frau zu nehmen.
Denn Stolz führt ins Verderben und bringt
Zerrüttung mit sich. Auch Charakterlosig-
keit führt zu Erniedrigung und großer Not;
die Charakterlosigkeit ist nämlich die Mut-
ter des Hungers.

14 Wenn einer für dich gearbeitet hat, dann
enthalt ihm seinen Lohn nicht vor bis zum
nächsten Tag, sondern zahl ihn sofort aus!
Wenn du Gott auf diese Weise dienst, wird
man auch dir deinen Lohn auszahlen. Gib
Acht auf dich bei allem, was du tust, mein
Sohn, und zeig durch dein Benehmen, dass
du gut erzogen bist. 15 Was dir selbst verhasst
ist, das mute auch einem anderen nicht zu!
Betrink dich nicht; der Rausch soll nicht
dein Begleiter sein. 16 Gib dem Hungrigen
von deinem Brot und dem Nackten von dei-
nen Kleidern! Wenn du Überfluss hast, dann
tu damit Gutes und sei nicht kleinlich, wenn
du Gutes tust. 17 Spende dein Brot beim Be-
gräbnis der Gerechten, gib es nicht den Sün-
dern! 18 Such nur bei Verständigen Rat; ei-
nen brauchbaren Ratschlag verachte nicht!
19 Preise Gott, den Herrn, zu jeder Zeit; bitte
ihn, dass dein Weg geradeaus führt und dass
alles, was du tust und planst, ein gutes Ende
nimmt. Denn kein Volk ist Herr seiner Pläne,
sondern der Herr selbst gibt alles Gute und
er erniedrigt, wen er will, wie es ihm gefällt.
Denk also an meine Lehren, mein Sohn! Lass
sie dir nie aus dem Herzen reißen!

20 Und jetzt will ich dir noch etwas sagen:
Ich habe Gabaël, dem Bruder des Gabrija, in
der Stadt Rages in Medien zehn Talente Sil-
ber zur Aufbewahrung anvertraut. 21 Hab
also keine Angst, mein Sohn, weil wir ver-
armt sind. Du hast ein großes Vermögen,
wenn du nur Gott fürchtest, alle Sünde mei-
dest und das tust, was ihm gefällt.

12: Ps 105,15 • 15: Mt 7,12 • 16: Jes 58,7.

Ein Reisegefährte: 5,1–17

5 Tobias antwortete ihm: Ich will alles
tun, Vater, was du mir aufgetragen
hast. 2 Aber wie soll ich das Geld holen? Ich
kenne Gabaël doch nicht. 3 Da gab ihm der
Vater den Schuldschein und sagte: Such je-
mand, der mit dir auf die Reise geht. Ich will
ihn entlohnen, solange ich noch am Leben
bin. Mach dich also auf den Weg und hol das
Geld ab! 4 Tobias ging auf die Suche nach ei-
nem Begleiter und traf dabei Rafael; Rafael
war ein Engel, aber Tobias wusste es nicht.
5 Er fragte ihn: Könnte ich mit dir nach Ra-
ges in Medien reisen? Bist du mit der Gegend
dort vertraut? 6 Der Engel antwortete: Ich
will mit dir reisen; ich kenne den Weg und
war schon bei unserem Bruder Gabaël zu
Gast. 7 Tobias bat ihn: Wart auf mich, ich
will es meinem Vater sagen. 8 Der Engel ant-
wortete ihm: Geh, aber halte dich nicht auf!
9 Tobias ging nach Hause und sagte zu sei-
nem Vater: Ich habe einen Mann gefunden,
der mit mir reisen will. Da sagte der Vater:
Ruf ihn her zu mir! Ich möchte wissen, aus
welchem Stamm er kommt und ob er auch
zuverlässig genug ist, um dich zu begleiten.
10 Tobias holte den Engel; Rafael kam und sie
begrüßten einander. 11 Tobit fragte ihn: Bru-
der, aus welchem Stamm und aus welcher
Familie kommst du? Sag es mir! 12 Da erwi-
derte Rafael: Geht es dir um den Stamm und
die Familie oder um einen Mann, der gegen
eine Entlohnung mit deinem Sohn auf die
Reise geht? Tobit sagte: Bruder, ich möchte
nur deine Herkunft und deinen Namen wis-
sen. 13 Da antwortete Rafael: Ich bin Asarja,
der Sohn des großen Hananja, einer von den
Brüdern deines Stammes. 14 Darauf sagte
Tobit: Sei willkommen, mein Bruder! Sei mir
nicht böse, dass ich nach deinem Stamm und
deiner Familie gefragt habe. Ich sehe, mein
Bruder, dass du aus einem guten und edlen
Geschlecht stammst. Denn ich habe Hananja
und Natan, die Söhne des großen Schimi,
kennen gelernt, als wir zusammen nach Je-
rusalem pilgerten, um dort den Herrn anzu-
beten und das Erstlingsopfer und den Zehn-
ten unserer Ernte darzubringen. Auch diese

beiden hatten sich nicht beirren lassen, als
unsere Brüder von Gott abfielen. Bruder, du
stammst von guten Vorfahren. 15 Aber sag
mir: Welchen Lohn soll ich dir geben? Eine
Drachme täglich und dazu den Lebensunter-
halt, wie ihn auch mein Sohn erhält? 16 Ich
will dir aber noch etwas zu deinem Lohn
hinzugeben, wenn ihr gesund zurückkehrt.
17 So einigten sie sich.
Darauf sagte Tobit zu Tobias: Mach dich
fertig zur Reise! Ich wünsche euch alles Gute
auf den Weg. Als der Sohn alles für die Reise
vorbereitet hatte, sagte sein Vater zu ihm:
Mach dich mit dem Mann auf den Weg! Gott,
der im Himmel wohnt, wird euch auf eurer
Reise behüten; sein Engel möge euch beglei-
ten. Da brachen die beiden auf und der Hund
des jungen Tobias lief mit.

Tobits Zuversicht: 5,18–23

18 Hanna aber, die Mutter des Tobias,
weinte und sagte zu Tobit: Warum hast du
unseren Sohn weggeschickt? War er nicht die
Stütze unseres Alters, als er noch bei uns
ein- und ausging? 19 Wir hätten dieses Geld
gar nicht gebraucht; denn es ist nichts, ver-
glichen mit dem Leben unseres Sohnes.
20 Was uns der Herr zum Leben gegeben hat,
reicht für uns. 21 Tobit antwortete: Mach dir
keine Sorgen, Schwester, er wird gesund zu-
rückkommen und du wirst ihn wieder sehen.
22 Denn ein guter Engel begleitet ihn und sei-
ne Reise wird ein gutes Ende nehmen; er
wird sicherlich gesund heimkehren. 23 Da
hörte sie auf zu weinen.

Wunderbare Heilmittel: 6,1–9

6 Die beiden kamen auf ihrer Reise
abends an den Tigris, wo sie übernach-
teten. 2 Als der junge Tobias im Fluss baden
wollte, schoss ein Fisch aus dem Wasser hoch
und wollte ihn verschlingen. 3 Der Engel rief
Tobias zu: Pack ihn! Da packte der junge
Mann zu und warf den Fisch ans Ufer. 4 Und
der Engel sagte zu Tobias: Schneide den
Fisch auf, nimm Herz, Leber und Galle he-
raus und bewahre sie gut auf! 5 Der junge
Tobias tat, was ihm der Engel sagte. Dann
brieten sie den Fisch und aßen ihn.
6 Als sie weiterreisten und in die Gegend
von Ekbatana kamen, 7 fragte der junge To-
bias den Engel: Asarja, lieber Bruder, wozu
sollen die Leber, das Herz und die Galle des
Fisches gut sein? 8 Rafael antwortete: Wenn
ein Mann oder eine Frau von einem Dämon
oder einem bösen Geist gequält wird, soll
man das Herz und die Leber des Fisches in
Gegenwart dieses Menschen verbrennen;
dann wird er von der Plage befreit. 9 Und
wenn jemand weiße Flecken in den Augen
hat, soll man die Augen mit der Galle be-
streichen; so wird er geheilt.

Der Heiratsplan: 6,10–19

10 Als sie in der Nähe der Stadt Ekbatana
waren, 11 sagte der Engel zu dem jungen To-
bias: Bruder, heute werden wir bei Raguël
übernachten. Es ist ein Verwandter von dir.
Er hat nur ein einziges Kind, eine Tochter
namens Sara. 12 Ich will mit ihm reden, dass
er sie dir zur Frau geben soll. Denn dir steht
ihr Erbe zu, weil du ihr einziger Verwandter
bist. Das Mädchen ist schön und klug. 13 Da-
rum hör mir zu! Ich will mit ihrem Vater
sprechen, und wenn wir aus Rages zurück-
kommen, feiern wir die Hochzeit. Denn ich
weiß, dass Raguël sie nach dem Gesetz des
Mose keinem anderen Mann geben darf,
sonst wird er mit dem Tod bestraft; denn du
hast vor allen anderen Anspruch auf ihr
Erbe. 14 Der junge Tobias antwortete: Asarja,
Bruder, ich habe gehört, dass das Mädchen
schon mit sieben Männern verheiratet war,
dass aber alle im Brautgemach gestorben
sind. 15 Ich bin der einzige Sohn meines Va-
ters und habe Angst, dass ich ebenso sterben
muss wie die anderen Männer, wenn ich das
Brautgemach betrete. Ein Dämon liebt sie
und bringt alle um, die ihr nahekommen.
Darum habe ich Angst, dass ich sterben muss
und dass ich dann meinen Vater und meine
Mutter aus Kummer um mich ins Grab brin-
ge. Sie haben keinen zweiten Sohn, der sie
dann begraben könnte. 16 Da sagte der Engel
zu ihm: Erinnerst du dich nicht mehr, wie
dein Vater dir aufgetragen hat, nur eine Frau
aus deinem Volk zu heiraten? Darum hör
jetzt auf mich, Bruder! Sie wird deine Frau
werden. Und mach dir keine Sorgen wegen
des Dämons! Noch in dieser Nacht wird sie
deine Frau. 17 Wenn du in das Brautgemach
gehst, nimm etwas Glut aus dem Räucherbe-
cken, leg ein Stück vom Herz und von der
Leber des Fisches darauf und lass es ver-
brennen! Sobald der Dämon den Geruch
spürt, wird er fliehen und in alle Ewigkeit
nicht mehr zurückkommen. 18 Wenn du dann
zu ihr gehst, steht beide auf und ruft den
barmherzigen Gott an; er wird euch helfen
und Erbarmen mit euch haben. Hab also kei-
ne Angst; das Mädchen ist schon immer für
dich bestimmt gewesen. Du wirst sie aus ih-
rer Not befreien; sie wird mit dir ziehen und
wird dir gewiss Kinder schenken. 19 Als To-
bias das hörte, fasste er Zuneigung zu dem
Mädchen und sein Herz gehörte ihr.

15: Gen 44,29.31.

Die Ankunft bei den Verwandten: 7,1–8

7 Als sie in Ekbatana beim Haus Raguëls
angelangt waren, kam ihnen Sara ent-
gegen und hieß sie willkommen. Sie erwider-
ten ihren Gruß und Sara führte sie ins Haus.
2 Da sagte Raguël zu seiner Frau Edna: Wie
sieht doch dieser junge Mann meinem Vetter
Tobit ähnlich! 3 Raguël fragte die beiden:
Woher seid ihr, liebe Brüder? Sie antworte-
ten: Wir gehören zu den Leuten vom Stamm
Naftali, die in Ninive in der Gefangenschaft
leben. 4 Da fragte er sie: Kennt ihr unseren
Bruder Tobit? Sie sagten: Wir kennen ihn.
5 Er fragte weiter: Geht es ihm gut? Sie ant-
worteten: Er lebt und ist gesund. Tobias
fügte hinzu: Er ist mein Vater. 6 Da sprang
Raguël auf und umarmte ihn unter Tränen;
er segnete ihn und sagte: Du bist der Sohn ei-
nes guten und edlen Mannes. Als er dann
hörte, dass Tobit das Augenlicht verloren
hatte, wurde er traurig und weinte; 7 auch
seine Frau Edna und seine Tochter Sara bra-
chen in Tränen aus.

Man nahm die beiden Gäste herzlich auf.
8 Man schlachtete einen Widder und setzte
ihnen ein reiches Mahl vor.

Tobias und Sara: 7,9–17

9 Da bat Tobias den Rafael: Asarja, mein
Bruder, bring doch zur Sprache, worüber du
unterwegs mit mir geredet hast, damit die
Sache zu einem glücklichen Ende kommt.
10 Rafael teilte Raguël alles mit. Darauf sagte
Raguël zu Tobias: Iss und trink und lass es
dir gut gehen! Du hast einen Anspruch da-
rauf, mein Kind zu heiraten. Ich muss dir
aber die Wahrheit sagen: 11 Ich habe meine
Tochter schon sieben Männern zur Frau ge-
geben; doch jeder, der zu ihr ins Brautge-
mach ging, ist noch in derselben Nacht ge-
storben. Aber lass es dir jetzt trotzdem gut
gehen! 12 Tobias erwiderte: Ich will nichts
essen, ehe ihr sie mir nicht feierlich zur Frau
gegeben habt. Da sagte Raguël: Du sollst sie
bekommen, sie ist von jetzt an nach Recht
und Gesetz deine Frau. Du bist mit ihr ver-
wandt; sie gehört dir. Der barmherzige Gott
schenke euch viel Glück. 13 Und er ließ seine
Tochter Sara rufen, nahm sie bei der Hand
und gab sie Tobias zur Frau; er sagte: Hier,
sie ist dein nach dem Gesetz des Mose. Führ
sie zu deinem Vater! Und er segnete sie.
14 Dann rief er seine Frau Edna herbei, nahm
ein Blatt Papier, schrieb den Ehevertrag und
man setzte das Siegel darunter. Darauf be-
gannen sie mit dem Mahl.

15 Raguël rief seine Frau Edna und sagte zu
ihr: Schwester, richte das andere Zimmer
her und führ Sara hinein. 16 Sie tat, was er
sagte, und führte sie hinein. Sara aber be-
gann zu weinen. Ihre Mutter trocknete ihr
die Tränen und tröstete sie: 17 Hab Vertrau-
en, mein Kind! Nach so viel Leid schenke dir
der Herr des Himmels und der Erde endlich
Freude. Hab nur Vertrauen, meine Tochter!

Die glücklichen Brautleute: 8,1–9

8 Nach der Mahlzeit führten sie Tobias zu
Sara. 2 Als er hineinging, erinnerte er
sich an die Worte Rafaels; er nahm etwas
Glut aus dem Räucherbecken, legte das Herz
und die Leber des Fisches darauf und ließ sie
verbrennen. 3 Sobald der Dämon den Geruch
spürte, floh er in den hintersten Winkel
Ägyptens; dort wurde er von dem Engel ge-
fesselt.

4 Als Tobias und Sara in der Kammer al-
lein waren, erhob sich Tobias vom Lager und
sagte: Steh auf, Schwester, wir wollen beten,
damit der Herr Erbarmen mit uns hat. 5 Und
er begann zu beten: Sei gepriesen, Gott unse-
rer Väter; gepriesen sei dein heiliger und
ruhmreicher Name in alle Ewigkeit. Die
Himmel und alle deine Geschöpfe müssen
dich preisen. 6 Du hast Adam erschaffen und
hast ihm Eva zur Frau gegeben, damit sie
ihm hilft und ihn ergänzt. Von ihnen stam-
men alle Menschen ab. Du sagtest: Es ist
nicht gut, dass der Mensch allein ist; wir
wollen für ihn einen Menschen machen, der
ihm hilft und zu ihm passt. 7 Darum, Herr,
nehme ich diese meine Schwester auch nicht
aus reiner Lust zur Frau, sondern aus wahrer
Liebe. Hab Erbarmen mit mir und lass mich
gemeinsam mit ihr ein hohes Alter erreichen!
8 Und Sara sagte zusammen mit ihm: Amen.
9 Und beide schliefen die Nacht über mit-
einander.

6: Gen 2,18.

Raguëls Freude: 8,10–21

10 Morgens stand Raguël auf, ging hinaus
und hob ein Grab aus. Er dachte: Sicher ist
auch dieser Mann gestorben. 11 Als er wieder
ins Haus kam, 12 sagte er zu seiner Frau
Edna: Schick eine Magd hinauf; sie soll
nachsehen, ob er noch lebt. Wenn er nicht
mehr lebt, wollen wir ihn begraben, ohne
dass es jemand merkt. 13 Die Magd öffnete
die Tür, ging hinein und sah, dass die beiden
schliefen. 14 Sie ging wieder hinaus und be-
richtete ihnen, Tobias sei noch am Leben.
15 Da pries Raguël Gott und betete: Sei
gepriesen, Gott, mit reinem und heiligem
Lobpreis. Deine Heiligen und alle deine
Geschöpfe sollen dich preisen. Alle deine

Engel und alle deine Auserwählten sollen
dich preisen in alle Ewigkeit. 16 Sei geprie-
sen, weil du mir diese Freude bereitet hast
und weil nicht eingetroffen ist, was ich be-
fürchtet habe. Du hast uns in deiner großen
Barmherzigkeit geholfen. 17 Sei gepriesen,
weil du mit diesen beiden Menschen Erbar-
men hattest, die die einzigen Kinder ihrer
Eltern sind. Herr, hab Erbarmen mit ihnen
und lass sie ihr Leben in Gesundheit und
Freude verbringen, geschützt von deinem
Erbarmen! 18 Dann befahl er seinen Knech-
ten, das Grab wieder zuzuschütten.
19 Er veranstaltete für das Paar ein Hoch-
zeitsfest, das vierzehn Tage dauerte, 20 und
noch vor Beendigung der Hochzeitsfeier be-
schwor er Tobias, nicht abzureisen, ehe die
vierzehn Tage des Festes zu Ende seien.
21 Dann solle er die Hälfte seines Vermögens
in Empfang nehmen und wohlbehalten zu
seinem Vater zurückkehren. Das übrige, sag-
te er, wirst du erhalten, wenn ich und meine
Frau tot sind.

Rafaels Freundesdienst: 9,1–6

9 Tobias rief Rafael und sagte zu ihm:
2 Asarja, mein Bruder, nimm einen
Knecht und zwei Kamele und reise nach Ra-
ges in Medien zu Gabaël. Hol mir das Geld
und bring Gabaël zur Hochzeit mit! 3 Denn
Raguël hat mich beschworen, noch nicht
wegzugehen. 4 Mein Vater zählt die Tage,
und wenn ich zu lange fortbleibe, wird er
sich große Sorgen machen. 5 Rafael reiste ab,
blieb die Nacht über bei Gabaël und legte
ihm den Schuldschein vor. Gabaël holte die
versiegelten Beutel und gab sie ihm. 6 Am
frühen Morgen brachen sie gemeinsam auf
und kamen zur Hochzeit. Und Tobias pries
seine Frau.

Tobit und Hanna in Sorge: 10,1–7

10 Inzwischen zählte sein Vater Tobit
die Tage. Als die Zeit um war, die für
die Reise vorgesehen war, und die beiden
nicht zurückkamen, 2 dachte er: Vielleicht
hat man sie abgewiesen oder Gabaël ist ge-
storben und niemand ist da, der Tobias das
Geld gibt. 3 Und er machte sich große Sor-
gen. 4 Seine Frau sagte zu ihm: Unserem
Sohn ist etwas zugestoßen; deshalb kommt
er nicht. Sie begann schon, ihn zu beweinen,
und klagte: 5 Alles ist mir gleichgültig ge-
worden, mein Kind, seit ich dich, das Licht
meiner Augen, weggehen ließ. 6 Tobit sagte
zu ihr: Sei ruhig, mach dir keine Sorgen; es
geht ihm gut. 7 Sie aber antwortete: Schweig,
du kannst mich nicht täuschen. Meinem
Sohn ist etwas zugestoßen. Und sie lief jeden
Tag hinaus auf den Weg, auf dem er fortge-
zogen war. Tagsüber aß sie nichts und in der
Nacht hörte sie nicht auf, um ihren Sohn
Tobias zu klagen, bis schließlich die vierzehn
Tage der Hochzeitsfeierlichkeiten um waren,
die Tobias auf die beschwörenden Bitten
Raguëls hin in Ekbatana verbrachte.

Tobias auf der Heimreise: 10,8–14

8 Nun aber bat Tobias den Raguël: Lass
mich heimreisen, sonst geben mein Vater
und meine Mutter die Hoffnung auf, mich je
wieder zu sehen. 9 Sein Schwiegervater bat
ihn: Bleib bei mir; ich will jemand zu deinem
Vater schicken und ihm sagen lassen, wie es
dir geht. Doch Tobias erwiderte: Nein, lass
mich zu meinem Vater zurückkehren! 10 Da
stand Raguël auf, vertraute ihm Sara als sei-
ne Frau an und gab ihm die Hälfte seines
Vermögens: Sklaven, Vieh und Geld. 11 Zum
Abschied segnete er sie und sagte: Meine
Kinder, der Gott des Himmels möge euch mit
Kindern segnen, ehe ich sterbe. 12 Und zu sei-
ner Tochter sagte er: Halte deine Schwieger-
eltern in Ehren; von jetzt an sind sie deine
Eltern. Ich möchte immer nur Gutes von dir
hören. Und er küsste sie. 13 Edna sagte zu To-
bias: Lieber Bruder, der Herr des Himmels
geleite dich nach Hause. Er schenke mir das
Glück, dass ich von dir und meiner Tochter
Sara noch Kinder sehe; dann will ich mich
freuen und dem Herrn danken. Ich vertraue
dir meine Tochter an. Mach ihr keinen Kum-
mer! 14 Dann reiste Tobias ab. Er dankte
Gott, dass er seiner Reise so viel Erfolg be-
schieden hatte, und segnete Raguël und seine
Frau Edna.

8–9: Gen 24,54f.

Tobits Heilung: 11,1–15

11 Als sie auf ihrer Heimreise in die
Nähe von Ninive kamen, sagte Rafael
zu Tobias: 2 Weißt du noch, Bruder, wie es
deinem Vater ging, als du ihn verlassen hast?
3 Wir wollen deshalb deiner Frau vorausge-
hen und das Haus für ihren Empfang vorbe-
reiten. 4 Nimm auch die Galle des Fisches
mit! Sie machten sich auf den Weg und der
Hund lief hinter ihnen her.
5 Hanna saß am Weg und hielt nach ihrem
Sohn Ausschau. 6 Als sie ihn kommen sah,
rief sie seinem Vater zu: Dein Sohn kommt
zurück und mit ihm der Mann, der ihn be-
gleitet hat. 7 Rafael aber sagte zu Tobias: Ich
weiß, dein Vater wird wieder sehen können.
8 Streich ihm die Galle auf die Augen! Sie
wird zwar brennen; aber wenn er sich die

Augen reibt, wird er die weißen Flecken weg-
wischen und wird dich wieder sehen können.
9 Hanna war inzwischen herbeigeeilt, fiel
ihrem Sohn um den Hals und rief: Ich habe
dich wieder gesehen, mein Sohn, jetzt kann
ich ruhig sterben. Und beide brachen in Trä-
nen aus. 10 Auch Tobit versuchte, ihm entge-
genzugehen, stolperte aber an der Tür. Da
lief ihm sein Sohn entgegen 11 und fing ihn
auf. Und er strich seinem Vater die Galle auf
die Augen und sagte: Hab keine Angst, mein
Vater! 12 Tobit rieb sich die Augen, weil sie
brannten; da begannen die weißen Flecken,
sich von den Augenwinkeln aus abzulösen.
13 Und er konnte seinen Sohn sehen, fiel ihm
um den Hals und sagte unter Tränen: 14 Sei
gepriesen, Gott, gepriesen sei dein heiliger
Name in Ewigkeit. Gepriesen seien alle
deine heiligen Engel. Du hast mich gezüch-
tigt und hast wieder Erbarmen mit mir ge-
habt. Denn ich darf meinen Sohn Tobias
wieder sehen. 15 Voll Freude ging der Sohn
mit seinem Vater ins Haus und erzählte ihm,
was für wunderbare Dinge er in Medien er-
lebt hatte.

9: Gen 46,29f.

Saras Ankunft: 11,16–19

16 Dann ging Tobit seiner Schwiegertoch-
ter bis an das Tor von Ninive entgegen. Er
war voll Freude und pries Gott und alle, die
ihn sahen, staunten, dass er wieder sehen
konnte. Tobit aber bezeugte ihnen, dass Gott
Erbarmen mit ihm gehabt hatte. 17 Als Tobit
seiner Schwiegertochter begegnete, segnete
er sie und sagte: Sei willkommen, meine
Tochter! Gepriesen sei Gott, der dich zu uns
geführt hat, und gesegnet seien dein Vater
und deine Mutter. 18 Bei allen Brüdern aus
seinem Stamm in Ninive herrschte große
Freude. 19 Auch Achikar und sein Neffe
Nadab kamen und sieben Tage lang wurde
die Hochzeit des Tobias mit einem fröhlichen
Fest gefeiert.

Rafaels Selbstoffenbarung: 12,1–22

12 Danach rief Tobit seinen Sohn To-
bias zu sich und sagte: Mein Sohn,
vergiss nicht den Lohn für den Mann, der
dich begleitet hat. Du musst ihm aber mehr
geben, als wir ihm versprochen haben. 2 To-
bias antwortete: Vater, ich werde keinen
Schaden erleiden, wenn ich ihm die Hälfte
von all dem gebe, was ich mitgebracht habe.
3 Denn er hat mich gesund zu dir zurückge-
bracht, er hat meine Frau geheilt, er hat
mein Geld abgeholt und auch dich hat er ge-
heilt. 4 Da sagte der alte Tobit: Ja, er hat es
verdient. 5 Dann rief er den Engel zu sich und
sagte: Nimm die Hälfte von allem, was ihr
mitgebracht habt. 6 Der Engel aber nahm die
beiden beiseite und sagte zu ihnen: Preist
Gott und lobt ihn! Gebt ihm die Ehre und be-
zeugt vor allen Menschen, was er für euch
getan hat. Es ist gut, Gott zu preisen und sei-
nen Namen zu verherrlichen und voll Ehr-
furcht seine Taten zu verkünden. Hört nie
auf, ihn zu preisen. 7 Es ist gut, das Geheim-
nis eines Königs zu wahren; die Taten Gottes
aber soll man offen rühmen. Tut Gutes, dann
wird euch kein Unglück treffen. 8 Es ist gut,
zu beten und zu fasten, barmherzig und ge-
recht zu sein. Lieber wenig, aber gerecht, als
viel und ungerecht. Besser barmherzig sein
als Gold aufhäufen. 9 Denn Barmherzigkeit
rettet vor dem Tod und reinigt von jeder
Sünde. Wer barmherzig und gerecht ist, wird
lange leben. 10 Wer aber sündigt, ist der
Feind seines eigenen Lebens. 11 Ich will euch
nichts verheimlichen; ich habe gesagt: Es ist
gut, das Geheimnis eines Königs zu wahren;
die Taten Gottes aber soll man offen rühmen.
12 Darum sollt ihr wissen: Als ihr zu Gott
flehtet, du und deine Schwiegertochter Sara,
da habe ich euer Gebet vor den heiligen Gott
gebracht. Und ebenso bin ich in deiner Nähe
gewesen, als du die Toten begraben hast.
13 Auch als du ohne zu zögern vom Tisch auf-
gestanden bist und dein Essen stehen gelas-
sen hast, um einem Toten den letzten Dienst
zu erweisen, blieb mir deine gute Tat nicht
verborgen, sondern ich war bei dir. 14 Nun
hat mich Gott auch gesandt, um dich und
deine Schwiegertochter Sara zu heilen. 15 Ich
bin Rafael, einer von den sieben heiligen En-
geln, die das Gebet der Heiligen emportra-
gen und mit ihm vor die Majestät des heili-
gen Gottes treten.
16 Da erschraken die beiden und fielen
voller Furcht vor ihm nieder. 17 Er aber sagte
zu ihnen: Fürchtet euch nicht! Friede sei mit
euch. Preist Gott in Ewigkeit! 18 Nicht weil
ich euch eine Gunst erweisen wollte, sondern
weil unser Gott es wollte, bin ich zu euch ge-
kommen. Darum preist ihn in Ewigkeit!
19 Während der ganzen Zeit, in der ihr mich
gesehen habt, habe ich nichts gegessen und
getrunken; ihr habt nur eine Erscheinung ge-
sehen. 20 Jetzt aber dankt Gott! Ich steige
wieder auf zu dem, der mich gesandt hat.
Doch ihr sollt alles, was geschehen ist, in ei-
nem Buch aufschreiben.
21 Als sie wieder aufstanden, sahen sie ihn
nicht mehr. 22 Und sie verkündeten überall,
welch große und wunderbare Dinge Gott ge-
tan hatte und dass ihnen der Engel des Herrn
erschienen war.

9: Dan 4,24 • 13: 2,4f.

DER LOBPREIS DES RETTERGOTTES UND LETZTE MAHNUNGEN: 13,1 – 14,15

Tobits Lobgesang: 13,1–18

13 Und Tobit schrieb zum Lobpreis
Gottes ein Gebet nieder:
2 Gepriesen sei Gott, der in Ewigkeit lebt, /
sein Königtum sei gepriesen. / Er züchtigt
und hat auch wieder Erbarmen; / er führt hi-
nab in die Unterwelt / und führt auch wieder
zum Leben. / Niemand kann seiner Macht
entfliehen.
3 Bekennt euch zu ihm vor allen Völkern, /
ihr Kinder Israels; / denn er selbst hat uns
unter die Völker zerstreut.
4 Verkündet dort seine erhabene Größe, /
preist ihn laut vor allem, was lebt. / Denn er
ist unser Herr und Gott, / er ist unser Vater
in alle Ewigkeit.
5 Er züchtigt uns wegen unserer Sünden, /
doch hat er auch wieder Erbarmen. / Er führt
uns aus allen Völkern zusammen, / von über-
all her, wohin ihr verschleppt worden seid.
6 Wenn ihr zu ihm umkehrt, / von ganzem
Herzen und aus ganzer Seele, / und euch an
seine Wahrheit haltet, / dann kehrt er sich
euch zu / und verbirgt sein Angesicht nicht
mehr vor euch.
7 Wenn ihr dann seht, was er für euch tut, /
bekennt euch laut und offen zu ihm! / Preist
den Herrn der Gerechtigkeit, / rühmt den
ewigen König!
8 Ich bekenne mich zum Herrn / im Land
der Verbannung, / ich bezeuge den Sündern
seine Macht / und erhabene Größe. / Kehrt
um, ihr Sünder, / tut, was recht ist in seinen
Augen. / Vielleicht ist er gnädig und hat mit
euch Erbarmen.
9 Ich will meinen Gott rühmen, / den König
des Himmels, / meine Seele freut sich / über
die erhabene Größe meines Gottes.
10 Alle, die in Jerusalem wohnen, / sollen
sich zu ihm bekennen und sagen: / Jerusa-
lem, du heilige Stadt! / Der Herr bestraft die
Taten deiner Kinder, / doch er hat wieder
Erbarmen / mit den Söhnen der Gerechten.
11 Bekenne dich zum Herrn in rechter Wei-
se, / preise den ewigen König, / damit sein
Zelt von neuem errichtet wird, / dir zur gro-
ßen Freude.
12 Er mache in dir die Gefangenen wieder
froh / und schenke denen, die im Elend le-
ben, seine Liebe, / für alle Zeiten bis in
Ewigkeit.
13 Von weither werden die Völker kom-
men, / um den Namen des Herrn, unseres
Gottes, zu preisen. / Sie tragen Geschenke
herbei, / Geschenke für den himmlischen
König. / Alle Menschen jubeln dir zu.
14 Verflucht sind alle, die dich hassen, / auf
ewig gesegnet alle, die dich lieben.
15 Freu dich und juble / über alle Gerech-
ten! / Sie werden vereint sein / und den
Herrn der Gerechten preisen. / Wohl denen,
die dich lieben; / sie werden sich freuen /
über den Frieden, den du schenkst.
16 Wohl denen, die betrübt waren / über
deine harten Strafen; / denn sie werden sich
über dich freuen, / wenn sie all deine Herr-
lichkeit sehen. / Sie werden sich freuen in
Ewigkeit. / Meine Seele preise Gott, den gro-
ßen König.
17 Denn Jerusalem wird wieder aufgebaut /
aus Saphir und Smaragd; / seine Mauern
macht man aus Edelstein, / seine Türme und
Wälle aus reinem Gold; / Jerusalems Plätze
werden ausgelegt / mit Beryll und Rubinen
und mit Steinen aus Ofir.
18 Halleluja ruft man in all seinen Gassen /
und stimmt in den Lobpreis ein: / Gepriesen
sei Gott; / er hat uns groß gemacht für alle
Zeiten.

2: Dtn 32,39; 1 Sam 2,6; Hos 6,1 • 6: Sach 1,3; Mal 3,7 • 8: Am 5,15; Jona 3,9 • 13: Jes 60,5–9 • 14: Gen 12,3 • 17: Jes 54,11f; Offb 21,18–21.

Letzte Ermahnungen: 14,1–11

14 So beendete Tobit seinen Lobpreis.
2 Er war achtundfünfzig Jahre alt,
als er sein Augenlicht verlor; acht Jahre spä-
ter konnte er wieder sehen. Er blieb immer
wohltätig und hörte nie auf, Gott, den Herrn,
zu fürchten und sich zu ihm zu bekennen.
3 Er wurde sehr alt. Eines Tages rief er seinen
Sohn und dessen Kinder zu sich und sagte:
Mein Sohn, ich bin alt und werde bald aus
dem Leben scheiden. 4 Zieh mit deinen Kin-
dern nach Medien, mein Sohn; denn ich bin
überzeugt, dass der Prophet Jona recht hat-
te, als er sagte, dass Ninive ganz zerstört
werden wird; in Medien aber wird vorläufig
noch Frieden herrschen, bis auch für dieses
Land die Zeit gekommen ist. Ich bin auch
überzeugt davon, dass unsere Brüder, die
noch in der Heimat leben, aus dem gesegne-
ten Land verjagt werden; Jerusalem wird
verlassen sein und das Haus Gottes wird nie-
dergebrannt werden und verwüstet daliegen,
bis eine bestimmte Zeit vergangen ist.
5 Dann wird Gott Erbarmen mit ihnen haben
und sie wieder in die Heimat zurückführen.

Sie werden den Tempel wieder aufbauen, doch nicht so schön, wie der frühere war; er wird stehen, bis die Zeit dieser Welt abgelaufen ist. Dann werden alle aus der Gefangenschaft zurückkehren und Jerusalem in seiner ganzen Pracht wieder aufbauen. In seiner Mitte wird das Haus Gottes errichtet, ein herrlicher Bau, der für alle Zeiten Bestand hat bis in Ewigkeit. Das haben die Propheten über Jerusalem geweissagt. 6 Und alle Völker werden sich dem Herrn, unserem Gott, zuwenden und ihm wahre Ehrfurcht entgegenbringen. Man wird die Götterbilder vergraben und alle Völker werden den Herrn preisen. 7 Sein Volk wird sich zu Gott bekennen und der Herr wird sein Volk groß machen. Alle, die den Weg der Wahrheit und Gerechtigkeit gehen, werden sich freuen; sie werden Gott, den Herrn, lieben und ihren Brüdern Gutes tun. 8 Zieh also fort aus Ninive, mein Sohn; denn es wird alles eintreffen, was der Prophet Jona gesagt hat. 9 Befolge das Gesetz und die Gebote; sei immer barmherzig und gerecht, dann wird es dir gut gehen. Begrab mich und deine Mutter in Ehren; gib ihr ein Grab an meiner Seite! Doch bleibt nicht länger in Ninive! 10 Mein Sohn, denk daran, wie Nadab an Achikar gehandelt hat, der ihn aufgezogen hatte; er hat ihn aus dem Licht in die Finsternis gestoßen und ihm seine Fürsorge übel vergolten. Achikar wurde gerettet; dem Nadab aber wurde sein übles Verhalten vergolten und er stürzte selbst in die Finsternis. Achikar war barmherzig und wurde aus der tödlichen Falle gerettet, die Nadab ihm gestellt hatte. Nadab aber geriet selber in die Falle und ging zugrunde. 11 Daran könnt ihr sehen, meine Kinder, dass die Barmherzigkeit viel vermag und dass die Gerechtigkeit rettet. Als Tobit das gesagt hatte, verstarb er auf seinem Lager. Er war hundertachtundfünfzig Jahre alt geworden und Tobias begrub ihn in Ehren.

4: Jona 3,4 • 5: Esra 6,14; Ez 40 – 48 • 6: Jes 2,2–4.

ABSCHLUSS: 14,12–15

12 Als Hanna gestorben war, begrub er sie an der Seite seines Vaters. Dann zog er mit seiner Frau und seinen Kindern nach Ekbatana zu seinem Schwiegervater Raguël. 13 Er war von allen geachtet und erreichte ein hohes Alter. Er begrub seine Schwiegereltern in Ehren und erbte ihren Besitz ebenso wie zuvor den Besitz seines Vaters Tobit. 14 Im Alter von hundertsiebenundzwanzig Jahren starb er in Ekbatana in Medien. 15 Vor seinem Tod hörte er noch vom Untergang Ninives, das von Nebukadnezzar und Xerxes erobert wurde. So konnte er sich noch vor seinem Tod über den Fall Ninives freuen.

Das Buch Judit

Das Buch Judit schildert am Beispiel der Bedrohung Israels durch die Macht eines Königs Nebukadnezzar die Gefährdung des Gottesvolkes durch das entartete und gottfeindliche Heidentum aller Zeiten (Kap. 1 – 3). An der durch den Druck der heidnischen Weltmacht hervorgerufenen Glaubenskrise bei den Einwohnern von Betulia (Kap. 4 – 7) und ihrer Überwindung durch die fromme Witwe Judit (Kap. 8 – 16) wird jedoch deutlich, wie sich das Gottesvolk verhalten muss, wenn es in der Bedrängnis die Hilfe Gottes erfahren will. Vorbedingung für das rettende Eingreifen Gottes ist die Umkehr Israels zu seinem göttlichen Herrn und das Vertrauen auf die im göttlichen Heilsplan beschlossene Offenbarung seiner universalen Königsherrschaft. Judit, die als gesetzestreue und gottergebene Frau diese Vorbedingung erfüllt

14,15 Die Eroberung Ninives erfolgte 612 v. Chr. Als der Perserkönig Xerxes I. (486–465 v. Chr.) regierte, gehörte Ninive schon längst der Vergangenheit an. Die historisch widersprüchlichen Angaben (vgl. die Einleitung) haben gleichnishaften Sinn: Sie erklären sich aus der Situation des Erzählers, der die Weltmacht Assur mittlerweile durch die Weltmächte Babel und Persien abgelöst sah.

und zur Befreiung Betulias mutig ihr Leben einsetzt, erfährt beispielhaft für ihr Volk die rettende Hilfe Gottes.

Das Buch will nicht von einem bestimmten geschichtlichen Ereignis berichten, sondern zieht gleichsam die Summe aus den Auseinandersetzungen zwischen Israel und seinen heidnischen Widersachern. Man kann deshalb die literarische Art des Buches als Lehrschrift im Gewand einer Geschichtserzählung bezeichnen. Dem Verfasser geht es nicht darum, den wirklichen Verlauf der Geschichte nachzuzeichnen, sondern in freier Darstellung die Mächte und Kräfte sichtbar zu machen, die den Verlauf der Geschichte bestimmen.

Die Bedeutung des Buches besteht darin, dass sowohl die entartete heidnische Weltmacht als eine übergeschichtliche Wirklichkeit wie auch die Glaubenshaltung des bedrängten Gottesvolkes in Anfechtung und Bewährung deutlich vor Augen gestellt werden. Das Hauptgewicht liegt dabei auf der Darstellung der rettenden Hilfe Gottes, der seine universale Königsherrschaft nicht erst am Ende der Zeiten, sondern schon vorher durch das Gericht über seine Feinde und die Feinde seines Volkes offenbart.

Das Buch ist in griechischer Sprache überliefert und wahrscheinlich an der Wende vom 2. zum 1. Jahrhundert v. Chr. in Palästina verfasst worden.

DIE BEDROHUNG: 1,1 – 3,10

Der Krieg zwischen Nebukadnezzar und Arphaxad: 1,1–6

1 Es war im zwölften Jahr des Nebukad-
nezzar, der in der großen Stadt Ninive
als König der Assyrer regierte. Zur gleichen
Zeit regierte damals in Ekbatana Arphaxad
als König der Meder. 2 Arphaxad hatte aus
behauenen Steinen von drei Ellen Breite und
sechs Ellen Länge rings um Ekbatana Mau-
ern errichten lassen, die siebzig Ellen hoch
und fünfzig Ellen breit waren. 3 Die Türme
der Mauern hatte er über den Stadttoren
hundert Ellen hoch aufgeführt; ihre Grund-
fläche war sechzig Ellen breit. 4 Die Stadt-
tore selber hatte er siebzig Ellen hoch und
vierzig Ellen breit machen lassen, damit die
Abteilungen seiner Helden und die Regimen
ter seiner Fußtruppen genügend Raum zum
Ausrücken hatten.
5 Zu jener Zeit führte König Nebukadnez-
zar Krieg gegen König Arphaxad in der gro-
ßen Ebene, das heißt in der Ebene im Gebiet
von Regu. 6 Arphaxad schlossen sich alle Be-
wohner des Berglandes an sowie alle, die am
Eufrat und Tigris, am Hydaspes und im
Flachland des Elamiterkönigs Arjoch wohnten; es waren viele Völker, die zum Aufgebot der Söhne Cheleüds zusammenströmten.

Der vergebliche Hilferuf an die Nachbarvölker: 1,7–12

7 Der Assyrerkönig Nebukadnezzar
schickte Boten zu allen Bewohnern Persiens
und zu allen, die ihre Wohnsitze im Westen
hatten, nämlich zu den Bewohnern von Zili-
zien und von Damaskus, zu allen Bewohnern
des Libanon, des Antilibanon und der Küs-
tengebiete, 8 zu den Völkerschaften am Kar-
mel und in Gilead, zu den Bewohnern des
oberen Galiläa und der großen Ebene Jes-
reel, 9 zu allen, die in Samaria und in seinen
Städten und jenseits des Jordan wohnten bis
nach Jerusalem, Batane, Chelus, Kadesch
und zum Grenzbach Ägyptens, zu den Be-
wohnern von Tachpanhes und Ramesse und
den Bewohnern des ganzen Landes Goschen,
10 ja, über Zoan und Memfis hinaus zu allen
Bewohnern Ägyptens bis zu den Grenzen
Äthiopiens.
11 Doch alle Bewohner der ganzen Erde

1,1 Die Angaben stehen im Widerspruch zur Geschichte. Nebukadnezzar (605–562 v. Chr.) war König von Babylon und nicht König der Assyrer in Ninive. Schon sein Vater Nabopolassar hatte 612 v. Chr. Ninive zerstört. Der König von Assur ist seit der mittleren Königszeit für Israel die Verkörperung einer gottwidrigen heidnischen Weltmacht (vgl. Jes 10,5–19). Nebukadnezzar hat 586 v. Chr. Jerusalem zerstört und das Gottesvolk in die Verbannung nach Babylonien geführt (vgl. 2 Kön 25). Daher erscheint der »Assyrerkönig Nebukadnezzar« in Jdt als übergeschichtlicher Repräsentant des gottwidrigen Heidentums und in dieser Eigenschaft ist er mit dem neutestamentlichen »Antichristen« zu vergleichen (vgl. Mk 13,14; 2 Thess 2,4; 1 Joh 2,18; 2 Joh 7; Offb 13,1–10).

missachteten den Befehl des Assyrerkönigs Nebukadnezzar und leisteten ihm keine Heeresfolge, denn sie hatten keine Angst vor ihm; er war in ihren Augen nicht mehr als ein gewöhnlicher Mensch. Darum beschimpften sie seine Boten und ließen sie mit leeren Händen wieder abziehen. 12 Da entbrannte Nebukadnezzars Zorn über all diese Länder und er schwor bei seinem Thron und seinem Reich, an dem ganzen Gebiet von Zilizien, Damaskus und Syrien Rache zu nehmen und alle Bewohner Moabs, die Ammoniter, ganz Judäa und alle Bewohner Ägyptens bis zum Gebiet der beiden Meere mit seinem Schwert auszurotten.

Der Sieg über Arphaxad: 1,13–16

13 Im siebzehnten Jahr seiner Regierung griff er König Arphaxad mit seinem Heer an und konnte den Kampf für sich entscheiden; das gesamte Heer des Arphaxad, seine ganze Reiterei und all seine Wagen jagte er in die Flucht. 14 Er eroberte seine Städte und drang bis nach Ekbatana vor; er besetzte die Türme der Stadt, gab ihre Häuser der Plünderung preis und machte so ihre Pracht zuschanden. 15 Arphaxad nahm er im Bergland von Regu gefangen, durchbohrte ihn mit seinen Speeren und setzte seiner Macht für immer ein Ende. 16 Darauf kehrte er mit seinem ganzen Gefolge, einer fast unübersehbaren Menge von Soldaten, nach Ninive zurück. Im Hochgefühl seines Erfolges feierte er dort mit dem Heer ein Freudenfest, das hundertzwanzig Tage lang dauerte.

Der Plan Nebukadnezzars: 2,1–3

2 Im achtzehnten Jahr seiner Regierung erging am zweiundzwanzigsten Tag des ersten Monats im Palast Nebukadnezzars, des Königs der Assyrer, der Befehl, an der ganzen Erde das Strafgericht zu vollstrecken, das der König angedroht hatte. 2 Er rief alle seine Minister und Generäle zusammen, hielt mit ihnen eine geheime Beratung ab und verfügte mit seinem Wort alles Unheil über die Erde. 3 Auch seine Berater waren der Meinung, dass alle zu vernichten seien, die dem Wort des Königs nicht gehorcht hätten.

Der Auftrag des Holofernes: 2,4–13

4 Als Nebukadnezzar, der König der Assyrer, die Beratung beendet hatte, bestellte er Holofernes zu sich, den Oberbefehlshaber seiner Truppen, der nach ihm den höchsten Rang einnahm, und sagte zu ihm:

5 So spricht der Großkönig, der Herr der ganzen Erde: Du sollst von hier ausziehen und Männer mit dir nehmen, die auf ihren Mut vertrauen: hundertzwanzigtausend Mann Fußtruppen und ein Aufgebot von zwölftausend Pferden und Reitern. 6 Du sollst gegen alle Länder im Westen zu Feld ziehen, weil sie meinem Wort nicht gehorcht haben. 7 Befiehl ihnen, schon Erde und Wasser bereitzuhalten. Denn ich will in meinem Zorn gegen sie zu Felde ziehen; die ganze Erde werde ich mit den Füßen meiner Truppen bedecken und den Besitz der Menschen meinen Männern zur Plünderung preisgeben. 8 Ihre Täler sollen sich mit Gefallenen füllen; jeder Bach und Fluss soll übervoll werden von Toten. 9 Ihre Gefangenen will ich bis an die Grenzen der Erde verschleppen. 10 Zieh also aus und erobere mir ihr ganzes Gebiet! Alle, die sich dir ergeben, sollst du mir aufbewahren für den Tag ihrer Bestrafung. 11 Alle aber, die Widerstand leisten, sollst du schonungslos dem Tod und der Plünderung preisgeben in deinem ganzen Machtbereich. 12 Bei meinem Leben und bei der Macht meines Königtums – ich habe gesprochen und ich werde meinen Entschluss ausführen. 13 Du aber wag es nicht, auch nur einen einzigen Befehl deines Herrn zu übertreten. Erfülle, was ich dir befohlen habe; führ es unverzüglich aus!

Die Aufstellung des Heeres: 2,14–20

14 Holofernes ging von seinem Herrn weg und rief alle Befehlshaber, Feldherren und Hauptleute der assyrischen Truppen zusammen. 15 Er hob für das Heer die besten Leute aus, wie ihm sein Herr befohlen hatte: hundertzwanzigtausend Mann Fußvolk und zwölftausend berittene Bogenschützen, 16 und teilte sie in Kampftruppen ein. 17 Für den Transport der Kriegsgeräte beschaffte er sich eine gewaltige Menge von Kamelen, Eseln und Maultieren; außerdem brachte er eine unübersehbare Herde von Schafen, Rindern und Ziegen für ihre Verpflegung zusammen, 18 dazu reichlich Proviant für alle und sehr viel Gold und Silber aus dem Palast des Königs.

19 Darauf setzte er sich mit seinem ganzen Heer in Marsch, um dem König Nebukadnezzar voranzuziehen und alle Länder im

1,12 ganz Judäa, andere Lesart: ganz Idumäa.

2,7 Die Übergabe von Erde und Wasser ist Zeichen der Unterwerfung.

Westen mit seinen Wagen, Reitern und Elite-
truppen zu überfluten. 20 Eine Masse von
Hilfsvölkern schloss sich ihnen an, unüber-
sehbar wie ein Heuschreckenschwarm und
wie der Sand der Erde; man konnte ihre
Menge nicht zählen.

Der Kriegszug des Holofernes: 2,21–27

21 Von Ninive zogen sie drei Tagesmärsche
weit bis zur Ebene von Bektilet und schlugen
jenseits von Bektilet in der Nähe des Gebir-
ges, das im Norden von Ober-Zilizien liegt,
ihr Lager auf. 22 Von dort rückte Holofernes
mit seiner ganzen Streitmacht, seinen Fuß-
truppen, Reitern und Wagen, gegen das
Bergland vor. 23 Er eroberte Put und Lud und
plünderte die Rassiter und Ismaeliter aus,
die am Rand der Wüste südlich des Cheleer-
landes wohnten. 24 Dann überschritt er den
Eufrat und zog durch Mesopotamien; er zer-
störte alle befestigten Städte am Fluss Habor
bis hin zum Meer. 25 Er eroberte das Gebiet
von Zilizien und machte alle nieder, die ihm
Widerstand leisteten. So kam er in das Ge-
biet von Jafet, das im Süden liegt und Ara-
bien vorgelagert ist. 26 Er kreiste alle Midia-
niter ein, steckte ihre Zeltlager in Brand und
raubte ihr Vieh. 27 Zur Zeit der Weizenernte
stieg er in die Ebene von Damaskus hinab,
brannte die Felder nieder, vernichtete die
Herden, das Klein- und Großvieh, plünderte
die Städte, verheerte die Ebenen und er-
schlug alle jungen Männer mit scharfem
Schwert.

Die Besetzung der Reiche an der Meeresküste: 2,28 – 3,8

28 Furcht und Zittern befiel alle Bewohner
der Küstengebiete, in Sidon und Tyrus, in
Sur und Okina sowie alle Einwohner von
Jamnia; auch die Einwohner von Aschdod
und Aschkelon bekamen große Angst vor
ihm.

3 Sie schickten Boten zu ihm mit einem
Friedensangebot und ließen ihm sagen:
2 Wir, die Sklaven des großen Königs Nebu-
kadnezzar, liegen dir zu Füßen. Tu mit uns,
wie du willst. 3 Unsere Gehöfte, alle unsere
Ortschaften und Weizenfelder, die Herden,
das Klein- und Großvieh in allen Hürden an
unseren Lagerplätzen stehen dir zur Verfü-
gung. Verfahr damit nach deinem Belieben!
4 Auch unsere Städte mit ihren Einwohnern
sind dir untertan. Komm und verfahr mit ih-
nen nach deinem Willen! 5 Mit dieser Bot-
schaft kamen die Männer zu Holofernes.

6 Da stieg er mit seinen Truppen zur Küste
hinab, besetzte die befestigten Städte und
hob dort die tüchtigsten Männer aus zur Ver-
stärkung seines Heeres. 7 Die Einwohner der
Städte und des Landes empfingen ihn mit
Kränzen und unter Tanz und Paukenschlag.
8 Doch er ließ alle ihre Kulthöhen zerstören
und ihre Götterhaine umhauen. Ihm war die
Macht gegeben, alle Götter der Erde zu ver-
nichten. Alle Völker sollten nur Nebukad-
nezzar verehren und alle Stämme und Natio-
nen ihn als Gott anrufen.

Die Bedrohung des Gottesvolkes: 3,9–10

9 So kam er in das Gebiet von Jesreel nahe
bei Dotan, das vor dem großen Gebirgszug
von Judäa liegt. 10 Er schlug zwischen Gab-
bai und Skythopolis sein Lager auf und blieb
dort einen Monat, um den ganzen Tross sei-
nes Heeres zusammenzuziehen.

DAS GOTTESVOLK IN GROSSER BEDRÄNGNIS: 4,1 – 7,32

Die Gefahr: 4,1–3

4 Die Israeliten, die in Judäa wohnten,
hörten von allem, was Holofernes, der
oberste Feldherr des Assyrerkönigs Nebu-
kadnezzar, den Völkern angetan und wie er
alle ihre Heiligtümer geplündert und ver-
nichtet hatte. 2 Da befiel sie Furcht und
Schrecken vor ihm und sie hatten Angst um
Jerusalem und den Tempel des Herrn, ihres
Gottes. 3 Denn sie waren noch nicht lange
aus der Gefangenschaft heimgekehrt; erst
kürzlich hatte sich das ganze Volk von Judäa
wieder gesammelt und waren die heiligen
Geräte, der Altar und der Tempel nach der
Entweihung neu geweiht worden.

Die Vorbereitung des Widerstandes: 4,4–8

4 Sie schickten Boten in das ganze Gebiet
von Samarien und Kona, nach Bet-Horon,
Abel-Majim und Jericho sowie nach Choba,
Hazor und in das Tal von Salim. 5 Sie besetz-
ten alle hohen Bergkuppen, befestigten die
Ortschaften und versahen sie mit Lebens-
mitteln für den Krieg, denn ihre Felder wa-
ren eben abgeerntet worden. 6 Jojakim, der
zu jener Zeit Hoherpriester in Jerusalem
war, schrieb an die Einwohner von Betulia
und Betomestajim, das Jesreel gegenüber vor
der Ebene nahe bei Dotan liegt, 7 sie sollten
die Gebirgspässe besetzt halten. Durch sie
konnte man nach Judäa vordringen. Es war

aber auch leicht, den Vormarsch der Heran-
rückenden dort aufzuhalten; die Gebirgs-
wege waren nämlich so schmal, dass jeweils
nur zwei Mann nebeneinander hindurch-
gehen konnten. 8 Die Israeliten taten, was
ihnen der Hohepriester Jojakim und die
Ältesten des ganzen Volkes Israel in Jerusa-
lem befohlen hatten.

Das Flehen zu Gott um Rettung: 4,9–15

9 Alle Männer Israels aber flehten Gott in-
ständig an und taten Buße unter strengem
Fasten. 10 Sie selbst, ihre Frauen, ihre Kinder
und ihr Vieh, aber auch alle Fremden, die bei
ihnen wohnten, die Tagelöhner und Sklaven,
legten Bußgewänder an. 11 Alle Israeliten in
Jerusalem, ihre Frauen und Kinder warfen
sich vor dem Tempel nieder, streuten sich
vor dem Herrn Asche auf das Haupt und leg-
ten Bußgewänder an. 12 Selbst den Altar um-
hüllten sie mit einem Bußgewand. Sie
schrien alle einmütig in stürmischen Gebe-
ten zu dem Gott Israels, er möge doch nicht
zulassen, dass man ihre Kinder raube, ihre
Frauen als Beute verteile, die Städte ihres
Erbbesitzes zerstöre und das Heiligtum ent-
weihe und verwüste, zum Gespött für die
Heiden. 13 Und der Herr hörte ihr Rufen und
sah auf ihre Not. Das Volk fastete mehrere
Tage lang in ganz Judäa und in Jerusalem
vor dem Heiligtum des Herrn, des Allmäch-
tigen. 14 Auch der Hohepriester Jojakim mit
der ganzen Priesterschaft im Tempel und
den Dienern des Herrn legten Bußgewänder
an; so brachten sie das tägliche Brandopfer
dar und dazu die gelobten und die freiwilli-
gen Opfergaben des Volkes. 15 Auf ihren
Kopfbund hatten sie Asche gestreut und sie
riefen mit aller Macht zum Herrn, er möge
doch gnädig auf das ganze Haus Israel he-
rabschauen.

10f: Jona 3,7f.

Der Kriegsrat bei Holofernes: 5,1–4

5 Holofernes, dem Oberbefehlshaber des
assyrischen Heeres, wurde gemeldet,
dass die Israeliten sich zum Krieg gerüstet,
die Gebirgspässe gesperrt, alle hohen Berg-
kuppen befestigt und in der Ebene Hinder-
nisse angelegt hatten. 2 Da entbrannte sein
Zorn. Er berief alle Fürsten von Moab, die
Heerführer von Ammon und alle Statthalter
der Küstengebiete zu sich 3 und sagte zu ih-
nen: Sagt mir, ihr Söhne Kanaans, was ist
das für ein Volk, das da im Bergland haust?
Wie heißen die Städte, die es bewohnt? Wie
groß ist die Streitmacht dieser Leute und
worin liegt ihre Kraft und Stärke? Wer ge-
bietet über sie als König und Anführer ihres
Heeres? 4 Und warum haben sie allein von al-
len Bewohnern des Westens es abgelehnt,
mir zu huldigen?

Die Rede des Ammoniters Achior: 5,5–21

5 Da antwortete ihm Achior, der Anführer
aller Ammoniter: Möge mein Herr anhören,
was sein Knecht ihm zu sagen hat. Ich will
dir die Wahrheit sagen über dieses Volk, das
in dem Bergland hier in deiner Nähe wohnt;
kein falsches Wort soll aus dem Mund deines
Knechtes kommen. 6 Diese Leute stammen
von den Chaldäern ab. 7 Sie hatten sich zu-
erst in Mesopotamien niedergelassen, weil
sie den Göttern ihrer Väter im Land der
Chaldäer nicht mehr dienen wollten. 8 Sie
waren nämlich von dem Glauben ihrer Vor-
fahren abgewichen und hatten ihre Vereh-
rung dem Gott des Himmels zugewandt, zu
dessen Erkenntnis sie gelangt waren. Des-
halb hatten die Chaldäer sie aus dem
Bereich ihrer Götter vertrieben und sie wa-
ren nach Mesopotamien geflohen, wo sie sich
einige Zeit aufhielten. 9 Doch ihr Gott gebot
ihnen, ihren Wohnsitz zu verlassen und in
das Land Kanaan weiterzuziehen. Hier lie-
ßen sie sich nieder und wurden reich an
Gold, Silber und an riesigen Herden. 10 Weil
aber eine Hungersnot über das Land Kanaan
hereinbrach, zogen sie nach Ägypten und
blieben dort, solange sie Nahrung fanden.
Dort wuchsen sie zu einer gewaltigen Menge
heran und ihr Volk war nicht mehr zu zäh-
len. 11 Da schritt der König von Ägypten
gegen sie ein. Arglistig befahl er ihnen, in
mühseliger Arbeit Ziegel herzustellen. Man
unterdrückte sie und machte sie zu Sklaven.
12 Sie aber schrien zu ihrem Gott und dieser
schlug das ganze Land Ägypten mit Plagen,
gegen die es keine Abhilfe gab. Darauf
jagten die Ägypter sie aus ihrem Land fort.
13 Gott aber trocknete das Rote Meer vor ih-
nen aus. 14 Er führte sie den Weg zum Sinai
und nach Kadesch-Barnea und sie vertrie-
ben alle Bewohner der Wüste. 15 Dann ließen
sie sich im Land der Amoriter nieder und
vernichteten mit ihrem Heer alle Einwohner
von Heschbon. Danach überschritten sie den
Jordan, nahmen das ganze Bergland in
Besitz, 16 verjagten die Kanaaniter, die
Perisiter, Jebusiter, Sichemiter und alle
Girgaschiter und ließen sich dort für lange
Zeit nieder. 17 Solange sie sich nicht gegen
ihren Gott versündigten, blieb das Glück ih-
nen treu; denn ihnen steht ein Gott bei, der
das Unrecht hasst. 18 Als sie aber von dem
Weg abwichen, den er ihnen gewiesen hatte,

wurden sie in vielen Kriegen mehr und mehr aufgerieben und schließlich als Gefangene in ein fremdes Land verschleppt. Der Tempel ihres Gottes wurde dem Erdboden gleichgemacht und ihre Städte fielen ihren Feinden in die Hand. 19 Jetzt aber haben sie sich wieder ihrem Gott zugewandt und sind aus den Ländern heimgekehrt, in die sie verstreut worden waren. Sie haben Jerusalem, wo ihr Heiligtum steht, wieder in Besitz genommen und das verlassene Bergland von neuem besiedelt. 20 Wenn nun, mein Herr und Gebieter, auf diesem Volk eine Schuld lastet und sie sich gegen ihren Gott versündigt haben und wenn wir uns vergewissert haben, dass dieser Anlass zum Unheil bei ihnen vorliegt, dann können wir hinaufziehen und sie vernichtend schlagen. 21 Wenn aber ihr Volk sich nichts zu Schulden kommen ließ, dann möge mein Herr nur ja davon Abstand nehmen. Sonst würde ihnen nämlich ihr Herr und Gott Hilfe leisten und wir müssten uns dann vor aller Welt schämen.

6: Gen 11,28.31 • 9: Gen 12,1 • 10: Gen 46,5–7; Ex 1,7 • 11: Ex 1,11–14 • 12: Ex 5,4–19; 7–12 • 13: Ex 14 • 14: Dtn 1,2 • 15: Num 21,21–31 • 16: Jos 11,1–12 • 18: Ri 2,11–15; 2 Kön 17,6–23; 25,1–21.

Die feindliche Reaktion des Heeres: 5,22–24

22 Diese Rede des Achior rief bei allen Soldaten, die im Umkreis des Zeltes standen, Empörung hervor. Die Offiziere des Holofernes sowie alle Bewohner der Küstengebiete und von Moab forderten, man solle ihn niederhauen. 23 Sie sagten: Wir haben doch keine Angst vor den Israeliten. Sie sind doch ein Volk, das weder die Macht noch die Kraft hat für einen harten Feldzug. 24 Darum, Gebieter Holofernes, wollen wir hinaufziehen; sie sollen deinem ganzen Heer zum Fraß dienen.

Die Rede des Holofernes an Achior: 6,1–9

6 Als sich der Lärm bei den Männern, die um den Kriegsrat herumstanden, gelegt hatte, sagte Holofernes, der Oberbefehlshaber der assyrischen Streitmacht, in Gegenwart des ganzen Söldnerheeres zu Achior und zu allen Moabitern: 2 Wer bist du denn, Achior, und was bedeuten schon diese Söldner Efraims, dass du dich heute in unserer Mitte als Prophet aufspielst und erklärst, man dürfe das Volk Israel nicht bekriegen, weil sein Gott ihm Hilfe leiste? Gibt es denn überhaupt einen Gott außer Nebukadnezzar? Er wird seine Macht aufbieten und sie vom Erdboden vertilgen, ohne dass ihr Gott sie rettet. 3 Wir aber, seine Knechte, werden sie schlagen wie einen einzigen Mann. Sie werden dem Ansturm unserer Reiterei nicht widerstehen können; 4 mit ihr werden wir sie vernichten, sodass die Berge von ihrem Blut getränkt und die Felder mit ihren Leichen übersät sein werden. Sie werden uns nicht standhalten, sondern restlos untergehen. Das sagt der König Nebukadnezzar, der Herr der ganzen Erde; er hat es so bestimmt und seine Worte können nicht zurückgenommen werden.

5 Aber du, Achior, Söldner aus Ammon, hast diese Worte an deinem Unglückstag gesprochen. Du sollst mir von heute an nicht mehr unter die Augen treten, bis ich die Rache an diesem Volk aus Ägypten vollstreckt habe. 6 Wenn ich dann zurückkomme, soll das Schwert meines Heeres und die Lanze meiner Gefolgsleute auch deine Rippen durchbohren und du wirst zusammen mit ihren Toten dahinsinken. 7 Meine Diener werden dich auf das Bergland schaffen und dich in einen der Orte an den Gebirgspässen bringen. 8 Dort sollst du gemeinsam mit ihnen umkommen. 9 Wenn du aber in deinem Herzen die Hoffnung hegst, dass sie nicht überwältigt werden, dann brauchst du nicht vor Angst zu zittern. Ich habe gesprochen und keines meiner Worte wird unerfüllt bleiben.

2: 2 Kön 18,28–35.

Die Auslieferung Achiors: 6,10–13

10 Darauf befahl Holofernes den Dienern, die in seinem Zelt bereitstanden, Achior festzunehmen, ihn nach Betulia zu bringen und an die Israeliten auszuliefern. 11 Seine Diener ergriffen ihn, führten ihn aus dem Lager in die Ebene hinaus und brachten ihn in das Bergland hinauf. So gelangten sie zu den Quellen unterhalb von Betulia. 12 Als die Männer in der Stadt sie erblickten, griffen sie zu den Waffen und liefen aus der Stadt hinaus auf den Gipfel des Berges; die mit Schleudern bewaffneten Männer versperrten den Gegnern den Aufstieg, indem sie Steine hinabschleuderten. 13 Die Feinde suchten Deckung im Schutz der Bergwand; dann fesselten sie Achior, ließen ihn am Fuß des Abhangs liegen und kehrten zu ihrem Herrn zurück.

Achior in Betulia: 6,14–21

14 Die Israeliten kamen aus ihrer Stadt herunter zu Achior und banden ihn los; sie führten ihn nach Betulia und brachten ihn vor die leitenden Männer ihrer Stadt. 15 Das waren in jenen Tagen Usija, der Sohn Mi-

chas, aus dem Stamm Simeon, Kabri, der Sohn Otniëls, und Karmi, der Sohn Malkiëls. 16 Sie beriefen alle Ältesten der Stadt zu einer Versammlung; auch alle jungen Männer und die Frauen liefen herbei. Sie stellten Achior in die Mitte der versammelten Menge und Usija fragte ihn, was vorgefallen sei. 17 Achior berichtete ihnen über die Verhandlungen im Kriegsrat des Holofernes und teilte ihnen alles mit, was er im Kreis der assyrischen Heerführer gesagt hatte, aber auch, was Holofernes prahlerisch gegen das Haus Israel geäußert hatte. 18 Da warf sich das Volk nieder, betete zu Gott und rief: 19 Herr, Gott des Himmels, blick herab und sieh ihre Überheblichkeit, hab Erbarmen mit unserem gedemütigten Volk und schau heute gnädig auf die Schar derer, die dir geweiht sind. 20 Dann sprachen sie Achior Mut zu und lobten ihn sehr. 21 Usija nahm ihn aus der Versammlung mit nach Hause und gab ein Gastmahl für die Ältesten. Während der ganzen Nacht aber riefen sie den Gott Israels um Hilfe an.

Der Anfang der Belagerung von Betulia:
7,1–7

7 Am folgenden Tag befahl Holofernes seinem ganzen Heer und allen seinen Hilfsvölkern, gegen Betulia vorzurücken, die Gebirgspässe zu besetzen und den Kampf gegen die Israeliten zu eröffnen. 2 So begann an jenem Tag der Aufbruch des ganzen Heeres. Die einsatzfähige Streitmacht zählte zusammen hundertsiebzigtausend Mann Fußtruppen und zwölftausend Berittene, nicht eingerechnet den Tross und die dazugehörigen Mannschaften; es war eine gewaltige Menge. 3 Sie schlugen in der Ebene bei Betulia an der Quelle ihr Lager auf und besetzten ein Gebiet, das sich in der Breite von Dotan bis Jibleam und in der Länge von Betulia bis Kyamon gegenüber Jesreel erstreckte. 4 Als die Israeliten ihre große Zahl sahen, waren sie tief bestürzt, und einer sagte zum andern: Diese Leute werden das ganze Land auffressen; weder die hohen Berge noch die Täler und Hügel werden ihre Last tragen können. 5 Dennoch griffen alle zu den Waffen; sie zündeten auf ihren Stadttürmen Feuer an und hielten die ganze Nacht hindurch Wache. 6 Am nächsten Tag rückte Holofernes mit seiner ganzen Reiterei an, vor den Augen der Israeliten in Betulia. 7 Er ließ die Pässe erkunden, die zu ihrer Stadt hinaufführten, spürte ihre Wasserquellen auf und nahm sie in Besitz. Er stellte dort bewaffnete Posten auf und kehrte zu seinem Heer zurück.

Die Rede der Heerführer an Holofernes:
7,8–15

8 Da kamen zu ihm alle Heerführer der Edomiter, alle Hauptleute der Moabiter und die Befehlshaber der Küstengebiete. Sie sagten: 9 Möge doch unser Gebieter einen Rat anhören, damit deinem Heer kein Schaden entsteht. 10 Dieses Volk der Israeliten vertraut nämlich weniger auf seine Speere als vielmehr auf die Höhe der Berge, die es bewohnt; denn es ist gar nicht so leicht, zu den Gipfeln ihrer Berge vorzudringen. 11 Darum, Gebieter, tritt gegen sie nicht in einer geordneten Feldschlacht an; dann wird kein einziger Mann von deinen Leuten fallen. 12 Bleib in deinem Lager und spar jeden Mann deines Heeres! Es genügt, wenn deine Knechte die Wasserquelle in ihren Besitz bringen, die am Fuß des Berges entspringt. 13 Denn dort holen die Bewohner Betulias ihr Wasser. Dann wird der Durst sie umbringen und sie müssen ihre Stadt ausliefern. Wir aber wollen mit unseren Leuten auf die benachbarten Berggipfel steigen und dort Wache stehen, damit niemand die Stadt verlassen kann. 14 Dann werden sie mit ihren Frauen und Kindern vor Hunger verschmachten, und bevor noch das Schwert über sie kommt, werden sie hingestreckt auf den Gassen vor ihren Häusern liegen. 15 So wirst du sie schwer dafür büßen lassen, dass sie dir Widerstand geleistet haben und dir nicht mit der Bitte um Frieden entgegengekommen sind.

Die Verzögerungstaktik des Holofernes:
7,16–18

16 Diese Worte gefielen dem Holofernes und all seinen Offizieren und er befahl, den Rat zu befolgen. 17 Darauf machten sich eine Abteilung der Ammoniter und mit ihnen fünftausend Assyrer auf den Weg; sie schlugen in der Ebene ein Lager auf und besetzten die Brunnen und Quellen der Israeliten. 18 Die Edomiter und die Ammoniter aber schlugen im Bergland gegenüber von Dotan ein Lager auf. Außerdem schickten sie Abteilungen nach Süden und Osten gegen die Stadt Egrebel, die in der Nähe von Chus am Bach Mochmur liegt. Das übrige Heer der Assyrer hatte sein Lager in der Ebene und bedeckte das ganze Land; ihre Zelte und ihr Tross bildeten ein riesiges Heerlager; es war eine gewaltige Menge.

Der Wassermangel in Betulia: 7,19–22

19 Die Israeliten aber schrien zum Herrn, ihrem Gott. Sie hatten allen Mut verloren, da

sie ringsum von ihren Feinden eingeschlos-
sen waren und es kein Entrinnen mehr gab.
20 Nachdem die Belagerung durch das ganze
Heer der Assyrer mit ihrem Fußvolk, ihren
Wagen und Reitern vierunddreißig Tage ge-
dauert hatte, ging in sämtlichen Behältern
der Einwohner von Betulia das Wasser zur
Neige. 21 Auch die Zisternen wurden leer.
Die Belagerten konnten sich an keinem ein-
zigen Tag mehr satt trinken, weil sie nur ein
bestimmtes Maß an Wasser zugeteilt beka-
men. 22 Ihre Kinder verschmachteten; die
Frauen und jungen Männer wurden ohn-
mächtig vor Durst, sie fielen auf den Straßen
der Stadt und in den Torwegen um, denn sie
hatten keine Kraft mehr.

Die Verzweiflung der Bewohner von Betulia: 7,23–29

23 Da versammelte sich das ganze Volk, die
jungen Männer, die Frauen und Kinder, bei
Usija und den leitenden Männern der Stadt,
erhoben ein lautes Geschrei und riefen den
Ältesten zu: 24 Gott sei Richter zwischen uns
und euch. Ihr habt ein schweres Unrecht an
uns begangen, weil ihr mit den Assyrern
nicht friedlich verhandeln wolltet. 25 Jetzt
gibt es für uns keine Rettung mehr; denn
Gott hat uns an sie verkauft. Darum müssen
wir verdursten und vor ihren Augen elend
zugrunde gehen. 26 Ruft sie also jetzt herbei
und liefert die ganze Stadt den Soldaten des
Holofernes und seinem Heer zur Plünderung
aus! 27 Es ist besser für uns, ihnen als Beute
in die Hände zu fallen. Wenn wir auch zu
Sklaven gemacht werden, so bleiben wir
doch wenigstens am Leben und brauchen
nicht mit eigenen Augen den Tod unserer
Säuglinge und das Dahinsterben unserer
Frauen und Kinder mit anzusehen. 28 Wir be-
schwören euch beim Himmel und bei der
Erde, bei unserem Gott, dem Herrn unserer
Väter, der uns für unsere Sünden und die
Vergehen unserer Väter bestraft, Gott möge
nicht am heutigen Tag diese Drohung an uns
wahr machen. 29 Und in der Versammlung
erhob sich ein allgemeines heftiges Klagen;
alle schrien mit lauter Stimme zu Gott, dem
Herrn.

Usijas ermutigende Antwort: 7,30–32

30 Doch Usija sagte zu ihnen: Fasst Mut,
Brüder! Wir wollen noch fünf Tage aushal-
ten. In dieser Zeit wird der Herr, unser Gott,
uns sein Erbarmen wieder zuwenden; er
wird uns nicht für immer verlassen. 31 Soll-
ten aber diese Tage vergehen, ohne dass uns
geholfen wird, dann will ich tun, was ihr ge-
fordert habt. 32 Dann ließ er das Volk ausei-
nander gehen, jeden auf seinen Posten, und
sie begaben sich wieder auf die Mauern und
Türme der Stadt. Die Frauen und Kinder
aber schickte er in ihre Häuser zurück. In
der Stadt herrschte tiefe Niedergeschlagen-
heit.

31: 1 Sam 11,3.

DIE RETTUNG DES GOTTESVOLKES: 8,1 – 16,25

Herkunft und Leben der Judit: 8,1–8

8 Davon hörte in jenen Tagen Judit, die
Tochter Meraris, des Sohnes des Uz, des
Sohnes Josefs, des Sohnes Usiëls, des Sohnes
Hilkijas, des Sohnes Hananjas, des Sohnes
Gideons, des Sohnes Rafains, des Sohnes
Ahitubs, des Sohnes Elijas, des Sohnes Hil-
kijas, des Sohnes Eliabs, des Sohnes Natana-
els, des Sohnes Schelumiëls, des Sohnes Zu-
rischaddais, des Sohnes Simeons, des Sohnes
Israels. 2 Ihr Mann Manasse, der aus ihrem
Stamm und ihrer Sippe war, hatte zur Zeit
der Gerstenernte den Tod gefunden. 3 Als er
nämlich bei den Garbenbindern auf dem
Feld stand, traf ihn ein Hitzschlag; er musste
sich zu Bett legen und starb in seiner Hei-
matstadt Betulia. Man begrub ihn bei seinen
Vätern auf dem Feld zwischen Dotan und
Jibleam. 4 Nun lebte Judit schon drei Jahre
und vier Monate als Witwe in ihrem Haus.
5 Sie hatte für sich auf dem flachen Dach ih-
res Hauses ein Zelt aufstellen lassen, hatte
ein Trauergewand angelegt und trug die
Kleider einer Witwe. 6 Sie fastete, seit sie
Witwe war, alle Tage, außer am Sabbat und
am Vortag des Sabbats, am Neumond und
am Vortag des Neumonds und an den Festen
und Freudentagen des Hauses Israel. 7 Sie
hatte eine schöne Gestalt und ein blühendes
Aussehen. Ihr Gatte Manasse hatte ihr Gold
und Silber, Knechte und Mägde, Vieh und
Felder hinterlassen, die sie in ihrem Besitz
hielt. 8 Niemand konnte ihr etwas Böses
nachsagen, denn sie war sehr gottesfürchtig.

1: Num 1,6; 2,12.

Judits Stellung zur Verzweiflung der Bewohner: 8,9–10

9 Judit hörte von den Vorwürfen des Vol-
kes gegen das Stadtoberhaupt, als es wegen

des Wassermangels den Mut verlor. Ebenso
erfuhr sie, was Usija den Leuten geantwortet
hatte und dass er ihnen unter Eid verspro-
chen hatte, nach Ablauf von fünf Tagen die
Stadt an die Assyrer auszuliefern. 10 Da ließ
sie durch ihre Dienerin, die ihrem ganzen
Hauswesen vorstand, die Ältesten ihrer Hei-
matstadt, Kabri und Karmi, herbeiholen.

Judits Gespräch mit den Ältesten der Stadt:
8,11–36

11 Als sie zu ihr kamen, sagte sie zu ihnen:
Hört mich an, ihr Vorsteher der Einwohner
von Betulia! Es war nicht recht, was ihr heu-
te vor dem Volk gesagt habt. Durch diesen
Eid, den ihr geschworen habt, habt ihr Gott
und euch selbst festgelegt; denn ihr habt er-
klärt, dass ihr die Stadt unseren Feinden
ausliefern wollt, wenn der Herr euch nicht
inzwischen Hilfe schickt. 12 Wer seid ihr
denn, dass ihr am heutigen Tag Gott auf die
Probe stellt und euch vor allen Leuten an die
Stelle Gottes setzt? 13 Ihr wollt den Herrn,
den Allmächtigen, auf die Probe stellen und
kommt doch ewig zu keiner Erkenntnis.
14 Nicht einmal die Tiefe des Menschenher-
zens könnt ihr ergründen und die Gedanken
seines Geistes erfassen. Wie wollt ihr dann
Gott erforschen, der das alles geschaffen
hat? Wie wollt ihr seine Gedanken erkennen
und seine Absichten verstehen? Nein, meine
Brüder, reizt den Herrn, unseren Gott, nicht
zum Zorn! 15 Auch wenn er nicht gewillt ist,
uns in diesen fünf Tagen Hilfe zu schaffen, so
hat doch er zu bestimmen, zu welcher Zeit er
uns helfen oder uns vor den Augen unserer
Feinde vernichten will. 16 Versucht nicht, die
Entscheidungen des Herrn, unseres Gottes,
zu erzwingen; denn Gott ist nicht wie ein
Mensch, dem man drohen kann, und wie ein
Menschenkind, das man beeinflussen kann.
17 Darum wollen wir die Rettung von ihm er-
warten und ihn um Hilfe anrufen. Er wird
unser Flehen erhören, wenn es seinem Willen
entspricht. 18 Denn eines gab es bei uns nicht
und gibt es auch heute nicht: Es gibt weder
einen Stamm noch eine Familie, weder einen
Gau noch eine Stadt, die von Menschen ge-
machte Götter anbeten, wie es in früherer
Zeit geschah. 19 Damals wurden unsere Väter
dem Schwert und der Plünderung preisgege-
ben und mussten vor den Augen unserer
Feinde schwere Niederlagen erleiden. 20 Wir
aber kennen keinen anderen Gott als ihn al-
lein. Daher dürfen wir hoffen, dass er uns
und unser Volk nicht im Stich lassen wird.
21 Wenn wir nämlich überwältigt werden,
dann wird auch ganz Judäa erobert und un-
ser Heiligtum geplündert werden. Von uns
aber wird Gott für die Entweihung des Hei-
ligtums blutige Rechenschaft fordern. 22 Uns
wird er die Ermordung unserer Brüder, die
Entvölkerung des Landes, die Verwüstung
unseres Erbbesitzes zur Last legen, inmitten
der Heiden, bei denen wir als Sklaven dienen
und unseren Herren Anlass zu Spott und
Verachtung sein werden. 23 Unsere Knecht-
schaft wird dann nicht mehr zum Guten ge-
wendet werden, sondern der Herr, unser
Gott, wird sie für uns zur Schande werden
lassen. 24 Daher, liebe Brüder, wollen wir
jetzt unseren Stammesbrüdern beweisen,
dass wir für ihr Leben einstehen und dass
das Heiligtum, der Tempel und der Altar,
sich auf uns verlassen können. 25 Bei alldem
aber lasst uns dem Herrn, unserem Gott,
danken, dass er uns ebenso prüft wie
schon unsere Väter. 26 Denkt daran, was er
mit Abraham machte, wie er Isaak prüfte
und was Jakob im syrischen Mesopotamien
erlebte, als er die Schafe Labans, des
Bruders seiner Mutter, hütete. 27 Denn wie er
diese Männer im Feuer geläutert hat, um
ihr Herz zu prüfen, so hat er auch mit uns
kein Strafgericht vor, sondern der Herr
züchtigt seine Freunde, um sie zur Einsicht
zu führen.

28 Da sagte Usija zu ihr: Alles, was du ge-
sagt hast, kam aus einem edlen Herzen und
es gibt niemand, der deinen Worten wider-
sprechen kann. 29 Deine Weisheit wird ja
nicht erst heute offenbar, sondern schon von
deiner frühesten Jugend an kennt das ganze
Volk deine Einsicht und weiß, wie edel die
Gedanken deines Herzens sind. 30 Aber das
Volk leidet furchtbaren Durst; sie zwangen
uns zu tun, was wir ihnen versprochen ha-
ben, und einen Eid auf uns zu laden, den wir
nicht brechen dürfen. 31 Doch bete du jetzt
für uns, denn du bist eine gottesfürchtige
Frau. Dann wird der Herr Regen schicken,
um unsere Zisternen zu füllen, und wir brau-
chen nicht zu verschmachten.

32 Da sagte Judit zu ihnen: Hört mich an!
Ich will eine Tat vollbringen, von der man
noch in fernsten Zeiten den Kindern unseres
Volkes erzählen wird. 33 Kommt diese Nacht
an das Tor, wenn ich mit meiner Dienerin hi-
nausgehe. Bevor die Frist abgelaufen ist, die
ihr für die Übergabe der Stadt an unsere
Feinde gesetzt habt, wird der Herr durch
meine Hand Israel gnädig Hilfe bringen.
34 Fragt nicht nach meinem Vorhaben; denn
ich werde euch nichts mitteilen, bevor das
vollendet ist, was ich tun will.

35 Da sagten Usija und die Stadtältesten zu
ihr: Geh in Frieden! Gott, der Herr, sei dein

Führer bei dem Strafgericht an unseren
Feinden. 36 Dann verließen sie das Zelt und
kehrten auf ihre Posten zurück.

16: Num 23,19 • 27: Dtn 8,16; Jer 10,24; Weish 3,1–10.

Judits Gebet: 9,1–14

9 Judit warf sich auf ihr Gesicht nieder,
streute sich Asche auf das Haupt und
öffnete das Bußgewand, das sie trug. Es war
gerade die Zeit, zu der man an jenem Abend
in Jerusalem im Haus Gottes das Rauchopfer
darbrachte. Und Judit rief laut zum Herrn;
sie sagte: 2 Herr, du Gott meines Stammva-
ters Simeon! Du hast ihm das Schwert in die
Hand gegeben zur Bestrafung der Fremden,
die den Gürtel der Jungfrau lösten, um sie zu
beflecken, die ihre Schenkel entblößten, um
sie zu schänden, und ihren Schoß entweihten
zu ihrer Schande. Du hattest nämlich gebo-
ten: Das darf nicht geschehen. Und dennoch
taten sie es. 3 Deswegen gabst du ihre Fürs-
ten Mördern preis und tauchtest zur Vergel-
tung das Lager, das ihrer Arglist gedient
hatte, in Blut; du erschlugst die Knechte
samt ihren Herren, ja auch die Herren auf ih-
ren Thronen. 4 Du gabst ihre Frauen dem
Raub und ihre Töchter der Gefangenschaft
preis und ihren ganzen Besitz gabst du dei-
nen geliebten Söhnen; denn sie glühten vor
Eifer für dich, hatten Abscheu vor der Befle-
ckung ihres Blutes und riefen zu dir um Hil-
fe. Gott, mein Gott, erhöre auch mich, die
Witwe! 5 Du hast bewirkt, was damals war
und auch was vorher und später geschah.
Doch auch was jetzt geschieht und noch
kommen wird, hast du erdacht und es ist ein-
getroffen, was du geplant hast. 6 Deine Be-
schlüsse standen da und sagten: Hier sind
wir! Denn alle deine Wege sind schon ge-
bahnt und dein Gericht ist eine beschlossene
Sache. 7 Sieh doch auf die Assyrer! Sie ver-
fügen über ein gewaltiges Heer, brüsten sich
mit ihren Rossen und Reitern, sind stolz auf
die Schlagkraft ihres Fußvolkes, vertrauen
auf ihre Schilde und Speere, ihre Bogen und
Schleudern und wollen nicht einsehen, dass
du der Herr bist, der den Kriegen ein Ende
setzt. 8 »Herr« ist dein Name. Brich ihre
Stärke mit deiner Macht und vernichte ihre
Kraft in deinem Zorn! Denn sie haben be-
schlossen, dein Heiligtum zu entweihen, das
Zelt, in dem dein herrlicher Name wohnt, zu
beflecken und die Hörner deines Altars mit
dem Schwert abzuschlagen. 9 Schau dir ih-
ren Übermut an und lass deinen Zorn auf ihr
Haupt herabfahren! Schenke mir, der Wit-
we, die Kraft zu der Tat, die ich plane.
10 Schlag den Knecht wie den Herrn und den
Herrn wie den Diener durch meine listigen
Worte; brich ihren Trotz durch die Hand ei-
ner Frau! 11 Denn deine Macht stützt sich
nicht auf die große Zahl, deine Herrschaft
braucht keine starken Männer, sondern du
bist der Gott der Schwachen und der Helfer
der Geringen; du bist der Beistand der Ar-
men, der Beschützer der Verachteten und der
Retter der Hoffnungslosen. 12 Ja, du Gott
meines Vaters und Gott deines Erbbesitzes
Israel, du Herr des Himmels und der Erde,
Schöpfer der Meere und König deiner gan-
zen Schöpfung, erhöre mein Gebet! 13 Lass
meine listigen Worte Wunden und Striemen
schlagen bei denen, die gegen deinen Bund
und dein heiliges Haus, gegen den Berg Zion
und den Wohnsitz deiner Söhne Böses be-
schlossen haben. 14 Lass dein ganzes Volk
und alle Stämme erkennen und wissen, dass
du der wahre Gott bist, der Gott aller Macht
und Stärke, und dass es für dein Volk Israel
keinen anderen Beschützer gibt als dich
allein.

1: Ex 30,8 • 2: Gen 34,25f • 6: Ps 33,9 • 7: Ps 46,10; 83,19 •
14: Jes 37,20.

Judits Gang ins feindliche Lager: 10,1–19

10 Als sie ihr flehentliches Gebet zu
dem Gott Israels beendet und alles
gesagt hatte, 2 stand sie auf, rief ihre Diene-
rin und stieg in das Haus hinab, wo sie sich
am Sabbat und an den Festtagen aufzuhal-
ten pflegte. 3 Dort legte sie das Bußgewand
ab, das sie trug, zog ihre Witwenkleider aus,
wusch ihren Körper mit Wasser und salbte
sich mit einer wohlriechenden Salbe. Hie-
rauf ordnete sie ihre Haare, setzte ein Dia-
dem auf und zog die Festkleider an, die sie zu
Lebzeiten ihres Gatten Manasse getragen
hatte. 4 Auch zog sie Sandalen an, legte ihre
Fußspangen, Armbänder, Fingerringe, Ohr-
gehänge und all ihren Schmuck an und
machte sich schön, um die Blicke aller Män-
ner, die sie sähen, auf sich zu ziehen. 5 Ihrer
Dienerin gab sie einen Schlauch Wein und
ein Gefäß mit Öl; sie füllte einen Sack mit
Gerstenmehl, getrockneten Feigen und
reinen Broten, verpackte all diese Dinge
sorgfältig und lud sie ihrer Dienerin auf.
6 Darauf gingen sie zum Stadttor von Betulia
hinaus. Dort trafen sie Usija sowie Kabri
und Karmi, die Ältesten der Stadt, auf ihrem

9,2 Judit beruft sich auf das Strafgericht, das ihr Stammvater Simeon zusammen mit seinem Bruder Levi an Sichem vollstreckt hat (vgl. Gen 34).

Posten. 7 Als sie Judits verwandeltes Ausse-
hen sahen und die Kleider, die sie angelegt
hatte, kamen sie aus dem Staunen über ihre
Schönheit nicht mehr heraus und sagten zu
ihr: 8 Der Gott unserer Väter mache dich zu
einem Werkzeug seiner Gnade und lasse dein
Vorhaben gelingen, zum Ruhm Israels und
zur Verherrlichung Jerusalems. 9 Sie aber
neigte sich vor Gott im Gebet und sagte dann
zu ihnen: Gebt Befehl, dass mir das Stadttor
geöffnet wird; ich will hinausgehen und tun,
was ihr mit mir besprochen habt. Da befah-
len sie den jungen Männern, das Tor für sie
zu öffnen, wie sie es gewünscht hatte. 10 Man
öffnete das Tor und Judit ging mit ihrer Die-
nerin hinaus. Die Männer in der Stadt aber
sahen ihr nach, bis sie den Berg hinabgestie-
gen und durch das Tal gegangen war und
man sie nicht mehr sehen konnte.

11 Als sie im Tal weitergingen, begegneten
ihr assyrische Vorposten. 12 Sie hielten sie
fest und fragten: Zu welchem Volk gehörst
du? Woher kommst du und wohin gehst du?
Sie antwortete: Ich gehöre zum Volk der
Hebräer und laufe von ihnen fort, weil sie
euch doch bald zum Fraß vorgeworfen wer-
den. 13 Ich will zu Holofernes, dem Oberbe-
fehlshaber eures Heeres, gehen und ihm eine
zuverlässige Nachricht bringen; ich will ihm
zeigen, welchen Weg er einschlagen muss,
um das ganze Bergland in seinen Besitz zu
bringen, ohne dass dabei einer von seinen
Leuten Leib und Leben verliert. 14 Als die
Männer ihre Worte hörten und ihr Gesicht
betrachteten, dessen Schönheit sie bezau-
berte, sagten sie: 15 Du hast dein Leben ge-
rettet, weil du dich beeilt hast, von dort oben
unserem Herrn entgegenzugehen. Komm
jetzt zu seinem Zelt! Einige von uns werden
dich begleiten und dich ihm übergeben.
16 Hab keine Angst, wenn du vor ihm stehst.
Sag ihm, was du zu sagen hast, dann wird er
dich gnädig behandeln. 17 Darauf wählten
sie von ihren Leuten hundert Männer zum
Geleit für Judit und ihre Dienerin aus; diese
führten sie zum Zelt des Holofernes.

18 Im ganzen Lager entstand eine große
Unruhe; denn die Nachricht von Judits
Ankunft hatte sich schon in den Zelten he-
rumgesprochen. Die Leute eilten herbei und
umringten sie, als sie vor dem Zelt des Holo-
fernes stand, bis man sie ihm angemeldet
hatte. 19 Sie bewunderten ihre Schönheit und
übertrugen ihre Bewunderung auch auf die
Israeliten. Einer sagte zum andern: Wer
kann dieses Volk verachten, das solche Frau-
en in seiner Mitte hat? Es wäre nicht klug,
auch nur einen einzigen Mann von ihnen
übrig zu lassen; wenn man sie laufen lässt,
sind sie imstande, noch die ganze Welt zu
überlisten.

Die Begegnung mit Holofernes: 10,20–23

20 Schließlich kamen die Leibwächter des
Holofernes und sein ganzes Gefolge heraus
und führten sie in das Zelt. 21 Holofernes lag
auf seinem Lager unter einem Mückennetz
aus Purpur und Gold, in das Smaragde und
andere Edelsteine eingewebt waren. 22 Als
man ihm Judit anmeldete, trat er in den Vor-
raum des Zeltes hinaus, wobei ihm silberne
Leuchter vorangetragen wurden. 23 Sobald
er und sein Gefolge Judit erblickten, gerieten
sie alle in Erstaunen über die Schönheit ih-
res Gesichts. Sie warf sich vor ihm nieder
und huldigte ihm, doch seine Diener richte-
ten sie wieder auf.

Das Gespräch des Holofernes mit Judit:
11,1–23

11 Holofernes sagte zu ihr: Nur Mut,
Frau, fürchte dich nicht! Ich habe
noch keinem Menschen etwas zuleid getan,
der sich für den Dienst Nebukadnezzars, des
Königs der ganzen Erde, entschieden hat.
2 Ich hätte auch jetzt gegen dein Volk, das im
Bergland wohnt, nie meinen Speer erhoben,
wenn es mir nicht seine Verachtung gezeigt
hätte; das haben sie sich selbst zu verdanken.
3 Sag mir jetzt, warum du von ihnen entflo-
hen und zu uns übergelaufen bist. Es war
deine Rettung, dass du hergekommen bist.
Sei unbesorgt, du wirst heute Nacht und
auch weiterhin am Leben bleiben. 4 Niemand
wird dir ein Leid antun. Im Gegenteil, man
wird dich gut behandeln, wie es die Diener
meines Herrn, des Königs Nebukadnezzar,
gewohnt sind.

5 Judit sagte zu ihm: Nimm die Worte dei-
ner Sklavin gnädig auf und erlaube deiner
Magd, vor dir zu reden. Ich erzähle meinem
Herrn in dieser Nacht keine Lüge. 6 Wenn du
dem Rat deiner Magd folgst, dann wird Gott
dein Unternehmen zu einem guten Ende füh-
ren, und mein Herr wird sein Ziel nicht ver-
fehlen. 7 Denn so wahr Nebukadnezzar lebt,
der König der ganzen Erde, und so wahr die
Macht dessen gilt, der dich aussandte, um
alle Welt zur Ordnung zu rufen: Du machst
ihm nicht nur die Menschen untertan; auch
die wilden Tiere, das Vieh und die Vögel
werden dank deiner Tatkraft unter der Herr-
schaft Nebukadnezzars und seines ganzen
Hauses leben. 8 Wir haben nämlich von dei-
ner Weisheit und von den großartigen Fähig-
keiten deines Geistes gehört; aller Welt ist
bekannt, dass du allein im ganzen Reich

tüchtig bist, erfolgreich durch dein Wissen
und bewundernswert in der Kriegführung.
9 Was die Rede betrifft, die Achior in deinem
Kriegsrat gehalten hat, so sind uns seine
Ausführungen zu Ohren gekommen; denn
die Männer von Betulia haben ihn am Leben
gelassen und er hat ihnen alles berichtet, was
er bei dir gesprochen hat. 10 Darum sage ich
dir, mein Herr und Gebieter, verachte seine
Rede nicht, sondern nimm sie dir zu Herzen!
Sie entspricht nämlich der Wahrheit: Unser
Volk kann tatsächlich nur dann bestraft
werden und das Schwert hat nur dann Ge-
walt über sie, wenn sie sich gegen ihren Gott
versündigt haben.

11 Jetzt aber ist es so, dass mein Herr nicht
unverrichteter Dinge wieder abziehen muss.
Der Tod wird über sie kommen; denn eine
Sünde hat von ihnen Besitz ergriffen und sie
werden ihren Gott zum Zorn reizen, sobald
sie das Unerlaubte wirklich tun. 12 Als ihnen
nämlich die Lebensmittel ausgingen und der
Wasservorrat immer knapper wurde, be-
schlossen sie, sich über ihr Vieh herzuma-
chen, und sie sind gewillt, all das zu verzeh-
ren, was Gott ihnen in seinem Gesetz als
Nahrung verboten hat. 13 Auch die Ersterträ-
ge des Getreides und den Zehnten von Wein
und Öl, die sie als Weihegaben für die Dienst
tuenden Priester unseres Gottes in Jerusalem
aufbewahrt haben, beschlossen sie, restlos
zu verzehren; dabei darf keiner aus dem Volk
die Weihegaben auch nur mit den Händen
anrühren. 14 Sie haben Boten nach Jerusalem
geschickt, weil die dortige Bevölkerung
ebenso gehandelt hat; nun sollen die Boten
ihnen den Schulderlass des Ältestenrates be-
sorgen. 15 Doch folgendes wird geschehen:
Sobald ihnen der Schulderlass mitgeteilt ist
und sie zur Tat schreiten, werden sie dir
noch am gleichen Tag zu ihrem Verderben
ausgeliefert. 16 Daher bin ich, deine Sklavin,
von ihnen weggelaufen, nachdem ich das al-
les durchschaut hatte. Ja, Gott hat mich ge-
sandt, damit ich mit dir die Dinge vollbringe,
über die alle Welt, wenn sie davon erfährt, in
Staunen gerät. 17 Deine Sklavin ist eine got-
tesfürchtige Frau und dient Tag und Nacht
dem Gott des Himmels. Jetzt will ich bei dir
bleiben, mein Herr; doch in der Nacht wird
deine Sklavin in die Schlucht hinausgehen.
Ich will zu Gott beten und er wird mir sagen,
wann sie ihre Sünden begangen haben.
18 Dann will ich kommen und es dir mittei-
len. Du aber wirst mit deinen Truppen aus-
ziehen und keiner von ihnen wird dir Wider-
stand leisten. 19 Ich werde dich quer durch
Judäa bis nach Jerusalem führen und dort
mitten in der Stadt deinen Feldherrnstuhl
aufrichten. Du wirst sie wegführen wie Scha-
fe, die keinen Hirten haben, und kein Hund
wird gegen dich bellen. Das wurde mir kraft
meiner Sehergabe offenbart und ich bin her-
gesandt worden, um es dir kundzutun.

20 Ihre Worte gefielen Holofernes und sei-
nem ganzen Gefolge. Sie staunten über die
Weisheit und sagten: 21 Es gibt von einem
Ende der Erde bis zum andern keine zweite
Frau, die so bezaubernd aussieht und so ver-
ständig reden kann. 22 Holofernes sagte zu
ihr: Dein Gott hat wohl daran getan, dass er
dich aus deinem Volk hersandte; so wird uns
der Sieg zuteil, aber jene, die meinen Herrn
verachtet haben, wird das Verderben treffen.
23 Wahrhaftig, du bist wunderschön und ver-
stehst ausgezeichnet zu reden. Wenn du tust,
was du versprochen hast, dann soll dein Gott
auch mein Gott sein; du sollst im Palast des
Königs Nebukadnezzar wohnen und in aller
Welt berühmt sein.

7: Jer 27,6 • 13: Dtn 14,22; 18,4.

Judits Sorge um die rituelle Reinheit:
12,1–9

12 Dann ließ er sie in den Raum führen,
wo sein silbernes Tafelgerät aufge-
stellt war, und befahl, ihr von den feinen
Speisen auf seinem Tisch vorzusetzen und
von seinem Wein zu trinken zu geben. 2 Doch
Judit sagte: Ich werde nichts davon nehmen,
damit ich keinen Anstoß errege. Man soll mir
statt dessen von meinem Vorrat zu essen ge-
ben, den ich mitgebracht habe. 3 Da fragte
Holofernes: Wenn aber dein Vorrat erschöpft
ist, woher sollen wir dann solche Nahrungs-
mittel beschaffen? Wir haben ja niemand aus
deinem Volk bei uns. 4 Judit erwiderte: Bei
deinem Leben, mein Herr, noch bevor deine
Magd ihren Vorrat aufgebraucht hat, wird
der Herr durch meine Hand vollbringen, was
er beschlossen hat. 5 Darauf führten die Die-
ner des Holofernes sie in das Zelt, wo sie bis
Mitternacht schlief. Um die Zeit der Mor-
genwache stand sie auf, 6 schickte einen Bo-
ten zu Holofernes und ließ ihm sagen: Möge
mein Herr Anweisung geben, dass man deine
Sklavin zum Gebet hinausgehen lässt. 7 Da
befahl Holofernes seinen Leibwächtern, sie
nicht daran zu hindern. So verbrachte sie
drei Tage im Lager und ging jede Nacht in
die Schlucht von Betulia hinaus, um sich im
Lager an der Wasserquelle zu baden. 8 Wenn
sie aus dem Bad herausstieg, flehte sie zu
dem Herrn, dem Gott Israels, er möge ihr
Vorhaben gelingen lassen und ihrem Volk
wieder aufhelfen. 9 Dann kehrte sie im Zu-
stand der Reinheit zurück und blieb in dem

Zelt, bis sie gegen Abend ihr Essen zu sich nahm.

2: Dan 1,8.

Judit beim Gastmahl des Holofernes: 12,10–20

10 Am vierten Tag gab Holofernes ein Gastmahl nur für seine Dienerschaft; von den Männern, die sonst um ihn waren, lud er keinen ein. 11 Dem Eunuchen Bagoas, der sein ganzes Eigentum zu verwalten hatte, gab er den Auftrag: Geh und rede der Hebräerin zu, die deiner Obhut anvertraut ist, dass sie zu uns kommt und mit uns isst und trinkt. 12 Es wäre wahrhaftig eine Schande für uns, wenn wir eine solche Frau gehen ließen, ohne mit ihr zusammen gewesen zu sein. Sie selber würde uns auslachen, wenn wir sie nicht an uns rissen. 13 Bagoas ging weg, trat bei Judit ein und sagte: Möge das schöne Mädchen nicht zögern, zu meinem Herrn zu kommen; sie soll ihm gegenüber den Ehrenplatz einnehmen, mit uns Wein trinken und fröhlich sein und heute den assyrischen Mädchen gleich werden, die im Palast Nebukadnezzars ihren Dienst tun. 14 Judit entgegnete: Wer bin ich, dass ich meinem Herrn widersprechen dürfte? Ich will unverzüglich alles tun, was er wünscht; das soll mir eine Freude sein bis zum Tag meines Todes.

15 Judit stand auf, legte ihr bestes Kleid und ihren ganzen Schmuck an. Ihre Dienerin eilte voraus und legte für sie gegenüber von Holofernes die Teppiche auf den Boden, die sie von Bagoas als Lager für ihre täglichen Mahlzeiten erhalten hatte. 16 Darauf trat Judit ein und nahm Platz. Holofernes aber war über sie ganz außer sich vor Entzücken. Seine Leidenschaft entbrannte und er war begierig danach, mit ihr zusammen zu sein. Denn seit er sie gesehen hatte, lauerte er auf eine günstige Gelegenheit, um sie zu verführen. 17 Als Holofernes sie aufforderte: Trink doch und sei vergnügt mit uns!, 18 erwiderte Judit: Gern will ich trinken, Herr, denn ich habe in meinem ganzen Leben noch keine solche Ehre erfahren wie heute. 19 Sie griff zu, aß und trank vor seinen Augen, was ihre Dienerin zubereitet hatte. 20 Holofernes wurde ihretwegen immer fröhlicher und trank so viel Wein, wie er noch nie zuvor in seinem Leben an einem einzigen Tag getrunken hatte.

Judits Rettungstat: 13,1–10

13 Als es dann Nacht geworden war, brachen seine Diener eilig auf. Bagoas schloss von außen das Zelt und trennte so die Diener von seinem Herrn. Sie suchten ihr Nachtlager auf, denn sie waren alle von dem ausgedehnten Mahl ermüdet. 2 Judit allein blieb in dem Zelt zurück, wo Holofernes, vom Wein übermannt, vornüber auf sein Lager gesunken war. 3 Judit hatte ihrer Dienerin befohlen, draußen vor ihrem Schlafgemach stehen zu bleiben und wie alle Tage zu warten, bis sie herauskäme; sie werde nämlich zum Gebet hinausgehen. Im gleichen Sinne hatte sie auch mit Bagoas gesprochen. 4 Inzwischen hatte sich die ganze Gesellschaft entfernt und es befand sich kein Mensch mehr im Schlafgemach des Holofernes. Judit trat an das Lager des Holofernes und betete still: Herr, du Gott aller Macht, sieh in dieser Stunde gnädig auf das, was meine Hände zur Verherrlichung Jerusalems tun werden. 5 Jetzt ist der Augenblick gekommen, dass du dich deines Erbbesitzes annimmst und dass ich mein Vorhaben ausführe, zum Verderben der Feinde, die sich gegen uns erhoben haben. 6 Dann ging sie zum Bettpfosten am Kopf des Holofernes und nahm von dort sein Schwert herab. 7 Sie ging ganz nahe zu seinem Lager hin, ergriff sein Haar und sagte: Mach mich stark, Herr, du Gott Israels, am heutigen Tag! 8 Und sie schlug zweimal mit ihrer ganzen Kraft auf seinen Nacken und hieb ihm den Kopf ab. 9 Dann wälzte sie seinen Rumpf von dem Lager und riss das Mückennetz von den Tragstangen herunter. 10 Kurz danach ging sie hinaus und übergab den Kopf des Holofernes ihrer Dienerin, die ihn in einen Sack steckte. Sie machten sich dann beide wie gewöhnlich auf den Weg, als wollten sie zum Beten gehen. Sie gingen jedoch, nachdem sie das Lager durchquert hatten, um die Schlucht herum, stiegen den Berg nach Betulia hinauf und gelangten vor das Stadttor.

Judits Rückkehr nach Betulia und der Jubel des Volkes: 13,1–17

11 Schon von weitem rief Judit den Wächtern am Tor zu: Öffnet, öffnet schnell das Tor! Gott ist mit uns, ja, unser Gott ist mit uns. Er offenbart in Israel seine segensreiche Macht, an unseren Feinden aber seine strafende Gewalt. Das hat er auch heute bewiesen. 12 Als die Männer in der Stadt ihre Stimme hörten, eilten sie zum Stadttor hinunter und riefen die Ältesten der Stadt zusammen. 13 Alle liefen herbei, vom Kleinsten bis zum Größten, denn sie konnten es nicht fassen, dass Judit zurückgekommen war. Sie öffneten das Tor und ließen die beiden

Frauen herein. Dann zündeten sie ein Feuer
an, um den Platz zu beleuchten, und umring-
ten sie. 14 Judit aber rief ihnen laut zu: Lobt
Gott, ja, lobt ihn! Lobt Gott! Er hat dem
Haus Israel sein Erbarmen nicht entzogen,
sondern er hat in dieser Nacht unsere Feinde
durch meine Hand vernichtend getroffen.
15 Dann zog sie den Kopf aus dem Sack und
zeigte ihn den Männern mit den Worten:
Seht, das ist der Kopf des Holofernes, des
Oberbefehlshabers der assyrischen Truppen,
und hier ist das Mückennetz, unter dem er in
seinem Rausch lag. Der Herr hat ihn durch
die Hand einer Frau erschlagen. 16 So wahr
der Herr lebt, der mich auf dem Weg be-
schützt hat, den ich gegangen bin: Zwar hat
ihn mein Anblick verführt und in das Ver-
derben gestürzt, aber er hat mich durch kei-
ne Sünde befleckt oder geschändet. 17 Das
Volk war zutiefst ergriffen; sie verneigten
sich, warfen sich vor Gott nieder und riefen
einmütig: Gepriesen seist du, unser Gott, der
du am heutigen Tag die Feinde deines Volkes
vernichtet hast.

Usijas Lob für Judit: 13,18–20

18 Usija aber sagte: Meine Tochter, du bist
von Gott, dem Allerhöchsten, mehr gesegnet
als alle anderen Frauen auf der Erde. Geprie-
sen sei der Herr, unser Gott, der Himmel und
Erde geschaffen hat. Durch seine Hilfe ist es
dir gelungen, dem Anführer unserer Feinde
den Kopf abzuschlagen. 19 Die Erinnerung
an dein Vertrauen soll in Ewigkeit nicht aus
den Herzen der Menschen entschwinden, die
sich an die Macht Gottes erinnern. 20 Gott
möge dir ewigen Ruhm schenken und dich
reich mit seinem Segen belohnen. Denn in
der Not unseres Volkes hast du dein Leben
nicht geschont; nein, du hast entschlossen
unseren Untergang von uns abgewehrt, du
bist vor unserem Gott auf geradem Weg ge-
gangen. Und alles Volk rief: Amen, amen.

Judits Anweisungen: 14,1–5

14 Da sagte Judit zu ihnen: Hört mich
an, meine Brüder! Nehmt diesen
Kopf und hängt ihn an der Zinne eurer
Stadtmauer auf! 2 Wenn dann der Morgen
anbricht und die Sonne über der Erde auf-
geht, greift alle zu den Waffen und rückt mit
allen wehrfähigen Männern zum Stadttor
hinaus! Ihr müsst einen Anführer an ihre
Spitze stellen und dann so tun, als ob ihr hi-
nabsteigen und die assyrischen Vorposten in
der Ebene angreifen wollt; in Wirklichkeit
aber dürft ihr nicht hinabgehen. 3 Dann wer-
den die feindlichen Vorposten sich kampfbe-
reit machen, in ihr Lager eilen und die An-
führer der assyrischen Truppen wecken.
Wenn sie vor dem Zelt des Holofernes zu-
sammenströmen, ihn aber nicht finden, wer-
den sie, von Schrecken gepackt, vor euch
flüchten. 4 Ihr aber und die Bewohner des
ganzen Landes Israel setzt ihnen nach und
macht sie auf der Flucht nieder! 5 Doch zu-
vor ruft mir noch den Ammoniter Achior,
damit er sich den Mann ansieht und ihn wie-
dererkennt, der das Haus Israel verachtet
und der ihn als einen Todgeweihten zu uns
geschickt hat.

1: 2 Makk 15,35.

Achiors Lob für Judit und seine Bekehrung: 14,6–10

6 Da rief man Achior aus dem Haus des
Usija herbei. Als er kam und in der Hand ei-
nes Mannes aus der Volksmenge den Kopf
des Holofernes erblickte, fiel er ohnmächtig
zu Boden. 7 Nachdem man ihn wieder aufge-
richtet hatte, warf er sich Judit zu Füßen,
verneigte sich vor ihr und sagte: Gepriesen
seist du in allen Zelten Judas und bei allen
Völkern. Wer immer deinen Namen hört,
wird vor Schrecken erzittern. 8 Doch jetzt er-
zähl mir, was du in diesen Tagen getan hast.
Judit berichtete ihm vor dem ganzen Volk al-
les, was sie getan hatte, angefangen von dem
Tag ihres Weggangs bis zu dem Augenblick
ihres jetzigen Gesprächs. 9 Als sie mit ihrem
Bericht fertig war, brach das Volk in lauten
Jubel aus und erhob in der Stadt ein Freu-
dengeschrei. 10 Achior aber, der begriff, dass
der Gott Israels diese Tat vollbracht hatte,
glaubte aus ganzem Herzen an Gott; er ließ
sich beschneiden und wurde von da an dem
Haus Israel zugerechnet und so ist es bis auf
den heutigen Tag geblieben.

Die Verwirrung der Assyrer: 14,11–19

11 Sobald der Morgen anbrach, hängte
man den Kopf des Holofernes an der Mauer
auf. Alle Männer griffen zu den Waffen und
zogen in Scharen zu den Wegen, die in das
Gebirge hinaufführten. 12 Als die Assyrer sie
sahen, meldeten sie es ihren Anführern; diese
eilten zu den Feldherren, Obersten und allen
Offizieren. 13 Sie trafen sich beim Zelt des
Holofernes und sagten zu dem Verwalter sei-
nes gesamten Eigentums: Weck doch unse-
ren Herrn! Diese Sklaven wagen es herabzu-
kommen und bieten uns den Kampf an, um
vollends in ihr Verderben zu rennen. 14 Da
ging Bagoas hinein und klatschte vor dem
Zeltvorhang; denn er war der Meinung,

Holofernes schlafe mit Judit. 15 Als niemand
Gehör gab, schlug er den Vorhang zurück
und trat in das Schlafgemach ein. Da fand er
Holofernes tot ausgestreckt auf der Schwelle
liegen und sah, dass ihm der Kopf abgeschla-
gen worden war. 16 Er stieß einen lauten
Schrei aus und zerriss unter Weinen, Stöh-
nen und lautem Klagen seine Kleider.
17 Dann eilte er in das Zelt, wo Judit unterge-
bracht war; als er sie nicht mehr vorfand,
stürzte er unter die Soldaten hinaus und
schrie: 18 Diese Sklaven haben Verrat geübt!
Ein einzelnes Weib der Hebräer hat Schande
über das ganze Haus des Königs Nebukad-
nezzar gebracht. Seht her: Holofernes liegt
am Boden und er hat keinen Kopf mehr.
19 Als sie das hörten, zerrissen die Führer des
assyrischen Heeres ihre Kleider; tiefe Be-
stürzung ergriff sie und ihr Klagegeschrei
schallte laut durch das Lager.

Die Flucht der Assyrer:
15,1–7

15 Als die Männer in den Zelten hörten,
was geschehen war, packte sie das
Entsetzen. 2 Furcht und Schrecken überfiel
sie und keiner wollte mehr bei dem andern
bleiben. Sie stoben auseinander und liefen
auf allen Wegen in der Ebene und im Gebir-
ge davon. 3 Auch die, die auf den Berghöhen
rings um Betulia ihr Lager hatten, wandten
sich zur Flucht. Nun aber machten sich die
wehrfähigen Israeliten über sie her. 4 Usija
schickte Boten nach Betomestajim, Bebai,
Choba und Kola sowie in das ganze übrige
Land Israel. Sie berichteten, was sich zuge-
tragen hatte, und forderten die Bevölkerung
auf, sich ebenfalls auf die Feinde zu stürzen
und sie zu vernichten. 5 Sobald die Israeliten
das hörten, fielen sie einmütig über die Fein-
de her, verfolgten sie bis nach Choba und
schlugen sie nieder. Auch die Bewohner Je-
rusalems und des ganzen Berglandes fanden
sich ein; denn man hatte ihnen gemeldet, was
mit dem Heer ihrer Feinde geschehen war.
Die Bewohner von Gilead und Galiläa fielen
den Assyrern in die Flanke. Sie fügten ihnen
schwere Verluste zu, bis sie über das Gebiet
von Damaskus hinaus waren. 6 Die zurück-
gebliebenen Einwohner von Betulia machten
sich über das Lager der Assyrer her, plün-
derten es und verschafften sich großen
Reichtum. 7 Was übrig blieb, nahmen die Is-
raeliten an sich, als sie von der Verfolgung
zurückkehrten. Auch die Dörfer und Gehöfte
im Bergland und in der Ebene machten große
Beute; denn es gab davon eine unermessliche
Menge.

Der Jubel über Judit: 15,8–14

8 Der Hohepriester Jojakim und der Ältes-
tenrat von Israel, die in Jerusalem wohnten,
kamen herbei, um die rettende Tat zu sehen,
die der Herr für Israel getan hatte, aber auch
um Judit aufzusuchen und sie zu beglück-
wünschen. 9 Sie traten bei ihr ein, lobten sie
wie aus einem Mund und sagten zu ihr: Du
bist der Ruhm Jerusalems, du bist die große
Freude Israels und der Stolz unseres Volkes.
10 Mit deiner Hand hast du das alles getan,
du hast segensreiche Taten für Israel voll-
bracht und Gott hat daran Gefallen gehabt.
Sei gesegnet vom Herrn, dem Allmächtigen,
für ewige Zeiten. Und alles Volk rief:
Amen.

11 Dreißig Tage lang plünderte die Menge
das feindliche Lager. Man schenkte Judit das
Zelt des Holofernes, alle seine silbernen Ge-
räte, die Ruhebetten, die Gefäße und alle
übrigen Einrichtungsgegenstände. Sie nahm
ihren Anteil an der Beute und packte ihn auf
ihr Maultier; auch ihre Wagen ließ sie an-
spannen und verstaute die Beute darauf.

12 Alle Frauen in Israel eilten herbei, um
Judit zu sehen, und sangen ihr Lob. Als sie
sich ihr zu Ehren zu einem Festreigen auf-
stellten, nahm Judit belaubte Zweige in die
Hand und gab auch den umstehenden Frau-
en davon. 13 Sie und ihre Begleiterinnen setz-
ten sich Kränze von Ölzweigen auf, und so
ging sie vor dem ganzen Volk her und führte
den Festreigen der Frauen an. Ihr folgten
alle Männer von Israel in Waffen und mit
Kränzen geschmückt. Von allen Lippen er-
tönten Loblieder. 14 Judit aber stimmte im
Beisein von ganz Israel das folgende Dank-
lied an und alles Volk sang den Lobpreis mit,
im Wechsel mit ihr.

Judits Lobgesang: 16,1–17

16 Judit sang:
Stimmt ein Lied an für meinen Gott
unter Paukenschall, / singt für den Herrn
unter Zimbelklang! / Preist ihn und singt
sein Lob, / rühmt seinen Namen und ruft ihn
an!

2 Denn der Herr ist ein Gott, / der den
Kriegen ein Ende setzt; / er führte mich heim
in sein Lager inmitten des Volkes / und ret-
tete mich aus der Gewalt der Feinde.

3 Assur kam von den Bergen des Nordens /
mit seiner unzählbaren Streitmacht; / die
Masse der Truppen verstopfte die Täler, /
sein Reiterheer bedeckte die Hügel.

4 Brandschatzen wollten sie mein Gebiet, /
die Jugend morden mit scharfem Schwert, /
den zarten Säugling am Boden zerschmet-

Rembrandt. f 1642

Rembrandt van Rijn (1606–1669)
Davids Abschied von Absalom (Jonathan?), 1642
Öl/Holz, 73 × 61,5 cm
Eremitage, St. Petersburg
Foto: Jochen Remmer, Artothek, Peissenberg

tern, / die Kinder als Beute verschleppen, / als billigen Raub die Mädchen entführen.
5 Doch der Herr, der Allmächtige, gab sie preis, / er gab sie der Vernichtung preis / durch die Hand einer Frau.
6 Ihr Held fiel nicht durch die Kraft junger Männer, / nicht Söhne von Riesen erschlugen ihn, / noch traten ihm hohe Recken entgegen. / Nein, Judit, Meraris Tochter, / bannte seine Macht mit dem Reiz ihrer Schönheit.
7 Sie legte ihr Witwengewand ab, / um den Bedrängten in Israel zu helfen. / Sie salbte ihr Gesicht mit duftendem Öl,
8 sie schmückte ihre Haare mit einem Diadem / und zog ein Leinenkleid an, um ihn zu verführen.
9 Ihre Sandalen bezauberten sein Auge. / So schlug ihre Schönheit sein Herz in Bann. / Das Schwert traf seinen Nacken mit Wucht.
10 Die Perser erschraken vor ihrer Kühnheit, / die Meder erstarrten vor ihrem Mut.
11 Jubel erfüllte mein armes Volk – / sie aber gerieten in Schrecken. / Die Meinen waren schwach – / sie aber packte Entsetzen. / Die einen stimmten den Schlachtruf an – / die anderen ergriffen die Flucht.
12 Erbärmliches Volk! Man stieß sie nieder / und schlug sie nieder wie Kinder von Ehebrecherinnen; / sie kamen um durch das Heer meines Herrn.
13 Ich singe meinem Gott ein neues Lied; / Herr, du bist groß und voll Herrlichkeit. / Wunderbar bist du in deiner Stärke, / keiner kann dich übertreffen.
14 Dienen muss dir deine ganze Schöpfung. / Denn du hast gesprochen und alles entstand. / Du sandtest deinen Geist, um den Bau zu vollenden. / Kein Mensch kann deinem Wort widerstehen.
15 Meere und Berge erbeben in ihrem Grund, / vor dir zerschmelzen die Felsen wie Wachs. / Doch wer dich fürchtet, der erfährt deine Gnade.
16 Zu gering ist jedes Opfer, um dich zu erfreuen, / alle Fettstücke sind nichts beim Opfer für dich. / Wer den Herrn fürchtet, der ist groß für immer.
17 Doch weh den Völkern, die mein Volk bekämpfen. / Am Tag des Gerichts straft sie der allmächtige Herr, / er schickt Feuer und Würmer in ihr Gebein; / in Ewigkeit sollen sie heulen vor Schmerz.

1: Ps 150,4 • 2: Ps 46,10 • 13: Ps 33,3; 96,1; 144,9; Jes 42,10 • 17: Jes 66,24.

Das Siegesfest in Jerusalem: 16,18–20

18 Als sie nach Jerusalem gekommen waren, warfen sie sich vor Gott zum Gebet nieder. Die Leute reinigten sich und brachten ihre Brandopfer, ihre freiwilligen Opfer und
ihre sonstigen Gaben dar. 19 Judit stiftete
dem Heiligtum alles, was ihr das Volk aus der Beute des Holofernes überlassen hatte. Auch das Mückennetz, das sie aus seinem Schlafgemach mitgenommen hatte, schenkte
sie Gott als Weihegabe. 20 Drei Monate lang
feierte das Volk vor dem Heiligtum in Jerusalem ein Freudenfest und Judit blieb bei ihnen.

Die letzten Jahre Judits: 16,21–25

21 Nach Ablauf dieser Zeit kehrte jeder in seinen Erbbesitz zurück. Judit ging nach Betulia und blieb auf ihrem Anwesen. Solange sie lebte, war sie im ganzen Land hochge-
rühmt. 22 Viele hätten sie gern zur Frau ge-
habt; aber seit ihr Gatte Manasse gestorben und zu seinen Vätern gerufen war, durfte kein Mann sie mehr berühren ihr Leben lang.
23 Sie erlebte ein sehr hohes Alter und wurde
im Haus ihres Mannes hundertfünf Jahre alt. Ihrer Dienerin schenkte sie die Freiheit. Sie starb in Betulia und man bestattete sie in
der Grabhöhle ihres Gatten Manasse. 24 Das
Haus Israel betrauerte sie sieben Tage lang. Vor ihrem Tod hatte sie noch ihren Besitz an alle Verwandten ihres Gatten Manasse und an die Angehörigen ihrer eigenen Familie
verteilt. 25 Niemand aber wagte mehr, die Is-
raeliten zu beunruhigen, solange Judit lebte und auch noch lange Zeit nach ihrem Tod.

16,10 Die Erwähnung von Persern und Medern in einem Lied, das die Niederlage der Assyrer zum Gegenstand hat, erklärt sich leicht, wenn man den übergeschichtlichen Charakter der heidnischen Weltmacht beachtet (vgl. die Anmerkung zu 1,1).

Das Buch Ester

Die Jüdin Ester und ihr Onkel Mordechai auf der einen, König Artaxerxes und Haman auf der anderen Seite sind die Hauptpersonen des Buches, in dem es um die Abwendung einer drohenden Judenverfolgung im Perserreich geht. Das Buch hat einen geschichtlichen Hintergrund, weil es schon in alter Zeit Judenverfolgungen gab. Es erzählt, wie Ester, die Pflegetochter Mordechais, anstelle der verstoßenen Waschti von Artaxerxes zur Königin erhoben wird. Mordechai hat durch die Aufdeckung einer Verschwörung dem König das Leben gerettet (Kap. 1 und 2). Haman, der zweite Mann im Reich, hasst aus Missgunst gegen Mordechai die Juden und erwirkt einen königlichen Erlass zu ihrer Ausrottung; sie wird durch das Los (pûr) auf den 13. Adar (Februar–März) festgesetzt (Kap. 3). Auf Veranlassung Mordechais geht Ester unter Lebensgefahr zum König, erlangt sein Wohlwollen und erreicht den Sturz Hamans (Kap. 4 – 7). Mordechai tritt an Hamans Stelle, Ester erhält Hamans Besitz und erwirkt gegen den ersten Erlass des Königs einen zweiten, der den Juden erlaubt, sich ihrer Feinde zu erwehren (Kap. 8). Das geschieht am 13. Adar im Perserreich und am 14. Adar in der Hauptstadt Susa, worauf der 14. Adar für die Juden in den Provinzen und der 15. für die in Susa lebenden Juden zum Festtag erklärt wird (Purimfest, abgeleitet von pûr); Mordechai und Ester rufen in Briefen zur Feier dieses Festes auf (Kap. 9). Ein Bericht über die Taten des Königs und über die Amtsführung Mordechais schließen das Buch ab (Kap. 10).

Der Verfasser ist über die Zustände am persischen Hof und in Susa gut informiert, verfährt aber recht frei und ungenau mit geschichtlichen Tatsachen, was sich besonders daran zeigt, dass er den Perserkönig Artaxerxes unmittelbar auf den Babylonier Nebukadnezzar folgen lässt (2,6). Die novellenartige Erzählung ist mit märchenhaften Zügen ausgeschmückt. Das Buch, dessen Abfassung vermutlich nach der Perserzeit, etwa um 300 v. Chr., anzusetzen ist, erklärt die Entstehung des jüdischen Purimfestes.

Das Buch Ester steht im dritten Teil der hebräischen Bibel unter den »Fünf Festrollen« (vgl. die Einleitung zu Rut). Seine Aufnahme in die Bibel fand es erst nach längeren Diskussionen unter den Schriftgelehrten. Das hängt damit zusammen, dass das Buch recht profan anmutet, wie auch das Purimfest ein weltliches Fest ist. Gott wird im hebräischen Esterbuch nicht erwähnt. Dem suchte die griechische Fassung abzuhelfen, indem sie außer anderen Erweiterungen die Gebete Mordechais und Esters (nach 4,17), den Traum Mordechais (vor 1,1) und seine Deutung (nach 10,3) einfügte. Hier wird ausdrücklich von Gott gesprochen. Diese Erweiterungen, die auch den judenfeindlichen Erlass (nach 3,13), eine Schilderung der Audienz Esters (in 5,1 und 2) und den Gegenerlass des Königs (nach 8,12) bringen, stehen in der griechischen Bibel an der jeweils passenden Stelle. In der lateinischen Bibel sind sie gesammelt als Anhang an den Schluss gestellt. Stil, Sprachcharakter und Denkweise zeigen, dass die Zusätze von Anfang an griechisch geschrieben waren.

Das spannend geschriebene Buch bringt, auch wenn es in der hebräischen Fassung Gott nicht nennt, den Glauben an Gott als Retter und Befreier zum Ausdruck; dazu genügt dem gläubigen Leser bereits eine Andeutung (4,14; 6,13). Das Beispiel Esters und Mordechais zeigt auch, was der Einzelne im Vertrauen auf Gott zum Besten seines Volkes zu tun vermag.

Die folgende Übersetzung hält sich in der Textanordnung an die griechische Bibel und zählt in den deuterokanonischen Zusätzen die Verse nach Buchstaben.

MORDECHAI UND DIE VERSCHWÖRUNG GEGEN KÖNIG ARTAXERXES: 1,1a–r

Der Traum Mordechais:
1,1a–l G = 11,2–12 Vg

1 1a Im zweiten Jahr der Regierung des
Großkönigs Artaxerxes, am ersten Tag
des Monats Nisan, hatte Mordechai, der
Sohn Jaïrs, des Sohnes Schimis, des Sohnes
des Kisch, aus dem Stamm Benjamin, einen
Traum. 1b Der Jude Mordechai wohnte in der
Stadt Susa; er war ein angesehener Mann,
der am Hof des Königs diente. 1c Er gehörte
zu denen, die der babylonische König Nebu-
kadnezzar mit Jojachin, dem König von
Juda, aus Jerusalem verschleppt hatte. 1d Er
hatte folgenden Traum: Es gab Geschrei und
Lärm, Donner und Erdbeben und ein Tumult
entstand auf der Erde. 1e Plötzlich kamen
zwei große Drachen, beide bereit zu kämp-
fen. Sie brüllten laut 1f und durch ihr Brüllen
wurden alle Völker zum Kampf aufgereizt,
sodass sie gegen das Volk der Gerechten
Krieg führten. 1g Es war ein Tag des Dunkels
und der Finsternis; Bedrängnis und Not,
Unheil und großer Tumult waren auf der
Erde. 1h Das ganze Volk der Gerechten geriet
in Bestürzung. Sie fürchteten Unheil und
rechneten mit ihrem Untergang. Da schrien
sie zu Gott. 1i Auf ihr Rufen hin wurde aus
einer kleinen Quelle ein großer Strom mit
viel Wasser. 1k Licht und Sonne schienen
wieder; die Niedrigen wurden erhöht und
sie vernichteten die Angesehenen. 1l Als
Mordechai diesen Traum gehabt hatte, er-
wachte er. Den ganzen Tag überlegte er, was
Gott wohl beschlossen habe, und versuchte,
auf jede nur mögliche Weise den Traum zu
verstehen.

1c: 2 Kön 24,8.15 • 1d: 10,3a–k • 1k: 8,16.

Die Aufdeckung der Verschwörung:
1,1m–r G = 12,1–6 Vg

1m Mordechai schlief im Palast in der Nähe
der zwei Hofbeamten Gabata und Teresch,
die den Palast bewachten. 1n Dabei hörte er,
was sie miteinander überlegten; er versuch-
te, über ihre Pläne Genaueres zu erfahren,
und entdeckte, dass sie einen Anschlag gegen
König Artaxerxes vorbereiteten. Er zeigte
sie beim König an 1o und der König verhörte
die beiden Beamten. Sie gestanden und wur-
den hingerichtet. 1p Zur Erinnerung ließ der
König diese Begebenheit aufzeichnen; auch
Mordechai machte Aufzeichnungen darüber.
1q Und der König beauftragte Mordechai, im
Palast zu dienen, und belohnte ihn für seine
Tat mit reichen Geschenken. 1r Aber der
Bugäer Haman, der Sohn Hammedatas, ein
angesehener Mann beim König, suchte
wegen der beiden Hofbeamten des Königs
Unheil über Mordechai und sein Volk zu
bringen.

1m–p: 2,21–23; 6,2f • 1p: 6,1; 10,2 • 1q: 6,3 • 1r: 3,1f.5f.

DIE ERHEBUNG ESTERS ZUR KÖNIGIN: 1,1 – 2,23

Das Mahl im Königspalast: 1,1–9

1 Es war zur Zeit des Artaxerxes, jenes
Artaxerxes, der von Indien bis Kusch
über hundertsiebenundzwanzig Provinzen
herrschte. 2 Drei Jahre, nachdem König Ar-
taxerxes in der Burg Susa den Thron seines
Reiches bestiegen hatte, 3 gab er ein Fest-
mahl für alle seine Fürsten und Beamten.
Die Obersten des Heeres von Persien und
Medien, die Vornehmen und die Statthalter
der Provinzen waren erschienen 4 und er
stellte viele Tage lang seinen ganzen Reich-
tum und seine königliche Pracht, seine Herr-
lichkeit und seinen ungeheueren Prunk zur
Schau, hundertachtzig Tage lang. 5 Am Ende
dieser Tage gab der König allen, die in der
Burg Susa waren, vom Größten bis zum Ge-

1,1a G liest in allen Teilen des Buches den Namen des Königs als Artaxerxes; H liest Ahaschwerosch, dessen griechische Form sonst Xerxes lautet. Gemeint ist Xerxes I. (486–465 v. Chr.).
1,1b Susa ist neben Babylon und Ekbatana eine der Residenzen des Perserreichs.
1,1d–l Der Traum wird in 10,3b–f gedeutet.
1,1m–p Vgl. 2,21–23.
1,1r Bugäer: sonst wird Haman als Agagiter bezeichnet.
1,3 Die Obersten des Heeres: Text korr.; H: das Heer.

ringsten, sieben Tage lang im Hofgarten des
Palastes ein Festmahl. 6 Weißes Leinen, vio-
letter Purpurstoff und andere feine Gewebe
waren mit weißen und roten Schnüren in sil-
bernen Ringen an Alabastersäulen aufge-
hängt. Auf dem Mosaikboden aus Alabaster,
weißem und buntem Marmor und Perlmutt-
steinen standen goldene und silberne Ruhe-
lager. 7 Man trank aus goldenen Gefäßen,
von denen keines den andern gleich war.
Großzügig ließ der König seinen Wein aus-
schenken. 8 Bei dem Gelage sollte keinerlei
Zwang herrschen. Denn der König hatte sei-
nen Palastbeamten befohlen: Jeder kann
tun, was ihm beliebt. 9 Auch Königin Wasch-
ti gab ein Festmahl für die Frauen, die im
Palast des Königs Artaxerxes lebten.

Die Verstoßung der Königin Waschti:
1,10–22

10 Als König Artaxerxes am siebten Tag
vom Wein angeheitert war, befahl er Mehu-
man, Biseta, Harbona, Bigta, Abagta, Setar
und Karkas, den sieben Hofbeamten, die ihn
persönlich bedienten, 11 die Königin Waschti
im königlichen Diadem vor ihn zu bringen,
damit das Volk und die Fürsten ihre Schön-
heit bewunderten; denn sie war sehr schön.
12 Aber die Königin Waschti weigerte sich,
dem Befehl des Königs, den die Hofbeamten
überbracht hatten, zu folgen und zu kom-
men. Da wurde der König erbost und es
packte ihn großer Zorn.

13 Er besprach sich mit den Weisen, die
sich in der Geschichte auskennen; denn er
pflegte seine Angelegenheiten vor den Kreis
der Gesetzes- und Rechtskundigen zu brin-
gen, 14 die zu ihm Zutritt hatten, nämlich
Karschena, Schetar, Admata, Tarschisch,
Meres, Marsena, Memuchan, die sieben
Fürsten Persiens und Mediens. Sie hatten
freien Zugang zum König und nahmen den
ersten Rang im Königreich ein. 15 Er fragte:
Was soll man nach dem Gesetz mit der Köni-
gin Waschti tun, nachdem sie dem Befehl des
Königs Artaxerxes, den ihr die Hofbeamten
überbracht haben, nicht gefolgt ist? 16 Da
sagte Memuchan zum König und zu den
Fürsten: Nicht nur gegen den König, sondern
auch gegen alle Fürsten und alle Völker, die
in all den Provinzen des Königs Artaxerxes
leben, hat sich Königin Waschti verfehlt.
17 Denn das Verhalten der Königin wird al-
len Frauen bekannt werden, und sie werden
die Achtung vor ihren Ehemännern verlieren
und sagen: König Artaxerxes befahl der Kö-
nigin Waschti, vor ihm zu erscheinen; aber
sie kam nicht. 18 Von heute an werden alle
Fürstinnen Persiens und Mediens, die vom
Verhalten der Königin hören, dies allen
Fürsten des Königs vorhalten und es gibt viel
Ärger und Verdruss. 19 Wenn es dem König
recht ist, möge ein unwiderruflicher könig-
licher Erlass ergehen, der in den Gesetzen
der Perser und Meder aufgezeichnet wird:
Waschti darf dem König Artaxerxes nicht
mehr unter die Augen treten. Der König aber
verleihe den Rang der Königin einer ande-
ren, die würdiger ist als sie. 20 Wenn die An-
ordnung, die der König erlässt, in seinem
ganzen großen Reich bekannt wird, dann
werden alle Frauen ihren Ehemännern, den
vornehmsten wie den geringsten, die gebüh-
rende Achtung erweisen. 21 Der Vorschlag
gefiel dem König und den Fürsten und der
König handelte nach Memuchans Worten.
22 Er sandte Schreiben an alle königlichen
Provinzen, an jede Provinz in ihrer eigenen
Schrift und an jedes Volk in seiner Sprache,
damit alle Männer Herr in ihrem Haus blie-
ben [redend in der Sprache seines Volkes].

22: 3,12; 8,9.

Der Entschluss des Königs: 2,1–4

2 Als sich nach einiger Zeit der Zorn des
Königs gelegt hatte, erinnerte er sich
wieder an Waschti und an das, was sie getan
und was man über sie beschlossen hatte. 2 Da
sagten die Pagen des Königs: Man sollte für
den König schöne junge Mädchen suchen.
3 Der König soll in jeder Provinz seines Rei-
ches Männer beauftragen, alle schönen jun-
gen Mädchen in den Frauenpalast auf der
Burg Susa zu bringen und dem königlichen
Kämmerer Hegai, dem Aufseher der Frauen,
zu übergeben. Dort sollen sie der nötigen
Schönheitspflege unterzogen werden. 4 Und
das Mädchen, das dem König gefällt, soll an-
stelle Waschtis Königin werden. Der König
fand den Vorschlag gut und handelte nach
ihm.

1,13 die sich in der Geschichte auskennen, wört-
lich: die die Zeiten kennen. Andere Deutung: die
wissen, was jeweils in einer bestimmten Zeit zu tun
ist (vgl. 1 Chr 12,33).
1,22 Dieser Zusatz fehlt in G.

2,5f Mordechai (= dem Gott Marduk gehörig) ist
ein babylonischer Name. Nicht er selber, sondern
wohl Kisch ist mit Jojachin in die Verbannung ge-
führt worden (597 v. Chr.).

Ester am königlichen Hof:
2,5–14

5 In der Burg Susa lebte ein Jude namens
Mordechai. Er war der Sohn Jaïrs, des Sohnes Schimis, des Sohnes des Kisch, aus dem
Stamm Benjamin. 6 Er war mit den Ver-
schleppten aus Jerusalem gekommen, die der babylonische König Nebukadnezzar zusammen mit König Jojachin deportiert hatte.
7 Er war der Vormund von Hadassa, der Tochter seines Onkels, die auch Ester hieß. Sie hatte keinen Vater und keine Mutter mehr. Das Mädchen war von schöner Gestalt und großer Anmut. Nach dem Tod ihres Vaters und ihrer Mutter hatte Mordechai sie als
seine Tochter angenommen. 8 Als der Befehl
und Erlass des Königs bekannt wurde, brachte man viele Mädchen zur Burg Susa und gab sie in die Obhut Hegais. Auch Ester wurde in den Königspalast geholt und Hegai,
dem Aufseher der Frauen, übergeben. 9 Das
Mädchen fand sein Gefallen und seine Gunst. Er war sehr darauf bedacht, dass sie die nötige Pflege und die richtige Kost erhielt; außerdem gab er ihr sieben auserlesene Dienerinnen aus dem Königshaus. Später ließ er sie mit ihren Dienerinnen in die schönsten Räume des Frauenpalastes umzie-
hen. 10 Ester hatte nichts von ihrem Volk und
ihrer Abstammung erzählt; denn Mordechai hatte sie angewiesen, nichts davon zu sagen.
11 Jeden Tag ging Mordechai zum Hof des
Frauenpalastes, um zu erfahren, wie es Ester
ging und was mit ihr geschah. 12 Der Reihe
nach wurden alle Mädchen zu König Artaxerxes geholt. Zuvor waren sie, wie es für die Frauen Vorschrift war, zwölf Monate lang gepflegt worden; denn so lange dauerte ihre Schönheitspflege: sechs Monate Myrrhenöl und sechs Monate Balsam und andere
Schönheitsmittel der Frauen. 13 Dann gingen
die Mädchen zum König und alles, was sie sich aus dem Haus der Frauen wünschten,
gab man ihnen in den Königspalast mit.
14 Am Abend gingen sie hinein und am Morgen kamen sie zurück und wurden in den zweiten Frauenpalast gebracht und dem königlichen Kämmerer Schaaschgas anvertraut, dem Aufseher der Nebenfrauen. Sie durften nicht mehr zum König gehen, außer wenn der König Gefallen an ihnen gefunden hatte und sie ausdrücklich rufen ließ.

5–6: 1,1a–c • 7: 8,1 • 14: 4,11.

Esters Erhebung zur Königin: 2,15–20

15 Eines Tages war Ester, die Tochter Abihajils, des Onkels Mordechais, der sie als seine Tochter angenommen hatte, an der Reihe, zum König zu gehen. Sie wollte nichts mitnehmen, außer was der königliche Kämmerer Hegai, der Aufseher der Frauen, ihr nahelegte. Ester aber gefiel allen, die sie sahen.
16 Es war im zehnten Monat, dem Monat Tebet, im siebten Jahr der Regierung des Königs, als Ester zu Artaxerxes in den königli-
chen Palast geholt wurde. 17 Und der König
liebte Ester mehr als alle Frauen zuvor und sie gewann seine Gunst und Zuneigung mehr als alle anderen Mädchen. Er setzte ihr das königliche Diadem auf und machte sie an-
stelle Waschtis zur Königin. 18 Der König
veranstaltete zu Ehren Esters ein großes Festmahl für alle seine Fürsten und Diener. Den Provinzen gewährte er einen Steuererlass und mit königlicher Freigebigkeit teilte
er Geschenke aus. 19 Damals, als man die
Mädchen [zum zweiten Mal] zusammenholte, hatte Mordechai einen Posten am Tor des
königlichen Palastes. 20 Ester aber erzählte
nichts von ihrer Abstammung und ihrem Volk, wie Mordechai ihr aufgetragen hatte. Ester hielt sich an die Worte Mordechais, wie früher, als sie noch seine Pflegetochter war.

Die Aufdeckung einer Verschwörung:
2,21–23

21 In jenen Tagen, als Mordechai einen Posten am Tor des königlichen Palastes hatte, planten Bigtan und Teresch, zwei unzufriedene königliche Kämmerer, die zu den Türhütern gehörten, einen Anschlag auf Kö-
nig Artaxerxes. 22 Mordechai erfuhr davon
und berichtete es der Königin Ester. Ester sagte es im Auftrag Mordechais dem König
weiter. 23 Die Sache wurde untersucht und
aufgedeckt. Man hängte die beiden auf und hielt das Ereignis in der Chronik fest, die für den König geführt wurde.

21–23: 1,1m–p • 21: 6,1 f.

2,7 Hadassa (= Myrthe) ist der hebräische, Ester (= Stern) ist der babylonische Name für die Nichte und Adoptivtochter Mordechais.

3,1 Vgl. die Anmerkung zu 1,1r. – »Agagiter« erinnert an den König Agag von Amalek, den Feind Israels in 1 Sam 15.

HAMANS ANSCHLAG GEGEN DIE JUDEN: 3,1–15

Der Racheplan: 3,1–6

3 Nach diesen Ereignissen zeichnete König Artaxerxes den Agagiter Haman, den Sohn Hammedatas, in besonderer Weise aus und gab ihm einen höheren Rang als allen anderen Fürsten seiner Umgebung. 2 Alle königlichen Diener am Tor des Palastes fielen vor Haman nieder und huldigten ihm; denn so hatte es der König ihm zu Ehren befohlen. Mordechai aber fiel nicht nieder und huldigte ihm nicht. 3 Da sagten die königlichen Diener am Tor des Palastes zu Mordechai: Warum setzt du dich über das Gebot des Königs hinweg? 4 Das sagten sie jeden Tag zu ihm, doch er hörte nicht auf sie. Sie meldeten es Haman, weil sie sehen wollten, ob Mordechai mit seiner Begründung Erfolg haben werde; er hatte ihnen nämlich gesagt, er sei Jude. 5 Als Haman merkte, dass Mordechai nicht vor ihm niederfiel und ihm nicht huldigte, wurde er sehr zornig. 6 Aber es schien ihm nicht genug, nur Mordechai zu beseitigen. Da man ihm gesagt hatte, welchem Volk Mordechai angehörte, wollte Haman alle Juden im Reich des Artaxerxes vernichten – das ganze Volk Mordechais.

Der Ausrottungsplan: 3,7–11

7 Im ersten Monat, dem Monat Nisan, im zwölften Jahr des Königs Artaxerxes, warf man in Gegenwart Hamans das Pur, das ist das Los, über die einzelnen Tage und Monate und das Los fiel auf den dreizehnten Tag des zwölften Monats, des Monats Adar. 8 Darauf sagte Haman zu König Artaxerxes: Es gibt ein Volk, das über alle Provinzen deines Reiches verstreut lebt, aber sich von den anderen Völkern absondert. Seine Gesetze sind von denen aller anderen Völker verschieden; auch die Gesetze des Königs befolgen sie nicht. Es ist nicht richtig, dass der König ihnen das durchgehen lässt. 9 Wenn der König einverstanden ist, soll ein schriftlicher Erlass herausgegeben werden, sie auszurotten. Dann kann ich den Schatzmeistern zehntausend Talente Silber übergeben und in die königlichen Schatzkammern bringen lassen. 10 Da zog der König seinen Siegelring vom Finger und gab ihn dem Agagiter Haman, dem Sohn Hammedatas, dem Feind der Juden, 11 und er sagte zu Haman: Das Silber lasse ich dir; mach mit dem Volk, was dir richtig erscheint.

7: 9,24 • 8: Num 23,9; Dtn 4,5–8 • 10: 8,2; Gen 41,42.

Der Erlass: 3,12–15
3,13a–g: G = 13,1–7 Vg

12 Am dreizehnten Tag des ersten Monats wurden die Schreiber des Königs gerufen. Man schrieb an die Satrapen des Königs, die Statthalter der einzelnen Provinzen und die Fürsten aller Völker der einzelnen Provinzen in ihrer eigenen Schrift und Sprache alles genau so, wie es Haman befohlen hatte. Der Erlass war im Namen des Königs Artaxerxes geschrieben und mit dem Siegelring des Königs gesiegelt. 13 Durch Eilboten sandte man das Schreiben an alle königlichen Provinzen (mit dem Befehl): Man solle alle Juden, Jung und Alt, auch Kinder und Frauen, am gleichen Tag, dem dreizehnten Tag im zwölften Monat, dem Monat Adar, erschlagen, ermorden und ausrotten und ihren Besitz plündern.

13a Hier ist eine Abschrift des Briefes: Der Großkönig Artaxerxes schreibt den Statthaltern der hundertsiebenundzwanzig Provinzen von Indien bis Kusch und den untergeordneten Behörden: 13b Als Herrscher über viele Völker und Gebieter über die ganze Welt habe ich beschlossen – nicht aus überheblicher Willkür, sondern in meinem allzeit bewiesenen Streben nach Milde und Güte –, meinen Untertanen in jeder Hinsicht ein ruhiges Leben zu sichern, die Entwicklung des Reiches zu fördern, es bis an die Grenzen mit guten Straßen zu versehen und allen Menschen wieder den ersehnten Frieden zu schenken. 13c Als ich meine Ratgeber fragte, wie das erreicht werden könnte, hat Haman, der sich bei uns durch seine Besonnenheit hervorgetan und seine unwandelbare edle Gesinnung und feste Treue unter Beweis gestellt hat und der im Reich den zweithöchsten Rang innehat, 13d uns darauf hingewiesen, dass sich ein bestimmtes heimtückisches Volk unter alle Nationen der Erde gemischt habe, das durch seine Gesetze zu jedem anderen Volk in Gegensatz stehe. Es missachtete ununterbrochen die Anordnungen unserer Könige, sodass die Verwaltung des ganzen Reiches beeinträchtigt ist, obwohl sie von

3,7 Text korr. nach G (vgl. 8,12). – Pûr, ein assyrisches Wort, bedeutet »Los«.

3,13a Kusch ist der heutige Sudan und ein Teil Äthiopiens.

uns ausgezeichnet geleitet wird. 13e So sind wir zu der Ansicht gelangt, dass dieses Volk als einziges sich gegen alle Menschen ohne Ausnahme feindselig verhält, nach absonderlichen und befremdlichen Gesetzen lebt und sich gegen die Interessen unseres Landes stellt und die schlimmsten Verbrechen begeht, sodass im Reich keine geordneten Verhältnisse eintreten können. 13f Darum ordnen wir an: Alle, die euch Haman, der Leiter der Staatskanzlei, unser zweiter Vater, in seinem Brief näher beschrieben hat, sollen am vierzehnten Tag des Monats Adar des laufenden Jahres samt ihren Frauen und Kindern ohne Gnade und Erbarmen durch das Schwert ihrer Feinde radikal ausgerottet werden. 13g So werden diese seit jeher feindseligen Menschen an einem einzigen Tag eines gewaltsamen Todes sterben und in die Unterwelt hinabfahren, unser Land aber wird sich in Zukunft einer beständigen und ungestörten Ruhe erfreuen.

14 In jede einzelne Provinz wurde eine Abschrift des Erlasses geschickt, und dieser wurde als Gesetz veröffentlicht, damit alle Völker für diesen Tag bereit seien. 15 Die Boten ritten hinaus, durch königlichen Befehl zur Eile gedrängt. Während das Gesetz in der Burg Susa veröffentlicht wurde, saßen der König und Haman beisammen und tranken; die Stadt Susa aber war in großer Aufregung.

13f: Gen 45,8.

DIE ABWENDUNG DER GEFAHR: 4,1 – 7,10

Esters Vermittlung: 4,1–17

4 Als Mordechai von allem, was geschehen war, erfuhr, zerriss er seine Kleider, hüllte sich in Sack und Asche, ging in die Stadt und erhob ein lautes Klagegeschrei. 2 So kam er bis vor das Tor des Königspalastes; aber es war nicht erlaubt, im Trauergewand durch das Tor des Palastes zu gehen. 3 Auch in allen Provinzen herrschte bei den Juden überall große Trauer, sobald der Erlass und das Gesetz des Königs eintrafen. Man fastete, weinte und klagte. Viele schliefen in Sack und Asche. 4 Als die Dienerinnen und Kämmerer zu Ester kamen und ihr berichteten, erschrak die Königin sehr. Sie schickte Mordechai Gewänder, damit er sich bekleiden und das Trauergewand ablegen könne. Doch er nahm sie nicht an. 5 Da rief Ester den königlichen Kämmerer Hatach, den der König zu ihrem Diener bestimmt hatte, und schickte ihn zu Mordechai, um zu erfahren, was vorgefallen sei und warum er sich so seltsam verhalte. 6 Hatach ging zu Mordechai auf den Marktplatz vor das Tor des Palastes hinaus. 7 Und Mordechai erzählte ihm alles, was geschehen war, und sagte ihm sogar, wie viel Silber Haman in die königlichen Schatzkammern liefern wollte, sobald er die Juden ausgerottet hätte. 8 Er gab ihm auch eine Abschrift des Erlasses über die Ausrottung der Juden, der in Susa veröffentlicht worden war; ihn sollte Hatach Ester zeigen, ihr alles erzählen und sie dringend bitten, zum König zu gehen und ihn inständig um Gnade für ihr Volk anzuflehen. 9 Hatach kam und berichtete Ester, was Mordechai gesagt hatte. 10 Ester schickte Hatach wieder zu Mordechai und ließ ihm sagen: 11 Alle Diener des Königs und alle Einwohner der königlichen Provinzen wissen, dass für jeden, Mann oder Frau, der zum König in den inneren Hof geht, ohne gerufen worden zu sein, das gleiche Gesetz gilt: Man tötet ihn. Nur wenn der König ihm das goldene Zepter entgegenstreckt, bleibt er am Leben. Ich bin schon dreißig Tage nicht mehr zum König gerufen worden. 12 Hatach teilte Mordechai mit, was Ester gesagt hatte. 13 Mordechai ließ Ester erwidern: Glaub ja nicht, weil du im Königspalast lebst, könntest du dich als Einzige von allen Juden retten. 14 Wenn du in diesen Tagen schweigst, dann wird den Juden anderswoher Hilfe und Rettung kommen. Du aber und das Haus deines Vaters werden untergehen. Wer weiß, ob du nicht gerade dafür in dieser Zeit Königin geworden bist? 15 Ester ließ Mordechai antworten: 16 Geh und ruf alle Juden zusammen, die in Susa leben. Fastet für mich! Esst und trinkt drei Tage und Nächte lang nichts! Auch ich und meine Dienerinnen wollen ebenso fasten. Dann will ich zum König gehen, obwohl es gegen das Gesetz verstößt. Wenn ich umkomme, komme ich eben um. 17 Mordechai ging weg und tat alles genau so, wie es Ester ihm befohlen hatte.

11: 5,2; 8,4.

3,13f Vater: hier ein Ehrentitel.

Das Gebet Mordechais:
4,17a–i G = 13,8–18 Vg

17a Mordechai dachte an alle die Taten des Herrn und er betete zum Herrn: 17b Herr, Herr, König, du Herrscher über alles! Deiner Macht ist das All unterworfen und niemand kann sich dir widersetzen, wenn du Israel retten willst; 17c denn du hast Himmel und Erde gemacht und alles, was wir unter dem Himmel bestaunen. Du bist der Herr über alles und niemand kann es wagen, sich dir, dem Herrn, entgegenzustellen. 17d Du kennst alles. Du weißt, Herr, dass es weder aus Hochmut, noch aus Überheblichkeit, noch aus Ruhmsucht geschah, wenn ich mich vor dem überheblichen Haman nicht niedergeworfen habe. Denn ich würde gern seine Fußsohlen küssen, wenn es für die Rettung Israels von Nutzen wäre. 17e Ich habe so gehandelt, weil ich nicht die Ehre eines Menschen über die Ehre Gottes stellen wollte. Ich werde mich vor niemand niederwerfen, außer vor dir, meinem Gott, und ich handle nicht aus Überheblichkeit so. 17f Und nun, Herr und Gott, König, Gott Abrahams, verschone dein Volk! Denn sie blicken voll Hass auf uns und wollen uns ins Verderben stürzen; sie sind darauf aus zu vernichten, was von Anfang an dein Erbbesitz war. 17g Übersieh dein Erbteil nicht, das du dir von den Ägyptern losgekauft hast. 17h Hör auf mein Flehen, hab Erbarmen mit deinem Erbbesitz und verwandle unsere Trauer in Freude, damit wir am Leben bleiben und deinen Namen preisen Herr; lass den Mund derer, die dich loben, nicht verstummen! 17i Auch ganz Israel schrie mit aller Kraft (zum Herrn); denn der Tod stand ihnen vor Augen.

17b: 2 Chr 20,6f.

Das Gebet der Ester:
4,17k–z G = 14,1–19 Vg

17k Auch die Königin Ester wurde von Todesangst ergriffen und suchte Zuflucht beim Herrn. Sie legte ihre prächtigen Gewänder ab und zog die Kleider der Notzeit und Trauer an. Statt der kostbaren Salben tat sie Asche und Staub auf ihr Haupt, vernachlässigte ihren Körper, und wo sie sonst ihren prunkvollen Schmuck trug, hingen jetzt ihre Haare in Strähnen herab. Und sie betete zum Herrn, dem Gott Israels: 17l Herr, unser König, du bist der Einzige. Hilf mir! Denn ich bin allein und habe keinen Helfer außer dir; die Gefahr steht greifbar vor mir. 17m Von Kindheit an habe ich in meiner Familie und meinem Stamm gehört, dass du, Herr, Israel aus allen Völkern erwählt hast; du hast dir unsere Väter aus allen ihren Vorfahren als deinen ewigen Erbbesitz ausgesucht und hast an ihnen gehandelt, wie du es versprochen hattest. 17n Wir aber haben uns gegen dich verfehlt und du hast uns unseren Feinden ausgeliefert, weil wir ihre Götter verehrt haben. Du bist gerecht, Herr. 17o Jetzt aber ist es unseren Feinden nicht mehr genug, uns grausam zu unterjochen, sondern sie haben ihren Götzen geschworen, dein Versprechen zu vereiteln, deinen Erbbesitz zu vernichten, den Mund derer, die dich loben, verstummen zu lassen und das Licht deines Tempels und das Feuer auf deinem Altar auszulöschen. 17p Stattdessen wollen sie den Heiden den Mund öffnen, damit sie ihre nichtigen Götzen preisen und auf ewige Zeiten einen sterblichen König verherrlichen. 17q Überlass dein Zepter, Herr, nicht den nichtigen Götzen! Man soll nicht höhnisch über unseren Sturz lachen. Lass ihre Pläne sich gegen sie selbst kehren; den aber, der all das gegen uns veranlasst hat, mach zum warnenden Beispiel! 17r Denk an uns, Herr! Offenbare dich in der Zeit unserer Not und gib mir Mut, König der Götter und Herrscher über alle Mächte! 17s Leg mir in Gegenwart des Löwen die passenden Worte in den Mund und stimm sein Herz um, damit er unseren Feind hasst und ihn und seine Gesinnungsgenossen vernichtet. 17t Uns aber rette mit deiner Hand! Hilf mir, denn ich bin allein und habe niemand außer dir, o Herr! 17u Du kennst alles. Du weißt auch, dass ich den Prunk der Heiden hasse und das Bett eines Unbeschnittenen und Fremden verabscheue. 17v Du weißt, dass ich das Zeichen meiner Würde verabscheue und es an den Tagen meines öffentlichen Auftretens nur unter Zwang auf dem Kopf trage. 17w Ich verabscheue es wie die blutigen Stofffetzen zur Zeit meiner Unreinheit und trage es nicht an den Tagen, an denen ich meine Ruhe habe. 17x Deine Magd hat nicht am Tisch Hamans gegessen, ich habe keinem königlichen Gelage durch meine Anwesenheit Glanz verliehen und habe keinen Opferwein getrunken. 17y Seit deine Magd hierher kam, bist du für sie der einzige Grund, sich zu freuen, Herr, du Gott Abrahams. 17z Gott, du hast Macht über alle: Erhöre das Flehen der Verzweifelten und

4,17s »Löwe« wird hier der König genannt.

4,17u Heiden, wörtlich: Gesetzlose, d.h. Menschen, die nicht nach dem Gesetz der Juden leben.

befrei uns aus der Hand der Bösen! Befrei
mich von meinen Ängsten!

17m: Dtn 6,20–25; Ps 78,3–7; Dtn 7,6; Ri 2,6; Ps 105,6–15 • 17w: Lev 15,19.

Die Audienz beim König: 5,1–4
5,1a–f. 2a.b. G = 15,4–19 Vg

5 Am dritten Tag legte Ester ihre königli-
chen Gewänder an und ging in den inne-
ren Palasthof, der vor dem Haus des Königs
lag. Der König saß im Königshaus auf sei-
nem Königsthron, dem Eingang gegenüber.
2 Als der König die Königin Ester im Hof ste-
hen sah, fand sie Gnade vor seinen Augen.
Der König streckte ihr das goldene Zepter
entgegen, das er in der Hand hielt. Ester trat
näher und berührte die Spitze des Zepters.
[5,1 Am dritten Tag legte Ester, als sie ihr
Gebet beendet hatte, ihr Bußgewand ab und
zog ihre Prunkgewänder an. 1a Nachdem sie
ihre strahlende Schönheit wiedergewonnen
hatte, betete sie zu dem allsehenden Gott
und Retter. Dann nahm sie zwei Dienerinnen
mit; auf die eine stützte sie sich nach der Art
der vornehmen Frauen, die andere ging hin-
ter ihr und trug ihr die Schleppe. 1b Sie selbst
strahlte in blühender Schönheit, ihr Gesicht
war bezaubernd und heiter, ihr Herz aber
war beklommen vor Furcht. 1c Sie durch-
schritt alle Türen und blieb vor dem König
stehen. Er saß auf seinem königlichen Thron,
angetan mit seinen Prunkgewändern voll
Gold und Edelsteinen. Der Anblick war
Furcht erregend. 1d Als er aufblickte und die
Königin in wildem Zorn mit feuerrotem Ge-
sicht ansah, wurde sie bleich, fiel in Ohn-
macht und sank auf die Schulter der Diene-
rin, die vorausging. 1e Da erweichte Gott das
Herz des Königs. Besorgt sprang er vom
Thron auf und nahm sie in seine Arme, bis sie
wieder zu sich kam. Dann redete er ihr mit
freundlichen Worten zu und sagte: 1f Was
hast du, Ester? Ich bin dein Bruder, sei unbe-
sorgt! Du sollst nicht sterben; denn unser
Befehl gilt nur für die anderen. Komm her!
2 Dann nahm er das goldene Zepter, legte es
ihr auf den Nacken, küsste sie und sagte:
Nun rede mit mir! 2a Da sagte sie zu ihm: Ich
sah dich, Herr, wie einen Engel Gottes und
mein Herz erschrak aus Furcht vor deinem
majestätischen Anblick; denn du bist herr-
lich, Herr, und dein Gesicht ist voll Wohl-
wollen. 2b Während sie mit ihm redete, fiel
sie wieder in Ohnmacht. Der König war sehr
bestürzt und sein ganzes Gefolge suchte ihr
Mut zu machen.] 3 Der König sagte zu ihr:
Was willst du, Königin Ester? Was hast du
für einen Wunsch? Auch wenn es die Hälfte
meines Reiches wäre, du sollst es erhalten.
4 Ester antwortete: Wenn es dem König ge-
fällt, möge er heute mit Haman zu dem Fest-
mahl kommen, das ich für ihn vorbereitet
habe.

1f: 4,11 • 3: 5,6; 7,2; 9,12; Mk 6,23.

Die Einladung zum Festmahl bei Ester: 5,5–8

5 Der König sagte: Holt in aller Eile Ha-
man her, damit wir Esters Wunsch erfüllen
können. Und der König kam mit Haman zu
dem Festmahl, das Ester vorbereitet hatte.
6 Als sie beim Wein saßen, sagte der König zu
Ester: Was hast du für eine Bitte? Sie wird
dir erfüllt. Was hast du für einen Wunsch?
Selbst wenn es die Hälfte des Reiches wäre,
man wird es dir geben. 7 Ester antwortete:
Das ist meine Bitte und mein Wunsch:
8 Wenn ich beim König Gnade gefunden
habe und es ihm gefällt, mir zu geben, wo-
rum ich bitte, und meinen Wunsch zu erfül-
len, dann möge der König auch morgen mit
Haman zu dem Festmahl kommen, das ich
für sie veranstalte. Morgen will ich dann die
Frage des Königs beantworten.

Hamans Racheplan gegen Mordechai: 5,9–14

9 Haman ging an diesem Tag fröhlich und
gut gelaunt nach Hause. Als er aber am Tor
des Königspalastes Mordechai sah, der sich
nicht erhob und keinerlei Ehrfurcht vor ihm
zeigte, geriet er in Zorn über Mordechai.
10 Doch er ließ sich nichts anmerken. Er ging
nach Hause und rief seine Freunde und seine
Frau Seresch zu sich. 11 Und er erzählte ih-
nen von seinem gewaltigen Reichtum und
von seinen vielen Söhnen, von all der Macht,
die ihm der König verliehen habe, und wie er
ihn hoch über alle anderen Fürsten und
königlichen Diener gestellt habe. 12 Haman
sagte: Auch Königin Ester hat an dem Fest-
mahl, das sie veranstaltete, nur den König
und mich teilnehmen lassen. Und auch mor-
gen bin ich von ihr zusammen mit dem König
eingeladen. 13 Aber mein Glück ist noch
nicht vollkommen, solange ich den Juden
Mordechai am Tor des Palastes sitzen sehe.

5,1–2b Der Zusatz ist eine in G überlieferte Erweiterung zu 5,1–2.

5,8 auch morgen: eingefügt mit G. – Die Frage des Königs beantworten, wörtlich: nach dem Wort des Königs handeln.

14 Da sagten seine Frau Seresch und alle
seine Freunde zu ihm: Man könnte doch
einen Galgen errichten, fünfzig Ellen hoch.
Du aber sag morgen früh dem König, man
solle Mordechai daran aufhängen. Dann
kannst du mit dem König frohen Herzens zu
dem Mahl gehen. Der Vorschlag gefiel
Haman sehr und er ließ den Galgen aufstellen.

Die Erhöhung Mordechais: 6,1–14

6 In jener Nacht konnte der König nicht
einschlafen. Darum ließ er sich das
Buch der Denkwürdigkeiten, die Chronik,
bringen und man las ihm daraus vor. 2 Da
fand man den Bericht, wie Mordechai Bigtan
und Teresch anzeigte, die beiden königlichen
Kämmerer, die zu den Türhütern gehörten
und einen Anschlag auf den König Artaxer-
xes geplant hatten. 3 Der König fragte: Wel-
che Belohnung und Auszeichnung hat Mor-
dechai dafür erhalten? Die Diener des Kö-
nigs, die um ihn waren, antworteten: Er hat
nichts erhalten. 4 Da fragte der König: Wer
steht draußen im Hof? Haman aber war gera-
de in den äußeren Hof des Königspalastes
gekommen, um dem König zu sagen, man
solle Mordechai an dem Galgen aufhängen,
den er für ihn hatte aufstellen lassen. 5 Die
Diener antworteten dem König: Haman
steht im Hof. Der König sagte: Er soll herein-
kommen. 6 Haman trat ein. Der König fragte
ihn: Was soll mit einem Mann geschehen, den
der König besonders ehren will? Haman
dachte: Wen könnte der König wohl mehr
ehren wollen als mich? 7 Deshalb sagte Ha-
man zum König: Wenn der König einen
Mann besonders ehren will, 8 lasse er ein kö-
nigliches Gewand holen, das sonst der König
selbst trägt, und ein Pferd, auf dem sonst der
König reitet und dessen Kopf königlich ge-
schmückt ist. 9 Das Gewand und das Pferd
soll man einem der vornehmsten Fürsten des
Königs geben und er soll den Mann, den der
König besonders ehren will, bekleiden, ihn
auf dem Pferd über den Platz der Stadt füh-
ren und vor ihm ausrufen: So geht es einem
Mann, den der König besonders ehren will.
10 Darauf sagte der König zu Haman: Hol in
aller Eile das Gewand und das Pferd und tu
alles, was du gesagt hast, mit dem Juden
Mordechai, der am Tor des Palastes sitzt.
Und lass nichts von dem aus, was du vorge-
schlagen hast. 11 Haman nahm das Gewand
und das Pferd, kleidete Mordechai ein, führ-
te ihn auf dem Pferd über den Platz der
Stadt und rief vor ihm aus: So geht es einem
Mann, den der König besonders ehren will.
12 Dann kehrte Mordechai zum Tor des Pa-
lastes zurück. Haman aber eilte nach Haus,
traurig und mit verhülltem Kopf. 13 Und er
erzählte seiner Frau Seresch und seinen
Freunden alles, was ihm zugestoßen war.
Seine weisen [Ratgeber] und seine Frau Se-
resch sagten: Wenn Mordechai, der dich
schon zu stürzen begonnen hat, zum Volk der
Juden gehört, wirst du nichts gegen ihn aus-
richten, sondern du wirst gewiss durch ihn
zu Fall kommen. 14 Als sie noch redeten, tra-
fen die königlichen Kämmerer ein, um Ha-
man in Eile zu dem Festmahl zu holen, das
Ester vorbereitet hatte.

2: 2,21–23.

Hamans Ende: 7,1–10

7 Der König und Haman kamen zu dem
Mahl, das die Königin Ester gab, 2 und
der König sagte auch am zweiten Tag zu Es-
ter, als sie beim Wein saßen: Was hast du für
eine Bitte, Königin Ester? Sie wird dir er-
füllt. Was hast du für einen Wunsch? Selbst
wenn es die Hälfte des Reiches wäre – man
wird es dir geben. 3 Die Königin Ester ant-
wortete: Wenn ich beim König Wohlwollen
gefunden habe und wenn es ihm gefällt,
dann möge mir und meinem Volk das Leben
geschenkt werden. Das ist meine Bitte und
mein Wunsch. 4 Man hat mich und mein Volk
verkauft, um uns zu erschlagen, zu ermorden
und auszurotten. Wenn man uns als Sklaven
und Sklavinnen verkaufen würde, hätte ich
nichts gesagt; denn dann gäbe es keinen
Feind, der es wert wäre, dass man seinetwe-
gen den König belästigt. 5 Da sagte der Kö-
nig Artaxerxes zu Königin Ester: Wer ist der
Mann? Wo ist der Mensch, der es wagt, so et-
was zu tun? 6 Ester antwortete: Dieser ge-
fährliche Feind ist der verbrecherische Ha-
man hier. Da erschrak Haman vor dem Kö-
nig und der Königin. 7 Der König aber stand
auf, verließ voll Zorn das Trinkgelage und
ging in den Garten des Palastes. Haman trat
zu Ester und flehte sie um sein Leben an;
denn er sah, dass sein Untergang beim König
besiegelt war. 8 Als der König aus dem Gar-
ten wieder in den Raum zurückkam, in dem

5,14 Das Aufhängen am Galgen dient nicht der Hinrichtung, sondern der Zurschaustellung der Leiche; deshalb die außergewöhnliche Höhe des Galgens (vgl. 9,13).

7,8 Das Verhüllen des Gesichts bedeutet, dass Hamans Schicksal schon besiegelt ist.

das Trinkgelage stattfand, hatte sich Haman
über das Polster geworfen, auf dem Ester
lag. Der König sagte: Tut man jetzt sogar
hier in meiner Gegenwart der Königin Ge-
walt an? Kaum hatte der König das gesagt,
da verhüllte man schon das Gesicht Hamans.
9 Harbona, einer der Hofbeamten, sagte zum
König: Vor dem Haus Hamans steht schon
ein fünfzig Ellen hoher Galgen; ihn hat Ha-
man für Mordechai aufgestellt, der dem Kö-
nig durch seine Anzeige einen guten Dienst
erwiesen hat. Der König befahl: Hängt ihn
daran auf! 10 Da hängten sie Haman an den
Galgen, den er für Mordechai errichtet hatte,
und der Zorn des Königs legte sich.

2: 5,6.

DIE RETTUNG DER JUDEN: 8,1 – 10,3

Mordechais Erhöhung und Esters erneute Bitte: 8,1–6

8 Noch am gleichen Tag schenkte König
Artaxerxes der Königin Ester das Haus
des Judenfeindes Haman. Mordechai aber
erhielt Zutritt zum König; denn Ester hatte
dem König gesagt, wie nahe Mordechai mit
ihr verwandt war. 2 Der König zog seinen
Siegelring, den er Haman hatte abnehmen
lassen, vom Finger und gab ihn Mordechai.
Ester machte Mordechai zum Verwalter von
Hamans Haus. 3 Ester redete noch einmal
mit dem König; sie fiel ihm weinend zu Fü-
ßen und flehte ihn an, das drohende Unheil,
das der Agagiter Haman gegen die Juden
geplant hatte, von ihnen abzuwenden. 4 Der
König streckte Ester sein goldenes Zepter
entgegen und Ester stand auf und trat vor
den König. 5 Sie sagte: Wenn es dem König
gefällt und ich sein Wohlwollen gefunden
habe, wenn ihm mein Vorschlag richtig er-
scheint und ich seine Gunst genieße, dann
soll durch einen schriftlichen Erlass die An-
ordnung widerrufen werden, die der Agagi-
ter Haman, der Sohn Hammedatas, in der
Absicht getroffen hat, die Juden in allen kö-
niglichen Provinzen auszurotten. 6 Denn wie
könnte ich das Unglück mit ansehen, das
mein Volk trifft, wie könnte ich den Unter-
gang meines Stammes mit ansehen?

Der Erlass zum Schutz der Juden: 8,7–17
8,7–11.12a x. 13 17 G = 8,7–12; 16,1–24;
8,13–17 Vg

7 Da sagte König Artaxerxes zu Königin
Ester und zu dem Juden Mordechai: Ich habe
Ester das Haus Hamans übergeben, den man
am Galgen aufgehängt hat, weil er seine
Hand gegen die Juden erhob. 8 Jetzt aber
sollt ihr im Namen des Königs einen schrift-
lichen Erlass zugunsten der Juden herausge-
ben, wie er euch richtig erscheint. Siegelt ihn
mit dem königlichen Siegelring; denn ein
Schreiben, das im Namen des Königs ver-
fasst und mit dem königlichen Siegelring ge-
siegelt ist, kann nicht mehr rückgängig ge-
macht werden. 9 Da rief man die königlichen
Schreiber; es war der dreiundzwanzigste
Tag im dritten Monat, dem Monat Siwan.
Und so, wie es Mordechai befahl, wurde zu-
gunsten der Juden ein schriftlicher Erlass
herausgegeben und an die Satrapen, Statt-
halter und Fürsten der hundertsiebenund-
zwanzig Provinzen von Indien bis Kusch
geschickt, für jede einzelne Provinz in ihrer
eigenen Schrift und für jedes einzelne Volk
in seiner eigenen Sprache. 10 Man verfasste
die Schreiben im Namen des Königs Arta-
xerxes, siegelte mit dem königlichen Siegel-
ring und verschickte sie mit Eilboten auf
Postpferden, die aus den königlichen Gestü-
ten stammten. 11 Mit diesem Erlass gestattete
der König den Juden in allen Städten, sich
zusammenzutun, um für ihr Leben einzutre-
ten, um in jedem Volk und in jeder Provinz
alle ihre Gegner samt ihren Frauen und Kin-
dern zu erschlagen, zu ermorden und auszu-
rotten und ihren Besitz zu plündern; 12 das
sollte in allen Provinzen des Königs Artaxer-
xes am gleichen Tag geschehen, am drei-
zehnten Tag im zwölften Monat, dem Monat
Adar.
12a Dies ist eine Abschrift des Briefes:
12b Der Großkönig Artaxerxes entbietet den
Statthaltern der hundertsiebenundzwanzig
Provinzen von Indien bis Kusch und allen,
denen unsere Angelegenheiten am Herzen
liegen, seinen Gruß. 12c Viele, die aufgrund
der überreichen Güte ihrer Wohltäter hoch
geehrt waren, waren damit noch nicht zu-
frieden; sie versuchten nicht nur, unseren
Untertanen zu schaden, sondern sie konnten
auch den Überfluss nicht ertragen und pla-

8,1–2 Mordechai tritt an Hamans Stelle.

nen sogar Anschläge gegen ihre eigenen
Wohltäter. 12d Sie wollen nicht nur die
Dankbarkeit unter den Menschen beseitigen,
sondern sie sind durch die Prahlerei derer,
die vom Guten nichts wissen wollen, überheblich geworden und meinen, dem Gericht
des alles durchschauenden Gottes, der das
Böse hasst, entfliehen zu können. 12e Schon
viele, die als Herrscher eingesetzt waren, hat
der schlechte Einfluss von Freunden, die mit
den Staatsgeschäften betraut waren, mitschuldig am Tod Unschuldiger gemacht und
sie in schreckliches Unglück gestürzt. 12f Das
lautere Wohlwollen der Herrschenden wurde durch ihre böswilligen und verlogenen
Ratschläge getäuscht. 12g Das ersieht man
schon aus den altüberlieferten Geschichten;
noch viel deutlicher aber wird es, wenn ihr
all das untersucht, was vor euren Augen geschehen ist: Die Niederträchtigkeit derer, die
ihr hohes Amt missbrauchten, hat zu großem
Unrecht geführt. 12h In Anbetracht der veränderten Lage nehmen wir uns vor, in Zukunft darauf zu achten, dass alle Menschen
im Reich ungestört und in Frieden leben
können; 12i alles, was uns zur Kenntnis gebracht wird, werden wir erst nach genauerem Zusehen entscheiden.

12k So ging es auch mit dem Mazedonier
Haman, dem Sohn Hammedatas. Obwohl er
in Wahrheit dem persischen Volk und unserer Güte sehr fern stand, wurde er bei uns
gastlich aufgenommen. 12l Er erfuhr unsere
Liebe zu den Menschen, die wir allen Völkern erweisen, in so reichem Maß, dass er sogar als unser Vater ausgerufen wurde und als
der zweite Mann neben dem König bei allen
immer höchste Verehrung genoss. 12m Doch
er ertrug seine hohe Würde nicht, sondern er
wollte uns die Herrschaft und das Leben
rauben. 12n Er versuchte, Mordechai, unseren
Retter und steten Wohltäter, und Ester, die
untadelige Mitinhaberin der Königswürde,
durch hinterhältige Intrigen mit ihrem ganzen Volk ins Verderben zu stürzen. 12o Auf
diese Weise glaubte er, uns aller Freunde zu
berauben und die Herrschaft über die Perser
den Mazedoniern verschaffen zu können.
12p Wir aber finden, dass die Juden, die dieser Erzschurke ausrotten wollte, keine Aufrührer sind, sondern dass sie als Bürger nach
sehr gerechten Gesetzen leben, 12q als Kinder
des höchsten, größten und lebendigen Gottes, der unser Reich, wie schon zu Zeiten unserer Vorfahren, in der schönsten Ordnung
erhält. 12r Es wird daher gut sein, wenn ihr
euch nicht nach den Schreiben richtet, die
euch Haman, der Sohn Hammedatas, geschickt hat. Denn ihr Verfasser ist mit seiner
ganzen Familie vor den Toren Susas gekreuzigt worden; der über alles herrschende Gott
hat ihm nämlich sehr bald die wohlverdiente
Strafe geschickt.

12s Ihr sollt überall eine Abschrift dieses
Briefes öffentlich aushängen, damit man die
Juden nach ihren eigenen Gesetzen leben
lässt. Man soll ihnen helfen, sich an dem einen Tag, der für ihre Verfolgung festgesetzt
war, gegen alle zu verteidigen, von denen sie
angegriffen werden; es ist der dreizehnte Tag
im zwölften Monat, dem Monat Adar.
12t Diesen Tag hat der alles beherrschende
Gott statt zu einem Tag der Vernichtung für
das auserwählte Volk zu einem Tag der
Freude gemacht. 12u Daher sollt ihr neben
euren großen Gedenktagen einen weiteren
besonderen Festtag mit aller Freude feiern,
damit er von jetzt an uns und allen uns treu
ergebenen Persern Heil bringt; für die aber,
die uns bedrohen, soll er ein Mahnmal des
Untergangs sein. 12x Jede Stadt und jede
Provinz, die nicht danach handelt, wird ohne
Erbarmen mit Feuer und Schwert verwüstet.
Kein Mensch wird sie mehr betreten, selbst
den Tieren und Vögeln soll sie für immer verhasst sein.

13 In jeder einzelnen Provinz wurde eine
Abschrift des Erlasses als Gesetz für alle
Völker veröffentlicht; die Juden sollten bereit sein, sich an diesem Tag an ihren Feinden zu rächen. 14 Die Boten ritten auf Postpferden, die aus den (königlichen) Gestüten
stammten, hinaus, durch königlichen Befehl
zu großer Eile gedrängt. Auch in der Burg
Susa wurde das Gesetz veröffentlicht. 15 Als
Mordechai den König verließ, trug er ein königliches Gewand aus violettem Purpur und
weißem Leinen, eine große goldene Krone
und einen Mantel aus kostbarem Leinen und
rotem Purpur und die Stadt Susa war voll
Jubel und Freude. 16 Die Juden waren glücklich, sie jauchzten vor Freude und waren
wieder angesehen. 17 In jeder Provinz und in
jeder Stadt, überall, wo der Erlass des Königs
und sein Befehl bekannt wurde, jauchzten
die Juden vor Freude, sie aßen und tranken
und ließen es sich an diesem Tag gut gehen.
In allen Völkern der Erde bekannten sich
viele zum Judentum; denn ein Schrecken
vor den Juden hatte sie befallen. 17: Ps 105,38.

8,12x Die Ausgaben von G übergehen die Buchstaben v und w bei der Zählung der Verse.

Der Siegestag der Juden: 9,1–19

9 Am dreizehnten Tag im zwölften Monat, dem Monat Adar, sollte der Erlass des Königs und sein Befehl ausgeführt werden. Es war der Tag, an dem die Gegner der Juden gehofft hatten, sie zu überwältigen. Doch nun überwältigten umgekehrt die Juden ihre Feinde. 2 In allen Provinzen des Königs Artaxerxes taten sich die Juden in den Städten zusammen und überfielen die, die den Untergang der Juden geplant hatten. Niemand konnte ihnen standhalten; denn alle Völker hatte Schrecken vor ihnen befallen; 3 auch alle Fürsten der Provinzen, die Satrapen, Statthalter und königlichen Beamten, waren aufseiten der Juden; denn Schrecken vor Mordechai hatte sie befallen. 4 Mordechai war nämlich im Königspalast hoch angesehen und es war in allen Provinzen bekannt geworden, dass er immer einflussreicher wurde. 5 So metzelten die Juden alle ihre Feinde mit dem Schwert nieder; es gab ein großes Blutbad. Sie machten mit ihren Gegnern, was sie wollten. 6 In der Burg Susa brachten die Juden fünfhundert Männer um 7 und auch Parschandata, Dalfon, Aspata, 8 Porata, Adalja, Aridata, 9 Parmaschta, Arisai, Aridai und Wajesata, 10 die zehn Söhne des Judenfeindes Haman, des Sohnes Hammedatas, töteten sie, aber sie vergriffen sich nicht an ihrem Besitz. 11 Als man an jenem Tag dem König meldete, wie viele Menschen in der Burg Susa erschlagen worden waren, 12 sagte er zur Königin Ester: In der Burg Susa haben die Juden ein Blutbad angerichtet; man hat fünfhundert Männer, auch die zehn Söhne Hamans, umgebracht. Was haben sie dann wohl in den übrigen königlichen Provinzen getan? Hast du einen Wunsch? Er wird dir erfüllt werden. Hast du eine Bitte? Sie soll erfüllt werden. 13 Ester antwortete: Wenn es dem König gefällt, soll den Juden in Susa erlaubt werden, auch morgen nach dem Gesetz von heute zu handeln. Außerdem soll man die zehn Söhne Hamans an den Galgen hängen. 14 Der König befahl, es solle so geschehen. Man gab also in Susa noch einen Erlass heraus und hängte die zehn Söhne Hamans auf. 15 Auch am vierzehnten Tag des Monats Adar taten sich die Juden in Susa zusammen und töteten dort dreihundert Männer; aber an ihrem Besitz vergriffen sie sich nicht. 16 Die übrigen Juden in den königlichen Provinzen versammelten sich, um für ihr Leben einzutreten; sie verschafften sich Ruhe vor ihren Feinden und töteten fünfundsiebzigtausend ihrer Gegner; aber an ihrem Besitz vergriffen sie sich nicht. 17 Das geschah am dreizehnten Tag des Monats Adar, am vierzehnten Tag des Monats jedoch war Ruhe. Sie feierten ihn als Festtag mit Essen und Trinken. 18 Die Juden in Susa aber versammelten sich am Dreizehnten und Vierzehnten des Monats; bei ihnen war am Fünfzehnten wieder Ruhe, und sie feierten ihn als Festtag mit Essen und Trinken. 19 Deswegen begehen die Juden in den unbefestigten Orten auf dem Land den vierzehnten Tag des Monats Adar als Festtag, den sie mit Essen und Trinken feiern und an dem sie sich gegenseitig beschenken.

Die Einführung des Purimfestes: 9,20–32

20 Mordechai schrieb alles auf, was geschehen war. Er schickte Schreiben an alle Juden in allen Provinzen des Königs Artaxerxes nah und fern 21 und machte ihnen zur Pflicht, den vierzehnten und den fünfzehnten Tag des Monats Adar in jedem Jahr als Festtag zu begehen. 22 Das sind die Tage, an denen die Juden wieder Ruhe hatten vor ihren Feinden; es ist der Monat, in dem sich ihr Kummer in Freude verwandelte und ihre Trauer in Glück. Sie sollten sie als Festtage mit Essen und Trinken begehen und sich gegenseitig beschenken und auch den Armen sollten sie Geschenke geben. 23 So wurde bei den Juden das, was sie damals zum ersten Mal taten und was Mordechai ihnen vorschrieb, zu einem festen Brauch. 24 Denn der Agagiter Haman, der Sohn Hammedatas, der Feind aller Juden, hatte den Plan gefasst, die Juden auszurotten, und hatte das Pur, das heißt das Los geworfen, um sie in Schrecken zu versetzen und auszurotten. 25 Als das dem König bekannt wurde, ordnete er in einem Schreiben an: Sein böser Plan gegen die Juden solle auf ihn selbst zurückfallen; man hänge ihn und seine Söhne an den Galgen. 26 Darum nennt man diese Tage das Purimfest, nach dem Wort Pur. Wegen all dem, was in diesem Schreiben stand und was sie selbst gesehen und erlebt hatten, 27 machten es sich die Juden zur Pflicht und erklärten es zur unverbrüchlichen Satzung für sich, für ihre Nachkommen und für alle, die sich ihnen anschließen würden, diese beiden Tage alljährlich, wie vorgeschrieben, zur festgesetzten Zeit zu begehen. 28 Diese Tage sollten in Erinnerung bleiben und in jeder Generation, in jeder Familie, in jeder Provinz und in jeder Stadt begangen werden. Die Juden sollten nie aufhören, das Purimfest zu feiern, diese Tage sollten bei ihren Nachkommen nie vergessen werden. 29 Um den

Purim-Erlass mit allem Nachdruck zu bestä-
tigen, verfassten die Königin Ester, die
Tochter Abihajils, und der Jude Mordechai
ein zweites Schreiben. [30] Sie schickten es mit
Glück- und Segenswünschen an alle Juden
in den hundertsiebenundzwanzig Provinzen
des Reiches des Artaxerxes, [31] um das Datum
der Purimtage festzulegen, wie es der Jude
Mordechai und Königin Ester angeordnet
und wie sie es selbst sich und ihren Nach-
kommen zur Pflicht gemacht hatten. Das
Schreiben enthielt die Vorschriften für das
Fasten und die Wehklage. [32] Esters Worte
bestätigten die Anordnungen für das Purim-
fest, und alles wurde in einer Urkunde auf-
gezeichnet.

Der Bericht über die Taten des Artaxerxes und die Stellung Mordechais: 10,1–3

10 König Artaxerxes verpflichtete das
Land und die Inseln zum Frondienst.
[2] Alle großen und eindrucksvollen Taten und
der genaue Bericht über die hohe Stellung
Mordechais, die ihm der König verliehen
hatte, sind in der Chronik der Könige von
Medien und Persien aufgezeichnet. [3] Denn
der Jude Mordechai war der zweite Mann
nach König Artaxerxes, er war bei den Juden
hoch angesehen und beliebt bei allen seinen
Stammesbrüdern. Er suchte das Wohl seines
Volkes und war auf das Wohlergehen all sei-
ner Nachkommen bedacht.

Die Deutung des Traumes Mordechais: 10,3a–k G = 10,4–13 Vg

[3a] Da sagte Mordechai: Durch Gott ist das
alles geschehen. [3b] Ich erinnere mich an den
Traum, den ich darüber hatte. Nichts davon
ist unerfüllt geblieben. [3c] Die kleine Quelle,
die zum großen Strom mit viel Wasser wur-
de, als das Licht und die Sonne wieder schie-
nen, dieser Strom ist Ester; der König heira-
tete sie und machte sie zur Königin. [3d] Die
beiden Drachen sind ich und Haman. [3e] Die
Völker sind die, die gemeinsam das Anden-
ken an die Juden auslöschen wollten. [3f] Mein
Volk aber, das sind die Israeliten; sie haben
zu Gott geschrien und sind gerettet worden.
Der Herr hat sein Volk gerettet, der Herr hat
uns von allen diesen Leiden erlöst, Gott hat
große Zeichen und Wunder getan, wie sie un-
ter den Völkern noch nie geschehen sind.
[3g] Deshalb machte er zwei Lose, eines für das
Volk Gottes und eines für alle anderen Völ-
ker. [3h] Die beiden Lose fielen auf die Zeit
und die Stunde und den Tag, an dem vor den
Augen Gottes und mitten unter allen Völ-
kern die Entscheidung fiel. [3i] Gott hat sich
an sein Volk, das sein Erbbesitz ist, erinnert
und ihm zu seinem Recht verholfen. [3k] Diese
Tage im Monat Adar, der vierzehnte und der
fünfzehnte, sollen zu allen Zeiten und in al-
len Generationen unter den Augen Gottes in
seinem Volk Israel mit ausgelassener Freude
gemeinsam gefeiert werden.

3b: 1,1a–l.

Die Unterschrift zum griechischen Esterbuch: 10,31 G = 11,1 Vg

[31] Im vierten Jahr der Regierung des Ptole-
mäus und der Kleopatra überbrachten Do-
sitheus, der, wie er sagte, Priester und Levit
war, und sein Sohn Ptolemäus den vorlie-
genden Purimbericht. Sie sagten, er sei echt;
Lysimachus, der Sohn des Ptolemäus, ein
Mann aus Jerusalem, habe ihn übersetzt.

Die Bücher der Makkabäer

Die beiden Makkabäer-Bücher gehören nicht zum hebräischen Alten Testament, sondern zu den sog. deuterokanonischen, nur griechisch überlieferten Büchern der Bibel. Den Hauptinhalt der beiden Bücher bilden die Kämpfe der Juden gegen die Seleuziden im 2. Jahrhundert v. Chr. Sie werden unternommen, um die religiöse und politische Freiheit des jüdischen Volkes wiederzugewinnen. Benannt sind die Bücher nach dem Ehrennamen Makkaba (= Hämmerer), der Judas, dem Hauptthelden dieser Kämpfe, und später auch seinen Brüdern beigelegt wurde.

10,31 Empfänger des Briefs sind die Juden von Alexandria. Offenbar soll das Fest dort eingeführt werden. Wann das geschah, lässt sich bei der Unbestimmtheit der Zeitangaben nicht sagen. – Purimbericht: G liest (im Anklang an »Purim«): Brief über Phrurai (= Wachen).

Das 1. Buch der Makkabäer berichtet über die Zeit von 175–134 v. Chr., vor allem über das Vorhaben des Seleuziden Antiochus Epiphanes, der mit Hilfe jüdischer Parteigänger den Tempel entweiht und dem jüdischen Volk griechische Lebensweise aufzwingen will (Kap. 1). Dagegen erhebt sich Mattatias, der zum Heiligen Krieg aufruft (Kap. 2). Den Hauptteil des Buches nimmt die Schilderung der militärischen Unternehmungen der drei Söhne des Mattatias, Judas, Jonatan und Simeon, ein. Judas gelingt es, 165 v. Chr. den Tempel wieder einzuweihen und den Opferdienst erneut in Gang zu setzen. Er sucht ein Bündnis mit den Römern (3,1 – 9,22). Jonatan (161–143) wird zum Hohenpriester ernannt und bemüht sich um die Verbindung mit Rom und Sparta (9,23 – 12,52). Simeon (143–135), von den Seleuziden Demetrius II. und Antiochus VII. anerkannt, erhält das Doppelamt des Hohenpriesters und Fürsten in Israel; unter ihm lebt das Volk in Frieden und Wohlstand (Kap. 13 – 16).

Das 1. Buch der Makkabäer war ursprünglich hebräisch abgefasst; erhalten ist es nur in griechischer Übersetzung. Sein Verfasser ist ein palästinensischer Jude, der wohl gegen 100 v. Chr., sicher vor der Eroberung Jerusalems durch Pompeius (63 v. Chr.), sein Werk geschaffen hat. Er steht in der Glaubensüberlieferung seines Volkes und schreibt religiös gedeutete Geschichte. Im Unglück des Volkes sieht er die Strafe für Schuld und Vergehen; nur im Einklang mit der Offenbarung und in Treue zu ihr vermag das jüdische Volk die Feinde zu besiegen, die nationale Selbständigkeit zu erlangen und so der Gottesherrschaft den Weg zu bereiten. Dabei ist der Verfasser ein entschiedener Gegner jeder Anpassung; er lehnt alle Hellenisierungsbestrebungen ab. Voll Bewunderung blickt er auf den Kampf seines Volkes für Gesetz und Tempel in seiner ruhmreichen Geschichte zurück.

Das 2. Buch der Makkabäer ist nicht, wie man erwarten könnte, die Fortsetzung von 1 Makk, vielmehr eine ausgestaltende Parallele (Kap. 1 – 8 und 11 – 13) zu den Berichten von 1 Makk 1 – 7. Auch in der literarischen Gattung ist ein beachtlicher Unterschied festzustellen. Ursprünglich griechisch abgefasst, stellt 2 Makk sich selbst als Auszug aus einem größeren Werk des Jason von Zyrene dar (2,19–32). Der Verfasser schreibt in einem belehrenden Stil und zeigt sich mit griechischen Persönlichkeiten und Einrichtungen bestens vertraut. Viel betonter als in 1 Makk ist der Rückbezug der Geschichte auf Gott geschildert. Die ganze Sympathie des Verfassers gilt Judas dem Makkabäer. Selbst die Verfolgung ist ihm ein Zeichen der göttlichen Barmherzigkeit, die das Volk auf den rechten Weg zurückführen will.

Das Buch richtet sich an die Juden in Alexandria, um sie für das Geschick ihres Volkes in der Heimat, vor allem für den Tempel und die heiligen Schriften zu interessieren. Dieser Absicht dient der Aufbau des Buches: Nach dem schrecklichen Tod des Antiochus folgt die Einsetzung des Tempelweihfestes (9,1 – 10,8). Der zweite Teil ist vergleichbar gestaltet: Nach dem Tod Nikanors, der den Tempel bedroht, wird ein Einweihungsfest beschlossen (Kap. 14 und 15).

Das 2. Makkabäerbuch dürfte nach 160 v. Chr. entstanden sein. Wenn auch die Herkunft und Zuverlässigkeit mancher Berichte nicht nachprüfbar ist und der Verfasser seine Darstellung ausgeschmückt hat (vgl. 2,29), so ist die historische Treue nicht zu gering einzuschätzen; sie wird weithin durch Parallelen in 1 Makk bestätigt. Das Buch ist vor allem wegen seiner fortgeschrittenen Lehre über die Auferstehung der Toten, über das Gebet für die Verstorbenen, über die Verdienste der Märtyrer und die Fürbitte der Heiligen bedeutsam. Diese theologischen Aussagen begründen und rechtfertigen die Stellung des Buches im alttestamentlichen Kanon.

Das erste Buch der Makkabäer

DIE VERFOLGUNG DES VOLKES ISRAEL: 1,1–64

Der Beginn der griechischen Herrschaft:
1,1–10

1 Der Mazedonier Alexander, Sohn des
Philippus, zog damals vom Land der
Kittäer aus. Er besiegte Darius, den König
der Perser und Meder, und wurde als erster
König von Griechenland sein Nachfolger.
2 Er führte viele Kriege, eroberte zahlrei-
che Festungen und ließ die Könige der Erde
erschlagen; 3 er kam bis an das Ende der
Welt, plünderte viele Völker aus und die
ganze Erde lag ihm wehrlos zu Füßen. Da
wurde sein Herz stolz und überheblich. 4 Er
stellte ein sehr großes Heer auf, herrschte
über Länder, Völker und Fürsten und mach-
te sie sich tributpflichtig. 5 Doch dann sank
er aufs Krankenlager und fühlte seinen Tod
nahen. 6 Er rief seine höchsten Offiziere zu-
sammen, die mit ihm aufgewachsen waren,
und verteilte sein Reich unter sie, solange er
noch lebte. 7 Zwölf Jahre hatte Alexander re-
giert, als er starb.
8 Seine Offiziere übernahmen die Regie-
rung, jeder in seinem Bereich. 9 Nach seinem
Tod setzten sich alle die Königskrone auf;
ebenso hielten es ihre Nachkommen lange
Zeit hindurch. Sie brachten großes Unglück
über die Erde.
10 Aus ihnen ging ein besonders gottloser
Spross hervor, Antiochus Epiphanes, der
Sohn des Königs Antiochus. Er war als Gei-
sel in Rom gewesen und trat im Jahr 137 der
griechischen Herrschaft die Regierung an.

10: Dan 7,24f; 8,23–25; 11,21–45; 2 Makk 4,7.

Das Aufkommen der Verräter: 1,11–15

11 Zu dieser Zeit traten Verräter am Gesetz
in Israel auf, die viele (zum Abfall) überrede-
ten. Sie sagten: Wir wollen einen Bund mit
den fremden Völkern schließen, die rings um
uns herum leben; denn seit wir uns von ihnen
abgesondert haben, geht es uns schlecht.
12 Dieser Vorschlag gefiel ihnen 13 und einige
aus dem Volk fanden sich bereit, zum König
zu gehen. Der König gab ihnen die Erlaub-
nis, nach den Gesetzen der fremden Völker
zu leben. 14 Sie errichteten in Jerusalem eine
Sportschule, wie es bei den fremden Völkern
Brauch ist, 15 und ließen bei sich die Be-
schneidung rückgängig machen. So fielen sie
vom heiligen Bund ab, vermischten sich mit
den fremden Völkern und gaben sich dazu
her, Böses zu tun.

11–15 ‖ 2 Makk 4,9–13.

Der Angriff der Heiden auf den Tempel:
1,16–28

16 Als Antiochus sah, dass sich seine Herr-
schaft gefestigt hatte, fasste er den Plan,
auch König von Ägypten zu werden und so
über zwei Reiche zu herrschen. 17 Er drang
mit vielen Soldaten in Ägypten ein, mit
Streitwagen und Kriegselefanten, mit Rei-
tern und einer großen Flotte, 18 und führte
Krieg gegen Ptolemäus, den König von
Ägypten. Ptolemäus wurde von ihm geschla-
gen und musste fliehen, nachdem viele seiner
Leute im Kampf gefallen waren. 19 Die be-
festigten Städte Ägyptens wurden erobert
und das Land geplündert.
20 Antiochus wandte sich nach seinem Sieg
über Ägypten im Jahr 143 gegen Israel und
rückte mit zahlreichen Truppen hinauf vor
Jerusalem. 21 In seiner Vermessenheit betrat
er sogar das Heiligtum; er raubte den golde-
nen Rauchopferaltar, den Leuchter samt sei-
nem Zubehör, 22 den Tisch für die Schaubro-
te, die Opfer- und Trinkschalen, die golde-
nen Rauchfässer, den Vorhang, die Kronen
und den goldenen Schmuck von der Vorder-
seite des Tempels. Von allem ließ er das Gold
abschlagen. 23 Dann nahm er das Silber, das
Gold, die kostbaren Geräte, und was er von
den versteckten Schätzen finden konnte,

1,1 Die Kittäer sind eigentlich die Bewohner der Insel Zypern, im weiteren Sinn die Bewohner aller Inseln im östlichen Mittelmeerraum, schließlich alle Griechen überhaupt. – Griechenland ist hier das von Griechen bewohnte westliche Kleinasien einschließlich Griechenlands und Mazedoniens.

1,7 Er starb im Juni 323 v. Chr.

1,10 Die griechische (seleuzidische) Zeitrechnung beginnt mit dem Jahr 312 v. Chr. Das 137. Jahr ist also 175 v. Chr.

1,17 Es handelt sich um den ersten Feldzug gegen Ptolemäus Philometor im Jahr 169 v. Chr.

24 und ließ alles in sein Land schleppen. Er
richtete ein Blutbad an und führte ganz vermessene Reden.
25 Da kam große Trauer über das ganze
Land Israel.
26 Die Vornehmen und Alten stöhnten; /
die Mädchen und jungen Männer verloren
ihre Kraft / und die Schönheit der Frauen
verfiel.
27 Jeder Bräutigam stimmte die Totenklage an, / die Braut saß trauernd in ihrem
Gemach.
28 Das Land zitterte um seine Bewohner. /
Das ganze Haus Jakob war mit Schande bedeckt.

16–24 ‖ 2 Makk 5,1.11–21 • 16–24; Dan 11,25–28.

Die Verwüstung der Stadt Jerusalem:
1,29–40

29 Zwei Jahre später schickte der König einen Beamten in die Städte von Judäa mit
dem Auftrag, die Steuern einzutreiben. Er
kam mit zahlreichen Truppen nach Jerusalem.
30 Hinterlistig bot er den Einwohnern
zunächst Frieden an. Als man ihm Glauben
schenkte, fiel er plötzlich über die Stadt her,
richtete großen Schaden in ihr an und brachte viele Israeliten um.
31 Er ließ die Stadt
plündern und in Brand stecken und die Häuser und Stadtmauern ringsum niederreißen.
32 Frauen und Kinder schleppte man in die
Sklaverei und ihren Besitz nahm man als
Beute mit.
33 Um die Davidstadt bauten sie
eine hohe und feste Mauer mit mächtigen
Türmen, damit sie ihnen als Burg dienen
konnte.
34 Sie legten eine heidnische Besatzung hinein, Männer, die sich nicht an das
Gesetz hielten. Diese setzten sich dort fest,
35 versahen sich mit Waffen und Proviant
und brachten auch die Beute, die sie in Jerusalem gemacht hatten, dort unter. So wurden
sie zu einer großen Gefahr.
36 Aus dem Hinterhalt bedrohten sie das
Heiligtum; / immer waren sie für Israel ein
schlimmer Feind.
37 Rings um den Tempel vergossen sie unschuldiges Blut / und entweihten die heilige
Stätte.
38 Jerusalems Einwohner flohen vor ihnen / und Ausländer zogen in die Stadt ein. /
Ihren eigenen Kindern wurde die Stadt
fremd / und ihre Söhne verließen sie.
39 Ihr Heiligtum wurde leer wie die
Wüste, / ihre Feste verwandelten sich in
Trauer. / Ihre Sabbate wurden verhöhnt; /
statt geehrt zu sein, war sie verachtet.
40 So groß ihre Herrlichkeit gewesen war, /
so groß war nun ihre Schande. / Von ihrer
Höhe ist sie herabgestürzt, / jetzt liegt sie in
Trauer.

29–30: 2 Makk 5,24–26.

Die Verfolgung der treuen Israeliten:
1,41–64

41 Damals schrieb der König seinem ganzen Reich vor, alle sollen zu einem einzigen
Volk werden
42 und jeder solle seine Eigenart
aufgeben. Alle Völker fügten sich dem Erlass
des Königs.
43 Auch vielen Männern aus Israel gefiel der Gottesdienst, den er angeordnet
hatte; sie opferten den Götterbildern und
entweihten den Sabbat.
44 Der König schickte Boten nach Jerusalem und in die Städte
Judäas mit der schriftlichen Anordnung,
man solle eine Lebensform übernehmen, die
dem Land fremd war.
45 Brand-, Schlacht- und Trankopfer im Heiligtum seien einzustellen, Sabbate und Feste zu entweihen,
46 das Heiligtum und die Heiligen zu schänden.
47 Man solle statt dessen Altäre, Heiligtümer und Tempel für die fremden Götter errichten sowie Schweine und andere unreine
Tiere opfern.
48 Ihre Söhne dürften sie nicht
mehr beschneiden, vielmehr sollten sie sich
mit jeder denkbaren Unreinheit und Schande beflecken.
49 So sollte das Gesetz in Vergessenheit geraten und alle seine Vorschriften sollten hinfällig werden.
50 Wer aber des
Königs Anordnung nicht befolge, müsse
sterben.
51 Ähnliche Anweisungen erließ er
für sein ganzes Reich.
Er setzte Beamte ein, die die Durchführung im ganzen Volk überwachen sollten;
auch gab er den Befehl, der Reihe nach in allen Städten Judäas einen Opfergottesdienst
zu halten.
52 Viele aus dem Volk schlossen sich ihnen
an; sie alle fielen vom Gesetz ab und trieben
es schlimm im Land.
53 Die Israeliten mussten sich vor ihnen verstecken, wo immer sie
Zuflucht fanden.
54 Am fünfzehnten Kislew des Jahres 145
ließ der König auf dem Brandopferaltar den
unheilvollen Gräuel aufstellen; auch in den
Städten Judäas ringsum baute man Altäre.
55 Vor den Haustüren und auf den Plätzen
opferte man Weihrauch.
56 Alle Buchrollen
des Gesetzes, die man fand, wurden zerrissen

1,44 Noch 198 v. Chr. hatte Antiochus III. den Juden zugestanden, nach dem mosaischen Gesetz leben zu dürfen.

1,54 Unheilvoller Gräuel: wohl ein Altar zu Ehren eines Fruchtbarkeitsgottes.

und verbrannt. 57 Wer im Besitz einer Bun-
desrolle angetroffen wurde oder zum Gesetz
hielt, wurde aufgrund der königlichen An-
ordnung zum Tod verurteilt. 58 Sie ließen Is-
rael ihre Macht fühlen und gingen mit Ge-
walt gegen alle vor, die sie Monat für Monat
in den Städten aufspürten. 59 Am fünfund-
zwanzigsten des Monats (Kislew) brachten
sie auf dem Altar, den sie über dem Brand-
opferaltar errichtet hatten, ein Opfer dar.
60 Frauen, die ihre Kinder hatten beschnei-
den lassen, wurden auf Befehl (des Königs)
hingerichtet; 61 dabei hängte man die Säug-
linge an den Hals ihrer Mütter. Auch ihre
Familien brachte man um samt denen, die
die Beschneidung vorgenommen hatten.
62 Dennoch blieben viele aus Israel fest und
stark; sie aßen nichts, was unrein war. 63 Lie-
ber wollten sie sterben, als sich durch die
Speisen unrein machen und den heiligen
Bund entweihen. So starben sie. 64 Ein ge-
waltiger Zorn lag auf Israel.

41–64: 2 Makk 6f • 45–46: Dan 9,27; 11,31 • 54: Dan 9,27; 11,31 • 60–61: 2 Makk 6,10.

DER AUFSTAND GEGEN DIE VERFOLGER: 2,1–70

Mattatias und seine Söhne: 2,1–14

2 Damals trat ein Priester auf aus dem
Geschlecht des Jojarib namens Matta-
tias; sein Vater war Johanan, der Sohn Sime-
ons. Er stammte aus Jerusalem, hatte sich
aber in Modeïn niedergelassen. 2 Er hatte
fünf Söhne: Johanan, den man auch Gaddi
nannte, 3 Simeon mit dem Beinamen Tassi,
4 Judas, der als der Makkabäer bekannt wur-
de, 5 Eleasar, dem man den Namen Awaran
gab, und Jonatan, der auch Apphus hieß.
6 Als er das gotteslästerliche Treiben in Ju-
däa und in Jerusalem sah, sagte er:
7 Ach, warum bin ich geboren, dass ich er-
leben muss, / wie man mein Volk vernichtet /
und die heilige Stadt zerstört? / Ohnmächtig
musste man zusehen, / wie sie in die Gewalt
ihrer Feinde geriet, / wie die heilige Stätte
Fremden in die Hände fiel.
8 Ihr Tempel wurde wie ein ehrloser
Mann,
9 ihre Kostbarkeiten schleppte man als
Beute fort. / Auf den Plätzen erschlug man
ihre kleinen Kinder; / ihre jungen Männer
fielen unter dem Schwert des Feindes.
10 Welches Volk hat nicht ein Stück des
Reiches erhalten, / hat sich nicht seinen An-
teil an der Beute errafft?
11 Ihren ganzen Schmuck nahm man ihr
weg. / Die Freie wurde zur Sklavin.
12 Seht, unser Heiligtum, / unsere Zierde
und unser Ruhm, liegt verödet; / fremde Völ-
ker haben es entweiht.
13 Wozu leben wir noch?
14 Und Mattatias und seine Söhne zerris-
sen ihre Gewänder, zogen Bußkleider an und
gaben sich tiefer Trauer hin.

1: 1 Chr 24,7.

Der Aufstand des Mattatias: 2,15–28

15 Da kamen die Beamten, die vom König
den Auftrag hatten, die Einwohner zum Ab-
fall von Gott zu zwingen, in die Stadt Modeïn,
um die Opfer durchzuführen. 16 Viele Män-
ner aus Israel kamen zu ihnen; auch Matta-
tias und seine Söhne mussten erscheinen.
17 Da wandten sich die Leute des Königs
an Mattatias und sagten: Du besitzt in dieser
Stadt Macht, Ansehen und Einfluss und hast
die Unterstützung deiner Söhne und Ver-
wandten. 18 Tritt also als erster vor und tu,
was der König angeordnet hat. So haben es
alle Völker getan, auch die Männer in Judäa
und alle, die in Jerusalem geblieben sind.
Dann wirst du mit deinen Söhnen zu den
Freunden des Königs gehören; auch wird
man dich und deine Söhne mit Silber, Gold
und vielen Geschenken überhäufen.
19 Mattatias aber antwortete mit lauter
Stimme: Auch wenn alle Völker im Reich des
Königs ihm gehorchen und jedes von der Re-
ligion seiner Väter abfällt und sich für seine
Anordnungen entscheidet – 20 ich, meine
Söhne und meine Verwandten bleiben beim
Bund unserer Väter. 21 Der Himmel bewahre
uns davor, das Gesetz und seine Vorschriften
zu verlassen. 22 Wir gehorchen den Befehlen
des Königs nicht und wir weichen weder
nach rechts noch nach links von unserer Re-
ligion ab.
23 Kaum hatte er das gesagt, da trat vor al-
ler Augen ein Jude vor und wollte auf dem
Altar von Modeïn opfern, wie es der König
angeordnet hatte. 24 Als Mattatias das sah,
packte ihn leidenschaftlicher Eifer; er bebte
vor Erregung und ließ seinem gerechten
Zorn freien Lauf: Er sprang vor und erstach

2,18 Freund des Königs: eine ehrenvolle Auszeichnung, die am persischen Hof erblich war.

den Abtrünnigen über dem Altar. 25 Zusammen mit ihm erschlug er auch den königlichen Beamten, der sie zum Opfer zwingen wollte, und riss den Altar nieder; 26 der leidenschaftliche Eifer für das Gesetz hatte ihn gepackt und er tat, was einst Pinhas mit Simri, dem Sohn des Salu, gemacht hatte. 27 Dann ging Mattatias durch die Stadt und rief laut: Wer sich für das Gesetz ereifert und zum Bund steht, der soll mir folgen. 28 Und er floh mit seinen Söhnen in die Berge; ihren ganzen Besitz ließen sie in der Stadt zurück.

17–22: Dan 11,32 • 26: Num 25,6–15.

Der Kampf am Sabbat: 2,29–41

29 Damals gingen viele, die Recht und Gerechtigkeit suchten, in die Wüste hinunter, um dort zu leben. 30 Ihre Kinder und ihre Frauen und auch ihr Vieh nahmen sie mit; denn ihre Lage zu Hause war unerträglich geworden. 31 Aber man meldete den Beauftragten des Königs und der Besatzung, die in der Davidstadt von Jerusalem war: Die Leute, die die Anordnung des Königs missachtet haben, sind in die Wüste zu den Höhlen hinabgezogen. 32 Da setzte ihnen eine starke Truppe nach; als sie die Juden eingeholt hatte, stellte sie sich ihnen gegenüber auf und machte sich zum Kampf bereit. An jenem Tag war gerade Sabbat. 33 Die Soldaten riefen ihnen zu: Jetzt ist noch Zeit. Kommt heraus und tut, was der König sagt; dann bleibt ihr am Leben. 34 Die Juden antworteten: Wir gehen nicht hinaus und tun nicht, was der König sagt; wir werden den Sabbat nicht entweihen. 35 Da gingen die Soldaten sofort zum Angriff über. 36 Die Juden gaben keine Antwort mehr; sie warfen nicht einmal Steine auf sie, noch versperrten sie die Eingänge der Höhlen. 37 Denn sie sagten: Wir wollen lieber alle sterben, als schuldig werden. Himmel und Erde sind unsere Zeugen, dass ihr uns gegen jedes Recht umbringt. 38 Am Sabbat begannen die Soldaten den Kampf; so starben die Juden mit ihren Frauen und Kindern, etwa tausend Menschen, und auch ihr Vieh kam zusammen mit ihnen um.

39 Als Mattatias und seine Anhänger das erfuhren, hielten sie für die Toten eine große Trauerfeier ab. 40 Sie sagten zueinander: Wenn wir alle so handeln, wie unsere Brüder gehandelt haben, und nicht gegen die fremden Völker für unser Leben und unsere Gesetze kämpfen, dann vertilgen sie uns bald von der Erde. 41 Und sie beschlossen noch am gleichen Tag: Wenn uns jemand am Sabbat angreift, werden wir gegen ihn kämpfen, damit wir nicht alle umkommen wie unsere Brüder in den Höhlen.

29: 2 Makk 6,11.

Erste Erfolge der Aufständischen: 2,42–48

42 Damals schloss sich ihnen auch die Gemeinschaft der Hasidäer an; das waren tapfere Männer aus Israel, die alle dem Gesetz treu ergeben waren. 43 Auch alle anderen, die vor dem Unheil flohen, kamen zu ihnen und verstärkten ihre Reihen. 44 Sie stellten eine bewaffnete Streitmacht auf

und sie erschlugen die Sünder in ihrem Zorn, / die Frevler in ihrem Grimm.

Wer übrig blieb, musste zu den Nachbarvölkern fliehen, um sein Leben zu retten. 45 Mattatias und seine Anhänger zogen durch das ganze Land und rissen die Altäre nieder. 46 Alle unbeschnittenen Kinder, die sie in dem Gebiet Israels fanden, beschnitten sie gewaltsam.

47 Sie verfolgten die frechen Frevler; / in allem, was sie taten, hatten sie Glück.

48 Sie entrissen das Gesetz der Gewalt fremder Völker / und der Hand der Könige. / Dem Sünder ließen sie keine Macht.

Vermächtnis und Tod des Mattatias: 2,49–70

49 Schließlich kam für Mattatias die Zeit, dass er sterben musste. Da sagte er zu seinen Söhnen:

Nun sind über uns Hochmut und Strafe gekommen, / die Zeit des Zusammenbruchs und lodernder Zorn.

50 Jetzt ereifert euch für das Gesetz, meine Söhne, / setzt euer Leben ein für den Bund unserer Väter!

51 Denkt an die Taten, / die unsere Väter zu ihren Zeiten vollbrachten; / erwerbt euch großen Ruhm / und einen ewigen Namen!

52 Wurde Abraham nicht für treu befunden in der Erprobung / und wurde ihm das nicht als Gerechtigkeit angerechnet?

53 Josef hielt das Gebot, als man ihn bedrängte, / und wurde Herr über Ägypten.

54 Pinhas, unser Ahnherr, ereiferte sich für Gottes Sache / und empfing den Bund ewigen Priestertums.

2,42 »Hasidäer« (hasidim) bedeutet »Fromme«; eine jüdische Gemeinschaft, die sich später (150 v. Chr.) in Pharisäer und Essener aufspaltete.

2,49–70 Zum »Vermächtnis« des Mattatias vgl. den Lobpreis der Väter in Sir 44 – 50.

2,54 Der gegenwärtige Hohepriester Simon II. wird in die Ahnenreihe des Aaron und Pinhas gestellt.

55 Weil Josua seinen Auftrag erfüllte, /
wurde er Richter in Israel.
56 Kaleb sprach als Zeuge vor dem Volk die
Wahrheit; / darum bekam er ein Erbteil im
Land.
57 David hielt die Treue; / darum erhielt er
den Königsthron als ewiges Erbe.
58 Elija kämpfte mit leidenschaftlichem
Eifer für das Gesetz / und wurde in den Him-
mel aufgenommen.
59 Hananja, Asarja und Mischaël hatten
Vertrauen; / darum wurden sie aus den
Flammen gerettet.
60 Weil Daniel unschuldig war, / wurde er
dem Rachen der Löwen entrissen.
61 Überdenkt unsere ganze Vergangen-
heit: / Keiner, der ihm vertraut, kommt zu
Fall.
62 Habt keine Angst vor den Worten eines
bösen Menschen! / Seine Herrlichkeit ver-
fällt der Fäulnis und den Würmern.
63 Heute noch reckt er sich hoch empor, /
morgen schon ist er verschwunden; / denn er
ist wieder zu Staub geworden / und mit sei-
nen Plänen ist's aus.
64 Meine Söhne, seid stark und mutig im
Kampf für das Gesetz; / denn durch das Ge-
setz werdet ihr euch Ruhm erwerben.
65 Da ist Simeon, euer Bruder. Ich weiß,
dass er ein kluger Mann ist. Hört immer auf
ihn! Er soll euer Vater sein. 66 Judas, der
Makkabäer, ist seit seiner Jugend ein tapfe-
rer Krieger. Er soll an der Spitze eures Hee-
res stehen und den Kampf für sein Volk füh-
ren. 67 Schart alle um euch, die das Gesetz
halten. Nehmt Rache für euer Volk! 68 Zahlt
es den fremden Völkern heim! Achtet auf
das, was das Gesetz befiehlt.
69 Und nachdem er sie gesegnet hatte, wur-
de er mit seinen Vätern vereint. 70 Er starb im
Jahr 146. Man setzte ihn im Grab seiner
Väter in Modeïn bei und ganz Israel hielt
feierlich die Totenklage um ihn.

52: Gen 22; 15,6 • 53: Gen 39,7–15; 41,38–44 • 54: Num 25,6–13 • 55: Ex 17,9–13; Num 27,15–23 • 56: Num 13,30; 14,6f.24; Jos 14,6–14 • 57: 1 Sam 24; 26; 2 Sam 7 • 58: 1 Kön 18,40; 19,10; 2 Kön 2,1–13 • 59: Dan 3 • 60: Dan 6 • 63: Ps 37,35f; 146,3f.

DIE TATEN DES JUDAS: 3,1 – 9,22

Das Loblied auf Judas: 3,1–9

3 An die Stelle des Mattatias trat sein
Sohn Judas mit dem Beinamen der
Makkabäer. 2 Alle seine Brüder unterstütz-
ten ihn, wie auch alle, die sich seinem Vater
angeschlossen hatten. Freudig kämpften sie
für Israel.
3 Er machte sein Volk weithin berühmt. /
Als Kriegsheld zog er seinen Panzer an, /
legte seine Waffen um und führte Krieg; /
sein Schwert war der Schutz seines Hee-
res.
4 Er glich im Kampf einem Löwen, / einem
jungen Löwen, der sich brüllend auf die
Beute stürzt.
5 Er verfolgte die Sünder und spürte sie
auf; / er vertilgte alle, die sein Volk verwirr-
ten.
6 Aus Furcht vor ihm verloren die Sünder
den Mut, / alle Übeltäter vergingen vor
Angst. / Seiner Hand gelang die Befreiung.
7 Vielen Königen schaffte er großen Ver-
druss, / doch Jakob erfreute er mit seinen
Taten. / Sein Andenken sei ewig gepriesen.
8 Er zog durch die Städte Judäas, / ver-
nichtete die Frevler im Land / und wandte
Gottes Zorn von Israel ab.
9 Man sprach von ihm bis ans Ende der
Welt; / er sammelte wieder, was verloren
war.

1–9: 2 Makk 8,1–7.

Abwehr heidnischer Angriffe: 3,10–26

10 Apollonius sammelte Truppen aus den
fremden Völkern und dazu ein großes Heer
aus Samarien, um gegen Israel Krieg zu füh-
ren. 11 Als Judas davon erfuhr, zog er ihm
entgegen und besiegte und erschlug ihn. Vie-
le kamen in diesem Kampf um; die Übrigen
flohen. 12 Danach holte man sich die Beute.
Judas nahm das Schwert des Apollonius an
sich; er gebrauchte es in jedem Kampf, so-
lange er lebte.
13 Seron, der Befehlshaber der Streitkräfte
in Syrien, hörte, dass Judas eine Gemein-
schaft von Getreuen um sich geschart hatte,
die mit ihm in den Kampf auszogen. 14 Da
dachte er: Ich will mir einen Namen machen
und im Reich berühmt werden: Ich werde ei-
nen Feldzug unternehmen gegen Judas und
seine Leute, die das Wort des Königs verach-
ten. 15 Ein großes Heer ruchloser Männer
schloss sich ihm an und zog zu seiner Unter-
stützung mit ihm hinauf, um an den Israeli-

2,62 Gemeint ist Antiochus IV. Epiphanes.

3,10 Nach Josephus Flavius war Apollonius Gouverneur von Samaria.

ten Rache zu nehmen. 16 Er kam bis zur Stei-
ge von Bet-Horon. Judas zog ihm mit ganz
wenigen Männern entgegen. 17 Als diese das
Heer sahen, das gegen sie ausgerückt war,
sagten sie zu Judas: Wie können wir mit so
wenigen Leuten gegen eine solche Über-
macht kämpfen? Außerdem sind wir ganz
erschöpft; denn wir haben heute noch nichts
gegessen.

18 Judas antwortete: Es kann leicht sein,
dass viele wenigen in die Hände fallen; für
den Himmel macht es keinen Unterschied,
ob er durch viele oder wenige Rettung
bringt. 19 Denn der Sieg im Kampf liegt nicht
an der Größe des Heeres, sondern an der
Kraft, die vom Himmel kommt. 20 Diese Leu-
te da ziehen voll Hochmut und Bosheit gegen
uns in den Kampf, um uns mit unseren Frau-
en und Kindern auszurotten und unsere Habe
zu plündern. 21 Wir aber kämpfen für unser
Leben und für unsere Gesetze. 22 Der Himmel
wird sie vor unseren Augen vernichtend
schlagen. Darum habt keine Angst vor ihnen!
23 Kaum hatte er das gesagt, da stürzte er
sich überraschend auf die Feinde und Seron
und sein Heer wurden vor seinen Augen auf-
gerieben. 24 Sie verfolgten ihn von der Steige
von Bet-Horon bis in die Ebene hinab und es
fielen gegen achthundert Mann von ihnen;
die Übrigen flohen ins Land der Philister.

25 Da begann man, sich vor Judas und sei-
nen Brüdern zu fürchten, / Schrecken befiel
die Völker ringsum.

26 Selbst der König hörte seinen Namen; /
die ganze Welt erzählte von den Kämpfen
des Judas.

18: 1 Sam 14,6.

Die Kriegsvorbereitungen des Antiochus Epiphanes: 3,27–37

27 Als König Antiochus von diesen Ereig-
nissen hörte, wurde er sehr zornig. Er
schickte Boten aus und zog alle Streitkräfte
seines Reiches zusammen: ein gewaltig gro-
ßes Heer. 28 Dann öffnete er seine Schatz-
kammer, gab seinen Truppen Sold für ein
Jahr und befahl ihnen, sich für jeden Fall be-
reitzuhalten. 29 Doch merkte er, dass das
Geld im Staatsschatz ausging. Auch kamen
nur noch wenig Steuern aus dem Land ein,
weil er Streit und Unglück über das Land
gebracht hatte, als er die uralten Bräuche
aufhob. 30 Er war also besorgt, dass er, wie es
schon einige Male vorgekommen war, nicht
mehr so aufwendig wie früher leben und kei-
ne Geschenke mehr verteilen könnte. Er war
nämlich bisher besonders freigebig gewesen,
mehr als die Könige vor ihm. 31 In seiner gro-
ßen Verlegenheit beschloss er, nach Persien
zu ziehen, um in jenen Provinzen die Steuern
einzutreiben und auf diese Weise viel Geld
zusammenzubringen. 32 Als seinen Statthal-
ter über das Gebiet zwischen dem Eufrat
und der Grenze Ägyptens ließ er Lysias zu-
rück, einen Mann, der sehr angesehen war
und aus königlicher Familie stammte. 33 Ihm
übertrug er auch bis zu seiner Rückkehr die
Erziehung seines Sohnes Antiochus. 34 Fer-
ner überließ er ihm die Hälfte der Truppen
und die Kriegselefanten und gab ihm Anwei-
sungen über alle anstehenden Maßnahmen,
auch gegen die Bewohner von Judäa und Je-
rusalem. 35 Er sagte, er solle ein Heer gegen
Israel schicken, um seine Macht zu brechen,
um alles zu vernichten, was von Jerusalem
noch übrig sei, und sogar die Erinnerung an
die Juden auslöschen. 36 Er solle Menschen
aus fremden Völkern in ihrem ganzen Gebiet
ansiedeln und das Land an sie verlosen.
37 Die andere Hälfte der Truppen nahm der
König mit sich; er brach im Jahr 147 von sei-
ner Hauptstadt Antiochia auf, überquerte
den Eufrat und marschierte in die östlichen
Provinzen.

Der Angriff des Gorgias und des Nikanor: 3,38–45

38 Lysias aber wählte Ptolemäus aus, den
Sohn des Dorymenes, außerdem Nikanor
und Gorgias, tapfere Männer, die zu den
Freunden des Königs gehörten, 39 und
schickte sie mit vierzigtausend Mann und
siebentausend Reitern auf den Weg. Sie soll-
ten in Judäa einmarschieren und das Land
verwüsten, wie es der König befohlen hatte.
40 Sie brachen also mit ihrem ganzen Heer
auf, zogen bis Emmaus und schlugen dort in
der Ebene ihr Lager auf. 41 Als die Händler in
jener Gegend von ihnen hörten, kamen sie
mit viel Silber und Gold und mit Fußfesseln
zum Lager, um die Israeliten als Sklaven
aufzukaufen. Dem Heer schlossen sich auch
noch Truppen aus Syrien und aus dem Land
der Philister an.

42 Als Judas und seine Brüder sahen, dass
großes Unheil drohte und die feindlichen
Truppen schon auf ihrem Gebiet ihr Lager
aufschlugen, und als sie erfuhren, welche

3,24 »Land der Philister« ist altertümliche Redeweise für das Küstengebiet am Mittelmeer. Davon ist der Name Palästina abgeleitet.

3,37 die östlichen Provinzen: die Hochebene des Iran.

Befehle der König gegeben hatte, um das
Volk völlig zu vernichten, 43 sagten sie zuei-
nander: Wir wollen die Trümmer unseres
Volkes wiederaufbauen und für unser Volk
und das Heiligtum kämpfen. 44 Und sie ka-
men zusammen, um sich zum Kampf zu rüs-
ten, aber auch, um zu beten und Gnade und
Mitleid zu erflehen.
45 Jerusalem war menschenleer wie eine
Wüste, / von den Kindern der Stadt / ging
keines mehr ein oder aus. / Die heilige Stätte
war entweiht. / Ausländer hausten in der
Burg, / sie war ein Gasthaus für fremde Völ-
ker. / Die Freude war aus Jakob verschwun-
den, / Flöte und Harfe waren verstummt.

38–45 ‖ 2 Makk 8,8–15 • 38: 2 Makk 4,45; 1 Makk 7,26; 2 Makk 10,14.

Der Bittgottesdienst in Mizpa: 3,46–60

46 Sie versammelten sich also und gingen
nach Mizpa. Das ist ein Ort, der Jerusalem
gegenüber liegt und an dem die Israeliten
früher eine Gebetsstätte hatten. 47 Sie faste-
ten an jenem Tag, zogen Bußkleider an,
streuten sich Staub auf das Haupt und zer-
rissen ihre Gewänder. 48 Sie breiteten die
Gesetzesrolle aus, um eine Entscheidung zu
erhalten, so wie die fremden Völker ihre
Götterbilder befragen. 49 Auch brachten sie
die priesterlichen Gewänder, die Erstlings-
früchte und den Zehnten herbei, befahlen
den Nasiräern, deren Zeit abgelaufen war,
sich zu versammeln, 50 und schrien laut zum
Himmel: Was sollen wir mit diesen Dingen
und diesen Menschen tun, wo sollen wir sie
hinbringen? 51 Man entweiht und schändet
dein Heiligtum; deine Priester leben in Trau-
er und Elend. 52 Sieh her: Man führt fremde
Völker zusammen, um uns auszurotten. Du
weißt, was sie mit uns vorhaben. 53 Wie kön-
nen wir ihrem Angriff standhalten, wenn du
uns nicht hilfst? 54 Dabei ließen sie die Trom-
peten blasen und schrien laut.
55 Danach setzte Judas Heerführer ein, je-
weils über tausend, hundert, fünfzig und
zehn. 56 Alle, die (kurz zuvor) ein Haus ge-
baut, eine Frau geheiratet oder Weinberge
angelegt hatten oder die Angst hatten, ließ er
nach Hause zurückkehren, wie es das Gesetz
vorschreibt. 57 Danach brach das Heer auf
und schlug südlich von Emmaus sein Lager
auf. 58 Judas sagte: Legt eure Waffen an und
seid tapfer! Macht euch bereit, morgen früh
mit diesen fremden Völkern zu kämpfen, die
man zusammengeführt hat, um uns und un-
ser Heiligtum zu vernichten. 59 Denn wir
wollen lieber im Kampf fallen, als zusehen,
wie Unglück über unser Volk und über das
Heiligtum kommt. 60 Doch wie der Himmel
will, so soll es geschehen.

46–60 ‖ 2 Makk 8,16–23 • 46: Ri 20,1–3; 1 Sam 7,5f • 49: Dtn 26; Num 6 • 56: Dtn 20,5–9.

Der Sieg über Gorgias: 4,1–25

4 Gorgias aber nahm eine Abteilung von
fünftausend Mann und tausend ausge-
suchten Reitern und brach mit ihnen in der
Nacht auf. 2 Er wollte nämlich das jüdische
Heer überfallen und überraschend schlagen;
Leute aus der Burg zeigten ihm den Weg.
3 Doch Judas erfuhr davon und brach selbst
mit seinen Männern auf, um das Lager der
königlichen Streitkräfte vor Emmaus anzu-
greifen, 4 solange die anderen Truppen vom
Lager getrennt waren. 5 Gorgias erreichte
noch in der Nacht das Lager der Juden, fand
aber niemand. Daher suchte er sie in den
Bergen, denn er dachte: Sie sind vor uns ge-
flohen.
6 Bei Tagesanbruch erschien Judas mit
dreitausend Mann in der Ebene. Doch sie
waren nicht so ausgerüstet und bewaffnet,
wie sie es wünschten. 7 Als sie das Kriegsla-
ger der fremden Völker sahen, das stark, fest
gebaut und ringsum von Reiterei umgeben
war – lauter gut ausgebildete Soldaten –, 8 da
sagte Judas zu seinen Männern: Habt keine
Angst vor ihrer Übermacht und fürchtet
euch nicht vor ihrer Kampfkraft! 9 Denkt
daran, wie unsere Väter im Roten Meer ge-
rettet wurden, als der Pharao sie mit seinem
Heer verfolgte. 10 Lasst uns den Himmel an-
rufen, dass er uns gewogen ist und des Bun-
des mit unseren Vätern gedenkt und dass er
dieses Heer heute vor unseren Augen ver-
nichtend schlägt. 11 Dann werden alle Völker
erkennen, dass es einen gibt, der Israel los-
kauft und rettet.
12 Als die fremden Soldaten aufblickten,
sahen sie die Juden heranrücken. 13 Da ka-
men sie aus ihrem Lager heraus, um zu
kämpfen; die Männer des Judas aber bliesen
die Widderhörner. 14 Die beiden Heere stie-
ßen aufeinander und die fremden Völker
wurden vernichtend geschlagen und flohen
in die Ebene. 15 Alle, die nicht schnell genug
waren, fielen unter dem Schwert. Die Juden
verfolgten sie bis nach Geser und in die Ebe-
ne von Idumäa, Aschdod und Jamnia und er-
schlugen ungefähr dreitausend von ihnen.
16 Dann hörte Judas mit seinen Leuten auf,
sie zu verfolgen, und kehrte um. 17 Er sagte
zu seinen Männern: Fallt noch nicht über die
Beute her; denn uns steht noch ein Kampf
bevor. 18 Gorgias steht mit seinen Truppen
dicht vor uns in den Bergen. Stellt euch also

zum Kampf gegen eure Feinde auf und greift
sie an; nachher könnt ihr in aller Ruhe eure
Beute holen. 19 Während Judas noch sprach,
sah man eine Abteilung der Feinde hinter
dem Berg auftauchen. 20 Als sie merkten,
dass ihre Leute geschlagen waren und die
Juden das Lager angezündet hatten – der
weithin sichtbare Rauch zeigte an, was ge-
schehen war –, 21 bekamen sie bei diesem An-
blick große Angst. Als sie außerdem sahen,
dass das Heer des Judas kampfbereit in der
Ebene stand, 22 flohen sie alle ins Land der
Philister.
23 Jetzt erst machte sich Judas an die Plün-
derung des Lagers. Sie erbeuteten viel Gold
und Silber, violette und rote Purpurstoffe
und andere reiche Schätze. 24 Auf dem Rück-
marsch priesen und lobten sie den Himmel:
»Denn er ist gütig, denn seine Huld währt
ewig«. 25 So wurde Israel an jenem Tag wun-
derbar gerettet.

1–25 ‖ 2 Makk 8,23–29 • 2: 1,33 • 24: Ps 118,1.

Der erste Angriff des königlichen Heeres unter Lysias: 4,26–35

26 Die Philister, die sich hatten retten kön-
nen, kamen zu Lysias und meldeten ihm, was
geschehen war. 27 Auf diese Nachricht hin
war er bestürzt und in großer Sorge. Denn
der Feldzug gegen Israel war nicht so verlau-
fen, wie er es gewollt hatte; der Auftrag des
Königs war nicht ausgeführt worden. 28 Da-
rum warb er im nächsten Jahr sechzigtau-
send Söldner an, ausgesuchte Männer, dazu
fünftausend Reiter, um wieder gegen die Ju-
den zu Felde zu ziehen. 29 Sie zogen nach
Idumäa und schlugen in Bet-Zur ihr Lager
auf. Judas aber kam ihnen mit zehntausend
Mann entgegen.
30 Als Judas das gewaltige Heerlager der
Feinde erblickte, sprach er folgendes Gebet:
Gepriesen seist du, Retter Israels. Du hast
den wütenden Riesen durch deinen Knecht
David erschlagen; du hast das Kriegslager
der Philister Jonatan, dem Sohn Sauls, und
seinem Waffenträger in die Hand gegeben.
31 Gib dieses Heer deinem Volk Israel preis!
Sie sollen beschämt werden samt ihrem Fuß-
volk und ihrer Reiterei. 32 Jag ihnen einen
Schrecken ein und lass ihren kühnen Mut
schwinden! Ihr Untergang soll sie erschüt-
tern. 33 Schlag sie nieder durch das Schwert
derer, die dich lieben. Dann werden alle, die
deinen Namen kennen, dein Lob singen.
34 Als nun die Heere aufeinanderstießen,
fielen etwa fünftausend von den Soldaten
des Lysias. 35 Als Lysias sah, welche Nieder-
lage sein Heer erlitten hatte und wie kühn
die Leute des Judas waren, bereit tapfer zu
leben oder zu sterben, kehrte er nach Antio-
chia zurück. Dort warb er Söldner an, um
mit noch stärkerer Macht noch einmal gegen
Judäa zu ziehen.

26–35: 2 Makk 11,1–12 • 30: 1 Sam 17; 14,1–23.

Die Reinigung und Weihe des Tempels: 4,36–61

36 Judas und seine Brüder aber sagten: Un-
sere Feinde sind nun vernichtend geschla-
gen. Wir wollen nach Jerusalem hinaufzie-
hen, den Tempel reinigen und ihn neu wei-
hen. 37 Das ganze Heer versammelte sich also
und zog zum Berg Zion hinauf. 38 Da sahen
sie das Heiligtum verödet daliegen. Der
Brandopferaltar war entweiht; die Tore hat-
te man verbrannt. In den Vorhöfen wuchs
Unkraut wie in einem Wald oder auf einem
Berg und die Nebengebäude waren verfal-
len. 39 Da zerrissen sie ihre Gewänder, be-
gannen laut zu klagen und streuten sich
Staub auf das Haupt. 40 Sie warfen sich nie-
der, mit dem Gesicht zur Erde. Sie bliesen
die Signaltrompeten und schrien zum Him-
mel. 41 Dann befahl Judas einer Schar seiner
Männer, die Besatzung der Burg zu belagern,
bis das Heiligtum gereinigt sei. 42 Er wählte
untadelige und gesetzestreue Priester aus,
43 damit sie das Heiligtum reinigten und die
entweihten Steine an einen unreinen Ort tru-
gen. 44 Sie berieten, was sie mit dem entweih-
ten Brandopferaltar tun sollten. 45 Es kam
ihnen der gute Gedanke, ihn niederzureißen;
denn er hätte ihnen Schande gebracht, da die
fremden Völker ihn entweiht hatten. So ris-
sen sie den Altar nieder 46 und legten die
Steine an einen passenden Ort auf dem Tem-
pelberg nieder, bis ein Prophet komme und
entscheide, was damit geschehen solle.
47 Dann nahmen sie unbehauene Steine, wie
es das Gesetz vorschreibt, und errichteten ei-
nen neuen Altar, der genauso aussah wie der
alte. 48 Auch das Heiligtum und die Innen-
räume des Tempels bauten sie wieder auf
und reinigten die Vorhöfe. 49 Sie fertigten
neue heilige Geräte an und stellten den
Leuchter, den Rauchopferaltar und den
Tisch in den Tempel. 50 Dann brachten sie
auf dem Altar ein Rauchopfer dar, zündeten

4,29 Bet-Zur ist ein Ort an der Südgrenze von Judäa und liegt an der Straße von Jerusalem nach Hebron.

4,46 Auch sonst ist die Rede davon, dass die Prophetie unterbrochen ist: 9,27; vgl. Ps 74,9; Klgl 2,9; Ez 7,26.

die Lichter an dem Leuchter an, sodass der
Tempel hell wurde, 51 legten Schaubrote auf
den Tisch und hängten den Vorhang auf. So
beendeten sie alle Arbeiten, die sie sich vor-
genommen hatten.
52 Am Fünfundzwanzigsten des neunten
Monats – das ist der Monat Kislew – im Jahr
148 standen sie früh am Morgen auf 53 und
brachten auf dem neuen Brandopferaltar,
den sie errichtet hatten, Opfer dar, so wie sie
das Gesetz vorschreibt. 54 Zur gleichen Zeit
und am selben Tag, an dem ihn die fremden
Völker entweiht hatten, wurde er neu ge-
weiht, unter Liedern, Zither- und Harfen-
spiel und dem Klang der Zimbeln. 55 Das
ganze Volk warf sich nieder auf das Gesicht,
sie beteten an und priesen den Himmel, der
ihnen Erfolg geschenkt hatte. 56 Acht Tage
lang feierten sie die Altarweihe, brachten
mit Freuden Brandopfer dar und schlachte-
ten Heils- und Dankopfer. 57 Sie schmückten
die Vorderseite des Tempels mit Kränzen
und kleinen Schilden aus Gold; sie erneuer-
ten die Tore und auch die Nebengebäude, die
sie wieder mit Türen versahen. 58 Im Volk
herrschte sehr große Freude; denn die
Schande, die ihnen die fremden Völker zuge-
fügt hatten, war beseitigt. 59 Judas fasste mit
seinen Brüdern und mit der ganzen Gemein-
de Israels den Beschluss, Jahr für Jahr zur
selben Zeit mit festlichem Jubel die Tage
der Altarweihe zu begehen, und zwar acht
Tage lang, vom fünfundzwanzigsten Kislew
an.
60 In jener Zeit errichteten sie rund um den
Zionsberg auch hohe Mauern mit festen Tür-
men, damit die fremden Völker nicht mehr in
dieses Gebiet eindringen und es entweihen
konnten, wie sie es vorher getan hatten.
61 Und Judas ordnete Truppen ab, um ihn zu
bewachen. Auch Bet-Zur ließ er befestigen
und legte eine Besatzung hinein, um das
Volk gegen Idumäa abzusichern.

36–61: 2 Makk 10,1–8 • 38: Ps 74,2–7 • 44: 1,54 • 46: 14,41 • 47: Ex 20,25 • 49: Ex 37,10–29.

Die Feldzüge gegen die Idumäer und Ammoniter: 5,1–8

5 Als aber die Völker ringsum hörten,
dass die Juden den Altar neu errichtet
und das Heiligtum wieder geweiht hatten,
sodass alles war wie früher, gerieten sie in
heftigen Zorn. 2 Sie beschlossen, alle aus
dem Stamm Jakobs, die bei ihnen wohnten,
auszurotten, und begannen, im Volk Tod und
Verderben zu verbreiten.
3 Da griff Judas die Nachkommen Esaus
an, die jenen Teil Idumäas bewohnten, der
Akrabattene heißt; sie hatten nämlich die
Grenze nach Israel abgeriegelt. Er brachte
ihnen eine schwere Niederlage bei, ließ sie
seine Macht fühlen und ihren Besitz plün-
dern. 4 Auch dachte er daran, welche Unta-
ten die Beoniter begangen hatten; sie hatten
nämlich den Juden an den Wegen aufgelau-
ert und waren für das Volk wie ein Netz und
eine Falle gewesen. 5 Daher schloss er sie
jetzt in ihre Fliehtürme ein und belagerte sie;
er weihte sie dem Untergang und verbrannte
die Türme mit allen, die darin waren. 6 Dann
zog er hinüber gegen die Ammoniter. Er traf
auf eine starke Streitmacht mit vielen Krie-
gern; ihr Anführer war Timotheus. 7 Judas
verwickelte sie in zahlreiche Gefechte und
sie wurden von ihm vernichtend geschlagen
und besiegt. 8 Er eroberte auch die Stadt
Jaser und ihre Tochterstädte. Dann kehrte er
nach Judäa zurück.

1–2: 12,53 • 3–8: 2 Makk 10,15–23 • 5: Jos 6,17 • 6: Dtn 2,18f • 8: Num 21,31f.

Die Vorbereitungen zur Rettung der Juden in Galiläa und in Gilead: 5,9–20

9 Da rotteten sich die Völker des Landes
Gilead gegen die Israeliten, die in ihrem Ge-
biet lebten, zusammen, um sie zu töten. Doch
diese konnten sich in die Festung Datema
flüchten. 10 Sie schrieben an Judas und seine
Brüder einen Brief mit folgendem Inhalt: Die
Völker ringsum haben sich gegen uns zusam-
mengerottet, um uns zu vernichten. 11 Sie
stehen bereit, um zu kommen und die Fes-
tung zu erobern, in die wir geflohen sind. Ti-
motheus führt ihre Streitkräfte an. 12 Darum
komm her und rette uns aus ihrer Gewalt,
denn viele von uns sind schon gefallen.
13 Auch unsere Brüder, die unter den Leuten
von Tubi lebten, hat man umgebracht, ihre
Frauen gefangen genommen, ihre Kinder
und ihren Besitz geraubt. Etwa tausend
Männer sind dort umgekommen.
14 Judas und seine Brüder hatten den Brief
noch nicht zu Ende gelesen, da kamen ande-
re Boten aus Galiläa in zerrissenen Kleidern
und brachten ihnen die Nachricht: 15 Die
Einwohner von Ptolemaïs, Tyrus und Sidon

4,59 Das Tempelweihfest (Hanukka) ist eines der jüngsten Feste im Kalender Israels.

5,3 Akrabattene: eine Gegend im Nordosten des Negeb.

5,6 Ammoniter: Volk im Gebiet um die heutige Stadt Amman.

5,15 Ptolemaïs ist der griechische Name für die Hafenstadt Akko (Ri 1,31).

und dem ganzen oberen Galiläa, soweit es
Fremdstämmige bewohnen, haben sich zu-
sammengetan, um uns auszurotten.
16 Als Judas und das Volk das hörten, be-
riefen sie eine große Versammlung ein, um zu
beraten, was sie für ihre bedrängten Brüder
tun sollten, die von den Feinden angegriffen
wurden. 17 Judas sagte zu seinem Bruder Si-
meon: Such dir geeignete Männer aus, mach
dich auf den Weg und befrei deine Brüder in
Galiläa; ich und mein Bruder Jonatan wollen
nach Gilead ziehen. 18 Als Anführer des Vol-
kes ließ er Josef, den Sohn Secharjas, und
Asarja mit dem Rest des Heeres zur Bewa-
chung Judäas zurück.
19 Er gab ihnen den Befehl: Übernehmt die
Führung dieser Leute, aber lasst euch in kei-
nen Kampf mit fremden Völkern ein, bevor
wir zurückgekehrt sind. 20 Simeon erhielt
dreitausend Mann zugeteilt, mit denen er
nach Galiläa ziehen sollte, Judas dagegen
achttausend Mann für Gilead.

Die Feldzüge nach Galiläa und Gilead:
5,21–54

21 Simeon zog also nach Galiläa. Dort lie-
ferte er den fremden Völkern zahlreiche Ge-
fechte und sie wurden vor seinen Augen ver-
nichtend geschlagen. 22 Er verfolgte sie bis
an die Tore von Ptolemaïs. Von den fremden
Völkern fielen ungefähr dreitausend Mann
und Simeon machte reiche Beute bei ihnen.
23 Dann führte er die Juden aus Galiläa und
Arbatta mit ihren Frauen und Kindern und
ihrem ganzen Besitz unter großem Jubel
nach Judäa zurück.
24 Judas, der Makkabäer, und sein Bruder
Jonatan hatten indessen den Jordan über-
schritten und waren drei Tagesmärsche
durch die Steppe gezogen. 25 Dort trafen sie
auf die Nabatäer, die ihnen freundlich be-
gegneten und ihnen alles erzählten, was ih-
ren Brüdern in Gilead zugestoßen war.
26 Viele von ihnen würden in Bosora, Bosor,
Alema, Kaspin, Maked und Karnajim festge-
halten, lauter großen, befestigten Städten.
27 Auch in den übrigen Städten Gileads halte
man sie fest und morgen wolle man sich an-
schicken, die Festungen zu belagern und zu
erstürmen. Alle sollten an einem einzigen
Tag umgebracht werden.
28 Da kehrte Judas mit seinem Heer über-
raschend um. Er nahm den Weg durch die
Steppe von Bosora, eroberte die Stadt, er-
schlug mit scharfem Schwert die gesamte
männliche Bevölkerung, plünderte die Stadt
völlig aus und brannte sie nieder.
29 Noch in der gleichen Nacht brach er
wieder auf und sie zogen bis vor die Festung
Datema. 30 Als sie gegen Morgen Ausschau
hielten, da sahen sie ein unzählbar großes
Heer; die Soldaten schleppten Sturmleitern
und Belagerungsmaschinen heran, um die
Festung zu erstürmen und gingen schon zum
Angriff gegen die Juden über. 31 Judas sah,
dass der Kampf bereits begonnen hatte: Der
Lärm aus der Stadt, Trompetengeschmetter
und lautes Geschrei drangen bis zum Him-
mel. 32 Da rief er den Männern in seinem
Heer zu: Kämpft heute für unsere Brüder!
33 Dann griff er die Feinde mit drei Abteilun-
gen von hinten an; seine Leute bliesen die
Trompeten und beteten laut. 34 Sobald das
Heer des Timotheus merkte, dass es der
Makkabäer war, liefen sie vor ihm davon. Er
brachte ihnen eine schwere Niederlage bei;
etwa achttausend Mann von ihnen fielen an
diesem Tag.
35 Danach wandte sich Judas gegen Alema.
Er griff die Stadt an und eroberte sie, er-
schlug die gesamte männliche Bevölkerung,
ließ die Stadt plündern und brannte sie nie-
der. 36 Von dort brach er auf und eroberte
Kaspin, Maked, Bosor und die übrigen Städ-
te Gileads.
37 Nach diesen Ereignissen sammelte Ti-
motheus ein neues Heer und schlug gegen-
über von Rafon, jenseits der Schlucht, sein
Lager auf. 38 Judas schickte Späher aus, die
das Lager erkunden sollten. Sie meldeten
ihm: Alle Völker, die rings um uns wohnen,
sind zu ihm gestoßen; es ist ein gewaltiges
Heer. 39 Auch arabische Hilfstruppen hat er
angeworben. Sie haben auf der anderen Sei-
te der Schlucht ihr Lager bezogen und ste-
hen bereit, gegen dich zum Kampf auszurü-
cken. Da zog Judas ihnen entgegen. 40 Als er
sich mit seinem Heer dem Bach, der durch
die Schlucht führte, näherte, sagte Timo-
theus zu seinen Heerführern: Wenn er zuerst
über den Bach zu uns herüberkommt, kön-
nen wir ihm nicht standhalten; dann wird er
uns sicherlich überwältigen. 41 Wenn er aber
Angst hat und sein Lager jenseits des Baches
aufschlägt, dann gehen wir zu ihm hinüber
und werden ihn überwältigen. 42 Als Judas
sich dem Gebirgsbach genähert hatte, ließ er
Heeresschreiber in der Schlucht antreten
und gab ihnen den Befehl: Niemand darf hier
Halt machen, sondern alle sollen zum Kampf
vorrücken. 43 Er selbst ging als erster über

5,25 Die Nabatäer (Hauptstadt Petra) waren im Gebiet südlich des Toten Meeres zum Roten Meer hin ansässig.

den Bach, den Feinden entgegen, und alle seine Krieger folgten ihm. Und die fremden Völker wurden von ihm vernichtend geschlagen; sie warfen ihre Waffen weg und flüchteten sich in das Heiligtum von Karnajim. 44 Aber die Juden eroberten die Stadt und verbrannten das Heiligtum mit allen, die darin waren. So wurde Karnajim gedemütigt und niemand konnte Judas mehr Widerstand leisten.

45 Nun sammelte Judas alle Israeliten, die in Gilead lebten, jung und alt, mit ihren Frauen und Kindern und ihrem Besitz, eine gewaltige Menschenmenge, um mit ihnen nach Judäa zu ziehen. 46 Sie kamen bis Efron. Diese große und stark befestigte Stadt lag auf ihrem Weg. Man konnte sie weder links noch rechts umgehen, sondern musste mitten durch sie hindurchziehen. 47 Aber die Einwohner der Stadt schlossen vor ihnen die Tore und versperrten sie außerdem mit Steinen. 48 Da schickte Judas Unterhändler zu ihnen mit dem friedlichen Vorschlag: Wir wollen durch euer Land ziehen, um in unser Land zu kommen. Keiner wird euch etwas Böses tun; wir wollen nur durchmarschieren. Aber die Einwohner wollten ihnen die Tore nicht öffnen. 49 Nun ließ Judas im Heer den Befehl ausrufen, jeder solle dort Stellung beziehen, wo er gerade sei. 50 Da stellten sich die Krieger auf und Judas ließ die Stadt den ganzen Tag und die ganze Nacht hindurch angreifen, bis sie fiel. 51 Er erschlug ihre gesamte männliche Bevölkerung mit scharfem Schwert, zerstörte die Stadt völlig und ließ sie plündern. Dann marschierte er über die Leichen der Erschlagenen hinweg durch die Stadt.

52 Sie überquerten den Jordan in der großen Ebene gegenüber von Bet-Schean. 53 Judas sorgte dafür, dass die Nachzügler zusammenblieben, und auf dem ganzen Weg sprach er den Leuten Mut zu, bis sie Judäa erreichten. 54 Dann zogen sie mit Jubel und Freude zum Berg Zion hinauf und brachten dort Brandopfer dar; denn keiner von ihnen war gefallen, alle waren wohlbehalten heimgekehrt.

24–54: 2 Makk 12,10–31 • 33: 1 Sam 11,11 • 40: 1 Sam 14,9f • 45: Jer 31,8 • 48: Num 20,14.17f • 51: Jos 6,17 • 54: Jer 31,12.

Die wahren Führer Israels: 5,55–68

55 Zu der Zeit, als Judas und Jonatan in Gilead waren und als sein Bruder Simeon in Galiläa vor Ptolemaïs lag, 56 hörten die Heerführer Josef, der Sohn Secharjas, und Asarja von den kühnen Taten, die jene vollbracht hatten. 57 Da sagten sie: Auch wir wollen uns einen Namen machen und einen Feldzug gegen die fremden Völker ringsum führen. 58 Sie gaben also den Soldaten, die sie bei sich hatten, den Befehl, gegen Jamnia zu ziehen. 59 Aber Gorgias und seine Männer rückten ihnen aus der Stadt zum Kampf entgegen. 60 Josef und Asarja wurden geschlagen und bis an die Grenze von Judäa verfolgt. An jenem Tag fielen fast zweitausend aus dem Volk Israel. 61 Das Volk hatte eine schwere Niederlage erlitten, weil sie nicht auf Judas und seine Brüder gehört hatten, sondern sich einbildeten, auch sie könnten große Taten vollbringen. 62 Doch sie waren nicht aus dem Geschlecht derer, die mit der Rettung Israels beauftragt waren.

63 Der große Judas und seine Brüder dagegen erwarben sich hohen Ruhm bei ganz Israel und bei allen Völkern, überall wo ihr Name bekannt wurde. 64 Die Leute kamen herbei, um sie zu beglückwünschen. 65 Judas und seine Brüder zogen auch zum Kampf gegen die Nachkommen Esaus im Süden. Er schlug Hebron und seine Tochterstädte, eroberte ihre Festungen und brannte ihre Türme ringsum nieder.

66 Dann zog er gegen das Philisterland. Als das Heer dabei durch Marescha kam, 67 fielen einige Priester im Kampf. Sie waren schlecht beraten gewesen, in den Krieg zu ziehen, um Heldentaten zu vollbringen. 68 Dann machte Judas eine Ausweichbewegung und zog nach Aschdod im Land der Philister. Dort zerstörte er die Altäre der Philister, verbrannte ihre Götterbilder, plünderte die Städte und kehrte dann nach Judäa zurück.

56: 5,18f • 68: Dtn 7,5.

Das Ende des Antiochus Epiphanes und die Thronbesteigung des Antiochus V.: 6,1–17

6 König Antiochus durchzog unterdessen die östlichen Provinzen. Er hörte von einer Stadt in Persien namens Elymaïs, die berühmt war wegen ihres Reichtums an Silber und Gold. 2 Auch gibt es in ihr einen sehr reichen Tempel; der mazedonische König Alexander, der Sohn des Philippus, der als erster Grieche König geworden war, hatte dort goldene Schilde, Rüstungen und Waffen hinterlassen. 3 Antiochus marschierte also hin und versuchte, die Stadt zu erobern und zu plündern. Doch er blieb ohne Erfolg; denn die Einwohner der Stadt hatten von seinem

6,1 Elymaïs ist wohl in der Nähe der persischen Hauptstadt Susa gelegen.

Plan erfahren 4 und leisteten ihm bewaffneten Widerstand. Er musste fluchtartig abziehen und machte sich sehr niedergeschlagen auf den Rückweg nach Babylon.

5 Noch in Persien erreichte ihn ein Bote mit der Nachricht, dass die Heere, die in Judäa einmarschiert waren, geschlagen worden waren. 6 Auch Lysias, der an der Spitze einer starken Streitmacht in den Kampf gezogen war, habe gegen die Juden eine schwere Niederlage erlitten. Deren Bewaffnung und Kampfkraft habe sich durch die große Beute, die sie bei den geschlagenen Armeen machten, verstärkt. 7 Den Gräuel, den er auf dem Altar in Jerusalem hatte aufstellen lassen, hätten sie wieder entfernt und den Tempelbezirk wie früher mit hohen Mauern umgeben, ebenso seine Stadt Bet-Zur.

8 Als der König das hörte, war er bestürzt und sehr beunruhigt. Er musste sich niederlegen, da ihn eine Schwäche befiel; so niedergeschlagen war er, weil seine Pläne gescheitert waren. 9 So ging es mehrere Tage. Er bekam immer neue Anfälle tiefer Schwermut und rechnete schon damit, dass er sterben müsse. 10 Er rief seine Freunde zusammen und sagte zu ihnen: Der Schlaf flieht meine Augen und ich bin vor Sorgen zusammengebrochen. 11 Ich habe mich gefragt: Wie bin ich nur in diese große Not und Bedrängnis geraten, in der ich mich jetzt befinde? Ich war während meiner Regierung doch immer leutselig und beliebt. 12 Jetzt fallen mir die bösen Dinge ein, die ich in Jerusalem getan habe. Ich habe dort alle Geräte aus Silber und Gold mitgenommen, ja, ich habe ohne Grund den Auftrag gegeben, die Bewohner Judäas auszurotten. 13 Deswegen ist dieses Unglück über mich gekommen, das weiß ich jetzt. Und nun sterbe ich ganz verzweifelt in einem fremden Land.

14 Er rief Philippus, einen seiner Freunde, zu sich und setzte ihn als Herrscher über sein ganzes Königreich ein. 15 Er überreichte ihm das königliche Diadem, sein Gewand und seinen Siegelring und gab ihm den Auftrag, seinen Sohn Antiochus anzuleiten und zu erziehen, bis er die Regierung übernehmen könne. 16 Dann starb König Antiochus dort im Jahr 149.

17 Als Lysias erfuhr, dass der König tot war, setzte er als dessen Nachfolger seinen Sohn Antiochus ein, dessen Erziehung ihm während seiner Minderjährigkeit oblag, und gab ihm den Beinamen Eupator.

1–17: 2 Makk 9; 1,11–17 • 7: 4,45 • 17: 3,32f.

Der zweite Angriff des königlichen Heeres unter Lysias: 6,18–54

18 Die Besatzung der Burg in Jerusalem schloss die Israeliten, die im Tempel waren, von allen Seiten ein. Sie versuchte unaufhörlich, Unheil anzurichten, und die Fremden hatten an ihnen einen starken Rückhalt. 19 Judas fasste daher den Plan, sie zu vernichten, und berief alle wehrfähigen Männer zur Belagerung zusammen. 20 Sie kamen und man begann im Jahr 150 mit der Belagerung; dabei baute man sogar Wurf- und Belagerungsmaschinen. 21 Einige von der Besatzung konnten den Belagerungsring durchbrechen; zu ihnen stießen mehrere Ruchlose aus Israel. 22 Sie begaben sich zum König und sagten: Wie lange zögerst du, uns unser Recht zu verschaffen und für unsere Brüder Rache zu nehmen? 23 Wir haben deinem Vater bereitwillig gedient; wir haben so gelebt, wie er es sagte, und haben seine Anordnungen befolgt. 24 Deswegen sind uns unsere eigenen Landsleute fremd geworden; ja, sie haben jeden von uns, den sie fanden, umgebracht und haben unseren Besitz geraubt. 25 Doch nicht allein gegen uns haben sie die Hand erhoben, sondern auch gegen alle ihre Nachbarn. 26 Jetzt sind sie sogar vor die Burg von Jerusalem gezogen, um sie zu erobern; außerdem haben sie den Tempel und Bet-Zur befestigt. 27 Wenn du ihnen nicht bald zuvorkommst, werden sie noch mehr unternehmen und du wirst sie nicht mehr aufhalten können.

28 Als der König das hörte, wurde er zornig. Er ließ alle seine Freunde zu sich kommen, sowohl die Anführer des Fußvolks als auch die der Reiterei. 29 Auch aus anderen Reichen und von den Inseln kamen Söldnertruppen zu ihm. 30 Im Ganzen bestand sein Heer aus hunderttausend Mann Fußvolk, zwanzigtausend Reitern und zweiunddreißig Kriegselefanten.

31 Sie zogen durch Idumäa und belagerten Bet-Zur. Der Kampf zog sich lange hin. Sie bauten auch Belagerungsmaschinen; die Belagerten machten jedoch einen Ausfall, verbrannten sie und schlugen sich tapfer. 32 Da zog Judas von der Burg in Jerusalem ab und schlug dem königlichen Heer gegenüber bei Bet-Sacharja sein Lager auf. 33 Am nächsten Morgen ließ der König das Heer in aller Frühe aufbrechen und in einem Eilmarsch nach Bet-Sacharja marschieren. Die Truppen schwärmten aus und man stieß in die Trompeten. 34 Den Elefanten hielt man den Saft von Trauben und Maulbeeren vor, um sie

zum Kampf zu reizen. 35 Darauf verteilte
man die Tiere auf die einzelnen Abteilungen.
Zu jedem Elefanten stellten sie tausend
Mann; diese hatten Kettenpanzer an und auf
dem Kopf bronzene Helme. Außerdem waren
jedem Tier fünfhundert ausgesuchte Reiter
zugeordnet; 36 sie hatten sich schon vorher
immer bei den Tieren aufgehalten und wa-
ren ihnen überall gefolgt, wohin sie auch
gingen. 37 Jedes Tier trug einen befestigten,
gut gesicherten Turm aus Holz, der kunst-
fertig angeschnallt war, dazu vier Soldaten,
die von dem Turm aus kämpften, sowie
seinen indischen Lenker. 38 Die übrige Reite-
rei stellte der König außen an die beiden
Flügel des Heeres, um die Gegner zu beun-
ruhigen und die eigenen Reihen zu decken.
39 Als die Sonne sich in den goldenen und
ehernen Schilden brach, da strahlten die
Berge wider und leuchteten auf wie bren-
nende Fackeln. 40 Ein Teil des königlichen
Heeres stellte sich oben auf den Bergen, ein
anderer unten in der Ebene auf. Dann
begannen sie, sicher und geordnet vorzu-
rücken. 41 Da zitterten alle, die das Getöse
der Menge hörten und sahen, wie die Massen
aufmarschierten und die Waffen aneinan-
derschlugen; denn es war ein gewaltig großes
und starkes Heer.

42 Judas rückte mit seinen Truppen eben-
falls vor und es kam zum Kampf; dabei fielen
vom Heer des Königs sechshundert Mann.
43 Eleasar Awaran sah einen Elefanten, des-
sen Panzer königlichen Schmuck trug und
der alle anderen Tiere überragte. Da er
glaubte, darauf sitze der König, 44 opferte er
sich, um sein Volk zu retten und sich ewigen
Ruhm zu erwerben. 45 Er lief mutig auf ihn
zu, mitten in die feindliche Schlachtreihe
hinein, teilte nach links und rechts tödliche
Hiebe aus und schlug sich eine Bresche
durch die Reihen. 46 So drang er bis zu dem
Elefanten vor, stellte sich unter ihn und
durchbohrte ihn. Das Tier brach zusammen
und fiel auf ihn, sodass er erdrückt wurde.
47 Als die Juden die Stärke und das Unge-
stüm der königlichen Truppen sahen, wichen
sie ihnen aus.

48 Die Truppen des königlichen Heeres
rückten daraufhin nach Jerusalem hinauf,
um die Juden dort zum Kampf zu stellen.
Der König schlug in Judäa und am Berg Zion
ein Lager auf.

49 Mit der Besatzung von Bet-Zur schloss
er Frieden und sie verließ die Stadt. Dort
waren nämlich während der Belagerung die
Nahrungsmittel ausgegangen; denn man be-
ging im Land ein Sabbatjahr. 50 Der König
ließ Bet-Zur besetzen und legte eine Garni-
son hinein, um es zu sichern.

51 Dann belagerte er viele Tage lang den
Tempel. Er ließ Wurf- und Belagerungsma-
schinen, auch Brand- und Steinschleudern
aufstellen, dazu Armbrüste für Pfeile und
kleinere Schleudermaschinen. 52 Aber die
Juden bauten ebenfalls Maschinen und der
Kampf zog sich lange hin. 53 Doch die Vor-
ratsräume waren leer, weil das Jahr ein sieb-
tes Jahr war; zudem hatten die, die man bei
den fremden Völkern gerettet und nach Ju-
däa gebracht hatte, den Rest der Vorräte
aufgebraucht. 54 Die Besatzung litt daher
Hunger und die Truppen liefen auseinander,
jeder ging nach Hause; nur wenige Männer
blieben beim Tempel zurück.

18–54 ‖ 2 Makk 13,1f.9–26 • 18: 1,33–36 • 49: Lev 25,2–7.

Der Religionsfriede des Lysias:
6,55–63

55 Da hörte Lysias, Philippus, den König
Antiochus noch zu seinen Lebzeiten zum Er-
zieher seines Sohnes Antiochus bestimmt
hatte, bis dieser die Regierung antreten kön-
ne, 56 sei aus Persien und Medien zurückge-
kehrt, zusammen mit den Truppen, die den
(verstorbenen) König begleitet hatten; er
versuche, die Regierung an sich zu bringen.
57 Daher entschloss sich Lysias, möglichst
rasch abzuziehen; er sagte zum König, zu
den Offizieren und den Soldaten: Unsere
Lage wird von Tag zu Tag schwieriger. Es
gibt wenig zu essen und der Ort, den wir be-
lagern, ist stark befestigt. Überdies ruht auf
uns die Sorge um das Reich. 58 Reichen wir
darum diesen Leuten die Hand und schließen
wir Frieden mit ihnen und ihrem ganzen
Volk! 59 Wir wollen ihnen zugestehen, dass
sie wie früher nach ihren Gesetzen leben
können. Denn weil wir ihre Gesetze abschaf-
fen wollten, haben sie sich gegen uns aufge-
lehnt und all das getan. 60 Der König und die
Heerführer waren mit diesem Vorschlag ein-
verstanden; er ließ den Juden Frieden anbie-
ten und sie nahmen ihn an. 61 Der König und
die Heerführer leisteten ihnen einen Eid; da-
rauf verließen die Juden die Festung. 62 Aber
als der König den Berg Zion betrat und sah,
wie stark der Ort befestigt war, brach er den
Eid, den er geschworen hatte, und gab den
Befehl, die Mauer ringsum einzureißen.
63 Dann zog er in Eilmärschen ab und kehrte
nach Antiochia zurück. Er fand die Stadt im
Besitz des Philippus, eröffnete den Kampf
gegen ihn und nahm die Stadt mit Gewalt.

55–63 ‖ 2 Makk 11,13–15 (38) • 55: 6,14f.

Neue Angriffe auf Israel nach der Thronbesteigung des Demetrius I.: 7,1–25

7 Im Jahr 151 floh Demetrius, der Sohn des Seleukus, aus Rom, landete mit nur wenigen Männern in einer Stadt am Meer und rief sich dort zum König aus. 2 Als er in den Palast seiner Väter einzog, nahmen die Truppen Antiochus und Lysias fest, um sie ihm auszuliefern. 3 Das wurde ihm mitgeteilt; er aber sagte: Ich will ihr Gesicht nicht sehen. 4 Da brachten die Truppen die beiden um und Demetrius setzte sich auf den Thron seines Reiches.

5 Alle Gesetzlosen und Frevler aus Israel kamen zu ihm. Ihr Anführer war Alkimus, der Hoherpriester werden wollte. 6 Sie verklagten das Volk beim König und sagten: Judas und seine Brüder haben alle deine Freunde umgebracht und uns aus unserer Heimat vertrieben. 7 Schick darum einen Mann, dem du vertraust, er soll kommen und sich das ganze Unheil ansehen, das sie uns und dem Land des Königs zugefügt haben. Dann soll er sie und alle, die sie unterstützen, bestrafen.

8 Der König wählte Bakchides, einen der Freunde des Königs; er hatte den Befehl jenseits des Stroms, galt viel im Reich und war dem König treu ergeben. 9 Mit ihm schickte er den ruchlosen Alkimus, den er als Hohenpriester einsetzte, und gab ihm den Auftrag, an den Israeliten Vergeltung zu üben.

10 Sie brachen mit einem großen Heer auf und zogen nach Judäa. Er schickte Boten an Judas und seine Brüder und bot ihnen mit hinterlistigen Worten Frieden. 11 Doch diese glaubten ihnen nicht; denn sie sahen, dass sie mit einem großen Heer gekommen waren.

12 Eine Gruppe von Schriftgelehrten ging indessen gemeinsam zu Alkimus und Bakchides, um eine gerechte Lösung zu suchen. 13 Auch bemühten sich die Hasidäer, als erste von den Israeliten, bei ihnen um Frieden. 14 Sie sagten sich nämlich: Ein Priester aus der Familie des Aaron ist zusammen mit den Truppen hergekommen; er wird uns nichts Böses tun. 15 Alkimus unterhielt sich auch friedlich mit ihnen, ja, er schwor ihnen: Wir werden euch und euren Freunden kein Leid zufügen. 16 Sie glaubten ihm; er aber ließ sechzig von ihnen festnehmen und noch am selben Tag hinrichten, genau wie geschrieben steht: 17 Die Leichen deiner Frommen haben sie rings um Jerusalem zerstreut und ihr Blut haben sie vergossen und keiner hat sie begraben. 18 Da begann das ganze Volk, sich vor ihnen zu fürchten und zu zittern. Man sagte: Bei ihnen gibt es weder Treue noch Recht; denn sie haben den Vertrag gebrochen trotz des Eides, den sie geschworen haben.

19 Bakchides marschierte von Jerusalem nach Bet-Sajit und schlug dort sein Lager auf. Er ließ viele von den Männern, die zu ihm übergelaufen waren, festnehmen, dazu auch einige Männer aus dem Volk, und befahl, sie an der großen Zisterne niederzumetzeln. 20 Er übergab das Land dem Alkimus und ließ zu seiner Unterstützung einen Teil der Truppen zurück. Dann kehrte Bakchides zum König zurück.

21 Alkimus aber kämpfte um das Hohepriesteramt. 22 Alle Unruhestifter im Volk sammelten sich um ihn; sie rissen die Macht über Judäa an sich und stürzten Israel tief ins Unglück. 23 Judas sah all das Unheil, das Alkimus und seine Anhänger bei den Israeliten anrichteten; sie waren schlimmer als die Ausländer. 24 Da brach er auf, zog durch das Gebiet von ganz Judäa und übte an den Überläufern Vergeltung, sodass sie sich nicht mehr frei im Land bewegen konnten. 25 Alkimus merkte, dass Judas und seine Leute an Macht gewannen, und da er einsah, dass er ihnen nicht gewachsen war, wandte er sich wieder an den König und brachte schwere Anklagen gegen sie vor.

1–25 ‖ 2 Makk 14,1–10 • 13: 2,42 • 17: Ps 79,2f.

Der Angriff und die Niederlage des Nikanor: 7,26–50

26 Da schickte der König einen seiner bedeutendsten Anführer, Nikanor, der ein erbitterter Gegner Israels war; er trug ihm auf, das Volk zu vernichten. 27 Nikanor kam mit einem großen Heer nach Jerusalem. Er schickte Boten zu Judas und seinen Brüdern und sprach hinterlistig von Frieden. Er sagte: 28 Ich will keinen Krieg mit euch. Darum will ich mich in Begleitung von nur ein paar Leuten in aller Freundschaft mit euch treffen, um über den Frieden zu reden. 29 Er kam auch zu Judas und sie begrüßten einander freundschaftlich. Seine Soldaten hielten sich indessen bereit, den Judas zu verschleppen. 30 Judas aber erfuhr, dass er in böser Absicht gekommen war. Da wurde er vorsichtig und wollte nicht mehr mit ihm zusammenkommen. 31 Nun merkte Nikanor, dass sein Plan entdeckt worden war, und er zog aus, um Judas bei Kafar-Salama zum Kampf zu stellen. 32 Aber fast fünfhundert von den Leuten des

7,8 jenseits des Stroms: das Gebiet, das sich vom Eufrat bis an die Grenze Ägyptens erstreckt.

Nikanor fielen und seine Soldaten mussten
sich in die Davidstadt flüchten.
33 Nach diesen Ereignissen ging Nikanor
zum Berg Zion hinauf. Aus dem Tempelbe-
zirk kamen ihm Priester und Älteste des Vol-
kes entgegen, um ihn friedlich zu begrüßen
und ihm das Opfer zu zeigen, das man für
den König darbrachte. 34 Er aber verhöhnte
und verspottete sie und machte sie unrein. Er
prahlte 35 und schwor voller Zorn: Wenn Ju-
das und sein Heer mir nicht sofort ausgelie-
fert werden, dann stecke ich dieses Haus in
Brand, sobald ich heil zurück bin. Dann ging
er wütend weg. 36 Die Priester gingen wieder
hinein, stellten sich vor den Altar und den
Tempel, weinten und sagten: 37 Du hast die-
ses Haus erwählt, damit dein Name darüber
ausgerufen werde; es sollte für dein Volk ein
Haus des Betens und Flehens sein. 38 Übe
Vergeltung an diesem Menschen und an sei-
nem Heer! Sie sollen unter dem Schwert fal-
len. Denk an ihre Lästerungen und lass sie
nicht weiterleben!
39 Nikanor verließ Jerusalem und schlug in
Bet-Horon sein Lager auf; dort stieß eine
Abteilung Soldaten aus Syrien zu ihm. 40 Ju-
das dagegen hatte mit dreitausend Mann
sein Lager bei Hadascha und er betete: 41 Da-
mals, als die Leute des Königs von Assur
über dich gelästert hatten, kam dein Engel
und erschlug hundertfünfundachtzigtau-
send von ihnen. 42 Schlag heute dieses Heer
vor unseren Augen genauso, damit die, die
von ihnen übrig bleiben, erkennen, dass Ni-
kanor schlimme Worte gegen dein Heiligtum
ausgestoßen hat. Richte ihn, wie es sein Ver-
brechen verdient.
43 Am Dreizehnten des Monats Adar stie-
ßen die Heere aufeinander und das Heer des
Nikanor wurde vernichtend geschlagen; er
selbst fiel als erster im Kampf. 44 Als sein
Heer sah, dass Nikanor gefallen war, warfen
sie die Waffen weg und flohen. 45 Die Juden
verfolgten sie einen Tagesmarsch weit, von
Hadascha bis nach Geser, und bliesen mit
den Signaltrompeten hinter ihnen her. 46 Aus
allen umliegenden Dörfern Judäas kamen
die Männer heraus und umzingelten die
Flüchtenden. Da wandten sich die Feinde
gegeneinander und alle fielen unter dem
Schwert; nicht einer von ihnen blieb übrig.
47 Die Juden nahmen ihnen ihre Ausrüs-
tungen weg und machten reiche Beute. Dem
Nikanor schlugen sie den Kopf ab und eben-
so die rechte Hand, die er so vermessen aus-
gestreckt hatte; sie brachten beides nach Je-
rusalem und hängten es dort öffentlich auf.
48 Im Volk herrschte große Freude; sie begin-
gen diesen Tag als einen großen Festtag
49 und beschlossen, den dreizehnten Adar
künftig jedes Jahr zu feiern.
50 Danach hatte Judäa für kurze Zeit
Ruhe.

26–50 ‖ 2 Makk 14,11 – 15,36 • 26: 3,38 • 36: Joël 2,17 • 41: 2 Kön 18,17–35; 19,35.

Das Bündnis des Judas mit Rom: 8,1–32

8 Judas hörte, wie man von den Römern
erzählte, sie seien geübt im Kriegfüh-
ren, erwiesen allen, die zu ihnen hielten,
Wohlwollen und schlössen Freundschaft mit
jedem, der sie darum bitte. Sie seien in der
Tat kriegstüchtige Männer. 2 Man berichtete
ihm auch von ihren Feldzügen und von ihren
kühnen Unternehmungen gegen die Galater,
die sie unterworfen und tributpflichtig ge-
macht hatten, 3 ebenso von ihren Taten in
Spanien: Dort hatten sie die Silber- und
Goldbergwerke erobert 4 und durch ihre
Klugheit und Ausdauer das ganze Land an
sich gebracht, obgleich es von ihnen weit
entfernt liegt. Die Könige, die vom Ende der
Welt gegen sie herangezogen waren, hatten
sie besiegt und ihnen eine vernichtende Nie-
derlage beigebracht; die Übrigen mussten
ihnen jährlich Tribut zahlen. 5 Philippus und
Perseus, die Könige der Kittäer, und alle an-
deren, die sich gegen sie auflehnten, hatten
sie im Krieg vernichtend geschlagen und un-
terworfen. 6 Als Antiochus, der Großkönig
von Asien, mit hundertzwanzig Elefanten,
mit Reiterei, Streitwagen und einem gewal-
tigen Heer gegen sie zum Kampf auszog,
wurde er von ihnen vernichtend geschlagen.
7 Sie nahmen ihn lebendig gefangen und er-
legten ihm und seinen Nachfolgern einen ho-
hen Tribut auf; er musste Geiseln stellen und
einen Teil seines Gebietes abtreten. 8 Sie
nahmen ihm die Provinzen Indien, Medien
und Lydien ab, einige der besten Länder, die
er besaß, und schenkten sie dem König Eu-
menes. 9 Als die Bewohner von Griechenland
den Plan fassten, in den Krieg zu ziehen, um
die Römer zu vernichten, 10 wurde diesen die
Sache bekannt. Sie schickten nur einen ein-
zigen Befehlshaber aus, um gegen sie Krieg
zu führen. Von den Griechen wurden viele
verwundet und kamen um. Die Römer führ-
ten ihre Frauen und Kinder gefangen weg,
plünderten ihre Habe und nahmen das Land
in Besitz; sie schleiften ihre Festungen und

8,1–16 Das Lob auf die Römer steht in betontem Gegensatz zur Abneigung gegen die Griechen.

8,2 Galater: jene Gallier, die um 200 v. Chr. südlich der Alpen wohnten.

machten sich die Griechen untertan; so ist es geblieben bis auf den heutigen Tag. 11 Auch alle anderen Reiche und die Inseln, die sich irgendwann gegen sie erhoben, hatten sie besiegt und sich untertan gemacht. 12 Ihren Freunden aber und allen, die sich auf sie verließen, hielten sie die Freundschaft. Sie unterwarfen die Könige nah und fern, und wer ihren Namen hörte, hatte Angst vor ihnen. 13 Wem sie aber zur Herrschaft verhelfen wollen, der wird König und ebenso setzen sie ab, wen sie wollen. Auf diese Weise sind sie sehr groß geworden.

14 Bei all dem setzt sich keiner von ihnen eine Krone auf oder legt Purpurgewänder an, um damit zu prunken. 15 Vielmehr haben sie sich eine Ratsversammlung (den Senat) geschaffen und jeden Tag halten dreihundertundzwanzig Ratsherren darüber Rat, wie das Volk gut zu regieren sei. 16 Einem einzigen Mann übertragen sie vertrauensvoll für ein Jahr die Regierung über sich und die Herrschaft über ihr ganzes Land. Alle gehorchen dem einen, ohne dass es Neid oder Eifersucht unter ihnen gibt.

17 Judas wählte Eupolemus, den Sohn Johanans und Enkel des Koz, aus, sowie Jason, den Sohn Eleasars, und schickte sie nach Rom, um mit den Römern ein Freundschafts- und Waffenbündnis zu schließen, 18 damit das Joch von Judäa genommen werde; denn die Römer sahen ja, wie die Könige der Griechen Israel in Knechtschaft hielten. 19 Sie reisten also nach Rom – es war ein sehr weiter Weg –, traten vor den Senat und sagten: 20 Judas, der Makkabäer, seine Brüder und das jüdische Volk haben uns zu euch geschickt. Wir wollen mit euch ein Friedensbündnis schließen und als eure Bundesgenossen und Freunde eingeschrieben werden.

21 Der Senat war mit dem Vorschlag einverstanden. 22 Dies ist eine Abschrift der Urkunde, die sie auf Bronzetafeln aufzeichnen und nach Jerusalem schicken ließen, damit die Erinnerung an das Friedensbündnis ständig gegenwärtig bleibe:

23 Den Römern und dem jüdischen Volk soll es zu Wasser und zu Land immer wohl ergehen; Schwert und Feind mögen ihnen fern bleiben. 24 Wenn Rom oder irgendeinem seiner Bundesgenossen in seinem ganzen Machtbereich zuerst ein Krieg droht, 25 wird das jüdische Volk, je nachdem es die Lage erfordert, bereitwillig mit in den Kampf ziehen. 26 Den Kriegführenden brauchen keine Nahrungsmittel, keine Waffen, kein Geld und auch keine Schiffe geliefert zu werden, wenn Rom es so für richtig hält. Sie werden ihren Verpflichtungen ohne Gegenleistung nachkommen. 27 Ebenso werden die Römer, wenn das jüdische Volk zuerst in einen Krieg verwickelt wird, bereitwillig mitkämpfen, je nach den Umständen. 28 Den Bundesgenossen brauchen keine Nahrungsmittel, Waffen, kein Geld und auch keine Schiffe geliefert zu werden, wenn Rom es so für richtig hält; sie werden ihren Verpflichtungen ohne Hinterlist nachkommen.

29 Das ist der Wortlaut des Vertrags, den die Römer mit dem Volk der Juden geschlossen haben.

30 Wenn später die beiden Parteien etwas hinzufügen oder streichen wollen, können sie es nach ihrem Belieben tun. Die Zusätze oder Streichungen werden gültig sein.

31 Dem König Demetrius aber haben wir geschrieben wegen des Unrechts, das er den Juden zugefügt hat: Warum lastet dein Joch so schwer auf unseren Freunden und Bundesgenossen, den Juden? 32 Wenn sie jetzt noch einmal deinetwegen vorstellig werden, verhelfen wir ihnen zu ihrem Recht und führen gegen dich Krieg zu Wasser und zu Land.

17: 12,1f; 15,15; 2 Makk 4,11.

Die letzte Schlacht und der Tod des Judas: 9,1–22

9 Demetrius erfuhr, dass Nikanor und sein Heer im Kampf gefallen waren. Da schickte er Bakchides und Alkimus zum zweiten Mal nach Judäa und gab ihnen die im Süden stehende Armee mit. 2 Sie nahmen den Weg nach Gilgal, schlugen vor Mesalot in der Gegend von Arbela ihr Lager auf, eroberten die Stadt und brachten viele Menschen um. 3 Im ersten Monat des Jahres 152 schlugen sie ihr Lager bei Jerusalem auf. 4 Von dort zogen sie mit zwanzigtausend Mann und zweitausend Reitern nach Berea. 5 Judas aber hatte mit dreitausend ausgewählten Soldaten sein Lager bei Elasa.

6 Als die Juden die Übermacht der feindlichen Truppen sahen, bekamen sie große Angst. Viele liefen aus dem Lager fort, sodass am Ende nur noch achthundert Mann übrig waren. 7 Judas sah, dass sich sein Heer auflöste, während der Kampf unmittelbar bevorstand. Er wurde sehr bestürzt, denn er hatte keine Zeit mehr, seine Leute wieder zusammenzubringen. 8 Niedergeschlagen sagte er zu denen, die noch da waren: Auf!

8,30 Der Vertrag entspricht der Politik des römischen Senats. Den Juden brachte er kaum einen Vorteil.

Wir wollen gegen unsere Feinde hinaufzie-
hen. Vielleicht können wir doch gegen sie
kämpfen. 9 Sie aber widersprachen ihm und
sagten: Es ist unmöglich. Wir wollen lieber
jetzt unser Leben retten und dann mit unse-
ren Brüdern zurückkommen und gegen sie
kämpfen. Wir sind zu wenige. 10 Judas ant-
wortete: Auf keinen Fall werde ich vor ihnen
fliehen. Wenn unsere Zeit gekommen ist,
dann wollen wir für unsere Brüder tapfer in
den Tod gehen; auf unsere Ehre soll kein
Schatten fallen.

11 Da rückte das feindliche Heer aus sei-
nem Lager aus und bezog ihnen gegenüber
Stellung; die Reiterei wurde in zwei Grup-
pen geteilt, die Schleuderer und Bogenschüt-
zen gingen vor der Streitmacht her, ebenso
die Reihe der tapferen Vorkämpfer. 12 Bak-
chides war auf dem rechten Flügel. Die bei-
den Flügel der Schlachtreihe näherten sich
und man blies die Trompeten. Auch die Leu-
te des Judas stießen in die Trompeten. 13 Die
Erde bebte vor dem Getöse, das die Heere
machten, und vom Morgen bis zum Abend
dauerte der Kampf Mann gegen Mann. 14 Als
Judas bemerkte, dass Bakchides mit dem
Kern seiner Truppe rechts stand, scharten
sich alle tapferen Männer um ihn 15 und der
rechte Flügel der Feinde wurde von ihnen
vernichtend geschlagen; sie verfolgten sie bis
zum Gebirge von Aschdod. 16 Als die Trup-
pen auf dem linken Flügel sahen, dass der
rechte geschlagen war, schwenkten sie um
und folgten den Spuren des Judas und seiner
Leute. 17 Es entwickelte sich ein erbitterter
Kampf, in dem beide Seiten schwere Verlus-
te erlitten. 18 Auch Judas fiel; die Übrigen
flohen.

19 Jonatan und Simeon holten ihren Bru-
der und bestatteten ihn im Grab seiner Väter
in Modeïn. 20 Ganz Israel beweinte ihn und
hielt um ihn eine große Totenklage ab. Sie
trauerten viele Tage lang und sagten: 21 Ach,
der Held ist gefallen, Israels Retter.

22 Die übrige Geschichte des Judas, seine
anderen Feldzüge und kühnen Unterneh-
mungen, die er durchführte, und seine sons-
tigen großen Taten – all das ist hier nicht er-
wähnt worden; es wäre zu viel geworden.

21: 2 Sam 1,27.

DIE TATEN JONATANS: 9,23 – 12,52

Die Wahl Jonatans zum Anführer Israels: 9,23–31

23 Nach dem Tod des Judas erhoben die
Abtrünnigen in allen Teilen Israels wieder-
rum ihr Haupt und alle Übeltäter wagten
sich wieder ans Licht. 24 In jenen Tagen gab
es eine furchtbare Hungersnot; wie die Ver-
räter, so wurde auch das Land untreu.
25 Bakchides wählte die abtrünnigen Männer
aus und machte sie zu Herren des Landes.
26 Diese spürten die Anhänger des Judas auf,
verhörten sie und brachten sie zu Bakchides.
Er nahm Rache an ihnen und ließ sie miss-
handeln. 27 Große Bedrängnis herrschte in
Israel, wie seit den Tagen der Propheten
nicht mehr.

28 Da kamen alle Anhänger des Judas zu-
sammen und sagten zu Jonatan: 29 Seit dein
Bruder Judas tot ist, gibt es keinen mehr, der
gegen die Feinde, gegen Bakchides und ge-
gen die Gegner unseres Volkes in den Krieg
zieht, wie er es getan hat. 30 Darum haben
wir dich heute gewählt. So wie er sollst du
uns anführen und leiten in unserem Kampf.
31 Jonatan übernahm also die Führung und
trat die Nachfolge seines Bruders Judas
an.

Kleinkrieg an den Grenzen Judäas: 9,32–49

32 Bakchides erfuhr davon und trachtete
ihm nach dem Leben. 33 Als Jonatan und sein
Bruder Simeon mit ihrer ganzen Gefolg-
schaft das hörten, flohen sie in die Wüste von
Tekoa und hielten sich bei der mit Wasser
gefüllten Zisterne von Asfar auf. 34 [Aber
Bakchides erfuhr davon, und zwar am Sab-
bat; er ging mit all seinen Leuten auf die an-
dere Seite des Jordan.] 35 Er schickte seinen
Bruder Johanan an der Spitze seiner Truppe
zu den mit ihm befreundeten Nabatäern und
ließ sie bitten, ihr zahlreiches Gepäck bei ih-
nen aufbewahren zu dürfen. 36 Doch die Söh-
ne Jambris aus Medeba zogen aus, ergriffen
Johanan mit allem, was er bei sich hatte, und
nahmen ihn mit.

37 Darauf meldete man Jonatan und sei-
nem Bruder Simeon: Die Söhne Jambris wol-
len eine große Hochzeit veranstalten und die

9,33 Tekoa: Heimat des Propheten Amos, südöstlich von Betlehem (vgl. Am 1,1).

9,34 Der Vers ist vermutlich eine versehentliche Doppelschreibung von V. 43.

9,35 Er schickte: Gemeint ist Jonatan.

Braut, die Tochter eines der vornehmen Her-
ren Kanaans, in einem großen Festzug aus
Nadabat heimführen. 38 Da dachten sie da-
ran, dass die Söhne Jambris das Blut ihres
Bruders Johanan vergossen hatten; sie zogen
hinauf und versteckten sich im Gebirge.
39 Plötzlich sahen sie einen lärmenden Zug
mit viel Gepäck daherziehen. Der Bräuti-
gam, seine Freunde und seine Brüder kamen
ihnen mit Pauken, Liedern und in starker
Bewaffnung entgegen. 40 Sie fielen aus dem
Hinterhalt über sie her und richteten unter
ihnen ein Blutbad an; viele wurden erschla-
gen, die Übrigen flohen ins Gebirge. Ihre
ganze Habe nahmen sie als Beute mit.
41 Da wurde die Hochzeit zur Trauerfeier
und der Klang ihrer Lieder zur Totenklage.
42 Auf diese Weise rächten sie das Blut ih-
res Bruders; dann kehrten sie in das Dickicht
am Jordan zurück.
43 Als Bakchides davon erfuhr, kam er am
Sabbat mit einem großen Heer an das Ufer
des Jordan. 44 Jonatan sagte zu seinen Leu-
ten: Kommt, wir müssen um unser Leben
kämpfen. Noch nie waren wir in einer sol-
chen Lage. 45 Die Feinde haben uns einge-
schlossen; auf beiden Seiten ist das Wasser
des Jordan mit seinen Sümpfen und seinem
Dickicht. Wir können nicht ausweichen.
46 Darum schreit laut zum Himmel, damit ihr
aus der Hand eurer Feinde gerettet werdet.
47 Darauf begann der Kampf Mann gegen
Mann. Jonatan holte aus, um Bakchides zu
erschlagen, der aber konnte ihm ausweichen.
48 Dann sprangen Jonatan und seine Leute in
den Jordan und schwammen ans andere
Ufer. Die Feinde aber setzten ihnen nicht
über den Jordan nach. 49 Vom Heer des Bak-
chides fielen an jenem Tag ungefähr tausend
Mann.

35: 5,25.

Die Festigung der königlichen Herrschaft in Judäa: 9,50–57

50 Bakchides kehrte nach Jerusalem zu-
rück. Er legte in Judäa befestigte Städte an:
die Festungen bei Jericho, Emmaus, Bet-Ho-
ron, Bet-El, Timna, Faraton und Tefon. Er
versah sie mit hohen Mauern und Toren; an
den Toren brachte er Querbalken zum Ver-
riegeln an. 51 Dann legte er Besatzungen hi-
nein, die das Volk Israel im Zaum halten
sollten. 52 Auch in den Städten Bet-Zur und
Geser und an der Burg von Jerusalem ließ er
Befestigungsarbeiten ausführen und Trup-
pen und Proviant hineinbringen. 53 Von den
Männern, die eine führende Stellung im
Land innehatten, nahm er die Söhne als Gei-
seln und hielt sie in der Burg von Jerusalem
gefangen.
54 Im zweiten Monat des Jahres 153 befahl
Alkimus, die Mauer des inneren Tempelvor-
hofs einzureißen. Er ließ mit den Abbruchar-
beiten beginnen, um zu zerstören, was die
Propheten erbaut hatten. 55 Doch dann wur-
de Alkimus vom Schlag getroffen und sein
Plan wurde nicht ausgeführt. Er konnte den
Mund nicht mehr öffnen; er war gelähmt und
konnte kein Wort mehr sagen, nicht einmal
mehr sein Testament machen. 56 Wenig spä-
ter starb Alkimus unter großen Qualen.
57 Als Bakchides sah, dass Alkimus tot war,
kehrte er zum König zurück und Judäa hatte
zwei Jahre lang Ruhe.

Neuer Kleinkrieg und Erfolge Jonatans: 9,58–73

58 Danach kamen alle Verräter zu einer Be-
ratung zusammen. Sie sagten: Jonatan und
seine Anhänger leben sorglos in ihren Häu-
sern und fühlen sich sicher. Wenn wir jetzt
Bakchides kommen lassen, kann er alle in ei-
ner einzigen Nacht festnehmen. 59 Sie gingen
also zu ihm und besprachen sich mit ihm.
60 Bakchides machte sich mit einem großen
Heer auf den Weg. Er schickte heimlich Brie-
fe an alle seine Verbündeten in Judäa mit der
Aufforderung, Jonatan und seine Anhänger
gefangen zu nehmen. Aber es gelang ihnen
nicht; denn ihr Vorhaben war bekannt ge-
worden. 61 Stattdessen ließ Jonatan von den
im Land wohnenden Männern, die für den
verbrecherischen Anschlag verantwortlich
waren, fünfzig ergreifen und töten.
62 Dann setzten sich Jonatan und Simeon
mit ihren Anhängern in die Wüste nach Bet-
Basi ab. Jonatan ließ dort alles wieder auf-
bauen, was in Trümmern lag, und befestigte
den Ort. 63 Als Bakchides davon erfuhr, zog
er alle seine Truppen zusammen und erteilte
den Leuten von Judäa entsprechende An-
weisungen. 64 Er rückte gegen Bet-Basi vor
und schlug dort sein Lager auf. Er ließ Bela-
gerungsmaschinen aufstellen und berannte
den Ort viele Tage lang. 65 Da ließ Jonatan
seinen Bruder Simeon in der Stadt zurück; er
selbst ging mit einer Hand voll Leute in die
Dörfer der Umgebung. 66 Dabei schlug er den

9,45 Die Juden befinden sich in einer der zahlreichen Jordanwindungen.

9,54 Gemeint sind wohl Propheten aus der Zeit nach der Rückkehr aus dem Exil, wie Haggai und Sacharja.

Odomera und seine Sippe; auch überfiel er ein Zeltlager des Stammes Fasiron. Sie begannen zu siegen und rückten verstärkt wieder hinauf. 67 Simeon aber machte mit seinen Leuten einen Ausfall aus der Stadt und steckte die Belagerungsmaschinen in Brand. 68 Bakchides wurde von ihnen angegriffen und vernichtend geschlagen. Sie bereiteten ihm großen Verdruss, weil das von ihm geplante Unternehmen zu einem völligen Fehlschlag wurde.

69 Da wurde Bakchides sehr wütend über die Verräter, die ihm den Rat gegeben hatten, in das Land zu kommen. Er brachte viele von ihnen um und beschloss, in sein Land zurückzukehren. 70 Sobald Jonatan davon hörte, schickte er Gesandte zu ihm, um einen Friedensvertrag mit ihm abzuschließen und die Gefangenen freizubekommen. 71 Bakchides nahm die Vorschläge Jonatans an und schwor ihm, nie wieder in seinem Leben etwas gegen ihn zu unternehmen. 72 Auch ließ er die Gefangenen frei, die er vorher in Judäa gemacht hatte. Dann zog er ab und kehrte nach Hause zurück. Judäa betrat er nie wieder.

73 Darauf ruhten in Israel die Waffen. Jonatan ließ sich in Michmas nieder und begann, als Richter über das Volk zu herrschen. Die Frevler in Israel aber rottete er aus.

73: Ri 2,16.

Das Bündnisangebot des Demetrius I.: 10,1–14

10

Im Jahr 160 zog Alexander Epiphanes, der Sohn des Antiochus, gegen Ptolemaïs und besetzte es. Die Einwohner nahmen ihn auf und er trat dort die Herrschaft an. 2 Als König Demetrius das hörte, sammelte er viele Truppen und zog gegen ihn in den Kampf.

3 An Jonatan schickte Demetrius einen Brief mit Friedensbeteuerungen und versprach ihm hohe Würden. 4 Denn er dachte: Wir wollen schnell mit ihm Frieden schließen, bevor er sich mit Alexander gegen uns verbündet. 5 Sonst erinnert er sich nämlich an all das Unheil, das wir ihm, seinen Brüdern und seinem Volk angetan haben. 6 Er gab Jonatan die Vollmacht, Truppen auszuheben und als seine Verbündeten auszurüsten. Auch versprach er, die in der Burg von Jerusalem festgehaltenen Geiseln freizulassen.

7 Jonatan kam nach Jerusalem und las den Brief der ganzen Bevölkerung und der Besatzung der Burg laut vor. 8 Als sie hörten, dass er vom König die Vollmacht erhalten hatte, Truppen auszuheben, bekamen sie große Angst. 9 Die Besatzung der Burg lieferte dem Jonatan die Geiseln aus und er gab sie ihren Eltern zurück. 10 Jonatan ließ sich in Jerusalem nieder und begann in der Stadt mit Bauarbeiten und Ausbesserungen. 11 Er gab den Handwerkern den Auftrag, den Berg Zion und die Stadtmauern mit Quadersteinen zu befestigen. Das führten sie auch aus.

12 Darauf flohen die Fremden aus den Festungen, die Bakchides erbaut hatte. 13 Sie machten sich alle davon und kehrten nach Hause zurück. 14 Nur in Bet-Zur blieben von denen, die vom Gesetz und von den Geboten abgefallen waren, einige zurück; dort fanden sie nämlich Zuflucht.

11: 2 Sam 5,9.

Die Einsetzung Jonatans zum Hohenpriester durch Alexander: 10,15–21

15 König Alexander erfuhr, was Demetrius Jonatan alles zugesichert hatte. Man berichtete ihm auch von den Kriegen und den Heldentaten Jonatans und seiner Brüder und von den zahlreichen Mühen, die sie auf sich genommen hatten. 16 Da sagte er: Können wir noch einmal solch einen Mann finden wie ihn? Wir wollen ihn zu unserem Freund und Verbündeten machen. 17 Er schrieb also einen Brief und schickte ihn an Jonatan. Der Brief hatte folgenden Inhalt: 18 König Alexander grüßt seinen Bruder Jonatan. 19 Wir haben gehört, dass du ein tapferer Mann bist; du bist es wert, unser Freund zu sein. 20 Darum ernennen wir dich heute zum Hohenpriester über dein Volk; du darfst den Titel Freund des Königs führen. Halte zu uns und bewahre uns die Freundschaft! Zugleich übersandte er ihm den Purpurmantel und einen goldenen Kranz.

21 Im siebten Monat des Jahres 160 legte Jonatan am Laubhüttenfest das heilige Gewand an. Er hob Truppen aus und verschaffte sich eine Menge Waffen.

10,1 Alexander hieß in Wirklichkeit Balas; er gab sich als Sohn des Epiphanes aus und hatte mit dieser Täuschung Erfolg. – Zu Ptolemaïs: vgl. die Anmerkung zu 5,15.

10,20 So vereinigt Jonatan das Amt des Hohenpriesters, des weltlichen Oberhauptes und des Heerführers in seiner Person.

10,21 Nach der griechisch-seleuzidischen Zeitrechnung, d.h. 152 v. Chr.

Die Zugeständnisse des Demetrius I. an Jonatan: 10,22–45

22 Als Demetrius davon hörte, war er bestürzt. Er sagte: Was haben wir da gemacht! 23 Alexander ist uns zuvorgekommen. Er hat die Freundschaft der Juden gewonnen, sodass sie ihn unterstützen. 24 Doch ich will ihnen auch schreiben. Ich will ihnen gut zureden und versprechen, sie auszuzeichnen und zu beschenken. Vielleicht werden sie mich dann unterstützen.

25 Er schrieb ihnen also folgenden Brief: König Demetrius grüßt das jüdische Volk. 26 Ihr habt die Verträge, die ihr mit uns geschlossen habt, gehalten, habt uns die Freundschaft bewahrt und euch nicht unseren Feinden angeschlossen. Wir haben es vernommen und uns darüber gefreut. 27 Bleibt uns auch weiterhin treu! Wir werden euch das Gute vergelten, das ihr uns erweist. 28 Wir werden euch viele Verpflichtungen erlassen und euch Geschenke machen. 29 Von heute an erkläre ich euch für frei und erlasse allen Juden die Kopfsteuer, die Salzsteuer und die Lieferung der Kränze. 30 Von heute an verzichte ich für immer auf den dritten Teil der Erträge der Felder und auf die Hälfte der Erträge der Bäume, die mir aus Judäa zustehen sowie aus den drei Bezirken Samariens und Galiläas, die an Judäa angeschlossen worden sind. 31 Jerusalem sei heilig und unantastbar und soll mit seiner Umgebung vom Zehnten und von der Steuer befreit sein. 32 Ich verzichte auch auf die Befehlsgewalt über die Burg von Jerusalem. Ich gestatte dem Hohenpriester, selbst die Männer auszuwählen, die er als Wache in die Burg legen will. 33 In meinem ganzen Reich lasse ich alle Juden, die als Gefangene aus Judäa verschleppt worden sind, ohne Lösegeld frei. Auch ihre Tiere darf niemand zum Frondienst heranziehen. 34 An allen Festen, Sabbaten, Neumonden und Feiertagen sowie drei Tage vor und nach einem Fest braucht kein Jude in meinem Reich Steuern oder Schulden zu bezahlen. 35 Niemand soll einen von ihnen in irgendeiner Sache belangen oder belästigen dürfen. 36 Bis zu dreißigtausend Juden sollen in das königliche Heer aufgenommen werden und den gleichen Sold erhalten wie alle anderen Soldaten des Königs. 37 Sie sollen auch in den großen Festungen des Königs Dienst tun und Vertrauensstellungen im Reich einnehmen. Ihre Offiziere und Befehlshaber sind aus ihren eigenen Reihen zu wählen. Sie dürfen nach ihren eigenen Gesetzen leben, ganz so, wie es der König für Judäa angeordnet hat. 38 Die drei Bezirke, die von der Provinz Samarien abgetrennt und Judäa angeschlossen worden sind, sollen unter gemeinsamer Verwaltung zu Judäa gehören und nur dem Hohenpriester unterstellt sein. 39 Ptolemaïs und das angrenzende Gebiet vermache ich als Geschenk dem Tempel von Jerusalem; daraus soll der nötige Aufwand für den Tempeldienst bestritten werden.

40 Auf eigene Rechnung will ich aus geeigneten Orten jährlich fünfzehntausend Silberschekel aufbringen. 41 Alles, was die Behörden von den in den früheren Jahren üblichen Zuwendungen noch nicht bezahlt haben, sollen sie von nun an für die Arbeiten am Tempel zur Verfügung stellen. 42 Auch die fünftausend Silberschekel, die bisher vom Jahresaufkommen des Tempels als Steuer erhoben wurden, werden erlassen und sollen den diensttuenden Priestern zukommen. 43 Jeder, der sich in das Heiligtum von Jerusalem flüchtet oder in das zum Tempel gehörende Gebiet, wird mit seinem ganzen Besitz, den er in meinem Reich hat, von jeder Schuld dem König gegenüber und von jeder anderen geschäftlichen Verpflichtung frei sein. 44 Die Kosten für die Arbeiten am Heiligtum, sowohl für Neubauten wie für Ausbesserungen, gehen zu Lasten des Königs, 45 ebenso gehen die Kosten für den Bau der Mauern in Jerusalem und für die Stadtmauern, die es umgeben, auf die Rechnung des Königs, schließlich auch die Mauerbauten in Judäa.

38: 10,31; 11,28–34.

Das Bündnis zwischen Jonatan und Alexander: 10,46–66

46 Als Jonatan und das Volk diese Versprechungen hörten, glaubten sie ihnen nicht und gingen nicht darauf ein; denn sie dachten an das große Unheil, das er in Israel angerichtet, und in welche Not er sie gebracht hatte. 47 Sie hielten zu Alexander, weil er ihnen zuerst Frieden angeboten hatte, und sie kämpften die ganze Zeit auf seiner Seite.

48 König Alexander zog große Truppenmassen zusammen und schlug Demetrius gegenüber sein Lager auf. 49 Die beiden Könige eröffneten den Kampf gegeneinander. Das Heer des Demetrius floh; Alexander setzte ihm nach und gewann die Oberhand. 50 Er kämpfte hartnäckig, bis die Sonne unter-

10,29 Unter »Kränzen« verstand man Geschenke, die dem Herrscher gemacht wurden.

ging. An jenem Tag fiel Demetrius in der
Schlacht.
51 Alexander schickte Gesandte zu Ptole-
mäus, dem König von Ägypten, und ließ ihm
folgendes sagen: 52 Ich bin in mein Reich zu-
rückgekehrt, habe mich auf den Thron mei-
ner Väter gesetzt und die Herrschaft ange-
treten. Ich habe Demetrius besiegt und
unser Land in meine Gewalt gebracht. 53 Ich
habe mit ihm gekämpft; er wurde mit seinem
Heer von uns vernichtend geschlagen. So ha-
ben wir uns auf den Thron seines Reiches ge-
setzt. 54 Lasst uns nun miteinander Freund-
schaft schließen. Gib mir deine Tochter zur
Frau, damit wir uns durch diese Heirat mit-
einander verschwägern. Ich werde dir und
ihr Geschenke machen, die deiner würdig
sind.
55 König Ptolemäus antwortete: Welch
glücklicher Tag, an dem du in das Land dei-
ner Väter zurückgekehrt bist und dich auf
den Thron ihres Reiches gesetzt hast. 56 Ich
will auf deinen Vorschlag eingehen. Doch
komm mir bis Ptolemaïs entgegen, damit wir
uns kennen lernen. Dann werde ich mich mit
dir verschwägern, wie du geschrieben hast.
57 Ptolemäus verließ Ägypten und nahm
seine Tochter Kleopatra mit sich. Im Jahr
162 kam er nach Ptolemaïs. 58 Als König Ale-
xander mit ihm zusammenkam, gab er ihm
seine Tochter zur Frau. Er veranstaltete in
Ptolemaïs eine glänzende Hochzeit für sie,
wie es bei Königen üblich ist.
59 König Alexander schrieb an Jonatan, er
möge doch zu ihm kommen und sich mit ihm
treffen. 60 Da begab sich Jonatan mit glän-
zendem Gefolge nach Ptolemaïs und traf
dort die beiden Könige. Er brachte ihnen
und ihren Freunden Silber, Gold und viele
Geschenke mit. So gewann er sie für sich.
61 Aber ehrlose Männer aus Israel, Verräter,
traten gemeinsam auf und klagten ihn an.
Doch der König schenkte ihnen keine Beach-
tung. 62 Vielmehr gab er die Anweisung, Jo-
natan anstelle der Gewänder, die er trug, mit
Purpur zu bekleiden. Das geschah 63 und der
König ließ ihn neben sich Platz nehmen.
Dann sagte er zu seinen höchsten Beamten:
Nehmt ihn mit in die Stadt und gebt be-
kannt, dass niemand ihn in irgendeiner Sa-
che anklagen darf; keiner darf ihm aus ir-
gendeinem Grund Ungelegenheiten bereiten.
64 Als die Ankläger sahen, dass er öffentlich
geehrt wurde und mit Purpur bekleidet war,
machten sie sich alle davon. 65 Der König ließ
Jonatan noch weitere Ehrungen zukommen:
Er ließ ihn in das Verzeichnis seiner ersten
Freunde aufnehmen und ernannte ihn zum
Befehlshaber und Statthalter. 66 Darauf
kehrte Jonatan in Frieden und voll Freude
nach Jerusalem zurück.

Sieg Jonatans über ein Heer des Demetrius II.: 10,67–89

67 Im Jahr 165 kam Demetrius, der Sohn
des Demetrius, aus Kreta in das Land seiner
Väter. 68 Als König Alexander das hörte, war
er sehr bestürzt und kehrte nach Antiochia
zurück. 69 Demetrius ernannte Apollonius
zum Statthalter von Zölesyrien. Dieser
brachte ein großes Heer zusammen und
schlug sein Lager bei Jamnia auf. Von dort
schickte er dem Hohenpriester Jonatan diese
Botschaft:
70 Nur du allein stellst dich gegen uns. Dei-
netwegen verlacht und verhöhnt man mich.
Was maßt du dir uns gegenüber an in deinen
Bergen? 71 Wenn du dich auf deine Truppen
verlassen kannst, dann komm doch herunter
zu uns in die Ebene; dort wollen wir unsere
Kräfte messen. Denn bei mir befinden sich
die Truppen aus den Städten. 72 Frag doch
nach und erkundige dich, wer ich bin und
wer die Leute sind, die auf meiner Seite ste-
hen. Man wird dir sagen, dass ihr uns nicht
standhalten könnt. Schon zweimal wurden
deine Vorfahren in ihrem Land in die Flucht
geschlagen. 73 In der Ebene wirst du dich
auch diesmal gegen die Reiterei und gegen
eine solche Streitmacht nicht halten können;
da gibt es nämlich keinen Stein und keinen
Kiesel und auch keinen Schlupfwinkel, in
den man fliehen kann.
74 Als Jonatan die Worte des Apollonius
vernahm, war er empört und rückte mit
zehntausend Mann aus Jerusalem aus. Sein
Bruder Simeon ging zu seiner Unterstützung
mit. 75 Vor Jafo schlug er sein Lager auf. Die
Einwohner der Stadt verschlossen die Tore
vor ihm; denn Apollonius hatte eine Besat-
zung nach Jafo gelegt. Als die Juden aber an-
griffen, 76 bekamen die Einwohner Angst
und übergaben die Stadt und Jonatan nahm
Jafo in Besitz. 77 Das erfuhr Apollonius, der
mit dreitausend Reitern und einem großen
Heer ein Lager bezogen hatte. Er zog auf
Aschdod zu, als wolle er durch die Stadt zie-
hen. Zugleich rückte er in die Ebene vor,
weil er sich auf seine starke Reiterei verließ.
78 Jonatan aber setzte ihm nach bis vor Asch-
dod. Dort gerieten die Heere aneinander.

10,57f Kleopatra: Tochter des Ptolemäus VI. Philometor.

[79] Apollonius hatte tausend Reiter in einem
Hinterhalt zurückgelassen. [80] Jonatan be-
merkte den Hinterhalt, aber die Reiter um-
zingelten sein Heer und schossen vom frühen
Morgen bis zum Abend mit Pfeilen auf seine
Leute. [81] Aber die Männer hielten stand, wie
Jonatan befohlen hatte, und die Pferde der
Feinde wurden müde. [82] Dann ließ Simeon
seine Streitkräfte ausschwärmen und griff
die feindlichen Fußtruppen an. Da die
Reiterei erschöpft war, wurde das Heer von
ihm in die Flucht geschlagen. [83] Die Reiterei
wurde über die ganze Ebene hin zersprengt
und floh nach Aschdod; sie gingen in den
Tempel Dagons, ihres Götzenbildes, um sich
zu retten. [84] Jonatan steckte Aschdod und die
Nachbarorte in Brand und plünderte sie;
er brannte auch den Tempel des Dagon
nieder mit allen, die sich dorthin geflüchtet
hatten. [85] Es waren etwa achttausend Mann,
die durch das Schwert oder im Feuer umka-
men.

[86] Von dort brach Jonatan auf und schlug
sein Lager bei Aschkelon auf. Die Einwoh-
ner kamen ihm in einem festlichen Zug aus
der Stadt entgegen. [87] Dann kehrten Jonatan
und seine Leute mit großer Beute nach Jeru-
salem zurück.

[88] Als König Alexander davon hörte, er-
wies er ihm noch weitere Ehren. [89] Er über-
sandte ihm eine goldene Spange, wie man sie
Angehörigen der königlichen Familie ver-
leiht; auch übergab er ihm die Stadt Ekron
mit ihrem ganzen Gebiet zum Besitz.

72: 1 Sam 4,1–11 • 83: 1 Sam 5,1–5.

Der Untergang Alexanders: 11,1–19

11 Damals zog der König von Ägypten
Truppen zusammen, so zahlreich wie
der Sand am Ufer des Meeres, dazu viele
Schiffe; denn er wollte mit List die Herr-
schaft über das Reich Alexanders gewinnen,
um es seinem Reich anzugliedern. [2] Er rückte
in Syrien ein, aber so, als komme er in fried-
licher Absicht. Die Einwohner der Städte
öffneten ihm die Tore und gingen ihm entge-
gen. König Alexander hatte es so angeord-
net, weil Ptolemäus sein Schwiegervater
war. [3] Jedes Mal, wenn Ptolemäus eine Stadt
betreten hatte, ließ er eine Abteilung seiner
Truppen als Besatzung dort. [4] Als er nach
Aschdod zog, zeigte man ihm den niederge-
brannten Tempel Dagons und die durch das
Feuer verwüstete Stadt und Umgebung von
Aschdod. Dazu häufte man an seinem Weg
die Leichen der Erschlagenen und Verbrann-
ten aus dem Krieg mit Jonatan auf. [5] Man er-
zählte dem König, was Jonatan getan hatte,
um ihn in ein schlechtes Licht zu setzen, aber
der König schwieg dazu. [6] Jonatan kam dem
König in Jafo mit einem glänzenden Gefolge
entgegen. Sie begrüßten einander und blie-
ben die Nacht über dort. [7] Anschließend be-
gleitete Jonatan den König bis zum Fluss
Eleutherus; dann kehrte er nach Jerusalem
zurück.

[8] König Ptolemäus aber brachte alle Küs-
tenstädte bis nach Seleuzia am Meer in seine
Gewalt; denn er führte gegen Alexander Bö-
ses im Schild. [9] Dem König Demetrius ließ er
durch Gesandte mitteilen: Wir wollen einen
Bund miteinander schließen. Ich will dir
meine Tochter geben, die Alexander jetzt zur
Frau hat. Du sollst im Reich deines Vaters
als König herrschen. [10] Ich bereue, dass ich
ihm meine Tochter gegeben habe; denn er
hat versucht, mich zu ermorden. [11] Ptole-
mäus aber machte Alexander deswegen so
schlecht, weil er sein Reich haben wollte.
[12] Er nahm ihm seine Tochter weg und gab
sie Demetrius zur Frau. So brach er mit Ale-
xander und es wurde überall bekannt, dass
sie zu Feinden geworden waren.

[13] Ptolemäus zog in Antiochia ein und setz-
te sich die Krone von Asien auf; zwei Kronen
trug er nun: die von Ägypten und die von
Asien. [14] König Alexander war zu dieser Zeit
gerade in Zilizien, weil die Bevölkerung je-
nes Gebietes von ihm abzufallen drohte.
[15] Sobald er von den Vorfällen hörte, zog er
zum Kampf gegen Ptolemäus aus. Dieser
rückte ihm mit einem starken Heer entgegen
und schlug ihn in die Flucht. [16] Alexander
floh nach Arabien, weil er glaubte, dort ei-
nen Zufluchtsort zu finden; nun stand König
Ptolemäus auf der Höhe seiner Macht. [17] Der
Araber Sabdiël ließ Alexander den Kopf ab-
schlagen und an Ptolemäus schicken. [18] Doch
drei Tage später starb auch König Ptole-
mäus. Seine Besatzungstruppen wurden von
den Einwohnern der befestigten Städte
niedergemacht. [19] So kam im Jahr 167
Demetrius an die Herrschaft.

4: 10,84f.

Das Bündnis zwischen Jonatan und Demetrius II.: 11,20–37

[20] Zur selben Zeit rief Jonatan die Männer
von Judäa zusammen, um die Burg von Jeru-
salem zu belagern. Sie stellten viele Belage-

10,89 Die »Angehörigen der königlichen Familie« sind eine Ehrenklasse, die höher als die »Freunde des Königs« stehen.

11,8 Seleuzia am Meer: Hafen der Stadt Antiochia.

rungsmaschinen gegen sie auf. 21 Da gingen
einige Verräter, Feinde ihres eigenen Volkes,
zum König und berichteten ihm, Jonatan be-
lagere die Burg. 22 Als der König das hörte,
wurde er sehr wütend. Kaum hatte er die
Nachricht erhalten, da begab er sich sofort
nach Ptolemaïs. Er erteilte Jonatan schrift-
lich den Befehl, die Belagerung abzubrechen
und sofort zu einer Unterredung zu ihm nach
Ptolemaïs zu kommen. 23 Als Jonatan die
Nachricht erhielt, befahl er, die Belagerung
fortzusetzen; dann wählte er sich einige Be-
gleiter aus den Ältesten Israels und den
Priestern aus und wagte die Reise. 24 Mit Sil-
ber, Gold, Gewändern und mit vielen ande-
ren Geschenken fuhr er zum König nach Pto-
lemaïs. Es gelang ihm, den König umzustim-
men. 25 Einige Verräter aus dem Volk brach-
ten zwar Beschuldigungen gegen ihn vor,
26 aber der König verhielt sich ihm gegen-
über wie seine Vorgänger und erwies ihm
Ehre in Gegenwart all seiner Freunde. 27 Er
bestätigte ihn im Hohenpriesteramt und in
allen anderen Würden, die man ihm bis da-
hin übertragen hatte, und verlieh ihm den
Titel Freund ersten Ranges. 28 Jonatan bat
den König, Judäa, die drei Bezirke und Sa-
marien steuerfrei zu machen, und versprach,
ihm dafür dreihundert Talente zu geben.
29 Der König war einverstanden und stellte
Jonatan über alle diese Punkte folgende Ur-
kunde aus:

30 König Demetrius grüßt seinen Bruder
Jonatan und das jüdische Volk. 31 Wir haben
euretwegen unserem Verwandten Lasthenes
einen Brief geschrieben, dessen Abschrift
wir auch euch zu eurer Unterrichtung zu-
kommen lassen: 32 König Demetrius grüßt
Vater Lasthenes. 33 Das mit uns befreundete
jüdische Volk ist seinen Verpflichtungen uns
gegenüber nachgekommen. Darum haben
wir beschlossen, ihnen ihre Freundschaft zu
vergelten. 34 Wir bestätigen ihnen den Besitz
von Judäa und den drei Bezirken Efraim,
Lod und Ramatajim. Diese sind mit allem,
was zu ihnen gehört, von Samarien abge-
trennt und zu Judäa geschlagen worden. Für
alle, die in Jerusalem opfern, gelte das als
Ersatz für die königlichen Steuern, die der
König bei ihnen bisher jährlich von den Er-
trägen der Felder und Bäume erhoben hat.
35 Wir überlassen ihnen auch alle unsere an-
deren Einkünfte, den Zehnten und die Steu-
ern, die uns von jetzt an zustehen, ferner die
Abgaben aus den Salzteichen und die Krän-
ze, auf die wir Anspruch haben. 36 Nichts da-
von soll je rückgängig gemacht werden.
37 Lasst euch nun eine Abschrift machen; sie
soll Jonatan übergeben und auf dem Heili-
gen Berg an einem Ort, der allen zugänglich
ist, aufgestellt werden.

34: 10,38.

Jonatans Hilfe für Demetrius II.: 11,38–51

38 Als König Demetrius feststellte, dass
unter seiner Herrschaft im Land Ruhe
herrschte und dass niemand sich ihm wider-
setzte, schickte er alle seine Soldaten nach
Hause, außer den Söldnertruppen, die er bei
den Völkern auf den Inseln angeworben hat-
te. Das nahmen ihm die Soldaten, die schon
unter seinen Vorgängern gedient hatten,
sehr übel. 39 Tryphon, der früher zur Umge-
bung Alexanders gehört hatte, merkte, wie
unzufrieden alle Soldaten über Demetrius
waren. Er reiste daher zu dem Araber Jamli-
ku, der Antiochus, den kleinen Sohn Alexan-
ders, aufzog, 40 und drängte ihn, ihm den
Jungen mitzugeben, damit er seinem Vater
als König nachfolgen könne. Er unterrichte-
te ihn auch über das Vorgehen des Demetrius
und wie dieser sich die Feindschaft seiner
Truppen zugezogen hatte. Tryphon blieb
längere Zeit dort.

41 Jonatan hatte inzwischen König Demet-
rius gebeten, die Besatzungstruppen aus der
Burg von Jerusalem und aus den anderen
Festungen abzuziehen; sie verhielten sich
nämlich feindlich gegen Israel. 42 Demetrius
ließ Jonatan sagen: Nicht nur das will ich für
dich und dein Volk tun; ich werde dich und
dein Volk hoch zu Ehren bringen, sobald ich
Gelegenheit dazu habe. 43 Im Augenblick
wäre es aber gut, wenn du mir Männer
schicktest, die mir im Kampf helfen können.
Alle meine Truppen sind nämlich von mir
abgefallen.

44 Jonatan sandte ihm dreitausend kampf-
erfahrene Männer nach Antiochia. Als sie
beim König eintrafen, freute er sich sehr
über ihre Ankunft. 45 Da rotteten sich etwa
hundertzwanzigtausend Einwohner mitten
in der Stadt zusammen, um den König um-
zubringen. 46 Der König flüchtete sich in den
Palast, aber die Einwohner besetzten die
Durchgangsstraßen der Stadt und begannen
den Kampf. 47 Da rief der König die Juden zu
Hilfe. Sie fanden sich sofort vollzählig bei
ihm ein, schwärmten in die Stadt aus und er-
schlugen an jenem Tag fast hunderttausend
Menschen. 48 Sie steckten auch die Stadt in
Brand und machten große Beute. So retteten
sie den König. 49 Als nun die Einwohner be-
merkten, dass die Stadt der Willkür der Ju-
den ausgeliefert war, verloren sie jeden Mut;
sie schrien zum König und flehten: 50 Schließ
Frieden mit uns! Wenn nur die Juden aufhö-

ren, gegen uns und die Stadt zu kämpfen!
51 Sie warfen die Waffen weg und schlossen
Frieden. Die Juden aber wurden vom König
und von allen seinen Untertanen geehrt. Man
sprach von ihnen in seinem ganzen Reich
und sie kehrten mit reicher Beute nach Jeru-
salem zurück.

Jonatans Parteinahme für Antiochus VI.:
11,52–74

52 König Demetrius hatte die Macht wieder
fest in seiner Hand und das Land war ruhig
unter seiner Herrschaft. 53 Da hielt er nichts
von dem, was er versprochen hatte. Er brach
mit Jonatan und vergalt ihm die erwiesene
Freundschaft nicht, sondern setzte ihm hart
zu. 54 Danach kehrte Tryphon mit dem klei-
nen Antiochus zurück. Der Knabe trat die
Herrschaft an und setzte sich die Krone auf.
55 Alle Truppen, die Demetrius davongejagt
hatte, schlossen sich ihm an. Sie kämpften
gegen Demetrius und schlugen ihn in die
Flucht. 56 Tryphon erbeutete die Elefanten
und nahm Antiochia ein.
57 Danach schrieb Antiochus der Jüngere
an Jonatan: Ich bestätige dich im Hohen-
priesteramt und unterstelle dir die vier Be-
zirke. Du darfst auch den Titel »Freund des
Königs« führen. 58 Und er ließ Jonatan gol-
denes Tafelgerät überbringen und gewährte
ihm das Vorrecht, aus goldenen Bechern zu
trinken, sich in Purpur zu kleiden und eine
goldene Spange zu tragen. 59 Jonatans Bru-
der Simeon machte er zum Befehlshaber
über alle Truppen, die zwischen der Tyri-
schen Steige und der ägyptischen Grenze ih-
ren Standort hatten. 60 Darauf brach Jona-
tan auf, zog durch das Gebiet jenseits des
Stroms und wandte sich dann gegen die
Städte in der Küstenebene. Alle Truppen in
Syrien schlossen sich ihm als Verbündete an.
Als er vor Aschkelon erschien, bereiteten
ihm die Bürger vor der Stadt einen glänzen-
den Empfang. 61 Von dort zog er nach Gaza.
Doch die Einwohner von Gaza schlossen die
Tore. Jonatan belagerte die Stadt, brannte
die Häuser in der Umgebung nieder und
plünderte sie aus. 62 Daraufhin baten die
Einwohner Gazas Jonatan um Frieden. Er
schloss mit ihnen einen Vertrag, nahm die
Söhne der führenden Familien als Geiseln
und ließ sie nach Jerusalem bringen. Dann
zog er durch das Land bis nach Damaskus.
63 Dabei erfuhr Jonatan, dass die Feldher-
ren des Demetrius mit einem großen Heer
nach Kedesch in Galiläa gezogen seien, um
seine Maßnahmen zu durchkreuzen. 64 Daher
rückte er gegen sie vor. Seinen Bruder Sime-
on aber hatte er im Land zurückgelassen.
65 Simeon schlug sein Lager vor Bet-Zur auf,
belagerte die Stadt lange Zeit und schloss sie
ein. 66 Schließlich baten sie ihn um Frieden.
Er ging darauf ein, vertrieb die Feinde von
dort, besetzte die Stadt und legte Truppen
hinein.
67 Jonatan bezog mit seinem Heer ein La-
ger am See Gennesaret. Morgens brachen sie
früh auf und zogen in die Ebene von Hazor.
68 Dort stießen sie auf fremde Truppen. Diese
hatten einen Teil ihrer Männer in den Bergen
als Hinterhalt gegen Jonatan zurückgelassen
und griffen ihn nun von vorn an. 69 Dann
brachen die Truppen, die im Hinterhalt la-
gen, aus ihrer Stellung hervor und griffen in
den Kampf ein. 70 Da liefen alle Soldaten Jo-
natans davon. Keiner blieb zurück, außer
den Truppenführern Mattatias, dem Sohn
Abschaloms, und Judas, dem Sohn Halfis.
71 Jonatan aber zerriss sein Gewand, streute
sich Staub auf das Haupt und betete. 72 Dann
nahm er den Kampf gegen die Feinde auf
und schlug sie in die Flucht. 73 Als seine Leu-
te, die davongelaufen waren, das sahen,
kehrten sie zu ihm zurück und machten sich
mit ihm an die Verfolgung, bis sie das Lager
der Feinde bei Kedesch erreichten. Dort
machten sie Halt. 74 An jenem Tag fielen von
den fremden Truppen etwa dreitausend
Mann. Darauf kehrte Jonatan nach Jerusa-
lem zurück.

Jonatans Bündnisse mit Rom und Sparta:
12,1–23

12 Als Jonatan sah, dass die Zeit für ihn
günstig war, wählte er einige Männer
aus und sandte sie nach Rom, um den
Freundschaftsvertrag mit den Römern zu
bestätigen und zu erneuern. 2 Auch nach
Sparta und nach anderen Orten schickte er
Briefe gleicher Art. 3 Die Abgesandten reis-
ten nach Rom, traten vor den Senat und sag-
ten: Uns schicken der Hohepriester Jonatan
und das jüdische Volk, um das frühere
Freundschaftsbündnis mit den Römern zu
erneuern. 4 Man gab ihnen Briefe mit an die
Behörden der Orte unterwegs mit der An-

11,54 Der »kleine Antiochus« ist Antiochus VI. Dionysos.
11,60 Gemeint ist das Gebiet westlich des Eufrat; vgl. die Anmerkung zu 2 Sam 10,16.

12,1 Die Römer hatten nichts zur Unterstützung des Judas Makkabäus getan. Auch diese Gesandtschaft blieb ohne Erfolg.

weisung, sie sicher nach Judäa weiterzulei-
ten.
5 Hier ist eine Abschrift des Briefes, den
Jonatan an die Spartaner schrieb: 6 Der Ho-
hepriester Jonatan, der Ältestenrat des Vol-
kes, die Priester und das ganze jüdische Volk
grüßen ihre Brüder, die Spartaner. 7 Schon
vor längerer Zeit hat euer König Arëus an
den Hohenpriester Onias einen Brief gerich-
tet, in dem steht, dass ihr unsere Brüder seid,
wie aus der Abschrift hervorgeht. 8 Onias
empfing den Abgesandten ehrenvoll und
nahm den Brief entgegen, in dem ausdrück-
lich vom Freundschaftsbündnis die Rede
war. 9 So etwas haben wir zwar nicht nötig;
denn unser Trost sind die heiligen Bücher,
die wir besitzen. 10 Dennoch wollten wir die-
se Botschaft an euch senden und die brüder-
liche Gemeinschaft und Freundschaft mit
euch erneuern, damit wir euch nicht fremd
werden. Viel Zeit ist nämlich verflossen, seit
ihr eure Gesandtschaft zu uns geschickt hat-
tet. 11 Wir haben seither an allen Festen und
an allen Tagen, die dafür vorgesehen sind,
bei unseren Opfern und Gebeten ständig an
euch gedacht. Denn so gehört es sich und es
entspricht ja auch der Sitte, an die Brüder zu
denken. 12 Wir freuen uns über euren Ruhm.
13 Wir selbst waren in großer Not und sind in
viele Kämpfe verwickelt worden; denn die
Könige ringsum führten Krieg gegen uns.
14 Dennoch wollten wir wegen dieser Kriege
weder euch noch den anderen Verbündeten
und Freunden zur Last fallen. 15 Denn wir
haben den Himmel selbst als Helfer und Bei-
stand. Darum sind wir vor unseren Feinden
gerettet worden und unsere Feinde liegen ge-
demütigt am Boden.
16 Jetzt haben wir Numenius, den Sohn des
Antiochus, und Antipater, den Sohn Jasons,
als Gesandte zu den Römern geschickt, um
das alte Freundschaftsbündnis mit ihnen zu
erneuern. 17 Wir haben ihnen aufgetragen,
auf ihrer Reise auch euch zu besuchen, euch
Grüße zu bestellen und unseren Brief zu
überreichen, in dem wir euch anbieten, die
brüderliche Gemeinschaft mit uns zu erneu-
ern. 18 Es wäre freundlich von euch, uns da-
rauf Antwort zu geben.
19 Und hier ist die Abschrift des Briefes,
den die Spartaner an Onias gesandt hatten:
20 Arëus, König der Spartaner, grüßt den Ho-
henpriester Onias. 21 In einer Schrift über die
Spartaner und Juden fand sich die Nach-
richt, dass sie Brüder sind und beide von
Abraham abstammen. 22 Da wir dies erfah-
ren haben, wäre es freundlich von euch, uns
zu schreiben, wie es euch geht. 23 Wir schrei-
ben euch wieder. Eure Herden und eure
Habe gehören uns und unsere euch. Wir ge-
ben den Auftrag, dass man euch darüber
Auskunft gibt.

1–2: 8,17–32 • 7: 2 Makk 5,9.

Der Feldzug gegen die Truppen des Demetrius II.: 12,24–34

24 Jonatan erfuhr, dass die Feldherren des
Demetrius mit einem noch größeren Heer als
zuvor zurückgekehrt waren, um gegen ihn zu
kämpfen. 25 Er brach von Jerusalem auf und
traf in der Gegend von Hamat auf sie. Er
wollte ihnen nämlich keine Zeit lassen, in
sein Land einzudringen. 26 Späher, die er in
ihr Lager geschickt hatte, meldeten ihm bei
ihrer Rückkehr, dass die Feinde sich zu ei-
nem nächtlichen Überfall vorbereitet hatten.
27 Bei Sonnenuntergang befahl daher Jona-
tan seinen Leuten, wach zu bleiben und die
ganze Nacht kampfbereit unter Waffen zu
stehen. Rings um das Lager stellte er Posten
auf. 28 Als die Gegner merkten, dass Jonatan
mit seinen Leuten kampfbereit war, packte
sie Furcht und Schrecken. Sie zündeten in
ihrem Lager Wachfeuer an und zogen ab.
29 Jonatan und seine Leute bemerkten bis
zum Morgen nichts; denn sie sahen die Feuer
brennen. 30 Jonatan nahm zwar die Verfol-
gung auf, konnte die Feinde aber nicht mehr
einholen; denn sie hatten den Eleutherus be-
reits überschritten.
31 Jonatan wandte sich nun gegen die sa-
badäischen Araber, schlug sie und plünderte
sie aus. 32 Dann brach er nach Damaskus auf
und zog durch das ganze dazwischen liegen-
de Gebiet.
33 Auch Simeon war aufgebrochen. Er
marschierte auf Aschkelon und auf die Fes-
tungen in jenem Gebiet zu; dann wandte er
sich überraschend gegen Jafo und besetzte
es. 34 Er hatte nämlich gehört, dass die Ein-
wohner vorhatten, die Festung den Leuten
des Demetrius zu übergeben. Daher legte er
eine Besatzung hinein, um die Stadt zu be-
wachen.

Die Belagerung der Burg von Jerusalem durch Jonatan: 12,35–38

35 Als Jonatan zurückgekehrt war, ließ er
die Ältesten des Volkes zusammenkommen
und beriet mit ihnen über die Anlage von
Festungen in Judäa. 36 Auch sollten die Mau-

12,9 die heiligen Bücher: Gemeint sind die Schriften des Alten Testaments, die um diese Zeit zum Kanon vereinigt werden.

ern von Jerusalem erhöht werden; ferner sei
zwischen der Burg und der Stadt eine hohe
Mauer zu errichten, um die Burg völlig von
der Stadt abzuschneiden, damit die Besat-
zung weder etwas kaufen noch verkaufen
könne. 37 So kam man zum Ausbau der Stadt
zusammen. Als ein Teil der Mauer oberhalb
des Tales im Osten einstürzte, besserte man
sie wieder aus und gab ihr den Namen Kaf-
nata. 38 Simeon baute Hadid in der Schefela
aus, befestigte es und versah es mit Toren
und die Tore mit Querbalken zum Verrie-
geln.

Der Verrat des Tryphon an Jonatan:
12,39–52

39 Tryphon strebte nach der Herrschaft
über Asien und wollte sich selbst die Königs-
krone aufsetzen; deshalb trachtete er König
Antiochus nach dem Leben. 40 Doch er
fürchtete, dass Jonatan das nicht zulassen
und Krieg gegen ihn führen werde. So suchte
er nach Mitteln und Wegen, ihn in seine Ge-
walt zu bekommen und umzubringen. Da-
rum zog er nach Bet-Schean.
41 Jonatan rückte ihm mit vierzigtausend
kampferprobten Männern nach Bet-Schean
entgegen. 42 Als Tryphon sah, dass Jonatan
ein großes Heer bei sich hatte, fürchtete er
sich, etwas gegen ihn zu unternehmen. 43 Er
bereitete ihm einen glänzenden Empfang,
stellte ihn all seinen Freunden vor, machte
ihm Geschenke und befahl seinen Freunden
und Soldaten: Gehorcht ihm wie mir selbst!
44 Dann sagte er zu Jonatan: Warum hast du
dieses ganze Heer bemüht? Es droht doch
kein Krieg. 45 Lass sie nach Hause gehen,
wähl dir einige Männer als Begleitung aus
und geh mit mir nach Ptolemaïs! Ich werde
dir die Stadt und die übrigen Festungen
übergeben und auch alle anderen Truppen
und alle Behörden. Nur deswegen bin ich ge-
kommen, dann ziehe ich wieder ab. 46 Jona-
tan vertraute ihm und tat, was Tryphon ihm
vorgeschlagen hatte. Er entließ seine Trup-
pen und sie zogen nach Judäa ab. 47 Dreitau-
send Mann behielt er bei sich, von denen er
zweitausend in Galiläa ließ; nur tausend be-
gleiteten ihn. 48 Sobald Jonatan Ptolemaïs
betreten hatte, schlossen die Einwohner die
Tore, nahmen ihn fest und erschlugen alle,
die mit ihm gekommen waren, mit dem
Schwert. 49 Tryphon entsandte außerdem
Fußvolk und Reiterei nach Galiläa und in die
Große Ebene, um alle Truppen Jonatans nie-
derzumachen. 50 Als diese merkten, dass Jo-
natan mit seinen Begleitern den Feinden in
die Hände gefallen und umgekommen war,
machten sie einander Mut und marschierten
kampfbereit in bester Ordnung weiter. 51 Als
die Verfolger sahen, dass Jonatans Männer
um ihr Leben kämpfen würden, kehrten sie
um. 52 Die jüdischen Truppen kamen unver-
sehrt in Judäa an. Sie trauerten um Jonatan
und seine Begleiter und waren voller Angst;
auch ganz Israel war in großer Trauer.

39: 11,39f.

DIE TATEN SIMEONS: 12,53 – 16,24

Die Wahl Simeons zum Anführer Israels:
12,53 – 13,11

53 Alle Völker ringsum versuchten, Israel
zu vernichten. Denn sie sagten sich: Sie ha-
ben keinen Führer und Helfer mehr. Nun
wollen wir gegen sie kämpfen und die Erin-
nerung an sie austilgen.
13 Simeon erfuhr, dass Tryphon ein
großes Heer zusammengebracht hat-
te, um in Judäa einzufallen und es zu ver-
nichten. 2 Auch merkte er, wie das Volk vol-
ler Angst und Furcht war. Darum ging er
nach Jerusalem hinauf und rief das Volk zu-
sammen. 3 Er sprach ihnen Mut zu und sagte:
Ihr wisst selbst, wie ich, meine Brüder und
meine Familie sich für unsere Gesetze und
für das Heiligtum eingesetzt und welche
Kämpfe und Gefahren wir dafür auf uns ge-
nommen haben. 4 Alle meine Brüder sind
nun für Israel gestorben; ich allein bin übrig
geblieben. 5 Ich denke nicht daran, im Au-
genblick der Not mein Leben zu schonen.
Denn ich bin nicht mehr wert als meine Brü-
der. 6 Vielmehr will ich mein Volk, das Hei-
ligtum, unsere Frauen und Kinder rächen.
Denn alle Völker haben sich zusammenge-
tan, um uns auszurotten, weil sie uns hassen.
7 Sobald das Volk seine Worte hörte, fasste es
neuen Mut 8 und rief laut: Sei du unser Füh-

12,38 Schefela: der an die Küstenebene anschließende hügelige Landstreifen, der dem judäischen Bergland vorgelagert ist.

12,49 die Große Ebene: die Ebene von Megiddo, auch die »Ebene Jesreel« genannt.

rer anstelle deiner Brüder Judas und Jonatan! 9 Nimm unseren Kampf in deine Hand! Alles, was du befiehlst, wollen wir tun. 10 Simeon rief alle kampffähigen Männer zusammen, ließ den Bau der Mauern von Jerusalem so schnell wie möglich zu Ende führen und sicherte die Stadt nach allen Seiten. 11 Jonatan, den Sohn des Abschalom, schickte er mit einem ansehnlichen Heer nach Jafo. Dieser vertrieb die Einwohner und blieb in der Stadt.

12,53: 5,1f.

Tryphons Feldzug gegen Jerusalem und Jonatans Tod: 13,12–30

12 Tryphon brach mit einem großen Heer von Ptolemaïs auf, um in Judäa einzufallen. Jonatan nahm er als Gefangenen mit sich. 13 Simeon schlug sein Lager bei Hadid am Rand der Ebene auf. 14 Da erfuhr Tryphon, Simeon habe anstelle seines Bruders Jonatan die Führung übernommen und werde den Kampf gegen ihn fortsetzen. Er schickte zu ihm Unterhändler mit der Botschaft: 15 Wir halten deinen Bruder Jonatan nur fest, weil er der königlichen Schatzkammer Geld schuldet für die Ämter, die er innehat. 16 Schick uns also hundert Talente Silber und zwei seiner Söhne als Geiseln, damit er nicht von uns abfällt, sobald er wieder frei ist; dann werden wir ihn freilassen.

17 Simeon merkte wohl, dass ihr Vorschlag nicht ehrlich gemeint war. Dennoch ließ er das Geld und die Kinder holen, um sich beim Volk nicht verhasst zu machen. 18 Sonst hätte man nämlich gesagt: Jonatan musste sterben, weil Simeon das Geld und die Kinder für ihn nicht ausgeliefert hat. 19 So lieferte er die Kinder und die hundert Talente aus; aber es zeigte sich, dass Tryphon ein Lügner war; denn er ließ Jonatan nicht frei.

20 Danach rückte Tryphon heran, um in Judäa einzufallen und es zu verwüsten. Er machte dabei einen Umweg über Adora; aber Simeon trat ihm mit seinem Heer überall entgegen, wo er ins Land eindringen wollte. 21 Die Besatzung der Burg von Jerusalem schickte Boten zu Tryphon, die ihn zur Eile drängten und ihn aufforderten, von der Wüste her einen Durchbruch zu versuchen und Nahrungsmittel für sie heranzuschaffen. 22 Daraufhin stellte Tryphon die gesamte Reiterei bereit, um durchzubrechen; aber in jener Nacht fiel sehr viel Schnee und er konnte wegen des Schnees nicht durchkommen. Da zog er ab nach Gilead. 23 In der Nähe von Baskama ließ er Jonatan umbringen und begraben. 24 Dann zog Tryphon ab und kehrte in sein Land zurück.

25 Simeon schickte einige Männer, um die Gebeine seines Bruders Jonatan holen und in Modeïn, der Stadt seiner Väter, bestatten zu lassen. 26 Ganz Israel hielt eine große Totenklage für ihn ab und trauerte viele Tage um ihn. 27 Simeon ließ ein hohes, weithin sichtbares Denkmal über dem Grab seines Vaters und seiner Brüder errichten. Für die Vorder- und Rückseite verwendete er behauene Steine. 28 Auch ließ er sieben Pyramiden bauen, von denen jeweils zwei einander gegenüberstanden: für den Vater, die Mutter und die vier Brüder. 29 Um die Pyramiden ließ er eine kunstvolle Anlage errichten, indem er sie mit hohen Säulen umgab. An den Säulen ließ er zum ewigen Gedenken Rüstungen anbringen und neben den Rüstungen Schiffe einmeißeln. Das Denkmal sollte für alle sichtbar sein, die auf dem Meer vorüberfahren. 30 Dieses Grabmal, das er in Modeïn errichtete, steht noch heute dort.

Das Bündnis zwischen Simeon und Demetrius II.: 13,31–42

31 Tryphon ließ den jungen König Antiochus heimtückisch ermorden, 32 trat seine Nachfolge an und setzte sich die Krone von Asien auf. Er richtete im Land großes Unheil an.

33 Simeon legte in Judäa Festungen an, umgab sie mit hohen Türmen und gewaltigen Mauern, versah sie mit Toren und Riegeln und ließ Proviant in die Festungen bringen. 34 Dann wählte Simeon einige Männer aus, die er zu König Demetrius sandte, um einen Steuernachlass für das Land zu erwirken. Denn Tryphon war nur auf Ausbeutung aus. 35 König Demetrius antwortete ihm mit folgendem Brief:

36 König Demetrius grüßt Simeon, den Hohenpriester und Freund der Könige, sowie die Ältesten und das jüdische Volk. 37 Den goldenen Kranz und den Palmzweig, den ihr gesandt habt, haben wir erhalten. Wir sind bereit, ein für alle Mal Frieden mit euch zu schließen und die Behörden anzuweisen, euch Nachlass zu gewähren. 38 Alles, was wir euch bestätigt haben, bleibt in Kraft; auch die Festungen, die ihr angelegt habt, dürfen bestehen bleiben. 39 Wir vergeben euch alle Nachlässigkeiten und Verfehlungen, die ihr bis auf den heutigen Tag begangen habt, und erlassen euch den Kranz, den ihr noch schul-

---

13,20 Adora: südwestlich von Hebron; schon Rehabeam hatte es befestigt (vgl. 2 Chr 11,9).

det. Sollten noch andere Abgaben von Jeru-
salem erhoben worden sein, sollen sie künf-
tig wegfallen. 40 Wenn ihr Leute habt, die ge-
eignet sind, in unserer Leibgarde Dienst zu
tun, sollen sie angenommen werden. Zwi-
schen uns soll Friede herrschen.
41 Im Jahr 170 wurde das Joch der fremden
Völker von Israel genommen. 42 Das Volk be-
gann, Urkunden und Verträge mit der For-
mel einzuleiten: Im Jahr 1 der Regierung Si-
meons, des Hohenpriesters, Befehlshabers
und Führers der Juden.

31: 12,39 • 41: Jer 30,8.

Die endgültige Befreiung Israels:
13,43 – 14,3

43 Damals zog Simeon nach Geser, schloss
die Stadt mit seinen Truppen ein, errichtete
einen Belagerungsturm und ließ ihn an die
Stadt heranschieben. Man schlug eine Bre-
sche in einen Turm der Stadtmauer und be-
setzte ihn. 44 Dann sprang die Mannschaft
des Belagerungsturms in die Stadt hinein. Es
entstand ein großes Durcheinander in der
Stadt. 45 Ihre Bürger stiegen mit Frauen und
Kindern auf die Mauern, zerrissen ihre Ge-
wänder, schrien laut und baten Simeon, mit
ihnen Frieden zu schließen. 46 Sie sagten:
Vergilt uns nicht nach unserer Schuld, son-
dern nach deiner Güte! 47 Simeon ließ sich
erweichen und stellte den Kampf ein. Er ver-
trieb sie jedoch aus der Stadt und ließ die
Häuser, in denen Götterbilder waren, ent-
sühnen; dann zog er feierlich mit Lobliedern
und Preisgesängen in die Stadt ein. 48 Er ent-
fernte alles Unreine und siedelte gesetzes-
treue Männer an. Dann ließ er die Stadt noch
stärker befestigen und baute auch für sich
ein Haus in der Stadt.
49 Die Besatzung der Burg von Jerusalem
war von jeder Verbindung mit dem Land ab-
geschnitten; sie konnten weder etwas kaufen
noch etwas verkaufen und hatten fast nichts
mehr zu essen; eine beträchtliche Anzahl von
ihnen kam durch den Hunger um. 50 Da ba-
ten sie Simeon um Frieden. Er gewährte ihn,
vertrieb sie aber von dort und entsühnte die
Burg von jeder Befleckung. 51 Am dreiund-
zwanzigsten Tag des zweiten Monats im Jahr
171 zogen die Israeliten unter der Musik von
Harfen, Zimbeln und Zithern mit Hymnen
und Gesängen in die Burg ein; sie trugen
Palmzweige in den Händen und sangen
Freudenlieder. Denn Israel war von einem
gefährlichen Feind befreit. 52 Simeon setzte
fest, dass dieser Tag jährlich feierlich began-
gen werden solle. Er ließ die zur Burg hin ge-
legene Seite des Tempelbergs noch stärker
befestigen und nahm mit seinem Gefolge
Wohnung in der Burg. 53 Als Simeon sah,
dass sein Sohn Johanan zu einem Mann he-
rangewachsen war, machte er ihn zum Be-
fehlshaber aller Streitkräfte und Johanan
ließ sich in Geser nieder.

14 Im Jahr 172 zog König Demetrius
seine Truppen zusammen und brach
nach Medien auf, um Hilfstruppen für den
Kampf gegen Tryphon zu gewinnen. 2 Als
Arsakes, der König von Persien und Medien,
erfuhr, dass Demetrius in sein Gebiet einge-
drungen war, sandte er einen seiner Feldher-
ren mit dem Auftrag aus, Demetrius leben-
dig gefangen zu nehmen. 3 Der Feldherr
machte sich auf den Weg, schlug das Heer
des Demetrius, nahm ihn gefangen und
brachte ihn zu Arsakes, der ihn ins Gefäng-
nis warf.

13,43 – 14,3 || 2 Makk 10,32–38 • 13,49: 12,36 • 50: 1,33–36.

Das Loblied auf Simeon: 14,4–15

4 Das Land Judäa hatte Ruhe, solange Si-
meon lebte. / Er sorgte für das Wohl seines
Volkes. / Sie freuten sich jeden Tag über sei-
ne Macht / und seinen Ruhm.
5 Sein Ruhm wuchs, als er den Hafen von
Jafo gewann; / so öffnete er einen Weg zu den
Inseln.
6 Er erweiterte das Gebiet seines Volkes /
und gewann die Herrschaft über das ganze
Land.
7 Viele Verbannte führte er wieder zu-
rück. / Er eroberte Geser, Bet-Zur und die
Burg / und vernichtete darin alles, was un-
rein war. / Niemand widersetzte sich ihm.
8 Sie bebauten in Frieden ihr Land; / der
Boden gab seinen Ertrag, / die Bäume auf
dem Feld ihre Frucht.
9 Auf den Plätzen saßen die Alten; / alle
sprachen über ihr Glück. / Die jungen Män-
ner / gingen im Schmuck ihrer Waffen um-
her.
10 Er versorgte die Städte mit Nahrung /
und baute sie zu Festungen aus. / Sein Name
wurde berühmt bis an das Ende der Welt.
11 Er brachte dem Land den Frieden, / in
Israel herrschte Jubel und Freude.
12 Jeder saß unter seinem Weinstock und
seinem Feigenbaum / und niemand schreck-
te sie auf.
13 Der Feind verschwand aus dem Land; /

14,2 Arsakes ist Mitridates I. (171–138 v. Chr.), der Gründer des Partherreiches; er entriss Demetrius Medien und Persien.

in jenen Tagen wurden die Könige besiegt.
14 Er stärkte alle Schwachen im Land /
und setzte sich ein für das Gesetz. / Alle Ver-
räter und Sünder aber rottete er aus.
15 Das Heiligtum baute er prachtvoll aus, /
viele Geräte für den Tempel schaffte er an.

4: Ri 2,18; 3,11 • 6: Ex 34,24; Jes 54,2f • 8: Sach 8,12 • 9: Sach 8,4f • 12: Mi 4,4 • 14: Ps 72,4.

Die Erneuerung der Bündnisse mit Sparta und Rom: 14,16–24

16 Als man in Rom – und auch in Sparta –
erfuhr, dass Jonatan tot war, war man sehr
bestürzt. 17 Als man aber hörte, sein Bruder
Simeon habe seine Nachfolge als Hoher-
priester angetreten und das Land mit seinen
Städten sei fest in seiner Hand, 18 schrieben
sie ihm auf Bronzetafeln einen Brief und bo-
ten ihm an, das Freundschaftsbündnis mit
ihm zu erneuern, das sie mit seinen Brüdern
Judas und Jonatan geschlossen hatten.
19 Diese Botschaft wurde vor der Volksver-
sammlung in Jerusalem verlesen.
20 Hier ist eine Abschrift des Briefes, den
die Spartaner schickten: Die Regierung und
die Stadt der Spartaner grüßen den Hohen-
priester Simeon, die Ältesten, die Priester
und das ganze übrige jüdische Volk, ihre
Brüder. 21 Die Gesandten, die ihr zu unserem
Volk geschickt habt, haben uns von eurem
Ruhm und eurem Ansehen berichtet und wir
haben uns über ihren Besuch sehr gefreut.
22 Was sie vor dem Rat des Volkes gesagt ha-
ben, haben wir, wie folgt, schriftlich festge-
halten:
Numenius, der Sohn des Antiochus, und
Antipater, der Sohn Jasons, sind als Gesand-
te der Juden zu uns gekommen, um die
Freundschaft mit uns zu erneuern. 23 Das
Volk hat beschlossen, ihnen einen glänzen-
den Empfang zu bereiten und die Nieder-
schrift ihrer Rede im Staatsarchiv zu hinter-
legen, damit das Volk von Sparta sie nicht
vergisst. – Eine Abschrift davon schickten
sie an den Hohenpriester Simeon.
24 Danach sandte Simeon den Numenius
mit einem großen goldenen Schild, der tau-
send Minen wog, nach Rom, um das Bündnis
mit den Römern zu bekräftigen.

18: 8,17–32; 12,3 • 24: 15,15.

Die Bestätigung Simeons durch das jüdische Volk: 14,25–49

25 Als man im Volk davon erfuhr, sagte
man: Wie können wir Simeon und seinen
Söhnen danken? 26 Denn er, seine Brüder
und seine ganze Familie waren uns Halt und
Stütze. Er hat den Kampf gegen Israels Fein-
de geführt und sie vertrieben und mit seinen
Brüdern dem Volk die Freiheit errungen.
Man fertigte Bronzetafeln an, die man auf
dem Berg Zion an Säulen befestigte 27 und
auf denen folgendes stand:
Am achtzehnten Tag des Monats Elul im
Jahr 172 – das ist im dritten Jahr der Regie-
rung des großen Hohenpriesters Simeon in
Asaramel – 28 wurde auf der großen Ver-
sammlung der Priester, des Volkes, der Füh-
rer des Volkes und der Ältesten des Landes
uns Folgendes bekanntgegeben: 29 Als wie-
derholt im Land Krieg ausbrach, scheuten
Simeon, der Sohn des Mattatias, aus der Fa-
milie Jojaribs, und seine Brüder keine Ge-
fahr. Sie stellten sich den Feinden ihres Vol-
kes entgegen, um ihr Heiligtum und das Ge-
setz zu erhalten, und verschafften ihrem
Volk großen Ruhm. 30 Jonatan führte sein
Volk zusammen; er wurde ihr Hoherpriester,
bis er mit seinen Vätern vereint wurde. 31 Als
darauf ihre Feinde den Plan fassten, in das
Land einzufallen, um es zu vernichten und
ihr Heiligtum anzutasten, 32 erhob sich Si-
meon und kämpfte für sein Volk. Aus eige-
nen Mitteln brachte er viel Geld auf und ver-
sorgte die Krieger seines Volkes mit Waffen
und Verpflegung. 33 Er ließ die Städte Judäas
befestigen, besonders Bet-Zur, das an der
Grenze von Judäa liegt; er legte eine jüdische
Besatzung dorthin, wo zuvor ein Waffenla-
ger der Feinde gewesen war. 34 Auch die
Städte Jafo am Meer und Geser bei Aschdod
ließ er befestigen. Früher wohnten dort die
Feinde, er aber siedelte Juden an und ließ ih-
nen alles zukommen, was sie zu ihrem Un-
terhalt brauchten. 35 Als das Volk sah, wie
treu Simeon war und welchen Ruhm er sei-
nem Volk zu verschaffen suchte, machten sie
ihn zu ihrem Führer und Hohenpriester zum
Dank für all diese Taten, für die Gerechtig-
keit und Treue, die er seinem Volk bewies,
und für sein Bestreben, auf jede Weise sein
Volk zu fördern. 36 Es ist ihm zu seiner Zeit
gelungen, die Fremden aus dem Land zu ver-
treiben, vor allem die, die in der Davidstadt
in Jerusalem wohnten und sich eine Burg ge-
baut hatten, aus der sie Ausfälle machten,
die Umgebung des Tempels entweihten und
seiner Heiligkeit großen Schaden zufügten.
37 Er siedelte in der Davidstadt Juden an und
ließ sie befestigen, um Land und Stadt zu si-
chern. Auch ließ er die Mauern von Jerusa-

14,27 Asaramel ist hebräisch; es heißt entweder »Vorhof des Volkes Gottes« oder ist verderbt aus sar-am-el (Fürst des Volkes Gottes).

lem höher machen. 38 Demgemäß bestätigte ihn König Demetrius im Hohenpriesteramt. 39 Er ernannte ihn zu seinem Freund und zeichnete ihn durch hohe Ehren aus. 40 Denn er hatte gehört, dass Rom die Juden Freunde, Verbündete und Brüder genannt und den Gesandten Simeons einen glänzenden Empfang bereitet hatte.

41 Darum beschlossen die Juden und ihre Priester, Simeon solle für immer ihr Anführer und Hoherpriester sein, bis ein wahrer Prophet auftrete. 42 Auch solle er ihr Befehlshaber sein und für das Heiligtum Sorge tragen; durch ihn seien die Beamten zu ernennen für die Arbeiten am Tempel, für das Land, das Heer und die Festungen. 43 [Er solle für das Heiligtum Sorge tragen.] Alle hätten ihm zu gehorchen. Jede Urkunde im Land müsse in seinem Namen ausgestellt werden. Auch dürfe er sich in Gold und Purpur kleiden. 44 Keinem aus dem Volk oder aus der Priesterschaft sei es erlaubt, eine dieser Bestimmungen außer Kraft zu setzen, gegen seine Anordnungen zu verstoßen, ohne seine Erlaubnis im Land eine Versammlung einzuberufen, Purpur zu tragen oder eine goldene Spange anzulegen. 45 Jeder, der dem zuwiderhandle oder sich nicht daran halte, mache sich strafbar.

46 Das ganze Volk beschloss, diese Verfügungen zugunsten Simeons zu erlassen. 47 Simeon nahm an; er willigte ein, Hoherpriester, Befehlshaber und Fürst der Juden und ihrer Priester zu sein und in allem den Vorsitz zu führen. 48 Sie ließen diese Urkunde auf Bronzetafeln schreiben und im Vorhof des Tempels für alle sichtbar aufstellen. 49 Eine Abschrift davon sei in der Schatzkammer für Simeon und seine Söhne zu hinterlegen.

41: 4,46.

Das Bündnis zwischen Simeon und Antiochus VII.: 15,1–14

15 Antiochus, der Sohn des Königs Demetrius, schickte von den Inseln ein Schreiben an Simeon, den Priester und Fürsten der Juden, und an das ganze Volk. 2 Es hatte folgenden Inhalt: König Antiochus grüßt Simeon, den Hohenpriester und Fürsten, und das jüdische Volk. 3 Ein paar Verbrecher haben die Herrschaft über das Reich unserer Väter an sich gerissen. Ich will nun das Reich wieder übernehmen und in ihm die alte Ordnung wiederherstellen. Ich habe zahlreiche Streitkräfte angeworben, mehrere Kriegsschiffe ausgerüstet 4 und will mit ihnen landen, um alle zur Rechenschaft zu ziehen, die unser Land verwüstet und so viele Städte in meinem Reich entvölkert haben.

5 Ich bestätige dir den Erlass aller Steuern, auf die die Könige vor mir verzichtet haben, und aller sonstigen Geschenke, die sie dir erlassen haben. 6 Hiermit gestatte ich dir, eigene Münzen für dein Land zu prägen. 7 Jerusalem und das Heiligtum sollen frei sein. Du darfst alle Waffen behalten, die du dir beschafft hast, dazu alle Festungen, die du angelegt hast und die in deiner Hand sind. 8 Alle Schulden an die königliche Kasse, auch die künftigen Forderungen der Krone, seien dir von jetzt an für immer erlassen. 9 Sobald wir die Herrschaft angetreten haben, werden wir dich, dein Volk und den Tempel mit hohen Ehren auszeichnen, sodass sich euer Ruhm über die ganze Welt verbreitet.

10 Im Jahr 174 kam Antiochus in das Land seiner Väter. Alle Truppen schlossen sich ihm an; nur wenige blieben bei Tryphon. 11 Antiochus verfolgte ihn und Tryphon flüchtete nach Dor am Meer. 12 Er hatte gemerkt, dass für ihn schlimme Zeiten angebrochen waren; denn seine Truppen hatten ihn verlassen. 13 Antiochus belagerte Dor mit hundertzwanzigtausend Soldaten und achttausend Reitern. 14 Er schloss die Stadt ein und ließ sie mit den Schiffen vom Meer her angreifen. So setzte er ihr zu Wasser und zu Land hart zu und ließ niemand hinein oder heraus.

Nachträge zum Vertrag mit Rom: 15,15–24

15 Zu dieser Zeit kam Numenius mit seinen Begleitern aus Rom zurück; er hatte Briefe mit folgendem Inhalt an verschiedene Könige und Länder bei sich:

16 Der römische Konsul Luzius grüßt König Ptolemäus. 17 Die jüdischen Gesandten sind als Freunde und Verbündete zu uns gekommen, um das alte Freundschaftsbündnis zu erneuern; der Hohepriester Simeon und das jüdische Volk hatten sie geschickt. 18 Sie brachten auch einen goldenen Schild im Wert von tausend Minen mit. 19 Wir haben

14,47 Diese Titelverleihung bedeutet einen großen Schritt hin zur Autonomie.
15,1 Antiochus: Antiochus VII. Sidetes.
15,11 Dor: eine Küstenfestung südlich des Karmel.
15,16 Lucius Caecilius Metellus Calvus war 142 v. Chr. Konsul.

nun beschlossen, Könige und Länder schrift-
lich anzuweisen, nichts gegen die Juden zu
unternehmen, gegen sie, ihre Städte und ihr
Land keinen Krieg zu führen und ihre Geg-
ner nicht zu unterstützen. 20 Auch beschlos-
sen wir, den Schild von ihnen anzunehmen.
21 Wenn nun irgendwelche Verbrecher aus
ihrem Land zu euch geflohen sind, so liefert
sie dem Hohenpriester Simeon aus, damit er
sie nach dem jüdischen Gesetz bestrafen
kann. 22 Im gleichen Sinn schrieb Luzius an
die Könige Demetrius, Attalus, Ariarathes
und Arsakes 23 sowie an alle folgenden Län-
der: nach Sampsame, Sparta, Delos, Myn-
dos, Sikyon, Karien, Samos, Pamphylien,
Lyzien, Halikarnass, Rhodos, Phaselis, Kos,
Side, Arwad, Gortyna, Knidos, Zypern und
Zyrene. 24 Eine Abschrift schickten die Rö-
mer an den Hohenpriester Simeon.

15: 14,24.

Die Entfremdung zwischen Simeon und Antiochus VII.: 15,25–36

25 König Antiochus belagerte Dor von der
Vorstadt aus. Er ließ seine Truppen ununter-
brochen gegen die Stadt anrennen, stellte
Belagerungsmaschinen auf und hielt Try-
phon eingeschlossen, sodass niemand hinein
oder heraus konnte. 26 Simeon sandte dem
König zu seiner Unterstützung zweitausend
ausgesuchte Krieger, dazu Silber und Gold
und viel Kriegsausrüstung. 27 Aber der Kö-
nig wollte es nicht annehmen; er brach viel-
mehr mit ihm und machte alles rückgängig,
was er vorher mit ihm vertraglich vereinbart
hatte. 28 Er schickte einen seiner Freunde na-
mens Athenobius als Unterhändler zu ihm
und ließ ihm sagen: Ihr habt Jafo, Geser und
die Burg von Jerusalem besetzt, Städte mei-
nes Königreiches. 29 Ihr Gebiet habt ihr ver-
wüstet und großen Schaden im Land ange-
richtet und viele Orte in meinem Reich habt
ihr an euch gerissen. 30 Nun gebt die Städte
wieder heraus, die ihr besetzt habt; ebenso
entrichtet die Steuern für die Orte außerhalb
Judäas, die ihr euch angeeignet habt. 31 An-
dernfalls gebt als Ersatz fünfhundert Talen-
te Silber, weitere fünfhundert Talente für
den Schaden, den ihr angerichtet habt, und
für die Steuern der Städte. Sonst kommen
wir und führen Krieg gegen euch. 32 Atheno-
bius, der Freund des Königs, kam nach Jeru-
salem. Als er die Prachtentfaltung Simeons,
den Schrank mit den goldenen und silbernen
Geräten und den großen Hofstaat sah, war er
sehr erstaunt. Er meldete Simeon die Worte
des Königs; 33 doch der gab zur Antwort: Wir
haben kein fremdes Land besetzt und uns
nichts angeeignet, was uns nicht gehörte,
sondern wir haben nur das Erbe unserer Vä-
ter zurückgeholt, das unsere Feinde zu Un-
recht vorübergehend an sich gerissen hatten.
34 Wir nutzen nur die Gelegenheit und halten
das Erbe unserer Väter fest. 35 Was aber Jafo
und Geser betrifft, auf die du Anspruch er-
hebst, so ist zu sagen: Diese Städte haben
unserem Volk und Land großen Schaden zu-
gefügt. Wir wollen für sie hundert Talente
zahlen.

Athenobius gab ihm keine Antwort, 36 son-
dern ging wütend zum König zurück. Er un-
terrichtete ihn über die Antwort Simeons,
über seine Prachtentfaltung und über alles,
was er gesehen hatte. Da geriet der König in
heftigen Zorn.

32: 1 Kön 10,4f.

Der Sieg der Söhne Simeons über Kendebäus: 15,37 – 16,10

37 Tryphon entkam auf einem Schiff nach
Orthosia. 38 Der König ernannte Kendebäus
zum Befehlshaber über die Küste und teilte
ihm Fußtruppen und Reiterei zu. 39 Er gab
ihm den Auftrag, an der Grenze Judäas ein
Lager aufzuschlagen, den Ort Kidron auszu-
bauen und mit festen Toren zu versehen, um
gegen die Juden Krieg zu führen, während er
selbst die Verfolgung des Tryphon aufnahm.
40 Kendebäus zog nach Jamnia und begann,
das jüdische Volk zu reizen, Überfälle auf Ju-
däa zu machen, Juden gefangen zu nehmen
und zu ermorden. 41 Er baute Kidron aus und
legte Reiter und Fußtruppen hinein. Diese
unternahmen Streifzüge auf den Straßen Ju-
däas, wie ihnen der König befohlen hatte.

16 Da kam Johanan von Geser herauf
und berichtete seinem Vater Simeon
von den Unternehmungen des Kendebäus.
2 Simeon rief seine beiden ältesten Söhne,
Judas und Johanan, zu sich und sagte zu ih-
nen: Ich, meine Brüder und meine Familie
haben von Jugend an bis auf den heutigen
Tag die Kriege Israels geführt. Oft gelang es
uns, Israel zu retten. 3 Nun bin ich alt gewor-
den; ihr aber seid durch des Himmels Gnade
herangewachsen. Tretet an meine und mei-
nes Bruders Stelle, zieht aus und kämpft für
unser Volk! Der Himmel möge euch helfen.
4 Er hob im Land zwanzigtausend besonders
kampferprobte Männer aus, dazu Reiter. Sie
zogen gegen Kendebäus und blieben über
Nacht in Modeïn. 5 Früh am nächsten Mor-
gen rückten sie aus in die Ebene. Plötzlich
trafen sie auf ein großes Heer, Fußvolk und
Reiterei. Es lag aber eine Schlucht zwischen
ihnen. 6 Johanan machte mit seinen Leuten

dem Feind gegenüber Halt. Als er merkte,
dass sie Angst hatten, die Schlucht zu durch-
queren, ging er als erster hinüber. Das sahen
seine Männer und folgten ihm auf die andere
Seite. 7 Dann zog er das Heer auseinander
und ließ die Reiterei sich mitten zwischen
dem Fußvolk aufstellen; die Reiterei des
Feindes war nämlich sehr stark. 8 Man stieß
in die Trompeten und Kendebäus wurde
samt seinem Heer geschlagen und hatte viele
Gefallene zu beklagen. Der Rest floh in die
Festung. 9 Bei dieser Gelegenheit wurde Ju-
das, der Bruder des Johanan, verwundet. Jo-
hanan aber nahm die Verfolgung auf, bis er
nach Kidron kam, das Kendebäus ausgebaut
hatte. 10 Da flohen sie weiter in die Türme bei
Aschdod. Johanan ließ die Stadt in Brand
stecken; dabei kamen etwa zweitausend
Feinde um. Johanan aber kehrte wohlbehal-
ten nach Judäa zurück.

16,10: 10,84.

Die Ermordung Simeons und der Regierungsantritt Johanans: 16,11–24

11 Ptolemäus, der Sohn Abubs, war Be-
fehlshaber in der Ebene von Jericho. Er be-
saß viel Silber und Gold; 12 denn er war der
Schwiegersohn des Hohenpriesters. 13 Da
wurde er stolz; er wollte die Herrschaft über
das Land an sich reißen und plante einen
heimtückischen Anschlag, um Simeon und
seine Söhne aus dem Weg zu räumen. 14 Als
Simeon die Städte in jener Gegend besuchte,
um dort nach dem Rechten zu sehen, kam er
mit seinen Söhnen Judas und Mattatias im
elften Monat, das ist der Schebat, des Jahres
177 nach Jericho. 15 Der Sohn Abubs hatte
eine kleine Festung namens Dok erbaut.
Dort nahm er sie voll Hinterlist auf. Er ver-
anstaltete für sie ein großes Gelage, hielt
aber im Hintergrund einige Männer ver-
steckt. 16 Als Simeon und seine Söhne be-
trunken waren, sprangen Ptolemäus und sei-
ne Leute auf, griffen zu ihren Waffen, dran-
gen zu Simeon in den Speisesaal ein und er-
schlugen ihn und seine beiden Söhne und ei-
nige aus seinem Gefolge. 17 So beging Ptole-
mäus einen gemeinen Verrat und vergalt Gu-
tes mit Bösem.

18 Ptolemäus berichtete darüber dem Kö-
nig in einem Brief und bat ihn, ihm Truppen
zu Hilfe zu schicken und ihm das Land und
die Städte zu übergeben. 19 Auch schickte er
einige Männer nach Geser, um Johanan er-
morden zu lassen. Die Hauptleute forderte er
schriftlich auf, zu ihm zu kommen; er wolle
ihnen Silber und Gold und andere Geschen-
ke geben. 20 Wieder andere schickte er aus,
damit sie Jerusalem und den Tempelberg be-
setzten. 21 Aber jemand lief voraus und mel-
dete Johanan in Geser, sein Vater und seine
Brüder seien tot; er sagte: Er hat bereits Leu-
te ausgeschickt, um auch dich umbringen zu
lassen.

22 Als Johanan das hörte, erschrak er sehr.
Die Männer aber, die kamen, um ihn zu er-
morden, ließ er ergreifen und niedermachen;
denn er wusste, dass sie ihn umbringen woll-
ten.

23 Die weitere Geschichte Johanans, die
Kriege, die er führte, die Taten, die er voll-
brachte, auch wie er die Mauern bauen ließ
und was er sonst unternahm – 24 all das steht
in der Chronik seines Hohenpriestertums ge-
schrieben, von dem Tag an, da er anstelle sei-
nes Vaters Hoherpriester wurde.

23: 1 Kön 11,41; 14,29.

16,24 1 Makk schließt ab mit dem Beginn der Amtszeit des Hohenpriesters Johanan, gewöhnlich Johannes Hyrkanus genannt, des ersten Hasmonäers (134–104 v. Chr.).

Das zweite Buch der Makkabäer

BRIEFE DER JUDEN JERUSALEMS AN DIE JUDEN IN ÄGYPTEN: 1,1 – 2,18

Der erste Brief zum Tempelweihfest: 1,1–9

1 Wir, eure Brüder, die Juden aus Jerusa-
lem und aus dem Land Judäa, grüßen
euch, unsere Brüder, die Juden, die in Ägyp-
ten wohnen, und wünschen euch Frieden.
2 Gott möge euch Gutes erweisen und seines
Bundes gedenken, den er mit seinen treuen
Dienern Abraham, Isaak und Jakob ge-
schlossen hat. 3 Er gebe euch allen ein Herz,
das euch fähig macht, ihn zu fürchten und
seiner Lehre mutig und bereitwillig zu fol-
gen. 4 Er öffne euer Herz für sein Gesetz und
für die Gebote und schenke euch Frieden.
5 Er erhöre eure Gebete, schenke euch Ver-
söhnung und verlasse euch nicht in der Not.
6 So beten wir hier für euch.
7 Unter der Regierung des Demetrius, im
Jahr 169, haben wir Juden euch geschrieben:
In der höchsten Not, die in diesen Jahren
über uns kam, als Jason und sein Anhang
vom Heiligen Land und vom Königreich ab-
fielen, 8 verbrannten sie das Tempeltor und
vergossen unschuldiges Blut. Wir aber bete-
ten zum Herrn und er hat uns erhört. So
konnten wir wieder Brand- und Speiseopfer
darbringen; wir zündeten die Leuchter an
und legten die Schaubrote aus. 9 Und nun
begeht die Tage des Laubhüttenfestes im
Monat Kislew! Geschrieben im Jahr 188.

7: 1 Makk 10,67; 2 Makk 4,7–22 • 8: 1 Makk 4,38.

Der zweite Brief zum Tempelweihfest: 1,10 – 2,18

10 Die Bewohner Jerusalems und Judäas,
der Hohe Rat und Judas wünschen dem Aris-
tobul, dem Lehrer des Königs Ptolemäus, aus
dem Geschlecht der gesalbten Priester, und
den Juden Ägyptens Glück und Heil. 11 Wir
danken Gott von Herzen, der uns aus großen
Gefahren errettet hat. So sind wir bereit,
selbst mit einem König zu streiten. 12 Gott
selbst nämlich hat alle verjagt, die gegen die
Heilige Stadt gekämpft haben. 13 Denn als
der Fürst mit seinem Heer, das als unüber-
windlich galt, nach Persien zog, fanden sie
im Tempel der Nanäa den Tod. Die Priester
der Nanäa hatten sie nämlich überlistet.
14 Unter dem Vorwand, sich mit der Göttin
zu vermählen, war Antiochus mit seinen
Freunden, die ihn begleiteten, zum Tempel
gekommen; sozusagen als Mitgift wollte er
sich dabei die großen Reichtümer aneignen.
15 Die Priester der Nanäa legten die Schätze
für sie auch bereit und Antiochus ging mit
einigen wenigen Männern in den heiligen
Bezirk. Sobald er aber das Heiligtum betre-
ten hatte, schlossen sie das Tor. 16 Sie öffne-
ten eine geheime Tür an der Decke, warfen
schwere Steine herab, zerschmetterten den
Fürsten (und seine Begleiter), zerstückelten
sie, schnitten ihnen die Köpfe ab und warfen
sie hinaus zu denen, die draußen stehen ge-
blieben waren. 17 Für all das sei unser Gott
gepriesen: Er hat die Sünder dem Untergang
preisgegeben.
18 Wir wollen nun am fünfundzwanzigsten
Kislew die Reinigung des Tempels feiern.
Darum hielten wir es für unsere Pflicht, euch
davon zu benachrichtigen, damit auch ihr sie
wie die Tage des Laubhüttenfestes feiern
könnt und wie die Tage des Feuers. (Letztere
erinnern an den Tag,) an dem Nehemia nach
dem Aufbau von Tempel und Altar erstmals
wieder Opfer darbrachte. 19 Denn als unsere
Väter nach Persien in die Verbannung ge-
führt wurden, nahmen die Priester, die
fromm geblieben waren, etwas von dem Feu-
er des Altars mit und verbargen es heimlich
im Schacht eines leeren Brunnens. Sie ver-
steckten es so, dass die Stelle allen unbe-
kannt blieb. 20 Darüber vergingen viele Jah-
re. Doch als es Gott gefiel, sandte der König
von Persien den Nehemia her. Der schickte
die Nachkommen jener Priester aus, um das
Feuer holen zu lassen, das ihre Väter einst
versteckt hatten. 21 Als sie uns erklärten,
kein Feuer gefunden zu haben, sondern nur

1,1 Seit langem gab es jüdische Kolonien in Ägypten. Die am meisten bekannte in Elefantine geht bis in die Anfänge des 6. Jh. v. Chr. zurück.

1,7.9 Das Jahr 169 entspricht dem Jahr 143 v. Chr., das Jahr 188 dem Jahr 124 v. Chr. (vgl. die Anmerkung zu 1 Makk 1,10).

1,9 Mit dem Laubhüttenfest im Monat Kislew (Dezember) ist in Wirklichkeit das Tempelweihfest gemeint.

1,13 Der Tempel der Nanäa, vergleichbar dem der Artemis von Ephesus, den Antiochus IV. berauben wollte, befand sich in Elymaïs.

eine dicke Flüssigkeit, befahl er ihnen, etwas
davon zu schöpfen und zu ihm zu bringen.
Das Opfer wurde hergerichtet. Dann ließ Ne-
hemia von den Priestern das Brennholz, und
was darauf lag, mit diesem zähflüssigen
Wasser begießen. 22 So geschah es. Nach ei-
niger Zeit brach die Sonne hervor, die von
Wolken verdeckt gewesen war. Da flammte
ein großes Feuer auf und alle staunten.
23 Während das Opfer verbrannte, beteten
die Priester und alle Anderen, die bei ihnen
waren; Jonatan stimmte an und die Übrigen,
darunter auch Nehemia, beteten laut mit.

24 Das Gebet aber lautete so: Herr, o Herr,
du Gott und Schöpfer aller Dinge, furchtba-
rer, starker, gerechter und barmherziger
Gott! Du allein bist König und du bist gütig.
25 Du allein gibst alle Gaben. Nur du bist ge-
recht, allmächtig und ewig. Du rettest Israel
aus aller Not. Du hast unsere Väter erwählt
und sie heilig gemacht. 26 Nimm dieses Opfer
an für dein ganzes Volk Israel! Behüte dein
Erbteil und mach es heilig! 27 Sammle uns
aus der Zerstreuung, befrei alle, die bei den
Heiden in Knechtschaft leben, schau auf die
Verachteten und Verabscheuten! Dadurch
sollen die Heiden erkennen, dass du unser
Gott bist. 28 Strafe die stolzen und frechen
Unterdrücker! 29 Pflanz dein Volk an deinem
heiligen Ort ein! Denn so hat es Mose zuge-
sagt.

30 Die Priester begleiteten die Loblieder,
die man sang, mit Musik. 31 Als das Opfer
verbrannt war, ließ Nehemia das übrig ge-
bliebene Wasser auf große Steine schütten.
32 Da entzündete sich eine lodernde Flamme.
Sie verzehrte sich im Schein des Feuers, das
vom Altar her leuchtete. 33 Dieses Ereignis
wurde überall bekannt und man meldete
dem persischen König, an der Stelle, an der
die Priester, die in die Verbannung gingen,
das Feuer versteckt hätten, sei das Wasser
zum Vorschein gekommen, das die Leute des
Nehemia dann über das Opfer gossen.
34 Nachdem der König die Sache geprüft hat-
te, ließ er den Ort umfrieden und für heilig
erklären. 35 Auch nahm der König viele kost-
bare Geschenke und verteilte sie unter die,
denen er wohlgesinnt war. 36 Die Leute um
Nehemia nannten das Wasser Neftar, das
heißt: Reinigung. Bei den meisten aber heißt
es Neftai.

2 In den Schriften steht, Jeremia, der
Prophet sei es gewesen, der befohlen
habe, etwas von dem Feuer – wie schon ge-
sagt – zu nehmen, als sie in die Verbannung
geführt wurden. 2 Der Prophet habe ferner
den Verbannten das Gesetz übergeben und ih-
nen eingeschärft, die Gebote des Herrn nicht
zu vergessen noch im Herzen irre zu werden,
wenn sie die goldenen und silbernen Götzen
und ihren Prunk sähen. 3 Mit manchen Re-
den solcher Art ermahnte er sie, das Gesetz
nicht aus ihrem Herzen schwinden zu lassen.
4 In dem Buch stand weiter zu lesen, dass der
Prophet einen Gottesspruch empfangen
habe und daraufhin das Zelt und die Lade
hinter sich hertragen ließ. Er sei hinausge-
gangen zu dem Berg, auf den Mose gestiegen
war, um das von Gott verheißene Erbteil zu
sehen. 5 Dort fand Jeremia eine Höhle wie
ein Haus. Er trug das Zelt, die Lade und den
Rauchopferaltar hinein; dann verschloss er
den Eingang. 6 Einige von seinen Begleitern
gingen hin, um sich den Weg zu markieren;
aber sie konnten ihn nicht finden. 7 Als Jere-
mia davon hörte, schalt er sie und sagte: Die
Stelle soll unbekannt bleiben, bis Gott sein
Volk wieder sammelt und ihm wieder gnädig
ist. 8 Dann aber bringt der Herr dies alles
wieder ans Licht und die Herrlichkeit des
Herrn wird erscheinen und auch die Wolke,
genauso wie sie sich in den Tagen des Mose
gezeigt hat und in der Zeit, als Salomo bete-
te, dass der Ort hochheilig werden möge.

9 Es wurde ferner erzählt, wie jener Weise
bei der Einweihung und bei der Vollendung
des Tempels opferte. 10 So wie Mose zum
Herrn gebetet hatte – und dann war Feuer
vom Himmel gefallen und hatte die Opfer-
stücke verzehrt –, so betete auch Salomo und
das Feuer fiel herab und verzehrte die
Brandopfer. 11 Mose sagte: Weil man das
Sündopfer nicht gegessen hat, wurde es ver-
brannt. 12 Ebenso hat auch Salomo acht Tage
lang gefeiert.

13 Das gleiche wird auch in den Schriften
und in den Erinnerungen Nehemias erzählt;
dort steht auch, wie er eine Bücherei anlegte
und die Bücher der Könige und der Prophe-
ten und die (Lieder) Davids sammelte, auch
königliche Urkunden über Weihegaben.
14 Genauso hat auch Judas alle Bücher wie-
der gesammelt, die in dem Krieg, den wir
führen mussten, zerstreut worden waren. Sie
befinden sich heute bei uns. 15 Sollten euch
einige davon fehlen, so lasst sie durch Boten
holen!

16 Wir haben euch geschrieben, weil wir
nun die Tempelreinigung begehen wollen.

1,36 Neftar (= Erdöl): Manche lesen Naftan, andere Nafta.
2,1 Diese Schriften sind, ebenso wie die Erinnerungen des Nehemia (V. 13), verloren gegangen.
2,13 Erinnerungen Nehemias: ein sonst unbekanntes, nicht-kanonisches Werk.

Ihr werdet gut daran tun, diese Tage mitzu-
feiern. 17 Gott hat sein ganzes Volk gerettet
und allen das Erbe und die Königsherrschaft
und das Priestertum und die Heiligung ver-
liehen, 18 wie er es durch das Gesetz verhei-
ßen hat. Darum hoffen wir nun, dass Gott
bald mit uns Erbarmen hat und uns aus der
ganzen Welt an seinen heiligen Ort zusam-
menführt. Denn er hat uns schon aus großen
Gefahren gerettet und hat den heiligen Ort
gereinigt.

1,12f: 9,1–29 • 19: Lev 6,5 • 29: Dtn 30,3–5 • 2,2: Bar 6 • 4: Dtn 34 • 7: Jer 3,16 • 8: Ex 24,16; 40,34–38; 1 Kön 8,10f • 10: Lev 9,23f; 2 Chr 7,1 • 11: Lev 10,16f • 12: 1 Kön 8,65f • 14: 1 Makk 1,56 • 16: 1 Makk 4,59 • 17: Ex 19,5f.

DAS VORWORT DES VERFASSERS: 2,19–32

19 Die Ereignisse um den Makkabäer Judas
und seine Brüder – wie sie den erhabenen
Tempel reinigten und den Altar wieder ein-
weihten; 20 ferner die Kriege, die sie gegen
Antiochus Epiphanes und seinen Sohn Eu-
pator führten; 21 die himmlischen Erschei-
nungen, die den ruhmreichen und tapferen
Verteidigern des Judentums halfen, sodass es
ihnen, obschon sie nur wenige waren, gelang,
das ganze Land zurückzuerobern, die Mas-
sen der Barbaren zu verjagen, 22 auch das auf
der ganzen Welt hochberühmte Heiligtum
wiederzugewinnen, die Stadt zu befreien, die
Gesetze, die abgeschafft werden sollten, wie-
der in Kraft zu setzen – denn der Herr war
ihnen in seiner großen Güte gnädig –, 23 all
das hat Jason aus Zyrene in fünf Büchern ge-
nau beschrieben. Wir nun wollen versuchen,
es hier in einem einzigen Buch kurz zusam-
menzufassen. 24 Wir bemerkten nämlich die
Flut der Zahlen und wie schwierig es wegen
der Menge des Stoffes ist, sich in die ge-
schichtliche Darstellung einzuarbeiten. 25 So
nahmen wir uns vor, die, die gern lesen, zu
unterhalten, denen, die mit Eifer auswendig
lernen, zu helfen, allen aber, die das Buch
auf irgendeine Weise in die Hand bekom-
men, zu nützen. 26 Uns ist es allerdings nicht
leicht gefallen, in mühseliger Arbeit diesen
Auszug anzufertigen; es hat vielmehr
Schweiß und durchwachte Nächte gekostet.
27 Wer ein Gastmahl anordnet und den Nut-
zen anderer sucht, hat es ja auch nicht leicht.
Dennoch haben wir die Mühe gern auf uns
genommen, um uns viele zu Dank zu ver-
pflichten. 28 Die Einzelheiten genau zu un-
tersuchen, überließen wir dem Geschichts-
schreiber. Wir haben uns nur darum bemüht,
einen ordentlichen Auszug anzufertigen.
29 Wenn man ein neues Haus baut, muss sich
der Architekt um das ganze Gebäude küm-
mern; Dekorateur und Maler dagegen müs-
sen nur das prüfen, was zur Ausschmückung
nötig ist. Ähnlich beurteile ich auch unsere
Aufgabe. 30 Sich daran zu machen, die über-
lieferten Nachrichten kritisch zu beurteilen
und bis ins einzelne genau zu untersuchen,
ist Sache des Historikers. 31 Wer aber nur
nacherzählen will, darf die Darstellung
straffen, auch wenn die genaue Ausarbei-
tung nach den Regeln der Geschichtsschrei-
bung dabei zu kurz kommt.

32 Nun aber wollen wir sofort mit unserer
Erzählung beginnen; wir haben uns schon
allzu lang mit dem Vorwort aufgehalten und
es wäre ja unsinnig, vor der Erzählung viele
Worte zu machen, die Erzählung selbst aber
zu kürzen.

JERUSALEM UNTER GOTTES SCHUTZ: 3,1–40

Die Heilige Stadt: 3,1–3

3 Die Bewohner der Heiligen Stadt lebten
in tiefem Frieden und hielten die Geset-
ze aufs treueste; denn der Hohepriester Oni-
as war ein frommer Mann und hasste alles
Böse. 2 Darum ehrten sogar die Könige den
Ort und schmückten das Heiligtum mit den
kostbarsten Weihegaben. 3 So bestritt Seleu-
kus, der König Asiens, aus seinen eigenen
Einkünften alle Kosten, die durch den Op-
ferdienst entstanden.

2,23 Jason war ein Gelehrter und gehörte der bedeutenden jüdischen Gemeinde in Zyrene an.
3,1 Onias III. ist der Sohn Simeons III., der in Sir 50,1–21 gepriesen wird.
3,3 »Asien« ist hier Bezeichnung für den Vorderen Orient.

Der Verrat Simeons am Tempel: 3,4–7

4 Ein gewisser Simeon aus dem Stamm
Benjamin war als Tempelvorsteher einge-
setzt worden. Er entzweite sich jedoch mit
dem Hohenpriester wegen der Marktord-
nung in der Stadt. 5 Weil er sich gegen Onias
nicht durchsetzen konnte, ging er zu Apollo-
nius, dem Sohn des Tharseas, der damals Be-
fehlshaber in Zölesyrien und Phönizien war.
6 Er erzählte ihm, der Tempelschatz in Jeru-
salem sei voll von unvorstellbaren Reichtü-
mern; unzählbar sei die Menge des Geldes.
Sie stehe in keinem Verhältnis zu dem, was
man für die Opfer aufwenden müsse, und
lasse sich leicht für den König beschlagnah-
men. 7 Als Apollonius mit dem König zusam-
mentraf, berichtete er, was man ihm über
die Gelder hinterbracht hatte. Der aber
bestimmte seinen Kanzler Heliodor und
schickte ihn auf den Weg mit dem Auftrag,
sich die erwähnten Gelder ausliefern zu
lassen.

Der Anschlag auf den Tempelschatz: 3,8–14a

8 Heliodor machte sich sofort auf die Reise,
angeblich um die Städte in Zölesyrien und
Phönizien zu besuchen, in Wirklichkeit je-
doch, um das Vorhaben des Königs auszu-
führen. 9 Als er nach Jerusalem kam, wurde
er vom Hohenpriester der Stadt freundlich
empfangen. Da gab er bekannt, welche An-
zeige gemacht worden sei, und teilte den
wahren Grund seiner Anwesenheit mit. Er
fragte, ob sich die Sache wirklich so verhal-
te. 10 Der Hohepriester erklärte ihm, es han-
dele sich um hinterlegtes Gut von Witwen
und Waisen; 11 ein Teil gehöre auch Hyrka-
nus, dem Sohn des Tobija, einem sehr ein-
flussreichen Mann. – So hatte der ruchlose
Simeon gelogen. – Alles zusammen belaufe
sich nur auf vierhundert Talente Silber und
zweihundert Talente Gold. 12 Man dürfe aber
doch denen nicht Unrecht tun, die ihr Ver-
trauen auf die Heiligkeit des Ortes und auf
die Würde und Unantastbarkeit des weltbe-
rühmten Heiligtums gesetzt hätten. 13 Helio-
dor berief sich jedoch auf die Befehle, die er
vom König erhalten hatte, und bestand da-
rauf, alles für die königliche Schatzkammer
zu beschlagnahmen. 14 Am festgesetzten Tag
schickte er sich an hineinzugehen, um eine
Untersuchung der Schätze anzustellen.

Der Bittgottesdienst um die Rettung des Tempels: 3,14b–22

Da geriet die ganze Stadt in nicht geringe
Bestürzung. 15 Die Priester warfen sich in ih-
ren heiligen Gewändern vor dem Altar nie-
der und riefen den Himmel an: Er habe die
Hinterlegung von Geld durch Gesetze geord-
net; so solle er es jetzt denen, die es hinterlegt
hatten, unversehrt bewahren. 16 Wer aber die
Gestalt des Hohenpriesters sah, dem blutete
das Herz. Wie er aussah und wie sein Gesicht
sich verfärbt hatte, verriet seine innere Qual.
17 Furcht und Zittern nämlich hatten den
Mann befallen und er bebte am ganzen Leib.
Allen, die ihn sahen, wurde der Schmerz sei-
nes Herzens offenbar. 18 Die Leute stürzten
in Scharen aus den Häusern heraus zum öf-
fentlichen Gebet; denn dem Tempel drohte
Schande. 19 Die Frauen zogen Trauerkleider
an, die die Brüste freiließen, und drängten
sich auf die Straßen. Von den jungen Mäd-
chen aber, die man sonst eingeschlossen
hielt, liefen die einen an die Türen, die an-
dern auf die Mauern; einige beugten sich aus
den Fenstern heraus. 20 Sie alle streckten die
Hände zum Himmel empor und beteten fle-
hentlich. 21 Es war zum Erbarmen, wie die
Menge sich in heillosem Durcheinander zu
Boden warf und wie der Hohepriester sich in
seinem Kummer so schrecklich ängstigte.
22 So riefen sie zum Herrn, dem Allherrscher,
er möge das anvertraute Gut denen, die es
hinterlegt hatten, unversehrt und ganz si-
cher bewahren.

Die Bestrafung des Tempelräubers: 3,23–30

23 Heliodor jedoch machte sich daran, sei-
nen Entschluss auszuführen. 24 Schon stand
er mit der Leibwache an der Schatzkammer.
Da ließ der Herr der Geister und aller Macht
eine gewaltige Erscheinung sichtbar werden.
Alle, die ihn frech begleitet hatten, erschra-
ken vor Gottes Macht; ihre Kräfte verließen
sie und sie bekamen große Angst. 25 Denn es
erschien ihnen ein Pferd mit einem schreck-
lichen Reiter darauf; das Pferd war mit
prächtigem Geschirr geschmückt. Es stürm-
te wild auf Heliodor ein und traf ihn heftig
mit den Vorderhufen. Sein Reiter aber trug
eine goldene Rüstung. 26 Noch zwei andere
junge Männer erschienen, voll gewaltiger
Kraft, in strahlender Schönheit und herrlich
gekleidet. Sie traten auf Heliodor zu und
peitschten von beiden Seiten auf ihn ein;
pausenlos schlugen sie ihn mit vielen Hie-
ben. 27 Da stürzte er zu Boden und es wurde
ihm schwarz vor den Augen. Man hob ihn
schnell auf und legte ihn auf eine Bahre.
28 Eben noch war er mit großem Gefolge und
der ganzen Leibwache zu der genannten
Schatzkammer gekommen; nun trug man
ihn hilflos hinaus. Deutlich hatte man die

Herrschermacht Gottes erkannt. 29 So lag er da, durch Gottes Macht gestürzt, der Sprache beraubt, ohne jede Hoffnung auf Rettung. 30 Die Juden aber priesen den Herrn, der an seinem Ort so herrlich seine Macht gezeigt hatte; und das Heiligtum, das eben noch voll war von Angst und Verwirrung, war erfüllt von Freude und Jubel; denn der allmächtige Herr hatte sich offenbart.

Die Bekehrung des Tempelräubers: 3,31–40

31 Sehr bald kamen ein paar Vertraute Heliodors zu Onias und baten ihn, er möge doch den Höchsten anrufen und so dem das Leben schenken, der in den letzten Zügen lag. 32 Aus Sorge, der König könne der Meinung verfallen, Heliodor sei einem hinterhältigen Anschlag der Juden zum Opfer gefallen, brachte der Hohepriester ein Opfer dar, damit der Mann wieder gesund würde. 33 Während der Hohepriester noch mit dem Versöhnungsopfer beschäftigt war, erschienen dem Heliodor dieselben jungen Männer wie zuvor, in der gleichen Kleidung. Sie traten zu ihm und sagten: Danke dem Hohenpriester Onias vielmals; denn seinetwegen schenkt der Herr dir gnädig das Leben. 34 Der Himmel hat dich gezüchtigt. Nun verkünde du allen die gewaltige Kraft Gottes! Nach diesen Worten entschwanden sie.

35 Da ließ Heliodor dem Herrn ein Opfer darbringen und machte ihm große Gelübde, weil er ihn am Leben gelassen hatte. Er nahm Abschied von Onias und zog mit seinen Truppen zum König zurück. 36 Vor allen Menschen bezeugte er die Taten des größten Gottes, die er mit eigenen Augen gesehen hatte. 37 Als der König ihn fragte, wer geeignet sei, noch einmal nach Jerusalem geschickt zu werden, gab er zur Antwort: 38 Wenn du einen Feind oder einen Hochverräter weißt, dann schick ihn dorthin! Du kannst sicher sein, dass er geprügelt zurückkommt, wenn er überhaupt am Leben bleibt; denn an jenem Ort wirkt wahrhaftig eine göttliche Kraft. 39 Er, der im Himmel wohnt, ist selbst der Wächter und Schützer jenes Ortes; und wer in böser Absicht dorthin kommt, den schlägt er nieder.

40 Das waren die Ereignisse um Heliodor und um die Rettung des Tempels.

DER EINBRUCH DER SÜNDE: 4,1–50

Neue Umtriebe Simeons: 4,1–6

4 Der oben genannte Simeon, der den Tempelschatz und das Vaterland verraten hatte, verleumdete Onias, er sei es gewesen, der Heliodor habe schlagen lassen und der das Unheil ins Werk gesetzt habe. 2 Den Wohltäter der Stadt, den fürsorglichen Beschützer seiner Mitbürger und Eiferer für die Gesetze, wagte er einen Hochverräter zu nennen. 3 Die Feindschaft verschärfte sich derart, dass einer von den Vertrauten Simeons mehrere Morde verübte. 4 Onias erkannte, dass der Streit unerträglich wurde und dass außerdem Apollonius, der Sohn des Menestheus, Befehlshaber von Zölesyrien und Phönizien, die Bosheit Simeons noch unterstützte. 5 Darum begab er sich zum König, nicht um die Mitbürger zu verklagen, sondern weil er das allgemeine und das besondere Wohl des ganzen Volkes im Auge hatte. 6 Er erkannte nämlich, dass ohne Einschreiten des Königs der öffentliche Friede nicht wiederherzustellen sei; denn Simeon würde nicht von seiner Raserei ablassen.

Die Einführung heidnischer Sitten in Jerusalem: 4,7–22

7 Seleukus starb und Antiochus mit dem Beinamen Epiphanes übernahm die Herrschaft. Da erschlich sich Jason, der Bruder des Onias, das Hohepriesteramt. 8 Bei einer Unterredung versprach er dem König nämlich dreihundertsechzig Talente Silber, dazu noch aus anderen Einkünften achtzig Talente. 9 Außerdem wolle er sich schriftlich verpflichten, weitere hundertfünfzig Talente zu zahlen, wenn er die Vollmacht erhalte, eine Sportschule und einen Übungsplatz für junge Leute zu errichten – denn daran sei ihm sehr gelegen – sowie den Einwohnern Jerusalems das antiochenische Bürgerrecht zu verleihen. 10 Der König war einverstanden.

Sobald Jason das Amt an sich gebracht hatte, führte er unter seinen Landsleuten die griechische Lebensart ein. 11 Er schaffte die günstigen Privilegien ab, die die Juden durch Vermittlung des Johanan vom König erhalten hatten. Dieser Johanan war der Vater des Eupolemus, der als Gesandter nach Rom ge-

gangen war, um dort ein Freundschafts-
bündnis zu schließen. Jason hob die alther-
gebrachte Verfassung auf und führte neue,
widerrechtliche Gebräuche ein. 12 Absicht-
lich ließ er unmittelbar unterhalb der Burg
eine Sportschule errichten und die Söhne der
besten Familien brachte er dazu, den grie-
chischen Hut aufzusetzen. 13 So kam das
Griechentum in Mode; man fiel ab zu der
fremden Art. Schuld daran war die maßlose
Schlechtigkeit des ruchlosen Jason, der den
Namen des Hohenpriesters zu Unrecht trug.
14 Schließlich kümmerten sich die Priester
nicht mehr um den Dienst am Altar; der
Tempel galt in ihren Augen nichts und für
die Opfer hatten sie kaum mehr Zeit. Dafür
gingen sie eilig auf den Sportplatz, sobald
die Aufforderung zum Diskuswerfen erging,
um an dem Spiel, das vom Gesetz verboten
war, teilzunehmen. 15 Die Ehren ihres Vater-
landes achteten sie gering, auf griechische
Auszeichnungen dagegen waren sie ganz
versessen. 16 Darum sollten sie auch in große
Not geraten. Gerade die, denen sie alles
nachmachten und denen sie ganz gleich wer-
den wollten, wurden ihre Feinde und Peini-
ger. 17 Man kann sich nämlich nicht leichthin
über die göttlichen Gesetze hinwegsetzen.
Aber das wird die Folgezeit deutlich zeigen.
18 Als der König die Wettkämpfe besuchte,
die alle fünf Jahre in Tyrus ausgetragen wer-
den, 19 sandte der nichtswürdige Jason Män-
ner aus Jerusalem, die das antiochenische
Bürgerrecht erworben hatten, als Zuschauer
dorthin und gab ihnen dreihundert Silber-
drachmen mit für das Opfer an Herakles.
Doch baten die Überbringer, das Geld nicht
zum Opfer zu verwenden, weil sich das nicht
zieme, sondern es für einen anderen Zweck
zurückzulegen. 20 Nach der Absicht des Auf-
traggebers wäre es also für das Heraklesop-
fer bestimmt gewesen; es lag allein an den
Überbringern, dass man es zur Ausrüstung
der Galeeren verwendete.
21 Zur Thronbesteigung des Königs Philo-
metor entsandte Antiochus den Apollonius,
den Sohn des Menestheus, nach Ägypten.
Dabei brachte er in Erfahrung, dass der ägyp-
tische König seiner Politik feindlich gegen-
überstehe, und sorgte sich um seine Sicher-
heit. Er zog deshalb nach Jafo und von dort
nach Jerusalem. 22 Jason und die Stadt berei-
teten ihm einen großartigen Empfang; unter
Fackelschein und Freudengeschrei hielt er
seinen Einzug. Dann brachte er seine Trup-
pen wieder nach Phönizien ins Quartier.

7: 1 Makk 1,10 • 10: 1 Makk 1,11–15 • 11: 1 Makk 8,17.

Das Hohepriesteramt in der Hand der Sünder: 4,23–29

23 Drei Jahre darauf schickte Jason den
Menelaus, den Bruder des vorhin erwähnten
Simeon, zum König; er sollte ihm das Geld
überbringen und schwebende Verhandlun-
gen über wichtige Staatsgeschäfte zum Ab-
schluss bringen. 24 Menelaus verschaffte sich
jedoch Empfehlungen an den König, trat als
bedeutender Mann auf und schmeichelte
ihm, überbot Jason um dreihundert Talente
Silber und brachte so das Amt des Hohen-
priesters an sich. 25 Mit der königlichen Er-
nennungsurkunde kam er zurück. Sonst
hatte er nichts an sich, was des hohenpries-
terlichen Amtes würdig gewesen wäre.
Statt dessen besaß er die Leidenschaft eines
rohen Tyrannen und die Wut eines wilden
Tieres. 26 Jason, der seinen eigenen Bruder
hinterlistig verdrängt hatte, wurde nun
selbst durch einen anderen hinterlistig ver-
drängt und als Flüchtling ins Ammoniter-
land vertrieben.
27 Menelaus hatte sich zwar der Herrschaft
bemächtigt, machte jedoch keine Anstalten,
das Geld aufzubringen, das er dem König
versprochen hatte, 28 obschon Sostratus, der
Befehlshaber der Burg, ihn wiederholt
mahnte; dieser hatte nämlich die Gelder
einzutreiben. Deswegen bestellte der König
beide vor sich. 29 Menelaus ließ als Stellver-
treter im Hohenpriesteramt seinen Bruder
Lysimachus zurück, Sostratus aber Krates,
den Befehlshaber der zyprischen Truppen.

23: 3,4; 4,1.

Die Ermordung des rechtmäßigen Hohenpriesters: 4,30–38

30 In diesem Augenblick brach in den
Städten Tarsus und Mallus ein Aufstand aus,
weil sie Antiochis, der Nebenfrau des Kö-
nigs, als Geschenk vermacht worden waren.
31 In großer Eile begab sich der König dort-
hin, um die Sache beizulegen, und ließ als
seinen Stellvertreter einen hohen Beamten,
Andronikus, zurück. 32 Da glaubte Menelaus,
eine günstige Gelegenheit gefunden zu ha-
ben: Er entwendete aus dem Tempel einige
goldene Geräte und schenkte sie Androni-
kus; andere hatte er nach Tyrus und in die
benachbarten Städte verkaufen können.
33 Onias, der davon sichere Kenntnis erhal-
ten hatte, tadelte ihn scharf; er hatte sich in
einen Asylort bei Daphne, einem Vorort An-
tiochias, zurückgezogen. 34 Menelaus ging
deswegen zu Andronikus, sprach mit ihm

4,33 Daphne war ein Heiligtum der Götter Apollo und Artemis.

unter vier Augen und redete ihm zu, Onias
aus dem Weg zu schaffen. Andronikus suchte
Onias auf. Da er sich zur Hinterlist hatte
verleiten lassen, erhob er die rechte Hand
zum Schwur, reichte sie dann Onias und
überredete ihn, trotz seines Argwohns den
Ort zu verlassen. Dann ließ ihn Andronikus,
ohne das Recht zu scheuen, auf der Stelle
umbringen. 35 Nicht nur die Juden, sondern
auch viele aus anderen Völkern entsetzten
sich über dieses Unrecht und waren empört
über die Ermordung des Mannes.
36 Als der König aus den Orten Ziliziens
zurückkam, gingen die Juden der Stadt zu
ihm und beschwerten sich. Wie sie, waren
auch die Griechen sehr entrüstet, weil man
Onias gegen alle Ordnung ermordet hatte.
37 Antiochus wurde von Herzen betrübt; es
ergriff ihn Mitleid und er vergoss Tränen,
weil der Verstorbene ein so besonnener und
edler Mann gewesen war. 38 Dann entbrann-
te sein Zorn; er ließ Andronikus sofort den
Purpur abnehmen, die Kleider vom Leib rei-
ßen und ihn so durch die ganze Stadt führen,
bis zu der Stelle, an der er das Verbrechen
gegen Onias begangen hatte. Dort ließ er den
Mörder hinrichten. So hat ihm der Herr mit
der verdienten Strafe vergolten.

34: Dan 9,26.

Der Raub am Tempelschatz: 4,39–50

39 In der Stadt aber verging sich Lysima-
chus mit Wissen des Menelaus mehrmals am
Tempelschatz. Als sich das Gerücht davon
weit verbreitete, rottete sich das Volk gegen
Lysimachus zusammen. Viele goldene Gerä-
te waren schon verschleppt worden. 40 Als
nun die Menge sich erhob und in heftigen
Zorn geriet, bewaffnete Lysimachus fast
dreitausend Mann und begann gewaltsam
gegen die Leute vorzugehen. Ein gewisser
Auranus führte sie an, der ebenso alt wie
wahnsinnig war. 41 Als die Leute merkten,
dass Lysimachus angreifen ließ, rafften sie
Steine zusammen oder dicke Stöcke – ein
paar füllten ihre Hände sogar mit der Asche,
die dort lag – und schleuderten alles durch-
einander gegen die Männer des Lysimachus.
42 So verwundeten sie viele von ihnen, einige
streckten sie nieder, alle aber jagten sie in
die Flucht. Den Tempelräuber selbst aber
schlugen sie beim Schatzhaus tot.
43 Wegen dieser Sache wurde gegen Mene-
laus ein gerichtliches Verfahren eingeleitet.
44 Als der König nach Tyrus kam, erhoben
drei Männer, die vom Hohen Rat geschickt
waren, vor ihm die Anklage. 45 Menelaus war
schon verloren; da versprach er Ptolemäus,
dem Sohn des Dorymenes, viel Geld, damit
er den König zu seinen Gunsten überrede.
46 Ptolemäus nahm also den König in einen
Säulengang beiseite, als wolle er ihn etwas
ausruhen lassen, und stimmte ihn um. 47 Da-
rauf sprach der König den Menelaus, der an
dem ganzen Unheil schuld war, von den An-
klagepunkten frei; die Unglücklichen aber,
die, selbst wenn sie vor Skythen gesprochen
hätten, wegen erwiesener Unschuld freige-
sprochen worden wären, verurteilte er zum
Tod. 48 Unverzüglich mussten sie die unge-
rechte Strafe erleiden, sie, die doch nur für
ihre Stadt, ihr Volk und die heiligen Geräte
eingetreten waren. 49 Sogar Einwohner von
Tyrus entrüsteten sich darüber und gaben
ihnen ein prunkvolles Begräbnis.
50 Menelaus aber blieb aufgrund der Hab-
gier der Mächtigen im Amt. Seine Bosheit
nahm immer mehr zu und er wurde zu einem
großen Feind seiner Mitbürger.

45: 8,8; 1 Makk 3,38.

DER EINBRUCH DES UNHEILS: 5,1 – 7,42

Ein Vorzeichen: 5,1–4

5 Um diese Zeit unternahm Antiochus
seinen zweiten Feldzug gegen Ägypten.
2 Da erschienen fast vierzig Tage lang über
der ganzen Stadt Reiter, die durch die Lüfte
jagten, in golddurchwirkten Gewändern;
Lanzenträger rückten in Abteilungen zum
Kampf aus, Schwerter zuckten. 3 Reiterscha-
ren ordneten sich zur Schlacht, Angriffe
wurden gemacht, von beiden Seiten rannte
man gegeneinander an, Schilde bewegten
sich, Speere gab es in Menge, Wurfgeschosse
flogen, goldener Waffenschmuck blitzte auf
und man sah Rüstungen aller Art. 4 Alle be-
teten deshalb, die Erscheinung möge etwas
Gutes bedeuten.

1: 1 Makk 1,17.

4,47 Die Skythen waren ein wegen ihrer Grausamkeit berüchtigtes Reitervolk am Schwarzen Meer (vgl. auch 7,4).

Der Bürgerkrieg in Jerusalem: 5,5–10

5 Es kam aber das falsche Gerücht auf, An-
tiochus sei gestorben. Da unternahm Jason
mit nicht weniger als tausend Mann einen
überraschenden Angriff auf die Stadt. Er
drängte die Verteidiger auf der Mauer rasch
in die Enge; als er die Stadt ganz besetzt hat-
te, flüchtete sich Menelaus in die Burg. 6 Ja-
son aber richtete unter seinen Mitbürgern
ein schonungsloses Blutbad an, ohne zu be-
denken, dass Glück gegenüber den eigenen
Leuten das größte Unglück ist. Es sah aus,
als habe er Feinde und nicht Landsleute be-
siegt und ausgeplündert. 7 Dennoch konnte
er die Herrschaft nicht an sich reißen. Sein
Anschlag brachte ihm am Schluss nur
Schande und er musste zum zweiten Mal in
das Ammoniterland fliehen.

8 Er nahm schließlich ein böses Ende. Are-
tas, der Fürst der Araber, ließ ihn gefangen
setzen; er aber entkam und floh von Stadt zu
Stadt. Von allen gehetzt, als Verräter der Ge-
setze verhasst, verwünscht als Henker des
Vaterlandes und seiner Mitbürger, verschlug
es ihn nach Ägypten. 9 Und wie er viele Men-
schen aus ihrem Vaterland in die Fremde ge-
trieben hatte, so kam er selbst in der Fremde
um, nämlich bei den Spartanern, zu denen er
übers Meer gefahren war, um bei ihnen
Schutz zu finden; die Spartaner waren ja mit
den Juden verwandt. 10 So wie er viele ohne
Grab hatte daliegen lassen, so trauerte jetzt
auch niemand um ihn; auch er erhielt keiner-
lei Begräbnis und kein Grab bei seinen
Vätern.

9: 1 Makk 12,7.

Der Überfall des heidnischen Königs: 5,11–20

11 Als dem König zu Ohren kam, was ge-
schehen war, glaubte er, Judäa wolle von
ihm abfallen. Wütend wie ein wildes Tier
brach er daher mit seinem Heer von Ägypten
auf und nahm die Stadt mit Waffengewalt
ein. 12 Er befahl seinen Soldaten, alle, die ih-
nen begegneten, rücksichtslos niederzuhau-
en und auch die zu erschlagen, die sich auf
das Dach ihrer Häuser geflüchtet hätten.
13 Sie richteten unter Jung und Alt ein großes
Blutbad an; junge Männer, Frauen und Kin-
der kamen um, man erstach Mädchen und
Säuglinge. 14 In nur drei Tagen verlor die
Stadt achtzigtausend Einwohner; vierzig-
tausend fanden im Kampf den Tod, ebenso
viele, wie man ermordet hatte, wurden in die
Sklaverei verkauft.

15 Doch das genügte dem König noch nicht;
in seiner Frechheit betrat er den heiligsten
Tempel der ganzen Erde unter der Führung
des Menelaus, der die Gesetze und sein Va-
terland verraten hatte. 16 Seine blutbefleck-
ten Hände griffen nach den heiligen Geräten,
und was andere Könige gestiftet hatten, um
Glanz und Würde des Ortes zu erhöhen, raff-
te er mit unreinen Händen zusammen.

17 In seinem Übermut erkannte Antiochus
nicht, dass der Herr nur für eine kurze Zeit
zornig war, weil die Einwohner der Stadt ge-
sündigt hatten, und deswegen nicht auf den
Ort achtete. 18 Hätten sich die Juden damals
nicht in viele Sünden verstrickt, dann wäre
ihm, sobald er sich vorwagte, seine Frechheit
durch Peitschenhiebe ausgetrieben worden,
ähnlich wie dem Heliodor, der von König Se-
leukus zur Durchsuchung der Schatzkam-
mer ausgeschickt worden war. 19 Aber der
Herr hat nicht das Volk erwählt wegen des
Ortes, sondern den Ort wegen des Volkes.
20 Deswegen litt auch der Ort mit unter den
Unglücksschlägen, die das Volk trafen, wie
er später Anteil hatte an seinem Glück. Als
der Allherrscher zürnte, lag der Ort verlas-
sen da; als aber der große Herr sich wieder
versöhnen ließ, wurde er in aller Pracht wie-
derhergestellt.

11–16 ‖ 1 Makk 1,20–24 • 17: 6,12–17.

Jerusalem in der Hand der Heiden: 5,21–27

21 Antiochus also ließ tausendachthundert
Talente aus dem Tempel schaffen und zog ei-
lig ab nach Antiochia. In seiner Vermessen-
heit glaubte er, das Land schiffbar und das
Meer gangbar machen zu können – so über-
heblich war er. 22 Er ließ bei seinem Abzug
mehrere Befehlshaber zurück, die das Volk
unterdrücken sollten. In Jerusalem war es
Philippus, seiner Herkunft nach ein Phry-
gier, seiner Gesinnung nach ein Barbar,
noch wilder als der, der ihn eingesetzt hatte;
23 auf dem Berg Garizim war es Andronikus.
Dazu kam Menelaus, der sich seinen Mitbür-
gern gegenüber noch herrischer aufführte als
die anderen; denn er hasste die jüdischen
Bürger.

24 Außerdem schickte der König den An-
führer der Mysier, Apollonius, mit einem
Heer von zweiundzwanzigtausend Mann; er
hatte ihm befohlen, alle wehrfähigen Män-
ner umzubringen, die Frauen und Kinder
aber in die Sklaverei zu verkaufen. 25 Als
Apollonius in Jerusalem ankam, spielte er
zunächst den Friedfertigen. Er wartete bis
zum heiligen Sabbattag. Als er nun bemerk-
te, dass die Juden sich jeder Arbeit enthiel-
ten, gab er seinen Leuten Befehl, zu den
Waffen zu greifen und auszurücken. 26 Alle,
die zum festlichen Gottesdienst gegangen

waren, ließ er niederstechen. Dann fielen sie mit der blanken Waffe in die Stadt ein und erschlugen viele Menschen.

27 Judas aber, mit dem Beinamen der Makkabäer, schloss sich mit neun Gefährten zusammen und zog sich in die Wüste zurück. Er lebte mit seinen Leuten in den Bergen wie die Tiere. Sie ernährten sich die ganze Zeit nur von Pflanzen, um nicht ebenfalls unrein zu werden.

24–26: 1 Makk 1,29f • 27: 1 Makk 2,28; Hebr 11,38.

Die Verfolgung der jüdischen Religion: 6,1–11

6 Nicht lange darauf schickte der König einen alten Athener; der sollte die Juden zwingen, die Gesetze ihrer Väter aufzugeben und ihr Leben nicht mehr durch Gottes Gesetze lenken zu lassen. 2 Auch sollte er den Tempel zu Jerusalem schänden und ihn Zeus, dem Herrscher des Olymp, weihen; ähnlich sollte er den Tempel auf dem Berg Garizim nach Zeus, dem Hüter des Gastrechts, benennen, was der (gastfreundlichen) Art der Einwohner jenes Ortes entgegenkam. 3 Der Ansturm der Bosheit war kaum zu ertragen und allen zuwider. 4 Denn die Heiden erfüllten das Heiligtum mit wüstem Treiben und mit Gelagen. Sie gaben sich mit Dirnen ab und ließen sich in den heiligen Vorhöfen mit Frauen ein. Auch brachten sie vieles hinein, was nicht hineingehörte. 5 Auf den Brandopferaltar häuften sie unerlaubte und vom Gesetz verbotene Dinge. 6 Man konnte weder den Sabbat halten noch die alten Feste begehen, ja, man durfte sich überhaupt nicht mehr als Jude bekennen. 7 Zu ihrer Erbitterung mussten die Einwohner sich jeden Monat am Geburtstag des Königs zum Opfermahl führen lassen und am Fest der Dionysien zwang man sie, zu Ehren des Dionysos mit Efeu bekränzt in der Prozession mitzugehen. 8 Auf Vorschlag der Einwohner von Ptolemaïs wurde in den benachbarten griechischen Städten ein Beschluss bekannt gegeben, sie sollten mit den Juden ebenso verfahren und Opfermahlzeiten veranstalten. 9 Wer sich aber nicht entschließen wolle, zur griechischen Lebensweise überzugehen, sei hinzurichten.

Da konnte man nun das Elend sehen, das hereinbrach. 10 Man führte nämlich zwei Frauen vor, die ihre Kinder beschnitten hatten. Darauf hängte man ihnen die Säuglinge an die Brüste, führte sie öffentlich in der Stadt umher und stürzte sie dann von der Mauer. 11 Andere waren in der Nähe zusammengekommen, um heimlich in Höhlen den Sabbat zu begehen. Sie wurden an Philippus verraten, und da sie sich wegen der Würde des heiligen Tages scheuten, sich zu wehren, wurden sie alle zusammen verbrannt.

1–11 ‖ 1 Makk 1,45–59 • 10: 1 Makk 1,60 • 11: 1 Makk 2,29–38.

Eine Geschichtsbetrachtung des Verfassers: 6,12–17

12 An dieser Stelle möchte ich die Leser des Buches ermahnen, sich durch die schlimmen Ereignisse nicht entmutigen zu lassen. Sie mögen bedenken, dass die Strafen unser Volk nicht vernichten, sondern erziehen sollen. 13 Denn wenn die Sünder nicht lange geschont, sondern sofort bestraft werden, ist das ein Zeichen großer Güte. 14 Bei den anderen Völkern wartet der Herr geduldig, bis das Maß ihrer Sünden voll ist; dann erst schlägt er zu. Mit uns aber beschloss er, anders zu verfahren, 15 damit er uns nicht am Ende verurteilen müsse, wenn wir es mit unseren Sünden bis zum Äußersten getrieben hätten. 16 Daher entzieht er uns nie sein Erbarmen, sondern er erzieht sein Volk durch Unglück und lässt es nicht im Stich. 17 Das soll uns zur Beherzigung gesagt sein. Nach dieser kurzen Abschweifung aber wollen wir mit der Erzählung fortfahren.

12–16: 5,17–20; 7,18f.32f.38 • 13: Weish 11,9f; 12,2.22.

Das Martyrium des Eleasar: 6,18–31

18 Unter den angesehensten Schriftgelehrten war Eleasar, ein Mann von hohem Alter und edlen Gesichtszügen. Man sperrte ihm den Mund auf und wollte ihn zwingen, Schweinefleisch zu essen. 19 Er aber zog den ehrenvollen Tod einem Leben voll Schande vor, ging freiwillig auf die Folterbank zu 20 und spuckte das Fleisch wieder aus. In solcher Haltung mussten alle herantreten, die sich standhaft wehrten zu essen, was man nicht essen darf – nicht einmal um des geliebten Lebens willen. 21 Die Leute, die bei dem gesetzwidrigen Opfermahl Dienst taten und die den Mann von früher her kannten, nahmen ihn heimlich beiseite und redeten ihm zu, er solle sich doch Fleisch holen las-

---

6,2 Auf dem Garizim hatten die Samariter ihren Tempel errichtet.

6,7 Dionysos war der griechische Gott des Weins.

6,8 der Einwohner von Ptolemaïs: Text korr. nach Vg.

6,18 Viele Kirchenväter haben Eleasar als einen vorchristlichen Märtyrer gepriesen.

sen, das er essen dürfe, und es selbst zuberei-
ten. Dann solle er tun, als ob er von dem Op-
ferfleisch esse, wie es der König befohlen
habe. 22 Wenn er es so mache, entgehe er dem
Tod; weil sie alte Freunde seien, würden sie
ihn mit Nachsicht behandeln.
23 Er aber fasste einen edlen Entschluss,
wie es sich gehörte für einen Mann, der so alt
und wegen seines Alters angesehen war, in
Würde ergraut, der von Jugend an vorbild-
lich gelebt und – was noch wichtiger ist – den
heiligen, von Gott gegebenen Gesetzen ge-
horcht hatte. So erklärte er ohne Umschwei-
fe, man solle ihn ruhig zur Unterwelt schi-
cken. 24 Wer so alt ist wie ich, soll sich nicht
verstellen. Viele jungen Leute könnten sonst
glauben, Eleasar sei mit seinen neunzig Jah-
ren noch zu der fremden Lebensart überge-
gangen. 25 Wenn ich jetzt heucheln würde,
um eine geringe, kurze Zeit länger zu leben,
würde ich sie irreleiten, meinem Alter aber
Schimpf und Schande bringen. 26 Vielleicht
könnte ich mich für den Augenblick der
Bestrafung durch die Menschen entziehen;
doch nie, weder lebendig noch tot, werde ich
den Händen des Allherrschers entfliehen.
27 Darum will ich jetzt wie ein Mann sterben
und mich so meines Alters würdig zeigen.
28 Der Jugend aber hinterlasse ich ein leuch-
tendes Beispiel, wie man mutig und mit
Haltung für die ehrwürdigen und heiligen
Gesetze eines schönen Todes stirbt. Nach
diesen Worten ging er geradewegs zur Fol-
terbank.
29 Da schlug die Freundlichkeit, die ihm
seine Begleiter eben noch erwiesen hatten, in
Feindschaft um; denn was er gesagt hatte,
hielten sie für Wahnsinn. 30 Als man ihn zu
Tod prügelte, sagte er stöhnend: Der Herr
mit seiner heiligen Erkenntnis weiß, dass ich
dem Tod hätte entrinnen können. Mein Kör-
per leidet qualvoll unter den Schlägen, mei-
ne Seele aber erträgt sie mit Freuden, weil
ich ihn fürchte. 31 So starb er; durch seinen
Tod hinterließ er nicht nur der Jugend, son-
dern den meisten aus dem Volk ein Beispiel
für edle Gesinnung und ein Denkmal der
Tugend.

18: 1 Makk 1,62–64; Hebr 11,35; Lev 11,7f.

Das Martyrium der sieben Brüder und ihrer Mutter: 7,1–42

7 Ein andermal geschah es, dass man sie-
ben Brüder mit ihrer Mutter festnahm.
Der König wollte sie zwingen, entgegen dem
göttlichen Gesetz Schweinefleisch zu essen,
und ließ sie darum mit Geißeln und Riemen
peitschen. 2 Einer von ihnen ergriff für die
andern das Wort und sagte: Was willst du
uns fragen und von uns wissen? Eher sterben
wir, als dass wir die Gesetze unserer Väter
übertreten. 3 Da wurde der König zornig und
befahl, Pfannen und Kessel heiß zu machen.
4 Kaum waren sie heiß geworden, ließ er ih-
rem Sprecher die Zunge abschneiden, ihm
nach Skythenart die Kopfhaut abziehen und
Nase, Ohren, Hände und Füße stückweise
abhacken. Dabei mussten die anderen Brü-
der und die Mutter zuschauen. 5 Den gräss-
lich Verstümmelten, der noch atmete, ließ er
ans Feuer bringen und in der Pfanne braten.
Während sich der Dunst aus der Pfanne nach
allen Seiten verbreitete, sprachen sie und
ihre Mutter einander Mut zu, in edler Hal-
tung zu sterben. Sie sagten: 6 Gott der Herr
schaut auf uns und gewiss hat er Erbarmen
mit uns. Denn so hat es Mose klar gesagt in
dem Lied, in dem er öffentlich das Volk
anklagte: Und er wird mit seinen Dienern
Erbarmen haben.
7 Als der erste der Brüder auf diese Weise
gestorben war, führten sie den zweiten zur
Folterung. Sie zogen ihm die Kopfhaut samt
den Haaren ab und fragten ihn: Willst du es-
sen, bevor wir dich Glied für Glied foltern?
8 Er antwortete in seiner Muttersprache:
Nein! Deshalb wurde er genauso wie der
erste gefoltert. 9 Als er in den letzten Zügen
lag, sagte er: Du Unmensch! Du nimmst uns
dieses Leben; aber der König der Welt wird
uns zu einem neuen, ewigen Leben auferwe-
cken, weil wir für seine Gesetze gestorben
sind.
10 Nach ihm folterten sie den dritten. Als
sie seine Zunge forderten, streckte er sie so-
fort heraus und hielt mutig die Hände hin.
11 Dabei sagte er gefasst: Vom Himmel habe
ich sie bekommen und wegen seiner Gesetze
achte ich nicht auf sie. Von ihm hoffe ich sie
wiederzuerlangen. 12 Sogar der König und
seine Leute staunten über den Mut des jun-
gen Mannes, dem die Schmerzen nichts be-
deuteten.
13 Als er tot war, quälten und misshandel-
ten sie den vierten genauso. 14 Dieser sagte,
als er dem Ende nahe war: Gott hat uns die
Hoffnung gegeben, dass er uns wieder aufer-
weckt. Darauf warten wir gern, wenn wir
von Menschenhand sterben. Für dich aber
gibt es keine Auferstehung zum Leben.
15 Anschließend nahmen sie sich den fünf-
ten vor und misshandelten ihn. 16 Der sah
den König an und sagte: Du bist ein vergäng-
licher Mensch und doch hast du die Macht
unter den Menschen zu tun, was du willst.
Aber glaub nicht, unser Volk sei von Gott
verlassen. 17 Mach nur so weiter! Du wirst

seine gewaltige Kraft spüren, wenn er dich
und deine Nachkommen züchtigt.
18 Nach ihm holten sie den sechsten. Ster-
bend sagte er: Lass dich nicht täuschen! Du
wirst nichts ausrichten. Denn wir sind selbst
schuld an unserem Leid, weil wir gegen un-
seren Gott gesündigt haben. Darum konnte
so Unfassbares geschehen. 19 Glaub aber ja
nicht, dass du heil davonkommst; denn du
hast es gewagt, mit Gott zu kämpfen.
20 Auch die Mutter war überaus bewun-
dernswert und sie hat es verdient, dass man
sich an sie mit Hochachtung erinnert. An ei-
nem einzigen Tag sah sie nacheinander ihre
sieben Söhne sterben und ertrug es tapfer,
weil sie dem Herrn vertraute. 21 In edler Ge-
sinnung stärkte sie ihr weibliches Gemüt mit
männlichem Mut, redete jedem von ihnen in
ihrer Muttersprache zu und sagte: 22 Ich weiß
nicht, wie ihr in meinem Leib entstanden
seid, noch habe ich euch Atem und Leben ge-
schenkt; auch habe ich keinen von euch aus
den Grundstoffen zusammengefügt. 23 Nein,
der Schöpfer der Welt hat den werdenden
Menschen geformt, als er entstand; er kennt
die Entstehung aller Dinge. Er gibt euch
gnädig Atem und Leben wieder, weil ihr
jetzt um seiner Gesetze willen nicht auf euch
achtet. 24 Antiochus aber glaubte, sie verach-
te ihn, und er hatte den Verdacht, sie wolle
ihn beschimpfen.
Nun war nur noch der Jüngste übrig. Auf
ihn redete der König nicht nur mit guten
Worten ein, sondern versprach ihm unter
vielen Eiden, ihn reich und sehr glücklich zu
machen, wenn er von der Lebensart seiner
Väter abfalle; auch wolle er ihn zu seinem
Freund machen und ihn mit hohen Staats-
ämtern betrauen. 25 Als der Junge nicht da-
rauf einging, rief der König die Mutter und
redete ihr zu, sie solle dem Knaben doch ra-
ten, sich zu retten. 26 Erst nach langem Zure-
den willigte sie ein, ihren Sohn zu überreden.
27 Sie beugte sich zu ihm nieder, und den
grausamen Tyrannen verspottend, sagte sie
in ihrer Muttersprache: Mein Sohn, hab Mit-
leid mit mir! Neun Monate habe ich dich in
meinem Leib getragen, ich habe dich drei
Jahre gestillt, dich ernährt, erzogen und für
dich gesorgt, bis du nun so groß geworden
bist. 28 Ich bitte dich, mein Kind, schau dir
den Himmel und die Erde an; sieh alles, was
es da gibt, und erkenne: Gott hat das aus
dem Nichts erschaffen und so entstehen auch
die Menschen. 29 Hab keine Angst vor diesem
Henker, sei deiner Brüder würdig und nimm
den Tod an! Dann werde ich dich zur Zeit
der Gnade mit deinen Brüdern wiederbe-
kommen.
30 Kaum hatte sie aufgehört, da sagte der
Junge: Auf wen wartet ihr? Dem Befehl des
Königs gehorche ich nicht; ich höre auf den
Befehl des Gesetzes, das unseren Vätern
durch Mose gegeben wurde. 31 Du aber, der
sich alle diese Bosheiten gegen die Hebräer
ausgedacht hat, du wirst Gottes Händen
nicht entkommen. 32 Denn wir leiden nur,
weil wir gesündigt haben. 33 Wenn auch der
lebendige Herr eine kurze Zeit lang zornig
auf uns ist, um uns durch Strafen zu erzie-
hen, so wird er sich doch mit seinen Dienern
wieder versöhnen. 34 Du Ruchloser aber, du
größter Verbrecher der Menschheit, überheb
dich nicht und werde nicht durch falsche
Hoffnungen übermütig, wenn du deine Hand
gegen die Kinder des Himmels erhebst.
35 Denn noch bist du dem Gericht des all-
mächtigen Gottes, der alles sieht, nicht ent-
ronnen. 36 Unsere Brüder sind nach kurzem
Leiden mit der göttlichen Zusicherung ewi-
gen Lebens gestorben; du jedoch wirst beim
Gericht Gottes die gerechte Strafe für deinen
Übermut zahlen. 37 Ich gebe wie meine Brü-
der Leib und Leben hin für die Gesetze unse-
rer Väter und rufe zu Gott, er möge seinem
Volk bald wieder gnädig sein; du aber sollst
unter Qualen und Schlägen bekennen müs-
sen, dass nur er Gott ist. 38 Bei mir und mei-
nen Brüdern möge der Zorn des Allherr-
schers aufhören, der sich zu Recht über un-
ser ganzes Volk ergossen hat.
39 Da wurde der König zornig und verfuhr
mit ihm noch schlimmer als mit den anderen
– so sehr hatte ihn der Hohn verletzt. 40 Auch
der Jüngste starb also mit reinem Herzen
und vollendetem Gottvertrauen. 41 Zuletzt
starb nach ihren Söhnen die Mutter.
42 Soviel sei über die Opfergelage und die
schlimmen Misshandlungen berichtet.

1: Lev 11,7f • 6: Dtn 32,36 • 9: 7,11.14.23.29.36; 12,43f; 14,46; Dan 12,2 • 22: Ijob 10,8–12; Ps 139,13–15 • 28: Ijob 26,7.

7,41 In der christlichen Überlieferung gelten die sieben makkabäischen Brüder als Märtyrer, denen man im Mittelmeerraum viele Kirchen weihte.

DIE WIEDERHERSTELLUNG JERUSALEMS: 8,1 – 10,8

Der Aufstand des Makkabäers Judas: 8,1–7

8 Judas aber, den man auch Makkabäer
nennt, und seine Leute schlichen sich
heimlich in die Dörfer und holten ihre Ver-
wandten zu sich; auch gewannen sie die treu
gebliebenen Juden, sodass sie etwa sechstau-
send Mann zusammenbrachten. 2 Sie riefen
zum Herrn, er möge auf das von allen ge-
schundene Volk schauen und Mitleid haben
mit dem Tempel, den ruchlose Menschen
entweiht hätten, 3 er möge auch der Stadt
gnädig sein, die zerstört werde und bald dem
Erdboden gleichgemacht sei, und auf das un-
schuldig vergossene Blut hören, das (ankla-
gend) zu ihm aufschreie. 4 Er solle daran
denken, dass man entgegen jedem Recht un-
schuldige Kinder ermordet und seinen Na-
men gelästert habe, und zeigen, dass er das
Böse hasse.

5 Sobald der Makkabäer eine Streitmacht
aufgestellt hatte, konnten ihn die Heiden
nicht mehr aufhalten; denn der Herr hatte
seinem Zorn Gnade folgen lassen. 6 Er über-
fiel Städte und Dörfer und steckte sie in
Brand. Da er günstige Stellungen bezog, jag-
te er nicht wenige Feinde in die Flucht.
7 Meist nutzte er die Nächte zu solchen Un-
ternehmungen und der Ruf seiner Kühnheit
verbreitete sich überall.

1–7 ‖ 1 Makk 2,42–48 • 1: 5,27.

Der Sieg des Judas über Nikanor und andere Feinde: 8,8–36

8 Philippus merkte, dass der Mann rasch
an Macht gewann und von Tag zu Tag erfolg-
reicher wurde; er schrieb daher an Ptole-
mäus, den Befehlshaber von Zölesyrien und
Phönizien, er solle der Sache des Königs zu
Hilfe kommen. 9 Dieser benannte sofort Ni-
kanor, den Sohn des Patroklus, der zu den
ersten Freunden des Königs gehörte, und ließ
ihn an der Spitze eines Heeres von mindes-
tens zwanzigtausend Mann aus aller Herren
Länder ausrücken, mit dem Auftrag, die ge-
samte Bevölkerung Judäas auszurotten. Er
gab ihm auch Gorgias mit, einen im Kriegs-
wesen erfahrenen Befehlshaber.

10 Der König musste den Römern noch
zweitausend Talente Kriegsschulden aus-
zahlen; Nikanor beschloss, diese Summe aus
dem Verkauf gefangener Juden aufzubrin-
gen. 11 Unverzüglich ließ er durch Boten in
den Hafenstädten bekannt geben, man
könne zu ihm kommen und jüdische Sklaven
kaufen; für ein Talent versprach er neunzig
Personen zu liefern. Er ahnte nicht, dass ihn
bald die Strafe des Allherrschers ereilen
würde.

12 Judas hörte vom Anmarsch Nikanors
und ließ seinen Leuten bekannt geben, dass
jener mit seinem Heer in der Nähe ein Lager
aufgeschlagen habe. 13 Die Feiglinge und die,
die dem Urteil Gottes misstrauten, liefen
weg und machten sich davon. 14 Die anderen
aber verkauften alles, was sie noch hatten;
zugleich baten sie den Herrn, sie zu retten;
denn der verruchte Nikanor habe sie schon
verkauft, bevor er ihnen überhaupt begegnet
sei, 15 und wenn er es schon nicht ihretwegen
tun wolle, dann doch wegen der Bündnisse,
die er mit ihren Vätern geschlossen habe,
und weil über ihnen selbst sein heiliger und
herrlicher Name ausgerufen worden sei.

16 Der Makkabäer ließ seine Leute zusam-
menkommen, sechstausend an der Zahl. Er
redete ihnen zu, sich von den Feinden nicht
aus der Fassung bringen zu lassen und nicht
ängstlich zu werden, weil die Heiden in sol-
chen Massen ohne jeden Grund gegen sie
heranrückten. Sie sollten tapfer kämpfen
17 und sich stets vor Augen halten, mit welch
frechem Übermut man entgegen allem Recht
den heiligen Ort behandelt habe, wie übel
man der Stadt mitgespielt und wie schlimm
man sie zugerichtet habe und dass die von
den Vorfahren ererbte Verfassung aufgelöst
worden sei. 18 Er sagte: Sie verlassen sich auf
ihre Waffen und auf die Kühnheit, mit der
sie angreifen; wir aber verlassen uns auf den
allmächtigen Gott, der unsere Angreifer und
die ganze Welt mit einem einzigen Wink ver-
nichten kann. 19 Weiter zählte er ihnen auf,
wie oft Gott ihren Vorfahren geholfen habe,
etwa gegen Sanherib, als hundertfünfund
achtzigtausend Mann den Tod fanden. 20 Er
erwähnte auch die Schlacht mit den Gala-
tern in Babylon: Da waren sie, zusammen
mit viertausend Mazedoniern nur achttau-
send Mann stark, zum Kampf angetreten,
und als die Mazedonier in eine verzweifelte
Lage gerieten, schlugen sie, weil der Himmel
ihnen half, mit sechstausend Mann hundert-
zwanzigtausend vernichtend und machten
reiche Beute.

21 So machte er ihnen Mut, damit sie bereit
wären, für die Gesetze und das Vaterland zu
sterben. Dann teilte er sein Heer in vier Ab-

8,8 Philippus ist »Vorsteher« von Jerusalem.

teilungen ein. 22 An die Spitze der einzelnen
Gruppen stellte er seine Brüder Simeon, Jo-
sef und Jonatan, denen er je fünfzehnhun-
dert Mann zuwies, 23 und außerdem den
Eleasar. Er selbst las aus der Heiligen
Schrift vor und gab die Losung aus: Mit Got-
tes Hilfe! Dann trat er vor die erste Reihe
und griff Nikanor an.

24 Da ihnen der Allherrscher im Kampf
half, machten sie mehr als neuntausend
Feinde nieder, verwundeten und verstüm-
melten den größten Teil des Heeres Nikanors
und zwangen alle Übrigen zur Flucht. 25 Da-
bei erbeuteten sie auch das Geld der Leute,
die gekommen waren, um sie zu kaufen. Sie
verfolgten sie eine Strecke weit, kehrten
dann aber um, weil sie keine Zeit mehr hat-
ten. 26 Es war nämlich am Tag vor dem Sab-
bat; darum setzten sie ihnen nicht länger
nach. 27 Sie nahmen den Feinden die Waffen
weg und zogen ihnen die Rüstungen aus.
Dann feierten sie den Sabbat; begeistert
priesen sie den Herrn und lobten seine Taten.
Durch seinen Schutz hatten sie diesen Tag
erleben können, an dem er ihnen von neuem
seine Gnade zugewandt hatte.

28 Nach dem Sabbat verteilten sie die Beu-
te. Zuerst gaben sie davon den Misshandel-
ten und den Witwen und Waisen; den Rest
verteilten sie unter sich selbst und ihre Kin-
der. 29 Danach hielten sie einen Bittgottes-
dienst ab und baten den barmherzigen
Herrn, er möge sich mit seinen Dienern wie-
der völlig aussöhnen.

30 Sie kämpften auch gegen die Truppen
des Timotheus und des Bakchides, töteten
von ihnen über zwanzigtausend Mann und
eroberten einige hoch in den Bergen gele-
gene Festungen. Die reiche Beute verteilten
sie zu gleichen Teilen unter sich und unter
die Misshandelten, die Waisen und Witwen
und unter die alten Leute. 31 Sie sammelten
die Waffen der Erschlagenen ein und be-
wahrten sie sorgfältig an geeigneten Orten
auf. Die übrige Beute schafften sie nach Je-
rusalem.

32 Auch Phylarches, einen ganz ruchlosen
Mann aus der Umgebung des Timotheus, tö-
teten sie; er hatte den Juden viel Böses getan.
33 Bei der Siegesfeier in der Vaterstadt ver-
brannten sie die Männer, die die heiligen
Tore angezündet hatten, sowie den Kallis-
thenes; er hatte sich in ein kleines Haus ge-
flüchtet. So erhielt er den verdienten Lohn
für seine Verruchtheit.

34 Der dreimal verfluchte Nikanor aber,
der die tausend Händler mitgebracht hatte,
um die Juden zu verkaufen, 35 wurde von de-
nen, die er verachtet hatte, mit Hilfe des
Herrn gedemütigt. Er musste sein Prachtge-
wand ausziehen und sich wie ein entlaufener
Sklave mitten durch das Land allein nach
Antiochia durchschlagen, wo er völlig nie-
dergeschlagen über den Verlust seines Hee-
res ankam. 36 Er, der sich unterfangen hatte,
den Tribut für die Römer aus den Gefange-
nen Jerusalems aufzubringen, musste nun
verkünden, dass die Juden jemanden hätten,
der für sie kämpfe, und dass sie deshalb un-
verwundbar seien; denn sie achteten auf die
Gesetze, die jener erlassen hatte.

8–36 ‖ 1 Makk 3,38 – 4,25 • 8: 5,22; 4,45 • 15: Jer 14,9 • 19: 2 Kön 19,35 • 30: 1 Makk 5,6; 7,8 • 33: 1,8.

Das Gottesgericht über den heidnischen König: 9,1–29

9 Etwa zur selben Zeit musste Antiochus
mit Schimpf und Schande aus Persien
abziehen. 2 Er war in die Stadt, die man Per-
sepolis nennt, einmarschiert. Bei dem Ver-
such, den Tempel auszurauben und eine
Besatzung in die Stadt zu legen, erhob sich
die Bevölkerung in Massen und griff zu den
Waffen. Die Truppen wurden geschlagen
und Antiochus von den Einwohnern verjagt;
er musste schmählich den Rückzug antre-
ten.

3 In der Gegend von Ekbatana erhielt er
die Nachricht von der Niederlage Nikanors
und der Truppen des Timotheus. 4 Da geriet
er in heftigen Zorn und glaubte, seine Wut
über die unglückliche Flucht an den Juden
auslassen zu können. Darum befahl er dem
Wagenlenker, ohne Unterbrechung bis zum
Ziel durchzufahren. Aber schon drohte ihm
das Gericht des Himmels; denn in seiner Ver-
messenheit sagte er: Sobald ich in Jerusalem
bin, mache ich die Stadt zu einem Friedhof
für alle Juden.

5 Doch der Herr, der alles sieht, Israels
Gott, traf ihn, ohne dass es jemand sehen
konnte, mit einem Schlag, für den es keine
Heilung gab. Kaum hatte er zu reden aufge-
hört, da spürte er in seinen Eingeweiden
quälende Schmerzen, die kein Arzt lindern
konnte. 6 Damit geschah ihm ganz recht, hat-
te er doch die Eingeweide anderer durch
zahllose ausgefallene Foltern gequält. 7 Den-
noch blieb sein Stolz ungebrochen; die Ver-
messenheit hatte ihn ganz und gar in Besitz
genommen. Glühende Wut gegen die Juden
verzehrte ihn und er befahl dem Wagenlen-
ker, noch schneller zu fahren. Doch dann ge-
schah es: In voller Fahrt fiel er aus dem da-
hinrasenden Wagen und stürzte so schwer,
dass er sich alle Glieder verrenkte. 8 Eben
noch hatte er in maßloser Aufgeblasenheit
geglaubt, er könne den Wogen des Meeres

gebieten und die Gipfel der Berge auf einer
Waage wiegen. Nun lag er auf der Erde und
man musste ihn auf eine Bahre legen. So
zeigte sich an ihm sichtbar Gottes Macht.
9 Aus den Augen des Verruchten krochen
Würmer; während er noch lebte, verfaulte
sein Fleisch unter Schmerzen und Qualen
und der Verwesungsgeruch, der von ihm aus-
ging, verpestete das ganze Lager. 10 Kurz zu-
vor hatte er noch geglaubt, er könne nach
den Sternen des Himmels greifen; jetzt
konnte es niemand mehr bei ihm aushalten,
so unerträglich war der Gestank.

11 Da endlich begann der Gepeinigte, von
seinem maßlosen Hochmut abzulassen und
unter Gottes Schlägen zur Einsicht zu kom-
men; denn seine Schmerzen wurden immer
schlimmer. 12 Als er seinen Geruch selbst
nicht mehr ertragen konnte, sagte er: Wenn
man nur ein sterblicher Mensch ist, soll man
sich Gott unterordnen und nicht überheblich
sein. 13 Der Verbrecher rief sogar den Herrn
an, fand aber bei ihm kein Erbarmen mehr.
Er gelobte, 14 die Heilige Stadt, die er kurzer-
hand hatte dem Erdboden gleichmachen und
in einen Friedhof umwandeln wollen, in den
Rang einer freien Stadt zu erheben. 15 Hatte
er zuerst beschlossen, die Juden nicht einmal
eines Grabes zu würdigen, sondern sie samt
den Säuglingen den Raubvögeln und den
wilden Tieren zum Fraß vorzuwerfen, so
wollte er sie nun alle den Bürgern von Athen
gleichstellen. 16 Er versprach, den heiligen
Tempel, den er zuvor geplündert hatte, mit
den schönsten Weihegeschenken auszu-
schmücken, die heiligen Geräte um ein Viel-
faches zu ersetzen und die nötigen Aufwen-
dungen für die Opfer aus eigenen Mitteln
aufbringen. 17 Ja, er wollte sogar selbst
Jude werden und überall hingehen, wo Men-
schen wohnen, um Gottes Macht zu verkün-
den.

18 Trotzdem ließen seine Schmerzen nicht
nach; denn das gerechte Gericht Gottes war
über ihn gekommen. Da gab er alle Hoffnung
auf und schrieb den Juden einen Brief, der
eigentlich eine Bittschrift war. Der Brief
hatte diesen Inhalt:

19 Seinen guten jüdischen Bürgern
wünscht Antiochus, König und Befehlsha-
ber, viel Freude, Gesundheit und Wohlerge-
hen. 20 Ich danke Gott sehr, wenn ihr gesund
seid und wenn es auch euren Kindern und
eurem Besitz nach Wunsch ergeht. Dafür
setze ich meine Hoffnung auf den Himmel.
21 Ich erinnere mich in Liebe an die Achtung
und freundliche Hochschätzung, die ihr mir
entgegengebracht habt. Bei meiner Rück-
kehr aus Persien zog ich mir eine Krankheit
zu, die mich sehr belastet. Darum hielt ich es
für nötig, für die öffentliche Sicherheit aller
Bürger zu sorgen. 22 Nicht dass ich mich
schon aufgegeben hätte – ich habe vielmehr
gute Hoffnung, wieder gesund zu werden.
23 Aber ich dachte daran, dass schon mein
Vater jedes Mal einen Nachfolger bestimmte,
wenn er sich mit seinem Heer im Osten auf-
hielt. 24 Falls dann etwas Unvorhergesehenes
eintrat oder ein Missgeschick gemeldet wur-
de, wussten die Bewohner des Reiches, wem
die Regierung übertragen worden war, und
sie brauchten sich nicht zu beunruhigen.
25 Auch sehe ich, wie die Machthaber an den
Grenzen unseres Landes, unsere Nachbarn,
nur auf eine günstige Gelegenheit lauern und
die kommende Entwicklung abwarten. Da-
rum habe ich in aller Form meinen Sohn An-
tiochus zum Nachfolger bestimmt; ihn habe
ich den meisten von euch ja schon oft anver-
traut und empfohlen, wenn ich plötzlich in
die östlichen Provinzen hinaufziehen muss-
te. An ihn habe ich einen Brief geschrieben,
den ich beilege. 26 Ich bitte euch eindring-
lich: Denkt daran, wie viel Gutes ich eurer
Gemeinschaft und jedem einzelnen von euch
erwiesen habe, und bewahrt mir und meinem
Sohn euer Wohlwollen! 27 Ich bin überzeugt,
dass er meine Politik der Güte und Freund-
schaft weiterführen und in gutem Einver-
nehmen mit euch bleiben wird.

28 Der Menschenmörder und Gotteslässte-
rer endete also fern seiner Heimat im Gebir-
ge auf jämmerliche Weise, unter entsetzli-
chen Schmerzen, ganz wie er sie anderen zu-
gefügt hatte. 29 Sein Jugendfreund Philippus
ließ den Leichnam überführen; dann begab
er sich nach Ägypten zu Ptolemäus Philome-
tor, weil er dem Sohn des Antiochus nicht
traute.

1–29 || 1 Makk 6,1–16; 2 Makk 1,11–17 • 5: Apg 12,20–23 • 8: Ps 65,7f; Jes 40,12 • 9: Apg 12,23; Sir 7,17.

Die Reinigung des entweihten Tempels:
10,1–8

10 Der Makkabäer aber und seine Leute
konnten unter der Führung des
Herrn das Heiligtum und die Stadt wieder in

9,9 Aus den Augen, andere Lesart: Aus dem Leib.
9,12 nicht überheblich sein, andere Lesart: nicht wie Gott sein wollen.

10,1–8 Im Herbst 164 v. Chr. starb Antiochus; im Dezember des gleichen Jahres wurde der Tempel gereinigt.

Besitz nehmen. 2 Sie rissen die Altäre ein, die die Heiden auf dem Tempelplatz errichtet hatten, und legten die Umfriedungsmauern nieder. 3 Den Tempel selbst reinigten sie und bauten einen neuen Brandopferaltar. Sie schlugen Feuer aus Steinen und zündeten so die Opfer an, die sie nach zweijähriger Unterbrechung wieder darbringen konnten. Auch bemühten sie sich um Räucherwerk, Leuchter und Schaubrote.

4 Dann warfen sie sich auf die Erde nieder und flehten zum Herrn, dass sie nie wieder in solches Unglück gerieten. Für den Fall, dass sie noch einmal sündigen sollten, wollten sie lieber von ihm selbst in Güte gezüchtigt werden als in die Hände frecher und barbarischer Heiden fallen.

5 Es traf sich, dass die Reinigung des Tempels auf den gleichen Tag fiel, an dem ihn die Fremden entweiht hatten, nämlich auf den fünfundzwanzigsten Kislew. 6 Sie feierten acht Tage lang ein fröhliches Fest nach Art des Laubhüttenfestes; dabei dachten sie daran, dass sie noch vor kurzem das Laubhüttenfest wie wilde Tiere in den Höhlen der Berge verbracht hatten. 7 Sie nahmen Stäbe, die sie mit grünen Blättern umwunden hatten, in die Hand und Laubzweige – auch Palmzweige – und brachten dem Loblieder dar, der den Weg zur Reinigung des Ortes bereitet hatte, der sein Eigentum ist. 8 Sie setzten durch eine öffentliche Entschließung und Abstimmung fest, dass das ganze jüdische Volk jedes Jahr diese Tage festlich zu begehen habe.

1–8 ‖ 1 Makk 4,36–61 • 4: 2 Sam 24,14; 1 Chr 21,13 • 6: 5,27.

DIE EREIGNISSE UNTER ANTIOCHUS EUPATOR: 10,9 – 13,26

Der Regierungsantritt des Antiochus Eupator: 10,9–13

9 So starb Antiochus, den man Epiphanes nannte. 10 Jetzt wollen wir noch berichten, was unter Antiochus Eupator geschah, dem Sohn dieses ruchlosen Menschen. Dabei fassen wir kurz zusammen, welches Unheil aus den kriegerischen Verwicklungen entstand.

11 Als Eupator seine Herrschaft antrat, ernannte er einen Mann namens Lysias zum Reichsverweser; außerdem machte er ihn zum Befehlshaber über Zölesyrien und Phönizien und zum Oberkommandierenden über die dort liegenden Truppen. 12 Ptolemäus, mit dem Zunamen Makron, hatte als erster den Juden Gerechtigkeit widerfahren lassen, weil ihnen so viel Unrecht geschehen war; er hatte versucht, den Streit mit ihnen friedlich beizulegen. 13 Seine Vertrauten verklagten ihn deswegen bei Eupator. Schon vorher hatte er allerorten als Verräter gegolten; denn er hatte Zypern, das ihm von Philometor anvertraut worden war, verlassen und war zu Antiochus Epiphanes übergelaufen. Da er seine ehrenvolle Stellung nicht mehr in Ehren verwalten konnte, machte er seinem Leben durch Gift ein Ende.

11: 1 Makk 3,32f; 6,17 • 12: 4,45.

Die Kämpfe mit den Idumäern und mit Timotheus: 10,14–38

14 Gorgias wurde Befehlshaber in dieser Gegend; er warb Söldner an und führte Krieg gegen die Juden, wo er nur konnte. 15 Außer ihm machten auch die Idumäer, die eine Reihe gut gelegener Festungen besaßen, den Juden zu schaffen. Sie hatten Flüchtlinge aus Jerusalem bei sich aufgenommen und begannen, Krieg zu führen.

16 Die Männer um den Makkabäer hielten einen Bittgottesdienst ab und baten Gott, ihr Bundesgenosse zu sein. Dann berannten sie die Festungen der Idumäer. 17 Sie eroberten sie im Sturm, schlugen die Verteidiger auf den Mauern in die Flucht und machten jeden nieder, der ihnen in die Hände fiel. Dabei töteten sie mindestens zwanzigtausend Mann. 18 Nicht weniger als neuntausend Mann konnten sich in zwei stark befestigte Burgen flüchten, die für eine Belagerung mit allem aufs Beste ausgerüstet waren. 19 Der Makkabäer zog ab, da seine Anwesenheit an einem anderen Ort dringend notwendig war. Doch ließ er Simeon und Josef zurück, ferner Zachäus mit seinen Leuten; sie reichten aus, um die Burgen zu belagern. 20 Simeons Soldaten nahmen jedoch aus Habgier Bestechungsgelder an und ließen für siebzigtausend Drachmen einige Leute aus den Burgen entweichen. 21 Sobald der Makkabäer davon erfuhr, rief er die Führer des Volkes zusammen und erhob Anklage: Man habe die Brüder um Geld verkauft, da man zu deren Schaden die Feinde freigelassen habe. 22 Er ließ die Verräter hinrichten und eroberte die beiden Burgen auf der Stelle. 23 Mit seinen Waffen hatte er überall Erfolg und so vernichtete er in den beiden Festungen über zwanzigtausend Mann.

24 Timotheus – derselbe, den die Juden schon einmal geschlagen hatten – sammelte ein großes Söldnerheer und brachte auch ziemlich viel Reiterei aus der Provinz Asien zusammen. Damit rückte er an, um Judäa zu erobern. 25 Als er schon in der Nähe war, riefen die Männer des Makkabäers Gott um Hilfe an, streuten sich Erde auf das Haupt und zogen Bußgewänder an. 26 Sie warfen sich vor den Stufen des Brandopferaltars nieder und baten den, der ihnen wieder gnädig war, ihren Feinden feindlich gesinnt zu sein und ihren Widersachern zu widerstehen, wie das Gesetz sagt. 27 Nach diesem Gebet nahmen sie ihre Waffen, verließen die Stadt und rückten Timotheus entgegen. Als sie sich den Feinden näherten, hielten sie sich zunächst zurück. 28 Sobald aber die Sonne aufging und es hell wurde, stießen die beiden Heere aufeinander. Die einen hatten als Bürgschaft für einen glücklichen Sieg neben ihrer Tapferkeit nur ihr Gottvertrauen; die anderen ließen sich im Kampf durch ihre wilde Wut treiben. 29 Schon war die Schlacht heftig entbrannt, da erschienen den Kämpfenden vom Himmel her fünf herrliche Reiter auf goldgezäumten Pferden und stellten sich an die Spitze der Juden. 30 Zwei von ihnen nahmen den Makkabäer in ihre Mitte, deckten ihn mit ihren Rüstungen und schützten ihn vor jeder Verwundung; auf die Feinde aber schossen sie Pfeile und Blitze. Diese wurden geblendet und flohen verwirrt nach allen Seiten. 31 So kamen zwanzigtausendfünfhundert Mann und sechshundert Reiter um.

32 Timotheus selbst flüchtete sich mit anderen in eine Festung namens Geser, die sehr stark befestigt war; ihr Kommandant war Chäreas. 33 Die Truppen des Makkabäers belagerten vier Tage lang voll Begeisterung die Festung. 34 Die Verteidiger, die sich in ihren Befestigungen sicher fühlten, führten lästerliche Reden und schrien freche Worte herunter. 35 Am Morgen des fünften Tages packte zwanzig junge Männer aus dem Heer des Makkabäers der Zorn, als sie die Lästerreden hörten. Sie stürmten mutig auf die Mauer los und schlugen in wilder Wut jeden nieder, der sich ihnen in den Weg stellte. 36 Andere umgingen die Stadt und erzwangen sich mit demselben Mut den Zugang zu den Verteidigern; sie legten Feuer an die Türme und steckten sie in Brand und verbrannten so die Lästerer bei lebendigem Leib. Wieder andere brachen die Tore auf, ließen die übrigen Truppen ein und eroberten die Stadt im Handstreich. 37 Timotheus, der sich in einer Zisterne versteckt hatte, stachen sie nieder, ebenso seinen Bruder Chäreas und den Apollophanes. 38 Darauf priesen sie mit Lob- und Dankliedern den Herrn, der so Großes für Israel getan und ihnen den Sieg geschenkt hatte.

14: 1 Makk 3,38 • 15: 1 Makk 5,3 • 18: 1 Makk 5,4f • 24: 1 Makk 5,6f; 2 Makk 8,30; 12,10.21–25 • 26: Ex 23,22.

Der Sieg des Judas über Lysias: 11,1–12

11 Der Reichsverweser Lysias, des Königs Vormund und Verwandter, war über diese Ereignisse sehr verärgert. 2 Er zog daher in kürzester Zeit an die achtzigtausend Mann zusammen, dazu seine ganze Reiterei, und marschierte gegen die Juden. Er hatte vor, aus der Stadt Jerusalem eine griechische Siedlung zu machen, 3 das Heiligtum ebenso wie die heidnischen Kultstätten zu besteuern und das Amt des Hohenpriesters jedes Jahr für Geld auszuschreiben. 4 Doch rechnete er überhaupt nicht mit der Macht Gottes, sondern stützte seine Überlegungen allein auf die Zehntausende von Fußtruppen, die Tausende von Reitern und seine achtzig Elefanten. 5 Er drang in Judäa ein, rückte vor die Festung Bet-Zur, die hundertfünfzig Stadien von Jerusalem entfernt liegt, und bestürmte sie.

6 Als die Leute des Makkabäers von der Belagerung der Festung erfuhren, flehten sie mit dem ganzen Volk unter Klagen und Weinen den Herrn an, er möge doch einen guten Engel schicken, um Israel zu retten. 7 Der Makkabäer griff als erster nach den Waffen und hielt eine anfeuernde Rede an die anderen: Sie sollten, zusammen mit ihm, die Gefahr auf sich nehmen und ihren Brüdern zu Hilfe eilen. Geschlossen und voll Kampfesmut brachen sie auf.

8 Sie waren noch in der Nähe von Jerusalem, da erschien ihnen ein Reiter und zog in einem weißen Gewand und einer blinkenden goldenen Waffenrüstung vor ihnen her. 9 Gemeinsam priesen sie den barmherzigen Gott und ihr Mut wurde so groß, dass sie bereit gewesen wären, nicht nur Menschen, sondern auch die wildesten Tiere und eiserne Mauern zusammenzuschlagen. 10 Sie rückten mit ihrem himmlischen Bundesgenossen, zum Kampf bereit, vor; denn der Herr hatte Erbarmen mit ihnen. 11 Sie stürzten sich wie Löwen auf die Feinde und erschlugen elftausend von ihnen, dazu sechzehnhundert Reiter. Alle Übrigen jagten sie in die Flucht; 12 die meisten davon waren verwundet und konnten nur das nackte Leben retten. Auch Lysias selbst konnte sich nur durch eine schimpfliche Flucht retten.

1–12 ‖ 1 Makk 4,26–35 • 6: Ex 23,20.

Der Friedensschluss des Lysias mit den Juden: 11,13–38

13 Da Lysias jedoch nicht ohne Verstand war und über die erlittene Niederlage nachdachte, begriff er, dass die Hebräer unbesiegbar waren, weil der starke Gott auf ihrer Seite kämpfte. 14 Darum schickte er Unterhändler, die auf einen Friedensvertrag drängen und jeder annehmbaren Bedingung zustimmen sollten; er ließ sagen, er wolle auch dem König sehr zureden, mit ihnen Freundschaft zu schließen. 15 Der Makkabäer ging auf alle Vorschläge des Lysias ein, ohne indes seinen Vorteil zu vernachlässigen. Alle Forderungen, die er für die Juden stellte und dem Lysias schriftlich vorlegte, nahm der König an.

16 Lysias schrieb an die Juden einen Brief, der folgenden Inhalt hatte:

Lysias grüßt das jüdische Volk. 17 Eure Abgesandten Johanan und Abschalom haben euer Antwortschreiben vorgelegt, das unten beigefügt ist, und mich gebeten, die darin geäußerten Forderungen zu genehmigen. 18 Was in die Zuständigkeit des Königs fällt, habe ich ihm dargelegt; er ist auf jede annehmbare Bedingung eingegangen. 19 Wenn ihr weiterhin die Politik der Regierung wohlwollend aufnehmt, werde ich mich bemühen, euch Vorteile zu verschaffen. 20 Was die Einzelheiten betrifft, habe ich euren und meinen Unterhändlern aufgetragen, mit euch zu verhandeln. 21 Lebt wohl! Im Jahr 148, am Vierundzwanzigsten des Monats Dioskorus.

22 Im Brief des Königs stand dies:

König Antiochus grüßt seinen Bruder Lysias. 23 Nachdem unser Vater zu den Göttern hinübergegangen ist, wollen wir, dass die Untertanen des Reichs ungestört ihren Beschäftigungen nachgehen können. 24 Andererseits haben wir erfahren, dass die Juden mit der von meinem Vater gewünschten Übernahme griechischer Sitten nicht einverstanden sind, es vielmehr vorziehen, auf ihre eigene Art zu leben, und verlangen, dass man ihnen wieder gestattet, ihren Gewohnheiten zu folgen. 25 Wir beschließen darum, dass auch dieses Volk ungestört bleibt, und verfügen, dass man ihnen ihr Heiligtum zurückgibt und dass sie ihr Leben so einrichten können, wie es schon zur Zeit ihrer Vorfahren Brauch war. 26 Du wirst nun am besten zu ihnen Gesandte schicken und ihnen die Hand zum Frieden reichen, damit sie die Grundlinien unserer Politik erkennen, Vertrauen fassen und ihre Angelegenheiten zu ihrer Zufriedenheit regeln können.

27 Der Brief des Königs an das Volk lautete so:

König Antiochus grüßt den Rat und alle übrigen Juden. 28 Wir hoffen, dass es euch gut geht; auch wir erfreuen uns guter Gesundheit.

29 Menelaus hat uns wissen lassen, dass ihr nach Hause zu eurer Arbeit zurückkehren wollt. 30 Jedem also, der bis zum dreißigsten Tag des Monats Xanthikus heimkehrt, wird Friede angeboten mit der Zusicherung, 31 dass die Juden ihre gewohnten Speisevorschriften und Gesetze befolgen dürfen; keiner von ihnen darf dabei irgendwie belangt werden für Vergehen, die er in Unkenntnis der Verhältnisse begangen hat. 32 Ich habe Menelaus zu eurer Beruhigung zu euch geschickt.

33 Lebt wohl! Im Jahr 148, am Fünfzehnten des Monats Xanthikus.

34 Auch die Römer schickten ihnen einen Brief; er hatte folgenden Inhalt:

Die römischen Gesandten Quintus Memmius und Titus Manius grüßen das jüdische Volk. 35 Auch wir sind einverstanden mit den Bedingungen, die Lysias, der Verwandte des Königs, mit euch ausgehandelt hat. 36 Lasst uns die Vorschläge, die er dem König unterbreiten will, zukommen, sobald ihr sie geprüft habt, damit wir eure Sache vortragen können, wie es für euch am günstigsten ist; wir sind nämlich auf dem Weg nach Antiochia. 37 Teilt uns deswegen auch umgehend durch Boten eure Meinung darüber mit.

38 Lebt wohl! Im Jahr 148, am Fünfzehnten des Monats Xanthikus.

13–38 ‖ 1 Makk 6,55–63.

Die Rache an den Judenverfolgern in Jafo und Jamnia: 12,1–9

12 Nach dem Abschluss der Verträge kehrte Lysias zum König zurück. Die Juden begannen, wieder ihre Felder zu bestellen. 2 Die Befehlshaber in jener Gegend aber, Timotheus, Apollonius, der Sohn des Gennäus, ferner Hieronymus, Demophon und auch Nikanor, der Statthalter von Zypern, ließen die Juden nicht in Ruhe und Frieden leben.

3 Die Einwohner von Jafo begingen folgen-

11,21 Gemeint ist das Frühjahr 164 v. Chr.

11,23 Vergöttlichung und kultische Verehrung der Herrscher war bei den Seleuziden ebenso üblich wie bei den Lagiden in Ägypten.

des entsetzliche Verbrechen: Sie luden die Juden, die unter ihnen wohnten, ein, mit ihren Frauen und Kindern in Schiffe, die sie zur Verfügung stellten, einzusteigen. Sie taten, als ob sie nichts Böses gegen sie im Schild führten, 4 sondern aufgrund eines öffentlichen Beschlusses der Stadt handelten. Die Juden nahmen das Angebot an, da sie den Frieden wollten und keinen bösen Verdacht hegten. Aber als sie auf dem offenen Meer waren, wurden die Boote versenkt; mindestens zweihundert Menschen ertranken. 5 Als Judas von der schrecklichen Tat gegen die Angehörigen seines Volkes erfuhr, gab er sie seinen Männern bekannt, 6 rief Gott, den gerechten Richter, an und überfiel die Mörder, die sich mit dem Blut seiner Brüder befleckt hatten. In der Nacht zündete er den Hafen an, verbrannte die Schiffe und stach alle nieder, die sich dorthin geflüchtet hatten. 7 Die Stadt selbst hatte ihre Tore verrammelt. So musste er abziehen, aber er nahm sich vor, wiederzukommen und die ganze Stadt Jafo zu vernichten. 8 Als er erfuhr, dass die Bürger von Jamnia mit den Juden, die bei ihnen lebten, dasselbe tun wollten, 9 überfiel er auch die Leute von Jamnia bei Nacht und steckte den Hafen samt der Flotte in Brand. Der Feuerschein war zweihundertvierzig Stadien weit bis nach Jerusalem zu sehen.

Die erfolgreichen Feldzüge des Judas jenseits des Jordan: 12,10–31

10 Von dort zogen sie weiter gegen Timotheus. Sie waren gerade neun Stadien weit marschiert, da griffen fünftausend Araber mit fünfhundert Reitern Judas an. 11 Nach hitzigem Kampf gewannen die Männer des Judas die Oberhand; denn Gott half ihnen. Die bedrängten Nomaden baten Judas um Frieden, versprachen, ihm und seinen Leuten Vieh zu liefern und ihnen auch sonst gute Dienste zu erweisen. 12 Da Judas der Ansicht war, ihre Hilfe könne ihnen tatsächlich bei vielen Gelegenheiten von Nutzen sein, war er damit einverstanden, mit ihnen Frieden zu schließen. Die Araber verpflichteten sich durch Handschlag und zogen sich zu ihren Zelten zurück.

13 Judas griff auch eine Stadt namens Kaspin an; sie war ringsum mit Wällen und Mauern befestigt. Ihre Bevölkerung setzte sich aus Menschen verschiedenster Völker zusammen. 14 Weil sie sich auf ihre hohen Mauern und auf ihre Vorräte verließen, wurden sie immer unverschämter gegen die Leute des Judas, beschimpften sie, lästerten Gott und schrien unflätige Worte. 15 Die Männer des Judas riefen den großen Herrn der Welt an, der Jericho zur Zeit Josuas ohne Rammböcke und Belagerungsmaschinen zu Boden geschmettert hatte. Dann stürmten sie mit dem Mut von Löwen gegen die Mauern an, 16 und weil Gott es so wollte, konnten sie die Stadt einnehmen. Sie richteten in ihr ein unbeschreibliches Blutbad an, sodass ein zwei Stadien breiter See, der neben der Stadt lag, von dem Blut, das in ihn geflossen war, angefüllt zu sein schien.

17 Dann marschierten sie siebenhundertfünfzig Stadien weiter, bis sie zum Charax kamen, wo die sogenannten Tubianer-Juden wohnten. 18 Timotheus trafen sie dort nicht an; denn er war, ohne etwas unternommen zu haben, von dort abgezogen. Aber er hatte in einem stark befestigten Ort eine Garnison zurückgelassen. 19 Dositheus und Sosipater, zwei Offiziere aus dem Stab des Makkabäers, rückten aus und töteten die über zehntausend Mann starke Besatzung, die Timotheus in der Festung zurückgelassen hatte. 20 Dann teilte der Makkabäer sein Heer in mehrere Gruppen auf, übertrug jeweils einem seiner Offiziere den Befehl über eine Gruppe und zog in Eilmärschen gegen Timotheus, der über hundertzwanzigtausend Mann an Fußtruppen und zweitausendfünfhundert Reiter verfügte.

21 Als Timotheus vom Anmarsch des Judas erfuhr, schickte er Frauen, Kinder und den übrigen Tross in eine Stadt namens Karnajim voraus. Diesen Ort konnte man kaum belagern, da er wegen zahlreicher Engpässe fast unzugänglich war. 22 Kaum zeigte sich die erste Abteilung des Judas, da gerieten die Feinde in Furcht und Schrecken, denn der, der alles überschaut, ließ eine Erscheinung sichtbar werden. Sie rannten in wilder Flucht davon, jeder in eine andere Richtung. Dabei fügten sie vielfach einander selbst Schaden zu, ja, sie durchbohrten sich gegenseitig mit den Spitzen ihrer Schwerter. 23 Doch Judas setzte ihnen stürmisch nach und erschlug von den Verruchten gegen dreißigtausend Mann. 24 Timotheus selbst fiel den Leuten des Dositheus und des Sosipater in die Hände. Er flehte mit schönen, doch falschen Worten, ihn unbehelligt freizulassen; die Eltern und Brüder sehr vieler Juden seien in der Gewalt seiner Leute und es könne sein, dass man auf sie keine Rücksicht nehme. 25 Mit vielen Worten brachte er sie dazu, seinen Versprechungen, er werde diese Menschen unversehrt zurückgeben, zu glauben. Um die Brüder zu retten, ließen sie ihn laufen.

26 Darauf zog Judas gegen Karnajim und
das Heiligtum der Atargatis und erschlug
fünfundzwanzigtausend Menschen. 27 Als sie
geschlagen und vernichtet waren, rückte Ju-
das vor das stark befestigte Efron, dessen
große Einwohnerschaft sich aus vielen Völ-
kern zusammensetzte. Junge und kräftige
Männer standen vor den Mauern und wehr-
ten sich tapfer. In der Stadt selbst war eine
große Anzahl von Wurfmaschinen mit Ge-
schossen aufgestellt. 28 Da riefen die Juden
zum Herrn, der den Ansturm der Feinde mit
Macht zermalmt; sie brachten die Stadt in
ihre Gewalt und töteten in ihr etwa fünfund-
zwanzigtausend Menschen.
29 Dann brachen sie auf und zogen in Eil-
märschen von dort nach Skythopolis, das
sechshundert Stadien von Jerusalem ent-
fernt liegt. 30 Die Juden, die dort wohnten,
stellten jedoch den Einwohnern von Skytho-
polis das Zeugnis aus, sie seien freundlich zu
ihnen und hätten ihnen in der bösen Zeit ihr
Mitgefühl bewiesen. 31 Da bedankten sie sich
und forderten sie auf, auch in Zukunft dem
jüdischen Volk wohlgesinnt zu bleiben. Da-
rauf begaben sie sich nach Jerusalem, da das
Wochenfest unmittelbar bevorstand.

10–31 ‖ 1 Makk 5,24–54 • 15: Jos 6,20.

Die bestrafte Untreue einiger Juden und das Sühnopfer für die Toten: 12,32–45

32 Nach dem sogenannten Pfingstfest zo-
gen sie in Eilmärschen gegen Gorgias, den
Befehlshaber der Idumäer. 33 Er rückte mit
dreitausend Fußsoldaten und vierhundert
Reitern aus. 34 Als sie zum Kampf antraten,
fielen einige von den Juden. 35 Dositheus, ein
Reiter von den Leuten Bakenors, ein sehr
starker Mann, packte Gorgias fest am Man-
tel und zog mit allen Kräften an ihm. Aber
als er den Verfluchten lebendig gefangen
nehmen wollte, preschte ein thrakischer Rei-
ter heran und schlug ihm den Arm ab. Gor-
gias konnte sich nach Marescha flüchten.
36 Die Leute Esris kämpften weiter bis zur
Erschöpfung. Da rief Judas zum Herrn, er
solle als ihr Bundesgenosse und Bahnbrecher
im Kampf erscheinen. 37 In der Sprache sei-
ner Väter erhob er das Kriegsgeschrei und
stimmte Preislieder an, drang unversehens
auf die Leute des Gorgias ein und schlug sie
in die Flucht.
38 Daraufhin führte Judas das Heer in die
Stadt Adullam. Als der siebte Tag der Woche
anbrach, reinigten sie sich, wie es bei ihnen
Brauch war, und begingen dort den Sabbat.
39 Am nächsten Tag kamen die Leute des Ju-
das, um die Leichen der Gefallenen zu über-
führen – es war inzwischen höchste Zeit ge-
worden – und sie inmitten ihrer Angehörigen
in den Familiengräbern zu bestatten. 40 Da
entdeckten sie, dass alle Toten unter ihren
Kleidern Amulette der Götter von Jamnia
trugen, obwohl das den Juden vom Gesetz
her verboten ist. Da wurde allen klar, dass
die Männer deswegen gefallen waren, 41 und
sie priesen nun alle das Wirken des Herrn,
des gerechten Richters, der das Verborgene
ans Licht bringt. 42 Anschließend hielten sie
einen Bittgottesdienst ab und beteten, dass
die begangene Sünde wieder völlig ausge-
löscht werde. Der edle Judas aber ermahnte
die Leute, sich von Sünden rein zu halten; sie
hätten ja mit eigenen Augen gesehen, welche
Folgen das Vergehen der Gefallenen gehabt
habe. 43 Er veranstaltete eine Sammlung, an
der sich alle beteiligten, und schickte etwa
zweitausend Silberdrachmen nach Jerusa-
lem, damit man dort ein Sündopfer darbrin-
ge. Damit handelte er sehr schön und edel;
denn er dachte an die Auferstehung. 44 Hätte
er nicht erwartet, dass die Gefallenen aufer-
stehen werden, wäre es nämlich überflüssig
und sinnlos gewesen, für die Toten zu beten.
45 Auch hielt er sich den herrlichen Lohn vor
Augen, der für die hinterlegt ist, die in
Frömmigkeit sterben. Ein heiliger und from-
mer Gedanke! Darum ließ er die Toten
entsühnen, damit sie von der Sünde befreit
werden.

32: 10,14 • 40: Dtn 7,25.

Ein erfolgloser Angriff auf Jerusalem: 13,1–26

13 Im Jahr 149 erfuhren die Leute des
Judas, dass Antiochus Eupator mit
einem großen Heer gegen Judäa marschierte.
2 Er wurde begleitet von dem Reichsverwe-
ser Lysias, seinem Vormund. Jeder führte
ein Heer von hundertzehntausend griechi-
schen Fußsoldaten, fünftausendreihundert
Reitern, zweiundzwanzig Elefanten und
dreihundert Sichelwagen. 3 Ihnen schloss
sich auch Menelaus an; er redete heuchle-

12,26 Atargatis ist die große syrische Göttin, vergleichbar der Astarte. Karnajim scheint das Heiligtum der gehörnten Astarte zu sein.

12,29 Skythopolis ist der griechische Name für Bet-Schean.

12,45 In diesem Vers steht der einzige alttestamentliche Hinweis auf einen Zwischenzustand, der als Läuterungsort verstanden wird.

risch auf den König ein, nicht um das Vater-
land zu retten, sondern weil er glaubte, er
habe Aussicht, wieder in sein Amt (als Ho-
herpriester) eingesetzt zu werden. 4 Der
höchste König über allen Königen aber ließ
Antiochus zornig werden auf den Verruch-
ten, und als Lysias andeutete, dieser sei an
allem Unglück schuld, befahl er, ihn nach
Beröa zu schaffen und dort umzubringen. So
ist es Brauch in jener Gegend. 5 Es gibt dort
nämlich einen fünfzig Ellen hohen Turm, der
mit glühender Asche gefüllt ist. In ihm ist
eine drehbare Maschine angebracht, die sich
nach allen Seiten schräg zur Asche neigt.
6 Wer des Tempelraubes schuldig ist oder ein
anderes schweres Verbrechen begangen hat,
den stoßen dort alle in den Tod. 7 Auf diese
Weise fand der Gesetzesbrecher Menelaus
den Tod. Nicht einmal Erde zum Begräbnis
wurde ihm zuteil. 8 Damit geschah ihm nur
recht; denn er hatte viele Verbrechen gegen
den Altar begangen, dessen Feuer und Asche
heilig sind. Nun fand er in Asche den Tod.

9 Der König aber hatte das Herz eines Bar-
baren; er begann, den Juden noch weit
Schlimmeres in Aussicht zu stellen als das,
was zur Zeit seines Vaters geschehen war.
10 Judas hörte davon und ließ dem Volk be-
kannt geben, man solle Tag und Nacht zum
Herrn beten. Wenn je zu einer Zeit, dann
müsse er ihnen jetzt helfen. Man wolle ihnen
das Gesetz, das Vaterland und den heiligen
Tempel rauben. 11 Gerade erst habe das Volk
ein wenig aufatmen können; Gott möge doch
nicht zulassen, dass sie den ruchlosen Heiden
in die Hände fielen. 12 Drei Tage lang lagen
sie ohne Unterbrechung auf den Knien und
flehten unter Tränen und Fasten gemeinsam
den barmherzigen Herrn an. Judas sprach
ihnen Mut zu; dann gab er ihnen den Befehl,
sich bereitzuhalten. 13 Auf einer geheimen
Sitzung der Ältesten ließ er den Beschluss
fassen, man solle, bevor der König in Judäa
eindringen und die Stadt in seine Gewalt
bringen könne, ausrücken und die Sache mit
Gottes Hilfe entscheiden. 14 Er stellte den
Ausgang dem Schöpfer der Welt anheim und
feuerte seine Männer an, bis zum Tod tapfer
für Gesetze, Heiligtum, Stadt, Vaterland und
Verfassung zu kämpfen. Dann schlug er bei
Modeïn ein Lager auf. 15 Er gab seinen Trup-
pen als Losung die Worte: Gottes Sieg. Mit
den besten seiner jungen Krieger, die er
eigens ausgewählt hatte, überfiel er nachts
das Zelt des Königs, erschlug etwa zweitau-
send Mann und erstach den Leitelefanten
des Königs mitsamt seinem Treiber. 16 Als sie
schließlich das ganze Lager in Furcht und
Verwirrung gebracht hatten, zogen sie sich
siegreich wieder zurück. 17 Bei Tagesan-
bruch war alles vorbei; der Herr hatte ihnen
mit seiner schützenden Macht beigestan-
den.

18 Nachdem der König diese Kostprobe jü-
discher Tapferkeit erhalten hatte, versuchte
er, das Land mit Hilfe von List zu besetzen.
19 Er rückte gegen die starke jüdische Fes-
tung Bet-Zur vor, wurde aber zurückge-
schlagen; dann stieß er wieder vor und
wurde wieder geschlagen. 20 Judas ließ die
Besatzung mit allem versorgen, was sie
brauchte. 21 Ein jüdischer Soldat namens
Rhodokus aber verriet den Feinden die mili-
tärischen Geheimnisse. Er wurde verhört,
festgenommen und eingekerkert. 22 Dann
verhandelte der König zum zweiten Mal mit
der Besatzung von Bet-Zur, schloss mit ihnen
einen Vertrag und zog ab. Dabei stieß er
auf das Heer des Judas und erlitt eine
Schlappe.

23 Da erfuhr er, dass Philippus in Antiochia
abgefallen sei; er hatte ihn dort zurückgelas-
sen, um die Regierungsgeschäfte zu führen.
Der König war sehr niedergeschlagen. Er
sprach freundlich mit den Juden, gab ihnen
nach, sicherte ihnen eidlich die Erfüllung al-
ler gerechten Ansprüche zu, versöhnte sich
mit ihnen und brachte ein Opfer dar, ehrte
den Tempel und bewies dem Ort sein Wohl-
wollen. 24 Für den Makkabäer gab er einen
Empfang. Als Befehlshaber über das ganze
Gebiet Ptolemaïs bis zu den Gerrenern ließ
er den Hegemonides zurück 25 und begab
sich dann nach Ptolemaïs. Die Einwohner
dieser Stadt waren nämlich über die Verträ-
ge sehr verärgert; sie hatten sich heftig be-
schwert und wollten die Abmachungen
rückgängig machen. 26 Lysias trat auf die
Rednerbühne, gab Rechenschaft, so gut er
konnte, überredete, beschwichtigte, stimmte
die Leute um und brach dann nach Antiochia
auf.

So verliefen der Anmarsch und der Abzug
des Königs.

1–26 ‖ 1 Makk 6,28–63.

DER FELDZUG NIKANORS: 14,1 – 15,36

Die Intrige des Hohenpriesters Alkimus gegen Judas: 14,1–14

14 Drei Jahre später erfuhren die Leute
des Judas, dass Demetrius, der Sohn
des Seleukus, mit starken Truppen und einer
Flotte im Hafen von Tripolis gelandet sei.
2 Antiochus und dessen Vormund Lysias
habe er aus dem Weg räumen lassen und das
Land in seine Gewalt gebracht.

3 Damals lebte ein Mensch namens Alki-
mus; er war früher einmal Hoherpriester ge-
wesen, hatte sich aber schon vor der Zeit der
Religionsvermischung freiwillig unrein ge-
macht. Wie er wohl wusste, hatte er sich
dadurch in eine ausweglose Lage gebracht,
sodass er nie wieder an den heiligen Altar
treten konnte. 4 Darum kam er um das Jahr
151 zu König Demetrius und überreichte ihm
einen goldenen Kranz mit einem Palmzweig,
dazu Ölzweige, wie sie am Heiligtum ge-
bräuchlich sind. An diesem Tag unternahm
er weiter nichts. 5 Als aber Demetrius ihn vor
seinen Rat rufen ließ und ihn fragte, wie die
Stimmung unter den Juden sei und welche
Pläne sie hätten, ergriff er die Gelegenheit,
um sie für sein eigenes wahnwitziges Vorha-
ben zu nutzen. Er antwortete:

6 Es gibt unter den Juden Leute, die sich
Hasidäer nennen; sie stehen unter der Füh-
rung des Makkabäers Judas. Sie hetzen zu
Krieg und Aufruhr und lassen das Reich
nicht zur Ruhe kommen. 7 Dadurch wurde
mir meine ehrenvolle Stellung geraubt, die
mir aufgrund meiner Abstammung zu-
kommt, nämlich das Amt des Hohenpries-
ters. Nun bin ich hierher gekommen, 8 ein-
mal weil ich der königlichen Sache aufrich-
tig ergeben bin, dann aber auch aus Sorge
für meine Mitbürger. Denn der Unverstand
der eben genannten Leute hat unser ganzes
Volk in nicht geringes Elend gestürzt.
9 Wenn du, mein König, dir einen genauen
Überblick über die Lage verschafft hast,
dann sorge für das Land und für unser be-
drängtes Volk; du bist ja gegen jedermann
freundlich und wohlgesinnt. 10 Solange aber
Judas noch lebt, kann es im Reich keinen
Frieden geben.

11 Kaum hatte er das vorgebracht, da hetz-
ten die anderen Vertrauten des Königs, die
den Bestrebungen des Judas feindlich gegen-
überstanden, Demetrius noch mehr auf.
12 Dieser berief sofort Nikanor, dem er das
Kommando über die Elefanten gegeben hat-
te, und setzte ihn zum Befehlshaber über
Judäa ein. Er schickte ihn weg 13 mit dem
schriftlichen Auftrag, Judas zu beseitigen,
seine Anhänger zu zerstreuen, Alkimus aber
als Hohenpriester über den allerhöchsten
Tempel einzusetzen. 14 Dem Nikanor schlos-
sen sich in Scharen die Heiden an, die vor
Judas aus Judäa geflohen waren; denn sie
glaubten, das Unglück und Missgeschick der
Juden werde ihnen Glück bringen.

1–14 ‖ 1 Makk 7,1–26.

Die Freundschaft zwischen Nikanor und Judas: 14,15–25

15 Als die Juden vom Anmarsch Nikanors
erfuhren und hörten, dass zusammen mit ihm
die Heiden anrückten, streuten sie sich Erde
auf das Haupt und flehten Gott an, der sein
Volk für ewige Zeiten geschaffen hat und
sich immer vor aller Welt sichtbar seines
Erbteils annimmt. 16 Auf Beschluss ihres An-
führers brachen sie sofort auf und trafen bei
dem Dorf Dessau auf die Feinde. 17 Simeon,
der Bruder des Judas, war zwar schon mit
Nikanor zusammengestoßen und hatte sich
langsam zurückziehen müssen, weil sein
Gegner ihn völlig unvermutet überrascht
hatte. 18 Aber Nikanor kam zu Ohren, wie
tapfer die Männer des Judas seien und wie
mutig sie für ihr Vaterland kämpften; darum
wich er der Entscheidung in offener Schlacht
aus. 19 Er schickte statt dessen Posidonius,
Theodotus und Mattatias, um Friedensver-
handlungen aufzunehmen. 20 Nach langen
Überlegungen legte der Anführer den Leuten
seine Ansicht dar. Es zeigte sich, dass man
einer Meinung war, und so billigte man die
Verträge. 21 Man verabredete einen Termin,
um sich unter Ausschluss der Öffentlichkeit
an einem bestimmten Ort zu treffen. Von je-
der Seite fuhr ein Wagen vor und man stellte
Stühle auf. 22 Auf Anordnung des Judas hiel-
ten sich Bewaffnete in günstiger Stellung
bereit, damit die Feinde nicht heimtückisch
überraschend einen Anschlag verüben konn-
ten. Doch die Unterredung verlief ohne Zwi-
schenfälle.

23 Nikanor hielt sich in Jerusalem auf,
ohne irgendwelchen Anstoß zu erregen; er
entließ die Anhänger, die ihm massenweise

14,3 Alkimus hatte die griechische Lebensweise angenommen.

zugeströmt waren. 24 Auch hatte er Judas
ständig um sich und war ihm herzlich zuge-
tan. 25 Er redete ihm zu, er solle heiraten und
eine Familie gründen. So heiratete Judas
und es ging ihm gut und er freute sich seines
Lebens.

15–25 ‖ 1 Makk 7,27–29 • 16: 1 Makk 7,31f.

Die Entzweiung zwischen Judas und Nikanor: 14,26–36

26 Dem Alkimus blieb nicht verborgen,
dass die beiden einander wohlgesinnt waren.
Er verschaffte sich die abgeschlossenen Ver-
träge, begab sich zu Demetrius und hinter-
brachte ihm, Nikanor handle dem Staats-
wohl zuwider: Er habe Judas, den Feind sei-
nes Reiches, zum Nachfolger bestimmt.
27 Der König war sehr aufgebracht und ge-
reizt durch die Verleumdungen dieses
Schurken. Er schrieb an Nikanor, dass er die
Verträge für untragbar halte, und befahl
ihm, den Makkabäer auf der Stelle gefesselt
nach Antiochia zu schaffen. 28 Nikanor ge-
riet beim Empfang dieser Nachricht in große
Bestürzung. Es war ihm sehr zuwider, die
Vereinbarungen zu brechen; denn Judas hat-
te ja kein Unrecht getan. 29 Da er sich aber
dem König nicht widersetzen konnte, warte-
te er auf eine günstige Gelegenheit, um sei-
nen Auftrag mit Hilfe einer List ausführen
zu können. 30 Doch der Makkabäer merkte,
dass Nikanor ihm gegenüber immer abwei-
sender wurde und dass seine gewohnte
Freundlichkeit sich abkühlte. Er wusste,
dass diese Schroffheit nichts Gutes bedeuten
könne. Darum rief er eine Anzahl von seinen
Leuten zusammen und versteckte sich mit
ihnen vor Nikanor.

31 Als Nikanor dahinter kam, dass ihn der
Mann geschickt überlistet hatte, begab er
sich zum allerhöchsten, heiligen Tempel, ge-
rade als die Priester die vorgeschriebenen
Opfer darbrachten, und befahl ihnen, Judas
auszuliefern. 32 Als diese unter Eid versi-
cherten, sie wüssten nicht, wo sich der Ge-
suchte zur Zeit aufhalte, 33 erhob er die rech-
te Hand gegen den Tempel und schwor:
Wenn ihr mir Judas nicht gefesselt heraus-
gebt, werde ich dieses Gotteshaus dem Erd-
boden gleichmachen, den Brandopferaltar
niederreißen und an seiner Stelle dem Dio-
nysos einen herrlichen Tempel errichten.
34 Nach diesen Worten ging er weg.

Die Priester erhoben ihre Hände zum
Himmel und riefen zu dem, der immer unser
Volk beschützt. Sie beteten: 35 Herr, du bist
auf nichts angewiesen; dennoch hat es dir
gefallen, einen Tempel bauen zu lassen, in
dem du unter uns wohnst. 36 Nun, heiliger
Herr, von dem alle Heiligung ausgeht, be-
wahre dieses Haus, das vor kurzem erst ent-
sühnt wurde, unbefleckt in Ewigkeit.

26–36 ‖ 1 Makk 7,30–38.

Der Tod Rasis: 14,37–46

37 Unter den Ältesten der Stadt Jerusalem
gab es einen Mann namens Rasi. Er war sei-
nen Mitbürgern freundlich zugetan, stand in
hohem Ansehen und hieß wegen seiner Güte
Vater der Juden. Dieser Mann wurde bei Ni-
kanor angezeigt. 38 Er hatte sich nämlich
schon vor der Zeit der Religionsvermischung
offen für das Judentum entschieden und sich
dafür bis zum Äußersten mit Leib und Leben
eingesetzt. 39 Nikanor beschloss, seine Ab-
neigung gegen die Juden sichtbar zu bekun-
den, und schickte über fünfhundert Soldaten
aus, um ihn verhaften zu lassen. 40 Er glaubte
nämlich, durch seine Festnahme den Juden
einen schweren Schlag zu versetzen.

41 Schon waren die Truppen dabei, den
Turm zu besetzen; sie versuchten, sich den
Eingang durch das Hoftor mit Gewalt zu er-
zwingen, und riefen nach Feuer, um die
Türen in Brand zu setzen. Rasi war von allen
Seiten umzingelt. Da stürzte er sich in das
Schwert; 42 denn er wollte lieber in Ehren
sterben als den Verruchten in die Hände fal-
len und eine schimpfliche Behandlung erfah-
ren, die seiner edlen Herkunft unwürdig
war. 43 In der Hast aber hatte er sich nicht
sofort tödlich getroffen; die Männer stürm-
ten bereits durch die Türen herein. Da lief er
mutig hinauf auf die Mauer und stürzte sich
entschlossen auf die Menge hinab. 44 Weil
diese sofort zurückwich, entstand ein freier
Raum und er fiel mitten auf den leeren Platz.
45 Doch er lebte immer noch; in höchster Er-
regung erhob er sich, während das Blut in
Strömen aus seinen schrecklichen Wunden
schoss, durchbrach im Laufschritt die Menge
und stellte sich auf einen steil abfallenden
Felsen. 46 Fast schon verblutet, riss er sich
die Eingeweide aus dem Leib, packte sie mit
beiden Händen und schleuderte sie auf die
Leute hinunter; dabei rief er den Herrn über
Leben und Tod an, er möge sie ihm wieder-
geben. So starb er.

41: 1 Sam 31,4 • 46: 7,11.14.23.29.36.

14,46 Selbstmord kommt in der Bibel nur in ganz aussichtslosen Lagen vor (vgl. 1 Sam 31,4).

Nikanors Lästerungen: 15,1–5

15 Nikanor erfuhr, dass Judas sich mit
seinen Männern in der Gegend von
Samaria aufhielt; da beschloss er, sie ohne
jede Gefahr am Ruhetag anzugreifen. 2 Aber
die Juden, die gezwungen waren, ihn zu be-
gleiten, sagten: Bring sie doch nicht um, als
seist du ein wildes Tier oder ein Barbar.
Halte den Tag in Ehren, der von dem, der die
ganze Welt überblickt, in besonderer Weise
mit Heiligkeit ausgezeichnet wurde. 3 Der
dreimal Verfluchte fragte, ob es im Himmel
wirklich einen Herrscher gebe, der befohlen
habe, den Sabbat zu begehen. 4 Sie bekann-
ten: Der lebendige Herr selbst, der Herr-
scher im Himmel, hat angeordnet, den Sab-
bat zu halten. 5 Da erwiderte er: Und ich bin
der Herrscher auf der Erde; ich befehle, die
Waffen zu ergreifen und zu tun, was das
Staatswohl verlangt. Dennoch gelang es ihm
nicht, seinen verbrecherischen Plan auszu-
führen.

4: Ex 20,8–11; Dtn 5,12–15.

Die Ermutigung der Kämpfer durch Judas:
15,6–24

6 Nikanor, der in seinem Stolz seinen Kopf
hoch trug, hatte beschlossen, öffentlich ein
Denkmal seines Sieges über die Männer des
Judas zu errichten. 7 Der Makkabäer aber
hörte nicht auf, sein Vertrauen und all seine
Hoffnung auf die Hilfe des Herrn zu setzen.
8 Er ermahnte seine Männer, sich vor den an-
rückenden Heiden nicht zu fürchten. Sie
sollten daran denken, wie der Himmel ihnen
in der Vergangenheit geholfen habe; auch
jetzt dürften sie vom Allherrscher den Sieg
erwarten. 9 Mit Worten aus dem Gesetz und
aus den Propheten flößte er ihnen Mut ein,
erinnerte sie auch an die Kämpfe, die sie
schon bestanden hatten, und stärkte so ihren
Kampfesmut.

10 Nachdem er ihre Begeisterung geweckt
hatte, spornte er sie noch weiter an, indem er
sie daran erinnerte, wie die Heiden die Ver-
träge nicht gehalten und ihre Schwüre ge-
brochen hatten. 11 So wappnete er jeden von
ihnen, nicht mit der Sicherheit, die Schild
und Lanze verleihen, sondern mit dem Mut,
den rechte Worte entfachen. Auch erzählte
er ihnen einen überaus glaubwürdigen
Traum, der alle sehr erfreute. 12 Er hatte fol-
gendes gesehen: Ihm war der frühere Hohe-
priester Onias erschienen, ein edler und
gerechter Mann, bescheiden im Umgang, von
gütigem Wesen und besonnen im Reden, von
Kindheit an in allem aufs Gute bedacht; die-
ser breitete seine Hände aus und betete für
das ganze jüdische Volk. 13 In gleicher Hal-
tung erschien dann ein Mann mit grauem
Haar, von herrlicher Gestalt; der Glanz einer
wunderbaren, überwältigenden Hoheit ging
von ihm aus. 14 Onias begann zu reden und
sagte: Das ist der Freund seiner Brüder, der
viel für das Volk und die heilige Stadt betet,
Jeremia, der Prophet Gottes. 15 Dann streck-
te Jeremia die rechte Hand aus und übergab
ihm ein goldenes Schwert; dabei sagte er:
16 Nimm das heilige Schwert, das Gott dir
schenkt. Mit ihm wirst du die Feinde
schlagen.

17 Die Worte des Judas gaben ihnen Zuver-
sicht; denn sie waren sehr schön und hatten
die Kraft, zur Tapferkeit anzuspornen und
die Jugend mit männlichem Mut zu erfüllen.
Man beschloss, kein Lager zu beziehen, son-
dern kühn anzugreifen und mit allem Mut im
Kampf Mann gegen Mann die Entscheidung
herbeizuführen; denn die Stadt, die Religion
und das Heiligtum seien in Gefahr. 18 Sie
fürchteten weniger um Frauen und Kinder,
um Brüder und Verwandte als um die Heilig-
keit des Tempels. 19 Die in der Stadt Zurück-
gebliebenen waren hauptsächlich in Angst
wegen des Angriffs draußen auf offenem
Feld. 20 Alle warteten, dass die Entscheidung
falle. Schon hatten die Feinde sich vereinigt
und ihr Heer rückte geordnet vor; die Ele-
fanten wurden aufgestellt, wo es am güns-
tigsten war; die Reiterei verteilte sich auf die
Flügel. 21 Der Makkabäer sah, wie die Mas-
sen der Feinde dastanden, die verschiedenen
Waffengattungen, die zur Wildheit gereizten
Tiere. Da erhob er seine Hände zum Himmel
und rief zum Herrn, der Wunder vollbringt.
Denn er wusste, dass es nicht auf die Waffen
ankommt, sondern dass denen der Sieg
zufällt, die Gott für würdig erachtet. 22 Da-
bei sprach er dieses Gebet: Unser Herrscher,
du hast zu Hiskija, dem König von Juda,
deinen Engel gesandt und er erschlug im
Heer Sanheribs hundertfünfundachtzigtau-
send Mann. 23 Herrscher im Himmel, sende
auch jetzt einen guten Engel vor uns her,
damit er Furcht und Schrecken verbreitet.
24 Vor deinem gewaltigen Arm sollen alle er-
schrecken, die lästernd gegen dein heiliges
Volk heranziehen. So sprach er.

12: 3,1 • 22: 2 Kön 19,35.

15,14 Jeremia ist beispielhaft durch sein Fürbittgebet (vgl. Jer 7,16; 11,14; 14,11; 15,11; 18,20; 37,3; 42,2.12).

Die Niederlage und der Tod Nikanors:
15,25–36

25 Die Truppen Nikanors rückten mit
Trompetengeschmetter und Kampfliedern
vor. 26 Die Leute des Judas dagegen griffen
die Feinde unter Beten und Flehen an. 27 Mit
den Händen kämpften sie, im Herzen beteten
sie zu Gott. Mindestens fünfunddreißigtau-
send Mann streckten sie zu Boden, hocher-
freut, dass Gott sich so sichtbar offenbarte.
28 Schon war der Kampf beendet und sie
wollten voller Freude aufbrechen, da ent-
deckten sie Nikanor, der in seiner Rüstung
erschlagen dalag. 29 Es gab ein großes Ge-
schrei und Getümmel und sie priesen den
Herrn in der Sprache ihrer Väter. 30 Judas,
der immer mit Leib und Seele für seine Mit-
bürger gestritten hatte, der von Jugend an
seinen Landsleuten herzlich zugetan war,
gab den Befehl, ihm den Kopf und eine Hand
mitsamt dem Arm abzuschlagen und nach
Jerusalem zu bringen.
31 Sobald er dort angekommen war, rief er
seine Landsleute zusammen und befahl den
Priestern, sich vor dem Altar aufzustellen;
auch schickte er Boten zu der Besatzung der
Burg. 32 Dann zeigte er den Kopf des Verbre-
chers Nikanor und die Hand des Lästerers,
die dieser prahlend gegen das heilige Haus
des Allherrschers ausgestreckt hatte. 33 Die
Zunge des ruchlosen Nikanor ließ er heraus-
schneiden, zerstückeln und den Vögeln zum
Fraß vorwerfen; den Arm ließ er vor dem
Tempel aufhängen als Zeichen des bestraf-
ten Wahnsinns. 34 Alle priesen den Herrn im
Himmel, der seine Macht so sichtbar gezeigt
hatte, und riefen: Gepriesen sei der, der sei-
nen Ort vor der Entweihung bewahrt hat.
35 Den Kopf Nikanors hängte Judas an die
Burg als ein für alle sichtbares und offen-
kundiges Zeichen der Hilfe des Herrn. 36 In
einer öffentlichen Abstimmung beschlossen
alle einstimmig, diesen Tag nicht ohne Feier
vergehen zu lassen, sondern ihm einen be-
sonderen Rang zu verleihen; es ist der drei-
zehnte Tag des zwölften Monats, der auf ara-
mäisch Adar heißt, der Tag vor dem Morde-
chai-Tag.

25–36 ‖ 1 Makk 7,39–49 • 36: Est 9,19.31; 10,3k.

NACHWORT: 15,37–39

37 Das waren die Ereignisse, die mit Nika-
nor zusammenhingen. Seit jener Zeit blieb
die Stadt im Besitz der Hebräer. Darum höre
ich hier mit der Erzählung auf. 38 Ist sie gut
und geschickt erzählt, habe ich mein Ziel er-
reicht; ist sie aber schlecht oder mittelmäßig
– ich habe mein Bestes getan. 39 Es ist gleich
ungesund, unvermischten Wein oder pures
Wasser zu trinken. Wein mit Wasser ver-
mischt hingegen schmeckt vorzüglich. Äh-
nlich hängt es auch vom Aufbau der Erzäh-
lung ab, ob sie den Geist des Lesers erfreut,
dem dieses Buch in die Hände kommt. Damit
will ich schließen.

37: 1 Makk 7,27–50.

15,37 die Stadt: die Heilige Stadt Jerusalem mit dem Berg Zion als Zentrum.

Die Bücher der Lehrweisheit und die Psalmen

Das Buch Ijob

Das Buch Ijob, eines der Hauptwerke der Weltliteratur, ist nach seiner zentralen Gestalt benannt, da uns sein Verfasser unbekannt ist. Die uns heute vorliegende Form hat das Buch in nachexilischer Zeit gefunden. Man hatte sich aber mit der Thematik des Buches schon früher in Israel beschäftigt (vgl. Ez 14,14.20). Um 200 v. Chr. liegt es jedenfalls vor (vgl. Sir 49,9).

Die in Prosa gehaltene Rahmenerzählung (1,1 – 2,10 und 42,7–17) geht auf eine alte Volksüberlieferung von einem vorbildlichen, frommen und gerechten Mann zurück. In diese Rahmenerzählung ist der Hauptteil in dichterischer Form eingefügt (3,1 – 42,6): Nach einer einleitenden Klage Ijobs (3,1–26) folgen drei Redegänge aus je einer Rede der drei Freunde und einer Entgegnung Ijobs (4,1 – 27,23) – der letzte Redegang ist allerdings nur bruchstückhaft erhalten –, ein Lied über die Weisheit (Kap. 28), eine Schlussrede Ijobs (29,1 – 31,40), die das Eingreifen Gottes herbeiführen will, vier Reden des sonst nicht bekannten Weisheitslehrers Elihu (32,1 – 37,24) und schließlich zwei Gottesreden mit je einer Antwort Ijobs (38,1 – 42,6).

Als Erweiterungen des ursprünglichen Textes werden vielfach das Lied über die Weisheit (Kap. 28) und die Reden Elihus angesehen. Der Verfasser erweist sich als mit dem Bildungsgut der Weisheitslehre vertraut, er verarbeitet naturkundliches Wissen seiner Zeit und kennt alte Mythen. Auch das biblische Überlieferungsgut hat er stets lebendig vor Augen.

Ob der Verfasser außerbiblische Quellen bei der Abfassung seines Werkes benutzt hat, bleibt umstritten. Zwar besitzen Form und Inhalt des Buches eine außerbiblische Vorgeschichte: Die Form des Dialogs findet sich z. B. in Weisheitsschriften Ägyptens; für den Inhalt wird auf Parallelen in der sog. mesopotamischen Ijobliteratur verwiesen, die sich mit der Ungerechtigkeit und dem Leiden eines Unschuldigen beschäftigt. Doch verbieten es Gesamtkomposition und Aussageabsicht des Buches, von literarischer Abhängigkeit zu sprechen.

Gattungsmäßig gehört das Buch zur Weisheitsliteratur. Es verwendet Redeformen aus den Bereichen der Weisheit, des Rechts und der Psalmen: längere, erörternde Reden mit überwiegend polemischem Charakter, die für »Streitgespräche« unter Weisheitslehrern und »Parteireden« im Gerichtsverfahren charakteristisch sind; Klagen (an Gott gerichtete Klagen, Sich-Beklagen, Verklagen der Gegner); auch fehlen nicht hymnische Elemente. Alle Einzelformen sind der Aussageabsicht des Buches dienstbar gemacht.

Der Hauptteil besteht in einer Auseinandersetzung mit dem im alten Israel verbreiteten Vergeltungsglauben, nach welchem es dem wirklich guten Menschen in seinem Leben gut, dem Sünder dagegen schlecht ergeht. Leid ist dann nur Strafe für begangene Sünden. Ijobs Freunde vertreten diese Ansicht; doch Ijob wehrt sich entschieden gegen ihre Annahme, auch er habe sich verfehlt und deshalb treffe ihn jetzt Gottes Strafe.

Schließlich wendet sich Ijob angesichts des Rätsels seines für ihn unverständlichen und ungerechtfertigten Leids an Gott selber als den Helfer, auf den allein er in seiner Not seine ganze Hoffnung setzt. Gott führt das Rätsel des Leidens des Gerechten keiner eigentlichen Lösung zu, vielmehr weist er Ijob auf sein Unvermögen hin, die Pläne Gottes zu durchschauen. Der Einblick in Gottes Absicht bei der Weltlenkung und in seinen Ratschluss, nach dem er Glück und Unglück, Freud und Leid zuteilt, bleibt dem Menschen versagt. So ergibt sich dann Ijob demütig in Gottes Willen. Er überwindet jeden Gedanken an einen ihm feindlich gesinnten und ihn ungerecht quälenden Gott zugunsten eines immer stärker werdenden Vertrauens auf den immer gerechten Gott, der nicht wie Ijobs Freunde den Menschen verurteilt, sondern ihn jenseits einer engherzigen Vergeltungsvorstellung annimmt und nach dem Leid (vgl. Kap. 19) zu sich führt.

Das Buch Ijob zeigt einen Menschen im Leid, der Gott immer größer als den Menschen sein lässt und sich ganz dieser Größe Gottes anheimgibt. Das Leid bleibt ein ungelöstes Rätsel, das sich aller vernunftgemäßen Erklärung entzieht. Aber durch das Leid stößt Gott neu zur Glaubensentscheidung an.

DIE RAHMENERZÄHLUNG: 1,1 – 2,10

Ijobs Rechtlichkeit: 1,1–5

1 Im Lande Uz lebte ein Mann mit Namen Ijob. Dieser Mann war untadelig und rechtschaffen; er fürchtete Gott und mied das Böse. 2 Sieben Söhne und drei Töchter wurden ihm geboren. 3 Er besaß siebentausend Stück Kleinvieh, dreitausend Kamele, fünfhundert Joch Rinder und fünfhundert Esel, dazu zahlreiches Gesinde. An Ansehen übertraf dieser Mann alle Bewohner des Ostens. 4 Reihum hielten seine Söhne ein Gastmahl, ein jeder an seinem Tag in seinem Haus. Dann schickten sie hin und luden auch ihre Schwestern ein, mit ihnen zu essen und zu trinken. 5 Wenn die Tage des Gastmahls vorbei waren, schickte Ijob hin und entsühnte sie. Früh am Morgen stand er auf und brachte so viele Brandopfer dar, wie er Kinder hatte. Denn Ijob sagte: Vielleicht haben meine Kinder gesündigt und Gott gelästert in ihrem Herzen. So tat Ijob jedes Mal.

1: Ez 14,14.20; Gen 22,12.

Zwei Bewährungsproben: 1,6 – 2,10

Der Verlust des Reichtums: 1,6–22

6 Nun geschah es eines Tages, da kamen die Gottessöhne, um vor den Herrn hinzutreten; unter ihnen kam auch der Satan. 7 Der Herr sprach zum Satan: Woher kommst du? Der Satan antwortete dem Herrn und sprach: Die Erde habe ich durchstreift, hin und her. 8 Der Herr sprach zum Satan: Hast du auf meinen Knecht Ijob geachtet? Seinesgleichen gibt es nicht auf der Erde, so untadelig und rechtschaffen, er fürchtet Gott und meidet das Böse. 9 Der Satan antwortete dem Herrn und sagte: Geschieht es ohne Grund, dass Ijob Gott fürchtet? 10 Bist du es nicht, der ihn, sein Haus und all das Seine ringsum beschützt? Das Tun seiner Hände hast du gesegnet; sein Besitz hat sich weit ausgebreitet im Land. 11 Aber streck nur deine Hand gegen ihn aus und rühr an all das, was sein ist; wahrhaftig, er wird dir ins Angesicht fluchen.

12 Der Herr sprach zum Satan: Gut, all sein Besitz ist in deiner Hand, nur gegen ihn selbst streck deine Hand nicht aus! Darauf ging der Satan weg vom Angesicht des Herrn.

13 Nun geschah es eines Tages, dass seine Söhne und Töchter im Haus ihres erstgeborenen Bruders aßen und Wein tranken. 14 Da kam ein Bote zu Ijob und meldete: Die Rinder waren beim Pflügen und die Esel weideten daneben. 15 Da fielen Sabäer ein, nahmen sie weg und erschlugen die Knechte mit scharfem Schwert. Ich ganz allein bin entronnen, um es dir zu berichten. 16 Noch ist dieser am Reden, da kommt schon ein anderer und sagt. Feuer Gottes fiel vom Himmel, schlug brennend ein in die Schafe und Knechte und verzehrte sie. Ich ganz allein bin entronnen, um es dir zu berichten. 17 Noch ist dieser am Reden, da kommt schon ein anderer und sagt: Die Chaldäer stellten drei Rotten auf, fielen über die Kamele her, nahmen sie weg und erschlugen die Knechte mit scharfem Schwert. Ich ganz allein bin

---

1,1 Das Land Uz liegt vermutlich in Arabien (vgl. Gen 36,28; Klgl 4,21). Ijob ist ein schon früh belegter Name und bedeutet vielleicht »der Angefeindete«.

1,3 Die »Bewohner des Ostens« sind die Bewohner Arabiens.

1,5 In H steht für »lästern« euphemistisch »segnen«.

1,6 Die »Gottessöhne« werden in G mit den Engeln gleichgesetzt. Sie gehören zum Hofstaat Jahwes (vgl. 38,7). In Ps 29,1 wird dieselbe Wendung mit »die Himmlischen«, in Ps 82,1 und 89,7 mit »Götter« wiedergegeben.

1,11 Statt »fluchen« steht in H euphemistisch »segnen« (vgl. Anmerkung zu 1,5).

1,16 Feuer Gottes: der Blitz (vgl. 2 Kön 1,10).

entronnen, um es dir zu berichten. 18 Noch ist
dieser am Reden, da kommt schon ein ande-
rer und sagt: Deine Söhne und Töchter aßen
und tranken Wein im Haus ihres erstgebore-
nen Bruders. 19 Da kam ein gewaltiger Wind
über die Wüste und packte das Haus an allen
vier Ecken; es stürzte über die jungen Leute
und sie starben. Ich ganz allein bin entron-
nen, um es dir zu berichten. 20 Nun stand Ijob
auf, zerriss sein Gewand, schor sich das
Haupt, fiel auf die Erde und betete an.
21 Dann sagte er:

Nackt kam ich hervor aus dem Schoß mei-
ner Mutter; / nackt kehre ich dahin zurück. /
Der Herr hat gegeben, der Herr hat genom-
men; / gelobt sei der Name des Herrn.

22 Bei alldem sündigte Ijob nicht und äu-
ßerte nichts Ungehöriges gegen Gott.

6: Sach 3,1f • 21: Ps 22,10; Jes 44,2.

Der Verlust der Gesundheit: 2,1–10

2 Nun geschah es eines Tages, da kamen
die Gottessöhne, um vor den Herrn hin-
zutreten; unter ihnen kam auch der Satan,
um vor den Herrn hinzutreten. 2 Da sprach
der Herr zum Satan: Woher kommst du? Der
Satan antwortete dem Herrn: Die Erde habe
ich durchstreift, hin und her. 3 Der Herr
sprach zum Satan: Hast du auf meinen
Knecht Ijob geachtet? Seinesgleichen gibt es
nicht auf der Erde, so untadelig und recht-
schaffen; er fürchtet Gott und meidet das
Böse. Noch immer hält er fest an seiner
Frömmigkeit, obwohl du mich gegen ihn
aufgereizt hast, ihn ohne Grund zu verder-
ben. 4 Der Satan antwortete dem Herrn und
sagte: Haut um Haut! Alles, was der Mensch
besitzt, gibt er hin für sein Leben. 5 Doch
streck deine Hand aus und rühr an sein Ge-
bein und Fleisch; wahrhaftig, er wird dir ins
Angesicht fluchen. 6 Da sprach der Herr zum
Satan: Gut, er ist in deiner Hand. Nur schone
sein Leben! 7 Der Satan ging weg vom Ange-
sicht Gottes und schlug Ijob mit bösartigem
Geschwür von der Fußsohle bis zum Schei-
tel. 8 Ijob setzte sich mitten in die Asche und
nahm eine Scherbe, um sich damit zu scha-
ben. 9 Da sagte seine Frau zu ihm: Hältst du
immer noch fest an deiner Frömmigkeit?
Lästere Gott und stirb! 10 Er aber sprach zu
ihr: Wie eine Törin redet, so redest du. Neh-
men wir das Gute an von Gott, sollen wir
dann nicht auch das Böse annehmen? Bei all
dem sündigte Ijob nicht mit seinen Lippen.

DIE STREITREDEN: 2,11 – 31,40

Der Besuch der Freunde: 2,11–13

11 Die drei Freunde Ijobs hörten von all
dem Bösen, das über ihn gekommen war.
Und sie kamen, jeder aus seiner Heimat: Eli-
fas aus Teman, Bildad aus Schuach und Zo-
far aus Naama. Sie vereinbarten hinzuge-
hen, um ihm ihre Teilnahme zu bezeigen und
um ihn zu trösten.
12 Als sie von fern aufblickten, erkannten
sie ihn nicht; sie schrien auf und weinten. Je-
der zerriss sein Gewand; sie streuten Asche
über ihr Haupt gegen den Himmel. 13 Sie sa-
ßen bei ihm auf der Erde sieben Tage und
sieben Nächte; keiner sprach ein Wort zu
ihm. Denn sie sahen, dass sein Schmerz sehr
groß war.

11: Bar 3,23.

Ijobs Klage

Die Last des Lebens: 3,1–26

3 Danach tat Ijob seinen Mund auf und
verfluchte seinen Tag. 2 Ijob ergriff das
Wort und sprach:

3 Ausgelöscht sei der Tag, an dem ich gebo-
ren bin, / die Nacht, die sprach: Ein Mann ist
empfangen.

4 Jener Tag werde Finsternis, / nie frage
Gott von oben nach ihm, / nicht leuchte über
ihm des Tages Licht.

5 Einfordern sollen ihn Dunkel und Fins-
ternis, / Gewölk über ihn sich lagern, / Ver-
finsterung am Tag mache ihn schrecklich.

6 Jene Nacht, das Dunkel raffe sie hin-
weg, / sie reihe sich nicht in die Tage des

2,4 »Haut für Haut« ist vielleicht eine sprichwörtliche Redewendung aus dem Tauschhandel.
2,5 Vgl. die Anmerkung zu 1,11.
2,9 Vgl. die Anmerkung zu 1,5.
2,11 Die drei Städte liegen in Arabien.
3,5 Verfinsterung am Tag: Text korr.; H: Bitternisse des Tags.
3,6 sie reihe sich: Text korr. nach S und Vg; H: sie freue sich.

Jahres, / sie füge sich nicht zur Zahl der Monde.
7 Ja, diese Nacht sei unfruchtbar, / kein Jubel komme auf in ihr.
8 Verwünschen sollen sie die Verflucher der Tage, / die es verstehen, den Levíatan zu wecken.
9 Verfinstert seien ihrer Dämmerung Sterne; / sie harre auf das Licht, jedoch umsonst; / die Wimpern der Morgenröte schaue sie nicht.
10 Denn sie hat die Pforten / an meiner Mutter Leib nicht verschlossen, / nicht das Leid verborgen vor meinen Augen.
11 Warum starb ich nicht vom Mutterschoß weg, / kam ich aus dem Mutterleib und verschied nicht gleich?
12 Weshalb nur kamen Knie mir entgegen, / wozu Brüste, dass ich daran trank?
13 Still läge ich jetzt und könnte rasten, / entschlafen wäre ich und hätte Ruhe
14 bei Königen, bei Ratsherren im Land, / die Grabkammern für sich erbauten,
15 oder bei Fürsten, reich an Gold, / die ihre Häuser mit Silber gefüllt.
16 Wie die verscharrte Fehlgeburt wäre ich nicht mehr, / Kindern gleich, die das Licht nie geschaut.
17 Dort hören Frevler auf zu toben, / dort ruhen aus, deren Kraft erschöpft ist.
18 Auch Gefangene sind frei von Sorgen, / hören nicht mehr die Stimme des Treibers.
19 Klein und Groß ist dort beisammen, / der Sklave ist frei von seinem Herrn.
20 Warum schenkt er dem Elenden Licht / und Leben denen, die verbittert sind?
21 Sie warten auf den Tod, der nicht kommt, / sie suchen ihn mehr als verborgene Schätze.
22 Sie würden sich freuen über einen Hügel; / fänden sie ein Grab, sie würden frohlocken.
23 Wozu Licht für den Mann auf verborgenem Weg, / den Gott von allen Seiten einschließt?
24 Bevor ich noch esse, kommt mir das Seufzen, / wie Wasser strömen meine Klagen hin.
25 Was mich erschreckte, das kam über mich, / wovor mir bangte, das traf mich auch.
26 Noch hatte ich nicht Frieden, nicht Rast, nicht Ruhe, / fiel neues Ungemach mich an.

1–12: Jer 20,14–18 • 11: 10,18f; Koh 4,2; 6,3 • 14: Jes 14,9–11; Ez 32,18–32 • 16: Ps 58,9 • 23: Klgl 3,2 • 24: Ps 42,4 • 25: Spr 10,24.

Die erste Rede des Elifas: 4,1–5,27

Die Vergeltung: 4,1–11

4 Da antwortete Elifas von Teman und sprach:
2 Versucht man ein Wort an dich, ist es dir lästig? / Doch die Rede aufzuhalten, wer vermag es?
3 Sieh, viele hast du unterwiesen / und erschlaffte Hände stark gemacht.
4 Dem Strauchelnden halfen deine Worte auf, / wankenden Knien gabst du Halt.
5 Nun kommt es über dich, da gibst du auf, / nun fasst es dich an, da bist du verstört.
6 Ist deine Gottesfurcht nicht deine Zuversicht, / dein lauterer Lebensweg nicht deine Hoffnung?
7 Bedenk doch! Wer geht ohne Schuld zugrunde? / Wo werden Redliche im Stich gelassen?
8 Wohin ich schaue: Wer Unrecht pflügt, / wer Unheil sät, der erntet es auch.
9 Durch Gottes Atem gehen sie zugrunde, / sie schwinden hin im Hauch seines Zornes.
10 Des Löwen Brüllen, des Leuen Knurren, / des Junglöwen Zähne werden enttäuscht.
11 Der Löwe verendet aus Mangel an Beute, / die Jungen der Löwin zerstreuen sich.

7: Spr 12,21 • 10: Spr 28,15.

Ein Traum: 4,12–21

12 Zu mir hat sich ein Wort gestohlen, / geflüstert hat es mein Ohr erreicht.
13 Im Grübeln und bei Nachtgesichten, / wenn tiefer Schlaf die Menschen überfällt,
14 kam Furcht und Zittern über mich / und ließ erschaudern alle meine Glieder.
15 Ein Geist schwebt an meinem Gesicht vorüber, / die Haare meines Leibes sträuben sich.
16 Er steht, ich kann sein Aussehen nicht erkennen, / eine Gestalt nur vor meinen Augen, / ich höre eine Stimme flüstern:
17 Ist wohl ein Mensch vor Gott gerecht, / ein Mann vor seinem Schöpfer rein?
18 Selbst seinen Dienern traut er nicht, / zeiht seine Engel noch des Irrtums.
19 Wie erst jene, die im Lehmhaus wohnen, / die auf den Staub gegründet sind; / schneller als eine Motte werden sie zerdrückt.
20 Vom Morgen bis zum Abend werden sie

3,8 Anklang an einen alten Mythos (vgl. Ps 74,14).

3,22 einen Hügel: Text korr.; H: ein Jauchzen.

zerschlagen, / für immer gehen sie zugrunde, unbeachtet.

21 Wird nicht das Zelt über ihnen abgebrochen, / sodass sie sterben ohne Einsicht?

13: 33,15 • 16: 1 Kön 19,12 • 17: 15,14; Ps 143,2.

Die Verantwortlichkeit des Menschen: 5,1–7

5 Ruf doch! Ist einer, der dir Antwort gibt? / An wen von den Heiligen willst du dich wenden?

2 Den Toren bringt der Ärger um, / Leidenschaft tötet den Narren.

3 Wohl sah ich einen Toren Wurzel fassen, / doch plötzlich musste ich seine Wohnstatt verwünschen.

4 Weit weg vom Heil sind seine Kinder, / werden zertreten im Tor, sind ohne Helfer.

5 Seine Ernte verzehrt der Hungernde, / selbst aus Dornen holt er sie heraus, / Durstige lechzen nach seinem Gut.

6 Denn nicht aus dem Staub geht Unheil hervor, / nicht aus dem Ackerboden sprosst die Mühsal,

7 sondern der Mensch ist zur Mühsal geboren, / wie Feuerfunken, die hochfliegen.

1: Ps 89,6 • 4: Ps 109,10 • 7: Gen 3,17–19.

Die Unterwerfung unter Gott: 5,8–27

8 Ich aber, ich würde Gott befragen / und Gott meine Sache vorlegen,

9 der Großes und Unergründliches tut, / Wunder, die niemand zählen kann.

10 Er spendet Regen über die Erde hin / und sendet Wasser auf die weiten Fluren,

11 um Niedere hoch zu erheben, / damit Trauernde glücklich werden.

12 Er zerbricht die Ränke der Listigen, / damit ihre Hände nichts Rechtes vollbringen.

13 Weise fängt er in ihrer List, / damit der Schlauen Plan sich überstürzt.

14 Am hellen Tag stoßen sie auf Finsternis, / am Mittag tappen sie umher wie in der Nacht.

15 Er rettet vor dem Schwert ihres Mundes, / aus der Hand des Starken den Armen.

16 Hoffnung wird den Geringen zuteil, / die Bosheit muss ihr Maul verschließen.

17 Ja, wohl dem Mann, den Gott zurechtweist. / Die Zucht des Allmächtigen verschmähe nicht!

18 Denn er verwundet und er verbindet, / er schlägt, doch seine Hände heilen auch.

19 In sechs Drangsalen wird er dich retten, / in sieben rührt kein Leid dich an.

20 In Hungerzeiten rettet er dich vom Tod, / im Krieg aus der Gewalt des Schwertes.

21 Du bist geborgen vor der Geißel der Zunge, / brauchst nicht zu bangen, dass Verwüstung kommt.

22 Über Verwüstung und Hunger kannst du lachen, / von wilden Tieren hast du nichts zu fürchten.

23 Mit den Steinen des Feldes bist du verbündet, / die Tiere des Feldes werden Frieden mit dir halten.

24 Du wirst erfahren, dass dein Zelt in Frieden bleibt; / prüfst du dein Heim, so fehlt dir nichts.

25 Du wirst erfahren, dass deine Nachkommen zahlreich sind, / deine Sprösslinge wie das Gras der Erde.

26 Bei voller Kraft steigst du ins Grab, / wie man Garben einbringt zu ihrer Zeit.

27 Ja, das haben wir erforscht, so ist es. / Wir haben es gehört. Nimm auch du es an!

9: 9,10 • 11: 1 Sam 2,7f • 14: Joh 12,35 • 16: Ps 107,42 • 17: Ps 94,12 • 18: Dtn 32,39 • 20: Ps 33,19 • 21: Ps 12,3–5 • 23: Jes 11,6–8; Hos 2,20 • 25: Dtn 28,4.11.

Ijobs Gegenrede: 6,1 – 7,21

Das unerträgliche Los: 6,1–13

6 Da antwortete Ijob und sprach:

2 Ach, würde doch mein Gram gewogen, / legte man auf die Waage auch mein Leid!

3 Denn nun ist es schwerer als der Sand des Meeres, / darum reden meine Worte irr.

4 Die Pfeile des Allmächtigen stecken in mir, / mein Geist hat ihr Gift getrunken, / Gottes Schrecken stellen sich gegen mich.

5 Schreit denn der Wildesel beim Gras / oder brüllt der Stier bei seinem Futter?

6 Isst man denn ungesalzene Speise? / Wer hat Geschmack an fadem Schleim?

7 Ich sträube mich, daran zu rühren, / das alles ist mir wie verdorbenes Brot.

8 Käme doch, was ich begehre, / und gäbe Gott, was ich erhoffe.

9 Und wollte Gott mich doch zermalmen, /

5,1 Die »Heiligen« sind die Engel im Hofstaat Gottes (vgl. die Anmerkung zu 1,6).

5,4 Das Stadttor ist der Ort der Gerichtsverhandlung.

5,27 Wir haben es gehört: Text korr. nach G und S; H: Hör es!

6,7b Text korr.; H: Diese sind wie die Krankheit meines Brotes.

seine Hand erheben, um mich abzuschneiden.
10 Das wäre noch ein Trost für mich; / ich
hüpfte auf im Leid, mit dem er mich nicht
schont. / Denn ich habe die Worte des Heiligen nicht verleugnet.
11 Was ist meine Kraft, dass ich aushalten
könnte, / wann kommt mein Ende, dass ich
mich gedulde?
12 Ist meine Kraft denn Felsenkraft, / ist
mein Fleisch denn aus Erz?
13 Gibt es keine Hilfe mehr für mich, / ist
mir jede Rettung entschwunden?

4: Ps 38,3; 88,16.

Die Enttäuschung über die Freunde: 6,14–30

14 Des Freundes Liebe gehört dem Verzagten, / auch wenn er den Allmächtigen nicht
mehr fürchtet.
15 Meine Brüder sind trügerisch wie ein
Bach, / wie Wasserläufe, die verrinnen;
16 trüb sind sie vom Eis, / wenn über ihnen
der Schnee schmilzt.
17 Zur Zeit der Hitze versiegen sie; / wenn
es heiß wird, verdunsten sie in ihrem Bett.
18 Karawanen biegen ab vom Weg, / folgen
ihnen in die Wüste und kommen um.
19 Nach ihnen spähen Karawanen aus
Tema, / auf sie vertrauen Handelszüge aus
Saba.
20 In ihrer Hoffnung werden sie betrogen, /
kommen hin und sind enttäuscht.
21 So seid ihr jetzt ein Nein geworden: / Ihr
schaut das Entsetzliche und schaudert.
22 Habe ich denn gesagt: Gebt mir etwas, /
von eurem Vermögen zahlt für mich?
23 Rettet mich aus dem Griff des Bedrängers, / kauft mich los aus der Hand der Tyrannen!
24 Belehrt mich, so werde ich schweigen; /
worin ich fehlte, macht mir klar!
25 Wie wurden redliche Worte verhöhnt, /
was kann euer Tadel rügen?
26 Gedenkt ihr, Worte zu tadeln? / Spricht
der Verzweifelte in den Wind?
27 Selbst um ein Waisenkind würdet ihr
würfeln, / sogar euren Freund verschachern.
28 Habt endlich die Güte, wendet euch mir
zu, / ich lüge euch nicht ins Gesicht.
29 Kehrt um, kein Unrecht soll geschehen, /
kehrt um, noch bin ich im Recht.
30 Ist denn Unrecht auf meiner Zunge /
oder schmeckt mein Gaumen das Schlechte
nicht?

15: Jer 15,18 • 19: Jes 21,14.

Die Not des Lebens: 7,1–10

7 Ist nicht Kriegsdienst des Menschen Leben auf der Erde? / Sind nicht seine
Tage die eines Tagelöhners?
2 Wie ein Knecht ist er, der nach Schatten
lechzt, / wie ein Tagelöhner, der auf den
Lohn wartet.
3 So wurden Monde voll Enttäuschung
mein Erbe / und Nächte voller Mühsal teilte
man mir zu.
4 Lege ich mich nieder, sage ich: / Wann
darf ich aufstehn? / Wird es Abend, bin ich
gesättigt mit Unrast, bis es dämmert.
5 Mein Leib ist gekleidet in Maden und
Schorf, / meine Haut schrumpft und eitert.
6 Schneller als das Weberschiffchen eilen
meine Tage, / der Faden geht aus, sie schwinden dahin.
7 Denk daran, dass mein Leben nur ein
Hauch ist. / Nie mehr schaut mein Auge
Glück.
8 Kein Auge gewahrt mich, das nach mir
sieht, / suchen mich deine Augen, dann bin
ich nicht mehr da.
9 Die Wolke schwindet, vergeht, / so steigt
nie mehr auf, wer zur Unterwelt fuhr.
10 Nie kehrt er zurück in sein Haus, / nie
mehr erblickt ihn sein Ort.

1: 14,14 • 4: Koh 2,23; Sir 40,5 • 6: Ps 39,6; Jes 38,12 • 7: Ps 78,39 • 9: Weish 2,4.

Die unbegreifliche Heimsuchung: 7,11–21

11 So wehre ich nicht meinem Mund, / mit
bedrängtem Geist will ich reden, / mit betrübter Seele will ich klagen.
12 Bin ich das Meer, der Meeresdrache, /
dass du gegen mich eine Wache stellst?
13 Sagte ich: Mein Lager soll mich trösten, / mein Bett trage das Leid mit mir!,
14 so quältest du mich mit Träumen / und
mit Gesichten jagtest du mich in Angst.
15 Erwürgt zu werden, zöge ich vor, / den
Tod diesem Totengerippe.
16 Ich mag nicht mehr. Ich will nicht ewig

6,14 Übersetzung unsicher.
6,16b schmilzt, wörtlich: sich verbirgt.
6,18a Karawanen biegen ab vom Weg: Text korr.; H: Es werden abgebogen die Pfade ihres (= der Bäche) Weges.
6,25a Andere Übersetzungsmöglichkeit: Wie können redliche Worte kränkend sein?
7,5b Text korr.; H: meine Hand schrumpft und wird verworfen.
7,6b Text korr.; H: sie gehen zu Ende ohne Hoffnung.
7,12 Anklang an einen alten Mythos (vgl. 3,8).

leben. / Lass ab von mir; denn nur ein Hauch sind meine Tage.
17 Was ist der Mensch, dass du groß ihn achtest / und deinen Sinn auf ihn richtest,
18 dass du ihn musterst jeden Morgen / und jeden Augenblick ihn prüfst?
19 Wie lange schon schaust du nicht weg von mir, / lässt mich nicht los, sodass ich den Speichel schlucke?
20 Hab ich gefehlt? / Was tat ich dir, du Menschenwächter? / Warum stellst du mich vor dich als Zielscheibe hin? / Bin ich dir denn zur Last geworden?
21 Warum nimmst du mein Vergehen nicht weg, / lässt du meine Schuld nicht nach? / Dann könnte ich im Staub mich betten; / suchtest du mich, wäre ich nicht mehr da.

15: Tob 3,6 • 16: Ps 144,4 • 17: Ps 144,3 • 18: Ps 17,3; 139 • 19: Ps 39,14.

Die erste Rede Bildads: 8,1–22

Das Gesetz der Vergeltung: 8,1–7

8 Da antwortete Bildad von Schuach und sprach:
2 Wie lange noch willst du derlei reden? / Nur heftiger Wind sind die Worte deines Mundes.
3 Beugt etwa Gott das Recht / oder beugt der Allmächtige die Gerechtigkeit?
4 Haben deine Kinder gefehlt gegen ihn, / gab er sie der Gewalt ihres Frevels preis.
5 Wenn du mit Eifer Gott suchst, / an den Allmächtigen dich flehend wendest,
6 wenn du rein bist und recht, / dann wird er über dich wachen, / dein Heim herstellen, wie es dir zusteht.
7 Und war dein Anfang auch gering, / dein Ende wird gewaltig groß.

3: 34,10–12; Dtn 32,4.

Das Zeugnis der Erfahrung: 8,8–22

8 Ja, frag nur das frühere Geschlecht / und merk dir, was die Väter erforschten.
9 Wir sind von gestern nur und wissen nichts, / wie Schatten sind auf Erden unsre Tage.
10 Unterweisen sie dich nicht, sprechen sie nicht zu dir, / geben sie dir nicht Worte aus ihrem Herzen:
11 Wächst ohne Sumpf das Schilfrohr hoch, / wird Riedgras ohne Wasser groß?
12 In Blüte und noch nicht gemäht, / verwelkt es schon vor allem Gras.
13 So enden alle, die Gott vergessen, / des Ruchlosen Hoffen wird zunichte.
14 Ein Spinngewebe ist seine Zuversicht, / ein Spinnennetz sein Verlass.
15 Stützt er sich auf sein Haus, es hält nicht stand, / klammert er sich daran, es bleibt nicht stehen.
16 Er steht im Saft vor der Sonne, / seine Zweige überwuchern den Garten,
17 im Geröll verflechten sich seine Wurzeln, / zwischen Steinen halten sie sich fest.
18 Doch Gott tilgt ihn aus an seiner Stätte, / sie leugnet ihn: Nie habe ich dich gesehen.
19 Siehe, das ist die Freude seines Weges / und ein anderer sprießt aus dem Staub.
20 Ja, Gott verschmäht den Schuldlosen nicht, / die Hand der Boshaften aber hält er nicht fest.
21 Mit Lachen wird er deinen Mund noch füllen, / deine Lippen mit Jubel.
22 Deine Hasser werden sich kleiden in Schmach, / das Zelt der Frevler besteht nicht mehr.

8: 15,18; Ps 78,3f • 13: Spr 10,28 • 22: Ps 6,11; Spr 14,11.

Ijobs Gegenrede: 9,1 – 10,22

Gottes Macht: 9,1–13

9 Da antwortete Ijob und sprach:
2 Wahrhaftig weiß ich, dass es so ist: / Wie wäre ein Mensch bei Gott im Recht!
3 Wenn er mit ihm rechten wollte, / nicht auf eins von tausend könnt er ihm Rede stehen.
4 Weisen Sinnes und stark an Macht – / wer böte ihm Trotz und bliebe heil?
5 Er versetzt Berge; sie merken es nicht, / dass er in seinem Zorn sie umstürzt.
6 Er erschüttert die Erde an ihrem Ort, / sodass ihre Säulen erzittern.
7 Er spricht zur Sonne, sodass sie nicht strahlt, / er versiegelt die Sterne.
8 Er spannt allein den Himmel aus / und schreitet einher auf den Höhen des Meeres.
9 Er schuf das Sternbild des Bären, den Orion, / das Siebengestirn, die Kammern des Südens.

7,20d dir zur Last: H: mir zu Last.
8,13a Wörtlich: So sind die Wege aller.
9,6 Die Erde steht nach israelitischer Anschauung auf Säulen (vgl. Ps 75,4).

10 Er schuf so Großes, es ist nicht zu erfor-
schen, / Wunderdinge, sie sind nicht zu zäh-
len.
11 Zieht er an mir vorüber, ich seh ihn
nicht, / fährt er daher, ich merk ihn nicht.
12 Rafft er hinweg, wer hält ihn zurück? /
Wer darf zu ihm sagen: Was tust du da?
13 Gott hält seinen Zorn nicht zurück, / un-
ter ihm mussten selbst Rahabs Helfer sich
beugen.

2: Ps 143,2 • 5: Ps 46,3; Jes 13,13 • 7: Bar 3,34f • 9: Am 5,8 • 10: 5,9 • 11: 23,8f • 12: Weish 12,12 • 13: 26,12; Ps 89,11.

Die Ohnmacht des Menschen: 9,14–35

14 Wie sollte denn ich ihm entgegnen, / wie
meine Worte gegen ihn wählen?
15 Und wär ich im Recht, ich könnte nichts
entgegnen, / um Gnade müsste ich bei mei-
nem Richter flehen.
16 Wollte ich rufen, würde er mir Antwort
geben? / Ich glaube nicht, dass er auf meine
Stimme hört.
17 Er, der im Sturm mich niedertritt, / ohne
Grund meine Wunden mehrt,
18 er lässt mich nicht zu Atem kommen, / er
sättigt mich mit Bitternis.
19 Geht es um Kraft, er ist der Starke, /
geht es um Recht, wer lädt mich vor?
20 Wär ich im Recht, mein eigener Mund
spräche mich schuldig, / wäre ich gerade, er
machte mich krumm.
21 Schuldlos bin ich, doch achte ich nicht
auf mich, / mein Leben werfe ich hin.
22 Einerlei; so sag ich es denn: / Schuldlos
wie schuldig bringt er um.
23 Wenn die Geißel plötzlich tötet, / spottet
er über der Schuldlosen Angst.
24 Die Erde ist in Frevlerhand gegeben, /
das Gesicht ihrer Richter deckt er zu. / Ist er
es nicht, wer ist es dann?
25 Schneller als ein Läufer eilen meine
Tage, / sie fliehen dahin und schauen kein
Glück.
26 Sie gleiten vorbei wie Kähne aus
Schilf, / dem Adler gleich, der auf Beute
stößt.
27 Sage ich: Ich will meine Klage verges-
sen, / meine Miene ändern und heiter bli-
cken!,
28 so graut mir vor all meinen Schmerzen; /
ich weiß, du sprichst mich nicht frei.
29 Ich muss nun einmal schuldig sein, /
wozu müh ich mich umsonst?
30 Wollte ich auch mit Schnee mich wa-
schen, / meine Hände mit Lauge reinigen,
31 du würdest mich doch in die Grube tau-
chen, / sodass meinen Kleidern vor mir
ekelt.
32 Denn du bist kein Mensch wie ich, / dem
ich entgegnen könnte: / Lasst uns zusammen
zum Gericht gehen!
33 Gäbe es doch einen Schiedsmann zwi-
schen uns! / Er soll seine Hand auf uns beide
legen.
34 Er nehme von mir seine Rute, / sein
Schrecken soll mich weiter nicht ängsti-
gen;
35 dann will ich reden, ohne ihn zu fürch-
ten. / Doch so ist es nicht um mich bestellt.

22: Koh 9,2 • 25: Weish 5,9 • 30: Ps 51,9; Jes 1,18; Jer 2,22 • 32: Koh 6,10 • 34: 13,21.

Ijobs Klage: 10,1–22

10 Zum Ekel ist mein Leben mir gewor-
den, / ich lasse meiner Klage freien
Lauf, / reden will ich in meiner Seele Bitter-
nis.
2 Ich sage zu Gott: Sprich mich nicht
schuldig, / lass mich wissen, warum du mich
befehdest.
3 Nützt es dir, dass du Gewalt verübst, /
dass du das Werk deiner Hände verwirfst, /
doch über dem Plan der Frevler aufstrahlst?
4 Hast du die Augen eines Sterblichen, /
siehst du, wie Menschen sehen?
5 Sind Menschentagen deine Tage gleich /
und deine Jahre wie des Mannes Tage,
6 dass du Schuld an mir suchst, / nach mei-
ner Sünde fahndest,
7 obwohl du weißt, dass ich nicht schuldig
bin / und keiner mich deiner Hand ent-
reißt?
8 Deine Hände haben mich gebildet, mich
gemacht; / dann hast du dich umgedreht und
mich vernichtet.
9 Denk daran, dass du wie Ton mich ge-
schaffen hast. / Zum Staub willst du mich
zurückkehren lassen.
10 Hast du mich nicht ausgegossen wie
Milch, / wie Käse mich gerinnen lassen?
11 Mit Haut und Fleisch hast du mich um-
kleidet, / mit Knochen und Sehnen mich
durchflochten.
12 Leben und Huld hast du mir verliehen, /
deine Obhut schützte meinen Geist.
13 Doch verbirgst du dies in deinem Her-
zen; / ich weiß, das hattest du im Sinn.

9,13 Rahab ist Name für das Urchaos oder für das mythische Chaosmeer.
10,8b dann hast du dich umgedreht: Text korr. nach G.

10,10 Nach der hier ausgesprochenen Vorstellung entsteht das Kind im Mutterleib durch die Gerinnung des Mutterblutes unter dem Einfluss des männlichen Samens.

14 Sündige ich, wirst du mich bewachen, / mich nicht freisprechen von meiner Schuld.

15 Wenn ich schuldig werde, dann wehe mir! / Bin ich aber im Recht, darf ich das Haupt nicht erheben, / bin gesättigt mit Schmach und geplagt mit Kummer.

16 Erhebe ich es doch, jagst du mich wie ein Löwe / und verhältst dich wieder wunderbar gegen mich.

17 Neue Zeugen stellst du gegen mich, / häufst deinen Unwillen gegen mich, / immer neue Heere führst du gegen mich.

18 Warum ließest du mich aus dem Mutterschoß kommen, / warum verschied ich nicht, ehe mich ein Auge sah?

19 Wie nie gewesen wäre ich dann, / vom Mutterleib zum Grab getragen.

20 Sind wenig nicht die Tage meines Lebens? / Lass ab von mir, damit ich ein wenig heiter blicken kann,

21 bevor ich fortgehe ohne Wiederkehr / ins Land des Dunkels und des Todesschattens,

22 ins Land, so finster wie die Nacht, / wo Todesschatten herrscht und keine Ordnung, / und wenn es leuchtet, ist es wie tiefe Nacht.

4: 1 Sam 16,7 • 7: 33,9 • 8: Gen 2,7 • 10: Ps 139,13.15 • 16: Jes 38,13 • 18: 3,11–16; Koh 4,2 • 20: 7,7; 14,1; Ps 39,14 • 21: 16,22; Ps 49,20.

Die erste Rede Zofars: 11,1–20

Die Größe Gottes: 11,1–12

11 Da antwortete Zofar von Naama und sprach:

2 Soll dieser Wortschwall ohne Antwort bleiben / und soll der Maulheld Recht behalten?

3 Dein Geschwätz lässt Männer schweigen, / du darfst spotten, ohne dass einer dich beschämt.

4 Du sagtest: Rein ist meine Lehre / und lauter war ich stets in deinen Augen.

5 O, dass Gott doch selber spräche, / seine Lippen öffnete gegen dich.

6 Er würde dich der Weisheit Tiefen lehren, / dass sie wie Wunder sind für den klugen Verstand. / Wisse, dass Gott dich zur Rechenschaft zieht in deiner Schuld.

7 Die Tiefen Gottes willst du finden, / bis zur Vollkommenheit des Allmächtigen vordringen?

8 Höher als der Himmel ist sie, was machst du da? / Tiefer als die Unterwelt, was kannst du wissen?

9 Länger als die Erde ist ihr Maß, / breiter ist sie als das Meer.

10 Wenn er daherfährt und gefangen nimmt, / wenn er zusammentreibt, wer hält ihn ab?

11 Denn er kennt die falschen Leute, / sieht das Unrecht und nimmt es wahr.

12 Kommt denn ein Hohlkopf zur Besinnung, / wird ein Wildesel als ein Mensch geboren?

6: 32,13; Sir 4,18; Röm 11,33 • 7: Ps 139,17 • 8: Ps 139,8 • 12: 39,5–8.

Die Aufgabe des Menschen: 11,13–20

13 Wenn du selbst dein Herz in Ordnung bringst / und deine Hände zu ihm ausbreitest –

14 wenn Unrecht klebt an deiner Hand, entfern es / und lass nicht Schlechtigkeit in deinem Zelte wohnen! –,

15 dann kannst du makellos deine Augen erheben, / fest stehst du da und brauchst dich nicht zu fürchten.

16 Dann wirst du auch das Ungemach vergessen, / du denkst daran wie an Wasser, das verlief.

17 Heller als der Mittag erhebt sich dann dein Leben, / die Dunkelheit wird wie der Morgen sein.

18 Du fühlst dich sicher, weil noch Hoffnung ist; / geborgen bist du, du kannst in Ruhe schlafen.

19 Du kannst dich lagern, ohne dass jemand dich schreckt, / und viele mühen sich um deine Gunst.

20 Doch der Frevler Augen verschmachten, / jede Zuflucht schwindet ihnen; / ihr Hoffen ist, das Leben auszuhauchen.

16: Ps 58,8 • 17: 17,12.

Ijobs Gegenrede: 12,1 – 14,22

Das Schweigen Gottes: 12,1–6

12 Da antwortete Ijob und sprach:
2 Wahrhaftig, ihr seid besondere

10,15c geplagt mit Kummer: Text korr.; H: sieh mein Elend!
10,17 H ist unsicher überliefert.
10,20a Tage meines Lebens: Text korr. nach G.
11,6bc Wunder: Text korr. – dass Gott dich zur Rechenschaft zieht: Text korr.; H: dass Gott deiner Schuld Vergessen schenkt.
11,8 Höher als: Text korr.
11,14b in deinem Zelte: Text korr.; in H Mehrzahl.
11,18b geborgen bist du: Text korr.

Leute / und mit euch stirbt die Weisheit aus.
3 Ich habe auch Verstand wie ihr, / ich falle
nicht ab im Vergleich mit euch. / Wer wüsste
wohl dergleichen nicht?
4 Zum Spott für die eigenen Freunde soll
ich sein, / ich, der Gott anruft, dass er mich
hört, / ein Spott der Fromme, der Gerechte.
5 Dem Unglück Hohn! So denkt, wer ohne
Sorge ist, / wer fest sich weiß, wenn Füße
wanken.
6 In Ruhe sind der Gewaltmenschen Zelte, / voll Sicherheit sind sie, die Gott erzürnen, / die wähnen, Gott mit ihrer Hand zu
greifen.

3: 13,2 • 5: Ps 123,4.

Das unbegreifliche Walten Gottes: 12,7–25

7 Doch frag nur die Tiere, sie lehren es
dich, / die Vögel des Himmels, sie künden es
dir.
8 Rede zur Erde, sie wird dich lehren, / die
Fische des Meeres erzählen es dir.
9 Wer wüsste nicht bei alledem, / dass die
Hand des Herrn dies gemacht hat?
10 In seiner Hand ruht die Seele allen Lebens / und jeden Menschenleibes Geist.
11 Darf nicht das Ohr die Worte prüfen, /
wie mit dem Gaumen man die Speisen
schmeckt?
12 Findet sich bei Greisen wirklich Weisheit / und ist langes Leben schon Einsicht?
13 Bei ihm allein ist Weisheit und Heldenkraft, / bei ihm sind Rat und Einsicht.
14 Wenn er einreißt, baut keiner wieder
auf; / wen er einschließt, dem wird nicht
mehr geöffnet.
15 Wenn er die Wasser dämmt, versiegen
sie, / lässt er sie frei, zerwühlen sie das
Land.
16 Bei ihm ist Macht und Klugheit, / sein
ist, wer irrt und wer irreführt.
17 Er lässt Ratsherren barfuß gehen, / Richter macht er zu Toren.
18 Fesseln von Königen löst er auf / und
bindet einen Gurt um ihre Hüften.
19 Er lässt Priester barfuß gehen, / alte Geschlechter bringt er zu Fall.
20 Das Wort entzieht er den Bewährten, /
den Ältesten nimmt er die Urteilskraft.
21 Verachtung gießt er auf die Edlen, / den
Starken lockert er den Gurt.
22 Verborgenes enthüllt er aus dem Dunkel, / Finsternis führt er ans Licht.
23 Völker lässt er wachsen und tilgt sie
aus; / er breitet Völker aus und rafft sie dann
hinweg.
24 Den Häuptern des Landes nimmt er den
Verstand, / lässt sie irren in wegloser Wüste.
25 Sie tappen umher im Dunkel ohne
Licht, / er lässt sie irren wie Trunkene.

10: Weish 7,16 • 11: 34,3 • 13: Spr 8,14; Dan 2,20 • 14: Ps 127,1; Jes 22,22 • 19: Lk 1,52 • 21: Ps 107,40.

Das leere Gerede der Freunde: 13,1–12

13 Seht, all das hat mein Auge gesehen, / mein Ohr gehört und wohl gemerkt.
2 Was ihr wisst, weiß ich auch; / ich falle
nicht ab im Vergleich mit euch.
3 Doch ich will zum Allmächtigen reden, /
mit Gott zu rechten ist mein Wunsch.
4 Ihr aber seid nur Lügentüncher, / untaugliche Ärzte alle.
5 Dass ihr endlich schweigen wolltet; / das
würde Weisheit für euch sein.
6 Hört doch meinen Rechtsbeweis, / merkt
auf die Streitreden meiner Lippen!
7 Wollt ihr für Gott Verkehrtes reden / und
seinetwegen Lügen sprechen?
8 Wollt ihr für ihn Partei ergreifen, / für
Gott den Rechtsstreit führen?
9 Ginge es gut, wenn er euch durchforschte, / könnt ihr ihn täuschen, wie man Menschen täuscht?
10 In harte Zucht wird er euch nehmen, /
wenn ihr heimlich Partei ergreift.
11 Wird seine Hoheit euch nicht schrecken, / nicht Schrecken vor ihm euch überfallen?
12 Eure Merksätze sind Sprüche aus
Staub, / eure Schilde Schilde aus Lehm.

2: 12,3.

Die Verteidigung der eigenen Unschuld: 13,13–28

13 Schweigt vor mir, damit ich reden
kann. / Dann komme auf mich, was mag.
14 Meinen Leib nehme ich zwischen die
Zähne, / in meine Hand leg ich mein Leben.
15 Er mag mich töten, ich harre auf ihn; /
doch meine Wege verteidige ich vor ihm.
16 Schon das wird mir zum Heile dienen, /
kein Ruchloser kommt ja vor sein Angesicht.
17 Hört nun genau auf meine Rede, / was
ich erkläre vor euren Ohren.
18 Seht, ich bringe den Rechtsfall vor; / ich
weiß, ich bin im Recht.
19 Wer ist es, der mit mir streitet? / Gut,

12,18a Fesseln: H (mit anderer Vokalisierung): Zucht.

12,23b rafft sie dann hinweg: Text korr.
13,14 Sinn: Ich riskiere mein Leben.

dann will ich schweigen und verscheiden.

20 Zwei Dinge nur tu mir nicht an, / dann verberge ich mich nicht vor dir:

21 Zieh deine Hand von mir zurück; / nicht soll die Angst vor dir mich schrecken.

22 Dann rufe und ich will Rede stehen / oder ich rede und du antworte mir!

23 Wie viel habe ich an Sünden und Vergehen? / Meine Schuld und mein Vergehen sag mir an!

24 Warum verbirgst du dein Angesicht / und siehst mich an als deinen Feind?

25 Verwehtes Laub willst du noch scheuchen, / dürre Spreu noch forttreiben?

26 Denn Bitterkeit verschreibst du mir, / teilst mir die Sünden meiner Jugend zu.

27 In den Block legst du meine Füße, / du überwachst auch alle meine Pfade / und zeichnest einen Strich um meiner Füße Sohlen.

28 Er selbst zerfällt wie Verfaultes, / dem Kleide gleich, das die Motte fraß.

24: Ps 44,25; 88,15; Ijob 33,10 • 25: Ps 83,14 • 26: Ps 25,7 • 27: 33,11 • 28: Ps 39,12; Jes 50,9; 51,8.

Ijobs Hoffnungslosigkeit: 14,1–22

14 Der Mensch, vom Weib geboren, / knapp an Tagen, unruhvoll,

2 er geht wie die Blume auf und welkt, / flieht wie ein Schatten und bleibt nicht bestehen.

3 Doch über ihm hältst du dein Auge offen / und ihn bringst du ins Gericht mit dir.

4 Kann denn ein Reiner von Unreinem kommen? / Nicht ein Einziger.

5 Wenn seine Tage fest bestimmt sind / und die Zahl seiner Monde bei dir, / wenn du gesetzt hast seine Grenzen, / sodass er sie nicht überschreitet,

6 schau weg von ihm! Lass ab, / damit er seines Tags sich freue wie ein Tagelöhner.

7 Denn für den Baum besteht noch Hoffnung, / ist er gefällt, so treibt er wieder, / sein Sprössling bleibt nicht aus.

8 Wenn in der Erde seine Wurzel altert und / sein Stumpf im Boden stirbt,

9 vom Dunst des Wassers sprosst er wieder / und wie ein Setzling treibt er Zweige.

10 Doch stirbt ein Mann, so bleibt er kraftlos, / verscheidet ein Mensch, wo ist er dann?

11 Die Wasser schwinden aus dem Meer, / der Strom vertrocknet und versiegt.

12 So legt der Mensch sich hin, steht nie mehr auf; / die Himmel werden vergehen, eh' er erwacht, / eh' er aus seinem Schlaf geweckt wird.

13 Dass du mich in der Unterwelt verstecktest, / mich bergen wolltest, bis dein Zorn sich wendet, / ein Ziel mir setztest und dann an mich dächtest!

14 Wenn einer stirbt, lebt er dann wieder auf? / Alle Tage meines Kriegsdienstes harrte ich, / bis einer käme, um mich abzulösen.

15 Du riefest und ich gäbe Antwort, / du sehntest dich nach deiner Hände Werk.

16 Dann würdest du meine Schritte zählen, / auf meinen Fehltritt nicht mehr achten.

17 Versiegelt im Beutel wäre mein Vergehen, / du würdest meinen Frevel übertünchen.

18 Jedoch der Berg, der fällt, zergeht, / von seiner Stätte rückt der Fels.

19 Das Wasser zerreibt Steine, / Platzregen spült das Erdreich fort; / so machst du das Hoffen des Menschen zunichte.

20 Du bezwingst ihn für immer, so geht er dahin, / du entstellst sein Gesicht und schickst ihn fort.

21 Sind seine Kinder in Ehren, er weiß es nicht; / sind sie verachtet, er merkt es nicht.

22 Sein Leib fühlt nur die eigenen Schmerzen, / seine Seele trauert nur um sich selbst.

1: 10,20; Ps 39,5 • 2: Ps 90,5f; Koh 6,12 • 4: 4,17; 15,14; 25,4; Ps 51,7 • 5: Ps 39,6; 139,16 • 6: Ps 39,14 • 7: 19,10; Jes 6,13 • 10: Koh 3,21 • 11: Jes 19,5 • 13: Jes 26,20 • 14: 7,1 • 16: 10,6 • 20: 21,21.

Die zweite Rede des Elifas: 15,1–35

Die Sündigkeit aller Menschen: 15,1–16

15 Da antwortete Elifas von Teman und sprach:

2 Gibt ein Weiser windige Kunde zur Antwort, / füllt er sein Inneres mit Ostwind an,

3 um zu rechten mit Gerede, das nichts taugt, / mit Worten, in denen kein Nutzen liegt?

4 Du brichst sogar die Gottesfurcht, / zerstörst das Besinnen vor Gott.

5 Denn deine Schuld belehrt deinen Mund, / die Sprache der Listigen hast du gewählt.

6 Dein eigener Mund verurteilt dich, nicht ich, / deine Lippen zeugen gegen dich.

13,28 Der Vers leitet 14,1–6 ein.

14,3b und ihn: Text korr. nach G, S, Vg; H: und mich.

7 Bist du als erster Mensch geboren, / kamst du zur Welt noch vor den Hügeln?
8 Hast du gelauscht im Rate Gottes / und die Weisheit an dich gerissen?
9 Was weißt du, das wir nicht wissen, / verstehst du, was uns nicht bekannt ist?
10 Auch unter uns sind Alte, sind Ergraute, / die älter sind an Tagen als dein Vater.
11 Ist zu gering dir Gottes Tröstung, / ein Wort, das sanft mit dir verfährt?
12 Wie reißt doch dein Herz dich fort, / wie überheben sich deine Augen,
13 dass gegen Gott deinen Zorn du wendest / und Worte (gegen ihn) aus deinem Mund stößt?
14 Was ist der Mensch, dass rein er wäre, / der vom Weib Geborene, dass er im Recht sein könnte?
15 Sieh doch, selbst seinen Heiligen traut er nicht / und der Himmel ist nicht rein vor ihm.
16 Geschweige denn ein Unreiner und Verderbter, / ein Mensch, der Verkehrtes trinkt wie Wasser.

7: Sir 49,16; Spr 8,25 • 8: Jes 40,13; Jer 23,18 • 9: Röm 11,34 • 10: 32,7 • 14: 4,17; 14,4 • 16: 34,7.

Die Hoffnungslosigkeit des Frevlers: 15,17–35

17 Verkünden will ich dir, hör mir zu! / Was ich geschaut, will ich erzählen,
18 was Weise zu berichten wissen, / was ihre Väter ihnen nicht verhehlten.
19 Ihnen allein war das Land gegeben, / kein Fremder ging unter ihnen einher.
20 Der Frevler bebt in Ängsten all seine Tage, / die Zahl der Jahre ist dem Tyrannen verborgen.
21 In seinen Ohren hallen Schreckensrufe, / mitten im Frieden kommt der Verwüster über ihn.
22 Er kann nicht hoffen, dem Dunkel zu entfliehen, / aufgespart ist er für das Schwert.
23 Er irrt umher nach Brot, wo (er es finde), / er weiß, dass ihn ein schwarzer Tag bedroht.
24 Not und Drangsal erschrecken ihn, / sie packen ihn wie ein kampfbereiter König.
25 Denn gegen Gott erhebt er seine Hand, / gegen den Allmächtigen erkühnt er sich.
26 Halsstarrig rennt er gegen ihn an / mit den dicken Buckeln seiner Schilde.
27 Mit Fett bedeckt er sein Gesicht, / tut Fett um seine Hüfte.
28 Er wohnt in zerstörten Städten, / in Häusern, darin niemand wohnt, / die man zu Trümmerstätten bestimmt.
29 Er wird nicht reich; sein Besitz hat nicht Bestand; / zur Erde neigt sich seine Ähre nicht.
30 Der Finsternis entrinnt er nicht, / die Flammenglut dörrt seinen Schößling aus, / er schwindet dahin beim Hauch seines Mundes.
31 Er baue nicht auf eitlen Trug; / denn sein Erwerb wird nur Enttäuschung sein.
32 Bevor sein Tag kommt, welkt er hin / und sein Palmzweig grünt nicht mehr.
33 Er stößt ihn ab wie der Weinstock saure Trauben, / wie der Ölbaum wirft er seine Blüten fort.
34 Unfruchtbar ist der Ruchlosen Rotte / und Feuer verzehrt die Zelte der Bestechung.
35 Von Mühsal schwanger, gebären sie nur Unheil; / nur Trug ist, was ihr Schoß hervorbringt.

18: 8,8; Dtn 32,7 • 21: 18,11 • 25: Ps 75,6 • 27: Ps 73,7 • 31: 20,6f • 34: 20,26 • 35: Ps 7,15; Jes 59,4; Gal 6,8.

Ijobs Gegenrede: 16,1 – 17,16

Die leidigen Tröster: 16,1–5

16 Da antwortete Ijob und sprach:
2 Ähnliches habe ich schon viel gehört; / leidige Tröster seid ihr alle.
3 Sind nun zu Ende die windigen Worte, / oder was sonst reizt dich zum Widerspruch?
4 Auch ich könnte reden wie ihr, / wenn ihr an meiner Stelle wäret, / schöne Worte über euch machen / und meinen Kopf über euch schütteln.
5 Ich könnte euch stärken mit meinem Mund, / nicht sparen das Beileid meiner Lippen.

Gottes ungerechter Angriff: 16,6–17

6 Rede ich, hört doch mein Schmerz nicht auf; / schweige ich, so weicht er nicht vor mir.
7 Jetzt aber hat er mich erschöpft. / Den Kreis der Freunde hast du mir verstört
8 und mich gepackt. / Mein Verfall erhebt sich / und tritt als Zeuge gegen mich auf; / er widerspricht mir ins Gesicht.

15,18b was ihre Väter ihnen nicht verhehlten: Text korr.; H: was sie vor ihren Vätern nicht verhehlten.
15,27b Übersetzung unsicher.
16,5b nicht: Text korr. nach G.

9 Sein Zorn zerreißt, befehdet mich, /
knirscht gegen mich mit den Zähnen, / mein
Gegner schärft die Augen gegen mich.
10 Sie sperren ihr Maul gegen mich auf, /
schlagen voll Hohn mich auf die Wangen, /
scharen sich gegen mich zusammen.
11 Gott gibt mich dem Bösen preis, / in die
Hand der Frevler stößt er mich.
12 In Ruhe lebte ich, da hat er mich er-
schüttert, / mich im Nacken gepackt, mich
zerschmettert, / mich als Zielscheibe für sich
aufgestellt.
13 Seine Pfeile umschwirren mich, / scho-
nungslos durchbohrt er mir die Nieren, /
schüttet meine Galle zur Erde.
14 Bresche über Bresche bricht er mir, /
stürmt wie ein Krieger gegen mich an.
15 Ein Trauergewand hab ich meiner Haut
genäht, / mein Horn in den Staub gesenkt.
16 Mein Gesicht ist vom Weinen rot / und
Dunkel liegt auf meinen Wimpern.
17 Doch kein Unrecht klebt an meinen
Händen / und mein Gebet ist lauter.

9: 18,4 • 12: Klgl 3,11 • 13: 6,4 • 17: 33,9.

Der Zeuge im Himmel: 16,18–22

18 O Erde, deck mein Blut nicht zu / und
ohne Ruhstatt sei mein Hilfeschrei!
19 Nun aber, seht, im Himmel ist mein Zeu-
ge, / mein Bürge in den Höhen.
20 Da meine Freunde mich verspotten, /
tränt zu Gott hin mein Auge.
21 Recht schaffe er dem Mann bei Gott /
und zwischen Mensch und Mensch.
22 Denn nur noch wenig Jahre werden
kommen, / dann muss ich den Pfad beschrei-
ten, / auf dem man nicht wiederkehrt.

18: Ps 9,13; Offb 6,10 • 19: 19,25 • 22: 10,21.

Die Klage des Verhöhnten: 17,1–10

17 Mein Geist ist verwirrt, / meine Tage
sind ausgelöscht, / nur Gräber blei-
ben mir.
2 Wahrhaftig, nur Spott begleitet mich. /
In Bitterkeit verbringt mein Auge die Nacht.
3 Hinterleg die Bürgschaft für mich bei
dir! / Wer würde sonst den Handschlag für
mich leisten?
4 Ihr Herz hast du der Einsicht verschlos-
sen, / darum lässt du sie nicht triumphie-
ren.
5 Zum Teilen lädt einer die Freunde ein, /
während die Augen seiner Kinder ver-
schmachten.
6 Zum Spott für die Leute stellte er mich
hin, / ich wurde einer, dem man ins Gesicht
spuckt.
7 Vor Kummer ist mein Auge matt, / all
meine Glieder schwinden wie Schatten da-
hin.
8 Darüber entsetzen sich die Redlichen, /
der Reine empört sich über den Ruchlosen.
9 Doch der Gerechte hält fest an seinem
Weg, / wer reine Hände hat, gewinnt an
Kraft.
10 Ihr alle, kehrt um, kommt wieder her, /
ich finde ja noch keinen Weisen bei euch.

1: Ps 143,4 • 6: 30,9 • 8: Jes 52,15.

Die Not des Verzweifelten: 17,11–16

11 Dahin sind meine Tage, / zunichte meine
Pläne, meine Herzenswünsche.
12 Sie machen mir die Nacht zum Tag, /
das Licht nähert sich dem Dunkel.
13 Ich habe keine Hoffnung. / Die Unter-
welt wird mein Haus, / in der Finsternis
breite ich mein Lager aus.
14 Zur Grube rufe ich: Mein Vater bist
du!, / Meine Mutter, meine Schwester!, zum
Wurm.
15 Wo ist dann meine Hoffnung / und wo
mein Glück? Wer kann es schauen?
16 Fahren sie zur Unterwelt mit mir hi-
nab, / sinken wir vereint in den Staub?

12: 11,17; Joh 8,12 • 13: Ps 88,19 • 14: Sir 10,11 • 15: 19,10.

Die zweite Rede Bildads: 18,1–21

Die Selbstverteidigung Bildads: 18,1–4

18 Da antwortete Bildad von Schuach
und sprach:
2 Wann endlich macht ihr Schluss mit den
Reden? / Nehmt Einsicht an, dann reden
wir.
3 Warum sind wir wie Vieh geachtet, / gel-
ten als unrein in euren Augen?
4 Du, der sich selbst zerfleischt in seinem
Zorn, / soll deinetwegen die Erde sich ent-
völkern, / der Fels von seiner Stelle rücken?

Das Schicksal des Frevlers: 18,5–21

5 Ja, der Frevler Licht erlischt, / die
Flamme seines Feuers strahlt nicht auf.

16,18 Anspielung an die Blutrache: Das nicht von Erde bedeckte Blut schreit nach Rache (vgl. Gen 4,10).
17,6a Zum Spott: Text korr.
17,7b schwinden dahin: Text korr.
17,15b mein Glück: Text korr. nach G; H: meine Hoffnung.

6 Das Licht in seinem Zelte dunkelt, / seine
Leuchte über ihm erlischt.
7 Eng wird sein gewaltiger Schritt, / sein
eigner Plan bringt ihn zu Fall.
8 Denn mit seinen Füßen gerät er ins
Netz / und über Flechtwerk schreitet er da-
hin.
9 Das Klappnetz packt ihn an der Ferse, /
die Schlinge hält ihn fest.
10 Versteckt am Boden liegt sein Fang-
strick, / die Falle für ihn auf dem Pfad.
11 Ringsum ängstigen ihn Schrecken / und
scheuchen ihn auf Schritt und Tritt.
12 Hungrig nach ihm ist sein Unheil, / das
Verderben steht bereit zu seinem Sturz.
13 Es frisst die Glieder seines Leibes, / sei-
ne Glieder frisst des Todes Erstgeborener.
14 Ausgerissen wird aus seinem Zelt die
Zuversicht, / du treibst ihn fort zum König
der Schrecken.
15 Ihm Fremdes wohnt in seinem Zelt, /
Schwefel wird auf seinen Hof gestreut.
16 Von unten her verdorren seine Wur-
zeln, / von oben welken seine Zweige.
17 Sein Andenken schwindet von der
Erde, / kein Name bleibt ihm weit und
breit.
18 Sie stoßen ihn vom Licht ins Dunkel /
und jagen ihn vom Erdkreis fort.
19 Kein Spross, kein Stamm bleibt ihm in
seinem Volk, / am Ort seines Aufenthaltes
keiner, der ihn überlebt.
20 Über seinen Tag schaudern die im Wes-
ten, / die im Osten packt das Grauen.
21 Ja, so geht es mit der Wohnung des Frev-
lers, / mit dem Ort des Menschen, der Gott
nicht kennt.

5: 21,17 • 7: Ps 18,37; Spr 4,12 • 8: 22,10; Ps 35,7f; 140,6 • 11: 15,21; Weish 17,10–14 • 14: Ps 52,7 • 15: Dtn 29,22; Ps 11,6; Jes 34,9 • 17: Ps 9,6; 34,17; Spr 10,7 • 19: Ps 37,28; 109,13.

Ijobs Gegenrede: 19,1–29

Die Zurückweisung der Schmähung: 19,1–5

19 Da antwortete Ijob und sprach:
2 Wie lange noch wollt ihr mich quä-
len / und mich mit Worten niedertreten?
3 Zum zehnten Mal schon schmäht ihr
mich / und schämt euch nicht, mich zu belei-
digen.
4 Ging ich wirklich unwissend fehl, / mein
Fehltritt weilt doch allein bei mir.
5 Wollt ihr wirklich großtun gegen mich /
und mir meine Schmach beweisen?

Das unbegreifliche Verhalten Gottes: 19,6–12

6 Erkennt doch, dass Gott mich nieder-
drückt, / da er sein Netz rings um mich
warf.
7 Schrei ich: Gewalt!, wird mir keine Ant-
wort, / rufe ich um Hilfe, gibt es kein
Recht.
8 Meinen Pfad hat er versperrt; ich kann
nicht weiter, / Finsternis legt er auf meine
Wege.
9 Meiner Ehre hat er mich entkleidet, / die
Krone mir vom Haupt genommen.
10 Er brach mich ringsum nieder, ich muss
dahin; / er riss mein Hoffen aus wie einen
Baum.
11 Sein Zorn ist gegen mich entbrannt, /
gleich seinen Gegnern gelte ich ihm.
12 Vereint rückten seine Scharen an, /
bahnten gegen mich den Weg, / lagerten sich
rings um mein Zelt.

7: Klgl 3,7–9; Hab 1,2 • 9: 29,14 • 10: 14,7f • 11: 33,10.

Die Entfremdung der Verwandten und Freunde: 19,13–22

13 Meine Brüder hat er von mir entfernt, /
meine Bekannten sind mir entfremdet.
14 Meine Verwandten, Bekannten blieben
aus, / die Gäste meines Hauses haben mich
vergessen.
15 Als Fremder gelte ich meinen Mägden, /
von anderem Stamm bin ich in ihren Au-
gen.
16 Rufe ich meinen Knecht, so antwortet er
nicht; / mit eigenem Mund muss ich ihn an-
flehen.
17 Mein Atem ist meiner Frau zuwider; /
die Söhne meiner Mutter ekelt es vor mir.
18 Buben selbst verachten mich, / stehe ich
auf, verhöhnen sie mich.
19 Alle meine Gefährten verabscheuen
mich, / die ich liebe, lehnen sich gegen mich
auf.
20 An Haut und Fleisch klebt mein Ge-
bein, / nur das Fleisch an meinen Zähnen
blieb.
21 Erbarmt, erbarmt euch meiner, ihr,
meine Freunde! / Denn Gottes Hand hat
mich getroffen.

18,8b Gemeint ist das Flechtwerk, das als Gitter über die Fanggrube gelegt wird.
18,13b »Des Todes Erstgeborener« ist wohl die Pest als schlimmste Krankheit.
18,14b »König der Schrecken« steht für das Totenreich.

22 Warum verfolgt ihr mich wie Gott, /
warum werdet ihr an meinem Fleisch nicht
satt?

13: Ps 31,12; 38,12; 69,9; 88,19 • 19: Ps 41,10; Sir 6,8.

Ijobs Hoffnung und Vertrauen: 19,23–29

23 Dass doch meine Worte geschrieben
würden, / in einer Inschrift eingegraben
24 mit eisernem Griffel und mit Blei, / für
immer gehauen in den Fels.
25 Doch ich, ich weiß: mein Erlöser lebt, /
als Letzter erhebt er sich über dem Staub.
26 Ohne meine Haut, die so zerfetzte, / und
ohne mein Fleisch werde ich Gott schauen.
27 Ihn selber werde ich dann für mich
schauen; / meine Augen werden ihn sehen,
nicht mehr fremd. / Danach sehnt sich mein
Herz in meiner Brust.
28 Wenn ihr sagt: Wie wollen wir ihn verfolgen / und den Grund der Sache an ihm
finden!,
29 dann bangt für euch selber vor dem
Schwert; / denn heftiger Zorn verdient das
Schwert, / damit ihr wißt: Es gibt ein Gericht.

25: 16,19 • 29: Ps 58,12.

Die zweite Rede Zofars: 20,1–29

Ijobs unbegründeter Vorwurf: 20,1–3

20 Da antwortete Zofar von Naama und
sprach:
2 Darum drängt mich meine Erregung zur
Antwort / und deswegen stürmt es in mir.
3 Schmähende Rüge muss ich hören, / doch
der Geist meiner Einsicht lässt mich entgegnen.

Das Schicksal des Frevlers: 20,4–29

4 Weißt du das nicht von Urzeit her, / seit
Gott Menschen auf die Erde gesetzt hat:
5 dass kurz nur währt der Frevler Jubel, /
einen Augenblick nur des Ruchlosen Freude?
6 Steigt auch sein Übermut zum Himmel /
und rührt sein Kopf bis ans Gewölk,
7 wie sein Kot vergeht er doch für immer; /
die ihn gesehen haben, werden fragen: Wo ist
er?
8 Wie ein Traum verfliegt er / und ist nicht
mehr zu finden, / wird weggescheucht wie
ein Gesicht der Nacht.
9 Das Auge, das ihn sah, erblickt ihn nicht
wieder, / seine Stätte schaut ihn nie mehr.
10 Seine Söhne müssen bei Armen betteln, / ihre Hände geben seine Habe zurück.
11 Strotzen von Jugendkraft auch seine
Glieder, / sie betten sich doch mit ihm in den
Staub.
12 Schmeckt süß das Böse in seinem
Mund, / birgt er es unter seiner Zunge,
13 spart er es auf und will nicht von ihm
lassen, / hält er es auch tief in seinem Gaumen fest,
14 in seinem Innern verwandelt sich die
Speise, / sie wird in seinem Leib ihm zu Natterngift.
15 Das Gut, das er verschlungen hat, speit
er aus; / aus seinem Leib treibt Gott es heraus.
16 Das Gift von Nattern saugt er ein, / es
tötet ihn der Viper Zunge.
17 Nicht darf er Bäche von Öl schauen, /
nicht Flüsse, die von Milch und Honig fließen.
18 Zurückgeben muss er seinen Gewinn, /
genießen darf er ihn nicht, / darf sich nicht
freuen am ertauschten Gut.
19 Denn Arme schlug er nieder, ließ sie liegen, / raubte das Haus, das er nicht gebaut.
20 Denn kein Genug kennt er in seinem
Bauch, / drum entkommt er nicht mit seinen
Schätzen.
21 Nichts entgeht seinem Fraß, / darum
hält sein Glück auch nicht stand.
22 Trotz vollen Überflusses kommt er in
Not, / die ganze Wucht des Elends fällt ihn
an.
23 Und so geschieht es: Um des Frevlers
Bauch zu füllen, / lässt Gott auf ihn die Gluten seines Zornes los, / lässt auf ihn regnen
seine Schläge.
24 Flieht er vor dem Eisenpanzer, / durchbohrt ihn der Bogen aus Bronze.
25 In den Rücken fährt ihm Gottes Geschoss, / ein Blitz in seine Galle. / Schrecken
gehen über ihn hin.
26 Nur finsteres Unheil ist für ihn aufbewahrt, / Feuer, von niemand entfacht, verzehrt ihn, / frisst noch den letzten Mann in
seinem Zelt.
27 Der Himmel enthüllt seine Schuld, / die
Erde bäumt sich gegen ihn auf.
28 Die Flut wälzt sein Haus hinweg, / Was-

19,26 H unklar.
19,27 Für »Herz« steht in H »Nieren« als Sitz des Seelenlebens.
20,17a von Öl: Text korr.
20,28b seines Zorns: des Zorns Gottes.

serströme am Tag seines Zorns.
29 Das ist des Frevlers Anteil von Gott, /
das Erbe, das Gott ihm zuspricht.

6: Ps 37,35 • 8: Ps 73,20 • 12: Spr 20,17; Sir 40,30 • 16: Dtn 32,33 • 18: Ps 109,11 • 19: Ps 109,16 • 22: 21,17 • 26: 15,23.34 • 29: 27,13.

Ijobs Gegenrede: 21,1–34

Die Bitte um Geduld: 21,1–6

21 Da antwortete Ijob und sprach:
2 Hört, hört doch auf mein Wort, / das
wäre mir schon Trost von euch.
3 Ertragt mich, sodass ich reden kann. /
Habe ich geredet, dann könnt ihr spotten.
4 Richt ich an Menschen meine Klage, /
hab ich nicht Grund zur Ungeduld?
5 Wendet euch mir zu und erstarrt / und
legt die Hand auf den Mund!
6 Denk ich daran, bin ich erschreckt / und
Schauder packt meinen Leib.

4: 6,26 • 5: 29,9; 40,4.

Das Glück des Frevlers: 21,7–21

7 Warum bleiben Frevler am Leben, / wer-
den alt und stark an Kraft?
8 Ihre Nachkommen stehen fest vor ih-
nen, / ihre Sprösslinge vor ihren Augen.
9 Ihre Häuser sind in Frieden, ohne
Schreck, / die Rute Gottes trifft sie nicht.
10 Ihr Stier bespringt und fehlt nicht, / die
Kühe kalben und verwerfen nicht.
11 Wie Schafe treiben sie ihre Kinder aus, /
ihre Kleinen tanzen und springen.
12 Sie singen zu Pauke und Harfe, / er-
freuen sich am Klang der Flöte,
13 verbrauchen ihre Tage im Glück / und
fahren voll Ruhe ins Totenreich.
14 Und doch sagten sie zu Gott: Weiche von
uns! / Deine Wege wollen wir nicht kennen.
15 Was ist der Allmächtige, dass wir ihm
dienen, / was nützt es uns, wenn wir ihn an-
gehen?
16 Doch in ihrer Hand liegt nicht das
Glück; / der Frevler Denkart ist mir fern.
17 Wie oft erlischt der Frevler Lampe, /
kommt Unheil über sie, / teilt er Verderben
zu in seinem Zorn?
18 Wie oft werden sie wie Stroh vor dem
Wind, / wie Spreu, die der Sturm entführt?
19 Nicht dessen Kindern spare Gott sein
Unheil auf, / ihm selbst vergelte er, sodass er
es spürt.
20 Mit eigenen Augen soll er sein Unglück
schauen, / vom Grimm des Allmächtigen soll
er trinken.
21 Denn was kümmert ihn sein Haus, wenn
er dahin ist, / wenn abgeschnitten seiner
Monde Zahl?

7: Ps 73,3–12; Jer 12,1f; Mal 3,15.18 • 12: Jes 5,12; Am 6,5 • 13: Ps 73,3 • 14: 22,17; Ps 95,10 • 15: Mal 3,14f • 17: 18,5 • 18: Ps 1,4 • 20: Ps 75,9 • 21: 14,21f; Koh 9,5f.

Der trügerische Trost: 21,22–34

22 Darf man Gott Erkenntnis lehren, / ihn,
der die Erhabenen richtet?
23 Der eine stirbt in vollem Glück, / ist
ganz in Frieden, sorgenfrei.
24 Seine Schenkel sind voll von Fett, / ge-
tränkt mit Mark sind seine Knochen.
25 Der andere stirbt mit bitterer Seele /
und hat kein Glück genossen.
26 Zusammen liegen sie im Staub / und
Gewürm deckt beide zu.
27 Ja, euer Denken kenn ich wohl, / die
Ränke, die ihr sinnt gegen mich.
28 Ihr sagt: Wo ist das Haus des Edlen /
und wo das Zelt, in dem Frevler wohnen?
29 Habt ihr nie die fahrenden Leute be-
fragt / und ihre Zeichen genau beachtet?
30 Dass am Unglückstag der Böse verschont
wird, / weggebracht am Tag des Zorns.
31 Wer hält ihm seinen Lebenswandel vor, /
was er getan hat, wer vergilt es ihm?
32 Er aber wird zur Gruft geleitet, / bei sei-
nem Grab hält man die Wacht.
33 Ein Labsal sind für ihn die Schollen des
Schachts, / hinter ihm her zieht alle Welt, /
vor ihm die Menge ohne Zahl.
34 Wie wollt ihr mich mit Nichtigem trös-
ten? / Eure Antworten bleiben Betrug.

22: Jes 40,13 • 26: Koh 9,2f • 30: Röm 2,3–6.

Die dritte Rede des Elifas: 22,1–30

Ijobs angebliche Freveltaten: 22,1–11

22 Da antwortete Elifas von Teman und
sprach:
2 Kann denn der Mensch Gott nützen? /
Nein, sich selber nützt der Kluge.
3 Ist es dem Allmächtigen von Wert, / dass
du gerecht bist, / ist es für ihn Gewinn, wenn
du unsträfliche Wege gehst?
4 Wegen deiner Gottesfurcht sollte er dich
strafen, / vor Gericht mit dir gehen?
5 Ist nicht groß deine Bosheit, / ohne Ende
dein Verschulden?

21,3b könnt ihr: Text korr.; H: kannst du.
21,19a Nicht: Text korr.
21,20a Unglück: Übersetzung unsicher.
21,24a Schenkel: Übersetzung unsicher.

6 Du pfändest ohne Grund deine Brüder, /
ziehst Nackten ihre Kleider aus.
7 Den Durstigen tränkst du nicht mit Was-
ser, / dem Hungernden versagst du das
Brot.
8 Dem Mann der Faust gehört das Land, /
der Günstling darf darin wohnen.
9 Witwen hast du weggeschickt mit leeren
Händen, / der Verwaisten Arme zerschla-
gen.
10 Deswegen liegen Fallstricke rings um
dich her / und jäher Schrecken ängstigt
dich
11 oder Dunkel, worin du nicht siehst, / und
Wasserflut, die dich bedeckt.

3: 35,7; Lk 17,7–10 • 6: Ex 22,25f; Dtn 24,12f • 7: Jes 58,7; Ez 18,7; Mt 25,42 • 9: Ex 22,21f • 10: 18,8–11; 19,6 • 11: Ps 69,2f.

Der allwissende Gott: 22,12–20

12 Ist Gott nicht wie der Himmel hoch? /
Schau, wie die höchsten Sterne ragen.
13 Und da sagst du: Was weiß denn Gott? /
Richtet er denn durch das dunkle Gewölk?
14 Wolken umhüllen ihn, sodass er nicht
sieht, / am Himmelskreis geht er einher.
15 Willst du dem Pfad der Vorzeit folgen, /
den die Männer des Unheils zogen,
16 die vor der Zeit dahingerafft wurden, /
über deren Grund sich ein Strom ergoss?
17 Die sagten zu Gott: Weiche von uns!, /
und: Was tut uns der Allmächtige an?
18 Und doch, er hat ihre Häuser mit Gütern
gefüllt / und das Planen der Bösen blieb ihm
fern.
19 Sehen werden, sich freuen die Gerech-
ten, / der Reine wird sie verspotten:
20 Wahrhaftig, vernichtet sind unsere Geg-
ner, / ihren Rest hat das Feuer verzehrt.

12: Jes 40,26 • 13: 35,13; Ps 73,11; Jes 29,15 • 14: Sir 24,5; Jer 23,23f • 17: 21,14 • 19: Ps 58,11.

Die Mahnung zu Umkehr und Demut: 22,21–30

21 Werde sein Freund und halte Frieden! /
Nur dadurch kommt das Gute dir zu.
22 Nimm doch Weisung an aus seinem
Mund, / leg dir seine Worte ins Herz:
23 Kehrst du zum Allmächtigen um, / so
wirst du aufgerichtet. Hältst Unrecht dei-
nem Zelt du fern,
24 wirfst in den Staub das Edelgold, / zum
Flussgestein das Feingold,
25 dann wird der Allmächtige dein Edel-
gold / und erlesenes Silber für dich sein.
26 Dann wirst du am Allmächtigen dich er-
freuen / und zu Gott dein Angesicht heben.
27 Flehst du ihn an, so hört er dich / und du
wirst deine Gelübde erfüllen.
28 Beschließt du etwas, dann trifft es ein /
und Licht überstrahlt deine Wege.
29 Wer hochmütig redet, den duckt er, /
doch hilft er dem, der die Augen senkt.
30 Er rettet den, der schuldlos ist; / durch
deiner Hände Reinheit wird er gerettet.

26: 27,10 • 29: Ps 18,28; Jes 2,11–17; Lk 1,52f; 1 Petr 5,5.

Ijobs Gegenrede: 23,1–24,25

Der Ruf nach Gott, dem Richter: 23,1–17

23 Da antwortete Ijob und sprach:
2 Auch heute ist meine Klage Wider-
spruch; / schwer lastet seine Hand auf mei-
nem Seufzen.
3 Wüßte ich doch, wie ich ihn finden könn-
te, / gelangen könnte zu seiner Stätte.
4 Ich wollte vor ihm das Recht ausbreiten, /
meinen Mund mit Beweisen füllen.
5 Wissen möchte ich die Worte, die er mir
entgegnet, / erfahren, was er zu mir sagt.
6 Würde er in der Fülle der Macht mit mir
streiten? / Nein, gerade er wird auf mich ach-
ten.
7 Dort würde ein Redlicher mit ihm rech-
ten / und ich käme für immer frei von mei-
nem Richter.
8 Geh ich nach Osten, so ist er nicht da, /
nach Westen, so merke ich ihn nicht,
9 nach Norden, sein Tun erblicke ich
nicht; / bieg ich nach Süden, sehe ich ihn
nicht.
10 Doch er kennt den Weg, den ich gehe; /
prüfte er mich, ich ginge wie Gold hervor.
11 Mein Fuß hielt fest an seiner Spur, / sei-
nen Weg hielt ich ein und bog nicht ab.
12 Das Gebot seiner Lippen gab ich nicht
auf; / seines Mundes Worte barg ich im Her-
zen.
13 Doch er bleibt sich gleich. Wer stimmt
ihn um? / Wonach ihn gelüstet, das führt er
aus.
14 Ja, er vollendet, was er mir bestimmt
hat; / und Ähnliches hat er noch viel im Sinn.
15 Darum erschrecke ich vor seinem Ange-
sicht; / denk ich daran, gerate ich in Angst
vor ihm.

22,8b Andere Übersetzungsmöglichkeiten: der Erfolgreiche, der Mächtige.
22,17a von uns: Text korr.; H: von ihnen.
22,18b ihm: Text korr.; H: mir.
23,2b seine Hand: Text korr. nach G und S; H: meine Hand.
23,9b bieg ich: Text korr.; H: biegt er.
23,12b im Herzen: Text korr.

[16] Gott macht mein Herz verzagt, / der Allmächtige versetzt mich in Schrecken.
[17] Denn bin ich nicht von Finsternis umschlossen, / bedeckt nicht Dunkel mein Angesicht?

4: 9,14 • 8: 9,11; Ps 139,7–10 • 10: Ps 17,3; 139,1–6; Weish 3,6 • 11: Ps 17,5 • 13: Jes 55,10f; Ps 115,3 • 15: Ps 119,120.

Der Übermut der Sünder: 24,1–17

24 Warum hat der Allmächtige keine Fristen bestimmt? / Warum schauen,
die ihn kennen, seine Gerichtstage nicht?
[2] Jene verrücken die Grenzen, / rauben Herden und führen sie zur Weide.
[3] Den Esel der Waisen treiben sie fort, / pfänden das Rind der Witwe.
[4] Vom Weg drängen sie die Armen, / es verbergen sich alle Gebeugten des Landes.
[5] Sieh, wie Wildesel in der Steppe / ziehen sie zu ihrer Arbeit aus;
die Steppe suchen sie nach Nahrung ab, / nach Brot für ihre Kinder.
[6] Auf dem Feld schneiden sie des Nachts, / halten im Weinberg des Frevlers Nachlese.
[7] Nackt verbringen sie die Nacht, ohne Kleider, / haben keine Decke in der Kälte.
[8] Vom Regen der Berge sind sie durchnässt, / klammern sich ohne Schutz an den Fels.
[9] Von der Mutterbrust reißen sie die Waisen, / den Säugling des Armen nehmen sie zum Pfand.
[10] Nackt müssen sie gehen, ohne Kleid, / hungernd tragen sie Garben.
[11] Zwischen Mauern pressen sie Öl, / treten die Kelter und müssen doch dürsten.
[12] Aus der Stadt stöhnen Sterbende, / der Erschlagenen Leben schreit laut. / Doch Gott achtet nicht auf ihr Flehen.
[13] Sie sind die Rebellen gegen das Licht; / sie nehmen seine Wege nicht wahr, / bleiben nicht auf seinen Pfaden.
[14] Ist kein Licht, erhebt sich der Mörder, / tötet Elende und Arme; / in der Nacht gleicht er dem Dieb.
[15] Auch des Ehebrechers Auge achtet auf Dämmerung. / Kein Auge, sagt er, soll mich erspähen!, / eine Hülle legt er aufs Gesicht.
[16] Im Finstern bricht er ein in die Häuser; / tagsüber verstecken sie sich; / sie wollen nichts wissen vom Licht.
[17] Denn Finsternis ist für sie der Morgen zugleich, / denn mit ihren Schrecken sind sie wohl vertraut.

2: Dtn 27,17 • 3: Dtn 24,17 • 4: Dtn 15,11 • 7: Dtn 24,12f • 12: Offb 6,10f • 13: 38,15; Joh 3,20; Eph 5,8–14 • 14: Ps 10,8f • 15: Spr 7,9f.

Das Ende der Frevler: 24,18–25

[18] Schnell reißt ihn das Wasser fort; / verflucht ist ihr Anteil auf Erden; / nicht wendet er den Weg den Weinbergen zu.
[19] Dürre und Hitze raffen das Schneewasser weg, / die Unterwelt den Sünder.
[20] Der Mutterschoß vergisst ihn, / Gewürm labt sich an ihm;
nie mehr wird an ihn gedacht; / ja, wie Holz wird Frevel zerschmettert.
[21] Er tut Böses der Unfruchtbaren, der Kinderlosen, / keiner Witwe erweist er Gutes.
[22] Gott reißt die Starken hinweg in seiner Macht; / steht er auf, ist niemand seines Lebens sicher.
[23] Sicherheit gibt er ihm, er traue darauf; / aber seine Augen überwachen ihren Weg.
[24] Sie kommen hoch für kurze Zeit, dann ist es aus. / Sie werden umgebogen, alle mit der Faust gepackt / und wie Ährenspitzen abgeschnitten.
[25] Ist es nicht so? Wer straft mich Lügen / und bringt meine Rede zum Schweigen?

24: 30,4.

Die dritte Rede Bildads

Die Sündhaftigkeit aller Menschen: 25,1–6

25 Da antwortete Bildad von Schuach und sprach:
[2] Herrschaft und Schrecken sind bei ihm, / der Frieden schafft in seinen Höhen.
[3] Kann man seine Scharen zählen / und über wem erhebt sich nicht sein Licht?
[4] Wie wäre ein Mensch gerecht vor Gott, / wie wäre rein der vom Weib Geborene?
[5] Siehe, selbst der Mond glänzt nicht hell, / die Sterne sind nicht rein in seinen Augen,
[6] geschweige denn der Mensch, die Made, / der Menschensohn, der Wurm.

4: 4,17; 15,14.

24,12a Sterbende: Text korr. nach S; H: Menschen.

24,14a Ist kein Licht: Text korr.; H: Bei Licht (= Bei Tage).

24,18–25 In den Kapiteln 24 – 27 ist die Reihenfolge des Textes vermutlich gestört. Ein logischer Ablauf und ein besseres Verständnis ergibt sich, wenn man liest: Dritte Rede Bildads: 25,1–6 + 26,5–14. Dritte Rede Zofars: 27,7–23 + 24,18–25. Die Abschnitte 26,1–4 + 27,1–6 gehören wohl zu Ijobs Schlussrede und sind also vor 29,1 einzuordnen.

Ijobs Gegenrede: 26,1 – 27,23

Leere Worte ohne Wahrheit: 26,1–4

26 Da antwortete Ijob und sprach:
2 Wie hilfst du doch dem Schwachen
auf, / stehst du bei dem kraftlosen Arm!
3 Wie gut rätst du dem, der nicht weise ist, /
tust ihm Wissen in Fülle kund!
4 Wem trägst du die Reden vor / und wessen Atem geht von dir aus?

Die Größe der Allmacht Gottes: 26,5–14

5 Die Totengeister zittern drunten, / die
Wasser mit ihren Bewohnern.
6 Nackt liegt die Unterwelt vor ihm, / keine
Hülle deckt den Abgrund.
7 Er spannt über dem Leeren den Norden, / hängt die Erde auf am Nichts.
8 Er bindet das Wasser in sein Gewölk; /
doch birst darunter die Wolke nicht.
9 Er verschließt den Anblick seines
Throns / und breitet darüber sein Gewölk.
10 Eine Grenze zieht er rund um die Wasser / bis an den Rand von Licht und Finsternis.
11 Die Säulen des Himmels erzittern, / sie
erschrecken vor seinem Drohen.
12 Durch seine Kraft stellt still er das
Meer, / durch seine Klugheit zerschmettert
er Rahab.
13 Durch seinen Hauch wird heiter der
Himmel, / seine Hand durchbohrt die flüchtige Schlange.
14 Siehe, das sind nur die Säume seines
Waltens; / wie ein Flüstern ist das Wort, / das
wir von ihm vernehmen.
Doch das Donnern seiner Macht, / wer
kann es begreifen?

6: Ps 139,8.11f; Spr 15,11 • 10: Gen 1,7.14 • 12: 7,12; 9,13; Jes 51,9f • 13: Jes 27,1 • 14: Sir 43,32.

Die Unschuldsbeteuerung vor den Freunden: 27,1–6

27 Dann setzte Ijob seine Rede fort und sprach:
2 So wahr Gott lebt, der mir mein Recht
entzog, / der Allmächtige, der meine Seele
quälte:
3 Solange noch Atem in mir ist / und Gottes Hauch in meiner Nase,
4 soll Unrecht nicht von meinen Lippen
kommen, / noch meine Zunge Falsches reden.
5 Fern sei es mir, euch Recht zu geben, / ich
gebe, bis ich sterbe, meine Unschuld nicht
preis.
6 An meinem Rechtsein halt ich fest und
lass es nicht; / mein Herz schilt keinen meiner Tage.

2: 34,5f • 3: 33,4; Gen 2,7 • 5: 33,9.

Der Untergang der Frevler: 27,7–23

7 Mein Feind sei wie ein Frevler, / mein
Gegner wie ein Bösewicht.
8 Denn was ist des Ruchlosen Hoffen, /
wenn er dahingeht, / wenn Gott das Leben
von ihm nimmt?
9 Wird Gott sein Schreien hören, / wenn
über ihn die Drangsal kommt?
10 Kann er sich des Allmächtigen erfreuen / und Gott anrufen zu jeder Zeit?
11 Ich will euch belehren über Gottes Tun, /
nicht verhehlen, was der Allmächtige plant.
12 Ihr habt es ja alle selbst gesehen. /
Warum führt ihr nichtige Reden?
13 Das ist des Frevlers Anteil bei Gott, / der
Gewalttätigen Erbe, / das sie vom Allmächtigen empfangen:
14 Werden zahlreich seine Söhne, / fürs
Schwert sind sie bestimmt; / nie werden
seine Kinder satt an Brot.
15 Was übrig bleibt, wird durch den Tod
begraben / und seine Witwen weinen nicht.
16 Häuft er auch Silber auf wie Staub / und
beschafft er sich Kleider wie Lehm:
17 er schafft sie zwar an; / doch anziehen
wird sie der Gerechte, / das Silber wird der
Schuldlose erben.
18 Er baut wie die Spinne sein Haus / und
wie die Hütte, die der Wächter aufstellt.
19 Reich legt er sich schlafen, nichts ist ihm
genommen. / Macht er die Augen auf, ist
nichts mehr da.
20 Schrecken holt ihn ein wie eine Wasserflut, / der Sturmwind trägt ihn fort bei
Nacht.
21 Der Ostwind hebt ihn hoch, er muss dahin, / er weht ihn weg von seinem Ort.
22 Er stürzt sich auf ihn schonungslos, /
seiner Gewalt will er entfliehen.
23 Man klatscht über ihn in die Hände /
und zischt ihn fort von seiner Stätte.

10: 22,26 • 13: 20,29 • 15: Ps 78,64 • 17: Koh 2,26; Sir 11,18; 14,4 • 18: 8,14.

27,18a wie die Spinne: Text korr.; H: wie die Motte.

Das Lied über die Weisheit: 28,1–28

Die Erhabenheit der Weisheit: 28,1–19

28 Wohl gibt es einen Fundort für das
Silber, / eine Stätte für das Gold, wo
man es läutert.
2 Eisen holt man aus der Erde, / Gestein
wird zu Kupfer geschmolzen.
3 Es setzt der Mensch dem Finstern eine
Grenze; / er forscht hinein bis in das Letzte,
ins düstere, dunkle Gestein.
4 Stollen gräbt ein fremdes Volk; / vergessen,
ohne Halt für den Fuß, / hängt es,
schwebt es, den Menschen fern.
5 Die Erde, daraus das Brotkorn kommt, /
wird in den Tiefen wie mit Feuer zerstört.
6 Fundort des Saphirs ist ihr Gestein / und
Goldstaub findet sich darin.
7 Kein Raubvogel kennt den Weg dahin; /
kein Falkenauge hat ihn erspäht.
8 Das stolze Wild betritt ihn nicht, / kein
Löwe schreitet über ihn.
9 An harte Kiesel legt er die Hand, / von
Grund auf wühlt er Berge um.
10 In Felsen haut er Stollen ein / und lauter
Kostbarkeiten erblickt sein Auge.
11 Sickerbäche dämmt er ein, / Verborgenes
bringt er ans Licht.
12 Die Weisheit aber, wo ist sie zu finden /
und wo ist der Ort der Einsicht?
13 Kein Mensch kennt die Schicht, in der
sie liegt; / sie findet sich nicht in der Lebenden
Land.
14 Die Urflut sagt: Bei mir ist sie nicht. /
Der Ozean sagt: Bei mir weilt sie nicht.
15 Man kann nicht Feingold für sie geben, /
nicht Silber als Preis für sie wägen.
16 Nicht wiegt sie Gold aus Ofir auf, / kein
kostbarer Karneol, kein Saphir.
17 Gold und Glas stehen ihr nicht gleich, /
kein Tausch für sie ist Goldgerät,
18 nicht zu reden von Korallen und Kristall;
/ weit über Perlen geht der Weisheit
Besitz.
19 Der Topas von Kusch kommt ihr nicht
gleich / und reinstes Gold wiegt sie nicht
auf.

1: Weish 6,22; Sir 24 • 12: Sir 1,6; Bar 3,15 • 13: Bar 3,29–31 • 17: Weish 7,9.

Gottes Weg: 28,20–28

20 Die Weisheit aber, wo kommt sie her /
und wo ist der Ort der Einsicht?
21 Verhüllt ist sie vor aller Lebenden
Auge, / verborgen vor den Vögeln des Himmels.
22 Abgrund und Tod sagen: / Unser Ohr
vernahm von ihr nur ein Raunen.
23 Gott ist es, der den Weg zu ihr weiß, /
und nur er kennt ihren Ort.
24 Denn er blickt bis hin zu den Enden der
Erde; / was unter dem All des Himmels ist,
sieht er.
25 Als er dem Wind sein Gewicht schuf /
und die Wasser nach Maß bestimmte,
26 als er dem Regen das Gesetz schuf / und
einen Weg dem Donnergewölk,
27 damals hat er sie gesehen und gezählt, /
sie festgestellt und erforscht.
28 Doch zum Menschen sprach er: / Seht,
die Furcht vor dem Herrn, das ist Weisheit, /
das Meiden des Bösen ist Einsicht.

23: Spr 2,6; 8,27–30; Bar 3,37 • 25–26: 36,27–33; Weish 11,20; Jes 40,12–14 • 26: Ps 135,7 • 27: Sir 1,8f • 28: Spr 1,7; 8,13; Sir 1,11.21.

Ijobs Schlußrede: 29,1– 31,40

Die gesegnete Vergangenheit: 29,1–25

29 Dann setzte Ijob seine Rede fort und
sprach:
2 Dass ich doch wäre / wie in längst vergangenen
Monden, / wie in den Tagen, da mich
Gott beschirmte,
3 als seine Leuchte über meinem Haupt
erstrahlte, / in seinem Licht ich durch das
Dunkel ging.
4 So, wie ich in den Tagen meiner Frühzeit
war, / als Gottes Freundschaft über meinem
Zelte stand,
5 als der Allmächtige noch mit mir war, /
meine Kinder mich umgaben,
6 als meine Schritte sich in Milch gebadet,
/ Bäche von Öl der Fels mir ergoss.
7 Ging ich durchs Tor zur Stadt hinauf, /
ließ ich auf dem Platz meinen Sitz aufstellen;
8 sahen mich die Jungen, so traten sie
scheu beiseite, / die Alten standen auf und
blieben stehen.
9 Fürsten hielten mit Reden sich zurück /
und legten ihre Hand auf ihren Mund.
10 Der Edlen Stimme blieb stumm, / am
Gaumen klebte ihre Zunge.
11 Hörte mich ein Ohr, pries es mich glücklich,
/ das Auge, das mich sah, stimmte mir
zu.
12 Denn ich rettete den Armen, der schrie, /
die Waise, die ohne Hilfe war.
13 Der Segen des Verlorenen kam über
mich / und jubeln ließ ich der Witwe Herz.

28,4a Sinn von H unklar.

14 Ich bekleidete mich mit Gerechtigkeit, / wie Mantel und Kopfbund umhüllte mich mein Recht.

15 Auge war ich für den Blinden, / dem Lahmen wurde ich zum Fuß.

16 Vater war ich für die Armen, / des Unbekannten Rechtsstreit prüfte ich.

17 Ich zerschmetterte des Bösen Kiefer, / entriss die Beute seinen Zähnen.

18 So dachte ich: Mit meinem Nest werde ich verscheiden / und gleich dem Phönix meine Tage mehren.

19 Meine Wurzel reiche bis an das Wasser, / auf meinen Zweigen nächtige Tau.

20 Neu bleibe mir meine Ehre, / mein Bogen verjünge sich in meiner Hand.

21 Auf mich horchten und warteten sie, / lauschten schweigend meinem Rat.

22 Wenn ich sprach, nahm keiner das Wort; / es träufelte nieder auf sie meine Rede.

23 Sie harrten auf mich wie auf Regen, / sperrten den Mund wie nach Spätregen auf.

24 Lächelte ich denen zu, die ohne Vertrauen, / sie wiesen das Leuchten meines Gesichts nicht ab.

25 Ich bestimmte ihr Tun, ich saß als Haupt, / thronte wie ein König inmitten der Schar, wie einer, der Trauernde tröstet.

3: Ps 18,29 • 4: 1,10 • 5: Ps 127,3–5; 128,3 • 6: 20,17 • 8: Lev 19,32 • 9: 21,5; Weish 8,12 • 12: 6,14; Ps 72,12f; Jes 11,4 • 14: 19,9; Ps 132,9; Jes 59,17 • 16: Spr 29,7 • 23: Dtn 32,2 • 24: Spr 16,15.

Die schreckliche Gegenwart: 30,1–31

30 Jetzt aber lachen über mich, / die jünger sind als ich an Tagen, / deren Väter ich nicht für wert geachtet, / sie bei den Hunden meiner Herde anzustellen.

2 Was sollte mir auch ihrer Hände Kraft? / Geschwunden war ihre Rüstigkeit

3 durch Mangel und durch harten Hunger; / Leute, die das dürre Land abnagen, / das Gras der Wüste und der Wüstenei.

4 Sie pflücken Salzmelde im Gesträuch / und Ginsterwurzeln sind ihr Brot.

5 Aus der Gemeinschaft wurden sie verjagt; / man schreit ihnen nach wie einem Dieb.

6 Am Hang der Täler müssen sie wohnen, / in Erdhöhlen und in Felsgeklüft.

7 Zwischen Sträuchern schreien sie kläglich, / drängen sich zusammen unter wildem Gestrüpp.

8 Blödes Gesindel, Volk ohne Namen, / wurden sie aus dem Land hinausgepeitscht.

9 Jetzt aber bin ich ihr Spottlied, / bin zum Klatsch für sie geworden.

10 Sie verabscheuen mich, rücken weit von mir weg, / scheuen sich nicht, mir ins Gesicht zu speien.

11 Denn Gott löste mein Seil und beugte mich nieder, / sie aber ließen die Zügel vor mir schießen.

12 Zur rechten Seite erhebt sich eine Schar, / treibt meine Füße weg, / wirft gegen mich ihre Unheilsdämme auf.

13 Meinen Pfad reißen sie auf, helfen zu meinem Verderben / und niemand wehrt ihnen.

14 Wie durch eine breite Bresche kommen sie heran, / wälzen sich unter Trümmern her.

15 Schrecken stürzen auf mich ein, / verjagt wie vom Wind ist mein Adel, / wie eine Wolke entschwand mein Heil.

16 Und nun zerfließt die Seele in mir, / des Elends Tage packen mich an.

17 Des Nachts durchbohrt es mir die Knochen, / mein nagender Schmerz kommt nicht zur Ruh.

18 Mit Allgewalt packt er mich am Kleid, / schnürt wie der Gürtel des Rocks mich ein.

19 Er warf mich in den Lehm, / sodass ich Staub und Asche gleiche.

20 Ich schreie zu dir und du erwiderst mir nicht; / ich stehe da, doch du achtest nicht auf mich.

21 Du wandelst dich zum grausamen Feind gegen mich, / mit deiner starken Hand befehdest du mich.

22 Du hebst mich in den Wind, fährst mich dahin, / lässt mich zergehen im Sturmgebraus.

23 Ja, ich weiß, du führst mich zum Tod, / zur Sammelstätte aller Lebenden.

24 Doch nicht an Trümmer legt er die Hand. – / Schreit man nicht um Hilfe beim Untergang?

25 Weinte ich nicht um den, der harte Tage hatte, / grämte sich nicht meine Seele über den Armen?

26 Ja, ich hoffte auf Gutes, doch Böses

29,17b entriss: Text korr.; H: warf hin.
29,25c Vielleicht späterer Zusatz.
30,4a Die Salzmelde ist ein salzig schmeckendes Kraut.
30,13b wehrt: Text korr.; H: hilft.
30,18a packt er: Text korr.
30,19a Er warf mich: Text korr.
30,20b nicht: Text korr.
30,24 Übersetzung unsicher.

kam, / ich harrte auf Licht, doch Finsternis
kam.
27 Mein Inneres kocht und kommt nicht
zur Ruhe, / mich haben die Tage des Elends
erreicht.
28 Geschwärzt, doch nicht von der Sonne
gebrannt, / stehe ich auf in der Gemeinde,
schreie laut.
29 Den Schakalen wurde ich zum Bruder, /
den Straußenhennen zum Freund.
30 Die Haut an mir ist schwarz, / von Fie-
berglut brennen meine Knochen.
31 Zur Trauer wurde mein Harfenspiel, /
mein Flötenspiel zum Klagelied.

9: Ps 69,13; Klgl 3,14 • 12: Ps 109,6 • 21: 34,6 • 22: Ps 109,23 • 30: Ps 119,83; Klgl 3,4.

Erneute Unschuldsbeteuerung vor Gott:
31,1–34

31 Einen Bund schloss ich mit meinen
Augen, / nie eine Jungfrau lüstern
anzusehen.
2 Was wäre sonst mein Teil von Gott dort
oben, / mein Erbe vom Allmächtigen in der
Höhe?
3 Ist nicht Verderben dem Frevler be-
stimmt / und Missgeschick den Übeltätern?
4 Sieht er denn meine Wege nicht, / zählt
er nicht alle meine Schritte?
5 Wenn ich in Falschheit einherging, /
wenn zum Betrug mein Fuß eilte,
6 dann wäge Gott mich auf gerechter Waa-
ge, / so wird er meine Unschuld anerken-
nen.
7 Wenn mein Schritt vom Wege wich, /
mein Herz meinen Augen folgte, / an meinen
Händen Makel klebte,
8 dann esse ein anderer, was ich säe, / ent-
wurzelt werde, was mir sprosst.
9 Wenn sich mein Herz von einer Frau be-
tören ließ / und ich an der Tür meines Nach-
barn lauerte,
10 dann mahle meine Frau einem andern /
und andere sollen sich beugen über sie.
11 Denn das wäre eine Schandtat / und ein
Verbrechen, von Richtern zu strafen.
12 Denn das wäre Feuer, das zum Abgrund
frisst / und meine ganze Habe entwurzelt.
13 Wenn ich das Recht meines Knechts
missachtet / und das meiner Magd im Streit
mit mir,
14 was könnt ich tun, wenn Gott sich erhö-
be, / was ihm entgegnen, wenn er mich prüf-
te?
15 Hat nicht mein Schöpfer auch ihn im
Mutterleib geschaffen, / hat nicht der Eine
uns im Mutterschoß gebildet?
16 Wenn ich der Armen Wunsch versagte, /
verschmachten ließ der Witwe Augen,
17 wenn ganz allein ich meinen Bissen aß, /
das Waisenkind aber nicht davon aß –
18 von Jugend an hat wie ein Vater er mich
großgezogen, / vom Mutterschoß an mich ge-
leitet –,
19 wenn ich den Verlorenen sah ohne
Kleid / und ohne Decke den Verarmten,
20 wenn nicht seine Lenden mir dankten, /
er nicht von der Schur meiner Lämmer sich
wärmte,
21 wenn meine Hand der Waise drohte, /
weil ich am Tor Helfer für mich sah,
22 dann falle die Schulter mir vom Na-
cken, / breche der Arm mir aus dem Gelenk.
23 Ja, Schrecken träfe mich, Gottes Verder-
ben, / vor seiner Hoheit hielte ich nicht
stand.
24 Wenn ich auf Gold meine Hoffnung setz-
te, / zum Feingold sprach: Du meine Zuver-
sicht!,
25 wenn ich mich freute, dass groß mein
Vermögen, / dass viel erreicht hat meine
Hand,
26 wenn ich die leuchtende Sonne sah, wie
sie strahlte, / den Mond, wie er herrlich da-
hinzog,
27 wenn heimlich sich mein Herz betören
ließ / und meine Hand dem Mund zum Kuss
sich bot,
28 auch das wäre ein Verbrechen, vom
Richter zu strafen, / denn Gott da droben
hätte ich verleugnet.
29 Wenn ich am Unglück meines Feinds
mich freute / und triumphierte, dass Unheil
ihn traf –
30 habe ich doch meinem Mund zu sündi-
gen verboten, / sein Leben mit Fluch zu ver-
wünschen.
31 Wenn meine Zeltgenossen nicht gestan-
den: / Wer wurde von seinem Fleisch nicht
gesättigt?
32 Kein Fremder musste draußen über-
nachten, / dem Wanderer tat meine Tür ich
auf.
33 Wenn ich nach Menschenart meine Fre-
vel verhehlte, / meine Schuld verbarg in mei-
ner Brust,
34 weil ich die große Menge scheute / und
die Verachtung der Sippen mich schreckte, /

31,29b triumphierte: Text korr.

31,32b Wanderer: Text korr.; H hat eine andere Vokalisierung.

so schwiege ich still und ginge nicht zur Tür hinaus.

1–34: Ps 26 • 1: Sir 9,5; Mt 5,27–29 • 4: Ps 139,2 • 9: Spr 7 • 11: Dtn 22,22–24; Spr 6,32–35 • 13: Ex 21,2f; Lev 25,39f; Jer 34,8f • 15: Spr 17,5 • 16: 22,9; Tob 4,7–11; Jes 58,7; Mt 25,35f • 24: Ps 49,7; 52,9; Spr 11,28; Sir 31,5–10 • 26: Dtn 4,19; Jer 8,2; Ez 8,16 • 29: Spr 24,17f; Mt 5,43–48 • 33: Ps 32,5.

Ijobs Warten auf Gottes Antwort: 31,35–40

35 Gäbe es doch einen, der mich hört. / Das ist mein Begehr, dass der Allmächtige mir Antwort gibt: / Hier ist das Schriftstück, das mein Gegner geschrieben.

36 Auf meine Schulter wollte ich es heben, / als Kranz es um den Kopf mir winden.

37 Ich täte die Zahl meiner Schritte ihm kund, / ich nahte mich ihm wie ein Fürst.

38 Wenn über mich mein Acker schrie, / seine Furchen miteinander weinten,

39 wenn seinen Ertrag ich verzehrte, ohne zu bezahlen, / das Verlangen seines Herrn ich unerfüllt ließ,

40 sollen Dornen wachsen statt Weizen, / statt Gerste stinkendes Kraut.

Zu Ende sind die Worte Ijobs.

DIE REDEN ELIHUS: 32,1 – 37,24

Die erste Rede Elihus: 32,1 – 33,33

Die Selbstvorstellung: 32,1–22

32 Nun hörten jene drei Männer auf,
Ijob zu entgegnen, weil er gerecht
war in seinen Augen. 2 Da entbrannte der
Zorn Elihus, des Sohnes Barachels, des Busiters aus dem Geschlecht Ram. Gegen Ijob
entbrannte sein Zorn, weil er sich vor Gott
für gerecht hielt. 3 Auch gegen seine drei
Freunde entbrannte sein Zorn, weil sie keine
Antwort mehr fanden, um Ijob schuldig zu
sprechen. 4 Elihu aber hatte Ijob gegenüber
mit Worten gezögert, weil jene älter waren
als er. 5 Doch als Elihu sah, dass die drei Männer keine Antwort mehr wussten, entbrannte
sein Zorn. 6 Da ergriff Elihu, der Sohn Barachels, der Busiter, das Wort und sprach:

Noch bin ich jung an Jahren, / doch ihr seid hochbetagt; / deshalb hielt ich mich zurück und scheute mich, / euch mein Wissen zu beweisen.

7 Ich dachte: Mag erst das Alter reden, / der Jahre Fülle Weisheit künden.

8 Jedoch, es ist der Geist im Menschen, / des Allmächtigen Hauch, der ihn verständig macht.

9 Die alt an Jahren sind, nicht immer sind sie weise / noch Greise stets des Rechten kundig.

10 Darum sage ich: Hört mich an! / Beweisen will auch ich mein Wissen.

11 Seht, gewartet habe ich auf eure Worte, / gelauscht auf eure klugen Sprüche, / bis ihr die rechten Worte fändet.

12 Ich bin euch aufmerksam gefolgt, / doch seht, keiner hat Ijob widerlegt, / keiner von euch ihm zu entgegnen vermocht.

13 Sagt nicht: Wir haben die Weisheit gefunden: / Gott wird ihn verstoßen, nicht ein Mensch.

14 Nicht gegen mich richten sich seine Reden, / nicht mit euren Worten werd ich ihm entgegnen.

15 Besiegt sind sie, geben keine Antwort mehr, / die Worte sind ihnen ausgegangen.

16 Soll ich nun warten, wenn sie nicht reden, / wenn sie dastehen, nichts mehr zu sagen wissen?

17 So will auch ich nun meinen Teil erwidern, / beweisen will auch ich mein Wissen.

18 Denn angefüllt bin ich mit Worten, / mich drängt der Geist in meiner Brust.

19 Mein Inneres ist wie Wein, der keine Luft hat, / wie neue Schläuche muss es bersten.

20 Reden will ich, dann wird mir leichter, / ich öffne meine Lippen und entgegne.

21 Ich ergreife für niemand Partei / und sage keinem Schmeichelworte.

22 Denn ich versteh mich nicht aufs Schmeicheln, / sonst raffte mich mein Schöpfer bald hinweg.

6: Ps 119,100 • 7: 15,10; Sir 25,4–6 • 8: Spr 2,6 • 9: Weish 4,8 • 13: 11,6 • 19: Jer 20,9; Mt 9,17.

Die Zusammenfassung der Argumente Ijobs: 33,1–13

33 Du aber, Ijob, hör doch auf meine Rede, / all meinen Worten leih dein Ohr!

2 Siehe, ich habe meinen Mund geöffnet, / schon spricht am Gaumen meine Zunge.

3 Gerade sind die Worte meines Herzens, / lautere Weisheit reden meine Lippen.

32,9a Die alt an Jahren sind: Text korr.

4 Gottes Geist hat mich erschaffen, / der
Atem des Allmächtigen mir das Leben gege-
ben.
5 Wenn du kannst, so gib mir Antwort! /
Leg es mir vor und stell dich!
6 Schau, ich bin wie du vor Gott, / auch ich
bin nur aus Lehm geformt.
7 Furcht vor mir braucht dich nicht zu er-
schrecken, / Druck von mir nicht auf dir las-
ten.
8 Jedoch, du sprachst vor meinen Ohren /
und ich vernahm der Worte Laut:
9 Rein bin ich und ohne Sünde, / makellos
und ohne Schuld.
10 Vorwürfe sucht Gott gegen mich zu fin-
den, / er sieht mich an als seinen Feind.
11 Meine Füße legt er in den Block, / er
überwacht alle meine Pfade.
12 Da bist du nicht im Recht, sage ich dir, /
denn Gott ist größer als der Mensch.
13 Weshalb hast du mit ihm gehadert, /
weil er all deinen Worten nicht erwidert?

4: Gen 2,7 • 6: 10,8 • 9: 10,7; 16,17; 23,10; 27,5 • 10: 13,24; 19,11 •
11: 13,27.

Gottes vielfältige Zeichen: 33,14–33

14 Denn einmal redet Gott / und zweimal,
man achtet nicht darauf.
15 Im Traum, im Nachtgesicht, / wenn tie-
fer Schlaf auf die Menschen fällt, / im
Schlummer auf dem Lager,
16 da öffnet er der Menschen Ohr / und
schreckt sie auf durch Warnung,
17 um von seinem Tun den Menschen abzu-
bringen, / den Hochmut aus dem Manne aus-
zutreiben,
18 seine Seele vor dem Grab zu retten, /
sein Leben davor, in den Todesschacht hi-
nabzusteigen.
19 Er wird gemahnt durch Schmerz auf sei-
nem Lager / und ständig ist Kampf in seinen
Gliedern.
20 Am Brot verspürt sein Leben Ekel / und
seine Seele an der Lieblingsspeise.
21 Es schwindet sein Fleisch, man sieht's
nicht mehr. / Abgemagert bis auf die Kno-
chen, / die man sonst nicht sieht.
22 Dem Grabe nähert sich seine Seele, /
sein Leben den Todesboten.
23 Wenn dann ein Engel ihm zur Seite
steht, / ein Mittler, einer von den Tausen-
den, / dem Menschen zu verkünden, was
recht ist,
24 wenn dieser sich erbarmt und spricht: /
Erlös ihn, dass er nicht ins Grab absteige, /
Lösegeld hab ich für ihn gefunden!,
25 dann blüht sein Fleisch in Jugendfri-
sche, / zu Jugendtagen kehrt er zurück.
26 Betet er zu Gott, so ist er ihm gnädig, / er
darf sein Angesicht schauen in festlichem
Jubel. / Dem Menschen gibt er die Gerech-
tigkeit wieder.
27 Er singt bei den Menschen und spricht: /
Gesündigt hatte ich und das Recht ver-
kehrt; / doch hat er mir nicht mit Gleichem
vergolten,
28 meine Seele erlöst vor dem Abstieg ins
Grab, / mein Leben darf schauen das Licht.
29 Sieh, alles das pflegt Gott zu tun, / zwei-
mal, ja dreimal mit den Menschen,
30 um fern zu halten seine Seele von dem
Grab, / um ihm zu leuchten mit dem Licht
des Lebens.
31 Merk auf, Ijob, hör mich an, / schweig
still, dass ich rede!
32 Hast Worte du bereit, entgegne mir! /
Sprich nur; denn gern gebe ich dir Recht.
33 Wenn aber nicht, hör du mich an! /
Schweig still, damit ich dich Weisheit leh-
re.

15: 4,12–16 • 19: Spr 3,12 • 20: Ps 107,18 • 21: 19,20 • 25: Ps
103,5 • 30: Ps 56,14.

Die zweite Rede Elihus: 34,1–37

Die Verwegenheit Ijobs: 34,1–9

34 Dann ergriff Elihu das Wort und
sprach:
2 Ihr Weisen, hört meine Worte, / ihr Kun-
digen, leiht mir Gehör!
3 Denn das Ohr prüft die Worte / und der
Gaumen schmeckt die Speise.
4 Lasst das Recht uns untersuchen, / er-
kennen unter uns, was gut ist.
5 Denn Ijob sagt. Ich bin im Recht, / doch
Gott hat mir mein Recht entzogen.
6 Meinem Recht zuwider soll ich lügen? /
Unheilbar traf mich ohne Schuld der Pfeil.
7 Wo ist ein Mann wie Ijob, / der Lästerung
wie Wasser trinkt,
8 der hingeht, um sich den Übeltätern zu-
zugesellen, / und mit den Frevlern Umgang
pflegt?
9 Er sagte ja: Es nützt dem Menschen
nichts, / dass er in Freundschaft lebt mit
Gott.

3: 12,11 • 6: 9,15 • 7: 15,16.

33,13b deinen: Text korr.; H: seinen.
33,16b schreckt sie auf durch Warnung: Text korr.
33,17 von seinem Tun: Text korr. – auszutreiben: Text korr.

Das gerechte Handeln des Allmächtigen:
34,10–15

10 Darum hört mir zu, ihr Männer mit Ver-
stand! / Fern ist es Gott, Unrecht zu tun, /
und dem Allmächtigen, Frevel zu üben.
11 Nein, was der Mensch tut, das vergilt er
ihm, / nach eines jeden Verhalten lässt er es
ihn treffen.
12 Nein, wahrhaftig, nie tut Gott unrecht /
und der Allmächtige beugt nicht das Recht.
13 Wer hat ihm seine Erde anvertraut / und
wer den ganzen Erdkreis hingestellt?
14 Wenn er auf ihn den Sinn nur richtet, /
seinen Geist und Atem zu sich holt,
15 muss alles Fleisch zusammen sterben, /
der Mensch zum Staube wiederkehren.

11: Ps 62,13; Spr 24,12; Sir 16,14 • 12: Gen 18,25 • 14–15: Ps 104,29f; Gen 2,7; Koh 3,20; Gen 3,19.

Gottes Macht: 34,16–24

16 Hast du Verstand, so höre dies, / lausche
dem Laut meiner Worte!
17 Kann, wer das Recht hasst, Herrschaft
führen? / Und willst du den Gerechten, / den
Erhabenen verklagen,
18 ihn, der zum König sagt: Du Nichts-
nutz!, / zu Edelmännern: Bösewicht!,
19 der nicht auf Fürsten Rücksicht nimmt, /
vornehm nicht vor arm begünstigt; / denn
alle sind sie seiner Hände Werk.
20 Sie sterben plötzlich, mitten in der
Nacht; / das Volk gerät in Aufruhr und sie
müssen fort. / Starke müssen weichen, / ohne
dass eine Hand sich rührt.
21 Denn seine Augen schauen auf des Men-
schen Wege, / alle seine Schritte sieht er
wohl.
22 Kein Dunkel gibt es, keine Finsternis, /
wo sich die Übeltäter bergen könnten.
23 Denn dem Menschen setzt er keine
Frist, / zu Gott ins Gericht zu gehen.
24 Gewaltige knickt er ohne Verhör / und
stellt andere an ihren Platz.

17: Röm 3,5 • 18: Jes 40,23f • 19: Sir 35,16 • 21: Jer 32,19; Hebr 4,13 • 22: Ps 139,12 • 24: Dan 2,21.

Gottes Recht: 34,25–37

25 Wahrhaftig, Gott kennt ja ihre Taten, /
er stürzt sie bei Nacht und sie sind zer-
malmt.
26 Wie Frevler schlägt er sie / an einem Ort,
wo man es sieht,
27 deshalb, weil sie von ihm wichen, / nicht
achteten auf alle seine Wege.
28 So lässt er der Armen Geschrei zu sich
kommen, / er hört das Geschrei der Gebeug-
ten.
29 Hält er sich still, wer spricht ihn schul-
dig? / Verbirgt er sein Gesicht, wer nimmt
ihn wahr? / Über Volk und Menschen aber
wacht er,
30 damit nicht ruchlose Menschen herr-
schen, / die dem Volk zum Fallstrick wer-
den.
31 Denn nicht ist's an Gott, zu sagen: /
Geirrt habe ich, ich mach's nicht wieder
falsch.
32 Was ich nicht sehe, lehre du mich! / Tat
ich Unrecht, ich will es nicht mehr tun.
33 Soll er nach deinem Sinn vergelten, /
weil du verwirfst?
So musst ja du entscheiden, nicht ich, /
und was du weißt, das sage an!
34 Verständige Männer werden zu mir sa-
gen, / ein jeder Weise, der mich hört:
35 Bar des Wissens redet Ijob / und unbe-
dacht sind seine Worte.
36 Wohlan, weiter werde Ijob geprüft, / weil
er nach der Frevler Art erwidert.
37 Denn Frevel fügt er noch zu seiner Sün-
de, / in unserer Mitte höhnt er laut, / mehrt
seine Worte gegen Gott.

29: Weish 12,2.

Die dritte Rede Elihus: 35,1–16

Gottes Überlegenheit: 35,1–8

35 Dann ergriff Elihu das Wort und
sprach:
2 Hältst du das für ein Rechtsverfahren? /
Du behauptest bloß: Gerecht bin ich vor
Gott.
3 Du sagst: Was nützt es mir, / was habe ich
davon, dass ich nicht sündige?
4 Ich will mit Worten dir erwidern / und
deinen Freunden auch mit dir.
5 Schau den Himmel an und sieh, / blick zu
den Wolken auf hoch über dir!
6 Wenn du gesündigt hast, was tust du
ihm, / sind zahlreich deine Frevel, was scha-
dest du ihm?
7 Tust du recht, was gibst du ihm / oder
was empfängt er aus deiner Hand?
8 Menschen wie dich trifft dein Frevel, /
dein Gerechtsein nur die Menschenkin-
der.

3: 7,20 • 7: 22,3; Lk 17,10.

34,23a Frist: Text korr.
34,29c wacht er: Text korr.
34,31a Text korr.
35,3a mir: Text korr.; H: dir.

Gottes Langmut: 35,9–16

9 Sie schreien über der Bedrücker Menge, / rufen um Hilfe unter dem Arm der Großen.

10 Doch keiner fragt: Wo ist Gott, mein Schöpfer, / der Loblieder schenkt bei Nacht,

11 der uns mehr lehrt als die Tiere der Erde / und uns weiser macht als die Vögel des Himmels?

12 Dort schreien sie und doch antwortet er nicht / wegen des Übermuts der Bösen.

13 Wahrhaftig umsonst, Gott hört es nicht / und der Allmächtige sieht es nicht an.

14 Gar wenn du sagst, du sähest ihn nicht – / das Gericht steht bei ihm, du aber harre auf ihn!

15 Jetzt aber, da sein Zorn nicht straft / und er nicht groß des Frevels achtet,

16 reißt Ijob sinnlos auf den Mund, / macht große Worte im Unverstand.

13: 22,13.

Die vierte Rede Elihus: 36,1 – 37,24

Über die Vergeltung Gottes: 36,1–14

36 Dann fuhr Elihu fort und sprach:
2 Wart ein wenig, ich will es dir künden, / ich hab für Gott noch mehr zu sagen.

3 Ich rufe mein Wissen weit hinaus, / meinem Schöpfer verschaff ich Recht.

4 Denn wahrhaftig, meine Worte sind kein Trug, / ein Mann vollkommenen Wissens steht vor dir.

5 Denn Gott ist gewaltig, doch verwirft er nicht, / gewaltig an Kraft und an Weisheit.

6 Den Frevler lässt er nicht am Leben, / doch den Gebeugten schafft er Recht.

7 Er wendet seine Augen nicht von dem Gerechten; / Könige auf dem Thron: / für immer setzt er sie ein, sie werden groß.

8 Doch sind in Fesseln sie geschlagen, / gefangen in des Elends Stricken,

9 so hält er ihnen ihr Tun vor / und ihr Vergehen, weil sie stolz geworden.

10 Er öffnet ihr Ohr zur Warnung, / fordert sie auf, vom Bösen zu lassen.

11 Wenn sie gehorchen und ihm dienen, / vollenden sie im Glück ihre Tage, / in Wonnen ihre Jahre.

12 Hören sie nicht, so fahren sie zum Todesschacht hinab, / verscheiden im Unverstand.

13 Ruchlos Gesinnte hegen Groll, / schreien nicht um Hilfe, wenn er sie fesselt.

14 Jung schon muss ihre Seele sterben, / wie das Leben der Lustknaben ist ihr Leben.

7: Dan 4,14 • 8: 2 Chr 33,11–13; Ps 107,10.

Über das Leid: 36,15–21

15 Den Geplagten rettet Gott durch seine Plage / und öffnet durch Bedrängnis sein Ohr.

16 Auch dich entreißt er dem Rachen der Bedrängnis, / in Weite stehst du, nicht in Enge, / voll ist deine Tafel von fetten Speisen.

17 Doch wenn du wie ein Frevler richtest, / wird Recht und Gericht dich treffen.

18 Zornglut verleite dich nicht beim Schicksalsschlag / und reiches Lösegeld verführe dich nicht.

19 Wird dein Schreien aus der Not dich führen / und alle Anstrengungen voll Kraft?

20 Sehne nicht die Nacht herbei, / die Völker von ihrer Stätte vertreibt.

21 Hüte dich und wende dich nicht zum Bösen! / Denn darum wirst du durch Leid geprüft.

Über Gottes Größe: 36,22–33

22 Sieh, groß ist Gott in seiner Macht. / Wer ist ein Lehrer wie er?

23 Wer will ihm weisen seinen Weg? / Wer kann ihm sagen: Du tust Unrecht?

24 Denk daran, hoch sein Werk zu preisen, / von dem die Menschen Lieder singen.

25 Alle Welt schaut es voll Staunen, / von ferne nur erblickt es der Mensch.

26 Sieh, Gott ist groß, nicht zu begreifen, / unerforschlich ist die Zahl seiner Jahre.

27 Denn er zieht die Wassertropfen herauf, / als Regen ergießen sie sich aus der Flut.

28 Durch ihn rieseln die Wolken, / träufeln nieder auf die vielen Menschen.

29 Wer gar versteht der Wolke Schweben, / den Donnerhall aus seinem Zelt?

30 Sieh, darüber breitet er sein Licht / und deckt des Meeres Wurzeln zu.

31 Denn damit richtet er die Völker, / gibt Speise in reicher Fülle.

36,14b Anspielung an die sakrale Prostitution im kanaanäischen Kult.

36,19f Sinn unklar.

36,29a Wer: Text korr. – Schweben: Text korr.

[32] Mit leuchtenden Blitzen füllt er beide Hände, / bietet sie auf gegen den, der angreift.
[33] Ihn kündigt an sein Donnerhall, / wenn er im Zorn gegen den Frevel eifert.

22: Ps 95,3; Dan 2,47 • 23: Jes 40,13; Röm 11,33f • 26: Ps 145,3 • 27: 28,25f • 29: Ps 18,10–15 • 31: Ps 104,13f.

Über Gottes Macht: 37,1–13

37 Darum erbebt mein Herz sehr heftig, / pocht erregt an seiner Stelle.
[2] Hört, hört das Toben der Stimme Gottes, / welch ein Grollen seinem Mund entfährt.
[3] Unter dem ganzen Himmel lässt er es los / und seinen Blitz über die Säume der Erde.
[4] Hinter ihm brüllt der Donner drein, / er dröhnt mit erhabener Stimme.
Nicht hält er (die Blitze) zurück, / wenn sein Donner gehört wird.
[5] Gott dröhnt mit seiner Stimme, wunderbar, / er schafft große Dinge, wir verstehen sie nicht:
[6] Dem Schnee befiehlt er: Fall zur Erde!, / dem Regenschwall, seinen mächtigen Güssen.
[7] Er versiegelt die Hand aller Menschen, / sodass alle Welt sein Tun erkennt.
[8] Die Tiere verkriechen sich in ihr Versteck, / sie lagern in ihren Höhlen.
[9] Aus seiner Kammer kommt der Sturm, / von den Winden des Nordens die Kälte.
[10] Durch Gottes Hauch entsteht das Eis, / liegt starr des Wassers Fläche.
[11] Auch belädt er die Wolken mit Nass, / streut umher die leuchtenden Wolken.
[12] Sie ziehen hin und her, wie er sie lenkt, / um alles, was er gebietet, / zu wirken auf dem Kreis der Erde.
[13] Sei es als Zuchtrute, sei es auch für seine Erde, / sei es als Erweis seiner Huld, / so lässt er es sie treffen.

2: Ps 29 • 4: Ps 29,3f • 5: 5,9 • 7–8: Ps 104,19–23 • 10: Ps 147,17.

Über die Furcht vor Gott: 37,14–24

[14] Hör dir dies an, Ijob! Steh still, / um die Wunder Gottes zu betrachten.
[15] Weißt du, wie Gott ihnen Auftrag gibt, / wie das Licht seiner Wolke aufstrahlt?
[16] Weißt du um der Wolke Schweben, / um die Wunderwerke des Allwissenden?
[17] Du, dem die Kleider vor Hitze glühen, / wenn die Erde unter dem Südwind liegt,
[18] wölbst du gleich ihm das Wolkenfirmament, / das fest ist wie ein gegossener Spiegel?
[19] Lehre du uns, was wir ihm sagen sollen. / Wir können wegen des Dunkels nichts vorbringen.
[20] Muß man ihm erst erzählen, wenn ich rede? / Muß es erst einer sagen, / damit es ihm mitgeteilt wird?
[21] Und nun, wenn man das Sonnenlicht nicht sieht, / ist es verdunkelt durch die Wolken, / ein Windhauch bläst und fegt sie weg.
[22] Vom Norden naht ein Lichtglanz, / um Gott her ist schreckliche Herrlichkeit.
[23] Den Allmächtigen ergründen wir nicht, / er ist erhaben an Macht und Recht, / er ist reich an Gerechtigkeit; Recht beugt er nicht.
[24] Darum sollen die Menschen ihn fürchten. / Keinen sieht er an, wie weise sie auch sind.

16: Spr 8,28 • 18: Gen 1,6 • 22: Ex 24,16.

DIE ANTWORT GOTTES: 38,1 – 41,26

Die erste Rede Gottes

Fragen zum Geheimnis der Schöpfung: 38,1 – 40,2

38 Da antwortete der Herr dem Ijob aus dem Wettersturm und sprach:
[2] Wer ist es, der den Ratschluss verdunkelt / mit Gerede ohne Einsicht?
[3] Auf, gürte deine Lenden wie ein Mann: / Ich will dich fragen, du belehre mich!
[4] Wo warst du, als ich die Erde gegründet? / Sag es denn, wenn du Bescheid weißt.
[5] Wer setzte ihre Maße? Du weißt es ja. / Wer hat die Messschnur über ihr gespannt?
[6] Wohin sind ihre Pfeiler eingesenkt? /

36,33 Text korr.
37,7a Gemeint ist: Gott zwingt die Menschen zur Untätigkeit.
37,10 entsteht: Text korr.; H hat eine andere Vokalisierung.
37,20bc Text unsicher.
38,1–39,30 In diesen beiden Kapiteln ist die Nachwirkung der sog. weisheitlichen Listenwissenschaft des Alten Orient erkennbar.

Oder wer hat ihren Eckstein gelegt,
7 als alle Morgensterne jauchzten, / als jubelten alle Gottessöhne?
8 Wer verschloss das Meer mit Toren, / als schäumend es dem Mutterschoß entquoll,
9 als Wolken ich zum Kleid ihm machte, / ihm zur Windel dunklen Dunst,
10 als ich ihm ausbrach meine Grenze, / ihm Tor und Riegel setzte
11 und sprach: Bis hierher darfst du und nicht weiter, / hier muss sich legen deiner Wogen Stolz?
12 Hast du je in deinem Leben dem Morgen geboten, / dem Frührot seinen Ort bestimmt,
13 dass es der Erde Säume fasse / und dass die Frevler von ihr abgeschüttelt werden?
14 Sie wandelt sich wie Siegelton, / (die Dinge) stehen da wie ein Gewand.
15 Den Frevlern wird ihr Licht entzogen, / zerschmettert der erhobene Arm.
16 Bist du zu den Quellen des Meeres gekommen, / hast du des Urgrunds Tiefe durchwandert?
17 Haben dir sich die Tore des Todes geöffnet, / hast du der Finsternis Tore geschaut?
18 Hast du der Erde Breiten überblickt? / Sag es, wenn du das alles weißt.
19 Wo ist der Weg zur Wohnstatt des Lichts? / Die Finsternis, wo hat sie ihren Ort,
20 dass du sie einführst in ihren Bereich, / die Pfade zu ihrem Haus sie führst?
21 Du weißt es ja; du wurdest damals ja geboren / und deiner Tage Zahl ist groß.
22 Bist du zu den Kammern des Schnees gekommen, / hast du die Kammern des Hagels gesehen,
23 den ich für Zeiten der Drangsal aufgespart, / für den Tag des Kampfes und der Schlacht?
24 Wo ist der Weg dorthin, wo das Licht sich verteilt, / der Ostwind sich über die Erde zerstreut?
25 Wer grub der Regenflut eine Rinne, / einen Weg für das Donnergewölk,
26 um Regen zu senden auf unbewohntes Land, / auf die Steppe, darin niemand wohnt,
27 um zu sättigen die Wildnis und Öde / und frisches Gras sprossen zu lassen?
28 Hat der Regen einen Vater / oder wer zeugte die Tropfen des Taus?
29 Aus wessen Schoß ging das Eis hervor, / des Himmels Reif, wer hat ihn geboren?
30 Wie Stein erstarren die Wasser / und wird fest die Fläche der Flut.
31 Knüpfst du die Bande des Siebengestirns / oder löst du des Orions Fesseln?
32 Führst du heraus des Tierkreises Sterne zur richtigen Zeit, / lenkst du die Löwin samt ihren Jungen?
33 Kennst du die Gesetze des Himmels, / legst du auf die Erde seine Urkunde nieder?
34 Erhebst du zu den Wolken deine Stimme, / dass dich die Woge des Wassers bedeckt?
35 Entsendest du die Blitze, dass sie eilen / und dir sagen: Wir sind da?
36 Wer verlieh dem Ibis Weisheit / oder wer gab Einsicht dem Hahn?
37 Wer zählt in Weisheit die Wolken, / und die Schläuche des Himmels, wer schüttet sie aus,
38 wenn der Erdboden hart wird, als sei er gegossen, / und Erdschollen zusammenkleben?
39 Erjagst du Beute für die Löwin, / stillst du den Hunger der jungen Löwen,
40 wenn sie sich ducken in den Verstecken, / im Dickicht auf der Lauer liegen?
41 Wer bereitet dem Raben seine Nahrung, / wenn seine Jungen schreien zu Gott und umherirren ohne Futter?

39 Kennst du der Steinböcke Wurfzeit, / überwachst du das Werfen der Hirsche?
2 Zählst du die Monde, die tragend sie füllen, / kennst du die Zeit ihres Wurfs?
3 Sie kauern sich, werfen ihre Jungen, / werden los ihre Wehen.
4 Ihre Jungen erstarken, wachsen im Freien, / laufen hinaus und kehren nicht zu ihnen zurück.
5 Wer hat das Maultier freigelassen, / des Wildesels Fesseln, wer schloss sie auf?
6 Ich gab ihm zur Behausung die Steppe, / zu seiner Wohnung die salzige Trift.
7 Er verlacht das Lärmen der Stadt, / hört nicht des Treibers Geschrei.
8 Die Berge sucht er nach Weide ab, / jeglichem Grün spürt er nach.
9 Wird dir der Wildstier dienen wollen, / bleibt er an deiner Krippe zur Nacht?
10 Hältst du am Seil ihn in der Furche, / pflügt er die Täler hinter dir her?
11 Traust du ihm, weil er so stark ist? / Überlässt du ihm deine Arbeit?
12 Glaubst du ihm, dass er wiederkommt /

38,8a Wer: Text korr.
38,20b sie führst: Text korr.; H: begreifst.
38,30a erstarren, wörtlich: verbergen sich.

und deine Saat auf die Tenne bringt?
[13] Lustig schlägt die Straußenhenne die
Flügel. / Ist ihre Schwinge darum so / wie die
des Storches und Falken?
[14] Nein, sie gibt der Erde ihre Eier preis, /
lässt sie erwärmen im Sand,
[15] vergisst, dass sie ein Fuß zerdrücken, /
das Wild des Feldes sie zertreten kann;
[16] sie behandelt ihre Jungen hart wie
Fremde; / war umsonst ihre Mühe, es erschreckt sie nicht.
[17] Denn Gott ließ sie Weisheit vergessen, /
gab ihr an Verstand keinen Teil.
[18] Im Augenblick aber, wenn sie hochschnellt, / verlacht sie das Ross und seinen
Reiter.
[19] Gabst du dem Ross die Heldenstärke, /
kleidest du mit einer Mähne seinen Hals?
[20] Läßt du wie Heuschrecken es springen? / Furchtbar ist sein stolzes Wiehern.
[21] Es scharrt im Tal und freut sich, / zieht
mit Macht dem Kampf entgegen.
[22] Es spottet der Furcht und kennt keine
Angst / und kehrt nicht um vor dem
Schwert.
[23] Über ihm klirrt der Köcher, / Speer und
Sichelschwert blitzen.
[24] Mit Donnerbeben wirbelt es den Staub
auf, / steht nicht still beim Klang des
Horns.
[25] Sooft das Horn hallt, wiehert es »hui« /
und wittert den Kampf schon von weitem, /
der Anführer Lärm und das Schlachtgeschrei.
[26] Kommt es von deiner Einsicht, / dass der
Falke sich aufschwingt / und nach Süden
seine Flügel ausbreitet?
[27] Fliegt auf dein Geheiß der Adler so
hoch / und baut seinen Horst in der Höhe?
[28] Auf Felsen wohnt und nächtigt er, / auf
der Felsenzacke und an steiler Wand.
[29] Von dort erspäht er die Beute, / seine
Augen schauen ins Weite.
[30] Nach Blut schon gieren seine Jungen; /
wo Erschlagene sind, ist er zur Stelle.
40 Da antwortete der Herr dem Ijob
und sprach:
[2] Mit dem Allmächtigen will der Tadler
rechten? / Der Gott anklagt, antworte
drauf!

38,2: 42,3; Jdt 8,12; Jes 40,13 • 4: Jes 40,12 • 5: Sach 1,16 • 6: Ps 118,22 • 7: Ps 19,2; 148,2f; Bar 3,34f • 8: 2 Makk 9,8; Ps 33,7 • 11: Ps 65,8; 104,6–9; Spr 8,29 • 22: Ps 147,17; Sir 43,14f • 23: Ex 9,18–26 • 25: Jes 30,30 • 31: 9,9; Am 5,8 • 35: Bar 3,35 • 39: Ps 104,21f • 41: Ps 147,9 • 39,13–16: Klgl 4,3 • 26: Jer 8,7 • 30: Mt 24,28 • 40,2: Jdt 8,12.

Ijobs Antwort: 40,3–5

[3] Da antwortete Ijob dem Herrn und
sprach:
[4] Siehe, ich bin zu gering. Was kann ich dir
erwidern? / Ich lege meine Hand auf meinen
Mund.
[5] Einmal habe ich geredet, ich tu es nicht
wieder; / ein zweites Mal, doch nun nicht
mehr!

5: Ps 62,12.

Die zweite Rede Gottes

Gottes Weisheit und Macht: 40,6 – 41,26

[6] Da antwortete der Herr dem Ijob aus dem
Wettersturm und sprach:
[7] Auf, gürte deine Lenden wie ein Mann! /
Ich will dich fragen, du belehre mich!
[8] Willst du wirklich mein Recht zerbrechen, / mich schuldig sprechen, damit du
Recht behältst?
[9] Hast du denn einen Arm wie Gott, /
dröhnst du wie er mit Donnerstimme?
[10] So schmücke dich mit Hoheit und mit
Majestät / und kleide dich in Prunk und
Pracht!
[11] Lass die Fluten deines Zornes sich ergießen, / schau an jeden Stolzen, demütige
ihn!
[12] Schau an jeden Stolzen, zwing ihn nieder! / Zertritt die Frevler auf der Stelle!
[13] Verbirg sie insgesamt im Staub, /
schließ sie leibhaftig im Erdinnern ein!
[14] Dann werde auch ich dich preisen, / weil
deine Rechte den Sieg dir verschaffte.
[15] Sieh doch das Nilpferd, das ich wie dich
erschuf. / Gras frisst es wie ein Rind.
[16] Sieh doch die Kraft in seinen Lenden /
und die Stärke in den Muskeln seines
Leibs!
[17] Wie eine Zeder lässt es hängen seinen
Schwanz; / straff sind verflochten seiner
Schenkel Sehnen.
[18] Seine Knochen sind Röhren von Erz, /
wie Eisenstangen sein Gebein.
[19] Es ist der Anfang der Wege Gottes; / der
es gemacht hat, gab ihm sein Schwert.
[20] Doch die Berge tragen ihm Futter zu /
und alle Tiere des Feldes spielen dort.
[21] Es lagert unter Kreuzdornbüschen, / in
dem Versteck von Schilf und Sumpf.
[22] Kreuzdornbüsche decken es mit Schatten, / die Pappeln am Fluss umgeben es.
[23] Schwillt auch der Fluss, es zittert nicht, /

39,13bc Sinn von H unklar.
40,19b Sinn von H unklar.
40,23a Schwillt: Text korr.; H: Bedrückt.
40,23b Flut, wörtlich: Jordan.

bleibt ruhig, wenn auch die Flut ihm ins
Maul dringt.
24 Kann man an den Augen es fassen, / mit
Haken ihm die Nase durchbohren?
25 Kannst du das Krokodil am Angelhaken
ziehen, / mit der Leine seine Zunge nieder-
drücken?
26 Legst du ein Binsenseil ihm in die
Nase, / durchbohrst du mit einem Haken
seine Backe?
27 Fleht es dich groß um Gnade an? / Rich-
tet es zärtliche Worte an dich?
28 Schließt es einen Pakt mit dir, / sodass
du es dauernd nehmen kannst zum
Knecht?
29 Kannst du mit ihm wie mit einem Vogel
spielen, / bindest du es für deine Mädchen
an?
30 Feilschen darum die Jagdgenossen, /
verteilen sie es stückweise unter die Händ-
ler?
31 Kannst du seine Haut mit Spießen spi-
cken, / mit einer Fischharpune seinen Kopf?
32 Leg nur einmal deine Hand daran! /
Denk an den Kampf! Du tust es nie mehr.
41 Sieh, das Hoffen darauf wird ent-
täuscht; / sein bloßer Anblick bringt
zu Fall.
2 So kühn ist keiner, es zu reizen; / wer
könnte ihm wohl trotzen?
3 Wer begegnete ihm und bliebe heil? / Un-
ter dem ganzen Himmel gibt es so einen
nicht.
4 Ich will nicht schweigen von seinen Glie-
dern, / wie groß und mächtig, wie wohlge-
schaffen es ist.
5 Wer öffnet die Hülle seines Kleides, / wer
dringt in seinen Doppelpanzer ein?
6 Wer öffnet die Tore seines Mauls? / Rings
um seine Zähne lagert Schrecken.
7 Reihen von Schilden sind sein Rücken, /
verschlossen mit Siegel aus Kieselstein.
8 Einer reiht sich an den andern, / kein
Lufthauch dringt zwischen ihnen durch.
9 Fest haftet jeder an dem andern, / sie
sind verklammert, lösen sich nicht.
10 Sein Niesen lässt Licht aufleuchten; /
seine Augen sind wie des Frührots Wim-
pern.
11 Aus seinem Maul fahren brennende
Fackeln, / feurige Funken schießen hervor.
12 Rauch dampft aus seinen Nüstern / wie
aus kochendem, heißem Topf.
13 Sein Atem entflammt glühende Koh-
len, / eine Flamme schlägt aus seinem Maul
hervor.
14 Stärke wohnt in seinem Nacken, / vor
ihm her hüpft bange Furcht.
15 Straff liegt seines Wanstes Fleisch, / wie
angegossen, unbewegt.
16 Sein Herz ist fest wie Stein, / fest wie
der untere Mühlstein.
17 Erhebt es sich, erschrecken selbst die
Starken; / vor Schrecken wissen sie nicht
aus noch ein.
18 Trifft man es, kein Schwert hält stand, /
nicht Lanze noch Geschoss und Pfeil.
19 Eisen achtet es wie Stroh, / Bronze wie
morsch gewordenes Holz.
20 Kein Bogenpfeil wird es verjagen, / in
Stoppeln verwandeln sich ihm / die Steine
der Schleuder.
21 Wie Stoppeln dünkt ihm die Keule, / es
lacht nur über Schwertergerassel.
22 Sein Unteres sind Scherbenspitzen; /
ein Dreschbrett breitet es über den
Schlamm.
23 Die Tiefe lässt es brodeln wie den Kes-
sel, / macht das Meer zu einem Salbentopf.
24 Es hinterlässt eine leuchtende Spur; /
man meint, die Flut sei Greisenhaar.
25 Auf Erden gibt es seinesgleichen nicht, /
dazu geschaffen, um sich nie zu fürchten.
26 Alles Hohe blickt es an; / König ist es
über alle stolzen Tiere.

40,13: Num 16,31–34 • 25: Jes 27,1; Ez 32,2 • 26: Ez 29,4 •
41,12: Offb 9,17.

Ijobs Umkehr und Unterwerfung: 42,1–6

42 Da antwortete Ijob dem Herrn und
sprach:
2 Ich hab erkannt, dass du alles vermagst; /
kein Vorhaben ist dir verwehrt.
3 Wer ist es, der ohne Einsicht den Rat ver-
dunkelt? / So habe ich denn im Unverstand
geredet über Dinge, / die zu wunderbar für
mich und unbegreiflich sind.
4 Hör doch, ich will nun reden, / ich will
dich fragen, du belehre mich!
5 Vom Hörensagen nur hatte ich von dir
vernommen; / jetzt aber hat mein Auge dich
geschaut.
6 Darum widerrufe ich und atme auf, / in
Staub und Asche.

3: 38,2.

41,3a ihm: Text korr.; H: mir.
41,4 Sinn von H unklar.
41,6a Maul, wörtlich: Gesicht.
41,7a sein Rücken: Text korr.; H: sein Hochmut.
41,12b Sinn von H unklar.
42,6a widerrufe ich, wörtlich: verwerfe ich. – und atme auf: übersetzt nach der dem betreffenden hebräischen Wort entsprechenden arabischen Wurzel.

DIE RAHMENERZÄHLUNG: 42,7–17

Ijobs Rechtfertigung: 42,7–9

7 Als der Herr diese Worte zu Ijob gespro-
chen hatte, sagte der Herr zu Elifas von Te-
man: Mein Zorn ist entbrannt gegen dich
und deine beiden Gefährten; denn ihr habt
nicht recht von mir geredet wie mein Knecht
Ijob. 8 So nehmt nun sieben Jungstiere und
sieben Widder, geht hin zu meinem Knecht
Ijob und bringt ein Brandopfer für euch dar!
Mein Knecht Ijob aber soll für euch Fürbitte
einlegen; nur auf ihn nehme ich Rücksicht,
dass ich euch nichts Schlimmeres antue.
Denn ihr habt nicht recht von mir geredet
wie mein Knecht Ijob. 9 Da gingen Elifas von
Teman, Bildad von Schuach und Zofar von
Naama hin und taten, was der Herr ihnen ge-
sagt hatte. Und der Herr nahm Rücksicht auf
Ijob.

Ijobs neues Glück: 42,10–17

10 Der Herr wendete das Geschick Ijobs,
als er für seinen Nächsten Fürbitte einlegte;
und der Herr mehrte den Besitz Ijobs auf das
Doppelte.

11 Da kamen zu ihm alle seine Brüder, alle
seine Schwestern und alle seine früheren Be-
kannten und speisten mit ihm in seinem
Haus. Sie bezeigten ihm ihr Mitleid und trös-
teten ihn wegen all des Unglücks, das der
Herr über ihn gebracht hatte. Ein jeder
schenkte ihm eine Kesita und einen goldenen
Ring.

12 Der Herr aber segnete die spätere Le-
benszeit Ijobs mehr als seine frühere. Er be-
saß vierzehntausend Schafe, sechstausend
Kamele, tausend Joch Rinder und tausend
Esel. 13 Auch bekam er sieben Söhne und drei
Töchter.

14 Die erste nannte er Jemima, die zweite
Kezia und die dritte Keren-Happuch. 15 Man
fand im ganzen Land keine schöneren Frau-
en als die Töchter Ijobs; ihr Vater gab ihnen
Erbbesitz unter ihren Brüdern. 16 Ijob lebte
danach noch hundertvierzig Jahre; er sah
seine Kinder und Kindeskinder, vier Ge-
schlechter. 17 Dann starb Ijob, hochbetagt
und satt an Lebenstagen.

10: Jak 5,11 • 15: Ps 144,12 • 16: Ps 128,6 • 17: Gen 25,8.

Die Psalmen

Ähnlich wie die Bücher des Mose ist diese Sammlung von 150 Einzelliedern, die eines der bedeutendsten Bücher der Heiligen Schrift und auch der gesamten Weltliteratur darstellen, in fünf Bücher eingeteilt: Ps 1 – 41; 42 – 72; 73 – 89; 90 – 106; 107 – 150. Die griechische und die lateinische Bibel haben eine leicht abweichende Zählweise der Psalmen (vgl. Anhang dieser Bibelausgabe). Die heutige Reihenfolge und Anordnung der Psalmen in der hebräischen Bibel, die eine gewisse Korrespondenz zu den Büchern des Mose aufweist, ist höchstwahrscheinlich von ihrem Gebrauch im Synagogengottesdienst her zu verstehen. Thematisch berühren die Psalmen fast alle Fragen und Probleme der alttestamentlichen Theologie. Die neuere Forschung befasst sich besonders mit den verschiedenen Psalmengattungen und ihrem »Sitz im Leben« sowie mit der Überlieferung der einzelnen Psalmen bis zu ihrer jetzigen Gestalt. Man unterscheidet heute vor allem folgende Gattungen: Hymnen, Danklieder, Klagelieder eines Einzelnen und des Volkes, Bittpsalmen, Wallfahrtslieder, Königslieder, Weisheitslieder, »messianische Psalmen«.

42,11 Kesita: ursprünglich altes Metallgewicht unbekannter Schwere, später Zahlungsmittel. – Ring: ein Nasenreif oder ein Ohrring.

42,14 Die Namen der drei Töchter bedeuten: Täubchen, Zimtblüte und Schminkhörnchen.

Dass der Psalter eine Sonderstellung unter den Schriften des Alten Testaments einnimmt, wird kaum bezweifelt. Denn die Psalmen lassen einen einzigartigen Einblick in die innere Struktur der Offenbarung tun. Der Psalter gibt nämlich davon Kunde, dass die Offenbarung sich nicht nur als monologes Sprechen und Handeln Gottes ereignet, sondern dass Gott sich im auserwählten Volk einen Partner bereitet hat, der mit in das Offenbarungsgeschehen einbezogen wird. Die Offenbarung ist demnach ein dialogischer Vorgang: Gott handelt und spricht nicht nur auf das Volk hin, sondern Israel spricht und handelt mit (vgl. Ex 19,8, wo das Volk sich einmütig bereit erklärt, Gottes Auserwählung anzunehmen). Von der Aufnahme des Dialogs durch das auserwählte Volk künden wie kein anderes biblisches Buch die Psalmen: Sie sind die in der Offenbarung und aus ihr erfolgte Antwort auf Gottes offenbartes Wort. Das sollen einige Entsprechungen der Psalmen zu wichtigen alttestamentlichen Texten zeigen:

Schöpfungstat und -werk Gottes: Gen 1 – Ps 104.
Der Mensch: Gen 1,26–28 – Ps 8.
Gottes Heiligkeit: Jes 6 – Ps 99.
Das Meerwunder: Ex 13 – 15 – Ps 66.
Lobpreis des Bundesgottes: Ex 19 – 24 – Ps 97.
Von Ägypten ins Gelobte Land: Ps 114.
Von der Patriarchenzeit bis zur Landverleihung: Ps 105.
Gottes Heilswerk an Zion: 2 Sam 6 – Ps 48.
Der Neue Bund: Jer 31,31–34; Ez 36,24–28 – Ps 51,12–14.
Der Messias als König: Jes 9,1–6; 11,1–5; Mi 5,1–3 – Ps 2; 72; 110.
Der Messias als Leidensmann: Jes 53 – Ps 22.

Natürlich decken sich die Inhalte der angeführten einander entsprechenden Texte nicht vollauf; aber Hauptmotive werden vom lobpreisenden Gottesvolk aufgegriffen, neu interpretiert, um andere Offenbarungsgehalte vermehrt und weiter entfaltet.

Noch etwas anderes geht aus den Psalmen hervor, nämlich dass Israels wichtigste und vornehmste Aufgabe, ja der Grund seiner Sonderexistenz im Gotteslob, im Gott gemäßen Kult besteht. Vom Kult her dürfte auch Licht auf die heutige Anordnung der Psalmen fallen. In Neh 8,1–6 ist ein Muster für den Synagogengottesdienst enthalten, der im Exil oder in der nachexilischen Zeit neben dem Tempelgottesdienst aufkommt. Weil der Opferdienst auf den Tempel beschränkt bleibt, handelt es sich im Synagogengottesdienst um den Typus eines reinen Lesegottesdienstes, der in etwa unserem Wortgottesdienst vergleichbar ist. Er enthält als wesentliche Bestandteile:

1. *Nach Einleitungsgebeten folgt die Lesung des fälligen Abschnitts aus dem Pentateuch. Die fünf Bücher des Mose sind in einer einjährigen oder dreijährigen Leseordnung auf die Sabbate des Jahres verteilt (für die Feste sind besondere Texte ausgesucht).*
2. *Dann antwortet das Volk mit dem zugeordneten, vielleicht gesungenen Psalm.*
3. *An den Psalm schließt eine zweite Lesung aus den Propheten und eine Homilie an.*
4. *Segensgebete beschließen den Gottesdienst.*

Mit ziemlicher Sicherheit lässt sich also sagen, dass zur Zeit der Wiederherstellung der nachexilischen Gemeinde unter Esra und Nehemia der Psalter seine heutige Gestalt erhalten hat. Für die einzelnen Psalmen wird man insgesamt eine Entstehungszeit von mehreren Jahrhunderten, von David bis Esra, anzunehmen haben. Weiter deutet ihre Verwendung im Synagogengottesdienst auch eine vom Kult her bestimmte Anordnung und Reihung verschiedener Texteinheiten im Pentateuch an und legt sie nahe. So hat man also für das Verständnis der einzelnen Psalmen und des gesamten Psalters viel mehr als bisher deren Verwendung im Gottesdienst zu berücksichtigen.

Der Psalter hat seinen hohen Rang als Gebetbuch des alten Bundesvolkes auch für Christus und die junge Kirche behalten. Die Kirche hat mit den Psalmen auf die in Christus erfüllte Offenbarung geantwortet. Bis heute verwendet sie daher in der Nachfolge des Herrn den Psalter vor allen anderen Gebetstexten für den Gottesdienst in seiner vielfältigen Gestalt.

DAS ERSTE BUCH

Die beiden Wege

1 Wohl dem Mann, der nicht dem Rat der Frevler folgt, / nicht auf dem Weg der Sünder geht, / nicht im Kreis der Spötter sitzt,

2 sondern Freude hat an der Weisung des Herrn, / über seine Weisung nachsinnt bei Tag und bei Nacht.

3 Er ist wie ein Baum, / der an Wasserbächen gepflanzt ist,

der zur rechten Zeit seine Frucht bringt / und dessen Blätter nicht welken.

Alles, was er tut, / wird ihm gut gelingen.

4 Nicht so die Frevler: / Sie sind wie Spreu, die der Wind verweht.

5 Darum werden die Frevler im Gericht nicht bestehen / noch die Sünder in der Gemeinde der Gerechten.

6 Denn der Herr kennt den Weg der Gerechten, / der Weg der Frevler aber führt in den Abgrund.

1: 26,4f; Spr 4,14 • 2: 112,1; Jos 1,8 • 3: 92,13; Jer 17,8 • 4: 35,5; Ijob 21,18 • 6: 119,1; Spr 10,28.

Der Herr und sein Gesalbter

2 Warum toben die Völker, / warum machen die Nationen vergebliche Pläne?

2 Die Könige der Erde stehen auf, / die Großen haben sich verbündet gegen den Herrn und seinen Gesalbten.

3 »Lasst uns ihre Fesseln zerreißen / und von uns werfen ihre Stricke!«

4 Doch er, der im Himmel thront, lacht, / der Herr verspottet sie.

5 Dann aber spricht er zu ihnen im Zorn, / in seinem Grimm wird er sie erschrecken:

6 »Ich selber habe meinen König eingesetzt / auf Zion, meinem heiligen Berg.«

7 Den Beschluss des Herrn will ich kundtun. / Er sprach zu mir: »Mein Sohn bist du. / Heute habe ich dich gezeugt.

8 Fordre von mir und ich gebe dir die Völker zum Erbe, / die Enden der Erde zum Eigentum.

9 Du wirst sie zerschlagen mit eiserner Keule, / wie Krüge aus Ton wirst du sie zertrümmern.«

10 Nun denn, ihr Könige, kommt zur Einsicht, / lasst euch warnen, ihr Gebieter der Erde!

11 Dient dem Herrn in Furcht / und küsst ihm mit Beben die Füße,

12 damit er nicht zürnt / und euer Weg nicht in den Abgrund führt.

Denn wenig nur und sein Zorn ist entbrannt. / Wohl allen, die ihm vertrauen!

1: Offb 11,18; Apg 4,25f • 2: Offb 19,19 • 4: 59,9 • 7: 89,27f; Apg 13,33; Hebr 1,5; 5,5 • 8–9: 72,8; Offb 2,26f • 9: 110,5f; Offb 12,5; 19,15.

Hilferuf in Feindesnot

3 [Ein Psalm Davids, als er vor seinem Sohn Abschalom floh.]

2 Herr, wie zahlreich sind meine Bedränger; / so viele stehen gegen mich auf.

3 Viele gibt es, die von mir sagen: / »Er findet keine Hilfe bei Gott.« [Sela]

4 Du aber, Herr, bist ein Schild für mich, / du bist meine Ehre und richtest mich auf.

5 Ich habe laut zum Herrn gerufen; / da erhörte er mich von seinem heiligen Berg. [Sela]

6 Ich lege mich nieder und schlafe ein, / ich wache wieder auf, denn der Herr beschützt mich.

7 Viele Tausende von Kriegern fürchte ich nicht, / wenn sie mich ringsum belagern.

8 Herr, erhebe dich, / mein Gott, bring mir Hilfe!

Denn all meinen Feinden hast du den Kiefer zerschmettert, / hast den Frevlern die Zähne zerbrochen.

9 Beim Herrn findet man Hilfe. / Auf dein Volk komme dein Segen! [Sela]

1: 2 Sam 15 • 2: 25,19 • 4: 7,11; 18,3; 33,20; 84,12; 115,9–11; Gen 15,1; Dtn 33,29; Spr 30,5; Sir 34,16 • 6: 4,9 • 7: 27,3 • 9: Jona 2,10.

Gottes Schutz in der Nacht

4 [Für den Chormeister. Mit Saitenspiel. Ein Psalm Davids.]

2 Wenn ich rufe, erhöre mich, / Gott, du mein Retter!

Du hast mir Raum geschaffen, als mir

2,8 dir: ergänzt nach G und S.

2,11b Text korr.; H ist kaum verständlich: und jauchzt mit Beben, küsst den Sohn (in H zum Teil bereits V. 12).

3,1 Die sog. Psalmenüberschriften, die in dieser Übersetzung in eckigen Klammern stehen, sind späte Zusätze. Sie enthalten musikalische Hinweise, deren Bedeutung wir nicht kennen, und Vermutungen über Verfasser und Entstehungsverhältnisse, die der jüdischen Tradition entnommen sind.

3,3b Das hier und oft in den Psalmen stehende Wort »Sela« ist ebenfalls ein musikalischer Hinweis unbekannter Bedeutung.

4,2b Wörtlich: Gott meiner Gerechtigkeit.

angst war. / Sei mir gnädig und hör auf mein Flehen!

3 Ihr Mächtigen, wie lange noch schmäht ihr meine Ehre, / warum liebt ihr den Schein und sinnt auf Lügen? [Sela]

4 Erkennt doch: Wunderbar handelt der Herr an den Frommen; / der Herr erhört mich, wenn ich zu ihm rufe.

5 Ereifert ihr euch, so sündigt nicht! / Bedenkt es auf eurem Lager und werdet still! [Sela]

6 Bringt rechte Opfer dar / und vertraut auf den Herrn!

7 Viele sagen: »Wer lässt uns Gutes erleben?« / Herr, lass dein Angesicht über uns leuchten!

8 Du legst mir größere Freude ins Herz, / als andere haben bei Korn und Wein in Fülle.

9 In Frieden leg ich mich nieder und schlafe ein; / denn du allein, Herr, lässt mich sorglos ruhen.

5: Eph 4,26 • 6: 51,19.21; 1 Petr 2,5 • 7: 31,17; 44,4; 67,2; 80,4; Num 6,25f • 9: 3,6.

Ein Gebet zum Morgenopfer

5 [Für den Chormeister. Zum Flötenspiel. Ein Psalm Davids.]

2 Höre meine Worte, Herr, / achte auf mein Seufzen!

3 Vernimm mein lautes Schreien, mein König und mein Gott, / denn ich flehe zu dir.

4 Herr, am Morgen hörst du mein Rufen, / am Morgen rüst ich das Opfer zu, halte Ausschau nach dir.

5 Denn du bist kein Gott, dem das Unrecht gefällt; / der Frevler darf nicht bei dir weilen.

6 Wer sich brüstet, besteht nicht vor deinen Augen; / denn dein Hass trifft alle, die Böses tun.

7 Du lässt die Lügner zugrunde gehn, / Mörder und Betrüger sind dem Herrn ein Gräuel.

8 Ich aber darf dein Haus betreten / dank deiner großen Güte,

ich werfe mich nieder in Ehrfurcht / vor deinem heiligen Tempel.

9 Leite mich, Herr, in deiner Gerechtigkeit, / meinen Feinden zum Trotz; / ebne deinen Weg vor mir!

10 Aus ihrem Mund kommt kein wahres Wort, / ihr Inneres ist voll Verderben.

Ihre Kehle ist ein offenes Grab, / aalglatt ist ihre Zunge.

11 Gott, lass sie dafür büßen; / sie sollen fallen durch ihre eigenen Ränke.

Verstoße sie wegen ihrer vielen Verbrechen; / denn sie empören sich gegen dich.

12 Doch alle sollen sich freuen, die auf dich vertrauen, / und sollen immerfort jubeln.

Beschütze alle, die deinen Namen lieben, / damit sie dich rühmen.

13 Denn du, Herr, segnest den Gerechten. / Wie mit einem Schild deckst du ihn mit deiner Gnade.

3: 44,5; 84,4 • 4: 88,14; Weish 16,28 • 5: 34,17 • 6–7: Spr 6,16–19 • 8: 26,8; 138,2 • 9: 25,4 • 10: Röm 3,13.

Ein Bußgebet in Todesnot

6 [Für den Chormeister. Mit Saitenspiel nach der Achten. Ein Psalm Davids.]

2 Herr, strafe mich nicht in deinem Zorn / und züchtige mich nicht in deinem Grimm!

3 Sei mir gnädig, Herr, ich sieche dahin; / heile mich, Herr, denn meine Glieder zerfallen!

4 Meine Seele ist tief verstört. / Du aber, Herr, wie lange säumst du noch?

5 Herr, wende dich mir zu und errette mich, / in deiner Huld bring mir Hilfe!

6 Denn bei den Toten denkt niemand mehr an dich. / Wer wird dich in der Unterwelt noch preisen?

7 Ich bin erschöpft vom Seufzen, / jede Nacht benetzen Ströme von Tränen mein Bett, / ich überschwemme mein Lager mit Tränen.

8 Mein Auge ist getrübt vor Kummer, / ich bin gealtert wegen all meiner Gegner.

9 Weicht zurück von mir, all ihr Frevler; / denn der Herr hat mein lautes Weinen gehört.

10 Gehört hat der Herr mein Flehen, / der Herr nimmt mein Beten an.

11 In Schmach und Verstörung geraten all meine Feinde, / sie müssen weichen und gehen plötzlich zugrunde.

2: 38,2; Jer 10,24 • 3: Jer 17,14 • 4: 13,2f; 42,6 • 6: 30,10; 88,11–13; 115,17; Sir 17,27; Jes 38,18; Bar 2,17 • 9: 119,115; Mt 7,23 • 11. 35,4, 40,15.

Gebet in Verfolgung

7 [Ein Klagelied Davids, das er dem Herrn sang wegen des Benjaminiters Kusch.]

4,4a wunderbar handelt der Herr . . .: Text korr.
4,4b mich: ergänzt nach G.
5,10a Text korr. nach G, S und der aramäischen Übersetzung; H: Aus seinem Mund.
6,3b Text korr.; H: denn meine Glieder sind erschrocken.
6,8b Wörtlich: und es (das Auge) ist matt (alt) geworden.

2 Herr, mein Gott, ich flüchte mich zu dir; / hilf mir vor allen Verfolgern und rette mich,

3 damit mir niemand wie ein Löwe das Leben raubt, / mich zerreißt, und keiner ist da, der mich rettet.

4 Wenn ich das getan habe, Herr, mein Gott, / wenn an meinen Händen Unrecht klebt,

5 wenn ich meinem Freunde Böses tat, / wenn ich den quälte, der mich grundlos bedrängt hat,

6 dann soll mich der Feind verfolgen und ergreifen; / er richte mein Leben zugrunde und trete meine Ehre mit Füßen. [Sela]

7 Herr, steh auf in deinem Zorn, / erheb dich gegen meine wütenden Feinde!

Wach auf, du mein Gott! / Du hast zum Gericht gerufen. / Der Herr richtet die Völker.

8 Um dich stehe die Schar der Völker im Kreis; / über ihnen throne du in der Höhe!

9 Herr, weil ich gerecht bin, verschaff mir Recht / (und tu an mir Gutes), weil ich schuldlos bin!

10 Die Bosheit der Frevler finde ein Ende, / doch gib dem Gerechten Bestand, / gerechter Gott, der du auf Herz und Nieren prüfst.

11 Ein Schild über mir ist Gott, / er rettet die Menschen mit redlichem Herzen.

12 Gott ist ein gerechter Richter, / ein Gott, der täglich strafen kann.

13 Wenn der Frevler sein Schwert wieder schärft, / seinen Bogen spannt und zielt,

14 dann rüstet er tödliche Waffen gegen sich selbst, / bereitet sich glühende Pfeile.

15 Er hat Böses im Sinn; / er geht schwanger mit Unheil und Tücke gebiert er.

16 Er gräbt ein Loch, er schaufelt es aus, / doch er stürzt in die Grube, die er selber gemacht hat.

17 Seine Untat kommt auf sein eigenes Haupt, / seine Gewalttat fällt auf seinen Scheitel zurück.

18 Ich will dem Herrn danken, denn er ist gerecht; / dem Namen des Herrn, des Höchsten, will ich singen und spielen.

3: 17,12 • 4–5: Ijob 31,7–34 • 6: 143,3 • 7: 9,20 • 9: 18,21–27 • 10: 26,2; Jer 11,20; 17,10; 20,12; Offb 2,23 • 11: 3,4 • 13: 11,2 • 14: Jes 50,11 • 15: Ijob 15,35; Jes 59,4 • 16: 9,16; 35,7f; 57,7; Spr 26,27; Koh 10,8 • 18: 9,12; 18,50; 30,5; 57,8f; 68,5.33; 71,23; 92,2; 104,33; 135,3; 138,2; 146,2.

Die Herrlichkeit des Schöpfers – die Würde des Menschen

8 [Für den Chormeister. Nach dem Kelterlied. Ein Psalm Davids.]

2 Herr, unser Herrscher, / wie gewaltig ist dein Name auf der ganzen Erde; / über den Himmel breitest du deine Hoheit aus.

3 Aus dem Mund der Kinder und Säuglinge schaffst du dir Lob, / deinen Gegnern zum Trotz; / deine Feinde und Widersacher müssen verstummen.

4 Seh ich den Himmel, das Werk deiner Finger, / Mond und Sterne, die du befestigt:

5 Was ist der Mensch, dass du an ihn denkst, / des Menschen Kind, dass du dich seiner annimmst?

6 Du hast ihn nur wenig geringer gemacht als Gott, / hast ihn mit Herrlichkeit und Ehre gekrönt.

7 Du hast ihn als Herrscher eingesetzt über das Werk deiner Hände, / hast ihm alles zu Füßen gelegt:

8 All die Schafe, Ziegen und Rinder / und auch die wilden Tiere,

9 die Vögel des Himmels und die Fische im Meer, / alles, was auf den Pfaden der Meere dahinzieht.

10 Herr, unser Herrscher, / wie gewaltig ist dein Name auf der ganzen Erde!

3: Mt 21,16 • 5: 144,3 • 5–7: Gen 1,26–28; Hebr 2,6–8; 1 Kor 15,27; Eph 1,22.

Gott, der Retter der Armen und Bedrängten

9 [Für den Chormeister. Nach der Weise »Stirb für den Sohn!« Ein Psalm Davids.]

2 Ich will dir danken, Herr, aus ganzem Herzen, / verkünden will ich all deine Wunder.

3 Ich will jauchzen und an dir mich freuen, / für dich, du Höchster, will ich singen und spielen.

4 Denn zurückgewichen sind meine Feinde, / gestürzt und vergangen vor deinem Angesicht.

5 Du hast mir Recht verschafft und für

7,6bc Wörtlich: er trete mein Leben zu Boden und trete meine Ehre in den Staub.
7,7c Text korr.
7,7d Der Herr richtet die Völker: in H Anfang von V.9.
7,8b Text korr.
7,13a Text korr.

8,2c Text korr.; H ist unklar.
8,3 Lob: nach G; H: Bollwerk. – Andere Übersetzungsmöglichkeit: Besungen wird dein Glanz am Himmel von der Kinder und Säuglinge Mund. Du hast ein Bollwerk errichtet, deinen Feinden zum Trotz.
8,6a G, S und Vg übersetzen: als die Engel.

mich entschieden, / dich auf den Thron ge-
setzt als ein gerechter Richter.
6 Du hast die Völker bedroht, die Frevler
vernichtet, / ihren Namen gelöscht für im-
mer und ewig.
7 Die Feinde sind dahin, zerschlagen für
immer. / Du hast Städte entvölkert, ihr
Ruhm ist versunken.
8 Der Herr aber thront für ewig; / er stellt
seinen Thron auf zum Gericht.
9 Er richtet den Erdkreis gerecht, / er
spricht den Völkern das Urteil, das sie ver-
dienen.
10 So wird der Herr für den Bedrückten zur
Burg, / zur Burg in Zeiten der Not.
11 Darum vertraut dir, wer deinen Namen
kennt; / denn du, Herr, verlässt keinen, der
dich sucht.
12 Singt dem Herrn, der thront auf dem
Zion, / verkündet unter den Völkern seine
Taten!
13 Denn er, der jede Blutschuld rächt,
denkt an die Armen / und ihren Notschrei
vergisst er nicht.
14 Sei mir gnädig in meiner Not; / Herr,
sieh doch, wie sie mich hassen!
Führ mich herauf von den Pforten des To-
des, / 15 damit ich all deinen Ruhm verkünde
in den Toren von Zion / und frohlocke, weil
du mir hilfst.
16 Völker versanken in der Grube, die sie
selber gegraben; / im Netz, das sie heimlich
gelegt, hat ihr Fuß sich verfangen.
17 Kundgetan hat sich der Herr: Er hielt
sein Gericht; / im eigenen Werk hat sich der
Frevler verstrickt. [Zwischenspiel. Sela]
18 Hinabfahren müssen die Frevler zum
Totenreich, / alle Heiden, die Gott verges-
sen.
19 Doch der Arme ist nicht auf ewig verges-
sen, / des Elenden Hoffnung ist nicht für im-
mer verloren.
20 Erheb dich, Herr, damit nicht der
Mensch triumphiert, / damit die Völker ge-
richtet werden vor deinem Angesicht.
21 Wirf Schrecken auf sie, o Herr! / Erken-
nen sollen die Völker: Sie sind nur Men-
schen. [Sela]

2: 138,1 • 9: 96,13 • 12: 108,4 • 13: Ijob 34,28 • 14: 30,4; 49,16; 56,14; 68,21; 71,20; 86,13; 116,8; Weish 16,13; Jona 2,7 • 16: 7,16 • 20: 7,7.

Ein Hilferuf gegen gewalttätige Menschen

10 Herr, warum bleibst du so fern, / ver-
birgst dich in Zeiten der Not?
2 In seinem Hochmut quält der Frevler die
Armen. / Er soll sich fangen in den Ränken,
die er selbst ersonnen hat.
3 Denn der Frevler rühmt sich nach Her-
zenslust, / er raubt, er lästert und verachtet
den Herrn.
4 Überheblich sagt der Frevler: / »Gott
straft nicht. Es gibt keinen Gott.« / So ist
sein ganzes Denken.
5 Zu jeder Zeit glückt ihm sein Tun. / Hoch
droben und fern von sich wähnt er deine
Gerichte.
6 Er sagt in seinem Herzen: »Ich werde nie-
mals wanken. / Von Geschlecht zu Ge-
schlecht trifft mich kein Unglück.«
7 Sein Mund ist voll Fluch und Trug und
Gewalttat; / auf seiner Zunge sind Verder-
ben und Unheil.
8 Er liegt auf der Lauer in den Gehöften /
und will den Schuldlosen heimlich ermor-
den; / seine Augen spähen aus nach dem Ar-
men.
9 Er lauert im Versteck wie ein Löwe im
Dickicht, / er lauert darauf, den Armen zu
fangen; / er fängt den Armen und zieht ihn in
sein Netz.
10 Er duckt sich und kauert sich nieder, /
seine Übermacht bringt die Schwachen zu
Fall.
11 Er sagt in seinem Herzen: »Gott vergisst
es, / er verbirgt sein Gesicht, er sieht es nie-
mals.«
12 Herr, steh auf, Gott, erheb deine Hand, /
vergiss die Gebeugten nicht!
13 Warum darf der Frevler Gott verachten /
und in seinem Herzen sagen: »Du strafst
nicht«?
14 Du siehst es ja selbst; / denn du schaust
auf Unheil und Kummer.
Der Schwache vertraut sich dir an; / du
bist den Verwaisten ein Helfer.
15 Zerbrich den Arm des Frevlers und des
Bösen, / bestraf seine Frevel, / sodass man
von ihm nichts mehr findet.
16 Der Herr ist König für immer und
ewig, / in seinem Land gehen die Heiden zu-
grunde.

9,15a Wörtlich: in den Toren der Tochter Zion.
9,17b Wörtlich: im Werk seiner Hände, er fängt den Frevler.
10,6b Nach G; H ist unklar.
10,8 Nach G.
10,10b H ist unklar; andere Übersetzungsmöglichkeit für V. 10: Zerschmettert stürzen die Schwachen nieder und fallen in seine Gewalt.
10,14b H hat zusätzlich: um es in deine Hand zu geben. – Sinn unklar.

17 Herr, du hast die Sehnsucht der Armen gestillt, / du stärkst ihr Herz, du hörst auf sie:

18 Du verschaffst den Verwaisten und Bedrückten ihr Recht. / Kein Mensch mehr verbreite Schrecken im Land.

4: 14,1 • 7: Röm 3,14 • 8: 11,2 • 9: 17,12 • 11: 64,6; 73,11; 94,7; Ijob 22,13f; Jes 29,15; Ez 8,12; 9,9 • 16: 24,7–10 • 18: 68,6; 146,9; Ex 22,21; Dtn 10,18.

Gottes Blick auf den Menschen

11 [Für den Chormeister. Von David.] Beim Herrn finde ich Zuflucht. / Wie könnt ihr mir sagen: »In die Berge flieh wie ein Vogel«?

2 Schon spannen die Frevler den Bogen, / sie legen den Pfeil auf die Sehne,

um aus dem Dunkel zu treffen / die Menschen mit redlichem Herzen.

3 Gerät alles ins Wanken, / was kann da der Gerechte noch tun?

4 Der Herr weilt in seinem heiligen Tempel, / der Thron des Herrn ist im Himmel.

Seine Augen schauen herab, / seine Blicke prüfen die Menschen.

5 Der Herr prüft Gerechte und Frevler; / wer Gewalttat liebt, den hasst er aus tiefster Seele.

6 Auf die Frevler lasse er Feuer und Schwefel regnen; / sengender Wind sei ihr Anteil.

7 Denn der Herr ist gerecht, er liebt gerechte Taten; / wer rechtschaffen ist, darf sein Angesicht schauen.

2: 7,13; 10,8; 37,14.32; 64,4f; 119,95 • 4: Hab 2,20 • 6: 140,11; Gen 19,24; Ijob 18,15.

Die Falschheit der Menschen – die Treue Gottes

12 [Für den Chormeister. Nach der Achten. Ein Psalm Davids.]

2 Hilf doch, o Herr, die Frommen schwinden dahin, / unter den Menschen gibt es keine Treue mehr.

3 Sie lügen einander an, einer den andern, / mit falscher Zunge und zwiespältigem Herzen reden sie.

4 Der Herr vertilge alle falschen Zungen, / jede Zunge, die vermessen redet.

5 Sie sagen: »Durch unsre Zunge sind wir mächtig; / unsre Lippen sind unsre Stärke. Wer ist uns überlegen?«

6 Die Schwachen werden unterdrückt, die Armen seufzen. / Darum spricht der Herr: »Jetzt stehe ich auf, / dem Verachteten bringe ich Heil.«

7 Die Worte des Herrn sind lautere Worte, / Silber, geschmolzen im Ofen, / von Schlacken geschieden, geläutert siebenfach.

8 Du, Herr, wirst uns behüten / und uns vor diesen Leuten für immer erretten,

9 auch wenn die Frevler frei umhergehen / und unter den Menschen die Gemeinheit groß wird.

2: 14,3; Mi 7,2 • 3–5: 15,2f; 28,3; 52,4–6; 55,22; 116,11; 120,2f; Ijob 5,21; Jes 59,3f; Jer 9,7 • 7: 18,31; 19,8f; 119,140; Spr 30,5.

Klage und Vertrauen in großer Not

13 [Für den Chormeister. Ein Psalm Davids.]

2 Wie lange noch, Herr, vergisst du mich ganz? / Wie lange noch verbirgst du dein Gesicht vor mir?

3 Wie lange noch muss ich Schmerzen ertragen in meiner Seele, / in meinem Herzen Kummer Tag für Tag? / Wie lange noch darf mein Feind über mich triumphieren?

4 Blick doch her, erhöre mich, Herr, mein Gott, / erleuchte meine Augen, damit ich nicht entschlafe und sterbe,

5 damit mein Feind nicht sagen kann: / »Ich habe ihn überwältigt«,

damit meine Gegner nicht jubeln, / weil ich ihnen erlegen bin.

6 Ich aber baue auf deine Huld, / mein Herz soll über deine Hilfe frohlocken.

Singen will ich dem Herrn, / weil er mir Gutes getan hat.

2: 6,4; 42,10; 89,47; Klgl 5,20; Hab 1,2.

Die Torheit der Gottesleugner

14 [Für den Chormeister. Von David.] Die Toren sagen in ihrem Herzen: / »Es gibt keinen Gott.«

Sie handeln verwerflich und schnöde; / da ist keiner, der Gutes tut.

2 Der Herr blickt vom Himmel herab auf die Menschen, / ob noch ein Verständiger da ist, der Gott sucht.

3 Alle sind sie abtrünnig und verdorben, / keiner tut Gutes, auch nicht ein Einziger.

4 Haben denn all die Übeltäter keine Einsicht? / Sie verschlingen mein Volk.

11,1d Nach G und Hieronymus.
11,3a Wörtlich: Wenn die Grundfesten eingerissen werden.
11,6a H fügt nach »Schwefel« hinzu: »Schlinge (Verhängnis)«, vielleicht eine weitere göttliche Waffe.
11,6b Text korr.; H: sei der Anteil ihres Bechers.
12,6c dem Verachteten, wörtlich: dem, gegen den man schnaubt.
12,7bc Nach Hieronymus.
13,3a Text korr.; H ist unverständlich.

Sie essen das Brot des Herrn, / doch seinen
Namen rufen sie nicht an.
5 Es trifft sie Furcht und Schrecken; / denn
Gott steht auf der Seite der Gerechten.
6 Die Pläne der Armen wollt ihr vereiteln, /
doch ihre Zuflucht ist der Herr.
7 Ach, käme doch vom Zion Hilfe für Isra-
el! / Wenn einst der Herr das Geschick seines
Volkes wendet, / dann jubelt Jakob, dann
freut sich Israel.

1–7 ‖ Ps 53,1–7 • 1–3: Röm 3,10–12 • 1: 10,4; Jes 32,6; Mi 7,2; • 2: 33,13–15 • 3: 12,2; Gen 6,12 • 4: Mi 3,3 • 7: 126,1f; Jes 35,10.

Die Bedingungen für den Eintritt ins Heiligtum

15 [Ein Psalm Davids.]
Herr, wer darf Gast sein in deinem
Zelt, / wer darf weilen auf deinem heiligen
Berg?
2 Der makellos lebt und das Rechte tut; /
der von Herzen die Wahrheit sagt / 3 und mit
seiner Zunge nicht verleumdet;
der seinem Freund nichts Böses antut /
und seinen Nächsten nicht schmäht;
4 der den Verworfenen verachtet, / doch
alle, die den Herrn fürchten, in Ehren hält;
der sein Versprechen nicht ändert, / das er
seinem Nächsten geschworen hat;
5 der sein Geld nicht auf Wucher ausleiht /
und nicht zum Nachteil des Schuldlosen Be-
stechung annimmt.
Wer sich danach richtet, / der wird nie-
mals wanken.

2–3: 12,3–5 • 5: Ex 22,24; 23,8.

Gott, der Anteil seiner Getreuen

16 [Ein Lied Davids.]
Behüte mich, Gott, denn ich vertraue
dir. / 2 Ich sage zum Herrn: »Du bist mein
Herr; / mein ganzes Glück bist du allein.«
3 An den Heiligen im Lande, den Herr-
lichen, / an ihnen nur hab ich mein Gefal-
len.
4 Viele Schmerzen leidet, wer fremden
Göttern folgt. / Ich will ihnen nicht opfern, /
ich nehme ihre Namen nicht auf meine Lip-
pen.
5 Du, Herr, gibst mir das Erbe und reichst
mir den Becher; / du hältst mein Los in dei-
nen Händen.
6 Auf schönem Land fiel mir mein Anteil
zu. / Ja, mein Erbe gefällt mir gut.
7 Ich preise den Herrn, der mich beraten
hat. / Auch mahnt mich mein Herz in der
Nacht.
8 Ich habe den Herrn beständig vor Au-
gen. / Er steht mir zur Rechten, ich wanke
nicht.
9 Darum freut sich mein Herz und froh-
lockt meine Seele; / auch mein Leib wird
wohnen in Sicherheit.
10 Denn du gibst mich nicht der Unterwelt
preis; / du lässt deinen Frommen das Grab
nicht schauen.
11 Du zeigst mir den Pfad zum Leben. / Vor
deinem Angesicht herrscht Freude in Fülle, /
zu deiner Rechten Wonne für alle Zeit.

2: 73,25 • 5: 23,5 • 6: 73,26 • 8–11: Apg 2,25–28 • 10: Apg 2,31; 13,35 • 11: 25,4.

Das Gebet eines Verfolgten

17 [Ein Gebet Davids.]
Höre, Herr, die gerechte Sache, /
achte auf mein Flehen, / vernimm mein Ge-
bet von Lippen ohne Falsch!
2 Von deinem Angesicht ergehe mein Ur-
teil; / denn deine Augen sehen, was recht
ist.
3 Prüfst du mein Herz, / suchst du mich
heim in der Nacht und erprobst mich, / dann
findest du an mir kein Unrecht.
Mein Mund verging sich nicht, / 4 trotz al-
lem, was die Menschen auch treiben; / ich
halte mich an das Wort deiner Lippen.
5 Auf dem Weg deiner Gebote gehn meine
Schritte, / meine Füße wanken nicht auf dei-
nen Pfaden.
6 Ich rufe dich an, denn du, Gott, erhörst
mich. / Wende dein Ohr mir zu, vernimm
meine Rede!
7 Wunderbar erweise deine Huld! / Du ret-
test alle, die sich an deiner Rechten vor den
Feinden bergen.
8 Behüte mich wie den Augapfel, den Stern
des Auges, / birg mich im Schatten deiner
Flügel
9 vor den Frevlern, die mich hart bedrän-
gen, / vor den Feinden, die mich wütend um-
ringen.
10 Sie haben ihr hartes Herz verschlossen, /
sie führen stolze Worte im Mund,
11 sie lauern mir auf, jetzt kreisen sie mich
ein; / sie trachten danach, mich zu Boden zu
strecken,
12 so wie der Löwe voll Gier ist zu zerrei-

15,4 Nach G und S; H ist verderbt.
16,2–4 Sinn von H ist nicht ganz klar.
16,6b mein: ergänzt nach G und S.
17,3c findest du: Text korr. nach G und S.
17,10a ihr hartes Herz, wörtlich: ihr Fett.
17,11a sie lauern mir auf: Text korr.; H: unsere Schritte.

ßen, / wie der junge Löwe, der im Hinterhalt
lauert.
13 Erheb dich, Herr, tritt dem Frevler ent-
gegen! / Wirf ihn zu Boden, mit deinem
Schwert entreiß mich ihm!
14 Rette mich, Herr, mit deiner Hand vor
diesen Leuten, / vor denen, die im Leben
schon alles haben.
Du füllst ihren Leib mit Gütern, / auch
ihre Söhne werden noch satt / und hinterlas-
sen den Enkeln, was übrig bleibt.
15 Ich aber will in Gerechtigkeit dein An-
gesicht schauen, / mich satt sehen an deiner
Gestalt, wenn ich erwache.

3: 139,1; Ijob 7,18; 23,10 • 4–5: Ijob 23,11f • 7–8: 36,8; 57,2; 61,5; 63,8; 91,4; Ex 37,9; Mt 23,37 • 8: Dtn 32,10; Sach 2,12 • 12: 7,3; 10,9; 22,14.22; 35,17; 57,5; 58,7 • 14: 73,12 • 15: Num 12,8; Offb 22,4.

Ein Danklied des Königs für Rettung und Sieg

18 [Für den Chormeister. Von David,
dem Knecht des Herrn, der dem
Herrn die Worte dieses Liedes sang an dem
Tag, als ihn der Herr aus der Gewalt all sei-
ner Feinde und aus der Hand Sauls errettet
hatte.
2 Er sprach:]
Ich will dich rühmen, Herr, meine Stärke, /
3 Herr, du mein Fels, meine Burg, mein Ret-
ter,
mein Gott, meine Feste, in der ich mich
berge, / mein Schild und sicheres Heil, meine
Zuflucht.
4 Ich rufe: Der Herr sei gepriesen!, / und ich
werde vor meinen Feinden gerettet.
5 Mich umfingen die Fesseln des Todes, /
mich erschreckten die Fluten des Verder-
bens.
6 Die Bande der Unterwelt umstrickten
mich, / über mich fielen die Schlingen des
Todes.
7 In meiner Not rief ich zum Herrn / und
schrie zu meinem Gott.
Aus seinem Heiligtum hörte er mein Ru-
fen, / mein Hilfeschrei drang an sein Ohr.
8 Da wankte und schwankte die Erde, / die
Grundfesten der Berge erbebten. / Sie wank-
ten, denn sein Zorn war entbrannt.
9 Rauch stieg aus seiner Nase auf, / aus sei-
nem Mund kam verzehrendes Feuer, / glühen-
de Kohlen sprühten aus von ihm.
10 Er neigte den Himmel und fuhr herab, /
zu seinen Füßen dunkle Wolken.
11 Er fuhr auf dem Kerub und flog daher; /
er schwebte auf den Flügeln des Windes.
12 Er hüllte sich in Finsternis, / in dunkles
Wasser und dichtes Gewölk wie in ein Zelt.
13 Von seinem Glanz erstrahlten die Wol-
ken, / Hagel fiel nieder und glühende
Kohlen.
14 Da ließ der Herr den Donner im Himmel
erdröhnen, / der Höchste ließ seine Stimme
erschallen.
15 Er schoss seine Pfeile und streute sie, / er
schleuderte Blitze und jagte sie dahin.
16 Da wurden sichtbar die Tiefen des Mee-
res, / die Grundfesten der Erde wurden ent-
blößt
vor deinem Drohen, Herr, / vor dem
Schnauben deines zornigen Atems.
17 Er griff aus der Höhe herab und fasste
mich, / zog mich heraus aus gewaltigen Was-
sern.
18 Er entriss mich meinen mächtigen Fein-
den, / die stärker waren als ich und mich
hassten.
19 Sie überfielen mich am Tag meines Un-
heils, / doch der Herr wurde mein Halt.
20 Er führte mich hinaus ins Weite, / er be-
freite mich, denn er hatte an mir Gefal-
len.
21 Der Herr hat gut an mir gehandelt und
mir vergolten, / weil ich gerecht bin und mei-
ne Hände rein sind.
22 Denn ich hielt mich an die Wege des
Herrn / und fiel nicht ruchlos ab von meinem
Gott.
23 Ja, ich habe alle seine Gebote vor Au-
gen, / weise seine Gesetze niemals ab.
24 Ich war vor ihm ohne Makel, / ich nahm
mich in Acht vor der Sünde.
25 Darum hat der Herr mir vergolten, weil
ich gerecht bin / und meine Hände rein sind
vor seinen Augen.
26 Gegen den Treuen zeigst du dich treu, /
an dem Aufrichtigen handelst du recht.
27 Gegen den Reinen zeigst du dich rein, /
doch falsch gegen den Falschen.
28 Dem bedrückten Volk bringst du Heil, /
doch die Blicke der Stolzen zwingst du nie-
der.
29 Du, Herr, lässt meine Leuchte erstrah-
len, / mein Gott macht meine Finsternis
hell.

17,14b ist verderbt.
18,2 Text korr.; H: Ich will dich lieben.
18,13a die Wolken: Text korr. nach G und 2 Sam 22,14.
18,14 Text korr. nach G und 2 Sam 22,14; H fügt am Schluss hinzu: Hagel und glühende Kohlen.
18,15 Text korr. nach 2 Sam 22,15.
18,16a Text korr.; H: des Wassers des Meeres.

30 Mit dir erstürme ich Wälle, / mit meinem
Gott überspringe ich Mauern.
31 Vollkommen ist Gottes Weg, / das Wort
des Herrn ist im Feuer geläutert. / Ein Schild
ist er für alle, die sich bei ihm bergen.
32 Denn wer ist Gott als allein der Herr, /
wer ist ein Fels, wenn nicht unser Gott?
33 Gott hat mich mit Kraft umgürtet, / er
führte mich auf einen Weg ohne Hindernis.
34 Er ließ mich springen schnell wie Hir-
sche, / auf hohem Weg ließ er mich gehen.
35 Er lehrte meine Hände zu kämpfen, /
meine Arme, den ehernen Bogen zu span-
nen.
36 Du gabst mir deine Hilfe zum Schild, /
deine Rechte stützt mich; / du neigst dich mir
zu und machst mich groß.
37 Du schaffst meinen Schritten weiten
Raum, / meine Knöchel wanken nicht.
38 Ich verfolge meine Feinde und hole sie
ein, / ich kehre nicht um, bis sie vernichtet
sind.
39 Ich schlage sie nieder; / sie können sich
nicht mehr erheben, sie fallen und liegen un-
ter meinen Füßen.
40 Du hast mich zum Kampf mit Kraft um-
gürtet, / hast alle in die Knie gezwungen, die
sich gegen mich erhoben.
41 Meine Feinde hast du zur Flucht ge-
zwungen; / ich konnte die vernichten, die
mich hassen.
42 Sie schreien, doch hilft ihnen niemand, /
sie schreien zum Herrn, doch er gibt keine
Antwort.
43 Ich zermalme sie zu Staub vor dem
Wind, / schütte sie auf die Straße wie Un-
rat.
44 Du rettest mich vor zahllosem Kriegs-
volk, / du machst mich zum Haupt über gan-
ze Völker.
Stämme, die ich früher nicht kannte, sind
mir nun untertan. / 45 Sobald sie mich nur
hören, gehorchen sie.
Mir huldigen die Söhne der Fremde, /
46 sie kommen zitternd aus ihren Burgen her-
vor.
47 Es lebt der Herr! Mein Fels sei geprie-
sen. / Der Gott meines Heils sei hoch erho-
ben;
48 denn Gott verschaffte mir Vergeltung /
und unterwarf mir die Völker.
49 Du hast mich von meinen Feinden be-
freit, / mich über meine Gegner erhoben, /
dem Mann der Gewalt mich entrissen.
50 Darum will ich dir danken, Herr, vor
den Völkern, / ich will deinem Namen singen
und spielen.
51 Seinem König verlieh er große Hilfe, /
Huld erwies er seinem Gesalbten, / David
und seinem Stamm auf ewig.

18,1–51 ‖ 2 Sam 22,1–51 • 3: 92,16; 27,5; 31,3; 3,4 • 5: 42,8 • 5–7: 116,3f • 8: 68,9 • 9: 97,3; Ex 19,18 • 10–17: 144,5–7 • 11: 99,1; 104,3 • 14–15: 77,18f • 16: 77,17; Ex 15,8 • 17: 32,6; 144,7 • 20: 31,9 • 28: Ijob 22,29 • 29: Ijob 29,3 • 31: 25,4; 12,7; 8,4; Spr 30,5 • 32: Jes 44,8; Ps 92,16 • 34: Hab 3,19; Jes 58,14 • 35: 144,1 • 37: Ijob 18,7 • 41: 21,13 • 44: 2,8 • 46: Mi 7,17 • 47: 92,16 • 48: 144,2 • 50: 108,4; 7,18; Röm 15,9 • 51: 20,7; 89,29f; 144,10.

Lob der Schöpfung – Lob des Gesetzes

19 [Für den Chormeister. Ein Psalm Da-
vids.]
2 Die Himmel rühmen die Herrlichkeit
Gottes, / vom Werk seiner Hände kündet das
Firmament.
3 Ein Tag sagt es dem andern, / eine Nacht
tut es der andern kund,
4 ohne Worte und ohne Reden, / unhörbar
bleibt ihre Stimme.
5 Doch ihre Botschaft geht in die ganze
Welt hinaus, / ihre Kunde bis zu den Enden
der Erde.
Dort hat er der Sonne ein Zelt gebaut. /
6 Sie tritt aus ihrem Gemach hervor wie ein
Bräutigam;
sie frohlockt wie ein Held / und läuft ihre
Bahn.
7 Am einen Ende des Himmels geht sie
auf / und läuft bis ans andere Ende; / nichts
kann sich vor ihrer Glut verbergen.
8 Die Weisung des Herrn ist vollkommen, /
sie erquickt den Menschen.
Das Gesetz des Herrn ist verlässlich, / den
Unwissenden macht es weise.
9 Die Befehle des Herrn sind richtig, / sie
erfreuen das Herz;
das Gebot des Herrn ist lauter, / es er-
leuchtet die Augen.
10 Die Furcht des Herrn ist rein, / sie be-
steht für immer.
Die Urteile des Herrn sind wahr, / gerecht
sind sie alle.
11 Sie sind kostbarer als Gold, als Feingold

18,30a Text korr.; H ist unklar.
18,34b Wörtlich: auf meinen Höhen.
18,36c Text korr.; in H andere Vokalisierung.
18,40b alle: ergänzt nach G.
18,44 Text leicht korr.
18,46 Text korr.; in H geht eine zusätzliche Verszeile (46a) voraus: Die Söhne der Fremde verschmachten und kommen.
18,49b Nach 2 Sam 22,49.
19,5a Text korr. nach G.
19,6c Ergänzt nach G und S.
19,8a Textvorschlag für die Psalmodie: Die Weisung des Herrn ist vollkommen und gut.

in Menge. / Sie sind süßer als Honig, als Honig aus Waben.

12 Auch dein Knecht lässt sich von ihnen warnen; / wer sie beachtet, hat reichen Lohn.

13 Wer bemerkt seine eigenen Fehler? / Sprich mich frei von Schuld, die mir nicht bewusst ist!

14 Behüte deinen Knecht auch vor vermessenen Menschen; / sie sollen nicht über mich herrschen.

Dann bin ich ohne Makel / und rein von schwerer Schuld.

15 Die Worte meines Mundes mögen dir gefallen; / was ich im Herzen erwäge, stehe dir vor Augen, / Herr, mein Fels und mein Erlöser.

2: 50,6; Sir 43,1f • 5: Röm 10,18 • 8–9: 12,7 • 11: 119,72 • 15: 92,16.

Bitte für den König

20 [Für den Chormeister. Ein Psalm Davids.]

2 Der Herr erhöre dich am Tag der Not, / der Name von Jakobs Gott möge dich schützen.

3 Er sende dir Hilfe vom Heiligtum / und stehe dir bei vom Zion her.

4 An all deine Speiseopfer denke er, / nehme dein Brandopfer gnädig an. [Sela]

5 Er schenke dir, was dein Herz begehrt, / und lasse all deine Pläne gelingen.

6 Dann wollen wir jubeln über deinen Sieg, / im Namen unsres Gottes das Banner erheben. / All deine Bitten erfülle der Herr.

7 Nun bin ich gewiss: / der Herr schenkt seinem Gesalbten den Sieg;

er erhört ihn von seinem heiligen Himmel her / und hilft ihm mit der Macht seiner Rechten.

8 Die einen sind stark durch Wagen, die andern durch Rosse, / wir aber sind stark im Namen des Herrn, unsres Gottes.

9 Sie sind gestürzt und gefallen; / wir bleiben aufrecht und stehen.

10 Herr, verleihe dem König den Sieg! / Erhör uns am Tag, da wir rufen!

2: Spr 18,10 • 5: 21,3; 37,4 • 7: 18,51 • 8: 33,16f; 147,10f; Dtn 20,1; Jdt 9,7; Spr 21,31; Jes 31,1; Hos 1,7.

Dank für den Sieg des Königs

21 [Für den Chormeister. Ein Psalm Davids.]

2 An deiner Macht, Herr, freut sich der König; / über deine Hilfe, wie jubelt er laut!

3 Du hast ihm den Wunsch seines Herzens erfüllt, / ihm nicht versagt, was seine Lippen begehrten. [Sela]

4 Du kamst ihm entgegen mit Segen und Glück, / du kröntest ihn mit einer goldenen Krone.

5 Leben erbat er von dir, du gabst es ihm, / viele Tage, für immer und ewig.

6 Groß ist sein Ruhm durch deine Hilfe, / du hast ihn bekleidet mit Hoheit und Pracht.

7 Du machst ihn zum Segen für immer; / wenn du ihn anblickst, schenkst du ihm große Freude.

8 Denn der König vertraut auf den Herrn, / die Huld des Höchsten lässt ihn niemals wanken.

9 Deine Hand wird all deine Feinde finden; / wer dich hasst, den trifft deine Rechte.

10 Du lässt sie glühen wie einen feurigen Ofen, / sobald du erscheinst.

Der Herr verschlingt sie im Zorn, / das Feuer verzehrt sie.

11 Du wirst ihre Brut von der Erde vertilgen; / ihr Geschlecht (verschwindet) aus der Mitte der Menschen.

12 Schmieden sie auch böse und listige Pläne, / richten sie doch nichts aus gegen dich.

13 Du schlägst sie alle in die Flucht, / wenn du mit deinem Bogen auf sie zielst.

14 Erhebe dich, Herr, in deiner Macht! / Deiner siegreichen Kraft wollen wir singen und spielen.

3: 20,5 • 4: 132,18 • 5: 61,7; 1 Kön 3,14 • 7: Gen 12,2; 48,20; 1 Chr 17,27 • 11: 109,13.

Gottverlassenheit und Heilsgewissheit

22 [Für den Chormeister. Nach der Weise »Hinde der Morgenröte«. Ein Psalm Davids.]

2 Mein Gott, mein Gott, warum hast du mich verlassen, / bist fern meinem Schreien, den Worten meiner Klage?

3 Mein Gott, ich rufe bei Tag, doch du gibst keine Antwort; / ich rufe bei Nacht und finde doch keine Ruhe.

4 Aber du bist heilig, / du thronst über dem Lobpreis Israels.

5 Dir haben unsre Väter vertraut, / sie haben vertraut und du hast sie gerettet.

6 Zu dir riefen sie und wurden befreit, / dir

20,4b Wörtlich: er erkläre dein Brandopfer für fett.

20,10 Nach G; H: Herr, gib den Sieg! Der König wird uns antworten am Tag, da wir ihn rufen.

21,13b auf sie, wörtlich: auf ihr Gesicht.

vertrauten sie und wurden nicht zuschan-
den.
7 Ich aber bin ein Wurm und kein
Mensch, / der Leute Spott, vom Volk verach-
tet.
8 Alle, die mich sehen, verlachen mich, /
verziehen die Lippen, schütteln den
Kopf:
9 »Er wälze die Last auf den Herrn, / der
soll ihn befreien!
Der reiße ihn heraus, / wenn er an ihm Ge-
fallen hat.«
10 Du bist es, der mich aus dem Schoß mei-
ner Mutter zog, / mich barg an der Brust der
Mutter.
11 Von Geburt an bin ich geworfen auf
dich, / vom Mutterleib an bist du mein
Gott.
12 Sei mir nicht fern, denn die Not ist
nahe / und niemand ist da, der hilft.
13 Viele Stiere umgeben mich, / Büffel von
Baschan umringen mich.
14 Sie sperren gegen mich ihren Rachen
auf, / reißende, brüllende Löwen.
15 Ich bin hingeschüttet wie Wasser, / ge-
löst haben sich all meine Glieder. / Mein
Herz ist in meinem Leib wie Wachs zerflos-
sen.
16 Meine Kehle ist trocken wie eine Scher-
be, / die Zunge klebt mir am Gaumen, / du
legst mich in den Staub des Todes.
17 Viele Hunde umlagern mich, / eine Rotte
von Bösen umkreist mich. / Sie durchbohren
mir Hände und Füße.
18 Man kann all meine Knochen zählen; /
sie gaffen und weiden sich an mir.
19 Sie verteilen unter sich meine Kleider /
und werfen das Los um mein Gewand.
20 Du aber, Herr, halte dich nicht fern! /
Du, meine Stärke, eil mir zu Hilfe!
21 Entreiße mein Leben dem Schwert, /
mein einziges Gut aus der Gewalt der
Hunde!
22 Rette mich vor dem Rachen des Löwen, /
vor den Hörnern der Büffel rette mich
Armen!
23 Ich will deinen Namen meinen Brüdern
verkünden, / inmitten der Gemeinde dich
preisen.
24 Die ihr den Herrn fürchtet, preist ihn, /
ihr alle vom Stamm Jakobs, rühmt ihn; / er-
schauert alle vor ihm, ihr Nachkommen Isra-
els!
25 Denn er hat nicht verachtet, / nicht ver-
abscheut das Elend des Armen.
Er verbirgt sein Gesicht nicht vor ihm; / er
hat auf sein Schreien gehört.
26 Deine Treue preise ich in großer Ge-
meinde; / ich erfülle meine Gelübde vor de-
nen, die Gott fürchten.
27 Die Armen sollen essen und sich sätti-
gen; / den Herrn sollen preisen, die ihn su-
chen. / Aufleben soll euer Herz für immer.
28 Alle Enden der Erde sollen daran den-
ken / und werden umkehren zum Herrn: /
Vor ihm werfen sich alle Stämme der Völker
nieder.
29 Denn der Herr regiert als König; / er
herrscht über die Völker.
30 Vor ihm allein sollen niederfallen die
Mächtigen der Erde, / vor ihm sich alle nie-
derwerfen, die in der Erde ruhen.
[Meine Seele, sie lebt für ihn; / 31 mein
Stamm wird ihm dienen.]
Vom Herrn wird man dem künftigen Ge-
schlecht erzählen, / 32 seine Heilstat verkün-
det man dem kommenden Volk; / denn er hat
das Werk getan.

2: Mt 27,46 • 4: Jes 6,3 • 5–6: 25,2f • 7: Ijob 25,6; Jes 41,14; 53,3 • 8: 109,25; Mt 27,39 • 9: Weish 2,18–20; Mt 27,43 • 10: Jes 44,2.24 • 11: 71,6 • 12: 22,20; 35,22; 38,22f; 40,14; 71,12 • 14: 17,12; 1 Petr 5,8 • 16: Joh 19,28 • 19: Mt 27,35; Joh 19,23f • 20: 22,12 • 22: 17,12; 2 Tim 4,17 • 23: 22,26; 9,15; 26,12; 35,18; 40,10f; 107,32; 109,30; 111,1; Hebr 2,12 • 26: 66,13 • 27: 69,33 • 28: Jes 45,22; Tob 13,13 • 29: 24,7–10 • 31–32: 48,14; 71,18; 78,3–6; 102,19; 145,4.

Der gute Hirt

23 [Ein Psalm Davids.]
Der Herr ist mein Hirte, / nichts wird
mir fehlen.
2 Er lässt mich lagern auf grünen Auen /
und führt mich zum Ruheplatz am Wasser.
3 Er stillt mein Verlangen; / er leitet mich
auf rechten Pfaden, treu seinem Namen.
4 Muss ich auch wandern in finsterer
Schlucht, / ich fürchte kein Unheil;
denn du bist bei mir, / dein Stock und dein
Stab geben mir Zuversicht.
5 Du deckst mir den Tisch / vor den Augen
meiner Feinde.
Du salbst mein Haupt mit Öl, / du füllst
mir reichlich den Becher.

22,9a Er wälze: Text korr.; H: Wälze.
22,16a Meine Kehle: Text korr.; H: Meine Kraft.
22,17a Viele: ergänzt nach G und der aramäischen Übersetzung.
22,17c Sie durchbohren: Übersetzung unsicher; Text korr. nach G; H: wie ein Löwe.
22,22b Nach G und S; H: vor den Hörnern der Büffel hast du mich erhört.
22,28c Text korr. nach mehreren G-Handschriften und S; H: Vor dir.
22,30 H ist stark verderbt.

6 Lauter Güte und Huld werden mir folgen
mein Leben lang / und im Haus des Herrn
darf ich wohnen für lange Zeit.

1: 80,2; 95,7; Gen 48,15; Jes 40,11; Ez 34,2; Mi 7,14; Joh 10,11
• 2: Ez 34,13–15; Offb 7,17 • 3: 25,4; Spr 4,11 • 4: Jes 50,10 •
5: 36,9; 92,11; 16,5 • 6: 27,4; 42,3; 63,3; 65,5; 84,3–5.11.

Der Einzug des Herrn in sein Heiligtum

24 [Ein Psalm Davids.]
Dem Herrn gehört die Erde und was
sie erfüllt, / der Erdkreis und seine Bewohner.
2 Denn er hat ihn auf Meere gegründet, /
ihn über Strömen befestigt.
3 Wer darf hinaufziehn zum Berg des
Herrn, / wer darf stehn an seiner heiligen
Stätte?
4 Der reine Hände hat und ein lauteres
Herz, / der nicht betrügt und keinen Meineid
schwört.
5 Er wird Segen empfangen vom Herrn /
und Heil von Gott, seinem Helfer.
6 Das sind die Menschen, die nach ihm fragen, / die dein Antlitz suchen, Gott Jakobs.
[Sela]
7 Ihr Tore, hebt euch nach oben, / hebt
euch, ihr uralten Pforten; / denn es kommt
der König der Herrlichkeit.
8 Wer ist der König der Herrlichkeit? / Der
Herr, stark und gewaltig, / der Herr, mächtig
im Kampf.
9 Ihr Tore, hebt euch nach oben, / hebt
euch, ihr uralten Pforten; / denn es kommt
der König der Herrlichkeit.
10 Wer ist der König der Herrlichkeit? / Der
Herr der Heerscharen, / er ist der König der
Herrlichkeit. [Sela]

1: 50,12; 89,12; 95,5; 136,6; Ex 9,29; Dtn 10,14; Jes 42,5; 1 Kor
10,26 • 3–6: 118,19f • 6: 27,8 • 7–10: 10,16; 22,29; 29,10; 47,8f;
93,1; 96,10; 97,1; 98,6; 99,1; 145,11; 146,10; Ex 15,18; Jes 52,7.

Die Bitte um Vergebung und Leitung

25 [Von David.]
Zu dir, Herr, erhebe ich meine Seele. / 2 Mein Gott, auf dich vertraue ich.
Lass mich nicht scheitern, / lass meine
Feinde nicht triumphieren!
3 Denn niemand, der auf dich hofft, wird
zuschanden; / zuschanden wird, wer dir
schnöde die Treue bricht.
4 Zeige mir, Herr, deine Wege, / lehre mich
deine Pfade!
5 Führe mich in deiner Treue und lehre
mich; / denn du bist der Gott meines Heiles. /
Auf dich hoffe ich allezeit.
6 Denk an dein Erbarmen, Herr, / und an
die Taten deiner Huld; / denn sie bestehen
seit Ewigkeit.
7 Denk nicht an meine Jugendsünden und
meine Frevel! / In deiner Huld denk an mich,
Herr, denn du bist gütig.
8 Gut und gerecht ist der Herr, / darum
weist er die Irrenden auf den rechten Weg.
9 Die Demütigen leitet er nach seinem
Recht, / die Gebeugten lehrt er seinen
Weg.
10 Alle Pfade des Herrn sind Huld und
Treue / denen, die seinen Bund und seine Gebote bewahren.
11 Um deines Namens willen, Herr, verzeih
mir; / denn meine Schuld ist groß.
12 Wer ist der Mann, der Gott fürchtet? /
Ihm zeigt er den Weg, den er wählen soll.
13 Dann wird er wohnen im Glück, / seine
Kinder werden das Land besitzen.
14 Die sind Vertraute des Herrn, die ihn
fürchten; / er weiht sie ein in seinen Bund.
15 Meine Augen schauen stets auf den
Herrn; / denn er befreit meine Füße aus dem
Netz.
16 Wende dich mir zu und sei mir gnädig; /
denn ich bin einsam und gebeugt.
17 Befrei mein Herz von der Angst, / führe
mich heraus aus der Bedrängnis!
18 Sieh meine Not und Plage an/ und vergib mir all meine Sünden!
19 Sieh doch, wie zahlreich meine Feinde
sind, / mit welch tödlichem Hass sie mich
hassen!
20 Erhalte mein Leben und rette mich, /
lass mich nicht scheitern! / Denn ich nehme
zu dir meine Zuflucht.
21 Unschuld und Redlichkeit mögen mich
schützen, / denn ich hoffe auf dich, o Herr.
22 O Gott, erlöse Israel / aus all seinen Nöten!

1: 86,4; 143,8 • 3: Jes 49,23 • 4: 5,9; 16,11; 27,11; 86,11;
119,30.35; 128,1; 139,24; 143,8; Ijob 21,14 • 7: Ijob 13,26 • 10:
Tob 3,2 • 12: 32,8 • 13: 37,9.29 • 15: 123,1f; 141,8f • 16: 86,16;
119,132 • 19: 3,2 • 20: 86,2 • 22: 130,8.

Die Bitte eines unschuldig Verfolgten

26 [Von David.]
Verschaff mir Recht, o Herr; denn
ich habe ohne Schuld gelebt. / Dem Herrn
habe ich vertraut, ohne zu wanken.

23,6b im Haus . . . wohnen: Text korr. nach G, S und der aramäischen Übersetzung; H: ins Haus des Herrn kehre ich zurück.
24,6b Nach S.
25,17a Text korr.; H: Nöte haben mein Herz weit (einsichtig?) gemacht.
25,21b o Herr: ergänzt nach G.

2 Erprobe mich, Herr, und durchforsche mich, / prüfe mich auf Herz und Nieren!

3 Denn mir stand deine Huld vor Augen, / ich ging meinen Weg in Treue zu dir.

4 Ich saß nicht bei falschen Menschen, / mit Heuchlern hatte ich keinen Umgang.

5 Verhasst ist mir die Schar derer, die Unrecht tun; / ich sitze nicht bei den Frevlern.

6 Ich wasche meine Hände in Unschuld; / ich umschreite, Herr, deinen Altar,

7 um laut dein Lob zu verkünden / und all deine Wunder zu erzählen.

8 Herr, ich liebe den Ort, wo dein Tempel steht, / die Stätte, wo deine Herrlichkeit wohnt.

9 Raff mich nicht hinweg mit den Sündern, / nimm mir nicht das Leben zusammen mit dem der Mörder!

10 An ihren Händen klebt Schandtat, / ihre Rechte ist voll von Bestechung.

11 Ich aber gehe meinen Weg ohne Schuld. / Erlöse mich und sei mir gnädig!

12 Mein Fuß steht auf festem Grund. / Den Herrn will ich preisen in der Gemeinde.

1: 59,4f • 2: 7,10; 17,3; 139,23 • 3: 119,1; 86,11 • 4–5: 1,1 • 6: 73,13; Dtn 21,6f; Mt 27,24 • 8: 27,4 • 9: 28,3 • 10: Ex 23,8 • 12: 22,23.

Die Gemeinschaft mit Gott

27 [Von David.] Der Herr ist mein Licht und mein Heil: / Vor wem sollte ich mich fürchten?

Der Herr ist die Kraft meines Lebens: / Vor wem sollte mir bangen?

2 Dringen Frevler auf mich ein, / um mich zu verschlingen,

meine Bedränger und Feinde, / sie müssen straucheln und fallen.

3 Mag ein Heer mich belagern: / Mein Herz wird nicht verzagen.

Mag Krieg gegen mich toben: / Ich bleibe dennoch voll Zuversicht.

4 Nur eines erbitte ich vom Herrn, / danach verlangt mich:

Im Haus des Herrn zu wohnen / alle Tage meines Lebens,

die Freundlichkeit des Herrn zu schauen / und nachzusinnen in seinem Tempel.

5 Denn er birgt mich in seinem Haus / am Tag des Unheils;

er beschirmt mich im Schutz seines Zeltes, / er hebt mich auf einen Felsen empor.

6 Nun kann ich mein Haupt erheben / über die Feinde, die mich umringen.

Ich will Opfer darbringen in seinem Zelt, Opfer mit Jubel; / dem Herrn will ich singen und spielen.

7 Vernimm, o Herr, mein lautes Rufen; / sei mir gnädig und erhöre mich!

8 Mein Herz denkt an dein Wort: »Sucht mein Angesicht!« / Dein Angesicht, Herr, will ich suchen.

9 Verbirg nicht dein Gesicht vor mir; / weise deinen Knecht im Zorn nicht ab! / Du wurdest meine Hilfe.

Verstoß mich nicht, verlass mich nicht, / du Gott meines Heiles!

10 Wenn mich auch Vater und Mutter verlassen, / der Herr nimmt mich auf.

11 Zeige mir, Herr, deinen Weg, / leite mich auf ebener Bahn trotz meiner Feinde!

12 Gib mich nicht meinen gierigen Gegnern preis; / denn falsche Zeugen stehen gegen mich auf und wüten.

13 Ich aber bin gewiss, zu schauen / die Güte des Herrn im Land der Lebenden.

14 Hoffe auf den Herrn und sei stark! / Hab festen Mut und hoffe auf den Herrn!

1: 97,11; 56,5; Mi 7,8 • 2: Ijob 19,22 • 3: 3,7 • 4: 23,6 • 5: 31,21 • 8: 24,6; 105,4; Dtn 4,29 • 10: Jes 49,15 • 11: 25,4 • 12: 35,11 • 13: 52,7; 56,14; 116,9; 142,6; Jes 38,11 • 14: 31,25.

Hilferuf in Todesgefahr und Dank für Erhörung

28 [Von David.] Zu dir rufe ich, Herr, mein Fels. / Wende dich nicht schweigend ab von mir!

Denn wolltest du schweigen, / würde ich denen gleich, die längst begraben sind.

2 Höre mein lautes Flehen, wenn ich zu dir schreie, / wenn ich die Hände zu deinem Allerheiligsten erhebe.

3 Raff mich nicht weg mit den Übeltätern und Frevlern, / die ihren Nächsten freundlich grüßen, / doch Böses hegen in ihrem Herzen.

4 Vergilt ihnen, wie es ihrem Treiben entspricht / und ihren bösen Taten. Vergilt ihnen, wie es das Werk ihrer Hände verdient. / Wende ihr Tun auf sie selbst zurück!

5 Denn sie achten nicht auf das Walten des Herrn / und auf das Werk seiner Hände.

Darum reißt er sie nieder / und richtet sie nicht wieder auf.

6 Der Herr sei gepriesen. / Denn er hat mein lautes Flehen erhört.

7 Der Herr ist meine Kraft und mein Schild, / mein Herz vertraut ihm.

Mir wurde geholfen. Da jubelte mein

28,8a Text korr. nach G und S.

Herz; / ich will ihm danken mit meinem
Lied.
8 Der Herr ist die Stärke seines Volkes, / er
ist Schutz und Heil für seinen Gesalbten.
9 Hilf deinem Volk und segne dein Erbe, /
führe und trage es in Ewigkeit!

1: 92,16; 143,7 • 2: 134,2; Dan 6,11 • 3: 26,9; 62,5; Spr 26,24–28 • 4: 62,13 • 5: Jes 5,12f • 9: 29,11; Dtn 9,29.

Gottes Herrlichkeit im Gewitter

29 [Ein Psalm Davids.]
Bringt dar dem Herrn, ihr Himmli-
schen, / bringt dar dem Herrn Lob und
Ehre!
2 Bringt dar dem Herrn die Ehre seines
Namens, / werft euch nieder vor dem Herrn
in heiligem Schmuck!
3 Die Stimme des Herrn erschallt über den
Wassern. / Der Gott der Herrlichkeit don-
nert, / der Herr über gewaltigen Wassern.
4 Die Stimme des Herrn ertönt mit
Macht, / die Stimme des Herrn voll Majes-
tät.
5 Die Stimme des Herrn zerbricht die Ze-
dern, / der Herr zerschmettert die Zedern des
Libanon.
6 Er lässt den Libanon hüpfen wie ein
Kalb, / wie einen Wildstier den Sirjon.
7 Die Stimme des Herrn sprüht flammen-
des Feuer, / 8 die Stimme des Herrn lässt die
Wüste beben, / beben lässt der Herr die Wüs-
te von Kadesch.
9 Die Stimme des Herrn wirbelt Eichen
empor, / sie reißt ganze Wälder kahl. / In sei-
nem Palast rufen alle: O herrlicher Gott!
10 Der Herr thront über der Flut, / der Herr
thront als König in Ewigkeit.
11 Der Herr gebe Kraft seinem Volk. / Der
Herr segne sein Volk mit Frieden.

1: 103,20f • 2: 96,8f • 3–4: Ijob 37,4 • 6: 114,4; Dtn 3,8f • 10: 24,7–10; Bar 3,3 • 11: 28,9.

Dank für die Rettung aus Todesnot

30 [Ein Psalm. Ein Lied zur Tempelwei-
he. Von David.]
2 Ich will dich rühmen, Herr, / denn du
hast mich aus der Tiefe gezogen / und lässt
meine Feinde nicht über mich triumphie-
ren.
3 Herr, mein Gott, ich habe zu dir ge-
schrien / und du hast mich geheilt.
4 Herr, du hast mich herausgeholt aus dem
Reich des Todes, / aus der Schar der Todge-
weihten mich zum Leben gerufen.
5 Singt und spielt dem Herrn, ihr seine
Frommen, / preist seinen heiligen Namen!
6 Denn sein Zorn dauert nur einen Augen-
blick, / doch seine Güte ein Leben lang.
Wenn man am Abend auch weint, / am
Morgen herrscht wieder Jubel.
7 Im sicheren Glück dachte ich einst: / Ich
werde niemals wanken.
8 Herr, in deiner Güte / stelltest du mich
auf den schützenden Berg.
Doch dann hast du dein Gesicht verbor-
gen. / Da bin ich erschrocken.
9 Zu dir, Herr, rief ich um Hilfe, / ich flehte
meinen Herrn um Gnade an.
10 (Ich sagte:) / Was nützt dir mein Blut,
wenn ich begraben bin? / Kann der Staub
dich preisen, deine Treue verkünden?
11 Höre mich, Herr, sei mir gnädig! / Herr,
sei du mein Helfer!
12 Da hast du mein Klagen in Tanzen ver-
wandelt, / hast mir das Trauergewand aus-
gezogen und mich mit Freude umgürtet.
13 Darum singt dir mein Herz und will
nicht verstummen. / Herr, mein Gott, ich will
dir danken in Ewigkeit.

1: Esra 6,16; 1 Makk 4,36–54 • 3: Ex 15,26 • 4: 9,14 • 5: 7,18; 97,12 • 6: Jes 54,7f • 10: 6,6 • 12: 126; Jes 61,3.

Gott, die sichere Zuflucht

31 [Für den Chormeister. Ein Psalm
Davids.]
2 Herr, ich suche Zuflucht bei dir. / Lass
mich doch niemals scheitern; / rette mich in
deiner Gerechtigkeit!
3 Wende dein Ohr mir zu, / erlöse mich
bald!
Sei mir ein schützender Fels, / eine feste
Burg, die mich rettet.
4 Denn du bist mein Fels und meine Burg; /
um deines Namens willen wirst du mich füh-
ren und leiten.
5 Du wirst mich befreien aus dem Netz, das
sie mir heimlich legten; / denn du bist meine
Zuflucht.
6 In deine Hände lege ich voll Vertrauen
meinen Geist; / du hast mich erlöst, Herr, du
treuer Gott.
7 Dir sind alle verhasst, die nichtige Göt-
zen verehren, / ich aber verlasse mich auf
den Herrn.

29,9ab Text korr. durch Vokaländerung; andere Übersetzungsmöglichkeit: Die Stimme des Herrn versetzt Hirschkühe in Wehen, bringt die Ziegen zur Frühgeburt.
30,5b Wörtlich: preist sein heiliges Gedenken.
30,8 auf den schützenden Berg, wörtlich: auf feste Berge.
30,13a Text korr. nach G.
31,7a Dir sind: Text korr. nach G, S und Vg; H: Mir sind.

8 Ich will jubeln und über deine Huld mich freuen; / denn du hast mein Elend angesehn, / du bist mit meiner Not vertraut.
9 Du hast mich nicht preisgegeben der Gewalt meines Feindes, / hast meinen Füßen freien Raum geschenkt.
10 Herr, sei mir gnädig, denn mir ist angst; / vor Gram zerfallen mir Auge, Seele und Leib.
11 In Kummer schwindet mein Leben dahin, / meine Jahre verrinnen im Seufzen.
Meine Kraft ist ermattet im Elend, / meine Glieder sind zerfallen.
12 Zum Spott geworden bin ich all meinen Feinden, / ein Hohn den Nachbarn, ein Schrecken den Freunden; / wer mich auf der Straße sieht, der flieht vor mir.
13 Ich bin dem Gedächtnis entschwunden wie ein Toter, / bin geworden wie ein zerbrochenes Gefäß.
14 Ich höre das Zischeln der Menge – Grauen ringsum. / Sie tun sich gegen mich zusammen; / sie sinnen darauf, mir das Leben zu rauben.
15 Ich aber, Herr, ich vertraue dir, / ich sage: »Du bist mein Gott.«
16 In deiner Hand liegt mein Geschick; / entreiß mich der Hand meiner Feinde und Verfolger!
17 Lass dein Angesicht leuchten über deinem Knecht, / hilf mir in deiner Güte!
18 Herr, lass mich nicht scheitern, / denn ich rufe zu dir.
Scheitern sollen die Frevler, / verstummen und hinabfahren ins Reich der Toten.
19 Jeder Mund, der lügt, soll sich schließen, / der Mund, der frech gegen den Gerechten redet, / hochmütig und verächtlich.
20 Wie groß ist deine Güte, Herr, / die du bereithältst für alle, die dich fürchten und ehren;
du erweist sie allen, / die sich vor den Menschen zu dir flüchten.
21 Du beschirmst sie im Schutz deines Angesichts / vor dem Toben der Menschen. Wie unter einem Dach bewahrst du sie / vor dem Gezänk der Zungen.
22 Gepriesen sei der Herr, der wunderbar an mir gehandelt / und mir seine Güte erwiesen hat zur Zeit der Bedrängnis.
23 Ich aber dachte in meiner Angst: / Ich bin aus deiner Nähe verstoßen.
Doch du hast mein lautes Flehen gehört, / als ich zu dir um Hilfe rief.
24 Liebt den Herrn, all seine Frommen! / Seine Getreuen behütet der Herr, / doch den Hochmütigen vergilt er ihr Tun mit vollem Maß.
25 Euer Herz sei stark und unverzagt, / ihr alle, die ihr wartet auf den Herrn.

2–4: 71,1–3 • 3: 102,3 • 4: 92,16; 23,3 • 5: 25,15; 140,6 • 6: Lk 23,46; Apg 7,59 • 8: 9,3 • 9: 18,20 • 10: 6,8 • 10–11: 38,11 • 11: 6,3 • 12: 38,12; 41,10; 44,14f; 55,13f; 69,9.12f; 79,4; 88,9.19; 89,42; Ijob 19,13–19 • 14: 41,6; Jer 20,10 • 15: 140,7 • 16: 139,16 • 17: 4,7 • 21: 27,5; Ijob 5,21 • 23: Jona 2,5 • 24: 62,13 • 25: 27,14.

Freude über die Vergebung

32 [Von David. Ein Weisheitslied.]
Wohl dem, dessen Frevel vergeben / und dessen Sünde bedeckt ist.
2 Wohl dem Menschen, dem der Herr die Schuld nicht zur Last legt / und dessen Herz keine Falschheit kennt.
3 Solang ich es verschwieg, waren meine Glieder matt, / den ganzen Tag musste ich stöhnen.
4 Denn deine Hand lag schwer auf mir bei Tag und bei Nacht; / meine Lebenskraft war verdorrt wie durch die Glut des Sommers. [Sela]
5 Da bekannte ich dir meine Sünde / und verbarg nicht länger meine Schuld vor dir.
Ich sagte: Ich will dem Herrn meine Frevel bekennen. / Und du hast mir die Schuld vergeben. [Sela]
6 Darum soll jeder Fromme in der Not zu dir beten; / fluten hohe Wasser heran, ihn werden sie nicht erreichen.
7 Du bist mein Schutz, bewahrst mich vor Not; / du rettest mich und hüllst mich in Jubel. [Sela]
8 »Ich unterweise dich und zeige dir den Weg, den du gehen sollst. / Ich will dir raten; über dir wacht mein Auge.«
9 Werdet nicht wie Ross und Maultier, / die ohne Verstand sind. Mit Zaum und Zügel muss man ihr Ungestüm bändigen, / sonst folgen sie dir nicht.
10 Der Frevler leidet viele Schmerzen, / doch wer dem Herrn vertraut, den wird er mit seiner Huld umgeben.
11 Freut euch am Herrn und jauchzt, ihr Gerechten, / jubelt alle, ihr Menschen mit redlichem Herzen!

1: 65,4; 78,38; 85,3; 103,3; Jes 1,18; 38,17; Jer 31,34; 1 Joh 1,9 • 1–2: Röm 4,7f • 4: 38,3; 102,5f • 5: 38,19 • 6: 66,12 • 8: 25,12; 119,1; 33,18 • 11: 33,1.

31,11c im Elend: Text korr. nach G und S; H: in meiner Schuld.
31,12b Text korr.
31,20 Herr: ergänzt nach G.
31,22c zur Zeit der Bedrängnis: Text korr.; H: in der befestigten Stadt.
32,4b Text korr.
32,6a Text korr.; H ist verderbt.

Ein Loblied auf den mächtigen und gütigen Gott

33 Ihr Gerechten, jubelt vor dem Herrn; / für die Frommen ziemt es sich, Gott zu loben.

2 Preist den Herrn mit der Zither, / spielt für ihn auf der zehnsaitigen Harfe!

3 Singt ihm ein neues Lied, / greift voll in die Saiten und jubelt laut!

4 Denn das Wort des Herrn ist wahrhaftig, / all sein Tun ist verlässlich.

5 Er liebt Gerechtigkeit und Recht, / die Erde ist erfüllt von der Huld des Herrn.

6 Durch das Wort des Herrn wurden die Himmel geschaffen, / ihr ganzes Heer durch den Hauch seines Mundes.

7 Wie in einem Schlauch fasst er das Wasser des Meeres, / verschließt die Urflut in Kammern.

8 Alle Welt fürchte den Herrn; / vor ihm sollen alle beben, die den Erdkreis bewohnen.

9 Denn der Herr sprach und sogleich geschah es; / er gebot und alles war da.

10 Der Herr vereitelt die Beschlüsse der Heiden, / er macht die Pläne der Völker zunichte.

11 Der Ratschluss des Herrn bleibt ewig bestehen, / die Pläne seines Herzens überdauern die Zeiten.

12 Wohl dem Volk, dessen Gott der Herr ist, / der Nation, die er sich zum Erbteil erwählt hat.

13 Der Herr blickt herab vom Himmel, / er sieht auf alle Menschen.

14 Von seinem Thronsitz schaut er nieder / auf alle Bewohner der Erde.

15 Der ihre Herzen gebildet hat, / er achtet auf all ihre Taten.

16 Dem König hilft nicht sein starkes Heer, / der Held rettet sich nicht durch große Stärke.

17 Nichts nützen die Rosse zum Sieg, / mit all ihrer Kraft können sie niemand retten.

18 Doch das Auge des Herrn ruht auf allen, die ihn fürchten und ehren, / die nach seiner Güte ausschaun;

19 denn er will sie dem Tod entreißen / und in der Hungersnot ihr Leben erhalten.

20 Unsre Seele hofft auf den Herrn; / er ist für uns Schild und Hilfe.

21 Ja, an ihm freut sich unser Herz, / wir vertrauen auf seinen heiligen Namen.

22 Lass deine Güte über uns walten, o Herr, / denn wir schauen aus nach dir.

1: 32,11; 92,2 • 2: 92,4 • 3: 40,4; 96,1; 98,1; 144,9; 149,1; Jdt 16,1.13; Jes 42,10; Offb 5,9; 14,3 • 5: 119,64 • 6: Gen 1,6–8.14–18; Joh 1,3 • 7: Ijob 38,8–11 • 8: 67,8 • 9: 148,5; Gen 1,3–26; Sir 39,16; Jes 48,13 • 10–11: Spr 19,21 • 11: Jes 40,8; 46,10 • 12: 144,15; Ex 19,6; Dtn 7,6 • 13–15: 14,2; 102,20; 2 Chr 16,9; Ijob 34,21; Sir 15,18f • 15: 94,9–11 • 16–17: 20,8; 1 Sam 14,6; 17,45–47 • 18: 32,8; 34,16; Sir 34,19 • 19: 37,19; Ijob 5,20 • 20: 3,4; 115,9–11 • 22: 90,17.

Unter Gottes Schutz

34 [Von David, als er sich vor Abimelech wahnsinnig stellte und dieser ihn fortjagte und er ging.]

2 Ich will den Herrn allezeit preisen; / immer sei sein Lob in meinem Mund.

3 Meine Seele rühme sich des Herrn; / die Armen sollen es hören und sich freuen.

4 Verherrlicht mit mir den Herrn, / lasst uns gemeinsam seinen Namen rühmen.

5 Ich suchte den Herrn und er hat mich erhört, / er hat mich all meinen Ängsten entrissen.

6 Blickt auf zu ihm, so wird euer Gesicht leuchten / und ihr braucht nicht zu erröten.

7 Da ist ein Armer; er rief und der Herr erhörte ihn. / Er half ihm aus all seinen Nöten.

8 Der Engel des Herrn umschirmt alle, die ihn fürchten und ehren, / und er befreit sie.

9 Kostet und seht, wie gütig der Herr ist; / wohl dem, der zu ihm sich flüchtet!

10 Fürchtet den Herrn, ihr seine Heiligen; / denn wer ihn fürchtet, leidet keinen Mangel.

11 Reiche müssen darben und hungern; / wer aber den Herrn sucht, braucht kein Gut zu entbehren.

12 Kommt, ihr Kinder, hört mir zu! / Ich will euch in der Furcht des Herrn unterweisen.

13 Wer ist der Mensch, der das Leben liebt / und gute Tage zu sehen wünscht?

14 Bewahre deine Zunge vor Bösem / und deine Lippen vor falscher Rede!

15 Meide das Böse und tu das Gute; / suche Frieden und jage ihm nach!

16 Die Augen des Herrn blicken auf die Gerechten, / seine Ohren hören ihr Schreien.

17 Das Antlitz des Herrn richtet sich gegen die Bösen, / um ihr Andenken von der Erde zu tilgen.

33,7a Text korr. nach G, Vg und der aramäischen Übersetzung.

34,6a euer Gesicht: Text korr.; H: ihr Gesicht.

34,11a Reiche: Text korr. nach G und S; H: junge Löwen.

18 Schreien die Gerechten, so hört sie der
Herr; / er entreißt sie all ihren Ängsten.
19 Nahe ist der Herr den zerbrochenen
Herzen, / er hilft denen auf, die zerknirscht
sind.
20 Der Gerechte muss viel leiden, / doch al-
lem wird der Herr ihn entreißen.
21 Er behütet all seine Glieder, / nicht eines
von ihnen wird zerbrochen.
22 Den Frevler wird seine Bosheit töten; /
wer den Gerechten hasst, muss es büßen.
23 Der Herr erlöst seine Knechte; / straflos
bleibt, wer zu ihm sich flüchtet.

1: 1 Sam 21,11–16 • 2: 145,2 • 7: 91,15 • 8: 35,5f; 91,11; Gen 32,2f; Ex 14,19 • 9: 1 Petr 2,3 • 11: Lk 1,53 • 13–17: 1 Petr 3,10–12 • 15: 37,27; Spr 3,7; Hebr 12,14 • 16: 33,18 • 17: 109,15; Ijob 18,17 • 19: 51,19; 145,18 • 20: 2 Kor 1,5.

Bitte um Rettung vor falschen Anklägern

35 [Von David.]
Streite, Herr, gegen alle, die gegen
mich streiten, / bekämpfe alle, die mich be-
kämpfen!
2 Ergreife Schild und Waffen; / steh auf,
um mir zu helfen!
3 Schwing den Speer und die Lanze gegen
meine Verfolger! / Sag zu mir: »Ich bin deine
Hilfe.«
4 In Schmach und Schande sollen alle fal-
len, / die mir nach dem Leben trachten.
Zurückweichen sollen sie und vor Scham
erröten, / die auf mein Unglück sinnen.
5 Sie sollen werden wie Spreu vor dem
Wind; / der Engel des Herrn stoße sie fort.
6 Ihr Weg soll finster und schlüpfrig sein; /
der Engel des Herrn verfolge sie.
7 Denn sie haben mir ohne Grund ein Netz
gelegt, / mir ohne Grund eine Grube gegra-
ben.
8 Unvermutet ereile ihn das Verderben; / er
fange sich selbst in seinem Netz, / er falle in
die eigene Grube.
9 Meine Seele aber wird jubeln über den
Herrn / und sich über seine Hilfe freuen.
10 Mit Leib und Seele will ich sagen: / Herr,
wer ist wie du?
Du entreißt den Schwachen dem, der stär-
ker ist, / den Schwachen und Armen dem,
der ihn ausraubt.
11 Da treten ruchlose Zeugen auf. / Man
wirft mir Dinge vor, von denen ich nichts
weiß.
12 Sie vergelten mir Gutes mit Bösem; / ich
bin verlassen und einsam.
13 Ich aber zog ein Bußkleid an, als sie er-
krankten, / und quälte mich ab mit Fasten. /
Nun kehre mein Gebet zurück in meine
Brust.
14 Als wäre es ein Freund oder ein Bruder, /
so ging ich betrübt umher,
wie man Leid trägt um die Mutter, / trau-
ernd und tief gebeugt.
15 Doch als ich stürzte, lachten sie / und ta-
ten sich zusammen.
Sie taten sich gegen mich zusammen / wie
Fremde, die ich nicht kenne.
Sie hören nicht auf, mich zu schmähen; /
16 sie verhöhnen und verspotten mich, / knir-
schen gegen mich mit den Zähnen.
17 Herr, wie lange noch wirst du das an-
sehn? / Rette mein Leben vor den wilden Tie-
ren, / mein einziges Gut vor den Löwen!
18 Ich will dir danken in großer Gemein-
de, / vor zahlreichem Volk dich preisen.
19 Über mich sollen die sich nicht freuen, /
die mich ohne Grund befeinden.
Sie sollen nicht mit den Augen zwinkern, /
die mich grundlos hassen.
20 Denn was sie reden, dient nicht dem
Frieden; / gegen die Stillen im Land ersinnen
sie listige Pläne.
21 Sie reißen den Mund gegen mich auf und
sagen: / »Dir geschieht recht. Jetzt sehen
wir's mit eigenen Augen.«
22 Du hast es gesehen, Herr. So schweig
doch nicht! / Herr, bleib mir nicht fern!
23 Wach auf, tritt ein für mein Recht, / ver-
teidige mich, mein Gott und mein Herr!
24 Verschaff mir Recht nach deiner Ge-
rechtigkeit, Herr, mein Gott! / Sie sollen sich
über mich nicht freuen.
25 Lass sie nicht denken: »Recht so! Das
freut uns.« / Sie sollen nicht sagen: »Wir
haben ihn verschlungen.«
26 In Schmach und Schande sollen alle fal-
len, / die sich über mein Unglück freuen,
in Schimpf und Schande sich kleiden, / die
gegen mich prahlen.
27 Alle sollen sich freuen und jubeln, / die
wünschen, dass ich im Recht bin.
Sie sollen jederzeit sagen: »Groß ist der

34,18a die Gerechten: ergänzt nach G, S und der aramäischen Übersetzung.
35,8c Wörtlich: er falle hinein zum Verderben.
35,10a Wörtlich: Alle meine Knochen sollen sagen.
35,12b ich bin ... einsam, wörtlich: Kinderlosigkeit meiner Seele.
35,15de H ist unverständlich.
35,16 Text korr.

Herr, / er will das Heil seines Knechtes.«
28 Meine Zunge soll deine Gerechtigkeit
verkünden, / dein Lob alle Tage.

4: 40,15 • 5: 1,4; 83,14; 34,8 • 6: 73,18; Jer 23,12 • 7: Jer 18,20 • 7–8: 7,16; Ijob 18,8f • 10: 71,19; 77,14; 89,7f; 113,5; Ex 15,11 • 11: 27,12; Mt 26,59f • 12: 38,21; 109,5; Jer 18,20 • 13: 109,4 • 17: 17,12 • 18: 22,23 • 19: 25,19; 69,5; Joh 15,25 • 21: 40,16; Klgl 2,16 • 22: 38,22; Hab 1,13; Ps 22,12 • 26: 40,15 • 27: 40,17 • 28: 71,15.

Gott, die Quelle des Lebens

36 [Für den Chormeister. Von David,
dem Knecht des Herrn.]
2 Der Frevler spricht: »Ich bin entschlos-
sen zum Bösen.« / In seinen Augen gibt es
kein Erschrecken vor Gott.
3 Er gefällt sich darin, / sich schuldig zu
machen und zu hassen.
4 Die Worte seines Mundes sind Trug und
Unheil; / er hat es aufgegeben, weise und gut
zu handeln.
5 Unheil plant er auf seinem Lager, / er be-
tritt schlimme Wege und scheut nicht das
Böse.
6 Herr, deine Güte reicht, so weit der Him-
mel ist, / deine Treue, so weit die Wolken
ziehn.
7 Deine Gerechtigkeit steht wie die Berge
Gottes, / deine Urteile sind tief wie das
Meer.
Herr, du hilfst Menschen und Tieren. /
8 Gott, wie köstlich ist deine Huld!
Die Menschen bergen sich im Schatten
deiner Flügel, / 9 sie laben sich am Reichtum
deines Hauses; / du tränkst sie mit dem
Strom deiner Wonnen.
10 Denn bei dir ist die Quelle des Lebens, /
in deinem Licht schauen wir das Licht.
11 Erhalte denen, die dich kennen, deine
Huld / und deine Gerechtigkeit den Men-
schen mit redlichem Herzen!
12 Lass mich nicht kommen unter den Fuß
der Stolzen; / die Hand der Frevler soll mich
nicht vertreiben.
13 Dann brechen die Bösen zusammen, / sie
werden niedergestoßen und können nie wie-
der aufstehn.

2: 14,1; Röm 3,18 • 5: Mi 2,1 • 6: 57,11; 108,5 • 8: 17,7f • 9: 65,5; 46,5 • 10: 16,11; 97,11; Jer 2,13; Joh 4,14.

Gott, der Anwalt der Guten

37 [Von David.]
Errege dich nicht über die Bösen, /
wegen der Übeltäter ereifere dich nicht!
2 Denn sie verwelken schnell wie das Gras, /
wie grünes Kraut verdorren sie.
3 Vertrau auf den Herrn und tu das Gute, /
bleib wohnen im Land und bewahre Treue!
4 Freu dich innig am Herrn! / Dann gibt er
dir, was dein Herz begehrt.
5 Befiehl dem Herrn deinen Weg und ver-
trau ihm; / er wird es fügen.
6 Er bringt deine Gerechtigkeit heraus wie
das Licht / und dein Recht so hell wie den
Mittag.
7 Sei still vor dem Herrn und harre auf
ihn! / Erhitze dich nicht über den Mann, dem
alles gelingt, / den Mann, der auf Ränke
sinnt.
8 Steh ab vom Zorn und lass den Grimm; /
erhitze dich nicht, es führt nur zu Bö-
sem.
9 Denn die Bösen werden ausgetilgt; / die
aber auf den Herrn hoffen, werden das Land
besitzen.
10 Eine Weile noch und der Frevler ist
nicht mehr da; / schaust du nach seiner Woh-
nung – sie ist nicht mehr zu finden.
11 Doch die Armen werden das Land be-
kommen, / sie werden Glück in Fülle genie-
ßen.
12 Der Frevler sinnt auf Ränke gegen den
Gerechten / und knirscht gegen ihn mit den
Zähnen.
13 Der Herr verlacht ihn, / denn er sieht,
dass sein Tag kommt.
14 Die Frevler zücken das Schwert / und
spannen ihren Bogen;
sie wollen den Schwachen und Armen fäl-
len / und alle hinschlachten, die den rechten
Weg gehn.
15 Ihr Schwert dringe in ihr eigenes Herz /
und ihre Bogen sollen zerbrechen.
16 Besser das wenige, das der Gerechte be-
sitzt, / als der Überfluss vieler Frevler.
17 Denn die Arme der Frevler werden zer-
schmettert, / doch die Gerechten stützt der
Herr.
18 Der Herr kennt die Tage der Bewähr-
ten, / ihr Erbe hat ewig Bestand.
19 In bösen Zeiten werden sie nicht zu-
schanden, / sie werden satt in den Tagen des
Hungers.
20 Doch die Frevler gehen zugrunde, / die
Feinde des Herrn sind wie die Pracht der
Auen: / Sie schwinden dahin, wie Rauch
schwinden sie hin.
21 Der Frevler muss borgen und kann nicht
bezahlen, / doch freigebig schenkt der Ge-
rechte.
22 Denn wen der Herr segnet, der wird das

36,2a Text korr. nach G.

37,7b dem alles gelingt, wörtlich: dem sein Weg gelingt.

Land besitzen, / aber wen er verflucht, der
wird ausgetilgt.
23 Der Herr festigt die Schritte des Mannes, / er hat Gefallen an seinem Weg.
24 Auch wenn er strauchelt, stürzt er nicht hin; / denn der Herr hält ihn fest an der Hand.
25 Einst war ich jung, nun bin ich alt, / nie sah ich einen Gerechten verlassen noch seine Kinder betteln um Brot.
26 Allzeit ist er mildtätig, gern leiht er aus, / seine Kinder werden zum Segen.
27 Meide das Böse und tu das Gute, / so bleibst du wohnen für immer.
28 Denn der Herr liebt das Recht / und verlässt seine Frommen nicht.
Doch das Geschlecht der Frevler wird ausgetilgt, / sie werden für immer vernichtet.
29 Die Gerechten werden das Land besitzen / und darin wohnen für alle Zeiten.
30 Der Mund des Gerechten bewegt Worte der Weisheit / und seine Zunge redet, was recht ist.
31 Er hat die Weisung seines Gottes im Herzen, / seine Schritte wanken nicht.
32 Der Frevler belauert den Gerechten / und sucht ihn zu töten.
33 Der Herr überlässt ihn nicht seiner Hand, / lässt nicht zu, dass man ihn vor Gericht verurteilt.
34 Hoffe auf den Herrn / und bleib auf seinem Weg!
Er wird dich erhöhen zum Erben des Landes; / du wirst sehen, wie der Frevler vernichtet wird.
35 Ich sah einen Frevler, bereit zu Gewalttat; / er reckte sich hoch wie eine grünende Zeder.
36 Wieder ging ich vorüber und er war nicht mehr da; / ich suchte ihn, doch er war nicht zu finden.
37 Achte auf den Frommen und schau auf den Redlichen! / Denn Zukunft hat der Mann des Friedens.
38 Die Sünder aber werden alle zusammen vernichtet; / die Zukunft der Frevler ist Untergang.
39 Die Rettung der Gerechten kommt vom Herrn, / er ist ihre Zuflucht in Zeiten der Not.
40 Der Herr hilft ihnen und rettet sie, / er rettet sie vor den Frevlern;
er schenkt ihnen Heil, / denn sie suchen Zuflucht bei ihm.

1: Spr 23,17; 24,19 • 2: 90,5f • 4: 20,5 • 5: 119,1; 55,23; Spr 3,5; 16,3 • 6: Ijob 11,17; Spr 4,18 • 8: Eph 4,26 • 9: 25,13 • 10: Ijob 20,8f • 11: Mt 5,5 • 13: 59,9; Ijob 18,20 • 14: 11,2 • 16: Spr 15,16; 16,8 • 17: 10,15 • 19: 33,19 • 20: 68,3 • 22: Spr 2,21f • 24: 145,14; Spr 24,16 • 27: 34,15; Am 5,14 • 29: 25,13; Jes 60,21 • 30: Spr 10,31 • 31: 40,9 • 32: 11,2 • 35: 92,8 • 35–36: Ijob 20,6f • 39: 46,2.

Die Klage eines Kranken

38 [Ein Psalm Davids. Zum Weihrauchopfer.]
2 Herr, strafe mich nicht in deinem Zorn / und züchtige mich nicht in deinem Grimm!
3 Denn deine Pfeile haben mich getroffen, / deine Hand lastet schwer auf mir.
4 Nichts blieb gesund an meinem Leib, weil du mir grollst; / weil ich gesündigt, blieb an meinen Gliedern nichts heil.
5 Denn meine Sünden schlagen mir über dem Kopf zusammen, / sie erdrücken mich wie eine schwere Last.
6 Mir schwären, mir eitern die Wunden / wegen meiner Torheit.
7 Ich bin gekrümmt und tief gebeugt, / den ganzen Tag geh ich traurig einher.
8 Denn meine Lenden sind voller Brand, / nichts blieb gesund an meinem Leib.
9 Kraftlos bin ich und ganz zerschlagen, / ich schreie in der Qual meines Herzens.
10 All mein Sehnen, Herr, liegt offen vor dir, / mein Seufzen ist dir nicht verborgen.
11 Mein Herz pocht heftig, mich hat die Kraft verlassen, / geschwunden ist mir das Licht der Augen.
12 Freunde und Gefährten bleiben mir fern in meinem Unglück / und meine Nächsten meiden mich.
13 Die mir nach dem Leben trachten, legen mir Schlingen; / die mein Unheil suchen, planen Verderben, / den ganzen Tag haben sie Arglist im Sinn.
14 Ich bin wie ein Tauber, der nicht hört, / wie ein Stummer, der den Mund nicht auftut.
15 Ich bin wie einer, der nicht mehr hören kann, / aus dessen Mund keine Entgegnung kommt.
16 Doch auf dich, Herr, harre ich; / du wirst mich erhören, Herr, mein Gott.
17 Denn ich sage: Über mich sollen die sich nicht freuen, / die gegen mich prahlen, wenn meine Füße straucheln.

37,28cd sinngemäß umgestellt; Text korr.; H: sie werden für immer bewahrt.
37,35b Text korr.; H: und er entwickelte sich wie eine lebenskräftige Pflanze.
37,36a Text korr. nach G, S und Hieronymus; H: ging er vorüber.
38,11 Der sinnstörende Einschub »auch sie« in H, der nach »Licht der Augen« steht, bleibt wie in einigen G-Handschriften und S unübersetzt.

18 Ich bin dem Fallen nahe, / mein Leid
steht mir immer vor Augen.
19 Ja, ich bekenne meine Schuld, / ich bin
wegen meiner Sünde in Angst.
20 Die mich ohne Grund befehden, sind
stark; / viele hassen mich wegen nichts.
21 Sie vergelten mir Gutes mit Bösem, / sie
sind mir Feind; denn ich trachte nach dem
Guten.
22 Herr, verlass mich nicht, bleib mir nicht
fern, mein Gott! / 23 Eile mir zu Hilfe, Herr,
du mein Heil!

2: 6,2 • 3: 32,4; Ijob 6,4 • 5: 40,13; Esra 9,6 • 11: 31,10 • 12: 31,12 • 13: 35,20 • 17: 13,5; 35,19 • 19: 32,5; 51,5; 2 Sam 12,13; Ijob 31,33; Spr 28,13; Hos 14,3; Jak 5,16 • 21: 35,12 • 22–23: 22,12.

Die Not des vergänglichen Menschen

39 [Für den Chormeister. Von Jedutun.
Ein Psalm Davids.]
2 Ich sagte: Ich will auf meine Wege ach-
ten, / damit ich nicht sündige mit meiner
Zunge.
Ich lege meinem Mund einen Zaum an, /
solange der Frevler vor mir steht.
3 So blieb ich stumm und still; / ich
schwieg, vom Glück verlassen, / doch mein
Schmerz war aufgerührt.
4 Heiß wurde mir das Herz in der Brust, /
bei meinem Grübeln entbrannte ein Feuer; /
da musste ich reden:
5 Herr, tu mir mein Ende kund und die
Zahl meiner Tage! / Lass mich erkennen, wie
sehr ich vergänglich bin!
6 Du machtest meine Tage nur eine Spanne
lang, / meine Lebenszeit ist vor dir wie ein
Nichts. / Ein Hauch nur ist jeder Mensch.
[Sela]
7 Nur wie ein Schatten geht der Mensch
einher, / um ein Nichts macht er Lärm. / Er
rafft zusammen und weiß nicht, wer es ein-
heimst.
8 Und nun, Herr, worauf soll ich hoffen? /
Auf dich allein will ich harren.
9 Entreiß mich allen, die mir Unrecht tun, /
und überlass mich nicht dem Spott der To-
ren!
10 Ich bin verstummt, ich tue den Mund
nicht mehr auf. / Denn so hast du es ge-
fügt.
11 Nimm deine Plage weg von mir! / Unter
der Wucht deiner Hand vergehe ich.
12 Du strafst und züchtigst den Mann we-
gen seiner Schuld, / du zerstörst seine Anmut
wie Motten das Kleid, / ein Hauch nur ist je-
der Mensch. [Sela]
13 Hör mein Gebet, Herr, vernimm mein
Schreien, / schweig nicht zu meinen Trä-
nen!
Denn ich bin nur ein Gast bei dir, / ein
Fremdling wie all meine Väter.
14 Wende dein strafendes Auge ab von
mir, / sodass ich heiter blicken kann, / bevor
ich dahinfahre und nicht mehr da bin.

5: 90,12 • 6–7: 90,9f; 109,23; 144,4; Ijob 7,6f; 14,2; Jak 4,14 • 7: 49,18 • 12: Ijob 13,28 • 13: 119,19; Lev 25,23; Hebr 11,13; 1 Petr 2,11 • 14: Ijob 7,19; 10,21; 14,6.

Dank, Hingabe und Bitte

40 [Für den Chormeister. Ein Psalm
Davids.]
2 Ich hoffte, ja ich hoffte auf den Herrn. /
Da neigte er sich mir zu und hörte mein
Schreien.
3 Er zog mich herauf aus der Grube des
Grauens, / aus Schlamm und Morast.
Er stellte meine Füße auf den Fels, / mach-
te fest meine Schritte.
4 Er legte mir ein neues Lied in den
Mund, / einen Lobgesang auf ihn, unsern
Gott.
Viele werden es sehen, sich in Ehrfurcht
neigen / und auf den Herrn vertrauen.
5 Wohl dem Mann, der auf den Herrn sein
Vertrauen setzt, / sich nicht zu den Stolzen
hält / noch zu treulosen Lügnern.
6 Zahlreich sind die Wunder, die du getan
hast, / und deine Pläne mit uns; / Herr, mein
Gott, nichts kommt dir gleich.
Wollte ich von ihnen künden und reden, /
es wären mehr, als man zählen kann.
7 An Schlacht- und Speiseopfern hast du
kein Gefallen, / Brand- und Sündopfer for-
derst du nicht.
Doch das Gehör hast du mir eingepflanzt; /
8 darum sage ich: Ja, ich komme. / In dieser
Schriftrolle steht, was an mir geschehen
ist.
9 Deinen Willen zu tun, mein Gott, macht
mir Freude, / deine Weisung trag ich im Her-
zen.
10 Gerechtigkeit verkünde ich in großer
Gemeinde, / meine Lippen verschließe ich
nicht; Herr, du weißt es.
11 Deine Gerechtigkeit verberge ich nicht
im Herzen, / ich spreche von deiner Treue
und Hilfe,
ich schweige nicht über deine Huld und
Wahrheit / vor der großen Gemeinde.
12 Du, Herr, verschließ mir nicht dein Er-

38,20a Text korr.

39,14a Text korr.; H ist unverständlich.

barmen, / deine Huld und Wahrheit mögen
mich immer behüten!
13 Denn Leiden ohne Zahl umfangen
mich, / meine Sünden holen mich ein, / ich
vermag nicht mehr aufzusehn.
Zahlreicher sind sie als die Haare auf meinem Kopf, / der Mut hat mich ganz verlassen.
14 Gewähre mir die Gunst, Herr, und reiß
mich heraus; / Herr, eile mir zu Hilfe!
15 In Schmach und Schande sollen alle fallen, / die mir nach dem Leben trachten.
Zurückweichen sollen sie und vor Scham erröten, / die sich über mein Unglück freuen.
16 Vor Schande sollen alle schaudern, / die
zu mir sagen: »Dir geschieht recht.«
17 Alle, die dich suchen, frohlocken; / sie
mögen sich freuen in dir.
Die dein Heil lieben, sollen immer sagen: / Groß ist Gott, der Herr.
18 Ich bin arm und gebeugt; / der Herr aber
sorgt für mich.
Meine Hilfe und mein Retter bist du. / Mein Gott, säume doch nicht!

3: 69,15f • 4: 33,3 • 5: 1,1; Jer 17,7 • 6: 139,17f • 7–9: Hebr 10,5–7 • 7: 50,7–15; 51,18f; 69,31f; 1 Sam 15,22; Jes 1,11; Jer 6,20; Am 5,22; • 9: 37,31; Joh 4,34 • 10: 22,23 • 13: 38,5 • 14: 22,12 • 14–18 ‖ Ps 70,1–6 • 15: 35,4 • 16: 35,21 • 17: 35,27.

Das Gebet eines Kranken und Verfolgten

41 [Für den Chormeister. Ein Psalm Davids.]
2 Wohl dem, der sich des Schwachen annimmt; / zur Zeit des Unheils wird der Herr
ihn retten.
3 Ihn wird der Herr behüten / und am Leben erhalten.
Man preist ihn glücklich im Land. / Gib ihn nicht seinen gierigen Feinden preis!
4 Auf dem Krankenbett wird der Herr ihn
stärken; / seine Krankheit verwandelst du in Kraft.
5 Ich sagte: Herr, sei mir gnädig, / heile
mich; denn ich habe gegen dich gesündigt.
6 Meine Feinde reden böse über mich: /
»Wann stirbt er endlich und wann vergeht sein Name?«
7 Besucht mich jemand, / so kommen seine
Worte aus falschem Herzen.
Er häuft in sich Bosheit an, / dann geht er hinaus und redet.
8 Im Hass gegen mich sind sich alle einig; /
sie tuscheln über mich und sinnen auf Unheil:
9 »Verderben hat sich über ihn ergossen; /
wer einmal daliegt, steht nicht mehr auf.«
10 Auch mein Freund, dem ich vertraute, /
der mein Brot aß, hat gegen mich geprahlt.
11 Du aber, Herr, sei mir gnädig; / richte
mich auf, damit ich ihnen vergelten kann.
12 Daran erkenne ich, dass du an mir Gefallen hast: / wenn mein Feind nicht über mich triumphieren darf.
13 Weil ich aufrichtig bin, hältst du mich
fest / und stellst mich vor dein Antlitz für immer.
14 Gepriesen sei der Herr, der Gott Israels, / von Ewigkeit zu Ewigkeit. Amen, ja amen.

2: Spr 14,21; Mt 5,7 • 5: 6,3 • 6: 22,7f; 44,14f; 71,7; 89,51; 102,9; 109,25; 123,3f • 10: 31,12; Obd 7; Joh 13,18 • 14: Neh 9,5.

DAS ZWEITE BUCH

Sehnsucht nach dem lebendigen Gott

42 [Für den Chormeister. Ein Weisheitslied der Korachiter.]
2 Wie der Hirsch lechzt nach frischem
Wasser, / so lechzt meine Seele, Gott, nach dir.
3 Meine Seele dürstet nach Gott, / nach
dem lebendigen Gott.
Wann darf ich kommen und / Gottes Antlitz schauen?
4 Tränen waren mein Brot bei Tag und bei
Nacht; / denn man sagt zu mir den ganzen Tag: / »Wo ist nun dein Gott?«
5 Das Herz geht mir über, wenn ich daran
denke: / wie ich zum Haus Gottes zog in festlicher Schar, / mit Jubel und Dank in feiernder Menge.
6 Meine Seele, warum bist du betrübt / und
bist so unruhig in mir?
Harre auf Gott; denn ich werde ihm noch danken, / meinem Gott und Retter, auf den ich schaue.
7 Betrübt ist meine Seele in mir, darum
denke ich an dich / im Jordanland, am Hermon, am Mizar-Berg.
8 Flut ruft der Flut zu beim Tosen deiner

40,15b Text korr. nach 70,3; H fügt hinzu: um es hinwegzuraffen.
41,10b Text korr.
42,5b Übersetzung nicht ganz sicher.
42,6d Text korr.

Wasser, / all deine Wellen und Wogen gehen
über mich hin.
9 Bei Tag schenke der Herr seine Huld; /
ich singe ihm nachts und flehe zum Gott
meines Lebens.
10 Ich sage zu Gott, meinem Fels: / »Warum
hast du mich vergessen?
Warum muss ich trauernd umhergehen, /
von meinem Feind bedrängt?«
11 Wie ein Stechen in meinen Gliedern / ist
für mich der Hohn der Bedränger;
denn sie rufen mir ständig zu: / »Wo ist
nun dein Gott?«
12 Meine Seele, warum bist du betrübt /
und bist so unruhig in mir?
Harre auf Gott; denn ich werde ihm noch
danken, / meinem Gott und Retter, auf den
ich schaue.

2–3: 63,2; 84,3; 143,6 • 3: 27,4 • 4: 80,6; 102,10; Ijob 3,24 • 5: 122,1 • 6: 62,6 • 8: 18,5; 32,6; 69,2f.16; 88,8.18; 124,4f; Ijob 22,11; Jona 2,4.6 • 10: 92,16 • 11: 42,4; 79,10; 115,2; Joël 2,17; Mi 7,10.

43 Verschaff mir Recht, o Gott, / und
führe meine Sache gegen ein treulo-
ses Volk! / Rette mich vor bösen und tücki-
schen Menschen!
2 Denn du bist mein starker Gott. / Warum
hast du mich verstoßen?
Warum muss ich trauernd umhergehen, /
von meinem Feind bedrängt?
3 Sende dein Licht und deine Wahrheit, /
damit sie mich leiten;
sie sollen mich führen zu deinem heiligen
Berg / und zu deiner Wohnung.
4 So will ich zum Altar Gottes treten, zum
Gott meiner Freude. / Jauchzend will ich
dich auf der Harfe loben, / Gott, mein Gott.
5 Meine Seele, warum bist du betrübt / und
bist so unruhig in mir?
Harre auf Gott; denn ich werde ihm noch
danken, / meinem Gott und Retter, auf den
ich schaue.

3: 97,11.

Klage in Kriegsnot

44 [Für den Chormeister. Ein Weis-
heitslied der Korachiter.]
2 Gott, wir hörten es mit eigenen Ohren, /
unsere Väter erzählten uns
von dem Werk, das du in ihren Tagen voll-
bracht hast, / in den Tagen der Vorzeit.
3 Mit eigener Hand hast du Völker vertrie-
ben, / sie aber eingepflanzt.
Du hast Nationen zerschlagen, / sie aber
ausgesät.
4 Denn sie gewannen das Land nicht mit
ihrem Schwert, / noch verschaffte ihr Arm
ihnen den Sieg;
nein, deine Rechte war es, dein Arm und
dein leuchtendes Angesicht; / denn du hat-
test an ihnen Gefallen.
5 Du, mein König und mein Gott, / du bist
es, der Jakob den Sieg verleiht.
6 Mit dir stoßen wir unsere Bedränger nie-
der, / in deinem Namen zertreten wir unsere
Gegner.
7 Denn ich verlasse mich nicht auf meinen
Bogen, / noch kann mein Schwert mir hel-
fen;
8 nein, du hast uns vor unsern Bedrängern
gerettet; / alle, die uns hassen, bedeckst du
mit Schande.
9 Wir rühmen uns Gottes den ganzen Tag /
und preisen deinen Namen auf ewig. [Sela]
10 Doch nun hast du uns verstoßen und mit
Schmach bedeckt, / du ziehst nicht mit un-
serm Heer in den Kampf.
11 Du lässt uns vor unsern Bedrängern flie-
hen / und Menschen, die uns hassen, plün-
dern uns aus.
12 Du gibst uns preis wie Schlachtvieh, /
unter die Völker zerstreust du uns.
13 Du verkaufst dein Volk um ein Spott-
geld / und hast an dem Erlös keinen Ge-
winn.
14 Du machst uns zum Schimpf für die
Nachbarn, / zu Spott und Hohn bei allen, die
rings um uns wohnen.
15 Du machst uns zum Spottlied der Völ-
ker, / die Heiden zeigen uns nichts als Ver-
achtung.
16 Meine Schmach steht mir allzeit vor Au-
gen / und Scham bedeckt mein Gesicht
17 wegen der Worte des lästernden Spöt-
ters, / wegen der rachgierigen Blicke des
Feindes.
18 Das alles ist über uns gekommen / und
doch haben wir dich nicht vergessen, / uns
von deinem Bund nicht treulos abgewandt.
19 Unser Herz ist nicht von dir gewichen, /
noch hat unser Schritt deinen Pfad verlas-
sen.
20 Doch du hast uns verstoßen an den Ort
der Schakale / und uns bedeckt mit Finster-
nis.
21 Hätten wir den Namen unseres Gottes
vergessen / und zu einem fremden Gott die
Hände erhoben,

42,12d Text korr.
43,1 Ps 42 und 43 bilden ein einziges Lied, wie der Kehrvers 42,6.12 und 43,5 zeigt.
43,4ab Text korr.; H: zum Gott der Freude meines Jubels.
43,5d Text korr. wie in 42,6d und 12d.
44,5a Text korr.

22 würde Gott das nicht ergründen? / Denn
er kennt die heimlichen Gedanken des Her-
zens.
23 Nein, um deinetwillen werden wir getö-
tet Tag für Tag, / behandelt wie Schafe, / die
man zum Schlachten bestimmt hat.
24 Wach auf! Warum schläfst du, Herr? /
Erwache, verstoß nicht für immer!
25 Warum verbirgst du dein Gesicht, / ver-
gisst unsere Not und Bedrängnis?
26 Unsere Seele ist in den Staub hinabge-
beugt, / unser Leib liegt am Boden.
27 Steh auf und hilf uns! / In deiner Huld
erlöse uns!

2: 78,3; Dtn 4,9; 2 Sam 7,22f • 3: 78,55; 80,9 • 4: Dtn 8,17f; Jos 24,12; 4,7 • 5: 5,3 • 6: 60,14 • 10: 60,12 • 11: Dtn 28,25 • 12: Dtn 28,64 • 13: Jes 52,3 • 14: 79,4; 80,7 • 23: Röm 8,36 • 24: 74,1; 83,2 • 25: 89,47; Ijob 13,24 • 26: 7,6; 119,25.

Ein Lied zur Hochzeit des Königs

45 [Für den Chormeister. Nach der
Weise »Lilien«. Ein Weisheitslied
der Korachiter. Ein Liebeslied.]
2 Mein Herz fließt über von froher Kunde, /
ich weihe mein Lied dem König. / Meine
Zunge gleicht dem Griffel des flinken
Schreibers.
3 Du bist der Schönste von allen Men-
schen, / Anmut ist ausgegossen über deine
Lippen; / darum hat Gott dich für immer
gesegnet.
4 Gürte, du Held, dein Schwert um die
Hüfte, / kleide dich in Hoheit und Herrlich-
keit!
5 Zieh aus mit Glück, kämpfe für Wahrheit
und Recht! / Furcht gebietende Taten / soll
dein rechter Arm dich lehren.
6 Deine Pfeile sind scharf, dir unterliegen
die Völker, / die Feinde des Königs verlieren
den Mut.
7 Dein Thron, du Göttlicher, steht für im-
mer und ewig; / das Zepter deiner Herrschaft
ist ein gerechtes Zepter.
8 Du liebst das Recht und hasst das Un-
recht, / darum hat Gott, dein Gott, dich ge-
salbt mit dem Öl der Freude / wie keinen dei-
ner Gefährten.
9 Von Myrrhe, Aloe und Kassia duften all
deine Gewänder, aus Elfenbeinhallen er-
freut dich Saitenspiel.
10 Königstöchter gehen dir entgegen, / die
Braut steht dir zur Rechten / im Schmuck
von Ofirgold.
11 Höre, Tochter, sieh her und neige dein
Ohr, / vergiss dein Volk und dein Vater-
haus!
12 Der König verlangt nach deiner Schön-
heit; / er ist ja dein Herr, verneig dich vor
ihm!
13 Die Töchter von Tyrus kommen mit Ga-
ben, / deine Gunst begehren die Edlen des
Volkes.
14 Die Königstochter ist herrlich ge-
schmückt, / ihr Gewand ist durchwirkt mit
Gold und Perlen.
15 Man geleitet sie in bunt gestickten Klei-
dern zum König, / Jungfrauen sind ihr
Gefolge, / ihre Freundinnen führt man zu
dir.
16 Man geleitet sie mit Freude und Jubel, /
sie ziehen ein in den Palast des Königs.
17 An die Stelle deiner Väter treten einst
deine Söhne; / du bestellst sie zu Fürsten im
ganzen Land.
18 Ich will deinen Namen rühmen von Ge-
schlecht zu Geschlecht; / darum werden die
Völker dich preisen immer und ewig.

7–8: Hebr 1,8f • 11: Gen 12,1 • 15: Ez 16,10–13 • 17: 2 Chr 21,3.

Gott, unsre Burg

46 [Für den Chormeister. Von den Kora-
chitern. Nach der Weise »Mädchen«.
Ein Lied.]
2 Gott ist uns Zuflucht und Stärke, / ein
bewährter Helfer in allen Nöten.
3 Darum fürchten wir uns nicht, wenn die
Erde auch wankt, / wenn Berge stürzen in
die Tiefe des Meeres,
4 wenn seine Wasserwogen tosen und
schäumen / und vor seinem Ungestüm die
Berge erzittern.
Der Herr der Heerscharen ist mit uns, / der
Gott Jakobs ist unsre Burg. [Sela]
5 Die Wasser eines Stromes erquicken die
Gottesstadt, / des Höchsten heilige Woh-
nung.
6 Gott ist in ihrer Mitte, darum wird sie
niemals wanken; / Gott hilft ihr, wenn der
Morgen anbricht.
7 Völker toben, Reiche wanken, / es dröhnt
sein Donner, da zerschmilzt die Erde.
8 Der Herr der Heerscharen ist mit uns, /
der Gott Jakobs ist unsre Burg. [Sela]
9 Kommt und schaut die Taten des

44,26b Wörtlich: klebt am Boden.
45,5a Text korr.; H: Kämpfe für die Sache der Wahrheit, der Armut und des Rechts!
45,10a Text korr.; H: Königstöchter unter deinen Kostbarkeiten.
45,13a Nach G.
46,4cd Der Kehrvers von V. 8 und V. 12 wurde auch hier eingefügt.

Herrn, / der Furchtbares vollbringt auf der
Erde.
10 Er setzt den Kriegen ein Ende / bis an
die Grenzen der Erde;
er zerbricht die Bogen, zerschlägt die Lanzen, / im Feuer verbrennt er die Schilde.
11 »Lasst ab und erkennt, dass ich Gott bin, /
erhaben über die Völker, erhaben auf Erden.«
12 Der Herr der Heerscharen ist mit uns, /
der Gott Jakobs ist unsre Burg. [Sela]

2: 37,39; 61,4 • 3: 75,4; Ijob 9,5f • 6: 90,14; 2 Kön 19,35 • 9: 66,5 • 10: 76,4; Jes 2,4; Ez 39,9f • 11: 83,19.

Gott, der König aller Völker

47 [Für den Chormeister. Ein Psalm der Korachiter.]
2 Ihr Völker alle, klatscht in die Hände; /
jauchzt Gott zu mit lautem Jubel!
3 Denn Furcht gebietend ist der Herr, der
Höchste, / ein großer König über die ganze
Erde.
4 Er unterwirft uns Völker / und zwingt
Nationen unter unsre Füße.
5 Er wählt unser Erbland für uns aus, / den
Stolz Jakobs, den er liebt. [Sela]
6 Gott stieg empor unter Jubel, / der Herr
beim Schall der Hörner.
7 Singt unserm Gott, ja singt ihm! / Spielt
unserm König, spielt ihm!
8 Denn Gott ist König der ganzen Erde. /
Spielt ihm ein Psalmenlied!
9 Gott wurde König über alle Völker, /
Gott sitzt auf seinem heiligen Thron.
10 Die Fürsten der Völker sind versammelt / als Volk des Gottes Abrahams.
Denn Gott gehören die Mächte der Erde; /
er ist hoch erhaben.

3: 95,3 • 4: 2,8 • 5: Dtn 32,9 • 6: 68,19; 98,6 • 8–9: 24,7–10 • 9: Jer 10,7 • 10: 87,4–6.

Die Stadt des großen Königs

48 [Ein Lied. Ein Psalm der Korachiter.]
2 Groß ist der Herr und hoch zu preisen / in
der Stadt unsres Gottes.
3 Sein heiliger Berg ragt herrlich empor; /
er ist die Freude der ganzen Welt.
Der Berg Zion liegt weit im Norden; / er ist
die Stadt des großen Königs.
4 Gott ist in ihren Häusern bekannt / als
ein sicherer Schutz.
5 Denn seht: Die Könige vereinten sich /
und zogen gemeinsam heran;
6 doch als sie aufsahen, erstarrten sie vor
Schreck, / sie waren bestürzt und liefen davon.
7 Dort packte sie das Zittern, / wie die Wehen eine gebärende Frau,
8 wie der Sturm vom Osten, / der die
Schiffe von Tarschisch zerschmettert.
9 Wie wir's gehört hatten, so erlebten wir's
jetzt / in der Stadt des Herrn der Heere,
in der Stadt unsres Gottes; / Gott lässt sie
ewig bestehen. [Sela]
10 Über deine Huld, o Gott, denken wir
nach / in deinem heiligen Tempel.
11 Wie dein Name, Gott, so reicht dein
Ruhm bis an die Enden der Erde; / deine
rechte Hand ist voll von Gerechtigkeit.
12 Der Berg Zion freue sich, / die Töchter
Judas sollen über deine gerechten Urteile jubeln.
13 Umkreist den Zion, / umschreitet ihn,
zählt seine Türme!
14 Betrachtet seine Wälle, / geht in seinen
Palästen umher, / damit ihr dem kommenden
Geschlecht erzählen könnt:
15 »Das ist Gott, unser Gott für immer und
ewig. / Er wird uns führen in Ewigkeit.«

2: 95,3; 96,4; 145,3 • 3: 50,2; 78,68f; Jes 14,13; Klgl 2,15 • 4: 46,6 • 5: Ri 5,19 • 7: Ex 15,14 • 8: Jes 2,16 • 11: 113,3; Mal 1,11 • 12: 97,8 • 13: 122,3; Jes 26,1 • 14: 22,31f • 15: 102,28.

Die Vergänglichkeit des Menschen

49 [Für den Chormeister. Ein Psalm der Korachiter.]
2 Hört dies an, ihr Völker alle, / vernehmt
es, alle Bewohner der Erde,
3 ihr Leute aus dem Volk und vom Adel, /
Reiche und Arme zusammen!
4 Mein Mund spreche weise Worte; / was
mein Herz ersinnt, sei voller Einsicht.
5 Ich wende mein Ohr einem Weisheitsspruch zu, / ich enthülle mein Geheimnis
beim Harfenspiel.
6 Warum soll ich mich in bösen Tagen
fürchten, / wenn mich der Frevel tückischer
Feinde umgibt?
7 Sie verlassen sich ganz auf ihren Besitz /
und rühmen sich ihres großen Reichtums.
8 Loskaufen kann doch keiner den andern / noch an Gott für ihn ein Sühnegeld
zahlen
9 – für das Leben ist jeder Kaufpreis zu
hoch, / für immer muss man davon abstehn –,
10 damit er auf ewig weiterlebt / und niemals das Grab schaut.

46,10d Andere Übersetzungsmöglichkeit: verbrennt er die Wagen.
47,7a Nach G.
47,9a Nach G.
47,10c die Mächte: Text korr.; H: die Schilde.
48,15b Nach G.

11 Denn man sieht: Weise sterben; / genauso gehen Tor und Narr zugrunde, / sie müssen andern ihren Reichtum lassen.
12 Das Grab ist ihr Haus auf ewig, / ist ihre Wohnung für immer, / ob sie auch Länder nach ihren Namen benannten.
13 Der Mensch bleibt nicht in seiner Pracht; / er gleicht dem Vieh, das verstummt.
14 So geht es denen, die auf sich selbst vertrauen, / und so ist das Ende derer, die sich in großen Worten gefallen. [Sela]
15 Der Tod führt sie auf seine Weide wie Schafe, / sie stürzen hinab zur Unterwelt.
Geradewegs sinken sie hinab in das Grab; / ihre Gestalt zerfällt, die Unterwelt wird ihre Wohnstatt.
16 Doch Gott wird mich loskaufen aus dem Reich des Todes, / ja, er nimmt mich auf. [Sela]
17 Lass dich nicht beirren, wenn einer reich wird / und die Pracht seines Hauses sich mehrt;
18 denn im Tod nimmt er das alles nicht mit, / seine Pracht steigt nicht mit ihm hinab.
19 Preist er sich im Leben auch glücklich / und sagt zu sich: / »Man lobt dich, weil du dir's wohl sein lässt«,
20 so muss er doch zur Schar seiner Väter hinab, / die das Licht nie mehr erblicken.
21 Der Mensch in Pracht, doch ohne Einsicht, / er gleicht dem Vieh, das verstummt.

2–3: Spr 8,4 • 5: 78,2 • 7: 52,9; Ijob 31,24f; Jer 9,22 • 8–9: Spr 11,4; Mt 16,26 • 11: Koh 2,16; Ps 49,18 • 12: Koh 12,5 • 13: Koh 3,19 • 15: 55,16 • 16: 9,14; 16,10; 73,24; Hos 13,14; Gen 5,24 • 17–18: Sir 11,18f • 18: 49,11; 39,7; Koh 2,18.21f; 5,14; 6,2; Sir 11,18; Lk 12,20; 1 Tim 6,7 • 20: Ijob 10,21f.

Der rechte Gottesdienst

50 [Ein Psalm Asafs.]
Der Gott der Götter, der Herr, spricht, / er ruft der Erde zu / vom Aufgang der Sonne bis zum Untergang.
2 Vom Zion her, der Krone der Schönheit, / geht Gott strahlend auf.
3 Unser Gott kommt und schweigt nicht; / Feuer frisst vor ihm her, um ihn stürmt es gewaltig.
4 Dem Himmel droben und der Erde ruft er zu, / er werde sein Volk nun richten:
5 »Versammelt mir all meine Frommen, / die den Bund mit mir schlossen beim Opfer.«
6 Die Himmel sollen seine Gerechtigkeit künden; / Gott selbst wird Richter sein. [Sela]
7 »Höre, mein Volk, ich rede. / Israel, ich klage dich an, / ich, der ich dein Gott bin.
8 Nicht wegen deiner Opfer rüg ich dich, / deine Brandopfer sind mir immer vor Augen.
9 Doch nehme ich von dir Stiere nicht an / noch Böcke aus deinen Hürden.
10 Denn mir gehört alles Getier des Waldes, / das Wild auf den Bergen zu Tausenden.
11 Ich kenne alle Vögel des Himmels, / was sich regt auf dem Feld, ist mein Eigen.
12 Hätte ich Hunger, ich brauchte es dir nicht zu sagen, / denn mein ist die Welt und was sie erfüllt.
13 Soll ich denn das Fleisch von Stieren essen / und das Blut von Böcken trinken?
14 Bring Gott als Opfer dein Lob / und erfülle dem Höchsten deine Gelübde!
15 Rufe mich an am Tag der Not; / dann rette ich dich und du wirst mich ehren.«
16 Zum Frevler aber spricht Gott: / »Was zählst du meine Gebote auf / und nimmst meinen Bund in deinen Mund?
17 Dabei ist Zucht dir verhasst, / meine Worte wirfst du hinter dich.
18 Siehst du einen Dieb, so läufst du mit, / du machst dich mit Ehebrechern gemein.
19 Dein Mund redet böse Worte / und deine Zunge stiftet Betrug an.
20 Von deinem Bruder redest du schändlich, / auf den Sohn deiner Mutter häufst du Verleumdung.
21 Das hast du getan und ich soll schweigen? / Meinst du, ich bin wie du? / Ich halte es dir vor Augen und rüge dich.
22 Begreift es doch, ihr, die ihr Gott vergesst! / Sonst zerreiße ich euch und niemand kann euch retten.
23 Wer Opfer des Lobes bringt, ehrt mich, / wer rechtschaffen lebt, dem zeig ich mein Heil.«

1: Dtn 10,17 • 2: 48,3 • 3: 97,3f; Jes 63,19; Dan 7,10 • 4: Dtn 32,1; Jes 1,2 • 5: Ex 24,4–11 • 6: 19,2; 97,6 • 7: Ex 20,2; • 7–15: 40,7 • 12: 24,1 • 14: 119,108; 66,13; Hebr 13,15 • 15: 91,15 • 16: Röm 2,17–24 • 23: 50,14; 91,16.

Bitte um Vergebung und Neuschaffung

51 [Für den Chormeister. Ein Psalm Davids, 2 als der Prophet Natan zu

49,12a Das Grab: Text korr. nach G, S und der aramäischen Übersetzung; H: Ihr Inneres.
49,15 H ist stark verderbt.
50,11a Text korr. nach G; H: die Vögel der Berge.
50,20a schändlich: Text korr.
50,23b Text korr.

ihm kam, nachdem sich David mit Batseba
vergangen hatte.]
3 Gott, sei mir gnädig nach deiner Huld, /
tilge meine Frevel nach deinem reichen Er-
barmen!
4 Wasch meine Schuld von mir ab / und
mach mich rein von meiner Sünde!
5 Denn ich erkenne meine bösen Taten, /
meine Sünde steht mir immer vor Augen.
6 Gegen dich allein habe ich gesündigt, /
ich habe getan, was dir missfällt.
So behältst du recht mit deinem Urteil, /
rein stehst du da als Richter.
7 Denn ich bin in Schuld geboren; / in Sün-
de hat mich meine Mutter empfangen.
8 Lauterer Sinn im Verborgenen gefällt
dir, / im Geheimen lehrst du mich Weis-
heit.
9 Entsündige mich mit Ysop, dann werde
ich rein; / wasche mich, dann werde ich wei-
ßer als Schnee.
10 Sättige mich mit Entzücken und Freu-
de! / Jubeln sollen die Glieder, die du zer-
schlagen hast.
11 Verbirg dein Gesicht vor meinen Sün-
den, / tilge all meine Frevel!
12 Erschaffe mir, Gott, ein reines Herz /
und gib mir einen neuen, beständigen
Geist!
13 Verwirf mich nicht von deinem Ange-
sicht / und nimm deinen heiligen Geist nicht
von mir!
14 Mach mich wieder froh mit deinem
Heil / mit einem willigen Geist rüste mich
aus!
15 Dann lehre ich Abtrünnige deine Wege /
und die Sünder kehren um zu dir.
16 Befrei mich von Blutschuld, Herr, du
Gott meines Heiles, / dann wird meine Zunge
jubeln über deine Gerechtigkeit.
17 Herr, öffne mir die Lippen / und mein
Mund wird deinen Ruhm verkünden.
18 Schlachtopfer willst du nicht, ich würde
sie dir geben; / an Brandopfern hast du kein
Gefallen.
19 Das Opfer, das Gott gefällt, ist ein zer-
knirschter Geist, / ein zerbrochenes und zer-
schlagenes Herz wirst du, Gott, nicht ver-
schmähen.
20 In deiner Huld tu Gutes an Zion; / bau
die Mauern Jerusalems wieder auf!
21 Dann hast du Freude an rechten Op-
fern, / an Brandopfern und Ganzopfern, /
dann opfert man Stiere auf deinem Altar.

2: 2 Sam 12 • 3: Lk 18,13 • 5: Jes 59,12 • 6: Röm 3,4 • 7: Ijob 14,4; Joh 3,6 • 9: Num 19,18; Jes 1,18 • 10: 6,3 • 12: Ez 36,26f • 13–14: Röm 8,9.14–16 • 18: 40,7 • 19: 34,19; Jes 57,15; 66,2; Dan 3,39 • 20: 147,2 • 21: 4,6.

Die Überheblichkeit des Bösen – das Vertrauen des Frommen

52 [Für den Chormeister. Ein Weis-
heitslied Davids, 2 als der Edomiter
Doëg zu Saul kam und ihm meldete: David
ist in das Haus des Ahimelech gegangen.]
3 Was rühmst du dich deiner Bosheit, du
Mann der Gewalt, / was prahlst du allzeit
vor dem Frommen?
4 Du Ränkeschmied, du planst Verder-
ben; / deine Zunge gleicht einem scharfen
Messer.
5 Du liebst das Böse mehr als das Gute /
und Lüge mehr als wahrhaftige Rede.
[Sela]
6 Du liebst lauter verderbliche Worte, / du
tückische Zunge.
7 Darum wird Gott dich verderben für im-
mer, / dich packen und herausreißen aus dei-
nem Zelt, / dich entwurzeln aus dem Land
der Lebenden. [Sela]
8 Gerechte werden es sehen und sich
fürchten; / sie werden über ihn lachen und
sagen:
9 »Seht, das ist der Mann, / der nicht zu
Gott seine Zuflucht nahm;
auf seinen großen Reichtum hat er sich
verlassen / und auf seinen Frevel gebaut.«
10 Ich aber bin im Haus Gottes wie ein grü-
nender Ölbaum; / auf Gottes Huld vertraue
ich immer und ewig.
11 Ich danke dir, Herr, in Ewigkeit; / denn
du hast das alles vollbracht.
Ich hoffe auf deinen Namen im Kreis der
Frommen; / denn du bist gütig.

2: 1 Sam 22,9f • 4: 59,8 • 4–6: 12,3–5 • 5: Jer 9,4; Joh 3,19f • 7: 27,13; Ijob 18,14 • 8: 58,11; 91,8; Ijob 22,19 • 9: 49,7 • 10: 92,13–16 • 11: 54,8.

Die Torheit der Gottesleugner

53 [Für den Chormeister. Nach der
Weise »Krankheit«. Ein Weisheits-
lied Davids.]
2 Die Toren sagen in ihrem Herzen: / »Es
gibt keinen Gott.«
Sie handeln verwerflich und schnöde; / da
ist keiner, der Gutes tut.
3 Gott blickt vom Himmel herab auf die
Menschen, / ob noch ein Verständiger da ist,
der Gott sucht.

51,10a Text korr.
52,3bc Text korr. nach S; H erlaubt auch die Übersetzung: Was rühmst du dich, dass Gottes Huld allezeit (auf deiner Seite) ist.

Rembrandt van Rijn (1606–1669)
Das Gleichnis vom Reichen (Der Geldwechsler), 1627
Eichenholz, 31,7 × 42,5 cm
Gemäldegalerie der Staatlichen Museen, Berlin
Foto: Joachim Blauel, Artothek, Peissenberg

4 Alle sind sie abtrünnig und verdorben, /
keiner tut Gutes, auch nicht ein Einziger.
5 Haben denn die Übeltäter keine Ein-
sicht? / Sie verschlingen mein Volk.
Sie essen Gottes Brot, / doch seinen Na-
men rufen sie nicht an.
6 Es trifft sie Furcht und Schrecken, / ob-
wohl doch nichts zu fürchten ist.
Deinen Bedrängern hat Gott die Glieder
zerschlagen. / Gott lässt sie scheitern, denn
er hat sie verworfen.
7 Ach käme doch vom Zion Hilfe für Isra-
el! / Wenn Gott einst das Geschick seines
Volkes wendet, / dann jubelt Jakob, dann
freut sich Israel.

1–7 ‖ Ps 14.

Hilferuf eines Bedrängten

54 [Für den Chormeister. Mit Saiten-
spiel. Ein Weisheitslied Davids, 2 als
die Sifiter kamen und Saul meldeten: David
hält sich bei uns verborgen.]
3 Hilf mir, Gott, durch deinen Namen, /
verschaff mir Recht mit deiner Kraft!
4 Gott, höre mein Flehen, / vernimm die
Worte meines Mundes!
5 Denn es erheben sich gegen mich stolze
Menschen, / freche Leute trachten mir nach
dem Leben; / sie haben Gott nicht vor Augen.
[Sela]
6 Doch Gott ist mein Helfer, / der Herr be-
schützt mein Leben.
7 Auf meine Gegner falle das Unheil zu-
rück. / Weil du treu bist, vernichte sie!
8 Freudig bringe ich dir dann mein Opfer
dar / und lobe deinen Namen, Herr; denn du
bist gütig.
9 Der Herr hat mich herausgerissen aus all
meiner Not / und mein Auge kann auf meine
Feinde herabsehn.

2: 1 Sam 23,19; 26,1 • 5: 86,14 • 6: 118,7 • 7: 143,12 • 8: 52,11 • 9: 59,11; 91,8; 92,12; 112,8; 118,7.

Klage und Vertrauen eines Alleingelassenen

55 [Für den Chormeister. Mit Saiten-
spiel. Ein Weisheitslied Davids.]
2 Vernimm, o Gott, mein Beten; / verbirg
dich nicht vor meinem Flehen!
3 Achte auf mich und erhöre mich! / Unstet
schweife ich umher und klage.
4 Das Geschrei der Feinde macht mich ver-
stört; / mir ist angst, weil mich die Frevler
bedrängen.
Sie überhäufen mich mit Unheil / und be-
fehden mich voller Grimm.
5 Mir bebt das Herz in der Brust; / mich
überfielen die Schrecken des Todes.
6 Furcht und Zittern erfassten mich; / ich
schauderte vor Entsetzen.
7 Da dachte ich: »Hätte ich doch Flügel wie
eine Taube, / dann flöge ich davon und käme
zur Ruhe.«
8 Weit fort möchte ich fliehen, / die Nacht
verbringen in der Wüste. [Sela]
9 An einen sicheren Ort möchte ich eilen /
vor dem Wetter, vor dem tobenden Sturm.
10 Entzweie sie, Herr, verwirr ihre Spra-
che! / Denn in der Stadt sehe ich Gewalttat
und Hader.
11 Auf ihren Mauern umschleicht man sie
bei Tag und bei Nacht; / sie ist voll Unheil
und Mühsal.
12 In ihr herrscht Verderben; / Betrug und
Unterdrückung weichen nicht von ihren
Märkten.
13 Denn nicht mein Feind beschimpft
mich, / das würde ich ertragen;
nicht ein Mann, der mich hasst, tritt frech
gegen mich auf, / vor ihm könnte ich mich
verbergen.
14 Nein, du bist es, ein Mensch aus meiner
Umgebung, / mein Freund, mein Vertrau-
ter,
15 mit dem ich, in Freundschaft verbun-
den, / zum Haus Gottes gepilgert bin inmit-
ten der Menge.
16 Der Tod soll sie überfallen, / lebend sol-
len sie hinabfahren ins Totenreich. / Denn
ihre Häuser und Herzen sind voller Bos-
heit.
17 Ich aber, zu Gott will ich rufen, / der
Herr wird mir helfen.
18 Am Abend, am Morgen, am Mittag
seufze ich und stöhne; / er hört mein Kla-
gen.
19 Er befreit mich, bringt mein Leben in
Sicherheit / vor denen, die gegen mich
kämpfen, / wenn es auch viele sind, die gegen
mich angehen.

53,4a Text korr. nach G und der aramäischen Übersetzung; vgl. auch 14,3.
53,6c Wörtlich: Gott zerstreut die Gebeine deines Belagerers. Text korr. nach G.
53,6d Text korr. nach G.
54,5a stolze Menschen: Text korr.; H: Fremde.
55,4c Wörtlich: Sie lassen Unheil auf mich herabfallen.
55,19b H ist verderbt.

20 Gott hört mich und beugt sie nieder, / er, der als König thront seit Ewigkeit. [Sela]

Denn sie kehren nicht um / und fürchten Gott nicht.

21 Der Feind legt Hand an Gottes Freunde, / er entweiht Gottes Bund.

22 Glatt wie Butter sind seine Reden, / doch in seinem Herzen sinnt er auf Streit;

seine Worte sind linder als Öl / und sind doch gezückte Schwerter.

24 Du aber, Gott, wirst sie hinabstürzen in die tiefste Grube. / Gewalttätige und Betrüger erreichen nicht die Mitte ihres Lebens. / Ich aber setze mein Vertrauen auf dich.

23 Wirf deine Sorge auf den Herrn, er hält dich aufrecht! / Er lässt den Gerechten niemals wanken.

8: Jer 9,1 • 10: Jer 5,1; 6,6; Zef 3,1 • 13–14: 31,12 • 14: Jer 9,3.7; Mt 26,21–24 • 16: 49,15; Num 16,33; Jes 5,14 • 20: 93,2 • 22: 57,5; 62,5; 64,4 • 24: 102,25 • 23: 37,5; 1 Petr 5,7.

Das Vertrauensbekenntnis eines Angefeindeten

56 [Für den Chormeister. Nach der Weise »Stumme Taube der Ferne«. Ein Lied Davids. Aus der Zeit, als die Philister ihn in Gat ergriffen.]

2 Sei mir gnädig, Gott, denn Menschen stellen mir nach; / meine Feinde bedrängen mich Tag für Tag.

3 Täglich stellen meine Gegner mir nach; / ja, es sind viele, die mich voll Hochmut bekämpfen.

4 An dem Tag, da ich mich fürchten muss, / setze ich auf dich mein Vertrauen.

5 Ich preise Gottes Wort. / Ich vertraue auf Gott und fürchte mich nicht. / Was können Menschen mir antun?

6 Sie verdrehen meine Worte den ganzen Tag; / auf mein Verderben geht ihr ganzes Sinnen.

7 Sie lauern und spähen und beobachten genau meine Schritte; / denn sie trachten mir nach dem Leben.

8 Sie haben gefrevelt; es gibt für sie kein Entrinnen. / In deinem Zorn, o Gott, wirf die Völker zu Boden!

9 Mein Elend ist aufgezeichnet bei dir. / Sammle meine Tränen in einem Krug, / zeichne sie auf in deinem Buch!

10 Dann weichen die Feinde zurück an dem Tag, da ich rufe. / Ich habe erkannt: Mir steht Gott zur Seite.

11 Ich preise Gottes Wort, / ich preise das Wort des Herrn.

12 Ich vertraue auf Gott und fürchte mich nicht. / Was können Menschen mir antun?

13 Ich schulde dir die Erfüllung meiner Gelübde, o Gott; / ich will dir Dankopfer weihen.

14 Denn du hast mein Leben dem Tod entrissen, / meine Füße bewahrt vor dem Fall.

So gehe ich vor Gott meinen Weg / im Licht der Lebenden.

1: 1 Sam 21,11f • 5: 27,1; 118,6; Jes 51,12; Mt 10,28; Röm 8,31 • 9: 2 Kön 20,5 • 10: 124,1f; Röm 8,31 • 13: 66,13 • 14: 9,14; 116,8f; Ijob 33,30.

Geborgenheit im Schutz Gottes

57 [Für den Chormeister. Nach der Weise »Zerstöre nicht!«. Ein Lied Davids, als er vor Saul in die Höhle floh.]

2 Sei mir gnädig, o Gott, sei mir gnädig; / denn ich flüchte mich zu dir.

Im Schatten deiner Flügel finde ich Zuflucht, / bis das Unheil vorübergeht.

3 Ich rufe zu Gott, dem Höchsten, / zu Gott, der mir beisteht.

4 Er sende mir Hilfe vom Himmel; / meine Feinde schmähen mich. [Sela] / Gott sende seine Huld und Treue.

5 Ich muss mich mitten unter Löwen lagern, / die gierig auf Menschen sind.

Ihre Zähne sind Spieße und Pfeile, / ein scharfes Schwert ihre Zunge.

7 Sie haben meinen Schritten ein Netz gelegt / und meine Seele gebeugt.

Sie haben mir eine Grube gegraben; / doch fielen sie selbst hinein. [Sela]

6 Erheb dich über die Himmel, o Gott! / Deine Herrlichkeit erscheine über der ganzen Erde.

8 Mein Herz ist bereit, o Gott, / mein Herz ist bereit, / ich will dir singen und spielen.

9 Wach auf, meine Seele! / Wacht auf, Harfe und Saitenspiel! / Ich will das Morgenrot wecken.

10 Ich will dich vor den Völkern preisen, Herr, / dir vor den Nationen lobsingen.

11 Denn deine Güte reicht, so weit der Himmel ist, / deine Treue, so weit die Wolken ziehn.

56,3b Andere Übersetzungsmöglichkeit: ja, es sind viele, die mich bekämpfen, Allerhöchster.
56,6a Wörtlich: Sie kränken meine Worte.
56,8a es gibt für sie kein Entrinnen: Text korr.; H: würden sie trotz der Untat entkommen?
56,9c Wörtlich: sind sie nicht in deinem Buch?
57,7b sie haben meine Seele gebeugt: Text korr. nach G; H hat die Einzahl: er hat . . . gebeugt.

12 Erheb dich über die Himmel, o Gott; /
deine Herrlichkeit erscheine über der ganzen
Erde.

1: 1 Sam 22,1; 24,4 • 2: 17,7f • 5: 17,12; 55,22; 59,8 • 7: 140,6; 7,16 • 8–12 ‖ 108,2–6 • 8: 7,18; • 9: Ijob 38,12 • 10: 7,18; 108,4 • 11: 36,6.

Gott, der gerechte Richter

58 [Für den Chormeister. Nach der
Weise »Zerstöre nicht!«. Ein Lied
Davids.]
2 Sprecht ihr wirklich Recht, ihr Mächti-
gen? / Richtet ihr die Menschen gerecht?
3 Nein, ihr schaltet im Land nach Willkür, /
euer Herz ist voll Bosheit; / eure Hände bah-
nen dem Unrecht den Weg.
4 Vom Mutterschoß an sind die Frevler
treulos, / von Geburt an irren sie vom Weg ab
und lügen.
5 Ihr Gift ist wie das Gift der Schlange, /
wie das Gift der tauben Natter, die ihr Ohr
verschließt,
6 die nicht auf die Stimme des Beschwö-
rers hört, / der sich auf Zaubersprüche ver-
steht.
7 O Gott, zerbrich ihnen die Zähne im
Mund! / Zerschlage, Herr, das Gebiss der
Löwen!
8 Sie sollen vergehen wie verrinnendes
Wasser, / wie Gras, das verwelkt auf dem
Weg,
9 wie die Schnecke, die sich auflöst in
Schleim; / wie eine Fehlgeburt sollen sie die
Sonne nicht schauen.
10 Ehe eure Töpfe das Feuer des Dorn-
strauchs spüren, / fege Gott die Feinde hin-
weg, ob frisch, ob verdorrt.
11 Wenn er die Vergeltung sieht, freut sich
der Gerechte; / er badet seine Füße im Blut
des Frevlers.
12 Dann sagen die Menschen: »Der Gerech-
te erhält seinen Lohn; / es gibt einen Gott,
der auf Erden Gericht hält.«

3: Mi 2,1 • 5: 140,4; Dtn 32,33 • 7: 3,8; 17,12 • 8: Ijob 11,16; Weish 16,29; Ps 90,5f • 9: Ijob 3,16 • 10: Ijob 27,21; Nah 1,10 • 11: 52,8; 68,24 • 12: Ijob 19,29; Mal 3,18

Klage und Zuversicht eines Verfolgten

59 [Für den Chormeister. Nach der
Weise »Zerstöre nicht!«. Ein Lied
Davids, als Saul hinschickte und man das
Haus bewachte, um ihn zu töten.]
2 Entreiß mich den Feinden, mein Gott, /
beschütze mich vor meinen Gegnern!
3 Entreiß mich denen, die Unrecht tun, /
rette mich vor den Mördern!
4 Sieh her: Sie lauern mir auf, / Mächtige
stellen mir nach.
Ich aber habe keinen Frevel begangen und
keine Sünde; / 5 Herr, ich bin ohne Schuld.
Sie stürmen vor und stellen sich auf. /
Wach auf, komm mir entgegen, sieh her!
6 Herr, du Gott der Heerscharen, Gott Is-
raels, / werde wach, suche alle Völker heim! /
Sei keinem treulosen Frevler gnädig! [Sela]
7 Abend für Abend kommen sie wieder, /
sie kläffen wie Hunde, durchstreifen die
Stadt.
8 Ja, sie geifern mit ihrem Maul. / Die
Schwerter zwischen ihren Lippen, wer
nimmt sie wahr?
9 Du aber, Herr, verlachst sie; / du spottest
über alle Völker.
10 Meine Stärke, an dich will ich mich hal-
ten, / denn du, Gott, bist meine Burg.
11 Mein huldreicher Gott kommt mir ent-
gegen; / Gott lässt mich herabsehen auf
meine Gegner.
12 Töte sie nicht, / damit mein Volk nicht
vergisst. In deiner Kraft zerstreue sie, / wirf
sie nieder, Herr, unser Schild!
13 Wegen der Sünde ihres Mundes, wegen
all ihrer Reden / sollen sie sich in ihrem
Hochmut verfangen; / denn sie fluchen und
verbreiten nur Lügen.
14 Vernichte sie im Zorn, / vernichte sie; sie
sollen zugrunde gehen.
Sie sollen erkennen, dass Gott der Herr-
scher in Jakob ist / und bis an das Ende der
Erde. [Sela]
15 Abend für Abend kommen sie wieder, /
sie kläffen wie Hunde, durchstreifen die
Stadt.
16 Sie streunen umher, gierig nach Fraß; /
werden sie nicht satt, dann knurren sie.
17 Ich aber will deine Macht besingen, /
will über deine Huld jubeln am Morgen.
Denn du bist eine Burg für mich, / bist
meine Zuflucht am Tag der Not.

58,2 Sinn nicht ganz klar.
58,8b Text korr.
58,10b H ist unverständlich; »die Feinde« ist ergänzt.
59,10a Text korr. nach G und der aramäischen Übersetzung.
59,10b Text korr. nach Hieronymus; H: denn Gott ist meine Burg.
59,16b Das hebräische Zeitwort ist doppeldeutig: sie verbringen die Nacht, oder: sie knurren.

18 Meine Stärke, dir will ich singen und
spielen; / denn du, Gott, bist meine Burg,
mein huldreicher Gott.

1: 1 Sam 19,11 • 4–5: 26,1 • 8: 52,4; 55,22 • 9: 2,4; 37,13; Weish 4,18 • 10: 9,10f • 11: 54,9 • 13: Spr 12,13; 18,7 • 14: 83,19 • 17: 90,14.

Bitte um Hilfe nach einer Niederlage

60 [Für den Chormeister. Nach der Weise »Lilie des Zeugnisses«. Ein Lied
Davids zum Lehren, 2 als er mit den Aramäern Mesopotamiens und den Aramäern von Zoba kämpfte und als Joab umkehrte und die Edomiter im Salztal schlug, zwölftausend Mann.]

3 Du hast uns verworfen, o Gott, und zerschlagen. / Du hast uns gezürnt. Richte uns wieder auf!

4 Erschüttert hast du das Land und gespalten. / Heile seine Risse! Denn es kam ins Wanken.

5 Du hast dein Volk hart geprüft, / du gabst uns betäubenden Wein zu trinken.

6 Für alle, die dich fürchten, hast du ein Zeichen aufgestellt, / zu dem sie fliehen können vor dem Bogen. [Sela]

7 Hilf mit deiner Rechten, erhöre uns, / damit die gerettet werden, die du so sehr liebst.

8 Gott hat in seinem Heiligtum gesprochen: / »Ich will triumphieren, will Sichem verteilen / und das Tal von Sukkot vermessen.

9 Mein ist Gilead, mein auch Manasse, / Efraim ist der Helm auf meinem Haupt, / Juda mein Herrscherstab.

10 Doch Moab ist mein Waschbecken, / auf Edom werfe ich meinen Schuh, / ich triumphiere über das Land der Philister.«

11 Wer führt mich hin zu der befestigten Stadt, / wer wird mich nach Edom geleiten?

12 Gott, hast denn du uns verworfen? / Du ziehst ja nicht aus, o Gott, mit unseren Heeren.

13 Bring uns doch Hilfe im Kampf mit dem Feind! / Denn die Hilfe von Menschen ist nutzlos.

14 Mit Gott werden wir Großes vollbringen; / er selbst wird unsere Feinde zertreten.

2: 2 Sam 8,3.13 • 5: 75,9; Jes 51,17 • 7–14 ‖ 108,7–14 • 9: Gen 49,10 • 10: Jes 11,14 • 12: 44,10 • 14: 44,6.

Fürbitte für den König

61 [Für den Chormeister. Mit Saitenspiel. Von David.]

2 Gott, höre mein Flehen, / achte auf mein Beten!

3 Vom Ende der Erde rufe ich zu dir; / denn mein Herz ist verzagt. / Führe mich auf den Felsen, der mir zu hoch ist!

4 Du bist meine Zuflucht, / ein fester Turm gegen die Feinde.

5 In deinem Zelt möchte ich Gast sein auf ewig, / mich bergen im Schutz deiner Flügel. [Sela]

6 Denn du, o Gott, hast meine Gelübde gehört / und denen das Erbe gegeben, / die deinen Namen fürchten.

7 Füge den Tagen des Königs noch viele hinzu! / Seine Jahre mögen dauern / von Geschlecht zu Geschlecht.

8 Er throne ewig vor Gottes Angesicht. / Huld und Treue mögen ihn behüten.

9 Dann will ich allzeit deinem Namen singen und spielen / und Tag für Tag meine Gelübde erfüllen.

3: 27,4f • 4: 71,3; Spr 18,10 • 5: 17,7f • 7: 21,5; 72,5 • 8: 89,5.30.34.37 • 9: 7,18; 66,13.

Vertrauen auf Gottes Macht und Huld

62 [Für den Chormeister. Nach Jedutun. Ein Psalm Davids.]

2 Bei Gott allein kommt meine Seele zur Ruhe, / von ihm kommt mir Hilfe.

3 Nur er ist mein Fels, meine Hilfe, meine Burg; / darum werde ich nicht wanken.

4 Wie lange rennt ihr an gegen einen Einzigen, / stürmt alle heran wie gegen eine fallende Wand, / wie gegen eine Mauer, die einstürzt?

5 Ja, sie planen, ihn von seiner Höhe zu stürzen; / Lügen ist ihre Lust.
Sie segnen mit ihrem Mund, / doch in ihrem Herzen fluchen sie. [Sela]

6 Bei Gott allein kommt meine Seele zur Ruhe; / denn von ihm kommt meine Hoffnung.

7 Nur er ist mein Fels, meine Hilfe, meine Burg; / darum werde ich nicht wanken.

8 Bei Gott ist mein Heil, meine Ehre; / Gott ist mein schützender Fels, meine Zuflucht.

9 Vertrau ihm, Volk (Gottes), zu jeder Zeit! / Schüttet euer Herz vor ihm aus! / Denn Gott ist unsere Zuflucht. [Sela]

60,6b dem Bogen: Text durch Änderung der Vokale korr. nach G und S; H: der Wahrheit.
60,10c Text korr.; H: über mich jauchze (vgl. 108,10).
61,8b Text korr.
62,3b Text korr. (vgl. V. 7b).
62,8b Gott, wörtlich: bei Gott.

10 Nur ein Hauch sind die Menschen, / die
Leute nur Lug und Trug.
Auf der Waage schnellen sie empor, /
leichter als ein Hauch sind sie alle.
11 Vertraut nicht auf Gewalt, / verlasst
euch nicht auf Raub!
Wenn der Reichtum auch wächst, / so ver-
liert doch nicht euer Herz an ihn!
12 Eines hat Gott gesagt, / zweierlei habe
ich gehört:
Bei Gott ist die Macht; / 13 Herr, bei dir ist
die Huld.
Denn du wirst jedem vergelten, / wie es
seine Taten verdienen.

2: 37,7; Jes 30,15 • 5: 28,3 • 6: 42,6; Mi 7,7 • 8: 3,4; 92,16 • 9: Jes 26,4 • 10: 39,6f; Jes 40,15 • 11: Mt 19,22; Lk 12,15–21; 1 Tim 6,17 • 12: Ijob 40,5 • 13: 28,4; 31,24; 91,8; 94,2.23; 2 Sam 3,39; Ijob 34,11; Klgl 3,64; Jer 50,29; Röm 2,6; 2 Tim 4,14.

Sehnsucht nach Gott

63 [Ein Psalm Davids, als er in der Wüs-
te Juda war.]
2 Gott, du mein Gott, dich suche ich, / mei-
ne Seele dürstet nach dir.
Nach dir schmachtet mein Leib / wie dür-
res, lechzendes Land ohne Wasser.
3 Darum halte ich Ausschau nach dir im
Heiligtum, / um deine Macht und Herrlich-
keit zu sehen.
4 Denn deine Huld ist besser als das Le-
ben; / darum preisen dich meine Lippen.
5 Ich will dich rühmen mein Leben lang, /
in deinem Namen die Hände erheben.
6 Wie an Fett und Mark wird satt meine
Seele, / mit jubelnden Lippen soll mein
Mund dich preisen.
7 Ich denke an dich auf nächtlichem La-
ger / und sinne über dich nach, wenn ich wa-
che.
8 Ja, du wurdest meine Hilfe; / jubeln kann
ich im Schatten deiner Flügel.
9 Meine Seele hängt an dir, / deine rechte
Hand hält mich fest.
10 Viele trachten mir ohne Grund nach dem
Leben, / aber sie müssen hinabfahren in die
Tiefen der Erde.
11 Man gibt sie der Gewalt des Schwertes
preis, / sie werden eine Beute der Scha-
kale.
12 Der König aber freue sich an Gott. / Wer
bei ihm schwört, darf sich rühmen. / Doch
allen Lügnern wird der Mund verschlossen.

1: 1 Sam 23,14 • 2: 42,2f • 3: 26,8 • 6: 23,5; 43,4 • 7: 119,148; Jes 26,9 • 8: 17,7f • 12: 21,2; 107,42.

Bitte um Schutz vor den Feinden

64 [Für den Chormeister. Ein Psalm
Davids.]
2 Höre, o Gott, mein lautes Klagen, / schüt-
ze mein Leben vor dem Schrecken des Fein-
des!
3 Verbirg mich vor der Schar der Bösen, /
vor dem Toben derer, die Unrecht tun.
4 Sie schärfen ihre Zunge wie ein
Schwert, / schießen giftige Worte wie Pfei-
le,
5 um den Schuldlosen von ihrem Versteck
aus zu treffen. / Sie schießen auf ihn, plötz-
lich und ohne Scheu.
6 Sie sind fest entschlossen zu bösem Tun. /
Sie planen, Fallen zu stellen, / und sagen:
»Wer sieht uns schon?«
7 Sie haben Bosheit im Sinn, / doch halten
sie ihre Pläne geheim.
Ihr Inneres ist heillos verdorben, / ihr Herz
ist ein Abgrund.
8 Da trifft sie Gott mit seinem Pfeil; / sie
werden jählings verwundet.
9 Ihre eigene Zunge bringt sie zu Fall. /
Alle, die es sehen, schütteln den Kopf.
10 Dann fürchten sich alle Menschen; / sie
verkünden Gottes Taten / und bedenken sein
Wirken.
11 Der Gerechte freut sich am Herrn und
sucht bei ihm Zuflucht. / Und es rühmen sich
alle Menschen mit redlichem Herzen.

4: 55,22 • 5: 11,2 • 6: Spr 1,11f; Ps 10,11.

Dank für Gottes Gaben

65 [Für den Chormeister. Ein Psalm
Davids. Ein Lied.]
2 Dir gebührt Lobgesang, Gott, auf dem
Zion, / dir erfüllt man Gelübde.
3 Du erhörst die Gebete. / Alle Menschen
kommen zu dir 4 unter der Last ihrer Sün-
den.
Unsere Schuld ist zu groß für uns, / du
wirst sie vergeben.
5 Wohl denen, die du erwählst und in deine
Nähe holst, / die in den Vorhöfen deines Hei-
ligtums wohnen.

63,10a ohne Grund: Text korr.; H: zum Verderben.
64,3b Andere Übersetzungsmöglichkeit: vor der Verschwörung derer, . . .
64,6c Text korr.
64,7bc Text korr.
64,9 Text korr.
65,2a Text korr.
65,4b für uns: Text korr.; H: für mich.

Wir wollen uns am Gut deines Hauses sät-
tigen, / am Gut deines Tempels.
6 Du vollbringst erstaunliche Taten, / er-
hörst uns in Treue, du Gott unsres Heiles,
du Zuversicht aller Enden der Erde / und
der fernsten Gestade.
7 Du gründest die Berge in deiner Kraft, /
du gürtest dich mit Stärke.
8 Du stillst das Brausen der Meere, / das
Brausen ihrer Wogen, das Tosen der Völ-
ker.
9 Alle, die an den Enden der Erde woh-
nen, / erschauern vor deinen Zeichen; / Ost
und West erfüllst du mit Jubel.
10 Du sorgst für das Land und tränkst es; /
du überschüttest es mit Reichtum.
Der Bach Gottes ist reichlich gefüllt, / du
schaffst ihnen Korn; so ordnest du alles.
11 Du tränkst die Furchen, ebnest die
Schollen, / machst sie weich durch Regen,
segnest ihre Gewächse.
12 Du krönst das Jahr mit deiner Güte, /
deinen Spuren folgt Überfluss.
13 In der Steppe prangen die Auen, / die
Höhen umgürten sich mit Jubel.
14 Die Weiden schmücken sich mit Her-
den, / die Täler hüllen sich in Korn. / Sie
jauchzen und singen.

4: 32,1 • 5: 23,6; 36,9 • 8: 89,10; Ijob 38,11; Jes 17,12 • 10–11: 104,10–15; Joël 2,22–24 • 13: 96,12.

Aufruf zum Lobpreis

66 [Für den Chormeister. Ein Lied. Ein Psalm.]
Jauchzt vor Gott, alle Länder der Erde! /
2 Spielt zum Ruhm seines Namens! / Ver-
herrlicht ihn mit Lobpreis!
3 Sagt zu Gott: »Wie Ehrfurcht gebietend
sind deine Taten; / vor deiner gewaltigen
Macht müssen die Feinde sich beugen.«
4 Alle Welt bete dich an und singe dein
Lob, / sie lobsinge deinem Namen! [Sela]
5 Kommt und seht die Taten Gottes! /
Staunenswert ist sein Tun an den Menschen:
6 Er verwandelte das Meer in trockenes
Land, / sie schritten zu Fuß durch den
Strom; / dort waren wir über ihn voll Freu-
de.
7 In seiner Kraft ist er Herrscher auf
ewig; / seine Augen prüfen die Völker. / Die
Trotzigen können sich gegen ihn nicht erhe-
ben. [Sela]
8 Preist unsern Gott, ihr Völker; / lasst laut
sein Lob erschallen!
9 Er erhielt uns am Leben / und ließ unse-
ren Fuß nicht wanken.
10 Du hast, o Gott, uns geprüft / und uns
geläutert, wie man Silber läutert.
11 Du brachtest uns in schwere Bedräng-
nis / und legtest uns eine drückende Last auf
die Schulter.
12 Du ließest Menschen über unsere Köpfe
schreiten. / Wir gingen durch Feuer und
Wasser. / Doch du hast uns in die Freiheit
hinausgeführt.
13 Ich komme mit Opfern in dein Haus; /
ich erfülle dir meine Gelübde,
14 die ich einst dir versprach, / die dir mein
Mund in der Not gelobte.
15 Fette Tiere bringe ich dir als Brandopfer
dar, / zusammen mit dem Rauch von Wid-
dern; / ich richte dir Rinder und Böcke zu.
[Sela]
16 Ihr alle, die ihr Gott fürchtet, kommt
und hört; / ich will euch erzählen, was er mir
Gutes getan hat.
17 Zu ihm hatte ich mit lauter Stimme ge-
rufen / und schon konnte mein Mund ihn
preisen.
18 Hätte ich Böses im Sinn gehabt, / dann
hätte der Herr mich nicht erhört.
19 Gott aber hat mich erhört, / hat auf mein
drängendes Beten geachtet.
20 Gepriesen sei Gott; denn er hat mein Ge-
bet nicht verworfen / und mir seine Huld
nicht entzogen.

1: 98,4; 100,1 • 5: 46,9 • 6: Ex 14,21f; Jos 3,16f • 9: 121,3 • 10: Jes 48,10; Spr 17,3 • 12: Jes 43,2 • 13–14: 22,26; 50,14; 61,9; 76,12; 116,14.18; Num 30,3; Jona 2,10 • 18–19: Spr 28,9; Joh 9,31.

Dank für den Segen Gottes

67 [Für den Chormeister. Mit Saitenspiel. Ein Psalm. Ein Lied.]
2 Gott sei uns gnädig und segne uns. / Er
lasse über uns sein Angesicht leuchten,
[Sela]
3 damit auf Erden sein Weg erkannt wird /
und unter allen Völkern sein Heil.
4 Die Völker sollen dir danken, o Gott, /
danken sollen dir die Völker alle.
5 Die Nationen sollen sich freuen und ju-
beln. / Denn du richtest den Erdkreis ge-
recht.

65,6d Text korr.
65,10c reichlich, wörtlich: (Der Bach Gottes ist) mit Wasser (gefüllt).
65,12b Wörtlich: deine Spuren triefen von Fett.
66,11b auf die Schulter, wörtlich: um unsere Hüften.
66,12c Text korr.
66,15 Nach G.
66,17b Wörtlich: Rühmen war unter meiner Zunge.
67,3a sein Weg: Text korr.; H: dein Weg.
67,5b Mit G ergänzt.

Du richtest die Völker nach Recht / und re-
gierst die Nationen auf Erden. [Sela]
6 Die Völker sollen dir danken, o Gott, /
danken sollen dir die Völker alle.
7 Das Land gab seinen Ertrag. / Es segne
uns Gott, unser Gott.
8 Es segne uns Gott. / Alle Welt fürchte
und ehre ihn.

2: 4,7 • 5: 98,9 • 7: 85,13.

Ein Lied auf Gottes Sieg und Herrschaft

68 [Für den Chormeister. Ein Psalm
Davids. Ein Lied.]
2 Gott steht auf, seine Feinde zerstieben; /
die ihn hassen, fliehen vor seinem Ange-
sicht.
3 Sie verfliegen, wie Rauch verfliegt; / wie
Wachs am Feuer zerfließt, / so vergehen die
Frevler vor Gottes Angesicht.
4 Die Gerechten aber freuen sich und
jubeln vor Gott; / sie jauchzen in heller Freu-
de.
5 Singt für Gott, spielt seinem Namen; / ju-
belt ihm zu, ihm, der auf den Wolken einher-
fährt!
Preist seinen Namen! / Freut euch vor sei-
nem Angesicht!
6 Ein Vater der Waisen, ein Anwalt der
Witwen / ist Gott in seiner heiligen Woh-
nung.
7 Gott bringt die Verlassenen heim, / führt
die Gefangenen hinaus in das Glück; / doch
die Empörer müssen wohnen im dürren
Land.
8 Gott, als du deinem Volk voranzogst, / als
du die Wüste durchschrittest, [Sela] / 9 da
bebte die Erde,
da ergossen sich die Himmel vor Gott, / vor
Gott, dem Herrn vom Sinai, vor Israels
Gott.
10 Gott, du ließest Regen strömen in Fülle /
und erquicktest dein verschmachtendes Erb-
land.
11 Deine Geschöpfe finden dort Woh-
nung; / Gott, in deiner Güte versorgst du den
Armen.
12 Der Herr entsendet sein Wort; / groß ist
der Siegesbotinnen Schar.
13 Die Könige der Heere fliehen, sie flie-
hen. / Im Haus verteilt man die Beute.
14 Was bleibt ihr zurück in den Hürden? /
Du Taube mit silbernen Schwingen, mit gol-
denem Flügel!
15 Als der Allmächtige die Könige ver-
trieb, / fiel Schnee auf dem Zalmon.
16 Ein Gottesberg ist der Baschanberg, /
ein Gebirge, an Gipfeln reich, ist der Ba-
schan.
17 Warum blickt ihr voll Neid, ihr hohen
Gipfel, / auf den Berg, den Gott sich zum
Wohnsitz erwählt hat? / Dort wird der Herr
wohnen in Ewigkeit.
18 Die Wagen Gottes sind zahllos, tausend-
mal tausend. / Vom Sinai zieht der Herr zu
seinem Heiligtum.
19 Du zogst hinauf zur Höhe, / führtest Ge-
fangene mit;
du nahmst Gaben entgegen von den Men-
schen. / Auch Empörer müssen wohnen bei
Gott, dem Herrn.
20 Gepriesen sei der Herr, Tag für Tag! /
Gott trägt uns, er ist unsre Hilfe. [Sela]
21 Gott ist ein Gott, der uns Rettung
bringt, / Gott, der Herr, führt uns heraus aus
dem Tod.
22 Denn Gott zerschmettert das Haupt sei-
ner Feinde, / den Kopf des Frevlers, der in
Sünde dahinlebt.
23 Der Herr hat gesprochen: »Ich bringe
(sie) vom Baschan zurück, / ich bringe (sie)
zurück aus den Tiefen des Meeres.
24 Dein Fuß wird baden im Blut, / die Zun-
ge deiner Hunde ihren Anteil bekommen an
den Feinden.«
25 Gott, sie sahen deinen Einzug, / den Ein-
zug meines Gottes und Königs ins Heilig-
tum:
26 voraus die Sänger, die Saitenspieler da-
nach, / dazwischen Mädchen mit kleinen
Pauken.
27 Versammelt euch und preist unsern
Gott, / den Herrn in der Gemeinde Israels:
28 voran der kleine Stamm Benjamin, / im
Zug die Fürsten von Juda, / die Fürsten von
Sebulon, die Fürsten von Naftali.
29 Biete auf, o Gott, deine Macht, / die Got-
tesmacht, die du an uns erwiesen hast /

67,8b Alle Welt, wörtlich: Alle Enden der Erde.
68,3a Sie verfliegen, wie Rauch verfliegt: Text korr.; H: Wie Rauch verweht wird, den du auseinander wehst.
68,5c Text korr.
68,13b Text korr.
68,18b Text korr.; H: Der Herr ist unter ihnen, (der vom) Sinai (ist) im Heiligtum.
68,24 Text korr. nach G, S und der aramäischen Übersetzung; H: damit du (Feinde) zerschmetterst, wobei dein Fuß im Blut (watet).
68,27b in der Gemeinde: Text korr.; H: ihr aus dem Brunnen Israels.
68,28b im Zug, wörtlich: im Lärmen der Menge.
68,29a o Gott: Text korr.; H: dein Gott.

30a von deinem Tempel aus, hoch über Jeru-
salem.
31 Wehr ab das Untier im Schilf, die Rotte
der Starken, / wehr ab die Herrscher der
Völker!
Sie sind gierig nach Silber, tritt sie nie-
der; / zerstreue die Völker, die Lust haben
am Krieg.
30b Könige kommen mit Gaben, / 32 aus
Ägypten bringt man Geräte von Erz, / Kusch
erhebt zu Gott seine Hände.
33 Ihr Königreiche der Erde, singt für
Gott, / singt und spielt für den Herrn,
[Sela]
34 der dahinfährt über den Himmel, den
uralten Himmel, / der seine Stimme erhebt,
seine machtvolle Stimme.
35 Preist Gottes Macht! / Über Israel ragt
seine Hoheit empor, / seine Macht ragt bis zu
den Wolken.
36 Gott in seinem Heiligtum ist voll Majes-
tät, Israels Gott; / seinem Volk verleiht er
Stärke und Kraft. Gepriesen sei Gott.

2: Num 10,35; Jes 33,3 • 3: 92,10 • 5: 7,18; 18,11; Dtn 33,26; Jes 19,1 • 6: 10,18 • 7: 146,7 • 8: Ex 13,21; Dtn 33,2 • 9: 18,8; 77,19; 97,4; 99,1; 104,32; 114,6f; Ex 19,18; Ri 5,4f; Sir 16,18f; Jes 63,19; Hab 3,6 • 12: Jes 52,7 • 14: Ri 5,16.23 • 15: Ri 9,48 • 17: 132,13; Ez 43,7 • 18: 2 Kön 6,17 • 19: 47,6; Eph 4,8–10 • 20: 145,2; Jes 46,3f; 63,9 • 21: 9,14 • 24: 58,11; 1 Kön 21,19; 22,38 • 25: 24,7; 2 Sam 6,13–15 • 26: 149,3; 2 Sam 6,5 • 28: Ri 20,43–48; Jes 8,23 • 29: 80,3 • 31: Ez 29,2f • 32: 72,10; Jes 18,7; 45,14; Apg 8,27 • 33: 7,18.

Der Hilferuf eines unschuldig Verfolgten

69 [Für den Chormeister. Nach der Wei-
se »Lilien«. Von David.]
2 Hilf mir, o Gott! / Schon reicht mir das
Wasser bis an die Kehle.
3 Ich bin in tiefem Schlamm versunken /
und habe keinen Halt mehr;
ich geriet in tiefes Wasser, / die Strömung
reißt mich fort.
4 Ich bin müde vom Rufen, / meine Kehle
ist heiser,
mir versagen die Augen, / während ich
warte auf meinen Gott.
5 Zahlreicher als die Haare auf meinem
Kopf / sind die, die mich grundlos hassen.
Zahlreich sind meine Verderber, meine
verlogenen Feinde. / Was ich nicht geraubt
habe, soll ich erstatten.
6 Gott, du kennst meine Torheit, / meine
Verfehlungen sind dir nicht verborgen.
7 Wer auf dich hofft, Herr, du Herr der
Heere, / soll durch mich nicht scheitern;
wer dich sucht, Gott Israels, / gerate durch
mich nicht in Schande.
8 Denn deinetwegen erleide ich Schmach /
und Schande bedeckt mein Gesicht.
9 Entfremdet bin ich den eigenen Brü-
dern, / den Söhnen meiner Mutter wurde ich
fremd.
10 Denn der Eifer für dein Haus hat mich
verzehrt; / die Schmähungen derer, die dich
schmähen, haben mich getroffen.
11 Ich nahm mich durch Fasten in Zucht, /
doch es brachte mir Schmach und Schan-
de.
12 Ich ging in Sack und Asche, / doch sie
riefen Spottverse hinter mir her.
13 Man redet über mich in der Versamm-
lung am Tor, / von mir singen die Zecher
beim Wein.
14 Ich aber bete zu dir, / Herr, zur Zeit der
Gnade.
Erhöre mich in deiner großen Huld, / Gott,
hilf mir in deiner Treue!
15 Entreiß mich dem Sumpf, / damit ich
nicht versinke.
Zieh mich heraus aus dem Verderben, /
aus dem tiefen Wasser!
16 Lass nicht zu, dass die Flut mich über-
schwemmt, / die Tiefe mich verschlingt, / der
Brunnenschacht über mir seinen Rachen
schließt.
17 Erhöre mich, Herr, in deiner Huld und
Güte, / wende dich mir zu in deinem großen
Erbarmen!
18 Verbirg nicht dein Gesicht vor deinem
Knecht; / denn mir ist angst. Erhöre mich
bald!
19 Sei mir nah und erlöse mich! / Befrei
mich meinen Feinden zum Trotz!
20 Du kennst meine Schmach und meine
Schande. / Dir stehen meine Widersacher
alle vor Augen.
21 Die Schande bricht mir das Herz, / ganz
krank bin ich vor Schmach;
umsonst habe ich auf Mitleid gewartet, /
auf einen Tröster, doch ich habe keinen ge-
funden.
22 Sie gaben mir Gift zu essen, / für den
Durst reichten sie mir Essig.
23 Der Opfertisch werde für sie zur Falle, /
das Opfermahl zum Fangnetz.

68,31b Text korr.
68,31cd Text korr.
68,36a in seinem Heiligtum: Text korr.; H: aus deinem Heiligtum.
69,11a Text korr.; H: Ich weinte beim Fasten meiner Seele.
69,15c Text korr.; H: Lass mich gerettet werden vor denen, die mich hassen.
69,23 Nach der aramäischen Übersetzung.

24 Blende ihre Augen, sodass sie nicht
mehr sehen; / lähme ihre Hüften für im-
mer!
25 Gieß über sie deinen Grimm aus, / dein
glühender Zorn soll sie treffen!
26 Ihr Lagerplatz soll veröden, / in ihren
Zelten soll niemand mehr wohnen.
27 Denn sie verfolgen den Mann, den du
schon geschlagen hast, / und mehren den
Schmerz dessen, der von dir getroffen ist.
28 Rechne ihnen Schuld über Schuld an, /
damit sie nicht teilhaben an deiner Gerech-
tigkeit.
29 Sie seien aus dem Buch des Lebens ge-
tilgt / und nicht bei den Gerechten verzeich-
net.
30 Ich aber bin elend und voller Schmer-
zen; / doch deine Hilfe, o Gott, wird mich er-
höhen.
31 Ich will den Namen Gottes rühmen im
Lied, / in meinem Danklied ihn preisen.
32 Das gefällt dem Herrn mehr als ein Op-
ferstier, / mehr als Rinder mit Hörnern und
Klauen.
33 Schaut her, ihr Gebeugten, und freut
euch; / ihr, die ihr Gott sucht: euer Herz lebe
auf!
34 Denn der Herr hört auf die Armen, / er
verachtet die Gefangenen nicht.
35 Himmel und Erde sollen ihn rühmen, /
die Meere und was sich in ihnen regt.
36 Denn Gott wird Zion retten, / wird Ju-
das Städte neu erbauen.
Seine Knechte werden dort wohnen und
das Land besitzen, / 37 ihre Nachkommen
sollen es erben; / wer seinen Namen liebt,
soll darin wohnen.

2–3: 42,8 • 3: 40,3 • 4: Jes 38,14 • 5: 35,19; Joh 15,25 • 8: 44,23; Jer 15,15 • 9: 31,12 • 10: 119,139; Joh 2,17; Röm 15,3 • 12: Klgl 3,14 • 13: Ijob 30,9 • 14: 102,14; Jes 49,8 • 15: 40,3 • 16: 42,8; Gen 29,3 • 18: 102,3; 143,7 • 21: Klgl 1,2 • 22: Klgl 3,15; Mt 27,34.48 • 23–24: Röm 11,9f • 26: Apg 1,20 • 27: 71,11; Jes 53,4 • 29: 139,16; Ex 32,32; Jes 4,3; Dan 7,10; 12,1; Mal 3,16; Lk 10,20; Phil 4,3; Offb 3,5; 20,12 • 32: 40,7 • 33: 22,27 • 36: 51,20; Jes 44,26; Ez 36,10 • 37: Jes 65,9.

Bitte um Gottes Hilfe

70 [Für den Chormeister. Von David.
Zum Weihrauchopfer.]
2 Gott, komm herbei, um mich zu retten, /
Herr, eil mir zu Hilfe!
3 In Schmach und Schande sollen alle fal-
len, / die mir nach dem Leben trachten.
Zurückweichen sollen sie und vor Scham
erröten, / die sich über mein Unglück freu-
en.
4 Beschämt sollen sich alle abwenden, die
lachen und höhnen / und sagen: »Dir ge-
schieht recht.«
5 Alle, die dich suchen, frohlocken; / sie
mögen sich freuen in dir.
Die dein Heil lieben, sollen immer sagen: /
»Groß ist Gott, der Herr.«
6 Ich aber bin arm und gebeugt. / Eile, o
Gott, mir zu Hilfe!
Meine Hilfe und mein Retter bist du. /
Herr, säume doch nicht!

1–6 ‖ 40,14–18.

Gott, die Zuflucht bis ins Alter

71 Herr, ich suche Zuflucht bei dir. /
Lass mich doch niemals scheitern!
2 Reiß mich heraus und rette mich in dei-
ner Gerechtigkeit, / wende dein Ohr mir zu
und hilf mir!
3 Sei mir ein sicherer Hort, / zu dem ich
allzeit kommen darf.
Du hast mir versprochen zu helfen; / denn
du bist mein Fels und meine Burg.
4 Mein Gott, rette mich aus der Hand des
Frevlers, / aus der Faust des Bedrückers und
Schurken!
5 Herr, mein Gott, du bist ja meine Zuver-
sicht, / meine Hoffnung von Jugend auf.
6 Vom Mutterleib an stütze ich mich auf
dich, / vom Mutterschoß an bist du mein Be-
schützer; / dir gilt mein Lobpreis allezeit.
7 Für viele bin ich wie ein Gezeichneter, /
du aber bist meine starke Zuflucht.
8 Mein Mund ist erfüllt von deinem Lob, /
von deinem Ruhm den ganzen Tag.
9 Verwirf mich nicht, wenn ich alt bin, /
verlass mich nicht, wenn meine Kräfte
schwinden.
10 Denn meine Feinde reden schlecht von
mir, / die auf mich lauern, beraten gemein-
sam;
11 sie sagen: »Gott hat ihn verlassen. / Ver-
folgt und ergreift ihn! / Für ihn gibt es kei-
nen Retter.«
12 Gott, bleib doch nicht fern von mir! /
Mein Gott, eil mir zu Hilfe!
13 Alle, die mich bekämpfen, / sollen schei-
tern und untergehn;
über sie komme Schmach und Schande, /
weil sie mein Unglück suchen.

69,27c Text korr. nach G; H: und sie zählen den Schmerz.
70,5d der Herr: ergänzt mit einigen hebräischen Handschriften (vgl. Ps 40,17).
71,13c Wörtlich: sie sollen sich kleiden in Schmach und Schande.

14 Ich aber will jederzeit hoffen, / all dei-
nen Ruhm noch mehren.
15 Mein Mund soll von deiner Gerechtig-
keit künden / und von deinen Wohltaten
sprechen den ganzen Tag; / denn ich kann sie
nicht zählen.
16 Ich will kommen in den Tempel Gottes,
des Herrn, / deine großen und gerechten Ta-
ten allein will ich rühmen.
17 Gott, du hast mich gelehrt von Jugend
auf / und noch heute verkünde ich dein wun-
derbares Walten.
18 Auch wenn ich alt und grau bin, / o Gott,
verlass mich nicht,
damit ich von deinem machtvollen Arm
der Nachwelt künde, / den kommenden Ge-
schlechtern von deiner Stärke / 19 und von
deiner Gerechtigkeit, Gott, die größer ist als
alles.
Du hast Großes vollbracht. / Mein Gott,
wer ist wie du?
20 Du ließest mich viel Angst und Not er-
fahren. / Belebe mich neu, / führe mich he-
rauf aus den Tiefen der Erde!
21 Bring mich wieder zu Ehren! / Du wirst
mich wiederum trösten.
22 Dann will ich dir danken mit Saiten-
spiel / und deine Treue preisen; mein Gott,
du Heiliger Israels, / ich will dir auf der Har-
fe spielen.
23 Meine Lippen sollen jubeln, / denn dir
will ich singen und spielen, / meine Seele, die
du erlöst hast, soll jubeln.
24 Auch meine Zunge soll von deiner Ge-
rechtigkeit reden den ganzen Tag. / Denn
alle, die mein Unglück suchen, müssen vor
Scham erröten und scheitern.

1–2: 31,2f • 3: 92,16 • 4: 140,2 • 6: 22,11 • 7: 31,12; Jes 52,14 • 9: Jes 46,4 • 11: 3,3; 22,9; 69,27 • 12: 22,12 • 13: 35,4 • 15: 35,28 • 18: 22,31f • 19: 40,6; 72,18; 86,8 • 20: 9,14 • 22: Jes 6,3; 43,3 • 23: 7,18 • 24: 40,15.

Der Friedenskönig und sein Reich

72 [Von Salomo.]
Verleih dein Richteramt, o Gott, dem
König, / dem Königssohn gib dein gerechtes
Walten!
2 Er regiere dein Volk in Gerechtigkeit /
und deine Armen durch rechtes Urteil.
3 Dann tragen die Berge Frieden für das
Volk / und die Höhen Gerechtigkeit.
4 Er wird Recht verschaffen den Gebeug-
ten im Volk, / Hilfe bringen den Kindern der
Armen, / er wird die Unterdrücker zermal-
men.
5 Er soll leben, solange die Sonne bleibt
und der Mond, / bis zu den fernsten Ge-
schlechtern.
6 Er ströme wie Regen herab auf die Fel-
der, / wie Regenschauer, die die Erde benet-
zen.
7 Die Gerechtigkeit blühe auf in seinen Ta-
gen / und großer Friede, bis der Mond nicht
mehr da ist.
8 Er herrsche von Meer zu Meer, / vom
Strom bis an die Enden der Erde.
9 Vor ihm sollen seine Gegner sich beu-
gen, / Staub sollen lecken all seine Feinde.
10 Die Könige von Tarschisch und von den
Inseln bringen Geschenke, / die Könige von
Saba und Seba kommen mit Gaben.
11 Alle Könige müssen ihm huldigen, / alle
Völker ihm dienen.
12 Denn er rettet den Gebeugten, der um
Hilfe schreit, / den Armen und den, der kei-
nen Helfer hat.
13 Er erbarmt sich des Gebeugten und
Schwachen, / er rettet das Leben der Ar-
men.
14 Von Unterdrückung und Gewalttat be-
freit er sie, / ihr Blut ist in seinen Augen
kostbar.
15 Er lebe und Gold von Saba soll man ihm
geben! / Man soll für ihn allezeit beten, /
stets für ihn Segen erflehen.
16 Im Land gebe es Korn in Fülle. / Es rau-
sche auf dem Gipfel der Berge.
Seine Frucht wird sein wie die Bäume des
Libanon. / Menschen blühn in der Stadt wie
das Gras der Erde.
17 Sein Name soll ewig bestehen; / solange
die Sonne bleibt, sprosse sein Name.
Glücklich preisen sollen ihn alle Völker /
und in ihm sich segnen.
18 Gepriesen sei der Herr, der Gott Is-
raels! / Er allein tut Wunder.
19 Gepriesen sei sein herrlicher Name in
Ewigkeit! / Seine Herrlichkeit erfülle die
ganze Erde. / Amen, ja amen.
[Ende der Gebete Davids, des Sohnes
Isais.]

2: 2 Sam 23,3; Spr 31,8f • 4: 10,18 • 5: 61,7; 89,37f • 8: Sach 9,10 • 9: Jes 49,23; Mi 7,17 • 10: 68,32; 1 Kön 10,1–13; Jes 60,9 • 11: 2,8; 47,9 • 12–13: Ijob 29,12 • 14: 9,13; 116,15 • 15: 61,7f • 16: Jes 27,6; Am 9,13 • 17: 21,7; Gen 12,3; 22,18 • 18: 41,14; 136,4 • 19: Jes 6,3; Num 14,21.

71,16 Andere Übersetzungsmöglichkeit: Ich will kommen mit den Großtaten Gottes, des Herrn.
72,5a Text korr. nach G.
72,6b benetzen: Text unsicher.
72,7a H unklar.
72,9a seine Gegner: Text korr.; H: Schiffe, oder: Dämonen; G: Äthiopier; S: Inseln.

DAS DRITTE BUCH

Das scheinbare Glück der Frevler

73 [Ein Psalm Asafs.]
Lauter Güte ist Gott für Israel, / für
alle Menschen mit reinem Herzen.
2 Ich aber – fast wären meine Füße ge-
strauchelt, / beinahe wäre ich gefallen.
3 Denn ich habe mich über die Prahler er-
eifert, / als ich sah, dass es diesen Frevlern so
gut ging.
4 Sie leiden ja keine Qualen, / ihr Leib ist
gesund und wohlgenährt.
5 Sie kennen nicht die Mühsal der Sterbli-
chen, / sind nicht geplagt wie andere Men-
schen.
6 Darum ist Hochmut ihr Halsschmuck, /
wie ein Gewand umhüllt sie Gewalttat.
7 Sie sehen kaum aus den Augen vor Fett, /
ihr Herz läuft über von bösen Plänen.
8 Sie höhnen, und was sie sagen, ist
schlecht; / sie sind falsch und reden von oben
herab.
9 Sie reißen ihr Maul bis zum Himmel auf /
und lassen auf Erden ihrer Zunge freien
Lauf.
10 Darum wendet sich das Volk ihnen zu /
und schlürft ihre Worte in vollen Zügen.
11 Sie sagen: »Wie sollte Gott das merken? /
Wie kann der Höchste das wissen?«
12 Wahrhaftig, so sind die Frevler: / Immer
im Glück, häufen sie Reichtum auf Reich-
tum.
13 Also hielt ich umsonst mein Herz rein /
und wusch meine Hände in Unschuld.
14 Und doch war ich alle Tage geplagt /
und wurde jeden Morgen gezüchtigt.
21 Mein Herz war verbittert, / mir bohrte
der Schmerz in den Nieren;
22 ich war töricht und ohne Verstand, / war
wie ein Stück Vieh vor dir.
15 Hätte ich gesagt: »Ich will reden wie
sie«, / dann hätte ich an deinen Kindern Ver-
rat geübt.
16 Da sann ich nach, um das zu begreifen; /
es war eine Qual für mich,
17 bis ich dann eintrat ins Heiligtum Got-
tes / und begriff, wie sie enden.
18 Ja, du stellst sie auf schlüpfrigen
Grund, / du stürzt sie in Täuschung und
Trug.
19 Sie werden plötzlich zunichte, / werden
dahingerafft und nehmen ein schreckliches
Ende,
20 wie ein Traum, der beim Erwachen ver-
blasst, / dessen Bild man vergisst, wenn man
aufsteht.
23 Ich aber bleibe immer bei dir, / du hältst
mich an meiner Rechten.
24 Du leitest mich nach deinem Rat-
schluss / und nimmst mich am Ende auf in
Herrlichkeit.
25 Was habe ich im Himmel außer dir? /
Neben dir erfreut mich nichts auf der
Erde.
26 Auch wenn mein Leib und mein Herz
verschmachten, / Gott ist der Fels meines
Herzens / und mein Anteil auf ewig.
27 Ja, wer dir fern ist, geht zugrunde; / du
vernichtest alle, die dich treulos verlassen.
28 Ich aber – Gott nahe zu sein ist mein
Glück. / Ich setze auf Gott, den Herrn, mein
Vertrauen. / Ich will all deine Taten verkün-
den.

2: 37,1; Jer 12,1 • 3–12: Ijob 21,7–13 • 6: 17,10 • 7: Ijob 15,27; Jer 5,28 • 11: 10,11 • 12: 17,14 • 13: 26,6; Mal 3,14 • 14: Ijob 7,18 • 19: 49,15 • 20: Ijob 20,8 • 23: 121,5; Röm 8,35–39 • 24: 16,10; 49,16 • 26: 142,6; Num 18,20; Dtn 10,9; Klgl 3,24.

Klage über die Verwüstung des Heiligtums

74 [Ein Weisheitslied Asafs.]
Warum, Gott, hast du uns für immer
verstoßen? / Warum ist dein Zorn gegen die
Herde deiner Weide entbrannt?
2 Denk an deine Gemeinde, die du vorzei-
ten erworben, / als Stamm dir zu Eigen er-
kauft, / an den Berg Zion, den du zur Woh-
nung erwählt hast.
3 Erheb deine Schritte zu den uralten
Trümmern! / Der Feind hat im Heiligtum al-
les verwüstet.
4 Deine Widersacher lärmten an deiner
heiligen Stätte, / stellten ihre Banner auf als
Zeichen des Sieges.
5 Wie einer die Axt schwingt im Dickicht
des Waldes, / 6 so zerschlugen sie all das

73,4b Text korr.
73,10a das Volk ihnen zu, wörtlich: sein Volk hierher.
73,10b Text korr.; H: Wasser in Fülle schlürfen sie.
73,15 Text korr. nach S und der aramäischen Übersetzung.
73,20 Wörtlich: Wie ein Traum nach dem Erwachen, Herr, in der Stadt vertreibst du ihr (Götzen)bild.
73,25 außer dir: ergänzt.
74,5 Text korr.; H: Es sah sich an, wie wenn man im Unterholz die Äxte hoch emporhebt.
74,6a Text korr.; H: und dann all das Schnitzwerk.

Schnitzwerk mit Beil und Hammer.
7 Sie legten an dein Heiligtum Feuer, / entweihten die Wohnung deines Namens bis auf den Grund.
8 Sie sagten in ihrem Herzen: »Wir zerstören alles.« / Und sie verbrannten alle Gottesstätten ringsum im Land.
9 Zeichen für uns sehen wir nicht, / es ist kein Prophet mehr da, / niemand von uns weiß, wie lange noch.
10 Wie lange, Gott, darf der Bedränger noch schmähen, / darf der Feind ewig deinen Namen lästern?
11 Warum ziehst du die Hand von uns ab, / hältst deine Rechte im Gewand verborgen?
12 Doch Gott ist mein König von alters her, / Taten des Heils vollbringt er auf Erden.
13 Mit deiner Macht hast du das Meer zerspalten, / die Häupter der Drachen über den Wassern zerschmettert.
14 Du hast die Köpfe des Levíatan zermalmt, / ihn zum Fraß gegeben den Ungeheuern der See.
15 Hervorbrechen ließest du Quellen und Bäche, / austrocknen Ströme, die sonst nie versiegen.
16 Dein ist der Tag, dein auch die Nacht, / hingestellt hast du Sonne und Mond.
17 Du hast die Grenzen der Erde festgesetzt, / hast Sommer und Winter geschaffen.
18 Denk daran: Der Feind schmäht den Herrn, / ein Volk ohne Einsicht lästert deinen Namen.
19 Gib dem Raubtier das Leben deiner Taube nicht preis; / das Leben deiner Armen vergiss nicht für immer!
20 Blick hin auf deinen Bund! / Denn voll von Schlupfwinkeln der Gewalt ist unser Land.
21 Lass den Bedrückten nicht beschämt von dir weggehn! / Arme und Gebeugte sollen deinen Namen rühmen.
22 Erheb dich, Gott, und führe deine Sache! / Bedenke, wie die Toren dich täglich schmähen.
23 Vergiss nicht das Geschrei deiner Gegner, / das Toben deiner Widersacher, das ständig emporsteigt.

1: 77,8; 80,5 • 2: Ex 15,17; Dtn 7,6; Ps 76,3 • 7: 2 Kön 25,9; Jes 64,10 • 8: Klgl 2,9 • 11: Jes 52,10 • 13: Ex 14,21f; Ps 89,11; Jes 51,9f • 15: Ex 17,6; Jos 3,16 • 16: 104,19.

Gott, der gerechte Richter

75 [Für den Chormeister. Nach der Weise »Zerstöre nicht!«. Ein Psalm Asafs. Ein Lied.]
2 Wir preisen dich, Gott, wir preisen dich; / dein Name ist denen nahe, die deine Wunder erzählen.
3 »Ja, zu der Zeit, die ich selbst bestimme, / halte ich Gericht nach meinem Recht.
4 Die Erde mit allen, die auf ihr wohnen, mag wanken; / doch ich selbst habe ihre Säulen auf festen Grund gestellt.« [Sela]
5 Ich sage zu den Stolzen: Seid nicht so vermessen!, / und zu den Frevlern: Brüstet euch nicht mit eurer Macht!
6 Brüstet euch nicht stolz mit eurer Macht, / redet nicht so überheblich daher!
7 Denn weder vom Osten noch vom Westen / noch aus der Wüste kommt die Erhöhung.
8 Nein, der Richter ist Gott; / den einen erniedrigt er, den andern erhöht er.
9 Ja, in der Hand des Herrn ist ein Becher, / herben, gärenden Wein reicht er dar;
ihn müssen alle Frevler der Erde trinken, / müssen ihn samt der Hefe schlürfen.
10 Ich aber werde jubeln für immer; / dem Gott Jakobs will ich singen und spielen.
11 »Ich schlage die ganze Macht der Frevler nieder; / doch das Haupt des Gerechten wird hoch erhoben.«

4: 24,2; 104,5; 1 Sam 2,8 • 5: 1 Sam 2,3 • 6: 94,4 • 7: Jer 3,23; Mt 24,23-28 • 8: 1 Sam 2,7; Dan 2,21 • 9: 60,5; Ijob 21,20; Jer 25,15f; Hab 2,16.

Der Weltenrichter auf dem Zion

76 [Für den Chormeister. Mit Saitenspiel. Ein Psalm Asafs. Ein Lied.]
2 Gott gab sich zu erkennen in Juda, / sein Name ist groß in Israel.
3 Sein Zelt erstand in Salem, / seine Wohnung auf dem Zion.
4 Dort zerbrach er die blitzenden Pfeile des Bogens, / Schild und Schwert, die Waffen des Krieges. [Sela]
5 Du bist furchtbar und herrlich, / mehr als die ewigen Berge.
6 Ausgeplündert sind die tapferen Streiter, / sie sinken hin in den Schlaf; / allen Helden versagen die Hände.

74,11b hältst verborgen: Text korr.; H: mach ein Ende!
74,14b Text korr.; H: dem Volk von Dämonen.
74,20a deinen: nach G und S.
74,20bc Andere Übersetzungsmöglichkeit: Denn die Winkel des Landes sind voll von Stätten der Gewalt.
75,7b Text korr.
75,10a jubeln: Text korr. nach G; H: verkünden.
76,5a furchtbar: nach der aramäischen Übersetzung und nach der griechischen von Theodotion; H: leuchtend.
76,5b Text korr. nach G.

7 Wenn du drohst, Gott Jakobs, / erstarren Rosse und Wagen.

8 Furchtbar bist du. Wer kann bestehen vor dir, / vor der Gewalt deines Zornes?

9 Vom Himmel her machst du das Urteil bekannt; / Furcht packt die Erde, und sie verstummt,

10 wenn Gott sich erhebt zum Gericht, / um allen Gebeugten auf der Erde zu helfen. [Sela]

11 Denn auch der Mensch voll Trotz muss dich preisen / und der Rest der Völker dich feiern.

12 Legt Gelübde ab und erfüllt sie dem Herrn, eurem Gott! / Ihr alle ringsum, bringt Gaben ihm, den ihr fürchtet.

13 Er nimmt den Fürsten den Mut; / Furcht erregend ist er für die Könige der Erde.

3: 87,2; 132,13 • 4: 46,10; Jdt 9,7 • 6: 2 Kön 19,35; Jer 51,39.57 • 8: Dtn 7,21; Nah 1,6 • 12: 66,13.

Gottes Weg mit seinem Volk

77 [Für den Chormeister. Nach Jedutun. Ein Psalm Asafs.]

2 Ich rufe zu Gott, ich schreie, / ich rufe zu Gott, bis er mich hört.

3 Am Tag meiner Not suche ich den Herrn; / unablässig erhebe ich nachts meine Hände, / meine Seele lässt sich nicht trösten.

4 Denke ich an Gott, muss ich seufzen; / sinne ich nach, dann will mein Geist verzagen. [Sela]

5 Du lässt mich nicht mehr schlafen; / ich bin voll Unruhe und kann nicht reden.

6 Ich sinne nach über die Tage von einst, / ich will denken an längst vergangene Jahre.

7 Mein Herz grübelt bei Nacht, / ich sinne nach, es forscht mein Geist.

8 Wird der Herr mich denn auf ewig verstoßen / und mir niemals mehr gnädig sein?

9 Hat seine Huld für immer ein Ende, / ist seine Verheißung aufgehoben für alle Zeiten?

10 Hat Gott seine Gnade vergessen, / im Zorn sein Erbarmen verschlossen? [Sela]

11 Da sagte ich mir: »Das ist mein Schmerz, / dass die Rechte des Höchsten so anders handelt.«

12 Ich denke an die Taten des Herrn, / ich will denken an deine früheren Wunder.

13 Ich erwäge all deine Werke / und will nachsinnen über deine Taten.

14 Gott, dein Weg ist heilig. / Wo ist ein Gott, so groß wie unser Gott?

15 Du allein bist der Gott, der Wunder tut, / du hast deine Macht den Völkern kundgetan.

16 Du hast mit starkem Arm dein Volk erlöst, / die Kinder Jakobs und Josefs. [Sela]

17 Die Wasser sahen dich, Gott, / die Wasser sahen dich und bebten. / Die Tiefen des Meeres tobten.

18 Die Wolken gossen ihr Wasser aus, / das Gewölk ließ die Stimme dröhnen, / auch deine Pfeile flogen dahin.

19 Dröhnend rollte dein Donner, / Blitze erhellten den Erdkreis, / die Erde bebte und wankte.

20 Durch das Meer ging dein Weg, / dein Pfad durch gewaltige Wasser, / doch niemand sah deine Spuren.

21 Du führtest dein Volk wie eine Herde / durch die Hand von Mose und Aaron.

3: 50,15; 88,2 • 5: 119,148 • 6: 143,5 • 8: 13,2; 74,1; 85,6; 89,47; Klgl 3,31 • 10: Jes 49,14f • 11: Mal 3,6 • 13: 143,5 • 14: 18,31f; 35,10 • 15: 98,1 • 16: Neh 1,10 • 17: 18,16; 114,3; Nah 1,4 • 18: 18,15 • 18–19: Hab 3,9–11 • 19: 68,9; 97,4 • 20: Neh 9,11; Jes 43,16; 51,10 • 20–21: Ex 14,21–31 • 21: 78,52; Jes 63,11–14; Mi 6,4.

Die Geschichte Israels als Mahnung und Warnung

78 [Ein Weisheitslied Asafs.] Mein Volk, vernimm meine Weisung! / Wendet euer Ohr zu den Worten meines Mundes!

2 Ich öffne meinen Mund zu einem Spruch; / ich will die Geheimnisse der Vorzeit verkünden.

3 Was wir hörten und erfuhren, / was uns die Väter erzählten,

4 das wollen wir unseren Kindern nicht verbergen, / sondern dem kommenden Geschlecht erzählen:

die ruhmreichen Taten und die Stärke des Herrn, / die Wunder, die er getan hat

5 Er stellte sein Gesetz auf in Jakob, / gab in Israel Weisung / und gebot unseren Vätern, ihre Kinder das alles zu lehren,

6 damit das kommende Geschlecht davon erfahre, / die Kinder späterer Zeiten; / sie sollten aufstehen und es weitergeben an ihre Kinder,

76,11 dich feiern: Text korr.; H: du gürtest dich. – Andere Übersetzungsmöglichkeit: Ja, das grimmige Edom soll dich preisen, der Rest Hamats dich feiern.

77,3b Mit den Übersetzungen des Symmachus und des Hieronymus.

77,7 Nach G und S.

77,14 Nach G.

77,19a Text korr.

7 damit sie ihr Vertrauen auf Gott setzen, / die Taten Gottes nicht vergessen / und seine Gebote bewahren

8 und nicht werden wie ihre Väter, / jenes Geschlecht voll Trotz und Empörung, / das wankelmütige Geschlecht, dessen Geist nicht treu zu Gott hielt.

9 Die Söhne Efraims, Kämpfer mit Pfeil und Bogen, / wandten den Rücken am Tag der Schlacht;

10 Gottes Bund hielten sie nicht, / sie weigerten sich, seiner Weisung zu folgen.

11 Sie vergaßen die Taten des Herrn, / die Wunder, die er sie sehen ließ.

12 Vor den Augen ihrer Väter vollbrachte er Wunder / im Land Ägypten, im Gefilde von Zoan.

13 Er spaltete das Meer und führte sie hindurch, / er ließ das Wasser fest stehen wie einen Damm.

14 Er leitete sie bei Tag mit der Wolke / und die ganze Nacht mit leuchtendem Feuer.

15 Er spaltete Felsen in der Wüste / und gab dem Volk reichlich zu trinken wie mit Wassern der Urflut.

16 Er ließ Bäche aus dem Gestein entspringen, / ließ Wasser fließen gleich Strömen.

17 Doch sie sündigten weiter gegen ihn, / sie trotzten in der Wüste dem Höchsten.

18 In ihrem Herzen versuchten sie Gott, / forderten Nahrung für den Hunger.

19 Sie redeten gegen Gott; sie fragten: / »Kann uns denn Gott den Tisch decken in der Wüste?

20 Zwar hat er an den Felsen geschlagen, / sodass Wasser floss und Bäche strömten.

Kann er uns auch Brot verschaffen / und sein Volk mit Fleisch versorgen?«

21 Das hörte der Herr und war voll Grimm; / Feuer flammte auf gegen Jakob, / Zorn erhob sich gegen Israel,

22 weil sie Gott nicht glaubten / und nicht auf seine Hilfe vertrauten.

23 Dennoch gebot er den Wolken droben / und öffnete die Tore des Himmels.

24 Er ließ Manna auf sie regnen als Speise, / er gab ihnen Brot vom Himmel.

25 Da aßen die Menschen Wunderbrot; / Gott gab ihnen Nahrung in Fülle.

26 Er ließ den Ostwind losbrechen droben am Himmel, / führte in seiner Macht den Südwind herbei,

27 ließ Fleisch auf sie regnen wie Staub, / gefiederte Vögel wie Sand am Meer.

28 Er ließ sie mitten ins Lager fallen, / rings um Israels Zelte.

29 Da aßen alle und wurden satt; / er hatte ihnen gebracht, was sie begehrten.

30 Noch aber hatten sie ihre Gier nicht gestillt, / noch war die Speise in ihrem Mund,

31 da erhob sich gegen sie Gottes Zorn; / er erschlug ihre Führer / und streckte die jungen Männer Israels nieder.

32 Doch sie sündigten trotz allem weiter / und vertrauten nicht seinen Wundern.

33 Darum ließ er ihre Tage schwinden wie einen Hauch / und ihre Jahre voll Schrecken vergehen.

34 Wenn er dreinschlug, fragten sie nach Gott, / kehrten um und suchten ihn.

35 Sie dachten daran, dass Gott ihr Fels ist, / Gott, der Höchste, ihr Erlöser.

36 Doch sie täuschten ihn mit falschen Worten / und ihre Zunge belog ihn.

37 Ihr Herz hielt nicht fest zu ihm, / sie hielten seinem Bund nicht die Treue.

38 Er aber vergab ihnen voll Erbarmen die Schuld / und tilgte sein Volk nicht aus.

Oftmals ließ er ab von seinem Zorn / und unterdrückte seinen Groll.

39 Denn er dachte daran, dass sie nichts sind als Fleisch, / nur ein Hauch, der vergeht und nicht wiederkehrt.

40 Wie oft haben sie ihm in der Wüste getrotzt, / ihn gekränkt in der Steppe!

41 Immer wieder stellten sie ihn auf die Probe, / sie reizten den heiligen Gott Israels.

42 Sie dachten nicht mehr an seine mächtige Hand, / an den Tag, als er sie vom Unterdrücker befreite,

43 als er in Ägypten Zeichen tat / und Wunder im Gefilde von Zoan:

44 Er verwandelte ihre Flüsse und Bäche in Blut; / sie konnten daraus nicht mehr trinken.

45 Er schickte einen Schwarm von Fliegen, der fraß sie auf, / ein Heer von Fröschen, das vertilgte sie.

46 Ihre Ernte überließ er den Grillen / und den Heuschrecken den Ertrag ihrer Mühen.

47 Ihre Reben zerschlug er mit Hagel, / ihre Maulbeerbäume mit Körnern aus Eis.

48 Ihr Vieh überließ er der Pest / und ihre Herden den Seuchen.

49 Er ließ die Glut seines Zorns auf sie los: / Grimm und Wut und Bedrängnis, / Boten des Unheils in Scharen.

78,36b Wörtlich: und mit ihrem Mund täuschten sie ihn.

78,48a Text korr.; H: überließ er dem Hagel.

50 Er ließ seinem Zorn freien Lauf; / er be-
wahrte sie nicht vor dem Tod / und lieferte
ihr Leben der Pest aus.
51 Er schlug in Ägypten alle Erstgeburt, /
in den Zelten Hams die Blüte der Jugend.
52 Dann führte er sein Volk hinaus wie
Schafe, / leitete sie wie eine Herde durch die
Wüste.
53 Er führte sie sicher, sie mussten nichts
fürchten, / doch ihre Feinde bedeckte das
Meer.
54 Er brachte sie in sein heiliges Land, / in
die Berge, die er erwarb mit mächtiger
Hand.
55 Er vertrieb die Völker vor ihnen, / ließ in
ihren Zelten die Stämme Israels wohnen /
und teilte ihnen ihr Erbteil zu.
56 Doch sie versuchten Gott und trotzten
dem Höchsten; / sie hielten seine Satzungen
nicht.
57 Wie ihre Väter fielen sie treulos von ihm
ab, / sie wandten sich ab wie ein Bogen, der
versagt.
58 Sie erbitterten ihn mit ihrem Kult auf
den Höhen / und reizten seine Eifersucht mit
ihren Götzen.
59 Als Gott es sah, war er voll Grimm / und
sagte sich los von Israel.
60 Er verwarf seine Wohnung in Schilo, /
das Zelt, wo er unter den Menschen wohn-
te.
61 Er gab seine Macht in Gefangenschaft, /
seine heilige Lade fiel in die Hand des Fein-
des.
62 Er lieferte sein Volk dem Schwert aus; /
er war voll Grimm über sein Eigentum.
63 Die jungen Männer fraß das Feuer; /
den jungen Mädchen sang man kein Braut-
lied.
64 Die Priester wurden mit dem Schwert
erschlagen; / die Witwen konnten die Toten
nicht beweinen.
65 Da erwachte der Herr wie aus dem
Schlaf, / wie ein Held, der betäubt war vom
Wein.
66 Er schlug seine Feinde zurück / und gab
sie ewiger Schande preis.
67 Das Zelt Josefs verwarf er, / dem Stamm
Efraim entzog er die Erwählung.
68 Doch den Stamm Juda erwählte er, / den
Berg Zion, den er liebt.
69 Dort baute er sein hoch aufragendes
Heiligtum, / so fest wie die Erde, / die er für
immer gegründet hat.
70 Und er erwählte seinen Knecht David; /
er holte ihn weg von den Hürden der Scha-
fe, / 71 von den Muttertieren nahm er ihn
fort,
damit er sein Volk Jakob weide / und sein
Erbe Israel.
72 Er sorgte als Hirt für sie mit lauterem
Herzen / und führte sie mit klugen Hän-
den.

2: 49,5; Mt 13,35 • 3: 44,2 • 3–6: 22,31f • 5: 147,19 • 8: Dtn 32,5f.20 • 12: Num 13,22 • 13: Ex 14,21f • 14: Ex 13,21 • 15f: Ex 17,6; Num 20,11 • 17: Ez 20,13 • 18: 106,14; Ex 16,3 • 21: Num 11,1 • 23: Mal 3,10 • 24: Ex 16,4.14f; Joh 6,31 • 25: 105,40 • 30: Num 11,33 • 32: Num 14,11 • 33: Num 14,22f • 34: Num 21,7; Jes 26,16 • 35: 92,16 • 36f: Jes 29,13 • 37: 95,10 • 38: Ex 32,14; Num 14,20; Jes 48,9; Hos 11,8f • 39: 103,14–16; Ijob 7,7 • 40: Dtn 9,22 • 41: 71,22 • 42: 106,21 • 43: 135,9; 78,12 • 44: Ex 7,17–21 • 45: Ex 8,17–20 • 46: Ex 10,4–15 • 47: Ex 9,18–25 • 48: Ex 9,3–7 • 50: Ex 9,8–10 • 51: 105,36; 135,8; 136,10; Ex 12,29f • 52: 77,21 • 53: Ex 14,19–31 • 54: 114,2; Ex 15,17 • 55: 44,3; Jos 24,8–13 • 57: Hos 7,16 • 58: Dtn 32,16.21 • 60: 1 Sam 1,3; Jer 7,12 • 61: 1 Sam 4,11.22 • 63: Jer 7,34 • 64: 1 Sam 4,11; Ijob 27,15 • 66: 1 Sam 5,6–12 • 68: 2 Chr 6,6 • 69: 48,3 • 70–71: 89,21; 1 Sam 16,11–13; 2 Sam 7,8.

Die Klage über die Zerstörung Jerusalems

79 [Ein Psalm Asafs.]
Gott, die Heiden sind eingedrungen
in dein Erbe, / sie haben deinen heiligen
Tempel entweiht / und Jerusalem in Trüm-
mer gelegt.
2 Die Leichen deiner Knechte haben sie
zum Fraß gegeben den Vögeln des Himmels, /
die Leiber deiner Frommen den Tieren des
Feldes.
3 Ihr Blut haben sie wie Wasser vergossen /
rings um Jerusalem, / und keiner hat sie be-
graben.
4 Zum Schimpf sind wir geworden / in den
Augen der Nachbarn, / zu Spott und Hohn
bei allen, die rings um uns wohnen.
5 Wie lange noch, Herr? Willst du auf ewig
zürnen? / Wie lange noch wird dein Eifer lo-
dern wie Feuer?
6 Gieß deinen Zorn aus über die Heiden, /
die dich nicht kennen, / über jedes Reich, das
deinen Namen nicht anruft.
7 Denn sie haben Jakob aufgezehrt / und
seine Felder verwüstet.
8 Rechne uns die Schuld der Vorfahren
nicht an! / Mit deinem Erbarmen komm uns
eilends entgegen! / Denn wir sind sehr er-
niedrigt.
9 Um der Ehre deines Namens willen / hilf
uns, du Gott unsres Heils! / Um deines Na-
mens willen reiß uns heraus und vergib uns
die Sünden!

78,51a alle Erstgeburt, wörtlich: den Erstling ihrer Zeugungskraft.
78,54b H: zu dem Berg, den . . .
78,61b seine heilige Lade: H: seine Pracht (als Bezeichnung der Lade).

10 Warum dürfen die Heiden sagen: / »Wo
ist nun ihr Gott?«
Lass kund werden an den Heiden vor un-
sern Augen, / wie du das vergossene Blut dei-
ner Knechte vergiltst.
11 Das Stöhnen der Gefangenen dringe zu
dir. / Befrei die Todgeweihten durch die
Kraft deines Armes!
12 Zahl unsern Nachbarn siebenfach
heim / die Schmach, die sie dir, Herr, ange-
tan.
13 Wir aber, dein Volk, die Schafe deiner
Weide, / wollen dir ewig danken, / deinen
Ruhm verkünden von Geschlecht zu Ge-
schlecht.

1: 2 Kön 25,8–10; Klgl 1,10 • 2: Jer 7,33 • 2–3: 1 Makk 7,17 • 3: Jer 14,16 • 4: 31,12; Zef 2,8 • 5: 89,47 • 6: Sir 36,1–6; Ps 14,4 • 6–7: Jer 10,25 • 9: Ez 20,44; 36,22 • 10: 42,11; Joël 4,21 • 11: 102,21 • 12: 137,7–9 • 13: 95,7

Bitte für Israel, den Weinstock Gottes

80 [Für den Chormeister. Nach der Wei-
se »Lilien«. Ein Zeugnis. Ein Psalm
Asafs.]
2 Du Hirte Israels, höre, / der du Josef wei-
dest wie eine Herde!
Der du auf den Kerubim thronst, erschei-
ne / 3 vor Efraim, Benjamin und Manasse!
Biete deine gewaltige Macht auf / und
komm uns zu Hilfe!
4 Gott, richte uns wieder auf! / Lass dein
Angesicht leuchten, dann ist uns geholfen.
5 Herr, Gott der Heerscharen, wie lange
noch zürnst du, / während dein Volk zu dir
betet?
6 Du hast sie gespeist mit Tränenbrot, / sie
überreich getränkt mit Tränen.
7 Du machst uns zum Spielball der Nach-
barn / und unsere Feinde verspotten uns.
8 Gott der Heerscharen, richte uns wieder
auf! / Lass dein Angesicht leuchten, dann ist
uns geholfen.
9 Du hobst in Ägypten einen Weinstock
aus, / du hast Völker vertrieben, ihn aber
eingepflanzt.
10 Du schufst ihm weiten Raum; / er hat
Wurzeln geschlagen / und das ganze Land
erfüllt.
11 Sein Schatten bedeckte die Berge, / sei-
ne Zweige die Zedern Gottes.
12 Seine Ranken trieb er bis hin zum
Meer / und seine Schößlinge bis zum Eu-
frat.
13 Warum rissest du seine Mauern ein? /
Alle, die des Weges kommen, plündern ihn
aus.
14 Der Eber aus dem Wald wühlt ihn um, /
die Tiere des Feldes fressen ihn ab.
15 Gott der Heerscharen, wende dich uns
wieder zu! / Blick vom Himmel herab, und
sieh auf uns!
Sorge für diesen Weinstock / 16 und für
den Garten, den deine Rechte gepflanzt
hat.
17 Die ihn im Feuer verbrannten wie Keh-
richt, / sie sollen vergehen vor deinem dro-
henden Angesicht.
18 Deine Hand schütze den Mann zu deiner
Rechten, / den Menschensohn, den du für
dich groß und stark gemacht.
19 Erhalt uns am Leben! / Dann wollen wir
deinen Namen anrufen und nicht von dir
weichen.
20 Herr, Gott der Heerscharen, richte uns
wieder auf! / Lass dein Angesicht leuchten,
dann ist uns geholfen.

2: 23,1; 95,7 • 4: 85,5; 4,7 • 6: 42,4 • 7: 44,14 • 9: Jer 2,21 • 11–12: Dtn 11,24 • 13: 89,41f • 17: Ez 15,2–4.

Aufruf zur Treue gegen Gott

81 [Für den Chormeister. Nach dem
Kelterlied. Von Asaf.]
2 Jubelt Gott zu, er ist unsre Zuflucht; /
jauchzt dem Gott Jakobs zu!
3 Stimmt an den Gesang, schlagt die Pau-
ke, / die liebliche Laute, dazu die Harfe!
4 Stoßt in die Posaune am Neumond / und
zum Vollmond, am Tag unsres Festes!
5 Denn das ist Satzung für Israel, / Ent-
scheid des Gottes Jakobs.
6 Das hat er als Gesetz für Josef erlassen, /
als Gott gegen Ägypten auszog.
Eine Stimme höre ich, die ich noch nie ver-
nahm: / 7 Seine Schulter hab ich von der
Bürde befreit, / seine Hände kamen los vom
Lastkorb.
8 Du riefst in der Not / und ich riss dich he-
raus;
ich habe dich aus dem Gewölk des Don-
ners erhört, / an den Wassern von Meríba ge-
prüft. [Sela]
9 Höre, mein Volk, ich will dich mahnen! /
Israel, wolltest du doch auf mich hören!
10 Für dich gibt es keinen andern Gott. /
Du sollst keinen fremden Gott anbeten.
11 Ich bin der Herr, dein Gott, / der dich

79,11b Andere Übersetzungsmöglichkeit: Lass am Leben die Todgeweihten!
79,12a Wörtlich: Zahl siebenfach in den Schoß unserer Nachbarn!
80,7b Nach G, S und der griechischen Übersetzung des Symmachus.
80,16 Text korr.; H fügt aus V. 18 hinzu: und den Sohn, den du großzogst.

heraufgeführt hat aus Ägypten. / Tu deinen
Mund auf! Ich will ihn füllen.
12 Doch mein Volk hat nicht auf meine
Stimme gehört; / Israel hat mich nicht ge-
wollt.
13 Da überließ ich sie ihrem verstockten
Herzen / und sie handelten nach ihren eige-
nen Plänen.
14 Ach dass doch mein Volk auf mich
hörte, / dass Israel gehen wollte auf meinen
Wegen!
15 Wie bald würde ich seine Feinde beu-
gen, / meine Hand gegen seine Bedränger
wenden.
16 Alle, die den Herrn hassen, müssten Is-
rael schmeicheln / und das sollte für immer
so bleiben.
17 Ich würde es nähren mit bestem Wei-
zen / und mit Honig aus dem Felsen sätti-
gen.

4: Lev 23,24; Num 10,10 • 7: Ex 1,14; 6,6 • 8: Ex 17,1–7; Num 20,13; Ps 95,8 • 10–11: Ex 20,2f • 12: 95,7 • 13: Jer 7,24 • 15: 66,3 • 17: 147,14; Dtn 32,13.

Bitte um Gottes Eingreifen als Richter

82 [Ein Psalm Asafs.]
Gott steht auf in der Versammlung
der Götter, / im Kreis der Götter hält er Ge-
richt.
2 »Wie lange noch wollt ihr ungerecht rich-
ten / und die Frevler begünstigen? [Sela]
3 Verschafft Recht den Unterdrückten und
Waisen, / verhelft den Gebeugten und Be-
dürftigen zum Recht!
4 Befreit die Geringen und Armen, / ent-
reißt sie der Hand der Frevler!«
5 Sie aber haben weder Einsicht noch Ver-
stand, / sie tappen dahin im Finstern. / Alle
Grundfesten der Erde wanken.
6 »Wohl habe ich gesagt: Ihr seid Götter, /
ihr alle seid Söhne des Höchsten.
7 Doch nun sollt ihr sterben wie Men-
schen, / sollt stürzen wie jeder der Fürs-
ten.«
8 Erheb dich, Gott, und richte die Erde! /
Denn alle Völker werden dein Erbteil sein.

1: 136,2f; 1 Kön 22,19 • 2: 58,3 • 3: Ex 23,6; Dtn 1,17; Jes 1,17 • 6: Joh 10,34 • 8: 67,5.

Eine Bitte um Hilfe gegen Feinde des Volkes

83 [Ein Lied. Ein Psalm Asafs.]
2 Schweig doch nicht, o Gott, bleib
nicht still, / o Gott, bleib nicht stumm!
3 Sieh doch, deine Feinde toben; / die dich
hassen, erheben das Haupt.
4 Gegen dein Volk ersinnen sie listige Plä-
ne / und halten Rat gegen die, die sich bei dir
bergen.
5 Sie sagen: »Wir wollen sie ausrotten als
Volk; / an den Namen Israel soll niemand
mehr denken.«
6 Ja, sie halten einmütig Rat / und schlie-
ßen ein Bündnis gegen dich:
7 Edoms Zelte und die Ismaeliter, / Moab
und die Hagariter,
8 Gebal, Ammon und Amalek, / das Philis-
terland und die Bewohner von Tyrus.
9 Zu ihnen gesellt sich auch Assur / und
leiht seinen Arm den Söhnen Lots. [Sela]
10 Mach es mit ihnen wie mit Midian und
Sisera, / wie mit Jabin am Bach Kischon,
11 die du bei En-Dór vernichtet hast. / Sie
wurden zum Dung für die Äcker.
12 Mach ihre Fürsten wie Oreb und Seeb, /
wie Sebach und Zalmunna mach all ihre
Führer! / 13 Sie sagten: »Wir wollen Gottes
Land erobern.«
14 Mein Gott, lass sie dahinwirbeln wie
Staub, / wie Spreu vor dem Wind!
15 Wie das Feuer, das ganze Wälder ver-
brennt, / wie die Flamme, die Berge ver-
sengt,
16 so jage sie davon mit deinem Sturm /
und schrecke sie mit deinem Wetter!
17 Bedecke mit Schmach ihr Gesicht, / da-
mit sie, Herr, nach deinem Namen fragen.
18 Beschämt sollen sie sein und verstört
für immer, / sollen vor Schande zugrunde
gehn.
19 Sie sollen erkennen, dass du es bist. Herr
ist dein Name. / Du allein bist der Höchste
über der ganzen Erde.

3: 35,20 • 6: 2,2 • 10: Ri 7,23–25; Jes 9,3; 10,26; Ri 4,15f • 12: Ri 7,25; Ri 8,21 • 14: 35,5 • 19: 46,11; 59,14; 100,3; Dtn 4,39; Jes 43,10; Dan 3,45.

Die Freude am Heiligtum

84 [Für den Chormeister. Nach dem Kel-
terlied. Ein Psalm der Korachiter.]

81,10 Textvorschlag für die Psalmodie: Du sollst dich nicht niederwerfen vor einem fremden Gott.
81,16 Israel: H: ihm.
81,17a Text korr.; H: Er hat es genährt.
82,8b Wörtlich: Denn du besitzt Erbteil an den Völkern.
83,12 Text korr. nach G.
83,14a Wörtlich: Mein Gott, mach sie der Distel gleich!

2 Wie liebenswert ist deine Wohnung, Herr
der Heerscharen! / 3 Meine Seele verzehrt
sich in Sehnsucht / nach dem Tempel des
Herrn.
Mein Herz und mein Leib jauchzen ihm
zu, / ihm, dem lebendigen Gott.
4 Auch der Sperling findet ein Haus / und
die Schwalbe ein Nest für ihre Jungen – /
deine Altäre, Herr der Heerscharen, mein
Gott und mein König.
5 Wohl denen, die wohnen in deinem
Haus, / die dich allezeit loben. [Sela]
6 Wohl den Menschen, die Kraft finden in
dir, / wenn sie sich zur Wallfahrt rüsten.
7 Ziehen sie durch das trostlose Tal, / wird
es für sie zum Quellgrund / und Frühregen
hüllt es in Segen.
8 Sie schreiten dahin mit wachsender
Kraft; / dann schauen sie Gott auf dem
Zion.
9 Herr der Heerscharen, höre mein Beten, /
vernimm es, Gott Jakobs! [Sela]
10 Gott, sieh her auf unsern Schild, / schau
auf das Antlitz deines Gesalbten!
11 Denn ein einziger Tag in den Vorhöfen
deines Heiligtums / ist besser als tausend
andere.
Lieber an der Schwelle stehen im Haus
meines Gottes / als wohnen in den Zelten der
Frevler.
12 Denn Gott der Herr ist Sonne und
Schild. / Er schenkt Gnade und Herrlich-
keit;
der Herr versagt denen, die rechtschaffen
sind, keine Gabe. / 13 Herr der Heerscharen,
wohl dem, der dir vertraut!

3: 27,4 • 4: 5,3 • 5: 23,6 • 10: 89,19 • 11: 27,4 • 12: 3,4.

Bitte um das verheißene Heil

85 [Für den Chormeister. Ein Psalm der
Korachiter.]
2 Einst hast du, Herr, dein Land begnadet /
und Jakobs Unglück gewendet,
3 hast deinem Volk die Schuld vergeben, /
all seine Sünden zugedeckt, [Sela]
4 hast zurückgezogen deinen ganzen
Grimm / und deinen glühenden Zorn ge-
dämpft.
5 Gott, unser Retter, richte uns wieder
auf, / lass von deinem Unmut gegen uns ab!
6 Willst du uns ewig zürnen, / soll dein
Zorn dauern von Geschlecht zu Ge-
schlecht?
7 Willst du uns nicht wieder beleben, / so-
dass dein Volk sich an dir freuen kann?
8 Erweise uns, Herr, deine Huld / und ge-
währe uns dein Heil!
9 Ich will hören, was Gott redet: / Frieden
verkündet der Herr seinem Volk und seinen
Frommen, / den Menschen mit redlichem
Herzen. [Sela]
10 Sein Heil ist denen nahe, die ihn fürch-
ten. / Seine Herrlichkeit wohne in unserm
Land.
11 Es begegnen einander Huld und Treue; /
Gerechtigkeit und Friede küssen sich.
12 Treue sprosst aus der Erde hervor; / Ge-
rechtigkeit blickt vom Himmel hernieder.
13 Auch spendet der Herr dann Segen / und
unser Land gibt seinen Ertrag.
14 Gerechtigkeit geht vor ihm her / und
Heil folgt der Spur seiner Schritte.

2: Jer 31,23 • 3: 32,1 • 5: 80,4 • 6: 77,8; 79,5 • 9: Jer 29,11 • 11:
61,8; 89,15 • 12: Jes 45,8 • 13: 67,7 • 14: Jes 58,8.

Der Hilferuf eines Armen zu Gott

86 [Ein Gebet Davids.]
Wende dein Ohr mir zu, erhöre mich,
Herr! / Denn ich bin arm und gebeugt.
2 Beschütze mich, denn ich bin dir erge-
ben! / Hilf deinem Knecht, der dir vertraut!
3 Du bist mein Gott. Sei mir gnädig, o
Herr! / Den ganzen Tag rufe ich zu dir.
4 Herr, erfreue deinen Knecht; / denn ich
erhebe meine Seele zu dir.
5 Herr, du bist gütig und bereit zu verzei-
hen, / für alle, die zu dir rufen, reich an
Gnade.
6 Herr, vernimm mein Beten, / achte auf
mein lautes Flehen!
7 Am Tag meiner Not rufe ich zu dir; / denn
du wirst mich erhören.
8 Herr, unter den Göttern ist keiner wie
du / und nichts gleicht den Werken, die du
geschaffen hast.
9 Alle Völker kommen und beten dich an, /

84,3b dem Tempel, wörtlich: den (Tempel-)Vorhöfen des Herrn.
84,8b Text korr.; H: er erscheint (ihnen), der Gott der Götter auf dem Zion.
84,9 H: Herr, Gott der Heerscharen.
85,5b Wörtlich: zerbrich deinen Unmut gegen uns!
85,9d H fügt hinzu: und sie sollen nicht zur Torheit zurückkehren.
85,13a Segen, wörtlich: das Gute.
85,14b Text korr.; H: er achtet auf den Weg seiner Schritte.
86,3 »Du bist mein Gott« wurde aus V. 2 hierher genommen.
86,8 »die du geschaffen hast« wurde aus V. 9 hierher genommen.

sie geben, Herr, deinem Namen die Ehre.
10 Denn du bist groß und tust Wunder; / du allein bist Gott.
11 Weise mir, Herr, deinen Weg; / ich will ihn gehen in Treue zu dir.
Richte mein Herz darauf hin, / allein deinen Namen zu fürchten!
12 Ich will dir danken, Herr, mein Gott, / aus ganzem Herzen, / will deinen Namen ehren immer und ewig.
13 Du hast mich den Tiefen des Totenreichs entrissen. / Denn groß ist über mir deine Huld.
14 Gott, freche Menschen haben sich gegen mich erhoben, / die Rotte der Gewalttäter trachtet mir nach dem Leben; / doch dich haben sie nicht vor Augen.
15 Du aber, Herr, bist ein barmherziger und gnädiger Gott, / du bist langmütig, reich an Huld und Treue.
16 Wende dich mir zu und sei mir gnädig, / gib deinem Knecht wieder Kraft / und hilf dem Sohn deiner Magd!
17 Tu ein Zeichen und schenke mir Glück! / Alle, die mich hassen, sollen es sehen und sich schämen, / weil du, Herr, mich gerettet und getröstet hast.

4: 25,1; 143,8 • 7: 50,15 • 9: 22,28; Offb 15,4 • 11: 25,4; 26,3; Joh 14,6 • 13: 9,14 • 14: 54,5 • 15: 116,5 • 16: 25,16.

Ein Loblied auf Zion, die Mutter aller Völker

87 [Ein Psalm der Korachiter. Ein Lied.]
2 Der Herr liebt (Zion), seine Gründung auf heiligen Bergen; / mehr als all seine Stätten in Jakob liebt er die Tore Zions.
3 Herrliches sagt man von dir, / du Stadt unseres Gottes. [Sela]
4 Leute aus Ägypten und Babel / zähle ich zu denen, die mich kennen;
auch von Leuten aus dem Philisterland, / aus Tyrus und Kusch / sagt man: Er ist dort geboren.
5 Doch von Zion wird man sagen: / Jeder ist dort geboren. / Er, der Höchste, hat Zion gegründet.
6 Der Herr schreibt, wenn er die Völker verzeichnet: / Er ist dort geboren. [Sela]
7 Und sie werden beim Reigentanz singen: / All meine Quellen entspringen in dir.

2: 76,3; 78,68 • 4–5: Jes 19,24f • 6: Jes 4,3 • 7: 149,3; Jes 12,3.

Die Klage eines Kranken und Einsamen

88 [Ein Lied. Ein Psalm der Korachiter. Für den Chormeister. Nach der Weise »Krankheit« zu singen. Ein Weisheitslied Hemans, des Esrachiters.]
2 Herr, du Gott meines Heils, / zu dir schreie ich am Tag und bei Nacht.
3 Lass mein Gebet zu dir dringen, / wende dein Ohr meinem Flehen zu!
4 Denn meine Seele ist gesättigt mit Leid, / mein Leben ist dem Totenreich nahe.
5 Schon zähle ich zu denen, die hinabsinken ins Grab, / bin wie ein Mann, dem alle Kraft genommen ist.
6 Ich bin zu den Toten hinweggerafft / wie Erschlagene, die im Grabe ruhen;
an sie denkst du nicht mehr, / denn sie sind deiner Hand entzogen.
7 Du hast mich ins tiefste Grab gebracht, / tief hinab in finstere Nacht.
8 Schwer lastet dein Grimm auf mir, / all deine Wogen stürzen über mir zusammen. [Sela]
9 Die Freunde hast du mir entfremdet, / mich ihrem Abscheu ausgesetzt; / ich bin gefangen und kann nicht heraus.
10 Mein Auge wird trübe vor Elend. / Jeden Tag, Herr, ruf ich zu dir; / ich strecke nach dir meine Hände aus.
11 Wirst du an den Toten Wunder tun, / werden Schatten aufstehn, um dich zu preisen? [Sela]
12 Erzählt man im Grab von deiner Huld, / von deiner Treue im Totenreich?
13 Werden deine Wunder in der Finsternis bekannt, / deine Gerechtigkeit im Land des Vergessens?
14 Herr, darum schreie ich zu dir, / früh am Morgen tritt mein Gebet vor dich hin.
15 Warum, o Herr, verwirfst du mich, / warum verbirgst du dein Gesicht vor mir?
16 Gebeugt bin ich und todkrank von früher Jugend an, / deine Schrecken lasten auf mir und ich bin zerquält.
17 Über mich fuhr die Glut deines Zorns dahin, / deine Schrecken vernichten mich.
18 Sie umfluten mich allzeit wie Wasser / und dringen auf mich ein von allen Seiten.
19 Du hast mir die Freunde und Gefährten entfremdet; / mein Vertrauter ist nur noch die Finsternis.

2: 77,3 • 3: 17,6; 119,170 • 4: Ijob 17,1; 33,22 • 5: 143,7 • 8: 42,8 • 9: 31,12 • 11–13: 6,6 • 14: 5,4 • 15: Ijob 13,24 • 16: Ijob 6,4; 20,25 • 18: 42,8 • 19: 31,12; Ijob 17,13.

87,2b Andere Übersetzungsmöglichkeit: mehr als alle anderen Orte in Jakob.
88,6a Text korr.
88,8 Wörtlich: und alle deine Wogen beugst du hernieder.

Das Klagelied über die Verwerfung des Hauses David

89 [Ein Weisheitslied Etans, des Esrachiters.]
2 Von den Taten deiner Huld, Herr, will ich
ewig singen, / bis zum fernsten Geschlecht
laut deine Treue verkünden.
3 Denn ich bekenne: Deine Huld besteht
für immer und ewig; / deine Treue steht fest
im Himmel.
4 »Ich habe einen Bund geschlossen mit
meinem Erwählten / und David, meinem
Knecht, geschworen:
5 Deinem Haus gebe ich auf ewig Bestand /
und von Geschlecht zu Geschlecht richte ich
deinen Thron auf.« [Sela]
6 Die Himmel preisen, Herr, deine Wunder / und die Gemeinde der Heiligen deine
Treue.
7 Denn wer über den Wolken ist wie der
Herr, / wer von den Göttern ist dem Herrn
gleich?
8 Gewaltig ist Gott im Rat der Heiligen, /
für alle rings um ihn her ist er groß und
furchtbar.
9 Herr, Gott der Heerscharen, wer ist wie
du? / Mächtig bist du, Herr, und von Treue
umgeben.
10 Du beherrschst die Empörung des Meeres; / wenn seine Wogen toben – du glättest
sie.
11 Rahab hast du durchbohrt und zertreten, / deine Feinde zerstreut mit starkem
Arm.
12 Dein ist der Himmel, dein auch die
Erde; / den Erdkreis und was ihn erfüllt hast
du gegründet.
13 Nord und Süd hast du geschaffen, / Tabor und Hermon jauchzen bei deinem Namen.
14 Dein Arm ist voll Kraft, / deine Hand ist
stark, deine Rechte hoch erhoben.
15 Recht und Gerechtigkeit sind die Stützen deines Thrones, / Huld und Treue schreiten vor deinem Antlitz her.
16 Wohl dem Volk, das dich als König zu
feiern weiß! / Herr, sie gehen im Licht deines
Angesichts.
17 Sie freuen sich über deinen Namen zu
jeder Zeit, / über deine Gerechtigkeit jubeln
sie.
18 Denn du bist ihre Schönheit und Stärke, / du erhöhst unsre Kraft in deiner
Güte.
19 Ja, unser Schild gehört dem Herrn, / unser König dem heiligen Gott Israels.
20 Einst hast du in einer Vision zu deinen
Frommen gesprochen: / »Einen Helden habe
ich zum König gekrönt, / einen jungen Mann
aus dem Volk erhöht.
21 Ich habe David, meinen Knecht, gefunden / und ihn mit meinem heiligen Öl gesalbt.
22 Beständig wird meine Hand ihn halten /
und mein Arm ihn stärken.
23 Kein Feind soll ihn täuschen, / kein
ruchloser Mensch kann ihn bezwingen.
24 Vor ihm will ich die Feinde zerschmettern / und alle, die ihn hassen, schlage ich
nieder.
25 Meine Treue und meine Huld begleiten
ihn / und in meinem Namen erhebt er sein
Haupt.
26 Ich lege seine Hand auf das Meer, / über
die Ströme herrscht seine Rechte.
27 Er wird zu mir rufen: Mein Vater bist
du, / mein Gott, der Fels meines Heiles.
28 Ich mache ihn zum erstgeborenen
Sohn, / zum Höchsten unter den Herrschern
der Erde.
29 Auf ewig werde ich ihm meine Huld bewahren, / mein Bund mit ihm bleibt allzeit
bestehen.
30 Sein Geschlecht lasse ich dauern für immer / und seinen Thron, solange der Himmel
währt.
31 Wenn seine Söhne meine Weisung verlassen, / nicht mehr leben nach meiner Ordnung,
32 wenn sie meine Gesetze entweihen, /
meine Gebote nicht mehr halten,
33 dann werde ich ihr Vergehen mit der
Rute strafen / und ihre Sünde mit Schlägen.
34 Doch ich entziehe ihm nicht meine
Huld, / breche ihm nicht die Treue.
35 Meinen Bund werde ich nicht entweihen; / was meine Lippen gesprochen haben, /
will ich nicht ändern.
36 Eines hab ich geschworen, so wahr ich
heilig bin, / und niemals werde ich David belügen:
37 Sein Geschlecht soll bleiben auf ewig, /
sein Thron habe Bestand vor mir wie die
Sonne;
38 er soll ewig bestehen wie der Mond, / der
verlässliche Zeuge über den Wolken.« [Sela]
39 Nun aber hast du deinen Gesalbten ver-

89,3b deine Treue steht fest: Text korr.; H: du befestigst deine Treue.
89,11a Text korr.
89,17b jubeln sie: Text korr.; H: erheben sie sich.
89,20b gekrönt: Text korr.
89,34a Text korr.; H: ich breche ihm nicht.

stoßen, / ihn verworfen und mit Zorn überschüttet,
40 hast den Bund mit deinem Knecht zerbrochen, / zu Boden getreten seine Krone.
41 Eingerissen hast du all seine Mauern, / in Trümmer gelegt seine Burgen.
42 Alle, die des Weges kommen, plündern ihn aus, / er wird zum Gespött seiner Nachbarn.
43 Du hast die Hand seiner Bedränger hoch erhoben, / hast all seine Feinde erfreut.
44 Du hast die Spitze seines Schwertes umgekehrt, / hast im Kampf ihm den Sieg verweigert.
45 Du hast ein Ende gemacht seinem Glanz / und seinen Thron zu Boden geworfen.
46 Du hast ihm die Tage der Jugend verkürzt / und ihn bedeckt mit Schande. [Sela]
47 Wie lange noch, Herr? Verbirgst du dich ewig? / Soll dein Zorn wie Feuer brennen?
48 Bedenke, Herr: Was ist unser Leben, / wie vergänglich hast du alle Menschen erschaffen!
49 Wo ist der Mann, der ewig lebt und den Tod nicht schaut, / der sich retten kann vor dem Zugriff der Unterwelt? [Sela]
50 Herr, wo sind die Taten deiner Huld geblieben, / die du David in deiner Treue geschworen hast?
51 Herr, denk an die Schmach deines Knechtes! / Im Herzen brennt mir der Hohn der Völker,
52 mit dem deine Feinde mich schmähen, Herr, / und die Schritte deines Gesalbten verhöhnen.
53 Gepriesen sei der Herr in Ewigkeit. / Amen, ja amen.

2: Jes 63,7 • 4: 132,11; 2 Sam 7,8–16 • 5: Apg 2,30 • 7: 29,1 • 7–9: 35,10; 136,2f • 8: Ijob 1,6 • 10: 65,8; Mt 8,26 • 11: 74,13f; Ijob 26,12 • 12: 24,1 • 15: 97,2; 85,11 • 16: 47,2 • 19: 84,10 • 20–21: 1 Sam 13,14; 16,13 • 21: 78,70; Apg 13,22 • 22: Jes 42,1 • 25: 1 Sam 2,10 • 26: 72,8 • 27–28: 2,7; 2 Sam 7,14 • 28: Kol 1,15.18; Offb 1,5 • 29: 18,51; Jes 55,3 • 30: 61,8; 2 Sam 7,16 • 33: 2 Sam 7,14 • 34: Jer 31,36f • 38: 72,7; Sir 43,6 • 41–42: 80,13 • 42: 31,12 • 47: 77,8; 79,5 • 47–48: 90,9f • 51: 41,6 • 52: Hebr 11,26.

DAS VIERTE BUCH

Der ewige Gott – der vergängliche Mensch

90 [Ein Gebet des Mose, des Mannes Gottes.]
Herr, du warst unsere Zuflucht / von Geschlecht zu Geschlecht.
2 Ehe die Berge geboren wurden, / die Erde entstand und das Weltall, / bist du, o Gott, von Ewigkeit zu Ewigkeit.
3 Du lässt die Menschen zurückkehren zum Staub / und sprichst: »Kommt wieder, ihr Menschen!«
4 Denn tausend Jahre sind für dich / wie der Tag, der gestern vergangen ist, / wie eine Wache in der Nacht.
5 Von Jahr zu Jahr säst du die Menschen aus; / sie gleichen dem sprossenden Gras.
6 Am Morgen grünt es und blüht, / am Abend wird es geschnitten und welkt.
7 Denn wir vergehen durch deinen Zorn, / werden vernichtet durch deinen Grimm.
8 Du hast unsre Sünden vor dich hingestellt, / unsere geheime Schuld in das Licht deines Angesichts.
9 Denn all unsre Tage gehn hin unter deinem Zorn, / wir beenden unsere Jahre wie einen Seufzer.
10 Unser Leben währt siebzig Jahre, / und wenn es hoch kommt, sind es achtzig.
Das Beste daran ist nur Mühsal und Beschwer, / rasch geht es vorbei, wir fliegen dahin.
11 Wer kennt die Gewalt deines Zornes / und fürchtet sich vor deinem Grimm?
12 Unsre Tage zu zählen, lehre uns! / Dann gewinnen wir ein weises Herz.
13 Herr, wende dich uns doch endlich zu! / Hab Mitleid mit deinen Knechten!
14 Sättige uns am Morgen mit deiner Huld! / Dann wollen wir jubeln und uns freuen all unsre Tage.
15 Erfreue uns so viele Tage, wie du uns gebeugt hast, / so viele Jahre, wie wir Unglück erlitten.
16 Zeig deinen Knechten deine Taten / und ihren Kindern deine erhabene Macht!
17 Es komme über uns die Güte des Herrn, unsres Gottes. / Lass das Werk unsrer Hände

89,44a Übersetzung unsicher.
89,48 Text korr.
89,51a deines Knechtes: Text korr.; H: deiner Knechte.
89,51b Text korr.; H: Im Herzen trage ich alle die vielen Völker.
90,5 Text korr.
90,7 werden vernichtet, wörtlich: werden erschreckt.
90,11b Text korr.; H: und wie die Furcht vor dir ist dein Grimm.

gedeihen, / ja, lass gedeihen das Werk unsrer
Hände!

3: 146,4 • 4: 2 Petr 3,8 • 5–6: 37,2; 58,8; 102,12; 103,15; Ijob 14,2; Jes 40,6f • 8: 109,15; Hos 7,2 • 9–10: 39,6; 89,48; 102,12; 109,23; 144,4; Ijob 7,6.16; 14,1f; Koh 6,12; Weish 2,5 • 10: Gen 6,3; Sir 18,9 • 12: 39,5f • 14: 46,6; 143,8; Klgl 3,23 • 16: Jes 5,12.

Unter dem Schutz des Höchsten

91 Wer im Schutz des Höchsten wohnt /
und ruht im Schatten des Allmächti-
gen,
2 der sagt zum Herrn: »Du bist für mich
Zuflucht und Burg, / mein Gott, dem ich ver-
traue.«
3 Er rettet dich aus der Schlinge des Jä-
gers / und aus allem Verderben.
4 Er beschirmt dich mit seinen Flügeln, /
unter seinen Schwingen findest du Zu-
flucht, / Schild und Schutz ist dir seine
Treue.
5 Du brauchst dich vor dem Schrecken der
Nacht nicht zu fürchten, / noch vor dem
Pfeil, der am Tag dahinfliegt,
6 nicht vor der Pest, die im Finstern
schleicht, / vor der Seuche, die wütet am
Mittag.
7 Fallen auch tausend zu deiner Seite, / dir
zur Rechten zehnmal tausend, / so wird es
doch dich nicht treffen.
8 Ja, du wirst es sehen mit eigenen Augen, /
wirst zuschauen, wie den Frevlern vergolten
wird.
9 Denn der Herr ist deine Zuflucht, / du
hast dir den Höchsten als Schutz erwählt.
10 Dir begegnet kein Unheil, / kein Un-
glück naht deinem Zelt.
11 Denn er befiehlt seinen Engeln, / dich zu
behüten auf all deinen Wegen.
12 Sie tragen dich auf ihren Händen, / da-
mit dein Fuß nicht an einen Stein stößt;
13 du schreitest über Löwen und Nattern, /
trittst auf Löwen und Drachen.
14 »Weil er an mir hängt, will ich ihn ret-
ten; / ich will ihn schützen, denn er kennt
meinen Namen.
15 Wenn er mich anruft, dann will ich ihn
erhören. / Ich bin bei ihm in der Not, / befreie
ihn und bringe ihn zu Ehren.
16 Ich sättige ihn mit langem Leben / und
lasse ihn schauen mein Heil.«

2: 18,3 • 3: 124,7 • 4: 17,7f • 5: Spr 3,25 • 6: Jer 15,8 • 7: Dtn 7,15 • 8: 54,9; 62,13 • 10: Ijob 5,19.24 • 11: 34,8; Hebr 1,14 • 11–12: Mt 4,6 • 12: Spr 3,23 • 13: Lk 10,19 • 14: 9,11; 119,132 • 15: 50,15; Sach 13,9 • 16: 50,23.

Ein Loblied auf die Treue Gottes

92 [Ein Psalm. Ein Lied für den Sabbat-
tag.]
2 Wie schön ist es, dem Herrn zu danken, /
deinem Namen, du Höchster, zu singen,
3 am Morgen deine Huld zu verkünden /
und in den Nächten deine Treue
4 zur zehnsaitigen Laute, zur Harfe, / zum
Klang der Zither.
5 Denn du hast mich durch deine Taten
froh gemacht; / Herr, ich will jubeln über die
Werke deiner Hände.
6 Wie groß sind deine Werke, o Herr, / wie
tief deine Gedanken!
7 Ein Mensch ohne Einsicht erkennt das
nicht, / ein Tor kann es nicht verstehen.
8 Wenn auch die Frevler gedeihen / und
alle, die Unrecht tun, wachsen, / so nur, da-
mit du sie für immer vernichtest.
9 Herr, du bist der Höchste, / du bleibst auf
ewig.
10 Doch deine Feinde, Herr, wahrhaftig,
deine Feinde vergehen; / auseinander getrie-
ben werden alle, die Unrecht tun.
11 Du machtest mich stark wie einen
Stier, / du salbtest mich mit frischem Öl.
12 Mein Auge blickt herab auf meine Ver-
folger, / auf alle, die sich gegen mich erhe-
ben; / mein Ohr hört vom Geschick der Bö-
sen.
13 Der Gerechte gedeiht wie die Palme, / er
wächst wie die Zedern des Libanon.
14 Gepflanzt im Haus des Herrn, / gedeihen
sie in den Vorhöfen unseres Gottes.
15 Sie tragen Frucht noch im Alter / und
bleiben voll Saft und Frische;
16 sie verkünden: Gerecht ist der Herr; /
mein Fels ist er, an ihm ist kein Unrecht.

2: 33,1–3 • 6: 104,24; 139,17f • 7: Weish 13,1 • 8: 37,35f • 10: 68,2f; 125,5 • 11: 23,5 • 12: 54,9 • 13: 1,3 • 14: 52,10 • 16: 18,3; 18,47; 19,15; 28,1; 42,10; 62,8; 78,35; 94,22; 95,1; 144,1; Gen 49,24; Dtn 32,4.15.18.37.

Das Königtum Gottes

93 Der Herr ist König, bekleidet mit
Hoheit; / der Herr hat sich bekleidet
und mit Macht umgürtet.

91,2 Text korr. nach G.
91,3b Andere Übersetzungsmöglichkeit: und aus der Pest des Verderbens; oder: und vor dem (Verderben bringenden) Wort (G). Die hebräischen Ausdrücke für Pest (deber) und Wort (dabar) können leicht verwechselt werden, zumal man keine Vokale schrieb.
91,9a H: Denn du, Herr, bist meine Zuflucht.
92,8a Wörtlich: Wenn auch die Frevler aufsprießen wie Gras.
92,11b Nach S und der aramäischen Übersetzung; H: übergossen werde ich mit Öl.

Der Erdkreis ist fest gegründet, / nie wird
er wanken.
2 Dein Thron steht fest von Anbeginn, / du
bist seit Ewigkeit.
3 Fluten erheben sich, Herr, / Fluten erhe-
ben ihr Brausen, / Fluten erheben ihr To-
sen.
4 Gewaltiger als das Tosen vieler Wasser, /
gewaltiger als die Brandung des Meeres / ist
der Herr in der Höhe.
5 Deine Gesetze sind fest und verlässlich; /
Herr, deinem Haus gebührt Heiligkeit / für
alle Zeiten.

1: 24,7–10; 75,4; 104,5 • 2: 9,8; 90,2 • 3–4: 29,10 • 5: 19,8.

Gott, der Anwalt der Gerechten

94 Gott der Vergeltung, o Herr, / du
Gott der Vergeltung, erscheine!
2 Erhebe dich, Richter der Erde, / vergilt
den Stolzen ihr Tun!
3 Wie lange noch dürfen die Frevler, o
Herr, / wie lange noch dürfen die Frevler
frohlocken?
4 Sie führen freche Reden, / alle, die Un-
recht tun, brüsten sich.
5 Herr, sie zertreten dein Volk, / sie unter-
drücken dein Erbteil.
6 Sie bringen die Witwen und Waisen um /
und morden die Fremden.
7 Sie denken: Der Herr sieht es ja nicht, /
der Gott Jakobs merkt es nicht.
8 Begreift doch, ihr Toren im Volk! / Ihr
Unvernünftigen, wann werdet ihr klug?
9 Sollte der nicht hören, der das Ohr ge-
pflanzt hat, / sollte der nicht sehen, der das
Auge geformt hat?
10 Sollte der nicht strafen, der die Völker
erzieht, / er, der die Menschen Erkenntnis
lehrt?
11 Der Herr kennt die Gedanken der Men-
schen: / Sie sind nichts als ein Hauch.
12 Wohl dem Mann, den du, Herr, erziehst, /
den du mit deiner Weisung belehrst.
13 Du bewahrst ihn vor bösen Tagen, / bis
man dem Frevler die Grube gräbt.
14 Ja, der Herr wird sein Volk nicht versto-
ßen / und niemals sein Erbe verlassen.
15 Nun spricht man wieder Recht nach Ge-
rechtigkeit; / ihr folgen alle Menschen mit
redlichem Herzen.
16 Wer wird sich für mich gegen die Frevler
erheben, / wer steht für mich ein gegen den,
der Unrecht tut?
17 Wäre nicht der Herr meine Hilfe, / bald
würde ich im Land des Schweigens woh-
nen.
18 Wenn ich sage: »Mein Fuß gleitet aus«, /
dann stützt mich, Herr, deine Huld.
19 Mehren sich die Sorgen des Herzens, / so
erquickt dein Trost meine Seele.
20 Kann sich mit dir der bestechliche Rich-
ter verbünden, / der willkürlich straft, gegen
das Gesetz?
21 Sie wollen das Leben des Gerechten ver-
nichten / und verurteilen schuldlose Men-
schen.
22 Doch meine Burg ist der Herr, / mein
Gott ist der Fels meiner Zuflucht.
23 Er wird ihnen ihr Unrecht vergelten /
und sie wegen ihrer Bosheit vernichten; /
vernichten wird sie der Herr, unser Gott.

1: Dtn 32,35; Nah 1,2 • 2: Jer 51,56; Ps 62,13 • 4: 75,6 • 6: Ex 22,21f; Ez 22,7 • 7: 10,11 • 8: Spr 1,22; 8,5 • 9: 33,15; Ex 4,11; Spr 20,12 • 11: 1 Kor 3,20 • 12: 119,71; Ijob 5,17 • 14: 1 Sam 12,22 • 17: 115,17 • 18: 145,14 • 19: 2 Kor 1,4f • 22: 92,16 • 23: 7,17; Spr 5,22; Ps 62,13.

Aufruf zur Treue gegen Gott

95 Kommt, lasst uns jubeln vor dem
Herrn / und zujauchzen dem Fels
unsres Heiles!
2 Lasst uns mit Lob seinem Angesicht na-
hen, / vor ihm jauchzen mit Liedern!
3 Denn der Herr ist ein großer Gott, / ein
großer König über allen Göttern.
4 In seiner Hand sind die Tiefen der Erde, /
sein sind die Gipfel der Berge.
5 Sein ist das Meer, das er gemacht hat, /
das trockene Land, das seine Hände gebil-
det.
6 Kommt, lasst uns niederfallen, uns vor
ihm verneigen, / lasst uns niederknien vor
dem Herrn, unserm Schöpfer!
7 Denn er ist unser Gott, / wir sind das
Volk seiner Weide, / die Herde, von seiner
Hand geführt.
Ach, würdet ihr doch heute auf seine
Stimme hören! / 8 »Verhärtet euer Herz nicht
wie in Meriba, / wie in der Wüste am Tag von
Massa!
9 Dort haben eure Väter mich versucht, /
sie haben mich auf die Probe gestellt und
hatten doch mein Tun gesehen.
10 Vierzig Jahre war mir dies Geschlecht
zuwider / und ich sagte: Sie sind ein Volk,
dessen Herz in die Irre geht; / denn meine
Wege kennen sie nicht.

93,4b Text korr.; H: mehr als die Herrlichkeit der Brandungen.

94,20 der bestechliche Richter, wörtlich: ein Richterstuhl des Verderbens.

95,10a dies: ergänzt nach G.

96,8b Wörtlich: und tretet ein in seine (Tempel-) Vorhöfe!

96,10c H: Der Erdkreis ist gegründet.

11 Darum habe ich in meinem Zorn geschworen: / Sie sollen nicht kommen in das Land meiner Ruhe.«

1: 92,16 • 2: 100,2 • 3: 47,3; 48,2; 96,4; 99,2; 113,4; 136,2f; 145,3; Ijob 36,22 • 5: 24,1 • 7: 100,3 • 7–11: Hebr 3,7–11.15; 4,1–10 • 8: 81,8 • 9: Num 14,22; Dtn 6,16 • 10: Num 14,30.34; Dtn 32,5.20; Ijob 21,14 • 11: Num 14,22f; Ps 132,14; Ez 20,15.

Der Herr, König und Richter aller Welt

96 Singt dem Herrn ein neues Lied, / singt dem Herrn, alle Länder der Erde!

2 Singt dem Herrn und preist seinen Namen, / verkündet sein Heil von Tag zu Tag!

3 Erzählt bei den Völkern von seiner Herrlichkeit, / bei allen Nationen von seinen Wundern!

4 Denn groß ist der Herr und hoch zu preisen, / mehr zu fürchten als alle Götter.

5 Alle Götter der Heiden sind nichtig, / der Herr aber hat den Himmel geschaffen.

6 Hoheit und Pracht sind vor seinem Angesicht, / Macht und Glanz in seinem Heiligtum.

7 Bringt dar dem Herrn, ihr Stämme der Völker, / bringt dar dem Herrn Lob und Ehre!

8 Bringt dar dem Herrn die Ehre seines Namens, / spendet Opfergaben und tretet ein in sein Heiligtum!

9 In heiligem Schmuck werft euch nieder vor dem Herrn, / erbebt vor ihm, alle Länder der Erde!

10 Verkündet bei den Völkern: / Der Herr ist König.

Den Erdkreis hat er gegründet, sodass er nicht wankt. / Er richtet die Nationen so, wie es recht ist.

11 Der Himmel freue sich, die Erde frohlocke, / es brause das Meer und alles, was es erfüllt.

12 Es jauchze die Flur und was auf ihr wächst. / Jubeln sollen alle Bäume des Waldes

13 vor dem Herrn, wenn er kommt, / wenn er kommt, um die Erde zu richten.

Er richtet den Erdkreis gerecht / und die Nationen nach seiner Treue.

1–13: 1 Chr 16,23–33 • 1: 33,3 • 3: 108,4 • 4: 48,2; 95,3 • 7–9: 29,1f • 10: 24,7–10; 75,3f • 11: 98,7 • 12: Jes 55,12 • 13: 98,9; 9,9; Apg 17,31.

Aufruf zur Freude über den Herrscher der Welt

97 Der Herr ist König. Die Erde frohlocke. / Freuen sollen sich die vielen Inseln.

2 Rings um ihn her sind Wolken und Dunkel, / Gerechtigkeit und Recht sind die Stützen seines Throns.

3 Verzehrendes Feuer läuft vor ihm her / und frisst seine Gegner ringsum.

4 Seine Blitze erhellen den Erdkreis; / die Erde sieht es und bebt.

5 Berge schmelzen wie Wachs vor dem Herrn, / vor dem Antlitz des Herrschers aller Welt.

6 Seine Gerechtigkeit verkünden die Himmel, / seine Herrlichkeit schauen alle Völker.

7 Alle, die Bildern dienen, werden zuschanden, / alle, die sich der Götzen rühmen. / Vor ihm werfen sich alle Götter nieder.

8 Zion hört es und freut sich, / Judas Töchter jubeln, Herr, über deine Gerichte.

9 Denn du, Herr, bist der Höchste über der ganzen Erde, / hoch erhaben über alle Götter.

10 Ihr, die ihr den Herrn liebt, hasst das Böse! / Er behütet das Leben seiner Frommen, / er entreißt sie der Hand der Frevler.

11 Ein Licht erstrahlt den Gerechten / und Freude den Menschen mit redlichem Herzen.

12 Ihr Gerechten, freut euch am Herrn / und lobt seinen heiligen Namen!

1: 24,7–10 • 2: 89,15 • 3: 18,9 • 4: 77,19 • 5: 68,3; Mi 1,4 • 6: 50,6 • 8: 48,12 • 9: 83,19; 95,3; 136,2f • 10: 121,7f • 11: 27,1; 43,3; 112,4; Spr 13,9; Jes 58,10; Joh 8,12 • 12: 30,5.

Ein neues Lied auf den Richter und Retter

98 [Ein Psalm.]
Singt dem Herrn ein neues Lied; / denn er hat wunderbare Taten vollbracht.

Er hat mit seiner Rechten geholfen / und mit seinem heiligen Arm.

2 Der Herr hat sein Heil bekannt gemacht / und sein gerechtes Wirken enthüllt vor den Augen der Völker.

3 Er dachte an seine Huld / und an seine Treue zum Hause Israel.

Alle Enden der Erde / sahen das Heil unsres Gottes.

4 Jauchzt vor dem Herrn, alle Länder der Erde,/ freut euch, jubelt und singt!

5 Spielt dem Herrn auf der Harfe, / auf der Harfe zu lautem Gesang!

6 Zum Schall der Trompeten und Hörner / jauchzt vor dem Herrn, dem König!

7 Es brause das Meer und alles, was es erfüllt, / der Erdkreis und seine Bewohner.

8 In die Hände klatschen sollen die Ströme, / die Berge sollen jubeln im Chor

97,11a Text korr.; H: Licht ist gesät den Gerechten.

9 vor dem Herrn, wenn er kommt, / um die
Erde zu richten.
Er richtet den Erdkreis gerecht, / die Na-
tionen so, wie es recht ist.

1: 33,3; Jes 59,16; 63,5 • 6: 24,7–10 • 7: 96,11 • 8: 96,12f • 9: 96,13; 67,5.

Der heilige Gott auf dem Zion

99 Der Herr ist König: Es zittern die
Völker. / Er thront auf den Kerubim:
Es wankt die Erde.
2 Groß ist der Herr auf Zion, / über alle
Völker erhaben.
3 Preisen sollen sie deinen großen, majes-
tätischen Namen. / Denn er ist heilig.
4 Stark ist der König, er liebt das Recht. /
Du hast die Weltordnung fest begründet, /
hast Recht und Gerechtigkeit in Jakob ge-
schaffen.
5 Rühmt den Herrn, unseren Gott; / werft
euch am Schemel seiner Füße nieder! / Denn
er ist heilig.
6 Mose und Aaron sind unter seinen Pries-
tern, / Samuel unter denen, die seinen Na-
men anrufen; / sie riefen zum Herrn und er
hat sie erhört.
7 Aus der Wolkensäule sprach er zu ih-
nen; / seine Gebote hielten sie, / die Satzung,
die er ihnen gab.
8 Herr, unser Gott, du hast sie erhört; / du
warst ihnen ein verzeihender Gott, / aber du
hast ihre Frevel vergolten.
9 Rühmt den Herrn, unsern Gott, / werft
euch nieder an seinem heiligen Berge! / Denn
heilig ist der Herr, unser Gott.

1: 24,7–10; 80,2 • 2: 48,2; 95,3 • 3: 111,9 • 5: 132,7 • 6: Jer 15,1 • 7: Ex 33,9; Num 12,5 • 8: Ex 32,11; 34,7.

Lobgesang des Volkes beim Einzug ins Heiligtum

100 [Ein Psalm zum Dankopfer.]
Jauchzt vor dem Herrn, alle Län-
der der Erde! / 2 Dient dem Herrn mit Freu-
de! / Kommt vor sein Antlitz mit Jubel!
3 Erkennt: Der Herr allein ist Gott. / Er hat
uns geschaffen, wir sind sein Eigentum, /
sein Volk und die Herde seiner Weide.
4 Tretet mit Dank durch seine Tore ein! /
Kommt mit Lobgesang in die Vorhöfe seines
Tempels! / Dankt ihm, preist seinen Na-
men!
5 Denn der Herr ist gütig, / ewig währt
seine Huld, / von Geschlecht zu Geschlecht
seine Treue.

2: 95,2 • 3: 83,19; 95,7; Jes 64,7 • 5: 107,1.

Die Vorsätze eines Königs

101 [Ein Psalm Davids.]
Von Gnade und Recht will ich sin-
gen; / dir, o Herr, will ich spielen.
2 Ich will auf den Weg der Bewährten ach-
ten. / Wann kommst du zu mir? / Ich lebe in
der Stille meines Hauses mit lauterem Her-
zen.
3 Ich richte mein Auge nicht auf Schändli-
ches; / ich hasse es, Unrecht zu tun, es soll
nicht an mir haften.
4 Falschheit sei meinem Herzen fern; / ich
will das Böse nicht kennen.
5 Wer den Nächsten heimlich verleumdet, /
den bring ich zum Schweigen.
Stolze Augen und hochmütige Herzen /
kann ich nicht ertragen.
6 Meine Augen suchen die Treuen im
Land; / sie sollen bei mir wohnen. / Wer auf
rechten Wegen geht, der darf mir dienen.
7 In meinem Haus soll kein Betrüger woh-
nen; / kein Lügner kann vor meinen Augen
bestehen.
8 Morgen für Morgen spreche ich das Ur-
teil / über die Frevler im Land, / um in der
Stadt des Herrn alle auszurotten, die Un-
recht tun.

1: 7,18 • 2: 26,11f • 5: Spr 21,4 • 6: Spr 14,35 • 8: Jer 21,12; Zef 3,5; Spr 20,26.

Das Gebet eines Unglücklichen

102 [Gebet eines Unglücklichen, wenn
er in Verzweiflung ist und vor
dem Herrn seine Sorge ausschüttet.]
2 Herr, höre mein Gebet! / Mein Schreien
dringe zu dir.
3 Verbirg dein Antlitz nicht vor mir! /
Wenn ich in Not bin, wende dein Ohr mir
zu! / Wenn ich dich anrufe, erhöre mich
bald!
4 Meine Tage sind wie Rauch geschwun-
den, / meine Glieder wie von Feuer ver-
brannt.
5 Versengt wie Gras und verdorrt ist mein
Herz, / sodass ich vergessen habe, mein Brot
zu essen.

99,4a H: Und die Stärke des Königs liebt das Recht.
99,6b Vorschlag für die Psalmodie: auch Samuel rief seinen Namen an.
100,3b wir sind sein Eigentum: so nach einigen alten Übersetzungen. Nach anderen alten Übersetzungen: und nicht wir (haben uns erschaffen).
101,2c in der Stille, wörtlich: inmitten.
101,8ab Wörtlich: Morgen für Morgen will ich vernichten alle Frevler im Land.

6 Vor lauter Stöhnen und Schreien / bin ich
nur noch Haut und Knochen.
7 Ich bin wie eine Dohle in der Wüste, / wie
eine Eule in öden Ruinen.
8 Ich liege wach und ich klage / wie ein einsamer Vogel auf dem Dach.
9 Den ganzen Tag schmähen mich die
Feinde; / die mich verhöhnen, nennen meinen Namen beim Fluchen.
10 Staub muss ich essen wie Brot, / mit
Tränen mische ich meinen Trank;
11 denn auf mir lasten dein Zorn und dein
Grimm. / Du hast mich hochgerissen und zu
Boden geschleudert.
12 Meine Tage schwinden dahin wie Schatten, / ich verdorre wie Gras.
13 Du aber, Herr, du thronst für immer und
ewig, / dein Name dauert von Geschlecht zu
Geschlecht.
14 Du wirst dich erheben, dich über Zion
erbarmen; / denn es ist Zeit, ihm gnädig zu
sein, die Stunde ist da.
15 An Zions Steinen hängt das Herz deiner
Knechte, / um seine Trümmer tragen sie
Leid.
16 Dann fürchten die Völker den Namen
des Herrn / und alle Könige der Erde deine
Herrlichkeit.
17 Denn der Herr baut Zion wieder auf /
und erscheint in all seiner Herrlichkeit.
18 Er wendet sich dem Gebet der Verlassenen zu, / ihre Bitten verschmäht er nicht.
19 Dies sei aufgeschrieben für das kommende Geschlecht, / damit das Volk, das
noch erschaffen wird, den Herrn lobpreise.
20 Denn der Herr schaut herab aus heiliger
Höhe, / vom Himmel blickt er auf die Erde
nieder;
21 er will auf das Seufzen der Gefangenen
hören / und alle befreien, die dem Tod geweiht sind,
22 damit sie den Namen des Herrn auf dem
Zion verkünden / und sein Lob in Jerusalem,
23 wenn sich dort Königreiche und Völker
versammeln, / um den Herrn zu verehren.
24 Er hat meine Kraft auf dem Weg gebrochen, / er hat meine Tage verkürzt.
25 Darum sage ich: Raff mich nicht weg in
der Mitte des Lebens, / mein Gott, dessen
Jahre Geschlecht um Geschlecht überdauern!
26 Vorzeiten hast du der Erde Grund gelegt, / die Himmel sind das Werk deiner Hände.
27 Sie werden vergehen, du aber bleibst; /
sie alle zerfallen wie ein Gewand;
du wechselst sie wie ein Kleid / und sie
schwinden dahin.
28 Du aber bleibst, der du bist, / und deine
Jahre enden nie.
29 Die Kinder deiner Knechte werden (in
Sicherheit) wohnen, / ihre Nachkommen vor
deinem Antlitz bestehen.

3: 31,3; 69,18; 143,7 • 4: 38,8f • 6: Ijob 19,20 • 9: 41,6 • 10: 42,4 • 12: 90,9f • 13: 145,13; 135,13; Klgl 5,19 • 14: 69,14 • 17: 51,20; Jes 60,1 • 19: 22,31f • 20: 11,4; 33,13 • 21: 79,11 • 23: Jes 60,3–10; Lk 13,29f • 24: 89,46 • 25: 55,24 • 26–28: Jes 51,6–8; Hebr 1,10–12 • 28: Hebr 13,8 • 29: 69,36f.

Ein Loblied auf den gütigen und verzeihenden Gott

103 [Von David.]
Lobe den Herrn, meine Seele, /
und alles in mir seinen heiligen Namen!
2 Lobe den Herrn, meine Seele, / und vergiss nicht, was er dir Gutes getan hat:
3 der dir all deine Schuld vergibt / und all
deine Gebrechen heilt,
4 der dein Leben vor dem Untergang rettet / und dich mit Huld und Erbarmen
krönt,
5 der dich dein Leben lang mit seinen Gaben sättigt; / wie dem Adler wird dir die
Jugend erneuert.
6 Der Herr vollbringt Taten des Heiles, /
Recht verschafft er allen Bedrängten.
7 Er hat Mose seine Wege kundgetan, / den
Kindern Israels seine Werke.
8 Der Herr ist barmherzig und gnädig, /
langmütig und reich an Güte.
9 Er wird nicht immer zürnen, / nicht ewig
im Groll verharren.
10 Er handelt an uns nicht nach unsern
Sünden / und vergilt uns nicht nach unsrer
Schuld.
11 Denn so hoch der Himmel über der Erde
ist, / so hoch ist seine Huld über denen, die
ihn fürchten.
12 So weit der Aufgang entfernt ist vom
Untergang, / so weit entfernt er die Schuld
von uns.

102,6 Wörtlich: Vor lauter Jammern klebt mein Gebein am Fleisch.
102,8 und ich klage wie: Text korr.; H: und ich bin wie . . .
102,12 Text korr.; H: Meine Tage (sind) wie ein lang sich dehnender Schatten (d. h.: es geht dem Ende entgegen).
103,5 dein Leben lang: Text korr.
103,11b so hoch: Text korr.; H: so stark.

13 Wie ein Vater sich seiner Kinder er-
barmt, / so erbarmt sich der Herr über alle,
die ihn fürchten.
14 Denn er weiß, was wir für Gebilde sind; /
er denkt daran: Wir sind nur Staub.
15 Des Menschen Tage sind wie Gras, / er
blüht wie die Blume des Feldes.
16 Fährt der Wind darüber, ist sie dahin; /
der Ort, wo sie stand, weiß von ihr nichts
mehr.
17 Doch die Huld des Herrn währt immer
und ewig / für alle, die ihn fürchten und eh-
ren;
sein Heil erfahren noch Kinder und En-
kel; / 18 alle, die seinen Bund bewahren, / an
seine Gebote denken und danach handeln.
19 Der Herr hat seinen Thron errichtet im
Himmel, / seine königliche Macht beherrscht
das All.
20 Lobt den Herrn, ihr seine Engel, / ihr
starken Helden, die seine Befehle vollstre-
cken, / seinen Worten gehorsam!
21 Lobt den Herrn, all seine Scharen, / sei-
ne Diener, die seinen Willen vollziehen!
22 Lobt den Herrn, all seine Werke, / an je-
dem Ort seiner Herrschaft! / Lobe den
Herrn, meine Seele!

2: Dtn 4,9 • 3: 32,1; Ex 15,26 • 5: Ijob 33,25; Jes 40,31 • 6: 146,7 • 7: 90,16 • 8: 116,5 • 9: Jes 57,16; Jer 3,12 • 11: 36,6; Jes 55,9 • 13: 145,9; Jdt 16,15; Lk 15,11–24 • 14: 146,4 • 15: 90,5f • 16: Ijob 7,10 • 17: Ex 20,6; Lk 1,50 • 18: 25,10 • 20–22: 29,1; 148,2–4 • 22: 145,10; Dan 3,57.

Ein Loblied auf den Schöpfer

104 Lobe den Herrn, meine Seele! /
Herr, mein Gott, wie groß bist du! /
Du bist mit Hoheit und Pracht bekleidet.
2 Du hüllst dich in Licht wie in ein Kleid, /
du spannst den Himmel aus wie ein Zelt.
3 Du verankerst die Balken deiner Woh-
nung im Wasser. / Du nimmst dir die Wolken
zum Wagen, / du fährst einher auf den Flü-
geln des Sturmes.
4 Du machst dir die Winde zu Boten / und
lodernde Feuer zu deinen Dienern.
5 Du hast die Erde auf Pfeiler gegründet; /
in alle Ewigkeit wird sie nicht wanken.
6 Einst hat die Urflut sie bedeckt wie ein
Kleid, / die Wasser standen über den Ber-
gen.
7 Sie wichen vor deinem Drohen zurück, /
sie flohen vor der Stimme deines Donners.
8 Da erhoben sich Berge und senkten sich
Täler / an den Ort, den du für sie bestimmt
hast.
9 Du hast den Wassern eine Grenze ge-
setzt, / die dürfen sie nicht überschreiten; /
nie wieder sollen sie die Erde bedecken.
10 Du lässt die Quellen hervorsprudeln in
den Tälern, / sie eilen zwischen den Bergen
dahin.
11 Allen Tieren des Feldes spenden sie
Trank, / die Wildesel stillen ihren Durst da-
raus.
12 An den Ufern wohnen die Vögel des
Himmels, / aus den Zweigen erklingt ihr Ge-
sang.
13 Du tränkst die Berge aus deinen Kam-
mern, / aus deinen Wolken wird die Erde
satt.
14 Du lässt Gras wachsen für das Vieh, /
auch Pflanzen für den Menschen, die er an-
baut,
damit er Brot gewinnt von der Erde /
15 und Wein, der das Herz des Menschen er-
freut,
damit sein Gesicht von Öl erglänzt / und
Brot das Menschenherz stärkt.
16 Die Bäume des Herrn trinken sich satt, /
die Zedern des Libanon, die er gepflanzt
hat.
17 In ihnen bauen die Vögel ihr Nest, / auf
den Zypressen nistet der Storch.
18 Die hohen Berge gehören dem Stein-
bock, / dem Klippdachs bieten die Felsen
Zuflucht.
19 Du hast den Mond gemacht als Maß für
die Zeiten, / die Sonne weiß, wann sie unter-
geht.
20 Du sendest Finsternis und es wird
Nacht, / dann regen sich alle Tiere des Wal-
des.
21 Die jungen Löwen brüllen nach Beute, /
sie verlangen von Gott ihre Nahrung.
22 Strahlt die Sonne dann auf, so schlei-
chen sie heim / und lagern sich in ihren Ver-
stecken.
23 Nun geht der Mensch hinaus an sein
Tagwerk, / an seine Arbeit bis zum Abend.
24 Herr, wie zahlreich sind deine Werke! /
Mit Weisheit hast du sie alle gemacht, / die
Erde ist voll von deinen Geschöpfen.
25 Da ist das Meer, so groß und weit, / darin
ein Gewimmel ohne Zahl: kleine und große
Tiere.
26 Dort ziehen die Schiffe dahin, / auch der
Levíatan, den du geformt hast, um mit ihm
zu spielen.
27 Sie alle warten auf dich, / dass du ihnen
Speise gibst zur rechten Zeit.

104,13b Text korr.; H ist unverständlich.

104,25a so groß und weit, wörtlich: groß und weit nach beiden Seiten.

28 Gibst du ihnen, dann sammeln sie ein; / öffnest du deine Hand, werden sie satt an Gutem.

29 Verbirgst du dein Gesicht, sind sie verstört; / nimmst du ihnen den Atem, so schwinden sie hin / und kehren zurück zum Staub der Erde.

30 Sendest du deinen Geist aus, so werden sie alle erschaffen / und du erneuerst das Antlitz der Erde.

31 Ewig währe die Herrlichkeit des Herrn; / der Herr freue sich seiner Werke.

32 Er blickt auf die Erde und sie erbebt; / er rührt die Berge an und sie rauchen.

33 Ich will dem Herrn singen, solange ich lebe, / will meinem Gott spielen, solange ich da bin.

34 Möge ihm mein Dichten gefallen. / Ich will mich freuen am Herrn.

35 Doch die Sünder sollen von der Erde verschwinden / und es sollen keine Frevler mehr da sein. / Lobe den Herrn, meine Seele! / Halleluja!

1: 40,17 • 2: Ijob 9,8; Jes 40,22; 44,24 • 3: 18,11; 68,5 • 4: Hebr 1,7 • 5: 75,4 • 7–9: Spr 8,29 • 9: Ijob 38,8–11; Jer 5,22; Gen 9,11–15 • 10: 74,15 • 12: Ez 31,6–9 • 13: 65,10f; Ijob 36,31 • 14: 147,8f • 15: Ri 9,13; Koh 10,19; Sir 31,27 • 19: 74,16; Sir 43,6–8 • 21: 17,12; Ijob 38,39 • 22: Ijob 37,8 • 24: Spr 8,22–31 • 25: Sir 43,25 • 26: 107,23 • 27–28: 145,15f • 27: 136,25;• 29: 30,8; 146,4 • 30: Gen 2,7 • 32: 144,5 • 33: 7,18; 146,2 • 34: 19,15.

Ein Loblied auf den Herrn der Geschichte

105 Dankt dem Herrn! Ruft seinen Namen an! / Macht unter den Völkern seine Taten bekannt!

2 Singt ihm und spielt ihm, / sinnt nach über all seine Wunder!

3 Rühmt euch seines heiligen Namens! / Alle, die den Herrn suchen, sollen sich von Herzen freuen.

4 Fragt nach dem Herrn und seiner Macht; / sucht sein Antlitz allezeit!

5 Denkt an die Wunder, die er getan hat, / an seine Zeichen und die Beschlüsse aus seinem Mund.

6 Bedenkt es, ihr Nachkommen seines Knechtes Abraham, / ihr Kinder Jakobs, die er erwählt hat.

7 Er, der Herr, ist unser Gott. / Seine Herrschaft umgreift die Erde.

8 Ewig denkt er an seinen Bund, / an das Wort, das er gegeben hat für tausend Geschlechter,

9 an den Bund, den er mit Abraham geschlossen, / an den Eid, den er Isaak geschworen hat.

10 Er bestimmte ihn als Satzung für Jakob, / als ewigen Bund für Israel.

11 Er sprach: Dir will ich Kanaan geben, / das Land, das dir als Erbe bestimmt ist.

12 Als sie noch gering waren an Zahl, / nur wenige und fremd im Land,

13 und noch zogen von Volk zu Volk, / von einem Reich zum andern,

14 da ließ er sie von niemand bedrücken, / wies ihretwegen Könige zurecht:

15 »Tastet meine Gesalbten nicht an, / tut meinen Propheten nichts zuleide!«

16 Dann aber rief er den Hunger ins Land, / entzog ihnen allen Vorrat an Brot.

17 Doch hatte er ihnen einen Mann vorausgesandt: / Josef wurde als Sklave verkauft.

18 Man spannte seine Füße in Fesseln / und zwängte seinen Hals ins Eisen

19 bis zu der Zeit, als sein Wort sich erfüllte / und der Spruch des Herrn ihm Recht gab.

20 Da sandte der König einen Boten und ließ ihn frei, / der Herrscher der Völker ließ ihn heraus.

21 Er bestellte ihn zum Herrn über sein Haus, / zum Gebieter über seinen ganzen Besitz.

22 Er sollte die Fürsten lenken nach seinem Sinn / und die Ältesten Weisheit lehren.

23 Und Israel kam nach Ägypten, / Jakob wurde Gast im Lande Hams.

24 Da mehrte Gott sein Volk gewaltig, / machte es stärker als das Volk der Bedrücker.

25 Er wandelte ihren Sinn zum Hass gegen sein Volk, / sodass sie an seinen Knechten tückisch handelten.

26 Dann sandte er Mose, seinen Knecht, / und Aaron, den Gott sich erwählte.

27 Sie wirkten unter ihnen seine Zeichen, / im Lande Hams seine Wunder.

28 Er sandte Finsternis, da wurde es dunkel; / doch achteten sie nicht auf sein Wort.

29 Er verwandelte ihre Gewässer in Blut / und ließ ihre Fische sterben.

30 Ihr Land wimmelte von Fröschen / bis hinein in den Palast des Königs.

31 Er gebot, da kamen Schwärme von Fliegen / und von Stechmücken über das ganze Gebiet.

32 Er schickte ihnen Hagel statt Regen, / flammendes Feuer auf ihr Land.

33 Er zerschlug ihnen Weinstock und Feigenbaum / und knickte in ihrem Gebiet die Bäume um.

105,22a Text korr. nach G, S und Vg.
105,27a Text korr. nach S.
105,28b Text korr.; H: und sie widerstrebten nicht seinem Wort.

34 Er gebot, da kamen Schwärme von Gril-
len / und Wanderheuschrecken in gewaltiger
Zahl.
35 Sie fraßen alles Grün in ihrem Land, /
sie fraßen die Frucht ihrer Felder.
36 Er erschlug im Land jede Erstgeburt, /
die ganze Blüte der Jugend.
37 Er führte sein Volk heraus mit Silber
und Gold; / in seinen Stämmen fand sich
kein Schwächling.
38 Bei ihrem Auszug waren die Ägypter
froh; / denn Schrecken vor ihnen hatte sie
alle befallen.
39 Eine Wolke breitete er aus, um sie zu de-
cken, / und Feuer, um die Nacht zu erleuch-
ten.
40 Als sie ihn baten, schickte er Wachteln /
und sättigte sie mit Brot vom Himmel.
41 Er öffnete den Felsen und Wasser ent-
quoll ihm, / wie ein Strom floss es dahin in
der Wüste.
42 Denn er dachte an sein heiliges Wort /
und an Abraham, seinen Knecht.
43 Er führte sein Volk heraus in Freude, /
seine Erwählten in Jubel.
44 Er gab ihnen die Länder der Völker /
und ließ sie den Besitz der Nationen gewin-
nen,
45 damit sie seine Satzungen hielten / und
seine Gebote befolgten. / Halleluja!

1–15: 1 Chr 16,8–22; Ps 108,4 • 3: Dtn 4,29 • 4: 27,8 • 8: 111,5; Dtn 7,9 • 9: Gen 17,1–21; 26,3 • 11: Gen 12,7; 15,18 • 12: Dtn 26,5 • 14: Gen 12,17; 20,3.7 • 16: Gen 41,54 • 17: Gen 37,28; 45,5 • 18: Gen 39,20 • 19–22: Gen 41,38–45 • 23: Gen 46,1–7; 47,11 • 24: Ex 1,7.12 • 25: Ex 1,9–11.15–22 • 26: Ex 3,10; 4,14–16 • 28: Ex 10,21–29 • 29: Ex 7,14–25 • 30: Ex 7,26 – 8,11 • 31: Ex 8,12–28 • 32–33: Ex 9,13–35 • 34–35: Ex 10,1–20 • 36: 78,51 • 37: Ex 12,35f • 38: Ex 12,33 • 39: 78,14 • 40: 78,24; Ex 16,2–36; Weish 16,20 • 41: 78,15; Ex 17,1–7 • 44–45: Dtn 4,37–40.

Gottes Güte – Israels Undank

106 Halleluja!
Danket dem Herrn; denn er ist gü-
tig, / denn seine Huld währt ewig.
2 Wer kann die großen Taten des Herrn er-
zählen, / all seinen Ruhm verkünden?
3 Wohl denen, die das Recht bewahren /
und zu jeder Zeit tun, was gerecht ist.
4 Denk an mich, Herr, aus Liebe zu deinem
Volk, / such mich auf und bring mir Hilfe!
5 Lass mich das Glück deiner Erwählten
schauen, / an der Freude deines Volkes mich
freuen, / damit ich gemeinsam mit deinem
Erbe mich rühmen kann.
6 Wir haben zusammen mit unsern Vätern
gesündigt, / wir haben Unrecht getan und
gefrevelt.
7 Unsre Väter in Ägypten begriffen deine
Wunder nicht, / dachten nicht an deine rei-
che Huld / und trotzten dem Höchsten am
Schilfmeer.
8 Er aber hat sie gerettet, um seinen Na-
men zu ehren / und seine Macht zu bekun-
den.
9 Er bedrohte das Schilfmeer, da wurde es
trocken; / wie durch eine Steppe führte er sie
durch die Fluten.
10 Er rettete sie aus der Hand derer, die sie
hassten, / erlöste sie aus der Gewalt des
Feindes.
11 Ihre Bedränger bedeckte das Wasser, /
nicht einer von ihnen blieb übrig.
12 Nun glaubten sie Gottes Worten / und
sangen laut seinen Lobpreis.
13 Doch sie vergaßen schnell seine Taten, /
wollten auf seinen Ratschluss nicht warten.
14 Sie wurden in der Wüste begehrlich /
und versuchten Gott in der Öde.
15 Er gab ihnen, was sie von ihm verlang-
ten; / dann aber erfasste sie Ekel und Über-
druss.
16 Sie wurden im Lager eifersüchtig auf
Mose / und auf Aaron, den Heiligen des
Herrn.
17 Die Erde tat sich auf, sie verschlang den
Datan / und bedeckte die Rotte Abírams.
18 Feuer verbrannte die Rotte, / Flammen
verzehrten die Frevler.
19 Sie machten am Horeb ein Kalb / und
warfen sich vor dem Gussbild nieder.
20 Die Herrlichkeit Gottes tauschten sie
ein / gegen das Bild eines Stieres, der Gras
frisst.
21 Sie vergaßen Gott, ihren Retter, / der
einst in Ägypten Großes vollbrachte,
22 Wunder im Lande Hams, / Furcht erre-
gende Taten am Schilfmeer.
23 Da fasste er einen Plan und er hätte sie
vernichtet, / wäre nicht Mose, sein Erwähl-
ter, für sie in die Bresche gesprungen, / so-
dass Gott sie im Zorn nicht vertilgte.
24 Sie verschmähten das köstliche Land; /
sie glaubten seinen Verheißungen nicht.
25 In ihren Zelten murrten sie, / hörten
nicht auf die Stimme des Herrn.
26 Da erhob er gegen sie die Hand, / um sie
niederzustrecken noch in der Wüste,

105,36b Wörtlich: den Erstling all ihrer Kraft.
105,40a Text korr.; H: Als er bat.
106,7c dem Höchsten am Schilfmeer: Text korr.; H: am Meer, am Schilfmeer.

27 ihre Nachkommen unter die Völker zu zerstreuen, / sie in alle Welt zu versprengen.

28 Sie hängten sich an den Báal-Pegór / und aßen die Opfer der toten Götzen.

29 Sie erbitterten Gott mit ihren schändlichen Taten, / bis über sie eine schwere Plage kam.

30 Pinhas trat auf und hielt Gericht; / so wurde die Plage abgewandt.

31 Das rechnete Gott ihm als Gerechtigkeit an, / ihm und seinem Geschlecht für immer und ewig.

32 An den Wassern von Meríba reizten sie Gottes Zorn, / ihretwegen erging es Mose übel.

33 Denn sie hatten seinen Geist erbittert, / sein Mund redete unbedacht.

34 Sie rotteten die Völker nicht aus, / wie ihnen der Herr einst befahl.

35 Sie vermischten sich mit den Heiden / und lernten von ihren Taten.

36 Sie dienten ihren Götzen; / die wurden ihnen zur Falle.

37 Sie brachten ihre Söhne und Töchter dar / als Opfer für die Dämonen.

38 Sie vergossen schuldloses Blut, / das Blut ihrer Söhne und Töchter,

die sie den Götzen Kanaans opferten; / so wurde das Land durch Blutschuld entweiht.

39 Sie wurden durch ihre Taten unrein / und brachen Gott mit ihrem Tun die Treue.

40 Der Zorn des Herrn entbrannte gegen sein Volk, / er empfand Abscheu gegen sein Erbe.

41 Er gab sie in die Hand der Völker / und die sie hassten, beherrschten sie.

42 Ihre Feinde bedrängten sie, / unter ihre Hand mussten sie sich beugen.

43 Oft hat er sie befreit; / sie aber trotzten seinem Beschluss / und versanken in ihrer Schuld.

44 Doch als er ihr Flehen hörte, / sah er auf ihre Not

45 und dachte ihnen zuliebe an seinen Bund; / er hatte Mitleid in seiner großen Gnade.

46 Bei denen, die sie verschleppten, / ließ er sie Erbarmen erfahren.

47 Hilf uns, Herr, unser Gott, / führe uns aus den Völkern zusammen!

Wir wollen deinen heiligen Namen preisen, / uns rühmen, weil wir dich loben dürfen.

48 Gepriesen sei der Herr, der Gott Israels, / vom Anfang bis ans Ende der Zeiten. / Alles Volk soll sprechen: Amen. / Halleluja!

1: 107,1 • 2: Joh 21,25 • 3: Jes 56,1f • 6: Lev 26,40; Dan 9,5 • 7: 78,11–17 • 8: Ez 39,25 • 9: Ex 14,21f; Jes 63,11–14 • 12: Ex 14,31; 15,1–21 • 14: 78,18; Num 11,4–6 • 16: Num 16,1–3 • 17–18: Num 16,31–35 • 19–20: Ex 32,1–6 • 20: Jer 2,11; Röm 1,23 • 21: 78,42 • 23: Ex 32,11–14 • 24: Num 14,2–4 • 26: Num 14,23.29 • 27: Lev 26,33; Ez 20,23 • 28: Num 25,1–3 • 30: Num 25,7–11 • 31: Num 25,12f • 32: Num 20,2–13 • 34–36: Dtn 7,1–5; Ri 1,18 – 2,5 • 36: Ri 2,11–13 • 37–38: Lev 18,21 • 38–39: Num 35,33f • 40–42: Ri 2,14f • 43: Ri 2,16 • 45: Lev 26,42 • 46: Esra 9,9 • 47–48: 1 Chr 16,35f.

DAS FÜNFTE BUCH

Ein Danklied der Erlösten

107 Danket dem Herrn, denn er ist gütig, / denn seine Huld währt ewig.

2 So sollen alle sprechen, die vom Herrn erlöst sind, / die er von den Feinden befreit hat.

3 Denn er hat sie aus den Ländern gesammelt, / vom Aufgang und Niedergang, vom Norden und Süden.

4 Sie, die umherirrten in der Wüste, im Ödland, / und den Weg zur wohnlichen Stadt nicht fanden,

5 die Hunger litten und Durst, / denen das Leben dahinschwand,

6 die dann in ihrer Bedrängnis schrien zum Herrn, / die er ihren Ängsten entriss

7 und die er führte auf geraden Wegen, / sodass sie zur wohnlichen Stadt gelangten:

8 sie alle sollen dem Herrn danken für seine Huld, / für sein wunderbares Tun an den Menschen,

9 weil er die lechzende Seele gesättigt, / die hungernde Seele mit seinen Gaben erfüllt hat.

10 Sie, die saßen in Dunkel und Finsternis, / gefangen in Elend und Eisen,

11 die den Worten Gottes getrotzt / und verachtet hatten den Ratschluss des Höchsten,

12 deren Herz er durch Mühsal beugte, / die stürzten und denen niemand beistand,

13 die dann in ihrer Bedrängnis schrien zum Herrn, / die er ihren Ängsten entriss,

106,27a zu zerstreuen: Text korr.; H: niederzustrecken, (wie in V. 26b).

106,28 Wörtlich: die Opfer der Toten.

106,43b Text korr.; H: ihrem Beschluss.

14 die er herausführte aus Dunkel und
Finsternis / und deren Fesseln er zerbrach:
15 sie alle sollen dem Herrn danken für sei-
ne Huld, / für sein wunderbares Tun an den
Menschen,
16 weil er die ehernen Tore zerbrochen, /
die eisernen Riegel zerschlagen hat.
17 Sie, die dahinsiechten in ihrem sündhaf-
ten Treiben, / niedergebeugt wegen ihrer
schweren Vergehen,
18 denen vor jeder Speise ekelte, / die nahe
waren den Pforten des Todes,
19 die dann in ihrer Bedrängnis schrien
zum Herrn, / die er ihren Ängsten entriss,
20 denen er sein Wort sandte, die er heilte /
und vom Verderben befreite:
21 sie alle sollen dem Herrn danken für sei-
ne Huld, / für sein wunderbares Tun an den
Menschen.
22 Sie sollen ihm Dankopfer weihen, / mit
Jubel seine Taten verkünden.
23 Sie, die mit Schiffen das Meer befuhren /
und Handel trieben auf den großen Was-
sern,
24 die dort die Werke des Herrn bestaun-
ten, / seine Wunder in der Tiefe des Mee-
res
25 – Gott gebot und ließ den Sturmwind
aufstehn, / der hoch die Wogen türmte –,
26 die zum Himmel emporstiegen / und hi-
nabfuhren in die tiefste Tiefe, / sodass ihre
Seele in der Not verzagte,
27 die wie Trunkene wankten und
schwankten, / am Ende waren mit all ihrer
Weisheit,
28 die dann in ihrer Bedrängnis schrien
zum Herrn, / die er ihren Ängsten entriss
29 – er machte aus dem Sturm ein Säu-
seln, / sodass die Wogen des Meeres schwie-
gen –,
30 die sich freuten, dass die Wogen sich leg-
ten / und er sie zum ersehnten Hafen führ-
te:
31 sie alle sollen dem Herrn danken für sei-
ne Huld, / für sein wunderbares Tun an den
Menschen.
32 Sie sollen ihn in der Gemeinde des Vol-
kes rühmen, / ihn loben im Kreis der Al-
ten.
33 Er machte Ströme zur dürren Wüste, /
Oasen zum dürstenden Ödland,
34 fruchtbares Land zur salzigen Steppe; /
denn seine Bewohner waren böse.
35 Er machte die Wüste zum Wasserteich, /
verdorrtes Land zu Oasen.
36 Dort siedelte er Hungernde an, / sie
gründeten wohnliche Städte.
37 Sie bestellten Felder, pflanzten Reben /
und erzielten reiche Ernten.
38 Er segnete sie, sodass sie sich gewaltig
vermehrten, / gab ihnen große Mengen an
Vieh.
39 Dann aber wurden sie geringer an
Zahl, / gebeugt unter der Last von Leid und
Kummer.
40 Er goss über die Edlen Verachtung aus, /
ließ sie umherirren in wegloser Wüste.
41 Die Armen hob er aus dem Elend em-
por / und vermehrte ihre Sippen, einer Herde
gleich.
42 Die Redlichen sehn es und freuen sich, /
doch alle bösen Menschen verstummen.
43 Wer ist weise und beachtet das alles, /
wer begreift die reiche Huld des Herrn?

1: 106,1; 118,1.29; 136,1f.26 • 3: Jes 43,5f • 4: Dtn 8,15 • 5: Jes 49,10 • 6: 50,15 • 9: Jes 55,1; Lk 1,53 • 10: Ijob 36,8f • 11: 106,43; Spr 1,25 • 14: Jes 42,7.16 • 16: Jes 45,2 • 18: Ijob 6,6f; 33,20 • 20: Weish 16,12; Mt 8,8 • 23–24: Sir 43,24f • 25: Jona 1,4 • 27: Spr 23,34 • 28: Jona 1,14f • 29: 65,8; Mt 8,26 • 32: 22,23 • 33: Jes 42,15; 50,2 • 34: Gen 19,24–26; Dtn 29,22; Sir 39,23 • 35: Jes 41,18 • 36: Ez 36,35 • 37: Jes 65,21 • 38: Dtn 7,13f • 40: Ijob 12,21.24 • 41: 113,7 • 42: Ijob 22,19; 5,16; Ps 63,12.

Gott, Hilfe und Schutz seines Volkes

108 [Ein Lied. Ein Psalm Davids.]
2 Mein Herz ist bereit, o Gott, /
mein Herz ist bereit, / ich will dir singen und
spielen.
Wach auf, meine Seele! / 3 Wacht auf,
Harfe und Saitenspiel! / Ich will das Mor-
genrot wecken.
4 Ich will dich vor den Völkern preisen,
Herr, / dir vor den Nationen lobsingen.
5 Denn deine Güte reicht, so weit der Him-
mel ist, / deine Treue, so weit die Wolken
ziehn.
6 Erheb dich über die Himmel, o Gott! /
Deine Herrlichkeit erscheine über der gan-
zen Erde.
7 Hilf mit deiner Rechten, erhöre uns, / da-
mit die gerettet werden, die du so sehr
liebst.
8 Gott hat in seinem Heiligtum gespro-
chen: / »Ich will triumphieren, will Sichem
verteilen / und das Tal von Sukkot vermes-
sen.
9 Mein ist Gilead, mein auch Manasse, /

107,17a Text korr.; H: die Toren in ihrem sündhaften Treiben.
107,20 vom Verderben, wörtlich: aus ihren Gruben.
108,2b Ergänzt aus 57,8.
108,2d Text korr. nach 57,9.
108,5a Text korr. nach 57,11.
108,7b Text korr. nach 60,7.

Efraim ist der Helm auf meinem Haupt, /
Juda mein Herrscherstab.
10 Doch Moab ist mein Waschbecken, / auf
Edom werfe ich meinen Schuh, / ich triumphiere über das Land der Philister.«
11 Wer führt mich hin zu der befestigten
Stadt, / wer wird mich nach Edom geleiten?
12 Gott, hast denn du uns verworfen? / Du
ziehst ja nicht aus, o Gott, mit unsern Heeren.
13 Bring uns doch Hilfe im Kampf mit dem
Feind! / Denn die Hilfe von Menschen ist nutzlos.
14 Mit Gott werden wir Großes vollbringen; / er selbst wird unsere Feinde zertreten.

2–6 ‖ 57,8–12 • 4: 9,12; 18,50; 57,10; 96,3; 105,1 • 5: 36,6 • 7–14 ‖ 60,7–14.

Bitte um Hilfe gegen erbarmungslose Feinde

109 [Für den Chormeister. Ein Psalm Davids.]
Gott, den ich lobe, schweig doch nicht! /
2 Denn ein Mund voll Frevel, ein Lügenmaul
hat sich gegen mich aufgetan.
Sie reden zu mir mit falscher Zunge, /
3 umgeben mich mit Worten voll Hass / und
bekämpfen mich ohne Grund.
4 Sie befeinden mich, während ich für sie
bete, / 5 sie vergelten mir Gutes mit Bösem, /
mit Hass meine Liebe.
6 Sein Frevel stehe gegen ihn auf als Zeuge, / ein Ankläger trete an seine Seite.
7 Aus dem Gericht gehe er verurteilt hervor, / selbst sein Gebet werde zur Sünde.
8 Nur gering sei die Zahl seiner Tage, / sein
Amt soll ein andrer erhalten.
9 Seine Kinder sollen zu Waisen werden /
und seine Frau zur Witwe.
10 Unstet sollen seine Kinder umherziehen
und betteln, / aus den Trümmern ihres Hauses vertrieben.
11 Sein Gläubiger reiße all seinen Besitz an
sich, / Fremde sollen plündern, was er erworben hat.
12 Niemand sei da, der ihm die Gunst bewahrt, / keiner, der sich der Waisen erbarmt.
13 Seine Nachkommen soll man vernichten, / im nächsten Geschlecht schon erlösche sein Name.
14 Der Herr denke an die Schuld seiner Väter, / ungetilgt bleibe die Sünde seiner Mutter.
15 Ihre Schuld stehe dem Herrn allzeit vor
Augen, / ihr Andenken lösche er aus auf Erden.
16 Denn dieser Mensch dachte nie daran,
Gnade zu üben; / er verfolgte den Gebeugten
und Armen / und wollte den Verzagten töten.
17 Er liebte den Fluch – der komme über
ihn; / er verschmähte den Segen – der bleibe
ihm fern.
18 Er zog den Fluch an wie ein Gewand; /
der dringe wie Wasser in seinen Leib, / wie
Öl in seine Glieder.
19 Er werde für ihn wie das Kleid, in das er
sich hüllt, / wie der Gürtel, der ihn allzeit
umschließt.
20 So lohne der Herr es denen, die mich
verklagen, / und denen, die Böses gegen mich
reden.
21 Du aber, Herr und Gebieter, / handle an
mir, wie es deinem Namen entspricht, / reiß
mich heraus in deiner gütigen Huld!
22 Denn ich bin arm und gebeugt, / mir
bebt das Herz in der Brust.
23 Wie ein flüchtiger Schatten schwinde
ich dahin; / sie schütteln mich wie eine Heuschrecke ab.
24 Mir wanken die Knie vom Fasten, / mein
Leib nimmt ab und wird mager.
25 Ich wurde für sie zum Spott und zum
Hohn, / sie schütteln den Kopf, wenn sie
mich sehen.
26 Hilf mir, Herr, mein Gott, / in deiner
Huld errette mich!
27 Sie sollen erkennen, dass deine Hand
dies vollbracht hat, / dass du, o Herr, es getan hast.
28 Mögen sie fluchen – du wirst segnen. /
Meine Gegner sollen scheitern, dein Knecht
aber darf sich freuen.
29 Meine Ankläger sollen sich bedecken
mit Schmach, / wie in einen Mantel sich in
Schande hüllen.

109,1–31 Dieser Psalm ist ein so genannter Fluchpsalm. Er ist für Fromme gedacht, die, vielleicht wegen Bestechlichkeit der Richter, nicht hoffen können, in einem Gerichtsverfahren Recht zu bekommen. VV. 2–5 und 21–31 setzen mehrere, VV. 6–20 nur einen Prozessgegner voraus; das deutet darauf hin, dass der Verfasser in VV. 6–20 einen bereits vorgeformten Text eingearbeitet hat. Die schrecklichen Flüche erklären sich als äußerstes Mittel der Notwehr gegen übermächtige Feinde, die nur durch einen Appell an Gottes Gerechtigkeit abgewehrt werden können.

109,4 Sie befeinden mich: H fügt hinzu: für meine Liebe.

109,10b Text korr.

109,13b sein Name: Text korr.; H: ihr Name.

109,28b Text korr.; H: Sie treten auf, aber sie scheitern.

30 Ich will den Herrn preisen mit lauter Stimme, / in der Menge ihn loben.

31 Denn er steht dem Armen zur Seite, / um ihn vor falschen Richtern zu retten.

1: 35,22; 83,2 • 2: 31,19 • 4–5: Spr 17,13; Ps 35,12f • 8: Apg 1,20 • 9: Ex 22,23; Jer 18,21 • 10: Ijob 5,4f • 11: Ijob 20,18 • 12–13: Jes 14,21 • 13: 21,11 • 14: Ex 20,5 • 15: 90,8; 34,17 • 18: Num 5,24 • 23: 39,6f • 25: 41,6 • 27: 64,10 • 28: Jes 65,13f; Lk 6,27f • 29: Jer 20,11 • 30: 22,23.

Die Einsetzung des priesterlichen Königs auf dem Zion

110 [Ein Psalm Davids.]
So spricht der Herr zu meinem Herrn: / Setze dich mir zur Rechten / und ich lege dir deine Feinde als Schemel unter die Füße.

2 Vom Zion strecke der Herr das Zepter deiner Macht aus: / »Herrsche inmitten deiner Feinde!«

3 Dein ist die Herrschaft am Tage deiner Macht / (wenn du erscheinst) in heiligem Schmuck;

ich habe dich gezeugt noch vor dem Morgenstern, / wie den Tau in der Frühe.

4 Der Herr hat geschworen und nie wird's ihn reuen: / »Du bist Priester auf ewig nach der Ordnung Melchisedeks.«

5 Der Herr steht dir zur Seite; / er zerschmettert Könige am Tage seines Zornes.

6 Er hält Gericht unter den Völkern, er häuft die Toten, / die Häupter zerschmettert er weithin auf Erden.

7 Er trinkt aus dem Bach am Weg; / so kann er (von neuem) das Haupt erheben.

1: Mt 22,44; Apg 2,34f; Hebr 1,13; 8,1; 10,12f; 12,2 • 3: 2,7 • 4: Gen 14,18; Hebr 5,6 • 5–6: 2,9.

Ein Preislied auf die Wundertaten des Herrn

111 Halleluja!
Den Herrn will ich preisen von ganzem Herzen / im Kreis der Frommen, inmitten der Gemeinde.

2 Groß sind die Werke des Herrn, / kostbar allen, die sich an ihnen freuen.

3 Er waltet in Hoheit und Pracht, / seine Gerechtigkeit hat Bestand für immer.

4 Er hat ein Gedächtnis an seine Wunder gestiftet, / der Herr ist gnädig und barmherzig.

5 Er gibt denen Speise, die ihn fürchten, / an seinen Bund denkt er auf ewig.

6 Er hat seinem Volk seine machtvollen Taten kundgetan, / um ihm das Erbe der Völker zu geben.

7 Die Werke seiner Hände sind gerecht und beständig, / all seine Gebote sind verlässlich.

8 Sie stehen fest für immer und ewig, / geschaffen in Treue und Redlichkeit.

9 Er gewährte seinem Volk Erlösung / und bestimmte seinen Bund für ewige Zeiten. / Furcht gebietend ist sein Name und heilig.

10 Die Furcht des Herrn ist der Anfang der Weisheit; / alle, die danach leben, sind klug. / Sein Ruhm hat Bestand für immer.

1: 22,23 • 4: Ex 12,1–28; Ps 116,5 • 5: 105,8; 145,15 • 9: 130,8; Jer 32,40 • 10: Spr 1,7; 9,10.

Der Segen der Gottesfurcht

112 Halleluja!
Wohl dem Mann, der den Herrn fürchtet und ehrt / und sich herzlich freut an seinen Geboten.

2 Seine Nachkommen werden mächtig im Land, / das Geschlecht der Redlichen wird gesegnet.

3 Wohlstand und Reichtum füllen sein Haus, / sein Heil hat Bestand für immer.

4 Den Redlichen erstrahlt im Finstern ein Licht: / der Gnädige, Barmherzige und Gerechte.

5 Wohl dem Mann, der gütig und zum Helfen bereit ist, / der das Seine ordnet, wie es recht ist.

6 Niemals gerät er ins Wanken; / ewig denkt man an den Gerechten.

7 Er fürchtet sich nicht vor Verleumdung; / sein Herz ist fest, er vertraut auf den Herrn.

8 Sein Herz ist getrost, er fürchtet sich nie; / denn bald wird er herabschauen auf seine Bedränger.

9 Reichlich gibt er den Armen, / sein Heil hat Bestand für immer; / er ist mächtig und hoch geehrt.

10 Voll Verdruss sieht es der Frevler, / er knirscht mit den Zähnen und geht zugrunde. / Zunichte werden die Wünsche der Frevler.

1: 1,1f; 128,1 • 2: Spr 20,7 • 3: 128,2 • 4: 97,11; 116,5 • 5: Ijob 29,12f • 6: Spr 10,7 • 8: 54,9 • 9: Spr 22,9; 2 Kor 9,9.

Ein Loblied auf Gottes Hoheit und Huld

113 Halleluja!
Lobet, ihr Knechte des Herrn, / lobt den Namen des Herrn!

2 Der Name des Herrn sei gepriesen / von nun an bis in Ewigkeit.

3 Vom Aufgang der Sonne bis zum Untergang / sei der Name des Herrn gelobt.

110,3 H ist schwer verständlich; die Übersetzung ist ein Versuch nach G.

4 Der Herr ist erhaben über alle Völker, /
seine Herrlichkeit überragt die Himmel.
5 Wer gleicht dem Herrn, unserm Gott, / im
Himmel und auf Erden,
6 ihm, der in der Höhe thront, / der hinab-
schaut in die Tiefe,
7 der den Schwachen aus dem Staub em-
porhebt / und den Armen erhöht, der im
Schmutz liegt?
8 Er gibt ihm einen Sitz bei den Edlen, / bei
den Edlen seines Volkes.
9 Die Frau, die kinderlos war, lässt er im
Hause wohnen; / sie wird Mutter und freut
sich an ihren Kindern. / Halleluja!

1: 135,1 • 4: 95,3; 148,13 • 5: 35,10 • 6–7: Jes 57,15 • 7–8: 1 Sam 2,8 • 9: 1 Sam 2,5; Jes 54,1; Lk 1,57f.

Ein Lobpreis auf die Befreiung Israels

114 Als Israel aus Ägypten auszog, /
Jakobs Haus aus dem Volk mit
fremder Sprache,
2 da wurde Juda Gottes Heiligtum, / Israel
das Gebiet seiner Herrschaft.
3 Das Meer sah es und floh, / der Jordan
wich zurück.
4 Die Berge hüpften wie Widder, / die Hü-
gel wie junge Lämmer.
5 Was ist mit dir, Meer, dass du fliehst, /
und mit dir, Jordan, dass du zurückweichst?
6 Ihr Berge, was hüpft ihr wie Widder, /
und ihr Hügel, wie junge Lämmer?
7 Vor dem Herrn erbebe, du Erde, / vor
dem Antlitz des Gottes Jakobs,
8 der den Fels zur Wasserflut wandelt /
und Kieselgestein zu quellendem Wasser.

1: Ex 12,41 • 2: Ex 19,6; Jer 2,3; Dtn 7,6 • 3: 66,6 • 4: 29,6 • 6–7: 68,9 • 8: 78,15f; Jes 48,21.

Der Gott Israels und die Götter der anderen Völker

115 Nicht uns, o Herr, bring zu Ehren, /
nicht uns, sondern deinen Na-
men, / in deiner Huld und Treue!
2 Warum sollen die Völker sagen: / »Wo ist
denn ihr Gott?«
3 Unser Gott ist im Himmel; / alles, was
ihm gefällt, das vollbringt er.
4 Die Götzen der Völker sind nur Silber
und Gold, / ein Machwerk von Menschen-
hand.
5 Sie haben einen Mund und reden nicht, /
Augen und sehen nicht;
6 sie haben Ohren und hören nicht, / eine
Nase und riechen nicht;
7 mit ihren Händen können sie nicht grei-
fen, / mit den Füßen nicht gehen, / sie brin-
gen keinen Laut hervor aus ihrer Kehle.
8 Die sie gemacht haben, sollen ihrem
Machwerk gleichen, / alle, die den Götzen
vertrauen.
9 Israel, vertrau auf den Herrn! / Er ist für
euch Helfer und Schild.
10 Haus Aaron, vertrau auf den Herrn! / Er
ist für euch Helfer und Schild.
11 Alle, die ihr den Herrn fürchtet, vertraut
auf den Herrn! / Er ist für euch Helfer und
Schild.
12 Der Herr denkt an uns, er wird uns seg-
nen, / er wird das Haus Israel segnen, / er
wird das Haus Aaron segnen.
13 Der Herr wird alle segnen, die ihn fürch-
ten, / segnen Kleine und Große.
14 Es mehre euch der Herr, / euch und eure
Kinder.
15 Seid gesegnet vom Herrn, / der Himmel
und Erde gemacht hat.
16 Der Himmel ist der Himmel des Herrn, /
die Erde aber gab er den Menschen.
17 Tote können den Herrn nicht mehr
loben, / keiner, der ins Schweigen hinab-
fuhr.
18 Wir aber preisen den Herrn / von nun an
bis in Ewigkeit. / Halleluja!

1: Ez 36,22f • 2: 42,11 • 3: 135,6; Ijob 23,13; Weish 12,18 • 4–8: 135,15–18; Dtn 4,28; Weish 15,15; Jes 44,9–11; Bar 6,3.7 • 9–11: 33,20; 3,4; 118,2–4 • 14: 127,3; Dtn 1,11 • 15: 134,3 • 16: 8,7; Gen 1,28 • 17: 6,6; 94,17.

Der Dank für Rettung aus Todesnot

116 Ich liebe den Herrn; / denn er hat
mein lautes Flehen gehört
2 und sein Ohr mir zugeneigt / an dem Tag,
als ich zu ihm rief.
3 Mich umfingen die Fesseln des Todes, /
mich befielen die Ängste der Unterwelt, /
mich trafen Bedrängnis und Kummer.
4 Da rief ich den Namen des Herrn an: /
»Ach Herr, rette mein Leben!«
5 Der Herr ist gnädig und gerecht, / unser
Gott ist barmherzig.
6 Der Herr behütet die schlichten Her-
zen; / ich war in Not und er brachte mir Hil-
fe.
7 Komm wieder zur Ruhe, mein Herz! /
Denn der Herr hat dir Gutes getan.
8 Ja, du hast mein Leben dem Tod ent-

113,5f Die beiden Verse sind aus sachlichen Gründen folgendermaßen umgestellt: 5a/6b und 5b/6a.
113,8a ihm: Text korr. nach G, S, Vg; H: mir.
115,4a Wörtlich: Ihre Götzen sind nur Silber und Gold.
116,2b an dem Tag: H: in meinen Tagen (im Sinn von: mein Leben lang).

rissen, / meine Tränen (getrocknet), / meinen
Fuß (bewahrt vor) dem Gleiten.
9 So gehe ich meinen Weg vor dem Herrn /
im Land der Lebenden.

3–4: 18,5–7; Jona 2,3 • 5: 86,15; 103,8; 111,4; 112,4; 145,8; Ex 34,6; Mi 7,18 • 8: 9,14; 56,14 • 9: 27,13.

Ein Lied zum Dankopfer

10 Voll Vertrauen war ich, auch wenn ich
sagte: / Ich bin so tief gebeugt.
11 In meiner Bestürzung sagte ich: / Die
Menschen lügen alle.
12 Wie kann ich dem Herrn all das vergel-
ten, / was er mir Gutes getan hat?
13 Ich will den Kelch des Heils erheben /
und anrufen den Namen des Herrn.
14 Ich will dem Herrn meine Gelübde erfül-
len / offen vor seinem ganzen Volk.
15 Kostbar ist in den Augen des Herrn / das
Sterben seiner Frommen.
16 Ach Herr, ich bin doch dein Knecht, /
dein Knecht bin ich, der Sohn deiner Magd. /
Du hast meine Fesseln gelöst.
17 Ich will dir ein Opfer des Dankes brin-
gen / und anrufen den Namen des Herrn.
18 Ich will dem Herrn meine Gelübde erfül-
len / offen vor seinem ganzen Volk,
19 in den Vorhöfen am Haus des Herrn, / in
deiner Mitte, Jerusalem. / Halleluja!

11: 12,3; Röm 3,4 • 14: 66,13 • 15: 72,14 • 18: 66,13.

Aufruf an alle Völker zum Lob Gottes

117 Lobet den Herrn, alle Völker, /
preist ihn, alle Nationen!
2 Denn mächtig waltet über uns seine
Huld, / die Treue des Herrn währt in Ewig-
keit. / Halleluja!

1: Röm 15,11.

Eine Dankliturgie

118 Danket dem Herrn, denn er ist
gütig, / denn seine Huld währt
ewig.
2 So soll Israel sagen: / Denn seine Huld
währt ewig.
3 So soll das Haus Aaron sagen: / Denn sei-
ne Huld währt ewig.
4 So sollen alle sagen, die den Herrn fürch-
ten und ehren: / Denn seine Huld währt
ewig.
5 In der Bedrängnis rief ich zum Herrn; /
der Herr hat mich erhört und mich frei ge-
macht.
6 Der Herr ist bei mir, ich fürchte mich
nicht. / Was können Menschen mir antun?
7 Der Herr ist bei mir, er ist mein Helfer; /
ich aber schaue auf meine Hasser herab.
8 Besser, sich zu bergen beim Herrn, / als
auf Menschen zu bauen.
9 Besser, sich zu bergen beim Herrn, / als
auf Fürsten zu bauen.

10 Alle Völker umringen mich; / ich wehre
sie ab im Namen des Herrn.
11 Sie umringen, ja, sie umringen mich; /
ich wehre sie ab im Namen des Herrn.
12 Sie umschwirren mich wie Bienen, / wie
ein Strohfeuer verlöschen sie; / ich wehre sie
ab im Namen des Herrn.
13 Sie stießen mich hart, sie wollten mich
stürzen; / der Herr aber hat mir geholfen.
14 Meine Stärke und mein Lied ist der
Herr; / er ist für mich zum Retter gewor-
den.
15 Frohlocken und Jubel erschallt in den
Zelten der Gerechten: / »Die Rechte des
Herrn wirkt mit Macht!
16 Die Rechte des Herrn ist erhoben, / die
Rechte des Herrn wirkt mit Macht!«
17 Ich werde nicht sterben, sondern leben, /
um die Taten des Herrn zu verkünden.
18 Der Herr hat mich hart gezüchtigt, /
doch er hat mich nicht dem Tod überge-
ben.
19 Öffnet mir die Tore zur Gerechtigkeit, /
damit ich eintrete, um dem Herrn zu dan-
ken.
20 Das ist das Tor zum Herrn, / nur Gerech-
te treten hier ein.
21 Ich danke dir, dass du mich erhört hast; /
du bist für mich zum Retter geworden.
22 Der Stein, den die Bauleute verwarfen, /
er ist zum Eckstein geworden.
23 Das hat der Herr vollbracht, / vor unse-
ren Augen geschah dieses Wunder.
24 Dies ist der Tag, den der Herr gemacht
hat; / wir wollen jubeln und uns an ihm freu-
en.
25 Ach, Herr, bring doch Hilfe! / Ach, Herr,
gib doch Gelingen!
26 Gesegnet sei er, der kommt im Namen
des Herrn. / Wir segnen euch vom Haus des
Herrn her. / 27 Gott, der Herr, erleuchte
uns.
Mit Zweigen in den Händen / schließt euch
zusammen zum Reigen / bis zu den Hörnern
des Altars!
28 Du bist mein Gott, dir will ich danken; /
mein Gott, dich will ich rühmen.

118,14a Text korr.; »mein« ist ergänzt.

118,27 Nach G.

29 Dankt dem Herrn, denn er ist gütig, /
denn seine Huld währt ewig.

1: 107,1 • 2–4: 115,9–13; 135,19f • 6: 56,5; Hebr 13,6 • 7: 54,6.9 • 8–9: 62,6; 146,3; Jer 17,5 • 12: Dtn 1,44 • 13: 129,1f • 14: Ex 15,2; Jes 12,2 • 17: 6,6 • 18: 2 Kor 6,9 • 19–20: Jes 26,2 • 22: Jes 28,16; Apg 4,11; 1 Petr 2,7 • 22–23: Neh 6,16; Mt 21,42 • 26: Mt 21,9; 23,39 • 29: 107,1.

Ein Lobgesang auf Gottes Wort

119 (Alef)
Wohl denen, deren Weg ohne Ta-
del ist, / die leben nach der Weisung des
Herrn.
2 Wohl denen, die seine Vorschriften befol-
gen / und ihn suchen von ganzem Herzen,
3 die kein Unrecht tun / und auf seinen
Wegen gehn.
4 Du hast deine Befehle gegeben, / damit
man sie genau beachtet.
5 Wären doch meine Schritte fest darauf
gerichtet, / deinen Gesetzen zu folgen!
6 Dann werde ich niemals scheitern, /
wenn ich auf all deine Gebote schaue.
7 Mit lauterem Herzen will ich dir dan-
ken, / wenn ich deine gerechten Urteile
lerne.
8 Deinen Gesetzen will ich immer folgen. /
Lass mich doch niemals im Stich!

(Bet)
9 Wie geht ein junger Mann seinen Pfad
ohne Tadel? / Wenn er sich hält an dein
Wort.
10 Ich suche dich von ganzem Herzen. /
Lass mich nicht abirren von deinen Gebo-
ten!
11 Ich berge deinen Spruch im Herzen, /
damit ich gegen dich nicht sündige.
12 Gepriesen seist du, Herr. / Lehre mich
deine Gesetze!
13 Mit meinen Lippen verkünde ich / alle
Urteile deines Mundes.
14 Nach deinen Vorschriften zu leben /
freut mich mehr als großer Besitz.
15 Ich will nachsinnen über deine Befehle /
und auf deine Pfade schauen.
16 Ich habe meine Freude an deinen Geset-
zen, / dein Wort will ich nicht vergessen.

(Gimel)
17 Tu deinem Knecht Gutes, erhalt mich
am Leben! / Dann will ich dein Wort befol-
gen.
18 Öffne mir die Augen / für das Wunder-
bare an deiner Weisung!
19 Ich bin nur Gast auf Erden. / Verbirg
mir nicht deine Gebote!
20 In Sehnsucht nach deinem Urteil / ver-
zehrt sich allezeit meine Seele.
21 Du drohst den Stolzen. / Verflucht sei,
wer abirrt von deinen Geboten.
22 Nimm von mir Schmach und Verach-
tung! / Denn was du vorschreibst, befolge
ich.
23 Wenn auch Fürsten gegen mich bera-
ten: / dein Knecht sinnt nach über deine Ge-
setze.
24 Deine Vorschriften machen mich froh; /
sie sind meine Berater.

(Dalet)
25 Meine Seele klebt am Boden. / Durch
dein Wort belebe mich!
26 Ich habe dir mein Geschick erzählt und
du erhörtest mich. / Lehre mich deine Geset-
ze!
27 Lass mich den Weg begreifen, den deine
Befehle mir zeigen, / dann will ich nachsin-
nen über deine Wunder.
28 Meine Seele zerfließt vor Kummer. /
Richte mich auf durch dein Wort!
29 Halte mich fern vom Weg der Lüge; / be-
gnade mich mit deiner Weisung!
30 Ich wählte den Weg der Wahrheit; / nach
deinen Urteilen hab ich Verlangen.
31 Ich halte an deinen Vorschriften fest. /
Herr, lass mich niemals scheitern!
32 Ich eile voran auf dem Weg deiner Gebo-
te, / denn mein Herz machst du weit.

(He)
33 Herr, weise mir den Weg deiner Geset-
ze! / Ich will ihn einhalten bis ans Ende.
34 Gib mir Einsicht, damit ich deiner Wei-
sung folge / und mich an sie halte aus gan-
zem Herzen.
35 Führe mich auf dem Pfad deiner Gebo-
te! / Ich habe an ihm Gefallen.
36 Deinen Vorschriften neige mein Herz
zu, / doch nicht der Habgier!
37 Wende meine Augen ab von eitlen Din-
gen; / durch dein Wort belebe mich!
38 Erfülle deinem Knecht die Verheißung, /
die allen gilt, die dich fürchten und ehren.
39 Wende die Schande ab, vor der mir
graut; / denn deine Entscheide sind gut.
40 Nach deinen Befehlen hab ich Verlan-
gen. / Gib mir neue Kraft durch deine Ge-
rechtigkeit!

119,18a Wörtlich: Öffne mir die Augen, damit ich sehe.
119,25a Wörtlich: klebt am Staub.
119,25b Text korr. mit einigen Handschriften; H: gemäß deinem Wort.
119,37b durch dein Wort: Text korr.; H: durch deine Wege.

(Waw)
41 Herr, deine Huld komme auf mich
herab / und deine Hilfe, wie du es verheißen
hast.
42 Dann kann ich dem, der mich schmäht,
erwidern; / denn ich vertraue auf dein
Wort.
43 Entziehe meinem Mund nicht das Wort
der Wahrheit! / Ich hoffe so sehr auf deine
Entscheide.
44 Ich will deiner Weisung beständig fol-
gen, / auf immer und ewig.
45 Dann schreite ich aus auf freier Bahn; /
denn ich frage nach deinen Befehlen.
46 Deine Gebote will ich vor Königen be-
zeugen / und mich nicht vor ihnen schä-
men.
47 An deinen Geboten habe ich meine
Freude, / ich liebe sie von Herzen.
48 Ich erhebe meine Hände zu deinen Ge-
boten; / nachsinnen will ich über deine Ge-
setze.

(Sajin)
49 Denk an das Wort für deinen Knecht, /
durch das du mir Hoffnung gabst.
50 Das ist mein Trost im Elend: / Deine
Verheißung spendet mir Leben.
51 Frech verhöhnen mich die Stolzen; / ich
aber weiche nicht ab von deiner Weisung.
52 Denke ich an deine Urteile seit alter
Zeit, / Herr, dann bin ich getröstet.
53 Zorn packt mich wegen der Frevler, /
weil sie deine Weisung missachten.
54 Zum Lobgesang wurden mir deine Ge-
setze / im Haus meiner Pilgerschaft.
55 In der Nacht denke ich, Herr, an deinen
Namen; / ich will deine Weisung beachten.
56 Deine Befehle zu befolgen / ist das
Glück, das mir zufiel.

(Chet)
57 Mein Anteil ist der Herr; / ich habe ver-
sprochen, dein Wort zu beachten.
58 Ich suche deine Gunst von ganzem Her-
zen. / Sei mir gnädig nach deiner Verhei-
ßung!
59 Ich überdenke meine Wege, / zu deinen
Vorschriften lenke ich meine Schritte.
60 Ich eile und säume nicht, / deine Gebote
zu halten.
61 Auch wenn mich die Stricke der Frevler
fesseln, / vergesse ich deine Weisung nicht.
62 Um Mitternacht stehe ich auf, um dich
zu preisen / wegen deiner gerechten Ent-
scheide.
63 Ich bin ein Freund all derer, die dich
fürchten und ehren, / und aller, die deine Be-
fehle befolgen.
64 Von deiner Güte, Herr, ist die Erde er-
füllt. / Lehre mich deine Gesetze!

(Tet)
65 Du hast deinem Knecht Gutes erwie-
sen, / o Herr, nach deinem Wort.
66 Lehre mich Erkenntnis und rechtes Ur-
teil! / Ich vertraue auf deine Gebote.
67 Ehe ich gedemütigt wurde, ging mein
Weg in die Irre; / nun aber halte ich mich an
deine Verheißung.
68 Du bist gut und wirkst Gutes. / Lehre
mich deine Gesetze!
69 Stolze verbreiten über mich Lügen, / ich
aber halte mich von ganzem Herzen an deine
Befehle.
70 Abgestumpft und satt ist ihr Herz, / ich
aber ergötze mich an deiner Weisung.
71 Dass ich gedemütigt wurde, war für
mich gut; / denn so lernte ich deine Gesetze.
72 Die Weisung deines Mundes ist mir
lieb, / mehr als große Mengen von Gold und
Silber.

(Jod)
73 Deine Hände haben mich gemacht und
geformt. / Gib mir Einsicht, damit ich deine
Gebote lerne.
74 Wer dich fürchtet, wird mich sehen und
sich freuen; / denn ich warte auf dein Wort.
75 Herr, ich weiß, dass deine Entscheide
gerecht sind; / du hast mich gebeugt, weil du
treu für mich sorgst.
76 Tröste mich in deiner Huld, / wie du es
deinem Knecht verheißen hast.
77 Dein Erbarmen komme über mich, da-
mit ich lebe; / denn deine Weisung macht
mich froh.
78 Schande über die Stolzen, die mich zu
Unrecht bedrücken! / Ich aber sinne nach
über deine Befehle.
79 Mir sollen sich alle zuwenden, die dich
fürchten und ehren / und die deine Vor-
schriften kennen.
80 Mein Herz richte sich ganz nach deinen
Gesetzen; / dann werde ich nicht zuschan-
den.

(Kaf)
81 Nach deiner Hilfe sehnt sich meine See-
le; / ich warte auf dein Wort.
82 Meine Augen sehnen sich nach deiner
Verheißung, / sie fragen: Wann wirst du mich
trösten?

119,47b von Herzen: ergänzt aus G.
119,48a H fügt hinzu: die ich liebe.
119,66a H fügt vor »Erkenntnis« ein: Gutes.

83 Ich bin wie ein Schlauch voller Risse, /
doch deine Gesetze habe ich nicht verges-
sen.
84 Wie viele Tage noch bleiben deinem
Knecht? / Wann wirst du meine Verfolger
richten?
85 Stolze stellen mir Fallen, / sie handeln
nicht nach deiner Weisung.
86 Zuverlässig sind all deine Gebote. / Zu
Unrecht verfolgt man mich. Komm mir zu
Hilfe!
87 Fast hätte man mich von der Erde aus-
getilgt; / dennoch halte ich fest an deinen Be-
fehlen.
88 In deiner großen Huld lass mich leben /
und ich will beachten, was dein Mund mir
gebietet.

(Lamed)

89 Herr, dein Wort bleibt auf ewig, / es
steht fest wie der Himmel.
90 Deine Treue währt von Geschlecht zu
Geschlecht; / du hast die Erde gegründet, sie
bleibt bestehen.
91 Nach deiner Ordnung bestehen sie bis
heute / und dir ist alles dienstbar.
92 Wäre nicht dein Gesetz meine Freude, /
ich wäre zugrunde gegangen in meinem
Elend.
93 Nie will ich deine Befehle vergessen; /
denn durch sie schenkst du mir Leben.
94 Ich bin dein, errette mich! / Ich frage
nach deinen Befehlen.
95 Frevler lauern mir auf, um mich zu ver-
nichten; / doch mein Sinn achtet auf das, was
du gebietest.
96 Ich sah, dass alles Vollkommene Gren-
zen hat; / doch dein Gebot kennt keine
Schranken.

(Mem)

97 Wie lieb ist mir deine Weisung; / ich sin-
ne über sie nach den ganzen Tag.
98 Dein Gebot macht mich weiser als all
meine Feinde; / denn immer ist es mir
nahe.
99 Ich wurde klüger als all meine Lehrer; /
denn über deine Vorschriften sinne ich
nach.
100 Mehr Einsicht habe ich als die Alten; /
denn ich beachte deine Befehle.
101 Von jedem bösen Weg halte ich meinen
Fuß zurück; / denn ich will dein Wort befol-
gen.
102 Ich weiche nicht ab von deinen Ent-
scheiden, / du hast mich ja selbst unterwie-
sen.
103 Wie köstlich ist für meinen Gaumen
deine Verheißung, / süßer als Honig für mei-
nen Mund.
104 Aus deinen Befehlen gewinne ich Ein-
sicht, / darum hasse ich alle Pfade der
Lüge.

(Nun)

105 Dein Wort ist meinem Fuß eine Leuch-
te, / ein Licht für meine Pfade.
106 Ich tat einen Schwur und ich will ihn
halten: / Ich will deinen gerechten Entschei-
dungen folgen.
107 Herr, ganz tief bin ich gebeugt. / Durch
dein Wort belebe mich!
108 Herr, nimm mein Lobopfer gnädig an /
und lehre mich deine Entscheide!
109 Mein Leben ist ständig in Gefahr, /
doch ich vergesse nie deine Weisung.
110 Frevler legen mir Schlingen, / aber ich
irre nicht ab von deinen Befehlen.
111 Deine Vorschriften sind auf ewig mein
Erbteil; / denn sie sind die Freude meines
Herzens.
112 Mein Herz ist bereit, dein Gesetz zu er-
füllen / bis ans Ende und ewig.

(Samech)

113 Zwiespältige Menschen sind mir von
Grund auf verhasst, / doch dein Gesetz ist
mir lieb.
114 Du bist mein Schutz und mein Schild, /
ich warte auf dein Wort.
115 Weicht zurück von mir, ihr Bösen! / Ich
will die Gebote meines Gottes befolgen.
116 Stütze mich, damit ich lebe, wie du es
verheißen hast. / Lass mich in meiner Hoff-
nung nicht scheitern!
117 Gib mir Halt, dann finde ich Rettung; /
immer will ich auf deine Gesetze schauen.
118 Alle, die sich von deinen Gesetzen ent-
fernen, verwirfst du; / denn ihr Sinnen und
Trachten ist Lüge.
119 Alle Frevler im Land sind für dich wie
Schlacken, / darum liebe ich, was du gebie-
test.
120 Aus Ehrfurcht vor dir erschauert mein
Leib, / vor deinen Urteilen empfinde ich hei-
lige Scheu.

(Ajin)

121 Ich tue, was recht und gerecht ist. / Gib

119,107b Text korr., vgl. V. 25b.
119,109a Wörtlich: Mein Leben halte ich ständig in der Hand.
119,83a Text korr.; H: Ich bin wie ein Schlauch im Rauch.
119,119a sind für dich wie Schlacken: so nach mehreren alten Übersetzungen; H und andere Übersetzungen: schaffst du fort wie Schlacken.

mich meinen Bedrückern nicht preis!
122 Verbürg dich für das Wohl deines
Knechtes, / damit die Stolzen mich nicht un-
terdrücken.
123 Meine Augen sehnen sich nach deiner
Hilfe, / nach deiner gerechten Verheißung.
124 Handle an deinem Knecht nach deiner
Huld / und lehre mich deine Gesetze!
125 Ich bin dein Knecht. Gib mir Einsicht, /
damit ich verstehe, was du gebietest.
126 Herr, es ist Zeit zu handeln; / man hat
dein Gesetz gebrochen.
127 Darum liebe ich deine Gebote / mehr
als Rotgold und Weißgold.
128 Darum lebe ich genau nach deinen Be-
fehlen; / ich hasse alle Pfade der Lüge.

(Pe)
129 Deine Vorschriften sind der Bewunde-
rung wert; / darum bewahrt sie mein Herz.
130 Die Erklärung deiner Worte bringt Er-
leuchtung, / den Unerfahrenen schenkt sie
Einsicht.
131 Weit öffne ich meinen Mund / und lech-
ze nach deinen Geboten; / denn nach ihnen
hab ich Verlangen.
132 Wende dich mir zu, sei mir gnädig, / wie
es denen gebührt, die deinen Namen lie-
ben.
133 Festige meine Schritte, wie du es ver-
heißen hast. / Lass kein Unrecht über mich
herrschen!
134 Erlöse mich aus der Gewalt der Men-
schen; / dann will ich deine Befehle halten.
135 Lass dein Angesicht leuchten über dei-
nem Knecht / und lehre mich deine Geset-
ze!
136 Tränenbäche strömen aus meinen Au-
gen, / weil man dein Gesetz nicht befolgt.

(Zade)
137 Herr, du bist gerecht / und deine Ent-
scheide sind richtig.
138 Du hast deine Vorschriften erlassen in
Gerechtigkeit / und in großer Treue.
139 Der Eifer für dich verzehrt mich; / denn
meine Gegner vergessen deine Worte.
140 Deine Worte sind rein und lauter; / dein
Knecht hat sie lieb.
141 Ich bin gering und verachtet, / doch ich
vergesse nie deine Befehle.
142 Deine Gerechtigkeit bleibt ewig Ge-
rechtigkeit, / deine Weisung ist Wahrheit.
143 Mich trafen Not und Bedrängnis, / doch
deine Gebote machen mich froh.
144 Deine Vorschriften sind auf ewig ge-
recht. / Gib mir Einsicht, damit ich lebe.

(Qof)
145 Erhöre mich, Herr, ich rufe von ganzem
Herzen; / deine Gesetze will ich halten.
146 Ich rufe zu dir; errette mich, / dann will
ich deinen Vorschriften folgen.
147 Schon beim Morgengrauen komme ich
und flehe; / ich warte auf dein Wort.
148 Meine Augen eilen den Nachtwachen
voraus; / denn ich sinne nach über deine Ver-
heißung.
149 Höre auf meine Stimme in deiner
Huld; / belebe mich, Herr, durch deine Ent-
scheide!
150 Mir nähern sich tückische Verfolger; /
sie haben sich weit von deiner Weisung ent-
fernt.
151 Doch du bist nahe, Herr, / und alle dei-
ne Gebote sind Wahrheit.
152 Aus deinen Vorschriften weiß ich seit
langem, / dass du sie für ewig bestimmt
hast.

(Resch)
153 Sieh mein Elend an und rette mich; /
denn ich habe deine Weisung nicht verges-
sen.
154 Verschaff mir Recht und erlöse mich; /
nach deiner Weisung erhalte mein Leben!
155 Fern bleibt den Frevlern das Heil; /
denn sie fragen nicht nach deinen Geset-
zen.
156 Herr, groß ist dein Erbarmen; / durch
deine Entscheide belebe mich!
157 Viele verfolgen und quälen mich, / doch
von deinen Vorschriften weich ich nicht ab.
158 Wenn ich Abtrünnige sehe, empfinde
ich Abscheu, / weil sie dein Wort nicht befol-
gen.
159 Sieh an, wie sehr ich deine Vorschriften
liebe; / Herr, in deiner Huld belebe mich!
160 Das Wesen deines Wortes ist Wahr-
heit, / deine gerechten Urteile haben alle auf
ewig Bestand.

(Schin)
161 Fürsten verfolgen mich ohne Grund, /
doch mein Herz fürchtet nur dein Wort.
162 Ich freue mich über deine Verheißung /
wie einer, der reiche Beute gemacht hat.
163 Ich hasse die Lüge, sie ist mir ein Gräu-
el, / doch deine Weisung habe ich lieb.
164 Siebenmal am Tag singe ich dein Lob /
wegen deiner gerechten Entscheide.
165 Alle, die deine Weisung lieben, empfan-
gen Heil in Fülle; / es trifft sie kein Unheil.
166 Herr, ich hoffe auf deine Hilfe / und be-
folge deine Gebote.

119,128a Text geringfügig korr.

167 Meine Seele beachtet, was du gebie-
test, / und liebt es von Herzen.
168 Ich folge deinen Vorschriften und Be-
fehlen; / denn alle meine Wege (liegen offen)
vor dir.

(Taw)
169 Herr, zu dir dringe mein Rufen. / Gib
mir Einsicht, getreu deinem Wort!
170 Mein Flehen komme vor dein Ange-
sicht. / Reiß mich heraus getreu deiner Ver-
heißung!
171 Meine Lippen sollen überströmen von
Lobpreis; / denn du lehrst mich deine Geset-
ze.
172 Meine Zunge soll deine Verheißung be-
singen; / denn deine Gebote sind alle ge-
recht.
173 Deine Hand sei bereit, mir zu helfen; /
denn ich habe mir deine Befehle erwählt.
174 Ich sehne mich, Herr, nach deiner
Hilfe / und deine Weisung macht mich froh.
175 Lass meine Seele leben, damit sie dich
preisen kann. / Deine Entscheidungen mö-
gen mir helfen.
176 Ich bin verirrt wie ein verlorenes
Schaf. / Suche deinen Knecht! / Denn deine
Gebote habe ich nicht vergessen.

1–3: 1,1f.6; 26,3; 32,8; 37,5; 139,3; 142,4; 143,10; Tob 4,19; Spr 4,11 • 19: 39,13 • 21: Dtn 27,26; Jer 11,3 • 25: 44,26 • 29: 119,104 • 30: 25,4 • 35: 25,4 • 46: Mt 10,18 • 55: 119,62.148; 63,7 • 62: 119,55 • 64: 33,5 • 70: 17,10 • 71: 94,12 • 72: 119,103.127; 19,11 • 73: Ijob 10,8 • 81: 130,5 • 82: 123,2 • 83: Ijob 30,30 • 89: Jes 40,8 • 91: 148,6 • 95: 11,2 • 97: 1,2 • 100: Weish 4,8f • 101: Spr 1,15; 4,27 • 103: 119,72 • 104: 119,29.128 • 105: Spr 6,23; Joh 8,12; 2 Petr 1,19 • 108: 19,15; 50,14.23 • 110: 140,6 • 113: 1 Kön 18,21 • 115: 6,9; 139,19 • 119: Jes 1,25 • 120: Ijob 4,14f; 23,15 • 127: 119,72 • 128: 119,104 • 132: 25,16; 86,16; 91,14 • 134: 125,3 • 135: 4,7 • 136: Esra 9,3f • 139: 69,10 • 140: 12,7 • 148: 119,55 • 158: 139,21 • 160: Joh 17,17 • 166: Gen 49,18 • 168: Spr 5,21 • 170: 88,3; 79,11 • 176: Jes 53,6; Jer 50,6; Lk 15,4–7.

Ein Hilferuf gegen Verleumder

120 [Ein Wallfahrtslied.]
Ich rief zum Herrn in meiner Not /
und er hat mich erhört.
2 Herr, rette mein Leben vor Lügnern, /
rette es vor falschen Zungen!
3 Was soll er dir tun, was alles dir antun, /
du falsche Zunge?
4 Scharfe Pfeile von Kriegerhand / und
glühende Ginsterkohlen dazu.
5 Weh mir, dass ich als Fremder in Me-
schech bin / und bei den Zelten von Kedar
wohnen muss!
6 Ich muss schon allzu lange wohnen / bei
Leuten, die den Frieden hassen.
7 Ich verhalte mich friedlich; / doch ich
brauche nur zu reden, dann suchen sie Hader
und Streit.

1: Jona 2,3 • 2: 12,3–5; Sir 51,2 • 4: 140,11 • 6: 35,20; 140,3 • 7: Röm 12,18.

Der Wächter Israels

121 [Ein Wallfahrtslied.]
Ich hebe meine Augen auf zu den
Bergen: / Woher kommt mir Hilfe?
2 Meine Hilfe kommt vom Herrn, / der
Himmel und Erde gemacht hat.
3 Er lässt deinen Fuß nicht wanken; / er,
der dich behütet, schläft nicht.
4 Nein, der Hüter Israels / schläft und
schlummert nicht.
5 Der Herr ist dein Hüter, der Herr gibt dir
Schatten; / er steht dir zur Seite.
6 Bei Tag wird dir die Sonne nicht scha-
den / noch der Mond in der Nacht.
7 Der Herr behüte dich vor allem Bösen, /
er behüte dein Leben.
8 Der Herr behüte dich, wenn du fortgehst
und wiederkommst, / von nun an bis in
Ewigkeit.

2: 124,8 • 3: 66,9; 1 Sam 2,9 • 4: 1 Kön 18,27 • 5: 16,8; 73,23 • 6: Jes 25,4; 49,10 • 7–8: Num 6,24–26 • 7: 97,10 • 8: Dtn 28,6; Tob 5,17.

Ein Lied zur Wallfahrt nach Jerusalem

122 [Ein Wallfahrtslied Davids.]
Ich freute mich, als man mir sag-
te: / »Zum Haus des Herrn wollen wir pil-
gern.«
2 Schon stehen wir in deinen Toren, Jeru-
salem: / 3 Jerusalem, du starke Stadt, / dicht
gebaut und fest gefügt.
4 Dorthin ziehen die Stämme hinauf, die
Stämme des Herrn, / wie es Israel geboten
ist, / den Namen des Herrn zu preisen.
5 Denn dort stehen Throne bereit für das
Gericht, / die Throne des Hauses David.
6 Erbittet für Jerusalem Frieden! / Wer
dich liebt, sei in dir geborgen.
7 Friede wohne in deinen Mauern, / in dei-
nen Häusern Geborgenheit.
8 Wegen meiner Brüder und Freunde / will
ich sagen: In dir sei Friede.
9 Wegen des Hauses des Herrn, unseres
Gottes, / will ich dir Glück erflehen.

1: 42,5; Jes 2,3 • 3: 48,13f • 4: Dtn 16,16 • 5: Dtn 17,8f; 1 Kön 7,7; 2 Chr 19,8 • 6: Tob 13,14 • 9: 26,8; 128,5.

120,4b Vorschlag für die Psalmodie: und glühende Kohlen dazu.
120,7a Text korr.; H: Ich (bin) Friede.
122,2 Wörtlich: Schon stehen unsere Füße in deinen Toren.
122,7b Wörtlich: in seinen Palästen Geborgenheit.

Aufblick zu Gott

123 [Ein Wallfahrtslied.]
Ich erhebe meine Augen zu dir, /
der du hoch im Himmel thronst.
2 Wie die Augen der Knechte auf die Hand
ihres Herrn, / wie die Augen der Magd auf
die Hand ihrer Herrin,
so schauen unsre Augen auf den Herrn,
unsern Gott, / bis er uns gnädig ist.
3 Sei uns gnädig, Herr, sei uns gnädig! /
Denn übersatt sind wir vom Hohn der Spötter,
4 übersatt ist unsre Seele von ihrem
Spott, / von der Verachtung der Stolzen.

1: 141,8; 1 Kön 8,30 • 2: 25,15; 119,82 • 3: 41,6; Neh 3,36.

Israels Dank für die Befreiung

124 [Ein Wallfahrtslied Davids.]
Hätte sich nicht der Herr für uns
eingesetzt / – so soll Israel sagen –,
2 hätte sich nicht der Herr für uns eingesetzt, / als sich gegen uns Menschen erhoben,
3 dann hätten sie uns lebendig verschlungen, / als gegen uns ihr Zorn entbrannt
war.
4 Dann hätten die Wasser uns weggespült, / hätte sich über uns ein Wildbach ergossen.
5 Dann hätten sich über uns die Wasser ergossen, / die wilden und wogenden Wasser.
6 Gelobt sei der Herr, / der uns nicht ihren
Zähnen als Beute überließ.
7 Unsre Seele ist wie ein Vogel dem Netz
des Jägers entkommen; / das Netz ist zerrissen und wir sind frei.
8 Unsre Hilfe steht im Namen des Herrn, /
der Himmel und Erde gemacht hat.

3: Spr 1,12 • 4: 42,8 • 7: Spr 6,5 • 8: 121,2.

Gott, der Beschützer seines Volkes

125 [Ein Wallfahrtslied.]
Wer auf den Herrn vertraut, steht
fest wie der Zionsberg, / der niemals wankt,
der ewig bleibt.
2 Wie Berge Jerusalem rings umgeben, / so
ist der Herr um sein Volk von nun an auf
ewig.
3 Das Zepter des Frevlers soll nicht auf
dem Erbland der Gerechten lasten, / damit
die Hand der Gerechten nicht nach Unrecht
greift.
4 Herr, tu Gutes den Guten, / den Menschen mit redlichem Herzen!
5 Doch wer auf krumme Wege abbiegt, /
den jage, Herr, samt den Frevlern davon! /
Frieden über Israel!

1: Spr 10,30 • 2: Dtn 32,10; Mt 28,20 • 3: 119,134 • 4: 18,26f • 5: 92,10.

Tränen und Jubel

126 [Ein Wallfahrtslied.]
Als der Herr das Los der Gefangenschaft Zions wendete, / da waren wir alle
wie Träumende.
2 Da war unser Mund voll Lachen / und
unsere Zunge voll Jubel.
Da sagte man unter den andern Völkern: /
»Der Herr hat an ihnen Großes getan.«
3 Ja, Großes hat der Herr an uns getan. /
Da waren wir fröhlich.
4 Wende doch, Herr, unser Geschick, / wie
du versiegte Bäche wieder füllst im Südland.
5 Die mit Tränen säen, / werden mit Jubel
ernten.
6 Sie gehen hin unter Tränen / und tragen
den Samen zur Aussaat.
Sie kommen wieder mit Jubel / und bringen ihre Garben ein.

1: 14,7 • 2: Ijob 8,21; Ez 36,36 • 3: Lk 1,49 • 4: Dtn 30,3 • 5–6: Jes 25,8f; Bar 4,23; Mt 5,4; Joh 16,20; Offb 21,4; Joh 12,24.

Die Mühe des Menschen und der Segen Gottes

127 [Ein Wallfahrtslied Salomos.]
Wenn nicht der Herr das Haus
baut, / müht sich jeder umsonst, der daran
baut.
Wenn nicht der Herr die Stadt bewacht, /
wacht der Wächter umsonst.
2 Es ist umsonst, dass ihr früh aufsteht /
und euch spät erst niedersetzt,
um das Brot der Mühsal zu essen; / denn
der Herr gibt es den Seinen im Schlaf.
3 Kinder sind eine Gabe des Herrn, / die
Frucht des Leibes ist sein Geschenk.
4 Wie Pfeile in der Hand des Kriegers, / so
sind Söhne aus den Jahren der Jugend.

123,4a Wörtlich: übersatt ist unsere Seele vom Spott der Übermütigen.
124,8a In vielen Gebeten der katholischen Liturgie ist die herkömmliche Übersetzung gebräuchlich: Unsere Hilfe ist im Namen des Herrn.
125,3bc Wörtlich: damit nicht auch die Gerechten ihre Hände nach Unrecht ausstrecken.
125,5a Text korr.; H: auf ihre krummen Wege.
127,2d den Seinen: Text korr.; H: seinem Geliebten; andere Übersetzungsmöglichkeit: zu Recht gibt der Herr den Seinen den Schlaf.

5 Wohl dem Mann, der mit ihnen den Kö-
cher gefüllt hat! / Beim Rechtsstreit mit ih-
ren Feinden scheitern sie nicht.

1: Ijob 12,14 • 1f: Mt 6,25–34 • 2: Spr 3,24–26; 10,22; Sir
11,11 • 3: 115,14; 128,3; Gen 33,5 • 5: Ijob 5,4.

Haussegen

128 [Ein Wallfahrtslied.]
Wohl dem Mann, der den Herrn
fürchtet und ehrt / und der auf seinen Wegen
geht!
2 Was deine Hände erwarben, kannst du
genießen; / wohl dir, es wird dir gut er-
gehn.
3 Wie ein fruchtbarer Weinstock ist deine
Frau / drinnen in deinem Haus.
Wie junge Ölbäume sind deine Kinder /
rings um deinen Tisch.
4 So wird der Mann gesegnet, / der den
Herrn fürchtet und ehrt.
5 Es segne dich der Herr vom Zion her. /
Du sollst dein Leben lang das Glück Jerusa-
lems schauen
6 und die Kinder deiner Kinder sehn. /
Frieden über Israel!

1: 112,1 • 2: 112,3 • 3: 127,3; Ijob 29,5; Ps 144,12 • 5: 134,3 •
5–6: Gal 6,16 • 6: Ijob 42,16.

Hoffnung in der Bedrängnis

129 [Ein Wallfahrtslied.]
Sie haben mich oft bedrängt von
Jugend auf / – so soll Israel sagen –,
2 sie haben mich oft bedrängt von Jugend
auf, / doch sie konnten mich nicht bezwin-
gen.
3 Die Pflüger haben auf meinem Rücken
gepflügt, / ihre langen Furchen gezogen.
4 Doch der Herr ist gerecht, / er hat die
Stricke der Frevler zerhauen.
5 Beschämt sollen alle weichen, / alle, die
Zion hassen.
6 Sie sollen wie das Gras auf den Dächern
sein, / das verdorrt, noch bevor man es aus-
reißt.
7 Kein Schnitter kann seine Hand damit
füllen, / kein Garbenbinder den Arm.
8 Keiner, der vorübergeht, wird sagen: /
»Der Segen des Herrn sei mit euch.« – / Wir
aber segnen euch im Namen des Herrn.

2: 118,13; Joh 16,33 • 3: 66,12; Jes 51,23 • 6: Jes 37,27 • 8: Rut
2,4.

Bitte in tiefer Not

130 [Ein Wallfahrtslied.]
Aus der Tiefe rufe ich, Herr, zu
dir: / 2 Herr, höre meine Stimme!
Wende dein Ohr mir zu, / achte auf mein
lautes Flehen!
3 Würdest du, Herr, unsere Sünden beach-
ten, / Herr, wer könnte bestehen?
4 Doch bei dir ist Vergebung, / damit man
in Ehrfurcht dir dient.
5 Ich hoffe auf den Herrn, es hofft meine
Seele, / ich warte voll Vertrauen auf sein
Wort.
6 Meine Seele wartet auf den Herrn / mehr
als die Wächter auf den Morgen.
Mehr als die Wächter auf den Morgen /
7 soll Israel harren auf den Herrn.
Denn beim Herrn ist die Huld, / bei ihm ist
Erlösung in Fülle.
8 Ja, er wird Israel erlösen / von all seinen
Sünden.

1: Jona 2,3 • 2: 5,2f • 3: 143,2; Nah 1,6 • 4: 32,1; Jes 55,7; Mi
7,18 • 5: 119,81 • 6: Jes 21,11 • 7–8: 25,22; Mt 1,21 • 7: Jes
30,18.

Der Frieden in Gott

131 [Ein Wallfahrtslied.]
Herr, mein Herz ist nicht stolz, /
nicht hochmütig blicken meine Augen.
Ich gehe nicht um mit Dingen, / die mir zu
wunderbar und zu hoch sind.
2 Ich ließ meine Seele ruhig werden und
still; / wie ein kleines Kind bei der Mutter ist
meine Seele still in mir.
3 Israel, harre auf den Herrn / von nun an
bis in Ewigkeit!

1: Sir 3,21; 23,4; 1 Petr 5,5 • 2: 62,2 • 3: 130,7.

Die Erwählung Davids und des Zion

132 [Ein Wallfahrtslied.]
O Herr, / denk an David, denk an
all seine Mühen,
2 wie er dem Herrn geschworen, / dem
starken Gott Jakobs gelobt hat:
3 »Nicht will ich mein Zelt betreten / noch
mich zur Ruhe betten,
4 nicht Schlaf den Augen gönnen / noch
Schlummer den Lidern,
5 bis ich eine Stätte finde für den Herrn, /
eine Wohnung für den starken Gott Ja-
kobs.«
6 Wir hörten von seiner Lade in Efrata, /

127,5b Beim Rechtsstreit mit ihren Feinden, wörtlich: Wenn sie reden mit Feinden im Tor.
128,2a kannst du genießen: so mit G; H: fürwahr, du kannst es genießen.
129,1f Wörtlich: von meiner Jugend auf.
132,6 von seiner Lade, wörtlich: von ihr.

fanden sie im Gefilde von Jáar.
7 Lasst uns hingehen zu seiner Wohnung / und niederfallen vor dem Schemel seiner Füße!
8 Erheb dich, Herr, komm an den Ort deiner Ruhe, / du und deine machtvolle Lade!
9 Deine Priester sollen sich bekleiden mit Gerechtigkeit / und deine Frommen sollen jubeln.
10 Weil David dein Knecht ist, / weise deinen Gesalbten nicht ab!
11 Der Herr hat David geschworen, / einen Eid, den er niemals brechen wird:
»Einen Spross aus deinem Geschlecht / will ich setzen auf deinen Thron.
12 Wenn deine Söhne meinen Bund bewahren, / mein Zeugnis, das ich sie lehre,
dann sollen auch ihre Söhne / auf deinem Thron sitzen für immer.«
13 Denn der Herr hat den Zion erwählt, / ihn zu seinem Wohnsitz erkoren:
14 »Das ist für immer der Ort meiner Ruhe; / hier will ich wohnen, ich hab ihn erkoren.
15 Zions Nahrung will ich reichlich segnen, / mit Brot seine Armen sättigen.
16 Seine Priester will ich bekleiden mit Heil, / seine Frommen sollen jauchzen und jubeln.
17 Dort lasse ich Davids Macht erstarken / und stelle für meinen Gesalbten ein Licht auf.
18 Ich bedecke seine Feinde mit Schande; / doch auf ihm erglänzt seine Krone.«

3–5: 2 Sam 7,1f; 1 Chr 28,2 • 6: 1 Sam 7,1; 2 Sam 6,2 • 7: 99,5 • 8: Num 10,35f • 8–10: 2 Chr 6,41f • 9: Ijob 29,14 • 11: 89,4f • 13: 68,17; 76,3; 78,68 • 14: 1 Kön 8,13 • 16: 132,9; Jes 61,10 • 17: 1 Kön 11,36; Lk 1,69.

Ein Lob der brüderlichen Eintracht

133 [Ein Wallfahrtslied Davids.]
Seht doch, wie gut und schön ist es, / wenn Brüder miteinander in Eintracht wohnen.
2 Das ist wie köstliches Salböl, / das vom Kopf hinabfließt auf den Bart, auf Aarons Bart, / das auf sein Gewand hinabfließt.
3 Das ist wie der Tau des Hermon, / der auf den Berg Zion niederfällt. / Denn dort spendet der Herr Segen und Leben in Ewigkeit.

1: Gen 13,8 • 2: Ex 29,7; 30,25.30 • 3: Dtn 28,8.

Nächtliches Loblied im Tempel

134 [Ein Wallfahrtslied.]
Wohlan, nun preiset den Herrn, / all ihr Knechte des Herrn,
die ihr steht im Haus des Herrn, / zu nächtlicher Stunde.
2 Erhebt eure Hände zum Heiligtum / und preist den Herrn!
3 Es segne dich der Herr vom Zion her, / (der Herr,) der Himmel und Erde gemacht hat.

1: 135,1f • 2: 28,2 • 3: 128,5; 115,15.

Loblied auf Gottes Wirken in Schöpfung und Geschichte

135 Halleluja!
Lobt den Namen des Herrn, / lobt ihn, ihr Knechte des Herrn,
2 die ihr steht im Haus des Herrn, / in den Vorhöfen am Haus unsres Gottes.
3 Lobt den Herrn, denn der Herr ist gütig. / Singt und spielt seinem Namen, denn er ist freundlich.
4 Der Herr hat sich Jakob erwählt, / Israel wurde sein Eigentum.
5 Ja, das weiß ich: Groß ist der Herr, / unser Herr ist größer als alle Götter.
6 Alles, was dem Herrn gefällt, vollbringt er, / im Himmel, auf der Erde, in den Meeren, in allen Tiefen.
7 Er führt Wolken herauf vom Ende der Erde, / er lässt es blitzen und regnen, / aus seinen Kammern holt er den Sturmwind hervor.
8 Er erschlug Ägyptens Erstgeburt, / bei Menschen und beim Vieh.
9 Gegen dich, Ägypten, sandte er Zeichen und Wunder, / gegen den Pharao und all seine Knechte.
10 Er schlug viele Völker nieder / und tötete mächtige Könige:
11 Sihon, den König der Amoriter, / Og, den König von Baschan, / und alle Reiche Kanaans.
12 Ihr Land gab er Israel zum Erbe, / zum Erbe Israel, seinem Volk.
13 Herr, dein Name währt ewig, / das Gedenken an dich, Herr, dauert von Geschlecht zu Geschlecht.
14 Denn der Herr verschafft Recht seinem Volk; / er hat mit seinen Knechten Mitleid.

132,11c Wörtlich: (Einen) von deiner Leibesfrucht.
132,15 Zions Nahrung, wörtlich: Seine Nahrung.
133,2bc Andere Übersetzungsmöglichkeit: in den Bart Aarons, der hinuntergeht bis zum Saum seines Gewandes.
135,9a Wörtlich: In deine Mitte, Ägypten.

15 Die Götzen der Heiden sind nur Silber
und Gold, / ein Machwerk von Menschen-
hand.
16 Sie haben einen Mund und reden nicht, /
Augen und sehen nicht;
17 sie haben Ohren und hören nicht; / auch
ist kein Hauch in ihrem Mund.
18 Die sie gemacht haben, sollen ihrem
Machwerk gleichen, / alle, die den Götzen
vertrauen.
19 Haus Israel, preise den Herrn! / Haus
Aaron, preise den Herrn!
20 Haus Levi, preise den Herrn! / Alle, die
ihr den Herrn fürchtet, preist den Herrn!
21 Gepriesen sei der Herr auf Zion, / er, der
thront in Jerusalem. / Halleluja!

1: 113,1 • 4: 33,12 • 5: 95,3; 136,2f • 6: 115,3 • 7: Jer 10,13; Ijob 37,9 • 8: 78,51 • 9: 78,42–51 • 10–12: 136,17–22; Num 21,21–24.33–35 • 12: Jos 11,23 • 13: 102,13 • 14: Dtn 32,36 • 15–18: 115,4–6.8 • 19–20: 115,9–11.

Danklitanei für Gottes ewige Huld

136 Dankt dem Herrn, denn er ist
gütig, / denn seine Huld währt
ewig!
2 Dankt dem Gott aller Götter, / denn seine
Huld währt ewig!
3 Dankt dem Herrn aller Herren, / denn
seine Huld währt ewig!
4 Der allein große Wunder tut, / denn seine
Huld währt ewig,
5 der den Himmel geschaffen hat in Weis-
heit, / denn seine Huld währt ewig,
6 der die Erde über den Wassern gegründet
hat, / denn seine Huld währt ewig,
7 der die großen Leuchten gemacht hat, /
denn seine Huld währt ewig,
8 die Sonne zur Herrschaft über den Tag, /
denn seine Huld währt ewig,
9 Mond und Sterne zur Herrschaft über die
Nacht, / denn seine Huld währt ewig.
10 Der die Erstgeburt der Ägypter schlug, /
denn seine Huld währt ewig,
11 und Israel herausführte aus ihrer
Mitte, / denn seine Huld währt ewig,
12 mit starker Hand und erhobenem Arm, /
denn seine Huld währt ewig,
13 der das Schilfmeer zerschnitt in zwei
Teile, / denn seine Huld währt ewig,
14 und Israel hindurchführte zwischen den
Wassern, / denn seine Huld währt ewig,
15 und den Pharao ins Meer stürzte samt
seinem Heer, / denn seine Huld währt
ewig.
16 Der sein Volk durch die Wüste führte, /
denn seine Huld währt ewig,
17 der große Könige schlug, / denn seine
Huld währt ewig,
18 und mächtige Könige tötete, / denn seine
Huld währt ewig,
19 Sihon, den König der Amoriter, / denn
seine Huld währt ewig,
20 und Og, den König von Baschan, / denn
seine Huld währt ewig,
21 und der ihr Land zum Erbe gab, / denn
seine Huld währt ewig,
22 der es Israel gab, seinem Knecht, / denn
seine Huld währt ewig.
23 Der an uns dachte in unsrer Erniedri-
gung, / denn seine Huld währt ewig,
24 und uns den Feinden entriss, / denn sei-
ne Huld währt ewig,
25 der allen Geschöpfen Nahrung gibt, /
denn seine Huld währt ewig.
26 Dankt dem Gott des Himmels, / denn
seine Huld währt ewig.

1: 107,1 • 2: 82,1; 86,8; 89,7–9; 95,3; 97,9; 135,5; Ex 18,11; Dtn 10,17; Dan 2,47 • 4: 72,18; Ex 15,11 • 5: Spr 3,19; Jer 10,12 • 6: 24,2 • 7–9: Gen 1,14–18; Jer 31,35 • 10: 78,51 • 11–15: 78,52f • 17–22: 135,10–12 • 21: 44,3 • 23: Lk 1,48 • 24: 106,43f; Lk 1,71 • 25: 145,15f.

Heimweh nach dem Zion in der Verbannung

137 An den Strömen von Babel, / da
saßen wir und weinten, / wenn
wir an Zion dachten.
2 Wir hängten unsere Harfen / an die Wei-
den in jenem Land.
3 Dort verlangten von uns die Zwingherren
Lieder, / unsere Peiniger forderten Jubel: /
»Singt uns Lieder vom Zion!«
4 Wie könnten wir singen die Lieder des
Herrn, / fern, auf fremder Erde?
5 Wenn ich dich je vergesse, Jerusalem, /
dann soll mir die rechte Hand verdorren.
6 Die Zunge soll mir am Gaumen kleben, /
wenn ich an dich nicht mehr denke, / wenn
ich Jerusalem nicht zu meiner höchsten
Freude erhebe.
7 Herr, vergiss den Söhnen Edoms nicht
den Tag von Jerusalem; / sie sagten: »Reißt

136,14a Wörtlich: und Israel hindurchführte durch seine Mitte.

136,15a Wörtlich: und den Pharao ins Schilfmeer stürzte.

136,22a Wörtlich: als Erbe für Israel, seinen Knecht.

137,5b Text korr.; H: dann soll meine rechte Hand (die Kunst des Spielens) vergessen.

137,7–9 Zu diesem Fluch vgl. die Anmerkung zu 109,1–31. Hier geht es aber um übermächtige feindliche Völker.

nieder, bis auf den Grund reißt es nieder!«
8 Tochter Babel, du Zerstörerin! / Wohl
dem, der dir heimzahlt, was du uns getan
hast!
9 Wohl dem, der deine Kinder packt / und
sie am Felsen zerschmettert!

1: Ez 3,15; Klgl 3,48 • 2: Klgl 5,14 • 5: Jer 51,50 • 6: 22,16 • 7: Klgl 4,21f; Ez 25,12–14; 35; Obd 8–15 • 8: Jes 14,22; Jer 50; 51 • 9: Jes 13,16.18; Hos 14,1; Röm 12,19.

Dank für Gottes Hilfe

138 [Von David.]
Ich will dir danken aus ganzem
Herzen, / dir vor den Engeln singen und spielen;
2 ich will mich niederwerfen zu deinem
heiligen Tempel / hin und deinem Namen
danken für deine Huld und Treue.
Denn du hast die Worte meines Mundes
gehört, / deinen Namen und dein Wort über
alles verherrlicht.
3 Du hast mich erhört an dem Tag, als ich
rief; / du gabst meiner Seele große Kraft.
4 Dich sollen preisen, Herr, alle Könige der
Welt, / wenn sie die Worte deines Mundes
vernehmen.
5 Sie sollen singen von den Wegen des
Herrn; / denn groß ist die Herrlichkeit des
Herrn.
6 Ja, der Herr ist erhaben; / doch er schaut
auf die Niedrigen / und die Stolzen erkennt
er von fern.
7 Gehe ich auch mitten durch große Not: /
du erhältst mich am Leben.
Du streckst die Hand aus gegen meine wütenden Feinde / und deine Rechte hilft mir.
8 Der Herr nimmt sich meiner an. / Herr,
deine Huld währt ewig. / Lass nicht ab vom
Werk deiner Hände!

1: 7,18; 9,2; 111,1 • 2: 5,8; Dan 6,11 • 4: 68,33; Jes 2,3 • 6: Jes 57,15; Lk 1,51f • 7: 23,4.

Der Mensch vor dem allwissenden Gott

139 [Für den Chormeister. Ein Psalm
Davids.]
Herr, du hast mich erforscht und du
kennst mich. / 2 Ob ich sitze oder stehe, du
weißt von mir. / Von fern erkennst du meine
Gedanken.
3 Ob ich gehe oder ruhe, es ist dir bekannt; / du bist vertraut mit all meinen Wegen.
4 Noch liegt mir das Wort nicht auf der
Zunge – / du, Herr, kennst es bereits.
5 Du umschließt mich von allen Seiten /
und legst deine Hand auf mich.
6 Zu wunderbar ist für mich dieses Wissen, / zu hoch, ich kann es nicht begreifen.
7 Wohin könnte ich fliehen vor deinem
Geist, / wohin mich vor deinem Angesicht
flüchten?
8 Steige ich hinauf in den Himmel, so bist
du dort; / bette ich mich in der Unterwelt,
bist du zugegen.
9 Nehme ich die Flügel des Morgenrots /
und lasse mich nieder am äußersten Meer,
10 auch dort wird deine Hand mich ergreifen / und deine Rechte mich fassen.
11 Würde ich sagen: »Finsternis soll mich
bedecken, / statt Licht soll Nacht mich umgeben«, / 12 auch die Finsternis wäre für dich
nicht finster,
die Nacht würde leuchten wie der Tag, /
die Finsternis wäre wie Licht.
13 Denn du hast mein Inneres geschaffen, /
mich gewoben im Schoß meiner Mutter.
14 Ich danke dir, dass du mich so wunderbar gestaltet hast. / Ich weiß: Staunenswert
sind deine Werke.
15 Als ich geformt wurde im Dunkeln, /
kunstvoll gewirkt in den Tiefen der Erde, /
waren meine Glieder dir nicht verborgen.
16 Deine Augen sahen, wie ich entstand, /
in deinem Buch war schon alles verzeichnet;
meine Tage waren schon gebildet, / als
noch keiner von ihnen da war.
17 Wie schwierig sind für mich, o Gott,
deine Gedanken, / wie gewaltig ist ihre
Zahl!
18 Wollte ich sie zählen, es wären mehr als
der Sand. / Käme ich bis zum Ende, wäre ich
noch immer bei dir.
19 Wolltest du, Gott, doch den Frevler to-

137,8a du Zerstörerin: H: du zu Verwüstende.
138,2c Ergänzt aus G; dort steht dieser Satz in V. 1.
138,2d Text korr.; H etwa: du hast Versprechen gemacht, die deinen Namen übersteigen.
138,3b Nach G; H: du machtest mich ungestüm.
139,3a es ist dir bekannt, wörtlich: du prüfst es; oder: du misst es.
139,5a Wörtlich: Du umschließt mich von hinten und von vorn.
139,10a mich ergreifen: Text korr.; H: mich leiten.
139,11a Text korr. nach den Übersetzungen von Symmachus und Hieronymus; H: Finsternis soll mich zermalmen.
139,14 Text korr. nach G, S und Hieronymus.
139,16a Text korr.; H ist unklar.
139,18b Käme ich bis zum Ende: Text korr.; H: Erwachte ich.

ten! / Ihr blutgierigen Menschen, lasst ab
von mir!
20 Sie reden über dich voll Tücke / und
missbrauchen deinen Namen.
21 Soll ich die nicht hassen, Herr, die dich
hassen, / die nicht verabscheuen, die sich ge-
gen dich erheben?
22 Ich hasse sie mit glühendem Hass; / auch
mir sind sie zu Feinden geworden.
23 Erforsche mich, Gott, und erkenne mein
Herz, / prüfe mich und erkenne mein Den-
ken!
24 Sieh her, ob ich auf dem Weg bin, der
dich kränkt, / und leite mich auf dem altbe-
währten Weg!

1: 33,15; 44,22; Jer 12,3 • 2: 2 Kön 19,27; Ijob 31,4 • 5: Ijob 1,10 • 6: 92,6; 131,1; Röm 11,33 • 7–10: Ijob 23,8f; Sir 16,17f; Jer 23,23f; Am 9,2f • 8: Ijob 11,8 • 9: Jona 1,3 • 11–12: Ijob 26,6; 34,22; Dan 2,22 • 13–15: Ijob 10,8–11; Weish 7,1f • 15: Ijob 1,21 • 16: 69,29; Ijob 14,5 • 17: 92,6; Ijob 11,7 • 18: 40,6; Sir 18,5–7 • 19: 119,115 • 23: 17,3; 26,2 • 24: 25,4.

Hilferuf zu Gott, dem Anwalt des Armen

140 [Für den Chormeister. Ein Psalm
Davids.]
2 Rette mich, Herr, vor bösen Menschen, /
vor gewalttätigen Leuten schütze mich!
3 Denn sie sinnen in ihrem Herzen auf Bö-
ses, / jeden Tag schüren sie Streit.
4 Wie die Schlangen haben sie scharfe
Zungen / und hinter den Lippen Gift wie die
Nattern. [Sela]
5 Behüte mich, Herr, vor den Händen der
Frevler, / vor gewalttätigen Leuten schütze
mich, / die darauf sinnen, mich zu Boden zu
stoßen.
6 Hochmütige legen mir heimlich Schlin-
gen, / Böse spannen ein Netz aus, / stellen
mir Fallen am Wegrand. [Sela]
7 Ich sage zum Herrn: Du bist mein Gott. /
Vernimm, o Herr, mein lautes Flehen!
8 Herr, mein Gebieter, meine starke Hilfe, /
du beschirmst mein Haupt am Tag des
Kampfes.
9 Herr, erfülle nicht die Wünsche des Frev-
lers, / lass seine Pläne nicht gelingen! [Sela]
10 Die mich umzingeln, sollen das Haupt
nicht erheben; / die Bosheit ihrer Lippen
treffe sie selbst.
11 Er lasse glühende Kohlen auf sie reg-
nen, / er stürze sie hinab in den Abgrund, /
sodass sie nie wieder aufstehn.
12 Der Verleumder soll nicht bestehen im
Land, / den Gewalttätigen treffe das Un-
glück Schlag auf Schlag.
13 Ich weiß, der Herr führt die Sache des
Armen, / er verhilft den Gebeugten zum
Recht.
14 Deinen Namen preisen nur die Gerech-
ten; / vor deinem Angesicht dürfen nur die
Redlichen bleiben.

2: 71,4 • 4: 55,22; 58,5; Röm 3,13 • 6: 57,7; 141,9; 142,4; Ijob 18,8 • 7: 31,15 • 10: 7,17 • 11: 11,6; 120,4; Num 16,31f • 13: 9,19; 34,7 • 14: 11,7.

Bitte um Bewahrung vor Sünde

141 [Ein Psalm Davids.]
Herr, ich rufe zu dir. Eile mir zu
Hilfe; / höre auf meine Stimme, wenn ich zu
dir rufe.
2 Wie ein Rauchopfer steige mein Gebet
vor dir auf; / als Abendopfer gelte vor dir,
wenn ich meine Hände erhebe.
3 Herr, stell eine Wache vor meinen
Mund, / eine Wehr vor das Tor meiner Lip-
pen!
4 Gib, dass mein Herz sich bösen Worten
nicht zuneigt, / dass ich nichts tue, was
schändlich ist,
zusammen mit Menschen, die Unrecht
tun. / Von ihren Leckerbissen will ich nicht
kosten.
5 Der Gerechte mag mich schlagen aus
Güte: / Wenn er mich bessert, ist es Salböl
für mein Haupt;
da wird sich mein Haupt nicht sträuben. /
Ist er in Not, will ich stets für ihn beten.
6 Haben ihre Richter sich auch die Felsen
hinabgestürzt, / sie sollen hören, dass mein
Wort für sie freundlich ist.
7 Wie wenn man Furchen zieht und das
Erdreich aufreißt, / so sind unsre Glieder
hingestreut an den Rand der Unterwelt.
8 Mein Herr und Gott, meine Augen rich-
ten sich auf dich; / bei dir berge ich mich.
Gieß mein Leben nicht aus!
9 Vor der Schlinge, die sie mir legten, be-
wahre mich, / vor den Fallen derer, die Un-
recht tun!

139,20b deinen Namen: Text korr.; H: deine Städte; oder: deine Feinde.
140,5c Wörtlich: darauf sinnen, meine Schritte zu Fall zu bringen.
140,6b Text korr.
140,9f Text korr. durch Verschiebung der Versgrenze und Wiederholung der Negation von V. 9 in V. 10.
140,13b Wörtlich: er richtet den Gebeugten nach dem Armenrecht.
141,5d Andere Übersetzungsmöglichkeit: Denn stets (wird laut) mein Gebet trotz ihrer Bosheit, oder: wenn es ihnen schlecht geht . . .
141,6b H ist unverständlich.

10 Die Frevler sollen sich in ihren eigenen Netzen fangen, / während ich heil entkomme.

2: 134,2; Ex 30,7f; Num 28,4; Jdt 9,1 • 3: 39,2; Jak 3,5f • 5: Spr 9,8; 27,5f • 8–9: 25,15 • 9: 140,6 • 10: 7,16.

Hilferuf in schwerer Bedrängnis

142 [Ein Weisheitslied Davids, als er in der Höhle war. Ein Gebet.]

2 Mit lauter Stimme schrei ich zum Herrn, / laut flehe ich zum Herrn um Gnade.

3 Ich schütte vor ihm meine Klagen aus, / eröffne ihm meine Not.

4 Wenn auch mein Geist in mir verzagt, / du kennst meinen Pfad.

Auf dem Weg, den ich gehe, / legten sie mir Schlingen.

5 Ich blicke nach rechts und schaue aus, / doch niemand ist da, der mich beachtet.

Mir ist jede Zuflucht genommen, / niemand fragt nach meinem Leben.

6 Herr, ich schreie zu dir, / ich sage: Meine Zuflucht bist du, / mein Anteil im Land der Lebenden.

7 Vernimm doch mein Flehen; / denn ich bin arm und elend.

Meinen Verfolgern entreiß mich; / sie sind viel stärker als ich.

8 Führe mich heraus aus dem Kerker, / damit ich deinen Namen preise.

Die Gerechten scharen sich um mich, / weil du mir Gutes tust.

1: 63,1 • 4: 143,4; 140,6 • 6: 91,2; 73,26; 27,13 • 8: 88,9.

Gebet um Kraft und Hilfe gegen Feinde

143 [Ein Psalm Davids.]

Herr, höre mein Gebet, vernimm mein Flehen; / in deiner Treue erhöre mich, in deiner Gerechtigkeit!

2 Geh mit deinem Knecht nicht ins Gericht; / denn keiner, der lebt, ist gerecht vor dir.

3 Der Feind verfolgt mich, tritt mein Leben zu Boden, / er lässt mich in der Finsternis wohnen wie längst Verstorbene.

4 Mein Geist verzagt in mir, / mir erstarrt das Herz in der Brust.

5 Ich denke an die vergangenen Tage, / sinne nach über all deine Taten, / erwäge das Werk deiner Hände.

6 Ich breite die Hände aus (und bete) zu dir; / meine Seele dürstet nach dir wie lechzendes Land. [Sela]

7 Herr, erhöre mich bald, / denn mein Geist wird müde;

verbirg dein Antlitz nicht vor mir, / damit ich nicht werde wie Menschen, die längst begraben sind.

8 Lass mich deine Huld erfahren am frühen Morgen; / denn ich vertraue auf dich.

Zeig mir den Weg, den ich gehen soll; / denn ich erhebe meine Seele zu dir.

9 Herr, entreiß mich den Feinden! / Zu dir nehme ich meine Zuflucht.

10 Lehre mich, deinen Willen zu tun; denn du bist mein Gott. / Dein guter Geist leite mich auf ebenem Pfad.

11 Um deines Namens willen, Herr, erhalt mich am Leben, / führe mich heraus aus der Not in deiner Gerechtigkeit!

12 Vertilge in deiner Huld meine Feinde, / lass all meine Gegner untergehn! / Denn ich bin dein Knecht.

2: 130,3; Ijob 4,17; 9,2; 25,4; Koh 7,20 • 3: Klgl 3,6 • 4: 142,4; Ijob 17,1 • 5: 77,6–13 • 6: 42,2 • 7: 69,18; 102,3; 28,1; 88,5 • 8: 90,14; 25,1f • 10: 119,1 • 12: 54,7.

Danklied auf das Glück des Gottesvolkes

144 [Von David]

Gelobt sei der Herr, der mein Fels ist, / der meine Hände den Kampf gelehrt hat, meine Finger den Krieg.

2 Du bist meine Huld und Burg, / meine Festung, mein Retter,

mein Schild, dem ich vertraue. / Er macht mir Völker untertan.

3 Herr, was ist der Mensch, dass du dich um ihn kümmerst, / des Menschen Kind, dass du es beachtest?

4 Der Mensch gleicht einem Hauch, / seine Tage sind wie ein flüchtiger Schatten.

5 Herr, neig deinen Himmel und steig herab, / rühre die Berge an, sodass sie rauchen.

6 Schleudre Blitze und zerstreue die Feinde, / schieß deine Pfeile ab und jag sie dahin!

7 Streck deine Hände aus der Höhe herab und befreie mich; / reiß mich heraus aus gewaltigen Wassern, / aus der Hand der Fremden!

8 Alles, was ihr Mund sagt, ist Lüge, / Meineide schwört ihre Rechte.

142,7b Wörtlich: denn ich bin sehr schwach.
143,7e Wörtlich: die hinabgestiegen sind zur Grube.
143,9b meine Zuflucht: Text korr. nach G.
143,10c Text korr.; H: leite mich auf ebenem Land.
144,2d mir Völker: Text korr.; H: mein Volk.

9 Ein neues Lied will ich, o Gott, dir singen, / auf der zehnsaitigen Harfe will ich dir spielen,
10 der du den Königen den Sieg verleihst / und David, deinen Knecht, errettest.
Vor dem bösen Schwert 11 errette mich, /
entreiß mich der Hand der Fremden!
Alles, was ihr Mund sagt, ist Lüge, / Meineide schwört ihre Rechte.
12 Unsre Söhne seien wie junge Bäume, / hoch gewachsen in ihrer Jugend,
unsre Töchter wie schlanke Säulen, / die geschnitzt sind für den Tempel.
13 Unsre Speicher seien gefüllt, / überquellend von vielerlei Vorrat;
unsre Herden mögen sich tausendfach mehren, / vieltausendfach auf unsren Fluren.
14 Unsre Kühe mögen tragen, ohne zu verwerfen und ohne Unfall; / kein Wehgeschrei werde laut auf unsern Straßen.
15 Wohl dem Volk, dem es so ergeht, / glücklich das Volk, dessen Gott der Herr ist!

1: 18,35; 92,16 • 2: 3,4; 18,3.48 • 3: 8,5; Ijob 7,17 • 4: 39,6f; 90,9 • 5–7: 18,10–17 • 5: 104,32; Jes 63,19 • 9: 33,3 • 10: 18,51 • 12: 128,3; Ijob 42,15 • 13: 107,37f • 15: 33,12.

Lobpreis der Größe und Güte Gottes

145 [Ein Loblied Davids.]
Ich will dich rühmen, mein Gott und König, / und deinen Namen preisen immer und ewig;
2 ich will dich preisen Tag für Tag / und deinen Namen loben immer und ewig.
3 Groß ist der Herr und hoch zu loben, / seine Größe ist unerforschlich.
4 Ein Geschlecht verkünde dem andern den Ruhm deiner Werke / und erzähle von deinen gewaltigen Taten.
5 Sie sollen vom herrlichen Glanz deiner Hoheit reden; / ich will deine Wunder besingen.
6 Sie sollen sprechen von der Gewalt deiner erschreckenden Taten; / ich will von deinen großen Taten berichten.
7 Sie sollen die Erinnerung an deine große Güte wecken / und über deine Gerechtigkeit jubeln.
8 Der Herr ist gnädig und barmherzig, / langmütig und reich an Gnade.
9 Der Herr ist gütig zu allen, / sein Erbarmen waltet über all seinen Werken.
10 Danken sollen dir, Herr, all deine Werke / und deine Frommen dich preisen.
11 Sie sollen von der Herrlichkeit deines Königtums reden, / sollen sprechen von deiner Macht,
12 den Menschen deine machtvollen Taten verkünden / und den herrlichen Glanz deines Königtums.
13 Dein Königtum ist ein Königtum für ewige Zeiten, / deine Herrschaft währt von Geschlecht zu Geschlecht.
[Der Herr ist treu in all seinen Worten, / voll Huld in all seinen Taten]
14 Der Herr stützt alle, die fallen, / und richtet alle Gebeugten auf.
15 Aller Augen warten auf dich / und du gibst ihnen Speise zur rechten Zeit.
16 Du öffnest deine Hand / und sättigst alles, was lebt, nach deinem Gefallen.
17 Gerecht ist der Herr in allem, was er tut, / voll Huld in all seinen Werken.
18 Der Herr ist allen, die ihn anrufen, nahe, / allen, die zu ihm aufrichtig rufen.
19 Die Wünsche derer, die ihn fürchten, erfüllt er, / er hört ihr Schreien und rettet sie.
20 Alle, die ihn lieben, behütet der Herr, / doch alle Frevler vernichtet er.
21 Mein Mund verkünde das Lob des Herrn. / Alles, was lebt, preise seinen heiligen Namen immer und ewig!

2: 34,2; 68,20 • 3: 95,3 • 4: 78,4 • 8: 116,5 • 9: 103,13; Weish 11,24 • 10: 103,22 • 11–13: 24,7–10 • 14: 94,18; 146,8 • 15–16: 104,27f; 136,25 • 16: Mt 6,25f • 17: Dtn 32,4 • 18: Dtn 4,7; Jes 55,6; 58,9; Jer 29,13 • 19: 34,18; Spr 10,24; Joh 9,31 • 20: Ri 5,31 • 21: Sir 39,35.

Preislied auf Gott, den Herrn und Helfer Israels

146 Halleluja!
Lobe den Herrn, meine Seele! /
2 Ich will den Herrn loben, solange ich lebe, / meinem Gott singen und spielen, solange ich da bin.
3 Verlasst euch nicht auf Fürsten, / auf Menschen, bei denen es doch keine Hilfe gibt.
4 Haucht der Mensch sein Leben aus / und kehrt er zurück zur Erde, / dann ist es aus mit all seinen Plänen.

144,10b Text korr.; H: David, seinen Knecht.
144,14 Andere Übersetzungsmöglichkeit: Unsere Gaue ohne Lasten, kein Durchbruch und kein Auszug, kein Geschrei auf unseren Plätzen.
145,12a Text korr. nach G und S; H: seine machtvollen Taten.
145,13 Der eingeklammerte Textteil fehlt in H; Rekonstruktion nach G, S und Vg.
146,4c Wörtlich: an jenem Tag ist es aus.

5 Wohl dem, dessen Halt der Gott Jakobs ist / und der seine Hoffnung auf den Herrn, seinen Gott, setzt.

6 Der Herr hat Himmel und Erde gemacht, / das Meer und alle Geschöpfe; / er hält ewig die Treue.

7 Recht verschafft er den Unterdrückten, / den Hungernden gibt er Brot; / der Herr befreit die Gefangenen.

8 Der Herr öffnet den Blinden die Augen, / er richtet die Gebeugten auf.

9 Der Herr beschützt die Fremden / und verhilft den Waisen und Witwen zu ihrem Recht.

Der Herr liebt die Gerechten, / doch die Schritte der Frevler leitet er in die Irre.

10 Der Herr ist König auf ewig, / dein Gott, Zion, herrscht von Geschlecht zu Geschlecht. Halleluja!

2: 7,18; 104,33 • 3: 118,8f • 4: 90,3; 103,14; 104,29; Gen 3,19; Ijob 10,9; Koh 12,7 • 5: Jer 17,7 • 6: Apg 4,24; 14,15 • 7: 103,6; 68,7; Jes 61,1 • 8: 145,14 • 9: 10,18 • 10: 24,7–10.

Bekenntnis zu Gott, dem Retter Israels

147 Halleluja!
Gut ist es, unserm Gott zu singen; / schön ist es, ihn zu loben.

2 Der Herr baut Jerusalem wieder auf, / er sammelt die Versprengten Israels.

3 Er heilt die gebrochenen Herzen / und verbindet ihre schmerzenden Wunden.

4 Er bestimmt die Zahl der Sterne / und ruft sie alle mit Namen.

5 Groß ist unser Herr und gewaltig an Kraft, / unermesslich ist seine Weisheit.

6 Der Herr hilft den Gebeugten auf / und erniedrigt die Frevler.

7 Stimmt dem Herrn ein Danklied an, / spielt unserm Gott auf der Harfe!

8 Er bedeckt den Himmel mit Wolken, / spendet der Erde Regen / und lässt Gras auf den Bergen sprießen.

9 Er gibt dem Vieh seine Nahrung, / gibt den jungen Raben, wonach sie schreien.

10 Er hat keine Freude an der Kraft des Pferdes, / kein Gefallen am schnellen Lauf des Mannes.

11 Gefallen hat der Herr an denen, die ihn fürchten und ehren, / die voll Vertrauen warten auf seine Huld.

1: 92,2 • 2: 51,20; Jes 11,12; Jer 31,10 • 3: Ijob 5,18; Jes 61,1; Jer 33,6 • 4: Jes 40,26; Bar 3,34f • 5: 145,3; Jes 40,28 • 6: 145,14; 75,8; Lk 1,52 • 8: 104,11–14; Ijob 5,10; Jer 14,22; Joël 2,23 • 9: Ijob 38,41; Lk 12,24 • 10–11: 20,8; 1 Sam 16,7.

Dank für Gottes Güte

12 Jerusalem, preise den Herrn, / lobsinge, Zion, deinem Gott!

13 Denn er hat die Riegel deiner Tore fest gemacht, / die Kinder in deiner Mitte gesegnet;

14 er verschafft deinen Grenzen Frieden / und sättigt dich mit bestem Weizen.

15 Er sendet sein Wort zur Erde, / rasch eilt sein Befehl dahin.

16 Er spendet Schnee wie Wolle, / streut den Reif aus wie Asche.

17 Eis wirft er herab in Brocken, / vor seiner Kälte erstarren die Wasser.

18 Er sendet sein Wort aus und sie schmelzen, / er lässt den Wind wehen, dann rieseln die Wasser.

19 Er verkündet Jakob sein Wort, / Israel seine Gesetze und Rechte.

20 An keinem andern Volk hat er so gehandelt, / keinem sonst seine Rechte verkündet. Halleluja!

12: Jer 33,10f • 14: 81,17 • 15: 33,9; Weish 18,15 • 15–18: Ijob 38,20–30 • 17: Ijob 37,10 • 19–20: Dtn 4,8 • 19: 78,5.

Danklitanei auf Gott, den Schöpfer und Herrn

148 Halleluja!
Lobt den Herrn vom Himmel her, / lobt ihn in den Höhen:

2 Lobt ihn, all seine Engel, / lobt ihn, all seine Scharen;

3 lobt ihn, Sonne und Mond, / lobt ihn, all ihr leuchtenden Sterne;

4 lobt ihn, alle Himmel / und ihr Wasser über dem Himmel!

5 Loben sollen sie den Namen des Herrn; / denn er gebot, und sie waren erschaffen.

6 Er stellte sie hin für immer und ewig, / er gab ihnen ein Gesetz, das sie nicht übertreten.

7 Lobt den Herrn, ihr auf der Erde, / ihr Seeungeheuer und all ihr Tiefen,

8 Feuer und Hagel, Schnee und Nebel, / du Sturmwind, der sein Wort vollzieht,

9 ihr Berge und all ihr Hügel, / ihr Fruchtbäume und alle Zedern,

10 ihr wilden Tiere und alles Vieh, / Kriechtiere und gefiederte Vögel,

---

146,6b Wörtlich: das Meer und alles, was in ihnen ist.
146,9c In H steht dieser Versteil am Ende von V. 8.
147,6b erniedrigt die Frevler: H fügt hinzu: bis zum Boden.
147,17b Text korr.; H: Wer wird bestehen vor seinem Frost?
147,20b Text korr.; H: und seine Rechte lernten sie nicht kennen.

11 ihr Könige der Erde und alle Völker, /
ihr Fürsten und alle Richter auf Erden,
12 ihr jungen Männer und auch ihr Mäd-
chen, / ihr Alten mit den Jungen!
13 Loben sollen sie den Namen des Herrn; /
denn sein Name allein ist erhaben, / seine
Hoheit strahlt über Erde und Himmel.
14 Seinem Volk verleiht er Macht, / das ist
ein Ruhm für all seine Frommen, / für Isra-
els Kinder, das Volk, das ihm nahen darf.
Halleluja!

1–2: Lk 2,13f • 1–4: 103,20–22; Ijob 38,7 • 5: 33,9 • 6: 119,91; Jer 31,35f • 9: Jes 44,23 • 14: Dtn 4,7.

Ein Kampflied des Gottesvolkes

149 Halleluja!
Singt dem Herrn ein neues Lied! /
Sein Lob erschalle in der Gemeinde der
Frommen.
2 Israel soll sich über seinen Schöpfer freu-
en, / die Kinder Zions über ihren König
jauchzen.
3 Seinen Namen sollen sie loben beim Rei-
gentanz, / ihm spielen auf Pauken und Har-
fen.
4 Der Herr hat an seinem Volk Gefallen, /
die Gebeugten krönt er mit Sieg.
5 In festlichem Glanz sollen die Frommen
frohlocken, / auf ihren Lagern jauchzen:
6 Loblieder auf Gott in ihrem Mund, / ein
zweischneidiges Schwert in der Hand,
7 um die Vergeltung zu vollziehn an den
Völkern, / an den Nationen das Strafge-
richt,
8 um ihre Könige mit Fesseln zu binden, /
ihre Fürsten mit eisernen Ketten,
9 um Gericht über sie zu halten, so wie ge-
schrieben steht. / Herrlich ist das für all sei-
ne Frommen. Halleluja!

1: 33,3 • 2: 100,3; 24,7–10 • 3: 68,26; 81,3 • 4: Jes 62,4 • 6: 2 Makk 15,27.

Das große Halleluja

150 Halleluja!
Lobt Gott in seinem Heiligtum, /
lobt ihn in seiner mächtigen Feste!
2 Lobt ihn für seine großen Taten, / lobt
ihn in seiner gewaltigen Größe!
3 Lobt ihn mit dem Schall der Hörner, /
lobt ihn mit Harfe und Zither!
4 Lobt ihn mit Pauken und Tanz, / lobt ihn
mit Flöten und Saitenspiel!
5 Lobt ihn mit hellen Zimbeln, / lobt ihn
mit klingenden Zimbeln!
6 Alles, was atmet, / lobe den Herrn! Hal-
leluja!

1: Dan 3,53 • 3–5: 2 Sam 6,5 • 4: 149,3 • 6: Offb 5,13.

Das Buch der Sprichwörter

Sprichwörter sind bei allen Völkern sehr verbreitet und nehmen besonders in den Literaturen des Alten Orients eine bedeutende Stelle ein. Im alten Israel war es vor allem der wegen seiner Weisheit berühmte König Salomo, dem zahlreiche Lieder und gelehrte Aussprüche zugeschrieben wurden (1 Kön 5,12–14). Kein Wunder, dass die spätere Tradition in ihm auch den Verfasser des Buches der Sprichwörter gesehen hat (1,1). Ausdrücklich wird er als Verfasser der beiden Hauptsammlungen 10,1 – 22,16 und 25,1 – 29,27 genannt. Weil in den Sammlungen seiner Sprichwörter schriftlich und mündlich überliefertes Material zusammengetragen und fortlaufend erweitert wurde, ist es nicht möglich, den Anteil Salomos an den beiden Hauptsammlungen herauszuschälen. Von der zweiten salomonischen Sammlung wird erwähnt, dass sie von den »Männern Hiskijas, des Königs von Juda«, zusammengestellt wurde (25,1).

Eine zweite Blütezeit erlebte die Weisheitsliteratur in der nachexilischen Epoche. Damals entstanden die Bücher Ijob und Kohelet und etwas später Sirach und Weisheit. In dieser Spätzeit sind auch die Anhänge an die zwei genannten salomonischen Sammlungen angefügt worden: »Worte von Weisen« (22,17 – 24,34), »Worte Agurs« (30,1–14), die Zahlensprüche (30,15–33), »Worte an Lemuël« (31,1–9) sowie, als Abschluss des Buches, das Loblied auf die tüchtige Frau (31,10–31). Von den Sprichwörtersammlungen hebt sich die lange Einleitung (Kap. 1 – 9) ab. In ihr stehen größtenteils zusammenhängende Mahnungen eines Weisheitsleh-

rers, der vor Torheit warnt und Weisheit empfiehlt. Für die Endfassung des Buchs kommt somit die Nachexilszeit bis hinab zur griechischen Übersetzung in Frage, also etwa 500 bis 200 v. Chr. Herkunft und Alter der einzelnen Teile und erst recht der einzelnen Sprichwörter können sehr verschieden sein.

Die Schlüsselwörter »Weisheit« und »Torheit« sind nicht allein vom Verstand her aufzufassen. »Weisheit« ist vielmehr der Inbegriff einer charaktervollen, religiös und sittlich intakten Verhaltensweise in allen Lebenslagen. Das ganze Buch hat eine erzieherische Tendenz; daher spricht besonders in den ersten neun Kapiteln der Weisheitslehrer wie ein Vater zu seinem Sohn.

Für die nachexilische Entwicklung der Weisheitsliteratur ist typisch, dass die »Weisheit« (in 9,13–18 auch die »Torheit«) personifiziert wird und selbstständig redend und handelnd auftritt (vgl. schon 1,20–33). Im Hymnus 8,22–36 stellt sie sich als Erstling der Schöpfung vor. Da sie in Wirklichkeit die göttliche Weisheit selbst ist, steht sie Gott bei der Weltschöpfung zur Verfügung. Sie kann aber auch den Menschen und dem Volk Israel mitgeteilt werden.

Die eigentlichen Sprichwörter, die den größten Teil des Buches ausfüllen, haben ihre Wurzel im Volksmund. Deshalb sind sie manchmal etwas derb, stellen drastische Vergleiche an und bieten alltägliche und allgemein menschliche Lebenserfahrungen. Gelegentlich formulieren sie, um einprägsame Kürze zu erreichen, einseitig. Der Vorteil und der materielle Nutzen der Weisheit wird im Sprichwort besonders stark betont. Doch steht selbst hinter den profanen Sprichwörtern eine religiöse Grundhaltung und wenigstens ein Siebtel aller Verse nimmt auf den Gottesglauben Bezug. Der Grundsatz »Anfang der Weisheit ist die Gottesfurcht« (vgl. 1,7; 9,10; Ps 111,10; Sir 1,14) rückt alles Streben nach Weisheit, auch das rein innerweltliche, in eine Beziehung zu Gott. Im Neuen Testament wird unser Buch oft wörtlich oder dem Sinn nach angeführt. Einige Sprichwörter sind auch in den deutschen Sprachschatz eingegangen (vgl. 16,18; 24,16; 25,21f; 26,27).

EINLEITUNG: 1,1–7

1 Sprichwörter Salomos, des Sohnes Davids, / des Königs von Israel:
2 um Weisheit zu lernen und Zucht, / um kundige Rede zu verstehen,
3 um Zucht und Verständnis zu erlangen, / Gerechtigkeit, Rechtssinn und Redlichkeit,
4 um Unerfahrenen Klugheit zu verleihen, / der Jugend Kenntnis und Umsicht.
5 Der Weise höre und vermehre sein Wissen, / der Verständige lerne kluge Führung,
6 um Sinnspruch und Gleichnis zu verstehen, / die Worte und Rätsel der Weisen.
7 Gottesfurcht ist Anfang der Erkenntnis, / nur Toren verachten Weisheit und Zucht.

5: 9,9 • 7: 9,10; Ps 111,10; Sir 1,14.

EINE SAMMLUNG VON WEISHEITSLEHREN: 1,8 – 9,18

Die Warnung vor Verführung und Unerfahrenheit: 1,8 – 3,35

8 Höre, mein Sohn, auf die Mahnung des Vaters / und die Lehre deiner Mutter verwirf nicht!
9 Sie sind ein schöner Kranz auf deinem Haupt / und eine Kette für deinen Hals.
10 Mein Sohn, wenn dich Sünder locken, / dann folg ihnen nicht,
11 wenn sie sagen: Geh mit uns, / wir wollen darauf lauern, Blut zu vergießen, / ohne Grund dem Arglosen nachzustellen;
12 wie die Unterwelt wollen wir sie lebendig verschlingen, / Männer in ihrer Kraft, als wären sie dem Grab verfallen.
13 Manch kostbares Stück werden wir finden, / mit Beute unsere Häuser füllen.
14 Wirf dein Los in unserm Kreis, / gemeinsam sei uns der Beutel.
15 Mein Sohn, geh nicht mit ihnen, / halte deinen Fuß fern von ihrem Pfad!

16 Denn ihre Füße laufen dem Bösen nach, / sie eilen, Blut zu vergießen.
17 Umsonst wird das Netz ausgespannt / vor den Augen aller Vögel;
18 sie aber lauern auf ihr eigenes Blut, / sie trachten sich selbst nach dem Leben.
19 So enden alle, die sich durch Raub bereichern: / Wer ihn an sich nimmt, dem raubt er das Leben.
20 Die Weisheit ruft laut auf der Straße, / auf den Plätzen erhebt sie ihre Stimme.
21 Am Anfang der Mauern predigt sie, / an den Stadttoren hält sie ihre Reden:
22 Wie lang noch, ihr Törichten, liebt ihr Betörung, / gefällt den Zuchtlosen ihr dreistes Gerede, / hassen die Toren Erkenntnis?
23 Wendet euch meiner Mahnung zu! / Dann will ich auf euch meinen Geist ausgießen / und meine Worte euch kundtun.
24 Als ich rief, habt ihr euch geweigert, / meine drohende Hand hat keiner beachtet;
25 jeden Rat, den ich gab, habt ihr ausgeschlagen, / meine Mahnung gefiel euch nicht.
26 Darum werde auch ich lachen, / wenn euch Unglück trifft, / werde spotten, wenn Schrecken über euch kommt,
27 wenn der Schrecken euch wie ein Unwetter naht / und wie ein Sturm euer Unglück hereinbricht, / wenn Not und Drangsal euch überfallen.
28 Dann werden sie nach mir rufen, doch ich höre nicht; / sie werden mich suchen, aber nicht finden.
29 Weil sie die Einsicht hassten / und nicht die Gottesfurcht wählten,
30 meinen Rat nicht wollten, / meine ganze Mahnung missachteten,
31 sollen sie nun essen von der Frucht ihres Tuns / und von ihren Plänen sich sättigen.
32 Denn die Abtrünnigkeit der Haltlosen ist ihr Tod, / die Sorglosigkeit der Toren ist ihr Verderben.
33 Wer aber auf mich hört, wohnt in Sicherheit, / ihn stört kein böser Schrecken.

8: 6,20; 23,22 • 16: Jes 59,7; Röm 3,15 • 20: 8,1–3; Sir 24,1f.

2 Mein Sohn, wenn du meine Worte annimmst / und meine Gebote beherzigst,
2 der Weisheit Gehör schenkst, / dein Herz der Einsicht zuneigst,
3 wenn du nach Erkenntnis rufst, / mit lauter Stimme um Einsicht bittest,
4 wenn du sie suchst wie Silber, / nach ihr forschst wie nach Schätzen,
5 dann wirst du die Gottesfurcht begreifen / und Gotteserkenntnis finden.
6 Denn der Herr gibt Weisheit, / aus seinem Mund kommen Erkenntnis und Einsicht.
7 Für die Redlichen hält er Hilfe bereit, / den Rechtschaffenen ist er ein Schild.
8 Er hütet die Pfade des Rechts / und bewacht den Weg seiner Frommen.
9 Dann begreifst du, was Recht und Gerechtigkeit ist, / Redlichkeit und jedes gute Verhalten;
10 denn Weisheit zieht ein in dein Herz, / Erkenntnis beglückt deine Seele.
11 Besonnenheit wacht über dir / und Einsicht behütet dich.
12 Sie bewahrt dich vor dem Weg des Bösen, / vor Leuten, die Verkehrtes reden,
13 die den rechten Weg verlassen, / um auf dunklen Pfaden zu gehen,
14 die sich freuen am bösen Tun / und jubeln über die Verkehrtheit des Schlechten,
15 deren Pfade krumm verlaufen / und deren Straßen in die Irre führen.
16 Sie bewahrt dich vor der Frau des andern, / vor der Fremden, die verführerisch redet,
17 die den Gefährten ihrer Jugend verlässt / und den Bund ihres Gottes vergisst;
18 ihr Haus sinkt hinunter zur Totenwelt, / ihre Straße führt zu den Totengeistern hinab.
19 Wer zu ihr geht, kehrt nie zurück, / findet nie wieder die Pfade des Lebens.
20 Darum geh auf dem Weg der Guten, / halte dich an die Pfade der Gerechten;
21 denn die Redlichen werden das Land bewohnen, / wer rechtschaffen ist, wird darin bleiben.
22 Die Frevler aber werden aus dem Land verstoßen, / die Verräter aus ihm weggerissen.

7: Ps 3,4 • 16: 6,24–35; 7,5 • 18: 5,5 • 21: Ps 37,11; Mt 5,5.

3 Mein Sohn, vergiss meine Lehre nicht, bewahre meine Gebote in deinem Herzen!
2 Denn sie vermehren die Tage und Jahre

1,17f Sinn: Die Vögel meiden ein Netz, das sie sehen; die Verführer aber rennen in ihr eigenes Verderben.
1,20–33 Die Weisheit wird als Bußpredigerin personifiziert.
2,17 Im AT ist die Ehe ein Bund vor Gott (vgl. Mal 2,14); sie ist auch Symbol für den Bund Gottes mit dem Volk (vgl. Hos 2; Jer 2,2; 3,1–13).

deines Lebens / und bringen dir Wohlerge-
hen.
3 Nie sollen Liebe und Treue dich verlas-
sen; / binde sie dir um den Hals, / schreib sie
auf die Tafel deines Herzens!
4 Dann erlangst du Gunst und Beifall / bei
Gott und den Menschen.
5 Mit ganzem Herzen vertrau auf den
Herrn, / bau nicht auf eigene Klugheit;
6 such ihn zu erkennen auf all deinen We-
gen, / dann ebnet er selbst deine Pfade.
7 Halte dich nicht selbst für weise, / fürch-
te den Herrn und fliehe das Böse!
8 Das ist heilsam für deine Gesundheit /
und erfrischt deine Glieder.
9 Ehre den Herrn mit deinem Vermögen, /
mit dem Besten von dem, was du erntest.
10 Dann füllen sich deine Scheunen mit
Korn, / deine Fässer laufen über von Wein.
11 Mein Sohn, verachte nicht die Zucht des
Herrn, / widersetz dich nicht, wenn er dich
zurechtweist.
12 Wen der Herr liebt, den züchtigt er, / wie
ein Vater seinen Sohn, den er gern hat.
13 Wohl dem Mann, der Weisheit gefun-
den, / dem Mann, der Einsicht gewonnen
hat.
14 Denn sie zu erwerben ist besser als Sil-
ber, / sie zu gewinnen ist besser als Gold.
15 Sie übertrifft die Perlen an Wert, / keine
kostbaren Steine kommen ihr gleich.
16 Langes Leben birgt sie in ihrer Rech-
ten, / in ihrer Linken Reichtum und Ehre;
17 ihre Wege sind Wege der Freude, / all
ihre Pfade führen zum Glück.
18 Wer nach ihr greift, dem ist sie ein Le-
bensbaum, / wer sie fest hält, ist glücklich zu
preisen.
19 Der Herr hat die Erde mit Weisheit ge-
gründet / und mit Einsicht den Himmel be-
festigt.
20 Durch sein Wissen brechen die tiefen
Quellen hervor / und träufeln die Wolken
den Tau herab.
21 Mein Sohn, lass beides nicht aus den Au-
gen: / Bewahre Umsicht und Besonnenheit!
22 Dann werden sie dir ein Lebensquell, /
ein Schmuck für deinen Hals;
23 dann gehst du sicher deinen Weg / und
stößt mit deinem Fuß nicht an.
24 Gehst du zur Ruhe, so schreckt dich
nichts auf, / legst du dich nieder, erquickt
dich dein Schlaf.
25 Du brauchst dich vor jähem Erschre-
cken nicht zu fürchten / noch vor dem Ver-
derben, das über die Frevler kommt.
26 Der Herr wird deine Zuversicht sein, / er
bewahrt deinen Fuß vor der Schlinge.
27 Versag keine Wohltat dem, der sie
braucht, / wenn es in deiner Hand liegt, Gu-
tes zu tun.
28 Wenn du jetzt etwas hast, / sag nicht zu
deinem Nächsten: / Geh, komm wieder, mor-
gen will ich dir etwas geben.
29 Sinne nichts Böses gegen deinen Nächs-
ten, / der friedlich neben dir wohnt.
30 Bring niemand ohne Grund vor Ge-
richt, / wenn er dir nichts Böses getan hat.
31 Beneide den Gewalttätigen nicht, / wäh-
le keinen seiner Wege;
32 denn ein Gräuel ist dem Herrn der Rän-
keschmied, / die Redlichen sind seine Freun-
de.
33 Der Fluch des Herrn fällt auf das Haus
des Frevlers, / die Wohnung der Gerechten
segnet er.
34 Die Zuchtlosen verspottet er, / den Ge-
beugten erweist er seine Gunst.
35 Die Weisen erlangen Ehre, / die Toren
aber häufen Schande auf sich.

2: 4,10 • 3: Ps 85,11 • 4: 1 Sam 2,26; Lk 2,52 • 15: 8,11 • 23: Ps 91,5–12 • 27: Sir 4,1–10 • 28: Jak 2,15f • 34: Jak 4,6; 1 Petr 5,5.

Die Mahnung zur Weisheit: 4,1–27

4 Ihr Söhne, hört auf die Mahnung des
Vaters, / merkt auf, damit ihr Einsicht
lernt;
2 denn gute Lehre gebe ich euch. / Lasst
nicht ab von meiner Weisung!
3 Als ich noch ein Knabe war bei meinem
Vater, / das zarte und einzige Kind meiner
Mutter,
4 da lehrte er mich und sagte zu mir: /
Nimm dir meine Worte zu Herzen, / folge
meinen Geboten und du wirst leben.
5 Erwirb dir Weisheit, erwirb dir Einsicht, /
vergiss sie nicht, weich nicht ab von meinen
Worten!
6 Lass nicht von ihr und sie wird dich be-
hüten, / liebe sie und sie wird dich beschüt-
zen.
7 Anfang der Weisheit ist: Erwirb dir

3,18 Der Lebensbaum im Paradies (Gen 2,9) ist Symbol für langes und glückliches Leben (vgl. 11,30; 13,12; 15,4).

3,19f Die göttliche Schöpfungsweisheit wird poetisch personifiziert (vgl. 8,22–31). Zugrunde liegt das geozentrische Weltbild der Alten.

4,4–7: Text in H und G nicht einheitlich.

Weisheit, / erwirb dir Einsicht mit deinem ganzen Vermögen!
8 Halte sie hoch, dann wird sie dich erhöhen; / sie bringt dich zu Ehren, wenn du sie umarmst.
9 Sie setzt dir einen schönen Kranz auf das Haupt, / eine prächtige Krone wird sie dir schenken.
10 Höre, mein Sohn, und nimm meine Worte an, / dann mehren sich die Jahre deines Lebens.
11 Den Weg der Weisheit zeige ich dir, / ich leite dich auf ebener Bahn.
12 Wenn du gehst, ist dein Schritt nicht beengt, / wenn du läufst, wirst du nicht straucheln.
13 Halt fest an der Zucht und lass davon nicht ab, / bewahre sie; denn sie ist dein Leben.
14 Betritt nicht den Pfad der Frevler, / beschreite nicht den Weg der Bösen!
15 Meide ihn, geh nicht auf ihm, / kehr dich von ihm ab und geh vorbei!
16 Denn sie schlafen nicht, ehe sie Böses tun; / der Schlaf flieht sie, bis sie Verbrechen begehen.
17 Sie essen das Brot des Unrechts / und trinken den Wein der Gewalttat.
18 Doch der Pfad der Gerechten / ist wie das Licht am Morgen; / es wird immer heller bis zum vollen Tag.
19 Der Weg der Frevler ist wie dunkle Nacht; / sie merken nicht, worüber sie fallen.
20 Mein Sohn, achte auf meine Worte, / neige dein Ohr meiner Rede zu!
21 Lass sie nicht aus den Augen, / bewahre sie tief im Herzen!
22 Denn Leben bringen sie dem, der sie findet, / und Gesundheit seinem ganzen Leib.
23 Mehr als alles hüte dein Herz; / denn von ihm geht das Leben aus.
24 Vermeide alle Falschheit des Mundes / und Verkehrtheit der Lippen halt von dir fern!
25 Deine Augen sollen geradeaus schauen / und deine Blicke richte nach vorn!
26 Ebne die Straße für deinen Fuß / und alle deine Wege seien geordnet.
27 Bieg nicht ab, weder rechts noch links, / halt deinen Fuß vom Bösen zurück!
5: 23,23.

Die Warnung vor der fremden Frau: 5,1–23

5 Mein Sohn, merk auf meinen weisen Rat, / neige meiner Einsicht dein Ohr zu,
2 damit du Besonnenheit bewahrst / und deine Lippen auf Klugheit achten.
3 Denn die Lippen der fremden Frau triefen von Honig, / glatter als Öl ist ihr Mund.
4 Doch zuletzt ist sie bitter wie Wermut, / scharf wie ein zweischneidiges Schwert.
5 Ihre Füße steigen zur Totenwelt hinab, / ihre Schritte gehen der Unterwelt zu.
6 Den ebenen Pfad zum Leben verfehlt sie, / sie geht krumme Wege und merkt es nicht.
7 Nun denn, ihr Söhne, hört auf mich, / weicht nicht ab von den Worten, die mein Mund spricht.
8 Halte deinen Weg von ihr fern, / komm ihrer Haustür nicht nahe!
9 Sonst schenkst du andern deine Kraft, / deine Jahre einem Rücksichtslosen;
10 sonst sättigen sich Fremde an deinem Besitz, / die Frucht deiner Arbeit / kommt in das Haus eines andern
11 und am Ende wirst du stöhnen, / wenn dein Leib und dein Fleisch dahinsiechen.
12 Dann wirst du bekennen: / Weh mir, ich habe die Zucht gehasst, / mein Herz hat die Warnung verschmäht;
13 ich habe nicht auf die Stimme meiner Erzieher gehört, / mein Ohr nicht meinen Lehrern zugeneigt.
14 Fast hätte mich alles Unheil getroffen / in der Versammlung und in der Gemeinde.
15 Trink Wasser aus deiner eigenen Zisterne, / Wasser, das aus deinem Brunnen quillt.
16 Sollen deine Quellen auf die Straße fließen, / auf die freien Plätze deine Bäche?
17 Dir allein sollen sie gehören, / kein Fremder soll teilen mit dir.
18 Dein Brunnen sei gesegnet; / freu dich der Frau deiner Jugendtage,
19 der lieblichen Gazelle, der anmutigen Gämse! / Ihre Liebkosung mache dich immerfort trunken, / an ihrer Liebe berausch dich immer wieder!
20 Warum solltest du dich an einer Fremden berauschen, / den Busen einer andern umfangen?

4,27 G und Vg fügen zwei weitere Verse an: Denn die Wege zur Rechten kennt Gott, doch krumm sind die Wege zur Linken. Er aber wird deine Pfade eben machen und deine Bahnen in Frieden geleiten.

5,1–23 Der junge Mann wird besonders oft und eindringlich vor der »fremden« Frau, d. h. der bereits verheirateten, gewarnt. In der späten Nachexilszeit setzte sich die Einehe immer mehr durch.

5,14 Auf Ehebruch stand nach Lev 20,10 und Dtn 22,22 die Todesstrafe, die von der Versammlung am Stadttor verhängt wurde (vgl. Dan 13,41).

5,15 D. h.: Begnüge dich mit deiner eigenen Frau!

21 Denn der Weg eines jeden liegt offen vor den Augen des Herrn, / er achtet auf alle seine Pfade.

22 Der Frevler verfängt sich in der eigenen Schuld, / die Stricke seiner Sünde halten ihn fest.

23 Er stirbt aus Mangel an Zucht, / wegen seiner großen Torheit stürzt er ins Verderben.

1–23: 7,1–27 • 3: Sir 26,9–27 • 5: 2,18; 7,27.

Die Weisheit im täglichen Leben: 6,1–19

6 Mein Sohn, hast du deinem Nächsten Bürgschaft geleistet, / hast du einem Fremden den Handschlag gegeben,

2 hast du dich durch deine Worte gebunden, / bist du gefangen durch deine Worte,

3 dann tu doch dies, mein Sohn: Reiß dich los; / denn du bist in die Hände deines Nächsten geraten. / Geh eilends hin und bestürm deinen Nächsten!

4 Gönne deinen Augen keinen Schlaf, / keinen Schlummer deinen Wimpern,

5 entreiß dich seiner Hand wie eine Gazelle, / wie ein Vogel der Hand des Jägers!

6 Geh zur Ameise, du Fauler, / betrachte ihr Verhalten und werde weise!

7 Sie hat keinen Meister, / keinen Aufseher und Gebieter,

8 und doch sorgt sie im Sommer für Futter, / sammelt sich zur Erntezeit Vorrat.

9 Wie lang, du Fauler, willst du noch daliegen, / wann willst du aufstehen von deinem Schlaf?

10 Noch ein wenig schlafen, / noch ein wenig schlummern, / noch ein wenig die Arme verschränken, um auszuruhen.

11 Da kommt schon die Armut wie ein Strolch über dich, / die Not wie ein zudringlicher Bettler.

12 Ein Nichtsnutz, ja ein Gauner, / wer daherkommt mit Lügen im Mund,

13 wer mit den Augen zwinkert, mit den Füßen deutet, / Zeichen gibt mit den Fingern.

14 Tücke im Herzen, stets voll böser Ränke, / zettelt er jederzeit Händel an.

15 Darum wird plötzlich das Verderben über ihn kommen, / im Nu, ohne Rettung, wird er zerschmettert.

16 Sechs Dinge sind dem Herrn verhasst, / sieben sind ihm ein Gräuel:

17 Stolze Augen, eine falsche Zunge, / Hände, die unschuldiges Blut vergießen,

18 ein Herz, das finstere Pläne hegt, / Füße, die schnell dem Bösen nachlaufen,

19 ein falscher Zeuge, der Lügen zuflüstert, / und wer Streit entfacht unter Brüdern.

1: 11,15; 17,18; 20,16; Sir 29,14–20 • 6: 30,25 • 10: 24,33f • 13: 10,10.

Die eheliche Treue: 6,20 – 7,27

20 Achte, mein Sohn, auf das Gebot deines Vaters, / missachte nicht die Lehre deiner Mutter!

21 Binde sie dir für immer aufs Herz / und winde sie dir um den Hals!

22 Wenn du gehst, geleitet sie dich, / wenn du ruhst, behütet sie dich, / beim Erwachen redet sie mit dir.

23 Denn eine Leuchte ist das Gebot / und die Lehre ein Licht, / ein Weg zum Leben sind Mahnung und Zucht.

24 Sie bewahren dich vor der Frau des Nächsten, / vor der glatten Zunge der Fremden.

25 Begehre nicht in deinem Herzen ihre Schönheit, / lass dich nicht fangen durch ihre Wimpern!

26 Einer Dirne zahlt man bis zu einem Laib Brot, / die Frau eines andern jagt dir das kostbare Leben ab.

27 Trägt man denn Feuer in seinem Gewand, / ohne dass die Kleider in Brand geraten?

28 Kann man über glühende Kohlen schreiten, / ohne sich die Füße zu verbrennen?

29 So ist es mit dem, der zur Frau seines Nächsten geht. / Keiner bleibt ungestraft, der sie berührt.

30 Verachtet man nicht den Dieb, / auch wenn er nur stiehlt, / um sein Verlangen zu stillen, weil er Hunger hat?

31 Wird er ertappt, so muss er siebenfach zahlen, / den ganzen Besitz seines Hauses geben.

32 Wer Ehebruch treibt, ist ohne Verstand, / nur wer sich selbst vernichten will, / lässt sich darauf ein.

33 Schläge und Schande bringt es ihm ein, / unaustilgbar ist seine Schmach.

34 Denn Eifersucht bringt den Ehemann in Wut, / er kennt keine Schonung am Tag der Rache.

35 Kein Sühnegeld nimmt er an; / magst du auch Geschenke häufen, er willigt nicht ein.

7 Mein Sohn, achte auf meine Worte, / meine Gebote verwahre bei dir!

6,1–5 Eine Warnung für Unerfahrene. Der Bürge kann leicht betrogen werden.

6,16–19 Ein so genannter Zahlenspruch (vgl. 30,15–33).

2 Achte auf meine Gebote, damit du am
Leben bleibst, / hüte meine Lehre wie deinen
Augapfel!
3 Binde sie dir an die Finger, / schreib sie
auf die Tafel deines Herzens!
4 Sag zur Weisheit: Du bist meine Schwes-
ter!, / und nenne die Klugheit deine Freun-
din!
5 Sie bewahrt dich vor der Frau eines an-
dern, / vor der Fremden, die verführerisch
redet.
6 Vom Fenster meines Hauses, / durch das
Gitter, habe ich ausgeschaut;
7 da sah ich bei den Unerfahrenen, / da be-
merkte ich bei den Burschen / einen jungen
Mann ohne Verstand:
8 Er ging über die Straße, bog um die
Ecke / und nahm den Weg zu ihrem Haus;
9 als der Tag sich neigte, in der Abenddäm-
merung, / um die Zeit, da es dunkel wird und
die Nacht kommt.
10 Da! Eine Frau kommt auf ihn zu, / im
Kleid der Dirnen, mit listiger Absicht;
11 voll Leidenschaft ist sie und unbändig, /
ihre Füße blieben nicht mehr im Haus;
12 bald auf den Gassen, bald auf den Plät-
zen, / an allen Straßenecken lauert sie.
13 Nun packt sie ihn, küsst ihn, / sagt zu
ihm mit keckem Gesicht:
14 Ich war zu Heilsopfern verpflichtet /
und heute erfüllte ich meine Gelübde.
15 Darum bin ich ausgegangen, dir entge-
gen, / ich habe dich gesucht und gefunden.
16 Ich habe Decken über mein Bett gebrei-
tet, / bunte Tücher aus ägyptischem Leinen;
17 ich habe mein Lager besprengt / mit
Myrrhe, Aloe und Zimt.
18 Komm, wir wollen bis zum Morgen in
Liebe schwelgen, / wir wollen die Liebeslust
kosten.
19 Denn mein Mann ist nicht zu Hause, / er
ist auf Reisen, weit fort.
20 Den Geldbeutel hat er mitgenommen, /
erst am Vollmondstag kehrt er heim.
21 So macht sie ihn willig mit viel Überre-
dung, / mit schmeichelnden Lippen verführt
sie ihn.
22 Betört folgt er ihr, / wie ein Ochse, den
man zum Schlachten führt, / wie ein Hirsch,
den das Fangseil umschlingt,
23 bis ein Pfeil ihm die Leber zerreißt; / wie
ein Vogel, der in das Netz fliegt / und nicht
merkt, dass es um sein Leben geht.
24 Darum, ihr Söhne, hört auf mich, / ach-
tet auf meine Reden!
25 Dein Herz schweife nicht ab auf ihre
Wege, / verirre dich nicht auf ihre Pfade!
26 Denn zahlreich sind die Erschlagenen, /
die sie gefällt hat; / viele sind es, die sie er-
mordet hat;
27 ihr Haus ist ein Weg zur Unterwelt, / er
führt zu den Kammern des Todes.

7,5: 2,16; 6,24 • 24: 1,8; 4,1; 5,7 • 27: 5,5; 9,18.

Die Weisheit als Gabe Gottes:
8,1 – 9,18

8 Ruft nicht die Weisheit, / erhebt nicht
die Klugheit ihre Stimme?
2 Bei der Stadtburg, auf den Straßen, / an
der Kreuzung der Wege steht sie;
3 neben den Toren, wo die Stadt beginnt, /
am Zugang zu den Häusern ruft sie laut:
4 Euch, ihr Leute, lade ich ein, / meine
Stimme ergeht an alle Menschen:
5 Ihr Unerfahrenen, werdet klug, / ihr Tö-
richten, nehmt Vernunft an!
6 Hört her! Aufrichtig rede ich. / Redlich
ist, was meine Lippen reden.
7 Die Wahrheit spricht meine Zunge, / Un-
rechtes ist meinen Lippen ein Gräuel.
8 Alle meine Worte sind recht, / keines von
ihnen ist hinterhältig und falsch.
9 Für den Verständigen sind sie alle klar /
und richtig für den, der Erkenntnis fand.
10 Nehmt lieber Bildung an als Silber, / lie-
ber Verständnis als erlesenes Gold!
11 Ja, Weisheit übertrifft die Perlen an
Wert, / keine kostbaren Steine kommen ihr
gleich.
12 Ich, die Weisheit, verweile bei der Klug-
heit, / ich entdecke Erkenntnis und guten
Rat.
13 Gottesfurcht verlangt, Böses zu has-
sen. / Hochmut und Hoffart, schlechte Ta-
ten / und einen verlogenen Mund hasse
ich.
14 Bei mir ist Rat und Hilfe; / ich bin die
Einsicht, bei mir ist Macht.
15 Durch mich regieren die Könige / und
entscheiden die Machthaber, wie es Recht
ist;
16 durch mich versehen die Herrscher ihr
Amt, / die Vornehmen und alle Verwalter des
Rechts.
17 Ich liebe alle, die mich lieben, / und wer
mich sucht, der wird mich finden.

7,66–27 Hier wird das Thema »fremde Frau« breit entfaltet. Untergang und Tod sind immer das Ende.

8,1-21 Die Weisheit tritt als Mahnrednerin auf wie in 1,20-33.

18 Reichtum und Ehre sind bei mir, / ange-
sehener Besitz und Glück;
19 meine Frucht ist besser als Gold und
Feingold, / mein Nutzen übertrifft wertvol-
les Silber.
20 Ich gehe auf dem Weg der Gerechtig-
keit, / mitten auf den Pfaden des Rechtes,
21 um denen, die mich lieben, Gaben zu
verleihen / und ihre Scheunen zu füllen.
22 Der Herr hat mich geschaffen im Anfang
seiner Wege, / vor seinen Werken in der
Urzeit;
23 in frühester Zeit wurde ich gebildet, /
am Anfang, beim Ursprung der Erde.
24 Als die Urmeere noch nicht waren, /
wurde ich geboren, / als es die Quellen noch
nicht gab, die wasserreichen.
25 Ehe die Berge eingesenkt wurden, / vor
den Hügeln wurde ich geboren.
26 Noch hatte er die Erde nicht gemacht
und die Fluren / und alle Schollen des Fest-
lands.
27 Als er den Himmel baute, war ich da-
bei, / als er den Erdkreis abmaß über den
Wassern,
28 als er droben die Wolken befestigte / und
Quellen strömen ließ aus dem Urmeer,
29 als er dem Meer seine Satzung gab / und
die Wasser nicht seinen Befehl übertreten
durften,
30 als er die Fundamente der Erde abmaß, /
da war ich als geliebtes Kind bei ihm.
Ich war seine Freude Tag für Tag / und
spielte vor ihm allezeit.
31 Ich spielte auf seinem Erdenrund / und
meine Freude war es, bei den Menschen zu
sein.
32 Nun, ihr Söhne, hört auf mich! / Wohl
dem, der auf meine Wege achtet.
33 Hört die Mahnung und werdet weise, /
lehnt sie nicht ab!
34 Wohl dem, der auf mich hört, / der Tag
für Tag an meinen Toren wacht / und meine
Türpfosten hütet.
35 Wer mich findet, findet Leben / und er-
langt das Gefallen des Herrn.
36 Doch wer mich verfehlt, der schadet sich
selbst; / alle, die mich hassen, lieben den
Tod.

9 Die Weisheit hat ihr Haus gebaut, / ihre
sieben Säulen behauen.
2 Sie hat ihr Vieh geschlachtet, ihren Wein
gemischt / und schon ihren Tisch gedeckt.
3 Sie hat ihre Mägde ausgesandt / und lädt
ein auf der Höhe der Stadtburg:
4 Wer unerfahren ist, kehre hier ein. / Zum
Unwissenden sagt sie:
5 Kommt, esst von meinem Mahl / und
trinkt vom Wein, den ich mischte.
6 Lasst ab von der Torheit, dann bleibt ihr
am Leben, / und geht auf dem Weg der Ein-
sicht!
7 Wer den Zuchtlosen tadelt, erntet
Schimpf, / wer den Frevler rügt, erntet
Schande.
8 Rüge den Zuchtlosen nicht; sonst hasst er
dich. / Rüge den Weisen, dann liebt er dich.
9 Unterrichte den Weisen, damit er noch
weiser wird; / belehre den Gerechten, damit
er dazulernt.
10 Anfang der Weisheit ist die Gottes-
furcht, / die Kenntnis des Heiligen ist Ein-
sicht.
11 Ja, durch mich werden deine Tage zahl-
reich, / nehmen die Jahre deines Lebens
zu.
12 Bist du weise, so bist du weise zum eige-
nen Nutzen, / bist du aber unbeherrscht, hast
du allein es zu tragen.
13 Frau Torheit fiebert nach Verführung; /
das ist alles, was sie versteht.
14 Sie sitzt vor der Tür ihres Hauses / auf
einem Sessel bei der Stadtburg,
15 um die Vorübergehenden einzuladen, /
die geradeaus ihre Pfade gehen:
16 Wer unerfahren ist, kehre hier ein. /
Zum Unwissenden sagt sie:
17 Süß ist gestohlenes Wasser, / heimlich
entwendetes Brot schmeckt lecker.
18 Und er weiß nicht, dass Totengeister
dort hausen, / dass ihre Gäste in den Tiefen
der Unterwelt sind.

8,1: Sir 24,1f • 11: 3,15 • 16: Weish 6,20 • 18: Weish 8,5 • 22: Weish 8,2–4 • 27–28: Ijob 28,24–27 • 9,3: 8,2 • 10: 1,7 • 12: 11,17 • 18: 7,27.

8,22–33 Zur personifizierten Weisheit des Schöpfergottes vgl. die Einleitung.
8,22a So mit S, Vg und der aramäischen Übersetzung; andere Übersetzungsmöglichkeit: als Erstling seiner Schöpfungswerke.

9,1–18: Die Personifikation der Weisheit – auch der Torheit – wird beibehalten; beide laden zum Gastmahl ein. Dazwischen sind später zweimal drei Lehrsprüche (VV. 7–12) eingeschoben worden.

DIE ERSTE SALOMONISCHE SPRUCHSAMMLUNG: 10,1 – 22,16

10 Sprichwörter Salomos:
Ein kluger Sohn macht dem Vater Freude, / ein dummer Sohn ist der Kummer seiner Mutter.
2 Unrecht Gut gedeiht nicht, / Gerechtigkeit aber rettet vor dem Tod.
3 Das Verlangen des Gerechten sättigt der Herr, / die Gier der Frevler stößt er zurück.
4 Lässige Hand bringt Armut, / fleißige Hand macht reich.
5 Wer im Sommer sammelt, ist ein kluger Mensch; / in Schande gerät, wer zur Erntezeit schläft.
6 Segen ruht auf dem Haupt des Gerechten, / im Mund der Frevler versteckt sich Gewalttat.
7 Das Andenken des Gerechten ist gesegnet, / der Name der Frevler vermodert.
8 Verständiger Sinn nimmt die Gebote an, / wer Törichtes redet, kommt zu Fall.
9 Wer aufrichtig seinen Weg geht, geht sicher, / wer krumme Wege geht, wird durchschaut.
10 Wer mit den Augen zwinkert, schafft Leid, / wer offen tadelt, stiftet Frieden.
11 Der Mund des Gerechten ist ein Lebensquell, / im Mund der Frevler versteckt sich Gewalttat.
12 Hass weckt Streit, / Liebe deckt alle Vergehen zu.
13 Auf den Lippen des Einsichtigen findet man Weisheit, / auf den Rücken des Unverständigen passt der Stock.
14 Weise verbergen ihr Wissen, / der Mund des Toren ist drohendes Verderben.
15 Dem Reichen ist seine Habe eine feste Burg, / dem Armen bringt seine Armut Verderben.
16 Der Besitz des Gerechten führt zum Leben, / das Einkommen des Frevlers zur Sünde.
17 Den Weg zum Leben geht, wer Zucht bewahrt; / wer Warnung missachtet, geht in die Irre.
18 Wer Hass verbirgt, heuchelt; / wer Verleumdung ausstreut, ist ein Tor.
19 Bei vielem Reden bleibt die Sünde nicht aus, / wer seine Lippen zügelt, ist klug.
20 Erlesenes Silber ist die Zunge des Gerechten, / das Sinnen des Frevlers ist wenig wert.
21 Die Lippen des Gerechten leiten viele, / die Toren sterben an Unverstand.
22 Der Segen des Herrn macht reich, / eigene Mühe tut nichts hinzu.
23 Des Toren Freude ist es, Böses zu tun, / des Verständigen Freude, weise zu sein.
24 Was der Frevler fürchtet, kommt über ihn, / was die Gerechten ersehnen, wird ihnen zuteil.
25 Wenn der Sturm daherbraust, ist der Frevler verloren, / der Gerechte ist fest gegründet für immer.
26 Wie Essig für die Zähne und Rauch für die Augen / ist der Faule für den, der ihn schickt.
27 Gottesfurcht bringt langes Leben, / doch die Jahre der Frevler sind verkürzt.
28 Die Hoffnung der Gerechten blüht auf, / die Erwartung der Frevler wird zunichte.
29 Dem Schuldlosen ist der Herr eine Zuflucht, / Verderben aber den Übeltätern.
30 Der Gerechte wird niemals wanken, / doch die Frevler bleiben nicht im Land wohnen.
31 Der Mund des Gerechten bringt Weisheit hervor, / eine Zunge voll Falschheit aber wird abgeschnitten.
32 Die Lippen des Gerechten achten auf das, was gefällt, / der Mund der Frevler aber auf das, was verkehrt ist.

10: 6,13; 16,30 • 13: 19,29; 26,3 • 24: Ps 7,4–6; Weish 11,16 • 25: Mt 7,24–27

11 Falsche Waage ist dem Herrn ein Gräuel, / volles Gewicht findet sein Gefallen.
2 Kommt Übermut, kommt auch Schande, / doch bei den Bescheidenen ist die Weisheit zu Hause.
3 Die Redlichen leitet ihre Lauterkeit, / die Verräter richtet ihre Falschheit zugrunde.
4 Reichtum hilft nicht am Tag des Zorns, / Gerechtigkeit aber rettet vor dem Tod.

10,1f Im Unterschied zum Vorausgehenden folgen nun in der ersten salomonischen Sammlung 375 Sprichwörter, größtenteils Zweizeiler in dichterischem Parallelismus. Ihr Alter reicht von König Salomo (etwa 930 v. Chr.) bis zum letzten nachexilischen Redaktor (um 200 v. Chr.). Wahrscheinlich liegen zwei Teilsammlungen vor: 10,1 – 15,33 und 16,1 – 22,16. – 10,1b lautet genau wie 15,20a, 2b wie 11,4b. Die ältesten Sprichwörter bestanden wohl nur aus Einzeilern.

10,2b Gerechtigkeit, andere Übersetzungsmöglichkeit: Mildtätigkeit (vgl. Sir 3,30b; Tob 4,10f; 12,9).

10,4 Vg schiebt noch ein (= G hinter 9,12): Wer sich aufs Lügen stützt, der weidet Wind; er jagt hinter fliegenden Vögeln her.

10,10b So nach G.

5 Dem Lauteren ebnet seine Gerechtigkeit den Weg, / der Frevler aber kommt durch seine Bosheit zu Fall.

6 Die Redlichen rettet ihre Gerechtigkeit, / die Verräter schlägt ihre eigene Gier in Fesseln.

7 Beim Tod des Frevlers wird sein Hoffen zunichte, / die falsche Erwartung schwindet dahin.

8 Der Gerechte wird aus der Not gerettet, / an seine Stelle tritt der Böse.

9 Vom Mund des Ruchlosen droht dem Nächsten Verderben, / die Gerechten befreien sich durch ihre Umsicht.

10 Wenn es dem Gerechten gut geht, freut sich die Stadt; / sie jubelt beim Untergang der Frevler.

11 Eine Stadt kommt hoch durch den Segen der Redlichen, / durch den Mund der Frevler wird sie niedergerissen.

12 Wer den Nächsten verächtlich macht, / ist ohne Verstand, / doch ein kluger Mensch schweigt.

13 Wer als Verleumder umhergeht, / gibt Geheimnisse preis, / der Verlässliche behält eine Sache für sich.

14 Fehlt es an Führung, kommt ein Volk zu Fall, / Rettung ist dort, wo viele Ratgeber sind.

15 Wer für einen Fremden bürgt, ist übel daran; / wer den Handschlag ablehnt, geht sicher.

16 Eine liebenswerte Frau kommt zu Ehren, / Sitz der Schande ist ein Weib, das gute Sitten hasst. / Die Faulen bringen es zu nichts, / wer fleißig ist, kommt zu Reichtum.

17 Die Güte eines Menschen kommt ihm selbst zugute, / der Hartherzige schneidet sich ins eigene Fleisch.

18 Der Frevler erzielt trügerischen Gewinn, / wer Gerechtigkeit sät, hat beständigen Ertrag.

19 Wer in der Gerechtigkeit fest steht, erlangt das Leben, / wer dem Bösen nachjagt, den Tod.

20 Verkehrte Menschen sind dem Herrn ein Gräuel, / er hat Gefallen an denen, die den rechten Weg gehen.

21 Gewiss, der Böse bleibt nicht ungestraft, / doch die Söhne der Gerechten werden gerettet.

22 Ein goldener Ring im Rüssel eines Schweins / ist ein Weib, schön, aber sittenlos.

23 Das Begehren der Gerechten führt zu vollem Glück, / die Hoffnung der Frevler endet im Zorngericht.

24 Mancher teilt aus und bekommt immer mehr, / ein anderer kargt übers Maß und wird doch ärmer.

25 Wer wohltätig ist, wird reich gesättigt, / wer andere labt, wird selbst gelabt.

26 Wer Getreide zurückhält, den verwünschen die Leute, / wer Korn auf den Markt bringt, auf dessen Haupt kommt Segen.

27 Wer Gutes erstrebt, sucht das Gefallen Gottes; / wer nach dem Bösen trachtet, den trifft es.

28 Wer auf seinen Reichtum vertraut, der fällt, / die Gerechten aber sprossen wie grünes Laub.

29 Wer sein Haus verkommen lässt, erntet Wind, / und der Tor wird Sklave des Weisen.

30 Die Frucht der Gerechtigkeit ist ein Lebensbaum, / Gewalttat raubt die Lebenskraft.

31 Wird dem Gerechten vergolten auf der Erde, / dann erst recht dem Frevler und Sünder.

1: Dtn 25,13–16 • 13: 20,19; Sir 27,17 • 14: 13,10; Sir 37,7–14 • 15: 6,1–5 • 17: 9,12 • 19: 12,28; Dtn 30,15f • 21: 16,5; Ps 112,2 • 24: Ps 37,21f • 29: Koh 2,11 • 31: 1 Petr 4,18.

12 Wer Zucht liebt, liebt Erkenntnis, / wer Zurechtweisung hasst, ist dumm.

2 Der Gute findet Gefallen beim Herrn, / den Heimtückischen aber spricht er schuldig.

3 Wer unrecht tut, hat keinen Bestand, / doch die Wurzel der Gerechten sitzt fest.

4 Eine tüchtige Frau ist die Krone ihres Mannes, / eine schändliche ist wie Fäulnis in seinen Knochen.

5 Die Gedanken der Gerechten trachten nach Recht, / die Pläne der Frevler sind auf Betrug aus.

6 Die Reden der Frevler sind ein Lauern auf Blut, / die Redlichen rettet ihr Mund.

7 Die Frevler werden gestürzt und sind dahin, / das Haus der Gerechten hat Bestand.

8 Nach dem Maß seiner Klugheit wird ein jeder gelobt, / verkehrter Sinn fällt der Verachtung anheim.

9 Besser unbeachtet bleiben / und seine Arbeit verrichten, / als großtun und kein Brot haben.

10 Der Gerechte weiß, was sein Vieh braucht, / doch das Herz der Frevler ist hart.

11,7 Text unsicher, da in G abweichend. 11,16 So nach G. 11,30b So nach G.

11 Wer sein Feld bestellt, wird satt von
Brot, / wer nichtigen Dingen nachjagt, ist
ohne Verstand.
12 Schwankender Lehm ist die Burg der
Bösen, / die Wurzel der Gerechten hat festen
Grund.
13 Der Böse verfängt sich im Lügenge-
spinst, / der Gerechte entkommt der Be-
drängnis.
14 Von der Frucht seines Mundes wird der
Mensch reichlich gesättigt, / nach dem Tun
seiner Hände wird ihm vergolten.
15 Der Tor hält sein eigenes Urteil für rich-
tig, / der Weise aber hört auf Rat.
16 Der Tor zeigt sogleich seinen Ärger, /
klug ist, wer Schimpfworte einsteckt.
17 Wer Wahrheit spricht, sagt aus, was
recht ist, / der falsche Zeuge aber betrügt.
18 Mancher Leute Gerede verletzt wie
Schwertstiche, / die Zunge der Weisen bringt
Heilung.
19 Ein Mund, der die Wahrheit sagt, / hat
für immer Bestand, / eine lügnerische Zunge
nur einen Augenblick.
20 Wer auf Böses sinnt, betrügt sich
selbst, / wer heilsamen Rat gibt, erntet
Freude.
21 Kein Unheil trifft den Gerechten, / doch
die Frevler erdrückt das Unglück.
22 Lügnerische Lippen sind dem Herrn ein
Gräuel, / doch wer zuverlässig ist in seinem
Tun, der gefällt ihm.
23 Ein kluger Mensch verbirgt sein Wis-
sen, / das Herz der Toren schreit die Narr-
heit hinaus.
24 Die Hand der Fleißigen erringt die Herr-
schaft, / die lässige Hand muss Frondienste
leisten.
25 Kummer im Herzen bedrückt den Men-
schen, / ein gutes Wort aber heitert ihn
auf.
26 Der Gerechte findet fette Weide, / der
Weg der Frevler führt in die Irre.
27 Bequemlichkeit erjagt sich kein Wild, /
kostbare Güter erlangt der Fleißige.
28 Der Pfad der Gerechtigkeit führt zum
Leben, / der Weg der Abtrünnigen führt zum
Tod.

4: 31,11f • 10: Dtn 25,4; Sir 7,22 • 11: 28,19 • 18: Ps 57,5.

13 Ein weiser Sohn ist die Frucht der
Erziehung des Vaters, / der zuchtlose
aber hört nicht auf Mahnung.
2 Von der Frucht seiner Worte zehrt der
Gute, / aber die Verräter begehren Gewalt-
tat.
3 Wer seine Lippen hütet, bewahrt sein Le-
ben, / wer seinen Mund aufreißt, den trifft
Verderben.
4 Das Verlangen des Faulen regt sich ver-
gebens, / das Verlangen der Fleißigen wird
befriedigt.
5 Verlogene Worte hasst der Gerechte, /
der Frevler handelt schändlich und schimpf-
lich.
6 Gerechtigkeit behütet den Schuldlosen
auf seinem Weg, / Frevler bringt die Sünde
zu Fall.
7 Mancher stellt sich reich und hat doch
nichts, / ein anderer stellt sich arm und hat
großen Besitz.
8 Der Reichtum eines Mannes ist das Löse-
geld für sein Leben, / der Arme jedoch hört
nichts von Loskauf.
9 Das Licht der Gerechten strahlt auf, / die
Lampe der Frevler erlischt.
10 Der Leichtsinnige stiftet aus Übermut
Zank, / doch wer sich beraten lässt, der ist
klug.
11 Schnell errafftes Gut schwindet
schnell, / wer Stück für Stück sammelt, wird
reich.
12 Hingehaltene Hoffnung macht das Herz
krank, / erfülltes Verlangen ist ein Lebens-
baum.
13 Wer gute Worte missachtet, erleidet
Schaden, / wer Ehrfurcht hat vor dem Gebot,
bleibt unversehrt.
14 Die Lehre des Weisen ist ein Lebens-
quell, / um den Schlingen des Todes zu ent-
gehen.
15 Rechte Einsicht bringt Gunst, / aber den
Verrätern bringt ihr Verhalten den Unter-
gang.
16 Der Kluge tut alles mit Überlegung, /
der Tor verbreitet nur Dummheit.
17 Ein gewissenloser Bote richtet Unheil
an, / ein zuverlässiger Bote bringt Heilung.
18 Armut und Schande erntet ein Verächter
der Zucht, / doch wer Tadel beherzigt, wird
geehrt.
19 Ein erfüllter Wunsch tut dem Herzen
wohl, / vom Bösen zu lassen ist dem Toren
ein Gräuel.
20 Wer mit Weisen unterwegs ist, wird wei-
se, / wer mit Toren verkehrt, dem geht es
übel.
21 Unglück verfolgt die Sünder, / den Ge-

12,12 Text verderbt; die alten Übersetzungen sind kaum verständlich.

12,26–28 Der Text ist schlecht erhalten und darum schwer zu deuten.

13,13 Vg schiebt hier (G hinter V. 9) ein: Trügerische Seelen irren in Sünden; die Gerechten aber haben Mitleid und Erbarmen.

rechten wird mit Gutem vergolten.
22 Der Gute hinterlässt seinen Enkeln das
Erbe, / der Besitz des Sünders wird für den
Gerechten aufgespart.
23 In der Hand der Vornehmen ist reichlich
Nahrung, / der Arme wird zu Unrecht dahin-
gerafft.
24 Wer die Rute spart, hasst seinen Sohn, /
wer ihn liebt, nimmt ihn früh in Zucht.
25 Der Gerechte hat zu essen, bis sein Hun-
ger gestillt ist, / der Bauch der Frevler aber
muss darben.

14: 14,27 • 22: Ijob 27,13–17 • 24: 29,17.

14 Frau Weisheit hat ihr Haus gebaut, /
die Torheit reißt es nieder mit eige-
nen Händen.
2 Wer geradeaus seinen Weg geht, fürchtet
den Herrn, / wer krumme Wege geht, verach-
tet ihn.
3 Im Mund des Toren ist eine Rute für sei-
nen Rücken, / den Weisen behüten seine Lip-
pen.
4 Wo keine Ochsen sind, bleibt die Krippe
leer, / reicher Ertrag kommt durch die Kraft
des Stieres.
5 Ein zuverlässiger Zeuge lügt nicht, / aber
ein falscher Zeuge flüstert Lügen zu.
6 Der Zuchtlose sucht Weisheit, doch ver-
gebens, / dem Verständigen fällt die Er-
kenntnis leicht.
7 Tritt einem törichten Mann gegenüber /
und du erfährst keine verständigen Worte.
8 Die Weisheit des Klugen gibt ihm Ein-
sicht in seinen Weg, / aber die Dummheit der
Toren führt zu Täuschung.
9 In den Zelten der Toren wohnt Schuld, /
das Haus der Rechtschaffenen findet Gefal-
len.
10 Das Herz allein kennt seinen Kummer, /
auch in seine Freude mischt sich kein Frem-
der.
11 Das Haus der Frevler wird zertrüm-
mert, / das Zelt der Redlichen gedeiht.
12 Manch einem scheint sein Weg der rech-
te, / aber am Ende sind es Wege des Todes.
13 Auch beim Lachen kann ein Herz lei-
den, / das Ende der Freude ist Gram.
14 Dem Untreuen werden seine Vergehen
vergolten, / dem guten Menschen seine edlen
Taten.
15 Der Unerfahrene traut jedem Wort, / der
Kluge achtet auf seinen Schritt.
16 Der Weise hat Scheu und meidet das
Böse, / der Tor lässt sich gehen und ist ver-
messen.
17 Der Zornige handelt töricht, / der Rän-
keschmied ist verhasst.
18 Die Unerfahrenen verfallen der Tor-
heit, / die Klugen krönen sich mit Erkennt-
nis.
19 Die Bösen müssen sich bücken vor den
Guten / und die Frevler an der Tür des Ge-
rechten.
20 Selbst seinem Nächsten ist der Arme
verhasst, / der Reiche aber hat viele Freun-
de.
21 Wer seinen Nächsten verachtet, sün-
digt; / wohl dem, der Erbarmen hat mit den
Notleidenden.
22 Gewiss geht in die Irre, wer Böses plant; /
Liebe und Treue erlangt, wer Gutes plant.
23 Jede Arbeit bringt Erfolg, / leeres Ge-
schwätz führt nur zu Mangel.
24 Die Krone der Weisen ist ihre Klug-
heit, / der Kranz der Toren ist ihre Narr-
heit.
25 Ein verlässlicher Zeuge rettet Leben, /
wer Lügen zuflüstert, der täuscht.
26 Der Gottesfürchtige hat feste Zuver-
sicht, / noch seine Söhne haben eine Zu-
flucht.
27 Die Gottesfurcht ist ein Lebensquell, /
um den Schlingen des Todes zu entgehen.
28 Viel Volk ist der Glanz des Königs, / we-
nig Leute sind des Fürsten Untergang.
29 Der Langmütige ist immer der Klügere, /
der Jähzornige treibt die Torheit auf die
Spitze.
30 Ein gelassenes Herz bedeutet Leben für
den Leib, / doch Knochenfraß ist die Leiden-
schaft.
31 Wer den Geringen bedrückt, schmäht
dessen Schöpfer, / ihn ehrt, wer Erbarmen
hat mit dem Bedürftigen.
32 Durch seine Bosheit wird der Frevler
gestürzt, / der Gerechte findet Zuflucht in
seiner Redlichkeit.
33 Im Herzen des Verständigen ruht Weis-
heit, / im Innern der Toren ist sie nicht be-
kannt.
34 Gerechtigkeit erhöht ein Volk, / der Völ-
ker Schmach ist die Sünde.
35 Die Gunst des Königs ruht auf dem klu-
gen Diener, / den schändlichen aber trifft
sein Zorn.

3: 26,3 • 12: 16,25; Sir 21,10; Mt 7,13 • 19: Lk 16,24–31 • 20: 19,4; Sir 13,21–23 • 21: Mt 5,7 • 27: 13,14 • 31: 17,5.

13,23 Text unsicher.
14,9 Text unsicher; korr. nach G.
14,17b Nach S wäre die Antithese zu lesen: der Besonnene aber bleibt ruhig.
14,24 Text und Übersetzung unsicher.
14,32b Redlichkeit: nach G; H und Vg kaum richtig: in seinem Tod.

15 Eine sanfte Antwort dämpft die Erregung, / eine kränkende Rede reizt zum Zorn.
2 Die Zunge der Weisen verkündet Erkenntnis, / der Mund der Narren sprudelt Torheit hervor.
3 An jedem Ort sind die Augen des Herrn, / sie wachen über Gute und Böse.
4 Eine sanfte Zunge ist ein Lebensbaum, / eine falsche Zunge bricht das Herz.
5 Der Tor verschmäht die Zucht seines Vaters, / wer auf Zurechtweisung achtet, ist klug.
6 Im Haus des Gerechten gibt es reichen Vorrat, / was der Frevler erwirbt, wird zerschlagen.
7 Die Lippen der Weisen streuen Erkenntnis aus, / das Herz der Toren ist verkehrt.
8 Das Opfer der Frevler ist dem Herrn ein Gräuel, / am Gebet der Rechtschaffenen aber hat er Gefallen.
9 Ein Gräuel ist dem Herrn der Weg des Frevlers, / wer aber der Gerechtigkeit nachjagt, den liebt er.
10 Schlimme Strafe trifft den, der den rechten Pfad verlässt, / wer Zurechtweisung hasst, muss sterben.
11 Totenreich und Unterwelt liegen offen vor dem Herrn, / wie viel mehr die Herzen der Menschen.
12 Ein Zuchtloser liebt es nicht, dass man ihn rügt, / zu weisen Menschen begibt er sich nicht.
13 Ein fröhliches Herz macht das Gesicht heiter, / Kummer im Herzen bedrückt das Gemüt.
14 Das Herz des Verständigen sucht Erkenntnis, / der Mund der Toren ergeht sich in Torheit.
15 Der Bedrückte hat lauter böse Tage, / der Frohgemute hat ständig Feiertag.
16 Besser wenig in Gottesfurcht / als reiche Schätze und keine Ruhe.
17 Besser ein Gericht Gemüse, wo Liebe herrscht, / als ein gemästeter Ochse und Hass dabei.
18 Ein hitziger Mensch erregt Zank, / ein langmütiger besänftigt den Streit.
19 Der Weg des Faulen ist wie ein Dornengestrüpp, / der Pfad der Redlichen aber ist gebahnt.
20 Ein kluger Sohn macht dem Vater Freude, / nur ein törichter Mensch verachtet seine Mutter.
21 Torheit macht dem Unverständigen Freude, / der einsichtige Mann geht den geraden Weg.
22 Wo es an Beratung fehlt, da scheitern die Pläne, / wo viele Ratgeber sind, gibt es Erfolg.
23 Jeden freut es, wenn er (kluge) Antwort geben kann, / und wie gut ist doch ein Wort zur rechten Zeit.
24 Einen Lebenspfad zur Höhe gibt es für den Klugen, / damit er der Totenwelt drunten entgeht.
25 Das Haus der Stolzen reißt der Herr nieder, / den Grenzstein der Witwe aber macht er fest.
26 Die Pläne des Bösen sind dem Herrn ein Gräuel, / aber freundliche Reden gefallen ihm.
27 Wer sich durch Raub bereichert, zerstört sein Haus, / wer Bestechung von sich weist, wird lange leben.
28 Der Gerechte überlegt sich im Herzen jede Antwort, / aber der Mund der Frevler sprudelt Schlechtes hervor.
29 Fern ist der Herr den Frevlern, / doch das Gebet der Gerechten hört er.
30 Strahlende Augen erfreuen das Herz, / frohe Kunde labt den Leib.
31 Ein Ohr, das auf heilsame Mahnungen hört, / hält sich unter den Weisen auf.
32 Wer Zucht abweist, verachtet sich selbst; / wer aber auf Mahnungen hört, erwirbt Verstand.
33 Gottesfurcht erzieht zur Weisheit / und Demut geht der Ehre voran.

8: 21,27; Sir 7,9 • 11: Ps 139,8; Sir 42,18 • 13: Sir 13,25f • 16: 17,1; Ps 37,16 • 23: 25,11 • 25: Dtn 19,14 • 27: Jes 1,23 • 28: 19,28.

16 Der Mensch entwirft die Pläne im Herzen, / doch vom Herrn kommt die Antwort auf der Zunge.
2 Jeder meint, sein Verhalten sei fehlerlos, / doch der Herr prüft die Geister.
3 Befiehl dem Herrn dein Tun an, / so werden deine Pläne gelingen.
4 Alles hat der Herr für seinen Zweck erschaffen, / so auch den Frevler für den Tag des Unheils.

15,16 Solche Lehrsätze zeigen, dass der materielle Nutzen der Weisheit, der zwar öfter hervorgehoben wird, nicht das höchste Glück ausmacht.

15,26b gefallen ihm, wörtlich: sind rein; »rein« ist kultischer Ausdruck, Gegensatz zu »Gräuel«.

15,28 Die Beherrschung der Zunge ist ein Lieblingsthema der Weisen.

16,4b Kurze und überspitzte Redeweise des Volksmunds.

5 Ein Gräuel ist dem Herrn jeder Hochmü-
tige, / er bleibt gewiss nicht ungestraft.
6 Durch Liebe und Treue wird Schuld ge-
sühnt, / durch Gottesfurcht weicht man dem
Bösen aus.
7 Gefallen dem Herrn die Wege eines Men-
schen, / so versöhnt er auch seine Feinde mit
ihm.
8 Besser wenig und gerecht / als viel Besitz
und Unrecht.
9 Des Menschen Herz plant seinen Weg, /
doch der Herr lenkt seinen Schritt.
10 Gottesentscheid kommt von den Lippen
des Königs, / sein Mund verfehlt sich nicht,
wenn er ein Urteil fällt.
11 Rechte Waage und Waagschalen sind
Sache des Herrn, / sein Werk sind alle Ge-
wichtssteine im Beutel.
12 Frevlerisches Tun ist Königen ein Gräu-
el, / denn ein Thron steht fest durch Gerech-
tigkeit.
13 Gerechte Lippen gefallen dem König, /
wer aufrichtig redet, den liebt er.
14 Des Königs Grimm gleicht Todesbo-
ten, / aber ein Weiser kann ihn besänfti-
gen.
15 Im leuchtenden Gesicht des Königs liegt
Leben, / sein Wohlwollen gleicht der Regen-
wolke im Frühjahr.
16 Weisheit erwerben ist besser als Gold, /
Einsicht erwerben vortrefflicher als Silber.
17 Böses zu meiden ist das Ziel der Recht-
schaffenen; / wer auf seinen Weg achtet, be-
wahrt sein Leben.
18 Hoffart kommt vor dem Sturz / und
Hochmut kommt vor dem Fall.
19 Besser bescheiden sein mit Demütigen, /
als Beute teilen mit Stolzen.
20 Wer auf das Wort des Herrn achtet, fin-
det Glück; / wohl dem, der auf ihn vertraut.
21 Wer ein weises Herz hat, den nennt man
verständig, / gefällige Rede fördert die Be-
lehrung.
22 Wer Verstand besitzt, dem ist er ein Le-
bensquell, / die Strafe der Toren ist die Tor-
heit selbst.
23 Das Herz des Weisen macht seinen
Mund klug, / es mehrt auf seinen Lippen die
Belehrung.
24 Freundliche Worte sind wie Wabenho-
nig, / süß für den Gaumen, heilsam für den
Leib.
25 Manch einem scheint sein Weg der rech-
te, / aber am Ende sind es Wege des Todes.
26 Der Hunger des Arbeiters arbeitet für
ihn, / denn sein Mund treibt ihn an.
27 Ein Taugenichts ist ein Ofen voll Un-
heil, / auf seinen Lippen ist es wie sengen-
des Feuer.
28 Ein tückischer Mensch erregt Streit, /
ein Verleumder entzweit Freunde.
29 Der Gewalttätige verführt seinen
Nächsten, / er bringt ihn auf einen Weg, der
nicht gut ist.
30 Wer mit den Augen zwinkert, sinnt auf
Tücke; / wer die Lippen verzieht, hat das
Böse schon vollbracht.
31 Graues Haar ist eine prächtige Krone, /
auf dem Weg der Gerechtigkeit findet man
sie.
32 Besser ein Langmütiger als ein Kriegs-
held, / besser, wer sich selbst beherrscht, als
wer Städte erobert.
33 Im Bausch des Gewandes schüttelt man
das Los, / doch jede Entscheidung kommt al-
lein vom Herrn.

2: 21,2 • 3: Ps 37,5; 1 Petr 5,7 • 5: 11,21 • 8: 15,16 • 10: 25,2 • 11: Mi 6,11 • 12: 25,5 • 14: 19,12 • 21: Sir 6,5 • 25: 14,12 • 26: Koh 6,7 • 30: 6,13; 10,10 • 33: 18,18; 1 Sam 14,41f.

17 Besser ein trockenes Stück Brot und
Ruhe dabei / als ein Haus voll Braten
und dabei Streit.
2 Ein kluger Knecht wird Herr über einen
missratenen Sohn / und mit den Brüdern
teilt er das Erbe.
3 Der Schmelztiegel ist für Silber da, der
Ofen für Gold, / die Herzen aber prüft der
Herr.
4 Der Übeltäter achtet auf böse Lippen, /
der Lügner horcht hin auf eine verderbte
Zunge.
5 Wer den Armen verspottet, schmäht des-
sen Schöpfer, / wer sich über ein Unglück
freut, bleibt nicht ungestraft.
6 Eine Krone der Alten sind Kindeskin-
der, / der Kinder Ruhm sind ihre Väter.
7 Dem Toren stehen hochtönende Worte
nicht an, / noch viel weniger dem Edlen die
Sprache der Lüge.
8 Bestechungsgeld ist ein Zauberstein in
den Augen des Gebers; / wohin er sich wen-
det, hat er Erfolg.
9 Wer Fehler zudeckt, sucht Freund-
schaft; / wer eine Sache weiterträgt, trennt
Freunde.
10 Tadel erschüttert einen Verständigen
mehr / als hundert Schläge einen Toren.
11 Der Böse trachtet nach Aufruhr, / aber
ein strenger Gerichtsbote wird gegen ihn
ausgesandt.
12 Lieber einer Bärin begegnen, der man
die Jungen geraubt hat, / als einem Toren in
seinem Unverstand.

16,15b Im März und April fällt der sehnlichst erwartete »Spätregen«.

13 Vergilt einer Gutes mit Bösem, / weicht das Unheil nicht von seinem Haus.

14 Wer Streit anfängt, entfesselt eine Wasserflut, / drum halt ein, ehe der Zank ausbricht.

15 Wer Schuldige freispricht / und wer Unschuldige verurteilt, / beide sind dem Herrn ein Gräuel.

16 Wozu denn Geld in der Hand des Toren? / Etwa um Weisheit zu kaufen, da ihm doch der Verstand fehlt?

17 Der Freund erweist zu jeder Zeit Liebe, / als Bruder für die Not ist er geboren.

18 Ohne Verstand ist, wer Handschlag leistet, / wer Bürgschaft übernimmt für einen andern.

19 Verbrechen liebt, wer Streit liebt; / wer seine Tür zu hoch macht, will den Einsturz.

20 Wer ein unaufrichtiges Herz hat, findet kein Glück, / wer sich beim Reden verstellt, stürzt ins Unheil.

21 Wer einen Toren zeugt, dem bringt es Gram; / der Vater eines Narren kann sich nicht freuen.

22 Ein fröhliches Herz tut dem Leib wohl, / ein bedrücktes Gemüt lässt die Glieder verdorren.

23 Bestechung aus dem Gewandbausch nimmt der Frevler an, / um die Pfade des Rechts zu verkehren.

24 Vor dem Blick des Verständigen steht Weisheit, / doch die Augen des Toren schweifen bis ans Ende der Erde.

25 Ein törichter Sohn bereitet seinem Vater Verdruss / und Kummer seiner Mutter, die ihn geboren hat.

26 Schon eine Geldstrafe für den Unschuldigen ist nicht gut, / aber Edle schlagen zu lassen ist gegen das Recht.

27 Wer sich zurückhält beim Reden hat tiefe Einsicht, / wer kühl überlegt, ist ein verständiger Mann.

28 Auch ein Tor kann als weise gelten, wenn er schweigt, / als einsichtig, wenn er seine Lippen verschließt.

1: 15,16f • 3: 1 Petr 1,7 • 5: 14,31 • 8: 18,16 • 17: 18,24; Sir 37,5 • 18: 6,1–5 • 23: 21,14 • 25: 19,13; Sir 16,1–3 • 27: Sir 20,6–8.

18 Der Abtrünnige sucht nach einem Vorwand, / um loszubrechen mit aller Gewalt.

2 Der Tor hat kein Gefallen an Einsicht, / vielmehr daran, sein Herz zur Schau zu stellen.

3 Kommt Frevel, kommt auch Verachtung / und mit der Schandtat die Schmach.

4 Tiefe Wasser sind die Worte aus dem Mund eines Menschen, / ein sprudelnder Bach, eine Quelle der Weisheit.

5 Es ist nicht gut, einen Schuldigen zu begünstigen / und den Unschuldigen abzuweisen vor Gericht.

6 Die Lippen des Toren beginnen Streit, / sein Mund schreit nach Schlägen.

7 Dem Toren wird sein Mund zum Verderben; / seine Lippen werden ihm selbst zur Falle.

8 Die Worte des Verleumders sind wie Leckerbissen, / sie gleiten hinab in die Kammern des Leibes.

9 Wer lässig ist bei seiner Arbeit, / ist schon ein Bruder des Mörders.

10 Ein fester Turm ist der Name des Herrn, / dorthin eilt der Gerechte und ist geborgen.

11 Für den Reichen ist sein Vermögen wie eine feste Stadt, / wie eine hohe Mauer – in seiner Einbildung.

12 Vor dem Sturz ist das Herz des Menschen überheblich, / aber der Ehre geht Demut voran.

13 Gibt einer Antwort, bevor er gehört hat, / ist es Torheit und Schande für ihn.

14 Der Geist des Menschen überwindet die Krankheit, / doch einen zerschlagenen Geist, wer kann den aufrichten?

15 Das Herz des Verständigen erwirbt sich Erkenntnis, / das Ohr der Weisen sucht Erkenntnis.

16 Geschenke schaffen dem Geber Raum / und geleiten ihn vor die Großen.

17 Recht bekommt in seinem Streitfall der Erste, / aber dann kommt der andere und geht der Sache nach.

18 Streitigkeiten beendet das Los, / es entscheidet zwischen Mächtigen.

19 Ein getäuschter Bruder ist verschlossener als eine Festung, / Streitigkeiten sind wie der Sperrriegel einer Burg.

20 Von der Frucht seines Mundes wird ein jeder satt, / vom Ertrag seiner Lippen wird er gesättigt.

21 Tod und Leben stehen in der Macht der Zunge; / wer sie liebevoll gebraucht, genießt ihre Frucht.

17,23a Die bauschigen Falten des Gewands über der Brust dienten als Tasche.

18,1a einem Vorwand: nach G; H: einer Begierde.

18,2b Herz: kann Denkweise und überhaupt das Innere bedeuten.

18,14 Zugrunde liegt wohl die Einsicht, dass physische Leiden leichter heilbar sind als psychische.

Rembrandt van Rijn (1606–1669)
Sarah erwartet Tobias in der Hochzeitsnacht, 164(?)
Leinwand, 81,1 × 67,8 cm
National Gallery, Edinburgh
Foto: Joachim Blauel, Artothek, Peissenberg

22 Wer eine Frau gefunden, hat Glück gefunden / und das Gefallen des Herrn erlangt.
23 Flehentlich redet der Arme, / der Reiche aber antwortet mit Härte.
24 Manche Freunde führen ins Verderben, / manch ein lieber Freund ist anhänglicher als ein Bruder.

8: 26,22 • 9: 28,24 • 10: Ps 61,4 • 11: 10,15 • 12: 16,18; 15,33 • 13: Sir 32,7–9 • 16: 17,8; 21,14 • 18: 16,33.

19 Besser ein Armer, der schuldlos seinen Weg geht,
als einer mit verlogenen Lippen, der ein Tor ist.
2 Schon unvernünftige Begierde ist nicht gut, / und wer hastig rennt, tritt fehl.
3 Die Torheit verdirbt dem Menschen den Weg / und dann grollt sein Herz gegen den Herrn.
4 Besitz vermehrt die Zahl der Freunde, / der Arme aber wird von seinem Freund verlassen.
5 Ein falscher Zeuge bleibt nicht ungestraft, / wer Lügen flüstert, wird nicht entrinnen.
6 Viele umschmeicheln den Vornehmen / und jeder will der Freund eines freigebigen Mannes sein.
7 Vom Armen wollen alle seine Brüder nichts wissen, / erst recht bleiben ihm seine Freunde fern. / [Gute Einsicht ist denen nahe, die sich um sie kümmern, / ein verständiger Mann findet sie. / Wer viel redet, versündigt sich.] / Wer Worten nachjagt, wird nicht entrinnen.
8 Wer Verstand erwirbt, liebt sich selbst, / wer Einsicht bewahrt, findet sein Glück.
9 Ein falscher Zeuge bleibt nicht ungestraft, / wer Lügen flüstert, geht zugrunde.
10 Wohlleben steht dem Toren nicht an, / noch weniger einem Knecht, über Fürsten zu herrschen.
11 Einsicht macht den Menschen langmütig, / sein Ruhm ist es, über Verfehlungen hinwegzugehen.
12 Wie das Knurren des Löwen ist der Zorn des Königs, / doch wie Tau auf dem Gras ist seine Gunst.
13 Ein Unglück für den Vater ist ein törichter Sohn / und wie ein ständig tropfendes Dach das Gezänk einer Frau.
14 Haus und Habe sind das Erbe der Väter, / doch eine verständige Frau kommt vom Herrn.
15 Faulheit versenkt in Schlaf, / ein träger Mensch muss hungern.
16 Wer (Gottes) Gebot bewahrt, bewahrt sein Leben, / wer seine Wege verachtet, muss sterben.
17 Wer Erbarmen hat mit dem Elenden, leiht dem Herrn; / er wird ihm seine Wohltat vergelten.
18 Züchtige deinen Sohn, solange noch Hoffnung ist, / doch lass dich nicht hinreißen, ihn zu töten.
19 Der maßlos Jähzornige muss büßen; / denn willst du schlichten, machst du es noch ärger.
20 Hör auf guten Rat und nimm Zucht an, / damit du weise wirst für die Zukunft.
21 Viele Pläne fasst das Herz des Menschen, / doch nur der Ratschluss des Herrn hat Bestand.
22 Die Menschen streben nach Gewinn, / doch besser ein Armer als ein Betrüger.
23 Die Gottesfurcht führt zum Leben; / gesättigt geht man zur Ruhe, / von keinem Übel heimgesucht.
24 Greift der Faule mit der Hand in die Schüssel, / bringt er sie nicht einmal zum Mund zurück.
25 Schlägst du den Zuchtlosen, so wird der Unerfahrene klug; / weist man den Verständigen zurecht, gewinnt er Einsicht.
26 Wer den Vater misshandelt, die Mutter wegjagt, / ist ein verkommener, schändlicher Sohn.
27 Gibst du es auf, mein Sohn, auf Mahnung zu hören, / so entziehst du dich den Worten der Einsicht.
28 Ein nichtsnutziger Zeuge verspottet das Recht, / der Mund der Frevler sprudelt Unheil hervor.
29 Für die Zuchtlosen stehen Ruten bereit / und Schläge für den Rücken der Toren.

1: 28,6 • 3: Sir 15,11–20 • 4: 14,20; Sir 13,21 • 5: 21,28 • 12: 16,14 • 13: 27,15 • 24: 26,15 • 25: 21,11 • 28: 15,28 • 29: 10,13.

18,22 G und Vg: eine gute Frau. Sie fügen an: Wer eine gute Frau verstößt, verstößt das Glück; wer eine Ehebrecherin aufnimmt, ist töricht und frevelhaft.
19,7 Das Eingeklammerte fehlt in H, steht aber in G und gehört vielleicht zum ursprünglichen Textbestand.
19,15a Text umstritten.
19,16b Vielleicht zu korrigieren: wer seine Worte verachtet.
19,18b Andere Übersetzungsmöglichkeit: und achte nicht auf sein Jammern; oder: doch lass dich nicht hinreißen zum Jähzorn!
19,19b Übersetzung unsicher.
19,22a Text korr.
19,29a Ruten: nach G; H: Strafgerichte.

20 Ein Zuchtloser ist der Wein, ein Lär-
mer das Bier; / wer sich hierin ver-
fehlt, wird nie weise.
2 Wie das Knurren des Löwen ist der
Grimm des Königs; / wer ihn erzürnt, ver-
wirkt sein Leben.
3 Es ehrt den Menschen, vom Streit abzu-
lassen, / jeder Tor aber bricht los.
4 Der Faule pflügt nicht im Herbst; / sucht
er in der Erntezeit, so ist nichts da.
5 Ein tiefes Wasser sind die Pläne im Her-
zen des Menschen, / doch der Verständige
schöpft es herauf.
6 Viele Menschen rühmen sich ihrer
Güte, / aber wer findet einen, auf den Ver-
lass ist?
7 Wer als Gerechter unbescholten seinen
Weg geht: / Wohl den Kindern, die er hinter-
lässt.
8 Ein König auf dem Richterstuhl / sondert
mit seinem Scharfblick alles Böse aus.
9 Wer kann sagen: Ich habe mein Herz ge-
läutert, / rein bin ich von meiner Sünde?
10 Zweierlei Gewicht und zweierlei Maß, /
beide sind dem Herrn ein Gräuel.
11 An seinem Treiben lässt schon der Kna-
be erkennen, / ob sein Tun lauter und redlich
sein wird.
12 Das Ohr, das hört, und das Auge, das
sieht, / der Herr hat sie beide geschaffen.
13 Liebe nicht den Schlaf, damit du nicht
arm wirst; / halte deine Augen offen und du
hast Brot genug.
14 Schlecht, schlecht, sagt der Käufer; /
geht er aber weg, so rühmt er sich.
15 Gold gibt es und viele Perlen, / ein kost-
barer Schmuck aber sind verständige Lip-
pen.
16 Nimm ihm das Kleid, denn er hat für ei-
nen andern gebürgt, / fremder Leute wegen
pfände bei ihm!
17 Süß schmeckt dem Menschen das Brot
der Lüge, / hernach aber füllt sich sein Mund
mit Kieseln.
18 Pläne kommen durch Beratung zustan-
de. / Darum führe den Kampf mit Überle-
gung!
19 Geheimnisse verrät, wer als Verleumder
umhergeht. / Darum lass dich nicht ein mit
einem Schwätzer!
20 Wer seinem Vater flucht und seiner Mut-
ter, / dessen Lampe erlischt zur Zeit der
Finsternis.
21 Ein Besitz, schnell errafft am Anfang, /
ist nicht gesegnet an seinem Ende.
22 Sag nicht: Ich will das Böse vergel-
ten. / Vertrau auf den Herrn, er wird dir
helfen.
23 Ein Gräuel ist dem Herrn zweierlei
Gewicht, / eine falsche Waage ist nicht
recht.
24 Der Herr lenkt die Schritte eines jeden. /
Wie könnte der Mensch seinen Weg verste-
hen?
25 Eine Falle ist es, unbedacht zu rufen:
Geweiht!, / und erst nach dem Gelübde zu
überlegen.
26 Ein weiser König sondert die Frevler
aus / und vergilt ihnen ihre Untat.
27 Der Herr wacht über den Atem des Men-
schen, / er durchforscht alle Kammern des
Leibes.
28 Güte und Treue behüten den König, / er
stützt seinen Thron durch Güte.
29 Der Ruhm der Jungen ist ihre Kraft, /
die Zier der Alten ihr graues Haar.
30 Blutige Striemen läutern den Bösen /
und Schläge die Kammern des Leibes.

1: 23,29–35; Sir 31,25–30 • 2: 16,14; 19,12 • 8: 20,26 • 10: 16,11 • 13: 6,6–11 • 16: 27,13 • 19: 11,13 • 22: Sir 28,1–6; Röm 12,17–21 • 23: 16,11 • 25: Ri 11,29–40 • 28: Ps 61,8.

21 Wie ein Wasserbach ist das Herz des
Königs in der Hand des Herrn; / er
lenkt es, wohin er will.
2 Jeder meint, sein Verhalten sei richtig, /
doch der Herr prüft die Herzen.
3 Gerechtigkeit üben und Recht / ist dem
Herrn lieber als Schlachtopfer.
4 Hoffart der Augen, Übermut des Her-
zens – / die Leuchte der Frevler versagt.
5 Die Pläne des Fleißigen bringen Ge-
winn, / doch der hastige Mensch hat nur
Mangel.
6 Wer Schätze erwirbt mit verlogener Zun-
ge, / jagt nach dem Wind, er gerät in die
Schlingen des Todes.
7 Gewalttat reißt die Frevler hinweg, /
denn sie weigern sich, das Rechte zu tun.
8 Der Weg des Unehrlichen ist gewunden, /
aber das Tun des Lauteren ist gerade.
9 Besser in einer Ecke des Daches wohnen /
als eine zänkische Frau im gemeinsamen
Haus.
10 Das Verlangen des Frevlers geht nach
dem Bösen, / sein Nächster findet bei ihm
kein Erbarmen.
11 Muß der Zuchtlose büßen, / so wird der
Unerfahrene weise, / belehrt man den Wei-
sen, so nimmt er Einsicht an.

20,26b H: und lässt über sie das Rad (des Dreschwagens?) gehen.

21,6b Text korr.; andere Übersetzungsmöglichkeit: wird wie ein Hauch verjagt in die Schlingen des Todes.

12 Der Gerechte handelt klug am Haus des
Frevlers, / wenn er die Frevler ins Unheil
stürzt.
13 Wer sein Ohr verschließt vor dem
Schreien des Armen, / wird selbst nicht er-
hört, wenn er um Hilfe ruft.
14 Eine heimliche Gabe besänftigt den
Zorn, / ein Geschenk aus dem Gewand-
bausch den heftigen Grimm.
15 Der Gerechte freut sich, wenn Recht ge-
schieht, / doch den Übeltäter versetzt das in
Schrecken.
16 Wer abirrt vom Weg der Einsicht, / wird
bald in der Versammlung der Totengeister
ruhen.
17 Der Not verfällt, wer Vergnügen liebt, /
wer Wein und Salböl liebt, wird nicht reich.
18 Für den Gerechten dient der Frevler als
Lösegeld, / anstelle des Redlichen der Treu-
lose.
19 Besser in der Wüste hausen / als Ärger
mit einer zänkischen Frau.
20 Ein kostbarer Schatz ist in der Wohnung
des Weisen, / aber ein törichter Mensch ver-
geudet ihn.
21 Wer nach Gerechtigkeit und Güte
strebt, / findet Leben und Ehre.
22 Der Weise ersteigt die Stadt der Mächti-
gen / und stürzt das Bollwerk, auf das sie
vertraut.
23 Wer seinen Mund und seine Zunge be-
hütet, / der behütet sein Leben vor Drang-
sal.
24 Der Freche und Stolze, einen Zuchtlosen
nennt man ihn, / er handelt in maßlosem
Übermut.
25 Den Faulen bringt sein Begehren um, /
denn zu arbeiten weigern sich seine Hän-
de;
26 den ganzen Tag begehrt er voll Gier, /
der Gerechte aber gibt, ohne zu geizen.
27 Das Opfer der Frevler ist (dem Herrn)
ein Gräuel, / zumal wenn es in schlechter
Absicht dargebracht wird.
28 Ein falscher Zeuge geht zugrunde, / wer
aber zu hören versteht, redet erfolgreich.
29 Der Frevler zeigt Trotz in seiner Miene, /
der Redliche ordnet seine Wege.
30 Keine Weisheit gibt es, keine Einsicht, /
keinen Rat gegenüber dem Herrn.
31 Das Ross wird gerüstet für den Tag der
Schlacht, / doch der Sieg steht beim Herrn.

2: 16,2 • 3: Ps 51,18f; Hos 6,6 • 9: 25,24 • 11: 19,25 • 14: 17,23 • 22: 24,5; Koh 9,14–18 • 27: 15,8 • 28: 19,5.9.

22 Guter Ruf ist kostbarer als großer
Reichtum, / hohes Ansehen besser
als Silber und Gold.
2 Reiche und Arme begegnen einander, /
doch der Herr hat sie alle erschaffen.
3 Der Kluge sieht das Unheil und verbirgt
sich, / die Unerfahrenen laufen weiter und
müssen es büßen.
4 Der Lohn für Demut und Gottesfurcht /
ist Reichtum, Ehre und Leben.
5 Dornen und Schlingen liegen auf dem
Weg des Falschen; / wer sein Leben behütet,
bleibt ihnen fern.
6 Erzieh den Knaben für seinen Lebens-
weg, / dann weicht er auch im Alter nicht da-
von ab.
7 Der Reiche hat die Armen in seiner Ge-
walt, / der Schuldner ist seines Gläubigers
Knecht.
8 Wer Unrecht sät, erntet Unheil, / der Ste-
cken seines Übermuts versagt.
9 Wer ein gütiges Auge hat, wird geseg-
net, / weil er den Armen von seinem Brot
gibt.
10 Vertreib den Zuchtlosen, so schwindet
der Zank, / Streiten und Schimpfen hören
auf.
11 Wer die Lauterkeit des Herzens liebt – /
wegen seiner gefälligen Rede wird der König
sein Freund.
12 Die Augen des Herrn behüten den Ein-
sichtigen, / das Gerede des Verräters bringt
er zu Fall.
13 Der Faule sagt: Ein Löwe ist draußen, /
mitten auf der Straße käme ich ums Leben.
14 Der Mund fremder Frauen ist eine tiefe
Grube; / wem der Herr zürnt, der fällt hi-
nein.
15 Steckt Torheit im Herzen des Knaben, /
die Rute der Zucht vertreibt sie daraus.
16 Wer den Armen bedrückt, macht ihn
reich, / wer dem Reichen gibt, macht ihn
arm.

2: 29,13 • 3: 27,12 • 13: 26,13.

21,12a Andere Übersetzungsmöglichkeit: Der Gerechte belehrt das Haus des Frevlers; oder: Der Gerechte gibt Acht auf ...
21,18 Nach den Sprichwörtern würde schon auf dieser Erde am Ende alles gerecht ausgehen: Ijob und Koh bezweifeln das.
22,2 Soziale Unterschiede gibt es immer. Da aber vor dem Schöpfer alle Menschen gleich sind, sollen die Gegensätze möglichst gemildert werden.
22,11 Übersetzung unsicher; G hat Änderungen und Einschübe.
22,12a Wörtlich: behüten Einsicht.

DIE WORTE VON WEISEN: 22,17 – 24,33

Eine Sprichwörtersammlung: 22,17 – 23,11

17 Worte von Weisen:
Neige mir dein Ohr zu und hör auf meine Worte, / nimm dir meine Lehren zu Herzen!
18 Schön ist es, wenn du sie in deinem Innern bewahrst; / sie mögen fest wie ein Zeltpflock auf deinen Lippen haften.
19 Damit dein Vertrauen auf dem Herrn steht, / lehre ich dich heute seinen Weg.
20 Habe ich nicht dreißig Sätze für dich aufgeschrieben / als wissenswerte Ratschläge,
21 um dir verlässliche Worte mitzuteilen, / damit du deinem Auftraggeber antworten kannst?
22 Beraube den Schwachen nicht, denn er ist ja so schwach, / zertritt den Armen nicht am Tor!
23 Denn der Herr führt den Rechtsstreit für sie / und raubt denen das Leben, die sie berauben.
24 Befreunde dich nicht mit dem Jähzornigen, / verkehre nicht mit einem Hitzkopf,
25 damit du dich nicht an seine Pfade gewöhnst / und dir eine Schlinge legst für dein Leben.
26 Sei nicht unter denen, die sich durch Handschlag verpflichten, / die Bürgschaft leisten für Schulden;
27 wenn du nicht zahlen kannst, / nimmt man dein Bett unter dir weg.
28 Verschieb nicht die alte Grenze, / die deine Väter gesetzt haben.
29 Siehst du einen, der gewandt ist in seinem Beruf: / vor Königen wird er dienen. / [Nicht wird er vor Niedrigen dienen.]

23 Wenn du zu Tisch sitzt bei einem Herrscher, / so achte nur auf das, was vor dir steht.
2 Setz ein Messer an deine Kehle, / wenn du ein gieriger Mensch bist.
3 Sei nicht begierig auf seine Leckerbissen, / sie sind eine trügerische Speise.
4 Müh dich nicht ab, um Reichtum zu erwerben / und dabei deine Einsicht aufzugeben.
5 Flüchtig ist er; schaust du nach ihm, ist er weg; / plötzlich macht er sich Flügel und fliegt wie ein Adler zum Himmel.
6 Iss nicht das Brot des Geizigen, / sei nicht begierig auf seine Leckerbissen!
7 Denn sie schmecken in der Kehle wie etwas Ekliges. / Er sagt zu dir: Iss und trink!, / doch sein Herz ist dir nicht zugetan.
8 Den Bissen, den du gegessen hast, musst du erbrechen / und deine freundlichen Worte hast du vergeudet.
9 Rede nicht vor den Ohren eines Törichten, / denn er missachtet deine klugen Worte.
10 Verschieb nicht die alte Grenze, / dring nicht in die Felder der Waisen vor!
11 Denn ihr Anwalt ist mächtig, / er wird ihre Sache gegen dich führen.

23,23: Jes 1,17f • 26: 6,1–5; 20,16 • 28: 23,10 • 23,1–13: Sir 31,12–21 • 10: 22,28.

Mahnungen: 23,12–35

12 Öffne dein Herz für die Zucht, / dein Ohr für verständige Reden!
13 Erspar dem Knaben die Züchtigung nicht; / wenn du ihn schlägst mit dem Stock, wird er nicht sterben.
14 Du schlägst ihn mit dem Stock, / bewahrst aber sein Leben vor der Unterwelt.
15 Mein Sohn, wenn dein Herz weise ist, / so freut sich auch mein eigenes Herz.
16 Mein Inneres ist voll Jubel, / wenn deine Lippen reden, was recht ist.
17 Dein Herz ereifere sich nicht wegen der Sünder, / sondern eifere stets nach Gottesfurcht!
18 Denn sicher gibt es eine Zukunft, / deine Hoffnung wird nicht zerschlagen.
19 Höre, mein Sohn, und sei weise, / lenk dein Herz auf geraden Weg!
20 Gesell dich nicht zu den Weinsäufern, / zu solchen, die im Fleischgenuß schlemmen;

22,17 Eine leichte Textkorrektur nach G stellt die Überschrift dieses ersten Anhangs an die erste salomonische Hauptsammlung wieder her. Eine erste Sammlung von »Worten von Weisen« reicht bis zur nächsten Überschrift in 24,23. Sie enthält drei kurze Teilsammlungen, von denen die erste (22,17 – 23,11) besondere Beachtung verdient, weil sie abhängig ist vom ägyptischen Weisheitsbuch des Amen-em-ope (etwa 10. Jh. v. Chr.). Das ägyptische Spruchgut wurde in Auswahl und unter Angleichung an den Glauben Israels übernommen. Angehängt ist eine weitere Sammlung von »Sprichwörtern von Weisen« (24,23–34).

22,22b Am Stadttor finden die Rats- und Gerichtsverhandlungen statt.

23,12–35 Nach Mahnungen, die vom ägyptischen Weisheitsbuch abhängig sind (vgl. die Anmerkung zu 22,17 und die Einleitung), folgt ein Abschnitt mit väterlichen Lehren; er endet mit einem sarkastischen Spottlied auf den Trunkenbold in VV. 29–35.

21 denn Säufer und Schlemmer werden
arm, / Schläfrigkeit kleidet in Lumpen.
22 Hör auf deinen Vater, der dich gezeugt
hat, / verachte deine Mutter nicht, wenn sie
alt wird.
23 Erwirb dir Wahrheit und verkauf sie
nicht mehr: / Weisheit, Zucht und Einsicht!
24 Laut jubelt der Vater des Gerechten; /
wer einen weisen Sohn hat, kann sich über
ihn freuen.
25 Deine Eltern mögen sich freuen; / jubeln
möge die Mutter, die dich gebar.
26 Gib mir dein Herz, mein Sohn, / deine
Augen mögen an meinen Wegen Gefallen
finden;
27 denn die Ehebrecherin ist eine tiefe
Grube, / die fremde Frau ein enger Brun-
nen.
28 Ja, wie ein Räuber lauert sie auf / und
mehrt die Verräter unter den Menschen.
29 Wer hat Ach? Wer hat Weh? / Wer Ge-
zänk? Wer Klage? / Wer hat Wunden wegen
nichts? / Wer trübe Augen?
30 Jene, die bis in die Nacht beim Wein sit-
zen, / die kommen, um den Mischwein zu
probieren.
31 Schau nicht nach dem Wein, / wie er röt-
lich schimmert, / wie er funkelt im Becher: /
Er trinkt sich so leicht!
32 Zuletzt beißt er wie eine Schlange, / ver-
spritzt Gift gleich einer Viper.
33 Deine Augen sehen seltsame Dinge, /
dein Herz redet wirres Zeug.
34 Du bist wie einer, der auf hoher See
schläft, / der einschläft über dem Steuer des
Schiffes.
35 Man hat mich geschlagen, doch es tat
mir nicht weh, / man hat mich gehauen, aber
ich habe nichts gespürt.
Wann wache ich auf? / Von neuem will ich
zum Wein greifen.

13: 13,24; 19,18; 22,15; 29,15.17; Sir 30,1–13 • 18: 24,14 • 21: Sir 10,33 • 22: 1,8; 30,17; Sir 3,1–16 • 23: 4,7 • 27: 22,14 • 28: 7,12 • 30: 20,1.

Lebensregeln: 24,1–22

24 Sei nicht neidisch auf böse Men-
schen, / such keinen Umgang mit ih-
nen!
2 Denn ihr Herz sinnt auf Gewalttat, / Un-
heil reden ihre Lippen.
3 Durch Weisheit wird ein Haus gebaut, /
durch Umsicht gewinnt es Bestand.
4 Durch Klugheit werden die Kammern
gefüllt / mit allerlei wertvollen, köstlichen
Gütern.
5 Der Weise ist dem Starken überlegen, /
ein verständiger Mensch dem robusten.
6 Denn durch Überlegung gewinnst du den
Kampf, / viele Ratgeber verhelfen zum
Sieg.
7 Zu hoch hängt dem Toren die Weisheit, /
am Tor tut er den Mund nicht auf.
8 Wer stets darauf aus ist, Böses zu tun, /
den nennt man einen Ränkeschmied.
9 Das Trachten des Toren ist Sünde, / der
Zuchtlose ist den Menschen ein Gräuel.
10 Zeigst du dich lässig am Tag der Be-
drängnis, / so wird auch deine Kraft be-
drängt.
11 Befrei jene, die man zum Tod schleppt; /
die zur Hinrichtung wanken, rette sie doch!
12 Wolltest du sagen: Gott weiß von uns
nichts; – / hat er, der die Herzen prüft, keine
Kenntnis? / Hat er, der über dich wacht, kein
Wissen?
Ja, er vergilt jedem Menschen, / wie sein
Tun es verdient.
13 Iss Honig, mein Sohn, denn er ist gut, /
Wabenhonig ist süß für den Gaumen.
14 Wisse: Genauso ist die Weisheit für
dich. / Findest du sie, dann gibt es eine Zu-
kunft, / deine Hoffnung wird nicht zerschla-
gen.
15 Belaure nicht frevlerisch die Wohnung
des Gerechten, / zerstöre sein Ruhelager
nicht!
16 Denn siebenmal fällt der Gerechte und
steht wieder auf, / doch die Frevler stürzen
ins Unglück.
17 Freu dich nicht über den Sturz deines
Feindes, / dein Herz juble nicht, wenn er
strauchelt,
18 damit nicht der Herr es sieht und miss-
billigt / und seinen Zorn von ihm abwendet.
19 Erhitz dich nicht wegen der Übeltäter, /
ereifere dich nicht wegen der Frevler!
20 Denn für den Bösen gibt es keine Zu-
kunft, / die Lampe der Frevler erlischt.
21 Fürchte den Herrn, mein Sohn, und den
König; / mit diesen beiden überwirf dich
nicht!

23,23 Fehlt in G und unterbricht den Zusammenhang, ist also wohl ein Zusatz.

24,1–22 Diese Lebensregeln bilden einen eigenen Abschnitt mit zweiundzwanzig Versen entsprechend der Anzahl der Buchstaben im hebräischen Alphabet.

24,7b Vgl. die Anmerkung zu 22,22b.

24,10 Text von H unklar; wahrscheinlich verderbt. Mit einem Wortspiel soll wohl gesagt werden: Wer anderen in der Bedrängnis nicht hilft (vgl. V. 11), bringt sich selbst in Bedrängnis.

22 Denn plötzlich geht von ihnen Verderben aus / und unvermutet kommt Unheil von beiden.

1: Ps 37,1 • 5: 21,22 • 6: 11,14; 20,18 • 16: Ps 37,24 • 21: 1 Petr 2,17.

Weisheitssprüche: 24,23–34

23 Auch folgende Sprichwörter stammen von Weisen: / Im Gericht auf die Person sehen ist nicht recht.
24 Wer zum Schuldigen sagt: Unschuldig bist du!, / den verfluchen die Menschen, / verwünschen die Leute.
25 Denen aber, die entscheiden, wie es recht ist, geht es gut; / über sie kommt Segen und Glück.
26 Einen Kuss auf die Lippen gibt, / wer richtig antwortet.
27 Nimm draußen deine Arbeit auf und bestell dein Feld, / danach gründe deinen Hausstand!
28 Tritt gegen deinen Nächsten nicht als falscher Zeuge auf, / betrüge nicht mit deinen Worten!
29 Sag nicht: Wie er mir getan hat, / so will ich auch ihm tun, / einem jedem will ich vergelten, / wie es seine Taten verdienen.
30 Am Acker eines Faulen ging ich vorüber, / am Weinberg eines unverständigen Menschen:
31 Sieh da, er war ganz überwuchert von Disteln, / seine Fläche mit Unkraut bedeckt, / seine Steinmauer eingerissen.
32 Ich sah es und machte mir meine Gedanken, / ich betrachtete es und zog die Lehre daraus:
33 Noch ein wenig schlafen, noch ein wenig schlummern, / noch ein wenig die Arme verschränken, um auszuruhen.
34 Da kommt schon die Armut wie ein Strolch über dich, / die Not wie ein zudringlicher Bettler.

23: 28,21 • 28: Ex 20,16; Dtn 5,20 • 29: 20,22 •33–34: 6,10f.

DIE ZWEITE SALOMONISCHE SPRUCHSAMMLUNG: 25,1 – 29,27

25 Auch das sind Sprichwörter Salomos, die die Männer Hiskijas, des Königs von Juda, sammelten.
2 Gottes Ehre ist es, eine Sache zu verhüllen, / des Königs Ehre ist es, eine Sache zu erforschen.
3 Der Himmel so hoch und die Erde so tief / und das Herz des Königs: sie sind nicht zu erforschen.
4 Scheidet man die Schlacken vom Silber, / gelingt dem Feinschmied das Gefäß.
5 Scheidet man den Frevler vom König, / erlangt dessen Thron Bestand durch Gerechtigkeit.
6 Rühme dich nicht vor dem König / und stell dich nicht an den Platz der Großen;
7 denn besser, man sagt zu dir: Rück hier herauf, / als dass man dich nach unten setzt wegen eines Vornehmen.
Was deine Augen sahen, / 8 bring es nicht übereilt als Streitfall vor;
denn was willst du später tun, / wenn dein Nächster dich bloßstellt?
9 Trag deinen Streit mit deinem Nächsten aus, / doch verrate nicht das Geheimnis eines andern,
10 sonst wird dich schmähen, wer es hört, / und dein Geschwätz wird auf dich zurückfallen.
11 Wie goldene Äpfel auf silbernen Schalen / ist ein Wort, gesprochen zur rechten Zeit.
12 Wie ein goldener Ring und Schmuck aus Feingold / ist ein weiser Mahner für ein Ohr, das zuhört.
13 Wie kühlender Schnee an einem Sommertag / ist ein verlässlicher Bote für den, der ihn sendet; / er erquickt die Seele seines Herrn.
14 Aufziehende Wolken mit Wind, doch kein Regen, / so ist ein Mann, der Versprechungen macht und nicht hält.
15 Mit Geduld wird ein Vorgesetzter umgestimmt, / sanfte Zunge bricht Knochen.
16 Findest du Honig, iss nur, so viel dir bekommt, / sonst wirst du ihn satt und erbrichst ihn.

24,23a Überschrift eines weiteren Anhangs, der bis V. 34 reicht (vgl. 22,17). Auch diesen Anhang schließt in VV. 30–34 ein Spottlied ab, hier auf den faulen Landwirt.

25,1–29,27 Die zweite salomonische Hauptsammlung umfasst nur die Kapitel 25 – 29. Auch sie ist in zwei Hälften zu teilen: Kap. 25 – 27 und Kap. 28f. – Hiskija (728–699 v. Chr.) war einer der tüchtigsten Könige Judas, sodass die Mitteilung, unter ihm habe eine Gruppe von Gelehrten die Weisheitssprüche zusammengestellt, durchaus glaubwürdig ist.

25,10b Übersetzung unsicher.

25,14b Wörtlich: Ein Mann, der mit erlogener Gabe prahlt.

17 Mach dich rar im Haus deines Nächs-
ten, / sonst wird er dich satt und verab-
scheut dich.
18 Keule und Schwert und scharfer Pfeil: /
das ist einer, der falsch aussagt / gegen sei-
nen Nächsten.
19 Schlechter Zahn und stolpernder Fuß: /
der Verräter am Tag der Not.
20 Essig auf Laugensalz – / (so ist,) wer Lie-
der singt vor einem missmutigen Herzen.
[Wie die Motte am Kleid, der Wurm im
Holz, / so nagt der Kummer am Herzen des
Menschen.]
21 Hat dein Feind Hunger, gib ihm zu es-
sen, / hat er Durst, gib ihm zu trinken;
22 so sammelst du glühende Kohlen auf
sein Haupt / und der Herr wird es dir vergel-
ten.
23 Der Nordwind bringt Regen, / eine
heimtückische Zunge zornige Gesichter.
24 Besser in einer Ecke des Daches woh-
nen / als eine zänkische Frau im gemeinsa-
men Haus.
25 Kühles Wasser für eine durstige Kehle /
ist eine gute Nachricht aus fernem Land.
26 Ein getrübter Brunnen, ein verschütte-
ter Quell / ist ein Gerechter, der vor dem
Frevler wankt.
27 Zu viel Honig essen ist nicht gut: / Eben-
so spare mit ehrenden Worten!
28 Eine Stadt mit eingerissener Mauer / ist
ein Mann, der sich nicht beherrscht.

2: 16,10 • 5: 16,12 • 6: Sir 13,9f • 7: Lk 14,7–11 • 11: 15,23 •
21: Röm 12,20 • 24: 21,9.

26 Wie Schnee im Sommer und Regen
zur Erntezeit, / so unpassend ist
Ehre für einen Toren.
2 Wie der Spatz wegflattert und die
Schwalbe davonfliegt, / so ist ein unverdien-
ter Fluch; er trifft nicht ein.
3 Dem Pferd die Peitsche, dem Esel den
Zaum, / dem Rücken der Toren den Stock.
4 Antworte dem Toren nicht, wie es seine
Dummheit verdient, / damit nicht auch du
ihm gleich wirst.
5 Antworte dem Toren, wie es seine
Dummheit verdient, / damit er sich nicht
einbildet, ein Weiser zu sein.
6 Die Füße haut sich ab, Schaden muss lei-
den, / wer Botschaft sendet durch einen
Toren.
7 Schlaff wie die Schenkel des Lahmen /
ist ein Weisheitsspruch im Mund der To-
ren.
8 Den Stein bindet in der Schleuder fest, /
wer einem Toren Ehre erweist.
9 Ein Dornzweig geriet in die Hand eines
Betrunkenen: / ein Weisheitsspruch in den
Mund der Toren.
10 Ein Schütze, der alle verwundet – / ein
Tor und ein Betrunkener, wenn sie vorüber-
gehen.
11 Wie ein Hund, der zurückkehrt zu dem,
was er erbrochen hat, / so ist ein Tor, der sei-
ne Dummheit wiederholt.
12 Siehst du jemand, der sich selbst für
weise hält – / mehr Hoffnung gibt es für den
Toren als für ihn.
13 Der Faule sagt: Ein Löwe ist auf dem
Weg, / ein Raubtier ist auf den Straßen.
14 Die Tür dreht sich in ihrer Angel / und
der Faule in seinem Bett.
15 Greift der Faule mit der Hand in die
Schüssel, / ist er zu träg, sie zum Mund zu-
rückzubringen.
16 Der Faule hält sich selbst für weiser / als
sieben, die klug antworten können.
17 Einen vorbeilaufenden Hund packt bei
den Ohren, / wer sich in einen Streit mischt,
der ihn nichts angeht.
18 Wie ein Verrückter, der Brandpfeile
schleudert, / Pfeile und tödliche Waffen,
19 so ist einer, der seinen Nächsten
täuscht / und dazu sagt: Ich mach doch nur
Spaß.
20 Ist kein Holz mehr da, erlischt das Feu-
er; / wo kein Verleumder ist, legt sich der
Streit.
21 Wie Kohlen die Glut und Holz das Feu-
er, / so schürt ein zänkischer Mensch den
Streit.
22 Die Worte des Verleumders sind wie Le-
ckerbissen, / sie gleiten hinab in die Kam-
mern des Leibes.
23 Silberglasur über Tongeschirr – / glatte
Lippen und ein böses Herz.
24 Mit seinen Reden verstellt sich der Ge-
hässige, / doch in seinem Herzen ist er voll
Tücke.
25 Klingt seine Stimme auch freundlich,
trau ihm nicht, / denn sieben Gräuel sind in
seinem Herzen.
26 Hüllt sich sein Hass auch in Heuchelei, /
seine Schlechtigkeit wird bloßgestellt in der
Volksversammlung.

25,20a H schickt voraus: Ein das Kleid Ablegender am kalten Tag. Hier sind Buchstaben aus V. 19b wiederholt und missdeutet worden.
25,20c Fehlt in H, steht aber in allen alten Übersetzungen und ist daher wohl ursprünglich.
25,27b Nach G; H ist verderbt.
26,10 H ist verderbt, will vielleicht sagen: Toren (und Betrunkene) sind unnütz, ja gefährlich.

27 Wer eine Grube gräbt, fällt selbst hinein, / wer einen Stein hochwälzt, auf den rollt er zurück.

28 Eine verlogene Zunge führt zum Zusammenbruch, / ein heuchlerischer Mund verursacht den Sturz.

3: 10,13 • 4: Sir 22,13 • 11: 2 Petr 2,22 • 12: 29,20 • 13: 22,13 • 15: 19,24 • 20: Sir 28,10–12 • 22: 18,8 • 27: Ps 7,16; Sir 27,25f.

27 Rühme dich nicht des morgigen Tages, / denn du weißt nicht, was der Tag gebiert.

2 Rühmen soll dich ein anderer, nicht dein eigener Mund, / ein Fremder, nicht deine eigenen Lippen.

3 Schwer ist der Stein und eine Last ist der Sand, / doch der Ärger mit einem Toren ist schwerer als beide.

4 Mag der Zorn grausam sein / und überschäumend die Wut, / wer aber besteht vor der Eifersucht?

5 Besser offener Tadel / als Liebe, die sich nicht zeigt.

6 Treu gemeint sind die Schläge eines Freundes, / doch trügerisch die Küsse eines Feindes.

7 Der Satte tritt Honig mit Füßen, / doch dem Hungrigen schmeckt alles Bittere süß.

8 Wie ein Vogel, der aus seinem Nest flüchtet, / so ist ein Mensch, der aus seiner Heimat fliehen muss.

9 Salböl und Weihrauch erfreuen das Herz, / die Herzlichkeit eines Freundes erfreut mehr als duftendes Holz.

10 Deinen Freund und deines Vaters Freund gib nicht auf, / geh nicht in das Haus deines Bruders, wenn du in Not bist.

Besser ein Nachbar in der Nähe / als ein Bruder in der Ferne.

11 Sei weise, mein Sohn, und erfreue mein Herz, / damit ich dem antworten kann, der mich beschimpft.

12 Der Kluge sieht das Unheil und verbirgt sich, / die Unerfahrenen laufen weiter und müssen es büßen.

13 Nimm ihm das Kleid; / denn er hat für einen andern gebürgt, / fremder Leute wegen pfände bei ihm!

14 Wer seinen Nächsten zu laut begrüßt, / dem wird es frühmorgens als Verwünschung ausgelegt.

15 Ein ständig tropfendes Dach in der Regenzeit / und eine zänkische Frau gleichen einander.

16 Wer sie fest hält, hält den Wind fest / und seine Hand greift nach Öl.

17 Eisen wird an Eisen geschliffen; / so schleift einer den Charakter des andern.

18 Wer einen Feigenbaum pflegt, wird seine Frucht essen, / wer auf seinen Herrn Acht gibt, wird geehrt.

19 Wie Wasser ein Spiegel ist für das Gesicht, / so ist das Herz des Menschen ein Spiegel für den Menschen.

20 Unterwelt und Totenreich sind unersättlich / und unersättlich sind die Augen des Menschen.

21 Der Schmelztiegel prüft das Silber, der Ofen das Gold, / der Mensch aber wird geprüft im Urteil dessen, der ihn lobt.

22 Zerstampfst du den Toren auch mit dem Stößel, / [im Mörser zwischen den Körnern,] / seine Torheit weicht nicht von ihm.

23 Kümmere dich um das Aussehen deiner Schafe / und sorge für deine Herden;

24 denn Besitz bleibt nicht für ewig / und Reichtum nicht für alle Zeit.

25 Kommt das Gras hervor, erscheint das Grün, / sammelt man die Kräuter auf den Bergen,

26 dann gibt es Lämmer für deine Kleidung, / Böcke als Kaufpreis für Äcker

27 und genug Ziegenmilch für dich als Nahrung, / als Nahrung für dein Haus / [und Lebensunterhalt für deine Mägde].

1: Lk 12,19f • 3: Sir 22,15 • 11: Ps 119,42 • 12: 22,3 • 13: 20,16 • 15: 19,13 • 20: 30,15f; Jes 5,14.

28 Der Frevler flieht, auch wenn ihn keiner verfolgt, / der Gerechte fühlt sich sicher wie ein Löwe.

2 Durch seine Frevel bekommt ein Land viele Herrscher, / durch einen verständigen, einsichtsvollen Mann erhält die Ordnung Bestand.

3 Ein Vornehmer, der die Armen unterdrückt, / ist wie Regen, der alles wegschwemmt und kein Brot bringt.

4 Wer die Lehre preisgibt, rühmt den Frevler, / wer die Lehre beachtet, bekämpft ihn.

5 Böse Menschen verstehen nicht, was recht ist, / die aber, die den Herrn suchen, verstehen alles.

6 Besser ein Armer, der schuldlos seinen

27,6b trügerisch, andere Übersetzungsmöglichkeit: reichlich.

27,9c Andere Übersetzungsmöglichkeit: mehr als eigenes Planen.

28,2 Der Text ist schwierig. Er bezieht sich möglicherweise auf die rasch wechselnden Regierungen des Nordreichs Israel. Nach G wäre zu übersetzen: Durch die Frevel eines Gewalttätigen werden Streitigkeiten geweckt; durch einen verständigen Mann erlöschen sie.

28,3a Vornehmer: G: Frevelhafter.

Weg geht, / als ein Reicher, der krumme
Wege geht.
7 Wer sich an die Lehre hält, ist ein verständiger Sohn, / wer mit Verschwendern
umgeht, macht seinem Vater Schande.
8 Wer sein Vermögen durch Zins und Aufschlag vermehrt, / sammelt für den, der Er-
barmen hat mit den Armen.
9 Wendet einer sein Ohr ab, um die Lehre
nicht zu hören, / dann ist sogar sein Gebet
ein Gräuel.
10 Wer Rechtschaffene irreführt auf einen
bösen Weg, / der fällt in seine eigene Grube; /
die Schuldlosen aber erlangen Gutes.
11 Der Reiche hält sich selbst für klug, /
doch ein verständiger Armer durchschaut
ihn.
12 Haben Gerechte die Oberhand, gibt es
glanzvolle Zeiten, / erheben sich die Frevler,
verstecken sich die Menschen.
13 Wer seine Sünden verheimlicht, hat kein
Glück, / wer sie bekennt und meidet, findet
Erbarmen.
14 Wohl dem Menschen, der stets Gott
fürchtet; / wer aber sein Herz verhärtet, fällt
ins Unglück.
15 Ein grollender Löwe, ein gieriger Bär – /
ein frevelhafter Herrscher über ein schwaches Volk.
16 Mancher Fürst ist klein an Verstand und
groß als Unterdrücker; / wer Ausbeutung
hasst, hat ein langes Leben.
17 Ein Mensch, auf dem Blutschuld lastet, /
ist flüchtig bis zum Grab; man halte ihn
nicht.
18 Wer schuldlos seinen Weg geht, dem
wird geholfen, / wer krumme Wege geht,
fällt in die Grube.
19 Wer sein Feld bestellt, wird satt von
Brot, / wer nichtigen Dingen nachjagt, wird
satt von Armut.
20 Ein ehrlicher Mensch erntet vielfachen
Segen, / wer aber hastet, um sich zu bereichern, bleibt nicht ungestraft.
21 Auf die Person sehen ist nicht recht, / für
einen Bissen Brot wird mancher zum Verbrecher.
22 Nach Reichtum giert ein neidischer
Mensch / und bedenkt nicht, dass Mangel
über ihn kommen wird.
23 Wer einen andern zurechtweist, / findet
schließlich Dank, / mehr als der Schmeichler.
24 Wer Vater oder Mutter beraubt / und
meint, er tue kein Unrecht, / macht sich zum
Genossen des Mörders.
25 Der Habgierige erregt Streit, / wer auf
den Herrn vertraut, wird reichlich gelabt.
26 Wer auf seinen eigenen Verstand vertraut, ist ein Tor, / wer in Weisheit seinen
Weg geht, wird gerettet.
27 Wer dem Armen gibt, hat keinen Mangel, / wer seine Augen verschließt, wird viel
verflucht.
28 Erheben sich die Frevler, dann verbergen sich die Menschen, / gehen sie zugrunde,
dann kommen die Gerechten an die Macht.

5: 1 Kor 2,14 • 6: 19,1 • 8: Ex 22,24 • 12: 28,28; 29,2 • 13: Ps 32,2–5 • 17: Gen 4,12 • 19: 12,11 • 20: Sir 11,10f • 21: 24,23 • 24: 18,9 • 28: 28,12

29 Wer bei Tadel halsstarrig bleibt, /
wird plötzlich zerschmettert / und es
gibt keine Heilung.
2 Kommen die Gerechten an die Macht,
dann freut sich das Volk, / herrscht der Frevler, dann stöhnt das Volk.
3 Wer Weisheit liebt, erfreut seinen Vater; /
wer mit Dirnen verkehrt, verschleudert das
Vermögen.
4 Ein König richtet das Land auf durch
Pflege des Rechts, / wer Abgaben erpresst,
zerstört es.
5 Wer seinem Nächsten schmeichelt, / breitet ihm ein Netz vor die Füße.
6 In Sünde verstrickt sich der Böse, / doch
der Gerechte jubelt und freut sich.
7 Der Gerechte hat Verständnis für den
Rechtsstreit der Armen, / der Frevler aber
kennt kein Verständnis.
8 Hetzer bringen eine Stadt in Aufruhr, /
Weise beschwichtigen die Erregung.
9 Rechtet ein Weiser mit einem Toren, /
tobt dieser und lacht und gibt keine Ruhe.
10 Mörder hassen den Schuldlosen, /
Rechtschaffene bemühen sich um sein Leben.
11 Ein Tor lässt seiner ganzen Erregung
freien Lauf, / aber ein Weiser hält sie zurück.
12 Achtet ein Herrscher auf Lügen, / werden alle seine Beamten zu Schurken.
13 Der Arme und der Ausbeuter begegnen
einander, / der Herr gibt beiden das Augenlicht.
14 Spricht ein König den Geringen zuverlässig Recht, / hat sein Thron für immer Bestand.
15 Rute und Rüge verleihen Weisheit, / ein
zügelloser Knabe macht seiner Mutter
Schande.

28,17b Andere Übersetzungsmöglichkeit: man unterstütze ihn nicht.

16 Herrschen die Frevler, dann herrscht die Sünde, / doch die Gerechten erleben ihren Sturz.

17 Züchtige deinen Sohn, so wird er dir Verdruss ersparen / und deinem Herzen Freude machen.

18 Ohne prophetische Offenbarung verwildert das Volk; / wohl ihm, wenn es die Lehre bewahrt.

19 Durch Worte wird kein Sklave gebessert, / er versteht sie wohl, aber kehrt sich nicht daran.

20 Siehst du einen, der eilfertig ist im Reden, / mehr Hoffnung gibt es für den Toren als für ihn.

21 Ein Sklave, verwöhnt von Jugend an, / wird am Ende widerspenstig.

22 Ein aufbrausender Mensch erregt Streit, / ein Jähzorniger begeht viele Sünden.

23 Hochmut erniedrigt den Menschen, / doch der Demütige kommt zu Ehren.

24 Wer mit dem Dieb teilt, hasst sich selbst, / er hört die Verfluchung, doch er macht keine Anzeige.

25 Die Angst des Menschen führt ihn in die Falle; / wer auf den Herrn vertraut, ist gesichert.

26 Viele suchen die Gunst des Herrschers, / aber das Recht kommt für alle vom Herrn.

27 Der Übeltäter ist den Gerechten ein Gräuel. / Der Rechtschaffene ist für den Frevler ein Gräuel.

2: 28,12.28 • 4: 29,14 • 7: Jes 1,17f • 8: Sir 28,14 • 13: 22,2 • 15: 13,24; 22,15; 23,13; Sir 30,1 • 20: 26,12.

DIE WORTE AGURS: 30,1–14

30 Worte Agurs, des Sohnes des Jake aus Massa.
Spruch des Mannes Laïtiël: / Ich mühte mich ab mit Gott und bin am Ende.

2 Denn ich bin zu dumm für einen Menschen, / ich habe keinen Menschenverstand,

3 ich habe keine Weisheit gelernt / und keine Kenntnis des Heiligen erlangt.

4 Wer stieg zum Himmel hinauf und kam wieder herab? / Wer sammelte den Wind in seine Fäuste? / Wer band das Wasser in ein Gewand? / Wer setzte fest alle Enden der Erde? / Wie ist sein Name und wie der Name seines Sohnes, wenn du es weißt?

5 Jede Rede Gottes ist im Feuer geläutert; / ein Schild ist er für alle, die bei ihm sich bergen.

6 Füg seinen Worten nichts hinzu, / sonst überführt er dich und du stehst als Lügner da.

7 Um zweierlei bitte ich dich, / versag es mir nicht, bevor ich sterbe:

8 Falschheit und Lügenwort halt fern von mir; / gib mir weder Armut noch Reichtum, / nähr mich mit dem Brot, das mir nötig ist,

9 damit ich nicht, satt geworden, dich verleugne / und sage: Wer ist denn der Herr?,
damit ich nicht als Armer zum Dieb werde / und mich am Namen meines Gottes vergreife.

10 Verleumde nicht den Knecht bei seinem Herrn, / sonst verflucht er dich und du musst es büßen.

11 Ein Geschlecht, das seinem Vater flucht / und seine Mutter nicht segnet;

12 ein Geschlecht, das rein ist in den eigenen Augen, / doch nicht gewaschen von seinem Schmutz;

13 ein Geschlecht – wie überheblich sind seine Augen / und wie hochmütig seine Wimpern;

14 ein Geschlecht, dessen Zähne Schwerter / und dessen Gebiss Messer sind, / um die Notleidenden aus dem Land wegzufressen / und die Armen weg aus der Menschheit.

3: 9,10 • 4: Ijob 38,1–35 • 5: Ps 18,31 • 9: Sir 5,1–3.

29,17a Wörtlich: so wird er dir Ruhe gewähren.
29,24b vgl. die Anmerkungen zu Lev 5,1 und Ri 17,2.
30,1–14 Die zwei letzten Kapitel bringen Anhänge an die zweite salomonische Sammlung. Die Worte Agurs aus dem ismaëlitischen Massa (?) scheinen bis 30,14 zu reichen. Sie stehen in G hinter 24,22. Das Gebet in VV. 7–9, der Vers 10 und die VV. 11–14 sind inhaltlich selbstständig.
30,1 Laïtiël, der Beiname Agurs, konnte verstanden werden als: Ich mühte mich ab mit Gott.
30,7–9 Das Stichwort »Lüge« veranlasste wohl den Einschub des Gebets des Bescheidenen.
30,11a.12a.13a.14a Der Anfang dieser Worte meint singgemäß: Weh dem Geschlecht . . .

DIE ZAHLENSPRÜCHE: 30,15–33

15 Der Blutegel hat zwei Töchter: Gib! – Gib!
Drei sind es, die nie satt werden, / vier sagen nie: Genug:
16 Die Unterwelt und der unfruchtbare Mutterschoß, / die Erde, die nicht satt wird an Wasser, / und das Feuer, das nie sagt: Genug!
17 Ein Auge, das den Vater verspottet / und die alte Mutter verachtet, / das hacken die Raben am Bach aus, / die jungen Adler fressen es auf.
18 Drei Dinge sind mir unbegreiflich, / vier vermag ich nicht zu fassen:
19 den Weg des Adlers am Himmel, / den Weg der Schlange über den Felsen, / den Weg des Schiffes auf hoher See, / den Weg des Mannes bei der jungen Frau.
20 So benimmt sich die ehebrecherische Frau: / Sie isst, wischt sich den Mund / und sagt: Ich habe nichts Böses getan.
21 Unter dreien erzittert das Land, / unter vieren wird es ihm unerträglich:
22 unter einem Sklaven, wenn er König wird, / und einem Toren, wenn er Brot im Überfluss hat,
23 unter einer Verschmähten, wenn sie geheiratet wird, / und einer Sklavin, wenn sie ihre Herrin verdrängt.
24 Vier sind die Kleinsten auf Erden / und sind doch die Allerklügsten:
25 Die Ameisen sind kein starkes Volk / und besorgen sich doch im Sommer ihr Futter;
26 Klippdachse sind ein Volk ohne Macht / und doch bauen sie ihre Wohnung im Fels;
27 die Heuschrecken haben keinen König / und doch schwärmen sie alle geordnet aus;
28 Eidechsen fängst du mit der Hand / und doch wohnen sie in Königspalästen.
29 Drei sind es, die stolz einherschreiten, / vier haben einen stolzen Gang:
30 der Löwe, der Held unter den Tieren, / der vor keinem umkehrt;
31 der Hahn, der einherstolziert, und der Leitbock / und der König, wenn er vor seinem Volk auftritt wie ein Gott.
32 Wenn du dich stolz erhoben und dabei blamiert hast / oder wenn du nachdenkst – so leg die Hand auf den Mund!
33 Denn stößt man Milch, so gibt es Butter, / stößt man die Nase, so gibt es Blut, / stößt man den Zorn, so gibt es Streit.

25: 6,6–8 • 26: Ps 104,18.

DIE WORTE AN LEMUËL: 31,1–9

31 Worte an Lemuël, den König von Massa, mit denen ihn seine Mutter ermahnt hat:
2 Was soll ich dir sagen, Lemuël, mein Erstgeborener, / du Sohn meines Schoßes, / was, du Sohn meiner Gelübde?
3 Gib deine Kraft nicht den Frauen hin, / dein Tun und Treiben nicht denen, die Könige verderben.
4 Könige sollen sich nicht, Lemuël, / Könige sollen sich nicht mit Wein betrinken, / Fürsten nicht berauschenden Trank begehren.
5 Er könnte beim Trinken seine Pflicht vergessen / und das Recht aller Notleidenden verdrehen.
6 Gebt berauschenden Trank dem, der zusammenbricht, / und Wein denen, die im Herzen verbittert sind.
7 Ein solcher möge trinken und seine Armut vergessen / und nicht mehr an seine Mühsal denken.
8 Öffne deinen Mund für den Stummen, / für das Recht aller Schwachen!
9 Öffne deinen Mund, richte gerecht, / verschaff dem Bedürftigen und Armen Recht!

2: 1 Sam 1,11 • 5: Koh 10,16.

30,15–33 Die selbstständige Gruppe der Zahlensprüche und die Worte an Lemuël (31,1–9) stehen in G hinter 24,34.
30,15a Wohl ein versprengtes Fragment. – Der Blutegel ist Bild für den Habsüchtigen; seine beiden »Töchter« sind seine Saug- und Haftorgane.
30,17 Eine Unterbrechung, wohl verursacht durch das Stichwort »Adler« in V. 19. Eine andere Erweiterung ist V. 20.
30,31 H ist unklar.
30,32a blamiert, wörtlich: als Tor erwiesen.
31,1 Wie Agur (vgl. 30,1) stammt auch Lemuël aus dem nordarabischen Massa. Sprachliche Anklänge an das Aramäische und der eigenartige Inhalt weisen auf nichtisraelitischen Ursprung hin.
31,2a Ergänzt nach G; H hat kein Zeitwort.
31,3b dein Tun und Treiben, wörtlich: deine Wege.

DAS LOB DER TÜCHTIGEN FRAU: 31,10–31

10 Eine tüchtige Frau, wer findet sie? / Sie
übertrifft alle Perlen an Wert.
11 Das Herz ihres Mannes vertraut auf sie /
und es fehlt ihm nicht an Gewinn.
12 Sie tut ihm Gutes und nichts Böses / alle
Tage ihres Lebens.
13 Sie sorgt für Wolle und Flachs / und
schafft mit emsigen Händen.
14 Sie gleicht den Schiffen des Kaufmanns: / Aus der Ferne holt sie ihre Nahrung.
15 Noch bei Nacht steht sie auf, / um ihrem
Haus Speise zu geben / [und den Mägden,
was ihnen zusteht].
16 Sie überlegt es und kauft einen Acker, /
vom Ertrag ihrer Hände pflanzt sie einen
Weinberg.
17 Sie gürtet ihre Hüften mit Kraft / und
macht ihre Arme stark.
18 Sie spürt den Erfolg ihrer Arbeit, / auch
des Nachts erlischt ihre Lampe nicht.
19 Nach dem Spinnrocken greift ihre
Hand, / ihre Finger fassen die Spindel.
20 Sie öffnet ihre Hand für den Bedürftigen / und reicht ihre Hände dem Armen.
21 Ihr bangt nicht für ihr Haus vor dem
Schnee; / denn ihr ganzes Haus hat wollene
Kleider.
22 Sie hat sich Decken gefertigt, / Leinen
und Purpur sind ihr Gewand.
23 Ihr Mann ist in den Torhallen geachtet, /
wenn er zu Rat sitzt mit den Ältesten des
Landes.
24 Sie webt Tücher und verkauft sie, / Gürtel liefert sie dem Händler.
25 Kraft und Würde sind ihr Gewand, / sie
spottet der drohenden Zukunft.
26 Öffnet sie ihren Mund, dann redet sie
klug / und gütige Lehre ist auf ihrer Zunge.
27 Sie achtet auf das, was vorgeht im
Haus, / und isst nicht träge ihr Brot.
28 Ihre Söhne stehen auf und preisen sie
glücklich, / auch ihr Mann erhebt sich und
rühmt sie:
29 Viele Frauen erwiesen sich tüchtig, /
doch du übertriffst sie alle.
30 Trügerisch ist Anmut, vergänglich die
Schönheit, / nur eine gottesfürchtige Frau
verdient Lob.
31 Preist sie für den Ertrag ihrer Hände, /
ihre Werke soll man am Stadttor loben.

15: 27,27.

Das Buch Kohelet

Das Buch Kohelet wurde um die Mitte des 3. Jahrhunderts v. Chr. geschrieben. Der Verfasser, der sich selbst Kohelet nennt, ist uns nicht bekannt. Palästina gehörte damals zum Ptolemäerreich. Es war die Zeit noch vor den hellenistischen Religionsverfolgungen und vor der nationalen Erhebung der Makkabäer. Die gebildete Oberschicht von Judäa war wohlhabend und weltoffen. Man versuchte, die Traditionen Israels mit der die Welt beherrschenden griechischen Bildung und Lebensform zu einer neuen Einheit zu verschmelzen.

Das Buch Kohelet ist das eindrucksvollste Zeugnis dieses Bemühens. Die Bildungstraditionen Israels, ja des ganzen Orients, besonders auch Ägyptens, sind Kohelet bekannt (zur »Weisheit« vgl. die Einleitung zu Spr). Sein Denken und Fühlen ist von den Schriftstellern, die man in den griechischen Schulen liest, und von der sogenannten Popularphilosophie bestimmt. Seine Sprache ist ein ganz neuartiges Hebräisch, in dem einerseits die aramäische Alltagssprache, andererseits manches griechische Wort- und Satzmuster durchschlägt. Das Buch lehnt sich nur noch teilweise an die poetische Gestalt der alten Lehrschriften an. Es ent-

31,10–31 Dieses Lied dürfte zu den jüngsten Teilen des Buches gehören. In H beginnen die Verse der Reihe nach mit den Buchstaben des hebräischen Alphabets.

hält auch schon viele Merkmale der damals aufkommenden Predigt von Wanderphilosophen (»Diatribe«).

Das Buch entwirft zunächst eine Lehre vom Kosmos (1,4–11). Der herrliche, ewig kreisende Kosmos ist die Bühne, auf der die vergänglichen Menschen kommen und gehen. Sprache, Sinne und Gedächtnis der Menschen können die Fülle der Welt nicht erfassen. Es folgt als grundlegender Teil des Buches die Lehre vom Menschen (1,12 – 3,15). Kohelet versetzt sich in die höchste menschliche Möglichkeit: Er sieht sich als gebildeten, weltgestaltenden und das Leben voll auskostenden Herrscher und fragt dann nach dem Sinn. Angesichts des sicher kommenden Todes erweist sich selbst dann alles als »Windhauch«. Jeder Augenblick ist von Gott her bestimmt; der Mensch kann ihn weder berechnen noch in den Griff bekommen. Er kann nur in Furcht das, was ihm jeweils gegeben wird, annehmen. Dieses Daseinsverständnis bestätigt sich dann in einem anschließenden Teil, der die Übel der Welt anhand ausgewählter Beispiele aus dem öffentlichen, wirtschaftlichen und familiären Leben kritisiert (3,16 – 6,10). Im nächsten Teil werden Beispiele traditioneller Spruchweisheit und die weisheitliche Theorie über den Zusammenhang von Tun und Ergehen kritisch überprüft (6,11 – 9,6). Am Ende steht wieder das Thema Tod. Daran schließt sich die Ethik an, die Weisung für die rechte Lebensführung (9,7 – 12,7). Sie ist sehr vielfältig, doch ist sie geleitet von der Mahnung, in Gottesfurcht die Gabe des jeweiligen Augenblicks zu ergreifen: jede Freude zu genießen und überall da, wo es sich anbietet, tatkräftig zu handeln. Denn jedes »Jetzt« ist die dem Menschen gegebene Zeit. Er soll nie vergessen, dass er auf Alter und Tod zugeht. Aus dieser Ethik sind die Anweisungen über das religiöse Verhalten herausgenommen und schon vorher als eine Art Zwischenstück in die Gesellschaftskritik eingesetzt (4,17 – 5,6). So bilden sie im Gesamtaufbau des Buches eine Art Mitte.

Im modernen Denken wird man mit dem Buch Kohelet vor allem die Existenzphilosophie vergleichen können. Doch ist im Buch Kohelet bei aller Neigung zur Erfahrungsweisheit und zur kritischen Auseinandersetzung mit gängigen Meinungen zugleich eine sehr radikale Theorie von der Bindung der Welt an Gott vorausgesetzt. Nach ihr kann nichts, auch nicht das Böseste und Schlimmste, von der Allursächlichkeit Gottes ausgenommen werden. Und von Gott her ist letztlich alles »schön«. Dies sollte man nicht übersehen, wenn man beim Lesen des Buches von Melancholie überwältigt wird und Kohelet gerade deshalb als modern empfinden möchte. Wer Kohelet als Teil des ganzen Kanons der heiligen Schriften liest, wird das Buch, ohne dabei die Härte seines Fragens und Denkens preiszugeben, mit der Botschaft vom Handeln Gottes in der Geschichte verbinden.

BUCHTITEL: 1,1

1 Worte Kohelets, des Davidsohnes, der König in Jerusalem war.

1: 1,12; Spr 1,1; 1 Kön 8,1.

VORSPRUCH: 1,2–3

2 Windhauch, Windhauch, sagte Kohelet,
Windhauch, Windhauch, das ist alles Wind-
hauch. 3 Welchen Vorteil hat der Mensch von
all seinem Besitz, für den er sich anstrengt
unter der Sonne?

2: 12,8; Ijob 7,16; Ps 39,6; 62,10; Röm 8,20 • 3: 2,11.18–22; 3,9; 5,15.17; 9,9.

1,3 Besitz, für den er sich anstrengt: ein Leitmotiv des Buches; in H ein Wortspiel. Das Wort für »Besitz« meint sowohl die menschliche Arbeit, die den Besitz hervorbringt, als auch den durch die Arbeit und Mühe erworbenen Besitz selbst.

WECHSEL, DAUER UND VERGESSEN: 1,4–11

4 Eine Generation geht, eine andere kommt. / Die Erde steht in Ewigkeit.

5 Die Sonne, die aufging und wieder unterging, / atemlos jagt sie zurück an den Ort, wo sie wieder aufgeht.

6 Er weht nach Süden, dreht nach Norden, dreht, dreht, weht, der Wind. / Weil er sich immerzu dreht, kehrt er zurück, der Wind.

7 Alle Flüsse fließen ins Meer, / das Meer wird nicht voll.

Zu dem Ort, wo die Flüsse entspringen, / kehren sie zurück, um wieder zu entspringen.

8 Alle Dinge sind rastlos tätig, / kein Mensch kann alles ausdrücken,

nie wird ein Auge satt, wenn es beobachtet, / nie wird ein Ohr vom Hören voll.

9 Was geschehen ist, wird wieder geschehen, / was man getan hat, wird man wieder tun: / Es gibt nichts Neues unter der Sonne.

10 Zwar gibt es bisweilen ein Ding, von dem es heißt: / Sieh dir das an, das ist etwas Neues – / aber auch das gab es schon in den Zeiten, die vor uns gewesen sind.

11 Nur gibt es keine Erinnerung an die Früheren / und auch an die Späteren, die erst kommen werden,

auch an sie wird es keine Erinnerung geben / bei denen, die noch später kommen werden.

4–11: 3,11–15 • Sir 14,18 • 8: 5,9; 8,17; Spr 27,20 • 9: 3,15; 6,10; 4,13–16 • 11: 2,16; 9,5.

DIE BEDINGTHEIT DES MENSCHEN – DIE UNDURCHSCHAUBARKEIT GOTTES: 1,12 – 3,15

Drei Überblicke: 1,12 – 2,2

12 Ich, Kohelet, war in Jerusalem König über Israel. 13 Ich hatte mir vorgenommen, das Wissen daraufhin zu untersuchen und zu erforschen, ob nicht alles, was unter dem Himmel getan wurde, ein schlechtes Geschäft war, für das die einzelnen Menschen durch Gottes Auftrag sich abgemüht haben. 14 Ich beobachtete alle Taten, die unter der Sonne getan wurden. Das Ergebnis: Das ist alles Windhauch und Luftgespinst.

15 Was krumm ist, kann man nicht gerade biegen; / was nicht da ist, kann man nicht zählen.

16 Ich überlegte mir Folgendes: Ich habe mein Wissen immerzu vergrößert, sodass ich jetzt darin jeden übertreffe, der vor mir über Jerusalem geherrscht hat. Oft konnte ich Wissen und Können beobachten. 17 So habe ich mir vorgenommen zu erkennen, was Wissen wirklich ist, und zu erkennnen, was Verblendung und Unwissen wirklich sind. Ich erkannte, dass auch dies ein Luftgespinst ist. 18 Denn:

Viel Wissen, viel Ärger, / wer das Können mehrt, der mehrt die Sorge.

2 Ich dachte mir: Auf, versuch es mit der Freude, genieß das Glück! Das Ergebnis: Auch das ist Windhauch.

2 Über das Lachen sagte ich: Wie verblendet!, / über die Freude: Was bringt sie schon ein?

1,13: 3,10; 8,9.16f; 5,13 • 14: 2,11; 4,4 • 15: 7,13; Spr 27,22 • 16: 2,9; 1 Kön 5,9f • 17: 2,12; 7,25; 8,16f • 18: 2,23; 5,16; Spr 22,15 • 2,1: 2,3.10.24; 3,12; Weish 2,6 • 2: Spr 14,13; 20,1; 23,29–35.

Menschliches Glück durch Weltgestaltung: 2,3–11

3 Ich trieb meine Forschung an mir selbst, indem ich meinen Leib mit Wein lockte, während mein Verstand das Wissen auf die Weide führte, und indem ich das Unwissen gefangen nahm. Ich wollte dabei beobachten, wo es vielleicht für die einzelnen Men-

---

1,5 Nach dem antiken Weltbild muss die Sonne nachts unterhalb der Erdscheibe wieder zum östlichen Horizont zurückkehren.

1,8 Alle Dinge sind rastlos tätig, andere Übersetzungsmöglichkeit: Alle Worte sind überanstrengt.

1,9 Dass es »nichts Neues unter der Sonne« gibt, ist entgegen unserer Empfindung eine positive Aussage.

1,10c Andere Übersetzungsmöglichkeit: aber schon seit Ewigkeiten hat es das gegeben, was sich vor unseren Augen ereignet hat.

1,12–3,15: In diesem Teil des Buches spielt der Verfasser in literarischer Fiktion die Rolle eines Königs.

1,14 Luftgespinst, andere Übersetzungsmöglichkeit: Haschen nach Luft. So auch später, wenn dieses Wort wiederkommt.

2,3 Der Sinn von H ist stellenweise nicht klar.

schen möglich ist, sich unter dem Himmel Glück zu verschaffen während der wenigen Tage ihres Lebens. 4 Ich vollbrachte meine großen Taten:

Ich baute mir Häuser, / ich pflanzte Weinberge.

5 Ich legte mir Gärten und Parks an, / darin pflanzte ich alle Arten von Bäumen.

6 Ich legte Wasserbecken an, / um aus ihnen den sprossenden Baumbestand zu bewässern.

7 Ich kaufte Sklaven und Sklavinnen, / obwohl ich schon hausgeborene Sklaven besaß.

Auch Vieh besaß ich in großer Zahl, Rinder, Schafe, Ziegen, / mehr als alle meine Vorgänger in Jerusalem.

8 Ich hortete auch Silber und Gold / und, als meinen persönlichen Schatz, Könige und ihre Provinzen.

Ich besorgte mir Sänger und Sängerinnen / und die Lust jedes Menschen: einen großen Harem.

9 Ich war schon groß gewesen, doch ich gewann noch mehr hinzu, sodass ich alle meine Vorgänger in Jerusalem übertraf. Und noch mehr: Mein Wissen stand mir zur Verfügung 10 und was immer meine Augen sich wünschten, verwehrte ich ihnen nicht. Ich musste meinem Herzen keine einzige Freude versagen. Denn mein Herz konnte immer durch meinen ganzen Besitz Freude gewinnen. Und das war mein Anteil, den ich durch meinen ganzen Besitz gewinnen konnte. 11 Doch dann dachte ich nach über alle meine Taten, die meine Hände vollbracht hatten, und über den Besitz, für den ich mich bei diesem Tun angestrengt hatte. Das Ergebnis: Das ist alles Windhauch und Luftgespinst. Es gibt keinen Vorteil unter der Sonne.

3: 2,1 • 4: 1 Kön 7; Hld 8,11 • 5: Hld 4,13 • 6: Neh 2,14 • 7: 1 Kön 10,5; 5,3; 8,63; 10,23 • 8: 1 Kön 10,21; 5,1–8; 2 Sam 19,36; 1 Kön 11,3 • 9: 1,16; 1 Kön 10,23; 5,9–14 • 10. 2,1.24, 3,12.22; 5,17f; 8,15; 9,6–9; 11,7–10 • 11: 1,3.

Bildung und Besitz in ihrer Bedingtheit: 2,12–23

12 Ich dachte nach, indem ich beobachtete, was Wissen wirklich ist und was Verblendung und Unwissen wirklich sind. Außerdem: Was für ein Mann wird auf den König folgen, den sie einst eingesetzt haben? 13 Ich beobachtete: Es gibt einen Vorteil, den das Wissen bietet, aber nicht das Unwissen, wie es einen Vorteil gibt, den das Licht bietet, aber nicht die Dunkelheit:

14 Der Gebildete hat Augen im Kopf, der Ungebildete tappt im Dunkeln.

Aber ich erkannte auch: Beide trifft ein und dasselbe Geschick. 15 Da dachte ich mir: Was den Ungebildeten trifft, trifft also auch mich. Warum bin ich dann über die Maßen gebildet? Und ich überlegte mir, dass auch das Windhauch ist. 16 Denn an den Gebildeten gibt es ebenso wenig wie an den Ungebildeten eine Erinnerung, die ewig währt, weil man schon in den Tagen, die bald kommen, beide vergessen wird. Wie ist es möglich, dass der Gebildete ebenso sterben muss wie der Ungebildete? 17 Da verdross mich das Leben. Denn das Tun, das unter der Sonne getan wurde, lastete auf mir als etwas Schlimmes. Denn es ist alles Windhauch und Luftgespinst.

18 Mich verdross auch mein ganzer Besitz, für den ich mich unter der Sonne anstrenge und den ich dem Menschen lassen muss, der nach mir kommt. 19 Wer weiß, ob er ein Wissender ist oder ein Unwissender? Jedenfalls wird er über meinen ganzen Besitz verfügen, für den ich mich unter der Sonne angestrengt und mein Wissen eingesetzt habe. Auch das ist Windhauch.

20 Ich stellte mich um und überließ mich der Verzweiflung über meinen ganzen Besitz, für den ich mich unter der Sonne angestrengt hatte. 21 Denn es kommt vor, dass ein Mensch, dessen Besitz durch Wissen, Können und Erfolg erworben wurde, ihn einem andern, der sich nicht dafür angestrengt hat, als dessen Anteil überlassen muss. Auch das ist Windhauch und etwas Schlimmes, das häufig vorkommt. 22 Was erhält der Mensch dann durch seinen ganzen Besitz und durch das Gespinst seines Geistes, für die er sich unter der Sonne anstrengt?

23 Alle Tage besteht sein Geschäft nur aus Sorge und Ärger / und selbst in der Nacht kommt sein Geist nicht zur Ruhe. Auch das ist Windhauch.

12: 1,17; 7,25 • 13: 6,8 • 14: 8,1; 10,2; 3,19; 9,2f; Ijob 9,22 • 15: 7,16 • 16: 1,11; 9,5; Weish 2,4; Ps 49,11 • 17: 5,12; 6,1f • 18–19: 2,12; 6,1–7; Ps 39,7 • 18: 1 Kön 12,1–17 • 21: 6,2; Sir 11,18f • 22: 1,3 • 23: 1,18; 5,16; 8,16f; 11,10; Ijob 7,1–4.

2,8 einen großen Harem: Übersetzung nicht ganz sicher.

2,12 Dieser Vers deutet nacheinander die beiden Themen an, die dann entfaltet werden: Wissen endet mit dem Tod (2,13–17) und Besitz endet mit dem Tod (2,18–23).

2,20–23 Nicht nur nach dem Tod, sondern sogar schon während des Lebens kann man seinen Besitz verlieren. Dieser Gedanke leitet zu 2,24 – 3,9 über, wo dargelegt wird, dass auch während des Lebens kein Augenblick ganz in der Hand des Menschen selbst ist.

Gottes Handeln in seiner Vollkommenheit und Undurchschaubarkeit: 2,24 – 3,15

24 Nicht im Menschen selbst gründet das
Glück, dass er essen und trinken und durch
seinen Besitz das Glück selbst kennen lernen
kann. Ich habe vielmehr beobachtet, dass
dies von Gottes Verfügung abhängt. 25 Denn
wer hat zu essen, wer weiß zu genießen,
wenn nicht ich? 26 Aber es gibt Menschen, de-
nen Gott wohlwill. Es sind die, denen er Wis-
sen, Können und Freude geschenkt hat. Und
es gibt Menschen, deren Leben verfehlt ist.
Es sind diejenigen, die er mit dem Geschäft
beauftragt hat, zu sammeln und zu horten
und dann alles denen zu geben, denen er
wohl will. Auch das ist Windhauch und
Luftgespinst.

3 Alles hat seine Stunde. Für jedes Ge-
schehen unter dem Himmel gibt es eine
bestimmte Zeit:

2 eine Zeit zum Gebären / und eine Zeit
zum Sterben, / eine Zeit zum Pflanzen / und
eine Zeit zum Abernten der Pflanzen,

3 eine Zeit zum Töten / und eine Zeit zum
Heilen, / eine Zeit zum Niederreißen / und
eine Zeit zum Bauen,

4 eine Zeit zum Weinen / und eine Zeit zum
Lachen, / eine Zeit für die Klage / und eine
Zeit für den Tanz;

5 eine Zeit zum Steinewerfen / und eine
Zeit zum Steinesammeln, / eine Zeit zum
Umarmen / und eine Zeit, die Umarmung zu
lösen,

6 eine Zeit zum Suchen / und eine Zeit zum
Verlieren, / eine Zeit zum Behalten / und
eine Zeit zum Wegwerfen,

7 eine Zeit zum Zerreißen / und eine Zeit
zum Zusammennähen, / eine Zeit zum
Schweigen / und eine Zeit zum Reden,

8 eine Zeit zum Lieben / und eine Zeit zum
Hassen, / eine Zeit für den Krieg / und eine
Zeit für den Frieden.

9 Wenn jemand etwas tut – welchen Vorteil
hat er davon, dass er sich anstrengt? 10 Ich
sah mir das Geschäft an, für das jeder
Mensch durch Gottes Auftrag sich abmüht.
11 Gott hat das alles zu seiner Zeit auf voll-
kommene Weise getan. Überdies hat er die
Ewigkeit in alles hineingelegt, doch ohne
dass der Mensch das Tun, das Gott getan hat,
von seinem Anfang bis zu seinem Ende wie-
der finden könnte. 12 Ich hatte erkannt: Es
gibt kein in allem Tun gründendes Glück, es
sei denn, ein jeder freut sich und so ver-
schafft er sich Glück, während er noch lebt,
13 wobei zugleich immer, wenn ein Mensch
isst und trinkt und durch seinen ganzen Be-
sitz das Glück kennen lernt, das ein Ge-
schenk Gottes ist. 14 Jetzt erkannte ich: Alles,
was Gott tut, geschieht in Ewigkeit. Man
kann nichts hinzufügen und nichts abschnei-
den und Gott hat bewirkt, dass die Menschen
ihn fürchten. 15 Was auch immer geschehen
ist, war schon vorher da, und was geschehen
soll, ist schon geschehen und Gott wird das
Verjagte wieder suchen.

2,24: 2,10 • 25: 9,1 • 26: 7,26; Ijob 27,16f; Spr 13,22; 28,8 • 3,1: 3,17; 8,5f; 9,11f; Ps 31,16 • 2: 7,17; Ijob 5,26; Jes 28,23–29 • 7: Spr 15,23 • 8: 9,1 • 9: 1,3 • 10: 1,13 • 11: 11,5; 3,14f; 7,14.23–29; 8,16f; Ps 139,13–18 • 12: 2,10 • 13: 2,24f • 14–15: 1,4–11 • 14: Spr 30,6; Sir 18,6; 42,21 • 15: 1,9; Sir 5,3.

DIE ÜBEL DER WELT: 3,16 – 4,16

Unrecht bei Gericht: 3,16–22

16 Noch etwas habe ich beobachtet unter
der Sonne: An der Stätte, wo man Urteil
spricht, geschieht Unrecht; an der Stätte, wo
man gerechtes Urteil sprechen sollte, ge-
schieht Unrecht. 17 Da dachte ich mir: Gott
ist es, der den Unschuldigen wie den Schul-
digen verurteilt. Denn eine bestimmte Zeit
für jedes Geschehen und für jedes Tun gibt
es (auch) dort. 18 Was die einzelnen Men-
schen angeht, dachte ich mir, dass Gott sie
herausgegriffen hat und dass sie selbst (da-
raus) erkennen müssen, dass sie eigentlich
Tiere sind. 19 Denn jeder Mensch unterliegt
dem Geschick und auch die Tiere unterliegen
dem Geschick. Sie haben ein und dasselbe
Geschick. Wie diese sterben, so sterben jene.
Beide haben ein und denselben Atem. Einen
Vorteil des Menschen gegenüber dem Tier

3,11b Andere Übersetzungsmöglichkeit: Überdies hat er den Menschen eine Vorstellung von der Ewigkeit eingegeben . . .

3,17 Wenn menschliche Richter Unschuldige zum Tod verurteilen, muss das zugleich als Tun Gottes betrachtet werden; denn 3,1 gilt auch bei menschlichen Gerichtsentscheidungen. Von 3,18 ab wird dann erwogen, welche Absicht Gott dabei haben könnte.

3,18 Die »einzelnen Menschen«, die Gott »herausgegriffen« hat, sind die unschuldig zum Tod Verurteilten. In H ein Wortspiel: sie selbst (hemmah) – Tiere (behemah).

3,19a Wörtlich: Denn jeder Mensch ist Geschick und auch die Tiere sind Geschick. Oder: Denn jeder Mensch ist ein Zufall und auch die Tiere sind Zufall.

gibt es da nicht. Beide sind Windhauch. 20 Beide gehen an ein und denselben Ort. Beide sind aus Staub entstanden, beide kehren zum Staub zurück. 21 Wer weiß, ob der Atem der einzelnen Menschen wirklich nach oben steigt, während der Atem der Tiere ins Erdreich hinabsinkt? 22 So habe ich eingesehen: Es gibt kein Glück, es sei denn, der Mensch kann durch sein Tun Freude gewinnen. Das ist sein Anteil. Wer könnte es ihm ermöglichen, etwas zu genießen, das erst nach ihm sein wird?

16–22: 8,12b–15 • 16: 5,7 • 17: 3,1; 11,3 • 19: 2,14; Ps 49,13.21 • 20: 6,6; 12,7; Gen 2,7; 3,19; Ps 103,14; 104,29; 146,4; Ijob 34,14f; Sir 17,1; 40,11; Weish 2,2f • 22: 2,10; 6,12.

Ausbeutung und Konkurrenzkampf: 4,1–6

4 Dann wieder habe ich alles beobachtet, was unter der Sonne getan wird, um Menschen auszubeuten. Sieh, die Ausgebeuteten weinen und niemand tröstet sie; von der Hand ihrer Ausbeuter geht Gewalt aus und niemand tröstet sie. 2 Da preise ich immer wieder die Toten, die schon gestorben sind, und nicht die Lebenden, die noch leben müssen. 3 Glücklicher aber als beide preise ich den, der noch nicht geworden ist, der noch nicht das schlimme Tun gesehen hat, das unter der Sonne getan wird. 4 Denn ich beobachtete: Jede Arbeit und jedes erfolgreiche Tun bedeutet Konkurrenzkampf zwischen den Menschen. Auch das ist Windhauch und Luftgespinst.

5 Der Ungebildete legt die Hände in den Schoß / und hat doch sein Fleisch zum Essen.

6 Besser eine Hand voll und Ruhe, / als beide Hände voll und Arbeit und Luftgespinst.

1: 5,7 • 2: 7,2; Ijob 3,20–23 • 3: 6,3–5; Jer 20,18 • 5: Spr 6,10; 24,33 • 6: 6,5; Spr 15,16; 16,8; 17,1.

Der allein stehende Mensch: 4,7–12

7 Und wieder habe ich etwas unter der Sonne beobachtet, das Windhauch ist. 8 Es kommt vor, dass jemand allein steht und niemanden bei sich hat. Ja, er besitzt nicht einmal einen Sohn oder Bruder. Aber sein Besitz ist ohne Grenzen und überdies kann sein Auge vom Reichtum nicht genug bekommen. Doch für wen strenge ich mich dann an und warum gönne ich mir kein Glück? Auch das ist Windhauch und ein schlechtes Geschäft. 9 Zwei sind besser als einer allein, falls sie nur reichen Ertrag aus ihrem Besitz ziehen. 10 Denn wenn sie hinfallen, richtet einer den anderen auf. Doch wehe dem, der allein ist, wenn er hinfällt, ohne dass einer bei ihm ist, der ihn aufrichtet. 11 Außerdem:

Wenn zwei zusammen schlafen, wärmt einer den andern; / einer allein – wie soll er warm werden?

12 Und wenn jemand einen Einzelnen auch überwältigt, / zwei sind ihm gewachsen / und eine dreifache Schnur reißt nicht so schnell.

8: 1,8; 5,9; Spr 27,20; Koh 2,18–20 • 11: 1 Kön 1,1–4.

Wankelmütige Volksgunst: 4,13–16

13 Besser ein junger Mann, der niedriger Herkunft, aber gebildet ist, / als ein König, der alt, aber ungebildet ist –
weil er es nicht mehr verstand, auf Ratschläge zu hören. 14 Der junge Mann wurde aus dem Gefängnis befreit und wurde König, obwohl er, während der andere schon regierte, arm zur Welt gekommen war. 15 Aber ich habe beobachtet, dass alle Lebenden, die unter der Sonne umherlaufen, sich auf die Seite des nächsten jungen Mannes stellten, der statt seiner hochkommt. 16 Die Volksmenge nimmt kein Ende, gleichgültig, wer an ihre Spitze getreten ist. Im Übrigen werden die Späteren auch mit ihm nicht zufrieden sein. Denn auch das ist Windhauch und Luftgespinst.

13–16: Sir 11,1–6 • 13: Spr 17,2 • 16: 1,9–11.

RATSCHLÄGE FÜR DAS RELIGIÖSE VERHALTEN: 4,17 – 5,6

Hören, Opfern und Sprechen im Gottesdienst: 4,17 – 5,2

17 Zügle deinen Schritt, wenn du zum Gotteshaus gehst.

Tritt ein, um zuzuhören, / und nicht, wie die Ungebildeten, um Opfer abzugeben.
Sie verstehen nicht einmal, Böses zu tun.

5 Sei nicht zu schnell mit dem Mund, ja selbst innerlich fiebere nicht, vor Gott

---

4,13–16 Kohelet beginnt hier zwar mit einem damals allgemein bekannten Sprichwort, meint aber von Anfang an einen bestimmten Fall. Das wird aus dem plötzlichen Umsprung in die Form des Berichts deutlich. Kohelet spricht dabei von drei verschiedenen Männern, die nacheinander herrschten.

4,17 Wortgottesdienst steht über Opfergottesdienst.

das Wort zu ergreifen. Gott ist im Himmel, du bist auf der Erde, also mach wenig Worte!
2 Im Traum schließt man viele Geschäfte ab, der Ungebildete macht viele Worte.

4,17–5,2: Jak 1,19 • 4,17: 1 Sam 15,22; Spr 15,7f; Hos 6,6 • 5,2: 10,14; Spr 10,19.

Gelübde: 5,3–6

3 Wenn du Gott ein Gelübde machst, / dann zögere nicht, es zu erfüllen.
Die Ungebildeten gefallen Gott nicht: / Was du gelobst, erfülle!
4 Es ist besser, wenn du nichts gelobst, / als wenn du etwas gelobst und nicht erfüllst.
5 Lass nicht zu, dass dein Mund / dein Fleisch in Sünde stürzt.
Erkläre nie vor dem Boten: / Es war ein Versehen.
Warum soll Gott zürnen über das, was du redest, / und vernichten, was deine Hände tun?
6 Vielmehr, wo Träume sich mehren und Windhauch und viele Worte, / da fürchte du Gott!

3–6: Spr 20,25; Sir 18,22f • 3: Num 30,3; Dtn 23,22 • 5: Lev 4f; Num 15,22–31; 35,9–25.

ÜBER ARMUT UND REICHTUM: 5,7 – 6,10

Beamtenherrschaft: 5,7–8

7 Wenn du beobachtest, dass in der Provinz die Armen ausgebeutet und Gericht und Gerechtigkeit nicht gewährt werden, dann wundere dich nicht über solche Vorgänge:
Ein Mächtiger deckt den andern, / hinter beiden stehen noch Mächtigere
8 und es ist auf jeden Fall ein Vorteil für das Land, wenn das bebaute Feld einem König untersteht.

7: 3,16; 4,1; Ex 23,6–9.

Die Nutzlosigkeit des Reichtums: 5,9–11

9 Wer das Geld liebt, / bekommt vom Geld nie genug;
wer den Luxus liebt, / hat nie genug Einnahmen – auch das ist Windhauch.
10 Mehrt sich das Vermögen, / so mehren sich auch die, die es verzehren.
Was für ein Erfolg bleibt dem Besitzer? / Seine Augen dürfen zusehen.
11 Süß ist der Schlaf des Arbeiters, / ob er wenig oder viel zu essen hat.
Dem Reichen raubt sein voller Bauch / die Ruhe des Schlafs.

9: 1,8; 4,8 • 10: Spr 19,6.

Verlust des Reichtums: 5,12–16

12 Es gibt etwas Schlimmes, etwas wie eine Krankheit, das ich unter der Sonne beobachtet habe: wenn Reichtum, der für seinen Besitzer ängstlich gehütet wurde, diesem Schlimmes brachte.
13 Durch ein schlechtes Geschäft ging ihm dieser Reichtum verloren. Er hatte einen Sohn gezeugt, aber jetzt hat er nichts mehr, das ihm gehört.
14 Wie er aus dem Leib seiner Mutter herausgekommen ist – nackt, wie er kam, muss er wieder gehen. Von seinem Besitz darf er überhaupt nichts forttragen, nichts, das er als ihm gehörig mitnehmen könnte.
15 So ist auch dies etwas Schlimmes, etwas wie eine Krankheit. Genau wie er kam, muss er gehen. Welchen Vorteil bringt es ihm, dass er sich anstrengt für den Wind?
16 Auch wird er während seines ganzen restlichen Lebens sein Essen im Dunkeln einnehmen; er wird sich häufig ärgern und Krankheit und Unmut werden ihn plagen.

12: 2,17 • 14: Ijob 1,21; Ps 49,17f; 1 Tim 6,7 • 16: 2,23.

Unverwerteter Reichtum: 5,17 – 6,2

17 Dies ist etwas, was ich eingesehen habe: Das vollkommene Glück besteht darin, dass jemand isst und trinkt und das Glück kennen lernt durch seinen eigenen Besitz, für den er sich unter der Sonne anstrengt während der wenigen Tage seines Lebens, die Gott ihm geschenkt hat. Denn das ist sein Anteil.
18 Außerdem: Immer wenn Gott einem Menschen Reichtum und Wohlstand geschenkt und ihn ermächtigt hat, davon zu essen und seinen Anteil fortzutragen und durch seinen Besitz Freude zu gewinnen, besteht das eigentliche Geschenk Gottes darin,
19 dass

5,5 Unter dem »Boten« ist wahrscheinlich der Priester zu verstehen (vgl. Mal 2,7).

5,8 Andere Übersetzungsmöglichkeit: wenn ein König sich um das Ackerland kümmert. – Gegenüber einem Beamtenstaat wird ausgedehnter königlicher Grundbesitz als das geringere Übel betrachtet.

5,13 Durch ein schlechtes Geschäft, andere Übersetzungsmöglichkeit: Durch ein schlimmes Ereignis.

dieser Mensch sich nicht so oft daran erinnern muss, wie wenige Tage sein Leben zählt, weil Gott ihn sich um die Freude seines Herzens bemühen lässt.

6 Doch es gibt etwas Schlimmes, das ich unter der Sonne beobachtet habe; es
lastet häufig auf dem Menschen: 2 Gott
schenkt einem Menschen so viel Reichtum, Wohlstand und Geltung, dass ihm nichts fehlt von allem, was er sich wünschen könnte; aber Gott ermächtigt ihn nicht, davon zu essen, sondern ein Fremder isst es auf. Das ist Windhauch und eine schlimme Krankheit.

5,17: 2,10 • 6,1–9: 2,18–23 • 1: 2,17; 8,6 • 2: Lk 12,20.

Langes Leben und Reichtum ohne Freude: 6,3–5

3 Wenn ein Mann hundert Söhne zeugt und viele Jahre lebt, sodass seine Lebenszeit wirklich lang ist, wenn er sich selbst aber seines Vermögens doch nicht bedienen kann, um sich satt zu essen, auch wenn niemals ein Grab auf ihn warten würde – ich sage: Eine
Fehlgeburt hat es besser als er. 4 Denn:

Als Windhauch kam sie, ins Dunkel geht sie, / in Dunkel bleibt ihr Name gehüllt.
5 Sie hat auch die Sonne nicht gesehen und nicht gekannt. So hat sie Ruhe, er nicht.

3: 4,3; Ijob 3,10–16; Jer 20,17 • 5: 4,6.

Langes Leben in Armut und ohne Freude: 6,6–10

6 Und wenn er zweimal tausend Jahre lebte, aber das Glück nicht kennen lernte: Gehen nicht beide zu ein und demselben Ort?
7 Alles Arbeiten des Menschen ist für den Rachen des Totenreichs, und dessen Schlund
wird niemals voll. 8 Denn was hat der Gebildete dem Ungebildeten voraus, was nutzt es dem Armen, auch wenn er etwas kann, noch unter den Lebenden zu weilen?
9 Besser, etwas vor Augen zu haben / als ein hungriger Rachen.

Aber auch das ist Windhauch und Luftgespinst.
10 Was auch immer jemand war, er hat vorher schon seinen Namen bekommen; es war erkannt, dass er nur ein Mensch sein wird, und er kann nicht mit dem streiten, der mächtiger als er ist.

10: 1,9; 3,14f; Gen 1; Am 3,2; Jer 1,5; Ijob 9; Weish 12,12.

ALTE SPRUCHWEISHEITEN – KRITISCH ÜBERPRÜFT: 6,11 – 9,6

Einleitung: 6,11–12

11 Es gibt viele Worte, die nur den Windhauch vermehren. Was nützt das dem Menschen?
12 Denn: Wer kann erkennen, was für den Menschen besser ist in seinem Leben, während der wenigen Tage seines Lebens voll Windhauch, die er wie ein Schatten verbringt? Und wer kann dem Menschen verkünden, was nach ihm unter der Sonne geschehen wird?

12: 3,22; 7,14f; 8,7.13; 9,9; 10,14; 1 Chr 29,15; Ps 39,7; Ijob 14,1

Zum Thema: Nachruhm: 7,1–4

7 Besser ein guter Name als Parfüm – / und der Tag eines Todes als der Tag einer Geburt;
2 besser der Gang in ein Haus, wo man trauert, / als der Gang in ein Haus, wo man trinkt.

Weil dies das Ende jedes Menschen ist, / macht, wer noch lebt, sich Gedanken.
3 Besser sich ärgern als lachen; / denn bei einem vergrämten Gesicht wird das Herz heiter.

6,3 Auch wenn niemals ein Grab auf ihn warten würde, Sinn: Wenn das Unmögliche einträte, dass er unsterblich wäre.

6,7 Andere Übersetzungsmöglichkeit: Alles Arbeiten des Menschen ist für seinen Mund und doch wird sein Rachen niemals voll.

6,10 Derjenige, der jedem Menschen schon vorher seinen Namen gibt und ihn in seiner menschlichen Begrenztheit durchschaut, ist Gott. Ob mit dem Mächtigeren, mit dem ein Mensch nicht streiten kann, der Tod gemeint ist oder Gott, bleibt ungesagt.

6,11f Beispiele solcher »Worte« werden in 7,1 – 9,6 angeführt und kritisiert. Die Fragen in 6,12 deuten den Aufbau dieses kommenden Abschnitts an.

7,1 In H ein Wortspiel zwischen »Name« (schem) und »Parfüm« (schemen tob). »Name« meint den guten Ruf, aber auch den Nachruhm über den Tod hinaus (vgl. Spr 10,7; Ijob 18,17). An diese Nuance des Sprichworts knüpft die eigene Überlegung Kohelets an. Ihr Anfang ist, wie immer im Folgenden, in der Übersetzung durch einen Gedankenstrich gekennzeichnet.

4 Das Herz der Gebildeten ist im Haus, wo man trauert, / das Herz der Ungebildeten im Haus, wo man sich freut.

1: Spr 22,1; Sir 41,11–13 • 2: 11,9–12,7; Sir 7,36 • 3: 1 Kor 3,10f.

Zum Thema: Bildung: 7,5–7

5 Besser die Mahnrede eines Gebildeten anhören, / als dem Gesang der Ungebildeten lauschen;

6 denn wie das Prasseln der Dornen unter dem Kessel, / so ist das Lachen des Ungebildeten. – Aber auch das ist Windhauch, denn:

7 Erpressung verblendet den Gebildeten / und Bestechung verdirbt den Verstand.

5: Spr 13,1; 15,32 • 7: Ex 23,8; Dtn 16,19.

Zum Thema: Zurückhaltung und Hängen am Hergebrachten: 7,8–10

8 Besser der Ausgang einer Sache als ihr Anfang, / besser der Vorsichtige als der Stürmische.

9 Lass dich nicht aufregen, sodass du dich ärgerst, / denn Ärger steckt in den Ungebildeten. –

10 Doch frag nicht: Wie kommt es, dass die früheren Zeiten besser waren als unsere? Denn deine Frage zeugt nicht von Wissen.

8: Spr 24,20 • 9: Spr 22,24.

Zum Thema: Wissen als Mittel zu langem Leben: 7,11–18

11 Wissen ist so viel wert wie Erbbesitz, / es ist sogar mehr wert für die, welche die Sonne sehen;

12 denn wer sich im Schatten des Wissens birgt, der ist auch im Schatten des Geldes; / aber das ist der Vorteil des Könnens: Das Wissen erhält seinen Besitzer am Leben. –

13 Doch sieh ein, dass Gottes Tun noch hinzukommt.
Denn:
Wer kann gerade biegen, was er gekrümmt hat?

14 Am Glückstag erfreue dich deines Glücks und am Unglückstag sieh ein: Auch diesen hat Gott geschaffen, genau wie jenen, sodass der Mensch von dem, was nach ihm kommt, gar nichts herausfinden kann. 15 In meinen Tagen voll Windhauch habe ich beides beobachtet: Es kommt vor, dass ein gesetzestreuer Mensch trotz seiner Gesetzestreue elend endet, und es kommt vor, dass einer, der sich nicht um das Gesetz kümmert, trotz seines bösen Tuns ein langes Leben hat. 16 Halte dich nicht zu streng an das Gesetz und sei nicht maßlos im Erwerb von Wissen! Warum solltest du dich selbst ruinieren? 17 Entfern dich nicht zu weit vom Gesetz und verharre nicht im Unwissen: Warum solltest du vor der Zeit sterben? 18 Es ist am besten, wenn du an dem einen fest hältst, aber auch das andere nicht loslässt. Wer Gott fürchtet, wird sich in jedem Fall richtig verhalten.

11: Spr 16,16 • 12: Spr 3,1f.13–18 • 13: 1,15 • 14: 3,11; Ijob 2,10; Sir 11,14 • 15: 8,14; 9,1f; Ps 73,12–14; Ijob 21,7 • 16: 2,15; Lk 18,9–14 • 17: 3,2 • 18: Spr 10,27.

Zum Thema: Wissen als Schutz: 7,19–22

19 Das Wissen ist für den Gebildeten ein stärkerer Schutz/ als zehn Machthaber zusammen, / die in der Stadt geherrscht haben. –

20 Doch gibt es auf der Erde keinen einzigen Menschen, der so gesetzestreu wäre, dass er stets richtig handelt, ohne je einen Fehler zu begehen. 21 Hör auch nicht auf all die Worte, die man so sagt. Denn niemals wirst du einen Untergebenen über dich schimpfen hören, 22 und doch bist du dir bewusst, dass auch du sehr oft über andere geschimpft hast.

19: 9,16; Spr 21,22; 24,5 • 20: 1 Kön 8,46; Ps 14,3; Ijob 15,14–16; Röm 1,18–3,20; 5,12; 1 Joh 1,8.

Zum Thema: Überliefertes Wissen und Wissen aus Beobachtung: 7,23 – 8,1a

23 Auf allen Wegen habe ich es mit dem Wissen versucht. Ich habe gesagt: Ich will lernen und dadurch gebildet werden. Aber das Wissen blieb für mich in der Ferne.

7,6 In H ein Wortspiel: Gesang (schir) – Dornen (sirim) – Kessel (sir) – Ungebildeter (kesil).

7,12 Diese Bildungstheorie ist von der Überzeugung getragen, der Mensch könne mit seinem Wissen die Zukunft überschaubar und beherrschbar machen; dadurch ließe sich vorzeitiger Tod vermeiden. Wichtig ist dabei die Annahme eines Zusammenhangs zwischen menschlichem Verhalten und späterem Ergehen. Das stellt Kohelet im Folgenden immer wieder in Frage. Deshalb kommt er dann auch zu einer anderen Ethik.

7,13 Beweisführung mit der Aussage von 1,15.

7,18 Andere Übersetzungsmöglichkeit: Wer Gott fürchtet, wird beiden Gefahren entgehen. – An dieser Stelle ist Gottesfurcht jenes Ethos, das sich aus der Einsicht von 7,13 ergibt: dass Gottes Handeln letztlich alle Ereignisse bestimmt und dass es sich nicht nach Regeln festlegen lässt (vgl. 3,14).

7,19–22 Der Behauptung der Tradition, das Wissen schütze vor Gefahren, begegnet Kohelet mit der These, es gebe überhaupt keinen Menschen, der es fertig bringt, fehlerfrei nach Wissen und Erziehung zu handeln.

7,23–25 Diese den Abschnitt einleitenden Sätze

24 Fern ist alles, was geschehen ist, / und tief, tief versunken – / wer könnte es wieder finden?
25 So habe ich, genauer: mein Verstand, mich umgestellt. Ich wollte forschend und suchend erkennen, was dasjenige Wissen wirklich ist, das Einzelbeobachtungen zusammenrechnet. Ferner wollte ich erkennen, ob Gesetzesübertretung mit mangelnder Bildung und Unwissen mit Verblendung zusammenhängt.
26 Immer wieder finde ich die Ansicht, stärker als der Tod sei die Frau. Denn:

Sie ist ein Ring von Belagerungstürmen / und ihr Herz ist ein Fangnetz, / Fesseln sind ihre Arme.

Wem Gott wohlwill, der kann sich vor ihr retten, / wessen Leben verfehlt ist, wird von ihr eingefangen.

27 Aber sieh dir an, was ich, Beobachtung um Beobachtung, herausgefunden habe, sagte Kohelet, bis ich schließlich das Rechenergebnis fand,
28 oder vielmehr: wie ich immer wieder suchte und nichts fand:

Von tausend Menschen habe ich nur einen wieder gefunden, / aber der, den ich von ihnen allen wieder gefunden habe, war keine Frau.

29 Sieh dir an, was ich als Einziges herausgefunden habe:

Gott hat die Menschen rechtschaffen gemacht, / aber sie haben sich in allen möglichen Berechnungen versucht.

8 Wer ist hier gebildet? Wer versteht es, ein Wort zu deuten?

7,24: 1,11; 3,11 • 25: 1,17 • 26: Ri 16,4–21; Spr 2,16–19; 5,2–6; Koh 2,26; Spr 22,14 • 27: 1,2; 12,8 • 8,1a: 2,14; Spr 16,13f .

Zum Thema: Gebildete und König: 8,1b–4

Das Wissen eines Menschen macht seine Miene strahlend / und seine strengen Züge lösen sich. –

2 Ich (dagegen sage): Achte auf die Befehle des Königs, und zwar im Hinblick auf den vor Gott geleisteten Eid.
3 Entferne dich nicht hastig aus seiner Gegenwart und versteife dich nicht auf eine Sache, wenn sie schlimm auszugehen droht. Denn alles, wozu er sich entscheidet, setzt er auch durch.
4 Hinter dem Wort des Königs steht nun einmal die Macht. Wer also kann ihm sagen: Was tust du?

3: 10,4; Spr 20,2 .

Zum Thema: Schicksal des gebildeten Gesetzestreuen und des ungebildeten Gesetzesübertreters: 8,5–12a

5 Wer auf das Gebot achtet, den trifft nichts Schlimmes, / der Verstand des Gebildeten weiß die rechte Zeit. –
6 Allerdings:

Es gibt die rechte Zeit für jedes Geschehen und:

Schlimmes Geschick lastet häufig auf dem Menschen und:

7 Er weiß nicht, was geschehen wird. / Wie es geschehen wird – wer verkündet es ihm?
8 Es gibt keinen Menschen, der Macht hat über den Wind, / sodass er den Wind einschließen könnte.

Es gibt keine Macht über den Sterbetag. / Es gibt im Krieg keinen Urlaub. / Selbst ein Gesetzesbruch kann die Gesetzesbrecher nicht retten.

9 All dies habe ich beobachtet, als ich mich zu einer Zeit, wo ein Mensch seine Macht über den andern Menschen dazu benutzte, diesem zu schaden, mit jedem Tun beschäftigte, das unter der Sonne getan wurde.
10 Dabei habe ich beobachtet, wie Menschen, die das Gesetz übertreten hatten, ein Begräbnis erhielten, während andere, die recht getan hatten, ankamen und vom Ort des Heiligtums wieder weggehen und bald in der Stadt vergessen sein werden. Auch das ist Windhauch.
11 Denn:

Wo keine Strafe verhängt wird, / ist die Bosheit schnell am Werk.

Deshalb wächst im Herzen der Menschen die Lust, Böses zu tun.
12 Denn:

dienen innerhalb von 6,11 – 9,6 auch als Rückblick und Vorblick.

7,28 Widerspricht der in 7,26a zitierten Vorstellung. Kohelet nimmt diese Aussage ganz wörtlich und widerlegt sie durch die Erfahrung: Auch die Frauen sind sterblich.

7,29 Schwer übersetzbarer Text, der auf einem Wortspiel beruht. Das hebräische Wort für »Berechnungen« (es bedeutet auch »Wurfmaschinen«) verweist auf die Kriegstechnik. Kohelet spielt immer noch auf 7,25f an.

8,1a Andere Lesart: Wer tut es dem Gebildeten gleich? Wer dem, der es versteht, ein Wort zu deuten? – Wählt man diese Lesart, dann bilden die beiden Fragen nicht mehr das Ende des vorangehenden Abschnitts, sondern den Anfang des folgenden.

8,2–4 Kohelet widerspricht der Meinung von der Unwiderstehlichkeit des Gebildeten durch den Hinweis auf die größere Durchsetzungskraft der realen Machtverhältnisse. Er kleidet den Hinweis in Ratschläge für das Verhalten bei Hof.

8,6–12 Die Beweisführung greift zunächst auf 2,17 und 6,1.12 zurück, dann weist sie auf Sprichwörter und auf gemachte Erfahrungen hin. Am Ende stehen Schlussfolgerungen in Spruchform.

Ein Sünder kann hundertmal Böses tun / und dennoch lange leben.

5–6: 3,1 • 5: Spr 19,16 • 6: 2,17; 6,1 • 7: 6,12 • 8: Spr 30,4; Koh 9,12 • 9: 1,13 • 10: Ijob 21,27–34.

Weiterführung: 8,12b–15

Freilich kenne ich das Wort:

Denen, die Gott fürchten, wird es gut gehen, / weil sie sich vor ihm fürchten;

13 dem, der das Gesetz übertritt, wird es nicht gut gehen / und er wird kein langes Leben haben, gleich dem Schatten, / weil er sich nicht vor Gott fürchtet. –

14 Doch es gibt etwas, das auf der Erde getan wurde und Windhauch ist:

Es gibt gesetzestreue Menschen, denen es so ergeht, / als hätten sie wie Gesetzesbrecher gehandelt;

und es gibt Gesetzesbrecher, / denen es so ergeht, / als hätten sie wie Gesetzestreue gehandelt.

Ich schloss daraus, dass auch dies Windhauch ist. 15 Da pries ich die Freude; denn es gibt für den Menschen kein Glück unter der Sonne, es sei denn, er isst und trinkt und freut sich. Das soll ihn begleiten bei seiner Arbeit während der Lebenstage, die Gott ihm unter der Sonne geschenkt hat.

12b–15: 3,16–22 • 12–13: Ps 37,17–20; Spr 10,27 • 13: 6,12 • 14: 7,15; Ps 73,2–12; Jer 12,1 • 15: 2,10.

Zum Thema: Grenzen der Erkenntnis: 8,16 – 9,6

16/17 Als ich mir vorgenommen hatte zu erkennen, was Wissen wirklich ist, und zu beobachten, welches Geschäft eigentlich auf der Erde getätigt wird, da sah ich ein, dass der Mensch, selbst wenn er seinen Augen bei Tag und Nacht keinen Schlaf gönnt, das Tun Gottes in seiner Ganzheit nicht wieder finden kann, das Tun, das unter der Sonne getan wurde. Deshalb strengt der Mensch, danach suchend, sich an und findet es doch nicht wieder. Selbst wenn der Gebildete behauptet, er erkenne – er kann es doch nicht wieder finden.

9 Denn ich habe über dies alles nachgedacht und dies alles überprüft, wobei sich ergab: Die Gesetzestreuen und Gebildeten mit ihrem Tun stehen unter Gottes Verfügung. Der Mensch erkennt nicht, ob er geliebt ist oder ob er verschmäht ist. So liegt auch bei ihnen beides offen vor ihnen. 2 Beides – wie bei allen Menschen. Aber ein und dasselbe Geschick trifft den Gesetzestreuen und den Gesetzesbrecher, den Guten, den Reinen und den Unreinen, den Opfernden und den, der nicht opfert. Dem Guten ergeht es wie dem Sünder, dem Schwörenden ebenso wie dem, der den Schwur scheut. 3 Das ist das Schlimme an allem, was unter der Sonne getan wurde, dass alle dann ein und dasselbe Geschick trifft und dass in den Menschen überdies die Lust zum Bösen wächst und Verblendung ihren Geist erfasst, während sie leben und danach, wenn sie zu den Toten müssen – 4 ja, wer würde da ausgenommen? Für jeden Lebenden gibt es noch Zuversicht. Denn:

Ein lebender Hund ist besser als ein toter Löwe.

5 Und: Die Lebenden erkennen, dass sie sterben werden; die Toten aber erkennen überhaupt nichts mehr. Sie erhalten auch keine Belohnung mehr; denn die Erinnerung an sie ist in Vergessenheit versunken. 6 Liebe, Hass und Eifersucht gegen sie, all dies ist längst erloschen. Auf ewig haben sie keinen Anteil mehr an allem, was unter der Sonne getan wurde.

8,16/17: 1,8.13.17; 2,23; 3,11; 11,5; Sir 18,5 • 9,1: 7,15; 2,24; 3,8 • 2: 2,14; 7,15 • 3: 8,11 • 5: 1,11 • 6: 2,10.

RATSCHLÄGE KOHELETS: 9,7 – 12,8

Freude und kraftvolles Handeln: 9,7–10

7 Also: Iss freudig dein Brot und trink vergnügt deinen Wein; denn das, was du tust, hat Gott längst so festgelegt, wie es ihm gefiel. 8 Trag jederzeit frische Kleider und nie fehle duftendes Öl auf deinem Haupt. 9 Mit einer Frau, die du liebst, genieß das Leben alle Tage deines Lebens voll Windhauch, die er dir unter der Sonne geschenkt hat, alle deine Tage voll Windhauch. Denn das ist dein Anteil am Leben und an dem Besitz, für

9,3f Andere Lesart: und danach müssen sie zu den Toten. Wer unter die Lebenden eingereiht ist, für den gibt es noch Zuversicht.

9,5f Andere Übersetzungsmöglichkeit: Sie erhalten auch keine Belohnung mehr, ihre Erinnerung ist geschwunden, ihre Liebe, ihr Hass und ihre Eifersucht sind längst erloschen.

9,7–10 Dieser Abschnitt gehört zu einer Art Rahmen. VV. 7–9 bringen schon Motive des Schlussgedichts 11,9 – 12,7. In V. 10 wird 11,4–8, der Abschnitt vor dem Schlussgedicht, angekündigt. Innerhalb dieses Rahmens stehen in 9,11 – 11,3 in lockerer Folge verschiedene Sentenzen und Ratschläge.

den du dich unter der Sonne anstrengst. 10 Alles, was deine Hand, solange du Kraft hast, zu tun vorfindet, das tu! Denn es gibt weder Tun noch Rechnen noch Können noch Wissen in der Unterwelt, zu der du unterwegs bist.

7: 2,10 • 9: Spr 5,18f.

Zufall und Zeit: 9,11–12

11 Wiederum habe ich unter der Sonne beobachtet:

Nicht den Schnellen gehört im Wettlauf der Sieg, / nicht den Tapferen der Sieg im Kampf, / auch nicht den Gebildeten die Nahrung, / auch nicht den Klugen der Reichtum, / auch nicht den Könnern der Beifall, / sondern jeden treffen Zufall und Zeit.

12 Außerdem: Der Mensch kennt seine Zeit nicht.

Wie Fische, die ins Unglücksnetz geraten sind, / wie Vögel, die ins Klappnetz geraten sind, / ebenso verfangen sich die einzelnen Menschen in ihre Unglückszeit, / wenn sie plötzlich über sie herabfällt.

11–12: 3,1 • 11: Spr 16,9; Röm 9,6.

Wissen und Macht: 9,13–18

13 Auch Folgendes habe ich unter der Sonne beobachtet, ein Beispiel von Wissen, das ich für bedeutsam hielt: 14 Es war eine kleine Stadt. Die hatte nur wenige Einwohner. Ein mächtiger König zog gegen sie aus. Er schloss sie ein und baute gegen sie hohe Belagerungstürme. 15 In der Stadt fand sich ein armer, aber gebildeter Mann. Der rettete die Stadt durch sein Wissen. Später aber erinnerte sich kein Mensch mehr an diesen armen Mann. 16 Da sagte ich:

Wissen ist besser als Macht, / aber das Wissen des Armen gilt nichts / und niemand will seine Worte hören.

17 Bedächtige Worte von Gebildeten hört man sich lieber an / als das Geschrei des Herrschers der Ungebildeten

18 und Wissen ist besser als Waffen – / aber ein Einziger, der falsch entscheidet, / kann viele Werte zerstören.

16: 7,19; Spr 24,5; Sir 13,22f • 17: Spr 21,22.

Dummheit: 10,1–3

10 Sterbende Fliegen – da stinkt und gärt sogar das (duftende) Öl für die Schönheitspflege; / schwerer als Wissen und Geltung wiegt eine kleine Dummheit.

2 Der Verstand des Gebildeten wählt den rechten Weg, / der Verstand des Ungebildeten den linken;

3 doch der Dumme – welchen Weg er auch einschlägt, / ihm fehlt der Verstand, / obwohl er von jedem andern gesagt hat: Er ist dumm.

2: 2,14.

Gelassenheit: 10,4

4 Wenn der Herrscher gegen dich in Zorn gerät, bewahre die Ruhe; / denn Gelassenheit bewahrt vor großen Fehlern.

4: 8,2–4.

Ungerechte Behandlung bei Hof: 10,5–7

5 Es gibt etwas Schlimmes, das ich unter der Sonne beobachtet habe – solch ein Versehen, wie es vom Machthaber zu kommen pflegt:

6 Die Dummheit wurde auf höchste Posten gestellt / und Reiche müssen unten sitzen.

7 Ich habe Sklaven hoch zu Pferd gesehen / und Fürsten, die wie Sklaven zu Fuß gehen mussten.

6: Spr 30,22.

Lauernde Gefahren: 10,8–9

8 Wer eine Grube gräbt, kann hineinfallen, / wer eine Mauer einreißt, den kann die Schlange beißen,

9 wer Steine bricht, kann sich dabei verletzen, / wer Holz spaltet, bringt sich dadurch in Gefahr.

8: Ps 7,16; 9,16; 35,8; 57,7; Spr 26,27; Sir 27,26.

Anwendung des Wissens: 10,10–11

10 Wenn die Axt stumpf geworden ist / und ihr Benutzer hat sie nicht vorher geschliffen, / dann braucht er mehr Kraft – / Wissen hätte ihm den Vorteil gebracht, dass er sein Werkzeug vorbereitet hätte.

11 Der Schlangenbeschwörer hat keinen Vorteil, / wenn die Schlange beißt, bevor er sie beschworen hat.

11: Sir 12,13.

Der Ungebildete: 10,12–15

12 Worte aus dem Mund des Gebildeten finden Beifall, / jedes Wort von den Lippen

---

9,15 Andere Übersetzungsmöglichkeit: Der hätte die Stadt durch sein Wissen retten können. Aber kein Mensch dachte an diesen Mann.

10,1 Wörtlich: Sterbende Fliegen – da stinken und gären die Wässer des Parfümherstellers.

10,4b Andere Übersetzungsmöglichkeit: Gib deine Stellung nicht auf!

10,5 Versehen: ironisch gemeint.

10,10d Wörtlich: Der Vorteil, vorzubereiten, ist Wissen.

des Ungebildeten bringt ihn selbst in Ver-
wirrung.
13 Wenn er redet, steht Dummheit am An-
fang, / am Ende schlimme Verblendung.
14 Und der Dumme redet endlos. Dabei kann
doch der Mensch nicht erkennen, was ge-
schehen wird. Und was nach ihm geschieht –
wer verkündet es ihm? 15 Die Arbeit er-
schöpft die Ungebildeten: Keiner hat es ver-
standen, in die Stadt zu ziehen.

12: Spr 10,32; 15,2; Sir 21,16 • 14: 5,2; 6,12.

Königshof und Schicksal des Volks: 10,16–17

16 Weh dir, Land, / dessen König ein Knabe
ist / und dessen Fürsten schon früh am Mor-
gen tafeln.
17 Wohl dir, Land, / dessen König von ed-
lem Geschlecht ist
und dessen Fürsten zur richtigen Zeit ta-
feln, / beherrscht und nicht wie Zecher.

16: Jes 3,4; 5,11; Spr 31,4–7.

Faulheit: 10,18

18 Ist einer träge, so senkt sich das Ge-
bälk, / lässt er die Hände sinken, so dringt
der Regen ins Haus.

18: Spr 20,4.

Geld: 10,19

19 Man schlemmt und will dabei lachen, /
der Wein erfreut die Lebenden, / das Geld
macht alles möglich.

19: Ps 104,15.

Vom Reden über Mächtige: 10,20

20 Nicht einmal in Gedanken / schimpf auf
den König, / nicht einmal im Schlafzimmer
schimpf auf einen Reichen;
denn die Vögel des Himmels können dein
Wort verbreiten, / alles, was Flügel hat, /
könnte die Nachricht weitermelden.

Berechenbarkeit und Unberechenbarkeit der Zukunft: 11,1–3

11 Leg dein Brot auf die Wasserfläche, /
denn noch nach vielen Tagen wirst
du es wieder finden –
2 verteil dein Kapital auf sieben oder gar
auf acht; / denn du weißt nicht, welches Un-
glück über das Land kommt.
3 Wenn die Wolken sich mit Regen füllen, /
schütten sie ihn auch über das Land aus;
wenn ein Baum nach Süden oder Norden
fällt – / wohin der Baum auch fällt, da bleibt
er liegen.

3: 3,17.

Tatkräftiges Handeln: 11,4–8

4 Wer ständig nach dem Wind schaut,
kommt nicht zum Säen, / wer ständig die
Wolken beobachtet, kommt nicht zum Ern-
ten.
5 Wie du den Weg des Windes ebenso wenig
wie das Werden des Kindes im Leib der
Schwangeren erkennen kannst, so kannst du
auch das Tun Gottes nicht erkennen, der al-
les tut. 6 Am Morgen beginne zu säen, auch
gegen Abend lass deine Hand noch nicht ru-
hen; denn du kannst nicht im Voraus erken-
nen, was Erfolg haben wird, das eine oder
das andere, oder ob sogar beide zugleich zu
guten Ergebnissen führen.
7 Dann wird das Licht süß sein / und den
Augen wird es wohl tun, die Sonne zu se-
hen.
8 Denn selbst wenn ein Mensch viele Jahre
zu leben hat, / freue er sich in dieser ganzen
Zeit / und er denke zugleich an die dunklen
Tage: / Auch sie werden viele sein. / Alles,
was kommt, ist Windhauch.

5: 3,11; 8,17; Ps 139,15.

Freude in der Jugend im Blick auf Alter und Tod: 11,9 – 12,7

9 Freu dich, junger Mann, in deiner Ju-
gend, / sei heiteren Herzens in deinen frühen
Jahren!
Geh auf den Wegen, die dein Herz dir
sagt, / zu dem, was deine Augen vor sich se-
hen.
[Aber sei dir bewusst, dass Gott dich für all
das vor Gericht ziehen wird.]
10 Halte deinen Sinn von Ärger frei / und
schütz deinen Leib vor Krankheit; / denn die
Jugend und das dunkle Haar sind Wind-
hauch.

10,15 Andere Übersetzungsmöglichkeit: Wer es nicht versteht, in die Stadt zu ziehen, der macht sich müde als ungelernter Arbeiter. – Es ist an die Lage des Landproletariats gedacht.

10,16 Knabe: andere Übersetzungsmöglichkeit: Sklave. Für diese Übersetzung spräche V. 17, der von einem König aus »edlem Geschlecht« handelt.

11,8e Andere Übersetzungsmöglichkeit: Jeder, der (zur Welt) kommt, ist Windhauch (d. h. er muss sterben).

11,9 Die zweite Vershälfte ist vermutlich vom Verfasser des zweiten Nachworts hinzugefügt worden (vgl. 12,14).

11,10 Andere Übersetzungsmöglichkeit: denn die Jugend und die Morgenröte sind . . .

12 Denk an deinen Schöpfer in deinen
frühen Jahren, / ehe die Tage der
Krankheit kommen und die Jahre dich errei-
chen, / von denen du sagen wirst: Ich mag sie
nicht!,
2 ehe Sonne und Licht und Mond und Ster-
ne erlöschen / und auch nach dem Regen
wieder Wolken aufziehen:
3 am Tag, da die Wächter des Hauses zit-
tern, / die starken Männer sich krümmen, /
die Müllerinnen ihre Arbeit einstellen, weil
sie zu wenige sind, / es dunkel wird bei den
Frauen, die aus den Fenstern blicken,
4 und das Tor zur Straße verschlossen
wird; / wenn das Geräusch der Mühle ver-
stummt, / steht man auf beim Zwitschern
der Vögel, / doch die Töne des Lieds verklin-
gen;
5 selbst vor der Anhöhe fürchtet man sich
und vor den Schrecken am Weg; / der Man-
delbaum blüht, / die Heuschrecke schleppt
sich dahin, / die Frucht der Kaper platzt, /
doch ein Mensch geht zu seinem ewigen
Haus / und die Klagenden ziehen durch die
Straßen –
6 ja, ehe die silberne Schnur zerreißt, / die
goldene Schale bricht, / der Krug an der
Quelle zerschmettert wird, / das Rad zerbro-
chen in die Grube fällt,
7 der Staub auf die Erde zurückfällt als
das, was er war, / und der Atem zu Gott zu-
rückkehrt, / der ihn gegeben hat.

11,9–12,7: 7,1–4 • 11,10: 2,23 • 12,5: Sir 25,20a • 7: 3,20f.

Rahmenvers:
12,8

8 Windhauch, Windhauch, sagte Kohelet,
das ist alles Windhauch.

8: 1,2.

ZWEI NACHWORTE VON HERAUSGEBERN: 12,9–14

Das erste Nachwort: 12,9–11

9 Kohelet war ein Gelehrter. Außerdem hat
er einfachen Leuten Kenntnisse beigebracht.
Er hörte zu und prüfte, er hat viele Sprich-
wörter selbst in Form gebracht. 10 Kohelet
hat sich bemüht, gut formulierte Worte zu
entdecken, und hier sind diese wahren Worte
sorgfältig aufgeschrieben.
11 Worte von Gelehrten sind wie Ochsen-
stecken, / Sprüche aus Sammlungen aber sit-
zen wie eingetriebene Nägel – / sie sind die
Gabe eines einzigen Hirten.

9: 1 Kön 5,12.

Das zweite Nachwort: 12,12–14

12 Im Übrigen, mein Sohn, lass dich war-
nen! Es nimmt kein Ende mit dem vielen Bü-
cherschreiben und viel Studieren ermüdet
den Leib. 13 Hast du alles gehört, so lautet
der Schluss:
Fürchte Gott und achte auf seine Ge-
bote!
Das allein hat jeder Mensch nötig. 14 Denn
Gott wird jedes Tun vor das Gericht bringen,
das über alles Verborgene urteilt, es sei gut
oder böse.

13: 3,14; 5,6; 7,18; Dtn 10,12; Spr 1,7; Sir 1,13 • 14: 11,9.

12,3f Allegorie; gemeint sind Arme, Beine, Zähne, Augen, Mund und Ohren des alternden Menschen.

12,4d Wörtlich: Alle Töchter des Liedes ducken sich. – Die »Töchter des Liedes« sind in der Übersetzung als Töne der Melodie verstanden. Es könnte sich aber auch um eine poetische Umschreibung für die Vögel handeln, die verstummen.

12,5 Das »ewige Haus« ist das Grab.

12,11 Hier ist vom Vorteil schriftlicher Aufzeichnungen gegenüber mündlicher Lehre die Rede. Vielleicht hatte Kohelet selbst nur mündlich gelehrt und der Verfasser des ersten Nachwortes mag seine von den Schülern auswendig gelernten oder in privaten Aufzeichnungen festgehaltenen Lehren gesammelt und als Buch veröffentlicht haben.

12,12–14 Das zweite Nachwort bringt einige Absicherungen an dem Buch an, damit dieses Buch als rechtgläubig gelten kann.

Das Hohelied

Das Hohelied, wörtlich übersetzt »Das Lied der Lieder«, d. h. »Das schönste Lied«, besingt in einer Folge von Gedichten die Liebe von Mann und Frau, die sich verbinden, sich verlieren, sich suchen und finden. Ähnlich wie das Buch der Sprichwörter und Kohelet gehört es zur Weisheitsliteratur und wird nach der Überlieferung König Salomo zugeschrieben. In der jüdischen Liturgie wurde es die Festrolle für das Paschafest (vgl. die Einleitung zu Rut). Als im 1. Jahrhundert n. Chr. in jüdischen Kreisen Zweifel an seiner kanonischen Geltung erhoben wurden, löste man sie durch die Berufung auf die Tradition. Die Kirche hat das Hohelied immer als Teil der Heiligen Schrift betrachtet.

Bei keinem alttestamentlichen Buch klaffen die Auslegungen so weit auseinander wie hier. Neben der neuen Meinung, das Hohelied entstamme dem Kult der Fruchtbarkeitsgöttin Astarte und übertrage den im Alten Orient weit verbreiteten Ritus der heiligen Hochzeit auf die Jahwe-Verehrung, nimmt die Auffassung zu, es handle sich bei diesem Buch um eine realistische Darstellung und Verherrlichung der ehelichen Liebe (vgl. die Aussage von Gen 2,24). Der »Sitz im Leben« wäre dann eine israelitische Hochzeitsfeier. Dafür sprechen die sogenannten Beschreibungslieder (4,1–7; 5,10–16; 7,2–10), die die Schönheit von Braut und Bräutigam preisen.

Älter ist jedoch die allegorische Auslegung: Die Liebe Gottes zu seinem Volk wird dargestellt unter dem Bild der Liebe zwischen Eheleuten (vgl. Hos 1–3). Von den christlichen Schriftstellern wurde später das Hohelied auf die Verbindung Christi mit der Kirche oder auf die mystische Einheit der Seele mit Gott ausgedeutet.

Der Verfasser des Hohelieds verfügt über ursprüngliche dichterische Kraft und ist ein guter Kenner der Heiligen Schrift. Vielleicht ist die Form seiner Lieder von Ägypten her beeinflusst. Ähnlich wie in den ägyptischen Liebesliedern ist kein Aufbauplan festzustellen. Wegen sprachlicher Eigentümlichkeiten (Aramaismen, ein persisches Wort in 4,13, ein griechisches Wort in 3,9) ist wohl an nachexilische Abfassungszeit in Palästina zu denken. Mit Blick auf die biblische Theologie ist neben der Deutung auf die gottgewollte eheliche Gemeinschaft die Auslegung auf die Verbindung Christus und Kirche durchaus zu rechtfertigen. Dafür spricht vor allem das Gewicht der Tradition.

1 Das Hohelied Salomos.
2 Mit Küssen seines Mundes bedecke er
mich. / Süßer als Wein ist deine Liebe.
3 Köstlich ist der Duft deiner Salben, /
dein Name hingegossenes Salböl; / darum
lieben dich die Mädchen.
4 Zieh mich her hinter dir! Lass uns eilen! /
Der König führt mich in seine Gemächer.
Jauchzen lasst uns, deiner uns freuen, /
deine Liebe höher rühmen als Wein. / Dich
liebt man zu Recht.
5 Braun bin ich, doch schön, / ihr Töchter
Jerusalems,
wie die Zelte von Kedar, / wie Salomos
Decken.
6 Schaut mich nicht so an, / weil ich gebräunt bin. / Die Sonne hat mich verbrannt.
Meiner Mutter Söhne waren mir böse, /
ließen mich Weinberge hüten; / den eigenen
Weinberg konnte ich nicht hüten.
7 Du, den meine Seele liebt, / sag mir: Wo
weidest du die Herde? / Wo lagerst du am
Mittag?
Wozu soll ich erst umherirren / bei den
Herden deiner Gefährten?
8 Wenn du das nicht weißt, / du schönste
der Frauen,
dann folge den Spuren der Schafe, / dann
weide deine Zicklein / dort, wo die Hirten
lagern.

1,5d wie Salomos Decken, andere Lesart: wie die Decken von Schalma (nordarabischer Beduinenstamm).

1,7d umherirren: Text korr.; H: wie eine verhüllte Frau.

9 Mit der Stute an Pharaos Wagen / ver-
gleiche ich dich, meine Freundin.
10 Schön sind deine Wangen zwischen den
Kettchen, / dein Hals in der Perlenschnur.
11 Machen wir dir noch goldene Kettchen, /
kleine Silberkugeln daran.
12 Solange der König an der Tafel liegt, /
gibt meine Narde ihren Duft.
13 Mein Geliebter ruht wie ein Beutel mit
Myrrhe / an meiner Brust.
14 Eine Hennablüte ist mein Geliebter mir /
aus den Weinbergen von En-Gedi.
15 Schön bist du, meine Freundin, / ja, du
bist schön. / Zwei Tauben sind deine Au-
gen.
16 Schön bist du, mein Geliebter, verlo-
ckend. / Frisches Grün ist unser Lager,
17 Zedern sind die Balken unseres Hau-
ses, / Zypressen die Wände.

2: 4,10 • 4: 4,10 • 12: 1,3.

2 Ich bin eine Blume auf den Wiesen des
Scharon, / eine Lilie der Täler.
2 Eine Lilie unter Disteln / ist meine
Freundin unter den Mädchen.
3 Ein Apfelbaum unter Waldbäumen / ist
mein Geliebter unter den Burschen.
In seinem Schatten begehre ich zu sitzen. /
Wie süß schmeckt seine Frucht meinem Gau-
men!
4 In das Weinhaus hat er mich geführt. /
Sein Zeichen über mir heißt Liebe.
5 Stärkt mich mit Traubenkuchen, / er-
quickt mich mit Äpfeln; / denn ich bin krank
vor Liebe.
6 Seine Linke liegt unter meinem Kopf, /
seine Rechte umfängt mich.
7 Bei den Gazellen und Hirschen auf der
Flur / beschwöre ich euch, Jerusalems Töch-
ter:
Stört die Liebe nicht auf, / weckt sie
nicht, / bis es ihr selbst gefällt.
8 Horch! Mein Geliebter! / Sieh da, er
kommt.
Er springt über die Berge, / hüpft über die
Hügel.
9 Der Gazelle gleicht mein Geliebter, / dem
jungen Hirsch.
Ja, draußen steht er / an der Wand unsres
Hauses;
er blickt durch die Fenster, / späht durch
die Gitter.
10 Der Geliebte spricht zu mir: / Steh auf,
meine Freundin, / meine Schöne, so komm
doch!
11 Denn vorbei ist der Winter, / verrauscht
der Regen.
12 Auf der Flur erscheinen die Blumen; /
die Zeit zum Singen ist da.
Die Stimme der Turteltaube / ist zu hören
in unserem Land.
13 Am Feigenbaum reifen die ersten Früch-
te; / die blühenden Reben duften.
Steh auf, meine Freundin, / meine Schöne,
so komm doch!
14 Meine Taube im Felsennest, / versteckt
an der Steilwand,
dein Gesicht lass mich sehen, / deine Stim-
me hören!
Denn süß ist deine Stimme, / lieblich dein
Gesicht.
15 Fangt uns die Füchse, / die kleinen
Füchse!
Sie verwüsten die Weinberge, / unsre blü-
henden Reben.
16 Der Geliebte ist mein / und ich bin sein; /
er weidet in den Lilien.
17 Wenn der Tag verweht / und die Schat-
ten wachsen,
komm du, mein Geliebter, / der Gazelle
gleich,
dem jungen Hirsch / auf den Balsamber-
gen.

6: 8,3 • 7: 3,5; 5,8; 8,4 • 11: 7,13 • 16: 6,3 • 17: 8,14.

3 Des Nachts auf meinem Lager suchte
ich ihn, / den meine Seele liebt. / Ich
suchte ihn und fand ihn nicht.
2 Aufstehen will ich, die Stadt durchstrei-
fen, / die Gassen und Plätze, / ihn suchen,
den meine Seele liebt.
Ich suchte ihn und fand ihn nicht.
3 Mich fanden die Wächter / bei ihrer Run-
de durch die Stadt.
Habt ihr ihn gesehen, / den meine Seele
liebt?
4 Kaum war ich an ihnen vorüber, / fand
ich ihn, den meine Seele liebt.
Ich packte ihn, ließ ihn nicht mehr los, / bis
ich ihn ins Haus meiner Mutter brachte, / in
die Kammer derer, die mich geboren hat.
5 Bei den Gazellen und Hirschen der Flur /
beschwöre ich euch, Jerusalems Töchter:
Stört die Liebe nicht auf, / weckt sie
nicht, / bis es ihr selbst gefällt.
6 Wer ist sie, / die da aus der Steppe he-
raufsteigt / in Säulen von Rauch,
umwölkt von Myrrhe und Weihrauch, /
von allen Wohlgerüchen der Händler?
7 Sieh da, das ist Salomos Sänfte;

2,2a Wörtlich: Wie eine Lilie.
2,3a Wörtlich: Wie ein Apfelbaum.
2,17 Balsambergen: Text korr.; H: Beter-Bergen (ein hebräischer Ortsname, vgl. 8,14).

sechzig Helden geleiten sie, / Israels Helden,
8 alle vertraut mit dem Schwert, / geschult für den Kampf;
jeder trägt sein Schwert an der Hüfte / gegen die Schrecken der Nacht.
9 Einen Tragsessel ließ König Salomo zimmern / aus Holz vom Libanon,
10 die Pfosten in Silber, / die Lehne in Gold,
der Sitz in Purpur, / das Innere mit Steinen belegt.
11 Ihr Töchter Jerusalems, kommt heraus / und schaut, ihr Töchter Zions, / König Salomo mit der Krone!
Damit hat ihn seine Mutter gekrönt / am Tage seiner Hochzeit, / an dem Tag seiner Herzensfreude.

1: 5,6 • 3: 5,7 • 4: 8,2 • 5: 2,7; 5,8; 8,4 • 6: 6,10; 8,5.

4 Schön bist du, meine Freundin, / ja, du bist schön.
Hinter dem Schleier / deine Augen wie Tauben.
Dein Haar gleicht einer Herde von Ziegen, / die herabzieht von Gileads Bergen.
2 Deine Zähne sind wie eine Herde / frisch geschorener Schafe, / die aus der Schwemme steigen.
Jeder Zahn hat sein Gegenstück, / keinem fehlt es.
3 Rote Bänder sind deine Lippen; / lieblich ist dein Mund.
Dem Riss eines Granatapfels gleicht deine Schläfe / hinter dem Schleier.
4 Wie der Turm Davids ist dein Hals, / in Schichten von Steinen erbaut;
tausend Schilde hängen daran, / lauter Waffen von Helden.
5 Deine Brüste sind wie zwei Kitzlein, / wie die Zwillinge einer Gazelle, / die in den Lilien weiden.
6 Wenn der Tag verweht und die Schatten wachsen, / will ich zum Myrrhenberg gehen, / zum Weihrauchhügel.
7 Alles an dir ist schön, meine Freundin; / kein Makel haftet dir an.
8 Komm doch mit mir, meine Braut, vom Libanon, / weg vom Libanon komm du mit mir!
Weg vom Gipfel des Amana, / von den Höhen des Senir und Hermon;
weg von den Lagern der Löwen, / den Bergen der Panther.
9 Verzaubert hast du mich, / meine Schwester Braut; / ja verzaubert
mit einem (Blick) deiner Augen, / mit einer Perle deiner Halskette.
10 Wie schön ist deine Liebe, / meine Schwester Braut;
wie viel süßer ist deine Liebe als Wein, / der Duft deiner Salben köstlicher als alle Balsamdüfte.
11 Von deinen Lippen, Braut, tropft Honig; / Milch und Honig ist unter deiner Zunge.
Der Duft deiner Kleider ist wie des Libanon Duft.
12 Ein verschlossener Garten ist meine Schwester Braut, / ein verschlossener Garten, / ein versiegelter Quell.
13 Ein Lustgarten sprosst aus dir, / Granatbäume mit köstlichen Früchten, / Hennadolden, Nardenblüten,
14 Narde, Krokus, Gewürzrohr und Zimt, / alle Weihrauchbäume,
Myrrhe und Aloe, / allerbester Balsam.
15 Die Quelle des Gartens bist du, / ein Brunnen lebendigen Wassers, / Wasser vom Libanon.
16 Nordwind, erwache! Südwind, herbei! / Durchweht meinen Garten, / lasst strömen die Balsamdüfte!
Mein Geliebter komme in seinen Garten / und esse von den köstlichen Früchten.

1: Gen 24,65; Hld 6,5 • 2: 6,6 • 3: 6,7 • 5: 7,4 • 10: 1,2.4.

5 Ich komme in meinen Garten, Schwester Braut; / ich pflücke meine Myrrhe, den Balsam;
esse meine Wabe samt dem Honig, / trinke meinen Wein und die Milch.
Freunde, esst und trinkt, / berauscht euch an der Liebe!
2 Ich schlief, doch mein Herz war wach. / Horch, mein Geliebter klopft:
Mach auf, meine Schwester und Freundin, / meine Taube, du Makellose!
Mein Kopf ist voll Tau, / aus meinen Locken tropft die Nacht.
3 Ich habe mein Kleid schon abgelegt – / wie soll ich es wieder anziehen?
Die Füße habe ich gewaschen – / soll ich sie wieder beschmutzen?
4 Mein Geliebter streckte die Hand durch die Luke; / da bebte mein Herz ihm entgegen.

3,10d mit Steinen: Text korr.; H: mit Holz der Liebe.
4,2 Die beiden Zahnreihen sind parallel, symmetrisch und lückenlos.
4,13 Allegorie; gemeint sind die Braut, ihre Glieder, ihr Haar usw.
4,15a des Gartens: Text korr.; H: der Gärten.

5 Ich stand auf, dem Geliebten zu öffnen. / Da tropften meine Hände von Myrrhe am Griff des Riegels.

6 Ich öffnete meinem Geliebten: / Doch der Geliebte war weg, verschwunden. / Mir stockte der Atem: Er war weg.

Ich suchte ihn, ich fand ihn nicht. / Ich rief ihn, er antwortete nicht.

7 Da fanden mich die Wächter bei ihrer Runde durch die Stadt; / sie schlugen, sie verletzten mich.

Den Mantel entrissen sie mir, / die Wächter der Mauern.

8 Ich beschwöre euch, Jerusalems Töchter: / Wenn ihr meinen Geliebten findet, sagt ihm, / ich bin krank vor Liebe.

9 Was hat dein Geliebter den andern voraus, / du schönste der Frauen?

Was hat dein Geliebter den andern voraus, / dass du so uns beschwörst?

10 Mein Geliebter ist weiß und rot, / ist ausgezeichnet vor Tausenden.

11 Sein Haupt ist reines Gold. / Seine Locken sind Rispen, rabenschwarz.

12 Seine Augen sind wie Tauben an Wasserbächen; / (die Zähne,) in Milch gebadet, sitzen fest.

13 Seine Wangen sind wie Balsambeete, / darin Gewürzkräuter sprießen,

seine Lippen wie Lilien; / sie tropfen von flüssiger Myrrhe.

14 Seine Finger sind wie Stäbe aus Gold, / mit Steinen aus Tarschisch besetzt.

Sein Leib ist wie eine Platte aus Elfenbein, / mit Saphiren bedeckt.

15 Seine Schenkel sind Marmorsäulen, / auf Sockeln von Feingold.

Seine Gestalt ist wie der Libanon, / erlesen wie Zedern.

16 Sein Mund ist voll Süße; / alles ist Wonne an ihm.

Das ist mein Geliebter, / ja, das ist mein Freund, / ihr Töchter Jerusalems.

6: 3,1 • 7: 3,3 • 8: 2,7; 3,5.

6 Wohin ist dein Geliebter gegangen, / du schönste der Frauen?

Wohin wandte sich dein Geliebter? / Wir wollen ihn suchen mit dir.

2 In seinen Garten ging mein Geliebter / zu den Balsambeeten,

um in den Gartengründen zu weiden, / um Lilien zu pflücken.

3 Meinem Geliebten gehöre ich / und mir gehört der Geliebte, / der in den Lilien weidet.

4 Schön wie Tirza bist du, meine Freundin, / lieblich wie Jerusalem, / prächtig wie Himmelsbilder.

5 Wende deine Augen von mir, / denn sie verwirren mich.

Dein Haar gleicht einer Herde von Ziegen, / die von Gilead herabziehen.

6 Deine Zähne sind wie eine Herde von Mutterschafen, / die aus der Schwemme steigen.

Jeder Zahn hat sein Gegenstück, / keinem fehlt es.

7 Dem Riss eines Granatapfels gleicht deine Schläfe / hinter deinem Schleier.

8 Sechzig Königinnen (hat Salomo), / achtzig Nebenfrauen / und Mädchen ohne Zahl.

9 Doch einzig ist meine Taube, die Makellose, / die Einzige ihrer Mutter, / die Erwählte ihrer Gebärerin.

Erblicken sie die Mädchen, / sie preisen sie; / Königinnen und Nebenfrauen rühmen sie.

10 Wer ist, die da erscheint wie das Morgenrot, / wie der Mond so schön,

strahlend rein wie die Sonne, / prächtig wie Himmelsbilder?

11 In den Nussgarten stieg ich hinab, / um nach dem Sprossen der Palme zu sehen,

um zu sehen, ob der Weinstock treibt, / die Granatbäume blühen.

12 Da entführte mich meine Seele, / ich weiß nicht wie, / zu den Wagen meines edlen Volkes.

2: 4,12–16 • 3: 2,16 • 4: 6,10 • 5: 4,1 • 6: 4,2 • 7: 4,3 • 10: 6,4 • 11: 7,13.

7 Wende dich, wende dich, Schulammit! / Wende dich, wende dich, / damit wir dich betrachten.

Was wollt ihr an Schulammit sehen? / Den Lager-Tanz!

2 Wie schön sind deine Schritte in den Sandalen, / du Edelgeborene.

Deiner Hüften Rund ist wie Geschmeide, / gefertigt von Künstlerhand.

3 Dein Schoß ist ein rundes Becken, / Würzwein mangle ihm nicht.

Dein Leib ist ein Weizenhügel, / mit Lilien umstellt.

4 Deine Brüste sind wie zwei Kitzlein, / wie die Zwillinge einer Gazelle.

5,8 sagt ihm, wörtlich: Was sollt ihr ihm melden?
5,12c Wörtlich: fest in der Fassung.
5,14a Wörtlich: Seine Hände.
6,4 Tirza war eine der alten Königsstädte des Nordreichs Israel.
6,12 Sinn von H unklar.

5 Dein Hals ist ein Turm aus Elfenbein. /
Deine Augen sind wie die Teiche zu Hesch-
bon / beim Tor von Bat-Rabbim.
Deine Nase ist wie der Libanonturm, / der
gegen Damaskus schaut.
6 Dein Haupt gleicht oben dem Karmel; /
wie Purpur sind deine Haare; / ein König
liegt in den Ringeln gefangen.
7 Wie schön bist du und wie reizend, / du
Liebe voller Wonnen!
8 Wie eine Palme ist dein Wuchs; / deine
Brüste sind wie Trauben.
9 Ich sage: Ersteigen will ich die Palme; /
ich greife nach den Rispen.
Trauben am Weinstock seien mir deine
Brüste, / Apfelduft sei der Duft deines
Atems,
10 dein Mund köstlicher Wein, / der glatt in
mich eingeht, / der Lippen und Zähne mir
netzt.
11 Ich gehöre meinem Geliebten / und ihn
verlangt nach mir.
12 Komm, mein Geliebter, wandern wir auf
das Land, / schlafen wir in den Dörfern.
13 Früh wollen wir dann zu den Weinber-
gen gehen / und sehen, ob der Weinstock
schon treibt,
ob die Rebenblüte sich öffnet, / ob die Gra-
natbäume blühen. / Dort schenke ich dir
meine Liebe.
14 Die Liebesäpfel duften; / an unsrer Tür
warten alle köstlichen Früchte,
frische und solche vom Vorjahr; / für dich
hab ich sie aufgehoben, Geliebter.

4: 4,5 • 12: 2,10 • 13: 6,11.

8 Ach, wärst du doch mein Bruder, / ge-
nährt an der Brust meiner Mutter.
Träfe ich dich dann draußen, / ich würde
dich küssen; / niemand dürfte mich deshalb
verachten.
2 Führen wollte ich dich, / in das Haus
meiner Mutter dich bringen, / die mich erzo-
gen hat.
Würzwein gäbe ich dir zu trinken, / Gra-
natapfelmost.
3 Seine Linke liegt unter meinem Kopf, /
seine Rechte umfängt mich.
4 Ich beschwöre euch, Jerusalems Töch-
ter: / Was stört ihr die Liebe auf, / warum
weckt ihr sie, / ehe ihr selbst es gefällt?
5 Wer ist sie, / die aus der Steppe herauf-
steigt, / auf ihren Geliebten gestützt?
Unter dem Apfelbaum hab ich dich ge-
weckt, / dort, wo deine Mutter dich emp-
fing, / wo deine Gebärerin in Wehen lag.
6 Leg mich wie ein Siegel auf dein Herz, /
wie ein Siegel an deinen Arm!
Stark wie der Tod ist die Liebe, / die Lei-
denschaft ist hart wie die Unterwelt.
Ihre Gluten sind Feuergluten, / gewaltige
Flammen.
7 Auch mächtige Wasser können die Liebe
nicht löschen; / auch Ströme schwemmen sie
nicht weg.
Böte einer für die Liebe den ganzen Reich-
tum seines Hauses, / nur verachten würde
man ihn.
8 Wir haben eine kleine Schwester, / noch
ohne Brüste.
Was tun wir mit unsrer Schwester, / wenn
jemand um sie wirbt?
9 Ist sie eine Mauer, / bauen wir silberne
Zinnen auf ihr.
Ist sie eine Tür, / versperren wir sie mit ei-
nem Zedernbrett.
10 Ich bin eine Mauer, / meine Brüste glei-
chen Türmen.
Da hab ich in seinen Augen / Gefallen ge-
funden.
11 Salomo besaß einen Weinberg in Baal-
Hamon; / den Weinberg übergab er Hütern.
Für seine Frucht würde jeder / tausend
Silberstücke bezahlen.
12 Mein eigener Weinberg liegt vor mir. /
Die tausend lass ich dir, Salomo, / und zwei-
hundert noch denen, / die seine Früchte hü-
ten.
13 Die du in den Gärten weilst, / auf deine
Stimme lauschen die Freunde; / lass sie mich
hören!
14 Fort, fort, mein Geliebter, / der Gazelle
gleich,
dem jungen Hirsch / auf den Balsamber-
gen.

3: 2,6 • 4: 2,7; 3,5; 5,8 • 5: 3,6 • 14: 2,17.

7,6c Ringeln, wörtlich: Tränkrinnen.

7,10b in mich: Text korr.; H: in meinen Geliebten.

Das Buch der Weisheit

Den Titel »Buch der Weisheit« trägt dieses Buch in der lateinischen Bibel; in der griechischen Bibel heißt es »Weisheit Salomos«. Das Buch stammt aus der jüdischen Diaspora in Ägypten, wahrscheinlich aus Alexandria, dem berühmten Zentrum hellenistischer Wissenschaft. Es ist das späteste Buch des Alten Testaments. Die Verfolgung gesetzestreuer Juden durch abgefallene Juden (Kap. 2) weist in die Zeit zwischen 80 und 30 v. Chr.; damals hatte auch die Weltmacht Rom den Juden ihre Gunst entzogen.

Der Verfasser ist stolz auf seine jüdische Religion und auf sein Volk; er ist aber auch hellenistisch gebildet und offen für die Schönheit der Natur (Kap. 13). Er versteht es, sich in seiner griechischen Muttersprache klar und genau auszudrücken. Die Bibel las er in der griechischen Übersetzung der Septuaginta. Philosophische Gedankengänge, wie sie die Griechen zu seiner Zeit kannten, waren ihm für seine Darstellung der Offenbarung des Alten Testaments hilfreich. Indem er in der Person des Königs Salomo spricht (vgl. 9,7), stellt er sich, wie der Verfasser von Spr 1 – 9 und wie Kohelet, in die Reihe der Weisheitslehrer Israels. Er nennt Salomo jedoch nicht mit Namen, wie er auch sonst keine Namen nennt, um die allgemein menschliche Geltung dieser Weisheit herauszuheben.

Der Verfasser wendet sich tröstend und mahnend an seine verfolgten Glaubensgenossen, aber auch drohend und warnend an ihre Verfolger, die abgefallenen Juden, und einladend und werbend an seine heidnische Umwelt, indem er die Offenbarungsreligion als Gabe der Weisheit darstellt.

Die herkömmliche Dreiteilung des Buches (Kap. 1 – 5; 6 – 9; 10 – 19) ist zwar inhaltlich berechtigt; der kunstvolle Aufbau ermöglicht aber eine genauere Abgrenzung der Teile:

Der erste Teil gliedert sich in sieben Abschnitte. Er beginnt und schließt mit einer Mahnrede (1,1–15 und 6,1–21); beide Mahnreden richten sich an die Herrscher der Erde, die aufgefordert werden, die Gerechtigkeit zu lieben (1,1–15) und die Weisheit zu suchen (6,1–21). Wie der erste und siebte, so entsprechen sich auch der zweite und sechste Abschnitt (1,16 – 2,24 und 4,20 – 5,23): Dem Triumph der Sünder über die Gerechten wird der Triumph der Gerechten über die Sünder gegenübergestellt. Die drei mittleren Abschnitte (3,1–12; 3,13 – 4,6; 4,7–19) versuchen mit dem Ausblick auf die Unsterblichkeit eine Lösung der Lebensrätsel, um die sich auch Ijob, Kohelet und Jesus Sirach bemühen.

Im zweiten Teil lassen sich ebenfalls sieben Abschnitte feststellen. Nach einer Einleitung (6,22–25) wird ausgeführt, dass auch der Weise ein sterblicher Mensch ist wie alle anderen (7,1–6). Er hat um Weisheit gebetet und sie als kostbarste Gabe erhalten (7,7–14). Er bittet Gott darum, gemäß der Weisheit denken und lehren zu können (7,15–21). Dann beschreibt er das Wesen der Weisheit in leuchtenden Farben (7,22 – 8,1). Er stellt die Weisheit als Lehrerin der Tugend vor (8,2–8). Die Weisheit wird ihm zur Lebensgefährtin (8,9–18).

Der dritte Teil (8,19 – 19,22) ist ein einziges großes Gebet Salomos. Er bittet Gott um die Weisheit (9,1–19). Dann betrachtet er das rettende Wirken der Weisheit an sieben Beispielen (10,1 – 11,4) und das strafende und rettende Eingreifen Gottes in sieben Gegenüberstellungen (11,5 – 19,22). Eingeschaltet sind zwei Abschnitte über die Art Gottes zu strafen (11,15 – 12,27) und über die Torheit des Götzendienstes (13,1 – 15,19). Die Auszugserzählungen des Buches Exodus schmückt der Verfasser nach Art der jüdischen Schrifterklärung und der griechischen Redekunst frei aus und übersteigert sie, um das Handeln Gottes eindrucksvoll darzustellen. Da er keinen Namen nennt, bekommen die biblischen Ereignisse, auf die er sich bezieht, eine weit reichende, umfassende Bedeutung.

Die Griechisch sprechenden Juden der Diaspora haben das Buch der Weisheit wie auch andere deuterokanonische Bücher gern gelesen. Von ihnen hat es die Kirche in ihren Kanon übernommen. Durch seine klare Lehre von der Unsterblichkeit, die erhabene Schau des göttlichen Wirkens im Zusammenklang von Allmacht, Gerechtigkeit und Barmherzigkeit und durch die Aussagen über die aus Gottes Wesen hervorgehende und mit ihm aufs Innigste verbundene Weisheit (7,22 – 8,1) ist das Buch der krönende Abschluss der alttestamentlichen Weisheitsliteratur und führt bis an die Schwelle des Neuen Testaments heran. Paulus spielt öfter auf Texte dieses Buches an, vgl. besonders Röm 1,23–32; 11,33.

AUFFORDERUNG ZU EINEM LEBEN NACH DER WEISHEIT: 1,1 – 6,21

Die Mahnung zu gerechtem Leben: 1,1–15

1 Liebt Gerechtigkeit, ihr Herrscher der
Erde, / denkt in Frömmigkeit an den
Herrn, / sucht ihn mit reinem Herzen!
2 Denn er lässt sich finden von denen, die
ihn nicht versuchen, / und zeigt sich denen,
die ihm nicht misstrauen.
3 Verkehrte Gedanken trennen von Gott; /
wird seine Macht herausgefordert, / dann
weist sie die Toren zurück.
4 In eine Seele, die auf Böses sinnt, / kehrt
die Weisheit nicht ein, / noch wohnt sie in einem Leib, / der sich der Sünde hingibt.
5 Denn der heilige Geist, der Lehrmeister,
flieht vor der Falschheit, / er entfernt sich
von unverständigen Gedanken / und wird
verscheucht, wenn Unrecht naht.
6 Die Weisheit ist ein menschenfreundlicher Geist, / doch lässt sie die Reden des Lästerers nicht straflos; / denn Gott ist Zeuge
seiner heimlichen Gedanken, / untrüglich
durchschaut er sein Herz / und hört seine
Worte.
7 Der Geist des Herrn erfüllt den Erdkreis /
und er, der alles zusammenhält, kennt jeden
Laut.
8 Darum bleibt keiner verborgen, der Böses redet, / das Strafurteil geht nicht an ihm
vorüber.
9 Die Pläne des Frevlers werden untersucht; / der Herr erfährt von seinen Reden /
und bestraft seine Vergehen.
10 Denn das eifersüchtige Ohr hört alles, /
kein leises Murren bleibt ihm verborgen.
11 Hütet euch also vor unnützem Murren /
und verwehrt eurer Zunge das Verleumden! /
Denn euer heimliches Reden verhallt nicht
ungehört / und ein Mund, der lügt, tötet die
Seele.
12 Jagt nicht dem Tod nach in den Irrungen
eures Lebens / und zieht nicht durch euer
Handeln das Verderben herbei!
13 Denn Gott hat den Tod nicht gemacht /
und hat keine Freude am Untergang der Lebenden.
14 Zum Dasein hat er alles geschaffen / und
heilbringend sind die Geschöpfe der Welt. /
Kein Gift des Verderbens ist in ihnen, / das
Reich des Todes hat keine Macht auf der
Erde; / 15 denn die Gerechtigkeit ist unsterblich.

1: 1 Chr 29,17 • 2: Jer 29,13f • 6: 7,23; 1 Sam 16,7; Jer 17,9f; Sir 42,18 • 7: Jer 23,23–25; Weish 8,1 • 11: Spr 19,5.9 • 13: 2,23f; Ez 18,23.32 • 15: 3,4; 6,18.

Vom Treiben der Frevler: 1,16 – 2,24

16 Die Frevler aber holen winkend und rufend den Tod herbei / und sehnen sich nach
ihm wie nach einem Freund; / sie schließen
einen Bund mit ihm, / weil sie es verdienen,
ihm zu gehören.

2 Sie tauschen ihre verkehrten Gedanken
aus und sagen: Kurz und traurig ist unser Leben; / für das Ende des Menschen gibt
es keine Arznei / und man kennt keinen, der
aus der Welt des Todes befreit.
2 Durch Zufall sind wir geworden / und
danach werden wir sein, als wären wir nie
gewesen. / Der Atem in unserer Nase ist
Rauch / und das Denken ist ein Funke, / der
vom Schlag des Herzens entfacht wird;
3 verlöscht er, dann zerfällt der Leib zu
Asche / und der Geist verweht wie dünne
Luft.

1,1 Die Anrede ist an die Herrscher (wörtlich: Richter) der Erde gerichtet, weil der Verfasser als König Salomo spricht. Angeredet sind aber auch die unter Verfolgung leidenden Juden.

1,5 Der heilige Geist ist im AT die von Gott ausgehende Kraft, die den Menschen zu außerordentlichen Taten und zu prophetischem Reden befähigt.

1,6 seiner heimlichen Gedanken, wörtlich: seiner Nieren. Die Nieren sind im semitischen Denken Sitz der innersten Empfindungen. Das Herz gilt als geistige Mitte, als Sitz der Gedanken und Willensentschlüsse.

1,10 Gott ist eifersüchtig auf seine Ehre bedacht (vgl. Ex 20,5; Jos 24,19; Jes 42,8; Ez 36,22f; 39,25).

4 Unser Name wird bald vergessen, / niemand denkt mehr an unsere Taten. / Unser
Leben geht vorüber wie die Spur einer Wolke / und löst sich auf wie ein Nebel, / der von
den Strahlen der Sonne verscheucht / und
von ihrer Wärme zu Boden gedrückt wird.
5 Unsere Zeit geht vorüber wie ein Schatten, / unser Ende wiederholt sich nicht; / es
ist versiegelt und keiner kommt zurück.
6 Auf, lasst uns die Güter des Lebens genießen / und die Schöpfung auskosten, / wie
es der Jugend zusteht.
7 Erlesener Wein und Salböl sollen uns
reichlich fließen, / keine Blume des Frühlings darf uns entgehen.
8 Bekränzen wir uns mit Rosen, ehe sie verwelken;
9 keine Wiese bleibe unberührt / von unserem ausgelassenen Treiben. / Überall wollen
wir Zeichen der Fröhlichkeit zurücklassen; /
das ist unser Anteil, das fällt uns zu.
10 Lasst uns den Gerechten unterdrücken, /
der in Armut lebt, / die Witwe nicht schonen /
und das graue Haar des betagten Greises
nicht scheuen!
11 Unsere Stärke soll bestimmen, was Gerechtigkeit ist; / denn das Schwache erweist
sich als unnütz.
12 Lasst uns dem Gerechten auflauern! / Er
ist uns unbequem und steht unserem Tun im
Weg. / Er wirft uns Vergehen gegen das Gesetz vor / und beschuldigt uns des Verrats an
unserer Erziehung.
13 Er rühmt sich, die Erkenntnis Gottes zu
besitzen, / und nennt sich einen Knecht des
Herrn.
14 Er ist unserer Gesinnung ein lebendiger
Vorwurf, / schon sein Anblick ist uns lästig;
15 denn er führt ein Leben, / das dem der
andern nicht gleicht, / und seine Wege sind
grundverschieden.
16 Als falsche Münze gelten wir ihm; / von
unseren Wegen hält er sich fern wie von Unrat. / Das Ende der Gerechten preist er
glücklich / und prahlt, Gott sei sein Vater.
17 Wir wollen sehen, ob seine Worte wahr
sind, / und prüfen, wie es mit ihm ausgeht.
18 Ist der Gerechte wirklich Sohn Gottes, /
dann nimmt sich Gott seiner an / und entreißt ihn der Hand seiner Gegner.
19 Roh und grausam wollen wir mit ihm
verfahren, / um seine Sanftmut kennen zu
lernen, / seine Geduld zu erproben.
20 Zu einem ehrlosen Tod wollen wir ihn
verurteilen; / er behauptet ja, es werde ihm
Hilfe gewährt.
21 So denken sie, aber sie irren sich; / denn
ihre Schlechtigkeit macht sie blind.
22 Sie verstehen von Gottes Geheimnissen
nichts, / sie hoffen nicht auf Lohn für die
Frömmigkeit / und erwarten keine Auszeichnung für untadelige Seelen.
23 Gott hat den Menschen zur Unvergänglichkeit erschaffen / und ihn zum Bild seines
eigenen Wesens gemacht.
24 Doch durch den Neid des Teufels kam
der Tod in die Welt / und ihn erfahren alle,
die ihm angehören.

1,16: Jes 28,15.18; Weish 2,24 • 2,4: Koh 9,5 • 5: Ijob 8,9; 7,9 • 6: Koh 9,7–10 • 10: Hab 1,4; Ex 22,21; Lev 19,32 • 18: Ps 22,9; Mt 27,42f • 20: 5,4 • 23: 1,14; 3,4; Gen 1,26f • 24: Gen 3,1–5; Joh 8,44; Weish 1,16.

Das jenseitige Los der Guten und der Bösen:
3,1–12

3 Die Seelen der Gerechten sind in Gottes
Hand / und keine Qual kann sie berühren.
2 In den Augen der Toren sind sie gestorben, / ihr Heimgang gilt als Unglück,
3 ihr Scheiden von uns als Vernichtung; /
sie aber sind in Frieden.
4 In den Augen der Menschen wurden sie
gestraft; / doch ihre Hoffnung ist voll Unsterblichkeit.
5 Ein wenig nur werden sie gezüchtigt; /
doch sie empfangen große Wohltat. / Denn
Gott hat sie geprüft / und fand sie seiner
würdig.
6 Wie Gold im Schmelzofen hat er sie erprobt / und sie angenommen als ein vollgültiges Opfer.
7 Beim Endgericht werden sie aufleuchten / wie Funken, die durch ein Stoppelfeld
sprühen.

2,13 Der Verfasser hat bei der Verfolgung des Gerechten den Gottesknecht von Deuterojesaja (vgl. die Einleitung zu Jes) und Ps 22 vor Augen. Das griechische Wort für Kind (pais) ist in G Übersetzung des hebräischen Wortes für Knecht (ebed).

2,23seines eigenen Wesens: nach anderen Textzeugen: seiner Ewigkeit.

3,2 Der Verfasser vermeidet für die Gerechten die Ausdrücke »Tod« und »sterben« (vgl. V. 3a; 4,7.10f.16f); nur die Sünder lässt er vom Tod und Sterben der Gerechten sprechen (2,20). Der Tod, der durch den Neid des Teufels in die Welt gekommen ist, ist für den Verfasser zwar der leibliche Tod, aber nur insofern er zum ewigen Tod führt (4,19f; 17,20), also der Tod der Sünder (2,24).

3,4 Wie in 3,1.3b.5a.6b handelt es sich um das jenseitige Leben der Gerechten. Die Gerechten können auch noch nach dem Martyrium die Hoffnung auf die Unsterblichkeit haben, weil die Auferstehung des Leibes noch aussteht.

3,7 Beim Endgericht, wörtlich: In der Zeit ihrer Heimsuchung.

[8] Sie werden Völker richten / und über Nationen herrschen / und der Herr wird ihr König sein in Ewigkeit.

[9] Alle, die auf ihn vertrauen, werden die Wahrheit erkennen / und die Treuen werden bei ihm bleiben in Liebe. / Denn Gnade und Erbarmen wird seinen Erwählten zuteil.

[10] Die Frevler aber werden für ihre Pläne bestraft, / sie, die den Gerechten missachtet haben / und vom Herrn abgefallen sind.

[11] Unglücklich sind alle, die Weisheit und Belehrung verachten; / leer ist ihre Hoffnung, vergeblich sind ihre Mühen / und wertlos ihre Taten.

[12] Ihre Frauen sind unverständig / und ihre Kinder böse, / fluchbeladen ist ihr Geschlecht.

3: Jes 57,2 • 7: Dan 12,3; Mt 13,43 • 8: 1 Kor 6,2 • 9: 4,15 • 11: Sir 34,1 • 12: 12,11.

Kinderlose Gerechte und kinderreiche Frevler: 3,13 – 4,6

[13] Selig ist die Kinderlose, die unschuldig blieb / und kein Lager der Sünde kannte; / sie wird gleich einer Mutter geehrt, / wenn die Seelen ihren Lohn empfangen.

[14] Selig ist auch der Kinderlose, / der sich nicht frevelhaft verging / und gegen den Herrn nichts Böses plante; / besondere Gnade wird seiner Treue zuteil / und ein gar köstlicher Anteil am Tempel des Herrn.

[15] Denn ruhmreich ist der Lohn guter Mühe / und unvergänglich die Wurzel der Klugheit.

[16] Doch die Kinder von Ehebrechern verkümmern / und die Nachkommen einer sündigen Verbindung schwinden dahin.

[17] Auch wenn sie lange leben, gelten sie nichts / und ehrlos ist am Ende ihr Alter.

[18] Sterben sie früh, so haben sie keine Hoffnung / und keinen Trost am Tag des Gerichts;

[19] denn schlimm ist das Ende eines schuldhaften Geschlechts.

4 Besser ist Kinderlosigkeit mit Tugend; unsterblich ist ihr Ruhm, / sie steht in Ehren bei Gott und bei den Menschen.

[2] Ist sie zugegen, ahmt man sie nach; / ist sie entschwunden, sehnt man sie herbei. / In der Ewigkeit triumphiert sie, / geschmückt mit dem Kranz, / Siegerin im Wettstreit um einen edlen Preis.

[3] Doch die große Kinderschar der Frevler bringt keinen Nutzen; / sie ist ein unechtes Gewächs, / treibt keine Wurzeln in die Tiefe / und fasst keinen sicheren Grund.

[4] Breitet es auch eine Zeit lang üppig seine Zweige aus, / so wird es doch vom Wind hin und her geschüttelt / und von der Gewalt der Stürme entwurzelt.

[5] Die Äste, die noch schwach sind, werden geknickt; / ihre Frucht ist unbrauchbar, unreif und ungenießbar, / zu gar nichts geeignet.

[6] Denn die Kinder eines sündigen Beischlafs / treten im Gericht als Zeugen auf / für die Schlechtigkeit ihrer Eltern.

3,14: Jes 56,3 • 16–19: 4,3–6; Sir 41,5–7 • 4,2: 5,16 • 3: Sir 23,25.

Der frühe Heimgang des Gerechten und das lange Leben der Frevler: 4,7–19

[7] Der Gerechte aber, kommt auch sein Ende früh, / geht in Gottes Ruhe ein.

[8] Denn ehrenvolles Alter besteht nicht in einem langen Leben / und wird nicht an der Zahl der Jahre gemessen.

[9] Mehr als graues Haar bedeutet für die Menschen die Klugheit / und mehr als Greisenalter wiegt ein Leben ohne Tadel.

[10] Er gefiel Gott und wurde von ihm geliebt; / da er mitten unter Sündern lebte, wurde er entrückt.

[11] Er wurde weggenommen, / damit nicht Schlechtigkeit seine Einsicht verkehrte / und Arglist seine Seele täuschte.

[12] Denn der Reiz des Bösen verdunkelt das Gute / und der Taumel der Begierde verdirbt den arglosen Sinn.

[13] Früh vollendet, hat der Gerechte doch ein volles Leben gehabt;

[14] da seine Seele dem Herrn gefiel, / enteilte sie aus der Mitte des Bösen. / Die Leute sahen es, ohne es zu verstehen; / sie nahmen es sich nicht zu Herzen,

[15] dass Gnade und Erbarmen seinen Auserwählten zuteil wird, / Belohnung seinen Heiligen.

[16] Der Gerechte, der entschlafen ist, / verurteilt die Frevler, die noch leben, / die früh vollendete Jugend / das hohe Alter des Ungerechten.

[17] Die Frevler sehen das Ende des Weisen, / verstehen aber nicht, was der Herr mit ihm

---

3,13 – 4,6 Kinderlosigkeit gilt sonst im AT als Unglück und Schande (Gen 30,23; 1 Sam 1,6f.15f; vgl. Lk 1,25) oder gar als Strafe (Lev 20,20f); im Blick auf die ewige Vergeltung werden hier die Kinderlosen, die Gott treu dienen, der Mutter zahlreicher Kinder gleich geachtet.

3,13cd Wörtlich: denn sie wird Frucht haben bei der Heimsuchung der Seelen.

3,14a der Kinderlose, wörtlich: der Eunuch.

3,14e ein gar köstlicher, wörtlich: ein mehr beglückender (als wenn er Kinder hätte).

wollte / und warum er ihn in Sicherheit
brachte.
18 Sie sehen es und gehen darüber hin-
weg; / doch der Herr lacht über sie.
19 Dann werden sie verachtete Leichen
sein, / ewiger Spott bei den Toten. / Sie wer-
den verstummen, / wenn er sie kopfüber
hinabstürzt / und aus ihren Grundfesten
reißt. / Sie werden völlig vernichtet und er-
leiden Qualen; / die Erinnerung an sie ver-
schwindet.

7: Jes 57,2 • 10: Gen 5,24; Sir 44,16; Hebr 11,5 • 14: Jes 57,1 • 15: 3,9 • 18: Ps 2,4 • 19: Jes 14,16–19; Ijob 18,17.

Die Bösen und die Guten im Endgericht:
4,20 – 5,23

20 Zitternd kommen sie zum Gericht über
ihre Sünden; / ihre Vergehen treten ihnen
entgegen und überführen sie.
5 Dann wird der Gerechte voll Zuversicht
dastehen vor denen, die ihn bedrängt /
und seine Mühen verachtet haben.
2 Wenn sie ihn sehen, packt sie entsetzliche
Furcht / und sie geraten außer sich / über sei-
ne unerwartete Rettung.
3 Jetzt denken sie anders; / seufzend und
voll Angst sagen sie zueinander:
4 Dieser war es, den wir einst verlachten, /
verspotteten und verhöhnten, wir Toren. /
Sein Leben hielten wir für Wahnsinn / und
sein Ende für ehrlos.
5 Jetzt zählt er zu den Söhnen Gottes, / bei
den Heiligen hat er sein Erbteil.
6 Also sind wir vom Weg der Wahrheit ab-
geirrt; / das Licht der Gerechtigkeit strahlte
uns nicht / und die Sonne ging nicht für uns
auf.
7 Bis zum Überdruss gingen wir die Pfade
des Unrechts / und des Verderbens / und
wanderten durch weglose Wüsten, / aber den
Weg des Herrn erkannten wir nicht.
8 Was nützte uns der Übermut, / was
brachten uns Reichtum und Prahlerei?
9 All das ist vorbei wie ein Schatten, / wie
eine flüchtige Nachricht.
10 Wie wenn ein Schiff durch die wogende
Flut fährt: / Ist es vorübergezogen, so ist von
ihm keine Spur mehr zu finden, / kein Pfad
seines Kiels in den Wellen.
11 Wie wenn ein Vogel durch die Luft
fliegt: / Kein Zeichen findet sich von seiner
Bahn,
er peitscht die leichte Luft mit seinem Flü-
gelschlag / und durchschneidet sie mit ge-
waltig rauschenden Schwingen, / doch bleibt
kein Zeichen seines Weges in ihr zurück.
12 Oder wie wenn ein Pfeil auf das Ziel ge-
schossen wird: / Die geteilte Luft strömt so-
fort wieder zusammen, / sodass man seine
Bahn nicht mehr erkennt.
13 So sind wir ins Dasein getreten, um hin-
zuschwinden; / wir hatten keinerlei Tugend
aufzuweisen, / sondern wurden von unserer
Schlechtigkeit verschlungen.
14 Ja, die Hoffnung des Frevlers ist wie die
Spreu, die der Wind verweht, / wie der
Gischt, den der Sturm verjagt, / wie der
Rauch, den der Wind zerstäubt; / sie schwin-
det wie die Erinnerung an einen flüchtigen
Gast.
15 Die Gerechten aber leben in Ewigkeit, /
der Herr belohnt sie, der Höchste sorgt für
sie.
16 Darum werden sie aus der Hand des
Herrn / das Reich der Herrlichkeit empfan-
gen und die Krone der Schönheit.
Denn er wird sie mit seiner Rechten behü-
ten / und mit seinem Arm beschützen.
17 Er rüstet sich mit seinem Eifer / und
macht die Schöpfung zur Waffe, mit der er
die Feinde bestraft.
18 Als Panzer zieht er Gerechtigkeit an /
und als Helm setzt er strenges Gericht auf.
19 Als Schild nimmt er unüberwindliche
Heiligkeit / 20 und grimmigen Zorn schärft er
zum Schwert; / zusammen mit ihm kämpft
die ganze Welt gegen die Toren.
21 Treffsicher fahren die Blitzespfeile da-
hin; / abgeschossen aus den Wolken wie von
einem wohlgerundeten Bogen, / fliegen sie
auf ihr Ziel.
22 Eine Steinschleuder entsendet Hagel-
körner, / die voll von göttlichem Zorn sind.
Das Wasser des Meeres wütet gegen die
Feinde / und Ströme schlagen grimmig über
ihnen zusammen.
23 Der Atem des Allmächtigen erhebt sich
gegen sie / und trägt sie wie ein Sturm da-
von.
So bringt die Gesetzlosigkeit Verheerung
über die ganze Erde / und das böse Tun
stürzt die Throne der Mächtigen.

4: 3,2f • 5: 2,18; Kol 1,12 • 6: Ps 119,30.151 • 7: Ps 95,10 • 14: Ps 1,4; Jes 29,5; Ps 68,3 • 16: Jes 62,3; 41,10 • 17–19: Eph 6,13–17 • 18: Jes 59,17 • 21: Hab 3,11 • 22: Jos 10,11; Ex 14,27f; 15,10 • 23: 5,14; Jes 24,3; Sir 10,14; Lk 1,52.

4,20–5,23 Gegenstück zu 1,16 – 2,24: Im Endgericht müssen die Sünder in Gegenwart des von ihnen verachteten und verfolgten Gerechten ihren Irrtum und ihr verfehltes Leben beklagen.

5,13 Vg fügt als V. 14 hinzu: So sprachen in der Unterwelt die, die gesündigt haben. – Entsprechend verschiebt sich in Vg die Verszählung.
5,14 Gischt: so nach S und der altlateinischen Übersetzung; G: Reif.

Die Mahnung, die Weisheit zu suchen:
6,1–21

6 Hört also, ihr Könige, und seid verständig, / lernt, ihr Gebieter der ganzen Welt!

2 Horcht, ihr Herrscher der Massen, / die ihr stolz seid auf Völkerscharen!

3 Der Herr hat euch die Gewalt gegeben, / der Höchste die Herrschaft, / er, der eure Taten prüft und eure Pläne durchforscht.

4 Ihr seid Diener seines Reichs, / aber ihr habt kein gerechtes Urteil gefällt, das Gesetz nicht bewahrt / und die Weisung Gottes nicht befolgt.

5 Schnell und furchtbar wird er kommen und euch bestrafen; / denn über die Großen ergeht ein strenges Gericht.

6 Der Geringe erfährt Nachsicht und Erbarmen, / doch die Mächtigen werden gerichtet mit Macht.

7 Denn der Herrscher des Alls scheut niemand / und weicht vor keiner Größe zurück.

Er hat Klein und Groß erschaffen / und trägt gleiche Sorge für alle;

8 den Mächtigen aber droht strenge Untersuchung.

9 An euch also, ihr Herrscher, richten sich meine Worte, / damit ihr Weisheit lernt und nicht sündigt.

10 Wer das Heilige heilig hält, wird geheiligt, / und wer sich darin unterweisen lässt, findet Schutz.

11 Verlangt also nach meinen Worten; / sehnt euch danach und ihr werdet gute Belehrung empfangen.

12 Strahlend und unvergänglich ist die Weisheit; / wer sie liebt, erblickt sie schnell, / und wer sie sucht, findet sie.

13 Denen, die nach ihr verlangen, / gibt sie sich sogleich zu erkennen.

14 Wer sie am frühen Morgen sucht, braucht keine Mühe, / er findet sie vor seiner Türe sitzen.

15 Über sie nachzusinnen ist vollkommene Klugheit; / wer ihretwegen wacht, wird schnell von Sorge frei.

16 Sie geht selbst umher, um die zu suchen, die ihrer würdig sind; / freundlich erscheint sie ihnen auf allen Wegen / und kommt jenen entgegen, die an sie denken.

17 Ihr Anfang ist aufrichtiges Verlangen nach Bildung; / das eifrige Bemühen um Bildung aber ist Liebe.

18 Liebe ist Halten ihrer Gebote; / Erfüllen der Gebote sichert Unvergänglichkeit, /
19 und Unvergänglichkeit bringt in Gottes Nähe.

20 So führt das Verlangen nach Weisheit zur Herrschaft hinauf.

21 Ihr Herrscher der Völker, wenn ihr Gefallen an Thronen und Zeptern habt, / dann ehrt die Weisheit, damit ihr ewig herrscht.

1: Ps 2,10 • 3: Röm 13,1; 1 Chr 28,9 • 7: Ijob 34,19; Weish 12,13 • 8: Lk 12,48 • 12: Spr 8,17 • 14: Spr 8,34 • 16: Spr 8,2f • 18: Joh 14,23.

DAS WESEN UND WIRKEN DER WEISHEIT: 6,22 – 8,18

Einleitung: 6,22–25

22 Ich will verkünden, was die Weisheit ist und wie sie wurde, / und will euch kein Geheimnis verbergen.

Ich will ihre Spur vom Anfang der Schöpfung an verfolgen, / ihre Kenntnis will ich verbreiten / und nicht an der Wahrheit vorbeigehen.

23 Verzehrender Neid soll mich nicht auf meinem Weg begleiten; / denn er hat mit der Weisheit nichts gemein.

24 Eine große Anzahl von Weisen ist Heil

6,1–8 Salomo nimmt die Anrede an die Herrscher wieder auf; mit »also« zeigt er, dass er sie auch in 1,16 – 5,23 als seine Hörer voraussetzt, obwohl er sie nicht mehr direkt anredet. Die Mahnung, verständig zu sein, nimmt auf das Weltgericht Bezug (5,17–23). Die Könige sollen sich nicht mit ihrer Herrschermacht brüsten, sondern bedenken, dass sie sich als Diener Gottes und seines Reiches vor dem strengen Richter zu verantworten haben.

6,1 Vg fügt vor V. 1 ein: Besser ist Weisheit als Kraft und ein kluger Mann (ist besser) als ein starker. Dieser Vers ist in Vg als V. 1 gezählt; entsprechend verschiebt sich die Verszählung.

6,17–21 Ein sog. Kettenschluss, der zeigt, wie das Verlangen nach Weisheit in Gottes Nähe und damit zur Herrschaft führt.

6,21 Einige wichtige Vg–Handschriften fügen als V. 23 hinzu: Liebt das Licht der Weisheit, ihr alle, die ihr den Völkern vorsteht. – Die VV. 22–25 werden in Vg als VV. 24–27 gezählt.

6,22–25 Salomo will seine Weisheit neidlos mitteilen und möglichst viele weise machen, weil eine große Zahl von Weisen der Welt Heil, Frieden und Glück bringen kann.

für die Welt, / ein kluger König ist Wohl-
stand für das Volk.
25 Lasst euch also durch meine Worte un-
terweisen; / es wird euch von Nutzen sein.

22: Spr 8,22–31 • 23: 7,13 • 24: Spr 11,14.

Der sterbliche Mensch als Empfänger der Weisheit: 7,1–6

7 Auch ich bin ein sterblicher Mensch wie
alle anderen, / Nachkomme des ersten,
aus Erde gebildeten Menschen.
Im Schoß der Mutter wurde ich zu Fleisch
geformt, / 2 zu dem das Blut in zehn Monaten
gerann durch den Samen des Mannes / und
die Lust, die im Beischlaf hinzukam.
3 Geboren atmete auch ich die gemeinsame
Luft, / ich fiel auf die Erde, die Gleiches von
allen erduldet, / und Weinen war mein erster
Laut wie bei allen.
4 In Windeln und mit Sorgen wurde ich
aufgezogen; / 5 kein König trat anders ins
Dasein.
6 Alle haben den einen gleichen Eingang
zum Leben; / gleich ist auch der Ausgang.

Die Gottesgabe der Weisheit: 7,7–14

7 Daher betete ich und es wurde mir Klug-
heit gegeben; / ich flehte und der Geist der
Weisheit kam zu mir.
8 Ich zog sie Zeptern und Thronen vor, /
Reichtum achtete ich für nichts im Vergleich
mit ihr.
9 Keinen Edelstein stellte ich ihr gleich; /
denn alles Gold erscheint neben ihr wie ein
wenig Sand / und Silber gilt ihr gegenüber so
viel wie Lehm.
10 Ich liebte sie mehr als Gesundheit und
Schönheit / und zog ihren Besitz dem Lichte
vor; / denn niemals erlischt der Glanz, / der
von ihr ausstrahlt.
11 Zugleich mit ihr kam alles Gute zu mir, /
unzählbare Reichtümer waren in ihren Hän-
den.
12 Ich freute mich über sie alle, / weil die
Weisheit lehrt, sie richtig zu gebrauchen, /
wusste aber nicht, dass sie auch deren Ur-
sprung ist.
13 Uneigennützig lernte ich und neidlos
gebe ich weiter; / ihren Reichtum behalte ich
nicht für mich.
14 Ein unerschöpflicher Schatz ist sie für
die Menschen; / alle, die ihn erwerben, erlan-
gen die Freundschaft Gottes. / Sie sind emp-
fohlen durch die Gaben der Unterweisung.

7: 8,21 • 8: Spr 8,11 • 9: Spr 3,14 • 10: 7,29f • 11: 1 Kön 3,13; Spr 3,16; 8,18 • 13: 6,22 • 14: 7,28.

Bitte um die Gabe der Lehre: 7,15–21

15 Mir aber gewähre Gott, nach meiner
Einsicht zu sprechen / und zu denken, wie
die empfangenen Gaben es wert sind;
denn er ist der Führer der Weisheit / und
hält die Weisen auf dem rechten Weg.
16 Wir und unsere Worte sind in seiner
Hand, / auch alle Klugheit und praktische
Erfahrung.
17 Er verlieh mir untrügliche Kenntnis der
Dinge, / sodass ich den Aufbau der Welt und
das Wirken der Elemente verstehe,
18 Anfang und Ende und Mitte der Zeiten, /
die Abfolge der Sonnenwenden und den
Wandel der Jahreszeiten,
19 den Kreislauf der Jahre und die Stellung
der Sterne,
20 die Natur der Tiere und die Wildheit der
Raubtiere, / die Gewalt der Geister und die
Gedanken der Menschen, / die Verschieden-
heit der Pflanzen und die Kräfte der Wur-
zeln.
21 Alles Verborgene und alles Offenbare
habe ich erkannt; / denn es lehrte mich die
Weisheit, die Meisterin aller Dinge.

17: 1 Kön 5,9f • 20: 1 Kön 5,13 • 21: 8,5f; 9,9.

Das Wesen der Weisheit: 7,22 – 8,1

22 In ihr ist ein Geist, / gedankenvoll, hei-
lig, einzigartig, mannigfaltig, zart, beweg-
lich, / durchdringend, unbefleckt, klar, / un-
verletzlich, das Gute liebend, scharf,
23 nicht zu hemmen, wohltätig, menschen-
freundlich, / fest, sicher, ohne Sorge, alles
vermögend, alles überwachend / und alle
Geister durchdringend, / die denkenden, rei-
nen und zartesten.
24 Denn die Weisheit ist beweglicher als
alle Bewegung; / in ihrer Reinheit durch-
dringt und erfüllt sie alles.
25 Sie ist ein Hauch der Kraft Gottes / und
reiner Ausfluss der Herrlichkeit des Allherr-

7,1–6 Auch der weise König Salomo ist nur ein armseliger Mensch, dem die Weisheit nicht angeboren ist.
7,7–14 Nur durch das Gebet (vgl. 8,21 – 9,19 und 1 Kön 3,6–9) kann Salomo die Weisheit als Geschenk von Gott erhalten.
7,22f Es werden einundzwanzig (7 mal 3) Eigenschaften der Weisheit aufgezählt.

schers; / darum fällt kein Schatten auf sie.
26 Sie ist der Widerschein des ewigen
Lichts, / der ungetrübte Spiegel von Gottes
Kraft, / das Bild seiner Vollkommenheit.
27 Sie ist nur eine und vermag doch alles; /
ohne sich zu ändern, erneuert sie alles.
Von Geschlecht zu Geschlecht tritt sie in
heilige Seelen ein / und schafft Freunde Gottes und Propheten;
28 denn Gott liebt nur den, / der mit der
Weisheit zusammenwohnt.
29 Sie ist schöner als die Sonne / und übertrifft jedes Sternbild. / Sie ist strahlender als
das Licht;
30 denn diesem folgt die Nacht, / doch über
die Weisheit siegt keine Schlechtigkeit.

8 Machtvoll entfaltet sie ihre Kraft von
einem Ende zum andern / und durchwaltet voll Güte das All.

7,26: Hebr 1,3; Kol 1,15 • 27: Ps 104,30 • 28: Sir 4,14 • 8,1: 1,7; 12,18; 15,1.

Die Weisheit als Lehrerin der Tugend: 8,2–8

2 Sie habe ich geliebt und gesucht von Jugend auf, / ich suchte sie als Braut heimzuführen / und fand Gefallen an ihrer Schönheit.
3 Im Umgang mit Gott beweist sie ihren
Adel, / der Herr über das All gewann sie
lieb.
4 Eingeweiht in das Wissen Gottes, / bestimmte sie seine Werke.
5 Ist Reichtum begehrenswerter Besitz im
Leben, / was ist dann reicher als die Weisheit, die in allem wirkt?
6 Wenn Klugheit wirksam ist, / wer in aller
Welt ist ein größerer Meister als sie?
7 Wenn jemand Gerechtigkeit liebt, / in ihren Mühen findet er die Tugenden.
Denn sie lehrt Maß und Klugheit, / Gerechtigkeit und Tapferkeit, / die Tugenden,
die im Leben der Menschen nützlicher sind
als alles andere.
8 Wenn jemand nach reicher Erfahrung
strebt: / sie kennt das Vergangene und errät
das Kommende,
sie versteht, die Worte schön zu formen
und Rätselhaftes zu deuten; / sie weiß im Voraus Zeichen und Wunder / und kennt den
Ausgang von Perioden und Zeiten.

2: Sir 15,2 • 4: 9,4 • 5–7: 7,11–14 • 5: 7,22 • 8: Sir 42,19; Spr 1,6.

Die Weisheit als Lebensgefährtin: 8,9–18

9 So beschloss ich, sie als Lebensgefährtin
heimzuführen; / denn ich wusste, dass sie
mir guten Rat gibt / und Trost in Sorge und
Leid.
10 Mit ihr werde ich Ruhm beim Volke haben / und trotz meiner Jugend vom Alter geehrt sein.
11 Ich werde als scharfsinniger Richter gelten / und in den Augen der Mächtigen Staunen erregen.
12 Schweige ich, so warten sie in Spannung, / spreche ich, so merken sie auf, / rede
ich länger, so legen sie die Hand auf den
Mund.
13 Mit ihr werde ich Unsterblichkeit erlangen / und ewigen Ruhm bei der Nachwelt
hinterlassen.
14 Völker werde ich sorgsam leiten / und
Nationen werden mir untertan sein.
15 Schreckliche Tyrannen werden mich
fürchten, wenn sie von mir hören; / in der
Volksversammlung werde ich mich als tüchtig und im Krieg als tapfer erweisen.
16 Komme ich nach Hause, / dann werde
ich bei ihr ausruhen;
denn der Umgang mit ihr hat nichts Bitteres, / das Leben mit ihr kennt keinen
Schmerz, / sondern nur Frohsinn und Freude.
17 Als ich dies bei mir überlegte und in
meinem Herzen erwog, / dass das Leben mit
der Weisheit Unsterblichkeit bringt,
18 die Freundschaft mit ihr reine Freude /
und die Mühen ihrer Hände unerschöpflichen Reichtum,
dass stete Gemeinschaft mit ihr Klugheit
bringt / und das Zwiegespräch mit ihr
Ruhm –, / da ging ich auf die Suche nach ihr,
um sie heimzuführen.

9: Spr 8,14 • 12: Ijob 29,21–23; 29,9 • 14: Spr 8,15f • 16: Sir 15,6 • 18: Spr 8,18.

8,2–8 Salomo hat die Weisheit von Jugend auf geliebt, weil sie mit Gott in innigster Verbindung steht, alle Güter gewährt, die vier Kardinaltugenden lehrt, die alle anderen in sich enthalten, und so zu einem rechtschaffenen Leben anleitet.

SALOMOS GROSSES GEBET: DAS WALTEN DER WEISHEIT IN DER GESCHICHTE: 8,19 – 19,22

Das Gebet um Weisheit: 8,19 – 9,19

Einleitung: 8,19–21

19 Ich war ein begabtes Kind und hatte eine gute Seele erhalten, 20 oder vielmehr: gut, wie ich war, kam ich in einen unverdorbenen Leib. 21 Ich erkannte aber, dass ich die Weisheit nur als Geschenk Gottes erhalten könne – und schon hier war es die Klugheit, die mich erkennen ließ, wessen Gnadengeschenk sie ist. Daher wandte ich mich an den Herrn und sprach zu ihm aus ganzem Herzen:

21: Spr 2,6; Weish 7,7.

Die Bitte um Weisheit: 9,1–19

9 Gott der Väter und Herr des Erbarmens, / du hast das All durch dein Wort gemacht.

2 Den Menschen hast du durch deine Weisheit erschaffen, / damit er über deine Geschöpfe herrscht.

3 Er soll die Welt in Heiligkeit und Gerechtigkeit leiten / und Gericht halten in rechter Gesinnung.

4 Gib mir die Weisheit, die an deiner Seite thront, / und verstoß mich nicht aus der Schar deiner Kinder!

5 Ich bin ja dein Knecht, der Sohn deiner Magd, / ein schwacher Mensch, dessen Leben nur kurz ist, / und gering ist meine Einsicht in Recht und Gesetz.

6 Wäre einer auch vollkommen unter den Menschen, / er wird kein Ansehen genießen, wenn ihm deine Weisheit fehlt.

7 Du bist es, der mich zum König deines Volkes / und zum Richter deiner Söhne und Töchter erwählt hat.

8 Du hast befohlen, einen Tempel auf deinem heiligen Berg zu bauen / und einen Altar in der Stadt deiner Wohnung, / ein Abbild des heiligen Zeltes, das du von Anfang an entworfen hast.

9 Mit dir ist die Weisheit, die deine Werke kennt / und die zugegen war, als du die Welt erschufst.

Sie weiß, was dir gefällt / und was recht ist nach deinen Geboten.

10 Sende sie vom heiligen Himmel / und schick sie vom Thron deiner Herrlichkeit,

damit sie bei mir sei und alle Mühe mit mir teile / und damit ich erkenne, was dir gefällt.

11 Denn sie weiß und versteht alles; / sie wird mich in meinem Tun besonnen leiten / und mich in ihrem Lichtglanz schützen.

12 Dann wird dir mein Handeln gefallen; / ich werde dein Volk gerecht regieren / und des Throns meines Vaters würdig sein.

13 Denn welcher Mensch kann Gottes Plan erkennen, / oder wer begreift, was der Herr will?

14 Unsicher sind die Berechnungen der Sterblichen / und hinfällig unsere Gedanken;

15 denn der vergängliche Leib beschwert die Seele / und das irdische Zelt belastet den um vieles besorgten Geist.

16 Wir erraten kaum, was auf der Erde vorgeht, / und finden nur mit Mühe,

was doch auf der Hand liegt; / wer kann dann ergründen, was im Himmel ist?

17 Wer hat je deinen Plan erkannt, wenn du ihm nicht Weisheit gegeben / und deinen heiligen Geist aus der Höhe gesandt hast?

18 So wurden die Pfade der Erdenbewohner gerade gemacht / und die Menschen lernten, was dir gefällt;

19 durch die Weisheit wurden sie gerettet.

2: Gen 1,26–28 • 3: Lk 1,75 • 4: 2 Chr 1,10 • 5: Ps 116,16; Ijob 14,1 • 8: 1 Kön 5,19; Ps 132,13f; Ex 29,9.40; Hebr 8,2 • 9: 8,4; Spr 8,27–30 • 10: 9,4 • 11: 10,11–14; 11,1 • 13: Jes 40,13 G; Röm 11,34 • 15: 2 Kor 5,1 • 16: Joh 3,12 • 17: Joh 3,13; 1 Kor 2,16; Jes 32,15 • 18: Bar 4,4.

Die rettende Macht der Weisheit – sieben Beispiele: 10,1 – 11,4

Adam: 10,1–3

10 Sie hat den Urvater der Welt nach seiner Erschaffung behütet, als er noch allein war; sie hat ihn aus seiner Sünde befreit 2 und ihm die Kraft gegeben, über alles zu herrschen. 3 Ein Ungerechter aber, der in seinem Zorn von ihr abfiel, ging durch

9,8 Nach Ex 25,9.40 sollte Mose das heilige Zelt nach dem Muster bauen, das Gott ihm gezeigt hatte. Da der Tempel nach dem Vorbild des heiligen Zeltes gebaut war, ist er ebenfalls nach jenem Muster gebaut. Nach anderer Auffassung ist mit dem »Zelt« der Himmel gemeint.

9,19 Einige Vg–Handschriften fügen hinzu: alle, die dir gefallen haben, Herr, von Anfang an.

seine Leidenschaft zugrunde, die ihn zum Brudermord trieb.

1: Sir 49,16; Gen 5,1 • 2: 9,2; Gen 1,28 • 3: Gen 4,3–15.

Noach: 10,4

4 Die Weisheit hat die Erde, die seinetwegen überflutet wurde, wieder gerettet und den Gerechten auf wertlosem Holz durch die Wasser gesteuert.

4: Sir 44,17f; Weish 14,6f.

Abraham: 10,5

5 Als die Völker, einmütig nur in ihrer Schlechtigkeit, durch die Verwirrung ihrer Sprache getrennt wurden, erwählte sie den Gerechten und behütete ihn, sodass er vor Gott ohne Tadel war und trotz der Liebe zu seinem Kind stark blieb.

5: Gen 11,1–9; 12,1–3; 15,1–6; 22,1–12; Sir 44,19f.

Lot: 10,6–9

6 Als die Frevler zugrunde gingen, rettete sie einen Gerechten, sodass er vor dem Feuer fliehen konnte, das auf die fünf Städte fiel; 7 von ihrer Schlechtigkeit zeugen heute noch rauchendes Ödland und Pflanzen, die zur Unzeit Früchte tragen, und eine Salzsäule ragt als Denkmal einer ungläubigen Seele empor. 8 Jene, die an der Weisheit achtlos vorübergingen, erlitten nicht nur Schaden, weil sie das Gute nicht erkannten, sondern sie hinterließen auch den Lebenden ein Mahnmal ihrer Torheit, damit nicht verborgen bleibe, worin sie sich verfehlt hatten. 9 Die Weisheit aber rettete ihre Diener aus jeglicher Mühsal.

6: Gen 19,23–25 • 7: Gen 19,26; Lk 17,32.

Jakob: 10,10–12

10 Einen Gerechten, der vor dem Zorn des Bruders floh, geleitete sie auf geraden Wegen, zeigte ihm das Reich Gottes und enthüllte ihm heilige Geheimnisse. Sie machte ihn reich bei seiner harten Arbeit und vermehrte den Ertrag seiner Mühen. 11 Sie half ihm gegen die Habsucht seiner Unterdrücker und verschaffte ihm Wohlstand. 12 Sie beschützte ihn vor seinen Feinden und gab ihm Sicherheit vor seinen Verfolgern. In einem harten Kampf verlieh sie ihm den Siegespreis, damit er erkannte, dass Gottesfurcht stärker als alles andere ist.

10: Gen 27,41–45; 28,10–15; 30,31–43 • 12: Gen 31 – 33; Hos 12,4–7.

Josef: 10,13–14

13 Einen Gerechten, der verkauft worden war, ließ sie nicht im Stich, sondern bewahrte ihn vor der Sünde. 14 Sie stieg mit ihm in den Kerker hinab und verließ ihn während seiner Gefangenschaft nicht, bis sie ihm das königliche Zepter brachte und Gewalt über seine Bedrücker. Sie überführte alle, die ihn beschuldigt hatten, als Lügner und verlieh ihm ewigen Ruhm.

13: Gen 39; Ps 105,17f • 14: Gen 41,39–47; Ps 105,19–22 .

Das Volk Israel: 10,15 – 11,4

15 Sie hat ein heiliges Volk, ein untadeliges Geschlecht, aus der Gewalt einer Nation gerettet, die es unterdrückte. 16 Sie ging in die Seele eines Dieners des Herrn ein und widerstand schrecklichen Königen durch Zeichen und Wunder. 17 Sie gab den Heiligen den Lohn ihrer Mühen und geleitete sie auf wunderbarem Weg. Sie wurde ihnen am Tag zum Schutz und in der Nacht zum Sternenlicht. 18 Sie führte sie durch das Rote Meer und geleitete sie durch gewaltige Wasser. 19 Ihre Feinde aber ließ sie in der Flut ertrinken und spülte sie aus der Tiefe des Abgrunds ans Land. 20 Darum plünderten die Gerechten die Frevler aus, sie priesen, Herr, deinen heiligen Namen und lobten einmütig deine schützende Hand. 21 Denn die Weisheit hat den Mund der Stummen geöffnet und die Zungen der Unmündigen hat sie beredt gemacht.

11 Sie ließ alles gelingen, was sie unter der Führung des heiligen Propheten unternahmen. 2 Sie zogen durch eine unbewohnte Wüste und schlugen in unwegsamen Gegenden ihre Zelte auf. 3 Sie leisteten ihren Feinden Widerstand und wehrten ihre Gegner ab. 4 Als sie dürsteten und dich anriefen, wurde ihnen Wasser aus schroffem Fels gegeben, sodass sie ihren Durst stillen konnten aus hartem Gestein.

10,15: 18,7; 19,1–9; Ex 12,37–42; Ps 106,10f • 16: Ex 7 – 12; Ps 78,43–51; 105,27–37 • 17: Ex 13,21f; Ps 78,14; 105,39 • 18: Ex 14,21f; Ps 78,13; 106,9 • 19: 18,5; Ps 106,11 • 20: Ex 15,1–21 • 11,1: Hos 12,14 • 3: Ex 17,8–16 • 4: Ex 17,1–7; Ps 78,15f; 105,41.

Das Volk Gottes und seine Feinde – sieben Vergleiche: 11,5 – 19,22

Das Wasser des Nil – das Wasser aus dem Felsen: 11,5–14

5 Denn was ihren Feinden zur Strafe wurde, das empfingen sie als Wohltat in ihrer

10,16 Der »Diener des Herrn« ist Mose.
11,5 Vg formuliert 5b etwas anders und fügt als V. 6 hinzu: indem es ihnen an Getränk mangelte und die Israeliten freuten sich, als sie Überfluss hatten. Die VV. 6–26 zählt dann Vg als VV. 7–27.

Not. 6 Der ständig fließende Strom wurde
durch schmutziges Blut getrübt. 7 So wurden
jene für den befohlenen Kindermord ge-
straft. Diesen aber gabst du wider Erwarten
reichlich Wasser, 8 nachdem du ihnen vorher
durch ihren Durst gezeigt hattest, wie ihre
Gegner von dir bestraft wurden. 9 Denn als
sie geprüft und, wenn auch nur milde, zu-
rechtgewiesen wurden, da erkannten sie, wie
die Frevler im Zorn gerichtet und gepeinigt
worden waren. 10 Sie hast du wie ein mah-
nender Vater auf die Probe gestellt, die Frev-
ler aber wie ein strenger König gerichtet und
verurteilt. 11 Fern von den Gerechten wurden
sie ebenso geplagt wie damals, als sie ihnen
noch nahe waren; 12 denn zweifaches Leid
und Seufzen brachte ihnen die Erinnerung
an das Vergangene: 13 Als sie nämlich hörten,
dass ihre eigene Bestrafung jenen sogar zur
Wohltat geworden war, da erkannten sie das
Wirken des Herrn. 14 Den sie einst ausgesetzt
und weggeworfen, den sie mit Hohn abge-
wiesen hatten, den mussten sie am Ende von
allem bestaunen, nachdem sie einen viel
schlimmeren Durst gelitten hatten als die
Gerechten.

6: Ps 78,44; 105,29 • 7: Ex 1,15–22 • 8: 11,4; 16,4 • 9: 12,21f •
10: Dtn 8,5; Spr 3,11f • 14: Ex 2,3.15; 5,23; 10,28.

Erste Einschaltung: Gottes Art zu strafen:
11,15 – 12,27

15 Zur Strafe für ihre frevlerische Torheit,
in die sie sich verirrt hatten, als sie vernunft-
loses Gewürm und armseliges Ungeziefer
verehrten, sandtest du ihnen eine Menge ver-
nunftloser Tiere. 16 Sie sollten erkennen:
Man wird mit dem gestraft, womit man sün-
digt.

17 Für deine allmächtige Hand, die aus un-
geformtem Stoff die Welt gestaltet hat, wäre
es keine Schwierigkeit gewesen, eine Menge
von Bären gegen sie zu senden oder grimmi-
ge Löwen 18 oder unbekannte, neu geschaffe-
ne, wuterfüllte Tiere, die Feuer sprühenden
Atem aushauchen oder zischenden Dampf
ausstoßen oder schreckliche Funken aus den
Augen sprühen. 19 Nicht nur ihre verderbli-
che Gewalt hätte sie zermalmen, schon ihr
Furcht erregender Anblick hätte sie vernich-
ten können. 20 Aber abgesehen davon hätten
sie durch einen einzigen Hauch fallen kön-
nen, verfolgt von deinem Strafgericht und
fortgeweht vom Sturm deiner Macht.

Du aber hast alles nach Maß, Zahl und Ge-
wicht geordnet. 21 Denn du bist immer im-
stande, deine große Macht zu entfalten. Wer
könnte der Kraft deines Arms widerstehen?
22 Die ganze Welt ist ja vor dir wie ein Stäub-
chen auf der Waage, wie ein Tautropfen, der
am Morgen zur Erde fällt.

23 Du hast mit allen Erbarmen, weil du al-
les vermagst, und siehst über die Sünden der
Menschen hinweg, damit sie sich bekehren.
24 Du liebst alles, was ist, und verabscheust
nichts von allem, was du gemacht hast; denn
hättest du etwas gehasst, so hättest du es
nicht geschaffen. 25 Wie könnte etwas ohne
deinen Willen Bestand haben, oder wie
könnte etwas erhalten bleiben, das nicht von
dir ins Dasein gerufen wäre? 26 Du schonst
alles, weil es dein Eigentum ist, Herr, du
Freund des Lebens.

12 Denn in allem ist dein unvergängli-
cher Geist. 2 Darum bestrafst du die
Sünder nur nach und nach; du mahnst sie
und erinnerst sie an ihre Sünden, damit sie
sich von der Schlechtigkeit abwenden und
an dich glauben, Herr.

3 Du hast auch die früheren Bewohner dei-
nes heiligen Landes gehasst, 4 weil sie ab-
scheuliche Verbrechen verübten, Zauber-
künste und unheilige Festbräuche; 5 sie wa-
ren erbarmungslose Kindermörder und ver-
zehrten beim Opfermahl Menschenfleisch
und Menschenblut. Darum beschlossest du,
mitten im Gelage die Teilnehmer 6 und deren
Eltern, die mit eigener Hand hilflose Wesen
töteten, durch die Hände unserer Väter zu
vernichten; 7 denn das Land, das dir vor al-
len anderen teuer ist, sollte eine seiner wür-
dige Bevölkerung von Gotteskindern erhal-
ten. 8 Doch selbst mit jenen gingst du scho-
nend um, weil sie Menschen waren; du sand-
test deinem Heer Hornissen voraus, um sie
nach und nach zu vernichten. 9 Obgleich du
die Macht hattest, in einer Schlacht die
Frevler den Gerechten in die Hand zu geben
oder sie durch wilde Tiere oder ein unerbitt-
liches Wort mit einem Schlag auszurotten,

11,15 Die Ägypter verehrten Krokodile, Schlangen, Eidechsen, Frösche, Käfer, Fliegen, überhaupt den größten Teil der in Ägypten heimischen Tierwelt.

11,17 Den Ausdruck »ungeformter Stoff« übernimmt der Verfasser aus der griechischen Philosophie, aber nicht im Sinn einer ungeschaffenen Materie, er bezieht sich vielmehr auf Gen 1,2.

12,4f Dtn 18,9f.12 warnt vor Kinderopfern, die bei den Kanaanitern bezeugt sind (vgl. die Anmerkungen zu Gen 22,1–19 und zu Lev 18,21).

12,8 Von Hornissen sprechen G und Vg in Ex 23,28; Dtn 7,20; Jos 24,12. Heute wird das entsprechende hebräische Wort gewöhnlich mit »Entmutigung«, »Furcht« oder »Panik« wiedergegeben. In Ex 23,29f und Dtn 7,22 wird die allmähliche Ausrottung der Kanaaniter als Rücksichtnahme Gottes auf Israel gedeutet; anders Ri 2,3.20–23; 3,1–4.

10 vollzogst du doch erst nach und nach die
Strafe und ließest so Zeit für die Umkehr.
Dabei wusstest du genau, dass ihr Ursprung
böse und ihre Schlechtigkeit angeboren war
und dass sich ihr Denken in Ewigkeit nicht
ändern werde; 11 sie waren schon von Anfang
an ein verfluchter Stamm.

Keine Furcht vor irgendjemand hat dich
dazu bestimmt, sie für ihre Sünden ohne
Strafe zu lassen. 12 Denn wer darf sagen: Was
hast du getan? Wer vermag sich deinem Ur-
teilsspruch zu widersetzen? Wer könnte dich
anklagen wegen des Untergangs von Völ-
kern, die du selbst geschaffen hast? Wer
wollte gegen dich auftreten als Anwalt
schuldiger Menschen? 13 Denn es gibt keinen
Gott außer dir, der für alles Sorge trägt; da-
her brauchst du nicht zu beweisen, dass du
gerecht geurteilt hast. 14 Kein König und
kein Herrscher kann dich zur Rede stellen
wegen der Menschen, die du gestraft hast.

15 Gerecht, wie du bist, verwaltest du das
All gerecht und hältst es für unvereinbar mit
deiner Macht, den zu verurteilen, der keine
Strafe verdient. 16 Deine Stärke ist die
Grundlage deiner Gerechtigkeit und deine
Herrschaft über alles lässt dich gegen alles
Nachsicht üben. 17 Stärke beweist du, wenn
man an deine unbeschränkte Macht nicht
glaubt, und bei denen, die sie kennen, strafst
du die trotzige Auflehnung. 18 Weil du über
Stärke verfügst, richtest du in Milde und be-
handelst uns mit großer Nachsicht; denn die
Macht steht dir zur Verfügung, wann immer
du willst.

19 Durch solches Handeln hast du dein
Volk gelehrt, dass der Gerechte menschen-
freundlich sein muss, und hast deinen Söh-
nen die Hoffnung geschenkt, dass du den
Sündern die Umkehr gewährst. 20 Du hast
die Feinde deiner Kinder, auch wenn sie den
Tod verdienten, sehr nachsichtig und nur
nach und nach gestraft und ihnen Zeit und
Möglichkeit gegeben, sich von ihrer Schlech-
tigkeit abzuwenden. 21 Aber wie viel umsich-
tiger noch hast du deine Söhne bestraft, de-
ren Vätern du Gutes verheißen hast, als du
mit ihnen unter Eid den Bund schlossest.
22 Während du uns erziehst, geißelst du unse-
re Feinde zehntausendfach, damit wir als
Richter deine Güte uns zum Vorbild nehmen
und auf Erbarmen hoffen, wenn wir selber
vor dem Gericht stehen.

23 Du hast jene, die in Torheit und Unrecht
dahinlebten, mit ihren eigenen Gräueln ge-
peinigt. 24 Allzu weit waren sie in die Irre ge-
gangen, als sie die allerhässlichsten und ver-
achtetsten Tiere für Götter hielten und wie
unverständige Kinder sich täuschen ließen.
25 Darum hast du ihnen wie unvernünftigen
Kindern eine Strafe gesandt, die sie zum Ge-
spött machte. 26 Wer sich aber durch eine
Strafe, die ihn zum Gespött macht, nicht
warnen lässt, der wird eine Strafe erleiden,
die der Macht Gottes entspricht. 27 In ihren
Leiden wurden sie zornig über die Tiere, die
sie für Götter hielten und mit denen sie jetzt
gestraft wurden. So erfuhren sie jenen, von
dem sie vorher nichts wissen wollten, und er-
kannten ihn als den wahren Gott; deshalb
war ja auch die äußerste Strafe über sie ge-
kommen.

11,15: 12,23–27; 15,18 – 16,1 • 16: Ri 1,7 • 17: Gen 1,2; Weish 12,9 • 18: Ijob 4,10–14 • 20: Ijob 4,9; Sir 1,9 • 21: 2 Chr 20,6 • 22: Jes 40,15 • 23: 12,18; Ps 145,9 • 26: Jona 4,11• 12,1: 1,7; Ps 104,30 • 4–5: 14,23–29 • 7: Jos 11,14.20; Dtn 11,12; Ps 47,5; Dtn 14,1 • 8: 11,26 • 9: 11,17f • 10: 12,2; 11,23 • 12: Ijob 9,12; Jes 45,9; Ijob 9,19 • 13: 6,7; 15,1 • 15: Ps 9,9; 11,7 • 16: 11,24; 15,1 • 18: 11,23 • 19: 1,6; 12,2 • 20: 12,10 • 21: 12,18; 11,9f; Gen 15,18; Dtn 7,8 • 23: 11,15 • 25: 15,14 • 27: 16,16; 18,13; Ex 5,2; 14,25.

Zweite Einschaltung: Die Torheit des Götzendienstes: 13,1 – 15,19

13 Töricht waren von Natur alle Men-
schen, denen die Gotteserkenntnis
fehlte. Sie hatten die Welt in ihrer Vollkom-
menheit vor Augen, ohne den wahrhaft Sei-
enden erkennen zu können. Beim Anblick
der Werke erkannten sie den Meister nicht,
2 sondern hielten das Feuer, den Wind, die
flüchtige Luft, den Kreis der Gestirne, die
gewaltige Flut oder die Himmelsleuchten für
weltbeherrschende Götter. 3 Wenn sie diese,
entzückt über ihre Schönheit, als Götter an-
sahen, dann hätten sie auch erkennen sollen,
wie viel besser ihr Gebieter ist; denn der Ur-
heber der Schönheit hat sie geschaffen.
4 Und wenn sie über ihre Macht und ihre
Kraft in Staunen gerieten, dann hätten sie
auch erkennen sollen, wie viel mächtiger je-
ner ist, der sie geschaffen hat; 5 denn von der
Größe und Schönheit der Geschöpfe lässt
sich auf ihren Schöpfer schließen. 6 Dennoch
verdienen jene nur geringen Tadel. Vielleicht
suchen sie Gott und wollen ihn finden, gehen
aber dabei in die Irre. 7 Sie verweilen bei der
Erforschung seiner Werke und lassen sich
durch den Augenschein täuschen; denn
schön ist, was sie schauen. 8 Doch auch sie
sind unentschuldbar: 9 Wenn sie durch ihren
Verstand schon fähig waren, die Welt zu er-
forschen, warum fanden sie dann nicht eher
den Herrn der Welt?

10 Unselig aber sind jene, die auf Totes ihre
Hoffnung setzen und Werke von Menschen-
hand als Götter bezeichnen, Gold und Silber,
kunstvolle Gebilde und Tiergestalten oder
einen nutzlosen Stein, ein Werk uralter Her-
kunft. 11 Da sägte ein Holzschnitzer einen ge-

eigneten Baum ab, entrindete ihn ringsum geschickt, bearbeitete ihn sorgfältig und machte daraus ein nützliches Gerät für den täglichen Gebrauch. 12 Die Abfälle seiner Arbeit verwendete er, um sich die Nahrung zu bereiten, und aß sich satt. 13 Was dann noch übrig blieb und zu nichts brauchbar war, ein krummes, knotiges Stück Holz, das nahm er, schnitzte daran so eifrig und fachgemäß, wie man es tut, wenn man am Abend von der Arbeit abgespannt ist, formte es zum Bild eines Menschen 14 oder machte es einem armseligen Tier ähnlich, beschmierte es mit Mennig und roter Schminke, überstrich alle schadhaften Stellen, 15 machte ihm eine würdige Wohnstatt, stellte es an der Wand auf und befestigte es mit Eisen. 16 So sorgte er dafür, dass es nicht herunterfiel, wusste er doch, dass es sich nicht helfen kann; es ist ein Bild und braucht Hilfe.

17 Aber wenn er um Besitz, Ehe und Kinder betet, dann schämt er sich nicht, das Leblose anzureden. Um Gesundheit ruft er das Kraftlose an, 18 Leben begehrt er vom Toten. Hilfe erfleht er vom ganz Hilflosen und gute Reise von dem, was nicht einmal den Fuß bewegen kann. 19 Für seine Arbeit, für Gewinn und Erfolg seines Handwerks bittet er um Kraft von einem, dessen Hände völlig kraftlos sind.

14 Ein anderer, der sich zu einer Seefahrt rüstet, auf der er wilde Wogen durchqueren wird, ruft ein Holz an, das gebrechlicher ist als das Fahrzeug, das ihn trägt. 2 Das Fahrzeug hat der Erwerbstrieb ersonnen und die Weisheit eines Künstlers hergestellt. 3 Deine Vorsehung, Vater, steuert es; denn du hast auch im Meer einen Weg gebahnt und in den Wogen einen sicheren Pfad. 4 Damit zeigst du, dass du imstande bist, aus jeder Lage zu retten, so dass auch jemand, der keine Erfahrung hat, ein Schiff besteigen kann. 5 Du willst, dass die Werke deiner Weisheit nicht ungenutzt bleiben. Darum vertrauen Menschen ihr Leben sogar einem winzigen Holz an und fahren wohlbehalten auf einem Floß durch die Brandung. 6 So hat auch in der Urzeit beim Untergang der übermütigen Riesen die Hoffnung der Welt sich auf ein Floß geflüchtet und, durch deine Hand gesteuert, der Welt den Samen eines neuen Geschlechtes hinterlassen. 7 Denn Segen ruht auf dem Holz, durch das Gerechtigkeit geschieht. 8 Fluch hingegen trifft das von Händen geformte Holz und seinen Bildner, ihn, weil er es bearbeitet hat, jenes, weil es Gott genannt wurde, obwohl es vergänglich ist. 9 Denn Gott sind in gleicher Weise Frevler wie Frevel verhasst; 10 mit dem Bildner wird sein Werk der Strafe verfallen. 11 Darum kommt auch über die Götzenbilder der Völker das Gericht, weil sie in Gottes Schöpfung zum Gräuel geworden sind, zum Anstoß für die Seelen der Menschen und zur Schlinge für die Füße der Toren.

12 Mit dem Gedanken an Götzenbilder beginnt der Abfall und ihre Erfindung führt zur Sittenverderbnis. 13 Weder waren sie von Anfang an da, noch werden sie ewig bleiben. 14 Durch die eitle Ruhmsucht der Menschen sind sie in die Welt gekommen; darum ist ihnen auch ein jähes Ende zugedacht. 15 Bedrückt durch allzu frühe Trauer ließ ein Vater von seinem Kind, das gar schnell hinweggerafft wurde, ein Bildnis machen; so ehrte er einen toten Menschen als Gott und führte bei seinen Leuten geheime Kulte und festliche Bräuche ein. 16 Im Lauf der Zeit verfestigte sich die frevelhafte Sitte und wurde schließlich als Gesetz befolgt; 17 die Standbilder erhielten auf Anordnung der Herrscher göttliche Verehrung. Konnten die Menschen einen König nicht unmittelbar ehren, weil er weit weg wohnte, dann vergegenwärtigten sie den Fernen; sie machten von dem verehrten König ein Bildnis, das allen sichtbar war, um dem Abwesenden, als ob er gegenwärtig wäre, mit Eifer zu huldigen. 18 Der Ehrgeiz des Künstlers führte dazu, dass auch jene, die den König gar nicht kannten, ihm göttliche Verehrung erwiesen. 19 Wohl um dem Herrscher zu gefallen, bot er seine ganze Kunst auf, um ihn schöner darzustellen, als er war. 20 Von der Anmut des Bildes hingerissen, betete die Menge den, der noch kurz zuvor nur als Mensch geehrt wurde, jetzt wie einen Gott an. 21 Der Welt ist dies zum Verhängnis geworden: Die Menschen haben, unter dem Druck von Unglück oder Herrschermacht, Stein und Holz den Namen beigelegt, der mit niemand geteilt werden kann.

22 Als ob es nicht genug wäre, in der Erkenntnis Gottes zu irren, nennen sie in dem heftigen Zwiespalt, den die Unwissenheit in ihr Leben bringt, so große Übel auch noch Frieden. 23 Bei kindermörderischen Festbräuchen, heimlichen Kulten oder wilden Gelagen mit fremdartigen Sitten 24 halten sie weder Leben noch Ehe rein, sondern einer tötet heimtückisch den andern oder beleidigt ihn durch Ehebruch. 25 Alles ist ein wirres Gemisch von Blut und Mord, Dieb-

---

14,12–21 Die Götzenverehrung ist unter dem Druck von Unglück (V. 15) und Herrscherstolz (VV. 16–20) entstanden. Für beides gab es auch in Ägypten Beispiele.

stahl und Betrug, Verdorbenheit, Untreue, Aufruhr und Meineid; 26 es herrscht Umkehrung der Werte, undankbare Vergesslichkeit, Befleckung der Seelen, widernatürliche Unzucht, Zerrüttung der Ehen, Ehebruch und Zügellosigkeit. 27 Die Verehrung der namenlosen Götzenbilder ist aller Übel Anfang, Ursache und Höhepunkt. 28 Sie rasen im Freudentaumel, weissagen Lügen, leben in Ungerechtigkeit oder schwören leichthin einen Meineid. 29 Im Vertrauen auf leblose Götzen fürchten sie nicht, dass ihre Meineide ihnen schaden könnten. 30 Jedoch für beides wird sie die gerechte Strafe treffen: dass sie sich von Gott eine verkehrte Vorstellung machten, indem sie Götzenbilder verehrten, und dass sie unter Missachtung der Heiligkeit des Eides hinterlistig und ungerecht schworen. 31 Es ist nie die Macht derer, bei denen sie schworen, sondern immer die den Sündern gebührende Strafe, die die Vergehen der Frevler verfolgt.

15 Du aber, unser Gott, bist gütig, wahrhaftig und langmütig; voll Erbarmen durchwaltest du das All. 2 Auch wenn wir sündigen, gehören wir dir, da wir deine Stärke kennen; doch wir wollen nicht sündigen, da wir wissen, dass wir dein Eigentum sind. 3 Denn es ist vollendete Gerechtigkeit, dich zu verstehen; und deine Stärke zu kennen ist die Wurzel der Unsterblichkeit. 4 Die arglistige Erfindung der Menschen hat uns nicht verführt, die unfruchtbare Arbeit der Maler, eine mit bunten Farben besudelte Gestalt. 5 Ihr Anblick erregt die Sehnsucht der Toren und weckt in ihnen das Verlangen nach der leblosen Gestalt eines toten Bildes. 6 Liebhaber des Bösen und solcher Hoffnungen würdig sind alle, die es anfertigen, die nach ihm verlangen und die es anbeten.

7 Der Töpfer knetet mühsam den weichen Ton, um daraus Gefäße zu unserem Gebrauch zu formen. Aus dem gleichen Lehm bildet er solche, die sauberen Zwecken dienen, und solche für das Gegenteil, alle in gleicher Weise; über den Gebrauch eines jeden entscheidet der Töpfer. 8 Aus dem gleichen Lehm formt er in verkehrter Mühe auch einen nichtigen Gott, er, der vor kurzem aus Erde entstand und bald dorthin zurückkehrt, woher er genommen ist, wenn seine Seele, das ihm anvertraute Darlehen, zurückgefordert wird. 9 Doch es kümmert ihn nicht, dass er dahinschwinden wird und nur ein kurzes Leben hat. Er wetteifert mit Goldschmieden und Silbergießern, er ahmt Kupferschmiede nach und sieht seinen Ruhm darin, Trugbilder zu formen. 10 Asche ist sein Herz, noch weniger wert als Erdenstaub seine Hoffnung, und sein Leben ist wertloser als Lehm. 11 Seinen eigenen Bildner hat er nämlich nicht erkannt, den, der ihm eine wirkende Seele eingehaucht und Lebensatem eingeblasen hat. 12 Nein, er hält unser Leben für ein Kinderspiel, das Dasein für einen einträglichen Jahrmarkt; er sagt, man müsse aus allem, auch aus Schlechtem, Gewinn ziehen. 13 Denn er weiß besser als alle, dass er sündigt, wenn er aus dem gleichen Erdenstoff nicht nur zerbrechliche Gefäße, sondern auch Götzenbilder fertigt.

14 Ganz unverständig aber und ärmer als eines Kindes Seele waren die Feinde, die dein Volk knechteten. 15 Sie hielten alle Götzen der Völker für Götter, Götter, die weder ihre Augen gebrauchen können, um zu sehen, noch ihre Nase, um die Luft zu atmen, noch ihre Ohren, um zu hören, noch die Finger ihrer Hände, um zu tasten, und deren Füße nicht gehen können. 16 Ein Mensch hat sie gemacht, einer, dem der Geist nur geliehen ist, hat sie gebildet; kein Mensch hat die Kraft, einen Gott zu bilden, der auch nur ihm selber ähnlich wäre. 17 Als Sterblicher schafft er mit frevelhaften Händen nur Totes. Er ist besser als seine angebeteten Gebilde; denn er bekam einmal Leben, diese aber nie. 18 Sie verehren sogar die widerlichsten Tiere, die dümmsten im Vergleich mit den anderen, 19 solche, die nicht einmal schön sind, sodass man an ihnen Gefallen finden könnte, soweit das beim Anblick von Tieren möglich ist, die zudem Gottes Lob und seinen Segen verloren haben.

13,1: Ps 14,1; 92,7; Apg 14,17; 17,27; Röm 1,19f • 3: Dtn 4,19; Ijob 31,26f • 4: Ps 8,4; 104,24 • 10: 15,5.17; Jes 44,9–20; Jer 10,3–9; Ps 135,15–18 • 11: Jes 40,20; 44,9–20 • 18: 15,15 • 14,3: Jes 43,16 • 4: Ps 107,28–30 • 5: Gen 1,28 • 6: Gen 6 – 8; Bar 3,26–28; Weish 10,4; Sir 44,17f • 8: Dtn 27,15 • 9–10: Dtn 7,25f • 11: Jes 2,18f; Jer 10,15; Weish 14,14; Ps 106,36 • 12: 15,5; Num 25,1f • 14: 14,10f • 15: 12,4 • 21: Jes 42,8 • 22: Röm 1,24–32 • 23: 12,4f • 24: Lev 18,24 • 27: 14,12 • 15,1: 8,1; Ex 34,6; Ps 86,5.15 • 2: 12,16–18 • 3: Hos 6,6; 1 Joh 2,3–6 • 4: 13,14; 14,20 • 6: 14,8–10 • 7: Jer 18,3f; Röm 9,21 • 8: Gen 2,7; 3,19; Koh 12,7; Lk 12,20 • 10: 3,18; 5,14; 14,29; 2 Makk 7,14 • 13: 15,7f • 14: 12,24 • 15: Ps 115,4–7 • 17: 13,10 • 18–19: 11,15; 12,24 • 19: Gen 1,21f.25; 3,14.

Frösche – Wachteln: 16,1–4

16 Darum wurden sie mit Recht durch ähnliche Tiere gezüchtigt und durch eine Menge von Ungeziefer gequält. 2 Während sie auf solche Weise gezüchtigt wurden, hast du deinem Volk eine Wohltat erwiesen und mit den Wachteln seinem heftigen Ver-

15,14–19 Der Weise redet noch einmal vom Götzendienst der Ägypter, um dann in 16,1 den in 11,15 begonnenen Vergleich zu Ende zu führen.

langen eine fremdartige Nahrung gegeben. 3 Während jenen in ihrem Hunger die Esslust verging wegen der Hässlichkeit der gegen sie gesandten Tiere, bekamen diese nach nur kurzer Entbehrung sogar eine fremdartige Speise. 4 Über jene Unterdrücker sollte unabwendbarer Hunger kommen; diese aber sollten nur kurz spüren, wie ihre Feinde gequält wurden.

1: 11,15; 12,23–27; Ex 7,26 – 8,11; Ps 78,45; 105,30 • 2: Ex 16,13; Ps 78,26f; 105,40 • 4: 11,8f.

Heuschrecken und Stechfliegen – giftige Schlangen: 16,5–14

5 Auch damals, als die schreckliche Wut wilder Tiere über sie hereinbrach und sie durch die Bisse tückischer Schlangen umkamen, dauerte dein Zorn nicht bis ans Ende. 6 Zur Warnung wurden sie nur kurz in Schrecken versetzt und bekamen ein Rettungszeichen, damit sie sich an die Vorschrift deines Gesetzes erinnerten. 7 Wer sich dorthin wandte, wurde nicht durch das gerettet, was er anschaute, sondern durch dich, den Retter aller. 8 Dadurch hast du unsere Feinde überzeugt, dass du es bist, der aus allem Übel erlöst. 9 Denn sie wurden durch die Bisse der Heuschrecken und der Stechfliegen getötet, ohne dass es ein Heilmittel für sie gab; sie verdienten es ja, durch solches Ungeziefer gezüchtigt zu werden. 10 Deine Söhne aber wurden nicht einmal durch die Zähne Gift spritzender Schlangen überwältigt; denn dein Erbarmen kam ihnen zu Hilfe und heilte sie. 11 Sie wurden gebissen, aber schnell wieder gerettet, damit sie sich an deine Worte erinnerten; denn sie sollten nicht in tiefes Vergessen versinken, sondern sich ungehindert deiner Wohltaten erfreuen. 12 Weder Kraut noch Wundpflaster machte sie gesund, sondern dein Wort, Herr, das alles heilt. 13 Du hast Gewalt über Leben und Tod; du führst zu den Toren der Unterwelt hinab und wieder herauf. 14 Ein Mensch kann zwar in seiner Schlechtigkeit töten; doch den entschwundenen Geist holt er nicht zurück und die weggenommene Seele kann er nicht befreien.

5: Num 21,5–9; Weish 18,20 • 6: Joh 3,14f • 7: Jes 45,21 • 9: Ex 8,12–28; 10,1–20; Ps 78,45f; 105,34f • 12: Ps 107,20 • 13: 1 Sam 2,6 • 14: Ps 49,8f; Mt 16,26.

Hagel – Manna: 16,15–29

15 Unmöglich ist es, deiner Hand zu entfliehen. 16 Denn die Frevler, die behaupten, dich nicht zu kennen, wurden durch die Kraft deines Armes gezüchtigt: Ungewöhnliche Regengüsse, Hagelschauer und schreckliche Wolkenbrüche peitschten auf sie nieder und Feuer verzehrte sie. 17 Das Seltsamste war, dass das Wasser, das sonst alles löscht, die Kraft des Feuers noch verstärkte; denn die Natur kämpft für die Gerechten. 18 Das eine Mal wurde die Flamme gezähmt, damit sie nicht die Tiere verzehrte, die gegen die Ruchlosen gesandt waren; diese sollten sehen und erkennen, dass sie von Gottes Strafe verfolgt wurden. 19 Das andere Mal brannte die Flamme mit ungewöhnlicher Kraft mitten im Wasser, um die Erzeugnisse des schuldbeladenen Landes zu vernichten.

20 Dein Volk dagegen nährtest du mit der Speise der Engel und unermüdlich gabst du ihm fertiges Brot vom Himmel. Deine Gabe gewährte jeden Genuss und entsprach jedem Geschmack; 21 sie offenbarte deine zarte Liebe zu deinen Kindern. Sie erfüllte das Verlangen eines jeden, der sie genoss, und verwandelte sich in alles, was einer wollte. 22 Schnee und Eis hielten dem Feuer stand und schmolzen nicht. Deine Kinder sollten erkennen, dass nur die Früchte der Feinde vom Feuer vernichtet wurden, das im Hagel brannte und in den Regengüssen blitzte, 23 und dass es umgekehrt sogar seine eigene Kraft vergaß, damit die Gerechten Nahrung hätten. 24 Denn die Schöpfung, die dir, ihrem Schöpfer, dient, steigert ihre Kräfte, um die Schuldigen zu bestrafen, und hält sie zurück, um denen Gutes zu tun, die auf dich vertrauen. 25 Darum diente sie auch damals deinem Geschenk, das alle ernährte, und verwandelte sich in alles, was die Bittenden wünschten. 26 Deine geliebten Söhne, Herr, sollten daraus lernen: Nicht die verschiedenartigen Früchte ernähren den Menschen, sondern dein Wort erhält alle, die dir vertrauen. 27 Denn dasselbe, das vom Feuer nicht vernichtet wurde, schmolz sogleich, wenn es ein flüchtiger Sonnenstrahl erwärmte. 28 So sollte man erkennen, dass man, um dir zu danken, der Sonne zuvorkommen und sich noch vor dem Aufgang des Lichtes an dich wen-

---

16,9 In Ex 10,17 wird die Heuschreckenplage als Tod bezeichnet, da sie eine todbringende Hungersnot zur Folge hat. Der Verfasser deutet und steigert diese Aussage, indem er die Bisse der Heuschrecken selbst als todbringend bezeichnet. Im gleichen Sinn deutet er die Stechmückenplage.

16,18 Vielleicht ist das Feuer gemeint, das die Ägypter anzündeten, um die Heuschreckenschwärme zu vernichten, wie es noch heute geschieht.

16,22 G vergleicht in Num 11,7 das Manna mit Eis (H mit Bdelliumharz, in Ex 16,14 mit Reif).

den muss. 29 Denn die Hoffnung des Undankbaren schmilzt wie winterlicher Reif und verrinnt wie unnützes Wasser.

15: Tob 13,2 • 16: Ex 9,13–35 • 17: 16,22; Ex 9,24 • 18: 12,27 • 19: 16,17.22 • 20: Ex 16; Num 11,6–9; Ps 78,23–25; 105,40 • 22: 16,19 • 23: 19,21 • 24: 19,18 • 26: Dtn 8,3; Mt 4,4; Lk 4,4 • 27: Ex 16,21; Num 11,8 • 28: Ps 57,9; 92,3 • 29: 15,10.

Finsternis – Feuersäule: 17,1 – 18,4

17 Groß und nicht zu ergründen sind deine Entscheide; darum verfiel in Irrtum, wer sich nicht belehren ließ. 2 Denn die Frevler meinten, das heilige Volk knechten zu können; und jetzt lagen sie da, Gefangene der Finsternis, Gefesselte einer langen Nacht, eingeschlossen in den Häusern, von der ewigen Vorsehung verbannt. 3 Sie glaubten, mit ihren geheimen Sünden unter der dunklen Decke der Vergessenheit verborgen zu sein; da packte sie furchtbares Entsetzen. Sie wurden durch Trugbilder aufgeschreckt und auseinander gejagt. 4 Auch der geheimste Winkel, in den sie sich flüchteten, konnte sie nicht vor Furcht bewahren; Schrecken erregendes Getöse umbrauste sie, und düstere Gespenster mit finsteren Mienen tauchten auf. 5 Keine Kraft irgendeines Feuers war stark genug, Licht zu bringen; nicht einmal der strahlende Glanz der Gestirne vermochte es, diese entsetzliche Nacht zu erhellen. 6 Nur einen schaurigen Feuerherd, der sich von selbst entzündet hatte, sahen sie aufglühen; verschwand die Erscheinung, so hielten sie, außer sich vor Entsetzen, die Dinge, die sie sahen, für noch schlimmer. 7 Da versagten die Gaukeleien der Zauberkunst und die Probe auf das prahlerische Wissen fiel schmählich aus. 8 Jene, die immer versprachen, Furcht und Verwirrung von der kranken Seele zu bannen, krankten nun selber an einer lächerlichen Angst. 9 Auch wenn nichts Schreckliches sie ängstigte, wurden sie durch raschelndes Getier und zischelnde Schlangen aufgescheucht und vergingen vor Furcht. Nicht einmal in die Luft wollten sie blicken, der man doch nirgends entfliehen kann. 10 Denn die Schlechtigkeit bezeugt selbst ihr feiges Wesen, wenn sie gestraft wird. Unter dem Druck des Gewissens befürchtet sie immer das Schlimmste. 11 Furcht ist ja nichts anderes als der Verzicht auf die von der Vernunft angebotene Hilfe. 12 Je weniger man solche Hilfe erwartet, umso schlimmer erscheint es, die Ursache der Qual nicht zu kennen. 13 In Wahrheit hatte jene Nacht keine Gewalt; aus den Tiefen der machtlosen Totenwelt war sie heraufgestiegen. Sie aber, die wie sonst schlafen wollten, 14 wurden bald durch Schreckgespenster aufgescheucht, bald durch Mutlosigkeit gelähmt; denn plötzliche und unerwartete Furcht hatte sie befallen. 15 So wurde jeder dort, wo er zu Boden sank, ein Gefangener, der in einen Kerker ohne Eisenfesseln eingeschlossen war. 16 Ob Bauer oder Hirt oder ein Taglöhner, der einsam arbeitete, alle wurden überrascht und mussten sich dem unentrinnbaren Zwang fügen, alle wurden durch die gleiche Kette der Finsternis gefesselt. 17 Das Pfeifen des Windes, der wohlklingende Gesang der Vögel auf den Zweigen der Bäume, das Rauschen ungestüm strömender Wasser, das wilde Donnern stürzender Felsen, 18 das Laufen hüpfender Tiere, die man nicht sehen konnte, das laute Gebrüll wilder Raubtiere, das aus den Schluchten der Berge zurückgeworfene Echo: alles und jedes jagte ihnen lähmende Furcht ein. 19 Die ganze Welt stand in strahlendem Licht und alle gingen ungehindert ihrer Arbeit nach. 20 Nur über jene breitete sich drückende Nacht aus, Bild der Finsternis, die sie dereinst aufnehmen sollte. Doch mehr als unter der Finsternis litten sie unter ihrer eigenen Angst.

18 Deinen Heiligen dagegen strahlte hellstes Licht. Die anderen hörten ihre Stimme, ohne sie selbst zu sehen, und priesen sie glücklich, mochten diese vorher noch so viel erduldet haben. 2 Sie dankten ihnen, dass sie für das früher erlittene Unrecht keine Rache nahmen, und baten um Verzeihung für ihr feindliches Verhalten. 3 Statt jener Finsternis gabst du den Deinen eine flammende Feuersäule als Führerin auf unbekanntem Weg, als freundliche Sonne auf ihrer ruhmvollen Wanderung. 4 Jene hingegen hatten es verdient, des Lichtes beraubt und in Finsternis gefangen zu sein, weil sie einst deine Söhne eingeschlossen und gefangen hielten, durch die das unvergängliche Licht des Gesetzes der Welt gegeben werden sollte.

17,1: Röm 11,33; Weish 5,6 • 2: Ex 1,11–14; 10,21–23; Ps 105,28 • 3: Ps 64,6f; Weish 18,17 • 7: 18,13; Ex 8,14f • 9: Ps 53,6; Spr 28,1 • 10: 17,6; Gen 4,14 • 15: 17,2; 18,4 • 18: 17,9 • 20: Ijob 10,21f; Mt 22,13; Jud 13 • 18,1: Ex 10,23 • 3: 10,17; Ex 13,21f; 40,36–38; Ps 78,14; 105,39 • 4: 17,2; Ps 119,105; Spr 6,23.

Tod der Erstgeborenen – Tod in der Wüste: 18,5–25

5 Sie hatten beschlossen, die Kinder der Heiligen zu töten, und nur ein einziges Kind wurde ausgesetzt und gerettet. Zur Strafe hast du ihnen viele ihrer eigenen Kinder weggenommen und sie alle auf einmal in ge-

17,1–20 Malt die Qualen des bösen Gewissens aus.

18,5 Das »Kind« ist Mose (vgl. 11,14; Ex 2,1–10).

waltiger Wasserflut vernichtet. 6 Jene Nacht
wurde unseren Vätern vorher angekündigt;
denn sie sollten zuversichtlich sein und si-
cher wissen, welchen eidlichen Zusagen sie
vertrauen konnten. 7 So erwartete dein Volk
die Rettung der Gerechten und den Unter-
gang der Feinde. 8 Während du die Gegner
straftest, hast du uns zu dir gerufen und ver-
herrlicht. 9 Denn im Verborgenen feierten
die frommen Söhne der Guten ihr Opferfest;
sie verpflichteten sich einmütig auf das gött-
liche Gesetz, dass die Heiligen in gleicher
Weise Güter wie Gefahren teilen sollten, und
sangen schon im Voraus die Loblieder der
Väter. 10 Da hallte ihnen das wirre Geschrei
der Feinde entgegen und sie hörten die laute
Klage über die toten Kinder. 11 Das gleiche
Urteil traf Herrn und Knecht; der Mann aus
dem Volk und der König hatten das gleiche
Leid zu tragen. 12 Durch die gleiche Todesart
hatten alle zusammen unzählige Tote. Es
waren nicht genügend Lebende da, um sie zu
begraben; denn mit einem Schlag waren die
besten Nachkommen vernichtet worden.
13 Bisher waren sie durch die Künste ihrer
Zauberer ungläubig geblieben; jetzt aber
mussten sie beim Untergang der Erstgebore-
nen bekennen: Dieses Volk ist Gottes Sohn.
14 Als tiefes Schweigen das All umfing und
die Nacht bis zur Mitte gelangt war, 15 da
sprang dein allmächtiges Wort vom Himmel,
vom königlichen Thron herab als harter
Krieger mitten in das dem Verderben ge-
weihte Land. 16 Es trug das scharfe Schwert
deines unerbittlichen Befehls, trat hin und
erfüllte alles mit Tod; es berührte den Him-
mel und stand auf der Erde. 17 Plötzlich
schreckten sie furchtbare Traumgesichte auf
und ungeahnte Ängste überfielen sie. 18 Ei-
ner stürzte hier, ein anderer dort halb tot zu
Boden und bekannte, aus welchem Grund er
sterben musste. 19 Denn die erschreckenden
Träume hatten es ihnen vorausgesagt; sie
sollten nicht umkommen, ohne zu wissen,
warum sie so Schlimmes erlitten.

20 Auch die Gerechten lernten eine Probe
des Todes kennen: Eine große Anzahl wurde
in der Wüste dahingerafft; doch der Zorn
hielt nicht lange an. 21 Ein Mann ohne Tadel
sprang als Vorkämpfer ein mit der Waffe sei-
nes heiligen Dienstes, mit Gebet und süh-
nendem Räucherwerk. Er trat dem Zorn ent-
gegen, machte dem Unheil ein Ende und
zeigte so, dass er dein Diener war. 22 Er über-
wand die Not nicht durch Körperkraft und
nicht durch Waffengewalt, sondern durch
das Wort bezwang er den Strafenden, indem
er ihn an die eidlich bekräftigten Bündnisse
mit den Vätern erinnerte. 23 Denn als die To-
ten sich schon häuften, trat er dazwischen,
hielt seinen Ansturm auf und schnitt ihm
den Weg zu den Lebenden ab. 24 Auf seinem
langen Gewand war die ganze Welt dar-
gestellt, auf den vier Reihen der Edelsteine
waren die ruhmreichen Namen der Väter
eingeschnitten und auf seinem Stirnband
dein hoheitsvoller Name. 25 Davor wich der
Verderber voll Furcht zurück; denn es ge-
nügte schon diese Probe des Zornes.

5: 11,7; Ex 1,15–17; 12,29f; Ps 78,51; 105,36; Weish 10,19; Ex 14,27f • 9: 2 Chr 30,21f • 10: Ex 12,29f • 12: Num 33,4 • 13: 17,7; Ex 7,11–13; 8,3; 12,31f; Weish 5,5; Ex 4,22f • 14: Ex 11,4; 12,23.29 • 15: Ps 107,20; 147,15.18 • 16: Jes 55,11; Weish 5,20; Hebr 4,12 • 17: 17,3; Ijob 4,13f • 20: Num 17,6–14 • 21: Ex 28,1; Num 17,16–26 • 23: Num 17,11–13 • 24: Ex 28,17–21; Sir 45,11; Ex 28,36–38; Sir 45,12 • 25: Ex 12,23.

Untergang im Meer – Rettung durch das Meer: 19,1–17

19 Über die Frevler kam erbarmungslo-
ser Zorn, bis sie vernichtet waren;
denn Gott wusste im Voraus, wie sie sich
verhalten würden: 2 Sie selbst hatten den
Abzug der Gerechten gestattet und sie sogar
dazu gedrängt; dann aber änderten sie ihren
Sinn und verfolgten sie. 3 Sie waren noch mit
der Bestattung der Toten beschäftigt und
klagten an ihren Gräbern, als sie in ihrer
Torheit einen anderen Entschluss fassten
und denen wie Entlaufenen nachsetzten, de-
nen sie flehentlich zugeredet hatten wegzu-
gehen. 4 Das selbst verschuldete Verhängnis
trieb sie in diesen Untergang und ließ sie al-
les vergessen, was geschehen war; denn sie
sollten über die bisherigen Plagen hinaus die
äußerste Strafe erleiden.

5 Deinem Volk aber sollte sich ein uner-
warteter Weg eröffnen, während jene einen
ungewöhnlichen Tod fanden. 6 Das Wesen
der ganzen Schöpfung wurde neu gestaltet;
sie gehorchte deinen Befehlen, damit deine
Kinder unversehrt bewahrt blieben. 7 Man
sah die Wolke, die das Lager überschattete,
trockenes Land tauchte auf, wo zuvor Was-
ser war; es zeigte sich ein Weg ohne Hinder-
nisse durch das Rote Meer, eine grüne Ebene

18,9 Später wurden beim Paschamahl die Psalmen 113–118 gesungen (vgl. Mt 26,30).

18,15 Das göttliche Wort, nämlich der Vernichtungsbeschluss Gottes, wird hier personifiziert; in Offb 19,11–21 zieht Christus, der »das Wort Gottes« heißt, vom Himmel zum Vernichtungskampf gegen die feindlichen Könige aus.

18,21–24 Gemeint ist der Hohepriester Aaron. Zu seinem Gewand vgl. Ex 28,5.

18,23 Ansturm: so nach Vg; G: Zorn (vgl. V. 20).

stieg aus der gewaltigen Flut. 8 Von deiner
Hand behütet, zogen sie vollzählig hindurch
und sahen staunenswerte Wunder. 9 Sie wei-
deten wie Rosse, hüpften wie Lämmer und
lobten dich, Herr, ihren Retter. 10 Denn sie
dachten zudem auch an das, was im fremden
Land geschehen war: wie Mücken nicht von
Tieren, sondern von der Erde hervorge-
bracht wurden und wie der Fluss nicht Was-
sertiere, sondern eine Menge Frösche aus-
warf. 11 Schließlich sahen sie auch Vögel auf
eine neue Weise entstehen, als sie, um ihre
Gier zu befriedigen, nach üppigen Speisen
verlangten. 12 Zu ihrem Trost entstiegen
nämlich Wachteln dem Meer.

13 Die Strafen kamen über die Sünder
nicht ohne Warnung durch wuchtige Blitze.
Mit Recht mussten sie für ihre bösen Taten
leiden, weil sie einen so schlimmen Frem-
denhass gezeigt hatten. 14 Während andere
die Unbekannten, die zu ihnen kamen, nicht
aufnahmen, machten diese sogar Gäste, die
ihre Wohltäter waren, zu Sklaven. 15 Noch
mehr: Gewiss wird auch jene eine Strafe
treffen, weil sie Fremde feindselig empfan-
gen hatten; 16 diese aber haben Gäste, die sie
festlich aufgenommen hatten und die schon
die gleichen Bürgerrechte genossen, mit
schwerem Frondienst geplagt. 17 Wie jene an
der Türe des Gerechten mit Blindheit ge-
schlagen wurden, so auch diese, als sie von
dichter Finsternis umgeben waren und jeder
versuchte, seine Türe zu finden.

1: Ex 14,13f • 2: Ex 12,31–33; 14,3–31 • 3: 18,12 • 4: 12,27 • 5: 10,18f • 6: 5,20; 16,24; 19,10f.18 • 7: Ex 14,19–22 • 9: Jes 63,13f; Ex 15 • 10: 16,9; Ex 8,12f; Weish 16,1; Ex 7,28 – 8,2 • 11: 16,2; 19,19 • 12: Num 11,31f • 13: Ex 9,18; Weish 12,26 • 14: Ri 19,15–30; Gen 47,25 • 17: Gen 19,10f; Weish 17,2; Ex 10,21–23.

Schluss: 19,18–22

18 Die Elemente verändern sich unterei-
nander, wie auf einer Harfe die Töne den
Rhythmus ändern und doch den gleichen
Klang behalten. Dies lässt sich aus der Be-
trachtung der Geschehnisse deutlich erken-
nen. 19 Landtiere verwandelten sich in Was-
sertiere und schwimmende Tiere stiegen ans
Land. 20 Das Feuer steigerte im Wasser die
ihm eigene Kraft und das Wasser vergaß sei-
ne löschende Wirkung. 21 Flammen verzehr-
ten nicht das Fleisch der hinfälligen Tiere,
die hineingerieten, noch schmolz im Feuer
die eisartige, leicht schmelzende himmlische
Speise. 22 In allem hast du, Herr, dein Volk
groß gemacht und verherrlicht; du hast es
nicht im Stich gelassen, sondern bist ihm im-
mer und überall beigestanden.

18: 16,25 • 20: 16,17f • 21: 16,22f • 22: Jes 41,10.

Das Buch Jesus Sirach

Als Verfasser des Buches wird in 50,27 und 51,30 ein Weisheitslehrer namens »Jesus, Sohn Eleasars, des Sohnes Sirachs« genannt. Die hebräisch-jüdische Bezeichnung des Buches lautet kurz Ben Sira; die griechische Bibel nennt es Siracides, die lateinische Liber Ecclesiasticus. Nach dem Vorwort des griechischen Übersetzers, eines Enkels des Verfassers, kommen als Abfassungszeit die Jahre um 180 v. Chr. in Betracht; Abfassungsort ist Jerusalem (vgl. die Anmerkung zu 50,27b).

Inhaltlich handelt es sich um eine lockere Sammlung von Lebens- und Verhaltensregeln, mit denen sich der Verfasser vor allem an die Jugend wendet, um sie für die Aufgaben und Schwierigkeiten des Lebens zu erziehen. Das Werk ist vom Buch der Sprichwörter abhängig, unterscheidet sich aber von diesem dadurch, dass es die weisheitlichen Themen mehr zusammenhängend und oft in Gegensatzpaaren behandelt: Weisheit und Torheit, Armut und Reichtum, Zucht und Zuchtlosigkeit, Gesundheit, Krankheit und Tod, Sklaven und Herren,

19,11f Der Verfasser deutet »vom Meer her« (Num 11,31) so, wie wenn die Wachteln aus dem Meer aufgetaucht wären.

19,14–17 Noch schlimmer als die Bewohner von Sodom (vgl. Gen 19,4–11), weil sie die Nachkommen Jakobs, der mit seinen Söhnen vom Pharao nach Ägypten eingeladen worden war (Gen 45,17f), nicht nach den Regeln des Gastrechts behandelten, sondern zu Fronsklaven machten (Ex 1,11–14).

19,17 Der »Gerechte« ist Lot.

ERZIEHUNG ZUR WEISHEIT: 1,1 – 4,19

Die Quelle der Weisheit: 1,1–10

1 Alle Weisheit stammt vom Herrn / und ewig ist sie bei ihm.

2 Den Sand des Meeres, die Tropfen des Regens / und die Tage der Vorzeit, wer hat sie gezählt?

3 Die Höhe des Himmels, die Breite der Erde / und die Tiefe des Meeres, wer hat sie gemessen?

4 Früher als sie alle ist die Weisheit erschaffen, / von Ewigkeit her die verständige Einsicht.

6 Die Wurzel der Weisheit – wem wurde sie enthüllt, / ihre Pläne – wer hat sie durchschaut?

8 Nur einer ist weise, höchst Ehrfurcht gebietend: / der auf seinem Thron sitzt, der Herr.

9 Er hat sie geschaffen, geschaut und gezählt, / sie ausgegossen über all seine Werke.

10 Den Menschen ist sie unterschiedlich zugeteilt; / er spendet sie denen, die ihn fürchten.

1: Spr 2,6; Weish 7,25.

Die Krone der Weisheit: 1,11–20

11 Die Gottesfurcht ist Ruhm und Ehre, / Hoheit ist sie und eine prächtige Krone.

12 Die Gottesfurcht macht das Herz froh, / sie gibt Freude, Frohsinn und langes Leben.

13 Dem Gottesfürchtigen geht es am Ende gut, / am Tag seines Todes wird er gepriesen.

14 Anfang der Weisheit ist die Gottesfurcht, / den Glaubenden ist sie angeboren.

15 Bei den Frommen hat sie einen dauernden Wohnsitz / und bei ihren Nachkommen wird sie bleiben.

16 Fülle der Weisheit ist die Gottesfurcht, / sie labt die Menschen mit ihren Früchten.

17 Ihr ganzes Haus füllt sie mit Schätzen an, / die Speicher mit ihren Gütern.

18 Krone der Weisheit ist die Gottesfurcht, / sie lässt Heil und Gesundheit sprossen.

19 Verständnis und weise Einsicht gießt sie aus, / sie erhöht den Ruhm aller, die an ihr fest halten.

20 Wurzel der Weisheit ist die Gottesfurcht, / ihre Zweige sind langes Leben.

12: Spr 4,10 • 13: 11,28 • 14: Spr 1,7; Ps 111,10 • 17: Spr 8,18f • 19: Spr 4,8.

Der Feind der Weisheit: 1,21–30

21 Die Gottesfurcht hält Sünden fern, / wer in ihr verbleibt, vertreibt allen Zorn.

22 Ungerechter Zorn kann nicht Recht behalten, / wütender Zorn bringt zu Fall.

23 Der Geduldige hält aus bis zur rechten Zeit, / doch dann erfährt er Freude.

24 Bis zur rechten Zeit hält er mit seinen Worten zurück, / dann werden viele seine Klugheit preisen.

25 In den Kammern der Weisheit liegen kluge Sinnsprüche, / doch dem Sünder ist die Gottesfurcht ein Gräuel.

26 Begehrst du Weisheit, so halte die Gebote / und der Herr wird dir die Weisheit schenken.

27 Denn die Gottesfurcht ist Weisheit und Bildung, / an Treue und Demut hat Gott Gefallen.

28 Sei nicht misstrauisch gegen die Gottesfurcht / und nahe ihr nicht mit zwiespältigem Herzen!

29 Sei kein Heuchler vor den Menschen / und hab Acht auf deine Lippen!

30 Überhebe dich nicht, damit du nicht fällst / und Schande über dich bringst;
sonst enthüllt der Herr, was du verbirgst, / und bringt dich zu Fall inmitten der Gemeinde,
weil du dich der Gottesfurcht genaht hast, / obwohl dein Herz voll Trug war.

27: Spr 15,33 • 30: Spr 16,18.

Vertrauen und Treue gegen Gott: 2,1–18

2 Mein Sohn, wenn du dem Herrn dienen willst, / dann mach dich auf Prüfung gefasst!

2 Sei tapfer und stark, / zur Zeit der Heimsuchung überstürze nichts!

1,5.7 sind spätere Zusätze, sie lauten:
5 Die Quelle der Weisheit ist das Wort Gottes in der Höhe; / ihre Wege sind die ewigen Gebote.
7 Die Kenntnis der Weisheit, wem wurde sie offenbart? Ihre mannigfachen Wege, wer hat sie erkannt?

1,10b So mit einigen Textzeugen und nach dem Zusammenhang; die meisten G-Handschriften: die ihn lieben.

1,19a Oder mit S: Sie ist ein starker Stab und eine herrliche Stütze.

1,30 So mit S. – Vg zählt in Kap. 1 40 Verse.

Freunde und Frauen. Haupttugend ist immer die Gottesfurcht (Kap. 1). Etwa die Mitte und den Höhepunkt des ganzen Buches bildet der Weisheitshymnus in Kap. 24. Nach der frommen Naturbetrachtung von 42,15 – 43,33 folgt als letztes Thema das »Lob der Väter« (44,1 – 50,24), ein kurzer Überblick über die alttestamentliche Heilsgeschichte.

Der Verfasser verbindet harmonisch die Treue zum althergebrachten Glauben mit der Offenheit für die Probleme seiner Zeit. Den Hellenismus, der auch in jüdischen Kreisen mehr und mehr Eingang findet, bekämpft er nicht, so weit er sich mit der jüdischen Religion vereinbaren lässt. Das mosaische Gesetz weitet sich bei ihm zur göttlichen Schöpfungsordnung, die für alle Zeiten Wert und Gültigkeit besitzt. So bietet das Buch Jesus Sirach über die Zeit des damaligen kulturellen Umbruchs hinaus humane und sittlich-religiöse Leitsätze für den Weg zu echter Weisheit.

Als spätes Werk fand dieses Buch keine Aufnahme mehr in den jüdischen Kanon. Die Kirche übernahm es wie die anderen deuterokanonischen Bücher als Heilige Schrift. Im Neuen Testament, besonders im Jakobusbrief, sowie in den frühchristlichen Schriften stehen zahlreiche Anspielungen oder sogar Zitate aus dem Buch Jesus Sirach. Hieronymus behauptet, er habe den hebräischen Text noch gekannt. Später war das Buch jedoch nur noch in den alten Übersetzungen vorhanden. In diesen lassen sich viele erklärende und erweiternde Zusätze nachweisen. Im Jahr 1896 und in der folgenden Zeit wurden fünf hebräische Handschriftenfragmente aus dem 11. oder 12. Jh. n. Chr., die aus einem Abstellraum (»Genisa«) der Synagoge in Alt-Kairo stammen, entdeckt, sodass seither etwa zwei Drittel des hebräischen Textes bekannt sind. Aber auch diese hebräischen Fragmente enthalten einen Text, der Zusätze und Wiederholungen aufweist. Offenbar hat man schon im ersten vorchristlichen und bis ins zweite nachchristliche Jahrhundert den griechischen wie den hebräischen Text der zeitgenössischen Denk- und Sprechweise angepasst. Nahe an die Zeit des Verfassers reichen einige wertvolle, freilich nur kurze hebräische Fragmente heran, die neuestens in Qumran (6,20–31; 51,12–20) und in Masada (39,27– 44,17 mit Lücken) ans Licht kamen.

DAS VORWORT ZUR GRIECHISCHEN ÜBERSETZUNG

Vieles und Großes ist uns durch das Gesetz, die Propheten und die anderen Schriften, die ihnen folgen, geschenkt worden. Dafür ist Israel zu loben wegen seiner Bildung und Weisheit. Doch soll jeder, der sie zu lesen versteht, nicht nur sich selbst daran bilden, sondern die Gelehrten sollen auch imstande sein, andere durch Wort und Schrift zu fördern.

So befasste sich mein Großvater Jesus sorgfältig mit dem Gesetz, mit den Propheten und mit den anderen von den Vätern überkommenen Schriften. Er verschaffte sich eine gründliche Kenntnis von ihnen und fühlte sich dann gedrängt, auch selbst etwas zu schreiben, um dadurch Bildung und Weisheit zu fördern. Wer es sich mit Liebe aneignet, wird es in einem gesetzestreuen Leben noch vermehren. Ihr seid nun aufgefordert, mit Wohlwollen und Aufmerksamkeit zu lesen. Doch mögt ihr Nachsicht üben, wenn wir vielleicht einige der schwer zu übersetzenden Ausdrücke unbefriedigend wiedergegeben haben. Es ist ja nicht gleich, ob man etwas in der hebräischen Grundsprache liest oder ob es in eine andere Sprache übertragen wird. Nicht nur dieses Buch, sondern auch das Gesetz, die Propheten und die übrigen Schriften weisen keinen geringen Unterschied auf, wenn man sie in der Grundsprache liest.

Ich kam im achtunddreißigsten Jahr des Königs Euergetes nach Ägypten und hielt mich dort eine Zeit lang auf. Da ich dort eine ähnlich hohe Bildung vorfand, habe ich es für notwendig gehalten, auch selbst Fleiß und Mühe aufzuwenden, um dieses Buch zu übersetzen. Inzwischen habe ich mit rastlosem Eifer und mit Sachkenntnis das Werk abgeschlossen, um es für jene herauszugeben, die sich auch in der Fremde weiterbilden wollen und sich vorgenommen haben, nach dem Gesetz zu leben.

Vorwort: Für die Datierung ist die Angabe wichtig, dass der Enkel im 38. Jahr des Königs Euergetes (170–111 v. Chr.) nach Ägypten kam, also 132 v. Chr. Er wird um 152 v. Chr. geboren sein. Dann ist sein Vater vermutlich um 182 v. Chr. geboren. Der Verfasser schrieb wahrscheinlich in fortgeschrittenem Alter, wohl nicht vor 180 v. Chr.

Rembrandt van Rijn (1606–1669)
Der Erzengel Raphael verläßt die Familie des Tobias, 1637
Holz, 66 × 52 cm
Musée de Louvre, Paris
Foto: Peter Willi, Artothek, Peissenberg

3 Hänge am Herrn und weiche nicht ab, /
damit du am Ende erhöht wirst.
4 Nimm alles an, was über dich kommen
mag, / halt aus in vielfacher Bedrängnis!
5 Denn im Feuer wird das Gold geprüft /
und jeder, der Gott gefällt, im Schmelzofen
der Bedrängnis.
6 Vertrau auf Gott, er wird dir helfen, /
hoffe auf ihn, er wird deine Wege ebnen.
7 Ihr, die ihr den Herrn fürchtet, / hofft auf
sein Erbarmen, / weicht nicht ab, damit ihr
nicht zu Fall kommt.
8 Ihr, die ihr den Herrn fürchtet, vertraut
auf ihn / und er wird euch den Lohn nicht
vorenthalten.
9 Ihr, die ihr den Herrn fürchtet, hofft auf
Heil, / auf immer währende Freude und auf
Erbarmen!
10 Schaut auf die früheren Generationen
und seht: / Wer hat auf den Herrn vertraut /
und ist dabei zuschanden geworden?
Wer hoffte auf ihn und wurde verlassen? /
Wer rief ihn an und er erhörte ihn nicht?
11 Denn gnädig und barmherzig ist der
Herr; / er vergibt die Sünden und hilft zur
Zeit der Not.
12 Weh den mutlosen Herzen und den
schlaffen Händen, / dem Menschen, der auf
zweierlei Wegen geht.
13 Weh dem schlaffen Herzen, weil es nicht
glaubt; / darum wird es keinen Schutz ha-
ben.
14 Weh euch, die ihr die Hoffnung verloren
habt. / Was werdet ihr tun, wenn euch der
Herr zur Rechenschaft zieht?
15 Wer den Herrn fürchtet, ist nicht unge-
horsam gegen sein Wort, / wer ihn liebt, hält
seine Wege ein.
16 Wer den Herrn fürchtet, sucht ihm zu
gefallen, / wer ihn liebt, ist erfüllt von sei-
nem Gesetz.
17 Wer den Herrn fürchtet, macht sein Herz
bereit / und demütigt sich vor ihm.
18 Besser ist es, in die Hände des Herrn zu
fallen / als in die Hände der Menschen.
Denn wie seine Größe, so ist sein Erbar-
men, / und wie sein Name, so sind auch seine
Werke.

6: Spr 3,6 • 8: 16,14; 51,30 • 10: Ps 37,25 • 14: 17,24; 41,2 • 18: 2 Sam 24,14.

Ehrfurcht gegen die Eltern: 3,1–16

3 Hört, ihr Söhne, was das Recht des Va-
ters ist, / und handelt danach, damit es
euch gut geht.
2 Denn der Herr hat den Kindern befohlen,
ihren Vater zu ehren, / und die Söhne ver-
pflichtet, das Recht ihrer Mutter zu achten.
3 Wer den Vater ehrt, erlangt Verzeihung
der Sünden, / 4 und wer seine Mutter achtet, /
gleicht einem Menschen, der Schätze sam-
melt.
5 Wer den Vater ehrt, wird Freude haben
an den eigenen Kindern, / und wenn er betet,
wird er Erhörung finden.
6 Wer den Vater achtet, wird lange leben, /
und wer seiner Mutter Ehre erweist, der er-
weist sie dem Herrn.
7 Wer den Herrn fürchtet, ehrt seinen Va-
ter / und dient seinen Eltern wie Vorgesetz-
ten.
8 Mein Sohn, ehre deinen Vater in Wort
und Tat, / damit aller Segen über dich
kommt.
9 Der Segen des Vaters festigt die Wurzel, /
doch der Fluch der Mutter reißt die junge
Pflanze aus.
10 Such deinen Ruhm nicht darin, den Va-
ter herabzusetzen, / denn das ist keine Ehre
für dich.
11 Die Ehre eines Menschen ist die seines
Vaters; / wer seine Mutter verachtet, sündigt
schwer.
12 Mein Sohn, wenn dein Vater alt ist,
nimm dich seiner an / und betrübe ihn nicht,
solange er lebt.
13 Wenn sein Verstand abnimmt, sieh es
ihm nach / und beschäme ihn nicht in deiner
Vollkraft!
14 Denn die Liebe zum Vater wird nicht
vergessen, / sie wird als Sühne für deine
Sünden eingetragen.
15 Zur Zeit der Bedrängnis wird sie dir ver-
golten werden; / sie lässt deine Sünden
schmelzen wie Wärme den Reif.
16 Wie ein Gotteslästerer handelt, wer sei-
nen Vater im Stich lässt, / und von Gott ist
verflucht, wer seine Mutter kränkt.

2: Ex 20,12; Dtn 5,16; Spr 10,1 • 11: Spr 30,17 • 13: Spr 23,22.

2,6b Übersetzung nach S und Origenes; weniger gut G: Ebne deine Wege und hoffe auf ihn!
2,8b G hat leicht geändert: und euer Lohn wird nicht ausbleiben.
2,9b Erbarmen: nach G, wie in V. 7a; S: Rettung.
2,12b dem Menschen: nach S; G verschärft: dem Sünder.
2,18d Fehlt in G zu Unrecht.
3,9 So nach H; G: Denn der Segen des Vaters baut den Kindern feste Häuser, doch der Fluch der Mutter reißt die Fundamente aus.

Bescheidenheit: 3,17–31

17 Mein Sohn, bei all deinem Tun bleibe
bescheiden / und du wirst mehr geliebt wer-
den als einer, der Gaben verteilt.
18 Je größer du bist, umso mehr bescheide
dich, / dann wirst du Gnade finden bei
Gott.
20 Denn groß ist die Macht Gottes / und
von den Demütigen wird er verherrlicht.
21 Such nicht zu ergründen, was dir zu
wunderbar ist, / untersuch nicht, was dir
verhüllt ist.
22 Was dir zugewiesen ist, magst du durch-
forschen, / doch das Verborgene hast du
nicht nötig.
23 Such nicht hartnäckig zu erfahren, / was
deine Kraft übersteigt. / Es ist schon zu viel,
was du sehen darfst.
24 Vielfältig sind die Gedanken der Men-
schen, / schlimmer Wahn führt in die Irre.
25 [Wer kein Auge hat, dem fehlt das
Licht, / wer keine Einsicht hat, dem fehlt
die Weisheit.]
26 Ein trotziges Herz nimmt ein böses
Ende, / wer aber das Gute liebt, den wird es
geleiten.
27 Ein trotziges Herz schafft sich viel
Leid / und der Frevler häuft Sünde auf
Sünde.
28 Für die Wunde des Übermütigen gibt es
keine Heilung, / denn ein giftiges Kraut hat
in ihm seine Wurzeln.
29 Ein weises Herz versteht die Sinnsprü-
che [der Weisen], / ein Ohr, das auf die Weis-
heit hört, macht Freude.
30 Wie Wasser loderndes Feuer löscht, / so
sühnt Mildtätigkeit Sünde.
31 Wer Gutes tut, dem begegnet es auf sei-
nen Wegen, / sobald er wankt, findet er eine
Stütze.

18: Spr 3,34 • 29: Spr 2,2 • 31: Spr 11,18–20.

Mildtätigkeit: 4,1–10

4 Mein Sohn, entzieh dem Armen nicht
den Lebensunterhalt / und lass die Au-
gen des Betrübten nicht vergebens warten!
2 Enttäusche den Hungrigen nicht / und
das Herz des Unglücklichen errege nicht!
3 Verweigere die Gabe dem Bedürftigen
nicht 4 und missachte nicht die Bitten des
Geringen!
5 Verbirg dich nicht vor dem Verzweifel-
ten / und gib ihm keinen Anlass, dich zu
verfluchen.
6 Schreit der Betrübte im Schmerz seiner
Seele, / so wird Gott, sein Fels, auf sein Weh-
geschrei hören.
7 Mach dich beliebt in der Gemeinde, /
beuge das Haupt vor dem, der sie führt.
8 Neige dem Armen dein Ohr zu / und er-
widere ihm freundlich den Gruß!
9 Rette den Bedrängten vor seinen Bedrän-
gern; / ein gerechtes Gericht sei dir nicht wi-
derwärtig.
10 Sei den Waisen wie ein Vater / und den
Witwen wie ein Gatte!
Dann wird Gott dich seinen Sohn nen-
nen, / er wird Erbarmen mit dir haben / und
dich vor dem Grab bewahren.

6: Dtn 32,3f • 9: Spr 17,15; 31,8f • 10: Ijob 29,12f .

Der Weg zum Leben: 4,11–19

11 Die Weisheit belehrt ihre Söhne, / sie
mahnt eindringlich alle, die auf sie achten.
12 Wer sie liebt, liebt das Leben, / wer sie
sucht, wird Gott gefallen.
13 Wer sie ergreift, findet Ehre beim
Herrn / und wird unter Gottes Segen le-
ben.
14 Der Dienst an ihr ist Dienst am Heilig-
tum; / wer sie liebt, den liebt der Herr.
15 Wer auf mich hört, wird gerecht rich-
ten, / wer mir zuhört, wohnt in meinen in-
nersten Kammern.
16 Hat er Vertrauen zu mir, wird er mich
erlangen, / auch seine Nachkommen werden
mich besitzen.
17 Denn unerkannt gehe ich mit ihm / und
prüfe ihn durch Versuchungen.
Furcht und Bangen lasse ich über ihn
kommen, / bis sein Herz von mir erfüllt ist.
18 Dann wende ich mich ihm zu, / zeige ihm
den geraden Weg und enthülle ihm meine
Geheimnisse.
19 Weicht er ab, so verwerfe ich ihn / und
überlasse ihn denen, die ihn vernichten.

12: Spr 8,35; 12,2; 18,22 • 17: 2,1.

3,18 Der folgende V. 19 entfällt, da nur von wenigen Textzeugen überliefert.
3,25 Fehlt im älteren G- und im Vg-Text; späterer Zusatz.
3,29b G: Ein aufmerksames Ohr ist der Wunsch des Weisen.
4,2–5 Text korr.; in H und G Doppelungen.
4,9b Nach G: Sei nicht feig im Gericht!
4,10cd G: Dann wirst du wie ein Sohn des Höchsten sein; er wird dich mehr lieben als deine Mutter.

DIE GOTTESFURCHT IM LEBEN DER GEMEINSCHAFT: 4,20 – 18,14

Die echte und die falsche Scham: 4,20–30

20 Mein Sohn, achte auf die rechte Zeit /
und scheue das Unrecht! Deiner selbst sollst
du dich nicht schämen müssen.
21 Es gibt eine Scham, die Sünde bringt, /
und eine Scham, die Ehre und Ruhm einträgt.
22 Sei nicht parteiisch, dir selbst zum Schaden, / strauchle nicht, dir selbst zum Fall.
23 Halte zur rechten Zeit dein Wort nicht
zurück, / verbirg deine Weisheit nicht!
24 Denn die Weisheit zeigt sich in der
Rede / und die Einsicht in der Antwort der
Zunge.
25 Widerstreite der Wahrheit nicht; / deiner Torheit sollst du dich schämen.
26 Schäme dich nicht, von der Sünde umzukehren, / leiste nicht trotzig Widerstand!
27 Unterwirf dich nicht dem Toren, / nimm
keine Rücksicht auf den Herrscher!
28 Bis zum Tod setz dich ein für das
Recht, / dann wird der Herr für dich kämpfen.
29 Sei nicht prahlerisch mit deinen Worten / und schlaff und matt in deinem Tun!
30 Spiel nicht in deinem Haus den Löwen, /
vor dem sich deine Knechte fürchten müssen.

20: Koh 3,1 • 21: 41,16 – 42,8 • 26: 5,7.

Das rechte Verhalten gegen den Besitz: 4,31 – 5,8

31 Deine Hand sei nicht ausgestreckt zum
Nehmen / und verschlossen beim Zurückgeben.
5 Verlass dich nicht auf deinen Reichtum /
und sag nicht: Ich kann es mir leisten.
2 Folg nicht deinem Herzen und deinen
Augen, / um nach dem Begehren deiner Seele
zu leben.
3 Sag nicht: Wer vermag etwas gegen meine Macht? / Denn der Herr rächt die Verfolgten.
4 Sag nicht: Ich habe gesündigt, / doch was
ist mir geschehen? / Denn der Herr hat viel
Geduld.
5 Verlass dich nicht auf die Vergebung, /
füge nicht Sünde an Sünde,
6 indem du sagst: Seine Barmherzigkeit ist
groß, / er wird mir viele Sünden verzeihen.
Denn Erbarmen ist bei ihm, aber auch
Zorn, / auf den Frevlern ruht sein Grimm.
7 Zögere nicht, dich zu ihm zu bekehren, /
verschieb es nicht Tag um Tag!
Denn sein Zorn bricht plötzlich aus, / zur
Zeit der Vergeltung wirst du dahingerafft.
8 Vertrau nicht auf trügerische Schätze; /
sie nützen nichts am Tag des Zorns.

5,1: Ps 62,11 • 5: 7,8 • 8: Spr 11,4.

Die Verantwortung beim Reden: 5,9 – 6,4

9 Worfle nicht bei jedem Wind / und geh
nicht auf jedem Pfad!
10 Bleib fest bei deiner Überzeugung, / eindeutig sei deine Rede.
11 Sei schnell bereit zum Hören, / aber bedächtig bei der Antwort!
12 Nur wenn du imstande bist, antworte
deinem Mitmenschen, / wenn nicht, leg die
Hand auf den Mund!
13 Ehre und Schmach liegen in der Hand
des Schwätzers, / des Menschen Zunge ist
sein Untergang.
14 Lass dich nicht doppelzüngig nennen /
und verleumde niemand mit deinen Worten!
Denn für den Dieb ist Schande bestimmt, /
schlimme Schmach für den Doppelzüngigen.
15 Im Kleinen wie im Großen handle nicht
unrecht, / sei nicht statt eines Freundes ein
Feind!
6 Schlimmen Ruf und Schande erntet die
schmähsüchtige Frau, / ebenso schlecht
ist der doppelzüngige Mann.
2 Verfall nicht der Macht deiner Gier; / sie
wird wie ein Stier deine Kraft abweiden.
3 Dein Laub wird sie fressen, deine Früchte verderben / und dich zurücklassen wie
einen dürren Baum.
4 Freche Gier richtet ihre Opfer zugrunde /
und macht sie zum Gespött des Feindes.

5,11: Jak 1,19 • 12: Spr 30,32 • 13: 23,8; Spr 10,14.

Die Freundschaft: 6,5–17

5 Sanfte Rede erwirbt viele Freunde, /
freundliche Lippen sind willkommen.
6 Viele seien es, die dich grüßen, / dein Vertrauter aber sei nur einer aus tausend.
7 Willst du einen Freund gewinnen, / ge-

5,3b Andere Übersetzungsmöglichkeit nach G: Denn der Herr ist ein strenger Richter.

5,9a Zu »worfeln« vgl. die Anmerkung zu Rut 3,2–4.

winne ihn durch Erprobung, / schenk ihm
nicht zu schnell dein Vertrauen!
8 Mancher ist Freund je nach der Zeit, / am
Tag der Not hält er nicht stand.
9 Mancher Freund wird zum Feind, / unter
Schmähungen deckt er den Streit mit dir
auf.
10 Mancher ist Freund als Gast am Tisch, /
am Tag des Unheils ist er nicht zu finden.
11 In deinem Glück ist er eins mit dir, / in
deinem Unglück trennt er sich von dir.
12 Trifft dich ein Unglück, wendet er sich
gegen dich / und hält sich vor dir verbor-
gen.
13 Von deinen Feinden halte dich fern, / vor
deinen Freunden sei auf der Hut!
14 Ein treuer Freund ist wie ein festes
Zelt; / wer einen solchen findet, hat einen
Schatz gefunden.
15 Für einen treuen Freund gibt es keinen
Preis, / nichts wiegt seinen Wert auf.
16 Das Leben ist geborgen bei einem
treuen Freund, / ihn findet, wer Gott fürch-
tet.
17 Wer den Herrn fürchtet, hält rechte
Freundschaft, / wie er selbst, so ist auch sein
Freund.

5: Spr 15,4 • 7: 19,4 • 10: 37,4; Spr 19,4.

Der Weg zur Weisheit: 6,18–37

18 Mein Sohn, lerne Zucht von Jugend an /
und du wirst Weisheit gewinnen, bis du er-
graut bist.
19 Wie ein Pflüger und Schnitter geh auf
sie zu / und warte auf ihren reichen Er-
trag!
Du wirst in ihrem Dienst nur wenig Mühe
haben / und bald ihre Früchte genießen.
20 Rau ist sie für den Toren, / wer ohne Ein-
sicht ist, erträgt sie nicht.
21 Wie ein schwerer Stein lastet sie auf
ihm, / er zögert nicht, sie abzuwerfen.
22 Denn die Zucht ist wie ihr Name, / vie-
len ist sie unbequem.
23 Höre, mein Sohn, nimm meine Lehre
an, / verschmäh nicht meinen Rat!
24 Bring deine Füße in ihre Fesseln, / dei-
nen Hals unter ihr Joch!
25 Beuge deinen Nacken und trage sie, /
werde ihrer Stricke nicht überdrüssig!
26 Mit ganzem Herzen schreite auf sie zu, /
mit voller Kraft halte ihre Wege ein!
27 Frage und forsche, suche und finde! /
Hast du sie erfasst, lass sie nicht wieder los!
28 Denn schließlich wirst du bei ihr Ruhe
finden, / sie wandelt sich dir in Freude.
29 Ihre Fessel wird dir zum sicheren
Schutz, / ihre Stricke werden zu goldenen
Gewändern.
30 Ein Goldschmuck ist ihr Joch, / ihre
Garne sind ein Purpurband.
31 Als Prachtgewand kannst du sie anle-
gen, / sie aufsetzen als herrliche Krone.
32 Wenn du willst, mein Sohn, kannst du
weise werden, / du wirst klug, wenn du dein
Herz darauf richtest.
33 Bist du bereit zu hören, so wirst du be-
lehrt, / neigst du dein Ohr, erlangst du Bil-
dung.
34 Verweile gern im Kreis der Alten, / wer
weise ist, dem schließ dich an!
35 Lausche gern jeder ernsten Rede, / kei-
nen Weisheitsspruch lass dir entgehen!
36 Achte auf den, der Weisheit hat, und
suche ihn auf; / dein Fuß trete seine Tür-
schwelle aus.
37 Achte auf die Furcht vor dem Herrn, /
sinn allezeit über seine Gebote nach!
Dann gibt er deinem Herzen Einsicht, / er
macht dich weise, wie du es begehrst.

25: 51,26 • 31: Spr 4,9 • 37: Ps 1,2.

Gefahren für den Weisen: 7,1–17

7 Tu nichts Böses, so trifft dich nichts
Böses. / 2 Bleib der Sünde fern, so mei-
det sie dich.
3 Säe nicht in Furchen des Unrechts, / da-
mit du es nicht siebenfach erntest.
4 Begehr von Gott kein Herrscheramt / und
vom König keinen Ehrenplatz!
5 Halte dich nicht für gerecht vor Gott, /
nicht für klug vor dem König!
6 Begehr nicht, Herrscher zu werden, /
wenn dir die Kraft fehlt, dem Übermut zu
steuern;
du würdest sonst den Vornehmen fürch-
ten / und deine Ehre beflecken.
7 Setz dich nicht ins Unrecht bei der Ver-
sammlung am Tor, / bring dich nicht selbst
zu Fall vor der Gemeinde!
8 Sinne nicht darauf, die Sünde zu wieder-
holen; / schon bei einer bleibst du nicht
straflos.
9 Sag nicht: Auf die Menge meiner Gaben

6,11b G: und gegen deine Sklaven tritt er freimütig auf.
6,16a Wörtlich: Ein treuer Freund ist ein Beutel des Lebens. Zu diesem Bild vgl. die Anmerkung zu 1 Sam 25,29. Wie eine Kostbarkeit in einem Beutel verborgen wird, so ist das Leben bei Gott und bei einem Freund gut aufgehoben.
7,7 Vor Parteilichkeit, besonders bei den Gerichtssitzungen am Tor der Stadt, wird im AT oft gewarnt (vgl. Lev 19,15; Spr 17,15; 24,23f; Jes 1,17.23).

wird Gott sehen, / und wenn ich dem Höchsten opfere, nimmt er es an.
10 Sei nicht kleinmütig beim Gebet / und nicht säumig beim Wohltun!
11 Blick nicht geringschätzig auf einen Verbitterten; / bedenk, dass einer da ist, der erhöht und erniedrigt.
12 Sinne nicht auf Unrecht gegen deinen Bruder, / auch nicht gegen den Freund und Gefährten.
13 Jede Lüge missfalle dir; / denn sie hat nichts Gutes zu erhoffen.
14 Rede nicht heimlich in der Versammlung der Fürsten / und wiederhol nicht die Worte beim Gebet!
15 Sei nicht leichtfertig bei der schweren Arbeit auf dem Acker, / denn von Gott ist sie zugewiesen.
16 Überschätz dich nicht vor dem Volk; / bedenk, dass der Zorn nicht ausbleibt.
17 Demütige deinen Stolz ganz tief, / denn was den Menschen erwartet, ist die Verwesung.
[Sag nicht vorschnell: Welch ein Widersinn! / Überlass es Gott und willige ein in seinen Weg!]

3: Spr 22,8; Ijob 4,8 • 8: 5,5f • 14: 11,8 • 16: Spr 16,18 • 17: Weish 15,10.

Das rechte Verhalten im häuslichen Kreis: 7,18–28

18 Wechsle keinen Freund für Geld, / einen treuen Bruder nicht für Gold aus Ofir!
19 Verachte nicht eine kluge Frau; / liebenswürdige Güte ist mehr wert als Perlen.
20 Misshandle einen Sklaven nicht, der dir treu dient, / auch nicht einen Tagelöhner, der sich willig einsetzt.
21 Einen klugen Sklaven liebe wie dich selbst, / verweigere ihm die Freilassung nicht!
22 Hast du Vieh, so schau darauf; / ist es brauchbar, so behalt es!
23 Hast du Söhne, nimm sie in Zucht / und gib ihnen Frauen in jungen Jahren!
24 Hast du Töchter, so schütze ihren Leib; / zeig dich ihnen nicht allzu freundlich!
25 Bring die Tochter aus dem Haus, dann zieht die Sorge aus; / doch verheirate sie nur mit einem verständigen Mann!
26 Hast du eine Frau, so verstoße sie nicht / und schenk dein Vertrauen keiner Geschiedenen!
27 Ehre deinen Vater von ganzem Herzen, / vergiss niemals die Schmerzen deiner Mutter!
28 Denk daran, dass sie dir das Leben gaben. / Wie kannst du ihnen vergelten, was sie für dich taten?

27–28: Tob 4,3f • 27: 3,1–16.

Die Erfüllung heiliger Pflichten: 7,29–36

29 Fürchte Gott von ganzem Herzen, / seine Priester halt in Ehren!
30 Liebe deinen Schöpfer mit aller Kraft / und lass seine Diener nie im Stich!
31 Ehre Gott und achte den Priester, / entrichte ihm den Anteil, wie es dir geboten ist:
den Speiseanteil vom Schuldopfer und die freiwillige Abgabe, / die gesetzlichen Schlachtopfer und die heilige Abgabe.
32 Streck deine Hand auch dem Armen entgegen, / damit dein Segen vollkommen sei.
33 Schenk jedem Lebenden deine Gaben / und auch dem Toten versag deine Liebe nicht!
34 Entzieh dich nicht den Weinenden, / vielmehr trauere mit den Trauernden!
35 Säume nicht, den Kranken zu besuchen, / dann wirst du von ihm geliebt.
36 Bei allem, was du tust, denk an das Ende, / so wirst du niemals sündigen.

Takt und Klugheit: 8,1–19

8 Streite nicht mit einem Mächtigen, / damit du ihm nicht in die Hände fällst.
2 Kämpf nicht gegen einen Reichen an, / sonst wirft er zu deinem Verderben sein Geld ins Gewicht.
Schon viele hat das Geld übermütig gemacht, / die Herzen der Großen hat es verführt.
3 Zank nicht mit einem Schwätzer / und leg nicht noch Holz auf das Feuer!
4 Pflege keinen Umgang mit einem Toren; / er wird die Weisen doch nur verachten.
5 Beschäm keinen, der sich von der Sünde bekehrt hat; / denk daran, dass wir alle schuldig sind.

7,15 Die Landwirtschaft ist dem Menschen von Gott aufgetragen (vgl. Gen 2,15; 3,23; Jes 28,24–26).
7,17cd Fehlt in G und S.
7,23b Im Orient verheiratet der Vater seine Söhne und Töchter.
7,26 Im AT waren Polygamie und Ehescheidung möglich (vgl. 25,14; Dtn 24,1; Spr 30,23; Mt 19,7f; Mk 10,4f).

[6] Beschimpf keinen alten Mann, / denn auch mancher von uns wird ein Greis.
[7] Freu dich nicht, wenn einer gestorben ist, / bedenk: Wir alle werden sterben.
[8] Verwirf die Rede der Weisen nicht, / wirf dich vielmehr auf ihre Sinnsprüche!
Denn dadurch wirst du Bildung lernen, / um vor Fürsten stehen zu können.
[9] Verachte nicht die Überlieferung der Alten, / die sie übernommen haben von ihren Vätern.
Dann wirst du Einsicht lernen, / um antworten zu können, sobald es notwendig ist.
[10] Entzünde nicht die Glut des Frevlers, / damit du in der Flamme seines Feuers nicht verbrennst.
[11] Weich einem Zuchtlosen nicht aus, / sonst lauert er heimlich auf deine Reden.
[12] Borge keinem, der mächtiger ist als du. / Hast du geborgt, so hast du verloren.
[13] Bürge für keinen, der höher steht als du. / Hast du gebürgt, so musst du zahlen.
[14] Rechte nicht mit einem Richter; / denn er spricht Recht, wie es ihm beliebt.
[15] Mit einem Gewalttätigen geh nicht des Wegs, / damit du nicht schweres Unheil über dich bringst.
Denn er läuft rücksichtslos weiter / und du gehst zugrunde durch seinen Unverstand.
[16] Einem Jähzornigen biete nicht die Stirn / und reite mit ihm nicht durch die Wüste!
Leicht wiegt in seinen Augen die Blutschuld; / wenn kein Helfer da ist, bringt er dich um.
[17] Führe kein vertrauliches Gespräch mit einem Toren; / er kann dein Geheimnis nicht für sich behalten.
[18] Vor einem Fremden tu nichts, was geheim bleiben soll; / du weißt nicht, wie er sich am Ende verhält.
[19] Öffne dein Herz nicht jedem Menschen / und wirf das Glück nicht von dir!

1: Koh 10,20 • 3: 28,10 • 4: 9,15f; Spr 23,9 • 12: 29,1–20 • 13: Spr 6,1–5 • 16: 28,8; Spr 22,24.

Der rechte Umgang mit Frauen: 9,1–9

9 Sei nicht eifersüchtig gegen die Frau an deiner Brust, / damit sie nicht auf böse Gedanken gegen dich selbst kommt.
[2] Liefere dich nicht einer Frau aus, / damit sie nicht Gewalt bekommt über dich.
[3] Nah dich nicht einer fremden Frau, / damit du nicht in ihre Netze fällst.
[4] Verkehr nicht mit einer Saitenspielerin, / damit du nicht durch ihre Töne gefangen wirst.
[5] Denk nicht zu viel an ein Mädchen, / damit du nicht seinetwegen der Strafe verfällst.
[6] Gib dich nicht mit einer Dirne ab, / damit sie dich nicht um dein Erbe bringt.
[7] Schau nicht umher auf den Wegen zur Stadt, / streif nicht umher in ihren abgelegenen Winkeln!
[8] Verhüll dein Auge vor einer reizvollen Frau, / blick nicht auf eine Schönheit, die dir nicht gehört.
Wegen einer Frau kamen schon viele ins Verderben, / sie versengt ihre Liebhaber wie Feuer.
[9] Streck dich nicht mit einer Verheirateten zum Weingelage hin, / sitz nicht berauscht mit ihr zusammen, / damit du ihr nicht dein Herz zuneigst und verblutend ins Grab sinkst.

3: Spr 2,16 • 4: Spr 6,25 • 5: Ijob 31,1 • 6: Spr 5,10; 29,3 • 8: Spr 5,5.

Der rechte Umgang von Mann zu Mann: 9,10–18

[10] Gib einen alten Freund nicht auf; / denn ein neuer hält nicht zu dir.
Neuer Freund, neuer Wein: / Nur alt trinkst du ihn gern.
[11] Sei nicht neidisch auf einen bösen Menschen; / denn du weißt nicht, wann sein Tag ihn erreicht.
[12] Liebäugle nicht mit einem übermütigen Menschen, der Erfolg hat, / bedenk, dass er nicht bis zum Tod straflos bleibt.
[13] Bleib dem Menschen fern, der Macht hat zu töten, / und setz dich nicht Todesängsten aus!
Nahst du dich ihm, so verfehle dich nicht, / sonst nimmt er dir das Leben.
Wisse, dass du dich zwischen Schlingen bewegst / und über eine Fanggrube schreitest.
[14] Antworte deinem Nächsten, so gut du kannst, / du selbst aber berate dich mit Weisen!
[15] Stell deine Überlegung zusammen mit Verständigen an / und berate alles in ihrem Kreis!

8,8ab Auch in H liegt ein Wortspiel vor.
9,5b Der Verfasser hat vor allem die materiellen und sozialen Nachteile im Auge (vgl. Ex 22,15f; Dtn 22,29). Sittliche Beweggründe sind oft weniger wirkungsvoll.
9,13 Es ist wohl an die heidnischen Herrscher Ägyptens oder Syriens gedacht, die wegen ihrer Willkür und Grausamkeit bekannt waren.
9,15b G: und berate alles nach dem Gesetz des Höchsten!

16 Gerechte Männer seien deine Tischgenossen, / dein Ruhm bestehe in der Gottesfurcht.

17 Die Hände der Weisen fassen das Richtige an, / ein redegewandter Weiser ist Herrscher in seinem Volk.

18 Gefürchtet in der Stadt ist der Schwätzer, / ein prahlerischer Mund ist verhasst.

11: Ps 37,13 • 13: Spr 29,5 • 15: 6,34–37 • 16: 10,22; 25,6 • 17: 20,27.

Der weise Herrscher: 10,1–18

10 Ein weiser Herrscher festigt sein Volk, / die Regierung eines Verständigen ist wohl geordnet.

2 Wie der Herrscher des Volkes, so seine Beamten, / wie das Haupt der Stadt, so ihre Bewohner.

3 Ein König ohne Zucht richtet die Stadt zugrunde, / volkreich wird die Stadt durch kluge Fürsten.

4 In Gottes Hand liegt die Herrschaft über den Erdkreis; / er setzt zur rechten Zeit den rechten Mann über ihn.

5 In Gottes Hand liegt der Erfolg eines Menschen, / er verleiht dem Gesetzgeber seine Würde.

6 Füg dem Nächsten keinerlei Unrecht zu, / geh nie den Weg des Übermuts!

7 Dem Herrn und den Menschen ist Übermut verhasst, / Unterdrückung gilt bei beiden als Untat.

8 Die Herrschaft geht von einem Volk auf das andere über / wegen Gewalttat und Übermut.

9 Warum überhebt sich der Mensch aus Staub und Asche, / dessen Leib schon zu Lebzeiten verwest?

10 Ein wenig Krankheit bringt den Arzt in Erregung: / Heute König, morgen tot!

11 Stirbt der Mensch, so wird ihm Moder zuteil, / Maden, Geschmeiß und Gewürm.

12 Mit dem Trotz des Menschen fangt sein Übermut an, / wenn sich sein Herz abkehrt von seinem Schöpfer.

13 Ein See der Maßlosigkeit ist die Sünde, / aus ihr quillt Unrecht hervor.

Darum wirkt Gott Wunder und Plagen / und schlägt den Sünder bis zur Vernichtung.

14 Gott stürzt den Thron der Stolzen / und setzt an ihre Stelle die Demütigen.

16 Gott verwischt die Spuren der Völker, / ihren Wurzelstock schlägt er ab bis auf den Grund.

17 Er fegt sie aus dem Land und rottet sie aus, / ihr Andenken lässt er von der Erde verschwinden.

18 Maßlosigkeit ziemt dem Menschen nicht, / frecher Zorn nicht dem von einer Frau Geborenen.

1: Spr 20,8 • 2: Spr 29,12 • 4: Spr 21,1.

Die wahre und die falsche Ehre: 10,19 – 11,9

19 Welches Geschlecht ist geachtet? Das des Menschen. / Welches Geschlecht ist geachtet? Das des Gottesfürchtigen.

Welches Geschlecht ist verachtet? Das des Menschen. / Welches Geschlecht ist verachtet? Das des Gesetzesübertreters.

20 Unter Brüdern ist ihr Oberhaupt geehrt, / aber in Gottes Augen der Gottesfürchtige.

22 Gast und Fremder, Ausländer und Armer: / ihr Ruhm ist die Gottesfurcht.

23 Keinen verständigen Armen soll man verachten / und keinen Gewalttätigen ehren.

24 Fürsten, Richter und Herrscher sind geehrt, / doch keiner ist größer als der Gottesfürchtige.

25 Einem verständigen Sklaven müssen Freie dienen, / doch ein kluger Mann braucht nicht zu klagen.

26 Spiel nicht den Weisen, wenn du arbeiten sollst, / tu nicht vornehm, wenn du in Not bist.

27 Besser einer, der arbeitet und großen Reichtum gewinnt, / als einer, der vornehm tut und nichts zu essen hat.

28 Mein Sohn, in Demut ehre dich selbst, / beurteile dich, wie du es verdienst.

29 Wer wird den rechtfertigen, der sich selbst ins Unrecht setzt? / Wer wird den ehren, der sich selbst die Ehre abspricht?

30 Es gibt Arme, die wegen ihrer Klugheit geehrt sind. / Es gibt Leute, die wegen ihres Reichtums geehrt sind.

31 Wird einer als Armer geehrt, wie viel

9,17a Text unsicher; G, kaum richtig: Ein Werk aus Künstlerhand findet Lob.
10,1a G und S: erzieht sein Volk.
10,3a G und S: richtet sein Volk zugrunde.
10,10a Text unsicher; vielleicht nach G: Eine längere Krankheit spottet des Arztes.
10,15 Fehlt in H und ist wohl nur sinngemäße Wiederholung von VV. 16a und 14b. G: Die Wurzeln der Völker hat Gott ausgerissen und Demütige an ihre Stelle gepflanzt.
10,16b Andere Übersetzungsmöglichkeit nach G: er vernichtet sie bis auf den Grund der Erde.
10,21 Schlecht bezeugter Zusatz: Anfang der Annahme (durch Gott) ist die Gottesfurcht; Anfang der Verwerfung sind Verhärtung und Überhebung.

mehr, wenn er reich wird. / Wird einer als
Reicher verachtet, wie viel mehr, wenn er
arm wird.
11 Weisheit erhebt das Haupt des Armen / und lässt ihn unter Fürsten
sitzen.
2 Lobe keinen Menschen wegen seiner
(schönen) Gestalt, / verachte keinen Menschen wegen seines (bescheidenen) Aussehens!
3 Unansehnlich unter den geflügelten Tieren ist die Biene / und doch bringt sie den
besten Ertrag ein.
4 Spotte nicht über das Kleid eines Betrübten, / verhöhne keinen, der Trauertag hat.
Denn unbegreiflich sind die Fügungen des
Herrn, / verborgen ist den Menschen sein
Tun.
5 Viele, die unterdrückt waren, bestiegen
den Thron, / viele, an die niemand dachte,
trugen die Krone.
6 Viele, die hoch standen, wurden tief verachtet / und Angesehene wurden den Niedrigen ausgeliefert.
7 Tadle nicht, ehe du geprüft hast; / zuerst
untersuche, dann weise zurecht!
8 Gib keine Antwort, bevor du gehört
hast, / sprich nicht mitten in einer Rede!
9 Wenn du nicht beleidigt wirst, reg dich
nicht auf! / Nimm nicht teil am Streit der
Übermütigen!

10,25: Spr 17,2 • 26: Spr 12,9 • 11,8: Spr 18,13.

Die rechte Einstellung zum Erwerb:
11,10–28

10 Mein Sohn, warum willst du dir so viel
Mühe bereiten? / Es bleibt doch keiner ungestraft, der zu hastig vorandrängt.
Läufst du zu rasch, erreichst du das Ziel
nicht; / fliehst du zu schnell, entkommst du
nicht.
11 Da müht sich einer, plagt sich und hastet, / doch umso mehr bleibt er zurück.
12 Da ermattet einer und bricht unterwegs
zusammen, / ist arm an Kraft und reich an
Schwäche,
doch das Auge des Herrn schaut ihn gütig
an, / er schüttelt den schmutzigen Staub von
ihm ab.
13 Er richtet sein Haupt auf und erhöht
ihn, / sodass viele über ihn staunen.
14 Gutes und Böses, Leben und Tod, / Armut und Reichtum kommen vom Herrn.
15 [Weisheit, Einsicht und Kenntnis des
Gesetzes sind vom Herrn, / Liebe und Rechtschaffenheit kommen von ihm.
16 Irrtum und Finsternis sind für die Sünder erschaffen; / wer sich des Bösen rühmt,
mit dem wird das Böse alt.]
17 Der Lohn des Herrn für den Gerechten
steht fest, / sein Wille setzt sich für immer
durch.
18 Mancher wird reich, weil er sich plagt, /
doch verwirkt er seinen Erwerb.
19 Er sagt zwar zu gegebener Zeit: Ich habe
Ruhe gefunden, / nun will ich meine Güter
genießen.
Aber er weiß nicht, wie lange es dauert; /
er hinterlässt sie andern und stirbt.
20 Mein Sohn, steh fest in deiner Pflicht
und geh ihr nach, / bei deinem Tun bleibe bis
ins Alter!
21 Wundere dich nicht über die Übeltäter; /
früh morgens mach dich auf zum Herrn und
hoffe auf sein Licht!
Denn leicht ist es in den Augen des
Herrn, / den Armen plötzlich und schnell
reich zu machen.
22 Gottes Segen ist der Lohn des Gerechten, / zur bestimmten Zeit blüht seine Hoffnung auf.
23 Sag nicht: Ich habe meine Wünsche erfüllt, / was geht mir noch ab?
24 Sag nicht: Ich bin versorgt, / welches
Unheil könnte über mich kommen?
25 Das Glück von heute lässt das Unglück
vergessen, / das Unglück von heute lässt das
Glück vergessen.
26 Denn leicht ist es in den Augen des
Herrn, / am Todestag dem Menschen nach
seinen Taten zu vergelten.
27 Schlimme Zeit lässt die Lust vergessen, /
das Ende des Menschen gibt über ihn Auskunft.
28 Preise niemand glücklich vor seinem
Tod; / denn erst an seinem Ende erkennt man
den Menschen.

12: Jes 52,14f • 19: Lk 12,19f; Sir 14,15 • 22: Spr 10,22.

Die rechte Vorsicht: 11,29 – 13,23

29 Bring nicht jeden Menschen ins Haus; /
denn viele Wunden schlägt der Verleumder.
30 Wie ein im Korb gefangener Vogel ist
das Herz des Übermütigen / oder wie ein
Spion, der eine Bresche erspäht.

11,10–28 Religiöse Einstellung hält sich an das Sprichwort: An Gottes Segen ist alles gelegen. Damit werden menschliche Anstrengungen nicht überflüssig; aber die Weisheitslehrer des AT wenden sich gegen maßlose Besitzgier und gegen den Wahn, dass Reichtum dauerndes Glück garantiert.
11,18 Übersetzung unsicher.

31 Der Verleumder verkehrt Gutes in Böses / und deine besten Absichten bringt er in Verdacht.
32 Einen Funken entfacht er zum Brand, / der Niederträchtige lauert auf Blut.
33 Hüte dich vor einem Bösen, denn er zeugt Böses. / Warum willst du für immer einen Makel davontragen?
34 Nimmst du den Fremden auf, entfremdet er dich deiner Lebensart; / er entzweit dich mit deiner Familie.

12 Wenn du Gutes tust, wisse, wem du es tust, / dann wirst du Dank ernten für deine Wohltat.
2 Tu dem Gerechten Gutes; dann findest du Lohn, / wenn nicht von ihm, so doch vom Herrn.
3 Ohne Dank bleibt, wer einen Frevler beschenkt, / auch hat er kein gutes Werk vollbracht.
4 Gib dem Guten, nicht aber dem Bösen, / unterstütze den Demütigen, gib nicht dem Hochmütigen!
5 Rüste ihn nicht mit Kampfwaffen aus, / sonst greift er dich selbst mit ihnen an.

Doppeltes Übel trifft dich [in der Zeit der Not] / für all das Gute, das du ihm getan hast.
6 Denn auch Gott hasst die Bösen, / den Frevlern vergilt er mit Strafe.
8 Im Glück erkennt man den Freund nicht, / aber im Unglück bleibt der Feind nicht verborgen.
9 Im Glück ist auch der Feind ein Freund; / im Unglück wendet auch der Freund sich ab.
10 Trau niemals einem Feind; / denn seine Bosheit gleicht dem rostenden Eisen.
11 Zeigt er sich auch willig und tut unterwürfig, / nimm dich in Acht und hüte dich vor ihm!

Sei zu ihm wie ein Spiegelputzer / und beachte die letzten Spuren des Rostes!
12 Lass ihn nicht an deiner Seite stehen, / sonst stürzt er dich und tritt an deine Stelle.

Lass ihn nicht zu deiner Rechten sitzen, / sonst strebt er nach deinem Sitz.

Zu spät begreifst du dann meine Worte / und stimmst in meine Klage ein.
13 Wer bedauert den Schlangenbeschwörer, wenn er gebissen wird, / und den, der sich reißenden Tieren nähert?
14 Ihnen gleicht, wer mit einem Schurken verkehrt / und sich in seine Sünden verstrickt.
15 Solange er neben dir steht, zeigt er sich nicht offen, / wankst du aber, hält er nicht stand.
16 Auf seinen Lippen hat der Gegner süße Worte, / doch in seinem Herzen sinnt er auf Verderben.

Mag auch der Feind mit seinen Augen weinen, / findet er Gelegenheit, wird er an Blut nicht satt.
17 Trifft dich ein Unglück, findet er sich ein; / als heuchelnder Helfer sucht er dich zu stürzen.
18 Er schüttelt den Kopf und schwingt die Hand, / doch unter viel dunklem Gerede ändert er das Gesicht.

13 Wer Pech anrührt, dem klebt es an der Hand; / wer mit einem Zuchtlosen umgeht, nimmt seine Art an.
2 Wie willst du tragen, was dir zu schwer ist? / Ist einer reicher als du, wie kannst du mit ihm zusammengehen?

Wie kann der irdene Topf mit dem Kessel zusammengehen? / Der Kessel stößt an ihn und er zerbricht.
3 Der Reiche tut Unrecht und prahlt noch damit, / der Arme leidet Unrecht und muss um Gnade bitten.
4 Bist du ihm nützlich, ist er um dich bemüht, / brichst du zusammen, lässt er dich im Stich.
5 Hast du etwas, gibt er dir schöne Worte, / doch er macht dich arm, ohne dass es ihm Leid tut.
6 Hat er dich nötig, schmeichelt er dir, / er lächelt dir zu und macht dir Hoffnung.
7 Solange es Vorteil bringt, hält er dich zum Besten, / zweimal, dreimal täuscht er dich.

Sieht er dich dann wieder, geht er an dir vorbei / und schüttelt den Kopf über dich.

11,34 Fremde beherbergen ist an sich ein Werk der Barmherzigkeit. Aber hier ist der Fremde so viel wie der Verleumder und abtrünnige Verführer. Auch beim Almosengeben ist Vorsicht am Platz (vgl. 12,1–6).
12,5 H wörtlich: Die Waffen des Brotes gib ihm nicht. – Nach G wäre V. 5ab zu übersetzen: Halte das Brot zurück und gib es ihm nicht; sonst bekommt er dich dadurch in seine Gewalt. Der Zusatz in 5c fehlt zu Recht in G.
12,7 In G Wiederholung von V. 4a.
12,10f Der Vergleich meint die immer wieder auftretenden Gefahren von seiten des Feindes. Dieser Vergleich wird in V. 11 beibehalten: Wie ein Spiegelputzer auf jeden Rostfleck achten muss, so soll man seinen Gegner nicht aus den Augen verlieren.
13,6 G hat den Zusatz: Er redet dir freundlich zu und fragt: Was brauchst du? Und er beschämt dich bei seinen Gastmählern.

8 Gib Acht, wag dich nicht zu weit vor /
und werde nicht wie die, denen der Verstand
fehlt.
9 Naht sich ein Vornehmer, halte dich
fern, / umso mehr wird er dich an sich zie-
hen.
10 Dräng dich nicht vor, sonst musst du
dich wieder zurückziehen; / zieh dich aber
nicht ganz zurück, sonst wirst du vergessen.
11 Sei nicht zu sicher im freien Umgang mit
ihm, / trau nicht seinen vielen Reden!
Mit seinen vielen Reden sucht er dich zu
verführen, / er lächelt dir zu und forscht dich
aus.
12 Grausam handelt der Mächtige und
kennt kein Mitleid, / gegen das Leben vieler
schmiedet er heimliche Pläne.
13 Gib Acht und sei vorsichtig, / geh nicht
mit gewalttätigen Menschen!
15 Jedes Lebewesen liebt seinesgleichen, /
jeder Mensch den, der ihm ähnlich ist.
16 Jedes Lebewesen hat seinesgleichen um
sich, / mit seinesgleichen gehe auch der
Mensch zusammen.
17 Geht etwa der Wolf mit dem Lamm zu-
sammen? / Ebenso wenig der Frevler mit
dem Gerechten.
18 Lebt etwa die Hyäne mit dem Hund in
Frieden / und der Reiche in Frieden mit dem
Armen?
19 Des Löwen Beute sind die Wildesel in
der Wüste; / so sind die Geringen die Weide
des Reichen.
20 Ein Gräuel für den Stolzen ist die De-
mut, / ein Gräuel für den Reichen ist der
Arme.
21 Wankt ein Reicher, wird er vom Freund
gestützt, / wankt ein Geringer, wird er vom
Freund gestürzt.
22 Redet ein Reicher, so hat er viele Hel-
fer. / Sein törichtes Gerede nennen sie
schön.
Redet ein Geringer, ruft man: Pfui! / Mag
er auch klug reden, für ihn ist kein Platz.
23 Redet ein Reicher, dann schweigen alle, /
sie erheben seine Klugheit bis zu den Wol-
ken.
Redet ein Geringer, heißt es: Wer ist denn
das? / Stolpert er, dann stoßen sie ihn
noch.

12,8: 6,8–13; 37,1–6; Spr 19,4.

Der rechte Genuss: 13,24 – 14,19

24 Gut ist der Reichtum, wenn keine
Schuld an ihm klebt; / schlimm ist die Ar-
mut, die aus Übermut entstand.
25 Das Herz des Menschen verändert sein
Gesicht / und macht es heiter oder traurig.
26 Zeichen des glücklichen Herzens ist ein
frohes Gesicht; / Sorgen und Kummer sind
quälendes Grübeln.

14 Wohl dem Menschen, dem sein eige-
ner Mund keine Vorwürfe macht, /
der nicht klagen muss vor Kummer über sei-
ne Sünden.
2 Wohl dem Menschen, der sich nicht
selbst tadeln muss / und dessen Hoffnung
nicht aufhört.
3 Einem Engherzigen steht Reichtum
nicht an. / Wozu braucht ein Geiziger
Gold?
4 Wer gegen sich selbst geizt, sammelt für
einen andern; / in seinen Gütern wird ein
Fremder schwelgen.
5 Wer sich selbst nichts gönnt, wem kann
der Gutes tun? / Er wird seinem eigenen
Glück nicht begegnen.
6 Keiner ist schlimmer daran als einer, der
sich selbst nichts gönnt, / ihn selbst trifft die
Strafe für seine Missgunst.
7 Tut er etwas Gutes, dann tut er es aus
Versehen / und am Ende zeigt er seine
Schlechtigkeit.
8 Schlimm ist ein Geizhals, / der sein Ge-
sicht abwendet und die Hungernden verach-
tet.
9 Dem Auge des Toren ist sein Besitz zu
klein, / ein geiziges Auge trocknet die Seele
aus.
10 Das Auge des Geizigen hastet nach Spei-
se, / Unruhe herrscht an seinem Tisch.
[Ein gütiges Auge mehrt das Brot, / selbst
eine schwache Quelle spendet Wasser auf
den Tisch.]
11 Mein Sohn, wenn du imstande bist,

13,10 Das Verhältnis des einfachen Mannes zum reichen Machthaber bringt viele Gefahren mit sich. Es wird ein taktvoller Mittelweg zwischen Aufdringlichkeit und Schüchternheit empfohlen. Der Reiche ist immer der Überlegene (VV. 22f).

13,14 Nur in wenigen nichthebräischen Textzeugen überliefert (stört den Zusammenhang): Wenn du davon hörst, noch schlaftrunken, wach auf! Mit ganzer Lebenskraft liebe den Herrn und ruf ihn an zu deinem Heil!

14,5b Andere Übersetzungsmöglichkeit nach G: Er kann sich seiner Güter nicht freuen.

14,8b Andere Übersetzungsmöglichkeit nach Vg: Wer sein Gesicht abwendet, verachtet sich selbst.

14,9b Andere Übersetzungsmöglichkeit nach H: Wer seinem Nächsten den Besitz wegnimmt, richtet seinen eigenen Besitz zugrunde.

14,10 Der Zusatz fehlt in G und Vg. – H wörtlich: eine trockene Quelle.

pflege dich selbst; / so weit du kannst, lass es
dir gut gehen!
12 Denk daran, dass der Tod nicht säumt /
und die Frist bis zur Unterwelt dir unbe-
kannt ist.
13 Bevor du stirbst, tu Gutes dem Freund; /
beschenk ihn, so viel du vermagst.
14 Versag dir nicht das Glück des heutigen
Tages; / an der Lust, die dir zusteht, geh
nicht vorbei!
15 Musst du nicht einem andern deinen Be-
sitz hinterlassen, / den Erben, die das Los
werfen über das, was du mühsam erworben
hast?
16 Beschenk den Bruder und gönn auch dir
etwas; / denn in der Unterwelt ist kein Ge-
nuss mehr zu finden.
17 Wir alle werden alt wie ein Kleid; / es ist
ein ewiges Gesetz: Alles muss sterben.
18 Wie sprossende Blätter am grünen
Baum / – das eine welkt, das andere wächst
nach –,
so sind die Geschlechter von Fleisch und
Blut: / das eine stirbt, das andere reift he-
ran.
19 Alle ihre Werke vermodern, / was ihre
Hände schufen, folgt ihnen nach.

14,6: Spr 11,17 • 14: Koh 7,14.

Das rechte Suchen nach Weisheit:
14,20 – 15,10

20 Wohl dem Menschen, der nachsinnt über
die Weisheit, / der sich bemüht um Ein-
sicht,
21 der seinen Sinn richtet auf ihre Wege /
und auf ihre Pfade achtet,
22 der ihr nachgeht wie ein Späher / und an
ihren Eingängen lauert,
23 der durch ihre Fenster schaut / und an
ihren Türen horcht,
24 der sich bei ihrem Haus niederlässt / und
seine Zeltstricke an ihrer Mauer befestigt,
25 der neben ihr sein Zelt aufstellt / und so
eine gute Wohnung hat,
26 der sein Nest in ihr Laub baut / und in
ihren Zweigen die Nacht verbringt,
27 der sich in ihrem Schatten vor der Hitze
verbirgt / und im Schutz ihres Hauses
wohnt.

15 Wer den Herrn fürchtet, handelt so, /
und wer am Gesetz fest hält, erlangt
die Weisheit.
2 Sie geht ihm entgegen wie eine Mutter, /
wie eine junge Gattin nimmt sie ihn auf.
3 Sie nährt ihn mit dem Brot der Klugheit /
und tränkt ihn mit dem Wasser der Ein-
sicht.
4 Er stützt sich auf sie und kommt nicht zu
Fall, / er vertraut auf sie und wird nicht ent-
täuscht.
5 Sie erhöht ihn über seine Gefährten, / sie
öffnet ihm den Mund in der Versammlung.
6 Sie lässt ihn Jubel und Freude finden, /
unvergänglichen Ruhm wird sie ihm verlei-
hen.
7 Für schlechte Menschen ist sie uner-
reichbar, / Unbeherrschte werden sie nicht
schauen.
8 Den Zuchtlosen ist sie fern. / Lügner den-
ken nicht an sie.
9 Schlecht klingt das Gotteslob im Mund
des Frevlers, / es ist ihm von Gott nicht zuge-
teilt.
10 Im Mund des Weisen erklinge das Got-
teslob / und wer dazu Vollmacht hat, unter-
richte darin.

15,2: 51,13–21; Spr 7,4.

Die Verantwortung des Menschen: 15,11–20

11 Sag nicht: Meine Sünde kommt von
Gott. / Denn was er hasst, das tut er nicht.
12 Sag nicht: Er hat mich zu Fall gebracht. /
Denn er hat keine Freude an schlechten
Menschen.
13 Verabscheuungswürdiges hasst der
Herr; / alle, die ihn fürchten, bewahrt er da-
vor.
14 Er hat am Anfang den Menschen er-
schaffen / und ihn der Macht der eigenen
Entscheidung überlassen.
15 [Er gab ihm seine Gebote und Vorschrif-
ten.] / Wenn du willst, kannst du das Gebot
halten; / Gottes Willen zu tun ist Treue.
16 Feuer und Wasser sind vor dich hinge
stellt; / streck deine Hände aus nach dem,
was dir gefällt.
17 Der Mensch hat Leben und Tod vor
sich; / was er begehrt, wird ihm zuteil.

14,16b Nach der Vorstellung der Alten gibt es in der Unterwelt nur ein Schattendasein.
14,20 Neue Abschnitte beginnen oft mit einer Empfehlung der Weisheit, die dichterisch personifiziert wird (vgl. 51,13–21; Spr 8,34).
15,1–16,7 Dieser Text ist seit 1958 auch aus einem zweiten hebräischen Fragment bekannt, das sich enger an den ursprünglichen G-Text anschließt, während die bisher bekannte Handschrift eine spätere Bearbeitung erfuhr.
15,1 Gottesfurcht, Weisheit und Gesetzestreue sind für den Weisen identisch (vgl. 1,16; 19,20).
15,15a Nur in Vg.

18 Überreich ist die Weisheit des Herrn; /
stark und mächtig ist er und sieht alles.
19 Die Augen Gottes schauen auf das Tun
des Menschen, / er kennt alle seine Taten.
20 Keinem gebietet er zu sündigen / und die
Betrüger unterstützt er nicht.

17: Dtn 30,15.19; Jer 21,8 • 19: 17,15 • 20: Ps 5,5–7.

Die Sünde und ihre Folgen: 16,1–23

16 Wünsch dir nicht schöne Kinder,
wenn sie nichts taugen, / und freu
dich nicht über missratene Söhne!
2 Mögen sie auch zahlreich sein, freu dich
nicht über sie, / wenn sie keine Gottesfurcht
besitzen.
3 Verlass dich nicht auf ihre Lebensdauer, /
setz kein Vertrauen in ihre Zukunft!
Besser als tausend ist einer [der Gottes
Willen tut], / besser kinderlos sterben, als
schlimme Nachkommen haben.
4 Durch einen einzigen Verständigen ver-
mehrt sich die Stadt, / durch die Sippe der
Abtrünnigen verödet sie.
5 Viel von dem hat mein Auge gesehen, /
mehr noch hat mein Ohr vernommen:
6 Im Kreis der Frevler flammt Feuer auf; /
gegen ein sündiges Volk entbrennt der
Zorn.
7 Er hat den Fürsten der Vorzeit nicht ver-
ziehen, / als sie sich in ihrer Stärke empör-
ten.
8 Er hat die Mitbürger Lots nicht ge-
schont, / als sie zügellos waren in ihrem
Übermut.
9 Er hat das todgeweihte Volk nicht ge-
schont, / das wegen seiner Sünden das Land
verlor,
10 auch nicht die sechshunderttausend
Mann Fußvolk; / sie wurden dahingerafft
wegen ihres verbrecherischen Herzens.
11 Wie erst ergeht es dem Einzelnen, der
halsstarrig ist: / Ein Wunder wäre es, wenn
er straflos bliebe.
Denn bei Gott sind Erbarmen und Zorn, /
er vergibt und verzeiht, / doch auch den Zorn
schüttet er aus.
12 Sein Erbarmen ist so groß wie sein Stra-
fen, / jeden richtet er nach seinen Taten.
13 Der Verbrecher entkommt nicht mit sei-
nem Raub, / doch der Hoffnung des Gerech-
ten setzt Gott kein Ende.
14 Jedem Wohltätigen wird sein Lohn zu-
teil, / jeder empfängt nach seinen Taten.
15 [Der Herr verhärtete das Herz des Pha-
rao, / der ihn nicht erkannte, / obwohl seine
Werke unter dem Himmel offenbar waren.
16 Sein Erbarmen ist allen seinen Geschöp-
fen sichtbar, / sein Licht und sein Dunkel hat
er den Menschen zugeteilt.]
17 Sag nicht: Ich bin vor Gott verborgen, /
wer denkt an mich in der Höhe?
In der großen Menge bleibe ich unbe-
merkt, / was bin ich in der Gesamtzahl der
Menschen?
18 Der Himmel, der höchste Himmel, das
Meer und das Land, / sie wanken, wenn er sie
heimsucht.
19 Der Untergrund der Berge und die
Grundfesten der Erde, / sie erbeben gewal-
tig, wenn er sie anschaut.
20 Doch an mich denkt er nicht / und wer
achtet auf meine Wege?
21 Sündige ich, sieht mich kein Auge, / be-
trüge ich ganz heimlich, wer weiß es? –
22 Das gerechte Tun, wer macht es be-
kannt? / Und was darf ich hoffen, wenn ich
das Gebot halte?
23 Nur ein Unvernünftiger behauptet sol-
ches, / nur ein törichter Mensch denkt so.

6: Num 16,35 • 7: Gen 6,4 • 8: Gen 19,24 • 9: Ex 23,33; 33,3 • 10: 46,8; Ex 12,37; Num 14,22f.29f • 12: Ijob 34,11 • 21: 23,18 • 23: Ps 14,1.

Gottes Wege mit den Menschen:
16,24 – 17,10

24 Hört auf mich und lernt von meiner
Erfahrung, / richtet euren Sinn auf meine
Worte!
25 Wohl überlegt trage ich meine Gedan-
ken vor / und bescheiden teile ich mein Wis-
sen mit:
26 Als Gott am Anfang seine Werke er-
schuf / und ihnen zu ihrem Dasein Gesetze
gab,
27 hat er ihre Aufgabe für immer festge-
legt / und ihren Machtbereich für alle Zei-
ten.
Sie ermatten nicht und werden nicht
müde, / sie lassen nicht nach in ihrer
Kraft.
28 Keines seiner Werke verdrängt das an-
dere / und bis in Ewigkeit widerstreben sie
seinem Befehl nicht.

16,1–3 Missratene Söhne sind ein Unglück, weil sie der Strafe Gottes verfallen. Dafür folgen nun Beispiele aus der Geschichte.

16,15f Die beiden Verse fehlen in fast allen G-Handschriften; sie passen auch inhaltlich nicht in den Zusammenhang.

16,24 G hat Einzahl und beginnt mit der Anrede »Mein Sohn«.

16,27 Von hier ab ist bis Kap. 31 fast nichts vom hebräischen Text erhalten.

29 Dann hat der Herr auf die Erde ge-
blickt / und sie mit seinen Gütern erfüllt.
30 Mit allerlei Lebewesen bedeckte er ihre
Fläche / und sie kehren wieder zu ihr zu-
rück.
17 Der Herr hat die Menschen aus Erde
erschaffen / und lässt sie wieder zu
ihr zurückkehren.
2 Gezählte Tage und eine bestimmte Zeit
wies er ihnen zu / und gab ihnen Macht über
alles auf der Erde.
3 Ihm selbst ähnlich hat er sie mit Kraft
bekleidet / und sie nach seinem Abbild er-
schaffen.
4 Auf alle Wesen legte er die Furcht vor ih-
nen, / über Tiere und Vögel sollten sie herr-
schen.
6 Er bildete ihnen Mund und Zunge, Auge
und Ohr / und ein Herz zum Denken gab er
ihnen.
7 Mit kluger Einsicht erfüllte er sie / und
lehrte sie, Gutes und Böses zu erkennen.
8 Er zeigte ihnen die Größe seiner Werke, /
um die Furcht vor ihm in ihr Herz zu pflan-
zen.
9 Sie sollten für immer seine Wunder rüh-
men / 10 und seinen heiligen Namen loben.

17,1: 40,11; Gen 3,19 • 3–4: Gen 1,26; 9,2; Weish 9,2f.

Die Erwählung Israels: 17,11–23

11 Er hat ihnen Weisheit geschenkt / und
ihnen das Leben spendende Gesetz gegeben.
12 Einen ewigen Bund hat er mit ihnen ge-
schlossen / und ihnen seine Gebote mitge-
teilt.
13 Ihre Augen sahen seine machtvolle
Herrlichkeit, / ihr Ohr vernahm seine gewal-
tige Stimme.
14 Er sprach zu ihnen: Hütet euch vor allem
Unrecht! / Er schrieb ihnen ihr Verhalten ge-
genüber dem Nächsten vor.
15 Ihre Wege liegen allezeit offen vor ihm, /
sie sind nicht verborgen vor seinen Augen.
17 Für jedes Volk bestellte er einen Herr-
scher, / Israel aber ist der Erbbesitz des
Herrn.
19 Alle ihre Taten stehen vor ihm wie die
Sonne, / seine Augen ruhen stets auf ihren
Wegen.
20 Ihre Frevel sind vor ihm nicht verbor-
gen, / alle ihre Sünden stehen dem Herrn vor
Augen.
22 Das Almosen eines jeden ist bei ihm wie
ein Siegelring, / des Menschen Wohltat be-
hütet er wie einen Augapfel.
23 Schließlich erhebt er sich und vergilt ih-
nen, / er lässt die Vergeltung über ihr Haupt
kommen.

11: 45,5 • 12: Ex 24,8.

Reue und Umkehr: 17,24–32

24 Den Reumütigen aber gewährt er Um-
kehr / und tröstet die Hoffnungslosen / [und
bestimmte sie für ein Leben in der Wahr-
heit].
25 Wende dich zum Herrn, lass ab von der
Sünde, / bete vor ihm und beseitige das Är-
gernis!
26 Kehre zum Höchsten zurück und wende
dich ab vom Bösen, / hasse stets das Schlech-
te!
27 Wer wird in der Unterwelt den Höchsten
loben / anstelle derer, die leben und ihn prei-
sen?
28 Beim Toten, der nicht mehr ist, ver-
stummt der Lobgesang; / nur der Lebende
und Gesunde preist den Herrn.
29 Wie groß ist das Erbarmen des Herrn /
und seine Nachsicht gegen alle, die umkeh-
ren zu ihm.
30 Denn nicht wie Gott ist der Mensch, /
Gottes Gedanken sind nicht wie die Gedan-
ken der Menschen.
31 Was ist heller als die Sonne? / Und selbst
sie verfinstert sich; / so ist auch das Begeh-
ren von Fleisch und Blut böse.
32 Das Heer in der Höhe zieht er zur Re-
chenschaft, / erst recht die Menschen, die
nur Staub und Asche sind.

27: Jes 38,18f • 28: Ps 115,17f; Bar 2,17f • 30: Jes 55,8 • 32: Ijob 4,18; 25,5f.

16,29f In einem kurzen Rückblick auf den Schöpfungsbericht wird die Mannigfaltigkeit und Hinfälligkeit aller Lebewesen herausgestellt. In Kap. 17 wird die Betrachtung auf den Menschen und auf das Volk Israel konzentriert.

17,5 Entfällt (später Zusatz).

17,6–10 Text verderbt; aus den alten Übersetzungen erschlossen.

17,16.18.21: Zusätze aus verschiedenen G-Handschriften.

17,23 Die Vergeltung im Gericht bezieht sich natürlich auf die Sünder von V. 20.

17,24 Die schroffe Unterscheidung zwischen Guten und Bösen wird abgeschwächt durch eine weitere Gruppe von Menschen: die Reumütigen.

17,24c Nur in Vg überliefert.

17,27f Vgl. die Anmerkung zu 14,16b. In Verbindung mit V. 26 wird gesagt, dass nur im irdischen Leben Umkehr und Gottesverehrung möglich sind.

17,30 Übersetzung vorwiegend nach S.

17,32 Das »Heer in der Höhe« sind, im Anschluss an die Sonne in V. 31, die Sterne, die man als eine Heerschar personifizierte und in die Nähe der Engel rückte (vgl. Ri 5,20; Ijob 38,7; Jes 24,21; Bar 3,34f).

Die Größe Gottes: 18,1–14

18 Der Herr, der in Ewigkeit lebt, hat
alles insgesamt erschaffen, / der Herr
allein erweist sich als gerecht.
4 Keiner vermag seine Werke zu verkün-
den. / Wer ergründet seine großen Taten?
5 Wer kann seine gewaltige Größe be-
schreiben / und seine großen Taten aufzäh-
len bis zum Ende?
6 Man kann nichts wegnehmen und nichts
hinzutun, / unmöglich ist es, die Wunder des
Herrn zu ergründen.
7 Ist der Mensch am Ende angelangt, /
steht er noch am Anfang, / wenn er es auf-
gibt, ist er ratlos.
8 Was ist der Mensch und wozu nützt er? /
Was ist gut an ihm und was ist schlecht?
9 Das Leben eines Menschen dauert /
höchstens hundert Jahre.
10 Wie ein Wassertropfen im Meer und wie
ein Körnchen im Sand, / so verhalten sich
die wenigen Jahre zu der Zeit der Ewig-
keit.
11 Darum hat der Herr mit ihnen Geduld /
und er gießt über sie sein Erbarmen aus.
12 Er sieht und weiß, dass ihr Ende
schlimm ist; / darum hat er so viel Nachsicht
mit ihnen.
13 Das Erbarmen des Menschen gilt nur
seinem Nächsten, / das Erbarmen des Herrn
allen Menschen.
Er weist zurecht, erzieht und belehrt / und
führt wie ein Hirt seine Herde zurück.
14 Glücklich alle, die auf sein Erbarmen
hoffen / und seine Gebote annehmen.

6: 42,21 • 7: Ps 139,18.

VERSCHIEDENE MAHNUNGEN UND WARNUNGEN: 18,15 – 24,34

Das Verhalten des Weisen: 18,15–29

15 Mein Sohn, bring keinen Makel auf dei-
ne Wohltaten / und füg zu keiner Gabe krän-
kende Worte!
16 Vertreibt nicht der Tau die Hitze? / So
ist das Wort mehr als die Gabe.
17 Ist das Wort nicht mehr wert als die
Gabe? / Dem Gütigen steht beides wohl an.
18 Der Tor schmäht in liebloser Weise, / die
Gabe des Geizigen macht die Augen trau-
rig.
19 Bevor du redest, unterrichte dich, / und
ehe du krank wirst, sorge für die Gesund-
heit!
20 Noch vor dem Gericht erforsche dich
selbst, / dann wird dir in der Stunde der Prü-
fung verziehen.
21 Demütige dich, ehe du zu Fall kommst; /
zur Zeit der Sünde lass Umkehr erkennen!
22 Säume nicht, ein Gelübde rechtzeitig
einzulösen, / warte nicht bis zum Tod, um
davon frei zu werden.
23 Ehe du gelobst, überdenk dein Gelüb-
de, / sei nicht wie einer, der den Herrn ver-
sucht.
24 Denk an den Zorn am Ende der Tage, /
an die Zeit der Vergeltung, wenn er sein Ge-
sicht abwendet.
25 Denk zur Zeit des Überflusses an die
Zeit des Hungers, / in den Tagen des Reich-
tums an Armut und Not!
26 Vom Morgen zum Abend wechselt die
Zeit, / alles eilt dahin vor dem Herrn.
27 Ein Weiser nimmt sich immer in Acht, /
in Zeiten der Sünde hütet er sich vor Verfeh-
lung.
28 Jeder Verständige soll Weisheit lehren; /
wer sie gefunden hat, soll ihr Lob verkün-
den.
29 Wer klug zu reden vermag, ist selbst ein
Weisheitslehrer / und trägt in Bescheiden-
heit seine Sinnsprüche vor.

15: 41,22 • 23: Spr 20,25; Koh 5,3f • 29: 16,25; 24,32f.

Die Beherrschung der Begierden:
18,30 – 19,17

30 Folg nicht deinen Begierden, / von dei-
nen Gelüsten halte dich fern!
31 Wenn du erfüllst, was deine Seele be-
gehrt, / erfüllst du das Begehren deines Fein-
des.

18,2f Die beiden Verse sind späte Zusätze.
18,9 Hier die runde Zahl hundert; Ps 90,10: siebzig, höchstens achtzig Jahre.
18,14 So mit S; G: Er erbarmt sich derer, die Zucht annehmen und eifrig nach seinen Geboten suchen.
18,24 Jenseitige Strafe kennt Sirach noch nicht. Er denkt an den zuletzt doch eintreffenden Zorn Gottes.
18,25 Das Stichwort »Denk an« leitet zur Mahnung über, im Glück an das drohende Unglück zu denken, da die Zeiten wechseln.
18,28 Übersetzung nach S.

32 Freu dich nicht über ein wenig Lust; / doppelt so schwer wird dann die Armut sein.
33 Sei kein Fresser und Säufer; / denn sonst bleibt nichts im Beutel.

19 Wer das tut, wird niemals reich, / wer das wenige gering schätzt, richtet sich zugrunde.
2 Wein und Weiber machen das Herz zügellos; / wer sich an Dirnen hängt, wird frech.
3 [Moder und Würmer nehmen ihn in Besitz, / freche Gier richtet den zugrunde, über den sie herrscht.]
4 Wer schnell vertraut, ist leichtfertig, / wer sündigt, verfehlt sich gegen sich selbst.
5 Wer sich über eine Schlechtigkeit freut, wird selbst verachtet, / [wer den Lüsten widerstrebt, krönt sein Leben.
6 Wer seine Zunge beherrscht, lebt ohne Streit;] / wer Gerede verbreitet, dem fehlt es an Verstand.
7 Verbreite niemals ein Gerede, / dann wird auch dich niemand schmähen.
8 Rede weder über Freund noch Feind; / wenn du einen Freund hast, enthülle nichts über ihn!
9 Denn wer dich hört, wird sich vor dir hüten / und dir zur gegebenen Zeit seinen Groll zeigen.
10 Hast du etwas gehört, so sterbe es in dir; / sei unbesorgt, es wird dich nicht zerreißen.
11 Um eines Wortes willen kommt der Tor in Wehen / wie eine Gebärende durch ihre Leibesfrucht.
12 Wie ein Pfeil im Schenkel sitzt, / so steckt das Wort im Leib des Toren.
13 Stell den Freund zur Rede, ob er etwas getan hat, / und wenn er es getan hat – damit er es nicht wieder tut.
14 Stell deinen Nächsten zur Rede, ob er etwas gesagt hat, / und wenn er es gesagt hat – damit er es nicht wiederholt.
15 Stell den Freund zur Rede, denn oft gibt es Verleumdung; / trau nicht jedem Wort!
16 Mancher gleitet aus, doch ohne Absicht. / Wer hätte noch nie mit seiner Zunge gesündigt?
17 Stell deinen Nächsten zur Rede, ehe du ihm Vorwürfe machst. / Gib dem Gesetz des Höchsten Raum!

19,3: 10,11; 6,4 • 8–9: 22,26 • 17: Lev 19,17.

Rechte und falsche Klugheit: 19,20–30

20 Alle Weisheit ist Furcht vor dem Herrn; / in jeder Weisheit liegt Erfüllung des Gesetzes.
22 Schlechtes zu kennen ist keine Weisheit, / der Rat der Sünder ist keine Klugheit.
23 Es gibt eine Schläue, die ein Gräuel ist, / und es gibt Einfältige, die nichts Schlechtes tun.
24 Besser ist es, arm an Klugheit und gottesfürchtig zu sein, / als reich an Einsicht, aber das Gesetz zu übertreten.
25 Es gibt eine listige Schläue, doch sie ist ungerecht; / mancher verstellt sich, um Rechtschaffenheit vorzutäuschen.
26 Mancher geht gebeugt und traurig einher, / doch sein Inneres ist voll Tücke.
27 Er schlägt den Blick nieder und stellt sich taub; / wo er nicht durchschaut wird, tritt er gegen dich auf.
28 Wenn ihm die Kraft fehlt, Unrecht zu tun, / tut er doch Böses, sobald er Gelegenheit findet.
29 Am Aussehen erkennt man den Menschen, / am Gesichtsausdruck erkennt ihn der Weise.
30 Die Kleidung des Menschen offenbart sein Verhalten, / die Schritte des Menschen zeigen, was an ihm ist.

Das rechtzeitige Reden und Schweigen: 20,1–26

20 Manche Ermahnung geschieht zur Unzeit; / mancher schweigt und der ist weise.
2 Keinen Dank erntet, wer den Zornigen zurechtweist;
3 wer Lob erteilt, bleibt vor Schimpf bewahrt.
4 Wie ein Entmannter, der bei einem Mädchen liegt, / ist einer, der mit Gewalt das Recht durchsetzen will.

18,33b Andere Übersetzungsmöglichkeit: während du nichts im Beutel hast.
19,1 Wer das tut: nach H. – »das wenige« in b meint die im Einzelfall nicht besonders hohen Ausgaben des Schlemmers; erst die maßlose Gewohnheit ist gefährlich.
19,3 Wohl nicht ursprünglich, sondern aus 10,11 und 6,4 zusammengestellt. Der erste Halbvers fehlt in H und S.
19,5b.6a Nur in einigen G-Handschriften.
19,8b G kaum richtig: Wenn es für dich keine Sünde ist, enthülle nichts! (Vgl. 27,16–21).
19,11f Sinn der Vergleiche: Der Tor kann nichts für sich behalten.
19,18.19.21 Späte Zusätze.
19,30 So nach S.
20,2 G: Wie ist es doch besser zurechtzuweisen, als zu zürnen.
20,4 Der eigenartige Vergleich soll dartun, wie widerwärtig und erfolglos äußere Nötigung ist.

5 Mancher schweigt und gilt als weise, /
mancher wird trotz vielen Redens verach-
tet.
6 Mancher schweigt, weil er keine Antwort
weiß, / mancher schweigt, weil er die rechte
Zeit beachtet.
7 Der Weise schweigt bis zur rechten Zeit, /
der Tor aber achtet nicht auf die rechte
Zeit.
8 Wer viele Worte macht, wird zum Ekel, /
der Anmaßende wird gehasst.
9 Mancher Erfolg wird dem Menschen zum
Schaden, / mancher Gewinn wird zum Ver-
lust.
10 Es gibt Geschenke, von denen man
nichts hat, / es gibt Geschenke, die man dop-
pelt vergüten muss.
11 Es gibt Demütigung um der Ehre wil-
len; / mancher erhob sein Haupt aus der Er-
niedrigung.
12 Mancher kauft vieles billig ein / und
muss es doch siebenfach bezahlen.
13 Wer klug zu reden weiß, macht sich be-
liebt, / die Liebenswürdigkeit der Toren ist
umsonst.
14 Vom Geschenk eines Toren hast du
nichts, / denn sieben Augen hat er, nicht nur
eines.
15 Er gibt wenig und schimpft viel, / er
reißt den Mund auf wie ein Ausrufer.
Heute leiht er, morgen fordert er zurück; /
solch ein Mensch ist verhasst.
16 Der Tor sagt: Ich habe keinen Freund, /
meine Wohltaten finden keinen Dank.
17 Alle, die sein Brot essen, haben böse
Zungen: / Wie oft und wie viel verlachen sie
ihn!
18 Besser ein Fehltritt auf dem Boden als
ein Fehltritt durch die Zunge; / so schnell
wird auch der Sturz der Bösen kommen.
19 Ein Wort zur Unzeit ist ein Braten ohne
Salz, / im Mund des Ungebildeten findet es
sich dauernd.
20 Ein Sinnspruch aus dem Mund des To-
ren wird verachtet, / denn er spricht ihn
nicht zur rechten Zeit.
21 Mancher sündigt nicht, obwohl er arm
ist; / er lässt sich in seiner Ruhe nicht stö-
ren.
22 Mancher richtet aus Scham sich selbst
zugrunde; / weil er (seine Not) verbirgt, geht
er unter.
23 Mancher gibt aus Scham dem Freund
Versprechen / und macht ihn sich ohne
Grund zum Feind.
24 Ein schlimmer Schandfleck am Men-
schen ist die Lüge; / im Mund des Ungebilde-
ten findet sie sich dauernd.
25 Besser ein Dieb als einer, der immer nur
lügt; / beide aber werden zugrunde gehen.
26 Das Ende des Lügners ist Schmach, /
immerfort haftet seine Schande an ihm.

6: 37,20; Spr 17,28 • 7: 21,25f; Spr 29,11 • 19: 22,6; Spr 26,7 • 24: 20,19 • 25: 5,14.

Verschiedene Sprichwörter: 20,27–31

27 Wer weise ist im Reden, kommt voran, /
ein kluger Mann ist bei den Machthabern be-
liebt.
28 Wer das Land bebaut, schichtet hohe
Garbenstöße auf; / wer den Machthabern ge-
fällt, kann manches Unrecht gutmachen.
29 Geschenke und Gaben blenden die Au-
gen der Weisen, / wie ein Zügel im Maul len-
ken sie Vorwürfe ab.
30 Verborgene Weisheit und versteckter
Schatz: / was nützen sie beide?
31 Besser einer, der seine Torheit ver-
birgt, / als einer, der seine Weisheit ver-
birgt.

29: Dtn 16,19.

Die Grundlehre des Weisen: 21,1–10

21 Mein Sohn, hast du gesündigt, tu es
nicht wieder / und bete wegen deiner
früheren Sünden!
2 Flieh vor der Sünde wie vor der Schlan-
ge; / kommst du ihr zu nahe, so beißt sie
dich.
Löwenzähne sind ihre Zähne, / sie rauben
den Menschen das Leben.
3 Wie ein zweischneidiges Schwert ist je-

20,13a Andere Übersetzungsmöglichkeit: Der Weise macht sich mit wenigen Worten beliebt.
20,14 Nach S wäre zu übersetzen: Das Geschenk des Toren nützt ihm nichts, weil seine Augen siebenfach auf die Vergeltung gerichtet sind. Logischer G: Der Tor (= der Geizige) rechnet mit reichlichen Gegengaben, sodass du von seinem Geschenk keinen Nutzen hast.
20,19a So nach S; G: Ein widerwärtiger Mensch – ein Wort zur Unzeit!
20,21b Übersetzung unsicher.
20,22–26 Es handelt sich um unaufrichtige Versprechungen eines verlegenen Schuldners. Das führt zum allgemeinen Thema »Lüge« in VV. 24–26.
20,27a Andere Übersetzungsmöglichkeit: Der Weise bringt sich mit wenigen Worten voran (vgl. V. 13a).
20,28 Sinn: Wie ein tüchtiger Landwirt reiche Ernte einbringt, so kann ein kluger Diplomat manches Unrecht verhindern.
20,30f Wie 41,14f ohne Zusammenhang mit dem Kontext.

des Unrecht; / für die Wunde, die es schlägt,
gibt es keine Heilung.
4 Gewalttat und Hochmut verwüsten den
Wohlstand, / das Haus des Übermütigen
stürzt ein.
5 Das Gebet aus dem Mund des Armen
dringt zu den Ohren Gottes / und rasch
kommt Gottes Gericht.
6 Wer Ermahnung hasst, folgt der Spur des
Sünders; / wer den Herrn fürchtet, nimmt sie
sich zu Herzen.
7 Von weitem erkennt man den Schwät-
zer; / der Erfahrene merkt es, wenn jener
entgleist.
8 Baut einer sein Haus mit fremdem Geld, /
sammelt er Steine für einen Schutthaufen.
9 Ein Bündel Werg ist die Versammlung
der Ruchlosen, / ihr Ende ist die Feuerflam-
me.
10 Der Weg der Sünder ist frei von Stei-
nen; / doch sein Ende ist die Tiefe der Un-
terwelt.

10: Spr 7,27.

Der Weise und der Tor: 21,11 – 22,2

11 Wer das Gesetz befolgt, beherrscht sei-
nen Trieb / und Gottesfurcht ist vollendete
Weisheit.
12 Der Unkluge lässt sich nicht erziehen; /
doch es gibt auch Klugheit, die viel Bitter-
keit einträgt.
13 Das Wissen des Weisen schwillt an wie
ein Bach, / wie ein lebendiger Quell ist sein
Rat.
14 Das Herz des Toren ist wie eine gebors-
tene Zisterne: / Es hält keine Weisheit
fest.
15 Hört der Verständige ein weises Wort, /
lobt er es und fügt andere hinzu.
Hört es der Leichtfertige, lacht er darü-
ber, / er wirft es weit hinter sich.
16 Das Gespräch des Toren ist wie eine
Last auf der Reise, / doch auf den Lippen des
Verständigen findet sich Anmut.
17 Die Rede des Weisen begehrt man in der
Versammlung / und seine Worte überdenkt
man im Herzen.
18 Wie ein Gefängnis ist dem Toren die
Weisheit, / Erkenntnis ist dem Unverständi-
gen wie eine Fessel.
19 Wie Ketten an den Füßen ist dem Unver-
nünftigen die Zucht / und wie Handschellen
an der rechten Hand.
20 Der Tor lacht mit lauter Stimme, / der
Kluge aber lächelt kaum leise.
21 Wie ein goldener Schmuck ist dem Wei-
sen die Zucht / und wie eine Spange am
rechten Arm.
22 Der Fuß des Toren eilt rasch ins Haus, /
der Besonnene aber wartet bescheiden.
23 Der Tor blickt durch die Tür ins Haus
hinein, / der Wohlerzogene bleibt draußen
stehen.
24 Ungezogen ist es, an der Tür zu hor-
chen, / der Verständige aber verschließt sei-
ne Ohren.
25 Die Lippen der Frevler erzählen ihre
eigene Torheit, / die Worte der Verständigen
sind wohl abgewogen.
26 Die Toren haben ihr Herz auf der Zun-
ge, / die Weisen haben ihre Zunge im Her-
zen.
27 Verflucht der Ruchlose den Gerechten, /
so verflucht er sich selbst.
28 Sich selbst besudelt der Verleumder; /
wo er wohnt, ist er verhasst.
22 Einem beschmutzten Stein gleicht
der Faule, / jeder ruft Pfui, weil er
ekelhaft ist.
2 Einem Ballen Kot gleicht der Faule, / je-
der, der ihn berührt hat, schüttelt sich die
Hand ab.

21,12: 19,22 • 16: Koh 10,12 • 20: Koh 7,6.

Missratene Kinder und unbelehrbare Toren:
22,3–18

3 Schande für den Vater ist ein missratener
Sohn, / eine (missratene) Tochter ist ihm zur
Schmach geboren.
4 Eine kluge Tochter bringt ihrem Mann
Besitz ein, / eine schändliche macht ihrem
Vater Kummer;
5 die trotzige bereitet dem Vater und dem
Gatten Schande, / von beiden wird sie ver-
achtet.
6 Wie Musik zur Trauer ist eine Rede zur
falschen Zeit, / Schläge und Zucht aber zeu-
gen stets von Weisheit.
9 Wer einen Toren belehrt, leimt Scherben
zusammen, / er sucht einen Schlafenden aus
tiefem Schlummer zu wecken.

21,10a Sinn: Die Sünder eilen ohne Hindernis dem Untergang entgegen.
21,14a Zisterne: nach S; G: Krug.
21,18 Übersetzung vorwiegend nach S; G, weniger wahrscheinlich: Wie ein verwüstetes Haus, so ist dem Toren die Weisheit und die Erkenntnis des Unvernünftigen sind unverständliche Reden.
21,25a Text unsicher.
21,27a G unrichtig: den Satan.
22,3–5 Elternsorgen, besonders mit den Töchtern (vgl. 7,24f; 16,1–3; 42,9–14).
22,7f Späte Zusätze.

10 Wer mit einem Toren redet, redet einen Schlafenden an; / schließlich fragt dieser: Was ist denn?
11 Über einen Toten weine, / denn das Lebenslicht erlosch ihm;
über einen Toren weine, / denn die Einsicht erlosch ihm.
Weniger weine über einen Toten, denn er ruht aus; / das schlechte Leben des Toren ist schlimmer als der Tod.
12 Die Trauer um den Toten währt sieben Tage, / die um den Toren und Ruchlosen alle Tage seines Lebens.
13 Mit einem Unvernünftigen mach nicht viele Worte / und geh nicht mit einem Schwein!
Hüte dich vor ihm, damit du dich nicht zu ärgern brauchst / und nicht besudelt wirst, wenn es sich schüttelt.
Geh ihm aus dem Weg und du wirst Ruhe finden / und keinen Verdruss haben mit seinem Unverstand.
14 Was ist schwerer als Blei? / Wie könnte es anders heißen als: der Tor?
15 Sand, Salz und Eisenblöcke / sind leichter zu tragen als ein unvernünftiger Mensch.
16 Holzgebälk, eingelassen ins Mauerwerk, / löst sich bei keiner Erschütterung:
So ist ein Herz, gestützt auf überlegten Rat; / zu keiner Zeit verzagt es.
17 Ein Herz, das auf kluge Überlegung gegründet ist, / ist (fest) wie Sandverputz an glatter Mauer.
18 Steinchen, die obenauf liegen, / halten dem Wind nicht stand:
So ist ein feiges Herz mit törichter Gesinnung: / Vor keinem Schrecken hält es stand.

3: Spr 17,21 • 5: Spr 12,4 • 6: 30,1; Spr 23,13f • 14: 21,16; Spr 27,3.

Die Treue des Weisen: 22,19–26

19 Wer ins Auge stößt, treibt Tränen heraus; / wer ins Herz stößt, treibt Freundschaft hinaus.
20 Wer mit Steinen nach Vögeln wirft, verscheucht sie; / wer den Freund beschimpft, vertreibt die Freundschaft.
21 Hast du gegen den Freund das Schwert gezogen, / verzweifle nicht: Es gibt einen Rückweg.
22 Hast du den Mund aufgetan gegen den Freund, / verzage nicht: Es gibt eine Versöhnung.
Doch bei Beschimpfung, Geheimnisverrat und tückischem Schlag / entflieht jeder Freund.
23 Halte dem Nächsten in der Armut die Treue, / dann kannst du mit ihm auch sein Glück genießen.
Halte bei ihm aus in der Zeit der Not, / dann hast du auch Anteil an seinem Besitz.
24 Dem Feuer gehen Rauch und Qualm voraus, / ebenso dem Blutvergießen Streitereien.
25 Ist dein Freund verarmt, beschäme ihn nicht / und versteck dich nicht vor ihm!
26 Hast du einen Freund, plaudere von ihm nichts aus, / sonst wird sich jeder, der dich hört, vor dir hüten.

23: 6,7–12; 12,8f • 25: 6,12 • 26: 19,8f.

Gebet um Selbstbeherrschung: 22,27 – 23,6

27 Wer setzt eine Wache vor meinen Mund, / vor meine Lippen ein kunstvolles Siegel,
damit ich durch sie nicht zu Fall komme / und meine Zunge mich nicht ins Verderben stürzt?
23 Herr, Vater und Gebieter meines Lebens, / bring mich durch sie nicht zu Fall!
2 Wer hält eine Peitsche bereit für mein Denken / und eine Zuchtrute für mein Herz,
um ihre Vergehen nicht zu schonen / und ihnen keine Sünden zu gestatten,
3 damit meine Fehler sich nicht mehren, / meine Sünden sich nicht häufen / und ich nicht zu Fall komme vor meinen Feinden, / sodass mein Gegner sich über mich freuen könnte?
4 Herr, Vater und Gott meines Lebens, / überlass mich nicht ihrem Plan!
5 Übermütige Augen gib mir nicht, / halte fern von mir die Begierde!
6 Unzucht und Sinnenlust sollen mich nicht ergreifen, / schamloser Gier gib mich nicht preis!

22,17b Text unsicher.
22,22c tückischer Schlag: jede Art von Hinterlist und Verleumdung; sie sind schlimmer als ein gelegentliches Zerwürfnis.
22,25f Übersetzung in Anlehnung an S.
22,26 G kaum verständlich: Wenn mich seinetwegen Schlimmes trifft, wird jeder, der es hört, sich vor ihm hüten.
23,1–6 Ein inniges Gebet um Lauterkeit bis in die innersten Gedanken, was aber Wachsamkeit und die Hilfe Gottes voraussetzt.

Eine Unterweisung über das Reden: 23,7–15

7 Ihr Söhne, vernehmt die Unterweisung über das Reden; / wer sie beachtet, verfehlt sich nicht.
8 Durch seine Lippen verstrickt sich der Sünder, / Lästerer und Stolze stürzen durch sie.
9 Gewöhn deinen Mund nicht ans Schwören, / den Namen des Heiligen zu nennen, gewöhn dir nicht an!
10 Wie ein Sklave, der dauernd straffällig wird, / von Striemen nie frei bleibt, / so bleibt von Sünde nicht rein, / wer immerfort schwört und Gottes Namen ausspricht.
11 Ein Mensch, der viel schwört, häuft Schuld auf sich, / die Strafrute weicht nicht von seinem Haus.

Verfehlt er sich unbedacht, / lastet seine Sünde auf ihm;

übersieht er den Schwur, sündigt er doppelt, / schwört er falsch, bleibt er nicht ungestraft; / ja, sein Haus wird von Leiden erfüllt.

12 Es gibt ein Reden, das der Pest vergleichbar ist; / möge es sich im Erbland Jakobs nicht finden.

Den Frommen liegt dies alles fern, / sie wälzen sich nicht in Sünden.

13 Gewöhn deinen Mund nicht an Zuchtlosigkeit; / denn es kommt dabei zu sündhaften Reden.
14 Denk an Vater und Mutter, wenn du im Kreis der Großen sitzt, / damit du bei ihnen keinen Anstoß erregst / und nicht durch dein Benehmen dich zum Toren machst / und wünschen musst, nicht geboren zu sein, / und den Tag deiner Geburt verfluchst.
15 Hat sich einer an schändliche Reden gewöhnt, / nimmt er sein Leben lang keine Zucht mehr an.

9: 27,14.

Warnung vor Unzucht: 23,16–27

16 Zwei Gruppen von Menschen häufen die Sünden, / drei ziehen den Zorn herbei:

Leidenschaftliche Begierde, sie brennt wie Feuer / und erlischt nicht, bis sie sich verzehrt hat;

der Mensch, der am eigenen Leib Unzucht treibt / und nicht aufhört, bis das Feuer verglüht;

17 der Wollüstige, dem jedes Brot süß schmeckt, / der nicht aufhört, bis er tot ist;
18 der Mensch, der Ehebruch treibt auf seinem Lager, / der bei sich denkt: Wer sieht mich?

Dunkel umgibt mich, Wände verbergen mich, / keiner sieht mich, warum sollte ich mich fürchten zu sündigen?

19 Er denkt nicht an den Höchsten, / nur die Augen der Menschen fürchtet er.

Er bedenkt nicht, dass die Augen des Herrn / zehntausendmal heller sind als die Sonne,

dass sie alle Wege des Menschen sehen / und die geheimsten Winkel durchdringen.

20 Schon ehe es geschieht, ist ihm alles bekannt, / ebenso, wenn es vollbracht ist.
21 Jener wird auf den Straßen der Stadt verurteilt; / wo er es nicht vermutet, da wird er ergriffen.
22 So auch die Frau, die ihren Mann verlässt / und von einem andern einen Erben zur Welt bringt:
23 Erstens war sie dem Gesetz des Höchsten untreu, / zweitens hat sie sich gegen ihren Gatten vergangen,

drittens hat sie in Unzucht die Ehe gebrochen / und von einem andern Kinder zur Welt gebracht.

24 Sie wird vor die Gemeinde geführt / und ihre Kinder werden es büßen müssen.
25 Ihre Sprösslinge werden keine Wurzel treiben / und ihre Zweige keine Frucht bringen.
26 Ihr Andenken hinterlässt sie zum Fluch, / ihre Schande wird niemals getilgt.
27 Alle Bewohner des Landes werden erkennen, / alle Nachkommen werden einsehen:

Nichts ist besser als die Furcht vor dem Herrn, / nichts süßer, als seine Gebote zu halten.

17: 26,12; Spr 7,5–27 • 23: Spr 2,17 • 27: 46,10; Koh 12,13

Lob der Weisheit: 24,1–22

24 Die Weisheit lobt sich selbst, / sie rühmt sich bei ihrem Volk.
2 Sie öffnet ihren Mund in der Versammlung Gottes / und rühmt sich vor seinen Scharen:
3 Ich ging aus dem Mund des Höchsten hervor / und wie Nebel umhüllte ich die Erde.
4 Ich wohnte in den Höhen, / auf einer Wolkensäule stand mein Thron.
5 Den Kreis des Himmels umschritt ich al-

23,11 Es werden verschiedene juristische Unterscheidungen gemacht wie später bei Mt 5,34–37.

23,27a Nach S; in G ausgefallen.

24,1–22 Zur Personifizierung der Weisheit vgl. die Einleitung zu Spr.

lein, / in der Tiefe des Abgrunds ging ich umher.
6 Über die Fluten des Meeres und über alles Land, / über alle Völker und Nationen hatte ich Macht.
7 Bei ihnen allen suchte ich einen Ort der Ruhe, / ein Volk, in dessen Land ich wohnen könnte.
8 Da gab der Schöpfer des Alls mir Befehl; / er, der mich schuf, wusste für mein Zelt eine Ruhestätte.

Er sprach: In Jakob sollst du wohnen, / in Israel sollst du deinen Erbbesitz haben.
9 Vor der Zeit, am Anfang, hat er mich erschaffen / und bis in Ewigkeit vergehe ich nicht.
10 Ich tat vor ihm Dienst im heiligen Zelt / und wurde dann auf dem Zion eingesetzt.
11 In der Stadt, die er ebenso liebt wie mich, fand ich Ruhe, / Jerusalem wurde mein Machtbereich.
12 Ich fasste Wurzel bei einem ruhmreichen Volk, / im Eigentum des Herrn, in seinem Erbbesitz.
13 Wie eine Zeder auf dem Libanon wuchs ich empor, / wie ein wilder Ölbaum auf dem Hermongebirge.
14 Wie eine Palme in En-Gedi wuchs ich empor, / wie Oleandersträucher in Jericho,

wie ein prächtiger Ölbaum in der Schefela, / wie eine Platane am Wasser wuchs ich empor.
15 Wie Zimt und duftendes Gewürzrohr, / wie beste Myrrhe strömte ich Wohlgeruch aus,

wie Galbanum, Onyx und Stakte, / wie Weihrauchwolken im heiligen Zelt.
16 Ich breitete wie eine Terebinthe meine Zweige aus / und meine Zweige waren voll Pracht und Anmut.
17 Wie ein Weinstock trieb ich schöne Ranken, / meine Blüten wurden zu prächtiger und reicher Frucht.
19 Kommt zu mir, die ihr mich begehrt, / sättigt euch an meinen Früchten!
20 An mich zu denken ist süßer als Honig, / mich zu besitzen ist besser als Wabenhonig. / [Mein Andenken reicht bis zu den fernsten Generationen.]
21 Wer mich genießt, den hungert noch, / wer mich trinkt, den dürstet noch.
22 Wer auf mich hört, wird nicht zuschanden, / wer mir dient, fällt nicht in Sünde. / [Wer mich ans Licht hebt, hat ewiges Leben.]

3: Spr 2,6 • 4: Weish 9,4 • 9: Spr 8,22–31 • 20: Ps 19,11.

Weisheit und Gotteswort: 24,23–34

23 Dies alles ist das Bundesbuch des höchsten Gottes, / das Gesetz, das Mose uns vorschrieb als Erbe für die Gemeinde Jakobs.
25 Es ist voll von Weisheit, wie der Pischonfluss (voll Wasser ist), / wie der Tigris in den Tagen der ersten Ähren;
26 es strömt über von Einsicht, / ähnlich der Flut des Eufrat, / ähnlich dem Jordan in den Tagen der Ernte;
27 es fließt von Belehrung über, ähnlich dem Nil, / ähnlich dem Gihon in den Tagen der Weinlese.
28 Wer als Erster es erforschte, kam nicht ans Ende, / ebenso wenig ergründet es der Letzte.
29 Übervoll wie das Meer ist sein Sinn, / sein Rat ist tiefer als der Ozean.
30 Ich selbst war wie ein Bewässerungsgraben, / wie ein Kanal, der hinabfließt zum Garten.
31 Ich dachte: Ich will meinen Garten tränken, / meine Beete bewässern.

Da wurde mir der Kanal zum Strom / und mein Strom wurde zum Meer.
32 So strahle ich weiterhin Belehrung aus wie die Morgenröte, / ich lasse sie leuchten bis in die Ferne.
33 Weiterhin gieße ich Lehre aus wie Prophetenworte / und hinterlasse sie den fernsten Generationen.
34 Seht, nicht allein für mich habe ich mich geplagt, / sondern für alle, die Weisheit suchen.

23: Dtn 33,4; Bar 4,1

24,14b »Oleandersträucher« nach S; kaum richtig G: Rosensträucher.

24,15 Nennt die aromatischen Bestandteile des Weihrauchs.

24,18 Nur wenige Textzeugen von G und Vg haben diesen Vers; Vg: Ich bin die Mutter der schönen Liebe, der Gottesfurcht, der Erkenntnis und der frommen Hoffnung. In mir ist alle Lieblichkeit des Weges und der Wahrheit, in mir alle Hoffnung des Lebens und der Tugend.

24,20.22 Die Zusätze nur in lateinischen Textzeugen.

24,24 Schlecht bezeugter Zusatz, der in G anders lautet als in Vg.

24,30–34 Der Weisheitslehrer wollte zunächst einen kleinen Ausschnitt vom Strom der Weisheit abzweigen, wurde aber von der Fülle ihres Reichtums mitgerissen.

DIE ERFAHRUNGEN DES WEISHEITSLEHRERS: 25,1 – 42,14

Männer und Frauen: 25,1 – 26,27

25 Drei Dinge gefallen mir, / sie sind
Gott und den Menschen angenehm:
Eintracht unter Brüdern, Liebe zwischen
Freunden, / Mann und Frau, die einander
verstehen.
2 Drei Gruppen von Menschen sind mir
verhasst, / ihre Lebensweise verabscheue ich
sehr: / den hochmütigen Armen, / den betrü-
gerischen Reichen, / den ehebrecherischen
Greis ohne Vernunft.
3 Hast du in der Jugend nicht gesammelt, /
wie wirst du im Alter etwas haben?
4 Wie gut steht Hochbetagten rechtes Ur-
teil an / und den Alten, Rat zu wissen.
5 Wie gut steht Hochbetagten Weisheit
an, / würdigen Männern Überlegung und
Rat.
6 Ein Ehrenkranz der Alten ist reiche Er-
fahrung, / ihr Ruhm ist die Gottesfurcht.
7 Neun, die ich im Sinn habe, preise ich, /
zehn führe ich rühmend im Mund:
Einen Mann, der Freude hat an seinen
Kindern, / und einen, der den Sturz seiner
Feinde erlebt.
8 Wohl dem Gatten einer klugen Frau / und
der nicht gleichsam mit einem Gespann von
Ochs und Esel pflügen muss.
Wohl dem, der nicht durch seine Zunge zu
Fall kommt / und der keinem dienen muss,
der unter ihm steht.
9 Wohl dem, der einen Freund fand / und
der zu Ohren sprechen darf, die hören.
10 Wie groß ist einer, der Weisheit fand; /
doch keiner übertrifft den Gottesfürchti-
gen.
11 Die Furcht vor dem Herrn überragt al-
les; / wer an ihr fest hält, ist mit niemand
vergleichbar.
13 Jede Wunde, nur keine Herzenswunde; /
jede Bosheit, nur keine Frauenbosheit.
14 Jedes Ungemach, nur kein Ungemach
durch die zurückgesetzte Frau, / jede Rache,
nur keine Rache durch die Nebenfrau.
15 Kein Gift ist schlimmer als Schlangen-
gift, / kein Zorn schlimmer als Frauenzorn.
16 Lieber mit einem Löwen oder Drachen
zusammenhausen, / als bei einer bösen Frau
wohnen.
17 Die Schlechtigkeit einer Frau macht ihr
Aussehen düster / und verfinstert ihr Gesicht
wie das einer Bärin.
18 Sitzt ihr Mann im Freundeskreis, / muss
er unwillkürlich seufzen.
19 Kaum eine Bosheit ist wie Frauenbos-
heit; / das Los des Sünders treffe auf sie.
20 Wie ein sandiger Aufstieg für die Füße
eines Greises / ist eine zungenfertige Frau
für einen stillen Mann.
21 Fall nicht herein auf die Schönheit einer
Frau, / begehre nicht, was sie besitzt.
22 Denn harte Knechtschaft und Schande
ist es, / wenn eine Frau ihren Mann er-
nährt.
23 Bedrücktes Herz und düsteres Gesicht /
und ein wundes Herz: eine böse Frau;
schlaffe Hände und zitternde Knie: / eine
Frau, die ihren Mann nicht glücklich
macht.
24 Von einer Frau nahm die Sünde ihren
Anfang, / ihretwegen müssen wir alle ster-
ben.
25 Gib dem Wasser keinen Abfluss / und ei-
ner schlechten Frau keine Freiheit!
26 Geht sie dir nicht zur Seite, / trenn sie
von deinem Leib!

26 Eine gute Frau – wohl ihrem Mann! /
Die Zahl seiner Jahre verdoppelt
sich.
2 Eine tüchtige Frau pflegt ihren Mann; /
so vollendet er seine Jahre in Frieden.
3 Eine gute Frau ist ein guter Besitz; / er
wird dem zuteil, der Gott fürchtet;
4 ob reich, ob arm, sein Herz ist guter Din-
ge, / sein Gesicht jederzeit heiter.
5 Vor drei Dingen bangt mir das Herz, / vor
vieren befällt mich die Furcht:
Gerede in der Stadt, Auflauf der Massen
und Verleumdung – / schlimmer sind sie alle
als der Tod.
6 Eine eifersüchtige Frau bringt Kummer
und Betrübnis, / die Geißel der Zunge ist al-
len (vieren) gemeinsam.

25,1 Der neue Hauptteil betont wieder die sozialen Tugenden, besonders ein harmonisches Eheleben.
25,9a Freund: nach S und Vg; G: Einsicht; das wäre dasselbe wie V. 10a.
25,12 Später Zusatz: Die Furcht vor dem Herrn ist der Anfang der Liebe zu ihm, der Glaube Anfang der Gemeinschaft mit ihm.
25,14f Der Zusammenhang verlangt, dass an die zurückgesetzte Nebenfrau zu denken ist, obwohl G und S männlich übersetzen (»Hasser«, »Feind«). Ähnlich haben G und S in V. 15a das sicher richtige »Gift« fälschlich mit »Kopf« übersetzt, da im Hebräischen beide Wörter gleich aussehen.
25,21b Nach S; G: Begehre nicht nach einer Frau!

7 Ein scheuerndes Ochsenjoch ist eine böse Frau; / wer sie nimmt, fasst einen Skorpion an.

8 Großer Verdruss ist eine trunksüchtige Frau; / sie kann ihre Schande nicht verbergen.

9 Die lüsterne Frau verrät sich durch ihren Augenaufschlag, / an ihren Wimpern wird sie erkannt.

10 Gegen eine Schamlose verstärke die Wache, / damit sie keine Gelegenheit findet und ausnützt.

11 Auf eine Frau mit frechem Blick gib Acht; / sei nicht überrascht, wenn sie dir untreu wird.

12 Wie ein durstiger Wanderer den Mund auftut und vom ersten besten Wasser trinkt, / so lässt sie sich vor jedem Pfahl nieder und öffnet den Köcher vor dem Pfeil.

13 Die Anmut der Frau entzückt ihren Mann, / ihre Klugheit erfrischt seine Glieder.

14 Eine Gottesgabe ist eine schweigsame Frau, / unbezahlbar ist eine Frau mit guter Erziehung.

15 Anmut über Anmut ist eine schamhafte Frau; / kein Preis wiegt eine auf, die sich selbst beherrscht.

16 Wie die Sonne aufstrahlt in den höchsten Höhen, / so die Schönheit einer guten Frau als Schmuck ihres Hauses.

17 Wie die Lampe auf dem heiligen Leuchter scheint, / so ein schönes Gesicht auf einer edlen Gestalt.

18 Wie goldene Säulen auf silbernem Sockel / sind schlanke Beine auf wohlgeformten Füßen.

19 [Mein Sohn, bewahre die Blüte deiner Jugend gesund, / gib deine Kraft nicht Fremden hin!

20 Hast du auf dem ganzen Feld einen fruchtbaren Acker ausgesucht, / streu getrost deine Saat aus zur Fortpflanzung deines Geschlechts!

21 Dann werden deine Kinder dich umgeben, / sie werden groß werden im Vertrauen auf das edle Geschlecht.

22 Eine käufliche Frau ist dem Auswurf gleichzuachten, / eine Verheiratete ist für ihre Liebhaber wie ein Turm des Todes.

23 Eine ruchlose Frau wird dem Frevler zuteil, / eine fromme erhält, wer den Herrn fürchtet.

24 Eine schamlose Frau zerstört die Scham, / eine anständige Frau hat Scheu auch vor dem eigenen Mann.

25 Eine unverschämte Frau wird wie ein Hund geachtet, / eine schamhafte fürchtet den Herrn.

26 Eine Frau, die ihren Mann ehrt, erscheint allen als weise, / eine Frau, die ihn verachtet, wird von allen als ruchlos erkannt.

27 Eine großsprecherische und zungenfertige Frau / erscheint wie eine schmetternde Kriegstrompete.

Ein jeder Mann, der dazu schweigen [muss, muss sein Leben in Kriegsunruhen verbringen.]

25,2: 42,8 • 4: Spr 16,31; Ijob 32,7 • 11: 40,26f • 19: 26,23 • 24: Gen 3,6 • 26,4: 13,26 • 8: Spr 6,33 • 21: Ps 128,3.

Verschiedene Warnungen: 26,28 – 27,15

28 Über zwei Dinge ist mein Herz betrübt, / über drei packt mich der Zorn:

Ein vermögender Mann, der arm wird und darben muss, / und angesehene Männer, wenn sie missachtet werden;

wer von der Gerechtigkeit zur Sünde abweicht, / den bestimmt der Herr für das Schwert.

29 Schwerlich bleibt ein Kaufmann frei von Schuld; / ein Händler wird sich nicht rein halten von Sünde.

27 Des Geldes wegen haben schon viele gesündigt; / wer es anzuhäufen sucht, schaut nicht genau hin.

2 Zwischen zwei Steine lässt sich ein Pflock stecken; / so drängt sich zwischen Kauf und Verkauf die Sünde.

3 Hältst du nicht fest an der Gottesfurcht, / stürzt plötzlich und bald dein Haus zusammen.

4 Im Sieb bleibt, wenn man es schüttelt, der Abfall zurück; / so entdeckt man die Fehler eines Menschen, wenn man über ihn nachdenkt.

26,16–18 In der orientalischen Lyrik, so auch in Hld, wird die schöne Körpergestalt mit dem Leuchter und mit Säulen des Tempels verglichen.

26,19–27 Der Abschnitt fehlt bei den meisten Textzeugen. Die Sprache ist derber als sonst in Sir. Also wohl späterer Zusatz.

26,19a Nach G; S: Nimm dich in Acht zur Zeit deiner Jugend!

26,20 Die Ehe wird mit einem fruchtbaren Acker verglichen.

26,21b Nach G.

26,27 Text verderbt und unsicher.

27,1b Wörtlich: wer es anzuhäufen sucht, wendet sein Auge ab. – Das kann Unehrlichkeit bedeuten oder sich auf die Not des Armen beziehen: Er ist rücksichtslos.

27,4–7 In schwierigen Vergleichen wird genaue Menschenkenntnis empfohlen. Nur ein überlegtes Urteil kann den wirklichen Charakter des anderen entdecken.

5 Töpferware wird nach der Brennhitze
des Ofens eingeschätzt, / ebenso der Mensch
nach dem Urteil, das man über ihn fällt.
6 Der Art des Baumes entspricht seine
Frucht; / so wird ein jeder nach seiner Gesin-
nung beurteilt.
7 Lobe keinen Menschen, ehe du ihn beur-
teilt hast; / denn das ist die Prüfung für je-
den.
8 Strebst du nach Gerechtigkeit, so er-
langst du sie, / wie ein Prachtgewand kannst
du sie anlegen.
9 Vögel lassen sich bei ihresgleichen nie-
der; / Treue kommt zu denen, die sie üben.
10 Der Löwe lauert auf Beute; / so auch die
Sünde auf alle, die Unrecht tun.
11 Die Rede des Frommen ist immer klug, /
der Tor aber ändert sich wie der Mond.
12 Im Kreis von Toren schau auf die Zeit, /
im Kreis von Verständigen aber verweile!
13 Die Rede der Toren ist abscheulich, / ihr
Lachen schwelgt in sündhafter Lust.
14 Beim Gerede dessen, der viel schwört,
sträuben sich die Haare, / bei seinem Gezänk
hält man sich die Ohren zu.
15 Zu Blutvergießen führt der Streit der
Übermütigen, / ihr Schimpfen ist unerträg-
lich.

27,11: 5,10 • 14: 23,9–11.

Die Lauterkeit und die Wahrhaftigkeit: 27,16–30

16 Wer Geheimes verrät, zerstört das Ver-
trauen, / er findet keinen Freund, der zu ihm
steht.
17 Liebe den Freund und sei ihm treu! /
Hast du aber seine Geheimnisse verraten, /
brauchst du ihm nicht mehr nachzugehen.
18 Denn wie ein Mensch, der seinen Besitz
vertan hat, / so hast du die Freundschaft des
Gefährten vertan.
19 Und wie man einen Vogel aus der Hand
wegfliegen lässt, / so hast du den Freund
weggehen lassen und fängst ihn nie wieder
ein.
20 Lauf ihm nicht nach, denn er ist schon
zu weit, / wie eine Gazelle aus der Schlinge
ist er entflohen.
21 Eine Wunde lässt sich verbinden, ein
Streit beilegen, / doch wer ein Geheimnis
verrät, hat keine Hoffnung.
22 Wer mit dem Auge zwinkert, plant Bö-
ses, / wer einen solchen Menschen sieht, /
hält sich von ihm fern.
23 Ins Gesicht hinein macht er dir schöne
Worte / und bewundert deine Reden;
nachher aber dreht er seine Worte um /
und bringt dich durch deine eigenen Worte
zu Fall.
24 Vieles ist mir verhasst, aber nichts so
wie er; / auch der Herr wird ihn hassen.
25 Wer einen Stein hochwirft, auf den fällt
er zurück, / wer hinterlistig schlägt, verwun-
det sich selbst.
26 Wer eine Grube gräbt, fällt selbst hi-
nein, / wer eine Schlinge legt, verfängt sich
in ihr.
27 Wer Unrecht tut, auf den rollt es zu-
rück / und er weiß nicht, woher es ihm
kommt.
28 Spott und Schimpf treffen den Übermü-
tigen, / wie ein Löwe lauert die Rache auf
ihn.
29 Schlingen und Netze fangen die, die sie
machen, / und lassen sie nicht los bis zum
Tag ihres Todes.
30 Groll und Zorn, auch diese sind ab-
scheulich, / nur der Sünder hält daran fest.

16: 19,8 • 19: 22,22 • 22: Spr 6,13f • 26: Spr 26,27; Koh 10,8.

Zwietracht und Vergebung: 28,1–26

28 Wer sich rächt, an dem rächt sich der
Herr; / dessen Sünden behält er im
Gedächtnis.
2 Vergib deinem Nächsten das Unrecht, /
dann werden dir, wenn du betest, auch deine
Sünden vergeben.
3 Der Mensch verharrt im Zorn gegen den
andern, / vom Herrn aber sucht er Heilung
zu erlangen?
4 Mit seinesgleichen hat er kein Erbar-
men, / aber wegen seiner eigenen Sünden
bittet er um Gnade?
5 Obwohl er nur ein Wesen aus Fleisch ist,
verharrt er im Groll, / wer wird da seine
Sünden vergeben?
6 Denk an das Ende, lass ab von der Feind-
schaft, / denk an Untergang und Tod / und
bleib den Geboten treu!
7 Denk an die Gebote und grolle dem
Nächsten nicht, / denk an den Bund des
Höchsten und verzeih die Schuld!

27,11a Andere Übersetzungsmöglichkeit: Die Rede des Weisen (S und andere).
27,16b Wörtlich: keinen Freund nach seiner Seele, d.h. der mit ihm eins ist, oder: wie er ihn sich wünscht.
27,29 Vorwiegend nach S; G: In der Falle fangen sich, die sich freuen über den Sturz des Frommen, und Schmerz verzehrt sie vor ihrem Tod.
28,3b Heilung bedeutet Vergebung, da nach alter Auffassung Sünde und Krankheit eng zusammenhängen.

8 Bleib fern dem Streit, dann verringerst
du die Zahl der Sünden; / denn ein jähzorni-
ger Mensch entfacht Streit.
9 Ein sündiger Mensch bringt Freunde
durcheinander, / zwischen friedliche Leute
schleudert er Zwietracht.
10 Je nach dem Brennstoff flammt das
Feuer auf, / je nach dem Einfluss wächst der
Streit.
Je nach der Macht eines Menschen wütet
sein Zorn, / je nach dem Reichtum steigert er
seine Wut.
11 Ein schneller Funke entzündet das Feu-
er, / ein schneller Streit führt zu Blutvergie-
ßen.
12 Bläst du den Funken an, flammt er auf; /
spuckst du darauf, so erlischt er: / Beides
kommt aus deinem Mund.
13 Der Verleumder sei verflucht; / viele, die
friedlich lebten, hat er zugrunde gerichtet.
14 Der Verleumder hat schon viele zum
Wanken gebracht / und sie von Volk zu Volk
getrieben;
feste Städte hat er zerstört, / Paläste von
Großen umgestürzt.
15 Der Verleumder hat tüchtige Frauen
weggejagt / und sie des Ertrags ihrer Mühen
beraubt.
16 Wer auf ihn achtet, findet keine Ruhe, /
er kann nicht in Frieden wohnen.
17 Peitschenhieb schlägt Striemen, / Zun-
genhieb zerbricht Knochen.
18 Viele sind gefallen durch ein scharfes
Schwert, / noch viel mehr sind gefallen
durch die Zunge.
19 Wohl dem, der vor ihr geschützt ist / und
ihrer Wut nicht anheimfällt,
der nicht ihr Joch ziehen muss, / nicht an
ihre Stricke gebunden ist.
20 Denn ihr Joch ist ein eisernes Joch, / ihre
Stricke sind eherne Stricke.
21 Der Tod durch sie ist ein schlimmer
Tod, / besser als sie ist die Unterwelt.
22 Keine Macht hat sie über Fromme, / sie
werden nicht versengt durch ihre Flamme.
23 Wer den Herrn verlässt, verfällt ihr, / sie
flammt an ihm auf und erlischt nicht
mehr.
Sie stürzt sich auf ihn wie ein Löwe, / wie
ein Panther zerreißt sie ihn.
24 Schau, deinen Weinberg umzäunst du
mit Dornen, / mach auch Tür und Riegel an
deinen Mund!
25 Dein Silber und Gold verwahrst du ab-
gewogen, / mach auch für deine Worte Waa-
ge und Gewicht!
26 Hüte dich, dass du durch sie nicht strau-
chelst / und nicht zu Fall kommst vor den
Augen dessen, der darauf lauert.

1: Spr 20,22 • 3: Ps 30,3 • 10: Spr 26,20f • 11: 22,24 • 18: Spr 18,21 • 26: 25,8.

Borgen und Bürgen: 29,1–20

29 Wer dem Nächsten borgt, erweist
Liebe, / wer ihm unter die Arme
greift, erfüllt die Gebote.
2 Borge dem Nächsten, wenn er in Not ist, /
doch gib dem Nächsten auch zurück zur
rechten Zeit!
3 Halte dein Wort und sei treu gegen ihn, /
dann bekommst du stets, was du nötig
hast.
4 Viele Schuldner bitten um ein Darle-
hen, / doch dann verärgern sie ihre Helfer.
5 Bis er etwas bekommt, küsst er dem an-
dern die Hand / und redet mit ihm unterwür-
fig wegen seines Geldes.
Am Tag der Rückzahlung aber enttäuscht
er ihn, / weil er erst nach langer Zeit zurück-
erstattet.
6 Ist er auch zahlungsfähig, bringt er kaum
die Hälfte / und betrachtet es wie einen
Fund;
ist er es nicht, bringt er ihn um sein Geld /
und macht sich ihn leichtfertig zum Feind.
Fluchen und Schimpfen zahlt er ihm
zurück, / statt mit Ehre vergilt er mit
Schmach.
7 Viele sind nicht aus Härte zurückhal-
tend, / sie fürchten nur unnötigen Ärger.
8 Hab dennoch Geduld mit dem Bedürfti-
gen / und lass ihn nicht auf die Wohltat war-
ten!
9 Um des Gebotes willen nimm dich des
Armen an, / lass ihn in seiner Not nicht leer
weggehen!
10 Setz dein Geld ein für den Bruder und
Freund, / lass es nicht rosten unter dem
Stein, bis es verdirbt.
11 Leg dir einen Schatz an nach den Gebo-
ten des Höchsten; / der wird dir mehr nützen
als Gold.
12 Wohltaten verschnüre und leg sie in dei-
ne Vorratskammer, / sie werden dich retten
aus allem Unheil.

28,13f Verleumder: S hat beide Mal »die dritte Zunge«, d. h. der Zwischenträger, der Ohrenbläser.
28,17–26 Die böse Zunge ist für die Weisheitslehrer ein weit verbreitetes Übel (vgl. 19,16; 25,8; Jak 3,1–12).
28,17b Im positiven Sinn sagt Spr 25,15, dass eine sanfte Zunge Knochen zu zerbrechen vermag.
28,24–26 Nach S.
29,1b Zum Borgen als Gebot vgl. V. 9 und V. 11 und Dtn 15,7–11.

13 Besser als ein fester Schild und eine
schwere Lanze / werden sie für dich gegen
den Feind streiten.
14 Der gute Mensch bürgt für den Nächs-
ten; / nur wer die Scham verloren hat, flieht
vor seinem Bürgen.
15 Vergiss nie die Gefälligkeit des Bürgen, /
gab er doch sich selbst für dich hin.
16 Der Sünder missachtet die Gefälligkeit
des Bürgen, / 17 doch seinen Schöpfer miss-
achtet, / wer seinen Helfer missachtet.
18 Bürgschaft hat schon viele Vermögende
zugrunde gerichtet, / hat sie umhergeworfen
wie eine Woge im Meer;
reiche Männer hat sie heimatlos gemacht, /
sodass sie umherirrten bei fremden Völ-
kern.
19 Der Sünder wird in Bürgschaft verwi-
ckelt, / wer trüben Geschäften nachjagt, fällt
in Prozesse.
20 Steh für den Nächsten ein, so gut du
kannst, / doch sei auf der Hut, dass du nicht
hereinfällst.

1: Ps 37,26; 112,5 • 12: 3,30; 17,22 • 14: 8,13; Spr 6,1–5 • 17: Spr 17,5.

Heimat und Fremde: 29,21–28

21 Das Wichtigste zum Leben sind Brot
und Wasser, / Kleidung und Wohnung, um
die Blöße zu bedecken.
22 Besser das Leben eines Armen unter
schützendem Dach / als köstliche Leckerbis-
sen in der Fremde.
23 Ob wenig oder viel, sei zufrieden, /
dann hörst du keinen Vorwurf in der Frem-
de.
24 Schlimm ist ein Leben von einem Haus
zum andern; / wo du fremd bist, darfst du
den Mund nicht auftun.
25 Ohne Dank reichst du Trank und Spei-
se / und musst noch bittere Worte hören:
26 Komm, Fremder, deck den Tisch, / und
wenn du etwas hast, gib mir zu essen!
27 Fort, Fremder, ich habe eine Ehren-
pflicht: / Ein Bruder kam zu Gast, ich brau-
che das Haus.
28 Für einen Mann mit Bildung ist es hart, /
geschmäht zu werden, wenn man in der
Fremde lebt, / oder beschimpft zu werden,
wenn man einem geborgt hat.

Die Kinder: 30,1–13

30 Wer seinen Sohn liebt, hält den
Stock für ihn bereit, / damit er spä-
ter Freude erleben kann.
2 Wer seinen Sohn in Zucht hält, / wird
Freude an ihm haben und kann sich bei Be-
kannten seiner rühmen.
3 Wer seinen Sohn unterweist, / erweckt
den Neid des Feindes, / bei seinen Freunden
kann er auf ihn stolz sein.
4 Stirbt der Vater, so ist es, als wäre er
nicht tot; / denn er hat sein Abbild hinterlas-
sen.
5 Solange er lebt, sieht er ihn und freut
sich, / wenn er stirbt, ist er nicht betrübt:
6 Er hat seinen Feinden einen Rächer hin-
terlassen / und seinen Freunden einen, der
ihnen dankbar ist.
7 Wer den Sohn verzärtelt, muss ihm einst
die Wunden verbinden; / dann zittert bei je-
dem Aufschrei sein Herz.
8 Ein ungebändigtes Pferd wird störrisch, /
ein zügelloser Sohn wird unberechenbar.
9 Verzärtle den Sohn und er wird dich ent-
täuschen; / scherze mit ihm und er wird dich
betrüben.
10 Lach nicht mit ihm, sonst bekommst du
Kummer / und beißt dir am Ende die Zähne
aus.
11 Lass ihn nicht den Herrn spielen in der
Jugend; / lass dir seine Bosheiten nicht gefal-
len!
12 Beug ihm den Kopf in Kindestagen; /
schlag ihn aufs Gesäß, solange er noch klein
ist,
sonst wird er störrisch und widerspenstig
gegen dich / und du hast Kummer mit
ihm.
13 Halte deinen Sohn in Zucht und mach
ihm das Joch schwer, / sonst überhebt er sich
gegen dich in seiner Torheit.

1: Spr 23,13 • 2: Spr 15,20 • 3: Spr 23,24f • 8: Spr 29,15.

Gesundheit und Reichtum: 30,14 – 31,11

14 Besser arm und gesunde Glieder / als
reich und mit Krankheit geschlagen.
15 Ein Leben in Gesundheit ist mir lieber
als Gold, / ein frohes Herz lieber als Per-
len.

29,14–20 Viele Sprichwörter empfehlen zwar, dem Nächsten in der Not auszuhelfen, mahnen aber auch zur nötigen Vorsicht.
29,16f Nach S; G: Die Güter des Bürgen verwüstet der Sünder und der in seiner Gesinnung Undankbare lässt seinen Retter im Stich.
29,25a Nach G; S: Ein Fremdling bist du und trinkst Schmach.

16 Kein Reichtum geht über den Reichtum
gesunder Glieder, / kein Gut über die Freude
des Herzens.
17 Besser sterben als ein unnützes Leben, /
besser Ruhe für immer als dauerndes Leid.
18 Leckerbissen, einem verschlossenen
Mund dargereicht, / sind wie Opfergaben,
die man vor ein Götzenbild hinstellt;
19 was nützen sie den Götzen der Heiden, /
die nicht essen und nicht riechen können?
Ihnen gleicht einer, der Reichtum besitzt, /
ihn aber nicht genießen kann.
20 Mit den Augen erblickt er ihn und
seufzt / wie ein Entmannter, der ein Mädchen umarmt.
21 Überlass dich nicht der Sorge, / schade
dir nicht selbst durch dein Grübeln!
22 Herzensfreude ist Leben für den Menschen, / Frohsinn verlängert ihm die Tage.
23 Überrede dich selbst und beschwichtige
dein Herz, / halte Verdruss von dir fern!
Denn viele tötet die Sorge / und Verdruss
hat keinen Wert.
24 Neid und Ärger verkürzen das Leben, /
Kummer macht vorzeitig alt.
25 Der Schlaf des Fröhlichen wirkt wie
eine Mahlzeit, / das Essen schlägt gut bei
ihm an.
31 Schlaflosigkeit wegen des Reichtums zehrt am Fleisch, / die Sorge
um ihn nimmt der Schlummer.
2 Die Sorge um den Lebensunterhalt verscheucht den Schlummer, / mehr als schwere
Krankheit vertreibt sie ihn.
3 Der Reiche müht sich ab, um ein Vermögen zu sammeln; / ist er zur Ruhe gekommen,
frönt er dem Genuss.
4 Der Arme plagt sich und verbraucht
seine Kraft; / wenn er ruht, muss er hungern.
5 Wer das Gold liebt, bleibt nicht ungestraft, / wer dem Geld nachjagt, versündigt
sich.
6 Viele sind es, die sich vom Gold fesseln
lassen, / die ihr Vertrauen auf Perlen setzen.
7 Eine Falle ist das für den Toren, / jeder
Einfältige lässt sich damit fangen.
8 Wohl dem Mann, der schuldlos befunden
wird, / der sich nicht aus Habgier versündigt.
9 Wo gibt es den? Wir wollen ihn preisen. /
Denn Staunenswertes hat er in seinem Volk
vollbracht.
10 Wo gibt es einen, der sich in solcher Prüfung bewährt hat? / Das wird ihm zur Ehre
gereichen.
Wer konnte sündigen und sündigte nicht, /
Böses tun, tat es aber nicht?
11 Darum ist sein Glück von Dauer, / die
Gemeinde verkündet sein Lob.

30,17: Koh 4,2 • 31,3: 11,18f • 11: 39,10; 44,15.

Das Benehmen bei Tisch: 31,12 – 32,13

12 Mein Sohn, sitzt du am Tisch eines Großen, / dann reiß den Rachen nicht auf!
13 Sag nicht: Es ist reichlich da. / Denk daran, wie hässlich ein gieriges Auge ist.
Schlimmeres als das Auge hat Gott nicht
erschaffen; / darum muss es bei jeder Gelegenheit weinen.
14 Wohin schon ein anderer blickt, / dahin
streck deine Hand nicht aus, / sonst triffst du
mit ihm in der Schüssel zusammen.
15 Sorge für einen Nächsten wie für dich
selbst / und denk an all das, was auch dir zuwider ist.
16 Iss wie ein gesitteter Mann, was vor dir
liegt, / und sei nicht gierig, sonst verabscheut
man dich.
17 Hör als Erster auf, wie es der Anstand
verlangt, / und schlürfe nicht, sonst erregst
du Anstoß.
18 Auch wenn du unter vielen sitzt, / streck
die Hand nicht vor dem Nachbarn aus!
19 Hat ein wohlerzogener Mensch nicht mit
wenig genug? / So wird es ihm in seinem Bett
nicht übel.
20 Schmerz, Schlaflosigkeit und Qual / und
Magendrücken hat der törichte Mensch.
Gesunden Schlaf hat einer, der den Magen
nicht überlädt; / steht er am Morgen auf,
fühlt er sich wohl.

30,18 Der »verschlossene Mund« ist der des Kranken.

30,20b Vgl. die Anmerkung zu 20,4.

30,21–24 Eine moderne und doch alte Einsicht, dass psychische Depressionen körperlich krank machen können.

31,1 – 36,13 G hat 33,16 – 36,13 hinter 30,25 eingereiht; vgl. Anm. zu 33,16–33 und zu 36,16. Vg stimmt in der Kapitelzählung mit H und S überein, hat aber infolge von Doppelübersetzungen und Einschüben eine abweichende Verszählung. Hier wird die Kapitelzählung nach H und Vg, die Verszählung aber nach G beibehalten.

31,6 Übersetzung unsicher. Andere Übersetzungsmöglichkeit: Zahlreich sind die Schlingen des Goldes und die Stricke an den Perlen.

31,8a Andere Übersetzungsmöglichkeit: Wohl dem Reichen.

31,8b aus Habgier, wörtlich: hinter dem Gold her (G), oder: hinter dem Mammon her (H und S); das Wort »Mammon« begegnet hier zum ersten Mal.

31,10a Text korrigiert nach G und Vg.

21 Hast du dich dennoch von Leckerbissen
verführen lassen, / steh auf, erbrich sie und
du hast Ruhe.
22 Höre, mein Sohn, und verachte mich
nicht / und du wirst schließlich meine Worte
begreifen.
Bei all deinem Tun sei bescheiden, / so
wird dich kein Schaden treffen.
23 Wer bei Tisch anständig ist, wird ge-
lobt, / sein guter Ruf steht fest.
24 Wer sich bei Tisch schlecht benimmt, /
wird öffentlich beschimpft, / sein schlechter
Ruf steht fest.
25 Auch beim Wein spiel nicht den starken
Mann! / Schon viele hat der Rebensaft zu
Fall gebracht.
26 Wie der Ofen das Werk des Schmiedes
prüft, / so ist der Wein eine Probe für die
Zuchtlosen.
27 Wie ein Lebenswasser ist der Wein für
den Menschen, / wenn er ihn mäßig trinkt.
Was ist das für ein Leben, wenn man kei-
nen Wein hat, / der doch von Anfang an zur
Freude geschaffen wurde?
28 Frohsinn, Wonne und Lust bringt
Wein, / zur rechten Zeit und genügsam ge-
trunken.
29 Kopfweh, Hohn und Schimpf / bringt
Wein, getrunken in Erregung und Zorn.
30 Zu viel Wein ist eine Falle für den
Toren, / er schwächt die Kraft und schlägt
viele Wunden.
31 Beim Weingelage nörgle nicht am Nach-
barn herum, / verspotte ihn nicht, wenn er
heiter ist.
Sag zu ihm kein schmähendes Wort / und
streite mit ihm nicht vor den Leuten!

32 Wenn du das Gastmahl leitest, über-
heb dich nicht, / sei unter den Gästen
wie einer von ihnen!
Sorg erst für sie, dann setz dich selbst, /
trag erst auf, was sie brauchen, dann lass
dich nieder,
2 damit du dich über sie freuen kannst /
und für dein gutes Benehmen Beifall findest.
3 Ergreife das Wort, alter Mann, denn dir
steht es an. / Doch schränke die Belehrung
ein / und halte den Gesang nicht auf!
4 Wo man singt, schenk nicht kluge Reden
aus! / Was willst du zur Unzeit den Weisen
spielen?
5 Ein Rubin an goldenem Geschmeide, /
das ist ein schönes Lied beim Weingelage.
6 Ein Smaragdsiegel in goldener Fas-
sung, / das ist ein Gesang bei köstlichem
Wein.
7 Als Jüngerer ergreife das Wort nur, wenn
du musst, / wenn man dich nachdrücklich
zwei- oder dreimal auffordert.
8 Dräng die Worte zusammen, fasse dich
kurz, / sei wie einer, der etwas weiß, aber
auch schweigen kann.
9 Im Kreis der Vornehmen überheb dich
nicht, / behellige Ältere nicht durch viele
Fragen!
10 Vor dem Hagel leuchtet der Blitz, / vor
dem Bescheidenen leuchtet die Gunst.
11 Wenn es Zeit ist, bleib nicht länger, / geh
nach Haus und sei nicht ausgelassen;
12 dort sei lustig und überlass dich deiner
Stimmung, / in Gottesfurcht, nicht in Unver-
stand.
13 Und für all das preise deinen Schöpfer, /
der dich mit seinen Gaben erfreut hat.

31,16: Spr 23,1f • 25: Spr 20,1 • 27: Ps 104,15; Koh 10,19 • 30: Spr 23,29–35 • 31: 22,22 • 32,2: Spr 3,4 • 5: 49,1.

Der Weise und das Gesetz Gottes:
32,14 – 33,6

14 Wer Gott sucht, nimmt Belehrung an, /
wer sich ihm zuwendet, erhält Antwort.
15 Wer im Gesetz forscht, entdeckt seinen
Wert, / wer aber heuchelt, verfängt sich da-
rin.
16 Wer den Herrn fürchtet, weiß, was recht
ist, / aus dem Dunkel lässt er sicheren Rat
aufleuchten.
17 Der Ruchlose lehnt Zurechtweisung
ab, / er verdreht das Gesetz, wie er es
braucht.
18 Der Weise verbirgt die Einsicht nicht, /
der Überhebliche und der Zuchtlose lehnen
Belehrung ab.
19 Tu nichts ohne Rat und Überlegung, /
dann hast du dir nach der Tat nichts vorzu-
werfen.
20 Geh nicht auf einem Weg voller Fallstri-
cke, / dann werden deine Füße nicht ansto-
ßen und straucheln.
21 Fühle dich unterwegs nie sicher vor
Räubern / 22 und sei vorsichtig auf deinen
Pfaden!
23 Bei all deinem Tun achte auf dich
selbst; / denn wer dies tut, beachtet das Ge-
bot.
24 Wer das Gesetz hält, achtet auf sich

Kap. 32 In G als Kap. 35 gezählt.
32,2 Vorwiegend nach G; H verderbt.
32,3–9 Offenbar pflegte man bei Gastmählern Tischreden zu halten. Sie sollen kurz sein und die Geselligkeit nicht stören.
32,12b G: und sündige nicht durch übermütige Rede! Die VV. 11 und 12 sind unsicher überliefert.
32,24a Andere Übersetzungsmöglichkeit: Wer das Gesetz hält, behütet sein Leben.

selbst; / wer auf den Herrn vertraut, wird
nicht zuschanden.

33 Wer den Herrn fürchtet, den trifft
kein Unheil; / fällt er in Versuchung,
wird er wieder befreit.
2 Wer das Gesetz verabscheut, ist nicht
weise, / er schwankt wie ein Schiff im
Sturm.
3 Ein verständiger Mann ist redekundig, /
seine Weisung ist zuverlässig wie ein Losent-
scheid.
4 Richte deine Rede erst zurecht, dann hal-
te sie! / Zuerst ein Haus zum Wohnen, dann
zieh ein!
5 Wie ein Wagenrad ist das Herz des To-
ren, / wie ein rollendes Rad sind seine Ge-
danken.
6 Wie ein geiles Ross ist ein gehässiger
Freund, / unter jedem Reiter wiehert es.

32,16: Spr 28,5 • 23: Spr 16,17 • 24: Spr 19,16; Ps 22,6 • 33,1: Spr 12,21.

Die Rangordnung der Dinge: 33,7–19

7 Warum unterscheidet sich ein Tag vom
andern, / wo doch alles Licht im Jahr von der
Sonne kommt?
8 Durch die Weisheit des Herrn sind sie un-
terschieden / und es gibt unter ihnen Feier-
tage.
9 Die einen hat er gesegnet und geheiligt, /
die andern zu gewöhnlichen Tagen ge-
macht.
10 Alle Menschen sind aus Lehm geformt, /
aus Staub ist der Mensch gemacht.
11 Die Weisheit des Herrn hat sie unter-
schieden / und ihre Wege verschieden festge-
setzt.
12 Die einen von ihnen segnete und erhöhte
er, / die einen heiligte er und ließ sie sich
nahe kommen;
die andern verfluchte und erniedrigte er /
und stieß sie aus ihrem Amt.
13 Wie Ton in der Hand des Töpfers, / ge-
formt nach seinem Belieben,
so ist der Mensch in der Hand seines
Schöpfers, / von ihm erhält er sein Ge-
schick.
14 Neben dem Bösen das Gute, neben dem
Leben der Tod, / neben dem Guten der Frev-
ler.
15 Schau hin auf alle Werke Gottes: / Alle
sind sie paarweise geschaffen, eins ent-
spricht dem andern.
16 Auch ich bin als Letzter eifrig gewesen, /
wie einer, der Nachlese hält hinter den Win-
zern.
17 Mit Gottes Segen bin ich vorangekom-
men, / wie ein Winzer habe ich die Kelter ge-
füllt.
18 Seht, nicht für mich allein habe ich mich
geplagt, / sondern für alle, die Bildung su-
chen.
19 Hört auf mich, ihr Großen des Volkes, /
ihr Vorsteher der Gemeinde, horcht auf!

10: Ijob 10,9 • 15: 42,24 • 18: 24,34.

Die Herrschaft im Haus: 33,20–33

20 Sohn und Frau, Bruder und Freund, /
lass sie nicht herrschen über dich, solange du
lebst.
21 Solange noch Leben und Atem in dir
sind, / mach dich von niemand abhängig!
Übergib keinem dein Vermögen, / sonst
musst du ihn wieder darum bitten.
22 Besser ist es, dass deine Söhne dich bit-
ten müssen, / als dass du auf die Hände dei-
ner Söhne schauen musst.
23 In allen deinen Taten behaupte dich als
Herr / und beschmutze deine Ehre nicht!
24 Wenn deine Lebenstage gezählt sind, /
an deinem Todestag, verteil das Erbe!
25 Futter, Stock und Last für den Esel, /
Brot, Schläge und Arbeit für den Sklaven!
26 Gib deinem Sklaven Arbeit, sonst sucht
er das Nichtstun. / Trägt er den Kopf hoch,
wird er dir untreu.
27 Joch und Strick beugen den Nacken, /
dem schlechten Sklaven gehören Block und
Folter.
28 Gib deinem Sklaven Arbeit, damit er
sich nicht auflehnt; / 29 denn einem Müßigen
fällt viel Schlechtigkeit ein.
30 Befiehl ihn zur Arbeit, wie es ihm ge-

33,1–16 In G als Kap. 36 gezählt (in H nur schlecht erhalten).
33,3b Nach G: und das Gesetz ist für ihn zuverlässig. – Im Vorausgehenden ist immer das Gesetz Gottes gemeint. – Zum Losentscheid vgl. Jos 7,14–18; 18,6.10; 1 Sam 10,20; 14,41f; Jona 1,7.
33,4b: G: Fasse die Lehre zusammen, dann antworte!
33,8b G: und er hat die Zeiten und Feste verschieden gemacht.
33,12 Sirach denkt wohl an das Volk Israel, besonders die Priester und Leviten. Dagegen werden die einheimischen Kanaaniter verflucht.
33,14b Nach H und S wäre anzufügen: neben dem Licht die Finsternis.
33,16–33: In G als 30,25–40 gezählt, vermutlich infolge Vertauschung von Handschriftenblättern.
33,16–19: Nach den Gegensatzpaaren schildert der Verfasser seine eigene Aufgabe.
33,25.27: Vielleicht liegt dem Text ein altes Sprichwort zugrunde, dessen Härte die VV. 30–33 mildern.
33,26b Nach G: Lass seine Hände müßig, dann wird er Freiheit suchen.

bührt; / gehorcht er nicht, leg ihn in schwere
Ketten!
Aber gegen keinen sei maßlos / und tu
nichts ohne gutes Recht!
31 Hast du nur einen einzigen Sklaven, /
halt ihn wie dich selbst; / denn wie dich
selbst hast du ihn nötig.
Hast du nur einen einzigen Sklaven, / be-
trachte ihn als Bruder, / wüte nicht gegen
dein eigenes Blut!
32 Behandelst du ihn schlecht / und er läuft
weg und ist verschwunden, / 33 wie willst du
ihn wieder finden?

22: 40,29; Ps 123,2 • 23: 7,6 • 25: Spr 26,3 • 30: Spr 29,19.

Leere Träume und Gottesfurcht: 34,1–20

34 Nichtige und trügerische Hoffnung
ist Sache des Toren / und Träume re-
gen nur Törichte auf.
2 Wie einer, der nach Schatten greift und
dem Wind nachjagt, / so ist einer, der sich
auf Träume verlässt.
3 Das Traumbild ist ein Spiegel, / das Ab-
bild eines Gesichts gegenüber dem Gesicht
selbst.
4 Wie kann Reines vom Unreinen kom-
men? / Wie kann Wahres von der Lüge kom-
men?
5 Wahrsagung, Zeichendeuterei und Träu-
me sind nichtig: / Was du erhoffst, macht das
Herz sich vor.
6 Sind sie nicht vom Höchsten zur War-
nung gesandt, / so schenk ihnen keine Be-
achtung!
7 Träume haben schon viele in die Irre
geführt, / weil sie ihnen vertrauten, sind sie
gestrauchelt.
8 Das Gesetz wird zuverlässig in Erfüllung
gehen. / Vollkommen ist Weisheit in einem
ehrlichen Mund.
9 Wer viel gereist ist, hat reiches Wissen /
und der Erfahrene redet verständig.
10 Wer nichts erfahren hat, weiß wenig, /
11 der Vielgereiste nimmt zu an Klugheit.
12 Vieles habe ich auf meinen Reisen gese-
hen, / viele Dinge habe ich durchgestan-
den.
13 Oft musste ich Todesgefahren beste-
hen, / aber ich wurde gerettet und sie gin-
gen vorüber.
14 Der Geist der Gottesfürchtigen wird le-
ben; / 15 denn ihr Hoffen ist auf ihren Retter
gerichtet.
16 Wer den Herrn fürchtet, verzagt nicht /
und hat keine Angst, denn der Herr ist seine
Hoffnung.
17 Wohl dem, der den Herrn fürchtet. /
18 Auf wen vertraut er und wer ist seine
Stütze?
19 Die Augen des Herrn ruhen auf denen,
die ihn lieben; / er ist ein starker Schild, eine
mächtige Stütze, / Schutz vor dem Glutwind,
/ Schatten in der Mittagshitze, / Halt vor
dem Straucheln, Hilfe vor dem Fall,
20 Freude für das Herz, Licht für die Au-
gen, / Heilung, Leben und Segen.

4: Ijob 14,4 • 6: Ijob 33,14–18.

Opfer und Gebet: 34,21 – 35,22a

21 Ein Brandopfer von unrechtem Gut ist
eine befleckte Gabe, / 22 Opfer des Bösen ge-
fallen Gott nicht.
23 Kein Gefallen hat der Höchste an den
Gaben der Sünder, / auch für eine Menge
Brandopfer vergibt er die Sünden nicht.
24 Man schlachtet den Sohn vor den Augen
des Vaters, / wenn man ein Opfer darbringt
vom Gut der Armen.
25 Kärgliches Brot ist der Lebensunterhalt
der Armen, / wer es ihnen vorenthält, ist ein
Blutsauger.
26 Den Nächsten mordet, wer ihm den Un-
terhalt nimmt, / 27 Blut vergießt, wer dem
Arbeiter den Lohn vorenthält.
28 Einer baut auf, einer reißt nieder – / was
haben sie mehr davon als die Mühe?
29 Einer segnet, einer flucht – / auf wessen
Stimme wird der Herr hören?
30 Reinigt sich einer von einem Toten, be-
rührt ihn aber wieder, / was nützt ihm dann
die Waschung?
31 So ist ein Mensch, der seiner Sünden we-
gen fastet, / aber hingeht und dasselbe wie-
der tut.
Wer wird sein Gebet erhören / und was hat
er von seinem Fasten?

35 Viele Opfer bringt dar, wer das Ge
setz befolgt; / 2 Heilsopfer spendet,
wer die Gebote hält;
3 Speiseopfer bringt dar, wer Liebe er-
weist; / 4 Dankopfer spendet, wer Almosen
gibt:

33,31f G etwa: denn mit Blut hast du ihn erworben. – G hat auch eine andere Zeilenfolge.
Kap. 34 In G als Kap. 31 gezählt.
34,1a Nach G.
34,12b Nach S; G: und mehr als meine Worte ist mein Wissen.
34,14 – 35,5 Soziale Haltung ist wertvoller als alle Opfergaben, erst recht, wenn die Opfer auf Kosten der Armen erfolgen.
Kap. 35 In G als Kap. 32 gezählt.

5 Abkehr vom Bösen findet das Gefallen
des Herrn: / als Sühne gilt ihm die Abkehr
vom Unrecht.
6 Erscheine nicht mit leeren Händen vor
dem Herrn, / 7 denn das alles muss gesche-
hen, weil es angeordnet ist.
8 Die Opfergabe des Gerechten macht den
Altar glänzend von Fett / und ihr Wohlge-
ruch steigt zum Höchsten auf.
9 Das Opfer des Gerechten ist angenehm, /
sein Gedenkopfer wird nicht vergessen wer-
den.
10 Freigebig ehre den Herrn, / nicht gering
sei die Gabe in deinen Händen.
11 Bei all deinen guten Werken zeig ein fro-
hes Gesicht / und weihe deinen Zehnten mit
Freude!
12 Wie Gott dir gegeben hat, so gib auch
ihm, / freigebig und so gut, wie du kannst.
13 Denn er ist ein Gott, der vergilt, / sie-
benfach wird er es dir erstatten.
14 Versuche nicht, ihn zu bestechen, / denn
er nimmt nichts an;
15 vertrau nicht auf Opfergaben, / die
durch Unterdrückung erworben sind.
Er ist ja der Gott des Rechts, / bei ihm gibt
es keine Begünstigung.
16 Er ist nicht parteiisch gegen den Ar-
men, / das Flehen des Bedrängten hört er.
17 Er missachtet nicht das Schreien der
Waise / und der Witwe, die viel zu klagen
hat.
18 Rinnt nicht die Träne über die Wange /
19 und klagt nicht Seufzen gegen den, der sie
verursacht?
[Denn von der Wange steigt sie zum Him-
mel empor; / der Herr achtet darauf und es
missfällt ihm.]
20 Die Nöte des Unterdrückten nehmen
ein Ende, / das Schreien des Elenden ver-
stummt.
21 Das Flehen des Armen dringt durch die
Wolken, / es ruht nicht, bis es am Ziel ist.
Es weicht nicht, bis Gott eingreift / 22 und
Recht schafft als gerechter Richter.

34,21: 35,14f • 27: 7,20• 35,4: Spr 21,3 • 6: Ex 23,15; Dtn 16,16 • 8: Ps 20,4 • 9: Lev 2,2 • 21: 21,5.

Gottes Hilfe für das Volk: 35,22b–26

Auch wird der Herr nicht säumen / und
wie ein Kriegsheld sich nicht aufhalten las-
sen, / bis er die Hüften des Gewalttätigen
zerschmettert
23 und an den Völkern Vergeltung geübt
hat, / bis er das Zepter des Hochmuts zer-
schlagen / und den Stab des Frevels zerbro-
chen hat,
24 bis er dem Menschen sein Tun vergolten
hat / und seine Taten entsprechend seinen
Absichten,
25 bis er den Rechtsstreit für sein Volk ent-
schieden / und es durch seine Hilfe erfreut
hat.
26 Köstlich ist das Erbarmen des Herrn in
der Zeit der Not, / wie die Regenwolke in der
Zeit der Dürre.

24: Spr 24,12.

Ein Gebet um Rettung: 36,1–22

36 Rette uns, du Gott des Alls, / 2 und
wirf deinen Schrecken auf alle Völ-
ker!
3 Schwing deine Hand gegen das fremde
Volk, / damit es deine mächtigen Taten
sieht.
4 Wie du dich an uns vor ihren Augen als
heilig bezeugt hast, / so verherrliche dich an
ihnen vor unseren Augen,
5 damit sie erkennen, wie wir es erkann-
ten: / Es gibt keinen Gott außer dir.
6 Erneuere die Zeichen, wiederhole die
Wunder, / 7 zeige die Macht deiner Hand und
die Kraft deines rechten Armes!
8 Weck deinen Zorn, ergieß deinen Groll, /
9 beuge den Gegner, wirf den Feind zu Bo-
den!
10 Beschleunige das Ende und schau auf
die Zeit! / Denn wer darf zu dir sagen: Was
tust du?
11 Wer entkommt, der werde von der Glut
deines Zornes verzehrt, / die Peiniger deines
Volkes sollen zugrunde gehen.
12 Bring das Haupt der Fürsten Moabs

35,6–13 Sirach lehnt die Opfervorschriften nicht grundsätzlich ab; aus Gehorsam soll man sie einhalten (vgl. V. 7).

35,11 Vgl. 2 Kor 9,7: Einen fröhlichen Geber liebt Gott.

35,15 – 36,22 Die unterdrückte Witwe und alle Bedrängten (VV. 17f) werden zum Symbol für das bedrängte Volk, dem Gott zu Hilfe kommen wird. Daran schließt sich in 36,1–22 das Gebet um Rettung des Volkes an, das endzeitliche Hoffnung anklingen lässt.

35,19bc Nur in Vg.

35,20 Text unklar; nach G etwa: Wer Gott wohlgefällig dient, der wird angenommen und sein Bittruf erreicht die Wolken.

Kap. 36 In G als Kap. 33 gezählt.

36,3a Das fremde Volk (G: Die fremden Völker) sind die Griechen und ihre syrischen Verbündeten, die damals Judäa beherrschten.

36,4 Sinn: Wie der heilige Gott sein Volk vor den Augen der Heiden bestraft hat, so möge er nun an diesen seine Allmacht zeigen.

zum Schweigen, / das sagt: Es gibt keinen
außer mir.
13 Sammle alle Stämme Jakobs, / 16 verteil
den Erbbesitz wie in den Tagen der Vor-
zeit!
17 Hab Erbarmen mit dem Volk, das deinen
Namen trägt, / mit Israel, den du deinen
Erstgeborenen nanntest.
18 Hab Erbarmen mit deiner heiligen
Stadt, / mit Jerusalem, dem Ort, wo du
wohnst.
19 Erfülle Zion mit deinem Glanz / und
deinen Tempel mit deiner Herrlichkeit!
20 Leg Zeugnis ab für das, was du ehedem
verfügt hast; / erfülle die Weissagung, / die
in deinem Namen ergangen ist.
21 Gib allen ihren Lohn, die auf dich hof-
fen, / und bestätige so deine Propheten!
22 Erhöre das Gebet deiner Diener; / du
hast doch Gefallen an deinem Volk.
Alle Enden der Erde sollen erkennen: / Du
bist der ewige Gott.

17: Jer 31,9; Weish 18,13.

Die kluge Wahl des Vertrauten:
36,23 – 37,26

23 Der Hals schluckt jede Speise, / doch die
eine Speise schmeckt besser als die an-
dere.
24 Der Gaumen prüft geschenkte Lecker-
bissen, / das kluge Herz die Leckerbissen der
Lüge.
25 Ein tückischer Sinn verursacht Leid, /
doch ein kluger Mann gibt es ihm zurück.
26 Eine Frau nimmt jeden beliebigen
Mann, / doch die eine Frau ist schöner als die
andere.
27 Eine schöne Frau macht das Gesicht
strahlend, / sie übertrifft alle Lust der Au-
gen.
28 Hat sie dazu noch eine friedfertige Spra-
che, / so zahlt ihr Gatte nicht zu den ge-
wöhnlichen Menschen.
29 Wer eine Frau gewinnt, macht den bes-
ten Gewinn: / eine Hilfe, die ihm entspricht,
eine stützende Säule.
30 Fehlt die Mauer, so wird der Weinberg
verwüstet, / fehlt die Frau, ist einer rastlos
und ruhelos.
31 Wer traut einer Horde Soldaten, / die
dahinstürmt von Stadt zu Stadt?
So steht es mit einem Mann, der kein Heim
hat: / Er geht zur Ruhe, wo es gerade Abend
wird.
37 Jeder Freund sagt: Ich bin dein
Freund. / Doch mancher Freund ist
nur dem Namen nach Freund.
2 Ist es nicht ein tödlicher Schmerz, / wenn
ein gleich gesinnter Freund zum Feind
wird?
3 Weh, treuloser Freund, wozu bist zu ge-
schaffen? / Um die weite Erde mit Falschheit
zu erfüllen?
4 Übel ist ein Freund, der nur nach dem
Tisch sieht; / zur Zeit der Not hält er sich
fern.
5 Ein guter Freund kämpft mit dem
Feind, / er hält den Schild gegen den Wi-
dersacher.
6 Vergiss nicht den Kampfgefährten! /
Hast du Beute gemacht, lass ihn nicht leer
ausgehen!
7 Jeder Ratgeber weist mit der Hand die
Richtung, / doch mancher rät einen Weg zum
eigenen Vorteil.
8 Hüte dich vor dem Ratgeber! / Erforsche
zuerst, was seine Absicht ist.
Denn auch er denkt an sich selbst. / Doch
warum soll das Los ihm zufallen?
9 Er sagt zu dir: Dein Weg ist der rechte. /
Dann stellt er sich beiseite und schaut zu,
wie du arm wirst.
10 Berate dich nicht mit deinem Neider; /
vor dem, der eifersüchtig ist, verbirg Gehei-
mes!
11 Berate dich nicht mit einer Frau über
ihre Nebenbuhlerin, / mit einem Feind über
den Kampf gegen ihn, / mit einem Händler
über das Geschäft, / mit einem Käufer über
die Ware, / mit einem Geizhals über die Lie-
bestätigkeit, / mit einem Unbarmherzigen
über das Glück des Mitmenschen, / mit ei-
nem Faulen über seine Arbeit, / mit einem
Arbeiter über die Aussaat, / mit einem trä-
gen Sklaven über die Menge der Arbeit.
Vertraue dich nie diesen Menschen an, /
wenn du Rat einholst.
12 Doch berate dich mit einem stets Beson-
nenen, / von dem du weißt, dass er die Gebote

36,12a das Haupt: vermutlich im Sinn von Oberhaupt; gemeint ist der gottfeindliche König. Statt »Fürsten Moabs« liest G: Fürsten der Feinde; es liegt aber eine Anspielung an Num 24,17 vor, die wohl ursprünglich ist.
36,16 In G steht 33,1–15 vor 36,16; darum müssen bei richtiger Einordnung die VV. 14 und 15 jetzt fehlen (vgl. die Anmerkung zu 31,1 – 36,13).
37,7–9 Nach dem Freund wird auch der Ratgeber eigens erwähnt. Beiden gegenüber ist kluge Vorsicht geboten.
37,11 Wo einer persönlich betroffen ist, wird er nie ganz sachlich urteilen, daher als Ratgeber ungeeignet sein.
37,12d G: und der Mitleid mit dir hat.

hält, / mit einem, dessen Herz denkt wie dein
Herz / und der dir hilft, wenn du strauchelst.
13 Doch achte auch auf den Rat deines Gewissens. / Wer ist dir treuer als dieses?
14 Das Gewissen des Menschen gibt ihm bessere Auskunft / als sieben Wächter auf der Warte.
15 Bei alledem bete zu Gott! / Er wird in Treue deine Schritte lenken.
16 Der Anfang eines jeden Werkes ist das Wort, / der Anfang jeder Tat die Überlegung.
17 Die Wurzel der Pläne ist das Herz. /
18 Vier Reiser wachsen daraus hervor: Gutes und Böses, Leben und Tod. / Doch die Zunge hat Gewalt über sie alle.
19 Es gibt Weise, die für viele weise sind, / für sich selber aber sind sie Toren.
20 Es gibt Weise, die trotz ihres Wortes verachtet sind, / von allen Genüssen sind sie ausgeschlossen.
21 [Denn vom Herrn wurde ihm keine Huld zuteil, / weil ihm alle Weisheit fehlt.]
22 Es gibt Weise, die für sich selbst weise sind; / die Frucht ihres Wissens zeigt sich an ihrem Leib.
23 Es gibt Weise, die für ihr Volk weise sind; / die Frucht ihres Wissens ist von Dauer.
24 Wer weise ist für sich selbst, sättigt sich an Genüssen, / alle, die ihn sehen, preisen ihn glücklich.
25 [Des Menschen Leben währt zählbare Tage, / das Leben des Volkes Israel unzählbare Tage.]
26 Wer weise ist für das Volk, erlangt Ehre, / sein Ruhm wird dauernd weiterleben.

36,27: 26,13–18 • 29: Spr 18,22; Gen 2,18 • 30: Jes 5,5; Gen 4,12 • 31: 29,21–28 • 37,1: 6,5–17; 12,8f; Spr 20,6 • 15: Spr 16,9 • 18: Spr 18,21.

Krankheit und Tod: 37,27 – 38,23

27 Mein Sohn, prüfe dich in deiner Lebensweise, / beobachte, was dir schlecht bekommt, und meide es!
28 Denn nicht alles ist für alle gut, / nicht jeder kann jedes wählen.
29 Giere nicht nach jedem Genuss, / stürz dich nicht auf alle Leckerbissen!
30 Denn im Übermaß des Essens steckt die Krankheit, / der Unmäßige verfällt heftigem Erbrechen.
31 Schon viele sind durch Unmäßigkeit gestorben, / wer sich aber beherrscht, verlängert sein Leben.

38 Schätze den Arzt, weil man ihn braucht; / denn auch ihn hat Gott erschaffen.
2 Von Gott hat der Arzt die Weisheit, / vom König empfängt er Geschenke.
3 Das Wissen des Arztes erhöht sein Haupt, / bei Fürsten hat er Zutritt.
4 Gott bringt aus der Erde Heilmittel hervor, / der Einsichtige verschmähe sie nicht.
5 Wurde nicht durch ein Holz das Wasser süß, / sodass Gottes Macht sich zeigte?
6 Er gab dem Menschen Einsicht, / um sich durch seine Wunderkräfte zu verherrlichen.
7 Durch Mittel beruhigt der Arzt den Schmerz, / ebenso bereitet der Salbenmischer die Arznei,
8 damit Gottes Werke nicht aufhören / und die Hilfe nicht von der Erde verschwindet.
9 Mein Sohn, bei Krankheit säume nicht, / bete zu Gott; denn er macht gesund.
10 Lass ab vom Bösen, mach deine Hände rechtschaffen, / reinige dein Herz von allen Sünden!
11 Bring den beruhigenden Duft eines Gedenkopfers dar, / mach die Gabe fett, wenn dein Vermögen es erlaubt.
12 Doch auch dem Arzt gewähre Zutritt! / Er soll nicht fernbleiben; denn auch er ist notwendig.
13 Zu gegebener Zeit liegt in seiner Hand der Erfolg; / denn auch er betet zu Gott,
14 er möge ihm die Untersuchung gelingen lassen / und die Heilung zur Erhaltung des Lebens.
15 Wer gegen seinen Schöpfer sündigt, /

37,13f Für »Gewissen« sagt der Hebräer »Herz«. Der Rat des »Herzens« ist stets der beste.
37,16–18 Eine psychologische Überlegung: Aus den Plänen des Herzens entspringt das Gute und das Böse.
37,19–26 Die psychologischen Betrachtungen führen Sirach zur Aufzählung verschiedener Gruppen von »Weisen«, die ihre Lehren unter das Volk bringen wollen, daher: »weise für ihr Volk« (VV. 23.26). »Weise für sich selbst« (VV. 22.24) sind die praktischen Lebenskünstler (Epikureer), die auf Erfolg und Gewinn aus sind. Ihnen stehen die Idealisten gegenüber, die es zu nichts bringen (VV. 19f).
37,27–31 Hier wird eine Empfehlung zur Mäßigkeit eingeschoben. Wie bei den Folgen der Unmäßigkeit in 31,19–21 werden nicht moralische Gesichtspunkte angeführt, sondern gesundheitliche.
38,1–15 Eine einzigartige Empfehlung des Arztes. Anscheinend gab es damals wie heute Leute, die ärztliche Behandlung als Angriff gegen die göttliche Vorsehung ansahen. Freilich ist letzten Endes Gottes Hilfe ausschlaggebend.
38,15b Wörtlich: »muss sich dem Arzt in die Hände einschließen.« So eine Randlesart von H und alle alten Übersetzungen. – Krankheit galt als Strafe für Sünden.

muss die Hilfe des Arztes in Anspruch nehmen.
16 Mein Sohn, um den Toten lass Tränen
fließen, / trauere und stimm das Klagelied
an!
Bestatte seinen Leib, wie es ihm zusteht, /
verbirg dich nicht bei seinem Hinscheiden!
17 Sei betrübt, mein Sohn, und überlass
dich heftiger Klage, / halte die Trauer ein,
wie es ihm gebührt,
einen Tag oder zwei, der Nachrede wegen; / dann tröste dich über den Kummer
hinweg!
18 Aus Kummer entsteht Unheil; / denn ein
trauriges Herz bricht die Kraft.
19 Schlimmer als der Tod ist dauernder
Kummer, / ein leidvolles Leben ist ein Fluch
für das Herz.
20 Lenke deinen Sinn nicht mehr auf den
Toten, / lass von der Erinnerung an ihn ab /
und denk an die Zukunft!
21 Denk nicht mehr an ihn; / denn es gibt
für ihn keine Hoffnung. / Was kannst du ihm
nützen? Dir aber schadest du.
22 Denk daran, dass seine Bestimmung
auch deine Bestimmung ist: / Gestern er und
heute du.
23 Wie der Tote ruht, ruhe auch die Erinnerung an ihn, / tröste dich, wenn sein Leben
erloschen ist.

38,5: Ex 15,23–25 • 19: 30,17.

Aufgabe und Stellung des Schriftgelehrten:
38,24 – 39,11

24 Die Weisheit des Schriftgelehrten vermehrt das Wissen. / Wer frei ist von Arbeit,
kann sich der Weisheit widmen.
25 Wie kann sich einer der Weisheit widmen, / der den Pflug hält und mit dem Treiberstachel prahlt,
der Rinder auf die Weide treibt, Ochsen
zurückholt, / sich mit den Jungstieren unterhält,
26 der seinen Sinn auf das Eggen der Furchen richtet / und darauf bedacht ist, die
Mast zu vollenden?
27 Arbeiten muss auch der Handwerker
und Künstler, / der Tag und Nacht beschäftigt ist,
der Siegelringe schneidet oder dessen Aufgabe es ist, / in das bunte Gewebe Abwechslung zu bringen,
der seinen Sinn auf die Wiedergabe des
Musters richtet / und darauf bedacht ist, das
Werk schön zu vollenden.
28 Ebenso der Schmied, der am Amboss
sitzt / und auf die eisernen Geräte achtet,
dem der Hauch des Feuers das Fleisch
schmelzen lässt / und den die Hitze des Ofens
durchglüht,
dem der Lärm des Hammers das Ohr betäubt / und dessen Augen auf das Muster des
Gerätes gebannt sind,
der seinen Sinn auf die Vollendung der
Stücke richtet / und darauf bedacht ist, das
fertige Werk zu verzieren.
29 Ebenso der Töpfer, der vor seiner Arbeit
sitzt / und mit seinen Füßen die Scheibe
dreht,
der unaufhörlich um seine Arbeit besorgt
ist / und dessen ganzer Eifer der großen Anzahl gilt,
30 der mit dem Arm den Ton knetet / und
ihm mit den Füßen die Zähigkeit nimmt,
der seinen Sinn auf die Vollendung der
Glasur richtet / und darauf bedacht ist, den
Ofen richtig zu erhitzen.
31 Sie alle verlassen sich auf ihre Hände /
und jeder ist erfahren in seinem Geschäft.
32 Ohne sie wird keine Stadt besiedelt, /
und wo sie sich niederlassen, hungern sie
nicht.
33 Aber zur Volksversammlung werden sie
nicht hinzugezogen, / in der Gemeinde ragen
sie nicht hervor.
Sie sitzen auf keinem Richterstuhl / und
kennen sich nicht aus in Recht und Gesetz.
Weise Bildung offenbaren sie nicht, /
Sinnsprüche sind bei ihnen nicht zu finden.
34 Sie kennen sich nur in weltlichen Berufen aus, / ihr Sinnen richtet sich auf die Ausübung des Gewerbes.
Anders, wer sich der Gottesfurcht widmet / und das Gesetz des Höchsten erforscht.

38,16–23 Der Verfasser empfiehlt bei der Totenklage einen Mittelweg. Offensichtlich will er die Pietät nicht verletzen. Aber als Realist mahnt er zu Mäßigung und Vernunft.
38,16d G: Vernachlässige nicht sein Begräbnis! (vgl. 16c). Aus Angst vor ritueller Unreinheit (vgl. die Einleitung zu Lev) mag mancher das Sterbehaus verlassen haben.
38,19 Text unsicher, da in H ausgefallen; in G verderbt.
38,24–39,11 Im Gegensatz zur Handarbeit wird die bevorzugte Stellung des Schriftgelehrten geschildert. Die Beschreibung der Handwerker und Künstler (38,24–30) ist teilweise unklar.
38,25 Text unsicher.
38,30 Text unsicher.
38,32b Nach S; G: Sie müssen nicht in der Fremde wohnen und nicht umherziehen.
38,34d Gesetz des Höchsten: nach G; S hier und 39,8: Gesetz des Lebens (vgl. 17,11; 45,5).

39 Die Weisheit aller Vorfahren ergrün-
det er / und beschäftigt sich mit den
Weissagungen;
2 er achtet auf die Reden berühmter Män-
ner / und in die Tiefen der Sinnsprüche
dringt er ein.
3 Er erforscht den verborgenen Sinn der
Gleichnisse / und verweilt über den Rätseln
der Sinnsprüche.
4 Im Kreis der Großen tut er Dienst / und
erscheint vor den Fürsten;
er bereist das Land fremder Völker, / er-
fährt Gutes und Böses unter den Men-
schen;
5 er richtet seinen Sinn darauf, / den
Herrn, seinen Schöpfer, zu suchen, / und be-
tet zum Höchsten;
er öffnet seinen Mund zum Gebet / und
fleht wegen seiner Sünden.
6 Wenn Gott, der Höchste, es will, / wird er
mit dem Geist der Einsicht erfüllt:
Er bringt eigene Weisheitsworte hervor /
und im Gebet preist er den Herrn.
7 Er versteht sich auf Rat und Erkenntnis /
und erforscht die Geheimnisse;
8 er trägt verständige Lehre vor / und das
Gesetz des Herrn ist sein Ruhm.
9 Viele loben seine Einsicht; / sie wird nie-
mals vergehen.
Sein Andenken wird nicht schwinden, /
sein Name lebt fort bis in ferne Geschlech-
ter.
10 Von seiner Weisheit erzählt die Gemein-
de, / sein Lob verkündet das versammelte
Volk.
11 Solange er lebt, wird er mehr gelobt als
tausend andere; / geht er zur Ruhe ein, ge-
nügt ihm sein Nachruhm.

38,34: Ps 1,2 • 39,2: Spr 1,5f; Weish 8,8 • 10: 44,15.

Die Einladung zum Gotteslob: 39,12–35

12 Weiterhin will ich mit Überlegung re-
den; / denn ich bin angefüllt wie der volle
Mond.
13 Hört mich, ihr frommen Söhne, und ihr
werdet gedeihen / wie die Zeder, die am
Wasserlauf wächst.
14 Ihr werdet Duft verströmen wie der
Weihrauch, / ihr werdet Blüten treiben wie
die Lilie.
Erhebt die Stimme und singt im Chor, /
preist den Herrn für all seine Werke!
15 Verherrlicht seinen Namen, / feiert ihn
mit Lobgesang, / mit Liedern zu Harfe und
Saitenspiel!
Sprecht unter lautem Jubel: / 16 Alle Wer-
ke Gottes sind gut, / sie genügen zur rechten
Zeit für jeden Bedarf.
17 Durch sein Wort stellt er das Meer hin
wie einen Wall, / durch den Befehl seines
Mundes seinen Wasserspeicher.
18 Was er will, geschieht ohne Verzug, /
kein Hindernis gibt es für seine Hilfe.
19 Das Tun aller Menschen liegt vor ihm, /
nichts ist verborgen vor seinen Augen.
20 Von Ewigkeit zu Ewigkeit blickt er her-
nieder. / Gibt es eine Grenze für seine Hil-
fe?
Nichts ist klein und gering bei ihm, /
nichts ist für ihn zu unbegreiflich und zu
schwer.
21 Man sage nicht: Wozu dies, wozu das? /
Denn alles ist für seinen besonderen Zweck
bestimmt.
Man sage nicht: Dies ist schlechter als
das. / Denn alles ist zu seiner Zeit von
Wert.
22 Sein Segen strömt über wie der Nil, / wie
der Eufrat tränkt er den Erdkreis.
23 So hat auch sein Zorn ganze Völker ver-
trieben, / er hat wasserreiches Land zur
Salzwüste gemacht.
24 Seine Pfade sind für die Rechtschaffen-
den eben, / wie sie für die Verbrecher unweg-
sam sind.
25 Von Anbeginn hat er Gutes den Guten
zugeteilt, / doch den Schlechten Gutes und
Schlechtes.
26 Das Nötigste im Leben des Menschen
sind: / Wasser, Feuer, Eisen und Salz, / kräf-
tiger Weizen, Milch und Honig, / Blut der
Trauben, Öl und Kleidung.
27 All dies dient den Guten zum Guten, /
doch für die Schlechten verwandelt es sich in
Schlechtes.
28 Es gibt Winde, die für das Gericht ge-
schaffen sind / und durch ihr Wüten Berge
versetzen.
Ihre Kraft schütten sie aus zur Zeit des
Verderbens / und stillen den Zorn ihres
Schöpfers.
29 Feuer und Hagel, Hunger und Pest, /
auch sie sind für das Gericht erschaffen,

39,13b So mit S; G: wie die Rose.
39,14c Nach S; G verderbt.
39,20bc Fehlt in G.
39,21 Zeilenfolge nach H.
39,23 Anspielung auf die Vertreibung der Kanaaniter und den Untergang von Sodom.
39,29 »Feuer« bedeutet oft den Blitz. Die verheerenden Naturkräfte sind eigens geschaffen, um an den Schlechten das Gericht zu vollstrecken.

30 reißende Tiere, Skorpion und Natter, / rächendes Schwert zur Vernichtung der Frevler:

Alle diese Dinge sind zu ihrem Zweck erschaffen, / sie sind im Speicher aufbewahrt / und zu ihrer Zeit werden sie losgelassen.

31 Wenn er ihnen befiehlt, jauchzen sie auf, / sie erfüllen ihren Auftrag, / ohne seinem Wort zu widerstreben.

32 Darum stand es bei mir von Anfang an fest, / ich bedachte es und lege es schriftlich nieder:

33 Alle Werke Gottes sind gut, / sie genügen zur rechten Zeit für jeden Bedarf.

34 Man sage nicht: Dies ist schlechter als das. / Denn alles ist zu seiner Zeit von Wert.

35 Nun jubelt von ganzem Herzen / und preist den Namen des Heiligen!

16: 39,33 • 19: 15,19; Weish 1,7–10 • 21: Spr 16,4; Koh 3,11; Sir 39,34 • 24: Ps 18,26f • 28–30: 40,10 • 33: 39,16 • 34: 39,21.

Das Übel in der Welt: 40,1–11

40 Große Mühsal hat Gott den Menschen zugeteilt, / ein schweres Joch ihnen auferlegt

von dem Tag, an dem sie aus dem Schoß ihrer Mutter hervorgehen, / bis zum Tag ihrer Rückkehr zur Mutter aller Lebenden:

2 ihr Grübeln und die Angst ihres Herzens, / der Gedanke an die Zukunft, an den Tag ihres Todes.

3 Von dem, der auf hohem Thron sitzt, / bis zu dem, der in Staub und Asche sitzt,

4 von dem, der Krone und Stirnreif trägt, / bis zu dem, der ein Kleid aus Fellen trägt:

5 Zorn, Eifersucht, Sorge und Schrecken, / Todesangst, Zank und Streit.

Noch auf dem Bett zur Ruhezeit / verwirrt der nächtliche Schlaf ihm den Sinn.

6 Bald wird er, nach einem Augenblick der Ruhe, / von schrecklichen Träumen aufgejagt,

bald in die Irre getrieben durch Vorspiegelungen seiner Seele, / wie ein Flüchtling, der dem Verfolger entrinnt;

7 gerade während er sich rettet, wacht er auf / und wundert sich über die Angst um nichts.

8 Hinzu kommt über alles Lebende, vom Menschen bis zum Vieh, / und über die Sünder siebenfach:

9 Pest und Blut, Fieber und Schwert, / Untergang und Verderben, Hunger und Tod.

10 Für den Frevler ist das Übel erschaffen / und seinetwegen kommt die Vernichtung.

11 Alles, was von der Erde stammt, / kehrt zur Erde zurück, / was aus der Höhe stammt, zur Höhe.

1: Ijob 1,21; Ps 139,15 • 6–7: Ijob 7,13–15 • 10: 39,28–30 • 11: 17,1.

Der Wert der Treue: 40,12–17

12 Jede Bestechung und Ungerechtigkeit wird ausgerottet, / Treue aber besteht für immer.

13 Der Reichtum des Frevlers ist wie ein reißender Bach, / wie ein mächtiger Fluss beim Gewitterregen.

14 Schwillt er an, dann werden Felsen bewegt, / doch plötzlich versiegt er für immer.

15 Der Schössling des Gewalttätigen treibt keinen Spross; / denn die Wurzel des Ruchlosen liegt auf einem Felsenriff,

16 wie Riedgras am Bachrand, / das schneller als jedes Gras verdorrt.

17 Liebe aber wird in Ewigkeit nicht ausgetilgt, / Barmherzigkeit besteht für immer.

17: 3,30.

Die höchsten Güter: 40,18–27

18 Überfluss und Verdienst machen das Leben angenehm, / doch mehr als beide, einen Schatz zu finden.

19 Nachkommenschaft und Städtebau geben dem Namen Bestand, / doch mehr als beide, Weisheit zu finden.

Viehzucht und Ackerbau lassen den Leib gedeihen, / doch mehr als beide eine treue Frau.

20 Wein und Bier erfreuen das Herz, / doch mehr als beide die Freundesliebe.

40,6f Text unsicher.

40,7a Andere Übersetzungsmöglichkeit: noch schlafbedürftig wacht er auf.

40,11 Gott schenkt den Lebensatem (Gen 2,7), den er beim Tod wieder zurücknimmt. Die Unterscheidung von Leib und Geist setzt sich erst allmählich durch.

40,13 Sinn des Vergleichs: Je wilder der Sturzbach bei Gewitterregen anschwillt, desto rascher vertrocknet er wieder. G: Der Reichtum des Frevlers versiegt wie ein Bach, wie ein starker Donner beim Gewitter erschallt.

40,14a H und G sind verderbt.

40,17a Diese Lesart wird durch die Fragmente aus Masada bestätigt. G: Liebe aber ist ein Paradies in Segnungen (vgl. V. 27a).

40,19cd In G zu Unrecht ausgefallen. Die Reihe erreicht die Zehnzahl. »Leib« nach dem Masada-Text gibt einen guten Sinn.

21 Flöte und Harfe verschönern das Lied, / doch mehr als beide eine reine Stimme.
22 Anmut und Schönheit entzücken das Auge, / doch mehr als beide die Blumen des Feldes.
23 Freund und Gefährte leiten zur rechten Zeit, / doch mehr als beide eine verständige Frau.
24 Bruder und Helfer nützen in der Zeit der Not, / doch mehr als beide eine rettende Liebesgabe.
25 Gold und Silber stützen den Fuß, / doch mehr als beide ein guter Rat.
26 Reichtum und Macht erheben das Herz, / doch mehr als beide die Gottesfurcht.

Hat man Gottesfurcht, so gibt es keine Not, / neben ihr braucht man keine Stütze zu suchen;
27 die Gottesfurcht ist wie ein gesegnetes Paradies, / über seine ganze Pracht (breitet sich) ihr schirmendes Dach.

23: 25,1 • 26: 25,11; Ps 34,10.

Das Betteln: 40,28–30

28 Mein Sohn, lebe nicht vom Betteln! / Besser sterben, als aufdringlich sein.
29 Wer nach dem Tisch anderer schauen muss, / dessen Leben ist nicht als Leben zu rechnen.

Geschenkte Leckerbissen beschmutzen die Kehle, / dem verständigen Mann bereiten sie Magenschmerzen.
30 Im Mund des Frechen ist Betteln süß, / doch in seinem Innern brennt es wie Feuer.

Der Tod: 41,1–13

41 Tod, wie bitter ist es, an dich zu denken, / für den, der ruhig sein Heim bewohnt,

für den, der ohne Sorge ist und in allem Erfolg hat / und noch kräftig genug ist, die Lust zu genießen.
2 Tod, wie gut ist es, dass du auferlegt bist, / für den betrübten und kraftlosen Menschen,

für den, der strauchelt und überall anstößt, / der verzweifelt ist und die Hoffnung verloren hat.
3 Fürchte dich nicht vor dem Tod, / weil er dir auferlegt ist.

Denk daran: / Vorfahren und Nachkommen trifft es wie dich.
4 Er ist das Los, das allen Sterblichen von Gott bestimmt ist. / Was sträubst du dich gegen das Gesetz des Höchsten?

Ob tausend Jahre, ob hundert oder zehn, / im Totenreich gibt es keine Beschwerde über die Lebensdauer.
5 Eine verächtliche Brut ist das Geschlecht der Bösen, / ein törichtes Gezücht haust in der Wohnung des Frevlers.
6 Dem Sohn des Verbrechers geht die Herrschaft verloren, / seine Nachkommen leben für immer in Schande.
7 Einen schlechten Vater verfluchen die Kinder, / denn seinetwegen werden sie verachtet.
8 Weh euch, ihr ruchlosen Männer, / die ihr das Gesetz des Höchsten verlassen habt.
9 Wenn ihr euch vermehrt, ist es zum Unglück, / wenn ihr Kinder zeugt, ist es zur Trauer;

wenn ihr strauchelt, ist es zur dauernden Freude, / wenn ihr sterbt, ist es zum Fluch.
10 Alles, was aus dem Nichts kommt, / kehrt in das Nichts zurück; / so auch der Ruchlose aus dem Leeren ins Leere.
11 Ein Hauch ist der Mensch dem Leibe nach, / doch der Name des Frommen wird nicht getilgt.
12 Sei besorgt um deinen Namen; denn er begleitet dich / treuer als tausend kostbare Schätze.
13 Das Gut des Lebens währt zählbare Tage, / das Gut des Namens unzählige Tage.

2: 30,17 • 6: 23,25f • 10: 40,11 • 11: Spr 10,7; 22,1.

Das Verbergen der Weisheit: 41,14–15

14 Verborgene Weisheit und versteckter Schatz, / was nützen sie beide?
15 Besser ist einer, der seine Torheit verbirgt, / als einer, der seine Weisheit verbirgt.

Die rechte und die falsche Scham: 41,16 – 42,8

16 Hört, Söhne, die Lehre von der Scham, / lernt, was Scham ist nach meinem Urteil.

Nicht jede Scham ziemt sich, / nicht jedes Schamempfinden ist empfehlenswert.
17 Schäme dich vor Vater und Mutter der Unzucht, / vor Fürst und Herrscher der Lüge,
18 vor dem Herrn und der Herrin des Betrugs, / vor Gemeinde und Volk der Sünde, / vor dem Gefährten und Freund der Untreue,
19 vor dem Ort, an dem du wohnst, der Unterschlagung. / (Schäme dich,) Eid und Vertrag zu verletzen,

41,3 Das allgemeine Todesschicksal auch in 14,17–19; 38,22.

41,14f Vgl. die Anmerkung zu 20,30f.

den Ellbogen aufzustemmen beim Mahl, /
eine erbetene Gabe zu verweigern,
21 deinen Bruder abzuweisen, / die Vertei-
lung der Opferanteile zu unterlassen,
20 einen Gruß nicht zu erwidern, / einer
Verheirateten nachzuschauen, / den Blick
auf eine fremde Frau zu werfen,
22 mit deiner Magd dich abzugeben / und
dich ihrem Bett zu nähern.
(Schäme dich) der üblen Nachrede gegen-
über dem Freund, / und wenn du geschenkt
hast, zu schimpfen,
42 ein Wort, das du gehört hast, weiter-
zutragen / und ein vertrauliches Ge-
spräch zu verraten.
Dann bist du in der Tat schamhaft / und
findest Gunst bei allen Menschen.
Aber nimm keine falsche Rücksicht / und
schäme dich nicht folgender Dinge:
2 des Gesetzes des Höchsten und seiner
Satzung, / des gerechten Urteils, das nicht
den Schuldigen freispricht,
3 der Abrechnung mit dem Geschäfts-
freund und dem Kaufmann, / der Verteilung
von Erbe und Besitz,
4 der Säuberung von Waagschalen und
Waage, / der Reinigung von Maß und Ge-
wicht, / des Einkaufs, ob viel oder wenig,
5 des Handelns um den Kaufpreis mit dem
Krämer, / der häufigen Züchtigung der Kin-
der / und der Schläge für einen schlechten
und trägen Sklaven.
6 (Schäme dich nicht,) eine schlimme Frau
in Gewahrsam zu halten / und dort abzu-
schließen, wo viele Hände sind,
7 ein Verzeichnis aufzustellen, wenn du
etwas hinterlegt hast, / auch Einnahme und
Ausgabe immer aufzuschreiben,
8 einen Unverständigen und Toren zu-
rechtzuweisen / und einen haltlosen Greis,
der Unzucht treibt.
Dann bist du in Wahrheit vorsichtig / und
ein behutsamer Mann vor den Augen aller
Menschen.

41,16: 4,20–26 • 22: 31,31; 18,15 • 42,1: 19,7f • 5: 30,1; 33,25–33 • 6: 26,10f • 8: Spr 10,13; Sir 25,2.

Die Sorgen des Vaters um seine Tochter:
42,9–14

9 Eine Tochter ist für den Vater ein Schatz,
den er hütet, / die Sorge um sie nimmt ihm
den Schlaf:
in ihrer Jugend, dass sie nicht verschmäht
wird, / nach der Heirat, dass sie nicht versto-
ßen wird,
10 als Mädchen, dass sie nicht verführt
wird, / bei ihrem Gatten, dass sie nicht un-
treu wird,
im Haus ihres Vaters, dass sie nicht
schwanger wird, / im Haus ihres Gatten,
dass sie nicht kinderlos bleibt.
11 Mein Sohn, wache streng über deine
Tochter, / damit sie dich nicht in schlechten
Ruf bringt,
kein Stadtgespräch und keinen Volksauf-
lauf erregt, / dich nicht beschämt in der Ver-
sammlung am Stadttor.
Wo sie sich aufhält, sei kein Fenster, / kein
Ausblick auf die Wege ringsum.
12 Keinem Mann zeige sie ihre Schönheit /
und unter Frauen halte sie sich nicht auf.
13 Denn aus dem Kleid kommt die Motte, /
aus der einen Frau die Schlechtigkeit der an-
dern.
14 Besser ein unfreundlicher Mann als eine
freundliche Frau / und (besser) eine gewis-
senhafte Tochter als jede Art von Schmach.

9: 7,24; Dtn 24,1.

DER LOBPREIS GOTTES IN NATUR UND GESCHICHTE: 42,15 – 50,24

Das Lob des Schöpfers in der Natur:
42,15–25

15 Nun will ich der Werke Gottes geden-
ken; / was ich gesehen habe, will ich erzäh-
len:

Durch Gottes Wort entstanden seine Wer-

41,19a der Unterschlagung; nach dem Masada-Text; andere H-Überlieferung: des Übermuts; G: des Diebstahls.
41,19c Die griechisch-römische Sitte, sich beim Mahl auf den linken Ellenbogen zu stützen, galt den Juden als unanständig (vgl. 9,9).
41,20–22 Umstellung und Übersetzung nach dem Masada-Text.
41,21a deinen Bruder, wörtlich: dein Fleisch.
42,7 Das Hinterlegte soll nach Menge und Gewicht (G) notiert werden. »Einnahme« und »Ausgabe« beziehen sich wohl auch noch auf das Hinterlegte.
42,14b G: und eine schändliche Tochter gereicht zur Schmach.
42,15 Der letzte Abschnitt bringt nicht mehr Weisheitsregeln im engeren Sinn, sondern einen Lobpreis auf Gott, den Schöpfer der Welt (42,15 – 43,33) und Lenker seines auserwählten Volkes (44,1 – 50,24).

ke; / seine Lehre ist ein Ausfluss seiner Lie-
be.
16 Über allem strahlt die leuchtende Son-
ne, / die Herrlichkeit des Herrn erfüllt alle
seine Werke.
17 Die Heiligen Gottes vermögen nicht, /
alle seine Wunder zu erzählen.
Gott gibt seinen Heerscharen die Kraft, /
vor seiner Herrlichkeit zu bestehen.
18 Meerestiefe und Menschenherz durch-
forscht er / und er kennt alle ihre Geheim-
nisse.
Der Höchste hat Kenntnis von allem, / bis
in die fernste Zeit sieht er das Kommende.
19 Vergangenheit und Zukunft macht er
kund / und enthüllt die Rätsel des Verborge-
nen.
20 Es fehlt ihm keine Einsicht, / kein Ding
entgeht ihm.
21 Seine machtvolle Weisheit hat er fest ge-
gründet, / er ist der Einzige von Ewigkeit
her.
Nichts ist hinzuzufügen, nichts wegzuneh-
men, / er braucht keinen Lehrmeister.
22 Alle seine Werke sind vortrefflich, /
doch sehen wir nur einen Funken und ein
Spiegelbild.
23 Alles lebt und besteht für immer, / für
jeden Gebrauch ist alles bereit.
24 Jedes Ding ist vom andern verschieden, /
keines von ihnen hat er vergeblich ge-
macht.
25 Eines ergänzt durch seinen Wert das an-
dere. / Wer kann sich satt sehen an ihrer
Pracht?

15: Gen 1; Ps 33,6; Weish 9,1 • 18: Spr 15,11 • 20: Ps 139,1–4 • 21: 18,6; Koh 3,14 • 24–25: 33,14f; Koh 3,1–8.

Die Größe Gottes in der Schöpfung: 43,1–33

43 Die Schönheit der Höhe, das klare
Firmament und der gewaltige Him-
mel / sind ein herrlicher Anblick.
2 Die Sonne geht auf und erglänzt in vol-
lem Licht, / ein staunenswertes Gestirn, das
Werk des Höchsten.
3 Steht sie in der Mittagshöhe, / versetzt sie
die Welt in Glut, / wer hält es aus in ihrer
Hitze?
4 Ein brennender Schmelzofen ist das
Kunstwerk des Gießers; / der Pfeil der Sonne
setzt Berge in Brand;
ihre Feuerzunge verbrennt das bewohnte
Land, / ihr Licht versengt das Auge.
5 Ja, groß ist der Herr, ihr Schöpfer, / sein
Wort lässt seinen Helden erstrahlen.
6 Der Mond führt die Zeiten herauf; / er
herrscht bis ans Ende und dient für immer
als Zeichen.
7 Durch ihn werden Fristen und Festzeiten
bestimmt, / ist er erschöpft, freut er sich wie-
der auf seinen Umlauf.
8 Der Neumond ist so, wie sein Name
sagt: / Er erneuert sich selbst. / Wie stau-
nenswert ist er in seinem Wechsel.
Er ist ein Fahrzeug für das Heer der Wol-
ken in der Höhe / und lässt durch seinen
Glanz das Himmelsgewölbe erglühen.
9 Des Himmels Schönheit und Pracht sind
die Sterne, / ein strahlender Schmuck in den
Höhen Gottes.
10 Durch Gottes Wort stehen sie geordnet
da / und ermatten nicht bei ihrer Nachtwa-
che.
11 Schau den Regenbogen an und preise
seinen Schöpfer; / denn überaus schön und
herrlich ist er.
12 Über den Himmelskreis erstreckt er sich
in seiner Pracht, / Gottes Hand hat ihn
machtvoll ausgespannt.
13 Gottes Machtwort zeichnet den Blitz
hin, / lässt die Brandpfeile seines Gerichtes
leuchten.
14 Zu seinem Dienst hat er einen Speicher
geöffnet, / lässt er Wolken fliegen wie Vögel.
15 Seine Allmacht ballt die Wolken zusam-
men / und schlägt aus ihnen Hagelsteine.
17a Seines Donners Stimme lässt die Erde
beben, / 16 mit seiner Kraft erschüttert er die
Berge.
Sein Wort hetzt den Südwind auf, / 17b den
tobenden Nordwind, den Sturm und Orkan.
Seinen Schnee streut er aus wie Vogel-
schwärme; / wie einfallende Heuschrecken
wirbelt er herab.
18 Sein weißer Glanz blendet die Augen, /
bei seinem Rieseln bebt das Herz.
19 Auch den Reif schüttet er aus wie Salz /
und lässt Eisblumen sprießen wie Dornen.

43,5b Die Sonne, im Hebräischen männlich, wird auch in Ps 19,6 mit einem Helden verglichen.

43,8d Text unsicher; gemeint ist wohl, dass der Mond den höchsten Wolken als Schiff dient.

43,10 Die Sterne sind wie ein geordnetes Heer; jeder hat seinen bestimmten Posten (vgl. Bar 3,34f).

43,14 Die atmosphärischen Kräfte sind nach dichterischer Vorstellung in einem Speicher am Rand des Himmels untergebracht, von wo sie Gott zur gegebenen Zeit herauskommen lässt (vgl. 39,30).

43,17a Gehört dem Zusammenhang nach vor V. 16.

43,17c–25 Schnee und Eis werden besonders eindrucksvoll beschrieben, weil sie in Palästina etwas Seltenes sind; sie werden vom frostigen Nordwind verursacht. Fremdartig ist auch der ungeheure Ozean.

20 Den kalten Nordwind lässt er wehen, /
wie Erdschollen lässt er die Quellen erstarren.
Jedes stehende Gewässer überzieht er /
und kleidet den Teich wie mit einem Panzer.
21 Das Grün der Berge versengt er wie
durch Hitze, / die sprossende Flur wie durch
Flammenglut.
22 Linderung für alles ist das Träufeln der
Wolken, / der Tau, der sich ergießt, um das
Trockene zu erfrischen.
23 Sein kluger Plan bändigte das Meer /
und pflanzte Inseln im Ozean ein.
24 Die Seefahrer erzählen von der Weite
des Meeres; / hören es unsere Ohren, so er-
schaudern wir.
25 Dort gibt es Wunderwesen, die erstaun-
lichsten seiner Werke, / allerlei Getier und
die Ungeheuer des Weltmeers.
26 In seinem Dienst hat sein Bote Erfolg /
und durch sein Wort vollzieht er seinen Wil-
len.
27 Sagten wir noch mal so viel, wir kämen
an kein Ende; / darum sei der Rede Schluss:
Er ist alles!
28 Wir können (ihn) nur loben, aber nie er-
fassen, / ist er doch größer als alle seine Wer-
ke.
29 Überaus Ehrfurcht gebietend ist der
Herr, / unbegreiflich ist seine Stärke.
30 Ihr, die ihr den Herrn lobt, singt laut, so
viel ihr könnt; / denn nie wird es genügen.
Ihr, die ihr ihn preist, schöpft neue Kraft,
werdet nicht müde; / denn fassen könnt ihr
es nie.
31 Wer hat ihn gesehen, dass er erzählen
könnte, / und wer kann ihn loben, wie es ihm
entspricht?
32 Die Menge des Verborgenen ist größer
als das Genannte, / nur wenige von seinen
Werken habe ich gesehen.
33 Alles hat der Herr gemacht / und den
Frommen hat er Weisheit verliehen.

5: Ps 19,6 • 6–7: Gen 1,14–18; Ps 104,19 • 11: 50,7 • 17a: Ps 29,8 • 19: Ps 147,16–18 • 23–24: Ps 104,5f • 25: Ps 104,25f • 27: Weish 1,7; 7,22 – 8,1 • 28: Ps 96,4; 145,3.

Das Lob der Väter Israels: 44,1–15

44 Die ehrwürdigen Männer will ich
preisen, / unsere Väter, wie sie aufei-
nander folgten.
2 Viel Ehre hat der Höchste ausgeteilt, /
viel von seiner Größe, seit den Tagen der
Vorzeit:
3 Männer, die über die Erde als Könige
herrschten / und die berühmt waren durch
ihre Macht;
die Rat erteilten durch ihre Einsicht, / die
prophetisch alle Dinge erschauten;
4 Fürsten des Volkes wegen ihrer Klug-
heit, / angesehen wegen ihres Scharfsinns;
redekundig durch ihre Kenntnis der
Schriften, / Lehrer von Sinnsprüchen durch
ihre Lebenserfahrung;
5 Dichter von Liedern in Versmaß, / Ver-
fasser von geschriebenen Sinnsprüchen;
6 tüchtige Männer, auf Macht gestützt, /
unbehelligt in ihrem Wohnsitz:
7 Sie alle waren geehrt zu ihrer Zeit / und
ihr Ruhm blühte in ihren Tagen.
8 Manche hinterließen einen Namen, / so-
dass man ihr Lob weitererzählte.
9 Andere blieben ohne Nachruhm; / sie
sind erloschen, sobald sie starben.
Sie sind, als wären sie nie gewesen, / und
ebenso auch ihre Kinder.
10 Jene aber sind die ehrwürdigen Män-
ner, / deren Hoffnung nicht vergeht.
11 Bei ihren Nachkommen bleibt ihr Gut, /
ihr Erbe bei ihren Enkeln.
12 Ihre Nachkommen halten fest an ihrem
Bund / und ebenso ihre Kinder, um der Väter
willen.
13 Ihre Nachkommen haben für immer Be-
stand, / ihr Ruhm wird niemals ausgelöscht.
14 Ihr Leib ist in Frieden bestattet, / ihr
Name lebt fort von Geschlecht zu Ge-
schlecht.
15 Von ihrer Weisheit erzählt die Gemein-
de, / ihr Lob verkündet das versammelte
Volk.

8–9: Koh 2,16 • 13: 39,9 • 15: 39,10.

Das Beispiel Henochs: 44,16

16 Henoch ging seinen Weg mit dem Herrn
und wurde entrückt: / ein Beispiel der Got-
teserkenntnis für alle Zeiten.

16: Gen 5,24; Hebr 11,5.

Das Vorbild Noachs: 44,17–18

17 Der gerechte Noach wurde untadelig be-

43,20b Nach dem Masada-Text; G: auf dem Wasser gefriert das Eis.
43,26 Zu Gottes Wort als Bote vgl. Ps 147,15–18.
44,1 Zur natürlichen Offenbarung kommt die Offenbarung in der Heilsgeschichte Israels. Die folgende »Biblische Geschichte« beginnt mit Henoch und reicht bis zum Hohenpriester Simeon, der zur Zeit des Verfassers lebte.
44,3–6 Die zwölf Ehrentitel können nicht auf bestimmte Einzelgestalten bezogen werden.
44,9 Dass es im Verlauf der Geschichte auch Versager gab, wird als Kontrast kurz erwähnt. Betont wird, dass auch die Nachkommen am Segen oder am Unheil ihrer Väter teilhaben.

funden, / zur Zeit des Untergangs war er ein
neuer Anfang.
Durch ihn blieb ein Rest erhalten, / der
Bund mit ihm beendete die Sintflut.
18 Ein ewiger Bund wurde mit ihm ge-
schlossen: / Nie wieder sollte alles Leben
vernichtet werden.

17: Gen 6,9 • 18: Gen 8,21; 9,9–11.

Die Bedeutung Abrahams: 44,19–21

19 Abraham wurde der Vater vieler Völ-
ker, / seine Ehre blieb makellos.
20 Er hielt das Gebot des Höchsten / und
trat in einen Bund mit ihm.
Wie ihm befohlen wurde, hat er sich be-
schnitten; / in der Prüfung wurde er treu be-
funden.
21 Darum hat ihm Gott mit einem Eid zu-
gesichert, / durch seine Nachkommen die
Völker zu segnen,
sie zahlreich zu machen wie den Staub auf
der Erde / und seine Nachkommen zu erhö-
hen wie die Sterne,
ihnen Besitz zu geben von Meer zu Meer, /
vom Eufrat bis an die Grenzen der Erde.

19: Gen 17,4f • 20: Gen 15,18; 17,24; 22,1–19; Hebr 11,8 • 21: Gen 12,3; 13,16; 15,5.18.

Der Segen Isaaks und Jakobs: 44,22–23

22 Das Gleiche sicherte er Isaak zu / um
Abrahams, seines Vaters willen.
23 Den Bund mit allen Vorfahren übertrug
er auf ihn. / Auch auf Israels Haupt ruhte der
Segen.
Er bestätigte ihm die Erstgeburt / und
übergab ihm sein Erbe.
Er bestimmte es für die Stämme, / zum
Anteil für die Zwölf.
Er ließ von ihm einen Mann abstammen, /
der bei allen Lebenden in Ansehen stand:

22: Gen 17,19 • 23: Gen 27,27–29; 35,12; Ex 2,1f .

Die Größe des Mose: 45,1–5

45 Geliebt von Gott und den Men-
schen: / Mose, sein Andenken sei
zum Segen.
2 Er nannte ihn einen Gott / und stärkte
ihn zu Furcht erregenden Taten.
3 Durch sein Wort ließ er schnell die Zei-
chen geschehen / und verlieh ihm Macht vor
dem König.
Er sandte ihn zum Volk / und zeigte ihm
seine Herrlichkeit.
4 Wegen seiner Treue und Bescheidenheit /
erwählte er ihn aus allen Sterblichen.
5 Er ließ ihn seine Stimme hören / und zu
der dunklen Wolke herantreten.
In seine Hand legte er die Gebote, / die
Lehre voll Leben und Einsicht,
um Jakob seine Gesetze zu lehren / und Is-
rael seine Satzungen und Vorschriften.

2: Ex 4,16; 7,1 • 3: Ex 8 – 11; 6,13; 19,3.7.10 • 4: Num 12,3 • 5: Ex 19,15–21.

Die Erwählung Aarons: 45,6–22

6 Gleich ihm erhöhte er einen Heiligen: /
Aaron aus dem Stamm Levi.
7 Er hat ihn bestellt für das ewige Priester-
amt / und über ihn seine Hoheit ausgebrei-
tet.
Er beglückte ihn mit seiner Herrlichkeit /
und umhüllte ihn mit dem schönsten
Schmuck.
8 Er kleidete ihn ganz in Pracht / und
schmückte ihn mit herrlichen Gewändern: /
mit Beinkleidern, Leibrock und Oberge-
wand.
9 Dessen Saum verzierte er mit Glöckchen
im Kreis / und mit klingenden Granatäpfeln
ringsum.
Sie sollten bei seinen Schritten lieblichen
Klang geben, / damit er im Heiligtum zu hö-
ren war und sein Volk aufmerksam wurde.
10 Auch schmückte er ihn mit den heiligen
Gewändern aus Gold, / aus violettem und ro-
tem Purpur – einer Kunstweberarbeit –, / mit
der Lostasche für den Schiedsspruch, dem
Efod,
11 und dem Gürtel aus Karmesin – einer
Weberarbeit –, / mit den Edelsteinen, gesto-
chen wie Siegel / und eingefasst – einer
Steinschneiderarbeit –;
auf ihnen standen in eingeschnittener
Schrift / die Namen der Stämme Israels, / um
sie (bei Gott) in Erinnerung zu bringen;
12 sodann der Goldreif auf dem Kopf-
bund, / die Rosette mit der eingravierten
Inschrift: Heilig!
Eine herrliche Pracht, eine gewaltige Aus-
zeichnung, / eine Augenweide, eine voll-
endete Schönheit.
13 Vorher hat es nichts Ähnliches gegeben /
und niemals darf es ein Unbefugter tragen.

44,23c Andere Übersetzungsmöglichkeit nach G: Er erkannte (= bevorzugte) ihn in seinen Segnungen.

45,2 G: Er machte ihn der Herrlichkeit der Heiligen gleich und machte ihn groß zum Schrecken der Feinde.

45,8–12 Zu dieser knappen und schwer zu deutenden Beschreibung des hohenpriesterlichen Ornats vgl. besonders Ex 28.

45,11def Wörtlich: zur Erinnerung, in eingeschnittener Schrift, nach der Zahl der Stämme Israels.

Nur seinen Söhnen hat er dies anvertraut / und so halten es seine Söhne für alle Zeiten.
14 Sein Speiseopfer wird ganz verbrannt, /
zweimal täglich, als regelmäßiges Opfer.
15 Mose hat ihn in sein Amt eingesetzt /
und ihn mit heiligem Öl gesalbt.
So wurde ihm ein ewiger Bund gewährt und auch seinen Nachkommen, / solange der Himmel steht:
den Dienst zu tun, für Gott Priester zu sein / und sein Volk in seinem Namen zu segnen.
16 Er hat ihn erwählt aus allen Lebenden, /
damit er Brandopfer und Fettstücke darbringe,
den beruhigenden Duft des Gedenkopfers aufsteigen lasse / und für die Söhne Israels Sühne erwirke.
17 Er gab ihm seine Gebote / und Vollmacht über Gesetz und Recht.
So unterwies Aaron sein Volk im Gesetz / und Israels Söhne im Recht.
18 Als sich Unbefugte gegen ihn empörten /
und in der Wüste auf ihn eifersüchtig wurden,
die Leute um Datan und Abiram / sowie Korach und sein Anhang, in heftiger Wut,
19 da sah es der Herr und wurde zornig, /
er vernichtete sie in seinem glühenden Zorn.
Er bewirkte ein Wunder gegen sie / und vertilgte sie in den Flammen seines Feuers.
20 Das Ansehen Aarons vermehrte er noch /
und gab ihm sein Erbteil:
Die heiligen Erstlinge gab er ihm zur Nahrung, / 21a die Gaben für den Herrn sollten sie essen.
20d Die Schaubrote wurden sein Anteil /
21b und die Abgaben sollten ihm und seinen Nachkommen zufallen.
22 Vom Landbesitz des Volkes aber sollte er nichts erben, / in ihrer Mitte kein Erbteil erhalten;
denn der Herr ist sein Anteil / und sein Erbe inmitten der Söhne Israels.

7: Ex 28,43 • 8: Ex 28,39–42 • 10: Ex 28,4f.30; Lev 8,8 • 11: Ex 28,39; 28,12f • 12: Ex 28,36–38 • 14: Lev 6,12–16 • 15: Lev 8,1–13 • 17: 45,26 • 18: Num 16 • 20: Num 18,12f • 20d: Ex 25,30; Lev 24,5–9 • 22: Num 18,20; Ps 16,5.

Die Bestimmung des Pinhas: 45,23–26

23 Ferner Pinhas, der Sohn Eleasars: / Er
bekam als Dritter das hohe Amt, / weil er sich einsetzte für den Gott des Alls / und für sein Volk in die Bresche trat, / als er dem Antrieb seines Herzens folgte / und für die Söhne Israels Sühne erwirkte.
24 Darum hat der Herr auch für ihn eine
Bestimmung getroffen, / einen Heilsbund gestiftet: / Er sollte das Heiligtum versorgen.
So sollte ihm und seinen Söhnen / das Hohepriesteramt gehören für ewige Zeiten.
25 Sein Bund mit David, dem Sohn Isais
aus dem Stamm Juda, / bestand in der Erbnachfolge eines Herrschers von Gottes Gnaden; / ebenso gehört die Erbnachfolge Aarons Pinhas und seinen Söhnen.
Nun lobt den gütigen Herrn, / der euch mit Ehre gekrönt hat.
26 Er gebe euch Weisheit ins Herz, / sein
Volk in Gerechtigkeit zu lenken,
damit euer Glück nie endet / noch euer hohes Amt bis in fernste Zeiten.

23: Num 25,7–13; Ez 13,5; 22,30 • 25: 2 Sam 7,16; 1 Kön 8,25 • 26: 50,23.

Die Tapferkeit Josuas und Kalebs: 46,1–10

46 Ein tapferer Kriegsheld war Josua, der Sohn Nuns, / der Mose im Amt des Propheten zur Seite stand.
Er war dazu geschaffen, seinem Namen entsprechend, / für die Erwählten Gottes eine große Hilfe zu sein,
an den Feinden Rache zu nehmen / und Israel in sein Erbland zu führen.
2 Wie herrlich war er, wenn er die Hand er-
hob / und das Sichelschwert schwang gegen eine Stadt.
3 Wer konnte ihm standhalten, / wenn er
die Kriege des Herrn führte?
4 Blieb nicht auf seinen Befehl die Sonne
stehen, / wurde nicht ein Tag doppelt so lang?
5 Er rief zu Gott, dem Höchsten, / als er in
Not war, umringt von seinen Feinden;
der höchste Gott erhörte ihn / und ließ Hagelsteine und Eis regnen.
6 Er schleuderte sie auf das feindliche
Volk, / am Abhang vernichtete er die Gegner.

45,20f Textumstellung nach H.
45,21a Gemeint sind die Leviten.
45,23 Eleasar, nach der priesterlichen Überlieferung der dritte Sohn Aarons und sein Nachfolger, wird nur beiläufig erwähnt. Berühmter war sein Sohn Pinhas.
45,25b Wörtlich: eines Mannes vor seiner Herrlichkeit. Gemeint sind Salomo und die ganze davidische Dynastie.
45,25ef Fehlt in G, ist aber doch wohl ursprünglich als Überleitung zu V. 26. Aufforderung zum Gotteslob auch 50,22a.
46,1c Der Name Josua bedeutet »Jahwe hilft«; dementsprechend besser G, wie oben, als H: in seinen Tagen (vgl. 43,8).

So sollten alle dem Untergang geweihten Völker erkennen, / wie genau der Herr ihre Kämpfe beobachtet.

Auch war er dem Herrn in allem ergeben /
7 und bewies Treue in den Tagen des Mose.

Josua und Kaleb, der Sohn Jefunnes, / sie blieben standhaft beim Aufruhr des Volkes,

wandten das Zorngericht von der Gemeinde ab / und machten dem üblen Gerede ein Ende.

8 Darum wurden sie beide auch verschont, / als Einzige von den sechshunderttausend Männern des Fußvolks,

und in ihr Erbland geführt, / in das Land, wo Milch und Honig fließen.

9 Gott gab dem Kaleb Kraft, / die ihm bis ins Greisenalter erhalten blieb,

damit er die Höhen des Landes besetzen konnte; / auch seine Nachkommen behielten das Erbe.

10 Dadurch sollten alle Söhne Jakobs erkennen, / wie gut es ist, dem Herrn in allem ergeben zu sein.

1: Jos 1,1 • 4: Jos 10,12f • 5: 46,16; Jos 10,10f • 7: Num 14,6–10.30 • 8: 16,10 • 9: Jos 14,10–12.

Die Treue der Richter: 46,11–12

11 Dann die Richter, jeder mit seinem Namen: / alle, die sich nicht beirren ließen und nicht abtrünnig wurden von Gott. / Ihr Andenken sei zum Segen.

12 Ihre Gebeine mögen von ihrer Stätte emporsprossen / und ihren Ruhm erneuern an den Söhnen.

12: 49,10.

Die Verdienste Samuels: 46,13–20

13 Geschätzt von seinem Volk, geliebt von seinem Schöpfer, / mit Sehnsucht erwartet von Geburt an, / dem Herrn geweiht im Prophetenamt: / Samuel, der Richter und Priester.

Auf Gottes Wort hin führte er das Königtum ein / und salbte Fürsten für das Volk.

14 Im Auftrag des Herrn berief er die Versammlung ein / und wachte über die Zelte Jakobs.

15 Als Seher wurde er befragt wegen seiner Zuverlässigkeit / und war in seinem Wort ein verlässlicher Prophet.

16 Auch er rief zu Gott, / als er das Milchlamm opferte;

17 da donnerte der Herr vom Himmel her, / unter gewaltigem Dröhnen ließ er seine Stimme hören.

18 Er demütigte die feindlichen Heerführer / und vernichtete alle Fürsten der Philister.

19 Als Samuel sich dann zur Ruhe legte, / rief er den Herrn und seinen Gesalbten als Zeugen an:

Von wem nahm ich Geschenke an, / und seien es nur Sandalen?

Aber niemand brachte etwas gegen ihn vor. / [Bis zu seinem Ende zeigte sich seine Weisheit vor Gott und allen Menschen.]

20 Er wurde sogar befragt, nachdem er schon gestorben war, / und kündigte dem König sein Schicksal an.

Aus der Erde erhob er seine Stimme und weissagte, / um den Frevel des Volkes zu beenden.

13: 1 Sam 1,11; 8,9; 10,1 • 14: 1 Sam 7,5; 10,17 • 15: 1 Sam 3,19–21 • 16: 46,5; 47,5; 1 Sam 7,9f • 18: 1 Sam 7,13 • 19: 1 Sam 12,3f • 20: 1 Sam 28,6–25.

Die Erwählung Davids: 47,1–11

47 Nach ihm stand Natan auf, / um vor David hinzutreten.

2 Wie das Fett herausgehoben ist aus dem Opferfleisch, / so David aus Israel.

3 Er spielte mit Löwen, als wären es Ziegen, / mit Bären, als wären es Schafe.

4 In seiner Jugend erschlug er den Riesen / und befreite das Volk von der Schmach, indem er mit der Hand die Schleuder schwang / und Goliats Hochmut zerbrach.

5 Denn er hatte Gott, den Höchsten, angerufen / und dieser gab seiner rechten Hand Kraft,

um den kampferprobten Mann niederzustrecken / und die Macht seines Volkes zu mehren.

6 Darum haben ihn die Frauen besungen / und ihm zugerufen: Zehntausend (erschlug er)!

7 Als er die Krone trug, führte er Krieg / und demütigte ringsum die Feinde.

Er schlug die feindlichen Philister / und zerbrach ihre Macht bis heute.

8 Bei allen seinen Taten stimmte er Loblieder an / auf Gott, den Höchsten, mit rühmenden Worten.

Er liebte seinen Schöpfer von ganzem Herzen, / alle Tage pries er ihn mit Liedern.

46,16a Weist auf V. 5 zurück.
46,17b So nach G und S. Zum Donner als Stimme Gottes vgl. Ps 29.
46,19 Der Zusatz fehlt in G und S.
47,8–10 Sirach würdigt, wie der Chronist, David vor allem als Psalmendichter und Begründer des Gottesdienstes.

9 Vor dem Altar ließ er Saiteninstrumente aufstellen / und schuf Psalmweisen für die Harfenbegleitung.
10 Den Festen verlieh er Glanz / und verschönerte die Feiertage im Kreislauf des Jahres.
Vom Lobgesang auf Gottes heiligen Namen / hallte das Heiligtum wider schon vor dem Morgen.
11 Der Herr verzieh ihm seine Sünde / und begründete seine Macht für immer.
Er übergab ihm das Königsgesetz / und festigte seinen Thron über Israel.

2: Lev 3; 1 Sam 16 • 4: 1 Sam 17 • 6: 1 Sam 18,6–8 • 7: 2 Sam 5,17–25 • 9: 1 Chr 15,16 – 16,43 • 11: 2 Sam 12,1–14; 7,12–16.

Die Weisheit und die Torheit Salomos: 47,12–24

12 Seinetwegen erstand ihm als Nachfolger / ein weiser Sohn, der in Sicherheit leben konnte.
13 Salomo war König in friedlichen Tagen, / Gott verschaffte ihm Ruhe ringsum.
Er baute ein Haus für den Namen des Herrn / und errichtete ein Heiligtum für immer.
14 Wie weise warst du in deiner Jugend, / von Bildung strömtest du über wie der Nil.
15 Die Erde bedecktest du mit deinem Wissen, / bis zur Himmelshöhe ließest du Lieder aufsteigen.
16 Bis zu den fernsten Inseln gelangte dein Ruhm / und man begehrte danach, dich zu hören.
17 Durch Lied und Sinnspruch, Rätsel und Gleichnis / hast du die Völker in Staunen versetzt.
18 Du wurdest benannt nach dem Namen des Hochgeehrten, / der auch über Israel ausgerufen ist.
Gold hast du angehäuft wie Eisen / und das Silber vermehrt wie Blei.
19 Doch gabst du dich den Frauen hin / und ließest sie herrschen über deinen Leib.
20 Du hast deine Ehre befleckt / und dein Ehebett entweiht.
So hast du Zorn über deine Nachkommen gebracht / und Klage über dein Ehelager,
21 indem das Volk unter zwei Zepter kam / und aus Efraim ein abtrünniges Reich wurde.
22 Gott aber hat seine Huld nicht aufgegeben / und keines seiner Worte unerfüllt gelassen.
Er hat seinem Erwählten den Spross und Sohn nicht ausgerottet, / die Nachkommen seine Freundes nicht ausgetilgt.
So hat er Jakob einen Rest gelassen / und David einen Wurzelspross aus ihm selbst.
23 Salomo entschlief in Verzweiflung / und hinterließ einen starrköpfigen Sohn,
reich an Torheit, arm an Einsicht: / Rehabeam, der durch seinen Entschluss das Volk entzweite.
Dann stand Jerobeam auf, der Sohn Nebats; / sein Andenken sei ausgelöscht.
Er sündigte und verführte Israel zur Sünde. / Er verschuldete Efraims Fall / 24 und die Vertreibung aus ihrem Land.
Ihre Sünde wurde sehr groß, / 25 allem Bösen gaben sie sich hin.

12: 1 Kön 5,5 • 13: 1 Kön 6 • 15: 1 Kön 5,12–14 • 18: 2 Sam 12,25; 1 Kön 10,14–29 • 19: 1 Kön 11,1–10 • 21: 1 Kön 11,11; 12,16–20 • 23: 1 Kön 12,13–19.26–33 • 24: 2 Kön 17,21–23.

Der Eifer Elijas: 48,1–11

48 Da stand ein Prophet auf wie Feuer, / seine Worte waren wie ein brennender Ofen.
2 Er entzog ihnen ihren Vorrat an Brot, / durch sein Eifern verringerte er ihre Zahl.
3 Auf Gottes Wort hin verschloss er den Himmel / und dreimal ließ er Feuer herniederfallen.
4 Wie Ehrfurcht gebietend warst du, Elija, / wer dir gleichkommt, kann sich rühmen.
5 Einen Verstorbenen hast du vom Tod erweckt, / aus der Unterwelt, nach Gottes Willen.
6 Könige hast du ins Grab geschickt, / Vornehme von ihren Lagern hinweg.
7 Am Sinai hast du Strafbefehle vernommen, / am Horeb Urteile der Rache.
8 Könige hast du gesalbt für die Vergeltung / und einen Propheten als deinen Nachfolger.
9 Du wurdest im Wirbelsturm nach oben entrückt, / in Feuermassen himmelwärts.

47,12a Seinetwegen: deutet an, dass der Glanz Salomos auf die Verdienste Davids zurückzuführen ist.
47,15 Text unsicher; G: Deine Seele bedeckte die Erde und du hast sie angefüllt mit Rätselsprüchen.
47,16b Nach S; G: und du wurdest geliebt in deinem Frieden.
47,22c Der Erwählte ist David.
47,23 Text zum Teil unsicher und mit späteren Erweiterungen.
47,24 G hat die Zeilen umgestellt.
48,2a Wörtlich: Er zerbrach ihnen den Brotstab (vgl. die Anmerkung zu Lev 26,26).
48,9 G verdeutlicht nach 2 Kön 2,11: Du wurdest im Feuersturm entrückt und in einem Wagen mit Feuerpferden.

10 Von dir sagt die Schrift, / du stehst bereit für die Endzeit,
um den Zorn zu beschwichtigen, bevor er entbrennt, / um den Söhnen das Herz der Väter zuzuwenden / und Jakobs Stämme wieder aufzurichten.
11 Wohl dem, der dich sieht und stirbt; / denn auch er wird leben.

1: 1 Kön 17,1 • 3: 1 Kön 18,38; 2 Kön 1,10.12 • 5: 1 Kön 17,17–24 • 6: 1 Kön 21,20–24; 2 Kön 1,4.6.16 • 7: 1 Kön 19,15–17 • 9: 2 Kön 2,1–11 • 10: Mal 3,23.

Die Wundermacht Elischas: 48,12–16

12 Elija ist im Wirbelsturm entschwunden, / Elischa wurde mit seinem Geist erfüllt.
Doppelt so viele Zeichen wirkte er, / zu Wundern wurden alle Worte aus seinem Mund.
Solange er lebte, hat er vor niemand gezittert, / kein Sterblicher hatte Macht über seinen Geist.
13 Nichts war für ihn unerreichbar, / noch im Grab zeigte sein Leichnam Prophetenkraft.
14 In seinem Leben vollbrachte er Wunder / und bei seinem Tod erstaunliche Taten.
15 Trotz allem bekehrte das Volk sich nicht; / sie ließen nicht ab von ihren Sünden,
bis sie aus ihrem Land verschleppt / und in alle Welt verstreut wurden.
Aber für Juda ist ein kleiner Rest geblieben / und dem Haus David noch ein Fürst.
16 Von ihnen taten einige, was recht ist, / andere verübten unerhörten Frevel.

13: 2 Kön 13,21.

Das Werk Hiskijas: 48,17–21

17 Hiskija sicherte seine Stadt, / indem er Wasser hineinleitete.
Mit dem Eisen durchbrach er Felsen / und dämmte den Teich zwischen Bergen ein.
18 In seinen Tagen zog Sanherib herauf / und entsandte den Rabschake.
Dieser streckte seine Hand gegen Zion aus / und übermütig lästerte er Gott.
19 Da zitterten sie trotz allem Übermut ihres Herzens / und wanden sich wie eine Gebärende.
20 Sie riefen zu Gott, dem Höchsten, / und streckten nach ihm die Hände aus.
Er hörte auf ihr lautes Flehen / und half ihnen durch Jesaja.
21 Er schlug die Assyrer in ihrem Lager / und verwirrte sie durch eine Seuche.

17: 2 Kön 20,20; Jes 22,11 • 18: 2 Kön 18,13 – 19,37; Jes 36; 2 Chr 32,1–23.

Das Wort Jesajas: 48,22–25

22 Denn Hiskija hatte das Rechte getan, / war fest geblieben auf Davids Wegen,
die der Prophet Jesaja ihm gewiesen hatte, / der große und zuverlässige Seher.
23 Auf Jesajas Befehl ging die Sonne zurück / und er verlängerte dem König das Leben.
24 Mit großer Geisteskraft schaute er die Zukunft / und tröstete die Trauernden in Zion.
25 Für fernste Zeit verkündete er das Kommende / und das Verborgene, bevor es geschah.

23: 2 Kön 20,4–11; Jes 38,4–8.

Die Treue Joschijas: 49,1–3

49 Der Name Joschija gleicht duftendem Weihrauch, / würzig und vom Salbenmischer zubereitet.
Sein Andenken ist süß wie Honig im Mund / und wie ein Lied beim Weingelage.
2 Denn er litt wegen unserer Treulosigkeit / und machte den abscheulichen Götzen ein Ende.
3 Er richtete sein Herz ganz auf Gott / und bewies Treue in Zeiten des Unrechts.

2: 2 Kön 22f.

Die Verdienste späterer großer Männer Israels: 49,4–13

4 Außer David, Hiskija und Joschija / haben alle Könige ruchlos gehandelt:
Bis zu ihrem Untergang haben die Könige von Juda / das Gesetz des Höchsten verlassen.
5 Ihre Macht gaben sie an andere hin, / ihre Ehre an ein fremdes Volk.
6 Sie zündeten die Heilige Stadt an, / sodass die Straßen verödeten,

48,11 Text sehr unsicher; G: Glücklich die, die dich sehen und die in der Liebe gestorben sind; denn auch wir werden leben.
48,15 Bezieht sich auf die assyrische Gefangenschaft der Nordstämme.
48,21b So nach H; G verdeutlicht nach 2 Kön 19,35: und sein Engel vertilgte sie.
48,23a Auf Jesajas Befehl, wörtlich: Durch seine Hand (S); G: In seinen Tagen.
49,4 Sirach urteilt in seiner kurzen Aufzählung noch strenger als der Verfasser der Königsbücher und der Chronist.
49,6a »Sie« können die Babylonier sein, das »fremde Volk« von V. 5b; aber gemeint sind wohl eher die Könige von Juda (vgl. V. 7), die indirekt den Untergang herbeigeführt haben.

7 zur Strafe dafür, dass sie Jeremia misshandelt haben, / obwohl er vom Mutterleib an zum Propheten geschaffen war,
um auszureißen, niederzureißen und zu vernichten, / aber auch um aufzubauen, einzupflanzen und zu stärken.
8 Ezechiel sah eine Vision / und beschrieb die Gestalten am Thronwagen.
9 Er gedachte auch des Ijob, / der die Wege der Gerechtigkeit einhielt.
10 Ferner die Zwölf Propheten: / Ihre Gebeine mögen von ihrer Stätte emporsprossen.
Sie brachten Heilung für Jakobs Volk / und halfen ihm durch zuverlässige Hoffnung.
11 Wie könnten wir Serubbabel gebührend preisen, / war er doch wie ein Siegelring an der rechten Hand,
12 ebenso Jeschua, den Sohn des Jozadak? / Sie beide erbauten zu ihrer Zeit das Gotteshaus;
sie errichteten den heiligen Tempel, / der zu dauernder Herrlichkeit bestimmt ist.
13 Nehemia, sein Andenken in Ehren! / Er baute unsere Trümmer wieder auf
und stellte das Zerstörte wieder her, / Tore und Riegel setzte er ein.

7: Jer 1,5.10 • 8: Ez 1,4–28; 10 • 9: Ez 14,14.20 • 10: 46,12 • 11: Hag 2,23 • 12: Esra 3,8 – 6,18 • 13: Neh 2,17 – 7,1.

Rückblick auf die Großen des Anfangs: 49,14–16

14 Kaum einer auf Erden kommt Henoch gleich, / darum wurde er auch lebend entrückt.
15 Gab es je einen Mann wie Josef? / Selbst sein Leichnam wurde sorgfältig erhalten.
16 Sem, Set und Enosch sind hoch geehrt, / aber Adam übertrifft alle Menschen an Ruhm.

14: 44,16 • 15: Gen 50,25f; Ex 13,19.

Die Größe des Hohenpriesters Simeon: 50,1–21

50 Der größte unter seinen Brüdern, der Ruhm seines Volkes, / ist der Priester Simeon, der Sohn Johanans.
Zu seiner Zeit wurde das Gotteshaus ausgebessert, / in seinen Tagen der Tempel befestigt.
2 Zu seiner Zeit wurde die Mauer gebaut, / die Zinnen der Gotteswohnung beim Königspalast.
3 In seinen Tagen wurde der Teich gegraben, / ein Becken, groß wie ein Meer.
4 Er hat sein Volk gegen Plünderung gesichert, / seine Stadt gegen den Feind befestigt.
5 Wie herrlich, wenn er herausschaute aus dem Zelt, / wenn er heraustrat zwischen dem Vorhang:
6 wie ein leuchtender Stern zwischen den Wolken, / wie der Vollmond in den Tagen des Festes,
7 wie die strahlende Sonne über dem Königspalast, / wie ein Regenbogen, der in den Wolken erscheint,
8 wie Blütenzweige in den Tagen des Festes, / wie eine Lilie an Wasserläufen, / wie das Grün des Libanon an Sommertagen,
9 wie Weihrauchfeuer auf dem Speiseopfer, / wie ein vergoldetes Gefäß, mit dem Hammer getrieben / und mit Edelsteinen besetzt,
10 wie ein üppiger Ölbaum voll von Früchten, / wie ein wilder Ölbaum mit saftigen Zweigen.
11 (Wie herrlich,) wenn er die Prachtgewänder angelegt / und sich mit allem Schmuck bekleidet hatte,
wenn er emporstieg zum erhabenen Altar / und die Einfassung des heiligen Raumes mit Glanz erfüllte,
12 wenn er die Opferstücke aus der Hand seiner Brüder nahm, / während er selbst bei dem aufgeschichteten Holz stand.
Rings umgab ihn der Kranz seiner Söhne / wie junge Zedern auf dem Libanon.
Wie Pappeln am Bach umstanden ihn /
13 alle Söhne Aarons in ihrer Pracht,
die Feueropfer des Herrn in ihrer Hand / vor der ganzen Versammlung Israels,
14 bis er den Dienst am Altar vollendet / und das Opferholz für den Höchsten geordnet hatte.

49,10 Die zwölf Kleinen Propheten werden hier zum ersten Mal als eine Einheit erwähnt. Wie bei Jesaja werden besonders ihre Heilsweissagungen betont.
49,13 G hat die Zeilen c und d vertauscht.
49,15 G hat 50,1a hier eingesetzt und so mit Josef verknüpft.
49,16a Nach G wäre zu übersetzen: Sem und Set sind unter den Menschen hoch geehrt (vgl. die Anmerkung zu Gen 4,26).
50,1 Zum Abschluss seiner »Biblischen Geschichte« beschreibt Sirach den Hohenpriester Simeon im liturgischen Dienst, wie er ihn wohl noch selber gesehen hat. Gemeint ist Simeon II., der 218–192 v. Chr. Hoherpriester war. Sein Vater trägt in G den Namen Onias.
50,4b G: gegen Belagerung.
50,6b Das »Fest« ist das Paschafest.
50,7a Königspalast: nach H; G: Tempel des Höchsten.
50,10b G: wie eine Zypresse, die in die Wolken ragt.

15 Dann streckte er die Hand nach dem Becher aus / und opferte von dem Blut der Trauben;
er goss es aus an den Fuß des Altars / zum beruhigenden Duft für den Höchsten, den König des Alls.
16 Jetzt stießen die Söhne Aarons in die getriebenen Trompeten, / sie bliesen mit gewaltigem Schall zur Erinnerung vor dem Höchsten.
17 Alle Versammelten beeilten sich / und warfen sich auf ihr Gesicht zur Erde nieder,
um den Höchsten anzubeten, / den Heiligen Israels.
18 Dann stimmte man die Gesänge an / und ließ zur Musik süßen Jubel ertönen.
19 Alles Volk jubelte / im Gebet vor dem Barmherzigen,
bis der Priester den Dienst des Herrn vollendet / und ihm die vorgeschriebenen Opfer dargebracht hatte.
20 Dann stieg er herab und erhob seine Hände / über die ganze Gemeinde Israels.
Der Segen des Herrn war auf seinen Lippen, / den Namen des Herrn nennen zu dürfen, war sein Ruhm.
21 Sie aber fielen zum zweiten Mal nieder, / um den Segen von ihm zu empfangen.

5: Lev 16 • 16: Num 10,2–10 • 20: Lev 9,22; Num 6,23–27.

Aufforderung zum Lobpreis Gottes: 50,22–24

22 Nun lobt den Herrn, den Gott des Alls, / der Wunderbares auf der Erde vollbringt,
der einen Menschen erhöht vom Mutterschoß an / und an ihm handelt nach seinem Gefallen.
23 Er gebe euch Weisheit ins Herz / und der Friede sei mit euch.
24 Beständig bleibe seine Huld bei Simeon; / er erhalte ihm den Bund mit Pinhas,
der weder ihm gebrochen werden soll / noch seinen Nachkommen, solange der Himmel steht.

23: 45,26.

DIE ANHÄNGE: 50,25 – 51,30

Die Abgrenzung gegen die Nachbarn Israels: 50,25–26

25 Zwei Völker verabscheue ich / und das dritte ist kein Volk:
26 Die Bewohner von Seïr und vom Philisterland / und das törichte Volk, das in Sichem wohnt.

26: 2 Kön 17,24.

Das Schlusswort des Verfassers: 50,27–29

27 Weise Bildung und passende Sinnsprüche / von Jesus, dem Sohn Eliasars, des Sohnes Sirachs,
dessen Herz von Schriftauslegung überströmte / und der Einsicht hervorquellen ließ.
28 Wohl dem Mann, der hierüber nachsinnt; / wer es sich zu Herzen nimmt, wird weise.
29 Wer danach handelt, hat Kraft zu allem; / denn die Gottesfurcht ist ihr tiefster Inhalt.

Das Danklied: 51,1–12

51 Ich will dich preisen, mein Herr und König, / ich will dich loben, Gott meines Heils.
Ich will deinen Namen verkünden, / du Hort meines Lebens,
2 denn du hast mich vom Tod errettet. / Du hast meinen Leib vor dem Grab bewahrt, / meinen Fuß dem Griff der Unterwelt entrissen.
Du hast mich befreit von der Geißel böser Zungen, / von den Lippen treuloser Lügner.
Gegen meine Widersacher standest du mir zur Seite, / 3 in deiner großen Huld hast du mir geholfen

50,20d Nur am Versöhnungstag durfte der Hohepriester den Namen »Jahwe« aussprechen, was sonst aus Ehrfurcht verboten war.
50,22 Man soll Gott loben für die Auserwählung des Hohenpriesters.
50,22c einen Menschen: G fälschlich: unsere Tage.
50,23f Die Mahnung zur Treue gegen das aaronitische Priestertum ist vielleicht ein Hinweis darauf, dass Sirach den Niedergang des hohepriesterlichen Amtes befürchtet.
50,26 Seïr ist das Edomiterland (vgl. Gen 32,4; 33,16).
50,27b G nennt den Verfasser »Bürger von Jerusalem«; vgl. die Einleitung.
50,29 tiefster Inhalt: G hat hier einen Ausdruck, der ein hebräisches Wort mit der Bedeutung »das Wesen, der tiefste Sinn« wiedergibt.
51,1–12 Nach dem Schlusswort 50,27–29 bildet das beigefügte Danklied einen Nachtrag.

aus der Schlinge derer, die auf meinen Fall
lauern, / aus der Hand jener, die mir nach
dem Leben trachten.
Aus vielen Nöten hast du mich erlöst, /
4 aus der Bedrängnis der Flammen, die mich
umringten, / aus Gluten, die nicht (wirklich)
geschürt,
5 aus dem Schoß der Flut, nicht (wirklich)
von Wasser, / (sondern) von schändlichen
Lippen und Erfindern von Lüge, / 6 von den
Pfeilen der falschen Zunge.
Schon war ich dem Tod nahe / und mein
Leben den Tiefen der Unterwelt.
7 Ich wandte mich nach allen Seiten und
fand keinen Helfer, / ich spähte nach einem
Beistand, doch keiner war da.
8 Da dachte ich an das Erbarmen des
Herrn, / an die Taten seiner Huld, die seit
Ewigkeit bestehen.
Er hilft allen, die auf ihn vertrauen, / und
erlöst sie aus jeder Gefahr.
9 So erhob ich von der Erde meine Stim-
me, / ich schrie von den Toren der Unter-
welt her.
10 Ich rief: Herr, mein Vater bist du, / mein
Gott, mein rettender Held.
Verlass mich nicht am Tag der Not, / am
Tag der Vernichtung und Verwüstung!
11 Deinen Namen will ich allzeit loben, / an
dich denken im Gebet.
Da hörte der Herr meine Stimme / und
achtete auf mein Flehen.
12 Er erlöste mich von allem Unheil / und
rettete mich am Tag der Not.
Darum danke ich dem Herrn / und will sei-
nen Namen loben und verherrlichen.
Danket dem Herrn, denn er ist gut, / denn
seine Huld währt ewig.
Danket dem Gott der Lobgesänge, / denn
seine Huld währt ewig.
Danket dem Wächter Israels, / denn seine
Huld währt ewig.
Danket dem Schöpfer des Alls, / denn sei-
ne Huld währt ewig.
Danket dem Erlöser Israels, / denn seine
Huld währt ewig.
Danket dem, der Israels Versprengte sam-
melt, / denn seine Huld währt ewig.
Danket dem Erbauer seiner Stadt und sei-
nes Heiligtums, / denn seine Huld währt
ewig.
Danket dem, der dem Haus David Macht
verlieh, / denn seine Huld währt ewig.
Danket dem, der Zadoks Söhne zu Pries-
tern erwählt hat, / denn seine Huld währt
ewig.
Danket dem Schild Abrahams, / denn sei-
ne Huld währt ewig.
Danket dem Fels Isaaks, / denn seine Huld
währt ewig.
Danket dem Starken Jakobs, / denn seine
Huld währt ewig.
Danket dem, der Zion erwählt hat, / denn
seine Huld währt ewig.
Danket dem König der höchsten Könige, /
denn seine Huld währt ewig.
Seinem Volk verleiht er Macht – / das ist
ein Ruhm für all seine Frommen, / für Israels
Söhne, das Volk, das sich ihm nahen darf.
Halleluja!

1: Ex 15,2 • 2: Ps 120,2 • 3: Ps 103,8; 35,4 • 4: Ijob 20,26 • 8: Ps 25,6 • 10: Ps 89,27 • 12: 1 Chr 16,34; Ps 106,1; 107,1; 118,1; 136,1; Gen 49,24; Ps 148,14.

Nachwort auf die Weisheit: 51,13–30

13 Als ich jung und noch nicht unstet war, /
suchte ich eifrig die Weisheit.
14 Sie kam zu mir in ihrer Schönheit / und
bis zuletzt will ich sie erstreben.
15 Und wie nach dem Blühen die Trauben
reifen, / die das Herz erfreuen,
so schritt mein Fuß auf geradem Weg; /
denn schon von Jugend an habe ich sie er-
kannt.
16 Nur kurz hörte ich hin / und schon fand
ich Belehrung in Menge.
17 Sie ist für mich zur Amme geworden; /
meinem Lehrer will ich danken.
18 Ich hatte im Sinn, Freude zu erleben, /
ich strebte ohne Rast nach Glück.
19 Ich verlangte brennend nach ihr / und
wandte von ihr meinen Blick nicht ab.
20 Ich richtete mein Verlangen auf sie / und
auf ihren Höhen wanke ich nicht.
Meine Hand öffnete ihre Tore / und ich
nahm sie leibhaftig wahr.
Ich habe ihretwegen meine Hände gerei-

51,4b.5a Eine Bemerkung sagt jeweils, dass die Feuerflammen und Wasserfluten nur bildlich aufzufassen sind.
51,8 Nach G und Vg wird Gott direkt angeredet, wie auch in V. 12.
51,11b G: dich preisen im Gebet; V. 11c fehlt in G.
51,12 Ob das litaneiartige Lied von Sirach selbst stammt, ist unsicher, da es in G und S fehlt.
51,13–30 Die Liebe zur Weisheit wird dichterisch als bräutliches Verhältnis beschrieben; so schon in 14,20–27 und 15,1–6 und auch in Weish 8,12–18.
51,13–20 So nach dem H-Text von Qumran, der die alphabetische Ordnung der Verse besser bewahrt hat als die anderen H-Zeugen.
51,17 Text unsicher.
51,20 Der Freund der Weisheit betritt das Haus der geliebten Braut. Text und Zeilenfolge unsicher.

nigt / und ich fand die Weisheit in ihrer Reinheit.

Einsicht erwarb ich durch sie von Anfang an, / darum lasse ich nicht von ihr.

21 Mein Herz war erregt, sie zu schauen, / darum erwarb ich sie als kostbares Gut.

22 Der Herr gab meinen Lippen Erfolg, / mit meiner Zunge will ich ihm danken.

23 Kehrt bei mir ein, ihr Unwissenden, / verweilt in meinem Lehrhaus!

24 Wie lange noch wollt ihr das alles entbehren / und eure Seele dürsten lassen?

25 Ich öffne meinen Mund und sage von ihr: / Erwerbt euch Weisheit, es kostet nichts.

26 Beugt euren Nacken unter ihr Joch / und nehmt ihre Last auf euch!

Denen, die sie suchen, ist sie nahe, / und wer sich ihr ganz hingibt, findet sie.

27 Seht mit eigenen Augen, dass ich mich nur wenig bemühte, / aber viel Ruhe gefunden habe.

28 Hört auf meine knapp bemessene Lehre! / Durch sie werdet ihr viel Silber und Gold erwerben.

29 Eure Seele freue sich an meinem Lehrstuhl, / meines Liedes sollt ihr euch nicht schämen.

30 Tut eure Werke vor der Zeit (der Vergeltung), / so wird er euch den Lohn geben zur rechten Zeit.

[Gepriesen sei der Herr auf ewig, / gelobt sei sein Name für alle Zeiten.

Die Weisheit des Jesus, des Sohnes Eleasars, des Sohnes Sirachs.

Der Name des Herrn sei gepriesen / von nun an bis in Ewigkeit.]

13: Weish 8,2; Sir 14,20–27 • 20: 15,2; Spr 8,34 • 23: Spr 9,4 • 24: Am 8,11 • 25: Spr 4,7; Jes 55,1 • 26: Dtn 30,11–14; Röm 10,8 • 28: Spr 16,16; Mt 13,44–46 • 30: 50,27; Ps 113,2.

51,23b Hier wird zum ersten Mal das Lehrhaus der Schriftgelehrten genannt, wenn es auch wahrscheinlich nur bildhaft für die Weisheitslehre steht.

51,28 Am Ende des Buches wird die Aufforderung, das Werk anzunehmen, immer eindringlicher. V. 28b will nicht behaupten, dass man durch Weisheit materielle Reichtümer erwirbt. Der Sinn ist: Weisheit macht den eigentlichen Reichtum aus.

51,30ab Eine letzte Mahnung, das Gute rechtzeitig zu tun.

51,30cd Dieser Lobpreis wie auch der jüngere am Schluss, fehlt in G und ist späterer Zusatz, ebenso die dazwischenliegende nochmalige Schlussbemerkung, die bei den Textzeugen verschieden lang ist.

Die Bücher der Propheten

Das Buch Jesaja

Der Prophet Jesaja aus Jerusalem (etwa 740–701 v. Chr.) hat mit seiner Verkündigung den Grundstock des Buches geschaffen, das seinen Namen trägt. Aus dem Inhalt der von ihm überlieferten Prophetenworte schließt man, dass er, im Todesjahr des Königs Usija (739 v. Chr.) berufen (Kap. 6), in vier wichtigen Perioden der Geschichte Judas das Wort Jahwes verkündete. Zunächst befasste er sich in Drohworten (Kap. 1 – 3 und 5) mit den Zuständen in Juda und Jerusalem. Im Syrisch-efraimitischen Krieg (734/33 v. Chr.) warnte er vor einem Bündnis mit Assur (7,1 – 9,6). Beim ersten Versuch des Königs Hiskija, sich an einem Aufstand gegen die Assyrer zu beteiligen (716–711 v. Chr.), erhob er warnend seine Stimme (Kap. 18; 20; 28 – 30; auch Teile von Kap. 14). Endlich trat er beim Angriff des assyrischen Königs Sanherib (um 701 v. Chr.) auf, um das rettende Eingreifen Gottes gegen den überheblichen Feind anzusagen (Worte in den Kapiteln 10; 14; 28 – 30).

Vom Leben des Propheten ist uns wenig bekannt. Er dürfte den gebildeten höheren Kreisen entstammen; anscheinend war er mit einer prophetisch begabten Frau verheiratet (8,3) und hatte wohl mehrere Kinder (vgl. 7,3; 8,1–3). Die Worte Jesajas, die in Kap. 1 – 39 überliefert sind, wurden von seinen Schülern (8,16) und anderen vielfach kommentiert und beträchtlich erweitert; so wurden sie später in seinem Geist an jeweils neue Situationen angepasst. Dem Propheten kam es vor allem darauf an, die Menschen zu Glauben und Vertrauen gegenüber dem heiligen und erhabenen Gott aufzurufen, der nach seinem weisen Plan die Weltgeschichte und besonders die Geschicke seines Volkes lenkt. Dieses gläubige Hinschauen auf den Herrn bedeutet zugleich, seinem Willen zu entsprechen im politischen wie im sozialen Handeln, insbesondere den Armen gegenüber. Der Ernst der prophetischen Botschaft Jesajas drückt sich vor allem in den scharfen Gerichtsworten aus.

Verschiedene Überschriften (1,1; 2,1; 13,1) weisen darauf hin, dass der erste Teil des Buches (Kap. 1 – 39) eine lange Entstehungsgeschichte hat. Noch heute ist ihm anzusehen, dass einer ersten Sammlung (Kap. 2 – 5 und 9,6 – 11,16) die sogenannte Denkschrift des Propheten (6,1 bis 9,5) eingefügt und schließlich Kap. 1 als eine Art Zusammenfassung seiner Worte vorausgestellt wurde. Jes 24 – 27 sind apokalyptische Texte (die sog. »große Jesaja-Apokalypse«) und tragen das Kolorit einer späten Zeit an sich. Die Jesajaerzählungen (Kap. 36 – 39) sind fast ganz aus dem zweiten Königsbuch übernommen. So entstand ein Prophetenbuch, das wie bei der Denkschrift in großen Zügen das Grundschema erkennen lässt, nach dem die prophetischen Bücher zusammengestellt wurden: Drohungen gegen das eigene Volk (Kap. 1 – 12); Drohungen gegen andere Völker (Kap. 13 – 23); Verheißungen, die hier allerdings Drohreden einschließen, für das eigene Volk (Kap. 24 – 35); ein geschichtlicher Anhang rundet das Ganze ab (Kap. 36 – 39). Für das Neue Testament und die christliche Verkündigung sind in besonderer Weise die messianischen Texte wichtig (Kap. 7; 9,1–6; 11; 28,16f).

In eine ganz andere Welt versetzen uns die Kapitel 40 – 55. Hier befindet sich Juda im Babylonischen Exil; zu ihm spricht ein Prophet, der den Auftrag erhält (40,1–11), das unmittelbar bevorstehende rettende Eingreifen Gottes anzukündigen. Gott erweckt Kyrus (44,28 bis 45,8), damit er das Volk aus der Gefangenschaft entlässt. Dann wird Jahwe, der als der alleinige durch Schöpfung und geschichtliches Handeln ausgewiesene Gott über die Völker herrscht, sein Volk in einem neuen, wunderbaren Exodus nach Zion heimführen. Dort wird er als König Israels herrschen, das er wieder aufblühen lässt. In diese überschwängliche

Heilsprophetie sind vier Texte über den »Gottesknecht« eingefügt (42,1–9; 49,1–9; 50,4–9; 52,13 – 53,12), der als der Erwählte Jahwes zum »Bund des Volkes und Licht der Heiden« bestimmt, wie ein Prophet gesendet, mit Aufgaben für Israel und die Völker betraut, nach Leiden und Todesnot errettet und schließlich verherrlicht wird. Durch die sogenannten Gottesknechttexte hat dieser Teil des Jesajabuches weit in die Zukunft gewirkt. Die neutestamentliche Urgemeinde nahm sie auf und sah sie im Wirken und im Weg Jesu erfüllt. Der Verfasser von Jes 40 – 55 ist unbekannt. Man nennt ihn Deuterojesaja (Zweiter Jesaja).

In Jes 56 – 66 wechselt die Situation wieder. Hier sind verschiedenartige Texte zusammengestellt, die sich an die Heimgekehrten richten. Sie schöpfen vielfach aus Jes 40 – 55, sprechen aber deutlich die veränderte Lage an. Ein Prophet erhebt seine Stimme (Kap. 60 – 62), der sich durch Gottes Geist zur Verkündigung einer frohen Botschaft gesandt weiß (Kap. 61; vgl. Lk 4,16–19); man nennt ihn Tritojesaja (Dritter Jesaja). Dieser Teil des Jesajabuches enthält in loser Anordnung Heils- und Gerichtsworte. Besonders hervorzuheben sind die Verheißung für die Fremden (56,1–8), die Mahnung zur wahren Frömmigkeit (58,1–14), das leuchtende Bild von der Gottesstadt (Kap. 60 und 62), das Gebet zu Gott, unserem Vater, in Gestalt einer Volksklage (63,7 – 64,11). Mit dem Blick auf den neuen Himmel und die neue Erde (Kap. 66) schließt das Jesajabuch.

Unter den Funden von Qumran befand sich eine vollständig erhaltene Jesaja-Handschrift aus dem 2. Jahrhundert v. Chr. Sie ist damit etwa tausend Jahre älter als die meisten bisher bekannten hebräischen Handschriften des Alten Testaments.

I. TEIL
DER ERSTE JESAJA (PROTOJESAJA): 1,1 – 39,8

WORTE ÜBER JUDA UND JERUSALEM AUS DER FRÜHZEIT DES PROPHETEN: 1,1 – 12,6

Einleitung: 1,1

1 Vision des Jesaja, des Sohnes des Amoz, über Juda und Jerusalem, die er zu der Zeit hatte, als Usija, Jotam, Ahas und Hiskija Könige von Juda waren.

1: Mi 1,1.

Die Untreue des Volkes: 1,2–4

2 Hört, ihr Himmel! Erde, horch auf! / Denn der Herr spricht:
Ich habe Söhne großgezogen und emporgebracht, / doch sie sind von mir abgefallen.
3 Der Ochse kennt seinen Besitzer / und der Esel die Krippe seines Herrn;
Israel aber hat keine Erkenntnis, / mein Volk hat keine Einsicht.
4 Weh dem sündigen Volk, der schuldbeladenen Nation, / der Brut von Verbrechern, den verkommenen Söhnen!
Sie haben den Herrn verlassen, / den Heiligen Israels haben sie verschmäht / und ihm den Rücken gekehrt.

2: 23,4 • 3: Lk 2,16 • 4: 30,9.

Die Folgen der Sünde: 1,5–9

5 Wohin soll man euch noch schlagen? / Ihr bleibt ja doch abtrünnig.
Der ganze Kopf ist wund, / das ganze Herz ist krank:
6 Vom Kopf bis zum Fuß kein heiler Fleck, / nur Beulen, Striemen und frische Wunden,
sie sind nicht ausgedrückt, nicht verbunden, / nicht mit Öl gelindert.
7 Euer Land ist verödet, / eure Städte sind niedergebrannt.

1,1 Die Überschrift hat wohl ursprünglich Jes 1 – 12 eingeleitet.
1,2–31 Die Einleitungsrede bietet wie eine vorangestellte Zusammenfassung wichtige Themen der Verkündigung des Propheten.
1,4 Der »Heilige Israels« ist in Jes Bezeichnung für Jahwe, den heiligen Gott (vgl. 6,3).
1,7 Sodom: Text korr. nach V. 9.

Fremde verzehren vor euren Augen den
Ertrag eurer Äcker; / verödet wie das zer-
störte Sodom ist euer Land.
8 Die Tochter Zion steht verlassen da / wie
eine Hütte im Weinberg,
wie eine Wächterhütte im Gurkenfeld /
[wie eine belagerte Stadt].
9 Hätte der Herr der Heere nicht einen Rest
für uns übrig gelassen, / wir wären wie
Sodom geworden, / wir glichen Gomorra.

8: 24,20 • 9: Gen 19,1–29.

Der falsche und der wahre Gottesdienst: 1,10–17

10 Hört das Wort des Herrn, ihr Herrscher
von Sodom! / Vernimm die Weisung unseres
Gottes, du Volk von Gomorra!
11 Was soll ich mit euren vielen Schlacht-
opfern?, / spricht der Herr.
Die Widder, die ihr als Opfer verbrennt, /
und das Fett eurer Rinder habe ich satt; / das
Blut der Stiere, der Lämmer und Böcke ist
mir zuwider.
12 Wenn ihr kommt, um mein Angesicht zu
schauen – / wer hat von euch verlangt, dass
ihr meine Vorhöfe zertrampelt?
13 Bringt mir nicht länger sinnlose Ga-
ben, / Rauchopfer, die mir ein Gräuel sind.
Neumond und Sabbat und Festversamm-
lung – / Frevel und Feste – ertrage ich
nicht.
14 Eure Neumondfeste und Feiertage / sind
mir in der Seele verhasst,
sie sind mir zur Last geworden, / ich bin es
müde, sie zu ertragen.
15 Wenn ihr eure Hände ausbreitet, / ver-
hülle ich meine Augen vor euch.
Wenn ihr auch noch so viel betet, / ich höre
es nicht. / Eure Hände sind voller Blut.
16 Wascht euch, reinigt euch! / Lasst ab
von eurem üblen Treiben! / Hört auf, vor
meinen Augen Böses zu tun!
17 Lernt, Gutes zu tun! / Sorgt für das
Recht!
Helft den Unterdrückten! / Verschafft den
Waisen Recht, / tretet ein für die Witwen!

11: Am 5,21–23 • 17: Am 5,24.

Der Rechtsstreit Gottes mit seinem Volk: 1,18–20

18 Kommt her, wir wollen sehen, / wer von
uns Recht hat, / spricht der Herr.
Wären eure Sünden auch rot wie Schar-
lach, / sie sollen weiß werden wie Schnee.
Wären sie rot wie Purpur, / sie sollen weiß
werden wie Wolle.
19 Wenn ihr bereit seid zu hören, / sollt ihr
den Ertrag des Landes genießen.
20 Wenn ihr aber trotzig seid und euch wei-
gert, / werdet ihr vom Schwert gefressen. /
Ja, der Mund des Herrn hat gesprochen.

Das Gericht über Jerusalem: 1,21–31

21 Ach, sie ist zur Dirne geworden, die
treue Stadt. / Einst war dort das Recht in
voller Geltung,
die Gerechtigkeit war dort zu Hause, /
jetzt aber herrschen die Mörder.
22 Dein Silber wurde zu Schlacke, / dein
Wein ist verwässert.
23 Deine Fürsten sind Aufrührer / und eine
Bande von Dieben,
alle lassen sich gerne bestechen / und ja-
gen Geschenken nach.
Sie verschaffen den Waisen kein Recht, /
die Sache der Witwen gelangt nicht vor sie.
24 Darum – Spruch Gottes, des Herrn der
Heere, / des Starken Israels:
Weh meinen Gegnern, / ich will Rache
nehmen an ihnen, / mich rächen an meinen
Feinden.
25 Ich will meine Hand gegen dich wen-
den, / deine Schlacken will ich mit Lauge
ausschmelzen, / all dein Blei schmelze ich
aus.
26 Ich will dir wieder Richter geben wie am
Anfang / und Ratsherrn wie zu Beginn.
Dann wird man dich die Burg der Gerech-
tigkeit nennen, / die treue Stadt.
27 Zion wird durch das Recht gerettet, /
wer dort umkehrt, durch die Gerechtigkeit.
28 Doch alle Abtrünnigen und Sünder wer-
den zerschmettert. / Wer den Herrn verlässt,
wird vernichtet.
29 Ihr werdet in Schande stürzen / wegen
der Eichen, die euch gefallen,
und werdet euch schämen / wegen der
(heiligen) Haine, die ihr so gern habt.
30 Ihr werdet wie eine Eiche, deren Blätter
verwelken, / und wie ein Garten, dessen
Wasser versiegt ist.
31 Dann wird der Starke zu Werg / und sein
Tun zum zündenden Funken;
beide verbrennen zusammen / und nie-
mand kann löschen.

22: Ez 22,18 • 25: Ez 22,18f; Mal 3,3; Spr 25,4 • 29: 65,3.

1,10 Angeredet ist die Stadt Jerusalem.
1,17 den Unterdrückten: Text korr. nach den alten Übersetzungen.
1,24 Der »Starke Israels« ist Bezeichnung für Jahwe (vgl. »der Starke Jakobs« Gen 49,24).
1,29 Heidnische Kultbräuche werden oft bei heili-

Jerusalem als Mittelpunkt des messianischen Reiches: 2,1–5

2 Das Wort, das Jesaja, der Sohn des Amoz, in einer Vision über Juda und Jerusalem gehört hat.

2 Am Ende der Tage wird es geschehen:

Der Berg mit dem Haus des Herrn / steht fest gegründet als höchster der Berge;

er überragt alle Hügel. / Zu ihm strömen alle Völker.

3 Viele Nationen machen sich auf den Weg. / Sie sagen: Kommt,

wir ziehen hinauf zum Berg des Herrn / und zum Haus des Gottes Jakobs.

Er zeige uns seine Wege, / auf seinen Pfaden wollen wir gehen.

Denn von Zion kommt die Weisung des Herrn, / aus Jerusalem sein Wort.

4 Er spricht Recht im Streit der Völker, / er weist viele Nationen zurecht.

Dann schmieden sie Pflugscharen aus ihren Schwertern / und Winzermesser aus ihren Lanzen.

Man zieht nicht mehr das Schwert, Volk gegen Volk, / und übt nicht mehr für den Krieg.

5 Ihr vom Haus Jakob, kommt, / wir wollen unsere Wege gehen im Licht des Herrn.

2 ‖ Mi 4,1–3 • 3: 51,4 • 4: Joël 4,10.

Der Tag Jahwes: 2,6–22

6 Ja, du hast dein Volk, das Haus Jakob, verstoßen; / denn es ist voll von Zauberern und Wahrsagern wie das Volk der Philister / und überflutet von Fremden.

7 Sein Land ist voll Silber und Gold, / zahllos sind seine Schätze.

Sein Land ist voll von Pferden, / zahllos sind seine Wagen.

8 Sein Land ist voll von Götzen. / Alle beten das Werk ihrer Hände an, / das ihre Finger gemacht haben.

9 Doch die Menschen müssen sich ducken, / jeder Mann muss sich beugen. / Verzeih ihnen nicht!

10 Verkriech dich im Felsen, / verbirg dich im Staub

vor dem Schrecken des Herrn / und seiner strahlenden Pracht!

11 Da senken sich die stolzen Augen der Menschen, / die hochmütigen Männer müssen sich ducken, / der Herr allein ist erhaben an jenem Tag.

12 Denn der Tag des Herrn der Heere kommt / über alles Stolze und Erhabene, / über alles Hohe – es wird erniedrigt –,

13 über alle hoch ragenden Zedern des Libanon / und alle Eichen des Baschan,

14 über alle hohen Berge und alle stattlichen Hügel,

15 über jeden hohen Turm und jede steile Mauer,

16 über alle Tarschisch-Schiffe / und die kostbaren Segler.

17 Die stolzen Menschen müssen sich ducken, / die hochmütigen Männer sich beugen, / der Herr allein ist erhaben an jenem Tag.

18 Die Götzen aber schwinden alle dahin.

19 Verkriecht euch in Felshöhlen und Erdlöchern / vor dem Schrecken des Herrn

und vor seiner strahlenden Pracht, / wenn er sich erhebt, um die Erde zu erschrecken.

20 An jenem Tag nimmt jeder seine silbernen und goldenen Götzen, / die er gemacht hat, um sie anzubeten, / und wirft sie den Fledermäusen und Ratten hin;

21 und man wird sich in den Spalten und Höhlen der Felsen verkriechen / vor dem Schrecken des Herrn

und vor seiner strahlenden Pracht, / wenn er sich erhebt, um die Erde zu erschrecken.

22 [Lasst doch ab vom Menschen; / in seiner Nase ist nur ein Lufthauch. / Was bedeutet er schon?]

7: 31,1 • 9: 2,11.17; 5,15 • 10: 2,19.21 • 11: 2,9.17; 5,15 • 13: Sach 11,2 • 14: 30,25 • 16: Ps 48,8 • 17: 2,9.11; 5,15 • 19: 2,10 • 21: 2,10.

Die Beseitigung der führenden Schichten: 3,1–15

3 Seht, Gott, der Herr der Heere, / nimmt Jerusalem und Juda jede Stütze und Hilfe

[jede Unterstützung mit Brot / und jede Unterstützung mit Wasser]:

2 den Helden und Krieger, / den Richter und den Propheten, / den Wahrsager und den Ältesten,

3 den Hauptmann, den Höfling, den Ratsherrn, / den weisen Zauberer und den klugen Beschwörer.

4 Ich mache junge Burschen zu ihren Fürsten. / Willkür soll über sie herrschen.

---

gen Bäumen vollzogen (vgl. Jer 2,20; Hos 4,13). – Ihr werdet: Text korr. nach H-Handschriften und der aramäischen Übersetzung.

2,6 Übersetzung unsicher. – von Zauberern: Text korr.; H: vom Osten.

2,9c Sinn nicht klar.

2,16 Tarschisch-Schiffe: seetüchtige Schiffe, die bis Tarschisch (Tartessus) in Spanien fahren konnten.

2,18 schwinden dahin: nach dem Qumran-Text.

2,20 den Ratten: nach dem Qumran-Text.

5 Dann bedrängt im Volk einer den an-
dern / und jeder bedrängt seinen Nächs-
ten.
Die Jungen sind frech zu den Alten, / die
Geringen zu den geachteten Männern.
6 Dann fasst einer im Haus seines Vaters /
den Bruder am Arm und sagt:
Du hast noch einen Mantel, / du musst un-
ser Anführer sein. / Sei der Herr dieser
Trümmer!
7 Der aber wird an jenem Tag schreien: /
Ich bin doch kein Arzt
und in meinem Haus gibt es kein Brot /
und es gibt keinen Mantel. / Macht mich
nicht zum Führer des Volkes!
8 Ja, Jerusalem stürzt und Juda fällt; /
denn ihre Worte und ihre Taten richten sich
gegen den Herrn, / sie trotzen den Augen sei-
ner Majestät.
9 Ihre frechen Gesichter klagen sie an, /
wie Sodom reden sie ganz offen von ihren
Sünden. / Weh ihnen, sie bereiten sich selber
ihr Unglück.
10 Wohl dem Gerechten, denn ihm geht es
gut; / er wird die Frucht seiner Taten genie-
ßen.
11 Weh dem Frevler, ihm geht es schlecht; /
denn was er selber getan hat, das wird man
ihm antun.
12 Mein Volk – seine Herrscher sind voller
Willkür, / Wucherer beherrschen das Volk.
Mein Volk, deine Führer führen dich in die
Irre, / sie bringen dich ab vom richtigen
Weg.
13 Der Herr steht bereit, um Recht zu spre-
chen; / er steht da, um sein Volk zu rich-
ten.
14 Der Herr geht ins Gericht / mit den Äl-
testen und den Fürsten seines Volkes:
Ihr, ihr habt den Weinberg geplündert; /
eure Häuser sind voll von dem, was ihr den
Armen geraubt habt.
15 Wie kommt ihr dazu, mein Volk zu zer-
schlagen? / Ihr zermalmt das Gesicht der
Armen – / Spruch des Herrn der Heere.

1: Lev 26,26 • 4: Koh 10,16 • 12: 9,15 • 15: Am 2,6–8.

Die hochmütigen Frauen von Jerusalem: 3,16 – 4,1

16 Der Herr sprach: Weil die Töchter Zions
hochmütig sind, ihre Hälse recken und mit
verführerischen Blicken daherkommen, im-
merzu trippelnd daherstolzieren und mit ih-
ren Fußspangen klirren, 17 darum wird der
Herr den Scheitel der Töchter Zions mit
Schorf bedecken und ihre Schläfen kahl
werden lassen. 18 An jenem Tag wird ihnen
der Herr ihren Schmuck wegnehmen: die
Fußspangen, die kleinen Sonnen und Monde,
19 die Ohrgehänge und Armkettchen, die
Schleier 20 und Turbane, die Fußkettchen
und die Prachtgürtel, die Riechfläschchen
und die Amulette, 21 die Fingerringe und Na-
senreife, 22 die Festkleider und Umhänge, die
Umschlagtücher und Täschchen 23 und die
Spiegel, die feinen Schleier, die Schals und
Kopftücher.
24 Dann habt ihr Moder statt Balsam, /
Strick statt Gürtel, Glatze statt kunstvolle
Locken,
Trauergewand statt Festkleid, / ja,
Schande statt Schönheit.
25 Deine Männer sterben durchs
Schwert, / deine jungen Krieger fallen im
Kampf.
26 Zions Tore ächzen und klagen; / ausge-
plündert sitzt es am Boden.
4 An jenem Tag klammern sich sieben
Frauen an einen einzigen Mann und sa-
gen: Wir wollen unser eigenes Brot essen und
uns selber kleiden, nur lass uns deinen
Namen tragen, nimm die Schande von uns!

3,16: 32,9–14.

Die Rettung der Übriggebliebenen: 4,2–6

2 An jenem Tag wird, was der Herr spros-
sen lässt, für alle Israeliten, die entronnen
sind, eine Zierde und Ehre sein; die Früchte
des Landes sind ihr Stolz und Ruhm. 3 Dann
wird der Rest von Zion und wer in Jerusalem
noch übrig ist, heilig genannt werden, jeder,
der in Jerusalem in das Verzeichnis derer,
die am Leben bleiben sollen, eingetragen ist.
4 Wenn der Herr durch den Sturm des Ge-
richts und den Sturm der Läuterung von den
Töchtern Zions den Kot abgewaschen und
aus Jerusalems Mitte die Blutschuld wegge-
spült hat, 5 dann kommt er und über dem
ganzen Gebiet des Berges Zion und seinen
Festplätzen erscheint bei Tag eine Wolke
und bei Nacht Rauch und eine strahlende
Feuerflamme. Denn über allem liegt als

3,10 Wohl dem Gerechten: Text korr.
3,13 sein Volk: Text korr. nach G.
3,16–23 Die hebräischen Wörter für Mode- und Schmuckartikel sind nicht immer sicher zu deuten.
3,24d Schande: nach dem Qumran-Text.
4,2 was der Herr sprossen lässt: Anklang an den messianischen Ausdruck »Spross« in Jer 23,5; 33,15; Sach 3,8; 6,12.
4,3 Das Verzeichnis erinnert an Bürgerlisten (vgl. Ez 13,9; Ps 87,6).
4,4 Andere Übersetzungsmöglichkeit: den Geist des Gerichts und den Geist der Läuterung.
4,5 kommt er: Text korr. nach G.

Schutz und Schirm die Herrlichkeit des Herrn; 6 sie spendet bei Tag Schatten vor der Hitze und ist Zuflucht und Obdach bei Unwetter und Regen.

5: Ex 13,21f.

Das Lied vom Weinberg: 5,1–7

5 Ich will ein Lied singen von meinem geliebten Freund, / ein Lied vom Weinberg meines Liebsten.

Mein Freund hatte einen Weinberg / auf einer fruchtbaren Höhe.

2 Er grub ihn um und entfernte die Steine / und bepflanzte ihn mit den edelsten Reben.

Er baute mitten darin einen Turm / und hieb eine Kelter darin aus.

Dann hoffte er, / dass der Weinberg süße Trauben brächte, / doch er brachte nur saure Beeren.

3 Nun sprecht das Urteil, Jerusalems Bürger und ihr Männer von Juda, / im Streit zwischen mir und dem Weinberg!

4 Was konnte ich noch für meinen Weinberg tun, / das ich nicht für ihn tat?

Warum hoffte ich denn auf süße Trauben? / Warum brachte er nur saure Beeren?

5 Jetzt aber will ich euch kundtun, / was ich mit meinem Weinberg mache:

Ich entferne seine schützende Hecke; / so wird er zur Weide.

Seine Mauer reiße ich ein; / dann wird er zertrampelt.

6 Zu Ödland will ich ihn machen. / Man soll seine Reben nicht schneiden / und soll ihn nicht hacken;

Dornen und Disteln werden dort wuchern. / Ich verbiete den Wolken, ihm Regen zu spenden.

7 Ja, der Weinberg des Herrn der Heere / ist das Haus Israel

und die Männer von Juda sind die Reben, / die er zu seiner Freude gepflanzt hat.

Er hoffte auf Rechtsspruch – / doch siehe da: Rechtsbruch,

und auf Gerechtigkeit – / doch siehe da: Der Rechtlose schreit.

1–7: Mt 21,33–43 • 2: 27,2–4; Jer 2,21 • 6: 7,23–25.

Sechs Weherufe über das trotzige Israel: 5,8–24

8 Weh euch, die ihr Haus an Haus reiht / und Feld an Feld fügt,

bis kein Platz mehr da ist / und ihr allein im Land ansässig seid.

9 Meine Ohren hören das Wort des Herrn der Heere: / Wahrhaftig, alle eure Häuser sollen veröden.

So groß und schön sie auch sind: / Sie sollen unbewohnt sein.

10 Ein Weinberg von zehn Morgen bringt nur ein Bat Wein, / ein Hómer Saatgut bringt nur ein Efa Korn.

11 Weh euch, die ihr schon früh am Morgen / hinter dem Bier her seid

und sitzen bleibt bis spät in die Nacht, / wenn euch der Wein erhitzt.

12 Bei ihren Gelagen spielt man Zither und Harfe, / Pauken und Flöten;

aber was der Herr tut, beachten sie nicht, / was seine Hände vollbringen, sehen sie nicht.

13 Darum muss mein Volk in die Verbannung; / denn es hat keine Erkenntnis.

Seine Reichen sterben vor Hunger, / die Masse der Armen verschmachtet vor Durst.

14 Darum sperrt die Unterwelt ihren Rachen auf, / maßlos weit reißt sie ihr Maul auf,

sodass des Volkes Pracht und Reichtum hinabfährt, / der ganze lärmende, johlende Haufen.

15 Die Menschen müssen sich ducken, / jeder Mann muss sich beugen, / die stolzen Augen werden sich senken.

16 Doch der Herr der Heere ist erhaben, / wenn er Gericht hält,

durch seine Gerechtigkeit / erweist der heilige Gott sich als heilig.

17 Dann grasen dort Lämmer wie auf der Weide, / in den Ruinen weiden fette Schafe.

18 Weh euch, die ihr die Strafe wie mit Ochsenstricken herbeizieht / und die Sünde wie mit Wagenseilen.

19 Ihr sagt: Was er tun will, das tue er schnell; / er soll sich beeilen, damit wir es sehen;

5,1 Als Weinstock und Weinberg des Herrn (Jer 2,21; Ez 15; Ps 80,9–16) wird Israel bezeichnet. Das Weinberglied beginnt wie ein Liebeslied und wird dann zum Gerichtswort.

5,2 Die Kelter war ein im Felsen ausgehauener Steintrog.

5,9 hören: ergänzt nach G. – Die Strafe entspricht, auch im folgenden Wehruf (VV. 13f), dem Vergehen (V. 10).

5,10 Morgen, wörtlich: Joch, Gespann.

5,13 sterben: Text korr. nach den alten Übersetzungen. – die Masse der Armen, wörtlich: seine Masse.

5,18a mit Ochsenstricken: Text korr. in Anlehnung an V. 18b.

was der Heilige Israels plant, treffe bald ein; / wir wollen es wissen.

20 Weh denen, die das Böse gut und das Gute böse nennen, / die die Finsternis zum Licht und das Licht zur Finsternis machen, / die das Bittere süß und das Süße bitter machen.

21 Weh denen, die in ihren eigenen Augen weise sind / und sich selbst für klug halten.

22 Weh denen, die Helden sind, / wenn es gilt, Wein zu trinken, / und tapfer, wenn es gilt, starke Getränke zu brauen,

23 die den Schuldigen für Bestechungsgeld freisprechen / und dem Gerechten sein Recht vorenthalten.

24 Darum: Wie des Feuers Zunge die Stoppeln frisst / und wie das Heu in der Flamme zusammensinkt,

so soll ihre Wurzel verfaulen / und ihre Blüte wie Staub aufgewirbelt werden.

Denn sie haben die Weisung des Herrn der Heere von sich gewiesen / und über das Wort des Heiligen Israels gelästert.

9: 6,11 • 12: Ijob 21,12; Am 6,5f • 14: Hab 2,5 • 15: 2,9.11.17 • 21: Spr 3,7; Röm 12,16 • 23: Ex 23,7f; Spr 17,15 • 24: Joël 2,5; Ijob 18,16.

Die Ankündigung der assyrischen Invasion: 5,25–30

25 Darum entbrennt der Zorn des Herrn gegen sein Volk; / er streckt seine Hand aus gegen das Volk und schlägt zu.

Da erzittern die Berge / und die Leichen liegen auf den Gassen wie Abfall.

Doch bei all dem lässt sein Zorn nicht nach, / seine Hand bleibt ausgestreckt.

26 Er stellt ein Feldzeichen auf / für ein Volk in der Ferne,

er pfeift es herbei vom Ende der Erde / und schon kommen sie eilig heran.

27 Kein Müder ist unter ihnen, keiner, der stolpert, / keiner, der einnickt und schläft.

Bei keinem löst sich der Gürtel von den Hüften, / noch reißt ein Schuhriemen ab.

28 Ihre Pfeile sind scharf, / alle ihre Bogen gespannt.

Die Hufe ihrer Pferde sind hart wie Kiesel, / die Räder sausen dahin wie der Sturm.

29 Es ist ein Lärm wie das Brüllen des Löwen, / wie wenn ein Junglöwe brüllt.

Er knurrt und packt seine Beute, / er schleppt sie fort / und niemand reißt sie ihm weg.

30 Und es dröhnt über ihnen an jenem Tag / wie das Brausen des Meeres.

Wohin man blickt auf der Erde: / nur Finsternis voller Angst; / das Licht ist durch Wolken verdunkelt.

26: Jer 5,15; Jes 7,18 • 30: 8,22.

Die Berufung des Propheten: 6,1–13

6 Im Todesjahr des Königs Usija sah ich den Herrn. Er saß auf einem hohen und erhabenen Thron. Der Saum seines Gewandes füllte den Tempel aus. 2 Serafim standen über ihm. Jeder hatte sechs Flügel: Mit zwei Flügeln bedeckten sie ihr Gesicht, mit zwei bedeckten sie ihre Füße und mit zwei flogen sie. 3 Sie riefen einander zu:

Heilig, heilig, heilig ist der Herr der Heere. / Von seiner Herrlichkeit ist die ganze Erde erfüllt.

4 Die Türschwellen bebten bei ihrem lauten Ruf und der Tempel füllte sich mit Rauch.

5 Da sagte ich: Weh mir, ich bin verloren. Denn ich bin ein Mann mit unreinen Lippen und lebe mitten in einem Volk mit unreinen Lippen und meine Augen haben den König, den Herrn der Heere, gesehen. 6 Da flog einer der Serafim zu mir; er trug in seiner Hand eine glühende Kohle, die er mit einer Zange vom Altar genommen hatte. 7 Er berührte damit meinen Mund und sagte:

Das hier hat deine Lippen berührt: Deine Schuld ist getilgt, / deine Sünde gesühnt.

8 Danach hörte ich die Stimme des Herrn, der sagte: Wen soll ich senden? Wer wird für uns gehen? Ich antwortete: Hier bin ich, sende mich! 9 Da sagte er:

Geh und sag diesem Volk: / Hören sollt ihr, hören, aber nicht verstehen. / Sehen sollt ihr, sehen, aber nicht erkennen.

10 Verhärte das Herz dieses Volkes, / verstopf ihm die Ohren, / verkleb ihm die Augen,

5,26 für ein Volk: Text korr.; Einzahl wie Jer 5,15. Gemeint sind die Assyrer (vgl. 7,18–20; 10,5–19). Diese fielen zwischen 735 und 701 v. Chr. mehrmals in Palästina ein.

6,1 Demnach fand die Berufung 739 v. Chr. statt; zur Vision vgl. 1 Kön 22,19–23.

6,2f Serafim (= die Brennenden) bilden als himmlische Wesen den Hofstaat Gottes; sie werden als Mischwesen mit Schlangengestalt, Gesicht, Händen und Flügeln vorgestellt. Mit ihrem Ruf bezeugen sie, dass »der Herr der Heere« der absolut Heilige ist, der in seiner Herrlichkeit seine Größe und Macht kundtut.

6,4 Erdbeben, Feuer und Rauch gehören zur Gotteserscheinung (vgl. Ex 19,18).

6,5 ich bin verloren, andere Übersetzungsmöglichkeit: ich muss schweigen.

6,9f Die Verkündigung Jesajas führt zur Verstockung des Volkes statt zur Umkehr. – Verhärte; wörtlich: Verfette.

damit es mit seinen Augen nicht sieht /
und mit seinen Ohren nicht hört,
damit sein Herz nicht zur Einsicht
kommt / und sich nicht bekehrt und nicht
geheilt wird.
11 Ich fragte: Wie lange, Herr? / Er antwor-
tete:
Bis die Städte verödet sind und unbe-
wohnt, / die Häuser menschenleer, / bis das
Ackerland zur Wüste geworden ist.
12 Der Herr wird / die Menschen weit weg
treiben; / dann ist das Land leer und verlas-
sen.
13 Bleibt darin noch ein Zehntel übrig – /
auch sie werden schließlich vernichtet,
wie bei einer Eiche oder Terebinthe, / von
der nur der Stumpf bleibt, wenn man sie
fällt. [Ihr Stumpf ist heiliger Same.]

9: Mt 13,14f par; Joh 12,39–41; Apg 28,25–27 • 11: 5,9.

Die Weissagung über den Immanuel: 7,1–25

7 In der Zeit, als Ahas, der Sohn Jotams,
des Sohnes Usijas, König von Juda war,
zogen Rezin, der König von Aram, und Pe-
kach, der Sohn Remaljas, der König von Is-
rael, gegen Jerusalem in den Krieg; aber sie
konnten die Stadt nicht einnehmen. 2 Als
man dem Haus David meldete: Aram hat sich
mit Efraim verbündet!, da zitterte das Herz
des Königs und das Herz seines Volkes, wie
die Bäume des Waldes im Wind zittern. 3 Der
Herr aber sagte zu Jesaja: Geh zur Walker-
feldstraße hinaus, zusammen mit deinem
Sohn Schear-Jaschub (Ein Rest kehrt um),
an das Ende der Wasserleitung des oberen
Teiches, um Ahas zu treffen. 4 Sag zu ihm:
Bewahre die Ruhe, fürchte dich nicht! Dein
Herz soll nicht verzagen wegen dieser beiden
Holzscheite, dieser rauchenden Stummel,
wegen des glühenden Zorns Rezins von
Aram und des Sohnes Remaljas. 5 Zwar pla-
nen Aram, Efraim und der Sohn Remaljas
Böses gegen dich und sagen: 6 Wir wollen ge-
gen Juda ziehen, es an uns reißen und für uns
erobern; dann wollen wir den Sohn Tabeals
dort zum König machen. 7 Doch so spricht
Gott, der Herr:
Das kommt nicht zustande, / das wird
nicht geschehen.
8 Denn das Haupt von Aram ist Damas-
kus / und das Haupt von Damaskus ist Re-
zin.
Noch fünfundsechzig Jahre, dann wird
Efraim zerschlagen, / es wird aufhören, ein
Volk zu sein.
9 Das Haupt von Efraim ist Samaria / und
das Haupt von Samaria ist der Sohn Remal-
jas. / Glaubt ihr nicht, so bleibt ihr nicht.
10 Der Herr sprach noch einmal zu Ahas; er
sagte: 11 Erbitte dir vom Herrn, deinem Gott,
ein Zeichen, sei es von unten, aus der Unter-
welt, oder von oben, aus der Höhe. 12 Ahas
antwortete: Ich will um nichts bitten und
den Herrn nicht auf die Probe stellen. 13 Da
sagte Jesaja: Hört her, ihr vom Haus David!
Genügt es euch nicht, Menschen zu belästi-
gen? Müßt ihr auch noch meinen Gott beläs-
tigen? 14 Darum wird euch der Herr von sich
aus ein Zeichen geben: Seht, die Jungfrau
wird ein Kind empfangen, sie wird einen
Sohn gebären und sie wird ihm den Namen
Immanuel (Gott mit uns) geben. 15 Er wird
Butter und Honig essen bis zu der Zeit, in der
er versteht, das Böse zu verwerfen und das
Gute zu wählen. 16 Denn noch bevor das
Kind versteht, das Böse zu verwerfen und
das Gute zu wählen, wird das Land verödet
sein, vor dessen beiden Königen dich das
Grauen packt. 17 Der Herr wird Tage kom-
men lassen über dich und dein Volk und das
Haus deines Vaters [durch den König von
Assur], wie man sie nicht mehr erlebt hat,
seit Efraim von Juda abgefallen ist.
18 An jenem Tag wird der Herr den Fliegen
an den Mündungen des Nil in Ägypten pfei-
fen und den Bienen im Land Assur 19 und alle
kommen und lassen sich nieder in den
Schluchten und Felsspalten, in allen Hecken
und an allen Wasserstellen. 20 An jenem Tag
wird der Herr mit dem Messer, das er jenseits
des Eufrat gekauft hat [mit dem König von
Assur], euch den Kopf kahl scheren und die
Schamhaare abrasieren; auch den Bart
schneidet er ab.
21 An jenem Tag wird ein Mann nur eine
junge Kuh und ein paar Schafe halten.

6,13e Vermutlich ein späterer Zusatz, der die Drohung mildert.
7,1 Ziel des sogenannten Syrisch-efraimitischen Kriegs (734/33 v. Chr.) ist es, Juda als Verbündeten gegen Assyrien zu gewinnen.
7,3 Der symbolische Name des Sohns ist Mahnung und Warnung für Ahas, der anscheinend die Anlagen zur Wasserversorgung inspiziert.
7,4 Die beiden Könige können nicht mehr gefährlich werden; ihr Schicksal ist bereits besiegelt: 732 v. Chr. erfolgt die Eroberung von Damaskus, 722 die Eroberung von Samaria.
7,8cd Bezieht sich auf die Ansiedlung einer fremden Oberschicht in Samaria um 720 v. Chr.
7,9 Der letzte Satz ist in H ein Wortspiel.
7,14 Jungfrau: nach G und Mt 1,23; das hebräische Wort almáh wird auch als »junge Frau« gedeutet. Nach V. 16 besagt das Zeichen, dass das Unheil in wenigen Jahren hereinbricht.

22 Aber sie werden so viel Milch geben, dass man Butter essen kann. Ja, Butter und Honig essen alle, die im Land übrig geblieben sind. 23 An jenem Tag wird jedes Grundstück, auf dem jetzt tausend Weinstöcke im Wert von tausend Silberstücken stehen, voll von Dornen und Disteln sein. 24 Nur mit Pfeil und Bogen geht man dorthin; denn das ganze Land ist voll von Dornen und Disteln. 25 Aus Angst vor den Dornen und Disteln geht man auf keinen von all den Bergen mehr, die man jetzt noch mit der Hacke bearbeitet. Man treibt die Rinder dorthin und lässt die Schafe dort weiden.

1: 2 Kön 16,5–9 • 3: 36,2 • 9: 28,16; 30,15; 2 Chr 20,20 • 14: Mt 1,23; Lk 1,31; Mi 5,2 • 16: 8,4 • 18: 5,26.

Die Geburt eines Sohnes des Propheten:
8,1–4

8 Der Herr sagte zu mir: Nimm eine große Tafel und schreib darauf mit einem gewöhnlichen Griffel: Maher-Schalal-Hasch-Bas (Schnelle Beute – Rascher Raub). 2 Und ich nahm mir zuverlässige Zeugen, den Priester Urija und Secharja, den Sohn Jeberechjas. 3 Dann ging ich zu der Prophetin und sie wurde schwanger und gebar einen Sohn. Da sagte der Herr zu mir: Gib ihm den Namen Maher-Schalal-Hasch-Bas! 4 Denn noch bevor der Knabe »Vater« und »Mutter« sagen lernt, wird man den Reichtum von Damaskus und die Beute von Samaria dem König von Assur vorantragen.

4: 7,16.

Warnung vor Unglauben und Untreue:
8,5–23

5 Weiter sagte der Herr zu mir: 6 Weil dieses Volk die ruhig dahinfließenden Wasser von Schiloach verachtet und vor Rezin und dem Sohn Remaljas verzagt, 7 darum wird der Herr die gewaltigen und großen Wasser des Eufrat [den König von Assur und seine ganze Macht] über sie dahinfluten lassen. Und der Fluss wird alle seine Kanäle überfluten und über alle Ufer treten. 8 Auch auf Juda wird er übergreifen, er wird es überfluten und überschwemmen, bis er den Leuten an den Hals reicht. Die Ausläufer seiner Fluten bedecken weit und breit dein Land, Immanuel.

9 Tobt, ihr Völker! Ihr werdet doch zerschmettert. / Horcht auf, ihr Enden der Erde!

Rüstet nur! Ihr werdet doch zerschmettert. / Rüstet! Ihr werdet zerschmettert.

10 Macht nur Pläne! Sie werden vereitelt. / Was ihr auch sagt, es kommt nicht zustande. / Denn »Gott ist mit uns«.

11 Denn so sprach der Herr, als seine Hand mich packte und er mich davon abhielt, auf dem Weg dieses Volkes zu gehen:

12 Nennt nicht alles Verschwörung, / was dieses Volk Verschwörung nennt.

Was es fürchtet, sollt ihr nicht fürchten; / wovor es erschrickt, davor sollt ihr nicht erschrecken.

13 Den Herrn der Heere sollt ihr heilig halten; / vor ihm sollt ihr euch fürchten, / vor ihm sollt ihr erschrecken.

14 Er wird das Heiligtum sein für die beiden Reiche Israels: / der Stein, an dem man anstößt, / der Felsen, an dem man zu Fall kommt.

Eine Schlinge und Falle wird er sein / für alle, die in Jerusalem wohnen.

15 Viele stolpern darüber, / sie fallen und zerschellen; / sie verstricken und verfangen sich.

16 Ich will diese Warnung sorgfältig bewahren / und die Lehre in meinen Jüngern wie mit einem Siegel verschließen.

17 Ich will auf den Herrn warten, / der jetzt sein Angesicht vor dem Haus Jakob verhüllt, / auf ihn will ich hoffen.

18 Seht, ich und die Kinder, / die der Herr mir geschenkt hat,

wir sind in Israel ein (warnendes) Zeichen, / ein Mahnmal vom Herrn der Heere, / der auf dem Berg Zion wohnt.

19 Wenn man euch sagt: Befragt die Totengeister und Zauberkundigen, die flüstern und murmeln!, (dann erwidert:) Soll ein Volk nicht lieber seinen Gott befragen? Warum soll man für die Lebenden die Toten befragen? 20 Lehre und Warnung: Wer nicht so denkt, für den gibt es kein Morgenrot. 21 Er

8,1f mit einem gewöhnlichen Griffel, wörtlich: mit Menschengriffel. – Der symbolische Name verkündet Unheil (V. 4). Die beiden Zeugen (zur Notwendigkeit von mindestens zwei Zeugen vgl. Dtn 17,6 und 19,15) bürgen dafür, dass Jesaja den Namen aufgeschrieben hat.

8,6 Schiloach ist der Kanal, der Wasser von der Gihonquelle am Osthang des Zion in den unteren Teich führte, ein Bild für das stille Walten Gottes.

8,10 Anklang an den Namen Immanuel in 7,14 und 8,8.

8,11 Der »Weg des Volkes« ist Misstrauen und Ungehorsam gegenüber Gott und seinem Wort.

8,14 Gott wird im Zionsheiligtum als schützender Fels (Ps 62,8) oder als Fels des Heils (Ps 89,27) gepriesen; vgl. auch die Anmerkung zu Dtn 32,3.

8,19f Textüberlieferung und Sinn unsicher. Totenbeschwörung war nach Lev 19,31 und Dtn 18,10f verboten.

wandert umher, verdrossen und hungrig. Und wenn er hungert, dann wird er wütend und er verflucht seinen König und seinen Gott. Er blickt nach oben
22 und blickt zur Erde; aber überall sieht er nur Not, Finsternis und beängstigendes Dunkel. Doch die Finsternis wird verscheucht;
23 denn wer jetzt in Not ist, bleibt nicht im Dunkel.

Einst hat er das Land Sebulon und das Land Naftali verachtet, aber später bringt er die Straße am Meer wieder zu Ehren, das Land jenseits des Jordan, das Gebiet der Heiden.

12: 1 Petr 3,14f • 14: Röm 9,32f • 15: 28,13 • 18: Hebr 2,13 • 22: 5,30 • 23: Mt 4,13–16.

Die Verheißung der Geburt des göttlichen Kindes: 9,1–6

9 Das Volk, das im Dunkel lebt, / sieht ein helles Licht;
über denen, die im Land der Finsternis wohnen, / strahlt ein Licht auf.
2 Du erregst lauten Jubel / und schenkst große Freude.
Man freut sich in deiner Nähe, / wie man sich freut bei der Ernte, / wie man jubelt, wenn Beute verteilt wird.
3 Denn wie am Tag von Midian zerbrichst du das drückende Joch, / das Tragholz auf unserer Schulter und den Stock des Treibers.
4 Jeder Stiefel, der dröhnend daherstampft, / jeder Mantel, der mit Blut befleckt ist, / wird verbrannt, wird ein Fraß des Feuers.
5 Denn uns ist ein Kind geboren, / ein Sohn ist uns geschenkt.
Die Herrschaft liegt auf seiner Schulter; / man nennt ihn: Wunderbarer Ratgeber, Starker Gott, / Vater in Ewigkeit, Fürst des Friedens.
6 Seine Herrschaft ist groß / und der Friede hat kein Ende.
Auf dem Thron Davids herrscht er über sein Reich; / er festigt und stützt es durch Recht und Gerechtigkeit, / jetzt und für alle Zeiten.
Der leidenschaftliche Eifer des Herrn der Heere / wird das vollbringen.

1: 60,2 • 3: 10,27; 14,25; Ri 7.

Die Ankündigung des Strafgerichts über Israel: 9,7–20

7 Der Herr hat ein Wort gegen Jakob geschleudert, / es fiel in Israel nieder.
8 Das ganze Volk sollte zur Einsicht kommen, / Efraim und wer in Samaria wohnt, / alle, die hochmütig prahlten:
9 Die Ziegelmauern sind gefallen, / jetzt bauen wir mit Quadern;
die Maulbeerbäume hat man gefällt, / jetzt pflanzen wir Zedern.
10 Da stachelte der Herr Jakobs Gegner auf / und hetzte seine Feinde gegen ihn,
11 Aram im Osten, die Philister im Westen, / und sie fraßen Israel mit gierigem Maul.
Doch bei all dem lässt sein Zorn nicht nach, / seine Hand bleibt ausgestreckt.
12 Aber das Volk kehrte nicht um zu dem, der es schlug; / sie suchten den Herrn der Heere nicht.
13 Da schnitt der Herr dem Volk Israel den Kopf und den Schwanz ab, / Palmzweig und Binse am selben Tag:
14 Die Ältesten und Vornehmen, sie sind der Kopf; / der Schwanz sind die Propheten, die Lügen verkünden.
15 Die Führer dieses Volks sind Verführer; / wer sich von ihnen führen lässt, / wird in die Irre geleitet.
16 Deshalb verschont der Herr weder die Männer, / noch hat er mit den Witwen und Waisen Erbarmen.
Denn alle sind ruchlos und böse; / aus jedem Mund kommt verruchtes Geschwätz.
Doch bei all dem lässt sein Zorn nicht nach, / seine Hand bleibt ausgestreckt.
17 Denn ihre Bosheit loderte auf wie ein Feuer, / das Dornen und Disteln verzehrt.
Es entzündete das Dickicht des Waldes, / sodass es in Rauchschwaden aufging.
18 Der Zorn des Herrn der Heere versengte das Land; / das Volk wurde ein Raub der Flammen. / Keiner verschonte den andern:
19 Man fraß rechts und blieb hungrig, / man fraß links und wurde nicht satt. / Jeder fraß seinen Nachbarn.
20 Manasse fraß Efraim und Efraim Manasse / und beide zusammen fraßen Juda.
Doch bei all dem lässt sein Zorn nicht nach, / seine Hand bleibt ausgestreckt.

11: 9,16.20; 5,25 • 13: 19,15 • 15: 3,12.

8,23 Text unsicher; der zweite Satz leitet zum folgenden Abschnitt über, der die Wende durch die Geburt des Heilskönigs verkündet.
9,2 Jubel: Text korr.
9,5f Große Namen werden dem Königskind, ähnlich wie dem Pharao, bei der Thronbesteigung verliehen; sie sagen aus, wie der Sohn als Herrscher regieren wird. Mit Lk 1,32f werden VV. 5f in der Liturgie des Weihnachtsfestes auf Jesus Christus bezogen.
9,10 Jakobs Gegner: Text korr.; H: die Gegner Rezins.
9,13 Palmzweig und Binse: die vornehmen und die geringen Leute.
9,19 seinen Nachbarn: Text korr. nach G.

Ein Wehruf über die ungerechten Richter:
10,1–4

10 Weh denen, die unheilvolle Gesetze
erlassen / und unerträgliche Vor-
schriften machen,
2 um die Schwachen vom Gericht fern zu
halten / und den Armen meines Volkes ihr
Recht zu rauben,
um die Witwen auszubeuten / und die
Waisen auszuplündern.
3 Was wollt ihr tun, wenn die Strafe naht, /
wenn das Unwetter von fern heraufzieht?
Zu wem wollt ihr flüchten, um Hilfe zu
finden, / wo euren Reichtum verstecken?
4 Ihr werdet euch unter Gefangenen (am
Boden) krümmen / und werdet unter Er-
schlagenen liegen.
Doch bei all dem lässt sein Zorn nicht
nach, / seine Hand bleibt ausgestreckt.

Die Androhung der Vernichtung Assurs:
10,5–34

5 Weh Assur, dem Stock meines Zorns! /
Es ist der Knüppel in meiner wütenden
Hand.
6 Gegen ein ruchloses Volk schicke ich
ihn, / auf die Nation, der ich zürne, lasse ich
ihn los,
damit er Beute erbeutet und raubt wie ein
Räuber, / sie zertritt wie den Staub auf den
Straßen.
7 Doch Assur stellt es sich nicht so vor, /
sein Herz plant es anders,
es hat nur Vernichtung im Sinn, / die Aus-
rottung nicht weniger Völker.
8 Denn es sagt: Ist nicht jeder meiner Fürs-
ten ein König? / 9 Ging es nicht Kalne genau
so wie Karkemisch, / Hamat wie Arpad,
Samaria wie Damaskus?
10 Wie meine Hand die Königreiche der
Götter erobert hat, / deren Götterbilder die
von Jerusalem und Samaria übertrafen,
11 wie ich es mit Samaria und seinen Göt-
tern gemacht habe, / so mache ich es auch
mit Jerusalem und seinen Göttern.
12 Wenn der Herr sein Werk auf dem Berg
Zion und in Jerusalem vollendet hat, dann
straft er das hochmütige Gebaren und die
dreiste Überheblichkeit des Königs von As-
sur; 13 denn er hat gesagt:
Das alles habe ich mit meiner starken
Hand / und mit meiner Weisheit vollbracht; /
denn ich bin klug.
Die Grenzen zwischen den Völkern habe
ich aufgehoben, / ihre Schätze geplündert, /
wie ein Held habe ich die Könige vom Thron
gestoßen.
14 Wie man in ein Nest greift, so griff
meine Hand / nach dem Reichtum der Völ-
ker.
Wie man verlassene Eier sammelt, / so
habe ich alle Länder der Erde gesammelt.
Da war keiner, der mit den Flügeln
schlug, / keiner, der den Schnabel aufriss
und piepste.
15 Prahlt denn die Axt gegenüber dem, der
mit ihr hackt, / oder brüstet die Säge sich vor
dem, der mit ihr sägt?
Das wäre, wie wenn der Stock den Mann
schwingt, der ihn hochhebt, / oder wie wenn
der Knüppel den hochhebt, der nicht aus
Holz ist.
16 Darum schickt Gott, der Herr der Hee-
re, / den feisten Männern (von Assur) die
Schwindsucht.
Er entfacht ein Feuer unter Assurs
Pracht, / ein loderndes Feuer.
17 Israels Licht wird zum Feuer, / sein Hei-
liger wird zur Flamme.
Sie brennt und verzehrt die Dornen und
Disteln von Assur / an einem einzigen Tag.
18 Seinen herrlichen Wald, seinen frucht-
baren Garten, / mit Stumpf und Stiel ver-
nichtet er ihn; / es ist, wie wenn ein Kranker
dahinsiecht.
19 Von den Bäumen in seinem Wald / blei-
ben nur wenige übrig, / selbst ein Kind kann
sie zählen.
20 An jenem Tag wird Israels Rest – und
wer vom Haus Jakob entkommen ist – sich
nicht mehr auf den stützen, der ihn schlägt,
sondern er stützt sich in beständiger Treue
auf den Herrn, auf den Heiligen Israels.
21 Ein Rest kehrt um zum starken Gott, /
ein Rest von Jakob.
22 Israel, wenn auch dein Volk so zahlreich
ist / wie der Sand am Meer – / nur ein Rest
von ihnen kehrt um.
Die Vernichtung ist beschlossen, / die Ge-
rechtigkeit flutet heran.
23 Ja, Gott, der Herr der Heere, vollstreckt

10,1–4 Gehört inhaltlich zu 5,8–24.
10,5 in meiner Hand: Text korr.; H: in ihrer Hand. V. 5b ist wie in G umgestellt.
10,9 Kalne in Nordsyrien wurde 738 v. Chr. von Tiglat-Pileser III., Karkemisch am mittleren Eufrat 717 von Sargon II., Arpad nördlich von Aleppo 740 von Tiglat-Pileser III. erobert; Damaskus fiel 732, Samaria 722.
10,12 straft er: Text korr. nach G.
10,15 Assur ist nur ein Werkzeug in der Hand Gottes.
10,16-19 Gerichtswort über Assur in verschiedenen Bildern.

auf der ganzen Erde die Vernichtung, die er
beschlossen hat.
24 Darum – so spricht Gott, der Herr der
Heere: Fürchte dich nicht, mein Volk, das
auf dem Berg Zion wohnt, vor Assur, das
dich mit dem Stock schlägt und das seinen
Knüppel gegen dich erhebt wie einst die
Ägypter. 25 Nur noch ganz kurze Zeit, dann
wird mein grimmiger Zorn sie völlig ver-
nichten, 26 dann schwingt der Herr der Heere
über sie die Peitsche, wie einst, als er Midian
am Rabenfels schlug. Er erhebt seinen Stab
über das Meer wie einst in Ägypten.
27 An jenem Tag fällt Assurs Last von dei-
ner Schulter, / sein Joch wird von deinem
Nacken genommen.
28 Assur zieht von Rimmon herauf, / rückt
gegen Aja vor,
marschiert durch Migron / und lässt sei-
nen Tross in Michmas zurück.
29 Sie passieren den Pass und übernachten
in Geba. / Rama erschrickt und es flieht Gi-
bea-Saul.
30 Lass deine Stimme gellen, Tochter Gal-
lim! / Lausche, Lajescha! Anatot, antworte
ihr!
31 Madmena flüchtet, / die Bewohner von
Gebim ergreifen die Flucht.
32 Heute noch wird er in Nob Stellung be-
ziehen / und seine Hand drohend gegen den
Berg der Tochter Zion erheben, / gegen Jeru-
salems Hügel.
33 Seht, Gott, der Herr der Heere, / schlägt
mit schrecklicher Gewalt die Zweige ab.
Die mächtigen Bäume werden gefällt / und
alles, was hoch ist, wird niedrig.
34 Das Dickicht des Waldes wird mit dem
Eisen gerodet, / der Libanon fällt durch die
Hand eines Mächtigen.

9: 36,18–20; 2 Kön 18,34f • 15: Röm 9,20f • 21: Röm 9,27f • 26: Ri 7,25; Ex 14,16.26 • 27: 9,3; 14,25.

Die Ankündigung des messianischen Reiches: 11,1–16

11 Doch aus dem Baumstumpf Isais
wächst ein Reis hervor, / ein junger
Trieb aus seinen Wurzeln bringt Frucht.
2 Der Geist des Herrn lässt sich nieder auf
ihm: / der Geist der Weisheit und der Ein-
sicht,
der Geist des Rates und der Stärke, / der
Geist der Erkenntnis und der Gottesfurcht.
3 [Er erfüllt ihn mit dem Geist der Gottes-
furcht.] / Er richtet nicht nach dem Augen-
schein / und nicht nur nach dem Hörensagen
entscheidet er,
4 sondern er richtet die Hilflosen gerecht /
und entscheidet für die Armen des Landes,
wie es recht ist.
Er schlägt den Gewalttätigen / mit dem
Stock seines Wortes
und tötet den Schuldigen / mit dem Hauch
seines Mundes.
5 Gerechtigkeit ist der Gürtel um seine
Hüften, / Treue der Gürtel um seinen Leib.
6 Dann wohnt der Wolf beim Lamm, / der
Panther liegt beim Böcklein.
Kalb und Löwe weiden zusammen, / ein
kleiner Knabe kann sie hüten.
7 Kuh und Bärin freunden sich an, / ihre
Jungen liegen beieinander. / Der Löwe frisst
Stroh wie das Rind.
8 Der Säugling spielt vor dem Schlupfloch
der Natter, / das Kind streckt seine Hand in
die Höhle der Schlange.
9 Man tut nichts Böses mehr / und begeht
kein Verbrechen / auf meinem ganzen heili-
gen Berg;
denn das Land ist erfüllt von der Erkennt-
nis des Herrn, / so wie das Meer mit Wasser
gefüllt ist.
10 An jenem Tag wird es der Spross aus der
Wurzel Isais sein, / der dasteht als Zeichen
für die Nationen;
die Völker suchen ihn auf; / sein Wohnsitz
ist prächtig.
11 An jenem Tag wird der Herr seine Hand
von neuem erheben, / um den übrig gebliebe-
nen Rest seines Volkes zurückzugewinnen,
von Assur und Ägypten, von Patros und
Kusch, / von Elam, Schinar und Hamat / und
von den Inseln des Meeres.
12 Er stellt für die Völker ein Zeichen auf, /
um die Versprengten Israels wieder zu sam-
meln, / um die Zerstreuten Judas zusammen-
zuführen von den vier Enden der Erde.
13 Dann hört der Neid Efraims auf, / die
Feinde Judas werden vernichtet.
Efraim ist nicht mehr eifersüchtig auf
Juda / und Juda ist nicht mehr Efraims
Feind.

10,28 Assur zieht von Rimmon herauf: Text korr.
10,28–32 Die Orte liegen nördlich von Jerusalem.
10,33f Strafwort über Juda und Jerusalem, an das sich das Heilswort 11,1–10 anschließt, das einen vom Geist Gottes erfüllten gerechten Herrscher aus davidischem Geschlecht und paradiesischen Frieden ankündigt.
11,4 den Gewalttätigen: Text korr.
11,7 freunden sich an: Text korr.
11,11 Patros ist Oberägypten, Kusch der heutige Sudan mit Teilen Äthiopiens; Elam liegt östlich von Babylon; Schinar ist das babylonische Tiefland; Hamat liegt am Orontes in Syrien.
11,13 Die Rivalität zwischen dem Nordreich Israel

14 Sie stoßen nach Westen vor wie im
Flug, / den Philistern in die Flanke; / vereint
plündern sie die Völker des Ostens aus.
Sie ergreifen Besitz von Edom und Moab, /
die Ammoniter müssen ihnen gehorchen.
15 Der Herr trocknet die Bucht des ägypti-
schen Meeres aus; / er schwingt in glühen-
dem Zorn seine Faust gegen den Eufrat
und zerschlägt ihn in sieben einzelne Bä-
che, / sodass man in Sandalen hindurchge-
hen kann.
16 So entsteht eine Straße für den Rest sei-
nes Volkes, / der übrig gelassen wurde von
Assur,
eine Straße, wie es sie für Israel gab, / als
es aus Ägypten heraufzog.

4: Ps 72,4; 2 Thess 2,8 • 6–7: 65,25 • 9: Hab 2,14 • 10: Röm 15,12.

Das Danklied der Geretteten: 12,1–6

12 An jenem Tag wirst du sagen: / Ich
danke dir, Herr.
Du hast mir gezürnt, / doch dein Zorn hat
sich gewendet / und du hast mich getrös-
tet.
2 Ja, Gott ist meine Rettung; / ihm will ich
vertrauen und niemals verzagen.
Denn meine Stärke und mein Lied ist der
Herr. / Er ist für mich zum Retter gewor-
den.
3 Ihr werdet Wasser schöpfen voll Freude /
aus den Quellen des Heils.
4 An jenem Tag werdet ihr sagen: / Dankt
dem Herrn! Ruft seinen Namen an!
Macht seine Taten unter den Völkern be-
kannt, / verkündet: Sein Name ist groß und
erhaben!
5 Preist den Herrn; / denn herrliche Taten
hat er vollbracht; / auf der ganzen Erde soll
man es wissen.
6 Jauchzt und jubelt, ihr Bewohner von
Zion; / denn groß ist in eurer Mitte der Hei-
lige Israels.

2: Ex 15,2; Ps 118,14.

WORTE ÜBER EINZELNE VÖLKER: 13,1 – 23,18

Das Gericht über Babel: 13,1 – 14,23

Die Vernichtung Babels: 13,1–22

13 Ausspruch über Babel – eine Vision,
die Jesaja, der Sohn des Amoz,
hatte:
2 Stellt auf einem kahlen Berg ein Feldzei-
chen auf, / erhebt die Stimme und ruft meine
Helden herbei!
Winkt mit der Hand: / Sie sollen einziehen
durch die Tore der Edlen.
3 Ich selbst habe meine heiligen Krieger
aufgeboten, / ich habe sie alle zusammenge-
rufen,
meine hochgemuten, jauchzenden Hel-
den, / damit sie meinen Zorn vollstrecken.
4 Horch, es dröhnt im Gebirge / wie der
Lärm von zahllosen Menschen.
Horch, ganze Königreiche brausen heran, /
viele Völker kommen zusammen. / Der Herr
der Heere mustert die Truppen.
5 Sie kommen aus einem fernen Land, vom
Ende des Himmels: / der Herr und die Waf-
fen seines Zorns, / um das ganze Land zu
verwüsten.
6 Schreit auf, denn der Tag des Herrn ist
nahe; / er kommt wie eine zerstörende Macht
vom Allmächtigen.
7 Da sinken alle Hände herab / und das
Herz aller Menschen verzagt.
8 Sie sind bestürzt; sie werden von Krämp-
fen und Wehen befallen, / wie eine Gebären-
de winden sie sich.
Einer starrt auf den andern, / wie Feuer
glüht ihr Gesicht.
9 Seht, der Tag des Herrn kommt, / voll
Grausamkeit, Grimm und glühendem Zorn;
dann macht er die Erde zur Wüste / und
die Sünder vertilgt er.
10 Die Sterne und Sternbilder am Himmel /
lassen ihr Licht nicht mehr leuchten.
Die Sonne ist dunkel, schon wenn sie auf-
geht, / der Mond lässt sein Licht nicht mehr
scheinen.
11 Dann bestrafe ich den Erdkreis für seine
Verbrechen / und die Bösen für ihre Verge-
hen.

(Efraim) und dem Südreich Juda, die häufig zu kriegerischen Verwicklungen führte, wird überwunden.

11,15 trocknet . . . aus: Text korr. nach G; H: weihte . . . dem Untergang.

13,2 meine Helden, wörtlich: sie (ergänzt nach V. 3).

13,3 meine heiligen Krieger, wörtlich: meine Geheiligten. – Zum Krieg unterzieht man sich bestimmten Reinigungsriten (»sich heiligen«).

13,9–13 Das göttliche Gericht weitet sich über die Welt aus.

Dem Hochmut der Stolzen mache ich ein Ende / und werfe die hochmütigen Tyrannen zu Boden.
12 Die Menschen mache ich seltener als Feingold, / die Menschenkinder rarer als Golderz aus Ofir.
13 Dann wird der Himmel erzittern / und die Erde beginnt an ihrem Ort zu wanken
wegen des Grimms des Herrn der Heere / am Tag seines glühenden Zorns.
14 Wie aufgescheuchte Gazellen, / wie eine Schafherde, die niemand zusammenhält,
so eilt dann jeder zu seinem Volk, / so flieht jeder in sein Land.
15 Man sticht jeden nieder, dem man begegnet; / wen man zu fassen bekommt, der fällt unter dem Schwert.
16 Vor ihren Augen werden ihre Kinder zerschmettert, / ihre Häuser geplündert, ihre Frauen geschändet.
17 Seht, ich stachle die Meder gegen sie auf, / denen das Silber nichts gilt / und das Gold nichts bedeutet.
18 Ihre Bogen strecken die jungen Männer nieder; / mit der Leibesfrucht haben sie kein Erbarmen, / mit den Kindern kein Mitleid.
19 Wie es Sodom und Gomorra erging, / als Gott sie zerstörte,
so wird es Babel ergehen, / dem Kleinod unter den Königreichen, / dem Schmuckstück der stolzen Chaldäer.
20 Für immer wird es unbewohnt sein, / bis zu den fernsten Generationen / wird es nicht mehr besiedelt.
Nicht einmal ein Beduine / schlägt dort sein Zelt auf, / kein Hirt lässt seine Herde dort lagern.
21 Dort haben nur Wüstenhunde ihr Lager, / die Häuser sind voller Eulen,
Strauße lassen sich dort nieder / und Böcke springen umher.
22 Hyänen heulen in Babels Palästen, / in den Lustschlössern heulen Schakale.
Die Zeit (seines Endes) steht nahe bevor, / Babels (letzte) Tage verzögern sich nicht.

1–22: 21,1–10; 47,1–15; Jer 50f; Offb 17f • 5: Jer 50,25 • 6: Joël 1,15 • 10: Mt 24,29 • 15–16: 2 Kön 8,12; Hos 14,1; Ps 137,9 • 19: Jer 49,18 • 20: 34,10–15 • 21: 34,14; Jer 50,39.

Das Spottlied auf den König von Babel:
14,1–21

14 Der Herr wird mit Jakob Erbarmen haben und Israel von neuem erwählen. Er wird ihnen Ruhe gewähren in ihrer Heimat; Fremde gesellen sich ihnen bei und schließen sich an das Haus Jakob an.
2 Die Völker werden Israel nehmen und in seine Heimat zurückführen und im Land des Herrn wird das Haus Israel sie zu Leibeigenen machen, zu Knechten und Mägden. Es wird die gefangen halten, die es gefangen hielten, und wird die unterdrücken, die es einst unterdrückten.
3 Und wenn der Herr dir dann Ruhe gewährt nach deinen Leiden, deiner Unruhe und der harten Knechtschaft, die du erdulden musstest,
4 dann wirst du auf den König von Babel dieses Spottlied singen:
Ach, der Unterdrücker fand sein Ende, / ein Ende nahm die Not.
5 Der Herr hat die Knüppel der Frevler zerbrochen, / den Stock der Tyrannen,
6 der in seinem Zorn die Völker erschlug, / sie schlug ohne Ende,
der die Völker in seiner Wut zertrat / und sie verfolgte ohne jedes Erbarmen.
7 Nun hat die ganze Welt Ruhe und Frieden, / man bricht in Jubel aus.
8 Selbst die Zypressen und die Zedern des Libanon / machen sich über dich lustig:
Seit du am Boden liegst, kommt keiner mehr her, / um uns zu fällen.
9 Das Totenreich drunten gerät in Erregung, / wenn du hinabkommst.
Deinetwegen weckt es die Totengeister auf, / alle Fürsten der Erde,
alle Könige der Völker lässt es aufstehen / von ihren Thronen.
10 Sie alle rufen dir zu: / Auch du bist nun kraftlos geworden wie wir, / jetzt bist du uns gleich.
11 Hinabgeschleudert zur Unterwelt ist deine Pracht / samt deinen klingenden Harfen.
Auf Würmer bist du gebettet, / Maden sind deine Decke.
12 Ach, du bist vom Himmel gefallen, / du strahlender Sohn der Morgenröte.
Zu Boden bist du geschmettert, / du Bezwinger der Völker.
13 Du aber hattest in deinem Herzen gedacht: / Ich ersteige den Himmel;
dort oben stelle ich meinen Thron auf, / über den Sternen Gottes;
auf den Berg der (Götter-)versammlung setze ich mich, / im äußersten Norden.
14 Ich steige weit über die Wolken hinauf, / um dem Höchsten zu gleichen.
15 Doch in die Unterwelt wirst du hinabgeworfen, / in die äußerste Tiefe.
16 Jeder, der dich sieht, starrt dich an, / er blickt genau auf dich hin und denkt:

14,12–21 Der Text verwendet mythische Bilder. Nach babylonischer Anschauung wurde Helel, der Sohn der Morgenröte, in die Unterwelt gestürzt, als er in den Himmel aufsteigen wollte.

Rembrandt f.

Rembrandt van Rijn (1606–1669)
Susanna und die beiden Alten, 1647
Mahagoniholz, 76,6 × 92,7 cm
Gemäldegalerie der Staatlichen Museen, Berlin
Foto: Artothek, Peissenberg

Ist das der Mann, der die Königreiche in Schrecken versetzte, / der die Erde erbeben ließ,
17 der die Welt zur Wüste gemacht hat, / ihre Städte zerstörte, / der die Gefangenen nicht nach Hause entließ?
18 Alle Könige der Völker ruhen in Ehren, / jeder in seinem Grab;
19 du aber wurdest hingeworfen ohne Begräbnis, / wie ein verachteter Bastard.
Mit Erschlagenen bist du bedeckt, / die vom Schwert durchbohrt sind, / wie ein zertretener Leichnam.
Mit denen, die in steinerne Grüfte hinabsteigen, /
20 bist du nicht vereint im Grab.
Du hast dein eigenes Land zugrunde gerichtet, / hingemordet dein eigenes Volk;
darum soll man die Namen der Nachkommen dieses Verbrechers / niemals mehr nennen.
21 Richtet eine Schlachtbank her für seine Söhne / wegen der Sünden des Vaters,
damit sie sich niemals wieder erheben und die Welt erobern / und den Erdkreis mit Städten erfüllen.

1: 61,5 • 11: Am 5,23 • 13: Jer 51,53.

Die völlige Verwüstung Babels: 14,22–23

22 Ich will mich gegen Babel erheben – Spruch des Herrn der Heere –, mit Stumpf und Stiel will ich seinen Namen und Samen vernichten – Spruch des Herrn.
23 Ich mache es zum Platz für die Eulen und zu einem sumpfigen Teich, mit meinem vernichtenden Besen fege ich es hinweg – Spruch des Herrn der Heere.

22: Ijob 18,19 • 23: 34,11.

Das Gericht über andere Völker: 14,24 – 21,17

Die Ankündigung der Vernichtung des assyrischen Heeres: 14,24–27

24 Der Herr der Heere hat geschworen: / Wie ich es erdacht habe, so wird es geschehen; / wie ich es plante, so wird es auch kommen.
25 In meinem eigenen Land will ich Assur zerschmettern, / ich will es auf meinen Bergen zertreten.
Dann wird sein Joch von ihnen genommen / und seine Last fällt von ihrer Schulter.
26 Das ist der Plan, der für die ganze Erde beschlossen ist, / das ist die Hand, die über alle Völker ausgestreckt ist.
27 Denn der Herr der Heere hat es beschlossen. / Wer kann es vereiteln?
Seine Hand ist ausgestreckt. / Wer will sie zurückbiegen?

25: 9,3; 10,27.

Die Ankündigung des Gerichts über die Philister: 14,28–32

28 Im Todesjahr des Königs Ahas erging folgender Ausspruch:
29 Freu dich nicht, Land der Philister, / weil der Stock zerbrochen ist, der dich schlug;
denn aus der Schlange geht wie aus einer Wurzel eine Natter hervor / und ihre Frucht ist ein fliegender Drache.
30 Auf meiner Wiese weiden die Schwachen, / dort leben die Armen in Sicherheit;
deine Wurzeln aber lasse ich verhungern, / den Rest von dir werde ich erschlagen.
31 Schreit auf, ihr Tore, jammere, o Stadt, / verzage, Land der Philister!
Denn von Norden kommt Rauch / und keiner entfernt sich aus den Reihen des Heeres.
32 Was gibt man den Gesandten der Völker zur Antwort? / Der Herr hat Zion gegründet, / die Armen seines Volkes finden dort ihre Zuflucht.

29: 30,6.

Ankündigung des Gerichts über Moab: 15,1 – 16,14

15 Ausspruch über Moab:
Über Nacht wurde Ar verwüstet, / ging Moab zugrunde.
Über Nacht wurde Kir verwüstet, / ging Moab zugrunde.
2 Die Tochter Dibon steigt zu den Kulthöhen hinauf, / um dort zu klagen.
Über Nebo und Medeba jammert Moab. / Jeder Kopf ist kahl geschoren, / alle Bärte hat man abgeschnitten.
3 Auf den Gassen geht man in Trauerge-

14,19 Bastard, wörtlich: Spross.
14,20 dieses Verbrechers: Text korr., Einzahl nach G und S.
14,21 Vielleicht Städte, die der Eroberer neu erbaut.
14,22 In H zwei Wortspiele.
14,25 von ihnen: Gemeint sind die Israeliten.
14,29 Der »Stock« ist ein feindlicher Herrscher, vielleicht Tiglat-Pileser III., der 727 v. Chr. starb.
15,1f Kir, auch Kir-Heres (16,7.11), ist die Hauptstadt Moabs, südlich des Arnon. Die in Jes 15f genannten Orte liegen alle östlich des Toten Meers.
15,2 Tochter Dibon: Text korr. nach Jer 48,18.

wändern, / alle weinen auf den Dächern und
Plätzen / und zerfließen in Tränen.
4 Heschbon schreit und Elale, / bis nach
Jahaz ist ihre Stimme zu hören.
Darum zittern die Krieger von Moab, /
ihre Seele verzagt.
5 Mein Herz schreit auf wegen Moab; / bis
nach Zoar fliehen die Menschen [bis Eglat-Schelischija].
Die Steige von Luhit steigt man weinend
hinauf. / Auf dem Weg nach Horonajim
schreien die Leute über das Unglück.
6 Die Quellen von Nimrim versiegen; / das
Gras ist verwelkt;
verdorrt sind die Wiesen; / alles Grün ist
verschwunden.
7 Darum schleppen sie ihre letzte Habe /
und ihre Vorräte über den Weidenbach
fort.
8 Überallhin dringt das Klagegeschrei, /
bis an die Grenzen von Moab.
Bis nach Eglajim hört man das Jammern, /
man hört es bis Beer-Elim.
9 Voll Blut sind die Bäche von Dibon. /
Doch ich bringe über Dibon noch größeres
Unglück:
Löwen über die aus Moab Entronnenen, /
über den Rest von Adama.

16 Schickt Lämmer für den Herrscher
des Landes / von Sela durch die
Wüste zum Berg der Tochter Zion!
2 Wie flüchtende Vögel, aus dem Nest verscheucht, / so sind die Töchter Moabs an den
Furten des Arnon.
3 Mach einen Plan, triff eine Entscheidung! / Wie die Nacht breite deinen Schatten
aus am helllichten Tag,
versteck die Verjagten, / verrate die Flüchtigen nicht!
4 Lass die Flüchtlinge Moabs bei dir verweilen; / versteck sie bei dir vor ihrem Verfolger!
Ist der Unterdrücker beseitigt, / der Verfolger vernichtet / und sind die Eroberer aus
dem Land verschwunden,
5 dann wird durch (Gottes) Huld ein Thron
errichtet; / darauf sitzt [im Zelt Davids] ein
zuverlässiger Richter, / der das Recht sucht
und die Gerechtigkeit fördert.
6 Wir haben von Moabs Stolz gehört – / es
ist stolz über die Maßen –
von seinem Dünkel (haben wir gehört), /
von seinem Stolz und Übermut, / und sein
Geschwätz ist nicht wahr.
7 Darum jammert Moab laut um Moab, /
alle jammern laut.
Den Traubenkuchen von Kir-Heres weinen sie nach; / sie sind ganz niedergeschlagen.
8 Denn die Pflanzungen von Heschbon
sind verwelkt, / verwelkt ist der Weinstock
von Sibma.
Die Herren der Völker haben seine Reben
zertreten, / die bis Jaser reichten, bis in die
Wüste hinaus sich verloren,
seine Ranken breiteten sich aus, / sie zogen
sich hin bis zum Meer.
9 Darum weine ich, wie Jaser um dich
weint, Weinstock von Sibma; / ich benetze
euch mit meinen Tränen, Heschbon und Elale. / Es gibt bei euch keinen Jubel mehr über
Weinlese und Ernte;
10 verschwunden sind Freude und Jubelgeschrei aus dem fruchtbaren Land; / in den
Weinbergen jauchzt man nicht mehr / und
jubelt nicht mehr.
Niemand stampft mehr in der Kelter die
Trauben. / Verstummt ist das Jauchzen.
11 Darum jammert mein Herz um Moab
wie eine Zither, / mein Inneres klagt um Kir-Heres.
12 Wenn aber Moab auf seiner Kulthöhe erscheint / und sich abmüht (mit Opfern),
wenn es in sein Heiligtum geht, um zu beten: / Es wird nichts erreichen.
13 Dieses Wort hat der Herr einst über
Moab gesprochen.
14 Jetzt aber hat der Herr so gesprochen: In
drei Jahren – drei Söldnerjahren – wird Moabs Macht und all seine Pracht ganz gering;
was aber übrig bleibt, wird schwach und unansehnlich sein.

15,2: 16,12; Jer 48,37 • 3: Jer 48,38 • 4: Jer 48,34 • 5: Jer 48,4f • 16,1: 2 Kön 3,4 • 4: 29,20 • 5: 9,6; Jer 23,5 • 6: Jer 48,29–39 • 11: Jer 48,36 • 14: 21,16.

Die Ankündigung des Gerichts über Damaskus und über das Nordreich Israel: 17,1–11

17 Ausspruch über Damaskus.
Seht hin: Damaskus verschwindet /
und wird keine Stadt mehr sein, / es wird zu
einem Haufen von Trümmern.
2 Die Städte um Aroër sind verlassen; / sie

15,7 Der Weidenbach liegt im Süden Moabs.
15,9 Text und Übersetzung unsicher.
16,1 Sinn unklar; vielleicht eine Aufforderung, auf dem Zion durch Gaben um Schutz und Hilfe zu bitten (vgl. VV. 3f).
16,10 verstummt ist: Text korr. nach G.
16,13f Nachtrag, der ein erneutes Gerichtswort bringt. Mit »Söldnerjahren« wird die Zeit der Mühsal bezeichnet.

gehören den Herden, die dort ungestört lagern.
3 Mit dem Bollwerk von Efraim ist es zu Ende, / mit dem Königreich von Damaskus.
Dem Rest von Aram wird es gehen wie der Macht der Israeliten – / Spruch des Herrn der Heere.
4 An jenem Tag schrumpft Jakobs Macht zusammen, / das Fett seines Leibes schwindet dahin.
5 Dann wird es sein, wie wenn ein Schnitter die Halme packt / und mit seinem Arm die Ähren abmäht.
Dann wird es sein, wie wenn jemand Ähren aufliest / in der Rafaïterebene:
6 Nur ein Rest bleibt für die Nachlese übrig / wie beim Abernten der Ölbäume:
zwei, drei reife Oliven an den oberen Ästen des Baumes, / vier oder fünf an seinen Zweigen – / Spruch des Herrn, des Gottes Israels.
7 An jenem Tag werden die Menschen auf ihren Schöpfer blicken, / ihre Augen werden auf den Heiligen Israels schauen.
8 Sie blicken nicht mehr auf die Altäre, / das Machwerk ihrer Hände,
sie schauen nicht mehr auf das, was ihre Finger gemacht haben, / auf die Kultpfähle und die Räucheraltäre.
9 An jenem Tag sind deine befestigten Städte verlassen / wie die Städte der Hiwiter und Amoriter,
die man verlassen hat aus Furcht vor den Israeliten; / es wird eine schaurige Öde entstehen.
10 Denn du hast den Gott, der dich rettet, vergessen; / an den Felsen, auf dem du Zuflucht findest, / hast du nicht mehr gedacht.
Leg nur liebliche Gärten an, / bepflanze sie mit Setzlingen aus der Fremde,
11 pfleg sie an dem Tag, an dem du sie pflanzt, / lass sie wachsen an dem Morgen, an dem du sie säst:
Dahin ist die Ernte am Tag deiner Krankheit / und des heillosen Schmerzes.

6: 24,13 • 8: 27,9.

Der Wehruf über die Assyrer: 17,12–14

12 Weh, welch Getöse von zahlreichen Völkern; / wie das Tosen des Meeres, so tosen sie.
Man hört das Toben der Nationen; / wie das Toben gewaltiger Fluten, so toben sie.
13 [Die Nationen toben wie das Toben gewaltiger Fluten.] / Doch der Herr wird ihnen drohen, / dann fliehen sie weit in die Ferne,
dahingejagt vom Wind wie die Spreu auf den Bergen, / wie Disteln, die der Sturm vor sich herrollt.
14 Am Abend herrscht plötzlich Schrecken, / doch ehe es Morgen wird – verschwunden sind sie.
Das ist das Schicksal derer, die uns ausplündern wollen, / das Los derer, die uns berauben wollen.

13: Ps 83,14.

Ankündigung des Gerichts über Kusch: 18,1–7

18 Weh dem Land der Heuschreckenschwärme / jenseits der Flüsse von Kusch.
2 Es schickt seine Boten aus auf dem Nil, / in Papyruskähnen über das Wasser.
Geht, ihr schnellen Boten, / zu dem hoch gewachsenen Volk mit der glänzenden Haut,
zu der Nation, die man weit und breit fürchtet, / zu dem Volk, das kraftvoll alles zertritt, / dessen Land von den Flüssen durchschnitten wird.
3 Ihr Bewohner der Welt, ihr Bürger der Erde, / seht alle hin,
wenn man das Zeichen aufstellt auf den Bergen, horcht alle auf, / wenn man das Widderhorn bläst.
4 Denn so hat der Herr zu mir gesprochen: / Ich will mir alles betrachten von meinem Platz aus,
unbewegt wie die glühende Hitze am Mittag, / wie die Dunstwolken in der Hitze des Sommers.
5 Ja, noch vor der Ernte, wenn die Blüte vorbei ist / und die Frucht zur Traube heranreift,
schneidet er die Reben ab mit dem Messer; / er entfernt die Triebe, er reißt sie ab.
6 Sie alle werden den Raubvögeln der Berge überlassen / und den wilden Tieren im Land.
Den Sommer über sitzen die Raubvögel darauf / und im Winter sind dort die wilden Tiere.

17,5 ein Schnitter: Text korr. – Die Rafaïterebene liegt zwischen Jerusalem und Betlehem.
17,9ab Text korr.; vgl. G.
17,10f Hier werden Praktiken verurteilt, die Fruchtbarkeit und Leben garantieren sollen.
18,1 der Heuschreckenschwärme, wörtlich: des Flügelgeschwirrs. – Zu Kusch vgl. die Anmerkung zu 11,11; gemeint sind die Äthiopier, die Herodot die größten und schönsten aller Menschen nennt.
18,5f Eine Warnung zuerst an Juda.

7 In jener Zeit werden von dem hoch gewachsenen Volk mit der glänzenden Haut dem Herrn der Heere Geschenke gebracht, von der Nation, die man weit und breit fürchtet, von dem Volk, das kraftvoll alles zertritt, dessen Land von Flüssen durchschnitten wird. Man bringt die Geschenke an den Ort, wo der Name des Herrn der Heere gegenwärtig ist: zum Berg Zion.

1: Dtn 28,42.

Ankündigung des Gerichts über Ägypten:
19,1–25

19 Ausspruch über Ägypten.
Seht, der Herr fährt auf einer leichten Wolke daher; / er kommt nach Ägypten.

Vor seinem Angesicht zittern die Götter Ägyptens, / den Ägyptern verzagt das Herz in der Brust.

2 Ich hetze Ägypter gegen Ägypter / und sie kämpfen gegeneinander:

Bruder gegen Bruder, Nachbar gegen Nachbar, / Stadt gegen Stadt, Gau gegen Gau.

3 Der Geist Ägyptens gerät mitten in ihm in Verwirrung, / ich vereitle seine Pläne.

Dann befragen sie die Götter und die Zauberer, / die Totengeister und die Gelehrten.

4 Doch ich gebe die Ägypter in die Gewalt eines strengen Herrn, / ein harter König wird über sie herrschen – / Spruch Gottes, des Herrn der Heere.

5 Das Wasser im Meer versiegt, / der Fluss trocknet aus.

6 Die Kanäle Ägyptens verbreiten üble Gerüche, / seicht und trocken sind die Arme des Nil, Binsen und Schilfrohr verwelken.

7 Das Riedgras am Nil, an der Mündung des Nil, / alle Saaten am Nil sind vertrocknet, sie sind verweht und dahin.

8 Die Fischer klagen und trauern, / alle, die ihre Angel auswerfen im Nil.

Wer sein Netz im Wasser auslegen will, / ist bekümmert.

9 Wer Flachs anbaut, erntet Enttäuschung. / Die Hechlerinnen und die Weber erblassen;

10 die Seiler sind niedergeschlagen; / alle Arbeiter verlieren den Mut.

11 Die Fürsten von Zoan sind Narren; / was die Weisen dem Pharao raten, ist Unsinn.

Wie könnt ihr zum Pharao sagen: / Ich bin der Sohn eines Weisen, / der Sohn von königlichen Ahnen?

12 Wo sind denn deine weisen Berater? / Sie sollen dir sagen und erklären, / was der Herr der Heere beschlossen hat über Ägypten.

13 Die Fürsten von Zoan sind dumm / und die Fürsten von Memfis lassen sich täuschen. / Die Führer der Stämme führen Ägypten in die Irre.

14 Der Herr hat ihnen einen Geist eingegossen, der sie schwindlig macht, / sodass sie Ägypten in die Irre führen bei allem, was es tut, / und es nun wie ein Betrunkener taumelt, der sich erbricht.

15 So wird in Ägypten niemand mehr etwas vollbringen, / niemand, weder Kopf noch Schwanz, / weder Palme noch Binse.

16 An jenem Tag werden die Ägypter wie
die Weiber sein: Sie erschrecken und zittern,
wenn der Herr der Heere seine Faust gegen
sie schwingt. 17 Das Land Juda wird für
Ägypten zum Schrecken werden. Sooft man
Judas Namen erwähnt, erschrickt Ägypten
vor dem Plan, den der Herr der Heere gegen
Ägypten gefasst hat.

18 An jenem Tag werden fünf Städte in
Ägypten die Sprache Kanaans sprechen und
beim Herrn der Heere schwören. Eine von
ihnen wird Ir-Heres (Sonnenstadt) heißen.
19 An jenem Tag wird es für den Herrn mitten
in Ägypten einen Altar geben und an
Ägyptens Grenze wird ein Steinmal für den
Herrn aufgestellt. 20 Das wird ein Zeichen
und Zeugnis für den Herrn der Heere in
Ägypten sein: Wenn sie beim Herrn gegen
ihre Unterdrücker Klage erheben, wird er
ihnen einen Retter schicken, der für sie
kämpft und sie befreit. 21 Der Herr wird sich
den Ägyptern offenbaren und die Ägypter
werden an jenem Tag den Herrn erkennen;
sie werden ihm Schlachtopfer und Speiseopfer
darbringen, sie werden dem Herrn Gelübde
ablegen und sie auch erfüllen. 22 Der
Herr wird die Ägypter zwar schlagen, er
wird sie aber auch heilen: Wenn sie zum
Herrn umkehren, lässt er sich durch ihre Bitte
erweichen und heilt sie. 23 An jenem Tag
wird eine Straße von Ägypten nach Assur
führen, sodass die Assyrer nach Ägypten und
die Ägypter nach Assur ziehen können. Und
Ägypten wird zusammen mit Assur (dem

19,4 Der »strenge Herr« ist wohl Sargon II.
19,9 Die Hechlerinnen erblassen: Text korr.
19,11 Zoan (= Tanis): im Nordosten des Nildeltas.
19,13 Memfis: südlich von Kairo am westlichen Nilufer.

Herrn) dienen. 24 An jenem Tag wird Israel
als Drittes dem Bund von Ägypten und Assur
beitreten, zum Segen für die ganze Erde.
25 Denn der Herr der Heere wird sie segnen
und sagen: Gesegnet ist Ägypten, mein Volk,
und Assur, das Werk meiner Hände, und Is-
rael, mein Erbbesitz.

15: 9,13.

Die Verschleppung der Ägypter und der Kuschiter: 20,1–6

20 2 Der Herr hatte durch Jesaja, den
Sohn des Amoz gesprochen und ge-
sagt: Geh, leg dein Bußgewand ab und zieh
deine Schuhe aus! Jesaja hatte es getan und
war nackt und barfuß umhergegangen. In
dem Jahr nun, in dem im Auftrag des Königs
Sargon von Assur ein Feldherr nach Asch-
dod kam, es belagerte und eroberte, 3 sagte
der Herr: Dass mein Knecht Jesaja drei Jahre
lang nackt und barfuß umherging, ist ein
(warnendes) Zeichen und Sinnbild für Ägyp-
ten und Kusch: 4 So werden die gefangenen
Ägypter und die aus ihrer Heimat vertriebe-
nen Kuschiter, Jung und Alt, vom König von
Assur nackt und barfuß weggeführt – mit
entblößtem Gesäß, zur Schande Ägyptens.
5 Dann wird man erschrecken und sich schä-
men, weil man nach Kusch Ausschau gehal-
ten und mit Ägypten geprahlt hat. 6 Und die
Bewohner der Küstenstädte werden an je-
nem Tag sagen: Seht, so geht es denen, nach
denen wir Ausschau hielten und zu denen
wir flohen, um Hilfe und Rettung vor dem
König von Assur zu finden. Wie können dann
wir noch entkommen?

Erneute Ankündigung des Gerichts über Babel: 21,1–10

21 Ausspruch über die Wüste am Meer:
Wie die Stürme im Negeb toben, / so
kommt Unheil aus der Wüste, / aus dem
schaurigen Land.

2 Eine schreckliche Vision wurde mir ge-
zeigt: / Der Empörer empört sich, der Ver-
nichter vernichtet.

Zieh herauf, Elam! / Medien, beginne mit
der Belagerung! / Ich mache allem Seufzen
ein Ende.

3 Darum zittert mein ganzer Leib, /
Krämpfe befallen mich / wie die Wehen eine
gebärende Frau.

Ich bin betäubt von dem, was ich höre, /
bestürzt von dem, was ich sehe.

4 Mein Herz pocht wild, mich schüttelt ein
Schauder. / Das ersehnte Dunkel des Abends
macht der Herr für mich zum Schrecken.

5 Man deckt den Tisch, legt die Polster zu-
recht / und isst und trinkt. / Steht auf, ihr
Fürsten, ölt euren Schild ein!

6 Denn so hat der Herr zu mir gesagt: /
Geh, stell einen Späher auf! / Was er sieht,
soll er melden.

7 Sieht er Wagen und Pferdegespanne, / ei-
nen Zug von Eseln, einen Zug von Kamelen, /
soll er darauf achten, genau darauf achten.

8 Der Späher rief: / Herr, den ganzen Tag
stehe ich auf meinem Posten, / die ganze
Nacht halte ich Wache.

9 Seht, dort kommt ein Zug von Männern,
dazu Pferdegespanne. / Und er begann zu ru-
fen:

Gefallen ist Babel, gefallen, / und all seine
Götterbilder hat man zu Boden geschmet-
tert.

10 Du mein zerschlagenes, zerdroschenes
Volk! / Was ich hörte vom Herrn der Heere, /
von Israels Gott, das verkünde ich euch.

2: 33,1 • 5: Dan 5 • 9: Jer 51,8; Offb 14,8; 18,2.

Der Spruch über Edom: 21,11–12

11 Ausspruch über Edom.

Aus Seïr ruft man mir zu: / Wächter, wie
lange noch dauert die Nacht? / Wächter, wie
lange noch dauert die Nacht?

12 Der Wächter antwortet: / Es kommt der
Morgen, es kommt auch die Nacht. / Wenn
ihr fragen wollt, kommt wieder und fragt!

Die Ankündigung des Gerichts über Arabien: 21,13–17

13 Ausspruch über Arabien.

Übernachtet im Gebüsch, in der Steppe, /
ihr Karawanen von Dedan!

14 Bringt den Durstigen Wasser, / ihr Be-
wohner der Gegend von Tema! / Kommt den
Fliehenden entgegen mit Brot!

15 Denn sie sind vor den Schwertern geflo-
hen, / vor dem gezückten Schwert,

20,1f Der Verständlichkeit wegen sind die beiden Verse umgestellt.

20,6 Die philistäische Küste mit Aschdod. Diese Stadt hatte sich 712 v. Chr. gegen Sargon II. empört.

21,1 Nach V. 9 ist Babel gemeint. – Wüste am Meer: Bedeutung unklar.

21,8 Der Späher: Qumran-Text: Der Seher; H: Der Löwe.

21,11 Edom: Text korr. mit G; H: Duma. Der Spruch ist ein sog. Wächterlied.

21,13f Dedan und Tema sind Orte an der Karawanenstraße in Südarabien, östlich vom Roten Meer; Kedar: nördlich von Tema.

vor dem gespannten Bogen, / vor dem
schweren Kampf.
16 Denn so hat der Herr zu mir gesagt:
Noch ein Jahr – ein Söldnerjahr –, dann ist es
mit der ganzen Macht Kedars zu Ende.
17 Von den Bogenschützen in Kedar bleiben
nur wenige übrig. Der Herr, der Gott Israels,
hat gesprochen.

Das Gericht über Jerusalem: 22,1–25

Die unverbesserlichen Einwohner Jerusalems: 22,1–14

22 Ausspruch über das Tal der Vision.
Was ist mit dir? / Warum sind deine
Bewohner alle auf die Dächer gestiegen,
2 du Stadt voll Lärm und Gedränge, / du
fröhliche Burg?
Deine Toten wurden nicht vom Schwert
getötet, / sie sind nicht im Krieg gefallen.
3 Alle deine Anführer sind gemeinsam ge-
flohen, / ohne einen einzigen Bogenschuss
wurden sie gefangen;
alle, die man von dir noch fand, wurden
gefesselt, / wenn sie auch noch so weit flo-
hen.
4 Darum sage ich: Blickt von mir weg, / ich
weine in bitterem Schmerz.
Bemüht euch nicht, mich zu trösten / über
die Misshandlung der Tochter, meines Vol-
kes.
5 Denn einen Tag der Bestürzung, der Ver-
wüstung und Verwirrung / schickt Gott, der
Herr der Heere.
Im Tal der Vision macht man gewaltigen
Lärm / und stürmt mit Geschrei gegen den
Berg an.
6 Elam hat den Köcher umgehängt, / vor
die Wagen Arams sind Pferde gespannt, / Kir
hat den Schild aus der Hülle genommen.
7 Deine herrlichen Täler füllten sich mit
Wagen, / vor deinem Tor stellten sich die
Reiter auf.
8 So nahm er Juda jeden Schutz. / Ihr aber
habt an jenem Tag nach euren Waffen im
»Waldhaus« gesehen;
9 ihr habt festgestellt, wie rissig die (Mauer
der) Davidstadt war; / ihr habt im unteren
Teich das Wasser gesammelt
10 und habt Jerusalems Häuser gezählt; /
ihr habt die Häuser abgerissen / und (mit den
Steinen) die Mauer befestigt;
11 ihr habt zwischen den beiden Mauern
ein Becken angelegt, / um das Wasser des al-
ten Teiches zu sammeln,
doch ihr habt nicht auf den geblickt, der
alles bewirkt; / ihr habt nicht auf den ge-
schaut, der alles aus der Ferne bestimmt.
12 An jenem Tag befahl Gott, der Herr der
Heere, zu weinen und zu klagen, / sich eine
Glatze zu scheren und Trauergewänder zu
tragen.
13 Doch was sieht man: Freude und Froh-
sinn, / Rindertöten und Schafeschlachten, /
Fleischessen und Weintrinken,
(und ihr sagt:) Lasst uns essen und trin-
ken, / denn morgen sind wir tot.
14 Der Herr der Heere hat mir offenbart: /
Diese Schuld wird euch bis zu eurem Tod
nicht vergeben, / spricht Gott, der Herr der
Heere.

1: 22,5 • 5: 22,1 • 11: 2 Kön 20,20; Sir 48,17 • 13: 1 Kor 15,32.

Die Absetzung Schebnas: 22,15–19

15 So spricht Gott, der Herr der Heere: Auf,
geh zu dem Verwalter hier, zu Schebna, dem
Palastvorsteher, 16 und sag: Wie kommst du
dazu und wer bist du denn, dass du dir hier
ein Grab aushauen lässt? – Da lässt er sich
hoch oben ein Grab aushauen, im Felsen sich
eine Wohnung ausmeißeln! – 17 Gib Acht, der
Herr wird dich in hohem Bogen wegschleu-
dern. 18 Er wird dich zu einem Knäuel zu-
sammenwickeln und wie einen Ball in ein ge-
räumiges Land rollen. Dort wirst du sterben;
dorthin kommen dann deine Prunkwagen,
du Schandfleck im Haus deines Herrn. 19 Ich
verjage dich aus deinem Amt, ich vertreibe
dich von deinem Posten.

15: 36,3.11.22.

Die Einsetzung Eljakims: 22,20–25

20 An jenem Tag werde ich meinen Knecht
Eljakim, den Sohn Hilkijas, berufen. 21 Ich
bekleide ihn mit deinem Gewand und lege
ihm deine Schärpe um. Ich übergebe ihm
dein Amt und er wird für die Einwohner
Jerusalems und für das Haus Juda ein
Vater sein. 22 Ich lege ihm den Schlüssel des
Hauses David auf die Schulter. Wenn er
öffnet, kann niemand schließen; wenn er

21,16 Vgl. die Anmerkung zu 16,13f.
22,3 H schwer verständlich, daher Übersetzung unsicher.
22,6 Aram: Text korr. nach G; H: Adam.
22,8 Zu »Waldhaus«, auch »Libanonwaldhaus« genannt, vgl. die Anmerkung zu 1 Kön 7,2.
22,11 aus der Ferne, andere Übersetzungsmöglichkeit: im Voraus.
22,19 Ich vertreibe dich: Text korr. nach den alten Übersetzungen (1. statt 3. Person).

schließt, kann niemand öffnen. 23 Ich schlage
ihn an einer festen Stelle als Pflock ein; er
wird in seinem Vaterhaus den Ehrenplatz
einnehmen.
24 Wenn sich aber all die vielen Mitglieder
seines Vaterhauses mit Kindern und Kindes-
kindern an ihn hängen, alle die Kännchen,
die Töpfe und Krüge, 25 an jenem Tag –
Spruch des Herrn der Heere – wird der
Pflock, den man an der festen Stelle einge-
schlagen hat, nachgeben. Er wird herausbre-
chen und herunterfallen, sodass alles zer-
bricht, was an ihm aufgehängt war. Wahr-
haftig, der Herr hat gesprochen.

22: Mt 16,19; Offb 3,7.

Das Gericht über Tyrus und Sidon: 23,1–18

23 Ausspruch über Tyrus.
Jammert, ihr Tarschisch-Schiffe; /
denn euer Hafen wurde zerstört.
Bei der Heimfahrt aus dem Land der Kit-
täer / wurde es ihnen bekannt.
2 Verstummt, ihr Bewohner der Küste, /
ihr Kaufleute von Sidon,
die ihr über das Meer fahrt / und deren Bo-
ten das große Wasser überqueren.
3 Die Saaten am Fluss, die Ernten am Nil
brachten reichen Ertrag; / Sidon wurde zum
Handelsplatz für die Völker.
4 Schäme dich, Sidon; / denn zu dir sagt
das Meer [die Festung am Meer]:
Ich lag nicht in Wehen und habe nicht ge-
boren / und ich zog weder Söhne noch Töch-
ter groß.
5 Wenn das die Ägypter erfahren, / zittern
sie wie einst bei der Nachricht aus Tyrus.
6 Fahrt nach Tarschisch hinüber; / jam-
mert, ihr Bewohner der Küste!
7 Ist das eure fröhliche Stadt, / in den Ta-
gen der Vorzeit gegründet, / die Stadt, die
ihre Siedler aussandte in weiteste Fernen?
8 Wer hat das über Tyrus beschlossen, / das
einst Kronen verschenkte,
dessen Kaufleute wie Fürsten auftraten /
und dessen Händler die vornehmsten Herren
der Erde waren?
9 Der Herr der Heere hat beschlossen, / die
ganze Pracht zuschanden zu machen / und
den Stolz aller vornehmen Herren der Erde
zu brechen.
10 Bebau dein Land [wie am Nil], Tochter
Tarschisch, / es gibt keinen Hafen mehr.
11 Der Herr hat seine Hand ausgestreckt
über das Meer, / er hat die Königreiche er-
schüttert.
Er hat den Befehl erlassen, / Kanaans Bur-
gen in Trümmer zu legen.
12 Er sagte: Nie mehr sollst du fröhlich
sein, / Tochter Sidon, du vergewaltigte Jung-
frau.
Steh auf, fahr zu den Kittäern – / auch dort
findest du keine Ruhe.
13 [Denn die Chaldäer waren das Volk –
nicht Assur ist es gewesen –, die Sidon zum
Aufenthalt der Wüstentiere machen wollten.
Sie stellten ihre Belagerungstürme auf, zer-
störten die Paläste und machten sie zu einem
Trümmerhaufen.]
14 Jammert, ihr Tarschisch-Schiffe, / denn
euer Hafen wurde zerstört.
15 Dann wird Tyrus siebzig Jahre lang – so-
lange wie ein König lebt – vergessen sein.
Nach siebzig Jahren aber wird es Tyrus ge-
hen, wie es im Lied von der Dirne heißt:
16 Nimm die Zither, / durchstreife die
Stadt, / vergessene Dirne!
Spiele schön / und singe viel, / damit man
an dich denkt.
17 Nach siebzig Jahren wird sich der Herr
wieder um Tyrus kümmern: Die Stadt wird
wieder ihren Dirnenlohn erhalten und mit
allen Königreichen der Welt, die es auf Er-
den gibt, Unzucht treiben. 18 Aber ihr Ge-
winn und ihr Dirnenlohn wird dem Herrn als
heilige Gabe gehören. Er wird nicht ange-
sammelt und gehortet, sondern wird denen,
die in der Nähe des Herrn wohnen, als reiche
Nahrung und prächtige Kleidung dienen.

1: 23,14; 2,16 • 4: 1,2 • 8: Offb 18,23 • 14: 23,1; 2,16 • 17: Offb 17,2.

22,24 mit Kindern und Kindeskindern, wörtlich: die Schösslinge und die Blätter.
23,1–3 Übersetzung unsicher. Das »Land der Kittäer« ist Zypern.
23,10 Bebau: Text korr. nach G und dem Qumran-Text.
23,13 Text durch spätere Zusätze völlig entstellt.

DIE JESAJA-APOKALYPSE: 24,1 – 27,13

Die Ankündigung des Weltgerichts:
24,1–23

24 Seht her! Der Herr verheert und verwüstet die Erde; / er verändert ihr Gesicht / und zerstreut ihre Bewohner.
2 Dann geht es dem Laien wie dem Priester, / dem Knecht wie dem Herrn,
der Magd wie der Herrin, / dem Käufer wie dem Verkäufer,
dem Gläubiger wie dem Schuldner, / dem, der ausleiht, wie dem, der leiht.
3 Verheert wird die Erde, verheert, / geplündert wird sie, geplündert. / Ja, der Herr hat es gesagt.
4 Die Erde welkt, sie verwelkt, / die Welt zerfällt, sie verwelkt, / Himmel und Erde zerfallen.
5 Die Erde ist entweiht durch ihre Bewohner; / denn sie haben die Weisungen übertreten,
die Gesetze verletzt, / den ewigen Bund gebrochen.
6 Darum wird ein Fluch die Erde zerfressen; / ihre Bewohner haben sich schuldig gemacht.
Darum schwinden die Bewohner der Erde dahin, / nur wenige Menschen werden übrig gelassen.
7 Der Wein ist dahin, die Rebe verwelkt; / alle, die einst so heiter waren, seufzen und stöhnen.
8 Verstummt ist der fröhliche Klang der Trommeln, / der Lärm der Übermütigen ist zu Ende, / verstummt ist der fröhliche Klang der Zither.
9 Man trinkt keinen Wein mehr bei frohem Gesang, / das Bier der Zecher ist bitter geworden.
10 Die öde Stadt liegt in Trümmern, / alle Häuser sind für den Zutritt verschlossen.
11 Auf den Gassen jammern die Leute: / Es gibt keinen Wein mehr!
Jede Freude ist verschwunden, / aller Jubel hat die Erde verlassen.
12 Von der Stadt blieben nur noch Ruinen, / auch das Tor wurde zertrümmert.
13 Dann ist es unter den Völkern auf der Erde, / wie wenn man Oliven abschlägt, / wie bei der Nachlese, wenn die Ernte vorbei ist.
14 Sie beginnen zu jubeln, / sie preisen die Größe des Herrn.
Jauchzt, ihr im Westen, 15 / ehrt den Herrn, ihr im Osten!
Und ihr auf den Inseln im Meer, / preist den Namen des Herrn, des Gottes Israels!
16 Von den äußersten Enden der Erde hören wir Lieder: / Preis dem Gerechten!
Ich aber sage: / Weh mir! Elend, Elend kommt über mich.
Treulose handeln treulos, / ja, die Treulosen brechen die Treue.
17 Grauen, Grube und Garn warten auf euch, / ihr Bewohner der Erde.
18 Wer dem Lärm des Grauens entflieht, / fällt in die Grube.
Wer aus der Grube entkommt, / fängt sich im Garn.
Die Schleusen hoch droben werden geöffnet, / die Fundamente der Erde werden erschüttert.
19 Die Erde birst und zerbirst, / die Erde bricht und zerbricht, / die Erde wankt und schwankt.
20 Wie ein Betrunkener taumelt die Erde, / sie schwankt wie eine wacklige Hütte.
Ihre Sünden lasten auf ihr; / sie fällt und kann sich nicht mehr erheben.
21 An jenem Tag wird der Herr hoch droben / das Heer in der Höhe zur Rechenschaft ziehen / und auf der Erde die Könige der Erde.
22 Sie werden zusammengetrieben / und in eine Grube gesperrt;
sie werden ins Gefängnis geworfen / und nach einer langen Zeit wird er sie strafen.
23 Dann muss der Mond sich schämen, / muss die Sonne erbleichen.
Denn der Herr der Heere ist König auf dem Berg Zion und in Jerusalem, / er offenbart seinen Ältesten seine strahlende Pracht.

4: 33,9; Jer 12,4; 23,10; Am 1,2 • 5: Jer 3,2.9 • 13: 17,6 • 17: Jer 48,43f • 20: 1,8 • 23: 60,19.

24,1 – 27,13 Dieser Abschnitt wird »Jesaja-Apokalypse« genannt, weil er apokalyptische Motive (Weltgericht, Auferstehung, eschatologisches Heil) enthält. Er stammt aus spätalttestamentlicher Zeit.
24,4 Text korr.
24,5 Anscheinend ist an den Noachbund gedacht (vgl. Gen 9,8–17).
24,14 Sie: Gemeint sind vielleicht die Übriggebliebenen.
24,15a Text und Übersetzung unsicher.
24,17a Der H-Text enthält ein Wortspiel.
24,21 Das »Heer in der Höhe« sind die Sterne, die wie die Könige in das Weltgericht hineingezogen werden.
24,23c Text korr. nach G.

Der Dank für den Untergang der feindlichen Stadt: 25,1–5

25 Herr, du bist mein Gott, / ich will dich
rühmen und deinen Namen preisen.
Denn du hast wunderbare Pläne verwirk-
licht, / von fern her zuverlässig und sicher.
2 Du hast die Stadt zu einem Steinhaufen
gemacht, / die starke Burg zu einem Trüm-
merfeld,
die Paläste der Fremden zu einem verwüs-
teten Ort, / den man in Ewigkeit nicht mehr
aufbaut.
3 Darum ehren dich mächtige Völker; / vor
dir fürchten sich die Städte der gewalttäti-
gen Nationen.
4 Du bist die Zuflucht der Schwachen, / die
Zuflucht der Armen in ihrer Not;
du bietest ihnen ein Obdach bei Regen und
Sturm / und Schatten bei glühender Hitze.
Denn der Sturm der Gewaltigen ist wie ein
Regenguss im Winter, / wie die Hitze im tro-
ckenen Land.
5 Du bringst den Lärm der Fremden zum
Schweigen, / wie ein Wolkenschatten die
Hitze mildert, / das Lied der Gewaltigen
lässt du verstummen.

Das Festmahl auf dem Berg Zion: 25,6–8

6 Der Herr der Heere wird auf diesem
Berg / für alle Völker ein Festmahl geben
mit den feinsten Speisen, / ein Gelage mit
erlesenen Weinen,
mit den besten und feinsten Speisen, / mit
besten, erlesenen Weinen.
7 Er zerreißt auf diesem Berg die Hülle, die
alle Nationen verhüllt, / und die Decke, die
alle Völker bedeckt.
8 Er beseitigt den Tod für immer. / Gott,
der Herr, wischt die Tränen ab von jedem
Gesicht.
Auf der ganzen Erde nimmt er von seinem
Volk die Schande hinweg. / Ja, der Herr hat
gesprochen.

8: Hos 13,14; 1 Kor 15,26.54; Offb 7,17.

Der Dank für die Vernichtung Moabs: 25,9–12

9 An jenem Tag wird man sagen: / Seht, das
ist unser Gott,
auf ihn haben wir unsere Hoffnung ge-
setzt, / er wird uns retten.
Das ist der Herr, auf ihn setzen wir unsere
Hoffnung. / Wir wollen jubeln und uns freu-
en über seine rettende Tat.
10 Ja, die Hand des Herrn ruht auf diesem
Berg. / Moab aber wird an Ort und Stelle
zerstampft, / wie Stroh in der Jauche zer-
stampft wird.
11 Wenn Moab darin auch mit den Händen
rudert / wie der Schwimmer beim Schwim-
men,
so drückt er den Stolzen doch nieder, /
auch wenn seine Hände sich wehren.
12 Deine festen, schützenden Mauern wer-
den niedergerissen; / der Herr stürzt sie zu
Boden; sie liegen im Staub.

Das Siegeslied: 26,1–6

26 An jenem Tag singt man in Juda die-
ses Lied:
Wir haben eine befestigte Stadt, / zu unse-
rem Schutz baute der Herr Mauern und
Wälle.
2 Öffnet die Tore, / damit ein gerechtes
Volk durch sie einzieht, / ein Volk, das dem
Herrn die Treue bewahrt.
3 Sein Sinn ist fest; / du schenkst ihm Ruhe
und Frieden; / denn es verlässt sich auf
dich.
4 Verlasst euch stets auf den Herrn; / denn
der Herr ist ein ewiger Fels.
5 Er hat die Bewohner des hohen Berges
hinabgestürzt, / die hoch aufragende Stadt;
er hat sie zu Boden geworfen, / in den
Staub hat er sie gestoßen.
6 Sie wird zermalmt von den Füßen der Ar-
men, / unter den Tritten der Schwachen.

2: Ps 118,19f • 5: 25,12.

Das Lied auf die Gerechtigkeit Gottes: 26,7–19

7 Der Weg des Gerechten ist gerade, / du
ebnest dem Gerechten die Bahn.
8 Herr, auf das Kommen deines Gerichts /
vertrauen wir.
Deinen Namen anzurufen und an dich zu
denken / ist unser Verlangen.
9 Meine Seele sehnt sich nach dir in der
Nacht, / auch mein Geist ist voll Sehnsucht
nach dir.
Denn dein Gericht ist ein Licht für die
Welt, / die Bewohner der Erde lernen deine
Gerechtigkeit kennen.

25,2 Die namentlich nicht genannte Stadt ist Symbol für die gottfeindliche Macht; welche Stadt gemeint ist, lässt sich nicht mit Sicherheit sagen.
25,4e im Winter: Text korr.
25,5 lässt du verstummen: Text korr. (2. statt 3. Person).
25,6f.10 Der »Berg« ist der Zion. Hülle und Decke sind Zeichen der Trauer.
26,9c ein Licht: eingefügt mit G.

10 Aber der Frevler lernt nie, was gerecht ist, / auch wenn du ihm Gnade erweist.

Selbst im Land der Gerechtigkeit tut er noch Unrecht, / doch er wird den erhabenen Glanz des Herrn nicht erblicken.

11 Herr, deine Hand ist erhoben, / doch deine Gegner sehen es nicht;

aber sie werden es sehen / und sie werden beschämt sein

von deiner leidenschaftlichen Liebe zu deinem Volk; / ja, Feuer wird sie verzehren.

12 Herr, du wirst uns Frieden schenken; / denn auch alles, was wir bisher erreichten, hast du für uns getan.

13 Herr, unser Gott, es beherrschten uns andere Herren als du, / doch nur *deinen* Namen werden wir rühmen.

14 Die Toten werden nicht leben, / die Verstorbenen stehen nie wieder auf;

denn du hast sie bestraft und vernichtet, / jede Erinnerung an sie hast du getilgt.

15 Du hast dein Volk vermehrt, o Herr, / du hast es vermehrt;

du hast deine Herrlichkeit erwiesen, / auf allen Seiten hast du die Grenzen des Landes erweitert.

16 Herr, in der Not suchten wir dich; / wir schrien in unserer Qual, als du uns straftest.

17 Wie eine schwangere Frau, / die nahe daran ist, ihr Kind zu gebären,

die sich in ihren Wehen windet und schreit, / so waren wir, Herr, in deinen Augen.

18 Wir waren schwanger und lagen in Wehen; / doch als wir gebaren, war es ein Wind.

Wir brachten dem Land keine Rettung, / kein Erdenbewohner wurde geboren.

19 Deine Toten werden leben, / die Leichen stehen wieder auf; / wer in der Erde liegt, wird erwachen und jubeln.

Denn der Tau, den du sendest, / ist ein Tau des Lichts; / die Erde gibt die Toten heraus.

11: Ex 15,6; Hebr 10,27 • 14: 26,19 • 19: 26,14.

Das Gericht über die Feinde: 26,20 – 27,1

20 Auf, mein Volk, geh in deine Kammern / und verschließ die Tür hinter dir!

Verbirg dich für kurze Zeit, / bis der Zorn vergangen ist.

21 Denn der Herr verlässt den Ort, wo er ist, / um die Erdenbewohner für ihre Schuld zu bestrafen.

Dann deckt die Erde das Blut, das sie trank, wieder auf / und verbirgt die Ermordeten nicht mehr in sich.

27 An jenem Tag bestraft der Herr mit seinem harten, großen, starken Schwert den Leviatan, die schnelle Schlange, den Leviatan, die gewundene Schlange. Den Drachen im Meer wird er töten.

27,1: Ijob 26,13; Ps 74,14.

Das Lied vom Weinberg Israel:
27,2–6

2 An jenem Tag gibt es einen prächtigen Weinberg. / Besingt ihn in einem Lied!

3 Ich, der Herr, bin sein Wächter, / immer wieder bewässere ich ihn.

Damit niemand ihm schadet, / bewache ich ihn bei Tag und bei Nacht.

4 Ich habe jetzt keinen Zorn mehr. / Fände ich Dornen und Disteln darin,

ich würde sie alle bekämpfen, / ich würde sie alle zusammen verbrennen,

5 es sei denn, man sucht bei mir Schutz / und schließt mit mir Frieden, ja Frieden mit mir.

6 In künftigen Tagen schlägt Jakob wieder Wurzel, / Israel blüht und gedeiht / und der Erdkreis füllt sich mit Früchten.

2–6: 5,1–7.

Die Entsühnung Israels:
27,7–9

7 Hat er sie geschlagen, / wie er ihre Schläger schlug?

Hat er sie umgebracht, / wie er ihre Mörder umgebracht hat?

8 Du hast sie aufgescheucht und verjagt / und so gegen sie den Rechtsstreit geführt.

Mit einem heftigen Sturm / jagte er sie am Tag des Ostwinds davon.

9 Darum sei dadurch Jakobs Schuld wieder gesühnt, / darin bestehe die volle Befreiung von seiner Sünde,

dass er alle Altarsteine vernichtet, wie man Kalksteine zerschlägt. / Nie mehr soll man Kultpfähle und Rauchopferaltäre errichten.

9: 17,8.

26,14 Die toten Zwingherren werden sich nicht mehr erheben.
26,16 Text korr.
26,19 Im Bild von der Auferstehung wird von der Wiederherstellung Israels gesprochen.
26,21 Das Blut, das nicht mit Erde bedeckt ist, schreit nach Rache (vgl. Gen 4,10f; Ijob 16,18).
27,1 Leviatan, gewundene Schlange und Drache bezeichnen in mythischer Sprache das Meer; sie werden zum Bild für die gottfeindliche Macht.
27,7 ihre Mörder: Text korr. nach dem Qumran-Text.

Die Bestrafung des Gegners: 27,10–11

10 Ja, die befestigte Stadt ist einsam geworden, / ein entvölkerter Ort, verlassen wie die Steppe.

Dort weiden die Rinder und legen sich nieder. / Sie fressen die Zweige ab.

11 Wenn dann die Äste verdorren, bricht man sie ab / und die Frauen kommen und machen Feuer damit.

Es ist ein Volk ohne Einsicht; / deshalb hat sein Schöpfer kein Erbarmen mit ihm, / er, der es geformt hat, ist ihm nicht gnädig.

Die Sammlung der verstreuten Israeliten: 27,12–13

12 An jenem Tag wird der Herr Ähren ausklopfen / vom Eufrat bis zum Grenzbach Ägyptens;

dann, ihr Söhne Israels, liest man euch auf, / einen nach dem andern.

13 An jenem Tag wird man das große Widderhorn blasen, / dann kommen die Verirrten aus Assur nach Hause / und die in Ägypten Verstreuten kehren zurück;

sie fallen vor dem Herrn in Jerusalem nieder, / auf dem heiligen Berg.

WORTE ÜBER ISRAEL UND JUDA AUS DER SPÄTEREN ZEIT DES PROPHETEN: 28,1 – 35,10

Der Untergang Samarias: 28,1–4

28 Weh der stolzen Krone der betrunkenen Efraimiter, / ihrem verwelkten Kranz von prächtigen Blumen,

auf dem Gipfel über dem fruchtbaren Tal / derer, die der Wein überwältigt hat.

2 Seht, der Herr schickt einen gewaltigen Helden: / Wie ein Hagelschlag, wie ein verheerender Sturm,

wie ein Wolkenbruch mit seinen mächtigen Fluten / wirft er alles mit Macht zu Boden.

3 Mit seinen Füßen zertritt er die stolze Krone / der betrunkenen Efraimiter.

4 Dann geht es dem verwelkten Kranz von prächtigen Blumen, / auf dem Gipfel über dem fruchtbaren Tal, / wie einer frühreifen Feige vor der Ernte:

Wer sie erblickt, der verschlingt sie, / kaum dass er sie in der Hand hat.

Der heilige Rest: 28,5–6

5 An jenem Tag wird der Herr der Heere für den Rest seines Volkes / zu einer herrlichen Krone und einem prächtigen Kranz;

6 er verleiht dem, der zu Gericht sitzt, den Geist des Rechts / und gibt denen Kraft, die den Feind zum Stadttor hinausdrängen.

Die untreuen Priester und Propheten in Jerusalem: 28,7–15

7 Sogar diese hier schwanken, berauscht vom Wein, / und taumeln, betäubt vom Bier.

Priester und Propheten schwanken vom Bier, / sind überwältigt vom Wein.

Sie taumeln vom Bier, / sie schwanken bei ihren Visionen, / sie torkeln, wenn sie ihr Urteil verkünden.

8 Alle Tische sind voll von Erbrochenem, / sind voll von Kot bis auf den letzten Fleck.

9 Wen will der Mann denn Erkenntnis lehren, / wem das Gehörte erklären?

Kindern, die man eben von der Milch entwöhnte, / die man gerade von der Brust nahm?

10 Was soll sein Gestammel, sein Papperlapapp, / sein Geschwätz bald hier, / sein Geschwätz bald dort?

11 Ja, mit stammelnder Lippe und fremder Zunge / redet er künftig zu diesem Volk.

12 Er hatte zu ihnen gesagt: So findet ihr Ruhe; / gönnt doch den Müden die Rast, / hier ist der Ort der Erholung. / Sie aber wollten nicht hören.

13 Darum ergeht das Wort des Herrn an sie / in Form von Gestammel, von Papperlapapp,

---

27,12f Der Text spricht von der Sammlung und Heimkehr der Juden aus der Diaspora.
28,1–4 Die »Krone auf dem Berg« ist Samaria. Dieses Bild und das vom Blumenkranz durchdringen sich.
28,6b den Feind, wörtlich: den Kampf.
28,10–13 Papperlapapp: H: zaw lazaw, zaw lazaw, qaw laqaw, qaw laqaw, verächtliche Nachäffung der Propheten. – »Er« in VV. 11f ist Jahwe.

von Geschwätz bald hier / und Geschwätz bald dort,

damit sie gehen und hintenüberfallen, / damit sie sich verfangen und verstricken / und schließlich zerschellen.

14 Darum hört das Wort des Herrn, ihr Spötter, / ihr Sprüchemacher bei diesem Volk in Jerusalem.

15 Ihr habt gesagt: Wir haben mit dem Tod ein Bündnis geschlossen, / wir haben mit der Unterwelt einen Vertrag gemacht.

Wenn die Flut heranbraust, / erreicht sie uns nicht;

denn wir haben unsere Zuflucht zur Lüge genommen / und uns hinter der Täuschung versteckt.

7: 29,9 • 11: 33,19; 1 Kor 14,21 • 12: 30,15; Jer 6,16 • 13: 8,15 • 15: Am 9,10.

Die ungläubigen Spötter: 28,16–22

16 Darum – so spricht Gott, der Herr:

Seht her, ich lege einen Grundstein in Zion, / einen harten und kostbaren Eckstein,

ein Fundament, das sicher und fest ist: / Wer glaubt, der braucht nicht zu fliehen.

17 Als Senkblei nehme ich das Recht / und als Wasserwaage die Gerechtigkeit.

Aber der Hagelsturm fegt eure Lügenzuflucht hinweg / und das Wasser schwemmt euer Versteck fort;

18 euer Bündnis mit dem Tod ist dann gelöst, / euer Vertrag mit der Unterwelt hat keinen Bestand.

Wenn die Flut heranbraust, / werdet ihr wie zertrampeltes Weideland.

19 Sooft sie heranbraust, reißt sie euch mit. / Morgen für Morgen braust sie heran, / sie kommt bei Tag und bei Nacht. / Dann wird man nur noch mit Entsetzen das Gehörte erklären.

20 Das Bett ist zu kurz, / man kann sich nicht ausstrecken,

die Decke ist zu schmal, / man kann sich nicht einhüllen.

21 Denn der Herr wird sich erheben wie am Berg Perazim, / wie im Tal bei Gibeon wird er toben

und seine Tat vollbringen, seine seltsame Tat, / sein Werk vollenden, sein befremdliches Werk.

22 Darum lasst jetzt euren Spott, / sonst werden eure Fesseln noch fester.

Denn ich habe es von.Gott, dem Herrn der Heere, gehört: / Die Vernichtung der ganzen Welt ist beschlossen.

16: 7,9; Röm 9,33; 10,11; 1 Petr 2,6 • 19: 28,9 • 21: 2 Sam 5,17–25; Jos 10,10–14 • 22: 10,23.

Das Gleichnis vom Bauern: 28,23–29

23 Horcht auf, hört meine Stimme, / gebt Acht, hört auf mein Wort!

24 Pflügt denn der Bauer jeden Tag, um zu säen, / beackert und eggt er denn jeden Tag seine Felder?

25 Nein, wenn er die Äcker geebnet hat, / streut er Kümmel und Dill aus,

sät Weizen und Gerste / und an den Rändern den Dinkel.

26 So unterweist und belehrt ihn sein Gott, / damit er es recht macht.

27 Auch fährt man nicht mit dem Dreschschlitten über den Dill / und mit den Wagenrädern über den Kümmel,

sondern man klopft den Dill mit dem Stock aus / und den Kümmel mit Stecken.

28 Zermalmt man etwa das Getreide (beim Dreschen)? / Nein, man drischt es nicht endlos,

man lässt die Wagenräder und die Hufe der Tiere / nicht darüber gehen, bis es zermalmt ist.

29 Auch dies lehrt der Herr der Heere; / sein Rat ist wunderbar, er schenkt großen Erfolg.

29: 9,5.

Die Belagerung und die Rettung der Stadt: 29,1–8

29 Weh dir, Ariël, Ariël, / du Stadt, die David einst belagert hat! / Fügt nur Jahr an Jahr, feiert nur Fest auf Fest!

2 Ich greife Ariël an, / sodass man jammert und stöhnt. / Du wirst für mich wie ein Opferherd sein.

3 Ringsum werde ich dich belagern, / ich ziehe Gräben um dich herum / und schütte Wälle gegen dich auf.

4 Dann wirst du am Boden liegen und winseln, / deine Worte dringen dumpf aus dem Staub.

Wie wenn aus der Erde ein Totengeist spricht, / so tönt deine Stimme; / deine Worte sind nur noch ein Geflüster im Staub.

5 Doch wie feiner Staub wird der Haufen der Belagerer sein, wie dahinfliegende Spreu

---

28,14b Sprüchemacher, andere Übersetzungsmöglichkeit: Herrscher.

28,16f ich lege: Text korr. nach G. V.16.17ab unterbrechen den Text; V. 17cd schließt an V. 15 an.

28,20 Anscheinend ein Sprichwort.

29,1f »Ariël« ist Jerusalem. Das Wort bedeutet vielleicht »Opferherd«.

die Schar der Unterdrücker. Dann geschieht
es – plötzlich, ganz plötzlich: 6 Vom Herrn
der Heere wirst du mit Donner und Getöse
und mit lautem Dröhnen heimgesucht, mit
Wind und Wirbelsturm und mit Flammen
verzehrenden Feuers. 7 Dann wird es dem
Haufen all der Völker, die gegen Ariël kämp-
fen, all denen, die es umzingeln, belagern
und bestürmen, gehen wie in einem Traum,
einer nächtlichen Vision: 8 Wie wenn ein
Hungriger träumt, dass er isst, dann aber
aufwacht und immer noch hungrig ist, und
wie wenn ein Durstiger träumt, dass er
trinkt, dann aber aufwacht und immer noch
matt ist und Durst hat, so wird es dem Hau-
fen all der Völker gehen, die gegen den Berg
Zion in den Krieg ziehen.

1: 2 Sam 5,6–8 • 6: 30,30.

Drohungen gegen die Verblendeten: 29,9–16

9 Starrt einander an und erstarrt, / seid verblendet und blind!
Seid berauscht, doch nicht vom Wein, / taumelt, doch nicht vom Bier!
10 Denn der Herr hat über euch einen Geist
der Ohnmacht gebracht; / er hat eure Augen
[die Propheten] verschlossen und euren Kopf
[die Seher] verhüllt.
11 So wurde für euch jede Offenbarung wie
die Worte in einem versiegelten Buch: Wenn
man es einem Menschen gibt, der lesen kann,
und zu ihm sagt: Lies es mir vor!, dann ant-
wortet er: Ich kann es nicht lesen, denn es ist
versiegelt. 12 Und wenn man das Buch einem
Mann gibt, der nicht lesen kann, und zu ihm
sagt: Lies es mir vor!, dann antwortet er: Ich
kann nicht lesen.
13 Der Herr sagte:
Weil dieses Volk sich mir nur mit Worten nähert / und mich bloß mit den Lippen ehrt, / sein Herz aber fern hält von mir,
weil seine Furcht vor mir / nur auf einem angelernten menschlichen Gebot beruht,
14 darum will auch ich in Zukunft an diesem Volk seltsam handeln, / so seltsam, wie es niemand erwartet.
Dann wird die Weisheit seiner Weisen vergehen / und die Klugheit seiner Klugen verschwinden.
15 Weh denen, die ihre geheimen Pläne vor dem Herrn verbergen, / damit im Dunkel bleibt, was sie tun.
Sie sagen: Wer sieht uns schon / und wer kennt uns?
16 Weh euch, die ihr alles verdreht. / Ist denn der Ton so viel wie der Töpfer?
Sagt denn das Werk von dem, der es herstellt: / Er hat mich nicht gemacht?
Oder sagt der Topf von dem Töpfer: / Er versteht nichts?

9: 28,7 • 10: 19,14 • 14: 1 Kor 1,19 • 16: 45,9; Jer 18,1–6; Röm 9,20f.

Friede und Glück für Israel: 29,17–24

17 Nur noch kurze Zeit, / dann verwandelt sich der Libanon in einen Garten / und der Garten wird zu einem Wald.
18 An jenem Tag hören alle, die taub sind, / sogar Worte, die nur geschrieben sind, / und die Augen der Blinden sehen selbst im Dunkeln und Finstern.
19 Die Erniedrigten freuen sich wieder über den Herrn / und die Armen jubeln über den Heiligen Israels.
20 Denn der Unterdrücker ist nicht mehr da, / der Schurke ist erledigt, / ausgerottet sind alle, die Böses tun wollen,
21 die andere als Verbrecher verleumden, / die dem Richter, der am Tor sitzt, Fallen stellen / und den Unschuldigen um sein Recht bringen mit haltlosen Gründen.
22 Darum – so spricht der Herr zum Haus Jakob, / der Herr, der Abraham losgekauft hat:
Nun braucht sich Jakob nicht mehr zu schämen, / sein Gesicht muss nicht mehr erbleichen.
23 Wenn das Volk sieht, was meine Hände in seiner Mitte vollbringen, / wird es meinen Namen heilig halten.
Es wird den Heiligen Jakobs als heilig verehren / und erschrecken vor Israels Gott.
24 Dann kommen die Verwirrten zur Einsicht / und wer aufsässig war, lässt sich belehren.

17: 32,15 • 20: 16,4.

Die Nutzlosigkeit des Bündnisses mit Ägypten: 30,1–7

30 Weh den trotzigen Söhnen – Spruch des Herrn –, / die einen Plan ausführen, der nicht von mir ist,
und ein Bündnis schließen, / das nicht nach meinem Sinn ist; / sie häufen Sünde auf Sünde.
2 Sie machen sich auf den Weg nach Ägypten, / ohne meinen Mund zu befragen.
Sie suchen beim Pharao Zuflucht und

29,9ab In H ein Wortspiel.
29,13b mit Worten, wörtlich: mit seinem Mund.
29,16 Töpfer und Ton sind Bild für die vollständige Abhängigkeit des Menschen von Gott.

Schutz / und flüchten in den Schatten Ägyp-
tens.
3 Doch der Schutz des Pharao bringt euch
nur Schande, / die Flucht in den Schatten
Ägyptens bringt euch nur Schmach.
4 Wenn auch Israels Fürsten nach Zoan
gingen / und seine Boten nach Hanes:
5 Sie werden doch alle enttäuscht von dem
Volk, / das nichts nützt,
das niemand Nutzen und Hilfe ver-
schafft, / sondern nur Schande und Schmach
bringt.
6 Ausspruch über die Tiere des Negeb:
Durch ein Land der Ängste und Nöte, / der
jungen Löwen, der knurrenden Löwen, / der
Nattern und fliegenden Schlangen
bringen sie ihren Reichtum / auf dem Rü-
cken der Esel,
ihre Schätze auf dem Höcker der Kamele /
zu dem Volk, das nichts nützt.
7 Nichtig und nutzlos ist die Hilfe Ägyp-
tens; / darum nenne ich es: die untätige
Rahab.

1: 31,1; 2 Kön 18,21; Jer 2,18.

Die Bestrafung des trotzigen Volkes:
30,8–17

8 Nun geh, schreib es vor ihren Augen auf
eine Tafel, / ritz es als Inschrift ein, / damit
es für künftige Zeiten auf immer bezeugt
ist:
9 Sie sind ein trotziges Volk, missratene
Söhne, / Söhne, die auf die Weisung des
Herrn nicht hören.
10 Sie sagen zu den Sehern: Seht nichts!, /
und zu den Propheten: Erschaut für uns ja
nicht, was wahr ist,
sondern sagt, was uns schmeichelt, / er-
schaut für uns das, was uns täuscht.
11 Weicht nur ab vom rechten Weg, / ver-
lasst den richtigen Pfad, / lasst uns in Ruhe
mit dem Heiligen Israels!
12 Darum – so spricht der Heilige Israels: /
Weil ihr dieses Wort missachtet,
weil ihr auf Ränke vertraut / und euch auf
das Falsche verlasst,
13 darum wird eure Schuld für euch sein /
wie ein herabfallendes Bruchstück / von ei-
ner hoch aufragenden Mauer, / die dann
plötzlich, urplötzlich einstürzt.
14 Sie zerbricht wie der Krug eines Töp-
fers, / den man ohne Erbarmen zerschlägt,
sodass sich unter all den Stücken keine
Scherbe mehr findet, / mit der man Feuer
vom Herd holen kann / oder Wasser schöpfen
aus der Zisterne.
15 Denn so spricht der Herr, der Heilige Is-
raels:
Nur in Umkehr und Ruhe liegt eure Ret-
tung, / nur Stille und Vertrauen verleihen
euch Kraft.
Doch ihr habt nicht gewollt, / 16 sondern
gesagt:
Nein, auf Rossen wollen wir dahinflie-
gen. / Darum sollt ihr jetzt fliehen.
Ihr habt gesagt: Auf Rennpferden wollen
wir reiten. / Darum rennen die Verfolger
euch nach.
17 Tausende werden zittern, wenn ein Ein-
ziger droht, / wenn nur fünf euch drohen, er-
greift ihr alle die Flucht,
bis das, was von euch übrig ist, aussieht, /
wie ein Fahnenmast auf dem Gipfel eines
Berges, / wie ein Feldzeichen auf dem Hü-
gel.

9: 1,4 • 10: Am 2,12; 7,12f • 17: Dtn 32,30.

Die Begnadigung des Volkes:
30,18–26

18 Darum wartet der Herr darauf, / euch
seine Gnade zu zeigen,
darum erhebt er sich, / um euch sein Er-
barmen zu schenken.
Denn der Herr ist ein Gott des Rechtes; /
wohl denen, die auf ihn warten.
19 Ja, du Volk auf dem Berg Zion, / das in
Jerusalem wohnt, / du brauchst jetzt nicht
mehr zu weinen.
Der Herr ist dir gnädig, wenn du um Hilfe
schreist; / er wird dir antworten, sobald er
dich hört.
20 Auch wenn dir der Herr bisher nur we-
nig Brot und nicht genug Wasser gab, / so
wird er, dein Lehrer, sich nicht mehr verber-
gen.
Deine Augen werden deinen Lehrer se-
hen, / 21 deine Ohren werden es hören, wenn
er dir nachruft:
Hier ist der Weg, auf ihm müsst ihr gehen, /
auch wenn ihr selbst rechts oder links gehen
wolltet.
22 Dann wirst du deine Götzen aus Silber /
und deine Götterbilder aus Gold entwei-
hen.

30,4 Zu Zoan vgl. die Anmerkung zu 19,11. Hanes: südlich von Memfis. Hierher kommen die Boten Hiskijas 703/2 v. Chr.

30,6 Spricht von den Gefahren, die für die Gesandtschaft Hiskijas von den Tieren drohen.

30,7 Ägypten wird sich nicht, wie einst Rahab (das Urmeer), die gegen den Schöpfergott kämpfte, erheben, sondern untätig bleiben.

30,10b zu den Propheten; wörtlich: zu den Schauenden.

30,16 In H zwei Wortspiele.

30,17a werden zittern: Text korr.

Wie Abfall wirfst du sie weg und sagst: / Hinaus mit euch!
23 Dann spendet er Regen für die Saat, / die
du auf den Acker gesät hast.
Das Korn, das auf dem Acker heranreift, / wird üppig und fett sein. / Auf weiten Wiesen weidet dein Vieh an jenem Tag.
24 Die Rinder und Esel, die dir bei der
Feldarbeit helfen, / bekommen würziges Futter zu fressen, / das man mit Schaufel und Gabel gemischt hat.
25 Auf allen hohen Bergen und stattlichen
Hügeln / gibt es Bäche voll Wasser
am Tag des großen Mordens, / wenn die Türme einstürzen.
26 Zu der Zeit, wenn der Herr die Leiden
seines Volkes heilt und seine Wunden verbindet, wird das Licht des Mondes so hell sein wie das Licht der Sonne und das Licht der Sonne wird siebenmal so stark sein wie das Licht von sieben Tagen.

18: Ps 2,12 • 25: 2,14.

Das Gericht über Assur: 30,27–33

27 Seht her, der Herr [sein Name] kommt
aus der Ferne. / Sein Zorn ist entflammt, / gewaltig drohend, zieht er heran.
Seine Lippen sind voll grollendem Zorn, / seine Zunge ist wie ein verzehrendes Feuer,
28 sein Atem wie ein reißender Bach, / der
bis an den Hals reicht.
Er spannt die Völker ins Joch / und legt den Nationen den Zaum an, / um sie in die Irre und ins Unheil zu führen.
29 Dann singt ihr Lieder wie in der Nacht, /
in der man sich heiligt für das Fest.
Ihr freut euch von Herzen / wie die Pilger, die unter dem Klang ihrer Flöten / zum Berg des Herrn, zu Israels Felsen, hinaufziehen.
30 Der Herr lässt seine mächtige Stimme
erschallen / und man sieht, wie sein Arm herabzuckt
mit zornigem Grollen und verzehrendem Feuer, / mit Sturm, Gewitter und Hagel.
31 Vor der Stimme des Herrn wird Assur
erschrecken, / wenn er zuschlägt mit seinem Stock,
32 jedes Mal, wenn die Zuchtrute auf Assur
herabsaust, / mit der der Herr auf es einschlägt.
Unter dem Klang von Pauken und Zithern / und bei schwungvollem Reigentanz kämpft er gegen Assur.
33 Ja, schon längst ist eine Feuerstelle be-
reitet, / auch für den König ist sie bestimmt; / tief ist sie und weit;
ein Holzstoß ist da, Feuer und Brennholz in Menge, / der Atem des Herrn brennt darin wie ein Schwefelstrom.

27: 29,6 • 30: 30,27; 29,6.

Erneute Warnung vor Ägypten: 31,1–3

31 Weh denen, die nach Ägypten ziehen, / um Hilfe zu finden, / und sich auf Pferde verlassen,
die auf die Menge ihrer Wagen vertrauen / und auf ihre zahlreichen Reiter.
Doch auf den Heiligen Israels blicken sie nicht / und fragen nicht nach dem Herrn.
2 Aber auch er ist klug; er führt das Unheil
herbei; / er nimmt sein Wort nicht zurück.
Er erhebt sich gegen dieses Haus von Verbrechern / und gegen die Helfer derer, die Böses tun.
3 Auch der Ägypter ist nur ein Mensch und
kein Gott, / seine Pferde sind nur Fleisch, nicht Geist.
Streckt der Herr seine Hand aus, / dann kommt der Beschützer zu Fall
und ebenso fällt auch sein Schützling; / sie gehen alle beide zugrunde.

1–3: 30,1–7.

Jahwes Kampf für seine Getreuen: 31,4–9

4 So hat der Herr zu mir gesagt:
Wie der Löwe über seiner Beute knurrt, / der junge Löwe, gegen den man alle Hirten zusammenruft,
wie er vor ihrem Geschrei nicht erschrickt / und sich bei ihrem Lärm nicht duckt,
so ist der Herr der Heere, wenn er herabsteigt, / um auf dem Gipfel des Berges Zion, auf seiner Anhöhe, zu kämpfen.
5 Wie ein Vogel mit ausgebreiteten Flü-
geln / wird der Herr der Heere Jerusalem schützen, / es beschirmen und befreien, verschonen und retten.
6 Kehrt um zu ihm, Israels Söhne, / zu ihm,
von dem ihr euch so weit entfernt habt.
7 An jenem Tag verachtet ihr all die silber-
nen und goldenen Götzen, / die ihr mit euren schuldbefleckten Händen gemacht habt.
8 Assur wird fallen durch das Schwert,
doch nicht durch das eines Mannes; / das

30,25cd.26 Apokalyptischer Ausblick auf die Endzeit.

30,32 Text unsicher.

31,8f Assur wird durch das Eingreifen Gottes vernichtet. – Seine starken Helden vergehen, wörtlich: Sein Fels vergeht. – Feuer und Ofen (vgl. Gen 15,17) sind Zeichen der göttlichen Gegenwart.

Schwert wird es vernichten, doch nicht das eines Menschen.

Es wird vor dem Schwert die Flucht ergreifen, / seine jungen Männer werden zur Fron gezwungen.

9 Seine starken Helden vergehen vor Grauen, / seine Fürsten lassen die Feldzeichen im Stich – Spruch des Herrn,

der in Zion einen Feuerherd hat, / in Jerusalem einen glühenden Ofen.

7: 2,20.

Das Reich der Gerechtigkeit: 32,1–8

32 Seht: Ein König wird kommen, der gerecht regiert, / und Fürsten, die herrschen, wie es recht ist.

2 Jeder von ihnen wird wie ein Zufluchtsort vor dem Sturm sein, / wie ein schützendes Dach beim Gewitter,

wie Wassergräben an einem dürren Ort, / wie der Schatten eines mächtigen Felsens im trockenen Land.

3 Dann sind die Augen der Sehenden nicht mehr verklebt, / die Ohren der Hörenden hören wieder zu.

4 Das Herz der Unbesonnenen gewinnt Erkenntnis und Einsicht, / die Zunge der Stammelnden redet wieder deutlich und klar.

5 Der Dummkopf wird nicht mehr edel genannt / und der Schurke wird nicht mehr für vornehm gehalten.

6 Denn der Dummkopf redet nur Unsinn / und er hat nur Unheil im Sinn,

er handelt ruchlos / und redet lästerlich über den Herrn.

Er lässt den Hungrigen darben, / den Durstigen lässt er nicht trinken.

7 Die Waffen des Schurken bringen Unglück, / er plant nur Verbrechen,

um die Schwachen durch trügerische Worte ins Verderben zu stürzen, / selbst wenn der Arme beweist, dass er im Recht ist.

8 Der Edle aber plant nur Edles / und tritt für das Edle ein.

1: 11,3–5; Jer 23,5 • 3–5: 6,9f.

Die leichtsinnigen Frauen: 32,9–14

9 Ihr sorglosen Frauen, hört meine Stimme, / ihr selbstsicheren Töchter, hört auf mein Wort!

10 Über Jahr und Tag werdet ihr zittern, / auch wenn ihr jetzt so selbstsicher seid;

denn die Weinernte ist vernichtet, / es gibt keine Obsternte mehr.

11 Zittert, ihr Sorglosen, / erschreckt, ihr selbstsicheren Frauen,

zieht euch aus, entkleidet euch / und legt das Trauerkleid an!

12 Schlagt euch an die Brust / und klagt um die prächtigen Felder, / die fruchtbaren Reben,

13 um die Äcker meines Volkes, / auf denen nur Dornen und Disteln wachsen,

um all die Häuser voll Jubel, / um die fröhliche Stadt.

14 Denn die Paläste sind verlassen, / der Lärm der Stadt ist verstummt.

Der Hügel der Burg mit dem Wachtturm / ist für immer verödet;

dort tummeln sich die Wildesel, / dort weiden die Herden.

9–14: 3,16 – 4,1 • 9: Am 4,1–3; 6,1.

Die Wirkung des Geistes aus der Höhe: 32,15–20

15 Wenn aber der Geist aus der Höhe über uns ausgegossen wird, / dann wird die Wüste zum Garten / und der Garten wird zu einem Wald.

16 In der Wüste wohnt das Recht, / die Gerechtigkeit weilt in den Gärten.

17 Das Werk der Gerechtigkeit wird der Friede sein, / der Ertrag der Gerechtigkeit sind Ruhe und Sicherheit für immer.

18 Mein Volk wird an einer Stätte des Friedens wohnen, / in sicheren Wohnungen, an stillen und ruhigen Plätzen.

19 Aber der Wald stürzt in jähem Sturz, / die Stadt versinkt in der Tiefe.

20 Wohl euch! Ihr könnt an allen Gewässern säen / und eure Rinder und Esel frei laufen lassen.

15: 29,17 • 17: 30,15 • 18: 33,20.

Der Weheruf über den Feind: 33,1

33 Weh dir, der du immer zerstörst / und selbst nie zerstört worden bist.

Weh dir, du Empörer, / gegen den sich noch niemand empört hat.

Denn wenn du alles zerstört hast, / wirst du selbst zerstört.

Wenn du das Ziel deiner Empörung erreicht hast, / wirst du selbst zum Ziel einer Empörung.

1: 21,2.

Ein Gebet in der Not: 33,2–6

2 Herr, hab mit uns Erbarmen; / denn wir hoffen auf dich.

32,19 stürzt: Text korr. nach der aramäischen Übersetzung.

Sei uns ein helfender Arm an jedem Morgen, / sei in der Not unsere Rettung!
3 Vor dem lauten Getöse fliehen die Nationen; / wenn du dich erhebst, flüchten die Völker nach allen Seiten.
4 Man rafft Beute zusammen, / so wie die Heuschrecken alles erraffen;
wie die Grashüpfer springen, / so springt man und raubt.
5 Der Herr ist erhaben, er wohnt in der Höhe; / er wird Zion mit Recht und Gerechtigkeit erfüllen.
6 Es wird sichere Zeiten erleben. / Weisheit und Erkenntnis sind der Reichtum, der es rettet; / sein Schatz ist die Furcht vor dem Herrn.

5: 1,21.

Die Verödung des Landes: 33,7–9

7 Hört: Draußen schreien die Krieger (vor Angst), / bitterlich weinen die Boten des Friedens.
8 Die Wege sind verödet, / die Straßen sind leer.
Den Vertrag hat man gebrochen, / man verachtet die Zeugen (des Bundes) / und schätzt die Menschen gering.
9 Das Land welkt in Trauer dahin, / der Libanon ist beschämt, seine Bäume verdorren.
Die Scharon-Ebene ist zur Steppe geworden, / entlaubt sind Baschan und Karmel.

7: 29,1f; 22,4 • 8: Ri 5,6 • 9: 24,4; Am 1,2.

Das Gericht über die Sünder: 33,10–16

10 Jetzt stehe ich auf, spricht der Herr, / jetzt erhebe ich mich, jetzt richte ich mich auf.
11 Ihr seid schwanger mit Heu / und bringt Stroh zur Welt. / Mein Atem ist wie ein Feuer, das euch verzehrt.
12 Die Völker werden zu Kalk verbrannt. / Sie lodern wie abgehauene Dornen im Feuer.
13 Ihr in der Ferne, hört, was ich tue; / ihr in der Nähe, erkennt meine Kraft!
14 Die Sünder in Zion beginnen zu zittern, / ein Schauder erfasst die ruchlosen Menschen.
Wer von uns hält es aus neben dem verzehrenden Feuer, / wer von uns hält es aus neben der ewigen Glut?
15 Wer rechtschaffen lebt und immer die Wahrheit sagt, / wer es ablehnt, Gewinn zu erpressen,
wer sich weigert, Bestechungsgelder zu nehmen, / wer sein Ohr verstopft, um keinen Mordplan zu hören, / und die Augen schließt, um nichts Böses zu sehen:
16 der wird auf den Bergen wohnen, / Felsenburgen sind seine Zuflucht;
man reicht ihm sein Brot / und seine Wasserquelle versiegt nicht.

10: Ps 12,6 • 14: Dtn 4,24; Hebr 12,29 • 15: Ps 15; 24,3–5.

Die bessere Zukunft: 33,17–24

17 Deine Augen werden den König in seiner Schönheit erblicken, / sie sehen ein weites Land.
18 Dein Herz denkt an die (früheren) Schrecken zurück: / Wo ist der, der damals zählte,
wo ist der, der abwog? / Wo ist der, der die Türme gezählt hat?
19 Du wirst das freche Volk nicht mehr sehen, / das Volk mit der dunklen, unverständlichen Sprache, / mit den gestammelten, sinnlosen Worten.
20 Schau auf Zion, die Stadt unserer Feste! / Deine Augen werden Jerusalem sehen,
den Ort der Ruhe, / das Zelt, das man nicht abbricht,
dessen Pflöcke man niemals mehr ausreißt, / dessen Stricke nie mehr zerreißen.
21 Ja, dort wird der Herr unser mächtiger Gott sein. / Es ist ein Ort mit breiten Flüssen und Strömen.
Keine Ruderboote fahren auf ihnen; / kein Prunkschiff segelt darauf,
23a denn die Taue sind schlaff, / sie halten den Mastbaum nicht fest, / man kann kein Segel mehr spannen.
22 Ja, der Herr ist unser Richter, / der Herr gibt uns Gesetze; / der Herr ist unser König, er wird uns retten.
23b Dann verteilen die Blinden große Beute untereinander, / die Lahmen machen einen ergiebigen Raubzug.

33,7 die Krieger: in H ein Wort unsicherer Bedeutung.
33,8f die Zeugen: Text korr. nach dem Qumran-Text. – Scharon: die fruchtbare Ebene zwischen Jaffa und Karmel.
33,11c Mein Atem: Text korr. nach Vg und der aramäischen Übersetzung; H: Euer Atem.
33,17f Der »König« ist Gott (vgl. V. 22). – V. 18 denkt an Tribut und Steuern, die fremde Beamte eintreiben.
33,22f In H ist die Reihenfolge der Sätze durcheinandergeraten.
33,23b verteilen die Blinden: Text korr.

24 Kein Mensch in der Stadt wird mehr sa-
gen: / Ich bin krank.
Dem Volk, das in Zion wohnt, / ist seine
Schuld vergeben.

20: 32,18.

Die Ankündigung des Gerichts über Edom: 34,1–17

34 Kommt her, ihr Völker, und hört, /
horcht auf, ihr Nationen!
Die Erde und alles, was sie erfüllt, / die
Welt und alles, was auf ihr sprosst, sollen es
hören,
2 dass der Herr über alle Völker erzürnt
ist, / dass er zornig ist auf all ihre Heere.
Er hat sie dem Untergang geweiht / und
zum Schlachtopfer bestimmt.
3 Die Erschlagenen wirft man hinaus, / der
Gestank ihrer Leichen steigt auf,
die Berge triefen von ihrem Blut, / 4 alle
Hügel zerfließen.
Wie eine Buchrolle rollt sich der Himmel
zusammen, / sein ganzes Heer welkt dahin,
wie Laub am Weinstock verwelkt, / wie
Früchte am Feigenbaum schrumpfen.
5 Am Himmel erscheint das Schwert des
Herrn. / Seht her, es fährt auf Edom herab, /
auf das Volk, das der Herr im Gericht dem
Untergang weiht.
6 Das Schwert des Herrn ist voll Blut, / es
trieft von Fett,
vom Blut der Lämmer und Böcke, / vom
Nierenfett der Widder;
denn der Herr hält in Bozra ein Opferfest
ab, / ein großes Schlachtfest in Edom.
7 Da fallen die Büffel und Kälber, / die
Stiere und Ochsen.
Ihr Land wird betrunken vom Blut, / ihr
Erdreich ist getränkt von Fett.
8 Denn der Herr hat einen Tag der Rache
bestimmt, / ein Jahr der Vergeltung für den
Streit um Zion.
9 In Edoms Bächen wird das Wasser zu
Pech, / sein Boden verwandelt sich in Schwe-
fel, / sein Land wird zu brennendem Pech.
10 Es erlischt nicht bei Tag und bei Nacht, /
der Rauch steigt unaufhörlich empor.
Das Land ist für Generationen verödet, /
nie mehr zieht jemand hindurch.
11 Dohlen und Eulen nehmen es in Besitz, /
Käuze und Raben hausen darin.
Der Herr spannt die Messschnur »Öde«
darüber, / er legt das Senkblei »Leere« an.
12 Die Bocksgeister werden dort ihr Unwe-
sen treiben. / Die Edlen Edoms leben nicht
mehr.
Man ruft dort keinen König mehr aus, /
mit all seinen Fürsten hat es ein Ende.
13 An seinen Palästen ranken sich Dornen
empor, / in den Burgen wachsen Nesseln und
Disteln.
Das Land wird zu einem Ort für Scha-
kale, / zu einem Platz für die Strauße.
14 Wüstenhunde und Hyänen treffen sich
hier, / die Bocksgeister begegnen einander.
Auch Lilit (das Nachtgespenst) ruht sich
dort aus / und findet für sich eine Bleibe.
15 Der Kauz hat hier sein sicheres Nest, / er
legt seine Eier und brütet sie aus.
Auch die Geier sammeln sich hier, / einer
neben dem andern.
16 Forscht nach im Buch des Herrn, / dort
werdet ihr lesen:
Keines dieser Tiere ist ausgeblieben, / kei-
nes braucht seinen Gefährten zu suchen;
denn der Mund des Herrn hat es befoh-
len, / sein Geist hat sie zusammengeführt.
17 Er selbst hat für sie das Los geworfen, /
er hat mit eigener Hand das Land vermessen
und ihnen zugeteilt:
Für immer sollen sie es besitzen, / von Ge-
neration zu Generation darin wohnen.

3: Joël 2,20 • 10–15: 13,20–22 • 11: 14,23; Zef 2,14 • 13: Hos 9,6; Jes 35,7 • 14: 13,21.

Die Verheißung des messianischen Heils: 35,1–10

35 Die Wüste und das trockene Land
sollen sich freuen, / die Steppe soll
jubeln und blühen.
2 Sie soll prächtig blühen wie eine Lilie, /
jubeln soll sie, jubeln und jauchzen.
Die Herrlichkeit des Libanon wird ihr ge-
schenkt, / die Pracht des Karmel und der
Ebene Scharon.
Man wird die Herrlichkeit des Herrn se-
hen, / die Pracht unseres Gottes.
3 Macht die erschlafften Hände wieder
stark / und die wankenden Knie wieder
fest!
4 Sagt den Verzagten: / Habt Mut, fürchtet
euch nicht!

34,4a Hügel: Text korr.; H: das Heer des Himmels (aus V. 5).
34,5 erscheint: Text korr. nach dem Qumran-Text. – das Schwert des Herrn, wörtlich: mein Schwert.
34,6e Bozra: südöstlich des Toten Meeres.
34,12ab Ergänzt nach G; in H ist nur erhalten: seine Edlen.
34,13d Strauße, wörtlich: Töchter der Wüste.
34,15b seine Eier: Text korr.
34,16f Später wird man im Jesaja-Buch nachlesen und feststellen, dass das Gericht über Edom eingetroffen ist. – der Mund des Herrn: Text korr. nach H-Handschriften und G.

Seht, hier ist euer Gott! / Die Rache Gottes
wird kommen und seine Vergeltung; / er
selbst wird kommen und euch erretten.
5 Dann werden die Augen der Blinden ge-
öffnet, / auch die Ohren der Tauben sind
wieder offen.
6 Dann springt der Lahme wie ein
Hirsch, / die Zunge des Stummen jauchzt
auf.
In der Wüste brechen Quellen hervor / und
Bäche fließen in der Steppe.
7 Der glühende Sand wird zum Teich / und
das durstige Land zu sprudelnden Quellen.
An dem Ort, wo jetzt die Schakale sich
lagern, / gibt es dann Gras, Schilfrohr und
Binsen.
8 Eine Straße wird es dort geben; / man
nennt sie den Heiligen Weg.
Kein Unreiner darf ihn betreten. / Er ge-
hört dem, der auf ihm geht. / Unerfahrene
gehen nicht mehr in die Irre.
9 Es wird keinen Löwen dort geben, / kein
Raubtier betritt diesen Weg,
keines von ihnen ist hier zu finden. / Dort
gehen nur die Erlösten.
10 Die vom Herrn Befreiten kehren zu-
rück / und kommen voll Jubel nach Zion.
Ewige Freude ruht auf ihren Häuptern. /
Wonne und Freude stellen sich ein, / Kum-
mer und Seufzen entfliehen.

3: Hebr 12,12 • 10: 51,11.

GESCHICHTLICHER ANHANG: 36,1 – 39,8

Sanheribs Feldzug gegen Jerusalem: 36,1 – 37,38

Die erste Gesandtschaft Sanheribs: 36,1–22

36 Im vierzehnten Jahr des Königs His-
kija zog Sanherib, der König von As-
sur, gegen alle befestigten Städte Judas und
nahm sie ein. 2 Der König von Assur sandte
den Rabschake mit einer großen Streitmacht
von Lachisch aus nach Jerusalem gegen Kö-
nig Hiskija. Er stellte sich an der Wasserlei-
tung des oberen Teiches auf, der an der Wal-
kerfeldstraße liegt. 3 Der Palastvorsteher El-
jakim, der Sohn Hilkijas, der Staatsschrei-
ber Schebna und der Sprecher des Königs
Joach, der Sohn Asafs, gingen zu ihm hi-
naus.
4 Da sagte der Rabschake zu ihnen: Sagt zu
Hiskija: So spricht der Großkönig, der König
von Assur: Worauf vertraust du denn, dass
du dich so sicher fühlst? 5 Du glaubst wohl,
bloßes Gerede sei im Krieg schon Rat und
Stärke? Auf wen vertraust du also, dass du
von mir abgefallen bist? 6 Du vertraust ge-
wiss auf Ägypten, dieses geknickte Schilf-
rohr, das jeden, der sich darauf stützt, in die
Hand sticht und sie durchbohrt. Denn so
macht es der Pharao, der König von Ägyp-
ten, mit allen, die ihm vertrauen. 7 Wenn ihr
aber zu mir sagt: Wir vertrauen auf Jahwe,
unseren Gott, dann bedenkt: Ist nicht gerade
er der Gott, dessen Kulthöhen und Altäre
Hiskija beseitigt hat? Hat nicht Hiskija in
Juda und Jerusalem angeordnet: Nur vor
diesem Altar in Jerusalem dürft ihr euch nie-
derwerfen? 8 Geh doch mit meinem Herrn,
dem König von Assur, eine Wette ein! Ich
gebe dir zweitausend Pferde. Kannst du die
Reiter für sie stellen? 9 Wie willst du auch
nur einen einzigen Statthalter meines Herrn
in die Flucht schlagen, und wäre es der un-
bedeutendste seiner Knechte? Du vertraust
ja nur auf Ägypten, auf seine Wagen und de-
ren Besatzung. 10 Außerdem: Bin ich denn
gegen den Willen Jahwes heraufgezogen, um
dieses Land zu verwüsten? Jahwe selbst hat
mir befohlen: Zieh gegen dieses Land und
verwüste es! 11 Da sagten Eljakim, Schebna
und Joach zu dem Rabschake: Sprich doch
aramäisch mit deinen Knechten! Wir verste-
hen es. Sprich vor den Ohren des Volkes, das
auf der Mauer steht, nicht judäisch mit uns!
12 Der Rabschake antwortete ihnen: Hat
mich mein Herr etwa beauftragt, das alles
nur zu deinem Herrn und zu dir zu sagen und
nicht vielmehr zu all den Männern, die auf
der Mauer sitzen und ihren eigenen Kot es-
sen und ihren Harn trinken wie ihr? 13 Dann
trat der Rabschake vor und rief laut auf Ju-
däisch: Hört die Worte des Großkönigs, des
Königs von Assur! 14 So spricht der König:
Lasst euch nicht von Hiskija betören; denn
er kann euch nicht retten. 15 Er soll euch
nicht verleiten, auf Jahwe zu vertrauen, und
sagen: Jahwe wird uns sicher retten, diese
Stadt wird dem König von Assur nicht in die

36,1 – 39,8 Stimmt weithin mit 2 Kön überein; nur das Lied des Hiskija ist Eigengut von Jes. – Vgl. die Anmerkungen zu 2 Kön 18,13 – 20,19.

36,2 Rabschake ist ein assyrischer Beamtentitel, der etwa »Obermundschenk« bedeutet.

Hände fallen. 16 Hört nicht auf Hiskija! Denn so spricht der König von Assur: Trefft mit mir ein Abkommen und ergebt euch! Dann kann jeder von euch von seinem Weinstock und von seinem Feigenbaum essen und Wasser aus seiner Zisterne trinken, 17 bis ich komme und euch in ein Land bringe, das eurem Land gleicht: in ein Land voll Getreide und Most, ein Land voll Brot und Wein. 18 Lasst euch von Hiskija nicht in die Irre führen, wenn er sagt: Jahwe wird uns retten. Hat denn einer von den Göttern der anderen Völker sein Land vor dem König von Assur gerettet? 19 Wo sind die Götter von Hamat und Arpad? Wo sind die Götter von Sefarwajim? Haben sie etwa Samaria vor mir gerettet? 20 Wer von all den Göttern der anderen Länder hat sein Land vor mir gerettet? Wie sollte denn Jahwe Jerusalem vor mir retten? 21 Die Männer aber schwiegen und gaben ihm keine Antwort; denn der König hatte befohlen: Ihr dürft ihm nicht antworten.

22 Der Palastvorsteher Eljakim, der Sohn Hilkijas, der Staatsschreiber Schebna und der Sprecher des Königs Joach, der Sohn Asafs, zerrissen ihre Kleider, gingen zu Hiskija und berichteten ihm, was der Rabschake gesagt hatte.

1–22 ‖ 2 Kön 18,13–37; 2 Chr 32,1–19 • 6: Ez 29,6f.

Die Reaktion des Königs Hiskija: 37,1–7

37 Als König Hiskija das hörte, zerriss er seine Kleider, legte ein Trauergewand an und ging in das Haus des Herrn. 2 Dann sandte er den Palastvorsteher Eljakim, den Staatsschreiber Schebna und die Ältesten der Priester in Trauergewändern zum Propheten Jesaja, dem Sohn des Amoz. 3 Sie sagten zu ihm: So spricht Hiskija: Heute ist ein Tag der Not, der Strafe und der Schande. Die Kinder sind bis an die Öffnung des Mutterschoßes gelangt, doch den Frauen fehlt die Kraft zum Gebären. 4 Aber vielleicht hört der Herr, dein Gott, die Worte des Rabschake, den sein Herr, der König von Assur, hergesandt hat, damit er den lebendigen Gott beschimpft; und vielleicht schickt der Herr, dein Gott, eine Strafe für die Worte, die er gehört hat. Darum bete für den Rest, der noch übrig ist.

5 Jesaja antwortete den Abgesandten des Königs Hiskija, die zu ihm gekommen waren: 6 Sagt zu eurem Herrn Folgendes: So spricht der Herr: Fürchte dich nicht wegen der Worte, die du gehört hast und mit denen die Knechte des Königs von Assur mich verhöhnt haben. 7 Seht, ich lege einen Geist in ihn, sodass er ein Gerücht hört und in sein Land zurückkehrt; dort bringe ich ihn durch das Schwert zu Fall.

1–7 ‖ 2 Kön 19,1–7 • 3: Hos 13,13.

Die zweite Gesandtschaft Sanheribs: 37,8–13

8 Der Rabschake trat den Rückweg an und fand den König von Assur im Kampf gegen die Stadt Libna. Sanherib war inzwischen, wie der Rabschake gehört hatte, von Lachisch abgezogen.

9 Dann erfuhr Sanherib, dass Tirhaka, der König von Kusch, zum Kampf gegen ihn heranzog. Er schickte wiederum Boten zu Hiskija mit dem Auftrag: 10 So sollt ihr zu Hiskija, dem König von Juda, sagen: Lass dir nicht von deinem Gott, auf den du vertraust, einreden, Jerusalem werde dem König von Assur nicht in die Hände fallen. 11 Du hast doch gehört, was die Könige von Assur mit allen anderen Ländern gemacht haben: Sie haben sie dem Untergang geweiht. Und du meinst, du wirst gerettet? 12 Sind denn die Völker, die von meinen Vätern vernichtet wurden, von ihren Göttern gerettet worden, die Völker von Gosan, Haran und Rezef, die Söhne von Eden, die in Telassar wohnten? 13 Wo ist der König von Hamat, der König von Arpad, der König der Stadt Sefarwajim, wo sind die Könige von Hena und Awa?

8–13 ‖ 2 Kön 19,8–13.

Das Gebet des Königs: 37,14–20

14 Hiskija nahm das Schreiben von den Boten in Empfang und las es. Dann ging er zum Haus des Herrn hinauf, breitete das Schreiben vor dem Herrn aus und 15 betete zum Herrn. Er sagte: 16 Herr der Heere, Gott Israels, der über den Kerubim thront, du allein bist der Gott aller Reiche der Erde. Du hast den Himmel und die Erde gemacht. 17 Wende mir dein Ohr zu, Herr, und höre! Öffne, Herr, deine Augen und sieh her! Hör alles, was Sanherib sagt, der seinen Boten hergesandt hat, um den lebendigen Gott zu verhöhnen. 18 Es ist wahr, Herr, die Könige von Assur haben alle Völker vernichtet und ihre Länder verwüstet 19 und ihre Götter ins Feuer geworfen. Aber das waren keine Götter, sondern Werke von Menschenhand, aus Holz und Stein; darum konnte man sie vernichten. 20 Nun aber, Herr, unser Gott, rette uns aus

37,9 wiederum: Text korr. nach 2 Kön 19,9 und G.

37,20 Gott bist: eingefügt mit 2 Kön 19,19 und dem Qumran-Text.

seiner Hand, damit alle Reiche der Erde
erkennen, dass du, Jahwe, Gott bist, du
allein.

14–20 ‖ 2 Kön 19,14–19.

Die Verheißung der göttlichen Hilfe:
37,21–35

21 Jesaja, der Sohn des Amoz, schickte zu
Hiskija einen Boten und ließ ihm sagen: So
spricht der Herr, der Gott Israels: Ich habe
gehört, wie du wegen des Königs Sanherib
von Assur zu mir gebetet hast. 22 Das ist das
Wort des Herrn gegen ihn:
Dich verachtet, dich verspottet / die Jung-
frau, die Tochter Zion.
Die Tochter Jerusalem / schüttelt spöt-
tisch den Kopf über dich.
23 Wen hast du beschimpft und verhöhnt, /
gegen wen die Stimme erhoben,
auf wen voll Hochmut herabgeblickt? /
Auf den Heiligen Israels.
24 Durch deine Gesandten hast du den
Herrn verhöhnt; / du hast gesagt:
Mit meinen zahlreichen Wagen fuhr ich
auf die Höhen der Berge, / in die fernsten
Winkel des Libanon.
Ich fällte seine hohen Zedern, / seine
schönsten Zypressen,
kam bis zu seinen entlegensten Höhen, / in
das Dickicht seiner Wälder.
25 Ich habe Brunnen gegraben / und frem-
des Wasser getrunken.
Ich ließ unter dem Schritt meiner Füße /
alle Ströme Ägyptens vertrocknen.
26 Hast du es nicht gehört? / Schon vor lan-
ger Zeit habe ich es so gefügt,
seit den Tagen der Vorzeit habe ich es so
geplant, / jetzt ließ ich es kommen.
So konntest du befestigte Städte zerstö-
ren / und in Trümmer verwandeln.
27 Ihre Bewohner waren machtlos, / in
Schrecken und Schande gestoßen.
Sie glichen den Pflanzen auf dem Feld, /
dem frischen Grün,
dem Gras auf den Dächern, / das im Ost-
wind verdorrt.
28 Ich weiß, ob du ruhst, ob du gehst oder
kommst, / ob du dich gegen mich auflehnst.
29 Weil du gegen mich wütest / und dein
Lärm meine Ohren erreicht hat,
ziehe ich dir einen Ring durch die Nase /
und lege dir einen Zaum in das Maul.
Auf dem Weg, auf dem du herankamst, /
treibe ich dich wieder zurück.
30 Und das soll für dich (Hiskija) ein Vor-
zeichen sein: In diesem Jahr isst man, was
von selbst nachwächst, im nächsten Jahr,
was wild wächst; im dritten Jahr aber sollt
ihr wieder säen und ernten, die Weinberge
bepflanzen und ihre Früchte genießen.
31 Wer vom Haus Juda entronnen und übrig
geblieben ist, wird unten wieder Wurzeln
treiben und oben Frucht tragen. 32 Denn von
Jerusalem wird ein Rest (in das Land) hi-
nausziehen, vom Berg Zion ziehen die Geret-
teten hinaus. Der leidenschaftliche Eifer des
Herrn der Heere vollbringt das. 33 Darum –
so spricht der Herr über den König von As-
sur: Er wird nicht in diese Stadt eindringen;
er wird keinen einzigen Pfeil hineinschießen,
er wird nicht unter dem Schutz seines Schil-
des gegen sie anrennen und wird keinen
Damm gegen sie aufschütten. 34 Auf dem
Weg, auf dem er gekommen ist, wird er wie-
der zurückkehren. Aber in diese Stadt wird
er nicht eindringen – Spruch des Herrn.
35 Ich werde diese Stadt beschützen und ret-
ten, um meinetwillen und um meines Knech-
tes David willen.

21–35 ‖ 2 Kön 19,20–34 • 27: Ps 129,6.

Die Rettung der Stadt: 37,36–38

36 In jener Nacht zog der Engel des Herrn
aus und erschlug im Lager der Assyrer hun-
dertfünfundachtzigtausend Mann. Als man
am nächsten Morgen aufstand, fand man sie
alle als Leichen. 37 Da brach Sanherib, der
König von Assur, auf und kehrte in sein
Land zurück. Er blieb in Ninive. 38 Als er ei-
nes Tages im Tempel seines Gottes Nisroch
betete, erschlugen ihn seine Söhne Adram-
melech und Sarezer mit dem Schwert. Da-
rauf mussten sie in das Land Ararat fliehen
und Sanheribs Sohn Asarhaddon wurde an
seiner Stelle König.

36–38 ‖ 2 Kön 19,35–37.

Weitere Nachrichten über Jesaja und Hiskija: 38,1 – 39,8

Die Krankheit Hiskijas: 38,1–8

38 In jenen Tagen wurde Hiskija schwer
krank und war dem Tod nahe. Der
Prophet Jesaja, der Sohn des Amoz, kam zu
ihm und sagte: So spricht der Herr: Bestell
dein Haus; denn du wirst sterben, du wirst

37,21 Ich habe gehört: eingefügt mit 2 Kön 19,20 und G.
37,25 fremdes: eingefügt mit 2 Kön 19,24 und dem Qumran-Text.
37,27 verdorrt: Text korr. nach dem Qumran-Text.

nicht am Leben bleiben. 2 Da drehte sich Hiskija mit dem Gesicht zur Wand und betete zum Herrn: 3 Ach Herr, denk daran, dass ich mein Leben lang treu und mit aufrichtigem Herzen meinen Weg vor deinen Augen gegangen bin und dass ich immer getan habe, was dir gefällt. Und Hiskija begann laut zu weinen. 4 Da erging das Wort des Herrn an Jesaja: 5 Geh zu Hiskija und sag zu ihm: So spricht der Herr, der Gott deines Vaters David: Ich habe dein Gebet gehört und deine Tränen gesehen. Ich will zu deiner Lebenszeit noch fünfzehn Jahre hinzufügen. 6 [Und ich will dich und diese Stadt aus der Gewalt des Königs von Assur retten und diese Stadt beschützen.] 7 Das soll für dich das Zeichen des Herrn sein, dass der Herr sein Versprechen halten wird: 8 Siehe, ich lasse den Schatten, der auf den Stufen des Ahas bereits herabgestiegen ist, wieder zehn Stufen hinaufsteigen. Da stieg der Schatten auf den Stufen, die er bereits herabgestiegen war, wieder zehn Stufen hinauf.

1–8 ‖ 2 Kön 20,1–6.

Das Danklied Hiskijas: 38,9–20

9 Ein Lied, das König Hiskija von Juda verfasst hat, als er nach seiner Krankheit wieder genesen war:

10 Ich sagte: In der Mitte meiner Tage / muss ich hinab zu den Pforten der Unterwelt, / man raubt mir den Rest meiner Jahre.

11 Ich sagte: Ich darf den Herrn nicht mehr schauen / im Land der Lebenden,

keinen Menschen mehr sehen / bei den Bewohnern der Erde.

12 Meine Hütte bricht man über mir ab, / man schafft sie weg wie das Zelt eines Hirten.

Wie ein Weber hast du mein Leben zu Ende gewoben, / du schneidest mich ab wie ein fertig gewobenes Tuch.

Vom Anbruch des Tages bis in die Nacht / gibst du mich völlig preis;

13 bis zum Morgen schreie ich um Hilfe. / Wie ein Löwe zermalmt er all meine Knochen.

14 Ich zwitschere wie eine Schwalbe, / ich gurre wie eine Taube.

Meine Augen blicken ermattet nach oben: / Ich bin in Not, Herr. Steh mir bei!

15 Was kann ich ihm sagen, was soll ich reden, / da er es selber getan hat?

Es flieht mich der Schlaf; / denn meine Seele ist verbittert.

16 Herr, ich vertraue auf dich; / du hast mich geprüft. / Mach mich gesund und lass mich wieder genesen!

17 Du hast mich aus meiner bitteren Not gerettet, / du hast mich vor dem tödlichen Abgrund bewahrt; / denn all meine Sünden warfst du hinter deinen Rücken.

18 Ja, in der Unterwelt dankt man dir nicht, / die Toten loben dich nicht;

wer ins Grab gesunken ist, / kann nichts mehr von deiner Güte erhoffen.

19 Nur die Lebenden danken dir, / wie ich am heutigen Tag. / Von deiner Treue erzählt der Vater den Kindern.

20 Der Herr war bereit, mir zu helfen; / wir wollen singen und spielen im Haus des Herrn, / solange wir leben.

12: 2 Kor 5,1; 2 Petr 1,13f; Ijob 7,6 • 17: Ps 103,3f; Mi 7,19 • 18: Ps 6,6 • 19: Dtn 4,9.

Ein Nachtrag über die Krankheit Hiskijas: 38,21–22

21 Darauf sagte Jesaja: Man hole einen Feigenbrei und streiche ihn auf das Geschwür, damit der König gesund wird. 22 Hiskija aber fragte Jesaja: Was ist das Zeichen dafür, dass ich wieder zum Haus des Herrn hinaufgehen werde?

21: 2 Kön 20,7f.

Die Gesandtschaft aus Babel: 39,1–8

39 Damals sandte Merodach-Baladan, der Sohn Baladans, der König von Babel, einen Brief und Geschenke an Hiskija; denn er hatte von seiner Krankheit und von seiner Genesung gehört. 2 Hiskija freute sich darüber und zeigte den Gesandten sein Schatzhaus, das Silber und das Gold, die Vorräte an Balsam und feinem Öl, sein ganzes Waffenlager und alle anderen Schätze, die er besaß. Es gab nichts in seinem Haus und in seinem ganzen Herrschaftsbereich, das er ihnen nicht gezeigt hätte. 3 Danach kam der Prophet Jesaja zu König Hiskija und fragte ihn: Was haben diese Männer gesagt? Woher kamen sie? Hiskija antwortete: Sie sind aus einem fernen Land, aus Babel,

---

38,12 hast du gewoben: Text korr. (2. statt 1. Person). – gewoben, wörtlich: aufgerollt.

38,13 H wiederholt am Ende V. 12ef.

38,15 was soll ich reden: Text korr., vgl. den Qumran-Text; H: und er hat mir gesagt. – 15c: Text korr. nach S.

38,16 H ist unverständlich, die Übersetzung ein Versuch.

38,17 Übersetzung unsicher.

38,21f Die Verse gehören zu 38,1–8, vielleicht vor V. 7.

zu mir gekommen. 4 Er fragte weiter: Was
haben sie in deinem Haus gesehen? Hiskija
antwortete: Sie haben alles gesehen, was in
meinem Haus ist. Es gibt nichts in meinen
Schatzkammern, das ich ihnen nicht gezeigt
hätte. 5 Da sagte Jesaja zu Hiskija: Höre das
Wort des Herrn der Heere: 6 Es werden Tage
kommen, an denen man alles, was in deinem
Haus ist, alles, was deine Väter bis zum heu-
tigen Tag angesammelt haben, nach Babel
bringt. Nichts wird übrig bleiben, spricht
der Herr. 7 Auch von deinen eigenen Söhnen,
die du noch bekommen wirst, wird man eini-
ge mitnehmen und sie werden als Kämmerer
im Palast des Königs von Babel dienen müs-
sen. 8 Hiskija sagte zu Jesaja: Das Wort des
Herrn, das du mir gesagt hast, ist gut. Und er
dachte: Zu meinen Lebzeiten herrscht ja
noch Friede und Sicherheit.

1–8 || 2 Kön 20,12–19.

II. TEIL
DER ZWEITE JESAJA (DEUTEROJESAJA): 40,1 – 55,13

EINLEITUNG: DIE VERHEISSUNG DER HEIMKEHR: 40,1–11

40 Tröstet, tröstet mein Volk, / spricht
euer Gott.
2 Redet Jerusalem zu Herzen / und verkün-
det der Stadt,
dass ihr Frondienst zu Ende geht, / dass
ihre Schuld beglichen ist;
denn sie hat die volle Strafe erlitten / von
der Hand des Herrn / für all ihre Sünden.
3 Eine Stimme ruft: / Bahnt für den Herrn
einen Weg durch die Wüste!
Baut in der Steppe eine ebene Straße / für
unseren Gott!
4 Jedes Tal soll sich heben, / jeder Berg und
Hügel sich senken.
Was krumm ist, soll gerade werden, / und
was hüglig ist, werde eben.
5 Dann offenbart sich die Herrlichkeit des
Herrn, / alle Sterblichen werden sie sehen. /
Ja, der Mund des Herrn hat gesprochen.
6 Eine Stimme sagte: Verkünde! / Ich frag-
te: Was soll ich verkünden?
Alles Sterbliche ist wie das Gras / und all
seine Schönheit ist wie die Blume auf dem
Feld.
7 Das Gras verdorrt, die Blume verwelkt, /
wenn der Atem des Herrn darüber weht. /
Wahrhaftig, Gras ist das Volk.
8 Das Gras verdorrt, die Blume verwelkt, /
doch das Wort unseres Gottes bleibt in
Ewigkeit.
9 Steig auf einen hohen Berg, / Zion, du
Botin der Freude!
Erheb deine Stimme mit Macht, / Jerusa-
lem, du Botin der Freude!
Erheb deine Stimme, fürchte dich nicht! /
Sag den Städten in Juda: / Seht, da ist euer
Gott.
10 Seht, Gott der Herr, kommt mit Macht, /
er herrscht mit starkem Arm.
Seht, er bringt seinen Siegespreis mit: /
Alle, die er gewonnen hat, gehen vor ihm her.
11 Wie ein Hirt führt er seine Herde zur
Weide, / er sammelt sie mit starker Hand.
Die Lämmer trägt er auf dem Arm, / die
Mutterschafe führt er behutsam. 12

2: Jer 16,18 • 3: Mt 3,3; Mk 1,3; Lk 3,4–6; Joh 1,23; Jes 62,10 • 6–7: Ps 103,15; Jak 1,10; 1 Petr 1,24f • 8: Ps 119,89 • 10: 62,11; Offb 22,12.

PREIS DER ERHABENHEIT GOTTES: 40,12–20; 41,6–7; 40,21–31

12 Wer misst das Meer mit der hohlen
Hand? / Wer kann mit der ausgespannten
Hand den Himmel vermessen? / Wer misst
den Staub der Erde mit einem Scheffel?
Wer wiegt die Berge mit einer Waage / und
mit Gewichten die Hügel?

40,1 – 55,13 Vgl. die Einleitung zu Jes.
40,2e Wörtlich: »sie hat Zweifaches empfangen«. Das Strafrecht fordert in bestimmten Fällen doppelte Wiedergutmachung (vgl. Ex 22,3.6.8).
40,6–8 Spricht vom Verkündigungsauftrag an Deuterojesaja.
40,6 Ich fragte: Text korr. nach G, vgl. den Qumran-Text.
40,12 Scheffel: H: Schalisch (ein Hohlmaß unbekannter Größe).

13 Wer bestimmt den Geist des Herrn? /
Wer kann sein Berater sein und ihn unter-
richten?
14 Wen fragt er um Rat / und wer vermittelt
ihm Einsicht?
Wer kann ihn über die Pfade des Rechts belehren? / Wer lehrt ihn das Wissen / und zeigt ihm den Weg der Erkenntnis?
15 Seht, die Völker sind wie ein Tropfen am
Eimer, / sie gelten so viel wie ein Stäubchen
auf der Waage. / Ganze Inseln wiegen nicht
mehr als ein Sandkorn.
16 Der Libanon reicht nicht aus für das
Brennholz, / sein Wild genügt nicht für die
Opfer.
17 Alle Völker sind vor Gott wie ein
Nichts, / für ihn sind sie wertlos und nich-
tig.
18 Mit wem wollt ihr Gott vergleichen /
und welches Bild an seine Stelle setzen?
19 Der Handwerker gießt ein Götterbild, /
der Goldschmied überzieht es mit Gold / und
fertigt silberne Ketten dazu.
20 Wer arm ist, wählt für ein Weihege-
schenk / ein Holz, das nicht fault;
er sucht einen fähigen Meister, / der ihm das Götterbild aufstellt, / sodass es nicht wackelt.
41,6 Dabei hilft einer dem andern; / er sagt
zu seinem Bruder: Pack an!
41,7 So ermuntert der Handwerker den
Goldschmied, / der, der glättet, den Schmied
am Amboss;
er sagt: Die Lötung ist gut!, / dann befestigt er das Ganze mit Nägeln, / damit es nicht wackelt.
40,21 Wisst ihr es nicht, hört ihr es nicht, /
war es euch nicht von Anfang an bekannt?
Habt ihr es nicht immer wieder erfahren / seit der Grundlegung der Erde?
22 Er ist es, der über dem Erdenrund
thront; / wie Heuschrecken sind ihre Bewohner.
Wie einen Schleier spannt er den Himmel aus, / er breitet ihn aus wie ein Zelt zum Wohnen.
23 Er macht die Fürsten zunichte, / er
nimmt den Richtern der Erde jeden Ein-
fluss.
24 Kaum sind sie gesät und gepflanzt, /
kaum wurzelt ihr Stamm in der Erde,
da bläst er sie an, sodass sie verdorren; / der Sturm trägt sie fort wie Spreu.
25 Mit wem wollt ihr mich vergleichen? /
Wem sollte ich ähnlich sein?, spricht der Hei-
lige.
26 Hebt eure Augen in die Höhe und seht: /
Wer hat die (Sterne) dort oben erschaffen?
Er ist es, der ihr Heer täglich zählt und heraufführt, / der sie alle beim Namen ruft.
Vor dem Allgewaltigen und Mächtigen / wagt keiner zu fehlen.
27 Jakob, warum sagst du, / Israel, warum
sprichst du:
Mein Weg ist dem Herrn verborgen, / meinem Gott entgeht mein Recht?
28 Weißt du es nicht, hörst du es nicht? /
Der Herr ist ein ewiger Gott, / der die weite
Erde erschuf.
Er wird nicht müde und matt, / unergründlich ist seine Einsicht.
29 Er gibt dem Müden Kraft, / dem Kraft-
losen verleiht er große Stärke.
30 Die Jungen werden müde und matt, /
junge Männer stolpern und stürzen.
31 Die aber, die dem Herrn vertrauen, /
schöpfen neue Kraft, / sie bekommen Flügel
wie Adler.
Sie laufen und werden nicht müde, / sie gehen und werden nicht matt.

40,13: Jer 23,18; Röm 11,34 • 18: 40,25; 46,5 • 41,7: Jer 10,4 • 40,21: 40,28 • 25: 40,18 • 26: Ps 147,4 • 28: 40,21 • 31: Ps 103,5.

DAS GERICHT ÜBER DIE VÖLKER: 41,1–29

Die Berufung des Kyrus: 41,1–5

41 Ihr Inseln, hört schweigend auf
mich, / ihr Völker, wartet auf mich!
Sie sollen kommen und ihre Sache vortragen, / wir wollen vor Gericht gehen, alle zusammen.
2 Wer hat im Osten den geweckt, / dem Ge-
rechtigkeit folgt auf Schritt und Tritt?
Wer gibt ihm die Völker preis / und unterwirft ihm die Könige?
Sein Schwert macht sie zu Staub, / sein Bogen macht sie zu Spreu, die verweht.

40,20f Die Verse 41,6f gehören nach ihrem Inhalt hierher; sie stehen in Kap. 41 isoliert.
40,20 Sinn von H teilweise unklar.
40,21 seit der Grundlegung: Text korr.
41,1 ihr Völker, wartet auf mich: Text korr.; H: und Völker schöpfen neue Kraft (aus 40,31 eingedrungen).
41,2f Gemeint ist der Perserkönig Kyrus.

3 Er verfolgt sie, rückt unversehrt vor, / be-
rührt kaum mit den Füßen den Weg.
4 Wer hat das bewirkt und vollbracht? / Er,
der von Anfang an die Generationen (ins Da-
sein) rief.
Ich, der Herr, bin der Erste / und noch bei
den Letzten bin ich derselbe.
5 Die Inseln sehen es und geraten in
Furcht, / die Enden der Erde erzittern; / sie
nähern sich und kommen herbei.

2: 41,25; 45,13; 46,11 • 4: 44,6; 48,12; Offb 1,8.17.

Trost für Israel: 41,8–16

8 Du, mein Knecht Israel, / du, Jakob, den
ich erwählte, / Nachkomme meines Freun-
des Abraham:
9 Ich habe dich von den Enden der Erde ge-
holt, / aus ihrem äußersten Winkel habe ich
dich gerufen.
Ich habe zu dir gesagt: Du bist mein
Knecht, / ich habe dich erwählt und dich
nicht verschmäht.
10 Fürchte dich nicht, denn ich bin mit
dir; / hab keine Angst, denn ich bin dein
Gott.
Ich helfe dir, ja, ich mache dich stark, / ja,
ich halte dich mit meiner hilfreichen Rech-
ten.
11 Schmach und Schande kommt über
alle, / die sich über dich erhitzen.
Die Männer, die mit dir streiten, / werden
zunichte und gehen zugrunde.
12 Du wirst sie suchen, aber nicht mehr fin-
den, / die Männer, die mit dir zanken.
Sie werden zunichte und finden ihr Ende, /
die Männer, die dich bekriegen.
13 Denn ich bin der Herr, dein Gott, / der
deine rechte Hand ergreift
und der zu dir sagt: Fürchte dich nicht, ich
werde dir helfen.
14 Fürchte dich nicht, du armer Wurm Ja-
kob, / du Würmlein Israel!
Ich selber werde dir helfen – Spruch des
Herrn. / Der Heilige Israels löst dich aus.
15 Zu einem Dreschschlitten mache ich
dich, / zu einem neuen Schlitten mit vielen
Schneiden.
Berge wirst du dreschen und sie zermal-
men / und Hügel machst du zu Spreu.
16 Du worfelst sie und es verweht sie der
Wind, / es zerstreut sie der Sturm.
Du aber jubelst über den Herrn, / du
rühmst dich des Heiligen Israels.

8: Jak 2,23 • 10: 43,5 • 13: 42,6; 45,1 • 16: 61,10.

Der wunderbare Auszug aus Babel:
41,17–20

17 Die Elenden und Armen suchen Was-
ser, / doch es ist keines da; / ihre Zunge ver-
trocknet vor Durst.
Ich, der Herr, will sie erhören, / ich, der
Gott Israels, verlasse sie nicht.
18 Auf den kahlen Hügeln lasse ich Ströme
hervorbrechen / und Quellen inmitten der
Täler.
Ich mache die Wüste zum Teich / und das
ausgetrocknete Land zur Oase.
19 In der Wüste pflanze ich Zedern, / Aka-
zien, Ölbäume und Myrten.
In der Steppe setze ich Zypressen, / Plata-
nen und auch Eschen.
20 Dann werden alle sehen und erkennen, /
begreifen und verstehen,
dass die Hand des Herrn das alles gemacht
hat, / dass der Heilige Israels es erschaffen
hat.

18: Ps 114,8 • 19: 60,13.

Die Nichtigkeit der heidnischen Götter:
41,21–29

21 Bringt eure Sache vor, spricht der
Herr, / schafft eure Beweise herbei, spricht
Jakobs König.
22 Sie sollen vorbringen und uns kundtun, /
was sich ereignen wird.
Was bedeutet das Vergangene? Teilt es
uns mit, / damit auch wir unseren Sinn da-
rauf richten.
Oder lasst uns das Zukünftige hören, / da-
mit wir das Ende erfahren.
23 Tut kund, was später noch kommt, / da-
mit wir erkennen: Ja, ihr seid Götter.
Ja, tut Gutes oder Böses, / damit wir alle
zusammen es sehen und staunen.
24 Seht, ihr seid nichts, / euer Tun ist ein
Nichts; / einen Gräuel wählt, wer immer
euch wählt.
25 Ich habe ihn im Norden geweckt und er
kam; / im Osten habe ich ihn beim Namen
gerufen.
Er hat die Fürsten wie Lehm zertreten, /

41,6f Vgl. die Anmerkung zu 40,20f.
41,14 Würmlein Israel: H: Leute Israels. – Zu »der Heilige Israels« vgl. die Anmerkung zu 1,4. – »Auslösen, loskaufen, erlösen«, meint die Befreiung aus der babylonischen Knechtschaft, wobei der Prophet auf die »Löser«-Pflicht anspielt (vgl. die Anmerkung zu Lev 25,25).
41,15f Zum »Dreschschlitten« und »Worfeln« vgl. die Anmerkung zu Rut 3,2–4.
41,23 Die Götter sollen Gutes oder Böses, d. h. irgendetwas tun und so ihre Macht beweisen.
41,25 ihn: Gemeint ist Kyrus (vgl. 41,2). – habe ich ihn beim Namen gerufen: Text korr. (vgl. 45,3). – Er hat . . . zertreten: Text korr.

wie ein Töpfer den Ton stampft.
26 Wer hat es kundgetan von Anfang an, /
sodass wir es wussten?
Wer hat es im Voraus kundgetan, / sodass
wir sagen konnten: Es ist richtig?
Niemand hat es kundgetan, / niemand hat
es gemeldet, / keiner hörte von euch ein ein-
ziges Wort.
27 Ich habe Zion als Erster (gesagt): / Sieh
her, da ist es!, / und habe Jerusalem einen
Freudenboten geschickt.
28 Ich blickte umher, doch niemand war
da, / keiner von diesen hier konnte mir ra-
ten / und Antwort geben auf meine Fragen.
29 Seht her: Sie alle sind nichts, / ihr Tun
ist ein Nichts; / windig und wesenlos sind die
Bilder der Götter.

23: 44,7 • 25: 41,2; 45,3 • 27: 40,9; 52,7.

DAS ERSTE LIED VOM GOTTESKNECHT: 42,1–9

42 Seht, das ist mein Knecht, den ich
stütze; / das ist mein Erwählter, an
ihm finde ich Gefallen.
Ich habe meinen Geist auf ihn gelegt, / er
bringt den Völkern das Recht.
2 Er schreit nicht und lärmt nicht / und
lässt seine Stimme nicht auf der Straße er-
schallen.
3 Das geknickte Rohr zerbricht er nicht /
und den glimmenden Docht löscht er nicht
aus; / ja, er bringt wirklich das Recht.
4 Er wird nicht müde und bricht nicht zu-
sammen, / bis er auf der Erde das Recht
begründet hat. / Auf sein Gesetz warten die
Inseln.
5 So spricht Gott, der Herr, / der den Him-
mel erschaffen und ausgespannt hat, / der
die Erde gemacht hat und alles, was auf ihr
wächst,
der den Menschen auf der Erde den Atem
verleiht / und allen, die auf ihr leben, den
Geist:
6 Ich, der Herr, habe dich aus Gerechtig-
keit gerufen, / ich fasse dich an der Hand.
Ich habe dich geschaffen und dazu be-
stimmt, / der Bund für mein Volk / und das
Licht für die Völker zu sein:
7 blinde Augen zu öffnen, / Gefangene aus
dem Kerker zu holen
und alle, die im Dunkel sitzen, / aus ihrer
Haft zu befreien.
8 Ich bin Jahwe, das ist mein Name; / ich
überlasse die Ehre, die mir gebührt, keinem
andern, / meinen Ruhm nicht den Götzen.
9 Seht, das Frühere ist eingetroffen, / Neu-
es kündige ich an.
Noch ehe es zum Vorschein kommt, / ma-
che ich es euch bekannt.

1: Mt 12,18–21; 3,17; Jes 51,4 • 4: 51,4 • 6: 41,9; 49,6.8; Lk 2,32 • 8: 48,11 • 9: 48,6.

VERHEISSUNG DES AUSZUGS AUS BABEL: 42,10 – 44,23

Der Sieg Gottes: 42,10–17

10 Singt dem Herrn ein neues Lied, / ver-
kündet seinen Ruhm bis ans Ende der
Erde!
Es jauchze das Meer und alles, was es er-
füllt, / die Inseln und ihre Bewohner.
11 Die Wüste und ihre Städte sollen sich
freuen, / die Dörfer, die Kedar bewohnt.
Die Bewohner von Sela sollen singen vor
Freude / und jubeln auf den Gipfeln der
Berge.
12 Sie sollen die Herrlichkeit des Herrn
verkünden, / seinen Ruhm auf den Inseln
verbreiten.
13 Der Herr zieht in den Kampf wie ein
Held, / er entfacht seine Leidenschaft wie ein
Krieger.
Er erhebt den Schlachtruf und schreit, / er
zeigt sich als Held gegenüber den Feinden.
14 Ich hatte sehr lange geschwiegen, / ich
war still und hielt mich zurück.
Wie eine Gebärende will ich nun schrei-
en, / ich schnaube und schnaufe.
15 Die Berge und Hügel dörre ich aus / und
lasse ihr Gras völlig vertrocknen.
Flüsse mache ich zu festem Boden / und
Teiche lege ich trocken.
16 Blinde führe ich auf Wegen, die sie nicht
kennen, / auf unbekannten Pfaden lasse ich
sie wandern.

42,6 Im Gottesknecht soll sich die Bundeszusage für das Volk Gottes erfüllen.

42,10 Es jauchze: Text korr.

42,11 sollen sich freuen: H: sollen (ihre Stimme) erheben.

Die Finsternis vor ihren Augen mache ich
zu Licht; / was krumm ist, mache ich gera-
de.
Das sind die Taten, die ich vollbrachte, /
und ich lasse davon nicht mehr ab.
17 Alle müssen weichen und werden be-
schämt, / die auf Götzenbilder vertrauen,
die zu gegossenen Bildern sagen: / Ihr seid
unsere Götter.

10: Ps 33,3 • 16: 40,4 • 17: Ps 97,7.

Israel, der blinde und taube Knecht Gottes: 42,18–25

18 Ihr, die ihr taub seid, hört, / ihr Blinden,
blickt auf und seht her!
19 Wer ist so blind wie mein Knecht / und
so taub wie der Bote, den ich sende?
Wer ist so blind wie mein Vertrauter / und
so taub wie der Knecht des Herrn?
20 Vieles sieht er, aber er beachtet es
nicht; / die Ohren hat er offen und hört doch
nicht.
21 Der Herr hatte um seiner Gerechtigkeit
willen beschlossen, / das Gesetz groß und
herrlich zu machen.
22 Doch jetzt sind sie ein beraubtes, ausge-
plündertes Volk; / alle sind in den Kerker ge-
worfen, ins Gefängnis gesperrt.
Sie wurden als Beute verschleppt / und
kein Retter war da;
sie wurden ausgeplündert und niemand
sagte: / Gib es zurück!
23 Wer von euch vernimmt diese Worte, /
wer merkt auf und hört künftig darauf?
24 Wer lieferte Jakob den Plünderern aus /
und Israel den Räubern?
Hat nicht der Herr es getan, / gegen den
wir gesündigt hatten?
Sie wollten nicht auf seinen Wegen ge-
hen, / sie hörten nicht auf sein Gesetz.
25 Da goss er über sie seinen glühenden
Zorn aus / und den Schrecken des Krieges:
Ringsum hat er sie umlodert, / doch sie
merkten es nicht;
du hast sie in Brand gesetzt, / doch sie
nahmen es sich nicht zu Herzen.

20: 6,9.

Die Heimkehr Israels: 43,1–7

43 Jetzt aber – so spricht der Herr, / der
dich geschaffen hat, Jakob, / und der
dich geformt hat, Israel:
Fürchte dich nicht, denn ich habe dich aus-
gelöst, / ich habe dich beim Namen gerufen, /
du gehörst mir.
2 Wenn du durchs Wasser schreitest, bin
ich bei dir, / wenn durch Ströme, dann reißen
sie dich nicht fort.
Wenn du durchs Feuer gehst, wirst du
nicht versengt, / keine Flamme wird dich
verbrennen.
3 Denn ich, der Herr, bin dein Gott, / ich,
der Heilige Israels, bin dein Retter.
Ich gebe Ägypten als Kaufpreis für dich, /
Kusch und Seba gebe ich für dich.
4 Weil du in meinen Augen teuer und wert-
voll bist / und weil ich dich liebe,
gebe ich für dich ganze Länder / und für
dein Leben ganze Völker.
5 Fürchte dich nicht, denn ich bin mit dir. /
Vom Osten bringe ich deine Kinder herbei, /
vom Westen her sammle ich euch.
6 Ich sage zum Norden: Gib her!, / und zum
Süden: Halt nicht zurück!
Führe meine Söhne heim aus der Ferne, /
meine Töchter vom Ende der Erde!
7 Denn jeden, der nach meinem Namen be-
nannt ist, / habe ich zu meiner Ehre erschaf-
fen, / geformt und gemacht.

5: 41,10 • 7: Jer 14,9.

Gott, der einzige Retter: 43,8–13

8 Bringt das Volk her, das blind ist, ob-
wohl es Augen hat, / und taub, obwohl es
Ohren hat.
9 Alle Völker sollen sich versammeln, / die
Nationen sollen zusammenkommen.
Wer von ihnen kündigt dies an / und wer
kann uns sagen, was früher war?
Sie sollen ihre Zeugen stellen, / damit sie
Recht bekommen, / damit man (die Zeugen)
hört und sagt: Es ist wahr.
10 Ihr seid meine Zeugen – Spruch des
Herrn – / und auch mein Knecht, den ich er-
wahlte,
damit ihr erkennt und mir glaubt / und
einseht, dass ich es bin.
Vor mir wurde kein Gott erschaffen / und
auch nach mir wird es keinen geben.
11 Ich bin Jahwe, ich, / und außer mir gibt
es keinen Retter.
12 Ich habe es selbst angekündet und euch
gerettet, / ich habe es euch zu Gehör ge-
bracht.

42,19 mein Vertrauter: Bedeutung des Wortes in H unklar.
42,22 in den Kerker geworfen, wörtlich: gebunden in Löchern.
43,1d ausgelöst: vgl. die Anmerkung zu 41,14.
43,4 ganze Länder: Text korr.; H: Menschen.
43,7 Alle, die zum Volk Gottes gehören, auch die in der weiten Diaspora, sind seine Kinder (vgl. 1,2; 63,16; 64,7).

Kein fremder (Gott) ist bei euch gewesen. / Ihr seid meine Zeugen – Spruch des Herrn.

Ich allein bin Gott; / [13] auch künftig werde ich es sein.

Niemand kann mir etwas entreißen. / Ich handle. Wer kann es rückgängig machen?

9: 48,3.

Der Weg durch die Wüste: 43,14–21

[14] So spricht der Herr, euer Erlöser, / der Heilige Israels:

Um euretwillen schicke ich (Boten) nach Babel / und reiße alle Riegel heraus, / die Chaldäer aber werden mit Ketten gefesselt.

[15] Ich bin der Herr, euer Heiliger, / euer König, Israels Schöpfer.

[16] So spricht der Herr, der einen Weg durchs Meer bahnt, / einen Pfad durch das gewaltige Wasser,

[17] der Wagen und Rosse ausziehen lässt, / zusammen mit einem mächtigen Heer;

doch sie liegen am Boden und stehen nicht mehr auf, / sie sind erloschen und verglüht wie ein Docht.

[18] Denkt nicht mehr an das, was früher war; / auf das, was vergangen ist, sollt ihr nicht achten.

[19] Seht her, nun mache ich etwas Neues. / Schon kommt es zum Vorschein, merkt ihr es nicht?

Ja, ich lege einen Weg an durch die Steppe / und Straßen durch die Wüste.

[20] Die wilden Tiere werden mich preisen, / die Schakale und Strauße,

denn ich lasse in der Steppe Wasser fließen / und Ströme in der Wüste, / um mein Volk, mein erwähltes, zu tränken.

[21] Das Volk, das ich mir erschaffen habe, / wird meinen Ruhm verkünden.

18: 65,17 • 19: Offb 21,5 • 21: 1 Petr 2,9.

Die Schuld Israels und die Gnade Gottes: 43,22–28

[22] Jakob, du hast mich nicht gerufen, / Israel, du hast dir mit mir keine Mühe gemacht.

[23] Du brachtest mir keine Lämmer als Brandopfer dar / und mit Schlachtopfern hast du mich nicht geehrt.

Ich habe dich nicht zu Speiseopfern gezwungen / und von dir keinen Weihrauch gefordert und dich dadurch geplagt.

[24] Du hast mir für dein Geld kein Gewürzrohr gekauft / und hast mich nicht gelabt mit dem Fett deiner Opfer.

Nein, du hast mir mit deinen Sünden Arbeit gemacht, / mit deinen üblen Taten hast du mich geplagt.

[25] Ich, ich bin es, der um meinetwillen deine Vergehen auslöscht, / ich denke nicht mehr an deine Sünden.

[26] Lade mich vor, gehen wir miteinander vor Gericht; / verteidige dich, damit du Recht bekommst.

[27] Schon dein Urahn hat gesündigt; / deine Anführer sind mir untreu geworden;

[28] deine Fürsten haben mein Heiligtum entweiht. / Darum habe ich Jakob preisgegeben, / damit man es dem Untergang weiht, / und Israel, damit man es verspottet.

25: 44,22.

Die Ausgießung des Geistes: 44,1–5

44 Jetzt aber höre, Jakob, mein Knecht, / Israel, den ich erwählte.

[2] So spricht der Herr, dein Schöpfer, / der dich im Mutterleib geformt hat, der dir hilft:

Fürchte dich nicht, Jakob, mein Knecht, / du, Jeschurun, den ich erwählte.

[3] Denn ich gieße Wasser auf den dürstenden Boden, / rieselnde Bäche auf das trockene Land.

Ich gieße meinen Geist über deine Nachkommen aus / und meinen Segen über deine Kinder.

[4] Dann sprossen sie auf wie das Schilfgras, / wie Weidenbäume an Wassergräben.

[5] Der eine sagt: Ich gehöre dem Herrn. / Ein anderer benennt sich mit dem Namen Jakobs.

Einer schreibt auf seine Hand: für den Herrn. / Ein anderer wird ehrenvoll mit dem Namen Israel benannt.

43,14e H ist verderbt, daher Übersetzung unsicher; vgl. G.

43,16f Dieses Gotteswort erinnert an den Auszug aus Ägypten und die Rettung am Schilfmeer (vgl. Ex 14).

43,19 Straßen: nach dem Qumran-Text; H: Ströme (aus V. 20).

43,22–24 Israel hat Gott, der all das nicht braucht, nicht wirklich gedient, sondern ihm nur Arbeit gemacht.

43,26b verteidige dich, wörtlich: zähl auf.

43,28a Text korr., vgl. G; H: und ich entweihte die Fürsten des Heiligtums.

44,2d Jeschurun (»der Redliche«, vielleicht im Gegensatz zu »Jakob«, was als »Betrüger« gedeutet wird; vgl. Hos 12,3f) ist Ehrenname für Israel (vgl. Dtn 32,15; 33,5.26).

44,4 das Schilfgras, wörtlich: das Gras zwischen Wassern; Text korr., ergänzt nach G.

Gottes Ewigkeit und Einzigkeit: 44,6–8

6 So spricht der Herr, Israels König, / sein
Erlöser, der Herr der Heere:
Ich bin der Erste, ich bin der Letzte, / au-
ßer mir gibt es keinen Gott.
7 Wer ist mir gleich? Er soll sich melden, /
er tue es mir kund und beweise es mir.
Wer hat von Anfang an die Zukunft ver-
kündet? / Sie sollen uns sagen, was alles noch
kommt.
8 Erschreckt nicht und fürchtet euch
nicht! / Habe ich es euch nicht schon längst
zu Gehör gebracht und verkündet?
Ihr seid meine Zeugen: Gibt es einen Gott
außer mir? / Es gibt keinen Fels außer mir,
ich kenne keinen.

6: 41,4 • 7: 41,23.

Die Hilflosigkeit der Götzen: 44,9–20

9 Ein Nichts sind alle, die ein Götterbild
formen; / ihre geliebten Götzen nützen
nichts.
Wer sich zu seinen Göttern bekennt, sieht
nichts, / ihm fehlt es an Einsicht; darum wird
er beschämt.
10 Wer sich einen Gott macht / und sich ein
Götterbild gießt, / hat keinen Nutzen da-
von.
11 Seht her, alle, die sich ihm anschließen,
werden beschämt, / die Schmiede sind nichts
als Menschen.
Sie sollen sich alle versammeln und vor
mich treten; / dann werden sie alle von
Schrecken gepackt und beschämt.
12 Der Schmied facht die Kohlenglut an, /
er formt (das Götterbild) mit seinem Ham-
mer / und bearbeitet es mit kräftigem
Arm.
Dabei wird er hungrig und hat keine Kraft
mehr. / Trinkt er kein Wasser, so wird er er-
matten.
13 Der Schnitzer misst das Holz mit der
Messschnur, / er entwirft das Bild mit dem
Stift / und schnitzt es mit seinem Messer;
er umreißt es mit seinem Zirkel / und
formt die Gestalt eines Mannes,
das prächtige Bild eines Menschen; / in ei-
nem Haus soll es wohnen.
14 Man fällt eine Zeder, wählt eine Eiche /
oder sonst einen mächtigen Baum,
den man stärker werden ließ / als die übri-
gen Bäume im Wald.
Oder man pflanzt einen Lorbeerbaum, /
den der Regen groß werden lässt.
15 Das Holz nehmen die Menschen zum
Heizen; / man macht ein Feuer und wärmt
sich daran.
Auch schürt man das Feuer und bäckt da-
mit Brot. / Oder man schnitzt daraus einen
Gott / und wirft sich nieder vor ihm;
man macht ein Götterbild / und fällt vor
ihm auf die Knie.
16 Den einen Teil des Holzes wirft man ins
Feuer / und röstet Fleisch in der Glut / und
sättigt sich an dem Braten.
Oder man wärmt sich am Feuer und sagt: /
Oh, wie ist mir warm! Ich spüre die Glut.
17 Aus dem Rest des Holzes aber macht
man sich einen Gott, / ein Götterbild, vor das
man sich hinkniet,
zu dem man betet und sagt: / Rette mich,
du bist doch mein Gott!
18 Unwissend sind sie und ohne Verstand; /
denn ihre Augen sind verklebt,
sie sehen nichts mehr / und ihr Herz wird
nicht klug.
19 Sie überlegen nichts, / sie haben keine
Erkenntnis und Einsicht, / sodass sie sich
sagen würden:
Den einen Teil habe ich ins Feuer gewor-
fen, / habe Brot in der Glut gebacken / und
Fleisch gebraten und es gegessen.
Aus dem Rest des Holzes aber habe ich
mir / einen abscheulichen Götzen gemacht /
und nun knie ich nieder vor einem Holz-
klotz.
20 Wer Asche hütet, / den hat sein Herz
verführt und betrogen.
Er wird sein Leben nicht retten / und wird
nicht sagen: / Ich halte ja nur ein Trugbild in
meiner rechten Hand.

12–17: Jer 10,3f.

Die Erlösung Israels: 44,21–23

21 Denk daran, Jakob, und du, Israel, / dass
du mein Knecht bist.
Ich habe dich geschaffen, du bist mein
Knecht; / Israel, ich vergesse dich nicht.
22 Ich fege deine Vergehen hinweg wie eine
Wolke / und deine Sünden wie Nebel. / Kehr
um zu mir; denn ich erlöse dich.
23 Jauchzt, ihr Himmel, denn der Herr hat
gehandelt; / jubelt, ihr Tiefen der Erde!
Brecht in Jubel aus, ihr Berge, / ihr Wälder
mit all euren Bäumen!
Denn der Herr hat Jakob erlöst / und an
Israel bewiesen, wie herrlich er ist.

22: 43,25 • 23: 49,13; 55,12; Ps 96,11–13; Jes 49,3.

44,7c Text korr.
44,12 Text unklar.
44,16b in der Glut: Text korr. nach G (vgl. V. 19).
44,20ab Nimmt wohl ein Sprichwort auf.

DIE ANKÜNDIGUNG DER BEFREIUNG DURCH KYRUS: 44,24 – 48,22

Die Berufung und die Aufgabe des Kyrus:
44,24 – 45,8

24 So spricht der Herr, dein Erlöser, / der dich im Mutterleib geformt hat:
Ich bin der Herr, der alles bewirkt, / der ganz allein den Himmel ausgespannt hat, / der die Erde gegründet hat aus eigener Kraft,
25 der das Wirken der Zauberer vereitelt / und die Wahrsager zu Narren macht,
der die Weisen zum Rückzug zwingt / und ihre Klugheit als Dummheit entlarvt,
26 der das Wort seiner Knechte erfüllt / und den Plan ausführt, den seine Boten verkünden,
der zu Jerusalem sagt: Du wirst wieder bewohnt!, / und zu den Städten Judas: Ihr werdet wieder aufgebaut werden, / ich baue eure Ruinen wieder auf!,
27 der zum tiefen Meer sagt: Trockne aus, / ich lasse deine Fluten versiegen!,
28 der zu Kyrus sagt: Mein Hirt – / alles, was ich will, wird er vollenden!,
der zu Jerusalem sagt: Du wirst wieder aufgebaut werden!, / und zum Tempel: Du wirst wieder dastehen.

45 So spricht der Herr zu Kyrus, seinem Gesalbten, / den er an der rechten Hand gefasst hat,
um ihm die Völker zu unterwerfen, um die Könige zu entwaffnen, / um ihm die Türen zu öffnen und kein Tor verschlossen zu halten:
2 Ich selbst gehe vor dir her / und ebne die Berge ein.
Ich zertrümmere die bronzenen Tore / und zerschlage die eisernen Riegel.
3 Ich gebe dir verborgene Schätze / und Reichtümer, die im Dunkel versteckt sind.
So sollst du erkennen, dass ich der Herr bin, / der dich bei deinem Namen ruft, ich, Israels Gott.
4 Um meines Knechtes Jakob willen, / um Israels, meines Erwählten, willen / habe ich dich bei deinem Namen gerufen;
ich habe dir einen Ehrennamen gegeben, / ohne dass du mich kanntest.
5 Ich bin der Herr und sonst niemand; / außer mir gibt es keinen Gott.
Ich habe dir den Gürtel angelegt / ohne dass du mich kanntest,
6 damit man vom Aufgang der Sonne bis zu ihrem Untergang erkennt, / dass es außer mir keinen Gott gibt. / Ich bin der Herr und sonst niemand.
7 Ich erschaffe das Licht und mache das Dunkel, / ich bewirke das Heil und erschaffe das Unheil. / Ich bin der Herr, der das alles vollbringt.
8 Taut, ihr Himmel, von oben, / ihr Wolken, lasst Gerechtigkeit regnen!
Die Erde tue sich auf und bringe das Heil hervor, / sie lasse Gerechtigkeit sprießen. / Ich, der Herr, will es vollbringen.

44,24: 44,2; Ijob 9,8 • 26: Am 3,7 • 28: 2 Chr 36,23; Esra 1,1–4 • 45,3: 41,25 • 6: 59,19; 45,18 • 7: Am 3,6.

Gegen die Unzufriedenen und die Zweifler:
45,9–13

9 Weh dem, der mit seinem Schöpfer rechtet, / er, eine Scherbe unter irdenen Scherben.
Sagt denn der Ton zu dem Töpfer: / Was machst du mit mir?,
und zu dem, der ihn verarbeitet: / Du hast kein Geschick?
10 Weh dem, der zum Vater sagt: Warum zeugtest du mich?, / und zur Mutter: Warum brachtest du mich zur Welt?
11 So spricht der Herr, / der Heilige Israels und sein Schöpfer:
Wollt ihr mir etwa Vorwürfe machen wegen meiner Kinder / und Vorschriften über das Werk meiner Hände?
12 Ich habe die Erde gemacht / und die Menschen auf ihr geschaffen.
Ich habe den Himmel ausgespannt mit meinen Händen / und ich befehle seinem ganzen Heer.
13 Ich habe ihn (Kyrus) aus Gerechtigkeit zum Aufbruch veranlasst. / Alle Wege ebne ich ihm.
Er baut meine Stadt wieder auf, / mein verschlepptes Volk lässt er frei,
aber nicht für Lösegeld oder Geschenke. / Der Herr der Heere hat gesprochen.

9: 29,16; Jer 18,6; Röm 9,20f.

44,26a H: seines Knechtes; gemeint sind die Propheten als Boten Gottes.
44,28 der zu Jerusalem sagt . . . und zum Tempel: Text korr.; vgl. Vg und G.
45,1 um die Könige zu entwaffnen, wörtlich: um den Gürtel an den Hüften der Könige zu lösen.
45,8 Dieser Vers hat die Anregung zum Lied »Tauet, Himmel, den Gerechten« gegeben.
45,9 kein Geschick, wörtlich: keine Hände; Text korr.
45,11c Text korr.

Die Huldigung der Heidenvölker: 45,14–25
14 So spricht der Herr:
Die Ägypter mit ihren Erträgen, / die Ku-
schiter mit ihrem Gewinn
und die groß gewachsenen Sebaiter / wer-
den zu dir kommen und dir gehören; / in Ket-
ten werden sie hinter dir herziehen.
Sie werfen sich nieder vor dir und beken-
nen: / Nur bei dir gibt es einen Gott / und
sonst gibt es keinen.
15 Wahrhaftig, du bist ein verborgener
Gott. / Israels Gott ist der Retter.
16 Schmach und Schande kommt über sie
alle, / die Götzenschmiede geraten in Schan-
de.
17 Israel aber wird vom Herrn gerettet, /
wird für immer errettet.
Über euch kommt keine Schande und
Schmach mehr / für immer und ewig.
18 Denn so spricht der Herr, der den Him-
mel erschuf, / er ist der Gott, der die Erde ge-
formt und gemacht hat –
er ist es, der sie erhält, / er hat sie nicht als
Wüste geschaffen,
er hat sie zum Wohnen gemacht –: / Ich bin
der Herr und sonst niemand.
19 Ich habe nicht im Verborgenen geredet, /
irgendwo in einem finsteren Land.
Ich habe nicht zum Geschlecht Jakobs ge-
sagt: / Sucht mich im leeren Raum!
Ich bin der Herr, der die Wahrheit spricht /
und der verkündet, was recht ist.
20 Versammelt euch, kommt alle herbei, /
tretet herzu, die ihr aus den Völkern entkom-
men seid.
Wer hölzerne Götzen umherträgt, hat kei-
ne Erkenntnis, / wer einen Gott anbetet, der
niemanden rettet.
21 Macht es bekannt, bringt es vor, / bera-
tet euch untereinander:
Wer hat das alles seit langem verkündet /
und längst im Voraus angesagt?
War es nicht ich, der Herr? / Es gibt keinen
Gott außer mir; / außer mir gibt es keinen ge-
rechten und rettenden Gott.
22 Wendet euch mir zu und lasst euch er-
retten, / ihr Menschen aus den fernsten Län-
dern der Erde; / denn ich bin Gott und sonst
niemand.
23 Ich habe bei mir selbst geschworen / und
mein Mund hat die Wahrheit gesprochen, / es
ist ein unwiderrufliches Wort:
Vor mir wird jedes Knie sich beugen / und
jede Zunge wird bei mir schwören:
24 Nur beim Herrn – sagt man von mir –
gibt es Rettung und Schutz. / Beschämt kom-
men alle zu ihm, die sich ihm widersetzten.
25 Alle Nachkommen Israels bekommen
ihr Recht / und erlangen Ruhm durch den
Herrn.

16: 41,11 • 18: 45,6 • 19: 48,16 • 23: Röm 14,11; Phil 2,10f.

Der Sturz der Götzen Babels
und die Allmacht Jahwes: 46,1–7

46 Bel bricht zusammen, / Nebo krümmt
sich am Boden.
Babels Götter werden auf Tiere geladen. /
Eine Last seid ihr, eine aufgebürdete Last
für das ermüdete Vieh.
2 Die Tiere krümmen sich und brechen zu-
sammen, / sie können die Lasten nicht ret-
ten; / sie müssen selbst mit in die Gefangen-
schaft ziehen.
3 Hört auf mich, ihr vom Haus Jakob, / und
ihr alle, die vom Haus Israel noch übrig
sind,
die mir aufgebürdet sind vom Mutterleib
an, / die von mir getragen wurden, seit sie
den Schoß ihrer Mutter verließen.
4 Ich bleibe derselbe, so alt ihr auch wer-
det, / bis ihr grau werdet, will ich euch tra-
gen.
Ich habe es getan / und ich werde euch
weiterhin tragen,/ ich werde euch schleppen
und retten.
5 Mit wem wollt ihr mich vergleichen, / ne-
ben wen mich stellen?
An wem wollt ihr mich messen, / um zu se-
hen, ob wir uns gleichen?
6 Man schüttet Gold aus dem Beutel / und
wiegt Silber ab auf der Waage.
Man bezahlt einen Goldschmied, damit er
einen Gott daraus macht. / Man kniet nieder
und wirft sich sogar zu Boden.
7 Man trägt ihn auf der Schulter / und
schleppt ihn umher;
dann stellt man ihn wieder auf seinen
Platz / und dort bleibt er stehen; / er rührt
sich nicht von der Stelle.
Ruft man ihn an, so antwortet er nicht; /
wenn man in Not ist, kann er nicht hel-
fen.

1: Jer 50,2 • 3–4: 63,9 • 4: Ps 71,18 • 5: 40,18.

45,16a sie alle: nach G die Gegner Gottes.
45,20 Angeredet sind die aus den Völkern, die den Kampf überlebt haben.
46,1 Bel (= Baal, Herr), genauer Bel Marduk, der Gott der Stadt Babylon, verkörpert die Schöpfermacht und Weltherrschaft. Nebo (vgl. den Namen Nebukadnezzar), der Gott der Weisheit und der Schreibkunst, hält die Schicksalstafeln in der Hand. – Die Übersetzung 46,1d ist unsicher.
46,3d Wörtlich: vom Mutterschoß an.

Kyrus, das Werkzeug Jahwes: 46,8–13

8 Denkt daran und achtet darauf, / ihr
Treulosen, nehmt es zu Herzen!
9 Denkt an das, was früher galt, in uralten
Zeiten: / Ich bin Gott und sonst niemand, /
ich bin Gott und niemand ist wie ich.
10 Ich habe von Anfang an die Zukunft ver-
kündet / und lange vorher gesagt, was erst
geschehen sollte.
Ich sage: Mein Plan steht fest, / und alles,
was ich will, führe ich aus.
11 Ich habe aus dem Osten einen Adler ge-
rufen, / aus einem fernen Land rief ich den
Mann, / den ich brauchte für meinen Plan.
Ich habe es gesagt und ich lasse es kom-
men. / Ich habe es geplant und ich führe es
aus.
12 Hört auf mich, ihr Verzagten, / denen
das Heil noch fern ist.
13 Ich selbst bringe euch das Heil, / es ist
nicht mehr fern; / meine Hilfe verzögert sich
nicht.
Ich bringe Hilfe für Zion / und verleihe Is-
rael meine strahlende Pracht.

9: 43,18 • 10: 41,22f.26; 44,7f; Ps 115,3.

Der Sturz Babels: 47,1–15

47 Steig herab, Tochter Babel, / Jung-
frau, setz dich in den Staub!
Setz dich auf die Erde; / es gibt keinen
Thron mehr (für dich), Tochter Chaldäas. /
Jetzt nennt man dich nicht mehr die Feine,
die Zarte.
2 Nimm die Mühle und mahle das Mehl! /
Weg mit dem Schleier!
Heb deine Schleppe hoch, entblöße die
Beine / und wate durchs Wasser!
3 Deine Scham wird entblößt, / man sieht
deine Schande.
Unerbittlich nehme ich Rache, / 4 spricht
unser Erlöser;
»Herr der Heere« heißt er / und »Der Hei-
lige Israels«.
5 Setz dich hin und verstumme! / Geh hi-
naus ins Dunkel, Tochter Chaldäas!
Denn nun nennt dich niemand mehr /
»Herrin der Reiche«.
6 Ich war zornig über mein Volk, / ich ent-
weihte mein Erbe / und gab es in deine Ge-
walt.
Doch du hast ihm kein Erbarmen ge-
schenkt, / du hast den Greisen ein zu schwe-
res Joch auferlegt.
7 Du dachtest: / Ich bleibe für immer und
ewig die Herrin.
Du hast dir das alles nicht zu Herzen ge-
nommen, / hast nie an das Ende gedacht.
8 Nun aber höre, du üppiges Weib, / die du
in Sicherheit lebst / und in deinem Herzen
denkst:
Ich und sonst niemand! / Niemals sitze ich
da als Witwe, / Kinderlosigkeit kenne ich
nicht.
9 Doch beides wird dich ereilen, / plötz-
lich, am gleichen Tag:
Kinderlos wirst du und Witwe, / in voller
Schwere trifft dich das Unheil,
trotz all deiner Zauberei / und trotz der
Macht deiner beschwörenden Formeln.
10 Du hast dich auf deine bösen Taten ver-
lassen / und gedacht: Es sieht mich ja kei-
ner.
Deine Weisheit und dein Wissen verleite-
ten dich, in deinem Herzen zu denken: / Ich
und sonst niemand!
11 Doch es wird ein Unheil über dich kom-
men, / das du nicht wegzaubern kannst.
Ein Verderben wird dich überfallen, / das
du nicht zu bannen vermagst.
Und plötzlich wird dein Untergang kom-
men, / an den du niemals gedacht hast.
12 Dann stell dich hin / mit deinen be-
schwörenden Formeln
und mit deinen vielen Zaubersprüchen, /
mit denen du dich seit deiner Jugend abge-
müht hast.
Vielleicht kannst du dir helfen, / vielleicht
das Unglück verscheuchen.
13 Du hast dir große Mühe gemacht / mit
deinen vielen Beratern;
sollen sie doch auftreten und dich retten, /
sie, die den Himmel deuten
und die Sterne betrachten, / die dir an je-
dem Neumond verkünden, was kommt.
14 Wie die Spreu werden sie sein, / die das
Feuer verbrennt.
Sie können sich nicht retten / vor der Ge-
walt der Flammen.
Das wird keine Glut sein, an der man sich
wärmt, / kein Feuer, um das man herum-
sitzt.
15 So geht es all deinen Zauberern, / um
die du dich seit deiner Jugend bemüht
hast.
Sie machen sich alle davon, / keiner will
dir mehr helfen.

2: Nah 3,5 • 8: Zef 2,15; Offb 18,7 • 9: 47,12 • 12: 47,9; Dan 2,2.

46,12 ihr Verzagten: Text korr. nach G.
47,1f Aus der Königin wird beim Gericht Gottes eine Sklavin.
47,4 spricht: ergänzt mit G.
47,10–13 In Babylonien standen Magie und Astrologie in hoher Blüte.

Der Erweis der Gottheit des Herrn durch Weissagungen: 48,1–11

48 Hört her, ihr vom Haus Jakob, / die ihr den Namen Israels tragt / und Judas Nachkommen seid,

die ihr beim Namen des Herrn schwört / und euch bekennt zu Israels Gott, / aber nicht offen und ehrlich.

2 Sie nennen sich nach der Heiligen Stadt / und verlassen sich auf Israels Gott, / der »Herr der Heere« genannt wird.

3 Was früher war, hatte ich schon längst im Voraus verkündet, / es kam aus meinem Mund, ich ließ es hören; / plötzlich habe ich gehandelt und es traf ein.

4 Weil ich wusste, dass du halsstarrig bist, / dass dein Nacken eiserne Sehnen hat / und deine Stirn aus Bronze ist,

5 hatte ich es dir schon längst im Voraus verkündet; / ich ließ es dich hören, bevor es geschah, damit du nicht sagst:

Mein Götterbild hat das vollbracht, / mein geschnitztes und gegossenes Bild hat es befohlen.

6 Du hast es gehört. Betrachte nun alles! / Willst du es nicht andern verkünden?

Von jetzt an lasse ich dich etwas Neues hören, / etwas Verborgenes, von dem du nichts weißt.

7 Eben erst kam es zustande, / nicht schon vor langer Zeit.

Zuvor hast du nichts erfahren davon, / damit du nicht sagst: / Das habe ich längst schon gewusst.

8 Du hast davon nichts gehört und gewusst, / dein Ohr war bisher nicht offen.

Denn ich wusste, dass du treulos sein wirst, / man nennt dich »abtrünnig vom Mutterleib an«.

9 Doch um meines Namens willen / halte ich meinen Zorn lange zurück,

um meiner Ehre willen bezähme ich mich, / um dich nicht vernichten zu müssen.

10 Ich habe dich geläutert, doch nicht wie Silber: / Im Schmelzofen des Elends prüfte ich dich.

11 Nur um meinetwillen handle ich jetzt, / denn sonst würde mein Name entweiht; / ich überlasse die Ehre, die mir gebührt, keinem andern.

3: 43,9 • 6: 42,9 • 10: Dtn 4,20 • 11: 42,8.

Kyrus, der Beauftragte Jahwes: 48,12–16

12 Jakob, höre auf mich, / höre mich, Israel, den ich berief: / Ich bin es, ich, der Erste und auch der Letzte.

13 Meine Hand hat die Fundamente der Erde gelegt, / meine Rechte hat den Himmel ausgespannt; / ich rief ihnen zu und schon standen sie alle da.

14 Versammelt euch alle und hört – / wer von den Göttern hat so etwas jemals verkündet? –:

Der, den der Herr liebt, wird meinen Willen an Babel vollstrecken / und sein Arm wird es an den Chaldäern bewirken.

15 Ich habe gesprochen und ich habe ihn auch berufen, / ich habe ihn kommen lassen / und er wird seinen Weg erfolgreich beenden.

16 Kommt her zu mir und hört, was ich sage: / Ich habe von Anfang an nicht im Verborgenen geredet; / seit das alles geschieht, bin ich dabei. / [Und jetzt hat Gott, der Herr, mich und seinen Geist gesandt.]

12: 44,6 • 13: Ps 33,9 • 16: 45,19.

Die Lehre aus der Vergangenheit: 48,17–19

17 So spricht der Herr, dein Erlöser, / der Heilige Israels:

Ich bin der Herr, dein Gott, / der dich lehrt, was Nutzen bringt,

und der dich auf den Weg führt, / den du gehen sollst.

18 Hättest du doch auf meine Gebote geachtet! / Dein Glück wäre wie ein Strom / und dein Heil wie die Wogen des Meeres.

19 Deine Nachkommen wären (zahlreich) wie der Sand / und deine leiblichen Kinder wie seine Körner. / Ihr Name wäre in meinen Augen nicht getilgt und gelöscht.

18: Dtn 5,29; Ps 81,14–17 • 19: Gen 22,17.

Die glückliche Heimkehr aus Babel: 48,20–22

20 Heraus aus Babel, flieht aus Chaldäa! / Verkündet es jauchzend, damit man es hört.

Ruft es hinaus bis ans Ende der Erde! / Ruft: Der Herr hat seinen Knecht Jakob ausgelöst.

21 Sie litten keinen Durst, als er sie durch die Wüste führte; / Wasser ließ er für sie aus dem Felsen sprudeln, / er spaltete den Felsen und es strömte das Wasser.

[22 Die Ruchlosen finden keinen Frieden, spricht der Herr.]

20: 52,11; Jer 51,6; Offb 18,4 • 21: Ex 17,6 • 22: 57,21.

48,6 Willst du, wörtlich: Wollt ihr.
48,10b prüfte: Text korr. nach dem Qumran-Text; H: erwählte.
48,11 mein Name: ergänzt nach G.
48,16 Zusatz aus einem anderen Zusammenhang (vgl. 61,1).

DAS ZWEITE LIED VOM GOTTESKNECHT: 49,1–9c

49 Hört auf mich, ihr Inseln, / merkt
auf, ihr Völker in der Ferne!
Der Herr hat mich schon im Mutterleib berufen; / als ich noch im Schoß meiner Mutter war, hat er meinen Namen genannt.
2 Er machte meinen Mund zu einem scharfen Schwert, / er verbarg mich im Schatten seiner Hand.
Er machte mich zum spitzen Pfeil / und steckte mich in seinen Köcher.
3 Er sagte zu mir: Du bist mein Knecht, Israel, / an dem ich meine Herrlichkeit zeigen will.
4 Ich aber sagte: Vergeblich habe ich mich bemüht, / habe meine Kraft umsonst und nutzlos vertan.
Aber mein Recht liegt beim Herrn / und mein Lohn bei meinem Gott.
5 Jetzt aber hat der Herr gesprochen, / der mich schon im Mutterleib zu seinem Knecht gemacht hat,
damit ich Jakob zu ihm heimführe / und Israel bei ihm versammle.
So wurde ich in den Augen des Herrn geehrt / und mein Gott war meine Stärke.
6 Und er sagte:
Es ist zu wenig, dass du mein Knecht bist, / nur um die Stämme Jakobs wieder aufzurichten / und die Verschonten Israels heimzuführen.
Ich mache dich zum Licht für die Völker; / damit mein Heil bis an das Ende der Erde reicht.
7 So spricht der Herr, der Befreier Israels, sein Heiliger, / zu dem tief verachteten Mann,
dem Abscheu der Leute, / dem Knecht der Tyrannen:
Könige werden es sehen und sich erheben, / Fürsten werfen sich nieder,
um des Herrn willen, der treu ist, / um des Heiligen Israels willen, der dich erwählt hat.
8 So spricht der Herr:
Zur Zeit der Gnade will ich dich erhören, / am Tag der Rettung dir helfen.
Ich habe dich geschaffen und dazu bestimmt, / der Bund zu sein für das Volk,
aufzuhelfen dem Land / und das verödete Erbe neu zu verteilen,
9 den Gefangenen zu sagen: Kommt heraus!, / und denen, die in der Finsternis sind: Kommt ans Licht!

2: Offb 19,15; Jes 51,16 • 4: 1 Kor 15,58 • 6: 42,6; Apg 13,47 • 8: 2 Kor 6,2.

DIE WIEDERHERSTELLUNG DES ZION: 49,9d – 50,3

Die wunderbare Heimkehr: 49,9d–13

Auf allen Bergen werden sie weiden, / auf allen kahlen Hügeln finden sie Nahrung.
10 Sie leiden weder Hunger noch Durst, / Hitze und Sonnenglut schaden ihnen nicht.
Denn er leitet sie voll Erbarmen / und führt sie zu sprudelnden Quellen.
11 Alle Berge mache ich zu Wegen / und meine Straßen werden gebahnt sein.
12 Seht her: Sie kommen von fern, / die einen von Norden und Westen, / andere aus dem Land der Siniter.
13 Jubelt, ihr Himmel, jauchze, o Erde, / freut euch, ihr Berge!
Denn der Herr hat sein Volk getröstet / und sich seiner Armen erbarmt.

10: Offb 7,16 • 11: 40,4 • 12: Lk 13,29 • 13: 44,23.

Gottes Trost für Zion: 49,14 – 50,3

14 Doch Zion sagt: Der Herr hat mich verlassen, / Gott hat mich vergessen.
15 Kann denn eine Frau ihr Kindlein vergessen, / eine Mutter ihren leiblichen Sohn?
Und selbst wenn sie ihn vergessen würde: / ich vergesse dich nicht.
16 Sieh her: Ich habe dich eingezeichnet in meine Hände, / deine Mauern habe ich immer vor Augen.
17 Deine Erbauer eilen herbei / und alle, die dich zerstört und verwüstet haben, ziehen davon.
18 Blick auf und schau umher: / Alle versammeln sich und kommen zu dir.
So wahr ich lebe – Spruch des Herrn: / Du

49,5e bei ihm: Text korr. nach dem Qumran-Text und G.
49,9d auf allen Bergen: Text korr. nach dem Qumran-Text; H: auf den Wegen.
49,12c Siniter: wahrscheinlich die Einwohner von Syene, heute Assuan in Oberägypten.
49,16 Das Bild bezieht sich auf den Bauplan Jerusalems.

sollst sie alle wie einen Schmuck anlegen, /
du sollst dich mit ihnen schmücken wie eine
Braut.
19 Denn dein ödes, verheertes, zerstörtes
Land / wird jetzt zu eng für seine Bewoh-
ner, / weit weg sind alle, die dich verschlin-
gen wollten.
20 Bald wirst du, die du kinderlos warst, /
mit eigenen Ohren hören, wie deine Kinder
sagen:
Mir ist der Platz hier zu eng, / rück zur
Seite, ich will mich setzen.
21 Dann wirst du dich in deinem Herzen
fragen: / Wer hat mir diese (Kinder) gebo-
ren?
Ich war doch kinderlos und unfruchtbar, /
war verbannt und verstoßen.
Wer hat mir die Kinder herangezogen? /
Ich war doch allein übrig geblieben. / Wo
kommen sie her?
22 So spricht Gott, der Herr: / Sieh her, ich
hebe die Hand in Richtung der Völker, / ich
errichte für die Nationen ein Zeichen / und
sie bringen auf ihren Armen deine Söhne
herbei / und tragen deine Töchter auf ihren
Schultern.
23 Könige werden deine Kinder pflegen /
und Fürstinnen ihre Ammen sein.
Mit dem Gesicht zur Erde werfen sie sich
nieder vor dir / und lecken dir den Staub von
den Füßen.
Dann wirst du erkennen, dass ich der Herr
bin / und dass keiner beschämt wird, der auf
mich hofft.
24 Kann man einem Starken die Beute ent-
reißen? / Kann einem Mächtigen der Gefan-
gene entkommen?
25 So spricht der Herr: / Auch einem Star-
ken entreißt man den Gefangenen, / und ei-
nem Mächtigen entkommt seine Beute.
Ich selbst will mit deinem Gegner strei-
ten, / ich selbst will deine Söhne befreien.
26 Deinen Unterdrückern gebe ich ihr eige-
nes Fleisch zu essen, / sie sollen sich an ihrem
Blut berauschen wie an Most.
Dann werden alle Sterblichen erkennen, /
dass ich, der Herr, dein Retter bin / und ich,
der Starke Jakobs, dein Erlöser.

50 So spricht der Herr:
Wo ist denn die Scheidungsurkun-
de, / mit der ich eure Mutter fortgeschickt
habe?
Wo ist mein Gläubiger, / dem ich euch ver-
kauft habe?
Seht, wegen eurer bösen Taten wurdet ihr
verkauft, / wegen eurer Vergehen wurde eure
Mutter fortgeschickt.
2 Warum war niemand da, als ich kam, /
warum gab niemand Antwort, als ich rief?
Ist meine Hand denn zu schwach, um zu
befreien, / fehlt mir die Kraft, um zu ret-
ten?
Durch meine Drohung trockne ich das
Meer aus. / Ich mache Flüsse zur Wüste,
sodass die Fische verfaulen aus Mangel an
Wasser / und sterben vor Durst.
3 Ich kleide den Himmel in Schwarz / und
hülle ihn in ein Trauergewand. 4

49,15: 1 Kön 3,26; Jer 31,20 • 18: 60,4 • 20: 54,1 • 22: 62,10; 60,4 • 23: 60,16; Ps 72,9 • 26: 60,16 • 50,1: Dtn 24,1 • 2: 59,1 • 3: Offb 6,12.

DAS DRITTE LIED VOM GOTTESKNECHT: 50,4–9

4 Gott, der Herr, gab mir die Zunge eines
Jüngers, / damit ich verstehe, die Müden zu
stärken durch ein aufmunterndes Wort.
Jeden Morgen weckt er mein Ohr, / damit
ich auf ihn höre wie ein Jünger.
5 Gott, der Herr, hat mir das Ohr geöffnet. /
Ich aber wehrte mich nicht / und wich nicht
zurück.
6 Ich hielt meinen Rücken denen hin, / die
mich schlugen,
und denen, die mir den Bart ausrissen, /
meine Wangen.
Mein Gesicht verbarg ich nicht / vor
Schmähungen und Speichel.
7 Doch Gott, der Herr, wird mir helfen; /
darum werde ich nicht in Schande enden.
Deshalb mache ich mein Gesicht hart wie
einen Kiesel; / ich weiß, dass ich nicht in
Schande gerate.
8 Er, der mich freispricht, ist nahe. / Wer
wagt es, mit mir zu streiten?
Lasst uns zusammen vortreten! / Wer ist
mein Gegner im Rechtsstreit? / Er trete zu
mir heran.
9 Seht her, Gott, der Herr, wird mir hel-
fen. / Wer kann mich für schuldig erklä-
ren?
Seht: Sie alle zerfallen / wie ein Gewand,
das die Motten zerfressen.

6: Mt 26,67f • 7: Ez 3,8f • 9: 51,8.

49,24b einen Mächtigen: Text korr. nach dem Qumran-Text und den alten Übersetzungen; H: einem Gerechten; gemeint ist der König von Babel.

50,1 In bildhafter Aussage ist Israel die Gemahlin Jahwes, vgl. Hos 1 – 3. Der zweite Satz verwendet das Bild von der Schuldknechtschaft, in die ein Vater seine Kinder verkauft.

50,4 Hören und Verkünden sind Aufgabe des Got-

MAHNUNG ZUM VERTRAUEN: 50,10 – 52,12

Die mächtige Hilfe Gottes: 50,10 – 51,8

10 Wer von euch den Herrn fürchtet, / der höre auf die Stimme seines Knechtes.
Wer im Dunkel lebt und wem kein Licht leuchtet, / der vertraue auf den Namen des Herrn / und verlasse sich auf seinen Gott.
11 Ihr alle aber, die ihr Feuer legt / und Brandpfeile entzündet,
sollt in die Glut eures eigenen Feuers laufen / und in die Brandpfeile geraten, die ihr entflammt habt.
Durch meine Hand kommt das über euch; / am Ort der Qualen werdet ihr liegen.

51 Hört auf mich, die ihr der Gerechtigkeit nachjagt / und die ihr den Herrn sucht.
Blickt auf den Felsen, aus dem ihr gehauen seid, / auf den Schacht, aus dem ihr herausgebohrt wurdet.
2 Blickt auf Abraham, euren Vater, / und auf Sara, die euch gebar.
Er war allein, als ich ihn rief; / doch ich habe ihn gesegnet / und ihm viele Nachkommen geschenkt.
3 Denn der Herr hat Erbarmen mit Zion, / er hat Erbarmen mit all seinen Ruinen.
Seine Wüste macht er wie Eden, / seine Öde wie den Garten des Herrn.
Freude und Fröhlichkeit findet man dort, / Lobpreis und den Klang von Liedern.
4 Horcht her, ihr Völker, / hört auf mich, ihr Nationen!
Denn von mir kommt die Weisung / und mein Recht wird zum Licht der Völker.
5 Plötzlich ist meine Gerechtigkeit da / und von mir kommt die Hilfe.
Mein Arm verschafft den Völkern ihr Recht; / auf mich hoffen die Inseln, / sie warten auf meinen Arm.
6 Blickt auf zum Himmel, / betrachtet die Erde hier unten!
Der Himmel zerflattert wie Rauch, / die Erde zerfällt wie ein Kleid; / ihre Bewohner sterben wie die Fliegen.
Doch meine hilfreiche Gnade bleibt für immer bestehen, / meine Gerechtigkeit wird niemals erschüttert.
7 Hört auf mich, die ihr das Recht kennt, / du Volk, das mein Gesetz im Herzen trägt.
Fürchtet euch nicht vor der Beschimpfung durch Menschen, / erschreckt nicht vor ihrem Spott!
8 Denn man frisst sie, wie die Motte das Kleid, / man frisst sie, wie die Schabe die Wolle.
Doch meine Gerechtigkeit bleibt für immer bestehen / und von Generation zu Generation meine hilfreiche Gnade.

50,10: 9,1 • 51,1: 51,7 • 4: 2,3; 42,6; 49,6 • 5: 42,4 • 7: 51,1; Mt 5,11 • 8: 50,9.

Der starke Arm Jahwes: 51,9–16

9 Wach auf, wach auf, bekleide dich mit Macht, / Arm des Herrn!
Wach auf wie in den früheren Tagen, / wie bei den Generationen der Vorzeit!
Warst du es nicht, der die Rahab zerhieb / und den Drachen durchbohrte?
10 Warst du es nicht, der das Meer austrocknen ließ, / die Wasser der großen Flut,
der die Tiefen des Meeres zum Weg gemacht hat, / damit die Erlösten hindurchziehen konnten?
11 Die vom Herrn Befreiten kehren zurück / und kommen voll Jubel nach Zion.
Ewige Freude ruht auf ihren Häuptern. / Wonne und Freude stellen sich ein, / Kummer und Seufzen entfliehen.
12 Ich bin es, ja ich, der euch tröstet. / Was hast du, dass du dich fürchtest vor sterblichen Menschen, / vor Menschen, die dahinschwinden wie Gras?
13 Warum vergisst du den Herrn, deinen Schöpfer, / der den Himmel ausgespannt und die Fundamente der Erde gelegt hat?
Warum zitterst du dauernd vor der Wut dessen, der dich bedrängt, / der darauf ausgeht, dich zu vernichten? / Wo ist denn die Wut dessen, der dich bedrängt?
14 Bald wird der Gefesselte freigelassen; / er wird nicht im Kerker sterben / und es mangelt ihm nicht mehr an Brot.
15 Ich bin doch der Herr, dein Gott, / der das Meer aufwühlt, sodass die Wogen tosen. / Herr der Heere ist sein Name.

---

tesknechts, der als Prophet das Gotteswort empfängt und weitergibt.
50,11b entzündet: Text korr.
51,4 ihr Völker, ihr Nationen: Text korr. nach einigen H-Handschriften und S; H: mein Volk, meine Nation.
51,5a plötzlich: ergänzt nach G.
51,9 Rahab und Drache (H: Tannin) sind Urweltungeheuer (vgl. die Anmerkung zu 27,1). Der Schöpfergott Jahwe hat sie besiegt; mit diesem Sieg wird hier seine Rettungstat an Israel beim Auszug aus Ägypten verbunden.

16 Ich habe dir meine Worte in den Mund
gelegt, / im Schatten meiner Hand habe ich
dich verborgen,
als ich den Himmel ausspannte und die
Fundamente der Erde legte / und zu Zion
sagte: Du bist mein Volk.

9: 52,1; Ijob 26,12f; Ps 89,11 • 10: Ex 14,21f • 11: 35,10 • 15: Jer 31,35 • 16: 59,21; 49,2; Hos 2,25.

Der Zornbecher Gottes: 51,17–23

17 Raff dich auf, raff dich auf, / steh auf,
Jerusalem!
Du hast aus dem Becher des Zorns getrun-
ken, / den der Herr in der Hand hielt.
Du hast aus dem betäubenden Becher ge-
trunken / und ihn geleert.
18 Da war von all den Söhnen, die sie ge-
bar, / keiner, der sie geführt hat.
Da war von all den Söhnen, die sie auf-
zog, / keiner, der sie bei der Hand nahm.
19 Beides hat dich getroffen / – doch wer
klagt schon um dich? –:
Verheerung und Zerstörung, Hunger und
Schwert. / Doch wer tröstet dich schon?
20 An allen Straßenecken lagen deine Söh-
ne hilflos da, / wie Wildschafe im Netz,
überwältigt vom Zorn des Herrn, / vom
Schelten deines Gottes.
21 Darum hör doch her, du Ärmste, / die du
betrunken bist, aber nicht vom Wein:
22 So spricht der Herr, dein Gott und Ge-
bieter, / der für sein Volk kämpft:
Schon nehme ich dir den betäubenden
Becher aus der Hand, / den Kelch meines
Zorns; / du sollst daraus nicht mehr trin-
ken.
23 Ich reiche ihn denen, die dich quälten, /
die zu dir sagten: Wirf dich zu Boden, / wir
schreiten über dich weg.
So musstest du deinen Rücken zum Fuß-
boden machen, / zum Weg für die, die über
dich schritten.

17: Jer 25,15–19; Ps 60,5; 75,9; Offb 16,19.

Das neue Heil für Zion: 52,1–12

52 Wach auf, Zion, wach auf, / zieh das
Gewand deiner Macht an!
Zieh deine Prunkkleider an, / Jerusalem,
du heilige Stadt! / Denn Unbeschnittene und
Unreine werden dich nicht mehr betreten.
2 Schüttle den Staub von dir ab, / steh auf,
du gefangenes Jerusalem!
Löse die Fesseln von deinem Hals, / gefan-
gene Tochter Zion!
3 Denn so spricht der Herr: / Umsonst wur-
det ihr verkauft / und ihr sollt nicht mit Geld
losgekauft werden.
4 Denn so spricht Gott, der Herr: / Nach
Ägypten zog mein Volk einst hinab, / um
dort in der Fremde zu leben. / Auch von
Assur wurde es ohne Grund unterdrückt.
5 Aber was erlebe ich jetzt – Spruch des
Herrn –? / Man nahm mein Volk, ohne zu be-
zahlen,
und nun prahlen seine Beherrscher –
Spruch des Herrn –; / ständig, jeden Tag
wird mein Name gelästert.
6 Darum soll mein Volk an jenem Tag mei-
nen Namen erkennen / und wissen, dass ich
es bin, der sagt: Ich bin da.
7 Wie willkommen sind auf den Bergen /
die Schritte des Freudenboten,
der Frieden ankündigt, / der eine frohe
Botschaft bringt und Rettung verheißt, / der
zu Zion sagt: Dein Gott ist König.
8 Horch, deine Wächter erheben die Stim-
me, / sie beginnen alle zu jubeln.
Denn sie sehen mit eigenen Augen, / wie
der Herr nach Zion zurückkehrt.
9 Brecht in Jubel aus, jauchzt alle zusam-
men, / ihr Trümmer Jerusalems!
Denn der Herr tröstet sein Volk, / er erlöst
Jerusalem.
10 Der Herr macht seinen heiligen Arm
frei / vor den Augen aller Völker.
Alle Enden der Erde / sehen das Heil unse-
res Gottes.
11 Fort, fort! Zieht von dort weg! / Fasst
nichts Unreines an!
Zieht von dort weg! / Haltet euch rein; /
denn ihr tragt die Geräte des Herrn.
12 Doch zieht nicht weg in Hast, / geht
nicht fort in Eile;
denn der Herr geht vor euch her / und er,
Israels Gott, beschließt auch euren Zug.

1: 51,9, Offb 21,27 • 3: 45,13, 1 Petr 1,18 • 5: Röm 2,24 • 8: Num 14,14 • 10: Ps 98,1–3 • 11: 48,20; 2 Kor 6,17 • 12: Ex 12,11; Dtn 16,3; Jes 58,8.

51,16 Text unklar. – als ich ausspannte: Text korr. nach V. 13 und S.
51,17f Der »Becher des Zorns« (vgl. VV. 21–23) ist Bild für das göttliche Strafgericht. – »sie« in V. 18 ist Jerusalem.
51,19 tröstet: Text korr. nach dem Qumran-Text und den alten Übersetzungen (3. statt 1. Person).
51,23 Die Sieger schritten über die Besiegten hinweg, die sich zu Boden werfen mussten.
52,10 Gott will eingreifen und für sein Volk kämpfen.
52,11 Befehl zum Auszug aus Babel, der wie in einer Prozession erfolgen soll.

DAS VIERTE LIED VOM GOTTESKNECHT: 52,13 – 53,12

13 Seht, mein Knecht hat Erfolg, / er wird
groß sein und hoch erhaben.
14 Viele haben sich über ihn entsetzt, / so
entstellt sah er aus, nicht mehr wie ein
Mensch, / seine Gestalt war nicht mehr die
eines Menschen.
15 Jetzt aber setzt er viele Völker in Staunen, / Könige müssen vor ihm verstummen.
Denn was man ihnen noch nie erzählt hat, / das sehen sie nun;
was sie niemals hörten, / das erfahren sie jetzt.

53 Wer hat unserer Kunde geglaubt? / Der Arm des Herrn – wem wurde er offenbar?
2 Vor seinen Augen wuchs er auf wie ein
junger Spross, / wie ein Wurzeltrieb aus trockenem Boden.
Er hatte keine schöne und edle Gestalt, / sodass wir ihn anschauen mochten.
Er sah nicht so aus, / dass wir Gefallen fanden an ihm.
3 Er wurde verachtet und von den Menschen gemieden, / ein Mann voller Schmerzen, / mit Krankheit vertraut.
Wie einer, vor dem man das Gesicht verhüllt, / war er verachtet; wir schätzten ihn nicht.
4 Aber er hat unsere Krankheit getragen /
und unsere Schmerzen auf sich geladen.
Wir meinten, er sei von Gott geschlagen, / von ihm getroffen und gebeugt.
5 Doch er wurde durchbohrt wegen unserer Verbrechen, / wegen unserer Sünden zermalmt.
Zu unserem Heil lag die Strafe auf ihm, / durch seine Wunden sind wir geheilt.
6 Wir hatten uns alle verirrt wie Schafe, /
jeder ging für sich seinen Weg.
Doch der Herr lud auf ihn / die Schuld von uns allen.
7 Er wurde misshandelt und niedergedrückt, / aber er tat seinen Mund nicht auf.
Wie ein Lamm, das man zum Schlachten führt, / und wie ein Schaf angesichts seiner Scherer, / so tat auch er seinen Mund nicht auf.
8 Durch Haft und Gericht wurde er dahingerafft, / doch wen kümmerte sein Geschick?
Er wurde vom Land der Lebenden abgeschnitten / und wegen der Verbrechen seines Volkes zu Tode getroffen.
9 Bei den Ruchlosen gab man ihm sein
Grab, / bei den Verbrechern seine Ruhestätte,
obwohl er kein Unrecht getan hat / und kein trügerisches Wort in seinem Mund war.
10 Doch der Herr fand Gefallen an seinem
zerschlagenen (Knecht), / er rettete den, der sein Leben als Sühnopfer hingab.
Er wird Nachkommen sehen und lange leben. / Der Plan des Herrn wird durch ihn gelingen.
11 Nachdem er so vieles ertrug, erblickt er
das Licht. / Er sättigt sich an Erkenntnis.
Mein Knecht, der gerechte, macht die vielen gerecht; / er lädt ihre Schuld auf sich.
12 Deshalb gebe ich ihm seinen Anteil un-
ter den Großen / und mit den Mächtigen teilt er die Beute,
weil er sein Leben dem Tod preisgab / und sich unter die Verbrecher rechnen ließ.
Denn er trug die Sünden von vielen / und trat für die Schuldigen ein.

52,14: Weish 5,2 • 15: Röm 15,21 • 53,1: Joh 12,38; Röm 10,16 • 2: 11,1.10 • 4: Mt 8,17 • 5: 1 Petr 2,24f • 6: 56,11 • 7: Apg 8,32f; Offb 5,6.12; 13,8 • 9: 1 Petr 2,22 • 11: Dan 12,3; Röm 5,19 • 12: Röm 4,25; Lk 22,37; Hebr 9,28; Joh 1,29; Röm 5,16; 1 Petr 2,24.

52,13 – 53,12 Zusammengesetzt aus Gottesworten (52,13–15; 53,11d.12), einem Bericht über das Leiden des »Knechts« (53,1–9) und der Ankündigung der Erhöhung des »Knechts« (53,10.11a–c). Im Einzelnen ist der hebräische Text gelegentlich unklar.

53,8 seines Volkes: Text korr. nach dem Qumran-Text; H: meines Volkes.
53,11 Licht: eingefügt nach dem Qumran-Text und G.

DIE VERHEISSUNG DES GLÜCKS IM NEUEN ZION: 54,1 – 55,5

Der Segen Gottes für das Volk: 54,1–10

54 Freu dich, du Unfruchtbare, die nie gebar, / du, die nie in Wehen lag, brich in Jubel aus und jauchze!
Denn die Einsame hat jetzt viel mehr Söhne / als die Vermählte, spricht der Herr.
2 Mach den Raum deines Zeltes weit, / spann deine Zelttücher aus, ohne zu sparen. / Mach die Stricke lang und die Pflöcke fest!
3 Denn nach rechts und links breitest du dich aus. / Deine Nachkommen werden Völker beerben / und verödete Städte besiedeln.
4 Fürchte dich nicht, du wirst nicht beschämt; / schäme dich nicht, du wirst nicht enttäuscht.
Denn die Schande in deiner Jugend wirst du vergessen, / an die Schmach deiner Witwenschaft wirst du nicht mehr denken.
5 Denn dein Schöpfer ist dein Gemahl, / »Herr der Heere« ist sein Name.
Der Heilige Israels ist dein Erlöser, / »Gott der ganzen Erde« wird er genannt.
6 Ja, der Herr hat dich gerufen / als verlassene, bekümmerte Frau.
Kann man denn die Frau verstoßen, / die man in der Jugend geliebt hat?, / spricht dein Gott.
7 Nur für eine kleine Weile habe ich dich verlassen, / doch mit großem Erbarmen hole ich dich heim.
8 Einen Augenblick nur verbarg ich vor dir mein Gesicht / in aufwallendem Zorn;
aber mit ewiger Huld habe ich Erbarmen mit dir, / spricht dein Erlöser, der Herr.
9 Wie in den Tagen Noachs soll es für mich sein: / So wie ich damals schwor,
dass die Flut Noachs die Erde nie mehr überschwemmen wird, / so schwöre ich jetzt, dir nie mehr zu zürnen / und dich nie mehr zu schelten.
10 Auch wenn die Berge von ihrem Platz weichen / und die Hügel zu wanken beginnen –
meine Huld wird nie von dir weichen / und der Bund meines Friedens nicht wanken, / spricht der Herr, der Erbarmen hat mit dir.

1: Gal 4,27; Jes 62,4 • 5: Hos 2,18 • 7: Ps 30,6 • 8: 60,10 • 9: Gen 9,8–17 • 10: Ez 34,25; 37,26.

Das neue Jerusalem: 54,11–17

11 Du Ärmste, vom Sturm Gepeitschte, / die ohne Trost ist,
sieh her: Ich selbst lege dir ein Fundament aus Malachit / und Grundmauern aus Saphir.
12 Aus Rubinen mache ich deine Zinnen, / aus Beryll deine Tore / und alle deine Mauern aus kostbaren Steinen.
13 Alle deine Söhne werden Jünger des Herrn sein / und groß ist der Friede deiner Söhne.
14 Du wirst auf Gerechtigkeit gegründet sein. / Du bist fern von Bedrängnis,
denn du brauchst dich nicht mehr zu fürchten / und bist fern von Schrecken; / er kommt an dich nicht heran.
15 Wenn dich jemand angreift, misslingt es, / denn es geschieht ohne mich; / wer dich angreift, fällt im Kampf gegen dich.
16 Ich habe den Schmied erschaffen, / der das Kohlenfeuer entfacht und Waffen erzeugt, / wie es seinem Handwerk entspricht.
Ich habe auch den, der vernichtet, erschaffen, / damit er zerstört.
17 Keine Waffe wird etwas ausrichten, die man gegen dich schmiedet; / jede Zunge, die dich vor Gericht verklagt, strafst du Lügen.
Das ist das Erbteil der Knechte des Herrn: / Von mir kommt ihre Rettung – Spruch des Herrn.

11–12: Tob 13,17; Offb 21,18–21 • 13: Joh 6,45 • 14: Ps 91,10.

Die Teilnahme des ganzen Volkes am Heil: 55,1–5

55 Auf, ihr Durstigen, kommt alle zum Wasser! / Auch wer kein Geld hat, soll kommen.
Kauft Getreide und esst, kommt und kauft ohne Geld, / kauft Wein und Milch ohne Bezahlung!
2 Warum bezahlt ihr mit Geld, was euch nicht nährt, / und mit dem Lohn eurer Mühen, / was euch nicht satt macht?
Hört auf mich, dann bekommt ihr das Beste zu essen / und könnt euch laben an fetten Speisen.

54,1 Angeredet ist Jerusalem.
54,2 spann . . . aus: Text korr. nach den alten Übersetzungen.
54,4–6 Die Zeit des Gerichts über Jerusalem ist vorbei.

3 Neigt euer Ohr mir zu und kommt zu mir, / hört, dann werdet ihr leben.
Ich will einen ewigen Bund mit euch schließen / gemäß der beständigen Huld, die ich David erwies.
4 Seht her: Ich habe ihn zum Zeugen für die Völker gemacht, / zum Fürsten und Gebieter der Nationen.
5 Völker, die du nicht kennst, wirst du rufen; / Völker, die dich nicht kennen, eilen zu dir,
um des Herrn, deines Gottes, des Heiligen Israels willen, / weil er dich herrlich gemacht hat.

1: Joh 7,37; Offb 22,17 • 3: 61,8; 2 Chr 6,42; Apg 13,34.

EPILOG: MAHNUNG ZUR UMKEHR UND ZUM VERTRAUEN AUF GOTTES WORT: 55,6–13

6 Sucht den Herrn, solange er sich finden lässt, / ruft ihn an, solange er nahe ist.
7 Der Ruchlose soll seinen Weg verlassen, / der Frevler seine Pläne.
Er kehre um zum Herrn, / damit er Erbarmen hat mit ihm,
und zu unserem Gott; / denn er ist groß im Verzeihen.
8 Meine Gedanken sind nicht eure Gedanken / und eure Wege sind nicht meine Wege – / Spruch des Herrn.
9 So hoch der Himmel über der Erde ist, / so hoch erhaben sind meine Wege über eure Wege / und meine Gedanken über eure Gedanken.
10 Denn wie der Regen und der Schnee vom Himmel fällt / und nicht dorthin zurückkehrt,
sondern die Erde tränkt und sie zum Keimen und Sprossen bringt, / wie er dem Sämann Samen gibt und Brot zum Essen,
11 so ist es auch mit dem Wort, / das meinen Mund verlässt:
Es kehrt nicht leer zu mir zurück, / sondern bewirkt, was ich will, / und erreicht all das, wozu ich es ausgesandt habe.
12 Voll Freude werdet ihr fortziehen, / wohlbehalten kehrt ihr zurück.
Berge und Hügel brechen bei eurem Anblick in Jubel aus, / alle Bäume auf dem Feld klatschen Beifall.
13 Statt Dornen wachsen Zypressen, / statt Brennnesseln Myrten.
Das geschieht zum Ruhm des Herrn / als ein ewiges Zeichen, das niemals getilgt wird.

10: 2 Kor 9,10 • 12: 44,23 • 13: 56,5.

III. TEIL
DER DRITTE JESAJA (TRITOJESAJA): 56,1 – 66,24

VERHEISSUNG AN DIE FREMDEN UND DIE KINDERLOSEN: 56,1–8

56 So spricht der Herr:
Wahrt das Recht und sorgt für Gerechtigkeit; / denn bald kommt von mir das Heil, / meine Gerechtigkeit wird sich bald offenbaren.
2 Wohl dem Mann, der so handelt, / wohl dem Menschen, der daran fest hält,
den Sabbat zu halten und nie zu entweihen / und seine Hand vor jeder bösen Tat zu bewahren.
3 Der Fremde, der sich dem Herrn angeschlossen hat, soll nicht sagen: / Sicher wird der Herr mich ausschließen aus seinem Volk.
Der Verschnittene soll nicht sagen: / Ich bin nur ein dürrer Baum.
4 Denn so spricht der Herr: / Den Verschnittenen, die meine Sabbate halten,
die gerne tun, was mir gefällt, / und an meinem Bund fest halten,
5 ihnen allen errichte ich in meinem Haus / und in meinen Mauern ein Denkmal,
ich gebe ihnen einen Namen, / der mehr wert ist als Söhne und Töchter:
Einen ewigen Namen gebe ich ihnen, / der niemals ausgetilgt wird.
6 Die Fremden, die sich dem Herrn ange-

55,3f Durch seine Siege hat David die Macht und Zuwendung Gottes zu seinem Volk bezeugt.

56,1 – 66,24 Vgl. die Einleitung zu Jes.

schlossen haben, / die ihm dienen und seinen
Namen lieben,
um seine Knechte zu sein, / alle, die den
Sabbat halten
und ihn nicht entweihen, / die an meinem
Bund fest halten,
7 sie bringe ich zu meinem heiligen Berg /
und erfülle sie in meinem Bethaus mit Freu-
de.
Ihre Brandopfer und Schlachtopfer finden
Gefallen auf meinem Altar, / denn mein
Haus wird ein Haus des Gebets für alle Völ-
ker genannt.
8 Spruch Gottes, des Herrn, / der die ver-
stoßenen Israeliten sammelt:
Noch mehr, als ich schon von ihnen ge-
sammelt habe, / will ich dort versammeln.

2: 58,13 • 5: 55,13 • 7: Mk 11,17 • 8: Ps 147,2.

EINE DROHUNG GEGEN DIE FÜHRER DES VOLKES: 56,9 – 57,13

9 Ihr Tiere auf dem Feld, kommt alle und
fresst, / kommt alle, ihr Tiere im Wald!
10 Die Wächter des Volkes sind blind, / sie
merken allesamt nichts.
Es sind lauter stumme Hunde, / sie können
nicht bellen.
Träumend liegen sie da / und haben gern
ihre Ruhe.
11 Aber gierig sind diese Hunde, sie sind
unersättlich. / So sind die Hirten: Sie verste-
hen nicht aufzumerken.
Jeder geht seinen eigenen Weg / und ist
ausschließlich auf seinen eigenen Vorteil be-
dacht;
12 (er sagt:) Kommt her, ich hole Wein. /
Wir trinken uns voll mit Bier.
Und wie heute, so soll es auch morgen
sein; / hoch soll es hergehen.
57 Der Gerechte kommt um, / doch nie-
mand nimmt es sich zu Herzen.
Die Frommen werden dahingerafft, / doch
es kümmert sich niemand darum.
Weil das Unrecht herrscht, / wird der Ge-
rechte dahingerafft.
2 Aber er gelangt zum Frieden; / und wer
seinen Weg geradeaus ging, / ruht aus auf
seinem Lager.
3 Ihr aber, ihr Söhne der Zauberin, kommt
herbei, / ihr Kinder eines Ehebrechers und
einer Dirne!
4 Über wen macht ihr euch lustig, / gegen
wen reißt ihr das Maul auf, / wem streckt ihr
die Zunge heraus?
Ihr seid doch selbst Kinder des Frevels, /
eine Lügenbrut.
5 Ihr geratet in Gier unter den Eichen, /
unter jedem üppigen Baum.
Ihr schlachtet Kinder in den Schluchten /
und in den Klüften der Felsen.
6 Zwischen den glatten Wänden der
Schlucht erfüllt sich dein Schicksal, / doch
gerade sie werden dir zum Verhängnis;
auch für sie hast du Trankopfer ausgegos-
sen und Speiseopfer dargebracht. / Und das
soll ich ruhig mit ansehen?
7 Auf hoch aufragenden Bergen / hast du
dein Lager aufgeschlagen.
Auch dorthin stiegst du hinauf, / um
Schlachtopfer darzubringen.
8 Hinter Türen und Pfosten / hast du dein
Erinnerungszeichen angebracht.
Du hast dich von mir freigemacht und bist
hinaufgestiegen / und hast dir dort ein brei-
tes Lager zurechtgemacht.
Dann kauftest du dir Leute, deren Beila-
ger du liebtest; / du hast ihre Kraft be-
staunt.
9 Für den Moloch hast du dein Öl ver-
schwendet / und deine Salben aufgehäuft.
Du hast deine Boten in die Ferne ge-
schickt, / bis tief hinab in die Unterwelt.
10 Auf dem langen Weg bist du müde ge-
worden, / aber du hast nie gesagt: Es ist um-
sonst!
Immer wieder hast du neue Kraft gefun-
den, / darum bist du nicht schwach gewor-
den.
11 Wen hast du denn so sehr gescheut und
gefürchtet, / dass du mich betrogen hast?
An mich hast du nicht gedacht, / um mich
hast du dich nicht gekümmert
Nicht wahr, weil ich schwieg und mich
verbarg, / hast du mich nicht gefürchtet?
12 Ich will verraten, wie es um deine Ge-

56,9 Die wilden Tiere sättigen sich an den Leichen derer, die im Strafgericht Gottes umgekommen sind.
57,5f Hinweis auf den Kult der Fruchtbarkeitsgötter und auf die Kinderopfer für Moloch.
57,8 kauftest du: Text korr. – du hast ihre Kraft bestaunt, wörtlich: »du hast die Hand geschaut«, verhüllende Aussage für das männliche Glied.
57,9 Moloch: entstellt aus Melech (= König), Beiname Baals.
57,10c Wörtlich: hast du das Leben deiner Hand gefunden. Sinn unklar, vgl. die Anmerkung zu V. 8.
57,11e mich verbarg: Text korr. nach G.

rechtigkeit und um dein Tun bestellt ist: / Sie
werden dir nichts mehr nützen.
13 Wenn du um Hilfe schreist, / dann sollen
doch deine vielen Götzen dich retten;
aber sie alle trägt der Wind davon, / ein
Hauch bläst sie weg.
Doch wer mir vertraut, / wird das Land
zum Erbe bekommen / und meinen heiligen
Berg besitzen.

56,9: Jer 12,9 • 11: 53,6 • 57,1: Mi 7,2 • 13: 60,21; 65,9.

EINE VERHEISSUNG FÜR DIE FROMMEN: 57,14–21

14 Bahnt eine Straße, ebnet den Weg, / entfernt die Hindernisse auf dem Weg meines
Volkes!
15 Denn so spricht der Hohe und Erhabene, / der ewig Thronende, dessen Name »Der
Heilige« ist:
Als Heiliger wohne ich in der Höhe, / aber ich bin auch bei den Zerschlagenen und Bedrückten,
um den Geist der Bedrückten wieder aufleben zu lassen / und das Herz der Zerschlagenen neu zu beleben.
16 Denn ich klage nicht für immer an, /
noch will ich für immer zürnen.
Sonst müsste ihr Geist vor mir vergehen / und ihr Atem, den ich erschuf.
17 Kurze Zeit zürnte ich wegen der Sünde
(des Volkes), / ich schlug es und verbarg mich voll Zorn.
Treulos ging es seine eigenen Wege. / 18 Ich
sah, welchen Weg es ging.
Aber ich will es heilen und führen und
wiederum trösten, / 19 seinen Trauernden
schaffe ich Lob auf den Lippen.
Friede, Friede den Fernen und den Nahen, spricht der Herr, / ich werde sie heilen.
20 Aber die Ruchlosen sind wie das aufgewühlte Meer, / das nie zur Ruhe kommen kann / und dessen Wasser Schmutz aufwühlt und Schlamm.
21 Die Ruchlosen finden keinen Frieden, /
spricht mein Gott.

14: 40,3; 62,10 • 15: Ps 113,5–9; Jes 66,1f; Ps 51,19 • 16: Ps 103,98; Jer 3,12 • 19: Eph 2,17 • 20: Jer 49,23 • 21: 48,22.

DIE VORBEREITUNG AUF DAS KOMMENDE HEIL: 58,1 – 59,21

Die wahre Frömmigkeit: 58,1–14

58 Rufe aus voller Kehle, halte dich nicht zurück! / Lass deine Stimme ertönen wie eine Posaune!
Halt meinem Volk seine Vergehen vor / und dem Haus Jakob seine Sünden!
2 Sie suchen mich Tag für Tag; / denn sie
wollen meine Wege erkennen.
Wie ein Volk, das Gerechtigkeit übt / und das vom Recht seines Gottes nicht ablässt,
so fordern sie von mir ein gerechtes Urteil / und möchten, dass Gott ihnen nah ist.
3 Warum fasten wir und du siehst es
nicht? / Warum tun wir Buße und du merkst es nicht?
Seht, an euren Fasttagen macht ihr Geschäfte / und treibt alle eure Arbeiter zur Arbeit an.
4 Obwohl ihr fastet, gibt es Streit und
Zank / und ihr schlagt zu mit roher Gewalt.
So wie ihr jetzt fastet, / verschafft ihr eurer Stimme droben kein Gehör.
5 Ist das ein Fasten, wie ich es liebe, / ein
Tag, an dem man sich der Buße unterzieht:
wenn man den Kopf hängen lässt, so wie eine Binse sich neigt, / wenn man sich mit Sack und Asche bedeckt?
Nennst du das ein Fasten / und einen Tag, der dem Herrn gefällt?
6 Nein, das ist ein Fasten, wie ich es liebe: /
die Fesseln des Unrechts zu lösen, / die Stricke des Jochs zu entfernen,
die Versklavten freizulassen, / jedes Joch zu zerbrechen,
7 an die Hungrigen dein Brot auszuteilen, /
die obdachlosen Armen ins Haus aufzunehmen,
wenn du einen Nackten siehst, ihn zu bekleiden / und dich deinen Verwandten nicht zu entziehen.
8 Dann wird dein Licht hervorbrechen wie
die Morgenröte / und deine Wunden werden schnell vernarben.
Deine Gerechtigkeit geht dir voran, / die Herrlichkeit des Herrn folgt dir nach.

57,13b deine vielen Götzen: H unklar.

57,19a Lob auf den Lippen, wörtlich: Frucht der Lippen.

9 Wenn du dann rufst, / wird der Herr dir Antwort geben,

und wenn du um Hilfe schreist, wird er sagen: / Hier bin ich.

Wenn du der Unterdrückung bei dir ein Ende machst, / auf keinen mit dem Finger zeigst und niemand verleumdest,

10 dem Hungrigen dein Brot reichst / und den Darbenden satt machst,

dann geht im Dunkel dein Licht auf / und deine Finsternis wird hell wie der Mittag.

11 Der Herr wird dich immer führen, / auch im dürren Land macht er dich satt / und stärkt deine Glieder.

Du gleichst einem bewässerten Garten, / einer Quelle, deren Wasser niemals versiegt.

12 Deine Leute bauen die uralten Trümmerstätten wieder auf, / die Grundmauern aus der Zeit vergangener Generationen stellst du wieder her.

Man nennt dich den Maurer, der die Risse ausbessert, / den, der die Ruinen wieder bewohnbar macht.

13 Wenn du am Sabbat nicht aus dem Haus gehst / und an meinem heiligen Tag keine Geschäfte machst,

wenn du den Sabbat (den Tag der) Wonne nennst, / einen Ehrentag den heiligen Tag des Herrn,

wenn du ihn ehrst, indem du keine Gänge machst, / keine Geschäfte betreibst und keine Verhandlungen führst,

14 dann wirst du am Herrn deine Wonne haben, / dann lasse ich dich über die Höhen der Erde dahinfahren

und das Erbe deines Vaters Jakob genießen. / Ja, der Mund des Herrn hat gesprochen.

1: Mi 3,8 • 4: Ex 21,18 • 6: 61,1 • 7: Mt 25,35f • 8: 52,12 • 9: 30,19; 65,24 • 11: Jer 31,12 • 12: 61,4; Am 9,11 • 14: Ijob 22,26; Ps 37,4.

Die Hindernisse für das kommende Heil:
59,1–21

59 Seht her, die Hand des Herrn ist nicht zu kurz, / um zu helfen,

sein Ohr ist nicht schwerhörig, / sodass er nicht hört.

2 Nein, was zwischen euch und eurem Gott steht, / das sind eure Vergehen;

eure Sünden verdecken sein Gesicht, / sodass er euch nicht hört.

3 Denn eure Hände sind mit Blut befleckt, / eure Finger mit Unrecht.

Eure Lippen lügen, / eure Zunge flüstert (Worte voll) Bosheit.

4 Keiner bringt gerechte Klagen vor, / keiner hält ehrlich Gericht.

Man stützt sich auf Nichtigkeiten / und stellt haltlose Behauptungen auf;

man geht schwanger mit Unheil / und bringt Verderben zur Welt.

5 Schlangeneier brüten sie aus / und weben Spinnengewebe.

Wer von ihren Eiern isst, muss sterben; / zerdrückt man eines, kriecht eine Natter heraus.

6 Die Fäden, die sie spinnen, taugen nicht zu Gewändern, / man kann sich nicht bekleiden mit dem, was sie erzeugen.

Ihre Taten sind Taten des Unheils, / Gewalttat ist in ihren Händen.

7 Sie laufen dem Bösen nach, / schnell sind sie dabei, / unschuldiges Blut zu vergießen.

Ihre Gedanken sind Gedanken des Unheils, / Scherben und Verderben sind auf ihren Straßen.

8 Den Weg des Friedens kennen sie nicht, / auf ihren Spuren gibt es kein Recht.

Sie gehen krumme Pfade; / keiner, der ihnen folgt, lernt den Frieden kennen.

9 Darum bleibt das Recht von uns fern, / die Gerechtigkeit erreicht uns nicht.

Wir hoffen auf Licht, / doch es bleibt finster;

wir hoffen auf den Anbruch des Tages, / doch wir gehen im Dunkeln.

10 Wir tasten uns wie Blinde an der Wand entlang / und tappen dahin, als hätten wir keine Augen.

Wir stolpern am Mittag, als wäre schon Dämmerung, / wir leben im Finstern wie die Toten.

11 Wir brummen alle wie Bären / und gurren wie Tauben.

Wir hoffen auf unser Recht, doch es kommt nicht, / und auf die Rettung, doch sie bleibt uns fern.

12 Denn unsere Frevel gegen dich sind zahlreich, / unsere Sünden klagen uns an.

Wir sind uns unserer Vergehen bewusst, / wir kennen unsere Schuld:

13 Untreue und Verleugnung des Herrn, / Abkehr von unserem Gott.

58,10a dein Brot: Text korr. nach H-Handschriften und den alten Übersetzungen.

58,12e Ruinen: Text korr.; H: Pfade.

58,13a nicht aus dem Haus gehst, wörtlich: deinen Fuß zurückhältst.

58,14b Wer den Sabbat hält, wird alle Schwierigkeiten überwinden.

59,10 im Finstern: in H ein Wort unbekannter Bedeutung.

59,11ab Hier ist an Äußerungen der Trauer gedacht.

Wir reden von Gewalttat und Aufruhr, / wir haben Lügen im Herzen und sprechen sie aus.

14 So weicht das Recht zurück, / die Gerechtigkeit bleibt in der Ferne.

Die Redlichkeit kommt auf dem Marktplatz zu Fall, / die Rechtschaffenheit findet nirgendwo Einlass.

15 Jede Redlichkeit wird vermisst, / wer das Böse meidet, wird ausgeraubt.

Das hat der Herr gesehen / und ihm missfiel, dass es kein Recht mehr gab.

16 Er sah, dass keiner sich regte, / und war entsetzt, dass niemand einschritt.

Da half ihm sein eigener Arm, / seine eigene Gerechtigkeit war seine Stütze.

17 Er legte die Gerechtigkeit an wie einen Panzer / und setzte den Helm der Hilfe auf.

Er machte die Rache zu seinem Gewand / und umhüllte sich mit leidenschaftlichem Eifer wie mit einem Mantel.

18 Wie es die Taten verdienen, so übt er Vergeltung; / er zürnt seinen Gegnern und vergilt seinen Feinden; / bis hin zu den Inseln übt er Vergeltung.

19 Dann fürchtet man im Westen den Namen des Herrn / und im Osten seine Herrlichkeit.

Ja, er kommt wie ein reißender Strom, / den der Sturm des Herrn vor sich hertreibt.

20 Doch für Zion kommt er als Erlöser / und für alle in Jakob,

die umkehren von ihrer Sünde – / Spruch des Herrn.

21 Das ist der Bund, den ich mit ihnen schließe, spricht der Herr: Mein Geist, der auf dir ruht, soll nicht von dir weichen und meine Worte, die ich dir in den Mund gelegt habe, sollen immer in deinem Mund bleiben und im Mund deiner Kinder und im Mund deiner Enkel, jetzt und in Ewigkeit – spricht der Herr.

1: 50,2 • 2: 1,15 • 4: Ijob 15,35; Ps 7,15 • 7: Spr 1,16; Röm 3,15–17 • 10: Dtn 28,29 • 12: Jer 14,7 • 16–17: 63,5; Weish 5,16–20 • 18: 66,6 • 19: 45,6; Ps 102,16 • 20: Röm 11,26f • 21: 51,16; Jer 1,9.

DIE KÜNFTIGE HERRLICHKEIT ZIONS: 60,1 – 62,12

Die Wallfahrt der Völker zum gesegneten Jerusalem: 60,1–22

60 Auf, werde licht denn es kommt dein Licht / und die Herrlichkeit des Herrn geht leuchtend auf über dir.

2 Denn siehe, Finsternis bedeckt die Erde / und Dunkel die Völker,

doch über dir geht leuchtend der Herr auf, / seine Herrlichkeit erscheint über dir.

3 Völker wandern zu deinem Licht / und Könige zu deinem strahlenden Glanz.

4 Blick auf und schau umher: / Sie alle versammeln sich und kommen zu dir.

Deine Söhne kommen von fern, / deine Töchter trägt man auf den Armen herbei.

5 Du wirst es sehen und du wirst strahlen, / dein Herz bebt vor Freude und öffnet sich weit.

Denn der Reichtum des Meeres strömt dir zu, / die Schätze der Völker kommen zu dir.

6 Zahllose Kamele bedecken dein Land, / Dromedare aus Midian und Efa.

Alle kommen von Saba, / bringen Weihrauch und Gold / und verkünden die ruhmreichen Taten des Herrn.

7 Alle Schafe von Kedar scharen sich bei dir, / die Widder von Nebajot stehen in deinem Dienst.

Als willkommene Opfer steigen sie auf meinen Altar; / so verherrliche ich mein herrliches Haus.

8 Wer sind die, die heranfliegen wie Wolken, / wie Tauben zu ihrem Schlag?

9 Die Schiffe kommen bei mir zusammen, / voran die Schiffe von Tarschisch,

um deine Söhne mit ihrem Gold und Silber / aus der Ferne zu bringen,

zum Ruhm des Herrn, deines Gottes, / des Heiligen Israels, / weil er dich herrlich gemacht hat.

10 Fremde bauen deine Mauern, / ihre Könige stehen in deinem Dienst.

Denn in meinem Zorn habe ich dich geschlagen, / aber in meinem Wohlwollen zeige ich dir mein Erbarmen.

11 Deine Tore bleiben immer geöffnet, / sie werden bei Tag und bei Nacht nicht geschlossen,

damit man den Reichtum der Völker zu dir hineintragen kann; / auch ihre Könige führt man herbei.

60,1 – 62,12 Diese Kapitel gehören nach Thema und Gedankenführung enger zusammen und sind darin mit Jes 40 – 55 verwandt.

60,9 Die Schiffe kommen . . . zusammen: Text korr.; H: Auf mich harren die Inseln.

12 Denn jedes Volk und jedes Reich, / das
dir nicht dient, geht zugrunde, / die Völker
werden völlig vernichtet.
13 Die Pracht des Libanon kommt zu dir, /
Zypressen, Platanen und Eschen zugleich,
um meinen heiligen Ort zu schmücken; /
dann ehre ich den Platz, wo meine Füße ru-
hen.
14 Gebückt kommen die Söhne deiner Un-
terdrücker zu dir, / alle, die dich verachtet
haben, werfen sich dir zu Füßen.
Man nennt dich »Die Stadt des Herrn« /
und »Das Zion des Heiligen Israels«.
15 Dafür, dass du verlassen warst und ver-
hasst / und niemand dich besucht hat,
mache ich dich zum ewigen Stolz, / zur
Freude für alle Generationen.
16 Du wirst die Milch der Völker saugen /
und an der Brust von Königen trinken.
Dann wirst du erkennen, / dass ich, der
Herr, dein Retter bin / und ich, der Starke
Jakobs, dein Erlöser.
17 Statt Kupfer bringe ich Gold, / statt Ei-
sen bringe ich Silber, / statt Holz Kupfer und
statt Steine Eisen.
Ich setze den Frieden als Aufsicht über
dich ein / und die Gerechtigkeit als deinen
Vogt.
18 Man hört nichts mehr von Unrecht in
deinem Land, / von Verheerung und Zerstö-
rung in deinem Gebiet.
Deine Mauern nennst du »Rettung« / und
deine Tore »Ruhm«.
19 Bei Tag wird nicht mehr die Sonne dein
Licht sein, / und um die Nacht zu erhellen,
scheint dir nicht mehr der Mond,
sondern der Herr ist dein ewiges Licht, /
dein Gott dein strahlender Glanz.
20 Deine Sonne geht nicht mehr unter / und
dein Mond nimmt nicht mehr ab;
denn der Herr ist dein ewiges Licht, / zu
Ende sind deine Tage der Trauer.
21 Dein Volk besteht nur aus Gerechten; /
sie werden für immer das Land besitzen / als
aufblühende Pflanzung des Herrn,
als das Werk seiner Hände, / durch das er
seine Herrlichkeit zeigt.
22 Der Kleinste wird zu einer Tausend-
schaft, / der Geringste zu einem starken
Volk.
Ich, der Herr, führe es schnell herbei, / so-
bald es Zeit dafür ist.

1: Offb 21,23 • 3: 2,2–5; Offb 21,24 • 4: 49,18; 66,12 • 5: Offb 21,24 • 6: Ps 72,10; Mt 2,11 • 9: 55,5 • 10: 61,5; 54,8 • 11: Offb 21,25f • 13: 41,19 • 14: Offb 3,9 • 15: 62,4 • 16: 49,23; 66,11; 49,26 • 18: Jer 6,7 • 21: 57,13; 65,9; Mt 5,5; Jes 61,3.

Die frohe Botschaft des Gesalbten Jahwes:
61,1–11

61 Der Geist Gottes, des Herrn, ruht auf
mir; / denn der Herr hat mich ge-
salbt.
Er hat mich gesandt, damit ich den Armen
eine frohe Botschaft bringe / und alle heile,
deren Herz zerbrochen ist,
damit ich den Gefangenen die Entlassung
verkünde / und den Gefesselten die Befrei-
ung,
2 damit ich ein Gnadenjahr des Herrn aus-
rufe, / einen Tag der Vergeltung unseres Got-
tes, / damit ich alle Trauernden tröste,
3 die Trauernden Zions erfreue, / ihnen
Schmuck bringe anstelle von Schmutz,
Freudenöl statt Trauergewand, / Jubel
statt der Verzweiflung.
Man wird sie »Die Eichen der Gerechtig-
keit« nennen, / »Die Pflanzung, durch die der
Herr seine Herrlichkeit zeigt«.
4 Dann bauen sie die uralten Trümmer-
stätten wieder auf / und richten die Ruinen
ihrer Vorfahren wieder her.
Die verödeten Städte erbauen sie neu, / die
Ruinen vergangener Generationen.
5 Fremde stehen bereit und führen eure
Herden auf die Weide, / Ausländer sind eure
Bauern und Winzer.
6 Ihr alle aber werdet »Priester des Herrn«
genannt, / man sagt zu euch »Diener unseres
Gottes«.
Was die Völker besitzen, werdet ihr genie-
ßen, / mit ihrem Reichtum könnt ihr euch
brüsten.
7 Doppelte Schande mussten sie ertragen, /
sie wurden angespuckt und verhöhnt;
darum erhalten sie doppelten Besitz in ih-
rem Land, / ewige Freude wird ihnen zuteil.
8 Denn ich, der Herr, liebe das Recht, / ich
hasse Verbrechen und Raub.
Ich bin treu und gebe ihnen den Lohn, / ich
schließe mit ihnen einen ewigen Bund.
9 Ihre Nachkommen werden bei allen Na-
tionen bekannt sein / und ihre Kinder in al-
len Völkern.
Jeder, der sie sieht, wird erkennen: / Das
sind die Nachkommen, die der Herr gesegnet
hat.

60,19b die Nacht: eingefügt mit G und dem Qumran-Text.
60,21d seiner Hände: Text korr. nach G und dem Qumran-Text; H: meiner Hände.
61,3 erfreue: Text korr. – Schmuck anstelle von Schmutz, wörtlich: »einen Turban anstelle von Staub«. Staub streut man sich bei Trauer auf den Kopf. In H ein Wortspiel.
61,7 Schande: Text korr.; H: eure Schande. – sie wurden angespuckt: Text korr.; H: sie jubeln.

10 Von Herzen will ich mich freuen über
den Herrn. / Meine Seele soll jubeln über
meinen Gott.
Denn er kleidet mich in Gewänder des
Heils, / er hüllt mich in den Mantel der Ge-
rechtigkeit,
wie ein Bräutigam sich festlich schmückt /
und wie eine Braut ihr Geschmeide anlegt.
11 Denn wie die Erde die Saat wachsen
lässt / und der Garten die Pflanzen hervor-
bringt,
so bringt Gott, der Herr, Gerechtigkeit
hervor / und Ruhm vor allen Völkern.

1: Lk 4,18f; Jes 58,6 • 2: 34,8; 63,4 • 3: 60,21 • 4: 58,12 • 5: 60,10 • 6: Ex 19,6; 1 Petr 2,5.9; Offb 1,6; 20,6 • 8: Ps 37,28; Jes 55,3 • 9: 65,23 • 10: 41,16; Offb 21,2.

Die verherrlichte Stadt Gottes: 62,1–12

62 Um Zions willen kann ich nicht
schweigen, / um Jerusalems willen
nicht still sein,
bis das Recht in ihm aufstrahlt wie ein hel-
les Licht / und sein Heil aufleuchtet wie eine
brennende Fackel.
2 Dann sehen die Völker deine Gerechtig-
keit / und alle Könige deine strahlende
Pracht.
Man ruft dich mit einem neuen Namen, /
den der Mund des Herrn für dich be-
stimmt.
3 Du wirst zu einer prächtigen Krone / in
der Hand des Herrn,
zu einem königlichen Diadem / in der
Rechten deines Gottes.
4 Nicht länger nennt man dich »Die Ver-
lassene« / und dein Land nicht mehr »Das
Ödland«,
sondern man nennt dich »Meine Wonne« /
und dein Land »Die Vermählte«.
Denn der Herr hat an dir seine Freude /
und dein Land wird mit ihm vermählt.
5 Wie der junge Mann sich mit der Jung-
frau vermählt, / so vermählt sich mit dir dein
Erbauer.
Wie der Bräutigam sich freut über die
Braut, / so freut sich dein Gott über dich.
6 Auf deine Mauern, Jerusalem, stellte ich
Wächter. / Weder bei Tag noch bei Nacht
dürfen sie schweigen.
Ihr, die ihr den Herrn (an Zion) erinnern
sollt, / gönnt euch keine Ruhe!
7 Lasst auch ihm keine Ruhe, / bis er Jeru-
salem wieder aufbaut, / bis er es auf der gan-
zen Erde berühmt macht.
8 Der Herr hat geschworen bei seiner rech-
ten Hand / und bei seinem starken Arm:
Nie mehr gebe ich dein Korn / deinen
Feinden zu essen.
Nie mehr trinken Fremde deinen Wein, /
für den du so hart gearbeitet hast.
9 Nein, wer das Korn geerntet hat, soll es
auch essen / und den Herrn dafür preisen.
Wer den Wein geerntet hat, soll ihn auch
trinken / in den Vorhöfen meines Heilig-
tums.
10 Zieht durch die Tore ein und aus / und
bahnt dem Volk einen Weg!
Baut, ja baut eine Straße / und räumt die
Steine beiseite! / Stellt ein Zeichen auf für
die Völker!
11 Hört, was der Herr bis ans Ende der
Erde bekannt macht: / Sagt der Tochter
Zion:
Sieh her, jetzt kommt deine Rettung. / Sie-
he, er bringt seinen Siegespreis mit:
Alle, die er gewonnen hat, / gehen vor ihm
her.
12 Dann nennt man sie »Das heilige
Volk«, / »Die Erlösten des Herrn«.
Und dich nennt man / »Die begehrte, die
nicht mehr verlassene Stadt«.

2: Offb 2,17; 3,12 • 4: 54,1; 60,15 • 5: 65,19 • 8–9: 65,21f • 10: 40,3; 57,14; 49,22 • 11: Mt 21,5; Jes 40,10.

VÖLKERGERICHT UND ENDZEITLICHES HEIL: 63,1 – 66,24

Die Ankündigung des Gerichts an den Völkern: 63,1–6

63 Wer ist jener, der aus Edom kommt, /
aus Bozra in rot gefärbten Gewän-
dern?
Er schreitet in prächtigen Kleidern daher /
in seiner gewaltigen Kraft.
Ich bin es, ich verkünde Gerechtigkeit, /
ich bin der mächtige Helfer.
2 Warum aber ist dein Gewand so rot, / ist
dein Kleid wie das eines Mannes, der die
Kelter tritt?
3 Ich allein trat die Kelter; / von den Völ-
kern war niemand dabei.

61,10e sich festlich schmückt: Text korr.; H: Priesterdienst tut.
62,5b dein Erbauer: Text korr.; H: deine Söhne.
63,1 Er schreitet: Text korr. nach Symmachus und Vg. – Gott wird als siegreicher Krieger geschildert.

Da zertrat ich sie voll Zorn, / zerstampfte
sie in meinem Grimm.
Ihr Blut spritzte auf mein Gewand / und
befleckte meine Kleider.
4 Denn ein Tag der Rache lag mir im
Sinn / und das Jahr der Erlösung war ge-
kommen.
5 Ich sah mich um, doch niemand wollte
mir helfen; / ich war bestürzt, weil keiner
mir beistand.
Da half mir mein eigener Arm, / mein Zorn
war meine Stütze.
6 Ich zertrat die Völker in meinem Zorn, /
ich zerschmetterte sie in meinem Grimm /
und ihr Blut ließ ich zur Erde rinnen.

3: Offb 14,20; 19,15.13 • 4: 34,8; 61,2 • 5: 59,16.

Das Gebet des Volkes um Gottes Erscheinen:
63,7 – 64,11

7 Die Huld des Herrn will ich preisen, / die
ruhmreichen Taten des Herrn,
alles, was der Herr für uns tat, / seine
große Güte,
die er dem Haus Israel erwies / in seiner
Barmherzigkeit und seiner großen Huld.
8 Er sagte: Sie sind doch mein Volk, / mei-
ne Söhne, die nicht enttäuschen. / Er wurde
ihr Retter in jeder Not.
9 Nicht ein Bote oder ein Engel, / sondern
sein Angesicht hat sie gerettet.
In seiner Liebe und seinem Mitleid / hat er
selbst sie erlöst.
Er hat sie emporgehoben und sie getra-
gen / in all den Tagen der Vorzeit.
10 Sie aber lehnten sich gegen ihn auf / und
betrübten seinen heiligen Geist.
Da wandelte er sich und wurde ihr Feind, /
ja, er führte Krieg gegen sie.
11 Nun dachten sie an die Tage der Vor-
zeit, / die Zeit seines Knechtes Mose:
Wo ist der, der den Hirten seiner Schafe
aus dem Meer herausgeführt hat? / Wo ist
der, der seinen heiligen Geist in ihn gelegt
hat,
12 der an der rechten Seite des Mose ging /
und ihm half mit mächtigem Arm,
der das Wasser vor ihnen zerteilte, / um
sich ewigen Ruhm zu verschaffen,
13 der sie durch die Fluten führte wie Pfer-
de durch die Steppe, / ohne dass sie strau-
chelten?
14 Der Geist des Herrn ließ sie zur Ruhe
kommen, / wie das Vieh, das ins Tal hinab-
zieht.
So führtest du einst dein Volk, / um dir
herrlichen Ruhm zu verschaffen.
15 Blick vom Himmel herab und sieh her /
von deiner heiligen, herrlichen Wohnung!
Wo ist dein leidenschaftlicher Eifer / und
deine Macht,
dein großes Mitleid und dein Erbarmen? /
Halte dich nicht von uns fern!
16 Du bist doch unser Vater; / denn Abra-
ham weiß nichts von uns,
Israel will uns nicht kennen. / Du, Herr,
bist unser Vater, / »Unser Erlöser von jeher«
wirst du genannt.
17 Warum lässt du uns, Herr, von deinen
Wegen abirren / und machst unser Herz
hart, / sodass wir dich nicht mehr fürch-
ten?
Kehre zurück um deiner Knechte willen, /
um der Stämme willen, die dein Eigentum
sind.
18 Erst vor kurzem haben unsere Feinde
dein heiliges Volk vertrieben; / dein Heilig-
tum haben sie zertreten.
19 Uns geht es, als wärest du nie unser
Herrscher gewesen, / als wären wir nicht
nach deinem Namen benannt.
Reiß doch den Himmel auf und komm
herab, / sodass die Berge zittern vor dir.

64
Komm wie ein Feuer, das Reisig ent-
zündet, / wie ein Feuer, das Wasser
zum Sieden bringt.
Mach deinen Feinden deinen Namen be-
kannt, / sodass die Völker zittern vor dir,
2 wenn du schreckliche und nie erwartete
Taten vollbringst. / [Komm herab, sodass die
Berge zittern vor dir.]
3 Seit Menschengedenken hat man noch
nie vernommen, / kein Ohr hat gehört, kein
Auge gesehen,
dass es einen Gott gibt außer dir, / der de-
nen Gutes tut, die auf ihn hoffen.
4 Ach, kämst du doch denen entgegen, / die
tun, was recht ist, / und nachdenken über
deine Wege.
Ja, du warst zornig; / denn wir haben ge-
gen dich gesündigt, / von Urzeit an sind wir
treulos geworden.
5 Wie unreine (Menschen) sind wir alle ge-

63,6 ich zerschmetterte sie: Text korr. nach vielen H-Handschriften (vgl. 14,25); H: ich machte sie trunken.

63,11–14 Es wird an den Auszug aus Ägypten erinnert.

63,11b seines Knechtes: Text korr.; H: seines Volkes.

63,15e Halte . . . fern: Text korr.; vgl. G und 64,11.

63,16 Israels Stammväter können dem Volk nicht helfen.

64,2 Der Zusatz ist eine irrtümliche Wiederholung aus 63,19.

64,3 kein Ohr hat gehört: Text korr.; H: sie haben nicht gehört.

64,4 H unklar, Übersetzung im Anschluss an G.

worden, / unsere ganze Gerechtigkeit ist wie ein schmutziges Kleid.
Wie Laub sind wir alle verwelkt, / unsere Schuld trägt uns fort wie der Wind.
6 Niemand ruft deinen Namen an, / keiner
rafft sich dazu auf, fest zu halten an dir.
Denn du hast dein Angesicht vor uns verborgen / und hast uns der Gewalt unserer Schuld überlassen.
7 Und doch bist du, Herr, unser Vater. /
Wir sind der Ton und du bist unser Töpfer, / wir alle sind das Werk deiner Hände.
8 Herr, zürne uns doch nicht allzu sehr, /
denk nicht für immer an unsere Schuld! / Sieh doch her: Wir alle sind dein Volk.
9 Deine heiligen Städte sind zur Wüste ge-
worden. / Zion ist eine Wüste, Jerusalem eine Öde.
10 Unser heiliger, herrlicher Tempel, / wo
unsere Väter dich priesen,
ist ein Raub der Flammen geworden; / alles, was uns lieb war, liegt nun in Trümmern.
11 Kannst du dich bei all dem zurückhal-
ten, Herr, / kannst du schweigen und uns so sehr erniedrigen?

63,7: Ps 89,2 • 9: 46,3f • 11: Hebr 13,20 • 13: Ps 106,9 • 15: Dtn 26,15; Jes 64,11 • 18: Offb 11,2 • 64,3: 2 Sam 7,22; 1 Kor 2,9 • 11: 63,15.

Gegen die Götzendiener: 65,1–16d

65 Ich wäre zu erreichen gewesen für die, / die nicht nach mir fragten,
ich wäre zu finden gewesen für die, / die nicht nach mir suchten.
Ich sagte zu einem Volk, / das meinen Namen nicht anrief: / Hier bin ich, hier bin ich.
2 Den ganzen Tag streckte ich meine Hän-
de aus / nach einem abtrünnigen Volk,
das einen Weg ging, der nicht gut war, / nach seinen eigenen Plänen,
3 nach einem Volk, / das in seinem Trotz
mich ständig ärgert.
Sie bringen Schlachtopfer dar in Gärten / und Rauchopfer auf Ziegeln;
4 sie sitzen in Grabkammern / und ver-
bringen die Nächte in Höhlen;
sie essen das Fleisch von Schweinen / und haben Brühe von verdorbenem Fleisch in ihren Töpfen;
5 sie sagen: Bleib, wo du bist, komm mir
nicht nahe, / sonst bist du geweiht.
Diese Menschen sind wie Rauch in meiner Nase, / wie ein immer brennendes Feuer.
6 Seht her, alles ist aufgeschrieben bei
mir / und ich werde nicht schweigen, / sondern zahle ihnen heim, wie sie es verdienen;
7 ich zahle ihnen den Lohn aus für ihre
Schuld / und die Schuld ihrer Väter, spricht der Herr.
Weil sie auf den Bergen Weihrauch verbrannten / und mich auf den Hügeln verhöhnten,
messe ich ihnen ihren Lohn zu / und zahle ihnen heim, wie sie es verdienen.
8 So spricht der Herr: / Sobald sich Saft in
der Traube findet, / sagt man: Verdirb sie nicht, denn es ist Segen darin.
Ebenso will ich um meiner Knechte willen handeln, / um nicht alle vernichten zu müssen.
9 Ich lasse aus Jakob Nachkommen her-
vorgehen / und aus Juda einen Erben für meine Berge.
Meine Auserwählten sollen das Land besitzen / und meine Knechte sollen dort wohnen.
10 Für mein Volk, das nach mir fragt, /
wird dann (die Ebene) Scharon zur Schafweide / und das Achortal zum Lagerplatz der Rinder.
11 Euch aber, die ihr den Herrn verlassen, /
meinen heiligen Berg vergessen,
dem Glücksgott den Tisch gedeckt / und dem Gott des Schicksals den Weinkrug gefüllt habt,
12 überantworte ich dem Schwert: / Ihr
müsst euch alle ducken und werdet geschlachtet.
Denn ihr gabt keine Antwort, als ich euch rief, / als ich zu euch redete, hörtet ihr nicht,
sondern ihr habt getan, was mir missfällt, / und habt euch für das entschieden, / was ich nicht will.
13 Darum – so spricht Gott, der Herr: /

65,1 nach mir: eingefügt mit dem Qumran-Text und den alten Übersetzungen.
65,3–5 Aufzählung heidnischer Kultbräuche.
65,5b Wörtlich: sonst mache ich dich heilig. – Die kultische Heiligkeit (vgl. Ez 44,19; 46,20), hier aus dem Kult fremder Götter, überträgt sich auf alle, die damit in Berührung kommen.
65,6 wie sie es verdienen, wörtlich: in ihren Gewandbausch; so erhielt der Arbeiter seinen Lohn in Naturalien.
65,7 und zahle ihnen heim, wie sie es verdienen: Text korr. nach V. 6.
65,10 Die Scharon-Ebene liegt zwischen Jaffa und dem Karmel, das Achor-Tal nordwestlich von Jericho.

Meine Knechte sollen essen, / doch ihr leidet Hunger.
Meine Knechte sollen trinken, / doch ihr leidet Durst.
Meine Knechte sollen sich freuen, / doch ihr müsst euch schämen.
14 Meine Knechte sollen aus Herzenslust jubeln, / doch ihr werdet schreien vor Herzeleid und heulen vor Verzweiflung.
15 Ihr müsst euren Namen dazu hergeben, / dass meine Auserwählten ihn beim Eid / als Fluchwort gebrauchen und sagen:
Genauso töte dich Gott, der Herr. / Meinen Knechten aber wird man einen anderen Namen geben.
16 Wer sich segnet im Land, / wird sich Segen wünschen von Gott, dem Getreuen,
und wer schwört im Land, / wird schwören bei Gott, dem Getreuen.

1–2: Röm 10,20f • 9: 57,13; 60,21 • 10: 33,9; 1 Chr 27,29 • 12: 34,2; 66,4; Jer 7,13.27.

Das endzeitliche Heil: 65,16e–25

Ja, vergessen sind die früheren Nöte, / sie sind meinen Augen entschwunden.
17 Denn schon erschaffe ich einen neuen Himmel / und eine neue Erde.
Man wird nicht mehr an das Frühere denken, / es kommt niemand mehr in den Sinn.
18 Nein, ihr sollt euch ohne Ende freuen und jubeln / über das, was ich erschaffe.
Denn ich mache aus Jerusalem Jubel / und aus seinen Einwohnern Freude.
19 Ich will über Jerusalem jubeln / und mich freuen über mein Volk.
Nie mehr hört man dort lautes Weinen / und lautes Klagen.
20 Dort gibt es keinen Säugling mehr, / der nur wenige Tage lebt,
und keinen Greis, / der nicht das volle Alter erreicht;
wer als Hundertjähriger stirbt, / gilt noch als jung, / und wer nicht hundert Jahre alt wird, / gilt als verflucht.
21 Sie werden Häuser bauen / und selbst darin wohnen, / sie werden Reben pflanzen / und selbst ihre Früchte genießen.
22 Sie bauen nicht, / damit ein anderer in ihrem Haus wohnt,
und sie pflanzen nicht, / damit ein anderer die Früchte genießt.
In meinem Volk werden die Menschen so alt / wie die Bäume.
Was meine Auserwählten mit eigenen Händen erarbeitet haben, / werden sie selber verbrauchen.
23 Sie arbeiten nicht mehr vergebens, / sie bringen nicht Kinder zur Welt für einen jähen Tod.
Denn sie sind die Nachkommen der vom Herrn Gesegneten / und ihre Sprösslinge zusammen mit ihnen.
24 Schon ehe sie rufen, gebe ich Antwort, / während sie noch reden, erhöre ich sie.
25 Wolf und Lamm weiden zusammen, / der Löwe frisst Stroh wie das Rind / [doch die Schlange nährt sich von Staub].
Man tut nichts Böses mehr / und begeht kein Verbrechen / auf meinem ganzen heiligen Berg, spricht der Herr.

16e: 43,18 • 17: 66,22 • 19: 62,5; Offb 21,4 • 20: Sach 8,4 • 21–22: 62,8f; Ps 128,2 • 23: 61,9 • 24: 58,9 • 25: 11,6f; Gen 3,14; Jes 11,9.

Die Beschreibung der Endzeit: 66,1–24

66 So spricht der Herr:
Der Himmel ist mein Thron / und die Erde der Schemel für meine Füße.
Was wäre das für ein Haus, / das ihr mir bauen könntet?
Was wäre das für ein Ort, / an dem ich ausruhen könnte?
2 Denn all das hat meine Hand gemacht; / es gehört mir ja schon – Spruch des Herrn.
Ich blicke auf den Armen und Zerknirschten / und auf den, der zittert vor meinem Wort.
3 Man opfert Rinder – und erschlägt Menschen; / man opfert Schafe – und erwürgt Hunde;
man bringt Speiseopfer dar – / und auch Schweineblut;
man spendet Weihrauch – / und preist einen Götzen.
Wie diese Menschen ihre eigenen Wege wählen / und an ihren Götterbildern Gefallen haben,
4 so wähle ich für sie die Strafe aus / und bringe über sie Schrecken.
Denn sie gaben keine Antwort, als ich sie rief, / als ich zu ihnen redete, hörten sie nicht;
sondern sie haben getan, was mir missfällt, / und haben sich für das entschieden, was ich nicht will.
5 Hört das Wort des Herrn, / die ihr zittert vor seinem Wort!

65,15 Meinen Knechten: Text korr., vgl. G; H: Seinen Knechten.

66,3 Die Opfer für Jahwe stehen neben Opfern (Menschen-, Hunde- und Schweineopfern) für andere Götter.

Eure Brüder, die euch hassen, / die euch um meines Namens willen verstoßen,

sie sagen: Der Herr soll doch seine Herrlichkeit zeigen, / damit wir eure Freude miterleben. / Aber sie werden beschämt.

6 Horcht: Getöse dringt aus der Stadt, / Getöse aus dem Tempel. / Horcht: Der Herr vergilt seinen Feinden ihr Tun.

7 Noch ehe die Frau ihre Wehen bekommt, / hat sie schon geboren;

ehe die Wehen über sie kamen, / brachte sie einen Knaben zur Welt.

8 Wer hat so etwas je gehört, / wer hat je dergleichen gesehen?

Wird ein Land an einem einzigen Tag geboren, / kommt ein Volk auf einmal zur Welt?

Doch Zion, kaum in den Wehen, / hat schon ihre Kinder geboren.

9 Hätte ich ihr etwa den Schoß öffnen sollen, / ohne sie gebären zu lassen?, spricht der Herr.

Sollte ich, der die Frauen gebären lässt, / ihnen den Schoß verschließen?, spricht dein Gott.

10 Freut euch mit Jerusalem! / Jubelt in der Stadt, alle, die ihr sie liebt.

Seid fröhlich mit ihr, / alle, die ihr über sie traurig wart.

11 Saugt euch satt an ihrer tröstenden Brust, / trinkt und labt euch an ihrem mütterlichen Reichtum!

12 Denn so spricht der Herr: / Seht her: Wie einen Strom / leite ich den Frieden zu ihr

und den Reichtum der Völker / wie einen rauschenden Bach.

Ihre Kinder wird man auf den Armen tragen / und auf den Knien schaukeln.

13 Wie eine Mutter ihren Sohn tröstet, / so tröste ich euch; / in Jerusalem findet ihr Trost.

14 Wenn ihr das seht, wird euer Herz sich freuen / und ihr werdet aufblühen wie frisches Gras.

So offenbart sich die Hand des Herrn an seinen Knechten, / aber seine Feinde wird er bedrohen.

15 Ja, seht, der Herr kommt wie das Feuer heran, / wie der Sturm sind seine Wagen,

um in glühendem Zorn Vergeltung zu üben, / und er droht mit feurigen Flammen.

16 Ja, mit Feuer und Schwert hält der Herr Gericht über alle Sterblichen / und viele sind es, die der Herr erschlägt.

17 Alle, die sich weihen und reinigen bei den Gärten / für den einen, der in der Mitte steht,

die Schweinefleisch, Würmer und Mäuse verzehren, / sie alle nehmen ein Ende – Spruch des Herrn.

18 Ich kenne ihre Taten und ihre Gedanken
und komme, um die Völker aller Sprachen
zusammenzurufen, und sie werden kommen
und meine Herrlichkeit sehen. 19 Ich stelle
bei ihnen ein Zeichen auf und schicke von
ihnen einige, die entronnen sind, zu den übrigen Völkern: nach Tarschisch, Pul und
Lud, Meschech und Rosch, Tubal und Jawan
und zu den fernen Inseln, die noch nichts von
mir gehört und meine Herrlichkeit noch
nicht gesehen haben. Sie sollen meine Herrlichkeit unter den Völkern verkünden. 20 Sie
werden aus allen Völkern eure Brüder als
Opfergabe für den Herrn herbeiholen auf
Rossen und Wagen, in Sänften, auf Maultieren und Dromedaren, her zu meinem heiligen Berg nach Jerusalem, spricht der Herr,
so wie die Söhne Israels ihr Opfer in reinen
Gefäßen zum Haus des Herrn bringen.
21 Und auch aus ihnen werde ich Männer als
Priester und Leviten auswählen, spricht der
Herr.

22 Wie der neue Himmel und die neue Erde, / die ich erschaffe, / vor mir stehen – Spruch des Herrn –, / so wird euer Stamm und euer Name dastehen.

23 An jedem Neumond und an jedem Sabbat / wird alle Welt kommen, um mir zu huldigen, / spricht der Herr.

24 Dann wird man hinausgehen, / um die Leichen derer zu sehen, / die sich gegen mich aufgelehnt haben.

Denn der Wurm in ihnen wird nicht sterben / und das Feuer in ihnen wird niemals erlöschen; / ein Ekel sind sie für alle Welt.

1: Apg 7,49f • 4: 65,12 • 6:59,18 • 7: Offb 12,2.5 • 11: 60,16; 49,23 • 12: 30,28; 60,4 • 16: Jer 25,31 • 17: 65,3f; Ez 8, 10f • 22: 65,17; Offb 21,1 • 23: Sach 14,16 • 24: Jdt 16,17; Mk 9,48.

66,7–9 Zion wird die Mutter der kommenden Heilsgemeinde (VV. 10–14).

66,12 Ihre Kinder: Text korr.; vgl. G.

66,14b und ihr werdet aufblühen, wörtlich: und eure Gebeine werden sprossen.

66,17 Vielleicht ein Götterbild in einem Garten; Text und Sinn unklar. – Würmer: Text korr.; H: Gräuel.

66,18 Ich kenne: ergänzt nach G. – und komme: Text korr. nach G.

66,19 Die Völkernamen sind zum Teil im Anschluss an G wiedergegeben. Es ist an weit entfernte Völker gedacht.

Das Buch Jeremia

Das Buch Jeremia hat eine klare Gliederung, die sich jedoch in der griechischen Bibel von der der hebräischen stark unterscheidet. Der hebräische Text hat folgende Anordnung: Prophetenworte gegen Juda und Jerusalem von der Zeit Joschijas bis Zidkija (1,1 – 25,14); vorwiegend Prosatexte über den Propheten und sein Wirken (Kap. 26 – 45); hier kann man wieder Prosareden über Israel und Juda, zumeist drohenden Inhalts (Kap. 26 – 29), Heilsworte (Kap. 32 – 35) und Berichte Baruchs über Jeremia (Kap. 36 – 45) unterscheiden; eingeschoben sind die sog. Trostschrift (Kap. 30f), Drohreden gegen fremde Völker (Kap. 46 – 51; die Einleitung dazu steht bereits in 25,15–38) und ein geschichtlicher Anhang, der weitgehend mit 2 Kön 24,18 – 25,21 übereinstimmt (Kap. 52). Der griechische Text bringt die Drohreden gegen die fremden Völker in anderer Reihenfolge nach Kap. 25 und ordnet erst danach die Prosaberichte ein, die jetzt Kap. 52 nicht mehr als Anhang erkennen lassen. Der griechische Text ist etwa um ein Achtel kürzer als der hebräische, da einzelne Verse oder Versteile, aber auch einige längere Abschnitte fehlen.

Der Prophet selbst hat im Jahr 605 v. Chr. seinem Sekretär und Jünger Baruch eine erste Sammlung von »Worten über Jerusalem und Juda und alle Völker von den Tagen Joschijas an bis heute« (36,2) diktiert. Baruch hat die Buchrolle im Tempelhof vorgelesen; sie wurde beschlagnahmt und von König Jojakim verbrannt. Darauf diktierte der Prophet den Inhalt der Rolle noch einmal seinem Sekretär und dieser Niederschrift »wurden noch viele ähnliche Worte hinzugefügt« (36,32). Demnach hat Jeremia selbst eine erste Sammlung seiner Verkündigung vorgenommen, die später, teils vielleicht von ihm selbst, teils von Baruch und vielleicht von noch späteren Bearbeitern, ergänzt wurde. Als nachexilische Erweiterungen gelten heute allgemein 10,1–16; 17,19–27; 32,29–35.37–41; 33 sowie die meisten Drohreden gegen fremde Völker (Kap. 46 – 51) und der Anhang (Kap. 52). Ob die sogenannte Trostschrift (Kap. 30f) von Jeremia selbst stammt, ist umstritten; sie dürfte aber einen echten Kern haben.

Jeremia ist der Prophet, über dessen Leben und Gotteserfahrung wir am besten unterrichtet sind. Das verdanken wir seinen von leidenschaftlichem Mitgefühl mit seinem Volk geprägten Klagen, seinen »Konfessionen« (Bekenntnissen: 11,18–23; 12,1–6; 15,10–21; 16,1–9; 17,12–18; 18,18–23; 20,7–18; 23,9–19) und den Aufzeichnungen Baruchs. Jeremia stammt aus einer Priesterfamilie in Anatot unweit von Jerusalem. Seine Berufung erfährt er als junger Mann um 628 v. Chr. unter König Joschija (641–609). Zunächst wendet er sich gegen die aus der Zeit des ruchlosen Königs Manasse noch nachwirkenden religiösen und sittlichen Missstände. Als Joschija sich um 622 v. Chr. von dem zerbrechenden Assyrerreich unabhängig macht und eine tief greifende Reform des Jahweglaubens durchführt, schweigt Jeremia. Joschija fällt 609 v. Chr. in der Schlacht gegen die Ägypter bei Megiddo. Als unter seinem Nachfolger Jojakim (609–597) die Reform teilweise rückgängig gemacht wird und wieder heidnische Sitten eindringen, kämpft der Prophet leidenschaftlich dagegen an; er überwirft sich mit dem König und wird von ihm verfolgt. In tiefer Enttäuschung über den Misserfolg seiner Verkündigung, über die Verfolgung durch Jojakim und über die Nachstellungen durch seine eigenen Verwandten und Landsleute ist er der Verzweiflung nahe und wird an Gott fast irre. Aus dieser qualvollen Not entstehen die »Konfessionen«. Von der Verschleppung Jojachins und eines Teils der Einwohner Jerusalems durch Nebukadnezzar 597 v. Chr. bleibt er verschont. In Briefen warnt und tröstet er die nach Babylonien verschleppten Landsleute und versucht Zidkija (597–586) vergeblich von einer antibabylonischen Politik abzuhalten. Während der Belagerung Jerusalems 587/86 v. Chr. wird der Prophet des Verrates verdächtigt, verhaftet und im Wachhof des Königspalastes gefangen gehalten. Selbst dort schweigt er nicht. Nach dem Fall der Stadt 586 v. Chr. wird er von der Verschleppung ausgenommen. Nun versucht er sein Volk zu trösten. Als aber gegen seinen Rat die Zurückgebliebenen nach der Ermordung des Statthalters Gedalja (vgl. 40,7 – 41,15) nach Ägypten fliehen, zwingt man ihn und Baruch mitzugehen. In Ägypten stirbt der Prophet. Seine Botschaft aber wirkt weiter, nicht zuletzt durch die Verheißung des »neuen Bundes« (31,31–34).

DIE GERICHTSWORTE ÜBER JERUSALEM UND JUDA: 1,1 – 25,14

Überschrift: 1,1–3

1 Die Worte Jeremias, des Sohnes Hilkijas, aus der Priesterschaft zu Anatot im Land Benjamin. 2 An ihn erging das Wort des Herrn zur Zeit des Königs Joschija von Juda, des Sohnes Amons, im dreizehnten Jahr seiner Regierung, 3 ebenso zur Zeit des Königs Jojakim von Juda, des Sohnes Joschijas, bis das elfte Jahr des Königs Zidkija von Juda, des Sohnes Joschijas, zu Ende ging, als im fünften Monat Jerusalem in die Verbannung ziehen musste.

Die Berufung Jeremias zum Propheten: 1,4–10

4 Das Wort des Herrn erging an mich: 5 Noch ehe ich dich im Mutterleib formte, habe ich dich ausersehen, noch ehe du aus dem Mutterschoß hervorkamst, habe ich dich geheiligt, zum Propheten für die Völker habe ich dich bestimmt. 6 Da sagte ich: Ach, mein Gott und Herr, ich kann doch nicht reden, ich bin ja noch so jung. 7 Aber der Herr erwiderte mir: Sag nicht: Ich bin noch so jung. Wohin ich dich auch sende, dahin sollst du gehen, und was ich dir auftrage, das sollst du verkünden. 8 Fürchte dich nicht vor ihnen; denn ich bin mit dir, um dich zu retten – Spruch des Herrn. 9 Dann streckte der Herr seine Hand aus, berührte meinen Mund und sagte zu mir: Hiermit lege ich meine Worte in deinen Mund. 10 Sieh her! Am heutigen Tag setze ich dich über Völker und Reiche; du sollst ausreißen und niederreißen, vernichten und einreißen, aufbauen und einpflanzen.

5: Jes 49,1; Gal 1,15 • 8: 1,19; 30,11.

Zwei Visionen: 1,11–19

11 Das Wort des Herrn erging an mich: Was siehst du, Jeremia? Ich antwortete: Einen Mandelzweig sehe ich. 12 Da sprach der Herr zu mir: Du hast richtig gesehen; denn ich wache über mein Wort und führe es aus. 13 Abermals erging an mich das Wort des Herrn: Was siehst du? Ich antwortete: Einen dampfenden Kessel sehe ich; sein Rand neigt sich von Norden her. 14 Da sprach der Herr zu mir: Von Norden her ergießt sich das Unheil über alle Bewohner des Landes. 15 Ja, ich rufe alle Stämme der Nordreiche – Spruch des Herrn –, damit sie kommen und ihre Richterstühle an den Toreingängen Jerusalems aufstellen, gegen all seine Mauern ringsum und gegen alle Städte von Juda. 16 Dann werde ich mein Urteil über sie sprechen und sie strafen für alles Böse, das sie getan haben, weil sie mich verlassen, anderen Göttern geopfert und das Werk ihrer eigenen Hände angebetet haben. 17 Du aber gürte dich, tritt vor sie hin und verkünde ihnen alles, was ich dir auftrage. Erschrick nicht vor ihnen, sonst setze ich dich vor ihren Augen in Schrecken. 18 Ich selbst mache dich heute zur befestigten Stadt, zur eisernen Säule und zur ehernen Mauer gegen das ganze Land, gegen die Könige, Beamten und Priester von Juda und gegen die Bürger des Landes. 19 Mögen sie dich bekämpfen, sie werden dich nicht bezwingen; denn ich bin mit dir, um dich zu retten – Spruch des Herrn.

14: 4,6; 6,1.22; 10,22; 50,41 • 18: 15,20.

Das treulose Volk: 2,1–37

2 Das Wort des Herrn erging an mich: 2 Auf! Ruf Jerusalem laut ins Ohr: So spricht der Herr: Ich denke an deine Jugendtreue, an die Liebe deiner Brautzeit, wie du mir in der Wüste gefolgt bist, im Land ohne Aussaat. 3 Heiliger Besitz war Israel dem Herrn, Erstlingsfrucht seiner Ernte. Wer davon aß, machte sich schuldig, Unheil kam über ihn – Spruch des Herrn.

4 Hört das Wort des Herrn, ihr vom Haus Jakob und all ihr Geschlechter des Hauses Israel! 5 So spricht der Herr: Was fanden eure Väter Unrechtes an mir, dass sie sich von mir entfernten, nichtigen Göttern nachliefen und so selber zunichte wurden? 6 Sie

1,1–3 Joschija regiert 641–609 v. Chr., die Berufung Jeremias erfolgt somit etwa 628. Jojakim regiert 609–597 v. Chr.; dessen Sohn Jojachin wird 597 v. Chr. von Nebukadnezzar gefangen genommen. Zidkija regiert 597–586 v. Chr. Der »fünfte Monat« (V. 3) ist der Juli/August des Jahres 586.

1,10 Der Prophet soll, je nach dem Verhalten des Volkes gegenüber seinem Gott, Unheil oder Heil ansagen und seine Worte werden so in Erfüllung gehen, als ob sie das Angekündigte selbst bewirkt hätten.

1,12 Wortspiel mit den hebräischen Ausdrücken für Mandelbaum (schaked) und wachen (schakad).

fragten nicht: Wo ist der Herr, der uns aus
Ägypten heraufgeführt, der uns in der Wüste
den Weg gewiesen hat, im Land der Steppen
und Schluchten, im dürren und düsteren
Land, im Land, das keiner durchwandert
und niemand bewohnt? 7 Ich brachte euch
dann in das Gartenland, um euch seine
Früchte und Güter genießen zu lassen. Aber
kaum seid ihr dort gewesen, da habt ihr mein
Land entweiht und mir mein Eigentum zum
Abscheu gemacht. 8 Die Priester fragten
nicht: Wo ist der Herr? Die Hüter des Geset-
zes kannten mich nicht, die Hirten des Vol-
kes wurden mir untreu. Die Propheten traten
im Dienst des Baal auf und liefen unnützen
Götzen nach. 9 Darum muss ich euch weiter
anklagen – Spruch des Herrn – und gegen
eure Kindeskinder Klage erheben. 10 Geht
doch hinüber zu den Inseln der Kittäer und
seht euch um oder schickt nach Kedar,
forscht genau nach und seht zu, ob irgendwo
etwas Ähnliches geschah. 11 Hat je ein Volk
seine Götter gewechselt? Dabei sind es gar
keine Götter. Mein Volk aber hat seinen
Ruhm gegen unnütze Götzen vertauscht.
12 Entsetzt euch darüber, ihr Himmel, er-
schaudert gewaltig – Spruch des Herrn.
13 Denn mein Volk hat doppeltes Unrecht
verübt: Mich hat es verlassen, den Quell des
lebendigen Wassers, um sich Zisternen zu
graben, Zisternen mit Rissen, die das Wasser
nicht halten.

14 Ist Israel denn ein Knecht oder ein im
Haus geborener Sklave? Warum wurde es zur
Beute, 15 über der Löwen brüllten und knurr-
ten? Man hat sein Land zur Wüste gemacht;
seine Städte sind verbrannt und menschen-
leer. 16 Sogar die Leute von Memfis und Tach-
panhes zertrümmern dir den Schädel. 17 Ge-
schieht das nicht deshalb, weil du den Herrn,
deinen Gott, verlassen hast? 18 Was nützt es
dir jetzt, nach Ägypten zu laufen, um Nil-
wasser zu trinken, oder nach Assur zu lau-
fen, um Eufratwasser zu trinken? 19 Dein bö-
ses Tun straft dich, deine Abtrünnigkeit klagt
dich an. So erkenne doch und sieh ein, wie
schlimm und bitter es ist, den Herrn, deinen
Gott, zu verlassen und keine Furcht vor mir zu
haben – Spruch Gottes, des Herrn der Heere.

20 Von jeher hast du dein Joch zerbrochen,
deine Stricke zerrissen und gesagt: Ich will
nicht dienen. Auf jedem hohen Hügel und
unter jedem üppigen Baum hast du dich als
Dirne hingestreckt. 21 Ich aber hatte dich als
Edelrebe gepflanzt, als gutes, edles Gewächs.
Wie hast du dich gewandelt zum Wildling,
zum entarteten Weinstock! 22 Selbst wenn du
dich mit Lauge waschen und noch so viel
Seife verwenden wolltest, deine Schuld blie-
be doch ein Schmutzfleck vor meinen Au-
gen – Spruch Gottes, des Herrn. 23 Wie
kannst du sagen: Ich bin nicht unrein gewor-
den, den Baalen bin ich nicht nachgelaufen?
Schau auf dein Treiben im Tal, erkenne, was
du verübt hast. Eine schnelle Kamelstute
bist du, die kreuz und quer ihre Wege rennt,
24 eine wilde Eselin, die an die Wüste ge-
wöhnt ist. In ihrer Brunst schnappt sie nach
Luft. Wer vermag ihre Gier zu hemmen? Je-
der, der sie begehrt, findet sie ohne Mühe zur
Zeit ihrer Brunst. 25 Gib Acht, dass du dir
den Fuß nicht wund läufst und dass deine
Kehle nicht durstig wird. Du aber sagst:
Nein, lass mich! Denn ich bin verliebt in die
Fremden und will ihnen nachlaufen. 26 Wie
ein ertappter Dieb sich schämt, so müssen
sich die Leute vom Haus Israel schämen, sie
selbst, ihre Könige und Beamten, ihre Pries-
ter und Propheten. 27 Sie sagen ja zum Holz:
»Du bist mein Vater«, und zum Stein: »Du
hast mich geboren«. Sie kehren mir den Rü-
cken zu und nicht das Gesicht; sind sie aber
in Not, dann rufen sie: Erheb dich und hilf
uns! 28 Wo sind nun deine Götter, die du dir
gemacht hast? Sie mögen sich erheben, falls
sie dir helfen können, wenn du in Not bist.
Denn so zahlreich wie deine Städte, Juda,
sind auch deine Götter.

29 Warum streitet ihr gegen mich? Ihr alle
seid mir untreu geworden – Spruch des
Herrn. 30 Vergeblich schlug ich eure Söhne;
sie ließen sich nicht erziehen. Euer Schwert
fraß eure Propheten wie ein reißender Löwe.
31 Ihr nun, das gegenwärtige Geschlecht,
schaut auf das Wort des Herrn! Bin ich denn
für Israel eine Wüste geworden oder ein fins-
teres Land? Warum sagt mein Volk: Wir wol-
len frei umherschweifen, wir kommen nicht
mehr zu dir? 32 Vergisst denn ein Mädchen
seinen Schmuck, eine Braut ihre Bänder?
Mein Volk aber hat mich vergessen seit un-
gezählten Tagen. 33 Wie gut findest du dei-
nen Weg, wenn du Liebe suchst. Sogar an
Verbrechen hast du dein Verhalten gewöhnt.
34 Selbst am Saum deiner Kleider klebt das
Blut von Armen, von Unschuldigen, die du

2,10 Die Kittäer sind die Einwohner von Zypern, die »Inseln der Kittäer« die Inseln im Jonischen Meer. Kedar ist eine Oase in der arabischen Wüste.

2,20 Auf Hügeln und in Hainen fanden die Kultfeiern für die kanaanäischen Fruchtbarkeitsgötter statt; sie waren mit kultischer Unzucht verbunden.

2,27 Holz und Stein sind die Materialien, aus denen die Götterbilder gefertigt wurden.

nicht etwa beim Einbruch ertappt hast.
35 Und trotzdem sagst du: Ich bin unschul-
dig; sein Zorn hat sich ja von mir abge-
wandt. – Aber ich gehe ins Gericht mit dir,
weil du sagst: Ich habe mich nicht versün-
digt. 36 Wie kannst du nur so leicht bereit
sein, deinen Weg zu wechseln! Auch von
Ägypten wirst du enttäuscht, wie du von As-
sur enttäuscht worden bist. 37 Auch von dort
wirst du wegziehen, die Hände über dem
Kopf. Denn der Herr verwirft alle, denen du
vertraust; du hast mit ihnen kein Glück.

2: Hos 2,17 • 13: 17,13 • 15: 4,7 • 21: Jes 5,1–4 • 27: 7,24; 32,33 • 28: Dtn 32,37f; Ps 3,8; Jer 11,12f.

Der Bundesbruch als Ehebruch: 3,1–13

3 Wenn ein Mann seine Frau entlässt und
wenn sie von ihm weggeht und die Frau
eines andern wird, wendet er sich dann ihr
wieder zu? Würde das Land nicht völlig ent-
weiht? Du aber hast mit vielen Freunden ge-
buhlt und da solltest du zu mir zurückkeh-
ren dürfen? – Spruch des Herrn. 2 Blick hin
und schau zu den Höhen hinauf! Wo hast du
dich nicht schänden lassen? An allen Wegen
hast du auf sie gewartet wie ein Araber in
der Wüste. Mit deiner Unzucht und Verkom-
menheit hast du das Land entweiht. 3 Da
blieb der Regen aus und auch der Früh-
jahrsregen kam nicht. Doch du hattest die
freche Stirn einer Dirne und wolltest dich
nicht schämen. 4 Gewiss, von da an hast du
mir zugerufen: Mein Vater, der Freund mei-
ner Jugend bist du. 5 Wird er denn ewig zür-
nen oder immerfort nachtragen? Ja, so sag-
test du und tatest Böses, so viel du konn-
test.

6 Der Herr sprach zu mir zur Zeit des Kö-
nigs Joschija: Hast du gesehen, was Israel,
die Abtrünnige, getan hat? Sie begab sich auf
jeden hohen Berg und unter jeden üppigen
Baum und trieb dort Unzucht. 7 Ich dachte:
Nachdem sie dies alles getan hat, wird sie
schließlich zu mir zurückkehren; aber sie
kehrte nicht zurück. Das sah ihre Schwester
Juda, die Treulose. 8 Auch sah sie, dass ich
Israel, die Abtrünnige, wegen ihres Ehe-
bruchs entließ und ihr die Scheidungsurkun-
de gab. Aber das schreckte ihre Schwester
Juda, die Treulose, nicht ab; sie ging hin und
trieb ebenfalls Unzucht. 9 Durch ihre leicht-
fertige Unzucht hat sie das Land entweiht
und mit Stein und Holz Ehebruch getrieben.
10 Bei all dem ist auch ihre Schwester Juda,
die Treulose, nicht mit ganzem Herzen zu
mir zurückgekehrt, sondern nur zum
Schein – Spruch des Herrn.

11 Auch sagte der Herr zu mir: Israel, die
Abtrünnige, trifft weniger Schuld als Juda,
die Treulose. 12 Geh hin, ruf diese Worte ge-
gen Norden und sprich: Kehr zurück, Israel,
du Abtrünnige – Spruch des Herrn! Ich
schaue dich nicht mehr zornig an; denn ich
bin gütig – Spruch des Herrn –, ich trage
nicht ewig nach. 13 Doch erkenne deine
Schuld: Dem Herrn, deinem Gott, hast du die
Treue gebrochen, überallhin bist du zu den
fremden Göttern gelaufen [unter jeden üppi-
gen Baum], auf meine Stimme aber hast du
nicht gehört – Spruch des Herrn.

1: Dtn 24,1–4 • 2: Hos 4,13 • 6: Ez 23 • 8: Dtn 24,1–3.

Die bessere Zukunft: 3,14–18

14 Kehrt um, ihr abtrünnigen Söhne –
Spruch des Herrn; denn ich bin euer Gebie-
ter. Ich hole euch, einen aus jeder Stadt und
zwei aus jeder Sippe, und bringe euch nach
Zion. 15 Ich gebe euch Hirten nach meinem
Herzen; mit Einsicht und Klugheit werden
sie euch weiden. 16 In jenen Tagen, wenn ihr
euch im Land vermehrt und fruchtbar seid –
Spruch des Herrn –, wird man nicht mehr ru-
fen: Die Bundeslade des Herrn! Sie wird nie-
mand in den Sinn kommen; man denkt nicht
mehr an sie, vermisst sie nicht und stellt
auch keine neue her. 17 In jener Zeit wird
man Jerusalem »Thron des Herrn« nennen;
dort, beim Namen des Herrn in Jerusalem,
werden sich alle Völker versammeln und sie
werden nicht mehr dem Trieb ihres bösen
Herzens folgen. 18 In jenen Tagen wird das
Haus Juda zum Haus Israel gehen und sie
werden vereint aus dem Nordland in das
Land kommen, das ich euren Vätern zum
Erbe gegeben habe.

Die Umkehr durch Buße: 3,19 – 4,4

19 Ich hatte gedacht: / Ja, ich will dich un-
ter die Söhne aufnehmen
und dir ein liebliches Land geben, / das
herrlichste Erbteil unter den Völkern.
Ich dachte, du würdest mich Vater nen-
nen / und dich nicht abwenden von mir.

3,6–8 Die Bevölkerung des Reiches Juda hätte am Schicksal des Bruderreiches Israel, das 722 v. Chr. unterging, sehen können, wohin die Untreue gegen Gott führt; sie hat aber daraus keine Lehre gezogen.

3,14–18 Ein Nachtrag aus der Zeit des Exils. Die Bundeslade wurde vielleicht 586 v. Chr. bei der Zerstörung des Tempels vernichtet.

20 Doch wie eine Frau ihres Freundes we-
gen treulos wird, / so seid auch ihr mir treu-
los geworden, / ihr vom Haus Israel – Spruch
des Herrn.
21 Horch, man hört auf den Höhen / das
Weinen und Flehen der Söhne Israels,
weil sie krumme Wege gegangen sind /
und den Herrn, ihren Gott, vergessen ha-
ben.
22 Kehrt um, ihr abtrünnigen Söhne, / ich
will eure Abtrünnigkeit heilen.
»Da sind wir, wir kommen zu dir; / denn
du bist der Herr, unser Gott!
23 Fürwahr, Trug sind die Höhen, / der
Lärm auf den Bergen.
Fürwahr, beim Herrn, unserm Gott, / ist
Israels Rettung.
24 Doch der Baal fraß seit unsrer Jugend
alles, / was unsere Väter erwarben, / ihre
Schafe und Rinder, ihre Söhne und Töch-
ter.
25 Wir betten uns in unsere Schmach / und
unsere Schande bedeckt uns.
Denn wir haben gesündigt gegen den
Herrn, unsern Gott, / wir selbst und unsere
Väter, / von Jugend an bis auf den heutigen
Tag. / Wir haben nicht gehört auf die Stimme
des Herrn, unseres Gottes.«

4 Wenn du umkehren willst, Israel –
Spruch des Herrn –, / darfst du zu mir
zurückkehren;
wenn du deine Gräuel entfernst, /
brauchst du vor mir nicht zu fliehen.
2 Schwörst du aufrichtig: So wahr der Herr
lebt!, / nach Recht und Gerechtigkeit,
dann werden sich Völker mit ihm segnen /
und seiner sich rühmen.
3 Denn so spricht der Herr / zu den Leuten
von Juda und zu Jerusalem:
Nehmt Neuland unter den Pflug / und sät
nicht in die Dornen!
4 Beschneidet euch für den Herrn / und
entfernt die Vorhaut eures Herzens, / ihr
Leute von Juda und ihr Einwohner Jerusa-
lems!
Sonst bricht mein Zorn wie Feuer los / we-
gen eurer bösen Taten; / er brennt und nie-
mand kann löschen.

4,2: 5,2; 12,16 • 3: Hos 10,12 • 4: Dtn 10,16; Jer 21,12.

Der Krieg im Land: 4,5–31

5 Meldet es in Juda, / verkündet es in Jeru-
salem,
stoßt überall im Land in die Trompete, /
ruft aus voller Kehle und sagt:
Sammelt euch! / Hinein in die befestigten
Städte!
6 Stellt Wegzeichen auf: Nach Zion! /
Flüchtet, bleibt nicht stehen!
Denn Unheil bringe ich von Norden / und
großes Verderben.
7 Der Löwe hat sich aus dem Dickicht er-
hoben, / der Völkerwürger ist aufgebro-
chen;
er hat sein Land verlassen, um dein Land
zur Wüste zu machen. / Deine Städte werden
zerstört und entvölkert.
8 Darum legt Trauerkleider an, / klagt und
heult:
Nein, der glühende Zorn des Herrn / hat
sich nicht von uns abgewandt.
9 An jenem Tag wird es geschehen –
Spruch des Herrn: / Vergehen wird der Mut
des Königs / und der Mut der Machthaber.
Die Priester werden starr sein vor Schre-
cken, / die Propheten werden sich entsetzen.
10 Sie sagen: Ach, Gebieter und Herr, /
wahrhaftig, schwer hast du getäuscht dieses
Volk und Jerusalem.
Du sagtest: Heil werdet ihr finden!, / und
nun geht uns das Schwert an die Kehle.
11 In jener Zeit wird man von diesem Volk /
und von Jerusalem sagen:
Ein Glutwind von den Höhen in der Wüs-
te / ist losgebrochen gegen die Tochter mei-
nes Volkes; / kein Wind zum Worfeln und
Reinigen;
12 ein Wind, der viel heftiger ist, kommt
auf meinen Befehl. / Jetzt spreche ich selbst
das Urteil über sie.
13 Seht, wie Wettergewölk zieht er herauf, /
seine Wagen gleichen dem Sturm,
seine Rosse sind schneller als Adler. / Weh
uns, wir sind verloren!
14 Wasche dein Herz vom Bösen rein, Jeru-
salem, / damit du gerettet wirst.
Wie lange noch wohnen in dir / deine fre-
velhaften Gedanken?
15 Horcht nur, man meldet aus Dan, / aus
Efraims Bergland kündet man Unheil:

4,2 »mit ihm« und »seiner« bezieht sich auf Gott. Sein Ruhm dringt zu den Völkern, sodass sie sich in seinem Namen segnen. Viele ändern aber zu »mit dir« und »deiner« (vgl. Gen 12,3; 18,18; 22,18; 26,4).

4,7 Der »Löwe« und »Völkerwürger« ist Nebukadnezzar, der Herrscher des Neubabylonischen Reiches, auch Chaldäerreich genannt (605–562 v. Chr.).

4,11 Zum Worfeln vgl. die Anmerkung zu Rut 3,2–4.

16 Berichtet: Die Völker sind da! / Gebt Kunde an Jerusalem:
Belagerer kommen aus fernem Land, / sie erheben gegen Judas Städte ihr Kriegsgeschrei.
17 Wie Feldwächter haben sie Juda umstellt; / denn mir hat es getrotzt – Spruch des Herrn.
18 Dein Verhalten und Tun haben dir das eingebracht. / Deine bösen Taten sind schuld, dass es so bitter steht, / dass es dich bis ins Herz trifft.
19 O mein Leib, mein Leib! / Ich winde mich vor Schmerz.
O meines Herzens Wände! / Mein Herz tobt in mir;
ich kann nicht schweigen. / Denn ich höre Trompetenschall und Kriegslärm;
20 »Schlag auf Schlag« schreit man, / das ganze Land wird verwüstet.
Plötzlich sind meine Zelte vernichtet, / im Nu sind meine Zeltdecken dahin.
21 Wie lange noch muss ich die Kriegsfahne sehen, / Trompetenschall hören?
22 Ach, töricht ist mein Volk; / mich kennen sie nicht.
Sie sind unverständige Kinder, / ja, sie sind ohne Einsicht.
Sie wissen, wie man Böses tut, / aber Gutes zu tun verstehen sie nicht.
23 Ich schaute die Erde an: Sie war wüst und wirr. / Ich schaute zum Himmel: Er war ohne sein Licht.
24 Ich schaute die Berge an: Sie wankten / und alle Hügel bebten.
25 Ich schaute hin: Kein Mensch war da, / auch alle Vögel des Himmels waren verschwunden.
26 Ich schaute hin: Das Gartenland war Wüste / und all seine Städte waren zerstört,
zerstört durch den Herrn, / durch seinen glühenden Zorn.
27 Ja, so spricht der Herr: / Das ganze Land soll zur Öde werden; / doch völlig vernichten will ich es nicht.
28 Mag darüber die Erde vertrocknen / und der Himmel droben sich verfinstern:
Fürwahr, ich habe gesprochen / und es reut mich nicht;
ich habe meinen Plan gefasst / und nehme ihn nicht zurück.
29 Vor dem Lärm der Pferde und Bogenschützen / fliehen alle Bewohner des Landes; sie kriechen in Höhlen, / verstecken sich im Dickicht / und klettern die Felsen hinauf.
Verlassen steht jede Stadt, / niemand wohnt mehr darin.
30 Du aber, was tust du? / Wie kannst du in Purpur dich kleiden,
mit Goldschmuck dich zieren, / dir mit Schminke die Augen weiten?
Umsonst machst du dich schön. / Die Liebhaber verschmähen dich; / sie trachten dir nach dem Leben.
31 Ja, ich höre Geschrei wie von einer Frau in Wehen, / Stöhnen wie von einer Erstgebärenden, / das Schreien der Tochter Zion,
die nach Atem ringt und die Hände ausstreckt: / Weh mir, unter Mörderhand endet mein Leben!

5: 8,14 • 23: Gen 1,2 • 27: 5,10.18.

Die schwere Schuld: 5,1–31

5 Zieht durch Jerusalems Straßen, / schaut genau hin und forscht nach, sucht auf seinen Plätzen, ob ihr einen findet, / ob einer da ist, der Recht übt
und auf Treue bedacht ist: / Dann will ich der Stadt verzeihen – Spruch des Herrn.
2 Doch selbst wenn sie sagen: / »So wahr der Herr lebt«, / schwören sie gewiss einen Meineid.
3 Herr, sind deine Augen nicht auf Treue gerichtet? / Du hast sie geschlagen, / aber es tut ihnen nicht weh;
du hast sie beinahe vernichtet, / aber sie wollen sich nicht erziehen lassen.
Ihre Stirn ist härter als Stein, / sie weigern sich umzukehren.
4 Ich aber dachte: Nur die geringen Leute, / nur sie handeln töricht,
weil sie den Weg des Herrn nicht kennen, / das Recht ihres Gottes.
5 Ich will doch lieber zu den Großen gehen / und zu ihnen reden;
denn sie kennen den Weg des Herrn, / das Recht ihres Gottes.
Doch auch sie haben das Joch zerbrochen, / die Stricke zerrissen.
6 Darum schlägt sie der Löwe des Waldes, / der Steppenwolf überwältigt sie.

4,27 Die Einschränkung, dass nicht ein völliges Ende mit Juda gemacht wird, wirkt in der harten Drohrede störend, ebenso 5,10. Da aber 5,18 deutlich an beide Stellen anknüpft, sind Textänderungen nicht am Platz. Alle drei Stellen als späteren Einschub zu betrachten ist eine Notlösung. Jeremia glaubt trotz der bitteren Heimsuchungen an die Rettung eines Restes des Volkes; vgl. 3,14–18; 4,1f und besonders den doppelt überlieferten Spruch 30,11 und 46,28.

4,28–30 Der Text von G scheint in Einzelheiten besser zu sein.

5,4 »Weg« und »Recht« meinen die sittlichen Forderungen.

Vor ihren Städten lauert der Panther, / alle, die herauskommen, werden zerfleischt.

Denn zahlreich sind ihre Verbrechen, / schwer wiegt ihre Abtrünnigkeit.

7 Weshalb sollte ich dir vergeben? / Deine Söhne haben mich verlassen / und bei Nichtgöttern geschworen.

Ich machte sie satt, doch sie trieben Ehebruch / und waren zu Gast im Dirnenhaus.

8 Hengste sind sie geworden, feist und geil, / jeder wiehert nach der Frau seines Nächsten.

9 Sollte ich das nicht bestrafen – Spruch des Herrn – / und an einem solchen Volk keine Rache nehmen?

10 Steigt auf ihre Rebenhänge, und verwüstet sie! / Doch völlig vernichten sollt ihr sie nicht.

Reißt ihre Reben weg; / denn sie gehören nicht dem Herrn.

11 Sie sind mir ja gänzlich untreu geworden, / das Haus Israel und das Haus Juda – Spruch des Herrn.

12 Sie haben den Herrn verleugnet und gesagt: / Er ist ein Nichts!

Kein Unheil kommt über uns, / weder Schwert noch Hunger werden wir spüren.

13 Doch diese Propheten werden zunichte; / das Gotteswort ist nicht bei ihnen. / [So wird es ihnen ergehen.]

14 Darum – so spricht der Herr, / der Gott der Heere:

Weil man solche Reden führt, / seht, darum mache ich meine Worte / in deinem Mund zu Feuersglut

und dieses Volk da zum Brennholz, / das von ihr verzehrt wird.

15 Seht, ich lasse über euch herfallen, Haus Israel, / ein Volk aus der Ferne – Spruch des Herrn.

Ein unüberwindliches Volk ist es, / ein uraltes Volk,

ein Volk, dessen Sprache du nicht kennst / und dessen Rede du nicht verstehst.

16 Sein Köcher ist wie ein offenes Grab, / sie alle sind Helden.

17 Es frisst deine Ernte und dein Brot, / es frisst deine Söhne und Töchter,

es frisst deine Schafe und Rinder, / es frisst deinen Weinstock und Feigenbaum,

es zerschlägt mit dem Schwert / deine befestigten Städte, auf die du vertraust.

18 Doch auch in jenen Tagen – Spruch des Herrn – will ich euch nicht völlig vernichten.

19 Wenn man dann fragt: Weshalb hat der Herr, unser Gott, uns das alles angetan?, so sag zu ihnen: Wie ihr mich verlassen und fremden Göttern in eurem Land gedient habt, so müsst ihr Fremden dienen in einem Land, das euch nicht gehört.

20 Verkündet dies im Haus Jakob / und ruft es in Juda aus:

21 Hör das, du törichtes Volk ohne Verstand: / Augen haben sie und sehen nicht; / Ohren haben sie und hören nicht.

22 Fürchtet ihr mich denn nicht – Spruch des Herrn –, / zittert ihr nicht vor meinem Angesicht?

Ich bin es, der dem Meer die Düne als Grenze gesetzt hat, / als ewige Schranke, die es nicht überschreiten darf.

Mag es auch toben, es richtet nichts aus; / mögen seine Wogen auch tosen, / sie können die Schranke nicht überschreiten.

23 Dieses Volk aber hat ein störrisches, trotziges Herz. / Sie wichen vom Weg ab und gingen davon.

24 Sie sagten nicht bei sich selbst: / Lasst uns den Herrn fürchten, unseren Gott,

der Regen spendet im Herbst / und im Frühjahr zur rechten Zeit, / der uns die feste Ordnung der Erntewochen bewahrt.

25 Eure Frevel haben diese Ordnung gestört, / eure Sünden haben euch den Regen vorenthalten.

26 Ja, Frevler gibt es in meinem Volk; / sie lauern, gebückt wie Vogelsteller,

Fallen stellen sie auf, / Menschen wollen sie fangen.

27 Wie ein Korb mit Vögeln gefüllt ist, / so sind ihre Häuser voll Betrug;

dadurch sind sie mächtig und reich geworden, / 28 fett und feist.

Auch sündigen sie durch ruchloses Tun. / Das Recht pflegen sie nicht,

das Recht der Waisen, die Erfolg erwarten, / und die Sache der Armen entscheiden sie nicht.

29 Sollte ich das nicht bestrafen – Spruch des Herrn – / und an einem solchen Volk keine Rache nehmen?

30 Wüstes, Grässliches geschieht im Land: /
31 Die Propheten weissagen Lüge

und die Priester richten ihre Lehre nach ihnen aus; / mein Volk aber liebt es so.

Doch was werdet ihr tun, / wenn es damit zu Ende geht?

2: 4,2 • 5: 2,20 • 8: Ez 22,11 • 9: 5,29; 9,8 • 10: 5,18; 4,27 • 15: 6,22 • 19: 16,10–13 • 21: Jes 6,9f • 28: Dtn 32,15 • 29: 5,9.

5,10b.18: Vgl. die Anmerkung zu 4,27.

Die Kriegsgefahr als Strafe: 6,1–15

6 Flieht, ihr Leute von Benjamin, / hinaus
aus Jerusalem!
Stoßt in Tekoa in die Trompete / und rich-
tet über Bet-Kerem ein Zeichen auf!
Denn von Norden droht Unheil / und gro-
ßes Verderben.
2 Die Schöne und Verwöhnte, / die Tochter
Zion, ich vernichte sie.
3 Hirten kommen zu ihr mit ihren Her-
den; / sie schlagen rings um sie ihre Zelte
auf, / jeder weidet seinen Bereich ab.
4 Ruft gegen Zion den Heiligen Krieg
aus! / Auf! Greifen wir an am Mittag! –
Weh uns: Schon neigt sich der Tag, / die
Abendschatten strecken sich.
5 Auf! Greifen wir an in der Nacht, / zer-
stören wir ihre Paläste!
6 Denn so spricht der Herr der Heere: Fällt
ihre Bäume / und werft einen Wall auf gegen
Jerusalem!
Das ist die Stadt, von der erwiesen ist: / Al-
les in ihr ist Unterdrückung.
7 Wie ein Brunnen sein Wasser sprudeln
lässt, / so lässt sie ihre Schlechtigkeit spru-
deln.
Von Gewalttat und Unrecht hört man in
ihr; / ständig sind mir vor Augen Leid und
Misshandlung.
8 Lass dich warnen, Jerusalem, / sonst
trenne ich mich von dir,
sonst mache ich dich zur Wüste, / zum
Land ohne Bewohner.
9 So spricht der Herr der Heere:
Genaue Nachlese wie am Weinstock / soll
man halten am Rest Israels.
Leg deine Hand an / wie ein Winzer an die
Reben!
10 Zu wem soll ich reden / und wer wird
mich hören, wenn ich mahne?
Ihr Ohr ist ja unbeschnitten, / sie können
nichts vernehmen.
Das Wort des Herrn dient ihnen zum
Spott; / es gefällt ihnen nicht.
11 Darum bin ich erfüllt vom Zorn des
Herrn, / bin es müde, ihn länger zurückzu-
halten. –
Gieß ihn aus über das Kind auf der Stra-
ße / und zugleich über die Schar der jungen
Männer!
Ja, alle werden gefangen genommen, /
Mann und Frau, Greis und Hochbetagter.
12 Ihre Häuser gehen an andere über, / die
Felder und auch die Frauen.
Denn ich strecke meine Hand aus / gegen
die Bewohner des Landes – Spruch des Herrn.
13 Sie sind doch alle, vom Kleinsten bis
zum Größten, / nur auf Gewinn aus;
vom Propheten bis zum Priester / betrü-
gen sie alle.
14 Den Schaden meines Volkes möchten
sie leichthin heilen, indem sie rufen: / Heil,
Heil! Aber kein Heil ist da.
15 Schämen müssten sie sich, / weil sie
Gräuel verüben.
Doch sie schämen sich nicht; / Scham ist
ihnen unbekannt.
Deshalb müssen sie fallen, / wenn die an-
deren fallen.
Sobald ich sie zur Rechenschaft ziehe, /
werden sie stürzen, spricht der Herr.

1: 4,6 • 13: 8,10–12.

Jerusalems Trotz: 6,16–26

16 So spricht der Herr:
Stellt euch an die Wege und haltet Aus-
schau, / fragt nach den Pfaden der Vorzeit,
fragt, wo der Weg zum Guten liegt; / geht
auf ihm, so werdet ihr Ruhe finden für eure
Seele. / Sie aber sagten: Wir gehen nicht.
17 Auch habe ich Wächter für euch aufge-
stellt: / Achtet auf den Schall der Trompete! /
Sie aber sagten: Wir achten nicht darauf.
18 Darum hört, ihr Völker, und erkennt, /
was ich ihnen antun will.
19 Höre es, Erde! / Schon bringe ich Unheil
über dieses Volk / als die Frucht seiner bösen
Gesinnung.
Denn auf meine Worte haben sie nicht ge-
achtet / und meine Weisung haben sie ver-
schmäht.
20 Was soll mir der Weihrauch aus Saba /
und das gute Gewürzrohr aus fernem
Land?
Eure Brandopfer gefallen mir nicht, / eure
Schlachtopfer sind mir nicht angenehm.
21 Darum – so spricht der Herr:
Ich lege diesem Volk Hindernisse in den
Weg, / sodass sie darüber straucheln.
Väter und Söhne zusammen, / einer wie
der andere geht zugrunde.
22 So spricht der Herr:
Seht, ein Volk zieht vom Nordland heran, /
ein großes Volk bricht auf / von den Grenzen
der Erde.
23 Sie kommen mit Bogen und Sichel-
schwert, / grausam sind sie und ohne Erbar-
men.
Ihr Lärm gleicht dem Brausen des Meeres /
und sie reiten auf Rossen,
Krieger, zum Kampf gerüstet / gegen dich,
Tochter Zion.

6,3 »Hirten« und »Herden« sind die mit Nebukadnezzar verbündeten Könige und deren Heere.

24 Kaum hörten wir diese Nachricht, / da erschlafften uns die Hände,
es packte uns die Angst, / das Zittern wie eine Gebärende.
25 Geht nicht aufs Feld hinaus, / macht euch nicht auf den Weg; / denn der Feind greift zum Schwert – Grauen ringsum!
26 Tochter, mein Volk, leg das Trauerkleid an / und wälz dich im Staub!
Halte Trauer wie um den einzigen Sohn, bitterste Klage: / »Ach, jählings kam über uns der Verwüster.«

19: Jes 1,2 • 20: Ps 40,7 • 22: 50,41–43 • 26: Am 8,10.

Der Prophet als Prüfer des Volkes: 6,27–30

27 Zum Prüfer für mein Volk habe ich dich bestellt [zum Metallprüfer]; / du sollst sein Verhalten erkennen und prüfen.
28 Sie alle sind schlimme Empörer, / Verleumder sind sie,
Bronze und Eisen sind sie, / alle zusammen Verbrecher.
29 Der Blasebalg schnaubt, / doch das Blei bleibt unberührt vom Feuer.
Umsonst versucht der Schmelzer zu schmelzen; / die Bösen lassen sich nicht ausscheiden.
30 »Verworfenes Silber« nennt man sie; / denn verworfen hat sie der Herr.

Die Tempelrede: 7,1–15

7 Das Wort, das vom Herrn an Jeremia erging: 2 Stell dich an das Tor des Hauses des Herrn! Dort ruf dieses Wort aus und sprich: Hört das Wort des Herrn, ganz Juda, alle, die ihr durch diese Tore kommt, um dem Herrn zu huldigen. 3 So spricht der Herr der Heere, der Gott Israels: Bessert euer Verhalten und euer Tun, dann will ich bei euch wohnen hier an diesem Ort. 4 Vertraut nicht auf die trügerischen Worte: Der Tempel des Herrn, der Tempel des Herrn, der Tempel des Herrn ist hier! 5 Denn nur wenn ihr euer Verhalten und euer Tun von Grund auf bessert, wenn ihr gerecht entscheidet im Rechtsstreit, 6 wenn ihr die Fremden, die Waisen und Witwen nicht unterdrückt, unschuldiges Blut an diesem Ort nicht vergießt und nicht anderen Göttern nachlauft zu eurem eigenen Schaden, 7 dann will ich bei euch wohnen hier an diesem Ort, in dem Land, das ich euren Vätern gegeben habe für ewige Zeiten. 8 Freilich, ihr vertraut auf die trügerischen Worte, die nichts nützen. 9 Wie? Stehlen, morden, die Ehe brechen, falsch schwören, dem Baal opfern und anderen Göttern nachlaufen, die ihr nicht kennt, 10 und dabei kommt ihr und tretet vor mein Angesicht in diesem Haus, über dem mein Name ausgerufen ist, und sagt: Wir sind geborgen!, um dann weiter alle jene Gräuel zu treiben. 11 Ist denn in euren Augen dieses Haus, über dem mein Name ausgerufen ist, eine Räuberhöhle geworden? Gut, dann betrachte auch ich es so – Spruch des Herrn. 12 Geht doch zu meiner Stätte in Schilo, wo ich früher meinen Namen wohnen ließ, und schaut, was ich ihr angetan habe wegen des Bösen, das mein Volk Israel verübt hat. 13 Nun denn, ihr habt genau das Gleiche getan – Spruch des Herrn. Als ich immer wieder zu euch redete, habt ihr nicht gehört; als ich euch rief, habt ihr nicht geantwortet. 14 Deshalb werde ich mit dem Haus, über dem mein Name ausgerufen ist und auf das ihr euch verlasst, und mit der Stätte, die ich euch und euren Vätern gegeben habe, so verfahren, wie ich mit Schilo verfuhr. 15 Verstoßen werde ich euch von meinem Angesicht, wie ich alle eure Brüder, alle Nachkommen Efraims, verstoßen habe.

1–15 ‖ 26,1–19 • 3: 26,13 • 9: Hos 4,2 • 11: Mt 21,13 • 12: 26,6 • 14: 9,10 • 15: 2 Kön 17,18.23.

Die Verwerfung der Abtrünnigen: 7,16–20

16 Du aber, bete nicht für dieses Volk! Fang nicht an, für sie zu flehen und zu bitten! Dränge mich nicht! Denn ich werde dich nicht erhören. 17 Siehst du nicht, was sie in den Städten Judas und auf den Straßen Jerusalems treiben? 18 Die Kinder sammeln Holz, die Väter zünden das Feuer an, und die Frauen kneten den Teig, um Opferkuchen für die Himmelskönigin zu backen. Anderen Göttern spendet man Trankopfer, um mir wehzutun. 19 Aber tun sie wirklich mir weh – Spruch des Herrn –, und nicht vielmehr sich selbst, zu ihrer eigenen Schande? 20 Darum – so spricht Gott der Herr: Seht, mein Zorn und Grimm ergießt sich über diesen Ort, über Menschen und Vieh, über die Bäume des Feldes und die Früchte des Ackers; er brennt und wird nicht erlöschen.

16: 11,14 • 18: 19,13; 44,17.

7,1–15 Welche Folgen die Tempelrede für Jeremia hatte, schildert 26,1–19.

7,12 Das Heiligtum von Schilo wurde in der Richterzeit um 1050 v. Chr. zerstört (vgl. 1 Sam 4); jetzt wird es dem Tempel ähnlich ergehen.

7,18 Himmelskönigin wird die Fruchtbarkeitsgöttin Astarte genannt.

Gehorsam, nicht Opfer: 7,21–28

21 So spricht der Herr der Heere, der Gott Israels: Häuft nur Brandopfer auf Schlachtopfer und esst Opferfleisch! 22 Denn ich habe euren Vätern, als ich sie aus Ägypten herausführte, nichts gesagt und nichts befohlen, was Brandopfer und Schlachtopfer betrifft. 23 Vielmehr gab ich ihnen folgendes Gebot: Hört auf meine Stimme, dann will ich euer Gott sein und ihr sollt mein Volk sein. Geht in allem den Weg, den ich euch befehle, damit es euch gut geht. 24 Sie aber hörten nicht und neigten mir ihr Ohr nicht zu, sondern folgten den Eingebungen und Trieben ihres bösen Herzens. Sie zeigten mir den Rücken und nicht das Gesicht. 25 Von dem Tag an, als eure Väter aus Ägypten auszogen, bis auf den heutigen Tag sandte ich zu euch immer wieder alle meine Knechte, die Propheten. 26 Aber man hörte nicht auf mich und neigte mir nicht das Ohr zu, vielmehr blieben sie hartnäckig und trieben es noch schlimmer als ihre Väter. 27 Auch wenn du ihnen alle diese Worte sagst, werden sie nicht auf dich hören. Wenn du sie rufst, werden sie dir nicht antworten. 28 Sag ihnen also: Dies ist das Volk, das nicht auf die Stimme des Herrn, seines Gottes, hörte und sich nicht erziehen ließ. Die Treue ist dahin, aus ihrem Mund verschwunden.

22: Am 5,25 • 23: Lev 26,12 • 25: 25,4; 44,4.

Die Gräuel des Götzendienstes: 7,29 – 8,3

29 Schneide dein Haar ab und wirf es weg, stimm Klage an auf den Höhen! Denn der Herr hat das Geschlecht, dem er grollt, verworfen und verstoßen. 30 Ja, die Söhne Judas taten, was mir missfällt – Spruch des Herrn. Sie haben in dem Haus, über dem mein Name ausgerufen ist, ihre Scheusale aufgestellt, um es zu entweihen. 31 Auch haben sie die Kulthöhe des Tofet im Tal Ben-Hinnom gebaut, um ihre Söhne und Töchter im Feuer zu verbrennen, was ich nie befohlen habe und was mir niemals in den Sinn gekommen ist. 32 Seht, darum kommen Tage – Spruch des Herrn –, da wird man nicht mehr vom Tofet reden oder vom Tal Ben-Hinnom, sondern vom Mordtal und im Tofet wird man Tote begraben, weil anderswo kein Platz mehr ist. 33 Ja, die Leichen dieses Volkes werden den Vögeln des Himmels und den Tieren des Feldes zum Fraß dienen und niemand wird sie verscheuchen. 34 Verstummen lasse ich in den Städten Judas und auf den Straßen Jerusalems Jubelruf und Freudenruf, den Ruf des Bräutigams und den Ruf der Braut; denn das Land wird zur Wüste werden.

8

In jener Zeit – Spruch des Herrn – wird man die Gebeine der Könige von Juda, die Gebeine seiner Beamten, die Gebeine der Priester, die Gebeine der Propheten und die Gebeine der Einwohner Jerusalems aus ihren Gräbern holen. 2 Man wird sie hinstreuen vor die Sonne, den Mond und das ganze Himmelsheer, denen ihre Liebe galt, denen sie dienten und nachliefen, die sie befragten und anbeteten. Sie werden weder gesammelt noch bestattet werden. Dünger auf dem Acker sollen sie sein. 3 Besser als das Leben wäre der Tod auch für den Rest, für alle, die übrig bleiben von diesem bösen Geschlecht an allen Orten, überall, wohin immer ich sie verstoße – Spruch des Herrn der Heere.

7,30: 32,34f • 31: 19,5–7 • 34: 16,9; 25,10; 33,11; Bar 2,23 • 8,1: Bar 2,24 • 2: Dtn 4,19.

Abkehr und Strafe: 8,4–23

4 Du sollst zu ihnen sagen: So spricht der Herr: / Wer hinfällt, steht der nicht wieder auf?

Wer vom Weg abkommt, / kehrt der nicht wieder zurück?

5 Warum wendet dieses Volk sich ab [Jerusalem] / und beharrt auf der Abkehr?

Warum hält es am Irrtum fest, / weigert sich umzukehren?

6 Ich horche hin und höre: / Schlechtes reden sie, / keiner bereut sein böses Tun und sagt: / Was habe ich getan?

Jeder wendet sich ab und läuft weg, / schnell wie ein Ross, das im Kampf dahinstürmt.

7 Selbst der Storch am Himmel kennt seine Zeiten; / Turteltaube, Schwalbe und Drossel halten die Frist ihrer Rückkehr ein; / mein Volk aber kennt nicht die Rechtsordnung des Herrn.

8 Wie könnt ihr sagen: Weise sind wir / und das Gesetz des Herrn ist bei uns?

Ja! Aber der Lügengriffel der Schreiber / hat es zur Lüge gemacht.

9 Zuschanden werden die Weisen, / sie stehen bestürzt da und werden gefangen.

Das Wort des Herrn haben sie verworfen / und ihre eigene Weisheit, was nützt sie ihnen?

7,31 Das Ben-Hinnom-Tal begrenzt Jerusalem im Südwesten. Das Tofet (Bedeutung unbekannt) ist eine heidnische Opferstätte für Kinderopfer an Moloch.

10 Darum gebe ich ihre Frauen an Fremde, / ihre Felder an Eroberer.
Sind sie doch alle, vom Kleinsten bis zum Größten, nur auf Gewinn aus; / vom Propheten bis zum Priester betrügen sie alle.
11 Den Schaden der Tochter, meines Volkes, / möchten sie leichthin heilen, indem sie rufen: / Heil, Heil! Aber kein Heil ist da.
12 Schämen müssten sie sich, weil sie Gräuel verüben. / Doch sie schämen sich nicht; / Scham ist ihnen unbekannt.
Deshalb müssen sie fallen, / wenn die anderen fallen.
Sobald ich sie zur Rechenschaft ziehe, / werden sie stürzen, spricht der Herr.
13 Will ich bei ihnen ernten – Spruch des Herrn –, / so sind keine Trauben am Weinstock,
keine Feigen am Feigenbaum, / und das Laub ist verwelkt. / Darum habe ich für sie Verwüster bestellt.
14 Warum sitzen wir da? Sammelt euch! / Hinein in die befestigten Städte!
Dort werden wir umkommen; / denn der Herr, unser Gott, lässt uns umkommen.
Er lässt uns Giftwasser trinken, / weil wir gesündigt haben gegen den Herrn.
15 [Wir hofften auf Heil, / doch kommt nichts Gutes,
auf die Zeit der Heilung, / doch ach, nur Schrecken!]
16 Man hört von Dan her das Schnauben der Rosse, / vom Wiehern seiner Hengste bebt das ganze Land.
Sie kommen und fressen das Land und seinen Ertrag, / die Stadt und ihre Bewohner.
17 Denn seht, ich sende giftige Schlangen unter euch, / gegen die es keine Beschwörung gibt;
sie werden euch beißen / [– Spruch des Herrn –] und es gibt keine Heilung.
18 Kummer steigt in mir auf, / mein Herz ist krank.
19 Horch! Die Tochter, mein Volk, / schreit aus einem fernen Land:
Ist denn der Herr nicht in Zion / oder ist sein König nicht dort? –
[Warum haben sie mich erzürnt / mit ihren Götterbildern, mit den fremden Götzen?]
20 Die Ernte ist vorüber, der Herbst ist vorbei, / uns aber ist nicht geholfen worden.
21 Der Zusammenbruch der Tochter, meines Volkes, / hat mich gebrochen, / traurig bin ich, Entsetzen hat mich gepackt.
22 Gibt es denn keinen Balsam in Gilead, / ist dort kein Wundarzt?
Warum schließt sich denn nicht / die Wunde der Tochter, meines Volkes?
23 Ach, wäre mein Haupt doch Wasser, / mein Auge ein Tränenquell:
Tag und Nacht beweinte ich / die Erschlagenen der Tochter, meines Volkes.

14: 4,5 • 22: 46,11.

Die Klage über Juda: 9,1–25

9 Hätte ich doch eine Herberge in der Wüste! / Dann könnte ich mein Volk verlassen und von ihm weggehen.
Denn sie sind alle Ehebrecher, / eine Rotte von Treulosen.
2 Sie machen ihre Zunge zu einem gespannten Bogen; / Lüge, nicht Wahrhaftigkeit herrscht im Land.
Ja, sie schreiten von Verbrechen zu Verbrechen; / mich aber kennen sie nicht – Spruch des Herrn.
3 Nehmt euch in Acht vor eurem Nächsten, / keiner traue seinem Bruder!
Denn jeder Bruder betrügt / und jeder Nächste verleumdet.
4 Ein jeder täuscht seinen Nächsten, / die Wahrheit reden sie nicht.
Sie haben ihre Zunge ans Lügen gewöhnt, / sie handeln verkehrt, zur Umkehr sind sie zu träge.
5 Überall Unterdrückung, nichts als Betrug! / Sie weigern sich, mich zu kennen – / Spruch des Herrn.
6 Darum – so spricht der Herr der Heere: / Ja, ich werde sie schmelzen und prüfen;
denn wie sollte ich sonst verfahren / mit der Tochter, meinem Volk?
7 Ein tödlicher Pfeil ist ihre Zunge, / trügerisch redet ihr Mund;
»Friede«, sagt man zum Nächsten, / doch im Herzen plant man den Überfall.
8 Sollte ich sie dafür nicht bestrafen – Spruch des Herrn – / und an einem solchen Volk keine Rache nehmen?
9 Erhebt über die Berge hin Weinen und Klagen, / über die Weideplätze der Steppe ein Totenlied!
Denn sie sind verwüstet, niemand zieht hindurch / und sie hören die Stimme der Herden nicht mehr.
Von den Vögeln des Himmels bis zum Vieh / ist alles geflohen, auf und davon.
10 Jerusalem mache ich zum Trümmerhaufen, / zur Behausung für Schakale.

8,10–12 Wiederholung von 6,13–15.
8,15 Passt inhaltlich besser zu 14,19.
8,19 Die letzte Frage passt als Gottesrede nicht in die Klage des Propheten.

Judas Städte mache ich zum Ödland, / das
niemand bewohnt.
11 Wer ist so weise, dass er dies einsieht?
Zu wem hat der Mund des Herrn geredet,
dass er verkünden kann, warum das Land
zugrunde geht, warum es verwüstet ist gleich
der Wüste, die niemand durchzieht? 12 Der
Herr erwiderte: Weil sie meine Weisung auf-
gaben, die ich ihnen vorgelegt habe, nicht
auf meine Stimme hörten und nicht meine
Weisung befolgten, 13 sondern dem Trieb
ihres Herzens folgten und den Baalen nach-
liefen, an die ihre Väter sie gewöhnt hatten.
14 Darum – so spricht der Herr der Heere, der
Gott Israels: Ich gebe ihnen [diesem Volk]
Wermut zu essen und Giftwasser zu trinken.
15 Ich zerstreue sie unter die Völker, von
denen weder sie noch ihre Väter wussten,
und schicke das Schwert hinter ihnen her,
bis ich sie vernichtet habe.
16 So spricht der Herr der Heere:
Begreift es! Ruft die Klagefrauen herbei! /
Schickt nach den weisen Frauen! Sie sollen
kommen.
17 Schnell sollen sie kommen / und Klage
über uns anstimmen,
sodass unsre Augen von Tränen fließen /
und unsre Wimpern von Wasser triefen
18 Da, horch, ein Klagelied ist aus Zion zu
hören: / Ach, wie sind wir misshandelt, / in
große Schande gestürzt!
Wir müssen die Heimat verlassen, / unsre
Wohnungen hat man zerstört.
19 Ja, hört, ihr Frauen, das Wort des
Herrn, / euer Ohr vernehme das Wort seines
Mundes.
Lehrt eure Töchter die Klage, / eine lehre
die andere das Totenlied:
20 Der Tod ist durch unsre Fenster gestie-
gen, / eingedrungen in unsre Paläste.
Er rafft das Kind von der Straße weg, / von
den Plätzen die jungen Männer.
21 Die Leichen der Leute / liegen wie Dün-
ger auf dem Feld,
wie Garben hinter dem Schnitter; / keiner
ist da, der sie sammelt.
22 So spricht der Herr:
Der Weise rühme sich nicht seiner Weis-
heit, / der Starke rühme sich nicht seiner
Stärke, / der Reiche rühme sich nicht seines
Reichtums.
23 Nein, wer sich rühmen will, rühme sich
dessen, / dass er Einsicht hat und mich er-
kennt,
dass er weiß: Ich, der Herr, bin es, / der auf
der Erde Gnade, Recht und Gerechtigkeit
schafft.
Denn an solchen Menschen habe ich Ge-
fallen – / Spruch des Herrn.
24 Fürwahr, es werden Tage kommen –
Spruch des Herrn –, da ziehe ich alle Be-
schnittenen zur Rechenschaft: 25 Ägypten,
Juda, Edom, Ammon, Moab und alle mit ge-
stutztem Haar, die in der Wüste wohnen;
denn alle Völker gelten mir als unbeschnit-
ten – auch das ganze Haus Israel hat ein un-
beschnittenes Herz.

3: 12,6; Ps 41,10; Mi 7,5 • 8: 5,9.29 • 10: 26,18 • 14: 8,14; 23,15 • 15: 49,37 • 21: 16,4; 25,33 • 23: 1 Kor 1,31; 2 Kor 10,17.

Gott und die Götzenbilder: 10,1–16

10 Hört das Wort, das der Herr zu euch
spricht, ihr vom Haus Israel.
2 So spricht der Herr:
Gewöhnt euch nicht an den Weg der Völ-
ker, / erschreckt nicht vor den Zeichen des
Himmels, / wenn auch die Völker vor ihnen
erschrecken.
3 Denn die Gebräuche der Völker sind lee-
rer Wahn. / Ihre Götzen sind nur Holz,
das man im Wald schlägt, / ein Werk aus
der Hand des Schnitzers, / mit dem Messer
verfertigt.
4 Er verziert es mit Silber und Gold, / mit
Nagel und Hammer macht er es fest, sodass
es nicht wackelt.
5 Sie sind wie Vogelscheuchen im Gurken-
feld. / Sie können nicht reden; / man muss sie
tragen, weil sie nicht gehen können.
Fürchtet euch nicht vor ihnen; / denn sie
können weder Schaden zufügen / noch Gutes
bewirken.
6 Niemand, Herr, ist wie du: / Groß bist du
und groß an Kraft ist dein Name.
7 Wer sollte dich nicht fürchten, du König
der Völker? / Ja, das steht dir zu.
Denn unter allen Weisen der Völker / und
in jedem ihrer Reiche ist keiner wie du.
8 Sie alle sind töricht und dumm. / Was die
nichtigen Götzen zu bieten haben – Holz ist es.
9 Sie sind gehämmertes Silber aus Tar-
schisch und Gold aus Ofir, / Arbeit des
Schnitzers und Goldschmieds;
violetter und roter Purpur ist ihr Ge-
wand; / sie alle sind nur das Werk kunstfer-
tiger Männer.
10 Der Herr aber ist in Wahrheit Gott, / le-
bendiger Gott und ewiger König.
Vor seinem Zorn erbebt die Erde, / die Völ-
ker halten seinen Groll nicht aus.
11 Von jenen dagegen sollt ihr sagen: / Die

10,11 In aramäischer Sprache.

Götter, die weder Himmel noch Erde erschufen, / sie sollen verschwinden von der Erde und unter dem Himmel.
12 Er aber hat die Erde erschaffen durch seine Kraft, / den Erdkreis gegründet durch seine Weisheit, / durch seine Einsicht den Himmel ausgespannt.
13 Lässt er seine Stimme ertönen, / dann rauschen die Wasser am Himmel.
Wolken führt er herauf vom Rand der Erde; / er lässt es blitzen und regnen, / aus seinen Kammern entsendet er den Wind.
14 Töricht steht jeder Mensch da, ohne Erkenntnis, / beschämt jeder Goldschmied mit seinem Götzenbild;
denn seine Bilder sind Trug, / kein Atem ist in ihnen.
15 Nichtig sind sie, ein Spottgebilde. / Zur Zeit ihrer Heimsuchung gehen sie zugrunde.
16 Anders der Gott, der Jakobs Anteil ist. / Denn er ist der Schöpfer des Alls
und Israel der Stamm, der ihm gehört. / Herr der Heere ist sein Name.

3: Jes 44,12–17 • 4: Bar 6 • 12–16 ‖ 51,15–19 • 13: Ps 135,7 • 14: Jes 45,16.

Klage und Bitte: 10,17–25

17 Raff dein Bündel zusammen! Fort aus dem Land, / du schwer bedrängte Stadt!
18 Denn so spricht der Herr:
Fürwahr, diesmal schleudere ich / die Bewohner des Landes hinweg
und bringe sie in Bedrängnis, / damit sie mich finden.
19 Weh mir ob meines Zusammenbruchs! / Unheilbar ist meine Wunde.
Ich aber hatte gedacht: / Das ist doch nur eine Krankheit, die ich ertragen kann.
20 Nun ist mein Zelt verwüstet, / alle meine Zeltstricke sind zerrissen.
Meine Kinder gingen von mir fort / und sind nicht mehr.
Niemand schlägt mein Zelt wieder auf / und breitet darüber die Zeltdecken aus.
21 Denn töricht waren die Hirten, / den Herrn suchten sie nicht;
deshalb hatten sie keinen Erfolg / und ihre ganze Herde wurde zerstreut.
22 Horch, eine Kunde trifft eben ein, / großes Getöse vom Nordland her:
Judas Städte sollen zum Ödland werden, / zur Behausung für Schakale.
23 Ich weiß, Herr, dass der Mensch seinen Weg nicht zu bestimmen vermag, / dass keiner beim Gehen seinen Schritt lenken kann.
24 Herr, züchtige mich, doch mit rechtem Maß, / nicht in deinem Zorn, / sonst machst du mich allzu elend.
25 Gieß deinen Zorn aus über die Völker, / die dich nicht kennen,
und über die Stämme, / die deinen Namen nicht anrufen.
Denn sie haben Jakob verschlungen und vernichtet, / seine Wohnstätte verwüstet.

19: 14,17; 30,12 • 22: 9,10; 26,18 • 24: 30,11.

Der gebrochene Bund: 11,1–17

11 Das Wort, das vom Herrn an Jeremia
erging: 2 Hört die Worte dieses Bun-
des! Du sollst sie den Leuten von Juda und
den Einwohnern Jerusalems verkünden.
3 Du sollst ihnen sagen: So spricht der Herr,
der Gott Israels: Verflucht der Mensch, der
nicht hört auf die Worte dieses Bundes, 4 die
ich euren Vätern aufgetragen habe, als ich
sie aus Ägypten herausführte, aus dem
Schmelzofen des Eisens: Hört auf meine
Stimme, und handelt in allem nach meinen
Geboten; dann werdet ihr mein Volk sein
und ich will euer Gott sein. 5 Nur so kann ich
den Eid halten, den ich euren Vätern ge-
schworen habe: ihnen ein Land zu geben, in
dem Milch und Honig fließen, wie ihr es
heute habt. Ich antwortete: Ja, Herr. 6 Darauf
sprach der Herr zu mir: Verkünde alle diese
Worte laut in den Städten Judas und auf den
Straßen Jerusalems: Hört die Worte dieses
Bundes und handelt danach! 7 Denn ich
habe eure Väter, schon als ich sie aus Ägyp-
ten heraufführte und bis zum heutigen Tag,
immer wieder beschworen: Hört auf meine
Stimme! 8 Sie aber haben nicht gehört und
mir ihr Ohr nicht zugeneigt; alle folgten dem
Trieb ihres bösen Herzens. So musste ich an
ihnen alle Worte dieses Bundes erfüllen, den
zu halten ich ihnen geboten habe, den sie
aber nicht gehalten haben. 9 Der Herr sagte
zu mir: Es gibt eine Verschwörung unter den
Leuten von Juda und den Einwohnern Jeru-
salems. 10 Sie sind zurückgekehrt zu den
Sünden ihrer Väter, die sich weigerten, mei-
nen Worten zu gehorchen. Auch sie sind
fremden Göttern nachgelaufen, um ihnen zu
dienen. Das Haus Israel und das Haus Juda
haben meinen Bund gebrochen, den ich mit
ihren Vätern geschlossen habe.
11 Darum – so spricht der Herr: Jetzt
bringe ich Unheil über sie, dem sie nicht ent-
gehen können. Schreien sie dann zu mir, so
werde ich nicht auf sie hören. 12 Wenn aber
die Städte Judas und die Einwohner Jerusa-
lems hingehen und zu den Göttern schreien,
denen sie Opfer darbringen, dann werden
diese zur Zeit der Not ihnen ganz gewiss nicht
helfen können. 13 Denn so zahlreich wie
deine Städte sind auch deine Götter, Juda,

und so zahlreich wie die Straßen Jerusalems
sind die schändlichen Altäre, die ihr errich-
tet habt, um dem Baal zu opfern. 14 Du aber
bete nicht für dieses Volk! Fang nicht an, für
sie zu flehen und zu bitten. Denn ich höre
nicht, wenn du zu mir rufst wegen ihrer
Not.
15 Was hat mein Liebling in meinem Haus
zu suchen, wenn er nur Schlimmes verübt?
Können Zehnt und Opferfleisch das Unheil
von dir fernhalten, sodass du dann jubeln
könntest? 16 Einen üppigen Ölbaum von
schöner Gestalt hatte der Herr dich genannt.
Wenn der gewaltige (Kriegs-)Lärm ertönt,
legt er Feuer an ihn, sodass seine Zweige
hässlich werden. 17 Der Herr der Heere, der
dich pflanzte, hat Unheil über dich verhängt
wegen der bösen Taten, die das Haus Israel
und das Haus Juda verübten; dem Baal op-
ferten sie, um mich zu erzürnen.

4: Lev 26,12; Dtn 26,17f • 7–8: 7,25f • 8: 18,12; 25,4 • 13: 2,28 • 14: 7,16; 14,11.

Die Mordpläne gegen Jeremia: 11,18–23

18 Der Herr ließ es mich wissen und so
wusste ich es; damals ließest du mich ihr
Treiben durchschauen. 19 Ich selbst war wie
ein zutrauliches Lamm, das zum Schlachten
geführt wird, und ahnte nicht, dass sie gegen
mich Böses planten: Wir wollen den Baum
im Saft verderben; wir wollen ihn ausrotten
aus dem Land der Lebenden, sodass man sei-
nen Namen nicht mehr erwähnt. 20 Aber der
Herr der Heere richtet gerecht, er prüft Herz
und Nieren. Ich werde sehen, wie du Rache
an ihnen nimmst; denn dir habe ich meine
Sache anvertraut. 21 Darum – so spricht der
Herr gegen die Leute von Anatot, die mir
nach dem Leben trachten und sagen: Du
darfst nicht als Prophet im Namen des
Herrn auftreten, wenn du nicht durch unsere
Hand sterben willst. 22 Darum – so spricht
der Herr der Heere: Seht, ich werde sie zur
Rechenschaft ziehen. Die jungen Männer
sterben durchs Schwert, ihre Söhne und
Töchter sterben vor Hunger. 23 So wird den
Leuten von Anatot kein Rest mehr bleiben,
wenn ich Unheil über sie bringe, das Jahr
ihrer Bestrafung.

19: Jes 53,7 • 20: 20,12; Ps 7,10.

Der Prophet in seelischer Not: 12,1–6

12 Du bleibst im Recht, Herr, wenn ich
mit dir streite; / dennoch muss ich
mit dir rechten.
Warum haben die Frevler Erfolg, / wes-
halb können alle Abtrünnigen sorglos sein?
2 Du hast sie eingepflanzt und sie schlagen
Wurzel, / sie wachsen heran und bringen
auch Frucht.
Nur ihrem Mund bist du nah, / ihrem Her-
zen aber fern.
3 Du jedoch, Herr, kennst und durch-
schaust mich; / du hast mein Herz erprobt /
und weißt, dass es an dir hängt.
Raff sie weg wie Schafe zum Schlachten, /
sondere sie aus für den Tag des Mordens!
4 Wie lange noch soll das Land vertrock-
nen, / das Grün auf allen Feldern verdor-
ren?
Weil seine Bewohner Böses tun, / schwin-
den Vieh und Vögel dahin. / Denn sie den-
ken: Er sieht unsre Zukunft nicht. –
5 Wenn schon der Wettlauf mit Fußgän-
gern dich ermüdet, / wie willst du mit Pfer-
den um die Wette laufen?
Wenn du nur im friedlichen Land dich si-
cher fühlst, / wie wirst du dich verhalten im
Dickicht des Jordan?
6 Selbst deine Brüder und das Haus deines
Vaters handeln treulos an dir; / auch sie
schreien laut hinter dir her.
Trau ihnen nicht, / selbst wenn sie freund-
lich mit dir reden.

1: Ps 73,3–12; Ijob 21,7–13 • 6: 9,3.

Die Klage Gottes über sein Land: 12,7–13

7 Ich verlasse mein Haus, / ich verstoße
mein Erbteil.
Meinen Herzensliebling gebe ich preis / in
die Hand seiner Feinde.
8 Mein Erbteil wandte sich gegen mich /
wie ein Löwe im Wald.
Es erhob gegen mich seine Stimme; / des-
halb bin ich ihm Feind.
9 Ist mir mein Erbteil zur Höhle einer
Hyäne geworden, / dass Raubvögel es um-
lagern?
Auf, sammelt euch, alle Tiere des Feldes, /
kommt zum Fraß!
10 Hirten in großer Zahl / haben meinen
Weinberg verwüstet,
mein Feld zertreten, / mein prächtiges
Feld zur öden Wüste gemacht.
11 Man hat es in dürres Ödland verwan-
delt, / verwüstet liegt es vor mir.
Das ganze Land ist verödet, / doch keiner
nimmt sich das zu Herzen.
12 Über alle Hügel der Steppe drangen Ver-
derber ein; / denn das Schwert des Herrn

12,4e G: Gott sieht unsere Pfade nicht.
12,5 Die Antwort Gottes hält dem Propheten in zwei Vergleichen vor, dass er schon kleinen Schwierigkeiten nicht gewachsen ist; er muss auf noch größere gefasst sein.

frisst von einem Ende des Landes zum an-
dern. / Kein Mensch bleibt unversehrt.
13 Sie haben Weizen gesät und Dornen ge-
erntet, / sie haben sich abgemüht, doch ohne
Ertrag.
Enttäuscht sind sie von ihrer Ernte; / (sie
ist vernichtet) durch den glühenden Zorn des
Herrn.

9: Jes 56,9.

Gericht oder Heil für die Nachbarn: 12,14–17

14 So spricht der Herr: Alle meine bösen
Nachbarn, die das Erbteil antasten, das ich
meinem Volk Israel zum Erbe gegeben habe,
fürwahr, ich reiße sie von ihrem Boden weg;
doch auch das Haus Juda reiße ich aus ihrer
Mitte. 15 Aber nachdem ich sie weggerissen
habe, will ich mich ihrer wieder erbarmen
und sie zurückbringen, einen jeden in sein
Erbteil und in seine Heimat. 16 Lernen sie
dann die rechte Lebensweise meines Volkes,
sodass sie bei meinem Namen schwören: So
wahr der Herr lebt!, wie sie vorher mein
Volk gelehrt hatten, beim Baal zu schwören,
dann sollen sie inmitten meines Volkes wie-
derhergestellt werden. 17 Gehorchen sie je-
doch nicht, so werde ich dieses Volk völlig
ausreißen und vernichten – Spruch des Herrn.

16: 4,2.

Gottes Strafe im Gleichnis: 13,1–14

13 So hat der Herr zu mir gesagt: Geh,
kauf dir einen leinenen Gürtel, und
leg ihn dir um die Hüften, aber tauch ihn
nicht ins Wasser! 2 Da kaufte ich, wie der
Herr mir aufgetragen hatte, den Gürtel und
legte ihn mir um die Hüften. 3 Nun erging
das Wort des Herrn zum zweiten Mal an
mich; er sagte: 4 Nimm den gekauften Gürtel,
den du um die Hüften trägst, mach dich auf
den Weg an den Eufrat und verbirg ihn dort
in einer Felsspalte! 5 Ich ging hin und ver-
barg ihn am Eufrat, wie mir der Herr befoh-
len hatte. 6 Nach längerer Zeit sprach der
Herr zu mir: Mach dich auf den Weg an den
Eufrat und hol den Gürtel zurück, den du
dort auf meinen Befehl hin verborgen hast.
7 Da ging ich zum Eufrat, suchte den Gürtel
und holte ihn von der Stelle, wo ich ihn ver-
borgen hatte. Doch der Gürtel war verdor-
ben, zu nichts mehr zu gebrauchen. 8 Nun er-
ging das Wort des Herrn an mich: 9 So
spricht der Herr: Ebenso verderbe ich die
stolze Pracht Judas und Jerusalems, wie
groß sie auch sei. 10 Dieses böse Volk weigert
sich, auf meine Worte zu hören, es folgt dem
Trieb seines Herzens und läuft anderen Göt-
tern nach, um ihnen zu dienen und sie anzu-
beten; es soll daher wie dieser Gürtel wer-
den, der zu nichts mehr zu gebrauchen ist.
11 Denn wie sich der Gürtel den Hüften des
Mannes anschmiegt, so wollte ich, dass sich
das ganze Haus Juda mir anschmiegte –
Spruch des Herrn –, damit es mein Volk und
mein Ruhm, mein Preis und mein Schmuck
wäre. Sie aber haben nicht gehorcht. 12 Du
sollst ihnen das folgende Wort ausrichten: So
spricht der Herr, der Gott Israels: Jeden
Krug kann man mit Wein füllen. Wenn sie
dir darauf erwidern: Wissen wir nicht selbst,
dass man jeden Krug mit Wein füllen kann?,
13 dann sollst du ihnen antworten: So spricht
der Herr: Seht, ich fülle alle Bewohner dieses
Landes mit Trunkenheit, die Könige, die auf
Davids Thron sitzen, die Priester, die Pro-
pheten und alle Einwohner Jerusalems.
14 Ich zerschmettere sie, den einen am an-
dern, Väter und Söhne zugleich – Spruch des
Herrn. Keine Schonung, kein Mitleid und
kein Erbarmen hält mich ab, sie zu vernich-
ten.

10: 11,8 • 13: Jes 51,17.

Die Warnung vor Hochmut: 13,15–17

15 Hört und merkt auf! / Seid nicht hoch-
mütig; denn der Herr redet.
16 Erweist dem Herrn, eurem Gott, die
Ehre, / bevor es dunkel wird, / bevor eure
Füße straucheln auf dämmrigen Bergen.
Wartet ihr dann auf das Licht – / er ver-
wandelt es in Finsternis / und macht es zur
Dunkelheit.
17 Wenn ihr aber darauf nicht hört, / so
muss ich im Verborgenen weinen über den
Hochmut
und mein Auge muss ohne Unterlass Trä-
nen vergießen, / da die Herde des Herrn weg-
geführt wird.

17: 14,17.

Die drohende Wegführung: 13,18–19

18 Sag zum König und zur Herrin: / Setzt
euch tief hinunter;
denn eure prächtige Krone / sinkt euch
vom Haupt.

13,18 Gemeint sind König Jojachin und seine Mutter (2 Kön 24,10–17) vor ihrer Gefangennahme 597 v. Chr.

19 Die Städte im Negeb sind verschlos-
sen / und niemand kann sie öffnen. / Wegge-
führt wird ganz Juda, vollständig wegge-
führt.

Die Schändung Jerusalems: 13,20–27

20 Blick auf [Jerusalem] / und schau, wie
sie kommen vom Norden!
Wo bleibt da die Herde, die dir anvertraut
war, / deine prächtigen Schafe?
21 Was wirst du sagen, / wenn man die
Freunde,
die du selbst an dich gewöhnt hast, / als
Herren über dich setzt?
Werden dich nicht Wehen ergreifen / wie
eine gebärende Frau?
22 Und wenn du dich fragst: / Warum hat
mich das alles getroffen?,
so wisse: Wegen deiner großen Schuld
wird deine Schleppe aufgehoben / und dein
Leib vergewaltigt.
23 Ändert wohl ein Neger seine Hautfar-
be / oder ein Leopard seine Flecken?
Dann könntet auch ihr euch noch bes-
sern, / die ihr ans Böse gewöhnt seid.
24 So aber zerstreue ich euch wie Spreu, /
die verfliegt, wenn der Wüstenwind weht.
25 Das ist dein Los, dein Lohn, / von mir dir
zugemessen – Spruch des Herrn –,
weil du mich vergessen / und dich auf Lü-
gen verlassen hast.
26 Nun hebe auch ich deine Schleppe auf, /
bis über dein Gesicht, / sodass deine Schande
offenbar wird,
27 deine Ehebrüche, dein geiles Wiehern, /
deine schändliche Unzucht.
Auf den Hügeln und auf dem Feld / habe
ich deine Gräuel gesehen.
Weh dir, Jerusalem, / weil du dich nicht
reinigst – / wie lange noch?

22: Ez 16,37 • 27: 5,8

Die große Dürre: 14,1–9

14 Das Wort des Herrn erging an Jere-
mia wegen der großen Dürre:
2 Juda ist ausgedörrt; / seine Tore verfal-
len,
sie sinken trauernd zu Boden / und Jerusa-
lems Klageschrei steigt empor.
3 Die Vornehmen schicken ihre Diener
nach Wasser; / sie kommen zu den Brun-
nen, / finden aber kein Wasser;
sie kehren mit leeren Krügen zurück. /
[Sie sind bestürzt und enttäuscht / und ver-
hüllen ihr Haupt.]
4 Die Bauern sind um den Ackerboden be-
sorgt; / denn es fiel kein Regen im Land.
Sie sind bestürzt / und verhüllen ihr
Haupt.
5 Selbst die Hirschkuh im Feld / lässt ihr
Junges im Stich, / weil kein Grün mehr da
ist.
6 Die Wildesel stehen auf den kahlen Hö-
hen; / sie schnappen nach Luft wie Scha-
kale.
Ihre Augen erlöschen; / denn nirgends ist
Gras.
7 Unsre Sünden klagen uns an. / Doch um
deines Namens willen handle, o Herr!
Ja, zahlreich sind unsre Vergehen; / gegen
dich haben wir gesündigt.
8 Du, Israels Hoffnung, / sein Retter zur
Zeit der Not,
warum bist du wie ein Fremder im Land /
und wie ein Wanderer, der nur über Nacht
einkehrt?
9 Warum bist du wie ein ratloser Mann, /
wie ein Krieger, der nicht zu siegen ver-
mag?
Du bist doch in unsrer Mitte, Herr, / und
dein Name ist über uns ausgerufen. / Verlass
uns nicht!

2: Joël 1,10–12.

Von Gott verworfen: 14,10–18

10 So spricht der Herr von diesem Volk:
Haltlos hin und her zu schweifen, das lieben
sie; ihren Füßen gönnen sie keine Ruhe. Doch
der Herr hat kein Gefallen an ihnen. Jetzt
denkt er an ihre Schuld und straft ihre Sün-
den. 11 Und der Herr sprach zu mir: Bete
nicht um das Wohlergehen dieses Volkes!
12 Auch wenn sie fasten, höre ich nicht auf
ihr Flehen; wenn sie Brandopfer und Speise-
opfer darbringen, habe ich kein Gefallen an
ihnen. Durch Schwert, Hunger und Pest ma-
che ich ihnen ein Ende. 13 Da sagte ich: Ach,
Herr und Gott, die Propheten sagen doch zu
ihnen: Ihr werdet das Schwert nicht sehen,
der Hunger wird nicht über euch kommen,
sondern beständiges Heil gewähre ich euch
an diesem Ort. 14 Aber der Herr erwiderte
mir: Lüge ist, was die Propheten in meinem
Namen verkünden. Ich habe sie weder ge-
sandt noch beauftragt, ich habe nicht zu ih-
nen gesprochen. Erlogene Visionen, leere
Wahrsagerei und selbst erdachten Betrug
verkünden sie euch. 15 Darum spreche ich,
der Herr, so gegen die Propheten, die in mei-
nem Namen weissagen, obwohl ich sie nicht

13,23 Neger, wörtlich: Kuschiter. – Kusch entspricht dem heutigen Sudan und Teilen Äthiopiens.

14,3 Das Eingeklammerte fehlt in G; irrtümliche Doppelschreibung für V. 4cd.

gesandt habe, und die behaupten, Schwert
und Hunger werde es nicht geben in diesem
Land: Durch Schwert und Hunger werden
diese Propheten enden. 16 Die Leute aber, de-
nen sie weissagen, werden auf den Straßen
Jerusalems liegen, hingestreckt durch Hun-
ger und Schwert. Niemand wird sie begra-
ben, sie, ihre Frauen, Söhne und Töchter. So
gieße ich das verdiente Unheil über sie
aus.

17 Du sollst zu ihnen dieses Wort sagen:

Meine Augen fließen über von Tränen /
bei Tag und bei Nacht / und finden keine
Ruhe.

Denn großes Verderben brach herein /
über die Jungfrau, die Tochter, mein Volk, /
eine unheilbare Wunde.

18 Gehe ich aufs Feld hinaus – / seht, vom
Schwert Durchbohrte!

Komme ich in die Stadt – / seht, vom Hun-
ger Gequälte!

Ja, auch Propheten und Priester werden
verschleppt / in ein Land, das sie nicht ken-
nen.

11: 7,16; 11,14 • 14: 27,14f; 29,8f • 17: 13,17.

Die Klage des Volkes: 14,19–22

19 Hast du denn Juda ganz verworfen, /
wurde dir Zion zum Abscheu?

Warum hast du uns so geschlagen, / dass es
für uns keine Heilung mehr gibt?

Wir hofften auf Heil, / doch kommt nichts
Gutes,

auf die Zeit der Heilung, / doch ach, nur
Schrecken!

20 Wir erkennen, Herr, unser Unrecht, / die
Schuld unsrer Väter: / Ja, wir haben gegen
dich gesündigt.

21 Um deines Namens willen verschmäh
nicht, / verstoß nicht den Thron deiner Herr-
lichkeit!

Gedenke deines Bundes mit uns / und löse
ihn nicht!

22 Gibt es etwa Regenspender / unter den
Götzen der Völker?

Oder ist es der Himmel, der von selbst reg-
nen lässt? / Bist nicht du es, Herr, unser
Gott?

Wir setzen unsre Hoffnung auf dich; /
denn du hast dies alles gemacht.

19: 8,15.

Das unabänderliche Strafgericht: 15,1–4

15 Doch der Herr sprach zu mir: Selbst
wenn Mose und Samuel vor mein An-
gesicht träten, würde sich mein Herz diesem
Volk nicht mehr zuneigen. Schaff sie mir aus
den Augen, sie sollen gehen. 2 Fragen sie dich
dann: Wohin sollen wir gehen?, so sag ihnen:
So spricht der Herr: Wer der Pest verfallen
ist, zur Pest! Wer dem Schwert, zum
Schwert! Wer dem Hunger, zum Hunger! Wer
der Gefangenschaft, zur Gefangenschaft!
3 Vier Plagen biete ich gegen sie auf – Spruch
des Herrn: Das Schwert zum Morden, die
Hunde zum Fortschleifen, die Vögel des
Himmels und die Tiere des Feldes zum Fres-
sen und Vertilgen. 4 Ich mache sie zu einem
Bild des Schreckens für alle Reiche der Erde
wegen des Manasse, des Sohnes Hiskijas, des
Königs von Juda, zur Strafe für das, was er
in Jerusalem verübt hat.

2: 43,11 • 3: Ez 14,21 • 4: 2 Kön 21,1–16.

Jerusalems Ende: 15,5–9

5 Wer wird mit dir, Jerusalem, Mitleid ha-
ben / und wer wird dich bedauern?

Wer wird kommen, / um nach deinem Er-
gehen zu fragen?

6 Du selbst hast mich verworfen – Spruch
des Herrn – / du hast mir den Rücken ge-
kehrt.

Deshalb streckte ich meine Hand gegen
dich aus / und zerstörte dich; / ich bin der
Nachsicht müde geworden.

7 Die Bewohner habe ich mit der Schaufel
geworfelt / auf den freien Plätzen des Lan-
des.

Ich habe mein Volk kinderlos gemacht /
und es dem Untergang geweiht,

weil es von seinen schlimmen Wegen /
nicht umkehren wollte.

8 Seine Witwen wurden zahlreicher / als
der Sand am Meer;

ich brachte über sie [die Mütter der jungen
Männer] / am hellen Mittag den Verwüster,

ließ jählings auf sie fallen / Angst und
Schrecken.

9 Die Mutter, die sieben Söhne gebar, /
welkte dahin, verhauchte ihr Leben.

Ihr sank die Sonne mitten am Tag, / sie fiel
in Schande und Schmach.

Den Rest des Volkes gebe ich dem
Schwerte preis / vor den Augen seiner
Feinde – Spruch des Herrn.

7: Mt 3,12.

Die Klage des Propheten: 15,10–21

10 Weh mir, Mutter, dass du mich geboren
hast, / einen Mann, der mit aller Welt in
Zank und Streit liegt.

15,7 Zum Bild vom Worfeln vgl. die Anmerkung zu Rut 3,2–4.

Ich bin niemands Gläubiger und niemands Schuldner / und doch fluchen mir alle.

11 Fürwahr, Herr, ich habe dir mit gutem Willen gedient, / ich bin für den Feind bei dir eingetreten / zur Zeit des Unheils und der Bedrängnis.

12 [Kann man Eisen zertrümmern, / Eisen vom Norden, und Kupfer?

13 Dein Vermögen und deine Schätze / gebe ich zur Plünderung preis

als Lohn für all deine Sünden / in deinem ganzen Gebiet.

14 Ich mache dich zum Sklaven deiner Feinde / in einem Land, das du nicht kennst.

Denn Feuer lodert auf in meinem Zorn, / gegen euch ist es entbrannt.]

15 Du weißt es, Herr; denk an mich / und nimm dich meiner an! / Nimm für mich Rache an meinen Verfolgern!

Raff mich nicht hinweg, / sondern schieb deinen Zorn hinaus! / Bedenke, dass ich deinetwillen Schmach erleide.

16 Kamen Worte von dir, / so verschlang ich sie; / dein Wort war mir Glück und Herzensfreude;

denn dein Name ist über mir ausgerufen, / Herr, Gott der Heere.

17 Ich sitze nicht heiter im Kreis der Fröhlichen; / von deiner Hand gepackt, sitze ich einsam; / denn du hast mich mit Groll angefüllt.

18 Warum dauert mein Leiden ewig / und ist meine Wunde so bösartig, / dass sie nicht heilen will?

Wie ein versiegender Bach bist du mir geworden, / ein unzuverlässiges Wasser.

19 Darum – so spricht der Herr:

Wenn du umkehrst, lasse ich dich umkehren, / dann darfst du wieder vor mir stehen.

Redest du Edles und nicht Gemeines, / dann darfst du mir wieder Mund sein.

Jene sollen sich dir zuwenden, / du aber wende dich ihnen nicht zu.

20 Dann mache ich dich für dieses Volk / zur festen, ehernen Mauer.

Mögen sie dich bekämpfen, / sie werden dich nicht bezwingen;

denn ich bin mit dir, / um dir zu helfen und dich zu retten / – Spruch des Herrn.

21 Ja, ich rette dich aus der Hand der Bösen, / ich befreie dich aus der Faust der Tyrannen.

10: 20,14 • 17: 16,8 • 20: 1,18f.

Jeremias Einsamkeit – ein Zeichen für Israel: 16,1–9

16 Das Wort des Herrn erging an mich:
2 Du sollst dir keine Frau nehmen
und weder Söhne noch Töchter haben an
diesem Ort. 3 Denn so spricht der Herr über
die Söhne und Töchter, die an diesem Ort geboren werden, über ihre Mütter, die sie gebären, und über ihre Väter, die sie zeugen in
diesem Land: 4 Eines qualvollen Todes müssen sie sterben; man wird sie nicht beklagen und nicht begraben; sie werden zum Dünger auf dem Acker. Durch Schwert und Hunger kommen sie um; ihre Leichen werden zum Fraß für die Vögel des Himmels und die Tiere
des Feldes. 5 Ja, so hat der Herr gesprochen: Betritt kein Trauerhaus, geh nicht zur Totenklage und bezeig niemandem Beileid! Denn ich habe diesem Volk mein Heil entzogen – Spruch des Herrn –, die Güte und das
Erbarmen. 6 Groß und Klein muss sterben in diesem Land; man wird sie nicht begraben und nicht beklagen. Niemand ritzt sich ihretwegen wund oder schert sich kahl. 7 Keinem wird man das Trauerbrot brechen, um ihn wegen eines Verstorbenen zu trösten; man wird ihm nicht den Trostbecher reichen wegen seines Vaters oder seiner Mutter.
8 Auch ein Haus, in dem ein Gastmahl stattfindet, sollst du nicht betreten, um mit den Leuten bei Speise und Trank zu sitzen.
9 Denn so spricht der Herr der Heere, der Gott Israels: Seht, verstummen lasse ich an diesem Ort, vor euren Augen und in euren Tagen, Jubelruf und Freudenruf, den Ruf des Bräutigams und den Ruf der Braut.

4: 9,21; 25,33 • 6: 47,5 • 9: 7,34.

Die Gründe für das Gericht: 16,10–18

10 Wenn du nun diesem Volk das alles verkündest und man dich fragt: Warum droht der Herr uns all dieses schwere Unheil an? Worin besteht unsre Schuld und welche Sünde haben wir gegen den Herrn, unsern
Gott, begangen?, 11 so antworte ihnen: Eure Väter haben mich verlassen – Spruch des Herrn; sie liefen anderen Göttern nach, dien-

15,12–14 Stört den Zusammenhang und unterbricht die Klage. Die VV. 13f stammen aus 17,3f.

15,19 Der Prophet, der die Umkehr gepredigt hat, muss nun, da er versagt hat und an seiner Berufung zweifelt, erst selbst umkehren, wenn er wieder in den Dienst Gottes treten will.

16,6f Sich wund ritzen, sich kahl scheren und Trauerbrot essen sind Trauerriten.

ten ihnen und beteten sie an. Mich aber haben sie verlassen und meine Weisung nicht befolgt. 12 Ihr selbst aber habt es noch schlimmer getrieben als eure Väter. Seht, jeder von euch folgt dem Trieb seines bösen Herzens, ohne auf mich zu hören. 13 Darum schleudere ich euch aus diesem Land hinaus, in das Land, das euch und euren Vätern unbekannt war. Dort mögt ihr anderen Göttern dienen Tag und Nacht; ich aber werde euch keine Gnade mehr schenken. 14 [Darum seht, es werden Tage kommen – Spruch des Herrn –, da sagt man nicht mehr: So wahr der Herr lebt, der die Söhne Israels aus Ägypten heraufgeführt hat!, 15 sondern: So wahr der Herr lebt, der die Söhne Israels aus dem Nordland und aus allen Ländern, in die er sie verstoßen hatte, heraufgeführt hat. Ich bringe sie zurück in ihr Heimatland, das ich ihren Vätern gegeben habe.]

16 Seht, ich hole viele Fischer – Spruch des Herrn –, die sollen sie fangen; dann hole ich viele Jäger, die sollen sie erlegen auf jedem Berg und Hügel und in den Felsenklüften. 17 Denn meine Augen sehen alle ihre Wege; sie können sich vor mir nicht verstecken und ihre Schuld ist vor meinen Augen nicht verborgen. 18 So vergelte ich zunächst nach dem Maß ihrer Schuld und Sünde, weil sie mein Land durch das Aas ihrer Scheusale entweiht und mein Erbteil mit ihren abscheulichen Götzen angefüllt haben.

10: 5,19 • 13: Dtn 28,64.

Die Bekehrung der Völker: 16,19–21

19 Herr, meine Kraft und meine Burg, / meine Zuflucht am Tag der Not!

Zu dir kommen Völker von den Enden der Erde / und sagen: Nur Trug besaßen unsre Väter, / Wahngebilde, die nichts nützen.

20 Kann ein Mensch sich Götter machen? / Das sind doch keine Götter.

21 Darum seht, ich bringe sie zur Erkenntnis; / ja, diesmal bringe ich sie zur Erkenntnis meiner Macht und meiner Gewalt

und sie werden erkennen: / Mein Name ist Jahwe, der Herr.

Judas Sünde und Strafe: 17,1–4

17 Judas Sünde ist aufgeschrieben mit eisernem Griffel, / mit diamantenem Stift eingegraben

in die Tafel ihres Herzens / und in die Hörner ihrer Altäre,

2 damit auch ihre Söhne noch denken an ihre Altäre und Kultpfähle / bei den üppigen Bäumen und auf den hohen Hügeln des Berglands.

3 Dein Vermögen und alle deine Schätze / gebe ich zur Plünderung preis

als Lohn für all deine Sünden / in deinem ganzen Gebiet.

4 Du musst von deinem Erbteil lassen, / das ich dir gegeben habe.

Ich mache dich zum Sklaven deiner Feinde / in einem Land, das du nicht kennst.

Denn Feuer lodert auf in meinem Zorn, / für immer ist es entbrannt.

3: 15,13 • 4: 15,14.

Fluch oder Segen: 17,5–8

5 [So spricht der Herr:]

Verflucht der Mann, der auf Menschen vertraut, / auf schwaches Fleisch sich stützt / und dessen Herz sich abwendet vom Herrn.

6 Er ist wie ein kahler Strauch in der Steppe, / der nie einen Regen kommen sieht;

er bleibt auf dürrem Wüstenboden, / im salzigen Land, wo niemand wohnt.

7 Gesegnet der Mann, der auf den Herrn sich verlässt / und dessen Hoffnung der Herr ist.

8 Er ist wie ein Baum, der am Wasser gepflanzt ist / und am Bach seine Wurzeln ausstreckt:

Er hat nichts zu fürchten, wenn Hitze kommt; / seine Blätter bleiben grün;

auch in einem trockenen Jahr ist er ohne Sorge, / unablässig bringt er seine Früchte.

8: Ps 1,3.

Weisheitssprüche: 17,9–11

9 Arglistig ohnegleichen ist das Herz und unverbesserlich. / Wer kann es ergründen?

10 Ich, der Herr, erforsche das Herz / und prüfe die Nieren,

um jedem zu vergelten, wie es sein Verhalten verdient, / entsprechend der Frucht seiner Taten.

11 Wie ein Rebhuhn, das ausbrütet, / was es nicht gelegt hat,

so ist ein Mensch, / der Reichtum durch Unrecht erwirbt.

16,14f Diese Verheißung ist aus 23,7f übernommen.

17,1 Zu den Hörnern der Altäre vgl. die Anmerkung zu Lev 4,7.

17,5 Die Einleitung fehlt in G; es folgt keine Gottesrede.

In der Mitte seiner Tage muss er ihn verlassen / und am Ende steht er als Narr da.

10: Ps 7,10; Röm 2,6.

Das Gebet des verfolgten Propheten: 17,12–18

[12] Ein Thron der Herrlichkeit, erhaben von Anbeginn, / ist die Stätte unsres Heiligtums.

[13] Du Hoffnung Israels, Herr! / Alle, die dich verlassen, werden zuschanden,
die sich von dir abwenden, / werden in den Staub geschrieben;
denn sie haben den Herrn verlassen, / den Quell lebendigen Wassers.

[14] Heile mich, Herr, so bin ich heil, / hilf mir, so ist mir geholfen; / ja, mein Lobpreis bist du.

[15] Jene sagen zu mir: / Wo bleibt denn das Wort des Herrn? / Soll es doch eintreffen!

[16] Ich aber habe dich nie gedrängt wegen des Unheils / und habe den Unglückstag nicht herbeigewünscht.
Du weißt es selbst; / was mir über die Lippen kam, / liegt dir offen vor Augen.

[17] Werde nicht zum Schrecken für mich, / du meine Zuflucht am Tag des Unheils!

[18] Meine Verfolger sollen zuschanden werden, / nicht aber ich.
Sie sollen erschrecken, / nicht aber ich.
Bring über sie den Tag des Unheils, / zerbrich sie im verdienten Zusammenbruch!

12: 3,17 • 13: Joh 8,6; Jer 2,13 • 15: Jes 5,19.

Die Sabbatheiligung: 17,19–27

[19] So sprach der Herr zu mir: Geh und stell dich in das Tor der Söhne des Volkes, durch das die Könige von Juda aus- und einziehen, und in alle Tore Jerusalems. [20] Sag zu ihnen: Hört das Wort des Herrn, ihr Könige von Juda, ganz Juda und alle Einwohner Jerusalems, die ihr durch diese Tore kommt. [21] So spricht der Herr: Hütet euch um eures Lebens willen, am Tag des Sabbats eine Last zu tragen und durch die Tore Jerusalems hereinzubringen. [22] Auch dürft ihr am Sabbat keine Last aus euren Häusern hinaustragen und keinerlei Arbeit verrichten. Vielmehr sollt ihr den Sabbat heiligen, wie ich es euren Vätern geboten habe. [23] Doch sie haben nicht gehört und ihr Ohr mir nicht zugeneigt, sondern ihren Nacken versteift, ohne zu gehorchen und ohne Zucht anzunehmen. [24] Ihr aber, wenn ihr bereitwillig auf mich hört – Spruch des Herrn – und am Sabbat keine Last durch die Tore dieser Stadt bringt, sondern den Sabbat heiligt und an ihm keinerlei Arbeit verrichtet, [25] dann werden durch die Tore dieser Stadt Könige einziehen, die auf dem Thron Davids sitzen; mit Wagen und Rossen werden sie fahren, sie und ihre Beamten, die Männer von Juda und die Einwohner Jerusalems, und diese Stadt wird für immer bewohnt sein. [26] Dann kommen von den Städten Judas und aus der Umgebung Jerusalems, vom Land Benjamin, von der Schefela, vom Gebirge und vom Negeb her Wallfahrer, die Brandopfer, Schlachtopfer und Speiseopfer samt Weihrauch bringen; auch Dankopfer bringen sie dar im Haus des Herrn. [27] Wenn ihr aber nicht auf mein Gebot hört, den Sabbat zu heiligen, keine Last zu tragen und am Sabbat durch die Tore Jerusalems zu bringen, dann lege ich Feuer an seine Tore, das Jerusalems Paläste verzehrt und nie mehr erlischt.

21: Neh 13,15–22 • 22: Ex 20,8; Dtn 5,12 • 25: 22,4.

Das Gleichnis vom Töpfer: 18,1–17

18 Das Wort, das vom Herrn an Jeremia erging: [2] Mach dich auf und geh zum Haus des Töpfers hinab! Dort will ich dir meine Worte mitteilen. [3] So ging ich zum Haus des Töpfers hinab. Er arbeitete gerade mit der Töpferscheibe. [4] Missriet das Gefäß, das er in Arbeit hatte, wie es beim Ton in der Hand des Töpfers vorkommen kann, so machte der Töpfer daraus wieder ein anderes Gefäß, ganz wie es ihm gefiel. [5] Da erging an mich das Wort des Herrn: [6] Kann ich nicht mit euch verfahren wie dieser Töpfer, Haus Israel? – Spruch des Herrn. Seht, wie der Ton in der Hand des Töpfers, so seid ihr in meiner Hand, Haus Israel. [7] Bald drohe ich einem Volk oder einem Reich, es auszureißen, niederzureißen und zu vernichten. [8] Kehrt aber das Volk, dem ich gedroht habe, um von seinem bösen Tun, so reut mich das Unheil, das ich ihm zugedacht hatte. [9] Bald sage ich einem Volk oder einem Reich zu, es aufzubauen und einzupflanzen. [10] Tut es aber dann, was mir missfällt, und hört es nicht auf meine Stimme, so reut mich das Gute, das ich ihm zugesagt habe. [11] Und nun sag zu den Leuten von Juda und zu den Einwohnern Jerusalems: So spricht der Herr: Seht, ich bereite Unheil gegen euch vor und fasse einen Plan gegen euch. Kehrt doch um, ein jeder von seinem bösen Weg, und bessert euer Verhalten und euer Tun! [12] Aber sie werden sa-

---

17,13 »In den Staub schreiben« ist Bild für die Vergänglichkeit; das in den Staub Geschriebene wird vom Wind sofort wieder zugeweht.

gen: Vergebliche Mühe! Wir wollen unseren
eigenen Plänen folgen und jeder von uns
will nach dem Trieb seines bösen Herzens
handeln. 13 Deshalb spricht der Herr: Fragt
unter den Völkern, wer je Ähnliches gehört
hat. Ganz Abscheuliches hat die Jungfrau Is-
rael getan. 14 Weicht denn das Felsgestein
von der Landschaft, der Schnee vom Liba-
non, oder versiegen immer strömende Was-
ser, sprudelnde Quellen? 15 Mein Volk aber
hat mich vergessen; nichtigen Götzen bringt
es Opfer dar. Doch ich lasse sie straucheln
auf ihren Wegen, den altgewohnten Bahnen,
sodass sie auf ungebahnten Pfaden gehen
müssen. 16 Ich will ihr Land zu einem Ort des
Entsetzens machen, zum Gespött für immer.
Jeder, der dort vorbeikommt, wird sich ent-
setzen und den Kopf schütteln. 17 Wie der
Ostwind zerstreue ich sie vor dem Feind. Ich
zeige ihnen den Rücken und nicht das Ge-
sicht am Tag ihres Verderbens.

6: Jes 45,9; Röm 9,21 • 7: Ez 33,11–20 • 12: 6,16; 11,8 • 16: 19,8; 49,17; 50,13.

Die Bitte um Bestrafung der Gegner: 18,18–23

18 Sie aber sagten: / Kommt, lasst uns ge-
gen Jeremia Pläne schmieden!

Denn nie wird dem Priester die Weisung ausgehen, / dem Weisen der Rat und dem Propheten das Wort.

Kommt, wir wollen ihn mit seinen eigenen Worten schlagen / und Acht geben auf alles, was er sagt.

19 Gib du, Herr, Acht auf mich / und höre
das Gerede meiner Widersacher!

20 Darf man denn Gutes mit Bösem vergel-
ten? / [Denn sie haben (mir) eine Grube ge-
graben.

Denk daran, wie ich vor dir stand, / um zu ihren Gunsten zu sprechen / und deinen Zorn von ihnen abzuwenden.

21 Darum gib ihre Kinder dem Hunger
preis / und liefere sie der Gewalt des
Schwertes aus!

Ihre Frauen sollen der Kinder beraubt / und zu Witwen werden,

ihre Männer töte die Pest, / ihre jungen Männer erschlage das Schwert in der Schlacht.

22 Geschrei soll man hören aus ihren Häu-
sern, / wenn du plötzlich plündernde Horden
über sie kommen lässt.

Denn sie haben (mir) eine Grube gegraben, um mich zu fangen; / meinen Füßen haben sie Schlingen gelegt.

23 Du aber, Herr, / du kennst all ihre Mord-
pläne gegen mich.

Nimm für ihre Schuld keine Sühne an, / lösch bei dir ihre Sünde nicht aus!

Lass sie zu Fall kommen vor deinen Augen, / handle an ihnen zur Zeit deines Zorns!

23: Lk 23,34.

Drohreden und ihre Folgen: 19,1 – 20,6

19 Der Herr sprach zu mir: Geh und
kauf dir einen irdenen Krug, und
nimm einige Älteste des Volkes und der
Priester mit dir! 2 Dann geh hinaus zum Tal
Ben-Hinnom am Eingang des Scherbentors!
Dort verkünde die Worte, die ich dir sage.
3 Du sollst sagen: Hört das Wort des Herrn,
ihr Könige und ihr Einwohner Jerusalems!
So spricht der Herr der Heere, der Gott Isra-
els: Seht, ich bringe solches Unheil über die-
sen Ort, dass jedem, der davon hört, die Oh-
ren gellen. 4 Denn sie haben mich verlassen,
mir diesen Ort entfremdet und an ihm ande-
ren Göttern geopfert, die ihnen, ihren Vätern
und den Königen von Juda früher unbekannt
waren. Mit dem Blut Unschuldiger haben sie
diesen Ort angefüllt. 5 Sie haben dem Baal
eine Kulthöhe gebaut, um ihre Söhne als
Brandopfer für den Baal im Feuer zu ver-
brennen, was ich nie befohlen oder angeord-
net habe und was mir niemals in den Sinn
gekommen ist. 6 Seht, darum werden Tage
kommen – Spruch des Herrn –, da wird man
diesen Ort nicht mehr Tofet oder Tal Ben-
Hinnom nennen, sondern Mordtal. 7 Dann
vereitle ich die Pläne Judas und Jerusalems
an diesem Ort. Ich bringe sie vor den Augen
ihrer Feinde durch das Schwert zu Fall und
durch die Hand derer, die ihnen nach dem
Leben trachten. Ich gebe ihre Leichen den
Vögeln des Himmels und den Tieren des Fel-
des zum Fraß. 8 Ich mache diese Stadt zu ei-
nem Ort des Entsetzens und zum Gespött; je-
der, der dort vorbeikommt, wird sich entset-
zen und spotten über alle Schläge, die sie ge-
troffen haben. 9 Ich gebe ihnen das Fleisch
ihrer Söhne und Töchter zu essen, einer wird
das Fleisch des andern verzehren in der Not
und Bedrängnis, mit der ihre Feinde und
alle, die ihnen nach dem Leben trachten, sie
bedrängen. – 10 Dann zerbrich den Krug vor
den Augen der Männer, die mit dir gehen.
11 Sag ihnen: So spricht der Herr der Heere:
Ebenso zerbreche ich dieses Volk und diese
Stadt, wie man Töpfergeschirr zerbricht, so-
dass es nie wieder heil werden kann. Im To-

18,20 Das Eingeklammerte ist aus V. 22 eingedrungen.

19,2.6.11f Zum Tal Ben-Hinnom und zum Tofet vgl. die Anmerkung zu 7,31.

fet wird man Tote bestatten, weil sonst kein
Platz ist zum Begraben. 12 So werde ich mit
diesem Ort verfahren – Spruch des Herrn –
und mit seinen Bewohnern, um diese Stadt
dem Tofet gleichzumachen. 13 Die Häuser Je-
rusalems und die Häuser der Könige von
Juda sollen unrein werden wie der Ort des
Tofet, alle Häuser, auf deren Dächern man
dem ganzen Heer des Himmels Rauchopfer
und anderen Göttern Trankopfer darge-
bracht hat. – 14 Als nun Jeremia vom Tofet
zurückkam, wohin der Herr ihn zum Weissa-
gen gesandt hatte, begab er sich in den Vor-
hof beim Haus des Herrn und sagte zu allem
Volk: 15 So spricht der Herr der Heere, der
Gott Israels: Seht, ich bringe über diese
Stadt und über alle ihre Nachbarstädte all
das Unheil, das ich ihr angedroht habe, weil
sie ihren Nacken versteift haben und nicht
auf meine Worte hören wollen.

20 Der Priester Paschhur, der Sohn des
Immer, der Oberaufseher im Haus
des Herrn, hörte, wie Jeremia diese propheti-
schen Worte verkündete. 2 Da ließ Paschhur
den Propheten Jeremia schlagen und in den
Block spannen, der im oberen Benjamintor
beim Haus des Herrn war. 3 Als ihn Paschhur
am nächsten Morgen aus dem Block entließ,
sagte Jeremia zu ihm: Nicht mehr Paschhur
nennt dich der Herr, sondern: »Grauen rings-
um«. 4 Denn so spricht der Herr: Ja, ich gebe
dich dem Grauen preis, dich und alle deine
Freunde. Sie werden unter dem Schwert ih-
rer Feinde fallen und du musst mit eigenen
Augen zusehen. Ganz Juda aber gebe ich in
die Hand des Königs von Babel; er wird sie
nach Babel wegführen und mit dem Schwert
erschlagen. 5 Auch allen Besitz dieser Stadt,
all ihre Habe, alles Kostbare und alle Schätze
der Könige von Juda gebe ich in die Hand ih-
rer Feinde; sie werden alles rauben, weg-
schleppen und nach Babel bringen. 6 Du aber,
Paschhur, und alle deine Hausgenossen, ihr
werdet in die Verbannung ziehen; nach Babel
wirst du kommen, dort wirst du sterben und
dort begraben werden, du und alle deine
Freunde, denen du Lügen geweissagt hast.

19,5–6: 7,31–33 • 8: 18,16 • 9: Lev 26,29; Dtn 28,53; Bar 2,3 • 11: 7,32 • 13: 32,29 • 20,3: 20,10; 6,25; 46,5; 49,29; Ps 31,14.

Das Prophetenschicksal: 20,7–18

7 Du hast mich betört, o Herr, / und ich ließ mich betören; / du hast mich gepackt und überwältigt.
Zum Gespött bin ich geworden den ganzen Tag, / ein jeder verhöhnt mich.
8 Ja, sooft ich rede, muss ich schreien, / »Gewalt und Unterdrückung!«, muss ich rufen.
Denn das Wort des Herrn bringt mir / den ganzen Tag nur Spott und Hohn.
9 Sagte ich aber: Ich will nicht mehr an ihn denken / und nicht mehr in seinem Namen sprechen!,
so war es mir, als brenne in meinem Herzen ein Feuer, / eingeschlossen in meinem Innern.
Ich quälte mich es auszuhalten / und konnte nicht;
10 hörte ich doch das Flüstern der Vielen: / Grauen ringsum! Zeigt ihn an! / Wir wollen ihn anzeigen.
Meine nächsten Bekannten / warten alle darauf, dass ich stürze:
Vielleicht lässt er sich betören, / dass wir ihm beikommen können und uns an ihm rächen.
11 Doch der Herr steht mir bei wie ein gewaltiger Held. / Darum straucheln meine Verfolger und kommen nicht auf.
Sie werden schmählich zuschanden, da sie nichts erreichen, / in ewiger, unvergesslicher Schmach.
12 Aber der Herr der Heere prüft den Gerechten, / er sieht Herz und Nieren.
Ich werde deine Rache an ihnen erleben; / denn dir habe ich meine Sache anvertraut.
13 Singt dem Herrn, rühmt den Herrn; / denn er rettet das Leben des Armen aus der Hand der Übeltäter. –
14 Verflucht der Tag, an dem ich geboren wurde; / der Tag, an dem meine Mutter mich gebar, sei nicht gesegnet.
15 Verflucht der Mann, / der meinem Vater die frohe Kunde brachte:
Ein Kind, ein Knabe ist dir geboren!, / und ihn damit hoch erfreute.
16 Jener Tag gleiche den Städten, / die der Herr ohne Erbarmen zerstört hat.
Er höre Wehgeschrei am Morgen / und Kriegslärm um die Mittagszeit,
17 weil er mich nicht sterben ließ im Mutterleib. / So wäre meine Mutter mir zum Grab geworden, / ihr Schoß auf ewig schwanger geblieben.
18 Warum denn kam ich hervor aus dem Mutterschoß, / um nur Mühsal und Kummer zu erleben / und meine Tage in Schande zu beenden?

12: 11,20 • 14: Ijob 3,1–12; Jer 15,10.

19,13 Das »Heer des Himmels« sind die Gestirngottheiten; man verehrte sie auf den flachen Hausdächern.

20,7–18 In seiner Verbitterung macht Jeremia seinem Gott selbst den Vorwurf, dass er an seinem Unglück schuld sei, und verflucht sein Schicksal; doch bald ringt er sich wieder zu neuem Vertrauen durch. Er ähnelt darin Ijob.

Der Beginn der Belagerung Jerusalems:
21,1–10

21 Das Wort, das vom Herrn an Jeremia
erging, als König Zidkija den Pasch-
hur, den Sohn Malkijas, und den Priester Ze-
fanja, den Sohn Maasejas, zu ihm sandte mit
dem Auftrag: 2 Befrag doch den Herrn für
uns! Denn Nebukadnezzar, der König von
Babel, führt gegen uns Krieg; vielleicht han-
delt der Herr an uns wie bei all seinen frühe-
ren Wundern, sodass Nebukadnezzar von uns
abziehen muss. 3 Jeremia aber antwortete ih-
nen: Meldet Zidkija Folgendes: 4 So spricht
der Herr, der Gott Israels: Fürwahr, ich drehe
in eurer Hand die Waffen um, mit denen ihr
vor der Mauer gegen den König von Babel
und die Chaldäer, die euch belagern, kämpft,
und hole sie ins Innere dieser Stadt. 5 Ich
selbst kämpfe gegen euch mit hoch erhobener
Hand und starkem Arm, mit Zorn, Grimm
und großem Groll. 6 Ich schlage die Einwoh-
ner dieser Stadt, Mensch und Vieh; an schwe-
rer Pest sollen sie sterben. 7 Und danach –
Spruch des Herrn – liefere ich Zidkija, den
König von Juda, seine Diener und das Volk,
das in dieser Stadt der Pest, dem Schwert
und dem Hunger entronnen ist, der Hand
Nebukadnezzars, des Königs von Babel, aus,
der Hand ihrer Feinde und der Hand derer,
die ihnen nach dem Leben trachten. Er wird
sie mit scharfem Schwert erschlagen, ohne
Mitleid, ohne Schonung, ohne Erbarmen.
8 Zu diesem Volk aber sollst du sagen: So
spricht der Herr: Seht, den Weg des Lebens
und den Weg des Todes stelle ich euch zur
Wahl. 9 Wer in dieser Stadt bleibt, der stirbt
durch Schwert, Hunger und Pest. Wer aber
hinausgeht und sich den Chaldäern, die euch
belagern, ergibt, der wird überleben und sein
Leben wie ein Beutestück gewinnen. 10 Denn
ich habe mein Angesicht gegen diese Stadt
gerichtet zu ihrem Unheil, nicht zu ihrem
Heil – Spruch des Herrn. Der Hand des Kö-
nigs von Babel wird sie ausgeliefert und er
wird sie mit Feuer verbrennen.

9: 38,2.

Die Botschaft an die Regierung: 21,11–14

11 An das Haus des Königs von Juda: / Hört
das Wort des Herrn, Haus David!
12 So spricht der Herr: / Haltet jeden Mor-
gen gerechtes Gericht!
Rettet den Ausgeplünderten / aus der
Hand des Gewalttäters!
Sonst bricht mein Zorn wie Feuer los; / er
brennt und niemand kann löschen.
13 Nun gehe ich gegen dich vor, du Stadt, /
die du in der Mulde des Felsengebirges /
über der Ebene wohnst – Spruch des
Herrn.
Ihr freilich sagt: Wer kann über uns kom-
men / und eindringen in unsere Bauten?
14 Ich zahle euch heim, wie es eure Taten
verdienen / – Spruch des Herrn.
Ich lege Feuer an den Wald dieser Stadt, /
das ringsum alles verzehrt.

12: 22,3; 4,4 • 14: 50,32.

Das Drohwort im Königspalast: 22,1–9

22 So hat der Herr gesprochen: Geh
hinab in den Palast des Königs von
Juda und rede dort folgende Worte! 2 Du
sollst sagen: König von Juda, der du auf dem
Thron Davids sitzt, höre das Wort des Herrn,
du selbst, deine Diener und deine Leute, die
durch diese Tore kommen. 3 So spricht der
Herr: Sorgt für Recht und Gerechtigkeit und
rettet den Ausgeplünderten aus der Hand
des Gewalttäters! Fremde, Waisen und Wit-
wen bedrängt und misshandelt nicht; ver-
gießt kein unschuldiges Blut an diesem Ort!
4 Wenn ihr wirklich dieses Wort erfüllt, dann
werden durch die Tore dieses Palastes Köni-
ge einziehen, die auf dem Thron Davids sit-
zen; mit Wagen und Rossen werden sie fah-
ren, sie selbst, ihre Beamten und ihre Leute.
5 Hört ihr aber nicht auf diese Worte, so
schwöre ich bei mir selbst – Spruch des
Herrn: Zum Trümmerhaufen wird dieser Pa-
last. 6 Ja, so spricht der Herr gegen den Pa-
last des Königs von Juda: Giltst du mir auch
so viel wie Gilead, wie der Gipfel des Liba-
non, fürwahr, ich mache dich zur Wüste, zur
unbewohnten Stadt. 7 Ich biete Verwüster
gegen dich auf, die mit ihren Äxten kommen,
deine auserlesenen Zedern umhauen und ins
Feuer werfen. 8 Wenn dann Leute aus vielen
Völkern an dieser Stadt vorbeikommen und
einander fragen: Warum hat der Herr so an
dieser großen Stadt gehandelt?, 9 wird man
erwidern: Weil sie den Bund mit dem Herrn,
ihrem Gott, aufgegeben, andere Götter ange-
betet und ihnen gedient haben.

3: 21,12 • 4: 17,25.

Gegen Schallum: 22,10–12

10 Weint nicht um den Toten und beklagt
ihn nicht! Weint vielmehr um den, der fort-

21,14 Mit dem »Wald dieser Stadt« sind wohl die mit Zedernholz erbauten Paläste Jerusalems gemeint (vgl. 22,7; 1 Kön 7,2).

22,6 Gilead ist ein fruchtbares Gebiet östlich des Jordan.

22,10f Der tüchtige, in der Schlacht bei Megiddo ge-

musste; denn er kehrt nie wieder zurück, nie
mehr sieht er sein Heimatland. 11 Denn so
spricht der Herr über Schallum, den Sohn
Joschijas, den König von Juda, der seinem
Vater Joschija in der Regierung gefolgt war
und wegziehen musste von diesem Ort: Nie
mehr kommt er hierher zurück. 12 An dem
Ort, wohin man ihn verschleppt hat, dort
wird er sterben und dieses Land nie wieder
sehen.

Gegen Jojakim: 22,13–19

13 Weh dem, der seinen Palast mit Unge-
rechtigkeit baut, / seine Gemächer mit Un-
recht,
der seinen Nächsten ohne Entgelt arbeiten
lässt / und ihm seinen Lohn nicht gibt,
14 der sagt: Ich baue mir einen stattlichen
Palast / und weite Gemächer.
Er setzt ihm hohe Fenster ein, / täfelt ihn
mit Zedernholz / und bemalt ihn mit Men-
nigrot.
15 Bist du König geworden, / um mit Ze-
dern zu prunken?
Hat dein Vater nicht auch gegessen und
getrunken, / dabei aber für Recht und Ge-
rechtigkeit gesorgt? / Und es ging ihm gut.
16 Dem Schwachen und Armen verhalf er
zum Recht. / Heißt nicht das, mich wirklich
erkennen? / – Spruch des Herrn.
17 Doch deine Augen und dein Herz / sind
nur auf deinen Vorteil gerichtet,
auf das Blut des Unschuldigen, das du ver-
gießt, / auf Bedrückung und Erpressung, die
du verübst.
18 Darum – so spricht der Herr über Joja-
kim, / den Sohn Joschijas, den König von
Juda:
Man wird für ihn nicht die Totenklage hal-
ten: / »Ach, mein Bruder! Ach, Schwester!«
Man wird für ihn nicht die Totenklage hal-
ten: / »Ach, der Herrscher! Ach, seine Majes-
tät!«
19 Ein Eselsbegräbnis wird er bekommen. /
Man schleift ihn weg und wirft ihn hin, /
draußen vor den Toren Jerusalems.

13: Mi 3,10; Lev 19,13 • 17: 2 Kön 24,1–4 • 18: 34,5 • 19: 36,30.

Jerusalems Sturz: 22,20–23

20 (Jerusalem,) steig auf den Libanon und
schrei, / im Baschan erheb deine Stimme,
schrei vom Abarimgebirge herab, / dass
alle deine Freunde zerschmettert sind.
21 Ich habe dir zugeredet, als du dich noch
sicher fühltest; / du aber hast gesagt: Ich
höre nicht.
So hast du es getrieben von Jugend an: /
Du hast auf meine Stimme nicht gehört.
22 All deine Hirten wird der Wind weiden, /
deine Freunde müssen fort in die Gefangen-
schaft.
Dann wirst du Schmach und Schande ern-
ten / wegen all deiner Untaten.
23 Die du auf dem Libanon thronst (Jerusa-
lem), / in Zedern nistest,
wie wirst du stöhnen, wenn Wehen über
dich kommen, / Schmerzen wie die einer Ge-
bärenden.

Gegen Jojachin: 22,24–30

24 So wahr ich lebe – Spruch des Herrn –,
selbst wenn Jojachin, der Sohn Jojakims und
König von Juda, ein Siegelring an meiner
Rechten wäre, ich risse dich weg. 25 Ich gebe
dich in die Hand derer, die dir nach dem Le-
ben trachten, in die Hand derer, vor denen
dir graut, in die Hand Nebukadnezzars, des
Königs von Babel, und in die Hand der Chal-
däer. 26 Ich schleudere dich samt deiner Mut-
ter, die dich gebar, in ein anderes Land, in
dem ihr nicht geboren seid, und dort werdet
ihr sterben. 27 In das Land aber, nach dem ihr
Herz sehnlich zurückverlangt, werden sie nie
wieder kommen. – 28 Ist denn dieser Mann
Jojachin ein verachtetes, zerschlagenes Ge-
fäß oder ein Gerät, das niemand mehr mag?
Warum wird er fortgeschleudert und hinge-
worfen in ein Land, das er nicht kennt?
29 Land, Land, Land, höre das Wort des
Herrn! 30 So spricht der Herr: Schreibt die-
sen Mann als kinderlos ein, als Mann, der in
seinem Leben kein Glück hat. Denn keinem
seiner Nachkommen wird es glücken, sich
auf den Thron Davids zu setzen und wieder
über Juda zu herrschen.

24: 2 Kön 24,8–16.

---

fallene König Joschija wurde sehr betrauert (609 v. Chr.). Sein Sohn Schallum, auch Joahas genannt, wurde vom Pharao Necho gefangen genommen und nach Ägypten verschleppt (vgl. 2 Kön 23,31–34).

22,19 Von einem »Eselsbegräbnis« weiß 2 Kön 24,6 nichts. Jojakim starb 597 v. Chr., noch vor Beginn der Belagerung Jerusalems, und dürfte ein normales Königsbegräbnis erhalten haben.

22,24 In H heißt der König Konja, ein Kurzname für Jojachin. Kurz nach der Thronbesteigung beginnt die Belagerung Jerusalems durch Nebukadnezzar. Jojachin ergibt sich bald, wird abgesetzt und als Gefangener nach Babylon gebracht.

22,30 als kinderlos: Er steht als kinderlos in der davidischen Königsliste verzeichnet. Jojachin hatte zwar Söhne, doch kamen sie nicht an die Regierung, sodass er keinen Nachfolger hatte.

Der Davidspross: 23,1–8

23 Weh den Hirten, die die Schafe mei-
ner Weide zugrunde richten und zer-
streuen – Spruch des Herrn. 2 Darum – so
spricht der Herr, der Gott Israels, über die
Hirten, die mein Volk weiden: Ihr habt meine
Schafe zerstreut und versprengt und habt
euch nicht um sie gekümmert. Jetzt ziehe ich
euch zur Rechenschaft wegen eurer bösen
Taten – Spruch des Herrn. 3 Ich selbst aber
sammle den Rest meiner Schafe aus allen
Ländern, wohin ich sie versprengt habe. Ich
bringe sie zurück auf ihre Weide; sie sollen
fruchtbar sein und sich vermehren. 4 Ich
werde für sie Hirten bestellen, die sie wei-
den, und sie werden sich nicht mehr fürchten
und ängstigen und nicht mehr verloren ge-
hen – Spruch des Herrn.

5 Seht, es kommen Tage – Spruch des
Herrn –, da werde ich für David einen ge-
rechten Spross erwecken. Er wird als König
herrschen und weise handeln, für Recht und
Gerechtigkeit wird er sorgen im Land. 6 In
seinen Tagen wird Juda gerettet werden, Is-
rael kann in Sicherheit wohnen. Man wird
ihm den Namen geben: Der Herr ist unsere
Gerechtigkeit. 7 Darum seht, es werden Tage
kommen – Spruch des Herrn –, da sagt man
nicht mehr: So wahr der Herr lebt, der die
Söhne Israels aus Ägypten heraufgeführt
hat!, 8 sondern: So wahr der Herr lebt, der
das Geschlecht des Hauses Israel aus dem
Nordland und aus allen Ländern, in die er sie
verstoßen hatte, heraufgeführt und zurück-
gebracht hat. Dann werden sie wieder in ih-
rem Heimatland wohnen.

1: 10,21 • 4: 3,15 • 5–6: 33,15f; Jes 16,5; 32,1; Sach 3,8 • 7–8: 16,14f.

Gegen die falschen Propheten: 23,9–32

9 Über die Propheten:
Mir bricht das Herz in der Brust, / alle
meine Glieder zittern.
Wie ein Betrunkener bin ich, / wie ein
Mann, der vom Wein überwältigt ist, / wegen
des Herrn und seiner heiligen Worte:
10 Voll von Ehebrechern ist das Land; / ja,
wegen des Fluches vertrocknet das Land, /
sind die Weideplätze der Steppe verdorrt.
Schlechtigkeit ist ihr Ziel, / Unrecht ihre
Stärke.
11 Sogar Prophet und Priester sind ruch-
lose Frevler, / selbst in meinem Haus stoße
ich auf ihre Schlechtigkeit / – Spruch des
Herrn.
12 Deshalb wird ihr Weg für sie / wie ein
schlüpfriger Pfad;
sie stürzen in der Finsternis, / sie kommen
darin zu Fall.
Denn Unheil bringe ich über sie, / das Jahr
ihrer Bestrafung – Spruch des Herrn.
13 Zwar habe ich auch bei Samarias Pro-
pheten / Hässliches gesehen:
Sie weissagten im Namen des Baal / und
verführten mein Volk Israel.
14 Aber bei den Propheten Jerusalems /
sah ich grauenhafte Dinge:
Sie brechen die Ehe, gehen mit Lügen um
und bestärken die Bösen, / sodass keiner um-
kehrt von seinem bösen Treiben.
Für mich sind alle wie Sodom, / Jerusa-
lems Einwohner sind für mich wie Gomor-
ra.
15 Darum – so spricht der Herr der Heere
gegen die Propheten:
Ich gebe ihnen Wermut zu essen / und
Giftwasser zu trinken;
denn von den Propheten Jerusalems / ist
Frevel ausgegangen ins ganze Land.
16 So spricht der Herr der Heere: / Hört
nicht auf die Worte der Propheten, / die euch
weissagen.
Sie betören euch nur; sie verkünden Visio-
nen, / die aus dem eigenen Herzen stam-
men, / nicht aus dem Mund des Herrn.
17 Immerzu sagen sie denen, die das Wort
des Herrn verachten: / Das Heil ist euch si-
cher!;
und jedem, der dem Trieb seines Herzens
folgt, / versprechen sie: Kein Unheil kommt
über euch.
18 Doch wer hat an der Ratsversammlung
des Herrn teilgenommen, / hat ihn gesehen
und sein Wort gehört?
Wer hat sein Wort vernommen / und kann
es verkünden?
19 Hört, der Sturm des Herrn [sein Grimm]
bricht los. / Ein Wirbelsturm braust hinweg
über die Köpfe der Frevler.
20 Der Zorn des Herrn hört nicht auf, / bis
er die Pläne seines Herzens ausgeführt und
vollbracht hat. / Am Ende der Tage werdet
ihr es klar erkennen.
21 Ich habe diese Propheten nicht ausge-
sandt, / dennoch laufen sie;
ich habe nicht zu ihnen gesprochen, / den-
noch weissagen sie.
22 Hätten sie an meiner Ratsversammlung
teilgenommen, /
so könnten sie meinem Volk meine Worte
verkünden, / damit es umkehrt von seinem

23,10 wegen des Fluches: G: ihretwegen (d. h. wegen der Ehebrecher).

schlechten Weg / und von seinen bösen Taten.

23 Bin ich denn ein Gott aus der Nähe – Spruch des Herrn – / und nicht vielmehr ein Gott aus der Ferne?

24 Kann sich einer in Schlupfwinkeln verstecken, / sodass ich ihn nicht sähe? – Spruch des Herrn.

Bin nicht ich es, / der Himmel und Erde erfüllt? – Spruch des Herrn.

25 Ich habe gehört, was die Propheten reden, die in meinem Namen Lügen weissagen
und sprechen: Einen Traum habe ich gehabt,
einen Traum. 26 Wie lange noch? Haben sie
denn wirklich etwas in sich, die Propheten,
die Lügen weissagen und selbst erdachten
Betrug? 27 Durch ihre Träume, die sie einander erzählen, möchten sie meinen Namen in
Vergessenheit bringen bei meinem Volk, wie
ihre Väter meinen Namen wegen des Baal
vergessen haben. 28 Der Prophet, der einen
Traum hat, erzählt nur einen Traum; wer
aber mein Wort hat, der verkündet wahrhaftig mein Wort. Was hat das Stroh mit dem
Korn zu tun? – Spruch des Herrn. 29 Ist nicht
mein Wort wie Feuer – Spruch des Herrn – und wie ein Hammer, der Felsen zerschmettert? 30 Darum gehe ich nun gegen die Propheten vor – Spruch des Herrn –, die einander meine Worte stehlen. 31 Nun gehe ich gegen die Propheten vor – Spruch des Herrn –, die ihre Zunge gebrauchen, um Sprüche zu
machen. 32 Ja, nun gehe ich gegen die Propheten mit ihren erlogenen Träumen vor – Spruch des Herrn; sie erzählen die Träume und verführen mein Volk durch ihre Lügen und ihr freches Geschwätz. Ich aber habe sie weder gesandt noch beauftragt, und sie sind diesem Volk ganz unnütz – Spruch des Herrn.

10: 12,4; Jes 24,6 • 15: 9,14 • 16: 14,14 • 18: Jes 40,13; 1 Kön 22,19–23 • 19–20: 30,23f.

Die »Last« des Herrn: 23,33–40

33 Fragt dich dieses Volk oder ein Prophet oder ein Priester: Was ist der »Last-Spruch« des Herrn?, so antworte ihnen: Ihr selbst seid die Last und ich werfe euch ab – Spruch des
Herrn. 34 Den Propheten aber, den Priester und das Volk, jeden, der sagt: »Last-Spruch des Herrn«, den ziehe ich samt seinem Haus zur Rechenschaft – Spruch des Herrn.
35 Vielmehr sollt ihr so zueinander und untereinander sagen: Was hat der Herr geantwortet?, oder: Was hat der Herr gesagt?
36 Aber den Ausdruck »Last-Spruch des Herrn« sollt ihr nicht mehr gebrauchen. Denn »die Last« ist für jeden sein eigenes Wort, weil ihr die Worte des lebendigen Gottes, des Herrn der Heere, unseres Gottes,
verdreht habt. 37 So soll man zum Propheten
sagen: Was hat der Herr dir geantwortet?,
oder: Was hat der Herr gesagt? 38 Wenn ihr
aber »Last-Spruch des Herrn«, sagt, so sagt der Herr darauf: Weil ihr dieses Wort »Last-Spruch des Herrn« gebraucht, obwohl ich euch verbieten ließ, »Last-Spruch des
Herrn« zu sagen, 39 darum hebe ich euch empor und schleudere euch samt der Stadt, die ich euch und euren Vätern gegeben habe,
weg von meinem Angesicht. 40 Ich verhänge
über euch ewige Schande und ewige Schmach, die nie vergessen werden soll.

40: 20,11.

Die beiden Feigenkörbe: 24,1–10

24 Der Herr ließ mich schauen: Da standen zwei Körbe mit Feigen vor dem Tempel des Herrn. Dies geschah, nachdem Nebukadnezzar, der König von Babel, Jojachin, den Sohn Jojakims, den König von Juda, sowie die Großen von Juda samt den Schmieden und Schlossern aus Jerusalem weggeführt und nach Babel gebracht hatte.
2 In dem einen Korb waren sehr gute Feigen, wie Frühfeigen, im andern Korb sehr schlechte Feigen, so schlecht, dass sie ungenießbar waren. 3 Der Herr fragte mich: Was
siehst du, Jeremia? Feigen, antwortete ich. Die guten Feigen sind sehr gut, die schlechten aber sehr schlecht, so schlecht, dass sie
ungenießbar sind. 4 Nun erging an mich das
Wort des Herrn: 5 So spricht der Herr, der Gott Israels: Wie auf diese guten Feigen, so schaue ich liebevoll auf die Verschleppten aus Juda, die ich von diesem Ort vertrieben
habe ins Land der Chaldäer. 6 Ich richte meine Augen liebevoll auf sie und lasse sie in dieses Land heimkehren. Ich will sie aufbauen, nicht niederreißen, einpflanzen, nicht
ausreißen. 7 Ich gebe ihnen ein Herz, damit sie erkennen, dass ich der Herr bin. Sie werden mein Volk sein und ich werde ihr Gott sein; denn sie werden mit ganzem Herzen zu
mir umkehren. 8 Aber wie mit den schlechten Feigen, die so schlecht sind, dass sie unge-

23,23 Die unendliche Distanz Gottes zu allem Irdischen wird betont. Ein »Gott aus der Nähe« wäre den Menschen verfügbar.

23,33.36 Das hebräische Wort massa bedeutet sowohl »Last« als auch »Ausspruch« (des Propheten); vgl. Jes 13,1 und öfter. Das Verbot erklärt sich wohl daher, dass man darüber gespottet hat.

24,8 Die wiederholte Beteuerung, dass es sich um ein Gotteswort handelt (VV. 4f), ist wohl späterer Zusatz.

nießbar sind, [ja, so spricht der Herr] so verfahre ich mit Zidkija, dem König von Juda, mit seinen Großen und dem Rest Jerusalems, mit denen, die in diesem Land übrig geblieben sind, und denen, die sich in Ägypten niedergelassen haben. 9 Ich mache sie zu einem Bild des Schreckens für alle Reiche der Erde, zum Schimpf und Gespött, zum Hohn und zum Fluch an allen Orten, an die ich sie verstoße. 10 Ich sende unter sie Schwert, Hunger und Pest, bis sie ganz ausgerottet sind aus dem Land, das ich ihnen und ihren Vätern gegeben habe.

1: 2 Kön 24,14–16 • 6: 1,10; 31,28 • 7: 31,33; 30,22; Lev 26,12; Dtn 26,17f • 8: 29,17f • 9: 15,4.

Das drohende Exil: 25,1–14

25 Das Wort über das ganze Volk von Juda, das an Jeremia erging im vierten Jahr Jojakims, des Sohnes Joschijas, des Königs von Juda; es war das erste Jahr Nebukadnezzars, des Königs von Babel. 2 Der Prophet Jeremia richtete es an das ganze Volk von Juda und an alle Einwohner Jerusalems; er sagte: 3 Seit dem dreizehnten Jahr Joschijas, des Sohnes Amons, des Königs von Juda, bis zum heutigen Tag, also dreiundzwanzig Jahre lang, ist an mich das Wort des Herrn ergangen und ich habe es euch unermüdlich weitergegeben. [Ihr aber habt nicht gehört. 4 Der Herr hat immer wieder alle seine Knechte, die Propheten, zu euch gesandt. Ihr aber habt nicht gehört und euer Ohr nicht geneigt, um zu hören.] 5 Ich sagte: Kehrt doch alle um von eurem schlechten Weg und von euren bösen Taten; dann dürft ihr in dem Land bleiben, das der Herr euch und euren Vätern gegeben hat seit jeher und für immer. 6 [Lauft nicht anderen Göttern nach, um ihnen zu dienen und sie anzubeten, und erzürnt mich nicht durch das Werk eurer Hände, damit ich euch nicht Schlimmes antun muss.] 7 Aber ihr habt nicht auf mich gehört [– Spruch des Herrn –, um mich zu erzürnen durch das Werk eurer Hände, zu eurem eigenen Schaden]. 8 Darum – so spricht der Herr der Heere: Weil ihr auf meine Worte nicht gehört habt, 9 darum hole ich alle Stämme des Nordens herbei – Spruch des Herrn –, auch Nebukadnezzar, den König von Babel, meinen Knecht. Ich lasse sie über dieses Land und seine Bewohner kommen und über alle diese Völker ringsum. Ich weihe sie dem Untergang und mache sie zu einem Bild des Entsetzens, zum Gespött und zur dauernden Schmach. 10 Ich lasse bei ihnen aufhören den Jubelruf und den Freudenruf, den Ruf des Bräutigams und den Ruf der Braut, das Geräusch der Handmühle und das Licht der Lampe. 11 Dieses ganze Land wird zum Trümmerfeld und zu einem Bild des Entsetzens und diese Völker werden dem König von Babel siebzig Jahre lang dienen. 12 Sind aber die siebzig Jahre vorüber, dann ziehe ich den König von Babel und jenes Volk zur Rechenschaft für ihre Schuld – Spruch des Herrn – und auch das Land der Chaldäer, indem ich es für immer zur schaurigen Wüste mache. 13 Ich lasse über jenes Land all das kommen, was ich ihm angedroht habe, alles, was in diesem Buch aufgezeichnet ist [was Jeremia über alle Völker geweissagt hat]. 14 Denn auch sie werden mächtigen Völkern und großen Königen dienen müssen. So vergelte ich ihnen entsprechend ihren Taten und dem Tun ihrer Hände.

1: 36,1 • 4: 11,7; 26,5; 44,4 • 10: 7,34 • 12: 29,10 • 14: 27,7.

DIE EINLEITUNG ZU DEN GERICHTSWORTEN ÜBER DIE VÖLKER: 25,15–38

Der Zornbecher für die Völker: 25,15–29

15 Ja, so hat der Herr, der Gott Israels, zu mir gesprochen: Nimm diesen Becher voll Zornwein aus meiner Hand und gib ihn allen Völkern zu trinken, zu denen ich dich sende. 16 Trinken sollen sie, taumeln und torkeln vor dem Schwert, das ich unter sie schicke. 17 Da nahm ich den Becher aus der Hand des Herrn und ließ alle Völker trinken, zu denen der Herr mich sandte: 18 Jerusalem und die Städte Judas – samt seinen Königen und Fürsten –, um sie zu Trümmerhaufen zu machen, zu einem Bild des Entsetzens, zum Gespött und zum Fluch [wie es heute ist],

---

25,1 Das 4. Jahr Jojakims ist 605 v. Chr.; von da ab gewann Nebukadnezzar auch in Palästina die Oberhand.
25,3–7 Das Ende von V. 3 sowie V. 4 und V. 6 durchbrechen den Zusammenhang; wohl Zusätze nach wie 7,25f; 35,15. Auch V. 7 ist größtenteils Zusatz; nur 7a gehört in die Rede Jeremias.
25,9–14 Dass auch die umliegenden Völker bestraft werden (V. 9 und V. 11), erscheint hier noch zu früh; es ist wohl Erweiterung im Hinblick auf VV. 15–29; auch die VV. 12 und 14 sind kaum ursprünglich.
25,18 Das Eingeklammerte fehlt zu Recht in G.

19 den Pharao, den König von Ägypten, samt
seinen Höflingen und Fürsten und seinem
ganzen Volk, 20 das gesamte Völkergemisch,
alle Könige des Landes Uz, alle Könige des
Philisterlandes, (die Städte) Aschkelon,
Gaza, Ekron und den Rest von Aschdod,
21 Edom, Moab und die Ammoniter, 22 alle
Könige von Tyrus, alle Könige von Sidon
sowie die Könige der Inseln jenseits des
Meeres, 23 Dedan, Tema, Bus und alle mit ge-
stutztem Haar, 24 alle Könige Arabiens und
alle Könige des Völkergemisches, die in der
Wüste wohnen, 25 alle Könige von Simri, von
Elam und Medien, 26 auch alle Könige des
Nordens, die in der Nähe und die in der Fer-
ne, einen nach dem andern, ja, alle Reiche
[der Welt], die es auf der Erde gibt; und
zuletzt soll der König von Scheschach trin-
ken. 27 Sag zu ihnen: So spricht der Herr der
Heere, der Gott Israels: Trinkt, berauscht
euch und speit, stürzt hin und steht nicht
mehr auf vor dem Schwert, das ich unter
euch schicke. 28 Weigern sie sich aber, den
Becher aus deiner Hand anzunehmen und
zu trinken, dann sag zu ihnen: So spricht
der Herr der Heere: Trinken müsst ihr.
29 Denn seht, bei der Stadt, über der mein
Name ausgerufen ist, beginne ich mit dem
Unheil und da solltet ihr ungestraft bleiben?
Nein, ihr werdet nicht ungestraft bleiben;
denn ich rufe das Schwert gegen alle Be-
wohner der Erde – Spruch des Herrn der
Heere.

17: Jes 51,17.

Das Gericht über die Völker: 25,30–38

30 Du aber sollst ihnen als Prophet alle die-
se Worte verkünden und zu ihnen sa-
gen:
Aus der Höhe herab donnert der Herr, /
von seiner heiligen Wohnung her lässt er
seine Stimme erschallen.
Mächtig donnert er über seiner Flur / und
ruft wie die Keltertreter.
31 Zu allen Erdbewohnern dringt der
Schall, / ja bis ans Ende der Erde; / denn der
Herr hat einen Rechtsstreit mit den Völ-
kern:
Er hält Gericht über alle Sterblichen / und
liefert die Schuldigen dem Schwert aus / –
Spruch des Herrn.
32 So spricht der Herr der Heere:
Seht, Unheil schreitet von Volk zu Volk, /
ein gewaltiger Sturm bricht los / von den
Grenzen der Erde.
33 Die vom Herrn Erschlagenen liegen an
jenem Tag / von einem Ende der Erde bis
zum andern.
Man beklagt sie nicht, / man sammelt sie
nicht und begräbt sie nicht; / sie werden
zum Dünger auf dem Acker.
34 Klagt, ihr Hirten, und schreit; / wälzt
euch im Staub, ihr Herren der Herde!
Denn die Zeit ist gekommen, / dass ihr ge-
schlachtet werdet;
ich zerschmettere euch, dass ihr berstet /
wie ein Prunkgefäß.
35 Es gibt keine Flucht mehr für die Hir-
ten, / kein Entrinnen für die Herren der Her-
de.
36 Horcht, wie die Hirten schreien / und
die Herren der Herde wehklagen, / weil der
Herr ihre Weide verwüstet.
37 Verdorrt sind die friedlichen Wiesen /
vor dem glühenden Zorn des Herrn.
38 Er verlässt sein Versteck wie ein Löwe; /
ihr Land ist zu einem Bild des Entsetzens ge-
worden
durch sein rasendes Schwert / und durch
die Glut seines Zorns.

30: Ps 29; Joël 4,16; Am 1,2 • 33: 9,21.

DIE GERICHTSWORTE ÜBER ISRAEL UND JUDA: 26,1 – 29,32

Die Tempelrede: 26,1–19

26 Im Anfang der Regierung Jojakims,
des Sohnes Joschijas, des Königs von
Juda, erging vom Herrn dieses Wort: 2 So
spricht der Herr: Stell dich in den Vorhof des
Hauses des Herrn und sag zu den Leuten, die
aus allen Städten Judas kommen, um im
Haus des Herrn anzubeten, alles, was ich dir
ihnen zu verkünden aufgetragen habe; kein
Wort sollst du weglassen. 3 Vielleicht hören
sie und kehren um, jeder von seinem bösen
Weg, sodass mich das Unheil reut, das ich ih-
nen wegen ihrer schlechten Taten zugedacht
habe. 4 Sag also zu ihnen: So spricht der
Herr: Wenn ihr nicht auf mein Wort hört und
meiner Weisung nicht folgt, die ich euch ge-
geben habe, 5 wenn ihr nicht auf die Worte
meiner Knechte, der Propheten, hört, die ich
immer wieder zu euch sende, obwohl ihr
nicht hört, 6 dann verfahre ich mit diesem

25,23 Arabische Beduinen haben die Ränder des Kopfhaars gestutzt (vgl. 9,25; 49,32).

25,26 Scheschach ist ein anderer Name für Babel.

26,6 Zu Schilo vgl. die Anmerkung zu 7,12.

Haus wie mit Schilo und mache diese Stadt
zu einem Fluch bei allen Völkern der Erde.
7 Die Priester, die Propheten und das ganze
Volk hörten, wie Jeremia diese Worte vor
dem Haus des Herrn vortrug. 8 Als Jeremia
alles gesagt hatte, was er im Auftrag des
Herrn vor dem ganzen Volk zu verkünden
hatte, ergriffen ihn die Priester, die Prophe-
ten und alles Volk und schrien: Jetzt musst
du sterben. 9 Warum weissagst du im Namen
des Herrn: Wie Schilo wird es diesem Haus
gehen und diese Stadt wird verwüstet und
entvölkert werden? Das ganze Volk rottete
sich beim Haus des Herrn um Jeremia zu-
sammen. 10 Als die Beamten Judas von die-
sen Vorgängen hörten, gingen sie vom Kö-
nigspalast zum Haus des Herrn hinauf und
setzten sich am Eingang des Neuen Tempel-
tors nieder. 11 Die Priester und Propheten
sagten zu den Beamten und zum ganzen
Volk: Dieser Mann hat den Tod verdient;
denn er hat gegen diese Stadt geweissagt,
wie ihr mit eigenen Ohren gehört habt. 12 Je-
remia aber erwiderte allen Beamten und dem
ganzen Volk: Der Herr hat mich gesandt, da-
mit ich als Prophet gegen dieses Haus und
diese Stadt alle Worte verkünde, die ihr ge-
hört habt. 13 Nun also, bessert euer Verhalten
und euer Tun und hört auf die Stimme des
Herrn, eures Gottes! Dann wird den Herrn
das Unheil reuen, das er euch angedroht hat.
14 Ich selbst bin in eurer Hand; macht mit
mir, was ihr für gut und recht haltet. 15 Aber
das sollt ihr wissen: Wenn ihr mich tötet,
bringt ihr unschuldiges Blut über euch, über
diese Stadt und ihre Einwohner. Denn der
Herr hat mich wirklich zu euch gesandt, da-
mit ich euch alle diese Worte in die Ohren
rufe. 16 Da sagten die Beamten und das ganze
Volk zu den Priestern und Propheten: Dieser
Mann hat den Tod nicht verdient; denn er
hat zu uns im Namen des Herrn, unseres
Gottes, geredet. 17 Einige von den Ältesten
des Landes standen auf und sagten zu der
ganzen Volksversammlung: 18 Micha von
Moreschet, der zur Zeit Hiskijas, des Königs
von Juda, als Prophet wirkte, hat zum gan-
zen Volk Juda gesagt: So spricht der Herr der
Heere: Zion wird umgepflügt zu Ackerland,
Jerusalem wird zum Trümmerhaufen, der
Tempelberg zur überwucherten Höhe. 19 Ha-
ben ihn etwa Hiskija, der König von Juda,
und ganz Juda deshalb hingerichtet? Hat er
nicht Gott gefürchtet und den Zorn des
Herrn besänftigt, sodass den Herrn das Un-
heil reute, das er ihnen angedroht hatte? Und
wir sollten ein so großes Unrecht tun zu un-
serem eigenen Schaden?

1–19 ‖ 7,1–15 • 5: 25,4 • 6: 7,12; 9,10 • 13: 7,3 • 18: Mi 3,12.

Die Ermordung des Propheten Urija: 26,20–24

20 Damals wirkte noch ein anderer Mann
als Prophet im Namen des Herrn, Urija, der
Sohn Schemajas, aus Kirjat-Jearim. Er weis-
sagte gegen diese Stadt und dieses Land mit
ganz ähnlichen Worten wie Jeremia. 21 Der
König Jojakim, alle seine Heerführer und
alle Beamten hörten von seinen Reden. Da-
her suchte der König ihn zu töten. Als Urija
davon erfuhr, bekam er Angst, floh und ge-
langte nach Ägypten. 22 Der König Jojakim
aber schickte Leute nach Ägypten, nämlich
Elnatan, den Sohn Achbors, mit einigen
Männern. 23 Sie holten Urija aus Ägypten
und brachten ihn zu König Jojakim; dieser
ließ ihn mit dem Schwert erschlagen und sei-
nen Leichnam zu den Gräbern des niedrigen
Volkes werfen. 24 Ahikam jedoch, der Sohn
Schafans, beschützte Jeremia, sodass man
ihn nicht dem Volk auslieferte, das ihn töten
wollte.

Das Joch Babels: 27,1–22

27 Im Anfang der Regierung Zidkijas,
des Sohnes Joschijas, des Königs von
Juda, erging vom Herrn folgendes Wort an
Jeremia. 2 So sprach der Herr zu mir: Mach
dir Stricke und Jochhölzer, und leg sie dir auf
den Nacken! 3 Dann schick eine Botschaft an
den König von Edom, den König von Moab,
den König der Ammoniter, den König von
Tyrus und den König von Sidon, durch die
Gesandten, die zu Zidkija, dem König von
Juda, nach Jerusalem gekommen sind. 4 Gib
ihnen folgenden Auftrag an ihre Gebieter: So
spricht der Herr der Heere, der Gott Israels:
Sagt so zu euren Gebietern: 5 Ich bin es, der
die Erde erschaffen hat samt den Menschen
und den Tieren, die auf der Erde leben,
durch meine gewaltige Kraft und meinen
hoch erhobenen Arm, und ich gebe sie, wem
ich will. 6 Jetzt gebe ich alle diese Länder in
die Hand meines Knechtes, des Königs Ne-
bukadnezzar von Babel; selbst die Tiere des
Feldes mache ich ihm dienstbar. 7 Alle Völ-
ker sollen ihm untertan sein, ihm, seinem
Sohn und seinem Enkel, bis auch für sein ei-
genes Land die Zeit kommt, dass große Völ-
ker und mächtige Könige es knechten. 8 Will
aber ein Volk oder Reich dem König Nebu-
kadnezzar von Babel nicht untertan sein und
seinen Nacken nicht unter das Joch des Kö-
nigs von Babel beugen, so werde ich dieses
Volk mit Schwert, Hunger und Pest heimsu-
chen – Spruch des Herrn –, bis ich es seiner
Hand ausgeliefert habe. 9 Ihr aber, hört nicht
auf eure Propheten, Wahrsager, Träumer,

Zeichendeuter und Zauberer, wenn sie zu
euch sagen: Ihr werdet dem König von Babel
nicht untertan sein. 10 Denn sie lügen, wenn
sie euch weissagen, und damit vertreiben sie
euch aus eurer Heimat; denn ich verstoße
euch, sodass ihr zugrunde geht. 11 Das Volk
aber, das seinen Nacken unter das Joch des
Königs von Babel beugt und ihm untertan
ist, lasse ich ungestört auf seinem heimatli-
chen Boden – Spruch des Herrn –; es kann
ihn bebauen und auf ihm wohnen. 12 Auch zu
Zidkija, dem König von Juda, redete ich
ganz in diesem Sinn: Beugt euren Nacken
unter das Joch des Königs von Babel und
seid ihm und seinem Volk untertan; dann
bleibt ihr am Leben. 13 Warum sollt ihr, du
und dein Volk, durch Schwert, Hunger und
Pest umkommen, wie der Herr dem Volk, das
dem König von Babel nicht untertan sein
will, angedroht hat? 14 Hört nicht auf die Re-
den der Propheten, die zu euch sagen: Ihr
sollt dem König von Babel nicht untertan
sein. Denn was sie euch weissagen, ist Lüge.
15 Ich habe sie nicht gesandt – Spruch des
Herrn –; darum ist es Lüge, wenn sie in mei-
nem Namen weissagen; die Folge wird sein,
dass ich euch verstoße und dass ihr zugrunde
geht, ihr und die Propheten, die euch weissa-
gen.

16 Zu den Priestern und dem ganzen Volk
sagte ich: So spricht der Herr: Hört nicht auf
die Reden eurer Propheten, die euch weissa-
gen: Die Geräte des Hauses des Herrn wer-
den aus Babel zurückgebracht werden, und
zwar bald. Denn was sie euch weissagen, ist
Lüge. 17 Hört nicht auf sie! Seid dem König
von Babel untertan; dann bleibt ihr am Le-
ben. Warum soll diese Stadt ein Trümmer-
haufen werden? 18 Wenn sie Propheten sind
und das Wort des Herrn wirklich bei ihnen
ist, so mögen sie doch den Herrn der Heere
bestürmen, dass die Geräte, die noch im Haus
des Herrn, im Palast des Königs von Juda und
in Jerusalem verblieben sind, nicht auch nach
Babel kommen. 19 Denn so spricht der Herr
der Heere über die Säulen, das Eherne Meer,
die fahrbaren Gestelle und den Rest der in
dieser Stadt noch verbliebenen Geräte, 20 die
Nebukadnezzar, der König von Babel, nicht
mitgenommen hat, als er Jojachin, den Sohn
Jojakims, den König von Juda, aus Jerusa-
lem nach Babel verschleppte samt allen Vor-
nehmen Judas und Jerusalems: 21 Ja, so spricht
der Herr der Heere, der Gott Israels, über die
Geräte, die im Haus des Herrn, im Palast des
Königs von Juda und in Jerusalem verblie-
ben sind: 22 Nach Babel werden sie gebracht
und dort bleiben sie bis zu dem Tag, an dem
ich mich ihrer annehme – Spruch des Herrn –
und sie wieder an diesen Ort heraufbringe.

2: 28,10 • 5: 32,17 • 9: 14,13f • 14: 14,14; 29,8f • 19: 2 Kön 25,13–17 • 22: Esra 1,7–11.

Der falsche Prophet Hananja: 28,1–17

28 Im selben Jahr, im Anfang der Regie-
rung Zidkijas, des Königs von Juda,
im fünften Monat des vierten Jahres, sagte
der Prophet Hananja, der Sohn Asurs aus Gi-
beon, im Haus des Herrn vor den Priestern
und dem ganzen Volk zu Jeremia: 2 So spricht
der Herr der Heere, der Gott Israels: Ich zer-
breche das Joch des Königs von Babel. 3 Noch
zwei Jahre und ich bringe alle Geräte des
Hauses des Herrn, die Nebukadnezzar, der
König von Babel, von diesem Ort weggenom-
men und nach Babel gebracht hat, wieder an
diesen Ort zurück. 4 Auch Jojachin, den Sohn
Jojakims, den König von Juda, samt allen
Verschleppten aus Juda, die nach Babel ge-
bracht wurden, führe ich an diesen Ort zu-
rück – Spruch des Herrn –; denn ich zerbre-
che das Joch des Königs von Babel. 5 Der Pro-
phet Jeremia antwortete dem Propheten Ha-
nanja vor den Priestern und vor dem ganzen
Volk, das im Haus des Herrn stand. 6 Der
Prophet Jeremia sagte: Ganz recht! Mag der
Herr so tun. Der Herr erfülle deine Worte, die
du verkündet hast, und bringe die Geräte des
Hauses des Herrn und alle Verschleppten aus
Babel zurück an diesen Ort. 7 Doch höre das
Wort, das ich dir und dem ganzen Volk in die
Ohren rufe: 8 Die Propheten, die vor mir und
vor dir je gelebt haben, weissagten Krieg,
Unheil und Pest gegen viele Länder und
mächtige Reiche. 9 Der Prophet aber, der Heil
weissagt – an der Erfüllung des propheti-
schen Wortes erkennt man den Propheten,
den der Herr wirklich gesandt hat. 10 Da
nahm der Prophet Hananja das Jochholz vom
Nacken des Propheten Jeremia und brach es
entzwei. 11 Vor dem ganzen Volk erklärte Ha-
nanja: So spricht der Herr: Ebenso nehme ich
binnen zwei Jahren das Joch Nebukadnez-
zars, des Königs von Babel, vom Nacken aller
Völker und zerbreche es. Der Prophet Jere-
mia ging seines Weges.

12 Nachdem nun der Prophet Hananja das
Jochholz vom Nacken des Propheten Jere-
mia genommen und zerbrochen hatte, erging
das Wort des Herrn an Jeremia: 13 Geh und
sag zu Hananja: So spricht der Herr: Joch-
stangen aus Holz hast du zerbrochen, dafür
aber musst du nun Jochstangen aus Eisen

28,1 zu Jeremia; H: zu mir; vgl. aber V. 5.

machen. 14 Denn so spricht der Herr der Hee-
re, der Gott Israels: Ein eisernes Joch habe
ich auf den Nacken aller dieser Völker ge-
legt; sie müssen Nebukadnezzar, dem König
von Babel, untertan sein. [Sie werden ihm
untertan sein und auch die Tiere des Feldes
gebe ich ihm.] 15 Der Prophet Jeremia sagte
also zum Propheten Hananja: Höre, Hanan-
ja! Der Herr hat dich nicht gesandt und du
hast dieses Volk dazu verführt, auf Lügen zu
vertrauen. 16 Darum – so spricht der Herr:
Siehe, ich schaffe dich vom Erdboden fort.
Noch in diesem Jahr bist du tot; denn du hast
Auflehnung gegen den Herrn gepredigt. 17 Im
siebten Monat desselben Jahres starb der
Prophet Hananja.

9: Dtn 18,21f • 10: 27,2.

Der Brief an die Verbannten: 29,1–23

29 Das ist der Wortlaut des Briefes, den
der Prophet Jeremia aus Jerusalem
an den Rest der Ältesten der Gemeinde der
Verbannten sandte, an die Priester, Prophe-
ten und das ganze Volk, das Nebukadnezzar
von Jerusalem nach Babel verschleppt hatte,
2 nachdem der König Jojachin, die Herrin,
die Hofbeamten, die Großen von Juda und
Jerusalem sowie die Schmiede und Schlosser
aus Jerusalem fortgezogen waren; 3 er
schickte den Brief durch Elasa, den Sohn
Schafans, und Gemarja, den Sohn Hilkijas,
die Zidkija, der König von Juda, nach Babel
zu Nebukadnezzar, dem König von Babel,
sandte: 4 So spricht der Herr der Heere, der
Gott Israels, zur ganzen Gemeinde der Ver-
bannten, die ich von Jerusalem nach Babel
weggeführt habe: 5 Baut Häuser und wohnt
darin, pflanzt Gärten und esst ihre Früchte!
6 Nehmt euch Frauen und zeugt Söhne und
Töchter, nehmt für eure Söhne Frauen und
gebt eure Töchter Männern, damit sie Söhne
und Töchter gebären. Ihr sollt euch dort ver-
mehren und nicht vermindern. 7 Bemüht
euch um das Wohl der Stadt, in die ich euch
weggeführt habe, und betet für sie zum
Herrn; denn in ihrem Wohl liegt euer Wohl.
8 Denn so spricht der Herr der Heere, der
Gott Israels: Lasst euch nicht täuschen von
den Propheten, die unter euch sind, und von
euren Wahrsagern. Hört nicht auf die Träu-
me, die sie träumen. 9 Denn Lüge ist das, was
sie euch in meinem Namen weissagen; ich
habe sie nicht gesandt – Spruch des Herrn.
10 Ja, so spricht der Herr: Wenn siebzig Jahre
für Babel vorüber sind, dann werde ich nach
euch sehen, mein Heilswort an euch erfüllen
und euch an diesen Ort zurückführen.
11 Denn ich, ich kenne meine Pläne, die ich
für euch habe – Spruch des Herrn –, Pläne
des Heils und nicht des Unheils; denn ich
will euch eine Zukunft und eine Hoffnung
geben. 12 Wenn ihr mich ruft, wenn ihr
kommt und zu mir betet, so erhöre ich euch.
13 Sucht ihr mich, so findet ihr mich. Wenn
ihr von ganzem Herzen nach mir fragt, 14 las-
se ich mich von euch finden – Spruch des
Herrn. Ich wende euer Geschick und sammle
euch aus allen Völkern und von allen Orten,
wohin ich euch versprengt habe – Spruch des
Herrn. Ich bringe euch an den Ort zurück,
von dem ich euch weggeführt habe. 15 Zwar
werdet ihr sagen: Auch in Babel hat der Herr
für uns Propheten auftreten lassen. 16 [Für-
wahr, so spricht der Herr über den König, der
auf dem Thron Davids sitzt, und über das
ganze Volk, das in dieser Stadt wohnt, eure
Brüder, die noch nicht mit euch in die Ver-
bannung fortgezogen sind, 17 so spricht der
Herr der Heere: Seht, ich schicke unter sie
Schwert, Hunger und Pest und ich behandle
sie wie verdorbene Feigen, die so schlecht
sind, dass sie ungenießbar sind. 18 Ich verfol-
ge sie mit Schwert, Hunger und Pest und ma-
che sie zu einem Bild des Schreckens für alle
Reiche der Erde, zum Fluch und zum Entset-
zen, zum Hohn und Gespött aller Völker, zu
denen ich sie verstoße, 19 weil sie nicht auf
meine Worte gehört haben – Spruch des
Herrn –, obwohl ich immer wieder meine
Knechte, die Propheten, zu ihnen gesandt
habe; ihr aber habt nicht gehört – Spruch des
Herrn. 20 Ihr jedoch, hört jetzt das Wort des
Herrn, all ihr Verschleppten, die ich von Je-
rusalem nach Babel wegführen ließ.] 21 So
spricht der Herr der Heere, der Gott Israels,
über Ahab, den Sohn Kolajas, und über Zid-
kija, den Sohn Maasejas, die euch in meinem
Namen Lüge weissagen: Seht, ich liefere sie
Nebukadnezzar, dem König von Babel, aus.
Er wird sie vor euren Augen niederhauen las-
sen. 22 Dann wird man bei allen Verschlepp-
ten Judas, die in Babel sind, von ihnen das
Fluchwort herleiten: Der Herr mache dich
Zidkija und Ahab gleich, die der König von
Babel im Feuer rösten ließ. 23 Sie haben näm-
lich Schändliches in Israel getrieben, mit den
Frauen ihrer Nächsten Ehebruch begangen
und in meinem Namen Worte verkündet, die
ich ihnen nicht aufgetragen hatte. Ich bin

28,14 Zusatz aus 27,6; fehlt in G.
29,2 Die »Herrin« ist die Mutter Jojachins (vgl. 13,18).
29,16–20 Passt nicht in den Briefzusammenhang, stammt vor allem aus Kap. 24; fehlt in G zu Recht.

der Wissende und der Zeuge – Spruch des
Herrn.

2: 24,1; 2 Kön 24,14f • 8: 14,14 • 10: 25,11–13 • 13–14: Dtn 4,29 • 17–18: 24,8–10 • 19: 25,4.

Das Drohwort gegen Schemaja: 29,24–32

24 Zu Schemaja aus Nehelam sollst du sa-
gen: 25 So spricht der Herr der Heere, der
Gott Israels: Du hast in deinem eigenen Na-
men einen Brief [an das ganze Volk in Jeru-
salem und] an den Priester Zefanja, den
Sohn Maasejas, [sowie an alle Priester] ge-
schickt mit diesem Inhalt: 26 Der Herr hat
dich anstelle des Priesters Jojada zum Pries-
ter bestellt, damit du im Haus des Herrn
Acht gibst auf jeden verrückten Propheten
und ihn in Block und Halseisen legst. 27 Wa-
rum bist du also nicht gegen Jeremia aus
Anatot eingeschritten, der sich bei euch wie
ein Prophet gebärdet? 28 Deshalb hat er auch
an uns nach Babel die Botschaft geschickt:
Es wird noch lange dauern; baut Häuser und
wohnt darin, pflanzt Gärten und genießt ihre
Früchte!
29 Der Priester Zefanja aber hatte diesen
Brief dem Propheten Jeremia vorgelesen.
30 Da erging das Wort des Herrn an Jeremia:
31 Schick eine Botschaft an alle Verschlepp-
ten: So spricht der Herr über Schemaja aus
Nehelam: Weil Schemaja euch geweissagt
hat, obwohl ich ihn nicht gesandt hatte, und
weil er euch dazu verführt hat, auf Lügen zu
vertrauen, 32 darum – so spricht der Herr:
Seht, ich ziehe Schemaja aus Nehelam und
seine Nachkommen zur Rechenschaft. Kei-
ner von den Seinen soll unter diesem Volk
wohnen bleiben und das Glück schauen, das
ich meinem Volk bereite – Spruch des Herrn
–; denn er hat Auflehnung gegen den Herrn
gepredigt.

31: 28,15 • 32: 28,16.

DIE TROSTSCHRIFT: 30,1 – 31,40

Die Rettung Israels und Judas: 30,1–11

30 Das Wort, das vom Herrn an Jeremia
erging: 2 So spricht der Herr, der
Gott Israels: Schreib dir alle Worte, die ich
dir gesagt habe, in ein Buch! 3 Denn seht, es
werden Tage kommen – Spruch des Herrn –,
da wende ich das Geschick meines Volkes Is-
rael und Juda, spricht der Herr. Ich führe sie
zurück in das Land, das ich ihren Vätern
zum Besitz gegeben habe. 4 Das sind die
Worte, die der Herr über Israel und Juda ge-
sprochen hat:

5 Ja, so spricht der Herr:
Angstgeschrei vernehmen wir: / Schrecken und kein Friede.

6 Fragt doch und schaut, / ob je ein Mann Kinder zur Welt bringt.
Warum sehe ich alle Männer / mit den Händen auf den Hüften wie eine Gebärende? / Jedes Gesicht ist verstört und leichenblass.

7 Denn groß ist jener Tag, / keiner ist ihm gleich.
Eine Notzeit ist es für Jakob, / doch wird er daraus gerettet.

8 An jenem Tag wird es geschehen / – Spruch des Herrn der Heere –, / da zerbreche ich das Joch auf seinem Nacken;
ich zerreiße seine Stricke / und Fremde sollen ihn nicht mehr knechten.

9 Vielmehr wird mein Volk dem Herrn, / seinem Gott, dienen / und David, seinem König, den ich ihm erstehen lasse.

10 Fürchte dich nicht, du, mein Knecht Jakob / – Spruch des Herrn –, / verzage nicht, Israel!
Denn ich bin es, der dich aus fernem Land errettet, / deine Kinder aus dem Land ihrer Gefangenschaft.
Jakob wird heimkehren und Ruhe haben; / er wird in Sicherheit leben / und niemand wird ihn erschrecken.

11 Denn ich bin mit dir / – Spruch des Herrn –, / um dich zu retten.
Ja, ich vernichte alle Völker, / unter die ich dich zerstreut habe.
Nur dich werde ich niemals vernichten; / ich züchtige dich mit rechtem Maß, / doch ganz ungestraft kann ich dich nicht lassen.

3: 29,14 • 7: Zef 1,14f • 9: 23,5 • 10: 46,27f • 11: 1,8.19; 10,24; 46,28.

29,25 Die eingeklammerten Zusätze fehlen in G; der Brief ging wohl nur an Zefanja.

30,1–31,40 Der Abschnitt hebt sich inhaltlich und formal von der Umgebung ab. Er ist eine Trostschrift, die vor allem die um 722 v. Chr. verschleppten Nordstämme anspricht, aber dann auch auf Juda bezogen wurde. Die Abfassungszeit lässt sich nicht sicher ausmachen, zumal die einzelnen Abschnitte wohl verschieden zu datieren sind. Das Ganze oder größere Teile Jeremia abzusprechen, ist nicht begründet.

Die Heilung für die Wunden: 30,12–17

12 Ja, so spricht der Herr:
Arg ist dein Schaden, / unheilbar deine Wunde.
13 [Niemand verschafft dir Recht.] / Für das Geschwür gibt es keine Heilung, / keine Genesung gibt es für dich.
14 Alle deine Freunde haben dich vergessen, / sie kümmern sich nicht mehr um dich.
Denn wie ein Feind schlägt, / so habe ich dich geschlagen mit harter Züchtigung
[wegen deiner vielfachen Schuld / und deiner zahlreichen Sünden].
15 Was schreist du über deinen Schaden / und dein arges Leiden?
Wegen deiner vielfachen Schuld / und deiner zahlreichen Sünden / habe ich dir das getan.
16 Doch alle, die dich fraßen, werden gefressen, / alle deine Bedränger ziehen als Gefangene fort;
wer dich ausplünderte, wird ausgeplündert, / wer dich beraubte, den gebe ich dem Raub preis.
17 Denn ich lasse dich genesen / und heile dich von deinen Wunden / – Spruch des Herrn –,
weil man dich [das ist Zion] die Verstoßene genannt hat, / nach der niemand fragt.

12: 10,19; 14,17; 15,18 • 16: 2,3; 8,16; 50,7 • 17: 33,6.

Die Wiederherstellung des Volkes: 30,18 – 31,1

18 So spricht der Herr:
Seht, ich wende das Geschick der Zelte Jakobs, / seiner Wohnstätten erbarme ich mich.
Die Stadt soll auf ihrem Schutthügel aufgebaut werden, / die Burg auf ihrem alten Platz stehen.
19 Lobgesang wird dort erschallen, / die Stimme fröhlicher Menschen.
Ich will ihre Zahl vermehren, / sie sollen nicht weniger werden;
ich will ihnen Ehre verschaffen, / sie sollen nicht verachtet werden.
20 Die Söhne Jakobs werden sein wie ehedem, / seine Gemeinde wird vor mir bestehen bleiben,
doch alle seine Unterdrücker / ziehe ich zur Rechenschaft.
21 Sein Machthaber wird ihm selbst entstammen, / sein Herrscher aus seiner Mitte hervorgehen.
Ich gewähre ihm Zutritt, sodass er mir nahen kann; / denn wer sonst dürfte sein Leben wagen, um mir zu nahen? / – Spruch des Herrn.
22 Ihr werdet mein Volk sein / und ich werde euer Gott sein.
23 Hört, der Sturm des Herrn [sein Grimm] bricht los. / Ein Wirbelsturm braust hinweg über die Köpfe der Frevler.
24 Der glühende Zorn des Herrn hört nicht auf, / bis er die Pläne seines Herzens ausgeführt und vollbracht hat. / Am Ende der Tage werdet ihr es klar erkennen.

31 In jener Zeit – Spruch des Herrn – / werde ich der Gott aller Stämme Israels sein / und sie werden mein Volk sein.

30,22: 24,7; Lev 26,12; Dtn 26,17f • 23: 23,19f • 31,1: 7,23; 11,4; 24,7; 30,22.

Die Heimkehr aller Versprengten: 31,2–14

2 So spricht der Herr:
Gnade fand in der Wüste das Volk, / das vom Schwert verschont blieb; / Israel zieht zum Ort seiner Ruhe.
3 Aus der Ferne ist ihm der Herr erschienen: / Mit ewiger Liebe habe ich dich geliebt, / darum habe ich dir so lange die Treue bewahrt.
4 Ich baue dich wieder auf, / du sollst neu gebaut werden, Jungfrau Israel.
Du sollst dich wieder schmücken mit deinen Pauken, / sollst ausziehen im Reigen der Fröhlichen.
5 Wieder sollst du Weingärten pflanzen / auf Samarias Bergen.
Wer Pflanzungen anlegt, / darf ihre Früchte genießen.
6 Denn es kommt der Tag, / da rufen die Wächter auf Efraims Bergland:
Auf, lasst uns hinaufpilgern nach Zion / zum Herrn, unserem Gott.
7 Ja, so spricht der Herr:
Jubelt Jakob voll Freude zu / und jauchzt über das Haupt der Völker!
Verkündet, lobsingt und sagt: / Der Herr hat sein Volk gerettet, / den Rest Israels.
8 Seht, ich bringe sie heim aus dem Nordland / und sammle sie von den Enden der Erde,

30,13a Eine Erläuterung, die das Bild von der Wunde unnötig unterbricht.
30,14ef Irrtümlich aus dem folgenden Vers hier eingefügt.
31,6 Der erste König des Nordreichs hatte in Bet-El im Bergland von Efraim ein eigenes Heiligtum geschaffen, um die Leute von der Wallfahrt nach Jerusalem abzuhalten (1 Kön 12,25–33). Jetzt wird die religiöse Einheit wiederhergestellt und die aus Assyrien Heimgekehrten werden wieder zum Zion pilgern.

darunter Blinde und Lahme, / Schwangere und Wöchnerinnen; / als große Gemeinde kehren sie hierher zurück.

9 Weinend kommen sie / und tröstend geleite ich sie.

Ich führe sie an Wasser führende Bäche, / auf einen ebenen Weg, wo sie nicht straucheln.

Denn ich bin Israels Vater / und Efraim ist mein erstgeborener Sohn.

10 Hört, ihr Völker, das Wort des Herrn, / verkündet es auf den fernsten Inseln und sagt:

Er, der Israel zerstreut hat, wird es auch sammeln / und hüten wie ein Hirt seine Herde.

11 Denn der Herr wird Jakob erlösen / und ihn befreien aus der Hand des Stärkeren.

12 Sie kommen und jubeln auf Zions Höhe, / sie strahlen vor Freude über die Gaben des Herrn, / über Korn, Wein und Öl, über Lämmer und Rinder.

Sie werden wie ein bewässerter Garten sein / und nie mehr verschmachten.

13 Dann freut sich das Mädchen beim Reigentanz, / Jung und Alt sind fröhlich.

Ich verwandle ihre Trauer in Jubel, / tröste und erfreue sie nach ihrem Kummer.

14 Ich labe die Priester mit Opferfett / und mein Volk wird satt an meinen Gaben / – Spruch des Herrn.

9: 50,4.

Der Trost durch die Heimkehr: 31,15–22

15 So spricht der Herr:

Ein Geschrei ist in Rama zu hören, / bitteres Klagen und Weinen.

Rahel weint um ihre Kinder / und will sich nicht trösten lassen, / um ihre Kinder, denn sie sind dahin.

16 So spricht der Herr:

Verwehre deiner Stimme die Klage / und deinen Augen die Tränen!

Denn es gibt einen Lohn für deine Mühe – Spruch des Herrn: / Sie werden zurückkehren aus dem Feindesland.

17 Es gibt eine Hoffnung für deine Nachkommen – Spruch des Herrn: / Die Söhne werden zurückkehren in ihre Heimat.

18 Ich höre gar wohl, wie Efraim klagt: / Du hast mich erzogen

und ich ließ mich erziehen / wie ein ungezähmter Jungstier.

Führ mich zurück, / umkehren will ich; / denn du bist der Herr, mein Gott.

19 Ja, nach meiner Umkehr fühle ich Reue; / nachdem ich zur Einsicht gekommen bin, schlage ich an meine Brust.

Ich bin beschämt und erröte; / denn ich trage die Schande meiner Jugend. –

20 Ist mir denn Efraim ein so teurer Sohn / oder mein Lieblingskind?

Denn sooft ich ihm auch Vorwürfe mache, / muss ich doch immer wieder an ihn denken.

Deshalb schlägt mein Herz für ihn, / ich muss mich seiner erbarmen – Spruch des Herrn.

21 Stell dir Wegweiser auf, setz dir Wegmarken, / achte genau auf die Straße, / auf den Weg, den du gegangen bist.

Kehr um, Jungfrau Israel, / kehr zurück in diese deine Städte!

22 Wie lange noch willst du dich sträuben, / du abtrünnige Tochter?

Denn etwas Neues erschafft der Herr im Land: / Die Frau wird den Mann umgeben.

15: Mt 2,18 • 20: Hos 11,8.

Die Segensverheißung: 31,23–30

23 So spricht der Herr der Heere, der Gott Israels: Man wird im Land Juda und in seinen Städten, wenn ich ihr Geschick wende, wieder dieses Wort sprechen: Es segne dich der Herr, du Hort der Gerechtigkeit, du heiliger Berg. 24 Juda und alle seine Städte werden zusammen dort wohnen, Ackerbauern und Wanderhirten. 25 Ja, ich labe den Ermatteten und sättige den Verschmachtenden. 26 Darum heißt es: Ich erwachte und blickte umher und mein Schlaf war süß gewesen. 27 Seht, es werden Tage kommen – Spruch des Herrn –, da säe ich über das Haus Israel und das Haus Juda eine Saat von Menschen und eine Saat von Vieh. 28 Wie ich über sie gewacht habe, um auszureißen und einzureißen, zu zerstören, zu vernichten und zu schaden, so werde ich über sie wachen, um aufzubauen und einzupflanzen – Spruch des Herrn. 29 In jenen Tagen sagt man nicht mehr: Die Väter haben saure Trauben gegessen und den Söhnen werden die Zähne stumpf. 30 Nein, jeder stirbt nur für seine eigene Schuld; nur dem, der die sauren Trauben isst, werden die Zähne stumpf.

28: 1,10; 24,6 • 29: Ez 18,2.

Der neue Bund: 31,31–34

31 Seht, es werden Tage kommen – Spruch des Herrn –, in denen ich mit dem Haus Israel

31,22d Sinn unklar und umstritten; vielleicht: Israel (das wieder vereinte Volk) wird Efraim (den nach Assyrien deportierten Hauptstamm des Nordreichs) schützend umgeben.

und dem Haus Juda einen neuen Bund
schließen werde, 32 nicht wie der Bund war,
den ich mit ihren Vätern geschlossen habe,
als ich sie bei der Hand nahm, um sie aus
Ägypten herauszuführen. Diesen meinen
Bund haben sie gebrochen, obwohl ich ihr
Gebieter war – Spruch des Herrn. 33 Denn
das wird der Bund sein, den ich nach diesen
Tagen mit dem Haus Israel schließe –
Spruch des Herrn: Ich lege mein Gesetz in
sie hinein und schreibe es auf ihr Herz. Ich
werde ihr Gott sein und sie werden mein
Volk sein. 34 Keiner wird mehr den andern
belehren, man wird nicht zueinander sagen:
Erkennt den Herrn!, sondern sie alle, Klein
und Groß, werden mich erkennen – Spruch
des Herrn. Denn ich verzeihe ihnen die
Schuld, an ihre Sünde denke ich nicht
mehr.

31–34: Hebr 8,8–12 • 33: Hebr 10,16f; Jer 31,1 • 34: 33,8; Röm 11,27.

Das unvergängliche Heil: 31,35–40

35 So spricht der Herr, / der die Sonne bestimmt zum Licht am Tag,
der den Mond und die Sterne bestellt / zum Licht in der Nacht,
der das Meer aufwühlt, / dass die Wogen brausen, / – Herr der Heere ist sein Name:
36 Nur wenn jemals diese Ordnungen / vor meinen Augen ins Wanken gerieten / – Spruch des Herrn –,
dann hörten auch Israels Nachkommen auf, / für alle Zeit vor meinen Augen ein Volk zu sein.
37 So spricht der Herr:
Nur wenn die Himmel droben abgemessen / und unten die Grundfesten der Erde erforscht werden könnten,
dann verwürfe auch ich Israels ganze Nachkommenschaft / zur Strafe für all das, was sie getan haben / – Spruch des Herrn.
38 Seht, es werden Tage kommen – Spruch
des Herrn –, da wird die Stadt für den Herrn
wieder aufgebaut, vom Turm Hananels bis
zum Eckturm. 39 Weiter läuft die Messschnur
geradeaus zum Hügel Gareb und wendet
sich nach Goa. 40 Das ganze Tal der Leichen
und der Fett-Asche und die ganzen Hänge
bis zum Kidronbach, bis zur Ecke des Rosstors im Osten werden dem Herrn heilig sein.
Sie werden niemals wieder zerstört und eingerissen werden.

35: Gen 1,14–18 • 36: 33,20.25f.

DIE HEILSWORTE: 32,1 – 35,19

Der Ackerkauf in der Notzeit: 32,1–44

32 Das Wort, das vom Herrn an Jeremia
erging im zehnten Jahr Zidkijas, des
Königs von Juda – das ist das achtzehnte
Jahr Nebukadnezzars. 2 Damals belagerte
das Heer des Königs von Babel Jerusalem.
Der Prophet Jeremia befand sich im Wachhof am Palast des Königs von Juda in Haft.
3 Dort hatte ihn Zidkija, der König von Juda,
gefangen gesetzt mit der Begründung:
Warum hast du geweissagt: So spricht der
Herr: Ich gebe diese Stadt in die Hand des
Königs von Babel und er wird sie erobern.
4 Auch Zidkija, der König von Juda, wird der
Hand der Chaldäer nicht entrinnen, sondern
in die Hand des Königs von Babel gegeben
werden, sodass er von Mund zu Mund mit
ihm reden und ihn Auge in Auge sehen wird.
5 Er wird Zidkija nach Babel bringen; dort
wird er bleiben, bis ich ihn zur Rechenschaft
ziehe – Spruch des Herrn. Wenn ihr mit den
Chaldäern Krieg führt, werdet ihr kein
Glück haben. 6 Jeremia sagte: Das Wort des
Herrn erging an mich: 7 Hanamel, der Sohn
deines Onkels Schallum, wird zu dir kommen und sagen: Kauf dir meinen Acker in
Anatot; denn dir steht es nach dem Einlösungsrecht zu, ihn zu kaufen. 8 Tatsächlich
kam Hanamel, der Sohn meines Onkels, dem
Wort des Herrn gemäß zu mir in den Wachhof und sagte zu mir: Kauf doch meinen
Acker in Anatot [im Land Benjamin]; denn
du hast das Erwerbs- und Einlösungsrecht.
Kauf ihn dir! Da erkannte ich, dass es das
Wort des Herrn war. 9 So kaufte ich von Hanamel, dem Sohn meines Onkels, den Acker
in Anatot und wog ihm das Geld ab; siebzehn
Silberschekel betrug die Summe. 10 Ich

31,33 Gegensatz: das auf Steintafeln geschriebene Gesetz vom Sinai.
32,1 Es ist das Jahr 587 v. Chr.
32,7 Zum Einlösungsrecht vgl. Lev 25,25 und Rut 4,3 sowie die Anmerkung zu Lev 25,25 und Rut 1,5f. Wahrscheinlich wollte Jeremias Verwandter den Acker verkaufen, weil er in wirtschaftlichen Schwierigkeiten war. Jeremia ist bereit, seiner Löserpflicht nachzukommen, um damit anzudeuten, dass man im Land auch wieder Äcker kaufen, also ein normales Geschäftsleben führen wird (vgl. V. 44).

schrieb die Kaufurkunde, versiegelte sie,
nahm auch Zeugen hinzu und wog das Silber
auf der Waage ab, alles nach Gesetz und
Vorschrift. 11 Dann nahm ich die Kaufur-
kunde, die versiegelte und die offene. 12 Ich
übergab die Urkunde Baruch, dem Sohn Ne-
rijas, des Sohnes Machsejas, in Gegenwart
Hanamels, des Sohnes meines Onkels, und
vor den Zeugen, die die Kaufurkunde unter-
schrieben hatten, sowie in Gegenwart aller
Judäer, die sich im Wachhof aufhielten. 13 In
ihrer Gegenwart gab ich Baruch den Auf-
trag: 14 [So spricht der Herr der Heere, der
Gott Israels:] Nimm diese Urkunden, die ver-
siegelte Kaufurkunde und auch die offene,
und leg sie in ein Tongefäß, damit sie lange
Zeit erhalten bleiben. 15 Denn so spricht der
Herr der Heere, der Gott Israels: Man wird
wieder Häuser, Äcker und Weinberge kaufen
in diesem Land.

16 Nachdem ich die Kaufurkunde Baruch,
dem Sohn Nerijas, übergeben hatte, betete
ich zum Herrn: 17 Ach, mein Herr und Gott!
Du hast Himmel und Erde erschaffen durch
deine große Kraft und deinen hoch erhobe-
nen Arm. Nichts ist dir unmöglich. 18 Du übst
Gnade an Tausenden, doch zahlst du die
Schuld der Väter ihren Söhnen heim, die
nach ihnen kommen, du gewaltiger, starker
Gott, dessen Name Herr der Heere ist.
19 Groß bist du an Rat und mächtig an Tat;
deine Augen wachen über alle Wege der
Menschen, um jedem entsprechend seinem
Verhalten und seinem Verdienst zu vergel-
ten. 20 Du hast an Israel und an den Men-
schen Zeichen und Wunder getan, in Ägyp-
ten und bis auf den heutigen Tag. So hast du
dir einen Namen gemacht, wie du ihn noch
heute hast. 21 Du hast dein Volk Israel unter
Zeichen und Wundern, mit starker Hand,
mit hoch erhobenem Arm und gewaltigen
Schreckenstaten aus Ägypten herausge-
führt. 22 Du hast ihnen dieses Land gegeben,
das du ihren Vätern eidlich zugesichert hat-
test, ein Land, in dem Milch und Honig flie-
ßen. 23 Als sie aber dorthin kamen und es in
Besitz nahmen, hörten sie nicht auf deine
Stimme und folgten deiner Weisung nicht.
Nichts von alledem, was du ihnen befohlen
hast, haben sie getan; darum hast du über sie
all dies Unheil gebracht. 24 Schon kommen
die Wälle bis an die Stadt heran, bald wird
man sie einnehmen; durch Schwert, Hunger
und Pest ist die Stadt den Chaldäern preis-
gegeben, die gegen sie ankämpfen. Was du
angedroht hast, ist eingetroffen; du siehst es
ja selbst. 25 Dennoch, mein Herr und Gott,
sagst du zu mir: Kauf dir den Acker für Geld
und nimm Zeugen hinzu! Aber die Stadt ist
doch den Chaldäern preisgegeben.

26 Nun erging an mich das Wort des Herrn:
27 Siehe, ich bin der Herr, der Gott aller
Sterblichen. Ist mir denn irgendetwas un-
möglich? 28 Darum – so spricht der Herr: Ich
gebe diese Stadt in die Hand der Chaldäer
und in die Hand Nebukadnezzars, des Kö-
nigs von Babel, und er wird sie einnehmen.
29 Die Chaldäer, die gegen diese Stadt an-
kämpfen, werden eindringen, die Stadt in
Brand stecken und einäschern samt den
Häusern, auf deren Dächern man dem Baal
Rauchopfer und fremden Göttern Trankop-
fer dargebracht hat, um mich zu erzürnen.
30 Denn die Leute von Israel und Juda haben
von Jugend an immer nur das getan, was mir
missfiel, ja, die Leute von Israel haben mich
durch ihr Verhalten stets nur erzürnt –
Spruch des Herrn. 31 In der Tat, diese Stadt
hat seit ihrer Gründung bis zum heutigen
Tag meinen Zorn und Grimm erregt, sodass
ich sie von meinem Angesicht verstoßen
muss 32 wegen all des Bösen, das die Leute
von Israel und Juda verübt haben, um mich
zu erzürnen, sie, ihre Könige, ihre Beamten,
ihre Priester und ihre Propheten, die Leute
von Juda und die Einwohner Jerusalems.
33 Sie haben mir den Rücken zugewandt und
nicht das Gesicht. Ich habe sie unermüdlich
belehrt, aber sie hörten nicht darauf und
besserten sich nicht. 34 Vielmehr stellten sie
in dem Haus, über dem mein Name ausgeru-
fen ist, ihre Scheusale auf, um es zu entwei-
hen. 35 Sie errichteten die Kulthöhe des Baal
im Tal Ben-Hinnom, um ihre Söhne und
Töchter für den Moloch durchs Feuer gehen
zu lassen. Das habe ich ihnen nie befohlen
und niemals ist mir in den Sinn gekommen,
solchen Gräuel zu verlangen und Juda in
Sünde zu stürzen.

36 Jetzt aber – so spricht der Herr, der Gott
Israels, über diese Stadt, von der ihr sagt, sie
sei durch Schwert, Hunger und Pest dem
König von Babel preisgegeben: 37 Seht, ich
sammle sie aus allen Ländern, wohin ich sie
in meinem Zorn und Grimm und in großem
Groll versprengt habe. Ich bringe sie wieder

32,14a Zusatz, irrtümlich aus V. 15 eingefügt. – Die Kaufurkunden werden doppelt ausgefertigt: Ein Exemplar wird in einem Tongefäß verwahrt, das zweite wird dem Käufer als Besitzurkunde übergeben.

32,35 Zum Hinnom-Tal vgl. 19,5 und die Anmerkung zu 7,31. – Kinder durchs Feuer gehen lassen: Umschreibung für Kinderopfer; vgl. die Anmerkung zu Lev 18,21.

zurück an diesen Ort und lasse sie in Sicherheit wohnen. 38 Sie werden mein Volk sein und ich werde ihr Gott sein. 39 Ich bringe sie dazu, nur eines im Sinn zu haben und nur eines zu erstreben: mich alle Tage zu fürchten, ihnen und ihren Nachkommen zum Heil. 40 Ich schließe mit ihnen einen ewigen Bund, dass ich mich nicht von ihnen abwenden will, sondern ihnen Gutes erweise. Ich lege ihnen die Furcht vor mir ins Herz, damit sie nicht von mir weichen. 41 Ich werde mich über sie freuen, wenn ich ihnen Gutes erweise. In meiner Treue pflanze ich sie ein in diesem Land, aus ganzem Herzen und aus ganzer Seele. 42 Denn so spricht der Herr: Wie ich über dieses Volk all das große Unheil gebracht habe, so bringe ich über sie all das Gute, das ich ihnen verspreche. 43 Man wird wieder Felder kaufen in diesem Land, von dem ihr sagt: Es ist eine Wüste, ohne Mensch und Vieh, der Hand der Chaldäer preisgegeben. 44 Äcker wird man wieder kaufen für Geld, Kaufurkunden ausstellen und versiegeln und Zeugen hinzunehmen im Land Benjamin, in der Umgebung Jerusalems, in den Städten Judas und des Gebirges, in den Städten der Schefela und des Negeb. Denn ich wende ihr Geschick – Spruch des Herrn.

2: 2 Kön 25,1f • 3–4: 34,2f • 5: 52,11 • 17: 27,5 • 18: Ex 20,5f; 34,6f • 23: Dan 9,10–13 • 29: 19,13 • 32–33: 2,26f • 34: 7,30f; 19,5 • 38: 31,1.33 • 43: 33,10; 32,25 • 44: 29,14; 30,3; 33,7.

Das neue Heil für Jerusalem und Juda:
33,1–26

33 Das Wort des Herrn erging an Jeremia zum zweiten Mal, während er noch im Wachhof eingesperrt war: 2 So spricht der Herr, der die Erde erschaffen, sie geformt und fest gegründet hat, Jahwe ist sein Name: 3 Rufe zu mir, so will ich dir antworten und dir große, unfassbare Dinge mitteilen, die du nicht kennst. 4 Denn so spricht der Herr, der Gott Israels, über die Häuser dieser Stadt und die Häuser der Könige Judas, die man eingerissen hat, um sie gegen die Belagerungswälle und für Kriegszwecke zu verwenden, 5 und die dazu dienten, mit den Chaldäern Krieg zu führen und mit den Leichen der Leute angefüllt zu werden, die ich in meinem Zorn und Grimm erschlug, weil ich mein Angesicht vor dieser Stadt wegen all ihrer bösen Taten verborgen hatte: 6 Seht, ich bringe ihnen Genesung und Heilung; ich mache sie wieder heil und gewähre ihnen beständiges Wohlergehen. 7 Ich wende das Geschick Judas und Jerusalems und baue sie auf wie ehedem. 8 Ich reinige sie von all ihrer Schuld, die sie gegen mich begangen haben, und ich vergebe ihnen alle ihre Verfehlungen, mit denen sie gesündigt und sich gegen mich aufgelehnt haben. 9 Dann wird Jerusalem meine Freude sein, mein Lobpreis und Ruhm bei allen Völkern der Erde, wenn sie von all dem Guten hören, das ich tue; sie werden zittern und beben wegen all des Guten und des Heils, das ich ihm erweise. 10 So spricht der Herr: An diesem Ort, von dem ihr sagt: Verwüstet ist er, ohne Mensch und Vieh!, in den Städten Judas und auf den Straßen Jerusalems, die verödet sind, ohne Menschen, ohne Bewohner und ohne Vieh, 11 hört man wieder Jubelruf und Freudenruf, den Ruf des Bräutigams und den Ruf der Braut; sie rufen und singen: Dankt dem Herrn der Heere; denn der Herr ist gütig, denn seine Huld währt ewig!, und bringen Dankopfer zum Tempel des Herrn. Ich wende das Geschick des Landes: Es soll werden wie ehedem, spricht der Herr.

12 So spricht der Herr der Heere: An diesem Ort, der verwüstet ist, ohne Mensch und Vieh, und in allen seinen Städten wird es eine Weide für Hirten geben, die ihre Herden lagern lassen. 13 In den Städten des Gebirges, der Schefela und des Negeb, im Land Benjamin, in der Umgebung Jerusalems und in den Städten Judas ziehen wieder die Schafe an dem vorbei, der sie mit der Hand zählt, spricht der Herr.

14 Seht, es werden Tage kommen – Spruch des Herrn –, da erfülle ich das Heilswort, das ich über das Haus Israel und über das Haus Juda gesprochen habe. 15 In jenen Tagen und zu jener Zeit werde ich für David einen gerechten Spross aufsprießen lassen. Er wird für Recht und Gerechtigkeit sorgen im Land. 16 In jenen Tagen wird Juda gerettet werden, Jerusalem kann in Sicherheit wohnen. Man wird ihm den Namen geben: Jahwe ist unsere Gerechtigkeit. 17 Denn so spricht der Herr: Nie soll es David an einem Nachkommen fehlen, der auf dem Thron des Hauses Israel sitzt. 18 Auch den levitischen Priestern soll es nie an einem Nachkommen fehlen, der alle Tage vor meinen Augen Brandopfer darbringt, Speiseopfer verbrennt und Schlachtopfer zurichtet.

19 Das Wort des Herrn erging an Jeremia:

33,4f Text vielleicht durch Zusätze erweitert.
33,16 Jahwe ist unsere Gerechtigkeit: Anspielung an den Namen des von Jeremia abgelehnten Königs Zidkija, der bedeutet: »Jahwe ist (meine) Gerechtigkeit«; der König trägt den Namen zu Unrecht.

20 So spricht der Herr: Nur wenn mein Bund
mit dem Tag und mein Bund mit der Nacht
gebrochen werden könnte, sodass es nicht
mehr Tag und Nacht würde zur rechten Zeit,
21 dann könnte auch mein Bund mit meinem
Knecht David gebrochen werden, sodass er
keinen Sohn hätte, der auf seinem Thron
König wäre, und ebenso mein Bund mit den
levitischen Priestern, die mir dienen. 22 So un-
zählbar das Heer des Himmels und so un-
messbar der Sand des Meeres ist, so zahlreich
mache ich die Nachkommen meines Knech-
tes David und die Leviten, die mir dienen.
23 Das Wort des Herrn erging an Jeremia:
24 Hast du nicht bemerkt, was diese Leute re-
den: Die beiden Stammesverbände, die der
Herr erwählt hatte, hat er verworfen!, und
wie sie mein Volk verachten, sodass es in ih-
ren Augen kein Volk mehr ist? 25 So spricht
der Herr: So gewiss ich meinen Bund mit
dem Tag und mit der Nacht und die Ordnun-
gen von Himmel und Erde festgesetzt habe,
26 so sicher werde ich auch die Nachkommen
Jakobs und meines Knechtes David nicht
verwerfen; aus seinen Nachkommen werde
ich die Herrscher über die Nachkommen
Abrahams, Isaaks und Jakobs nehmen. Denn
ich werde ihr Geschick wenden und mich ih-
rer erbarmen.

1: 32,1f • 6: 30,17 • 7: 32,44 • 8: 50,20 • 10: 32,43 • 11: 7,34; 25,10; Ps 106,1; 107,1 • 15: 23,5f • 17: 1 Kön 2,4 • 20–21: 31,35f.

Zidkijas Ende: 34,1–7

34 Das Wort, das vom Herrn an Jeremia
erging, als Nebukadnezzar, der König
von Babel, und sein ganzes Heer, alle König-
reiche seines Herrschaftsgebietes und alle
Völkerschaften gegen Jerusalem und alle
seine umliegenden Städte Krieg führten:
2 So spricht der Herr, der Gott Israels: Mach
dich auf, rede mit Zidkija, dem König von
Juda, und sag zu ihm: So spricht der Herr:
Ich gebe diese Stadt in die Hand des Königs
von Babel und er wird sie niederbrennen.
3 Auch du wirst seiner Hand nicht entrinnen,
sondern ergriffen und in seine Hand gegeben
werden. Auge in Auge wirst du den König
von Babel sehen und von Mund zu Mund
wird er mit dir reden und nach Babel wirst
du kommen. 4 Doch höre das Wort des Herrn,
Zidkija, König von Juda! So spricht der Herr
über dich: Du brauchst nicht durch das
Schwert zu sterben. 5 In Frieden kannst du
sterben, und wie deinen Vätern und Vorgän-
gern, den früheren Königen, so wird man
auch dir zu Ehren Totenfeuer anzünden und
dir die Totenklage halten: »Ach, der Herr-
scher!« Ich bin es, der dieses Wort gespro-
chen hat – Spruch des Herrn. 6 Der Prophet
Jeremia sagte alle diese Worte zu Zidkija,
dem König von Juda, in Jerusalem, 7 als das
Heer des Königs von Babel bereits gegen Je-
rusalem und die übrig gebliebenen Städte
Judas, nämlich Lachisch und Aseka, kämpf-
te; denn nur diese befestigten Städte waren
in Juda noch übrig geblieben.

2–3: 32,3f • 5: 2 Chr 16,14; Jer 22,18.

Der Widerruf der Sklavenfreilassung:
34,8–22

8 Das Wort, das vom Herrn an Jeremia er-
ging, als König Zidkija mit dem ganzen Volk
in Jerusalem das Abkommen getroffen hatte,
eine Freilassung auszurufen. 9 Es sollte näm-
lich jeder seinen hebräischen Sklaven und
seine hebräische Sklavin freilassen und kei-
ner sollte mehr seinen hebräischen Stam-
mesbruder als Sklaven halten. 10 Dem hatten
sich alle Großen gefügt, ebenso das ganze
Volk, das dem Abkommen beigetreten war,
dass jeder seinen Sklaven oder seine Sklavin
freilassen und nicht mehr als Sklave halten
werde. Sie hatten gehorcht und die Sklaven
freigelassen. 11 Danach aber holten sie die
Sklaven und Sklavinnen, die sie freigelassen
hatten, zurück und machten sie mit Gewalt
wieder zu Sklaven und Sklavinnen. 12 Da er-
ging das Wort des Herrn an Jeremia: 13 So
spricht der Herr, der Gott Israels: Ich habe
mit euren Vätern, als ich sie aus Ägypten,
dem Sklavenhaus, herausführte, ein Abkom-
men getroffen und verlangt: 14 Alle sieben
Jahre soll jeder von euch seinen hebräischen
Stammesbruder, der sich ihm verkauft hat,
freilassen; sechs Jahre soll er dein Sklave
sein, dann sollst du ihn freilassen. Aber eure
Väter haben mir nicht gehorcht und mir ihr
Ohr nicht zugeneigt. 15 Da seid ihr jetzt um-
gekehrt und habt das getan, was in meinen
Augen recht ist, indem jeder für seinen
Nächsten die Freilassung ausrief. Vor mir
hattet ihr ein Abkommen getroffen in dem
Haus, über dem mein Name ausgerufen ist.
16 Aber ihr seid wieder umgekehrt und habt
meinen Namen entweiht; denn jeder von
euch hat seinen Sklaven oder seine Sklavin
zurückgeholt, die ihr doch völlig freigelas-
sen hattet. Ihr habt sie gezwungen, wieder
eure Sklaven und Sklavinnen zu werden.
17 Darum – so spricht der Herr: Ihr habt mir
nicht gehorcht und keiner hat für seinen
Stammesbruder und seinen Nächsten die

33,20.25 Der Bund mit Tag und Nacht ist die unabänderliche Ordnung im Wechsel von Tag und Nacht; vgl. den Noach-Bund von Gen 9,8–17.

Freilassung ausgerufen. Wohlan, so rufe ich euch eine Freilassung aus – Spruch des Herrn – für Schwert, Pest und Hunger und ich mache euch zu einem Bild des Schreckens für alle Reiche der Erde. 18 Ich mache die Männer, die mein Abkommen verletzt und die Worte der Abmachung, die sie vor mir getroffen hatten, nicht gehalten haben, dem Kalb gleich, das sie in zwei Hälften zerschnitten haben und zwischen dessen Stücken sie hindurchgegangen sind. 19 Die Großen Judas und Jerusalems, die Höflinge, die Priester und alle Bürger des Landes, die zwischen den Stücken des Kalbes hindurchgegangen sind, 20 sie alle gebe ich in die Hand ihrer Feinde und derer, die ihnen nach dem Leben trachten. Ihre Leichen sollen den Vögeln des Himmels und den Tieren des Feldes zum Fraß dienen. 21 Auch Zidkija, den König von Juda, und seine Großen liefere ich ihren Feinden aus und denen, die ihnen nach dem Leben trachten, dem Heer des Königs von Babel, das eben von euch abgezogen ist. 22 Schon gebe ich den Befehl – Spruch des Herrn – und hole sie zu dieser Stadt zurück, damit sie gegen sie kämpfen, sie erobern und niederbrennen. Die Städte Judas mache ich zur menschenleeren Wüste.

14: Ex 21,2; Lev 25,41; Dtn 15,12 • 22: 37,8f.

Das Vorbild der Rechabiter: 35,1–19

35 Das Wort, das vom Herrn an Jeremia erging in den Tagen Jojakims, des Sohnes Joschijas, des Königs von Juda: 2 Geh hin zur Gemeinschaft der Rechabiter, rede mit ihnen, führ sie zum Haus des Herrn in eine der Hallen und gib ihnen Wein zu trinken! 3 Da holte ich Jaasanja, den Sohn Jirmejas, des Sohnes Habazzinjas, samt seinen Brüdern und allen seinen Söhnen und der ganzen Gemeinschaft der Rechabiter. 4 Ich führte sie zum Haus des Herrn in die Halle der Söhne Hanans, des Sohnes Jigdaljas, des Gottesmannes, die neben der Halle der Großen oberhalb der Halle des Schwellenwächters Maaseja, des Sohnes Schallums, gelegen ist. 5 Dann setzte ich den Leuten von der Gemeinschaft der Rechabiter gefüllte Weinkrüge und Becher vor und sagte zu ihnen: Trinkt Wein! 6 Sie aber entgegneten: Wir trinken keinen Wein; denn unser Ahnherr Jonadab, der Sohn Rechabs, hat uns geboten: Ihr sollt niemals Wein trinken, weder ihr selbst noch eure Söhne. 7 Auch sollt ihr kein Haus bauen, keine Saat bestellen, keinen Weinberg pflanzen oder besitzen. Vielmehr sollt ihr euer Leben lang in Zelten wohnen, damit ihr lange lebt in dem Land, in dem ihr euch als Fremde aufhaltet. 8 Wir gehorchten dem Auftrag unseres Ahnherrn Jonadab, des Sohnes Rechabs, in allem, was er uns gebot; wir tranken also zeitlebens keinen Wein, weder wir noch unsere Frauen, Söhne und Töchter. 9 Wir bauten uns keine Wohnhäuser, wir besaßen keinen Weinberg, keinen Acker und keine Saat. 10 Wir wohnten in Zelten und gehorsam handelten wir genau so, wie unser Ahnherr Jonadab es uns geboten hat. 11 Als jedoch Nebukadnezzar, der König von Babel, gegen das Land heranzog, da sagten wir: Kommt, wir wollen uns vor dem Heer der Chaldäer und dem Heer der Aramäer nach Jerusalem begeben. So ließen wir uns in Jerusalem nieder. 12 Nun erging das Wort des Herrn an Jeremia: 13 So spricht der Herr der Heere, der Gott Israels: Geh hin und sag zu den Leuten von Juda und zu den Einwohnern Jerusalems: Wollt ihr euch nicht endlich belehren lassen und auf meine Worte hören? – Spruch des Herrn. 14 Das Gebot Jonadabs, des Sohnes Rechabs, der seinen Söhnen das Weintrinken verboten hat, wird treu erfüllt; sie trinken keinen Wein bis zum heutigen Tag, weil sie dem Befehl ihres Ahnherrn gehorchen. Ich aber habe immer wieder zu euch geredet, doch ihr habt mir nicht gehorcht. 15 Und immer wieder sandte ich zu euch alle meine Knechte, die Propheten, mit der Mahnung: Kehrt doch alle um von eurem schlechten Weg! Bessert euer Tun und lauft nicht anderen Göttern nach, um ihnen zu dienen. Dann dürft ihr in dem Land bleiben, das ich euch und euren Vätern gegeben habe. Ihr aber habt euer Ohr nicht geneigt und nicht auf mich gehört. 16 Ja, die Söhne Jonadabs, des Sohnes Rechabs, haben das Gebot, das ihnen ihr Ahnherr gegeben hat, erfüllt. Dieses Volk aber hat mir nicht gehorcht. 17 Darum – so spricht der Herr, der Gott der Heere, der Gott Israels: Seht, ich bringe über Juda und über alle Einwohner Jerusalems das ganze Unheil, das ich ihnen angedroht habe, weil sie nicht hörten, sooft ich zu ihnen redete, und keine Antwort gaben, sooft ich sie rief. 18 Zur Gemeinschaft der Rechabiter aber sagte Jeremia: So spricht der Herr der Heere, der Gott Israels: Weil ihr dem Gebot eures Ahnherrn Jonadab gehorcht, alle seine Gebote gehalten und

34,18 Diese Form des Bundesschlusses wird in Gen 15,9f.17 beschrieben. Das Hindurchschreiten zwischen den Teilen eines Tieres ist sinnbildliche Handlung für eine bedingte Selbstverfluchung: Ich will selbst in Stücke gehauen werden, wenn ich den Vertrag breche.

nach allen seinen Anordnungen gehandelt
habt, 19 darum – so spricht der Herr der Hee-
re, der Gott Israels: Niemals soll es Jonadab,
dem Sohne Rechabs, an einem Nachkommen
fehlen, der in meinem Dienst steht.

6: 2 Kön 10,15 • 15: 25,4–7.

DIE BERICHTE BARUCHS: 36,1 – 45,5

Die Verbrennung der Buchrolle: 36,1–32

36 Im vierten Jahr Jojakims, des Sohnes
Joschijas, des Königs von Juda, er-
ging vom Herrn dieses Wort an Jeremia:
2 Nimm dir eine Buchrolle und schreib da-
rauf alle Worte, die ich zu dir über Israel und
Juda und über alle Völker gesprochen habe,
seitdem ich zu dir rede, von den Tagen Jo-
schijas an bis heute. 3 Vielleicht werden die
Leute vom Haus Juda, wenn sie hören, wie
viel Unheil ich ihnen antun will, umkehren
von ihrem bösen Weg und ich kann ihnen
Schuld und Sünde verzeihen. 4 Da rief Jere-
mia Baruch, den Sohn Nerijas, und Baruch
schrieb nach dem Diktat Jeremias alle Wor-
te, die der Herr zu ihm gesprochen hatte, auf
eine Buchrolle. 5 Jeremia gab hierauf Baruch
folgenden Auftrag: Mir ist es verwehrt, das
Haus des Herrn zu betreten. 6 Darum geh du
hin und lies am Fasttag aus der Rolle, die du
nach meinem Diktat geschrieben hast, dem
Volk im Haus des Herrn die Worte des Herrn
vor. Auch allen Judäern, die aus ihren Städ-
ten herbeiströmen, sollst du sie vorlesen.
7 Vielleicht flehen sie vor dem Herrn um Er-
barmen und kehren um, jeder von seinem bö-
sen Weg; denn groß ist der Zorn und Grimm,
den der Herr diesem Volk angedroht hat.
8 Baruch, der Sohn Nerijas, handelte genau
nach dem Auftrag des Propheten Jeremia
und las im Haus des Herrn die Worte des
Herrn aus dem Buch vor.

9 Im fünften Jahr Jojakims, des Sohnes Jo-
schijas, des Königs von Juda, hatte man im
neunten Monat alles Volk in Jerusalem und
alle Leute, die von den Städten Judas nach
Jerusalem kommen sollten, zu einem Fasten
vor dem Herrn aufgerufen. 10 Nun las Baruch
im Haus des Herrn dem ganzen Volk aus dem
Buch die Worte Jeremias vor, und zwar in
der Halle Gemarjas, des Sohnes des Staats-
schreibers Schafan, im oberen Vorhof am
Eingang des Neuen Tempeltores. 11 Als Mi-
cha, der Sohn Gemarjas, des Sohnes Scha-
fans, alle Worte des Herrn aus dem Buch ver-
nommen hatte, 12 ging er hinab in den Kö-
nigspalast zur Halle des Staatsschreibers.
Dort waren gerade alle hohen Beamten zu ei-
ner Sitzung versammelt: der Staatsschreiber
Elischama, Delaja, der Sohn Schemajas, El-
natan, der Sohn Achbors, Gemarja, der Sohn
Schafans, Zidkija, der Sohn Hananjas, und
alle sonstigen Beamten. 13 Micha teilte ihnen
alle Worte mit, die er gehört hatte, als Ba-
ruch dem Volk aus dem Buch vorlas. 14 Da
schickten die versammelten Beamten Jehu-
di, den Sohn Netanjas, des Sohnes Schelem-
jas, des Sohnes Kuschis, zu Baruch und lie-
ßen ihm sagen: Nimm die Rolle, aus der du
dem Volk vorgelesen hast, und komm hier-
her! Sogleich nahm Baruch, der Sohn Neri-
jas, die Rolle und ging zu ihnen. 15 Sie sagten
zu ihm: Setz dich und lies sie uns vor! Nun
las ihnen Baruch vor. 16 Als sie all die Worte
hörten, schauten sie einander erschrocken an
und sagten [zu Baruch]: Wir müssen das alles
dem König mitteilen. 17 Sie fragten Baruch:
Sag uns doch, wie hast du alle diese Worte
niedergeschrieben? 18 Baruch erwiderte ih-
nen: Jeremia hat mir alle diese Worte dik-
tiert und ich habe sie mit Tinte in das Buch
geschrieben. 19 Darauf sagten die Beamten
zu Baruch: Geh und verbirg dich, du und
auch Jeremia! Niemand soll wissen, wo ihr
seid. 20 Dann begaben sie sich zum König in
den Palasthof, nachdem sie die Rolle in der
Halle des Staatsschreibers Elischama ver-
wahrt hatten, und berichteten das alles dem
König. 21 Da gab der König dem Jehudi den
Auftrag, die Rolle zu holen, und dieser holte
sie aus der Halle des Staatsschreibers Eli-
schama. Und Jehudi las sie dem König vor
und allen Beamten, die um den König he-
rumstanden. 22 Der König wohnte im Win-
terhaus, es war ja der neunte Monat, und vor
ihm brannte das Feuer auf dem Kohlenbe-
cken. 23 Sooft nun Jehudi drei oder vier Spal-
ten gelesen hatte, schnitt sie der König mit
dem Schreibermesser ab und warf sie in das
Feuer auf dem Kohlenbecken, bis das Feuer

36,1 Es ist das Jahr 605 v. Chr. – Man sieht, dass die einzelnen Abschnitte nicht chronologisch, sondern sachlich geordnet sind. Vorher waren bereits Ereignisse berichtet, die viel später geschehen sind.

36,5 Jeremia hatte wahrscheinlich vom König Redeverbot erhalten; vielleicht war das Prophetenwort 22,18f vorausgegangen.

auf dem Kohlenbecken die ganze Rolle verzehrt hatte. 24 Niemand erschrak und niemand zerriss seine Kleider, weder der König noch irgendeiner seiner Diener, die all diese Worte gehört hatten. 25 Selbst als Elnatan, Delaja und Gemarja den König bestürmten, die Rolle nicht zu verbrennen, hörte er nicht auf sie. 26 Vielmehr befahl der König dem Prinzen Jerachmeël, ferner Seraja, dem Sohn Asriëls, und Schelemja, dem Sohn Abdeëls, den Schreiber Baruch und den Propheten Jeremia festzunehmen; aber der Herr hielt sie verborgen.

27 Nachdem der König die Rolle mit den Worten, die Baruch nach dem Diktat Jeremias niedergeschrieben hat, verbrannt hatte, erging das Wort des Herrn an Jeremia: 28 Nimm dir eine andere Rolle und schreib all die früheren Worte darauf, die auf der ersten Rolle standen, die Jojakim, der König von Juda, verbrannt hat. 29 Über Jojakim aber, den König von Juda, sollst du sagen: So spricht der Herr: Du hast diese Rolle verbrannt und gesagt: Warum hast du darin geschrieben, der König von Babel werde bestimmt kommen, dieses Land verheeren und Mensch und Vieh darin vernichten? 30 Darum – so spricht der Herr über Jojakim, den König von Juda: Er wird keinen Nachkommen mehr haben, der auf dem Thron Davids sitzt, und sein Leichnam soll weggeworfen werden und der Hitze des Tags und der Kälte der Nacht ausgesetzt sein. 31 Ich ziehe ihn, seine Nachkommen und seine Diener zur Rechenschaft für ihre Schuld. Ich bringe über sie, über die Einwohner Jerusalems und die Leute von Juda all das Unheil, das ich ihnen angedroht habe, ohne dass sie hören wollten. 32 Da nahm Jeremia eine andere Rolle und übergab sie dem Schreiber Baruch, dem Sohn Nerijas. Dieser schrieb auf sie nach dem Diktat Jeremias alle Worte des Buches, das Jojakim, der König von Juda, im Feuer verbrannt hatte. Ihnen wurden noch viele ähnliche Worte hinzugefügt.

1: 25,1 • 2: 25,3 • 3: 26,3 • 24: 2 Kön 22,11 • 30: 22,19.

Die Botschaft an König Zidkija: 37,1–10

37 Anstelle Jojachins, des Sohnes Jojakims, wurde Zidkija, der Sohn Joschijas, König. Ihn hatte Nebukadnezzar, der König von Babel, als König über das Land Juda eingesetzt. 2 Weder er selbst noch seine Diener, noch die Bürger des Landes hörten auf die Worte, die der Herr durch den Propheten Jeremia sprach.

3 König Zidkija sandte einmal Juchal, den Sohn Schelemjas, und den Priester Zefanja, den Sohn Maasejas, zum Propheten Jeremia und ließ ihm sagen: Bete doch für uns zum Herrn, unserem Gott! 4 Jeremia konnte sich noch frei unter dem Volk bewegen; man hatte ihn noch nicht ins Gefängnis geworfen. 5 Aus Ägypten war damals das Heer des Pharao aufgebrochen, und als die Chaldäer, die Jerusalem belagerten, davon Nachricht erhielten, rückten sie von Jerusalem ab. 6 Nun erging das Wort des Herrn an den Propheten Jeremia: 7 So spricht der Herr, der Gott Israels: Antwortet dem König von Juda, der euch zu mir gesandt hat, um mich zu befragen: Fürwahr, das Heer des Pharao, das aufgebrochen ist, um euch Hilfe zu bringen, wird in sein Land Ägypten zurückkehren. 8 Dann werden die Chaldäer wieder umkehren, gegen diese Stadt kämpfen, sie erobern und in Brand stecken. 9 So spricht der Herr: Täuscht euch nicht selbst mit dem Gedanken: Die Chaldäer ziehen endgültig von uns ab. Nein, sie ziehen nicht ab. 10 Selbst wenn ihr das ganze Heer der Chaldäer, die gegen euch kämpfen, schlagen könntet und nur einige Verwundete von ihnen übrig blieben, sie würden, jeder in seinem Zelt, aufstehen und diese Stadt in Brand stecken.

1: 2 Kön 24,17 • 8–9: 34,21f.

Der Prophet im Gefängnis: 37,11–21

11 Damals, als das Heer der Chaldäer vor dem Heer des Pharao von Jerusalem abgerückt war, 12 wollte sich Jeremia von Jerusalem ins Land Benjamin begeben, um dort mit seinen Verwandten ein Erbe zu teilen. 13 Er war bereits am Benjamintor angelangt. Dort stand ein Wachhabender namens Jirija, der Sohn Schelemjas, des Sohnes Hananjas. Er hielt den Propheten Jeremia an und rief: Du willst zu den Chaldäern überlaufen. 14 Jeremia entgegnete: Das ist nicht wahr; ich laufe nicht zu den Chaldäern über. Doch Jirija hörte nicht auf ihn; er nahm Jeremia fest und brachte ihn vor die Beamten. 15 Diese waren über Jeremia wütend, schlugen ihn und warfen ihn in den Kerker, in das Haus des Staatsschreibers Jonatan; denn dieses hatte man als Gefängnis eingerichtet. 16 So kam Jeremia in die Zisternenhöhle mit den Gewölben. Dort saß Jeremia lange Zeit gefangen.

17 Eines Tages ließ ihn König Zidkija holen. Der König fragte ihn heimlich in seinem Palast: Ist ein Wort vom Herrn da? Jeremia bejahte es und antwortete: Du wirst in die Hand des Königs von Babel ausgeliefert werden. 18 Dann sagte Jeremia zum König Zidkija: Welches Verbrechen habe ich an dir, an deinen Dienern und an diesem Volk begangen, dass ihr mich ins Gefängnis geworfen

habt? 19 Und wo sind jetzt eure Propheten, die euch geweissagt haben: Der König von Babel wird nicht über euch und dieses Land kommen? 20 Doch nun höre, mein Herr und König! Möge meine Bitte bei dir Gehör finden. Lass mich nicht ins Haus des Staatsschreibers zurückbringen, sonst gehe ich dort zugrunde. 21 Da gab König Zidkija den Befehl, Jeremia im Wachhof zu verwahren, und man versorgte ihn täglich mit einem Laib Brot aus der Bäckergasse, bis alles Brot in der Stadt zu Ende ging. So blieb also Jeremia im Wachhof.

12: 32,8f • 17: 34,21 • 21: 32,2.

Jeremia in der Zisterne: 38,1–6

38 Schefatja, der Sohn Mattans, Gedalja, der Sohn Paschhurs, Juchal, der Sohn Schelemjas, und Paschhur, der Sohn Malkijas, hörten von den Worten, die Jeremia zum ganzen Volk redete, indem er sagte: 2 So spricht der Herr: Wer in dieser Stadt bleibt, der stirbt durch Schwert, Hunger und Pest. Wer aber zu den Chaldäern hinausgeht, der wird überleben; er wird sein Leben wie ein Beutestück gewinnen und davonkommen. 3 So spricht der Herr: Diese Stadt wird ganz sicher dem Heer des Königs von Babel in die Hände fallen und er wird sie erobern. 4 Darauf sagten die Beamten zum König: Dieser Mann muss mit dem Tod bestraft werden; denn er lähmt mit solchen Reden die Hände der Krieger, die in dieser Stadt noch übrig geblieben sind, und die Hände des ganzen Volkes. Denn dieser Mensch sucht nicht Heil, sondern Unheil für dieses Volk. 5 Der König Zidkija erwiderte: Nun, er ist in eurer Hand; denn der König vermag nichts gegen euch. 6 Da ergriffen sie Jeremia und warfen ihn in die Zisterne des Prinzen Malkija, die sich im Wachhof befand; man ließ ihn an Stricken hinunter. In der Zisterne war kein Wasser, sondern nur Schlamm und Jeremia sank in den Schlamm.

2: 21,9.

Die Rettung durch den Kuschiter: 38,7–13

7 Der Kuschiter Ebed-Melech, ein Höfling, der im königlichen Palast bedienstet war, hörte, dass man Jeremia in die Zisterne geworfen hatte. Während der König sich am Benjamintor aufhielt, 8 verließ Ebed-Melech den Palast und sagte zum König: 9 Mein Herr und König, schlecht war alles, was diese Männer dem Propheten Jeremia angetan haben; sie haben ihn in die Zisterne geworfen, damit er dort unten verhungert. Denn es gibt in der Stadt kein Brot mehr. 10 Da befahl der König dem Kuschiter Ebed-Melech: Nimm dir von hier drei Männer mit und zieh den Propheten Jeremia aus der Zisterne herauf, bevor er stirbt. 11 Ebed-Melech nahm die Männer mit sich und ging zum Königspalast in die Kleiderkammer des Vorratshauses. Dort holte er Stücke von abgelegten und zerrissenen Kleidern und ließ sie an Stricken zu Jeremia in die Zisterne hinunter. 12 Dann rief der Kuschiter Ebed-Melech Jeremia zu: Leg die Stücke der abgelegten und zerrissenen Kleider in deine Achselhöhlen unter die Stricke! Jeremia tat es. 13 Nun zogen sie Jeremia an den Stricken hoch und brachten ihn aus der Zisterne herauf. Von da an blieb Jeremia im Wachhof.

7: 39,15–18.

Letzte Warnung an den König: 38,14–28

14 König Zidkija ließ den Propheten Jeremia zu sich an den dritten Eingang beim Haus des Herrn holen. Der König sagte zu Jeremia: Ich möchte dich nach einem Gotteswort fragen. Verschweig mir nichts! 15 Jeremia antwortete Zidkija: Wenn ich es dir verkünde, lässt du mich bestimmt umbringen, und wenn ich dir einen Rat gebe, hörst du nicht auf mich. 16 Da schwor König Zidkija dem Jeremia heimlich und sagte: So wahr der Herr lebt, der uns dieses Leben gegeben hat, ich lasse dich nicht umbringen und gebe dich nicht in die Hand jener Männer, die dir nach dem Leben trachten. 17 Hierauf sagte Jeremia zu Zidkija: So spricht der Herr, der Gott der Heere, der Gott Israels: Wenn du freiwillig hinausgehst zu den Heerführern des Königs von Babel, dann ist dein Leben gerettet, diese Stadt wird nicht in Brand gesteckt und du bleibst am Leben, du und dein Haus. 18 Gehst du aber nicht hinaus zu den Heerführern des Königs von Babel, dann wird diese Stadt den Chaldäern ausgeliefert. Sie werden sie in Brand stecken und du selbst wirst ihrer Hand nicht entrinnen. 19 König Zidkija entgegnete Jeremia: Ich habe Angst vor den Judäern, die bereits zu den Chaldäern abgefallen sind; man könnte mich ihnen ausliefern und sie würden mir übel mitspielen. 20 Jeremia versicherte: Man wird dich nicht ausliefern. Hör doch auf die Stimme des Herrn in meiner Rede! Dann geht es dir gut und dein Leben bleibt erhalten. 21 Weigerst du dich aber hinauszugehen,

38,7 Ebed-Melech war also trotz seines hebräischen Namens wahrscheinlich ein Neger; vgl. 13,23 und die dortige Anmerkung.

so wird geschehen, was der Herr mich sehen
ließ: 22 Ich sah, wie alle Frauen, die im Palast
des Königs von Juda noch übrig waren, zu
den Obersten des Königs von Babel hinaus-
geführt wurden. Sie klagten:

Überlistet, hereingelegt / haben dich deine
guten Freunde;
stecken deine Füße im Sumpf, / so machen
sich alle davon.

23 Ja, alle deine Frauen und Kinder wird
man zu den Chaldäern hinausführen; auch
du wirst ihrer Hand nicht entrinnen, son-
dern wirst gefangen dem König von Babel
ausgeliefert werden; diese Stadt aber wird
man in Brand stecken. 24 Zidkija sagte zu Je-
remia: Niemand darf von diesem Gespräch
erfahren, sonst musst du sterben. 25 Wenn
aber die Beamten erfahren, dass ich mit dir
geredet habe, und wenn sie zu dir kommen
und dich auffordern: Teil uns mit, was du
zum König gesagt hast und was der König zu
dir gesagt hat, verheimliche uns nichts, sonst
bringen wir dich um!, 26 dann antworte ih-
nen: Ich habe an den König die Bitte gerich-
tet, mich nicht ins Haus Jonatans zurück-
bringen zu lassen, weil ich dort zugrunde
gehe. 27 Tatsächlich kamen alle Beamten zu
Jeremia und fragten ihn. Er antwortete ih-
nen genau so, wie ihm der König geboten
hatte. Da ließen sie von ihm ab; denn nie-
mand hatte das Gespräch gehört. 28 So blieb
Jeremia im Wachhof bis zu dem Tag, an dem
Jerusalem erobert wurde.

23: 32,4; 34,3 • 28: 37,21.

Der Fall Jerusalems: 39,1–10

39 [Nach der Eroberung Jerusalems:]
1 Im neunten Jahr Zidkijas, des Kö-
nigs von Juda, im zehnten Monat, rückte Ne-
bukadnezzar, der König von Babel, mit sei-
ner ganzen Streitmacht vor Jerusalem und
belagerte es. 2 Im elften Jahr Zidkijas, am
neunten Tag des vierten Monats, wurden
Breschen in die Stadtmauer geschlagen. 3 Da
zogen alle Heerführer des Königs von Babel
ein und ließen sich im Mitteltor nieder: [Ner-
gal-Sarezer, der Fürst von Sin-Magir, und]
Nebuschasban, der Oberkämmerer, Nergal-
Sarezer, der Oberhofmeister, und alle übri-
gen Heerführer des Königs von Babel.

4 Als Zidkija, der König von Juda, und alle
Krieger dies sahen, ergriffen sie die Flucht
und verließen bei Nacht die Stadt auf dem
Weg zum königlichen Garten; sie gingen
durch das Tor zwischen den beiden Mauern
und schlugen die Richtung nach der Araba
ein. 5 Aber die chaldäischen Truppen setzten
ihnen nach und holten Zidkija in den Niede-
rungen von Jericho ein. Sie nahmen ihn ge-
fangen, brachten ihn vor Nebukadnezzar,
den König von Babel, nach Ribla in der
Landschaft Hamat, und dieser sprach das
Urteil über ihn. 6 Der König von Babel ließ in
Ribla die Söhne Zidkijas vor dessen Augen
niedermachen; auch alle Vornehmen Judas
ließ der König von Babel niedermachen.
7 Zidkija ließ er blenden und in Fesseln le-
gen, um ihn nach Babel zu bringen. 8 Den kö-
niglichen Palast und die Häuser der Bürger
steckten die Chaldäer in Brand und die Mau-
ern Jerusalems rissen sie nieder. 9 Den Rest
der Bevölkerung, der noch in der Stadt ge-
blieben war, sowie alle, die zum König von
Babel übergelaufen waren, und den Rest der
Handwerker verschleppte Nebusaradan, der
Kommandant der Leibwache, nach Babel.
10 Nur von den armen Leuten, die nichts hat-
ten, ließ Nebusaradan, der Kommandant der
Leibwache, einen Teil im Land Juda zurück
und gab ihnen Weinberge und Äcker.

Die Befreiung Jeremias: 39,11–14

11 Nebukadnezzar, der König von Babel,
hatte Nebusaradan, dem Kommandanten
der Leibwache, über Jeremia folgende An-
weisung gegeben: 12 Lass ihn holen, kümme-
re dich um ihn und füg ihm kein Leid zu,
sondern richte dich nach seinen Wünschen!
13 Da schickten Nebusaradan, der Komman-
dant der Leibwache, Nebuschasban, der
Oberkämmerer, und Nergal-Sarezer, der
Oberhofmeister, sowie alle Obersten des Kö-
nigs von Babel Leute zum Wachhof, 14 ließen
Jeremia von dort holen und übergaben ihn
Gedalja, dem Sohn Ahikams, des Sohnes
Schafans, damit er ihn nach Hause entlasse.
So blieb er mitten unter dem Volk.

12: 40,4.

Die Verheißung für den Kuschiter:
39,15–18

15 Als Jeremia noch im Wachhof gefangen
saß, war an ihn das Wort des Herrn ergan-
gen: 16 Geh hin und sag zu dem Kuschiter
Ebed-Melech: So spricht der Herr der Heere,
der Gott Israels: Bald erfülle ich meine Wor-
te, die ich über diese Stadt gesprochen habe –
zu ihrem Unheil und nicht zu ihrem Heil; sie
werden an jenem Tag vor deinen Augen ein-
treffen. 17 Aber dich werde ich retten an je-

39,1–10 Zusammengesetzt aus Teilen von 52,4–16 und 2 Kön 25,1–12.

39,3 Aufzählung der Namen unsicher; vielleicht nach V. 13 zu korrigieren.

nem Tag – Spruch des Herrn – und du wirst
den Leuten, vor denen du Angst hast, nicht
in die Hände fallen. 18 Ja, ich werde dich heil
entrinnen lassen; du wirst nicht unter dem
Schwert fallen, sondern dein Leben wie ein
Beutestück gewinnen, weil du auf mich ver-
traut hast – Spruch des Herrn.

15: 38,7.13 • 16: 21,10; 44,11.27 • 18: 21,9; 38,2; 45,5.

Jeremia beim Statthalter Gedalja: 40,1–6

40 Das Wort, das vom Herrn an Jeremia
erging, nachdem ihn Nebusaradan,
der Kommandant der Leibwache, in Rama
freigelassen hatte. Dieser hatte ihn nämlich
holen lassen, als er, mit Handschellen gefes-
selt, sich mitten unter den Gefangenen von
Jerusalem und Juda befand, die nach Babel
weggeführt werden sollten. 2 Der Komman-
dant der Leibwache holte Jeremia und sagte
zu ihm: Jahwe, dein Gott, hatte diesem Ort
dieses Unheil angedroht. 3 Jetzt hat Jahwe
seine Drohung eintreffen lassen und voll-
streckt; denn ihr habt gegen Jahwe gesün-
digt und nicht auf seine Stimme gehört. So
musste euch dieses Schicksal treffen. 4 Nun
aber löse ich dir heute die Fesseln an deinen
Händen. Wenn es dir beliebt, mit mir nach
Babel zu kommen, so komm mit und ich will
für dich sorgen. Willst du aber nicht mit mir
nach Babel kommen, so lass es! Siehe, das
ganze Land liegt vor dir; du kannst gehen,
wohin du willst. 5 Wenn du es vorziehst da-
zubleiben, so kehre um zu Gedalja, dem
Sohn Ahikams, des Sohnes Schafans, den
der König von Babel über das Land Juda ge-
setzt hat. Bleib bei ihm mitten unter dem
Volk oder geh, wohin du willst. Der Kom-
mandant der Leibwache gab ihm Reisevor-
rat sowie ein Geschenk und entließ ihn. 6 Je-
remia ging zu Gedalja, dem Sohn Ahikams,
nach Mizpa und blieb bei ihm mitten unter
dem Volk, das im Land übrig geblieben war.

6: 39,14.

Gedalja als Statthalter: 40,7–16

7 Alle Truppenführer, die samt ihren
Mannschaften noch über das freie Feld ver-
streut waren, erfuhren, dass der König von
Babel Gedalja, den Sohn Ahikams, als Statt-
halter im Land eingesetzt und ihm Männer,
Frauen und Kinder sowie jenen Teil der ar-
men Bevölkerung unterstellt habe, der nicht
nach Babel weggeführt worden war. 8 Sie ka-
men nun mit ihren Leuten zu Gedalja nach
Mizpa, nämlich Jischmael, der Sohn Netan-
jas, Johanan und Jonatan, die Söhne Kare-
achs, Seraja, der Sohn Tanhumets, ferner die
Söhne Efais aus Netofa und Jaasanja, der
Sohn des Maachatiters. 9 Gedalja, der Sohn
Ahikams, des Sohnes Schafans, schwor ih-
nen und ihren Mannschaften: Fürchtet euch
nicht davor, den Chaldäern untertan zu sein.
Bleibt im Land und dient dem König von Ba-
bel; dann wird es euch gut gehen. 10 Seht, ich
selber bleibe in Mizpa und vertrete euch vor
den Chaldäern, die zu uns kommen. Ihr aber,
erntet Wein, Obst und Öl, sammelt es in eu-
ren Gefäßen und bleibt in den Ortschaften,
die ihr besiedelt. 11 Auch alle jene Judäer, die
sich in Moab, bei den Ammonitern, in Edom
oder in irgendeinem anderen Land aufhiel-
ten, erfuhren, dass der König von Babel Juda
eine Restbevölkerung gelassen und über sie
Gedalja, den Sohn Ahikams, des Sohnes
Schafans, als Statthalter eingesetzt habe.
12 Daher kehrten alle Judäer aus sämtlichen
Orten, wohin sie versprengt waren, zurück
und kamen ins Land Juda zu Gedalja nach
Mizpa. Man erntete Wein und Obst in großer
Menge.

13 Eines Tages kamen Johanan, der Sohn
Kareachs, und alle Truppenführer, die über
das freie Feld verstreut waren, zu Gedalja
nach Mizpa. 14 Sie fragten ihn: Weißt du
schon, dass Baalis, der König der Ammoni-
ter, Jischmael, den Sohn Netanjas, geschickt
hat, um dich ermorden zu lassen? Aber Ge-
dalja, der Sohn Ahikams, glaubte es ihnen
nicht. 15 Nun machte Johanan, der Sohn Ka-
reachs, dem Gedalja in Mizpa insgeheim den
Vorschlag: Ich will hingehen und Jischmael,
den Sohn Netanjas, erschlagen, ohne dass je-
mand davon erfährt. Warum soll er dich um-
bringen, sodass alle Judäer, die sich um dich
geschart haben, wieder zerstreut werden und
der Rest von Juda zugrunde geht? 16 Doch
Gedalja, der Sohn Ahikams, entgegnete Jo-
hanan, dem Sohn Kareachs: Nein, tu das
nicht; denn was du über Jischmael sagst, ist
nicht wahr.

7–16: 2 Kön 25,22–24.

Die Ermordung Gedaljas: 41,1–15

41 Aber im siebten Monat kam Jischma-
el, der Sohn Netanjas, des Sohnes

40,1 Allgemeine Einleitung eines Abschnitts; es folgt kein Gotteswort. – Trotz 39,11–14 kam Jeremia versehentlich unter die Gefangenen.

40,5f Warum der Sieger den Judäer Gedalja zum Statthalter machte, wissen wir nicht; vielleicht hatte dieser sich rechtzeitig auf die Seite der Chaldäer geschlagen. – Mizpa, eine Kleinstadt nördlich von Jerusalem, wird nach der Zerstörung der Hauptstadt Verwaltungssitz.

Elischamas, ein Mann aus königlichem Ge-
schlecht und einer von den Großen des Kö-
nigs, mit zehn Mann zu Gedalja, dem Sohn
Ahikams, nach Mizpa. Während sie dort zu-
sammen aßen, 2 erhob sich Jischmael, der
Sohn Netanjas, samt den zehn Männern, die
bei ihm waren, und sie erschlugen Gedalja,
den Sohn Ahikams, des Sohnes Schafans,
mit dem Schwert. So tötete er den Mann, den
der König von Babel als Statthalter im Land
eingesetzt hatte. 3 Auch alle Judäer, die bei
ihm [bei Gedalja] in Mizpa waren, und die
Chaldäer, die sich dort als militärische Be-
satzung befanden, erschlug Jischmael.
4 Am zweiten Tag nach Gedaljas Ermor-
dung, als noch niemand etwas erfahren hat-
te, 5 kamen Männer aus Sichem, Schilo und
Samaria, achtzig Mann, mit geschorenen
Bärten, zerrissenen Kleidern und eingeritz-
ten Wunden. Sie trugen in ihren Händen Op-
fergaben und Weihrauch, um sie zum Haus
des Herrn zu bringen. 6 Da ging ihnen Ji-
schmael, der Sohn Netanjas, von Mizpa aus
entgegen, wobei er laut weinte. Sobald er mit
ihnen zusammentraf, lud er sie ein: Kommt
mit zu Gedalja, dem Sohn Ahikams! 7 Als sie
nun in die Stadtmitte gekommen waren, er-
mordete sie Jischmael, der Sohn Netanjas,
mit Hilfe der Männer, die er bei sich hatte,
und warf sie in die Zisterne. 8 Zehn Männer
aber, die sich unter jenen befanden, hatten
zu Jischmael gesagt: Töte uns nicht; denn wir
haben versteckte Vorräte auf dem Feld: Wei-
zen, Gerste, Öl und Honig. Da sah er davon
ab, sie zusammen mit ihren Stammesbrü-
dern zu töten. 9 Die Zisterne, in die Jischmael
alle Leichen der Männer warf, die er Gedal-
jas wegen erschlagen hatte, war jene, die Kö-
nig Asa im Krieg gegen Bascha, den König
von Israel, angelegt hatte. Diese füllte nun
Jischmael, der Sohn Netanjas, mit Erschla-
genen an. 10 Dann führte Jischmael den gan-
zen Rest des Volkes, der sich in Mizpa be-
fand, gefangen hinweg: die Prinzessinnen
und die ganze Bevölkerung, die in Mizpa ge-
blieben war und die Nebusaradan, der Kom-
mandant der Leibwache, Gedalja, dem Sohn
Ahikams, unterstellt hatte. Jischmael, der
Sohn Netanjas, führte sie gefangen weg und
zog ab, um über die Grenze zu den Ammoni-
tern zu gelangen.
11 Johanan, der Sohn Kareachs, und alle
Truppenführer, die bei ihm waren, hörten
von all dem Bösen, das Jischmael, der Sohn
Netanjas, verübt hatte. 12 Sie nahmen ihre
gesamte Mannschaft und zogen aus, um ge-
gen Jischmael, den Sohn Netanjas, zu kämp-
fen. Am großen Wasser bei Gibeon stießen
sie auf ihn. 13 Als das ganze Volk, das bei Ji-
schmael war, Johanan, den Sohn Kareachs,
und in seiner Begleitung alle Truppenführer
erblickte, war es hoch erfreut. 14 Alle Leute,
die Jischmael gefangen von Mizpa wegge-
führt hatte, wandten sich von ihm ab und
traten auf die Seite Johanans, des Sohnes
Kareachs. 15 Jischmael aber, der Sohn Netan-
jas, konnte mit acht Mann dem Johanan ent-
kommen und floh zu den Ammonitern.

1: 40,8 • 9: 1 Kön 15,16–24.

Die Sammlung des restlichen Volkes:
41,16–18

16 Nun übernahm Johanan, der Sohn Kare-
achs, zusammen mit allen Truppenführern,
die bei ihm waren, den ganzen Rest des Vol-
kes, den Jischmael, der Sohn Netanjas, nach
der Ermordung Gedaljas, des Sohnes Ahi-
kams, aus Mizpa weggeführt hatte: Männer,
[Krieger] Frauen, Kinder und Palastbeamte,
die er nun alle von Gibeon wegbrachte. 17 Sie
zogen ab und machten in der Herberge des
Kimham bei Betlehem Halt, in der Absicht,
nach Ägypten weiterzuziehen. 18 So wollten
sie den Chaldäern entkommen; denn sie hat-
ten Angst vor ihnen, weil Jischmael, der
Sohn Netanjas, Gedalja, den Sohn Ahikams,
erschlagen hatte, den der König von Babel
als Statthalter im Land eingesetzt hatte.

Die Bitte um ein Gotteswort:
42,1–6

42 Da kamen alle Truppenführer und
Johanan, der Sohn Kareachs, ferner
Asarja, der Sohn Haschajas, sowie das ganze
Volk, Klein und Groß, herbei 2 und sagten
zum Propheten Jeremia: Möge unsere Bitte
bei dir Gehör finden: Bete für uns zum
Herrn, deinem Gott, für diesen ganzen Rest;
denn von einst so vielen sind nur wir wenige
übrig geblieben, wie du mit eigenen Augen
siehst. 3 Möge der Herr, dein Gott, uns kund-
tun, welchen Weg wir einschlagen und was
wir tun sollen. 4 Der Prophet Jeremia erwi-
derte ihnen: Gut, ich will nach eurem
Wunsch zum Herrn, eurem Gott, beten und
euch dann alles, was der Herr antwortet,
mitteilen, ohne euch ein Wort vorzuenthal-
ten. 5 Sie selbst versicherten Jeremia: Der
Herr sei ein wahrer und treuer Zeuge gegen
uns, wenn wir nicht genau nach dem Wort
handeln, mit dem dich der Herr, dein Gott,
zu uns sendet. 6 Sei es gut oder schlimm, auf
die Stimme des Herrn, unseres Gottes, zu
dem wir dich senden, werden wir hören, da-
mit es uns gut gehe, weil wir auf die Stimme
des Herrn, unseres Gottes, hören.

Die Warnung vor der Auswanderung nach Ägypten: 42,7–18

7 Zehn Tage später erging das Wort des Herrn an Jeremia. 8 Daraufhin rief er Johanan, den Sohn Kareachs, und alle Truppenführer, die bei ihm waren, sowie das ganze Volk, Klein und Groß, zusammen 9 und sagte zu ihnen: So spricht der Herr, der Gott Israels, zu dem ihr mich gesandt habt, um ihm eure Bitte vorzutragen: 10 Wenn ihr in diesem Land wohnen bleibt, so werde ich euch aufbauen und nicht niederreißen, euch einpflanzen und nicht ausreißen; ja, ich bereue das Unheil, das ich euch angetan habe. 11 Fürchtet euch nicht vor dem König von Babel, vor dem ihr Angst habt. Fürchtet euch nicht vor ihm – Spruch des Herrn –; denn ich bin mit euch, um euch zu retten und seiner Hand zu entreißen. 12 Ich bewirke Erbarmen für euch; er wird sich euer erbarmen und euch in eure Heimat zurückkehren lassen. 13 Wenn ihr aber sagt: Wir bleiben nicht in diesem Land!, und auf die Stimme des Herrn, eures Gottes, nicht hört, 14 sondern sagt: Nein, nach Ägypten wollen wir ziehen, wo wir weder Krieg sehen noch Trompetenschall hören, noch nach Brot hungern werden, und dort wollen wir bleiben!, 15 nun, dann hört das Wort des Herrn, ihr, der Rest Judas: So spricht der Herr der Heere, der Gott Israels: Wenn ihr darauf besteht, nach Ägypten zu ziehen, und auswandert, um euch dort niederzulassen, 16 dann wird euch das Schwert, das ihr fürchtet, dort in Ägypten erreichen und der Hunger, vor dem euch bangt, wird euch dort in Ägypten verfolgen und ihr werdet dort umkommen. 17 Ja, alle, die darauf bestehen, nach Ägypten zu ziehen, um sich dort niederzulassen, werden durch Schwert, Hunger und Pest umkommen. Keiner von ihnen wird entkommen, keiner dem Unheil entrinnen, das ich über sie bringe. 18 Denn so spricht der Herr der Heere, der Gott Israels: Wie sich mein Zorn und Grimm über die Einwohner Jerusalems ergossen hat, so wird sich mein Grimm auch über euch ergießen, wenn ihr nach Ägypten zieht. Ihr werdet zum Fluch und zu einem Bild des Entsetzens, zur Verwünschung und zur Schmach werden. Dieses Land aber werdet ihr nie wieder sehen.

10: 1,10 • 18: 25,9.

Die Drohung an die Verstockten: 42,19–22

19 Der Herr hat zu euch gesprochen, Rest Judas: Zieht nicht nach Ägypten! Ihr sollt genau wissen: Ich warne euch heute. 20 Denn ihr gebt euch einer gefährlichen Täuschung hin. Ihr selbst habt mich ja zum Herrn, eurem Gott, gesandt mit den Worten: Bete für uns zum Herrn, unserem Gott, und ganz wie der Herr, unser Gott, spricht, gib uns Bescheid und wir werden danach handeln. 21 Heute nun habe ich euch den Bescheid gegeben, aber ihr habt auf die Stimme des Herrn, eures Gottes, nicht gehört, auf nichts von dem, womit er mich zu euch gesandt hat. 22 Jetzt aber sollt ihr wissen: Durch Schwert, Hunger und Pest werdet ihr umkommen an dem Ort, wohin ihr ziehen wollt, um euch dort niederzulassen.

Der Zug nach Ägypten: 43,1–7

43 Als Jeremia dem ganzen Volk alle Worte des Herrn, ihres Gottes, vollständig mitgeteilt hatte, nämlich all die Worte, mit denen ihn der Herr zu ihnen gesandt hatte, 2 da sagten Asarja, der Sohn Hoschajas, und Johanan, der Sohn Kareachs, sowie alle übermütigen Männer zu Jeremia: Was du sagst, ist erlogen. Nicht der Herr, unser Gott, hat dich gesandt mit dem Auftrag: Ihr sollt nicht nach Ägypten ziehen, um euch dort niederzulassen. 3 Vielmehr hetzt dich Baruch, der Sohn Nerijas, gegen uns auf, um uns den Chaldäern auszuliefern, sodass sie uns töten oder nach Babel verschleppen.

4 Johanan, der Sohn Kareachs, alle Truppenführer und das ganze Volk hörten also nicht auf die Stimme des Herrn, im Land Juda zu bleiben. 5 Johanan, der Sohn Kareachs, und alle Truppenführer nahmen den ganzen Rest Judas, der aus allen Völkern, unter die er versprengt gewesen, zurückgekehrt war, um sich im Land Juda niederzulassen: 6 Männer, Frauen und Kinder, die Prinzessinnen und alle Leute, die Nebusaradan, der Kommandant der Leibwache, bei Gedalja, dem Sohn Ahikams, des Sohnes Schafans, gelassen hatte, auch den Propheten Jeremia und Baruch, den Sohn Nerijas, 7 und sie zogen nach Ägypten, weil sie nicht auf die Stimme des Herrn hörten, und kamen bis Tachpanhes.

Die Heimsuchung auch in Ägypten: 43,8–13

8 In Tachpanhes erging das Wort des Herrn an Jeremia: 9 Nimm vor den Augen judäischer Männer große Steine in die Hand und maure sie mit Mörtel in das Ziegelpflaster am Eingang zum Haus des Pharao in

42,19–22 Dem Zusammenhang nach wohl ursprünglich Antwort auf die Ablehnung des Gotteswortes in 43,1–3.

Tachpanhes! 10 Dann sag zu ihnen: So
spricht der Herr der Heere, der Gott Israels:
Seht, ich werde meinen Knecht Nebukad-
nezzar, den König von Babel, herbeiholen; er
wird seinen Thron über diesen Steinen, die
ich hier eingemauert habe, aufstellen und
sein Prunkzelt darüber ausspannen. 11 Er
wird kommen und das Land Ägypten schla-
gen; wer für den Tod bestimmt ist, verfällt
dem Tod, wer für die Gefangenschaft, der
Gefangenschaft und wer für das Schwert,
dem Schwert. 12 Er wird an die Tempel der
Götter Ägyptens Feuer legen und die Götter
verbrennen oder wegführen. Er wird das
Land Ägypten ablausen, wie ein Hirt sein
Gewand ablaust; danach wird er unbehelligt
abziehen. 13 Er wird die spitzen Säulen des
Sonnentempels in Ägypten zertrümmern
und die Tempel der Götter Ägyptens in
Brand stecken.

11: 46,26; 15,2.

Die Warnung vor Götzendienst: 44,1–14

44 Das Wort, das an Jeremia erging für
alle Judäer, die in Ägypten wohnten
und sich in Migdol und Tachpanhes, in Mem-
fis und im Land Patros angesiedelt hatten:
2 So spricht der Herr der Heere, der Gott Is-
raels: Ihr selbst habt all das Unheil miterlebt,
das ich über Jerusalem und alle Städte Judas
gebracht habe. Seht, heute sind sie Trüm-
merstätten, die niemand mehr bewohnt.
3 Das ist die Folge ihrer bösen Taten; sie er-
zürnten mich, indem sie hingingen, um ande-
ren Göttern, die sie früher nicht kannten, zu
opfern und zu dienen, sie, ihr und eure Väter.
4 Wohl habe ich immer wieder all meine
Knechte, die Propheten, zu euch gesandt mit
der Mahnung: Verübt doch nicht einen sol-
chen Gräuel, den ich so hasse. 5 Sie aber ha-
ben nicht gehört und mir ihr Ohr nicht zuge-
neigt, sodass sie sich von ihrer Bosheit be-
kehrt und nicht mehr anderen Göttern geop-
fert hätten. 6 Daher ergoss sich mein Grimm
und Zorn und wütete in den Städten Judas
und in den Straßen Jerusalems, sodass sie
zur Trümmerstätte und Wüste wurden, wie
sie es heute noch sind. 7 Nun aber spricht so
der Herr, der Gott der Heere, der Gott Isra-
els: Warum tut ihr euch selbst so schweres
Leid an, indem ihr eure Männer und Frauen,
Kinder und Säuglinge aus Juda ausrottet
und keinen Rest mehr übrig lasst? 8 Denn ihr
erzürnt mich durch das Tun eurer Hände,
weil ihr anderen Göttern opfert in Ägypten,
wohin ihr ausgewandert seid, um euch dort
niederzulassen. So rottet ihr euch selbst aus
und werdet zum Fluch und Gespött bei allen
Völkern der Erde. 9 Habt ihr denn all das
Böse vergessen, das eure Väter und die Kö-
nige von Juda und ihre Frauen, dann auch
ihr selbst und eure Frauen im Land Juda und
in den Straßen Jerusalems getan haben?
10 Sie bereuen es nicht bis zum heutigen Tag,
fürchten sich nicht und leben nicht nach mei-
ner Weisung und nach meinen Gesetzen, die
ich euch und euren Vätern vorgelegt habe.
11 Darum – so spricht der Herr der Heere, der
Gott Israels: Seht, ich richte mein Angesicht
gegen euch zu eurem Unheil, um ganz Juda
auszurotten. 12 Ich raffe den Rest Judas hin-
weg, der darauf bestand, nach Ägypten aus-
zuwandern, um sich dort niederzulassen. Sie
alle werden in Ägypten umkommen; sie wer-
den fallen durch Schwert und Hunger; Klein
und Groß wird umkommen. Durch Schwert
und Hunger werden sie sterben und zum
Fluch und zu einem Bild des Entsetzens wer-
den, zur Verwünschung und zur Schmach.
13 Wie ich Jerusalem heimgesucht habe, so
suche ich die in Ägypten Angesiedelten heim
mit Schwert, Hunger und Pest. 14 Vom Rest
Judas, der ausgewandert ist, um sich hier in
Ägypten niederzulassen, wird niemand ent-
rinnen oder entkommen, um ins Land Juda
zurückzukehren, obwohl sie sich danach
sehnen, zurückzukehren und dort zu bleiben.
Ja, nur wenige werden entrinnen und zu-
rückkehren.

4: 7,25; 25,4 • 9: 7,17 • 11: 44,27; 21,10; 39,16 • 12: 42,18 • 14: 42,17.

Der offene Abfall: 44,15–19

15 Da antworteten alle Männer, die wuss-
ten, dass ihre Frauen anderen Göttern opfer-
ten, und alle Frauen, die dabeistanden, eine
große Schar, sowie alle Leute, die in Ägypten
und in Patros wohnten, dem Jeremia: 16 Was
das Wort betrifft, das du im Namen des
Herrn zu uns gesprochen hast, so hören wir
nicht auf dich. 17 Vielmehr werden wir alles,
was wir gelobt haben, gewissenhaft ausfüh-
ren: Wir werden der Himmelskönigin Rauch-
opfer und Trankopfer darbringen, wie wir,
unsere Väter, unsere Könige und unsere
Großen in den Städten Judas und in den
Straßen Jerusalems es getan haben. Damals
hatten wir Brot genug; es ging uns gut und
wir litten keine Not. 18 Seit wir aber aufge-
hört haben, der Himmelskönigin Rauchopfer
und Trankopfer darzubringen, fehlt es uns

44,14 »niemand« und »nur wenige« ist allgemeine, ungenaue Angabe wie in VV. 27f.

44,17 »Himmelskönigin« vgl. die Anmerkung zu 7,18.

an allem und wir kommen durch Schwert
und Hunger um. 19 Die Frauen aber sagten:
Geschieht es etwa ohne Wissen und Willen
unserer Männer, dass wir der Himmelskönigin
Rauchopfer und Trankopfer darbringen,
dass wir für sie Opferkuchen bereiten, die
ihr Bild wiedergeben, und Trankopfer spenden?

17: 7,18.

Das Strafgericht: 44,20–30

20 Jeremia entgegnete dem ganzen Volk,
den Männern, den Frauen und allen, die ihm
so geantwortet hatten: 21 Die Opfer, die ihr in
den Städten Judas und auf den Straßen Jerusalems
verbrannt habt, ihr und eure Väter,
eure Könige und eure Großen und die Bürger
des Landes – waren nicht gerade sie es, an
die der Herr gedacht und sich erinnert hat?
22 Schließlich konnte es der Herr nicht mehr
aushalten wegen eurer Untaten und wegen
der Gräuel, die ihr verübt habt. Deshalb
wurde euer Land zur Öde, zu einem Bild des
Entsetzens und zum Fluch, unbewohnt, wie
es heute noch ist. 23 Weil ihr Rauchopfer dargebracht
und gegen den Herrn gesündigt
habt, weil ihr auf die Stimme des Herrn
nicht gehört und euch nicht nach seiner Weisung,
seinen Gesetzen und Mahnungen gerichtet
habt, darum hat euch dieses Unheil
getroffen, wie es heute noch besteht. 24 Zum
ganzen Volk und zu allen Frauen sagte Jeremia:
Hört das Wort des Herrn, ganz Juda,
das in Ägypten weilt. 25 So spricht der Herr
der Heere, der Gott Israels: Was ihr und eure
Frauen mit dem Mund gelobt, das führt ihr
mit den Händen aus. Ihr sagt: Unsere versprochenen
Gelübde werden wir gewissenhaft
erfüllen und der Himmelskönigin
Rauchopfer und Trankopfer darbringen.
Haltet nur eure Gelübde genau, ja, eure Gelübde
erfüllt gewissenhaft! 26 So höre denn
das Wort des Herrn, ganz Juda, das in
Ägypten wohnt: Seht, ich schwöre bei meinem
großen Namen, spricht der Herr: Nie
mehr soll mein Name vom Mund irgendeines
Judäers in ganz Ägypten genannt werden;
keiner mehr soll sagen: So wahr Gott, der
Herr, lebt! 27 Seht, ich wache über sie – zu ihrem
Unheil, nicht zu ihrem Heil. Alle Judäer
in Ägypten werden durch Schwert und Hunger
umkommen und völlig vernichtet werden.
28 Nur wenige werden dem Schwert entrinnen
und aus Ägypten ins Land Juda heimkehren
und der ganze Rest von Juda, der
nach Ägypten ausgezogen ist, um sich dort
niederzulassen, wird erkennen, wessen Wort
sich erfüllt, das meine oder das ihre. 29 Dies
aber soll euch als Zeichen dafür dienen –
Spruch des Herrn –, dass ich euch heimsuche
an diesem Ort, damit ihr erkennt, dass meine
Unheilsworte über euch bestimmt in Erfüllung
gehen: 30 So spricht der Herr: Seht, ich
liefere den Pharao Hofra, den König von
Ägypten, in die Hand seiner Gegner und
Todfeinde aus, wie ich Zidkija, den König
von Juda, in die Hand Nebukadnezzars, des
Königs von Babel, seines Gegners und Todfeindes,
ausgeliefert habe.

22: 25,9; 49,13 • 27: 1,11f; 43,11 • 30: Ez 29,19.

Ein Gotteswort an Baruch: 45,1–5

45 Das Wort, das der Prophet Jeremia
zu Baruch, dem Sohn Nerijas, sagte,
als dieser im vierten Jahr Jojakims, des Sohnes
Joschijas, des Königs von Juda, jene Reden
nach dem Diktat Jeremias in ein Buch
schrieb: 2 So spricht der Herr, der Gott Israels,
über dich, Baruch: 3 Du hast gesagt: Weh
mir! Denn der Herr häuft noch Kummer auf
mein Leid. Ich bin erschöpft vor Stöhnen
und finde keine Ruhe. 4 Sag zu ihm: So
spricht der Herr: Was ich gebaut habe, breche
ich nieder, und was ich gepflanzt habe,
reiße ich aus. [Das betrifft das ganze Land]
5 Du aber begehrst Großes für dich? Begehre
es nicht! Denn siehe, ich bringe Unheil über
alle Sterblichen – Spruch des Herrn; dir aber
gebe ich dein Leben wie ein Beutestück
überall, wohin du auch gehst.

1: 36,4 • 5: 21,9; 39,18.

44,24f In G werden nur die Frauen angeredet, was wohl ursprünglich ist.

45,4 Der Zusatz fehlt in G.

DIE DROHREDEN ÜBER DIE VÖLKER: 46,1 – 51,64

Einleitung: 46,1

46 Das Wort des Herrn gegen die Völ-
ker, das an den Propheten Jeremia
erging:

Über Ägypten: 46,2–26

Die Niederlage am Eufrat: 46,2–12

2 Über Ägypten: Gegen das Heer des Pha-
rao Necho, des Königs von Ägypten, das bei
Karkemisch am Eufrat stand und das Nebu-
kadnezzar, der König von Babel, geschlagen
hat. Es war im vierten Jahr Jojakims, des
Sohnes Joschijas, des Königs von Juda.
3 Rüstet Rundschild und Langschild, /
rückt aus zum Kampf!
4 Schirrt die Rosse an, besteigt die Pfer-
de! / Tretet an im Helm, macht die Speere
blank, / legt die Panzer an!
5 Was sehe ich? Warum sind sie bestürzt? /
Sie weichen zurück. Ihre Helden sind zer-
sprengt,
sie ergreifen die Flucht / und wenden sich
nicht mehr um – / Grauen ringsum! – Spruch
des Herrn.
6 Der Schnelle kann nicht entfliehen / und
der Held nicht entrinnen.
Im Norden, am Ufer des Eufrat, / stürzen
sie hin und fallen.
7 Wer ist es, der anschwoll gleich dem Nil, /
dessen Wasser wie Ströme tosen?
8 Ägypten schwoll an gleich dem Nil, / des-
sen Wasser wie Ströme tosen.
Es sagte: Ich schwelle an, überschwemme
das Land, / vernichte die Städte und ihre
Einwohner.
9 Bäumt euch, ihr Rosse, stürmt los, ihr
Wagen! / Rückt aus, ihr Helden:
Kusch und Put, ihr Schildbewehrten, / ihr
von Lud, ihr Bogenschützen!
10 Doch jener Tag ist ein Tag der Rache /
für den Herrn, den Gott der Heere; / er rächt
sich an seinen Gegnern.
Da frisst das Schwert, / wird satt und
trunken von ihrem Blut.
Denn ein Schlachtfest hält der Herr, der
Gott der Heere, / im Land des Nordens am
Eufratstrom.
11 Zieh hinauf nach Gilead und hole Bal-
sam, / Jungfrau, Tochter Ägypten!
Umsonst verbrauchst du viele Arzneien, /
du findest keine Genesung.
12 Von deiner Schande hören die Völker, /
dein Wehgeschrei erfüllt die Erde.
Denn Held an Held ist gestürzt, / mitei-
nander sind beide gefallen.

2: 2 Kön 23,29 • 5: 20,3 • 9: Ez 27,10; Nah 3,9 • 11: 8,22.

Die Eroberung Ägyptens: 46,13–26

13 Das Wort, das der Herr zum Propheten
Jeremia sprach, als Nebukadnezzar, der Kö-
nig von Babel, heranrückte, um Ägypten zu
erobern:
14 Meldet es in Ägypten, verkündet es in
Migdol, / verkündet es in Memfis und Tach-
panhes!
Sagt: Stell dich auf und mach dich bereit; /
denn schon frisst das Schwert rings um dich
her.
15 Warum liegt dein Starker zu Boden ge-
streckt? / Er hielt nicht stand, weil der Herr
ihn stieß.
16 Viele kamen durch ihn zu Fall, / sie
stürzten, Mann für Mann.
Da sagten sie: / Auf, zurück zu unsrem
Volk,
ins Land unsrer Sippe, / vor dem rasenden
Schwert!
17 Gebt dem Pharao, dem König Ägyptens,
den Namen: / Getöse, das die Zeit verpasste.
18 So wahr ich lebe – Spruch des Königs, /
Herr der Heere ist sein Name –,
wie der Tabor unter den Bergen / und wie
der Karmel am Meer, / so mächtig rückt er
heran.
19 Rüste dein Gepäck für die Verbannung, /
du sesshafte Tochter Ägypten!
Denn Memfis wird zur Wüste, / wird nie-
dergebrannt und menschenleer.
20 Eine stattliche Jungkuh ist Ägypten, /
die Bremse von Norden stürzt sich auf sie.

46,2 Im Jahr 605 v. Chr. machte der Pharao Necho einen zweiten Versuch (der erste war 609), den völligen Untergang des Assyrerreichs infolge des Vormarsches Nebukadnezzars zu verhindern, weil er ein geschwächtes Assyrerreich als Pufferstaat zwischen Ägypten und dem Chaldäerreich wünschte. Der Versuch schlug fehl: Der letzte Rest des Assyrerreichs ging 605 v. Chr. unter. – Karkemisch liegt im westlichen Teil des Eufratbogens.

46,15 Der »Starke« ist der Pharao. Nach G könnte auch der göttliche Apis-Stier gemeint sein.

46,16 Sinn nicht ganz klar. Vermutlich sind die fremden Söldnertruppen gemeint, die nach der Niederlage in ihre Heimat fliehen (vgl. VV. 21f).

46,19.26 Zu einer Deportation der Ägypter ist es nicht gekommen. Nebukadnezzar dringt nur bis zum Nildelta vor; erst die Perser erobern Ägypten, deportieren aber die Bevölkerung nicht.

21 Auch seine Söldnertruppen mitten im
Land / sind wie gemästete Kälber.
Aber auch sie machen kehrt, / sie fliehen
alle und halten nicht stand.
Denn der Tag ihres Verderbens kommt
über sie, / die Zeit ihrer Bestrafung.
22 Ägyptens Stimme gleicht dem Zischen
der Schlange, / wenn jene anrücken mit
Macht,
wenn sie mit Äxten einfallen, / Holzha-
ckern gleich.
23 Sie fällen seinen Wald – Spruch des
Herrn –, / den undurchdringlichen.
Zahlreicher als Heuschrecken sind sie, /
man kann sie nicht zählen.
24 Zuschanden wird die Tochter Ägypten, /
preisgegeben dem Volk aus dem Norden.
25 Der Herr der Heere, der Gott Israels, hat
gesprochen: Seht, ich suche heim den Amon
von No [und den Pharao], Ägypten und seine
Götter, seine Könige und den Pharao samt
allen, die sich auf ihn verlassen. 26 Ich gebe
sie in die Hand ihrer Todfeinde, in die Hand
Nebukadnezzars, des Königs von Babel, und
in die Hand seiner Untertanen. Aber danach
wird das Land wieder bewohnt sein wie in
früheren Zeiten – Spruch des Herrn.

16: 50,16 • 18: 48,15 • 25–26: 43,11–13.

Trost für Israel und Drohungen gegen die Philister: 46,27 – 47,7

Ein Trostwort für Jakob-Israel: 46,27–28

27 Fürchte dich nicht, du, mein Knecht Ja-
kob, / verzage nicht, Israel!
Denn ich bin es, der dich aus fernem Land
errettet, / deine Kinder aus dem Land ihrer
Gefangenschaft.
Jakob wird heimkehren und Ruhe haben; /
er wird in Sicherheit leben / und niemand
wird ihn erschrecken.
28 Fürchte dich nicht, / du, mein Knecht
Jakob – Spruch des Herrn –; / denn ich bin
mit dir.
Ja, ich vernichte alle Völker, / unter die ich
dich zerstreut habe.
Nur dich werde ich niemals vernichten; /
ich züchtige dich mit rechtem Maß, / doch
ganz ungestraft kann ich dich nicht lassen.

27: 30,10 • 28: 30,11; 4,27; 10,24; 30,11.

Über die Philister: 47,1–7

47 Das Wort des Herrn gegen die Philis-
ter, das an den Propheten Jeremia
erging, bevor der Pharao Gaza eroberte.
2 So spricht der Herr:
Seht, Wasser wogen vom Norden heran /
und werden zum flutenden Wildbach.
Sie überfluten das Land und was darin
ist, / die Städte und ihre Bewohner.
Da schreien die Menschen, / laut klagen
alle Bewohner des Landes
3 vor dem donnernden Hufschlag der
Hengste, / vor dem Dröhnen der Streitwa-
gen, / vor dem Rasseln der Räder.
Väter schauen sich nicht um nach den
Söhnen; / denn ihre Hände sind schlaff
4 wegen des Tages, der kommt, / um alle
Philister zu vernichten,
um auszurotten den letzten Helfer / für
Tyrus und Sidon.
Ja, der Herr vernichtet die Philister, / den
Rest von der Insel Kaftor.
5 Kahl scheren wird sich Gaza, / Aschke-
lon wird verstummen.
Wie lange noch, du Rest der Anakiter, /
musst du dich wund ritzen?
6 Weh, du Schwert des Herrn, / wie lange
noch willst du nicht rasten?
Fahr zurück in die Scheide, / halt ein und
sei still!
7 Wie sollte es rasten, / da doch der Herr
ihm Befehl gab?
Gegen Aschkelon und die Meeresküste, /
dorthin hat er es bestellt.

5: 16,6; 48,37.

Über Moab: 48,1–47

Die Zerstörung: 48,1–10

48 Über Moab: So spricht der Herr der
Heere, der Gott Israels:
Weh über Nebo, es wird verwüstet, / er-
obert wird Kirjatajim. / Zuschanden wird
die Hochburg und geschleift.
2 Moabs Ruhm ist dahin. / In Heschbon
plante man sein Verderben:
Kommt, wir rotten es aus, / sodass es kein
Volk mehr ist.
Auch du, Madmen, wirst verstummen; /
das Schwert verfolgt dich.
3 Horch! Wehgeschrei aus Horonajim: /
Verwüstung und große Zerstörung!
4 Zerstört ist Moab! / So gellt der Schrei
bis nach Zoar.
5 Die Steige von Luhit / steigt man wei-
nend hinauf.
Ja, am Abstieg von Horonajim / hört
man über die Zerstörung entsetzliches
Schreien.
6 Flieht, rettet euer Leben! / Macht es wie
der Wildesel in der Wüste!
7 Weil du auf eigene Werke und Schätze

vertraut hast, / wirst auch du erobert wer-
den.
In die Verbannung muss Kemosch ziehen /
samt seinen Priestern und Fürsten.
8 Der Verwüster kommt über jede Stadt, /
keine Stadt kann sich retten.
Verheert wird das Tal, verwüstet die Ebe-
ne, / so spricht der Herr.
9 Setzt ein Grabmal für Moab; / denn es
verfällt ganz und gar.
Seine Städte werden zur Wüste, / niemand
wohnt mehr darin.
10 Verflucht, wer den Auftrag des Herrn
lässig betreibt, / ja, verflucht, wer sein
Schwert abhält vom Blutvergießen.

4: Jes 15,5.

Der Verwüster: 48,11–28

11 Ungestört war Moab von Jugend an, /
ruhig lag es auf seiner Hefe.
Es wurde nicht umgeschüttet von Gefäß zu
Gefäß: / Nie musste es in die Verbannung
ziehen.
Darum blieb ihm sein Wohlgeschmack er-
halten, / sein Duft veränderte sich nicht.
12 Darum kommen Tage – Spruch des
Herrn –, / da schicke ich Kellermeister zu
ihm;
sie gießen es um, / entleeren seine Gefäße
und zerschlagen seine Krüge.
13 Moab wird an Kemosch zuschanden, /
wie das Haus Israel zuschanden wurde / an
Bet-El, auf das es vertraute.
14 Wie könnt ihr sagen: Helden sind wir, /
starke Krieger zum Kampf?
15 Der Verwüster Moabs und seiner Städte
steigt hinauf; / da steigen seine besten jun-
gen Männer hinab, um geschlachtet zu wer-
den
– Spruch des Königs, / Herr der Heere ist
sein Name.
16 Der Untergang Moabs rückt heran, /
schnell eilt sein Unglück herbei.
17 Beklagt es alle, ihr seine Nachbarn, /
und alle, die ihr seinen Namen kennt.
Sagt: Ach, wie ist zerbrochen der starke
Stab, / das herrliche Zepter!
18 Steig herab von deiner Würde, / setz
dich in den Kot, / du thronende Tochter Di-
bon!
Denn Moabs Verwüster zieht hinauf zu
dir, / zerstört deine Burgen.
19 Stellt euch an den Weg und späht aus, /
ihr Einwohner von Aroër!
Fragt den Flüchtling und die fliehende
Frau, / sagt: Was ist denn geschehen?
20 Zuschanden ist Moab, ja, ganz zerbro-
chen. / Klagt und schreit! / Meldet am Ar-
non: Moab ist verwüstet.
21 Ein Gericht kam über das ebene Land, /
über Holon, Jahaz und Mefaat,
22 über Dibon, Nebo und Bet-Diblatajim, /
23 über Kirjatajim, Bet-Gamul und Bet-
Meon,
24 über Kerijot und Bozra / und über alle
Städte des Landes Moab, / die fernen und die
nahen.
25 Abgehauen ist Moabs Horn, / zerschmet-
tert sein Arm [– Spruch des Herrn].
26 Macht es betrunken; / denn es hat ge-
prahlt gegen den Herrn.
So stürze Moab in sein eigenes Gespei /
und verfalle nun selbst dem Gespött.
27 Oder diente nicht Israel dir zum Ge-
spött? / Wurde es etwa beim Diebstahl er-
tappt,
dass du höhnend den Kopf geschüttelt
hast, / sooft du von ihm sprachst?
28 Verlasst die Städte, wohnt in den Fel-
sen, / ihr Bewohner von Moab!
Macht es wie die Taube, die nistet / an den
Wänden der offenen Schlucht.

11: Zef 1,12 • 15: 46,18 • 26: 48,42 • 27: 2,26.

Der Hochmut vor dem Fall: 48,29–39

29 Wir haben von Moabs Stolz gehört – / es
ist stolz über die Maßen –;
von seinem Hochmut und Stolz haben wir
gehört, / von seinem Dünkel und hochfah-
renden Sinn.
30 Ich kenne seinen Übermut – Spruch des
Herrn –, / sein Geschwätz ist nicht wahr, /
sein Tun ist nicht recht.
31 Darum jammere ich laut über Moab, /
über ganz Moab klage ich / und seufze über
die Leute von Kir-Heres.
32 Mehr als um Jaser weine ich um dich, /
Weinstock von Sibma;
bis ans Meer zogen sich deine Ranken
hin, / sie reichten bis Jaser.
Über deine Weinlese und Ernte / fiel der
Verwüster her.
33 Verschwunden sind Freude und Jubel-
geschrei / vom Fruchtland und vom Land
Moab.
Die Kufen sind leer von Wein, / kein Win-
zer keltert, / kein Jauchzen ertönt.
34 Das Schreien von Heschbon und Elale
dringt bis Jahaz, laut klagt man von Zoar bis
Horonajim und Eglat-Schelischija; denn
selbst das Wasser von Nimrim versiegt.
35 Ich mache es für Moab unmöglich –
Spruch des Herrn –, dass jemand auf der

48,13 Kemosch ist der Hauptgott der Moabiter.

48,25 Spruch des Herrn: fehlt in G.

Kulthöhe opfert und seinen Göttern Rauchopfer darbringt. 36 Darum jammert mein Herz um Moab wie eine Flöte, ja mein Herz jammert um die Leute von Kir-Heres wie eine Flöte, weil sie ihre ganze Habe verloren. 37 Jedes Haupt ist kahl geschoren und jeder Bart abgeschnitten, an allen Händen sind Trauermale und um die Hüften Trauerkleider. 38 Auf allen Dächern und Plätzen Moabs hört man nichts als Klage. Ja, ich zerschlage Moab wie ein Gefäß, das niemand mehr will – Spruch des Herrn. 39 Ach, wie ist es zerbrochen, wie hat Moab sich schmählich zur Flucht gewandt! So wird Moab zum Gespött und zu einem Bild des Entsetzens für all seine Nachbarn.

29: Jes 16,6–12 • 34: Jes 15,4 • 37: 16,6; Jes 15,2f.

Das unabwendbare Strafgericht: 48,40–47

40 Denn so spricht der Herr:

Seht, wie ein Adler schwebt es heran / und breitet seine Schwingen über Moab aus.

41 Die Städte werden erobert, / die Festungen eingenommen.

Das Herz der Helden Moabs ist an jenem Tag / wie das Herz einer Frau in Wehen.

42 Vernichtet wird Moab, sodass es kein Volk mehr ist; / denn es hat geprahlt gegen den Herrn.

43 Grauen, Grube und Garn warten auf dich, / Bewohner von Moab – Spruch des Herrn.

44 Wer dem Grauen entflieht, fällt in die Grube, / wer aus der Grube steigt, fängt sich im Garn.

Ja, das werde ich über Moab bringen / im Jahr seiner Bestrafung – Spruch des Herrn.

45 Im Schatten von Heschbon bleiben erschöpft Flüchtlinge stehen. / Doch Feuer geht aus von Heschbon, / eine Flamme von Sihons Haus.

Es verzehrt die Schläfe Moabs, / den Scheitel der lärmenden Schreier.

46 Wehe dir, Moab, / verloren bist du, Volk des Kemosch.

Denn deine Söhne schleppt man in die Verbannung, / deine Töchter in die Gefangenschaft.

47 Aber in ferner Zukunft wende ich Moabs Geschick / – Spruch des Herrn. / [Bis hierher geht das Gerichtswort über Moab.]

40: 49,22 • 42: 48,26 • 43: Jes 24,17f • 45–46: Num 21,28f • 47: 49,6.39.

Über andere Nachbarvölker: 49,1–39

Über die Ammoniter: 49,1–6

49 Über die Ammoniter: So spricht der Herr:

Hat denn Israel keine Söhne / oder besitzt es keinen Erben?

Warum hat Milkom den Stamm Gad beerbt, / warum ließ sich sein Volk in dessen Städten nieder?

2 Darum seht, es kommen Tage – Spruch des Herrn –, / da lasse ich gegen das ammonitische Rabba Kriegslärm ertönen.

Zum wüsten Trümmerhaufen wird es werden, / seine Tochterstädte brennen im Feuer nieder

und Israel wird die beerben, / die ihm sein Erbteil raubten – spricht der Herr.

3 Klage laut, Heschbon, denn die Stadt ist zerstört. / Schreit, ihr Töchter von Rabba!

Legt Trauerkleider an, haltet die Totenklage, / lauft umher mit eingeritzten Wunden!

Denn Milkom muss in die Verbannung gehen / zusammen mit seinen Priestern und Fürsten.

4 Was rühmst du dich deiner Kräfte? / Deine Kraft wird zerrinnen, du abtrünnige Tochter,

die auf ihre Schätze vertraut und sagt: / Wer kommt an mich heran?

5 Schon lasse ich über dich kommen Schrecken von allen Seiten / – Spruch des Herrn, des Gottes der Heere.

Ihr stoßt einander vorwärts (auf der Flucht) / und niemand wird die Flüchtlinge sammeln.

6 Aber danach wende ich das Geschick der Ammoniter / – Spruch des Herrn.

6: 48,47.

Über Edom: 49,7–22

7 Über Edom: So spricht der Herr der Heere:

Gibt es keine Weisheit mehr in Teman? / Ging den Klugen der Rat verloren, / ist ihre Weisheit verdorben?

8 Flieht, macht kehrt, / tief unten versteckt euch, Einwohner von Dedan!

Denn ich bringe über Esau Verderben, / die Zeit seiner Bestrafung.

9 Wenn Winzer zu dir kommen, / lassen sie keine Nachlese übrig.

48,40 Wer »es« oder »er« ist, wird in geheimnisvoller Schwebe gelassen: Gott selbst oder ein menschlicher Vollstrecker seines Strafgerichts.

48,47c Fehlt in G.

49,1 Milkom (= König) ist der Hauptgott der Ammoniter.

49,8.10 Esau ist nach Gen 36 der Stammvater der Edomiter.

Wenn Diebe in der Nacht kommen, / zerstören sie nach Lust.
10 Ja, ich selbst hole Esau aus dem Versteck, / decke seine Schlupfwinkel auf, / sodass er sich nicht mehr verbergen kann.
Seine Brut wird vernichtet, / seine Verwandtschaft und seine Nachbarn, / sodass keiner mehr sagt:
11 Lass deine Waisen! Ich will für sie sorgen, / deine Witwen können sich verlassen auf mich.
12 Denn so spricht der Herr: Sogar jene, die
es nicht verdient hätten, aus dem Becher zu
trinken, müssen daraus trinken und da sollt-
est du verschont bleiben? Du bleibst nicht
verschont, du musst trinken. 13 Denn ich
schwöre bei mir selbst – Spruch des Herrn:
Zu einem Bild des Entsetzens, zum Hohn, zur Öde und zum Fluch wird Bozra und alle seine Nachbarstädte werden für immer zu Trümmerhaufen.
14 Ich habe vom Herrn eine Kunde gehört, / ein Bote ist zu den Völkern gesandt:
Schart euch zusammen, rückt aus gegen Edom, / tretet an zum Kampf!
15 Ja, ich mache dich klein unter den Völkern, / verachtet unter den Menschen.
16 Deine Furcht erregende Macht hat dich betört, / dein vermessener Sinn,
weil du in Felsklüften wohnst, / an Bergeshöhen dich klammerst.
Baust du dein Nest auch hoch wie der Adler, / ich stürze dich von dort hinab – Spruch des Herrn.
17 Edom wird zu einem Bild des Entsetzens; / jeder, der vorbeikommt, ist entsetzt / und spottet über alle Schläge, die es erlitt.
18 Wie beim Untergang von Sodom und Gomorra / und ihrer Nachbarstädte, spricht der Herr,
so wird auch dort niemand mehr wohnen, / kein Mensch darin leben.
19 Wie ein Löwe, der heraufkommt / aus dem Dickicht des Jordan / zu den immer grünen Auen,
so jage ich sie jählings davon / und setze meinen Erwählten dort ein.
Denn wer ist mir gleich, / wer zieht mich zur Rechenschaft / und wo ist der Hirt, der vor mir standhält?
20 Darum hört den Beschluss, / den der Herr gegen Edom gefasst hat,
und die Pläne, die er ersann / gegen Temans Bewohner:
Wegschleppen wird man die Hirtenknaben, / ihr Weideplatz wird sich über sie entsetzen.
21 Von Edoms dröhnendem Fall erbebt die Erde, / bis zum Schilfmeer hört man sein Schreien.
22 Seht, wie ein Adler steigt es empor, / schwebt es heran / und breitet seine Schwingen über Bozra aus.
Das Herz der Helden Edoms ist an jenem Tag / wie das Herz einer Frau in Wehen.

7: Obd 8f • 9: Obd 5 • 10: Obd 6 • 12: 25,15–17 • 13: 44,22 • 14–16: Obd 1–4 • 17: 19,8; 50,13 • 18: 50,40; Jes 13,19f • 22: 48,40f.

Über Damaskus: 49,23–27

23 Über Damaskus:
Bestürzt sind Hamat und Arpad; / denn böse Nachricht mussten sie hören.
Sie wanken vor Kummer wie das Meer, / das nicht zur Ruhe kommen kann.
24 Damaskus wird schwach, es wendet sich zur Flucht, / Schrecken erfasst es, / Angst und Wehen ergreifen es wie eine Gebärende.
25 Wie ist doch die ruhmreiche Stadt verlassen, / die Burg der Freude!
26 Darum fallen ihre jungen Männer auf den Plätzen, / alle Krieger kommen um an jenem Tag / – Spruch des Herrn der Heere.
27 Ich lege Feuer an die Mauer von Damaskus; / es verzehrt die Paläste Ben-Hadads.

23: Jes 57,20 • 26: 50,30 • 27: 17,27; Am 1,4.

Über die arabischen Stämme: 49,28–33

28 Über Kedar und die Reiche von Hazor, die Nebukadnezzar, der König von Babel, erobert hat.
So spricht der Herr:
Auf, zieht gegen Kedar, / bezwingt die Söhne des Ostens!
29 Man raubt ihre Zelte und Herden, / ihre Decken und ihr ganzes Gerät;
auch ihre Kamele nimmt man mit / und man ruft über sie: Grauen ringsum!
30 Flieht, macht euch eilends davon, / tief unten versteckt euch, / ihr Bewohner von Hazor – Spruch des Herrn.
Denn Nebukadnezzar, der König von Babel, / hat gegen euch einen Beschluss gefasst / und einen Plan gegen euch ersonnen.
31 Auf, zieht gegen das sorglose Volk, / das in Sicherheit lebt – Spruch des Herrn –,

49,19–21 Ist fast wörtlich gleich wie die Drohrede gegen Babel in 50,44–46 und hat dort seinen ursprünglichen Platz, wie man aus V. 21 ersieht. Nicht vom Untergang des Kleinstaats Edom »erbebt die Erde«, sondern nur vom Fall des Neubabylonischen Großreichs.

49,28 Söhne des Ostens: die Beduinen der Arabischen Wüste.

das keine Tore und Riegel hat; / man haust ja einsam für sich.

32 Ihre Kamele werden erbeutet, / ihre vielen Herden geraubt.

In alle Winde zerstreue ich sie, / die Leute mit gestutztem Haar,

von allen Seiten bringe ich ihnen Verderben / – Spruch des Herrn.

33 Hazor wird zur Behausung für die Schakale, / eine Wüste für immer.

Niemand wird mehr dort wohnen, / kein Mensch darin leben.

29: 6,25; 20,3; 46,5 • 30: 49,8.20 • 32: 25,23 • 33: 9,10; 49,13.18; 50,3.

Über Elam: 49,34–39

34 Das Wort des Herrn gegen Elam, das zu Beginn der Regierung Zidkijas, des Königs von Juda, an den Propheten Jeremia erging.

35 So spricht der Herr der Heere:

Seht, ich zerbreche den Bogen Elams, / seine stärkste Waffe.

36 Ich bringe über Elam vier Winde / von den vier Enden des Himmels.

In alle diese Winde zerstreue ich sie, / sodass es kein Volk gibt, / zu dem nicht Versprengte aus Elam kommen.

37 Ich jage den Elamitern Schrecken ein vor ihren Feinden, / vor allen, die ihnen nach dem Leben trachten.

Unheil lasse ich über sie kommen, / meinen glühenden Zorn – Spruch des Herrn.

Ich schicke das Schwert hinter ihnen her, / bis ich sie vernichtet habe.

38 Ich stelle meinen Thron in Elam auf / und vernichte dort König und Fürsten – / Spruch des Herrn.

39 Aber in ferner Zukunft wende ich Elams Geschick / – Spruch des Herrn.

35: Jes 22,6 • 37: 9,15 • 39: 48,47; 49,6.

Über Babel: 50,1 – 51,64

50 Das Wort gegen Babel, das Land der Chaldäer, das der Herr durch den Propheten Jeremia gesprochen hat.

Das Ende des Exils: 50,2–7

2 Verkündet unter den Völkern und meldet, / [errichtet ein Wegzeichen und meldet] / verheimlicht nichts, sondern sagt:

Erobert ist Babel, zuschanden ist Bel, / zerschmettert Merodach

[zuschanden sind seine Götterbilder, / zerschmettert seine Götzen].

3 Denn ein Volk aus dem Norden rückt gegen Babel heran; / das macht sein Land zur Wüste.

Niemand mehr wohnt darin, / Mensch und Vieh ergreifen die Flucht / und laufen davon.

4 In jenen Tagen und zu jener Zeit – Spruch des Herrn – / kommen die Söhne Israels gemeinsam mit den Söhnen Judas.

Weinend gehen sie ihren Weg / und suchen den Herrn, ihren Gott.

5 Nach Zion fragen sie, / dorthin ist ihr Blick gerichtet.

Sie kommen und verbünden sich mit dem Herrn / zu einem ewigen, unvergesslichen Bund.

6 Eine verlorene Herde war mein Volk, / ihre Hirten führten sie in die Irre, / trieben sie ziellos in die Berge.

Von Berg zu Hügel zogen sie weiter / und vergaßen ihren Lagerplatz.

7 Wer auf sie stieß, fraß sie auf / und ihre Feinde sagten:

Wir begehen kein Unrecht; / sie haben ja gegen den Herrn gesündigt, / den Hort der Gerechtigkeit, die Hoffnung ihrer Väter.

2: 4,6; Jes 46,1 • 3: 49,33; 9,9 • 4: 31,9 • 5: 32,40 • 6: 50,17; 23,1 • 7: 31,23.

Der Entscheidungskampf: 50,8–20

8 Flieht aus Babel und aus dem Land der Chaldäer! / Zieht aus und seid wie Leitböcke, die der Herde vorangehen.

9 Denn seht, ich selbst stachle auf / und führe gegen Babel / eine Schar großer Völker vom Nordland her;

sie greifen es an / und von dort wird es erobert.

Ihre Pfeile sind wie die eines siegreichen Helden, / der nie zurückkehrt ohne Erfolg.

10 Plünderung trifft Chaldäa, / alle, die es plündern, werden satt / – Spruch des Herrn.

11 Freut euch nur und jubelt, / ihr, die ihr mein Erbteil geraubt habt.

Ja, hüpft wie Kälber auf der Wiese / und wiehert wie Hengste!

12 Große Schmach trifft eure Mutter; / sie, die euch geboren hat, muss sich schämen.

Seht doch, das Letzte unter den Völkern: / Wüste, Dürre und Steppe.

13 Durch den Zorn des Herrn bleibt Babel unbewohnt / und wird völlig zur Wüste;

49,34 Elam war damals noch selbstständig, ging aber später im Kernland des Perserreichs auf. Es ist das Gebiet nördlich des Persischen Golfs.

50,2 Bel (wie Baal = Herr) und Merodach sind Bezeichnungen für Marduk, den Hauptgott von Stadt und Reich Babylon. – Die Zusätze fehlen in G.

jeder, der an Babel vorbeikommt, ist ent-
setzt / und spottet über alle Schläge, die es
erlitt.
14 Rüstet euch ringsum zum Kampf gegen
Babel, / all ihr Bogenschützen!
Schießt und spart die Pfeile nicht! / [Denn
gegen den Herrn hat es gesündigt.]
15 Schreit ihm von allen Seiten / den
Kampfruf entgegen!
Es muss sich ergeben, seine Säulen fallen, /
seine Mauern werden niedergerissen.
Ja, das ist die Rache des Herrn. / Nehmt
Rache an Babel! / Was es selber getan hat,
das tut jetzt an ihm!
16 Rottet in Babel den Sämann aus / und
den, der zur Erntezeit mäht.
Vor dem rasenden Schwert / wendet sich
jeder zu seinem Volk, / jeder flieht in sein
Land.
17 Ein versprengtes Schaf war Israel, / von
Löwen gehetzt.
Zuerst hat es der König von Assur gefres-
sen, / zuletzt hat ihm Nebukadnezzar, der
König von Babel, die Knochen abgenagt.
18 Darum – so spricht der Herr der Heere,
der Gott Israels: / Fürwahr, ich rechne ab
mit dem König von Babel und seinem Land,
wie ich abgerechnet habe / mit dem König
von Assur.
19 Israel aber bringe ich zurück auf seinen
Weideplatz; / es soll auf dem Karmel und im
Baschan weiden, / sich im Bergland Efraim
und in Gilead sättigen.
20 In jenen Tagen und zu jener Zeit / –
Spruch des Herrn – / wird man nach der
Schuld Israels suchen,
doch sie ist nicht mehr vorhanden, / nach
den Sünden Judas, / doch man findet sie
nicht mehr.
Denn ich verzeihe dem Rest, / den ich üb-
rig lasse.

8: 51,6; Jes 48,20 • 13: 19,8; 49,17; 51,37 • 15: 50,28f • 16: 46,16 • 20: 33,8.

Die völlige Zerstörung: 50,21–32

21 Zieh gegen Meratajim, / zieh gegen das
Land / und gegen die Bewohner von Pekod!
Erschlag sie und gib sie dem Untergang
preis – Spruch des Herrn; / tu genau, was ich
dir befehle!
22 Kriegslärm herrscht im Land / und gro-
ßer Zusammenbruch.
23 Wie wurde zerschlagen und zerschmet-
tert / der Hammer der ganzen Welt!
Welch ein Bild des Entsetzens ist Babel ge-
worden / unter den Völkern!
24 Du, Babel, hast dir selbst eine Falle ge-
stellt / und bist auch gefangen worden, ehe
du es merktest.
Du wurdest erwischt und gepackt; / denn
du hattest den Herrn herausgefordert.
25 Der Herr hat seine Rüstkammer geöff-
net / und die Waffen seines Zornes hervorge-
holt.
Denn das ist ein Werk, / das der Herr, der
Gott der Heere, / im Land der Chaldäer voll-
bringt.
26 Kommt nach Babel vom Ende der
Erde! / Öffnet seine Speicher,
werft alles auf einen Haufen zusammen, /
wie man Haufen von Korn aufschüttet.
Dann gebt es dem Untergang preis; / kein
Rest soll ihm bleiben.
27 Erschlagt all seine Jungstiere, / hinunter
mit ihnen zum Schlachten!
Weh über sie; denn ihr Tag ist gekom-
men, / die Zeit ihrer Bestrafung.
28 Horcht! Entronnene Flüchtlinge aus
dem Land Babel! / Sie verkünden in Zion die
Rache des Herrn, unseres Gottes, / [die Ra-
che für seinen Tempel].
29 Ruft Schützen auf gegen Babel, / alle
Bogenschützen!
Belagert die Stadt ringsum, / lasst keinen
entrinnen!
Vergeltet ihr nach ihrem Tun; / alles, was
sie selber getan hat, / das tut auch an ihr!
Denn gegen den Herrn hat sie frech ge-
handelt, / gegen den Heiligen Israels.
30 Darum fallen ihre jungen Männer auf
den Plätzen, / all ihre Krieger kommen um
an jenem Tag / – Spruch des Herrn.
31 Nun gehe ich gegen dich vor, du Freche /
– Spruch des Herrn, des Gottes der Heere.
Denn dein Tag ist gekommen, / die Zeit
deiner Bestrafung.
32 Die Freche strauchelt und fällt, / nie-
mand richtet sie auf.
Ich lege Feuer an ihre Städte, / das rings-
um alles verzehrt.

23: 51,20 • 27: 50,31 • 28: 51,11 • 29: 50,15 • 30: 49,26 • 31: 51,25 • 32: 21,14.

Die Befreiung Israels: 50,33–46

33 So spricht der Herr der Heere:
Unterdrückt sind die Söhne Israels / zu-
sammen mit den Söhnen Judas.
Von allen, die sie in Gefangenschaft führ-
ten, / werden sie festgehalten; / man weigert
sich, sie zu entlassen.
34 Doch ihr Erlöser ist stark, / Herr der
Heere ist sein Name.

50,14 Der Zusatz fehlt in G.

50,28c Fehlt in G und dürfte aus 51,11 eingedrungen sein.

Er führt ihre Sache mit Kraft, / um der
Erde Ruhe zu schaffen, / Unruhe aber Babels
Bewohnern.
35 Das Schwert über die Chaldäer – Spruch
des Herrn – / und über die Bewohner von Ba-
bel, / über seine Fürsten und seine Weisen!
36 Das Schwert über die Wahrsager, / sie
werden zu Narren!
Das Schwert über seine Helden, / sie bre-
chen zusammen!
37 Das Schwert [über seine Rosse und Wa-
gen und] / über alles Völkergemisch in seinen
Reihen, / es wird zu Weibern!
Das Schwert über seine Schätze, / sie wer-
den geraubt!
38 Das Schwert über seine Wasser, / sie
vertrocknen!
Denn es ist ein Land voll von Götzenbil-
dern / und durch die Schreckbilder werden
sie toll.
39 Darum werden Wüstenhunde und Hyä-
nen dort hausen / und Strauße werden sich
dort niederlassen.
Nie mehr soll es bewohnt sein, / ewig nicht
mehr besiedelt werden.
40 Wie Gott einst Sodom und Gomorra /
und ihre Nachbarstädte zerstört hat / –
Spruch des Herrn –,
so wird auch dort niemand wohnen, / kein
Mensch darin leben.
41 Seht, ein Volk zieht von Norden heran, /
ein großes Volk und viele Könige / brechen
auf von den Grenzen der Erde.
42 Sie kommen mit Bogen und Sichel-
schwert; / grausam sind sie und ohne Erbar-
men.
Ihr Lärm gleicht dem Brausen des Meeres /
und sie reiten auf Rossen,
Krieger, zum Kampf gerüstet / gegen dich,
Tochter Babel.
43 Sobald der König von Babel von ihnen
hört, / da erschlaffen ihm die Hände;
es packt ihn die Angst, / das Zittern, wie
eine Gebärende.
44 Wie ein Löwe, der heraufkommt aus
dem Dickicht des Jordan/ zu den immer grü-
nen Auen,
so jage ich sie jählings davon / und setze
meinen Erwählten dort ein.
Denn wer ist mir gleich, / wer zieht mich
zur Rechenschaft / und wo ist der Hirt, der
vor mir standhält?
45 Darum hört den Beschluss, / den der
Herr gegen Babel gefasst hat,
und die Pläne, die er ersann / gegen das
Land der Chaldäer:
Wegschleppen wird man die Hirtenkna-
ben, / ihr Weideplatz wird sich über sie ent-
setzen.
46 Vom Ruf »Erobert ist Babel« erbebt die
Erde, / unter den Völkern hört man sein
Schreien.

39: Jes 13,20 • 40: 49,18 • 41–43: 6,22–24 • 44–46: 4,7; 49,19–21.

Gottes Strafgericht: 51,1–14

51 So spricht der Herr:
Seht, gegen Babel und die Bewohner
Chaldäas / wecke ich den Geist eines Ver-
wüsters.
2 Ich sende Worfler nach Babel; / die wer-
den es worfeln und sein Land auskehren, /
wenn sie es umzingeln am Tag des Un-
heils.
3 Nicht erschlaffe, wer den Bogen spannt, /
der Gepanzerte werde nicht müde.
Schont seine jungen Männer nicht, / gebt
sein ganzes Heer dem Untergang preis!
4 Erschlagene liegen herum im Land der
Chaldäer, / Durchbohrte auf seinen Stra-
ßen.
5 Denn nicht verwitwet sind Israel und
Juda, / nicht verlassen von ihrem Gott, / dem
Herrn der Heere.
Doch das Chaldäerland ist voll von
Schuld / gegen den Heiligen Israels.
6 Flieht aus Babel, jeder rette sein Leben, /
damit ihr nicht umkommt bei seinem
Schuldgericht.
Denn es ist die Zeit der Rache für den
Herrn; / was Babel verübt hat, zahlt er ihm
heim.
7 Babel war in der Hand des Herrn / ein
goldener Becher, / der die ganze Erde be-
rauschte.
Von seinem Wein haben die Völker getrun-
ken; / deshalb haben sie den Verstand verlo-
ren.
8 Jählings fällt Babel und wird zerschmet-
tert. / Klagt laut darüber!
Holt Balsam für seine Wunde, / vielleicht
ist es zu heilen.
9 Wir wollten Babel Heilung bringen, / es
war aber nicht mehr zu heilen.
Verlasst es! Gehen wir, jeder in sein Land! /
Denn sein Gericht reicht bis zum Himmel
hinauf, / ragt bis zu den Wolken empor.

50,37a Zusatz aus 51,21.

51,1–14 Die hier angekündigte Zerstörung Babylons ist nicht eingetreten. Kyros hat es als Befreier betreten. Erst seit etwa 120 v. Chr. verfällt die Stadt allmählich, bis sie schließlich ganz vergessen ist.

10 Der Herr hat unsre gerechte Sache / ans
Licht gebracht.
Kommt, lasst uns in Zion erzählen, / was
der Herr, unser Gott, getan hat.
11 Schärft die Pfeile, füllt die Köcher! / Der
Herr hat den Geist der Könige von Medien
erweckt;
denn er hegt den Plan, / Babel zu vernichten.
Ja, das ist die Rache des Herrn, / die Rache
für seinen Tempel.
12 Errichtet ein Feldzeichen gegen Babels
Mauern, / verstärkt die Wache!
Stellt Posten auf, / legt Leute in den Hinterhalt!
Denn der Herr hat seinen Plan gefasst /
und er führt auch aus, / was er Babels Einwohnern angedroht hat.
13 Die du an großen Wassern wohnst, so
reich an Schätzen, / dein Ende ist da, dein
Maß ist voll.
14 Geschworen hat der Herr der Heere bei
sich selbst: / Wärst du auch mit Menschen
angefüllt wie mit Heuschrecken, / man
stimmt doch den Kampfruf gegen dich an.

2: 15,7 • 5: Jes 54,4 • 6: 50,8.15 • 7: 25,15 • 8: Jes 21,9 • 11: Jes 13,17; Jer 50,28 • 12: 50,2.

Gottes Größe: 51,15–19

15 Er hat die Erde erschaffen durch seine
Kraft, / den Erdkreis gegründet durch seine
Weisheit, / durch seine Einsicht den Himmel
ausgespannt.
16 Lässt er seine Stimme ertönen, / dann
rauschen die Wasser am Himmel.
Wolken führt er herauf vom Rand der Erde; / er lässt es blitzen und regnen, / aus seinen Kammern entsendet er den Wind.
17 Töricht steht jeder Mensch da, ohne Er-
kenntnis, / beschämt jeder Goldschmied mit
seinem Götzenbild;
denn seine Bilder sind Trug, / kein Atem ist in ihnen.
18 Nichtig sind sie, ein Spottgebilde. / Zur
Zeit ihrer Heimsuchung gehen sie zugrunde.
19 Anders der Gott, der Jakobs Anteil ist. /
Denn er ist der Schöpfer des Alls / und Israel
der Stamm, der ihm gehört. / Herr der Heere
ist sein Name.

15–19 ‖ 10,12–16 • 16: 10,13; Ps 135,7.

Babel als Hammer Gottes: 51,20–26

20 Du warst mein Hammer, meine Waffe
für den Krieg. / Mit dir zerschlug ich Völker, / mit dir stürzte ich Königreiche,
21 mit dir zerschlug ich Ross und Lenker, /
mit dir zerschlug ich Wagen und Fahrer,
22 mit dir zerschlug ich Mann und Frau, /
mit dir zerschlug ich Greis und Kind, / mit
dir zerschlug ich Knabe und Mädchen,
23 mit dir zerschlug ich Hirt und Herde, /
mit dir zerschlug ich Bauer und Gespann, /
mit dir zerschlug ich Statthalter und Vorsteher.
24 Aber ich übe Vergeltung an Babel und
an allen Bewohnern Chaldäas / für alles
Böse, das sie an Zion vor euren Augen verübten – Spruch des Herrn.
25 Nun gehe ich gegen dich vor, / du Berg
des Verderbens, / der die ganze Erde verdarb
– Spruch des Herrn.
Ich strecke meine Hand gegen dich aus, / ich wälze dich weg von den Felsen / und mache dich zum ausgebrannten Berg.
26 Man wird von dir keinen Eckstein / und
keinen Grundstein mehr holen,
nein, Wüste bleibst du für immer / – Spruch des Herrn.

20: 50,23 • 24: 50,15.29 • 25: 50,31.

Die Strafe für die Schuld: 51,27–40

27 Errichtet ein Feldzeichen auf der Erde, /
stoßt ins Horn unter den Völkern!
Bietet Völker zum Heiligen Krieg auf gegen die Stadt, / ruft Königreiche herbei gegen sie!
Ararat, Minni und Aschkenas, / hebt Truppen aus gegen sie,
lasst Rosse anrücken, / borstigen Heuschrecken gleich!
28 Bietet Völker zum Heiligen Krieg auf ge-
gen sie, / die Könige von Medien,
seine Statthalter und Vorsteher / und das ganze Land ihrer Herrschaft!
29 Da bebt und zittert die Erde, / wenn sich
an Babel der Plan des Herrn erfüllt,
das Land von Babel zur Wüste zu machen, / die niemand bewohnt.
30 Die Helden Babels geben den Kampf
auf / und hocken in ihren Burgen.
Ihre Heldenkraft ist versiegt, / Weiber sind sie geworden.
Seine Wohnungen steckt man in Brand, / seine Riegel zerbricht man.
31 Läufer über Läufer stürmt heran, / Bote
über Bote,
um dem König von Babel zu melden, / seine Stadt sei von allen Seiten erobert,
32 die Flussübergänge seien besetzt, / die
Kähne im Feuer verbrannt, / die Krieger
entmutigt.

51,15–19 Der mit 10,12–16 gleich lautende Hymnus durchbricht den Zusammenhang.

[33] Denn so spricht der Herr der Heere, /
der Gott Israels:
Die Tochter Babel gleicht der Tenne, /
wenn sie festgestampft wird;
noch eine kurze Frist, / dann ist für sie die
Erntezeit da.
[34] Nebukadnezzar, der König von Babel, /
hat mich gefressen und weggerafft, / mich
beiseite gestellt wie ein leeres Gefäß.
Er hat mich wie ein Drache verschlungen, / hat sich den Bauch gefüllt / und mich
aus dem Ort meiner Wonne vertrieben.
[35] Was ich an Unrecht und Schaden erlitt, /
komme über Babel!, / so sollen die Bürger
Zions sagen.
Mein Blut komme über die Bewohner
Chaldäas!, / so soll Jerusalem sagen.
[36] Darum – so spricht der Herr:
Ich selber führe deine Sache / und will
dich rächen.
Ich lasse seinen Strom vertrocknen / und
seine Quelle versiegen.
[37] Babel wird ein Trümmerhaufen, / eine
Behausung für die Schakale,
ein Ort des Entsetzens und des Spottes, /
wo niemand wohnt.
[38] Alle zusammen brüllen sie wie Löwen, /
knurren wie Junglöwen.
[39] Ihrer Gier bereite ich das Gelage, / berausche sie, dass sie betäubt werden,
in ewigen Schlaf versinken / und nie mehr
erwachen – Spruch des Herrn.
[40] Ich führe sie hinab wie Lämmer zum
Schlachten, / wie Widder und Böcke.

30: 50,37; Jes 19,16; Nah 3,13 • 37: 50,13 • 40: 50,27.

Die endgültige Vernichtung: 51,41–58

[41] Weh, genommen und erobert / ist der
Ruhm der ganzen Erde.
Weh, Babel ist zu einem Bild des Entsetzens geworden / unter den Völkern.
[42] Das Meer überflutet Babel, / vom
Schwall seiner Wogen wird es bedeckt.
[43] Seine Städte werden zur Wüste, / ein
Land der Dürre und Steppe,
wo niemand wohnt / und wo kein Mensch
mehr hindurchzieht.
[44] Den Bel von Babel suche ich heim / und
entreiße seinem Rachen, was er verschlungen hat.
Die Völker strömen nicht mehr zu ihm. /
Auch die Mauer von Babel muss fallen. –
[45] Zieh weg aus seiner Mitte, mein Volk! /
Jeder rette sein Leben vor dem glühenden
Zorn des Herrn.
[46] Euer Herz soll nicht verzagen. / Fürchtet
euch nicht bei dem Gerücht, das man im
Land hört
– man wird im einen Jahr dieses / und im
andern Jahr jenes Gerücht hören –
und wenn Gewalttat im Land regiert / und
Herrscher gegen Herrscher steht.
[47] Darum seht, es kommen Tage, / da suche
ich die Götzen Babels heim;
sein ganzes Land wird zuschanden / und
alle seine Erschlagenen, seine Gefallenen,
liegen in seinem Gebiet.
[48] Dann jubeln über Babel Himmel und
Erde / und alles, was in ihnen ist,
wenn von Norden her die Verwüster einfallen / – Spruch des Herrn.
[49] Babel muss fallen für die Erschlagenen
Israels, / ebenso wie die Erschlagenen der
ganzen Welt für Babel gefallen sind.
[50] Ihr, die ihr dem Schwert entronnen
seid, / zieht weg, haltet euch nicht auf!
Denkt in der Ferne an den Herrn / und
tragt Jerusalem in eurem Herzen!
[51] Schämen müssen wir uns; / denn
Schmach mussten wir hören.
Schamröte bedeckt unser Gesicht; / denn
Fremde sind gekommen / über die Heiligtümer des Hauses des Herrn.
[52] Darum seht, es kommen Tage / – Spruch
des Herrn –,
da suche ich seine Götzen heim / und in
seinem ganzen Land röcheln Erschlagene.
[53] Wenn Babel auch bis zum Himmel emporsteigt / und sich in unzugänglicher Höhe
verschanzt, / so werden doch auf meinen
Wink Verwüster es überfallen – Spruch des
Herrn.
[54] Horch, lautes Schreien von Babel her, /
großer Zusammenbruch im Land der Chaldäer.
[55] Denn der Herr verwüstet Babel / und
macht seinem lauten Lärmen ein Ende,
mögen seine Wogen brausen wie gewaltige
Wasser, / mag tosend ihr Lärm erschallen.
[56] Ja, der Verwüster kommt über Babel. /
Seine Helden werden gefangen genommen, /
ihre Bogen zerbrochen.
Denn der Herr ist ein Gott der Vergeltung; / genau rechnet er ab.
[57] Die Fürsten und Weisen Babels, / seine
Statthalter, Vorsteher und Kriegshelden mache ich betrunken,
in ewigen Schlaf sollen sie sinken / und nie
mehr erwachen – Spruch des Königs, / Herr
der Heere ist sein Name.
[58] So spricht der Herr der Heere:
Die breite Mauer von Babel wird geschleift bis auf den Grund, / seine hohen
Tore werden niedergebrannt.
So mühen sich Völker um nichts, / Nationen plagen sich ab für das Feuer.

43: 2,6 • 53: Jes 14,13 • 57: 51,39 • 58: Hab 2,13.

Ein geschichtlicher Nachtrag: 51,59–64

59 Der Auftrag, den der Prophet Jeremia
dem Seraja, dem Sohn Nerijas, des Sohnes
Machsejas, erteilt hat, als dieser mit Zidkija,
dem König von Juda, in dessen viertem Re-
gierungsjahr nach Babel reiste. Seraja war
oberster Quartiermeister. 60 Jeremia hatte
all das Unheil, das über Babel kommen soll-
te, in einer einzigen Buchrolle aufgeschrie-
ben, alle jene Worte, die über Babel aufge-
zeichnet sind. 61 Jeremia sagte zu Seraja:
Wenn du nach Babel kommst, sieh zu, dass
du alle diese Worte laut vorliest. 62 Dann sag:
Herr, du selbst hast diesem Ort angedroht,
ihn zu vernichten, sodass niemand mehr
darin wohnt, weder Mensch noch Vieh; für
immer soll er zur Wüste werden. 63 Sobald du
diese Buchrolle zu Ende gelesen hast, binde
an sie einen Stein und wirf sie in den Eufrat!
64 Sprich dabei: So soll Babel versinken und
nicht wieder hochkommen, wegen des Un-
heils, das ich über die Stadt bringe. [So weit
reichen die Worte Jeremias.]

60: 50,1 – 51,58 • 62: 51,26.

ANHANG: DIE ZERSTÖRUNG JERUSALEMS: 52,1–30

Die Eroberung Jerusalems: 52,1–11

52 Zidkija war einundzwanzig Jahre alt,
als er König wurde, und regierte elf
Jahre in Jerusalem. Seine Mutter hieß Ha-
mutal und war eine Tochter Jirmejas aus
Libna. 2 Er tat, was dem Herrn missfiel, ganz
so, wie es Jojakim getan hatte. 3 Weil der
Herr zornig war, kam es mit Jerusalem und
Juda so weit, dass er sie von seinem Ange-
sicht verstieß.

Zidkija hatte sich gegen den König von
Babel empört. 4 Im neunten Regierungsjahr
Zidkijas, am zehnten Tag des zehnten Mo-
nats, rückte Nebukadnezzar, der König von
Babel, mit seiner ganzen Streitmacht vor Je-
rusalem und belagerte es. Man errichtete
ringsherum einen Belagerungswall. 5 Bis
zum elften Jahr des Königs Zidkija wurde
die Stadt belagert. 6 Am neunten Tag des
vierten Monats war in der Stadt die Hun-
gersnot groß geworden und die Bürger des
Landes hatten kein Brot mehr. 7 Damals
wurden Breschen in die Stadtmauer geschla-
gen. Als der König und alle Krieger das sa-
hen, ergriffen sie die Flucht und verließen
die Stadt bei Nacht auf dem Weg durch das
Tor zwischen den beiden Mauern, das zum
königlichen Garten hinausführt, obwohl die
Chaldäer rings um die Stadt lagen. Sie
schlugen die Richtung nach der Araba ein.
8 Aber die chaldäischen Truppen setzten dem
König nach und holten Zidkija in den Niede-
rungen von Jericho ein, nachdem alle seine
Truppen ihn verlassen und sich zerstreut
hatten. 9 Man ergriff den König und brachte
ihn nach Ribla in der Landschaft Hamat zum
König von Babel und dieser sprach über ihn
das Urteil. 10 Der König von Babel ließ die
Söhne Zidkijas vor dessen Augen niederma-
chen; auch alle Großen Judas ließ er in Ribla
niedermachen. 11 Zidkija ließ er blenden und
in Fesseln legen. Der König von Babel brach-
te ihn nach Babel und hielt ihn in Haft bis zu
seinem Tod.

1–11 ‖ 2 Kön 24,18 – 25,7 • 11: 32,5.

Die Wegführung in die Verbannung:
52,12–30

12 Am zehnten Tag des fünften Monats –
das ist im neunzehnten Jahr des Königs Ne-
bukadnezzar, des Königs von Babel – rückte
Nebusaradan, der Kommandant der Leib-
wache, der zum engeren Dienst des Königs
von Babel gehörte, in Jerusalem ein 13 und
steckte das Haus des Herrn, den königlichen
Palast und alle Häuser Jerusalems in Brand.
Jedes große Haus ließ er in Flammen aufge-
hen. 14 Auch alle Umfassungsmauern Jeru-
salems rissen die chaldäischen Truppen, die
dem Kommandanten der Leibwache unter-
standen, nieder. 15 Den Rest der Bevölke-
rung, der noch in der Stadt geblieben war,
sowie alle, die zum König von Babel überge-
laufen waren, und den Rest der Handwerker
schleppte Nebusaradan, der Kommandant
der Leibwache, in die Verbannung. 16 Nur
von den armen Leuten im Land ließ Nebu-
saradan, der Kommandant der Leibwache,
einen Teil als Wein- und Ackerbauern zu-
rück.

17 Die bronzenen Säulen am Haus des
Herrn, die fahrbaren Gestelle und das
Eherne Meer beim Haus des Herrn zerschlu-
gen die Chaldäer und nahmen alle Gegen-
stände aus Bronze mit.

51,64 Die Schlussbemerkung fehlt in G; vgl. die Anmerkung zu 48,47.

52,1–34 Fast wörtlich aus 2 Kön 24,18 – 25,30 übernommen. Ein Auszug von 52,4–16 steht bereits in 39,1–10.

52,7 Ergänzt nach 39,4.

stände aus Bronze mit nach Babel. 18 Auch die Töpfe, Schaufeln, Messer, Schalen und Becher sowie alle bronzenen Geräte, die man beim Tempeldienst verwendete, nahmen sie weg. 19 Ebenso nahm der Kommandant der Leibwache die Becken, Kohlenpfannen, Schalen, Töpfe, Leuchter, Becher und Schüsseln weg, die sämtlich aus Gold oder aus Silber waren, 20 ferner die zwei Säulen, das eine »Meer« [die zwölf bronzenen Rinder unter dem Meer], die Gestelle, die König Salomo für das Haus des Herrn hatte anfertigen lassen – die Bronze von all diesen Geräten war nicht zu wiegen. 21 Was die Säulen betrifft, so hatte jede Säule eine Höhe von achtzehn Ellen und ein Band von zwölf Ellen umschlang sie; ihre Dicke betrug vier Finger; innen war sie hohl. 22 Oben hatte sie ein Kapitell aus Bronze. Die Höhe des einen Kapitells betrug fünf Ellen; das Kapitell umgaben Flechtwerk und Granatäpfel, alles aus Bronze. Ebenso war es bei der zweiten Säule [und den Granatäpfeln]. 23 Es waren sechsundneunzig frei hängende Granatäpfel; im Ganzen waren hundert Granatäpfel rings um das Flechtwerk.

24 Der Kommandant der Leibwache nahm ferner den Oberpriester Seraja, den zweiten Priester Zefanja und die drei Schwellenwächter mit. 25 Aus der Stadt nahm er einen Hofbeamten, der Kommandant der Soldaten war, und sieben Leute vom persönlichen Dienst des Königs mit, die sich noch in der Stadt befanden, sowie den Schreiber des Heerführers, der die Bürger des Landes auszuheben hatte, schließlich sechzig Mann von der Bürgerschaft, die sich noch in der Stadt befanden. 26 Nebusaradan, der Kommandant der Leibwache, nahm sie fest und schickte sie zum König von Babel nach Ribla. 27 Der König von Babel ließ sie in Ribla in der Landschaft Hamat hinrichten. So wurde Juda von seiner Heimat weggeführt.

28 Das ist die Anzahl der Leute, die Nebukadnezzar wegführen ließ: in seinem siebten Regierungsjahr 3023 Judäer, 29 im achtzehnten Jahr Nebukadnezzars 832 Personen aus Jerusalem; 30 im dreiundzwanzigsten Jahr Nebukadnezzars führte Nebusaradan, der Kommandant der Leibwache, an Judäern 745 Personen weg; im Ganzen waren es 4600 Personen.

12–27 ‖ 2 Kön 25,8–21 • 17: 27,19–22.

Ausblick: die Begnadigung Jojachins:
52,31–34

31 Im siebenunddreißigsten Jahr nach der Wegführung Jojachins, des Königs von Juda, am fünfundzwanzigsten Tag des zwölften Monats, begnadigte Ewil-Merodach, der König von Babel, im Jahr seines Regierungsantritts Jojachin, den König von Juda, und entließ ihn aus dem Kerker. 32 Er söhnte sich mit ihm aus und wies ihm seinen Sitz oberhalb des Sitzes der anderen Könige an, die bei ihm in Babel waren. 33 Er durfte seine Gefängniskleidung ablegen und ständig bei ihm speisen, solange er lebte. 34 Sein Unterhalt – ein dauernder Unterhalt – wurde ihm bis zu seinem Todestag vom König von Babel in der bestimmten Menge täglich geliefert, solange er lebte.

31–34 ‖ 2 Kön 25,27–30.

Die Klagelieder

Die hebräische Bibel reiht dieses poetische Buch in den dritten Teil des Kanons, die »Schriften«, ein und zählt es zu den fünf »Festrollen« (vgl. die Einleitung zu Rut). Es wurde am 9. Ab (im Mai) während des Tempelfastens gelesen, zur Erinnerung an die Zerstörung des Tempels durch Titus im Jahr 70 n. Chr. Die griechische und die lateinische Bibel weisen den Klageliedern ihren Platz unmittelbar nach dem Buch Jeremia zu. Die Überschrift deutet auf Jeremia als Verfasser hin. Dabei stützt man sich auf 2 Chr 35,25, wonach das Buch tatsächlich in die Zeit des Propheten zu datieren ist. Doch ist aus inneren Gründen die Verfasserschaft

52,20 Der Zusatz fehlt in 2 Kön 25,16. Die Rinder aus Bronze hatte bereits Ahas an den Assyrerkönig abgeliefert (vgl. 2 Kön 16,17).

Jeremias abzulehnen (vgl. 2,9; 4,17.20). Auch ist das streng gebundene Versmaß der alphabetischen Lieder, bei denen immer der folgende Vers oder die folgende Strophe mit dem nächsten Buchstaben des hebräischen Alphabets beginnt, dem Propheten fremd.

Die Kapitel 1, 2 und 4 sind der literarischen Form nach Totenlieder; Kap. 3 ist ein individuelles Klagelied, Kap. 5, in der lateinischen Bibel mit der Überschrift »Gebet des Jeremia«, ein Volksklagelied. Die Klagelieder dürften in Juda bald nach dem Untergang des Südreichs und der Zerstörung des Tempels (586 v. Chr.) entstanden sein. Wahrscheinlich sind sie alle dem gleichen Verfasser zuzuschreiben, der vielleicht zu priesterlichen Kreisen gehörte. In packenden Bildern schildert er den übergroßen Schmerz Jerusalems und seiner Einwohner über die Katastrophe des Jahres 586 v. Chr. Dabei ist das Buch getragen von einem unbesiegbaren Vertrauen auf Gott. Es will Reue und Umkehr bei denen wecken, die den Untergang der Stadt und des Tempels erlebt haben. Da Bedeutung und Vorrechte des alttestamentlichen Tempels im Neuen Testament auf Christus übertragen werden (vgl. Joh 2, 19), wendet die Kirche in der Liturgie der Karwoche die Klagelieder auf das Leiden und Sterben Christi an.

DAS ERSTE LIED: 1,1–22

1 Weh, wie einsam sitzt da / die einst so volkreiche Stadt.
Einer Witwe wurde gleich / die Große unter den Völkern.
Die Fürstin über die Länder / ist zur Fron erniedrigt.
2 Sie weint und weint des Nachts, / Tränen auf ihren Wangen.
Keinen hat sie als Tröster / von all ihren Geliebten.
Untreu sind all ihre Freunde, / sie sind ihr zu Feinden geworden.
3 Gefangen ist Juda im Elend, / in harter Knechtschaft.
Nun weilt sie unter den Völkern / und findet nicht Ruhe.
All ihre Verfolger holten sie ein / mitten in der Bedrängnis.
4 Die Wege nach Zion trauern, / niemand pilgert zum Fest, / verödet sind all ihre Tore.
Ihre Priester seufzen, / ihre Jungfrauen sind voll Gram, / sie selbst trägt Weh und Kummer.
5 Ihre Bedränger sind an der Macht, / ihre Feinde im Glück.
Denn Trübsal hat der Herr ihr gesandt / wegen ihrer vielen Sünden.
Ihre Kinder zogen fort, / gefangen, vor dem Bedränger.
6 Gewichen ist von der Tochter Zion / all ihre Pracht.
Ihre Fürsten sind wie Hirsche geworden, / die keine Weide finden.
Kraftlos zogen sie dahin / vor ihren Verfolgern.
7 Jerusalem denkt an die Tage / ihres Elends, ihrer Unrast,
an all ihre Kostbarkeiten, / die sie einst besessen,
als ihr Volk in Feindeshand fiel / und keiner ihr beistand.
Die Feinde sahen sie an, / lachten über ihre Vernichtung.
8 Schwer gesündigt hatte Jerusalem, / deshalb ist sie zum Abscheu geworden.
All ihre Verehrer verachten sie, / weil sie ihre Blöße gesehen.
Sie selbst aber seufzt / und wendet sich ab (von ihnen).
9 Ihre Unreinheit klebt an ihrer Schleppe, / ihr Ende bedachte sie nicht.
Entsetzlich ist sie gesunken, / keinen hat sie als Tröster.
Sieh doch mein Elend, o Herr, / denn die Feinde prahlen.
10 Der Bedränger streckte die Hand aus / nach all ihren Schätzen.
Zusehen musste sie, / wie Heiden in ihr Heiligtum drangen;
ihnen hattest du doch verboten, / sich dir zu nahen in der Gemeinde.
11 All ihre Bewohner seufzen, / verlangen nach Brot.
Sie geben ihre Schätze für Nahrung, / nur um am Leben zu bleiben.
Herr, sieh doch und schau, / wie sehr ich verachtet bin.
12 Ihr alle, die ihr des Weges zieht, / schaut doch und seht,
ob ein Schmerz ist wie mein Schmerz, / den man mir angetan,

1,12a: Ihr alle: Text korr.; H: Nicht für euch alle.

mit dem der Herr mich geschlagen hat / am Tag seines glühenden Zornes.
13 Aus der Höhe sandte er Feuer, / in meine Glieder ließ er es fallen.
Er spannte ein Netz meinen Füßen, / rücklings riss er mich nieder.
Er machte mich zunichte / und siech für alle Zeit.
14 Schwer ist das Joch meiner Sünden, / von seiner Hand aufgelegt.
Sie stiegen mir über den Hals; / da brach meine Kraft.
Preisgegeben hat mich der Herr, / ich kann mich nicht erheben.
15 Verworfen hat all meine Helden / der Herr in meiner Mitte.
Ein Fest rief er aus gegen mich, / meine Jungmannschaft zu zerschlagen.
Die Kelter trat der Herr / gegen die Jungfrau, Tochter Juda.
16 Darüber muss ich weinen, / von Tränen fließt mein Auge.
Fern sind alle Tröster, / mich zu erquicken.
Verstört sind meine Kinder; / denn der Feind ist stark.
17 Zion ringt die Hände, / sie hat keinen Tröster.
Aufgeboten hat der Herr gegen Jakob / seine Nachbarn, ihn zu bedrängen.
Jerusalem ist unter ihnen / zum Schandfleck geworden.
18 Er, der Herr, ist im Recht. / Ich habe seinem Wort getrotzt.
Hört doch, alle ihr Völker / und seht meinen Schmerz:
Meine Mädchen, meine jungen Männer / zogen in die Gefangenschaft.
19 Ich rief nach meinen Geliebten; / doch sie betrogen mich.
Meine Priester, meine Ältesten / sind in der Stadt verschmachtet,
als sie Nahrung suchten, / um am Leben zu bleiben.
20 Herr, sieh an, wie mir angst ist. / Es glüht mir in der Brust;
mir dreht sich das Herz im Leibe, / weil ich so trotzig war.
Draußen raubte die Kinder das Schwert, / drinnen raffte sie die Pest dahin.
21 Hör, wie ich stöhne; / ich habe keinen Tröster.
All meine Feinde hörten von meinem Unglück, / freuten sich, dass du es bewirkt hast.
Bring deinen angekündigten Tag, / damit es ihnen ergeht wie mir; /
22 all ihre Bosheit komme vor dich.
Tu dann an ihnen, / wie du an mir getan / wegen all meiner Sünden.
Denn ich stöhne ohne Ende / und mein Herz ist krank.

2: Jer 4,30; 30,14 • 3: Dtn 28,65 • 4: Jes 3,26; Jer 14,2 • 8: Jer 13,22 • 10: Dtn 23,3–5 • 13: Ez 12,13 • 15: Jes 63,3 • 18: Dtn 28,41 • 20: Jer 4,19; Dtn 32,25.

DAS ZWEITE LIED: 2,1–22

2 Weh, mit seinem Zorn umwölkt / der Herr die Tochter Zion.
Er schleudert vom Himmel zur Erde / die Pracht Israels.
Nicht dachte er an den Schemel seiner Füße / am Tag seines Zornes.
2 Schonungslos hat der Herr vernichtet / alle Fluren Jakobs,
niedergerissen in seinem Grimm / die Bollwerke der Tochter Juda,
zu Boden gestreckt, entweiht / das Königtum und seine Fürsten.
3 Abgehauen hat er in Zornesglut / jedes Horn in Israel.
Er zog seine Rechte zurück / angesichts des Feindes
und brannte in Jakob wie flammendes Feuer, / ringsum alles verzehrend.
4 Er spannte den Bogen wie ein Feind, / stand da, erhoben die Rechte.
Wie ein Gegner erschlug er alles, / was das Auge erfreut.
Im Zelt der Tochter Zion / goss er seinen Zorn aus wie Feuer.
5 Wie ein Feind ist geworden der Herr, / Israel hat er vernichtet.
Vernichtet hat er alle Paläste, / zerstört seine Burgen.
Auf die Tochter Juda hat er gehäuft / Jammer über Jammer.
6 Er zertrat wie einen Garten seine Wohnstatt, / zerstörte seinen Festort.

1,13b Text korr. nach G.
1,20 drinnen raffte sie die Pest dahin, wörtlich: drinnen wie der Tod.
1,21a Hör: Text korr. nach S; H: Sie hörten.
1,21e: Bring: Text korr. nach S; H: Du hast gebracht.
2,1e Schemel seiner Füße: Gemeint ist der Tempel (vgl. 1 Chr 28,2).

Vergessen ließ der Herr auf Zion / Festtag
und Sabbat.
In glühendem Zorn verwarf er / König und
Priester.
7 Seinen Altar hat der Herr verschmäht, /
entweiht sein Heiligtum,
überliefert in die Hand des Feindes / die
Mauern von Zions Palästen.
Man lärmte im Haus des Herrn / wie an einem Festtag
8 Zu schleifen plante der Herr / die Mauer
der Tochter Zion.
Er spannte die Messschnur und zog nicht
zurück / die Hand vom Vertilgen.
Trauern ließ er Wall und Mauer; / miteinander sanken sie nieder.
9 In den Boden sanken ihre Tore, / ihre
Riegel hat er zerstört und zerbrochen.
Ihr König und ihre Fürsten sind unter den
Völkern, / keine Weisung ist da,
auch keine Offenbarung / schenkt der
Herr ihren Propheten.
10 Am Boden sitzen, verstummt, / die Ältesten der Tochter Zion,
streuen sich Staub aufs Haupt, / legen
Trauerkleider an.
Zu Boden senken den Kopf / die Mädchen
von Jerusalem.
11 Meine Augen ermatten vor Tränen, /
mein Inneres glüht.
Ausgeschüttet auf die Erde ist mein Herz /
über den Zusammenbruch der Tochter, meines Volkes.
Kind und Säugling verschmachten / auf
den Plätzen der Stadt.
12 Sie sagen zu ihren Müttern: / Wo ist Brot
und Wein?,
da sie erschöpft verschmachten / auf den
Plätzen der Stadt,
da sie ihr Leben aushauchen / auf dem
Schoß ihrer Mütter.
13 Wie soll ich dir zureden, was dir gleichsetzen, / du Tochter Jerusalem?
Womit kann ich dich vergleichen, wie dich
trösten, / Jungfrau, Tochter Zion?
Dein Zusammenbruch ist groß wie das
Meer, / wer kann dich heilen?
14 Deine Propheten schauten dir Lug und
Trug. / Deine Schuld haben sie nicht aufgedeckt, / um dein Schicksal zu wenden.
Sie schauten dir als Prophetenworte / nur
Trug und Verführung.
15 Über dich klatschen in die Hände / alle,
die des Weges ziehen.
Sie zischeln und schütteln den Kopf / über
die Tochter Jerusalem:
Ist das die Stadt, die man nannte: / Entzücken der ganzen Welt, / Krone der Schönheit?
16 Über dich reißen ihr Maul auf / all deine
Feinde.
Sie zischeln und fletschen die Zähne, / sie
sprechen: Wir haben sie verschlungen.
Das ist der Tag, auf den wir hofften. / Wir
haben ihn erreicht und gesehen.
17 Getan hat der Herr, was er geplant, / seinen Drohspruch vollzogen, / den er seit alters verkündet hat.
Eingerissen hat er, nicht geschont. / Den
Feind ließ er über dich jubeln, / erhöhte die
Macht deiner Gegner.
18 Schrei laut zum Herrn, / stöhne, Tochter
Zion!
Wie einen Bach lass fließen die Tränen /
Tag und Nacht!
Niemals gewähre dir Ruhe, / nie lass dein
Auge rasten!
19 Steh auf, klage bei Nacht, / zu jeder
Nachtwache Anfang!
Schütte aus wie Wasser dein Herz / vor
dem Angesicht des Herrn!
Erhebe zu ihm die Hände / für deiner Kinder Leben,
die vor Hunger verschmachten / an den
Ecken aller Straßen.
20 Herr, sieh doch und schau: / Wem hast
du solches getan?
Dürfen Frauen ihre Leibesfrucht essen, /
ihre sorgsam gehegten Kinder?
Darf man erschlagen im Heiligtum des
Herrn / Priester und Propheten?
21 Am Boden liegen in den Gassen / Kind
und Greis.
Die Mädchen und die jungen Männer / fielen unter dem Schwert.
Du hast sie erschlagen am Tag deines
Zorns, / geschlachtet, ohne zu schonen.
22 Wie zum Festtag hast du gerufen, / die
Schrecken ringsum.
Am Zorntag des Herrn gab es keinen, / der
entkam und entrann.
Die ich hegte und großzog, / mein Feind
hat sie vernichtet.

4: Jer 21,5f • 5: Jes 63,10 • 6: Am 5,21–23 • 8: Jes 34,11 • 9: Ps 74,9; Ez 7,26 • 14: Jer 14,14 • 15: Jer 18,16 • 16: Ps 35,21.25 • 17: Jer 40,3; Sach 1,6 • 20: Dtn 28,53–57; 2 Kön 6,29.

2,14a Trug, wörtlich: Tünche (vgl. Ez 13,10).
2,17 die Macht, wörtlich: das Horn.
2,18a Text korr.; H: Ihr Herz ruft.
2,18b stöhne, Tochter Zion!: Text korr.; H: Mauer der Tochter Zion!
2,22b die Schrecken: Text korr.; H: meine Schrecken.

DAS DRITTE LIED: 3,1–66

3 Ich bin der Mann, der Leid erlebt hat /
durch die Rute seines Grimms.
2 Er hat mich getrieben und gedrängt / in
Finsternis, nicht ins Licht.
3 Täglich von neuem kehrt er die Hand /
nur gegen mich.
4 Er zehrte aus mein Fleisch und meine
Haut, / zerbrach meine Glieder,
5 umbaute und umschloss mich / mit Gift
und Erschöpfung.
6 Im Finstern ließ er mich wohnen / wie
längst Verstorbene.
7 Er hat mich ummauert, ich kann nicht
entrinnen. / Er hat mich in schwere Fesseln
gelegt.
8 Wenn ich auch schrie und flehte, / er
blieb stumm bei meinem Gebet.
9 Mit Quadern hat er mir den Weg verrie-
gelt, / meine Pfade irregeleitet.
10 Ein lauernder Bär war er mir, / ein Löwe
im Versteck.
11 Er hat mich vom Weg vertrieben, / mich
zerfleischt und zerrissen.
12 Er spannte den Bogen und stellte mich
hin / als Ziel für den Pfeil.
13 In die Nieren ließ er mir dringen / die
Geschosse seines Köchers.
14 Ein Gelächter war ich all meinem Volk, /
ihr Spottlied den ganzen Tag.
15 Er speiste mich mit bitterer Kost / und
tränkte mich mit Wermut.
16 Meine Zähne ließ er auf Kiesel beißen, /
er drückte mich in den Staub.
17 Du hast mich aus dem Frieden hinaus-
gestoßen; / ich habe vergessen, was Glück
ist.
18 Ich sprach: Dahin ist mein Glanz / und
mein Vertrauen auf den Herrn.
19 An meine Not und Unrast denken / ist
Wermut und Gift.
20 Immer denkt meine Seele daran / und ist
betrübt in mir.
21 Das will ich mir zu Herzen nehmen, / da-
rauf darf ich harren:
22 Die Huld des Herrn ist nicht erschöpft, /
sein Erbarmen ist nicht zu Ende.
23 Neu ist es an jedem Morgen; / groß ist
deine Treue.
24 Mein Anteil ist der Herr, sagt meine See-
le, / darum harre ich auf ihn.
25 Gut ist der Herr zu dem, der auf ihn
hofft, / zur Seele, die ihn sucht.
26 Gut ist es, schweigend zu harren / auf
die Hilfe des Herrn.
27 Gut ist es für den Mann, / ein Joch zu
tragen in der Jugend.
28 Er sitze einsam und schweige, / wenn
der Herr es ihm auflegt.
29 Er beuge in den Staub seinen Mund; /
vielleicht ist noch Hoffnung.
30 Er biete die Wange dem, der ihn
schlägt, / und lasse sich sättigen mit
Schmach.
31 Denn nicht für immer / verwirft der
Herr.
32 Hat er betrübt, erbarmt er sich auch
wieder / nach seiner großen Huld.
33 Denn nicht freudigen Herzens / plagt
und betrübt er die Menschen.
34 Dass man mit Füßen tritt / alle Gefange-
nen des Landes,
35 dass man das Recht des Mannes beugt /
vor dem Antlitz des Höchsten,
36 dass man im Rechtsstreit den Menschen
bedrückt, / sollte der Herr das nicht sehen?
37 Wer hat gesprochen und es geschah? /
Hat nicht der Herr es geboten?
38 Geht nicht hervor aus des Höchsten
Mund / das Gute wie auch das Böse?
39 Wie dürfte denn ein Lebender klagen, /
ein Mann über die Folgen seiner Sünden?
40 Prüfen wir unsre Wege, erforschen wir
sie / und kehren wir um zum Herrn.
41 Erheben wir Herz und Hand / zu Gott im
Himmel.
42 Wir haben gesündigt und getrotzt; / du
aber hast nicht vergeben.
43 Du hast dich in Zorn gehüllt und uns
verfolgt, / getötet und nicht geschont.
44 Du hast dich in Wolken gehüllt, / kein
Gebet kann sie durchstoßen.
45 Zu Unrat und Auswurf hast du uns ge-
macht / inmitten der Völker.
46 Ihren Mund rissen gegen uns auf / all
unsre Feinde.
47 Grauen und Grube wurde uns zuteil, /
Verwüstung und Verderben.
48 Tränenströme vergießt mein Auge / über
den Zusammenbruch der Tochter, meines
Volkes.
49 Mein Auge ergießt sich und ruht nicht; /
es hört nicht auf,
50 bis der Herr vom Himmel her / sieht
und schaut.
51 Mein Auge macht mich elend / vor lauter
Weinen in meiner Stadt.

3,51b Text korr.; H: wegen aller Töchter meiner Stadt.

52 Wie auf einen Vogel machten sie Jagd
auf mich, / die ohne Grund meine Feinde
sind.
53 Sie stürzten in die Grube mein Leben /
und warfen Steine auf mich.
54 Das Wasser ging mir über den Kopf; /
ich sagte: Ich bin verloren.
55 Da rief ich deinen Namen, Herr, / tief
unten aus der Grube.
56 Du hörst meine Stimme. / Verschließ
nicht dein Ohr / vor meinem Seufzen, mei-
nem Schreien!
57 Du warst nahe am Tag, da ich dich rief; /
du sagtest: Fürchte dich nicht!
58 Du, Herr, hast meine Sache geführt, /
hast mein Leben erlöst.
59 Du, Herr, hast meine Bedrückung gese-
hen, / hast mir Recht verschafft.
60 Du hast gesehen ihre ganze Rachgier, /
all ihr Planen gegen mich.
61 Du hast ihr Schmähen gehört, o Herr, /
all ihr Planen gegen mich.
62 Das Denken und Reden meiner Geg-
ner / ist gegen mich den ganzen Tag.
63 Blick auf ihr Sitzen und Stehen! / Ein
Spottlied bin ich für sie.
64 Du wirst ihnen vergelten, Herr, / nach
dem Tun ihrer Hände.
65 Du wirst ihren Sinn verblenden. / Dein
Fluch über sie!
66 Du wirst sie im Zorn verfolgen und ver-
nichten / unter deinem Himmel, o Herr.

6: Ps 143,3; Jes 59,10 • 8: Ps 22,3 • 10: Hos 13,8 • 13: Ps 38,3 • 14: Jer 20,7 • 15: Rut 1,20; Ijob 9,18 • 20: Ps 42,6 • 24: Mi 7,7 • 31: Ps 94,14 • 32: Jes 54,7 • 38: Jes 45,7 • 48: Jer 14,17 • 54: Ps 69,2f; Jona 2,6 • 59: Ps 9,5 • 60: Ps 56,6 • 62: Ps 38,13.

DAS VIERTE LIED: 4,1–22

4 Weh, wie glanzlos ist das Gold, / gedun-
kelt das köstliche Feingold,
hingeschüttet die heiligen Steine / an den
Ecken aller Straßen.
2 Die edlen Kinder Zions, / einst aufgewo-
gen mit reinem Gold,
weh, wie Krüge aus Ton sind sie geachtet, /
wie Werk von Töpferhand.
3 Selbst Schakale reichen die Brust, / säu-
gen ihre Jungen.
Die Töchter meines Volkes sind grausam /
wie Strauße in der Wüste.
4 Des Säuglings Zunge klebt / an seinem
Gaumen vor Durst.
Kinder betteln um Brot; / keiner bricht es
ihnen.
5 Die einst Leckerbissen schmausten, /
verschmachten auf den Straßen.
Die einst auf Purpur lagen, / wälzen sich
jetzt im Unrat.
6 Größer ist die Schuld der Tochter, meines
Volkes, / als die Sünde Sodoms,
das plötzlich vernichtet wurde, / ohne dass
eine Hand sich rührte.
7 Ihre jungen Männer waren reiner als
Schnee, / weißer als Milch,
ihr Leib rosiger als Korallen, / saphirblau
ihre Adern.
8 Schwärzer als Ruß sehen sie aus, / man
erkennt sie nicht auf den Straßen.
Die Haut schrumpft ihnen am Leib, / tro-
cken wie Holz ist sie geworden.
9 Besser die vom Schwert Getöteten / als
die vom Hunger Getöteten;
sie sind verschmachtet, / vom Missertrag
der Felder getroffen.
10 Die Hände liebender Mütter / kochten
die eigenen Kinder.
Sie dienten ihnen als Speise / beim Zu-
sammenbruch der Tochter, meines Volkes.
11 Randvoll gemacht hat der Herr seinen
Grimm, / ausgegossen seinen glühenden
Zorn.
Er entfachte in Zion ein Feuer, / das bis
auf den Grund alles verzehrte.
12 Kein König eines Landes, kein Mensch
auf der Erde / hätte jemals geglaubt,
dass ein Bedränger und Feind / durch-
schritte die Tore Jerusalems.
13 Wegen der Sünden ihrer Propheten, /
wegen der Verfehlung ihrer Priester,
die in ihrer Mitte vergossen haben / das
Blut von Gerechten,
14 wankten sie blind durch die Gassen, /
besudelt mit Blut,
sodass man nicht berühren mochte / ihre
Kleider.
15 Fort, unrein!, rief man ihnen zu. / Fort,
fort! Rührt mich nicht an!
Da flohen sie, da wankten sie. / Unter den

3,66b Text korr.; H: unter dem Himmel des Herrn.
4,3c Text korr. nach G; H: Die Tochter meines Volkes ist ...
4,7a Ihre jungen Männer: Text korr.; H: Ihre Nasiräer.
4,9d Text korr.; H: meiner Felder.
4,14 Gemeint sind die Einwohner Jerusalems.

Völkern sagte man: / Sie durften nicht länger bleiben.

16 Der Herr selbst hat sie zerstreut, / schaut sie nicht mehr an.

Keine Ehrfurcht zollte man den Priestern, / Greise fanden keine Gnade.

17 Als wir uns noch die Augen nach Hilfe ausschauten, / war es umsonst.

Auf unserer Warte spähten wir nach einem Volk, / das dann doch keine Hilfe brachte.

18 Man horchte auf unsere Schritte, / wir konnten nicht auf die Straßen.

Unser Ende war nah, die Tage voll, / ja, unser Ende kam.

19 Schneller waren unsere Verfolger / als Adler am Himmel.

Sie jagten uns auf den Bergen, / lauerten uns auf in der Wüste.

20 Unser Lebensatem, der Gesalbte des Herrn, / ist gefangen in ihren Gruben.

Wir aber hatten gedacht: / In seinem Schatten werden wir leben unter den Völkern.

21 Juble nur und freue dich, Tochter Edom, / die du wohnst im Lande Uz.

Auch zu dir wird der Becher kommen, / du wirst dich betrinken und dich entblößen.

22 Zu Ende ist deine Schuld, Tochter Zion; / nicht wieder führt er dich in Verbannung.

Deine Schuld bestraft er, Tochter Edom, / deckt deine Sünden auf.

6: Gen 19; Ez 16,48 • 10: 2,20; Dtn 28,53–57; 2 Kön 6,29 • 11: Jer 7,20; Dtn 32,22 • 20: 2 Kön 25,5f • 21: Gen 36,28.

DAS FÜNFTE LIED: 5,1–22

5 Herr, denk daran, was uns geschehen, / blick her und sieh unsre Schmach!

2 An Ausländer fiel unser Erbe, / unsre Häuser kamen an Fremde.

3 Wir wurden Waisen, Kinder ohne Vater, / unsere Mütter wurden Witwen.

4 Unser Wasser trinken wir für Geld, / unser Holz müssen wir bezahlen.

5 Wir werden getrieben, das Joch auf dem Nacken, / wir sind müde, man versagt uns die Ruhe.

6 Nach Ägypten streckten wir die Hand, / nach Assur, um uns mit Brot zu sättigen.

7 Unsere Väter haben gesündigt; sie sind nicht mehr. / Wir müssen ihre Sünden tragen.

8 Sklaven herrschen über uns, / niemand entreißt uns ihren Händen.

9 Unter Lebensgefahr holen wir unser Brot, / bedroht vom Schwert der Wüste.

10 Unsere Haut glüht wie ein Ofen / von den Gluten des Hungers.

11 Frauen hat man in Zion geschändet, / Jungfrauen in den Städten von Juda.

12 Fürsten wurden von Feindeshand gehängt, / den Ältesten nahm man die Ehre.

13 Junge Männer mussten die Handmühlen schleppen, / unter der Holzlast brachen Knaben zusammen.

14 Die Alten blieben fern vom Tor, / die Jungen vom Saitenspiel.

15 Dahin ist unseres Herzens Freude, / in Trauer gewandelt unser Reigen.

16 Die Krone ist uns vom Haupt gefallen. / Weh uns, wir haben gesündigt.

17 Darum ist krank unser Herz, / darum sind trüb unsere Augen

18 über den Zionsberg, der verwüstet liegt; / Füchse laufen dort umher.

19 Du aber, Herr, bleibst ewig, / dein Thron von Geschlecht zu Geschlecht.

20 Warum willst du uns für immer vergessen, / uns verlassen fürs ganze Leben?

21 Kehre uns, Herr, dir zu, / dann können wir uns zu dir bekehren. / Erneuere unsere Tage, damit sie werden wie früher.

22 Oder hast du uns denn ganz verworfen, / zürnst du uns über alle Maßen?

6: Hos 7,11 • 15: Ijob 30,31 • 17: Jer 8,18 • 19: Ps 9,8 • 20: Ps 13,2.

4,16a Text korr.; H: Das Angesicht des Herrn.

4,17 Gemeint ist der unzuverlässige Bundesgenosse Ägypten.

4,20a Poetische Bezeichnung für König Zidkija.

5,9 Mit dem »Schwert der Wüste« sind die feindlich gesinnten Wüstenbewohner gemeint.

Das Buch Baruch

Das Buch Baruch gehört zu den sog. deuterokanonischen Schriften des Alten Testaments. In der griechischen Bibel folgt es unmittelbar auf das Buch Jeremia, die lateinische Bibel hat es hinter die Klagelieder gestellt. Nach eigener Angabe (1,1–14) soll das Buch vom Sekretär des Propheten Jeremia nach der Wegführung in Babel verfasst und dann nach Jerusalem geschickt worden sein, damit es dort während liturgischer Versammlungen gelesen werde (zu Baruch, dem Sekretär Jeremias, vgl. die Einleitung zu Jer). Sein Inhalt besteht in der Hauptsache aus einem Gebet mit einem Schuldbekenntnis, einer Bitte um Vergebung und einer Vertrauensbekundung (1,15 – 3,8), aus einem Lob auf die Weisheit (3,9 – 4,4), aus der Klage Jerusalems mit einer Aufmunterung zur Hoffnung (4,5 – 5,9). Schließlich enthält Kap. 6 (in der griechischen Bibel eine eigene Schrift mit dem Titel »Brief des Jeremia«) eine Abhandlung gegen die Götzen und ihre Verehrer. Teile des Buches gehen vielleicht auf ein hebräisches Original zurück. Die heutige Gestalt dürfte das Buch im ersten vorchristlichen Jahrhundert erhalten haben. In diese Zeit weist auch ein kleines griechisches Fragment des Buches unter den Funden von Qumran.

Die theologische Bedeutung des Buches besteht darin, dass es Einblick gewährt in das Leben des Gottesvolkes in der Diaspora und dass es zeigt, wie das religiöse Leben in Gebet und Liturgie, in der Einstellung zum mosaischen Gesetz und zu den messianischen Erwartungen auch dort mit Jerusalem verbunden blieb. Ähnlich wie die Klagelieder bezeugt das Buch Baruch den nachhaltigen Einfluss, den der Prophet Jeremia über den Untergang Jerusalems hinaus im Volk Israel ausgeübt hat. Dank seines prophetischen Wirkens kommt es nach dem Exil zur Neuerrichtung der Gemeinde Israel, der Hoffnung und Zukunft verheißen wird.

EINLEITUNG: 1,1–14

1 Das ist der Wortlaut des Buches, das
Baruch, der Sohn Nerijas, des Sohnes
Machsejas, des Sohnes Zidkijas, des Sohnes
Hasadjas, des Sohnes Hilkijas, in Babel ge-
schrieben hat. 2 Es war im fünften Jahr, am
siebten Tag des fünften Monats, zur selben
Zeit, als die Chaldäer Jerusalem eingenom-
men und in Brand gesteckt hatten. 3 Baruch
verlas den Wortlaut dieses Buches vor König
Jojachin von Juda, dem Sohn Jojakims, und
vor dem ganzen Volk, das zusammengekom-
men war, um die Schrift zu hören. 4 Er las
vor den königlichen Beamten und Prinzen,
vor den Ältesten und dem ganzen Volk, vom
Kleinsten bis zum Größten, vor allen, die in
Babel am Fluss Sud angesiedelt waren. 5 Da
weinten, fasteten und flehten sie vor dem
Herrn. 6 Dann legten sie Geld zusammen, so
viel ein jeder vermochte, 7 und sandten es
nach Jerusalem an den Priester Jojakim, den
Sohn Hilkijas, des Sohnes Schallums, an die
übrigen Priester und an das ganze Volk, das
sich mit ihm in Jerusalem befand. 8 Baruch
selbst hatte bereits am zehnten Siwan die
Geräte des Hauses des Herrn, die aus dem
Tempel verschleppt worden waren, erhalten,
um sie in das Land Juda zurückzubringen.
Es waren jene silbernen Geräte, die König
Zidkija von Juda, der Sohn Joschijas, hatte
anfertigen lassen, 9 nachdem Nebukadnez-
zar, der König von Babel, Jojachin aus Jeru-
salem verschleppt und nach Babel gebracht
hatte, samt den Beamten, den Schmieden,
der Oberschicht und den Bürgern des Lan-
des. 10 Dazu ließen (die Spender) sagen: Hier
senden wir euch Geld. Kauft dafür Brandop-
fer, Sündopfer und Weihrauch und bereitet
Speiseopfer; bringt sie dar auf dem Altar des

1,2 fünften: ergänzt nach 2 Kön 25,8; gemeint ist die Zeit zwischen Mitte Juli und Mitte August 581 v. Chr.

1,3 Der König wurde im Jahr 597 v. Chr. nach Babel deportiert.

1,10 Auch nach der Zerstörung des Tempels brachte man an seiner Stätte Opfer dar (vgl. Jer 41,5).

Herrn, unseres Gottes, 11 und betet für das
Leben des Königs Nebukadnezzar von Babel
und für das Leben seines Sohnes Belschaz-
zar, dass ihre Tage so zahlreich seien wie die
Tage des Himmels über der Erde. 12 Uns aber
verleihe der Herr Kraft und lasse unsere Au-
gen leuchten. So werden wir leben unter dem
Schutz des Königs Nebukadnezzar von Ba-
bel und unter dem Schutz seines Sohnes Bel-
schazzar, wir werden ihnen lange Zeit die-
nen und Gunst vor ihnen finden. 13 Betet
auch für uns zum Herrn, unserem Gott; denn
wir haben gesündigt gegen den Herrn, unse-
ren Gott, und bis heute hat der Herr seinen
Grimm und Zorn noch nicht von uns abge-
wendet. 14 Lest dann dieses Buch vor, das wir
euch senden; es soll am Tag des Festes, und
zwar an den Versammlungstagen, im Haus
des Herrn vorgetragen werden.

1: Jer 32,12; 36,4 • 2: 2 Kön 25,8; Jer 39,8f • 3: Jer 22,24–30 • 9: 2 Kön 24,8–17 • 11: Jer 29,7; Dtn 11,21 • 14: Lev 23,35f.

DAS GEBET DER VERBANNTEN: 1,15 – 3,8

Das Bekenntnis der Schuld: 1,15 – 2,10

15 Sprecht: Der Herr, unser Gott, ist im
Recht; uns aber treibt es bis heute die
Schamröte ins Gesicht, den Leuten von Juda
und den Bewohnern Jerusalems, 16 unseren
Königen und Beamten, unseren Priestern
und Propheten und unseren Vätern; 17 denn
wir haben gegen den Herrn gesündigt 18 und
ihm nicht gehorcht. Wir haben auf die
Stimme des Herrn, unseres Gottes, nicht ge-
hört und die Gebote nicht befolgt, die der
Herr uns vorgelegt hat. 19 Von dem Tag an,
als der Herr unsere Väter aus Ägypten he-
rausführte, bis auf den heutigen Tag waren
wir ungehorsam gegen den Herrn, unseren
Gott. Wir hörten sehr bald nicht mehr auf
seine Stimme. 20 So hefteten sich an uns das
Unheil und der Fluch, den der Herr durch
seinen Diener Mose androhen ließ am Tag,
als er unsere Väter aus Ägypten herausführ-
te, um uns ein Land zu geben, in dem Milch
und Honig fließen, und so ist es noch heute.
21 Wir haben nicht auf die Stimme des Herrn,
unseres Gottes, gehört und auf alle Reden
der Propheten, die er zu uns gesandt hat.
22 Jeder von uns folgte der Neigung seines
bösen Herzens; wir dienten anderen Göttern
und taten, was dem Herrn, unserem Gott,
missfällt.

2 So hat denn der Herr sein Wort erfüllt,
das er über uns gesprochen hat, über
unsere Richter, die Israel regierten, über un-
sere Könige und Beamten und über die Leute
von Israel und Juda. 2 Unter dem ganzen
Himmel ist noch nie so etwas geschehen, wie
der Herr es jetzt in Jerusalem geschehen ließ,
ganz wie es im Gesetz des Mose geschrieben
steht: 3 dass der eine von uns das Fleisch des
eigenen Sohnes, der andere das Fleisch der
eigenen Tochter essen werde. 4 Der Herr
übergab sie allen Königreichen rings um uns
und machte sie zum Gespött und zum Fluch
bei allen Völkern im Umkreis, unter die er
sie zerstreute. 5 Aus Herrschern wurden Un-
terdrückte; denn wir haben gegen den Herrn,
unseren Gott, gesündigt und nicht auf seine
Stimme gehört.

6 Der Herr, unser Gott, ist im Recht; uns
aber und unseren Vätern treibt es bis heute
die Schamröte ins Gesicht. 7 Alles Unheil,
das der Herr uns angedroht hat, ist über uns
gekommen. 8 Wir haben den Herrn nicht da-
durch besänftigt, dass jeder sich von den
Wünschen seines bösen Herzens abgewandt
hätte. 9 Der Herr aber wachte und brachte
das Unheil über uns; denn der Herr ist ge-
recht in all seinen Fügungen, die er über uns
verhängt hat. 10 Wir aber hörten nicht auf
seine Stimme und befolgten nicht die Gebo-
te, die der Herr uns vorgelegt hat.

1,15: Neh 9,32f; Dan 9,7–11 • 19: Jer 7,25f • 19f: Lev 26,14–39; Dtn 28,15–68 • 21: Jer 25,4–6 • 2,3: Lev 26,29; Dtn 28,53–57 • 9: Jer 1,12; Dan 9,14.

Die Bitte um Vergebung: 2,11–26

11 Nun aber, Herr, Gott Israels! Du hast
dein Volk aus Ägypten geführt mit starker
Hand, mit Zeichen und Wundern, mit großer
Macht und erhobenem Arm und hast dir ei-
nen Namen gemacht bis auf den heutigen
Tag. 12 Herr, unser Gott, wir haben gesün-
digt, gefrevelt, Unrecht getan trotz all deiner
Satzungen. 13 Nun wende sich dein Zorn von
uns. Denn nur wenige von uns sind noch üb-
rig unter den Völkern, wohin du uns zer-
streut hast. 14 Erhöre, Herr, unser Gebet und
unsere Bitte! Rette uns um deinetwillen!
Lass uns Gnade finden bei denen, die uns aus
der Heimat weggeführt haben. 15 So soll die
ganze Welt erkennen, dass du der Herr, un-
ser Gott, bist. Dein Name ist ja über Israel
und seinem Stamm ausgerufen. 16 Herr,
schau herab von deiner heiligen Wohnung
und achte auf uns! Neige, Herr, dein Ohr und

höre! 17 Öffne, Herr, deine Augen und schau!
Denn nicht die Toten in der Unterwelt, aus
deren Leib der Atem weggenommen ist, prei-
sen die Ehre und Gerechtigkeit des Herrn,
18 sondern die Menschen, die in großer Be-
drängnis leben, gebeugt und kraftlos einher-
gehen und deren Augen schwach sind, die
Menschen, die hungern, sie preisen deine
Ehre und Gerechtigkeit, Herr. 19 Denn nicht
im Vertrauen auf die Verdienste unserer Vä-
ter und unserer Könige tragen wir dir unsere
Bitte um Erbarmen vor, Herr, unser Gott.
20 Du hast ja deinen Grimm und Zorn gegen
uns gerichtet, wie du durch deine Diener, die
Propheten, gesprochen hast: 21 So spricht der
Herr: Beugt euren Nacken und seid dem Kö-
nig von Babel untertan; dann dürft ihr in
dem Land bleiben, das ich euren Vätern ge-
geben habe. 22 Hört ihr aber nicht auf die
Weisung des Herrn, dem König von Babel
untertan zu sein, 23 dann lasse ich in den
Städten Judas und in den Straßen Jerusa-
lems Jubelruf und Freudenruf verstummen,
den Ruf des Bräutigams und den Ruf der
Braut, und das ganze Land wird zur men-
schenleeren Wüste werden. 24 Doch wir hör-
ten nicht auf deine Weisung, dem König von
Babel untertan zu sein. Da hast du deine
Worte in Kraft gesetzt, die du durch deine
Diener, die Propheten, gesprochen hast, dass
man die Gebeine unserer Könige und die Ge-
beine unserer Väter aus ihrer Grabstätte
holen werde. 25 Und wirklich wurden sie he-
rausgeworfen und liegen in der Hitze des Ta-
ges und in der Kälte der Nacht. Auch waren
sie unter schrecklichen Qualen umgekom-
men durch Hunger, Schwert und Pest. 26 We-
gen der Verruchtheit des Hauses Israel und
des Hauses Juda hast du das Haus, über dem
dein Name ausgerufen ist, zu dem gemacht,
was es heute ist.

15: Jer 7,30; 14,9 • 17: Ps 6,6; Jes 38,18 • 21: Jer 27,12 • 23: Jer 7,34 • 24: Jer 8,1f.

Das Vertrauen auf die Verheißung:
2,27 – 3,8

27 Doch hast du, Herr, unser Gott, an uns
nach deiner ganzen Güte gehandelt und
nach all deinem großen Erbarmen, 28 so wie
du durch deinen Diener Mose gesprochen
hast an dem Tag, als du ihm auftrugst, deine
Weisung für die Israeliten aufzuzeichnen:
29 Hört ihr nicht auf meine Stimme, dann
wird diese unzählbar große Volksmenge zu
einer kleinen Minderheit werden unter den
Völkern, wohin ich sie zerstreue. 30 Denn ich
weiß, dass sie nicht auf mich hören werden;
sie sind ja ein halsstarriges Volk. Doch im
Land ihrer Verbannung werden sie es sich zu
Herzen nehmen. 31 Sie werden erkennen,
dass ich der Herr, ihr Gott, bin. Dann gebe
ich ihnen ein verständiges Herz und Ohren,
die hören. 32 Im Land ihrer Verbannung wer-
den sie mich preisen und meines Namens ge-
denken. 33 Sie werden sich abwenden von
ihrer Hartnäckigkeit und von ihren bösen
Taten; denn sie werden sich erinnern, wie es
ihren Vätern erging, die gegen den Herrn ge-
sündigt haben. 34 Dann werde ich sie in das
Land zurückführen, das ich ihren Vätern
Abraham, Isaak und Jakob unter Eid ver-
sprochen habe, und sie werden (wieder) seine
Besitzer sein. Ich mache sie zahlreich und sie
werden nie mehr vermindert. 35 Dann schlie-
ße ich mit ihnen einen ewigen Bund: Ich will
ihr Gott sein und sie sollen mein Volk sein;
und nie wieder werde ich mein Volk Israel
aus dem Land verstoßen, das ich ihnen gege-
ben habe.

3 Herr, Allmächtiger, Gott Israels! Eine
Seele in Ängsten, ein Geist voll Kummer
schreit zu dir. 2 Höre, Herr, erbarme dich, da
wir gegen dich gesündigt haben. 3 Du thronst
in Ewigkeit; uns aber droht ewige Vernich-
tung. 4 Herr, Allmächtiger, Gott Israels!
Höre doch das Flehen der Todgeweihten Is-
raels, der Söhne derer, die gegen dich gesün-
digt und auf die Stimme des Herrn, ihres
Gottes, nicht gehört haben; so hat sich das
Unheil an uns geheftet. 5 Denk nicht mehr an
die schlechten Taten unserer Väter, sondern
denk jetzt an deine (starke) Hand und an dei-
nen Namen! 6 Du bist ja der Herr, unser Gott,
und wir wollen dich preisen, Herr. 7 Denn
dazu hast du uns die Furcht vor dir ins Herz
gelegt, dass wir deinen Namen anrufen.
Auch in unserer Verbannung wollen wir dich
preisen. Wir haben unser Herz abgekehrt
von aller Bosheit unserer Väter, die gegen
dich gesündigt haben. 8 Siehe, wir sind noch
heute in den Ländern unserer Verbannung,
in die du uns versprengt hast, zum Schimpf,
zum Fluchwort und zur Verwünschung, ent-
sprechend allen schlechten Taten unserer
Väter, die abtrünnig wurden vom Herrn, un-
serem Gott.

2,29: Lev 26,14–44 • 31: Ez 36,26 • 34: Dtn 30,1–5 • 35: Jer 31,31–37.

2,29 Das freie Zitat 2,29–35 fasst Ankündigungen des Pentateuch und der Bücher Jeremia und Ezechiel zusammen.

3,4 der Todgeweihten, wörtlich: der Gestorbenen. Manche korrigieren in: der Männer.

DIE GÖTTLICHE WEISHEIT, ISRAELS VORRECHT: 3,9 – 4,4

Die Empfehlung der Weisheit: 3,9–14

9 Höre, Israel, die Gebote des Lebens; merkt auf, um Einsicht zu erlangen. 10 Warum, Israel, warum lebst du im Gebiet der Feinde, siechst dahin in einem fremden Land, 11 bist unrein geworden, den Toten gleich, wurdest zu den Abgeschiedenen gezählt? 12 Du hast den Quell der Weisheit verlassen. 13 Wärest du auf Gottes Weg gegangen, du wohntest in Frieden für immer. 14 Nun lerne, wo die Einsicht ist, wo Kraft und wo Klugheit, dann erkennst du zugleich, wo langes Leben und Lebensglück, wo Licht für die Augen und Frieden zu finden sind.

9: Spr 4,20–22 • 11: Num 19,11–19.

Der Hymnus auf die Weisheit: 3,15–38

15 Wer hat je den Ort (der Weisheit) gefunden? Wer ist zu ihren Schatzkammern vorgedrungen? 16 Wo sind die Gebieter der Völker? Sie herrschten sogar über die Tiere der Erde 17 und spielten mit den Vögeln des Himmels; sie häuften Silber und Gold, worauf die Menschen vertrauen, und ihr Besitz hatte keine Grenzen. 18 Wo sind sie, die das Silber so kunstvoll schmiedeten, dass ihre Werke unbegreiflich sind? 19 Verschwunden sind sie, hinabgestiegen zur Unterwelt; andere traten an ihre Stelle. 20 Andere erblickten nach ihnen das Licht und wohnten auf der Erde; doch auch sie haben den Weg der Weisheit nicht erkannt, 21 ihre Pfade nicht verstanden und ihre Spur nicht aufgenommen. Auch ihre Söhne blieben ihrem Weg fern. 22 Nicht hörte man die Weisheit in Kanaan, nicht erschien sie in Teman. 23 Auch die Söhne der Hagar, die überall auf der Erde nach Einsicht suchen, die Kaufleute von Midian und Teman, die Fabeldichter und die Forscher nach Einsicht, auch sie haben den Weg der Weisheit nicht erkannt und ihre Pfade nicht entdeckt.

24 Israel, wie groß ist das Haus Gottes, wie weit das Gebiet seiner Herrschaft! 25 Unendlich groß und unermesslich hoch. 26 Dort wurden die Riesen geboren, die berühmten Männer der Urzeit, hoch an Wuchs und Meister im Kampf. 27 Und doch hat Gott nicht diese erwählt, nicht ihnen den Weg der Weisheit gezeigt. 28 Sie gingen zugrunde, weil sie ohne Einsicht waren; ihrer Torheit wegen gingen sie unter. 29 Wer stieg zum Himmel hinauf, holte die Weisheit und brachte sie aus den Wolken herab? 30 Wer fuhr über das Meer und entdeckte sie und brachte sie her gegen lauteres Gold? 31 Keiner weiß ihren Weg, niemand kennt ihren Pfad. 32 Doch der Allwissende kennt sie; er hat sie in seiner Einsicht entdeckt. Er hat ja die Erde für immer gegründet, er hat sie mit Tieren bevölkert. 33 Er entsendet das Licht und es eilt dahin; er ruft es zurück und zitternd gehorcht es ihm. 34 Froh leuchten die Sterne auf ihren Posten. 35 Ruft er sie, so antworten sie: Hier sind wir. Sie leuchten mit Freude für ihren Schöpfer. 36 Das ist unser Gott; kein anderer gilt neben ihm. 37 Er hat den Weg der Weisheit ganz erkundet und hat sie Jakob, seinem Diener, verliehen, Israel, seinem Liebling. 38 Dann erschien sie auf der Erde und hielt sich unter den Menschen auf.

15: Ijob 28,12.20 • 16: Jer 27,6 • 17: Ez 28,4f • 23: Gen 16,15 • 26: Gen 6,4 • 29: Sir 24,4 • 33: Ijob 38,35 • 38: Spr 8,31.

Das Glück der Weisheit: 4,1–4

4 Sie ist das Buch der Gebote Gottes, das Gesetz, das ewig besteht. Alle, die an ihr fest halten, finden das Leben; doch alle, die sie verlassen, verfallen dem Tod. 2 Kehr um, Jakob, ergreif sie! Geh deinen Weg im Glanz ihres Lichtes! 3 Überlass deinen Ruhm keinem andern, dein Vorrecht keinem fremden Volk! 4 Glücklich sind wir, das Volk Israel; denn wir wissen, was Gott gefällt.

1: Sir 24,23.

JERUSALEMS KLAGE UND HOFFNUNG: 4,5 – 5,9

Jerusalems Klage: 4,5–20

5 Hab Vertrauen, mein Volk, du trägst den Namen Israel. 6 Ihr wurdet verkauft an die Völker, doch nicht zur Vernichtung. Weil ihr Gott erzürnt habt, wurdet ihr den Feinden preisgegeben. 7 Denn ihr habt euren Schöpfer zum Zorn gereizt, da ihr den Dämonen und nicht Gott Opfer darbrachtet. 8 Euren

---

3,23 Midian: Text korr.; G: Merran.

3,24 Mit dem »Haus Gottes« ist das Weltall gemeint.

3,33 Mit dem »Licht« ist besonders der Blitz gemeint.

Ernährer habt ihr vergessen, den ewigen
Gott. Ihr habt auch Jerusalem betrübt, die
euch aufzog. 9 Denn sie hat mit angesehen,
wie Gottes Zorn über euch hereinbrach; da
sprach sie: Hört, ihr Nachbarn Zions! Gott
hat großes Leid über mich gebracht. 10 Denn
ich musste sehen, dass meine Söhne und
Töchter verschleppt wurden, wie es der Ewi-
ge über sie verhängt hat. 11 Mit Freude habe
ich sie großgezogen, mit Weinen und Klagen
musste ich sie ziehen lassen. 12 Keiner juble,
dass ich Witwe bin und von so vielen verlas-
sen; der Sünden meiner Kinder wegen bin
ich vereinsamt, denn sie sind abgewichen
vom Gesetz Gottes. 13 Seine Satzungen ha-
ben sie nicht anerkannt. Sie gingen nicht die
Wege der Gottesgebote. Die Pfade der Zucht
nach seiner rechten Weisung beschritten sie
nicht.
14 Kommt, ihr Nachbarn Zions! Bedenkt
die Gefangenschaft, die der Ewige über
meine Söhne und Töchter verhängt hat.
15 Denn er ließ ein Volk von weit her über sie
kommen, ein rohes Volk mit fremder Spra-
che; es hatte keine Scheu vor Greisen, kein
Mitleid mit Kindern. 16 Es führte die Lieb-
linge der Witwe weg, raubte der Vereinsam-
ten die Töchter. 17 Ich aber, wie könnte ich
euch helfen? 18 Nur er, der das Unheil über
euch brachte, kann euch der Hand eurer
Feinde entreißen. 19 So geht, meine Kinder,
geht fort! Ich bleibe ja einsam zurück. 20 Ab-
gelegt habe ich das Gewand froher Zeiten,
angezogen das Bußkleid meines Elends.
Zum Ewigen will ich rufen, solange ich
lebe.

12: Klgl 1,1f • 15: Jer 5,15.17; 6,22f.

Jerusalems Hoffnung: 4,21 – 5,9

21 Habt Vertrauen, meine Kinder, schreit
zu Gott! Er wird euch der Gewalt entreißen,
den Händen der Feinde. 22 Denn ich erhoffe
vom Ewigen eure Rettung; schon wurde mir
vom Heiligen Freude zuteil wegen der Er-
barmung, die bald zu euch kommt vom Ewi-
gen, eurem Retter. 23 In Trauer und in Tränen
ließ ich euch ziehen, doch wird mir Gott euch
wiederschenken zur Freude und zum Jubel
für immer. 24 Wie jetzt die Nachbarn Zions
eure Gefangenschaft vor Augen haben, so
werden sie bald die Rettung sehen, die von
eurem Gott kommt; mit großer Herrlichkeit
kommt sie zu euch und mit dem Glanz des
Ewigen. 25 Meine Kinder, ertragt geduldig
den Zorn, der von Gott her über euch kam.
Der Feind hat dich verfolgt, bald aber wirst
du seinen Untergang sehen und den Fuß auf
seinen Nacken setzen.
26 Meine zarten Kinder mussten auf rauen
Wegen ziehen. Sie wurden fortgeschleppt
wie eine Herde, von Feinden geraubt. 27 Habt
Vertrauen, meine Kinder, schreit zu Gott!
Denn er, der es verhängt hat, wird wieder an
euch denken. 28 Wie euer Sinn auf den Abfall
von Gott gerichtet war, so zeigt nun zehnfa-
chen Eifer, umzukehren und ihn zu suchen.
29 Er, der über euch das Unheil gebracht hat,
wird mit eurer Rettung euch ewige Freude
bringen.
30 Hab Vertrauen, Jerusalem! Der dir den
Namen gab, er wird dich trösten. 31 Unglück
über jene, die dir Böses taten und über dei-
nen Sturz sich freuten! 32 Unglück über die
Städte, zu deren Sklaven deine Kinder wur-
den! Unglück über jene Stadt, die deine Söh-
ne als Sklaven aufgenommen hat! 33 Wie sie
sich freute über deinen Sturz, frohlockte
über deinen Fall, so wird sie ihre eigene Ver-
wüstung betrauern müssen. 34 Ich nehme ihr
den Jubel der Volksmenge; ihr Prahlen wan-
delt sich in Jammer. 35 Denn Feuer vom Ewi-
gen wird über sie kommen für viele Tage und
Dämonen werden dort hausen für lange Zeit.
36 Blick nach Osten, Jerusalem! Schau die
Freude, die von Gott zu dir kommt. 37 Siehe,
deine Söhne, die du einst fortziehen ließest,
kehren zurück; sie kommen, vom Aufgang
der Sonne bis zum Untergang, gesammelt
durch das Wort des Heiligen; sie freuen sich
über die Herrlichkeit des Herrn.

5 Leg ab, Jerusalem, das Kleid deiner
Trauer und deines Elends und bekleide
dich mit dem Schmuck der Herrlichkeit, die
Gott dir für immer verleiht. 2 Leg den Mantel
der göttlichen Gerechtigkeit an; setz dir die
Krone der Herrlichkeit des Ewigen aufs
Haupt! 3 Denn Gott will deinen Glanz dem
ganzen Erdkreis unter dem Himmel zeigen.
4 Gott gibt dir für immer den Namen: Friede
der Gerechtigkeit und Herrlichkeit der Got-
tesfurcht.
5 Steh auf, Jerusalem, und steig auf die
Höhe! Schau nach Osten und sieh deine Kin-
der: Vom Untergang der Sonne bis zum Auf-
gang hat das Wort des Heiligen sie gesam-
melt. Sie freuen sich, dass Gott an sie gedacht
hat. 6 Denn zu Fuß zogen sie fort von dir,
weggetrieben von Feinden; Gott aber bringt
sie heim zu dir, ehrenvoll getragen wie in ei-
ner königlichen Sänfte. 7 Denn Gott hat be-
fohlen: Senken sollen sich alle hohen Berge

4,37 Die Herrlichkeit des Herrn offenbart sich in der Heimführung (vgl. Jes 40,5).

und die ewigen Hügel und heben sollen sich
die Täler zu ebenem Land, sodass Israel un-
ter der Herrlichkeit Gottes sicher dahinzie-
hen kann. 8 Wälder und duftende Bäume al-
ler Art spenden Israel Schatten auf Gottes
Geheiß. 9 Denn Gott führt Israel heim in
Freude, im Licht seiner Herrlichkeit; Erbar-
men und Gerechtigkeit kommen von ihm.

4,23: Jer 31,12f • 24: Jes 60,1f • 32: Jes 13,19–22 • 33: Jer 50,12f • 5,1: Jes 52,1; 61,10 • 6: Jes 66,20 • 7: Jes 40,3f • 8: Jes 41,19.

DER BRIEF DES JEREMIA: 6,1–72

Einleitung: 6,1–6

6 Abschrift des Briefes, den Jeremia an
jene gesandt hat, die vom König der Ba-
bylonier als Gefangene nach Babel wegge-
führt werden sollten; darin teilte er ihnen
mit, was Gott ihm aufgetragen hatte.
1 Wegen der Sünden, die ihr gegen Gott be-
gangen habt, werdet ihr von Nebukadnezzar,
dem König der Babylonier, als Gefangene
nach Babel geführt. 2 Seid ihr dann nach Ba-
bel gekommen, so müsst ihr dort viele Jahre
bleiben, für lange Zeit, bis zu sieben Genera-
tionen; danach führe ich euch von dort in
Frieden wieder heraus. 3 Nun werdet ihr in
Babel Götterbilder aus Silber, Gold und
Holz sehen, die man auf den Schultern trägt
und die den Völkern Furcht einflößen. 4 Hü-
tet euch dann, euch den Fremden anzuglei-
chen und euch von Furcht vor diesen Göttern
erfassen zu lassen, 5 wenn ihr seht, wie die
Menge sich vor und hinter ihnen niederwirft;
sprecht vielmehr im Herzen: Herr, dir allein
gebührt Anbetung. 6 Denn mein Engel ist bei
euch; er wird über euer Leben wachen.

1: Jer 29,1 • 3: Jer 10,3f • 6: Ex 23,21f.

Die Nichtigkeit der Götzenbilder: 6,7–72

7 Ein Handwerker hat ihnen eine glatte
Zunge angefertigt; sie selbst wurden mit
Gold und Silber überzogen; doch sind sie
Fälschungen und können nicht reden. 8 Wie
für ein Mädchen, das Schmuck liebt, nimmt
man Gold 9 und fertigt Kronen für die Häup-
ter ihrer Götter. Manchmal nehmen aber die
Priester Gold und Silber heimlich von ihren
Göttern weg und verwenden es für sich sel-
ber; sie geben davon auch den Dirnen in der
Kammer. 10 Man schmückt sie auch, die Göt-
ter aus Silber, Gold und Holz, mit Gewän-
dern wie Menschen. Diese Götter können
sich aber nicht vor Schmutz und Wurmfraß
schützen. 11 Sie sind in Purpurgewänder ge-
hüllt 12 und doch muss man ihnen den Staub
aus dem Gesicht wischen, der im Tempel
aufwirbelt und sich dick auf sie legt. 13 Sogar
ein Zepter trägt ein solcher Gott, wie ein
Mann, der das Land regiert; doch kann er
niemand töten, der sich gegen ihn verfehlt.
14 Er hat in der Rechten ein Schwert oder
eine Streitaxt, kann aber nicht einmal sich
selbst vor Krieg oder Räubern retten. So zei-
gen sie deutlich, dass sie keine Götter sind.
Fürchtet sie also nicht!

15 Wie ein zerbrochenes Tongefäß un-
brauchbar wird, 16 so geht es auch mit ihren
Göttern, die in ihren Tempeln aufgestellt
sind: Ihre Augen sind voll vom Staub, den
die Füße der Besucher hineintragen. 17 Und
wie die Höfe rings verschlossen sind, sobald
ein Mann, der sich am König vergangen hat,
zur Hinrichtung abgeführt werden soll, so si-
chern die Priester die Tempel der Götter mit
Türen, Schlössern und Riegeln, damit sie
nicht von Räubern geplündert werden. 18 Die
Priester zünden Lichter an, mehr sogar als
für sich selbst, doch die Götter können kei-
nes davon sehen. 19 Es geht ihnen wie einem
Balken am Tempel: Ihr Inneres wird, wie
man sagt, zerfressen. Sie aber bemerken
nicht die Würmer, die aus der Erde kommen
und sie selbst samt ihren Gewändern aufzeh-
ren. 20 Ihre Gesichter sind geschwärzt vom
Rauch, der im Tempel aufsteigt. 21 Auf ihrem
Körper und auf ihrem Kopf lassen sich Fle-
dermäuse, Schwalben und andere Vögel nie-
der, ebenso auch Katzen. 22 Daran erkennt
ihr, dass sie keine Götter sind. Fürchtet sie
also nicht!

23 Sie sind mit Gold überzogen, damit sie
schön aussehen; wenn aber niemand den
Schmutz wegputzt, glänzen sie nicht. Nicht
einmal, als sie gegossen wurden, spürten sie
es. 24 Jeden Preis zahlte man für sie, obwohl
sie keinen Lebensatem besitzen. 25 Da sie
ihre Füße nicht gebrauchen können, werden
sie auf den Schultern getragen und zeigen so
den Menschen ihren eigenen Unwert. Auch

6,1–72 Zu Bar 6 vgl. die Einleitung.
6,9 Dirnen: Gemeint sind die Tempeldirnen.
6,10.23 Für »Schmutz« steht in G ein Wort, das eigentlich »Rost« bedeutet. Gold rostet aber nicht, sondern es setzt sich eine feine Schmutzschicht an, die man von Zeit zu Zeit wegputzt.

ihre Diener müssen sich schämen; 26 denn
(der Götze) muss von ihnen aufgestellt wer-
den, damit er nicht zu Boden fällt. Stellt man
ihn aufrecht hin, so kann er sich selbst nicht
bewegen; steht er schief, kann er sich nicht
aufrichten. Vielmehr setzt man ihnen die
Gaben vor wie den Toten. 27 Mit ihren Opfern
aber treiben ihre Priester Missbrauch und
verkaufen sie. Nicht besser handeln ihre
Frauen: Sie pökeln davon ein, aber einem
Armen oder Schwachen geben sie nichts.
28 Sogar unreine Frauen und Wöchnerinnen
berühren ihre Opfer. Daran erkennt ihr, dass
sie keine Götter sind. Fürchtet sie also nicht!

29 Wie könnte man sie Götter nennen? So-
gar Frauen bringen ihnen Opfer dar, diesen
Göttern aus Silber, Gold und Holz. 30 In ih-
ren Tempeln hocken die Priester, das Ge-
wand zerrissen, Kopf und Bart geschoren
und das Haupt entblößt. 31 Sie heulen und
schreien vor ihren Göttern wie andere beim
Totenmahl. 32 Von ihren Gewändern nehmen
die Priester und kleiden damit ihre Frauen
und Kinder. 33 Ob jemand diesen Göttern
Böses oder Gutes antut, sie sind nicht im-
stande, es zu vergelten. Einen König können
sie weder einsetzen noch absetzen. 34 Ebenso
wenig können sie Reichtum oder auch nur
Geld verschaffen. Hat ihnen jemand ein Ge-
lübde gemacht, erfüllt es aber nicht, so kön-
nen sie keine Rechenschaft fordern. 35 Sie
können keinen Menschen vom Tod erretten
noch einen Schwachen dem Starken entrei-
ßen. 36 Einen Blinden können sie nicht se-
hend machen, einen Bedrängten nicht be-
freien. 37 Mit der Witwe haben sie kein Mit-
leid, dem Waisenkind helfen sie nicht. 38 Den
Steinen aus den Bergen gleichen die hölzer-
nen, mit Gold und Silber überzogenen Göt-
ter. Wer sie verehrt, wird zuschanden. 39 Wie
kann einer da glauben oder behaupten, sie
seien wirklich Götter?

40 Ihrer Ehre schaden die Chaldäer sogar
selbst. Sehen sie nämlich einen Stummen,
der nicht sprechen kann, so bringen sie ihn
zu Bel und bitten, dass er die Sprache erhal-
te, als ob Bel ihn auch nur wahrnehmen
könnte. 41 Und obwohl sie das wissen, brin-
gen sie es doch nicht über sich, die Götter zu
verlassen; sie haben ja keinen Verstand.
42 Die Frauen aber sitzen, mit Schnüren um-
wunden, an den Wegen und lassen Kleie in
Rauch aufgehen. 43 Sobald nun eine aus ihrer
Mitte von einem Vorübergehenden mitge-
nommen worden ist und sich ihm hingegeben
hat, schmäht sie ihre Nachbarin, weil diese
nicht gleich ihr für würdig befunden und
ihre Schnur noch nicht zerrissen wurde.
44 Was immer bei diesen Göttern geschieht,
ist Trug. Wie kann einer da glauben oder be-
haupten, dass sie wirklich Götter seien?

45 Von Handwerkern und Goldschmieden
sind sie verfertigt. Sie werden nichts ande-
res, als was sie nach dem Willen der Künstler
werden sollten. 46 Ihre Hersteller erreichen
selbst kein hohes Alter; 47 wie sollten da ihre
Erzeugnisse Götter sein? Nein, nur Trug und
Schande hinterlassen sie ihren Nachkom-
men. 48 Nähern sich nämlich Krieg und Un-
heil diesen Göttern, dann beraten die Pries-
ter miteinander, wo sie sich mit ihnen verste-
cken können. 49 Wie sollte man da nicht mer-
ken, dass sie keine Götter sind, da sie sich
selbst weder vor Krieg noch vor Unheil ret-
ten können? 50 Sie sind ja nur hölzerne, mit
Gold und Silber überzogene Gebilde; man
wird nach alldem erkennen, dass sie Trug
sind. Allen Völkern und Königen wird es
dann offenbar, dass jene keine Götter sind,
sondern Werke von Menschenhand, und dass
ihnen keine göttliche Wirkkraft innewohnt.
51 Wer sieht da nicht, dass sie keine Götter
sind?

52 Sie können weder einen König im Land
einsetzen noch den Menschen Regen spen-
den. 53 Sie halten nicht Gericht bei ihnen und
befreien keinen, dem Unrecht geschah; denn
sie sind machtlos 54 wie die Krähen zwischen
Himmel und Erde. Ergreift gar Feuer den
Tempel der hölzernen, mit Gold und Silber
überzogenen Götter, dann fliehen zwar ihre
Priester und retten sich, sie selbst aber ver-
brennen darin wie die Balken. 55 Keinem Kö-
nig und keinem Feind bieten sie Widerstand.
56 Wie kann einer da annehmen oder glau-
ben, dass sie Götter sind?

Weder vor Dieben noch vor Räubern kön-
nen sie sich retten, diese hölzernen, mit Sil-
ber und Gold überzogenen Götter. 57 Jene
sind stärker und nehmen ihnen das Gold und
Silber ringsum ab, samt den Gewändern, die
ihnen umgelegt sind, und machen sich damit
fort, ohne dass die Götter auch nur sich selber
helfen könnten. 58 Besser ist darum ein Kö-
nig, der seine Stärke zeigt, besser ein nützli-
ches Hausgerät, das der Besitzer brauchen
kann, als solche trügerischen Götter; besser
im Haus eine Tür, die das, was drinnen ist,

6,29 Nach dem Gesetz war Frauen der Tempeldienst verboten.
6,31 Das Totenmahl spielt auf den Kult der sterbenden und wieder auflebenden heidnischen Gottheiten an.
6,42 Der Brauch gehört zur sakralen Prostitution.
6,51 Andere Lesart: Wer sieht da, dass …

schützt, als solche trügerischen Götter; bes-
ser im Königspalast eine hölzerne Säule als
solche trügerischen Götter. 59 Sonne, Mond
und Sterne, die bestellt sind, um als Leuch-
ten zu nützen, gehorchen willig. 60 Ebenso ist
auch der Blitz, wenn er aufleuchtet, schön
anzusehen. Genauso ist es beim Wind, der
über das ganze Land weht. 61 Wenn den Wol-
ken von Gott befohlen wird, über die ganze
Erde dahinzuziehen, so vollführen sie den
Auftrag. 62 Wird endlich das Feuer von oben
ausgesandt, um Berge und Wälder zu verzeh-
ren, so tut es, was befohlen war. All dem
kommen aber diese Götter weder an Schön-
heit gleich noch an Kraft. 63 Daher kann man
weder glauben noch behaupten, dass sie
wirklich Götter sind; sie sind ja nicht im-
stande, Gericht zu halten oder den Menschen
Gutes zu tun. 64 Da ihr nun wisst, dass sie
keine Götter sind, so fürchtet sie nicht!

65 Sie können den Königen weder fluchen
noch sie segnen. 66 Sie lassen bei den Völkern
keine Zeichen am Himmel erscheinen. Sie
können nicht strahlen wie die Sonne noch
leuchten wie der Mond. 67 Die Tiere sind bes-
ser daran als jene; denn sie können an einen
schützenden Ort fliehen und sich selber hel-
fen. 68 So ist uns auf gar keine Weise sicht-
bar, dass sie Götter sind. Darum fürchtet sie
nicht!

69 Wie im Gurkenfeld eine Vogelscheuche,
die nichts behütet, so sind ihre hölzernen,
mit Gold und Silber überzogenen Götter.
70 Ebenso gleichen sie einem Dornbusch im
Garten, auf den sich Vögel jeder Art nieder-
lassen; oder auch einem Toten, der ins Dun-
kel geworfen ist, gleichen diese hölzernen,
mit Gold und Silber überzogenen Götter.
71 Auch an den Purpur- und Byssusgewän-
dern, die auf ihnen vermodern, erkennt ihr,
dass sie keine Götter sind. Zuletzt werden sie
selbst zerfressen und zum Gespött im Land.
72 Besser ist also ein gerechter Mann, der kei-
ne Götterbilder hat; denn er ist sicher vor
dem Gespött.

7: Jes 40,19f; 41,7; 46,6f • 9: 6,42f • 10: Jer 10,9 • 25: Jes 46,7; Jer 10,14 • 26: Weish 13,16 • 28: Lev 12,4 • 37: Ps 68,8f • 40: Dan 2,2 • 42–43; Hos 4,13f • 52: Jer 14,22 • 59: Gen 1,15–17 • 69: Jer 10,5.

Das Buch Ezechiel

Zusammen mit König Jojachin und vielen aus seinem Volk wurde Ezechiel, der einer priesterlichen Familie entstammte, 597 v. Chr. von Nebukadnezzar in die Verbannung nach Babylonien geführt. Dort bei Tel-Abib, an einem Eufratkanal, wurde er von Gott zum Propheten berufen. Er wirkte unter den Verschleppten in Babylonien. Ihnen musste er die falsche Hoffnung, dass sie bald wieder nach Jerusalem zurückkehren könnten, nehmen, indem er Gottes Gericht über die Stadt und den Tempel ansagte. Nachdem die Stadt erobert und zerstört war (586 v. Chr.), verkündete er Gottes rettendes Eingreifen und stellte die Wiederherstellung des Volkes um den neu erbauten Tempel in Aussicht. Für seine Aufgabe brachte Ezechiel eine besondere Begabung mit. Er war ein Visionär, wusste sich von Gottes Geist ergriffen, von seiner Hand gepackt, nach Jerusalem oder in die Ebene hinaus entrückt und wiederholt bis in merkwürdig erscheinende körperliche Zustände hinein von seinem Verkündigungsauftrag beansprucht. Manches, was er über sich sagt oder was andere über ihn berichten, dürfte jedoch Ausgestaltung seiner prophetischen Worte und Berichte durch spätere Bearbeiter sein. Dass seinen Aussagen vieles hinzugefügt wurde, zeigt sich allenthalben, am auffallendsten vielleicht bei der Findelkindgeschichte (Kap. 16) und dem Gleichnis von den beiden Schwestern (Kap. 23). Da er manche seiner Worte mit Datum versehen hat und demnach selbst schriftlich festgehalten haben muss, ergibt sich für seine Wirksamkeit etwa der Zeitraum von 592–571 v. Chr.

Für seine Verkündigung standen dem Propheten eine große Zahl von Ausdrucksmöglichkeiten und Redeformen zur Verfügung. Neben Droh- und Scheltworten stehen Visionsberichte, von denen drei besonders hervorzuheben sind: die Berufung (Kap. 1 – 3); der sündhafte

6,71 Byssus: Text korr.; mehrere Textzeugen: Marmor.

Tempelkult, der die Zerstörung von Tempel und Stadt nach sich zieht (Kap. 8 – 11); die Wiederherstellung des Tempels und die Neuverteilung des Landes an die Stämme Israels (Kap. 40 – 48). Wie kein anderer Prophet führte Ezechiel viele symbolische Handlungen aus (Kap. 3,22–27; 4f; 12; 21; 24; 37). Die Geschichtsdarstellung (Kap. 20) macht er ebenso zum Mittel der Verkündigung wie die Totenklage (z. B. Kap. 19; 27; 32), die Bildrede und das Gleichnis (z. B. Kap. 17; 21; 27; 31). Er beherrscht die Diskussionsrede (Kap. 14; 18), kennt sich in den gesetzlichen Vorschriften aus (Kap. 18; 44) und versteht es, wie ein Architekt einen Bau zu beschreiben (Kap. 40 – 43). Auch Mahnworte und prophetische Belehrung fehlen nicht. Die Verheißung nimmt in der zweiten Periode seiner Verkündigung einen breiten Raum ein.

Das Buch Ezechiel lässt sich in folgende große Teile gliedern: Berufungsvision (Kap. 1 – 3); Drohungen gegen Juda und Jerusalem (Kap. 4 – 24); Drohungen gegen fremde Völker (Kap. 25 – 32); Verheißungen für das eigene Volk (Kap. 33 – 37); endzeitlicher Kampf Jahwes gegen Gog (Kap. 38f); das neue Jerusalem (der sog. Verfassungsentwurf Ezechiels, Kap. 40 – 48). Zunächst werden verschiedene kleinere Sammlungen entstanden sein, wie etwa die Berichte über symbolische Handlungen (Kap. 4f; 12; 24); Worte gegen die Götzen (Kap. 6), über die Nähe des Gerichts (Kap. 7), über die Propheten (12,21 – 13,21), über Sünde, Strafe und Verantwortlichkeit (Kap. 15 – 20), gegen Israels Nachbarn Ammon, Moab, Edom und die Philister (Kap. 25); Visionen über Gottes Strafgericht an Tempel und Stadt (Kap. 8 – 11); Gleichnisreden gegen Ägypten (Kap. 29 – 32) und über Hirten und Schafe (Kap. 34); Verheißungen über das Werden eines neuen Israel (Kap. 36f). Auch in der großen abschließenden Vision vom neuen Israel (Kap. 40 – 48) sind ekstatische Erlebnisse zusammen mit Anweisungen, theologischen Erörterungen und Mahnungen festgehalten. Apokalyptische Züge tragen die Worte über Gog und Magog (Kap. 38f).

Die prophetische Botschaft des Buches Ezechiel hat eine große Spannweite. Da wird nicht nur von Schuld, Gericht und Umkehr, von Heil, Wiederherstellung und göttlichem Erbarmen gesprochen, sondern auch von menschlicher Verantwortung. Jahwe, der Gott Israels, ist nicht an sein Land gebunden; er ist überall, er ist der Herr über alle Völker. Ihm soll ein innerlich erneuertes, heiliges Volk dienen; er will es als Hirt führen. Auch die messianische Hoffnung klingt an (17,22; 34,23f; 37,22–25).

DIE BERUFUNG EZECHIELS ZUM PROPHETEN: 1,1 – 3,27

Ort und Zeit der Berufung: 1,1–3

1 Am fünften Tag des vierten Monats im
dreißigsten Jahr, als ich unter den Verschleppten am Fluss Kebar lebte, öffnete sich
der Himmel und ich sah eine Erscheinung
Gottes. 2 Am fünften Tag des Monats – es war
im fünften Jahr nach der Verschleppung des
Königs Jojachin – 3 erging das Wort des Herrn
an Ezechiel, den Sohn Busis, den Priester, im
Land der Chaldäer, am Fluss Kebar. Dort
kam die Hand des Herrn über ihn.

1: 3,23; 10,15.20.22; 43,3 • 3: 3,22; 8,1; 33,22; 37,1; 40,1.

Die Erscheinung Gottes: 1,4–28

4 Ich sah: Ein Sturmwind kam von Norden,
eine große Wolke mit flackerndem Feuer,
umgeben von einem hellen Schein. Aus dem
Feuer strahlte es wie glänzendes Gold. 5 Mitten darin erschien etwas wie vier Lebewesen. Und das war ihre Gestalt: Sie sahen
aus wie Menschen. 6 Jedes der Lebewesen
hatte vier Gesichter und vier Flügel. 7 Ihre
Beine waren gerade und ihre Füße wie die
Füße eines Stieres; sie glänzten wie glatte
und blinkende Bronze. 8 Unter den Flügeln

1,1–3 Das Buch hat zwei Überschriften erhalten (VV. 2f und V. 1), die hier vereinigt sind. Das »dreißigste Jahr« ist vielleicht das Lebensalter Ezechiels; das fünfte Jahr nach der Verschleppung Jojachins ist 592 v. Chr. – Der Fluss Kebar ist ein Eufratkanal zwischen Babylon und Nippur.

1,4–28 Die »Lebewesen« sind mischgestaltig; sie werden in 10,8–17 als Kerubim beschrieben. Die Vision ist in ihren Einzelheiten nicht klar zu deuten.

an ihren vier Seiten hatten sie Menschenhände. [Auch Gesichter und Flügel hatten die vier.] 9 Ihre Flügel berührten einander. Die Lebewesen änderten beim Gehen ihre Richtung nicht: Jedes ging in die Richtung, in die eines seiner Gesichter wies. 10 Und ihre Gesichter sahen so aus: Ein Menschengesicht (blickte bei allen vier nach vorn), ein Löwengesicht bei allen vier nach rechts, ein Stiergesicht bei allen vier nach links und ein Adlergesicht bei allen vier (nach hinten). 11 Ihre Flügel waren nach oben ausgespannt. Mit zwei Flügeln berührten sie einander und mit zwei bedeckten sie ihren Leib. 12 Jedes Lebewesen ging in die Richtung, in die eines seiner Gesichter wies. Sie gingen, wohin der Geist sie trieb, und änderten beim Gehen ihre Richtung nicht. 13 Zwischen den Lebewesen war etwas zu sehen wie glühende Kohlen, etwas wie Fackeln, die zwischen den Lebewesen hin- und herzuckten. Das Feuer gab einen hellen Schein und aus dem Feuer zuckten Blitze. 14 Die Lebewesen liefen vor und zurück und es sah aus wie Blitze.

15 Ich schaute auf die Lebewesen: Neben jedem der vier sah ich ein Rad auf dem Boden. 16 Die Räder sahen aus, als seien sie aus Chrysolith gemacht. Alle vier Räder hatten die gleiche Gestalt. Sie waren so gemacht, dass es aussah, als laufe ein Rad mitten im andern. 17 Sie konnten nach allen vier Seiten laufen und änderten beim Laufen ihre Richtung nicht. 18 Ihre Felgen waren so hoch, dass ich erschrak; sie waren voll Augen, ringsum bei allen vier Rädern. 19 Gingen die Lebewesen, dann liefen die Räder an ihrer Seite mit. Hoben sich die Lebewesen vom Boden, dann hoben sich auch die Räder. 20 Sie liefen, wohin der Geist sie trieb. Die Räder hoben sich zugleich mit ihnen; denn der Geist der Lebewesen war in den Rädern. 21 Gingen die Lebewesen, dann liefen auch die Räder; blieben jene stehen, dann standen auch sie still. Hoben sich jene vom Boden, dann hoben sich die Räder zugleich mit ihnen; denn der Geist der Lebewesen war in den Rädern.

22 Über den Köpfen der Lebewesen war etwas wie eine gehämmerte Platte befestigt, furchtbar anzusehen, wie ein strahlender Kristall, oben über ihren Köpfen. 23 Unter der Platte waren ihre Flügel ausgespannt, einer zum andern hin. Mit zwei Flügeln bedeckte jedes Lebewesen seinen Leib. 24 Ich hörte das Rauschen ihrer Flügel; es war wie das Rauschen gewaltiger Wassermassen, wie die Stimme des Allmächtigen. Wenn sie gingen, glich das tosende Rauschen dem Lärm eines Heerlagers. Wenn sie standen, ließen sie ihre Flügel herabhängen. 25 Ein Rauschen war auch oberhalb der Platte, die über ihren Köpfen war. Wenn sie standen, ließen sie ihre Flügel herabhängen.

26 Oberhalb der Platte über ihren Köpfen war etwas, das wie Saphir aussah und einem Thron glich. Auf dem, was einem Thron glich, saß eine Gestalt, die wie ein Mensch aussah. 27 Oberhalb von dem, was wie seine Hüften aussah, sah ich etwas wie glänzendes Gold in einem Feuerkranz. Unterhalb von dem, was wie seine Hüften aussah, sah ich etwas wie Feuer und ringsum einen hellen Schein. 28 Wie der Anblick des Regenbogens, der sich an einem Regentag in den Wolken zeigt, so war der helle Schein ringsum. So etwa sah die Herrlichkeit des Herrn aus. Als ich diese Erscheinung sah, fiel ich nieder auf mein Gesicht. Und ich hörte, wie jemand redete.

4–28: 10,8–17 • 9: Offb 4,7 • 11: Jes 6,2 • 13: Ex 19,18 • 15–17: 10,9–13 • 18: Offb 4,8 • 19: 10,16f • 22: 10,1; Ex 24,10; Offb 4,6 • 23: Jes 6,2 • 24: 10,5 • 26: Offb 4,2f; Ex 24,10; Ez 8,2; Offb 1,13 • 28: Gen 9,13–16; Ez 8,4; 10,4.18; 11,23; 43,3; 44,4.

Die Sendung Ezechiels: 2,1 – 3,15

2 Er sagte zu mir: Stell dich auf deine Füße, Menschensohn; ich will mit dir reden. 2 Als er das zu mir sagte, kam der Geist in mich und stellte mich auf die Füße. Und ich hörte den, der mit mir redete. 3 Er sagte zu mir: Menschensohn, ich sende dich zu den abtrünnigen Söhnen Israels, die sich gegen mich aufgelehnt haben. Sie und ihre Väter sind immer wieder von mir abgefallen, bis zum heutigen Tag. 4 Es sind Söhne mit trotzigem Gesicht und hartem Herzen. Zu ihnen sende ich dich. Du sollst zu ihnen sagen: So spricht Gott, der Herr. 5 Ob sie dann hören oder nicht – denn sie sind ein widerspenstiges Volk –, sie werden erkennen müssen, dass mitten unter ihnen ein Prophet war. 6 Du aber, Menschensohn, fürchte dich nicht vor ihnen, hab keine Angst vor ihren Worten! Wenn dich auch Dornen umgeben und du auf Skorpionen sitzt, hab keine Angst vor ihren

2,1 Menschensohn: Im Hebräischen bezeichnet der Ausdruck den einzelnen Menschen; bei Ezechiel ist damit der Prophet in seiner menschlichen Begrenztheit gemeint, anders dagegen in Dan 7 (vgl. die Anmerkung zu Dan 7,13).

2,3 zu den abtrünnigen Söhnen Israels: H: zu den Söhnen Israels, zu den Völkern, den abtrünnigen; diese Erweiterung fehlt zu Recht in G.

2,5.8 ein widerspenstiges Volk, wörtlich: ein Haus der Widerspenstigkeit.

2,6 dich auch Dornen umgeben: Text korr.; vgl. G.

Worten und erschrick nicht vor ihrem Blick; denn sie sind ein widerspenstiges Volk. 7 Du sollst ihnen meine Worte sagen, ob sie hören oder nicht, denn sie sind widerspenstig.

8 Du aber, Menschensohn, höre, was ich zu dir sage. Sei nicht widerspenstig wie dieses widerspenstige Volk! Öffne deinen Mund und iss, was ich dir gebe. 9 Und ich sah: Eine Hand war ausgestreckt zu mir; sie hielt eine Buchrolle. 10 Er rollte sie vor mir auf. Sie war innen und außen beschrieben und auf ihr waren Klagen, Seufzer und Weherufe geschrieben.

3 Er sagte zu mir: Menschensohn, iss, was du vor dir hast. Iss diese Rolle! Dann geh und rede zum Haus Israel! 2 Ich öffnete meinen Mund und er ließ mich die Rolle essen. 3 Er sagte zu mir: Menschensohn, gib deinem Bauch zu essen, fülle dein Inneres mit dieser Rolle, die ich dir gebe. Ich aß sie und sie wurde in meinem Mund süß wie Honig.

4 Er sagte zu mir: Geh zum Haus Israel, Menschensohn, und sprich mit meinen Worten zu ihnen! 5 Nicht zu einem Volk mit fremder Sprache und unverständlicher Rede wirst du gesandt, sondern zum Haus Israel, 6 auch nicht zu vielen Völkern mit fremder Sprache und unverständlicher Rede, deren Worte du nicht verstehst. Würde ich dich zu ihnen senden, sie würden auf dich hören. 7 Doch das Haus Israel will nicht auf dich hören, es fehlt ihnen der Wille, auf mich zu hören; denn jeder vom Haus Israel hat eine harte Stirn und ein trotziges Herz. 8 Ich aber mache dein Gesicht ebenso hart wie ihr Gesicht und deine Stirn ebenso hart wie ihre Stirn. 9 Wie Diamant und härter als Kieselstein mache ich deine Stirn. Fürchte sie nicht, erschrick nicht vor ihrem Blick; denn sie sind ein widerspenstiges Volk. 10 Er sagte zu mir: Menschensohn, nimm alle meine Worte, die ich dir sage, mit deinem Herzen auf und höre mit deinen Ohren! 11 Geh zu den Verschleppten, zu den Söhnen deines Volkes, und ob sie hören oder nicht, sprich zu ihnen und sag zu ihnen: So spricht Gott, der Herr.

12 Da hob mich der Geist empor und ich hörte hinter mir ein Geräusch, ein gewaltiges Dröhnen, als sich die Herrlichkeit des Herrn von ihrem Ort erhob, 13 das Geräusch von den Flügeln der Lebewesen, die einander berührten, und das Geräusch der Räder neben ihnen, ein lautes, gewaltiges Dröhnen. 14 Der Geist, der mich emporgehoben hatte, trug mich fort. Ich ging dahin, mit bitterem und grollendem Herzen, und die Hand des Herrn lag schwer auf mir. 15 So kam ich zu den Verschleppten, [die am Fluss Kebar wohnten,] die in Tel-Abib wohnten, und ich saß dort sieben Tage lang verstört mitten unter ihnen.

2,1: Dan 8,17; 10,11 • 5: 2,7; 3,11.27; 33,33 • 6: Jer 1,8.17 • 9: Sach 5,2; Offb 5,1 • 3,1: Jer 15,16; Offb 10,9 • 3: Ps 119,103 • 5: Jes 33,19 • 8–9: Jes 50,7 • 9: Jer 1,17f • 12: 8,3; 11,1.24; 37,1.

Ezechiel als Wächter Israels: 3,16–21

16 Am Ende der sieben Tage erging das Wort des Herrn an mich: 17 Menschensohn, ich gebe dich dem Haus Israel als Wächter. Wenn du ein Wort aus meinem Mund hörst, musst du sie vor mir warnen. 18 Wenn ich zu einem, der sich schuldig gemacht hat, sage: Du musst sterben!, und wenn du ihn nicht warnst und nicht redest, um den Schuldigen von seinem schuldhaften Weg abzubringen, damit er am Leben bleibt, dann wird der Schuldige seiner Sünde wegen sterben; von dir aber fordere ich Rechenschaft für sein Blut. 19 Wenn du aber den Schuldigen warnst und er sich von seiner Schuld und seinem schuldhaften Weg nicht abwendet, dann wird er seiner Sünde wegen sterben; du aber hast dein Leben gerettet. 20 Und wenn ein Gerechter sein rechtschaffenes Leben aufgibt und Unrecht tut, werde ich ihn zu Fall bringen und er wird sterben, weil du ihn nicht gewarnt hast. Seiner Sünde wegen wird er sterben und an seine gerechten Taten von einst wird man nicht mehr denken. Von dir aber fordere ich Rechenschaft für sein Blut. 21 Wenn du aber den Gerechten davor warnst zu sündigen und er sündigt nicht, dann wird er am Leben bleiben, weil er gewarnt wurde, und du hast dein Leben gerettet.

18: Gen 9,5 • 20: 18,24; 33,12f.

Das Verstummen Ezechiels: 3,22–27

22 Dann legte sich die Hand des Herrn auf mich. Er sagte zu mir: Steh auf und geh hinaus in die Ebene! Ich will dort mit dir reden. 23 Ich stand auf und ging in die Ebene hinaus. Und siehe, dort stand die Herrlichkeit des Herrn, so wie ich sie schon am Fluss Kebar gesehen hatte, und ich fiel nieder auf mein Gesicht. 24 Doch der Geist kam in mich

---

3,12 Der Geist, d. h. die Kraft Gottes bringt den Propheten vom Ort der Vision zu den Verschleppten, die in Tel-Abib am Eufratkanal Kebar wohnen. – erhob: Text korr.; vgl. 10,4.

3,16–21 Die Berufung Ezechiels zum Wächter Israels erfolgte vermutlich erst nach der Zerstörung Jerusalems (vgl. 33,1–9).

3,22–27 Nach 24,25–27 und 33,21f verstummt der Prophet erst bei der Eroberung Jerusalems.

und stellte mich wieder auf die Füße. Er redete mit mir und sagte zu mir: Geh in dein Haus und schließ dich ein! 25 Und du, Menschensohn – sie werden dich fesseln und mit Stricken binden, sodass du nicht mehr zum Volk hinausgehen kannst. 26 Deine Zunge lasse ich dir am Gaumen kleben. Du wirst verstummen und nicht mehr ihr Mahner sein können; denn sie sind ein widerspenstiges Volk. 27 Wenn ich aber mit dir rede, werde ich deinen Mund öffnen. Dann sag zu ihnen: So spricht Gott, der Herr. Wer hören will, der höre, wer nicht hören will, der lasse es; denn sie sind ein widerspenstiges Volk.

22: 1,3; 8,1; 33,22; 37,1; 40,1 • 23: 1,28 • 24: 2,2 • 27: 24,27; 33,22.

DIE DROHSPRÜCHE GEGEN JUDA UND JERUSALEM: 4,1 – 24,27

Symbolische Handlungen: 4,1 – 5,17

Die Belagerung Jerusalems: 4,1–3

4 Du, Menschensohn, nimm dir einen Lehmziegel, leg ihn vor dich hin und ritze eine Stadt darauf ein [nämlich Jerusalem]! 2 Belagere sie; bau ihr gegenüber einen Belagerungswall; schütte einen Damm gegen sie auf; leg vor ihr ein Truppenlager an und stell gegen sie ringsum Sturmböcke auf! 3 Nimm eine Eisenplatte und stell sie als eiserne Mauer zwischen dich und die Stadt! Richte dein Gesicht auf die Stadt: Nun ist sie belagert und du belagerst sie. Das ist ein (warnendes) Zeichen für das Haus Israel.

2: 21,27; 26,8.

Die Dauer der Verbannung: 4,4–8

4 Du, leg dich auf deine linke Seite! Dann lege ich die Schuld des Hauses Israel auf dich. So viele Tage, wie du auf dieser Seite liegst, trägst du ihre Schuld. 5 Und ich setze für dich fest: So viele Jahre, wie die Schuld des Hauses Israel dauert, so viele Tage sollst du ihre Schuld tragen: dreihundertneunzig Tage. 6 Wenn du diese Zeit beendet hast, leg dich auf die andere, die rechte Seite und trag vierzig Tage lang die Schuld des Hauses Juda: einen Tag für jedes Jahr; so setze ich es für dich fest. 7 Dann sollst du dein Gesicht unbeweglich auf das belagerte Jerusalem richten und mit erhobenem Arm gegen die Stadt weissagen. 8 Ich aber lege dir Stricke an, sodass du dich nicht von einer Seite auf die andere drehen kannst, so lange, bis du die Tage der Belagerung beendet hast.

6: Num 14,33f • 8: 3,25.

Hungersnot und Unreinheit: 4,9–17

9 Du, nimm dir Weizen, Gerste, Bohnen, Linsen, Hirse und Dinkel; tu sie zusammen in ein Gefäß und mach dir Brot daraus! Solange du auf der Seite liegst, dreihundertneunzig Tage lang, sollst du davon essen. 10 Das Brot, das du isst, soll genau abgewogen sein, zwanzig Schekel am Tag; davon sollst du von Zeit zu Zeit essen. 11 Auch das Wasser, das du trinkst, soll genau abgemessen sein: ein sechstel Hin; davon sollst du von Zeit zu Zeit trinken. 12 Das Brot sollst du wie Gerstenbrot zubereiten und essen; auf Menschenkot sollst du es vor aller Augen backen. 13 Und der Herr sprach: Ebenso werden die Israeliten unreines Brot essen bei den Völkern, zu denen ich sie verstoße. 14 Ich aber sagte: Ach, Herr und Gott, ich habe mich noch nie unrein gemacht. Seit meiner Jugend habe ich noch nie von verendeten oder zerrissenen Tieren gegessen. Niemals ist verdorbenes Fleisch in meinen Mund gekommen.

15 Da sagte er zu mir: Gut, ich erlaube dir, dein Brot auf Rindermist statt auf Menschenkot zu backen. 16 Dann sagte er zu mir: Menschensohn, ich entziehe Jerusalem seinen Vorrat an Brot. Sie werden ihr Brot wiegen und es mit Sorgen essen; das Wasser werden sie genau abmessen und mit Schaudern trinken; 17 denn sie sollen an Brot und

3,27 Gott, der Herr, wörtlich: der Herr Jahwe. So an allen einschlägigen Stellen.
4,1 In Babylonien wurden solche auf Ton gezeichnete Stadtpläne, z. B. von Nippur, gefunden.
4,4 Dann lege ich . . . auf dich: Text korr.; H: Und du legst dann. . .
4,5f Die 390 Tage stehen für die Zahl der Jahre, in denen sich Israel seit Salomo (1 Kön 11,1–8) durch die Verunreinigung des Tempels versündigt hat (vgl. Ez 8). – Die 40 Tage bedeuten die Jahre der Strafe, die Israel im Exil zu tragen hat.
4,10f Zwanzig Schekel sind etwa 230 Gramm. – Ein sechstel Hin ist höchstens 1 Liter.
4,16 ich entziehe Jerusalem seinen Vorrat an Brot: vgl. die Anmerkung zu Lev 26,26.

Rembrandt van Rijn (1606–1669)
Der Gelehrte (oder: Alter Rabbi), 1634
Leinwand, 145 × 135 cm
National(Narodni)Galerie, Prag
Foto: Jochen Remmer, Artothek, Peissenberg

Wasser Mangel haben und sich entsetzen, einer wie der andere, und sollen dahinsiechen wegen ihrer Schuld.

14: Ex 22,30; Lev 17,15; 22,8; Apg 10,14 • 16: Ps 105,16; Ez 12,18f • 17: Lev 26,39.

Die Vernichtung: 5,1–4

5 Du, Menschensohn, nimm ein scharfes Schwert! Benutz es als Schermesser und schneide dir damit das Haar und den Bart ab! Dann nimm eine Waage und wiege die Haare!
2 Ein Drittel verbrenne mitten in der Stadt, wenn die Tage ihrer Belagerung zu Ende sind. Ein anderes Drittel zerhau mit dem Schwert in der Umgebung der Stadt! Das letzte Drittel streu in den Wind! Ich will hinter ihnen das Schwert zücken.
3 Einige wenige davon nimm und binde sie in einen Zipfel deines Mantels!
4 Aber auch von diesen nimm noch ein paar Haare, wirf sie ins Feuer und verbrenn sie! Von dort wird sich das Feuer ausdehnen auf das ganze Haus Israel.

Die Deutung der symbolischen Handlungen: 5,5–17

5 So spricht Gott, der Herr: Das ist Jerusalem. Ich habe es mitten unter die Völker und die Länder ringsum gesetzt.
6 Aber es war böse und widersetzte sich meinen Rechtsvorschriften mehr als die Völker und meinen Gesetzen mehr als die Länder ringsum; meine Rechtsvorschriften haben sie verachtet und nicht nach meinen Gesetzen gelebt.
7 Darum – so spricht Gott, der Herr: Weil ihr noch aufsässiger gewesen seid als die Völker rings um euch, weil ihr nicht nach meinen Gesetzen gelebt und meine Rechtsvorschriften nicht befolgt habt, ja, weil ihr nicht einmal nach den Bräuchen der Völker ringsum gehandelt habt,
8 darum – so spricht Gott, der Herr: Nun gehe ich gegen dich (Jerusalem) vor. Vor den Augen der Völker werde ich mitten in dir Gericht halten.
9 Wegen all deiner Gräueltaten werde ich mit dir tun, was ich noch nie getan habe und auch nie wieder tun werde.
10 Dann werden mitten in dir (Jerusalem) Väter ihre Kinder essen und Kinder ihre Väter. Ich werde ein Strafgericht über dich abhalten und werde die Menschen, die in dir noch übrig sind, in alle Winde zerstreuen.
11 So wahr ich lebe – Spruch Gottes, des Herrn –, weil du mein Heiligtum mit all deinen Götzen und Gräueltaten unrein gemacht hast, will ich dich kahlscheren. Mein Auge wird kein Mitleid zeigen und ich werde keine Schonung üben.
12 Ein Drittel deiner Einwohner wird an der Pest sterben und durch den Hunger in der Stadt zugrunde gehen. Ein anderes Drittel wird vor deinen Mauern durch das Schwert umkommen. Das letzte Drittel werde ich in alle Winde zerstreuen und ich werde hinter ihnen das Schwert zücken.
13 So tobt sich mein Zorn aus und ich stille meinen Grimm an ihnen und verschaffe mir Genugtuung. Wenn ich meinen Zorn an ihnen auslasse, dann erkennen sie, dass ich, der Herr, mit leidenschaftlichem Eifer gesprochen habe.

14 Vor den Augen aller, die vorübergehen, mache ich dich zum Trümmerhaufen, zum Gespött für die Völker ringsum.
15 Zum Gespött und zum Hohn, zur Warnung und zum Schreckbild wirst du für die Völker ringsum, wenn ich an dir voll Zorn, Grimm und Groll mein Strafgericht vollziehe. Ich, der Herr, habe gesprochen.

16 Ich schieße die quälenden, vernichtenden Pfeile des Hungers gegen euch ab; ich schicke sie ab, um euch zu vernichten. Um euren Hunger zu vergrößern, entziehe ich euch euren Vorrat an Brot.
17 Hungersnot und wilde Tiere schicke ich gegen dich, damit sie dir deine Kinder rauben. Pest und Blutvergießen sollen über dich kommen. Ich bringe das Schwert über dich. Ich, der Herr, habe gesprochen.

10: Dtn 28,53–55; Lev 26,29; Jer 19,9 • 11: 7,4; 8,18; 9,10; 24,14 • 12: Offb 6,8; Lev 26,33 • 13: 16,42 • 14–15: Dtn 28,37; Jer 22,5; 24,9 • 16: 4,16 • 17: 14,21.

Gerichtsworte: 6,1 – 7,27

Die Zerstörung der Kultstätten: 6,1–14

6 Das Wort des Herrn erging an mich:
2 Menschensohn, richte dein Gesicht auf die Berge Israels; sprich als Prophet zu ihnen
3 und sag: Ihr Berge Israels, hört das Wort Gottes, des Herrn! So spricht Gott, der Herr, zu den Bergen und Hügeln, zu den Schluchten und Tälern: Ich selbst werde das Schwert über euch bringen und eure Kulthöhen zerstören.
4 Eure Opferaltäre werden vernichtet und eure Räuchertische zerbrochen. Eure Erschlagenen werfe ich vor eure Götzen hin.
5 Die Leichen der Israeliten lege ich ihren Götzen zu Füßen. Eure Gebeine verstreue ich rings um eure Altäre.
6 Überall, wo ihr wohnt, werden die Städte verwüstet

5,2 Die Verbrennung der Haare geschieht auf dem in 4,1 genannten Lehmziegel.

5,15 wirst du: Text korr. nach den alten Übersetzungen; H: wird sie.

und die Kulthöhen veröden; denn eure Al-
täre sollen verwüstet und öde sein, eure Göt-
zen zerbrochen und verschwunden, eure
Räuchertische zerschlagen, eure Mach-
werke vernichtet. 7 Mitten unter euch liegen
die Erschlagenen. Dann werdet ihr erken-
nen, dass ich der Herr bin.

8 Wenn ihr in alle Länder vertrieben seid,
lasse ich einen Rest von euch übrig. Bei den
Völkern werden einige von euch sein, die
dem Schwert entronnen sind. 9 Doch die von
euch, die davongekommen sind, werden bei
den Völkern, zu denen sie verschleppt wur-
den, an mich denken; denn ich zerbreche ihr
Herz, das mir untreu geworden ist, und zer-
malme ihre Augen, die treulos nach den Göt-
zen schielten. Dann werden sie vor sich
selbst Abscheu empfinden wegen der bösen
Gräueltaten, die sie begangen haben, 10 und
sie werden erkennen, dass ich der Herr bin
und nicht umsonst gedroht habe, dieses Un-
heil über sie zu bringen.

11 So spricht Gott, der Herr: Schlag die
Hände zusammen, stampf mit dem Fuß auf
den Boden und schrei: Weh über all die bö-
sen Gräueltaten des Hauses Israel! Ihretwe-
gen werden sie durch Schwert, Hunger und
Pest umkommen. 12 Wer in der Ferne ist,
wird an der Pest sterben; wer nahe ist, wird
unter dem Schwert fallen. Wer übrig und
verschont geblieben ist, wird vor Hunger
sterben. So lasse ich meinen Grimm an ihnen
aus. 13 Wenn die Erschlagenen mitten unter
ihren Götzenbildern liegen, rings um ihre
Altäre, auf allen Hügeln, auf allen Bergeshö-
hen, unter jedem üppigen Baum und jeder
schattigen Eiche, an den Stellen, wo sie all
ihren Götzen den beruhigenden Duft ihrer
Opfer spendeten, dann werdet ihr erkennen,
dass ich der Herr bin. 14 Ich strecke meine
Hand gegen sie aus und mache ihr Land zur
öden Wüste, von der Steppe bis nach Ribla,
überall, wo sie wohnen. Dann werden sie er-
kennen, dass ich der Herr bin.

2: 36,1 • 3: Lev 26,30f • 5: 2 Kön 23,14 • 13: 1 Kön 14,23 • 14: 2 Kön 25,21.

Die Ankündigung des Gerichts: 7,1–27

7 Das Wort des Herrn erging an mich:
2 Du, Menschensohn, sag: So spricht
Gott, der Herr, zum Land Israel: Das Ende
kommt, das Ende kommt über die vier Ecken
der Erde. 3 Jetzt ist das Ende für dich da; ich
lasse meinen Zorn gegen dich los, ich spreche
dir das Urteil, das dein Verhalten verdient,
und strafe dich für alle deine Gräueltaten.
4 Mein Auge zeigt kein Mitleid und ich übe
keine Schonung, sondern dein Verhalten
lasse ich auf dich zurückfallen und deine
Gräueltaten sollen sich in deiner Mitte aus-
wirken. Dann werdet ihr erkennen, dass ich
der Herr bin.

5 So spricht Gott, der Herr: Schon kommt
Unglück auf Unglück. 6 Das Ende kommt. Es
kommt das Ende. Das Ende nähert sich dir.
Siehe, es kommt. 7 Jetzt ist die Reihe an dir,
Bewohner des Landes. Die Zeit ist da, der
Tag ist nahe: Tumult, kein Jauchzen mehr
auf den Bergen! 8 Bald gieße ich meinen Zorn
über dich aus. Ich stille meinen Zorn an
dir, ich spreche dir das Urteil, das dein Ver-
halten verdient, und lasse alle deine Gräuel-
taten auf dich zurückfallen. 9 Mein Auge
zeigt kein Mitleid und ich übe keine
Schonung, nach deinem Verhalten vergelte
ich dir. Deine Gräueltaten sollen sich in
deiner Mitte auswirken. Dann werdet ihr er-
kennen, dass ich der Herr bin und dass ich
zuschlage.

10 Der Tag ist da. Die Reihe ist an dir; es
hat schon begonnen. Der Rechtsbruch ge-
deiht, die Anmaßung wächst. 11 Die Gewalt-
tat erhebt sich und wird zum Zepter der Bö-
sen. Nichts bleibt von ihnen, nichts von ih-
rem Reichtum, nichts von ihrer Pracht und
Herrlichkeit. 12 Die Zeit kommt; der Tag ist
nahe. Der Käufer soll sich nicht freuen, der
Verkäufer nicht traurig sein; denn glühender
Zorn trifft das ganze Volk. 13 Der Verkäufer
wird das Verkaufte nicht wiedererlangen,
auch wenn sie am Leben bleiben; denn glü-
hender Zorn trifft das ganze Volk. Er erlangt
es nicht wieder. Und weil alle schuldig sind,
wird keiner sein Leben festhalten können.

14 Blast nur die Trompete und bietet alles
auf – es zieht doch keiner in den Kampf;
denn mein glühender Zorn trifft das ganze
Volk. 15 Draußen das Schwert, drinnen die
Pest und der Hunger. Wer auf dem Feld ist,
der stirbt durch das Schwert. Wer in der
Stadt ist, den fressen Hunger und Pest.
16 Wer entrinnt und verschont wird, haust im
Gebirge wie die Tauben in den Felsen; jeder
stöhnt wegen seiner Schuld. 17 Alle Hände
sinken kraftlos herunter und an allen Knien
läuft das Wasser herab. 18 Sie legen Trauer-
gewänder an und Schauder erfasst sie. Alle
Gesichter sind voll Scham und alle Köpfe
sind kahl geschoren. 19 Sie werfen ihr Silber

6,14 von der Steppe bis nach Ribla: Text korr.; H: bis nach der Steppe von Dibla. Die ganze Ausdehnung des Landes von der Arabischen Wüste bis nach Ribla am Orontes ist betroffen.

7,2 sag: eingefügt nach G.

7,5–7.10–13 Text unsicher und teilweise verderbt.

auf die Straße und ihr Gold ekelt sie an. Ihr
Silber und Gold kann sie nicht retten am Tag
des Zornes des Herrn. Sie werden damit ihre
Gier nicht sättigen und ihren Bauch nicht
füllen; denn all das war für sie der Anlass, in
Sünde zu fallen. 20 Ihren kostbaren Schmuck
haben sie in ihrer Anmaßung genommen und
daraus ihre abscheulichen Bilder, ihre Göt-
zen gemacht. Deshalb verekle ich ihnen ih-
ren Schmuck. 21 Ich gebe ihn den Fremden
zur Beute, die Bösen der Erde sollen ihn rau-
ben und entweihen. 22 Ich wende mein Ange-
sicht von ihnen ab und man wird meinen
kostbaren Besitz entweihen. Räuber werden
kommen und ihn entweihen. 23 Sie werden
ein Blutbad anrichten; denn das Land ist voll
von Todesurteilen und die Stadt ist voll von
Gewalttat. 24 Ich führe die schlimmsten Völ-
ker herbei, damit sie die Häuser besetzen.
Ich mache dem Hochmut der Mächtigen ein
Ende, ihre Heiligtümer werden entweiht.
25 Dann bekommen sie Angst und suchen
Frieden; doch es wird keinen geben. 26 Un-
glück kommt über Unglück und eine Schre-
ckensnachricht folgt der andern. Sie verlan-
gen vom Propheten Visionen. Doch der
Priester gibt keinen Bescheid, die Ältesten
wissen keinen Rat. 27 Der König ist voll
Trauer, der Fürst in Entsetzen gehüllt, den
Bürgern des Landes erlahmen die Hände. Ich
will sie behandeln, wie es ihr Verhalten ver-
dient, und will ihnen das Urteil sprechen,
das ihren Urteilen entspricht. Dann werden
sie erkennen, dass ich der Herr bin.

2: Offb 7,1 • 4: 5,11; 8,18; 9,10 • 12: Jes 24,2 • 17: Jes 13,7 • 18: Am 8,10; Jer 48,37 • 19: Zef 1,18 • 20: 16,17; Hos 8,4.

Visionen: 8,1 – 11,25

Die Entrückung des Propheten nach Jerusalem: 8,1–4

8 Am fünften Tag des sechsten Monats im
sechsten Jahr saß ich in meinem Haus
und die Ältesten von Juda saßen vor mir. Da
legte sich die Hand Gottes, des Herrn, auf
mich. 2 Und ich sah eine Gestalt, die wie ein
Mann aussah. Unterhalb von dem, was wie
seine Hüften aussah, war Feuer und ober-
halb von seinen Hüften schien etwas zu
leuchten, wie glänzendes Gold. 3 Er streckte
etwas aus, das wie eine Hand aussah, und
packte mich an meinen Haaren. Und der
Geist hob mich empor zwischen Erde und
Himmel und brachte mich in einer göttlichen
Vision nach Jerusalem, an den Eingang des
inneren Nordtors, dorthin, wo das Bild steht,
das die Eifersucht (des Herrn) erregt. 4 Dort
sah ich die Herrlichkeit des Gottes Israels,
wie in der Vision, die ich in der Ebene gese-
hen hatte.

1: 14,1; 20,1 • 2: 1,26–28 • 3: 3,12; Dan 14,36 • 4: 1,28; 3,22f; 37,1f.

Die Entweihung des Tempels: 8,5–18

5 Er sagte zu mir: Menschensohn, richte
deinen Blick nach Norden! Ich blickte nach
Norden; da sah ich nördlich des Tores, beim
Eingang, den Altar mit jenem Bild, das die
Eifersucht (des Herrn) erregt. 6 Er sagte zu
mir: Menschensohn, siehst du, was man hier
treibt? Es sind große Gräueltaten, die das
Haus Israel hier begeht; sie bleiben meinem
Heiligtum fern. Aber du wirst noch größere
Gräueltaten sehen.

7 Dann brachte er mich zum Eingang des
Vorhofs. Ich sah: Ein Loch war in der Wand.
8 Er sagte zu mir: Menschensohn, durchbrich
die Wand! Ich durchbrach die Wand – da war
ein Eingang. 9 Er sagte zu mir: Geh hinein,
sieh dir die schlimmen Gräueltaten an, die
man dort begeht. 10 Ich ging hinein und sah:
viele Bilder von abscheulichen kleinen und
großen Tieren und allen Götzen des Hauses
Israel; sie waren ringsum in die Wand einge-
ritzt. 11 Siebzig Männer von den Ältesten des
Hauses Israel, darunter auch Jaasanja, der
Sohn Schafans, standen davor. Jeder hatte
seine Räucherpfanne in der Hand und der
Duft der Weihrauchwolken stieg empor. 12 Er
sagte zu mir: Hast du gesehen, Menschen-
sohn, was die Ältesten des Hauses Israel im
Finstern treiben, jeder in der Kammer seines
Götterbildes? Sie denken: Der Herr sieht uns
nicht; der Herr hat das Land verlassen. 13 Er
sagte zu mir: Du wirst sehen, dass sie noch
größere Gräueltaten begehen.

14 Dann brachte er mich zum Nordtor am
Haus des Herrn. Dort saßen Frauen, die
Tammus beweinten. 15 Er sagte zu mir: Hast
du es gesehen, Menschensohn? Aber du wirst
noch größere Gräueltaten sehen.

16 Dann brachte er mich zum Innenhof des
Hauses des Herrn. Am Eingang zum Tempel
des Herrn, zwischen Vorhalle und Altar,
standen etwa fünfundzwanzig Männer, mit

7,23 Sie werden ein Blutbad anrichten: Text korr.; vgl. G.
8,2 ein Mann: Text korr. nach G.
8,3 Das »Bild« ist wohl ein Götterbild, möglicherweise das einer Wächtergottheit am Toreingang.
8,14 Tammus ist ein mesopotamischer Fruchtbarkeitsgott, dessen Abstieg zur Unterwelt in der Zeit der Sommerdürre als ein beklagenswertes Ereignis galt.

dem Rücken zum Tempel des Herrn, mit dem
Gesicht nach Osten. Sie beteten, nach Osten
gewandt, die Sonne an. 17 Er sagte zu mir:
Hast du es gesehen, Menschensohn? Waren
dem Haus Juda die Gräueltaten, die es hier
beging, immer noch nicht genug? Mussten sie
auch noch das Land mit ihrer Gewalttätig-
keit anfüllen, mussten sie mich immer wie-
der beleidigen und sich den Zweig an die
Nase halten? 18 Darum werde auch ich voll
Zorn handeln. Mein Auge wird kein Mitleid
zeigen und ich werde keine Schonung üben.
Auch wenn sie mir laut in die Ohren schrei-
en, werde ich sie nicht hören.

11: Ex 24,1; Num 11,16 • 12: 9,9 • 16: 2 Kön 23,5.11; Jer 8,2; Dtn 4,19 • 18: 5,11; Jes 1,15.

Die Zerstörung der Stadt: 9,1 – 10,7

9 Und er schrie mir laut in die Ohren: Das
Strafgericht über die Stadt ist nahe. Je-
der soll sein Werkzeug zum Zertrümmern in
die Hand nehmen. 2 Da kamen sechs Männer
vom oberen Tor, das im Norden liegt. Jeder
hatte sein Werkzeug zum Zertrümmern in
der Hand. Unter ihnen war auch ein Mann,
der ein leinenes Gewand anhatte; an seinem
Gürtel hing Schreibzeug. Sie kamen herein
und stellten sich neben den Altar aus Bronze.
3 Die Herrlichkeit des Gottes Israels schweb-
te von den Kerubim, über denen sie war, hi-
nüber zur Schwelle des Tempels. Er rief den
Mann, der das leinene Gewand anhatte und
an dessen Gürtel das Schreibzeug hing. 4 Der
Herr sagte zu ihm: Geh mitten durch die
Stadt Jerusalem und schreib ein T auf die
Stirn aller Männer, die über die in der Stadt
begangenen Gräueltaten seufzen und stöh-
nen. 5 Und ich hörte, wie er zu den anderen
sagte: Geht hinter ihm her durch die Stadt
und schlagt zu! Euer Auge soll kein Mitleid
zeigen, gewährt keine Schonung! 6 Alt und
jung, Mädchen, Kinder und Frauen sollt ihr
erschlagen und umbringen. Doch von denen,
die das T auf der Stirn haben, dürft ihr kei-
nen anrühren. Beginnt in meinem Heiligtum!
Da begannen sie bei den Ältesten, die vor
dem Tempel standen. 7 Er sagte zu ihnen:
Macht den Tempel unrein, füllt seine Höfe
mit Erschlagenen! Dann geht hinaus und
schlagt in der Stadt zu! 8 Sie schlugen zu und
ich allein blieb übrig; da fiel ich nieder auf
mein Gesicht und schrie: Ach, Herr und
Gott, willst du deinen ganzen Zorn über
Jerusalem ausschütten und auch noch den
letzten Rest Israels vernichten? 9 Er sagte zu
mir: Die Schuld des Hauses Israel und des
Hauses Juda ist groß, ja übergroß. Das Land
ist voll Blutschuld, die Stadt ist voll Un-
recht. Sie sagen: Der Herr sieht es nicht; der
Herr hat das Land verlassen. 10 Darum zeigt
mein Auge kein Mitleid und ich übe keine
Schonung. Ihr Verhalten lasse ich auf sie
selbst zurückfallen. 11 Und der Mann, der
das leinene Gewand anhatte und an dessen
Gürtel das Schreibzeug hing, (kam und) be-
richtete: Ich habe getan, was du mir befohlen
hast.

10 Ich sah: Oberhalb der gehämmerten
Platte über den Köpfen der Kerubim
war etwas, das wie Saphir aussah und einem
Thron glich. 2 Er sagte zu dem Mann, der das
leinene Gewand anhatte: Geh zwischen die
Räder unter den Kerubim, nimm zwei
Hände voll von den glühenden Kohlen, die
zwischen den Kerubim sind, und streu sie
über die Stadt! Da ging der Mann vor meinen
Augen 3 zu den Kerubim. Sie standen rechts
vom Tempel, als der Mann zu ihnen ging,
und die Wolke erfüllte den Innenhof. 4 Die
Herrlichkeit des Herrn schwebte von den
Kerubim hinüber zur Schwelle des Tempels.
Der Tempel wurde von der Wolke erfüllt und
der Vorhof war voll vom Glanz der Herrlich-
keit des Herrn. 5 Das Rauschen der Flügel
der Kerubim war bis zum Vorhof zu hören;
es war wie die Stimme des allmächtigen Got-
tes, wenn er spricht. 6 Als er dem Mann, der
das leinene Gewand anhatte, befahl: Nimm
von dem Feuer, das zwischen den Rädern
und zwischen den Kerubim ist!, ging der
Mann und stellte sich neben das Rad. 7 Und
ein Kerub streckte seine Hand aus, nahm von
dem Feuer, das zwischen den Kerubim war,
und legte es in die Hände des Mannes, der
das leinene Gewand anhatte. Der Mann
nahm das Feuer und ging hinaus.

9,2: Offb 1,13 • 3: 1,28 • 4: Offb 7,2f; 9,4 • 8: 11,13; Am 7,2f • 9: 8,12 • 10: 5,11 • 10,1: 1,22 • 2: Offb 8,5 • 4: 1,28; 40,34; 1 Kön 8,10f; Jes 6,4.

Der Thronwagen Gottes: 10,8–17

8 Unter den Flügeln der Kerubim wurde
etwas sichtbar, das wie eine Menschenhand
aussah. 9 Und ich sah neben den Kerubim
vier Räder, ein Rad neben jedem Kerub. Die
Räder waren wie glitzernder Chrysolith.

8,17 Bedeutung des zuletzt genannten Kultbrauchs unklar.
9,3 von den Kerubim: Text korr.
9,4 Das T hat in der althebräischen Schrift die Form unseres Malzeichens (×) und dient zur besonderen Kennzeichnung.
9,7 Dann . . . schlagt zu!: Text korr.; vgl. G.
9,10 Ihr Verhalten lasse ich auf sie zurückfallen, wörtlich: Ihren Weg gebe ich auf ihren Kopf (ebenso 11,21).

[10] Alle vier sahen gleich aus und es schien so,
als laufe ein Rad mitten im andern. [11] Sie
konnten nach allen vier Seiten laufen und
änderten beim Laufen ihre Richtung nicht;
denn der Richtung, die das vordere Rad ein-
schlug, folgten die anderen. Sie änderten
beim Laufen ihre Richtung nicht. [12] Ihr gan-
zer Leib, ihr Rücken, ihre Hände und Flügel
und auch die Räder waren bei allen vier
ringsum voll Augen. [13] Die Räder wurden,
wie ich deutlich hörte, »Wirbel« genannt.
[14] Jedes Lebewesen hatte vier Gesichter. Das
erste war ein Kerubgesicht, das zweite ein
Menschengesicht, das dritte ein Löwenge-
sicht und das vierte ein Adlergesicht. [15] Die
Kerubim konnten emporschweben. Es waren
die Lebewesen, die ich am Fluss Kebar gese-
hen hatte. [16] Wenn die Kerubim gingen, dann
liefen die Räder an ihrer Seite mit. Auch
wenn die Kerubim ihre Flügel bewegten, um
sich von der Erde zu erheben, lösten sich die
Räder nicht von ihrer Seite. [17] Blieben die
Kerubim stehen, dann standen auch die
Räder still. Hoben sich die Kerubim em-
por, dann hoben sich die Räder mit ihnen;
denn der Geist der Lebewesen war in den
Rädern.

8–17: 1,4–28 • 12: Offb 4,8.

Der Auszug des Herrn aus dem Tempel: 10,18–22

[18] Da verließ die Herrlichkeit des Herrn
die Schwelle des Tempels und nahm wieder
ihren Platz über den Kerubim ein. [19] Die Ke-
rubim bewegten ihre Flügel und hoben sich
vor meinen Augen vom Boden empor. Sie
gingen hinaus und die Räder liefen an ihrer
Seite mit. Vor dem östlichen Tor am Haus
des Herrn blieben sie stehen. Und die Herr-
lichkeit des Gottes Israels schwebte über ih-
nen. [20] Es waren die Lebewesen, die ich unter
dem Thron des Gottes Israels am Fluss Kebar
gesehen hatte, und ich erkannte, dass es Ke-
rubim waren. [21] Jedes dieser Lebewesen
hatte vier Gesichter und vier Flügel. Unter
ihren Flügeln hatten sie etwas, das wie Men-
schenhände aussah. [22] Ihre Gesichter gli-
chen den Gesichtern, die ich am Fluss Kebar
gesehen hatte. Jedes Lebewesen ging in die
Richtung, in die eines seiner Gesichter
wies.

18: 1,28; 43,8.

Das Strafgericht über die führenden Männer Jerusalems: 11,1–13

11 Da hob mich der Geist empor und
brachte mich zum Osttor am Haus
des Herrn, das nach Osten schaut. Vor dem
Tor standen fünfundzwanzig Männer. Unter
ihnen sah ich Jaasanja, den Sohn Asurs, und
Pelatja, den Sohn Benajas, führende Männer
im Volk. [2] Er sagte zu mir: Menschensohn,
das sind die Männer, die in der Stadt Unheil
ersinnen und böse Pläne fassen. [3] Sie sagen:
In nächster Zeit braucht man keine Häuser
zu bauen. Die Stadt ist der Topf und wir sind
das Fleisch. [4] Darum tritt als Prophet gegen
sie auf, Menschensohn, tritt als Prophet auf!
[5] Da überfiel mich der Geist des Herrn und er
sagte zu mir: Sag: So spricht der Herr: Das
habt ihr gesagt, ihr vom Haus Israel. Ich
weiß sehr gut, was ihr im Sinn hattet. [6] Ihr
habt viele in dieser Stadt erschlagen, die
Straßen der Stadt sind voll von Erschlage-
nen. [7] Darum – so spricht Gott, der Herr: Das
Fleisch, das sind die Erschlagenen, die ihr
mitten in der Stadt getötet habt. Der Topf,
das ist die Stadt. Euch aber werde ich aus ihr
vertreiben. [8] Das Schwert fürchtet ihr; da-
rum werde ich das Schwert über euch brin-
gen – Spruch Gottes, des Herrn. [9] Ich vertrei-
be euch aus der Stadt, ich liefere euch den
Fremden aus und halte ein Strafgericht über
euch ab. [10] Unter dem Schwert werdet ihr
fallen. An Israels Grenze halte ich Gericht
über euch. Dann werdet ihr erkennen, dass
ich der Herr bin. [11] Die Stadt wird für euch
nicht der Topf sein und ihr nicht das Fleisch
darin. An Israels Grenze halte ich Gericht
über euch. [12] Daran werdet ihr erkennen,
dass ich der Herr bin, dessen Gesetze ihr
nicht gehalten und dessen Rechtsvorschrif-
ten ihr nicht befolgt habt. Stattdessen habt
ihr nach den Bräuchen der Völker ringsum
gehandelt.
[13] Während ich diese prophetischen Worte
sprach, starb Pelatja, der Sohn Benajas. Da
fiel ich nieder auf mein Gesicht, schrie laut
auf und rief: Ach, Herr und Gott, willst du
auch noch den Rest Israels ausrotten?

1: 3,12 • 5: 24,1–14 • 8: 5,17; 6,3; 33,2 • 9: 5,8.10.15 • 12: 5,7 • 13: 9,8.

Die Erneuerung Israels: 11,14–25

[14] Das Wort des Herrn erging an mich:
[15] Menschensohn, die Einwohner Jerusa-

10,13 Wirbel: H: galgal, das auch Rad, Räderwerk bedeuten kann.
10,14 H wörtlich: Das erste (Lebewesen) hatte ein Kerubgesicht, das zweite ein . . .
11,3 Der Sinn des ersten Satzes ist nicht klar. Das Bild vom Topf bezeichnet hier die schützende Stadt, in der der bessere Teil des Volkes geborgen ist.
11,7 werde ich . . . vertreiben: Text korr. nach den alten Übersetzungen und manchen H-Handschriften.

lems sagen von deinen Brüdern, deinen Ver-
wandten und dem ganzen Haus Israel: Sie
sind fern vom Herrn; das Land ist uns zum
Besitz gegeben. 16 Darum sag: So spricht
Gott, der Herr: Auch wenn ich sie weit weg
unter die Völker geführt und in alle Länder
zerstreut habe, so bin ich doch in den Län-
dern, wohin sie gekommen sind, beinahe
zum Heiligtum für sie geworden.
17 Darum sag: So spricht Gott, der Herr:
Ich führe euch aus allen Völkern zusammen,
sammle euch aus den Ländern, in die ihr zer-
streut seid, und gebe euch das Land Israel.
18 Und sie werden dorthin kommen und alle
ihre abscheulichen Götzen aus dem Land
entfernen. 19 Ich schenke ihnen ein anderes
Herz und schenke ihnen einen neuen Geist.
Ich nehme das Herz von Stein aus ihrer
Brust und gebe ihnen ein Herz von Fleisch,
20 damit sie nach meinen Gesetzen leben und
auf meine Rechtsvorschriften achten und sie
erfüllen. Sie werden mein Volk sein und ich
werde ihr Gott sein. 21 Die aber, deren Herz
an ihren Götzen und an ihren Gräueltaten
hängt – Spruch Gottes, des Herrn: Ihr Ver-
halten lasse ich auf sie selbst zurückfallen.
22 Dann hoben die Kerubim ihre Flügel.
Die Räder bewegten sich zugleich mit den
Kerubim und die Herrlichkeit des Gottes Is-
raels war über ihnen. 23 Die Herrlichkeit des
Herrn stieg aus der Mitte der Stadt empor;
auf dem Berg im Osten der Stadt blieb sie
stehen. 24 Der Geist hob mich empor und
brachte mich in dieser göttlichen Vision
nach Chaldäa zur Gemeinde der Verschlepp-
ten. Dann hob sich das, was ich in der Vision
gesehen hatte, empor und verschwand vor
meinen Augen. 25 Und ich erzählte den Ver-
schleppten alles, was der Herr mich hatte se-
hen lassen.

16: 6,8–10 • 17: Jer 24,5f; 29,14 • 19: 36,26; Jer 24,7 • 20: 14,11; Jer 24,7 • 23: 43,3 • 24: 3,12.

Weitere symbolische Handlungen: 12,1–20

Die Verschleppung: 12,1–16

12 Das Wort des Herrn erging an mich:
2 Menschensohn, du wohnst mitten
unter einem widerspenstigen Volk, das Au-
gen hat, um zu sehen, und doch nicht sieht,
das Ohren hat, um zu hören, und doch nicht
hört; denn sie sind ein widerspenstiges Volk.
3 Du, Menschensohn, pack deine Sachen, als
würdest du verschleppt, und geh am hellen
Tag vor ihren Augen weg, als ob du vor ihren
Augen von deinem Wohnsitz an einen andern
verschleppt würdest. Vielleicht sehen sie es;
aber sie sind ja ein widerspenstiges Volk.
4 Trag dein Gepäck bei Tag vor ihren Augen
hinaus wie ein Mann, der verschleppt wird.
Am Abend aber geh selbst vor ihren Augen
hinaus wie die Leute, die in die Verbannung
ziehen. 5 Brich dir vor ihren Augen ein Loch
in die Wand und kriech hindurch! 6 Vor ih-
ren Augen nimm das Gepäck auf die Schul-
ter! Bring es in der Dunkelheit weg! Verhülle
dein Gesicht, damit du das Land nicht mehr
siehst. Denn ich habe dich zum Mahnzeichen
für das Haus Israel gemacht. 7 Ich tat, was
mir befohlen wurde. Bei Tag trug ich mein
Gepäck hinaus wie ein Mann, der ver-
schleppt wird. Am Abend brach ich mit den
Händen ein Loch durch die Wand; in der
Dunkelheit kroch ich hindurch. Dann nahm
ich vor ihren Augen das Gepäck auf die
Schulter.
8 Am nächsten Morgen erging das Wort des
Herrn an mich: 9 Menschensohn, hat nicht
das Haus Israel, das widerspenstige Volk, zu
dir gesagt: Was machst du da? 10 Sag zu ih-
nen: So spricht Gott, der Herr: Dieses dro-
hende Wort gilt dem Fürsten von Jerusalem
und dem ganzen Volk Israel, das in Jerusa-
lem wohnt. 11 Sag: Ich bin ein Mahnzeichen
für euch: Was ich getan habe, das wird mit
ihnen geschehen; in die Verbannung, in die
Gefangenschaft werden sie ziehen. 12 Ihr
Fürst wird in der Dunkelheit sein Gepäck
auf die Schulter nehmen und hinausgehen.
In die Mauer wird man ein Loch brechen, um
hindurchzugehen. Er wird sein Gesicht ver-
hüllen, um mit seinen Augen das Land nicht
zu sehen. 13 Ich aber werfe mein Netz über
ihn, damit er sich in meinen Schlingen fängt.
Dann bringe ich ihn nach Babel, ins Land
der Chaldäer; doch er wird nichts davon se-
hen. Dort wird er sterben. 14 Alle, die bei ihm
sind und ihm helfen wollen, alle seine Trup-
pen zerstreue ich in alle Winde und ich zücke
das Schwert hinter ihnen. 15 Dann werden
sie erkennen, dass ich der Herr bin. Wenn ich
sie unter die Völker zerstreue und in alle
Länder vertreibe, 16 lasse ich einige von ih-
nen das Schwert, den Hunger und die Pest

11,16 Sinn unklar.
11,19 ein anderes Herz: Text korr. nach G; H: ein einziges (d. h. ungeteilt treues) Herz.
11,21 Vgl. die Anmerkung zu 9,10.
11,24 in dieser göttlichen Vision, wörtlich: in der Vision durch den Geist Gottes; die Übersetzung ist an 8,3 angeglichen.
12,5 kriech hindurch: Text korr. nach den alten Übersetzungen; entsprechend auch VV. 7 und 12.

überleben, damit sie bei den Völkern, zu de-
nen sie kommen, von all ihren Gräueltaten
erzählen. Dann werden sie erkennen, dass
ich der Herr bin.

2: 2,5–7; Jer 5,21 • 6: 24,24.27; Jes 8,18; 20,3 • 12: 2 Kön 25,4 • 13: 17,20 • 15: 20,23 • 16: 6,8.

Die Not der Belagerten: 12,17–20

17 Das Wort des Herrn erging an mich:
18 Menschensohn, iss dein Brot mit Zittern
und trink dein Wasser mit Angst und Entset-
zen! 19 Dann sag zum Volk im Land: So
spricht Gott, der Herr, zu den Einwohnern
Jerusalems über das Land Israel: Sie werden
ihr Brot mit Angst essen und ihr Wasser mit
Schaudern trinken; denn ihr Land wird ver-
wüstet und ausgeplündert wegen der Ge-
walttaten all seiner Bewohner. 20 Die be-
wohnten Städte sollen verheert und das
Land verwüstet werden. Dann werdet ihr er-
kennen, dass ich der Herr bin.

19: 4,16; 19,7.

Drohungen und Mahnungen: 12,21 – 23,49

Gegen die Verächter des Propheten: 12,21–28

21 Das Wort des Herrn erging an mich:
22 Menschensohn, was habt ihr da für ein
Sprichwort im Land Israel? Ihr sagt: Die Zeit
zieht sich hin, die Visionen erfüllen sich nie.
23 Darum sag zu ihnen: So spricht Gott, der
Herr: Ich werde mit diesem Sprichwort
Schluss machen und man wird es in Israel
nicht mehr gebrauchen. Sag stattdessen zu
ihnen: Die Zeit und alles, was die Visionen
verkünden, ist nahe. 24 Denn nichtige Seher-
sprüche und trügerische Orakel wird es im
Haus Israel nicht mehr geben. 25 Denn ich,
der Herr, sage, was ich sage, damit es ge-
schieht. Es lässt nicht mehr lange auf sich
warten; denn, du widerspenstiges Volk,
wenn ich in euren Tagen spreche, dann führe
ich auch aus, was ich sage – Spruch Gottes,
des Herrn.
26 Das Wort des Herrn erging an mich:
27 Menschensohn, das Haus Israel sagt: Die
Vision, die er hat, handelt von späteren Ta-
gen, er weissagt für ferne Zeiten. 28 Darum
sag zu ihnen: So spricht Gott, der Herr:
Nichts von dem, was ich sage, lässt lange auf
sich warten; was ich sage, geschieht –
Spruch Gottes, des Herrn.

22: 18,2; 2 Petr 3,1–4 • 23: Hab 2,3.

Gegen die falschen Propheten: 13,1–23

13 Das Wort des Herrn erging an mich:
2 Menschensohn, sprich als Prophet
gegen die Propheten Israels und sag zu de-
nen, die aus ihrem eigenen Herzen heraus
prophetisch reden: Hört das Wort des Herrn!
3 So spricht Gott, der Herr: Weh den törich-
ten Propheten, die nur ihrem eigenen Geist
folgen und nichts geschaut haben. 4 Wie
Füchse in Ruinen sind deine Propheten, Isra-
el. 5 Ihr seid nicht in die Bresche gesprungen.
Ihr habt keine Mauer für das Haus Israel er-
richtet, damit es am Tag des Herrn im Kampf
standhalten kann. 6 Sie haben nichtige Visio-
nen, verkünden falsche Orakel und sagen:
Spruch des Herrn – obwohl der Herr sie
nicht gesandt hat. Trotzdem warten sie da-
rauf, dass er ihre Worte erfüllt. 7 Ist es nicht
so, dass ihr nichtige Visionen gehabt, falsche
Orakel verkündet und gesagt habt: Spruch
des Herrn – obwohl ich gar nicht gesprochen
hatte? 8 Darum – so spricht Gott, der Herr:
Weil ihr leere Worte gemacht habt und trü-
gerische Visionen hattet, darum gehe ich ge-
gen euch vor – Spruch Gottes, des Herrn.
9 Ich strecke meine Hand gegen die Prophe-
ten aus, die nichtige Visionen haben und fal-
sche Orakel verkünden. Sie gehören nicht in
die Gemeinschaft meines Volkes und sollen
nicht in der Liste des Hauses Israel verzeich-
net sein; sie werden nicht in das Land Israel
kommen. Dann werdet ihr erkennen, dass ich
Gott, der Herr, bin. 10 Sie führen mein Volk in
die Irre und verkünden Heil, wo es kein Heil
gibt, und wenn das Volk eine Mauer aufrich-
tet, dann übertünchen sie sie. 11 Deshalb sag
denen, die sie übertünchen: Sie wird einstür-
zen. Es kommt ein Wolkenbruch, Hagel fällt
wie Steine vom Himmel, ein Sturm bricht
los 12 und schon stürzt die Mauer ein. Wird
man dann nicht zu euch sagen: Wo ist jetzt
eure Tünche? 13 Darum – so spricht Gott, der
Herr: Ich lasse in meinem Zorn einen Sturm
losbrechen, in meinem Groll schicke ich ei-
nen Wolkenbruch, in meinem Zorn einen

12,19 ihr Land: Text korr. nach den alten Übersetzungen und mehreren H-Handschriften.

12,21–23 Das Sprichwort bedeutet Kritik und Ablehnung der Verkündigung Ezechiels. Der Prophet kehrt es um und widerlegt es so. Entsprechendes gilt von VV. 27f.

13,2 Text korr. nach G.

13,4f Statt auf das Fehlverhalten des Volkes aufmerksam zu machen, haben die falschen Propheten das Volk in seinem Verhalten bestärkt.

13,6 verkünden ... Orakel: Text korr.; vgl. G.

13,11 Text korr.

13,13 schicke ich einen, wörtlich: wird es sein, ein ...

verheerenden Hagelschlag. [14]Ich reiße die
Wand ein, die ihr übertüncht habt, ich lasse
sie zu Boden stürzen und ihr Fundament
wird bloßgelegt. Und wenn sie einstürzt,
werdet ihr in ihren Trümmern umkommen.
Dann werdet ihr erkennen, dass ich der Herr
bin. [15]Ich lasse meinen Zorn an der Mauer
aus und an denen, die sie übertüncht haben,
und ich sage euch: Die Mauer ist weg und
weg sind die, die sie übertüncht haben, [16]die
Propheten Israels, die über Jerusalem pro-
phezeien und der Stadt mit ihren Visionen
Heil versprechen, obwohl es kein Heil gibt –
Spruch Gottes, des Herrn.

[17]Du, Menschensohn, richte dein Gesicht
auf die Töchter deines Volkes, die aus ihrem
eigenen Herzen heraus prophetisch reden.
Sprich als Prophet gegen sie! [18]Sag: So
spricht Gott, der Herr: Weh den Frauen, die
Zauberbinden für alle Handgelenke nähen
und Zaubermützen für Leute jeder Größe
anfertigen, um damit auf Menschenjagd zu
gehen. Meint ihr, ihr könnt in meinem Volk
Menschen jagen und Menschen verschonen,
je nachdem, wie es euch passt? [19]Ihr habt
mich entweiht in meinem Volk für ein paar
Hände voll Gerste und für ein paar Bissen
Brot: Ihr habt Menschen getötet, die nicht
sterben sollten, und Menschen verschont, die
nicht am Leben bleiben sollten; ihr habt
mein Volk belogen, das so gern auf Lügen
hört. [20]Darum – so spricht Gott, der Herr:
Ich gehe gegen eure Zauberbinden vor, mit
denen ihr die Menschen jagt wie Vögel, und
reiße sie von euren Armen und lasse die Men-
schen frei, die ihr gefangen habt wie Vögel.
[21]Ich reiße die Zaubermützen, die ihr ge-
macht habt, herunter und befreie mein Volk
aus eurer Gewalt. Es wird nicht länger in eu-
rer Gewalt bleiben. Dann werdet ihr erken-
nen, dass ich der Herr bin. [22]Ihr habt dem
Herzen des Gerechten durch eure Lügen
Kummer bereitet; ich aber wollte ihm keinen
Kummer bereiten. Statt das Leben des Bösen
zu retten, habt ihr ihn ermutigt, sein ver-
kehrtes Verhalten nicht zu ändern. [23]Darum
sollt ihr keine nichtigen Visionen mehr ha-
ben und keine Orakel mehr verkünden. Ich
werde mein Volk aus eurer Gewalt befreien.
Dann werdet ihr erkennen, dass ich der Herr
bin.

3: Jer 14,14 • 5: 22,30 • 6: 22,28 • 9: 14,9 • 10: Jer 6,14 • 19: 1 Sam 9,7 • 22: Jer 23,14.

Gegen die Götzendiener: 14,1–11

14 Einige von den Ältesten Israels ka-
men zu mir und setzten sich vor mir
nieder. [2]Da erging das Wort des Herrn an
mich: [3]Menschensohn, diese Männer haben
die Götzen in ihr Herz geschlossen, sie haben
sie vor sich aufgestellt; das wurde für sie der
Anlass, in Schuld zu fallen. Und jetzt soll ich
mich von ihnen befragen lassen? [4]Darum
sprich mit ihnen und sag zu ihnen: Wenn je-
mand aus dem Haus Israel die Götzen in sein
Herz geschlossen und sie vor sich aufgestellt
hat – was für ihn der Anlass geworden ist, in
Schuld zu fallen – und wenn er dann zum
Propheten kommt, dann werde ich, der Herr,
dem, der mit seinen vielen Götzen zu mir
kommt, in eigener Person antworten: [5]Ich
werde das Haus Israel hart anfassen, weil sie
alle sich um ihrer Götzen willen von mir ab-
gewandt haben. [6]Darum sag zum Haus Isra-
el: So spricht Gott, der Herr: Kehrt um! Ver-
lasst eure Götzen und wendet eure Augen ab
von all euren abscheulichen Göttern! [7]Wenn
jemand aus dem Haus Israel oder aus den in
Israel lebenden Fremden sich von mir ab-
wendet, wenn er die Götzen in sein Herz
schließt und sie vor sich aufstellt – was für
ihn der Anlass wird, in Schuld zu fallen –
und wenn er dann zum Propheten kommt,
um mich zu befragen, dann werde ich, der
Herr, ihm in eigener Person antworten: [8]Ich
richte meinen Blick gegen diesen Mann und
mache ihn zum sprichwörtlichen (warnen-
den) Zeichen, ich merze ihn aus meinem Volk
aus. Dann werdet ihr erkennen, dass ich der
Herr bin. [9]Wenn der Prophet sich jedoch
dazu verleiten lässt, etwas zu sagen, dann
habe ich, der Herr, diesen Propheten verlei-
tet und ich werde meine Hand gegen ihn aus-
strecken und ihn mitten in meinem Volk Is-
rael vernichten. [10]Sie werden beide die Fol-
gen ihrer Schuld tragen müssen; denn die
Schuld dessen, der mich befragt, und die
Schuld des Propheten sind gleich. [11]Dann
wird sich das Haus Israel nicht mehr davon
abbringen lassen, mir zu folgen, und wird
sich nicht länger durch all seine Sünden un-
rein machen. Sie werden mein Volk sein und
ich werde ihr Gott sein – Spruch Gottes, des
Herrn.

1: 8,1; 20,1 • 9: 1 Kön 22,20–23; Ez 13,9.

13,14 in ihren Trümmern, wörtlich: mitten in ihr.

13,18 für alle Handgelenke: Text korr.; vgl. die alten Übersetzungen. – Die Frauen üben magische Zauberhandlungen aus, mit denen sie unheilvolle Kräfte an die Menschen binden oder von ihnen fernhalten wollen.

13,22 Ihr habt . . . Kummer bereitet: Text korr.; vgl. den zweiten Satz.

14,4 in eigener Person: Text korr. nach V. 7.

14,5 hart anfassen, wörtlich: an seinem Herzen packen.

Das unerbittliche Gericht Gottes: 14,12–23

12 Das Wort des Herrn erging an mich:
13 Menschensohn, wenn sich ein Land gegen
mich versündigt und mir die Treue bricht
und wenn ich dann meine Hand gegen das
Land ausstrecke, ihm seinen Vorrat an Brot
entziehe, den Hunger ins Land schicke und
Mensch und Tier ausrotte 14 und wenn in die-
sem Land die drei Männer Noach, Daniel
und Ijob leben würden, dann würden nur
diese drei um ihrer Gerechtigkeit willen ihr
Leben retten – Spruch Gottes, des Herrn.
15 Oder wenn ich wilde Tiere gegen das Land
losließe, die es entvölkern, sodass es zur
Wüste würde und wegen der wilden Tiere
kein Mensch mehr durch das Land reisen
könnte, 16 und wenn diese drei Männer darin
wären – so wahr ich lebe, Spruch Gottes, des
Herrn: sie würden nicht einmal ihre eigenen
Söhne und Töchter retten. Nur sie selbst
könnten sich retten, das Land aber würde
zur Wüste werden. 17 Oder wenn ich das
Schwert über dieses Land bringen und sagen
würde: Ein Schwert soll durch das Land fah-
ren, ich will Mensch und Tier darin ausrot-
ten!, 18 und wenn diese drei Männer darin
wären – so wahr ich lebe, Spruch Gottes, des
Herrn: sie würden nicht einmal ihre eigenen
Söhne und Töchter retten. Nur sie selbst
könnten sich retten. 19 Oder wenn ich die
Pest in jenes Land schicken und meinen
Zorn darüber ausgießen würde, um Mensch
und Tier in einem Blutbad zu vernichten,
20 und wenn Noach, Daniel und Ijob in dem
Land wären – so wahr ich lebe, Spruch Got-
tes, des Herrn: nicht einmal ihren Sohn und
ihre Tochter würden sie retten. Sie würden
nur ihr eigenes Leben retten, um ihrer Ge-
rechtigkeit willen.
21 Wahrhaftig, so spricht Gott, der Herr:
Selbst wenn ich die vier schlimmsten Stra-
fen, Schwert, Hunger, wilde Tiere und Pest,
über Jerusalem bringe, um Mensch und Tier
auszurotten, 22 werden einige in der Stadt
verschont werden und übrig bleiben und ihre
Söhne und Töchter zu euch herausführen.
Wenn ihr dann ihr Verhalten und ihre Taten
seht, werdet ihr euch über das Unheil hin-
wegtrösten, das ich über Jerusalem verhängt
habe, über alles, was ich über die Stadt kom-
men ließ. 23 Sie trösten euch darüber hinweg,
weil ihr ihr Verhalten und ihre Taten seht
und daran erkennt, dass ich all das, was ich
mit der Stadt machte, nicht ohne Grund ge-
tan habe – Spruch Gottes, des Herrn.

12–23: 18; 33,10–20 • 13: 4,16 • 15: Lev 26,22 • 21: 5,17; Lev 26,16–25; Jer 15,3; Offb 6,8.

Gegen Jerusalem, das unnütze Holz vom Weinstock: 15,1–8

15 Das Wort des Herrn erging an mich:
2 Menschensohn, was hat das Holz
des Weinstocks / vor dem Holz aller anderen
Sträucher voraus, / die zwischen den Bäu-
men des Waldes wachsen?
3 Nimmt man es etwa, um daraus etwas zu
machen? / Oder gebraucht man es als
Pflock / und hängt allerlei Geräte daran
auf?
4 Nein, man wirft es dem Feuer zum Fraß
vor. / Sind dann die beiden Enden des Holzes
vom Feuer verzehrt
und hat die Glut seine Mitte erfasst, / ist es
dann noch geeignet, / um etwas daraus zu
machen?
5 Schon als es noch ganz war, / konnte man
nichts daraus machen.
Hat das Feuer es aber gefressen und ist es
verglüht, / kann man erst recht nichts daraus
machen.
6 Darum – so spricht Gott, der Herr: / Wie
ich das Holz des Weinstocks, / das zwischen
den Bäumen des Waldes heranwuchs,
dem Feuer zum Fraß übergab, / so be-
handle ich auch die, die in Jerusalem woh-
nen.
7 Wenn ich meinen Blick auf sie richte, /
dann wird sie, auch wenn sie dem Feuer ent-
kommen, das Feuer verzehren.
Ihr werdet erkennen, dass ich der Herr
bin, / wenn ich meinen Blick auf sie richte.
8 Ich mache das Land zur Wüste; / denn sie
haben die Treue gebrochen – / Spruch Got-
tes, des Herrn.

4: Joh 15,6.

Gegen Jerusalem, die treulose Frau: 16,1–63

16 Das Wort des Herrn erging an mich:
2 Menschensohn, mach Jerusalem
seine Gräueltaten bewusst! 3 Sag: So spricht

14,14 Noach (Gen 6,9; 7,1), Daniel (in ugaritischen Texten ein gerechter Herrscher, kaum identisch mit dem biblischen Daniel) und Ijob (Ijob 1,1 – 2,10) gelten als beispielhaft gerecht.
15,6f Das Gleichnis vom Rebholz mit dem anschließenden Drohwort ist in die Situation Jerusalems von 586 v. Chr. hineingesprochen. Das Feuer des göttlichen Gerichts hat 597 gewütet; es wird auch den Rest verzehren.
16,3 Jerusalem war eine kanaanäische Stadt mit (zumindest in einer bestimmten Zeit) hetitischer Oberschicht, ehe es unter David in dessen Reich einbezogen wurde.

Gott, der Herr, zu Jerusalem: Deiner Her-
kunft und deiner Geburt nach stammst du
aus dem Land der Kanaaniter. Dein Vater
war ein Amoriter, deine Mutter eine Hetite-
rin. 4 Bei deiner Geburt, als du geboren wur-
dest, hat man deine Nabelschnur nicht abge-
schnitten. Man hat dich nicht mit Wasser ab-
gewaschen, nicht mit Salz eingerieben, nicht
in Windeln gewickelt. 5 Nichts von all dem
hat man getan, kein Auge zeigte dir Mitleid,
niemand übte Schonung an dir, sondern am
Tag deiner Geburt hat man dich auf freiem
Feld ausgesetzt, weil man dich verabscheute.
6 Da kam ich an dir vorüber und sah dich in
deinem Blut zappeln; und ich sagte zu dir,
als du blutverschmiert dalagst: Bleib am Le-
ben! 7 Wie eine Blume auf der Wiese ließ ich
dich wachsen. Und du bist herangewachsen,
bist groß geworden und herrlich aufgeblüht.
Deine Brüste wurden fest; dein Haar wurde
dicht. Doch du warst nackt und bloß. 8 Da
kam ich an dir vorüber und sah dich, und sie-
he, deine Zeit war gekommen, die Zeit der
Liebe. Ich breitete meinen Mantel über dich
und bedeckte deine Nacktheit. Ich leistete
dir den Eid und ging mit dir einen Bund ein –
Spruch Gottes, des Herrn – und du wurdest
mein. 9 Dann habe ich dich gebadet, dein
Blut von dir abgewaschen und dich mit Öl
gesalbt. 10 Ich kleidete dich in bunte Gewän-
der, zog dir Schuhe aus Tahasch-Leder an
und hüllte dich in Leinen und kostbare Ge-
wänder. 11 Ich legte dir prächtigen Schmuck
an, legte dir Spangen an die Arme und eine
Kette um den Hals. 12 Deine Nase schmückte
ich mit einem Reif, Ohrringe hängte ich dir
an die Ohren und setzte dir eine herrliche
Krone auf. 13 Mit Gold und Silber konntest
du dich schmücken, in Byssus, Seide und
bunte Gewebe dich kleiden. Feinmehl, Honig
und Öl war deine Nahrung. So wurdest du
strahlend schön und wurdest sogar Königin.
14 Der Ruf deiner Schönheit drang zu allen
Völkern; denn mein Schmuck, den ich dir
anlegte, hatte deine Schönheit vollkommen
gemacht – Spruch Gottes, des Herrn.

15 Doch dann hast du dich auf deine
Schönheit verlassen, du hast deinen Ruhm
missbraucht und dich zur Dirne gemacht. Je-
dem, der vorbeiging, hast du dich angeboten,
jedem bist du zu Willen gewesen. 16 Du hast
deine bunten Gewänder genommen und dir
an den Kulthöhen ein Lager bereitet und da-
rauf Unzucht getrieben. 17 Deinen prächti-
gen Schmuck aus meinem Gold und Silber,
den ich dir geschenkt hatte, hast du genom-
men und hast dir daraus männliche Figuren
gemacht, um mit ihnen Unzucht zu treiben.
18 Deine bunten Gewänder hast du genom-
men und sie damit bekleidet. Mein Öl und
meinen Weihrauch hast du vor sie hinge-
stellt. 19 Das Brot, das ich dir gab – mit Fein-
mehl, Öl und Honig nährte ich dich –, das
hast du ihnen als beruhigenden Duft darge-
bracht [ja, so war es] – Spruch Gottes, des
Herrn. 20 Du hast deine Söhne und Töchter,
die du mir geboren hast, genommen und ih-
nen als Schlachtopfer zum Essen vorgesetzt.
War dir dein unzüchtiges Treiben noch nicht
genug? 21 Musstest du auch noch meine Söh-
ne schlachten, um sie ihnen darzubringen
und für sie durch das Feuer gehen zu lassen?
22 Bei all deinen Gräueltaten und deiner Un-
zucht hast du die Zeit deiner Jugend verges-
sen, in der du noch nackt und bloß und zap-
pelnd in deinem Blut lagst.

23 Nach all diesen schändlichen Taten –
wehe, weh dir! Spruch Gottes, des Herrn –
24 hast du dir auf jedem freien Platz ein Bett
und eine Kulthöhe errichtet. 25 An jeder
Straßenecke hast du deine Kulthöhen errich-
tet, du hast deine Schönheit schändlich
missbraucht, hast dich jedem angeboten, der
vorbeiging, und hast unaufhörlich Unzucht
getrieben. 26 Du hast dich den Ägyptern, dei-
nen Nachbarn mit dem großen Glied, hinge-
geben und mit ihnen unaufhörlich Unzucht
getrieben, um mich zu erzürnen. 27 Da
streckte ich meine Hand aus und nahm dir
weg, was dir zustand. Ich lieferte dich deinen
rachgierigen Feindinnen aus, den Philiste-
rinnen; sogar sie schämten sich wegen deines
schändlichen Treibens. 28 Dann hast du dich
mit den Assyrern eingelassen, weil du noch
nicht genug hattest. Du hast dich mit ihnen
eingelassen, doch auch dann hattest du noch
nicht genug. 29 Immer mehr Unzucht hast du
getrieben und bist sogar den chaldäischen
Krämern nachgelaufen; doch auch dann hat-
test du noch nicht genug. 30 Wie fiebert dein
Herz – Spruch Gottes, des Herrn –, weil du
all das getan hast, du selbstherrliche Dirne.

16,4 abgewaschen: H fügt ein Wort unsicherer Bedeutung hinzu, das in G fehlt.

16,6b Der Satz steht doppelt im Text.

16,7 ließ ich dich wachsen: sinngemäße Wiedergabe des schwierigen Textes.

16,10 Tahasch-Leder: vgl. die Anmerkung zu Ex 25,5.

16,15 bist du zu Willen gewesen: so nach G.

16,16 Der Schluss des Verses ist in H unverständlich; er ist deshalb nicht übersetzt.

16,29 den chaldäischen Krämern nachgelaufen, wörtlich: nach dem Krämerland Chaldäa hingelaufen.

31 Du hast dir an jeder Straßenecke ein Bett
und auf jedem freien Platz eine Kulthöhe er-
richtet. Du warst keine gewöhnliche Dirne;
denn du hast es verschmäht, dich bezahlen
zu lassen. 32 [Die Ehebrecherin nimmt sich
statt ihres Mannes fremde Männer.] 33 Jede
Dirne bezahlt man; du aber hast all deinen
Liebhabern Geschenke gegeben und sie be-
stochen, damit sie von überall kamen, um
mit dir Unzucht zu treiben. 34 Bei deiner Un-
zucht hast du es gerade umgekehrt gemacht
wie andere Frauen: Dir lief niemand nach;
du hast selbst bezahlt und dich nicht bezah-
len lassen. So hast du es umgekehrt gemacht
wie andere.
35 Darum, du Dirne, höre das Wort des
Herrn! 36 So spricht Gott, der Herr: Weil du
deinen Körper schamlos entblößt hast bei
der Unzucht mit deinen Liebhabern, mit all
deinen abscheulichen Götzen, und weil du
ihnen das Blut deiner Kinder hingegeben
hast, 37 deshalb will ich alle deine Liebhaber
zusammenrufen, denen du gefallen hast,
alle, die du geliebt hast, und auch alle, die du
verachtet hast. Und wenn ich sie von allen
Seiten bei dir zusammengerufen habe, dann
entblöße ich vor ihren Augen deine Scham,
damit sie deine Scham unverhüllt sehen.
38 Ich spreche dir das Urteil nach den
Rechtsvorschriften für Ehebrecherinnen und
Mörderinnen, voll Zorn zahle ich dir heim
mit Blut, Grimm und Eifersucht. 39 Ich gebe
dich in ihre Hand, damit sie dein Bett zerstö-
ren und deine Kulthöhen einreißen, damit sie
dir deine Gewänder ausziehen, deinen
prächtigen Schmuck wegnehmen und dich
nackt und bloß daliegen lassen. 40 Sie beru-
fen eine Volksversammlung gegen dich ein,
steinigen dich und hauen dich mit ihren
Schwertern in Stücke. 41 Sie werden deine
Häuser anzünden und vor den Augen vieler
Frauen das Urteil an dir vollstrecken. So
mache ich deiner Unzucht ein Ende. Keinem
wirst du mehr Dirnenlohn zahlen. 42 Wenn
ich meinen Zorn an dir gestillt habe, wird
meine Eifersucht aufhören, gegen dich zu
wüten. Ich werde Ruhe haben und mich
nicht mehr ärgern. 43 Weil du die Tage deiner
Jugend vergessen und mich durch dein Trei-
ben gereizt hast, darum lasse ich dein Ver-
halten auf dich selbst zurückfallen – Spruch
Gottes, des Herrn. Hast du nicht neben all
deinen Gräueln auch noch andere Schand-
taten verübt?
44 Wer ein Sprichwort auf dich anwenden
will, der sagt: Wie die Mutter, so die Tochter!
45 Du bist die Tochter deiner Mutter, die vor
ihrem Mann und ihren Söhnen Abscheu
empfand. Du bist die Schwester deiner
Schwestern, die vor ihren Männern und Söh-
nen Abscheu empfanden. Eure Mutter war
eine Hetiterin und euer Vater ein Amoriter.
46 Deine ältere Schwester ist Samaria mit ih-
ren Töchtern, die links von dir wohnt; deine
jüngere Schwester ist Sodom mit ihren
Töchtern, die rechts von dir wohnt. 47 Du bist
nicht nur ihrem Beispiel gefolgt und hast
nicht nur die gleichen Gräueltaten began-
gen, sondern in kurzer Zeit hast du es in al-
lem noch schlimmer getrieben als sie. 48 So
wahr ich lebe – Spruch Gottes, des Herrn:
Deine Schwester Sodom und ihre Töchter
haben es nicht so getrieben wie du und deine
Töchter. 49 Die Schuld deiner Schwester So-
dom war, dass sie und ihre Töchter hochmü-
tig waren, dass sie in Überfluss zu essen hat-
ten und in sorgloser Ruhe dahinlebten, ohne
den Elenden und Armen zu helfen. 50 Sie
wurden hochmütig und begingen Gräuel-
taten vor meinen Augen. Darum habe ich sie
verstoßen, wie du selbst gesehen hast. 51 Sa-
maria hat nicht die Hälfte deiner Sünden be-
gangen. Du hast mehr Gräueltaten verübt als
sie beide zusammen und du lässt deine
Schwestern gerecht erscheinen, sieht man
auf all die Gräueltaten, die du begangen
hast. 52 Darum trag auch du deine Schande,
die du deine Schwestern durch deine Sünden
entlastet und abscheulicher als sie gehandelt
hast; deshalb erscheinen sie gerechter als du.
Darum schäme auch du dich und trag deine
Schande, weil du deine Schwestern gerecht
erscheinen lässt.
53 Aber ich werde ihr Schicksal wenden,
das Schicksal Sodoms und ihrer Töchter, das
Schicksal Samarias und ihrer Töchter, und
ich werde auch dein Schicksal wenden zu-
sammen mit ihrem Schicksal; 54 denn du
sollst deine Schande tragen und du sollst
dich schämen über all das, was du getan und
wodurch du sie in Sicherheit gewiegt hast.
55 Deine Schwestern werden wieder sein wie
früher, Sodom und ihre Töchter, Samaria
und ihre Töchter werden wieder sein wie
früher. Auch deine Töchter werden wieder
sein wie früher. 56 Hast du nicht über deine
Schwester Sodom gelästert, als du hochmü-
tig warst, 57 bevor deine Schlechtigkeit offen-

16,47 Sinn des Satzes in H nicht eindeutig.
16,49 ohne . . . zu helfen, wörtlich: die Hand des Armen und Elenden machte sie nicht stark.
16,53 und ich werde auch dein Schicksal wenden: Text korr.; vgl. die alten Übersetzungen. – zusammen mit ihrem Schicksal, wörtlich: in ihrer Mitte.
16,57 So lästern jetzt: Text korr.; vgl. G. – Edomiterinnen: Text korr. nach mehreren H-Handschriften und S; H: Aramäerinnen.

bar wurde? So lästern jetzt ringsum über
dich all deine Nachbarinnen, die Edomite-
rinnen und die Philisterinnen, die dich ver-
achten. 58 Die Folgen deines schamlosen
Treibens und deiner Gräueltaten hast du zu
tragen – Spruch des Herrn.
59 Denn so spricht Gott, der Herr: Ich habe
mit dir gemacht, was du gemacht hast; du
hast den Eid missachtet und den Bund ge-
brochen. 60 Aber ich will meines Bundes ge-
denken, den ich mit dir in deiner Jugend ge-
schlossen habe, und will einen ewigen Bund
mit dir eingehen. 61 Du sollst dich an dein
Verhalten erinnern und dich schämen, wenn
ich deine älteren und jüngeren Schwestern
nehme und sie dir zu Töchtern gebe, aber
nicht deshalb, weil du den Bund gehalten
hättest. 62 Ich selbst gehe einen Bund mit dir
ein, damit du erkennst, dass ich der Herr bin.
63 Dann sollst du dich erinnern, sollst dich
schämen und vor Scham nicht mehr wagen,
den Mund zu öffnen, weil ich dir alles verge-
be, was du getan hast – Spruch Gottes, des
Herrn.

3: 16,45 • 8: Rut 3,9 • 17: Hos 8,4 • 20: 20,26; 23,37; 2 Kön 16,3; Jer 7,31; Dtn 12,31 • 28: 23,12 • 38: Lev 20,10 • 41: 2 Kön 25,9 • 43: 9,10 • 45: 16,3 • 51: Jer 3,11 • 60: 36,22; 37,26; Lev 26,45; Jer 31,31–34; Hos 2,17 • 63: 36,31.

Das Lied von der Untreue des Königs:
17,1–24

17 Das Wort des Herrn erging an mich:
2 Menschensohn, trag dem Haus Isra-
el ein Rätsel vor, erzähl ihm ein Gleichnis!
3 Sag: So spricht Gott, der Herr:
Ein mächtiger Adler mit gewaltigen Flü-
geln, / mit weiten Schwingen,
mit dichtem, buntem Gefieder kam zum
Libanon / und nahm den Wipfel der Zeder
weg.
4 Den obersten Zweig riss er ab./ Ins Land
der Krämer brachte er ihn, / in die Stadt der
Händler legte er ihn.
5 Dann nahm er vom Samen des Landes /
und streute ihn auf ein Saatfeld.
Er setzte ihn an reichlich strömendes Was-
ser, / als Uferpflanze pflanzte er ihn
6 und er wuchs heran / und wurde zum üp-
pigen Weinstock / von niedrigem Wuchs.
Er sollte seine Ranken dem Adler zuwen-
den, / seine Wurzeln sollten in die Tiefe
wachsen.
Und er wurde zum Weinstock, / bildete
Triebe, entfaltete Zweige.
7 Doch es kam noch ein anderer mächtiger
Adler / mit gewaltigen Flügeln und dichtem
Gefieder.
Da drehte jener Weinstock seine Wurzeln
ihm zu, / trieb ihm seine Ranken entgegen:
Der Adler sollte ihn tränken, / mehr als
das Beet, in das der Weinstock gepflanzt
war.
8 Er war doch auf guten Boden gepflanzt, /
an reichlich fließendem Wasser,
um Zweige zu treiben und Früchte zu tra-
gen / und ein herrlicher Weinstock zu wer-
den.
9 Sag: So spricht Gott, der Herr: / Wird das
gelingen?
Wird der Adler nicht seine Wurzeln aus-
reißen / und seine Früchte vernichten, / so-
dass all seine grünenden Triebe verdorren?
Man braucht keinen starken Arm und
nicht viele Menschen, / um ihn von den Wur-
zeln zu reißen.
10 Wohl ist er gepflanzt, / doch wird er ge-
deihen?
Wird er nicht völlig verdorren, / wenn der
Ostwind ihn trifft? / Auf dem Beet, wo er
wuchs, wird er verdorren.
11 Und das Wort des Herrn erging an mich:
12 Sag doch dem widerspenstigen Volk: /
Merkt ihr denn nicht, was all das bedeutet?
Sag ihnen: / Seht, nach Jerusalem kam der
König von Babel;
er nahm ihren König und ihre Beamten
gefangen / und führte sie mit sich nach Ba-
bel.
13 Und er nahm einen Mann aus königli-
chem Stamm / und schloss mit ihm einen
Bund
und er ließ ihn schwören. / Doch die Mäch-
tigen des Landes nahm er gefangen,
14 damit das Königreich klein blieb / und
keinen Aufstand begann,
damit es den Bund auch hielt, / sodass er
Bestand haben konnte.
15 Doch jener erhob sich gegen den König
von Babel / und schickte seine Boten ins
Land der Ägypter, / damit man ihm Pferde
und viele Krieger entsandte.
Aber wird es gelingen? / Kommt er davon,
wenn er das unternimmt? / Wenn er den
Bund bricht, kommt er dann noch davon?

16,61 wenn ich . . . nehme: Text korr.; vgl. G; H: wenn du . . . nimmst.
17,3f In der bildhaften Rede bezeichnet der Adler den Großkönig Nebukadnezzar, die Zeder das davidische Königshaus, der Libanon Juda und Jerusalem. Die »Stadt der Händler« ist Babylon, der »oberste Zweig« der 597 v. Chr. deportierte König Jojachin.
17,6f Der »Weinstock« ist König Zidkija, der »andere Adler« der Pharao Psammetich II.
17,7 ein anderer: Text korr. nach G; H: einer. – das Beet: Einzahl nach G und anderen Textzeugen; ebenso V. 10.

16 So wahr ich lebe – Spruch Gottes, des
Herrn: In der Residenz des Königs, der ihn
zum König gemacht hat, dessen Eid er miss-
achtet und dessen Bund er gebrochen hat, in
Babel wird er sterben. 17 Denn der Pharao
wird ihn nicht mit einer starken Streitmacht
und mit einem großen Heer im Kampf unter-
stützen, sondern man wird einen Damm auf-
schütten, einen Belagerungswall bauen und
viele Menschen umbringen. 18 Er hat den Eid
missachtet und den Bund gebrochen. Ob-
wohl er sich mit Handschlag verpflichtet
hatte, hat er all das getan. Er kommt nicht
davon.

19 Darum – so spricht Gott, der Herr:
So wahr ich lebe – / meinen Eid, den er missachtet,
und meinen Bund, den er gebrochen hat, / ich lasse sie auf ihn selbst zurückfallen.

20 Ich werfe mein Netz über ihn, er gerät in mein Garn. / Nach Babel führe ich ihn
und gehe dort mit ihm ins Gericht, / denn er hat mir die Treue gebrochen.

21 Die tapfersten Krieger in all seinen Truppen / fallen unter dem Schwert.
Die Übriggebliebenen aber / werden in alle Winde zerstreut.
Dann werdet ihr erkennen, / dass ich, der Herr, gesprochen habe.

22 So spricht Gott, der Herr:
Ich selbst nehme ein Stück / vom hohen Wipfel der Zeder / und pflanze es ein.
Einen zarten Zweig aus den obersten Ästen breche ich ab, / ich pflanze ihn auf einen hoch aufragenden Berg.

23 Auf die Höhe von Israels Bergland pflanze ich ihn. / Dort treibt er dann Zweige, / er trägt Früchte und wird zur prächtigen Zeder.
Allerlei Vögel wohnen darin; / alles, was Flügel hat, wohnt im Schatten ihrer Zweige.

24 Dann werden alle Bäume auf den Feldern erkennen, / dass ich der Herr bin.
Ich mache den hohen Baum niedrig, / den niedrigen mache ich hoch.
Ich lasse den grünenden Baum verdorren, / den verdorrten erblühen. / Ich, der Herr, habe gesprochen und ich führe es aus.

20: 32,3 • 22: Jes 11,1; Ez 20,40; Dan 4,9; Mt 13,32.

Schuld und Gerechtigkeit: 18,1–32

18 Das Wort des Herrn erging an mich:
2 Wie kommt ihr dazu, im Land Israel
das Sprichwort zu gebrauchen: Die Väter es-
sen saure Trauben und den Söhnen werden
die Zähne stumpf? 3 So wahr ich lebe –
Spruch Gottes, des Herrn –, keiner von euch
in Israel soll mehr dieses Sprichwort gebrau-
chen. 4 Alle Menschenleben sind mein Eigen-
tum, das Leben des Vaters ebenso wie das
Leben des Sohnes, sie gehören mir. Nur wer
sündigt, soll sterben.

5 Ist jemand gerecht, so handelt er nach
Recht und Gerechtigkeit. 6 Er hält auf den
Bergen keine Opfermahlzeiten ab. Er blickt
nicht zu den Götzen des Hauses Israel auf. Er
schändet nicht die Frau seines Nächsten. Ei-
ner Frau tritt er nicht nahe während ihrer
Blutung. 7 Er unterdrückt niemand. Er gibt
dem Schuldner das Pfand zurück. Er begeht
keinen Raub. Dem Hungrigen gibt er von sei-
nem Brot und den Nackten bekleidet er. 8 Er
leiht nicht gegen Zins und treibt keinen Wu-
cher. Er hält seine Hand vom Unrecht fern.
Zwischen Streitenden fällt er ein gerechtes
Urteil. 9 Er lebt nach meinen Gesetzen, er
achtet auf meine Rechtsvorschriften und be-
folgt sie treu. Er ist gerecht und deshalb
wird er am Leben bleiben – Spruch Gottes,
des Herrn.

10 Angenommen aber, er zeugt einen Sohn,
der gewalttätig wird, der Blut vergießt oder
eine andere von diesen Sünden begeht,
11 während er (der Vater), all das nicht getan
hat, (einen Sohn,) der auf den Bergen Opfer-
mahlzeiten abhält, der die Frau seines
Nächsten schändet, 12 der die Elenden und
Armen unterdrückt, andere beraubt und
dem Schuldner das Pfand nicht zurückgibt,
der zu den Götzen aufblickt und Gräueltaten
verübt, 13 der gegen Zins leiht und Wucher
treibt – soll der dann am Leben bleiben? Er
soll nicht am Leben bleiben. Er hat alle diese
Gräueltaten verübt, darum muss er sterben.
Er ist selbst schuld an seinem Tod.

14 Nun hat auch dieser Sohn wieder einen
Sohn gezeugt und der Sohn sieht alle die
Sünden, die sein Vater begeht. Er sieht sie,
begeht sie aber nicht. 15 Er hält auf den Ber-
gen keine Opfermahlzeiten ab. Er blickt
nicht zu den Götzen des Hauses Israel auf. Er

17,21 Die tapfersten Krieger: Text korr. nach S und der aramäischen Übersetzung; vgl. G; H: Seine Flüchtlinge.

17,22–24 Das Heilswort spricht unter Verwendung der vorausgehenden Bilder von der Wiederherstellung durch Gott.

18,2 Das Sprichwort umschreibt die Vergeltungslehre, nach der die Söhne für die Schuld der Väter büßen müssen.

18,10 eine andere von diesen Sünden: Text korr.; vgl. Vg und S.

18,13 Er ist selbst schuld an seinem Tod, wörtlich: sein Blut wird auf ihm sein.

schändet nicht die Frau seines Nächsten.
16 Er unterdrückt niemand. Er fordert kein
Pfand und begeht keinen Raub. Dem Hung-
rigen gibt er von seinem Brot und den Nack-
ten bekleidet er. 17 Er hält seine Hand vom
Unrecht fern. Er nimmt keinen Zins und
treibt keinen Wucher. Er befolgt meine
Rechtsvorschriften und lebt nach meinen
Gesetzen. Dieser Sohn wird nicht wegen der
Schuld seines Vaters sterben; er wird be-
stimmt am Leben bleiben. 18 Sein Vater aber
musste wegen seiner Schuld sterben; denn er
hat andere erpresst und beraubt und in sei-
ner Familie getan, was nicht recht ist.

19 Ihr aber fragt: Warum trägt der Sohn
nicht mit an der Schuld seines Vaters? Weil
der Sohn nach Recht und Gerechtigkeit ge-
handelt hat. Er hat auf alle meine Gesetze
geachtet und sie befolgt. Er wird bestimmt
am Leben bleiben. 20 Nur wer sündigt, soll
sterben. Ein Sohn soll nicht die Schuld sei-
nes Vaters tragen und ein Vater nicht die
Schuld seines Sohnes. Die Gerechtigkeit
kommt nur dem Gerechten zugute und die
Schuld lastet nur auf dem Schuldigen.

21 Wenn der Schuldige sich von allen Sün-
den, die er getan hat, abwendet, auf alle mei-
ne Gesetze achtet und nach Recht und Ge-
rechtigkeit handelt, dann wird er bestimmt
am Leben bleiben und nicht sterben. 22 Kei-
nes der Vergehen, deren er sich schuldig ge-
macht hat, wird ihm angerechnet. Wegen
seiner Gerechtigkeit wird er am Leben blei-
ben. 23 Habe ich etwa Gefallen am Tod des
Schuldigen – Spruch Gottes, des Herrn – und
nicht vielmehr daran, dass er seine bösen
Wege verlässt und so am Leben bleibt?

24 Wenn jedoch ein Gerechter sein recht-
schaffenes Leben aufgibt, wenn er Unrecht
tut und all die Gräueltaten begeht, die auch
der Böse verübt, sollte er dann etwa am Le-
ben bleiben? Keine seiner gerechten Taten
wird ihm angerechnet. Wegen seiner Treulo-
sigkeit und wegen der Sünde, die er began-
gen hat, ihretwegen muss er sterben. 25 Ihr
aber sagt: Das Verhalten des Herrn ist nicht
richtig. Hört doch, ihr vom Haus Israel: Mein
Verhalten soll nicht richtig sein? Nein, euer
Verhalten ist nicht richtig.

26 Wenn der Gerechte sein rechtschaffenes
Leben aufgibt und Unrecht tut, muss er dafür
sterben. Wegen des Unrechts, das er getan
hat, wird er sterben. 27 Wenn sich der Schul-
dige von dem Unrecht abwendet, das er be-
gangen hat, und nach Recht und Gerechtig-
keit handelt, wird er sein Leben bewahren.
28 Wenn er alle Vergehen, deren er sich
schuldig gemacht hat, einsieht und umkehrt,
wird er bestimmt am Leben bleiben. Er wird
nicht sterben. 29 Das Haus Israel aber sagt:
Das Verhalten des Herrn ist nicht richtig.
Mein Verhalten soll nicht richtig sein, ihr
vom Haus Israel? Nein, euer Verhalten ist
nicht richtig.

30 Darum will ich euch richten, jeden nach
seinem Verhalten, ihr vom Haus Israel –
Spruch Gottes, des Herrn. Kehrt um, wendet
euch ab von all euren Vergehen! Sie sollen
für euch nicht länger der Anlass sein, in
Sünde zu fallen. 31 Werft alle Vergehen von
euch, die ihr verübt habt! Schafft euch ein
neues Herz und einen neuen Geist! Warum
wollt ihr sterben, ihr vom Haus Israel? 32 Ich
habe doch kein Gefallen am Tod dessen, der
sterben muss – Spruch Gottes, des Herrn.
Kehrt um, damit ihr am Leben bleibt.

2: Jer 31,29 • 6: 22,9; Lev 18,19f • 7: Dtn 24,10–13; Jes 58,7 • 13: 33,4 • 19: Ex 20,5 • 20: 18,4; Dtn 24,16; 2 Kön 14,6 • 22: 33,16 • 23: 18,13; 33,11; Hos 11,9; 1 Tim 2,4 • 24: 3,20 • 25: 33,17 • 30: 33,20; 7,19; 44,12 • 31: 11,19; 36,26 • 32: 33,11.

Die Totenklage über den Fürsten von Israel:
19,1–14

19 Du aber, stimm die Totenklage an
über den Fürsten von Israel 2 und
sag:

Was war doch deine Mutter für eine Lö-
win / unter den Löwen!

Bei jungen Löwen hatte sie ihr Lager /
und zog ihren Nachwuchs auf.

3 Eins von ihren Jungen zog sie groß / und
es wurde ein starker Löwe.

Er lernte, zu reißen und zu rauben, / er
fraß Menschen.

4 Da bot man Völker gegen ihn auf. / In ih-
rer Grube fingen sie ihn / und schleppten ihn
an Haken ins Land Ägypten.

5 Als sie sah, dass ihre Hoffnung vereitelt, /
dass sie zunichte war,

nahm sie von ihren Jungen ein anderes /
und machte es zum starken Löwen.

18,17 vom Unrecht: Text korr. nach G; vgl. V. 8; H: vom Elenden.

18,18 andere ... beraubt: Text korr., vgl. VV. 7.12.16; H unklar.

18,25 Der letzte Satz ist in H als Frage formuliert, ebenso V. 29.

19,2 Die Totenklage in Form einer bildhaften Rede bezeichnet wohl mit der »Löwenmutter« das judäische Königshaus, mit dem »Löwenjungen« in VV. 3f Joahas, in VV. 5–9 Jojachin. – Auch der Weinstock (VV. 10–14) stellt das davidische Königshaus dar.

19,4 bot man ... auf: Text korr.; H: hörten sie.

19,5 ein anderes: vgl. die Anmerkung zu 17,7.

6 Er tummelte sich unter den Löwen / und
wurde ein starker Löwe.
Er lernte zu reißen und zu rauben, / er
fraß Menschen.
7 Er zerbrach ihre Burgen / und verheerte
ihre Städte;
das Land, und was in ihm lebte, / entsetzte
sich bei seinem lauten Gebrüll.
8 Da setzte man Völker gegen ihn ein / aus
den Ländern ringsum.
Sie warfen ihr Netz über ihn; / in ihrer
Grube fingen sie ihn.
9 Sie zerrten ihn an Haken in einen Käfig /
und brachten ihn zum König von Babel,
[sie brachten ihn in Gewahrsam,] / damit
man seine Stimme nicht mehr hörte / auf Is-
raels Bergen.
10 Deine Mutter war wie ein Weinstock im
Garten, / der am Wasser gepflanzt ist.
Voll von Früchten und Ranken war er /
wegen des Reichtums an Wasser.
11 Er hatte kräftige Zweige, / für Zepter
von Herrschern geeignet;
sein Wuchs war hoch, / er ragte bis in die
Wolken.
Weithin war er sichtbar wegen seiner
Höhe / und wegen seines dichten Laubes.
12 Doch im Zorn riss man ihn aus / und
warf ihn auf die Erde.
Der Ostwind dörrte ihn aus, / seine Früch-
te riss man ab.
Sein kräftiger Stamm verdorrte. / Feuer
verzehrte ihn.
13 Nun verpflanzte man ihn in die Wüste, /
in trockenes, dürstendes Land.
14 Und Feuer ging aus von den Zweigen am
Stamm / und fraß seine Früchte.
Kein kräftiger Zweig war mehr an ihm, /
kein Zepter für Herrscher. –
Eine Totenklage ist dieses Lied; / zur To-
tenklage ist es geworden.

4: 2 Kön 23,31–34 • 9: 2 Kön 24,15 • 10: 17,6 • 12: Joh 15,6.

Die zahlreichen Treulosigkeiten Israels:
20,1–44

20 Im fünften Monat des siebten Jahres
kamen am zehnten Tag des Monats
einige von den Ältesten Israels, um den
Herrn zu befragen. Sie setzten sich vor mir
nieder. 2 Da erging das Wort des Herrn an
mich: 3 Menschensohn, rede mit den Ältesten
Israels und sag zu ihnen: So spricht Gott, der
Herr: Seid ihr gekommen, um mich zu befra-
gen? So wahr ich lebe, ich lasse mich von
euch nicht befragen – Spruch Gottes, des
Herrn. 4 Willst du nicht über sie Gericht hal-
ten, Menschensohn, willst nicht du Gericht
halten? Mach ihnen die Gräueltaten ihrer
Väter bewusst 5 und sag zu ihnen: So spricht
Gott, der Herr: An dem Tag, als ich Israel er-
wählt habe, erhob ich meine Hand, (um) den
Nachkommen des Hauses Jakob (einen Eid
zu leisten). Ich offenbarte mich ihnen in
Ägypten. Ich erhob meine Hand (zum
Schwur) und sprach: Ich bin der Herr, euer
Gott.
6 An jenem Tag erhob ich meine Hand
(zum Schwur), dass ich sie aus Ägypten he-
rausführe in ein Land, das ich für sie erkun-
dete, in dem Milch und Honig fließen, ein
Schmuckstück unter allen Ländern. 7 Und
ich sagte zu ihnen: Ihr alle, werft die Götzen
weg, an denen eure Augen hängen. Macht
euch nicht unrein durch die Gräueltaten
Ägyptens! Ich bin der Herr, euer Gott. 8 Sie
aber widersetzten sich mir und wollten nicht
auf mich hören. Keiner warf die Götzen weg,
an denen seine Augen hingen, und sie sagten
sich nicht los von den Götzen Ägyptens. Da
sagte ich: Ich will meinen Zorn über sie aus-
gießen und meinen Grimm an ihnen auslas-
sen, mitten in Ägypten. 9 Aber dann handelte
ich um meines Namens willen anders; ich
wollte ihn nicht entweihen vor den Augen
der Völker, in deren Mitte sie lebten und vor
deren Augen ich mich ihnen offenbarte, als
ich sie aus Ägypten herausführte.
10 Ich führte sie aus Ägypten heraus,
brachte sie in die Wüste 11 und gab ihnen
meine Gesetze. Ich gab ihnen meine Rechts-
vorschriften bekannt, die der Mensch befol-
gen muss, damit er durch sie am Leben
bleibt. 12 Auch meine Sabbat-Tage gab ich
ihnen zum Zeichen (des Bundes) zwischen
mir und ihnen. Daran sollte man erkennen,
dass ich, der Herr, Israel heilige. 13 Aber das
Haus Israel widersetzte sich mir in der Wüs-
te. Sie lebten nicht nach meinen Gesetzen
und wiesen meine Rechtsvorschriften zu-
rück, die der Mensch befolgen muss, damit er
durch sie am Leben bleibt. Auch meine Sab-
bat-Tage entweihten sie völlig. Da sagte ich:
Ich will in der Wüste über sie meinen Zorn
ausgießen und sie vernichten. 14 Aber ich
handelte anders um meines Namens willen;
ich wollte ihn nicht entweihen vor den Völ-
kern, vor deren Augen ich sie (aus Ägypten)
herausgeführt hatte. 15 Doch in der Wüste er-
hob ich meine Hand (zum Schwur), dass ich
sie nicht in das Land bringe, das ich für sie
bestimmt hatte, in das Land, wo Milch und

19,7 Er zerbrach ihre Burgen: Text korr., vgl. G.
19,10 im Garten: Text korr.; H: in deinem Blut.
20,15 für sie: ergänzt nach den alten Übersetzungen und H-Handschriften.

Honig fließen, das Schmuckstück unter allen Ländern. 16 Denn sie wiesen meine Rechtsvorschriften zurück, sie lebten nicht nach meinen Gesetzen und entweihten meine Sabbat-Tage, weil ihr Herz hinter den Götzen her war. 17 Aber mein Auge zeigte Mitleid mit ihnen: Ich rottete sie nicht völlig aus in der Wüste.

18 Zu ihren Söhnen sagte ich in der Wüste: Lebt nicht nach den Gesetzen eurer Väter, achtet nicht auf ihre Rechtsvorschriften und macht euch nicht unrein an ihren Götzen! 19 Ich bin der Herr, euer Gott. Lebt nach meinen Gesetzen, achtet auf meine Rechtsvorschriften und befolgt sie! 20 Haltet meine Sabbat-Tage heilig; sie sollen das Zeichen (des Bundes) zwischen mir und euch sein. Daran wird man erkennen, dass ich, der Herr, euer Gott bin. 21 Aber die Söhne widersetzten sich mir. Sie lebten nicht nach meinen Gesetzen und sie beachteten und befolgten meine Rechtsvorschriften nicht, die der Mensch befolgen muss, damit er durch sie am Leben bleibt. Meine Sabbat-Tage entweihten sie. Da sagte ich: Ich werde in der Wüste meinen Zorn über sie ausgießen und meinen Grimm an ihnen auslassen. 22 Aber ich zog meine Hand zurück und handelte anders, um meines Namens willen; ich wollte ihn nicht vor all den Völkern entweihen, vor deren Augen ich sie (aus Ägypten) herausgeführt hatte. 23 Doch ich erhob in der Wüste meine Hand (zum Schwur), dass ich sie unter die Völker zerstreuen und in alle Länder vertreiben werde, 24 weil sie meine Rechtsvorschriften nicht befolgten, meine Gesetze ablehnten und meine Sabbat-Tage entweihten und weil ihre Augen hinter den Götzen ihrer Väter her waren. 25 Auch gab ich ihnen Gesetze, die nicht gut waren, und Rechtsvorschriften, die es ihnen unmöglich machten, am Leben zu bleiben. 26 Ich machte sie unrein durch ihre Opfergaben; sie ließen nämlich alle Erstgeborenen durch das Feuer gehen. Ich wollte ihnen Entsetzen einjagen; denn sie sollten erkennen, dass ich der Herr bin.

27 Darum sprich zum Haus Israel, Menschensohn, und sag zu ihnen: So spricht Gott, der Herr: Eure Väter haben mich auch dadurch verhöhnt, dass sie mir untreu wurden. 28 Als ich sie in das Land gebracht hatte – ich hatte ja meine Hand erhoben (und geschworen), es ihnen zu geben –, schlachteten sie, sobald sie irgendeinen hohen Hügel und einen dichtbelaubten Baum sahen, dort ihre Opfer; dort brachten sie ihre ärgerlichen Gaben dar, legten ihre duftenden Spenden nieder, um mich zu beruhigen, und gossen dort ihre Trankopfer aus. 29 Da sagte ich zu ihnen: Was ist das schon, die Höhe, zu der ihr kommt? – Deshalb wird ein solcher Platz bis zum heutigen Tag Kulthöhe genannt.

30 Darum sag zum Haus Israel: So spricht Gott, der Herr: Wie schon eure Väter, so macht auch ihr euch unrein und lauft in eurer Untreue ihren Götzen nach. 31 Wenn ihr eure Gaben darbringt, eure Söhne durch das Feuer gehen lasst, wenn ihr euch bis zum heutigen Tag immer wieder unrein macht mit all euren Götzen, soll ich mich dann von euch befragen lassen, ihr vom Haus Israel? So wahr ich lebe – Spruch Gottes, des Herrn –, ich lasse mich von euch nicht befragen. 32 Niemals soll geschehen, was euch eingefallen ist, als ihr sagtet: Wir wollen wie die anderen Völker sein, wie die Völkerstämme in anderen Ländern, und wollen Holz und Stein verehren. 33 So wahr ich lebe – Spruch Gottes, des Herrn: Ich will mit starker Hand und hoch erhobenem Arm über euch als König herrschen und dabei meinen Zorn über euch ausgießen. 34 Ich will euch mit starker Hand und hoch erhobenem Arm aus den Völkern herausführen und aus den Ländern, in die ihr zerstreut seid, sammeln und dabei meinen Zorn über euch ausgießen. 35 Ich bringe euch in die Wüste der Völker; dort trete ich euch von Angesicht zu Angesicht als Richter gegenüber. 36 Wie ich mit euren Vätern in der Wüste Ägyptens ins Gericht gegangen bin, so will ich auch mit euch ins Gericht gehen – Spruch Gottes, des Herrn. 37 Ich lasse euch unter dem Hirtenstab an mir vorbeiziehen und zähle euch ab.

38 Die Abtrünnigen und alle, die sich gegen mich auflehnten, sondere ich von euch ab. Ich führe sie zwar aus dem Land, in dem sie als Fremde leben, heraus, in das Land Israel aber werden sie nicht kommen; dann werdet ihr erkennen, dass ich der Herr bin.

39 Ihr aber vom Haus Israel – so spricht Gott, der Herr –, geht doch alle und dient eu-

20,25 Nach V. 26 denkt Ezechiel hier an das Gesetz über die Erstgeburtsopfer. In Notzeiten brachte man die erstgeborenen Kinder als Opfer dar, obwohl nach Ex 34,19f die menschliche Erstgeburt durch ein Tier auszulösen ist.

20,29 die Höhe, hebräisch bamáh, sonst mit »Kulthöhe« übersetzt. In H Wortspiel mit bamáh, aus dem man auch die Wörter für »was« und »kommen« heraushören konnte.

20,37 und zähle euch ab: Text korr.; vgl. G; der Text ist unklar.

20,38 Der letzte Satz korr. nach den alten Übersetzungen und einigen hebräischen Handschriften.

20,39 werdet ihr auf mich hören: Text korr.; H: werdet ihr nicht auf mich hören.

ren Götzen! Doch später werdet ihr auf mich
hören und meinen heiligen Namen nicht
mehr mit euren Opfergaben und mit euren
Götzen entweihen. 40 Denn auf meinem heili-
gen Berg, auf dem hohen Berg Israels –
Spruch Gottes, des Herrn –, dort im Land
wird mir das ganze Haus Israel dienen. Dort
will ich sie gnädig annehmen und dort forde-
re ich eure Abgaben und Erstlingsopfer mit
all euren heiligen Gaben. 41 Beim beruhigen-
den Duft eurer Opfer will ich euch gnädig
annehmen. Wenn ich euch aus den Völkern
herausführe und aus den Ländern sammle,
in die ihr zerstreut seid, werde ich mich vor
den Augen der Völker an euch als heilig er-
weisen. 42 Ihr sollt erkennen, dass ich der
Herr bin, wenn ich euch in das Land Israel
bringe; denn ich habe meine Hand erhoben
(zum Schwur), dieses Land euren Vätern zu
geben. 43 Dort werdet ihr euch an euer Ver-
halten und an all eure Taten erinnern, durch
die ihr euch unrein gemacht habt, und es
wird euch ekeln vor euch selbst wegen all der
bösen Taten, die ihr begangen habt. 44 Ihr
werdet erkennen, dass ich der Herr bin,
wenn ich um meines Namens willen so an
euch handle und nicht nach eurem verkehr-
ten Verhalten und nach euren verwerflichen
Taten, ihr vom Haus Israel – Spruch Gottes,
des Herrn.

1: 8,1; 14,1.3 • 4: 22,2; 23,36; 16,2 • 5: Dtn 7,6 • 6: Ex 3,8 • 7: Jos 24,14.23 • 9: 20,14; 36,21f • 11: Lev 18,5 • 12: Ex 31,13–17 • 13: Ex 14,11 • 14: 20,9; Ex 32,11f • 15: Num 14,28–30; Ps 95,11 • 22: 20,14 • 26: Lev 18,21 • 28: 6,13; Dtn 12,2 • 32: 1 Sam 8,5 • 33: Jer 21,5 • 35: Hos 2,16; Num 14,22–38 • 37: Lev 27,32; Jer 33,13 • 43: 36,31f • 44: 20,14.

Das Gleichnis vom Waldbrand: 21,1–5

21 Das Wort des Herrn erging an mich:
2 Menschensohn, richte dein Gesicht
nach Süden, weissage gegen das Südland,
tritt als Prophet auf gegen den Wald im Sü-
den 3 und sag zum Wald des Südlands: Höre
das Wort des Herrn: So spricht Gott, der
Herr: Ich will Feuer an dich legen, jeden grü-
nen Baum und jeden dürren Baum in dir
wird es verzehren. Seine lodernde Flamme
wird nicht erlöschen. Alle Gesichter sollen
von ihr versengt werden, vom Süden bis zum
Norden. 4 Dann wird jeder Sterbliche sehen,
dass ich, der Herr, das Feuer entfacht habe.
Und es wird nicht erlöschen. 5 Da sagte ich:
Ach, Herr und Gott, sie sagen über mich: Er
redet ja immer nur in Gleichnissen.

3: Jer 21,14.

Das Lied vom Schwert des Herrn: 21,6–22

6 Das Wort des Herrn erging an mich:
7 Menschensohn, richte dein Gesicht gegen
Jerusalem, weissage gegen sein Heiligtum,
tritt als Prophet auf gegen das Land Israel
8 und sag zu ihm: So spricht Gott, der Herr:
Nun gehe ich gegen dich vor. Ich ziehe mein
Schwert aus der Scheide und rotte bei dir die
Gerechten ebenso wie die Schuldigen aus.
9 Weil ich bei dir die Gerechten und die
Schuldigen ausrotten will, deshalb wird
mein Schwert aus seiner Scheide fahren, ge-
gen jeden Sterblichen vom Süden bis zum
Norden. 10 Dann werden alle Sterblichen er-
kennen, dass ich, der Herr, mein Schwert aus
der Scheide gezogen habe. Es wird nicht
mehr in die Scheide zurückkehren. 11 Du,
Menschensohn, stöhne: Stöhne mit gebro-
chenen Hüften und in bitterem Schmerz vor
ihren Augen. 12 Wenn sie dann zu dir sagen:
Warum stöhnst du?, antworte: Weil eine
Nachricht kommt, bei der jedes Herz ver-
zagt, alle Hände kraftlos heruntersinken, bei
der jeder Atem stockt und an allen Knien
das Wasser herabläuft. Seht, es kommt und
geschieht – Spruch Gottes, des Herrn.

13 Das Wort des Herrn erging an mich:
14 Menschensohn, tritt als Prophet auf und
sag: So spricht Gott, der Herr: Sag:

Ein Schwert, ein Schwert, / geschärft und
poliert.

15 Zum Schlachten, zum Schlachten ist es
geschärft; / um wie ein Blitz zu leuchten, ist
es poliert.

[Oder sollen wir uns freuen? / Der Stock
meines Sohnes verachtet jedes andere
Holz.]

16 Man gab es zum Polieren, dann packt es
die Faust, / ein Schwert, geschärft und po-
liert / für des Henkers Hand.

17 Schrei und heule, Menschensohn! /
Denn es richtet sich gegen mein Volk, / gegen
alle Fürsten von Israel.

Dem Schwert sind sie verfallen, / sie und
mein Volk.

Darum schlag auf die Hüfte! / 18 Denn es
wurde erprobt.

[Doch was wird, wenn auch der verach-
tende Stock nicht mehr ist?] – / Spruch Got-
tes, des Herrn.

19 Du, Menschensohn, sprich als Prophet /
und schlag die Hände zusammen!

Verdoppelt wird das Schwert, ja verdrei-
facht. / Ein Schwert zum Morden ist es, zum

21,3 Das Bild vom Wald im Südland meint Juda und Jerusalem.

21,15.18 Text des Zusatzes verderbt und unverständlich.

Morden, / das gewaltige Schwert, das sie durchbohrt.

20 Das Herz soll verzagen und viele sollen straucheln. / An all ihren Toren habe ich dem Schwert zu schlachten befohlen.

Ja, zum Blitzen bist du gemacht, / zum Schlachten poliert.

21 Zeig, dass du scharf bist! / Zucke nach rechts und nach links, / wohin deine Schneide gelenkt wird.

22 Auch ich schlage die Hände zusammen; / meinen Zorn will ich stillen. – / Ich, der Herr, habe gesprochen.

12: 7,17.

Eine weitere symbolische Handlung: Das Schwert des Königs von Babel: 21,23–37

23 Das Wort des Herrn erging an mich: 24 Du, Menschensohn, mach dir zwei Wege, auf denen das Schwert des Königs von Babel kommt. Sie sollen beide vom gleichen Land ausgehen. Am Anfang der beiden Wege stell einen Wegweiser zu je einer Stadt auf! 25 Gib die Richtung an, die das Schwert einschlagen kann: entweder Rabbat-Ammon oder Juda mit dem befestigten Jerusalem. 26 Denn der König von Babel steht an der Wegscheide, am Anfang der zwei Wege, und lässt das Orakel entscheiden: Er schüttelt die Pfeile, befragt die Götterbilder und hält Leberschau. 27 In seiner rechten Hand hält er den Entscheid des Orakels: Jerusalem. Jetzt wird er die Sturmböcke aufstellen, das Kampflied anstimmen, das Kriegsgeschrei erheben, die Sturmböcke auf die Tore richten, einen Damm aufschütten und Belagerungstürme bauen. 28 Doch in den Augen der Leute (von Jerusalem) ist das Orakel bedeutungslos. Für sie galten heilige Eide, darum wird er (der König von Babel) sie an ihre Schuld erinnern und sie packen. 29 Darum – so spricht Gott, der Herr: Ihr habt selbst an eure Schuld erinnert – eure Vergehen liegen offen zutage, eure Sünden sind samt all euren Untaten ans Licht gekommen –, und weil ihr überführt seid, wird man euch mit Gewalt packen. 30 Du entweihter, verbrecherischer Fürst von Israel, für den der Tag gekommen ist, die Zeit der endgültigen Abrechnung! 31 So spricht Gott, der Herr: Weg mit dem Turban, herunter mit der Krone! Nichts soll bleiben, wie es ist. Das Niedrige wird hoch, das Hohe wird niedrig. 32 Zu Trümmern, Trümmern, Trümmern mache ich die Stadt. [Auch dies geschieht nicht, bis der kommt, der auf sie ein Anrecht hat und dem ich sie geben will.]

33 Du aber, Menschensohn, sprich als Prophet und sag: So spricht Gott, der Herr, über die Ammoniter und ihr Hohngelächter. Du sollst sagen: Schwert, Schwert, gezückt zum Schlachten, poliert, um ganze Arbeit zu tun, um wie ein Blitz einzuschlagen. 34 Während sie noch für dich leere Visionen haben und dir falsche Orakel verkünden, ist den todgeweihten Verbrechern das Schwert schon an den Hals gelegt; jetzt ist für sie der Tag gekommen, die Zeit der endgültigen Abrechnung. 35 Steck das Schwert in die Scheide! An dem Ort, wo du erschaffen wurdest, im Land deiner Herkunft will ich dich richten. 36 Ich gieße meinen Groll über dich aus, das Feuer meines Zorns will ich gegen dich entfachen. Ich liefere dich grausamen Menschen aus, die ihr mörderisches Handwerk verstehen. 37 Das Feuer soll dich verzehren. Mitten im Land soll dein Blut fließen. An dich wird sich niemand erinnern. Denn ich, der Herr, habe gesprochen.

31: Jes 40,4.

Anklage gegen Jerusalem: 22,1–16

22 Das Wort des Herrn erging an mich: 2 Du, Menschensohn, willst du das Urteil sprechen, willst du das Urteil sprechen über die Stadt voll Blutschuld, willst du ihr alle ihre Gräueltaten bewusst machen, 3 dann sag zu ihr: So spricht Gott, der Herr: Du Stadt, die in ihrer Mitte Blut vergießt, sodass die Zeit (des Gerichts) über sie kommt, und die sich Götzen macht und dadurch unrein wird: 4 Durch das Blut, das du vergossen hast, bist du schuldig geworden und durch die Götzen, die du gemacht hast, bist du unrein geworden. Du hast dafür gesorgt, dass die Tage (deines Gerichts) nahe gerückt sind; so bist du ans Ende deiner Jahre gekommen. Deshalb mache ich dich zu einem Zeichen der Schande unter den Völkern und des höhnischen Spottes in allen Ländern. 5 Nah und Fern verhöhnt dich; denn dein Name ist befleckt und deine Bestürzung ist groß. 6 Jeder der Fürsten Israels strebt mit aller Macht danach, in dir Blut zu vergießen. 7 In dir verachtet man Vater und Mutter. In deiner Mitte beutet man die Fremden aus. In dir unterdrückt man Waisen und Witwen.

21,20 Text unsicher.
21,21 Zeig, dass du scharf bist: Text korr.; vgl. G.
21,27 das Kampflied anstimmen: Text korr. nach G; H ist unklar.
21,32 Sinn des Zusatzes unklar. Im Blick auf V. 31, dritter Satz, könnte an eine messianische Zukunft gedacht sein (vgl. Gen 49,10).

8 Was mir heilig ist, verachtest du. Meine
Sabbat-Tage entweihst du. 9 In dir gibt es
Verleumder, die Blut vergießen wollen. Man
hält bei dir auf den Bergen Opfermahlzeiten
ab. Schandtaten verübt man bei dir: 10 Man
schändet die Frau des Vaters, man miss-
braucht bei dir Frauen während ihrer Blu-
tung. 11 Der eine treibt abscheuliche Dinge
mit der Frau seines Nächsten; ein anderer
begeht die Schandtat, seine Schwiegertoch-
ter unrein zu machen, wieder ein anderer
missbraucht seine Schwester, die Tochter
seines Vaters. 12 Bei dir lässt man sich beste-
chen und vergießt dadurch Blut. Du nimmst
Zins und treibst Wucher und erpresst deinen
Nächsten. Mich aber hast du vergessen –
Spruch Gottes, des Herrn.

13 Ich schlage meine Hände zusammen we-
gen des Gewinns, den du gemacht hast, und
wegen der Morde, die in deiner Mitte gesche-
hen sind. 14 Wird dein Herz standhalten kön-
nen, werden deine Hände stark bleiben in
den Tagen, in denen ich gegen dich vorgehe?
Ich, der Herr, habe gesprochen und ich führe
es aus. 15 Ich zerstreue deine Einwohner un-
ter die Völker und vertreibe sie in alle Län-
der, ich mache der Unreinheit bei dir ein
Ende. 16 Durch deine eigene Schuld bist du
entweiht vor den Augen der Völker und du
wirst erkennen, dass ich der Herr bin.

2: 20,4; 23,36 • 4: 5,14 • 7: Ex 22,21f • 9: 18,5–9 • 10: Lev 18,20; 20,10 • 11: Lev 18,15; 20,12; 18,9; 20,17 • 12: Ex 22,24; Lev 25,36; Dtn 23,20 • 15: Lev 26,33.

Der Schmelzofen des göttlichen Zorns: 22,17–22

17 Das Wort des Herrn erging an mich:
18 Menschensohn, das Haus Israel ist für
mich zu Schlacke geworden. Sie alle sollten
Silber, Kupfer und Zinn, Eisen und Blei im
Schmelzofen sein; doch sie sind Schlacke.
19 Darum – so spricht Gott, der Herr: Weil ihr
alle zu Schlacke geworden seid, werde ich
euch mitten in Jerusalem sammeln. 20 Wie
man Silber, Kupfer, Eisen, Blei und Zinn im
Schmelzofen zusammentut und darunter das
Feuer anzündet, um alles zum Schmelzen zu
bringen, so will ich euch in meinem Zorn und
Grimm zusammentun, will euch in den Ofen
legen und euch zum Schmelzen bringen.
21 Ich tue euch alle zusammen hinein und las-
se das Feuer meines Zorns gegen euch auflo-
dern; darin werdet ihr dann schmelzen.
22 Wie Silber im Schmelzofen schmilzt, so
werdet ihr darin zum Schmelzen gebracht.
Dann erkennt ihr, dass ich, der Herr, meinen
Zorn über euch ausschütte.

8: Jes 1,22–25; Jer 6,28.

Die Verderbtheit aller Schichten des Volkes: 22,23–31

23 Das Wort des Herrn erging an mich:
24 Menschensohn, sag zu dem Land: Du bist
ein Land, das nicht vom Regen begossen,
nicht benetzt wird am Tag des Zorns. 25 Mit-
ten in ihm sind seine Fürsten wie brüllende
Löwen, die auf Beute aus sind. Sie fressen
Menschen, nehmen Schätze und Kostbarkei-
ten an sich und machen viele Frauen im
Land zu Witwen. 26 Seine Priester vergewal-
tigen mein Gesetz. Sie entweihen, was mir
heilig ist. Zwischen heilig und nicht heilig
machen sie keinen Unterschied. Sie belehren
niemand mehr über unrein und rein und vor
meinen Sabbat-Tagen verschließen sie die
Augen. So werde ich mitten unter ihnen ent-
weiht. 27 Mitten in ihm sind seine Beamten
wie Wölfe, die auf Beute aus sind; sie vergie-
ßen Blut und richten Menschenleben zu-
grunde, um Gewinn zu machen. 28 Seine
Propheten aber übertünchen ihnen alles. Sie
haben nichtige Visionen, verkünden ihnen
falsche Orakel und sagen: So spricht Gott,
der Herr – obwohl der Herr gar nicht gespro-
chen hat.

29 Die Bürger des Landes erpressen und
rauben. Sie beuten die Schwachen und Ar-
men aus und erpressen die Fremden gegen
jedes Recht. 30 Da suchte ich unter ihnen ei-
nen Mann, der eine Mauer baut oder für das
Land in die Bresche springt und mir entge-
gentritt, damit ich es nicht vernichten muss;
aber ich fand keinen. 31 Darum schütte ich
meinen Groll über sie aus. Ich vernichte sie
im Feuer meines Zorns. Ihr Verhalten lasse
ich auf sie selbst zurückfallen – Spruch Got-
tes, des Herrn.

25: Zef 3,3f • 28: 13,3–10 • 31: 9,10; 11,21; 16,43.

Das Gleichnis von den schamlosen Schwestern Israel und Juda: 23,1–49

23 Das Wort des Herrn erging an mich:
2 Menschensohn! Es waren einst zwei
Frauen, Töchter der gleichen Mutter. 3 Sie
trieben Unzucht in Ägypten, schon in ihrer
Jugend trieben sie Unzucht; dort griff man
nach ihren Brüsten, dort streichelte man
ihre jugendliche Brust. 4 Die ältere hieß
Ohola, ihre Schwester Oholiba. Sie wurden

22,18 Text korr.
22,25 sind seine Fürsten: Text korr. nach G; H: ist die Verschwörung seiner Propheten.

23,4 Die beiden Namen, abgeleitet von ohel (= Zelt), besagen, dass die beiden Frauen zu den in Zelten lebenden Nomaden gehören. Den Namen Ohola

meine Frauen und gebaren Söhne und Töch-
ter. Der Name Ohola meint Samaria, Oholiba
Jerusalem. 5 Ohola wurde mir untreu. Sie
hatte Verlangen nach ihren Liebhabern, den
kriegerischen Assyrern, 6 den in Purpur ge-
kleideten Statthaltern und Herren; alle wa-
ren begehrenswerte junge Männer, Reiter
hoch zu Ross. 7 Auf sie richtete sie ihr un-
züchtiges Verlangen. Sie alle gehörten zu
den Tüchtigsten unter den Assyrern. Mit al-
len, nach denen sie Verlangen hatte, und mit
all ihren Götzen machte sie sich unrein. 8 Die
Unzucht, die sie in Ägypten getrieben hatte,
gab sie nicht auf; denn schon als sie noch
jung war, lagen die Ägypter bei ihr, drückten
ihre jugendlichen Brüste und besudelten sie
mit ihrer Unzucht. 9 Darum gab ich sie in die
Gewalt ihrer Liebhaber, in die Gewalt der
Assyrer, nach denen sie Verlangen hatte.
10 Sie entblößten ihre Scham, nahmen ihr die
Söhne und Töchter weg und erschlugen sie
selbst mit dem Schwert. So wurde sie zum
warnenden Beispiel für alle Frauen und man
vollstreckte an ihr das Urteil.

11 All das sah ihre Schwester Oholiba;
trotzdem trieb sie es in ihrer Gier noch toller
als sie und war in ihrer Schamlosigkeit noch
schlimmer als sie. 12 Auch sie hatte Verlan-
gen nach den Assyrern, nach den Statthal-
tern und Herren, den prächtig gekleideten
Kriegern, den Reitern hoch zu Ross. Alle wa-
ren begehrenswerte junge Männer. 13 Ich sah,
dass sie sich unrein machte. Beide trieben es
gleich. 14 Doch Oholiba ging noch weiter in
ihrem unzüchtigen Treiben: Sie sah mit
Mennig gemalte Wandzeichnungen chaldäi-
scher Männer, 15 die um die Hüften einen
Lendenschurz und auf dem Kopf einen he-
rabhängenden Kopfbund trugen. Alle sahen
aus wie Helden, wie Babylonier [Chaldäa ist
ihre Heimat]. 16 Als ihre Augen sie sahen, er-
wachte in ihr die Gier und sie schickte Boten
zu ihnen nach Chaldäa. 17 Die Söhne Babels
kamen zu ihrem Liebeslager und machten
sie unrein mit ihrer Unzucht. Als sie aber
durch sie unrein geworden war, wandte sie
sich jäh von ihnen ab.

18 Weil sie so offen ihre Unzucht trieb und
ihre Scham entblößte, wandte auch ich mich
jäh von ihr ab, wie ich mich von ihrer Schwes-
ter abgewandt hatte. 19 Sie jedoch ging noch
weiter in ihrem unzüchtigen Treiben. Sie
dachte an die Tage ihrer Jugend, als sie in
Ägypten Unzucht getrieben hatte. 20 Und es
erwachte in ihr die Gier nach ihren Liebha-
bern, deren Glieder wie die Glieder der Esel
und deren Erguss wie der Erguss der Hengs-
te waren. 21 Du hattest nämlich das schänd-
liche Treiben deiner Jugend vermisst, als die
Ägypter nach deinen Brüsten griffen und
deine jugendliche Brust streichelten.

22 Darum, Oholiba – so spricht Gott, der
Herr –, hetze ich deine Liebhaber, von denen
du dich jäh abgewandt hast, gegen dich auf,
von allen Seiten führe ich sie gegen dich he-
ran: 23 die Söhne Babels und alle Chaldäer,
Männer aus Pekod, Schoa und Koa, dazu alle
Assyrer, begehrenswerte junge Männer, lau-
ter Statthalter und Herren, Helden und
Krieger, alle hoch zu Ross. 24 In Scharen
überfallen sie dich mit Reitern und Wagen
und einem Heer aus vielen Völkern. Mit
Langschilden, Rundschilden und Helmen
bewaffnet, umstellen sie dich. Dann lege ich
ihnen den Fall vor, damit sie nach ihrem
Recht über dich richten. 25 Ich lasse dich
meine Eifersucht fühlen, damit sie an dir voll
Grimm die Strafe vollziehen: Nase und Oh-
ren werden sie dir abschneiden. Was von dir
übrig bleibt, fällt unter dem Schwert. Sie
nehmen dir die Söhne und Töchter weg. Was
dann noch übrig ist von dir, wird vom Feuer
verzehrt. 26 Sie ziehen dir die Kleider aus
und nehmen dir deinen Schmuck weg. 27 So
mache ich deinem schändlichen Treiben und
deiner Unzucht, die du schon in Ägypten ge-
trieben hast, ein Ende. Du sollst deine Lieb-
haber nicht mehr ansehen und nie mehr an
Ägypten denken.

28 Denn – so spricht Gott, der Herr – ich
will dich in die Gewalt derer geben, gegen
die du jetzt voll Hass bist, in die Gewalt de-
rer, von denen du dich jäh abgewandt hast.
29 Sie werden voll Hass gegen dich vorgehen
und dir alles nehmen, was du mühsam er-
worben hast. Sie werden dich nackt und bloß
zurücklassen, deine lüsterne, schändliche
und unzüchtige Scham wird entblößt sein.
30 Das tut man dir an, weil du den Völkern so
unzüchtig nachgelaufen bist und dich mit ih-
ren Götzen unrein gemacht hast. 31 Auf dem
Weg deiner Schwester bist du gegangen, da-
rum gebe ich dir ihren Becher in die Hand.

32 So spricht Gott, der Herr:

---

konnte man deuten als »ihr Zelt«, Oholiba als »mein (Gottes) Zelt in ihr«, Anspielungen auf den unrechtmäßigen Kult Samarias und den rechtmäßigen in Jerusalem.

23,21b Sinngemäß übersetzt nach V. 3 und V. 8.

23,23 Krieger, wörtlich: die Aufgebotenen. – Pekod, Schoa und Koa sind Völkerschaften im Osten Babyloniens.

23,31–34 Der Becher mit dem bitteren Trank ist Bild für das Strafgericht Gottes, das über Samaria bereits hereingebrochen ist.

Den Becher deiner Schwester sollst du lee-
ren, / den tiefen und weiten, der viel fasst. /
[Zum Gelächter und Gespött sollst du wer-
den.]
33 Von Trunkenheit und Qual wirst du voll
sein. / Ein Becher des Grauens und des
Schauderns / ist der Becher deiner Schwes-
ter Samaria.
34 Du sollst ihn leertrinken, ja ausschlür-
fen, / du sollst seine Scherben zerbeißen /
und dir die Brüste zerreißen.
Denn ich habe gesprochen – Spruch Got-
tes, des Herrn.
35 Darum – so spricht Gott, der Herr: Weil
du mich vergessen und mich gänzlich ver-
worfen hast, sollst auch du die Strafe für
deine Unzucht und dein schändliches Trei-
ben erleiden.
36 Der Herr sagte zu mir: Menschensohn,
willst du über Ohola und Oholiba zu Gericht
sitzen? Dann halt ihnen ihre Gräueltaten
vor: 37 Sie haben die Ehe gebrochen und an
ihren Händen klebt Blut. Mit ihren Götzen
haben sie Ehebruch begangen, sogar ihre
Söhne, die sie mir geboren hatten, ließen sie
durch das Feuer gehen, den Götzen zum
Fraß. 38 Noch mehr taten sie mir an: Am glei-
chen Tag haben sie mein Heiligtum unrein
gemacht und meine Sabbat-Tage entweiht.
39 Denn noch am selben Tag, an dem sie ihre
Söhne den Götzen schlachteten, kamen sie in
mein Heiligtum und entweihten es. Ja, so
trieben sie es in meinem Haus.
40 Sogar in weite Ferne hast du Boten ge-
schickt und Männer zu dir eingeladen. Als
sie kamen, hast du ihretwegen gebadet,
deine Augen geschminkt und deinen
Schmuck angelegt. 41 Du hast dich auf ein
prunkvolles Lager gesetzt; davor stand ein
Tisch bereit, auf den du meinen Weihrauch
und mein Öl gestellt hattest. 42 Der Lärm ei-
ner sorglosen Menge umgab sie; denn laut
zechten die Männer, die Unzahl von Men-
schen, die man aus der Wüste herbeigeholt
hatte. Sie legten den beiden Schwestern
Spangen an die Arme und setzten ihnen
prächtige Kronen auf. 43 Ich dachte: So ha-
ben sie die Ehe gebrochen; wie eine Dirne es
treibt, so treiben sie Unzucht. 44 Die Männer
gingen zu ihr, wie man zu einer Dirne geht.
So gingen sie zu Ohola und Oholiba, den
schamlosen Frauen. 45 Doch gerechte Män-
ner werden ihnen das Urteil sprechen nach
der Rechtsvorschrift für Ehebrecherinnen
und Mörderinnen. Denn sie haben Ehebruch
begangen und an ihren Händen klebt Blut.
46 Ja, so spricht Gott, der Herr: Man berufe
eine Volksversammlung gegen sie ein; sie
sollen misshandelt und ausgeraubt werden.
47 Die Volksversammlung soll sie steinigen
und mit Schwertern in Stücke hauen. Ihre
Söhne und Töchter soll man töten und ihre
Häuser verbrennen. 48 So mache ich dem
schändlichen Treiben im Land ein Ende, da-
mit alle Frauen gewarnt sind und nicht
ebenso schamlos handeln wie ihr. 49 Man
wird euch für euer schändliches Treiben
bestrafen und ihr müsst für die Sünden bü-
ßen, die ihr mit euren Götzen begangen habt.
Dann werdet ihr erkennen, dass ich Gott, der
Herr, bin.

3: 20,7f • 17: 2 Kön 20,12–19 • 32: Jes 51,17 • 35: Jer 2,32 • 36: 20,4 • 37: 16,20; Lev 18,21 • 45: 16,38.40; Lev 20,10.

WEITERE SYMBOLISCHE HANDLUNGEN: 24,1–27

Die vergebliche Reinigung der Stadt:
24,1–14

24 Am zehnten Tag des zehnten Monats
im neunten Jahr erging das Wort des
Herrn an mich: 2 Menschensohn, schreib dir
das Datum dieses Tages auf, genau den heu-
tigen Tag! Am heutigen Tag begann der Kö-
nig von Babel seinen Angriff auf Jerusalem.
3 Leg dem widerspenstigen Volk ein Gleich-
nis vor und sag zu ihnen: So spricht Gott, der
Herr:
Stell einen Kessel aufs Feuer, / stell ihn
auf; auch Wasser gieß ein!
4 Leg Fleisch hinein, / lauter gute Stücke,
Lende und Schulter! / Gib die besten Kno-
chen dazu!
5 Nimm auserlesene Schafe! / Auch Brenn-
holz leg ringsum unter den Kessel!
Lass die Fleischstücke kochen! / Auch die
Knochen koch mit!
6 Darum – so spricht Gott, der Herr: Weh
der Stadt voll Blutschuld, / weh dem verros-
teten Kessel
und weh dem Rost, der nicht abgeht. /
Stück für Stück nimm wahllos heraus!
7 Denn das Blut, das die Stadt vergoss, / ist
noch mitten in ihr.

23,43 H ist verderbt, die Übersetzung daher unsicher.

24,5 Brennholz: Text korr.; H: die Knochen. – koch mit: Text korr.; H: kochen sie.

An den nackten Felsen hat sie es hinge-
schüttet. / Nicht auf die Erde hat sie es ver-
gossen / und nicht mit Erde bedeckt,
8 sodass mein Zorn entbrannte und ich Ra-
che nahm: / Auf dem nackten Felsen ver-
gieße ich ihr Blut; / es wird nicht mit Erde
bedeckt.
9 Darum – so spricht Gott, der Herr:
Weh der Stadt voll Blutschuld. / Auch ich
schichte einen großen Holzstoß auf,
10 ich häufe das Holz, / ich entzünde das
Feuer,
ich koche das Fleisch, / ich gieße die Brühe
ab / [und die Knochen sollen verbrennen].
11 Dann stelle ich den Kessel leer auf die
Glut, damit das Metall sich erhitzt und
glüht, damit schmilzt, was an ihm unrein ist,
und der Rost verschwindet. 12 Doch umsonst
die Mühe: Der starke Rost geht im Feuer
nicht ab.
13 Wegen deiner Schandtaten und deiner
Unreinheit – weil ich dich rein machen woll-
te, du aber nicht frei wurdest von deiner Un-
reinheit – sollst du nicht mehr rein werden,
bis ich meinen Zorn an dir gestillt habe.
14 Ich, der Herr, habe gesprochen. Jetzt ist es
soweit, ich führe es aus. Ich sehe nicht taten-
los zu. Ich habe kein Mitleid, es reut mich
nicht. Nach deinem Verhalten und deinen
Taten will ich dich richten – Spruch Gottes,
des Herrn.

3–14: 11,3–13 • 6: 22,2 • 7: Lev 17,13; Ijob 16,18 • 13: 5,13 • 14: 5,11.

Die Zerstörung der Stadt: 24,15–27

15 Das Wort des Herrn erging an mich:
16 Menschensohn, ich nehme dir die Freude
deiner Augen durch einen jähen Tod. Doch
du sollst weder klagen noch weinen. Keine
Träne darfst du vergießen, 17 nur leise stöh-
nen. Keine Trauerfeier sollst du halten. Bin-
de deinen Kopfbund um und zieh deine
Schuhe an! Verhülle deinen Bart nicht, und
iss kein Trauerbrot!
18 Ich redete am Morgen zum Volk. Meine
Frau starb am Abend und ich tat am Morgen,
was mir befohlen war. 19 Da sagte das Volk
zu mir: Willst du uns nicht erklären, was
dein Verhalten für uns zu bedeuten hat?
20 Ich antwortete ihnen: Das Wort des Herrn
ist an mich ergangen. 21 Sag zum Haus Israel:
So spricht Gott, der Herr: Ich will mein
Heiligtum entweihen, den Zufluchtsort, auf
den ihr so stolz seid, die Freude eurer Augen
und die Sehnsucht eurer Seele. Eure Söhne
und Töchter, die ihr zurückgelassen habt,
werden unter dem Schwert fallen. 22 Dann
werdet ihr genauso handeln wie ich: Ihr wer-
det den Bart nicht verhüllen und kein Trau-
erbrot essen. 23 Euren Kopfbund werdet ihr
auf dem Kopf behalten und eure Schuhe an
den Füßen. Ihr werdet weder klagen noch
weinen, sondern wegen eurer Sünden dahin-
siechen und miteinander stöhnen. 24 Eze-
chiel wird ein Mahnzeichen für euch sein.
Genauso wie er gehandelt hat, werdet ihr
handeln; wenn das eintrifft, werdet ihr er-
kennen, dass ich Gott, der Herr, bin.
25 Du aber, Menschensohn, an jenem Tag,
wenn ich ihnen ihren Zufluchtsort nehme,
ihre Pracht und Wonne, die Freude ihrer Au-
gen und die Sehnsucht ihrer Seele, ihre Söh-
ne und Töchter, 26 an jenem Tag wird zu dir
ein Flüchtling kommen, um dir die Nach-
richt zu bringen. 27 Und an jenem Tag wird in
Gegenwart des Flüchtlings dein Mund geöff-
net. Du wirst reden und nicht mehr stumm
sein. So wirst du zu einem Mahnzeichen für
sie und sie werden erkennen, dass ich der
Herr bin.

26: 33,21 • 27: 12,6.11.

DIE DROHSPRÜCHE GEGEN DIE NACHBARVÖLKER: 25,1 – 32,32

Gegen die unmittelbaren Nachbarn Israels: 25,1 – 28,26

Gegen Ammon, Moab, Edom und die Philister: 25,1–17

25 Das Wort des Herrn erging an mich:
2 Menschensohn, richte dein Gesicht
gegen die Ammoniter, sprich als Prophet
über sie, 3 und sag zu ihnen: Hört das Wort
Gottes, des Herrn: So spricht Gott, der Herr:
Weil du gegen mein Heiligtum hin »Ha, ha«
geschrien hast, als es entweiht wurde, und
gegen das Land Israel, als es verwüstet wur-
de, und gegen das Haus Juda, als es ver-
schleppt wurde, 4 darum gebe ich dich jetzt
den Völkern des Ostens zum Besitz. Sie wer-
den ihre Zelte bei dir aufschlagen und ihre

24,10 ich gieße die Brühe ab: Text korr. nach G.
24,14 ich will dich richten: Text korr. nach den alten Übersetzungen und einigen H-Handschriften.
24,17 Trauerbrot: Text korr. nach Vg und der aramäischen Übersetzung; H: Menschenbrot.

Siedlungen bei dir errichten. Sie werden dei-
ne Früchte essen und deine Milch trinken.
5 Rabba mache ich zum Weideplatz der Ka-
mele und die Städte der Ammoniter zum La-
ger der Schafe und Ziegen. Dann werdet ihr
erkennen, dass ich der Herr bin. 6 Denn so
spricht Gott, der Herr: Weil du in die Hände
geklatscht und mit dem Fuß auf den Boden
gestampft hast, voll höhnischer Schaden-
freude über das Land Israel, 7 darum strecke
ich jetzt meine Hand gegen dich aus, ich
überlasse dich den Völkern zur Plünderung,
ich rotte dich aus unter den Nationen und
sorge dafür, dass du aus der Zahl der Länder
verschwindest; ich vernichte dich. Dann
wirst du erkennen, dass ich der Herr bin.

8 So spricht Gott, der Herr: Weil Moab und
Seïr sagen: Dem Haus Juda geht es wie allen
anderen Völkern!, 9 darum will ich die Flan-
ke Moabs aufreißen, sodass es bei ihm keine
Stadt mehr gibt von einem Ende zum an-
dern, nicht mehr Bet-Jeschimot, Baal-Meon
und Kirjatajim, die Zierde des Landes. 10 Zu-
sammen mit den Ammonitern gebe ich es den
Völkern des Ostens zum Besitz, sodass die
Ammoniter unter den Nationen nicht mehr
erwähnt werden 11 und ich an Moab das Ur-
teil vollstrecke. Dann werden sie erkennen,
dass ich der Herr bin.

12 So spricht Gott, der Herr: Weil Edom
sich am Haus Juda gerächt hat, weil es
Schuld auf sich geladen und Rache an ihm
genommen hat, 13 darum – so spricht Gott,
der Herr: Ich strecke meine Hand gegen
Edom aus, ich vernichte darin Mensch und
Tier und mache es zur Wüste. Von Teman bis
Dedan sollen sie unter dem Schwert fallen.
14 Ich lege meine Rache an Edom in die Hand
meines Volkes Israel. Sie werden an Edom
meinem Zorn und Grimm entsprechend han-
deln. Dann wird Edom meine Rache kennen
lernen – Spruch Gottes, des Herrn.

15 So spricht Gott, der Herr: Weil die Phi-
lister rachsüchtig waren und voll Verach-
tung Rache nahmen, um Juda aus uralter
Feindschaft zu vernichten, 16 darum – so
spricht Gott, der Herr: Ich will jetzt meine
Hand gegen die Philister ausstrecken, ich
will die Kereter ausrotten und die übrigen
Völker an der Küste vernichten. 17 Ich nehme
an ihnen gewaltige Rache mit grimmigen
Strafen. Dann werden sie erkennen, dass ich
der Herr bin, wenn ich mich an ihnen räche.

1–7: 21,33–37; Am 1,13–15; Jer 49,1–6 • 8–11: Jes 15; Jer 48 • 12–14: 35,1–15; Jer 49,7–22; Ps 137,7; Am 1,11f • 15–17: Jer 47; Jes 14,29–32; Am 1,6–8; Zef 2,4–7.

Gegen Tyrus: 26,1–21

26 Am ersten Tag des (zwölften) Monats
im elften Jahr erging das Wort des
Herrn an mich:
2 Menschensohn, weil Tyrus über Jerusa-
lem sagte: / Ha, das Tor zu den Völkern ist
zerbrochen;
alles fällt mir zu, jetzt kann ich mich mäs-
ten; / denn die Stadt ist verwüstet!,
3 darum – so spricht Gott, der Herr: / Jetzt
gehe ich gegen dich vor, Tyrus,
und lasse viele Völker gegen dich anbran-
den, / wie das Meer seine Wogen anbranden
lässt.
4 Sie zerstören die Mauern von Tyrus / und
seine Türme reißen sie ein.
Sein Erdreich schwemme ich weg, / zum
nackten Felsen mache ich Tyrus.
5 Ein Platz zum Trocknen der Netze / wird
es mitten im Meer;
denn ich habe gesprochen – Spruch Gottes,
des Herrn. / Es wird eine Beute der Völker.
6 Seine Töchter auf dem Festland werden /
vom Schwert erschlagen. / Dann wird man
erkennen, dass ich der Herr bin.
7 Denn so spricht Gott, der Herr:
Nebukadnezzar, den König von Babel, /
den König der Könige,
führe ich von Norden gegen Tyrus heran, /
mit Rossen und Wagen und Reitern, / mit ei-
nem großen Aufgebot, einem gewaltigen
Heer.
8 Deine Töchter auf dem Festland / wird er
mit dem Schwert erschlagen.
Er baut dir gegenüber einen Belagerungs-
wall, / schüttet einen Damm gegen dich auf /
und errichtet ein Schilddach.
9 Seinen Sturmbock setzt er an / zum Stoß
gegen deine Mauern, / deine Türme reißt er
mit Brecheisen ein.
10 Eine Staubwolke wird dich bedecken, /
so viele Pferde hat er.
Unter dem Dröhnen der Reiter und Räder
und Wagen / erzittern deine Mauern,
wenn er durch deine Tore eindringt, / wie
man eindringt in eine Stadt voller Bre-
schen.
11 Mit den Hufen seiner Pferde / zer-
stampft er all deine Straßen.

25,9 Die hier genannten Städte liegen östlich des Toten Meeres.

25,13 Die Lage von Teman ist nicht mehr zu bestimmen; es lag aber in Edom; Dedan ist ein Gebiet südlich von Edom.

25,16 Die Kereter sind eine Gruppe innerhalb der Philister; »ausrotten« und »Kereter« bilden in H ein Wortspiel.

26,9 Tyrus wurde von Nebukadnezzar dreizehn Jahre lang belagert.

Mit dem Schwert erschlägt er dein Volk /
und deine mächtigen Säulen stürzt er zu Bo-
den.
12 Sie plündern deinen Besitz / und rauben
dir deine Waren.
Deine Mauern reißen sie ein. / Sie zerstö-
ren die prächtigen Bauten.
Deine Steine, deine Balken, deinen ganzen
Schutt / werfen sie mitten ins Meer.
13 So mache ich deinen lärmenden Liedern
ein Ende, / vom Klang deiner Zithern ist
nichts mehr zu hören.
14 Zum nackten Felsen mache ich dich. /
Du wirst ein Platz zum Trocknen der Net-
ze.
Man baut dich nie wieder auf; / denn ich,
der Herr, habe gesprochen – / Spruch Gottes,
des Herrn.
15 So spricht Gott, der Herr, zu Tyrus: Ist es
nicht so, dass die Inseln erzittern beim Getö-
se deines Sturzes, beim Gestöhn der zu Tode
Getroffenen, beim mörderischen Blutbad in
deiner Mitte? 16 Dann steigen alle Fürsten
der Küstenländer von ihren Thronen herab,
sie legen ihre Gewänder ab und ziehen ihre
bunt gewebten Kleider aus. Sie hüllen sich in
Schrecken und setzen sich auf den Boden;
immer wieder erfasst sie ein Zittern und sie
sind entsetzt über dich. 17 Sie stimmen die
Totenklage über dich an und sagen zu dir:
Ach, wie bist du zerstört, / du Bewohnerin
der Meere, ruhmreiche Stadt,
einst eine Macht auf dem Meer, / du und
deine Bewohner, / die alle ihre Nachbarn in
Schrecken versetzten.
18 Nun aber beben die Inseln / seit dem Tag
deines Sturzes. / Bestürzt sind die Inseln des
Meeres über dein Ende.
19 Denn so spricht Gott, der Herr: Ich ma-
che dich zur verwüsteten Stadt; dann wirst
du wie die Städte sein, die nicht mehr be-
wohnt sind. Die Urflut lasse ich steigen, so-
dass gewaltige Wassermassen dich zudecken.
20 Ich stoße dich zu denen hinab, die ins Grab
gesunken sind, zum Volk der Vorzeit. Ich
weise dir einen Wohnsitz zu in den Tiefen
der Erde, in der ewigen Einöde bei denen, die
ins Grab gesunken sind. Denn du sollst nicht
mehr bewohnt sein und dich nicht mehr er-
heben im Land der Lebenden. 21 Zu einem
Bild des Schreckens mache ich dich. Du bist
nicht mehr da, und wer dich sucht, wird dich
in Ewigkeit nicht finden – Spruch Gottes,
des Herrn.

2: Jes 23; Am 1,9f • 7: 29,17–21; Jer 27,6 • 13: Jes 24,8f; Jer 25,10 • 20: 32,18; Jes 14,11.15.

Die Totenklage über Tyrus, das prächtige Schiff: 27,1–36

27 Das Wort des Herrn erging an mich:
2 Du, Menschensohn, stimm die To-
tenklage über Tyrus an! 3 Sag zu Tyrus:
Du, die du wohnst am Zugang zum Meer, /
die du Handel treibst mit den Völkern / bis
hin zu den vielen Inseln,
so spricht Gott, der Herr: Tyrus, du sagst: /
Ich bin (ein Schiff) von vollendeter Schön-
heit.
4 Im Herzen der Meere liegt dein Gebiet. /
Vollendet schön schufen dich deine Er-
bauer.
5 Aus Zypressenholz vom Senirgebirge /
bauten sie all deine Planken,
eine Zeder vom Libanon nahmen sie, / um
auf dir den Mast zu errichten.
6 Deine Ruder machten sie aus Eichen vom
Baschan, / dein Deck aus Elfenbein und
Eschenholz / von den Inseln der Kittäer.
7 Dein Segel war bunt gewebtes ägypti-
sches Leinen. / Es sollte dein Erkennungs-
zeichen sein.
Deine Planen waren aus violettem und ro-
tem Purpur / von den Küsten Elischas.
8 Deine Ruderer stammten aus Sidon und
Arwad. / Erfahrene Männer, Tyrus, gab es
bei dir. / Sie waren deine Matrosen.
9 Die Ältesten von Gebal / und seine erfah-
rensten Männer / fuhren auf dir, um deine
Risse zu dichten.
Alle Schiffe des Meeres und ihre Matro-
sen / kamen zu dir, um mit dir Handel zu
treiben.
10 Leute von Paras, Lud und Put / dienten
in deiner Mannschaft als Krieger.
Schilde und Helme hängten sie auf an
dir; / diese verliehen dir prächtigen Glanz.
11 Die Söhne von Arwad und deine Mann-
schaft standen ringsum auf deinen Mauern
und die Wächter auf deinen Türmen. Ihre

26,14 Text korr.
26,20 in der ewigen Einöde: Text korr.; H: wie ewige Trümmer. – und dich nicht mehr erheben: Text korr. nach G.
27,5 Senir ist nach Dtn 3,9 der amoritische Name des Hermon.
27,6 Eschenholz: Text korr.; H ist verschrieben. – Die Kittäer sind nach der Stadt Kition in Zypern benannt, sind also die Bewohner Zyperns.
27,7 Die Stadt Elischa lag wohl in Zypern.
27,8 Arwad: nördlich von Tripolis an der syrischen Küste.
27,9 Gebal ist Byblus, nördlich von Beirut.
27,11 und die Wächter: Text korr. nach G; H ist unklar.

Schilde hängten sie rings an deinen Mauern
auf. Sie machten deine Schönheit vollkom-
men. 12 Tarschisch kaufte bei dir wegen der
Fülle deiner Güter; Silber, Eisen, Zinn und
Blei gaben sie für deine Waren. 13 Jawan, Tu-
bal und Meschech waren deine Händler.
Menschen und Kupfergeräte gaben sie für
deine Handelswaren. 14 Die von Bet-Togar-
ma gaben Zugpferde und Reitpferde und
Maultiere für deine Waren. 15 Die Söhne von
Rhodos waren deine Händler. Viele Inseln
standen als Kaufleute in deinem Dienst; als
Abgaben brachten sie dir Elfenbein und
Ebenholz. 16 Edom kaufte bei dir wegen der
Fülle deiner Erzeugnisse. Karfunkelstein,
Purpur, bunte Stoffe, Byssus, Korallen und
Rubine gaben sie für deine Waren. 17 Juda
und das Land Israel waren deine Händler.
Weizen, Oliven, Wachs, Honig, Öl und Mas-
tix gaben sie für deine Handelswaren. 18 Da-
maskus kaufte bei dir wegen der Fülle deiner
Erzeugnisse, wegen der Fülle deiner Güter.
Wein aus Helbon und Wolle aus Zahar,
19 Wein aus Usal gaben sie für deine Waren.
Gehämmertes Eisen, Zimt und Gewürzrohr
gehörte zu deinen Handelswaren. 20 Dedan
war dein Händler für Satteldecken. 21 Ara-
bien und alle Fürsten von Kedar, sie waren
Kaufleute in deinen Diensten. Sie zahlten
mit Lämmern, Widdern und Böcken.
22 Händler von Saba und Ragma trieben
Handel mit dir. Für den besten Balsam, für
alle Arten von Edelsteinen und Gold gaben
sie deine Waren. 23 Haran, Kanne und Eden,
die Händler von Saba, Assur, ganz Medien
trieben Handel mit dir. 24 Sie waren deine
Händler. Prunkgewänder und Mäntel aus
violettem Purpur, bunte Stoffe und mehrfar-
bige Tücher, feste gedrehte Seile kauften sie
ein für dich.

25 Die Schiffe von Tarschisch dienten dir / als Karawanen für deine Waren.

So fülltest du dich, / wurdest schwer beladen mitten im Meer.

26 Über gewaltige Wasser brachten dich deine Ruderer. / Da zerbrach dich der Ostwind mitten im Meer.

27 Dein Reichtum, deine Waren, dein Handelsgut, / deine Seeleute und deine Matrosen,

die Männer, die deine Risse dichten, / die deine Waren eintauschen,

alle deine Soldaten auf dir / und das ganze Heer, das du hast, / fallen mitten ins Meer am Tag deines Sturzes.

28 Beim lauten Geschrei deiner Matrosen / zittern die Küsten.

29 Alle, die das Ruder führen, verlassen ihr Schiff. / Alle Seefahrer und alle Matrosen bleiben an Land.

30 Deinetwegen schreien sie laut, / bitterlich jammern sie.

Sie streuen sich Staub auf das Haupt / und wälzen sich auf dem Boden.

31 Deinetwegen scheren sie sich eine Glatze, / Trauerkleider legen sie an

und weinen über dich mit verbitterter Seele, / mit bitterer Klage.

32 In ihrem Jammer stimmen sie über dich / ein Totenlied an

und halten die Totenklage für dich: / Wer war Tyrus vergleichbar, mitten im Meer?

33 Als deine Waren vom Meer her kamen, / hast du viele Völker gesättigt.

Die Könige der Erde machtest du reich / mit deinem gewaltigen Reichtum / und deinen Handelswaren.

34 Jetzt liegst du zerbrochen im Meer, / in den Tiefen der Fluten.

Deine Handelswaren, dein ganzes Heer / sind mit dir versunken.

35 Alle Bewohner der Küsten sind entsetzt über dich; / ihren Königen sträubt sich das Haar. / Verstört sind ihre Gesichter.

36 Deine Kaufleute unter den Völkern / zischen (voll Hohn) über dich.

Zu einem Bild des Schreckens bist du geworden, / für immer dahin.

10: 38,5 • 12: Jes 23,1 • 13: 32,26; 38,2 • 14: 38,6 • 19: Gen 10,27 • 21: Gen 25,13 • 22: Gen 10,7 • 36: 28,19.

Gegen den Fürsten von Tyrus: 28,1–10

28 Das Wort des Herrn erging an mich:
2 Menschensohn, sag zum Fürsten
von Tyrus: So spricht Gott, der Herr: Dein
Herz war stolz und du sagtest: Ich bin ein
Gott, einen Wohnsitz für Götter bewohne ich
mitten im Meer. Doch du bist nur ein Mensch
und kein Gott, obwohl du im Herzen geglaubt hast, dass du wie Gott bist.

3 Gewiss, du bist weiser als Daniel. / Kein Geheimnis war dir zu dunkel.

4 Durch deine Weisheit und Einsicht schufst du dir Reichtum. / Mit Gold und Silber fülltest du deine Kammern.

27,14 Bet-Togarma lag in Kleinasien.
27,16 Edom: Text korr. nach vielen H-Handschriften; vgl. G; H: Aram.
27,17 Oliven, Wachs: H unklar.
27,19 Wein: Text korr. nach G; H: Dan und Jawan.
27,21–23 Die Namen in VV. 21f weisen nach Arabien, die von V. 23 wohl nach Mesopotamien. – ganz Medien: Text korr.
27,32 war vergleichbar: Text korr.; H ist unklar.
27,34a Text korr.; vgl. die alten Übersetzungen.

5 Durch deine gewaltige Weisheit, durch
deinen Handel / hast du deinen Reichtum
vermehrt.
Doch dein Herz wurde stolz / wegen all
deines Reichtums.
6 Darum – so spricht Gott, der Herr:
Weil du im Herzen geglaubt hast, / dass du
wie Gott bist,
7 darum schicke ich Fremde gegen dich, /
tyrannische Völker.
Sie zücken das Schwert gegen all deine
prächtige Weisheit, / entweihen deinen
strahlenden Glanz.
8 Man stößt dich hinab in das Grab; / wie
einer durchbohrt wird und stirbt, / so stirbst
du mitten im Meer.
9 Willst du dann angesichts deiner Mörder
noch sagen: / Ich bin ein Gott?
Du bist nur ein Mensch und kein Gott / in
der Hand deiner Mörder.
10 Wie Unbeschnittene sterben, / so stirbst
du durch Fremde;
denn ich habe gesprochen – / Spruch Got-
tes, des Herrn.

2: Gen 3,5; Jes 14,13f • 3: 14,14; Dan 1,17 • 9: Jes 31,3.

Die Totenklage über den König von Tyrus: 28,11–19

11 Das Wort des Herrn erging an mich:
12 Menschensohn, stimm die Totenklage an
über den König von Tyrus und sag zu ihm:
So spricht Gott, der Herr:
Du warst ein vollendet gestaltetes Siegel, /
voll Weisheit und vollkommener Schönheit.
13 Im Garten Gottes, in Eden, bist du gewe-
sen. / Allerlei kostbare Steine umgaben
dich:
Rubin, Topas, dazu Jaspis, / Chrysolith,
Karneol und Onyx, / Saphir, Karfunkelstein
und Smaragd.
Aus Gold war alles gemacht, / was an dir
erhöht und vertieft war,
all diese Zierden brachte man an, / als
man dich schuf.
14 Einem Kerub mit ausgebreiteten, schüt-
zenden Flügeln gesellte ich dich bei. / Auf
dem heiligen Berg der Götter bist du gewe-
sen. / Zwischen den feurigen Steinen gingst
du umher.
15 Ohne Tadel war dein Verhalten / seit
dem Tag, an dem man dich schuf, / bis zu
dem Tag, an dem du Böses getan hast.
16 Durch deinen ausgedehnten Handel /
warst du erfüllt von Gewalttat, / in Sünde
bist du gefallen.
Darum habe ich dich vom Berg der Götter
verstoßen, / aus der Mitte der feurigen Stei-
ne / hat dich der schützende Kerub verjagt.
17 Hochmütig warst du geworden, / weil du
so schön warst.
Du hast deine Weisheit vernichtet, / ver-
blendet vom strahlenden Glanz.
Ich stieß dich auf die Erde hinab. / Den
Blicken der Könige gab ich dich preis, / da-
mit sie dich alle begaffen.
18 Du hast durch gewaltige Schuld, / durch
unredliche Handelsgeschäfte / deine Heilig-
tümer entweiht.
So ließ ich mitten in dir ein Feuer ausbre-
chen, / das dich verzehrt hat.
Vor den Augen all derer, die dich sahen, /
machte ich dich zu Asche auf der Erde.
19 All deine Freunde unter den Völkern /
waren entsetzt über dich.
Zu einem Bild des Schreckens bist du ge-
worden, / du bist für immer dahin.

12: 27,2 • 13: 31,8f; Gen 2,8 • 14: Gen 3,24; Jes 14,13; Ez 10,2 • 19: 27,36.

Gegen Sidon: 28,20–23

20 Das Wort des Herrn erging an mich:
21 Menschensohn, richte dein Gesicht auf Si-
don, tritt als Prophet gegen die Stadt auf
22 und sag: So spricht Gott, der Herr:
Jetzt gehe ich gegen dich vor, Sidon, / und
verherrliche mich in deiner Mitte.
Dann werden sie erkennen, dass ich der
Herr bin, / wenn ich an der Stadt das Urteil
vollstrecke / und mich so als heilig erweise.
23 Ich schicke Pest und Mord in die Gassen
der Stadt. / Viele fallen in ihr, erschlagen
vom Schwert,
das von überall her auf sie einschlägt. /
Dann werden sie erkennen, dass ich der Herr
bin.

Verheißung für Israel: 28,24–26

24 Dann droht dem Haus Israel kein ste-
chender Dorn und kein verletzender Stachel
mehr von all seinen feindlichen Nachbarn.
Daran werden sie erkennen, dass ich Gott,
der Herr, bin.
25 So spricht Gott, der Herr: Wenn ich die
vom Haus Israel aus all den Ländern zusam-
menführe, in die sie zerstreut sind, dann er-
weise ich mich an ihnen vor den Augen der
Völker als heilig. Sie werden in ihrem Land
wohnen, das ich meinem Knecht Jakob gege-
ben habe. 26 Dort werden sie in Sicherheit le-

28,12 Siegel: Text korr.; vgl. die alten Übersetzungen.
28,14 einem Kerub: Text korr. nach G.
28,15 bis zu dem Tag, an dem du Böses getan hast, wörtlich: bis an dir Schlechtigkeit gefunden wurde.

ben; sie werden Häuser bauen und Weinber-
ge pflanzen. Sie wohnen in Sicherheit, so-
bald ich an all ihren Feinden ringsum das
Urteil vollstrecke. Dann werden sie erken-
nen, dass ich, der Herr, ihr Gott bin.

25: 11,17; 20,34.41; 34,13; 36,24; 37,21.

GEGEN DEN PHARAO UND ÄGYPTEN: 29,1 – 32,32

Das Gericht über den König und sein Land: 29,1–16

29 Am zwölften Tag des zehnten Monats
im zehnten Jahr erging das Wort des
Herrn an mich: 2 Menschensohn, richte dein
Gesicht auf den Pharao, den König von
Ägypten, tritt als Prophet auf gegen ihn und
gegen ganz Ägypten 3 und sag: So spricht
Gott, der Herr: Jetzt gehe ich gegen dich vor,
Pharao, du König Ägyptens, du großes Kro-
kodil, das zwischen den Armen des Nil liegt
und sagt:
Mir gehören die Arme des Nil, / ich habe
sie selber erschaffen.
4 Aber ich schlage dir Haken durch die
Kinnbacken und lasse die Fische deines Nil
an deinen Schuppen kleben. Ich ziehe dich
herauf aus deinem Nil samt all den Fischen
deines Nil, die an deinen Schuppen kleben.
5 Dann werfe ich dich in die Wüste hi-
naus, / dich und all die Fische des Nil.
Aufs trockene Land wirst du fallen. / Nie-
mand holt dich von dort und begräbt dich.
Den wilden Tieren und den Vögeln des
Himmels / werfe ich dich vor zum Fraß.
6 Dann werden alle Ägypter erkennen, /
dass ich der Herr bin.
Eine Stütze aus Schilfrohr bist du / für das
Haus Israel.
7 Nehmen sie dich in die Hand, dann zer-
brichst du / und durchbohrst ihnen die
Schulter;
stützen sie sich auf dich, dann zerbrichst
du / und allen beginnen die Hüften zu wan-
ken.
8 Darum – so spricht Gott, der Herr: Ich
bringe das Schwert über dich und rotte
Mensch und Vieh bei dir aus. 9 Ägypten wird
zu Wüste und Ödland. Dann werden sie er-
kennen, dass ich der Herr bin. Du hast ge-
sagt:
Mir gehören die Arme des Nil; / ich habe
sie selber erschaffen.
10 Darum gehe ich jetzt gegen dich und
deine Nilarme vor. Ich mache Ägypten zum
dürren Ödland, zur Wüste von Migdol bis
Syene und bis an die Grenzen von Kusch.
11 Weder Mensch noch Tier geht mehr da-
rüber hin. Vierzig Jahre lang wird es nicht
mehr bewohnt sein. 12 Ich mache Ägypten
zur Wüste inmitten verwüsteter Länder. Sei-
ne Städte sollen vierzig Jahre lang verwüstet
daliegen inmitten verödeter Städte. Ich zer-
streue die Ägypter unter die Völker und ver-
treibe sie in alle Länder.
13 Denn so spricht Gott, der Herr: Nach
vierzig Jahren führe ich die Ägypter aus den
Völkern zusammen, unter die sie zerstreut
wurden. 14 Ich wende das Geschick Ägyptens
und bringe sie zurück in das Land Patros,
das Land ihrer Herkunft. Dort werden sie
ein unbedeutendes Reich gründen. 15 Es wird
unbedeutend sein im Vergleich zu den ande-
ren Königreichen, und es wird sich nicht
mehr über die anderen Völker erheben. Ich
mache sie ganz klein, damit sie nicht mehr
über die Völker herrschen können. 16 Das
Haus Israel wird ihnen nicht mehr vertrauen
und sich ihnen nicht mehr anschließen; es
wird sich hüten, seine alte Schuld wieder in
Erinnerung zu rufen. Sie werden erkennen,
dass ich Gott, der Herr, bin.

2: Jes 19; Jer 46 • 3: 32,2 • 6: 2 Kön 18,21 • 10: 30,6.

Der Sieg Nebukadnezzars: 29,17–21

17 Am ersten Tag des ersten Monats im sie-
benundzwanzigsten Jahr erging das Wort
des Herrn an mich: 18 Menschensohn! Nebu-
kadnezzar, der König von Babel, hat sein
Heer vor Tyrus schwere Arbeit verrichten
lassen; alle Köpfe wurden kahl und jede
Schulter war zerschunden. Aber Tyrus hat
ihn und sein Heer nicht belohnt für die Ar-
beit, die sie geleistet haben.
19 Darum – so spricht Gott, der Herr: Ich
gebe Nebukadnezzar, dem König von Babel,

29,3 sie: Text korr. nach G; H: mich.
29,5 und begräbt dich, wörtlich: und sammelt dich ein.
29,6 bist du: Text korr. nach G.
29,7 zu wanken: Text korr.
29,10 Migdol: die nördlichste Grenzfestung Ägyptens. – Syene (= Assuan): die südlichste Grenzfestung Ägyptens.
29,14 Patros ist ein Name für Oberägypten.

das Land Ägypten. Er wird seine Schätze
wegschleppen; er wird alles plündern und
reiche Beute machen. Das wird der Lohn sei-
nes Heeres sein. 20 Als Belohnung für seine
Arbeit gebe ich ihm Ägypten; denn sie haben
für mich gearbeitet – Spruch Gottes, des
Herrn.
21 An jenem Tag werde ich dem Haus Israel
neue Kraft verleihen und du sollst wieder zu
ihnen reden. Dann werden sie erkennen, dass
ich der Herr bin.

19: 30,10.24 • 21: Ps 132,17.

Das Gericht über Ägypten: 30,1–26

30 Das Wort des Herrn erging an mich:
2 Menschensohn, tritt als Prophet auf
und sag: So spricht Gott, der Herr:
Jammert und schreit: / Weh über diesen
Tag!
3 Denn der Tag ist nahe, / der Tag des
Herrn ist nahe,
ein Tag dunkler Wolken. / Die Zeit für die
Völker ist da.
4 Das Schwert dringt ein in Ägypten. / Ein
Zittern überfällt die Kuschiter, / wenn in
Ägypten die Menschen erschlagen werden
und fallen.
Man schleppt seine Schätze hinweg / und
reißt seine Grundmauern nieder.
5 (Die Männer aus) Kusch, aus Put und
Lud, / das ganze Völkergemisch,
(die Männer aus) Kub und die Söhne des
Landes, / mit dem ich einst meinen Bund
schloss, / fallen wie sie unter dem Schwert.
6 So spricht der Herr:
Es fallen die Helfer Ägyptens, / seine herr-
liche Macht sinkt dahin.
Von Migdol bis hin nach Syene / fallen die
Krieger unter dem Schwert – / Spruch Got-
tes, des Herrn.
7 Verwüstet liegt es dann da / inmitten ver-
wüsteter Länder / und seine Städte inmitten
verödeter Städte.
8 Sie werden erkennen, dass ich der Herr
bin, / wenn ich Ägypten verbrenne, / wenn
all seine Helfer zusammenbrechen.
9 An jenem Tag schicke ich meine Boten
auf Schiffen hinaus, / um Kusch aus seiner
Ruhe zu schrecken.
Ein Zittern überfällt sie am Gerichtstag
Ägyptens; / schon trifft all das ein.
10 So spricht Gott, der Herr:
Ich mache der Pracht Ägyptens ein Ende /
durch die Hand Nebukadnezzars, / des Kö-
nigs von Babel.
11 Er und sein Heer, / die gewalttätigsten
unter den Völkern, / werden herbeigeholt,
um das Land zu vernichten.
Sie zücken ihr Schwert und schlagen
Ägypten / und füllen das Land mit erschla-
genen Menschen.
12 Ich lege die Nilarme trocken, / verkaufe
das Land an Verbrecher,
ich verwüste das Land und alles darin /
durch die Hände von Fremden. / Ich, der
Herr, habe gesprochen.
13 So spricht Gott, der Herr:
Ich will die Götzen vernichten. / Ich führe
das Ende der Götter von Memfis herbei.
Der Fürst von Ägypten wird (bald) nicht
mehr leben. / Ich stürze Ägypten in Angst.
14 Patros will ich verwüsten, / Zoan will
ich verbrennen, / an No vollstrecke ich das
Urteil.
15 Über Sin, die Festung Ägyptens, gieße
ich meinen Zorn aus und ich vernichte die
Pracht von No. 16 Ägypten will ich verbren-
nen. Sin wird sich in Krämpfen winden; No
wird man erstürmen und Memfis wird am
hellen Tag von Feinden bedrängt. 17 Die jun-
gen Männer von On und Pi-Beset fallen un-
ter dem Schwert und die Einwohner dieser
Städte ziehen in die Gefangenschaft. 18 Es
wird ein schwarzer Tag für Tachpanhes,
wenn ich dort die Zepter Ägyptens zerbre-
che; dann ist es mit seiner herrlichen Macht
zu Ende. Finstere Wolken werden Ägypten
bedecken und seine Töchter ziehen in die
Gefangenschaft. 19 So vollstrecke ich an
Ägypten das Urteil und sie werden erkennen,
dass ich der Herr bin.
20 Am siebten Tag des ersten Monats im
elften Jahr erging das Wort des Herrn an
mich: 21 Menschensohn, ich habe dem Pha-
rao, dem König von Ägypten, den Arm zer-
brochen. Man hat ihn nicht verbunden und
nicht geschient und ihm keine Heilung ge-
gönnt, damit er nicht wieder zu Kräften
kommt und zum Schwert greift.
22 Darum – so spricht Gott, der Herr: Jetzt
gehe ich gegen den Pharao vor, den König
von Ägypten: Ich zerbreche ihm beide Arme,

29,21 Wörtlich: Ich werde dem Haus Israel ein Horn sprossen lassen und ich gebe dir Öffnung des Mundes in ihrer Mitte.
30,6 Vgl. die Anmerkung zu 29,10.
30,14–16 Zu Patros vgl. die Anmerkung zu 29,14. – Zoan liegt im Nildelta: No ist Residenz- und Tempelstadt; Theben liegt in Oberägypten; Sin (V. 16) liegt nahe bei Zoan.
30,17f On: Text korr. mit G. On (= Heliopolis) ist der zentrale Ort des ägyptischen Sonnenkults, nordwestlich von Kairo. Pi-Beset (= Bubastis) liegt im östlichen Nildelta, ebenso Tachpanhes (= Daphne). – die Zepter: Text korr. nach G und Vg; H: die Jochstangen.

den gesunden und den bereits zerbrochenen,
und schlage ihm das Schwert aus der Hand.
23 Ich zerstreue die Ägypter unter die Völker
und vertreibe sie in alle Länder. 24 Ich stärke
die Arme des Königs von Babel und gebe
ihm mein Schwert in die Hand. Dem Pharao
aber zerbreche ich die Arme, sodass er vor
ihm stöhnt wie ein tödlich Verletzter. 25 Ich
stärke die Arme des Königs von Babel; doch
die Arme des Pharao sinken kraftlos herun-
ter. Wenn ich dem König von Babel mein
Schwert in die Hand gebe und er es über
Ägypten schwingt, dann werden sie erken-
nen, dass ich der Herr bin. 26 Ich zerstreue
die Ägypter unter die Völker und vertreibe
sie in alle Länder. Dann werden sie erken-
nen, dass ich der Herr bin.

3: Joël 1,15; Am 5,18; Zef 1,14 • 5: Jer 46,9 • 6: 29,10 • 10: 29,10 • 11: 28,7 • 12: Jes 19,5 • 18: Jer 43,9 • 23–24: 29,19f.

Das Gleichnis vom Pharao, dem prächtigen Baum: 31,1–18

31 Am ersten Tag des dritten Monats im
elften Jahr erging das Wort des
Herrn an mich: 2 Menschensohn, sag zum
Pharao, dem König von Ägypten, und zu sei-
nem Gefolge:
Wem war deine Größe vergleichbar?/
3 Auf dem Libanon stand eine [Esche] Ze-
der.
Die Pracht ihrer Äste gab reichlichen
Schatten. / Hoch war ihr Wuchs / und in die
Wolken ragte ihr Wipfel.
4 Das Wasser machte sie groß. / Die Flut in
der Tiefe ließ sie hoch emporwachsen.
Die Tiefe ließ ihre Ströme fließen / rings
um den Ort, wo sie gepflanzt war,
sie leitete (von dort) ihre Kanäle / zu allen
anderen Bäumen des Feldes.
5 So war sie höher gewachsen / als alle an-
deren Bäume des Feldes.
Ihre Zweige wurden sehr zahlreich / und
ihre Äste breiteten sich aus
wegen des Reichtums an Wasser, / als sie
emporwuchs.
6 Alle Vögel des Himmels / hatten ihr Nest
in den Zweigen.
Alle wilden Tiere brachten unter den Äs-
ten ihre Jungen zur Welt. / All die vielen Völ-
ker wohnten in ihrem Schatten.
7 Schön war sie in ihrer Größe mit ihrem
breiten Geäst; / denn ihre Wurzeln hatten
viel Wasser.
8 Keine Zeder im Garten Gottes war ihr
vergleichbar. / Keine Zypresse hatte Zweige
wie sie, / keine Platane so mächtige Äste.
Keiner der Bäume im Garten Gottes /
glich ihr an Schönheit.
9 Ja, ich hatte sie herrlich gemacht / mit ih-
ren zahlreichen Zweigen.
Voll Eifersucht auf sie waren im Garten
Gottes / alle Bäume von Eden.
10 Darum – so spricht Gott, der Herr: Weil
sie so hoch emporwuchs und mit ihrem Wip-
fel in die Wolken ragte und wegen ihrer
Höhe überheblich wurde, 11 deshalb liefere
ich sie dem mächtigsten Herrscher der Völ-
ker aus. Er behandelt sie so, wie sie es in ih-
rer Schlechtigkeit verdient hat; ich beseitige
sie. 12 Fremde, die gewalttätigsten unter den
Völkern, werden sie umhauen und hinwer-
fen. Ihre Zweige fallen auf die Berge und in
alle Täler, ihre Äste zerbrechen in allen
Schluchten der Erde. Alle Völker der Erde
verlassen den Schatten der Zeder und lassen
sie liegen.
13 Auf ihren gefällten Stamm setzen sich
alle Vögel des Himmels, die wilden Tiere
hausen in ihren Zweigen.
14 Darum soll kein Baum mehr am Wasser
emporwachsen und mit seinem Wipfel in die
Wolken ragen, keiner der Bäume am Wasser
soll mehr so mächtig und hoch dastehen.
Denn alle werden dem Tod ausgeliefert, sie
müssen hinab in die Unterwelt zu den Men-
schen, die ins Grab gesunken sind.
15 So spricht Gott, der Herr: Wenn die Ze-
der in die Unterwelt stürzt, dann lasse ich
die Flut in der Tiefe versiegen, ich decke sie
zu; ich halte ihre Ströme zurück, sodass der
Reichtum an Wasser versiegt. Ihretwegen
hülle ich den Libanon in Trauer und alle
Bäume des Feldes sinken in Ohnmacht.
16 Durch das Getöse ihres Sturzes lasse ich
die Völker erzittern, wenn ich den Baum in
die Unterwelt stürze, hinab zu denen, die ins
Grab gesunken sind. Dann trösten sich in der
Unterwelt alle Bäume von Eden, die erlese-
nen und besten Bäume des Libanon, alle
Bäume am Wasser. 17 Denn auch sie stürzen
zusammen mit ihr in die Unterwelt, hinab zu
denen, die vom Schwert erschlagen wurden.
Alle aber, die im Schatten der Zeder wohn-
ten, werden unter die Völker zerstreut.
18 Welcher der Bäume von Eden glich dir
an Größe und Pracht? Und doch wirst du zu-
sammen mit den Bäumen von Eden in die
Unterwelt gestürzt. Dort wirst du mitten un-

31,3 Esche: Text korr.; H: Assur.
31,5 Übersetzung unsicher.
31,10 sie ... emporwuchs: Text korr. (3. statt 2. Person); vgl. G.
31,17 wohnten, werden ... zerstreut: Text korr., vgl. G.

ter den Unbeschnittenen liegen, unter denen, die vom Schwert erschlagen wurden. So geht es dem Pharao und seinem ganzen Gefolge – Spruch Gottes, des Herrn.

9: Gen 2,8 • 10: Dan 5,20 • 16: 32,17–32; 28,8.

Die Totenklage über den Pharao, das gefangene Krokodil: 32,1–16

32 Am ersten Tag des zwölften Monats im zwölften Jahr erging das Wort des Herrn an mich: 2 Menschensohn, stimm die Totenklage an über den Pharao, den König von Ägypten, und sag zu ihm:

Löwe der Völker, jetzt bist du verstummt. / Und doch warst du wie ein Krokodil in den Seen,

hast die Flüsse aufgepeitscht, / das Wasser mit deinen Füßen verschmutzt / und die Fluten aufgewühlt.

3 So spricht Gott, der Herr: / Ich werfe über dich mein Netz,

ein Heer von vielen Völkern, / die ziehen dich herauf in meinem Schleppnetz.

4 Dann werfe ich dich aufs Land, / schleudere dich aufs freie Feld.

Alle Vögel des Himmels sollen sich auf dich setzen / und ich sättige mit dir alle Tiere der Erde.

5 Ich lege dein Fleisch auf den Bergen aus / und fülle die Täler mit deinem Aas.

6 Ich tränke das Land bis hin zu den Bergen / mit der Flut deines Blutes; / die Schluchten sollen sich damit füllen.

7 Wenn dein Leben erlischt, / will ich den Himmel bedecken / und die Sterne verdüstern.

Die Sonne decke ich zu mit Wolken, / der Mond lässt sein Licht nicht mehr leuchten.

8 Deinetwegen verdunkle ich / alle die strahlenden Lichter am Himmel

und lege Finsternis über dein Land – / Spruch Gottes, des Herrn.

9 Ich versetze viele Völker in Kummer, / wenn ich ihnen und all den Ländern,

die du nicht kanntest, / deinen Zusammenbruch melde.

10 Über dich werden viele Völker entsetzt sein, / ihren Königen sträuben sich deinetwegen die Haare, / wenn ich mein Schwert gegen sie schwinge.

Sie zittern erregt am Tag deines Sturzes, / jeder hat Angst um sein Leben.

11 Denn so spricht Gott, der Herr: / Das Schwert des Königs von Babel kommt über dich.

12 Durch das Schwert der Krieger / bringe ich dein Gefolge zu Fall.

Sie sind die gewalttätigsten unter den Völkern. / Sie verwüsten den Stolz von Ägypten, / all seine Pracht wird zerstört.

13 All sein Vieh lasse ich sterben / an den großen Gewässern.

Keines Menschen Fuß wird das Wasser mehr trüben, / noch werden die Hufe der Tiere es trüben.

14 Dann mache ich die Gewässer klar / und die Flüsse lasse ich dahingleiten wie Öl – / Spruch Gottes, des Herrn.

15 Wenn ich Ägypten zum Ödland mache, / wenn das Land und alles, was darin ist, verödet,

wenn ich alle seine Bewohner erschlage, / dann werden sie erkennen, dass ich der Herr bin.

16 Das ist eine Totenklage, die man anstimmen soll; die Töchter der Völker sollen sie anstimmen. Die Totenklage über Ägypten und all seine Pracht sollen sie singen – Spruch Gottes, des Herrn.

2: 29,3–5 • 3: 12,13 • 7: Jes 13,10 • 11: 29,19.

Die Totenklage über den Pharao und sein Gefolge: 32,17–32

17 Am fünfzehnten Tag des ersten Monats im zwölften Jahr erging das Wort des Herrn an mich: 18 Menschensohn, jammre über die Pracht Ägyptens und geleite sie hinab in die Unterwelt, sie und die Töchter mächtiger Völker, bring sie zu denen, die ins Grab gesunken sind.

19 Wen hast du an Schönheit übertroffen? / Stürz hinab und lieg bei den unbeschnittenen Männern!

20 Mitten unter die, die das Schwert erschlug, / werden sie fallen . . .

21 Dann sagen die starken Helden in der Unterwelt über die Ägypter: / Samt ihren Helfern sind sie herabgestürzt

und liegen da wie die unbeschnittenen Männer, / wie die, die das Schwert erschlug.

22 Dort liegt Assur und sein ganzes Heer, / ringsum sind seine Gräber.

32,2 Löwe der Völker, jetzt bist du verstummt, andere Übersetzung: Einem Völkerlöwen bist du gleich geworden.

32,10a Wörtlich: Ich bewirke, dass sich viele Völker über dich entsetzen.

32,17 des ersten: Text korr. nach G.

32,19f H ist schwer verständlich. Der zweite Teil von V. 20 ist verderbt und gibt keinen Sinn.

Sie alle hat man erschlagen, / sie fielen unter dem Schwert.
23 Im tiefsten Grund einer Grube / gab man ihm sein Grab.
Sein Heer liegt rings um sein Grab. / Sie alle hat man erschlagen,
sie fielen unter dem Schwert, / sie, die einst im Land der Lebenden Schrecken verbreitet haben.
24 Dort liegt Elam und all sein Gefolge / rings um sein Grab.
Sie alle hat man erschlagen, / sie fielen unter dem Schwert,
in die Unterwelt sind sie hinabgestürzt / wie die unbeschnittenen Männer,
sie, die einst im Land der Lebenden / ihren Schrecken verbreitet haben.
Jetzt aber haben sie ihre Schande zu tragen / zusammen mit denen, die ins Grab gesunken sind.
25 Mitten unter denen, die man erschlug, / hat man ihm und seinem ganzen Gefolge das Lager bereitet.
Rings um ihn her sind die Gräber / von all den Unbeschnittenen, / die man mit dem Schwert erschlug.
Im Land der Lebenden haben sie Schrecken verbreitet, / jetzt aber haben sie ihre Schande zu tragen, / zusammen mit denen, die ins Grab gesunken sind.
Mitten unter Erschlagene legte man sie. /
26 Dort liegen Meschech und Tubal und all ihr Gefolge.
Rings um sie her sind die Gräber / von all den Unbeschnittenen, / die man mit dem Schwert erschlug; / und doch haben sie einst im Land der Lebenden Schrecken verbreitet.
27 Aber sie liegen nicht bei den gefallenen Kriegern aus früheren Zeiten, / die mit ihrer Rüstung in die Unterwelt hinabgestiegen sind,
denen man das Schwert unter den Kopf / und den Schild auf die Gebeine gelegt hat; / denn die Krieger hatten im Land der Lebenden Schrecken verbreitet.
28 Auch du wirst inmitten der Unbeschnittenen zerbrochen / und liegst bei denen, die das Schwert erschlug.
29 Dort liegt Edom, mit seinen Königen / und all seinen Fürsten,
die man trotz ihrer Stärke zu denen gelegt hat, / die das Schwert erschlug.
Sie liegen da bei den unbeschnittenen Männern, / bei denen, die ins Grab gesunken sind.
30 Dort liegen alle Fürsten des Nordens / und alle Männer von Sidon; / sie stürzten hinab wie alle, die man erschlug.
Trotz ihrer Schrecken erregenden Stärke / sind sie zuschanden geworden;
bei den Unbeschnittenen liegen sie, / bei denen, die das Schwert erschlug.
Jetzt haben sie ihre Schande zu tragen / zusammen mit denen, die ins Grab gesunken sind.
31 Der Pharao wird sie sehen / und er tröstet sich über den Verlust / seines ganzen Gefolges.
Jetzt sind sie vom Schwert erschlagen, / der Pharao und seine ganze Streitmacht – / Spruch Gottes, des Herrn.
32 Denn ich habe vor ihm im Land der Lebenden Schrecken verbreitet. / Doch jetzt liegt der Pharao da mit seinem ganzen Gefolge / inmitten der unbeschnittenen Männer,
bei denen, die das Schwert erschlug – / Spruch Gottes, des Herrn.

18: 31,16; Jes 14,9–11 • 26: 27,13; 38,2; 39,1 • 29: 25,12–14 • 30: 28,21–23.

DAS GERICHT UND DAS NEUE HEIL: 33,1 – 37,28

Der Prophet als Wächter: 33,1–9

33 Das Wort des Herrn erging an mich:
2 Menschensohn, sprich zu den Söhnen deines Volkes und sag zu ihnen: Wenn ich über ein Land das Schwert kommen lasse und das Volk in dem Land aus seiner Mitte einen Mann wählt und ihn zu seinem Wächter macht
3 und wenn dieser Wächter das Schwert über das Land kommen sieht, in das Widderhorn bläst und das Volk warnt
4 und wenn dann jemand den Schall des Horns zwar hört, sich aber nicht warnen lässt, sodass das Schwert kommt und ihn dahinrafft, dann ist er selbst schuld an seinem Tod.
5 Denn er hat den Schall des Horns zwar gehört, sich aber nicht warnen lassen; deshalb ist er selbst schuld an seinem Tod. Wenn er

32,27 aus früheren Zeiten: Text korr. nach den alten Übersetzungen; H: von den Unbeschnittenen. – den Schild: Text korr.; H: ihre Verschuldungen.

33,4f ist er selbst schuld an seinem Tod, wörtlich: wird sein Blut auf seinem Kopf (V. 5: auf ihm) sein.

sich jedoch warnen lässt, dann hat er sein Leben gerettet. 6 Wenn aber der Wächter das Schwert kommen sieht und nicht in das Widderhorn bläst und das Volk nicht gewarnt wird und wenn das Schwert kommt und irgendeinen dahinrafft, dann wird dieser zwar wegen seiner eigenen Schuld dahingerafft, aber ich fordere für sein Blut Rechenschaft von dem Wächter.

7 Du aber, Menschensohn, ich gebe dich dem Haus Israel als Wächter; wenn du ein Wort aus meinem Mund hörst, musst du sie vor mir warnen. 8 Wenn ich zu einem, der sich schuldig gemacht hat, sage: Du musst sterben!, und wenn du nicht redest und den Schuldigen nicht warnst, um ihn von seinem Weg abzubringen, dann wird der Schuldige seiner Sünde wegen sterben. Von dir aber fordere ich Rechenschaft für sein Blut. 9 Wenn du aber den Schuldigen vor seinem Weg gewarnt hast, damit er umkehrt, und wenn er dennoch auf seinem Weg nicht umkehrt, dann wird er seiner Sünde wegen sterben; du aber hast dein Leben gerettet.

4: 18,13 • 7–9: 3,17–21.

Die Freiheit zur Umkehr: 33,10–20

10 Du aber, Menschensohn, sag zum Haus Israel: Ihr behauptet: Unsere Vergehen und unsere Sünden lasten auf uns, wir siechen ihretwegen dahin. Wie sollen wir da am Leben bleiben? 11 Sag zu ihnen: So wahr ich lebe – Spruch Gottes, des Herrn –, ich habe kein Gefallen am Tod des Schuldigen, sondern daran, dass er auf seinem Weg umkehrt und am Leben bleibt. Kehrt um, kehrt um auf euren bösen Wegen! Warum wollt ihr sterben, ihr vom Haus Israel?

12 Du aber, Menschensohn, sag zu den Söhnen deines Volkes: Den Gerechten wird seine Gerechtigkeit nicht retten, sobald er Böses tut. Und der Schuldige wird durch seine Schuld nicht zu Fall kommen, sobald er sein schuldhaftes Leben aufgibt. Der Gerechte aber kann trotz seiner Gerechtigkeit nicht am Leben bleiben, sobald er sündigt. 13 Wenn ich zu dem Gerechten sage: Du wirst am Leben bleiben!, er aber im Vertrauen auf seine Gerechtigkeit Unrecht tut, dann wird ihm seine ganze (bisherige) Gerechtigkeit nicht angerechnet. Wegen des Unrechts, das er getan hat, muss er sterben. 14 Wenn ich aber zu dem Schuldigen sage: Du musst sterben!, und er gibt sein sündhaftes Leben auf, handelt nach Recht und Gerechtigkeit, 15 gibt (dem Schuldner) das Pfand zurück, ersetzt, was er geraubt hat, richtet sich nach den Gesetzen, die zum Leben führen, und tut kein Unrecht mehr, dann wird er gewiss am Leben bleiben und nicht sterben. 16 Keine der Sünden, die er früher begangen hat, wird ihm angerechnet. Er hat nach Recht und Gerechtigkeit gehandelt, darum wird er gewiss am Leben bleiben. 17 Die Söhne deines Volkes aber sagen: Das Verhalten des Herrn ist nicht richtig. Dabei ist gerade ihr Verhalten nicht richtig. 18 Wenn der Gerechte seine Gerechtigkeit aufgibt und Unrecht tut, muss er dafür sterben. 19 Und wenn der Schuldige sein sündhaftes Leben aufgibt und nach Recht und Gerechtigkeit handelt, so wird er deswegen am Leben bleiben. 20 Ihr aber sagt: Das Verhalten des Herrn ist nicht richtig. Doch ich werde euch richten, ihr vom Haus Israel, jeden nach seinem Verhalten.

10: 18,21–32 • 11: 18,23.32; Jes 55,7; Joël 2,12f • 12: 3,20 • 15: 18,7; 20,11–13; 18,22 • 17: 18,25.29 • 20: 18,30.

Die Nachricht von der Eroberung Jerusalems: 33,21–22

21 Am fünften Tag des zehnten Monats im elften Jahr nach unserer Verschleppung kam ein Flüchtling aus Jerusalem zu mir und sagte: Die Stadt ist gefallen. 22 Aber am Abend, bevor der Flüchtling eintraf, hatte sich die Hand des Herrn auf mich gelegt. Ehe am Morgen der Flüchtling kam, öffnete der Herr meinen Mund und mein Mund wurde geöffnet und ich war nicht mehr stumm.

21: 2 Kön 25,2–4 • 22: 3,26f; 24,27.

Die Erwartung der nicht Verschleppten: 33,23–29

23 Das Wort des Herrn erging an mich: 24 Menschensohn, die Bewohner der Ruinen im Land Israel sagen: Abraham war nur ein einzelner Mann und bekam doch das ganze Land; wir aber sind viele. Um so mehr ist das Land uns zum Besitz gegeben. 25 Deshalb sag zu ihnen: So spricht Gott, der Herr: Ihr esst (das Opferfleisch) mitsamt dem Blut, ihr blickt zu euren Göttern auf und vergießt Blut. Und *ihr* wollt das Land in Besitz nehmen? 26 Ihr verlasst euch auf euer Schwert, begeht Gräueltaten und einer schändet die Frau des andern. Und *ihr* wollt das Land in Besitz nehmen? 27 Darum sag zu ihnen: So spricht Gott, der Herr: So wahr ich lebe, wer in den Ruinen ist, fällt unter dem Schwert, wer auf dem freien Feld ist, den werfe ich

33,13 Du wirst am Leben bleiben: Text korr. nach G-Handschriften; vgl. V. 14 (2. statt 3. Person).

33,21 im elften: Text korr. nach H-Handschriften; vgl. G, S und 2 Kön 25,2; H: im zwölften.

den wilden Tieren zum Fraß vor, und wer sich in den Burgen und Höhlen aufhält, stirbt an der Pest. 28 Ich mache das Land zur Öde und Wüste; seine stolze Macht hat ein Ende; das Bergland Israels verödet, sodass niemand mehr durchreist. 29 Dann werden sie erkennen, dass ich der Herr bin, wenn ich das Land zur Öde und Wüste mache wegen all der Gräueltaten, die sie begangen haben.

24: Jes 51,2 • 25: Lev 17,10–14; 1 Sam 14,32–34 • 26: Lev 18,20; Ez 11,15.

Die unaufrichtigen Hörer: 33,30–33

30 Du, Menschensohn, die Söhne deines Volkes reden über dich an den Mauern und Toren der Häuser. Einer sagt zum andern: Komm doch und höre, was für ein Wort vom Herrn ausgeht. 31 Dann kommen sie zu dir wie bei einem Volksauflauf, setzen sich vor dich hin [als mein Volk] und hören deine Worte an, aber sie befolgen sie nicht; denn ihr Mund ist voller Lügen und so handeln sie auch und ihr Herz ist nur auf Gewinn aus. 32 Du bist für sie wie ein Mann, der mit wohlklingender Stimme von der Liebe singt und dazu schön auf der Harfe spielt. Sie hören deine Worte an, aber befolgen sie nicht. 33 Wenn das aber kommt (was du sagst) – und es kommt –, dann werden sie erkennen, dass mitten unter ihnen ein Prophet war.

33: 2,5.

Die schlechten Hirten: 34,1–10

34 Das Wort des Herrn erging an mich: 2 Menschensohn, sprich als Prophet gegen die Hirten Israels, sprich als Prophet und sag zu ihnen: So spricht Gott, der Herr: Weh den Hirten Israels, die nur sich selbst weiden. Müssen die Hirten nicht die Herde weiden? 3 Ihr trinkt die Milch, nehmt die Wolle für eure Kleidung und schlachtet die fetten Tiere; aber die Herde führt ihr nicht auf die Weide. 4 Die schwachen Tiere stärkt ihr nicht, die kranken heilt ihr nicht, die verletzten verbindet ihr nicht, die verscheuchten holt ihr nicht zurück, die verirrten sucht ihr nicht und die starken misshandelt ihr. 5 Und weil sie keinen Hirten hatten, zerstreuten sich meine Schafe und wurden eine Beute der wilden Tiere. 6 Meine Herde irrte auf allen Bergen und Höhen umher und war über das ganze Land verstreut. Doch keiner kümmerte sich um sie; niemand suchte sie. 7 Darum ihr Hirten, hört das Wort des Herrn: 8 So wahr ich lebe – Spruch Gottes, des Herrn: Weil meine Herde geraubt wurde und weil meine Schafe eine Beute der wilden Tiere wurden – denn sie hatten keinen Hirten – und weil meine Hirten nicht nach meiner Herde fragten, sondern nur sich selbst und nicht meine Herde weideten, 9 darum, ihr Hirten, hört das Wort des Herrn: 10 So spricht Gott, der Herr: Nun gehe ich gegen die Hirten vor und fordere meine Schafe von ihnen zurück. Ich setze sie ab, sie sollen nicht mehr die Hirten meiner Herde sein. Die Hirten sollen nicht länger nur sich selbst weiden: Ich reiße meine Schafe aus ihrem Rachen, sie sollen nicht länger ihr Fraß sein.

2: Jer 23,1–4 • 4: Sach 11,15f; Joh 10,11 • 5: Sach 10,2; Mt 9,36 • 10: Jer 23,2.

Der gute Hirt: 34,11–22

11 Denn so spricht Gott, der Herr: Jetzt will ich meine Schafe selber suchen und mich selber um sie kümmern. 12 Wie ein Hirt sich um die Tiere seiner Herde kümmert an dem Tag, an dem er mitten unter den Schafen ist, die sich verirrt haben, so kümmere ich mich um meine Schafe und hole sie zurück von all den Orten, wohin sie sich am dunklen, düsteren Tag zerstreut haben. 13 Ich führe sie aus den Völkern heraus, ich hole sie aus den Ländern zusammen und bringe sie in ihr Land. Ich führe sie in den Bergen Israels auf die Weide, in den Tälern und an allen bewohnten Orten des Landes. 14 Auf gute Weide will ich sie führen, im Bergland Israels werden ihre Weideplätze sein. Dort sollen sie auf guten Weideplätzen lagern, auf den Bergen Israels sollen sie fette Weide finden. 15 Ich werde meine Schafe auf die Weide führen, ich werde sie ruhen lassen – Spruch Gottes, des Herrn. 16 Die verloren gegangenen Tiere will ich suchen, die vertriebenen zurückbringen, die verletzten verbinden, die schwachen kräftigen, die fetten und starken behüten. Ich will ihr Hirt sein und für sie sorgen, wie es recht ist.

17 Ihr aber, meine Herde – so spricht Gott, der Herr –, ich sorge für Recht zwischen Schafen und Schafen, zwischen Widdern und Böcken. 18 War es euch nicht genug, auf der besten Weide zu weiden? Musstet ihr auch noch euer übriges Weideland mit euren Füßen zertrampeln? War es euch nicht genug,

33,31 Lügen: Text korr. nach G und S.
33,32 wie ein Mann, der ... singt: Text korr.; H: wie ein Lied.
34,2 Die bildhafte Rede meint die Führer des Volkes.
34,3 die Milch: Text korr. nach Vg, G; H: das Fett.
34,16 behüten: Text korr. nach G; H: austilgen.

das klare Wasser zu trinken? Musstet ihr den
Rest des Wassers mit euren Füßen ver-
schmutzen? 19 Meine Schafe mussten abwei-
den, was eure Füße zertrampelt hatten, und
trinken, was eure Füße verschmutzt hatten.
20 Darum – so spricht Gott, der Herr, zu euch:
Ich selbst sorge für Recht zwischen den fet-
ten und den mageren Schafen. 21 Weil ihr mit
eurem breiten Körper und eurer Schulter
alle schwachen Tiere zur Seite gedrängt und
weil ihr sie mit euren Hörnern weggestoßen
habt, bis ihr sie weggetrieben hattet, 22 des-
halb will ich meinen Schafen zu Hilfe kom-
men. Sie sollen nicht länger eure Beute sein;
denn ich werde für Recht sorgen zwischen
Schafen und Schafen.

11: Jes 40,11; Joh 10,1–18; Lk 15,4 • 14: Ps 23,2 • 17: Mt 25,32.

Das messianische Reich: 34,23–31

23 Ich setze für sie einen einzigen Hirten
ein, der sie auf die Weide führt, meinen
Knecht David. Er wird sie weiden und er
wird ihr Hirt sein. 24 Ich selbst, der Herr,
werde ihr Gott sein und mein Knecht David
wird in ihrer Mitte der Fürst sein. Ich, der
Herr, habe gesprochen.
25 Ich schließe mit ihnen einen Friedens-
bund: Ich rotte die wilden Tiere im Land aus.
Dann kann man in der Steppe sicher wohnen
und in den Wäldern schlafen. 26 Ich werde sie
und die Umgebung meines Berges segnen.
Ich schicke Regen zur rechten Zeit und der
Regen wird Segen bringen. 27 Die Bäume des
Feldes werden ihre Früchte tragen und das
Land wird seinen Ertrag geben. Sie werden
auf ihrem Grund und Boden sicher sein.
Wenn ich die Stangen ihres Jochs zerbreche
und sie der Gewalt derer entreiße, von denen
sie versklavt wurden, werden sie erkennen,
dass ich der Herr bin. 28 Sie werden nicht
länger eine Beute der Völker sein, von den
wilden Tieren werden sie nicht gefressen. Sie
werden in Sicherheit wohnen und niemand
wird sie erschrecken. 29 Ich pflanze ihnen ei-
nen Garten des Heils. Sie werden in ihrem
Land nicht mehr vom Hunger dahingerafft
werden und die Schmähungen der Völker
müssen sie nicht mehr ertragen. 30 Sie wer-
den erkennen, dass ich, der Herr, ihr Gott,
mit ihnen bin und dass sie, das Haus Israel,
mein Volk sind – Spruch Gottes, des Herrn.
31 Ihr seid meine Schafe, ihr seid die Herde
meiner Weide. Ich bin euer Gott – Spruch
Gottes, des Herrn.

23–24: 37,24; Ps 78,70; Jer 30,9; Hos 3,5; Joh 10,14–16 • 25: 37,26; Lev 26,6; Hos 2,20 • 26: Lev 26,4; Ps 84,7 • 27: Ps 67,7 • 28: Jer 30,10 • 29: 36,30 • 30: 11,20 • 31: Ps 95,7; 100,3.

Der Drohspruch gegen Edom: 35,1–15

35 Das Wort des Herrn erging an mich:
2 Menschensohn, richte dein Gesicht
auf die Berge von Seïr, tritt als Prophet ge-
gen sie auf 3 und sag zu ihnen: So spricht
Gott, der Herr:
Ich gehe gegen dich vor, Bergland von
Seïr. / Ich strecke meine Hand gegen dich
aus / und mache dich zur Wüste und Öde.
4 Deine Städte lege ich in Trümmer / und
du sollst zur Wüste werden. / Dann wirst du
erkennen, dass ich der Herr bin.
5 Weil du eine ewige Feindschaft mit den
Söhnen Israels hattest und sie zur Zeit ihres
Unglücks, zur Zeit der endgültigen Abrech-
nung, dem Schwert ausgeliefert hast,
6 darum lasse ich dich bluten, so wahr ich
lebe – Spruch Gottes, des Herrn; Blut soll
dich verfolgen. Du hast dich nicht gescheut,
Blut zu vergießen; darum soll Blut dich ver-
folgen. 7 Ich mache die Berge von Seïr zur
Öde und Wüste und vernichte alles, was sich
dort bewegt und regt. 8 Ich fülle sein Berg-
land mit Erschlagenen; auf deinen Hügeln,
in deinen Tälern und all deinen Schluchten
werden die Menschen vom Schwert erschla-
gen und fallen.
9 Für immer mache ich dich zum Ödland, /
deine Städte sollen nicht mehr bewohnt
sein. / Dann wirst du erkennen, dass ich der
Herr bin.
10 Weil du sagst: Beide Völker und beide
Länder gehören mir; sie sind mein Besitz!,
(weil du das sagst) obwohl doch der Herr
dort ist, 11 darum will ich gegen dich – so
wahr ich lebe, Spruch Gottes, des Herrn –
mit dem gleichen leidenschaftlichen Zorn
vorgehen, mit dem du gegen sie in deinem
Hass vorgegangen bist. Ich werde dir zeigen,
wer ich bin, wenn ich dich richte. 12 Dann
wirst du erkennen, dass ich der Herr bin und
dass ich gehört habe, wie oft du die Berge Is-
raels geschmäht und gesagt hast: Sie sind
völlig verödet. Sie sind uns zum Fraß vorge-
worfen. 13 So habt ihr geprahlt und seid frech

34,29 des Heils: Text korr. nach G und S; H: zum Ruhm.

35,6 lasse ich dich bluten, wörtlich: mache ich dich zu Blut. – Text teilweise korr., weil H verderbt ist.

35,10 Edom, das mit dem »Bergland von Seïr« (V. 3) gemeint ist, beansprucht das Land von Israel und Juda.

35,11 dir: Text korr. nach G; H: an ihnen.

gegen mich gewesen; ich habe es selbst ge-
hört. 14 So spricht Gott, der Herr: Weil du
dich darüber freust, dass das ganze Land
verödet daliegt, darum will ich auch dich
(zur Wüste) machen: 15 Weil du dich darüber
freust, dass der Erbbesitz des Hauses Israel
verödet daliegt, darum will ich auch dich
(zur Wüste) machen; das Bergland von Seïr
und ganz Edom sollen veröden. Dann wird
man erkennen, dass ich der Herr bin.

1–15: 25,12–14 • 5: Ps 137,7.

Die Weissagung über Israels Berge: 36,1–15

36 Du aber, Menschensohn, sprich als
Prophet zu den Bergen Israels und
sag: Ihr Berge Israels, hört das Wort des
Herrn! 2 So spricht Gott, der Herr: Die Fein-
de haben von euch gesagt: Ha, ihr seid für
immer verödet; jetzt gehört ihr uns. 3 Darum
tritt als Prophet auf und sag: So spricht Gott,
der Herr: Weil ihr verödet seid, weil man von
allen Seiten nach euch geschnappt hat, so-
dass ihr jetzt Besitz der übrigen Völker seid,
weil ihr ins Gerede gekommen und zum Ge-
spött der Leute geworden seid, 4 darum, ihr
Berge Israels, hört das Wort Gottes, des
Herrn: So spricht Gott, der Herr, zu den Ber-
gen und Hügeln, den Schluchten und Tälern,
zu den verfallenen Ruinen und den verlasse-
nen Städten: Weil ihr von den übrigen Völ-
kern ringsum ausgeplündert und verspottet
worden seid, 5 darum – so spricht Gott, der
Herr – werde ich mit glühender Leidenschaft
über die übrigen Völker und über ganz Edom
reden. Voll Frohlocken haben sie sich mein
Land angeeignet. Voll Schadenfreude haben
sie das Weideland erbeutet. 6 Darum sprich
als Prophet zum Land Israel und sag zu den
Bergen und Hügeln, zu den Schluchten und
Tälern: So spricht Gott, der Herr: Ich rede
voll Leidenschaft und Grimm, weil ihr von
den Völkern so viel Schimpf ertragen müsst.
7 Darum – so spricht Gott, der Herr: Ich erhe-
be meine Hand (zum Schwur) und sage: Die
Völker rings um euch werden den gleichen
Schimpf ertragen müssen. 8 Ihr aber, ihr Ber-
ge Israels, sollt wieder grün werden und
Früchte hervorbringen für mein Volk Israel;
denn es wird bald zurückkommen. 9 Seht, ich
wende mich euch wieder zu und dann ackert
und sät man wieder auf euch 10 und ich lasse
viele Menschen dort leben, das ganze Haus
Israel. Die Städte werden wieder bewohnt
sein und die Ruinen aufgebaut. 11 Ich lasse
viele Menschen und Tiere auf euch leben und
sie werden sich vermehren und fruchtbar
sein. Ich will dafür sorgen, dass ihr wieder
bewohnt seid, wie ihr es früher wart; ich will
euch mehr Gutes erweisen als je zuvor. Dann
werdet ihr erkennen, dass ich der Herr bin.
12 Viele Menschen, mein ganzes Volk Israel,
lasse ich zu euch kommen und sie werden
euch in Besitz nehmen; ihr werdet für immer
ihr Erbbesitz sein und ihnen nie mehr ihre
Kinder wegnehmen. 13 So spricht Gott, der
Herr: Man sagt zu dir: Du bist eine Men-
schenfresserin und hast deinem eigenen Volk
die Kinder weggenommen. 14 Aber du sollst
keine Menschen mehr fressen und deinem ei-
genen Volk nicht mehr die Kinder wegneh-
men – Spruch Gottes, des Herrn. 15 Du sollst
nie mehr anhören müssen, wie die Völker
dich beschimpfen, und nie mehr ertragen
müssen, dass die Nationen dich verhöhnen.
Du wirst deinem eigenen Volk nicht mehr die
Kinder wegnehmen – Spruch Gottes, des
Herrn.

1: 6,2 • 2: 25,3 • 5: 35,15 • 10: Ps 69,36.

Die Verheißung eines neuen Lebens:
36,16–38

16 Das Wort des Herrn erging an mich:
17 (Hör zu,) Menschensohn! Als Israel in sei-
nem Land wohnte, machten sie das Land
durch ihr Verhalten und ihre Taten unrein.
Wie die monatliche Unreinheit der Frau war
ihr Verhalten in meinen Augen. 18 Da goss
ich meinen Zorn über sie aus, weil sie Blut
vergossen im Land und das Land mit ihren
Götzen befleckten. 19 Ich zerstreute sie unter
die Völker; in alle Länder wurden sie vertrie-
ben. Nach ihrem Verhalten und nach ihren
Taten habe ich sie gerichtet. 20 Als sie aber zu
den Völkern kamen, entweihten sie überall,
wohin sie kamen, meinen heiligen Namen;
denn man sagte von ihnen: Das ist das Volk
Jahwes und doch mussten sie sein Land ver-
lassen. 21 Da tat mir mein heiliger Name leid,
den das Haus Israel bei den Völkern ent-
weihte, wohin es auch kam.

22 Darum sag zum Haus Israel: So spricht
Gott, der Herr: Nicht euretwegen handle ich,
Haus Israel, sondern um meines heiligen Na-
mens willen, den ihr bei den Völkern ent-
weiht habt, wohin ihr auch gekommen seid.
23 Meinen großen, bei den Völkern entweih-
ten Namen, den ihr mitten unter ihnen ent-
weiht habt, werde ich wieder heiligen. Und
die Völker – Spruch Gottes, des Herrn – wer-

36,2 verödet: Text korr. nach G.
36,13f Das Land wird mit einem wilden Tier ver-
glichen (vgl. Num 13,32). Vielleicht ist an den Un-
tergang Israels 722 v. Chr. und Judas 586 v. Chr.
gedacht, als bei der Eroberung des Landes auch
zum Teil das Volk umkam.

den erkennen, dass ich der Herr bin, wenn ich
mich an euch vor ihren Augen als heilig er-
weise. 24 Ich hole euch heraus aus den Völ-
kern, ich sammle euch aus allen Ländern
und bringe euch in euer Land. 25 Ich gieße
reines Wasser über euch aus, dann werdet
ihr rein. Ich reinige euch von aller Unrein-
heit und von allen euren Götzen. 26 Ich
schenke euch ein neues Herz und lege einen
neuen Geist in euch. Ich nehme das Herz von
Stein aus eurer Brust und gebe euch ein
Herz von Fleisch. 27 Ich lege meinen Geist in
euch und bewirke, dass ihr meinen Gesetzen
folgt und auf meine Gebote achtet und sie er-
füllt. 28 Dann werdet ihr in dem Land woh-
nen, das ich euren Vätern gab. Ihr werdet
mein Volk sein und ich werde euer Gott sein.
29 Ich befreie euch von allem, womit ihr euch
unrein gemacht habt. Ich rufe dem Getreide
zu und befehle ihm zu wachsen. Ich ver-
hänge über euch keine Hungersnot mehr.
30 Ich vermehre die Früchte der Bäume und
den Ertrag des Feldes, damit ihr nicht mehr
unter den Völkern die Schande einer Hun-
gersnot ertragen müsst. 31 Dann werdet ihr
an euer verkehrtes Verhalten und an eure
bösen Taten denken und es wird euch ekeln
vor euch selbst wegen eurer Gräueltaten.
32 Doch nicht euretwegen handle ich so –
Spruch Gottes, des Herrn –, das sollt ihr wis-
sen. Errötet und vergeht vor Scham wegen
eures Treibens, ihr vom Haus Israel.

33 So spricht Gott, der Herr: Wenn ich euch
von all euren Sünden gereinigt habe, mache
ich die Städte wieder bewohnbar und die
Ruinen werden wieder aufgebaut. 34 Das ver-
ödete Land wird bestellt, es liegt nicht mehr
öde vor den Augen all derer, die vorüberge-
hen. 35 Dann wird man sagen: Dieses ver-
ödete Land ist wie der Garten Eden gewor-
den; die zerstörten, verödeten, vernichteten
Städte sind wieder befestigt und bewohnt.
36 Dann werden die Völker, die rings um
euch noch übrig sind, erkennen, dass ich, der
Herr, das Zerstörte wieder aufgebaut und
das Ödland wieder bepflanzt habe. Ich, der
Herr, habe gesprochen und ich führe es aus.

37 So spricht Gott, der Herr: Ich lasse mich
vom Haus Israel dazu bewegen, auch noch
das zu tun: Ich werde die Menschen vermeh-
ren wie eine Schafherde. 38 Wie die zum Op-
fer geweihten Schafe, wie die Schafe an den
Festen Jerusalem füllen, so sollen Herden
von Menschen die zerstörten Städte bevöl-
kern. Dann wird man erkennen, dass ich der
Herr bin.

17: Lev 15,19–27 • 19: 11,16 • 20: 20,39; Jes 52,5 • 21: 20,9 • 22: Jes 48,11; Ps 79,9; 106,8; 115,1; Jer 14,7 • 23: Mt 6,9 • 24: 11,17 • 25: Ps 51,9; Sach 13,1; Jer 33,8 • 26: 11,19f; 39,29 • 27: 11,20; 37,24 • 30: 34,29; Joël 2,19 • 31: 16,61–63; 20,43 • 36: Jer 1,10 • 38: Mi 2,12.

Die Vision von der Auferweckung Israels: 37,1–14

37 Die Hand des Herrn legte sich auf
mich und der Herr brachte mich im
Geist hinaus und versetzte mich mitten in
die Ebene. Sie war voll von Gebeinen. 2 Er
führte mich ringsum an ihnen vorüber und
ich sah sehr viele über die Ebene verstreut
liegen; sie waren ganz ausgetrocknet. 3 Er
fragte mich: Menschensohn, können diese
Gebeine wieder lebendig werden? Ich ant-
wortete: Herr und Gott, das weißt nur du.
4 Da sagte er zu mir: Sprich als Prophet über
diese Gebeine und sag zu ihnen: Ihr ausge-
trockneten Gebeine, hört das Wort des
Herrn! 5 So spricht Gott, der Herr, zu diesen
Gebeinen: Ich selbst bringe Geist in euch,
dann werdet ihr lebendig. 6 Ich spanne Seh-
nen über euch und umgebe euch mit Fleisch;
ich überziehe euch mit Haut und bringe
Geist in euch, dann werdet ihr lebendig.
Dann werdet ihr erkennen, dass ich der Herr
bin. 7 Da sprach ich als Prophet, wie mir be-
fohlen war; und noch während ich redete,
hörte ich auf einmal ein Geräusch: Die Ge-
beine rückten zusammen, Bein an Bein.
8 Und als ich hinsah, waren plötzlich Sehnen
auf ihnen und Fleisch umgab sie und Haut
überzog sie. Aber es war noch kein Geist in
ihnen. 9 Da sagte er zu mir: Rede als Prophet
zum Geist, rede, Menschensohn, sag zum
Geist: So spricht Gott, der Herr: Geist, komm
herbei von den vier Winden! Hauch diese Er-
schlagenen an, damit sie lebendig werden.
10 Da sprach ich als Prophet, wie er mir be-
fohlen hatte, und es kam Geist in sie. Sie
wurden lebendig und standen auf – ein gro-
ßes, gewaltiges Heer.

11 Er sagte zu mir: Menschensohn, diese
Gebeine sind das ganze Haus Israel. Jetzt
sagt Israel: Ausgetrocknet sind unsere Ge-
beine, unsere Hoffnung ist untergegangen,
wir sind verloren. 12 Deshalb tritt als Pro-
phet auf und sag zu ihnen: So spricht Gott,
der Herr: Ich öffne eure Gräber und hole
euch, mein Volk, aus euren Gräbern herauf.
Ich bringe euch zurück in das Land Israel.
13 Wenn ich eure Gräber öffne und euch,
mein Volk, aus euren Gräbern heraufhole,
dann werdet ihr erkennen, dass ich der Herr
bin. 14 Ich hauche euch meinen Geist ein,
dann werdet ihr lebendig und ich bringe
euch wieder in euer Land. Dann werdet ihr
erkennen, dass ich der Herr bin. Ich habe ge-
sprochen und ich führe es aus – Spruch des
Herrn.

1: 1,3; 3,22 • 5: Jes 26,19 • 10: Gen 2,7; Ps 104,30 • 14: 39,29.

Eine weitere symbolische Handlung: Die Wiedervereinigung Israels und Judas: 37,15–28

15 Das Wort des Herrn erging an mich:
16 Du, Menschensohn, nimm dir ein Holz und
schreib darauf: Juda und die mit ihm ver-
bündeten Israeliten. Dann nimm dir ein an-
deres Holz, und schreib darauf: Josef
[Holz Efraims] und das ganze mit ihm ver-
bündete Haus Israel. 17 Dann füge beide zu
einem einzigen Holz zusammen, sodass sie
eins werden in deiner Hand. 18 Und wenn die
Söhne deines Volkes dich fragen: Willst du
uns nicht erklären, was das bedeuten soll?,
19 dann antworte ihnen: So spricht Gott, der
Herr: Ich nehme das Holz Josefs [das in der
Hand Efraims ist] und der mit ihm verbün-
deten Stämme Israels und lege es auf das
Holz Judas. Ich mache sie zu einem einzigen
Holz und sie werden eins in meiner Hand.
20 Die Hölzer, auf die du geschrieben hast,
sollst du vor ihren Augen in deiner Hand
halten. 21 Dann sag zu ihnen: So spricht Gott,
der Herr: Ich hole die Israeliten aus den Völ-
kern heraus, zu denen sie gehen mussten; ich
sammle sie von allen Seiten und bringe sie in
ihr Land. 22 Ich mache sie in meinem Land,
auf den Bergen Israels, zu einem einzigen
Volk. Sie sollen alle einen einzigen König ha-
ben. Sie werden nicht länger zwei Völker
sein und sich nie mehr in zwei Reiche teilen.
23 Sie werden sich nicht mehr unrein machen
durch ihre Götzen und Gräuel und durch all
ihre Untaten. Ich befreie sie von aller Sünde,
die sie in ihrer Untreue begangen haben, und
ich mache sie rein. Dann werden sie mein
Volk sein und ich werde ihr Gott sein.
24 Mein Knecht David wird ihr König sein
und sie werden alle einen einzigen Hirten
haben. Sie werden nach meinen Rechtsvor-
schriften leben und auf meine Gesetze ach-
ten und sie erfüllen. 25 Sie werden in dem
Land wohnen, das ich meinem Knecht Jakob
gegeben habe und in dem ihre Väter gewohnt
haben. Sie und ihre Kinder und Kindeskin-
der werden für immer darin wohnen und
mein Knecht David wird für alle Zeit ihr
Fürst sein. 26 Ich schließe mit ihnen einen
Friedensbund; es soll ein ewiger Bund sein.
Ich werde sie zahlreich machen. Ich werde
mitten unter ihnen für immer mein Heilig-
tum errichten 27 und bei ihnen wird meine
Wohnung sein. Ich werde ihr Gott sein und
sie werden mein Volk sein. 28 Wenn mein
Heiligtum für alle Zeit in ihrer Mitte ist,
dann werden die Völker erkennen, dass ich
der Herr bin, der Israel heiligt.

21: 34,13; 36,24 • 22: Jes 11,11.13; Ez 34,23 • 23: 11,20 • 25: 28,25 • 26: Jes 54,10 • 27: 43,7; 11,20; Lev 26,11f • 28: 36,23.

DER KAMPF GOTTES GEGEN GOG: 38,1 – 39,29

Die Kriegsvorbereitungen Gogs: 38,1–16

38 Das Wort des Herrn erging an mich:
2 Menschensohn, richte dein Gesicht
auf Gog im Land Magog, auf den Großfürs-
ten von Meschech und Tubal, tritt als Pro-
phet gegen ihn auf, 3 und sag: So spricht
Gott, der Herr: Ich will gegen dich vorgehen,
Gog, gegen dich, den Großfürsten von Me-
schech und Tubal. 4 Ich reiße dich herum und
schlage dir Haken durch deine Kinnbacken
und führe dich und deine ganze Streitmacht
heraus: Pferde und Reiter, alle prächtig ge-
kleidet, ein großes Heer, mit Langschild und
Rundschild; alle haben ihr Schwert in der
Hand. 5 Auch Paras, Kusch und Put sind da-
bei, alle ausgerüstet mit Schild und Helm,
dazu 6 Gomer und all seine Truppen, Bet-To-
garma aus dem äußersten Norden und all
seine Truppen. Viele Völker ziehen mit dir.
7 Rüste dich, halte dich bereit, du und dein
ganzes Heer, das bei dir versammelt ist; sei
mit ihnen auf dem Posten. 8 Nach langer Zeit
wirst du deinen Auftrag erhalten. Nach vie-
len Jahren wirst du in ein Land kommen,
dessen Volk dem Schwert entronnen ist und
aus vielen Völkern wieder auf den Bergen
Israels zusammengeführt wurde, die lange
verödet waren. Mitten aus den Völkern wur-
de es herausgeführt und alle leben in Sicher-
heit. 9 Wie ein Unwetter ziehst du herauf;
wie eine Wolke, die das ganze Land be-
deckt – du und all deine Truppen und viele
Völker mit dir.
10 So spricht Gott, der Herr: An jenem Tag
steigen (unheilvolle) Gedanken in deinem

37,22 in meinem Land: ergänzt nach G.
37,23 Sünde: Text korr.; vgl. G.
37,25 ihre Väter: Text korr. nach G und S; H: eure Väter.
37,26 Text korr.; H hat zwei weitere Wörter, die kaum ursprünglich sind.

38,1 – 39,29 Die Prophetie über »Gog im Land Magog«, hinter dessen Gestalt sich vielleicht der Name des mächtigen lydischen Königs Gyges verbirgt, ist eine mit apokalyptischen Zügen ausgestattete Schilderung des Feinds »aus dem Norden« (38,15).

Herzen auf und du ersinnst einen bösen
Plan. 11 Du sagst: Ich will gegen das unge-
schützte Land hinaufziehen und die friedli-
chen Menschen überfallen, die dort in Si-
cherheit leben; alle leben sie ohne Mauern
und sie haben keine Riegel und Tore. 12 Ich
will Beute machen und plündern, ich will
diese wieder bewohnten Trümmer angreifen
und das Volk überfallen, das aus den Völ-
kern zusammengeführt wurde, das sich wie-
der Herden und Besitz erworben hat und
jetzt auf dem Nabel der Erde wohnt. 13 Dann
werden dich Saba und Dedan und die Kauf-
leute und Händler von Tarschisch fragen:
Kommst du, um Beute zu machen? Hast du
deine Heere versammelt, um zu plündern,
um Silber und Gold wegzuschleppen, Her-
den und Besitz zu rauben und große Beute zu
machen?
14 Darum tritt als Prophet auf, Menschen-
sohn, und sag zu Gog: So spricht Gott, der
Herr: Dann, wenn mein Volk Israel sich in
Sicherheit wähnt, brichst du auf 15 und
ziehst aus deinem Land heran, aus dem äu-
ßersten Norden, du und viele Völker mit dir,
alle zu Pferd, ein großes Heer, eine gewaltige
Streitmacht. 16 Du ziehst gegen mein Volk Is-
rael heran wie eine Wolke, die das ganze
Land bedeckt. Am Ende der Tage wird es ge-
schehen: Ich lasse dich gegen mein Land he-
ranziehen; denn die Völker sollen mich er-
kennen, wenn ich mich vor ihren Augen an
dir, Gog, als heilig erweise.

2: 39,1; 27,13; 32,26 • 3: 39,1; Gen 10,2 • 4: 29,4 • 6: 27,14 •
13: 25,13 • 16: Ex 14,4.

Der Drohspruch gegen Gog: 38,17–23

17 So spricht Gott, der Herr: Du bist der,
von dem ich in früherer Zeit durch meine
Knechte gesprochen habe, durch die Prophe-
ten Israels, die in jenen Tagen und Jahren
weissagten, dass ich dich gegen Israel heran-
ziehen lasse. 18 Und an jenem Tag, wenn Gog
gegen das Land Israel heranzieht – Spruch
Gottes, des Herrn –, wird der Groll in mir
aufsteigen. 19 In meinem leidenschaftlichen
Eifer, im Feuer meines Zorns, schwöre ich:
An jenem Tag wird es im ganzen Land Israel
ein gewaltiges Erdbeben geben. 20 Dann zit-
tern die Fische im Meer und die Vögel am
Himmel vor mir, das Wild auf dem Feld und
alle kleinen Tiere, die auf dem Erdboden
kriechen, und alle Menschen auf Erden. Es
bersten die Berge, die Felswände stürzen ein
und alle Mauern fallen zu Boden. 21 Dann
rufe ich mein ganzes Bergland zum Krieg ge-
gen Gog auf – Spruch Gottes, des Herrn. Da
wird sich das Schwert des einen gegen den
andern wenden. 22 Ich richte ihn durch Pest
und (Ströme von) Blut; ich lasse Wolkenbrü-
che und Hagel, Feuer und Schwefel über ihn
und seine Truppen und über die vielen Völ-
ker, die bei ihm sind, herabregnen. 23 So wer-
de ich mich als groß und heilig erweisen und
mich vor den Augen vieler Völker zu erken-
nen geben. Dann werden sie erkennen, dass
ich der Herr bin.

21: Offb 20,8f.

Der Untergang Gogs: 39,1–22

39 Du, Menschensohn, tritt als Prophet
gegen Gog auf und sag: So spricht
Gott, der Herr: Ich will gegen dich vorgehen,
Gog, gegen dich, den Großfürsten von Me-
schech und Tubal. 2 Ich führe dich und locke
dich herbei, ich lasse dich aus dem äußersten
Norden heranziehen und führe dich ins
Bergland von Israel. 3 Dann schlage ich dir
den Bogen aus der linken Hand und lasse
deiner rechten die Pfeile entfallen. 4 Im
Bergland von Israel wirst du umkommen, du
und alle deine Truppen und die Völker, die
bei dir sind. Raubvögeln aller Art und den
wilden Tieren werfe ich dich zum Fraß vor.
5 Auf dem freien Feld wirst du fallen; denn
ich habe gesprochen – Spruch Gottes, des
Herrn.
6 Gegen Magog und die sorglosen Küsten-
bewohner sende ich Feuer. Dann werden sie
erkennen, dass ich der Herr bin. 7 Meinen
heiligen Namen offenbare ich in meinem
Volk Israel; ich will meinen heiligen Namen
nie mehr entweihen. Dann werden die Völ-
ker erkennen, dass ich der Herr bin, heilig in
Israel. 8 Es kommt und geschieht – Spruch
Gottes, des Herrn.
Das ist der Tag, von dem ich gesprochen
habe: 9 Die Einwohner der Städte Israels
werden hinausgehen; mit den Waffen, mit
Langschild und Rundschild, mit Bogen und
Pfeilen, mit Keulen und Lanzen machen sie
Feuer und heizen. Sieben Jahre lang machen
sie Feuer damit. 10 Sie sammeln kein Holz
auf den Feldern, sie schlagen kein Holz im
Wald, sondern verbrennen die Waffen. Sie
plündern die Plünderer und berauben die
Räuber – Spruch Gottes, des Herrn.
11 An jenem Tag weise ich Gog einen Platz

38,13 Händler: Text korr. H: alle seine Junglöwen.
38,14 brichst du auf: Text korr. nach G; H: wirst du es wissen.
38,17 Du bist der: Text korr. nach G und Vg; H formuliert als Fragesatz.

für sein Grab in Israel zu: das Tal der Durch-
reisenden, östlich vom (Toten) Meer. Das
Grab versperrt dann den Durchreisenden
den Weg. Dort wird man Gog und all seine
Pracht begraben und den Ort »Tal der Pracht
Gogs« nennen. 12 Sieben Monate wird das
Haus Israel brauchen, um alle zu begraben,
um das Land wieder rein zu machen. 13 Das
ganze Volk im Land wird helfen, sie zu be-
graben, und das wird ihm großes Ansehen
verschaffen an dem Tag, an dem ich mich als
herrlich erweise – Spruch Gottes, des Herrn.
14 Man wird Männer auswählen, die ständig
durch das Land ziehen und alle bestatten
sollen, die im Land verstreut liegen geblie-
ben sind. So soll man das Land wieder rein
machen. Und am Ende der sieben Monate
sollen sie das Land gründlich durchsuchen.
15 Wenn diese Männer durch das Land ziehen
und einer von ihnen einen Menschenknochen
findet, soll er die Stelle kennzeichnen, bis die
Totengräber ihn im Tal der Pracht Gogs be-
graben. 16 [Auch eine Stadt trägt den Namen
Hamona, »Die Pracht«.] So wird man das
Land rein machen.

17 Du aber, Menschensohn – so spricht
Gott, der Herr –, sag zu allen Vögeln und zu
allen wilden Tieren: Versammelt euch und
kommt her! Von überall kommt zu meinem
großen Opfer zusammen, das ich für euch
schlachte, zu meinem großen Opfer auf den
Bergen Israels, kommt und fresst Fleisch und
trinkt Blut! 18 Das Fleisch der Helden sollt
ihr fressen, das Blut der Fürsten der Erde
sollt ihr trinken. Lauter Widder, Lämmer
und Böcke, Stiere und gemästete Rinder aus
dem Baschan sind es. 19 Fresst euch satt am
Fett und berauscht euch am Blut meines Op-
fers, das ich für euch geschlachtet habe.
20 An meinem Tisch könnt ihr euch sättigen
mit Pferden und Reitern, mit Helden und
Kriegern aller Art – Spruch Gottes, des
Herrn.

21 So zeige ich unter den Völkern meine
Herrlichkeit. Alle Völker sehen, wie ich mein
Strafgericht abhalte, sie sehen, wie ich
meine Hand auf sie lege. 22 Dann wird das
Haus Israel erkennen, dass ich der Herr, sein
Gott, bin, von jenem Tag an und auch wei-
terhin.

1: 38,2; 32,26; 38,3f • 9: Ps 46,10 • 14: Num 19,16; Dtn 21,23 • 17: Offb 19,17–19 • 21: Ex 14,4.

Die Wiederherstellung Israels: 39,23–29

23 Die Völker werden erkennen, dass das
Haus Israel wegen seiner Schuld verschleppt
wurde. Denn sie sind mir untreu geworden;
darum habe ich mein Angesicht vor ihnen
verborgen und sie ihren Feinden ausgelie-
fert, sodass alle unter dem Schwert fielen.
24 Wie ihre Unreinheit und ihre Vergehen es
verdienten, so habe ich sie behandelt und
mein Angesicht vor ihnen verborgen.

25 Darum – so spricht Gott, der Herr: Jetzt
werde ich das Geschick Jakobs wenden, ich
will Erbarmen haben mit dem ganzen Haus
Israel und will mit leidenschaftlichem Eifer
für meinen heiligen Namen eintreten. 26 Sie
werden ihre Schande vergessen, vergessen,
wie oft sie mir untreu waren, wenn sie auf ih-
rem Grund und Boden in Sicherheit leben,
ohne dass sie jemand erschreckt, 27 wenn ich
sie aus den Völkern zurückgeholt und aus
den Ländern ihrer Feinde gesammelt habe
und so mich an ihnen vor den Augen vieler
Völker als heilig erweise. 28 Dann werden sie
erkennen, dass ich, der Herr, ihr Gott bin;
denn nachdem ich sie zu den Völkern wegge-
führt hatte, habe ich sie wieder in ihrem
Land versammelt und keinen von ihnen in
der Fremde zurückgelassen. 29 Ich verberge
mein Gesicht nicht mehr vor ihnen; denn ich
habe meinen Geist über das Haus Israel aus-
gegossen – Wort Gottes, des Herrn.

25: Ps 106,8 • 29: Jes 54,8; Ez 36,26; Joël 3,1.

DIE VISION VOM NEUEN ISRAEL: 40,1 – 48,35

Der neue Tempel: 40,1 – 44,3

Die Entrückung des Propheten: 40,1–4

40 Am zehnten Tag des Monats am Jah-
resanfang im fünfundzwanzigsten
Jahr nach unserer Verschleppung und im
vierzehnten Jahr nach der Eroberung der
Stadt (Jerusalem), genau an diesem Tag legte
sich die Hand des Herrn auf mich und er
brachte mich dorthin. 2 In göttlichen Visio-
nen brachte er mich ins Land Israel und
stellte mich auf einen sehr hohen Berg. In

39,12 Tote, die nicht begraben sind, machen das Land unrein (vgl. Num 19,11–22).

39,16 Der Zusatz nimmt aus V. 11 das Stichwort »Pracht« auf.

39,20 Reitern: Text korr. nach G.

40,1 – 44,3 Die Beschreibung des Tempels ist knapp, oft nicht recht klar, der Text vielfach schwierig und bisweilen verderbt. Die Übersetzung versucht eine durchschaubare Darstellung zu geben.

südlicher Richtung war auf dem Berg etwas
wie eine Stadt erbaut. 3 Dorthin brachte er
mich. Da sah ich einen Mann, der aussah, als
sei er aus Bronze. Er hatte eine leinene
Schnur und eine Messlatte in der Hand und
stand im Tor. 4 Der Mann sagte zu mir: Men-
schensohn, öffne deine Augen und Ohren,
sieh und höre und achte auf alles, was ich dir
zeige. Denn du bist hierher gebracht worden,
damit ich es dir zeige. Berichte alles, was du
siehst, dem Haus Israel.

1: 1,3; 37,1.

Der Tempel, seine Tore und Höfe:
40,5 – 41,4

5 Da stand eine Mauer, die den Tempel
ringsum außen umgab. Der Mann hatte in
der Hand eine Messlatte von sechs Ellen, die
je eine gewöhnliche Elle und eine Handbreit
maßen. Und er maß die Dicke der Mauer –
eine Latte – und die Höhe – eine Latte.
6 Dann ging er zum Osttor, stieg seine Stufen
hinauf und maß die Schwellen des Tores: Sie
waren eine Latte breit [jede Schwelle war
eine Latte breit]. 7 Dann maß er die Torkam-
mer: Sie war eine Latte lang und eine Latte
breit. Der Abstand zwischen den Torkam-
mern betrug fünf Ellen. Und er maß die
Schwelle des Tors auf der Tempelseite der
Vorhalle des Tors. 8 [Er maß die Vorhalle des
Tors auf der Tempelseite – eine Latte.]
9 Dann maß er die Vorhalle des Tors – acht
Ellen – sowie die Pfeiler des Tors – zwei El-
len. Die Vorhalle des Tors lag auf der Tem-
pelseite des Tors. 10 Drei Torkammern des
Osttors lagen auf der einen Seite, drei auf
der andern; alle drei hatten jeweils die glei-
chen Maße und auch die Pfeiler hüben und
drüben hatten die gleichen Maße. 11 Dann
maß er die Breite der Toröffnung – zehn El-
len – und die Länge des Torgebäudes – drei-
zehn Ellen. 12 Vor allen Torkammern war
eine Schranke, jeweils eine Elle hoch. Die
Torkammern auf beiden Seiten maßen je-
weils sechs Ellen. 13 Dann maß er die Breite
des Torbaus vom Dachansatz einer Torkam-
mer bis zum Dachansatz der gegenüberlie-
genden Torkammer von Tür zu Tür – fünf-
undzwanzig Ellen. 14 [Dann maß er die Vor-
halle – zwanzig Ellen. An das Tor stieß rings-
um der Vorhof.] 15 Von der Vorderseite des
Toreingangs bis zur Tempelseite der Vor-
halle des Tors innen waren es fünfzig Ellen.
16 Die Torkammern ringsum hatten ver-
schließbare Fenster, ebenso innen die Pfeiler
und die Vorhalle. Ringsum befanden sich in-
nen Fenster. Die Pfeiler waren mit Palmen
verziert.

17 Dann brachte er mich in den Vorhof.
Rings um den Vorhof lagen Räume und da-
vor war ringsum ein Steinpflaster angelegt;
dreißig Räume grenzten an das Pflaster.
18 Das Steinpflaster schloss sich seitlich an
die Tore an und es war genauso breit wie der
Vorsprung der Tore (in den Vorhof). Das war
das untere Steinpflaster. 19 Dann maß er den
Abstand von der Innenseite der Außentore
zur Außenseite der Innentore im Osten und
Norden – je hundert Ellen.

20 Auch das Nordtor des Vorhofs maß er
der Länge und Breite nach. 21 Es hatte je drei
Torkammern auf beiden Seiten. Seine Pfei-
ler und seine Torkammern hatten die glei-
chen Maße wie die des ersten Tors. Im Gan-
zen war es fünfzig Ellen lang und fünfund-
zwanzig Ellen breit. 22 Seine Fenster, seine
Vorhalle und sein Palmenschmuck hatten
die gleichen Maße wie die des Osttors. Man
musste sieben Stufen zu ihm hinaufsteigen.
Auf der Innenseite lag seine Vorhalle. 23 Wie
beim Osttor lag auch dem Nordtor ein Tor
gegenüber, das zum Innenhof führte, und er
maß den Abstand von Tor zu Tor – hundert
Ellen.

24 Dann führte er mich nach Süden und
auch im Süden war ein Tor. Und er maß sei-
ne Pfeiler und seine Vorhalle; sie entspra-
chen den Maßen der anderen. 25 Auch die
Fenster des Tors und seiner Vorhalle rings-
um entsprachen den anderen Fenstern. Im
Ganzen war es fünfzig Ellen lang und fünf-
undzwanzig Ellen breit. 26 Sieben Stufen
führten zu ihm hinauf. Auf der Innenseite
lag seine Vorhalle. Die beiden Pfeiler dieses
Tors waren hüben und drüben mit je einer
Palme verziert. 27 Auch auf der Südseite war
ein Tor zum Innenhof und er maß den Ab-
stand von Tor zu Tor im Süden – hundert
Ellen.

28 Dann brachte er mich durch das Südtor
in den Innenhof und maß das Südtor. Es
hatte die gleichen Maße wie die anderen
Tore: 29 Seine Torkammern, seine Pfeiler und
seine Vorhalle hatten die gleichen Maße wie
dort. Auch dieses Tor und seine Vorhalle
hatten ringsum Fenster. Im Ganzen war es

40,5 Die Messung erfolgt mit der größeren, königlichen Elle.
40,14 H verderbt; übersetzt nach G; Sinnzusammenhang unklar.
40,19 Übersetzt nach G.
40,22.26 Auf der Innenseite: Text korr. nach G; H: Nach ihrer Vorderseite.

fünfzig Ellen lang und fünfundzwanzig Ellen breit.

30 [Ringsherum waren Vorhallen, fünfundzwanzig Ellen lang und fünf Ellen breit.] 31 Seine Vorhalle lag auf der Seite zum Vorhof. Seine Pfeiler waren mit Palmen verziert und acht Stufen führten zu ihm hinauf.

32 Dann brachte er mich zur Ostseite des Innenhofs und maß das Tor ab. Es hatte die gleichen Maße wie die anderen Tore: 33 Seine Torkammern, seine Pfeiler und seine Vorhalle hatten die gleichen Maße wie dort. Auch dieses Tor und seine Vorhalle hatten ringsum Fenster. Im Ganzen war es fünfzig Ellen lang und fünfundzwanzig Ellen breit. 34 Seine Vorhalle lag auf der Seite zum Vorhof. Seine beiden Pfeiler waren hüben und drüben mit je einer Palme verziert und acht Stufen führten zu ihm hinauf.

35/36 Dann brachte er mich zum (inneren) Nordtor und stellte auch bei seinen Torkammern, seinen Pfeilern und seiner Vorhalle die gleichen Maße fest. Auch dieses Tor hatte ringsum Fenster. Im Ganzen war es fünfzig Ellen lang und fünfundzwanzig Ellen breit. 37 Seine Vorhalle lag auf der Seite zum Vorhof, seine beiden Pfeiler waren hüben und drüben mit je einer Palme verziert und acht Stufen führten zu ihm hinauf.

38 An den Pfeilern des Tors war der Eingang zu einem besonderen Raum, in dem man das Brandopfer abspülte. 39 In der Vorhalle des Tors standen an beiden Seiten je zwei Tische, auf denen die Brand-, Sünd- und Schuldopfer geschlachtet wurden. 40 An der Außenwand standen neben dem Toreingang im Norden je zwei Tische und an der gegenüberliegenden Wand der Vorhalle des Tors ebenfalls je zwei Tische; 41 je vier Tische standen also an den beiden Stirnwänden (der Vorhalle) des Tors, zusammen acht Tische. Auf ihnen schlachtete man (die Opfertiere).

42/43 Die vier Tische für das Brandopfer waren aus behauenen Steinen. Sie waren anderthalb Ellen lang, anderthalb Ellen breit und eine Elle hoch. Innen (in der Vorhalle) hatte man ringsum handbreite Randleisten angebracht. Auf sie legte man die Geräte, mit denen man die Brand- und Schlachtopfer schlachtete, und auf die Tische legte man das Opferfleisch. 44 Neben dem (nördlichen und südlichen) Innentor lagen zwei Räume; der neben dem Nordtor liegende öffnete sich nach Süden zum Innenhof, der neben dem Südtor liegende öffnete sich nach Norden zum Innenhof. 45 Er sagte zu mir: Der Raum, der sich nach Süden öffnet, gehört den Priestern, die im Tempel dienen. 46 Der Raum aber, der sich nach Norden öffnet, gehört den Priestern, die am Altar dienen; das sind die Nachkommen Zadoks, die als einzige aus dem Stamm Levi vor den Herrn hintreten dürfen, um ihm zu dienen.

47 Dann maß er den Innenhof – ein Quadrat von hundert Ellen Länge und hundert Ellen Breite. Vor dem Tempelgebäude stand der Altar. 48 Darauf führte er mich zur Vorhalle des Tempels und maß die Pfeiler der Vorhalle zu beiden Seiten – je fünf Ellen. Die Breite der Toröffnung betrug vierzehn Ellen und die Breite der beiden Seitenwände (neben der Toröffnung) je drei Ellen. 49 Die Vorhalle war zwanzig Ellen breit und zwölf Ellen lang. Zehn Stufen musste man zu ihr hinaufsteigen. An den Pfeilern standen außen Säulen, je eine auf jeder Seite.

41 Dann brachte er mich zur Tempelhalle und maß die Pfeiler zu beiden Seiten (des Eingangs); jeder war sechs Ellen dick. [So dick waren die Pfeiler.] 2 Die Breite der Türöffnung betrug zehn Ellen und die der beiden Seitenwände neben der Türöffnung je fünf Ellen. Darauf maß er die Länge der Tempelhalle – vierzig Ellen – und ihre Breite – zwanzig Ellen. 3 Er trat ins Innere und maß die Pfeiler der Türöffnung (zum Allerheiligsten) – zwei Ellen – und die Türöffnung – sechs Ellen – sowie die Breite der Seitenwände neben der Türöffnung – sieben Ellen. 4 Und er maß seine Länge – zwanzig Ellen – und seine Breite an der Seite der Tempelhalle – zwanzig Ellen. Und er sagte zu mir: Das ist das Allerheiligste.

40,5 – 42,20: 1 Kön 7 • 40,46: 43,19; 44,15; 48,11; 1 Chr 5,31 41; 1 Kön 1,8.39.

Die Nebengebäude des Tempels: 41,5–12

5 Dann maß er die Mauer des Tempelgebäudes – sechs Ellen dick – und die Breite des Anbaus rings um das Tempelgebäude – vier Ellen. 6 (In dem Anbau waren) Nebenräume, einer am andern, im ganzen dreißig in drei Stockwerken. An der Mauer des Tem-

40,37 seine Vorhalle: Text korr. nach G (vgl. V. 31 und V. 34).

40,44 zwei: Text korr. nach G. – Südtor: Text korr. nach G; H: Osttor.

40,48 vierzehn Ellen und die Breite der beiden Seitenwände: Text korr. nach G; vgl. 41,1.

40,49 zwölf: Text korr. nach G; H: elf. – zehn: Text korr. nach G.

41,1 Text korr.

41,3 der Seitenwände: ergänzt nach G.

41,6 dreißig in drei: Text korr.; vgl. die alten Übersetzungen; H: dreiunddreißig.

pelgebäudes waren ringsum Vorsprünge für
die (Deckenbalken der) Nebenräume; die
Vorsprünge dienten als Auflagen; es brauch-
ten also in der Wand des Tempelgebäudes
keine Auflagen zu sein. 7 Durch die Neben-
räume ergab sich bis zu einer bestimmten
Höhe hinauf eine Verbreiterung, denn das
Tempelgebäude war ringsum umbaut; durch
diesen Anbau ergab sich eine Verbreiterung
bis zu einer bestimmten Höhe. Vom unters-
ten Stockwerk konnte man (im Innern) über
das mittlere zum oberen hinaufsteigen. 8 Das
Tempelgebäude selbst konnte man von allen
Seiten (über die Anbauten) herausragen se-
hen. Die Fundamente der Nebenräume wa-
ren eine ganze Messlatte dick – sechs Ellen.
9 Die Außenmauer des Anbaus war fünf El-
len dick. Zwischen den Nebenräumen des
Tempelgebäudes 10 und den (Priester-)Räu-
men war ein freier Platz von zwanzig Ellen
Breite, der rings um den Tempel herumlief.
11 Aus dem Anbau führten zwei Türen ins
Freie, eine im Norden und eine im Süden.
Die Mauer des freien Platzes war ringsum
fünf Ellen dick. 12 Vor dem eingefriedeten
Platz lag auf der Westseite ein (großes) Ge-
bäude, das neunzig Ellen breit und siebzig
Ellen lang war. Die Mauer dieses Gebäudes
war ringsum fünf Ellen dick.

Die Maße des Tempels: 41,13–15a

13 Dann maß er das Tempelgebäude – hun-
dert Ellen lang – sowie den eingefriedeten
Platz, das andere Gebäude und seine Mau-
ern – auch hundert Ellen lang. 14 Die Breite
der Vorderseite des Tempels und des einge-
friedeten Platzes betrug im Osten zusam-
men ebenfalls hundert Ellen. 15 Und er maß
die Breite des (großen) Gebäudes, das vor
dem eingefriedeten Platz lag, auf der Rück-
seite und (die Länge) der Terrassenbauten
auf seinen beiden Seiten – wieder je hundert
Ellen.

Das Innere des Tempels: 41,15b–26

Das Innere der Tempelhalle und der Vor-
halle, die aus dem Innenhof in den Tempel
führt, 16 waren getäfelt. Die Rahmen der ver-
schließbaren Fenster und die drei Gesimse,
die von der Schwelle an ringsum liefen, wa-
ren aus Holz; ebenso gab es vom Fußboden
bis zu den Fenstern – die Fenster waren ver-
deckbar – 17 und bis über die Türöffnungen
hinauf eine Holztäfelung. Auf allen Wänden
ringsum, auch auf den Wänden zum Innen-
raum und nach draußen, war die Täfelung in
Felder eingeteilt, auf denen 18 geschnitzte
Kerubim und Palmen zu sehen waren, je eine
Palme zwischen zwei Kerubim. Jeder Kerub
hatte zwei Gesichter: 19 Ein Menschengesicht
(blickte) zur einen Palme und ein Löwenge-
sicht zur andern. So war das ganze Haus
ringsum ausgestaltet. 20 Vom Fußboden bis
über die Türöffnungen hinauf waren an der
Tempelwand Kerubim und Palmen ange-
bracht. 21 Die Tür der Tempelhalle hatte ei-
nen vierfach gestuften Türrahmen. Vor dem
Allerheiligsten war etwas, das aussah wie
22 ein Altar aus Holz, drei Ellen hoch, zwei
Ellen lang und zwei Ellen breit. Seine Ecken,
sein Sockel und seine Wände waren aus
Holz. Der Mann sagte zu mir: Das ist der
Tisch, der vor dem Herrn steht. 23 Die Tem-
pelhalle und das Allerheiligste hatten je eine
Doppeltür. 24 Die Türen hatten zwei Türflü-
gel, zwei drehbare Türflügel, zwei die eine
Tür und zwei die andere Tür. 25 An den Türen
der Tempelhalle waren Kerubim und Palmen
angebracht wie an den Wänden. Außen, an
der Vorderseite der Vorhalle, war ein Vor-
dach aus Holz. 26 An den beiden Seitenwän-
den der Vorhalle und an den Nebenräumen
des Tempels [und an den Vordächern] waren
verschließbare Fenster und Palmen.

22: Ex 25,23–30; 40,22f.

Die Räume für die Priester: 42,1–14

42 Dann führte er mich in den nördli-
chen Teil des Vorhofs hinaus und
brachte mich zu einem Bau mit Einzelräu-
men, der gegenüber dem eingefriedeten
Platz und im Norden des (großen) Gebäudes
lag. 2 An seiner Längsseite gegenüber dem
Nordeingang (des großen Gebäudes) maß
dieser Bau hundert Ellen; seine Breite betrug
fünfzig Ellen. 3 Der Bau lag gegenüber dem
freien Platz von zwanzig Ellen, der zum In-
nenhof gehörte, und gegenüber dem Stein-
pflaster, das zum Vorhof gehörte. Er war ter-
rassenartig angelegt, mit drei Stockwerken.
4 Vor den Räumen lief ein Gang entlang,

41,7 Text korr. nach G. Der ganze Vers ist unklar.
41,8a Sinn von H nicht ganz klar.
41,9 Zwischen: Text korr.; vgl. G.
41,11 Die Mauer: Text korr.; vgl. G; H: Der Platz.
41,16 waren getäfelt: Text korr. nach G.
41,17 Text unklar.
41,22 und zwei Ellen breit: Text korr., eingefügt nach G. – sein Sockel: Text korr. nach G; H: seine Länge.
42,4 hundert Ellen lang: Text korr. nach G und S; H: ein Weg von einer Elle.

zehn Ellen breit und hundert Ellen lang. Die Eingänge der Räume lagen im Norden. [5] Die oberen Räume des Baus waren kürzer als die mittleren und die unteren; denn die Terrassen nahmen ihnen Platz weg. [6] Das Ganze war dreistöckig; die Stockwerke hatten aber keine Säulen wie der Vorhof; deswegen wurden sie von unten nach oben, vom unteren über das mittlere (bis zum oberen) immer kürzer. [7] Außen zog sich an den Räumen zum Vorhof hin eine Mauer entlang. An der Vorderseite der Räume war sie fünfzig Ellen lang; [8] da die Räume, die zum Vorhof gehörten, ebenfalls fünfzig Ellen lang waren, war die ganze Mauer hundert Ellen lang. [9] Der Zugang zu den unteren Räumen (des Terrassenbaus) lag im Osten, dort, wo man vom Vorhof herkam, [10] an der Breitseite der Mauer zum Vorhof.

Im Süden des eingefriedeten Platzes und des (großen) Gebäudes war ebenfalls ein Bau mit Einzelräumen [11] und auch an ihrer Vorderseite lief ein Weg entlang. Sie hatten dasselbe Aussehen, die gleiche Länge und Breite, die gleichen Eingänge, dieselbe Anordnung und ebenso viele Türen wie die Räume im Norden. [12] Der Zugang zu den Türen der Räume im Süden lag am Anfang des nach Osten führenden Weges, der am Kopfende der Schutzmauer begann.

[13] Der Mann sagte zu mir: Die Räume im Norden und die Räume im Süden, die vor dem umfriedeten Platz liegen, sind heilige Räume. Dort sollen die Priester, die vor den Herrn hintreten dürfen, die hochheiligen Gaben verzehren und dort sollen sie die hochheiligen Gaben, die Speise-, Sünd- und Schuldopfer niederlegen; denn der Ort ist heilig. [14] Wenn die Priester in das Heiligtum gegangen sind, sollen sie von dort nicht zum Vorhof hinausgehen, sondern ihre Gewänder, in denen sie Dienst getan haben, in diesen Räumen ablegen; denn die Gewänder sind heilig. Sie sollen andere Kleider anziehen und erst dann auf den Platz hinaustreten, der für das Volk vorgesehen ist.

14: 44,19.

Die Maße des Tempelbezirks: 42,15–20

[15] Als er den inneren Tempelbezirk vermessen hatte, führte er mich zum Osttor hinaus und vermaß den ganzen Tempelbezirk ringsum. [16] Er maß mit seiner Messlatte die Ostseite – fünfhundert Ellen [mit der Messlatte]. Dann wandte er sich (der Nordseite zu) [17] und maß mit der Messlatte die Nordseite – fünfhundert Ellen. Dann wandte er sich [18] der Südseite zu und maß mit der Messlatte wieder fünfhundert Ellen. [19] Dann wandte er sich der Westseite zu und maß mit der Messlatte wieder fünfhundert Ellen. [20] Nach allen vier Windrichtungen vermaß er den Tempelbezirk: Der Tempelbezirk hatte ringsum eine Mauer, fünfhundert Ellen in der Länge und fünfhundert Ellen in der Breite; sie sollte das Heilige vom Unheiligen trennen.

Der Einzug des Herrn in den Tempel: 43,1–12

43 Dann führte er mich zu einem der Tore, dem Tor, das im Osten lag. [2] Da sah ich, wie die Herrlichkeit des Gottes Israels aus dem Osten herankam. Ihr Rauschen war wie das Rauschen gewaltiger Wassermassen und die Erde leuchtete auf von seiner Herrlichkeit. [3] Die Erscheinung, die ich sah, war wie die Erscheinung, die ich damals sah, als er kam, um die Stadt zu vernichten, und wie die Erscheinung, die ich am Fluss Kebar gesehen hatte. Da fiel ich nieder auf mein Gesicht. [4] Und die Herrlichkeit des Herrn zog in den Tempel ein durch das Tor, das im Osten lag.

[5] Der Geist hob mich empor und brachte mich in den Innenhof. Und die Herrlichkeit des Herrn erfüllte den Tempel. [6] Dann hörte ich vom Tempel her, während der Mann neben mir stand, einen, der mit mir redete; [7] er sagte zu mir: Menschensohn, das ist der Ort, wo mein Thron steht, und der Ort, wo meine Füße ruhen; hier will ich für immer mitten unter den Israeliten wohnen. Das Haus Israel aber und seine Könige sollen meinen heiligen Namen nie mehr beflecken mit ihrer Unzucht und mit den Leichen ihrer Könige [wenn sie tot sind]. [8] Sie legten ihre Schwelle neben meine Schwelle und setzten ihre Türpfosten neben meine Türpfosten, sodass zwischen mir und ihnen nur eine Wand war. So befleckten sie meinen heiligen Namen durch die Gräueltaten, die sie begingen, und ich musste sie in meinem Zorn vernichten. [9] Jetzt aber sollen sie ihre Unzucht und die Leichen ihrer Könige von mir fern halten,

42,8 die ganze (Mauer): Text korr. nach G.
42,10 Im Süden: Text korr.; vgl. G; H: Im Osten.
42,12 Text unklar, die Übersetzung ist ein Versuch.
42,16f Dann wandte er sich: Text korr. nach G.
43,3 als er kam: Text korr. nach einigen H-Handschriften und Vg; H: als ich kam.

sodass ich für immer mitten unter ihnen
wohnen kann.
10 Du, Menschensohn, berichte dem Haus
Israel über den Tempel, damit sie sich wegen
ihrer bösen Taten schämen. Sie sollen den
Entwurf des Tempels kennen lernen. 11 Wenn
sie sich all dessen schämen, was sie getan ha-
ben, dann mach ihnen den Plan des Tempels
bekannt, seine Einrichtung, seine Ausgänge
und Eingänge und seinen ganzen Plan, alle
ihn betreffenden Gesetze [meine ganzen Plä-
ne] und alle ihn betreffenden Anweisungen.
Zeichne alles vor ihren Augen auf! Sie sollen
darauf achten, dass sie seinen ganzen Plan
ausführen und alle ihn betreffenden Gesetze
befolgen.
12 Das ist meine Anweisung für den Tem-
pelbezirk. Das ganze Gebiet auf dem Gipfel
des Berges ringsum ist hochheiliger Boden.
[Siehe, das ist die Anweisung für den Tem-
pelbezirk.]

2: 1,28; Offb 1,15 • 3: Kap. 8 – 11; 1,3 • 4: Ex 40,34; 1 Kön 8,10f • 7: Ps 132,7f; Klgl 2,1; Ez 37,26f.

Der Altar im Innenhof und die Altarweihe: 43,13–27

13 Das waren die Maße des Altars, gemes-
sen in Ellen, die Elle zu einer gewöhnlichen
Elle und einer Handbreit gerechnet: Der
Graben (um den Altar) war eine Elle tief und
eine Elle breit und die gemauerte Einfassung
an seinem Rand war eine Spanne breit. Die
Höhe des Altars maß: 14 vom Boden des Gra-
bens bis zur unteren Stufe zwei Ellen; die
Stufe war eine Elle breit; auf diese niedrige
Stufe folgte eine höhere Stufe von vier Ellen,
die oben wieder eine Elle zurücksprang.
15 Der (darauf folgende) Opferherd war vier
Ellen hoch und an dem Opferherd ragten
vier Hörner empor. 16 Der Opferherd hatte
eine Länge von zwölf Ellen und eine Breite
von zwölf Ellen; er war quadratisch. 17 Auch
die (mittlere) Stufe war quadratisch, vier-
zehn Ellen lang und vierzehn Ellen breit.
Rings um die untere Stufe lief eine gemauer-
te Einfassung von einer halben Elle (Höhe).
Der Graben, der sie umgab, maß ringsum
eine Elle. Im Osten führte eine Treppe zum
Altar hinauf.
18 Dann sagte er zu mir: Menschensohn, so
spricht Gott, der Herr: Das sind die Gesetze
für den Tag, an dem der Altar fertig gestellt
wird, damit man Brandopfer auf ihm dar-
bringen und Blut auf ihn sprengen kann:
19 Du sollst den levitischen Priestern, den
Nachkommen Zadoks, die vor mich hintre-
ten dürfen, um mir zu dienen – Spruch Got-
tes, des Herrn –, einen jungen Stier zum
Sündopfer geben. 20 Dann sollst du etwas
von seinem Blut nehmen und es auf die vier
Hörner und auf die vier Ecken der (mittle-
ren) Stufe sowie ringsum auf die gemauerte
Einfassung tun. So sollst du den Altar ent-
sündigen und entsühnen. 21 Dann sollst du
den Stier des Sündopfers nehmen und man
soll ihn auf dem dafür vorgesehenen Platz
beim Tempel außerhalb des Heiligtums ver-
brennen. 22 Am zweiten Tag sollst du einen
Ziegenbock, der ohne Fehler ist, als Sünd-
opfer darbringen und man soll den Altar da-
mit entsündigen, wie man ihn mit dem Stier
entsündigt hat.
23 Wenn du die Entsündigung vollzogen
hast, sollst du einen jungen Stier, der ohne
Fehler ist, sowie einen Widder aus der Her-
de, der ohne Fehler ist, darbringen. 24 Du
sollst beide vor den Herrn bringen und die
Priester sollen sie mit Salz bestreuen und
dem Herrn als Brandopfer darbringen.
25 Sieben Tage lang sollst du täglich einen
Bock als Sündopfer darbringen und man soll
(täglich) einen jungen Stier und einen Wid-
der aus der Herde – Tiere ohne Fehler – dar-
bringen. 26 Sieben Tage lang soll man den Al-
tar entsühnen, rein machen und einweihen.
27 Man soll diese Tage genau einhalten. Vom
achten Tag an sollen dann die Priester auf
dem Altar eure Brand- und Heilsopfer dar-
bringen. Dann will ich euch gnädig sein –
Spruch Gottes, des Herrn.

13: Ex 27,1–8; 1 Kön 8,64 • 18: Ex 29,36f • 19: 40,46; 44,15.

Das verschlossene Tor: 44,1–3

44 Dann führte er mich zum äußeren
Osttor des Heiligtums zurück. Es
war geschlossen. 2 Da sagte der Herr zu mir:
Dieses Tor soll geschlossen bleiben, es soll
nie geöffnet werden, niemand darf hin-
durchgehen; denn der Herr, der Gott Israels,
ist durch dieses Tor eingezogen; deshalb
bleibt es geschlossen. 3 Nur der Fürst darf,
weil er der Fürst ist, sich dort niedersetzen,
um vor den Augen des Herrn die Opfermahl-
zeit abzuhalten. Dabei soll er von der Vor-
halle des Tores aus eintreten und auf dem
gleichen Weg wieder hinausgehen.

2: Ps 24,7 • 3: 46,2.

43,10 kennen lernen, wörtlich: ausmessen.
43,14 die oben ... zurücksprang: H wörtlich: und die Breite eine Elle.
43,17 Text ergänzt; vermutlich ist ein Satz ausgefallen.

Die Vorschriften für den Kult und die Verteilung des Landes: 44,4 – 48,35

Die Leviten und Priester: 44,4–31

4 Dann führte er mich zum Nordtor, zur
Vorderseite des Tempels. Ich sah: Die Herr-
lichkeit des Herrn erfüllte den Tempel des
Herrn. Und ich fiel nieder auf mein Gesicht.
5 Der Herr sagte zu mir: Menschensohn, gib
Acht, öffne deine Augen und deine Ohren
und hör auf alles, was ich zu dir sage, ver-
nimm alle Gesetze und Anweisungen über
den Tempel des Herrn! Achte an allen Ein-
gängen des Heiligtums darauf, wer den Tem-
pel betritt. 6 Sag zu dem widerspenstigen
Haus Israel: So spricht Gott, der Herr: Hört
endlich auf mit all euren Gräueltaten, ihr
vom Haus Israel! 7 Fremde, die unbeschnit-
ten sind am Herzen und unbeschnitten am
Körper, sie habt ihr eintreten lassen, sie
waren in meinem Heiligtum und haben mei-
nen Tempel entweiht, wenn ihr mir meine
Opferspeise, Fett und Blut, dargebracht
habt. So habt ihr mit all euren Gräueltaten
meinen Bund gebrochen. 8 Ihr wolltet den
Dienst in meinem Heiligtum nicht verrich-
ten, sondern ihr habt sie an eurer Stelle
den Dienst in meinem Heiligtum verrichten
lassen.

9 So spricht Gott, der Herr: Kein Fremder,
der unbeschnitten ist am Herzen und unbe-
schnitten am Körper, darf mein Heiligtum
betreten, keiner von all den Fremden, die bei
den Israeliten leben, 10 sondern nur die Levi-
ten. Doch weil sie mich verlassen haben, als
Israel in die Irre ging, und weil sie statt mir
ihren Götzen gefolgt sind, müssen sie die
Folgen ihrer Schuld tragen: 11 Sie dürfen in
meinem Heiligtum nur Wächter an den Tem-
peltoren und Tempeldiener sein; sie dürfen
(die Tiere für) das Brandopfer und das
Schlachtopfer des Volkes schlachten und
sollen vor den Leuten bereitstehen, um ihnen
zu dienen. 12 Weil sie ihnen bei ihrem Göt-
zendienst geholfen haben und für das Haus
Israel der Anlass wurden, in Schuld zu fal-
len, darum habe ich meine Hand gegen sie
erhoben – Spruch Gottes, des Herrn –; sie
müssen die Folgen ihrer Schuld tragen. 13 Sie
dürfen nicht mehr vor mich hintreten, um
mir als Priester zu dienen und alle meine hei-
ligen Geräte und hochheiligen Opfer zu be-
rühren. Sie müssen ihre Schande und die
Folgen der Gräueltaten tragen, die sie be-
gangen haben. 14 Ich setze sie als Tempeldie-
ner ein, damit sie alles erledigen, was im
Tempel zu tun ist. 15 Die levitischen Priester,
die Nachkommen Zadoks, die mir in meinem
Heiligtum treu gedient haben, als die Israeli-
ten mich verließen und in die Irre gingen, sie
sollen vor mich hintreten und mir dienen, sie
sollen vor mir stehen, um mir Fett und Blut
darzubringen – Spruch Gottes, des Herrn.
16 Sie dürfen in mein Heiligtum kommen und
an meinen Tisch herantreten, um mir zu die-
nen; sie sollen meinen Dienst verrichten.

17 Wenn sie durch die Tore des Innenhofs
hineingehen, sollen sie Leinengewänder tra-
gen. Sie dürfen nichts Wollenes tragen, wenn
sie in den Toren des Innenhofs und im Tem-
pel Dienst tun. 18 Sie sollen einen Kopfbund
aus Leinen aufsetzen und leinene Hosen an-
ziehen; sie sollen keine Kleider tragen, in de-
nen man schwitzt. 19 Wenn sie in den Vorhof
zum Volk hinausgehen, sollen sie die Leinen-
gewänder ausziehen, in denen sie Dienst
getan haben; sie sollen sie in die heiligen
Räume legen und andere Kleider anziehen,
damit sie das Volk nicht durch ihre Leinen-
gewänder heilig machen.

20 Sie sollen weder ihren Kopf kahl sche-
ren, noch ihre Haare lang herabhängen
lassen, sondern sie sollen ihr Haar kurz
schneiden. 21 Ein Priester darf keinen Wein
trinken, wenn er den Innenhof betreten
muss. 22 Die Priester dürfen keine Witwe und
keine verstoßene Frau heiraten, sondern nur
Jungfrauen aus der Nachkommenschaft des
Hauses Israel. Eine Witwe aber, die mit
einem Priester verheiratet war, dürfen sie
zur Frau nehmen.

23 Sie sollen mein Volk über den Unter-
schied zwischen heilig und nicht heilig be-
lehren und ihnen den Unterschied zwischen
unrein und rein deutlich machen. 24 Bei ei-
nem Rechtsstreit sind sie die Richter; nach
meinen Rechtsvorschriften sollen sie ihn ent-
scheiden. An allen meinen Festen sollen sie
auf meine Weisungen und meine Gesetze
achten und sie sollen meine Sabbat-Tage
heilig halten. 25 Einem Toten sollen sie sich
nicht nähern; denn sie werden dadurch un-
rein. Nur beim Tod von Vater und Mutter,
Sohn und Tochter, Bruder und unverheirate-
ter Schwester dürfen sie sich unrein machen;
26 wenn der Priester dann wieder rein gewor-
den ist, soll er noch sieben Tage warten.
27 Wenn er danach wieder in den Innenhof
des Heiligtums geht, um dort Dienst zu tun,

44,18 Schweiß macht demnach wie andere Ausscheidungen (vgl. Dtn 23,12–14) unrein und kultunfähig.

dann soll er ein Sündopfer für sich darbrin-
gen – Spruch Gottes, des Herrn.
28 Erbbesitz dürfen sie nicht haben; ich bin
ihr Erbbesitz. Auch Eigentum sollt ihr ihnen
in Israel nicht geben; ich bin ihr Eigentum.
29 Sie dürfen das Speise-, Sünd- und Schuld-
opfer essen. Jede Gabe, die man in Israel
Gott weiht, gehört ihnen. 30 Das Beste von al-
len Erstlingsopfern, all eure Abgaben, die ihr
entrichten müsst, gehören den Priestern;
auch das Beste von dem, was ihr backt, sollt
ihr dem Priester geben, damit ihr Segen über
eure Häuser bringt. 31 Verendete und (von
Raubtieren) zerrissene Vögel und Tiere dür-
fen die Priester nicht essen.

7: Jes 52,1; Jer 9,25 • 15: 40,46 • 18: Lev 6,3f; 16,4 • 19: 46,20 • 20: Lev 21,5; 19,27 • 21: Lev 10,9 • 22: Lev 21,7.13f • 23: 22,26; Lev 10,10 • 24: Dtn 17,8f • 25: Lev 21,1–4 • 28: Num 18,20–24; Dtn 18,1f • 29–30: Ex 25,2; Num 15,20; Neh 10,38 • 31: Lev 22,8.

Die Aufteilung des Kerngebietes: 45,1–8

45 Wenn ihr das Land durch das Los
verteilt, sollt ihr ein Stück von fünf-
undzwanzigtausend Ellen Länge und zwan-
zigtausend Ellen Breite als eine Abgabe für
den Herrn zurückbehalten. Es soll in seinem
ganzen Umfang heilig sein. 2 Davon gehört
um den Tempel herum ein Quadrat von fünf-
hundert mal fünfhundert Ellen dem Heilig-
tum, dazu ringsum fünfzig Ellen unbestelltes
Land. 3 Von diesem abgemessenen Stück
Land sollt ihr wiederum ein Stück von fünf-
undzwanzigtausend Ellen Länge und zehn-
tausend Ellen Breite abmessen, auf dem das
hochheilige Heiligtum stehen soll. 4 Das ist
das heilige Gebiet des Landes und es soll den
Priestern gehören, die den Dienst im Heilig-
tum verrichten und sich beim Gottesdienst
dem Herrn nähern dürfen. Es ist der Platz
für ihre Häuser und die Weidefläche für ihre
Herden. 5 Das (übrige) Stück von fünfund-
zwanzigtausend Ellen Länge und zehntau-
send Ellen Breite soll den Leviten gehören,
die den Tempeldienst verrichten. Es ist ihr
Eigentum; dort können sie ihre Städte bauen
und darin wohnen.
6 Als Eigentum der Stadt sollt ihr ein (wei-
teres) Stück von fünftausend Ellen Breite
und fünfundzwanzigtausend Ellen Länge
abmessen, genauso lang wie die heilige Ab-
gabe. Dieses Stück gehört dem ganzen Haus
Israel. 7 Dem Fürsten soll auf beiden Seiten
der heiligen Abgabe und des Eigentums der
Stadt, im Westen und Osten, ein Gebiet ge-
hören, das an die heilige Abgabe und das Ei-
gentum der Stadt angrenzt und in der Länge
einem der Stammesanteile von der West-
grenze bis zur Ostgrenze 8 des Landes ent-
spricht. Es gehört dem Fürsten als Eigentum
in Israel. Meine Fürsten werden mein Volk
nicht mehr unterdrücken, sondern das Land
dem Haus Israel und seinen Stämmen über-
lassen.

1–8: 48,8–20.

Mahnung an die Fürsten: 45,9–17

9 So spricht Gott, der Herr: Genug, ihr
Fürsten Israels! Beseitigt Gewalt und Unter-
drückung! Sorgt für Recht und Gerechtig-
keit! Hört auf, mein Volk von seinem Grund
und Boden zu vertreiben – Spruch Gottes,
des Herrn.
10 Verwendet richtige Waagen, richtiges
Efa und richtiges Bat! 11 Das Efa und das Bat
sollen das gleiche Maß haben; das Bat soll
der zehnte Teil eines Hómer sein und ebenso
das Efa der zehnte Teil eines Hómer; nach
dem Hómer sollen sich die anderen Maße
richten. 12 Ein Schekel soll bei euch zwanzig
Gera entsprechen. Zehn Schekel sind ein
Fünftel einer Mine, fünf Schekel ein Zehntel;
fünfzig Schekel sind eine ganze Mine.
13 Folgende Abgaben sollt ihr erheben: von
jedem Hómer Weizen ein Sechstel Efa und
ebenso von jedem Hómer Gerste ein Sechstel
Efa; 14 und für das Öl gilt: von jedem Kor ein
Zehntel Bat; das Bat ist das Ölmaß; zehn Bat
entsprechen einem Hómer und zehn Bat ent-
sprechen auch einem Kor; 15 ferner aus jeder
Herde ein Schaf auf je zweihundert Tiere
vom Viehbesitz Israels. (Diese Abgabe ist)
für die Speise-, Brand- und Heilsopfer (be-
stimmt), die euch entsühnen sollen – Spruch
Gottes, des Herrn. 16 Das ganze Volk im Land
hat diese Abgaben an den Fürsten von Israel
zu entrichten. 17 Der Fürst aber hat an allen
Feiertagen des Hauses Israel, an den Festen
und an den Neumond- und Sabbat-Tagen
für Brandopfer, Speiseopfer und Trankopfer
zu sorgen. Er veranstaltet die Sünd-, Speise-,
Brand- und Heilsopfer, die das Haus Israel
entsühnen sollen.

9: Jer 21,11f; 22,3f; Mi 3,1–3 • 10–11: Lev 19,35f; Dtn 25,13–15 • 17: Lev 1,3; 2,1; 3,1.

44,28 nicht (haben): Text korr. nach Vg.
45,1 zwanzigtausend: Text korr. nach G; H: zehntausend.
45,4 die Weideflächen für ihre Herden: Text korr.; vgl. G und die aramäische Übersetzung; H: ein Heiligtum zum Heiligtum.
45,12 fünfzig: Text korr. nach G; H: fünf.
45,14 einem Kor: Text korr. nach Vg.
45,15 vom Viehbesitz: Text korr.

Die großen Feste: 45,18–25

18 So spricht Gott, der Herr: Am ersten Tag
des ersten Monats sollst du einen jungen
Stier nehmen, der ohne Fehler ist, und das
Heiligtum entsündigen. 19 Der Priester
nimmt etwas Blut von dem Sündopfer und
bestreicht damit die Türpfosten des Tempels
und die vier Ecken der (mittleren) Stufe des
Altars und die Türpfosten des Tors zum In-
nenhof. 20 Dasselbe sollst du am siebten Tag
des Monats tun für die, die sich aus Versehen
oder aus Unwissenheit verfehlt haben. So
sollt ihr den Tempel entsühnen.

21 Am vierzehnten Tag des ersten Monats
sollt ihr das Pascha feiern, ein Fest von sie-
ben Tagen. Da soll man ungesäuerte Brote
essen. 22 Der Fürst soll an diesem Tag für sich
und für das ganze Volk im Land einen Stier
zum Sündopfer bereitstellen. 23 An den sie-
ben Festtagen soll er als Brandopfer für den
Herrn sieben Stiere und sieben Widder, die
ohne Fehler sind, bereitstellen, und zwar an
jedem der sieben Tage, dazu täglich einen
Ziegenbock als Sündopfer. 24 Für das Speise-
opfer soll er ein Efa Mehl je Stier und ein Efa
Mehl je Widder bereitstellen, dazu je Efa
Mehl ein Hin Öl. 25 Genau dasselbe soll er
sieben Tage lang mit dem Sünd-, Brand- und
Speiseopfer und mit dem Öl an dem Fest ma-
chen, das am fünfzehnten Tag des siebten
Monats beginnt.

20: Lev 5,17f • 21: Lev 23,5 • 22: Lev 4,22 • 23–24: Num 28,17–23 • 25: Num 15,4–12; Lev 23,34; Ex 23,14.

Die Opfer: 46,1–15

46 So spricht Gott, der Herr: Das Osttor
des Innenhofs soll an den sechs
Werktagen geschlossen bleiben, nur am Sab-
bat und am Neumondtag soll es geöffnet
werden.

2 Der Fürst soll von außen her durch die
Vorhalle den Torbau betreten und sich an
den Torpfosten stellen. Dann sollen die
Priester sein Brand- und Heilsopfer darbrin-
gen, er aber soll sich an der Schwelle des
Tors niederwerfen und wieder hinausgehen.
Das Tor soll erst am Abend geschlossen wer-
den. 3 Die Bürger des Landes sollen sich an
den Sabbat- und Neumond-Tagen am Ein-
gang dieses Tors ebenfalls vor dem Herrn
niederwerfen. 4 Das Brandopfer, das der
Fürst dem Herrn darbringen lässt, soll am
Sabbat-Tag aus sechs Lämmern und einem
Widder bestehen, die ohne Fehler sind. 5 Zu
dem Widder gehört ein Speiseopfer von ei-
nem Efa Mehl, zu den Lämmern ein Speise-
opfer, dessen Menge er selbst bestimmen
kann, dazu ein Hin Öl je Efa Mehl. 6 Am Neu-
mond-Tag sollen es ein junger Stier, sechs
Lämmer und ein Widder sein, die alle ohne
Fehler sind. 7 Zu dem Stier und zu dem Wid-
der soll er je ein Efa Mehl als Speiseopfer be-
sorgen, außerdem zu den Lämmern so viel,
wie er gerade zur Verfügung hat, und dazu je
Efa Mehl ein Hin Öl.

8 Wenn der Fürst den Torbau betritt, soll
er ihn durch die Vorhalle betreten und auf
dem gleichen Weg muss er wieder hinausge-
hen. 9 Wenn aber das Volk an den Festen vor
den Herrn tritt, dann soll der, der durch das
Nordtor gekommen ist, um (den Herrn) an-
zubeten, durch das Südtor hinausgehen, und
wer durch das Südtor gekommen ist, soll
durch das Nordtor hinausgehen. Niemand
soll durch das Tor wieder hinausgehen,
durch das er gekommen ist, sondern jeder
soll durch das gegenüberliegende Tor hi-
nausgehen. 10 Der Fürst soll mitten unter ih-
nen sein; wenn sie hineingehen, soll auch er
hineingehen, und wenn sie hinausgehen, soll
auch er hinausgehen.

11 An den Fest- und Feiertagen gehört zu
dem Stier und zu dem Widder ein Speiseop-
fer von je einem Efa Mehl und zu den Läm-
mern ein Speiseopfer, dessen Menge er selbst
bestimmen kann, dazu ein Hin Öl je Efa
Mehl. 12 Wenn der Fürst dem Herrn von sich
aus ein Brandopfer oder ein Heilsopfer dar-
bringen lassen will, soll man für ihn das Ost-
tor öffnen. Dann soll er sein Brand- und
Heilsopfer genauso darbringen lassen wie
am Sabbat. Daraufhin soll er hinausgehen,
und wenn er hinausgegangen ist, soll man
das Tor schließen.

13 Täglich sollst du dem Herrn ein einjäh-
riges Lamm, das ohne Fehler ist, als Brand-
opfer darbringen, und zwar jeden Morgen.
14 Dazu sollst du als Speiseopfer jeden Mor-
gen ein Sechstel Efa Mehl und ein Drittel
Hin Öl herrichten, mit dem das Mehl be-
sprengt wird. Das soll das Speiseopfer für
den Herrn sein. Diese Vorschrift über das
tägliche Opfer soll für immer gelten.
15 Bringt also jeden Morgen das Lamm, das
Speiseopfer und das Öl als das tägliche
Brandopfer dar!

2: 44,3 • 4: Num 28,9f • 9: Ex 23,14–17 • 13: Ex 29,38–42; Num 28,3.

45,21 sieben: Text korr. nach den alten Übersetzungen.

46,5.11 dessen Menge (er bestimmen kann): sinngemäß übersetzt.

Der Besitz des Fürsten: 46,16–18

16 So spricht Gott, der Herr: Wenn der Fürst einem seiner Söhne etwas von seinem Erbbesitz schenkt, gehört es seinen Söhnen; es ist ihr Eigentum und sie können es weitervererben. 17 Wenn er aber etwas von seinem Erbbesitz einem seiner Diener schenkt, gehört es diesem nur bis zum nächsten Erlassjahr; dann fällt es an den Fürsten zurück. Nur seine Söhne dürfen behalten, was er ihnen von seinem Erbbesitz geschenkt hat. 18 Vom Erbbesitz des Volkes darf der Fürst nichts nehmen; er darf sie nicht mit Gewalt von ihrem Eigentum verdrängen. Wenn er seinen Söhnen etwas vererben will, muss er es von seinem Eigentum nehmen, damit die Angehörigen meines Volkes nicht von ihrem Eigentum vertrieben werden.

Die Opferküchen des Tempels: 46,19–24

19 Dann brachte er mich durch den Eingang auf der Torseite zu den heiligen Priesterräumen im Norden (des Tempels), und zwar zu einer Stelle am äußersten Ende (der Räume) im Westen. 20 Dort sagte er zu mir: Das ist die Stelle, wo die Priester das Schuld- und das Sündopfer kochen und das Speiseopfer backen, damit sie es nicht in den Vorhof hinausbringen müssen und dadurch das Volk heiligen. 21 Dann führte er mich in den Vorhof hinaus und brachte mich zu den vier Ecken des Vorhofs. Und an jeder Ecke des Vorhofs war noch ein Hof. 22 An allen vier Ecken des Vorhofs waren kleine Höfe, vierzig Ellen lang und dreißig Ellen breit. Alle vier Höfe an den Ecken hatten das gleiche Maß. 23 Und ringsum lief in den vier Höfen eine Steinmauer und unten an den Steinmauern waren ringsum Kochstellen angelegt. 24 Da sagte er zu mir: Das sind die Küchen, wo die Tempeldiener das Schlachtopfer des Volkes kochen.

Die Tempelquelle: 47,1–12

47 Dann führte er mich zum Eingang des Tempels zurück und ich sah, wie unter der Tempelschwelle Wasser hervorströmte und nach Osten floss; denn die vordere Seite des Tempels schaute nach Osten. Das Wasser floss unterhalb der rechten Seite des Tempels herab, südlich vom Altar. 2 Dann führte er mich durch das Nordtor hinaus und ließ mich außen herum zum äußeren Osttor gehen. Und ich sah das Wasser an der Südseite hervorrieseln. 3 Der Mann ging nach Osten hinaus, mit der Messschnur in der Hand, maß tausend Ellen ab und ließ mich durch das Wasser gehen; das Wasser reichte mir bis an die Knöchel. 4 Dann maß er wieder tausend Ellen ab und ließ mich durch das Wasser gehen; das Wasser reichte mir bis zu den Knien. Darauf maß er wieder tausend Ellen ab und ließ mich hindurchgehen; das Wasser ging mir bis an die Hüften. 5 Und er maß noch einmal tausend Ellen ab. Da war es ein Fluss, den ich nicht mehr durchschreiten konnte; denn das Wasser war tief, ein Wasser, durch das man schwimmen musste, ein Fluss, den man nicht mehr durchschreiten konnte. 6 Dann fragte er mich: Hast du es gesehen, Menschensohn? Darauf führte er mich zurück, am Ufer des Flusses entlang. 7 Als ich zurückging, sah ich an beiden Ufern des Flusses sehr viele Bäume. 8 Er sagte zu mir: Dieses Wasser fließt in den östlichen Bezirk, es strömt in die Araba hinab und läuft in das Meer, in das Meer mit dem salzigen Wasser. So wird das salzige Wasser gesund. 9 Wohin der Fluss gelangt, da werden alle Lebewesen, alles, was sich regt, leben können und sehr viele Fische wird es geben. Weil dieses Wasser dort hinkommt, werden (die Fluten) gesund; wohin der Fluss kommt, dort bleibt alles am Leben. 10 Von En-Gedi bis En-Eglajim werden Fischer am Ufer des Meeres stehen und ihre Netze zum Trocknen ausbreiten. Alle Arten von Fischen wird es geben, so zahlreich wie die Fische im großen Meer. 11 Die Lachen und Tümpel aber sollen nicht gesund werden; sie sind für die Salzgewinnung bestimmt. 12 An beiden Ufern des Flusses wachsen alle Arten von Obstbäumen. Ihr Laub wird nicht welken und sie werden nie ohne Frucht sein. Jeden Monat tragen sie frische Früchte; denn das Wasser des Flusses kommt aus dem Heiligtum. Die Früchte werden als Speise und die Blätter als Heilmittel dienen.

1: Sach 14,8; Joël 4,18; Ps 46,5; Offb 22,1.

Die Verteilung des Landes: 47,13 – 48,29

13 So spricht Gott, der Herr: Das ist die Grenze, innerhalb derer ihr das Land als Erbbesitz an die zwölf Stämme Israels verteilen sollt. Josef erhält das Doppelte. 14 Jeder Einzelne soll darin seinen Erbbesitz er-

46,16 etwas von seinem Erbbesitz: Text korr.; vgl. G, V. 17.
46,19 zu den heiligen Priesterräumen: Text korr.; vgl. die alten Übersetzungen.
46,22 kleine: Text korr. nach G.
47,8 mit dem salzigen Wasser: Text korr.
47,9 der Fluss: Text korr. nach den alten Übersetzungen.

halten; denn ich habe meine Hand (zum
Schwur) erhoben, es euren Vätern zu geben.
Darum soll euch dieses Land als Erbbesitz
zufallen.

15 Das ist die Grenze des Landes im Nor-
den: vom großen Meer in Richtung Hetlon bis
Lebo-Hamat, Zedad, 16 Berota, Sibrajim, das
zwischen dem Gebiet von Damaskus und
dem Gebiet von Hamat liegt, und bis Hazar-
Enan am Rand des Haurangebirges. 17 Die
Grenze läuft also vom Meer nach Hazar-
Enan, wobei das Gebiet von Damaskus und
Zafon und ebenso das Gebiet von Hamat im
Norden liegt. Das ist die Nordgrenze. 18 Im
Osten bildet der Jordan die Grenze zwischen
Gilead und dem Land Israel (von Hazar-
Enan), das zwischen dem Haurangebirge
und Damaskus liegt, bis hinab zum östlichen
Meer und Tamar: Das ist die Ostgrenze.
19 Die Südgrenze im Negeb: von Tamar bis zu
den Quellen von Meribat-Kadesch und dem
Bach, der ins große Meer fließt. Das ist die
Südgrenze im Negeb. 20 Im Westen bildet das
große Meer die Grenze bis zur Höhe von
Lebo-Hamat. Das ist die Westgrenze.

21 Dieses Land sollt ihr unter die Stämme
Israels aufteilen. 22 Ihr sollt es als Erbbesitz
unter euch und unter die Fremden verlosen,
die bei euch leben und die bei euch Söhne
und Töchter gezeugt haben. Sie sollen für
euch wie einheimische Israeliten sein und
sollen sich mit euch zusammen ihren Erbbe-
sitz mitten unter den Stämmen Israels erlo-
sen. 23 In dem Stamm, bei dem der Fremde
lebt, sollt ihr ihm seinen Erbbesitz zuteilen –
Spruch Gottes, des Herrn.

48 Das sind die Namen der Stämme: Im
Norden, entlang dem Weg von Hetlon
nach Lebo-Hamat und nach Hazar-Enan –
das Gebiet von Damaskus liegt dabei nörd-
lich, seitlich von Hamat – gehört von Osten
nach Westen Dan ein Anteil. 2 Neben dem
Gebiet Dans von Osten nach Westen Ascher
– ein Anteil; 3 neben dem Gebiet Aschers von
Osten nach Westen Naftali – ein Anteil; 4 ne-
ben dem Gebiet Naftalis von Osten nach
Westen Manasse – ein Anteil; 5 neben dem
Gebiet Manasses von Osten nach Westen
Efraim – ein Anteil; 6 neben dem Gebiet
Efraims von Osten nach Westen Ruben – ein
Anteil; 7 neben dem Gebiet Rubens von Os-
ten nach Westen Juda – ein Anteil. 8 Neben
dem Gebiet Judas liegt von Osten nach Wes-
ten das Land, das ihr (dem Herrn) als Abga-
be entrichten sollt, 25 000 Ellen breit und ge-
nauso lang wie jeder andere Anteil von Osten
nach Westen. In der Mitte dieses Stückes
liegt das Heiligtum.

9 Das Land, das ihr dem Herrn als Abgabe
entrichtet, hat eine Länge von 25 000 Ellen
und eine Breite von 20 000 Ellen. 10 Die hei-
lige Abgabe soll wie folgt eingeteilt werden:
Den Priestern soll ein Stück gehören, das im
Norden 25 000 Ellen lang ist, im Westen und
im Osten 10 000 Ellen breit und im Süden
auch 25 000 Ellen lang. Das Heiligtum des
Herrn soll in der Mitte liegen. 11 Den geweih-
ten Priestern aus den Nachkommen Zadoks,
die ihren Dienst verrichtet und mich nicht
verlassen haben, als die Israeliten ebenso in
die Irre gingen wie die Leviten, 12 ihnen soll
als Abgabe ein Stück von dem Land gehören,
das ihr (dem Herrn) als Abgabe entrichtet
habt; dieses Stück ist hochheilig und liegt
neben dem Gebiet der Leviten. 13 Den Levi-
ten soll wie den Priestern ein Gebiet von
25 000 Ellen Länge und 10 000 Ellen Breite
gehören. Das Ganze hat also eine Länge von
25 000 Ellen und eine Breite von 20 000 El-
len. 14 Man darf nichts davon verkaufen oder
zum Tausch anbieten, noch darf man dieses
beste Stück des Landes auf andere übertra-
gen; denn es ist dem Herrn heilig.

15 Die 5 000 Ellen, die längs der 25 000 El-
len in der Breite noch übrig bleiben, sind nicht
heilig, sondern gehören der Stadt als Wohn-
gebiet und Weidefläche. Die Stadt soll mitten
darin liegen. 16 Ihre Maße sollen im Norden
4 500 Ellen und im Süden 4 500 Ellen betra-
gen, ebenso 4 500 Ellen im Osten und 4 500
Ellen im Westen. 17 Die Weidefläche der
Stadt erstreckt sich 250 Ellen nach Norden,
250 Ellen nach Süden, 250 Ellen nach Osten
und 250 Ellen nach Westen. 18 Was dann der
Länge nach noch übrig ist längs der heiligen
Abgabe – 10 000 Ellen nach Osten und 10 000
Ellen nach Westen [es liegt längs der heiligen
Abgabe] –, von dessen Erträgen sollen sich
die Arbeiter der Stadt ernähren. 19 Die Ar-
beiter der Stadt, die dieses Stück bebauen,
sollen aus allen Stämmen Israels sein.

20 Die ganze Abgabe soll 25 000 mal 25 000
Ellen betragen. Dieses ganze Quadrat ein-
schließlich des Eigentums der Stadt sollt ihr
als heilige Abgabe entrichten.

21 Was zu beiden Seiten der heiligen Abga-
be und des Besitzes der Stadt übrig bleibt,
von den 25 000 Ellen der (Ostseite der gan-
zen) Abgabe bis zur Ostgrenze (des Landes)
und von den 25 000 Ellen der Westseite (der
Abgabe) bis zur Westgrenze (des Landes),
diese (beiden) Stücke entlang den Stammes-

47,15 Lebo-Hamat: Text korr. nach G; vgl. V. 20.
47,16 Hazar-Enan: vgl. V. 17.
47,18 Tamar: vgl. V. 19.
48,9.13 20 000 Ellen: Text korr., vgl. 45,1.

anteilen sollen dem Fürsten gehören. Die
heilige Abgabe und das Tempelheiligtum lie-
gen mitten darin. 22 Der Besitz der Leviten
und der Besitz der Stadt soll mitten in dem
Gebiet liegen, das dem Fürsten gehört, und
das Gebiet des Fürsten liegt zwischen dem
Gebiet Judas und dem Gebiet Benjamins.
23 Nun folgen die übrigen Stämme: Von
Osten nach Westen Benjamin – ein Anteil;
24 neben dem Gebiet Benjamins von Osten
nach Westen Simeon – ein Anteil; 25 neben
dem Gebiet Simeons von Osten nach Westen
Issachar – ein Anteil; 26 neben dem Gebiet
Issachars von Osten nach Westen Sebulon –
ein Anteil; 27 neben dem Gebiet Sebulons von
Osten nach Westen Gad – ein Anteil. 28 Ne-
ben dem Gebiet Gads verläuft im Negeb die
Südgrenze; sie führt von Tamar zu den Quel-
len von Meribat-Kadesch und zu dem Bach,
der ins große Meer fließt.
29 Das ist das Land, das ihr als Erbbesitz
an die Stämme Israels verlosen sollt, und das
sind ihre Anteile – Spruch Gottes, des
Herrn.

47,15–20: Num 34,1–12 • 19: Num 20,13; 34,5 • 22: Lev 19,33f • 48,8–20: 45,1–8 • 13: Lev 25,32–34 • 15: Offb 21,12–17.

Die heilige Stadt: 48,30–35

30/31 Das sind die Ausgänge der Stadt. Die
Stadttore sind nach den Stämmen Israels be-
nannt: auf der Nordseite, die 4 500 Ellen
misst, drei Tore: ein Tor ist nach Ruben be-
nannt, ein Tor nach Juda und ein Tor nach
Levi; 32 auf der Ostseite, die 4 500 Ellen
misst, drei Tore: ein Tor nach Josef, ein Tor
nach Benjamin und ein Tor nach Dan; 33 auf
der Südseite, die 4 500 Ellen misst, drei Tore:
ein Tor nach Simeon, ein Tor nach Issachar
und ein Tor nach Sebulon; 34 auf der Westsei-
te, die 4 500 Ellen misst, drei Tore: ein Tor
nach Gad, ein Tor nach Ascher und ein Tor
nach Naftali. 35 Der Umfang der Stadt be-
trägt 18 000 Ellen. Und der Name der Stadt
soll von heute an sein: Hier ist der Herr.

35: Offb 21,3.

Das Buch Daniel

Das Buch Daniel berichtet zunächst, wie im Zusammenhang mit der Verschleppung vornehmer Judäer durch Nebukadnezzar auch Daniel und seine drei Freunde nach Babylonien kommen, wo sie trotz ihrer Erziehung im Geist der heidnischen Weltmacht dem Glauben ihrer Väter treu bleiben. Anschließend erzählt das Buch, wie einerseits Daniel als Empfänger und Deuter göttlicher Offenbarungen Aufschluss über den Gang der Weltgeschichte und ihre Vollendung in der Königsherrschaft Gottes gibt, wobei er sein Augenmerk besonders dem Auftreten und Schicksal der gottwidrigen Vertreter der einzelnen heidnischen Weltmächte zuwendet, und wie andererseits Daniel und seine Freunde in der Verfolgung durch diese heidnischen Weltmächte sich als Anhänger des Gottes Israels beispielhaft bewähren (Kap. 1 – 7). Daniel berichtet danach selbst von drei weiteren Offenbarungen, die ihm den Verlauf der Geschichte Gottes mit seinem Volk vom Babylonischen Exil bis zur Verfolgung der Juden in der Zeit des syrischen Königs Antiochus IV. Epiphanes (175–164 v. Chr.) offen legen (Kap. 8 – 12). Im folgenden Abschnitt, der sich mit dem Wirken Daniels in der babylonischen Diaspora beschäftigt, wird sodann erzählt, wie er eine zu Unrecht angeklagte Frau vor ihren verkommenen Richtern rettet und wie er, nachdem er wegen seiner offenkundigen Missachtung des heidnischen Götzenkultes in Todesgefahr geraten ist, selbst die rettende Macht seines Gottes erfährt (Kap. 13f).

Die Abfassung des Buches in seiner heutigen Gestalt fällt in die Makkabäerzeit. Jedoch ist eine längere Entstehungszeit des Buches anzunehmen, in deren Verlauf ältere Überlieferungen mit jeweils verschiedener Aussageabsicht aufgenommen und überarbeitet worden sind. Dafür spricht der Umstand, dass Teile des Buches in Hebräisch (1,1 – 2,4a; 8–12), andere in Aramäisch (2,4b – 7,28) und wieder andere in Griechisch (3,26–90; Kap. 13 und 14) abgefasst wurden. Die nur griechisch vorhandenen Abschnitte waren ursprünglich selbstständige

Texteinheiten. Der Lobgesang der drei jungen Männer im Feuerofen (3,26–90) wurde bereits in die griechische Übersetzung des Danielbuches eingefügt, während die Erzählungen der Kapitel 13 und 14 erst in der lateinischen Bibel mit dem Buch zu einer Einheit verbunden wurden.

Literarisch gehört das Buch Daniel trotz verschiedenartiger Literaturformen in den Einzeldarstellungen als Ganzes zur Apokalyptik. Darunter versteht man eine Geistesströmung der alttestamentlichen Spätzeit, die sich mit der Offenbarung der himmlischen Welt und mit der Erschließung göttlicher Geheimnisse im Hinblick auf das Ende beschäftigt. Mit dieser apokalyptischen Eigenart des Buches hängt es zusammen, dass die Darstellung der Geschichte bewusste Schematisierungen und historische Unrichtigkeiten aufweist, die jedoch im Rahmen der übergeordneten Glaubensaussage eine gleichnishafte Bedeutung erlangen.

Die theologische Bedeutung des Buches ist in der Überzeugung zu sehen, dass Gott den gesamten Verlauf der Weltgeschichte, auch wenn dort das Gottesvolk keine beherrschende Rolle spielt, fest in der Hand hat und dass er in dem Augenblick, in dem seine Getreuen von heidnischen Machthabern aufgerieben zu werden drohen, seine endzeitliche Königsherrschaft offenbart. Als Träger dieser Königsherrschaft Gottes erscheint der »Menschensohn auf den Wolken des Himmels« (Kap. 7). Im Endgericht werden sodann die Gerechten durch die Auferstehung von den Toten der Herrlichkeit Gottes teilhaftig, während die Bösen zu ewiger Schmach verurteilt werden (Kap. 12,1–3).

DANIEL UND SEINE FREUNDE AM BABYLONISCHEN HOF: 1,1–21

1 Im dritten Jahr der Herrschaft des Kö-
nigs Jojakim von Juda zog Nebukad-
nezzar, der König von Babel, gegen Jerusa-
lem und belagerte es. 2 Und der Herr gab Kö-
nig Jojakim von Juda sowie einen Teil der
Geräte aus dem Haus Gottes in Nebukadnez-
zars Gewalt. Er verschleppte sie in das Land
Schinar, in den Tempel seines Gottes, die
Geräte aber brachte er in das Schatzhaus
seines Gottes.
3 Dann befahl der König seinem Oberkäm-
merer Aschpenas, einige junge Israeliten an
den Hof zu bringen, Söhne von königlicher
Abkunft oder wenigstens aus vornehmer Fa-
milie; 4 sie sollten frei von jedem Fehler sein,
schön an Gestalt, in aller Weisheit unterrich-
tet und reich an Kenntnissen; sie sollten ein-
sichtig und verständig sein und geeignet, im
Palast des Königs Dienst zu tun; Aschpenas
sollte sie auch in Schrift und Sprache der
Chaldäer unterrichten. 5 Als tägliche Kost
wies ihnen der König Speisen und Wein von
der königlichen Tafel zu. Sie sollten drei
Jahre lang ausgebildet werden und dann in
den Dienst des Königs treten.
6 Unter diesen jungen Männern waren aus
dem Stamm Juda Daniel, Hananja, Mischaël
und Asarja. 7 Der Oberkämmerer gab ihnen
andere Namen: Daniel nannte er Beltschaz-
zar, Hananja Schadrach, Mischaël Meschach
und Asarja Abed-Nego.
8 Daniel war entschlossen, sich nicht mit
den Speisen und dem Wein der königlichen
Tafel unrein zu machen, und er bat den Ober-
kämmerer darum, sich nicht unrein machen
zu müssen. 9 Gott ließ ihn beim Oberkämme-
rer Wohlwollen und Nachsicht finden. 10 Der
Oberkämmerer sagte aber zu Daniel: Ich
fürchte mich vor meinem Herrn, dem König,
der euch die Speisen und Getränke zugewie-
sen hat; er könnte finden, dass ihr schlechter
ausseht als die anderen jungen Leute eures
Alters; dann wäre durch eure Schuld mein
Kopf beim König verwirkt. 11 Da sagte Da-
niel zu dem Mann, den der Oberkämmerer
als Aufseher für ihn selbst sowie für Hanan-
ja, Mischaël und Asarja eingesetzt hatte:
12 Versuch es doch einmal zehn Tage lang
mit deinen Knechten! Lass uns nur pflanzli-
che Nahrung zu essen und Wasser zu trinken
geben! 13 Dann vergleiche unser Aussehen
mit dem der jungen Leute, die von den Spei-
sen des Königs essen. Je nachdem, was du
dann siehst, verfahr weiter mit deinen
Knechten! 14 Der Aufseher nahm ihren Vor-
schlag an und machte mit ihnen eine zehntä-
gige Probe. 15 Am Ende der zehn Tage sahen
sie besser und wohlgenährter aus als all die

1,2 Schinar ist Babylonien (vgl. Gen 10,10; 11,2; Sach 5,11).

jungen Leute, die von den Speisen des Kö-
nigs aßen. 16 Da ließ der Aufseher ihre Spei-
sen und auch den Wein, den sie trinken soll-
ten, beiseite und gab ihnen Pflanzenkost.
17 Und Gott verlieh diesen vier jungen Leu-
ten Wissen und Verständnis in jeder Art
Schrifttum und Weisheit; Daniel verstand
sich auch auf Visionen und Träume aller
Art.

18 Als ihre Zeit zu Ende war und man sie
vor den König bringen musste, wie er es be-
stimmt hatte, stellte sie der Oberkämmerer
dem Nebukadnezzar vor. 19 Der König unter-
hielt sich mit ihnen und fand Daniel, Hanan-
ja, Mischaël und Asarja allen anderen über-
legen. Sie traten also in den Dienst des Kö-
nigs. 20 Sooft der König in Fragen, die Weis-
heit und Einsicht erfordern, ihren Rat ein-
holte, fand er sie allen Zeichendeutern und
Wahrsagern in seinem ganzen Reich zehn-
mal überlegen. 21 Daniel blieb im königli-
chen Dienst bis ins erste Jahr des Königs
Kyrus.

1–2: 2 Chr 36,5–7 • 3: 2 Kön 20,18 • 8: Lev 11,4–8; Est 4,17; Jer 35,6 • 9: Gen 39,21 • 17: Am 2,11; Gen 41,12.

NEBUKADNEZZARS TRAUM VON DEN WELTREICHEN: 2,1–49

2 Im zweiten Jahr der Herrschaft Nebu-
kadnezzars hatte dieser einen Traum.
Sein Geist wurde davon so beunruhigt, dass
er nicht mehr schlafen konnte. 2 Da ließ der
König die Zeichendeuter und Wahrsager, die
Beschwörer und Chaldäer zusammenrufen;
sie sollten ihm Aufschluss geben über seinen
Traum. Sie kamen und traten vor den König.
3 Der König sagte zu ihnen: Ich habe einen
Traum gehabt; mein Geist ist voll Unruhe
und ich möchte den Traum verstehen. 4 Die
Chaldäer sagten zu ihm [aramäisch]: O Kö-
nig, mögest du ewig leben. Erzähl deinen
Knechten den Traum, dann geben wir dir die
Deutung. 5 Der König antwortete den Chal-
däern: Das ist mein unwiderruflicher Ent-
schluss: Wenn ihr mir nicht den Traum und
seine Deutung sagen könnt, dann werdet ihr
in Stücke gerissen und eure Häuser werden
in Schutthaufen verwandelt. 6 Sagt ihr mir
aber den Traum und seine Deutung, dann
empfangt ihr von mir Geschenke, Gaben und
hohe Ehrungen. Gebt mir also den Traum
und seine Deutung an! 7 Sie antworteten
zum zweiten Mal: Der König erzähle seinen
Knechten den Traum, dann geben wir ihm
die Deutung. 8 Da erwiderte der König: Nun
bin ich sicher, dass ihr nur Zeit gewinnen
wollt; denn ihr seht, dass mein Entschluss
unwiderruflich ist. 9 Wenn ihr mir den
Traum nicht sagen könnt, gibt es nur ein Ur-
teil über euch, nämlich: Ihr habt euch verab-
redet, mir einen erlogenen und verkehrten
Spruch vorzutragen, in der Hoffnung, dass
sich die Lage ändert. Erzählt mir also den
Traum; daran werde ich erkennen, dass ihr
ihn auch deuten könnt. 10 Die Chaldäer hiel-
ten dem König entgegen: Es gibt keinen
Menschen auf der Welt, der sagen könnte,
was der König verlangt. Auch hat noch nie
ein König, mag er noch so groß und mächtig
gewesen sein, ein solches Ansinnen an ir-
gendeinen Zeichendeuter, Wahrsager oder
Chaldäer gestellt. 11 Was der König verlangt,
ist zu schwierig. Es gibt auch sonst niemand,
der es dem König sagen könnte, außer den
Göttern; doch diese wohnen nicht bei den
Sterblichen. 12 Darüber wurde der König so
wütend und zornig, dass er befahl, alle Wei-
sen in Babel umzubringen.

13 Als der Befehl erging, die Weisen zu tö-
ten, waren auch Daniel und seine Freunde in
Gefahr, getötet zu werden. 14 Aber Daniel,
klug und rechtskundig, wandte sich an Ar-
joch, den Obersten der königlichen Leibwa-
che, der schon unterwegs war, um die Weisen
Babels zu töten. 15 Daniel fragte den Bevoll-
mächtigten des Königs, warum der König ei-
nen so harten Befehl gegeben habe. Da er-
klärte ihm Arjoch die Sache. 16 Daniel ging
darauf zum König und bat ihn, er möge ihm
eine Frist bewilligen, damit er ihm die Deu-
tung des Traumes geben könne. 17 Dann eilte
Daniel nach Hause, teilte seinen Gefährten
Hananja, Mischaël und Asarja alles mit
18 und sagte, sie sollten wegen dieses Ge-
heimnisses den Gott des Himmels um Erbar-
men bitten, damit nicht Daniel und seine Ge-
fährten samt den anderen Weisen Babels
umkämen. 19 Darauf wurde ihm das Geheim-
nis in einer nächtlichen Vision enthüllt und
Daniel pries den Gott des Himmels dafür.
20 Er betete: Der Name Gottes sei gepriesen
von Ewigkeit zu Ewigkeit. Denn er hat die

2,2 Chaldäer: Gemeint sind die chaldäischen (babylonischen) Zeichen- und Sterndeuter.

2,4 Aramäisch: An dieser Stelle wechselt der Urtext vom Hebräischen zum Aramäischen (vgl. die Einleitung).

Weisheit und die Macht. 21 Er bestimmt den
Wechsel der Zeiten und Fristen; er setzt Kö-
nige ab und setzt Könige ein. Er gibt den
Weisen die Weisheit und den Einsichtigen
die Erkenntnis. 22 Er enthüllt tief verborgene
Dinge; er weiß, was im Dunkeln ist, und bei
ihm wohnt das Licht. 23 Dich, Gott meiner
Väter, preise und rühme ich; denn du hast
mir Weisheit und Macht verliehen und jetzt
hast du mich wissen lassen, was wir von dir
erfleht haben: Du hast uns die Sache des Kö-
nigs wissen lassen.

24 Darauf ging Daniel zu Arjoch, dem der
König aufgetragen hatte, die Weisen Babels
umzubringen; er trat ein und sagte zu ihm:
Bring die Weisen Babels nicht um! Führe
mich vor den König! Ich werde dem König
die Deutung seines Traumes geben. 25 In aller
Eile brachte Arjoch Daniel vor den König
und meldete ihm: Ich habe unter den ver-
schleppten Juden einen Mann gefunden, der
dem König die Deutung des Traums geben
will. 26 Darauf sagte der König zu Daniel,
den man auch Beltschazzar nannte: Bist du
wirklich imstande, mir das Traumgesicht,
das ich hatte, und seine Deutung zu sagen?
27 Daniel antwortete dem König: Weise und
Wahrsager, Zeichendeuter und Astrologen
vermögen dem König das Geheimnis, nach
dem er fragt, nicht zu enthüllen. 28 Aber es
gibt im Himmel einen Gott, der Geheimnisse
offenbart; er ließ den König Nebukadnezzar
wissen, was am Ende der Tage geschehen
wird. Der Traum, den dein Geist auf deinem
Lager hatte, war so:

29 Auf deinem Lager kamen dir, König,
Gedanken darüber, was dereinst geschehen
werde; da ließ er, der die Geheimnisse ent-
hüllt, dich wissen, was geschehen wird.
30 Dieses Geheimnis wurde mir enthüllt,
nicht durch eine Weisheit, die ich vor allen
anderen Lebenden voraus hätte, sondern
nur, damit du, König, die Deutung erfahrst
und die Gedanken deines Herzens verstehst.
31 Du, König, hattest eine Vision: Du sahst
ein gewaltiges Standbild. Es war groß und
von außergewöhnlichem Glanz; es stand vor
dir und war furchtbar anzusehen. 32 An die-
sem Standbild war das Haupt aus reinem
Gold; Brust und Arme waren aus Silber, der
Körper und die Hüften aus Bronze. 33 Die
Beine waren aus Eisen, die Füße aber zum
Teil aus Eisen, zum Teil aus Ton. 34 Du sahst,
wie ohne Zutun von Menschenhand sich ein
Stein von einem Berg löste, gegen die eiser-
nen und tönernen Füße des Standbildes
schlug und sie zermalmte. 35 Da wurden Ei-
sen und Ton, Bronze, Silber und Gold mit ei-
nem Mal zu Staub. Sie wurden wie Spreu auf
dem Dreschplatz im Sommer. Der Wind trug
sie fort und keine Spur war mehr von ihnen
zu finden. Der Stein aber, der das Standbild
getroffen hatte, wurde zu einem großen Berg
und erfüllte die ganze Erde.

36 Das war der Traum. Nun wollen wir dem
König sagen, was er bedeutet. 37 Du, König,
bist der König der Könige; dir hat der Gott
des Himmels Herrschaft und Macht, Stärke
und Ruhm verliehen. 38 Und in der ganzen
bewohnten Welt hat er die Menschen, die
Tiere auf dem Feld und die Vögel am Himmel
in deine Hand gegeben; dich hat er zum
Herrscher über sie alle gemacht: Du bist das
goldene Haupt. 39 Nach dir kommt ein ande-
res Reich, geringer als deines; dann ein drit-
tes Reich, von Bronze, das die ganze Erde be-
herrschen wird. 40 Ein viertes endlich wird
hart wie Eisen sein; Eisen zerschlägt und
zermalmt ja alles; und wie Eisen alles zer-
schmettert, so wird dieses Reich alle anderen
zerschlagen und zerschmettern. 41 Die Füße
und Zehen waren, wie du gesehen hast, teils
aus Töpferton, teils aus Eisen; das bedeutet:
Das Reich wird geteilt sein; es wird aber et-
was von der Härte des Eisens haben, darum
hast du das Eisen mit Ton vermischt gese-
hen. 42 Dass aber die Zehen teils aus Eisen,
teils aus Ton waren, bedeutet: Zum Teil wird
das Reich hart sein, zum Teil brüchig.
43 Wenn du das Eisen mit Ton vermischt ge-
sehen hast, so heißt das: Sie werden sich
zwar durch Heiraten miteinander verbinden;
doch das eine wird nicht am anderen haften,
wie sich Eisen nicht mit Ton verbindet.
44 Zur Zeit jener Könige wird aber der Gott
des Himmels ein Reich errichten, das in
Ewigkeit nicht untergeht; dieses Reich wird
er keinem anderen Volk überlassen. Es wird
alle jene Reiche zermalmen und endgültig
vernichten; es selbst aber wird in alle Ewig-
keit bestehen. 45 Du hast ja gesehen, dass
ohne Zutun von Menschenhand ein Stein
vom Berg losbrach und Eisen, Bronze und
Ton, Silber und Gold zermalmte. Der große
Gott hat den König wissen lassen, was der-
einst geschehen wird. Der Traum ist sicher
und die Deutung zuverlässig.

46 Da warf sich König Nebukadnezzar auf
sein Gesicht nieder, huldigte Daniel und be-
fahl, man sollte ihm Opfer und Weihrauch
darbringen. 47 Und der König sagte zu Da-
niel: Es ist wahr: Euer Gott ist der Gott der
Götter und der Herr der Könige und er kann
Geheimnisse offenbaren; nur deshalb konn-
test du dieses Geheimnis enthüllen. 48 Dann
verlieh der König dem Daniel einen hohen
Rang und gab ihm viele, reiche Geschenke;
er machte ihn zum Gebieter über die ganze

Provinz Babel und zum obersten Präfekten
aller Weisen von Babel. 49 Auf Daniels Bitte
betraute der König Schadrach, Meschach
und Abed-Nego mit der Verwaltung der Pro-
vinz Babel; Daniel selbst aber blieb am kö-
niglichen Hof.

1: Gen 40,8.16; 41 • 2: Jes 47,12 • 20: Neh 9,5; Ijob 12,13; Spr 2,6 • 22: Ijob 12,22 • 28: Gen 41,16 • 29: Offb 4,1 • 37: Ez 26,7 • 38: Jer 27,6; Jdt 11,7 • 40: 7,7 • 43: 11,6 • 44: 7,14.27; Jes 9,6; 1 Kor 15,24 • 46: Apg 14,13.18 • 47: 3,90; Dtn 10,17; Ps 50,1.

DIE DREI JUNGEN MÄNNER IM FEUEROFEN: 3,1–97

Die Standhaftigkeit der drei Freunde:
3,1–23

3 König Nebukadnezzar ließ ein goldenes
Standbild machen, sechzig Ellen hoch
und sechs Ellen breit, und ließ es in der
Ebene von Dura in der Provinz Babel aufstel-
len. 2 Dann berief König Nebukadnezzar die
Satrapen, Präfekten und Statthalter ein, die
Räte, Schatzmeister, Richter und Polizei-
obersten und alle anderen hohen Beamten
der Provinzen; sie sollten zur Einweihung
des Standbildes kommen, das König Nebu-
kadnezzar errichtet hatte. 3 Da versammel-
ten sich die Satrapen, Präfekten und Statt-
halter, die Räte, Schatzmeister, Richter und
Polizeiobersten und alle anderen hohen Be-
amten der Provinzen zur Einweihung des
Standbildes, das König Nebukadnezzar er-
richtet hatte. Sie stellten sich vor dem Stand-
bild auf, das König Nebukadnezzar errichtet
hatte. 4 Nun verkündete der Herold mit
mächtiger Stimme: Ihr Männer aus allen
Völkern, Nationen und Sprachen, hört den
Befehl! 5 Sobald ihr den Klang der Hörner,
Pfeifen und Zithern, der Harfen, Lauten und
Sackpfeifen und aller anderen Instrumente
hört, sollt ihr niederfallen und das goldene
Standbild anbeten, das König Nebukadnez-
zar errichtet hat. 6 Wer aber nicht niederfällt
und es anbetet, wird noch zur selben Stunde
in den glühenden Feuerofen geworfen. 7 So-
bald daher alle Völker den Klang der Hörner,
Pfeifen und Zithern, der Harfen, Lauten und
Sackpfeifen und der anderen Instrumente
hörten, fielen die Männer aus allen Völkern,
Nationen und Sprachen sogleich nieder und
beteten das goldene Standbild an, das König
Nebukadnezzar errichtet hatte.

8 Sogleich traten einige Chaldäer auf und
verklagten die Juden. 9 Sie sagten zum König
Nebukadnezzar: O König, mögest du ewig le-
ben. 10 Du, König, hast doch selbst den Be-
fehl erlassen: Jeder soll niederfallen und das
goldene Standbild anbeten, wenn er den
Klang der Hörner, Pfeifen und Zithern, der
Harfen, Lauten und Sackpfeifen und aller
anderen Instrumente hört. 11 Wer aber nicht
niederfällt und es anbetet, wird in den glü-
henden Feuerofen geworfen. 12 Nun sind da
einige Juden, denen du die Verwaltung der
Provinz Babel anvertraut hast: Schadrach,
Meschach und Abed-Nego. Diese Männer
missachten dich, König. Sie verehren deine
Götter nicht und beten das goldene Stand-
bild, das du errichtet hast, nicht an. 13 Da be-
fahl Nebukadnezzar voll Zorn und Wut,
Schadrach, Meschach und Abed-Nego her-
beizuholen. Man führte die Männer also vor
den König. 14 Nebukadnezzar sagte zu ihnen:
Ist es wahr, Schadrach, Meschach und Abed-
Nego: Ihr verehrt meine Götter nicht und be-
tet das goldene Standbild nicht an, das ich
errichtet habe? 15 Nun, wenn ihr bereit seid,
sobald ihr den Klang der Hörner, Pfeifen
und Zithern, der Harfen, Lauten und Sack-
pfeifen und aller anderen Instrumente hört,
sofort niederzufallen und das Standbild an-
zubeten, das ich habe machen lassen, ist es
gut; betet ihr es aber nicht an, dann werdet
ihr noch zur selben Stunde in den glühenden
Feuerofen geworfen. Welcher Gott kann
euch dann aus meiner Gewalt erretten?
16 Schadrach, Meschach und Abed-Nego er-
widerten dem König Nebukadnezzar: Wir
haben es nicht nötig, dir darauf zu antwor-
ten: 17 Wenn überhaupt jemand, so kann nur
unser Gott, den wir verehren, uns erretten;
auch aus dem glühenden Feuerofen und aus
deiner Hand, König, kann er uns retten.
18 Tut er es aber nicht, so sollst du, König,
wissen: Auch dann verehren wir deine Göt-
ter nicht und beten das goldene Standbild
nicht an, das du errichtet hast.

19 Da wurde Nebukadnezzar wütend; sein
Gesicht verzerrte sich vor Zorn über Schad-
rach, Meschach und Abed-Nego. Er ließ den
Ofen siebenmal stärker heizen, als man ihn
gewöhnlich heizte. 20 Dann befahl er, einige
der stärksten Männer aus seinem Heer soll-
ten Schadrach, Meschach und Abed-Nego
fesseln und in den glühenden Feuerofen wer-
fen. 21 Da wurden die Männer, wie sie wa-

3,12 Götter: Man kann hier und V. 18 auch Einzahl »Gott« lesen.

ren – in ihren Mänteln, Röcken und Mützen und den übrigen Kleidungsstücken – gefesselt und in den glühenden Feuerofen geworfen. 22 Nach dem strengen Befehl des Königs war aber der Ofen übermäßig geheizt worden und die herausschlagenden Flammen töteten die Männer, die Schadrach, Meschach und Abed-Nego hingebracht hatten. 23 Die drei Männer aber, Schadrach, Meschach und Abed-Nego, fielen gefesselt in den glühenden Feuerofen.

4: Offb 7,9; 13,7 • 6: Jer 29,21f • 10: Offb 13,15 • 15: Ex 5,2; 2 Kön 18,35; Jes 36,20 • 17: Dtn 4,20; Ps 66,12; Jes 43,2 • 18: Ex 20,3–5.

Das Gebet des Asarja: 3,24–50

24 Doch sie gingen mitten in den Flammen umher, lobten Gott und priesen den Herrn. 25 Asarja blieb stehen, öffnete den Mund und sprach mitten im Feuer folgendes Gebet: 26 Gepriesen und gelobt bist du, Herr, Gott unserer Väter; herrlich ist dein Name in alle Ewigkeit. 27 Denn du bist gerecht in allem, was du getan hast. All deine Taten sind richtig, deine Wege gerade. Alle deine Urteile sind wahr. 28 Du hast gerechte Strafen verhängt, in allem, was du über uns gebracht hast und über Jerusalem, die heilige Stadt unserer Väter. Ja, nach Wahrheit und Recht hast du all dies wegen unserer Sünden herbeigeführt. 29 Denn wir haben gesündigt und durch Treubruch gefrevelt und haben in allem gefehlt. 30 Wir haben deinen Geboten nicht gehorcht, haben weder beachtet noch getan, was du uns zu unserem Wohl befohlen hast. 31 Alles, was du uns geschickt hast, alles, was du uns getan hast, das hast du nach deiner gerechten Entscheidung getan. 32 Du hast uns der Gewalt gesetzloser Feinde und gehässiger Verräter preisgegeben und einem ungerechten König, dem schlimmsten König der ganzen Welt. 33 Und jetzt dürfen wir nicht einmal den Mund auftun. Schande und Schmach kam über deine Diener und Verehrer. 34 Um deines Namens willen verwirf uns nicht für immer; löse deinen Bund nicht auf! 35 Versag uns nicht dein Erbarmen, deinem Freund Abraham zuliebe, deinem Knecht Isaak und Israel, deinem Heiligen, 36 denen du Nachkommen verheißen hast so zahlreich wie die Sterne am Himmel und wie der Sand am Ufer des Meeres. 37 Ach, Herr, wir sind geringer geworden als alle Völker. In aller Welt sind wir heute wegen unserer Sünden erniedrigt. 38 Wir haben in dieser Zeit weder Vorsteher noch Propheten und keinen, der uns anführt, weder Brandopfer noch Schlachtopfer, weder Speiseopfer noch Räucherwerk, noch einen Ort, um dir die Erstlingsgaben darzubringen und um Erbarmen zu finden bei dir. 39 Du aber nimm uns an! Wir kommen mit zerknirschtem Herzen und demütigem Sinn. 40 Wie Brandopfer von Widdern und Stieren, wie Tausende fetter Lämmer, so gelte heute unser Opfer vor dir und verschaffe uns bei dir Sühne. Denn wer dir vertraut, wird nicht beschämt. 41 Wir folgen dir jetzt von ganzem Herzen, fürchten dich und suchen dein Angesicht. 42 Überlass uns nicht der Schande, sondern handle an uns nach deiner Milde, nach deinem überreichen Erbarmen!

43 Errette uns, deinen wunderbaren Taten entsprechend; verschaff deinem Namen Ruhm, Herr! 44 Doch alle, die deinen Dienern Böses tun, sollen beschämt werden. Sie sollen zuschanden werden und ihre Herrschaft verlieren. Ihre Stärke soll zerschlagen werden. 45 Sie sollen erkennen, dass du allein der Herr und Gott bist, ruhmreich auf der ganzen Erde.

46 Die Knechte des Königs, die die drei Männer in den Ofen geworfen hatten, hörten inzwischen nicht auf, den Ofen mit Harz und Werg, Pech und Reisig zu heizen. 47 So schlugen die Flammen bis zu neunundvierzig Ellen hoch aus dem Ofen heraus. 48 Sie griffen um sich und verbrannten jeden Chaldäer, den sie im Umkreis des Ofens erfassen konnten. 49 Aber der Engel des Herrn war zusammen mit Asarja und seinen Gefährten in den Ofen hinabgestiegen. Er trieb die Flammen des Feuers aus dem Ofen hinaus 50 und machte das Innere des Ofens so, als wehte ein taufrischer Wind. Das Feuer berührte sie gar nicht; es tat ihnen nichts zuleide und belästigte sie nicht.

26–45: 9,4–19; Esra 9,6–15 • 27: Neh 9,33 • 29: Bar 1,17f • 30: Neh 1,7 • 31. Dtn 28,15.48, Lev 26,14.39 • 34: Ex 32,11–13 • 35: Jes 41,8 • 36: Gen 15,5; 22,17 • 37: Dtn 28,62 • 38: Hos 3,4; Klgl 2,9; Ps 51,18f • 39: Weish 3,6 • 40: 2 Makk 7,37 • 45: Ps 83,19.

Der Lobgesang der drei jungen Männer: 3,51–90

51 Da sangen die drei im Ofen wie aus einem Mund, sie rühmten und priesen Gott mit den Worten:

52 Gepriesen bist du, Herr, du Gott unserer Väter, / gelobt und gerühmt in Ewigkeit.

Gepriesen ist dein heiliger, herrlicher Name, / hoch gelobt und verherrlicht in Ewigkeit.

3,24–90 Das Gebet des Asarja (VV. 24–50) und der Lobgesang der drei jungen Männer (VV. 51–90) sind nur griechisch erhalten; die Übersetzung folgt dem Text des Theodotion.

53 Gepriesen bist du im Tempel deiner heiligen Herrlichkeit, / hoch gerühmt und verherrlicht in Ewigkeit.

54 Gepriesen bist du, der in die Tiefen schaut und auf Kerubim thront, / gelobt und gerühmt in Ewigkeit.

55 Gepriesen bist du auf dem Thron deiner Herrschaft, / hoch gerühmt und gefeiert in Ewigkeit.

56 Gepriesen bist du am Gewölbe des Himmels, / gerühmt und verherrlicht in Ewigkeit.

57 Preist den Herrn, all ihr Werke des Herrn; / lobt und rühmt ihn in Ewigkeit!

58 Preist den Herrn, ihr Himmel; / lobt und rühmt ihn in Ewigkeit!

59 Preist den Herrn, ihr Engel des Herrn; / lobt und rühmt ihn in Ewigkeit!

60 Preist den Herrn, all ihr Wasser über dem Himmel; / lobt und rühmt ihn in Ewigkeit!

61 Preist den Herrn, all ihr Mächte des Herrn; / lobt und rühmt ihn in Ewigkeit!

62 Preist den Herrn, Sonne und Mond; / lobt und rühmt ihn in Ewigkeit!

63 Preist den Herrn, ihr Sterne am Himmel; / lobt und rühmt ihn in Ewigkeit!

64 Preist den Herrn, aller Regen und Tau; / lobt und rühmt ihn in Ewigkeit!

65 Preist den Herrn, all ihr Winde; / lobt und rühmt ihn in Ewigkeit!

66 Preist den Herrn, Feuer und Glut; / lobt und rühmt ihn in Ewigkeit!

67 Preist den Herrn, Frost und Hitze; / lobt und rühmt ihn in Ewigkeit!

68 Preist den Herrn, Tau und Schnee; / lobt und rühmt ihn in Ewigkeit!

69 Preist den Herrn, Eis und Kälte; / lobt und rühmt ihn in Ewigkeit!

70 Preist den Herrn, Raureif und Schnee; / lobt und rühmt ihn in Ewigkeit!

71 Preist den Herrn, ihr Nächte und Tage; / lobt und rühmt ihn in Ewigkeit!

72 Preist den Herrn, Licht und Dunkel; / lobt und rühmt ihn in Ewigkeit!

73 Preist den Herrn, ihr Blitze und Wolken; / lobt und rühmt ihn in Ewigkeit!

74 Die Erde preise den Herrn; / sie lobe und rühme ihn in Ewigkeit.

75 Preist den Herrn, ihr Berge und Hügel; / lobt und rühmt ihn in Ewigkeit!

76 Preist den Herrn, all ihr Gewächse auf Erden; / lobt und rühmt ihn in Ewigkeit!

77 Preist den Herrn, ihr Quellen; / lobt und rühmt ihn in Ewigkeit!

78 Preist den Herrn, ihr Meere und Flüsse; / lobt und rühmt ihn in Ewigkeit!

79 Preist den Herrn, ihr Tiere des Meeres / und alles, was sich regt im Wasser; / lobt und rühmt ihn in Ewigkeit!

80 Preist den Herrn, all ihr Vögel am Himmel; / lobt und rühmt ihn in Ewigkeit!

81 Preist den Herrn, all ihr Tiere, wilde und zahme; / lobt und rühmt ihn in Ewigkeit!

82 Preist den Herrn, ihr Menschen; / lobt und rühmt ihn in Ewigkeit!

83 Preist den Herrn, ihr Israeliten; / lobt und rühmt ihn in Ewigkeit!

84 Preist den Herrn, ihr seine Priester; / lobt und rühmt ihn in Ewigkeit!

85 Preist den Herrn, ihr seine Knechte; / lobt und rühmt ihn in Ewigkeit!

86 Preist den Herrn, ihr Geister und Seelen der Gerechten; / lobt und rühmt ihn in Ewigkeit!

87 Preist den Herrn, ihr Demütigen und Frommen; / lobt und rühmt ihn in Ewigkeit!

88 Preist den Herrn, Hananja, Asarja und Mischaël; / lobt und rühmt ihn in Ewigkeit!

Denn er hat uns der Unterwelt entrissen / und aus der Gewalt des Todes errettet.

Er hat uns aus dem lodernden Ofen befreit, / uns mitten aus dem Feuer erlöst.

89 Dankt dem Herrn, denn er ist gütig; / denn seine Huld währt ewig.

90 Preist alle den Herrn, ihr seine Verehrer, / preist den Gott der Götter;

singt ihm Lob und Dank; / denn ewig währt seine Güte.

52: 3,26 • 53: Ps 150,1 • 54: Ex 25,18–22 • 57: Ps 103,22 • 59–90: Ps 148,2–12 • 83: Ps 135,19 • 85: Ps 134,1 • 87: Zef 2,3 • 89: Ps 106,1; 136,1 • 90: Ps 50,1.

Die Rettung der drei Freunde: 3,91–97

91(24) Da erschrak der König Nebukadnez-
zar; er sprang auf und fragte seine Räte:
Haben wir nicht drei Männer gefesselt ins
Feuer geworfen? Sie gaben dem König zur
Antwort: Gewiss, König! 92(25) Er erwiderte:
Ich sehe aber vier Männer frei im Feuer um-
hergehen. Sie sind unversehrt und der vierte
sieht aus wie ein Göttersohn. 93(26) Dann ging
Nebukadnezzar zu der Tür des glühenden
Ofens und rief: Schadrach, Meschach und
Abed-Nego, ihr Diener des höchsten Gottes,

3,71 Vg, deren Verszählung hier zugrunde gelegt wird, hat in VV. 71–78 eine andere Versfolge als Theodotion (vgl. die Anmerkung zu 3,24–90).

3,91 (24) Mit V. 91 setzt wieder der in V. 23 unterbrochene aramäische Text ein, dessen Verszählung in Klammern steht.

3,92 (25) Der »Göttersohn« ist der in V. 49 genannte Engel des Herrn.

steigt heraus, kommt her! Da kamen Scha-
drach, Meschach und Abed-Nego aus dem
Feuer heraus. 94(27) Nun drängten auch die
Satrapen, Präfekten, Statthalter und die kö-
niglichen Räte herbei. Sie sahen sich die
Männer an und fanden, dass das Feuer keine
Macht über ihren Körper gehabt hatte. Kein
Haar auf ihrem Kopf war versengt. Ihre
Mäntel waren unversehrt und nicht einmal
Brandgeruch haftete ihnen an. 95(28) Da rief
Nebukadnezzar aus: Gepriesen sei der Gott
Schadrachs, Meschachs und Abed-Negos.
Denn er hat seinen Engel gesandt und seine
Diener gerettet. Im Vertrauen auf ihn haben
sie lieber den Befehl des Königs missachtet
und ihr Leben dahingegeben, als dass sie ir-
gendeinen anderen als ihren eigenen Gott
verehrten und anbeteten. 96(29) Darum ordne
ich an: Jeder, der vom Gott des Schadrach,
Meschach und Abed-Nego verächtlich
spricht, zu welcher Völkerschaft, Nation
oder Sprache er auch gehört, soll in Stücke
gerissen und sein Haus soll in einen Trüm-
merhaufen verwandelt werden. Denn es gibt
keinen anderen Gott, der auf diese Weise ret-
ten kann. 97(30) Darauf sorgte der König da-
für, dass es Schadrach, Meschach und Abed-
Nego in der Provinz Babel gut ging.

92: Jes 43,2 • 94: Hebr 11,34 • 95: 2,47; 6,27 • 96: 2,5.

NEBUKADNEZZARS TRAUM VOM STOLZEN BAUM: 3,98 – 4,34

98(31) Der König Nebukadnezzar an alle
Völker, Nationen und Sprachen auf der gan-
zen Erde: Friede sei mit euch in Fülle.
99(32) Es ist mir eine Freude, die Zeichen und
Wunder zu verkünden, die der höchste Gott
an mir getan hat. 100(33) Wie groß sind seine
Zeichen, wie gewaltig seine Wunder! Sein
Reich ist ein ewiges Reich; seine Herrschaft
überdauert alle Generationen.

4 Ich, Nebukadnezzar, lebte ohne Sorge
in meinem Haus und war glücklich in
meinem Palast. 2 Da hatte ich einen Traum,
der mich erschreckte. Was ich auf meinem
Lager sah, was meine Augen da erblickten,
versetzte mich in Angst. 3 Darum ließ ich alle
Weisen Babels zu mir rufen, damit sie mir
den Traum deuteten. 4 Da kamen die Zei-
chendeuter, Wahrsager, Chaldäer und As-
trologen herbei. Ich erzählte ihnen den
Traum; aber sie konnten ihn mir nicht deu-
ten. 5 Zuletzt erschien Daniel vor mir, der
nach dem Namen meines Gottes auch Belt-
schazzar heißt und in dem der Geist der hei-
ligen Götter ist. Ihm erzählte ich nun den
Traum und sagte: 6 Beltschazzar, Oberster
der Zeichendeuter, von dir weiß ich, dass der
Geist der heiligen Götter in dir ist und dass
dir kein Geheimnis verschlossen bleibt. Hör
also, was ich im Traum gesehen habe, und
deute es mir! 7 Was ich auf meinem Lager vor
Augen hatte, war dies: Da stand ein Baum
mitten auf der Erde; er war sehr hoch. 8 Der
Baum wuchs zusehends und wurde immer
mächtiger; seine Höhe reichte bis an den
Himmel; er war bis ans Ende der ganzen
Erde zu sehen. 9 Er hatte prächtiges Laub
und trug so viele Früchte, dass er Nahrung
für alle bot. Unter ihm fanden die wilden
Tiere des Feldes Schatten; die Vögel nisteten
in seinen Zweigen; alle Lebewesen ernährten
sich von ihm. 10 Während ich auf meinem La-
ger noch das Traumbild sah, stieg ein Wäch-
ter, ein Heiliger, vom Himmel herab. 11 Er
befahl mit mächtiger Stimme: Fällt den
Baum und schlagt seine Äste ab! Streift sein
Laubwerk ab und zerstreut seine Früchte!
Die Tiere sollen aus seinem Schatten fliehen
und die Vögel aus seinen Zweigen. 12 Aber
lasst ihm den Wurzelstock in der Erde, im
Gras des Feldes, mit einer Fessel aus Eisen
und Bronze. Der Tau des Himmels soll ihn
benetzen und mit den Tieren soll er teilhaben
am Gras der Erde. 13 Sein Herz sei nicht
mehr ein Menschenherz; ein Tierherz soll
ihm gegeben werden und sieben Zeiten sol-
len über ihn hingehen. 14 Dieser Befehl be-
ruht auf einem Beschluss der Wächter; ein
Spruch der Heiligen fordert es. Die Leben-
den sollen erkennen: Über die Herrschaft bei
den Menschen gebietet der Höchste; er ver-
leiht sie, wem er will, selbst den Niedrigsten
der Menschen kann er dazu erheben.

15 Das ist der Traum, den ich, König Nebu-
kadnezzar, gehabt habe. Nun deute ihn,
Beltschazzar! Von allen Weisen meines Rei-
ches konnte ihn mir keiner auslegen; du aber
kannst es, denn in dir ist der Geist der heili-
gen Götter.

16 Da war Daniel, der auch Beltschazzar
heißt, eine Zeit lang ganz verstört; denn sei-
ne Gedanken machten ihm Angst. Doch der
König sagte: Beltschazzar, lass dich von dem
Traum und seiner Deutung nicht ängstigen!
Beltschazzar erwiderte: Mein Herr, der

4,13 Nach der Vorstellung des Alten Orients hat im Herzen der Verstand seinen Sitz (vgl. VV. 31.33).

Traum gelte deinen Feinden; seine Deutung
treffe deine Widersacher. 17 Du hast einen
Baum gesehen; er wuchs zusehends und wur-
de immer mächtiger. Seine Höhe reichte bis
an den Himmel und er war auf der ganzen
Erde zu sehen. 18 Er hatte prächtiges Laub
und trug so viele Früchte, dass er Nahrung
für alle bot. Unter ihm fanden die wilden
Tiere des Feldes Zuflucht, und in seinen
Zweigen wohnten die Vögel des Himmels.
19 Dieser Baum bist du, König; du bist groß
und mächtig geworden; deine Größe ist im-
mer mehr gewachsen; sie reicht bis zum
Himmel und deine Herrschaft bis ans Ende
der Erde. 20 Dann hat der König gesehen, wie
ein Wächter, ein Heiliger, vom Himmel he-
rabstieg und befahl: Fällt den Baum und ver-
nichtet ihn! Aber lasst ihm in der Erde, im
Gras des Feldes, den Wurzelstock, mit einer
Fessel aus Eisen und Bronze. Der Tau des
Himmels soll ihn benetzen und mit den Tie-
ren des Feldes soll er teilhaben (am Gras der
Erde), bis sieben Zeiten über ihn hingegan-
gen sind. 21 Das, o König, bedeutet – es ist ein
Beschluss des Höchsten, der meinen Herrn,
den König, betrifft –: 22 Man wird dich aus
der Gemeinschaft der Menschen verstoßen
und du musst bei den wilden Tieren des Fel-
des leben. Du wirst dich von Gras ernähren
wie die Ochsen und der Tau des Himmels
wird dich benetzen. So gehen sieben Zeiten
über dich hin, bis du erkennst, dass der
Höchste über die Herrschaft bei den Men-
schen gebietet und sie verleiht, wem er will.
23 Schließlich hieß es, man solle den Wurzel-
stock des Baumes stehen lassen; das bedeu-
tet: Deine Herrschaft bleibt dir erhalten, so-
bald du anerkennst, dass der Himmel die
Macht hat. 24 Darum, o König, nimm meinen
Rat an: Lösch deine Sünden aus durch rech-
tes Tun, tilge deine Vergehen, indem du Er-
barmen hast mit den Armen. Dann mag dein
Glück vielleicht von Dauer sein.

25 All das kam dann über König Nebukad-
nezzar. 26 Als er nämlich zwölf Monate spä-
ter auf (der Dachterrasse) des königlichen
Palastes zu Babel spazieren ging, 27 sagte der
König: Ist das nicht das großartige Babel,
das ich durch meine gewaltige Macht als Kö-
nigsstadt erbaut habe, zum Ruhm meiner
Herrlichkeit? 28 Noch hatte der König diese
Worte auf den Lippen, da fiel eine Stimme
vom Himmel: Dir, König Nebukadnezzar, sei
gesagt: Die Herrschaft wird dir genommen.
29 Man wird dich aus der Gemeinschaft der
Menschen ausstoßen. Du musst bei den wil-
den Tieren leben und dich von Gras ernähren
wie die Ochsen. So werden sieben Zeiten
über dich hingehen, bis du erkennst, dass der
Höchste über die Herrschaft bei den Men-
schen gebietet und sie verleiht, wem er will.
30 Noch in derselben Stunde erfüllte sich die-
ser Spruch an Nebukadnezzar: Man verstieß
ihn aus der Gemeinschaft der Menschen und
er musste sich von Gras ernähren wie die
Ochsen. Der Tau des Himmels benetzte sei-
nen Körper, bis seine Haare so lang wie Ad-
lerfedern waren und seine Nägel wie Vogel-
krallen.

31 Als die Zeit verstrichen war, erhob ich,
Nebukadnezzar, meine Augen zum Himmel
und mein Verstand kehrte zurück. Da pries
ich den Höchsten; ich lobte und verherrlichte
den, der ewig lebt. Ja, seine Herrschaft ist
eine ewige Herrschaft; sein Reich überdauert
alle Generationen. 32 Alle Bewohner der
Erde gelten vor ihm wie nichts. Er macht mit
dem Heer des Himmels und mit den Bewoh-
nern der Erde, was er will. Es gibt niemand,
der seiner Hand wehren und zu ihm sagen
dürfte: Was tust du da? 33 Zu derselben Zeit
kehrte mein Verstand zurück und ich erhielt
zum Ruhm meines Königtums auch meine
Herrlichkeit und meinen königlichen Glanz
zurück. Meine Räte und Großen suchten
mich auf; man setzte mich wieder in meine
Herrschaft ein und meine Macht wurde noch
größer. 34 Ich, Nebukadnezzar, lobe, preise
und rühme nun den König des Himmels.
Denn alle seine Taten sind vortrefflich und
seine Wege gerecht. Die Menschen, die in
stolzer Höhe dahinschreiten, kann er ernied-
rigen.

3,100: 2,44; 4,31 • 4,1–5: 2,1–3.10 • 5: 2,28.47; 5,11 • 7: Ez 31,3–14 • 10: 7,9f; 10,13.21 • 14: 2,21; Ijob 36,7–11 • 22: 3,100 • 24: Spr 19,17; Sir 3,30f • 27: Spr 16,18 • 29: 5,21 • 31: 3,100 • 32: Ijob 9,12; Jes 40,17 • 33: Lk 1,52; 18,14.

DAS GASTMAHL BELSCHAZZARS: 5,1–6,1

5 König Belschazzar gab ein großes Gast-
mahl für seine Großen; es waren tau-
send Menschen und zusammen mit den Tau-
send sprach er dem Wein zu. 2 In seiner
Weinlaune nun ließ Belschazzar die golde-
nen und silbernen Gefäße holen, die sein Va-
ter Nebukadnezzar aus dem Tempel in Jeru-
salem mitgenommen hatte. Jetzt sollten der
König und seine Großen, seine Frauen und
Nebenfrauen daraus trinken. 3 Man holte

also die goldenen Gefäße, die man aus dem
Tempel des Gotteshauses in Jerusalem mit-
genommen hatte, und der König und seine
Großen, seine Frauen und Nebenfrauen
tranken daraus. 4 Sie tranken Wein und lob-
ten die Götter aus Gold und Silber, aus
Bronze, Eisen, Holz und Stein.
5 In derselben Stunde erschienen die Fin-
ger einer Menschenhand und schrieben ge-
genüber dem Leuchter etwas auf die weißge-
tünchte Wand des königlichen Palastes. Der
König sah den Rücken der Hand, als sie
schrieb. 6 Da erbleichte er und seine Gedan-
ken erschreckten ihn. Seine Glieder wurden
schwach und ihm schlotterten die Knie.
7 Der König schrie laut, man solle die Wahr-
sager, Chaldäer und Astrologen holen. Dann
sagte er zu den Weisen von Babel: Wer diese
Schrift lesen und mir deuten kann – was er
auch sei: er soll in Purpur gekleidet werden,
eine goldene Kette um den Hals tragen und
als der Dritte in meinem Reich herrschen.
8 Da kamen alle Weisen des Königs herbei;
aber sie waren nicht imstande, die Schrift zu
lesen oder dem König zu sagen, was sie be-
deutete. 9 Darüber erschrak König Belschaz-
zar noch mehr und sein Gesicht wurde
bleich. Auch seine Großen gerieten in Angst.
10 Da die Rufe des Königs und seiner Großen
bis zur Königin drangen, kam sie in den
Festsaal und sagte: O König, mögest du ewig
leben. Lass dich von deinen Gedanken nicht
erschrecken; du brauchst nicht zu erblei-
chen. 11 In deinem Reich gibt es einen Mann,
in dem der Geist der heiligen Götter wohnt.
Schon zu deines Vaters Zeiten fand man bei
ihm Erleuchtung und Einsicht und Weisheit,
wie nur die Götter sie haben; deshalb hat
König Nebukadnezzar, dein Vater, ihn zum
Obersten der Zeichendeuter, Wahrsager,
Chaldäer und Astrologen ernannt, dein eige-
ner Vater, o König! 12 Bei diesem Daniel also,
dem der Konig den Namen Beltschazzar ge-
geben hat, fand man außergewöhnlichen
Geist sowie Erkenntnis und Einsicht und die
Gabe, Träume auszulegen, Rätsel zu erklä-
ren und schwierige Fragen zu lösen. Darum
lass jetzt Daniel herrufen; er wird die Deu-
tung geben.
13 Daniel wurde vor den König gebracht
und der König sagte zu ihm: Du also bist Da-
niel, einer von den verschleppten Juden, die
mein Vater, der König, aus Juda hierher ge-
bracht hat. 14 In dir, so habe ich gehört, ist
der Geist der Götter und bei dir fand man
Erleuchtung und Einsicht und außerge-
wöhnliche Weisheit. 15 Man hat die Weisen
und die Wahrsager vor mich gebracht, damit
sie diese Schrift lesen und mir deuten. Sie
konnten mir aber nicht sagen, was das
Geschriebene bedeutet. 16 Doch du, so habe
ich gehört, kannst Deutungen geben und
schwierige Fragen lösen. Wenn du nun die
Schrift lesen und mir deuten kannst, sollst
du in Purpur gekleidet werden, um den Hals
eine goldene Kette tragen und als der Dritte
in meinem Reich herrschen.
17 Daniel gab dem König zur Antwort: Be-
halte deine Gaben oder schenk sie einem an-
dern! Aber die Schrift will ich für den König
lesen und deuten. 18 Mein König! Der höchs-
te Gott hat deinem Vater Nebukadnezzar
Herrschaft und Macht, Herrlichkeit und Ma-
jestät gegeben. 19 Vor der Macht, die ihm ver-
liehen war, zitterten und bebten alle Völker,
Nationen und Sprachen. Er tötete, wen er
wollte, und ließ am Leben, wen er wollte. Er
erhöhte, wen er wollte, und stürzte, wen er
wollte. 20 Als aber sein Herz überheblich und
sein Geist hochmütig wurde, stürzte man ihn
von seinem königlichen Thron und er verlor
die Herrscherwürde. 21 Man verstieß ihn aus
der Gemeinschaft der Menschen. Sein Herz
wurde dem der Tiere gleichgemacht. Er
musste bei den wilden Eseln hausen und sich
von Gras ernähren wie die Ochsen. Der Tau
des Himmels benetzte seinen Körper, bis er
erkannte: Der höchste Gott gebietet über die
Herrschaft bei den Menschen und gibt sie,
wem er will. 22 Obgleich nun du, sein Sohn
Belschazzar, das alles weißt, bist du in dei-
nem Herzen doch nicht bescheiden geblie-
ben. 23 Du hast dich gegen den Herrn des
Himmels erhoben und dir die Gefäße aus sei-
nem Tempel herbeischaffen lassen. Du und
deine Großen, deine Frauen und Nebenfrau-
en, ihr habt daraus Wein getrunken. Du hast
die Götter aus Gold und Silber, aus Bronze,
Eisen, Holz und Stein gepriesen, die weder
sehen noch hören können und keinen Ver-
stand haben. Aber den Gott, der deinen Le-
bensatem in seiner Hand hat und dem all
deine Wege gehören, den hast du nicht ver-
herrlicht. 24 Darum hat er diese Hand ge-
schickt und diese Schrift geschrieben. 25 Das
Geschriebene lautet aber: Mene mene tekel
u-parsin. 26 Diese Worte bedeuten: Mene:
G e z ä h l t hat Gott die Tage deiner Herr-
schaft und macht ihr ein Ende. 27 Tekel: G e-
w o g e n wurdest du auf der Waage und zu

5,7 der Dritte: hier Rangbezeichnung für eines der höchsten Ämter im Staat (vgl. auch 6,3).

5,26–28 In Daniels Deutung ist mene = gezählt, tekel = gewogen, peres = geteilt; peres, Mehrzahl parsin, erinnert zugleich an »Perser«.

leicht befunden. 28 Peres: Geteilt wird dein
Reich und den Medern und Persern gege-
ben.
29 Da befahl Belschazzar, Daniel in Purpur
zu kleiden und ihm eine goldene Kette um
den Hals zu legen, und er ließ verkünden,
dass Daniel als der Dritte im Reich herr-
schen sollte. 30 Aber noch in derselben Nacht
wurde Belschazzar, der König der Chaldäer,
getötet
6 und der Meder Darius übernahm die
Königsherrschaft im Alter von zwei-
undsechzig Jahren.

2: 1,2 • 4: 2,35; Bar 6,3; Offb 9,20 • 7: 2,2.6.48; Gen 41,42f; Est 8,15 • 12: 1,17 • 18: 2,37 • 21: 4,13.29 • 23: Ijob 12,10; 34,21.

DANIEL IN DER LÖWENGRUBE: 6,2–29

2 Darius fand es für gut, über das Reich
hundertzwanzig Satrapen einzusetzen, die
über das ganze Reich verteilt sein sollten.
3 Über diese wieder setzte er drei oberste Be-
amte, zu denen auch Daniel gehörte. Ihnen
sollten die Satrapen Rechenschaft ablegen,
damit der König keinen Schaden erleide.
4 Daniel nun zeichnete sich vor den anderen
obersten Beamten und den Satrapen aus;
denn in ihm war ein außergewöhnlicher
Geist. Der König erwog sogar, ihn zum
höchsten Beamten des ganzen Reiches zu
machen. 5 Da suchten die obersten Beamten
und die Satrapen einen Grund, um Daniel
wegen seiner Amtsführung anzuklagen. Sie
konnten aber keinen Grund zur Anklage und
kein Vergehen finden; denn er war zuverläs-
sig; keine Nachlässigkeit und kein Vergehen
konnte man ihm nachweisen. 6 Da sagten
jene Männer: Wir werden keinen Grund fin-
den, um diesen Daniel anzuklagen, es sei
denn, wir finden gegen ihn etwas wegen des
Gesetzes seines Gottes. 7 Darum bestürmten
die obersten Beamten und Satrapen den Kö-
nig und sagten zu ihm: König Darius, mögest
du ewig leben. 8 Alle obersten Beamten des
Reiches, die Präfekten, Satrapen, Räte und
Statthalter raten dem König, ein Dekret zu
erlassen und folgendes Verbot in Kraft zu
setzen: Jeder, der innerhalb von dreißig Ta-
gen an irgendeinen Gott oder Menschen au-
ßer an dich, König, eine Bitte richtet, der soll
in die Löwengrube geworfen werden. 9 Er-
lass dieses Verbot, o König, und fertige ein
Schreiben darüber aus! Es soll nach dem un-
wandelbaren Gesetz der Meder und Perser
unabänderlich sein. 10 König Darius unter-
zeichnete das Verbot.
11 Als Daniel erfuhr, dass das Schreiben
unterzeichnet war, ging er in sein Haus. In
seinem Obergemach waren die Fenster nach
Jerusalem hin offen. Dort kniete er dreimal
am Tag nieder und richtete sein Gebet und
seinen Lobpreis an seinen Gott, ganz so, wie
er es gewohnt war. 12 Nun schlichen sich jene
Männer heran und fanden Daniel, wie er zu
seinem Gott betete und flehte. 13 Darauf gin-
gen sie zum König und erinnerten ihn an sein
Verbot; sie sagten: O König, hast du nicht ein
Verbot unterzeichnet, nach dem jeder, der
innerhalb von dreißig Tagen an irgendeinen
Gott oder Menschen außer an dich, König,
eine Bitte richtet, in die Löwengrube gewor-
fen werden soll? Der König gab zur Antwort:
Die Anordnung steht fest nach dem unwan-
delbaren Gesetz der Meder und Perser. 14 Da
berichteten sie dem König: Daniel, einer von
den verschleppten Juden, achtet weder dich,
König, noch das Verbot, das du unterschrie-
ben hast, sondern verrichtet dreimal am Tag
sein Gebet. 15 Als der König das hörte, war es
ihm sehr peinlich und er dachte nach, wie er
Daniel retten könne. Bis Sonnenuntergang
bemühte er sich, ihn freizubekommen.
16 Doch jene Männer bestürmten ihn und
sagten: Bedenke, König, es ist bei den Me-
dern und Persern Gesetz, dass jedes Verbot
und Dekret, das der König erlässt, unabän-
derlich ist. 17 Darauf befahl der König, Da-
niel herzubringen, und man warf ihn zu den
Löwen in die Grube. Der König sagte noch
zu Daniel: Möge dein Gott, dem du so unab-
lässig dienst, dich erretten. 18 Und man nahm
einen großen Stein und wälzte ihn auf die
Öffnung der Grube. Der König versiegelte
ihn mit seinem Siegel und den Siegeln seiner
Großen, um zu verhindern, dass an der Lage
Daniels etwas verändert würde.
19 Dann ging der König in seinen Palast;
fastend verbrachte er die Nacht; er ließ sich
keine Speisen bringen und konnte keinen
Schlaf finden. 20 Früh am Morgen, als es ge-
rade hell wurde, stand der König auf und
ging in Eile zur Löwengrube. 21 Als er sich
der Grube näherte, rief er mit schmerzlicher
Stimme nach Daniel und fragte: Daniel, du
Diener des lebendigen Gottes! Hat dein Gott,
dem du so unablässig dienst, dich vor den
Löwen erretten können? 22 Daniel antworte-
te ihm: O König, mögest du ewig leben.
23 Mein Gott hat seinen Engel gesandt und
den Rachen der Löwen verschlossen. Sie ta-
ten mir nichts zuleide; denn in seinen Augen
war ich schuldlos und auch dir gegenüber,

König, bin ich ohne Schuld. 24 Darüber war
der König hoch erfreut und befahl, Daniel
aus der Grube herauszuholen. So wurde Da-
niel aus der Grube herausgeholt; man fand
an ihm nicht die geringste Verletzung, denn
er hatte seinem Gott vertraut. 25 Nun aber
ließ der König die Männer herbeiholen, die
Daniel verklagt hatten, und ließ sie mit ihren
Kindern und Frauen in die Löwengrube wer-
fen. Sie waren noch nicht am Boden der Gru-
be angelangt, da stürzten sich die Löwen auf
sie und zermalmten ihnen alle Knochen.

26 Daraufhin schrieb König Darius an alle
Völker, Nationen und Sprachen auf der gan-
zen Erde: Friede sei mit euch in Fülle!
27 Hiermit ordne ich an: Im ganzen Gebiet
meines Reiches soll man vor dem Gott Da-
niels zittern und sich vor ihm fürchten. Denn
er ist der lebendige Gott; er lebt in Ewigkeit.
Sein Reich geht niemals unter; seine Herr-
schaft hat kein Ende. 28 Er rettet und befreit;
er wirkt Zeichen und Wunder am Himmel
und auf der Erde; er hat Daniel aus den Tat-
zen der Löwen errettet.

29 Daniel aber ging es gut unter dem König
Darius und auch unter dem Perserkönig Ky-
rus.

5,29: 5,7 • 6,4: 1,19f • 9: Est 1,19 • 11: 1 Kön 8,48f • 13: 3,10–12 • 17: 3,15–18 • 21: Ps 22,22 • 23: 3,49.95; Hebr 11,33 • 27: 3,100 • 29: 1,21.

DANIELS VISION VON DEN VIER TIEREN UND VOM MENSCHENSOHN: 7,1–28

7 Im ersten Jahr Belschazzars, des Königs
von Babel, hatte Daniel einen Traum;
auf seinem Lager hatte er eine Vision. Er
schrieb den Traum auf und sein Bericht hat
folgenden Inhalt: 2 Ich hatte während der
Nacht eine Vision: Die vier Winde des Him-
mels wühlten das große Meer auf. 3 Dann
stiegen aus dem Meer vier große Tiere he-
rauf; jedes hatte eine andere Gestalt. 4 Das
erste war einem Löwen ähnlich, hatte jedoch
Adlerflügel. Während ich es betrachtete,
wurden ihm die Flügel ausgerissen; es wurde
vom Boden emporgehoben und wie ein
Mensch auf zwei Füße gestellt und es wurde
ihm ein menschliches Herz gegeben. 5 Dann
erschien ein zweites Tier; es glich einem Bä-
ren und war nach einer Seite hin aufgerich-
tet. Es hielt drei Rippen zwischen den Zäh-
nen in seinem Maul und man ermunterte es:
Auf, friss noch viel mehr Fleisch! 6 Danach
sah ich ein anderes Tier; es glich einem Pan-
ther, hatte aber auf dem Rücken vier Flügel,
wie die Flügel eines Vogels; auch hatte das
Tier vier Köpfe; ihm wurde die Macht eines
Herrschers verliehen. 7 Danach sah ich in
meinen nächtlichen Visionen ein viertes Tier;
es war furchtbar und schrecklich anzusehen
und sehr stark; es hatte große Zähne aus Ei-
sen. Es fraß und zermalmte alles, und was
übrig blieb, zertrat es mit den Füßen. Von
den anderen Tieren war es völlig verschie-
den. Auch hatte es zehn Hörner. 8 Als ich die
Hörner betrachtete, da wuchs zwischen ih-
nen ein anderes, kleineres Horn empor und
vor ihm wurden drei von den früheren Hör-
nern ausgerissen; und an diesem Horn waren
Augen wie Menschenaugen und ein Maul,
das anmaßend redete.

9 Ich sah immer noch hin; da wurden
Throne aufgestellt und ein Hochbetagter
nahm Platz. Sein Gewand war weiß wie
Schnee, sein Haar wie reine Wolle. Feuer-
flammen waren sein Thron und dessen Rä-
der waren loderndes Feuer. 10 Ein Strom von
Feuer ging von ihm aus. Tausendmal Tau-
sende dienten ihm, zehntausendmal Zehn-
tausende standen vor ihm. Das Gericht
nahm Platz und es wurden Bücher aufge-
schlagen. 11 Ich sah immer noch hin, bis das
Tier – wegen der anmaßenden Worte, die das
Horn redete – getötet wurde. Sein Körper
wurde dem Feuer übergeben und vernichtet.
12 Auch den anderen Tieren wurde die Herr-
schaft genommen. Doch ließ man ihnen das
Leben bis zu einer bestimmten Frist. 13 Im-
mer noch hatte ich die nächtlichen Visio-
nen:

Da kam mit den Wolken des Himmels / ei-
ner wie ein Menschensohn.
Er gelangte bis zu dem Hochbetagten / und
wurde vor ihn geführt.

14 Ihm wurden Herrschaft, / Würde und
Königtum gegeben.

Alle Völker, Nationen und Sprachen /
müssen ihm dienen.

Seine Herrschaft ist eine ewige, / unver-

7,13 »Menschensohn« ist im Hebräischen und Aramäischen allgemeiner Ausdruck für den einzelnen Menschen. Hier aber bezeichnet der Ausdruck im Unterschied zu den durch Tiere symbolisierten heidnischen Weltreichen den messianischen Herrscher des endzeitlichen Gottesreiches; anders bei Ezechiel (vgl. die Anmerkung zu Ez 2,1).

gängliche Herrschaft. / Sein Reich geht niemals unter.

15 Darüber war ich, Daniel, im Geist bekümmert, und was mir vor Augen stand, erschreckte mich. 16 Ich wandte mich an einen der Umstehenden und bat ihn, mir das alles genau zu erklären. Er deutete mir die Vorgänge und sagte: 17 Diese großen Tiere, vier an der Zahl, bedeuten vier Könige, die sich auf der Erde erheben werden. 18 Das Königtum aber werden die Heiligen des Höchsten erhalten und sie werden es behalten für immer und ewig. 19 Dann wollte ich noch Genaueres über das vierte Tier erfahren, das Tier, das anders war als alle anderen, ganz furchtbar anzusehen, mit Zähnen aus Eisen und mit Klauen aus Bronze, das alles fraß und zermalmte, und was übrig blieb, mit den Füßen zertrat. 20 Auch (wollte ich Genaueres erfahren) über die zehn Hörner an seinem Kopf und über das andere Horn, das emporgewachsen war und vor dem die drei Hörner abgefallen waren, das Horn, das Augen und einen Mund hatte, der anmaßend redete, und das schließlich größer als die anderen zu sein schien. 21 Ich sah dieses Horn gegen die Heiligen kämpfen. Es überwältigte sie, 22 bis der Hochbetagte kam. Da wurde den Heiligen des Höchsten Recht verschafft und es kam die Zeit, in der die Heiligen das Königtum erhielten. 23 Der (Engel) antwortete mir: Das vierte Tier bedeutet: Ein viertes Reich wird sich auf der Erde erheben, ganz anders als alle anderen Reiche. Es wird die ganze Erde verschlingen, sie zertreten und zermalmen. 24 Die zehn Hörner bedeuten: In jenem Reich werden zehn Könige regieren; doch nach ihnen kommt ein anderer. Dieser ist ganz anders als die früheren. Er stürzt drei Könige, 25 er lästert über den Höchsten und unterdrückt die Heiligen des Höchsten. Die Festzeiten und das Gesetz will er ändern. Ihm werden die Heiligen für eine Zeit und zwei Zeiten und eine halbe Zeit ausgeliefert. 26 Dann aber wird Gericht gehalten. Jenem König wird seine Macht genommen; er wird endgültig ausgetilgt und vernichtet. 27 Die Herrschaft und Macht und die Herrlichkeit aller Reiche unter dem ganzen Himmel werden dem Volk der Heiligen des Höchsten gegeben. Sein Reich ist ein ewiges Reich und alle Mächte werden ihm dienen und gehorchen.

28 Hier endet die Mitteilung. Mich, Daniel, erschreckten meine Gedanken sehr und ich erbleichte. Aber ich bewahrte die Mitteilung in meinem Herzen.

1: 5,1 • 2: Jes 17,12f • 3: Offb 13,1f • 4: 4,13 • 6: Ez 1,6 • 9: Ez 1,26; Offb 4,2f • 10: Offb 5,11; Ps 69,29; Offb 20,12 • 11: Offb 19,20 • 12: 2,21 • 13: Offb 1,13; 14,14 • 14: 2,44; Mt 24,30; 26,64 • 18: 4,14 • 21: Offb 13,7 • 24: Offb 17,12 • 25: 11,36; Offb 13,5f • 28: 8,18; 10,8.

DANIELS VISION VOM WIDDER UND ZIEGENBOCK: 8,1–27

8 Im dritten Jahr der Herrschaft des Königs Belschazzar hatte ich, Daniel, eine Vision, nach jener anderen, die ich früher gehabt hatte. 2 Ich hatte eine Vision, und während ich sie sah, befand ich mich in der Burg Susa, die in der Provinz Elam liegt, am Ulai-Kanal. 3 Ich blickte auf und sah, wie ein Widder am Kanal stand; er hatte zwei Hörner. Beide Hörner waren sehr hoch; doch das eine war noch höher als das andere und das höhere wuchs ihm zuletzt. 4 Ich sah, wie der Widder nach Westen, Norden und Süden stieß; kein Tier hielt ihm stand und es gab keinen, der sich aus seiner Gewalt retten konnte. Er tat, was er wollte, und machte sich groß. 5 Dann bemerkte ich einen Ziegenbock; er überquerte von Westen her die ganze Erde, ohne aber den Boden zu berühren; der Bock hatte ein auffallendes Horn zwischen den Augen. 6 Er lief zu dem Widder mit den zwei Hörnern, den ich am Kanal stehen sah, und rannte mit grimmiger Kraft auf ihn los. 7 Ich sah, wie er auf den Widder losging und ihm wütend zusetzte. Er stieß gegen den Widder und brach ihm beide Hörner ab. Der Widder hatte nicht die Kraft, ihm standzuhalten. Da warf der Ziegenbock ihn zu Boden und zertrat ihn; und niemand war da, um den Widder aus seiner Gewalt zu retten. 8 Der Ziegenbock wurde über die Maßen groß. Als er aber am stärksten war, brach das große Horn ab. An seiner Stelle wuchsen ihm vier auffallende Hörner, und zwar nach den vier Himmelsrichtungen. 9 Aus einem der Hörner ging dann ein anderes Horn hervor. Anfangs klein, wuchs es gewaltig nach Süden und Osten, nach dem Ort der Zierde hin. 10 Es wuchs bis zum Sternenheer am Himmel

7,28 Hier endet der aramäische Teil des Danielbuches. Die Kapitel 8 – 12 sind hebräisch abgefasst.
8,9 Der »Ort der Zierde« ist Jerusalem (vgl. V. 13); entsprechend gilt als »Land der Zierde« das Heilige Land (vgl. 11,16.41), während der »Berg der Zierde« den Zion meint (vgl. 11,45).

hinauf und warf einige aus dem Sternenheer
auf die Erde herab und zertrat sie. 11 Ja, bis
zum Gebieter des Himmelsheeres reckte es
sich empor; es entzog ihm das tägliche Opfer
und verwüstete sein Heiligtum. 12 Ein Heer
wurde verbrecherisch gegen das tägliche Op-
fer eingesetzt. Das Horn stürzte die Wahr-
heit zu Boden, und was es unternahm, das
gelang ihm.
13 Da hörte ich einen Heiligen (einen En-
gel) reden und ein anderer Heiliger fragte
den Redenden: Wie lange gilt die Vision vom
täglichen Opfer, wie lange bleibt der Gräuel
der Verwüstung bestehen und werden das
Heiligtum und der Ort der Zierde zertreten?
14 Er sagte zu mir: Zweitausenddreihundert
Abende und Morgen wird es dauern; dann
erhält das Heiligtum wieder sein Recht.
15 Während ich, Daniel, noch diese Vision
hatte und sie zu verstehen suchte, da stand
vor mir einer, der aussah wie ein Mann.
16 Und über dem Ulai-Kanal hörte ich eine
Menschenstimme, die rief: Gabriel, erkläre
ihm die Vision! 17 Da kam er auf mich zu. Als
er näher trat, erschrak ich und fiel mit dem
Gesicht zu Boden. Er sagte zu mir: Mensch,
versteh: Die Vision betrifft die Zeit des En-
des. 18 Während er mit mir redete, lag ich
ohnmächtig da, mit dem Gesicht am Boden.
Da berührte er mich und stellte mich wieder
auf die Beine. 19 Dann sagte er: Siehe, ich
kündige dir an, was in der letzten Zeit, der
Zeit des Zorns, geschehen wird; denn die Vi-
sion bezieht sich auf die Zeit des Endes.
20 Der Widder mit den zwei Hörnern, den du
gesehen hast, bedeutet die Könige von Me-
dien und Persien. 21 Der Ziegenbock ist der
König von Jawan. Das große Horn zwischen
seinen Augen ist der erste König. 22 Das Horn
brach ab und vier andere traten an seine
Stelle; das bedeutet: Aus seinem Volk entste-
hen vier Reiche; sie haben aber nicht die
gleiche Kraft wie er. 23 In der letzten Zeit ih-
rer Herrschaft, wenn die Frevler ihr Maß voll
gemacht haben, kommt ein König voll Härte
und Verschlagenheit. 24 Er wird mächtig und
stark und richtet ungeheures Verderben an;
alles, was er unternimmt, gelingt ihm. Mäch-
tige Herrscher wird er vernichten, auch das
Volk der Heiligen. 25 Dank seiner Schlauheit
gelingt ihm sein Betrug. Er wird überheblich
und bringt über viele unversehens Verder-
ben. Selbst gegen den höchsten Gebieter
steht er auf; doch ohne Zutun eines Men-
schen wird er zerschmettert. 26 Die Vision
von den Abenden und den Morgen, die dir
offenbart wurde, ist wahr; doch du sollst sie
geheim halten; denn sie bezieht sich auf eine
ferne Zeit.
27 Darauf war ich, Daniel, erschöpft und
lag mehrere Tage krank zu Bett. Dann stand
ich auf und versah wieder meinen Dienst
beim König. Doch die Vision bedrückte mich
und ich verstand sie nicht.

1: 7,1 • 8: 7,8 • 9: Ez 20,6 • 10: Sach 7,14 • 11: 9,27; 11,31 • 13: 12,6f; Sach 1,9f • 14: 7,25 • 15: 9,21 • 16: Lk 1,19 • 17–18: 10,15–19 • 18: Offb 1,17; Ez 2,1f • 23: 11,21 • 24: 7,18 • 26: 12,4; Offb 22,6.

DIE WEISSAGUNG VON DEN SIEBZIG JAHRWOCHEN: 9,1–27

9 Im ersten Jahr, nachdem Darius, der
Sohn des Xerxes, aus dem Stamm der
Meder, König über das Reich der Chaldäer
geworden war, 2 in diesem ersten Jahr seiner
Herrschaft suchte ich, Daniel, in den Schrif-
ten die Zahl der Jahre zu ergründen, die Je-
rusalem nach dem Wort des Herrn an den
Propheten Jeremia verwüstet sein sollte; es
waren siebzig Jahre. 3 Ich richtete mein Ge-
sicht zu Gott, dem Herrn, um ihn mit Gebet
und Flehen, bei Fasten in Sack und Asche, zu
bitten. 4 Ich betete zum Herrn, meinem Gott,
legte ein Bekenntnis ab und sagte: Herr, du
großer und Furcht erregender Gott, du be-
wahrst denen, die dich lieben und deine Ge-
bote halten, deinen Bund und deine Gnade.
5 Wir haben gesündigt und Unrecht getan,
wir sind treulos gewesen und haben uns ge-
gen dich empört; von deinen Geboten und
Gesetzen sind wir abgewichen. 6 Wir haben
nicht auf deine Diener, die Propheten, ge-
hört, die in deinem Namen zu unseren Köni-
gen und Vorstehern, zu unseren Vätern und
zu allen Bürgern des Landes geredet haben.
7 Du, Herr, bist im Recht; uns aber steht bis
heute die Schamröte im Gesicht, den Leuten
von Juda, den Einwohnern Jerusalems und
allen Israeliten, seien sie nah oder fern in all
den Ländern, wohin du sie verstoßen hast;
denn sie haben dir die Treue gebrochen. 8 Ja,
Herr, uns steht die Schamröte im Gesicht,
unseren Königen, Oberen und Vätern; denn
wir haben uns gegen dich versündigt. 9 Aber
der Herr, unser Gott, schenkt Erbarmen und
Vergebung. Ja, wir haben uns gegen ihn em-
pört. 10 Wir haben nicht auf die Stimme des
Herrn, unseres Gottes, gehört und seine Be-
fehle nicht befolgt, die er uns durch seine

Diener, die Propheten, gegeben hat. [11] Ganz
Israel hat dein Gesetz übertreten, ist davon
abgewichen und hat nicht auf deine Stimme
gehört. Darum kamen der Fluch und die Ver-
wünschung über uns, die im Gesetz des
Mose, des Dieners Gottes, geschrieben ste-
hen; denn wir haben uns gegen Gott versün-
digt. [12] Gott machte seine Drohung wahr, die
er gegen uns und unsere Richter, die uns
regierten, ausgesprochen hatte: Er werde so
schweres Unheil über uns bringen, dass un-
ter dem ganzen Himmel nie solche Dinge ge-
schehen sein werden wie in Jerusalem.

[13] Wie es im Gesetz des Mose geschrieben
steht, ist all dieses Unheil über uns gekom-
men. Und doch haben wir den Herrn, unse-
ren Gott, nicht begütigt, haben uns nicht von
unserem bösen Tun abgewandt und nicht auf
deine Wahrheit geachtet. [14] Der Herr aber
war wach und ließ dieses Unheil über uns
kommen. Denn der Herr, unser Gott, ist ge-
recht in allem, was er tut. Wir aber hörten
nicht auf seine Stimme. [15] Jetzt aber, Herr,
unser Gott, der du dein Volk mit starker
Hand aus Ägypten geführt und dir damit ei-
nen Namen gemacht hast bis auf den heuti-
gen Tag! Wir haben gesündigt; wir haben ge-
frevelt. [16] Herr, wende jetzt deinen grimmi-
gen Zorn von deiner Stadt Jerusalem und
von deinem heiligen Berg ab, wie es deinen
früheren hilfreichen Taten entspricht. We-
gen unserer Sünden und der bösen Taten un-
serer Väter sind Jerusalem und dein Volk
zum Gespött für alle geworden, die rings um
uns wohnen. [17] Darum höre jetzt, unser Gott,
das Gebet und Flehen deines Knechtes: Herr,
lass auch um deiner selbst willen dein Ange-
sicht über deinem Heiligtum leuchten, das
verwüstet daliegt. [18] Mein Gott, neig mir
dein Ohr zu und höre mich; öffne deine Au-
gen und sieh auf die Trümmer, auf unsere
Stadt, über der dein Name ausgerufen ist.
Nicht im Vertrauen auf unsere guten Taten
legen wir dir unsere Bitten vor, sondern im
Vertrauen auf dein großes Erbarmen.
[19] Herr, erhöre! Herr, verzeih! Herr, ver-
nimm das Gebet und handle! Mein Gott,
auch um deiner selbst willen zögere nicht!
Dein Name ist doch über deiner Stadt und
deinem Volk ausgerufen.

[20] Während ich noch redete und betete,
meine Sünden und die Sünden meines Vol-
kes Israel bekannte und meine Bitte für den
heiligen Berg meines Gottes vor den Herrn,
meinen Gott, brachte, [21] während ich also
noch mein Gebet sprach, da kam im Flug der
Mann Gabriel, den ich früher in der Vision
gesehen hatte; er kam um die Zeit des
Abendopfers zu mir, [22] redete mit mir und
sagte: Daniel, ich bin gesandt worden, um
dir klare Einsicht zu geben. [23] Schon zu Be-
ginn deines Gebets erging ein Gotteswort
und ich bin gekommen, um es dir zu verkün-
den; denn du bist (von Gott) geliebt. Achte
also auf das Wort und begreife die Vision!

[24] Siebzig Wochen sind für dein Volk / und
deine heilige Stadt bestimmt,
bis der Frevel beendet ist, / bis die Sünde
versiegelt und die Schuld gesühnt ist,
bis ewige Gerechtigkeit gebracht wird, /
bis Visionen und Weissagungen besiegelt
werden / und ein Hochheiliges gesalbt wird.

[25] Nun begreif und versteh: Von der Ver-
kündigung des Wortes über die Rückführung
des Volkes und den Wiederaufbau Jerusa-
lems bis zur Ankunft eines Gesalbten, eines
Fürsten, sind es sieben Wochen; und zwei-
undsechzig Wochen lang baut man die Stadt
wieder auf mit ihren Plätzen und Gräben,
obwohl es eine bedrängte Zeit sein wird.
[26] Nach den zweiundsechzig Wochen wird
ein Gesalbter umgebracht, aber ohne (Rich-
terspruch). Das Volk eines Fürsten, der kom-
men wird, bringt Verderben über die Stadt
und das Heiligtum. Er findet sein Ende in
der Flut; bis zum Ende werden Krieg und
Verwüstung herrschen, wie es längst be-
schlossen ist. [27] Vielen macht er den Bund
schwer, eine Woche lang. In der Mitte dieser
Woche setzt er den Schlachtopfern und Spei-
seopfern ein Ende. Oben auf dem Heiligtum
wird ein unheilvoller Gräuel stehen, bis das
Verderben, das beschlossen ist, über den
Verwüster kommt.

1: 6,1 • 2: Jer 25,11f; 29,10 • 4–19: 3,25–45; Neh 1,5–11; 9; Bar 1,15 – 2,26 • 6: Jer 7,25f • 7: Esra 9,6–8 • 11: Lev 26,14–39; Dtn 28,15–68 • 14: Jer 1,12 • 15–16: Bar 2,11–19 • 15: Dtn 6,21; Jer 32,20f • 16: Ps 103,6 • 18: 2 Kön 19,16 • 24: Jes 53,11; 1 Chr 23,13; Ez 45,3; Ex 29,37 • 27: 11,31; 12,11; Mt 24,15; Jes 10,22f.

9,12 Mit den »Richtern« sind alle Regierenden gemeint.

9,24 Gemeint sind sog. Jahreswochen (je sieben Jahre). – ein Hochheiliges: Gemeint ist wahrscheinlich das sog. Allerheiligste d.h. der innerste Raum des Tempels.

Rembrandt van Rijn (1606–1669)
Die Mutter des Künstlers als Prophetin Hannah, 1639
Eichenholz, oval, 79,5 × 61,7 cm
Kunsthistorisches Museum, Wien
Foto: Photobusiness, Artothek, Peissenberg

DIE LETZTEN OFFENBARUNGEN AN DANIEL: 10,1 – 12,13

10 Im dritten Jahr des Königs Kyrus
von Persien empfing Daniel, der
auch Beltschazzar heißt, eine Offenbarung.
Das Wort ist zuverlässig und kündigt große
Not an. Er suchte das Wort zu verstehen und
das Verständnis wurde ihm in einer Vision
gegeben. 2 In jenen Tagen hielt ich, Daniel,
drei Wochen lang Trauer. 3 Nahrung, die mir
sonst schmeckte, aß ich nicht; Fleisch und
Wein kamen nicht in meinen Mund; auch
salbte ich mich nicht, bis drei volle Wochen
vorbei waren. 4 Am vierundzwanzigsten Tag
des ersten Monats stand ich am Ufer des gro-
ßen Flusses, des Tigris. 5 Ich blickte auf und
sah, wie ein Mann vor mir stand, der in Lei-
nen gekleidet war und einen Gürtel aus
feinstem Gold um die Hüften trug. 6 Sein
Körper glich einem Chrysolith, sein Gesicht
leuchtete wie ein Blitz und die Augen waren
wie brennende Fackeln. Seine Arme und
Beine glänzten wie polierte Bronze. Seine
Worte waren wie das Getöse einer großen
Menschenmenge. 7 Nur ich, Daniel, sah diese
Erscheinung; die Männer, die bei mir waren,
sahen die Erscheinung nicht; doch ein großer
Schrecken befiel sie, sodass sie wegliefen
und sich versteckten.

8 So blieb ich allein zurück und sah diese
gewaltige Erscheinung. Meine Kräfte verlie-
ßen mich; ich wurde totenbleich und konnte
mich nicht mehr aufrecht halten. 9 Ich hörte
den Schall seiner Worte; beim Schall seiner
Worte fiel ich betäubt zu Boden und blieb,
mit dem Gesicht am Boden, liegen. 10 Doch
eine Hand fasste mich an und half mir auf
Knie und Hände. 11 Dann sagte er zu mir:
Daniel, du (von Gott) geliebter Mann, achte
auf die Worte, die ich dir zu sagen habe. Stell
dich aufrecht hin; denn ich bin jetzt zu dir
gesandt. Als er so mit mir redete, erhob ich
mich zitternd. 12 Dann sagte er zu mir:
Fürchte dich nicht, Daniel! Schon vom ers-
ten Tag an, als du dich um Verständnis be-
mühtest und dich deswegen vor deinem Gott
beugtest, wurden deine Worte gehört und
wegen deiner Worte bin ich gekommen.
13 Der Engelfürst des Perserreiches hat sich
mir einundzwanzig Tage lang entgegenge-
stellt, aber Michael, einer der ersten unter
den Engelfürsten, kam mir zu Hilfe. Darum
war ich dort bei den Königen von Persien
entbehrlich. 14 Und jetzt bin ich gekommen,
um dich verstehen zu lassen, was deinem
Volk in den letzten Tagen zustoßen wird.
Denn auch diese Vision bezieht sich auf jene
fernen Tage.

15 Während er das zu mir sagte, blickte ich
zu Boden und blieb stumm. 16 Da berührte
eine Gestalt, die aussah wie ein Mensch, mei-
ne Lippen. Nun konnte ich den Mund wieder
öffnen und sprechen. Ich sagte zu dem, der
vor mir stand: Mein Herr, als ich die Vision
sah, wand ich mich in Schmerzen und verlor
alle Kraft. 17 Wie kann ich, der Knecht mei-
nes Herrn, mit meinem Herrn reden? Mir
fehlt seitdem jede Kraft, selbst der Atem
stockt mir. 18 Da berührte mich die Gestalt,
die wie ein Mensch aussah, von neuem,
stärkte mich 19 und sagte: Fürchte dich nicht,
du (von Gott) geliebter Mann! Friede sei mit
dir. Sei stark und hab Vertrauen! Als er so
mit mir redete, fühlte ich mich gestärkt und
sagte: Nun rede, mein Herr! Du hast mich
gestärkt. 20 Er sagte: Weißt du, warum ich zu
dir gekommen bin? Ich muss bald zurück-
kehren und mit dem Engelfürsten von Per-
sien kämpfen. Wenn ich mit ihm fertig bin,
dann wird der Engelfürst von Jawan kom-
men. 21 Vorher aber will ich dir mitteilen,
was im Buch der Wahrheit aufgezeichnet ist.
Doch keiner hilft mir tatkräftig gegen sie au-
ßer eurem Engelfürsten Michael.

11 Im ersten Jahr des Meders Darius
stand ich ihm helfend und schützend
zur Seite. 2 Und jetzt will ich dir die Wahrheit
mitteilen: Noch drei Könige kommen in Per-
sien; der vierte aber wird größeren Reichtum
erwerben als alle anderen vor ihm. Nachdem
er reich und mächtig geworden ist, bietet er
all seine Macht gegen das Reich von Jawan
auf. 3 Dann wird ein kraftvoller König kom-
men; er herrscht mit großer Macht und tut,
was er will. 4 Doch kaum ist er aufgetreten,
da bricht sein Reich auseinander und teilt
sich nach den vier Himmelsrichtungen. Es
fällt aber nicht seinen Nachkommen zu und
ist nicht mehr so mächtig wie unter seiner
Herrschaft. Denn sein Reich wird vernichtet;
es fällt anderen zu, nicht seinen Erben.
5 Dann erstarkt der König des Südens; aber
einer von seinen Feldherrn wird mächtiger
als er und tritt die Herrschaft an und seine
Herrschaft wird noch gewaltiger sein. 6 Nach
Jahren schließen sie dann ein Bündnis und

11,6 Übersetzung unsicher.

um den Frieden zu bekräftigen, kommt die
Tochter des Königs des Südens zum König
des Nordens. Doch sie verliert die Macht und
auch ihr Kind bleibt nicht am Leben; zur
(bestimmten) Zeit wird sie dem Untergang
preisgegeben, sie, ihre Begleiter, auch der,
der sie gezeugt hat, und der, der sie zur Frau
genommen hat. 7 Aber an seiner Stelle tritt
ein Spross aus ihren Wurzeln auf; er zieht
gegen das Heer aus, dringt in die Festung des
Königs des Nordens ein und verfährt mit ih-
nen, wie es ein Sieger tut. 8 Sogar ihre Götter
nimmt er als Beute nach Ägypten mit, ebenso
ihre Götterbilder und die kostbaren Geräte
aus Silber und Gold. Dann lässt er den König
des Nordens einige Jahre in Ruhe. 9 Darauf
zieht dieser gegen das Reich des Königs des
Südens, muss aber in sein Land zurück-
kehren.

10 Doch seine Söhne rüsten zum Krieg und
bringen gewaltige Heere zusammen. Einer
(von ihnen) zieht gegen (den König des Sü-
dens); er rückt vor und überflutet alles. Dann
rüstet er nochmals und dringt bis zu seiner
Festung vor. 11 Das erbittert den König des
Südens; er zieht gegen den König des Nor-
dens aus und kämpft gegen ihn. Dieser hat
zwar ein großes Heer aufgestellt, aber das
Heer fällt dem andern in die Hand 12 und
wird aufgerieben. Da wird sein Herz stolz; er
wirft Zehntausende zu Boden, aber er bleibt
nicht stark. 13 Der König des Nordens stellt
nochmals ein Heer auf, noch größer als das
erste, und nach einigen Jahren zieht er gegen
jenen mit einer großen Streitmacht und ei-
nem riesigen Tross ins Feld. 14 In jener Zeit
erheben sich viele gegen den König des Sü-
dens; auch gewalttätige Leute aus deinem
Volk stehen auf und so erfüllt sich eine Visi-
on. Aber sie kommen zu Fall. 15 Da zieht der
König des Nordens heran, schüttet einen
Wall auf und erobert eine stark befestigte
Stadt. Die Kräfte des Königs des Südens hal-
ten nicht stand; selbst die Truppe seiner aus-
erlesenen Kämpfer ist nicht stark genug, um
sich zu halten. 16 Der, der gegen ihn vorrückt,
tut (mit ihnen), was er will. Keiner kann ihm
widerstehen; so fasst er Fuß im Land der
Zierde und seine Hand bringt Vernichtung.
17 Dann fasst er den Plan, das ganze Reich
(des Königs des Südens) zu unterjochen. Er
schließt einen Vergleich mit ihm und gibt
ihm eine seiner Töchter zur Frau, um seine
Macht zu zerstören. Doch das kommt nicht
zustande, es gelingt ihm nicht. 18 Jetzt wen-
det er sich gegen die Inseln und erobert viele
von ihnen. Aber ein Feldherr macht seiner
Herausforderung ein Ende, ja, er vergilt ihm
seine Herausforderung. 19 Nun wendet er
sich den Festungen des eigenen Landes zu.
Er stolpert jedoch, fällt und ist nicht mehr zu
finden. 20 An seine Stelle tritt einer, der einen
Steuereintreiber durch die Zierde des Rei-
ches ziehen lässt. Doch wird er schon nach
kurzer Zeit beseitigt, aber nicht öffentlich
und nicht im Kampf.

21 An seine Stelle tritt ein verächtlicher
Mensch. Ihm überträgt man die Würde des
Königtums nicht; er kommt aber unverse-
hens und reißt die Herrschaft durch List an
sich. 22 Ganze Heere werden vor ihm hinweg-
geschwemmt und vernichtet, auch der Fürst
des Bundes. 23 Wer sich mit ihm verbündet,
gegen den handelt er heimtückisch. Er
kommt empor, und obwohl er nur wenige
Anhänger hat, wird er stark. 24 Unversehens
dringt er in die reichsten Bezirke einer Pro-
vinz ein und tut, was weder seine Väter noch
seine Ahnen getan haben: Er raubt, macht
Beute und verteilt den Besitz an seine Leute.
Er denkt Anschläge gegen die Festungen aus,
aber das dauert nur eine bestimmte Zeit.
25 Er bietet seine ganze Kraft und seinen
ganzen Mut auf und zieht mit einem großen
Heer gegen den König des Südens. Darauf
rüstet auch der König des Südens mit einem
großen und sehr starken Heer zum Krieg; er
kann aber nicht standhalten; denn man plant
Anschläge gegen ihn. 26 Die eigenen Tischge-
nossen führen seinen Sturz herbei. Sein Heer
wird weggeschwemmt, viele werden erschla-
gen und fallen. 27 Beide Könige sinnen auf
Böses; sie sitzen am selben Tisch zusammen
und belügen einander. Aber sie erreichen
nichts, denn das Ende steht noch aus, bis zur
bestimmten Zeit. 28 Mit großem Tross tritt
dann der König des Nordens den Rückweg in
sein Land an; sein Sinn ist gegen den Heili-
gen Bund gerichtet. Er handelt auch entspre-
chend und kehrt schließlich in sein Land zu-
rück. 29 Zu einer bestimmten Zeit fällt er
wieder in den Süden ein. Doch das zweite
Mal geht es nicht wie das erste Mal. 30 Kittäi-
sche Schiffe greifen ihn an und er kehrt ein-
geschüchtert um. Nun wendet er seine Wut
gegen den Heiligen Bund und handelt ent-
sprechend. Dann kehrt er heim und erkennt
jene an, die den Heiligen Bund verlassen.
31 Er stellt Streitkräfte auf, die das Heilig-
tum auf der Burg entweihen, das tägliche
Opfer abschaffen und den unheilvollen
Gräuel aufstellen. 32 Er verführt mit seinen

11,20 Vgl. die Anmerkung zu 8,9.

glatten Worten die Menschen dazu, vom Bund abzufallen; doch die Schar derer, die ihrem Gott treu sind, bleibt fest und handelt entsprechend.
33 Die Verständigen im Volk bringen viele zur Einsicht; aber eine Zeit lang zwingt man sie nieder mit Feuer und Schwert, mit Haft und Plünderung.
34 Doch während man sie niederzwingt, erfahren sie eine kleine Hilfe; viele schließen sich ihnen an, freilich nur zum Schein.
35 Aber auch manche von den Verständigen kommen zu Fall; so sollen sie geprüft, geläutert und gereinigt werden bis zur Zeit des Endes; denn es dauert noch eine Weile bis zu der bestimmten Zeit.

36 Der König tut, was er will. Er wird übermütig und prahlt gegenüber allen Göttern, auch gegenüber dem höchsten Gott führt er unglaubliche Reden. Dabei hat er Erfolg, bis der Zorn (Gottes) zu Ende ist. Denn was beschlossen ist, muss ausgeführt werden.
37 Er missachtet sogar die Götter seiner Väter, auch den Liebling der Frauen achtet er nicht und überhaupt keinen Gott; er prahlt gegenüber allen.
38 Stattdessen verehrt er den Gott der Festungen; einen Gott, den seine Väter nicht gekannt haben, verehrt er mit Gold und Silber, mit Edelsteinen und Kostbarkeiten.
39 Starke Festungen greift er an mit Hilfe des fremden Gottes. Alle, die ihn anerkennen, überhäuft er mit Ehren; er verleiht ihnen die Herrschaft über viele Menschen und teilt ihnen als Belohnung Land zu.

40 Zur Zeit des Endes streitet mit ihm der König des Südens. Da stürmt der König des Nordens gegen ihn heran mit Wagen und Reitern und mit vielen Schiffen. Er dringt in die Länder ein, überschwemmt sie und rückt vor.
41 Auch ins Land der Zierde dringt er ein. Viele werden niedergezwungen; nur Edom und Moab und der Hauptteil der Ammoniter entgehen ihm.
42 Er streckt seine Hand nach den Ländern aus; auch für Ägypten gibt es keine Rettung.
43 Er wird Herr über die Schätze von Gold und Silber und über alle Kostbarkeiten Ägyptens. Libyer und Kuschiter leisten ihm Gefolgschaft.
44 Da erschrecken ihn Gerüchte aus dem Osten und dem Norden. In großem Zorn zieht er aus, um viele zu vernichten und auszurotten.
45 Zwischen dem Meer und dem Berg der heiligen Zierde schlägt er seine Prunkzelte auf. Dann geht er seinem Ende zu und niemand ist da, der ihm hilft.

12 In jener Zeit tritt Michael auf, der große Engelfürst, der für die Söhne deines Volkes eintritt. Dann kommt eine Zeit der Not, wie noch keine da war, seit es Völker gibt, bis zu jener Zeit. Doch dein Volk wird in jener Zeit gerettet, jeder, der im Buch verzeichnet ist.
2 Von denen, die im Land des Staubes schlafen, werden viele erwachen, die einen zum ewigen Leben, die anderen zur Schmach, zu ewigem Abscheu.
3 Die Verständigen werden strahlen, wie der Himmel strahlt; und die Männer, die viele zum rechten Tun geführt haben, werden immer und ewig wie die Sterne leuchten.
4 Du, Daniel, halte diese Worte geheim und versiegle das Buch bis zur Zeit des Endes! Viele werden nachforschen und die Erkenntnis wird groß sein.

5 Als ich, Daniel, aufblickte, standen noch zwei andere Männer da, der eine diesseits des Flussufers, der andere jenseits.
6 Einer fragte den Mann, der in Leinen gekleidet war und über dem Wasser des Flusses stand: Wie lange dauert es noch bis zum Ende der unbegreiflichen Geschehnisse?
7 Darauf hörte ich die Stimme des Mannes, der in Leinen gekleidet war und über dem Wasser des Flusses stand; er erhob seine rechte und seine linke Hand zum Himmel, schwor bei dem, der ewig lebt, und sagte: Es dauert noch eine Zeit, zwei Zeiten und eine halbe Zeit. Wenn der am Ende ist, der die Macht des heiligen Volkes zerschlägt, dann wird sich das alles vollenden.
8 Ich hörte es, verstand es aber nicht. Darum fragte ich: Mein Herr, was wird das letzte von all dem sein?
9 Er erwiderte: Geh, Daniel! Diese Worte bleiben verschlossen und versiegelt bis zur Zeit des Endes.
10 Viele werden geläutert, gereinigt und geprüft. Doch die ruchlosen Sünder sündigen weiter. Von den Sündern wird es keiner verstehen; aber die Verständigen verstehen es.
11 Von der Zeit an, in der man das tägliche Opfer abschafft und den unheilvollen Gräuel aufstellt, sind es zwölfhundertneunzig Tage.
12 Wohl dem, der aushält und dreizehnhundertfünfunddreißig Tage erreicht!
13 Du aber geh nun dem Ende zu! Du wirst ruhen und am Ende der Tage wirst du auferstehen, um dein Erbteil zu empfangen.

10,5: 8,15; Offb 1,13–15; Ez 1,27f • 9: 8,18 • 11: 9,23 • 12: Esra 8,21 • 13: Sach 3,1f; Jud 9; Offb 12,7 • 16: 7,13; Jes 6,7; Jer 1,9 • 18: 8,18 • 19: Offb 1,17 • 11,1: 9,1 • 3: 1 Makk 1,2–6 • 6: 2,43 • 15: 8,23–25 • 16: 8,9 • 17: 2,43 • 21: 8,23f • 31: 8,11f; 9,27; 12,11; Mt 24,15 • 33: 12,3 • 36: 7,8.25; 2 Thess 2,4; Offb 13,5f • 41: 11,16; 8,9 • 12,1: 10,13; Offb 12,7; Mt 24,21 • 2: 2 Makk 7,9; Jes 66,24; Joh 5,29 • 3: 11,33; Spr 4,18; Mt 13,43 • 4: 8,26; Offb 10,4 • 6: Offb 10,5f • 7: 7,25 • 10: 11,35 • 11–12: 8,14.

DIE ANHÄNGE ZUM BUCH DANIEL: 13,1 – 14,42

Die Rettung der Susanna durch Daniel:
13,1–64

13 In Babylon wohnte ein Mann mit Na-
men Jojakim. 2 Er hatte Susanna, die
Tochter Hilkijas, zur Frau; sie war sehr
schön und gottesfürchtig. 3 Auch ihre Eltern
waren gerecht und hatten ihre Tochter nach
dem Gesetz des Mose erzogen. 4 Jojakim war
sehr reich; er besaß einen Garten nahe bei
seinem Haus. Die Juden pflegten bei ihm zu-
sammenzukommen, weil er der Angesehens-
te von allen war. 5 Als Richter amtierten in
jenem Jahr zwei Älteste aus dem Volk, von
denen galt, was der Herr gesagt hat: Unge-
rechtigkeit ging von Babylon aus, von den
Ältesten, von den Richtern, die als Leiter des
Volkes galten. 6 Sie hielten sich regelmäßig
im Haus Jojakims auf und alle, die eine
Rechtssache hatten, kamen zu ihnen. 7 Hat-
ten sich nun die Leute um die Mittagszeit
wieder entfernt, dann kam Susanna und ging
im Garten ihres Mannes spazieren. 8 Die bei-
den Ältesten sahen sie täglich kommen und
umhergehen; da regte sich in ihnen die Be-
gierde nach ihr. 9 Ihre Gedanken gerieten auf
Abwege und ihre Augen gingen in die Irre;
sie sahen weder zum Himmel auf, noch dach-
ten sie an die gerechten Strafen Gottes.
10 Beide hatten wegen Susanna Liebeskum-
mer; doch keiner sagte dem anderen etwas
von seinem Schmerz. 11 Denn sie schämten
sich darüber, dass sie so begierig waren, mit
ihr zusammen zu sein. 12 Ungeduldig warte-
ten sie jeden Tag darauf, sie zu sehen. 13 Ei-
nes Tages sagte der eine zum andern: Gehen
wir nach Hause, es ist Zeit zum Essen. Sie
trennten sich also und gingen weg, 14 dann
aber kehrte jeder um und sie trafen wieder
zusammen. Sie fragten einander nach der
Ursache und gestanden sich ihre Leiden-
schaft. Daraufhin verabredeten sie eine Zeit,
zu der es ihnen möglich sein sollte, Susanna
allein anzutreffen. 15 Während sie auf einen
günstigen Tag warteten, kam Susanna eines
Tages wie gewöhnlich in den Garten, nur von
zwei Mädchen begleitet, und wollte baden;
denn es war heiß. 16 Niemand war dort außer
den beiden Ältesten, die sich versteckt hat-
ten und ihr auflauerten. 17 Sie sagte zu den
Mädchen: Holt mir Öl und Salben und ver-
riegelt das Gartentor, damit ich baden kann.
18 Die Mädchen taten, wie ihnen befohlen
war. Sie verriegelten das Tor und verließen
den Garten durch die Seitenpforte, um zu
holen, was ihnen aufgetragen war. Von den
Ältesten bemerkten sie nichts, denn diese
hatten sich versteckt. 19 Als die Mädchen
weg waren, standen die beiden Ältesten auf,
liefen zu Susanna hin 20 und sagten: Das
Gartentor ist verschlossen und niemand
sieht uns; wir brennen vor Verlangen nach
dir: Sei uns zu Willen und gib dich uns hin!
21 Weigerst du dich, dann bezeugen wir ge-
gen dich, dass ein junger Mann bei dir war
und dass du deshalb die Mädchen wegge-
schickt hast. 22 Da seufzte Susanna und sag-
te: Ich bin bedrängt von allen Seiten: Wenn
ich es tue, so droht mir der Tod; tue ich es
aber nicht, so werde ich euch nicht entrin-
nen. 23 Es ist besser für mich, es nicht zu tun
und euch in die Hände zu fallen, als gegen
den Herrn zu sündigen. 24 Dann schrie Su-
sanna, so laut sie konnte. Aber zugleich mit
ihr schrien auch die beiden Ältesten 25 und
einer von ihnen lief zum Gartentor und öff-
nete es. 26 Als die Leute im Haus das Ge-
schrei im Garten hörten, eilten sie durch die
Seitentür herbei, um zu sehen, was ihr zuge-
stoßen sei. 27 Als die Ältesten ihre Erklärung
gaben, schämten sich die Diener sehr; denn
noch nie war so etwas über Susanna gesagt
worden.
28 Als am nächsten Morgen das Volk bei Joja-
kim, ihrem Mann, zusammenkam, erschie-
nen auch die beiden Ältesten. Sie kamen mit
der verbrecherischen Absicht, gegen Susan-
na die Todesstrafe zu erwirken. Sie sagten
vor dem Volk: 29 Schickt nach Susanna, der
Tochter Hilkijas, der Frau Jojakims! Man
schickte nach ihr. 30 Sie kam, begleitet von
ihren Eltern, ihren Kindern und allen Ver-
wandten. 31 Susanna war anmutig und sehr
schön. 32 Sie war aber verschleiert. Um sich
an ihrer Schönheit zu weiden, befahlen die
Gewissenlosen, sie zu entschleiern. 33 Da
weinten ihre Angehörigen und alle, die sie
sahen, begannen ebenfalls zu weinen. 34 Vor
dem ganzen Volk standen nun die beiden
Ältesten auf und legten die Hände auf den
Kopf Susannas. 35 Sie aber blickte wei-
nend zum Himmel auf; denn ihr Herz ver-
traute dem Herrn. 36 Die Ältesten sagten:

13,1 Mit 12,13 endet das hebräisch-aramäische Danielbuch. In Vg folgen als Kapitel 13 und 14 noch drei weitere Erzählungen von Daniel. Die Übersetzung folgt Theodotion; zur griechischen Gestalt des Danielbuches vgl. die Einleitung.

Während wir allein im Garten spazieren gingen, kam diese Frau mit zwei Mägden herein. Sie ließ das Gartentor verriegeln und schickte die Mägde fort. 37 Dann kam ein junger Mann zu ihr, der sich versteckt hatte, und legte sich zu ihr. 38 Wir waren gerade in einer abgelegenen Ecke des Gartens; als wir aber die Sünde sahen, eilten wir zu ihnen hin 39 und sahen, wie sie zusammen waren. Den Mann konnten wir nicht festhalten; denn er war stärker als wir; er öffnete das Tor und entkam. 40 Aber diese da hielten wir fest und fragten sie, wer der junge Mann war. 41 Sie wollte es uns aber nicht verraten. Das alles können wir bezeugen. Die versammelte Gemeinde glaubte ihnen, weil sie Älteste des Volkes und Richter waren, und verurteilte Susanna zum Tod. 42 Da rief sie laut: Ewiger Gott, du kennst auch das Verborgene; du weißt alles, noch bevor es geschieht. 43 Du weißt auch, dass sie eine falsche Aussage gegen mich gemacht haben. Darum muss ich jetzt sterben, obwohl ich nichts von dem getan habe, was diese Menschen mir vorwerfen.

44 Der Herr erhörte ihr Rufen. 45 Als man sie zur Hinrichtung führte, erweckte Gott den heiligen Geist in einem jungen Mann namens Daniel. 46 Dieser rief laut: Ich bin unschuldig am Tod dieser Frau. 47 Da wandten sich alle Leute nach ihm um und fragten ihn: Was soll das heißen, was du da gesagt hast? 48 Er trat mitten unter sie und sagte: Seid ihr so töricht, ihr Söhne Israels? Ohne Verhör und ohne Prüfung der Beweise habt ihr eine Tochter Israels verurteilt. 49 Kehrt zurück zum Ort des Gerichts! Denn diese Ältesten haben eine falsche Aussage gegen Susanna gemacht. 50 Eilig kehrten alle Leute wieder um und die Ältesten sagten zu Daniel: Setz dich hier mitten unter uns und sag uns, was du zu sagen hast. Denn dir hat Gott den Vorsitz verliehen. 51 Daniel sagte zu ihnen: Trennt diese beiden Männer, bringt sie weit auseinander! Ich will sie verhören. 52 Als man sie voneinander getrennt hatte, rief er den einen von ihnen her und sagte zu ihm: In Schlechtigkeit bist du alt geworden; doch jetzt kommt die Strafe für die Sünden, die du bisher begangen hast. 53 Ungerechte Urteile hast du gefällt, Schuldlose verurteilt, aber Schuldige freigesprochen; und doch hat der Herr gesagt: Einen Schuldlosen und Gerechten sollst du nicht töten. 54 Wenn du also diese Frau wirklich gesehen hast, dann sag uns: Was für ein Baum war das, unter dem du die beiden zusammen gesehen hast? Er antwortete: Unter einer Zeder. 55 Da sagte Daniel: Mit deiner Lüge hast du dein eigenes Haupt getroffen. Der Engel Gottes wird dich zerspalten; schon hat er von Gott den Befehl dazu erhalten. 56 Dann ließ er ihn wegbringen und befahl, den andern vorzuführen. Zu ihm sagte er: Du Sohn Kanaans, nicht Judas, dich hat die Schönheit verführt, die Leidenschaft hat dein Herz verdorben. 57 So konntet ihr an den Töchtern Israels handeln, sie fürchteten sich und waren euch zu Willen. Aber die Tochter Judas hat eure Gemeinheit nicht geduldet. 58 Nun sag mir: Was für ein Baum war das, unter dem du die beiden ertappt hast? Er antwortete: Unter einer Eiche. 59 Da sagte Daniel zu ihm: Mit deiner Lüge hast auch du dein eigenes Haupt getroffen. Der Engel Gottes wartet schon mit dem Schwert in der Hand, um dich mitten entzweizuhauen. So wird er euch beide vernichten.

60 Da schrie die ganze Gemeinde laut auf und pries Gott, der alle rettet, die auf ihn hoffen. 61 Dann erhoben sie sich gegen die beiden Ältesten, die Daniel durch ihre eigenen Worte als falsche Zeugen entlarvt hatte. Das Böse, das sie ihrem Nächsten hatten antun wollen, tat man 62 nach dem Gesetz des Mose ihnen an: Man tötete sie. So wurde an jenem Tag unschuldiges Blut gerettet. 63 Hilkija und seine Frau priesen Gott wegen ihrer Tochter Susanna, ebenso ihr Mann Jojakim und alle Verwandten, weil sich zeigte, dass sie nichts Schändliches getan hatte. 64 Daniel aber gewann seit jenem Tag und auch weiterhin beim Volk großes Ansehen.

5: Jer 23,15; 29,22f • 15: Ex 2,5 • 22: Lev 20,10; Dtn 22,22; Joh 8,4f • 34: Num 5,18; Lev 24,14 • 42: 2,20–22; Hebr 4,13 • 45: 4,5; 5,14 • 52: Weish 4,8f • 53: Ex 23,7 • 56: Ez 16,3.44 • 61–62: Dtn 19,16–21.

Daniel und die Priester des Bel: 14,1–22

14 Der König Astyages ging zu seinen Vätern heim und sein Reich übernahm der Perser Kyrus. 2 Daniel war der Vertraute des Königs, der ihn höher schätzte als alle seine Freunde. 3 Nun hatten die Babylonier ein Bild des Gottes Bel. Sie wendeten für ihn täglich zwölf Scheffel Feinmehl auf, dazu vierzig Schafe und sechs Krüge Wein. 4 Auch der König verehrte ihn und kam jeden Tag, um ihn anzubeten. Daniel aber betete seinen eigenen Gott an. Der Kö-

13,54–59 Wortspiel mit »Zeder« (schinos) und »spalten« (schizein) sowie mit »Eiche« (prinos) und »entzweihauen« (prisai).

14,1 Vg zählt 14,1 als 13,65; entsprechend verschiebt sich die Verszählung in Kap. 14.

nig sagte zu ihm: Warum betest du Bel nicht an? 5 Er erwiderte: Ich verehre keine Standbilder, die von Menschen gemacht worden sind, sondern nur den lebendigen Gott, der den Himmel und die Erde erschaffen hat und die Herrschaft besitzt über alles, was lebt. 6 Der König entgegnete ihm: Du meinst also, Bel sei kein lebendiger Gott? Siehst du nicht, welche Mengen er Tag für Tag isst und trinkt? 7 Da lachte Daniel und sagte: Lass dich nicht täuschen, König! Dieser Bel ist innen von Lehm und außen von Bronze; er hat niemals gegessen oder getrunken. 8 Da wurde der König zornig; er rief die Priester des Bel herbei und sagte zu ihnen: Wenn ihr mir nicht sagt, wer all diese Mengen verzehrt, müsst ihr sterben. 9 Beweist ihr aber, dass Bel das alles verzehrt, dann muss Daniel sterben, weil er über Bel gelästert hat. Daniel sagte zum König: Es soll geschehen, was du gesagt hast. 10 Es waren aber siebzig Belpriester, nicht gerechnet die Frauen und Kinder. Der König ging nun mit Daniel in den Tempel Bels. 11 Die Belpriester sagten: Wir gehen jetzt hinaus. Trag du, König, selbst die Speisen auf, mische den Wein und stell ihn hin! Verschließ dann die Tür und versiegle sie mit deinem Ring! 12 Wenn du morgen früh wiederkommst und dich nicht davon überzeugen kannst, dass Bel alles verzehrt hat, dann wollen wir sterben, andernfalls aber Daniel, der uns verleumdet hat. 13 Sie waren unbesorgt; denn sie hatten sich zum Opfertisch einen verborgenen Zugang gemacht, durch den sie jeweils hereinkamen, um alles zu verzehren. 14 Als die Priester hinausgegangen waren, trug der König die Speisen für Bel auf. Daniel aber ließ durch seine Diener Asche holen und damit den ganzen Boden des Tempels bestreuen, wobei nur der König zusah. Dann gingen sie hinaus, verschlossen die Tür, versiegelten sie mit dem Ring des Königs und entfernten sich. 15 In der Nacht kamen wie gewöhnlich die Priester mit ihren Frauen und Kindern; sie aßen alles auf und tranken den Wein. 16 Früh am Morgen aber ging der König mit Daniel zum Tempel. 17 Der König fragte: Sind die Siegel unversehrt, Daniel? Er antwortete: Sie sind unversehrt, mein König. 18 Kaum war das Portal geöffnet, da blickte der König auf den Opfertisch und rief laut: Groß bist du, Bel! Bei dir gibt es nie einen Betrug. 19 Doch Daniel lachte; er hinderte den König, das Innere zu betreten und sagte: Sieh dir doch den Fußboden an und prüfe, von wem diese Fußspuren sind. 20 Der König sagte: Ich sehe Fußspuren von Männern, Frauen und Kindern. 21 Und er wurde zornig und ließ die Priester mit ihren Frauen und Kindern festnehmen. Sie mussten ihm die geheime Tür zeigen, durch die sie hereingekommen waren, um das, was auf dem Tisch stand, zu verzehren. 22 Darauf ließ sie der König töten. Den Bel aber übergab er Daniel, der ihn und sein Heiligtum zerstörte.

1: 6,29 • 5: Gen 14,19 • 7: Jes 44,12; Bar 6,50 • 8: 2,5 • 16: 6,20 • 22: 6,25; Jer 51,44.

Daniel und der Drache: 14,23–42

23 Es gab auch einen großen Drachen, den die Babylonier wie einen Gott verehrten. 24 Der König sagte zu Daniel: Von diesem Drachen kannst du nicht sagen, er sei kein lebendiger Gott. Bete ihn also an! 25 Daniel erwiderte: Nur den Herrn, meinen Gott, bete ich an; denn er ist wirklich ein lebendiger Gott. 26 Du aber, König, gib mir die Erlaubnis, den Drachen zu töten, ohne Schwert und Keule! Der König sagte: Ich gebe sie dir. 27 Da nahm Daniel Pech, Talg und Haare, schmolz alles zusammen, formte Kuchen daraus und warf sie dem Drachen ins Maul. Der Drache fraß sie und zerbarst. Da sagte Daniel: Seht, was ihr für Götter verehrt! 28 Als die Babylonier davon hörten, waren sie empört und taten sich gegen den König zusammen. Sie sagten: Der König ist Jude geworden. Den Bel hat er zertrümmert, den Drachen getötet und die Priester hingeschlachtet. 29 Sie gingen zum König und verlangten: Liefere uns Daniel aus! Sonst töten wir dich und deine Familie. 30 Da sich der König aufs Äußerste bedroht sah, lieferte er ihnen Daniel notgedrungen aus. 31 Sie aber warfen ihn in die Löwengrube. Dort blieb er sechs Tage lang. 32 In der Grube waren sieben Löwen; man gab ihnen täglich zwei Menschen und zwei Schafe zu fressen. Jetzt aber gab man ihnen nichts, damit sie Daniel fressen sollten.

33 In Judäa lebte damals der Prophet Habakuk. Er hatte sich eine Mahlzeit gekocht und Brot in einen Napf gebrockt und ging gerade auf das Feld, um das Essen den Arbeitern zu bringen. 34 Da sagte der Engel des Herrn zu Habakuk: Bring das Essen, das du in der Hand hast, dem Daniel nach Babylon in die Löwengrube! 35 Habakuk antwortete: Herr, ich habe Babylon nie gesehen und die Grube kenne ich nicht. 36 Da fasste ihn der Engel des Herrn am Schopf, trug ihn an seinen Haaren fort und versetzte ihn mit der Gewalt seines Geistes nach Babylon an den Rand der Grube. 37 Habakuk rief: Daniel, Daniel, nimm das Essen, das Gott dir geschickt hat. 38 Da sagte Daniel: Gott, du hast also an mich gedacht; du lässt die nicht im Stich, die

dich lieben. 39 Dann stand Daniel auf und aß.
Den Habakuk aber versetzte der Engel Gottes sogleich an seinen früheren Ort zurück.
40 Am siebten Tag kam der König, um Daniel zu betrauern. Er trat an die Grube und schaute hinein. Da sah er Daniel sitzen
41 und er rief laut: Groß bist du, Herr, du Gott Daniels. Außer dir gibt es keinen anderen Gott.
42 Dann ließ er Daniel herausziehen und statt seiner die Männer in die Grube werfen, die ihn hatten vernichten wollen. Und vor seinen Augen wurden sie sofort aufgefressen.

23: Weish 15,18f; Röm 1,23 • 31: 6,17 • 40: 6,21 • 42: 6,25.

Einführung in das Zwölfprophetenbuch

Bei der Sammlung und Sichtung der Prophetenschriften haben die jüdischen Autoritäten die kleineren Schriften auf eine einzige Buchrolle schreiben lassen und damit ein Prophetenbuch für die liturgische Vorlesung geschaffen, das dem Umfang nach etwa dem Buch eines der großen Propheten entspricht. Die Zahl Zwölf wird dabei kein Zufall sein. Jedenfalls sind unter den Texten auch solche, die nicht auf den jeweils genannten Autor zurückgehen (vgl. die Einleitung zu Sach). Gleichwohl haben auch diese »anonymen« Prophetentexte als Heilige Schrift zu gelten. Die Reihenfolge der einzelnen Bücher ist wohl hauptsächlich nach der in der Spätzeit herrschenden Auffassung über die geschichtliche Abfolge der »Zwölf« vorgenommen worden, ist aber in der griechischen Bibel eine etwas andere als im jüdischen Kanon. In Wirklichkeit trifft diese Datierungsfolge nur im Groben zu. Die Einzelschriften fügen sich in den Geschichtsbogen vom 8. bis zum 4. Jahrhundert v. Chr. ein. Darum sind ihre Themen außerordentlich vielfältig und nicht auf einen Nenner zu bringen. Die später üblich gewordene Benennung der Zwölf als »Kleine Propheten« darf nicht als Wertung aufgefasst werden; die Bezeichnung bezieht sich ausschließlich auf den Umfang der Bücher. Es finden sich unter ihnen bedeutende Gestalten (z. B. Hosea, Amos, Micha), deren Botschaft nicht weniger ins Gewicht fällt als die von Jesaja, Jeremia und Ezechiel.

Das Buch Hosea

Die vierzehn Kapitel des nach Hosea benannten Buches gliedern sich deutlich in zwei Abschnitte: Kap. 1 – 3 und Kap. 4 – 14. Der erste Abschnitt kreist um das Thema der Ehe des Propheten und damit der »Ehe« Gottes mit seinem Volk; der zweite Abschnitt reiht die übrigen Verkündigungseinheiten, meist in relativ großen Reden und mit reichem Themenwechsel, ohne größere Systematik aneinander. Die Hauptmasse des Textes geht auf Hosea selbst oder seinen unmittelbaren Jüngerkreis zurück. Es gibt allerdings einige spätere Ergänzungen (z.B. 5,5; 6,11; 8,14; 12,1) aus dem Reich Juda. Ein weisheitlicher Zusatz ist in 14,10 greifbar. Wahrscheinlich ist auch 2,1–3 ein im Geist Hoseas eingefügter Einschub.

Aus der Überschrift (1,1) und dem Inhalt ergibt sich, dass Hosea als Angehöriger der Nordstämme, wahrscheinlich des Stammes Efraim, um 750 v. Chr. im Nordreich Israel seine Tätigkeit aufnahm und sie bis gegen Ende des Reichs (722 v. Chr.) weiterführte. Seine Epoche ist gekennzeichnet durch die politische und wirtschaftliche Blüte unter Jerobeam II. (etwa 782–747 v. Chr.), mit der jedoch zugleich eine fortschreitende Kanaanisierung der gesellschaftlichen Verhältnisse (vgl. Amos), aber auch der Offenbarungsreligion einherging. Dazu kam in den letzten Jahrzehnten eine politische Unbeständigkeit (Hinwendung bald zu Ägypten, bald zu Assur; vier Königsmorde innerhalb von fünfzehn Jahren), die Hosea ebenfalls als Abfall von Jahwe brandmarkte.

Hosea muss die Untreue gegenüber Jahwe nicht nur anklagen, sondern auch in einer symbolischen Handlung, nämlich in seiner Ehe, darstellen (vgl. Kap. 1 – 3) und zugleich mit Strafe bedrohen (vgl. die Namen der Kinder in Kap. 1). Doch wird diese Androhung durch die Verheißung der endzeitlichen »Gottesehe« zwischen Jahwe und Israel (2,18–25) überboten. Hosea hat damit eine theologische Botschaft ersten Ranges geschaffen, die bei Jeremia, Ezechiel und Deuterojesaja ihr Echo findet und tief ins Neue Testament hineinreicht (vgl. Mk 2,19f und die Paralleltexte; Joh 3,29; Offb 19,7; 21,9). Auch die Vaterschaft Gottes wird von Hosea eindrucksvoll verkündet (Kap. 11). Die von ihm geforderte wahre Gottesverehrung (»Liebe will ich, nicht Schlachtopfer« 6,6) wird von Jesus zweimal bestätigt (Mt 9,13; 12,7). Hosea ist der erste Prophet, der die Zuwendung Gottes zum Menschen mit dem Wort »lieben« kennzeichnet (3,1; 11,1; 14,5), was im Neuen Testament besonders die johanneischen Schriften aufgreifen und ausgestalten.

ÜBERSCHRIFT: 1,1

1 Das Wort des Herrn, das an Hosea, den Sohn Beeris, in der Zeit erging, als Usija, Jotam, Ahas und Hiskija Könige von Juda waren und als Jerobeam, der Sohn des Joasch, König von Israel war.

DIE EHE HOSEAS: 1,2 – 3,5

Die symbolische Botschaft Gottes: 1,2–9

2 So begann der Herr durch Hosea zu reden: Der Herr sagte zu Hosea: Geh, nimm dir eine Kultdirne zur Frau und (zeuge) Dirnenkinder! Denn das Land hat den Herrn verlassen und ist zur Dirne geworden.
3 Da ging Hosea und nahm Gomer, die Tochter Diblajims, zur Frau; sie wurde schwanger und gebar ihm einen Sohn.
4 Der Herr sagte zu Hosea: Gib ihm den Namen Jesreel! Denn es dauert nicht mehr lange, dann werde ich das Haus Jehu für die Blutschuld von Jesreel bestrafen und dem Königtum in Israel ein Ende machen.
5 An jenem Tag werde ich den Bogen Israels in der Ebene Jesreel zerbrechen.

6 Als Gomer wieder schwanger wurde und eine Tochter gebar, sagte der Herr zu Hosea: Gib ihr den Namen Lo-Ruhama (Kein Erbarmen)! Denn von jetzt an habe ich kein Erbarmen mehr mit dem Haus Israel, nein, ich entziehe es ihnen.
7 Mit dem Haus Juda jedoch will ich Erbarmen haben und ihnen Hilfe bringen; ich helfe ihnen als der Herr, ihr Gott, aber nicht mit Bogen, Schwert und Krieg, nicht mit Rossen und Reitern.

8 Als Gomer Lo-Ruhama entwöhnt hatte, wurde sie wieder schwanger und gebar einen Sohn.
9 Da sagte der Herr: Gib ihm den Namen Lo-Ammi (Nicht mein Volk)! Denn ihr seid nicht mein Volk und ich bin nicht der »Ich-bin-da« für euch.

2: 4,12; 9,1 • 4: 2 Kön 9,24–27; 10,11; 17,3–6.20–23; Am 7,9.11 • 6: 2,1.3.6 • 7: 2 Kön 19,34; Ps 20,8; Spr 21,31; Jes 30,16; Mi 5,9 • 9: 2,25; Ex 3,14.

Die kommende Rettung: 2,1–3

2 Einst werden die Söhne Israels so zahlreich sein / wie der Sand am Meer, / der nicht zu messen und nicht zu zählen ist.
Und statt dass man zu ihnen sagt: / Ihr seid »nicht mein Volk«,
wird man zu ihnen sagen: / Die Söhne des lebendigen Gottes (seid ihr).
2 Die Söhne Judas und die Söhne Israels werden sich zusammenschließen; / sie werden sich ein gemeinsames Oberhaupt geben / und die Macht im Land wiedergewinnen.

1,2 Der von Hosea gewählte Ausdruck »Frau der Hurerei«, der hier mit »Kultdirne« wiedergegeben ist, meint wohl (vgl. 4,12) ein Mädchen, das an den Sexualriten des Baalskultes teilgenommen hat. Die Verehrung Baals ist für Hosea Ehebruch gegenüber dem Bundesgott.

Wahrhaftig, ein großer Tag / wird der Tag
von Jesreel sein.
3 Nennt eure Brüder: Ammi (Mein Volk), /
und eure Schwestern: Ruhama (Erbarmen).

1: Gen 22,17; 32,13; Joh 1,12; Röm 9,26 • 2: Jes 11,12f; 49,22f; 50,4; Ez 37,16–24; Sach 10,6; Jer 3,18 • 3: 1,6.9.

Der Prozess gegen das treulose Israel: 2,4–17

4 Verklagt eure Mutter, verklagt sie! /
Denn sie ist nicht meine Frau / und ich bin
nicht ihr Mann.
Sie soll von ihrem Gesicht das Dirnenzeichen entfernen / und von ihren Brüsten die Male des Ehebruchs.
5 Sonst ziehe ich sie nackt aus / und stelle
sie hin wie am Tag ihrer Geburt;
ich mache sie der Wüste gleich, / wie verdorrtes Land mache ich sie / und lasse sie verdursten.
6 Auch mit ihren Kindern habe ich kein
Erbarmen; / denn es sind Dirnenkinder.
7 Ja, ihre Mutter war eine Dirne, / die Frau,
die sie gebar, trieb schändliche Dinge.
Sie sagte: Ich will meinen Liebhabern folgen; / sie geben mir Brot und Wasser, / Wolle und Leinen, Öl und Getränke.
8 Darum versperre ich ihr den Weg / mit
Dornengestrüpp
und verbaue ihn mit einer Mauer, / sodass sie ihren Pfad nicht mehr findet.
9 Dann rennt sie ihren Liebhabern nach,
holt sie aber nicht ein. / Sie sucht nach ihnen, findet sie aber nicht.
Dann wird sie sagen: Ich kehre um / und gehe wieder zu meinem ersten Mann; / denn damals ging es mir besser als jetzt.
10 Aber sie hat nicht erkannt, dass ich es
war, / der ihr das Korn und den Wein und das Öl gab,
der sie mit Silber überhäufte / und mit Gold, aus dem man dann Baalsbilder machte.
11 Darum hole ich mir mein Korn zurück, /
wenn es Zeit dafür ist, / und auch meinen Wein, wenn es Zeit ist;
ich nehme ihr meine Wolle und mein Leinen, / die ihre Blöße verhüllen sollten.
12 Dann entblöße ich ihre Scham / vor den
Augen ihrer Liebhaber. / Niemand kann sie meiner Gewalt entreißen.
13 Ich mache all ihren Freuden ein Ende, /
ihren Feiern und Neumondfesten, / ihren
Sabbaten und den anderen festlichen Tagen.
14 Ich verwüste ihre Reben und Feigenbäu-
me, / von denen sie sagte: Das ist mein Lohn, / den mir meine Liebhaber gaben.
Ich mache ihre Weingärten zur Wildnis; / die wilden Tiere fressen sie kahl.
15 Ich bestrafe sie für all die Feste, / an de-
nen sie den Baalen Rauchopfer dargebracht hat;
sie hat ihre Ringe und ihren Schmuck angelegt / und ist ihren Liebhabern gefolgt, / mich aber hat sie vergessen – Spruch des Herrn.
16 Darum will ich selbst sie verlocken. / Ich
will sie in die Wüste hinausführen / und sie umwerben.
17 Dann gebe ich ihr dort ihre Weinberge
wieder / und das Achor-Tal mache ich für sie zum Tor der Hoffnung.
Sie wird mir dorthin bereitwillig folgen / wie in den Tagen ihrer Jugend, / wie damals, als sie aus Ägypten heraufzog.

5: Jer 6,8; 9,11; Ez 16,22 • 6: 1,6 • 7: 1,2; Jer 2,25; 3,13 • 12: Ez 16,37; Joh 10,29 • 13: Jes 1,13f; Am 5,21–23; 8,10 • 14: Mi 1,7; Ps 80,13f; Jes 5,5f • 15: 11,2; Ez 23,40–42 • 17: Jes 65,10; Jer 2,2; Ez 16,43.60.

Der neue Bund: 2,18–25

18 An jenem Tag – Spruch des Herrn – /
wirst du zu mir sagen: Mein Mann!, / und nicht mehr: Mein Baal!
19 Ich lasse die Namen der Baale aus ihrem
Mund verschwinden, / sodass niemand mehr ihre Namen anruft.
20 Ich schließe für Israel an jenem Tag ei-
nen Bund / mit den Tieren des Feldes
und den Vögeln des Himmels / und mit allem, was auf dem Erdboden kriecht.
Ich zerbreche Bogen und Schwert, / es gibt keinen Krieg mehr im Land, / ich lasse sie Ruhe und Sicherheit finden.
21 Ich traue dich mir an auf ewig; / ich
traue dich mir an
um den Brautpreis von Gerechtigkeit und Recht, / von Liebe und Erbarmen,
22 ich traue dich mir an / um den Braut-
preis meiner Treue: / Dann wirst du den Herrn erkennen.
23 An jenem Tag – Spruch des Herrn – / will
ich erhören:
Ich will den Himmel erhören / und der Himmel wird die Erde erhören
24 und die Erde erhört das Korn, / den

2,7 Die »Liebhaber« sind die Baale, d. h. die kanaanäischen Fruchtbarkeitsgötter (vgl. 2,9.12.14f).
2,17b Nach Jos 7,24–26 galt das Achor-Tal, durch das Israel in das Gelobte Land eingezogen ist, als Fluchtal.
2,24 Jesreel (= Gott sät), die Kornebene Israels, steht hier zugleich stellvertretend für Israel.

Wein und das Öl / und diese erhören Jes-
reel.
25 Ich säe sie aus in meinem Land. / Ich
habe Erbarmen mit Lo-Ruhama (Kein Er-
barmen)
und zu Lo-Ammi (Nicht mein Volk) sage
ich: / Du bist mein Volk!, / und er wird sagen:
(Du bist) mein Gott!

18: Jes 54,5 • 19: Sach 13,2 • 20: Jes 11,6–8; Ez 34,25; Jes 2,4 • 22: Jer 31,34 • 25: 1,6.9; Röm 9,25; 1 Petr 2,10.

Die Wiederannahme der treulosen Frau: 3,1–5

3 Der Herr sagte zu mir: / Geh noch ein-
mal hin und liebe die Frau, / die einen
Liebhaber hat und Ehebruch treibt.
(Liebe sie) so, / wie der Herr die Söhne Is-
raels liebt,
obwohl sie sich anderen Göttern zuwen-
den / und Opferkuchen aus Rosinen lieben.
2 Da kaufte ich sie für fünfzehn Silberstü-
cke / und anderthalb Hómer Gerste.
3 Ich sagte zu ihr: / Du bleibst jetzt viele
Tage bei mir,
ohne als Dirne einem Mann zu gehören. /
Und so mache auch ich es mit dir.
4 Denn viele Tage bleiben Israels Söhne /
ohne König und Fürst,
ohne Opfer und Steinmal, / ohne Efod und
ohne Terafim.
5 Danach werden die Söhne Israels um-
kehren / und den Herrn, ihren Gott, suchen /
und ihren König David.
Zitternd werden sie zum Herrn kommen /
und seine Güte suchen am Ende der Tage.

5: Jer 30,9; Ez 34,24.

SCHULD UND RETTUNG: 4,1 – 14,9

Das Gericht über die Priester: 4,1–10

4 Hört das Wort des Herrn, ihr Söhne Is-
raels! / Denn der Herr erhebt Klage /
gegen die Bewohner des Landes:
Es gibt keine Treue und keine Liebe / und
keine Gotteserkenntnis im Land.
2 Nein, Fluch und Betrug, / Mord, Dieb-
stahl und Ehebruch machen sich breit, /
Bluttat reiht sich an Bluttat.
3 Darum soll das Land verdorren, / jeder,
der darin wohnt, soll verwelken,
samt den Tieren des Feldes / und den Vö-
geln des Himmels; / auch die Fische im Meer
sollen zugrunde gehen.
4 Doch nicht irgendeiner wird verklagt, /
nicht irgendwer wird gerügt, / sondern dich,
Priester, klage ich an.
5 Am helllichten Tag kommst du zu Fall /
und ebenso wie du stürzt in der Nacht der
Prophet. / Auch deine Mutter lasse ich um-
kommen.
6 Mein Volk kommt um, weil ihm die Er-
kenntnis fehlt. / Weil du die Erkenntnis ver-
worfen hast, / darum verwerfe auch ich dich
als meinen Priester.
Du hast die Weisung deines Gottes ver-
gessen; / deshalb vergesse auch ich deine
Söhne.
7 Je mehr sie wurden, / umso mehr sündig-
ten sie gegen mich. / Ihre Ehre tauschen sie
ein gegen Schande.
8 Sie nähren sich von der Sünde meines
Volkes / und sind gierig nach seinen ruchlo-
sen Opfern.
9 Darum wird es dem Priester ergehen wie
dem Volk: / Ich bestrafe ihn für sein Verhal-
ten, / seine Taten vergelte ich ihm.
10 Sie werden zwar essen, doch sie werden
nicht satt, / sie treiben Unzucht, aber sie ver-
mehren sich nicht.
Ja, sie haben den Herrn verlassen / und
sich an Unzucht gehalten.

1: Jes 3,13–15; Mi 6,2 • 2: Jer 7,9 • 3: Jer 4,28; Zef 1,3 • 4: Jer 5,4f • 6: Mal 2,8 • 7: Jer 2,11 • 10: Mi 6,14.

Die Sünde Israels: 4,11–19

11 Der Opferwein raubt meinem Volk den
Verstand: / 12 Es befragt sein Götzenbild aus
Holz, / von seinem Stock erwartet es Aus-
kunft.
Ja, der Geist der Unzucht führt es irre. / Es
hat seinen Gott verlassen / und ist zur Dirne
geworden.
13 Sie feiern Schlachtopfer auf den Höhen
der Berge, / auf den Hügeln bringen sie
Rauchopfer dar,
unter Eichen, Storaxbäumen und Terebin-
then, / deren Schatten so angenehm ist.

3,2 anderthalb Hómer, wörtlich ein Hómer und ein Letech; Letech ist ein Hohlmaß, das ein halbes Hómer ausmacht.

3,4 Efod und Terafim sind Kultgegenstände, deren Gestalt und Bedeutung wir nicht genau kennen.

4,1 »Gotteserkenntnis« meint die Entscheidung für Gott und die Mitmenschen aus der Kenntnis des durch die Priester verkündeten Gotteswillens (vgl. V. 6).

4,5bc Text nicht ganz klar.

So werden eure Töchter zu Dirnen / und
eure Schwiegertöchter brechen die Ehe.
14 Aber ich strafe nicht eure Töchter da-
für, / dass sie zu Dirnen werden,
und nicht eure Schwiegertöchter dafür, /
dass sie die Ehe brechen;
denn sie (die Priester) selbst / gehen mit
den Dirnen beiseite,
mit den Weihedirnen feiern sie Schlacht-
opfer. / So kommt das unwissende Volk zu
Fall.
15 Auch wenn du, Israel, zur Dirne wirst, /
so soll sich doch Juda nicht schuldig ma-
chen.
Kommt nicht nach Gilgal, / zieht nicht
nach Bet-Awen hinauf! / Schwört nicht: So
wahr der Herr lebt!
16 Ja, Israel ist störrisch wie eine störri-
sche Kuh. / Und da sollte der Herr sie auf die
Weide führen / wie die Lämmer auf der wei-
ten Flur?
17 Efraim ist im Bund mit den Götzen, /
18 es sitzt da, ein Haufen von Zechern;
sie treiben es mit den Dirnen, / sie lieben
ihre schändliche Schamlosigkeit.
19 Doch ein Sturm rafft sie mit seinen Flü-
geln dahin, / sie gehen mit Schande zu-
grunde wegen ihrer Altäre.

12: Jer 2,27; Hos 1,2 • 13: Dtn 12,2 • 14: Dtn 23,18f • 15: 12,12; Am 4,4; 8,14 • 16: Jer 31,18 • 17: 6,4–6 • 18: Am 2,8; 4,1 • 19: Jer 4,11–13.

Die Abrechnung mit den Führern und dem Volk: 5,1–7

5 Hört her, ihr Priester! / Gebt Acht, ihr
vom Haus Israel!
Horcht auf, ihr aus dem Königshaus! /
Denn ihr seid die Hüter des Rechts.
Doch ihr wurdet (für das Volk) zu einer
Falle in Mizpa, / zu einem Netz, das auf dem
Tabor ausgespannt ist,
2 zu einer tiefen Grube in Schittim. / Ich
aber werde euch alle bestrafen.
3 Ich kenne Efraim gut, / Israel kann sich
vor mir nicht verstecken:
Efraim hat es mit den Dirnen getrieben, /
Israel hat sich befleckt.
4 Ihre Taten verhindern, / dass sie umkeh-
ren zu ihrem Gott.
Denn der Geist der Unzucht steckt in ih-
nen, / sodass sie den Herrn nicht erkennen.
5 Sein eigener Hochmut klagt Israel an, /
Efraim kommt zu Fall durch seine eigene
Schuld; / zusammen mit ihm stürzt auch
Juda zu Boden.
6 Sie werden ausziehen mit ihren Schafen
und Rindern, / um den Herrn zu suchen,
doch sie werden ihn nicht finden; / er zieht
sich vor ihnen zurück.
7 Sie haben dem Herrn die Treue gebro-
chen, / sie haben Bastarde geboren. / Nun
frisst ein glühender Wind ihren ererbten Be-
sitz.

Die Schuld der Bruderstämme: 5,8–15

8 Blast in Gibea das Widderhorn, / in Rama
die Trompete!
Schlagt Lärm in Bet-Awen, / schreckt
Benjamin auf!
9 Efraim wird zu einer schauerlichen Wüs-
te, / wenn der Tag der Züchtigung kommt.
Ich mache bei Israels Stämmen bekannt, /
was fest beschlossen ist.
10 Die Führer Judas handeln wie Men-
schen, die Grenzsteine versetzen. / Ich
gieße meinen Groll wie Wasser über sie
aus.
11 Efraim wird unterdrückt, / das Recht
wird zertreten.
Denn sie waren darauf aus, / dem »Unflat«
zu folgen.
12 Ich aber bin wie Eiter für Efraim, / wie
Fäulnis für das Haus Juda.
13 Als Efraim seine Krankheit sah / und
Juda sein Geschwür,
da ging Efraim nach Assur / und (Juda)
schickte zum Großkönig.
Aber der kann euch nicht heilen, / er be-
freit euch nicht von eurem Geschwür.
14 Denn ich bin für Efraim wie ein Löwe, /
wie ein junger Löwe für das Haus Juda.
Ich, ja ich, reiße (die Beute), / dann gehe
ich davon;
ich schleppe sie weg / und keiner kann sie
mir entreißen.
15 Ich gehe weg, ich kehre an meinen Ort
zurück, / (und warte,) bis sie mich schuldbe-
wusst suchen,
bis sie in ihrer Not / wieder Ausschau hal-
ten nach mir.

8: Jer 4,5; Joël 2,1 • 10: Dtn 19,14; 27,17 • 12: Hab 3,16 • 13: 7,11; 8,9 • 14: Jes 5,29 • 15: Dtn 4,29; Jer 29,13; Am 5,4.

Das Bußgebet des Volkes und die Antwort Gottes: 6,1–6

6 Kommt, wir kehren zum Herrn zu-
rück! / Denn er hat (Wunden) gerissen,
er wird uns auch heilen; / er hat verwundet,
er wird auch verbinden.

4,15 Bet-Awen (= Haus des Frevels): anklagend für Bet-El (= Haus Gottes).
5,1f Mizpa, Schittim: Kultorte Baals.
5,7 Vgl. 4,13.
5,11d Abwertender Ausdruck für Baal und seinen Kult.

2 Nach zwei Tagen gibt er uns das Leben
zurück, / am dritten Tag richtet er uns wie-
der auf / und wir leben vor seinem Ange-
sicht.
3 Lasst uns streben nach Erkenntnis, /
nach der Erkenntnis des Herrn.
Er kommt so sicher wie das Morgenrot; / er
kommt zu uns wie der Regen, / wie der Früh-
jahrsregen, der die Erde tränkt.
4 Was soll ich tun mit dir, Efraim? / Was
soll ich tun mit dir, Juda?
Eure Liebe ist wie eine Wolke am Morgen /
und wie der Tau, der bald vergeht.
5 Darum schlage ich drein durch die Pro-
pheten, / ich töte sie durch die Worte meines
Mundes. / Dann leuchtet mein Recht auf wie
das Licht.
6 Liebe will ich, nicht Schlachtopfer, / Got-
teserkenntnis statt Brandopfer.

3: Dtn 11,14; Ps 72,6 • 4: 13,3 • 5: Jer 1,10 • 6: 4,1-3; Am 5,21; Mi 6,8; Mt 9,13; 12,7.

Das treulose Gottesvolk: 6,7 – 7,2

7 Sie haben bei Adam den Bund übertre-
ten; / dort haben sie mir die Treue gebro-
chen.
8 Gilead ist eine Stadt voller Übeltäter, /
mit Blut befleckt.
9 Die Rotte der Priester liegt auf der Lau-
er / wie eine Bande von Räubern,
sie morden auf dem Weg, der nach Sichem
führt, / ja, sie treiben schändliche Dinge.
10 In Bet-El habe ich grässliche Dinge gese-
hen; / dort treibt es Efraim mit den Dirnen, /
dort befleckt sich Israel.
11 Auch dir, Juda, steht die Ernte bevor. /
Wenn ich das Geschick meines Volkes
wende,
7 wenn ich Israel heile, / dann wird die
Schuld Efraims sichtbar / und die Bos-
heit Samarias.
Denn was sie tun, ist Betrug: / Der Dieb
bricht in die Häuser ein, / auf der Straße
plündern die Banden.
2 Sie bedenken nicht, / dass ich all ihr bö-
ses Tun im Gedächtnis behalte.
Jetzt werden sie umringt von ihren Ta-
ten, / die mir vor Augen stehen.

6,8: 12,12 • 10: 5,3 • 7,2: Ps 90,8.

Die Königsmacher und Königsmörder: 7,3-7

3 In ihrer Schlechtigkeit erheitern sie den
König, / in ihrer Falschheit seine Fürsten.
4 Sie alle sind Ehebrecher. / Sie sind wie
ein angeheizter Backofen,
dessen Feuer der Bäcker nicht mehr
schürt, / wenn er den Teig knetet und ihn
aufgehen lässt.
5 Am »Tag unseres Königs« / machen sie
die Fürsten schwach
mit der Glut des Weins, / dessen Kraft die
Wortführer umwirft.
6 Ja, hinterhältig nähern sie sich, / mit ei-
nem Herzen, das wie ein Backofen glüht:
Die ganze Nacht über schläft ihr Zorn, /
am Morgen aber entbrennt er wie ein lodern-
des Feuer.
7 Sie alle glühen wie ein Backofen; / sie
fressen ihre Regenten.
Alle ihre Könige stürzen; / doch zu mir ruft
keiner von ihnen.

Die verfehlte Politik: 7,8-16

8 Efraim lässt sich unter die Völker ver-
rühren, / Efraim ist ein Brot, das man beim
Backen nicht wendet.
9 Fremde zehren an seiner Kraft, / ohne
dass er es merkt.
Auch werden seine Haare grau, / ohne dass
er es merkt.
10 Sein eigener Hochmut klagt Israel an; /
doch es kehrt nicht um zum Herrn, seinem
Gott, / und sucht ihn trotz alldem nicht.
11 Efraim ist wie eine Taube, / leicht zu be-
tören, ohne Verstand.
Sie rufen Ägypten zu Hilfe / und laufen
nach Assur.
12 Während sie laufen, werfe ich mein Netz
über sie, / ich hole sie herunter wie die Vögel
des Himmels; / sobald ihr Schwarm sich hö-
ren lässt, fange ich sie.
13 Weh ihnen, weil sie mir weggelaufen
sind. / Verderben über sie, weil sie mir ab-
trünnig wurden.
Und da sollte ich sie loskaufen, / ich, über
den sie nur Lügen verbreiten?
14 Wenn sie zu mir schreien, / kommt es
nicht aus dem Herzen; / sie liegen nur da
und heulen.
Sie ritzen sich wund, um Korn und Wein
zu erflehen; / sie widersetzen sich mir.
15 Ich bin es, der ihre Arme geübt und ge-
stärkt hat, / aber gegen mich planen sie Bö-
ses.
16 Sie wenden sich dem »Nichtsnutz« zu, /
sie sind wie ein Bogen, der versagt.
Ihre Fürsten kommen um durch das

6,6 Vgl. 4,1–3.
7,5 Am Jahrestag der Geburt (oder der Inthronisation) des Königs wird ein Gelage zur Verschwörung gegen ihn und seine Parteigänger benützt.
7,16a Text unklar; gemeint ist jedenfalls der Abfall von Jahwe zu Baal.

Schwert / wegen ihrer frechen Zunge. / Deshalb wird man in Ägypten über sie spotten.

10: 5,5 • 12: Ez 17,20 • 16: Ps 78,57.

Die Tage der Abrechnung: 8,1 – 9,6

8 Stoß ins Horn! / Denn wie ein Geier kommt das Unheil / über das Haus des Herrn,

weil sie meinen Bund nicht halten / und mein Gesetz missachten.

2 Sie schreien zwar zu mir: Mein Gott! / Wir, Israel, kennen dich doch.

3 Aber Israel hat das Gute verworfen. / Darum soll der Feind es verfolgen.

4 Sie setzen Könige ein, aber gegen meinen Willen; / sie wählen Fürsten, doch ich erkenne sie nicht an.

Sie machen sich Götzen aus ihrem Silber und Gold – / wohl damit es vernichtet wird.

5 Samaria, dein Kalb ist verworfen. / Mein Zorn ist entbrannt gegen sie; / wie lange noch sind sie unfähig, sich zu läutern?

6 Denn wer sind Israel und das Kalb? / Ein Handwerker hat das Kalb gemacht / und es ist kein Gott.

Ja, zersplittert soll es am Boden liegen, / das Kalb von Samaria.

7 Denn sie säen Wind / und sie ernten Sturm.

Halme ohne Ähren bringen kein Mehl. / Und wenn sie es bringen, / verschlingen es Fremde.

8 Israel ist schon verschlungen. / Jetzt gilt es im Kreis der Völker / als wertloses Zeug.

9 Denn Israel ist nach Assur gelaufen. / Ein Wildesel bleibt für sich allein; / Efraim aber macht Liebesgeschenke.

10 Auch wenn sie sich unter den Völkern preisgeben, / treibe ich sie jetzt zusammen;

schon bald sollen sie sich krümmen / unter der Last des Königs der Fürsten.

11 Efraim hat viele Altäre gebaut, / um sich zu entsündigen, / doch die Altäre sind ihm zur Sünde geworden.

12 Ich kann ihnen noch so viele Gesetze aufschreiben, / sie gelten ihnen so wenig wie die eines Fremden.

13 Schlachtopfer lieben sie, / sie opfern Fleisch und essen davon; / der Herr aber hat kein Gefallen an ihnen.

Jetzt denkt er an ihre Schuld / und straft sie für ihre Sünden: / Sie müssen zurück nach Ägypten.

14 Israel hat seinen Schöpfer vergessen / und große Paläste gebaut, / Juda hat viele Festungen errichtet.

Doch ich sende Feuer in seine Städte; / es soll seine Paläste verzehren.

9 Israel, freue dich nicht, / jauchze nicht wie die Völker!

Denn eine Dirne bist du, / du hast deinen Gott verlassen; / auf allen Dreschtennen liebst du Dirnenlohn.

2 Tenne und Kelter werden ihnen die Freundschaft entziehen / und der Wein wird sie verleugnen.

3 Im Land des Herrn dürfen sie nicht mehr wohnen; / Efraim muss zurück nach Ägypten / und in Assur müssen sie unreine Speisen essen.

4 Sie können dem Herrn kein Weinopfer mehr spenden, / ihre Schlachtopfer werden von ihm nicht angenommen.

Ihr Brot wird Trauerbrot sein, / alle, die davon essen, werden unrein.

Ja, ihr Brot reicht nur für den eigenen Hunger, / nichts davon kommt in das Haus des Herrn.

5 Was wollt ihr dann tun für den Feiertag, / für den Festtag des Herrn?

6 Ja, sie müssen fort, denn ihr Land ist verwüstet; / Ägypten sammelt sie ein, / Memfis begräbt sie.

So kostbar ihr Silber auch ist, / das Unkraut wird es von ihnen erben, / in ihren Zelten wachsen die Dornen.

8,1: 5,8 • 4: 2,10 • 5: 1 Kön 12,28–30 • 6: Jes 40,18–20 • 7: Spr 22,8 • 9: 5,13; 7,11 • 13: 6,6; Am 5,22 • 14: Dtn 32,15.18; Am 2,5 • 9,3: Ez 4,13 • 4: Dtn 26,14 • 6: Jes 34,13.

Die Verfolgung des Propheten: 9,7–9

7 Die Tage der Abrechnung sind gekommen, / gekommen sind die Tage der Vergeltung; / Israel wird es erleben.

Der Prophet ist ein Narr, / der Geistesmann ist verrückt.

So große Anfeindung zeigt, / wie groß deine Schuld ist.

8 Efraim, das Volk meines Gottes, / lauert dem Propheten auf:

Fangnetze bedrohen ihn auf all seinen Wegen; / auf Feindschaft stößt er sogar im Haus seines Gottes.

9 Sie haben ihm eine tiefe Grube gegraben / wie in den Tagen von Gibea.

Doch der Herr denkt an ihre Schuld, / er wird sie strafen für ihre Sünden.

7: Am 3,2 • 9: 10,9.

8,5f Das »Kalb« ist das in den Tempeln des Nordreichs aufgestellte Kultbild eines Jungstiers.

8,10d König der Fürsten: Titel für den assyrischen Großkönig.

9,7de Zitat eines Spottwortes über die Propheten.

9,9ab Gemeint ist die Schandtat der Einwohner von Gibea an einem Leviten (vgl. Ri 19,22–30).

Die Verwerfung Efraims: 9,10–17

10 Wie man Trauben findet in der Wüste, / so fand ich Israel;
wie die erste Frucht am jungen Feigenbaum, / so sah ich eure Väter.
Sie aber kamen nach Baal-Pegor / und weihten sich dem schändlichen Gott; / sie wurden so abscheulich wie der, den sie liebten.
11 Efraim – wie ein Vogelschwarm / fliegt seine Macht davon:
keine Geburt mehr, / keine Schwangerschaft, keine Empfängnis.
12 Selbst wenn sie ihre Kinder großziehen, / mache ich sie kinderlos und verlassen.
Ja, weh auch ihnen selbst, / wenn ich mich abwende von ihnen.
13 Ich sehe, wie Efraim seine Kinder zur Beute der Jäger macht, / wie Efraim seine Söhne dem Schlächter zuführt.
14 Gib ihnen, Herr, was du ihnen geben willst: / Gib den Müttern einen unfruchtbaren Schoß und vertrocknete Brüste!
15 Ihre ganze Bosheit hat sich in Gilgal enthüllt, / dort habe ich sie hassen gelernt.
Ihrer bösen Taten wegen / vertreibe ich sie aus meinem Haus.
Nie mehr werde ich sie lieben. / Aufrührer sind alle ihre Führer.
16 Efraim ist zerschlagen, seine Wurzeln sind verdorrt, / sie bringen keine Frucht mehr hervor.
Auch wenn sie gebären, / töte ich die geliebte Frucht ihres Schoßes.
17 Mein Gott wird sie verstoßen, / weil sie nicht auf ihn hörten; / unstet müssen sie umherirren unter den Völkern.

10: Dtn 32,10 • 12: Dtn 28,18; 32,25 • 15: 4,15; 12,12; Jes 1,23 • 17: Dtn 28,6f; Gen 4,14.

Der Untergang von Kult und Königtum: 10,1–15

10 Israel war ein üppiger Weinstock, / der seine Frucht brachte.
Je fruchtbarer er war, / desto mehr opferte man auf den Altären.
Je schöner sein Land wurde, / umso schöner schmückten sie die Steinmale.
2 Ihr Herz ist geteilt, / jetzt müssen sie büßen.
Der Herr selbst zerschlägt ihre Altäre / und zerstört ihre Steinmale.
3 Dann werden sie sagen: / Wir haben keinen König mehr;
denn wir haben den Herrn nicht gefürchtet. / Aber auch ein König – was könnte er für uns tun?
4 Sprüche machen, Meineide schwören, / Bündnisse schließen;
und die Rechtsprechung wuchert / wie in den Ackerfurchen das giftige Unkraut.
5 Um das Kalb von Bet-Awen / müssen die Einwohner von Samaria zittern. / Sein Volk wird darum trauern.
Mögen auch seine Priester jubeln über seine Pracht, / wahrhaftig, sie wird ihm genommen.
6 Das Kalb selbst wird nach Assur geschafft / als Geschenk für den Großkönig.
Efraim erntet Schmach, / Israel geht an seinen eigenen Beschlüssen zugrunde.
7 Samaria wird vernichtet, / sein König gleicht einem abgebrochenen Zweig auf dem Wasser.
8 Verwüstet werden die unheilvollen Kulthöhen, / diese Sünde Israels.
Dornen und Disteln überwuchern ihre Altäre. / Dann wird man zu den Bergen sagen: Deckt uns zu!, / und zu den Hügeln: Fallt auf uns!
9 Seit den Tagen von Gibea dauert Israels Sünde, / sie sind seither nicht anders geworden.
Wird nicht wie in Gibea / der Krieg über sie kommen wegen ihrer Verbrechen?
10 Ich komme, um sie zu züchtigen. / Ich werde Völker versammeln gegen sie, / sie gefangen nehmen wegen ihrer doppelten Schuld.
11 Efraim war ein gelehriges Rind, / willig zum Dreschen.
Als ich vorbeiging und seinen kräftigen Nacken sah, / spannte ich Efraim ein, um zu pflügen; / Jakob sollte mir eggen:
12 Sät als eure Saat Gerechtigkeit aus, / so werdet ihr ernten, / wie es der (göttlichen) Liebe entspricht.
Nehmt Neuland unter den Pflug! / Es ist Zeit, den Herrn zu suchen;
dann wird er kommen / und euch mit Heil überschütten.
13 Ihr aber habt Schlechtigkeit eingepflügt; / darum habt ihr Verbrechen geerntet / und die Frucht der Lüge gegessen.
Du hast auf deine Macht vertraut / und auf die Menge deiner Krieger;

9,10e Baal-Pegor ist ein Gottesname, hier aber wohl Ortsname (vgl. Num 25,3).
9,15 Gilgal ist ein Heiligtum bei Jericho (vgl. Jos 4). Der nähere Grund für die Anklage ist nicht bekannt.
10,5a Vgl. 4,15.
10,9 Vgl. die Anmerkung zu 9,9ab.

14 darum erhebt sich Kriegslärm gegen dein Volk / und alle deine Festungen werden zerstört,

wie Schalman im Krieg Bet-Arbeel zerstörte, am Tag der Schlacht, / an dem man die Mutter niederstreckte / über ihren Kindern.

15 Das bringt euch Bet-El ein / wegen eurer grenzenlosen Bosheit.

Beim Morgengrauen / wird der König von Israel völlig vernichtet.

1: Jes 5,1; Jer 2,21; Ez 19,10 • 3: 3,4 • 4: Am 6,12 • 5: 4,15; 8,5 • 8: 4,13; 9,6; Jes 2,10; Lk 23,30; Offb 6,16 • 9: 9,9 • 11: 4,16 • 12: Mi 6,8; Jer 4,3.

Gottes große Liebe: 11,1–11

11 Als Israel jung war, gewann ich ihn lieb, / ich rief meinen Sohn aus Ägypten.

2 Je mehr ich sie rief, / desto mehr liefen sie von mir weg.

Sie opferten den Baalen / und brachten den Götterbildern Rauchopfer dar.

3 Ich war es, der Efraim gehen lehrte, / ich nahm ihn auf meine Arme.

Sie aber haben nicht erkannt, / dass ich sie heilen wollte.

4 Mit menschlichen Fesseln zog ich sie an mich, / mit den Ketten der Liebe.

Ich war da für sie wie die (Eltern), / die den Säugling an ihre Wangen heben. / Ich neigte mich ihm zu und gab ihm zu essen.

5 Doch er muss wieder zurück nach Ägypten, / Assur wird sein König sein; / denn sie haben sich geweigert umzukehren.

6 Das Schwert wird in seinen Städten wüten; / es wird seinen Schwätzern den Garaus machen / und sie wegen ihrer Pläne vernichten.

7 Mein Volk verharrt in der Treulosigkeit; / sie rufen zu Baal, / doch er hilft ihnen nicht auf.

8 Wie könnte ich dich preisgeben, Efraim, / wie dich aufgeben, Israel?

Wie könnte ich dich preisgeben wie Adma, / dich behandeln wie Zebojim?

Mein Herz wendet sich gegen mich, / mein Mitleid lodert auf.

9 Ich will meinen glühenden Zorn nicht vollstrecken / und Efraim nicht noch einmal vernichten.

Denn ich bin Gott, nicht ein Mensch, / der Heilige in deiner Mitte. / Darum komme ich nicht in der Hitze des Zorns.

10 Sie werden hinter Jahwe herziehen. / Er brüllt wie ein Löwe, ja, er brüllt,

dass die Söhne vom Westmeer / zitternd herbeikommen.

11 Wie Vögel kommen sie zitternd herbei aus Ägypten, / wie Tauben aus dem Land Assur.

Ich lasse sie heimkehren in ihre Häuser – / Spruch des Herrn.

1: Ex 4,22; Dtn 7,8 • 2: Jer 9,13f • 3: Dtn 1,31 • 5: 8,13; 9,3 • 8: Jes 54,8; Jer 31,20 • 9: Ez 18,23.32; Joël 2,27 • 10: Jes 31,4.

Das unzuverlässige Volk: 12,1–15

12 Mit Lügen umzingelt mich Efraim, / mit Betrug das Haus Israel.

[Aber Juda hält auch in der Fremde zu Gott / und bleibt dem Hochheiligen treu.]

2 Efraim weidet den Wind, / immer läuft es dem Ostwind nach.

Es häuft Lüge auf Lüge, Gewalt auf Gewalt. / Es schließt mit Assur ein Bündnis / und liefert Öl nach Ägypten.

3 Darum geht der Herr mit Israel ins Gericht, / er straft Jakob für sein Verhalten / und zahlt ihm heim, wie es seine Taten verdienen.

4 Schon im Mutterleib hinterging er seinen Bruder, / und als er ein Mann war, rang er mit Gott.

5 [Er wurde Herr über den Engel und siegte.] / Weinend flehte er ihn um Gnade an.

Er fand ihn in Bet-El / und dort sprach er mit ihm.

6 Der Herr, der Gott der Heere, / dessen Name Jahwe ist, (sagte:)

7 Du wirst mit Hilfe deines Gottes heimkehren; / bewahre die Liebe und das Recht / und hoffe immer auf deinen Gott!

8 Doch dieser Händler hat eine falsche Waage in der Hand, / er liebt den Betrug.

9 Efraim sagt: Ich bin reich geworden / und habe mir ein Vermögen erworben.

Nichts, was ich erwarb, / gilt mir als Unrecht und Sünde.

10 Aber ich, der Herr, / dein Gott, seit der Zeit in Ägypten,

ich lasse dich wieder in Zelten wohnen / wie in den Tagen der (ersten) Begegnung.

11 Ich rede zu den Propheten, / ich lasse sie viele Visionen sehen / und durch die Propheten sende ich Vernichtung.

12 Schon in Gilead beging man Verbrechen / und auch jetzt handeln sie völlig verkehrt.

10,14 wie Schalman: Das Ereignis ist nicht näher bekannt.
11,7 H unklar.
11,8 Adma, Zebojim: Nachbarstädte von Sodom und Gomorra (vgl. Dtn 29,22).
12,12 Gilead ist eine ostjordanische Ortschaft (vgl. 6,8), aber auch Name für das Ostjordanland. Zu Gilgal vgl. 4,15; 9,15.

Sie opfern in Gilgal den Stieren; / darum
werden auch ihre Altäre den Steinhaufen
gleichen, / die man neben den Äckern auf-
häuft.
13 Jakob floh in die Gegend von Aram; /
wegen eines Weibes wurde Israel zum
Knecht, / wegen eines Weibes hütete er
Schafe.
14 Aber durch einen Propheten führte der
Herr Israel aus Ägypten heraus / und durch
einen Propheten wurde es behütet.
15 Efraim hat Gott bitter gekränkt, / da-
rum wird sein Herr ihn die Blutschuld büßen
lassen / und ihm die Beschimpfung heimzah-
len.

2: 7,11; Jes 31,1f • 3: 4,1 • 4: Gen 25,26; 32,25–30 • 5: Gen 28,10–19 • 8: Am 8,5; Mi 6,11 • 9: Lk 12,19; Offb 3,17 • 10: 13,4; Ex 20,2 • 11: 6,5 • 12: 6,8; 4,15; 9,15 • 13: Gen 29 • 14: Ex 3,7–10.

Die letzte Abrechnung: 13,1 – 14,1

13 Wenn Efraim redete, zitterten alle. /
Er war in Israel mächtig.
Dann aber machte er sich schuldig durch
Baal / und er verfiel dem Tod.
2 Nun sündigen sie weiter / und machen
sich aus ihrem Silber gegossene Bilder,
kunstfertig stellen sie Götzen her – / alles
nur ein Machwerk von Schmieden.
Ihnen, so sagen sie, müsst ihr opfern. /
Menschen küssen Kälber.
3 Darum sollen sie werden wie die Wolken
am Morgen / und wie der Tau, der bald ver-
geht,
wie die Spreu, die aus der Tenne stiebt, /
und wie Rauch, der aus der Luke zieht.
4 Ich aber, ich bin der Herr, dein Gott, /
seit der Zeit in Ägypten;
du sollst keinen anderen Gott kennen als
mich. / Es gibt keinen Retter außer mir.
5 Ich habe dich in der Wüste auf die Weide
geführt, / im Land der glühenden Hitze.
6 Als sie ihre Weide hatten, wurden sie
satt. / Als sie satt waren, wurde ihr Herz
überheblich, / darum vergaßen sie mich.
7 Deshalb wurde ich für sie zu einem Lö-
wen, / wie ein Panther lauere ich am Weg.
8 Ich falle sie an wie eine Bärin, / der man
die Jungen geraubt hat, / und zerreiße ihnen
die Brust und das Herz.
Die Hunde fressen sie dann / und die wil-
den Tiere zerfleischen sie.
9 Ich vernichte dich, Israel. / Wer kommt
dir zu Hilfe?
10 Wo ist denn dein König, der dich retten
könnte, / dich und all deine Städte?
Wo sind deine Regenten, von denen du
sagtest: / Gib mir einen König und Fürs-
ten!
11 In meinem Zorn gab ich dir einen Kö-
nig, / in meinem Groll nahm ich ihn weg.
12 Efraims Schuld wird gebündelt ver-
wahrt, / seine Sünden werden gespeichert.
13 Es kommen die Wehen für seine Ge-
burt; / aber er ist ein törichtes Kind;
denn wenn die Zeit da ist, / kommt er nicht
heraus aus dem Mutterschoß.
14 Aus der Gewalt der Unterwelt / sollte
ich sie befreien?
Vom Tod sollte ich sie erlösen? / Tod, wo
sind deine Seuchen?
Unterwelt, wo ist dein Stachel? / Meine
Augen kennen kein Mitleid.
15 Auch wenn Efraim im Kreis seiner Brü-
der prächtig gedeiht, / es kommt ein Ost-
wind, ein Sturm des Herrn;
er steigt aus der Wüste auf / und lässt
Efraims Brunnen versiegen / und seine
Quellen vertrocknen.
Er plündert die Schatzkammern aus / und
raubt den ganzen kostbaren Besitz.
14 Samaria verfällt seiner Strafe, / weil
es sich empört hat gegen seinen
Gott.
Seine Bewohner fallen unter dem
Schwert, / ihre Kinder werden zerschmet-
tert, / die schwangeren Frauen werden auf-
geschlitzt.

13,2: 1 Kön 12,28.32 • 3: 6,4; Jes 17,13; Zef 2,2 • 4: 12,10; Ex 20,3; Dtn 5,7; Jes 43,11; 45,21 • 6: Dtn 32,15 • 7: 5,14 • 8: 2 Sam 17,8 • 10: 1 Sam 8,5.19f • 11: 10,15; 1 Sam 8,7.22 • 12: Dtn 32,34f • 13: Jes 26,17f; 37,3 • 14: 6,2; 1 Kor 15,55 • 15: 12,2 • 14,1: 10,14; 2 Kön 15,16.

Die Umkehr als Bedingung für die Rettung: 14,2–9

2 Kehr um, Israel, zum Herrn, deinem
Gott! / Denn du bist zu Fall gekommen
durch deine Schuld.
3 Kehrt um zum Herrn, / nehmt Worte (der
Reue) mit euch und sagt zu ihm:
Nimm alle Schuld von uns / und lass uns
Gutes erfahren! / Wir danken es dir mit der
Frucht unserer Lippen.
4 Assur kann uns nicht retten. / Wir wollen
nicht mehr auf Pferden reiten
und zum Machwerk unserer Hände sagen
wir nie mehr: Unser Gott. / Denn nur bei dir
findet der Verwaiste Erbarmen.
5 Ich will ihre Untreue heilen / und sie aus
lauter Großmut wieder lieben. / Denn mein
Zorn hat sich von Israel abgewandt.

13,5a Text korr. nach den alten Übersetzungen und dem Zusammenhang; H: Ich habe dich in der Wüste erkannt.

6 Ich werde für Israel da sein wie der Tau, /
damit es aufblüht wie eine Lilie / und Wur-
zeln schlägt wie der Libanon.
7 Seine Zweige sollen sich ausbreiten, /
seine Pracht soll der Pracht des Ölbaums
gleichen / und sein Duft dem Duft des Liba-
non.
8 Sie werden wieder in meinem Schatten
wohnen; / sie bauen Getreide an
und gedeihen wie die Reben, / deren Wein
so berühmt ist wie der Wein vom Libanon.
9 Was hat Efraim noch mit den Götzen zu
tun? / Ich, ja ich, erhöre ihn, ich schaue nach
ihm.
Ich bin wie der grünende Wacholder, / an
mir findest du reiche Frucht.

2: 5,5 • 4: 7,11; Jes 31,1 • 6: Jes 35,1f • 7: Ps 52,10 • 9: 4,17; 2 Kor 6,16.

NACHWORT: 14,10

10 Wer weise ist, begreife dies alles, / wer
klug ist, erkenne es.
Ja, die Wege des Herrn sind gerade; / die
Gerechten gehen auf ihnen, / die Treulosen
aber kommen auf ihnen zu Fall.

10: Ps 107,43; Dtn 32,4.

Das Buch Joël

Die unter der Überschrift »Wort des Herrn an Joël, den Sohn Petuëls« überlieferte Schrift enthält Teile, die sich stark voneinander unterscheiden. Die beiden ersten Kapitel spiegeln eine Bußfeier wider, die durch eine gewaltige Heuschreckenplage und eine Dürre veranlasst ist, während die Kapitel 3 und 4 vom zukünftigen Heil Israels handeln. Die Klammer zwischen beiden Teilen bildet das Thema vom »Tag des Herrn« (vgl. 1,15 und 2,1–11), auf den die jetzigen Katastrophen hinweisen. Ihre verheißene Abwendung (2,18–27: neuer Segen) ist ein Vorausbild der künftigen Heilszeit, in der, nach dem Gericht über die heidnischen Weltmächte, Juda und Jerusalem einen dauerhaften Frieden erfahren.

Die Frage, ob der jetzige Text von einem einzigen Autor stammt, wird heute von der Forschung zumeist bejaht. Über die Zeit der Abfassung ist man verschiedener Meinung. Gute Gründe sprechen für eine Datierung ins 5. oder 4. Jahrhundert v. Chr. Von der Person des Propheten ist nichts Näheres bekannt. Er zeigt sich sehr vertraut mit dem Kult am Tempel, ohne dass er deswegen als sog. Kultprophet gelten müsste. Öfter zitiert er prophetische Vorgänger, obwohl er sich in der ihm eigenen dichterischen Kraft als Mann von Originalität erweist. Besonders wichtig ist seine Verkündigung der Ausgießung des Gottesgeistes über alle Glieder des endzeitlichen Gottesvolkes (Kap. 3), die in der Predigt des Petrus am ersten christlichen Pfingstfest als erfüllt verkündigt wird (Apg 2,17–21).

ÜBERSCHRIFT: 1,1

1 Das Wort des Herrn, das an Joël, den Sohn Petuëls, erging.

DIE BUSSFEIER WEGEN DER HEUSCHRECKENPLAGE: 1,2 – 2,27

Die Heuschreckenplage als Anlass zur Buße: 1,2–20

2 Hört her, ihr Ältesten, / horcht alle auf,
ihr Bewohner des Landes!
Ist so etwas jemals geschehen / in euren
Tagen oder in den Tagen eurer Väter?
3 Erzählt euren Kindern davon / und eure
Kinder sollen es ihren Kindern erzählen /

und deren Kinder dem folgenden Ge-
schlecht.
4 Was der Grashüpfer übrig ließ, / hat die
Wanderheuschrecke gefressen;
was die Wanderheuschrecke übrig ließ, /
hat die Larve gefressen;
was die Larve übrig ließ, / hat der Nager
gefressen.
5 Wacht auf, ihr Betrunkenen, und weint! /
Jammert alle, ihr Zecher! / Euer Mund be-
kommt keinen Wein mehr zu trinken.
6 Denn ein Volk zog heran gegen mein
Land, / gewaltig groß und nicht zu zählen;
seine Zähne sind Zähne von Löwen, / sein
Gebiss ist das Gebiss einer Löwin.
7 Es hat meinen Weinstock verwüstet, /
meinen Feigenbaum völlig verstümmelt.
Abgeschält ließ es ihn liegen, / die Zweige
starren bleich in die Luft.
8 Klagt wie eine Jungfrau im Trauerge-
wand, / die den Bräutigam ihrer Jugend be-
weint.
9 Aus ist es mit dem Speiseopfer, / mit dem
Trankopfer im Haus des Herrn. / Es trauern
die Priester, die Diener des Herrn.
10 Kahl liegt das Feld, der Acker trauert; /
denn das Korn ist vernichtet, vertrocknet der
Wein, / das Öl ist versiegt.
11 Die Bauern sind ganz geschlagen, / es
jammern die Winzer;
denn Weizen und Gerste, / die Ernte des
Feldes ist verloren.
12 Der Weinstock ist dürr, der Feigenbaum
welk. / Granatbaum, Dattelpalme und Apfel-
baum,
alle Bäume auf dem Feld sind verdorrt; /
ja, verdorrt ist die Freude der Menschen.
13 Legt Trauer an und klagt, ihr Priester! /
Jammert, ihr Diener des Altars!
Kommt, verbringt die Nacht im Trauerge-
wand, / ihr Diener meines Gottes!
Denn Speiseopfer und Trankopfer / blei-
ben dem Haus eures Gottes versagt.
14 Ordnet ein heiliges Fasten an, / ruft ei-
nen Gottesdienst aus!
Versammelt die Ältesten / und alle Bewoh-
ner des Landes
beim Haus des Herrn, eures Gottes, / und
schreit zum Herrn:
15 Weh, was für ein Tag! / Denn der Tag
des Herrn ist nahe; / er kommt mit der Allge-
walt des Allmächtigen.
16 Vor unseren Augen wurde uns die Nah-
rung entrissen, / aus dem Haus unseres Got-
tes sind Freude und Jubel verschwunden.
17 Die Saat liegt vertrocknet unter den
Schollen; / die Scheunen sind verödet, die
Speicher zerfallen; / denn das Korn ist ver-
dorrt.
18 Wie brüllt das Vieh! / Die Rinderherden
irren umher,
denn sie finden kein Futter; / selbst die
Schafherden leiden Not.
19 Zu dir rufe ich, Herr; / denn Feuer hat
das Gras der Steppe gefressen, / die Flam-
men haben alle Bäume der Felder ver-
brannt.
20 Auch die wilden Tiere schreien lechzend
zu dir; / denn die Bäche sind vertrocknet /
und Feuer hat das Gras der Steppe gefres-
sen.

4: Dtn 28,38; Am 4,9; 7,1f; Ps 105,34f • 6: Offb 9,8 • 7: Jes 5,1 • 12: Jes 16,10; Jer 25,10; Am 4,7–9 • 14: 2,15f • 15: Jes 13,6; Ez 30,2f.

Der Tag des Herrn: 2,1–11

2 Auf dem Zion stoßt in das Horn, /
schlagt Lärm auf meinem heiligen
Berg!
Alle Bewohner des Landes sollen zittern; /
denn es kommt der Tag des Herrn,
ja, er ist nahe, / 2 der Tag des Dunkels und
der Finsternis, / der Tag der Wolken und
Wetter.
Wie das Morgenrot, das sich über die Ber-
ge hinbreitet, / kommt ein Volk, groß und
gewaltig,
wie es vor ihm noch nie eines gab / und
nach ihm keines mehr geben wird / bis zu
den fernsten Geschlechtern.
3 Vor ihm her verzehrendes Feuer, / hinter
ihm lodernde Flammen;
vor ihm ist das Land wie der Garten
Eden, / hinter ihm schaurige Wüste – / nichts
kann ihm entrinnen.
4 Wie Rosse sehen sie aus, / wie Reiter
stürmen sie dahin.
5 Wie rasselnde Streitwagen / springen sie
über die Kuppen der Berge,
wie eine prasselnde Feuerflamme, die die
Stoppeln frisst, / wie ein mächtiges Heer, ge-
rüstet zur Schlacht.
6 Bei ihrem Anblick winden sich Völker, /
alle Gesichter glühen vor Angst.
7 Wie Helden stürmen sie dahin, / wie
Krieger erklettern sie die Mauer.
Jeder verfolgt seinen Weg, / keiner verlässt
seine Bahn.
8 Keiner stößt den andern; / Mann für
Mann ziehen sie ihre Bahn.
Mitten durch die Wurfspeere stürmen sie
vor, / ihre Reihen nehmen kein Ende.
9 Sie überfallen die Stadt, erstürmen die
Mauern, / klettern an den Häusern empor, /
steigen durch die Fenster ein wie ein Dieb.
10 Die Erde zittert vor ihnen, der Himmel
erbebt; / Sonne und Mond verfinstern sich, /
die Sterne halten ihr Licht zurück.

11 Und der Herr lässt vor seinem Heer / sei-
ne Stimme dröhnen;
sein Heer ist gewaltig, / mächtig ist der
Vollstrecker seines Befehls.
Ja, groß ist der Tag des Herrn und voll
Schrecken. / Wer kann ihn ertragen?

1: Am 5,18.20; Zef 1,14 • 2: Zef 1,15 • 3: 1,19; Gen 2,8 • 4: Offb 9,7.9 • 6: Jes 13,8; Nah 2,11 • 10: 3,4; 4,15f • 11: Nah 1,6; Mal 3,2.23.

Der Aufruf zur Buße: 2,12–17

12 Auch jetzt noch – Spruch des Herrn: /
Kehrt um zu mir von ganzem Herzen / mit
Fasten, Weinen und Klagen.
13 Zerreißt eure Herzen, nicht eure Klei-
der, / und kehrt um zum Herrn, eurem
Gott!
Denn er ist gnädig und barmherzig, / lang-
mütig und reich an Güte / und es reut ihn,
dass er das Unheil verhängt hat.
14 Vielleicht kehrt er um und es reut ihn /
und er lässt Segen zurück,
sodass ihr Speise- und Trankopfer dar-
bringen könnt / für den Herrn, euren Gott.
15 Auf dem Zion stoßt in das Horn, / ordnet
ein heiliges Fasten an, / ruft einen Gottes-
dienst aus!
16 Versammelt das Volk, / heiligt die Ge-
meinde!
Versammelt die Alten, / holt die Kinder
zusammen, auch die Säuglinge!
Der Bräutigam verlasse seine Kammer /
und die Braut ihr Gemach.
17 Zwischen Vorhalle und Altar / sollen die
Priester klagen, / die Diener des Herrn sollen
sprechen:
Hab Mitleid, Herr, mit deinem Volk / und
überlass dein Erbe nicht der Schande, / da-
mit die Völker nicht über uns spotten.
Warum soll man bei den Völkern sagen: /
Wo ist denn ihr Gott?

12: Dtn 4,29 • 13: Jes 58,5 7; Am 5,11f; Ex 34,6f • 14: Jona 3,9 • 15: 2,1; 1,14 • 17: Ex 32,11f; 1 Makk 7,36–38; Ps 42,4.11; 79,10; Mi 7,10.

Die Erhörung durch Gott: 2,18–27

18 Da erwachte im Herrn die Leidenschaft
für sein Land / und er hatte Erbarmen mit
seinem Volk.
19 Der Herr antwortete seinem Volk und
sprach: / Seht, ich sende euch Korn, Wein
und Öl, / damit ihr euch daran sättigen
könnt.
Ich gebe euch nicht mehr der Schande
preis / unter den Völkern.
20 Den Feind aus dem Norden / schicke ich
weit von euch weg,
ich treibe ihn in ein dürres, verödetes
Land, / seine Vorhut treibe ich zum östlichen
Meer / und seine Nachhut zum westlichen
Meer.
Dann erhebt sich ein Gestank, / Verwe-
sungsgeruch steigt von ihm auf / [denn er
hat sich gebrüstet].
21 Fürchte dich nicht, fruchtbares Land! /
Freu dich und juble; / denn der Herr hat Gro-
ßes getan.
22 Fürchtet euch nicht, ihr Tiere auf dem
Feld! / Denn das Gras in der Steppe wird
wieder grün,
der Baum trägt seine Frucht, / Feigen-
baum und Weinstock bringen ihren Ertrag.
23 Jubelt, ihr Söhne Zions, / und freut euch
über den Herrn, euren Gott!
Denn er gibt euch Nahrung, wie es recht
ist. / Er schickt euch den Regen,
Herbstregen und Frühjahrsregen / wie in
früherer Zeit.
24 Die Tennen sind voll von Getreide, / die
Keltern fließen über von Wein und Öl.
25 Ich ersetze euch die Ernten, / die von der
Wanderheuschrecke und der Larve, / vom
Nager und vom Grashüpfer gefressen wur-
den,
von meinem großen Heer, / das ich gegen
euch sandte.
26 Ihr werdet essen und satt werden / und
den Namen des Herrn, eures Gottes, prei-
sen, / der für euch solche Wunder getan hat. /
[Mein Volk braucht sich nie mehr zu schä-
men.]
27 Dann werdet ihr erkennen, / dass ich
mitten in Israel bin
und dass ich der Herr, euer Gott, bin, / ich
und sonst niemand. / Mein Volk braucht sich
nie mehr zu schämen.

18: Dtn 4,24 • 19: Dtn 11,14 • 20: Jes 34,3; Am 4,10 • 23: Dtn 11,14 • 25: 1,4 • 27: Jes 42,8.

2,23 Text korr. nach G; H ist schwer verständlich.

2,26d Der Zusatz ist aus V. 27e hier eingedrungen.

DAS KOMMENDE HEIL: 3,1 – 4,21

Die Ausgießung des Geistes: 3,1–5

3 Danach aber wird es geschehen, / dass ich meinen Geist ausgieße über alles Fleisch.

Eure Söhne und Töchter werden Propheten sein, / eure Alten werden Träume haben / und eure jungen Männer haben Visionen.

2 Auch über Knechte und Mägde / werde ich meinen Geist ausgießen in jenen Tagen.

3 Ich werde wunderbare Zeichen wirken / am Himmel und auf der Erde: / Blut und Feuer und Rauchsäulen.

4 Die Sonne wird sich in Finsternis verwandeln / und der Mond in Blut,

ehe der Tag des Herrn kommt, / der große und schreckliche Tag.

5 Und es wird geschehen: / Wer den Namen des Herrn anruft, wird gerettet.

Denn auf dem Berg Zion / und in Jerusalem gibt es Rettung,

wie der Herr gesagt hat, / und wen der Herr ruft, der wird entrinnen.

1: Apg 2,17–21; Num 11,25–30 • 4: Offb 6,12 • 5: Röm 10,13; Obd 17; Offb 14,1.

Das Gericht über die Völker: 4,1–21

4 Denn seht, in jenen Tagen, in jener Zeit, / wenn ich das Geschick Judas und Jerusalems wende,

2 versammle ich alle Völker / und führe sie hinab zum Tal Joschafat;

dort streite ich im Gericht mit ihnen / um Israel, mein Volk und meinen Erbbesitz.

Denn sie haben es unter die Völker zerstreut / und mein Land aufgeteilt.

3 Sie haben über mein Volk das Los geworfen, / einen Knaben haben sie der Dirne als Lohn gegeben / und Mädchen für Wein verkauft, um zu zechen.

4 Und auch ihr, Tyrus und Sidon, und alle ihr Gaue der Philister, was wollt ihr von mir? Wollt ihr mir vergelten, was ich euch angetan habe? Oder wollt ihr mir selbst etwas antun? Leicht und schnell lasse ich eure Taten auf euch selbst zurückfallen. 5 Denn ihr habt mein Silber und Gold genommen und meine kostbaren Schätze in eure Paläste gebracht. 6 Ihr habt Judas und Jerusalems Söhne an die Jawaniter verkauft, um sie aus ihrer Heimat zu entfernen. 7 Seht her, ich lasse sie aufbrechen von dem Ort, wohin ihr sie verkauft habt, und lasse eure Taten auf euch selbst zurückfallen. 8 Und ich verkaufe eure Söhne und Töchter an die Söhne Judas und diese verkaufen sie weiter an die Sabäer, ein Volk in weiter Ferne. Ja, der Herr hat gesprochen.

9 Ruft den Völkern zu: / Ruft den Heiligen Krieg aus!

Bietet eure Kämpfer auf! / Alle Krieger sollen anrücken und heraufziehen.

10 Schmiedet Schwerter aus euren Pflugscharen / und Lanzen aus euren Winzermessern! / Der Schwache soll sagen: Ich bin ein Kämpfer.

11 Eilt alle herbei, / versammelt euch, ihr Völker ringsum! / Dorthin führe, Herr, deine Kämpfer hinab!

12 Die Völker sollen aufbrechen und heraufziehen zum Tal Joschafat. / Denn dort will ich zu Gericht sitzen über alle Völker ringsum.

13 Schwingt die Sichel, / denn die Ernte ist reif.

Kommt, tretet die Kelter, / denn sie ist voll, die Tröge fließen über. / Denn ihre Bosheit ist groß.

14 Getöse und Getümmel herrscht / im Tal der Entscheidung;

denn der Tag des Herrn ist nahe / im Tal der Entscheidung.

15 Sonne und Mond verfinstern sich, / die Sterne halten ihr Licht zurück.

16 Der Herr brüllt vom Zion her, / aus Jerusalem dröhnt seine Stimme, / sodass Himmel und Erde erbeben.

Doch für sein Volk ist der Herr eine Zuflucht, / er ist eine Burg für Israels Söhne.

17 Dann werdet ihr erkennen, / dass ich der Herr, euer Gott, bin

und dass ich auf dem Zion wohne, / meinem heiligen Berg.

Jerusalem wird heilig sein, / Fremde werden nie mehr hindurchziehen.

18 An jenem Tag triefen die Berge von Wein, / die Hügel fließen über von Milch / und in allen Bächen Judas strömt Wasser.

Eine Quelle entspringt im Haus des Herrn / und tränkt das Schittim-Tal.

19 Ägypten wird zur Wüste, / Edom wird zur verödeten Steppe,

4,11 H nicht ganz klar.
4,18 Schittim-Tal: wahrscheinlich das untere Kidrontal bei Jerusalem.
4,21ab Späterer erklärender Zusatz (vgl. V. 19d).

wegen der Gewalttat an Judas Söhnen, / in deren Land sie unschuldiges Blut vergossen.
20 Juda aber bleibt für immer bewohnt / und Jerusalem besteht von Geschlecht zu Geschlecht,
21 [ich erkläre ihr Blut für unschuldig, / das ich vorher nicht für unschuldig erklärte] / und der Herr wohnt auf dem Zion.

1: Jer 29,14; Ez 16,53; Hos 6,11 • 2: Offb 16,16 • 4: Am 1,6–10 • 6: Ez 27,13 • 10: Jes 2,4; Mi 4,3 • 13: Jes 17,5; Offb 14,14–20; Jes 63,1–6 • 14: Jes 17,12; Joël 4,2 • 15: 2,10 • 16: Jer 25,30; Am 1,2; Ps 46,2f • 17: Ez 38,23 • 18: Am 9,13; Jes 30,25; Ez 47,1–5 • 20: Jer 17,25; Ez 37,25.

Das Buch Amos

Die neun Kapitel dieses Buches lassen einen klaren Aufbau erkennen. Die beiden ersten Kapitel stellen einen Zyklus von Gerichtsreden über die Völker und Israel dar, dann folgen in Kap. 3 – 6 die konkreten Anklagen und Strafansagen des Propheten gegen führende Kreise des Nordreichs. In Kap. 7 – 9 treffen wir, nur unterbrochen durch den Bericht, in dem von Amos in der dritten Person erzählt wird (7,10–17), auf einen Zyklus von fünf Visionen. Den Abschluss bildet die Heilsverheißung von 9,11–15, die die Wiederaufrichtung der »zerfallenen Hütte Davids« in Aussicht stellt; ob sie auf Amos selbst zurückgeht, ist in der Forschung umstritten und wird häufig verneint. Die Lobpreisungen in 4,13; 5,8f; 9,5f sind sicher erst später eingefügt worden, wahrscheinlich auch der Juda-Spruch in 2,4f.

Amos war von Haus aus ein Viehzüchter und Maulbeerfeigenpflanzer (1,1; 7,14) aus Tekoa, südlich von Betlehem. Er wurde durch göttliche Berufung gegen Ende der Regierungszeit des politisch und wirtschaftlich überaus erfolgreichen Königs Jerobeam II. nach 760 v. Chr. als Prophet ins Nordreich Israel gesandt (3,3–8; 7,15), wo er für kurze Zeit bis zu seiner Ausweisung am Reichsheiligtum von Bet-El wirkte. Die Hauptanklage dieses ältesten Schriftpropheten richtet sich gegen die des Gottesvolkes unwürdigen Zustände im Staat, in der Verwaltung, im Gerichtswesen und in der Wirtschaft. Weil die oberen Schichten die Menschen niederer Herkunft und ungesicherter sozialer Lage zu bloßen Objekten ihres Erwerbs-, Macht- und Genusstriebs herabwürdigen und so das »Gottesrecht« brechen, muss Amos das Todesurteil Gottes für das Reich Israel verkünden. Eine auf den Kult beschränkte Verehrung Gottes wird von Amos verworfen (5,21–26). Jahwe ist nach ihm so sehr ein »Gott für den Menschen«, dass selbst die Völkerwelt wegen Unmenschlichkeit und Zertretung der fundamentalen Menschenrechte seinem Strafgericht verfällt (1,3 – 2,3). Amos kündigt einen »Tag des Herrn« an, der »Finsternis bringen wird und nicht Licht« (5,18–20). Höchstens ein »Rest« wird gerettet werden (5,15).

Im Neuen Testament erfährt die Botschaft des Amos ein Echo vor allem in der Rede des Stephanus in Apg 7,42f (= Am 5,25–27). Das Vermächtnis des Amos bleibt ein fundamentales Anliegen auch für das Gottesvolk des Neuen Bundes. Das mitmenschliche Ethos gehört zum Wesen gelebter Offenbarungsreligion.

ÜBERSCHRIFT: 1,1

1 Die Worte, die Amos, ein Schafzüchter aus Tekoa, in Visionen über Israel gehört hat, in der Zeit, als Usija König von Juda und Jerobeam, der Sohn des Joasch, König von Israel waren, zwei Jahre vor dem Erdbeben.

DAS GERICHT ÜBER DIE VÖLKER: 1,3 – 2,16

Über die Nachbarvölker: 1,3 – 2,3

2 Er sprach:

Der Herr brüllt vom Zion her, / aus Jerusalem lässt er seine Stimme erschallen.

Da welken die Auen der Hirten / und der Gipfel des Karmel verdorrt.

3 So spricht der Herr:

Wegen der drei Verbrechen, die Damaskus beging, / wegen der vier nehme ich es nicht zurück:

Weil sie Gilead mit eisernen Dreschschlit-
ten zermalmten, / 4 darum schicke ich Feuer
gegen Hasaëls Haus; / es frisst Ben-Hadads
Paläste.

5 Ich zerbreche die Riegel von Damaskus, / ich vernichte den Herrscher von Bikat-Awen / und den Zepterträger von Bet-Eden;

das Volk von *Aram* muss in die Verbannung nach Kir, / spricht der Herr.

6 So spricht der Herr:

Wegen der drei Verbrechen, die Gaza beging, / wegen der vier nehme ich es nicht zurück:

Weil sie ganze Gebiete entvölkerten, / um die Verschleppten an Edom auszuliefern,

7 darum schicke ich Feuer in Gazas Mauern; / es frisst seine Paläste.

8 Ich vernichte den Herrscher von Aschdod / und den Zepterträger von Aschkelon.

Dann wende ich meine Hand gegen Ekron / und der Rest der *Philister* wird verschwinden, / spricht der Herr.

9 So spricht der Herr:

Wegen der drei Verbrechen, die *Tyrus* beging, / wegen der vier nehme ich es nicht zurück:

Weil sie Verschleppte scharenweise an Edom auslieferten / und nicht mehr an den Bund mit ihren Brüdern dachten,

10 darum schicke ich Feuer in die Mauern von Tyrus; / es frisst seine Paläste.

11 So spricht der Herr:

Wegen der drei Verbrechen, die *Edom* beging, / wegen der vier nehme ich es nicht zurück:

Weil Edom seinen Bruder mit dem Schwert verfolgte / und jedes Mitleid unterdrückte,

weil es unversöhnlich festhielt an seinem Zorn / und nie abließ von seinem Groll,

12 schicke ich Feuer gegen Teman; / es frisst Bozras Paläste.

13 So spricht der Herr:

Wegen der drei Verbrechen, die die *Ammoniter* begingen, / wegen der vier nehme ich es nicht zurück:

Weil sie in Gilead die schwangeren Frauen aufschlitzten, / als sie ihr Gebiet erweitern wollten,

14 darum lege ich Feuer an die Mauern von Rabba; / es frisst seine Paläste

beim Kriegsgeschrei am Tag der Schlacht, / beim Getöse am Tag des Sturms.

15 Ihr König muss in die Verbannung, / er und alle seine Großen, / spricht der Herr.

2 So spricht der Herr:

Wegen der drei Verbrechen, die *Moab* beging, / wegen der vier nehme ich es nicht zurück:

Weil Moab die Gebeine des Königs von Edom / zu Kalk verbrannte,

2 darum schicke ich Feuer gegen Moab; / es frisst die Paläste von Kerijot

und Moab geht im Getümmel zugrunde, / beim Kriegsgeschrei, beim Schall der Hörner.

3 Ich vernichte in Moab den Herrscher / und erschlage zusammen mit ihm alle seine Großen, / spricht der Herr.

1,3–5: Jes 17,1–3; Jer 49,23–27 • 4: 2 Kön 10,32 • 5: 2 Kön 16,9 • 6: 2 Chr 21,16f; Zef 2,4–7 • 9–10: Jes 23; Ez 26–28 • 11–12: Jer 49,7–22; Ez 35 • 13–15: Jer 49,1–6 • 13: 2 Kön 5,16 • 2,1–3: Jes 15f; Jer 48.

Über Juda und Israel: 2,4–16

4 So spricht der Herr:

Wegen der drei Verbrechen, die *Juda* beging, / wegen der vier nehme ich es nicht zurück:

Weil sie die Weisung des Herrn missachteten / und seine Gesetze nicht befolgten,

weil sie sich irreführen ließen von ihren Lügengöttern, / denen schon ihre Väter gefolgt sind,

5 darum schicke ich Feuer gegen Juda; / es frisst Jerusalems Paläste.

6 So spricht der Herr:

Wegen der drei Verbrechen, die *Israel* beging, / wegen der vier nehme ich es nicht zurück:

Weil sie den Unschuldigen für Geld verkaufen / und den Armen für ein Paar Sandalen,

7 weil sie die Kleinen in den Staub treten / und das Recht der Schwachen beugen.

1,5 Herrscher: G: Einwohner.

Sohn und Vater gehen zum selben Mäd-
chen, / um meinen heiligen Namen zu ent-
weihen.
8 Sie strecken sich auf gepfändeten Klei-
dern aus / neben jedem Altar,
von Bußgeldern kaufen sie Wein / und
trinken ihn im Haus ihres Gottes.
9 Dabei bin ich es gewesen, / der vor ihren
Augen die Amoriter vernichtete,
die groß waren wie die Zedern / und stark
wie die Eichen;
ich habe oben ihre Frucht vernichtet / und
unten ihre Wurzeln.
10 Ich bin es gewesen, / der euch aus Ägyp-
ten heraufgeführt
und euch vierzig Jahre lang / durch die
Wüste geleitet hat,
damit ihr das Land der Amoriter / in Be-
sitz nehmen konntet.
11 Ich habe einige eurer Söhne zu Prophe-
ten gemacht / und einige von euren jungen
Männern zu Nasiräern.
Ist es nicht so, ihr Söhne Israels? – /
Spruch des Herrn.
12 Ihr aber habt den Nasiräern / Wein zu
trinken gegeben
und den Propheten habt ihr befohlen: / Ihr
dürft nicht mehr als Propheten auftreten.
13 Seht, ich lasse den Boden unter euch
schwanken, / wie ein Wagen schwankt, der
voll ist von Garben.
14 Dann gibt es auch für den Schnellsten
keine Flucht mehr, / dem Starken versagen
die Kräfte, / auch der Held kann sein Leben
nicht retten.
15 Kein Bogenschütze hält stand, / dem
schnellen Läufer helfen seine Beine nichts, /
noch rettet den Reiter sein Pferd.
16 Selbst der Tapferste unter den Kämp-
fern, / nackt muss er fliehen an jenem
Tag – / Spruch des Herrn.

4: Jes 5,24 • 5: Hos 8,14 • 6: Jes 3,15 • 7: Dtn 27,20 • 9: Dtn 7,1; Hos 9,16 • 10: Dtn 2,7 • 11: Dtn 18,18 • 12: 7,12; Jes 30,10 • 13: Num 16,30–33 • 14–16: 9,1.

DIE ANKLAGEN GEGEN DIE OBERSCHICHT IN ISRAEL: 3,1 – 6,14

Israels Erwählung und Verantwortung: 3,1–2

3 Hört dieses Wort, das der Herr gespro-
chen hat / über euch, ihr Söhne Israels,
über den ganzen Stamm, / den ich aus Ägyp-
ten heraufgeführt habe.
2 Nur euch habe ich erwählt / aus allen
Stämmen der Erde;
darum ziehe ich euch zur Rechenschaft /
für alle eure Vergehen.

2: Dtn 7,6.

Gott und die Propheten: 3,3–8

3 Gehen zwei den gleichen Weg, / ohne
dass sie sich verabredet haben?
4 Brüllt der Löwe im Wald / und er hat
keine Beute?
Gibt der junge Löwe Laut in seinem Ver-
steck, / ohne dass er einen Fang getan hat?
5 Fällt ein Vogel zur Erde, / wenn niemand
nach ihm geworfen hat?
Springt die Klappfalle vom Boden auf, /
wenn sie nichts gefangen hat?
6 Bläst in der Stadt jemand ins Horn, /
ohne dass das Volk erschrickt?
Geschieht ein Unglück in einer Stadt, /
ohne dass der Herr es bewirkt hat?
7 Nichts tut Gott, der Herr, / ohne dass er
seinen Knechten, den Propheten, / zuvor sei-
nen Ratschluss offenbart hat.
8 Der Löwe brüllt – wer fürchtet sich
nicht? / Gott, der Herr, spricht – / wer wird
da nicht zum Propheten?

6: Joël 2,1.

Das Gericht über Samaria: 3,9–15

9 Ruft es aus über den Palästen von Asch-
dod / und über den Palästen in Ägypten!
Sagt: Versammelt euch auf den Bergen
rings um Samaria, / seht euch das wilde
Treiben in der Stadt an / und die Unterdrü-
ckung, die dort herrscht.
10 Sie kennen die Rechtschaffenheit nicht
– Spruch des Herrn –, / sie sammeln Schätze
in ihren Palästen / mit Gewalt und Unter-
drückung.
11 Darum – so spricht Gott, der Herr:
Ein Feind wird das Land umzingeln; / er
wird deine Macht niederreißen / und deine
Paläste werden geplündert.
12 So spricht der Herr:
Wie ein Hirt aus dem Rachen des Löwen /
(von einem Schaf) nur zwei Wadenknochen
rettet oder den Zipfel eines Ohres,
so werden Israels Söhne gerettet, / die in
Samaria auf ihrem Diwan sitzen / und auf
ihren Polstern aus Damaskus.

2,11 Nasiräer sind Männer, die ein Enthaltungsgelübde abgelegt haben (vgl. Num 6,1–21).

13 Hört und bezeugt es dem Haus Jakob – /
Spruch Gottes, des Herrn, des Gottes der
Heere:
14 Ja, an dem Tag, an dem ich Israel / für
seine Verbrechen zur Rechenschaft ziehe, /
werde ich an den Altären von Bet-El die
Strafe vollziehen;
die Hörner des Altars werden abgehauen /
und fallen zu Boden.
15 Ich zerschlage den Winterpalast und
den Sommerpalast, / die Elfenbeinhäuser
werden verschwinden
und mit den vielen Häusern ist es zu En-
de – / Spruch des Herrn.

9: Zef 3,8 • 12: 6,4 • 14: 1 Kön 12,32; 2 Kön 23,15 • 15: 1 Kön 22,39.

Die Unterdrückung der Armen: 4,1–3

4 Hört dieses Wort, / ihr Baschankühe auf
dem Berg von Samaria,
die ihr die Schwachen unterdrückt / und
die Armen zermalmt
und zu euren Männern sagt: / Schafft Wein
herbei, wir wollen trinken.
2 Bei seiner Heiligkeit / hat Gott, der Herr,
geschworen:
Seht, Tage kommen über euch, / da holt
man euch mit Fleischerhaken weg,
und was dann noch von euch übrig ist, /
mit Angelhaken.
3 Ihr müsst durch die Breschen der Mauern
hinaus, / eine hinter der andern;
man jagt euch dem Hermon zu – / Spruch
des Herrn.

Umkehr – nicht äußerlicher Kult: 4,4 – 5,9

4 Kommt nach Bet-El und sündigt, /
kommt nach Gilgal und sündigt noch
mehr!
Bringt jeden Morgen eure Schlachtopfer
herbei, / bringt am dritten Tag euren Zehn-
ten!
5 Verbrennt als Dankopfer gesäuertes
Brot! / Ruft zu freiwilligen Opfern auf, / ver-
kündet es laut, damit man es hört!
Denn so gefällt es euch, ihr Söhne Isra-
els – / Spruch Gottes, des Herrn.
6 Ich ließ euch hungern in all euren Städ-
ten, / ich gab euch kein Brot mehr in all eu-
ren Dörfern
und dennoch seid ihr nicht umgekehrt zu
mir – / Spruch des Herrn.
7 Ich versagte euch den Regen / drei Mo-
nate vor der Ernte.
Über der einen Stadt ließ ich es regnen, /
über der anderen nicht;
das eine Feld bekam Regen, / das andere
nicht, sodass es verdorrte.
8 Zwei, drei Städte taumelten zu der ei-
nen; / sie wollten Wasser trinken und blieben
doch durstig.
Und dennoch seid ihr nicht umgekehrt zu
mir – / Spruch des Herrn.
9 Ich vernichtete euer Getreide durch Rost
und Mehltau, / ich verwüstete eure Gärten
und Weinberge;
eure Feigenbäume und eure Ölbäume /
fraßen die Heuschrecken kahl.
Und dennoch seid ihr nicht umgekehrt zu
mir – / Spruch des Herrn.
10 Ich ließ die Pest gegen euch los wie ge-
gen Ägypten, / eure jungen Männer tötete ich
mit dem Schwert / und gab eure Pferde (den
Feinden) zur Beute;
den Leichengestank von eurem Heerlager /
ließ ich euch in die Nase steigen.
Und dennoch seid ihr nicht umgekehrt zu
mir – / Spruch des Herrn.
11 Ich brachte über euch eine gewaltige
Zerstörung / wie die, die Gott einst über So-
dom und Gomorra verhängte;
ihr wart wie ein Holzscheit, / das man aus
dem Feuer herausholt.
Und dennoch seid ihr nicht umgekehrt zu
mir – / Spruch des Herrn.
12 Darum will ich dir all das antun, Israel, /
und weil ich dir all das antun werde, / mach
dich bereit, deinem Gott gegenüberzutre-
ten.
13 Denn siehe, er formt die Berge, / er er-
schafft den Wind,
er verkündet den Menschen, was er im
Sinn hat; / er macht das Morgenrot und die
Finsternis,
er schreitet über die Höhen der Erde da-
hin – / Jahwe, Gott der Heere, ist sein
Name.

5 Hört dieses Wort, ihr vom Haus Israel, /
hört die Totenklage, die ich über euch
anstimme:
2 Gefallen ist sie und steht nicht mehr
auf, / die Jungfrau Israel;
sie liegt zerschmettert am Boden in ihrem
Land / und niemand richtet sie auf.
3 Denn so spricht Gott, der Herr:
In die Stadt, aus der tausend Männer aus-
zogen, / kehren nur hundert zurück,
und wo hundert auszogen, / kehren nur
zehn zurück.

4,1 Die Frauen der Oberschicht werden mit den üppigen Kühen des Baschan, eines Weidegebiets im nördlichen Ostjordanland, verglichen.

4 Ja, so spricht der Herr zum Haus Israel: /
Sucht mich, dann werdet ihr leben.
5 Doch sucht nicht Bet-El auf, / geht nicht
nach Gilgal, / zieht nicht nach Beerscheba!
Denn Gilgal droht die Verbannung / und
Bet-El der Untergang.
6 Sucht den Herrn, dann werdet ihr leben. /
Sonst dringt er in das Haus Josef ein
wie ein Feuer, das frisst, / und niemand
löscht Bet-Els Brand.
8 Er hat das Siebengestirn und den Orion
erschaffen; / er verwandelt die Finsternis in
den hellen Morgen,
er verdunkelt den Tag zur Nacht, / er ruft
das Wasser des Meeres
und gießt es aus über die Erde – / Jahwe ist
sein Name.
9 Plötzlich wird er den Starken vernich-
ten / und über die befestigten Städte bricht
die Vernichtung herein.

4,4: Hos 4,15; 12,12 • 6: Lev 26,14–39 • 9: Hag 2,17; Joël 1,4 • 10: Ex 9,3 • 11: Gen 19,24; Sach 3,2 • 5,5: 4,4; 8,14 • 8: Ijob 9,9; Am 9,6.

Die Beugung des Rechts: 5,7.10–15

7 Weh denen, die das Recht in bitteren
Wermut verwandeln / und die Gerechtigkeit
zu Boden schlagen.
10 Bei Gericht hassen sie den, / der zur Ge-
rechtigkeit mahnt, / und wer Wahres redet,
den verabscheuen sie.
11 Weil ihr von den Hilflosen Pachtgeld an-
nehmt / und ihr Getreide mit Steuern be-
legt,
darum baut ihr Häuser aus behauenen
Steinen – / und wohnt nicht darin,
legt ihr euch prächtige Weinberge an – /
und werdet den Wein nicht trinken.
12 Denn ich kenne eure vielen Vergehen /
und eure zahlreichen Sünden.
Ihr bringt den Unschuldigen in Not, / ihr
lasst euch bestechen / und weist den Armen
ab bei Gericht.
13 Darum schweigt in dieser Zeit, wer klug
ist; / denn es ist eine böse Zeit.
14 Sucht das Gute, nicht das Böse; / dann
werdet ihr leben
und dann wird, wie ihr sagt, / der Herr, der
Gott der Heere, bei euch sein.
15 Hasst das Böse, liebt das Gute / und
bringt bei Gericht das Recht zur Geltung!
Vielleicht ist der Herr, der Gott der Hee-
re, / dem Rest Josefs dann gnädig.

7: 6,12 • 11: Zef 1,13; Dtn 28,39.

Der kommende Tag des Herrn: 5,16–20

16 Darum – so spricht der Herr, der Gott
der Heere:
Auf allen Plätzen herrscht Trauer / und
auf allen Gassen schreit man: Wehe! Wehe!
Den Ackerknecht holt man zur Totenkla-
ge, / den Kenner der Totenlieder ruft man
zum Klagen.
17 In allen Weinbergen herrscht Trauer; /
denn ich schreite durch deine Mitte, / spricht
der Herr.
18 Weh denen, die den Tag des Herrn her-
beisehnen. / Was nützt euch denn der Tag
des Herrn? / Finsternis ist er, nicht Licht.
19 Es ist, wie wenn jemand einem Löwen
entflieht / und ihn dann ein Bär überfällt;
kommt er nach Hause / und stützt sich mit
der Hand auf die Mauer, / dann beißt ihn
eine Schlange.
20 Ja, Finsternis ist der Tag des Herrn,
nicht Licht, / ohne Helligkeit ist er und dun-
kel.

18: Joël 2,11.

Der wahre Gottesdienst: 5,21–27

21 Ich hasse eure Feste, ich verabscheue
sie / und kann eure Feiern nicht riechen.
22 Wenn ihr mir Brandopfer darbringt, /
ich habe kein Gefallen an euren Gaben /
und eure fetten Heilsopfer will ich nicht se-
hen.
23 Weg mit dem Lärm deiner Lieder! / Dein
Harfenspiel will ich nicht hören,
24 sondern das Recht ströme wie Wasser, /
die Gerechtigkeit wie ein nie versiegender
Bach.
25 Habt ihr mir etwa Schlachtopfer und
Gaben dargebracht / während der vierzig
Jahre in der Wüste, / ihr vom Haus Israel?
26 Ihr werdet (den Gott) Sakkut als euren
König vor euch hertragen müssen / und den
Kewan, euren Sterngott, / eure Götter, die
ihr euch selber gemacht habt.
27 Ich will euch in die Gebiete jenseits von
Damaskus verbannen, / spricht der Herr; /
Gott der Heere ist sein Name.

21: Jes 1,11–14; Hos 8,13 • 25: Jer 7,22f; Apg 7,42f • 27: 2 Kön 17,6; Am 4,13.

Die leichtlebige Oberschicht: 6,1–14

6 Weh den Sorglosen auf dem Zion / und
den Selbstsicheren auf dem Berg von
Samaria.
Weh den Vornehmen des Ersten unter den

5,8 V. 7 gehört zwischen V. 9 und V. 10; er ist der Anfang der folgenden Rede.
5,10.12.15 Bei Gericht, wörtlich: Im Stadttor. Im Tor der Stadt fanden die Gerichtsverhandlungen statt.
5,26 Sakkut und Kewan sind assyrische Gestirngötter; H nicht ganz klar.
6,1d Text unklar.

Völkern. / [Weh denen, bei denen sich die
Israeliten versammeln.]
2 Zieht hinüber nach Kalne und seht euch
dort um! / Geht von da nach Hamat, in die
große Stadt, / und steigt hinunter nach Gat,
ins Land der Philister!
Seid ihr besser als diese Reiche? / Ist euer
Gebiet größer als ihr Gebiet?
3 Ihr, die ihr den Tag des Unheils hinausschieben wollt, / führt die Herrschaft der
Gewalt herbei.
4 Ihr liegt auf Betten aus Elfenbein / und
faulenzt auf euren Polstern.
Zum Essen holt ihr euch Lämmer aus der
Herde / und Mastkälber aus dem Stall.
5 Ihr grölt zum Klang der Harfe, / ihr wollt
Lieder erfinden wie David.
6 Ihr trinkt den Wein aus großen Humpen, / ihr salbt euch mit dem feinsten Öl /
und sorgt euch nicht über den Untergang
Josefs.
7 Darum müssen sie jetzt in die Verbannung, / allen Verbannten voran. / Das Fest
der Faulenzer ist nun vorbei.
8 Gott, der Herr, hat bei sich selbst geschworen – / Spruch des Herrn, des Gottes
der Heere:
Ich verabscheue Jakobs Stolz / und hasse
seine Paläste;
die Stadt und alles, was in ihr ist, / gebe
ich preis.
9 Wenn dann in einem einzigen Haus noch
zehn Menschen übrig sind, / müssen auch sie
sterben.
10 Und hebt ein Verwandter oder der Leichenbestatter einen Toten auf, / um die Gebeine aus dem Haus zu schaffen,
und fragt er den, / der im hintersten Winkel des Hauses sitzt:
Ist noch jemand bei dir?, / dann antwortet
dieser: Nein!, und sagt: / Still! Sprich ja
nicht den Namen des Herrn aus!
11 Denn der Herr befiehlt / und man
schlägt das große Haus in Trümmer / und
das kleine in Stücke.
12 Rennen denn Pferde über die Felsen, /
oder pflügt man mit Ochsen das Meer?
Ihr aber habt das Recht in Gift verwandelt / und die Frucht der Gerechtigkeit in
bitteren Wermut.
13 Ihr jubelt über (die Eroberung von) Lo-Dabar und sagt: / Haben wir nicht aus
eigener Kraft Karnajim erobert?
14 Doch seht, ihr vom Haus Israel, / ich
schicke ein Volk gegen euch, / das euch quälen wird
von Lebo-Hamat bis zum Bach der Araba-Steppe – / Spruch des Herrn, des Gottes der
Heere.

1: Lk 6,24 • 3: 9,10; Ez 12,27 • 5: Jes 5,12 • 8: 4,2 • 10: Hab 2,20; Sach 2,17 • 13: Dtn 8,17.

DIE VISIONEN UND EIN BIOGRAPHISCHER BERICHT: 7,1 – 9,6

Die erste Vision: Die Heuschreckenplage: 7,1–3

7 Dies zeigte mir Gott, der Herr, in einer
Vision: Er ließ Heuschrecken entstehen,
als gerade die Frühjahrssaat zu wachsen begann [die Frühjahrssaat folgt auf den
Schnitt für den König]. 2 Sie machten sich
daran, alles Grün im Land zu vertilgen. Da
rief ich: Gott, mein Herr, vergib doch! Was
soll denn aus Jakob werden? Er ist ja so
klein. 3 Da reute es den Herrn und er sagte:
Es soll nicht geschehen.

1: 4,9; Joël 1,4–7; Dtn 28,38.

Die zweite Vision: Die Feuersglut: 7,4–6

4 Dies zeigte mir Gott, der Herr, in einer
Vision: Gott, der Herr, rief zur Strafe das
Feuer herbei und das Feuer fraß die große
Flut und wollte schon das Land Jakobs verschlingen. 5 Da rief ich: Gott, mein Herr, halte doch ein! Was soll denn aus Jakob werden? Er ist ja so klein. 6 Da reute es den
Herrn und er sagte: Auch das soll nicht geschehen.

4: Joël 1,19f.

Die dritte Vision: Das Senkblei: 7,7–9

7 Dies zeigte mir Gott, der Herr, in einer
Vision: Er stand auf einer Mauer und hatte
ein Senkblei in der Hand. 8 Und der Herr
fragte mich: Was siehst du, Amos? Ich antwortete: Ein Senkblei. Da sagte der Herr:
Sieh her, mit dem Senkblei prüfe ich mein
Volk Israel. Ich verschone es nicht noch ein-

6,2 Kalne ist die Hauptstadt eines nordsyrischen Staates, Hamat eine Aramäerhauptstadt am Orontes.
6,6 »Josef« ist hier Bezeichnung für das Nordreich Israel.
6,10 Text nicht ganz klar. Der Versschluss bezeugt die Angst vor der Todesgefahr, die von Gott ausgeht.
6,13 Lo-Dabar und Karnajim sind Städte im Ostjordanland.
6,14d Nord- und Südgrenze Israels.
7,8 Senkblei: Übersetzung unsicher.

mal. 9 Isaaks Kulthöhen werden verwüstet und Israels Heiligtümer zerstört; mit dem Schwert in der Hand erhebe ich mich gegen das Haus Jerobeam.

Die Ausweisung des Propheten: 7,10–17

10 Amazja, der Priester von Bet-El, ließ Jerobeam, dem König von Israel, melden: Mitten im Haus Israel ruft Amos zum Aufruhr gegen dich auf; seine Worte sind unerträglich für das Land. 11 Denn so sagt Amos: Jerobeam stirbt durch das Schwert und Israel muss sein Land verlassen und in die Verbannung ziehen.

12 Zu Amos aber sagte Amazja: Geh, Seher, flüchte ins Land Juda! Iss dort dein Brot und tritt dort als Prophet auf! 13 In Bet-El darfst du nicht mehr als Prophet reden; denn das hier ist ein Heiligtum des Königs und ein Reichstempel. 14 Amos antwortete Amazja: Ich bin kein Prophet und kein Prophetenschüler, sondern ich bin ein Viehzüchter und ich ziehe Maulbeerfeigen. 15 Aber der Herr hat mich von meiner Herde weggeholt und zu mir gesagt: Geh und rede als Prophet zu meinem Volk Israel!

16 Darum höre jetzt das Wort des Herrn! Du sagst: Tritt nicht als Prophet gegen Israel auf und prophezei nicht gegen das Haus Isaak! 17 Darum – so spricht der Herr: Deine Frau wird in der Stadt als Dirne leben, deine Söhne und Töchter fallen unter dem Schwert, dein Ackerland wird mit der Messschnur verteilt, du selbst aber stirbst in einem unreinen Land und Israel muss sein Land verlassen und in die Verbannung ziehen.

11: 5,27; 6,7; 9,4 • 12: 1 Sam 9,7 • 13: 2,12 • 14: 2 Kön 2,3; Am 1,1; Ps 78,70f • 16: 2,12; Mi 2,6 • 17: 2 Kön 17,2–6.

Die vierte Vision: Der Obstkorb: 8,1–3

8 Dies zeigte mir Gott, der Herr, in einer Vision: Ich sah einen Korb mit reifem Obst. 2 Er fragte: Was siehst du, Amos? Ich antwortete: Einen Korb mit reifem Obst. Da sagte der Herr zu mir: Mein Volk Israel ist reif für das Ende. Ich verschone es nicht noch einmal. 3 An jenem Tag werden die Sängerinnen des Palastes Klagelieder singen – Spruch des Herrn. Alles ist voller Leichen, überall wirft man sie hin. Still!

2: Offb 14,15 –19.

Gegen die Ausbeutung: 8,4–14

4 Hört dieses Wort, die ihr die Schwachen verfolgt / und die Armen im Land unterdrückt.

5 Ihr sagt: Wann ist das Neumondfest vorbei? / Wir wollen Getreide verkaufen.

Und wann ist der Sabbat vorbei? / Wir wollen den Kornspeicher öffnen,

das Maß kleiner und den Preis größer machen / und die Gewichte fälschen.

6 Wir wollen mit Geld die Hilflosen kaufen, / für ein paar Sandalen die Armen.

Sogar den Abfall des Getreides / machen wir zu Geld.

7 Beim Stolz Jakobs hat der Herr geschworen: / Keine ihrer Taten werde ich jemals vergessen.

8 Sollte deshalb die Erde nicht beben, / sollten nicht alle ihre Bewohner voll Trauer sein?

Sollte nicht die ganze Erde sich heben wie der Nil: / [aufgewühlt sein] und sich wieder senken wie der Strom von Ägypten?

9 An jenem Tag – Spruch Gottes, des Herrn – / lasse ich am Mittag die Sonne untergehen

und breite am helllichten Tag / über die Erde Finsternis aus.

10 Ich verwandle eure Feste in Trauer / und all eure Lieder in Totenklage.

Ich lege allen ein Trauergewand um / und schere alle Köpfe kahl.

Ich bringe Trauer über das Land / wie die Trauer um den einzigen Sohn

und das Ende wird sein / wie der bittere Tag (des Todes).

11 Seht, es kommen Tage – Spruch Gottes, des Herrn –, / da schicke ich den Hunger ins Land,

nicht den Hunger nach Brot, nicht Durst nach Wasser, / sondern nach einem Wort des Herrn.

12 Dann wanken die Menschen von Meer zu Meer, / sie ziehen von Norden nach Osten,

um das Wort des Herrn zu suchen; / doch sie finden es nicht.

13 An jenem Tag werden die schönen jungen Mädchen / und die jungen Männer ohnmächtig vor Durst,

14 alle, die beim Götzenbild von Samaria schwören und sagen: / So wahr dein Gott lebt, Dan, / so wahr dein Geliebter lebt, Beerscheba!,

---

7,17 »Unreines Land« bedeutet fremdes Land.
8,7 Stolz Jakobs: wahrscheinlich ist das Gelobte Land gemeint.
8,14 beim Götzenbild, wörtlich: bei der Sünde (vgl. 2 Kön 17,30).

sie werden zu Boden stürzen / und sich
nicht mehr erheben.

4: 2,6–8 • 5: Dtn 25,13; Mi 6,10f • 8: 9,5 • 10: Hos 2,13; Jes 3,24; Jer 6,26 • 13: Sach 9,17.

Die fünfte Vision: Der Untergang des Tempels und des Volkes:
9,1–6

9 Ich sah den Herrn beim Altar stehen. /
Er sagte: Zerschlag den Knauf der Säule, / sodass die Tragbalken zittern.
Ich zerschmettere allen den Kopf. / Was dann von ihnen noch übrig ist, / töte ich mit dem Schwert.
Keiner von ihnen kann entfliehen, / keiner entrinnt, keiner entkommt.
2 Wenn sie in die Totenwelt einbrechen: /
meine Hand packt sie auch dort.
Und wenn sie zum Himmel aufsteigen: /
ich hole sie von dort herunter.
3 Wenn sie sich auf dem Gipfel des Karmel
verstecken: / ich spüre sie dort auf und ergreife sie.
Wenn sie sich vor mir auf dem Grund des Meeres verbergen, / dann gebiete ich der Seeschlange, sie zu beißen.
4 Und wenn sie vor ihren Feinden her in
die Gefangenschaft ziehen, / dann befehle ich dort dem Schwert, sie zu töten.
Ich habe meine Augen auf sie gerichtet / zu ihrem Unheil, nicht zu ihrem Glück.
5 Gott, der Herr der Heere, / er berührt die
Erde, sodass sie vergeht / und all ihre Bewohner voll Trauer sind,
sodass die ganze Erde sich hebt wie der Nil / und sich senkt wie der Strom von Ägypten.
6 Er erbaut seine Hallen im Himmel / und
gründet sein Gewölbe auf die Erde;
er ruft das Wasser des Meeres / und gießt es aus über die Erde – / Jahwe ist sein Name.

1: 2,14–16 • 2: Ps 139,7–12; Jer 23,23f • 5: 8,8 • 6: 5,8.

GERICHT UND HEIL: 9,7–15

Erwählung und Gericht: 9,7–10

7 Seid ihr für mich mehr als die Kuschiter,
ihr Israeliten? – / Spruch des Herrn.
Wohl habe ich Israel aus Ägypten heraufgeführt, / aber ebenso die Philister aus Kaftor / und die Aramäer aus Kir.
8 Die Augen Gottes, des Herrn, / sind auf
das sündige Königreich gerichtet.
Ich lasse es vom Erdboden verschwinden; / doch ich werde das Haus Jakob nicht völlig vernichten – / Spruch des Herrn.
9 Ja, seht, ich selbst gebe den Befehl, / ich
schüttle unter allen Völkern das Haus Israel,
wie man (Korn) schüttelt in einem Sieb, / ohne dass ein Stein zu Boden fällt.
10 Alle Sünder meines Volkes / sollen
durch das Schwert umkommen,
alle, die sagen: Das Unheil erreicht uns nicht, / es holt uns nicht ein.

8: 3,12 • 10: 6,1–6; Jes 28,15.

Die Verheißung des künftigen Heils:
9,11–15

11 An jenem Tag richte ich die zerfallene
Hütte Davids wieder auf / und bessere ihre Risse aus,
ich richte ihre Trümmer auf / und stelle alles wieder her / wie in den Tagen der Vorzeit,
12 damit sie den Rest von Edom unterwer-
fen / und alle Völker,
über denen mein Name ausgerufen ist – / Spruch des Herrn, der das alles bewirkt.
13 Seht, es kommen Tage – Spruch des
Herrn –, / da folgt der Pflüger dem Schnitter auf dem Fuß / und der Keltertreter dem Sämann;
da triefen die Berge von Wein / und alle Hügel fließen über.
14 Dann wende ich das Geschick meines
Volkes Israel. / Sie bauen die verwüsteten Städte wieder auf und wohnen darin;
sie pflanzen Weinberge und trinken den Wein, / sie legen Gärten an und essen die Früchte.
15 Und ich pflanze sie ein in ihrem Land /
und nie mehr werden sie ausgerissen
aus ihrem Land, das ich ihnen gegeben habe, spricht der Herr, dein Gott.

11: Apg 15,16f • 12: Num 24,18 • 13: Lev 26,5 • 14: 5,11.

9,1 Text nicht ganz klar.
9,7 Kaftor ist wahrscheinlich Kreta, möglicherweise auch Kappadozien (vgl. Jer 47,4). – Kir: in Mesopotamien.

Das Buch Obadja

Dieser kürzeste Text des Zwölfprophetenbuches, bestehend aus nur 21 Versen, knapp mit »Vision Obadjas« betitelt, handelt in VV. 1–15 vom Gericht über Edom, ein südlich vom Toten Meer zu beiden Seiten der Araba-Senke wohnendes Volk, das die Patriarchenerzählungen mit Esau, dem Bruder Jakobs, in Verbindung bringen (Gen 36). In V. 15 wird der Gerichtstag über Edom ausgeweitet zum »Tag des Herrn«, der die Völker am Berg Zion scheitern lässt. Nach VV. 17–21 übt Israel Vergeltung an Edom, erobert sein Gebiet und nimmt die frühere Region der Nordstämme bis nach Phönizien hinein in Besitz.

Der Text, wie er uns vorliegt, gibt zur häufig geäußerten Vermutung Anlass, dass die Verse 15ab.16–21 eine spätere Erweiterung des Grundbestands von VV. 1–15 sind, der seinerseits mehrfach wörtlich mit Jer 49,7–22 übereinstimmt. In der Tat muss zwischen Obd 1–15 und Jer 49,7–22 ein Abhängigkeitsverhältnis (zumindest über eine gemeinsame Vorlage) bestehen, wobei der Jeremiatext – vielleicht Ausgestaltung eines Edom-Wortes Jeremias durch einen Redaktor – wohl als der zeitlich spätere anzusehen ist. Die Anklage gegen Edom hat die Teilnahme der Edomiter an der Eroberung Jerusalems (586 v. Chr.) und ihr Einrücken in südjudäisches Gebiet zur Voraussetzung. Dabei wird Edom zum Typus der Feinde Israels (vgl. Ez 25,12f; 35,1–15; Mal 1,2f). Das gibt die Basis für den zweiten Teil mit seiner national-apokalyptischen Einfärbung ab, der wohl erst aus dem 4. Jahrhundert v. Chr. stammt. Die Verkündigung des uns sonst unbekannten Obadja bewegt sich auf der Linie der Heilsprophetie, die die Vergewaltigung Israels durch andere Völker unter das göttliche Gericht stellt.

ÜBERSCHRIFT: 1a

1 Vision Obadjas

DAS GERICHT ÜBER EDOM: 1b–15

Als ein Bote zu den Völkern gesandt wurde
mit dem Ruf: Auf zum Kampf gegen Edom!,
da haben wir vom Herrn eine Kunde gehört.

So spricht Gott, der Herr, zu Edom:
2 Siehe, ich mache dich klein unter den
Völkern, / du wirst tief verachtet sein.
3 Dein vermessener Sinn hat dich betört; /
du wohnst in Felsenklüften,
du sitzt auf dem hohen Berg / und denkst:
Wer stürzt mich hinab?
4 Erhebst du dich auch wie der Adler / und
baust dein Nest zwischen den Sternen,
ich stürze dich von dort hinab / – Spruch
des Herrn.
5 Wenn in der Nacht Diebe oder Räuber bei
dir einbrechen, / ja, dann bist du verloren.
Stehlen sie nicht, was sie wollen? / Und
wenn zu dir Winzer kommen, / lassen sie eine
Nachlese übrig?
6 Wie wird man Esau durchsuchen / und
seine Verstecke durchstöbern!
7 Man treibt dich fort an die Grenzen; / alle
deine Bundesgenossen betrügen dich, / deine
Freunde überwältigen dich.
Einst aßen sie dein Brot, / jetzt legen sie
dir heimlich eine Schlinge.
8 Ja, an jenem Tag – Spruch des Herrn – /
vernichte ich die Weisen in Edom / und die
Klugen im Bergland von Esau.
9 Da packt deine Helden der Schrecken,
Teman; / da werden alle vernichtet im Bergland von Esau.
Wegen des Mordens, / 10 wegen der Gewalttat an Jakob, deinem Bruder,
bedeckt dich die Schande, / wirst du ausgerottet für immer.
11 Als die Fremden sein Heer gefangen

1 Text korr. (Zeilen umgestellt).

nahmen, / als die Feinde seine Tore besetzten / und das Los warfen über Jerusalem,
da standest du dabei, / du wurdest wie einer von ihnen.
12 Sei nicht schadenfroh am Tag deines Bruders, / am Tag seines Unheils!
Freu dich nicht über Judas Söhne / am Tag ihres Untergangs!
Reiß deinen Mund nicht so auf / am Tag der Not!
13 Dring nicht ein in das Tor meines Volkes / am Tag seines Unglücks!
Sei nicht auch du schadenfroh über sein Unheil / am Tag seines Unglücks!
Streck nicht die Hand aus nach seinem Gut / am Tag seines Unglücks!
14 Stell dich nicht an der Wegkreuzung auf, / um die Fliehenden niederzumachen.
Liefere die Flüchtlinge nicht aus / am Tag der Not!
15 Denn er ist nahe, der Tag des Herrn, / für alle Völker.
Was du getan hast, das tut man dir an; / dein Tun fällt zurück auf dich selbst.

1 b–4: Jer 49,14–16 • 5: Jer 49,9 • 6: Jer 49,10 • 7: Ps 41,10 • 8: Jer 49,7 • 9: Jer 49,22 • 10: Joël 4,19; Am 1,11f • 11: Ps 137,7.

DAS GERICHT ÜBER DIE ANDEREN VÖLKER: 16

16 Ja, wie ihr getrunken habt auf meinem heiligen Berg, / so müssen alle Völker jetzt unaufhörlich trinken:
Sie trinken und taumeln, / sie werden, als seien sie niemals gewesen.

16: Klgl 4,21.

DIE RETTUNG ISRAELS: 17–21

17 Auf dem Berg Zion aber gibt es Rettung, / er wird ein Heiligtum sein und das Haus Jakob nimmt die in Besitz, / die es besetzten.
18 Dann wird das Haus Jakob zu Feuer / und das Haus Josef zur Flamme.
Das Haus Esau wird zum Stroh, / das vom Brand erfasst und verzehrt wird.
Und vom Haus Esau wird keiner entkommen. / Denn der Herr hat gesprochen.
19 Den Negeb nehmen sie in Besitz, / das Bergland von Esau, / die Schefela und das Land der Philister.
Sie nehmen Efraims Flur in Besitz / und die Fluren von Samarien, Benjamin und Gilead.
20 Die Verbannten von Halach, Söhne Israels, / nehmen das Land der Kanaaniter in Besitz bis nach Sarepta;
die Verbannten Jerusalems, die in Sefarad sind, / besetzen die Städte des Negeb.
21 Befreier ziehen auf den Berg Zion, / um Gericht zu halten über das Bergland von Esau. / Und der Herr wird herrschen als König.

17: Joël 3,5 • 21: Mi 4,7; Ps 22,29.

Das Buch Jona

Das Buch Jona ist keine Prophetenschrift, sondern eine Lehrerzählung über den in 2 Kön 14,25 erwähnten Propheten Jona. Der Verfasser ist unbekannt, ist aber wegen des Spätcharakters seiner Sprache und wegen der Bezugnahme auf die ihm bereits vorliegende Heilige Schrift unter den Schriftgelehrten des 4. bis 3. Jahrhunderts v. Chr. zu suchen.

Diese theologisch außerordentlich bedeutsame Parabel will nicht historisch ausgelegt werden, weil sie offensichtlich jeden geschichtlichen Rahmen sprengt. Das 612 v. Chr. zerstörte

20 Halach liegt in der Nähe von Ninive (vgl. 2 Kön 17,6; 18,11). Die Lage von Sefarad ist unbekannt.

21a Text unklar. Andere Übersetzungsmöglichkeit: Die Geretteten auf dem Berg Zion ziehen aus, um …

Ninive ist bereits zum Typus der gottfeindlichen Stadt geworden, die aber – anders als Jerusalem – nach einem einzigen Tag prophetischer Predigt sich bekehrt und Buße tut (vgl. 3,4f). Im ganzen Verlauf der Erzählung reiht sich Wunder an Wunder, womit Gott den engstirnigen und widerspenstigen Jona zwingt, dem göttlichen Willen zum universalen Erbarmen zu dienen. Am Ende ist Gott sogar nachsichtig gegenüber seinem eigenartigen Propheten.

Auch Parabeln können, ähnlich wie die Gleichnisse Jesu im Neuen Testament, eine bedeutsame Gottesbotschaft verkünden. Das Buch Jona ist einschließlich des Dankpsalms für die rettende Bergung im Bauch des Fisches (Kap. 2) ein inspiriertes Lehrzeugnis für den alle Schranken durchbrechenden allgemeinen Heilswillen Gottes, den auch seine Berufenen nicht eigenmächtig einschränken dürfen. Wenn Mt 12,41 und Lk 11,29–32 die Bekehrung der Niniviten als nachzuahmendes Beispiel hinstellen und Mt 12,40 die Erzählung von Jona im Bauch des Fisches auf Jesu Begräbnis und Auferstehung hindeuten lässt, folgt daraus nicht die Geschichtlichkeit des Buches Jona, vielmehr seine große theologische Bedeutung.

DIE BERUFUNG JONAS: 1,1–2

1 Das Wort des Herrn erging an Jona, den Sohn Amittais: 2 Mach dich auf den Weg und geh nach Ninive, in die große Stadt, und droh ihr (das Strafgericht) an! Denn die Kunde von ihrer Schlechtigkeit ist bis zu mir heraufgedrungen.

1: 2 Kön 14,25.

JONAS FLUCHT: 1,3–16

3 Jona machte sich auf den Weg; doch er wollte nach Tarschisch fliehen, weit weg vom Herrn. Er ging also nach Jafo hinab und fand dort ein Schiff, das nach Tarschisch fuhr. Er bezahlte das Fahrgeld und ging an Bord, um nach Tarschisch mitzufahren, weit weg vom Herrn.

4 Aber der Herr ließ auf dem Meer einen heftigen Wind losbrechen; es entstand ein gewaltiger Seesturm und das Schiff drohte auseinanderzubrechen. 5 Die Seeleute bekamen Angst und jeder schrie zu seinem Gott um Hilfe. Sie warfen sogar die Ladung ins Meer, damit das Schiff leichter wurde.

Jona war in den untersten Raum des Schiffes hinabgestiegen, hatte sich hingelegt und schlief fest. 6 Der Kapitän ging zu ihm und sagte: Wie kannst du schlafen? Steh auf, ruf deinen Gott an; vielleicht denkt dieser Gott an uns, sodass wir nicht untergehen. 7 Dann sagten sie zueinander: Kommt, wir wollen das Los werfen, um zu erfahren, wer an diesem unserem Unheil schuld ist. Sie warfen das Los und es fiel auf Jona. 8 Da fragten sie ihn: Sag uns, was treibst du für ein Gewerbe und woher kommst du, aus welchem Land und aus welchem Volk? 9 Er antwortete ihnen: Ich bin ein Hebräer und verehre Jahwe, den Gott des Himmels, der das Meer und das Festland gemacht hat. 10 Da bekamen die Männer große Angst und sagten zu ihm: Warum hast du das getan? Denn sie erfuhren, dass er vor Jahwe auf der Flucht war; er hatte es ihnen erzählt. 11 Und sie sagten zu ihm: Was sollen wir mit dir machen, damit das Meer sich beruhigt und uns verschont? Denn das Meer wurde immer stürmischer. 12 Jona antwortete ihnen: Nehmt mich und werft mich ins Meer, damit das Meer sich beruhigt und euch verschont. Denn ich weiß, dass dieser gewaltige Sturm durch meine Schuld über euch gekommen ist. 13 Die Männer aber ruderten mit aller Kraft, um wieder an Land zu kommen; doch sie richteten nichts aus, denn das Meer stürmte immer heftiger gegen sie an. 14 Da riefen sie zu Jahwe: Ach Herr, lass uns nicht untergehen wegen dieses Mannes und rechne uns, was wir jetzt tun, nicht als Vergehen an unschuldigem Blut an. Denn wie du

1,2 Ninive am Tigris war von 705 v. Chr. bis zu seiner Zerstörung 612 v. Chr. die Hauptstadt des Assyrerreichs.

1,3 Tarschisch ist wahrscheinlich die Stadt Tartessus in Spanien.

wolltest, Herr, so hast du gehandelt. 15 Dann nahmen sie Jona und warfen ihn ins Meer und das Meer hörte auf zu toben. 16 Da ergriff die Männer große Furcht vor Jahwe und sie schlachteten für Jahwe ein Opfer und machten ihm viele Gelübde.

4: Ps 107,23–30; Mk 4,37–41; Apg 27,18 • 16: Mk 4,41.

DIE RETTUNG DES PROPHETEN: 2,1–11

2 Der Herr aber schickte einen großen Fisch, der Jona verschlang. Jona war drei Tage und drei Nächte im Bauch des Fisches 2 und er betete im Bauch des Fisches zum Herrn, seinem Gott:

3 In meiner Not rief ich zum Herrn / und er erhörte mich.

Aus der Tiefe der Unterwelt schrie ich um Hilfe / und du hörtest mein Rufen.

4 Du hast mich in die Tiefe geworfen, / in das Herz der Meere;

mich umschlossen die Fluten, / all deine Wellen und Wogen schlugen über mir zusammen.

5 Ich dachte: Ich bin aus deiner Nähe verstoßen. / Wie kann ich deinen heiligen Tempel wieder erblicken?

6 Das Wasser reichte mir bis an die Kehle, / die Urflut umschloss mich; / Schilfgras umschlang meinen Kopf.

7 Bis zu den Wurzeln der Berge, / tief in die Erde kam ich hinab; / ihre Riegel schlossen mich ein für immer.

Doch du holtest mich lebendig aus dem Grab herauf, / Herr, mein Gott.

8 Als mir der Atem schwand, dachte ich an den Herrn / und mein Gebet drang zu dir, / zu deinem heiligen Tempel.

9 Wer nichtige Götzen verehrt, / der handelt treulos.

10 Ich aber will dir opfern / und laut dein Lob verkünden.

Was ich gelobt habe, will ich erfüllen. / Vom Herrn kommt die Rettung.

11 Da befahl der Herr dem Fisch, Jona ans Land zu speien.

3: Ps 130,1; Klgl 3,55 • 4: Ps 42,8 • 5: Ps 31,23 • 6: Ps 69,2f • 7: Ps 40,3; 30,4 • 8: Ps 18,7 • 9: Ps 31,7 • 10: Ps 22,26; 116,17f.

JONA IN NINIVE: 3,1–10

3 Das Wort des Herrn erging zum zweiten Mal an Jona: 2 Mach dich auf den Weg und geh nach Ninive, in die große Stadt, und droh ihr all das an, was ich dir sagen werde. 3 Jona machte sich auf den Weg und ging nach Ninive, wie der Herr es ihm befohlen hatte. Ninive war eine große Stadt vor Gott; man brauchte drei Tage, um sie zu durchqueren. 4 Jona begann, in die Stadt hineinzugehen; er ging einen Tag lang und rief: Noch vierzig Tage und Ninive ist zerstört! 5 Und die Leute von Ninive glaubten Gott. Sie riefen ein Fasten aus und alle, Groß und Klein, zogen Bußgewänder an. 6 Als die Nachricht davon den König von Ninive erreichte, stand er von seinem Thron auf, legte seinen Königsmantel ab, hüllte sich in ein Bußgewand und setzte sich in die Asche. 7 Er ließ in Ninive ausrufen: Befehl des Königs und seiner Großen: Alle Menschen und Tiere, Rinder, Schafe und Ziegen, sollen nichts essen, nicht weiden und kein Wasser trinken. 8 Sie sollen sich in Bußgewänder hüllen, Menschen und Tiere. Sie sollen laut zu Gott rufen und jeder soll umkehren und sich von seinen bösen Taten abwenden und von dem Unrecht, das an seinen Händen klebt. 9 Wer weiß, vielleicht reut es Gott wieder und er lässt ab von seinem glühenden Zorn, sodass wir nicht zugrunde gehen. 10 Und Gott sah ihr Verhalten; er sah, dass sie umkehrten und sich von ihren bösen Taten abwandten. Da reute Gott das Unheil, das er ihnen angedroht hatte, und er führte die Drohung nicht aus.

5: Mt 12,41; Lk 11,30.32 • 6: Ez 26,16 • 9: Jer 18,8; Joël 2,14; Am 5,15.

DIE BELEHRUNG DES PROPHETEN: 4,1–11

4 Das missfiel Jona ganz und gar und er wurde zornig. 2 Er betete zum Herrn und sagte: Ach Herr, habe ich das nicht schon gesagt, als ich noch daheim war? Eben darum wollte ich ja nach Tarschisch fliehen; denn ich wusste, dass du ein gnädiger und

barmherziger Gott bist, langmütig und reich
an Huld und dass deine Drohungen dich reu-
en. 3 Darum nimm mir jetzt lieber das Leben,
Herr! Denn es ist für mich besser zu sterben
als zu leben. 4 Da erwiderte der Herr: Ist es
recht von dir, zornig zu sein?
5 Da verließ Jona die Stadt und setzte sich
östlich vor der Stadt nieder. Er machte sich
dort ein Laubdach und setzte sich in seinen
Schatten, um abzuwarten, was mit der Stadt
geschah. 6 Da ließ Gott, der Herr, einen Rizi-
nusstrauch über Jona emporwachsen, der
seinem Kopf Schatten geben und seinen Är-
ger vertreiben sollte. Jona freute sich sehr
über den Rizinusstrauch. 7 Als aber am
nächsten Tag die Morgenröte heraufzog,
schickte Gott einen Wurm, der den Rizinus-
strauch annagte, sodass er verdorrte. 8 Und
als die Sonne aufging, schickte Gott einen
heißen Ostwind. Die Sonne stach Jona auf
den Kopf, sodass er fast ohnmächtig wurde.
Da wünschte er sich den Tod und sagte: Es
ist besser für mich zu sterben als zu leben.
9 Gott aber fragte Jona: Ist es recht von dir,
wegen des Rizinusstrauches zornig zu sein?
Er antwortete: Ja, es ist recht, dass ich zornig
bin und mir den Tod wünsche. 10 Darauf sag-
te der Herr: Dir ist es leid um den Rizinus-
strauch, für den du nicht gearbeitet und den
du nicht großgezogen hast. Über Nacht war
er da, über Nacht ist er eingegangen. 11 Mir
aber sollte es nicht leid sein um Ninive, die
große Stadt, in der mehr als hundertzwan-
zigtausend Menschen leben, die nicht einmal
rechts und links unterscheiden können – und
außerdem so viel Vieh?

2: Ex 34,6; Joël 2,13 • 3: 1 Kön 19,4.

Das Buch Micha

In seiner jetzigen Gestalt hat das Buch Micha mit seinen sieben Kapiteln insofern einen durchsichtigen Aufbau, als zweimal auf Gerichtsankündigungen (Kap. 1 – 3 und 6,1 – 7,7) Heilsaussagen folgen (4,1 – 5,14 und 7,8–20). Nach heute vorherrschender Auffassung ist diese Gestalt des Buches erst das Ergebnis einer mit Einschüben und Zusätzen arbeitenden Redaktion. In der Bestimmung der echten Michatexte gehen die Meinungen allerdings auseinander. Kap. 1 – 3 sind mit Ausnahme von 2,12f sicher Micha zuzuschreiben. In Kap. 4 – 7 stammen 4,1–5 (= Jes 2,2–5); 5,6–8 und 7,8–20 mit hoher Wahrscheinlichkeit nicht von Micha. Von den übrigen Texten stammt 4,14 – 5,5 (»Der messianische Herrscher«) mit Ausnahme von 4b.5a mit großer Wahrscheinlichkeit von Micha; dasselbe gilt für 5,9–14 und 6,1 – 7,7.

Da 1,2–7 gegen Samaria gesprochen ist, hat Micha seine Tätigkeit vor dem Untergang Samarias im Jahr 722 v. Chr. begonnen. Dafür spricht auch die Überschrift in 1,1. Die Klage über Juda in 1,8–16, deren Text schlecht erhalten ist, hat wohl die Ereignisse von 701 v. Chr., den Einfall des Assyrers Sanherib, zum Hintergrund. Jer 26,17–19 bezeugt, dass Micha unter König Hiskija (etwa 728–699 v. Chr.) den Untergang Jerusalems und des Tempels (vgl. 3,12) angekündigt hat. Micha ist also ein jüngerer Zeitgenosse Jesajas.

Der Prophet stammt aus Moreschet-Gat südwestlich von Jerusalem und gehört augenscheinlich zur dortigen Bauernschaft. Seiner Herkunft nach ist er also mit Amos vergleichbar. Auch in seiner Verkündigung steht er dem Propheten aus Tekoa nahe. Er klagt durchweg die Oberschicht von Jerusalem und Juda an und zeiht sie des Rechtsbruchs (3,1 – 4.9–12) und auch der Besitzgier (2,1–3.6–11). Den Propheten und Priestern wirft er Bestechlichkeit vor (3,5–8). Die beklagten Zustände fordern das Gericht Gottes heraus. Dieses wird selbst den Tempel nicht verschonen (3,12). Aus der Kritik am Jerusalemer Königtum ist wohl der Rückgriff auf die Erwartung eines neuen »David aus Betlehem« (5,1–4) zu begreifen, die im Neuen Testament in Mt 2,6 (vgl. Joh 7,42) als in Jesus erfüllt verkündigt wird. In 6,8 wird in lapidarer Kürze die ideale Partnerschaft mit Gott gekennzeichnet als »Recht tun, Güte und Treue lieben, in Ehrfurcht den Weg gehen mit deinem Gott«. Hier wird die Weisung der Zehn Gebote und der Propheten Amos, Hosea und Jesaja zu einem großartigen Vermächtnis auch an das neue Gottesvolk zusammengefasst.

ÜBERSCHRIFT: 1,1

1 Das Wort des Herrn, das an Micha aus Moreschet erging in der Zeit, als Jotam, Ahas und Hiskija Könige von Juda waren; er hörte es in Visionen über Samaria und Jerusalem.

DIE DROHREDEN: 1,2 – 3,12

Gegen Samaria: 1,2–7

2 Hört, alle ihr Völker, / horch auf, Erde, und alles, was sie erfüllt:

Gott, der Herr, tritt als Zeuge gegen euch auf, / der Herr tritt heraus aus seinem heiligen Palast.

3 Seht, der Herr verlässt seinen erhabenen Ort, / er steigt herab und schreitet dahin / über die Höhen der Erde.

4 Die Berge zerschmelzen unter ihm / wie Wachs in der Hitze des Feuers;

die Talgründe werden aufgerissen, / wie wenn Wasser den Abhang herabstürzt.

5 Das alles geschieht wegen Jakobs Vergehen / und wegen der Sünde des Hauses Israel.

Was ist Jakobs Vergehen? / Ist es nicht Samaria?

Und was ist die Sünde Judas? / Ist es nicht Jerusalem?

6 Darum mache ich Samaria zu einem Trümmerfeld, / zu einem Acker, auf dem man Reben pflanzt.

Ich stürze seine Steine zu Tal / und lege seine Grundmauern bloß.

7 Alle seine geschnitzten Bilder werden zerschlagen, / alle seine Weihegaben im Feuer verbrannt, / alle seine Götzen zerstöre ich.

Denn mit Dirnenlohn wurden sie zusammengekauft / und zu Dirnenlohn werden sie wieder.

2: Ps 49,2 • 3: Jes 26,21; Am 4,13 • 4: Ps 97,5 • 6: 3,12.

Die Klage des Propheten: 1,8–16

8 Klagen muss ich und jammern, / barfuß und nackt gehe ich umher;

ich erhebe ein Geheul wie die Schakale, / ein Klagegeschrei wie die Strauße.

9 Denn unheilbar ist die Wunde meines Volkes; / sie reicht bis nach Juda,

bis zum Tor meines Volkes, / bis hin nach Jerusalem.

10 Meldet es nicht in Gat! / Weint nicht in Akko! / Wälzt euch im Staub in Bet-Leafra!

11 Zieht fort, ihr Bewohner von Schafir! / Die Einwohner Zaanans sind schändlich entblößt / und können ihre Stadt nicht verlassen.

Es klagt Bet-Ezel. / Er nimmt euch jede Stütze weg.

12 Ja, die Einwohner von Marot bangen um ihr Wohl; / denn vom Herrn kam Unheil herab / auf Jerusalems Tore.

13 Spannt die Pferde vor die Wagen, / ihr Einwohner von Lachisch!

Ja, das war der Anfang der Sünde der Tochter Zion; / denn in dir trat die Gottlosigkeit Israels zutage.

14 Darum musst du dich trennen von Moreschet-Gat. / Die Häuser von Achsib werden für Israels Könige eine große Enttäuschung.

15 Wieder soll der Eroberer über euch herfallen, / ihr Einwohner von Marescha; / bis nach Adullam bringt man die Herrlichkeit Israels.

16 Scher dich kahl, Tochter Zion, / trauere über deine geliebten Kinder!

Scher dir eine Glatze, / so kahl wie die eines Geiers; / denn man hat deine Kinder verschleppt.

8: 2 Sam 15,30; Jes 20,2 • 16: Jer 7,29.

Gegen die Habsucht der Reichen: 2,1–11

2 Weh denen, die auf ihrem Lager Unheil planen / und Böses ersinnen.

Wenn es Tag wird, führen sie es aus; / denn sie haben die Macht dazu.

1,7 Der Verdienst der Tempeldirnen wurde zur Ausstattung des Heiligtums verwendet.

1,10 Der Text von VV. 10–15 ist zum Teil unklar bzw. schlecht überliefert. Die hebräischen Zeitwörter weisen Anklänge an die mit ihnen verbundenen Ortsnamen auf. So kann z. B. Bet-Leafra als »Staubhausen« gedeutet werden.

1,13c In dieser vielleicht nachträglich eingefügten Bemerkung klingt die verbreitete prophetische Polemik gegen Pferde und Kriegswagen durch.

1,15c Text unklar. David musste vor Saul in die Höhle Adullam fliehen (vgl. 1 Sam 22,1). Vielleicht soll hier die Flucht des Königs von Jerusalem angesagt werden.

2 Sie wollen Felder haben / und reißen sie
an sich, / sie wollen Häuser haben / und brin-
gen sie in ihren Besitz.
Sie wenden Gewalt an gegen den Mann
und sein Haus, / gegen den Besitzer und sein
Eigentum.
3 Darum – so spricht der Herr: / Seht, ich
plane Unheil gegen diese Sippe.
Dann könnt ihr den Hals / nicht mehr aus
der Schlinge ziehen
und ihr werdet den Kopf nicht mehr so
hoch tragen; / denn es wird eine böse Zeit
sein.
4 An jenem Tag singt man ein Spottlied auf
euch / und es ertönt die Klage: / Vernichtet
sind wir, vernichtet!
Den Besitz seines Volkes veräußert der
Herr / und niemand gibt ihn zurück; / an
Treulose verteilt er unsere Felder.
5 Darum wird in der Gemeinde des Herrn
keiner mehr sein, / der euch einen Acker zu-
teilt mit der Messschnur.
6 Sie geifern: Prophezeit nicht!, und sa-
gen: / Man soll nicht prophezeien: / Diese
Schmach wird nicht enden.
7 Ist etwa das Haus Jakob verflucht? / Hat
der Herr die Geduld verloren? / Sind das sei-
ne Taten?
Sind seine Worte nicht voll Güte / gegen-
über dem, der geradeaus geht?
8 Gestern noch war es mein Volk, / jetzt
steht es da als mein Feind.
Friedlichen Menschen reißt ihr den Mantel
herunter, / arglose Wanderer nehmt ihr ge-
fangen, als wäre Krieg.
9 Die Frauen meines Volkes vertreibt ihr /
aus ihrem behaglichen Heim,
ihren Kindern nehmt ihr für immer / mein
herrliches Land.
10 (Ihr sagt:) Auf, fort mit euch! / Hier ist
für euch kein Ort der Ruhe mehr.
Wegen einer Kleinigkeit pflegt ihr zu
pfänden; / diese Pfändung ist grausam.
11 Würde einer sich nach dem Wind dre-
hen / und dir vorlügen:
Ich prophezeie dir Wein und Bier!, / das
wäre ein Prophet für dieses Volk.

1: Ps 36,5 • 2: Jes 5,8 • 3: Am 5,13 • 6: Jes 30,10 • 8: Dtn 24,12f • 11: Jer 5,31.

Die Rettung Israels: 2,12–13

12 Ich werde ganz Jakob versammeln, / den
Rest von Israel will ich vereinen.
Ich führe sie zusammen wie die Schafe im
Pferch, / wie die Herde mitten auf der Wei-
de – / eine wogende Menschenmenge.
13 Ein Vorkämpfer bricht ihnen die Bahn, /
sie brechen durch das Tor in die Stadt ein; /
dann ziehen sie weiter.
Ihr König geht vor ihnen her, / der Herr
schreitet an ihrer Spitze.

Gegen die Rechtsbrecher: 3,1–4

3 Ich habe gesagt:
Hört doch, ihr Häupter Jakobs / und ihr
Richter aus dem Haus Israel!
Ist es nicht eure Pflicht, das Recht zu ken-
nen? / 2a Sie aber hassen das Gute und lieben
das Böse.
3 Sie fressen mein Volk auf, / sie ziehen den
Leuten die Haut ab / und zerbrechen ihnen
die Knochen;
sie zerlegen sie wie Fleisch für den Koch-
topf, / wie Braten für die Pfanne.
2b Darum zieht man auch ihnen die Haut
ab / und reißt ihnen das Fleisch von den
Knochen.
4 Dann werden sie zum Herrn schreien; / er
aber wird ihnen nicht antworten.
Er wird sein Angesicht vor ihnen verber-
gen; / denn ihre Taten sind böse.

1: 3,9 • 2a: Jes 5,20 • 4: Jer 11,11; Dtn 31,17f.

Gegen die habgierigen Propheten: 3,5–8

5 So spricht der Herr gegen die Prophe-
ten: / Sie verführen mein Volk.
Haben sie etwas zu beißen, / dann rufen
sie: Friede!
Wer ihnen aber nichts in den Mund
steckt, / dem sagen sie den Heiligen Krieg
an.
6 Darum kommt die Nacht über euch, / in
der ihr keine Visionen mehr habt,
und die Finsternis, / in der ihr nicht mehr
wahrsagen könnt.
Die Sonne geht unter für diese Prophe-
ten / und der Tag wird schwarz über ih-
nen.
7 Die Seher werden zuschanden, / die
Wahrsager müssen sich schämen.
Sie müssen alle ihren Bart verhüllen; /
denn Gottes Antwort bleibt aus.
8 Ich aber, ich bin voller Kraft, / ich bin er-
füllt vom Geist des Herrn, / voll Eifer für das
Recht und voll Mut,

2,6–8 Text nicht klar.
3,2b Späterer Zusatz, der aber eher hinter V. 3 gehört.
3,3a Wörtlich: Sie fressen das Fleisch meines Volkes.

Jakob seine Vergehen vorzuhalten / und Israel seine Sünden.

Gegen die bestechlichen Führer Israels: 3,9–12

9 Hört doch, ihr Häupter des Hauses Jakob / und ihr Richter aus dem Haus Israel!
Ihr verabscheut das Recht / und macht alles krumm, was gerade ist.
10 Ihr erbaut Zion mit Blut / und Jerusalem mit lauter Unrecht.
11 Die Häupter dieser Stadt sprechen Recht / und nehmen dafür Geschenke an, / ihre Priester lehren gegen Bezahlung.
Ihre Propheten wahrsagen für Geld / und doch berufen sie sich auf den Herrn und sagen:
Ist nicht der Herr in unserer Mitte? / Kein Unheil kann über uns kommen.
12 Darum wird Zion euretwegen / zum Acker, den man umpflügt,
Jerusalem wird zu einem Trümmerhaufen, / der Tempelberg zur überwucherten Höhe.

9: 3,1; Am 5,7 • 10: Hab 2,12 • 11: Jes 1,23 • 12: Jer 26,18; Mi 1,6.

DIE VERHEISSUNGEN: 4,1 – 5,14

Die Völkerwallfahrt zum Zion: 4,1–5

4 Am Ende der Tage wird es geschehen: / Der Berg mit dem Haus des Herrn / steht fest gegründet als höchster der Berge;
er überragt alle Hügel. / Zu ihm strömen die Völker.
2 Viele Nationen machen sich auf den Weg. / Sie sagen: Kommt,
wir ziehen hinauf zum Berg des Herrn / und zum Haus des Gottes Jakobs.
Er zeige uns seine Wege, / auf seinen Pfaden wollen wir gehen.
Denn von Zion kommt die Weisung, / aus Jerusalem kommt das Wort des Herrn.
3 Er spricht Recht im Streit vieler Völker, / er weist mächtige Nationen zurecht [bis in die Ferne].
Dann schmieden sie Pflugscharen aus ihren Schwertern / und Winzermesser aus ihren Lanzen.
Man zieht nicht mehr das Schwert, Volk gegen Volk, / und übt nicht mehr für den Krieg.
4 Jeder sitzt unter seinem Weinstock / und unter seinem Feigenbaum
und niemand schreckt ihn auf. / Ja, der Mund des Herrn der Heere hat gesprochen.
5 Denn alle Völker gehen ihren Weg, / jedes ruft den Namen seines Gottes an;
wir aber gehen unseren Weg im Namen Jahwes, unseres Gottes, / für immer und ewig.

4,1–4 || Jes 2,2–4.

Die Bedrohung und Rettung Zions: 4,6–13

6 An jenem Tag – Spruch des Herrn – / will ich versammeln, was hinkt,
und zusammenführen, was versprengt ist, / und alle, denen ich Böses zugefügt habe.
7 Ich mache die Hinkenden zum (heiligen) Rest / und die Schwachen zu einem mächtigen Volk.
Und der Herr wird ihr König sein auf dem Berg Zion / von da an auf ewig.
8 Und du, (schützender) Turm für die Herde, / Felsenhöhe der Tochter Zion,
du erhältst wieder die Herrschaft wie früher, / das Königtum kommt wieder zur Tochter Jerusalem.
9 Jetzt aber, warum schreist du so laut? / Gibt es keinen König bei dir?
Ist kein Berater mehr da, / dass dich Wehen ergreifen wie eine gebärende Frau?
10 Winde dich, stöhne, Tochter Zion, / wie eine gebärende Frau!
Denn jetzt musst du hinaus aus der Stadt, / auf freiem Feld musst du wohnen.
Du musst fort bis nach Babel. / Dort wirst du gerettet,
dort wird der Herr dich loskaufen / aus der Hand deiner Feinde.
11 Jetzt versammeln sich viele Völker gegen dich / und sagen: Zion wird entweiht / und unser Auge soll sich daran weiden.
12 Aber sie kennen nicht die Gedanken des Herrn / und verstehen nicht seine Absicht:
dass er sie sammeln wollte / wie Garben auf einer Tenne.

4,3 Das Eingeklammerte fehlt im Paralleltext Jes 2,4; wahrscheinlich späterer Zusatz.

13 Steh auf, um zu dreschen, Tochter
Zion! / Denn ich gebe dir Hörner aus Eisen /
und mache dir bronzene Hufe,
damit du viele Völker zermalmst / und ih-
ren Besitz dem Herrn weihst, / ihren Reich-
tum dem Herrn der ganzen Erde.

6: Ez 34,12–16; Zef 3,19 • 12: Jes 55,8f.

Der messianische Herrscher:
4,14 – 5,5

14 Jetzt ritze dich wund, Tochter der Trau-
er! / Wir werden von Feinden belagert;
sie schlagen dem Richter Israels / mit dem
Stock ins Gesicht.
5 Aber du, Betlehem-Efrata, / so klein
unter den Gauen Judas,
aus dir wird mir einer hervorgehen, / der
über Israel herrschen soll.
Sein Ursprung liegt in ferner Vorzeit, / in
längst vergangenen Tagen.
2 Darum gibt der Herr sie preis, / bis die
Gebärende einen Sohn geboren hat.
Dann wird der Rest seiner Brüder heim-
kehren / zu den Söhnen Israels.
3 Er wird auftreten und ihr Hirt sein / in
der Kraft des Herrn, / im hohen Namen Jah-
wes, seines Gottes.
Sie werden in Sicherheit leben; / denn nun
reicht seine Macht / bis an die Grenzen der
Erde.
4 Und er wird der Friede sein. / [Wenn As-
sur in unser Land einfällt / und in unsere
Paläste eindringt,
stellen wir ihm sieben Hirten entgegen /
und acht fürstliche Männer.
5 Sie werden das Land Assur / mit dem
Schwert regieren,
Nimrods Land mit gezückter Waffe.] / Er
wird uns vor Assur retten,
wenn es unser Land überfällt / und in un-
ser Gebiet eindringt.

5,1: Jes 11,1 • 2: Jes 7,14; 9,5.

Der heilige Rest: 5,6–14

6 Dann ist der Rest Jakobs inmitten vieler
Völker / wie der Tau, der vom Herrn
kommt, / wie der Regen, der auf die Pflanzen
fällt,
der auf niemand angewiesen ist / und auf
keinen Menschen zu warten braucht.
7 Unter den Nationen, inmitten vieler Völ-
ker, / ist dann der Rest Jakobs
wie der Löwe unter den Tieren im Wald, /
wie der junge Löwe unter den Schafen im
Pferch:
Wenn er einbricht, / schlägt er zu und zer-
reißt sie / und niemand ist da, der sie ret-
tet.
8 Du wirst die Hand gegen deine Feinde
erheben / und alle deine Gegner werden aus-
gerottet.
9 An jenem Tag – Spruch des Herrn – / wer-
de ich die Pferde in deiner Mitte vernichten /
und deine Kriegswagen zerstören.
10 Ich vernichte die Städte in deinem
Land / und reiße alle deine Festungen nie-
der.
11 Ich vernichte die Zaubermittel in deiner
Hand / und es wird bei dir keine Zeichen-
deuter mehr geben.
12 Ich vernichte deine Götterbilder / und
deine geweihten Steinmale
und du wirst dich nicht mehr niederwer-
fen / vor dem Werk deiner Hände.
13 Die Kultpfähle in deiner Mitte reiße ich
aus / und zerstöre deine Städte.
14 In meinem glühenden Zorn nehme ich
Rache / an den Völkern, die nicht gehor-
chen.

6: Hos 14,6 • 9: Sach 9,10 • 13: Ex 23,24.

WEITERE DROHREDEN: 6,1 – 7,7

Gottes Forderung an sein Volk: 6,1–8

6 Hört doch, was der Herr sagt: / Auf, tritt
an zum Rechtsstreit!
Die Berge sollen Zeugen sein, / die Hügel
sollen deine Worte hören.
2 Hört zu, ihr Berge, beim Rechtsstreit des
Herrn, / gebt Acht, ihr Fundamente der
Erde!
Denn der Herr hat einen Rechtsstreit mit
seinem Volk, / er geht mit Israel ins Ge-
richt:
3 Mein Volk, was habe ich dir getan, / oder
womit bin ich dir zur Last gefallen? / Ant-
worte mir!
4 Ich habe dich doch aus Ägypten herauf-
geführt / und dich freigekauft aus dem Skla-
venhaus.
Ich habe Mose vor dir hergesandt / und
Aaron und Mirjam.

5,1 Das Zitat in Mt 2,6 lautet etwas anders, ist aber sachlich nicht verschieden.

5,4f Undatierbarer Zusatz, bedingt durch das Stichwort »Assur« in V. 5d.

5 Mein Volk, denk daran, / was Balak plan-
te, der König von Moab, / und was ihm Bi-
leam antwortete, der Sohn Beors;
denk an den Zug von Schittim nach Gil-
gal / und erkenne die rettenden Taten des
Herrn.
6 Womit soll ich vor den Herrn treten, / wie
mich beugen vor dem Gott in der Höhe?
Soll ich mit Brandopfern vor ihn treten, /
mit einjährigen Kälbern?
7 Hat der Herr Gefallen an Tausenden von
Widdern, / an zehntausend Bächen von Öl?
Soll ich meinen Erstgeborenen hingeben
für meine Vergehen, / die Frucht meines Lei-
bes für meine Sünde?
8 Es ist dir gesagt worden, Mensch, was gut
ist / und was der Herr von dir erwartet:
Nichts anderes als dies: Recht tun, / Güte
und Treue lieben, / in Ehrfurcht den Weg ge-
hen mit deinem Gott.

1: Jes 3,13–15; Hos 4,1–3 • 4: Dtn 5,6; 1 Sam 12,6 • 5: Num 22 – 24; Mi 7,9 • 7: Lev 18,21 • 8: Am 5,21–26; Hos 2,21; 6,6.

Gerichtsrede gegen Jerusalem: 6,9–16

9 Horcht! Der Herr ruft der Stadt zu: /
[Klug ist es, deinen Namen zu fürchten.] /
Hört, ihr Bürger und Räte der Stadt!
10 Kann ich die ungerecht erworbenen
Schätze vergessen, / du Haus voller Un-
recht, / und das geschrumpfte Maß, das ver-
fluchte?
11 Soll ich die gefälschte Waage ungestraft
lassen / und den Beutel mit den falschen Ge-
wichten?
12 Ja, die Reichen in der Stadt / kennen
nichts als Gewalttat,
ihre Einwohner belügen einander, / jedes
Wort, das sie sagen, ist Betrug.
13 Deshalb hole ich aus, um dich zu schla-
gen / und dich wegen deiner Sünden in
Schrecken zu stürzen.
14 Du wirst essen, doch du wirst nicht
satt; / Schwindel wird dich befallen.
Was du beiseite schaffst, rettest du nicht; /
was du rettest, übergebe ich dem Schwert.
15 Du wirst säen, aber nicht ernten; / du
wirst Oliven pressen, / aber dich mit dem Öl
nicht salben;
du wirst Trauben keltern, / aber den Wein
nicht trinken.
16 Du hast dich nach Omris Gesetzen ge-
richtet / und nach all den bösen Taten des
Hauses Ahab; / nach ihren Ratschlägen habt
ihr gelebt.
Darum mache ich dich zur schauerlichen
Wüste / und deine Bewohner zum Gespött. /
Ihr müsst es ertragen, dass euch die Völker
verhöhnen.

10: Am 8,5 • 14: Hos 4,10 • 15: Dtn 28,30–33 • 16: Ez 36,15; Hos 5,9; Zef 2,15.

Die Klage des Propheten über sein Volk: 7,1–7

7 Weh mir! Es geht mir wie nach der
Obsternte, / wie bei der Nachlese im
Weinberg:
Keine Traube ist mehr da zum Essen, / kei-
ne von den Frühfeigen, die mein Herz be-
gehrt.
2 Verschwunden sind die Treuen im
Land, / kein Redlicher ist mehr unter den
Menschen.
Alle lauern auf Blut, / einer macht Jagd
auf den andern.
3 Sie trachten nach bösem Gewinn / und
lassen sich's gut gehen:
Die hohen Beamten fordern Geschenke, /
die Richter sind für Geld zu haben
und die Großen entscheiden nach ihrer
Habgier – / so verdrehen sie das Recht.
4 Noch der Beste unter ihnen ist wie eine
Distel, / der Redlichste ist schlimmer als
Dornengestrüpp.
Doch der Tag deiner Bestrafung kommt; /
dann werden alle bestürzt sein.
5 Traut eurem Nachbarn nicht, / verlasst
euch nicht auf den Freund! / Hüte deinen
Mund vor der Frau in deinen Armen!
6 Denn der Sohn verachtet den Vater, / die
Tochter stellt sich gegen die Mutter,
die Schwiegertochter gegen die Schwie-
germutter; / jeder hat die eigenen Hausge-
nossen zum Feind.
7 Ich aber schaue aus nach dem Herrn, / ich
warte voll Vertrauen auf Gott, meinen Ret-
ter. / Mein Gott wird mich erhören.

2: Ps 14,1–3; Jer 5,1 • 3: Jer 4,22 • 6: Mt 10,35f.

6,16 Omri (885–874 v. Chr.), der Vater Ahabs und Begründer einer erfolgreichen Dynastie, war nach 1 Kön 16,25f ein König, der heidnische Kulte duldete.

NEUE VERHEISSUNGEN: 7,8–20

Die Zuversicht Jerusalems: 7,8–10

8 Freu dich nicht über mich, meine Fein-
din! / Zwar liege ich am Boden, / doch ich
stehe wieder auf.
Zwar sitze ich in der Finsternis, / aber der
Herr ist mein Licht.
9 Ich habe mich gegen den Herrn versün-
digt; / deshalb muss ich seinen Zorn ertra-
gen,
bis er meine Sache vertritt / und mir Recht
verschafft.
Er wird mich hinausführen ins Licht, / ich
werde seine Heilstat erleben.
10 Meine Feindin wird es sehen / und vor
Scham vergehen; / denn sie sagte zu mir:
Wo ist Jahwe, dein Gott? / Und meine Au-
gen werden sich an ihr weiden. / Dann wird
sie zertreten wie Gassenkot.

8: Joh 8,12 • 9: Jes 53,11 • 10: Ps 42,4.11.

Der Wiederaufbau der Stadt: 7,11–13

11 Es kommt der Tag, / an dem man deine
Mauern wieder aufbaut, / der Tag, an dem
deine Grenzen sich weiten.
12 An jenem Tag kommen alle zu dir, / von
Assur bis Ägypten / und von Ägypten bis
zum Eufrat,
von einem Meer zum andern / und von ei-
nem Gebirge zum andern.
13 Die Erde aber wird zur Wüste / wegen
(der Sünden) ihrer Bewohner; / so ernten sie
die Frucht ihrer Taten.

Das Gebet Jerusalems: 7,14–20

14 Führe mit deinem Stab dein Volk auf die
Weide, / die Schafe, die dein Erbbesitz sind,
die einsam lagern in einer Wildnis / mitten
im fruchtbaren Land.
Sie sollen wieder im Baschan und in Gile-
ad weiden / wie in den Tagen der Vorzeit.
15 Wie in den Tagen, als du aus Ägypten
auszogst, / lass uns deine Wunder schauen!
16 Die Völker mit all ihrer Macht / sollen
sich schämen, wenn sie es sehen.
Sie sollen die Hand auf den Mund legen, /
ihre Ohren sollen taub werden.
17 Staub sollen sie fressen wie die Schlan-
ge, / wie das Gewürm am Boden.
Zitternd sollen sie herauskommen aus ih-
ren Burgen, / vor den Herrn treten, unseren
Gott, / voll Schrecken und Furcht vor dir.
18 Wer ist ein Gott wie du, / der du Schuld
verzeihst und dem Rest deines Erbvolkes /
das Unrecht vergibst?
Gott hält nicht für immer fest an seinem
Zorn; / denn er liebt es, gnädig zu sein.
19 Er wird wieder Erbarmen haben mit
uns / und unsere Schuld zertreten.
Ja, du wirfst all unsere Sünden / in die
Tiefe des Meeres hinab.
20 Du wirst Jakob deine Treue beweisen /
und Abraham deine Huld,
wie du unseren Vätern geschworen hast /
in den Tagen der Vorzeit.

14: Ez 34,11–16; Ps 95,7; 23,1f • 18: Jer 50,20; Ps 105,8 • 20: Gen 22,16–18; 28,13–15; Ps 105,8f; Lk 1,73.

Das Buch Nahum

Nach einem Hymnus auf Gott als den strengen und gerechten Richter des ganzen Weltgeschehens (1,2–8) kündigt der Prophet Nahum die Vernichtung Ninives, der Hauptstadt des assyrischen Weltreichs, an (1,9–14) und schildert in prophetischer Vorausschau den Untergang der Stadt (2,1–14), die für ihr gottwidriges Treiben den verdienten Lohn erhält (3,1–19).

Das Buch Nahum hat die Form einer Drohweissagung gegen Ninive und ist wohl noch zu einer Zeit entstanden, als die Völker Vorderasiens schwer unter dem Druck der Macht Assurs zu leiden hatten. Da einerseits die Eroberung von No-Amon (Theben in Ägypten) vorausgesetzt wird (3,8), die im Jahr 667 v. Chr. erfolgte, und andererseits die Zerstörung Ninives im Jahr 612 v. Chr. noch aussteht, wird man die Abfassung des Buches zu Beginn der zweiten Hälfte des 7. Jahrhunderts v. Chr. ansetzen dürfen.

Der Prophet Nahum verkündet ganz im Sinn prophetischer Geschichtsbetrachtung (vgl. Jes 10,5–15), also ohne religiöse Selbstgerechtigkeit und nationale Engstirnigkeit, den Untergang Assurs, das Jahrhunderte hindurch die Völker Vorderasiens mit Gewalt unterdrückt und grausam misshandelt hat. So ist Nahum der Prophet eines Gottes, dessen Gericht jede Vergewaltigung des Menschen bestraft, die durch entartete politische Mächte geschieht.

ÜBERSCHRIFT: 1,1

1 Ausspruch über Ninive. Das Buch der Visionen Nahums aus Elkosch.

GOTTES MACHT IN GNADE UND GERICHT: 1,2–8

2 Ein eifernder und rächender Gott ist der Herr. / Der Herr übt Rache und ist voll Zorn.

Der Herr übt Rache an seinen Gegnern / und hält fest am Zorn gegen seine Feinde.

3 Der Herr ist langmütig und von großer Macht; / doch lässt der Herr gewiss keinen ungestraft.

In Wirbel und Sturm nimmt er seinen Weg, / die Wolken sind der Staub seiner Füße.

4 Er droht dem Meer und macht es trocken, / alle Flüsse lässt er versiegen.

Welk sind Baschan und Karmel, / auch die Blüten des Libanon sind verwelkt.

5 Berge beben vor ihm / und Hügel geraten ins Wanken.

Die Welt schreit vor ihm auf, / die Erde und all ihre Bewohner.

6 Vor seinem Groll – wer kann da bestehen? / Wer hält stand in der Glut seines Zorns?

Sein Grimm greift um sich wie Feuer / und die Felsen bersten vor ihm.

7 Gut ist der Herr, / eine feste Burg am Tag der Not. / Er kennt alle, die Schutz suchen bei ihm.

8 Doch in reißender Flut / macht er seinen Gegnern ein Ende / und Finsternis verfolgt seine Feinde.

2: Dtn 4,24 • 3: Ex 34,6f • 4: Ex 14f; Ps 106,9; Jes 50,2; 51,10 • 5: Ps 68,9; 97,4f; Jer 4,24.

DAS GERICHT ÜBER NINIVE: 1,9 – 3,19

Ninives vergebliche Auflehnung gegen Gott: 1,9 – 2,1

9 Was plant ihr gegen den Herrn? / Er macht doch ein Ende. / Es soll nicht wieder Not aufkommen.

10 Wie dichtes Dornengestrüpp / und wie wirres Windengerank werden sie verbrannt, / wie dürre Spreu; nichts bleibt übrig.

11 Von dir stammt der Mann, / der Böses plant gegen den Herrn, / der Übles im Schild führt.

12 So spricht der Herr:

Auch wenn sie unversehrt sind und zahlreich, / sie werden abgeschnitten, sie gehen vorüber.

Habe ich dich auch gedemütigt, / ich werde dich nicht mehr demütigen.

13 Ja, jetzt zerbreche ich sein Joch, / das auf dir lastet, / und deine Fesseln werde ich sprengen.

14 Der Herr hat über dich bestimmt: / Von dir soll es keinen Nachkommen mehr geben.

Aus dem Haus deines Gottes / reiße ich Götze und Gussbild.

Ich schaufle dein Grab; / denn du bist verächtlich geworden.

2 Seht auf den Bergen die Schritte des Freudenboten! / Er verkündet Frieden!

Juda, feiere deine Feste, / erfülle deine Gelübde!

Denn der Unheilstifter durchstreift dein Land nicht mehr; / er ist völlig vernichtet.

1,13: Jes 9,3 • 2,1: Jes 40,9; 52,7–10.

1,10 verbrannt, wörtlich: gefressen (vom Feuer).

1,13 Weil in VV. 12b.13 nicht mehr Ninive, sondern Juda angeredet wird, meint »sein Joch« die Unterdrückung durch Assur.

Die Zerstörung der Stadt: 2,2–14

2 Ein Mann zieht hinauf gegen dich, / der dich zerschmettern wird.
Halt Wache! / Beobachte die Wege!
Mach deine Hüften stark! / Rüste dich mit Macht und Kraft!
3 Wahrhaftig, der Herr / stellt die Pracht Jakobs wieder her / wie die Pracht Israels;
denn Verwüster haben sie verwüstet / und ihre jungen Pflanzen vernichtet.
4 Rot leuchtet der Schild seiner Helden. / Seine Krieger sind in Scharlach gekleidet.
Wie funkelnder Stahl glänzen die Wagen / am Tag, an dem er sie aufbietet, / und die Speere wiegen sich.
5 Durch die Gassen rasen die Kriegswagen, / sie stürmen über die Plätze.
Ihr Anblick gleicht Fackeln, / wie Blitze jagen sie daher.
6 Er denkt an seine Mächtigen; / sie aber straucheln beim Ansturm.
Sie eilen zur Stadtmauer; / doch unbeweglich steht die Sperre.
7 Die Flusstore sind geöffnet, / schon wankt der Palast.
8 Die Königin wird zur Schau gestellt, / wird entblößt, wird weggeführt;
ihre Mägde jammern wie gurrende Tauben / und schlagen sich an die Brust.
9 Ninive ist wie ein voller Teich, / dessen Wasser davonfließt.
Halt! Halt! (ruft man), / doch keiner wendet sich um.
10 Plündert das Silber, plündert das Gold! / Kostbarkeiten ohne Ende!
Welche Pracht aller Art / an bezaubernden Schätzen!
11 Alles leer, entleert, verheert; / das Herz verzagt.
Es wanken die Knie, / ein Zittern in allen Hüften, / alle Gesichter glühen rot.
12 Wo ist jetzt das Versteck der Löwen, / der Tummelplatz der jungen Löwen,
wohin der Löwe geht, um sich zu verbergen, / wo der junge Löwe bleibt, / ohne dass jemand ihn aufschreckt?
13 Reichen Raub machte der Löwe für seine Jungen. / Er würgte für seine Löwinnen.
Mit Raub füllte er seine Höhlen, / seine Verstecke mit Raubgut.
14 Nun gehe ich gegen dich vor / – Spruch des Herrn der Heere.
Ich lasse deine Wagen in Rauch aufgehen, / deine jungen Löwen frisst das Schwert.
Ich mache deinem Rauben auf der Erde ein Ende, / nie mehr hört man den Ruf deiner Boten.

14: 3,5.

Weheruf und Klage: 3,1–7

3 Weh der Stadt voll Blutschuld; / sie ist nichts als Lüge.
Voll von Raffgier ist sie, / vom Rauben lässt sie nicht ab.
2 Knallen von Peitschen / und Gedröhn rasselnder Räder, / rennende Pferde und holpernde Wagen.
3 Hetzende Reiter, flammende Schwerter, / blitzende Lanzen,
eine Menge Erschlagener, / eine Masse von Toten,
kein Ende der Leichen, / man stolpert über die Leiber.
4 Und all das wegen der zahllosen Buhlschaften / der Buhlerin, die von Anmut strahlte, / die in Zauberkünsten Meisterin war;
Völker verkaufte sie durch ihr Buhlen, / Stämme durch ihre Zauberei.
5 Nun gehe ich gegen dich vor / – Spruch des Herrn der Heere.
Deine Schleppe hebe ich auf / bis über dein Gesicht
und lasse die Völker deine Blöße sehen; / die Königreiche sehen deine Schande.
6 Mit Kot bewerfe ich dich, / gebe dich der Verachtung preis / und mache dich zum Schaustück.
7 Dann wird es geschehen: Wer immer dich sieht, / schreckt vor dir zurück und sagt:
Verwüstet ist Ninive. Wer zeigt ihr Teilnahme? / Wo soll ich dir einen Tröster suchen?

4: Offb 17 • 5: 2,14; Jer 13,22–26.

Spott über Ninive: 3,8–19

8 Bist du denn besser als No-Amon, / das an Strömen lag, / von Wasser rings umgeben,
dessen Schutzwall ein Meer, / dessen Mauern die Wasser waren?
9 Kusch war mächtig / und Ägypten kannte keine Grenze. / Put und die Libyer zählten zu seinen Helfern.
10 Doch auch No-Amon musste in die Verbannung, / zog in die Gefangenschaft.
Auch seine Kinder wurden zerschmettert an den Ecken aller Gassen / und über seine Vornehmen warf man das Los. / Alle seine Großen wurden in Fesseln gelegt.

2,6 Er: Gemeint ist der König von Assur.
3,8 No-Amon ist Theben in Oberägypten, das 667 v. Chr. von den Assyrern unter Assurbanipal erobert wurde.

11 Auch du wirst betrunken, wirst ohnmächtig sein. / Auch du wirst Schutz suchen vor dem Feind.
12 All deine Festungen sind Bäume mit frühen Feigen: / Schüttelt man sie, dann fallen sie dem, der sie essen will, in den Mund.
13 Die Krieger in deiner Mitte – / Weiber sind sie.
Weit stehen deinen Feinden / die Tore deines Landes offen; Feuer frisst deine Riegel.
14 Schöpf dir Wasser für die Belagerung, / mach fest deine Festungen!
Tritt in den Lehm, stampfe den Ton, / halte die Ziegelform fest!
15 Dann wird das Feuer dich fressen, / wird das Schwert dich vertilgen, / wird dich fressen wie ein Heuschreckenschwarm.
Werde zahlreich wie die Heuschrecken, / zahlreich wie die Wanderheuschrecken!
16 Du hast deine Händler zahlreicher gemacht / als die Sterne am Himmel.
Die Heuschrecken häuten sich / und fliegen davon.
17 Deine Wächter sind wie Wanderheuschrecken, / deine Beamten wie ein Schwarm von Heuschrecken, / die sich an den Mauern lagern an einem kalten Tag.
Geht die Sonne auf, / so fliehen sie eilig davon.
Man kennt ihren Ort nicht – / wo sind sie hin?
18 Deine Hirten schlummern, König von Assur; / deine Mächtigen ruhen.
Dein Volk ist über die Berge zerstreut / und keiner sammelt es.
19 Keine Linderung gibt es für deinen Zusammenbruch, / unheilbar ist deine Wunde.
Jeder, der hört, was man von dir erzählt, / klatscht über dich in die Hände.
Denn wen traf nicht / deine Schlechtigkeit zu jeder Zeit?

8: Jer 46,25 • 9: Jer 46,9; Ez 30,5 • 10: Ps 137,9; Hos 10,14; Joël 4,3 • 13: Jes 19,16; Jer 51,30.

Das Buch Habakuk

Dieses kleine Buch weist eine klare Struktur auf: Auf zwei Klagen des Propheten (1,2–4.12–17) folgen zwei göttliche Antworten (1,5–11; 2,1–5). Die zweite Antwort mündet in fünf Wehe-Rufe aus (2,6–20). Das abschließende »Gebet Habakuks« (Kap. 3) stellt die hymnische Schilderung der Gotteserscheinung dar, auf die der Prophet klagend und hoffend wartet. Dieser Schluss gehört unabdingbar zum Buch, auch wenn er als Gebet der Gemeinde verwendet wurde und in V. 17 einen nachträglichen Einschub erhielt. Der rhetorische Stil mit seiner eindrucksvollen Bildersprache macht das Buch zu einer Perle der prophetischen Literatur.

Die Erwähnung der Chaldäer, d. h. der Träger des Neubabylonischen Reichs (1,6), weist auf den historischen Hintergrund des Buches hin: die heraufkommende Chaldäergefahr vor 598 v. Chr. Der Prophet, von dem sonst nichts bekannt ist – Dan 14,33–39 passt nicht auf ihn –, beklagt zunächst den schlimmen Zustand des Gottesvolkes, wohl unter König Jojakim (609–598 v. Chr.), und erhält zur Antwort, die Chaldäer kämen deshalb als Strafwerkzeug Gottes über Israel (vgl. auch 1,12). Nach der Klage über die Grausamkeit des Feindes deckt Gott das Geheimnis seines Geschichtswaltens auf: Auch durch anscheinend widersprüchliche Geschichtsabläufe hindurch garantiert er den endgültigen Sieg von Recht und Gerechtigkeit über Habsucht, Ausbeutung, Gewalttat und Götzendienst. Das gilt gerade auch auf der Ebene der Völkergeschichte. Die Verkündigung des Propheten gipfelt in der Gottesaussage: »Der Gerechte bleibt wegen seiner Treue am Leben« (2,4); gemeint ist die Treue im tätigen Glauben. Diese Zusage hat durch Paulus (Röm 1,17; Gal 3,11) besondere Bedeutung gewonnen (vgl. auch Hebr 10,38).

ÜBERSCHRIFT: 1,1

1 Ausspruch, den der Prophet Habakuk in einer Vision hörte.

DER DIALOG DES PROPHETEN MIT GOTT: 1,2 – 2,5

Die Klage des Propheten: 1,2–4

2 Wie lange, Herr, soll ich noch rufen / und du hörst nicht?

Ich schreie zu dir: Hilfe, Gewalt! / Aber du hilfst nicht.

3 Warum lässt du mich die Macht des Bösen erleben / und siehst der Unterdrückung zu?

Wohin ich blicke, sehe ich Gewalt und Misshandlung, / erhebt sich Zwietracht und Streit.

4 Darum ist das Gesetz ohne Kraft / und das Recht setzt sich gar nicht mehr durch.

Die Bösen umstellen den Gerechten / und so wird das Recht verdreht.

2: Ijob 19,7 • 3: Ps 55,10–12; Am 3,9f.

Die Antwort Gottes: 1,5–11

5 Seht auf die Völker, schaut hin, / staunt und erstarrt!

Denn ich vollbringe in euren Tagen eine Tat – / würde man euch davon erzählen, ihr glaubtet es nicht.

6 Denn seht, ich stachle die Chaldäer auf, / das grausame, ungestüme Volk,

das die Weiten der Erde durchzieht, / um Wohnplätze zu erobern, die ihm nicht gehören,

7 ein furchtbares und schreckliches Volk, / das selbst sein Recht und seinen Rang bestimmt.

8 Seine Pferde sind schneller als Panther, / wilder als die Wölfe der Steppe.

Seine Rosse und Reiter stürmen heran, / sie kommen aus der Ferne,

sie fliegen herbei wie ein Geier, / der sich auf seinen Fraß stürzt.

9 Sie rücken an, entschlossen zu roher Gewalt, / alle Gesichter vorwärts gerichtet. / Gefangene raffen sie zusammen wie Sand.

10 Sie machen sich sogar über Könige lustig / und lachen über mächtige Fürsten;

ja, sie spotten über jede Festung, / sie schütten einen Erdwall auf und nehmen sie ein.

11 Dann ziehen sie weiter, / wie der Sturmwind sausen sie dahin.

Doch sie werden es büßen, / denn sie haben ihre Kraft zu ihrem Gott gemacht.

8: Zef 3,3 • 11: Jes 10,13.

Erneute Klage des Propheten: 1,12–17

12 Herr, bist nicht du von Ewigkeit her mein heiliger Gott? / Wir wollen nicht sterben.

Herr, du hast sie doch nur dazu gerufen, / an uns das Gericht zu vollziehen:

Du, unser Fels, du hast sie dazu bestimmt, / uns zu bestrafen.

13 Deine Augen sind zu rein, um Böses mit anzusehen, / du kannst der Unterdrückung nicht zusehen.

Warum siehst du also den Treulosen zu und schweigst, / wenn der Ruchlose den Gerechten verschlingt?

14 Warum behandelst du die Menschen / wie die Fische im Meer, / wie das Gewürm, das keinen Herrn hat?

15 Mit der Angel holt er sie alle herauf, / er schleppt sie weg in seinem Netz

und rafft sie fort in seinem Fischgarn; / er freut sich darüber und jubelt.

16 Deshalb opfert er seinem Netz / und bringt seinem Fischgarn Rauchopfer dar;

denn durch sie hat er reichen Gewinn / und ein üppiges Mahl.

17 Darum zückt er unablässig sein Schwert, / um ohne Erbarmen die Völker zu morden.

12: Dtn 33,27; Ps 90,1f • 14: Ez 29,4f.

Die Antwort Gottes: 2,1–5

2 Ich will auf meinem Wachtturm stehen, / ich stelle mich auf den Wall

und spähe aus, um zu sehen, was er mir sagt, / was er auf meine Klage entgegnet.

2 Der Herr gab mir Antwort und sagte: /

1,8b Nach G; H: Wölfe am Abend.

1,16 Vgl. V. 11. Der Feind vergöttert seine Machtmittel.

1,17a Nach dem Qumran-Text.

Schreib nieder, was du siehst,
schreib es deutlich auf die Tafeln, / damit
man es mühelos lesen kann.
3 Denn erst zu der bestimmten Zeit trifft
ein, / was du siehst;
aber es drängt zum Ende und ist keine
Täuschung; / wenn es sich verzögert, so warte darauf; / denn es kommt, es kommt und
bleibt nicht aus.
4 Sieh her: Wer nicht rechtschaffen ist,
schwindet dahin, / der Gerechte aber bleibt
wegen seiner Treue am Leben.
5 Wahrhaftig, der Reichtum ist trügerisch, / wer hochmütig ist, kommt nicht ans
Ziel,
wenn er auch seinen Rachen aufsperrt wie
die Unterwelt / und unersättlich ist wie
der Tod,
wenn er auch alle Völker zusammentreibt / und alle Nationen um sich vereinigt.

1: Ez 33,7 • 3: 2 Petr 3,9 • 4: Röm 1,17; Gal 3,11; Hebr 10,38.

DIE WEHERUFE: 2,6–20

Über den Habsüchtigen: 2,6–8

6 Werden sie nicht alle ein Spottlied auf
ihn anstimmen? / Ja, sie werden ihn verhöhnen und sagen:
Weh dem, der zusammenrafft, was nicht
ihm gehört, / und sich hohe Pfänder geben
lässt. / Wie lange wird er es noch treiben?
7 Plötzlich werden vor dir deine Gläubiger
stehen, / deine Bedränger werden erwachen
und du wirst ihre Beute.
8 Du hast viele Völker ausgeplündert; /
deshalb plündern jetzt die Völker dich aus,
die übrig blieben,
wegen des Blutes, das du vergossen hast /
unter den Menschen,
wegen der Gewalttaten, die du verübt
hast / an Ländern und Städten und an all ihren Bewohnern.

8: Jes 33,1; Hab 2,17.

Über den Ausbeuter: 2,9–14

9 Weh dem, der für sein Haus unrechten
Gewinn sucht / und sich hoch droben sein
Nest baut, / um dem drohenden Unheil zu
entgehen.
10 Zur Schande für dein eigenes Haus /
hast du beschlossen, viele Völker niederzuschlagen; / damit sündigst du gegen dich
selbst.
11 Es schreit der Stein in der Mauer / und
der Sparren im Gebälk gibt ihm Antwort.
12 Weh dem, der eine Stadt mit Blut erbaut / und eine Festung auf Unrecht gründet.
13 Bewirkt es nicht der Herr der Heere, /
dass die Völker sich plagen nur für das
Feuer, / Nationen sich abmühen für nichts?
14 Ja, das Land wird erfüllt sein von der
Erkenntnis der Herrlichkeit des Herrn, / so
wie das Meer mit Wasser gefüllt ist.

9: Obd 4 • 12: Jer 22,13; Mi 3,10 • 14: Jes 11,9.

Über den Gewalttätigen: 2,15–17

15 Weh dem, der seinen Freund / aus dem
Becher seines Zorns trinken lässt,
ja, ihn betrunken macht, / damit man ihn
nackt sieht.
16 Du sollst dich an Schande sättigen, nicht
an Ehre; / auch du sollst trinken und taumeln.
Der Becher in der Hand des Herrn kommt
nun zu dir; / Schmach und Schande bedecken deine Ehre.
17 Denn dich erdrückt dein Verbrechen /
gegen den Libanonwald
und die Vernichtung des Großwilds lastet
auf dir, / wegen des Blutes, das du vergossen
hast unter den Menschen,
wegen der Gewalttaten, die du verübt hast
an Ländern und Städten / und an allen ihren
Bewohnern.

16: Jes 51,17; Klgl 4,21 • 17: 2,8.

Über den Götzendiener: 2,18–20

18 Was nützt ein Götterbild, das ein Bildhauer macht, / ein gegossenes Bild, ein Lügenorakel?
Wie kann der Bildhauer auf den Götzen
vertrauen, / auf das stumme Gebilde, das er
selber gemacht hat?
19 Weh dem, der zum Holz sagt: Erwache!, / und zum stummen Stein: Wach
auf!
Gibt der Götze denn Auskunft? / Gewiss,
er ist mit Silber und Gold überzogen, / doch
er hat keinen Geist, keinen Atem.
20 Der Herr aber wohnt in seinem heiligen
Tempel. / Alle Welt schweige in seiner Gegenwart.

18–19: Jes 44,9–20 • 20: Ps 11,4; Sach 2,17.

2,4b Das hebräische Wort für »Treue« bedeutet auch »Glaube«; vgl. G und die angeführten Stellen aus dem NT.

2,11 Bildhafte Ausdrucksweise für die stumme Anklage (vgl. V. 12).

DAS GEBET DES HABAKUK: 3,1–19

3 Gebet des Propheten Habakuk, nach der Melodie von Schigjonot.

2 Herr, ich höre die Kunde, / ich sehe, Herr, was du früher getan hast.

Lass es in diesen Jahren wieder geschehen, / offenbare es in diesen Jahren! / Auch wenn du zürnst, denk an dein Erbarmen!

3 Gott kommt von Teman her, / der Heilige kommt vom Gebirge Paran.

Seine Hoheit überstrahlt den Himmel, / sein Ruhm erfüllt die Erde. [Sela]

4 Er leuchtet wie das Licht der Sonne, / ein Kranz von Strahlen umgibt ihn, / in ihnen verbirgt sich seine Macht.

5 Die Seuche zieht vor ihm her, / die Pest folgt seinen Schritten.

6 Wenn er kommt, wird die Erde erschüttert, / wenn er hinblickt, zittern die Völker.

Da zerbersten die ewigen Berge, / versinken die uralten Hügel. / [Das sind von jeher seine Wege.]

7 Die Zelte Kuschans sehe ich voll Unheil; / auch in Midian zittern die Zelte.

8 Herr, ist dein Zorn gegen die Flüsse entbrannt / [gegen die Flüsse dein Zorn]

und dein Groll gegen das Meer, / dass du mit deinen Rossen heranstürmst / und mit deinen siegreichen Wagen?

9 Du hast den Bogen aus der Hülle genommen, / du hast die Pfeile auf die Sehne gelegt. [Sela]

Du spaltest die Erde / und es brechen Ströme hervor;

10 dich sehen die Berge und zittern, / tosender Regen prasselt nieder;

die Urflut brüllt auf / und reckt ihre Hände empor.

11 Sonne und Mond bleiben in ihrer Wohnung; / sie vergehen im grellen Licht deiner Pfeile, / im Glanz deiner blitzenden Lanze.

12 Voll Zorn schreitest du über die Erde, / in deinem Groll zerstampfst du die Völker.

13 Du ziehst aus, um dein Volk zu retten, / um deinem Gesalbten zu helfen.

Vom Haus des Ruchlosen schlägst du das Dach weg / und legst das Fundament frei / bis hinab auf den Felsen. [Sela]

14 Mit deinen Pfeilen durchbohrst du den Kopf seiner Krieger, / die heranstürmen, um uns zu verjagen.

Sie freuen sich schon voll Übermut, / in ihrem Versteck den Armen zu fressen.

15 Du bahnst mit deinen Rossen den Weg durch das Meer, / durch das gewaltig schäumende Wasser.

16 Ich zitterte am ganzen Leib, als ich es hörte, / ich vernahm den Lärm und ich schrie.

Fäulnis befällt meine Glieder / und es wanken meine Schritte.

Doch in Ruhe erwarte ich den Tag der Not, / der dem Volk bevorsteht, das über uns herfällt.

17 Zwar blüht der Feigenbaum nicht, / an den Reben ist nichts zu ernten,

der Ölbaum bringt keinen Ertrag, / die Kornfelder tragen keine Frucht;

im Pferch sind keine Schafe, / im Stall steht kein Rind mehr.

18 Dennoch will ich jubeln über den Herrn / und mich freuen über Gott, meinen Retter.

19 Gott, der Herr, ist meine Kraft. / Er macht meine Füße schnell wie die Füße der Hirsche / und lässt mich schreiten auf den Höhen.

(Dem Chormeister. Zum Saitenspiel.)

3: Ps 18,8–16 • 6: Ps 68,10; Jes 66,15 • 10: Ps 77,17f • 14: Ps 10,8–10 • 15: Jes 43,16 • 17: Jer 5,17 • 19: Ps 18,34; Jes 58,14.

3,1 Das letzte Wort ist nicht sicher zu deuten; vielleicht »Klagelieder«.

3,3 Teman, im nördlichen Edom. Zu Paran vgl. Dtn 33,2. Gott wird als vom Sinai-Horeb über Edom kommend vorgestellt (vgl. Ri 5,4f).

3,7 Kuschan ist eine uns unbekannte Volksgruppe, wie Midian in der Umgebung des Golfs von Akaba zu suchen.

3,9ab Sinn des Textes unklar.

3,14c Text unsicher.

Das Buch Zefanja

Das relativ kleine Buch weist drei Teile auf: Strafankündigung gegen Juda und gegen die anderen Völker (1,2 – 2,15); Strafankündigung gegen Jerusalem (3,1–8); Ankündigung der Bekehrung der Völker und des Heils für Jerusalem (3,9–20). Das Buch lässt eine exilisch-nachexilische Bearbeitung erkennen. Der Schlussabschnitt 3,16–20 ist sicher erst längere Zeit nach dem Exil angefügt worden. Die Annahme einer bereits früheren Überarbeitung legen 1,18; 2,7.9f; 3,8f nahe.

Die Überschrift gibt als Zeit Zefanjas die Epoche des Königs Joschija (641–609 v. Chr.) an. In dessen frühe Regierungsjahre passen auch die als echt geltenden Texte. Während der langen Regierungszeit des Gott untreuen Manasse (699–643 v. Chr.) trat ein religiöser und sozialer Verfall im Südreich ein, der Gegenkräfte auf den Plan rief, die den jungen Joschija zu einem reformwilligen König zu machen vermochten (ab 627 oder 622 v. Chr.). Mit ihnen muss Zefanja um 630 v. Chr. als Prophet zusammengearbeitet haben.

Von Zefanja ist außer den Angaben in 1,1 nichts Weiteres bekannt. Warum seine Abstammung bis zum Urgroßvater zurück angegeben wird, bleibt unklar. Er nimmt die Botschaft vom »Tag des Herrn« von Amos (Am 5,16–20) und Jesaja (Jes 2,6–22) auf und gestaltet jenen »Tag« zu einem universalen Ereignis aus (1,14–18; 2,1–3). Die Sequenz der Totenmesse, das »Dies irae«, ist hauptsächlich von Zef 1,14–18 inspiriert. In seiner Grundforderung nach Gerechtigkeit und Demut stimmt Zefanja ebenfalls mit Amos und Jesaja überein; demgemäß verkündigt er das ideale Israel der Zukunft, den »heiligen Rest«, als »demütiges und armes Volk, das seine Zuflucht sucht beim Namen des Herrn« (3,12). Diese Stelle schlägt eine Brücke zum Neuen Testament.

ÜBERSCHRIFT: 1,1

1 Wort des Herrn, das an Zefanja, den
Sohn Kuschis, des Sohnes Gedaljas, des
Sohnes Amarjas, des Sohnes Hiskijas, erging
in der Zeit, als Joschija, der Sohn Amons,
König von Juda war.

DAS GERICHT ÜBER JUDA UND DIE VÖLKER: 1,2 – 3,8

Das Gericht über Juda: 1,2–13

2 Ich raffe alles vom Erdboden weg, / ich
raffe es weg – Spruch des Herrn.
3 Mensch und Vieh raffe ich weg, / die Vö-
gel des Himmels raffe ich weg
und die Fische im Meer / [nämlich alles,
was die Frevler zu Fall gebracht hat,]
und ich rotte die Menschen auf der Erde
aus – / Spruch des Herrn.
4 Ich strecke meine Hand gegen Juda aus /
und gegen alle Einwohner Jerusalems
und ich rotte an diesem Ort die Reste des
Baalsdienstes aus, / samt den Namen der
Götzenpriester,
5 alle, die sich auf den Dächern niederwer-
fen / vor dem Heer des Himmels,
auch alle, die sich vor dem Herrn nieder-
werfen, / zugleich aber bei ihrem Moloch
schwören,
6 und alle, die dem Herrn den Rücken keh-
ren, / die ihn nicht suchen und nicht nach
ihm fragen.
7 Schweigt vor Gott, dem Herrn! / Denn
der Tag des Herrn ist nahe.
Ja, der Herr hat ein Schlachtopfer vorbe-
reitet, / er hat die eingeladenen Gäste schon
(dem Tod) geweiht.
8 Am Tag des Schlachtopfers des Herrn /

1,5 Zu Moloch vgl. Lev 20,2 und die dortige Anmerkung; 2 Kön 16,3; 17,17; 21,6.

rechne ich ab mit den großen Herren und den
Königssöhnen / und allen, die fremdländi-
sche Kleider tragen;
9 an jenem Tag rechne ich ab mit jedem, /
der über die Schwelle springt,
mit allen, die das Haus ihres Herrn / mit
Betrug und Gewalt anfüllen.
10 An jenem Tag – Spruch des Herrn – /
hört man vom Fischtor her Geschrei
und aus der Neustadt lautes Jammern /
und von den Hügeln her großes Getöse.
11 Jammert, ihr Bewohner der Senke! /
Denn das ganze Krämervolk verstummt, /
alle Geldwechsler sind ausgerottet.
12 In jener Zeit durchsuche ich Jerusalem
mit der Laterne / und rechne ab mit den Her-
ren,
die dick geworden sind auf ihrer Hefe und
denken: / Der Herr tut weder Gutes noch
Böses.
13 Darum werden ihre Reichtümer ge-
raubt / und ihre Häuser verwüstet.
Sie werden Häuser bauen, aber nicht darin
wohnen; / sie werden Weinberge anlegen,
aber den Wein nicht trinken.

4: 2 Kön 23,4–20 • 5: Dtn 4,19; 2 Kön 21,3–5; 1 Kön 11,7.33 • 7: Hab 2,20; Offb 19,17f • 12: Jer 48,11; Ps 10,4; Jer 5,12 • 13: Dtn 28,30–33; Am 5,11.

Der Tag des Herrn: 1,14–18

14 Der Tag des Herrn ist nahe, der gewal-
tige Tag, / er ist nahe, schnell kommt er her-
bei.
Horch, der Tag des Herrn ist bitter, / da
schreit sogar der Kriegsheld auf.
15 Ein Tag des Zorns ist jener Tag, / ein Tag
der Not und Bedrängnis,
ein Tag des Krachens und Berstens, / ein
Tag des Dunkels und der Finsternis, / ein
Tag der Wolken und der schwarzen Nacht,
16 ein Tag des Widderhorns und des
Kriegsgeschreis in den befestigten Städten /
und auf den hohen Zinnen.
17 Da jage ich den Menschen Angst ein, /
sodass sie wie blind umherlaufen; / denn sie
haben sich gegen den Herrn versündigt.
Ihr Blut wird hingeschüttet wie Schutt /
und ihr fettes Mark wie Kot.
18 Weder ihr Silber noch ihr Gold kann sie
retten / am Tag des Zornes des Herrn.
Vom Feuer seines leidenschaftlichen Ei-
fers / wird die ganze Erde verzehrt.
Denn er bereitet allen Bewohnern der
Erde ein Ende, / ein schreckliches Ende.

14–18: Am 5,18–20 • 15: Joël 2,2 • 17: Joël 2,1; Jer 9,21 • 18: Ez 7,19.

Hoffnung nach Umkehr: 2,1–3

2 Du gleichgültiges Volk, / sammelt euch,
tut euch zusammen,
2 ehe ihr zerstreut werdet und zerstiebt
wie Spreu, / ehe der glühende Zorn des
Herrn über euch kommt, / ehe über euch der
Tag des glühenden Zornes des Herrn
kommt.
3 Sucht den Herrn, ihr Gedemütigten im
Land, / die ihr nach dem Recht des Herrn
lebt.
Sucht Gerechtigkeit, sucht Demut! / Viel-
leicht bleibt ihr geborgen / am Tag des Zor-
nes des Herrn.

2: Hos 13,3 • 3: Am 5,4–6.

Das Gericht über die Nachbarvölker: 2,4–15

4 Ja, Gaza wird verlassen sein / und Asch-
kelon wird eine Wüste,
am hellen Mittag treibt man Aschdods
Einwohner fort / und Ekron ackert man
um.
5 Weh euch, die ihr das Gebiet am Meer be-
wohnt, / ihr Volk der Kereter.
Das Wort des Herrn richtet sich gegen
euch: / Kanaan, Land der Philister,
ich richte dich zugrunde, / keiner deiner
Bewohner bleibt übrig.
6 Das Kereterland wird zum Weideland
der Hirten, / es gibt nur noch Pferche für
Schafe und Ziegen.
7 Das Gebiet am Meer / fällt dem Rest des
Hauses Juda zu.
Sie treiben ihre Herden dorthin / und su-
chen am Abend ein Lager / in Aschkelons
Häusern.
Denn der Herr, ihr Gott, kümmert sich um
sie / und wendet ihr Geschick.
8 Ich habe den Hohn Moabs gehört / und
die Schimpfworte der Ammoniter,
die mein Volk verhöhnten / und große Re-
den führten gegen sein Land.
9 Darum – Spruch des Herrn der Heere, /
des Gottes Israels:
So wahr ich lebe: Moab wird wie Sodom
werden / und die Ammoniter wie Gomorra,

1,9 der über die Schwelle springt: Übersetzung unsicher. Gemeint ist wohl ein heidnischer Kultbrauch. Vielleicht ist die Rede von Höflingen am Stufenthron des Königs oder von Kultdienern am Stufenthron eines Götterbildes.

1,11 Senke: das Stadtviertel im Süden der Neustadt von Jerusalem.

1,12 Wenn der junge Wein nicht abgelassen wird, verdirbt er auf seiner Hefe.

2,4 In H Wortspiele mit den Namen der Städte.

ein Ort des Unkrauts, eine Salzgrube / und eine Wüste für immer.

Der Rest meines Volkes wird sie ausplündern, / der Überrest meines Volkes wird sie beerben.

10 Das ist die Strafe für ihren Hochmut; / denn sie höhnten und führten große Reden / gegen das Volk des Herrn der Heere.

11 Furcht erregend tritt der Herr gegen sie auf. / Ja, er vernichtet alle Götter der Erde

und alle Völker der Inseln werfen sich nieder vor ihm, / jedes an seinem Ort.

12 Auch ihr Kuschiter werdet / von meinem Schwert durchbohrt.

13 Er streckt seine Hand auch nach Norden aus / und vernichtet Assur

und Ninive macht er zur Öde, / es verdorrt wie die Wüste.

14 Dort lagern Herden, Tiere aller Art, / auf den Kapitellen der Säulen nächtigen Eule und Dohle.

Laut schreit es im Fenster, / ein Rabe krächzt auf der Schwelle. / [Denn das Zederngetäfel ist weg.]

15 Das also ist die fröhliche Stadt, / die sich in Sicherheit wiegte, / die dachte: Ich und sonst niemand!

Welch eine Wüste ist sie geworden, / ein Lager für die wilden Tiere.

Jeder, der dort vorbeikommt, / pfeift und hebt entsetzt seine Hand.

4: Am 1,6–8; Jer 47 • 5: Ez 25,15–17 • 8–11: Jes 15f; Jer 48,1 – 49,6; Ez 25,1–11; Am 1,13 – 2,3 • 9: Gen 19,24f • 12: Jes 18f • 13: Jer 46 • 15: Jes 47,8.10; Jer 18,16; 19,8.

Das Gericht über Jerusalem: 3,1–8

3 Weh der trotzigen, der schmutzigen, / der gewalttätigen Stadt.

2 Sie will nicht hören / und nimmt sich keine Warnung zu Herzen.

Sie verlässt sich nicht auf den Herrn / und sucht nicht die Nähe ihres Gottes.

3 Ihre Fürsten sind brüllende Löwen. / Ihre Richter sind wie Wölfe der Steppe, / die bis zum Morgen keinen Knochen mehr übrig lassen.

4 Ihre Propheten sind freche Betrüger. / Ihre Priester entweihen das Heilige / und tun Gewalt dem Gesetz an.

5 Aber der Herr tritt für das Recht ein in ihrer Mitte, / er tut kein Unrecht.

Morgen für Morgen fällt er das Urteil, / es fehlt nie beim Aufgang des Lichts. / Doch der Böse kennt keine Scham.

6 Ich habe ganze Völker ausgerottet, / ihre Zinnen liegen zertrümmert am Boden.

Ich habe ihre Straßen entvölkert, / keiner geht dort mehr umher;

ihre Städte sind verwüstet, / ohne Menschen, ohne Bewohner.

7 Ich dachte: Sicher fürchtest du mich jetzt, / nimmst dir die Warnung zu Herzen;

und alles, was ich ihnen auftrug, / werden sie immer vor Augen haben.

Aber nein, sie begingen immer wieder / all ihre schändlichen Taten.

8 Darum wartet nur – Spruch des Herrn – / auf den Tag, an dem ich auftreten werde als Kläger.

Denn ich habe beschlossen: / Völker will ich versammeln / und Königreiche biete ich auf;

dann schütte ich meinen Groll über sie aus, / die ganze Glut meines Zorns.

Denn vom Feuer meines Eifers / wird die ganze Erde verzehrt.

3–4: Ez 22,25 • 4: Jer 14,13; 23,11.16 • 5: Dtn 32,4; Ps 101,8.

Die Verheißung für Jerusalem und die Völker: 3,9–20

9 Dann werde ich die Lippen der Völker / verwandeln in reine Lippen,

damit alle den Namen des Herrn anrufen / und ihm einmütig dienen.

10 Von jenseits der Ströme von Kusch / bringen mir meine Verehrer dann als Gabe / die Gemeinde meiner Verstreuten.

11 An jenem Tag / brauchst du dich nicht mehr zu schämen,

wegen all deiner schändlichen Taten, / die du gegen mich verübt hast.

Ja, dann entferne ich aus deiner Mitte / die überheblichen Prahler

und du wirst nicht mehr hochmütig sein / auf meinem heiligen Berg.

12 Und ich lasse in deiner Mitte übrig ein demütiges und armes Volk, / das seine Zuflucht sucht beim Namen des Herrn.

13 Der Rest von Israel wird kein Unrecht mehr tun / und wird nicht mehr lügen, / in ihrem Mund findet man kein unwahres Wort mehr.

Ja, sie gehen friedlich auf die Weide / und niemand schreckt sie auf, wenn sie ruhen.

14 Juble, Tochter Zion! Jauchze, Israel! / Freu dich und frohlocke von ganzem Herzen, / Tochter Jerusalem!

15 Der Herr hat das Urteil gegen dich aufgehoben / und deine Feinde zur Umkehr gezwungen.

Der König Israels, der Herr, ist in deiner

2,14 Denn das Zederngetäfel ist weg: Text korr.; H verderbt.

3,3b Wölfe der Steppe: vgl. die Anmerkung zu Hab 1,8b.

Mitte; / du hast kein Unheil mehr zu fürchten.
16 An jenem Tag wird man zu Jerusalem
sagen: / Fürchte dich nicht, Zion! / Lass die
Hände nicht sinken!
17 Der Herr, dein Gott, ist in deiner Mitte, /
ein Held, der Rettung bringt.

Er freut sich und jubelt über dich, / er erneuert seine Liebe zu dir,

er jubelt über dich und frohlockt, / wie man frohlockt an einem Festtag.
18 Ich mache deinem Unglück ein Ende, /
ich nehme die Schmach von dir.
19 In jener Zeit vernichte ich alle, die dich
unterdrücken. / Ich helfe den Hinkenden und sammle die Verstreuten.

Ich verschaffe ihnen Ruhm und Ansehen / überall auf der Erde, wo sie Schmach erlitten.
20 In jener Zeit bringe ich euch heim, / in
jener Zeit führe ich euch wieder zusammen.

Ja, ich verleihe euch Ansehen und Ruhm / bei allen Völkern der Erde,

wenn ich euer Geschick wende. / Ihr werdet es sehen, spricht der Herr.

9: Mal 1,11 • 13: Offb 14,5 • 14: Jes 12,6; Sach 2,14 • 17: Jer 32,41 • 19: Ez 34,16; Mi 4,6.

Das Buch Haggai

Das Buch Haggai enthält in seinen zwei Kapiteln fünf prophetische Reden, die schon in der Form von der Verkündigung der vorexilischen Propheten abweichen. Sie beziehen die Zuhörer und ihre Äußerungen stärker in die Prophetenrede mit ein und verbinden mit den Ankündigungen in breiterem Maß Diskussionsworte und Mahnungen. Auch sind die Reden Haggais genau datiert: Sie wurden den Angaben nach (1,1; 2,1.10.20) in der zweiten Hälfte des Jahres 520 v. Chr. in Jerusalem gehalten. Ihr einziges Thema ist der Wiederaufbau des Tempels. Weil man nach der Rückkehr aus dem Babylonischen Exil (ab 538 v. Chr.) nur für das eigene Haus, aber nicht für das in Trümmern liegende Haus Gottes sorgte, so der Prophet, herrscht Dürre und Hungersnot. Ein neuer Tempel, von reinen Händen erbaut (2,10–14), wird, auch wenn er den alten an äußerem Glanz nicht erreicht, Segen bringen und zugleich Unterpfand für die kommende messianische Zeit sein. Haggai rechnet damit, dass Serubbabel, der Nachkomme Davids, sie einleitet (2,20–23).

Über den Propheten ist nichts weiter bekannt, als dass er noch bis zur Einweihung des neuen Tempels (um 515 v. Chr.) gewirkt hat (vgl. Esra 6,14f). Die den Wiederaufbau auslösenden Reden sind offenbar von seinem Jüngerkreis aufgezeichnet und genau datiert worden. Die überarbeitende Hand eines Redaktors ist noch in 1,3.5.13 und vielleicht in 2,4–6 zu erkennen. Die vielfach vorgenommene Umstellung von 2,15–19 hinter 1,15a ist nicht genügend gerechtfertigt. Das unreine Volk von 2,14 bezieht sich nicht in erster Linie auf die Samariter, die am Tempel mitbauen wollten; Haggai wendet sich hier vielmehr gegen alle kultische Unreinheit und hat dabei vor allem Einwohner Jerusalems und Judas vor Augen. Den Tempel, dessen Wiedererrichtung Haggai mit ins Werk setzte und den er in seinem Wort mit messianischem Glanz ausstattete, hat Jesus das »Haus seines Vaters« genannt (Joh 2,16).

3,18 Text unklar.

DER AUFRUF ZUM TEMPELBAU: 1,1–11

1 Im zweiten Jahr des Königs Darius er-
ging am ersten Tag des sechsten Mo-
nats das Wort des Herrn durch den Prophe-
ten Haggai an den Statthalter von Juda, Se-
rubbabel, den Sohn Schealtiëls, und an den
Hohenpriester Jeschua, den Sohn des Joza-
dak:
2 So spricht der Herr der Heere: Dieses
Volk sagt: Noch ist die Zeit nicht gekommen,
das Haus des Herrn aufzubauen. 3 Da erging
das Wort des Herrn durch den Propheten
Haggai: 4 Ist etwa die Zeit gekommen, dass
ihr in euren getäfelten Häusern wohnt, wäh-
rend dieses Haus in Trümmern liegt? 5 Nun
aber spricht der Herr der Heere: Überlegt
doch, wie es euch geht. 6 Ihr sät viel und ern-
tet wenig; ihr esst und werdet nicht satt; ihr
trinkt, aber zum Betrinken reicht es euch
nicht; ihr zieht Kleider an, aber sie halten
nicht warm und wer etwas verdient, verdient
es für einen löcherigen Beutel.
7 So spricht der Herr der Heere: Überlegt
also, wie es euch geht. 8 Geht ins Gebirge,
schafft Holz herbei und baut den Tempel
wieder auf! Das würde mir gefallen und
mich ehren, spricht der Herr. 9 Ihr habt viel
erhofft und doch nur wenig geerntet; und
wenn ihr es einbrachtet, blies ich es weg.
Warum wohl? – Spruch des Herrn der Heere.
Weil mein Haus in Trümmern liegt, während
jeder von euch für sein eigenes Haus rennt.
10 Deshalb hält der Himmel über euch den
Tau zurück, und die Erde hält ihren Ertrag
zurück. 11 Ich rief die Dürre über das Land
und über die Berge, über das Getreide, über
den Wein und das Öl, über alles, was der Bo-
den hervorbringt, über Mensch und Vieh und
über alle Arbeit eurer Hände.

1: Sach 1,1; 3,1–9; 4,6–10 • 4: Jer 22,14 • 6: Hos 4,3 • 10: Lev 26,19f.

DER NEUANFANG: 1,12–15

12 Serubbabel, der Sohn Schealtiëls, und
der Hohepriester Jeschua, der Sohn des Jo-
zadak, und alle, die vom Volk noch übrig wa-
ren, hörten auf die Stimme des Herrn, ihres
Gottes, und auf die Worte des Propheten
Haggai; denn der Herr, ihr Gott, hatte ihn
gesandt und das Volk fürchtete sich vor dem
Herrn. 13 Darum verkündete Haggai, der
Bote des Herrn, dem Volk im Auftrag des
Herrn: Ich bin bei euch – Spruch des Herrn.
14 Und der Herr weckte den Geist des Statt-
halters von Juda, Serubbabel, des Sohnes
Schealtiëls, und den Geist des Hohenpries-
ters Jeschua, des Sohnes des Jozadak, und
den Geist all derer, die vom Volk noch übrig
waren, sodass sie kamen und die Arbeit am
Tempel ihres Gottes, des Herrn der Heere,
aufnahmen; 15 das war am vierundzwanzigs-
ten Tag des sechsten Monats im zweiten Jahr
des Königs Darius.

14: Sach 4,6.

DER NEUE TEMPEL: 2,1–9

2 Am einundzwanzigsten Tag des siebten
Monats erging das Wort des Herrn
durch den Propheten Haggai: 2 Sag zu Se-
rubbabel, dem Sohn Schealtiëls, dem Statt-
halter von Juda, und zum Hohenpriester Je-
schua, dem Sohn des Jozadak, und zu denen,
die vom Volk übrig sind: 3 Ist unter euch
noch einer übrig, der diesen Tempel in seiner
früheren Herrlichkeit gesehen hat? Und was
seht ihr jetzt? Erscheint er euch nicht wie ein
Nichts? 4 Aber nun fasse Mut, Serubbabel –
Spruch des Herrn –, fasse Mut, Hoherpries-
ter Jeschua, Sohn des Jozadak, fasst alle
Mut, ihr Bürger des Landes, – Spruch des
Herrn – und macht euch an die Arbeit! Denn
ich bin bei euch – Spruch des Herrn der Hee-
re. 5 Der Bund, den ich bei eurem Auszug aus
Ägypten mit euch geschlossen habe, bleibt
bestehen und mein Geist bleibt in eurer Mit-
te. Fürchtet euch nicht! 6 Denn so spricht der
Herr der Heere: Nur noch kurze Zeit, dann
lasse ich den Himmel und die Erde, das Meer

1,1 Haggai nennt, wie Sacharja (Sach 3,1), den Hohenpriester mit der vollen Namensform Jehoschua; der Name wird hier an die kürzere Form in Esra und Neh angeglichen.

und das Festland erbeben 7 und ich lasse alle
Völker erzittern. Dann strömen die Schätze
aller Völker herbei und ich erfülle dieses
Haus mit Herrlichkeit, spricht der Herr der
Heere. 8 Mir gehört das Silber und mir das
Gold – Spruch des Herrn der Heere. 9 Die
künftige Herrlichkeit dieses Hauses wird
größer sein als die frühere, spricht der Herr
der Heere. An diesem Ort schenke ich die
Fülle des Friedens – Spruch des Herrn der
Heere.

3: Esra 3,12 • 7: Jes 60,5–7.

DAS NEUE HEIL: 2,10–19

10 Im zweiten Jahr des Darius erging am
vierundzwanzigsten Tag des neunten Monats dieses Wort des Herrn an den Propheten
Haggai:
11 So spricht der Herr der Heere: Erbitte
von den Priestern eine Weisung in folgender
Frage: 12 Wenn jemand heiliges Opferfleisch
im Zipfel seines Gewandes trägt und mit
dem Zipfel zufällig Brot oder etwas Gekochtes berührt oder Wein oder Öl oder sonst etwas Essbares, wird dieses dadurch geheiligt?
Die Priester antworteten: Nein. 13 Da fragte
Haggai: Wenn jemand, der durch eine Leiche
unrein geworden ist, das alles berührt, wird
es dann unrein? Die Priester antworteten: Ja,
es wird unrein. 14 Darauf erwiderte Haggai:
Ebenso sind in meinen Augen dieses Volk
und diese Leute – Spruch des Herrn – und
ebenso alles, was sie tun und was sie als Opfer darbringen: unrein ist es.
15 Nun aber gebt Acht, was von heute an
geschieht. Bevor man am Tempel des Herrn
Stein auf Stein legte, 16 wie ist es euch da ergangen? Kam man zu einem Kornhaufen, der
zwanzig Efa haben sollte, so waren es nur
zehn; kam man zur Kelter, um fünfzig Bat zu
schöpfen, waren es nur zwanzig. 17 Mit Getreidebrand und Mehltau und Hagel schlug
ich euch und machte alle eure Arbeit zunichte und doch wandtet ihr euch mir nicht zu –
Spruch des Herrn. 18 Gebt Acht, was von
heute an geschieht, vom vierundzwanzigsten
Tag des neunten Monats an, dem Tag, an
dem der Grundstein zum Tempel des Herrn
gelegt wurde. Gebt Acht, 19 ob das Saatkorn
weiterhin im Speicher bleibt und ob Weinstock und Feigenbaum, Granatbaum und Ölbaum immer noch keine Frucht tragen. Von
heute an spende ich Segen.

13: Num 19,11–22 • 15: Sach 8,9.12 • 17: Am 4,6.

DIE VERHEISSUNG AN DEN DAVIDSOHN: 2,20–23

20 Am vierundzwanzigsten Tag des Monats
erging das Wort des Herrn ein zweites Mal
an Haggai:
21 Sag zu Serubbabel, dem Statthalter von
Juda: Ich lasse den Himmel und die Erde erbeben. 22 Ich sturze die Throne der Könige
und zerschlage die Macht der Königreiche
der Völker. Ich stoße die Kriegswagen samt
ihren Fahrern um, die Pferde sinken samt
ihren Reitern zu Boden, einer vom Schwert
des andern getroffen. 23 An jenem Tag –
Spruch des Herrn der Heere – nehme ich
dich, mein Knecht Serubbabel, Sohn Schealtiëls, – Spruch des Herrn – und mache dich
zu meinem Siegelring; denn ich habe dich erwählt – Spruch des Herrn der Heere.

23: Sach 6,12f; Jer 22,24.

2,11–14 Haggai benutzt eine Priesterbefragung in Sachen kultischer Reinheit und Unreinheit für seine Absicht, die Vernachlässigung des Tempelbaus als ansteckende Unreinheit zu brandmarken.

2,23 Mit dem Siegelring des Königs werden offizielle Dokumente gesiegelt und damit für authentisch erklärt.

Das Buch Sacharja

Das Buch Sacharja zerfällt in zwei deutlich voneinander geschiedene Teile. Den Schwerpunkt des ersten Teils (Kap. 1 – 8) bilden acht Visionen, die den Plan Gottes zur Wiederherstellung des zerstörten Jerusalem und zur Neuordnung des begnadigten Gottesvolkes darlegen. Im Anschluss daran ermahnt der Prophet das Volk von Juda, sich durch ein Leben nach der Weisung Gottes auf die Erfüllung der endzeitlichen Verheißungen vorzubereiten. Der zweite Teil des Buches (Kap. 9 – 14) wendet sich direkt dem Endgeschehen zu. Dementsprechend ist dort die Rede von der Bedrängnis Jerusalems durch die gottwidrige Heidenwelt und von der damit verbundenen Läuterung des Gottesvolkes, aber auch von dem Auftreten des Messias und von der Offenbarung der Gottesherrschaft für die ganze Welt.

Die Abfassung des ersten Teils geht zweifellos auf die Verkündigung des Propheten Sacharja zurück, der nach 1,1.7 und 7,1 in den Jahren 520–518 v. Chr. in Jerusalem aufgetreten ist. Die Entstehung des zweiten Teils dagegen fällt offensichtlich in eine spätere Zeit, wie der andersartige geschichtliche Hintergrund und die weiterentwickelten Vorstellungen über die Endzeit erkennen lassen.

Die Bedeutung der Botschaft Sacharjas erkennt man, wenn man sie auf dem Hintergrund der ersten Zeit nach der Rückkehr der verbannten Judäer aus Babylonien sieht. Angesichts der Hoffnungslosigkeit des Volkes, das nach den Schicksalsschlägen der Vergangenheit und den trostlosen Erfahrungen der Gegenwart in der Versuchung lebt, sich selbst und seine Sendung aufzugeben, entfacht Sacharja im Blick auf das Kommen der endzeitlichen Gottesherrschaft den Eifer seiner Zeitgenossen für ein mutiges und opferbereites Handeln beim Wiederaufbau Jerusalems und bei der Neuordnung des Gottesvolkes.

ERSTER TEIL:
DIE VISIONEN UND WORTE SACHARJAS: 1,1 – 8,23

Der Aufruf zur Umkehr: 1,1–6

1 Im zweiten Jahr des Darius erging im
achten Monat das Wort des Herrn an
den Propheten Sacharja, den Sohn Berech-
jas, des Sohnes Iddos: 2 Schwer hat der Herr
euren Vätern gezürnt. 3 Deshalb sag zu ih-
nen: So spricht der Herr der Heere: Kehrt
um zu mir – Spruch des Herrn der Heere –,
dann kehre ich um zu euch, spricht der Herr
der Heere. 4 Seid nicht wie eure Väter, denen
die früheren Propheten verkündeten: So
spricht der Herr der Heere: Kehrt doch um
von euren heillosen Wegen und von euren
heillosen Taten. Aber sie hörten nicht und
schenkten mir kein Gehör – Spruch des
Herrn. 5 Wo sind nun eure Väter? Und die
Propheten – leben sie ewig? 6 Meine Worte
und meine Entschlüsse, die ich durch meine
Knechte, die Propheten, verkünden ließ, ha-
ben sie sich nicht an euren Vätern erfüllt?
Darauf kehrten sie um und sagten: Wie un-
sere Wege und unsere Taten es verdienten,
gedachte der Herr der Heere an uns zu han-
deln und so hat er gehandelt.

1: Esra 5,1; Hag 1,1 • 3: Mal 3,7; Jak 4,8.

Die erste Vision: Das Gericht über die Völker: 1,7–17

7 Am vierundzwanzigsten Tag des elften
Monats – das ist der Monat Schebat – im
zweiten Jahr des Darius erging das Wort des
Herrn an den Propheten Sacharja, den Sohn
Berechjas, des Sohnes Iddos. 8 In dieser
Nacht hatte ich eine Vision: Ich sah einen
Mann auf einem rotbraunen Pferd. Er stand
zwischen den Myrtenbäumen in der Tiefe
und hinter ihm waren rotbraune, blutrote
und weiße Pferde. 9 Ich fragte: Herr, was be-
deuten diese Pferde? Und der Engel, der mit
mir redete, sprach: Ich will dich sehen las-
sen, was sie bedeuten. 10 Da ergriff der Mann,
der zwischen den Myrtenbäumen stand, das
Wort und sagte: Der Herr hat diese Pferde
gesandt, damit sie die Erde durchziehen.

[11] Und sie antworteten dem Engel des Herrn,
der zwischen den Myrtenbäumen stand: Wir
haben die Erde durchzogen – die ganze Erde
ruht und liegt still. [12] Da sagte der Engel des
Herrn: Herr der Heere, wie lange versagst du
noch Jerusalem und den Städten Judas dein
Erbarmen, denen du nun siebzig Jahre
grollst? [13] Der Herr antwortete dem Engel,
der mit mir redete, in freundlichen Worten,
Worten voll Trost. [14] Da sagte mir der Engel,
der mit mir redete: Verkünde: So spricht der
Herr der Heere: Mit großem Eifer trete ich
für Jerusalem und Zion ein; [15] aber ich bin
voll glühendem Zorn gegen die Völker, die
sich in falscher Sicherheit wiegen. Ich war
nur ein wenig erzürnt; doch sie wollten ver-
nichten, als sie mir halfen. [16] Darum – so
spricht der Herr: Voll Erbarmen wende ich
mich Jerusalem wieder zu. Man wird mein
Haus dort aufbauen – Spruch des Herrn der
Heere – und die Richtschnur über Jerusalem
spannen. [17] Weiter verkünde: So spricht der
Herr der Heere: Meine Städte werden wieder
überfließen von allen Gütern. Der Herr wird
Zion wieder trösten und er wird Jerusalem
wieder auserwählen.

8: 6,1–8 • 14: 8,2 • 16: 2,5–9 • 17: 2,16.

Die zweite Vision: Das Gericht über die Zerstörer Jerusalems: 2,1–4

2 Danach blickte ich hin und sah: Da wa-
ren vier Hörner. [2] Ich fragte den Engel,
der mit mir redete: Was bedeuten diese Hör-
ner? Er antwortete mir: Das sind die vier
Hörner, die Juda, Israel und Jerusalem zer-
streut haben. [3] Darauf ließ mich der Herr
vier Schmiede sehen. [4] Ich fragte: Wozu sind
sie da? Was sollen sie tun? Und er antworte-
te: Die Hörner haben Juda zerstreut, sodass
kein Mensch mehr sein Haupt erhob; die
Schmiede aber sind gekommen, um sie zu er-
schrecken und die Hörner aller Völker nie-
derzuwerfen, die ihre Macht gegen Juda auf-
geboten haben, um es zu zerstreuen.

Die dritte Vision: Jerusalem unter Gottes Schutz: 2,5–9

[5] Danach blickte ich hin und sah: Da war
ein Mann mit einer Messschnur in der Hand.
[6] Ich fragte: Wohin gehst du? Er antwortete
mir: Ich gehe, um Jerusalem auszumessen
und zu sehen, wie breit und wie lang es sein
wird. [7] Da trat der Engel, der mit mir redete,
vor und ein anderer Engel kam ihm entgegen
[8] und sagte zu ihm: Lauf und sag dem jungen
Mann dort: Jerusalem wird eine offene Stadt
sein wegen der vielen Menschen und Tiere,
die darin wohnen. [9] Ich selbst – Spruch des
Herrn – werde für die Stadt ringsum eine
Mauer von Feuer sein und in ihrem Innern
ihr Ruhm und ihre Ehre.

5: 1,16; Ez 40,3 • 8: Ez 38,11 • 9: 9,8; Ex 14,20.

Der Aufruf an die Verbannten: 2,10–17

[10] Auf, auf! Flieht aus dem Land des Nor-
dens – Spruch des Herrn. Denn wie die vier
Winde des Himmels habe ich euch zerstreut
– Spruch des Herrn. [11] Auf, Zion, die du in
Babel wohnst, rette dich! [12] Denn so spricht
der Herr der Heere – er hat mich mit Herr-
lichkeit zu den Völkern gesandt, die euch
ausgeplündert haben –: Wer euch antastet,
tastet meinen Augapfel an. [13] Ja, jetzt hole
ich mit meiner Hand zum Schlag gegen sie
aus, sodass sie eine Beute ihrer eigenen
Knechte werden. Und ihr werdet erkennen,
dass der Herr der Heere mich gesandt hat.

[14] Juble und freue dich, Tochter Zion; denn
siehe, ich komme und wohne in deiner Mitte
– Spruch des Herrn. [15] An jenem Tag werden
sich viele Völker dem Herrn anschließen
und sie werden mein Volk sein und ich
werde in deiner Mitte wohnen. Dann wirst
du erkennen, dass der Herr der Heere mich
zu dir gesandt hat. [16] Der Herr aber wird
Juda in Besitz nehmen; es wird sein Anteil
im Heiligen Land sein. Und er wird Jeru-
salem wieder auserwählen. [17] Alle Welt
schweige in der Gegenwart des Herrn. Denn
er tritt hervor aus seiner heiligen Woh-
nung.

16: 1,17.

Die vierte Vision: Der Priesterdienst in der messianischen Zeit: 3,1–10

3 Danach ließ er mich den Hohenpriester
Jeschua sehen, der vor dem Engel des
Herrn stand. Der Satan aber stand rechts
von Jeschua, um ihn anzuklagen. [2] Der Engel
des Herrn sagte zum Satan: Der Herr weise
dich in die Schranken, Satan; ja, der Herr,
der Jerusalem auserwählt hat, weise dich in
die Schranken. Ist dieser Mann nicht ein
Holzscheit, das man aus dem Feuer gerissen
hat? [3] Jeschua hatte nämlich schmutzige
Kleider an, als er vor dem Engel stand. [4] Der
Engel wandte sich an seine Diener und be-
fahl: Zieht ihm die schmutzigen Kleider aus!
Zu ihm aber sagte er: Hiermit nehme ich
deine Schuld von dir und bekleide dich mit

3,1 Zum Namen Jeschua vgl. die Anmerkung zu Hag 1,1.

festlichen Gewändern. 5 Und ich befehle:
Man soll ihm einen reinen Turban aufsetzen.
Da setzten sie ihm den reinen Turban auf
und bekleideten ihn mit Festgewändern und
der Engel des Herrn stand dabei.
6 Der Engel des Herrn versicherte Jeschua:
7 So spricht der Herr der Heere: Wenn du auf
meinen Wegen gehst und wenn du meine
Ordnung einhältst, dann wirst du es sein, der
mein Haus regiert und meine Vorhöfe ver-
waltet, und ich gebe dir Zutritt zu meinen
Dienern hier.
8 Höre, Hoherpriester Jeschua: Du und
deine Gefährten, die vor dir sitzen, ihr seid
Männer, die Wahrzeichen sind. Denn siehe,
ich will meinen Knecht kommen lassen, den
Spross. 9 Denn der Stein, den ich vor Jeschua
hingelegt habe – auf diesem einen Stein sind
sieben Augen. Ich ritze in ihn eine Inschrift
ein – Spruch des Herrn der Heere – und ich
tilge die Schuld dieses Landes an einem ein-
zigen Tag. 10 An jenem Tag – Spruch des
Herrn der Heere – werdet ihr einander einla-
den unter Weinstock und Feigenbaum.

2: Jud 9 • 8: Jes 8,18; Sach 6,12; Jer 23,5; 33,15 • 9: 4,10; Ex 28,9–11; 39,6f; Offb 2,17.

Die fünfte Vision: Der Hohepriester und der Davidsohn: 4,1–14

4 Danach kehrte der Engel, der mit mir
redete, zurück, weckte mich, wie man
jemand vom Schlaf aufweckt, 2 und sagte zu
mir: Was hast du gesehen? Ich antwortete:
Ich hatte eine Vision: Da stand ein Leuchter,
ganz aus Gold, darauf eine Schale und auf
ihr sieben Lampen mit je sieben Schnäbeln
für die Flammen auf den Lampen. 3 Zwei Öl-
bäume standen daneben, der eine rechts, der
andere links von der Schale. 4 Und ich
sprach weiter und fragte den Engel, der mit
mir redete: Herr, was bedeuten diese Ölbäu-
me? 5 Der Engel, der mit mir redete, antwor-
tete mir: Weißt du nicht, was sie bedeuten?
Ich erwiderte: Nein, Herr. 6 Da erwiderte er
und sagte zu mir: So lautet das Wort des
Herrn an Serubbabel: Nicht durch Macht,
nicht durch Kraft, allein durch meinen
Geist! – spricht der Herr der Heere.
7 Wer bist du, großer Berg? Vor Serubbabel
wirst du zur Ebene. Er holt den Schlussstein
hervor und man ruft: Wie schön ist er, wie
schön! 8 Da erging das Wort des Herrn an
mich: 9 Serubbabels Hände haben den
Grund zu diesem Haus gelegt und seine
Hände werden es vollenden, damit man er-
kennt, dass mich der Herr der Heere zu euch
gesandt hat. 10 Denn wer gering dachte von
der Zeit der kleinen Anfänge, wird sich freu-
en, wenn er den auserlesenen Stein in Serub-
babels Hand sieht. Das sind die sieben Au-
gen des Herrn, die über die ganze Erde
schweifen.
11 Ich fragte ihn weiter: Was bedeuten die
zwei Ölbäume auf der rechten und auf der
linken Seite des Leuchters? 12 Und weiter
fragte ich ihn: Was bedeuten die zwei Bü-
schel von Olivenzweigen bei den beiden gol-
denen Röhren, durch die das goldene Öl he-
rabfließt? 13 Er sagte zu mir: Weißt du nicht,
was sie bedeuten? Ich erwiderte: Nein, Herr.
14 Er sagte: Das sind die beiden Gesalbten,
die vor dem Herrn der ganzen Erde stehen.

2: Ex 25,31–40 • 10: 3,9; 2 Chr 16,9 • 14: Offb 11,4.

Die sechste Vision: Die Ausrottung der Diebe: 5,1–4

5 Wieder blickte ich hin und sah eine flie-
gende Schriftrolle. 2 Er fragte mich:
Was siehst du? Ich antwortete: Ich sehe eine
fliegende Schriftrolle, zwanzig Ellen lang
und zehn Ellen breit. 3 Da sagte er zu mir:
Das ist der Fluch, der über die ganze Erde
dahinfliegt. An jedem, der stiehlt, wird Ra-
che genommen, dem Fluch entsprechend;
und an jedem, der schwört, wird Rache ge-
nommen, dem Fluch entsprechend.
4 Ich habe den Fluch dahinfliegen lassen –
Spruch des Herrn der Heere – und er wird
eindringen in das Haus des Diebes und in das
Haus dessen, der bei meinem Namen einen
Meineid schwört. Und der Fluch wird im In-
nern seines Hauses bleiben und wird es ver-
nichten samt Holz und Steinen.

Die siebte Vision: Die Befreiung vom Bösen: 5,5–11

5 Der Engel des Herrn, der mit mir redete,
kam und sagte zu mir: Blick hin und sieh,
was sich zeigt! 6 Ich fragte: Was ist das? Er
antwortete: Was sich dort zeigt, ist ein Fass.
Und er fuhr fort: Das ist ihre Schuld auf der
ganzen Erde. 7 Und siehe: Ein Deckel aus
Blei wurde (von dem Fass) gehoben und in
dem Fass saß eine Frau. 8 Er sagte: Das ist die
Ruchlosigkeit. Darauf stieß er sie in das Fass
zurück und warf den bleiernen Deckel auf
die Öffnung. 9 Als ich aufblickte und hinsah,
da traten zwei Frauen hervor und ein Wind
füllte ihre Flügel – sie hatten nämlich Flügel
wie Storchenflügel – und sie trugen das Fass
zwischen Erde und Himmel fort. 10 Darauf

5,3 Text korr. nach G.

fragte ich den Engel, der mit mir redete: Wohin bringen sie das Fass? 11 Er antwortete mir: Im Land Schinar soll für die Frau ein Tempel gebaut werden. Er wird auf festem Grund stehen und dort wird sie an ihrem Platz aufgestellt werden.

11: Gen 10,10; 11,2.

Die achte Vision: Das Gericht über die Feinde: 6,1–8

6 Wieder blickte ich hin und sah vier Wagen. Sie fuhren zwischen zwei Bergen hervor und die Berge waren aus Bronze. 2 Am ersten Wagen waren rote Pferde, am zweiten Wagen schwarze Pferde, 3 am dritten Wagen weiße Pferde und am vierten Wagen gescheckte Pferde, alles starke Tiere. 4 Darauf fragte ich den Engel, der mit mir redete: Was bedeutet das, Herr? 5 Der Engel gab mir zur Antwort: Das sind die vier Winde des Himmels, die vor dem Herrn der ganzen Erde standen und nun losstürmen. 6 Die schwarzen Pferde gehen in das Land des Nordens, die weißen gehen nach Westen, die gescheckten gehen in das Land des Südens. 7 Die starken Tiere stürmen los, begierig, die Erde zu durchziehen. Darauf sagte er: Auf, durchzieht die Erde! Und sie durchzogen die Erde. 8 Und er rief mir zu: Sieh dir die Pferde an, die in das Land des Nordens ziehen – sie bringen meinen Geist über das Land des Nordens.

2: 1,8.

Die Zeichen der Heilszeit: 6,9–15

9 Danach erging an mich das Wort des Herrn: 10 Nimm einige der Heimkehrer von den Familien Heldai, Tobija und Jedaja und komm selbst an diesem Tag zum Haus Joschijas, des Sohnes Zefanjas! Es sind Leute, die aus Babel zurückgekommen sind. 11 Nimm Silber und Gold, mach eine Krone, setze sie dem Hohenpriester Jeschua, dem Sohn des Jozadak, aufs Haupt, 12 und sag zu ihm: So spricht der Herr der Heere: Da ist ein Mann, Spross ist sein Name; denn wo er steht, wird es sprossen und er wird den Tempel des Herrn bauen. 13 Er ist es, der den Tempel des Herrn baut. Er ist mit Hoheit bekleidet. Er sitzt auf seinem Thron und herrscht. Ein Priester steht an seinem Thron und gemeinsam sorgen sie für den Frieden. 14 Die Krone wird zur Erinnerung an Heldai, Tobija, Jedaja und Hen, den Sohn Zefanjas, im Tempel des Herrn liegen. 15 Aus der Ferne werden sie kommen und am Tempel des Herrn bauen. Dann werdet ihr erkennen, dass mich der Herr der Heere zu euch gesandt hat. Das wird geschehen, wenn ihr beharrlich auf die Stimme des Herrn, eures Gottes, hört.

11: 3,1–10 • 12: 3,8.

Das wahre Fasten: 7,1–14

7 Im vierten Jahr des Königs Darius erging das Wort des Herrn an Sacharja, am vierten Tag im neunten Monat, dem Monat Kislew. 2 Bet-El sandte Sarezer und Regem-Melech mit seinen Leuten, um den Zorn des Herrn zu besänftigen 3 und um die Priester im Haus des Herrn der Heere und die Propheten zu fragen: Soll ich weiterhin im fünften Monat weinen und enthaltsam sein, wie ich es so viele Jahre getan habe? 4 Da erging an mich das Wort des Herrn der Heere: 5 Sag dem ganzen Volk auf dem Land und den Priestern: Ihr habt gefastet und Klage abgehalten im fünften und im siebten Monat, und das siebzig Jahre lang – aber bin ich es, für den ihr so streng gefastet habt? 6 Und wenn ihr esst und trinkt, esst ihr dann nicht für euch und trinkt ihr nicht für euch? 7 Kennt ihr nicht die Worte, die der Herr durch die früheren Propheten verkünden ließ, als man Jerusalem und die Städte ringsum sorglos bewohnte, als der Negeb und die Schefela noch bewohnt waren? 8 Und das Wort des Herrn erging an Sacharja: 9 So spricht der Herr der Heere: Haltet gerechtes Gericht, jeder zeige seinem Bruder gegenüber Güte und Erbarmen; 10 unterdrückt nicht die Witwen und Waisen, die Fremden und Armen und plant in eurem Herzen nichts Böses gegeneinander! 11 Doch sie weigerten sich hinzuhören, sie zeigten sich störrisch und verstopften ihre Ohren, um nicht zu hören. 12 Sie machten ihr Herz hart wie Diamant, um die Weisung und die Worte nicht hören zu müssen, die der Herr der Heere in der Kraft seines Geistes durch die früheren Propheten gesandt hat. Deshalb kam der große Zorn des Herrn der Heere über sie, 13 und es geschah dies: Wie er einst rief und sie nicht hörten, so riefen nun sie und ich hörte nicht, spricht der Herr der Heere. 14 Ich habe sie unter alle Völker verweht, die ihnen unbekannt waren. Nach ihnen verödete das Land, sodass niemand mehr darin hin- und herzog, und so haben sie das Land der Freuden zur Wüste gemacht.

9: Mi 6,8 • 10: Jer 7,5f • 11: Jes 48,4; Jer 5,3.

6,14 Hen, den Sohn Zefanjas: Text korr. nach Vg.

Die künftige Rettung: 8,1–23

8 Es erging das Wort des Herrn der Heere:
2 So spricht der Herr der Heere: Mit gro-
ßem Eifer trete ich ein für Zion, ich setze
mich glühend ein für Jerusalem. 3 So spricht
der Herr: Ich kehre zurück nach Zion und
wohne wieder in Jerusalem. Dann wird Jeru-
salem »Stadt der Treue« heißen und der Berg
des Herrn der Heere »Heiliger Berg«. 4 So
spricht der Herr der Heere: Greise und Grei-
sinnen werden wieder auf den Plätzen Jeru-
salems sitzen; jeder hält wegen seines hohen
Alters einen Stock in der Hand. 5 Die Stra-
ßen der Stadt werden voll Knaben und Mäd-
chen sein, die auf den Straßen Jerusalems
spielen. 6 So spricht der Herr der Heere:
Wenn das dem Rest dieses Volkes in jenen
Tagen zu wunderbar erscheint, muss es dann
auch mir zu wunderbar erscheinen? – Spruch
des Herrn der Heere.
7 So spricht der Herr der Heere: Seht, ich
werde mein Volk befreien aus dem Land des
Sonnenaufgangs und aus dem Land des Son-
nenuntergangs. 8 Ich werde sie heimbringen
und sie werden in Jerusalem wohnen. Sie
werden mein Volk sein und ich werde ihr
Gott sein, unwandelbar und treu.
9 So spricht der Herr der Heere: Macht
eure Hände stark, wenn ihr in diesen Tagen
die Worte aus dem Mund des Propheten hört.
Die Propheten treten seit dem Tag auf, an
dem das Fundament für das Haus des Herrn
der Heere gelegt wurde, damit der Tempel
gebaut werde. 10 Vor diesen Tagen brachte
die Arbeit des Menschen keinen Ertrag und
es gab keine Nahrung für das Vieh. Wer aus
dem Haus ging und heimkehrte, fand keine
Sicherheit vor dem Feind. Alle Menschen
ließ ich gegeneinander los. 11 Jetzt aber bin
ich zum Rest des Volkes nicht mehr so wie in
den früheren Tagen – Spruch des Herrn der
Heere; 12 denn ich säe das Heil: Der Wein-
stock gibt seine Frucht, das Land gibt seinen
Ertrag, der Himmel gibt seinen Tau. Das al-
les will ich dem Rest dieses Volkes zu eigen
geben. 13 Und wie ihr, Haus Juda und Haus
Israel, ein Fluch unter den Völkern gewesen
seid, so werde ich euch erretten, damit ihr
ein Segen seid. Fürchtet euch nicht! Macht
eure Hände stark! 14 Denn so spricht der
Herr der Heere: Wie ich plante, euch Böses
zu tun, und es mich nicht reute, weil eure Vä-
ter mich erzürnten, spricht der Herr der Hee-
re, 15 so kehre ich jetzt um und plane in die-
sen Tagen, Jerusalem und dem Haus Juda
Gutes zu tun. Fürchtet euch nicht!
16 Das sind die Dinge, die ihr tun sollt:
Sagt untereinander die Wahrheit! Fällt an
euren Stadttoren Urteile, die der Wahrheit
entsprechen und dem Frieden dienen.
17 Plant in eurem Herzen nichts Böses gegen
euren Nächsten und liebt keine verlogenen
Schwüre! Denn das alles hasse ich – Spruch
des Herrn.
18 Und es erging an mich das Wort des
Herrn der Heere: 19 So spricht der Herr der
Heere: Das Fasten des vierten, das Fasten
des fünften, das Fasten des siebten und das
Fasten des zehnten Monats werden für das
Haus Juda Tage des Jubels und der Freude
und froher Feste sein. Darum liebt die Treue
und den Frieden!
20 So spricht der Herr der Heere: Es wird
noch geschehen, dass Völker herbeikommen
und die Einwohner vieler Städte. 21 Die Ein-
wohner der einen Stadt werden zur andern
gehen und sagen: Wir wollen gehen, um den
Zorn des Herrn zu besänftigen und den
Herrn der Heere zu suchen. – Auch ich will
hingehen. – 22 Viele Völker und mächtige Na-
tionen werden kommen, um in Jerusalem
den Herrn der Heere zu suchen und den Zorn
des Herrn zu besänftigen.
23 So spricht der Herr der Heere: In jenen
Tagen werden zehn Männer aus Völkern al-
ler Sprachen einen Mann aus Juda an seinem
Gewand fassen, ihn festhalten und sagen:
Wir wollen mit euch gehen; denn wir haben
gehört: Gott ist mit euch.

2: 1,14 • 3: Jes 1,21–26 • 4: Jes 65,20; Jer 31,13 • 6: Ps 118,23 • 7: Jes 11,11f; 27,13; Jer 24,5–7 • 10: Hag 2,15–19.

ZWEITER TEIL: VERHEISSUNGEN UND GERICHTSWORTE AUS SPÄTERER ZEIT: 9,1 – 14,21

Die Rettung eines Restes der Nachbarvölker: 9,1–8

9 Ausspruch. Das Wort des Herrn ruht auf
dem Land Hadrach, Damaskus ist seine
Ruhestätte. Denn dem Herrn gehören die
Hauptstadt von Aram und alle Stämme Isra-
els, 2 auch Hamat, das daran grenzt, selbst
Tyrus und Sidon, so klug sie auch sind. 3 Ty-

8,16 Das Stadttor war der Ort des Gerichts.

9,1 die Hauptstadt, wörtlich: das Auge. – Aram: Text korr.

rus baute sich eine Festung, häufte Silber
auf wie Staub und Gold wie Schlamm in den
Gassen. 4 Seht, der Herr lässt es verarmen, er
schlägt seine Streitmacht auf dem Meer; die
Stadt wird vom Feuer verzehrt. 5 Aschkelon
soll es sehen und sich fürchten, auch Gaza,
und sie sollen gewaltig zittern, auch Ekron;
denn er lässt dahinschwinden, wonach sie
Ausschau hielten. Verschwunden ist der Kö-
nig aus Gaza, Aschkelons Thron steht leer.
6 Ein Bastard herrscht in Aschdod, ich zer-
schlage die Größe der Philister. 7 Ich werde
das Blut (das sie trinken) aus ihrem Mund
nehmen und das, was ich verabscheue, aus
ihren Zähnen. So werden auch sie zu dem
Rest gehören, der unserem Gott zu eigen ist.
Sie sind wie eine Sippe in Juda, Ekron ist wie
das Volk der Jebusiter. 8 Ich selbst werde der
Wachtposten sein, der mein Haus vor Fein-
den schützt, die in den Krieg und wieder
nach Hause ziehen. Kein Bedrücker greift sie
mehr an; denn jetzt sehe ich auf sie mit mei-
nen eigenen Augen.

4: 1 Sam 2,7 • 5: 10,11.

Der kommende Friedenskönig: 9,9–17

9 Juble laut, Tochter Zion! Jauchze, Toch-
ter Jerusalem! Sieh, dein König kommt zu
dir. Er ist gerecht und hilft; er ist demütig
und reitet auf einem Esel, auf einem Fohlen,
dem Jungen einer Eselin. 10 Ich vernichte die
Streitwagen aus Efraim und die Rosse aus
Jerusalem, vernichtet wird der Kriegsbo-
gen.

Er verkündet für die Völker den Frieden;
seine Herrschaft reicht von Meer zu Meer
und vom Eufrat bis an die Enden der Erde.

11 Auch deine Gefangenen werde ich um
des Blutes deines Bundes willen freilassen
aus ihrem Kerker, der wasserlosen Zisterne.
12 Kehrt in Scharen zurück, ihr Gefangenen
voll Hoffnung! Ja, heute verkünde ich: Die
doppelte Zahl führe ich zu dir zurück.
13 Denn ich spanne mir Juda als Bogen und
lege Efraim als Pfeil darauf. Ich rufe deine
Söhne, Zion, zum Kampf gegen die Söhne
Jawans, ich mache dich zum Schwert eines
Helden. 14 Der Herr selbst wird über ihnen
erscheinen. Wie der Blitz schießt sein Pfeil
dahin. Gott, der Herr, bläst ins Horn, er
kommt in den Stürmen des Südens. 15 Der
Herr der Heere beschirmt die Seinen. Die
Schleudersteine fressen und zermalmen.
(Seine Krieger) trinken und lärmen wie beim
Wein; sie sind voll Blut wie eine Opferschale,
wie die Ecken eines Altars. 16 Der Herr, ihr
Gott, wird sie an jenem Tag retten; er wird
sein Volk retten, wie man Schafe rettet.
Edelsteine glänzen auf seinem Land. 17 Wie
groß sind seine Schätze, wie herrlich ist seine
Schönheit! Korn gibt den jungen Männern
Kraft und Most den Mädchen.

9: Zef 3,14; Mt 21,5 • 10: Ps 72,8 • 11: Jer 38,6.

Gottes Erbarmen nach dem Gericht:
10,1 – 11,3

10 Bittet den Herrn um Regen zur Re-
genzeit im Frühjahr! Der Herr lässt
Gewitterwolken entstehen, er füllt sie mit
Regen und gibt den Menschen das Grün auf
dem Feld.

2 Die Hausgötzen redeten Falsches; die
Wahrsager schauten Lügen. Sie verkündeten
nichtige Träume und spendeten leeren Trost.
Darum wurde das Volk weggetrieben wie
Schafe und geriet ins Elend; denn es hatte
keinen Hirten. 3 Gegen die Hirten ist mein
Zorn entbrannt, die Leithammel ziehe ich
zur Rechenschaft. Denn der Herr der Heere
sieht nach seiner Herde, nach dem Haus
Juda, er macht es zu seinem prächtigen
Streitross. 4 Aus dem Haus Juda kommt ein
Edelstein, aus ihm ein Zeltpflock, aus ihm
ein Kriegsbogen; aus ihm kommt jeder, der
Macht hat. .5 Sie alle werden wie Helden
sein, die im Krieg den Feind in den Gassen-
kot treten. Sie werden kämpfen; denn der
Herr ist mit ihnen. Dann müssen sich alle
schämen, die auf Pferden reiten. 6 Das Haus
Juda will ich stark machen und das Haus
Josef retten. Ich führe sie zurück; denn ich
habe Erbarmen mit ihnen. Es wird sein, als
ob ich sie nicht verstoßen hätte; denn ich bin
Jahwe, ihr Gott; ich werde sie erhören. 7 Die
Söhne Efraims werden Helden sein. Sie wer-
den sich freuen wie beim Wein. Ihre Kinder
werden es sehen und sich freuen und ihr
Herz wird jubeln über den Herrn. 8 Ich werde
ihnen pfeifen und sie zusammenholen; denn
ich habe sie losgekauft. Sie werden so zahl-
reich sein, wie sie zahlreich waren. 9 Ich habe
sie unter die Völker gesät; doch in der Ferne
werden sie an mich denken. Sie werden mit
ihren Kindern am Leben bleiben und heim-
kehren. 10 Ja, ich werde sie zurückführen aus
Ägypten und aus Assur werde ich sie sam-
meln. Ich werde sie nach Gilead und zum Li-
banon bringen und es wird nicht genug Platz

9,7 Blut und unreine Tiere durfte man nicht genießen, vgl. Gen 9,4; Lev 11,10–23; Dtn 12,16.23; 14,3–21; 15,23.

9,13 Jawan: die Völker der Ägäis und Kleinasiens, besonders die Griechen.

10,4 Vier bildliche Bezeichnungen für die führenden Männer Judas nach dem Gericht.

für sie da sein. 11 Wenn sie aus dem Land der
Not durch das Meer ziehen, wird der Herr
die Wellen im Meer schlagen und die Tiefen
des Nil werden austrocknen. Dann wird die
Größe Assurs in den Staub getreten und das
Zepter Ägyptens wird beseitigt. 12 Ich mache
sie stark durch den Herrn und sie werden in
seinem Namen ihren Weg gehen – Spruch des
Herrn.

11 Öffne deine Tore, Libanon, damit das
Feuer deine Zedern frisst. 2 Klage,
Zypresse! Denn die Zeder ist gefallen; ja, die
Mächtigen wurden vernichtet. Klagt, ihr
Eichen des Baschan, denn der undurch-
dringliche Wald ist dahingesunken. 3 Horch,
die Hirten klagen; denn ihre prächtige Weide
ist vernichtet. Horch, die jungen Löwen
brüllen; denn das Dickicht am Jordan ist
vernichtet.

10,2: Mt 9,36 • 11: Ex 14; Jes 11,15; 51,10 • 12: Gen 5,24; 6,9; 17,1 • 11,2: Jes 2,11–13.

Das Drohwort gegen die schlechten Herrscher: 11,4–17

4 So spricht der Herr, mein Gott: Hüte die
Schafe, die geschlachtet werden sollen.
5 Ihre Käufer töten sie, ohne es zu büßen.
Ihre Verkäufer sagen: Gepriesen sei der
Herr; denn ich bin reich geworden. Ihre Hir-
ten haben kein Mitleid mit ihnen. 6 Wahrhaf-
tig, ich habe kein Mitleid mehr mit den Be-
wohnern des Landes – Spruch des Herrn.
Seht, jeden Menschen liefere ich seinem
Nächsten aus und seinem König. Sie zer-
schlagen das Land und ich rette es nicht aus
ihrer Hand.
7 Ich hütete die Schafe, die geschlachtet
werden sollten, für die Schafhändler und ich
nahm mir zwei Ruten. Eine nannte ich Noam
(Freundlichkeit), die andere nannte ich
Hobelim (Verbindung) und ich hütete die
Herde.
8 Nach meinem Willen verschwanden in
einem einzigen Monat drei Hirten. Ich war
zornig auf sie, auch sie waren meiner über-
drüssig. 9 Ich sagte: Ich hüte euch nicht. Was
im Sterben liegt, soll sterben; was sich verlo-
ren hat, sei verloren; und von den Übrigge-
bliebenen soll einer des andern Fleisch fres-
sen. 10 Dann nahm ich meine Rute Noam und
hieb sie in Stücke, um meinen Bund zu zer-
brechen, den ich mit allen Völkern geschlos-
sen hatte. 11 So wurde er an diesem Tag zer-
brochen. Da erkannten die Schafhändler, die
auf mich Acht gaben, dass dies ein Wort des
Herrn war. 12 Ich sagte zu ihnen: Wenn es
euch recht scheint, so bringt mir meinen
Lohn; wenn nicht, so lasst es! Doch sie wo-
gen mir meinen Lohn ab, dreißig Silberstü-
cke. 13 Da sagte der Herr zu mir: Wirf ihn
dem Schmelzer hin! Hoch ist der Preis, den
ich ihnen wert bin. Und ich nahm die dreißig
Silberstücke und warf sie im Haus des Herrn
dem Schmelzer hin. 14 Danach hieb ich mei-
ne zweite Rute, Hobelim, in Stücke, um den
brüderlichen Bund zwischen Juda und Israel
zu zerbrechen. 15 Der Herr sagte zu mir:
Nimm nochmals das Gerät des nichtsnutzi-
gen Hirten! 16 Denn ich lasse einen Hirten im
Land auftreten. Um das Vermisste kümmert
er sich nicht, das Verlorene sucht er nicht,
das Gebrochene heilt er nicht, das Gesunde
versorgt er nicht. Stattdessen isst er das
Fleisch der gemästeten Schafe und reißt ih-
nen die Klauen ab.
17 Weh meinem nichtsnutzigen Hirten, der
die Herde im Stich lässt. Das Schwert über
seinen Arm und über sein rechtes Auge! Sein
Arm soll völlig verdorren, sein rechtes Auge
soll gänzlich erblinden.

4–17: Ez 34 • 13: Mt 27,9f.

Jerusalems Not und Errettung: 12,1 – 13,1

12 Ausspruch. Das Wort des Herrn über
Israel. Der Spruch des Herrn, der
den Himmel ausgespannt, die Erde gegrün-
det und den Geist im Innern des Menschen
geformt hat: 2 Seht, ich mache Jerusalem zur
Schale voll berauschendem Getränk für alle
Völker ringsum [und auch für Juda wird dies
gelten bei der Belagerung Jerusalems]. 3 An
jenem Tag mache ich Jerusalem für alle Völ-
ker zum Stein, den man hochstemmen will:
Jeder, der ihn hebt, wird schwer zerschun-
den. Alle Völker der Erde werden sich gegen
Jerusalem verbünden. 4 An jenem Tag –
Spruch des Herrn – bringe ich alle Pferde in
Verwirrung und ihre Reiter zur Raserei.
Über dem Haus Juda aber halte ich meine
Augen offen, während ich alle Pferde der
Völker mit Blindheit schlage. 5 Dann werden
die Anführer Judas denken: Die Einwohner
Jerusalems sind stark durch den Herrn der
Heere, ihren Gott. 6 An jenem Tag mache ich
Judas Anführer gleich einem Feuerbecken
im Holzhaufen und gleich brennenden Fa-
ckeln in den Garben. Sie fressen alle Völker
ringsum, rechts und links. Jerusalem aber
wird weiterhin an seinem Ort bleiben, in Je-
rusalem. 7 Dann wird der Herr zuerst die
Zelte Judas retten, damit der Stolz des Hau-
ses David und der Stolz der Einwohner Jeru-

11,13 Wirf ihn dem Schmelzer hin, andere Übersetzungsmöglichkeit nach S: Wirf ihn in das Schatzhaus!
12,2b H verderbt.

salems nicht zu groß wird gegenüber Juda.
8 An jenem Tag beschirmt der Herr die Ein-
wohner Jerusalems und dann wird selbst der
von ihnen, der strauchelt, wie David sein
und das Haus David an ihrer Spitze wie
Gott, wie der Engel des Herrn. 9 An jenem
Tag werde ich danach trachten, alle Völker
zu vernichten, die gegen Jerusalem anrü-
cken. 10 Doch über das Haus David und über
die Einwohner Jerusalems werde ich den
Geist des Mitleids und des Gebets ausgießen.
Und sie werden auf den blicken, den sie
durchbohrt haben. Sie werden um ihn kla-
gen, wie man um den einzigen Sohn klagt; sie
werden bitter um ihn weinen, wie man um
den Erstgeborenen weint. 11 An jenem Tag
wird die Totenklage in Jerusalem so laut sein
wie die Klage um Hadad-Rimmon in der
Ebene von Megiddo.

12 Das Land wird trauern, jede Sippe für
sich: die Sippe des Hauses David für sich
und ihre Frauen für sich; die Sippe des Hau-
ses Natan für sich und ihre Frauen für sich;
13 die Sippe des Hauses Levi für sich und ihre
Frauen für sich; die Sippe des Hauses Schimi
für sich und ihre Frauen für sich; 14 alle
überlebenden Sippen, jede Sippe für sich
und ihre Frauen für sich.

13 An jenem Tag wird für das Haus Da-
vid und für die Einwohner Jerusa-
lems eine Quelle fließen zur Reinigung von
Sünde und Unreinheit.

12,2: Jes 51,17–23; Jer 25,15–26 • 3: 14,2 • 4: Dtn 28,28 • 6: Weish 3,7; Obd 18 • 10: Ez 36,25–27; Joël 3,1; Joh 19,37; Offb 1,7 • 11: 2 Kön 5,18.

Die Vernichtung der Götter und der falschen Propheten: 13,2–6

2 An jenem Tag – Spruch des Herrn der
Heere – werde ich die Namen der Götzenbil-
der im Land ausrotten, sodass man sich nicht
mehr an sie erinnert. Auch die Propheten
und den Geist der Unreinheit werde ich aus
dem Land vertreiben. 3 Wenn dann noch ei-
ner als Prophet auftritt, so werden sein Vater
und seine Mutter, die ihn hervorgebracht ha-
ben, zu ihm sagen: Du sollst nicht am Leben
bleiben; denn du hast im Namen des Herrn
Falsches gesagt. Sein Vater und seine Mut-
ter, die ihn hervorgebracht haben, werden
ihn durchbohren, weil er als Prophet auftrat.
4 An jenem Tag wird jeder Prophet sich we-
gen der Visionen schämen, die er verkündet
hat. Um sich zu verleugnen, wird er seinen
härenen Mantel nicht anziehen. 5 Er wird sa-
gen: Ich bin kein Prophet, ich bin nur ein
Mann, der seinen Acker bebaut; schon von
Jugend an besitze ich Ackerland. 6 Wenn
man dann zu ihm sagt: Was sind denn das für
Wunden auf deiner Brust?, wird er antwor-
ten: Ich wurde im Haus meiner Freunde ver-
wundet.

2: Mi 5,12; Jer 14,15 • 3: Dtn 13,6 • 5: Am 7,14.

Die Läuterung des geheiligten Restes: 13,7–9

7 Schwert, erheb dich gegen meinen Hir-
ten, gegen den Mann meines Vertrauens –
Spruch des Herrn der Heere. Schlag den Hir-
ten, dann werden sich die Schafe zerstreuen.
Ich richte meine Hand gegen die Kleinen.
8 Im ganzen Land – Spruch des Herrn – wer-
den zwei Drittel vernichtet, sie werden um-
kommen, nur der dritte Teil wird übrig blei-
ben. 9 Dieses Drittel will ich ins Feuer wer-
fen, um es zu läutern, wie man Silber läutert,
um es zu prüfen, wie man Gold prüft. Sie
werden meinen Namen anrufen und ich wer-
de sie erhören. Ja, ich werde sagen: Es ist
mein Volk. Und das Volk wird sagen: Jahwe
ist mein Gott.

7: Mt 26,31 • 9: Ps 91,15.

Der Tag des Herrn: 14,1–21

14 Siehe, es kommt ein Tag für den
Herrn, an dem man in deiner Mitte
verteilt, was man bei dir erbeutet hat. 2 Denn
ich versammle alle Völker zum Krieg gegen
Jerusalem. Die Stadt wird erobert, die Häu-
ser werden geplündert, die Frauen geschän-
det. Die Hälfte der Stadt zieht in die Verban-
nung; aber der Rest des Volkes wird nicht
aus der Stadt vertrieben. 3 Doch dann wird
der Herr hinausziehen und gegen diese Völ-
ker Krieg führen und kämpfen, wie nur er
kämpft am Tag der Schlacht.

4 Seine Füße werden an jenem Tag auf dem
Ölberg stehen, der im Osten gegenüber von
Jerusalem liegt. Der Ölberg wird sich in der
Mitte spalten und es entsteht ein gewaltiges
Tal von Osten nach Westen. Die eine Hälfte
des Berges weicht nach Norden und die
andere Hälfte nach Süden. 5 Ihr aber werdet

12,10 Und sie werden auf den blicken: nach Theodotion; H: und sie werden auf mich blicken.

12,11 Hadad, ein babylonischer Wetter- und Vegetationsgott, der auch in Kanaan bekannt war, wird hier dem ihm wesensverwandten aramäischen Gott Rimmon (vgl. 2 Kön 5,18) gleichgesetzt. Der mythisch gedeutete Tod dieses Gottes zu Beginn der Trockenzeit im Sommer löste alljährlich bei der heidnischen Bevölkerung von Megiddo eine große Kultklage aus.

14,5 Jasol: Text korr. nach G; vermutlich ein Ort oder Tal in der Nähe des Ölbergs.

zum Tal meiner Berge fliehen; denn das Tal der Berge reicht bis zum Jasol. Ja, ihr werdet fliehen, wie ihr vor dem Erdbeben geflohen seid in den Tagen Usijas, des Königs von Juda. Dann wird der Herr, mein Gott, kommen und alle Heiligen mit ihm. 6 An jenem Tag wird es kein Licht geben, sondern Kälte und Frost. 7 Dann wird es einen Tag lang – er ist dem Herrn bekannt – weder Tag noch Nacht werden, sondern am Abend wird Licht sein. 8 An jenem Tag wird aus Jerusalem lebendiges Wasser fließen, eine Hälfte zum Meer im Osten und eine Hälfte zum Meer im Westen; im Sommer und im Winter wird es fließen. 9 Dann wird der Herr König sein über die ganze Erde. An jenem Tag wird der Herr der Einzige sein und sein Name der Einzige. 10 Das ganze Land von Geba bis Rimmon im Süden Jerusalems wird sich in eine Ebene verwandeln, Jerusalem aber wird hoch emporragen und an seinem Platz bleiben vom Benjamintor bis zum Ort des alten Tores, bis zum Ecktor und vom Turm Hananel bis zu den Keltern des Königs. 11 Man wird darin wohnen. Es wird keine Vernichtung mehr geben und Jerusalem wird sicher sein.

12 Dies aber wird der Schlag sein, den der Herr gegen alle Völker führt, die gegen Jerusalem in den Krieg gezogen sind: Er lässt ihren Körper verfaulen, noch während sie auf den Füßen stehen; die Augen verfaulen ihnen in den Augenhöhlen und die Zunge im Mund. 13 An jenem Tag wird die Verwirrung groß sein, die der Herr unter ihnen bewirkt. Einer wird den andern bei der Hand packen, einer seine Hand gegen den andern erheben. 14 Selbst Juda wird gegen Jerusalem kämpfen und die Macht aller Völker ringsum wird sich vereinen: Gold, Silber und Gewänder in großer Menge. 15 Wie der Schlag gegen die Völker wird der Schlag sein, der die Pferde, Maultiere, Kamele, Esel und das ganze Vieh in diesen Lagern trifft. 16 Doch wer dann übrig bleibt von allen Völkern, die gegen Jerusalem gezogen sind, wird Jahr für Jahr hinaufziehen, um den König, den Herrn der Heere, anzubeten und das Laubhüttenfest zu feiern. 17 Wer aber nicht nach Jerusalem hinaufzieht von allen Stämmen der Erde, um den König, den Herrn der Heere, anzubeten, bei dem wird kein Regen fallen. 18 Wenn das Volk Ägyptens nicht hinaufzieht und nicht zu ihm kommt, so ereilt es der gleiche Schlag, den der Herr gegen alle Völker führt, die nicht hinaufziehen, um das Laubhüttenfest zu feiern. 19 Das wird die Strafe Ägyptens sein und die Strafe aller Völker, die nicht hinaufziehen, um das Laubhüttenfest zu feiern.

20 An jenem Tag wird auf den Pferdeschellen stehen: Dem Herrn heilig. Die Kochtöpfe im Haus des Herrn werden gebraucht wie die Opferschalen vor dem Altar. 21 Jeder Kochtopf in Jerusalem und Juda wird dem Herrn der Heere geweiht sein. Alle, die zum Opfer kommen, nehmen die Töpfe und kochen in ihnen. Und kein Händler wird an jenem Tag mehr im Haus des Herrn der Heere sein.

2: 12,3; Lk 19,43; Offb 19,19 • 3: Jes 42,13 • 5: Am 1,1 • 7: Mk 13,32 • 8: 13,1; Ez 47,1–8; Joël 4,18 • 9: Offb 11,15 • 10: Jes 2,2; Jer 31,38 • 11: Jer 33,16; Offb 22,3 • 16: Jes 66,23.

Das Buch Maleachi

Die drei Kapitel des Buches Maleachi enthalten sechs zumeist größere Reden des Propheten, die in 3,23f durch einen nachträglich angefügten Schluss ergänzt wurden. Die üblichen Gattungen der Prophetenreden sind bei diesem nachexilischen Buch durch die sogenannte Diskussionsrede abgelöst. In ihr werden nicht nur die Zuhörer angesprochen, sondern auch ihre eigenen Worte aufgegriffen. Die literarischen Gattungen Schelte, Drohung, Verheißung, Warn- und Mahnspruch begegnen in den Maleachireden in wechselnder Folge.

Der Prophet beginnt mit einer Drohung gegen Edom und einer grundsätzlichen Verheißung für Israel (1,2–5). Es folgt eine Belehrung über die rechte Gottesverehrung (1,6–14). Dann wird der Bundesbruch der Priester, die ihren Dienst in Kult und Lehre nachlässig und ehrfurchtslos versehen, angeprangert (2,1–9). Eine Schelt- und Mahnrede gegen die Gemeinde wegen Mischehen und wegen Ehescheidung folgt in 2,10–16. Eine Gerichtsrede richtet sich ge-

gen die »Meineidigen und gegen alle, die die Taglöhner, Witwen und Waisen ausbeuten, den Fremden im Land ihr Recht verweigern« (3,5), sowie gegen diejenigen, die bei Abgaben für den Kult Betrug begehen (2,17 – 3,12). Die letzte Rede (3,13–21) ist dem »Tag des Herrn« gewidmet, der den Frevlern das Gericht, den Gerechten aber den großen Triumph bringen wird.

Ob Maleachi Eigenname ist oder ob das Wort, das »mein Bote« bedeutet, nur einen unbekannten Propheten als Boten bezeichnet (vgl. 3,1), ist umstritten. Allen Anzeichen nach hat der Prophet im 5. Jahrhundert v. Chr. gewirkt. Er ist nicht nur ein Eiferer für den rechten Kult, sondern tritt mit Macht für das Recht und Gesetz Gottes ein. Dabei wird die Treue zur ersten Frau, der »Ehebund« (2,14), mit dem Bund Gottes mit seinem Volk in engen Zusammenhang gebracht, was an die Ehelehre des Neuen Testaments heranführt.

Mt 11,10 (vgl. Mk 1,2; Lk 7,17) bezieht das in Mal 3,1 angesagte Kommen des »Boten« auf Johannes den Täufer. Die kirchliche Lehre sieht den Hinweis Maleachis auf ein universales »reines Opfer« (1,11) als Ankündigung des eucharistischen Opfers an.

ÜBERSCHRIFT: 1,1

1 Ausspruch. Wort des Herrn an Israel durch Maleachi.

DAS GERICHT ÜBER EDOM UND HEIL FÜR ISRAEL: 1,2–5

2 Ich liebe euch, spricht der Herr. / Doch ihr sagt: Worin zeigt sich deine Liebe? –
Ist nicht Esau Jakobs Bruder? – Spruch des Herrn – / und doch liebe ich Jakob,
3 Esau aber hasse ich. / Darum mache ich seine Berge zur Öde
und überlasse sein Erbland / den Schakalen der Wüste.
4 Edom sagt: Wir sind zerschmettert – / aber wir bauen die Trümmer wieder auf.
Doch so spricht der Herr der Heere: / Sie sollen nur aufbauen; ich reiße es wieder ein.
Man wird sie das Land des Unrechts nennen / und das Volk, dem der Herr ewig zürnt.
5 Mit eigenen Augen werdet ihr es sehen und werdet sagen: / Groß ist der Herr, weit über Israels Grenzen hinaus.

2: Dtn 4,37; 7,7f; Hos 11,1 • 2–3: Gen 25,23; Röm 9,13.

DIE RECHTE GOTTESVEREHRUNG: 1,6–14

6 Der Sohn ehrt seinen Vater / und der Knecht seinen Herrn.
Wenn ich der Vater bin – / wo bleibt dann die Ehrerbietung?
Wenn ich der Herr bin – / wo bleibt dann die Furcht vor mir?,
spricht der Herr der Heere zu euch, ihr Priester, / die ihr meinen Namen verachtet.
Doch ihr sagt: / Wodurch verachten wir denn deinen Namen?
7 Ihr bringt auf meinem Altar eklige Speisen dar. / Ihr sagt: Wodurch erregen wir deinen Ekel?
Dadurch, dass ihr sagt: / Der Tisch des Herrn ist nicht so wichtig.
8 Wenn ihr ein blindes Tier als Schlachtopfer darbringt, / ist das nicht schlecht?
Und wenn ihr ein lahmes und krankes Tier darbringt, / ist das nicht schlecht?
Biete das einmal deinem Statthalter an! /

1,3 »Hassen« bedeutet in solchem Zusammenhang »weniger lieben«, »zurücksetzen« (vgl. Lk 14,26).

Ob er wohl Gefallen an dir hat
und dich freundlich ansieht?, / spricht der Herr der Heere.

9 Und nun versucht, Gott damit zu besänftigen / und gnädig zu stimmen!

Wenn eure Hände ihm solche Dinge anbieten, / wie kann er euch dann freundlich ansehen?, / spricht der Herr der Heere.

10 Wäre doch jemand bei euch, / der die Tore (des Tempels) verschließt, / damit ihr kein nutzloses Feuer mehr entfacht auf meinem Altar.

Ich habe kein Gefallen an euch, / spricht der Herr der Heere, / und ich mag kein Opfer aus eurer Hand.

11 Denn vom Aufgang der Sonne bis zu ihrem Untergang / steht mein Name groß da bei den Völkern

und an jedem Ort wird meinem Namen ein Rauchopfer dargebracht / und eine reine Opfergabe;

ja, mein Name steht groß da bei den Völkern, / spricht der Herr der Heere.

12 Ihr aber entweiht ihn, ihr sagt: / Auf dem Tisch des Herrn darf man eklige Speisen darbringen, / er ist nicht so wichtig.

13 Ihr sagt: Welch eine Mühsal!, / und facht das Feuer an – / spricht der Herr der Heere;

ihr bringt von geraubten Tieren / die lahmen und kranken als Opfer dar.

Soll ich das vielleicht annehmen aus eurer Hand?, / spricht der Herr.

14 Verflucht ist der Betrüger, der dem Herrn ein männliches Tier seiner Herde gelobt, / dann aber ein fehlerhaftes Tier schlachtet.

Denn ein großer König bin ich, / spricht der Herr der Heere, / und mein Name ist bei den Völkern gefürchtet.

6: Ex 20,12; Dtn 5,16; 32,6 • 8: Lev 22,18–25 • 10: Jer 6,20; Am 5,21.

DROHWORT GEGEN DIE PRIESTER: 2,1–9

2 Jetzt ergeht über euch dieser Beschluss, ihr Priester:

2 Wenn ihr nicht hört / und nicht von Herzen darauf bedacht seid,

meinen Namen in Ehren zu halten / – spricht der Herr der Heere –,

dann schleudere ich meinen Fluch gegen euch / und verfluche den Segen, der auf euch ruht,

ja, ich verfluche ihn, / weil ihr nicht von Herzen darauf bedacht seid.

3 Seht, ich schlage euch den Arm ab / und werfe euch Unrat ins Gesicht,

den Unrat eurer Feste, / und man wird euch zu ihm hinausschaffen.

4 Dann werdet ihr erkennen, dass ich es bin, / der diesen Beschluss über euch ergehen ließ,

weil ich einen Bund mit Levi habe, / spricht der Herr der Heere.

5 Mein Bund bedeutete für ihn Leben und Heil; / beides gab ich ihm, dazu die Furcht:

Er sollte mich fürchten / und vor meinem Namen erschrecken.

6 Zuverlässige Belehrung kam aus seinem Mund, / nichts Verkehrtes fand sich auf seinen Lippen,

in Frieden und Aufrichtigkeit ging er mit mir seinen Weg / und viele hielt er davon ab, schuldig zu werden.

7 Denn die Lippen des Priesters bewahren die Erkenntnis / und aus seinem Mund erwartet man Belehrung; / denn er ist der Bote des Herrn der Heere.

8 Ihr aber, ihr seid abgewichen vom Weg / und habt viele zu Fall gebracht durch eure Belehrung;

ihr habt den Bund Levis zunichte gemacht, / spricht der Herr der Heere.

9 Darum mache ich euch verächtlich / und erniedrige euch vor dem ganzen Volk,

weil ihr euch nicht an meine Wege haltet / und auf die Person seht bei der Belehrung.

2: Dtn 28,15 • 4: Dtn 18,1–8 • 6: Dtn 21,5 • 7: Hos 4,1–6 • 8: Mt 23,13–15.

GEGEN MISCHEHE UND EHESCHEIDUNG: 2,10–16

10 Haben wir nicht alle denselben Vater? / Hat nicht der eine Gott uns alle erschaffen?

Warum handeln wir dann treulos, / einer gegen den andern, / und entweihen den Bund unserer Väter?

1,12d H unklar.
2,3d H unklar.
2,5 H unklar.
2,9 H unklar.

11 Treulos hat Juda gehandelt / und Gräueltaten sind [in Israel und] in Jerusalem geschehen:

Juda hat das Heiligtum des Herrn [das er liebt] entweiht / und die Tochter eines fremden Gottes zur Frau genommen.

12 Der Herr versage dem, der so handelt, / einen, der für ihn zeugt und für ihn spricht,

in den Zelten Jakobs einen, / der dem Herrn der Heere Opfer darbringt.

13 Außerdem bedeckt ihr den Altar des Herrn mit Tränen, / ihr weint und klagt,

weil er sich eurem Opfer nicht mehr zuwendet / und es nicht mehr gnädig annimmt aus eurer Hand.

14 Und wenn ihr fragt: Warum?: / Weil der Herr Zeuge war zwischen dir und der Frau deiner Jugend, / an der du treulos handelst,

obwohl sie deine Gefährtin ist, / die Frau, mit der du einen Bund geschlossen hast.

15 Hat er nicht eine Einheit geschaffen, / ein lebendiges Wesen?

Was ist das Ziel dieser Einheit? / Nachkommen von Gott.

Nehmt euch also um eures Lebens willen in Acht! / Handle nicht treulos an der Frau deiner Jugend!

16 Wenn einer seine Frau aus Abneigung verstößt, / [spricht der Herr, Israels Gott,]

dann befleckt er sich mit einer Gewalttat, / spricht der Herr der Heere.

Nehmt euch also um eures Lebens willen in Acht / und handelt nicht treulos!

10: Eph 4,4–6 • 15: Gen 2,24; Mt 5,31f; Eph 5,24–32.

GOTTES ERSCHEINEN ZUM GERICHT: 2,17 – 3,12

17 Ihr ermüdet den Herrn mit euren Reden / und ihr fragt: Wodurch ermüden wir ihn?

Dadurch, dass ihr sagt: / Jeder, der Böses tut, / ist gut in den Augen des Herrn,

an solchen Leuten hat er Gefallen. / Oder auch: Wo ist denn Gott, der Gericht hält?

3 Seht, ich sende meinen Boten; / er soll den Weg für mich bahnen.

Dann kommt plötzlich zu seinem Tempel / der Herr, den ihr sucht,

und der Bote des Bundes, den ihr herbeiwünscht. / Seht, er kommt!, spricht der Herr der Heere.

2 Doch wer erträgt den Tag, an dem er kommt? / Wer kann bestehen, wenn er erscheint?

Denn er ist wie das Feuer im Schmelzofen / und wie die Lauge im Waschtrog.

3 Er setzt sich, / um das Silber zu schmelzen und zu reinigen:

Er reinigt die Söhne Levis, / er läutert sie wie Gold und Silber.

Dann werden sie dem Herrn / die richtigen Opfer darbringen.

4 Und dem Herrn wird das Opfer Judas und Jerusalems angenehm sein / wie in den Tagen der Vorzeit, wie in längst vergangenen Jahren.

5 Ich komme herbei, um euch zu richten; / schon bald komme ich und trete als Zeuge auf

gegen die Zauberer und die Ehebrecher, / gegen die Meineidigen und gegen alle,

welche die Taglöhner, / Witwen und Waisen ausbeuten,

den Fremden im Land ihr Recht verweigern / und mich nicht fürchten, / spricht der Herr der Heere.

6 Ich, der Herr, habe mich nicht geändert / und ihr habt nicht aufgehört, Söhne Jakobs zu sein.

7 Seit den Tagen eurer Väter seid ihr von meinen Gesetzen abgewichen / und habt auf sie nicht geachtet.

Kehrt um zu mir, dann kehre ich mich euch zu, / spricht der Herr der Heere.

Doch ihr sagt: / Worin soll denn unsere Umkehr bestehen? –

8 Darf der Mensch Gott betrügen? / Denn ihr betrügt mich.

Doch ihr sagt: Womit betrügen wir dich? – / Mit den Zehnten und Abgaben!

9 Dem Fluch seid ihr verfallen, / doch ihr betrügt mich weiter, / ihr, das ganze Volk.

10 Bringt den ganzen Zehnten ins Vorratshaus, / damit in meinem Haus Nahrung vorhanden ist.

Ja, stellt mich auf die Probe damit, / spricht der Herr der Heere,

2,12c So nach G.

2,15 H schwer verständlich; G: Ihr aber sagt: Was anderes als Nachkommen sucht Gott?

2,16c Wörtlich: bedeckt er sein Gewand mit einer Gewalttat.

3,2cd Wörtlich: wie das Feuer des Schmelzers und wie die Lauge der Wäscher.

und wartet, ob ich euch dann nicht / die Schleusen des Himmels öffne / und Segen im Übermaß auf euch herabschütte.

11 Den Fresser wehre ich von euch ab, / damit er nicht die Früchte eurer Äcker vertilgt

und damit der Weinstock auf eurem Feld / nicht ohne Ertrag bleibt, / spricht der Herr der Heere.

12 Dann werden alle Völker euch glücklich preisen; / denn ihr seid ein glückliches Land, / spricht der Herr der Heere.

3,1: Mt 11,10 • 2: Joël 2,11; Am 5,18; Zef 1,14 • 3: Jer 6,29 • 5: Lev 19,13 • 6: Num 23,19 • 7: Sach 1,3 • 9: Dtn 28,15 • 10: Lev 27,30–33; Num 18,21–32; Dtn 14,22–29; 28,8.12 • 12: Jes 61,9.

DER TAG DER GÖTTLICHEN GERECHTIGKEIT: 3,13–22

13 Was ihr über mich sagt, ist kühn, spricht der Herr. / Doch ihr fragt: Was sagen wir denn über dich?

14 Ihr sagt: Es hat keinen Sinn, Gott zu dienen. / Was haben wir davon,

wenn wir auf seine Anordnungen achten / und vor dem Herrn der Heere in Trauergewändern umhergehen?

15 Darum preisen wir die Überheblichen glücklich, / denn die Frevler haben Erfolg;

sie stellen Gott auf die Probe / und kommen doch straflos davon. –

16 Darüber redeten die miteinander, / die den Herrn fürchten.

Der Herr horchte auf und hörte hin / und man schrieb vor ihm ein Buch,

das alle in Erinnerung hält, / die den Herrn fürchten und seinen Namen achten.

17 Sie werden an dem Tag, den ich herbeiführe / – spricht der Herr der Heere –, / mein besonderes Eigentum sein.

Ich werde gut zu ihnen sein, / wie ein Mann gut ist zu seinem Sohn, der ihm dient.

18 Dann werdet ihr wieder den Unterschied sehen / zwischen dem Gerechten und dem, der Unrecht tut,

zwischen dem, der Gott dient, / und dem, der ihm nicht dient.

19 Denn seht, der Tag kommt, er brennt wie ein Ofen: / Da werden alle Überheblichen und Frevler zu Spreu

und der Tag, der kommt, wird sie verbrennen, / spricht der Herr der Heere. / Weder Wurzel noch Zweig wird ihnen bleiben.

20 Für euch aber, die ihr meinen Namen fürchtet, / wird die Sonne der Gerechtigkeit aufgehen / und ihre Flügel bringen Heilung.

Ihr werdet hinausgehen und Freudensprünge machen, / wie Kälber, die aus dem Stall kommen.

21 An dem Tag, den ich herbeiführe, / werdet ihr die Ruchlosen unter euren Fußsohlen zertreten,

sodass sie zu Asche werden, / spricht der Herr der Heere.

22 Denkt an das Gesetz meines Knechtes Mose; / am Horeb habe ich ihm Satzung und Recht übergeben, / die für ganz Israel gelten.

14: Ijob 21,14f; Jes 58,3 • 16: Ex 32,32; Ps 69,29; Jes 4,3; Dan 7,10; 12,1 • 17: Ps 103,13 • 20: Lk 1,78; Joh 8,12.

DER WEGBEREITER: 3,23–24

23 Bevor aber der Tag des Herrn kommt, / der große und furchtbare Tag, / seht, da sende ich zu euch den Propheten Elija.

24 Er wird das Herz der Väter wieder den Söhnen zuwenden / und das Herz der Söhne ihren Vätern,

damit ich nicht kommen / und das Land dem Untergang weihen muss.

24: Sir 48,10f; Mk 9,11–13; Lk 1,17.

3,11 »Fresser« ist Bezeichnung einer Heuschreckenart.

Die Schriften des Neuen Testaments

Jesus Christus erhob den Anspruch, der Retter und Heilbringer zu sein, den Gott im Alten Testament verheißen hatte. So übernahm die christliche Kirche das Alte Testament als Heilige Schrift; daneben überlieferte sie die Worte Jesu und die Berichte über seine Taten und sein Schicksal. Die Worte Jesu wurden schon früh aufgezeichnet, um sie für die Glaubensunterweisung, die Verkündigung im Gottesdienst und für die Missionspredigt verwenden zu können. Bald wurden auch die Berichte über das Leiden Jesu und über die Ereignisse nach seinem Tod niedergeschrieben. Markus verfasste als erster ein Evangelium. Weitere Evangelienbücher folgten. Daneben entstanden auch andere urchristliche Schriften verschiedenster Art: Briefe von Aposteln und führenden Männern der Kirche an christliche Gemeinden und einzelne Persönlichkeiten; eine Geschichte der jungen Kirche bis zum Aufenthalt des Apostels Paulus in Rom; theologische Lehrschriften, seelsorgliche Anweisungen und ein prophetisches Buch über das Schicksal der Kirche in Gegenwart und Zukunft. Alle diese Schriften wurden etwa zwischen 50 und 120 n. Chr. abgefasst.

Die im Neuen Testament, dem Buch des Neuen Bundes, enthaltenen urchristlichen Schriften wurden von der Kirche des 2. Jahrhunderts gesammelt, weil sie den Glauben der apostolischen und nachapostolischen Zeit auf zuverlässige Weise bezeugen. Nach Auffassung der Kirche sind sie unter dem Beistand des Heiligen Geistes abgefasst worden. Sie galten von früh an als für den Glauben und das Leben der Kirche maßgebliche Urkunden (kanonische, das heißt maßgebliche Schriften). Obwohl einige Schriften (Hebr, Jak, 2 Petr, Offb) noch bis ins 4. Jahrhundert umstritten blieben, hat sich der in der Kirche gültige »Kanon« (Maßstab, verbindliches Verzeichnis) im wesentlichen in der 2. Hälfte des 2. Jahrhunderts durchgesetzt. Er weist heute folgende Ordnung auf: die vier Evangelien und die Apostelgeschichte, dreizehn Briefe des Apostels Paulus, der Brief an die Hebräer, die sieben sog. Katholischen Briefe und die Offenbarung des Johannes.

Die Evangelien

Vier Evangelienbücher fanden Aufnahme in das Neue Testament. Sie bezeugen, jedes auf seine Weise, das eine Evangelium von Jesus Christus. Ihre literarische Form zeigt an, dass die Evangelien sog. Sammelwerke sind; ursprünglich einzeln weitergegebene Überlieferungsstücke über Worte und Taten Jesu sind von den Evangelisten gesammelt und durch redaktionelle Überleitungen zu einem Ganzen zusammengefügt worden. Diese Bücher wurden von der frühen Kirche wahrscheinlich nach der damals angenommenen Abfassungszeit geordnet. Das Wort »Evangelium« stammt aus dem Griechischen (euangélion) und bedeutet »gute Nachricht«, »frohe Botschaft«. Mit diesem Wort benannten die Christen ihre Verkündigung von dem endgültigen Heil, das Gott durch Jesus Christus allen Menschen anbietet. Markus verwendete als erster dieses Wort als Überschrift seines Berichts über die Worte, die Taten und das Schicksal Jesu (1,1). Damit entstand eine neue Form religiöser Schriften, die Evangelien.

Die Überschriften der kanonischen Evangelien lauten seit dem 2. Jahrhundert: Das Evangelium nach Matthäus, nach Markus, nach Lukas, nach Johannes. Die ersten drei Evangelien sind untereinander nach Inhalt, Aufbau und Sprache eng verknüpft; darum werden sie »synoptische« Evangelien genannt (synopsis, das heißt Zusammenschau).

Das Evangelium nach Matthäus

Die Überschrift des ersten Evangeliums nennt einen Matthäus als Verfasser und will wohl auf den Zöllner von Kafarnaum verweisen, den Jesus nach Mt 9,9 und 10,3 in den Kreis der Zwölf berief. Matthäus setzt ihn mit dem Levi des Markus- und des Lukasevangeliums gleich (vgl. Mk 2,13–17; Lk 5,27–32). Nach alter kirchlicher Überlieferung soll Matthäus als erster ein Evangelium in hebräischer Sprache verfasst haben. Es sind aber keine Texte von einem solchen hebräischen Evangelium erhalten.

Das uns überlieferte Evangelium wurde in griechischer Sprache abgefasst, und es benutzt das griechisch geschriebene Markusevangelium als Vorlage. Es schöpft außerdem aus einer anderen griechischen Vorlage, die auch Lukas verwertet hat, einer heute verloren gegangenen Sammlung von Worten Jesu (sog. Spruch- oder Redequelle). Daraus sind die Bergpredigt, das Vaterunser und eine Reihe von Gleichnissen genommen, die sich bei Matthäus und Lukas, nicht aber bei Markus finden. Außerdem bietet Matthäus Überlieferungen, die weder bei Markus noch bei Lukas begegnen (sog. Sondergut).

Das Evangelium setzt den Untergang Jerusalems (70 n. Chr.) voraus; es ist wohl um 80 n. Chr. verfasst worden, und zwar vermutlich in Syrien (eher als in Palästina). Seinem Inhalt ist zu entnehmen, dass es in einem Gebiet entstanden sein muss, in dem Christen und Juden zusammenlebten. Als Verfasser nimmt man heute einen uns nicht näher bekannten judenchristlichen Lehrer an, der noch Schüler der Apostel war.

Matthäus sammelt Überlieferungen über Jesus, vor allem Worte Jesu, und ordnet sie zeitlich und thematisch in den dreistufigen Aufbau ein, den das Markusevangelium bietet: Anfang in Galiläa; Unterweisung der Jünger und Zug nach Jerusalem; Leiden und Tod in dieser Stadt. An den Anfang stellt er die Vorgeschichte Jesu, an das Ende einen Bericht von der abschließenden Erscheinung des Auferstandenen in Galiläa.

Im Einzelnen lässt sich folgender Aufbau feststellen: Die Herkunft und Kindheit Jesu (1,1 – 2,23). Das Wirken Jesu in Galiläa (3,1 – 18,35) mit den Abschnitten: Vorbereitung (3,1 – 4,11: Taufe, Versuchung), erstes Auftreten in Galiläa und Berufung der ersten Jünger (4,12–25), die

Verkündigung des Messias (5,1 – 7,29) und seine Taten (8,1 – 9,34), Aussendungsrede (9,35 – 11,1), Beginn der Entscheidung (11,2 – 12,50), die Rede über das Himmelreich (13,1–53), Belehrung der Jünger (13,54 – 17,27), die Rede über das Leben in der Gemeinde (18,1–35). Das Wirken Jesu in Judäa und Jerusalem (19,1 – 25,46) mit den Abschnitten: der Weg nach Jerusalem (19,1 – 20,34), die Auseinandersetzung mit den Gegnern (21,1 – 23,39) und die Rede über die Endereignisse (24,1 – 25,46). Darauf folgen das Leiden Jesu (26,1 – 27,66) und die Ostergeschichte (28,1–20).

Der Evangelist wollte offenbar seiner Kirche eine Art Handbuch über Jesus und seine Lehre bieten. Seine Darstellung ist von der Absicht geprägt, Jesus als den Erben Abrahams zu erweisen, den verheißenen Messias Israels, der von Anfang an von den religiösen Führern seines Volkes abgelehnt und verfolgt, von Sündern und Heiden aber anerkannt wurde (vgl. 1,1.17.22f; 8,11f; 23,34–39). Diesem Zweck dienen auch die vielen Zitate aus dem Alten Testament. An die Stelle Israels ist nun die Kirche getreten als das wahre Volk Gottes, bestehend aus Juden und Heiden, aufgebaut auf dem Fels Petrus (22,1–14; 21,43; 27,42; 23,38; 16,13–20). Jesus ist als der Sohn des lebendigen Gottes (16,16; 11,25–27) der endgültige Offenbarer, Gesetzgeber und Lehrer (1,21; 11,25–27; 28,16–20). Das zeigen vor allem die fünf großen Reden: die Bergpredigt (Kap. 5 – 7), die Aussendungsrede (9,35 – 11,1), die Reich-Gottes-Rede (Kap. 13), die Rede über die rechte Ordnung in der Gemeinde (18,1–35), die Gerichtsrede über die Schriftgelehrten und Pharisäer und über die letzten Dinge (Kap. 23 – 25). Die Mitte der Forderungen Gottes bildet das Liebesgebot (22,34–40), das nicht nur dem Nächsten, sondern auch dem Feind gegenüber gilt (5,43–48); als Goldene Regel steht es auch an zentraler Stelle der Bergpredigt (7,12; vgl. 18,23–35 und 19,19). Mit der Auferstehung Jesu ist der Weg des Heils zu allen Menschen offen, alle sollen Jünger Jesu und Kinder des Vaters im Himmel werden (28,18–20).

In der Alten Kirche wurde das erste Evangelium am meisten gelesen und beachtet und wurde so zu d e m *Evangelium der Kirche.*

DIE VORGESCHICHTE: 1,1 – 2,23

Der Stammbaum Jesu: 1,1–17

1 Stammbaum Jesu Christi, des Sohnes
Davids, des Sohnes Abrahams:
2 Abraham war der Vater von Isaak, /
Isaak von Jakob, / Jakob von Juda und seinen Brüdern.
3 Juda war der Vater von Perez und Serach; ihre Mutter war Tamar. / Perez war der
Vater von Hezron, / Hezron von Aram,
4 Aram von Amminadab, / Amminadab
von Nachschon, / Nachschon von Salmon.
5 Salmon war der Vater von Boas; dessen
Mutter war Rahab. / Boas war der Vater von
Obed; dessen Mutter war Rut. / Obed war der
Vater von Isai,
6 Isai der Vater des Königs David. / David
war der Vater von Salomo, dessen Mutter die
Frau des Urija war.
7 Salomo war der Vater von Rehabeam, /
Rehabeam von Abija, / Abija von Asa,
8 Asa von Joschafat, / Joschafat von Joram, / Joram von Usija.
9 Usija war der Vater von Jotam, / Jotam
von Ahas, / Ahas von Hiskija,
10 Hiskija von Manasse, / Manasse von
Amos, / Amos von Joschija.
11 Joschija war der Vater von Jojachin und
seinen Brüdern; das war zur Zeit der Babylonischen Gefangenschaft.
12 Nach der Babylonischen Gefangenschaft war Jojachin der Vater von Schealtiël, / Schealtiël von Serubbabel,
13 Serubbabel von Abihud, / Abihud von
Eljakim, / Eljakim von Azor.
14 Azor war der Vater von Zadok, / Zadok
von Achim, / Achim von Eliud,

1,1–17 Der Stammbaum dient dem Nachweis, dass Jesus der Erbe der Verheißungen ist, die an Abraham und David ergingen. Die Namen des ersten Abschnitts (Abraham-David) sind Rut 4,18–22, die des zweiten (David bis Exil) 1 Chr 3,10–19 entnommen. An Eigentümlichkeiten finden sich: Zwischen Joram und Usija fehlen drei Könige: Ahasja, Joasch und Amazja (vgl. 2 Kön 8,25; 14,21; 1 Chr 3,11f). Statt Amos (1,10) steht 1 Chr 3,14 Amon. Im dritten Abschnitt fehlt ein Name (nur 13 Generationen statt 14). Auffällig ist die Nennung von vier Frauen (1,3.5.6), die Heidinnen waren (Rahab, Rut) oder als Sünderinnen galten (Tamar, Frau des Urija).

15 Eliud von Eleasar, / Eleasar von Mattan, / Mattan von Jakob.

16 Jakob war der Vater von Josef, dem Mann Marias; / von ihr wurde Jesus geboren, / der der Christus (der Messias) genannt wird.

17 Im Ganzen sind es also von Abraham bis David vierzehn Generationen, von David bis zur Babylonischen Gefangenschaft vierzehn Generationen und von der Babylonischen Gefangenschaft bis zu Christus vierzehn Generationen.

1–17: Lk 3,23–38 • 2: Gen 21,2f; 25,26; 29,32 – 30,24 • 3: Gen 38,29f; 3–6: Rut 4,18–22 • 6: 2 Sam 12,24 • 7–12: 1 Chr 3,10–19 • 16: Lk 1,27.

Die Geburt Jesu: 1,18–25

18 Mit der Geburt Jesu Christi war es so: Maria, seine Mutter, war mit Josef verlobt; noch bevor sie zusammengekommen waren, zeigte sich, dass sie ein Kind erwartete – durch das Wirken des Heiligen Geistes. 19 Josef, ihr Mann, der gerecht war und sie nicht bloßstellen wollte, beschloss, sich in aller Stille von ihr zu trennen. 20 Während er noch darüber nachdachte, erschien ihm ein Engel des Herrn im Traum und sagte: Josef, Sohn Davids, fürchte dich nicht, Maria als deine Frau zu dir zu nehmen; denn das Kind, das sie erwartet, ist vom Heiligen Geist. 21 Sie wird einen Sohn gebären; ihm sollst du den Namen Jesus geben; denn er wird sein Volk von seinen Sünden erlösen.

22 Dies alles ist geschehen, damit sich erfüllte, was der Herr durch den Propheten gesagt hat:

23 *Seht, die Jungfrau wird ein Kind empfangen, / einen Sohn wird sie gebären, / und man wird ihm den Namen Immanuel geben, /* das heißt übersetzt: Gott ist mit uns.

24 Als Josef erwachte, tat er, was der Engel des Herrn ihm befohlen hatte, und nahm seine Frau zu sich. 25 Er erkannte sie aber nicht, bis sie ihren Sohn gebar. Und er gab ihm den Namen Jesus.

18–20: Lk 1,35 • 21: Lk 1,31; 2,21 • 23: Jes 7,14 G.

Die Huldigung der Sterndeuter: 2,1–12

2 Als Jesus zur Zeit des Königs Herodes in Betlehem in Judäa geboren worden war, kamen Sterndeuter aus dem Osten nach Jerusalem 2 und fragten: Wo ist der neugeborene König der Juden? Wir haben seinen Stern aufgehen sehen und sind gekommen, um ihm zu huldigen. 3 Als König Herodes das hörte, erschrak er und mit ihm ganz Jerusalem. 4 Er ließ alle Hohenpriester und Schriftgelehrten des Volkes zusammenkommen und erkundigte sich bei ihnen, wo der Messias geboren werden solle. 5 Sie antworteten ihm: In Betlehem in Judäa; denn so steht es bei dem Propheten:

6 *Du, Betlehem* im Gebiet von Juda, / bist keineswegs *die unbedeutendste / unter den führenden Städten von Juda; / denn aus dir wird ein Fürst hervorgehen, / der Hirt meines Volkes Israel.*

7 Danach rief Herodes die Sterndeuter heimlich zu sich und ließ sich von ihnen genau sagen, wann der Stern erschienen war. 8 Dann schickte er sie nach Betlehem und sagte: Geht und forscht sorgfältig nach, wo das Kind ist; und wenn ihr es gefunden habt, berichtet mir, damit auch ich hingehe und ihm huldige. 9 Nach diesen Worten des Königs machten sie sich auf den Weg. Und der Stern, den sie hatten aufgehen sehen, zog vor ihnen her bis zu dem Ort, wo das Kind war; dort blieb er stehen. 10 Als sie den Stern sahen, wurden sie von sehr großer Freude erfüllt. 11 Sie gingen in das Haus und sahen das Kind und Maria, seine Mutter; da fielen sie nieder und huldigten ihm. Dann holten sie

---

1,16 Es wird vorausgesetzt, dass Jesus durch Adoption in das Geschlecht Davids eingegliedert wurde (vgl. 1,24).

1,17 In dem Stammbaum mit den 3-mal 14 Generationen verbirgt sich eine Zahlensymbolik: Die Buchstaben dienen im Hebräischen zugleich als Ziffern; zählt man die Buchstaben des Namens David zusammen, so ergibt sich die Zahl 14. Die Generationenfolge soll veranschaulichen, dass sich in Jesus die an David ergangene messianische Verheißung erfüllt hat (2 Sam 7,12–16; vgl. Jes 11,1).

1,18 Die jüdische »Verlobung« stellte ein rechtsverbindliches Eheversprechen dar; die eheliche Gemeinschaft wurde aber erst nach der Heimholung der Braut durch den Ehegatten, meist ein oder eineinhalb Jahre später, aufgenommen. Die jüdischen Mädchen heirateten gewöhnlich nach Eintritt der Geschlechtsreife mit 13 bis 14 Jahren. Vgl. noch Lk 1,26–38; 2,5.

1,21 Der Name Jesus (Jeschua) wird hier als »Retter«, »Erlöser« gedeutet.

1,25 »Erkennen« wird im Alten Orient auch als Umschreibung des ehelichen Verkehrs gebraucht.

2,1 Das mit »Sterndeuter« übersetzte griechische Wort (mágoi) bezeichnete zunächst die Mitglieder einer persischen Priesterkaste, die sich mit Sternkunde und Astrologie befassten, sodann allgemein babylonische und sonstige Astrologen. Sie wirkten oft als Berater von Königen, Fürsten und reichen Leuten.

2,2 Andere Übersetzungsmöglichkeit: Wir haben seinen Stern im Osten gesehen. Entsprechend in V. 9.

ihre Schätze hervor und brachten ihm Gold,
Weihrauch und Myrrhe als Gaben dar.
12 Weil ihnen aber im Traum geboten wurde,
nicht zu Herodes zurückzukehren, zogen sie
auf einem anderen Weg heim in ihr Land.

1: Lk 2,4–7 • 2: Num 24,17 • 4: Joh 7,42 • 6: Mi 5,1.3; 2 Sam 5,2.

Die Flucht nach Ägypten: 2,13–15

13 Als die Sterndeuter wieder gegangen
waren, erschien dem Josef im Traum ein En-
gel des Herrn und sagte: Steh auf, nimm das
Kind und seine Mutter, und flieh nach Ägyp-
ten; dort bleibe, bis ich dir etwas anderes
auftrage; denn Herodes wird das Kind su-
chen, um es zu töten. 14 Da stand Josef in der
Nacht auf und floh mit dem Kind und dessen
Mutter nach Ägypten. 15 Dort blieb er bis
zum Tod des Herodes. Denn es sollte sich er-
füllen, was der Herr durch den Propheten
gesagt hat: *Aus Ägypten habe ich meinen
Sohn gerufen.*

15: Hos 11,1.

Der Kindermord in Betlehem: 2,16–18

16 Als Herodes merkte, dass ihn die Stern-
deuter getäuscht hatten, wurde er sehr zor-
nig und er ließ in Betlehem und der ganzen
Umgebung alle Knaben bis zum Alter von
zwei Jahren töten, genau der Zeit entspre-
chend, die er von den Sterndeutern erfahren
hatte. 17 Damals erfüllte sich, was durch den
Propheten Jeremia gesagt worden ist:
18 *Ein Geschrei war in Rama zu hören, /*
lautes *Weinen und Klagen: / Rahel weinte
um ihre Kinder / und wollte sich nicht trös-
ten lassen, / denn sie waren dahin.*

18: Jer 31,15.

Die Rückkehr aus Ägypten: 2,19–23

19 Als Herodes gestorben war, erschien
dem Josef in Ägypten ein Engel des Herrn
im Traum 20 und sagte: Steh auf, nimm das
Kind und seine Mutter und zieh in das Land
Israel; denn die Leute, die dem Kind nach
dem Leben getrachtet haben, sind tot. 21 Da
stand er auf und zog mit dem Kind und des-
sen Mutter in das Land Israel. 22 Als er aber
hörte, dass in Judäa Archelaus an Stelle sei-
nes Vaters Herodes regierte, fürchtete er
sich, dorthin zu gehen. Und weil er im Traum
einen Befehl erhalten hatte, zog er in das Ge-
biet von Galiläa 23 und ließ sich in einer
Stadt namens Nazaret nieder. Denn es sollte
sich erfüllen, was durch die Propheten ge-
sagt worden ist: Er wird Nazoräer genannt
werden.

23: Lk 1,26; 2,39.51; Joh 1,46; Ri 13,5.7 G.

DIE VORBEREITUNG DES WIRKENS JESU: 3,1 – 4,11

Johannes der Täufer: 3,1–12

3 In jenen Tagen trat Johannes der Täufer
auf und verkündete in der Wüste von
Judäa: 2 Kehrt um! Denn das Himmelreich
ist nahe. 3 Er war es, von dem der Prophet
Jesaja gesagt hat:
*Eine Stimme ruft in der Wüste: / Bereitet
dem Herrn den Weg! / Ebnet ihm die Stra-
ßen!*
4 Johannes trug ein Gewand aus Kamelhaa-
ren und einen ledernen Gürtel um seine Hüf-
ten; Heuschrecken und wilder Honig waren
seine Nahrung. 5 Die Leute von Jerusalem
und ganz Judäa und aus der ganzen Jordan-
gegend zogen zu ihm hinaus; 6 sie bekannten
ihre Sünden und ließen sich im Jordan von
ihm taufen.
7 Als Johannes sah, dass viele Pharisäer
und Sadduzäer zur Taufe kamen, sagte er zu
ihnen: Ihr Schlangenbrut, wer hat euch denn
gelehrt, dass ihr dem kommenden Gericht
entrinnen könnt? 8 Bringt Frucht hervor, die
eure Umkehr zeigt, 9 und meint nicht, ihr
könntet sagen: Wir haben ja Abraham zum
Vater. Denn ich sage euch: Gott kann aus
diesen Steinen Kinder Abrahams machen.
10 Schon ist die Axt an die Wurzel der Bäume
gelegt; jeder Baum, der keine gute Frucht

2,18 Rahel, die Mutter der Stämme Benjamin und Efraim – nicht aber Juda –, wurde bei Rama, etwa 8 Kilometer nördlich von Jerusalem begraben (vgl. 1 Sam 10,2). Zur Zeit Jesu vermutete man dieses Grab am Weg von Jerusalem nach Betlehem (vgl. Gen 35,19; 48,7). Noch heute steht dort eine Gedenkstätte.

2,23 Das Prophetenwort steht in dieser Form nicht im Alten Testament; vielleicht liegt eine Anspielung auf Jes 11,1 vor, wo vom »Spross« (hebräisch: nezer) die Rede ist.

3,4 Nahrung und Kleidung weisen auf den Prophetenberuf und auf die asketische Lebensweise des Täufers hin. Er wird nach dem Vorbild des Propheten Elija gezeichnet, der ebenfalls am Unterlauf des Jordan wirkte (vgl. 2 Kön 1,8; 2,1–18).

3,7 Gericht, wörtlich: Zorn.

hervorbringt, wird umgehauen und ins Feuer geworfen.
11 Ich taufe euch nur mit Wasser (zum Zeichen) der Umkehr. Der aber, der nach mir kommt, ist stärker als ich und ich bin es nicht wert, ihm die Schuhe auszuziehen. Er wird euch mit dem Heiligen Geist und mit Feuer taufen. 12 Schon hält er die Schaufel in der Hand; er wird die Spreu vom Weizen trennen und den Weizen in seine Scheune bringen; die Spreu aber wird er in nie erlöschendem Feuer verbrennen.

1–6 ‖ Mk 1,2–6; Lk 3,3–6 • 7–10 ‖ Lk 3,7–9 • 11–12 ‖ Mk 1,7f; Lk 3,15–17 • 1–6: Joh 1,19–23 • 2: Apg 13,24; 19,4 • 3: Jes 40,3 G • 4: 2 Kön 1,8 • 7: 12,34; 23,33 • 9: Joh 8,39; Röm 4,12 • 10: 7,19 • 11: Joh 1,15.24.25–28.30f.33; Apg 13,25; 1,5; 11,16 • 12: 13,30.

Die Taufe Jesu: 3,13–17

13 Zu dieser Zeit kam Jesus von Galiläa an den Jordan zu Johannes, um sich von ihm taufen zu lassen. 14 Johannes aber wollte es nicht zulassen und sagte zu ihm: Ich müsste von dir getauft werden, und du kommst zu mir? 15 Jesus antwortete ihm: Lass es nur zu! Denn nur so können wir die Gerechtigkeit (die Gott fordert) ganz erfüllen. Da gab Johannes nach. 16 Kaum war Jesus getauft und aus dem Wasser gestiegen, da öffnete sich der Himmel, und er sah den Geist Gottes wie eine Taube auf sich herabkommen. 17 Und eine Stimme aus dem Himmel sprach: *Das ist mein geliebter Sohn, an dem ich Gefallen gefunden habe.*

13–17 ‖ Mk 1,9–11; Lk 3,21f • 13–17: Joh 1,29–34 • 17: Gen 22,2; Ps 2,7; Jes 42,1; Mt 12,18; 17,5; Mk 1,11; 9,7; Lk 3,22; 9,35.

Die Versuchung Jesu: 4,1–11

4 Dann wurde Jesus vom Geist in die Wüste geführt; dort sollte er vom Teufel in Versuchung geführt werden. 2 Als er vierzig Tage und vierzig Nächte gefastet hatte, bekam er Hunger. 3 Da trat der Versucher an ihn heran und sagte: Wenn du Gottes Sohn bist, so befiehl, dass aus diesen Steinen Brot wird. 4 Er aber antwortete: In der Schrift heißt es: *Der Mensch lebt nicht nur von Brot, sondern von jedem Wort, das aus Gottes Mund kommt.* 5 Darauf nahm ihn der Teufel mit sich in die Heilige Stadt, stellte ihn oben auf den Tempel 6 und sagte zu ihm: Wenn du Gottes Sohn bist, so stürz dich hinab; denn es heißt in der Schrift:

Seinen Engeln befiehlt er, / dich auf ihren Händen zu tragen, / damit dein Fuß nicht an einen Stein stößt.

7 Jesus antwortete ihm: In der Schrift heißt es auch: *Du sollst den Herrn, deinen Gott, nicht auf die Probe stellen.* 8 Wieder nahm ihn der Teufel mit sich und führte ihn auf einen sehr hohen Berg; er zeigte ihm alle Reiche der Welt mit ihrer Pracht 9 und sagte zu ihm: Das alles will ich dir geben, wenn du dich vor mir niederwirfst und mich anbetest. 10 Da sagte Jesus zu ihm: Weg mit dir, Satan! Denn in der Schrift steht: *Vor dem Herrn, deinem Gott, sollst du dich niederwerfen und ihm* allein *dienen.* 11 Darauf ließ der Teufel von ihm ab und es kamen Engel und dienten ihm.

1–11 ‖ Mk 1,12f; Lk 4,1–13 • 2: Ex 34,28 • 4: Dtn 8,3 • 6: Ps 91,11f • 7: Dtn 6,16 • 10: Dtn 5,9; 6,13.

DAS WIRKEN JESU IN GALILÄA: 4,12 – 18,35

Erstes Auftreten in Galiläa: 4,12–17

12 Als Jesus hörte, dass man Johannes ins Gefängnis geworfen hatte, zog er sich nach Galiläa zurück. 13 Er verließ Nazaret, um in Kafarnaum zu wohnen, das am See liegt, im Gebiet von Sebulon und Naftali. 14 Denn es sollte sich erfüllen, was durch den Propheten Jesaja gesagt worden ist:

15 *Das Land Sebulon und das Land Naftali, / die Straße am Meer, das Gebiet jenseits des Jordan, / das heidnische Galiläa:*

16 *das Volk, das im Dunkel lebte, / hat ein helles Licht gesehen; / denen, die im Schattenreich des Todes wohnten, / ist ein Licht erschienen.*

17 Von da an begann Jesus zu verkünden: Kehrt um! Denn das Himmelreich ist nahe.

12–17 ‖ Mk 1,14f; Lk 4,14f • 12: 14,3; Mk 6,17; Lk 3,20; Joh 3,24 • 13: Joh 2,12 • 15: Jes 8,23; 9,1 • 16: Lk 1,79 • 17: 10,7; Lk 10,9.11.

4,1–11 In der Versuchungsgeschichte verwenden sowohl der Satan als auch Jesus Worte aus dem Alten Testament. Einer falschen Vorstellung vom göttlichen Auftrag stellt Jesus das rechte Verständnis gegenüber.

4,13–16 Die Stämme Sebulon und Naftali waren um 722 v. Chr. von den Assyrern verschleppt worden. Daher war das Gebiet am See Gennesaret wie ganz Galiläa in der Folgezeit auch von vielen Heiden bewohnt. Im Auftreten Jesu in Galiläa sieht Matthäus einen Hinweis darauf, dass das Wirken Jesu auch den Heiden gilt.

4,17 »Himmelreich« ist gleichbedeutend mit »Reich Gottes«. »Himmel« ist eine im Judentum übliche Umschreibung für den Namen Gottes.

Die Berufung der ersten Jünger: 4,18–22

18 Als Jesus am See von Galiläa entlangging, sah er zwei Brüder, Simon, genannt Petrus, und seinen Bruder Andreas; sie warfen gerade ihr Netz in den See, denn sie waren Fischer. 19 Da sagte er zu ihnen: Kommt her, folgt mir nach! Ich werde euch zu Menschenfischern machen. 20 Sofort ließen sie ihre Netze liegen und folgten ihm. 21 Als er weiterging, sah er zwei andere Brüder, Jakobus, den Sohn des Zebedäus, und seinen Bruder Johannes; sie waren mit ihrem Vater Zebedäus im Boot und richteten ihre Netze her. Er rief sie, 22 und sogleich verließen sie das Boot und ihren Vater und folgten Jesus.

18–22 ‖ Mk 1,16–20; Lk 5,1–11; Joh 1,35–51 • 22: 8,21f.

Die Wirkung des ersten Auftretens: 4,23–25

23 Er zog in ganz Galiläa umher, lehrte in den Synagogen, verkündete das Evangelium vom Reich und heilte im Volk alle Krankheiten und Leiden. 24 Und sein Ruf verbreitete sich in ganz Syrien. Man brachte Kranke mit den verschiedensten Gebrechen und Leiden zu ihm, Besessene, Mondsüchtige und Gelähmte, und er heilte sie alle. 25 Scharen von Menschen aus Galiläa, der Dekapolis, aus Jerusalem und Judäa und aus dem Gebiet jenseits des Jordan folgten ihm.

23–25 ‖ Mk 3,7–12; Lk 6,17–19 • 23: 9,35; Mk 1,39; Lk 4,14f.44 • 24: Mk 6,55f.

Die Bergpredigt: Die Rede von der wahren Gerechtigkeit: 5,1–7,29

5 Als Jesus die vielen Menschen sah, stieg er auf einen Berg. Er setzte sich, und seine Jünger traten zu ihm. 2 Dann begann er zu reden und lehrte sie.

5,1 – 7,29: Lk 6,20–49.

Die Seligpreisungen: 5,3–12

3 Er sagte:
Selig, die arm sind vor Gott; / denn ihnen gehört das Himmelreich.
4 Selig die Trauernden; / denn sie werden getröstet werden.
5 Selig, die keine Gewalt anwenden; / denn sie werden das Land erben.
6 Selig, die hungern und dürsten nach der Gerechtigkeit; / denn sie werden satt werden.
7 Selig die Barmherzigen; / denn sie werden Erbarmen finden.
8 Selig, die ein reines Herz haben; / denn sie werden Gott schauen.
9 Selig, die Frieden stiften; / denn sie werden Söhne Gottes genannt werden.
10 Selig, die um der Gerechtigkeit willen verfolgt werden; / denn ihnen gehört das Himmelreich.
11 Selig seid ihr, wenn ihr um meinetwillen beschimpft und verfolgt und auf alle mögliche Weise verleumdet werdet. 12 Freut euch und jubelt: Euer Lohn im Himmel wird groß sein. Denn so wurden schon vor euch die Propheten verfolgt.

3–12 ‖ Lk 6,20–26 • 3: Jes 61,1 • 4: Jes 61,2 • 5: Ps 37,11 • 7: 18,33 • 8: Ps 24,3f • 10: 1 Petr 3,14 • 11: 10,22; Apg 5,41; 1 Petr 4,14 • 12: 23,30; Hebr 11,32–38.

Vom Salz der Erde und vom Licht der Welt: 5,13–16

13 Ihr seid das Salz der Erde. Wenn das Salz seinen Geschmack verliert, womit kann man es wieder salzig machen? Es taugt zu nichts mehr; es wird weggeworfen und von den Leuten zertreten.

14 Ihr seid das Licht der Welt. Eine Stadt, die auf einem Berg liegt, kann nicht verborgen bleiben. 15 Man zündet auch nicht ein Licht an und stülpt ein Gefäß darüber, sondern man stellt es auf den Leuchter; dann leuchtet es allen im Haus. 16 So soll euer Licht vor den Menschen leuchten, damit sie eure guten Werke sehen und euren Vater im Himmel preisen.

13 ‖ Mk 9,50; Lk 14,34f • 14: Eph 5,8; 1 Thess 5,5 • 15: Mk 4,21; Lk 8,16; 11,33.

5,1 – 7,29 Matthäus hat aus der Bergpredigtüberlieferung, die bei Lukas nur 30 Verse umfaßt (Lk 6,20–49), und aus anderen Jesusworten eine große Rede über die wahre Gerechtigkeit geschaffen. Er stellt Jesus dabei als den neuen Mose dar, der auf einem Berg die rechte Auslegung des Gesetzes lehrt (5,1f; 5,17–19). Der Berg, auf dem Jesus lehrt, entspricht dem Berg Sinai des Alten Bundes. Die Bergpredigt weist folgende Gliederung auf: Einleitung (5,1–20); die sechs Antithesen (5,21–48); die wahre Frömmigkeit (6,1 – 7,11); Schlußmahnungen (7,12–27). Diese Rede bildet eine Art Katechismus für das Leben als Jünger Jesu.

5,3 Wörtlich: die im Geist Armen. Gemeint sind Menschen, die wissen, daß sie vor Gott nichts vorweisen können, und die daher alles von Gott erwarten.

5,5 Andere Übersetzungsmöglichkeit: die sanftmütig sind. – Das Wort ist wohl gegen das politische Messiasideal gerichtet.

5,15 Wörtlich: und stellt es unter einen Modios. Das griechische Wort módios bezeichnet ein Gefäß, das

Vom Gesetz und von den Propheten:
5,17–20

17 Denkt nicht, ich sei gekommen, um das
Gesetz und die Propheten aufzuheben. Ich
bin nicht gekommen, um aufzuheben, son-
dern um zu erfüllen. 18 Amen, das sage ich
euch: Bis Himmel und Erde vergehen, wird
auch nicht der kleinste Buchstabe des Geset-
zes vergehen, bevor nicht alles geschehen ist.
19 Wer auch nur eines von den kleinsten Ge-
boten aufhebt und die Menschen entspre-
chend lehrt, der wird im Himmelreich der
Kleinste sein. Wer sie aber hält und halten
lehrt, der wird groß sein im Himmelreich.
20 Darum sage ich euch: Wenn eure Ge-
rechtigkeit nicht weit größer ist als die der
Schriftgelehrten und der Pharisäer, werdet
ihr nicht in das Himmelreich kommen.

18: Lk 16,17.

Vom Töten und von der Versöhnung:
5,21–26

21 Ihr habt gehört, dass zu den Alten gesagt
worden ist: *Du sollst nicht töten;* wer aber je-
mand tötet, soll dem Gericht verfallen sein.
22 Ich aber sage euch: Jeder, der seinem Bru-
der auch nur zürnt, soll dem Gericht verfal-
len sein; und wer zu seinem Bruder sagt: Du
Dummkopf!, soll dem Spruch des Hohen Ra-
tes verfallen sein; wer aber zu ihm sagt: Du
(gottloser) Narr!, soll dem Feuer der Hölle
verfallen sein.
23 Wenn du deine Opfergabe zum Altar
bringst und dir dabei einfällt, dass dein Bru-
der etwas gegen dich hat, 24 so lass deine
Gabe dort vor dem Altar liegen; geh und ver-
söhne dich zuerst mit deinem Bruder, dann
komm und opfere deine Gabe.
25 Schließ ohne Zögern Frieden mit deinem
Gegner, solange du mit ihm noch auf dem
Weg zum Gericht bist. Sonst wird dich dein
Gegner vor den Richter bringen und der
Richter wird dich dem Gerichtsdiener über-
geben und du wirst ins Gefängnis geworfen.
26 Amen, das sage ich dir: Du kommst von
dort nicht heraus, bis du den letzten Pfennig
bezahlt hast.

25–26 ‖ Lk 12,58f • 21: Ex 20,13; Dtn 5,17 • 22: 1 Joh 3,15 • 24: Mk 11,25 • 26: 18,34.

Vom Ehebruch: 5,27–30

27 Ihr habt gehört, dass gesagt worden ist:
Du sollst nicht die Ehe brechen. 28 Ich aber
sage euch: Wer eine Frau auch nur lüstern
ansieht, hat in seinem Herzen schon Ehe-
bruch mit ihr begangen.
29 Wenn dich dein rechtes Auge zum Bösen
verführt, dann reiß es aus und wirf es weg!
Denn es ist besser für dich, dass eines deiner
Glieder verloren geht, als dass dein ganzer
Leib in die Hölle geworfen wird. 30 Und
wenn dich deine rechte Hand zum Bösen ver-
führt, dann hau sie ab und wirf sie weg!
Denn es ist besser für dich, dass eines deiner
Glieder verloren geht, als dass dein ganzer
Leib in die Hölle kommt.

27: Ex 20,14; Dtn 5,18 • 29: 18,9; Mk 9,47 • 30: 18,8; Mk 9,43.

Von der Ehescheidung: 5,31–32

31 Ferner ist gesagt worden: *Wer seine Frau
aus der Ehe entlässt, muss ihr eine Schei-
dungsurkunde geben.* 32 Ich aber sage euch:
Wer seine Frau entlässt, obwohl kein Fall
von Unzucht vorliegt, liefert sie dem Ehe-
bruch aus; und wer eine Frau heiratet, die
aus der Ehe entlassen worden ist, begeht
Ehebruch.

32 ‖ Lk 16,18 • 31: Dtn 24,1; Mt 19,7; Mk 10,3f • 32: 19,9; Mk 10,11f; 1 Kor 7,10f.

Vom Schwören: 5,33–37

33 Ihr habt gehört, dass zu den Alten gesagt
worden ist: *Du sollst keinen Meineid schwö-
ren,* und: Du sollst halten, was du dem Herrn
geschworen hast. 34 Ich aber sage euch:
Schwört überhaupt nicht, weder beim *Him-
mel,* denn *er ist Gottes Thron,* 35 noch bei der
Erde, denn sie *ist der Schemel für seine Füße,*
noch bei Jerusalem, denn *es ist die Stadt des
großen Königs.* 36 Auch bei deinem Haupt
sollst du nicht schwören; denn du kannst
kein einziges Haar weiß oder schwarz ma-
chen. 37 Euer Ja sei ein Ja, euer Nein ein
Nein; alles andere stammt vom Bösen.

33: Lev 19,12; Mt 23,16–22 • 34: Num 30,3; Jak 5,12 • 35: Jes 66,1; Apg 7,49; Ps 48,3 • 37: 2 Kor 1,17; Jak 5,12.

---

als Hohlmaß (»Scheffel«), aber auch zum Auslöschen von Öllampen benutzt wurde.

5,18 Wörtlich: auch nicht ein Jota oder ein kleiner Strich (an einem Buchstaben).

5,22 Der Hohe Rat ist der oberste jüdische Gerichtshof.

5,26 Pfennig, wörtlich: Quadrans (kleine römische Münze).

5,37 »stammt vom Bösen« bedeutet entweder: ist böse, oder: ist vom Teufel bewirkt.

Von der Vergeltung: 5,38–42

38 Ihr habt gehört, dass gesagt worden ist:
Auge für Auge und *Zahn für Zahn.* 39 Ich
aber sage euch: Leistet dem, der euch etwas
Böses antut, keinen Widerstand, sondern
wenn dich einer auf die rechte Wange
schlägt, dann halt ihm auch die andere hin.
40 Und wenn dich einer vor Gericht bringen
will, um dir das Hemd wegzunehmen, dann
lass ihm auch den Mantel. 41 Und wenn dich
einer zwingen will, eine Meile mit ihm zu ge-
hen, dann geh zwei mit ihm. 42 Wer dich bit-
tet, dem gib, und wer von dir borgen will,
den weise nicht ab.

39–42 ‖ Lk 6,29f • 38: Ex 21,24 • 39: Spr 20,22; 24,29; 1 Petr 3,9.

Von der Liebe zu den Feinden: 5,43–48

43 Ihr habt gehört, dass gesagt worden ist:
Du sollst deinen Nächsten lieben und deinen
Feind hassen. 44 Ich aber sage euch: Liebt
eure Feinde und betet für die, die euch ver-
folgen, 45 damit ihr Söhne eures Vaters im
Himmel werdet; denn er lässt seine Sonne
aufgehen über Bösen und Guten, und er lässt
regnen über Gerechte und Ungerechte.
46 Wenn ihr nämlich nur die liebt, die euch
lieben, welchen Lohn könnt ihr dafür erwar-
ten? Tun das nicht auch die Zöllner? 47 Und
wenn ihr nur eure Brüder grüßt, was tut ihr
damit Besonderes? Tun das nicht auch die
Heiden?
48 Ihr sollt also vollkommen sein, wie es
auch euer himmlischer Vater ist.

43–48 ‖ Lk 6,27f.32–36 • 43: Lev 19,18; Mt 22,39 • 44: Röm 12,14.20 • 48: Lev 19,2.

Vom Almosen: 6,1–4

6 Hütet euch, eure Gerechtigkeit vor den
Menschen zur Schau zu stellen; sonst
habt ihr keinen Lohn von eurem Vater im
Himmel zu erwarten.
2 Wenn du Almosen gibst, lass es also nicht
vor dir herposaunen, wie es die Heuchler in
den Synagogen und auf den Gassen tun, um
von den Leuten gelobt zu werden. Amen, das
sage ich euch: Sie haben ihren Lohn bereits
erhalten. 3 Wenn du Almosen gibst, soll deine
linke Hand nicht wissen, was deine rechte
tut. 4 Dein Almosen soll verborgen bleiben
und dein Vater, der auch das Verborgene
sieht, wird es dir vergelten.

1: 23,5.

Vom Beten – Das Vaterunser: 6,5–15

5 Wenn ihr betet, macht es nicht wie die
Heuchler. Sie stellen sich beim Gebet gern in
die Synagogen und an die Straßenecken, da-
mit sie von den Leuten gesehen werden.
Amen, das sage ich euch: Sie haben ihren
Lohn bereits erhalten. 6 Du aber geh in deine
Kammer, wenn du betest, und schließ die
Tür zu; dann bete zu deinem Vater, der im
Verborgenen ist. Dein Vater, der auch das
Verborgene sieht, wird es dir vergelten.
7 Wenn ihr betet, sollt ihr nicht plappern
wie die Heiden, die meinen, sie werden nur
erhört, wenn sie viele Worte machen. 8 Macht
es nicht wie sie; denn euer Vater weiß, was
ihr braucht, noch ehe ihr ihn bittet. 9 So sollt
ihr beten:
Unser Vater im Himmel, / dein Name
werde geheiligt,
10 dein Reich komme, / dein Wille ge-
schehe / wie im Himmel, so auf der Erde.
11 Gib uns heute das Brot, das wir brau-
chen.
12 Und erlass uns unsere Schulden, / wie
auch wir sie unseren Schuldnern erlassen
haben.
13 Und führe uns nicht in Versuchung, /
sondern rette uns vor dem Bösen.
14 Denn wenn ihr den Menschen ihre Ver-
fehlungen vergebt, dann wird euer himmli-
scher Vater auch euch vergeben. 15 Wenn ihr
aber den Menschen nicht vergebt, dann wird
euch euer Vater eure Verfehlungen auch
nicht vergeben.

9–13 ‖ Lk 11,2–4 • 14–15 ‖ Mk 11,25f • 6: 2 Kön 4,33 • 8: 6,32; Lk 12,30 • 12: Sir 28,2 • 13: Joh 17,15 • 14f: Lk 6,37.

Vom Fasten: 6,16–18

16 Wenn ihr fastet, macht kein finsteres
Gesicht wie die Heuchler. Sie geben sich ein
trübseliges Aussehen, damit die Leute mer-
ken, dass sie fasten. Amen, das sage ich euch:
Sie haben ihren Lohn bereits erhalten. 17 Du
aber salbe dein Haar, wenn du fastest, und
wasche dein Gesicht, 18 damit die Leute
nicht merken, dass du fastest, sondern nur

6,9 In der Liturgie ist folgende ökumenische Fassung gebräuchlich: Vater unser im Himmel, geheiligt werde Dein Name. Dein Reich komme. Dein Wille geschehe, wie im Himmel, so auf Erden. Unser tägliches Brot gib uns heute. Und vergib uns unsere Schuld, wie auch wir vergeben unsern Schuldigern. Und führe uns nicht in Versuchung, sondern erlöse uns von dem Bösen.

6,13 Spätere Textzeugen fügen dem Gebet des Herrn noch einen Lobpreis an, der in Anlehnung an 1 Chr 29,10f gestaltet ist: Denn dein ist das Reich und die Kraft und die Herrlichkeit in Ewigkeit. Amen.

6,17 dein Haar, wörtlich: deinen Kopf.

dein Vater, der auch das Verborgene sieht; und dein Vater, der das Verborgene sieht, wird es dir vergelten.

Von der falschen und der rechten Sorge: 6,19–34

19 Sammelt euch nicht Schätze hier auf der Erde, wo Motte und Wurm sie zerstören und wo Diebe einbrechen und sie stehlen, 20 sondern sammelt euch Schätze im Himmel, wo weder Motte noch Wurm sie zerstören und keine Diebe einbrechen und sie stehlen. 21 Denn wo dein Schatz ist, da ist auch dein Herz.

22 Das Auge gibt dem Körper Licht. Wenn dein Auge gesund ist, dann wird dein ganzer Körper hell sein. 23 Wenn aber dein Auge krank ist, dann wird dein ganzer Körper finster sein. Wenn nun das Licht in dir Finsternis ist, wie groß muss dann die Finsternis sein!

24 Niemand kann zwei Herren dienen; er wird entweder den einen hassen und den andern lieben oder er wird zu dem einen halten und den andern verachten. Ihr könnt nicht beiden dienen, Gott und dem Mammon.

25 Deswegen sage ich euch: Sorgt euch nicht um euer Leben und darum, dass ihr etwas zu essen habt, noch um euren Leib und darum, dass ihr etwas anzuziehen habt. Ist nicht das Leben wichtiger als die Nahrung und der Leib wichtiger als die Kleidung? 26 Seht euch die Vögel des Himmels an: Sie säen nicht, sie ernten nicht und sammeln keine Vorräte in Scheunen; euer himmlischer Vater ernährt sie. Seid ihr nicht viel mehr wert als sie? 27 Wer von euch kann mit all seiner Sorge sein Leben auch nur um eine kleine Zeitspanne verlängern? 28 Und was sorgt ihr euch um eure Kleidung? Lernt von den Lilien, die auf dem Feld wachsen: Sie arbeiten nicht und spinnen nicht. 29 Doch ich sage euch: Selbst Salomo war in all seiner Pracht nicht gekleidet wie eine von ihnen. 30 Wenn aber Gott schon das Gras so prächtig kleidet, das heute auf dem Feld steht und morgen ins Feuer geworfen wird, wie viel mehr dann euch, ihr Kleingläubigen! 31 Macht euch also keine Sorgen und fragt nicht: Was sollen wir essen? Was sollen wir trinken? Was sollen wir anziehen? 32 Denn um all das geht es den Heiden. Euer himmlischer Vater weiß, dass ihr das alles braucht. 33 Euch aber muss es zuerst um sein Reich und um seine Gerechtigkeit gehen; dann wird euch alles andere dazugegeben.

34 Sorgt euch also nicht um morgen; denn der morgige Tag wird für sich selbst sorgen. Jeder Tag hat genug eigene Plage.

19–21 ∥ Lk 12,33f • 22–23 ∥ Lk 11,34–36 • 24 ∥ Lk 16,13 • 25–33 ∥ Lk 12,22–31 • 19: Jak 5,2f • 20: 19,21; Mk 10,21; Lk 18,22 • 26: 10,29–31; Lk 12,6f • 29: 1 Kön 10,5 • 31: Phil 4,6; 1 Petr 5,7 • 32: 6,8.

Vom Richten: 7,1–5

7 Richtet nicht, damit ihr nicht gerichtet werdet! 2 Denn wie ihr richtet, so werdet ihr gerichtet werden, und nach dem Maß, mit dem ihr meßt und zuteilt, wird euch zugeteilt werden. 3 Warum siehst du den Splitter im Auge deines Bruders, aber den Balken in deinem Auge bemerkst du nicht? 4 Wie kannst du zu deinem Bruder sagen: Lass mich den Splitter aus deinem Auge herausziehen! – und dabei steckt in deinem Auge ein Balken? 5 Du Heuchler! Zieh zuerst den Balken aus deinem Auge, dann kannst du versuchen, den Splitter aus dem Auge deines Bruders herauszuziehen.

1–2 ∥ Mk 4,24f; Lk 6,37f • 3–5 ∥ Lk 6,41f • 1–2: Röm 2,1; 1 Kor 4,5.

Von der Entweihung des Heiligen: 7,6

6 Gebt das Heilige nicht den Hunden und werft eure Perlen nicht den Schweinen vor, denn sie könnten sie mit ihren Füßen zertreten und sich umwenden und euch zerreißen.

Vom Vertrauen beim Beten: 7,7–11

7 Bittet, dann wird euch gegeben; sucht, dann werdet ihr finden; klopft an, dann wird euch geöffnet. 8 Denn wer bittet, der empfängt; wer sucht, der findet; und wer anklopft, dem wird geöffnet. 9 Oder ist einer unter euch, der seinem Sohn einen Stein gibt, wenn er um Brot bittet, 10 oder eine Schlange, wenn er um einen Fisch bittet? 11 Wenn nun schon ihr, die ihr böse seid, euren Kindern gebt, was gut ist, wie viel mehr wird euer Vater im Himmel denen Gutes geben, die ihn bitten.

7–11 ∥ Lk 11,9–13 • 7: 18,19; 21,22; Mk 11,24; Joh 14,13f; 15,7; 16,24; 1 Joh 5,14f.

6,24 Zu »Mammon« vgl. die Anmerkung zu Lk 16,9.

6,27 Andere Übersetzungsmöglichkeit: kann … seiner Körpergröße auch nur eine Elle hinzufügen?

7,6 Der Ausdruck »das Heilige« bezeichnete ursprünglich wahrscheinlich Opferfleisch, dann im übertragenen Sinn bei den Juden die Tora (das Gesetz) und hier die Lehre Jesu.

Die Goldene Regel: 7,12

12 Alles, was ihr also von anderen erwartet,
das tut auch ihnen! Darin besteht das Gesetz
und die Propheten.

12 ‖ Lk 6,31 • 12: 22,40; Röm 13,8–10; Gal 5,14.

Von den zwei Wegen: 7,13–14

13 Geht durch das enge Tor! Denn das Tor
ist weit, das ins Verderben führt, und der
Weg dahin ist breit und viele gehen auf ihm.
14 Aber das Tor, das zum Leben führt, ist eng
und der Weg dahin ist schmal und nur weni-
ge finden ihn.

13f: Lk 13,24.

Von den falschen Propheten: 7,15–23

15 Hütet euch vor den falschen Propheten;
sie kommen zu euch wie (harmlose) Schafe,
in Wirklichkeit aber sind sie reißende Wölfe.
16 An ihren Früchten werdet ihr sie erken-
nen. Erntet man etwa von Dornen Trauben
oder von Disteln Feigen? 17 Jeder gute Baum
bringt gute Früchte hervor, ein schlechter
Baum aber schlechte. 18 Ein guter Baum
kann keine schlechten Früchte hervorbrin-
gen und ein schlechter Baum keine guten.
19 Jeder Baum, der keine guten Früchte her-
vorbringt, wird umgehauen und ins Feuer
geworfen. 20 An ihren Früchten also werdet
ihr sie erkennen.
21 Nicht jeder, der zu mir sagt: Herr! Herr!,
wird in das Himmelreich kommen, sondern
nur, wer den Willen meines Vaters im Him-
mel erfüllt. 22 Viele werden an jenem Tag zu
mir sagen: Herr, Herr, sind wir nicht in dei-
nem Namen als Propheten aufgetreten und
haben wir nicht mit deinem Namen Dämo-
nen ausgetrieben und mit deinem Namen
viele Wunder vollbracht? 23 Dann werde ich
ihnen antworten: Ich kenne euch nicht. *Weg
von mir, ihr Übertreter des Gesetzes!*

16–20 ‖ Lk 6,43f • 21 ‖ Lk 6,46 • 22–23 ‖ Lk 13,25–27 • 15: 24,11.24; 1 Joh 4,1; Joh 10,12 • 16: Jak 3,12; • 17f: 12,33 • 19: 3,10; Lk 3,9; Mt 12,33 • 21: Jak 1,22; 1 Joh 2,17 • 23: 25,12; Ps 6,9 G.

Vom Haus auf dem Felsen: 7,24–27

24 Wer diese meine Worte hört und danach
handelt, ist wie ein kluger Mann, der sein
Haus auf Fels baute. 25 Als nun ein Wolken-
bruch kam und die Wassermassen heranflu-
teten, als die Stürme tobten und an dem
Haus rüttelten, da stürzte es nicht ein; denn
es war auf Fels gebaut. 26 Wer aber meine
Worte hört und nicht danach handelt, ist wie
ein unvernünftiger Mann, der sein Haus auf
Sand baute. 27 Als nun ein Wolkenbruch kam
und die Wassermassen heranfluteten, als
die Stürme tobten und an dem Haus rüttel-
ten, da stürzte es ein und wurde völlig zer-
stört.

24–27 ‖ Lk 6,47–49.

Die Wirkung der Bergpredigt: 7,28–29

28 Als Jesus diese Rede beendet hatte, war
die Menge sehr betroffen von seiner Lehre;
29 denn er lehrte sie wie einer, der (göttliche)
Vollmacht hat, und nicht wie ihre Schriftge-
lehrten.

28: Mk 1,22f; Lk 4,32.

Die Taten des Messias: 8,1 – 9,34

Die Heilung eines Aussätzigen: 8,1–4

8 Als Jesus von dem Berg herabstieg,
folgten ihm viele Menschen. 2 Da kam
ein Aussätziger, fiel vor ihm nieder und sag-
te: Herr, wenn du willst, kannst du machen,
dass ich rein werde. 3 Jesus streckte die Hand
aus, berührte ihn und sagte: Ich will es – wer-
de rein! Im gleichen Augenblick wurde der
Aussätzige rein. 4 Jesus aber sagte zu ihm:
Nimm dich in Acht! Erzähl niemand davon,
sondern geh, *zeig dich dem Priester* und
bring das Opfer dar, das Mose angeordnet
hat. Das soll für sie ein Beweis (deiner Hei-
lung) sein.

1–4 ‖ Mk 1,40–45; Lk 5,12–14 • 4: 9,30; 12,16; Mk 7,36; Lev 13,49; 14,2–32; Lk 17,14.

Der Hauptmann von Kafarnaum: 8,5–13

5 Als er nach Kafarnaum kam, trat ein
Hauptmann an ihn heran und bat ihn: 6 Herr,
mein Diener liegt gelähmt zu Hause und hat

7,15 Wörtlich: sie kommen zu euch in Schafspelzen, innen aber sind sie reißende Wölfe.

8,1 – 9,34 Die Botschaft der Bergpredigt (Kap. 5 – 7) wird anschließend durch die Taten Jesu beglaubigt, die seine messianische Vollmacht bestätigen. Das sog. Wunderkapitel (Kap. 8 – 9) ist kunstvoll aufgebaut: 3 mal 3 Wunderberichte werden jeweils durch theologische Aussagen unterbrochen und gedeutet.

8,4 Ein Beweis (deiner Heilung), andere Deutungsmöglichkeiten: ein Beweis (meiner Gesetzestreue); oder: ein Beweis (meiner Vollmacht).

8,5–10 In dem Grenzort Kafarnaum lag eine Garnison mit Truppen des Herodes Antipas. Die Solda-

große Schmerzen. 7 Jesus sagte zu ihm: Ich
will kommen und ihn gesund machen. 8 Da
antwortete der Hauptmann: Herr, ich bin es
nicht wert, dass du mein Haus betrittst;
sprich nur ein Wort, dann wird mein Diener
gesund. 9 Auch ich muss Befehlen gehorchen
und ich habe selber Soldaten unter mir; sage
ich nun zu einem: Geh!, so geht er, und zu ei-
nem andern: Komm!, so kommt er, und zu
meinem Diener: Tu das!, so tut er es. 10 Jesus
war erstaunt, als er das hörte, und sagte zu
denen, die ihm nachfolgten: Amen, das sage
ich euch: Einen solchen Glauben habe ich in
Israel noch bei niemand gefunden. 11 Ich sage
euch: Viele werden von Osten und Westen
kommen und mit Abraham, Isaak und Jakob
im Himmelreich zu Tisch sitzen; 12 die aber,
für die das Reich bestimmt war, werden
hinausgeworfen in die äußerste Finsternis;
dort werden sie heulen und mit den Zähnen
knirschen. 13 Und zum Hauptmann sagte Je-
sus: Geh! Es soll geschehen, wie du geglaubt
hast. Und in derselben Stunde wurde der
Diener gesund.

5–10.13 ‖ Lk 7,1–10; Joh 4,46b–53 • 11–12 ‖ Lk 13,28f • 12: 13,42.50; 22,13; 24,51; 25,30; Lk 13,28.

Die Heilung der Schwiegermutter des Petrus: 8,14–15

14 Jesus ging in das Haus des Petrus und
sah, dass dessen Schwiegermutter im Bett
lag und Fieber hatte. 15 Da berührte er ihre
Hand, und das Fieber wich von ihr. Und sie
stand auf und sorgte für ihn.

14–15 ‖ Mk 1,29–31; Lk 4,38f.

Die Heilung von Besessenen und Kranken: 8,16–17

16 Am Abend brachte man viele Besessene
zu ihm. Er trieb mit seinem Wort die Geister
aus und heilte alle Kranken. 17 Dadurch
sollte sich erfüllen, was durch den Propheten
Jesaja gesagt worden ist: *Er hat unsere Lei-
den auf sich genommen und unsere Krank-
heiten getragen.*

16–17 ‖ Mk 1,32–34; Lk 4,40f • 17: Jes 53,4.

Von der Nachfolge: 8,18–22

18 Als Jesus die vielen Menschen sah, die
um ihn waren, befahl er, ans andere Ufer zu
fahren. 19 Da kam ein Schriftgelehrter zu
ihm und sagte: Meister, ich will dir folgen,
wohin du auch gehst. 20 Jesus antwortete
ihm: Die Füchse haben ihre Höhlen und die
Vögel ihre Nester; der Menschensohn aber
hat keinen Ort, wo er sein Haupt hinlegen
kann. 21 Ein anderer aber, einer seiner Jün-
ger, sagte zu ihm: Herr, lass mich zuerst
heimgehen und meinen Vater begraben!
22 Jesus erwiderte: Folge mir nach; lass die
Toten ihre Toten begraben!

19–22 ‖ Lk 9,57–60 • 22: 4,22; 9,9; 19,21; Mk 2,14; 8,34; 10,21; Lk 5,27; 9,23; 18,22; Joh 1,43; 21,19.22.

Der Sturm auf dem See: 8,23–27

23 Er stieg in das Boot, und seine Jünger
folgten ihm. 24 Plötzlich brach auf dem See
ein gewaltiger Sturm los, sodass das Boot
von den Wellen überflutet wurde. Jesus aber
schlief. 25 Da traten die Jünger zu ihm und
weckten ihn; sie riefen: Herr, rette uns, wir
gehen zugrunde! 26 Er sagte zu ihnen: Wa-
rum habt ihr solche Angst, ihr Kleingläubi-
gen? Dann stand er auf, drohte den Winden
und dem See und es trat völlige Stille ein.
27 Die Leute aber staunten und sagten: Was
ist das für ein Mensch, dass ihm sogar die
Winde und der See gehorchen?

23–27 ‖ Mk 4,35–41; Lk 8,22–25 • 25: 14,30 • 26: 14,31f; Mk 6,51.

Die Heilung der Besessenen von Gadara: 8,28–34

28 Als Jesus an das andere Ufer kam, in das
Gebiet von Gadara, liefen ihm aus den Grab-
höhlen zwei Besessene entgegen. Sie waren
so gefährlich, dass niemand den Weg benut-
zen konnte, der dort vorbeiführte. 29 Sofort
begannen sie zu schreien: Was haben wir mit
dir zu tun, Sohn Gottes? Bist du hergekom-
men, um uns schon vor der Zeit zu quälen?
30 In einiger Entfernung weidete gerade eine
große Schweineherde. 31 Da baten ihn die

---

ten dieser Söldnertruppe waren meist Nichtjuden. Fromme Juden betraten die Häuser von Heiden nicht, um sich nicht unrein zu machen (vgl. die Anmerkung zu Mk 7,1–8.14–23).

8,7 Andere Übersetzungsmöglichkeit: Soll ich etwa kommen und ihn gesund machen?

8,11f Der Hauptmann von Kafarnaum wird als der erste Vertreter der Heidenwelt, der zum Glauben kommt, herausgestellt.

8,12 die aber, für die das Reich bestimmt war, wörtlich: die Söhne des Reichs.

8,16f Matthäus sieht in den Heilungen einen Hinweis darauf, dass Jesus als der verheißene leidende Gottesknecht die Leiden der Menschheit auf sich nimmt.

8,24 ein gewaltiger Sturm, wörtlich: ein gewaltiges Erdbeben (vgl. 24,7; 27,51).

8,28 Gadara, weniger gut bezeugte Lesarten: Gerasa, Gergesa.

Dämonen: Wenn du uns austreibst, dann
schick uns in die Schweineherde! 32 Er sagte
zu ihnen: Geht! Da verließen sie die beiden
und fuhren in die Schweine. Und die ganze
Herde stürzte sich den Abhang hinab in den
See und kam in den Fluten um. 33 Die Hirten
flohen, liefen in die Stadt und erzählten dort
alles, auch das, was mit den Besessenen ge-
schehen war. 34 Und die ganze Stadt zog zu
Jesus hinaus; als sie ihn trafen, baten sie ihn,
ihr Gebiet zu verlassen.

28–34 ‖ Mk 5,1–17; Lk 8,26–37 • 29: Mk 1,24; 3,11; Lk 4,34.41; Joh 2,4.

Die Heilung eines Gelähmten: 9,1–8

9 Jesus stieg in das Boot, fuhr über den
See und kam in seine Stadt. 2 Da brach-
te man auf einer Tragbahre einen Gelähmten
zu ihm. Als Jesus ihren Glauben sah, sagte er
zu dem Gelähmten: Hab Vertrauen, mein
Sohn, deine Sünden sind dir vergeben! 3 Da
dachten einige Schriftgelehrte: Er lästert
Gott. 4 Jesus wusste, was sie dachten, und
sagte: Warum habt ihr so böse Gedanken im
Herzen? 5 Was ist leichter, zu sagen: Deine
Sünden sind dir vergeben!, oder zu sagen:
Steh auf und geh umher? 6 Ihr sollt aber er-
kennen, dass der Menschensohn die Voll-
macht hat, hier auf der Erde Sünden zu ver-
geben. Darauf sagte er zu dem Gelähmten:
Steh auf, nimm deine Tragbahre, und geh
nach Hause! 7 Und der Mann stand auf und
ging heim. 8 Als die Leute das sahen, er-
schraken sie und priesen Gott, der den Men-
schen solche Vollmacht gegeben hat.

1–8 ‖ Mk 2,1–12; Lk 5,17–26 • 2: Lk 7,48.

Die Berufung des Matthäus und das Mahl mit den Zöllnern: 9,9–13

9 Als Jesus weiterging, sah er einen Mann
namens Matthäus am Zoll sitzen und sagte
zu ihm: Folge mir nach! Da stand Matthäus
auf und folgte ihm. 10 Und als Jesus in seinem
Haus beim Essen war, kamen viele Zöllner
und Sünder und aßen zusammen mit ihm
und seinen Jüngern. 11 Als die Pharisäer das
sahen, sagten sie zu seinen Jüngern: Wie
kann euer Meister zusammen mit Zöllnern
und Sündern essen? 12 Er hörte es und sagte:
Nicht die Gesunden brauchen den Arzt, son-
dern die Kranken. 13 Darum lernt, was es
heißt: *Barmherzigkeit will ich, nicht Opfer*.
Denn ich bin gekommen, um die Sünder zu
rufen, nicht die Gerechten.

9–13 ‖ Mk 2,13–17; Lk 5,27–32 • 9: 8,22 • 10: 11,19; Lk 15,1f; 19,7 • 13: Hos 6,6; Mt 12,7; Lk 19,10.

Die Frage nach dem Fasten: 9,14–17

14 Da kamen die Jünger des Johannes zu
ihm und sagten: Warum fasten deine Jünger
nicht, während wir und die Pharisäer fasten?
15 Jesus antwortete ihnen: Können denn die
Hochzeitsgäste trauern, solange der Bräuti-
gam bei ihnen ist? Es werden aber Tage kom-
men, da wird ihnen der Bräutigam genom-
men sein; dann werden sie fasten.
16 Niemand setzt ein Stück neuen Stoff auf
ein altes Kleid; denn der neue Stoff reißt
doch wieder ab und es entsteht ein noch grö-
ßerer Riss. 17 Auch füllt man nicht neuen
Wein in alte Schläuche. Sonst reißen die
Schläuche, der Wein läuft aus und die
Schläuche sind unbrauchbar. Neuen Wein
füllt man in neue Schläuche, dann bleibt bei-
des erhalten.

14–17 ‖ Mk 2,18–22; Lk 5,33–38 • 14: 11,18.

Die Auferweckung der Tochter eines Synagogenvorstehers und die Heilung einer kranken Frau: 9,18–26

18 Während Jesus so mit ihnen redete, kam
ein Synagogenvorsteher, fiel vor ihm nieder
und sagte: Meine Tochter ist eben gestorben;
komm doch, leg ihr deine Hand auf, dann
wird sie wieder lebendig. 19 Jesus stand auf
und folgte ihm mit seinen Jüngern. 20 Da trat
eine Frau, die schon zwölf Jahre an Blutun-
gen litt, von hinten an ihn heran und be-
rührte den Saum seines Gewandes; 21 denn
sie sagte sich: Wenn ich auch nur sein Ge-
wand berühre, werde ich geheilt. 22 Jesus
wandte sich um, und als er sie sah, sagte er:
Hab keine Angst, meine Tochter, dein
Glaube hat dir geholfen. Und von dieser

9,9–13 Nur das Matthäusevangelium identifiziert den bekehrten Beamten der Zollstelle von Kafarnaum mit Matthäus, dem Mitglied des Zwölferkreises und späteren Apostel (vgl. auch 10,3: »Matthäus, der Zöllner«). Bei Markus und Lukas fehlen diese Hinweise; bei ihnen hieß der Zöllner Levi (vgl. die Einführung zum Matthäusevangelium).

9,10 in seinem Haus: entweder im Haus des Matthäus oder im Haus Jesu.

9,16f Die zwei Klugheitsregeln weisen auf die Unverträglichkeit von Neuem und Altem hin. – »Schläuche« waren zusammengenähte Ziegenfelle, die man im Altertum anstelle von Weinfässern verwendete. Ungewalktes Tuch zieht sich bei Nässe zusammen.

9,20–22 Blutungen machten eine Frau unrein; sie durfte nicht am Gottesdienst teilnehmen und musste die Berührung mit anderen Menschen meiden, da diese sonst ebenfalls unrein wurden. Das Vorgehen der Frau war deshalb ein Verstoß gegen das Gesetz (vgl. Lev 12), offenbart aber ihre Not und ihr Vertrauen.

Stunde an war die Frau geheilt. 23 Als Jesus in das Haus des Synagogenvorstehers kam und die Flötenspieler und die Menge der klagenden Leute sah, 24 sagte er: Geht hinaus! Das Mädchen ist nicht gestorben, es schläft nur. Da lachten sie ihn aus. 25 Als man die Leute hinausgedrängt hatte, trat er ein und fasste das Mädchen an der Hand; da stand es auf. 26 Und die Kunde davon verbreitete sich in der ganzen Gegend.

18–26 ‖ Mk 5,21–43; Lk 8,40–56 • 20f: 14,36; Mk 6,56 • 22: Mk 10,52; Lk 7,50; 17,19; 18,42; Apg 14,9 • 25: Mk 1,31; 9,27.

Die Heilung von zwei Blinden: 9,27–31

27 Als Jesus weiterging, folgten ihm zwei Blinde und schrien: Hab Erbarmen mit uns, Sohn Davids! 28 Nachdem er ins Haus gegangen war, kamen die Blinden zu ihm. Er sagte zu ihnen: Glaubt ihr, dass ich euch helfen kann? Sie antworteten: Ja, Herr. 29 Darauf berührte er ihre Augen und sagte: Wie ihr geglaubt habt, so soll es geschehen. 30 Da wurden ihre Augen geöffnet. Jesus aber befahl ihnen: Nehmt euch in Acht! Niemand darf es erfahren. 31 Doch sie gingen weg und erzählten von ihm in der ganzen Gegend.

27–30: 20,29–34; Mk 10,46–52; Lk 18,35–43 • 27: 15,22.

Die Heilung eines Stummen: 9,32–34

32 Als sie gegangen waren, brachte man zu Jesus einen Stummen, der von einem Dämon besessen war. 33 Er trieb den Dämon aus, und der Stumme konnte reden. Alle Leute staunten und sagten: So etwas ist in Israel noch nie geschehen. 34 Die Pharisäer aber sagten: Mit Hilfe des Anführers der Dämonen treibt er die Dämonen aus.

32–34 ‖ Lk 11,14f • 32–34: 12,22–24 • 34: 10,25; Mk 3,22.

Die Aussendungsrede: 9,35 – 11,1

Von der Größe der Ernte: 9,35–38

35 Jesus zog durch alle Städte und Dörfer, lehrte in ihren Synagogen, verkündete das Evangelium vom Reich und heilte alle Krankheiten und Leiden. 36 Als er die vielen Menschen sah, hatte er Mitleid mit ihnen; denn sie waren müde und erschöpft *wie Schafe, die keinen Hirten haben.* 37 Da sagte er zu seinen Jüngern: Die Ernte ist groß, aber es gibt nur wenig Arbeiter. 38 Bittet also den Herrn der Ernte, Arbeiter für seine Ernte auszusenden.

35 ‖ Mk 6,6; Lk 8,1 • 36 ‖ Mk 6,34 • 37–38 ‖ Lk 10,2 • 36: 14,14; 15,32; Mk 8,2; Num 27,17; 1 Kön 22,17; Ez 34,5.

Die Wahl der Zwölf: 10,1–4

10 Dann rief er seine zwölf Jünger zu sich und gab ihnen die Vollmacht, die unreinen Geister auszutreiben und alle Krankheiten und Leiden zu heilen. 2 Die Namen der zwölf Apostel sind: an erster Stelle Simon, genannt Petrus, und sein Bruder Andreas, dann Jakobus, der Sohn des Zebedäus, und sein Bruder Johannes, 3 Philippus und Bartholomäus, Thomas und Matthäus, der Zöllner, Jakobus, der Sohn des Alphäus, und Thaddäus, 4 Simon Kananäus und Judas Iskariot, der ihn später verraten hat.

1 ‖ Mk 6,7; Lk 9,1 • 1–4 ‖ Mk 3,13–19; Lk 6,12–16 • 2–4: Joh 1,40–44; Apg 1,13.

Anweisung für die Mission: 10,5–15

5 Diese Zwölf sandte Jesus aus und gebot ihnen: Geht nicht zu den Heiden und betretet keine Stadt der Samariter, 6 sondern geht zu den verlorenen Schafen des Hauses Israel. 7 Geht und verkündet: Das Himmelreich ist nahe. 8 Heilt Kranke, weckt Tote auf, macht Aussätzige rein, treibt Dämonen aus! Umsonst habt ihr empfangen, umsonst sollt ihr geben. 9 Steckt nicht Gold, Silber und Kupfermünzen in euren Gürtel. 10 Nehmt keine Vorratstasche mit auf den Weg, kein zweites Hemd, keine Schuhe, keinen Wanderstab; denn wer arbeitet, hat ein Recht auf seinen Unterhalt. 11 Wenn ihr in eine Stadt oder in ein Dorf kommt, erkundigt euch, wer es wert ist, euch aufzunehmen; bei ihm bleibt, bis ihr den Ort wieder verlasst. 12 Wenn ihr in ein Haus kommt, dann wünscht ihm Frieden. 13 Wenn das Haus es wert ist, soll der Friede, den ihr ihm wünscht, bei ihm einkehren. Ist das Haus es aber nicht wert, dann soll der Friede zu euch zurückkehren. 14 Wenn man euch aber in einem Haus oder in einer Stadt nicht aufnimmt und eure Worte nicht hören

---

9,27 Matthäus verdoppelt gern die Personen bei Heilungen, wie der Vergleich mit Mk 8,22–26 zeigt (vgl. auch Mt 20,29–34 mit Mk 10,46–52 und Mt 8,28 mit Mk 5,2).

9,35 – 11,1 Aus verschiedenen Weisungen Jesu an die ausgesandten Jünger und anderen Worten Jesu hat Matthäus eine Rede gebildet, die Richtlinien gibt für die missionierende und zugleich verfolgte Kirche seiner Zeit. – Die Berufung der Zwölf (10,1–4) war ein Zeichen für den Anspruch Jesu, die zwölf Stämme Israels wieder zu sammeln und so das Gottesvolk der Endzeit zu schaffen.

10,4 Kananäus ist nicht Eigenname, sondern Beiname im Sinn von »der Zelot«, »der Eiferer«.

will, dann geht weg und schüttelt den Staub
von euren Füßen. 15 Amen, das sage ich euch:
Dem Gebiet von Sodom und Gomorra wird
es am Tag des Gerichts nicht so schlimm
ergehen wie dieser Stadt.

5–15 ‖ Mk 6,8–11; Lk 9,2–5 • 5–15: Lk 10,4–12 • 6: 15,24 • 7: 4,17 • 10: 1 Kor 9,5–14; 1 Tim 5,18 • 14: Apg 13,51 • 15: Gen 19,23–29; Mt 11,24.

Aufforderung zu furchtlosem Bekenntnis:
10,16–39

16 Seht, ich sende euch wie Schafe mitten
unter die Wölfe; seid daher klug wie die
Schlangen und arglos wie die Tauben!
17 Nehmt euch aber vor den Menschen in
Acht! Denn sie werden euch vor die Gerichte
bringen und in ihren Synagogen auspeit-
schen. 18 Ihr werdet um meinetwillen vor
Statthalter und Könige geführt, damit ihr
vor ihnen und den Heiden Zeugnis ablegt.
19 Wenn man euch vor Gericht stellt, macht
euch keine Sorgen, wie und was ihr reden
sollt; denn es wird euch in jener Stunde ein-
gegeben, was ihr sagen sollt. 20 Nicht ihr
werdet dann reden, sondern der Geist eures
Vaters wird durch euch reden. 21 Brüder
werden einander dem Tod ausliefern und
Väter ihre Kinder, und die Kinder werden
sich gegen ihre Eltern auflehnen und sie in
den Tod schicken. 22 Und ihr werdet um mei-
nes Namens willen von allen gehasst werden;
wer aber bis zum Ende standhaft bleibt, der
wird gerettet. 23 Wenn man euch in der einen
Stadt verfolgt, so flieht in eine andere.
Amen, ich sage euch: Ihr werdet nicht zu
Ende kommen mit den Städten Israels, bis
der Menschensohn kommt. 24 Ein Jünger
steht nicht über seinem Meister und ein
Sklave nicht über seinem Herrn. 25 Der Jün-
ger muss sich damit begnügen, dass es ihm
geht wie seinem Meister, und der Sklave,
dass es ihm geht wie seinem Herrn. Wenn
man schon den Herrn des Hauses Beelzebul
nennt, dann erst recht seine Hausgenossen.
26 Darum fürchtet euch nicht vor ihnen!
Denn nichts ist verhüllt, was nicht enthüllt
wird, und nichts ist verborgen, was nicht be-
kannt wird. 27 Was ich euch im Dunkeln
sage, davon redet am hellen Tag, und was
man euch ins Ohr flüstert, das verkündet von
den Dächern. 28 Fürchtet euch nicht vor de-
nen, die den Leib töten, die Seele aber nicht
töten können, sondern fürchtet euch vor
dem, der Seele und Leib ins Verderben der
Hölle stürzen kann. 29 Verkauft man nicht
zwei Spatzen für ein paar Pfennig? Und doch
fällt keiner von ihnen zur Erde ohne den
Willen eures Vaters. 30 Bei euch aber sind so-
gar die Haare auf dem Kopf alle gezählt.
31 Fürchtet euch also nicht! Ihr seid mehr
wert als viele Spatzen. 32 Wer sich nun vor
den Menschen zu mir bekennt, zu dem werde
auch ich mich vor meinem Vater im Himmel
bekennen. 33 Wer mich aber vor den Men-
schen verleugnet, den werde auch ich vor
meinem Vater im Himmel verleugnen.
34 Denkt nicht, ich sei gekommen, um Frie-
den auf die Erde zu bringen. Ich bin nicht ge-
kommen, um Frieden zu bringen, sondern
das Schwert. 35 Denn ich bin gekommen, um
den Sohn mit seinem Vater zu entzweien *und*
die Tochter mit ihrer Mutter und die Schwie-
gertochter mit ihrer Schwiegermutter; 36 und
die Hausgenossen eines Menschen werden
seine Feinde sein.
37 Wer Vater oder Mutter mehr liebt als
mich, ist meiner nicht würdig, und wer Sohn
oder Tochter mehr liebt als mich, ist meiner
nicht würdig. 38 Und wer nicht sein Kreuz
auf sich nimmt und mir nachfolgt, ist meiner
nicht würdig. 39 Wer das Leben gewinnen
will, wird es verlieren; wer aber das Leben
um meinetwillen verliert, wird es gewinnen.

16 ‖ Lk 10,3 • 17–22 ‖ 24,9–14; Mk 13,9–13; Lk 21,12–19 • 19–20 ‖ Lk 12,11f • 26–33 ‖ Lk 12,2–9 • 34–36 ‖ Lk 12,51–53 • 37–38 ‖ Lk 14,26f • 16: Joh 10,12 • 17: Joh 16,1–4a; • 21: 10,35 • 22: Joh 15,18; Mt 24,13 • 23: 16,28 • 24: Lk 6,40; Joh 13,16; 15,20 • 25: 12,24.27; Mk 3,22; Lk 11,15.18f • 26: Mk 4,22; Lk 8,17 • 28: Jak 4,12 • 30: Lk 21,18 • 33: Mk 8,38; Lk 9,26 • 35: 10,21; Mi 7,6 • 37: 19,29 • 38–39: 16,24f; Mk 8,34f; Lk 9,23f; Joh 12,25f • 39: Lk 17,33.

Vom Lohn für die Aufnahme der Jünger:
10,40–42

40 Wer euch aufnimmt, der nimmt mich
auf, und wer mich aufnimmt, nimmt den auf,
der mich gesandt hat. 41 Wer einen Prophe-
ten aufnimmt, weil es ein Prophet ist, wird
den Lohn eines Propheten erhalten. Wer ei-
nen Gerechten aufnimmt, weil es ein Ge-
rechter ist, wird den Lohn eines Gerechten
erhalten. 42 Und wer einem von diesen Klei-
nen auch nur einen Becher frisches Wasser
zu trinken gibt, weil es ein Jünger ist – amen,
ich sage euch: Er wird gewiss nicht um sei-
nen Lohn kommen.

10,42 ‖ Mk 9,41 • 40: Lk 10,16; Joh 13,20.

10,25 Beelzebul: Die bisher übliche Namensform Beelzebub geht auf die Vulgataübersetzung zurück; zur Sache vgl. Mt 12,24.

10,29 ein paar Pfennig, wörtlich: ein As. Das As war die zweitkleinste römische Münze.

11 Als Jesus die Unterweisung der zwölf Jünger beendet hatte, zog er weiter, um in den Städten zu lehren und zu predigen.

Der Beginn der Entscheidung: 11,2 – 12,50

Die Frage des Täufers: 11,2–6

2 Johannes hörte im Gefängnis von den Taten Christi. Da schickte er seine Jünger zu ihm 3 und ließ ihn fragen: Bist du der, der kommen soll, oder müssen wir auf einen andern warten? 4 Jesus antwortete ihnen: Geht und berichtet Johannes, was ihr hört und seht: 5 *Blinde sehen wieder* und *Lahme* gehen; Aussätzige werden rein und *Taube hören; Tote stehen auf* und *den Armen wird das Evangelium verkündet.* 6 Selig ist, wer an mir keinen Anstoß nimmt.

2–6 ‖ Lk 7,18–23 • 2: 14,3 • 3: Joh 1,15.27; 3,31; 11,27 • 5: Jes 26,19; 29,18; 35,5f; 61,1.

Das Urteil Jesu über den Täufer: 11,7–19

7 Als sie gegangen waren, begann Jesus zu der Menge über Johannes zu reden; er sagte: Was habt ihr denn sehen wollen, als ihr in die Wüste hinausgegangen seid? Ein Schilfrohr, das im Wind schwankt? 8 Oder was habt ihr sehen wollen, als ihr hinausgegangen seid? Einen Mann in feiner Kleidung? Leute, die fein gekleidet sind, findet man in den Palästen der Könige. 9 Oder wozu seid ihr hinausgegangen? Um einen Propheten zu sehen? Ja, ich sage euch: Ihr habt sogar mehr gesehen als einen Propheten. 10 Er ist der, von dem es in der Schrift heißt:

Ich sende meinen Boten vor dir her; / er soll den Weg für dich bahnen.

11 Amen, das sage ich euch: Unter allen Menschen hat es keinen größeren gegeben als Johannes den Täufer; doch der Kleinste im Himmelreich ist größer als er. 12 Seit den Tagen Johannes' des Täufers bis heute wird dem Himmelreich Gewalt angetan; die Gewalttätigen reißen es an sich. 13 Denn bis hin zu Johannes haben alle Propheten und das Gesetz (über diese Dinge) geweissagt. 14 Und wenn ihr es gelten lassen wollt: Ja, er ist Elija, der wiederkommen soll. 15 Wer Ohren hat, der höre!

16 Mit wem soll ich diese Generation vergleichen? Sie gleicht Kindern, die auf dem Marktplatz sitzen und anderen Kindern zurufen: 17 Wir haben für euch auf der Flöte (Hochzeitslieder) gespielt, und ihr habt nicht getanzt; wir haben Klagelieder gesungen und ihr habt euch nicht an die Brust geschlagen. 18 Johannes ist gekommen, er isst nicht und trinkt nicht und sie sagen: Er ist von einem Dämon besessen. 19 Der Menschensohn ist gekommen, er isst und trinkt; darauf sagen sie: Dieser Fresser und Säufer, dieser Freund der Zöllner und Sünder! Und doch hat die Weisheit durch die Taten, die sie bewirkt hat, recht bekommen.

7–19 ‖ Lk 7,24–35 • 10: Mk 1,2; Lk 1,76; Ex 23,20; Mal 3,1 • 12f: Lk 16,16 • 13: 1 Petr 1,10 • 14: 17,12; Mk 9,13 • 15: 13,9.43; Mk 4,9.23; 7,16; Lk 8,8; 14,35 • 18: 9,14 • 19: 9,10f; Lk 5,30; 15,1f; 19,7.

Vom Gericht über die galiläischen Städte: 11,20–24

20 Dann begann er den Städten, in denen er die meisten Wunder getan hatte, Vorwürfe zu machen, weil sie sich nicht bekehrt hatten: 21 Weh dir, Chorazin! Weh dir, Betsaida! Wenn einst in Tyrus und Sidon die Wunder geschehen wären, die bei euch geschehen sind – man hätte dort in Sack und Asche Buße getan. 22 Ja, das sage ich euch: Tyrus und Sidon wird es am Tag des Gerichts nicht so schlimm ergehen wie euch. 23 Und du, Kafarnaum, meinst du etwa, *du wirst bis zum Himmel erhoben? Nein, in die Unterwelt wirst du hinabgeworfen.* Wenn in Sodom die Wunder geschehen wären, die bei dir geschehen sind, dann stünde es noch heute. 24 Ja, das sage ich euch: Dem Gebiet von Sodom

---

11,2–6 Aus der Anfrage des Täufers spricht eine gewisse Unsicherheit, ob Jesus wirklich der verheißene Messias ist.

11,11 Unter allen Menschen, wörtlich: Unter allen von einer Frau Geborenen.

11,12 Der Sinn der Stelle ist umstritten, weil nicht klar ist, ob das griechische Wort für »Gewalt anwenden« hier im positiven oder negativen Sinn zu verstehen ist. Im positiven Sinn sagte es: Das Himmelreich wird mit Macht oder Gewalt erstrebt. Doch spricht die Fortsetzung in V. 12 eher für die in der Übersetzung bevorzugte negative Bedeutung, obwohl dann unklar bleibt, wer die Gewalttätigen sind: die Gegner Jesu, die Zeloten, die Pharisäer und Schriftgelehrten oder gar die Anhänger Jesu und des Täufers.

11,16–19 Das Doppelgleichnis von den launischen Kindern vergleicht die Zeitgenossen Jesu mit Kindern, die auf den Marktplätzen Hochzeit und Totenklage spielen wollen, aber sich über die Rollen der einzelnen nicht einigen können.

11,21f Chorazin und Betsaida lagen in der Nachbarschaft Kafarnaums. Offensichtlich hat Jesus auch dort gewirkt, aber wie in Kafarnaum wenig Glauben gefunden. Die Hafenstädte Tyrus und Sidon galten wegen ihrer Götzenkulte und ihrer Sit-

wird es am Tag des Gerichts nicht so schlimm ergehen wie dir.

20–24 ‖ Lk 10,12–15 • 21: Joël 4,4f; Est 4,1 • 23: Jes 14,13.15 • 24: 10,15.

Der Dank Jesu an den Vater: 11,25–27

25 In jener Zeit sprach Jesus: Ich preise dich, Vater, Herr des Himmels und der Erde, weil du all das den Weisen und Klugen verborgen, den Unmündigen aber offenbart hast. 26 Ja, Vater, so hat es dir gefallen. 27 Mir ist von meinem Vater alles übergeben worden; niemand kennt den Sohn, nur der Vater, und niemand kennt den Vater, nur der Sohn und der, dem es der Sohn offenbaren will.

25–27 ‖ Lk 10,21f • 25: Jes 29,14 G • 27: 28,18; Joh 3,35; 13,3; 10,15.

Vom leichten Joch Jesu: 11,28–30

28 Kommt alle zu mir, die ihr euch plagt und schwere Lasten zu tragen habt. Ich werde euch Ruhe verschaffen. 29 Nehmt mein Joch auf euch und lernt von mir; denn ich bin gütig und von Herzen demütig; *so werdet ihr Ruhe finden für eure Seele.* 30 Denn mein Joch drückt nicht und meine Last ist leicht.

28: Jer 31,25 • 29: Jer 6,16; Jes 28,12.

Das Abreißen der Ähren am Sabbat: 12,1–8

12 In jener Zeit ging Jesus an einem Sabbat durch die Kornfelder. Seine Jünger hatten Hunger; sie rissen deshalb Ähren ab und aßen davon. 2 Die Pharisäer sahen es und sagten zu ihm: Sieh her, deine Jünger tun etwas, das am Sabbat verboten ist. 3 Da sagte er zu ihnen: Habt ihr nicht gelesen, was David getan hat, als er und seine Begleiter hungrig waren – 4 wie er in das Haus Gottes ging und wie sie die heiligen Brote aßen, die weder er noch seine Begleiter, sondern nur die Priester essen durften? 5 Oder habt ihr nicht im Gesetz gelesen, dass am Sabbat die Priester im Tempel den Sabbat entweihen, ohne sich schuldig zu machen? 6 Ich sage euch: Hier ist einer, der größer ist als der Tempel. 7 Wenn ihr begriffen hättet, was das heißt: *Barmherzigkeit will ich, nicht Opfer,* dann hättet ihr nicht Unschuldige verurteilt; 8 denn der Menschensohn ist Herr über den Sabbat.

1–8 ‖ Mk 2,23–28; Lk 6,1–5 • 1: Dtn 23,26 • 3: 1 Sam 21,2–7 • 4: Lev 24,5–9 • 7: Hos 6,6; Mt 9,13.

Die Heilung eines Mannes am Sabbat: 12,9–14

9 Darauf verließ er sie und ging in ihre Synagoge. 10 Dort saß ein Mann, dessen Hand verdorrt war. Sie fragten ihn: Ist es am Sabbat erlaubt zu heilen? Sie suchten nämlich einen Grund zur Anklage gegen ihn. 11 Er antwortete: Wer von euch wird, wenn ihm am Sabbat sein Schaf in eine Grube fällt, es nicht sofort wieder herausziehen? 12 Und wie viel mehr ist ein Mensch wert als ein Schaf! Darum ist es am Sabbat erlaubt, Gutes zu tun. 13 Dann sagte er zu dem Mann: Streck deine Hand aus! Er streckte sie aus, und die Hand war wieder ebenso gesund wie die andere. 14 Die Pharisäer aber gingen hinaus und fassten den Beschluss, Jesus umzubringen.

9–14 ‖ Mk 3,1–6; Lk 6,6–11 • 9–14: Lk 14,1–6 • 10: Lk 13,16; Joh 5,9f • 11: Lk 13,15; 14,5; Joh 5,9f • 14: Mk 11,18; Lk 19,47; Joh 5,18.

Jesus als der Knecht Gottes: 12,15–21

15 Als Jesus das erfuhr, ging er von dort weg. Viele folgten ihm, und er heilte alle Kranken. 16 Aber er verbot ihnen, in der Öffentlichkeit von ihm zu reden. 17 Auf diese Weise sollte sich erfüllen, was durch den Propheten Jesaja gesagt worden ist:

18 *Seht, das ist mein Knecht, den ich erwählt habe, / mein Geliebter, an dem ich Gefallen gefunden habe.*

Ich werde meinen Geist auf ihn legen / und er wird den Völkern das Recht verkünden.

19 *Er wird nicht zanken und nicht schreien / und man wird seine Stimme nicht auf den Straßen hören.*

20 *Das geknickte Rohr wird er nicht zerbrechen / und den glimmenden Docht nicht auslöschen, / bis er dem Recht zum Sieg verholfen hat.*

21 *Und auf seinen Namen werden die Völker ihre Hoffnung setzen.*

15–16 ‖ Mk 3,7–12; Lk 6,17–19 • 18: Jes 42,1–4; Mt 3,17.

---

tenlosigkeit den Israeliten als besonders verwerflich (vgl. Ez 28,20–23; Joël 4,4), ebenso wie Sodom (Gen 18,16–20; 19,23–29).

11,29 Die Wendung »ein Joch auf sich nehmen« besagt, die Vorschriften oder Lehren eines anderen übernehmen. Sprichwörtlich waren bei den jüdischen Schriftgelehrten die Aussagen vom »Joch des Gesetzes« oder vom »Joch der Herrschaft des Himmels«. – »Seele« bezeichnet hier – wie im Alten Testament – das »Ich« des Menschen.

12,10.13 Hand, andere Übersetzungsmöglichkeit: Arm.

Verteidigungsrede Jesu: 12,22–37

22 Damals brachte man zu ihm einen Besessenen, der blind und stumm war. Jesus heilte ihn, sodass der Stumme wieder reden und sehen konnte. 23 Da gerieten alle Leute außer sich und sagten: Ist er etwa der Sohn Davids? 24 Als die Pharisäer das hörten, sagten sie: Nur mit Hilfe von Beelzebul, dem Anführer der Dämonen, kann er die Dämonen austreiben. 25 Doch Jesus wusste, was sie dachten, und sagte zu ihnen: Jedes Reich, das in sich gespalten ist, geht zugrunde, und keine Stadt und keine Familie, die in sich gespalten ist, wird Bestand haben. 26 Wenn also der Satan den Satan austreibt, dann liegt der Satan mit sich selbst im Streit. Wie kann sein Reich dann Bestand haben? 27 Und wenn ich die Dämonen durch Beelzebul austreibe, durch wen treiben dann eure Anhänger sie aus? Sie selbst also sprechen euch das Urteil. 28 Wenn ich aber die Dämonen durch den Geist Gottes austreibe, dann ist das Reich Gottes schon zu euch gekommen. 29 Wie kann einer in das Haus eines starken Mannes einbrechen und ihm den Hausrat rauben, wenn er den Mann nicht vorher fesselt? Erst dann kann er sein Haus plündern. 30 Wer nicht für mich ist, der ist gegen mich; wer nicht mit mir sammelt, der zerstreut.

31 Darum sage ich euch: Jede Sünde und Lästerung wird den Menschen vergeben werden, aber die Lästerung gegen den Geist wird nicht vergeben. 32 Auch dem, der etwas gegen den Menschensohn sagt, wird vergeben werden; wer aber etwas gegen den Heiligen Geist sagt, dem wird nicht vergeben, weder in dieser noch in der zukünftigen Welt.

33 Entweder: der Baum ist gut – dann sind auch seine Früchte gut. Oder: der Baum ist schlecht – dann sind auch seine Früchte schlecht. An den Früchten also erkennt man den Baum. 34 Ihr Schlangenbrut, wie könnt ihr Gutes reden, wenn ihr böse seid? Denn wovon das Herz voll ist, davon spricht der Mund. 35 Ein guter Mensch bringt Gutes hervor, weil er Gutes in sich hat, und ein böser Mensch bringt Böses hervor, weil er Böses in sich hat.

36 Ich sage euch: Über jedes unnütze Wort, das die Menschen reden, werden sie am Tag des Gerichts Rechenschaft ablegen müssen; 37 denn aufgrund deiner Worte wirst du freigesprochen und aufgrund deiner Worte wirst du verurteilt werden.

22–23 ‖ Lk 11,14 • 24–30 ‖ Mk 3,22–27; Lk 11,15.17–23 • 31–32 ‖ Mk 3,28–30; Lk 12,10 • 33–35 ‖ Lk 6,43–45 • 22–24: 9,32–34 • 24; 10,25 • 28: Lk 17,21 • 29: Jes 49,24 • 33:7,17f • 34: 3,7.

Die Verweigerung eines Zeichens: 12,38–42

38 Zu dieser Zeit sagten einige Schriftgelehrte und Pharisäer zu ihm: Meister, wir möchten von dir ein Zeichen sehen. 39 Er antwortete ihnen: Diese böse und treulose Generation fordert ein Zeichen, aber es wird ihr kein anderes gegeben werden als das Zeichen des Propheten Jona. 40 Denn wie *Jona drei Tage und drei Nächte im Bauch des Fisches war, so wird auch der Menschensohn drei Tage und drei Nächte im Innern der Erde sein.* 41 Die Männer von Ninive werden beim Gericht gegen diese Generation auftreten und sie verurteilen; denn sie haben sich nach der Predigt des Jona bekehrt. Hier aber ist einer, der mehr ist als Jona. 42 Die Königin des Südens wird beim Gericht gegen diese Generation auftreten und sie verurteilen; denn sie kam vom Ende der Erde, um die Weisheit Salomos zu hören. Hier aber ist einer, der mehr ist als Salomo.

38–42 ‖ Mk 8,11f; Lk 11,16.29–32 • 38–40: 16,1–4; Joh 6,30; 1 Kor 1,22; • 40: Jona 2,1; Mt 27,63 • 41: Jona 3,5 • 42: 1 Kön 10,1–10.

Von der Rückkehr der unreinen Geister: 12,43–45

43 Ein unreiner Geist, der einen Menschen verlassen hat, wandert durch die Wüste und sucht einen Ort, wo er bleiben kann. Wenn er aber keinen findet, 44 dann sagt er: Ich will in mein Haus zurückkehren, das ich verlassen habe. Und wenn er es bei seiner Rückkehr leer antrifft, sauber und geschmückt, 45 dann geht er und holt sieben andere Geister, die noch schlimmer sind als er selbst. Sie ziehen dort ein und lassen sich nieder. So wird es mit diesem Menschen am Ende schlimmer werden als vorher. Dieser bösen Generation wird es genauso gehen.

43–45 ‖ Lk 11,24–26 • 45: 2 Petr 2,20.

12,24 Beelzebul – ursprüngliche Bedeutung: Mistgott (Mist, d. h. das heidnische Opfer), oder: Herr der Wohnungen (von Dämonen), oder: Herr der Fliegen (d. h. Krankheiten) – wird hier mit Satan, dem Anführer aller bösen Geister, gleichgesetzt. – Unter Dämonen verstand man »böse« oder »unreine« Geister, die in Menschen oder Tieren hausten, schwere Krankheiten seelischer oder leiblicher Art verursachten und so die Menschen versklavten (vgl. Mk 5,9.11; 6,13; Mt 9,32; 12,45; Lk 10,17–20; 13,11 u. ö.).

12,27 Anhänger, wörtlich: Söhne.

12,35 Wörtlich: Ein guter Mensch bringt aus dem guten Schatz Gutes hervor und ein böser Mensch bringt aus dem bösen Schatz Böses hervor.

12,39 treulose, wörtlich: ehebrecherische (vgl. Mt

Von den wahren Verwandten Jesu: 12,46–50

46 Als Jesus noch mit den Leuten redete, standen seine Mutter und seine Brüder vor dem Haus und wollten mit ihm sprechen. 47 Da sagte jemand zu ihm: Deine Mutter und deine Brüder stehen draußen und wollen mit dir sprechen. 48 Dem, der ihm das gesagt hatte, erwiderte er: Wer ist meine Mutter, und wer sind meine Brüder? 49 Und er streckte die Hand über seine Jünger aus und sagte: Das hier sind meine Mutter und meine Brüder. 50 Denn wer den Willen meines himmlischen Vaters erfüllt, der ist für mich Bruder und Schwester und Mutter.

46–50 ‖ Mk 3,31–35; Lk 8,19–21.

Die Rede über das Himmelreich: 13,1–53

Das Gleichnis vom Sämann: 13,1–9

13 An jenem Tag verließ Jesus das Haus und setzte sich an das Ufer des Sees. 2 Da versammelte sich eine große Menschenmenge um ihn. Er stieg deshalb in ein Boot und setzte sich; die Leute aber standen am Ufer. 3 Und er sprach lange zu ihnen in Form von Gleichnissen. Er sagte: Ein Sämann ging aufs Feld, um zu säen. 4 Als er säte, fiel ein Teil der Körner auf den Weg und die Vögel kamen und fraßen sie. 5 Ein anderer Teil fiel auf felsigen Boden, wo es nur wenig Erde gab, und ging sofort auf, weil das Erdreich nicht tief war; 6 als aber die Sonne hochstieg, wurde die Saat versengt und verdorrte, weil sie keine Wurzeln hatte. 7 Wieder ein anderer Teil fiel in die Dornen und die Dornen wuchsen und erstickten die Saat. 8 Ein anderer Teil schließlich fiel auf guten Boden und brachte Frucht, teils hundertfach, teils sechzigfach, teils dreißigfach. 9 Wer Ohren hat, der höre!

1–9 ‖ Mk 4,1–9; Lk 8,4–8 • 9: 11,15.

Sinn und Zweck der Gleichnisse: 13,10–17

10 Da kamen die Jünger zu ihm und sagten: Warum redest du zu ihnen in Gleichnissen? 11 Er antwortete: Euch ist es gegeben, die Geheimnisse des Himmelreichs zu erkennen; ihnen aber ist es nicht gegeben. 12 Denn wer hat, dem wird gegeben, und er wird im Überfluss haben; wer aber nicht hat, dem wird auch noch weggenommen, was er hat. 13 Deshalb rede ich zu ihnen in Gleichnissen, weil sie sehen und doch nicht sehen, weil sie hören und doch nicht hören und nichts verstehen. 14 An ihnen erfüllt sich die Weissagung Jesajas:

Hören sollt ihr, hören, aber nicht verstehen; / sehen sollt ihr, sehen, aber nicht erkennen.

15 *Denn das Herz dieses Volkes ist hart geworden / und mit ihren Ohren hören sie nur schwer / und ihre Augen halten sie geschlossen, / damit sie mit ihren Augen nicht sehen / und mit ihren Ohren nicht hören, / damit sie mit ihrem Herzen / nicht zur Einsicht kommen, / damit sie sich nicht bekehren und ich sie nicht heile.*

16 Ihr aber seid selig, denn eure Augen sehen und eure Ohren hören. 17 Amen, ich sage euch: Viele Propheten und Gerechte haben sich danach gesehnt zu sehen, was ihr seht, und haben es nicht gesehen, und zu hören, was ihr hört, und haben es nicht gehört.

10–17 ‖ Mk 4,10–12; Lk 8,9f • 16–17 ‖ Lk 10,23f • 12: 25,29; Mk 4,25; Lk 8,18; 19,26 • 14f: Jes 6,9f; Joh 12,40; Apg 28,26f • 17: 1 Petr 1,10–12.

Die Deutung des Gleichnisses vom Sämann: 13,18–23

18 Hört also, was das Gleichnis vom Sämann bedeutet. 19 Immer wenn ein Mensch das Wort vom Reich hört und es nicht versteht, kommt der Böse und nimmt alles weg, was diesem Menschen ins Herz gesät wurde; hier ist der Samen auf den Weg gefallen. 20 Auf felsigen Boden ist der Samen bei dem gefallen, der das Wort hört und sofort freudig aufnimmt, 21 aber keine Wurzeln hat, sondern unbeständig ist; sobald er um des Wortes willen bedrängt oder verfolgt wird, kommt er zu Fall. 22 In die Dornen ist der Samen bei dem gefallen, der das Wort zwar hört, aber dann ersticken es die Sorgen die-

16,4; Mk 8,38). Das Wort wird hier, wie schon bei den Propheten, im übertragenen Sinn gebraucht (vgl. Ez 16,15–34; Hos 2 – 3).

12,46f Die Worte »Bruder« und »Schwester« können nach hebräischem, aramäischem und griechischem Sprachgebrauch auch als Kurzbezeichnung für Verwandte im weiteren Sinn gebraucht werden (vgl. Gen 13,8; 14,14; 24,48; u. ö.). Zum Ganzen vgl. die Aussagen des Neuen Testaments über die »Brüder Jesu« bzw. die »Brüder des Herrn«: Mt 13,54–58; Mk 6,1–6; Joh 7,3–5; Apg 1,14; 1 Kor 9,5; Gal 1,19; auch Mt 27,56; Mk 15,40.47; 16,1.

12,47 Dieser Vers fehlt bei einigen wichtigen alten Textzeugen.

13,1–53 In der Rede über das Himmelreich fasst Matthäus sieben Gleichnisse zusammen, die vom Reich Gottes handeln. Drei dieser Gleichnisse finden sich auch bei Lukas, davon zwei auch bei Markus, vier gehören zum Sondergut des Evangelisten: Unkraut unter dem Weizen, Schatz und Perle,

ser Welt und der trügerische Reichtum und
es bringt keine Frucht. 23 Auf guten Boden ist
der Samen bei dem gesät, der das Wort hört
und es auch versteht; er bringt dann Frucht,
hundertfach oder sechzigfach oder dreißig-
fach.

18–23 ‖ Mk 4,13–20; Lk 8,11–15 • 22: 1 Tim 6,9.

Das Gleichnis vom Unkraut unter dem Weizen: 13,24–30

24 Und Jesus erzählte ihnen noch ein ande-
res Gleichnis: Mit dem Himmelreich ist es
wie mit einem Mann, der guten Samen auf
seinen Acker säte. 25 Während nun die Leute
schliefen, kam sein Feind, säte Unkraut un-
ter den Weizen und ging wieder weg. 26 Als
die Saat aufging und sich die Ähren bildeten,
kam auch das Unkraut zum Vorschein. 27 Da
gingen die Knechte zu dem Gutsherrn und
sagten: Herr, hast du nicht guten Samen auf
deinen Acker gesät? Woher kommt dann das
Unkraut? 28 Er antwortete: Das hat ein Feind
von mir getan. Da sagten die Knechte zu
ihm: Sollen wir gehen und es ausreißen? 29 Er
entgegnete: Nein, sonst reißt ihr zusammen
mit dem Unkraut auch den Weizen aus.
30 Lasst beides wachsen bis zur Ernte. Wenn
dann die Zeit der Ernte da ist, werde ich den
Arbeitern sagen: Sammelt zuerst das Un-
kraut und bindet es in Bündel, um es zu ver-
brennen; den Weizen aber bringt in meine
Scheune.

24–30: 13,36–43 • 30: 3,12.

Das Gleichnis vom Senfkorn: 13,31–32

31 Er erzählte ihnen ein weiteres Gleichnis
und sagte: Mit dem Himmelreich ist es wie
mit einem Senfkorn, das ein Mann auf seinen
Acker säte. 32 Es ist das kleinste von allen
Samenkörnern; sobald es aber hochgewach-
sen ist, ist es größer als die anderen Gewäch-
se und wird zu einem *Baum,* sodass *die Vögel
des Himmels* kommen und *in seinen Zweigen
nisten.*

31–32 ‖ Mk 4,30–32; Lk 13,18f • 31: 17,20; Lk 17,6; • 32: Dan 4,8f.18; Ez 17,23.

Das Gleichnis vom Sauerteig: 13,33

33 Und er erzählte ihnen noch ein Gleich-
nis: Mit dem Himmelreich ist es wie mit dem
Sauerteig, den eine Frau unter einen großen
Trog Mehl mischte, bis das Ganze durchsäu-
ert war.

33 ‖ Lk 13,20f • 33: 1 Kor 5,6; Gal 5,9.

Die Bedeutung der Gleichnisse: 13,34–35

34 Dies alles sagte Jesus der Menschen-
menge durch Gleichnisse; er redete nur in
Gleichnissen zu ihnen. 35 Damit sollte sich
erfüllen, was durch den Propheten gesagt
worden ist:
*Ich öffne meinen Mund und rede in Gleich-
nissen, / ich verkünde, was seit der Schöp-
fung verborgen war.*

34 ‖ Mk 4,33f • 35: Ps 78,2.

Die Deutung des Gleichnisses vom Unkraut: 13,36–43

36 Dann verließ er die Menge und ging nach
Hause. Und seine Jünger kamen zu ihm und
sagten: Erkläre uns das Gleichnis vom Un-
kraut auf dem Acker. 37 Er antwortete: Der
Mann, der den guten Samen sät, ist der Men-
schensohn; 38 der Acker ist die Welt; der gute
Samen, das sind die Söhne des Reiches; das
Unkraut sind die Söhne des Bösen; 39 der
Feind, der es gesät hat, ist der Teufel; die
Ernte ist das Ende der Welt; die Arbeiter bei
dieser Ernte sind die Engel. 40 Wie nun das
Unkraut aufgesammelt und im Feuer ver-
brannt wird, so wird es auch am Ende der
Welt sein: 41 Der Menschensohn wird seine
Engel aussenden und sie werden aus seinem
Reich alle zusammenholen, die andere ver-
führt und Gottes Gesetz übertreten haben,
42 und werden sie in den Ofen werfen, in dem
das Feuer brennt. Dort werden sie heulen
und mit den Zähnen knirschen. 43 Dann wer-
den die Gerechten im Reich ihres Vaters wie
die Sonne leuchten. Wer Ohren hat, der
höre!

36–43: 13,24–30 • 40: 3,10; 7,19; Joh 15,6 • 41: 24,31f • 42: 8,12 • 43: Dan 12,3; Mt 11,15.

Die Gleichnisse vom Schatz und von der Perle: 13,44–46

44 Mit dem Himmelreich ist es wie mit ei-
nem Schatz, der in einem Acker vergraben
war. Ein Mann entdeckte ihn, grub ihn aber
wieder ein. Und in seiner Freude verkaufte
er alles, was er besaß, und kaufte den Acker.

Fischnetz. Alle Himmelreichsgleichnisse setzen voraus, dass das Reich Gottes bereits mit dem Wirken Jesu anbricht.
13,33 unter einen großen Trog Mehl, wörtlich: unter drei Sea Mehl. Eine Sea entspricht etwa dreizehn Litern.
13,35 Mehrere alte Textzeugen haben: seit der Schöpfung der Welt.

45 Auch ist es mit dem Himmelreich wie mit
einem Kaufmann, der schöne Perlen suchte.
46 Als er eine besonders wertvolle Perle fand,
verkaufte er alles, was er besaß, und kaufte
sie.

Das Gleichnis vom Fischnetz: 13,47–50

47 Weiter ist es mit dem Himmelreich wie
mit einem Netz, das man ins Meer warf, um
Fische aller Art zu fangen. 48 Als es voll war,
zogen es die Fischer ans Ufer; sie setzten
sich, lasen die guten Fische aus und legten
sie in Körbe, die schlechten aber warfen sie
weg. 49 So wird es auch am Ende der Welt
sein: Die Engel werden kommen und die Bösen von den Gerechten trennen 50 und in den
Ofen werfen, in dem das Feuer brennt. Dort
werden sie heulen und mit den Zähnen
knirschen.

50: 8,12.

Abschluss der Rede: 13,51–53

51 Habt ihr das alles verstanden? Sie antworteten: Ja. 52 Da sagte er zu ihnen: Jeder
Schriftgelehrte also, der ein Jünger des Himmelreichs geworden ist, gleicht einem Hausherrn, der aus seinem reichen Vorrat Neues
und Altes hervorholt.
53 Als Jesus diese Gleichnisse beendet hatte, zog er weiter.

Weitere Taten – Belehrung der Jünger: 13,54 – 17,27

Die Ablehnung Jesu in seiner Heimat: 13,54–58

54 Jesus kam in seine Heimatstadt und
lehrte die Menschen dort in der Synagoge.
Da staunten alle und sagten: Woher hat er
diese Weisheit und die Kraft, Wunder zu
tun? 55 Ist das nicht der Sohn des Zimmermanns? Heißt nicht seine Mutter Maria und
sind nicht Jakobus, Josef, Simon und Judas
seine Brüder? 56 Leben nicht alle seine
Schwestern unter uns? Woher also hat er das
alles? 57 Und sie nahmen Anstoß an ihm und
lehnten ihn ab. Da sagte Jesus zu ihnen: Nirgends hat ein Prophet so wenig Ansehen wie
in seiner Heimat und in seiner Familie.
58 Und wegen ihres Unglaubens tat er dort
nur wenige Wunder.

54–58 || Mk 6,1–6a; Lk 4,16–30 • 54: Joh 7,15 • 55: Joh 6,42 • 57: Joh 4,44.

Das Urteil des Herodes über Jesus: 14,1–2

14 Zu dieser Zeit hörte der Tetrarch Herodes, was man von Jesus erzählte.
2 Er sagte zu seinem Gefolge: Das ist Johannes der Täufer. Er ist von den Toten auferstanden; deshalb wirken solche Kräfte in
ihm.

1–2 || Mk 6,14–16; Lk 9,7–9.

Die Enthauptung des Täufers: 14,3–12

3 Herodes hatte nämlich Johannes festnehmen und in Ketten ins Gefängnis werfen lassen. Schuld daran war Herodias, die Frau
seines Bruders Philippus. 4 Denn Johannes
hatte zu Herodes gesagt: Du hattest nicht das
Recht, sie zur Frau zu nehmen. 5 Der König
wollte ihn deswegen töten lassen, fürchtete
sich aber vor dem Volk; denn man hielt Johannes für einen Propheten. 6 Als aber der
Geburtstag des Herodes gefeiert wurde,
tanzte die Tochter der Herodias vor den Gästen. Und sie gefiel Herodes so sehr, 7 dass er
schwor, ihr alles zu geben, was sie sich
wünschte. 8 Da sagte sie auf Drängen ihrer
Mutter: Lass mir auf einer Schale den Kopf
des Täufers Johannes herbringen. 9 Der König wurde traurig; aber weil er einen Schwur
geleistet hatte – noch dazu vor allen Gästen –,
befahl er, ihr den Kopf zu bringen. 10 Und er
ließ Johannes im Gefängnis enthaupten.
11 Man brachte den Kopf auf einer Schale
und gab ihn dem Mädchen und sie brachte
ihn ihrer Mutter. 12 Die Jünger des Johannes
aber holten den Leichnam und begruben ihn.
Dann gingen sie zu Jesus und berichteten
ihm alles.

3–12 || Mk 6,17–29; Lk 3,19f • 4: Lev 18,16; 20,21 • 5: 21,26.

13,54–58 Der Bericht über die Ablehnung Jesu in Nazaret gibt auch Auskunft über die Familie Jesu: Nach Matthäus war der Vater Jesu, nach der Parallelstelle Mk 6,1–6 Jesus selbst Bauhandwerker. (Zu den Brüdern und Schwestern Jesu vgl. die Anmerkung zu Mt 12,46f.)

14,1 Tetrarch: ursprünglich Regent über den vierten Teil eines Landes, später Bezeichnung eines Kleinfürsten.

14,3 »Philippus« fehlt in einigen alten Textzeugen.

14,4 Da Herodes Antipas seinem Bruder Philippus die Frau weggenommen hat, hält Johannes der Täufer die frühere Ehe für nicht geschieden und sieht die Verbindung der Herodias mit Herodes als unerlaubt an; sie fällt unter die Bestimmung von Lev 18,16; 20,21, wonach der Verkehr mit der Frau eines Bruders oder Halbbruders verboten war.

Die Speisung der Fünftausend: 14,13–21

13 Als Jesus all das hörte, fuhr er mit dem
Boot in eine einsame Gegend, um allein zu
sein. Aber die Leute in den Städten hörten
davon und gingen ihm zu Fuß nach. 14 Als er
ausstieg und die vielen Menschen sah, hatte
er Mitleid mit ihnen und heilte die Kranken,
die bei ihnen waren.

15 Als es Abend wurde, kamen die Jünger
zu ihm und sagten: Der Ort ist abgelegen und
es ist schon spät geworden. Schick doch die
Menschen weg, damit sie in die Dörfer gehen
und sich etwas zu essen kaufen können. 16 Je-
sus antwortete: Sie brauchen nicht wegzuge-
hen. Gebt ihr ihnen zu essen! 17 Sie sagten zu
ihm: Wir haben nur fünf Brote und zwei Fi-
sche bei uns. 18 Darauf antwortete er: Bringt
sie her! 19 Dann ordnete er an, die Leute soll-
ten sich ins Gras setzen. Und er nahm die
fünf Brote und die zwei Fische, blickte zum
Himmel auf, sprach den Lobpreis, brach die
Brote und gab sie den Jüngern; die Jünger
aber gaben sie den Leuten, 20 und alle aßen
und wurden satt. Als die Jünger die übrig ge-
bliebenen Brotstücke einsammelten, wurden
zwölf Körbe voll. 21 Es waren etwa fünftau-
send Männer, die an dem Mahl teilnahmen,
dazu noch Frauen und Kinder.

13–21 ‖ Mk 6,31–44; Lk 9,10–17; Joh 6,1–13 • 13–21: 15,32–39; Mk 8,1–10 • 14: 9,36 • 19f: 2 Kön 4,43f.

Der Gang Jesu auf dem Wasser: 14,22–33

22 Gleich darauf forderte er die Jünger auf,
ins Boot zu steigen und an das andere Ufer
vorauszufahren. Inzwischen wollte er die
Leute nach Hause schicken. 23 Nachdem er
sie weggeschickt hatte, stieg er auf einen
Berg, um in der Einsamkeit zu beten. Spät
am Abend war er immer noch allein auf dem
Berg. 24 Das Boot aber war schon viele Sta-
dien vom Land entfernt und wurde von den
Wellen hin und her geworfen; denn sie hat-
ten Gegenwind. 25 In der vierten Nachtwache
kam Jesus zu ihnen; er ging auf dem See.

26 Als ihn die Jünger über den See kommen
sahen, erschraken sie, weil sie meinten, es sei
ein Gespenst, und sie schrien vor Angst.
27 Doch Jesus begann mit ihnen zu reden und
sagte: Habt Vertrauen, ich bin es; fürchtet
euch nicht! 28 Darauf erwiderte ihm Petrus:
Herr, wenn du es bist, so befiehl, dass ich auf
dem Wasser zu dir komme. 29 Jesus sagte:
Komm! Da stieg Petrus aus dem Boot und
ging über das Wasser auf Jesus zu. 30 Als er
aber sah, wie heftig der Wind war, bekam er
Angst und begann unterzugehen. Er schrie:
Herr, rette mich! 31 Jesus streckte sofort die
Hand aus, ergriff ihn und sagte zu ihm: Du
Kleingläubiger, warum hast du gezweifelt?
32 Und als sie ins Boot gestiegen waren, legte
sich der Wind. 33 Die Jünger im Boot aber
fielen vor Jesus nieder und sagten: Wahrhaf-
tig, du bist Gottes Sohn.

22–33 ‖ Mk 6,45–52; Joh 6,15–21 • 23: Lk 6,12 • 26: Lk 24,37 • 31: 8,26 • 33: 16,16; 27,54; Mk 15,39; Joh 1,49; 11,27.

Krankenheilungen in Gennesaret: 14,34–36

34 Sie fuhren auf das Ufer zu und kamen
nach Gennesaret. 35 Als die Leute dort ihn
erkannten, schickten sie Boten in die ganze
Umgebung. Und man brachte alle Kranken
zu ihm 36 und bat ihn, er möge sie wenigstens
den Saum seines Gewandes berühren lassen.
Und alle, die ihn berührten, wurden geheilt.

34–36 ‖ Mk 6,53–56 • 36: 9,21; Mk 5,28; Lk 6,19; 8,44.

Von Reinheit und Unreinheit: 15,1–20

15 Da kamen von Jerusalem Pharisäer
und Schriftgelehrte zu Jesus und
sagten: 2 Warum missachten deine Jünger die
Überlieferung der Alten? Denn sie waschen
sich nicht die Hände vor dem Essen. 3 Er ent-
gegnete ihnen: Warum missachtet denn ihr
Gottes Gebot um eurer Überlieferung wil-
len? 4 Gott hat gesagt: *Ehre Vater und Mut-*
ter!, und: Wer Vater oder Mutter verflucht,
soll mit dem Tod bestraft werden. 5 Ihr aber
lehrt: Wer zu Vater oder Mutter sagt: Was ich
dir schulde, erkläre ich zur Opfergabe!, 6 der
braucht seinen Vater oder seine Mutter nicht
mehr zu ehren. Damit habt ihr Gottes Wort
um eurer Überlieferung willen außer Kraft
gesetzt. 7 Ihr Heuchler! Der Prophet Jesaja
hatte Recht, als er über euch sagte:

8 *Dieses Volk ehrt mich mit den Lippen, /*
sein Herz aber ist weit weg von mir.

9 *Es ist sinnlos, wie sie mich verehren; /*
was sie lehren, sind Satzungen von Men-
schen.

10 Und er rief die Leute zu sich und sagte:
Hört und begreift: 11 Nicht das, was durch

14,25 Man teilte die Nacht in vier Abschnitte (»Nachtwachen«) zu je drei Stunden ein.

15,1f Über die Reinheitsvorschriften der Pharisäer und Schriftgelehrten vgl. Mk 7,1–4 und die dortige Anmerkung.

15,5f Über das Korbán-Gelübde vgl. die Anmerkung zu Mk 7, 9–13.

15,6 Gottes Wort, nach anderen Textzeugen: Gottes Gesetz.

15,11 In diesem wichtigen Satz wird der Wert jeder religiösen Verhaltensweise und Handlung von der Gesinnung des Handelnden abhängig gemacht, nicht vom äußeren Vollzug. Es gibt also keine Sünde ohne böse Gesinnung.

den Mund in den Menschen hineinkommt, macht ihn unrein, sondern was aus dem Mund des Menschen herauskommt, das macht ihn unrein.

12 Da kamen die Jünger zu ihm und sagten: Weißt du, dass die Pharisäer über deine Worte empört sind? 13 Er antwortete ihnen: Jede Pflanze, die nicht mein himmlischer Vater gepflanzt hat, wird ausgerissen werden. 14 Lasst sie, es sind blinde Blindenführer. Und wenn ein Blinder einen Blinden führt, werden beide in eine Grube fallen.

15 Da sagte Petrus zu ihm: Erkläre uns jenes rätselhafte Wort! 16 Er antwortete: Seid auch ihr noch immer ohne Einsicht? 17 Begreift ihr nicht, dass alles, was durch den Mund (in den Menschen) hineinkommt, in den Magen gelangt und dann wieder ausgeschieden wird? 18 Was aber aus dem Mund herauskommt, das kommt aus dem Herzen, und das macht den Menschen unrein. 19 Denn aus dem Herzen kommen böse Gedanken, Mord, Ehebruch, Unzucht, Diebstahl, falsche Zeugenaussagen und Verleumdungen. 20 Das ist es, was den Menschen unrein macht; aber mit ungewaschenen Händen essen macht ihn nicht unrein.

1–20 || Mk 7,1–23 • 2: Lk 11,38; Kol 2,21f • 4: Ex 20,12; 21,17; Dtn 5,16; Lev 20,9 • 8: Jes 29,13 G • 14: 23,16.24; Lk 6,39 • 19: Röm 1,29–31; 1 Kor 5,10f; Gal 5,19–21; Eph 5,3–5; Kol 3,5; 1 Tim 1,9f; 2 Tim 3,2–4; 1 Petr 4,3.

Die Erhörung der Bitte einer heidnischen Frau: 15,21–28

21 Von dort zog sich Jesus in das Gebiet von Tyrus und Sidon zurück. 22 Da kam eine kanaanäische Frau aus jener Gegend zu ihm und rief: Hab Erbarmen mit mir, Herr, du Sohn Davids! Meine Tochter wird von einem Dämon gequält. 23 Jesus aber gab ihr keine Antwort. Da traten seine Jünger zu ihm und baten: Befrei sie (von ihrer Sorge), denn sie schreit hinter uns her. 24 Er antwortete: Ich bin nur zu den verlorenen Schafen des Hauses Israel gesandt. 25 Doch die Frau kam, fiel vor ihm nieder und sagte: Herr, hilf mir! 26 Er erwiderte: Es ist nicht recht, das Brot den Kindern wegzunehmen und den Hunden vorzuwerfen. 27 Da entgegnete sie: Ja, du hast recht, Herr! Aber selbst die Hunde bekommen von den Brotresten, die vom Tisch ihrer Herren fallen. 28 Darauf antwortete ihr Jesus: Frau, dein Glaube ist groß. Was du willst, soll geschehen. Und von dieser Stunde an war ihre Tochter geheilt.

21–28 || Mk 7,24–30 • 22: 9,27 • 24: 10,6.

Die Heilung vieler Kranker: 15,29–31

29 Jesus zog weiter und kam an den See von Galiläa. Er stieg auf einen Berg und setzte sich. 30 Da kamen viele Menschen und brachten Lahme, Krüppel, Blinde, Stumme und viele andere Kranke zu ihm; sie legten sie vor ihn hin, und er heilte sie. 31 Als die Menschen sahen, dass Stumme plötzlich redeten, Krüppel gesund wurden, Lahme gehen und Blinde sehen konnten, waren sie erstaunt und priesen den Gott Israels.

29–31: Mk 7,31–37.

Die Speisung der Viertausend: 15,32–39

32 Jesus rief seine Jünger zu sich und sagte: Ich habe Mitleid mit diesen Menschen; sie sind schon drei Tage bei mir und haben nichts mehr zu essen. Ich will sie nicht hungrig wegschicken, sonst brechen sie unterwegs zusammen. 33 Da sagten die Jünger zu ihm: Wo sollen wir in dieser unbewohnten Gegend so viel Brot hernehmen, um so viele Menschen satt zu machen? 34 Jesus sagte zu ihnen: Wie viele Brote habt ihr? Sie antworteten: Sieben, und noch ein paar Fische. 35 Da forderte er die Leute auf, sich auf den Boden zu setzen. 36 Und er nahm die sieben Brote und die Fische, sprach das Dankgebet, brach die Brote und gab sie den Jüngern und die Jünger verteilten sie an die Leute. 37 Und alle aßen und wurden satt. Dann sammelte man die übrig gebliebenen Brotstücke ein, sieben Körbe voll. 38 Es waren viertausend Männer, die an dem Mahl teilgenommen hatten, dazu noch Frauen und Kinder. 39 Danach schickte er die Menge nach Hause, stieg ins Boot und fuhr in die Gegend von Magadan.

32–39 || Mk 8,1–10 • 32–39: 14,13–21; Mk 6,32–44; Lk 9,10–17; Joh 6,1–13.

Die Verweigerung eines Zeichens: 16,1–4

16 Da kamen die Pharisäer und Sadduzäer zu Jesus, um ihn auf die Probe zu stellen. Sie baten ihn: Lass uns ein Zeichen vom Himmel sehen. 2 Er antwortete ih-

15,19 Vgl. die Anmerkung zu Mk 7,21.
15,23 Befrei sie (von ihrer Sorge), andere Übersetzungsmöglichkeit: Schick sie weg.
15,39 Die genaue Lage dieses Ortes ist nicht bekannt. Ein Teil späterer Textzeugen nennt hier Magdala, das westlich von Kafarnaum in einer Bucht des Sees von Gennesaret lag.
16,2b–3 Spätere Textzeugen fügen hier ein: Am Abend sagt ihr: Es kommt schönes Wetter, denn der Himmel ist rot. Und am Morgen: Heute gibt es

nen: [3] 4 Diese böse und treulose Generation fordert ein Zeichen, aber es wird ihr kein anderes gegeben werden als das Zeichen des Jona. Und er ließ sie stehen und ging weg.

1–4 ‖ Mk 8,11–13 • 1: 12,38f; Lk 11,16.29–32; Joh 6,30.

Warnung vor den Pharisäern und Sadduzäern: 16,5–12

5 Die Jünger fuhren an das andere Ufer. Sie hatten aber vergessen, Brot mitzunehmen. 6 Und Jesus sagte zu ihnen: Gebt Acht, hütet euch vor dem Sauerteig der Pharisäer und Sadduzäer! 7 Sie aber machten sich Gedanken und sagten zueinander: Wir haben kein Brot mitgenommen. 8 Als Jesus das merkte, sagte er: Ihr Kleingläubigen, was macht ihr euch darüber Gedanken, dass ihr kein Brot habt? 9 Begreift ihr immer noch nicht? Erinnert ihr euch nicht an die fünf Brote für die Fünftausend und daran, wie viele Körbe voll ihr wieder eingesammelt habt? 10 Auch nicht an die sieben Brote für die Viertausend, und wie viele Körbe voll ihr da eingesammelt habt? 11 Warum begreift ihr denn nicht, dass ich nicht von Brot gesprochen habe, als ich zu euch sagte: Hütet euch vor dem Sauerteig der Pharisäer und Sadduzäer? 12 Da verstanden sie, dass er nicht gemeint hatte, sie sollten sich vor dem Sauerteig hüten, mit dem man Brot backt, sondern vor der Lehre der Pharisäer und Sadduzäer.

5–12 ‖ Mk 8,14–21 • 6: Lk 12,1 • 8: Mk 6,52 • 9: 14,21; Mk 6,44f • 10: 15,38; Mk 8,9.

Das Messiasbekenntnis des Petrus und die Antwort Jesu: 16,13–20

13 Als Jesus in das Gebiet von Cäsarea Philippi kam, fragte er seine Jünger: Für wen halten die Leute den Menschensohn? 14 Sie sagten: Die einen für Johannes den Täufer, andere für Elija, wieder andere für Jeremia oder sonst einen Propheten. 15 Da sagte er zu ihnen: Ihr aber, für wen haltet ihr mich? 16 Simon Petrus antwortete: Du bist der Messias, der Sohn des lebendigen Gottes! 17 Jesus sagte zu ihm: Selig bist du, Simon Barjona; denn nicht Fleisch und Blut haben dir das offenbart, sondern mein Vater im Himmel. 18 Ich aber sage dir: Du bist Petrus und auf diesen Felsen werde ich meine Kirche bauen und die Mächte der Unterwelt werden sie nicht überwältigen. 19 Ich werde dir die Schlüssel des Himmelreichs geben; was du auf Erden binden wirst, das wird auch im Himmel gebunden sein, und was du auf Erden lösen wirst, das wird auch im Himmel gelöst sein. 20 Dann befahl er den Jüngern, niemand zu sagen, dass er der Messias sei.

13–20 ‖ Mk 8,27–30; Lk 9,18–21 • 14: 14,2; Mk 6,14f; Lk 9,7f • 16: 14,33; 27,54; Mk 15,39; Joh 1,49; 11,27 • 18: Joh 1,42; Ijob 38,17; Weish 16,13; Jes 38,10 • 19: 18,18; Joh 20,23; 21,15–17.

Die erste Ankündigung von Leiden und Auferstehung: 16,21–23

21 Von da an begann Jesus, seinen Jüngern zu erklären, er müsse nach Jerusalem gehen und von den Ältesten, den Hohenpriestern und den Schriftgelehrten vieles erleiden; er werde getötet werden, aber am dritten Tag werde er auferstehen. 22 Da nahm ihn Petrus beiseite und machte ihm Vorwürfe; er sagte: Das soll Gott verhüten, Herr! Das darf nicht mit dir geschehen! 23 Jesus aber wandte sich um und sagte zu Petrus: Weg mit dir, Satan, geh mir aus den Augen! Du willst mich zu Fall bringen; denn du hast nicht das im Sinn, was Gott will, sondern was die Menschen wollen.

21–23 ‖ Mk 8,31–33; Lk 9,22 • 21: 17,22f; 20,18f; 26,2; Mk 9,31; 10,32–34; Lk 9,44; 18,31–33.

Von Nachfolge und Selbstverleugnung: 16,24–28

24 Darauf sagte Jesus zu seinen Jüngern: Wer mein Jünger sein will, der verleugne sich selbst, nehme sein Kreuz auf sich und folge mir nach. 25 Denn wer sein Leben retten will, wird es verlieren; wer aber sein Leben um meinetwillen verliert, wird es gewinnen. 26 Was nützt es einem Menschen, wenn er die ganze Welt gewinnt, dabei aber sein Leben einbüßt? Um welchen Preis kann ein Mensch sein Leben zurückkaufen? 27 Der Menschensohn wird mit seinen Engeln in der Hoheit seines Vaters kommen und *jedem Menschen vergelten, wie es seine Taten verdienen.*

Sturm, denn der Himmel ist rot und trüb. Das Aussehen des Himmels könnt ihr beurteilen, die Zeichen der Zeit aber nicht.

16,4 Zu »treulose« vgl. die Anmerkung zu Mt 12,39.

16,18 Das dem Beinamen Petrus zugrunde liegende griechische Wort petra bedeutet »Fels«. – »die Mächte der Unterwelt«, wörtlich: »die Pforten des Hades«. Hades, hebräisch Scheol, bezeichnete damals den als Gebäude, Festungsanlage gedachten Bereich des Todes, aller Toten. Die Totenwelt, die man sich unter der Erde befindlich vorstellte, war jedoch nicht der Aufenthaltsort Satans oder der Dämonen. Die Pforten oder Tore des Hades sind ein Bild für die alles verschlingende Macht des Todes und der Vergänglichkeit.

28 Amen, ich sage euch: Von denen, die hier stehen, werden einige den Tod nicht erleiden, bis sie den Menschensohn in seiner königlichen Macht kommen sehen.

24–28 ‖ Mk 8,34 – 9,1; Lk 9,23–27 • 24: 10,38f; Lk 14,27 • 25: 10,39; Lk 17,33; Joh 12,25 • 27: Ps 62,13; 28,4 • 28: 10,23; 24,34.

Die Verklärung Jesu: 17,1–9

17 Sechs Tage danach nahm Jesus Petrus, Jakobus und dessen Bruder Johannes beiseite und führte sie auf einen hohen Berg. 2 Und er wurde vor ihren Augen verwandelt; sein Gesicht leuchtete wie die Sonne und seine Kleider wurden blendend weiß wie das Licht. 3 Da erschienen plötzlich vor ihren Augen Mose und Elija und redeten mit Jesus. 4 Und Petrus sagte zu ihm: Herr, es ist gut, dass wir hier sind. Wenn du willst, werde ich hier drei Hütten bauen, eine für dich, eine für Mose und eine für Elija. 5 Noch während er redete, warf eine leuchtende Wolke ihren Schatten auf sie und aus der Wolke rief eine Stimme: Das ist *mein geliebter Sohn, an dem ich Gefallen gefunden habe; auf ihn sollt ihr hören.* 6 Als die Jünger das hörten, bekamen sie große Angst und warfen sich mit dem Gesicht zu Boden. 7 Da trat Jesus zu ihnen, fasste sie an und sagte: Steht auf, habt keine Angst! 8 Und als sie aufblickten, sahen sie nur noch Jesus.

9 Während sie den Berg hinabstiegen, gebot ihnen Jesus: Erzählt niemand von dem, was ihr gesehen habt, bis der Menschensohn von den Toten auferstanden ist.

1–9 ‖ Mk 9,2–10; Lk 9,28–36 • 2: 2 Petr 1,16–18 • 5: Ps 2,7; Jes 42,1; Dtn 18,15; Mt 3,17.

Von der Wiederkunft des Elija: 17,10–13

10 Da fragten ihn die Jünger: Warum sagen denn die Schriftgelehrten, zuerst müsse Elija kommen? 11 Er gab zur Antwort: Ja, Elija kommt *und er wird alles wiederherstellen.* 12 Ich sage euch aber: Elija ist schon gekommen, doch sie haben ihn nicht erkannt, sondern mit ihm gemacht, was sie wollten. Ebenso wird auch der Menschensohn durch sie leiden müssen. 13 Da verstanden die Jünger, dass er von Johannes dem Täufer sprach.

10–13 ‖ Mk 9,11–13 • 11: Mal 3,23 G • 12: 11,14 • 13: Lk 1,17.

Die Heilung eines mondsüchtigen Jungen: 17,14–21

14 Als sie zurückkamen, begegneten sie einer großen Zahl von Menschen. Da trat ein Mann auf ihn zu, fiel vor ihm auf die Knie 15 und sagte: Herr, hab Erbarmen mit meinem Sohn! Er ist mondsüchtig und hat schwer zu leiden. Immer wieder fällt er ins Feuer oder ins Wasser. 16 Ich habe ihn schon zu deinen Jüngern gebracht, aber sie konnten ihn nicht heilen. 17 Da sagte Jesus: O du ungläubige und unbelehrbare Generation! Wie lange muss ich noch bei euch sein? Wie lange muss ich euch noch ertragen? Bringt ihn her zu mir! 18 Dann drohte Jesus dem Dämon. Der Dämon verließ den Jungen, und der Junge war von diesem Augenblick an geheilt.

19 Als die Jünger mit Jesus allein waren, wandten sie sich an ihn und fragten: Warum konnten denn wir den Dämon nicht austreiben? 20 Er antwortete: Weil euer Glaube so klein ist. Amen, das sage ich euch: Wenn euer Glaube auch nur so groß ist wie ein Senfkorn, dann werdet ihr zu diesem Berg sagen: Rück von hier nach dort!, und er wird wegrücken. Nichts wird euch unmöglich sein. [21]

14–21 ‖ Mk 9,14–29; Lk 9,37–42 • 20: 21,21; Mk 11,23; Lk 17,6.

Die zweite Ankündigung von Leiden und Auferstehung: 17,22–23

22 Als sie in Galiläa zusammen waren, sagte Jesus zu ihnen: Der Menschensohn wird den Menschen ausgeliefert werden, 23 und sie werden ihn töten; aber am dritten Tag wird er auferstehen. Da wurden sie sehr traurig.

22–23 ‖ Mk 9,30–32; Lk 9,43b–45 • 22: 16,21; 20,18f.

Von der Tempelsteuer: 17,24–27

24 Als Jesus und die Jünger nach Kafarnaum kamen, gingen die Männer, die die Tempelsteuer einzogen, zu Petrus und fragten: Zahlt euer Meister die Doppeldrachme nicht? 25 Er antwortete: Doch! Als er dann ins Haus hineinging, kam ihm Jesus mit der Frage zuvor: Was meinst du, Simon, von wem erheben die Könige dieser Welt Zölle

---

17,10–13 Jüdische Kreise vertraten zur Zeit Jesu die Meinung, der Prophet Elija werde am Ende der Tage wiederkehren – er galt als zu Gott entrückt, nicht gestorben (2 Kön 2,1–18) – und das Volk Israel auf das kommende Endgericht vorbereiten (vgl. Mal 3,23f; Sir 48,10).

17,21 Spätere Textzeugen fügen hier entsprechend Mk 9,29 ein: Diese Art (von Dämonen) aber kann nur durch Gebet und Fasten ausgetrieben werden.

17,24 Der Ex 30,13–15 geforderte Halbschekel galt zur Zeit Jesu so viel wie zwei attische Drachmen;

und Steuern? Von ihren eigenen Söhnen oder von den anderen Leuten? 26 Als Petrus antwortete: Von den anderen!, sagte Jesus zu ihm: Also sind die Söhne frei. 27 Damit wir aber bei niemand Anstoß erregen, geh an den See und wirf die Angel aus; den ersten Fisch, den du heraufholst, nimm, öffne ihm das Maul und du wirst ein Vierdrachmenstück finden. Das gib den Männern als Steuer für mich und für dich.

24: Ex 30,13.

Die Rede über das Leben in der Gemeinde: 18,1–35

Der Rangstreit der Jünger: 18,1–5

18 In jener Stunde kamen die Jünger zu Jesus und fragten: Wer ist im Himmelreich der Größte? 2 Da rief er ein Kind herbei, stellte es in ihre Mitte 3 und sagte: Amen, das sage ich euch: Wenn ihr nicht umkehrt und wie die Kinder werdet, könnt ihr nicht in das Himmelreich kommen. 4 Wer so klein sein kann wie dieses Kind, der ist im Himmelreich der Größte. 5 Und wer ein solches Kind um meinetwillen aufnimmt, der nimmt mich auf.

1–5 ‖ Mk 9,33–37; Lk 9,46–48 • 1: Lk 22,24–26 • 3: 19,14; Mk 10,15; Lk 18,17.

Warnung vor der Verführung und der Verachtung von Jüngern: 18,6–11

6 Wer einen von diesen Kleinen, die an mich glauben, zum Bösen verführt, für den wäre es besser, wenn er mit einem Mühlstein um den Hals im tiefen Meer versenkt würde. 7 Wehe der Welt mit ihrer Verführung! Es muss zwar Verführung geben; doch wehe dem Menschen, der sie verschuldet.

8 Wenn dich deine Hand oder dein Fuß zum Bösen verführt, dann hau sie ab und wirf sie weg! Es ist besser für dich, verstümmelt oder lahm in das Leben zu gelangen, als mit zwei Händen und zwei Füßen in das ewige Feuer geworfen zu werden. 9 Und wenn dich dein Auge zum Bösen verführt, dann reiß es aus und wirf es weg! Es ist besser für dich, einäugig in das Leben zu gelangen, als mit zwei Augen in das Feuer der Hölle geworfen zu werden.

10 Hütet euch davor, einen von diesen Kleinen zu verachten! Denn ich sage euch: Ihre Engel im Himmel sehen stets das Angesicht meines himmlischen Vaters. [11]

6–9 ‖ Mk 9,42–47; Lk 17,1f • 8: 5,30 • 9: 5,29.

Das Gleichnis vom verlorenen Schaf: 18,12–14

12 Was meint ihr? Wenn jemand hundert Schafe hat und eines von ihnen sich verirrt, lässt er dann nicht die neunundneunzig auf den Bergen zurück und sucht das verirrte? 13 Und wenn er es findet – amen, ich sage euch: er freut sich über dieses eine mehr als über die neunundneunzig, die sich nicht verirrt haben. 14 So will auch euer himmlischer Vater nicht, dass einer von diesen Kleinen verloren geht.

12–14 ‖ Lk 15,4–7 • 12: Joh 10,11–15.

Von der Verantwortung für den Bruder: 18,15–20

15 Wenn dein Bruder sündigt, dann geh zu ihm und weise ihn unter vier Augen zurecht. Hört er auf dich, so hast du deinen Bruder zurückgewonnen. 16 Hört er aber nicht auf dich, dann nimm einen oder zwei Männer mit, denn *jede Sache muss durch die Aussage von zwei oder drei Zeugen entschieden werden.* 17 Hört er auch auf sie nicht, dann sag es der Gemeinde. Hört er aber auch auf die Gemeinde nicht, dann sei er für dich wie ein Heide oder ein Zöllner.

18 Amen, ich sage euch: Alles, was ihr auf Erden binden werdet, das wird auch im Himmel gebunden sein und alles, was ihr auf Erden lösen werdet, das wird auch im Himmel gelöst sein.

---

diese Steuer wurde daher auch »die Doppeldrachme« genannt. Eine Drachme entsprach dem Tageslohn eines Arbeiters.
17,27 ein Vierdrachmenstück, wörtlich: einen Statér.
18,1–4 Das Kind galt zur Zeit Jesu als unfertiger Erwachsener und spielte in der damaligen Gesellschaft keine Rolle.
18,5 um meinetwillen, wörtlich: aufgrund meines Namens.
18,6.10.14 Der Ausdruck »diese Kleinen« knüpft zwar an die zuvor genannten Kinder an, wird aber nun zur Bezeichnung der Christen: sie sind wenig angesehen, machtlos und auf (Gottes) Hilfe angewiesen.
18,8f Nach jüdischer Auffassung saß die Begierde in den einzelnen Gliedern. Darum wurde bei den Juden z. B. Diebstahl durch Abhauen der Hand geahndet. Als Ort der ewigen Strafe galt dem Judentum die Feuerhölle, die Gehenna, wo die Bösen nach dem Endgericht ewige Qual erleiden werden (vgl. Jes 66,24; Offb 20,14f).
18,11 Ein Teil der Textzeugen fügt hier ein: Denn der Menschensohn ist gekommen, um zu retten, was verloren ist; vgl. Lk 19,10.
18,17 Mit »Gemeinde« ist die Ortskirche gemeint.

19 Weiter sage ich euch: Alles, was zwei
von euch auf Erden gemeinsam erbitten,
werden sie von meinem himmlischen Vater
erhalten. 20 Denn wo zwei oder drei in mei-
nem Namen versammelt sind, da bin ich mit-
ten unter ihnen.

15: Lev 19,17; Lk 17,3 • 16: Dtn 19,15 • 18: 16,19; Joh 20,23 • 19: 7,7 • 20: 28,20.

Von der Pflicht zur Vergebung: 18,21–22

21 Da trat Petrus zu ihm und fragte: Herr,
wie oft muss ich meinem Bruder vergeben,
wenn er sich gegen mich versündigt? Sieben-
mal? 22 Jesus sagte zu ihm: Nicht *siebenmal,*
sondern *siebenundsiebzigmal.*

22: Gen 4,24; Lk 17,4.

Das Gleichnis vom unbarmherzigen Gläubiger: 18,23–35

23 Mit dem Himmelreich ist es deshalb wie
mit einem König, der beschloss, von seinen
Dienern Rechenschaft zu verlangen. 24 Als er
nun mit der Abrechnung begann, brachte
man einen zu ihm, der ihm zehntausend Ta-
lente schuldig war. 25 Weil er aber das Geld
nicht zurückzahlen konnte, befahl der Herr,
ihn mit Frau und Kindern und allem, was er
besaß, zu verkaufen und so die Schuld zu be-
gleichen. 26 Da fiel der Diener vor ihm auf die
Knie und bat: Hab Geduld mit mir! Ich wer-
de dir alles zurückzahlen. 27 Der Herr hatte
Mitleid mit dem Diener, ließ ihn gehen und
schenkte ihm die Schuld. 28 Als nun der Die-
ner hinausging, traf er einen anderen Diener
seines Herrn, der ihm hundert Denare schul-
dig war. Er packte ihn, würgte ihn und rief:
Bezahl, was du mir schuldig bist! 29 Da fiel
der andere vor ihm nieder und flehte: Hab
Geduld mit mir! Ich werde es dir zurückzah-
len. 30 Er aber wollte nicht, sondern ging weg
und ließ ihn ins Gefängnis werfen, bis er die
Schuld bezahlt habe. 31 Als die übrigen Die-
ner das sahen, waren sie sehr betrübt; sie
gingen zu ihrem Herrn und berichteten ihm
alles, was geschehen war. 32 Da ließ ihn sein
Herr rufen und sagte zu ihm: Du elender
Diener! Deine ganze Schuld habe ich dir
erlassen, weil du mich so angefleht hast.
33 Hättest nicht auch du mit jenem, der
gemeinsam mit dir in meinem Dienst steht,
Erbarmen haben müssen, so wie ich mit dir
Erbarmen hatte? 34 Und in seinem Zorn
übergab ihn der Herr den Folterknechten,
bis er die ganze Schuld bezahlt habe.
35 Ebenso wird mein himmlischer Vater je-
den von euch behandeln, der seinem Bruder
nicht von ganzem Herzen vergibt.

23: 25,19 • 27: Lk 7,42 • 35: 6,15.

JESU WIRKEN IN JUDÄA UND IN JERUSALEM: 19,1 – 25,46

Der Weg nach Jerusalem: 19,1–20,34

Aufbruch nach Judäa: 19,1–2

19 Als Jesus diese Reden beendet hatte,
verließ er Galiläa und zog in das Ge-
biet von Judäa jenseits des Jordan. 2 Viele
Menschen folgten ihm dorthin und er heilte
sie.

1–2 ‖ Mk 10,1; Lk 9,51.

Von Ehescheidung und Ehelosigkeit: 19,3–12

3 Da kamen Pharisäer zu ihm, die ihm eine
Falle stellen wollten, und fragten: Darf man

18,22 Der griechische Text ist zu übersetzen mit »siebenundsiebzigmal«, nicht mit siebzigmal siebenmal wie in manchen Übersetzungen. Der Ausdruck hat den Sinn: immer, ohne Einschränkung.
18,23–25 Ein Talent (griechische Rechnungseinheit) entsprach sechstausend Drachmen. Ein Denar war damals einer Drachme gleichwertig und war der Tageslohn eines Arbeiters. Die Schuld umfasste also eine ungeheure Summe, die kaum aufzubringen war. Die Jahreseinkünfte Herodes' des Großen betrugen 900 Talente, das Steueraufkommen von ganz Galiläa und Peräa im Jahr 4 n. Chr. 200 Talente.
Unter dem »Diener« kann man sich etwa den Finanzminister eines orientalischen Königs vorstellen, dessen Beamte als Sklaven oder Diener des Herrschers angesehen wurden. Die Folter diente dazu, Auskünfte über beiseite geschafftes Geld zu erlangen.
19,3.7f Die Entlassung der Frau aus der Ehe war durch das Gesetz des Mose erlaubt (vgl. Dtn 24,1); umstritten war lediglich, welche Gründe dies rechtfertigten: nach der strengeren Auffassung des Schriftgelehrten Schammai Ehebruch, ansteckende Krankheit, Geisteskrankheit, Kinderlosigkeit; nach der Auffassung des Schriftgelehrten Hillel, die zur Zeit Jesu vorherrschend war, alles, was dem Mann an seiner Frau missfiel.

seine Frau aus jedem beliebigen Grund aus
der Ehe entlassen? 4 Er antwortete: Habt ihr
nicht gelesen, dass der Schöpfer die Men-
schen am Anfang *als Mann und Frau ge-
schaffen hat* 5 und dass er gesagt hat: *Darum
wird der Mann Vater und Mutter verlassen
und sich an seine Frau binden und die zwei
werden ein Fleisch sein?* 6 Sie sind also nicht
mehr zwei, sondern eins. Was aber Gott ver-
bunden hat, das darf der Mensch nicht tren-
nen. 7 Da sagten sie zu ihm: Wozu hat dann
Mose vorgeschrieben, dass man (der Frau)
eine Scheidungsurkunde geben muss, wenn
man sich trennen will? 8 Er antwortete: Nur
weil ihr so hartherzig seid, hat Mose euch er-
laubt, eure Frauen aus der Ehe zu entlassen.
Am Anfang war das nicht so. 9 Ich sage euch:
Wer seine Frau entlässt, obwohl kein Fall
von Unzucht vorliegt, und eine andere heira-
tet, der begeht Ehebruch.
10 Da sagten die Jünger zu ihm: Wenn das
die Stellung des Mannes in der Ehe ist, dann
ist es nicht gut zu heiraten. 11 Jesus sagte zu
ihnen: Nicht alle können dieses Wort erfas-
sen, sondern nur die, denen es gegeben ist.
12 Denn es ist so: Manche sind von Geburt an
zur Ehe unfähig, manche sind von den
Menschen dazu gemacht und manche haben
sich selbst dazu gemacht – um des Himmel-
reiches willen. Wer das erfassen kann, der
erfasse es.

3–9 ‖ Mk 10,2–12 • 4: Gen 1,27 • 5: Gen 2,24 • 7: Dtn 24,1; Mt 5,31 • 9: 5,32; Lk 16,18; 1 Kor 7,10f.

Die Segnung der Kinder: 19,13–15

13 Da brachte man Kinder zu ihm, damit er
ihnen die Hände auflegte und für sie betete.
Die Jünger aber wiesen die Leute schroff ab.
14 Doch Jesus sagte: Lasst die Kinder zu mir
kommen; hindert sie nicht daran! Denn
Menschen wie ihnen gehört das Himmel-
reich. 15 Dann legte er ihnen die Hände auf
und zog weiter.

13–15 ‖ Mk 10,13–16; Lk 18,15–17 • 14: 18,3.

Von Reichtum und Nachfolge: 19,16–30

16 Es kam ein Mann zu Jesus und fragte:
Meister, was muss ich Gutes tun, um das
ewige Leben zu gewinnen? 17 Er antwortete:
Was fragst du mich nach dem Guten? Nur ei-
ner ist »der Gute«. Wenn du aber das Leben
erlangen willst, halte die Gebote! 18 Darauf
fragte er ihn: Welche? Jesus antwortete: *Du
sollst nicht töten, du sollst nicht die Ehe bre-
chen, du sollst nicht stehlen, du sollst nicht
falsch aussagen;* 19 *ehre Vater und Mutter!*
Und: *Du sollst deinen Nächsten lieben wie
dich selbst!* 20 Der junge Mann erwiderte
ihm: Alle diese Gebote habe ich befolgt. Was
fehlt mir jetzt noch? 21 Jesus antwortete ihm:
Wenn du vollkommen sein willst, geh, ver-
kauf deinen Besitz und gib das Geld den Ar-
men; so wirst du einen bleibenden Schatz im
Himmel haben; dann komm und folge mir
nach. 22 Als der junge Mann das hörte, ging
er traurig weg; denn er hatte ein großes Ver-
mögen. 23 Da sagte Jesus zu seinen Jüngern:
Amen, das sage ich euch: Ein Reicher wird
nur schwer in das Himmelreich kommen.
24 Nochmals sage ich euch: Eher geht ein Ka-
mel durch ein Nadelöhr, als dass ein Reicher
in das Reich Gottes gelangt. 25 Als die Jünger
das hörten, erschraken sie sehr und sagten:
Wer kann dann noch gerettet werden? 26 Je-
sus sah sie an und sagte zu ihnen: Für Men-
schen ist das unmöglich, *für Gott* aber *ist
alles möglich.*
27 Da antwortete Petrus: Du weißt, wir ha-
ben alles verlassen und sind dir nachgefolgt.
Was werden wir dafür bekommen? 28 Jesus
erwiderte ihnen: Amen, ich sage euch: Wenn
die Welt neu geschaffen wird und der Men-
schensohn sich auf den Thron der Herrlich-
keit setzt, werdet ihr, die ihr mir nachgefolgt
seid, auf zwölf Thronen sitzen und die zwölf
Stämme Israels richten. 29 Und jeder, der um
meines Namens willen Häuser oder Brüder,
Schwestern, Vater, Mutter, Kinder oder
Äcker verlassen hat, wird dafür das Hun-
dertfache erhalten und das ewige Leben ge-
winnen. 30 Viele aber, die jetzt die Ersten
sind, werden dann die Letzten sein, und die
Letzten werden die Ersten sein.

16–30 ‖ Mk 10,17–31; Lk 18,18–30 • 18: Ex 20,12–16; Dtn 5,16–20 • 19: Lev 19,18 • 21: 6,20; 8,22 • 26: Gen 18,14; Ijob 42,2; Lk 1,37 • 28: 25,31; Offb 3,21; Lk 22,30 • 30: 20,16; Lk 13,30.

Das Gleichnis von den Arbeitern im Weinberg: 20,1–16

20 Denn mit dem Himmelreich ist es
wie mit einem Gutsbesitzer, der früh
am Morgen sein Haus verließ, um Arbeiter
für seinen Weinberg anzuwerben. 2 Er einig-
te sich mit den Arbeitern auf einen Denar für

19,4 Mit dem Hinweis auf den »Anfang« verweist Jesus auf die Schöpfungsordnung Gottes (vgl. Gen 1,1 – 2,4a; 2,4b–25).

19,9 Die sog. Unzuchtsklausel, die vom radikalen Scheidungsverbot Jesu den Fall der Unzucht ausnimmt, findet sich in der älteren Überlieferung, wie sie in Mk 10,2–12 und Lk 16,18 vorliegt, noch nicht.

19,29 das Hundertfache, nach einigen alten Textzeugen: ein Vielfaches; vgl. Lk 18,30.

den Tag und schickte sie in seinen Weinberg. 3 Um die dritte Stunde ging er wieder auf den Markt und sah andere dastehen, die keine Arbeit hatten. 4 Er sagte zu ihnen: Geht auch ihr in meinen Weinberg! Ich werde euch geben, was recht ist. 5 Und sie gingen. Um die sechste und um die neunte Stunde ging der Gutsherr wieder auf den Markt und machte es ebenso. 6 Als er um die elfte Stunde noch einmal hinging, traf er wieder einige, die dort herumstanden. Er sagte zu ihnen: Was steht ihr hier den ganzen Tag untätig herum? 7 Sie antworteten: Niemand hat uns angeworben. Da sagte er zu ihnen: Geht auch ihr in meinen Weinberg! 8 Als es nun Abend geworden war, sagte der Besitzer des Weinbergs zu seinem Verwalter: Ruf die Arbeiter, und zahl ihnen den Lohn aus, angefangen bei den letzten, bis hin zu den ersten. 9 Da kamen die Männer, die er um die elfte Stunde angeworben hatte, und jeder erhielt einen Denar. 10 Als dann die ersten an der Reihe waren, glaubten sie, mehr zu bekommen. Aber auch sie erhielten nur einen Denar. 11 Da begannen sie, über den Gutsherrn zu murren, 12 und sagten: Diese letzten haben nur eine Stunde gearbeitet, und du hast sie uns gleichgestellt; wir aber haben den ganzen Tag über die Last der Arbeit und die Hitze ertragen. 13 Da erwiderte er einem von ihnen: Mein Freund, dir geschieht kein Unrecht. Hast du nicht einen Denar mit mir vereinbart? 14 Nimm dein Geld und geh! Ich will dem letzten ebenso viel geben wie dir. 15 Darf ich mit dem, was mir gehört, nicht tun, was ich will? Oder bist du neidisch, weil ich (zu anderen) gütig bin? 16 So werden die Letzten die Ersten sein und die Ersten die Letzten.

8: Lev 19,13; Dtn 24,15 • 16: 19,30; Mk 10,31; Lk 13,30.

Die dritte Ankündigung von Leiden und Auferstehung: 20,17–19

17 Als Jesus nach Jerusalem hinaufzog, nahm er unterwegs die zwölf Jünger beiseite und sagte zu ihnen: 18 Wir gehen jetzt nach Jerusalem hinauf; dort wird der Menschensohn den Hohenpriestern und Schriftgelehrten ausgeliefert; sie werden ihn zum Tod verurteilen 19 und den Heiden übergeben, damit er verspottet, gegeißelt und gekreuzigt wird; aber am dritten Tag wird er auferstehen.

17–19 ‖ Mk 10,32–34; Lk 18,31–34 • 18f: 16,21; 17,22f • 19: 27,63; 28,6; Lk 9,22; 24,7.46; Apg 10,40; 1 Kor 15,4.

Vom Herrschen und vom Dienen: 20,20–28

20 Damals kam die Frau des Zebedäus mit ihren Söhnen zu Jesus und fiel vor ihm nieder, weil sie ihn um etwas bitten wollte. 21 Er fragte sie: Was willst du? Sie antwortete: Versprich, dass meine beiden Söhne in deinem Reich rechts und links neben dir sitzen dürfen. 22 Jesus erwiderte: Ihr wisst nicht, um was ihr bittet. Könnt ihr den Kelch trinken, den ich trinken werde? Sie sagten zu ihm: Wir können es. 23 Da antwortete er ihnen: Ihr werdet meinen Kelch trinken; doch den Platz zu meiner Rechten und zu meiner Linken habe nicht ich zu vergeben; dort werden die sitzen, für die mein Vater diese Plätze bestimmt hat.

24 Als die zehn anderen Jünger das hörten, wurden sie sehr ärgerlich über die beiden Brüder. 25 Da rief Jesus sie zu sich und sagte: Ihr wisst, dass die Herrscher ihre Völker unterdrücken und die Mächtigen ihre Macht über die Menschen missbrauchen. 26 Bei euch soll es nicht so sein, sondern wer bei euch groß sein will, der soll euer Diener sein, 27 und wer bei euch der Erste sein will, soll euer Sklave sein. 28 Denn auch der Menschensohn ist nicht gekommen, um sich dienen zu lassen, sondern um zu dienen und sein Leben hinzugeben als Lösegeld für viele.

20–23 ‖ Mk 10,35–40 • 24–28 ‖ Mk 10,41–45; Lk 22,24–27 • 22: 26,39; Joh 18,11 • 26: 23,11; Mk 9,35; Lk 9,48 • 28: Jes 53,12; 1 Tim 2,6.

Die Heilung von zwei Blinden bei Jericho: 20,29–34

29 Als sie Jericho verließen, folgte ihm eine große Zahl von Menschen. 30 An der Straße aber saßen zwei Blinde, und als sie hörten, dass Jesus vorbeikam, riefen sie laut: Herr, Sohn Davids, hab Erbarmen mit uns! 31 Die Leute aber wurden ärgerlich und befahlen ihnen zu schweigen. Sie aber schrien noch lauter: Herr, Sohn Davids, hab Erbarmen mit uns! 32 Jesus blieb stehen, rief sie zu sich und sagte: Was soll ich euch tun? 33 Sie antworteten: Herr, wir möchten, dass unsere Augen geöffnet werden. 34 Da hatte Jesus Mitleid mit ihnen und berührte ihre Augen. Im gleichen Augenblick konnten sie wieder sehen, und sie folgten ihm.

29–34 ‖ Mk 10,46–52; Lk 18,35–43 • 29–34: 9,27–30; • 30: 15,22.

20,14 »Ebenso viel« ist hier zu verstehen im Sinne von »im gleichen Maße«.
20,16 Spätere Textzeugen fügen am Ende des Verses entsprechend Mt 22,14 hinzu: Denn viele sind gerufen, aber nur wenige auserwählt.
20,20 die Frau des Zebedäus, wörtlich: die Mutter der Söhne des Zebedäus.
20,22f »Jemandes Kelch trinken« bedeutet so viel wie »an jemandes Schicksal teilhaben«.

Die Auseinandersetzung mit den Gegnern in Jerusalem: 21,1 – 23,39

Der Einzug in Jerusalem: 21,1–11

21 Als sich Jesus mit seinen Begleitern Jerusalem näherte und nach Betfage am Ölberg kam, schickte er zwei Jünger voraus 2 und sagte zu ihnen: Geht in das Dorf, das vor euch liegt; dort werdet ihr eine Eselin angebunden finden und ein Fohlen bei ihr. Bindet sie los und bringt sie zu mir! 3 Und wenn euch jemand zur Rede stellt, dann sagt: Der Herr braucht sie, er lässt sie aber bald zurückbringen.

4 Das ist geschehen, damit sich erfüllte, was durch den Propheten gesagt worden ist:

5 *Sagt der Tochter Zion: / Siehe, dein König kommt zu dir. / Er ist friedfertig / und er reitet auf einer Eselin / und auf einem Fohlen, / dem Jungen eines Lasttiers.*

6 Die Jünger gingen und taten, was Jesus ihnen aufgetragen hatte. 7 Sie brachten die Eselin und das Fohlen, legten ihre Kleider auf sie, und er setzte sich darauf. 8 Viele Menschen breiteten ihre Kleider auf der Straße aus, andere schnitten Zweige von den Bäumen und streuten sie auf den Weg. 9 Die Leute aber, die vor ihm hergingen und die ihm folgten, riefen:

Hosanna dem Sohn Davids! / *Gesegnet sei er, der kommt im Namen des Herrn. / Hosanna* in der Höhe!

10 Als er in Jerusalem einzog, geriet die ganze Stadt in Aufregung, und man fragte: Wer ist das? 11 Die Leute sagten: Das ist der Prophet Jesus von Nazaret in Galiläa.

1–11 ‖ Mk 11,1–11; Lk 19,28–40; Joh 12,12–19 • 5: Jes 62,11; Sach 9,9 • 9: Ps 118,25f; Mt 23,39; Lk 13,35.

Die Tempelreinigung: 21,12–17

12 Jesus ging in den Tempel und trieb alle Händler und Käufer aus dem Tempel hinaus; er stieß die Tische der Geldwechsler und die Stände der Taubenhändler um 13 und sagte: In der Schrift steht: *Mein Haus soll ein Haus des Gebetes sein.* Ihr aber macht daraus *eine Räuberhöhle.* 14 Im Tempel kamen Lahme und Blinde zu ihm und er heilte sie. 15 Als nun die Hohenpriester und die Schriftgelehrten die Wunder sahen, die er tat, und die Kinder im Tempel rufen hörten: Hosanna dem Sohn Davids!, da wurden sie ärgerlich 16 und sagten zu ihm: Hörst du, was sie rufen? Jesus antwortete ihnen: Ja, ich höre es. Habt ihr nie gelesen: *Aus dem Mund der Kinder und Säuglinge schaffst du dir Lob ?* 17 Und er ließ sie stehen und ging aus der Stadt hinaus nach Betanien; dort übernachtete er.

12–17 ‖ Mk 11,15–19; Lk 19,45–48; Joh 2,13–16 • 13: Jes 56,7; Jer 7,11 • 16: Ps 8,3.

Die Verfluchung eines Feigenbaums: 21,18–22

18 Als er am Morgen in die Stadt zurückkehrte, hatte er Hunger. 19 Da sah er am Weg einen Feigenbaum und ging auf ihn zu, fand aber nur Blätter daran. Da sagte er zu ihm: In Ewigkeit soll keine Frucht mehr an dir wachsen. Und der Feigenbaum verdorrte auf der Stelle. 20 Als die Jünger das sahen, fragten sie erstaunt: Wie konnte der Feigenbaum so plötzlich verdorren? 21 Jesus antwortete ihnen: Amen, das sage ich euch: Wenn ihr Glauben habt und nicht zweifelt, dann werdet ihr nicht nur das vollbringen, was ich mit dem Feigenbaum getan habe; selbst wenn ihr zu diesem Berg sagt: Heb dich empor und stürz dich ins Meer!, wird es geschehen. 22 Und alles, was ihr im Gebet erbittet, werdet ihr erhalten, wenn ihr glaubt.

18–19 ‖ Mk 11,12–14 • 20–22 ‖ Mk 11,20–25 • 19: Lk 13,6 • 21: Lk 17,6 • 22: 7,7.

Die Frage nach der Vollmacht Jesu: 21,23–27

23 Als er in den Tempel ging und dort lehrte, kamen die Hohenpriester und die Ältesten des Volkes zu ihm und fragten: Mit welchem Recht tust du das alles? Wer hat dir dazu die Vollmacht gegeben? 24 Jesus antwortete ihnen: Auch ich will euch eine Frage stellen. Wenn ihr mir darauf antwortet, dann werde ich euch sagen, mit welchem Recht ich das tue. 25 Woher stammte die Taufe des Johannes? Vom Himmel oder von den Men-

---

21,1–11 Der Evangelist deutet den Einzug Jesu im Licht von Sach 9,9: Der Messias wird als Vertreter der armen Leute eine friedliche, sozial gerechte Herrschaft aufrichten.

21,3 Andere Übersetzungsmöglichkeit: Der Herr braucht sie. Und er (der Besitzer, der euch zur Rede stellt) wird sie euch sofort mitgeben.

21,9.15 Ursprüngliche Bedeutung von »Hosanna«: Bring doch Hilfe!; später ist das Wort unter Verlust des ursprünglichen Sinns zur liturgischen Formel geworden.

21,12 Im Tempelbezirk konnten die Tempelbesucher Opfertiere kaufen und zur Bezahlung der Tempelsteuer heidnisches Geld in Münzen ohne heidnische Götter- oder Herrscherbilder wechseln.

21,18–22 Der unfruchtbare Feigenbaum ist Bild für das Volk Gottes, das den Glauben verweigert (vgl. Jer 8,13; Lk 13,6–9).

schen? Da überlegten sie und sagten zueinander: Wenn wir antworten: Vom Himmel!, so wird er zu uns sagen: Warum habt ihr ihm dann nicht geglaubt? 26 Wenn wir aber antworten: Von den Menschen!, dann müssen wir uns vor den Leuten fürchten; denn alle halten Johannes für einen Propheten. 27 Darum antworteten sie Jesus: Wir wissen es nicht. Da erwiderte er: Dann sage auch ich euch nicht, mit welchem Recht ich das alles tue.

23–27 ‖ Mk 11,27–33; Lk 20,1–8 • 26: 14,5.

Das Gleichnis von den ungleichen Söhnen: 21,28–32

28 Was meint ihr? Ein Mann hatte zwei Söhne. Er ging zum ersten und sagte: Mein Sohn, geh und arbeite heute im Weinberg! 29 Er antwortete: Ja, Herr!, ging aber nicht. 30 Da wandte er sich an den zweiten Sohn und sagte zu ihm dasselbe. Dieser antwortete: Ich will nicht. Später aber reute es ihn und er ging doch. 31 Wer von den beiden hat den Willen seines Vaters erfüllt? Sie antworteten: Der zweite. Da sagte Jesus zu ihnen: Amen, das sage ich euch: Zöllner und Dirnen gelangen eher in das Reich Gottes als ihr. 32 Denn Johannes ist gekommen, um euch den Weg der Gerechtigkeit zu zeigen, und ihr habt ihm nicht geglaubt; aber die Zöllner und die Dirnen haben ihm geglaubt. Ihr habt es gesehen und doch habt ihr nicht bereut und ihm nicht geglaubt.

31: Lk 7,29f.

Das Gleichnis von den bösen Winzern: 21,33–46

33 Hört noch ein anderes Gleichnis: Es war ein Gutsbesitzer, der *legte einen Weinberg an, zog ringsherum einen Zaun, hob eine Kelter aus und baute einen Turm.* Dann verpachtete er den Weinberg an Winzer und reiste in ein anderes Land. 34 Als nun die Erntezeit kam, schickte er seine Knechte zu den Winzern, um seinen Anteil an den Früchten holen zu lassen. 35 Die Winzer aber packten seine Knechte; den einen prügelten sie, den andern brachten sie um, einen dritten steinigten sie. 36 Darauf schickte er andere Knechte, mehr als das erste Mal; mit ihnen machten sie es genauso. 37 Zuletzt sandte er seinen Sohn zu ihnen; denn er dachte: Vor meinem Sohn werden sie Achtung haben. 38 Als die Winzer den Sohn sahen, sagten sie zueinander: Das ist der Erbe. Auf, wir wollen ihn töten, damit wir seinen Besitz erben. 39 Und sie packten ihn, warfen ihn aus dem Weinberg hinaus und brachten ihn um. 40 Wenn nun der Besitzer des Weinbergs kommt: Was wird er mit solchen Winzern tun? 41 Sie sagten zu ihm: Er wird diesen bösen Menschen ein böses Ende bereiten und den Weinberg an andere Winzer verpachten, die ihm die Früchte abliefern, wenn es Zeit dafür ist. 42 Und Jesus sagte zu ihnen: Habt ihr nie in der Schrift gelesen:

Der Stein, den die Bauleute verworfen haben, / er ist zum Eckstein geworden; / das hat der Herr vollbracht, / vor unseren Augen geschah dieses Wunder?

44 Und wer auf diesen Stein fällt, der wird zerschellen; auf wen der Stein aber fällt, den wird er zermalmen. 43 Darum sage ich euch: Das Reich Gottes wird euch weggenommen und einem Volk gegeben werden, das die erwarteten Früchte bringt.

45 Als die Hohenpriester und die Pharisäer seine Gleichnisse hörten, merkten sie, dass er von ihnen sprach. 46 Sie hätten ihn gern verhaften lassen; aber sie fürchteten sich vor den Leuten, weil alle ihn für einen Propheten hielten.

33–46 ‖ Mk 12,1–12; Lk 20,9–19 • 33: Jes 5,1f G • 35: 22,6 • 42: Ps 118,22f G • 46: 26,4f.

Das Gleichnis vom königlichen Hochzeitsmahl: 22,1–14

22 Jesus erzählte ihnen noch ein anderes Gleichnis: 2 Mit dem Himmelreich ist es wie mit einem König, der die Hochzeit seines Sohnes vorbereitete. 3 Er schickte seine Diener, um die eingeladenen Gäste zur Hochzeit rufen zu lassen. Sie aber wollten nicht kommen. 4 Da schickte er noch einmal Diener und trug ihnen auf: Sagt den Eingeladenen: Mein Mahl ist fertig, die Ochsen und das Mastvieh sind geschlachtet, alles

21,29–31 In einer Reihe wichtiger Textzeugen sagt der erste Sohn nein, geht aber dann doch; der zweite Sohn sagt ja, geht aber nicht. In diesem Fall hat der erste Sohn den Willen des Vaters erfüllt.

21,33–46 Mit dem Weinberg Gottes ist Israel gemeint (vgl. Jes 5, 1–7).

21,42 Die Übersetzung »das hat der Herr vollbracht« nimmt Rücksicht auf den hebräischen Text von Ps 118,22. Der griechische Text lautet wörtlich übersetzt: ihn hat der Herr gemacht und er ist wunderbar in unseren Augen.

21,44 Dieser Vers, der bei einigen alten Textzeugen fehlt, ist irrtümlicherweise hinter V. 43 überliefert.

22,2–10.11–13 Matthäus hat zwei selbständige Gleichnisse miteinander verknüpft. Der zweite Teil besagt, dass der Eintritt in das Reich Gottes die Umkehr des Sünders voraussetzt.

ist bereit. Kommt zur Hochzeit! 5 Sie aber kümmerten sich nicht darum, sondern der eine ging auf seinen Acker, der andere in seinen Laden, 6 wieder andere fielen über seine Diener her, misshandelten sie und brachten sie um. 7 Da wurde der König zornig; er schickte sein Heer, ließ die Mörder töten und ihre Stadt in Schutt und Asche legen. 8 Dann sagte er zu seinen Dienern: Das Hochzeitsmahl ist vorbereitet, aber die Gäste waren es nicht wert (eingeladen zu werden). 9 Geht also hinaus auf die Straßen und ladet alle, die ihr trefft, zur Hochzeit ein. 10 Die Diener gingen auf die Straßen hinaus und holten alle zusammen, die sie trafen, Böse und Gute, und der Festsaal füllte sich mit Gästen.

11 Als sie sich gesetzt hatten und der König eintrat, um sich die Gäste anzusehen, bemerkte er unter ihnen einen Mann, der kein Hochzeitsgewand anhatte. 12 Er sagte zu ihm: Mein Freund, wie konntest du hier ohne Hochzeitsgewand erscheinen? Darauf wusste der Mann nichts zu sagen. 13 Da befahl der König seinen Dienern: Bindet ihm Hände und Füße und werft ihn hinaus in die äußerste Finsternis! Dort wird er heulen und mit den Zähnen knirschen. 14 Denn viele sind gerufen, aber nur wenige auserwählt.

1–10 ‖ Lk 14,15–24 • 6: 21,35 • 13: 8,12.

Die Frage nach der kaiserlichen Steuer:
22,15–22

15 Damals kamen die Pharisäer zusammen und beschlossen, Jesus mit einer Frage eine Falle zu stellen. 16 Sie veranlassten ihre Jünger, zusammen mit den Anhängern des Herodes zu ihm zu gehen und zu sagen: Meister, wir wissen, dass du immer die Wahrheit sagst und wirklich den Weg Gottes lehrst, ohne auf jemand Rücksicht zu nehmen; denn du siehst nicht auf die Person. 17 Sag uns also: Ist es nach deiner Meinung erlaubt, dem Kaiser Steuer zu zahlen, oder nicht? 18 Jesus aber erkannte ihre böse Absicht und sagte: Ihr Heuchler, warum stellt ihr mir eine Falle? 19 Zeigt mir die Münze, mit der ihr eure Steuern bezahlt! Da hielten sie ihm einen Denar hin. 20 Er fragte sie: Wessen Bild und Aufschrift ist das? 21 Sie antworteten: Des Kaisers. Darauf sagte er zu ihnen: So gebt dem Kaiser, was dem Kaiser gehört, und Gott, was Gott gehört! 22 Als sie das hörten, waren sie sehr überrascht, wandten sich um und gingen weg.

15–22 ‖ Mk 12,13–17; Lk 20,20–26.

Die Frage nach der Auferstehung der Toten:
22,23–33

23 Am selben Tag kamen zu Jesus einige von den Sadduzäern, die behaupten, es gebe keine Auferstehung. Sie fragten ihn: 24 Meister, Mose hat gesagt: *Wenn ein Mann stirbt, ohne Kinder zu haben, dann soll sein Bruder dessen Frau heiraten und* seinem *Bruder Nachkommen verschaffen.* 25 Bei uns lebten einmal sieben Brüder. Der erste heiratete und starb, und weil er keine Nachkommen hatte, hinterließ er seine Frau seinem Bruder, 26 ebenso der zweite und der dritte und so weiter bis zum siebten. 27 Als letzte von allen starb die Frau. 28 Wessen Frau wird sie nun bei der Auferstehung sein? Alle sieben haben sie doch zur Frau gehabt. 29 Jesus antwortete ihnen: Ihr irrt euch; ihr kennt weder die Schrift noch die Macht Gottes. 30 Denn nach der Auferstehung werden die Menschen nicht mehr heiraten, sondern sein wie die Engel im Himmel. 31 Habt ihr im übrigen nicht gelesen, was Gott euch über die Auferstehung der Toten mit den Worten gesagt hat: 32 *Ich bin der Gott Abrahams, der Gott Isaaks und der Gott Jakobs* ? Er ist doch nicht der Gott der Toten, sondern der Gott der Lebenden. 33 Als das Volk das hörte, war es über seine Lehre bestürzt.

23–33 ‖ Mk 12,18–27; Lk 20,27–38 • 23: Apg 23,8 • 24: Dtn 25,5f; Gen 38,8 • 32: Ex 3,6.

Die Frage nach dem wichtigsten Gebot:
22,34–40

34 Als die Pharisäer hörten, dass Jesus die Sadduzäer zum Schweigen gebracht hatte, kamen sie (bei ihm) zusammen. 35 Einer von ihnen, ein Gesetzeslehrer, wollte ihn auf die Probe stellen und fragte ihn: 36 Meister, welches Gebot im Gesetz ist das wichtigste? 37 Er antwortete ihm: *Du sollst den Herrn, deinen Gott, lieben mit ganzem Herzen, mit ganzer Seele* und mit all deinen Gedanken.

22,15–22 Im Jahr 6/7 n. Chr. wurde der Zensus, die römische Kopf- und Grundsteuer, auch in Judäa und Samarien eingeführt. Die jüdischen Frommen, vor allem die sogenannten Zeloten, sahen in der Steuerzahlung einen Verrat an Gott. Der römische Silber-Denar trug damals ein Bild des Kaisers Tiberius (14–37 n. Chr.) und die Aufschrift: »Tiberius, Cäsar, des göttlichen Augustus Sohn, Augustus«.

22,23–33 Zur Zeit Jesu hofften die Pharisäer und ein großer Teil des jüdischen Volkes auf eine allgemeine Auferstehung der Toten am Ende der Zeit; die Sadduzäer lehnten diese Vorstellung ab.

22,34–40 Ob die zahlreichen Gebote und Gesetzesvorschriften alle gleich wichtig seien, war im rabbinischen Judentum eine strittige Frage. Für Jesus ist das doppelte Liebesgebot der Inbegriff des gan-

38 Das ist das wichtigste und erste Gebot.
39 Ebenso wichtig ist das zweite: *Du sollst
deinen Nächsten lieben wie dich selbst.* 40 An
diesen beiden Geboten hängt das ganze Ge-
setz samt den Propheten.

34–40 ‖ Mk 12,28–31; Lk 10,25–28 • 37: Dtn 6,5 • 39: Lev 19,18; Mt 5,43; Röm 13,9; Gal 5,14 • 40: 7,12.

Die Frage nach dem Messias: 22,41–46

41 Danach fragte Jesus die Pharisäer, die
bei ihm versammelt waren: 42 Was denkt ihr
über den Messias? Wessen Sohn ist er? Sie
antworteten ihm: Der Sohn Davids. 43 Er
sagte zu ihnen: Wie kann ihn dann David,
vom Geist (Gottes) erleuchtet, »Herr« nen-
nen? Denn er sagt: 44 *Der Herr sprach zu mei-
nem Herrn: Setze dich mir zur Rechten und
ich lege dir deine Feinde unter die Füße.*
45 Wenn ihn also David »Herr« nennt, wie
kann er dann Davids Sohn sein? 46 Niemand
konnte ihm darauf etwas erwidern und von
diesem Tag an wagte keiner mehr, ihm eine
Frage zu stellen.

41–45 ‖ Mk 12,35–37a; Lk 20,41–44 • 44: Ps 110,1 • 46: Mk 12,34; Lk 20,40.

Worte gegen die Schriftgelehrten und die Pharisäer: 23,1–39

23 Darauf wandte sich Jesus an das
Volk und an seine Jünger 2 und sagte:
Die Schriftgelehrten und die Pharisäer ha-
ben sich auf den Stuhl des Mose gesetzt.
3 Tut und befolgt also alles, was sie euch sa-
gen, aber richtet euch nicht nach dem, was
sie tun; denn sie reden nur, tun selbst aber
nicht, was sie sagen. 4 Sie schnüren schwere
Lasten zusammen und legen sie den Men-
schen auf die Schultern, wollen selber aber
keinen Finger rühren, um die Lasten zu tra-
gen. 5 Alles, was sie tun, tun sie nur, damit
die Menschen es sehen: Sie machen ihre Ge-
betsriemen breit und die Quasten an ihren
Gewändern lang, 6 bei jedem Festmahl
möchten sie den Ehrenplatz und in der Syna-
goge die vordersten Sitze haben, 7 und auf
den Straßen und Plätzen lassen sie sich gern
grüßen und von den Leuten Rabbi (Meister)
nennen. 8 Ihr aber sollt euch nicht Rabbi
nennen lassen; denn nur einer ist euer Meis-
ter, ihr alle aber seid Brüder. 9 Auch sollt ihr
niemand auf Erden euren Vater nennen;
denn nur einer ist euer Vater, der im Him-
mel. 10 Auch sollt ihr euch nicht Lehrer nen-
nen lassen; denn nur einer ist euer Lehrer,
Christus. 11 Der Größte von euch soll euer
Diener sein. 12 Denn wer sich selbst erhöht,
wird erniedrigt, und wer sich selbst ernied-
rigt, wird erhöht werden.
13 Weh euch, ihr Schriftgelehrten und Pha-
risäer, ihr Heuchler! Ihr verschließt den
Menschen das Himmelreich. Ihr selbst geht
nicht hinein; aber ihr lasst auch die nicht
hinein, die hineingehen wollen. [14]
15 Weh euch, ihr Schriftgelehrten und Pha-
risäer, ihr Heuchler! Ihr zieht über Land und
Meer, um einen einzigen Menschen für euren
Glauben zu gewinnen; und wenn er gewon-
nen ist, dann macht ihr ihn zu einem Sohn
der Hölle, der doppelt so schlimm ist wie ihr
selbst.
16 Weh euch, ihr seid blinde Führer! Ihr
sagt: Wenn einer beim Tempel schwört, so ist
das kein Eid; wer aber beim Gold des Tem-
pels schwört, der ist an seinen Eid gebunden.
17 Ihr blinden Narren! Was ist wichtiger: das
Gold oder der Tempel, der das Gold erst hei-
lig macht? 18 Auch sagt ihr: Wenn einer beim
Altar schwört, so ist das kein Eid; wer aber
bei dem Opfer schwört, das auf dem Altar
liegt, der ist an seinen Eid gebunden. 19 Ihr
Blinden! Was ist wichtiger: das Opfer oder
der Altar, der das Opfer erst heilig macht?
20 Wer beim Altar schwört, der schwört bei
ihm und bei allem, was darauf liegt. 21 Und
wer beim Tempel schwört, der schwört bei
ihm und bei dem, der darin wohnt. 22 Und
wer beim Himmel schwört, der schwört beim
Thron Gottes und bei dem, der darauf sitzt.
23 Weh euch, ihr Schriftgelehrten und Pha-
risäer, ihr Heuchler! Ihr gebt den Zehnten
von Minze, Dill und Kümmel und lasst das
Wichtigste im Gesetz außer Acht: Gerechtig-

zen Gesetzes, das eine Hauptgebot, an dem alle anderen Gesetze hängen (vgl. die Anmerkung zu 23,4).

23,1–39 Die große Rede Jesu gegen die Schriftgelehrten und die Pharisäer verdankt ihre heutige Gestalt der Hand des Evangelisten. Sie ist gegliedert durch 7 Weherufe (VV. 13.15.16.23.25.27.29) und wird abgeschlossen durch ein Drohwort gegen Jerusalem. In V. 39 klingt die Hoffnung an, dass auch Israel einst Jesus als Messias anerkennen wird.

23,2 Als »Stuhl des Mose« wurde in den Synagogen ein steinerner Ehrensessel bezeichnet, auf den sich die Schriftgelehrten bei der Auslegung des Alten Testamentes setzten. Es war das Zeichen ihrer religiösen Lehrautorität.

23,4 Die »schweren Lasten« sind die vielen Gebote und Verbote, die die Schriftgelehrten aus dem Alten Testament, vor allem aus dem Gesetz des Mose, ableiteten. Zur Zeit Jesu zählte man 613 solcher heiligen Vorschriften.

23,14 Spätere Textzeugen fügen aus Mk 12,40 noch hinzu: Weh euch, ihr Schriftgelehrten und Pharisäer, ihr Heuchler! Ihr bringt die Witwen um ihre

keit, Barmherzigkeit und Treue. Man muss das eine tun, ohne das andere zu lassen. 24 Blinde Führer seid ihr: Ihr siebt Mücken aus und verschluckt Kamele.

25 Weh euch, ihr Schriftgelehrten und Pharisäer, ihr Heuchler! Ihr haltet Becher und Schüsseln außen sauber, innen aber sind sie voll von dem, was ihr in eurer Maßlosigkeit zusammengeraubt habt. 26 Du blinder Pharisäer! Mach den Becher zuerst innen sauber, dann ist er auch außen rein.

27 Weh euch, ihr Schriftgelehrten und Pharisäer, ihr Heuchler! Ihr seid wie die Gräber, die außen weiß angestrichen sind und schön aussehen; innen aber sind sie voll Knochen, Schmutz und Verwesung. 28 So erscheint auch ihr von außen den Menschen gerecht, innen aber seid ihr voll Heuchelei und Ungehorsam gegen Gottes Gesetz.

29 Weh euch, ihr Schriftgelehrten und Pharisäer, ihr Heuchler! Ihr errichtet den Propheten Grabstätten und schmückt die Denkmäler der Gerechten 30 und sagt dabei: Wenn wir in den Tagen unserer Väter gelebt hätten, wären wir nicht wie sie am Tod der Propheten schuldig geworden. 31 Damit bestätigt ihr selbst, dass ihr die Söhne der Prophetenmörder seid. 32 Macht nur das Maß eurer Väter voll! 33 Ihr Nattern, ihr Schlangenbrut! Wie wollt ihr dem Strafgericht der Hölle entrinnen?

34 Darum hört: Ich sende Propheten, Weise und Schriftgelehrte zu euch; ihr aber werdet einige von ihnen töten, ja sogar kreuzigen, andere in euren Synagogen auspeitschen und von Stadt zu Stadt verfolgen. 35 So wird all das unschuldige Blut über euch kommen, das auf Erden vergossen worden ist, vom Blut Abels, des Gerechten, bis zum Blut des Zacharias, Barachias' Sohn, den ihr im Vorhof zwischen dem Tempelgebäude und dem Altar ermordet habt. 36 Amen, das sage ich euch: Das alles wird über diese Generation kommen.

37 Jerusalem, Jerusalem, du tötest die Propheten und steinigst die Boten, die zu dir gesandt sind. Wie oft wollte ich deine Kinder um mich sammeln, so wie eine Henne ihre Küken unter ihre Flügel nimmt; aber ihr habt nicht gewollt. 38 Darum wird euer Haus (von Gott) verlassen. 39 Und ich sage euch: Von jetzt an werdet ihr mich nicht mehr sehen, bis ihr ruft: *Gesegnet sei er, der kommt im Namen des Herrn!*

1–36 ‖ Mk 12,37b–40; Lk 20,45–47; 11,39–52 • 16–22 ‖ 5,34–37 • 37–39 ‖ Lk 13,34f • 3: Mal 2,7f • 5: Ex 13,9; Num 15,38f • 6: Lk 14,7 • 8: Joh 13,13 • 11: 20,26f; Mk 9,35; 10,43; Lk 9,48; 22,26 • 12: Lk 14,11; 18,14 • 13: Lk 11,52 • 16: 5,34 • 23: Lev 27,30; Lk 18,12 • 25: Mk 7,4 • 27: Apg 23,3 • 28: Lk 16,15 • 30: 5,12; Apg 7,52 • 33: 3,7 • 34: 1 Thess 2,15 • 35: Gen 4,8.10; 2 Chr 24,20–22 • 38: Jer 12,7; 22,5; Ps 69,26 • 39: Ps 118,26; Mt 21,9.

Die Rede über die Endzeit: 24,1 – 25,46

Die Ankündigung der Zerstörung des Tempels: 24,1–2

24 Als Jesus den Tempel verlassen hatte, wandten sich seine Jünger an ihn und wiesen ihn auf die gewaltigen Bauten des Tempels hin. 2 Er sagte zu ihnen: Seht ihr das alles? Amen, das sage ich euch: Kein Stein wird hier auf dem andern bleiben; alles wird niedergerissen werden.

1–2 ‖ Mk 13,1f; Lk 21,5f • 2: Lk 19,44.

Vom Anfang der Not: 24,3–14

3 Als er auf dem Ölberg saß, wandten sich die Jünger, die mit ihm allein waren, an ihn und fragten: Sag uns, wann wird das geschehen, und was ist das Zeichen für deine Ankunft und das Ende der Welt? 4 Jesus antwortete: Gebt Acht, dass euch niemand irreführt! 5 Denn viele werden unter meinem Namen auftreten und sagen: Ich bin der Messias!, und sie werden viele irreführen.

6 Ihr werdet von Kriegen hören und Nachrichten über Kriege werden euch beunruhigen. Gebt Acht, lasst euch nicht erschrecken! Das *muss geschehen*. Es ist aber noch nicht das Ende. 7 Denn ein Volk wird sich gegen das andere erheben und ein Reich gegen das andere und an vielen Orten wird es Hungersnöte und Erdbeben geben. 8 Doch das alles ist erst der Anfang der Wehen.

9 Dann wird man euch in große Not bringen und euch töten und ihr werdet von allen Völkern um meines Namens willen gehasst. 10 Dann werden viele zu Fall kommen und einander hassen und verraten. 11 Viele falsche Propheten werden auftreten und sie werden viele irreführen. 12 Und weil die Missachtung

Häuser und verrichtet lange, scheinheilige Gebete. Deshalb wird das Urteil, das euch erwartet, um so härter sein.

23,30 am Tod, wörtlich: am Blut.

23,35 Hier liegt eine Verwechslung vor zwischen Secharja (griech. Zacharias), dem Sohn Jojadas, der nach 2 Chr 24,20–22 ermordet wurde, und dem Propheten Sacharja, dem Sohn des Berechja (griech. Barachias), Sach 1,1.7.

23,38 Wörtlich: Darum wird euch euer Haus überlassen. Zahlreiche Textzeugen haben stattdessen: ... verödet überlassen.

24,1–25,46 Die umfangreiche Rede von den letzten Dingen wurde vom Evangelisten zusammenge-

von Gottes Gesetz überhandnimmt, wird die
Liebe bei vielen erkalten. 13 Wer jedoch bis
zum Ende standhaft bleibt, der wird geret-
tet. 14 Aber dieses Evangelium vom Reich
wird auf der ganzen Welt verkündet werden,
damit alle Völker es hören; dann erst kommt
das Ende.

3–14 ‖ Mk 13,3–13; Lk 21,7–19 • 6: Dan 2,28 G • 7: Jes 19,2 • 9–13: 10,17–22; Joh 16,1–4 • 11: 24,23 • 14: 28,19.

Vom Höhepunkt der Not: 24,15–28

15 Wenn ihr dann am heiligen Ort den *un-
heilvollen Gräuel* stehen seht, der durch den
Propheten Daniel vorhergesagt worden ist –
der Leser begreife –, 16 dann sollen die Be-
wohner von Judäa in die Berge fliehen; 17 wer
gerade auf dem Dach ist, soll nicht mehr ins
Haus gehen, um seine Sachen mitzunehmen;
18 wer auf dem Feld ist, soll nicht zurückkeh-
ren, um seinen Mantel zu holen. 19 Weh aber
den Frauen, die in jenen Tagen schwanger
sind oder ein Kind stillen. 20 Betet darum,
dass ihr nicht im Winter oder an einem Sab-
bat fliehen müsst. 21 Denn es wird eine so
große *Not* kommen, *wie es noch nie eine ge-
geben hat, seit die Welt besteht, und wie es
auch keine mehr geben wird.* 22 Und wenn
jene Zeit nicht verkürzt würde, dann würde
kein Mensch gerettet; doch um der Aus-
erwählten willen wird jene Zeit verkürzt
werden.

23 Wenn dann jemand zu euch sagt: Seht,
hier ist der Messias!, oder: Da ist er!, so
glaubt es nicht! 24 Denn es wird mancher fal-
sche Messias und mancher falsche Prophet
auftreten und sie werden große Zeichen und
Wunder tun, um, wenn möglich, auch die
Auserwählten irrezuführen.

25 Denkt daran: Ich habe es euch vorausge-
sagt. 26 Wenn sie also zu euch sagen: Seht, er
ist draußen in der Wüste!, so geht nicht
hinaus; und wenn sie sagen: Seht, er ist im
Haus!, so glaubt es nicht. 27 Denn wie der
Blitz bis zum Westen hin leuchtet, wenn er
im Osten aufflammt, so wird es bei der An-
kunft des Menschensohnes sein. 28 Überall
wo ein Aas ist, da sammeln sich die Geier.

15–28 ‖ Mk 13,14–23; Lk 21,20–24 • 15: Dan 9,27; 11,31; 12,11; 1 Makk 1,54 • 17. Mk 13,15f; Lk 17,31 • 21: Dan 12,1; Joël 2,2 • 26: Lk 17,23 • 28: Lk 17,37.

Vom Kommen des Menschensohnes:
24,29–31

29 Sofort nach den Tagen der großen Not
*wird sich die Sonne verfinstern und der
Mond wird nicht mehr scheinen; die Sterne*
werden vom Himmel fallen und die Kräfte
des Himmels werden erschüttert werden.
30 Danach wird das Zeichen des Menschen-
sohnes am Himmel erscheinen; dann *werden
alle Völker der Erde jammern und klagen*
und sie werden den *Menschensohn* mit gro-
ßer Macht und Herrlichkeit *auf den Wolken
des Himmels kommen* sehen. 31 Er wird seine
Engel unter lautem Posaunenschall aussen-
den und sie werden die von ihm Auserwähl-
ten *aus allen vier Windrichtungen zusam-
menführen,* von einem Ende des Himmels bis
zum andern.

29–31 ‖ Mk 13,24–27; Lk 21,25–28 • 29: Jes 13,10; 34,4 G; Joël 2,10; Hag 2,6.21; 2 Petr 3,10 • 30: Sach 12,10.12; Dan 7,13; Mt 26,64; Mk 14,62; Offb 1,7 • 31: Sach 2,10 G.

Mahnungen im Hinblick auf das Ende:
24,32–42

32 Lernt etwas aus dem Vergleich mit dem
Feigenbaum! Sobald seine Zweige saftig
werden und Blätter treiben, wisst ihr, dass
der Sommer nahe ist. 33 Genauso sollt ihr er-
kennen, wenn ihr das alles seht, dass das
Ende vor der Tür steht. 34 Amen, ich sage
euch: Diese Generation wird nicht vergehen,
bis das alles eintrifft. 35 Himmel und Erde
werden vergehen, aber meine Worte werden
nicht vergehen. 36 Doch jenen Tag und jene
Stunde kennt niemand, auch nicht die Engel
im Himmel, nicht einmal der Sohn, sondern
nur der Vater.

37 Denn wie es in den Tagen des Noach
war, so wird es bei der Ankunft des Men-
schensohnes sein. 38 Wie die Menschen in
den Tagen vor der Flut aßen und tranken
und heirateten, bis zu dem Tag, *an dem No-
ach in die Arche ging,* 39 und nichts ahnten,
bis die Flut hereinbrach und alle wegraffte,
so wird es auch bei der Ankunft des Men-
schensohnes sein. 40 Dann wird von zwei
Männern, die auf dem Feld arbeiten, einer
mitgenommen und einer zurückgelassen.
41 Und von zwei Frauen, die mit derselben
Mühle mahlen, wird eine mitgenommen und
eine zurückgelassen. 42 Seid also wachsam!
Denn ihr wisst nicht, an welchem Tag euer
Herr kommt.

32–36 ‖ Mk 13,28–32; Lk 21,29–33 • 37–42 ‖ Mk 13,35; Lk 17,26–36 • 34: 16,28; Mk 9,1; Lk 9,27 • 37: Gen 6,11–13; 7,7–23 • 38: Gen 7,7 • 42: 25,13; Lk 21,36.

---

stellt. Er rechnet noch mit einem nahen Weltuntergang (vgl. 24,29: »sofort nach jenen Tagen«).

24,14 damit alle Völker es hören, wörtlich: allen Völkern zum Zeugnis.

24,15 Der »unheilvolle Gräuel« ist bei Dan 9,27; 11,31; 12,11 ein im Tempel aufgestellter Altar (oder ein Standbild) des griechischen Gottes Zeus.

Das Gleichnis vom wachsamen Hausherrn: 24,43–44

43 Bedenkt: Wenn der Herr des Hauses
wüsste, zu welcher Stunde in der Nacht der
Dieb kommt, würde er wach bleiben und
nicht zulassen, dass man in sein Haus ein-
bricht. 44 Darum haltet auch ihr euch bereit!
Denn der Menschensohn kommt zu einer
Stunde, in der ihr es nicht erwartet.

43–44 ‖ Lk 12,39f • 43: 1 Thess 5,2; 2 Petr 3,10.

Das Gleichnis vom treuen und vom schlechten Knecht: 24,45–51

45 Wer ist nun der treue und kluge Knecht,
den der Herr eingesetzt hat, damit er dem
Gesinde zur rechten Zeit gibt, was sie zu es-
sen brauchen? 46 Selig der Knecht, den der
Herr damit beschäftigt findet, wenn er
kommt! 47 Amen, das sage ich euch: Er wird
ihn zum Verwalter seines ganzen Vermö-
gens machen. 48 Wenn aber der Knecht
schlecht ist und denkt: Mein Herr kommt
noch lange nicht!, 49 und anfängt, seine Mit-
knechte zu schlagen, wenn er mit Trinkern
Gelage feiert, 50 dann wird der Herr an ei-
nem Tag kommen, an dem der Knecht es
nicht erwartet, und zu einer Stunde, die er
nicht kennt; 51 und der Herr wird ihn in Stü-
cke hauen und ihm seinen Platz unter den
Heuchlern zuweisen. Dort wird er heulen
und mit den Zähnen knirschen.

45–51 ‖ Lk 12,42–46 • 47: 25,21.23 • 50: 24,42.44 • 51: 8,12.

Das Gleichnis von den zehn Jungfrauen: 25,1–13

25 Dann wird es mit dem Himmelreich
sein wie mit zehn Jungfrauen, die
ihre Lampen nahmen und dem Bräutigam
entgegengingen. 2 Fünf von ihnen waren tö-
richt und fünf waren klug. 3 Die törichten
nahmen ihre Lampen mit, aber kein Öl, 4 die
klugen aber nahmen außer den Lampen noch
Öl in Krügen mit. 5 Als nun der Bräutigam
lange nicht kam, wurden sie alle müde und
schliefen ein. 6 Mitten in der Nacht aber hör-
te man plötzlich laute Rufe: Der Bräutigam
kommt! Geht ihm entgegen! 7 Da standen die
Jungfrauen alle auf und machten ihre Lam-
pen zurecht. 8 Die törichten aber sagten zu
den klugen: Gebt uns von eurem Öl, sonst
gehen unsere Lampen aus. 9 Die klugen er-
widerten ihnen: Dann reicht es weder für uns
noch für euch; geht doch zu den Händlern
und kauft, was ihr braucht. 10 Während sie
noch unterwegs waren, um das Öl zu kaufen,
kam der Bräutigam; die Jungfrauen, die be-
reit waren, gingen mit ihm in den Hochzeits-
saal und die Tür wurde zugeschlossen.
11 Später kamen auch die anderen Jungfrau-
en und riefen: Herr, Herr, mach uns auf! 12 Er
aber antwortete ihnen: Amen, ich sage euch:
Ich kenne euch nicht.
13 Seid also wachsam! Denn ihr wisst we-
der den Tag noch die Stunde.

1: Lk 12,35f • 11f: Lk 13,25–27 • 12: 7,23 • 13: 24,42.50; Mk 13,35f.

Das Gleichnis vom anvertrauten Geld: 25,14–30

14 Es ist wie mit einem Mann, der auf Rei-
sen ging: Er rief seine Diener und vertraute
ihnen sein Vermögen an. 15 Dem einen gab er
fünf Talente Silbergeld, einem anderen zwei,
wieder einem anderen eines, jedem nach sei-
nen Fähigkeiten. Dann reiste er ab. Sofort
16 begann der Diener, der fünf Talente erhal-
ten hatte, mit ihnen zu wirtschaften, und er
gewann noch fünf dazu. 17 Ebenso gewann
der, der zwei erhalten hatte, noch zwei dazu.
18 Der aber, der das eine Talent erhalten hat-
te, ging und grub ein Loch in die Erde und
versteckte das Geld seines Herrn. 19 Nach
langer Zeit kehrte der Herr zurück, um von
den Dienern Rechenschaft zu verlangen.
20 Da kam der, der die fünf Talente erhalten
hatte, brachte fünf weitere und sagte: Herr,
fünf Talente hast du mir gegeben; sieh her,
ich habe noch fünf dazugewonnen. 21 Sein
Herr sagte zu ihm: Sehr gut, du bist ein tüch-
tiger und treuer Diener. Du bist im Kleinen
ein treuer Verwalter gewesen, ich will dir
eine große Aufgabe übertragen. Komm,
nimm teil an der Freude deines Herrn!
22 Dann kam der Diener, der zwei Talente er-
halten hatte, und sagte: Herr, du hast mir
zwei Talente gegeben; sieh her, ich habe
noch zwei dazugewonnen. 23 Sein Herr sagte
zu ihm: Sehr gut, du bist ein tüchtiger und
treuer Diener. Du bist im Kleinen ein treuer
Verwalter gewesen, ich will dir eine große
Aufgabe übertragen. Komm, nimm teil an
der Freude deines Herrn! 24 Zuletzt kam
auch der Diener, der das eine Talent erhalten
hatte, und sagte: Herr, ich wusste, dass du
ein strenger Mann bist; du erntest, wo du
nicht gesät hast, und sammelst, wo du nicht
ausgestreut hast; 25 weil ich Angst hatte,
habe ich dein Geld in der Erde versteckt.
Hier hast du es wieder. 26 Sein Herr antwor-
tete ihm: Du bist ein schlechter und fauler
Diener! Du hast doch gewusst, dass ich ern-
te, wo ich nicht gesät habe, und sammle, wo

25,15 Vgl. die Anmerkung zu 18,23–35.

ich nicht ausgestreut habe. 27 Hättest du mein Geld wenigstens auf die Bank gebracht, dann hätte ich es bei meiner Rückkehr mit Zinsen zurückerhalten. 28 Darum nehmt ihm das Talent weg und gebt es dem, der die zehn Talente hat! 29 Denn wer hat, dem wird gegeben, und er wird im Überfluss haben; wer aber nicht hat, dem wird auch noch weggenommen, was er hat. 30 Werft den nichtsnutzigen Diener hinaus in die äußerste Finsternis! Dort wird er heulen und mit den Zähnen knirschen.

14–30 ‖ Lk 19,11–27 • 14: Mk 13,34 • 19: 18,23 • 21: 24,45–47; Lk 16,10 • 23: Lk 12,44 • 29: 13,12; Mk 4,25; Lk 8,18; 19,26 • 30: 8,12.

Vom Weltgericht: 25,31–46

31 Wenn der Menschensohn in seiner Herrlichkeit *kommt* und alle *Engel mit ihm,* dann wird er sich auf den Thron seiner Herrlichkeit setzen. 32 Und alle Völker werden vor ihm zusammengerufen werden und er wird sie voneinander scheiden, wie der Hirt die Schafe von den Böcken scheidet. 33 Er wird die Schafe zu seiner Rechten versammeln, die Böcke aber zur Linken. 34 Dann wird der König denen auf der rechten Seite sagen: Kommt her, die ihr von meinem Vater gesegnet seid, nehmt das Reich in Besitz, das seit der Erschaffung der Welt für euch bestimmt ist. 35 Denn ich war hungrig und ihr habt mir zu essen gegeben; ich war durstig und ihr habt mir zu trinken gegeben; ich war fremd und obdachlos und ihr habt mich aufgenommen; 36 ich war nackt und ihr habt mir Kleidung gegeben; ich war krank und ihr habt mich besucht; ich war im Gefängnis und ihr seid zu mir gekommen. 37 Dann werden ihm die Gerechten antworten: Herr, wann haben wir dich hungrig gesehen und dir zu essen gegeben, oder durstig und dir zu trinken gegeben? 38 Und wann haben wir dich fremd und obdachlos gesehen und aufgenommen, oder nackt und dir Kleidung gegeben? 39 Und wann haben wir dich krank oder im Gefängnis gesehen und sind zu dir gekommen? 40 Darauf wird der König ihnen antworten: Amen, ich sage euch: Was ihr für einen meiner geringsten Brüder getan habt, das habt ihr mir getan.

41 Dann wird er sich auch an die auf der linken Seite wenden und zu ihnen sagen: Weg von mir, ihr Verfluchten, in das ewige Feuer, das für den Teufel und seine Engel bestimmt ist! 42 Denn ich war hungrig und ihr habt mir nichts zu essen gegeben; ich war durstig und ihr habt mir nichts zu trinken gegeben; 43 ich war fremd und obdachlos und ihr habt mich nicht aufgenommen; ich war nackt und ihr habt mir keine Kleidung gegeben; ich war krank und im Gefängnis und ihr habt mich nicht besucht. 44 Dann werden auch sie antworten: Herr, wann haben wir dich hungrig oder durstig oder obdachlos oder nackt oder krank oder im Gefängnis gesehen und haben dir nicht geholfen? 45 Darauf wird er ihnen antworten: Amen, ich sage euch: Was ihr für einen dieser Geringsten nicht getan habt, das habt ihr auch mir nicht getan. 46 Und sie werden weggehen und die ewige Strafe erhalten, die Gerechten aber das ewige Leben.

31: 16,27; Dtn 33,2 G; Mt 19,28; Offb 3,21 • 32: Ez 34,17 • 41: Offb 20,10 • 46: Dan 12,2; Joh 5,29.

DAS LEIDEN UND DIE AUFERSTEHUNG JESU: 26,1 – 28,20

Der Beschluss des Hohen Rates: 26,1–5

26 Als Jesus seine Reden beendet hatte, sagte er zu seinen Jüngern: 2 Ihr wisst, dass in zwei Tagen das Paschafest beginnt; da wird der Menschensohn ausgeliefert und gekreuzigt werden.

3 Um die gleiche Zeit versammelten sich die Hohenpriester und die Ältesten des Volkes im Palast des Hohenpriesters, der Kajaphas hieß, 4 und beschlossen, Jesus mit List in ihre Gewalt zu bringen und ihn zu töten. 5 Sie sagten aber: Ja nicht am Fest, damit kein Aufruhr im Volk entsteht.

1–5 ‖ Mk 14,1f; Lk 22,1f; Joh 11,47–53 • 2: 16,21 • 4f: 21,46.

25,32 Die Übersetzung »Schafe« und »Böcke« nimmt Rücksicht auf die sprichwörtliche deutsche Redeweise. Wahrscheinlichere Übersetzung: die Schafe von den Ziegen. In Palästina waren die Schafe weiß und die Ziegen schwarz. Die Trennung der Tiere erfolgt nach deren Farbe: Die schwarzen Ziegen kommen auf die Unheilsseite links, die weißen Schafe auf die Heilsseite rechts.

25,37.44 Beide Verse setzen voraus, dass alle Menschen, also auch Nichtchristen, nach diesem Maßstab gerichtet werden.

26,1–28,20 Über Markus hinaus, dem Matthäus in seinem Passionsbericht weithin folgt, bietet Matthäus folgendes Sondergut: Traum der Frau des Pilatus (27,19), Ende des Judas (27,3–10), Übernahme der Verantwortung für den Tod Jesu durch das

Die Salbung in Betanien: 26,6–13

6/7 Als Jesus in Betanien im Haus Simons
des Aussätzigen bei Tisch war, kam eine
Frau mit einem Alabastergefäß voll kostba-
rem, wohlriechendem Öl zu ihm und goss es
über sein Haar. 8 Die Jünger wurden unwil-
lig, als sie das sahen, und sagten: Wozu diese
Verschwendung? 9 Man hätte das Öl teuer
verkaufen und das Geld den Armen geben
können. 10 Jesus bemerkte ihren Unwillen
und sagte zu ihnen: Warum lasst ihr die Frau
nicht in Ruhe? Sie hat ein gutes Werk an mir
getan. 11 Denn die Armen habt ihr immer bei
euch, mich aber habt ihr nicht immer. 12 Als
sie das Öl über mich goss, hat sie meinen Leib
für das Begräbnis gesalbt. 13 Amen, ich sage
euch: Überall auf der Welt, wo dieses Evan-
gelium verkündet wird, wird man sich an sie
erinnern und erzählen, was sie getan hat.

6–13 ‖ Mk 14,3–9; Lk 7,36–50; Joh 12,1–8 • 11: Dtn 15,11.

Der Verrat durch Judas: 26,14–16

14 Darauf ging einer der Zwölf namens Ju-
das Iskariot zu den Hohenpriestern 15 und
sagte: Was wollt ihr mir geben, wenn ich
euch Jesus ausliefere? Und *sie zahlten* ihm
dreißig Silberstücke. 16 Von da an suchte er
nach einer Gelegenheit, ihn auszuliefern.

14–16 ‖ Mk 14,10f; Lk 22,3–6 • 15: Joh 11,57; 13,2; Sach 11,12.

Die Vorbereitung des Paschamahls: 26,17–19

17 Am ersten Tag des Festes der Ungesäu-
erten Brote gingen die Jünger zu Jesus und
fragten: Wo sollen wir das Paschamahl für
dich vorbereiten? 18 Er antwortete: Geht in
die Stadt zu dem und dem und sagt zu ihm:
Der Meister lässt dir sagen: Meine Zeit ist da;
bei dir will ich mit meinen Jüngern das Pa-
schamahl feiern. 19 Die Jünger taten, was Je-
sus ihnen aufgetragen hatte, und bereiteten
das Paschamahl vor.

17–19 ‖ Mk 14,12–16; Lk 22,7–13 • 17: Ex 12,14–20.

Das Mahl: 26,20–29

20 Als es Abend wurde, begab er sich mit
den zwölf Jüngern zu Tisch. 21 Und während
sie aßen, sprach er: Amen, ich sage euch: Ei-
ner von euch wird mich verraten und auslie-
fern. 22 Da waren sie sehr betroffen und einer
nach dem andern fragte ihn: Bin ich es etwa,
Herr? 23 Er antwortete: Der, der die Hand
mit mir in die Schüssel getaucht hat, wird
mich verraten. 24 Der Menschensohn muss
zwar seinen Weg gehen, wie die Schrift über
ihn sagt. Doch weh dem Menschen, durch
den der Menschensohn verraten wird. Für
ihn wäre es besser, wenn er nie geboren
wäre. 25 Da fragte Judas, der ihn verriet: Bin
ich es etwa, Rabbi? Jesus sagte zu ihm: Du
sagst es.

26 Während des Mahls nahm Jesus das Brot
und sprach den Lobpreis; dann brach er das
Brot, reichte es den Jüngern und sagte:
Nehmt und esst; das ist mein Leib. 27 Dann
nahm er den Kelch, sprach das Dankgebet
und reichte ihn den Jüngern mit den Worten:
Trinkt alle daraus; 28 das ist mein Blut, *das
Blut des Bundes,* das für viele vergossen
wird zur Vergebung der Sünden. 29 Ich sage
euch: Von jetzt an werde ich nicht mehr von
der Frucht des Weinstocks trinken bis zu
dem Tag, an dem ich mit euch von neuem da-
von trinke im Reich meines Vaters.

20–29 ‖ Mk 14,17–25; Lk 22,14–23 • 20–25 ‖ Joh 13,2.21–30 • 26–28 ‖ 1 Kor 11,23–25 • 24: Ps 22,7f.16–18; Jes 53,8f • 27: 1 Kor 10,16 • 28: Ex 24,8; Jer 31,31; Hebr 7,22; 9,15.

Der Gang zum Ölberg: 26,30–35

30 Nach dem Lobgesang gingen sie zum Öl-
berg hinaus. 31 Da sagte Jesus zu ihnen: Ihr
alle werdet in dieser Nacht an mir Anstoß
nehmen und zu Fall kommen; denn in der
Schrift steht: *Ich werde den Hirten erschla-
gen, dann werden sich die Schafe der Herde
zerstreuen.* 32 Aber nach meiner Auferste-
hung werde ich euch nach Galiläa vorausge-
hen. 33 Petrus erwiderte ihm: Und wenn alle
an dir Anstoß nehmen – ich niemals! 34 Jesus
entgegnete ihm: Amen, ich sage dir: In dieser
Nacht, noch ehe der Hahn kräht, wirst du
mich dreimal verleugnen. 35 Da sagte Petrus
zu ihm: Und wenn ich mit dir sterben müsste
– ich werde dich nie verleugnen. Das Gleiche
sagten auch alle anderen Jünger.

30–35 ‖ Mk 14,26–31 • 30: Lk 22,39; Joh 18,1 • 31: 26,56; Sach 13,7; Joh 16,32 • 32: 28,7.16 • 34–35: Lk 22,31–34; Joh 13,36–38 • 34: 26,75.

Das Gebet in Getsemani: 26,36–46

36 Darauf kam Jesus mit den Jüngern zu
einem Grundstück, das man Getsemani
nennt, und sagte zu ihnen: Setzt euch und
wartet hier, während ich dort bete. 37 Und er
nahm Petrus und die beiden Söhne des Zebe-

Volk (27,24f), Öffnung der Gräber beim Tod Jesu (27,51–53), Geschichte von den Grabwächtern (27,62–66; 28,2–4.11–15).

26,28 Die Wendung »Blut des Bundes« erinnert an den Abschluß des Bundes am Sinai und weist so auf den Sinn des Geschehens hin: die Stiftung des Neuen Bundes durch den Tod Jesu.

däus mit sich. Da ergriff ihn Angst und
Traurigkeit, 38 und er sagte zu ihnen: Meine
Seele ist zu Tode betrübt. Bleibt hier und
wacht mit mir! 39 Und er ging ein Stück wei-
ter, warf sich zu Boden und betete: Mein Va-
ter, wenn es möglich ist, gehe dieser Kelch an
mir vorüber. Aber nicht wie ich will, sondern
wie du willst. 40 Und er ging zu den Jüngern
zurück und fand sie schlafend. Da sagte er zu
Petrus: Konntet ihr nicht einmal eine Stunde
mit mir wachen? 41 Wacht und betet, damit
ihr nicht in Versuchung geratet. Der Geist ist
willig, aber das Fleisch ist schwach. 42 Dann
ging er zum zweiten Mal weg und betete:
Mein Vater, wenn dieser Kelch an mir nicht
vorübergehen kann, ohne dass ich ihn trinke,
geschehe dein Wille. 43 Als er zurückkam,
fand er sie wieder schlafend, denn die Augen
waren ihnen zugefallen. 44 Und er ging wie-
der von ihnen weg und betete zum dritten
Mal mit den gleichen Worten. 45 Danach
kehrte er zu den Jüngern zurück und sagte
zu ihnen: Schlaft ihr immer noch und ruht
euch aus? Die Stunde ist gekommen; jetzt
wird der Menschensohn den Sündern ausge-
liefert. 46 Steht auf, wir wollen gehen! Seht,
der Verräter, der mich ausliefert, ist da.

36–46 ‖ Mk 14,32–42; Lk 22,39–46 • 37: Hebr 5,7 • 38: Ps 42,6.12; 43,5 • 39: Joh 12,27; Mt 20,22; Joh 6,38; 18,11; Hebr 10,9 • 45: Joh 2,4; 7,30; 8,20; 12,23; 13,1; 17,1.

Die Gefangennahme: 26,47–56

47 Während er noch redete, kam Judas, ei-
ner der Zwölf, mit einer großen Schar von
Männern, die mit Schwertern und Knüppeln
bewaffnet waren; sie waren von den Hohen-
priestern und den Ältesten des Volkes ge-
schickt worden. 48 Der Verräter hatte mit ih-
nen ein Zeichen verabredet und gesagt: Der,
den ich küssen werde, der ist es; nehmt ihn
fest. 49 Sogleich ging er auf Jesus zu und sag-
te: Sei gegrüßt, Rabbi! Und er küsste ihn.
50 Jesus erwiderte ihm: Freund, dazu bist du
gekommen? Da gingen sie auf Jesus zu, er-
griffen ihn und nahmen ihn fest. 51 Doch ei-
ner von den Begleitern Jesu zog sein
Schwert, schlug auf den Diener des Hohen-
priesters ein und hieb ihm ein Ohr ab. 52 Da
sagte Jesus zu ihm: Steck dein Schwert in die
Scheide; denn alle, die zum Schwert greifen,
werden durch das Schwert umkommen.
53 Oder glaubst du nicht, mein Vater würde
mir sogleich mehr als zwölf Legionen Engel
schicken, wenn ich ihn darum bitte? 54 Wie
würde dann aber die Schrift erfüllt, nach der
es so geschehen muss? 55 Darauf sagte Jesus
zu den Männern: Wie gegen einen Räuber
seid ihr mit Schwertern und Knüppeln aus-
gezogen, um mich festzunehmen. Tag für Tag
saß ich im Tempel und lehrte und ihr habt
mich nicht verhaftet. 56 Das alles aber ist ge-
schehen, damit die Schriften der Propheten
in Erfüllung gehen. Da verließen ihn alle
Jünger und flohen.

47–56 ‖ Mk 14,43–50; Lk 22,47–53; Joh 18,3–12 • 53: Lk 2,13 • 55: Lk 19,47; Joh 18,20 • 56: 26,31; Joh 16,32.

Das Verhör vor dem Hohen Rat: 26,57–68

57 Nach der Verhaftung führte man Jesus
zum Hohenpriester Kajaphas, bei dem sich
die Schriftgelehrten und die Ältesten ver-
sammelt hatten. 58 Petrus folgte Jesus von
weitem bis zum Hof des hohepriesterlichen
Palastes; er ging in den Hof hinein und setzte
sich zu den Dienern, um zu sehen, wie alles
ausgehen würde.

59 Die Hohenpriester und der ganze Hohe
Rat bemühten sich um falsche Zeugenaussa-
gen gegen Jesus, um ihn zum Tod verurteilen
zu können. 60 Sie erreichten aber nichts, ob-
wohl viele falsche Zeugen auftraten. Zuletzt
kamen zwei Männer 61 und behaupteten: Er
hat gesagt: Ich kann den Tempel Gottes nie-
derreißen und in drei Tagen wieder aufbau-
en. 62 Da stand der Hohepriester auf und
fragte Jesus: Willst du nichts sagen zu dem,
was diese Leute gegen dich vorbringen?
63 Jesus aber schwieg. Darauf sagte der Ho-
hepriester zu ihm: Ich beschwöre dich bei
dem lebendigen Gott, sag uns: Bist du der
Messias, der Sohn Gottes? 64 Jesus antworte-
te: Du hast es gesagt. Doch ich erkläre euch:
Von nun an werdet ihr *den Menschensohn*
zur Rechten der Macht *sitzen und auf den*
Wolken des Himmels kommen sehen. 65 Da
zerriss der Hohepriester sein Gewand und
rief: Er hat Gott gelästert! Wozu brauchen
wir noch Zeugen? Jetzt habt ihr die Gottes-
lästerung selbst gehört. 66 Was ist eure Mei-
nung? Sie antworteten: Er ist schuldig und
muss sterben.

67 Dann spuckten sie ihm ins Gesicht und
schlugen ihn. Andere ohrfeigten ihn 68 und

26,50 Andere Übersetzungsmöglichkeit: Freund, tu, wozu du gekommen bist. – Die herkömmliche Übersetzung »Freund, wozu bist du gekommen?« ist vom griechischen Text her nicht zu rechtfertigen.

26,53 Eine römische Legion umfasste 6000 Mann.

26,55 Darauf, wörtlich: In jener Stunde.

26,57 Josef Kajaphas war von 18 – 37 n. Chr. amtierender Hoherpriester. – Das jüdische Prozessrecht der Zeit Jesu ist nicht genau bekannt.

26,64 Der Ausdruck »die Macht« ist Umschreibung für Gott.

riefen: Messias, du bist doch ein Prophet!
Sag uns: Wer hat dich geschlagen?

57–68 ‖ Mk 14,53–65; Lk 22,54f.66–71; Joh 18,12–24 • 61: 27,40; Joh 2,19; Apg 6,14 • 63: Jes 53,7; Mt 16,16; Joh 10,24 • 64: Dan 7,13; Ps 110,1; Mt 24,30; Mk 13,26; Lk 21,27 • 65: Lev 24,16; Joh 19,7 • 67: Jes 50,6.

Die Verleugnung durch Petrus: 26,69–75

69 Petrus aber saß draußen im Hof. Da trat
eine Magd zu ihm und sagte: Auch du warst
mit diesem Jesus aus Galiläa zusammen.
70 Doch er leugnete es vor allen Leuten und
sagte: Ich weiß nicht, wovon du redest.
71 Und als er zum Tor hinausgehen wollte,
sah ihn eine andere Magd und sagte zu denen,
die dort standen: Der war mit Jesus aus
Nazaret zusammen. 72 Wieder leugnete er
und schwor: Ich kenne den Menschen nicht.
73 Kurz darauf kamen die Leute, die dort
standen, zu Petrus und sagten: Wirklich,
auch du gehörst zu ihnen, deine Mundart
verrät dich. 74 Da fing er an, sich zu verfluchen
und schwor: Ich kenne den Menschen
nicht. Gleich darauf krähte ein Hahn, 75 und
Petrus erinnerte sich an das, was Jesus gesagt
hatte: Ehe der Hahn kräht, wirst du
mich dreimal verleugnen. Und er ging hinaus
und weinte bitterlich.

69–75 ‖ Mk 14,66–72; Lk 22,56–62; Joh 18,15–18.25–27 • 75: 26,34.

Die Auslieferung an Pilatus: 27,1–2

27 Als es Morgen wurde, fassten die Hohenpriester und die Ältesten des
Volkes gemeinsam den Beschluss, Jesus hinrichten
zu lassen. 2 Sie ließen ihn fesseln und
abführen und lieferten ihn dem Statthalter
Pilatus aus.

1–2 ‖ Mk 15,1; Lk 23,1; Joh 18,28.

Das Ende des Judas: 27,3–10

3 Als nun Judas, der ihn verraten hatte,
sah, dass Jesus zum Tod verurteilt war, reute
ihn seine Tat. Er brachte den Hohenpriestern
und den Ältesten die dreißig Silberstücke
zurück 4 und sagte: Ich habe gesündigt,
ich habe euch einen unschuldigen Menschen
ausgeliefert. Sie antworteten: Was geht das
uns an? Das ist deine Sache. 5 Da warf er die
Silberstücke in den Tempel; dann ging er
weg und erhängte sich. 6 Die Hohenpriester
nahmen die Silberstücke und sagten: Man
darf das Geld nicht in den Tempelschatz tun;
denn es klebt Blut daran. 7 Und sie beschlossen,
von dem Geld den Töpferacker zu kaufen
als Begräbnisplatz für die Fremden.
8 Deshalb heißt dieser Acker bis heute Blutacker.
9 So erfüllte sich, was durch den Propheten
Jeremia gesagt worden ist: *Sie nahmen
die dreißig Silberstücke – das ist der
Preis, den er den Israeliten wert war –* 10 *und
kauften für das Geld den Töpferacker, wie*
mir *der Herr befohlen hatte.*

3: Apg 1,16–19; Mt 26,15 • 6: Dtn 23,19 • 9: Sach 11,12f; Jer 18,2f; 32,8f; Ex 9,12 G.

Die Verhandlung vor Pilatus: 27,11–26

11 Als Jesus vor dem Statthalter stand,
fragte ihn dieser: Bist du der König der Juden?
Jesus antwortete: Du sagst es. 12 Als
aber die Hohenpriester und die Ältesten ihn
anklagten, gab er keine Antwort. 13 Da sagte
Pilatus zu ihm: Hörst du nicht, was sie dir alles
vorwerfen? 14 Er aber antwortete ihm auf
keine einzige Frage, sodass der Statthalter
sehr verwundert war.

15 Jeweils zum Fest pflegte der Statthalter
einen Gefangenen freizulassen, den sich das
Volk auswählen konnte. 16 Damals war gerade
ein berüchtigter Mann namens Barabbas
im Gefängnis. 17 Pilatus fragte nun die Menge,
die zusammengekommen war: Was wollt
ihr? Wen soll ich freilassen, Barabbas oder
Jesus, den man den Messias nennt? 18 Er
wusste nämlich, dass man Jesus nur aus Neid
an ihn ausgeliefert hatte.

19 Während Pilatus auf dem Richterstuhl
saß, ließ ihm seine Frau sagen: Lass die Hände
von diesem Mann, er ist unschuldig. Ich
hatte seinetwegen heute Nacht einen
schrecklichen Traum.

20 Inzwischen überredeten die Hohenpriester
und die Ältesten die Menge, die
Freilassung des Barabbas zu fordern, Jesus
aber hinrichten zu lassen. 21 Der Statthalter
fragte sie: Wen von beiden soll ich freilassen?
Sie riefen: Barabbas! 22 Pilatus sagte zu ihnen:
Was soll ich dann mit Jesus tun, den

27,4 einen unschuldigen Menschen, wörtlich: unschuldiges Blut.

27,9 Das dem Propheten Jeremia zugeschriebene Zitat ist eine freie Verbindung von Stellen aus Sacharja, Jeremia und Exodus.

27,11–26 Pontius Pilatus war Statthalter (Präfekt) der römischen Provinz Judäa von 26 bis 36 n. Chr. Ihm stand das Recht zu, die Todesstrafe zu verhängen. Religiöse Vergehen wurden nur dann mit dem Tod bestraft, wenn es sich um eine Entehrung des Kaisers, um die Entweihung rechtlich geschützter religiöser Einrichtungen oder um Hochverrat handelte. Nach 27,11 wurde Jesus bei Pilatus als politischer Hochverräter angeklagt; das wird durch die gerade hierfür vorgesehene Hinrichtungsart der Kreuzigung bestätigt. Sein Heilbringer-Anspruch wurde politisch missdeutet.

man den Messias nennt? Da schrien sie alle:
Ans Kreuz mit ihm! 23 Er erwiderte: Was für
ein Verbrechen hat er denn begangen? Da
schrien sie noch lauter: Ans Kreuz mit ihm!
24 Als Pilatus sah, dass er nichts erreichte,
sondern dass der Tumult immer größer wur-
de, ließ er Wasser bringen, wusch sich vor
allen Leuten die Hände und sagte: Ich bin
unschuldig am Blut dieses Menschen. Das ist
eure Sache! 25 Da rief das ganze Volk: Sein
Blut komme über uns und unsere Kinder!
26 Darauf ließ er Barabbas frei und gab den
Befehl, Jesus zu geißeln und zu kreuzigen.

11–26 ‖ Mk 15,2–15; Lk 23,2–5.13–25; Joh 18,29 – 19,1 • 11: 2,2; 27,29.37; Mk 15,18.26; Lk 23,37f; Joh 19,3.19.21; • 14: Joh 19,9 • 21: Apg 3,13f • 23: Joh 19,14f.

Die Verspottung Jesu durch die Soldaten: 27,27–31a

27 Da nahmen die Soldaten des Statthal-
ters Jesus, führten ihn in das Prätorium, das
Amtsgebäude des Statthalters, und versam-
melten die ganze Kohorte um ihn. 28 Sie zo-
gen ihn aus und legten ihm einen purpur-
roten Mantel um. 29 Dann flochten sie einen
Kranz aus Dornen; den setzten sie ihm auf
und gaben ihm einen Stock in die rechte
Hand. Sie fielen vor ihm auf die Knie und
verhöhnten ihn, indem sie riefen: Heil dir,
König der Juden! 30 Und sie spuckten ihn an,
nahmen ihm den Stock wieder weg und
schlugen ihm damit auf den Kopf. 31a Nach-
dem sie so ihren Spott mit ihm getrieben hat-
ten, nahmen sie ihm den Mantel ab und zo-
gen ihm seine eigenen Kleider wieder an.

27–31a ‖ Mk 15,16–20a; Joh 19,2f • 28: Lk 23,11 • 30: Jes 50,6.

Die Kreuzigung: 27,31b–44

31b Dann führten sie Jesus hinaus, um ihn
zu kreuzigen. 32 Auf dem Weg trafen sie ei-
nen Mann aus Zyrene namens Simon; ihn
zwangen sie, Jesus das Kreuz zu tragen. 33 So
kamen sie an den Ort, der Golgota genannt
wird, das heißt Schädelhöhe. 34 Und *sie ga-
ben* ihm Wein *zu trinken,* der mit *Galle* ver-
mischt war; als er aber davon gekostet hatte,
wollte er ihn nicht trinken.
35 Nachdem sie ihn gekreuzigt hatten, *war-
fen sie das Los und verteilten* seine *Kleider
unter sich.* 36 Dann setzten sie sich nieder
und bewachten ihn. 37 Über seinem Kopf
hatten sie eine Aufschrift angebracht, die
seine Schuld angab: Das ist Jesus, der König
der Juden. 38 Zusammen mit ihm wurden
zwei Räuber gekreuzigt, der eine rechts von
ihm, der andere links. 39 Die Leute, die vor-
beikamen, verhöhnten ihn, *schüttelten den
Kopf* 40 und riefen: Du willst den Tempel
niederreißen und in drei Tagen wieder auf-
bauen? Wenn du Gottes Sohn bist, hilf dir
selbst, und steig herab vom Kreuz! 41 Auch
die Hohenpriester, die Schriftgelehrten und
die Ältesten verhöhnten ihn und sagten:
42 Anderen hat er geholfen, sich selbst kann
er nicht helfen. Er ist doch der König von Is-
rael! Er soll vom Kreuz herabsteigen, dann
werden wir an ihn glauben. 43 *Er hat auf Gott
vertraut: der soll ihn jetzt retten, wenn er an
ihm Gefallen hat;* er hat doch gesagt: Ich bin
Gottes Sohn. 44 Ebenso beschimpften ihn die
beiden Räuber, die man zusammen mit ihm
gekreuzigt hatte.

31b–44 ‖ Mk 15,20b–32; Lk 23,26.33–43; Joh 19,16b–27 • 34: Ps 69,22 • 35: Ps 22,19 • 38: Jes 53,12 • 39: Ps 22,8 • 40: 26,61; Joh 2,19 • 43: Ps 22,9.

Der Tod Jesu: 27,45–56

45 Von der sechsten bis zur neunten
Stunde herrschte eine Finsternis im ganzen

27,24 dieses Menschen, nach zahlreichen Textzeugen: dieses Gerechten. Dass Jesus als unschuldiger Gerechter leidet (vgl. 27,4.19.24) wird durch diesen Einschub deutlich herausgestellt. Pilatus sucht, dem römischen Recht zuwider, die Verantwortung von sich zu schieben, Das Volk gibt durch die Selbstverwünschung indirekt seine Verantwortung zu (vgl. V. 20).

27,26 Die Kreuzigung war eine der furchtbarsten römischen Hinrichtungsarten. Sie konnte vor allem über Sklaven, freigelassene Sklaven und Aufständische, im Allgemeinen aber nicht über römische Bürger verhängt werden. Die Auspeitschung mit Lederpeitschen, in die spitze Metallstücke eingebunden waren, konnte der Todesstrafe vorausgehen. Sie wurde auch als selbständige Strafe angewandt.

27,27–31 Die Verspottung Jesu als König weist auf den Urteilsgrund hin und zeigt zugleich die Verachtung der römischen Soldaten gegenüber den Juden.

27,34 Ein Mischtrank aus saurem Wein und Myrrhe diente zur Betäubung der zum Kreuzestod Verurteilten (vgl. Mk 15,22). Dass hier statt Myrrhe Galle erwähnt wird, ist eine Angleichung an Ps 69,22.

27,35 Nach römischem Brauch fielen die Kleider des Verurteilten dem Hinrichtungstrupp zu.

27,37 Nach römischer Sitte wurde der Grund für die Verurteilung auf einer Tafel angegeben, die dem Verurteilten auf dem Weg zur Hinrichtung vorangetragen wurde.

27,45 Die Juden rechneten damals die Tageszeit von Sonnenaufgang bis Sonnenuntergang und teilten diese Spanne in 12 »Stunden« ein. Die »dritte Stunde« war also etwa um neun Uhr.

Land. 46 Um die neunte Stunde rief Jesus
laut: *Eli, Eli, lema sabachtani?*, das heißt:
Mein Gott, mein Gott, warum hast du mich
verlassen? 47 Einige von denen, die dabei-
standen und es hörten, sagten: Er ruft nach
Elija. 48 Sogleich lief einer von ihnen hin,
tauchte einen Schwamm in *Essig*, steckte ihn
auf einen Stock und *gab* Jesus *zu trinken*.
49 Die anderen aber sagten: Lass doch, wir
wollen sehen, ob Elija kommt und ihm hilft.
50 Jesus aber schrie noch einmal laut auf.
Dann hauchte er den Geist aus.
51 Da riss der Vorhang im Tempel von oben
bis unten entzwei. Die Erde bebte und die
Felsen spalteten sich. 52 Die Gräber öffneten
sich und die Leiber vieler Heiligen, die ent-
schlafen waren, wurden auferweckt. 53 Nach
der Auferstehung Jesu verließen sie ihre
Gräber, kamen in die Heilige Stadt und er-
schienen vielen.
54 Als der Hauptmann und die Männer, die
mit ihm zusammen Jesus bewachten, das
Erdbeben bemerkten und sahen, was ge-
schah, erschraken sie sehr und sagten: Wahr-
haftig, das war Gottes Sohn!
55 Auch viele Frauen waren dort und sahen
von weitem zu; sie waren Jesus seit der Zeit
in Galiläa nachgefolgt und hatten ihm ge-
dient. 56 Zu ihnen gehörten Maria aus Mag-
dala, Maria, die Mutter des Jakobus und des
Josef, und die Mutter der Söhne des Zebe-
däus.

45–56 ‖ Mk 15,33–41; Lk 23,44–49; Joh 19,28–30 • 46: Ps 22,2 • 48: Ps 69,22 • 51: Ex 26,31 • 54: 16,16.

Das Begräbnis Jesu: 27,57–61

57 Gegen Abend kam ein reicher Mann aus
Arimathäa namens Josef; auch er war ein
Jünger Jesu. 58 Er ging zu Pilatus und bat um
den Leichnam Jesu. Da befahl Pilatus, ihm
den Leichnam zu überlassen. 59 Josef nahm
ihn und hüllte ihn in ein reines Leinentuch.
60 Dann legte er ihn in ein neues Grab, das er
für sich selbst in einen Felsen hatte hauen
lassen. Er wälzte einen großen Stein vor
den Eingang des Grabes und ging weg.
61 Auch Maria aus Magdala und die andere
Maria waren dort; sie saßen dem Grab ge-
genüber.

57–61 ‖ Mk 15,42–47; Lk 23,50–56; Joh 19,38–42 • 58: Dtn 21,22f.

Die Bewachung des Grabes: 27,62–66

62 Am nächsten Tag gingen die Hohen-
priester und die Pharisäer gemeinsam zu
Pilatus; es war der Tag nach dem Rüsttag.
63 Sie sagten: Herr, es fiel uns ein, dass dieser
Betrüger, als er noch lebte, behauptet hat:
Ich werde nach drei Tagen auferstehen.
64 Gib also den Befehl, dass das Grab bis zum
dritten Tag sicher bewacht wird. Sonst
könnten seine Jünger kommen, ihn stehlen
und dem Volk sagen: Er ist von den Toten
auferstanden. Und dieser letzte Betrug wäre
noch schlimmer als alles zuvor. 65 Pilatus
antwortete ihnen: Ihr sollt eine Wache ha-
ben. Geht und sichert das Grab, so gut ihr
könnt. 66 Darauf gingen sie, um das Grab zu
sichern. Sie versiegelten den Eingang und
ließen die Wache dort.

62: Joh 19,42 • 63: 20,19; 12,40 • 64: 28,13.

Die Botschaft des Engels am leeren Grab: 28,1–8

28 Nach dem Sabbat kamen in der Mor-
gendämmerung des ersten Tages der
Woche Maria aus Magdala und die andere
Maria, um nach dem Grab zu sehen. 2 Plötz-
lich entstand ein gewaltiges Erdbeben; denn
ein Engel des Herrn kam vom Himmel herab,
trat an das Grab, wälzte den Stein weg und
setzte sich darauf. 3 Seine Gestalt leuchtete
wie ein Blitz und sein Gewand war weiß wie
Schnee. 4 Die Wächter begannen vor Angst
zu zittern und fielen wie tot zu Boden. 5 Der
Engel aber sagte zu den Frauen: Fürchtet
euch nicht! Ich weiß, ihr sucht Jesus, den
Gekreuzigten. 6 Er ist nicht hier; denn er ist
auferstanden, wie er gesagt hat. Kommt her
und seht euch die Stelle an, wo er lag. 7 Dann
geht schnell zu seinen Jüngern und sagt
ihnen: Er ist von den Toten auferstanden. Er

27,46f Elija galt im jüdischen Volksglauben als Nothelfer der Gerechten, vor allem als Beistand in der Todesstunde.

27,51a Gemeint ist wohl der Vorhang zwischen dem Heiligen und Allerheiligsten im Tempelgebäude. Das Ereignis ist als ein Gerichts- und Strafzeichen zu verstehen, das die Messianität Jesu bestätigt.

27,51b–53 Diese Ereignisse sollen darauf hinweisen, dass mit Jesu Tod und Auferstehung die Macht des Todes gebrochen wurde.

27,55f Diese Frauen werden als Zeugen für das Sterben und die Grablegung Jesu genannt; vgl. die Anmerkung zu 12,46f.

27,62–65 Nur Matthäus berichtet von der Bewachung und Versiegelung des Grabes bis zum dritten Tag, da allein er von dem jüdischen Gerücht über den Raub des Leichnams Jesu durch seine Jünger spricht (vgl. 28,11–15). Diese Notiz ist als Verteidigung des urchristlichen Auferstehungsglaubens zu verstehen.

27,64 als alles zuvor, wörtlich: als der erste.

geht euch voraus nach Galiläa, dort werdet
ihr ihn sehen. Ich habe es euch gesagt. 8 So-
gleich verließen sie das Grab und eilten voll
Furcht und großer Freude zu seinen Jüngern,
um ihnen die Botschaft zu verkünden.

1–8 ‖ Mk 16,1–8; Lk 24,1–12; Joh 20,1–13 • 6: 12,40; 16,21; 17,23; 20,19.

Die Erscheinung Jesu vor den Frauen: 28,9–10

9 Plötzlich kam ihnen Jesus entgegen und
sagte: Seid gegrüßt! Sie gingen auf ihn zu,
warfen sich vor ihm nieder und umfassten
seine Füße. 10 Da sagte Jesus zu ihnen:
Fürchtet euch nicht! Geht und sagt meinen
Brüdern, sie sollen nach Galiläa gehen und
dort werden sie mich sehen.

Der Betrug der Hohenpriester: 28,11–15

11 Noch während die Frauen unterwegs
waren, kamen einige von den Wächtern in
die Stadt und berichteten den Hohenpries-
tern alles, was geschehen war. 12 Diese fass-
ten gemeinsam mit den Ältesten den Be-
schluss, die Soldaten zu bestechen. Sie gaben
ihnen viel Geld 13 und sagten: Erzählt den
Leuten: Seine Jünger sind bei Nacht gekom-
men und haben ihn gestohlen, während wir
schliefen. 14 Falls der Statthalter davon hört,
werden wir ihn beschwichtigen und dafür
sorgen, dass ihr nichts zu befürchten habt.
15 Die Soldaten nahmen das Geld und mach-
ten alles so, wie man es ihnen gesagt hatte.
So kommt es, dass dieses Gerücht bei den Ju-
den bis heute verbreitet ist.

13: 27,64.

Der Auftrag des Auferstandenen: 28,16–20

16 Die elf Jünger gingen nach Galiläa auf
den Berg, den Jesus ihnen genannt hatte.
17 Und als sie Jesus sahen, fielen sie vor ihm
nieder. Einige aber hatten Zweifel. 18 Da trat
Jesus auf sie zu und sagte zu ihnen: Mir ist
alle Macht gegeben im Himmel und auf der
Erde. 19 Darum geht zu allen Völkern und
macht alle Menschen zu meinen Jüngern;
tauft sie auf den Namen des Vaters und des
Sohnes und des Heiligen Geistes, 20 und lehrt
sie, alles zu befolgen, was ich euch geboten
habe. Seid gewiss: Ich bin bei euch alle Tage
bis zum Ende der Welt.

19: 24,14.

Das Evangelium nach Markus

Das älteste, griechisch geschriebene Evangelium wird nach altkirchlicher Überlieferung Markus zugeschrieben. Damit ist gemeint Johannes Markus aus Jerusalem, Sohn einer Maria, in deren Haus sich die Urgemeinde in Jerusalem versammelte; er war ein Vetter des Barnabas, Mitarbeiter des Paulus und später auch des Petrus (Phlm 24; Kol 4,10; Apg 12,12; 13,5; 15,36–39; 1 Petr 5,13). Ebenfalls nach altkirchlicher Überlieferung schrieb er sein Evangelium in Rom. Es steht in zeitlichem Zusammenhang mit der Zerstörung Jerusalems (Mk 13) und ist deshalb um 70 n. Chr. verfasst, und zwar für Heiden und Heidenchristen (vgl. 7,3f).

Markus sammelte Überlieferungen über Jesus, vor allem Wundererzählungen, Gleichnisse, Geschichten, die in einem Jesuswort gipfeln, Einzelworte und Zeugnisse über die Passion. Er ordnete diese Stoffe zeitlich und sachlich und verarbeitete sie so zu einem Evangelium. Der geographisch bestimmte Aufriss ist folgender: Wirken Jesu in Galiläa (1,14 – 5,43); Wanderung durch jüdisch-heidnisches Gebiet mit Belehrung der Jünger (6,1 – 9,50); Zug nach Jerusalem, Ringen mit den jüdischen Führern und Tod am Kreuz (10,1 – 15,47). Sein Evangelium beginnt mit dem Auftreten des Täufers (1,1–13) und endet mit dem Auffinden des leeren Grabes durch Frauen am Ostermorgen (16,1–8).

28,9f Wie Joh 20,11–18 berichtet Matthäus von einer Erscheinung Jesu vor Maria aus Magdala – und anderen Frauen – in der Nähe des Grabes.

28,16–20 Der abschließende Bericht über die Aussendung der Jünger durch den Auferstandenen (vgl. Lk 24,47; Joh 20,21) erneuert die in Mt 10 berichtete Sendung durch den irdischen Jesus. Die Jünger erhalten jetzt aber einen weltweiten Auftrag.

Der Anhang (16,9–20) wurde erst im 2. Jahrhundert von unbekannter Hand angefügt, vermutlich weil der jähe Schluss 16,8 nicht befriedigte. Die Annahme, dass ein ursprünglicher Schluss verloren ging, ist wenig wahrscheinlich.

Indem Markus vom Wirken und vom Schicksal Jesu berichtet, verkündet er, dass Gott durch diesen Jesus seinen Willen offenbart hat, die Menschen zu retten: Jesus ist der verheißene Messias, der Sohn Gottes; durch sein Wirken ist die Heilszeit angebrochen (1,14). Er überwindet das Unheil, die Herrschaft des Satan und seiner Helfer (Dämonenaustreibungen und Krankenheilungen), er vergibt Sünden (2,1–12), verkündet den unverfälschten Willen Gottes (2,27f; 7,1–23) und richtet das Reich Gottes auf (Kap. 4). Weil in seiner Person Gottes Vollmacht in menschlicher Niedrigkeit auftritt, wird sein Geheimnis nicht begriffen, nicht von den Juden, aber auch nicht von den Jüngern vor der Auferstehung Jesu (6,4–6; 8,14–21; 14,26–42; vgl. auch die Schweigegebote Jesu 5,43; 8,30; 9,9). Die einzig angemessene Haltung der Botschaft Jesu gegenüber ist unbedingter Glaube (5,36; 9,19–24; 11,22–25). Christsein heißt, Jesus in Glaube, Selbstlosigkeit, Bereitschaft zum Dienen und Mut zum Leiden nachzufolgen (8,31–33; 9,42–48; 10,17–27.41–45) und so die Kraft des Reiches Gottes zu erfahren. Der erste Heide, der das Geheimnis Jesu erkannte, ist der Hauptmann unter dem Kreuz: »Wahrhaftig, dieser Mensch war Gottes Sohn« (15,39). In ihm sieht Markus die Heidenkirche beim Kreuz Christi vertreten. Die bedrängten Heidenchristen will Markus durch sein Evangelium in ihrem Glauben stärken und ermutigen, Christus auch in Verfolgungen treu zu bleiben.

DIE VORBEREITUNG DES WIRKENS JESU: 1,1–13

Johannes der Täufer: 1,1–8

1 Anfang des Evangeliums von Jesus
Christus, dem Sohn Gottes: 2 Es begann,
wie es bei dem Propheten Jesaja steht:

Ich sende meinen Boten vor dir her; / er soll den Weg für dich *bahnen.*
3 *Eine Stimme ruft in der Wüste: / Bereitet
dem Herrn den Weg! / Ebnet* ihm *die Straßen!*

4 So trat Johannes der Täufer in der Wüste
auf und verkündigte Umkehr und Taufe zur
Vergebung der Sünden. 5 Ganz Judäa und
alle Einwohner Jerusalems zogen zu ihm hinaus; sie bekannten ihre Sünden und ließen
sich im Jordan von ihm taufen. 6 Johannes
trug ein Gewand aus Kamelhaaren und einen ledernen Gürtel um seine Hüften und er
lebte von Heuschrecken und wildem Honig.
7 Er verkündete: Nach mir kommt einer, der
ist stärker als ich; ich bin es nicht wert, mich
zu bücken, um ihm die Schuhe aufzuschnüren. 8 Ich habe euch nur mit Wasser getauft,
er aber wird euch mit dem Heiligen Geist taufen.

1–8 ‖ Mt 3,1–6.11; Lk 3,3–6.15f • 1–8: Joh 1,19–28 • 1: 15,39 • 2: Mal 3,1; Ex 23,20; Mt 11,10; Lk 1,76; 7,27 • 3: Jes 40,3 G • 4: Apg 13,24; 19,4.

Die Taufe Jesu: 1,9–11

9 In jenen Tagen kam Jesus aus Nazaret in
Galiläa und ließ sich von Johannes im Jordan taufen. 10 Und als er aus dem Wasser
stieg, sah er, dass der Himmel sich öffnete
und der Geist wie eine Taube auf ihn herabkam. 11 Und eine Stimme aus dem Himmel
sprach: *Du bist mein geliebter Sohn, an dir habe ich Gefallen gefunden.*

9–11 ‖ Mt 3,13–17; Lk 3,21f • 9–11: Joh 1,29–34 • 11: Gen 22,2; Ps 2,7; Jes 42,1; Mt 3,17.

Die Versuchung Jesu: 1,12–13

12 Danach trieb der Geist Jesus in die Wüste. 13 Dort blieb Jesus vierzig Tage lang und
wurde vom Satan in Versuchung geführt. Er lebte bei den wilden Tieren und die Engel dienten ihm.

12–13 ‖ Mt 4,1f.11; Lk 4,1f.

1,1–8 Die ältesten Christengemeinden waren vor allem am öffentlichen Wirken Jesu interessiert (vgl. Apg 10,37–41). Darum bringt Markus, anders als Matthäus und Lukas, keine Vorgeschichte, sondern beginnt sein Evangelium sofort mit dem Auftreten des Täufers und der Taufe Jesu.

1,1 »dem Sohn Gottes« fehlt bei einigen alten Textzeugen.

1,4 Umkehr und Taufe, wörtlich: Taufe der Umkehr.

DAS WIRKEN JESU IN GALILÄA: 1,14 – 8,26

Erstes Auftreten in Galiläa: 1,14–15

14 Nachdem man Johannes ins Gefängnis
geworfen hatte, ging Jesus wieder nach Ga-
liläa; er verkündete das Evangelium Gottes
15 und sprach: Die Zeit ist erfüllt, das Reich
Gottes ist nahe. Kehrt um, und glaubt an das
Evangelium!

14–15 ‖ Mt 4,12.17; Lk 4,14f.

Die Berufung der ersten Jünger: 1,16–20

16 Als Jesus am See von Galiläa entlang-
ging, sah er Simon und Andreas, den Bruder
des Simon, die auf dem See ihr Netz auswar-
fen; sie waren nämlich Fischer. 17 Da sagte er
zu ihnen: Kommt her, folgt mir nach! Ich
werde euch zu Menschenfischern machen.
18 Sogleich ließen sie ihre Netze liegen und
folgten ihm. 19 Als er ein Stück weiterging,
sah er Jakobus, den Sohn des Zebedäus, und
seinen Bruder Johannes; sie waren im Boot
und richteten ihre Netze her. 20 Sofort rief er
sie und sie ließen ihren Vater Zebedäus mit
seinen Tagelöhnern im Boot zurück und
folgten Jesus nach.

16–20 ‖ Mt 4,18–22 • 16–20: Lk 5,1–11; Joh 1,35–51.

Jesus in der Synagoge von Kafarnaum: 1,21–28

21 Sie kamen nach Kafarnaum. Am folgen-
den Sabbat ging er in die Synagoge und lehr-
te. 22 Und die Menschen waren sehr betroffen
von seiner Lehre; denn er lehrte sie wie einer,
der (göttliche) Vollmacht hat, nicht wie die
Schriftgelehrten.
23 In ihrer Synagoge saß ein Mann, der von
einem unreinen Geist besessen war. Der be-
gann zu schreien: 24 Was haben wir mit dir zu
tun, Jesus von Nazaret? Bist du gekommen,
um uns ins Verderben zu stürzen? Ich weiß,
wer du bist: der Heilige Gottes. 25 Da befahl
ihm Jesus: Schweig und verlass ihn! 26 Der
unreine Geist zerrte den Mann hin und her
und verließ ihn mit lautem Geschrei. 27 Da
erschraken alle und einer fragte den andern:
Was hat das zu bedeuten? Hier wird mit
Vollmacht eine ganz neue Lehre verkündet.
Sogar die unreinen Geister gehorchen sei-
nem Befehl. 28 Und sein Ruf verbreitete sich
rasch im ganzen Gebiet von Galiläa.

21–28 ‖ Lk 4,31–37 • 21f: Mt 7,28f • 24: 5,7; Mt 8,29; Lk 8,28; Joh 2,4 • 27: Mt 7,29.

Die Heilung der Schwiegermutter des Petrus: 1,29–31

29 Sie verließen die Synagoge und gingen
zusammen mit Jakobus und Johannes gleich
in das Haus des Simon und Andreas. 30 Die
Schwiegermutter des Simon lag mit Fieber
im Bett. Sie sprachen mit Jesus über sie,
31 und er ging zu ihr, fasste sie an der Hand
und richtete sie auf. Da wich das Fieber von
ihr und sie sorgte für sie.

29–31 ‖ Mt 8,14f; Lk 4,38f.

Die Heilung von Besessenen und Kranken: 1,32–34

32 Am Abend, als die Sonne untergegangen
war, brachte man alle Kranken und Besesse-
nen zu Jesus. 33 Die ganze Stadt war vor der
Haustür versammelt, 34 und er heilte viele,
die an allen möglichen Krankheiten litten,
und trieb viele Dämonen aus. Und er verbot
den Dämonen zu reden; denn sie wussten,
wer er war.

32–34 ‖ Mt 8,16; Lk 4,40f.

Aufbruch aus Kafarnaum: 1,35–39

35 In aller Frühe, als es noch dunkel war,
stand er auf und ging an einen einsamen Ort,
um zu beten. 36 Simon und seine Begleiter
eilten ihm nach, 37 und als sie ihn fanden,
sagten sie zu ihm: Alle suchen dich. 38 Er ant-
wortete: Lasst uns anderswohin gehen, in die
benachbarten Dörfer, damit ich auch dort
predige; denn dazu bin ich gekommen.
39 Und er zog durch ganz Galiläa, predigte in
den Synagogen und trieb die Dämonen
aus.

35–39 ‖ Lk 4,42–44 • 39 ‖ Mt 4,23 • 35: Lk 5,16; 9,18

Die Heilung eines Aussätzigen: 1,40–45

40 Ein Aussätziger kam zu Jesus und bat
ihn um Hilfe; er fiel vor ihm auf die Knie und
sagte: Wenn du willst, kannst du machen,

1,15 In diesem programmatischen Satz fasst Markus den Inhalt der Botschaft Jesu zusammen.

1,21–34 Mit der Beschreibung des ersten Tages des Wirkens Jesu in Kafarnaum zeigt der Evangelist beispielhaft Jesu Tätigkeit: Jesus beweist durch Wort und Tat seine Vollmacht.

1,24 Andere Übersetzungsmöglichkeit: Du bist gekommen, um uns ins Verderben zu stürzen.

1,32 Die Sabbatruhe dauerte vom Sonnenuntergang des Vortags bis zum Sonnenuntergang am Sabbat.

1,40–44 Aussatz und verschiedene Hautkrankhei-

dass ich rein werde. 41 Jesus hatte Mitleid mit ihm; er streckte die Hand aus, berührte ihn und sagte: Ich will es – werde rein! 42 Im gleichen Augenblick verschwand der Aussatz und der Mann war rein. 43 Jesus schickte ihn weg und schärfte ihm ein: 44 Nimm dich in Acht! Erzähl niemand etwas davon, sondern geh, *zeig dich dem Priester* und bring das Reinigungsopfer dar, das Mose angeordnet hat. Das soll für sie ein Beweis (meiner Gesetzestreue) sein. 45 Der Mann aber ging weg und erzählte bei jeder Gelegenheit, was geschehen war; er verbreitete die ganze Geschichte, sodass sich Jesus in keiner Stadt mehr zeigen konnte; er hielt sich nur noch außerhalb der Städte an einsamen Orten auf. Dennoch kamen die Leute von überallher zu ihm.

40–45 ‖ Mt 8,2–4; Lk 5,12–16 • 43f: 5,43 • 44: Lev 13,49; 14,2–32; Lk 17,14.

Die Heilung eines Gelähmten: 2,1–12

2 Als er einige Tage später nach Kafarnaum zurückkam, wurde bekannt, dass er (wieder) zu Hause war. 2 Und es versammelten sich so viele Menschen, dass nicht einmal mehr vor der Tür Platz war; und er verkündete ihnen das Wort. 3 Da brachte man einen Gelähmten zu ihm; er wurde von vier Männern getragen. 4 Weil sie ihn aber wegen der vielen Leute nicht bis zu Jesus bringen konnten, deckten sie dort, wo Jesus war, das Dach ab, schlugen (die Decke) durch und ließen den Gelähmten auf seiner Tragbahre durch die Öffnung hinab. 5 Als Jesus ihren Glauben sah, sagte er zu dem Gelähmten: Mein Sohn, deine Sünden sind dir vergeben! 6 Einige Schriftgelehrte aber, die dort saßen, dachten im Stillen: 7 Wie kann dieser Mensch so reden? Er lästert Gott. Wer kann Sünden vergeben außer dem einen Gott? 8 Jesus erkannte sofort, was sie dachten, und sagte zu ihnen: Was für Gedanken habt ihr im Herzen? 9 Ist es leichter, zu dem Gelähmten zu sagen: Deine Sünden sind dir vergeben!, oder zu sagen: Steh auf, nimm deine Tragbahre und geh umher? 10 Ihr sollt aber erkennen, dass der Menschensohn die Vollmacht hat, hier auf der Erde Sünden zu vergeben. Und er sagte zu dem Gelähmten: 11 Ich sage dir: Steh auf, nimm deine Tragbahre, und geh nach Hause! 12 Der Mann stand sofort auf, nahm seine Tragbahre und ging vor aller Augen weg. Da gerieten alle außer sich; sie priesen Gott und sagten: So etwas haben wir noch nie gesehen.

1–12 ‖ Mt 9,1–8; Lk 5,17–26.

Die Berufung des Levi und das Mahl mit den Zöllnern: 2,13–17

13 Jesus ging wieder hinaus an den See. Da kamen Scharen von Menschen zu ihm und er lehrte sie. 14 Als er weiterging, sah er Levi, den Sohn des Alphäus, am Zoll sitzen und sagte zu ihm: Folge mir nach! Da stand Levi auf und folgte ihm. 15 Und als Jesus in seinem Haus beim Essen war, aßen viele Zöllner und Sünder zusammen mit ihm und seinen Jüngern; denn es folgten ihm schon viele. 16 Als die Schriftgelehrten, die zur Partei der Pharisäer gehörten, sahen, dass er mit Zöllnern und Sündern aß, sagten sie zu seinen Jüngern: Wie kann er zusammen mit Zöllnern und Sündern essen? 17 Jesus hörte es und sagte zu ihnen: Nicht die Gesunden brauchen den Arzt, sondern die Kranken. Ich bin gekommen, um die Sünder zu rufen, nicht die Gerechten.

13–17 ‖ Mt 9,9–13; Lk 5,27–32 • 14: Mt 8,22 • 15: Lk 7,34; 19,7 • 16: Mt 11,19; Lk 15,1f • 17: Lk 19,10.

---

ten schlossen vom Zusammenleben mit anderen Menschen aus. Erst wenn die dafür zuständigen Priester die Heilung festgestellt hatten, war die Rückkehr in die alte Lebensgemeinschaft wieder erlaubt (vgl. Lev 13–14).

1,44 ein Beweis (meiner Gesetzestreue): andere Übersetzungsmöglichkeiten: ein Beweis (meiner Vollmacht); oder: ein Beweis (deiner Heilung).

2,1 Jesus wohnte vermutlich im Haus des Simon (vgl. 1,29–31).

2,4 Das Dach einer Wohnhütte bestand aus Holzbalken oder Knüppeln, über die Schilf oder Äste gelegt waren. Das Ganze war mit festgetretenem Lehm zugedeckt.

2,7 außer dem einen Gott, andere Übersetzungsmöglichkeit: außer Gott allein. – Obige Übersetzung ist durch den Anklang an Dtn 6,4 nahegelegt. – Vgl. Mk 10,18; Lk 18,19.

2,8 Wörtlich: Jesus merkte in seinem Geist sofort, dass sie so dachten.

2,15 in seinem Haus: entweder im Haus des Levi (vgl. Lk 5,29) oder im Haus Jesu (vgl. Mk 2,1).

2,16 Die Pharisäer bildeten eine religiöse Gemeinschaft, die es sich zur Aufgabe gemacht hatte, das jüdische religiöse Gesetz zu studieren und genau zu beachten. Zu ihnen gehörten Priester und Laien, vor allem viele Schriftgelehrte. – Die Schriftgelehrten bildeten einen eigenen Stand von Gesetzesgelehrten und religiösen Juristen, die das Recht besaßen, öffentlich zu lehren und Schüler um sich zu sammeln. Sie hatten neben den Priestern entscheidenden Einfluss auf das jüdische Leben.
Die Zölle wurden an die Meistbietenden verpachtet. Diese wirtschafteten meist auch in die eigene Tasche. Darum galten Zöllner als Diebe und Betrüger; die Begriffe »Zöllner« und »Sünder« waren austauschbar.

Die Frage nach dem Fasten: 2,18–22

18 Da die Jünger des Johannes und die Pharisäer zu fasten pflegten, kamen Leute zu Jesus und sagten: Warum fasten deine Jünger nicht, während die Jünger des Johannes und die Jünger der Pharisäer fasten? 19 Jesus antwortete ihnen: Können denn die Hochzeitsgäste fasten, solange der Bräutigam bei ihnen ist? Solange der Bräutigam bei ihnen ist, können sie nicht fasten. 20 Es werden aber Tage kommen, da wird ihnen der Bräutigam genommen sein; an jenem Tag werden sie fasten.

21 Niemand näht ein Stück neuen Stoff auf ein altes Kleid; denn der neue Stoff reißt doch vom alten Kleid ab und es entsteht ein noch größerer Riss. 22 Auch füllt niemand neuen Wein in alte Schläuche. Sonst zerreißt der Wein die Schläuche; der Wein ist verloren und die Schläuche sind unbrauchbar. Neuer Wein gehört in neue Schläuche.

18–22 || Mt 9,14–17; Lk 5,33–38.

Das Abreißen der Ähren am Sabbat: 2,23–28

23 An einem Sabbat ging er durch die Kornfelder und unterwegs rissen seine Jünger Ähren ab. 24 Da sagten die Pharisäer zu ihm: Sieh dir an, was sie tun! Das ist doch am Sabbat verboten. 25 Er antwortete: Habt ihr nie gelesen, was David getan hat, als er und seine Begleiter hungrig waren und nichts zu essen hatten – 26 wie er zur Zeit des Hohenpriesters Abjatar in das Haus Gottes ging und die heiligen Brote aß, die außer den Priestern niemand essen darf, und auch seinen Begleitern davon gab? 27 Und Jesus fügte hinzu: Der Sabbat ist für den Menschen da, nicht der Mensch für den Sabbat. 28 Deshalb ist der Menschensohn Herr auch über den Sabbat.

23–28 || Mt 12,1–8; Lk 6,1–5 • 23: Dtn 23,26 • 25: 1 Sam 21,2–7 • 26: Lev 24,5–9.

Die Heilung eines Mannes am Sabbat: 3,1–6

3 Als er ein andermal in eine Synagoge ging, saß dort ein Mann, dessen Hand verdorrt war. 2 Und sie gaben Acht, ob Jesus ihn am Sabbat heilen werde; sie suchten nämlich einen Grund zur Anklage gegen ihn. 3 Da sagte er zu dem Mann mit der verdorrten Hand: Steh auf und stell dich in die Mitte! 4 Und zu den anderen sagte er: Was ist am Sabbat erlaubt: Gutes zu tun oder Böses, ein Leben zu retten oder es zu vernichten? Sie aber schwiegen. 5 Und er sah sie der Reihe nach an, voll Zorn und Trauer über ihr verstocktes Herz, und sagte zu dem Mann: Streck deine Hand aus! Er streckte sie aus und seine Hand war wieder gesund. 6 Da gingen die Pharisäer hinaus und fassten zusammen mit den Anhängern des Herodes den Beschluss, Jesus umzubringen.

1–6 || Mt 12,9–14; Lk 6,6–11 • 1–6: Lk 14,1–6.

Der Andrang des Volkes: 3,7–12

7 Jesus zog sich mit seinen Jüngern an den See zurück. Viele Menschen aus Galiläa aber folgten ihm. Auch aus Judäa, 8 aus Jerusalem und Idumäa, aus dem Gebiet jenseits des Jordan und aus der Gegend von Tyrus und Sidon kamen Scharen von Menschen zu ihm, als sie von all dem hörten, was er tat. 9 Da sagte er zu seinen Jüngern, sie sollten ein Boot für ihn bereithalten, damit er von der Menge nicht erdrückt werde. 10 Denn er heilte viele, sodass alle, die ein Leiden hatten, sich an ihn herandrängten, um ihn zu berühren. 11 Wenn die von unreinen Geistern Besessenen ihn sahen, fielen sie vor ihm nieder und schrien: Du bist der Sohn Gottes! 12 Er aber verbot ihnen streng, bekannt zu machen, wer er sei.

7–12 || Mt 4,23–25; 12,15f; Lk 6,17–19 • 11: Mt 8,29; Lk 4,41.

2,18 Die Juden waren lediglich verpflichtet, am Versöhnungstag (vgl. Lev 16) zu fasten. In Notzeiten wurden eigene Fasttage ausgerufen. Insbesondere Pharisäer fasteten darüber hinaus, stellvertretend für die Sünden anderer, zweimal in der Woche, montags und donnerstags. Das Fasten bestand in völliger Enthaltung von Speise und Trank zwischen Sonnenaufgang und Sonnenuntergang. Jesus fastete mit seinen Jüngern nicht und kritisierte die jüdische Fastenpraxis (vgl. Mt 6,16–18).

2,21f Vgl. die Anmerkung zu Mt 9,16f.

2,26 Der Hohepriester hieß nach 1 Sam 21,2 in Wirklichkeit Ahimelech; nach 1 Sam 22,20 hieß sein Sohn, nach 2 Sam 8,17 sein Vater Abjatar.

2,27f Jesus greift damit auf den Ursinn des Sabbats zurück: Er sollte für Menschen und Tiere eine Wohltat sein (vgl. Ex 20,9; Dtn 5, 12–14).

3,1–6 Die ärztliche Tätigkeit galt als Arbeit und durfte deshalb nach pharisäischer Auffassung am Sabbat nur dann ausgeübt werden, wenn Lebensgefahr bestand.

3,1.3.5 Hand, andere Übersetzungsmöglichkeit: Arm.

Die Wahl der Zwölf: 3,13–19

13 Jesus stieg auf einen Berg und rief die zu
sich, die er erwählt hatte, und sie kamen zu
ihm. 14 Und er setzte zwölf ein, die er bei sich
haben und die er dann aussenden wollte, da-
mit sie predigten 15 und mit seiner Vollmacht
Dämonen austrieben. 16 Die Zwölf, die er
einsetzte, waren: Petrus – diesen Beinamen
gab er dem Simon –, 17 Jakobus, der Sohn des
Zebedäus, und Johannes, der Bruder des Ja-
kobus – ihnen gab er den Beinamen Boaner-
ges, das heißt Donnersöhne –, 18 dazu An-
dreas, Philippus, Bartholomäus, Matthäus,
Thomas, Jakobus, der Sohn des Alphäus,
Thaddäus, Simon Kananäus 19 und Judas
Iskariot, der ihn dann verraten hat.

13–19 ‖ Mt 10,1–4; Lk 6,12–16 • 16–19: Joh 1,40–44; Apg 1,13.

Jesus und seine Angehörigen: 3,20–21

20 Jesus ging in ein Haus und wieder ka-
men so viele Menschen zusammen, dass er
und die Jünger nicht einmal mehr essen
konnten. 21 Als seine Angehörigen davon
hörten, machten sie sich auf den Weg, um ihn
mit Gewalt zurückzuholen; denn sie sagten:
Er ist von Sinnen.

21: Joh 7,5.

Verteidigungsrede Jesu: 3,22–30

22 Die Schriftgelehrten, die von Jerusalem
herabgekommen waren, sagten: Er ist von
Beelzebul besessen; mit Hilfe des Anführers
der Dämonen treibt er die Dämonen aus.
23 Da rief er sie zu sich und belehrte sie in
Form von Gleichnissen: Wie kann der Satan
den Satan austreiben? 24 Wenn ein Reich in
sich gespalten ist, kann es keinen Bestand
haben. 25 Wenn eine Familie in sich gespal-
ten ist, kann sie keinen Bestand haben.
26 Und wenn sich der Satan gegen sich selbst
erhebt und mit sich selbst im Streit liegt,
kann er keinen Bestand haben, sondern es ist
um ihn geschehen. 27 Es kann aber auch kei-
ner in das Haus eines starken Mannes ein-
brechen und ihm den Hausrat rauben, wenn
er den Mann nicht vorher fesselt; erst dann
kann er sein Haus plündern. 28 Amen, das
sage ich euch: Alle Vergehen und Lästerun-
gen werden den Menschen vergeben werden,
so viel sie auch lästern mögen; 29 wer aber
den Heiligen Geist lästert, der findet in
Ewigkeit keine Vergebung, sondern seine
Sünde wird ewig an ihm haften. 30 Sie hatten
nämlich gesagt: Er ist von einem unreinen
Geist besessen.

22–30 ‖ Mt 12,24–29.31f; Lk 11,15–22 • 28–29 ‖ Lk 12,10 • 22: Mt 9,34; 10,25 • 27: Jes 49,24 • 30: Joh 10,20.

Von den wahren Verwandten Jesu: 3,31–35

31 Da kamen seine Mutter und seine Brü-
der; sie blieben vor dem Haus stehen und lie-
ßen ihn herausrufen. 32 Es saßen viele Leute
um ihn herum und man sagte zu ihm: Deine
Mutter und deine Brüder stehen draußen
und fragen nach dir. 33 Er erwiderte: Wer ist
meine Mutter und wer sind meine Brüder?
34 Und er blickte auf die Menschen, die im
Kreis um ihn herumsaßen, und sagte: Das
hier sind meine Mutter und meine Brüder.
35 Wer den Willen Gottes erfüllt, der ist für
mich Bruder und Schwester und Mutter.

31–35 ‖ Mt 12,46–50; Lk 8,19–21.

Die Gleichnisse vom Reich Gottes: 4,1–34

Das Gleichnis vom Sämann: 4,1–9

4 Ein andermal lehrte er wieder am Ufer
des Sees und sehr viele Menschen ver-
sammelten sich um ihn. Er stieg deshalb in
ein Boot auf dem See und setzte sich; die
Leute aber standen am Ufer. 2 Und er sprach
lange zu ihnen und lehrte sie in Form von
Gleichnissen. Bei dieser Belehrung sagte er
zu ihnen: 3 Hört! Ein Sämann ging aufs Feld,
um zu säen. 4 Als er säte, fiel ein Teil der
Körner auf den Weg und die Vögel kamen
und fraßen sie. 5 Ein anderer Teil fiel auf fel-
sigen Boden, wo es nur wenig Erde gab, und
ging sofort auf, weil das Erdreich nicht tief
war; 6 als aber die Sonne hochstieg, wurde
die Saat versengt und verdorrte, weil sie kei-
ne Wurzeln hatte. 7 Wieder ein anderer Teil
fiel in die Dornen und die Dornen wuchsen
und erstickten die Saat und sie brachte keine
Frucht. 8 Ein anderer Teil schließlich fiel auf
guten Boden und brachte Frucht; die Saat

3,13–19 Vgl. die Anmerkung zu Mt 9,35 – 11,1.
3,18 Zu »Kananäus« vgl. die Anmerkung zu Mt 10,4.
3,22–30 Vgl. die Anmerkung zu Mt 12,24.
3,31–35 Vgl. die Anmerkung zu Mt 12,46f.
3,32 Einige Textzeugen fügen nach »Brüder« hinzu: und deine Schwestern.
4,1–34 In diesem Kapitel sind drei Saatgleichnisse (s. VV. 3.26.31) gesammelt; dazu kommen eine nachträgliche allegorische Deutung des ersten Gleichnisses (VV. 13–20) und mehrere Sprüche (VV. 21–24). Ursprünglich sind die Gleichnisse Jesu nicht als Allegorien gemeint, die Zug um Zug auf die Wirklichkeit übertragen werden können, sondern sie stellen jeweils als ein Ganzes einen Grundgedanken bildhaft dar.

ging auf und wuchs empor und trug dreißigfach, ja sechzigfach und hundertfach. 9 Und Jesus sprach: Wer Ohren hat zum Hören, der höre!

1–9 ‖ Mt 13,1–9; Lk 8,4–8 • 9: Mt 11,15.

Sinn und Zweck der Gleichnisse: 4,10–12

10 Als er mit seinen Begleitern und den Zwölf allein war, fragten sie ihn nach dem Sinn seiner Gleichnisse. 11 Da sagte er zu ihnen: Euch ist das Geheimnis des Reiches Gottes anvertraut; denen aber, die draußen sind, wird alles in Gleichnissen gesagt; 12 denn

sehen sollen sie, sehen, aber nicht erkennen; / hören sollen sie, hören, aber nicht verstehen, / damit sie sich nicht bekehren / und ihnen nicht vergeben wird.

10–12 ‖ Mt 13,10–17; Lk 8,9f • 12: Jes 6,9f; Joh 12,40; Apg 28,26f.

Die Deutung des Gleichnisses vom Sämann: 4,13–20

13 Und er sagte zu ihnen: Wenn ihr schon dieses Gleichnis nicht versteht, wie wollt ihr dann all die anderen Gleichnisse verstehen? 14 Der Sämann sät das Wort. 15 Auf den Weg fällt das Wort bei denen, die es zwar hören, aber sofort kommt der Satan und nimmt das Wort weg, das in sie gesät wurde. 16 Ähnlich ist es bei den Menschen, bei denen das Wort auf felsigen Boden fällt: Sobald sie es hören, nehmen sie es freudig auf; 17 aber sie haben keine Wurzeln, sondern sind unbeständig, und wenn sie dann um des Wortes willen bedrängt oder verfolgt werden, kommen sie sofort zu Fall. 18 Bei anderen fällt das Wort in die Dornen: sie hören es zwar, 19 aber die Sorgen der Welt, der trügerische Reichtum und die Gier nach all den anderen Dingen machen sich breit und ersticken es und es bringt keine Frucht. 20 Auf guten Boden ist das Wort bei denen gesät, die es hören und aufnehmen und Frucht bringen, dreißigfach, ja sechzigfach und hundertfach.

13–20 ‖ Mt 13,18–23; Lk 8,11–15 • 19: 1 Tim 6,9.

Vom rechten Hören: 4,21–25

21 Er sagte zu ihnen: Zündet man etwa ein Licht an und stülpt ein Gefäß darüber oder stellt es unter das Bett? Stellt man es nicht auf den Leuchter? 22 Es gibt nichts Verborgenes, das nicht offenbar wird, und nichts Geheimes, das nicht an den Tag kommt. 23 Wenn einer Ohren hat zum Hören, so höre er!

24 Weiter sagte er: Achtet auf das, was ihr hört! Nach dem Maß, mit dem ihr meßt und zuteilt, wird euch zugeteilt werden, ja, es wird euch noch mehr gegeben. 25 Denn wer hat, dem wird gegeben; wer aber nicht hat, dem wird auch noch weggenommen, was er hat.

21–25 ‖ Lk 8,16–18 • 21: Mt 5,15; Lk 11,33 • 22: Mt 10,26; Lk 12,2 • 23: Mt 11,15 • 24: Mt 7,2; Lk 6,38 • 25: Mt 13,12; 25,29; Lk 19,26.

Das Gleichnis vom Wachsen der Saat: 4,26–29

26 Er sagte: Mit dem Reich Gottes ist es so, wie wenn ein Mann Samen auf seinen Acker sät; 27 dann schläft er und steht wieder auf, es wird Nacht und wird Tag, der Samen keimt und wächst und der Mann weiß nicht, wie. 28 Die Erde bringt von selbst ihre Frucht, zuerst den Halm, dann die Ähre, dann das volle Korn in der Ähre. 29 Sobald aber die Frucht reif ist, *legt er die Sichel an; denn die Zeit der Ernte ist da.*

29: Joël 4,13.

Das Gleichnis vom Senfkorn: 4,30–32

30 Er sagte: Womit sollen wir das Reich Gottes vergleichen, mit welchem Gleichnis sollen wir es beschreiben? 31 Es gleicht einem Senfkorn. Dieses ist das kleinste von allen Samenkörnern, die man in die Erde sät. 32 Ist es aber gesät, dann geht es auf und wird größer als alle anderen Gewächse und *treibt* große *Zweige,* sodass *in seinem Schatten die Vögel des Himmels nisten* können.

30–32 ‖ Mt 13,31f; Lk 13,18f • 32: Dan 4,8f.18; Ez 17,23.

Schlussbemerkung zu den Gleichnissen: 4,33–34

33 Durch viele solche Gleichnisse verkündete er ihnen das Wort, so wie sie es aufnehmen konnten. 34 Er redete nur in Gleichnissen zu ihnen; seinen Jüngern aber erklärte er alles, wenn er mit ihnen allein war.

33–34 ‖ Mt 13,34.

Taten und Worte Jesu: 4,35 – 8,26

Der Sturm auf dem See: 4,35–41

35 Am Abend dieses Tages sagte er zu ihnen: Wir wollen ans andere Ufer hinüberfah-

4,21 Vgl. die Anmerkung zu Mt 5,15.

ren. 36 Sie schickten die Leute fort und fuh-
ren mit ihm in dem Boot, in dem er saß, weg;
einige andere Boote begleiteten ihn. 37 Plötz-
lich erhob sich ein heftiger Wirbelsturm, und
die Wellen schlugen in das Boot, sodass es
sich mit Wasser zu füllen begann. 38 Er aber
lag hinten im Boot auf einem Kissen und
schlief. Sie weckten ihn und riefen: Meister,
kümmert es dich nicht, dass wir zugrunde
gehen? 39 Da stand er auf, drohte dem Wind
und sagte zu dem See: Schweig, sei still! Und
der Wind legte sich und es trat völlige Stille
ein. 40 Er sagte zu ihnen: Warum habt ihr sol-
che Angst? Habt ihr noch keinen Glauben?
41 Da ergriff sie große Furcht und sie sagten
zueinander: Was ist das für ein Mensch, dass
ihm sogar der Wind und der See gehor-
chen?

35–41 ‖ Mt 8,18.23–27; Lk 8,22–25 • 39: 6,51.

Die Heilung des Besessenen von Gerasa:
5,1–20

5 Sie kamen an das andere Ufer des Sees,
in das Gebiet von Gerasa. 2 Als er aus
dem Boot stieg, lief ihm ein Mann entgegen,
der von einem unreinen Geist besessen war.
Er kam von den Grabhöhlen, 3 in denen er
lebte. Man konnte ihn nicht bändigen, nicht
einmal mit Fesseln. 4 Schon oft hatte man
ihn an Händen und Füßen gefesselt, aber er
hatte die Ketten gesprengt und die Fesseln
zerrissen; niemand konnte ihn bezwingen.
5 Bei Tag und Nacht schrie er unaufhörlich
in den Grabhöhlen und auf den Bergen und
schlug sich mit Steinen. 6 Als er Jesus von
weitem sah, lief er zu ihm hin, warf sich vor
ihm nieder 7 und schrie laut: Was habe ich
mit dir zu tun, Jesus, Sohn des höchsten Got-
tes? Ich beschwöre dich bei Gott, quäle mich
nicht! 8 Jesus hatte nämlich zu ihm gesagt:
Verlass diesen Mann, du unreiner Geist! 9 Je-
sus fragte ihn: Wie heißt du? Er antwortete:
Mein Name ist Legion; denn wir sind viele.
10 Und er flehte Jesus an, sie nicht aus dieser
Gegend zu verbannen.

11 Nun weidete dort an einem Berghang
gerade eine große Schweineherde. 12 Da ba-
ten ihn die Dämonen: Lass uns doch in die
Schweine hineinfahren! 13 Jesus erlaubte es
ihnen. Darauf verließen die unreinen Geister
den Menschen und fuhren in die Schweine
und die Herde stürzte sich den Abhang
hinab in den See. Es waren etwa zweitau-
send Tiere und alle ertranken. 14 Die Hirten
flohen und erzählten alles in der Stadt und
in den Dörfern. Darauf eilten die Leute her-
bei, um zu sehen, was geschehen war. 15 Sie
kamen zu Jesus und sahen bei ihm den
Mann, der von der Legion Dämonen besessen
gewesen war. Er saß ordentlich gekleidet da
und war wieder bei Verstand. Da fürchteten
sie sich. 16 Die, die alles gesehen hatten, be-
richteten ihnen, was mit dem Besessenen
und mit den Schweinen geschehen war.
17 Darauf baten die Leute Jesus, ihr Gebiet
zu verlassen.

18 Als er ins Boot stieg, bat ihn der Mann,
der zuvor von den Dämonen besessen war,
bei ihm bleiben zu dürfen. 19 Aber Jesus er-
laubte es ihm nicht, sondern sagte: Geh nach
Hause und berichte deiner Familie alles,
was der Herr für dich getan und wie er Er-
barmen mit dir gehabt hat. 20 Da ging der
Mann weg und verkündete in der ganzen De-
kapolis, was Jesus für ihn getan hatte, und
alle staunten.

1–20 ‖ Mt 8,28–34; Lk 8,26–39 • 7: 1,24; 3,11; Lk 4,34; Joh 2,4.

Die Auferweckung der Tochter des Jaïrus und die Heilung einer kranken Frau:
5,21–43

21 Jesus fuhr im Boot wieder ans andere
Ufer hinüber und eine große Menschenmen-
ge versammelte sich um ihn. Während er
noch am See war, 22 kam ein Synagogenvor-
steher namens Jaïrus zu ihm. Als er Jesus
sah, fiel er ihm zu Füßen 23 und flehte ihn um
Hilfe an; er sagte: Meine Tochter liegt im
Sterben. Komm und leg ihr die Hände auf,
damit sie wieder gesund wird und am Leben
bleibt. 24 Da ging Jesus mit ihm.

Viele Menschen folgten ihm und drängten
sich um ihn. 25 Darunter war eine Frau, die
schon zwölf Jahre an Blutungen litt. 26 Sie
war von vielen Ärzten behandelt worden und
hatte dabei sehr zu leiden; ihr ganzes Vermö-
gen hatte sie ausgegeben, aber es hatte ihr
nichts genutzt, sondern ihr Zustand war im-
mer schlimmer geworden. 27 Sie hatte von
Jesus gehört. Nun drängte sie sich in der
Menge von hinten an ihn heran und berührte
sein Gewand. 28 Denn sie sagte sich: Wenn

4,40 Statt »Habt ihr . . .« haben mehrere Textzeugen: Warum habt ihr keinen Glauben?

5,1 Weniger gut bezeugte Lesarten: Gadara, Gergesa.

5,9 Eine Legion war die größte römische Heereseinheit (6000 Mann).

5,11–17 Die Erzählung spielt im halbheidnischen Ostjordanland, wo auch Schweine gezüchtet wurden. Schweine galten als unrein, darum war den Juden die Aufzucht von Schweinen und das Essen von Schweinefleisch verboten.

5,25–34 Vgl. die Anmerkung zu Mt 9,20–22.

ich auch nur sein Gewand berühre, werde
ich geheilt. 29 Sofort hörte die Blutung auf
und sie spürte deutlich, dass sie von ihrem
Leiden geheilt war. 30 Im selben Augenblick
fühlte Jesus, dass eine Kraft von ihm aus-
strömte, und er wandte sich in dem Gedrän-
ge um und fragte: Wer hat mein Gewand be-
rührt? 31 Seine Jünger sagten zu ihm: Du
siehst doch, wie sich die Leute um dich drän-
gen, und da fragst du: Wer hat mich berührt?
32 Er blickte umher, um zu sehen, wer es ge-
tan hatte. 33 Da kam die Frau, zitternd vor
Furcht, weil sie wusste, was mit ihr gesche-
hen war; sie fiel vor ihm nieder und sagte
ihm die ganze Wahrheit. 34 Er aber sagte zu
ihr: Meine Tochter, dein Glaube hat dir ge-
holfen. Geh in Frieden! Du sollst von deinem
Leiden geheilt sein.

35 Während Jesus noch redete, kamen Leu-
te, die zum Haus des Synagogenvorstehers
gehörten, und sagten (zu Jaïrus): Deine
Tochter ist gestorben. Warum bemühst du
den Meister noch länger? 36 Jesus, der diese
Worte gehört hatte, sagte zu dem Synago-
genvorsteher: Sei ohne Furcht; glaube nur!
37 Und er ließ keinen mitkommen außer Pet-
rus, Jakobus und Johannes, den Bruder des
Jakobus. 38 Sie gingen zum Haus des Syna-
gogenvorstehers. Als Jesus den Lärm be-
merkte und hörte, wie die Leute laut weinten
und jammerten, 39 trat er ein und sagte zu ih-
nen: Warum schreit und weint ihr? Das Kind
ist nicht gestorben, es schläft nur. 40 Da lach-
ten sie ihn aus. Er aber schickte alle hinaus
und nahm außer seinen Begleitern nur die
Eltern mit in den Raum, in dem das Kind lag.
41 Er fasste das Kind an der Hand und sagte
zu ihm: Talita kum!, das heißt übersetzt:
Mädchen, ich sage dir, steh auf! 42 Sofort
stand das Mädchen auf und ging umher. Es
war zwölf Jahre alt. Die Leute gerieten außer
sich vor Entsetzen. 43 Doch er schärfte ihnen
ein, niemand dürfe etwas davon erfahren;
dann sagte er, man solle dem Mädchen etwas
zu essen geben.

21–43 ‖ Mt 9,18–26; Lk 8,40–56 • 28: 6,56; Mt 14,36 • 34: 10,52; Lk 7,50; 17,19; 18,42.

Die Ablehnung Jesu in seiner Heimat: 6,1–6a

6 Von dort brach Jesus auf und kam in
seine Heimatstadt; seine Jünger beglei-
teten ihn. 2 Am Sabbat lehrte er in der Syna-
goge. Und die vielen Menschen, die ihm zu-
hörten, staunten und sagten: Woher hat er
das alles? Was ist das für eine Weisheit, die
ihm gegeben ist! Und was sind das für Wun-
der, die durch ihn geschehen! 3 Ist das nicht
der Zimmermann, der Sohn der Maria und
der Bruder von Jakobus, Joses, Judas und Si-
mon? Leben nicht seine Schwestern hier un-
ter uns? Und sie nahmen Anstoß an ihm und
lehnten ihn ab. 4 Da sagte Jesus zu ihnen:
Nirgends hat ein Prophet so wenig Ansehen
wie in seiner Heimat, bei seinen Verwandten
und in seiner Familie. 5 Und er konnte dort
kein Wunder tun; nur einigen Kranken legte
er die Hände auf und heilte sie. 6a Und er
wunderte sich über ihren Unglauben.

1–6a ‖ Mt 13,54–58; Lk 4,16–30 • 2: Joh 7,15 • 3: Joh 6,42 • 4: Joh 4,44.

Die Aussendung der zwölf Jünger: 6,6b–13

6b Jesus zog durch die benachbarten Dör-
fer und lehrte. 7 Er rief die Zwölf zu sich und
sandte sie aus, jeweils zwei zusammen. Er
gab ihnen die Vollmacht, die unreinen Geis-
ter auszutreiben, 8 und er gebot ihnen, außer
einem Wanderstab nichts auf den Weg mit-
zunehmen, kein Brot, keine Vorratstasche,
kein Geld im Gürtel, 9 kein zweites Hemd
und an den Füßen nur Sandalen. 10 Und er
sagte zu ihnen: Bleibt in dem Haus, in dem
ihr einkehrt, bis ihr den Ort wieder verlasst.
11 Wenn man euch aber in einem Ort nicht
aufnimmt und euch nicht hören will, dann
geht weiter und schüttelt den Staub von eu-
ren Füßen, zum Zeugnis gegen sie. 12 Die
Zwölf machten sich auf den Weg und riefen
die Menschen zur Umkehr auf. 13 Sie trieben
viele Dämonen aus und salbten viele Kranke
mit Öl und heilten sie.

6b–13 ‖ Mt 9,35; 10,1.5–14; Lk 9,1–6.

Das Urteil des Herodes über Jesus: 6,14–16

14 Der König Herodes hörte von Jesus;
denn sein Name war bekannt geworden und
man sagte: Johannes der Täufer ist von den
Toten auferstanden; deshalb wirken solche
Kräfte in ihm. 15 Andere sagten: Er ist Elija.
Wieder andere: Er ist ein Prophet, wie einer
von den alten Propheten. 16 Als aber Herodes
von ihm hörte, sagte er: Johannes, den ich
enthaupten ließ, ist auferstanden.

14–16 ‖ Mt 14,1f; Lk 9,7–9 • 14f: Mt 16,14.

Die Enthauptung des Täufers: 6,17–29

17 Herodes hatte nämlich Johannes fest-
nehmen und ins Gefängnis werfen lassen.

6,1–6 Vgl. die Anmerkung zu Mt 12,46f; 13,54–58.
6,3 »Joses« ist Nebenform von »Josef«.

6,17f Vgl. die Anmerkung zu Mt 14,4.
6,48 Zu »Nachtwache« vgl. die Anmerkung zu Mt 14,25.

Schuld daran war Herodias, die Frau seines
Bruders Philippus, die er geheiratet hatte.
18 Denn Johannes hatte zu Herodes gesagt:
Du hattest nicht das Recht, die Frau deines
Bruders zur Frau zu nehmen. 19 Herodias
verzieh ihm das nicht und wollte ihn töten
lassen. Sie konnte ihren Plan aber nicht
durchsetzen, 20 denn Herodes fürchtete sich
vor Johannes, weil er wusste, dass dieser ein
gerechter und heiliger Mann war. Darum
schützte er ihn. Sooft er mit ihm sprach,
wurde er unruhig und ratlos, und doch hörte
er ihm gern zu. 21 Eines Tages ergab sich für
Herodias eine günstige Gelegenheit. An sei-
nem Geburtstag lud Herodes seine Hofbeam-
ten und Offiziere zusammen mit den vor-
nehmsten Bürgern von Galiläa zu einem
Festmahl ein. 22 Da kam die Tochter der He-
rodias und tanzte und sie gefiel dem Herodes
und seinen Gästen so sehr, dass der König zu
ihr sagte: Wünsch dir, was du willst; ich wer-
de es dir geben. 23 Er schwor ihr sogar: Was
du auch von mir verlangst, ich will es dir ge-
ben, und *wenn es die Hälfte meines Reiches
wäre.* 24 Sie ging hinaus und fragte ihre Mut-
ter: Was soll ich mir wünschen? Herodias
antwortete: Den Kopf des Täufers Johannes.
25 Da lief das Mädchen zum König hinein
und sagte: Ich will, dass du mir sofort auf ei-
ner Schale den Kopf des Täufers Johannes
bringen lässt. 26 Da wurde der König sehr
traurig, aber weil er vor allen Gästen einen
Schwur geleistet hatte, wollte er ihren
Wunsch nicht ablehnen. 27 Deshalb befahl er
einem Scharfrichter, sofort ins Gefängnis zu
gehen und den Kopf des Täufers herzubrin-
gen. Der Scharfrichter ging und enthauptete
Johannes. 28 Dann brachte er den Kopf auf
einer Schale, gab ihn dem Mädchen und das
Mädchen gab ihn seiner Mutter. 29 Als die
Jünger des Johannes das hörten, kamen sie,
holten seinen Leichnam und legten ihn in ein
Grab.

17–29 ‖ Mt 14,3–12; Lk 3,19f • 18: Lev 18,16; 20,21 • 23: Est 5,3.6; 7,2.

Die Rückkehr der Jünger und die Speisung der Fünftausend: 6,30–44

30 Die Apostel versammelten sich wieder
bei Jesus und berichteten ihm alles, was sie
getan und gelehrt hatten. 31 Da sagte er zu
ihnen: Kommt mit an einen einsamen Ort,
wo wir allein sind, und ruht ein wenig aus.
Denn sie fanden nicht einmal Zeit zum Es-
sen, so zahlreich waren die Leute, die kamen
und gingen. 32 Sie fuhren also mit dem Boot
in eine einsame Gegend, um allein zu sein.
33 Aber man sah sie abfahren und viele er-
fuhren davon; sie liefen zu Fuß aus allen
Städten dorthin und kamen noch vor ihnen
an. 34 Als er ausstieg und die vielen Men-
schen sah, hatte er Mitleid mit ihnen; denn
sie waren *wie Schafe, die keinen Hirten ha-
ben.* Und er lehrte sie lange.
35 Gegen Abend kamen seine Jünger zu
ihm und sagten: Der Ort ist abgelegen und es
ist schon spät. 36 Schick sie weg, damit sie in
die umliegenden Gehöfte und Dörfer gehen
und sich etwas zu essen kaufen können. 37 Er
erwiderte: Gebt ihr ihnen zu essen! Sie sag-
ten zu ihm: Sollen wir weggehen, für zwei-
hundert Denare Brot kaufen und es ihnen
geben, damit sie zu essen haben? 38 Er sagte
zu ihnen: Wie viele Brote habt ihr? Geht und
seht nach! Sie sahen nach und berichteten:
Fünf Brote und außerdem zwei Fische.
39 Dann befahl er ihnen, den Leuten zu sa-
gen, sie sollten sich in Gruppen ins grüne
Gras setzen. 40 Und sie setzten sich in Grup-
pen zu hundert und zu fünfzig. 41 Darauf
nahm er die fünf Brote und die zwei Fische,
blickte zum Himmel auf, sprach den Lob-
preis, brach die Brote und gab sie den Jün-
gern, damit sie sie an die Leute austeilten.
Auch die zwei Fische ließ er unter allen ver-
teilen. 42 Und alle aßen und wurden satt.
43 Als die Jünger die Reste der Brote und
auch der Fische einsammelten, wurden
zwölf Körbe voll. 44 Es waren fünftausend
Männer, die von den Broten gegessen hat-
ten.

30–31 ‖ Lk 9,10; 10,17 • 32–34 ‖ Mt 14,13–21; Lk 9,10–17; Joh 6,1–13 • 32–44: 8,1–10; Mt 15,32–39 • 34: Mt 9,36; Num 27,17; 1 Kön 22,17; Ez 34,5 • 41: 8,19.

Der Gang Jesu auf dem Wasser: 6,45–52

45 Gleich darauf forderte er seine Jünger
auf, ins Boot zu steigen und ans andere Ufer
nach Betsaida vorauszufahren. Er selbst
wollte inzwischen die Leute nach Hause
schicken. 46 Nachdem er sich von ihnen ver-
abschiedet hatte, ging er auf einen Berg, um
zu beten. 47 Spät am Abend war das Boot
mitten auf dem See, er aber war allein an
Land. 48 Und er sah, wie sie sich beim Rudern
abmühten, denn sie hatten Gegenwind. In
der vierten Nachtwache ging er auf dem See
zu ihnen hin, wollte aber an ihnen vorüber-
gehen. 49 Als sie ihn über den See gehen sa-
hen, meinten sie, es sei ein Gespenst, und
schrien auf. 50 Alle sahen ihn und erschra-
ken. Doch er begann mit ihnen zu reden und
sagte: Habt Vertrauen, ich bin es; fürchtet
euch nicht! 51 Dann stieg er zu ihnen ins Boot
und der Wind legte sich. Sie aber waren be-
stürzt und außer sich. 52 Denn sie waren
nicht zur Einsicht gekommen, als das mit
den Broten geschah; ihr Herz war verstockt.

45–52 ‖ Mt 14,22–33; Joh 6,16–21 • 46: Lk 6,12 • 51: 4,39 • 52: 8,17.

Krankenheilungen in Gennesaret: 6,53–56

53 Sie fuhren auf das Ufer zu, kamen nach
Gennesaret und legten dort an. 54 Als sie aus
dem Boot stiegen, erkannte man ihn sofort.
55 Die Menschen eilten durch die ganze Ge-
gend und brachten die Kranken auf Trag-
bahren zu ihm, sobald sie hörten, wo er war.
56 Und immer, wenn er in ein Dorf oder eine
Stadt oder zu einem Gehöft kam, trug man
die Kranken auf die Straße hinaus und bat
ihn, er möge sie wenigstens den Saum seines
Gewandes berühren lassen. Und alle, die ihn
berührten, wurden geheilt.

53–56 || Mt 14,34–36 • 55: Mt 4,24 • 56: 5,28; Mt 14,36.

Von Reinheit und Unreinheit: 7,1–23

7 Die Pharisäer und einige Schriftgelehr-
te, die aus Jerusalem gekommen waren,
hielten sich bei Jesus auf. 2 Sie sahen, dass
einige seiner Jünger ihr Brot mit unreinen,
das heißt mit ungewaschenen Händen aßen.
3 Die Pharisäer essen nämlich wie alle Juden
nur, wenn sie vorher mit einer Hand voll
Wasser die Hände gewaschen haben, wie es
die Überlieferung der Alten vorschreibt.
4 Auch wenn sie vom Markt kommen, essen
sie nicht, ohne sich vorher zu waschen. Noch
viele andere überlieferte Vorschriften halten
sie ein, wie das Abspülen von Bechern, Krü-
gen und Kesseln. 5 Die Pharisäer und die
Schriftgelehrten fragten ihn also: Warum
halten sich deine Jünger nicht an die Über-
lieferung der Alten, sondern essen ihr Brot
mit unreinen Händen? 6 Er antwortete ihnen:
Der Prophet Jesaja hatte Recht mit dem, was
er über euch Heuchler sagte:
Dieses Volk ehrt mich mit den Lippen, /
sein Herz aber ist weit weg von mir.
7 *Es ist sinnlos, wie sie mich verehren; /*
was sie lehren, sind Satzungen von Men-
schen.
8 Ihr gebt Gottes Gebot preis und haltet
euch an die Überlieferung der Menschen.
9 Und weiter sagte Jesus: Sehr geschickt
setzt ihr Gottes Gebot außer Kraft und haltet
euch an eure eigene Überlieferung. 10 Mose
hat zum Beispiel gesagt: *Ehre deinen Vater*
und deine Mutter!, und: *Wer Vater oder Mut-*
ter verflucht, soll *mit dem Tod bestraft wer-*
den. 11 Ihr aber lehrt: Es ist erlaubt, dass ei-
ner zu seinem Vater oder seiner Mutter sagt:
Was ich dir schulde, ist Korbán, das heißt:
eine Opfergabe. 12 Damit hindert ihr ihn da-
ran, noch etwas für Vater oder Mutter zu
tun. 13 So setzt ihr durch eure eigene Überlie-
ferung Gottes Wort außer Kraft. Und ähn-
lich handelt ihr in vielen Fällen.
14 Dann rief er die Leute wieder zu sich
und sagte: Hört mir alle zu und begreift, was
ich sage: 15 Nichts, was von außen in den
Menschen hineinkommt, kann ihn unrein
machen, sondern was aus dem Menschen he-
rauskommt, das macht ihn unrein. [16]
17 Er verließ die Menge und ging in ein
Haus. Da fragten ihn seine Jünger nach dem
Sinn dieses rätselhaften Wortes. 18 Er ant-
wortete ihnen: Begreift auch ihr nicht? Seht
ihr nicht ein, dass das, was von außen in den
Menschen hineinkommt, ihn nicht unrein
machen kann? 19 Denn es gelangt ja nicht in
sein Herz, sondern in den Magen und wird
wieder ausgeschieden. Damit erklärte Jesus
alle Speisen für rein. 20 Weiter sagte er: Was
aus dem Menschen herauskommt, das
macht ihn unrein. 21 Denn von innen, aus
dem Herzen der Menschen, kommen die
bösen Gedanken, Unzucht, Diebstahl, Mord,

7,1–8.14–23 Die Reinheitsvorschriften, die von den Juden entwickelt wurden (von den »Alten«, das heißt den jüdischen Lehrautoritäten), gingen davon aus, dass alles Geschlechtliche, Ausscheidungen des Körpers, bestimmte Tiere und Menschen (Heiden, Sünder, Kranke mit bestimmten Krankheiten, z. B. Aussatz), auch Leichen ebenso wie jede Art von Schmutz verunreinigen, das heißt für den Gottesdienst und das Gebet unwürdig machen. Diese Unreinheit konnte sich durch Berührung auch auf tote Gegenstände übertragen. Zur Wiederherstellung der kultischen Reinheit bedurfte es gewisser Waschungen, Fastenübungen und religiöser Handlungen. Auch Speisen konnten verunreinigen (vgl. Lev 11 – 15). Demgegenüber stellte Jesus fest, dass der Wert einer Handlung allein von der Gesinnung des Handelnden abhängt (vgl. auch die Anmerkung zu Mt 15,11).

7,3 mit einer Hand voll Wasser, wörtlich: mit der Faust.

7,4 Andere Übersetzungsmöglichkeit: Und sie essen auch das, was vom Markt kommt, erst, wenn sie es gewaschen haben.

7,9–13 Das Korbán-Gelübde war ein Gelöbnis, durch das ein Gegenstand in den Dienst Gottes, des Tempels oder des Gottesdienstes gestellt und so der Nutznießung durch Menschen entzogen wurde. Wer also alle Verpflichtungen und Leistungen seinen Eltern gegenüber durch das Korbán-Gelübde Gott weihte (»Opfergabe ist, was ihr von mir als Unterstützung haben solltet«), entzog diesen ihren Unterhalt, ohne dass er gezwungen werden konnte, das den Eltern Nicht-Geleistete auch wirklich für religiöse Zwecke einzusetzen. Diese Praxis widersprach deutlich dem Sinn des vierten Gebots, das dazu bestimmt war, auch den Unterhalt alter und kranker Eltern zu sichern.

7,16 Spätere Textzeugen fügen hier entsprechend 4,23 ein: Wenn einer Ohren hat zum Hören, so höre er!

7,21 Bei den Juden galt das Herz als Mitte der Ge-

22 Ehebruch, Habgier, Bosheit, Hinterlist,
Ausschweifung, Neid, Verleumdung, Hoch-
mut und Unvernunft. 23 All dieses Böse
kommt von innen und macht den Menschen
unrein.

1–23 ‖ Mt 15,1–20 • 2: Lk 11,38; Kol 2,21f • 4: Mt 23,25 • 6: Jes 29,13 G • 10: Ex 20,12; 21,17; Lev 20,9; Dtn 5,16.

Die Erhörung der Bitte einer heidnischen Frau: 7,24–30

24 Jesus brach auf und zog von dort in das
Gebiet von Tyrus. Er ging in ein Haus, wollte
aber, dass niemand davon erfuhr; doch es
konnte nicht verborgen bleiben. 25 Eine
Frau, deren Tochter von einem unreinen
Geist besessen war, hörte von ihm; sie kam
sogleich herbei und fiel ihm zu Füßen. 26 Die
Frau, von Geburt Syrophönizierin, war eine
Heidin. Sie bat ihn, aus ihrer Tochter den
Dämon auszutreiben. 27 Da sagte er zu ihr:
Lasst zuerst die Kinder satt werden; denn es
ist nicht recht, das Brot den Kindern wegzu-
nehmen und den Hunden vorzuwerfen. 28 Sie
erwiderte ihm: Ja, du hast recht, Herr! Aber
auch für die Hunde unter dem Tisch fällt et-
was von dem Brot ab, das die Kinder essen.
29 Er antwortete ihr: Weil du das gesagt hast,
sage ich dir: Geh nach Hause, der Dämon hat
deine Tochter verlassen. 30 Und als sie nach
Hause kam, fand sie das Kind auf dem Bett
liegen und sah, dass der Dämon es verlassen
hatte.

24–30 ‖ Mt 15,21–28.

Die Heilung eines Taubstummen: 7,31–37

31 Jesus verließ das Gebiet von Tyrus wie-
der und kam über Sidon an den See von Ga-
liläa, mitten in das Gebiet der Dekapolis.
32 Da brachte man einen Taubstummen zu
Jesus und bat ihn, er möge ihn berühren.
33 Er nahm ihn beiseite, von der Menge weg,
legte ihm die Finger in die Ohren und be-
rührte dann die Zunge des Mannes mit Spei-
chel; 34 danach blickte er zum Himmel auf,
seufzte und sagte zu dem Taubstummen: Ef-
fata!, das heißt: Öffne dich! 35 Sogleich öff-
neten sich seine Ohren, seine Zunge wurde
von ihrer Fessel befreit und er konnte richtig
reden. 36 Jesus verbot ihnen, jemand davon
zu erzählen. Doch je mehr er es ihnen verbot,
desto mehr machten sie es bekannt. 37 Außer
sich vor Staunen sagten sie: Er hat alles gut
gemacht; er macht, dass die Tauben hören
und die Stummen sprechen.

31–37: Mt 15,29–31 • 33: 8,23 • 37: Jes 35,5.

Die Speisung der Viertausend: 8,1–10

8 In jenen Tagen waren wieder einmal
viele Menschen um Jesus versammelt.
Da sie nichts zu essen hatten, rief er die Jün-
ger zu sich und sagte: 2 Ich habe Mitleid mit
diesen Menschen; sie sind schon drei Tage
bei mir und haben nichts mehr zu essen.
3 Wenn ich sie hungrig nach Hause schicke,
werden sie unterwegs zusammenbrechen;
denn einige von ihnen sind von weither ge-
kommen. 4 Seine Jünger antworteten ihm:
Woher soll man in dieser unbewohnten Ge-
gend Brot bekommen, um sie alle satt zu ma-
chen? 5 Er fragte sie: Wie viele Brote habt
ihr? Sie antworteten: Sieben. 6 Da forderte er
die Leute auf, sich auf den Boden zu setzen.
Dann nahm er die sieben Brote, sprach das
Dankgebet, brach die Brote und gab sie sei-
nen Jüngern zum Verteilen; und die Jünger
teilten sie an die Leute aus. 7 Sie hatten auch
noch ein paar Fische bei sich. Jesus segnete
sie und ließ auch sie austeilen. 8 Die Leute
aßen und wurden satt. Dann sammelte man
die übrig gebliebenen Brotstücke ein, sieben
Körbe voll. 9 Es waren etwa viertausend
Menschen beisammen. Danach schickte er
sie nach Hause. 10 Gleich darauf stieg er mit
seinen Jüngern ins Boot und fuhr in das Ge-
biet von Dalmanuta.

1–10 ‖ Mt 15,32–39 • 1–10: Mt 14,13–21; Mk 6,32–44; Lk 9,10–17; Joh 6,1–13 • 2: Mt 9,36 • 6: 8,20.

Die Verweigerung eines Zeichens: 8,11–13

11 Da kamen die Pharisäer und begannen
ein Streitgespräch mit ihm; sie forderten von
ihm ein Zeichen vom Himmel, um ihn auf die
Probe zu stellen. 12 Da seufzte er tief auf und
sagte: Was fordert diese Generation ein Zei-
chen? Amen, das sage ich euch: Dieser Gene-
ration wird niemals ein Zeichen gegeben
werden. 13 Und er verließ sie, stieg in das
Boot und fuhr ans andere Ufer.

11–13 ‖ Mt 16,1–4 • 11: Mt 12,38f; Lk 11,16.29; Joh 6,30; 1 Kor 1,22.

---

mütsregungen und Sitz des Gewissens. Vgl. die Anmerkung zu Mt 15,11.

7,24–30 Jesus hat sich nicht von sich aus an Heiden gewandt (vgl. Mt 10,5f; 15,24), hat aber Heiden geholfen, wenn sie ihn darum baten. »Hund« war ein jüdisches Schimpfwort für die Heiden. Die Juden verstanden sich demgegenüber als Kinder im Haus Gottes.

7,26 Heidin, wörtlich: Griechin.

7,33 Speichel galt damals als Heilmittel.

Warnung vor den Pharisäern und vor Herodes: 8,14–21

14 Die Jünger hatten vergessen, bei der Abfahrt Brote mitzunehmen; nur ein einziges hatten sie dabei. 15 Und er warnte sie: Gebt Acht, hütet euch vor dem Sauerteig der Pharisäer und dem Sauerteig des Herodes! 16 Sie aber machten sich Gedanken, weil sie kein Brot bei sich hatten. 17 Als er das merkte, sagte er zu ihnen: Was macht ihr euch darüber Gedanken, dass ihr kein Brot habt? Begreift und versteht ihr immer noch nicht? Ist denn euer Herz verstockt? 18 *Habt ihr denn keine Augen, um zu sehen, und keine Ohren, um zu hören*? Erinnert ihr euch nicht: 19 Als ich die fünf Brote für die Fünftausend brach, wie viele Körbe voll Brotstücke habt ihr da aufgesammelt? Sie antworteten ihm: Zwölf. 20 Und als ich die sieben Brote für die Viertausend brach, wie viele Körbe voll habt ihr da aufgesammelt? Sie antworteten: Sieben. 21 Da sagte er zu ihnen: Versteht ihr immer noch nicht?

14–21 ‖ Mt 16,5–12 • 15: Lk 12,1 • 17: 6,52 • 18: Jer 5,21 • 19: 6,41–44 • 20: 8,6–9.

Die Heilung eines Blinden bei Betsaida: 8,22–26

22 Sie kamen nach Betsaida. Da brachte man einen Blinden zu Jesus und bat ihn, er möge ihn berühren. 23 Er nahm den Blinden bei der Hand, führte ihn vor das Dorf hinaus, bestrich seine Augen mit Speichel, legte ihm die Hände auf und fragte ihn: Siehst du etwas? 24 Der Mann blickte auf und sagte: Ich sehe Menschen; denn ich sehe etwas, das wie Bäume aussieht und umhergeht. 25 Da legte er ihm nochmals die Hände auf die Augen; nun sah der Mann deutlich. Er war geheilt und konnte alles ganz genau sehen. 26 Jesus schickte ihn nach Hause und sagte: Geh aber nicht in das Dorf hinein!

23: 7,33; Joh 9,6.

AUF DEM WEG NACH JERUSALEM: 8,27 – 10,52

Das Messiasbekenntnis des Petrus: 8,27–30

27 Jesus ging mit seinen Jüngern in die Dörfer bei Cäsarea Philippi. Unterwegs fragte er die Jünger: Für wen halten mich die Menschen? 28 Sie sagten zu ihm: Einige für Johannes den Täufer, andere für Elija, wieder andere für sonst einen von den Propheten. 29 Da fragte er sie: Ihr aber, für wen haltet ihr mich? Simon Petrus antwortete ihm: Du bist der Messias! 30 Doch er verbot ihnen, mit jemand über ihn zu sprechen.

27–30 ‖ Mt 16,13–20; Lk 9,18–22 • 28: 6,14 • 29: Joh 11,27.

Die erste Ankündigung von Leiden und Auferstehung: 8,31–33

31 Dann begann er, sie darüber zu belehren, der Menschensohn müsse vieles erleiden und von den Ältesten, den Hohenpriestern und den Schriftgelehrten verworfen werden; er werde getötet, aber nach drei Tagen werde er auferstehen. 32 Und er redete ganz offen darüber. Da nahm ihn Petrus beiseite und machte ihm Vorwürfe. 33 Jesus wandte sich um, sah seine Jünger an und wies Petrus mit den Worten zurecht: Weg mit dir, Satan, geh mir aus den Augen! Denn du hast nicht das im Sinn, was Gott will, sondern was die Menschen wollen.

31–33 ‖ Mt 16,21–23; Lk 9,22 • 31: 9,31; 10,32–34.

Von Nachfolge und Selbstverleugnung: 8,34–9,1

34 Er rief die Volksmenge und seine Jünger zu sich und sagte: Wer mein Jünger sein will, der verleugne sich selbst, nehme sein Kreuz auf sich und folge mir nach. 35 Denn wer sein Leben retten will, wird es verlieren; wer aber sein Leben um meinetwillen und um des Evangeliums willen verliert, wird es retten. 36 Was nützt es einem Menschen, wenn er die ganze Welt gewinnt, dabei aber sein Leben einbüßt? 37 Um welchen Preis könnte ein Mensch sein Leben zurückkaufen? 38 Denn wer sich vor dieser treulosen und sündigen Generation meiner und meiner Worte schämt, dessen wird sich auch der Menschensohn schämen, wenn er mit den heiligen Engeln in der Hoheit seines Vaters kommt.

9 Und er sagte zu ihnen: Amen, ich sage euch: Von denen, die hier stehen, werden einige den Tod nicht erleiden, bis sie gesehen haben, dass das Reich Gottes in (seiner ganzen) Macht gekommen ist.

8,34 – 9,1 ‖ Mt 16,24–28; Lk 9,23–27 • 8,34: Mt 10,38f; Lk 14,27; Mt 8,22 • 35: Mt 10,39; Lk 17,33; Joh 12,25 • 38: Mt 10,33 • 9,1: Mt 10,23; 24,34.

8,38 Zu »treulosen« vgl. die Anmerkung zu Mt 12,39.

Die Verklärung Jesu: 9,2–10

2 Sechs Tage danach nahm Jesus Petrus,
Jakobus und Johannes beiseite und führte
sie auf einen hohen Berg, aber nur sie allein.
Und er wurde vor ihren Augen verwandelt;
3 seine Kleider wurden strahlend weiß, so
weiß, wie sie auf Erden kein Bleicher ma-
chen kann. 4 Da erschien vor ihren Augen
Elija und mit ihm Mose und sie redeten mit
Jesus. 5 Petrus sagte zu Jesus: Rabbi, es ist
gut, dass wir hier sind. Wir wollen drei Hüt-
ten bauen, eine für dich, eine für Mose und
eine für Elija. 6 Er wusste nämlich nicht, was
er sagen sollte; denn sie waren vor Furcht
ganz benommen. 7 Da kam eine Wolke und
warf ihren Schatten auf sie, und aus der
Wolke rief eine Stimme: Das ist *mein gelieb-
ter Sohn; auf ihn sollt ihr hören.* 8 Als sie
dann um sich blickten, sahen sie auf einmal
niemand mehr bei sich außer Jesus.

9 Während sie den Berg hinabstiegen, ver-
bot er ihnen, irgendjemand zu erzählen, was
sie gesehen hatten, bis der Menschensohn
von den Toten auferstanden sei. 10 Dieses
Wort beschäftigte sie und sie fragten einan-
der, was das sei: von den Toten auferste-
hen.

2–10 ‖ Mt 17,1–9; Lk 9,28–36 • 2–8: 2 Petr 1,16–18 • 7: Ps 2,7; Jes 42,1; Dtn 18,15; Mt 3,17 • 9: Mt 8,4.

Von der Wiederkunft des Elija: 9,11–13

11 Da fragten sie ihn: Warum sagen die
Schriftgelehrten, zuerst müsse Elija kom-
men? 12 Er antwortete: Ja, Elija kommt zu-
erst und *stellt* alles *wieder her.* Aber warum
heißt es dann vom Menschensohn in der
Schrift, er werde viel leiden müssen und ver-
achtet werden? 13 Ich sage euch: Elija ist
schon gekommen, doch sie haben mit ihm
gemacht, was sie wollten, wie es in der
Schrift steht.

11–13 ‖ Mt 17,10–13 • 12: Mal 3,23 G; Jes 52,13 – 53,12; Ps 22,2–20 • 13: Mt 11,14.

Die Heilung eines besessenen Jungen: 9,14–29

14 Als sie zu den anderen Jüngern zurück-
kamen, sahen sie eine große Menschen-
menge um sie versammelt und Schriftge-
lehrte, die mit ihnen stritten. 15 Sobald die
Leute Jesus sahen, liefen sie in großer Erre-
gung auf ihn zu und begrüßten ihn. 16 Er
fragte sie: Warum streitet ihr mit ihnen?
17 Einer aus der Menge antwortete ihm:
Meister, ich habe meinen Sohn zu dir ge-
bracht. Er ist von einem stummen Geist be-
sessen; 18 immer wenn der Geist ihn über-
fällt, wirft er ihn zu Boden und meinem Sohn
tritt Schaum vor den Mund, er knirscht mit
den Zähnen und wird starr. Ich habe schon
deine Jünger gebeten, den Geist auszutrei-
ben, aber sie hatten nicht die Kraft dazu.
19 Da sagte er zu ihnen: O du ungläubige Ge-
neration! Wie lange muss ich noch bei euch
sein? Wie lange muss ich euch noch ertragen?
Bringt ihn zu mir! 20 Und man führte ihn
herbei. Sobald der Geist Jesus sah, zerrte er
den Jungen hin und her, sodass er hinfiel und
sich mit Schaum vor dem Mund auf dem Bo-
den wälzte. 21 Jesus fragte den Vater: Wie
lange hat er das schon? Der Vater antworte-
te: Von Kind auf; 22 oft hat er ihn sogar ins
Feuer oder ins Wasser geworfen, um ihn um-
zubringen. Doch wenn du kannst, hilf uns;
hab Mitleid mit uns! 23 Jesus sagte zu ihm:
Wenn du kannst? Alles kann, wer glaubt.
24 Da rief der Vater des Jungen: Ich glaube;
hilf meinem Unglauben! 25 Als Jesus sah,
dass die Leute zusammenliefen, drohte er
dem unreinen Geist und sagte: Ich befehle
dir, du stummer und tauber Geist: Verlass
ihn und kehr nicht mehr in ihn zurück! 26 Da
zerrte der Geist den Jungen hin und her und
verließ ihn mit lautem Geschrei. Der Junge
lag da wie tot, so dass alle Leute sagten: Er
ist gestorben. 27 Jesus aber fasste ihn an der
Hand und richtete ihn auf, und der Junge er-
hob sich.

28 Als Jesus nach Hause kam und sie allein
waren, fragten ihn seine Jünger: Warum
konnten denn wir den Dämon nicht austrei-
ben? 29 Er antwortete ihnen: Diese Art kann
nur durch Gebet ausgetrieben werden.

14–29 ‖ Mt 17,14–21; Lk 9,37–42.

Die zweite Ankündigung von Leiden und Auferstehung: 9,30–32

30 Sie gingen von dort weg und zogen
durch Galiläa. Er wollte aber nicht, dass je-
mand davon erfuhr; 31 denn er wollte seine
Jünger über etwas belehren. Er sagte zu ih-
nen: Der Menschensohn wird den Menschen
ausgeliefert und sie werden ihn töten; doch
drei Tage nach seinem Tod wird er aufers te-
hen. 32 Aber sie verstanden den Sinn seiner
Worte nicht, scheuten sich jedoch, ihn zu
fragen.

30–32 ‖ Mt 17,22f; Lk 9,43b–45 • 30: Lk 17,11 • 31: 8,31; 10,33.

9,4f.11–13 Vgl. die Anmerkung zu Mt 17,10–13.
9,14 Einige Textzeugen haben: Als er ... zurückkam, sah er.
9,29 Einige Textzeugen fügen nach »Gebet« hinzu: und Fasten.

Der Rangstreit der Jünger: 9,33–37

[33] Sie kamen nach Kafarnaum. Als er dann im Haus war, fragte er sie: Worüber habt ihr unterwegs gesprochen? [34] Sie schwiegen, denn sie hatten unterwegs miteinander darüber gesprochen, wer (von ihnen) der Größte sei. [35] Da setzte er sich, rief die Zwölf und sagte zu ihnen: Wer der Erste sein will, soll der Letzte von allen und der Diener aller sein. [36] Und er stellte ein Kind in ihre Mitte, nahm es in seine Arme und sagte zu ihnen: [37] Wer ein solches Kind um meinetwillen aufnimmt, der nimmt mich auf; wer aber mich aufnimmt, der nimmt nicht nur mich auf, sondern den, der mich gesandt hat.

33–37 ‖ Mt 18,1–5; Lk 9,46–48 • 34: Lk 22,24–26 • 35: 10,43; Mt 20,26f; Lk 22,26.

Der fremde Wundertäter: 9,38–41

[38] Da sagte Johannes zu ihm: Meister, wir haben gesehen, wie jemand in deinem Namen Dämonen austrieb; und wir versuchten, ihn daran zu hindern, weil er uns nicht nachfolgt. [39] Jesus erwiderte: Hindert ihn nicht! Keiner, der in meinem Namen Wunder tut, kann so leicht schlecht von mir reden. [40] Denn wer nicht gegen uns ist, der ist für uns. [41] Wer euch auch nur einen Becher Wasser zu trinken gibt, weil ihr zu Christus gehört – amen, ich sage euch: er wird nicht um seinen Lohn kommen.

38–40 ‖ Lk 9,49f • 41 ‖ Mt 10,42.

Warnung vor der Verführung: 9,42–48

[42] er einen von diesen Kleinen, die an mich glauben, zum Bösen verführt, für den wäre es besser, wenn er mit einem Mühlstein um den Hals ins Meer geworfen würde. [43] Wenn dich deine Hand zum Bösen verführt, dann hau sie ab; es ist besser für dich, verstümmelt in das Leben zu gelangen, als mit zwei Händen in die Hölle zu kommen, in das nie erlöschende Feuer. [[44]] [45] Und wenn dich dein Fuß zum Bösen verführt, dann hau ihn ab; es ist besser für dich, verstümmelt in das Leben zu gelangen, als mit zwei Füßen in die Hölle geworfen zu werden. [[46]] [47] Und wenn dich dein Auge zum Bösen verführt, dann reiß es aus; es ist besser für dich, einäugig in das Reich Gottes zu kommen, als mit zwei Augen in die Hölle geworfen zu werden, [48] *wo ihr Wurm nicht stirbt und das Feuer nicht erlischt.*

42–48 ‖ Mt 18,6–9; Lk 17,1f • 43: Mt 5,30 • 47: Mt 5,29 • 48: Jes 66,24.

Vom Salz: 9,49–50

[49] Denn jeder wird mit Feuer gesalzen werden. [50] Das Salz ist etwas Gutes. Wenn das Salz die Kraft zum Salzen verliert, womit wollt ihr ihm seine Würze wiedergeben? Habt Salz in euch und haltet Frieden untereinander!

50 ‖ Mt 5,13; Lk 14,34f.

Aufbruch nach Judäa: 10,1

10 Von dort brach Jesus auf und kam nach Judäa und in das Gebiet jenseits des Jordan. Wieder versammelten sich viele Leute bei ihm, und er lehrte sie, wie er es gewohnt war.

1 ‖ Mt 19,1f; Lk 9,51.

Von der Ehescheidung: 10,2–12

[2] Da kamen Pharisäer zu ihm und fragten: Darf ein Mann seine Frau aus der Ehe entlassen? Damit wollten sie ihm eine Falle stellen. [3] Er antwortete ihnen: Was hat euch Mose vorgeschrieben? [4] Sie sagten: Mose hat erlaubt, *eine Scheidungsurkunde auszustellen und* (die Frau) *aus der Ehe zu entlassen.* [5] Jesus entgegnete ihnen: Nur weil ihr so hartherzig seid, hat er euch dieses Gebot gegeben. [6] Am Anfang der Schöpfung aber *hat Gott sie als Mann und Frau geschaffen.* [7] *Darum wird der Mann Vater und Mutter verlassen,* [8] *und die zwei werden ein Fleisch sein.* Sie sind also nicht mehr zwei, sondern eins. [9] Was aber Gott verbunden hat, das darf der Mensch nicht trennen.

[10] Zu Hause befragten ihn die Jünger noch einmal darüber. [11] Er antwortete ihnen: Wer seine Frau aus der Ehe entlässt und eine andere heiratet, begeht ihr gegenüber Ehebruch. [12] Auch eine Frau begeht Ehebruch, wenn sie ihren Mann aus der Ehe entlässt und einen anderen heiratet.

2–9 ‖ Mt 19,3–9 • 11 ‖ Mt 5,32; Lk 16,18 • 4: Dtn 24,1; Mt 5,31f • 6: Gen 1,27 • 7: Gen 2,24 • 11f: 1 Kor 7,10f.

9,37 um meinetwillen, wörtlich: aufgrund meines Namens.

9,38 Manche Textzeugen fügen nach »jemand« hinzu: der uns nicht nachfolgt.

9,42–48 Vgl. die Anmerkung zu Mt 18,6 und 18,8f.

9,42 »an mich« fehlt bei manchen alten Textzeugen.

9,44.46 Spätere Textzeugen fügen entsprechend 9,48 hier ein: wo ihr Wurm nicht stirbt und das Feuer nicht erlischt.

10,2–12 Vgl. die Anmerkung zu Mt 19,3 und 19,4.

10,7 Einige alte Textzeugen fügen nach »verlassen« hinzu: und sich an seine Frau binden (vgl. Gen 2,24; Mt 19,5).

Die Segnung der Kinder: 10,13–16

13 Da brachte man Kinder zu ihm, damit er
ihnen die Hände auflegte. Die Jünger aber
wiesen die Leute schroff ab. 14 Als Jesus das
sah, wurde er unwillig und sagte zu ihnen:
Lasst die Kinder zu mir kommen; hindert sie
nicht daran! Denn Menschen wie ihnen ge-
hört das Reich Gottes. 15 Amen, das sage ich
euch: Wer das Reich Gottes nicht so an-
nimmt, wie ein Kind, der wird nicht hinein-
kommen. 16 Und er nahm die Kinder in seine
Arme; dann legte er ihnen die Hände auf und
segnete sie.

13–16 ‖ Mt 19,13–15; Lk 18,15–17 • 15: Mt 18,3.

Von Reichtum und Nachfolge: 10,17–31

17 Als sich Jesus wieder auf den Weg mach-
te, lief ein Mann auf ihn zu, fiel vor ihm auf
die Knie und fragte ihn: Guter Meister, was
muss ich tun, um das ewige Leben zu gewin-
nen? 18 Jesus antwortete: Warum nennst du
mich gut? Niemand ist gut außer Gott, dem
Einen. 19 Du kennst doch die Gebote: *Du
sollst nicht töten, du sollst nicht die Ehe bre-
chen, du sollst nicht stehlen, du sollst nicht
falsch aussagen,* du sollst keinen Raub bege-
hen; *ehre deinen Vater und deine Mutter!*
20 Er erwiderte ihm: Meister, alle diese Gebo-
te habe ich von Jugend an befolgt. 21 Da sah
ihn Jesus an, und weil er ihn liebte, sagte er:
Eines fehlt dir noch: Geh, verkaufe, was du
hast, gib das Geld den Armen, und du wirst
einen bleibenden Schatz im Himmel haben;
dann komm und folge mir nach! 22 Der Mann
aber war betrübt, als er das hörte, und ging
traurig weg; denn er hatte ein großes Vermö-
gen. 23 Da sah Jesus seine Jünger an und sag-
te zu ihnen: Wie schwer ist es für Menschen,
die viel besitzen, in das Reich Gottes zu kom-
men! 24 Die Jünger waren über seine Worte
bestürzt. Jesus aber sagte noch einmal zu ih-
nen: Meine Kinder, wie schwer ist es, in das
Reich Gottes zu kommen! 25 Eher geht ein
Kamel durch ein Nadelöhr, als dass ein Rei-
cher in das Reich Gottes gelangt. 26 Sie aber
erschraken noch mehr und sagten zueinan-
der: Wer kann dann noch gerettet werden?
27 Jesus sah sie an und sagte: Für Menschen
ist das unmöglich, aber nicht für Gott; denn
für Gott ist alles möglich.

28 Da sagte Petrus zu ihm: Du weißt, wir
haben alles verlassen und sind dir nachge-
folgt. 29 Jesus antwortete: Amen, ich sage
euch: Jeder, der um meinetwillen und um
des Evangeliums willen Haus oder Brüder,
Schwestern, Mutter, Vater, Kinder oder
Äcker verlassen hat, 30 wird das Hundert-
fache dafür empfangen: Jetzt in dieser Zeit
wird er Häuser, Brüder, Schwestern, Mütter,
Kinder und Äcker erhalten, wenn auch unter
Verfolgungen, und in der kommenden Welt
das ewige Leben. 31 Viele aber, die jetzt die
Ersten sind, werden dann die Letzten sein,
und die Letzten werden die Ersten sein.

17–31 ‖ Mt 19,16–30; Lk 18,18–30 • 18: Dtn 6,4 • 19: Ex 20,12–16; Dtn 5,16–20 • 21: Mt 8,22 • 27: Gen 18,14; Ijob 42,2; Lk 1,37 • 31: Mt 20,16; Lk 13,30.

Die dritte Ankündigung von Leiden und Auferstehung: 10,32–34

32 Während sie auf dem Weg hinauf nach
Jerusalem waren, ging Jesus voraus. Die
Leute wunderten sich über ihn, die Jünger
aber hatten Angst. Da versammelte er die
Zwölf wieder um sich und kündigte ihnen
an, was ihm bevorstand. 33 Er sagte: Wir ge-
hen jetzt nach Jerusalem hinauf; dort wird
der Menschensohn den Hohenpriestern und
den Schriftgelehrten ausgeliefert; sie werden
ihn zum Tod verurteilen und den Heiden
übergeben; 34 sie werden ihn verspotten, an-
spucken, geißeln und töten. Aber nach drei
Tagen wird er auferstehen.

32–34 ‖ Mt 20,17–19; Lk 18,31–33 • 33f: 8,31; 9,31 • 34: 16,6.

Vom Herrschen und vom Dienen: 10,35–45

35 Da traten Jakobus und Johannes, die
Söhne des Zebedäus, zu ihm und sagten:
Meister, wir möchten, dass du uns eine Bitte
erfüllst. 36 Er antwortete: Was soll ich für
euch tun? 37 Sie sagten zu ihm: Lass in dei-
nem Reich einen von uns rechts und den an-
dern links neben dir sitzen. 38 Jesus erwider-
te: Ihr wisst nicht, um was ihr bittet. Könnt
ihr den Kelch trinken, den ich trinke, oder
die Taufe auf euch nehmen, mit der ich ge-
tauft werde? 39 Sie antworteten: Wir können
es. Da sagte Jesus zu ihnen: Ihr werdet den
Kelch trinken, den ich trinke, und die Taufe
empfangen, mit der ich getauft werde.
40 Doch den Platz zu meiner Rechten und zu
meiner Linken habe nicht ich zu vergeben;
dort werden die sitzen, für die diese Plätze
bestimmt sind.

41 Als die zehn anderen Jünger das hörten,
wurden sie sehr ärgerlich über Jakobus und

10,13 Wörtlich: damit er sie berührte.
10,18 Vgl. die Anmerkung zu 2,7.
10,37 in deinem Reich, wörtlich: in deiner Herrlichkeit.
10,38 Zu »Kelch trinken« vgl. die Anmerkung zu Mt 20,22f. »Taufe« ist bildlicher Hinweis auf das Eintauchen in Leiden und Tod (vgl. Ps 69,2f; 2 Sam 22,5; Jes 43,2; Röm 6,3–5).

Johannes. [42] Da rief Jesus sie zu sich und sag-
te: Ihr wisst, dass die, die als Herrscher gel-
ten, ihre Völker unterdrücken und die Mäch-
tigen ihre Macht über die Menschen miss-
brauchen. [43] Bei euch aber soll es nicht so
sein, sondern wer bei euch groß sein will, der
soll euer Diener sein, [44] und wer bei euch der
Erste sein will, soll der Sklave aller sein.
[45] Denn auch der Menschensohn ist nicht ge-
kommen, um sich dienen zu lassen, sondern
um zu dienen und sein Leben hinzugeben als
Lösegeld für viele.

35–40 ǁ Mt 20,20–23 • 41–45 ǁ Mt 20,24–28; Lk 22,24–27 • 38f: 14,36; Lk 12,50 • 43f: 9,35; Mt 23,11 • 45: Jes 53,10–12.

Die Heilung eines Blinden bei Jericho: 10,46–52

[46] Sie kamen nach Jericho. Als er mit sei-
nen Jüngern und einer großen Menschen-
menge Jericho wieder verließ, saß an der
Straße ein blinder Bettler, Bartimäus, der
Sohn des Timäus. [47] Sobald er hörte, dass es
Jesus von Nazaret war, rief er laut: Sohn Da-
vids, Jesus, hab Erbarmen mit mir! [48] Viele
wurden ärgerlich und befahlen ihm zu
schweigen. Er aber schrie noch viel lauter:
Sohn Davids, hab Erbarmen mit mir! [49] Je-
sus blieb stehen und sagte: Ruft ihn her! Sie
riefen den Blinden und sagten zu ihm: Hab
nur Mut, steh auf, er ruft dich. [50] Da warf er
seinen Mantel weg, sprang auf und lief auf
Jesus zu. [51] Und Jesus fragte ihn: Was soll ich
dir tun? Der Blinde antwortete: Rabbuni, ich
möchte wieder sehen können. [52] Da sagte Je-
sus zu ihm: Geh! Dein Glaube hat dir gehol-
fen. Im gleichen Augenblick konnte er wie-
der sehen, und er folgte Jesus auf seinem
Weg.

46–52 ǁ 20,29–34; Lk 18,35–43 • 46–52: Mt 9,27–31 • 52: 5,34; Mt 9,22; Lk 7,50; 8,48; 17,19.

DIE LETZTEN TAGE JESU IN JERUSALEM: 11,1 – 13,37

Der Einzug in Jerusalem: 11,1–11

11 Als sie in die Nähe von Jerusalem ka-
men, nach Betfage und Betanien am
Ölberg, schickte er zwei seiner Jünger vo-
raus. [2] Er sagte zu ihnen: Geht in das Dorf, das
vor euch liegt; gleich wenn ihr hineinkommt,
werdet ihr einen jungen Esel angebunden
finden, auf dem noch nie ein Mensch geses-
sen hat. Bindet ihn los, und bringt ihn her!
[3] Und wenn jemand zu euch sagt: Was tut ihr
da?, dann antwortet: Der Herr braucht ihn;
er lässt ihn bald wieder zurückbringen. [4] Da
machten sie sich auf den Weg und fanden au-
ßen an einer Tür an der Straße einen jungen
Esel angebunden und sie banden ihn los.
[5] Einige, die dabeistanden, sagten zu ihnen:
Wie kommt ihr dazu, den Esel loszubinden?
[6] Sie gaben ihnen zur Antwort, was Jesus ge-
sagt hatte, und man ließ sie gewähren. [7] Sie
brachten den jungen Esel zu Jesus, legten
ihre Kleider auf das Tier und er setzte sich
darauf. [8] Und viele breiteten ihre Kleider auf
der Straße aus; andere rissen auf den Feldern
Zweige (von den Büschen) ab und streuten
sie auf den Weg. [9] Die Leute, die vor ihm her-
gingen und die ihm folgten, riefen:
*Hosanna! / Gesegnet sei er, der kommt im
Namen des Herrn!*
[10] Gesegnet sei das Reich unseres Vaters
David, / das nun kommt. / *Hosanna* in der
Höhe!
[11] Und er zog nach Jerusalem hinein, in
den Tempel; nachdem er sich alles angesehen
hatte, ging er spät am Abend mit den Zwölf
nach Betanien hinaus.

1–11 ǁ Mt 21,1–10; Lk 19,28–38; Joh 12,12–19 • 9: Ps 118,25f; Mt 23,39; Lk 13,35.

Die Verfluchung eines Feigenbaums: 11,12–14

[12] Als sie am nächsten Tag Betanien ver-
ließen, hatte er Hunger. [13] Da sah er von wei-
tem einen Feigenbaum mit Blättern und ging
hin, um nach Früchten zu suchen. Aber er
fand an dem Baum nichts als Blätter; denn es
war nicht die Zeit der Feigenernte. [14] Da sag-
te er zu ihm: In Ewigkeit soll niemand mehr
eine Frucht von dir essen. Und seine Jünger
hörten es.

12–14 ǁ Mt 21,18f.

Die Tempelreinigung: 11,15–19

[15] Dann kamen sie nach Jerusalem. Jesus
ging in den Tempel und begann, die Händler
und Käufer aus dem Tempel hinauszutrei-

10,51 »Rabbuni« (»Mein Meister«) ist eine ehrfurchtsvollere Anrede als das schlichte »Rabbi«.

11,9f Zu »Hosanna« vgl. die Anmerkung zu Mt 21,9.15.

11,12–14 Vgl. die Anmerkung zu Mt 21,18–22.

11,15–19 Vgl. die Anmerkung zu Mt 21,12.

ben; er stieß die Tische der Geldwechsler und
die Stände der Taubenhändler um 16 und ließ
nicht zu, dass jemand irgendetwas durch den
Tempelbezirk trug. 17 Er belehrte sie und
sagte: Heißt es nicht in der Schrift: *Mein
Haus soll ein Haus des Gebetes für alle Völ-
ker sein?* Ihr aber habt daraus eine *Räuber-
höhle* gemacht. 18 Die Hohenpriester und die
Schriftgelehrten hörten davon und suchten
nach einer Möglichkeit, ihn umzubringen.
Denn sie fürchteten ihn, weil alle Leute von
seiner Lehre sehr beeindruckt waren. 19 Als
es Abend wurde, verließ Jesus mit seinen
Jüngern die Stadt.

15–19 ‖ Mt 21,12f; Lk 19,45–48; Joh 2,13–16 • 17: Jes 56,7; Jer 7,11 • 18: 12,12; 14,1f.

Vom Glauben: 11,20–25

20 Als sie am nächsten Morgen an dem Fei-
genbaum vorbeikamen, sahen sie, dass er bis
zu den Wurzeln verdorrt war. 21 Da erinnerte
sich Petrus und sagte zu Jesus: Rabbi, sieh
doch, der Feigenbaum, den du verflucht
hast, ist verdorrt. 22 Jesus sagte zu ihnen: Ihr
müsst Glauben an Gott haben. 23 Amen, das
sage ich euch: Wenn jemand zu diesem Berg
sagt: Heb dich empor und stürz dich ins
Meer!, und wenn er in seinem Herzen nicht
zweifelt, sondern glaubt, dass geschieht, was
er sagt, dann wird es geschehen. 24 Darum
sage ich euch: Alles, worum ihr betet und
bittet – glaubt nur, dass ihr es schon erhalten
habt, dann wird es euch zuteil. 25 Und wenn
ihr beten wollt und ihr habt einem anderen
etwas vorzuwerfen, dann vergebt ihm, damit
auch euer Vater im Himmel euch eure Ver-
fehlungen vergibt. [26]

20–25 ‖ Mt 21,20–22 • 23: Mt 17,20; Lk 17,6 • 24: Mt 7,7 • 25: Mt 6,14f; Lk 6,37.

Die Frage nach der Vollmacht Jesu: 11,27–33

27 Sie kamen wieder nach Jerusalem. Als er
im Tempel umherging, kamen die Hohen-
priester, die Schriftgelehrten und die Ältes-
ten zu ihm 28 und fragten ihn: Mit welchem
Recht tust du das alles? Wer hat dir die Voll-
macht gegeben, das zu tun? 29 Jesus sagte zu
ihnen: Zuerst will ich euch eine Frage vor-
legen. Antwortet mir, dann werde ich euch
sagen, mit welchem Recht ich das tue.
30 Stammte die Taufe des Johannes vom
Himmel oder von den Menschen? Antwortet
mir! 31 Da überlegten sie und sagten zuei-
nander: Wenn wir antworten: Vom Himmel!,
so wird er sagen: Warum habt ihr ihm dann
nicht geglaubt? 32 Sollen wir also antworten:
Von den Menschen? Sie fürchteten sich aber
vor den Leuten; denn alle glaubten, dass Jo-
hannes wirklich ein Prophet war. 33 Darum
antworteten sie Jesus: Wir wissen es nicht.
Jesus erwiderte: Dann sage auch ich euch
nicht, mit welchem Recht ich das alles tue.

27–33 ‖ Mt 21,23–27; Lk 20,1–8.

Das Gleichnis von den bösen Winzern: 12,1–12

12 Jesus begann zu ihnen (wieder) in
Form von Gleichnissen zu reden. (Er
sagte:) Ein Mann *legte einen Weinberg an,
zog ringsherum einen Zaun, hob eine Kelter
aus und baute einen Turm.* Dann verpachtete
er den Weinberg an Winzer und reiste in ein
anderes Land. 2 Als nun die Zeit dafür ge-
kommen war, schickte er einen Knecht zu
den Winzern, um bei ihnen seinen Anteil an
den Früchten des Weinbergs holen zu lassen.
3 Sie aber packten und prügelten ihn und
jagten ihn mit leeren Händen fort. 4 Darauf
schickte er einen anderen Knecht zu ihnen;
auch ihn misshandelten und beschimpften
sie. 5 Als er einen dritten schickte, brachten
sie ihn um. Ähnlich ging es vielen anderen;
die einen wurden geprügelt, die andern um-
gebracht. 6 Schließlich blieb ihm nur noch
einer: sein geliebter Sohn. Ihn sandte er als
letzten zu ihnen, denn er dachte: Vor meinem
Sohn werden sie Achtung haben. 7 Die Win-
zer aber sagten zueinander: Das ist der Erbe.
Auf, wir wollen ihn töten, dann gehört sein
Erbgut uns. 8 Und sie packten ihn und
brachten ihn um und warfen ihn aus dem
Weinberg hinaus. 9 Was wird nun der Besit-
zer des Weinbergs tun? Er wird kommen und
die Winzer töten und den Weinberg anderen
geben. 10 Habt ihr nicht das Schriftwort ge-
lesen:

*Der Stein, den die Bauleute verworfen ha-
ben, / er ist zum Eckstein geworden;*
11 *das hat der Herr vollbracht, / vor unse-
ren Augen geschah dieses Wunder?*

12 Daraufhin hätten sie Jesus gern verhaf-
ten lassen; aber sie fürchteten die Menge.
Denn sie hatten gemerkt, dass er mit diesem
Gleichnis sie meinte. Da ließen sie ihn stehen
und gingen weg.

1–12 ‖ Mt 21,33–46; Lk 20,9–19 • 1: Jes 5,1f G • 6: 1,11; 9,7 • 10: Ps 118,22f G • 12: 11,18; 14,1f.

11,26 Spätere Textzeugen haben im Anschluss an Mt 6,15 hier eingefügt: Wenn ihr aber nicht vergebt, dann wird euch euer Vater im Himmel eure Verfehlungen auch nicht vergeben.
12,1f Vgl. die Anmerkung zu Mt 21,33–46.
12,10f Vgl. die Anmerkung zu Mt 21,42.

Die Frage nach der kaiserlichen Steuer:
12,13–17

13 Einige Pharisäer und einige Anhänger
des Herodes wurden zu Jesus geschickt, um
ihn mit einer Frage in eine Falle zu locken.
14 Sie kamen zu ihm und sagten: Meister, wir
wissen, dass du immer die Wahrheit sagst
und dabei auf niemand Rücksicht nimmst;
denn du siehst nicht auf die Person, sondern
lehrst wirklich den Weg Gottes. Ist es er-
laubt, dem Kaiser Steuer zu zahlen, oder
nicht? Sollen wir sie zahlen oder nicht zah-
len? 15 Er aber durchschaute ihre Heuchelei
und sagte zu ihnen: Warum stellt ihr mir eine
Falle? Bringt mir einen Denar, ich will ihn
sehen. 16 Man brachte ihm einen. Da fragte
er sie: Wessen Bild und Aufschrift ist das?
Sie antworteten ihm: Des Kaisers. 17 Da
sagte Jesus zu ihnen: So gebt dem Kaiser,
was dem Kaiser gehört, und Gott, was Gott
gehört! Und sie waren sehr erstaunt über
ihn.

13–17 || Mt 22,15–22; Lk 20,20–26.

Die Frage nach der Auferstehung der Toten:
12,18–27

18 Von den Sadduzäern, die behaupten, es
gebe keine Auferstehung, kamen einige zu
Jesus und fragten ihn: 19 Meister, Mose hat
uns vorgeschrieben: *Wenn ein Mann, der ei-
nen Bruder hat, stirbt und* eine Frau hinter-
lässt, *aber kein Kind, dann soll sein Bruder
die Frau heiraten und* seinem *Bruder Nach-
kommen verschaffen.* 20 Es lebten einmal sie-
ben Brüder. Der erste nahm sich eine Frau,
und als er starb, hinterließ er keine Nach-
kommen. 21 Da nahm sie der zweite; auch er
starb, ohne Nachkommen zu hinterlassen,
und ebenso der dritte. 22 Keiner der sieben
hatte Nachkommen. Als letzte von allen
starb die Frau. 23 Wessen Frau wird sie nun
bei der Auferstehung sein? Alle sieben haben
sie doch zur Frau gehabt. 24 Jesus sagte zu ih-
nen: Ihr irrt euch, ihr kennt weder die
Schrift noch die Macht Gottes. 25 Wenn näm-
lich die Menschen von den Toten auferste-
hen, werden sie nicht mehr heiraten, sondern
sie werden sein wie die Engel im Himmel.
26 Dass aber die Toten auferstehen, habt ihr
das nicht im Buch des Mose gelesen, in der
Geschichte vom Dornbusch, in der Gott zu
Mose spricht: *Ich bin der Gott Abrahams, der
Gott Isaaks und der Gott Jakobs?* 27 Er ist
doch nicht ein Gott von Toten, sondern von
Lebenden. Ihr irrt euch sehr.

18–27 || Mt 22,23–33; Lk 20,27–38 • 18: Apg 23,8 • 19: Dtn 25,5f; Gen 38,8 • 26: Ex 3,6.

Die Frage nach dem wichtigsten Gebot:
12,28–34

28 Ein Schriftgelehrter hatte ihrem Streit
zugehört; und da er bemerkt hatte, wie tref-
fend Jesus ihnen antwortete, ging er zu ihm
hin und fragte ihn: Welches Gebot ist das
erste von allen? 29 Jesus antwortete: Das ers-
te ist: *Höre, Israel, der Herr, unser Gott, ist
der einzige Herr.* 30 *Darum sollst du den
Herrn, deinen Gott, lieben mit ganzem Her-
zen und ganzer Seele,* mit all deinen Gedan-
ken *und all deiner Kraft.* 31 Als zweites
kommt hinzu: *Du sollst deinen Nächsten lie-
ben wie dich selbst.* Kein anderes Gebot ist
größer als diese beiden. 32 Da sagte der
Schriftgelehrte zu ihm: Sehr gut, Meister!
Ganz richtig hast du gesagt: Er allein ist der
Herr, und es gibt keinen anderen außer ihm,
33 und ihn mit ganzem Herzen, ganzem Ver-
stand und ganzer Kraft zu lieben und den
Nächsten zu lieben wie sich selbst, ist weit
mehr als alle Brandopfer und anderen Opfer.
34 Jesus sah, dass er mit Verständnis geant-
wortet hatte, und sagte zu ihm: Du bist nicht
fern vom Reich Gottes. Und keiner wagte
mehr, Jesus eine Frage zu stellen.

28–34 || Mt 22,34–40; Lk 10,25–28 • 29f: Dtn 6,4f • 31: Lev 19,18 • 32: Lk 20,39; Dtn 4,35; 6,4f • 33: 1 Sam 15,22 • 34: Mt 22,46; Lk 20,40.

Die Frage nach dem Messias: 12,35–37a

35 Als Jesus im Tempel lehrte, sagte er: Wie
können die Schriftgelehrten behaupten, der
Messias sei der Sohn Davids? 36 Denn David
hat, vom Heiligen Geist erfüllt, selbst gesagt:
*Der Herr sprach zu meinem Herrn: Setze
dich mir zur Rechten und ich lege dir deine
Feinde unter die Füße.* 37a David selbst also
nennt ihn »Herr«. Wie kann er dann Davids
Sohn sein?

35–37a || Mt 22,41–45; Lk 20,41–44 • 36: Ps 110,1.

Worte gegen die Schriftgelehrten: 12,37b–40

37b Es war eine große Menschenmenge
versammelt und hörte ihm mit Freude zu.
38 Er lehrte sie und sagte: Nehmt euch in Acht
vor den Schriftgelehrten! Sie gehen gern in
langen Gewändern umher, lieben es, wenn

12,13–17 Vgl. die Anmerkung zu Mt 22,15–22.
12,18–27 Vgl. die Anmerkung zu Mt 22,23–33.
12,28–34 Vgl. die Anmerkung zu Mt 22,34–40.

man sie auf den Straßen und Plätzen grüßt, 39 und sie wollen in der Synagoge die vordersten Sitze und bei jedem Festmahl die Ehrenplätze haben. 40 Sie bringen die Witwen um ihre Häuser und verrichten in ihrer Scheinheiligkeit lange Gebete. Aber um so härter wird das Urteil sein, das sie erwartet.

37b–40 ‖ Mt 23,1.5–7.14; Lk 20,46f • 38–39: Lk 11,43.

Das Opfer der Witwe: 12,41–44

41 Als Jesus einmal dem Opferkasten gegenübersaß, sah er zu, wie die Leute Geld in den Kasten warfen. Viele Reiche kamen und gaben viel. 42 Da kam auch eine arme Witwe und warf zwei kleine Münzen hinein. 43 Er rief seine Jünger zu sich und sagte: Amen, ich sage euch: Diese arme Witwe hat mehr in den Opferkasten hineingeworfen als alle andern. 44 Denn sie alle haben nur etwas von ihrem Überfluss hergegeben; diese Frau aber, die kaum das Nötigste zum Leben hat, sie hat alles gegeben, was sie besaß, ihren ganzen Lebensunterhalt.

41–44 ‖ Lk 21,1–4.

Die Rede über die Endzeit: 13,1–37

Die Ankündigung der Zerstörung des Tempels: 13,1–2

13 Als Jesus den Tempel verließ, sagte einer von seinen Jüngern zu ihm: Meister, sieh, was für Steine und was für Bauten! 2 Jesus sagte zu ihm: Siehst du diese großen Bauten? Kein Stein wird auf dem andern bleiben, alles wird niedergerissen.

1–2 ‖ Mt 24,1f; Lk 21,5f • 2: Lk 19,44.

Vom Anfang der Not: 13,3–13

3 Und als er auf dem Ölberg saß, dem Tempel gegenüber, fragten ihn Petrus, Jakobus, Johannes und Andreas, die mit ihm allein waren: 4 Sag uns, wann wird das geschehen, und an welchem Zeichen wird man erkennen, dass das Ende von all dem bevorsteht? 5 Jesus sagte zu ihnen: Gebt Acht, dass euch niemand irreführt! 6 Viele werden unter meinem Namen auftreten und sagen: Ich bin es! Und sie werden viele irreführen.

7 Wenn ihr dann von Kriegen hört und Nachrichten über Kriege euch beunruhigen, lasst euch nicht erschrecken! Das *muss geschehen.* Es ist aber noch nicht das Ende. 8 Denn ein Volk wird sich gegen das andere erheben und ein Reich gegen das andere. Und an vielen Orten wird es Erdbeben und Hungersnöte geben. Doch das ist erst der Anfang der Wehen.

9 Ihr aber, macht euch darauf gefasst: Man wird euch um meinetwillen vor die Gerichte bringen, in den Synagogen misshandeln und vor Statthalter und Könige stellen, damit ihr vor ihnen Zeugnis ablegt. 10 Vor dem Ende aber muss allen Völkern das Evangelium verkündet werden. 11 Und wenn man euch abführt und vor Gericht stellt, dann macht euch nicht im voraus Sorgen, was ihr sagen sollt; sondern was euch in jener Stunde eingegeben wird, das sagt! Denn nicht ihr werdet dann reden, sondern der Heilige Geist. 12 Brüder werden einander dem Tod ausliefern und Väter ihre Kinder, und die Kinder werden sich gegen ihre Eltern auflehnen und sie in den Tod schicken. 13 Und ihr werdet um meines Namens willen von allen gehasst werden; wer aber bis zum Ende standhaft bleibt, der wird gerettet.

3–13 ‖ Mt 24,3–14; Lk 21,7–19 • 7: Dan 2,28 G • 8: Jes 19,2 • 9–13: Mt 10,17–22; Joh 16,1–4a • 11: Lk 12,11f • 12: Mi 7,6 • 13: Joh 15,18.

Vom Höhepunkt der Not: 13,14–23

14 Wenn ihr aber den *unheilvollen Gräuel* an dem Ort seht, wo er nicht stehen darf – der Leser begreife –, dann sollen die Bewohner von Judäa in die Berge fliehen; 15 wer gerade auf dem Dach ist, soll nicht hinabsteigen und ins Haus gehen, um etwas mitzunehmen; 16 wer auf dem Feld ist, soll nicht zurückkehren, um seinen Mantel zu holen. 17 Weh aber den Frauen, die in jenen Tagen schwanger sind oder ein Kind stillen. 18 Betet darum, dass dies alles nicht im Winter eintritt. 19 Denn jene Tage werden eine *Not* bringen, *wie es noch nie eine gegeben hat, seit Gott die Welt* erschuf, *und wie es auch keine mehr geben wird.* 20 Und wenn der Herr diese Zeit nicht verkürzen würde, dann würde kein Mensch gerettet; aber um seiner Auserwählten willen hat er diese Zeit verkürzt.

12,41 Im Vorhof der Frauen, zu dem beide Geschlechter Zutritt hatten, befand sich die Schatzkammer mit dreizehn trompetenförmigen Opferstöcken. Die Opfermünzen wurden von einem Priester überprüft und dann in den Opferstock geworfen.

12,42 Wörtlich: und warf zwei Leptá hinein, das ist ein Quadrans.

13,1–37 Die Rede über die Endzeit ist aus verschiedenen Überlieferungen zusammengewachsen.

13,9 damit ihr vor ihnen Zeugnis ablegt, andere Übersetzungsmöglichkeit: zum Zeugnis gegen sie.

13,14 Vgl. die Anmerkung zu Mt 24,15.

21 Wenn dann jemand zu euch sagt: Seht,
hier ist der Messias!, oder: Seht, dort ist er!,
so glaubt es nicht! 22 Denn es wird man-
cher falsche Messias und mancher falsche
Prophet auftreten und sie werden Zeichen
und Wunder tun, um, wenn möglich, die
Auserwählten irrezuführen. 23 Ihr aber,
seht euch vor! Ich habe euch alles voraus-
gesagt.

14–23 ‖ Mt 24,15–28; Lk 21,20–24 • 14: Dan 9,27; 11,31; 12,11; 1 Makk 1,54 • 15: Lk 17,31 • 19: Dan 12,1; Joël 2,2 • 21: Lk 17,23.

Vom Kommen des Menschensohnes:
13,24–27

24 Aber in jenen Tagen, nach der großen
Not, *wird sich die Sonne verfinstern und der*
Mond wird nicht mehr scheinen; 25 *die*
Sterne werden vom Himmel *fallen* und die
Kräfte des Himmels werden erschüttert wer-
den. 26 Dann wird man den *Menschensohn*
mit großer Macht und Herrlichkeit *auf den*
Wolken kommen sehen. 27 Und er wird die
Engel aussenden und die von ihm Auser-
wählten *aus allen vier Windrichtungen zu-*
sammenführen, vom Ende der Erde bis zum
Ende des Himmels.

24–27 ‖ Mt 24,29–31; Lk 21,25–28 • 24f: Jes 13,10; 34,4 G; Joël 2,10; Hag 2,6.21; 2 Petr 3,10 • 26: Dan 7,13; Mt 26,64; Mk 14,62; Offb 1,7 • 27: Sach 2,10 G.

Mahnungen im Hinblick auf das Ende:
13,28–37

28 Lernt etwas aus dem Vergleich mit dem
Feigenbaum! Sobald seine Zweige saftig
werden und Blätter treiben, wisst ihr, dass
der Sommer nahe ist. 29 Genauso sollt ihr er-
kennen, wenn ihr (all) das geschehen seht,
dass das Ende vor der Tür steht. 30 Amen, ich
sage euch: Diese Generation wird nicht ver-
gehen, bis das alles eintrifft. 31 Himmel und
Erde werden vergehen, aber meine Worte
werden nicht vergehen. 32 Doch jenen Tag
und jene Stunde kennt niemand, auch nicht
die Engel im Himmel, nicht einmal der Sohn,
sondern nur der Vater.
33 Seht euch also vor und bleibt wach!
Denn ihr wisst nicht, wann die Zeit da ist.
34 Es ist wie mit einem Mann, der sein Haus
verließ, um auf Reisen zu gehen: Er übertrug
alle Verantwortung seinen Dienern, jedem
eine bestimmte Aufgabe; dem Türhüter be-
fahl er, wachsam zu sein. 35 Seid also wach-
sam! Denn ihr wisst nicht, wann der Haus-
herr kommt, ob am Abend oder um Mitter-
nacht, ob beim Hahnenschrei oder erst am
Morgen. 36 Er soll euch, wenn er plötzlich
kommt, nicht schlafend antreffen. 37 Was ich
aber euch sage, das sage ich allen: Seid
wachsam!

28–32 ‖ Mt 24,32–36; Lk 21,29–33 • 33–37 ‖ Mt 24,42; 25,13–30; Lk 12,39–46 • 30: 9,1; Mt 16,28; Lk 9,27.

DAS LEIDEN UND DIE AUFERSTEHUNG JESU: 14,1 – 16,20

Der Beschluss des Hohen Rates: 14,1–2

14 Es war zwei Tage vor dem Pascha
und dem Fest der Ungesäuerten Bro-
te. Die Hohenpriester und die Schriftgelehr-
ten suchten nach einer Möglichkeit, Jesus
mit List in ihre Gewalt zu bringen, um ihn zu
töten. 2 Sie sagten aber: Ja nicht am Fest, da-
mit es im Volk keinen Aufruhr gibt.

1–2 ‖ Mt 26,3–5; Lk 22,1f • 1: 11,18; 12,12.

Die Salbung in Betanien: 14,3–9

3 Als Jesus in Betanien im Haus Simons
des Aussätzigen bei Tisch war, kam eine
Frau mit einem Alabastergefäß voll echtem,
kostbarem Nardenöl, zerbrach es und goss
das Öl über sein Haar. 4 Einige aber wurden
unwillig und sagten zueinander: Wozu diese
Verschwendung? 5 Man hätte das Öl um
mehr als dreihundert Denare verkaufen und
das Geld den Armen geben können. Und sie
machten der Frau heftige Vorwürfe. 6 Jesus
aber sagte: Hört auf! Warum lasst ihr sie
nicht in Ruhe? Sie hat ein gutes Werk an mir
getan. 7 Denn die Armen habt ihr immer bei
euch und ihr könnt ihnen Gutes tun, so oft
ihr wollt, mich aber habt ihr nicht immer.
8 Sie hat getan, was sie konnte. Sie hat im
voraus meinen Leib für das Begräbnis ge-
salbt. 9 Amen, ich sage euch: Überall auf der

14,1 Das jüdische Paschafest zum Gedenken an den Auszug aus Ägypten war mit dem Fest der Ungesäuerten Brote (Mazzot) verbunden und umfasste zwei verschiedene Festelemente: die Feier des Paschamahls in der ersten Vollmondnacht nach der Frühjahrs-Tagundnachtgleiche, am 14. Nisan, und das anschließende, 7 Tage dauernde Wallfahrtsfest, das ursprünglich das neue Erntejahr einleitete (vgl. Ex 12; 34,18; Lev 23,5–8; Dtn 16,1–8). Am 14. Nisan wurde alles Sauerteigbrot aus den Häuser entfernt und am Nachmittag dieses Tages wurden im Tempel die Lämmer geschlachtet. Es mussten männliche Tiere sein, einjährig und fehlerlos (Ex 12,5).

Welt, wo das Evangelium verkündet wird, wird man sich an sie erinnern und erzählen, was sie getan hat.

3–9 ‖ Mt 26,6–13; Lk 7,36–50; Joh 12,1–8.

Der Verrat durch Judas: 14,10–11

10 Judas Iskariot, einer der Zwölf, ging zu den Hohenpriestern. Er wollte Jesus an sie ausliefern. 11 Als sie das hörten, freuten sie sich und versprachen, ihm Geld dafür zu geben. Von da an suchte er nach einer günstigen Gelegenheit, ihn auszuliefern.

10–11 ‖ Mt 26,14–16; Lk 22,3–6.

Die Vorbereitung des Paschamahls: 14,12–16

12 Am ersten Tag des Festes der Ungesäuerten Brote, an dem man das Paschalamm schlachtete, sagten die Jünger zu Jesus: Wo sollen wir das Paschamahl für dich vorbereiten? 13 Da schickte er zwei seiner Jünger voraus und sagte zu ihnen: Geht in die Stadt; dort wird euch ein Mann begegnen, der einen Wasserkrug trägt. Folgt ihm, 14 bis er in ein Haus hineingeht; dann sagt zu dem Herrn des Hauses: Der Meister lässt dich fragen: Wo ist der Raum, in dem ich mit meinen Jüngern das Paschalamm essen kann? 15 Und der Hausherr wird euch einen großen Raum im Obergeschoss zeigen, der schon für das Festmahl hergerichtet und mit Polstern ausgestattet ist. Dort bereitet alles für uns vor! 16 Die Jünger machten sich auf den Weg und kamen in die Stadt. Sie fanden alles so, wie er es ihnen gesagt hatte, und bereiteten das Paschamahl vor.

12–16 ‖ Mt 26,17–19; Lk 22,7–13 • 12: Ex 12,14–20.

Das Mahl: 14,17–25

17 Als es Abend wurde, kam Jesus mit den Zwölf. 18 Während sie nun bei Tisch waren und aßen, sagte er: Amen, ich sage euch: Einer von euch wird mich verraten und ausliefern, *einer von denen, die zusammen mit mir essen.* 19 Da wurden sie traurig und einer nach dem andern fragte ihn: Doch nicht etwa ich? 20 Er sagte zu ihnen: Einer von euch Zwölf, der mit mir aus derselben Schüssel isst. 21 Der Menschensohn muss zwar seinen Weg gehen, wie die Schrift über ihn sagt. Doch weh dem Menschen, durch den der Menschensohn verraten wird. Für ihn wäre es besser, wenn er nie geboren wäre.

22 Während des Mahls nahm er das Brot und sprach den Lobpreis; dann brach er das Brot, reichte es ihnen und sagte: Nehmt, das ist mein Leib. 23 Dann nahm er den Kelch, sprach das Dankgebet, reichte ihn den Jüngern und sie tranken alle daraus. 24 Und er sagte zu ihnen: Das ist mein Blut, *das Blut des Bundes,* das für viele vergossen wird. 25 Amen, ich sage euch: Ich werde nicht mehr von der Frucht des Weinstocks trinken bis zu dem Tag, an dem ich von neuem davon trinke im Reich Gottes.

17–25 ‖ Mt 26,20–29; Lk 22,14–23 • 17–21 ‖ Joh 13,2.21–26 • 22–24 ‖ 1 Kor 11,23f • 18: Ps 41,10 • 24: Ex 24,8; Jes 53,11f; Jer 31,31; Hebr 7,22; 9,15.

Der Gang zum Ölberg: 14,26–31

26 Nach dem Lobgesang gingen sie zum Ölberg hinaus. 27 Da sagte Jesus zu ihnen: Ihr werdet alle (an mir) Anstoß nehmen und zu Fall kommen; denn in der Schrift steht: *Ich werde den Hirten erschlagen, dann werden sich die Schafe zerstreuen.* 28 Aber nach meiner Auferstehung werde ich euch nach Galiläa vorausgehen. 29 Da sagte Petrus zu ihm: Auch wenn alle (an dir) Anstoß nehmen – ich nicht! 30 Jesus antwortete ihm: Amen, ich sage dir: Noch heute Nacht, ehe der Hahn zweimal kräht, wirst du mich dreimal verleugnen. 31 Petrus aber beteuerte: Und wenn ich mit dir sterben müsste – ich werde dich nie verleugnen. Das gleiche sagten auch alle anderen.

26–31 ‖ Mt 26,30–35 • 26: Lk 22,39; Joh 18,1 • 27: Sach 13,7; Joh 16,32 • 30–31: 14,72; Lk 22,31–34; Joh 13,36–38.

Das Gebet in Getsemani: 14,32–42

32 Sie kamen zu einem Grundstück, das Getsemani heißt, und er sagte zu seinen Jüngern: Setzt euch und wartet hier, während ich bete. 33 Und er nahm Petrus, Jakobus und Johannes mit sich. Da ergriff ihn Furcht und Angst, 34 und er sagte zu ihnen: Meine Seele ist zu Tode betrübt. Bleibt hier und wacht! 35 Und er ging ein Stück weiter, warf sich auf die Erde nieder und betete, dass die Stunde, wenn möglich, an ihm vorübergehe. 36 Er sprach: Abba, Vater, alles ist dir möglich. Nimm diesen Kelch von mir! Aber nicht, was ich will, sondern was du willst (soll geschehen). 37 Und er ging zurück und fand sie schlafend. Da sagte er zu Petrus: Simon, du schläfst? Konntest du nicht einmal eine Stunde wach bleiben? 38 Wacht und betet,

---

14,13f Normalerweise waren es Frauen, die das Wasser trugen. Insofern handelt es sich hier um ein auffälliges Erkennungszeichen.

14,24 Zu »Blut des Bundes« vgl. die Anmerkung zu Mt 26,28.

14,36 Abba: im Aramäischen die vertrauliche

Rembrandt van Rijn (1606–1669)
Die Kreuzaufrichtung, gegen 1633
Leinwand, oben abgerundet, 96,2 × 72,2 cm
Alte Pinakothek, München
Foto: Blauel/Gnamm, Artothek, Peissenberg

damit ihr nicht in Versuchung geratet. Der Geist ist willig, aber das Fleisch ist schwach. 39 Und er ging wieder weg und betete mit den gleichen Worten. 40 Als er zurückkam, fand er sie wieder schlafend, denn die Augen waren ihnen zugefallen; und sie wussten nicht, was sie ihm antworten sollten. 41 Und er kam zum dritten Mal und sagte zu ihnen: Schlaft ihr immer noch und ruht euch aus? Es ist genug. Die Stunde ist gekommen; jetzt wird der Menschensohn den Sündern ausgeliefert. 42 Steht auf, wir wollen gehen! Seht, der Verräter, der mich ausliefert, ist da.

32–42 ‖ Mt 26,36–46; Lk 22,39–46 • 34: Ps 42,6.12; 43,5; Joh 12,27.

Die Gefangennahme: 14,43–52

43 Noch während er redete, kam Judas, einer der Zwölf, mit einer Schar von Männern, die mit Schwertern und Knüppeln bewaffnet waren; sie waren von den Hohenpriestern, den Schriftgelehrten und den Ältesten geschickt worden. 44 Der Verräter hatte mit ihnen ein Zeichen vereinbart und gesagt: Der, den ich küssen werde, der ist es. Nehmt ihn fest, führt ihn ab und lasst ihn nicht entkommen. 45 Und als er kam, ging er sogleich auf Jesus zu und sagte: Rabbi! Und er küsste ihn. 46 Da ergriffen sie ihn und nahmen ihn fest. 47 Einer von denen, die dabeistanden, zog das Schwert, schlug auf den Diener des Hohenpriesters ein und hieb ihm ein Ohr ab. 48 Da sagte Jesus zu ihnen: Wie gegen einen Räuber seid ihr mit Schwertern und Knüppeln ausgezogen, um mich festzunehmen. 49 Tag für Tag war ich bei euch im Tempel und lehrte und ihr habt mich nicht verhaftet; aber (das ist geschehen), damit die Schrift in Erfüllung geht. 50 Da verließen ihn alle und flohen. 51 Ein junger Mann aber, der nur mit einem leinenen Tuch bekleidet war, wollte ihm nachgehen. Da packten sie ihn; 52 er aber ließ das Tuch fallen und lief nackt davon.

43–50 ‖ Mt 26,47–56; Lk 22,47–53; Joh 18,3–12 • 49: Lk 19,47; Joh 18,20 • 50: Joh 16,32.

Das Verhör vor dem Hohen Rat: 14,53–65

53 Darauf führten sie Jesus zum Hohenpriester und es versammelten sich alle Hohenpriester und Ältesten und Schriftgelehrten. 54 Petrus aber war Jesus von weitem bis in den Hof des hohepriesterlichen Palastes gefolgt; nun saß er dort bei den Dienern und wärmte sich am Feuer.

55 Die Hohenpriester und der ganze Hohe Rat bemühten sich um Zeugenaussagen gegen Jesus, um ihn zum Tod verurteilen zu können; sie fanden aber nichts. 56 Viele machten zwar falsche Aussagen über ihn, aber die Aussagen stimmten nicht überein. 57 Einige der falschen Zeugen, die gegen ihn auftraten, behaupteten: 58 Wir haben ihn sagen hören: Ich werde diesen von Menschen erbauten Tempel niederreißen und in drei Tagen einen anderen errichten, der nicht von Menschenhand gemacht ist. 59 Aber auch in diesem Fall stimmten die Aussagen nicht überein. 60 Da stand der Hohepriester auf, trat in die Mitte und fragte Jesus: Willst du denn nichts sagen zu dem, was diese Leute gegen dich vorbringen? 61 Er aber schwieg und gab keine Antwort. Da wandte sich der Hohepriester nochmals an ihn und fragte: Bist du der Messias, der Sohn des Hochgelobten? 62 Jesus sagte: Ich bin es. Und ihr werdet *den Menschensohn zur Rechten* der Macht *sitzen und mit den Wolken des Himmels kommen* sehen. 63 Da zerriss der Hohepriester sein Gewand und rief: Wozu brauchen wir noch Zeugen? 64 Ihr habt die Gotteslästerung gehört. Was ist eure Meinung? Und sie fällten einstimmig das Urteil: Er ist schuldig und muss sterben.

65 Und einige spuckten ihn an, verhüllten sein Gesicht, schlugen ihn und riefen: Zeig, dass du ein Prophet bist! Auch die Diener schlugen ihn ins Gesicht.

53–65 ‖ Mt 26,57–68; Lk 22,54f.66–71; Joh 18,13–24 • 58: 15,29; Joh 2,19; Apg 6,14 • 61: 8,29; Joh 10,24 • 62: Dan 7,13; Ps 110,1; Mt 24,30; Mk 13,26.

Die Verleugnung durch Petrus: 14,66–72

66 Als Petrus unten im Hof war, kam eine von den Mägden des Hohenpriesters. 67 Sie sah, wie Petrus sich wärmte, blickte ihn an und sagte: Auch du warst mit diesem Jesus aus Nazaret zusammen. 68 Doch er leugnete es und sagte: Ich weiß nicht und verstehe nicht, wovon du redest. Dann ging er in den

Form, in der man den Familienvater anredet (vgl. Röm 8,15; Gal 4,6).
14,53–65 Markus berichtet wie Matthäus von einem nächtlichen Verhör vor dem Hohenpriester und Mitgliedern des Hohen Rates, bei dem der Hohe Rat das Todesurteil fällte. Nach Lk 22,66–71 fand dieses Verhör am Morgen statt, ohne ausdrückliches Todesurteil. Nach Joh 18,12–24 wurde Jesus von dem Hohenpriester Hannas nach seiner Lehre und seinen Anhängern befragt und dann noch dem amtierenden Hohenpriester Kajaphas vorgeführt. Von einem eigentlichen Verhör oder gar einer Verurteilung zum Tod durch die Juden wird bei Johannes nichts erzählt.
14,61f Der Ausdruck »der Hochgelobte« ist ebenso wie »die Macht« Umschreibung für Gott.
14,65 Zeig, dass du ein Prophet bist, wörtlich: Prophezei!

Vorhof hinaus. 69 Als die Magd ihn dort be-
merkte, sagte sie zu denen, die dabeistanden,
noch einmal: Der gehört zu ihnen. 70 Er aber
leugnete es wieder ab. Wenig später sagten
die Leute, die dort standen, von neuem zu
Petrus: Du gehörst wirklich zu ihnen; du bist
doch auch ein Galiläer. 71 Da fing er an zu
fluchen und schwor: Ich kenne diesen Men-
schen nicht, von dem ihr redet. 72 Gleich da-
rauf krähte der Hahn zum zweiten Mal, und
Petrus erinnerte sich, dass Jesus zu ihm ge-
sagt hatte: Ehe der Hahn zweimal kräht,
wirst du mich dreimal verleugnen. Und er
begann zu weinen.

66–72 ‖ Mt 26,69–75; Lk 22,56–62; Joh 18,17.25–27 • 72: 14,30.

Die Verhandlung vor Pilatus: 15,1–15

15 Gleich in der Frühe fassten die Ho-
henpriester, die Ältesten und die
Schriftgelehrten, also der ganze Hohe Rat,
über Jesus einen Beschluss: Sie ließen ihn
fesseln und abführen und lieferten ihn Pila-
tus aus. 2 Pilatus fragte ihn: Bist du der Kö-
nig der Juden? Er antwortete ihm: Du sagst
es. 3 Die Hohenpriester brachten viele An-
klagen gegen ihn vor. 4 Da wandte sich Pila-
tus wieder an ihn und fragte: Willst du denn
nichts dazu sagen? Sieh doch, wie viele An-
klagen sie gegen dich vorbringen. 5 Jesus
aber gab keine Antwort mehr, sodass Pilatus
sich wunderte.

6 Jeweils zum Fest ließ Pilatus einen Ge-
fangenen frei, den sie sich ausbitten durften.
7 Damals saß gerade ein Mann namens Ba-
rabbas im Gefängnis, zusammen mit ande-
ren Aufrührern, die bei einem Aufstand ei-
nen Mord begangen hatten. 8 Die Volksmen-
ge zog (zu Pilatus) hinauf und bat, ihnen die
gleiche Gunst zu gewähren wie sonst. 9 Pila-
tus fragte sie: Wollt ihr, dass ich den König
der Juden freilasse? 10 Er merkte nämlich,
dass die Hohenpriester nur aus Neid Jesus an
ihn ausgeliefert hatten. 11 Die Hohenpriester
aber wiegelten die Menge auf, lieber die
Freilassung des Barabbas zu fordern. 12 Pila-
tus wandte sich von neuem an sie und fragte:
Was soll ich dann mit dem tun, den ihr den
König der Juden nennt? 13 Da schrien sie:
Kreuzige ihn! 14 Pilatus entgegnete: Was hat
er denn für ein Verbrechen begangen? Sie
schrien noch lauter: Kreuzige ihn! 15 Darauf
ließ Pilatus, um die Menge zufrieden zu stel-
len, Barabbas frei und gab den Befehl, Jesus
zu geißeln und zu kreuzigen.

1–15 ‖ Mt 27,1f.11–26; Lk 22,66; 23,1–4.17–25; Joh 18,29–19,1 • 11: Apg 3,13f • 12: Joh 19,15.

Die Verspottung Jesu durch die Soldaten:
15,16–20a

16 Die Soldaten führten ihn in den Palast
hinein, das heißt in das Prätorium, und rie-
fen die ganze Kohorte zusammen. 17 Dann
legten sie ihm einen Purpurmantel um und
flochten einen Dornenkranz; den setzten sie
ihm auf 18 und grüßten ihn: Heil dir, König
der Juden! 19 Sie schlugen ihm mit einem
Stock auf den Kopf und spuckten ihn an,
knieten vor ihm nieder und huldigten ihm.
20a Nachdem sie so ihren Spott mit ihm ge-
trieben hatten, nahmen sie ihm den Purpur-
mantel ab und zogen ihm seine eigenen Klei-
der wieder an.

16–20a ‖ Mt 27,27–31a; Joh 19,2f • 17: Lk 23,11.

Die Kreuzigung: 15,20b–32

20b Dann führten sie Jesus hinaus, um ihn
zu kreuzigen. 21 Einen Mann, der gerade vom
Feld kam, Simon von Zyrene, den Vater des
Alexander und des Rufus, zwangen sie, sein
Kreuz zu tragen. 22 Und sie brachten Jesus an
einen Ort namens Golgota, das heißt über-
setzt: Schädelhöhe. 23 Dort reichten sie ihm
Wein, der mit Myrrhe gewürzt war; er aber
nahm ihn nicht. 24 Dann kreuzigten sie ihn.
Sie warfen das Los und verteilten seine *Klei-
der unter sich* und gaben jedem, was ihm zu-
fiel. 25 Es war die dritte Stunde, als sie ihn
kreuzigten. 26 Und eine Aufschrift (auf einer
Tafel) gab seine Schuld an: Der König der
Juden. 27 Zusammen mit ihm kreuzigten sie
zwei Räuber, den einen rechts von ihm, den
andern links. [28] 29 Die Leute, die vorbeika-
men, verhöhnten ihn, *schüttelten den Kopf*
und riefen: Ach, du willst den Tempel
niederreißen und in drei Tagen wieder auf-
bauen? 30 Hilf dir doch selbst und steig herab
vom Kreuz! 31 Auch die Hohenpriester und
die Schriftgelehrten verhöhnten ihn und

14,68 Spätere Textzeugen fügen am Ende des Verses hinzu: Da krähte der Hahn.
15,1–15 Zu Pilatus und Barabbas vgl. die Anmerkung zu Mt 27, 11–26.
15,16–20a. Zur Verspottung durch die Soldaten vgl. die Anmerkung zu Mt 27,27–31.
15,20b–32 Zu Einzelheiten der Hinrichtung Jesu vgl. die Anmerkungen zu Mt 27,34–51a.
15,21 Die Söhne des Simon von Zyrene werden hier genannt, weil sie wahrscheinlich später der christlichen Gemeinde (in Rom?) angehörten; vgl. Röm 16,13.
15,28 Spätere Textzeugen fügen entsprechend Lk 22,37 hier ein: So erfüllte sich das Schriftwort: Er wurde zu den Verbrechern gerechnet.

sagten zueinander: Anderen hat er geholfen,
sich selbst kann er nicht helfen. 32 Der Mes-
sias, der König von Israel! Er soll doch jetzt
vom Kreuz herabsteigen, damit wir sehen
und glauben. Auch die beiden Männer, die
mit ihm zusammen gekreuzigt wurden, be-
schimpften ihn.

21–32 ‖ Mt 27,31b–44; Lk 23,26–38; Joh 19,16b–27 • 23: Ps 69,22 • 24: Ps 22,19; Joh 19,24 • 29: Ps 22,8; Mk 14,58; Joh 2,19.

Der Tod Jesu: 15,33–41

33 Als die sechste Stunde kam, brach über
das ganze Land eine Finsternis herein. Sie
dauerte bis zur neunten Stunde. 34 Und in
der neunten Stunde rief Jesus mit lauter
Stimme: *Eloi, Eloi, lema sabachtani?*, das
heißt übersetzt: *Mein Gott, mein Gott, wa-
rum hast du mich verlassen?* 35 Einige von
denen, die dabeistanden und es hörten, sag-
ten: Hört, er ruft nach Elija! 36 Einer lief hin,
tauchte einen Schwamm in *Essig,* steckte ihn
auf einen Stock und *gab* Jesus *zu trinken.*
Dabei sagte er: Lasst uns doch sehen, ob Eli-
ja kommt und ihn herabnimmt. 37 Jesus aber
schrie laut auf. Dann hauchte er den Geist
aus.
38 Da riss der Vorhang im Tempel von oben
bis unten entzwei.
39 Als der Hauptmann, der Jesus gegen-
überstand, ihn auf diese Weise sterben sah,
sagte er: Wahrhaftig, dieser Mensch war
Gottes Sohn.
40 Auch einige Frauen sahen von weitem
zu, darunter Maria aus Magdala, Maria, die
Mutter von Jakobus dem Kleinen und Joses,
sowie Salome; 41 sie waren Jesus schon in
Galiläa nachgefolgt und hatten ihm gedient.
Noch viele andere Frauen waren dabei, die
mit ihm nach Jerusalem hinaufgezogen wa-
ren.

33–41 ‖ Mt 27,45–56; Lk 23,44–49; Joh 19,28–30 • 34: Ps 22,2 • 36: Ps 69,22.

Das Begräbnis Jesu: 15,42–47

42 Da es Rüsttag war, der Tag vor dem Sab-
bat, und es schon Abend wurde, 43 ging Josef
von Arimathäa, ein vornehmer Ratsherr, der
auch auf das Reich Gottes wartete, zu Pila-
tus und wagte es, um den Leichnam Jesu zu
bitten. 44 Pilatus war überrascht, als er hörte,
dass Jesus schon tot sei. Er ließ den Haupt-
mann kommen und fragte ihn, ob Jesus be-
reits gestorben sei. 45 Als der Hauptmann
ihm das bestätigte, überließ er Josef den
Leichnam. 46 Josef kaufte ein Leinentuch,
nahm Jesus vom Kreuz, wickelte ihn in das
Tuch und legte ihn in ein Grab, das in einen
Felsen gehauen war. Dann wälzte er einen
Stein vor den Eingang des Grabes. 47 Maria
aus Magdala aber und Maria, die Mutter des
Joses, beobachteten, wohin der Leichnam
gelegt wurde.

42–47 ‖ Mt 27,57–61; Lk 23,50–56; Joh 19,38–42.

Die Botschaft des Engels im leeren Grab: 16,1–8

16 Als der Sabbat vorüber war, kauften
Maria aus Magdala, Maria, die Mut-
ter des Jakobus, und Salome wohlriechende
Öle, um damit zum Grab zu gehen und Jesus
zu salben. 2 Am ersten Tag der Woche kamen
sie in aller Frühe zum Grab, als eben die
Sonne aufging. 3 Sie sagten zueinander: Wer
könnte uns den Stein vom Eingang des Gra-
bes wegwälzen? 4 Doch als sie hinblickten,
sahen sie, dass der Stein schon weggewälzt
war; er war sehr groß. 5 Sie gingen in das
Grab hinein und sahen auf der rechten Seite
einen jungen Mann sitzen, der mit einem
weißen Gewand bekleidet war; da erschra-
ken sie sehr. 6 Er aber sagte zu ihnen: Er-
schreckt nicht! Ihr sucht Jesus von Nazaret,
den Gekreuzigten. Er ist auferstanden; er ist
nicht hier. Seht, da ist die Stelle, wo man ihn
hingelegt hatte. 7 Nun aber geht und sagt sei-
nen Jüngern, vor allem Petrus: Er geht euch
voraus nach Galiläa; dort werdet ihr ihn se-
hen, wie er es euch gesagt hat. 8 Da verließen
sie das Grab und flohen; denn Schrecken
und Entsetzen hatte sie gepackt. Und sie
sagten niemand etwas davon; denn sie fürch-
teten sich.

1–8 ‖ Mt 28,1–8; Lk 24,1–12; Joh 20,1–13 • 6: 10,34.

15,40.47 Zu »Joses« vgl. die Anmerkung zu Mk 6,3 bzw. zu »Brüder Jesu« Mt 12,46f.
15,42 Rüsttag ist der Tag vor dem Sabbat (der Freitag). Nach Dtn 21,23 mussten die am Holz aufgehängten, zuvor gesteinigten Gotteslästerer noch vor Sonnenuntergang abgenommen werden; das galt auch für Gekreuzigte. Die Grablegung fand sofort anschließend statt.
15,43–45 Die Freigabe des Leichnams für die private Bestattung war nach römischem Recht dem zuständigen Richter vorbehalten.
15,47 der Leichnam, wörtlich: er.
16,1 Vgl. die Anmerkung zu Mt 12,46f.
16,1–8 Mit einem Hinweis auf Erscheinungen des Auferstandenen in Galiläa, den die Frauen, die das leere Grab entdeckten, erhalten, und einem Vermerk über ihre Furcht und ihr Schweigen endet das Markus-Evangelium; vgl. die Einleitung.

[Die Erscheinungen des Auferstandenen:
16,9–20

9 Als Jesus am frühen Morgen des ersten
Wochentages auferstanden war, erschien er
zuerst Maria aus Magdala, aus der er sieben
Dämonen ausgetrieben hatte. 10 Sie ging und
berichtete es denen, die mit ihm zusammen
gewesen waren und die nun klagten und
weinten. 11 Als sie hörten, er lebe und sei von
ihr gesehen worden, glaubten sie es nicht.
12 Darauf erschien er in einer anderen Ge-
stalt zweien von ihnen, als sie unterwegs wa-
ren und aufs Land gehen wollten. 13 Auch sie
gingen und berichteten es den anderen und
auch ihnen glaubte man nicht. 14 Später er-
schien Jesus auch den Elf, als sie bei Tisch
waren; er tadelte ihren Unglauben und ihre
Verstocktheit, weil sie denen nicht glaubten,
die ihn nach seiner Auferstehung gesehen
hatten. 15 Dann sagte er zu ihnen: Geht
hinaus in die ganze Welt, und verkündet das
Evangelium allen Geschöpfen! 16 Wer glaubt
und sich taufen lässt, wird gerettet; wer aber
nicht glaubt, wird verdammt werden. 17 Und
durch die, die zum Glauben gekommen sind,
werden folgende Zeichen geschehen: In mei-
nem Namen werden sie Dämonen austrei-
ben; sie werden in neuen Sprachen reden;
18 wenn sie Schlangen anfassen oder tödli-
ches Gift trinken, wird es ihnen nicht scha-
den; und die Kranken, denen sie die Hände
auflegen, werden gesund werden.
19 Nachdem Jesus, der Herr, dies zu ihnen
gesagt hatte, *wurde er in den Himmel aufge-
nommen* und *setzte sich zur Rechten* Gottes.
20 Sie aber zogen aus und predigten überall.
Der Herr stand ihnen bei und bekräftigte die
Verkündigung durch die Zeichen, die er ge-
schehen ließ.]

9–20 ‖ Mt 28,9f. 16–20; Lk 24,13–51; Joh 20,11–23 • 9: Lk 8,2 • 19: Apg 1,9–11; 2 Kön 2,3.11; Ps 110.1.

Das Evangelium nach Lukas

Die altkirchliche Überlieferung nennt als Verfasser des dritten Evangeliums und der Apostelgeschichte »Lukas, den geliebten Arzt« (vgl. Kol 4,14; Phlm 24; auch 2 Tim 4,11), der Heidenchrist war und mit Paulus in Verbindung stand. Lukas benutzt das Evangelium des Markus und schöpft aus einer mit Matthäus gemeinsamen Sammlung von Jesusworten; er blickt auf den Untergang Jerusalems (70 n. Chr.) zurück (21,20–24) und erwartet die Wiederkunft Christi nicht mehr als unmittelbar bevorstehend (17,20f; 21,24; Apg 1,8). Die Abfassung des Evangeliums (wie der Apostelgeschichte) fällt wohl in die Jahre 80–90. Ob es in Kleinasien oder in Griechenland entstanden ist, lässt sich nicht sicher bestimmen.

Lukas legt seinem Evangelium den dreistufigen Aufriss des Markusevangeliums zugrunde und ordnet seinen übrigen Stoff vor allem in zwei Blöcken in diesen Rahmen ein: 6,20 – 8,3 und 9,51 – 18,14. Die »kleine Einschaltung« (6,20 – 8,3) enthält die Bergpredigtüberlieferung; die »große Einschaltung« (9,51 – 18,14) hat er zu einem umfänglichen Bericht über die letzte Reise Jesu nach Jerusalem ausgestaltet (»Reisebericht«). Vorangestellt hat er wie Matthäus eine Vorgeschichte über Herkunft und Kindheit des Täufers und Jesu (Kap. 1 – 2), angeschlossen mehrere Berichte von Erscheinungen des Auferstandenen in und bei Jerusalem (Kap. 24).

Lukas will ein Schriftwerk für gebildete Heiden und Heidenchristen schaffen, wie das kunstvoll gestaltete Vorwort (1,1–4) zeigt. Darin berichtet er, dass schon viele vor ihm die auf Augenzeugen zurückgehenden Überlieferungen über Jesus zusammengestellt hätten, er also

16,9–20 Dieser Abschnitt findet sich nicht bei den ältesten Textzeugen. Er ist eine im 2. Jahrhundert entstandene Zusammenfassung der in anderen Evangelien stehenden Berichte über die Erscheinungen und Anweisungen des Auferstandenen; er gehört also inhaltlich zur Evangelienüberlieferung. In einer altlateinischen Handschrift findet sich stattdessen folgende Ergänzung: Und sie berichteten alles, was ihnen aufgetragen worden war, dem Kreis um Petrus. Danach sandte Jesus selbst durch sie vom Osten bis in den Westen die heilige und unvergängliche Botschaft vom ewigen Heil. Amen. Bei einigen Textzeugen finden sich auch beide Zusätze.

verschiedene schriftliche Vorlagen hatte, und dass er allem genau nachgegangen sei, um die Verkündigung der Kirche historisch und theologisch als zuverlässig zu erweisen.

Lukas verdanken wir verschiedene wertvolle Überlieferungen, die sich in den anderen Evangelien nicht finden, darunter die Gleichnisse vom barmherzigen Samariter, vom verlorenen Sohn, vom klugen Verwalter, vom Pharisäer und Zöllner, eine Reihe von urchristlichen Gebeten und Hymnen (Lobgesang Marias: 1,46–55; Lobgesang des Zacharias: 1,68–79; Lobgesang des Simeon: 2,29–32), wichtige Hinweise auf das Verhalten Jesu gegenüber Frauen, Zöllnern und Sündern, auch bedeutsame Einzelzüge des Passionsgeschehens.

Die Sonderüberlieferungen des Lukas stehen im Dienst seiner theologischen Aussagen. Er zeigt in Jesus den Heiland der Verlorenen, der sozial Entrechteten, der Frauen, der Zöllner und Sünder. Jesus offenbarte die Menschenliebe Gottes auf bezwingende Weise. Alle Christen müssen daher ebenso wie Jesus handeln. Wo jemand sich dem Wort Jesu öffnet, wird er zu einem guten und edlen Menschen (8,15). Das Leben des Christen hat seine Mitte in der dienenden Liebe, die auch dem Feind und dem Fremden gilt (6,27–36; 10,25–37) und sich besonders an der Einstellung zu Reichtum und Besitz bewähren muss (12,13–21.33f; 14,12–14; 16,9–13.19–31). Jesus zeigt im Leben und im Sterben, wie sich ein Mensch gut und richtig verhalten soll.

Durch Jesus ist die entscheidende Wende der Heilsgeschichte eingetreten (16,16f). Jesus, nicht der als Friedensbringer verehrte Kaiser in Rom, ist der wahre Heiland der Welt (2,11: »Heute ist euch der Retter geboren«). Darum verknüpfte Lukas die Geschichte Jesu mit der Weltgeschichte (1,5; 2,1f; 3,1f). Der Alte Bund und die Geschichte Israels finden ihre Vollendung in der Kirche Christi, die aus Juden und Heiden besteht.

Mit der Auferstehung Jesu und dem Untergang Jerusalems ist die Epoche der Heidenmission, die Zeit der Sammlung aller Menschen zum einen Volk Gottes angebrochen. Wenn die »Zeit der Heiden« zu Ende ist (21,24), wird auch Israel Jesus als Messias anerkennen (13,35). Das Christusbild des Lukas und sein Aufruf zu sozialem Verhalten sind bis heute maßgebend für die christliche Vorstellung vom Menschen und vom rechten Verhalten in der Gemeinschaft.

DAS VORWORT: 1,1–4

1 Schon viele haben es unternommen, einen Bericht über all das abzufassen,
was sich unter uns ereignet und erfüllt hat.
2 Dabei hielten sie sich an die Überlieferung
derer, die von Anfang an Augenzeugen und
Diener des Wortes waren. 3 Nun habe auch
ich mich entschlossen, allem von Grund auf
sorgfältig nachzugehen, um es für dich,
hochverehrter Theophilus, der Reihe nach
aufzuschreiben. 4 So kannst du dich von der
Zuverlässigkeit der Lehre überzeugen, in der
du unterwiesen wurdest.

DIE VORGESCHICHTE: 1,5 – 2,52

Die Verheißung der Geburt des Täufers: 1,5–25

5 Zur Zeit des Herodes, des Königs von Judäa, lebte ein Priester namens Zacharias, der
zur Priesterklasse Abija gehörte. Seine Frau
stammte aus dem Geschlecht Aarons; sie
hieß Elisabet. 6 Beide lebten so, wie es in den
Augen Gottes recht ist, und hielten sich in
allem streng an die Gebote und Vorschriften
des Herrn. 7 Sie hatten keine Kinder, denn

1,3 Der »hochverehrte Theophilus«, ein vornehmer Heidenchrist, wird nur hier und Apg 1,1 erwähnt.

1,5 – 2,52 In den beiden ersten Kapiteln hat Lukas neben alten christlichen Überlieferungen auch Traditionen der Johannesjünger übernommen. Johannes dem Täufer stellt er Jesus als den Größeren, den Messias, den Sohn des Allerhöchsten gegenüber. – Die Hymnen enthalten altes liturgisches Überlieferungsgut (1,46–55; 1,68–79; 2,29–32).

1,5 Herodes der Große herrschte als Vasallenkönig der Römer von 40 bis 4 v. Chr. über Palästina. Die Gruppe Abija war die achte Dienstklasse oder Wochenabteilung der 24 priesterlichen Dienstordnungen (vgl. 1 Chr 24,10), die zwei- bis dreimal jährlich je eine Woche im Tempel Dienst taten. Die einzelnen Dienste bestimmte das Los.

Elisabet war unfruchtbar, und beide waren
schon in vorgerücktem Alter.
8 Eines Tages, als seine Priesterklasse wie-
der an der Reihe war und er beim Gottes-
dienst mitzuwirken hatte, 9 wurde, wie nach
der Priesterordnung üblich, das Los gewor-
fen, und Zacharias fiel die Aufgabe zu, im
Tempel des Herrn das Rauchopfer darzu-
bringen. 10 Während er nun zur festgelegten
Zeit das Opfer darbrachte, stand das ganze
Volk draußen und betete. 11 Da erschien dem
Zacharias ein Engel des Herrn; er stand auf
der rechten Seite des Rauchopferaltars.
12 Als Zacharias ihn sah, erschrak er und es
befiel ihn Furcht. 13 Der Engel aber sagte zu
ihm: Fürchte dich nicht, Zacharias! Dein Ge-
bet *ist erhört worden. Deine Frau Elisabet
wird dir einen Sohn gebären; dem sollst du
den Namen* Johannes *geben.* 14 Große Freude
wird dich erfüllen und auch viele andere
werden sich über seine Geburt freuen.
15 Denn er wird groß sein vor dem Herrn.
*Wein und andere berauschende Getränke
wird er nicht trinken* und schon im Mutter-
leib wird er vom Heiligen Geist erfüllt sein.
16 Viele Israeliten wird er zum Herrn, ihrem
Gott, bekehren. 17 Er wird mit dem Geist und
mit der Kraft des Elija dem Herrn vorange-
hen, um *das Herz der Väter wieder den Kin-
dern zuzuwenden* und die Ungehorsamen
zur Gerechtigkeit zu führen und so das Volk
für den Herrn bereit zu machen. 18 Zacharias
sagte zu dem Engel: Woran soll ich erkennen,
dass das wahr ist? Ich bin ein alter Mann und
auch meine Frau ist in vorgerücktem Alter.
19 Der Engel erwiderte ihm: Ich bin Gabriel,
der vor Gott steht, und ich bin gesandt wor-
den, um mit dir zu reden und dir diese frohe
Botschaft zu bringen. 20 Aber weil du meinen
Worten nicht geglaubt hast, die in Erfüllung
gehen, wenn die Zeit dafür da ist, sollst du
stumm sein und nicht mehr reden können bis
zu dem Tag, an dem all das eintrifft. 21 Inzwi-
schen wartete das Volk auf Zacharias und
wunderte sich, dass er so lange im Tempel
blieb. 22 Als er dann herauskam, konnte er
nicht mit ihnen sprechen. Da merkten sie,
dass er im Tempel eine Erscheinung gehabt
hatte. Er gab ihnen nur Zeichen mit der
Hand und blieb stumm.
23 Als die Tage seines Dienstes (im Tempel)
zu Ende waren, kehrte er nach Hause zu-
rück. 24 Bald darauf empfing seine Frau Eli-
sabet einen Sohn und lebte fünf Monate lang
zurückgezogen. Sie sagte: 25 Der Herr hat
mir geholfen; er hat in diesen Tagen gnädig
auf mich geschaut und mich von der Schan-
de befreit, mit der ich in den Augen der Men-
schen beladen war.

5: 1 Chr 24,10 • 9: Ex 30,7f • 13: Gen 17,19f; Lk 1,60 • 15: Num 6,3; Ri 13,4; Lk 7,33 • 17: Mt 17,10–13; Mal 3,23f.

Die Verheißung der Geburt Jesu: 1,26–38

26 Im sechsten Monat wurde der Engel
Gabriel von Gott in eine Stadt in Galiläa na-
mens Nazaret 27 zu einer Jungfrau gesandt.
Sie war mit einem Mann namens Josef ver-
lobt, der aus dem Haus David stammte. Der
Name der Jungfrau war Maria. 28 Der Engel
trat bei ihr ein und sagte: Sei gegrüßt, du Be-
gnadete, der Herr ist mit dir. 29 Sie erschrak
über die Anrede und überlegte, was dieser
Gruß zu bedeuten habe. 30 Da sagte der Engel
zu ihr: Fürchte dich nicht, Maria; denn du
hast bei Gott Gnade gefunden. 31 *Du wirst
ein Kind empfangen, einen Sohn wirst du ge-
bären: dem sollst du den Namen* Jesus *geben.*
32 Er wird groß sein und Sohn des Höchsten
genannt werden. Gott, der Herr, wird ihm
den Thron seines Vaters *David* geben. 33 Er
wird über das Haus Jakob *in Ewigkeit* herr-
schen und *seine Herrschaft* wird kein Ende
haben. 34 Maria sagte zu dem Engel: Wie soll
das geschehen, da ich keinen Mann erkenne?
35 Der Engel antwortete ihr: Der Heilige
Geist wird über dich kommen, und die Kraft
des Höchsten wird dich überschatten. Des-
halb wird auch das Kind heilig und Sohn
Gottes genannt werden. 36 Auch Elisabet,
deine Verwandte, hat noch in ihrem Alter ei-
nen Sohn empfangen; obwohl sie als un-
fruchtbar galt, ist sie jetzt schon im sechsten
Monat. 37 Denn *für Gott ist nichts unmög-
lich.* 38 Da sagte Maria: Ich bin die Magd des
Herrn; mir geschehe, wie du es gesagt hast.
Danach verließ sie der Engel.

27: Mt 1,16 • 31: Jes 7,14; Gen 17,19; Mt 1,21–23 • 32f: 2 Sam 7,13; Jes 9,6 • 35: Mt 1,18–20 • 37: Gen 18,14; Ijob 42,2; Mt 19,26; Mk 10,27; Lk 18,27.

Der Besuch Marias bei Elisabet: 1,39–56

39 Nach einigen Tagen machte sich Maria
auf den Weg und eilte in eine Stadt im Berg-
land von Judäa. 40 Sie ging in das Haus des
Zacharias und begrüßte Elisabet. 41 Als Eli-

1,9 Das Rauchopfer im Heiligtum eröffnete den Opferdienst am Morgen; das Brandopfer am Nachmittag (gegen 3 Uhr) schloss ihn ab.

1,22 Am Schluss des Opferdienstes wurde das Volk vom Priester gesegnet.

1,34 Zu »erkennen« vgl. die Anmerkung zu Mt 1,25.

1,35 Andere Übersetzungsmöglichkeit: Deshalb wird auch das Heilige, das geboren wird, Sohn Gottes genannt werden.

sabet den Gruß Marias hörte, hüpfte das
Kind in ihrem Leib. Da wurde Elisabet vom
Heiligen Geist erfüllt
42 und rief mit lauter
Stimme: Gesegnet bist du mehr als alle ande-
ren Frauen und gesegnet ist die Frucht dei-
nes Leibes.
43 Wer bin ich, dass die Mutter
meines Herrn zu mir kommt?
44 In dem Au-
genblick, als ich deinen Gruß hörte, hüpfte
das Kind vor Freude in meinem Leib.
45 Selig
ist die, die geglaubt hat, dass sich erfüllt, was
der Herr ihr sagen ließ.
46 Da sagte Maria:
Meine Seele preist die Größe *des Herrn,* /
47 und mein Geist *jubelt über Gott, meinen*
Retter.
48 Denn *auf die Niedrigkeit seiner Magd*
hat er geschaut. / Siehe, von nun an *preisen*
mich selig alle Geschlechter.
49 Denn der Mächtige *hat Großes* an mir
getan / und *sein Name ist heilig.*
50 *Er erbarmt sich* von Geschlecht zu Ge-
schlecht / *über alle, die ihn fürchten.*
51 Er vollbringt *mit seinem Arm* machtvol-
le Taten: / *Er zerstreut, die* im Herzen *voll*
Hochmut sind;
52 *er stürzt die Mächtigen* vom Thron / und
erhöht die Niedrigen.
53 *Die Hungernden beschenkt er mit sei-*
nen Gaben / und lässt die Reichen leer ausge-
hen.
54 *Er nimmt sich seines Knechtes Israel*
an / und denkt an sein Erbarmen,
55 *das er unsern Vätern* verheißen hat, /
Abraham und *seinen Nachkommen* auf
ewig.
56 Und Maria blieb etwa drei Monate bei
ihr; dann kehrte sie nach Hause zurück.

42: Jdt 13,18 • 46–55: 1 Sam 2,1–10 • 47: Hab 3,18 • 48: 1 Sam 1,11; Gen 30,13 • 49: Dtn 10,21; Ps 111,9 • 50: Ps 103,13.17 • 51: Ps 89,11 • 52: Ez 21,31; Ps 147,6; Ijob 5,11; 12,19 • 53: Ps 107,9; 34,11 • 54: Jes 41,8f; Ps 98,3 • 55: Mi 7,20; 2 Sam 22,51; Gen 17,7.

Die Geburt des Täufers: 1,57–80

57 Für Elisabet kam die Zeit der Nieder-
kunft und sie brachte einen Sohn zur Welt.
58 Ihre Nachbarn und Verwandten hörten,
welch großes Erbarmen der Herr ihr erwie-
sen hatte, und freuten sich mit ihr.
59 Am
achten Tag kamen sie zur Beschneidung des
Kindes und wollten ihm den Namen seines
Vaters Zacharias geben.
60 Seine Mutter aber
widersprach ihnen und sagte: Nein, er soll
Johannes heißen.
61 Sie antworteten ihr: Es
gibt doch niemand in deiner Verwandt-
schaft, der so heißt.
62 Da fragten sie seinen
Vater durch Zeichen, welchen Namen das
Kind haben solle.
63 Er verlangte ein
Schreibtäfelchen und schrieb zum Erstau-
nen aller darauf: Sein Name ist Johannes.
64 Im gleichen Augenblick konnte er Mund
und Zunge wieder gebrauchen, und er redete
und pries Gott.
65 Und alle, die in jener Ge-
gend wohnten, erschraken und man sprach
von all diesen Dingen im ganzen Bergland
von Judäa.
66 Alle, die davon hörten, mach-
ten sich Gedanken darüber und sagten: Was
wird wohl aus diesem Kind werden? Denn es
war deutlich, dass die Hand des Herrn mit
ihm war.
67 Sein Vater Zacharias wurde vom Heili-
gen Geist erfüllt und begann prophetisch zu
reden:
68 *Gepriesen sei der Herr, der Gott Isra-*
els! / Denn er hat *sein Volk* besucht und *ihm*
Erlösung geschaffen;
69 er hat uns *einen starken Retter* erweckt /
im Hause seines Knechtes *David.*
70 So hat er verheißen von alters her /
durch den Mund seiner heiligen Propheten.
71 Er hat uns *errettet vor unseren Feinden* /
und aus der Hand aller, *die uns hassen;*

1,46–55 Die obige Fassung ist für die Liturgie vorgesehen. Daneben hat die ökumenische Kommission auch den folgenden Text erarbeitet:
46 Meine Seele preist voll Freude den Herrn,
47 mein Geist ist voll Jubel über Gott, meinen Retter.
48 Denn er hat gnädig auf seine arme Magd geschaut. / Von nun an preisen alle Geschlechter mich glücklich.
49 Denn der Mächtige hat an mir Großes getan;
sein Name ist heilig.
50 Er schenkt sein Erbarmen von Geschlecht zu Geschlecht / allen, die ihn fürchten und ehren.
51 Sein starker Arm vollbringt gewaltige Taten: / Er macht die Pläne der Stolzen zunichte;
52 er stürzt die Mächtigen vom Thron / und bringt die Armen zu Ehren;
53 er beschenkt mit seinen Gaben die Hungrigen, / die Reichen aber schickt er mit leeren Händen fort.
54/55 Er nimmt sich gnädig seines Knechtes Israel an, / denn er denkt an das Erbarmen, das er unseren Vätern verheißen hat, / Abraham und seinen Nachkommen, für ewige Zeiten.

1,68–79 Die obige Fassung ist für die Liturgie vorgesehen. Daneben hat die ökumenische Kommission auch den folgenden Text erarbeitet:
68 Gepriesen sei der Herr, der Gott Israels! / Denn in seiner Gnade ist er gekommen, um sein Volk zu erlösen.
69 Er hat uns einen mächtigen Retter gesandt / aus dem Haus seines Knechtes David.
70 So hat er durch seine heiligen Propheten verheißen / schon seit uralten Zeiten:
71 Er werde uns vor unseren Feinden retten / und vor allen, die uns mit ihrem Hass verfolgen;

72 er hat *das Erbarmen mit den Vätern* an
uns vollendet / und *an seinen* heiligen Bund
gedacht,
73 *an den Eid, den er* unserm Vater *Abra-*
ham geschworen hat; / 74 er hat uns ge-
schenkt, dass wir, aus Feindeshand befreit, /
ihm furchtlos dienen
75 in Heiligkeit und Gerechtigkeit / vor sei-
nem Angesicht all unsre Tage.
76 Und du, Kind, wirst Prophet des Höchs-
ten heißen; / denn du wirst *dem Herrn* voran-
gehen und ihm *den Weg bereiten.*
77 Du wirst sein Volk mit der Erfahrung
des Heils beschenken / in der Vergebung der
Sünden.
78 Durch die barmherzige Liebe unseres
Gottes / wird uns besuchen das aufstrah-
lende Licht aus der Höhe,
79 um *allen* zu leuchten, *die in Finsternis*
sitzen und im Schatten des Todes, / und
unsre Schritte zu lenken *auf den Weg des*
Friedens.
80 Das Kind wuchs heran und sein Geist
wurde stark. Und Johannes lebte in der Wüs-
te bis zu dem Tag, an dem er den Auftrag er-
hielt, in Israel aufzutreten.

59: Gen 17,12 • 60: 1,13 • 68: Ps 41,14; 72,18; 106,48; Lk 7,16; 24,21; Ps 111,9 • 69: 1 Sam 2,10; Ps 18,3; 132,17 • 70: Röm 1,2; Offb 10,7 • 71: Ps 106,10 • 72: Ps 105,8; Ps 106,45; Ex 2,24; Lev 26,42 • 73: Gen 22,16f; Jer 11,5; Mi 7,20 • 76: 7,27; Mt 11,10; Mk 1,2; Mal 3,1; Ex 23,20 • 78: Jes 60,1f; Sach 6,12 G; Mal 3,20 • 79: Jes 9,1; 42,7; Ps 107,10; Mt 4,16; Jes 59,8; Röm 3,17.

Die Geburt Jesu: 2,1–20

2 In jenen Tagen erließ Kaiser Augustus
den Befehl, alle Bewohner des Reiches
in Steuerlisten einzutragen. 2 Dies geschah
zum ersten Mal; damals war Quirinius Statt-
halter von Syrien. 3 Da ging jeder in seine
Stadt, um sich eintragen zu lassen.
4 So zog auch Josef von der Stadt Nazaret
in Galiläa hinauf nach Judäa in die Stadt
Davids, die Betlehem heißt; denn er war aus
dem Haus und Geschlecht Davids. 5 Er woll-
te sich eintragen lassen mit Maria, seiner
Verlobten, die ein Kind erwartete. 6 Als sie
dort waren, kam für Maria die Zeit ihrer
Niederkunft, 7 und sie gebar ihren Sohn, den
Erstgeborenen. Sie wickelte ihn in Windeln
und legte ihn in eine Krippe, weil in der Her-
berge kein Platz für sie war.
8 In jener Gegend lagerten Hirten auf frei-
em Feld und hielten Nachtwache bei ihrer
Herde. 9 Da trat der Engel des Herrn zu ih-
nen und der Glanz des Herrn umstrahlte sie.
Sie fürchteten sich sehr, 10 der Engel aber
sagte zu ihnen: Fürchtet euch nicht, denn ich
verkünde euch eine große Freude, die dem
ganzen Volk zuteil werden soll: 11 Heute ist
euch in der Stadt Davids der Retter geboren;
er ist der Messias, der Herr. 12 Und das soll
euch als Zeichen dienen: Ihr werdet ein Kind
finden, das, in Windeln gewickelt, in einer
Krippe liegt. 13 Und plötzlich war bei dem
Engel ein großes himmlisches Heer, das Gott
lobte und sprach:
14 Verherrlicht ist Gott in der Höhe / und
auf Erden ist Friede / bei den Menschen sei-
ner Gnade.
15 Als die Engel sie verlassen hatten und in
den Himmel zurückgekehrt waren, sagten
die Hirten zueinander: Kommt, wir gehen
nach Betlehem, um das Ereignis zu sehen,
das uns der Herr verkünden ließ. 16 So eilten
sie hin und fanden Maria und Josef und das
Kind, das in der Krippe lag. 17 Als sie es sa-
hen, erzählten sie, was ihnen über dieses
Kind gesagt worden war. 18 Und alle, die es
hörten, staunten über die Worte der Hirten.
19 Maria aber bewahrte alles, was geschehen

---

72 er werde sich unserer Väter erbarmen / und sich an seinen heiligen Bund erinnern,
73 an den Eid, den er unserem Vater Abraham geschworen hat:
74 er werde uns aus der Gewalt unserer Feinde befreien, / damit wir ihm furchtlos dienen
75 und heilig und gerecht vor ihm leben all unsre Tage.
76 Du aber, Kind, wirst ein Prophet des Höchsten sein, / denn du wirst dem Herrn vorangehen und ihm den Weg bereiten.
77 Du wirst seinem Volk die Einsicht schenken, / dass es gerettet wird durch die Vergebung der Sünden;
78 denn unser Gott ist reich an Erbarmen, / darum kommt zu uns das strahlende Licht aus der Höhe.
79 Es wird allen leuchten, die in Finsternis sitzen und im Dunkel des Todes; / es wird unsere Schritte auf den Weg des Friedens lenken.

1,78 Statt »wird uns besuchen« haben einige Textzeugen: hat uns besucht. – Das aufstrahlende Licht, wörtlich: der Aufgang.
2,1–3 Quirinius hat als Statthalter von Syrien 6/7 n. Chr. eine Steuerfeststellung, einen sog. Zensus, durchführen lassen. Dies kann jedoch nicht der Zensus gewesen sein, zu dem Josef nach Betlehem zog; denn die Geburt Jesu fällt nach Mt 2 in die Zeit vor dem Tod des Herodes (4 v. Chr.). Der Mönch Dionysius Exiguus (ca. 497–540), auf den die christliche Zeitrechnung zurückgeht, hat sich demnach um etwa 4 bis 5 Jahre verrechnet. Kaiser Augustus herrschte von 31 v. Chr.–14 n. Chr.
2,5 Nach jüdischem Recht gilt die Verlobte bereits als Ehefrau (vgl. die Anmerkung zu Mt 1,18).
2,11 Die drei Titel »Retter«, »Messias« (Christus), »Herr« weisen auf die Heilsbedeutung Christi hin. »Retter« und »Herr« waren auch Hoheitstitel der römischen Kaiser.
2,14 Wörtlich: Herrlichkeit in der Höhe und

war, in ihrem Herzen und dachte darüber
nach. 20 Die Hirten kehrten zurück, rühmten
Gott und priesen ihn für das, was sie gehört
und gesehen hatten; denn alles war so gewe-
sen, wie es ihnen gesagt worden war.

4: Joh 7,42 • 13: Mt 26,53 • 14: 19,38; Jes 57,19; Eph 2,17 • 19: 2,51.

Das Zeugnis des Simeon und der Hanna über Jesus: 2,21–40

21 Als acht Tage vorüber waren und das
Kind beschnitten werden sollte, gab man
ihm den Namen Jesus, den der Engel ge-
nannt hatte, noch ehe das Kind im Schoß sei-
ner Mutter empfangen wurde.

22 Dann kam für sie der Tag der vom Ge-
setz des Mose vorgeschriebenen Reinigung.
Sie brachten das Kind nach Jerusalem hi-
nauf, um es dem Herrn zu weihen, 23 gemäß
dem Gesetz des Herrn, in dem es heißt: *Jede
männliche Erstgeburt soll dem Herrn ge-
weiht sein.* 24 Auch wollten sie ihr Opfer dar-
bringen, wie es das Gesetz des Herrn vor-
schreibt: *ein Paar Turteltauben oder zwei
junge Tauben.*

25 In Jerusalem lebte damals ein Mann na-
mens Simeon. Er war gerecht und fromm
und wartete auf die Rettung Israels und der
Heilige Geist ruhte auf ihm. 26 Vom Heiligen
Geist war ihm offenbart worden, er werde
den Tod nicht schauen, ehe er den Messias
des Herrn gesehen habe. 27 Jetzt wurde er
vom Geist in den Tempel geführt; und als die
Eltern Jesus hereinbrachten, um zu erfüllen,
was nach dem Gesetz üblich war, 28 nahm Si-
meon das Kind in seine Arme und pries Gott
mit den Worten:

29 Nun lässt du, Herr, deinen Knecht, / wie
du gesagt hast, in Frieden scheiden.

30 Denn meine Augen haben *das Heil gese-
hen,* / 31 das du *vor allen Völkern* bereitet
hast,

32 *ein Licht,* das *die Heiden* erleuchtet, /
und *Herrlichkeit* für dein Volk *Israel.*

33 Sein Vater und seine Mutter staunten
über die Worte, die über Jesus gesagt wur-
den. 34 Und Simeon segnete sie und sagte zu
Maria, der Mutter Jesu: Dieser ist dazu be-
stimmt, dass in Israel viele durch ihn zu Fall
kommen und viele aufgerichtet werden, und
er wird ein Zeichen sein, dem widersprochen
wird. 35 Dadurch sollen die Gedanken vieler
Menschen offenbar werden. Dir selbst aber
wird ein Schwert durch die Seele dringen.

36 Damals lebte auch eine Prophetin na-
mens Hanna, eine Tochter Penuëls, aus dem
Stamm Ascher. Sie war schon hochbetagt.
Als junges Mädchen hatte sie geheiratet und
sieben Jahre mit ihrem Mann gelebt; 37 nun
war sie eine Witwe von vierundachtzig Jah-
ren. Sie hielt sich ständig im Tempel auf und
diente Gott Tag und Nacht mit Fasten und
Beten. 38 In diesem Augenblick nun trat sie
hinzu, pries Gott und sprach über das Kind
zu allen, die auf die Erlösung Jerusalems
warteten.

39 Als seine Eltern alles getan hatten, was
das Gesetz des Herrn vorschreibt, kehrten
sie nach Galiläa in ihre Stadt Nazaret zu-
rück. 40 Das Kind wuchs heran und wurde
kräftig; Gott erfüllte es mit Weisheit und
seine Gnade ruhte auf ihm.

21: 1,31 • 22: Lev 12; Num 18,15f • 23: Ex 13,2.12 • 24: Lev 12,8 • 30: Jes 40,5 G • 31: Jes 52,10 • 32: Jes 49,6; 42,6; 46,13 • 34: Jes 8,14.

Der zwölfjährige Jesus im Tempel: 2,41–52

41 Die Eltern Jesu gingen jedes Jahr zum
Paschafest nach Jerusalem. 42 Als er zwölf
Jahre alt geworden war, zogen sie wieder
hinauf, wie es dem Festbrauch entsprach.
43 Nachdem die Festtage zu Ende waren,
machten sie sich auf den Heimweg. Der
junge Jesus aber blieb in Jerusalem, ohne
dass seine Eltern es merkten. 44 Sie meinten,
er sei irgendwo in der Pilgergruppe, und
reisten eine Tagesstrecke weit; dann suchten
sie ihn bei den Verwandten und Bekannten.

---

auf Erden Friede bei den Menschen des Wohlgefallens. – Die ökumenische liturgische Fassung lautet: Ehre sei Gott in der Höhe und Friede auf Erden den Menschen seiner Gnade.

2,25 die Rettung, wörtlich: den Trost.

2,29–32 Die obige Fassung ist für die Liturgie vorgesehen. Daneben hat die ökumenische Kommission auch den folgenden Text erarbeitet:

29 Nun lässt du, Herr, deinen Knecht in Frieden scheiden, / wie dein Wort es verheißen hat.

30 Denn meine Augen haben das Heil geschaut,

31 das du geschaffen hast, damit alle Völker es sehen:

32 ein Licht, das die Heiden erleuchtet, / und eine Verherrlichung deines Volkes Israel.

2,37 Andere Übersetzungsmöglichkeit: seit vierundachtzig Jahren aber war sie Witwe.

2,41–51 Vom 13. Lebensjahr an ist ein jüdischer Junge verpflichtet, die Gebote und Vorschriften des jüdischen Gesetzes zu beachten. Nach Ex 23,14–17; 24,23f; Dtn 16,16f hatten alle jüdischen Männer, ausgenommen Greise und Kranke, zu den drei Hauptfesten des jüdischen Jahres, Pascha, Pfingsten und Laubhüttenfest, im Tempel zu erscheinen. Dies war aber nur für jene streng verpflichtend, die nicht mehr als eine Tagesreise weit vom Tempel entfernt wohnten. Zu Fuß brauchte man von Galiläa mindestens drei Tage nach Jerusalem.

45 Als sie ihn nicht fanden, kehrten sie nach Jerusalem zurück und suchten ihn dort. 46 Nach drei Tagen fanden sie ihn im Tempel; er saß mitten unter den Lehrern, hörte ihnen zu und stellte Fragen. 47 Alle, die ihn hörten, waren erstaunt über sein Verständnis und über seine Antworten. 48 Als seine Eltern ihn sahen, waren sie sehr betroffen und seine Mutter sagte zu ihm: Kind, wie konntest du uns das antun? Dein Vater und ich haben dich voll Angst gesucht. 49 Da sagte er zu ihnen: Warum habt ihr mich gesucht? Wusstet ihr nicht, dass ich in dem sein muss, was meinem Vater gehört? 50 Doch sie verstanden nicht, was er damit sagen wollte. 51 Dann kehrte er mit ihnen nach Nazaret zurück und war ihnen gehorsam. Seine Mutter bewahrte alles, was geschehen war, in ihrem Herzen. 52 Jesus aber wuchs heran und seine Weisheit nahm zu und *er fand Gefallen bei Gott und den Menschen.*

41: Ex 23,14–17 • 42: Ex 12,15.18 • 51: 2,19 • 52: 1 Sam 2,26.

DIE VORBEREITUNG DES WIRKENS JESU: 3,1 – 4,13

Johannes der Täufer: 3,1–20

3 Es war im fünfzehnten Jahr der Regierung des Kaisers Tiberius; Pontius Pilatus war Statthalter von Judäa, Herodes Tetrarch von Galiläa, sein Bruder Philippus Tetrarch von Ituräa und Trachonitis, Lysanias Tetrarch von Abilene; 2 Hohepriester waren Hannas und Kajaphas. Da erging in der Wüste das Wort Gottes an Johannes, den Sohn des Zacharias. 3 Und er zog in die Gegend am Jordan und verkündigte dort überall Umkehr und Taufe zur Vergebung der Sünden. 4 (So erfüllte sich,) was im Buch der Reden des Propheten Jesaja steht:

Eine Stimme ruft in der Wüste: / Bereitet dem Herrn den Weg! / Ebnet ihm *die Straßen!*

5 *Jede Schlucht soll aufgefüllt werden, / jeder Berg und Hügel sich senken.*

Was krumm ist, soll gerade werden, / was uneben ist, soll zum ebenen Weg werden.

6 *Und alle Menschen werden das Heil sehen, das von Gott kommt.*

7 Das Volk zog in Scharen zu ihm hinaus, um sich von ihm taufen zu lassen. Er sagte zu ihnen: Ihr Schlangenbrut, wer hat euch denn gelehrt, dass ihr dem kommenden Gericht entrinnen könnt? 8 Bringt Früchte hervor, die eure Umkehr zeigen, und fangt nicht an zu sagen: Wir haben ja Abraham zum Vater. Denn ich sage euch: Gott kann aus diesen Steinen Kinder Abrahams machen. 9 Schon ist die Axt an die Wurzel der Bäume gelegt; jeder Baum, der keine gute Frucht hervorbringt, wird umgehauen und ins Feuer geworfen.

10 Da fragten ihn die Leute: Was sollen wir also tun? 11 Er antwortete ihnen: Wer zwei Gewänder hat, der gebe eines davon dem, der keines hat, und wer zu essen hat, der handle ebenso. 12 Es kamen auch Zöllner zu ihm, um sich taufen zu lassen, und fragten: Meister, was sollen wir tun? 13 Er sagte zu ihnen: Verlangt nicht mehr, als festgesetzt ist. 14 Auch Soldaten fragten ihn: Was sollen denn wir tun? Und er sagte zu ihnen: Misshandelt niemand, erpresst niemand, begnügt euch mit eurem Sold!

15 Das Volk war voll Erwartung und alle überlegten im Stillen, ob Johannes nicht vielleicht selbst der Messias sei. 16 Doch Johannes gab ihnen allen zur Antwort: Ich taufe euch nur mit Wasser. Es kommt aber einer, der stärker ist als ich, und ich bin es nicht wert, ihm die Schuhe aufzuschnüren. Er wird euch mit dem Heiligen Geist und mit Feuer taufen. 17 Schon hält er die Schaufel in der Hand, um die Spreu vom Weizen zu trennen und den Weizen in seine Scheune zu bringen; die Spreu aber wird er in nie erlöschendem Feuer verbrennen. 18 Mit diesen und vielen anderen Worten ermahnte er das Volk in seiner Predigt.

3,1f Durch die Verknüpfung der Geschichte Jesu mit der Weltgeschichte weist Lukas auf die umfassende Bedeutung Jesu hin. Tiberius war Kaiser von 14 bis 37 n. Chr.; Pontius Pilatus Statthalter (Präfekt) über die römische Provinz Judäa von 26–36 n. Chr.; Herodes Antipas Tetrarch von Galiläa und Peräa von 4 v. Chr.–39 n. Chr. (vgl. die Anmerkung zu Mt 14,1), sein Halbbruder Philippus Tetrarch der vorwiegend heidnischen Gebiete Nordtransjordaniens von 4 v. Chr.–34 n. Chr. Die Regierungszeit des Lysanias ist nicht genau festzustellen. Hannas war Hoherpriester von 6–15 n. Chr. und blieb auch danach sehr einflussreich. Seine fünf Söhne und sein Schwiegersohn Kajaphas kamen nacheinander in den Besitz der Hohenpriesterwürde. Kajaphas amtierte von 18–37 n. Chr.

3,3 Umkehr und Taufe, wörtlich: die Taufe der Umkehr.

3,7 Gericht, wörtlich: Zorn.

19 Johannes tadelte auch den Tetrarchen
Herodes wegen (der Sache mit) Herodias,
der Frau seines Bruders, und wegen all der
anderen Schandtaten, die er verübt hatte.
20 Deshalb ließ Herodes Johannes ins Ge-
fängnis werfen und lud so noch mehr Schuld
auf sich.

3–6 ‖ Mt 3,1–6; Mk 1,2–6 • 7–9 ‖ Mt 3,7–10 • 15–17 ‖ Mt 3,11f; Mk 1,7f • 19–20 ‖ Mt 14,3f; Mk 6,17f • 3: Joh 1,19–23; Apg 13,24; 19,4 • 4f: Jes 40,3–5 G • 9: Mt 7,19 • 15: Joh 1,24–28 • 16: Apg 13,25.

Die Taufe Jesu: 3,21–22

21 Zusammen mit dem ganzen Volk ließ
auch Jesus sich taufen. Und während er be-
tete, öffnete sich der Himmel, 22 und der Hei-
lige Geist kam sichtbar in Gestalt einer Tau-
be auf ihn herab, und eine Stimme aus dem
Himmel sprach: *Du bist mein geliebter Sohn,
an dir habe ich Gefallen gefunden.*

21–22 ‖ Mt 3,13–17; Mk 1,9–11 • 21–22: Joh 1,29–34 • 22: Gen 22,2; Ps 2,7; Jes 42,1; Mt 3,17.

Die Vorfahren Jesu: 3,23–38

23 Jesus war etwa dreißig Jahre alt, als er
zum ersten Mal öffentlich auftrat. Man hielt
ihn für den Sohn Josefs. Die Vorfahren Jo-
sefs waren: Eli, 24 Mattat, Levi, Melchi, Jan-
nai, Josef, 25 Mattitja, Amos, Nahum, Hesli,
Naggai, 26 Mahat, Mattitja, Schimi, Josech,
Joda, 27 Johanan, Resa, Serubbabel, Scheal-
tiël, Neri, 28 Melchi, Addi, Kosam, Elmadam,
Er, 29 Joschua, Eliëser, Jorim, Mattat, Levi,
30 Simeon, Juda, Josef, Jonam, Eljakim,
31 Melea, Menna, Mattata, Natan, David,
32 Isai, Obed, Boas, Salmon, Nachschon,
33 Amminadab, Admin, Arni, Hezron, Perez,
Juda, 34 Jakob, Isaak, Abraham, Terach,
Nahor, 35 Serug, Regu, Peleg, Eber, Schelach,
36 Kenan, Arpachschad, Sem, Noach, La-
mech, 37 Metuschelach, Henoch, Jered, Ma-
halalel, Kenan, 38 Enosch, Set, Adam; (der
stammte von) Gott.

31–33: Rut 4,18–22 • 34–35: Gen 11,10–26 • 36–38: Gen 5.

Die Versuchung Jesu: 4,1–13

4 Erfüllt vom Heiligen Geist, verließ Jesus
die Jordangegend. Darauf führte ihn
der Geist vierzig Tage lang in der Wüste um-
her, 2 und dabei wurde Jesus vom Teufel in
Versuchung geführt. Die ganze Zeit über aß
er nichts; als aber die vierzig Tage vorüber
waren, hatte er Hunger. 3 Da sagte der Teufel
zu ihm: Wenn du Gottes Sohn bist, so befiehl
diesem Stein, zu Brot zu werden. 4 Jesus ant-
wortete ihm: In der Schrift heißt es: *Der
Mensch lebt nicht nur von Brot.* 5 Da führte
ihn der Teufel (auf einen Berg) hinauf und
zeigte ihm in einem einzigen Augenblick alle
Reiche der Erde. 6 Und er sagte zu ihm: All
die Macht und Herrlichkeit dieser Reiche
will ich dir geben; denn sie sind mir überlas-
sen und ich gebe sie, wem ich will. 7 Wenn du
dich vor mir niederwirfst und mich anbetest,
wird dir alles gehören. 8 Jesus antwortete
ihm: In der Schrift steht: *Vor dem Herrn, dei-
nem Gott, sollst du dich niederwerfen und
ihm* allein *dienen.* 9 Darauf führte ihn der
Teufel nach Jerusalem, stellte ihn oben auf
den Tempel und sagte zu ihm: Wenn du Got-
tes Sohn bist, so stürz dich von hier hinab;
10 denn es heißt in der Schrift:
Seinen Engeln befiehlt er, dich zu behüten;
11 und: *Sie werden dich auf ihren Händen
tragen, / damit dein Fuß nicht an einen Stein
stößt.*
12 Da antwortete ihm Jesus: Die Schrift
sagt: *Du sollst den Herrn, deinen Gott, nicht
auf die Probe stellen.* 13 Nach diesen Versu-
chungen ließ der Teufel für eine gewisse Zeit
von ihm ab.

1–13 ‖ Mt 4,1–11; Mk 1,12f • 4: Dtn 8,3 • 8: Dtn 5,9; 6,13 • 10: Ps 91,11f • 12: Dtn 6,16.

DAS WIRKEN JESU IN GALILÄA: 4,14 – 9,50

Erstes Auftreten in Galiläa: 4,14–15

14 Jesus kehrte, erfüllt von der Kraft des
Geistes, nach Galiläa zurück. Und die Kunde
von ihm verbreitete sich in der ganzen Ge-
gend. 15 Er lehrte in den Synagogen und
wurde von allen gepriesen.

14–15 ‖ Mt 4,12.17; Mk 1,14f • 14: 4,37; 5,15.

Die Ablehnung Jesu in seiner Heimat: 4,16–30

16 So kam er auch nach Nazaret, wo er auf-
gewachsen war, und ging, wie gewohnt, am
Sabbat in die Synagoge. Als er aufstand, um
aus der Schrift vorzulesen, 17 reichte man
ihm das Buch des Propheten Jesaja. Er

3,19 Vgl. die Anmerkung zu Mt 14,3–12.
3,23 Aus den verschiedenen Zeitangaben der Evangelien ergibt sich, dass Jesus sein öffentliches Wirken wohl im Jahr 28 begann (vgl. die Anmerkung zu 2,1–3).
3,23–28 Anders als bei Matthäus beginnt der Stammbaum bei Lukas mit Adam. Für die Unterschiede in den Namensangaben der beiden Evangelisten gibt es keine befriedigende Erklärung.
4,16–30 Im Unterschied zu Markus und Matthäus stellt Lukas das Auftreten Jesu in Nazaret programmatisch an den Anfang seines Wirkens.

schlug das Buch auf und fand die Stelle, wo
es heißt:
18 *Der Geist des Herrn ruht auf mir; / denn
der Herr hat mich gesalbt.*
*Er hat mich gesandt, / damit ich den Ar-
men eine gute Nachricht bringe;*
*damit ich den Gefangenen die Entlassung
verkünde / und den Blinden das Augen-
licht;*
*damit ich die Zerschlagenen in Freiheit
setze* 19 *und ein Gnadenjahr des Herrn aus-
rufe.*
20 Dann schloss er das Buch, gab es dem
Synagogendiener und setzte sich. Die Augen
aller in der Synagoge waren auf ihn gerich-
tet. 21 Da begann er, ihnen darzulegen: Heute
hat sich das Schriftwort, das ihr eben gehört
habt, erfüllt. 22 Seine Rede fand bei allen Bei-
fall; sie staunten darüber, wie begnadet er
redete, und sagten: Ist das nicht der Sohn Jo-
sefs? 23 Da entgegnete er ihnen: Sicher wer-
det ihr mir das Sprichwort vorhalten: Arzt,
heile dich selbst! Wenn du in Kafarnaum so
große Dinge getan hast, wie wir gehört ha-
ben, dann tu sie auch hier in deiner Heimat!
24 Und er setzte hinzu: Amen, das sage ich
euch: Kein Prophet wird in seiner Heimat
anerkannt. 25 Wahrhaftig, das sage ich euch:
In Israel gab es viele Witwen in den Tagen
des Elija, als der Himmel für drei Jahre und
sechs Monate verschlossen war und eine gro-
ße Hungersnot über das ganze Land kam.
26 Aber zu keiner von ihnen wurde Elija ge-
sandt, nur zu einer Witwe in Sarepta bei Si-
don. 27 Und viele Aussätzige gab es in Israel
zur Zeit des Propheten Elischa. Aber keiner
von ihnen wurde geheilt, nur der Syrer Naa-
man. 28 Als die Leute in der Synagoge das
hörten, gerieten sie alle in Wut. 29 Sie spran-
gen auf und trieben Jesus zur Stadt hinaus;
sie brachten ihn an den Abhang des Berges,
auf dem ihre Stadt erbaut war, und wollten
ihn hinabstürzen. 30 Er aber schritt mitten
durch die Menge hindurch und ging weg.

16–30 ‖ Mt 13,54–58; Mk 6,1–6a • 18: Jes 61,1f; 29,18; 58,6 G • 22: Joh 6,42 • 24: Joh 4,44 • 25: 1 Kön 17,1–7; Jak 5,17 • 26: 1 Kön 17,8–16 • 27: 2 Kön 5,1–27.

Jesus in der Synagoge von Kafarnaum: 4,31–37

31 Jesus ging hinab nach Kafarnaum, einer
Stadt in Galiläa, und lehrte die Menschen
am Sabbat. 32 Sie waren sehr betroffen von
seiner Lehre, denn er redete mit (göttlicher)
Vollmacht.
33 In der Synagoge saß ein Mann, der von
einem Dämon, einem unreinen Geist, beses-
sen war. Der begann laut zu schreien: 34 Was
haben wir mit dir zu tun, Jesus von Nazaret?
Bist du gekommen, um uns ins Verderben zu
stürzen? Ich weiß, wer du bist: der Heilige
Gottes! 35 Da befahl ihm Jesus: Schweig und
verlass ihn! Der Dämon warf den Mann mit-
ten in der Synagoge zu Boden und verließ
ihn, ohne ihn jedoch zu verletzen. 36 Da wa-
ren alle erstaunt und erschrocken und einer
fragte den andern: Was ist das für ein Wort?
Mit Vollmacht und Kraft befiehlt er den un-
reinen Geistern, und sie fliehen. 37 Und sein
Ruf verbreitete sich in der ganzen Gegend.

31–37 ‖ Mk 1,21–28 • 32: Mt 7,28f • 34: 8,28; Mt 8,29; Mk 5,7; Joh 2,4 • 36: Mt 7,29 • 37: 4,14; 5,15.

Die Heilung der Schwiegermutter des Petrus: 4,38–39

38 Jesus stand auf, verließ die Synagoge
und ging in das Haus des Simon. Die
Schwiegermutter des Simon hatte hohes Fie-
ber und sie baten ihn ihr zu helfen. 39 Er trat
zu ihr hin, beugte sich über sie und befahl
dem Fieber zu weichen. Da wich es von ihr
und sie stand sofort auf und sorgte für sie.

38–39 ‖ Mt 8,14f; Mk 1,29–31.

Die Heilung von Besessenen und Kranken: 4,40–41

40 Als die Sonne unterging, brachten die
Leute ihre Kranken, die alle möglichen Lei-
den hatten, zu Jesus. Er legte jedem Kranken
die Hände auf und heilte alle. 41 Von vielen
fuhren auch Dämonen aus und schrien: Du
bist der Sohn Gottes! Da fuhr er sie schroff
an und ließ sie nicht reden; denn sie wussten,
dass er der Messias war.

40–41 ‖ Mt 8,16; Mk 1,32–34 • 41: Mt 8,29; Mk 3,11.

Aufbruch aus Kafarnaum: 4,42–44

42 Bei Tagesanbruch verließ er die Stadt
und ging an einen einsamen Ort. Aber die
Menschen suchten ihn, und als sie ihn fan-
den, wollten sie ihn daran hindern wegzuge-
hen. 43 Er sagte zu ihnen: Ich muss auch den
anderen Städten das Evangelium vom Reich
Gottes verkünden; denn dazu bin ich gesandt
worden. 44 Und er predigte in den Synagogen
Judäas.

42–44 ‖ Mk 1,35–39.

4,34 Andere Übersetzungsmöglichkeit: Du bist gekommen, um uns ins Verderben zu stürzen.

4,44 Bei vielen Textzeugen ist hier nach Mk 1,39 geändert: in den Synagogen Galiläas; vgl. Mt 4,23.

Die Berufung der ersten Jünger: 5,1–11

5 Als Jesus am Ufer des Sees Gennesaret stand, drängte sich das Volk um ihn und wollte das Wort Gottes hören. 2 Da sah er zwei Boote am Ufer liegen. Die Fischer waren ausgestiegen und wuschen ihre Netze. 3 Jesus stieg in das Boot, das dem Simon gehörte, und bat ihn, ein Stück weit vom Land wegzufahren. Dann setzte er sich und lehrte das Volk vom Boot aus. 4 Als er seine Rede beendet hatte, sagte er zu Simon: Fahr hinaus auf den See! Dort werft eure Netze zum Fang aus! 5 Simon antwortete ihm: Meister, wir haben die ganze Nacht gearbeitet und nichts gefangen. Doch wenn du es sagst, werde ich die Netze auswerfen. 6 Das taten sie, und sie fingen eine so große Menge Fische, dass ihre Netze zu reißen drohten. 7 Deshalb winkten sie ihren Gefährten im anderen Boot, sie sollten kommen und ihnen helfen. Sie kamen und gemeinsam füllten sie beide Boote bis zum Rand, sodass sie fast untergingen. 8 Als Simon Petrus das sah, fiel er Jesus zu Füßen und sagte: Herr, geh weg von mir; ich bin ein Sünder. 9 Denn er und alle seine Begleiter waren erstaunt und erschrocken, weil sie so viele Fische gefangen hatten; 10 ebenso ging es Jakobus und Johannes, den Söhnen des Zebedäus, die mit Simon zusammenarbeiteten. Da sagte Jesus zu Simon: Fürchte dich nicht! Von jetzt an wirst du Menschen fangen. 11 Und sie zogen die Boote an Land, ließen alles zurück und folgten ihm nach.

1–11 ‖ Mt 4,18–22; Mk 1,16–20; Joh 1,35–51; 21,1–7.

Die Heilung eines Aussätzigen: 5,12–16

12 Als Jesus in einer der Städte war, kam ein Mann, der am ganzen Körper Aussatz hatte. Sobald er Jesus sah, warf er sich vor ihm zu Boden und bat ihn: Herr, wenn du willst, kannst du machen, dass ich rein werde. 13 Da streckte Jesus die Hand aus, berührte ihn und sagte: Ich will es – werde rein! Im gleichen Augenblick verschwand der Aussatz. 14 Jesus befahl ihm: Erzähl niemand davon, sondern geh, *zeig dich dem Priester* und bring das Reinigungsopfer dar, wie es Mose angeordnet hat. Das soll für sie ein Beweis (deiner Heilung) sein.

15 Sein Ruf verbreitete sich immer mehr, sodass die Menschen von überall herbeiströmten. Sie alle wollten ihn hören und von ihren Krankheiten geheilt werden. 16 Doch er zog sich an einen einsamen Ort zurück, um zu beten.

12–16 ‖ Mt 8,2–4; Mk 1,40–45 • 14: Lev 13,49; 14,2–32; Lk 17,14 • 15: 4,14.37 • 16: 9,18; Mk 1,35.

Die Heilung eines Gelähmten: 5,17–26

17 Eines Tages, als Jesus wieder lehrte, saßen unter den Zuhörern auch Pharisäer und Gesetzeslehrer; sie waren aus allen Dörfern Galiläas und Judäas und aus Jerusalem gekommen. Und die Kraft des Herrn drängte ihn dazu, zu heilen. 18 Da brachten einige Männer einen Gelähmten auf einer Tragbahre. Sie wollten ihn ins Haus bringen und vor Jesus hinlegen. 19 Weil es ihnen aber wegen der vielen Leute nicht möglich war, ihn hineinzubringen, stiegen sie aufs Dach, deckten die Ziegel ab und ließen ihn auf seiner Tragbahre in die Mitte des Raumes hinunter, genau vor Jesus hin. 20 Als er ihren Glauben sah, sagte er zu dem Mann: Deine Sünden sind dir vergeben. 21 Da dachten die Schriftgelehrten und die Pharisäer: Wer ist das, dass er eine solche Gotteslästerung wagt? Wer außer Gott kann Sünden vergeben? 22 Jesus aber merkte, was sie dachten, und sagte zu ihnen: Was habt ihr für Gedanken im Herzen? 23 Was ist leichter, zu sagen: Deine Sünden sind dir vergeben!, oder zu sagen: Steh auf und geh umher? 24 Ihr sollt aber erkennen, dass der Menschensohn die Vollmacht hat, hier auf der Erde Sünden zu vergeben. Und er sagte zu dem Gelähmten: Ich sage dir: Steh auf, nimm deine Tragbahre und geh nach Hause! 25 Im gleichen Augenblick stand der Mann vor aller Augen auf. Er nahm die Tragbahre, auf der er gelegen hatte, und ging heim, Gott lobend und preisend. 26 Da gerieten alle außer sich; sie priesen Gott und sagten voller Furcht: Heute haben wir etwas Unglaubliches gesehen.

17–26 ‖ Mt 9,1–8; Mk 2,1–12 • 21: 7,49.

Die Berufung des Levi und das Mahl mit den Zöllnern: 5,27–32

27 Als Jesus von dort wegging, sah er einen Zöllner namens Levi am Zoll sitzen und sagte zu ihm: Folge mir nach! 28 Da stand Levi auf, verließ alles und folgte ihm. 29 Und er gab für Jesus in seinem Haus ein großes Festmahl. Viele Zöllner und andere Gäste waren mit ihnen bei Tisch. 30 Da sagten die

5,14 Vgl. die Anmerkung zu Mt 8,4.

5,20 Wörtlich: ... sagte er: Mensch, deine Sünden ...

5,33–38 Vgl. die Anmerkungen zu Mt 9,16 und Mk 2,18.

6,6.8.10 Hand, andere Übersetzungsmöglichkeit: Arm.

Pharisäer und ihre Schriftgelehrten voll Unwillen zu seinen Jüngern: Wie könnt ihr zusammen mit Zöllnern und Sündern essen und trinken? 31 Jesus antwortete ihnen: Nicht die Gesunden brauchen den Arzt, sondern die Kranken. 32 Ich bin gekommen, um die Sünder zur Umkehr zu rufen, nicht die Gerechten.

27–32 ‖ Mt 9,9–13; Mk 2,13–17 • 27: Mt 8,22 • 29: 15,1f; Mt 11,19 • 30: 7,34; 19,7 • 32: 19,10.

Die Frage nach dem Fasten: 5,33–39

33 Sie sagten zu ihm: Die Jünger des Johannes fasten und beten viel, ebenso die Jünger der Pharisäer; deine Jünger aber essen und trinken. 34 Jesus erwiderte ihnen: Könnt ihr denn die Hochzeitsgäste fasten lassen, solange der Bräutigam bei ihnen ist? 35 Es werden aber Tage kommen, da wird ihnen der Bräutigam genommen sein; in jenen Tagen werden sie fasten.

36 Und er erzählte ihnen auch noch ein Gleichnis: Niemand schneidet ein Stück von einem neuen Kleid ab und setzt es auf ein altes Kleid; denn das neue Kleid wäre zerschnitten und zu dem alten Kleid würde das Stück von dem neuen nicht passen. 37 Auch füllt niemand neuen Wein in alte Schläuche. Denn der neue Wein zerreißt die Schläuche; er läuft aus und die Schläuche sind unbrauchbar. 38 Neuen Wein muss man in neue Schläuche füllen. 39 Und niemand, der alten Wein getrunken hat, will neuen; denn er sagt: Der alte Wein ist besser.

33–38 ‖ Mt 9,14–17; Mk 2,18–22.

Das Abreißen der Ähren am Sabbat: 6,1–5

6 Als er an einem Sabbat durch die Kornfelder ging, rissen seine Jünger Ähren ab, zerrieben sie mit den Händen und aßen sie. 2 Da sagten einige Pharisäer: Was tut ihr da? Das ist doch am Sabbat verboten! 3 Jesus erwiderte ihnen: Habt ihr nicht gelesen, was David getan hat, als er und seine Begleiter hungrig waren – 4 wie er in das Haus Gottes ging und die heiligen Brote nahm, die nur die Priester essen dürfen, und wie er sie aß und auch seinen Begleitern davon gab? 5 Und Jesus fügte hinzu: Der Menschensohn ist Herr über den Sabbat.

1–5 ‖ Mt 12,1–8; Mk 2,23–28 • 1: Dtn 23,26 • 3f: 1 Sam 21,2–7 • 4: Lev 24,5–9.

Die Heilung eines Mannes am Sabbat: 6,6–11

6 An einem anderen Sabbat ging er in die Synagoge und lehrte. Dort saß ein Mann, dessen rechte Hand verdorrt war. 7 Die Schriftgelehrten und die Pharisäer gaben Acht, ob er am Sabbat heilen werde; sie suchten nämlich einen Grund zur Anklage gegen ihn. 8 Er aber wusste, was sie im Sinn hatten, und sagte zu dem Mann mit der verdorrten Hand: Steh auf und stell dich in die Mitte! Der Mann stand auf und trat vor. 9 Dann sagte Jesus zu ihnen: Ich frage euch: Was ist am Sabbat erlaubt: Gutes zu tun oder Böses, ein Leben zu retten oder es zugrunde gehen zu lassen? 10 Und er sah sie alle der Reihe nach an und sagte dann zu dem Mann: Streck deine Hand aus! Er tat es und seine Hand war wieder gesund. 11 Da wurden sie von sinnloser Wut erfüllt und berieten, was sie gegen Jesus unternehmen könnten.

6–11 ‖ Mt 12,9–14; Mk 3,1–6 • 6–11: 14,1–6.

Die Wahl der Zwölf: 6,12–16

12 In diesen Tagen ging er auf einen Berg, um zu beten. Und er verbrachte die ganze Nacht im Gebet zu Gott. 13 Als es Tag wurde, rief er seine Jünger zu sich und wählte aus ihnen zwölf aus; sie nannte er auch Apostel. 14 (Es waren) Simon, dem er den Namen Petrus gab, und sein Bruder Andreas, dazu Jakobus und Johannes, Philippus und Bartholomäus, 15 Matthäus und Thomas, Jakobus, der Sohn des Alphäus, und Simon, genannt der Zelot, 16 Judas, der Sohn des Jakobus, und Judas Iskariot, der zum Verräter wurde.

12–16 ‖ Mt 10,1–4; Mk 3,13–19 • 12: Mt 14,23; Mk 6,46; 14–16: Joh 1,40–44; Apg 1,13.

Der Andrang des Volkes: 6,17–19

17 Jesus stieg mit ihnen den Berg hinab. In der Ebene blieb er mit einer großen Schar seiner Jünger stehen und viele Menschen aus ganz Judäa und Jerusalem und dem Küstengebiet von Tyrus und Sidon 18 strömten herbei. Sie alle wollten ihn hören und von ihren Krankheiten geheilt werden. Auch die von unreinen Geistern Geplagten wurden geheilt. 19 Alle Leute versuchten, ihn zu berühren; denn es ging eine Kraft von ihm aus, die alle heilte.

17–19 ‖ Mt 4,23–25; 12,15f; Mk 3,7–12 • 19: 8,44; Mt 14,36.

6,13 Apostel (griechisch apóstolos = Bote, Gesandter) ist für die Urkirche Bezeichnung der mit der weltweiten Mission beauftragten Auferstehungszeugen. Durch die Gleichsetzung der »Apostel« mit dem Kreis der von Jesu zu Lebzeiten eingesetzten Zwölf hebt Lukas die enge Verbindung von Zwölferkreis und Apostelkollegium hervor.

6,17 Nach Lukas fand die »Bergpredigt« (Mt 5,1) an einem ebenen Ort statt (daher wird Lk 6,20–49 auch »Feldrede« genannt).

Die Feldrede: 6,20–49

Seligpreisungen und Weherufe: 6,20–26

20 Er richtete seine Augen auf seine Jünger
und sagte:
Selig, ihr Armen, denn euch gehört das
Reich Gottes.
21 Selig, die ihr jetzt hungert, denn ihr
werdet satt werden. / Selig, die ihr jetzt
weint, denn ihr werdet lachen.
22 Selig seid ihr, wenn euch die Menschen
hassen und aus ihrer Gemeinschaft aus-
schließen, wenn sie euch beschimpfen und
euch in Verruf bringen um des Menschen-
sohnes willen. 23 Freut euch und jauchzt an
jenem Tag; euer Lohn im Himmel wird groß
sein. Denn ebenso haben es ihre Väter mit
den Propheten gemacht.
24 Aber weh euch, die ihr reich seid; denn
ihr habt keinen Trost mehr zu erwarten.
25 Weh euch, die ihr jetzt satt seid; denn ihr
werdet hungern.
Weh euch, die ihr jetzt lacht; denn ihr wer-
det klagen und weinen.
26 Weh euch, wenn euch alle Menschen lo-
ben; denn ebenso haben es ihre Väter mit den
falschen Propheten gemacht.

6,20–49: Mt 5–7; 20–23 ‖ Mt 5,3–12.

Von der Vergeltung und von der Liebe zu den Feinden: 6,27–36

27 Euch, die ihr mir zuhört, sage ich: Liebt
eure Feinde; tut denen Gutes, die euch has-
sen. 28 Segnet die, die euch verfluchen; betet
für die, die euch misshandeln. 29 Dem, der
dich auf die eine Wange schlägt, halt auch
die andere hin, und dem, der dir den Mantel
wegnimmt, lass auch das Hemd. 30 Gib je-
dem, der dich bittet; und wenn dir jemand
etwas wegnimmt, verlang es nicht zurück.
31 Was ihr von anderen erwartet, das tut
ebenso auch ihnen. 32 Wenn ihr nur die liebt,
die euch lieben, welchen Dank erwartet ihr
dafür? Auch die Sünder lieben die, von de-
nen sie geliebt werden. 33 Und wenn ihr nur
denen Gutes tut, die euch Gutes tun, welchen
Dank erwartet ihr dafür? Das tun auch die
Sünder. 34 Und wenn ihr nur denen etwas
leiht, von denen ihr es zurückzubekommen
hofft, welchen Dank erwartet ihr dafür?
Auch die Sünder leihen Sündern in der Hoff-
nung, alles zurückzubekommen. 35 Ihr aber
sollt eure Feinde lieben und sollt Gutes tun
und leihen, auch wo ihr nichts dafür erhof-
fen könnt. Dann wird euer Lohn groß sein
und ihr werdet Söhne des Höchsten sein;
denn auch er ist gütig gegen die Undankba-
ren und Bösen. 36 Seid barmherzig, wie es
auch euer Vater ist!

27–36 ‖ Mt 5,38–48 • 31: Mt 7,12.

Vom Richten: 6,37–42

37 Richtet nicht, dann werdet auch ihr
nicht gerichtet werden. Verurteilt nicht,
dann werdet auch ihr nicht verurteilt wer-
den. Erlasst einander die Schuld, dann wird
auch euch die Schuld erlassen werden.
38 Gebt, dann wird auch euch gegeben wer-
den. In reichem, vollem, gehäuftem, über-
fließendem Maß wird man euch beschenken;
denn nach dem Maß, mit dem ihr messt und
zuteilt, wird auch euch zugeteilt werden.
39 Er gebrauchte auch einen Vergleich und
sagte: Kann ein Blinder einen Blinden füh-
ren? Werden nicht beide in eine Grube fal-
len? 40 Der Jünger steht nicht über seinem
Meister; jeder aber, der alles gelernt hat,
wird wie sein Meister sein. 41 Warum siehst
du den Splitter im Auge deines Bruders, aber
den Balken in deinem eigenen Auge be-
merkst du nicht? 42 Wie kannst du zu deinem
Bruder sagen: Bruder, lass mich den Splitter
aus deinem Auge herausziehen!, während du
den Balken in deinem eigenen Auge nicht
siehst? Du Heuchler! Zieh zuerst den Balken
aus deinem Auge; dann kannst du versuchen,
den Splitter aus dem Auge deines Bruders
herauszuziehen.

37–42 ‖ Mt 7,1–5 • 37: Mt 6,14f; Mk 11,25f; 38: Mk 4,24 • 39: Mt 15,14 • 40: Mt 10,24f; Joh 13,16; 15,20.

Von der wahren Frömmigkeit: 6,43–46

43 Es gibt keinen guten Baum, der
schlechte Früchte hervorbringt, noch einen
schlechten Baum, der gute Früchte hervor-
bringt. 44 Jeden Baum erkennt man an seinen
Früchten: Von den Disteln pflückt man keine
Feigen und vom Dornstrauch erntet man
keine Trauben. 45 Ein guter Mensch bringt
Gutes hervor, weil in seinem Herzen Gutes
ist; und ein böser Mensch bringt Böses her-
vor, weil in seinem Herzen Böses ist. Wovon
das Herz voll ist, davon spricht der Mund.
46 Was sagt ihr zu mir: Herr! Herr!, und tut
nicht, was ich sage?

43–45 ‖ Mt 7,16–21; 12,33–35.

Vom Haus auf dem Felsen: 6,47–49

47 Ich will euch zeigen, wem ein Mensch
gleicht, der zu mir kommt und meine Worte
hört und danach handelt. 48 Er ist wie ein

6,45 Wörtlich: Ein guter Mensch bringt aus dem guten Schatz seines Herzens das Gute hervor und ein böser Mensch bringt aus dem bösen das Böse hervor.

Mann, der ein Haus baute und dabei die Erde
tief aushob und das Fundament auf einen
Felsen stellte. Als nun ein Hochwasser kam
und die Flutwelle gegen das Haus prallte,
konnte sie es nicht erschüttern, weil es gut
gebaut war. 49 Wer aber hört und nicht da-
nach handelt, ist wie ein Mann, der sein
Haus ohne Fundament auf die Erde baute.
Die Flutwelle prallte dagegen, das Haus
stürzte sofort in sich zusammen und wurde
völlig zerstört.

47–49 ‖ Mt 7,24–27.

Zeichen und Worte Jesu: 7,1 – 9,50

Der Hauptmann von Kafarnaum: 7,1–10

7 Als Jesus diese Rede vor dem Volk be-
endet hatte, ging er nach Kafarnaum
hinein. 2 Ein Hauptmann hatte einen Diener,
der todkrank war und den er sehr schätzte.
3 Als der Hauptmann von Jesus hörte,
schickte er einige von den jüdischen Ältesten
zu ihm mit der Bitte, zu kommen und seinen
Diener zu retten. 4 Sie gingen zu Jesus und
baten ihn inständig. Sie sagten: Er verdient
es, dass du seine Bitte erfüllst; 5 denn er liebt
unser Volk und hat uns die Synagoge gebaut.
6 Da ging Jesus mit ihnen. Als er nicht mehr
weit von dem Haus entfernt war, schickte
der Hauptmann Freunde und ließ ihm sagen:
Herr, bemüh dich nicht! Denn ich bin es
nicht wert, dass du mein Haus betrittst.
7 Deshalb habe ich mich auch nicht für wür-
dig gehalten, selbst zu dir zu kommen.
Sprich nur ein Wort, dann muss mein Diener
gesund werden. 8 Auch ich muss Befehlen ge-
horchen und ich habe selber Soldaten unter
mir; sage ich nun zu einem: Geh!, so geht er,
und zu einem andern: Komm!, so kommt er,
und zu meinem Diener: Tu das!, so tut er es.
9 Jesus war erstaunt über ihn, als er das hör-
te. Und er wandte sich um und sagte zu den
Leuten, die ihm folgten: Ich sage euch: Nicht
einmal in Israel habe ich einen solchen Glau-
ben gefunden. 10 Und als die Männer, die der
Hauptmann geschickt hatte, in das Haus zu-
rückkehrten, stellten sie fest, dass der Diener
gesund war.

1–10 ‖ Mt 8,5–13; Joh 4,46–53.

Die Auferweckung eines jungen Mannes in Naïn: 7,11–17

11 Einige Zeit später ging er in eine Stadt
namens Naïn; seine Jünger und eine große
Menschenmenge folgten ihm. 12 Als er in die
Nähe des Stadttors kam, trug man gerade ei-
nen Toten heraus. Es war der einzige Sohn
seiner Mutter, einer Witwe. Und viele Leute
aus der Stadt begleiteten sie. 13 Als der Herr
die Frau sah, hatte er Mitleid mit ihr und
sagte zu ihr: Weine nicht! 14 Dann ging er zu
der Bahre hin und fasste sie an. Die Träger
blieben stehen und er sagte: Ich befehle dir,
junger Mann: Steh auf! 15 Da richtete sich
der Tote auf und begann zu sprechen *und*
Jesus gab ihn seiner Mutter zurück. 16 Alle
wurden von Furcht ergriffen; sie priesen
Gott und sagten: Ein großer Prophet ist un-
ter uns aufgetreten: Gott hat sich seines Vol-
kes angenommen. 17 Und die Kunde davon
verbreitete sich überall in Judäa und im gan-
zen Gebiet ringsum.

15: 1 Kön 17,23 • 16: 1,68.

Die Frage des Täufers: 7,18–23

18 Johannes erfuhr das alles von seinen
Jüngern. Da rief er zwei von ihnen zu sich,
19 schickte sie zum Herrn und ließ ihn fragen:
Bist du der, der kommen soll, oder müssen
wir auf einen andern warten? 20 Als die bei-
den Männer zu Jesus kamen, sagten sie: Jo-
hannes der Täufer hat uns zu dir geschickt
und lässt dich fragen: Bist du der, der kom-
men soll, oder müssen wir auf einen andern
warten? 21 Damals heilte Jesus viele Men-
schen von ihren Krankheiten und Leiden,
befreite sie von bösen Geistern und schenkte
vielen Blinden das Augenlicht. 22 Er antwor-
tete den beiden: Geht und berichtet Johan-
nes, was ihr gesehen und gehört habt: *Blinde*
sehen wieder, Lahme gehen, und Aussätzige
werden rein; *Taube hören, Tote stehen auf,*
und *den Armen wird das Evangelium ver-*
kündet. 23 Selig ist, wer an mir keinen Anstoß
nimmt.

18–23 ‖ Mt 11,2–6 • 22: Jes 26,19; 29,18; 35,5f; 61,1.

Das Urteil Jesu über den Täufer: 7,24–35

24 Als die Boten des Johannes weggegan-
gen waren, begann Jesus zu der Menge über
Johannes zu reden; er sagte: Was habt ihr
denn sehen wollen, als ihr in die Wüste hi-
nausgegangen seid? Ein Schilfrohr, das im
Wind schwankt? 25 Oder was habt ihr sehen
wollen, als ihr hinausgegangen seid? Einen
Mann in feiner Kleidung? Leute, die vor-
nehm gekleidet sind und üppig leben, findet
man in den Palästen der Könige. 26 Oder was
habt ihr sehen wollen, als ihr hinausgegan-
gen seid? Einen Propheten? Ja, ich sage euch:

7,18–23 Vgl. die Anmerkung zu Mt 11,2–6.

Ihr habt sogar mehr gesehen als einen Propheten. 27 Er ist der, von dem es in der Schrift heißt:

Ich sende meinen Boten vor dir her; / er soll den Weg für dich *bahnen.*

28 Ich sage euch: Unter allen Menschen gibt es keinen größeren als Johannes; doch der Kleinste im Reich Gottes ist größer als er. 29 Das ganze Volk, das Johannes hörte, selbst die Zöllner, sie alle haben den Willen Gottes anerkannt und sich von Johannes taufen lassen. 30 Doch die Pharisäer und die Gesetzeslehrer haben den Willen Gottes missachtet und sich von Johannes nicht taufen lassen.

31 Mit wem soll ich also die Menschen dieser Generation vergleichen? Wem sind sie ähnlich? 32 Sie sind wie Kinder, die auf dem Marktplatz sitzen und einander zurufen: Wir haben für euch auf der Flöte (Hochzeitslieder) gespielt und ihr habt nicht getanzt; wir haben Klagelieder gesungen und ihr habt nicht geweint. 33 Johannes der Täufer ist gekommen, er isst kein Brot und trinkt keinen Wein und ihr sagt: Er ist von einem Dämon besessen. 34 Der Menschensohn ist gekommen, er isst und trinkt; darauf sagt ihr: Dieser Fresser und Säufer, dieser Freund der Zöllner und Sünder! 35 Und doch hat die Weisheit durch alle ihre Kinder Recht bekommen.

24–35 || Mt 11,7–19 • 27: Ex 23,20; Mal 3,1; Lk 1,76; Mk 1,2 • 33: 1,15 • 34: 5,30; 15,1f; 19,7; Mt 9,10f.

Die Begegnung Jesu mit der Sünderin: 7,36–50

36 Jesus ging in das Haus eines Pharisäers, der ihn zum Essen eingeladen hatte, und legte sich zu Tisch. 37 Als nun eine Sünderin, die in der Stadt lebte, erfuhr, dass er im Haus des Pharisäers bei Tisch war, kam sie mit einem Alabastergefäß voll wohlriechendem Öl 38 und trat von hinten an ihn heran. Dabei weinte sie und ihre Tränen fielen auf seine Füße. Sie trocknete seine Füße mit ihrem Haar, küsste sie und salbte sie mit dem Öl. 39 Als der Pharisäer, der ihn eingeladen hatte, das sah, dachte er: Wenn er wirklich ein Prophet wäre, müsste er wissen, was das für eine Frau ist, von der er sich berühren lässt; er wüsste, dass sie eine Sünderin ist. 40 Da wandte sich Jesus an ihn und sagte: Simon, ich möchte dir etwas sagen. Er erwiderte: Sprich, Meister! 41 (Jesus sagte:) Ein Geldverleiher hatte zwei Schuldner; der eine war ihm fünfhundert Denare schuldig, der andere fünfzig. 42 Als sie ihre Schulden nicht bezahlen konnten, erließ er sie beiden. Wer von ihnen wird ihn nun mehr lieben? 43 Simon antwortete: Ich nehme an, der, dem er mehr erlassen hat. Jesus sagte zu ihm: Du hast recht. 44 Dann wandte er sich der Frau zu und sagte zu Simon: Siehst du diese Frau? Als ich in dein Haus kam, hast du mir kein Wasser zum Waschen der Füße gegeben; sie aber hat ihre Tränen über meinen Füßen vergossen und sie mit ihrem Haar abgetrocknet. 45 Du hast mir (zur Begrüßung) keinen Kuss gegeben; sie aber hat mir, seit ich hier bin, unaufhörlich die Füße geküsst. 46 Du hast mir nicht das Haar mit Öl gesalbt; sie aber hat mir mit ihrem wohlriechenden Öl die Füße gesalbt. 47 Deshalb sage ich dir: Ihr sind ihre vielen Sünden vergeben, weil sie (mir) so viel Liebe gezeigt hat. Wem aber nur wenig vergeben wird, der zeigt auch nur wenig Liebe. 48 Dann sagte er zu ihr: Deine Sünden sind dir vergeben. 49 Da dachten die anderen Gäste: Wer ist das, dass er sogar Sünden vergibt? 50 Er aber sagte zu der Frau: Dein Glaube hat dir geholfen. Geh in Frieden!

36–50 || Mt 26,6–13; Mk 14,3–9; Joh 12,3–8 • 42: Mt 18,27 • 49: 5,21 • 50: 8,48; 18,42; Mt 9,22; Mk 5,34; 10,52.

Frauen im Gefolge Jesu: 8,1–3

8 In der folgenden Zeit wanderte er von Stadt zu Stadt und von Dorf zu Dorf und verkündete das Evangelium vom Reich Gottes. Die Zwölf begleiteten ihn, 2 außerdem einige Frauen, die er von bösen Geistern und von Krankheiten geheilt hatte: Maria Magdalene, aus der sieben Dämonen ausgefahren waren, 3 Johanna, die Frau des Chuzas, eines Beamten des Herodes, Susanna und viele andere. Sie alle unterstützten Jesus und die Jünger mit dem, was sie besaßen.

2: 23,49; Mk 16,9 • 3: 24,10.

Das Gleichnis vom Sämann: 8,4–8

4 Als die Leute aus allen Städten zusammenströmten und sich viele Menschen um ihn versammelten, erzählte er ihnen dieses Gleichnis: 5 Ein Sämann ging aufs Feld, um seinen Samen auszusäen. Als er säte, fiel ein Teil der Körner auf den Weg; sie wurden zertreten und die Vögel des Himmels fraßen sie. 6 Ein anderer Teil fiel auf Felsen, und als

7,28 Unter allen Menschen, wörtlich: Unter allen von einer Frau Geborenen.
7,29 Wörtlich: sie alle haben Gott Recht gegeben.
7,31–35 Vgl. die Anmerkung zu Mt 11,16–19.
7,38f Die Berührung durch Sünder machte unrein; vgl. die Anmerkung zu Mk 7,1–8.
7,44 Wörtlich: hast du mir kein Wasser über die Füße gegossen.

die Saat aufging, verdorrte sie, weil es ihr an Feuchtigkeit fehlte. 7 Wieder ein anderer Teil fiel mitten in die Dornen und die Dornen wuchsen zusammen mit der Saat hoch und erstickten sie. 8 Ein anderer Teil schließlich fiel auf guten Boden, ging auf und brachte hundertfach Frucht. Als Jesus das gesagt hatte, rief er: Wer Ohren hat zum Hören, der höre!

4–8 ‖ Mt 13,1–9; Mk 4,1–9 • 8: Mt 11,15.

Sinn und Zweck der Gleichnisse: 8,9–10

9 Seine Jünger fragten ihn, was das Gleichnis bedeute. 10 Da sagte er: Euch ist es gegeben, die Geheimnisse des Reiches Gottes zu erkennen. Zu den anderen Menschen aber wird nur in Gleichnissen geredet; denn *sie sollen sehen und doch nicht sehen, hören und doch nicht verstehen.*

9–10 ‖ Mt 13,10–17; Mk 4,10–12 • 10: Jes 6,9; Joh 12,40; Apg 28,26.

Die Deutung des Gleichnisses vom Sämann: 8,11–15

11 Das ist der Sinn des Gleichnisses: Der Samen ist das Wort Gottes. 12 Auf den Weg ist der Samen bei denen gefallen, die das Wort zwar hören, denen es aber der Teufel dann aus dem Herzen reißt, damit sie nicht glauben und nicht gerettet werden. 13 Auf den Felsen ist der Samen bei denen gefallen, die das Wort freudig aufnehmen, wenn sie es hören; aber sie haben keine Wurzeln: Eine Zeit lang glauben sie, doch in der Zeit der Prüfung werden sie abtrünnig. 14 Unter die Dornen ist der Samen bei denen gefallen, die das Wort zwar hören, dann aber weggehen und in den Sorgen, dem Reichtum und den Genüssen des Lebens ersticken, deren Frucht also nicht reift. 15 Auf guten Boden ist der Samen bei denen gefallen, die das Wort mit gutem und aufrichtigem Herzen hören, daran festhalten und durch ihre Ausdauer Frucht bringen.

11–15 ‖ Mt 13,18–23; Mk 4,13–20.

Vom rechten Hören: 8,16–18

16 Niemand zündet ein Licht an und deckt es mit einem Gefäß zu oder stellt es unter das Bett, sondern man stellt das Licht auf den Leuchter, damit alle, die eintreten, es leuchten sehen. 17 Es gibt nichts Verborgenes, das nicht offenbar wird, und nichts Geheimes, das nicht bekannt wird und an den Tag kommt. 18 Gebt also Acht, dass ihr richtig zuhört! Denn wer hat, dem wird gegeben; wer aber nicht hat, dem wird auch noch weggenommen, was er zu haben meint.

16–18 ‖ Mk 4,21–25 • 16: 11,33; Mt 5,15; 17: 12,2; Mt 10,26 • 18: 19,26; Mt 13,12; 25,29.

Von den wahren Verwandten Jesu: 8,19–21

19 Eines Tages kamen seine Mutter und seine Brüder zu ihm; sie konnten aber wegen der vielen Leute nicht zu ihm gelangen. 20 Da sagte man ihm: Deine Mutter und deine Brüder stehen draußen und möchten dich sehen. 21 Er erwiderte: Meine Mutter und meine Brüder sind die, die das Wort Gottes hören und danach handeln.

19–21 ‖ Mt 12,46–50; Mk 3,31–35 • 21: 11,28.

Der Sturm auf dem See: 8,22–25

22 Eines Tages stieg er mit seinen Jüngern in ein Boot und sagte zu ihnen: Wir wollen ans andere Ufer des Sees hinüberfahren. Und sie fuhren ab. 23 Während der Fahrt aber schlief er ein. Plötzlich brach über dem See ein Wirbelsturm los; das Wasser schlug in das Boot und sie gerieten in große Gefahr. 24 Da traten sie zu ihm und weckten ihn; sie riefen: Meister, Meister, wir gehen zugrunde! Er stand auf, drohte dem Wind und den Wellen, und sie legten sich und es trat Stille ein. 25 Dann sagte er zu den Jüngern: Wo ist euer Glaube? Sie aber fragten einander voll Schrecken und Staunen: Was ist das für ein Mensch, dass sogar die Winde und das Wasser seinem Befehl gehorchen?

22–25 ‖ Mt 8,18.23–27; Mk 4,35–41.

Die Heilung des Besessenen von Gerasa: 8,26–39

26 Sie fuhren in das Gebiet von Gerasa, das dem galiläischen Ufer gegenüberliegt. 27 Als Jesus an Land ging, lief ihm ein Mann aus der Stadt entgegen, der von Dämonen besessen war. Schon seit langem trug er keine Kleider mehr und lebte nicht mehr in einem Haus, sondern in den Grabhöhlen. 28 Als er Jesus sah, schrie er auf, fiel vor ihm nieder und rief laut: Was habe ich mit dir zu tun, Jesus, Sohn des höchsten Gottes? Ich bitte dich: Quäle mich nicht! 29 Jesus hatte nämlich dem unreinen Geist befohlen, den Mann zu verlassen. Denn schon seit langem hatte ihn der

---

8,15 durch ihre Ausdauer, andere Übersetzungsmöglichkeiten: beharrlich; oder: voll Geduld.
8,19–21 Vgl. die Anmerkung zu Mt 12,46f.
8,26.37 Weniger gut bezeugte Lesarten: Gergesa, Gadara.

Geist in seiner Gewalt und man hatte ihn wie
einen Gefangenen an Händen und Füßen ge-
fesselt. Aber immer wieder zerriss er die Fes-
seln und wurde von dem Dämon in men-
schenleere Gegenden getrieben. 30 Jesus
fragte ihn: Wie heißt du? Er antwortete: Le-
gion. Denn er war von vielen Dämonen be-
sessen. 31 Und die Dämonen baten Jesus, sie
nicht zur Hölle zu schicken.
32 Nun weidete dort an einem Berg gerade
eine große Schweineherde. Die Dämonen ba-
ten Jesus, ihnen zu erlauben, in die Schweine
hineinzufahren. Er erlaubte es ihnen. 33 Da
verließen die Dämonen den Menschen und
fuhren in die Schweine, und die Herde
stürzte sich den Abhang hinab in den See
und ertrank. 34 Als die Hirten das sahen, flo-
hen sie und erzählten alles in der Stadt und
in den Dörfern. 35 Darauf eilten die Leute
herbei, um zu sehen, was geschehen war. Sie
kamen zu Jesus und sahen, dass der Mann,
den die Dämonen verlassen hatten, wieder
bei Verstand war und ordentlich gekleidet
Jesus zu Füßen saß. Da fürchteten sie sich.
36 Die, die alles gesehen hatten, berichteten
ihnen, wie der Besessene geheilt wurde.
37 Darauf baten alle, die im Gebiet von Gera-
sa wohnten, Jesus, sie zu verlassen; denn es
hatte sie große Angst gepackt. Da stieg Jesus
ins Boot und fuhr zurück.
38 Der Mann, den die Dämonen verlassen
hatten, bat Jesus, bei ihm bleiben zu dürfen.
Doch Jesus schickte ihn weg und sagte:
39 Kehr in dein Haus zurück, und erzähl al-
les, was Gott für dich getan hat. Da ging er
weg und verkündete in der ganzen Stadt,
was Jesus für ihn getan hatte.

26–39 ‖ Mt 8,28–34; Mk 5,1–20 • 28: 4,34.41; Mk 1,24; 3,11; Joh 2,4.

Die Auferweckung der Tochter des Jaïrus und die Heilung einer kranken Frau: 8,40–56

40 Als Jesus (ans andere Ufer) zurückkam,
empfingen ihn viele Menschen; sie hatten
alle schon auf ihn gewartet. 41 Da kam ein
Mann namens Jaïrus, der Synagogenvorste-
her war. Er fiel Jesus zu Füßen und bat ihn,
in sein Haus zu kommen. 42 Denn sein einzi-
ges Kind, ein Mädchen von etwa zwölf Jah-
ren, lag im Sterben.
Während Jesus auf dem Weg zu ihm war,
drängten sich die Menschen um ihn und er-
drückten ihn beinahe. 43 Darunter war eine
Frau, die schon seit zwölf Jahren an Blutun-
gen litt und bisher von niemand geheilt wer-
den konnte. 44 Sie drängte sich von hinten an
ihn heran und berührte den Saum seines Ge-
wandes. Im gleichen Augenblick kam die
Blutung zum Stillstand. 45 Da fragte Jesus:
Wer hat mich berührt? Als alle es abstritten,
sagten Petrus und seine Gefährten: Meister,
die Leute drängen sich doch von allen Seiten
um dich und erdrücken dich fast. 46 Jesus er-
widerte: Es hat mich jemand berührt; denn
ich fühlte, wie eine Kraft von mir ausström-
te. 47 Als die Frau merkte, dass sie es nicht
verheimlichen konnte, kam sie zitternd zu
ihm, fiel vor ihm nieder und erzählte vor al-
len Leuten, warum sie ihn berührt hatte und
wie sie durch die Berührung sofort gesund
geworden war. 48 Da sagte er zu ihr: Meine
Tochter, dein Glaube hat dir geholfen. Geh
in Frieden!
49 Während Jesus noch redete, kam einer,
der zum Haus des Synagogenvorstehers ge-
hörte, und sagte (zu Jaïrus): Deine Tochter
ist gestorben. Bemüh den Meister nicht län-
ger! 50 Jesus hörte es und sagte zu Jaïrus: Sei
ohne Furcht; glaube nur, dann wird sie ge-
rettet. 51 Als er in das Haus ging, ließ er nie-
mand mit hinein außer Petrus, Johannes und
Jakobus und die Eltern des Mädchens. 52 Alle
Leute weinten und klagten über ihren Tod.
Jesus aber sagte: Weint nicht! Sie ist nicht
gestorben, sie schläft nur. 53 Da lachten sie
ihn aus, weil sie wussten, dass sie tot war.
54 Er aber fasste sie an der Hand und rief:
Mädchen, steh auf! 55 Da kehrte das Leben in
sie zurück und sie stand sofort auf. Und er
sagte, man solle ihr etwas zu essen geben.
56 Ihre Eltern aber waren außer sich. Doch
Jesus verbot ihnen, irgend jemand zu erzäh-
len, was geschehen war.

40–56 ‖ Mt 9,18–26; Mk 5,21–43 • 44: 6,19; Mt 14,36 • 48: 7,50; 17,19; 18,42; Mk 10,52.

Die Aussendung der zwölf Jünger: 9,1–6

9 Dann rief er die Zwölf zu sich und gab
ihnen die Kraft und die Vollmacht, alle
Dämonen auszutreiben und die Kranken ge-
sund zu machen. 2 Und er sandte sie aus mit
dem Auftrag, das Reich Gottes zu verkünden
und zu heilen. 3 Er sagte zu ihnen: Nehmt
nichts mit auf den Weg, keinen Wanderstab
und keine Vorratstasche, kein Brot, kein
Geld und kein zweites Hemd. 4 Bleibt in dem
Haus, in dem ihr einkehrt, bis ihr den Ort

8,30 Vgl. die Anmerkung zu Mk 5,9.
8,31 zur Hölle, wörtlich: in den Abgrund.
8,43–48 Vgl. die Anmerkung zu Mt 9,20–22. – Manche Textzeugen fügen am Ende des V. 43 (entsprechend Mk 5,26) hinzu: obwohl sie schon ihr ganzes Vermögen für die Ärzte aufgewendet hatte.
9,1–6 Vgl. die Anmerkung zu Mt 9,35 – 11,1.

wieder verlasst. 5 Wenn euch aber die Leute
in einer Stadt nicht aufnehmen wollen, dann
geht weg und schüttelt den Staub von euren
Füßen, zum Zeugnis gegen sie. 6 Die Zwölf
machten sich auf den Weg und wanderten
von Dorf zu Dorf. Sie verkündeten das Evan-
gelium und heilten überall die Kranken.

1–6 ‖ Mt 10,1.5–14; Mk 6,7–13 • 1–6: 10,1–12 • 3: 22,35.

Das Urteil des Herodes über Jesus: 9,7–9

7 Der Tetrarch Herodes hörte von allem,
was geschah, und wusste nicht, was er davon
halten sollte. Denn manche sagten: Johannes
ist von den Toten auferstanden. 8 Andere
meinten: Elija ist wiedererschienen. Wieder
andere: Einer der alten Propheten ist auf-
erstanden. 9 Herodes aber sagte: Johannes
habe ich selbst enthaupten lassen. Wer ist
dann dieser Mann, von dem man mir solche
Dinge erzählt? Und er hatte den Wunsch, ihn
einmal zu sehen.

7–9 ‖ Mt 14,1f; Mk 6,14–16 • 7: 9,19; Mt 16,14 • 9: 23,8.

Die Rückkehr der Jünger und die Speisung der Fünftausend: 9,10–17

10 Die Apostel kamen zurück und erzähl-
ten Jesus alles, was sie getan hatten. Dann
nahm er sie beiseite und zog sich in die Nähe
der Stadt Betsaida zurück, um mit ihnen al-
lein zu sein. 11 Aber die Leute erfuhren davon
und folgten ihm. Er empfing sie freundlich,
redete zu ihnen vom Reich Gottes und heilte
alle, die seine Hilfe brauchten.
12 Als der Tag zur Neige ging, kamen die
Zwölf zu ihm und sagten: Schick die Men-
schen weg, damit sie in die umliegenden
Dörfer und Gehöfte gehen, dort Unterkunft
finden und etwas zu essen bekommen; denn
wir sind hier an einem abgelegenen Ort. 13 Er
antwortete: Gebt ihr ihnen zu essen! Sie sag-
ten: Wir haben nicht mehr als fünf Brote und
zwei Fische; wir müssten erst weggehen und
für all diese Leute Essen kaufen. 14 Es waren
etwa fünftausend Männer. Er erwiderte sei-
nen Jüngern: Sagt ihnen, sie sollen sich in
Gruppen zu ungefähr fünfzig zusammenset-
zen. 15 Die Jünger taten, was er ihnen sagte,
und veranlassten, dass sich alle setzten.
16 Jesus aber nahm die fünf Brote und die
zwei Fische, blickte zum Himmel auf, segne-
te sie und brach sie; dann gab er sie den Jün-
gern, damit sie diese an die Leute austeilten.
17 Und alle aßen und wurden satt. Als man
die übrig gebliebenen Brotstücke einsam-
melte, waren es zwölf Körbe voll.

10–17 ‖ Mt 14,13–21; Mk 6,30–44; Joh 6,1–13 • 10–17: Mt 15,32–39; Mk 8,1–10.

Das Messiasbekenntnis des Petrus und die erste Ankündigung von Leiden und Auferstehung: 9,18–22

18 Jesus betete einmal in der Einsamkeit,
und die Jünger waren bei ihm. Da fragte er
sie: Für wen halten mich die Leute? 19 Sie
antworteten: Einige für Johannes den Täu-
fer, andere für Elija; wieder andere sagen:
Einer der alten Propheten ist auferstanden.
20 Da sagte er zu ihnen: Ihr aber, für wen hal-
tet ihr mich? Petrus antwortete: Für den
Messias Gottes. 21 Doch er verbot ihnen
streng, es jemand weiterzusagen.
22 Und er fügte hinzu: Der Menschensohn
muss vieles erleiden und von den Ältesten,
den Hohenpriestern und den Schriftgelehr-
ten verworfen werden; er wird getötet wer-
den, aber am dritten Tag wird er auferste-
hen.

18–22 ‖ Mt 16,13–21; Mk 8,27–31 • 18: 5,16; Mk 1,35 • 19: 9,7f • 20: Joh 11,27 • 22: 9,44; 17,25; 18,31–33; 24,7; Mt 17,22f; 20,18f; 26,2; Mk 9,31; 10,32–34.

Von Nachfolge und Selbstverleugnung: 9,23–27

23 Zu allen sagte er: Wer mein Jünger sein
will, der verleugne sich selbst, nehme täglich
sein Kreuz auf sich und folge mir nach.
24 Denn wer sein Leben retten will, wird es
verlieren; wer aber sein Leben um meinet-
willen verliert, der wird es retten. 25 Was
nützt es einem Menschen, wenn er die ganze
Welt gewinnt, dabei aber sich selbst verliert
und Schaden nimmt? 26 Denn wer sich mei-
ner und meiner Worte schämt, dessen wird
sich der Menschensohn schämen, wenn er in
seiner Hoheit kommt und in der Hoheit des
Vaters und der heiligen Engel. 27 Wahrhaftig,
das sage ich euch: Von denen, die hier stehen,
werden einige den Tod nicht erleiden, bis sie
das Reich Gottes gesehen haben.

23–27 ‖ Mt 16,24–28; Mk 8,34–9,1 • 23: 14,27; Mt 10,38f; Mt 8,22; • 24: 17,33; Mt 10,39; 16,25; Joh 12,25 • 26: Mt 10,33 • 27: Mt 10,23; 24,34.

Die Verklärung Jesu: 9,28–36

28 Etwa acht Tage nach diesen Reden
nahm Jesus Petrus, Johannes und Jakobus
beiseite und stieg mit ihnen auf einen Berg,
um zu beten. 29 Und während er betete, ver-
änderte sich das Aussehen seines Gesichtes
und sein Gewand wurde leuchtend weiß.
30 Und plötzlich redeten zwei Männer mit
ihm. Es waren Mose und Elija; 31 sie erschie-
nen in strahlendem Licht und sprachen von
seinem Ende, das sich in Jerusalem erfüllen

9,7 Zu »Tetrarch« vgl. die Anmerkung zu Mt 14,1.

9,8f Vgl. die Anmerkung zu Mt 17,10–13.

sollte. 32 Petrus und seine Begleiter aber waren eingeschlafen, wurden jedoch wach und sahen Jesus in strahlendem Licht und die zwei Männer, die bei ihm standen. 33 Als die beiden sich von ihm trennen wollten, sagte Petrus zu Jesus: Meister, es ist gut, dass wir hier sind. Wir wollen drei Hütten bauen, eine für dich, eine für Mose und eine für Elija. Er wusste aber nicht, was er sagte. 34 Während er noch redete, kam eine Wolke und warf ihren Schatten auf sie. Sie gerieten in die Wolke hinein und bekamen Angst. 35 Da rief eine Stimme aus der Wolke: *Das ist mein auserwählter Sohn, auf ihn sollt ihr hören.* 36 Als aber die Stimme erklang, war Jesus wieder allein. Die Jünger schwiegen jedoch über das, was sie gesehen hatten, und erzählten in jenen Tagen niemand davon.

28–36 ‖ Mt 17,1–9; Mk 9,2–8 • 28–36: 2 Petr 1,16–18; • 35: Ps 2,7; Dtn 18,15; Jes 42,1; Mt 3,17.

Die Heilung eines besessenen Jungen: 9,37–43a

37 Als sie am folgenden Tag den Berg hinabstiegen, kam ihnen eine große Menschenmenge entgegen. 38 Da schrie ein Mann aus der Menge: Meister, ich bitte dich, hilf meinem Sohn! Es ist mein einziger. 39 Er ist von einem Geist besessen; plötzlich schreit er auf, wird hin und her gezerrt und Schaum tritt ihm vor den Mund, und der Geist quält ihn fast unaufhörlich. 40 Ich habe schon deine Jünger gebeten ihn auszutreiben, aber sie konnten es nicht. 41 Da sagte Jesus: O du ungläubige und unbelehrbare Generation! Wie lange muss ich noch bei euch sein und euch ertragen? Bring deinen Sohn her! 42 Als der Sohn herkam, warf der Dämon ihn zu Boden und zerrte ihn hin und her. Jesus aber drohte dem unreinen Geist, heilte den Jungen und gab ihn seinem Vater zurück. 43a Und alle gerieten außer sich über die Macht und Größe Gottes.

37–43a ‖ Mt 17,14–21; Mk 9,14–29.

Die zweite Ankündigung von Leiden und Auferstehung: 9,43b–45

43b Alle Leute staunten über das, was Jesus tat; er aber sagte zu seinen Jüngern: 44 Merkt euch genau, was ich jetzt sage: Der Menschensohn wird den Menschen ausgeliefert werden. 45 Doch die Jünger verstanden den Sinn seiner Worte nicht; er blieb ihnen verborgen, sodass sie ihn nicht begriffen. Aber sie scheuten sich, Jesus zu fragen, was er damit sagen wollte.

43b–45 ‖ Mt 17,22f; Mk 9,30–32 • 44: 9,22; 17,25; 18,32 • 45: 18,34.

Der Rangstreit der Jünger: 9,46–48

46 Unter den Jüngern kam die Frage auf, wer von ihnen der Größte sei. 47 Jesus wusste, was in ihrem Herzen vorging. Deshalb nahm er ein Kind, stellte es neben sich 48 und sagte zu ihnen: Wer dieses Kind um meinetwillen aufnimmt, der nimmt mich auf; wer aber mich aufnimmt, der nimmt den auf, der mich gesandt hat. Denn wer unter euch allen der Kleinste ist, der ist groß.

46–48 ‖ Mt 18,1–5; Mk 9,33–37 • 46: 22,24–26.

Der fremde Wundertäter: 9,49–50

49 Da sagte Johannes: Meister, wir haben gesehen, wie jemand in deinem Namen Dämonen austrieb, und wir versuchten, ihn daran zu hindern, weil er nicht mit uns zusammen dir nachfolgt. 50 Jesus antwortete ihm: Hindert ihn nicht! Denn wer nicht gegen euch ist, der ist für euch.

49–50 ‖ Mk 9,38–41.

AUF DEM WEG NACH JERUSALEM: 9,51 – 19,27

Von der wahren Jüngerschaft: 9,51–13,21

Die ungastlichen Samariter: 9,51–56

51 Als die Zeit herankam, in der er (in den Himmel) aufgenommen werden sollte, entschloss sich Jesus, nach Jerusalem zu gehen. 52 Und er schickte Boten vor sich her. Diese kamen in ein samaritisches Dorf und wollten eine Unterkunft für ihn besorgen. 53 Aber man nahm ihn nicht auf, weil er auf dem Weg nach Jerusalem war. 54 Als die Jünger Jakobus und Johannes das sahen, sagten sie: Herr, sollen wir befehlen, dass Feuer vom Himmel fällt und sie vernichtet? 55 Da wandte er sich um und wies sie zurecht.

9,48 um meinetwillen, wörtlich: aufgrund meines Namens.
9,51–56 Vgl. die Anmerkung zu Joh 4,4–6.
9,51 entschloss sich Jesus, wörtlich: richtet er sein Gesicht fest darauf.
9,54 Einige Textzeugen fügen am Ende des Verses hinzu: wie es auch Elija getan hat; vgl. 2 Kön 1,10–12.
9,55 Einige Textzeugen fügen am Ende des Verses hinzu: und sagte: Ihr wisst nicht, was für ein Geist

56 Und sie gingen zusammen in ein anderes
Dorf.

51: Apg 1,9.

Von der Nachfolge: 9,57–62

57 Als sie auf ihrem Weg weiterzogen, rede-
te ein Mann Jesus an und sagte: Ich will dir
folgen, wohin du auch gehst. 58 Jesus ant-
wortete ihm: Die Füchse haben ihre Höhlen
und die Vögel ihre Nester; der Menschensohn
aber hat keinen Ort, wo er sein Haupt hinle-
gen kann. 59 Zu einem anderen sagte er: Fol-
ge mir nach! Der erwiderte: Lass mich zuerst
heimgehen und meinen Vater begraben.
60 Jesus sagte zu ihm: Lass die Toten ihre To-
ten begraben; du aber geh und verkünde das
Reich Gottes! 61 Wieder ein anderer sagte:
Ich will dir nachfolgen, Herr. Zuvor aber lass
mich von meiner Familie Abschied nehmen.
62 Jesus erwiderte ihm: Keiner, der die Hand
an den Pflug gelegt hat und nochmals zu-
rückblickt, taugt für das Reich Gottes.

57–60 ‖ Mt 8,18–22.

Die Aussendung der zweiundsiebzig Jünger: 10,1–16

10 Danach suchte der Herr zweiund-
siebzig andere aus und sandte sie zu
zweit voraus in alle Städte und Ortschaften,
in die er selbst gehen wollte. 2 Er sagte zu ih-
nen: Die Ernte ist groß, aber es gibt nur we-
nig Arbeiter. Bittet also den Herrn der Ernte,
Arbeiter für seine Ernte auszusenden.
3 Geht! Ich sende euch wie Schafe mitten un-
ter die Wölfe. 4 Nehmt keinen Geldbeutel
mit, keine Vorratstasche und keine Schuhe!
Grüßt niemand unterwegs! 5 Wenn ihr in ein
Haus kommt, so sagt als erstes: Friede die-
sem Haus! 6 Und wenn dort ein Mann des
Friedens wohnt, wird der Friede, den ihr ihm
wünscht, auf ihm ruhen; andernfalls wird er
zu euch zurückkehren. 7 Bleibt in diesem
Haus, esst und trinkt, was man euch anbie-
tet; denn wer arbeitet, hat ein Recht auf sei-
nen Lohn. Zieht nicht von einem Haus in ein
anderes! 8 Wenn ihr in eine Stadt kommt und
man euch aufnimmt, so esst, was man euch
vorsetzt. 9 Heilt die Kranken, die dort sind,
und sagt den Leuten: Das Reich Gottes ist
euch nahe. 10 Wenn ihr aber in eine Stadt
kommt, in der man euch nicht aufnimmt,
dann stellt euch auf die Straße und ruft:
11 Selbst den Staub eurer Stadt, der an unse-
ren Füßen klebt, lassen wir euch zurück;
doch das sollt ihr wissen: Das Reich Gottes
ist nahe. 12 Ich sage euch: Sodom wird es an
jenem Tag nicht so schlimm ergehen wie die-
ser Stadt.
13 Weh dir, Chorazin! Weh dir, Betsaida!
Wenn einst in Tyrus und Sidon die Wunder
geschehen wären, die bei euch geschehen
sind – man hätte dort in Sack und Asche
Buße getan. 14 Tyrus und Sidon wird es beim
Gericht nicht so schlimm ergehen wie euch.
15 Und du, Kafarnaum, meinst du etwa, *du
wirst bis zum Himmel erhoben? Nein, in die
Unterwelt wirst du hinabgeworfen.*
16 Wer euch hört, der hört mich, und wer
euch ablehnt, der lehnt mich ab; wer aber
mich ablehnt, der lehnt den ab, der mich ge-
sandt hat.

2 ‖ Mt 9,37f • 13–15 ‖ Mt 11,20–24 • 1–12: 9,1–6; Mt 10,7–16; Mk 6,8–11 • 4: 22,35 • 9: Mt 4,17 • 15: Jes 14,13.15 • 16: Mt 10,40; Joh 13,20.

Der Lohn der Jünger: 10,17–20

17 Die Zweiundsiebzig kehrten zurück und
berichteten voll Freude: Herr, sogar die Dä-
monen gehorchen uns, wenn wir deinen Na-
men aussprechen. 18 Da sagte er zu ihnen: Ich
sah den Satan wie einen Blitz vom Himmel
fallen. 19 Seht, ich habe euch die Vollmacht
gegeben, auf Schlangen und Skorpione zu
treten und die ganze Macht des Feindes zu
überwinden. Nichts wird euch schaden kön-
nen. 20 Doch freut euch nicht darüber, dass
euch die Geister gehorchen, sondern freut
euch darüber, dass eure Namen im Himmel
verzeichnet sind.

17: 9,10; Mk 6,30f • 19: Ps 91,13.

Der Dank Jesu an den Vater: 10,21–22

21 In dieser Stunde rief Jesus, vom Heili-
gen Geist erfüllt, voll Freude aus: Ich preise
dich, Vater, Herr des Himmels und der Erde,
weil du all das den Weisen und Klugen ver-
borgen, den Unmündigen aber offenbart
hast. Ja, Vater, so hat es dir gefallen. 22 Mir
ist von meinem Vater alles übergeben wor-
den; niemand weiß, wer der Sohn ist, nur der

---

aus euch spricht. Der Menschensohn ist nicht gekommen, um Menschen zu vernichten, sondern um sie zu retten. Vgl. Lk 19,10.

9,59 Viele alte Textzeugen haben hier: Herr, lass mich . . .

10,1–12 Vgl. die Anmerkung zu Mt 9,35 – 11,1.

10,1.17: Statt »zweiundsiebzig« haben zahlreiche alte Textzeugen »siebzig«.

10,6 Mann des Friedens, wörtlich: Sohn des Friedens.

10,13–15 Vgl. die Anmerkung zu Mt 11,21f.

10,19 Andere Übersetzungsmöglichkeit: überwinden, und er (das heißt der Feind) wird euch in keiner Weise schaden können.

10,21 Einige Textzeugen haben: vom Geist erfüllt.

Vater, und niemand weiß, wer der Vater ist,
nur der Sohn und der, dem es der Sohn of-
fenbaren will.

21–22 ‖ Mt 11,25–27 • 21: Jes 29,14 G • 22: Joh 10,15.

Die Seligpreisung der Jünger: 10,23–24

23 Jesus wandte sich an die Jünger und
sagte zu ihnen allein: Selig sind die, deren
Augen sehen, was ihr seht. 24 Ich sage euch:
Viele Propheten und Könige wollten sehen,
was ihr seht, und haben es nicht gesehen und
wollten hören, was ihr hört, und haben es
nicht gehört.

23–24 ‖ Mt 13,16f • 24: 1 Petr 1,10–12.

Das Beispiel vom barmherzigen Samariter: 10,25–37

25 Da stand ein Gesetzeslehrer auf, und um
Jesus auf die Probe zu stellen, fragte er ihn:
Meister, was muss ich tun, um das ewige Le-
ben zu gewinnen? 26 Jesus sagte zu ihm: Was
steht im Gesetz? Was liest du dort? 27 Er ant-
wortete: *Du sollst den Herrn, deinen Gott,
lieben mit ganzem Herzen und ganzer Seele,
mit all deiner Kraft und all deinen Gedan-
ken, und: Deinen Nächsten sollst du lieben
wie dich selbst.* 28 Jesus sagte zu ihm: Du hast
richtig geantwortet. Handle danach und du
wirst leben. 29 Der Gesetzeslehrer wollte sei-
ne Frage rechtfertigen und sagte zu Jesus:
Und wer ist mein Nächster?

30 Darauf antwortete ihm Jesus: Ein Mann
ging von Jerusalem nach Jericho hinab und
wurde von Räubern überfallen. Sie plünder-
ten ihn aus und schlugen ihn nieder; dann
gingen sie weg und ließen ihn halb tot liegen.
31 Zufällig kam ein Priester denselben Weg
herab; er sah ihn und ging weiter. 32 Auch ein
Levit kam zu der Stelle; er sah ihn und ging
weiter. 33 Dann kam ein Mann aus Samarien,
der auf der Reise war. Als er ihn sah, hatte er
Mitleid, 34 ging zu ihm hin, goss Öl und Wein
auf seine Wunden und verband sie. Dann
hob er ihn auf sein Reittier, brachte ihn zu
einer Herberge und sorgte für ihn. 35 Am an-
dern Morgen holte er zwei Denare hervor,
gab sie dem Wirt und sagte: Sorge für ihn,
und wenn du mehr für ihn brauchst, werde
ich es dir bezahlen, wenn ich wiederkomme.

36 Was meinst du: Wer von diesen dreien
hat sich als der Nächste dessen erwiesen, der
von den Räubern überfallen wurde? 37 Der
Gesetzeslehrer antwortete: Der, der barm-
herzig an ihm gehandelt hat. Da sagte Jesus
zu ihm: Dann geh und handle genauso!

25–28 ‖ Mt 22,35–40; Mk 12,28–31 • 25: 18,18; • 27: Dtn 6,5; Lev 19,18; Mt 5,43; Röm 13,9; Gal 5,14 • 28: Lev 18,5 • 29: Lev 19,16–18.

Maria und Marta: 10,38–42

38 Sie zogen zusammen weiter und er kam
in ein Dorf. Eine Frau namens Marta nahm
ihn freundlich auf. 39 Sie hatte eine Schwes-
ter, die Maria hieß. Maria setzte sich dem
Herrn zu Füßen und hörte seinen Worten zu.
40 Marta aber war ganz davon in Anspruch
genommen, für ihn zu sorgen. Sie kam zu
ihm und sagte: Herr, kümmert es dich nicht,
dass meine Schwester die ganze Arbeit mir
allein überlässt? Sag ihr doch, sie soll mir
helfen! 41 Der Herr antwortete: Marta, Mar-
ta, du machst dir viele Sorgen und Mühen.
42 Aber nur eines ist notwendig. Maria hat
das Bessere gewählt, das soll ihr nicht ge-
nommen werden.

38–42 ‖ Joh 11,1; 12,1–3.

Das Gebet des Herrn: 11,1–4

11 Jesus betete einmal an einem Ort;
und als er das Gebet beendet hatte,
sagte einer seiner Jünger zu ihm: Herr, lehre
uns beten, wie schon Johannes seine Jünger
beten gelehrt hat. 2 Da sagte er zu ihnen:
Wenn ihr betet, so sprecht:

Vater, / dein Name werde geheiligt. / Dein
Reich komme.

3 Gib uns täglich das Brot, das wir brau-
chen.

4 Und erlass uns unsere Sünden; / denn
auch wir erlassen jedem, was er uns schuldig
ist. / Und führe uns nicht in Versuchung.

1–4 ‖ Mt 6,9–13.

Das Gleichnis vom bittenden Freund: 11,5–8

5 Dann sagte er zu ihnen: Wenn einer von
euch einen Freund hat und um Mitternacht
zu ihm geht und sagt: Freund, leih mir drei
Brote; 6 denn einer meiner Freunde, der auf
Reisen ist, ist zu mir gekommen, und ich
habe ihm nichts anzubieten!, 7 wird dann

10,29 seine Frage, wörtlich: sich.

10,33–37 Vgl. 9,51–56 und die Anmerkung zu Joh 4,4–6.

10,38 Statt »freundlich« haben viele Textzeugen »in ihr Haus«.

10,42 Zahlreiche Textzeugen haben stattdessen: Aber wenig ist notwendig oder nur eines. – das Bessere, andere Übersetzungsmöglichkeit: das Richtige.

11,2 Bei zahlreichen Textzeugen ist der Vaterunser-Text des Lukas an den des Matthäus angeglichen.

etwa der Mann drinnen antworten: Lass mich in Ruhe, die Tür ist schon verschlossen und meine Kinder schlafen bei mir; ich kann nicht aufstehen und dir etwas geben? 8 Ich sage euch: Wenn er schon nicht deswegen aufsteht und ihm seine Bitte erfüllt, weil er sein Freund ist, so wird er doch wegen seiner Zudringlichkeit aufstehen und ihm geben, was er braucht.

Vom Vertrauen beim Beten: 11,9–13

9 Darum sage ich euch: Bittet, dann wird euch gegeben; sucht, dann werdet ihr finden; klopft an, dann wird euch geöffnet. 10 Denn wer bittet, der empfängt; wer sucht, der findet; und wer anklopft, dem wird geöffnet. 11 Oder ist unter euch ein Vater, der seinem Sohn eine Schlange gibt, wenn er um einen Fisch bittet, 12 oder einen Skorpion, wenn er um ein Ei bittet? 13 Wenn nun schon ihr, die ihr böse seid, euren Kindern gebt, was gut ist, wie viel mehr wird der Vater im Himmel den Heiligen Geist denen geben, die ihn bitten.

9–13 ‖ Mt 7,7–11 • 9: Mk 11,24; Joh 14,13f; 15,7; 16,24.

Verteidigungsrede Jesu: 11,14–23

14 Jesus trieb einen Dämon aus, der stumm war. Als der Dämon den Stummen verlassen hatte, konnte der Mann reden. Alle Leute staunten. 15 Einige von ihnen aber sagten: Mit Hilfe von Beelzebul, dem Anführer der Dämonen, treibt er die Dämonen aus. 16 Andere wollten ihn auf die Probe stellen und forderten von ihm ein Zeichen vom Himmel. 17 Doch er wusste, was sie dachten, und sagte zu ihnen: Jedes Reich, das in sich gespalten ist, wird veröden und ein Haus ums andere stürzt ein. 18 Wenn also der Satan mit sich selbst im Streit liegt, wie kann sein Reich dann Bestand haben? Ihr sagt doch, dass ich die Dämonen mit Hilfe von Beelzebul austreibe. 19 Wenn ich die Dämonen durch Beelzebul austreibe, durch wen treiben dann eure Anhänger sie aus? Sie selbst also sprechen euch das Urteil. 20 Wenn ich aber die Dämonen durch den Finger Gottes austreibe, dann ist doch das Reich Gottes schon zu euch gekommen. 21 Solange ein bewaffneter starker Mann seinen Hof bewacht, ist sein Besitz sicher; 22 wenn ihn aber ein Stärkerer angreift und besiegt, dann nimmt ihm der Stärkere all seine Waffen weg, auf die er sich verlassen hat, und verteilt die Beute. 23 Wer nicht für mich ist, der ist gegen mich; wer nicht mit mir sammelt, der zerstreut.

14–23 ‖ Mt 12,22–30; Mk 3,22–27 • 14–15: Mt 9,32–34; • 15: Mt 10,25 • 16: 11,29–32; Mt 16,1–4; Mk 8,11–13; Joh 6,30; 1 Kor 1,22 • 20: Ex 8,15; Ps 8,4; Lk 17,21 • 21: Jes 49,24.

Von der Rückkehr der unreinen Geister: 11,24–26

24 Ein unreiner Geist, der einen Menschen verlassen hat, wandert durch die Wüste und sucht einen Ort, wo er bleiben kann. Wenn er keinen findet, sagt er: Ich will in mein Haus zurückkehren, das ich verlassen habe. 25 Und wenn er es bei seiner Rückkehr sauber und geschmückt antrifft, 26 dann geht er und holt sieben andere Geister, die noch schlimmer sind als er selbst. Sie ziehen dort ein und lassen sich nieder. So wird es mit diesem Menschen am Ende schlimmer werden als vorher.

24–26 ‖ Mt 12,43–45.

Zweierlei Seligpreisungen: 11,27–28

27 Als er das sagte, rief eine Frau aus der Menge ihm zu: Selig die Frau, deren Leib dich getragen und deren Brust dich genährt hat. 28 Er aber erwiderte: Selig sind vielmehr die, die das Wort Gottes hören und es befolgen.

28: 8,21.

Die Verweigerung eines Zeichens: 11,29–32

29 Als immer mehr Menschen zu ihm kamen, sagte er: Diese Generation ist böse. Sie fordert ein Zeichen; aber es wird ihr kein anderes gegeben werden als das Zeichen des Jona. 30 Denn wie Jona für die Einwohner von Ninive ein Zeichen war, so wird es auch der Menschensohn für diese Generation sein. 31 Die Königin des Südens wird beim Gericht gegen die Männer dieser Generation auftreten und sie verurteilen; denn sie kam vom Ende der Erde, um die Weisheit Salomos zu hören. Hier aber ist einer, der mehr ist als Salomo. 32 Die Männer von Ninive werden beim Gericht gegen diese Generation auftreten und sie verurteilen; denn sie haben sich nach der Predigt des Jona bekehrt. Hier aber ist einer, der mehr ist als Jona.

29–32 ‖ Mt 12,38–42; Mk 8,11f • 29: 11,16; Mt 16,1–4; Joh 6,30 • 31: 1 Kön 10,1–10 • 32: Jona 3,5.

11,13 Andere Übersetzungsmöglichkeit (nach einigen alten Textzeugen): wird der Vater denen, die ihn bitten, aus dem Himmel den Heiligen Geist geben.

11,15 Vgl. die Anmerkung zu Mt 12,24.

11,19 Anhänger, wörtlich: Söhne.

Vom Licht und vom Auge: 11,33–36

33 Niemand zündet ein Licht an und stellt
es in einen versteckten Winkel oder stülpt
ein Gefäß darüber, sondern man stellt es auf
einen Leuchter, damit alle, die eintreten, es
leuchten sehen. 34 Dein Auge gibt dem Kör-
per Licht. Wenn dein Auge gesund ist, dann
wird auch dein ganzer Körper hell sein.
Wenn es aber krank ist, dann wird dein Kör-
per finster sein. 35 Achte also darauf, dass in
dir nicht Finsternis statt Licht ist. 36 Wenn
dein ganzer Körper von Licht erfüllt und
nichts Finsteres in ihm ist, dann wird er so
hell sein, wie wenn die Lampe dich mit ih-
rem Schein beleuchtet.

34–36 ‖ Mt 6,22f • 33: 8,16; Mt 5,15; Mk 4,21.

Worte gegen die Pharisäer und die Schriftgelehrten: 11,37–54

37 Nach dieser Rede lud ein Pharisäer Jesus
zum Essen ein. Jesus ging zu ihm und setzte
sich zu Tisch. 38 Als der Pharisäer sah, dass
er sich vor dem Essen nicht die Hände
wusch, war er verwundert. 39 Da sagte der
Herr zu ihm: O ihr Pharisäer! Ihr haltet zwar
Becher und Teller außen sauber, innen aber
seid ihr voll Raubgier und Bosheit. 40 Ihr Un-
verständigen! Hat nicht der, der das Äußere
schuf, auch das Innere geschaffen? 41 Gebt
lieber, was in den Schüsseln ist, den Armen,
dann ist für euch alles rein.
42 Doch weh euch Pharisäern! Ihr gebt den
Zehnten von Minze, Gewürzkraut und allem
Gemüse, die Gerechtigkeit aber und die Lie-
be zu Gott vergeßt ihr. Man muss das eine
tun, ohne das andere zu unterlassen.
43 Weh euch Pharisäern! Ihr wollt in den
Synagogen den vordersten Sitz haben und
auf den Straßen und Plätzen von allen ge-
grüßt werden.
44 Weh euch: Ihr seid wie Gräber, die man
nicht mehr sieht; die Leute gehen darüber,
ohne es zu merken.
45 Darauf erwiderte ihm ein Gesetzesleh-
rer: Meister, damit beleidigst du auch uns.
46 Er antwortete:
Weh auch euch Gesetzeslehrern! Ihr ladet
den Menschen Lasten auf, die sie kaum tra-
gen können, selbst aber rührt ihr keinen Fin-
ger dafür.
47 Weh euch! Ihr errichtet Denkmäler für
die Propheten, die von euren Vätern umge-
bracht wurden. 48 Damit bestätigt und billigt
ihr, was eure Väter getan haben. Sie haben
die Propheten umgebracht, ihr errichtet ih-
nen Bauten. 49 Deshalb hat auch die Weisheit
Gottes gesagt: Ich werde Propheten und
Apostel zu ihnen senden und sie werden eini-
ge von ihnen töten und andere verfolgen,
50 damit das Blut aller Propheten, das seit
der Erschaffung der Welt vergossen worden
ist, an dieser Generation gerächt wird,
51 vom Blut Abels bis zum Blut des Zachari-
as, der im Vorhof zwischen Altar und Tempel
umgebracht wurde. Ja, das sage ich euch: An
dieser Generation wird es gerächt werden.
52 Weh euch Gesetzeslehrern! Ihr habt den
Schlüssel (der Tür) zur Erkenntnis wegge-
nommen. Ihr selbst seid nicht hineingegan-
gen und die, die hineingehen wollten, habt
ihr daran gehindert.
53 Als Jesus das Haus verlassen hatte, be-
gannen die Schriftgelehrten und die Phari-
säer, ihn mit vielerlei Fragen hartnäckig zu
bedrängen; 54 sie versuchten, ihm eine Falle
zu stellen, damit er sich in seinen eigenen
Worten verfange.

39–52 ‖ Mt 23,1–36 • 38: Mt 15,2; Mk 7,2; Kol 2,21f • 43: 20,46; Mk 12,38f • 51: Gen 4,8.10; 2 Chr 24,20–22.

Warnung vor der Heuchelei der Pharisäer: 12,1–3

12 Unterdessen strömten Tausende von
Menschen zusammen, sodass es ein
gefährliches Gedränge gab. Jesus wandte
sich zuerst an seine Jünger und sagte: Hütet
euch vor dem Sauerteig der Pharisäer, das
heißt vor der Heuchelei. 2 Nichts ist verhüllt,
was nicht enthüllt wird, und nichts ist ver-
borgen, was nicht bekannt wird. 3 Deshalb
wird man alles, was ihr im Dunkeln redet,
am hellen Tag hören, und was ihr einander
hinter verschlossenen Türen ins Ohr flüstert,
das wird man auf den Dächern verkünden.

2–3 ‖ Mt 10,26f • 1: Mt 16,6; Mk 8,15 • 2: Mk 4,22.

Aufforderung zum furchtlosen Bekenntnis: 12,4–12

4 Euch aber, meinen Freunden, sage ich:
Fürchtet euch nicht vor denen, die den Leib
töten, euch aber sonst nichts tun können.
5 Ich will euch zeigen, wen ihr fürchten sollt:
Fürchtet euch vor dem, der nicht nur töten
kann, sondern die Macht hat, euch auch noch
in die Hölle zu werfen. Ja, das sage ich euch:
Ihn sollt ihr fürchten. 6 Verkauft man nicht

11,33 Vgl. die Anmerkung zu Mt 5,15.

11,41 Wörtlich: Gebt lieber den Inhalt als Almosen, dann …

12,3 hinter verschlossenen Türen, wörtlich: in den Kammern.

12,6 ein paar Pfennig, wörtlich: zwei As. Das As war die zweitkleinste römische Münze.

fünf Spatzen für ein paar Pfennig? Und doch
vergisst Gott nicht einen von ihnen. 7 Bei
euch aber sind sogar die Haare auf dem Kopf
alle gezählt. Fürchtet euch nicht! Ihr seid
mehr wert als viele Spatzen. 8 Ich sage euch:
Wer sich vor den Menschen zu mir bekennt,
zu dem wird sich auch der Menschensohn
vor den Engeln Gottes bekennen. 9 Wer mich
aber vor den Menschen verleugnet, der wird
auch vor den Engeln Gottes verleugnet wer-
den. 10 Jedem, der etwas gegen den Men-
schensohn sagt, wird vergeben werden; wer
aber den Heiligen Geist lästert, dem wird
nicht vergeben. 11 Wenn man euch vor die
Gerichte der Synagogen und vor die Herr-
scher und Machthaber schleppt, dann macht
euch keine Sorgen, wie ihr euch verteidigen
oder was ihr sagen sollt. 12 Denn der Heilige
Geist wird euch in der gleichen Stunde ein-
geben, was ihr sagen müsst.

4–12 ‖ Mt 10,28–33 • 10: Mt 12,32; Mk 3,29 • 11 ‖ Mt 10,19; Mk 13,11 • 11f: 21,12–15.

Das Beispiel von der falschen Selbstsicherheit des reichen Mannes: 12,13–21

13 Einer aus der Volksmenge bat Jesus:
Meister, sag meinem Bruder, er soll das Erbe
mit mir teilen. 14 Er erwiderte ihm: Mensch,
wer hat mich zum Richter oder Schlichter
bei euch gemacht? 15 Dann sagte er zu den
Leuten: Gebt Acht, hütet euch vor jeder Art
von Habgier. Denn der Sinn des Lebens be-
steht nicht darin, dass ein Mensch aufgrund
seines großen Vermögens im Überfluss lebt.
16 Und er erzählte ihnen folgendes Beispiel:
Auf den Feldern eines reichen Mannes stand
eine gute Ernte. 17 Da überlegte er hin und
her: Was soll ich tun? Ich weiß nicht, wo ich
meine Ernte unterbringen soll. 18 Schließlich
sagte er: So will ich es machen: Ich werde
meine Scheunen abreißen und größere bau-
en; dort werde ich mein ganzes Getreide und
meine Vorräte unterbringen. 19 Dann kann
ich zu mir selber sagen: Nun hast du einen
großen Vorrat, der für viele Jahre reicht. Ruh
dich aus, iss und trink und freu dich des Le-
bens! 20 Da sprach Gott zu ihm: Du Narr!
Noch in dieser Nacht wird man dein Leben
von dir zurückfordern. Wem wird dann all
das gehören, was du angehäuft hast? 21 So
geht es jedem, der nur für sich selbst Schätze
sammelt, aber vor Gott nicht reich ist.

14: Ex 2,14.

Von der falschen und der rechten Sorge: 12,22–32

22 Und er sagte zu seinen Jüngern: Deswe-
gen sage ich euch: Sorgt euch nicht um euer
Leben und darum, dass ihr etwas zu essen
habt, noch um euren Leib und darum, dass
ihr etwas anzuziehen habt. 23 Das Leben ist
wichtiger als die Nahrung und der Leib
wichtiger als die Kleidung. 24 Seht auf die
Raben: Sie säen nicht und ernten nicht, sie
haben keinen Speicher und keine Scheune;
denn Gott ernährt sie. Wie viel mehr seid ihr
wert als die Vögel! 25 Wer von euch kann mit
all seiner Sorge sein Leben auch nur um eine
kleine Zeitspanne verlängern? 26 Wenn ihr
nicht einmal etwas so Geringes könnt, wa-
rum macht ihr euch dann Sorgen um all das
übrige? 27 Seht euch die Lilien an: Sie arbei-
ten nicht und spinnen nicht. Doch ich sage
euch: Selbst Salomo war in all seiner Pracht
nicht gekleidet wie eine von ihnen. 28 Wenn
aber Gott schon das Gras so prächtig kleidet,
das heute auf dem Feld steht und morgen ins
Feuer geworfen wird, wie viel mehr dann
euch, ihr Kleingläubigen! 29 Darum fragt
nicht, was ihr essen und was ihr trinken
sollt, und ängstigt euch nicht! 30 Denn um all
das geht es den Heiden in der Welt. Euer Va-
ter weiß, dass ihr das braucht. 31 Euch jedoch
muss es um sein Reich gehen; dann wird euch
das andere dazugegeben.
32 Fürchte dich nicht, du kleine Herde!
Denn euer Vater hat beschlossen, euch das
Reich zu geben.

22–31 ‖ Mt 6,25–33.

Vom wahren Schatz: 12,33–34

33 Verkauft eure Habe und gebt den Erlös
den Armen! Macht euch Geldbeutel, die
nicht zerreißen. Verschafft euch einen
Schatz, der nicht abnimmt, droben im Him-
mel, wo kein Dieb ihn findet und keine Motte
ihn frisst. 34 Denn wo euer Schatz ist, da ist
auch euer Herz.

33–34 ‖ Mt 6,19–21 • 33: Mt 19,21; Lk 18,22.

Das Gleichnis vom treuen und vom schlechten Knecht: 12,35–48

35 Legt euren Gürtel nicht ab und lasst eure
Lampen brennen! 36 Seid wie Menschen, die
auf die Rückkehr ihres Herrn warten, der auf
einer Hochzeit ist, und die ihm öffnen, so-
bald er kommt und anklopft. 37 Selig die

12,25 Andere Übersetzungsmöglichkeit: kann … seiner Körpergröße auch nur eine Elle hinzufügen.

12,35.38 Bei Nacht ließ man gern eine Öllampe brennen, da das Feuermachen schwierig war. – Die Nacht teilte man in vier Abschnitte von je drei Stunden ein (»Nachtwachen«); vgl. die Anmerkung zu Mt 27,45.

Knechte, die der Herr wach findet, wenn er kommt! Amen, ich sage euch: Er wird sich gürten, sie am Tisch Platz nehmen lassen und sie der Reihe nach bedienen. 38 Und kommt er erst in der zweiten oder dritten Nachtwache und findet sie wach – selig sind sie. 39 Bedenkt: Wenn der Herr des Hauses wüsste, in welcher Stunde der Dieb kommt, so würde er verhindern, dass man in sein Haus einbricht. 40 Haltet auch ihr euch bereit! Denn der Menschensohn kommt zu einer Stunde, in der ihr es nicht erwartet.

41 Da sagte Petrus: Herr, meinst du mit diesem Gleichnis nur uns oder auch all die anderen? 42 Der Herr antwortete: Wer ist denn der treue und kluge Verwalter, den der Herr einsetzen wird, damit er seinem Gesinde zur rechten Zeit die Nahrung zuteilt? 43 Selig der Knecht, den der Herr damit beschäftigt findet, wenn er kommt! 44 Wahrhaftig, das sage ich euch: Er wird ihn zum Verwalter seines ganzen Vermögens machen. 45 Wenn aber der Knecht denkt: Mein Herr kommt noch lange nicht zurück!, und anfängt, die Knechte und Mägde zu schlagen; wenn er isst und trinkt und sich berauscht, 46 dann wird der Herr an einem Tag kommen, an dem der Knecht es nicht erwartet, und zu einer Stunde, die er nicht kennt; und der Herr wird ihn in Stücke hauen und ihm seinen Platz unter den Ungläubigen zuweisen.

47 Der Knecht, der den Willen seines Herrn kennt, sich aber nicht darum kümmert und nicht danach handelt, der wird viele Schläge bekommen. 48 Wer aber, ohne den Willen des Herrn zu kennen, etwas tut, was Schläge verdient, der wird wenig Schläge bekommen. Wem viel gegeben wurde, von dem wird viel zurückgefordert werden, und wem man viel anvertraut hat, von dem wird man um so mehr verlangen.

39–46 ‖ Mt 24,43–51; Mk 13,33–37 • 35: Mt 25,1 • 39: 1 Thess 5,2; 2 Petr 3,10 • 44: Mt 25,21.23.

Von Frieden und Zwietracht: 12,49–53

49 Ich bin gekommen, um Feuer auf die Erde zu werfen. Wie froh wäre ich, es würde schon brennen! 50 Ich muss mit einer Taufe getauft werden und ich bin sehr bedrückt, solange sie noch nicht vollzogen ist. 51 Meint ihr, ich sei gekommen, um Frieden auf die Erde zu bringen? Nein, sage ich euch, nicht Frieden, sondern Spaltung. 52 Denn von nun an wird es so sein: Wenn fünf Menschen im gleichen Haus leben, wird Zwietracht herrschen: Drei werden gegen zwei stehen und zwei gegen drei, 53 der Vater gegen den Sohn und *der Sohn gegen den Vater,* die Mutter gegen die Tochter und *die Tochter gegen die Mutter,* die Schwiegermutter gegen ihre Schwiegertochter und *die Schwiegertochter gegen die Schwiegermutter.*

49–53 ‖ Mt 10,34–36 • 50: Mk 10,38f • 53: Mi 7,6.

Von den Zeichen der Zeit: 12,54–57

54 Außerdem sagte Jesus zu den Leuten: Sobald ihr im Westen Wolken aufsteigen seht, sagt ihr: Es gibt Regen. Und es kommt so. 55 Und wenn der Südwind weht, dann sagt ihr: Es wird heiß. Und es trifft ein. 56 Ihr Heuchler! Das Aussehen der Erde und des Himmels könnt ihr deuten. Warum könnt ihr dann die Zeichen dieser Zeit nicht deuten? 57 Warum findet ihr nicht schon von selbst das rechte Urteil?

55: Mt 16,2f.

Von der Versöhnung: 12,58–59

58 Wenn du mit deinem Gegner vor Gericht gehst, bemüh dich noch auf dem Weg, dich mit ihm zu einigen. Sonst wird er dich vor den Richter schleppen und der Richter wird dich dem Gerichtsdiener übergeben, und der Gerichtsdiener wird dich ins Gefängnis werfen. 59 Ich sage dir: Du kommst von dort nicht heraus, bis du auch den letzten Pfennig bezahlt hast.

58–59 ‖ Mt 5,25f.

Mahnung zur Umkehr: 13,1–9

13 Zu dieser Zeit kamen einige Leute zu Jesus und berichteten ihm von den Galiläern, die Pilatus beim Opfern umbringen ließ, sodass sich ihr Blut mit dem ihrer Opfertiere vermischte. 2 Da sagte er zu ihnen: Meint ihr, dass nur diese Galiläer Sün-

---

12,54f Die Verse setzen die geographischen und klimatischen Verhältnisse von Palästina voraus. Im Westen liegt das Mittelmeer, im Süden die Wüste Sinai.

12,56 Wörtlich: Warum könnt ihr dann diese Zeit nicht deuten?

12,59 den letzten Pfennig, wörtlich: das letzte Leptón. Das Leptón war die kleinste griechische Münze.

13,1–4 Wörtlich: von den Galiläern, deren Blut Pilatus mit dem ihrer Opfertiere vermischte. – Über diesen wohl politisch begründeten Mord an galiläischen Festpilgern, die während des Paschafestes ihre Opfertiere im Tempel darbringen wollten, gibt es keine weiteren Nachrichten. Dasselbe gilt vom Einsturz eines Turmes, wohl der Stadtmauer, am Schiloach-Teich, der im Südosten von Jerusalem liegt und die Wasser der Gihon-Quelle sammelt. – Jesus wendet sich hier gegen die jüdische Auffassung, alles Leiden sei Strafe für Sünden.

der waren, weil das mit ihnen geschehen ist, alle anderen Galiläer aber nicht? 3 Nein, im Gegenteil: Ihr alle werdet genauso umkommen, wenn ihr euch nicht bekehrt. 4 Oder jene achtzehn Menschen, die beim Einsturz des Turms von Schiloach erschlagen wurden – meint ihr, dass nur sie Schuld auf sich geladen hatten, alle anderen Einwohner von Jerusalem aber nicht? 5 Nein, im Gegenteil: Ihr alle werdet genauso umkommen, wenn ihr euch nicht bekehrt. 6 Und er erzählte ihnen dieses Gleichnis: Ein Mann hatte in seinem Weinberg einen Feigenbaum; und als er kam und nachsah, ob er Früchte trug, fand er keine. 7 Da sagte er zu seinem Weingärtner: Jetzt komme ich schon drei Jahre und sehe nach, ob dieser Feigenbaum Früchte trägt, und finde nichts. Hau ihn um! Was soll er weiter dem Boden seine Kraft nehmen? 8 Der Weingärtner erwiderte: Herr, lass ihn dieses Jahr noch stehen; ich will den Boden um ihn herum aufgraben und düngen. 9 Vielleicht trägt er doch noch Früchte; wenn nicht, dann lass ihn umhauen.

6: Mt 21,19.

Die Heilung einer Frau am Sabbat: 13,10–17

10 Am Sabbat lehrte Jesus in einer Synagoge. 11 Dort saß eine Frau, die seit achtzehn Jahren krank war, weil sie von einem Dämon geplagt wurde; ihr Rücken war verkrümmt und sie konnte nicht mehr aufrecht gehen. 12 Als Jesus sie sah, rief er sie zu sich und sagte: Frau, du bist von deinem Leiden erlöst. 13 Und er legte ihr die Hände auf. Im gleichen Augenblick richtete sie sich auf und pries Gott. 14 Der Synagogenvorsteher aber war empört darüber, dass Jesus am Sabbat heilte, und sagte zu den Leuten: Sechs Tage sind zum Arbeiten da. Kommt also an diesen Tagen und lasst euch heilen, nicht am Sabbat! 15 Der Herr erwiderte ihm: Ihr Heuchler! Bindet nicht jeder von euch am Sabbat seinen Ochsen oder Esel von der Krippe los und führt ihn zur Tränke? 16 Diese Tochter Abrahams aber, die der Satan schon seit achtzehn Jahren gefesselt hielt, sollte am Sabbat nicht davon befreit werden dürfen? 17 Durch diese Worte wurden alle seine Gegner beschämt; das ganze Volk aber freute sich über all die großen Taten, die er vollbrachte.

14: Ex 20,9f.

Das Gleichnis vom Senfkorn: 13,18–19

18 Er sagte: Wem ist das Reich Gottes ähnlich, womit soll ich es vergleichen? 19 Es ist wie ein Senfkorn, das ein Mann in seinem Garten in die Erde steckte; es wuchs und wurde zu einem *Baum und die Vögel des Himmels nisteten in seinen Zweigen.*

18–19 ‖ Mt 13,31f; Mk 4,30–32 • 19: Dan 4,8f.18; Ez 17,23.

Das Gleichnis vom Sauerteig: 13,20–21

20 Außerdem sagte er: Womit soll ich das Reich Gottes vergleichen? 21 Es ist wie der Sauerteig, den eine Frau unter einen großen Trog Mehl mischte, bis das Ganze durchsäuert war.

20–21 ‖ Mt 13,33 • 21: 1 Kor 5,6; Gal 5,9.

Von der neuen Ordnung im Reich Gottes: 13,22–19,27

Von der engen und von der verschlossenen Tür: 13,22–30

22 Auf seinem Weg nach Jerusalem zog er von Stadt zu Stadt und von Dorf zu Dorf und lehrte. 23 Da fragte ihn einer: Herr, sind es nur wenige, die gerettet werden? Er sagte zu ihnen: 24 Bemüht euch mit allen Kräften, durch die enge Tür zu gelangen; denn viele, sage ich euch, werden versuchen hineinzukommen, aber es wird ihnen nicht gelingen.

25 Wenn der Herr des Hauses aufsteht und die Tür verschließt, dann steht ihr draußen, klopft an die Tür und ruft: Herr, mach uns auf! Er aber wird euch antworten: Ich weiß nicht, woher ihr seid. 26 Dann werdet ihr sagen: Wir haben doch mit dir gegessen und getrunken und du hast auf unseren Straßen gelehrt. 27 Er aber wird erwidern: Ich sage euch, ich weiß nicht, woher ihr seid. *Weg von mir, ihr habt alle Unrecht getan!* 28 Da werdet ihr heulen und mit den Zähnen knirschen, wenn ihr seht, dass Abraham, Isaak und Jakob und alle Propheten im Reich Gottes sind, ihr selbst aber ausgeschlossen seid. 29 Und man wird von Osten und Westen und von Norden und Süden kommen und im Reich Gottes zu Tisch sitzen. 30 Dann werden manche von den Letzten die Ersten sein und manche von den Ersten die Letzten.

24: Mt 7,13f • 25: Mt 25,10–12 • 27: Ps 6,9; Mt 7,23 • 28: Mt 8,11f • 30: Mt 19,30; 20,16; Mk 10,31.

13,11 Wörtlich: eine Frau, die seit achtzehn Jahren einen Krankheitsgeist hatte.

13,14 Vgl. 14,3 und die Anmerkung zu Mk 3,1–6.

13,21 Vgl. die Anmerkung zu Mt 13,33.

Der Abschied von Galiläa: 13,31–35

31 Zu dieser Zeit kamen einige Pharisäer
zu ihm und sagten: Geh weg, verlass dieses
Gebiet, denn Herodes will dich töten. 32 Er
antwortete ihnen: Geht und sagt diesem
Fuchs: Ich treibe Dämonen aus und heile
Kranke, heute und morgen, und am dritten
Tag werde ich mein Werk vollenden. 33 Doch
heute und morgen und am folgenden Tag
muss ich weiterwandern; denn ein Prophet
darf nirgendwo anders als in Jerusalem umkommen.

34 Jerusalem, Jerusalem, du tötest die Propheten und steinigst die Boten, die zu dir gesandt sind. Wie oft wollte ich deine Kinder
um mich sammeln, so wie eine Henne ihre
Küken unter ihre Flügel nimmt; aber ihr
habt nicht gewollt. 35 Darum wird euer Haus
(von Gott) verlassen. Ich sage euch: Ihr werdet mich nicht mehr sehen, bis die Zeit
kommt, in der ihr ruft: *Gesegnet sei er, der
kommt im Namen des Herrn!*

34–35 ‖ Mt 23,37–39 • 35: Jer 12,7; 22,5; Ps 69,26; 118,26; Mt 21,9; Mk 11,9.

Die Heilung eines Wassersüchtigen am Sabbat: 14,1–6

14 Als Jesus an einem Sabbat in das
Haus eines führenden Pharisäers
zum Essen kam, beobachtete man ihn genau.
2 Da stand auf einmal ein Mann vor ihm, der
an Wassersucht litt. 3 Jesus wandte sich an
die Gesetzeslehrer und die Pharisäer und
fragte: Ist es am Sabbat erlaubt zu heilen,
oder nicht? 4 Sie schwiegen. Da berührte er
den Mann, heilte ihn und ließ ihn gehen. 5 Zu
ihnen aber sagte er: Wer von euch wird seinen Sohn oder seinen Ochsen, der in den
Brunnen fällt, nicht sofort herausziehen,
auch am Sabbat? 6 Darauf konnten sie ihm
nichts erwidern.

1–6: 6,6 11.

Mahnung zur Bescheidenheit: 14,7–11

7 Als er bemerkte, wie sich die Gäste die
Ehrenplätze aussuchten, nahm er das zum
Anlass, ihnen eine Lehre zu erteilen. Er sagte
zu ihnen: 8 Wenn du zu einer Hochzeit eingeladen bist, such dir nicht den Ehrenplatz aus.
Denn es könnte ein anderer eingeladen sein,
der vornehmer ist als du, 9 und dann würde
der Gastgeber, der dich und ihn eingeladen
hat, kommen und zu dir sagen: Mach diesem
hier Platz! Du aber wärst beschämt und
müsstest den untersten Platz einnehmen.
10 Wenn du also eingeladen bist, setz dich lieber, wenn du hinkommst, auf den untersten
Platz; dann wird der Gastgeber zu dir kommen und sagen: Mein Freund, rück weiter
hinauf! Das wird für dich eine Ehre sein vor
allen anderen Gästen. 11 Denn wer sich selbst
erhöht, wird erniedrigt, und wer sich selbst
erniedrigt, wird erhöht werden.

7: 20,46; Mt 23,6 • 11: 18,14; Mt 23,12.

Von den rechten Gästen: 14,12–14

12 Dann sagte er zu dem Gastgeber: Wenn
du mittags oder abends ein Essen gibst, so
lade nicht deine Freunde oder deine Brüder,
deine Verwandten oder reiche Nachbarn ein;
sonst laden auch sie dich ein, und damit ist
dir wieder alles vergolten. 13 Nein, wenn du
ein Essen gibst, dann lade Arme, Krüppel,
Lahme und Blinde ein. 14 Du wirst selig sein,
denn sie können es dir nicht vergelten; es
wird dir vergolten werden bei der Auferstehung der Gerechten.

Das Gleichnis vom Festmahl: 14,15–24

15 Als einer der Gäste das hörte, sagte er zu
Jesus: Selig, wer im Reich Gottes am Mahl
teilnehmen darf. 16 Jesus sagte zu ihm: Ein
Mann veranstaltete ein großes Festmahl und
lud viele dazu ein. 17 Als das Fest beginnen
sollte, schickte er seinen Diener und ließ den
Gästen, die er eingeladen hatte, sagen:
Kommt, es steht alles bereit! 18 Aber einer
nach dem andern ließ sich entschuldigen.
Der erste ließ ihm sagen: Ich habe einen
Acker gekauft und muss jetzt gehen und ihn
besichtigen. Bitte, entschuldige mich! 19 Ein
anderer sagte: Ich habe fünf Ochsengespanne gekauft und bin auf dem Weg, sie mir genauer anzusehen. Bitte, entschuldige mich!
20 Wieder ein anderer sagte: Ich habe geheiratet und kann deshalb nicht kommen. 21 Der
Diener kehrte zurück und berichtete alles
seinem Herrn. Da wurde der Herr zornig
und sagte zu seinem Diener: Geh schnell auf
die Straßen und Gassen der Stadt und hol
die Armen und die Krüppel, die Blinden und
die Lahmen herbei. 22 Bald darauf meldete
der Diener: Herr, dein Auftrag ist ausgeführt; aber es ist immer noch Platz. 23 Da
sagte der Herr zu dem Diener: Dann geh auf
die Landstraßen und vor die Stadt hinaus

13,32 werde ich mein Werk vollenden, wörtlich: werde ich vollendet sein. Andere Übersetzungsmöglichkeit: werde ich am Ziel (meines Weges) sein.

13,35 Wörtlich: Darum wird euch euer Haus überlassen.

14,5 seinen Sohn, andere Lesart: seinen Esel.

und nötige die Leute zu kommen, damit mein Haus voll wird. 24 Das aber sage ich euch: Keiner von denen, die eingeladen waren, wird an meinem Mahl teilnehmen.

15–24 ‖ Mt 22,1–10.

Vom Ernst der Nachfolge: 14,25–35

25 Viele Menschen begleiteten ihn; da wandte er sich an sie und sagte: 26 Wenn jemand zu mir kommt und nicht Vater und Mutter, Frau und Kinder, Brüder und Schwestern, ja sogar sein Leben gering achtet, dann kann er nicht mein Jünger sein. 27 Wer nicht sein Kreuz trägt und mir nachfolgt, der kann nicht mein Jünger sein.

28 Wenn einer von euch einen Turm bauen will, setzt er sich dann nicht zuerst hin und rechnet, ob seine Mittel für das ganze Vorhaben ausreichen? 29 Sonst könnte es geschehen, dass er das Fundament gelegt hat, dann aber den Bau nicht fertig stellen kann. Und alle, die es sehen, würden ihn verspotten 30 und sagen: Der da hat einen Bau begonnen und konnte ihn nicht zu Ende führen.

31 Oder wenn ein König gegen einen anderen in den Krieg zieht, setzt er sich dann nicht zuerst hin und überlegt, ob er sich mit seinen zehntausend Mann dem entgegenstellen kann, der mit zwanzigtausend gegen ihn anrückt? 32 Kann er es nicht, dann schickt er eine Gesandtschaft, solange der andere noch weit weg ist, und bittet um Frieden.

33 Darum kann keiner von euch mein Jünger sein, wenn er nicht auf seinen ganzen Besitz verzichtet.

34 Das Salz ist etwas Gutes. Wenn aber das Salz seinen Geschmack verliert, womit kann man ihm die Würze wiedergeben? 35 Es taugt weder für den Acker noch für den Misthaufen, man wirft es weg. Wer Ohren hat zum Hören, der höre!

26–27 ‖ Mt 10,37–39 • 27: 9,23; Mt 16,24; Mk 8,34 • 34–35 ‖ Mt 5,13; Mk 9,50 • 35: Mt 11,15.

Die Gleichnisse vom verlorenen Schaf und von der verlorenen Drachme: 15,1–10

15 Alle Zöllner und Sünder kamen zu ihm, um ihn zu hören. 2 Die Pharisäer und die Schriftgelehrten empörten sich darüber und sagten: Er gibt sich mit Sündern ab und isst sogar mit ihnen.

3 Da erzählte er ihnen ein Gleichnis und sagte: 4 Wenn einer von euch hundert Schafe hat und eins davon verliert, lässt er dann nicht die neunundneunzig in der Steppe zurück und geht dem verlorenen nach, bis er es findet? 5 Und wenn er es gefunden hat, nimmt er es voll Freude auf die Schultern, 6 und wenn er nach Hause kommt, ruft er seine Freunde und Nachbarn zusammen und sagt zu ihnen: Freut euch mit mir; ich habe mein Schaf wiedergefunden, das verloren war. 7 Ich sage euch: Ebenso wird auch im Himmel mehr Freude herrschen über einen einzigen Sünder, der umkehrt, als über neunundneunzig Gerechte, die es nicht nötig haben umzukehren.

8 Oder wenn eine Frau zehn Drachmen hat und eine davon verliert, zündet sie dann nicht eine Lampe an, fegt das ganze Haus und sucht unermüdlich, bis sie das Geldstück findet? 9 Und wenn sie es gefunden hat, ruft sie ihre Freundinnen und Nachbarinnen zusammen und sagt: Freut euch mit mir; ich habe die Drachme wiedergefunden, die ich verloren hatte. 10 Ich sage euch: Ebenso herrscht auch bei den Engeln Gottes Freude über einen einzigen Sünder, der umkehrt.

4–7 ‖ Mt 18,12–14 • 1: 5,29f; 7,34; 19,7; Mt 9,10f; Mk 2,15f • 3–7: Joh 10,11–15.

Das Gleichnis vom verlorenen Sohn: 15,11–32

11 Weiter sagte Jesus: Ein Mann hatte zwei Söhne. 12 Der jüngere von ihnen sagte zu seinem Vater: Vater, gib mir das Erbteil, das mir zusteht. Da teilte der Vater das Vermögen auf. 13 Nach wenigen Tagen packte der jüngere Sohn alles zusammen und zog in ein fernes Land. Dort führte er ein zügelloses Leben und verschleuderte sein Vermögen. 14 Als er alles durchgebracht hatte, kam eine große Hungersnot über das Land und es ging ihm sehr schlecht. 15 Da ging er zu einem Bürger des Landes und drängte sich ihm auf; der schickte ihn aufs Feld zum Schweinehüten. 16 Er hätte gern seinen Hunger mit den Futterschoten gestillt, die die Schweine fraßen; aber niemand gab ihm davon. 17 Da ging er in sich und sagte: Wie viele Tagelöhner meines Vaters haben mehr als genug zu essen und ich komme hier vor Hunger um. 18 Ich will aufbrechen und zu meinem Vater gehen und zu ihm sagen: Vater, ich habe mich gegen den Himmel und gegen dich versündigt. 19 Ich bin nicht mehr wert, dein Sohn zu sein; mach mich zu einem deiner Tagelöhner. 20 Dann brach er auf und ging zu seinem Vater. Der Vater sah ihn schon von weitem kommen und er hatte Mitleid mit ihm. Er lief dem Sohn entgegen, fiel

15,12 Das Erbteil schon zu Lebzeiten des Vaters zu fordern, war erlaubt, galt aber als unschicklich.

ihm um den Hals und küsste ihn. 21 Da sagte
der Sohn: Vater, ich habe mich gegen den
Himmel und gegen dich versündigt; ich bin
nicht mehr wert, dein Sohn zu sein. 22 Der
Vater aber sagte zu seinen Knechten: Holt
schnell das beste Gewand und zieht es ihm
an, steckt ihm einen Ring an die Hand und
zieht ihm Schuhe an. 23 Bringt das Mastkalb
her und schlachtet es; wir wollen essen und
fröhlich sein. 24 Denn mein Sohn war tot und
lebt wieder; er war verloren und ist wieder-
gefunden worden. Und sie begannen, ein
fröhliches Fest zu feiern.

25 Sein älterer Sohn war unterdessen auf
dem Feld. Als er heimging und in die Nähe
des Hauses kam, hörte er Musik und Tanz.
26 Da rief er einen der Knechte und fragte,
was das bedeuten solle. 27 Der Knecht ant-
wortete: Dein Bruder ist gekommen und dein
Vater hat das Mastkalb schlachten lassen,
weil er ihn heil und gesund wiederbekom-
men hat. 28 Da wurde er zornig und wollte
nicht hineingehen. Sein Vater aber kam he-
raus und redete ihm gut zu. 29 Doch er erwi-
derte dem Vater: So viele Jahre schon diene
ich dir, und nie habe ich gegen deinen Willen
gehandelt; mir aber hast du nie auch nur ei-
nen Ziegenbock geschenkt, damit ich mit
meinen Freunden ein Fest feiern konnte.
30 Kaum aber ist der hier gekommen, dein
Sohn, der dein Vermögen mit Dirnen durch-
gebracht hat, da hast du für ihn das Mast-
kalb geschlachtet. 31 Der Vater antwortete
ihm: Mein Kind, du bist immer bei mir, und
alles, was mein ist, ist auch dein. 32 Aber jetzt
müssen wir uns doch freuen und ein Fest fei-
ern; denn dein Bruder war tot und lebt wie-
der; er war verloren und ist wiedergefunden
worden.

11: Mt 21,28.

Das Gleichnis vom klugen Verwalter: 16,1–8

16 Jesus sagte zu den Jüngern: Ein rei-
cher Mann hatte einen Verwalter.
Diesen beschuldigte man bei ihm, er ver-
schleudere sein Vermögen. 2 Darauf ließ er
ihn rufen und sagte zu ihm: Was höre ich
über dich? Leg Rechenschaft ab über deine
Verwaltung! Du kannst nicht länger mein
Verwalter sein. 3 Da überlegte der Verwalter:
Mein Herr entzieht mir die Verwaltung. Was
soll ich jetzt tun? Zu schwerer Arbeit tauge
ich nicht, und zu betteln schäme ich mich.
4 Doch – ich weiß, was ich tun muss, damit
mich die Leute in ihre Häuser aufnehmen,
wenn ich als Verwalter abgesetzt bin. 5 Und
er ließ die Schuldner seines Herrn, einen
nach dem andern, zu sich kommen und frag-
te den ersten: Wie viel bist du meinem Herrn
schuldig? 6 Er antwortete: Hundert Fass Öl.
Da sagte er zu ihm: Nimm deinen Schuld-
schein, setz dich gleich hin und schreib
»fünfzig«. 7 Dann fragte er einen andern: Wie
viel bist du schuldig? Der antwortete:
Hundert Sack Weizen. Da sagte er zu ihm:
Nimm deinen Schuldschein und schreib
»achtzig«.

8 Und der Herr lobte die Klugheit des un-
ehrlichen Verwalters und sagte: Die Kinder
dieser Welt sind im Umgang mit ihresglei-
chen klüger als die Kinder des Lichtes.

Vom rechten Gebrauch des Reichtums:
16,9–13

9 Ich sage euch: Macht euch Freunde mit
Hilfe des ungerechten Mammons, damit ihr
in die ewigen Wohnungen aufgenommen
werdet, wenn es (mit euch) zu Ende geht.

10 Wer in den kleinsten Dingen zuverlässig
ist, der ist es auch in den großen, und wer bei
den kleinsten Dingen Unrecht tut, der tut es
auch bei den großen. 11 Wenn ihr im Umgang
mit dem ungerechten Reichtum nicht zuver-
lässig gewesen seid, wer wird euch dann das
wahre Gut anvertrauen?

12 Und wenn ihr im Umgang mit dem frem-
den Gut nicht zuverlässig gewesen seid, wer
wird euch dann euer (wahres) Eigentum ge-
ben?

13 Kein Sklave kann zwei Herren dienen;
er wird entweder den einen hassen und den
andern lieben, oder er wird zu dem einen
halten und den andern verachten. Ihr könnt
nicht beiden dienen, Gott und dem Mam-
mon.

13 ∥ Mt 6,24 • 10: 19,17; Mt 25,21.

15,21 Am Schluss des Verses fügen manche Textzeugen hinzu: Mach mich zu einem deiner Tagelöhner. Vgl. V. 19.

16,6 Fass, wörtlich: Bat. Ein Bat sind etwa vierzig Liter.

16,7 Sack, wörtlich: Kor. Ein Kor sind etwa vierhundert Liter.

16,9.11.13 Der ursprüngliche Sinn des hebräischen und aramäischen Wortes »Mammon« ist umstritten, vielleicht: das, worauf jemand vertraut, oder: das Sichergestellte, Gesicherte. Es wurde dann zur allgemeinen Bezeichnung für Besitz und Geld. Im Neuen Testament wird es Mt 6,24; Lk 16,9.11.13 im abwertenden Sinn für die dämonische Macht des Besitzes gebraucht.

16,9 Andere Übersetzungsmöglichkeit: wenn es (mit dem Reichtum) zu Ende geht (das heißt: wenn ihr nichts mehr habt).

16,12 Manche Textzeugen haben: wer wird euch dann unser Eigentum geben?

Das Urteil Jesu über die Pharisäer:
16,14–15

14 Das alles hörten auch die Pharisäer, die
sehr am Geld hingen, und sie lachten über
ihn. 15 Da sagte er zu ihnen: Ihr redet den
Leuten ein, dass ihr gerecht seid; aber Gott
kennt euer Herz. Denn was die Menschen für
großartig halten, das ist in den Augen Gottes
ein Gräuel.

15: Mt 23,28.

Vom Gesetz und von der Ehescheidung:
16,16–18

16 Bis zu Johannes hatte man nur das Ge-
setz und die Propheten. Seitdem wird das
Evangelium vom Reich Gottes verkündet
und alle drängen sich danach, hineinzukom-
men. 17 Aber eher werden Himmel und Erde
vergehen, als dass auch nur der kleinste
Buchstabe im Gesetz wegfällt.
18 Wer seine Frau aus der Ehe entlässt und
eine andere heiratet, begeht Ehebruch; auch
wer eine Frau heiratet, die von ihrem Mann
aus der Ehe entlassen worden ist, begeht
Ehebruch.

18 ‖ Mt 5,32; 19,9; Mk 10,11f • 16: Mt 11,12f • 17: Mt 5,18 • 18: 1 Kor 7,10f.

Das Beispiel vom reichen Mann und vom armen Lazarus: 16,19–31

19 Es war einmal ein reicher Mann, der
sich in Purpur und feines Leinen kleidete
und Tag für Tag herrlich und in Freuden leb-
te. 20 Vor der Tür des Reichen aber lag ein ar-
mer Mann namens Lazarus, dessen Leib
voller Geschwüre war. 21 Er hätte gern sei-
nen Hunger mit dem gestillt, was vom Tisch
des Reichen herunterfiel. Stattdessen kamen
die Hunde und leckten an seinen Geschwü-
ren. 22 Als nun der Arme starb, wurde er von
den Engeln in Abrahams Schoß getragen.
Auch der Reiche starb und wurde begraben.
23 In der Unterwelt, wo er qualvolle Schmer-
zen litt, blickte er auf und sah von weitem
Abraham, und Lazarus in seinem Schoß.
24 Da rief er: Vater Abraham, hab Erbarmen
mit mir und schick Lazarus zu mir; er soll
wenigstens die Spitze seines Fingers ins
Wasser tauchen und mir die Zunge kühlen,
denn ich leide große Qual in diesem Feuer.
25 Abraham erwiderte: Mein Kind, denk da-
ran, dass du schon zu Lebzeiten deinen An-
teil am Guten erhalten hast, Lazarus aber
nur Schlechtes. Jetzt wird er dafür getröstet,
du aber musst leiden. 26 Außerdem ist zwi-
schen uns und euch ein tiefer, unüberwindli-
cher Abgrund, sodass niemand von hier zu
euch oder von dort zu uns kommen kann,
selbst wenn er wollte. 27 Da sagte der Reiche:
Dann bitte ich dich, Vater, schick ihn in das
Haus meines Vaters! 28 Denn ich habe noch
fünf Brüder. Er soll sie warnen, damit nicht
auch sie an diesen Ort der Qual kommen.
29 Abraham aber sagte: Sie haben Mose und
die Propheten, auf die sollen sie hören. 30 Er
erwiderte: Nein, Vater Abraham, nur wenn
einer von den Toten zu ihnen kommt, werden
sie umkehren. 31 Darauf sagte Abraham:
Wenn sie auf Mose und die Propheten nicht
hören, werden sie sich auch nicht überzeu-
gen lassen, wenn einer von den Toten auf-
ersteht.

Warnung vor der Verführung: 17,1–3a

17 Er sagte zu seinen Jüngern: Es ist
unvermeidlich, dass Verführungen
kommen. Aber wehe dem, der sie verschul-
det. 2 Es wäre besser für ihn, man würde ihn
mit einem Mühlstein um den Hals ins Meer
werfen, als dass er einen von diesen Kleinen
zum Bösen verführt. 3a Seht euch vor!

1–2 ‖ Mt 18,6f; Mk 9,42.

Von der Pflicht zur Vergebung: 17,3b–4

3b Wenn dein Bruder sündigt, weise ihn zu-
recht; und wenn er sich ändert, vergib ihm.
4 Und wenn er sich siebenmal am Tag gegen
dich versündigt und siebenmal wieder zu dir
kommt und sagt: Ich will mich ändern!, so
sollst du ihm vergeben.

3b: Lev 19,17; Mt 18,15.21f.

Von der Macht des Glaubens: 17,5–6

5 Die Apostel baten den Herrn: Stärke un-
seren Glauben! 6 Der Herr erwiderte: Wenn
euer Glaube auch nur so groß wäre wie ein
Senfkorn, würdet ihr zu dem Maulbeerbaum
hier sagen: Heb dich samt deinen Wurzeln
aus dem Boden und verpflanz dich ins Meer!,
und er würde euch gehorchen.

6: Mt 17,20; 21,21; Mk 11,23.

16,16 Andere Übersetzungsmöglichkeit: und alle wollen mit Gewalt hineinkommen.
16,17 nur der kleinste Buchstabe, wörtlich: nur ein kleiner Strich (an einem Buchstaben).
16,20 Lazarus (hebräische Namensform: Eleasar), bedeutet »Gotthilf«.
16,23 Zu »Unterwelt« vgl. die Anmerkung zu Mt 16,18. – Die Unterwelt ist in verschiedene Räume aufgeteilt, wo die Guten (Abraham, Lazarus) und die Bösen (der reiche Mann) auf das Endgericht warten. – Abraham galt als der Vater Israels, besonders der Frommen.
17,2 Vgl. die Anmerkung zu Mt 18,6.

Das Gleichnis vom unnützen Sklaven:
17,7–10

7 Wenn einer von euch einen Sklaven hat,
der pflügt oder das Vieh hütet, wird er etwa
zu ihm, wenn er vom Feld kommt, sagen:
Nimm gleich Platz zum Essen? 8 Wird er
nicht vielmehr zu ihm sagen: Mach mir etwas
zu essen, gürte dich und bediene mich; wenn
ich gegessen und getrunken habe, kannst
auch du essen und trinken. 9 Bedankt er sich
etwa bei dem Sklaven, weil er getan hat, was
ihm befohlen wurde? 10 So soll es auch bei
euch sein: Wenn ihr alles getan habt, was
euch befohlen wurde, sollt ihr sagen: Wir
sind unnütze Sklaven; wir haben nur unsere
Schuldigkeit getan.

Der dankbare Samariter: 17,11–19

11 Auf dem Weg nach Jerusalem zog Jesus
durch das Grenzgebiet von Samarien und
Galiläa. 12 Als er in ein Dorf hineingehen
wollte, kamen ihm zehn Aussätzige entge-
gen. Sie blieben in der Ferne stehen 13 und
riefen: Jesus, Meister, hab Erbarmen mit
uns! 14 Als er sie sah, sagte er zu ihnen: Geht,
zeigt euch den Priestern! Und während sie
zu den Priestern gingen, wurden sie rein.
15 Einer von ihnen aber kehrte um, als er sah,
dass er geheilt war; und er lobte Gott mit
lauter Stimme. 16 Er warf sich vor den Füßen
Jesu zu Boden und dankte ihm. Dieser Mann
war aus Samarien. 17 Da sagte Jesus: Es sind
doch alle zehn rein geworden. Wo sind die
übrigen neun? 18 Ist denn keiner umgekehrt,
um Gott zu ehren, außer diesem Fremden?
19 Und er sagte zu ihm: Steh auf und geh!
Dein Glaube hat dir geholfen.

11: Mk 9,30 • 14: Lev 13,49; 14,2–32; Lk 5,14 • 19: 7,50; 8,48; 18,42; Mt 9,22; Mk 5,34; 10,52.

Vom Kommen des Gottesreiches: 17,20–21

20 Als Jesus von den Pharisäern gefragt
wurde, wann das Reich Gottes komme, ant-
wortete er: Das Reich Gottes kommt nicht so,
dass man es an äußeren Zeichen erkennen
könnte. 21 Man kann auch nicht sagen: Seht,
hier ist es!, oder: Dort ist es! Denn: Das Reich
Gottes ist (schon) mitten unter euch.

21: 11,20; Mt 12,28.

Vom Kommen des Menschensohnes:
17,22–37

22 Er sagte zu den Jüngern: Es wird eine
Zeit kommen, in der ihr euch danach sehnt,
auch nur einen von den Tagen des Men-
schensohnes zu erleben; aber ihr werdet ihn
nicht erleben. 23 Und wenn man zu euch sagt:
Dort ist er! Hier ist er!, so geht nicht hin und
lauft nicht hinterher! 24 Denn wie der Blitz
von einem Ende des Himmels bis zum andern
leuchtet, so wird der Menschensohn an sei-
nem Tag erscheinen. 25 Vorher aber muss er
vieles erleiden und von dieser Generation
verworfen werden. 26 Und wie es zur Zeit des
Noach war, so wird es auch in den Tagen des
Menschensohnes sein. 27 Die Menschen aßen
und tranken und heirateten bis zu dem Tag,
an dem *Noach in die Arche ging;* dann kam
die Flut und vernichtete alle. 28 Und es wird
ebenso sein, wie es zur Zeit des Lot war: Sie
aßen und tranken, kauften und verkauften,
pflanzten und bauten. 29 Aber an dem Tag,
als Lot Sodom verließ, *regnete es Feuer und
Schwefel vom Himmel,* und alle kamen um.
30 Ebenso wird es an dem Tag sein, an dem
sich der Menschensohn offenbart. 31 Wer
dann auf dem Dach ist und seine Sachen im
Haus hat, soll nicht hinabsteigen, um sie zu
holen, und wer auf dem Feld ist, soll nicht
zurückkehren. 32 Denkt an die Frau des Lot!
33 Wer sein Leben zu bewahren sucht, wird es
verlieren; wer es dagegen verliert, wird es
gewinnen. 34 Ich sage euch: Von zwei Män-
nern, die in jener Nacht auf einem Bett
liegen, wird der eine mitgenommen und der
andere zurückgelassen. 35 Von zwei Frauen,
die mit derselben Mühle Getreide mahlen,
wird die eine mitgenommen und die andere
zurückgelassen. [36] 37 Da fragten sie ihn:
Wo wird das geschehen, Herr? Er antwortete:
Wo ein Aas ist, da sammeln sich auch die
Geier.

22: 21,7–36 • 23: Mt 24,23–27; Mk 13,21 • 25: 9,22.44; 18,32 • 26: Gen 6,11–13; 7,7–23; Mt 24,37–39 • 27: Gen 7,7; 2 Petr 2,5 • 28: Gen 18,20 • 29: Gen 19,15.23f; 2 Petr 2,7 • 31: Mt 24,17f; Mk 13,15f • 33: 9,24; Mt 10,39; 16,25; Mk 8,35; Joh 12,25 • 35: Mt 24,41 • 37: Mt 24,28.

Das Gleichnis vom gottlosen Richter und der Witwe: 18,1–8

18 Jesus sagte ihnen durch ein Gleich-
nis, dass sie allezeit beten und darin

17,11–19 Vgl. die Anmerkung zu Mk 1,40.
17,21 Andere Übersetzungsmöglichkeiten: Das Reich Gottes ist (eines Tages / plötzlich) unter euch da. Oder: Das Reich Gottes ist in euch. – Gegen die zweite Möglichkeit spricht, dass die Evangelien das Wirken Gottes im Innern des Menschen nicht als »Reich Gottes« bezeichnen.
17,36 Spätere Textzeugen fügen entsprechend Mt 24,40 hinzu: Wenn zwei Männer auf dem Feld sind, wird der eine mitgenommen und der andere zurückgelassen.

nicht nachlassen sollten: 2 In einer Stadt leb-
te ein Richter, der Gott nicht fürchtete und
auf keinen Menschen Rücksicht nahm. 3 In
der gleichen Stadt lebte auch eine Witwe, die
immer wieder zu ihm kam und sagte: Ver-
schaff mir Recht gegen meinen Feind! 4 Lan-
ge wollte er nichts davon wissen. Dann aber
sagte er sich: Ich fürchte zwar Gott nicht und
nehme auch auf keinen Menschen Rücksicht;
5 trotzdem will ich dieser Witwe zu ihrem
Recht verhelfen, denn sie lässt mich nicht in
Ruhe. Sonst kommt sie am Ende noch und
schlägt mich ins Gesicht. 6 Und der Herr füg-
te hinzu: Bedenkt, was der ungerechte Rich-
ter sagt. 7 Sollte Gott seinen Auserwählten,
die Tag und Nacht zu ihm schreien, nicht zu
ihrem Recht verhelfen, sondern zögern? 8 Ich
sage euch: Er wird ihnen unverzüglich ihr
Recht verschaffen. Wird jedoch der Men-
schensohn, wenn er kommt, auf der Erde
(noch) Glauben vorfinden?

Das Beispiel vom Pharisäer und vom Zöllner: 18,9–14

9 Einigen, die von ihrer eigenen Gerechtig-
keit überzeugt waren und die anderen ver-
achteten, erzählte Jesus dieses Beispiel:
10 Zwei Männer gingen zum Tempel hinauf,
um zu beten; der eine war ein Pharisäer, der
andere ein Zöllner. 11 Der Pharisäer stellte
sich hin und sprach leise dieses Gebet: Gott,
ich danke dir, dass ich nicht wie die anderen
Menschen bin, die Räuber, Betrüger, Ehe-
brecher oder auch wie dieser Zöllner dort.
12 Ich faste zweimal in der Woche und gebe
dem Tempel den zehnten Teil meines ganzen
Einkommens. 13 Der Zöllner aber blieb ganz
hinten stehen und wagte nicht einmal, seine
Augen zum Himmel zu erheben, sondern
schlug sich an die Brust und betete: Gott, sei
mir Sünder gnädig! 14 Ich sage euch: Dieser
kehrte als Gerechter nach Hause zurück, der
andere nicht. Denn wer sich selbst erhöht,
wird erniedrigt, wer sich aber selbst ernied-
rigt, wird erhöht werden.

12: Mt 23,23 • 13: Ps 51,3 • 14: 14,11; Mt 23,12.

Die Segnung der Kinder: 18,15–17

15 Man brachte auch kleine Kinder zu ihm,
damit er ihnen die Hände auflegte. Als die
Jünger das sahen, wiesen sie die Leute
schroff ab. 16 Jesus aber rief die Kinder zu
sich und sagte: Lasst die Kinder zu mir kom-
men; hindert sie nicht daran! Denn Men-
schen wie ihnen gehört das Reich Gottes.
17 Amen, das sage ich euch: Wer das Reich
Gottes nicht so annimmt wie ein Kind, der
wird nicht hineinkommen.

15–17 ‖ Mt 19,13–15; Mk 10,13–16 • 17: Mt 18,3.

Von Reichtum und Nachfolge: 18,18–30

18 Einer von den führenden Männern frag-
te ihn: Guter Meister, was muss ich tun, um
das ewige Leben zu gewinnen? 19 Jesus ant-
wortete: Warum nennst du mich gut? Nie-
mand ist gut außer Gott, dem Einen. 20 Du
kennst doch die Gebote: *Du sollst nicht die
Ehe brechen, du sollst nicht töten, du sollst
nicht stehlen, du sollst nicht falsch aussagen;
ehre deinen Vater und deine Mutter!* 21 Er er-
widerte: Alle diese Gebote habe ich von Ju-
gend an befolgt. 22 Als Jesus das hörte, sagte
er: Eines fehlt dir noch: Verkauf alles, was
du hast, verteil das Geld an die Armen und
du wirst einen bleibenden Schatz im Himmel
haben; dann komm und folge mir nach!
23 Der Mann aber wurde sehr traurig, als er
das hörte; denn er war überaus reich. 24 Jesus
sah ihn an und sagte: Wie schwer ist es für
Menschen, die viel besitzen, in das Reich
Gottes zu kommen! 25 Denn eher geht ein
Kamel durch ein Nadelöhr, als dass ein Rei-
cher in das Reich Gottes gelangt. 26 Die Leu-
te, die das hörten, fragten: Wer kann dann
noch gerettet werden? 27 Er erwiderte: Was
für Menschen unmöglich ist, ist *für Gott
möglich.*

28 Da sagte Petrus: Du weißt, wir haben
unser Eigentum verlassen und sind dir nach-
gefolgt. 29 Jesus antwortete ihnen: Amen, ich
sage euch: Jeder, der um des Reiches Gottes
willen Haus oder Frau, Brüder, Eltern oder
Kinder verlassen hat, 30 wird dafür schon in
dieser Zeit das Vielfache erhalten und in der
kommenden Welt das ewige Leben.

18–30 ‖ Mt 19,18–30; Mk 10,17–31 • 18: 10,25 • 19: Dtn 6,4 • 20: Ex 20,12–16; Dtn 5,16–20 • 22: 12,33; Mt 8,22 • 27: Gen 18,14; Ijob 42,2; Lk 1,37.

Die dritte Ankündigung von Leiden und Auferstehung: 18,31–34

31 Jesus versammelte die Zwölf um sich
und sagte zu ihnen: Wir gehen jetzt nach Je-
rusalem hinauf; dort wird sich alles erfüllen,
was bei den Propheten über den Menschen-
sohn steht: 32 Er wird den Heiden ausgelie-
fert, wird verspottet, misshandelt und ange-
spuckt werden, 33 und man wird ihn geißeln
und töten. Aber am dritten Tag wird er aufer-

18,7 sondern zögern, andere Übersetzungsmöglichkeit: während er ihnen geduldig zuhört.

18,15 Wörtlich: damit er sie berührte.

stehen. 34 Doch die Zwölf verstanden das al-
les nicht; der Sinn der Worte war ihnen ver-
schlossen und sie begriffen nicht, was er
sagte.

31–34 ‖ Mt 20,17–19; Mk 10,32–34 • 32: 9,22.44; 17,25 • 33: 24,6f • 34: 9,45.

Die Heilung eines Blinden bei Jericho:
18,35–43

35 Als Jesus in die Nähe von Jericho kam,
saß ein Blinder an der Straße und bettelte.
36 Er hörte, dass viele Menschen vorbeigin-
gen, und fragte: Was hat das zu bedeuten?
37 Man sagte ihm: Jesus von Nazaret geht vo-
rüber. 38 Da rief er: Jesus, Sohn Davids, hab
Erbarmen mit mir! 39 Die Leute, die voraus-
gingen, wurden ärgerlich und befahlen ihm
zu schweigen. Er aber schrie noch viel lauter:
Sohn Davids, hab Erbarmen mit mir! 40 Je-
sus blieb stehen und ließ ihn zu sich herfüh-
ren. Als der Mann vor ihm stand, fragte ihn
Jesus: 41 Was soll ich dir tun? Er antwortete:
Herr, ich möchte wieder sehen können. 42 Da
sagte Jesus zu ihm: Du sollst wieder sehen.
Dein Glaube hat dir geholfen. 43 Im gleichen
Augenblick konnte er wieder sehen. Da pries
er Gott und folgte Jesus. Und alle Leute, die
das gesehen hatten, lobten Gott.

35–43 ‖ Mt 20,29–34; Mk 10,46–52 • 35–43: Mt 9,27–31 • 42: 7,50; 8,48; Mt 9,22; Mk 5,34.

Jesus im Haus des Zöllners Zachäus:
19,1–10

19 Dann kam er nach Jericho und ging
durch die Stadt. 2 Dort wohnte ein
Mann namens Zachäus; er war der oberste
Zollpächter und war sehr reich. 3 Er wollte
gern sehen, wer dieser Jesus sei, doch die
Menschenmenge versperrte ihm die Sicht;
denn er war klein. 4 Darum lief er voraus und
stieg auf einen Maulbeerfeigenbaum, um Je-
sus zu sehen, der dort vorbeikommen musste.
5 Als Jesus an die Stelle kam, schaute er hi-
nauf und sagte zu ihm: Zachäus, komm
schnell herunter! Denn ich muss heute in
deinem Haus zu Gast sein. 6 Da stieg er
schnell herunter und nahm Jesus freudig bei
sich auf. 7 Als die Leute das sahen, empörten
sie sich und sagten: Er ist bei einem Sünder
eingekehrt. 8 Zachäus aber wandte sich an
den Herrn und sagte: Herr, die Hälfte meines
Vermögens will ich den Armen geben, und
wenn ich von jemand zu viel gefordert habe,
gebe ich ihm das Vierfache zurück. 9 Da sag-
te Jesus zu ihm: Heute ist diesem Haus das
Heil geschenkt worden, weil auch dieser
Mann ein Sohn Abrahams ist. 10 Denn der
Menschensohn ist gekommen, um zu suchen
und zu retten, was verloren ist.

7: 5,30; 7,34 • 10: 5,32; Mt 9,13; Mk 2,17.

Das Gleichnis vom anvertrauten Geld:
19,11–27

11 Weil Jesus schon nahe bei Jerusalem
war, meinten die Menschen, die von all dem
hörten, das Reich Gottes werde sofort er-
scheinen. Daher erzählte er ihnen ein weite-
res Gleichnis. 12 Er sagte: Ein Mann von vor-
nehmer Herkunft wollte in ein fernes Land
reisen, um die Königswürde zu erlangen und
dann zurückzukehren. 13 Er rief zehn seiner
Diener zu sich, verteilte unter sie Geld im
Wert von zehn Minen und sagte: Macht Ge-
schäfte damit, bis ich wiederkomme. 14 Da
ihn aber die Einwohner seines Landes hass-
ten, schickten sie eine Gesandtschaft hinter
ihm her und ließen sagen: Wir wollen nicht,
dass dieser Mann unser König wird. 15 Den-
noch wurde er als König eingesetzt. Nach
seiner Rückkehr ließ er die Diener, denen er
das Geld gegeben hatte, zu sich rufen. Er
wollte sehen, welchen Gewinn jeder bei sei-
nen Geschäften erzielt hatte. 16 Der erste kam
und sagte: Herr, ich habe mit deiner Mine
zehn Minen erwirtschaftet. 17 Da sagte der
König zu ihm: Sehr gut, du bist ein tüchtiger
Diener. Weil du im Kleinsten zuverlässig
warst, sollst du Herr über zehn Städte wer-
den. 18 Der zweite kam und sagte: Herr, ich
habe mit deiner Mine fünf Minen erwirt-
schaftet. 19 Zu ihm sagte der König: Du sollst
über fünf Städte herrschen. 20 Nun kam ein
anderer und sagte: Herr, hier hast du dein
Geld zurück. Ich habe es in ein Tuch einge-
bunden und aufbewahrt; 21 denn ich hatte
Angst vor dir, weil du ein strenger Mann bist:
Du hebst ab, was du nicht eingezahlt hast,
und erntest, was du nicht gesät hast. 22 Der
König antwortete: Aufgrund deiner eigenen
Worte spreche ich dir das Urteil. Du bist ein
schlechter Diener. Du hast gewusst, dass ich
ein strenger Mann bin? Dass ich abhebe, was
ich nicht eingezahlt habe, und ernte, was ich
nicht gesät habe? 23 Warum hast du dann
mein Geld nicht auf die Bank gebracht?
Dann hätte ich es bei der Rückkehr mit Zin-
sen abheben können. 24 Und zu den anderen,

19,1–10 In Jericho befand sich eine römische Zollstätte (vgl. die Anmerkung zu Mk 2,16). In Jericho lebten auch viele Priester und Leviten.

19,13 Eine Mine (griechische Rechnungseinheit) entsprach hundert Drachmen. Eine Drachme war der Tageslohn eines Arbeiters.

19,20 dein Geld, wörtlich: deine Mine.

die dabeistanden, sagte er: Nehmt ihm das Geld weg, und gebt es dem, der die zehn Minen hat. 25 Sie sagten zu ihm: Herr, er hat doch schon zehn. 26 (Da erwiderte er:) Ich sage euch: Wer hat, dem wird gegeben werden; wer aber nicht hat, dem wird auch noch weggenommen, was er hat. 27 Doch meine Feinde, die nicht wollten, dass ich ihr König werde – bringt sie her und macht sie vor meinen Augen nieder!

11–27 ‖ Mt 25,14–30 • 17: 16,10; Mt 24,45–47; 25,21 • 26: 8,18; Mt 13,12; Mk 4,25.

DIE LETZTEN TAGE IN JERUSALEM: 19,28 – 21,38

Die Auseinandersetzung mit den Gegnern in Jerusalem: 19,28–21,4

Der Einzug in Jerusalem: 19,28–40

28 Nach dieser Rede zog Jesus weiter und ging nach Jerusalem hinauf. 29 Als er in die Nähe von Betfage und Betanien kam, an den Berg, der Ölberg heißt, schickte er zwei seiner Jünger voraus 30 und sagte: Geht in das Dorf, das vor uns liegt. Wenn ihr hineinkommt, werdet ihr dort einen jungen Esel angebunden finden, auf dem noch nie ein Mensch gesessen hat. Bindet ihn los und bringt ihn her! 31 Und wenn euch jemand fragt: Warum bindet ihr ihn los?, dann antwortet: Der Herr braucht ihn. 32 Die beiden machten sich auf den Weg und fanden alles so, wie er es ihnen gesagt hatte. 33 Als sie den jungen Esel losbanden, sagten die Leute, denen er gehörte: Warum bindet ihr den Esel los? 34 Sie antworteten: Der Herr braucht ihn. 35 Dann führten sie ihn zu Jesus, legten ihre Kleider auf das Tier und halfen Jesus hinauf. 36 Während er dahinritt, breiteten die Jünger ihre Kleider auf der Straße aus. 37 Als er an die Stelle kam, wo der Weg vom Ölberg hinabführt, begannen alle Jünger freudig und mit lauter Stimme Gott zu loben wegen all der Wundertaten, die sie erlebt hatten. 38 Sie riefen: *Gesegnet sei* der König, *der kommt im Namen des Herrn.* Im Himmel Friede und Herrlichkeit in der Höhe!

39 Da riefen ihm einige Pharisäer aus der Menge zu: Meister, bring deine Jünger zum Schweigen! 40 Er erwiderte: Ich sage euch: Wenn sie schweigen, werden die Steine schreien.

28–40 ‖ Mt 21,1–9; Mk 11,1–10; Joh 12,12–19 • 38: Ps 118,26; Lk 2,14 • 40: Hab 2,11.

Die Ankündigung der Zerstörung Jerusalems: 19,41–44

41 Als er näher kam und die Stadt sah, weinte er über sie 42 und sagte: Wenn doch auch du an diesem Tag erkannt hättest, was dir Frieden bringt. Jetzt aber bleibt es vor deinen Augen verborgen. 43 Es wird eine Zeit für dich kommen, in der deine Feinde rings um dich einen Wall aufwerfen, dich einschließen und von allen Seiten bedrängen. 44 Sie werden dich und deine Kinder zerschmettern und keinen Stein auf dem andern lassen; denn du hast die Zeit der Gnade nicht erkannt.

44: Ps 137,9; Lk 21,6; Mt 24,2; Mk 13,2.

Die Tempelreinigung: 19,45–48

45 Dann ging er in den Tempel und begann, die Händler hinauszutreiben. 46 Er sagte zu ihnen: In der Schrift steht: *Mein Haus soll ein Haus des Gebetes sein.* Ihr aber habt daraus *eine Räuberhöhle* gemacht.

47 Er lehrte täglich im Tempel. Die Hohenpriester, die Schriftgelehrten und die übrigen Führer des Volkes aber suchten ihn umzubringen. 48 Sie wussten jedoch nicht, wie sie es machen sollten, denn das ganze Volk hing an ihm und hörte ihn gern.

45–46 ‖ Mt 21,12f; Mk 11,15–17; Joh 2,13–16; • 47–48 ‖ Mk 11,18 • 46: Jes 56,7; Jer 7,11 • 47: 21,37; Mt 26,55; Mk 14,49; Joh 18,20; Lk 20,19; 22,2.

Die Frage nach der Vollmacht Jesu: 20,1–8

20 Als er eines Tages im Tempel das Volk lehrte und das Evangelium verkündete, kamen die Hohenpriester und die Schriftgelehrten mit den Ältesten hinzu 2 und fragten ihn: Sag uns: Mit welchem Recht tust du das alles? Wer hat dir dazu die Vollmacht gegeben? 3 Er antwortete ihnen: Auch ich will euch eine Frage stellen. Sagt mir: 4 Stammte die Taufe des Johannes vom Himmel oder von den Menschen? 5 Da überlegten sie und sagten zueinander: Wenn wir antworten: Vom Himmel!, so wird er sagen: Warum habt ihr ihm dann nicht geglaubt? 6 Wenn wir aber antworten: Von den Menschen!, dann wird das ganze Volk uns steinigen; denn sie sind überzeugt, dass Johannes ein Prophet gewesen ist. 7 Darum antworte-

19,28–40 Vgl. die Anmerkung zu Mt 21,1–11.

19,45 Vgl. die Anmerkung zu Mt 21,12.

ten sie: Wir wissen nicht, woher. 8 Jesus er-
widerte: Dann sage auch ich euch nicht, mit
welchem Recht ich das alles tue.

1–8 ‖ Mt 21,23–27; Mk 11,27–33.

Das Gleichnis von den bösen Winzern:
20,9–19

9 Er erzählte dem Volk dieses Gleichnis:
Ein Mann legte einen Weinberg an, verpach-
tete ihn an Winzer und reiste für längere Zeit
in ein anderes Land. 10 Als nun die Zeit dafür
gekommen war, schickte er einen Knecht zu
den Winzern, damit sie ihm seinen Anteil am
Ertrag des Weinbergs ablieferten. Die Win-
zer aber prügelten ihn und jagten ihn mit
leeren Händen fort. 11 Darauf schickte er ei-
nen anderen Knecht; auch ihn prügelten und
beschimpften sie und jagten ihn mit leeren
Händen fort. 12 Er schickte noch einen drit-
ten Knecht; aber auch ihn schlugen sie blutig
und warfen ihn hinaus. 13 Da sagte der Besit-
zer des Weinbergs: Was soll ich tun? Ich will
meinen geliebten Sohn zu ihnen schicken.
Vielleicht werden sie vor ihm Achtung ha-
ben. 14 Als die Winzer den Sohn sahen, über-
legten sie und sagten zueinander: Das ist der
Erbe; wir wollen ihn töten, damit das Erbgut
uns gehört. 15 Und sie warfen ihn aus dem
Weinberg hinaus und brachten ihn um. Was
wird nun der Besitzer des Weinbergs mit ih-
nen tun? 16 Er wird kommen und diese Win-
zer töten und den Weinberg anderen geben.
Als sie das hörten, sagten sie: Das darf nicht
geschehen! 17 Da sah Jesus sie an und sagte:
Was bedeutet das Schriftwort:

*Der Stein, den die Bauleute verworfen ha-
ben, / er ist zum Eckstein geworden?*

18 Jeder, der auf diesen Stein fällt, wird zer-
schellen; auf wen der Stein aber fällt, den
wird er zermalmen.

19 Die Schriftgelehrten und die Hohen-
priester hätten ihn gern noch in derselben
Stunde festgenommen; aber sie fürchteten
das Volk. Denn sie hatten gemerkt, dass er
sie mit diesem Gleichnis meinte.

9–19 ‖ Mt 21,33–46; Mk 12,1–12 • 9: Jes 5,1f G • 13: 3,22 • 17: Ps 118,22 • 19: 19,47f; 22,2.

Die Frage nach der kaiserlichen Steuer:
20,20–26

20 Daher lauerten sie ihm auf und schick-
ten Spitzel, die sich fromm stellen und ihn
bei einer (unüberlegten) Antwort ertappen
sollten. Denn sie wollten ihn der Gerichts-
barkeit des Statthalters übergeben. 21 Die
Spitzel fragten ihn: Meister, wir wissen, dass
du aufrichtig redest und lehrst und nicht auf
die Person siehst, sondern wirklich den Weg
Gottes lehrst. 22 Ist es uns erlaubt, dem Kai-
ser Steuer zu zahlen, oder nicht? 23 Er aber
durchschaute ihre Hinterlist und sagte zu ih-
nen: 24 Zeigt mir einen Denar! Wessen Bild
und Aufschrift sind darauf? Sie antworteten:
Die des Kaisers. 25 Da sagte er zu ihnen:
Dann gebt dem Kaiser, was dem Kaiser ge-
hört, und Gott, was Gott gehört! 26 So gelang
es ihnen nicht, ihn öffentlich bei einem (un-
überlegten) Wort zu ertappen. Sie waren von
seiner Antwort sehr überrascht und schwie-
gen.

20–26 ‖ Mt 22,15–22; Mk 12,13–17 • 20: 11,54.

Die Frage nach der Auferstehung der Toten:
20,27–40

27 Von den Sadduzäern, die die Auferste-
hung leugnen, kamen einige zu Jesus und
fragten ihn: 28 Meister, Mose hat uns vorge-
schrieben: *Wenn ein Mann, der einen Bruder
hat, stirbt und eine Frau hinterlässt, ohne
Kinder zu haben, dann soll sein Bruder die
Frau heiraten und seinem Bruder Nachkom-
men verschaffen.* 29 Nun lebten einmal sieben
Brüder. Der erste nahm sich eine Frau, starb
aber kinderlos. 30 Da nahm sie der zweite,
31 danach der dritte und ebenso die anderen
bis zum siebten; sie alle hinterließen keine
Kinder, als sie starben. 32 Schließlich starb
auch die Frau. 33 Wessen Frau wird sie nun
bei der Auferstehung sein? Alle sieben haben
sie doch zur Frau gehabt. 34 Da sagte Jesus zu
ihnen: Nur in dieser Welt heiraten die Men-
schen. 35 Die aber, die Gott für würdig hält,
an jener Welt und an der Auferstehung von
den Toten teilzuhaben, werden dann nicht
mehr heiraten. 36 Sie können auch nicht
mehr sterben, weil sie den Engeln gleich und
durch die Auferstehung zu Söhnen Gottes
geworden sind. 37 Dass aber die Toten auf-
erstehen, hat schon Mose in der Geschichte
vom Dornbusch angedeutet, in der er den
Herrn *den Gott Abrahams, den Gott Isaaks
und den Gott Jakobs nennt.* 38 Er ist doch
kein Gott von Toten, sondern von Lebenden;
denn für ihn sind alle lebendig. 39 Da sagten
einige Schriftgelehrte: Meister, du hast gut
geantwortet. 40 Und man wagte nicht mehr,
ihn etwas zu fragen.

27–38 ‖ Mt 22,23–33; Mk 12,18–27 • 27: Apg 23,8 • 28: Dtn 25,5f; Gen 38,8 • 37: Ex 3,6 • 39: Mk 12,32 • 40: Mt 22,46; Mk 12,34.

20,9–19 Vgl. die Anmerkung zu Mt 21,33–46.
20,20–26 Vgl. die Anmerkung zu Mt 22,15–22.
20,27–40 Vgl. die Anmerkung zu Mt 22,23–33.

20,34 Wörtlich: Nur in dieser Welt heiraten sie (nämlich die Männer) und werden geheiratet (nämlich die Frauen). Ähnlich im V. 35.

Die Frage nach dem Messias: 20,41–44

41 Da fragte er sie: Wie kann man behaupten, der Messias sei der Sohn Davids? 42 Denn David selbst sagt im Buch der Psalmen: *Der Herr sprach zu meinem Herrn: Setze dich mir zur Rechten,* 43 *und ich lege dir deine Feinde als Schemel unter die Füße.* 44 David nennt ihn also »Herr«. Wie kann er dann Davids Sohn sein?

41–44 ‖ Mt 22,41–45; Mk 12,35–37a • 42: Ps 110,1.

Worte gegen die Schriftgelehrten: 20,45–47

45 Jesus sagte vor dem ganzen Volk zu seinen Jüngern: 46 Hütet euch vor den Schriftgelehrten! Sie gehen gern in langen Gewändern umher, lieben es, wenn man sie auf den Straßen und Plätzen grüßt, und wollen in der Synagoge die vordersten Sitze und bei jedem Festmahl die Ehrenplätze haben. 47 Sie bringen die Witwen um ihre Häuser und verrichten in ihrer Scheinheiligkeit lange Gebete. Aber um so härter wird das Urteil sein, das sie erwartet.

45–47 ‖ Mt 23,1.5–7.14; Mk 12,37b–40 • 46: 11,43; 14,7.

Das Opfer der Witwe: 21,1–4

21 Er blickte auf und sah, wie die Reichen ihre Gaben in den Opferkasten legten. 2 Dabei sah er auch eine arme Witwe, die zwei kleine Münzen hineinwarf. 3 Da sagte er: Wahrhaftig, ich sage euch: Diese arme Witwe hat mehr hineingeworfen als alle anderen. 4 Denn sie alle haben nur etwas von ihrem Überfluss geopfert; diese Frau aber, die kaum das Nötigste zum Leben hat, sie hat ihren ganzen Lebensunterhalt hergegeben.

1–4 ‖ Mk 12,41–44.

Die Rede über die Endzeit: 21,5–36

Die Ankündigung der Zerstörung des Tempels: 21,5–6

5 Als einige darüber sprachen, dass der Tempel mit schönen Steinen und Weihegeschenken geschmückt sei, sagte Jesus: 6 Es wird eine Zeit kommen, da wird von allem, was ihr hier seht, kein Stein auf dem andern bleiben; alles wird niedergerissen werden.

5–6 ‖ Mt 24,1f; Mk 13,1f • 6: 19,44.

Vom Anfang der Not: 21,7–19

7 Sie fragten ihn: Meister, wann wird das geschehen und an welchem Zeichen wird man erkennen, dass es beginnt? 8 Er antwortete: Gebt Acht, dass man euch nicht irreführt! Denn viele werden unter meinem Namen auftreten und sagen: Ich bin es!, und: Die Zeit ist da. – Lauft ihnen nicht nach!

9 Und wenn ihr von Kriegen und Unruhen hört, lasst euch dadurch nicht erschrecken! Denn das *muss* als erstes *geschehen;* aber das Ende kommt noch nicht sofort. 10 Dann sagte er zu ihnen: Ein Volk wird sich gegen das andere erheben und ein Reich gegen das andere. 11 Es wird gewaltige Erdbeben und an vielen Orten Seuchen und Hungersnöte geben; schreckliche Dinge werden geschehen und am Himmel wird man gewaltige Zeichen sehen.

12 Aber bevor das alles geschieht, wird man euch festnehmen und euch verfolgen. Man wird euch um meines Namens willen den Gerichten der Synagogen übergeben, ins Gefängnis werfen und vor Könige und Statthalter bringen. 13 Dann werdet ihr Zeugnis ablegen können. 14 Nehmt euch fest vor, nicht im voraus für eure Verteidigung zu sorgen; 15 denn ich werde euch die Worte und die Weisheit eingeben, sodass alle eure Gegner nicht dagegen ankommen und nichts dagegen sagen können. 16 Sogar eure Eltern und Geschwister, eure Verwandten und Freunde werden euch ausliefern und manche von euch wird man töten. 17 Und ihr werdet um meines Namens willen von allen gehasst werden. 18 Und doch wird euch kein Haar gekrümmt werden. 19 Wenn ihr standhaft bleibt, werdet ihr das Leben gewinnen.

7–19 ‖ Mt 10,17–22; 24,3–14; Mk 13,3–13 • 9: Dan 2,28 G • 10: Jes 19,2 • 12: Joh 16,1–4; Lk 12,11f • 18: Mt 10,30.

Vom Gericht über Jerusalem: 21,20–24

20 Wenn ihr aber seht, dass Jerusalem von einem Heer eingeschlossen wird, dann könnt ihr daran erkennen, dass die Stadt bald verwüstet wird. 21 Dann sollen die Bewohner von Judäa in die Berge fliehen; wer in der

---

21,1–4 Vgl. die Anmerkung zu Mk 12,41.
21,2 zwei kleine Münzen, wörtlich: zwei Leptá. Vgl. die Anmerkung zu 12,6.
21,5–36 Vgl. die Anmerkung zu Mt 24,1 – 25,46. Im Unterschied zur Endzeitrede des Markus und des Matthäus spricht Lukas nicht vom Aufstellen eines Götzenbildes im Tempel und trennt zwischen dem Untergang Jerusalems und dem Ende der Welt.
21,35 Eine Reihe von Textzeugen hat: denn wie eine Falle wird er über alle Bewohner ... hereinbrechen.

Stadt ist, soll sie verlassen, und wer auf dem Land ist, soll nicht in die Stadt gehen. 22 Denn das sind die *Tage der Vergeltung,* an denen alles in Erfüllung gehen soll, was in der Schrift steht. 23 Wehe den Frauen, die in jenen Tagen schwanger sind oder ein Kind stillen. Denn eine große Not wird über das Land hereinbrechen: Der Zorn (Gottes) wird über dieses Volk kommen. 24 Mit scharfem Schwert wird man sie erschlagen, als Gefangene wird man sie in alle Länder verschleppen und *Jerusalem* wird von den *Heiden zertreten* werden, bis die Zeiten der Heiden sich erfüllen.

20–24 ‖ Mt 24,15–22; Mk 13,14–20 • 22: Dtn 32,35 • 24: Sach 12,3 G.

Vom Kommen des Menschensohnes: 21,25–28

25 Es werden Zeichen sichtbar werden an Sonne, Mond und Sternen, und auf der Erde werden die Völker bestürzt und ratlos sein über das Toben und Donnern des Meeres. 26 Die Menschen werden vor Angst vergehen in der Erwartung der Dinge, die über die Erde kommen; denn die Kräfte des Himmels werden erschüttert werden. 27 Dann wird man den *Menschensohn* mit großer Macht und Herrlichkeit *auf einer Wolke kommen sehen.* 28 Wenn (all) das beginnt, dann richtet euch auf, und erhebt eure Häupter; denn eure Erlösung ist nahe.

25–28 ‖ Mt 24,29–31; Mk 13,24–27 • 25: Jes 13,10; 34,4 G; Joël 2,10• 26: Hag 2,6.21; 2 Petr 3,10 • 27: Dan 7,13; Mt 26,64; Mk 14,62; Offb 1,7.

Mahnungen im Hinblick auf das Ende: 21,29–36

29 Und er gebrauchte einen Vergleich und sagte: Seht euch den Feigenbaum und die anderen Bäume an: 30 Sobald ihr merkt, dass sie Blätter treiben, wisst ihr, dass der Sommer nahe ist. 31 Genauso sollt ihr erkennen, wenn ihr (all) das geschehen seht, dass das Reich Gottes nahe ist. 32 Amen, ich sage euch: Diese Generation wird nicht vergehen, bis alles eintrifft. 33 Himmel und Erde werden vergehen, aber meine Worte werden nicht vergehen.

34 Nehmt euch in Acht, dass Rausch und Trunkenheit und die Sorgen des Alltags euch nicht verwirren und dass jener Tag euch nicht plötzlich überrascht, 35 (so) wie (man in) eine Falle (gerät); denn er wird über alle Bewohner der ganzen Erde hereinbrechen. 36 Wacht und betet allezeit, damit ihr allem, was geschehen wird, entrinnen und vor den Menschensohn hintreten könnt.

29–33 ‖ Mt 24,32–35; Mk 13,28–32 • 32: 9,27; Mt 16,28; Mk 9,1 • 36: Mt 24,42; 25,13; Mk 13,35.

Die Lehrtätigkeit Jesu im Tempel: 21,37–38

37 Tagsüber lehrte Jesus im Tempel; abends aber ging er zum Ölberg hinaus und verbrachte dort die Nacht. 38 Schon früh am Morgen kam das ganze Volk zu ihm in den Tempel, um ihn zu hören.

37: 19,47; 23,53; 22,39.

DAS LEIDEN UND DIE AUFERSTEHUNG JESU: 22,1 – 24,53

Der Beschluss des Hohen Rates: 22,1–2

22 Das Fest der Ungesäuerten Brote, das Pascha genannt wird, war nahe. 2 Und die Hohenpriester und die Schriftgelehrten suchten nach einer Möglichkeit, Jesus (unauffällig) zu beseitigen; denn sie fürchteten sich vor dem Volk.

1–2 ‖ Mt 26,3–5; Mk 14,1f • 2: 19,47f; 20,19.

Der Verrat durch Judas: 22,3–6

3 Der Satan aber ergriff Besitz von Judas, genannt Iskariot, der zu den Zwölf gehörte. 4 Judas ging zu den Hohenpriestern und den Hauptleuten und beriet mit ihnen, wie er Jesus an sie ausliefern könnte. 5 Da freuten sie sich und kamen mit ihm überein, ihm Geld dafür zu geben. 6 Er sagte zu und suchte von

22,1–24,53 Der Passionsbericht des Lukas bietet über die Berichte des Markus und des Matthäus hinaus folgende Sonderüberlieferungen: Rangstreit unter den Jüngern (22,24–30), Verheißung an die Jünger (22,28–30), Mahnung an Simon (22,31f), Hinweis auf eine Engelserscheinung am Ölberg und auf den Blutschweiß (22,43f), Blick Jesu auf Petrus (22,61), Verspottung Jesu durch Herodes (23,6–12), Feststellen der Schuldlosigkeit Jesu durch Pilatus (23,13–16), Wort Jesu an die Frauen von Jerusalem (23,27–31), Wort Jesu an den reumütigen Verbrecher (23,40–43), Sterbegebet Jesu (23,46).

22,1 Vgl. die Anmerkung zu Mk 14,1.

22,2 Andere Übersetzungsmöglichkeit: denn sie fürchteten, das Volk (werde einen Aufstand machen).

da an nach einer Gelegenheit, ihn an sie aus-
zuliefern, ohne dass das Volk es merkte.

3–6 || Mt 26,14–16; Mk 14,10f.

Die Vorbereitung des Paschamahls: 22,7–13

7 Dann kam der Tag der Ungesäuerten
Brote, an dem das Paschalamm geschlachtet
werden musste. 8 Jesus schickte Petrus und
Johannes in die Stadt und sagte: Geht und
bereitet das Paschamahl für uns vor, damit
wir es gemeinsam essen können. 9 Sie fragten
ihn: Wo sollen wir es vorbereiten? 10 Er ant-
wortete ihnen: Wenn ihr in die Stadt kommt,
wird euch ein Mann begegnen, der einen
Wasserkrug trägt. Folgt ihm in das Haus, in
das er hineingeht, 11 und sagt zu dem Herrn
des Hauses: Der Meister lässt dich fragen:
Wo ist der Raum, in dem ich mit meinen Jün-
gern das Paschalamm essen kann? 12 Und der
Hausherr wird euch einen großen Raum im
Obergeschoss zeigen, der mit Polstern ausge-
stattet ist. Dort bereitet alles vor! 13 Sie gin-
gen und fanden alles so, wie er es ihnen ge-
sagt hatte, und bereiteten das Paschamahl
vor.

7–13 || Mt 26,17–19; Mk 14,12–16 • 7: Ex 12,14–20.

Das Mahl: 22,14–23

14 Als die Stunde gekommen war, begab er
sich mit den Aposteln zu Tisch. 15 Und er
sagte zu ihnen: Ich habe mich sehr danach
gesehnt, vor meinem Leiden dieses Pascha-
mahl mit euch zu essen. 16 Denn ich sage
euch: Ich werde es nicht mehr essen, bis das
Mahl seine Erfüllung findet im Reich Gottes.
17 Und er nahm den Kelch, sprach das Dank-
gebet und sagte: Nehmt den Wein und ver-
teilt ihn untereinander! 18 Denn ich sage
euch: Von nun an werde ich nicht mehr von
der Frucht des Weinstocks trinken, bis das
Reich Gottes kommt. 19 Und er nahm Brot,
sprach das Dankgebet, brach das Brot und
reichte es ihnen mit den Worten: Das ist
mein Leib, der für euch hingegeben wird. Tut
dies zu meinem Gedächtnis! 20 Ebenso nahm
er nach dem Mahl den Kelch und sagte: Die-
ser Kelch ist *der Neue Bund* in meinem Blut,
das für euch vergossen wird. 21 Doch seht,
der Mann, der mich verrät und ausliefert,
sitzt mit mir am Tisch. 22 Der Menschensohn
muss zwar den Weg gehen, der ihm bestimmt
ist. Aber weh dem Menschen, durch den er
verraten wird. 23 Da fragte einer den andern,
wer von ihnen das wohl sei, der so etwas tun
werde.

14–23 || Mt 26,20–29; Mk 14,17–25 • 19–20 || 1 Kor 11,23–25 • 21–23 || Joh 13,2.21–26 • 20: Ex 24,8; Jer 31,31.

Vom Herrschen und vom Dienen: 22,24–30

24 Es entstand unter ihnen ein Streit darü-
ber, wer von ihnen wohl der Größte sei. 25 Da
sagte Jesus: Die Könige herrschen über ihre
Völker und die Mächtigen lassen sich Wohl-
täter nennen. 26 Bei euch aber soll es nicht so
sein, sondern der Größte unter euch soll wer-
den wie der Kleinste und der Führende soll
werden wie der Dienende. 27 Welcher von
beiden ist größer: wer bei Tisch sitzt oder
wer bedient? Natürlich der, der bei Tisch
sitzt. Ich aber bin unter euch wie der, der be-
dient.
28 In allen meinen Prüfungen habt ihr bei
mir ausgeharrt. 29 Darum vermache ich euch
das Reich, wie es mein Vater mir vermacht
hat: 30 Ihr sollt in meinem Reich mit mir an
meinem Tisch essen und trinken, und ihr
sollt auf Thronen sitzen und die zwölf Stäm-
me Israels richten.

24–27 || Mt 20,24–28; Mk 10,41–45 • 24–26: 9,46–48; Mt 18,1; Mk 9,33f • 26f: Joh 13,4f.12–17 • 30: Mt 19,28.

Die Ankündigung der Verleugnung und der Umkehr des Petrus: 22,31–34

31 Simon, Simon, der Satan hat verlangt,
dass er euch wie Weizen sieben darf. 32 Ich
aber habe für dich gebetet, dass dein Glaube
nicht erlischt. Und wenn du dich wieder be-
kehrt hast, dann stärke deine Brüder. 33 Da-
rauf sagte Petrus zu ihm: Herr, ich bin bereit,
mit dir sogar ins Gefängnis und in den Tod
zu gehen. 34 Jesus erwiderte: Ich sage dir,
Petrus, ehe heute der Hahn kräht, wirst du
dreimal leugnen, mich zu kennen.

31–34 || Joh 13,36–38 • 31: Mt 16,18; Joh 21,15–17 • 33–34: Mt 26,34f; Mk 14,30f • 34: 22,61.

Die Stunde der Entscheidung: 22,35–38

35 Dann sagte Jesus zu ihnen: Als ich euch
ohne Geldbeutel aussandte, ohne Vorrats-
tasche und ohne Schuhe, habt ihr da etwa
Not gelitten? Sie antworteten: Nein. 36 Da
sagte er: Jetzt aber soll der, der einen Geld-

22,17 Nehmt den Wein, wörtlich: Nehmt diesen (Kelch). – Beim jüdischen Paschamahl wird der Kelch mehrmals herumgereicht. Von dem bei der Einsetzung des Abendmahls gereichten Kelch ist erst in V. 20 die Rede.

22,19f Der Abendmahlsbericht des Lukas spricht im Unterschied zu Markus und Matthäus ausdrücklich vom Neuen Bund, wie dies auch Paulus in 1 Kor 11,25 tut.

22,21 Wörtlich: Doch siehe, die Hand dessen, der mich verrät und ausliefert, (ist) mit mir auf dem Tisch.

beutel hat, ihn mitnehmen und ebenso die Tasche. Wer aber kein Geld hat, soll seinen Mantel verkaufen und sich dafür ein Schwert kaufen. 37 Ich sage euch: An mir muss sich das Schriftwort erfüllen: *Er wurde zu den Verbrechern gerechnet.* Denn alles, was über mich gesagt ist, geht in Erfüllung. 38 Da sagten sie: Herr, hier sind zwei Schwerter. Er erwiderte: Genug davon!

35: 9,2f; 10,4 • 37: Jes 53,12; Joh 19,28.

Das Gebet am Ölberg: 22,39–46

39 Dann verließ Jesus die Stadt und ging, wie er es gewohnt war, zum Ölberg; seine Jünger folgten ihm. 40 Als er dort war, sagte er zu ihnen: Betet darum, dass ihr nicht in Versuchung geratet! 41 Dann entfernte er sich von ihnen ungefähr einen Steinwurf weit, kniete nieder und betete: 42 Vater, wenn du willst, nimm diesen Kelch von mir! Aber nicht mein, sondern dein Wille soll geschehen. 43 Da erschien ihm ein Engel vom Himmel und gab ihm (neue) Kraft. 44 Und er betete in seiner Angst noch inständiger und sein Schweiß war wie Blut, das auf die Erde tropfte. 45 Nach dem Gebet stand er auf, ging zu den Jüngern zurück und fand sie schlafend; denn sie waren vor Kummer erschöpft. 46 Da sagte er zu ihnen: Wie könnt ihr schlafen? Steht auf und betet, damit ihr nicht in Versuchung geratet.

39–46 ‖ Mt 26,30.36–46; Mk 14,26.32–42 • 39: 21,37; Joh 18,1f; • 42: Mt 6,10; Joh 12,27f.

Die Gefangennahme: 22,47–53

47 Während er noch redete, kam eine Schar Männer; Judas, einer der Zwölf, ging ihnen voran. Er näherte sich Jesus, um ihn zu küssen. 48 Jesus aber sagte zu ihm: Judas, mit einem Kuss verrätst du den Menschensohn? 49 Als seine Begleiter merkten, was (ihm) drohte, fragten sie: Herr, sollen wir mit dem Schwert dreinschlagen? 50 Und einer von ihnen schlug auf den Diener des Hohenpriesters ein und hieb ihm das rechte Ohr ab. 51 Jesus aber sagte: Hört auf damit! Und er berührte das Ohr und heilte den Mann. 52 Zu den Hohenpriestern aber, den Hauptleuten der Tempelwache und den Ältesten, die vor ihm standen, sagte Jesus: Wie gegen einen Räuber seid ihr mit Schwertern und Knüppeln ausgezogen. 53 Tag für Tag war ich bei euch im Tempel und ihr habt nicht gewagt, gegen mich vorzugehen. Aber das ist eure Stunde, jetzt hat die Finsternis die Macht.

47–53 ‖ Mt 26,47–56; Mk 14,43–50; Joh 18,3–11 • 53: 19,47; 21,37; Joh 18,20.

Die Verleugnung durch Petrus: 22,54–62

54 Darauf nahmen sie ihn fest, führten ihn ab und brachten ihn in das Haus des Hohenpriesters. Petrus folgte von weitem. 55 Mitten im Hof hatte man ein Feuer angezündet und Petrus setzte sich zu den Leuten, die dort beieinandersaßen. 56 Eine Magd sah ihn am Feuer sitzen, schaute ihn genau an und sagte: Der war auch mit ihm zusammen. 57 Petrus aber leugnete es und sagte: Frau, ich kenne ihn nicht. 58 Kurz danach sah ihn ein anderer und bemerkte: Du gehörst auch zu ihnen. Petrus aber sagte: Nein, Mensch, ich nicht! 59 Etwa eine Stunde später behauptete wieder einer: Wahrhaftig, der war auch mit ihm zusammen; er ist doch auch ein Galiläer. 60 Petrus aber erwiderte: Mensch, ich weiß nicht, wovon du sprichst. Im gleichen Augenblick, noch während er redete, krähte ein Hahn. 61 Da wandte sich der Herr um und blickte Petrus an. Und Petrus erinnerte sich an das, was der Herr zu ihm gesagt hatte: Ehe heute der Hahn kräht, wirst du mich dreimal verleugnen. 62 Und er ging hinaus und weinte bitterlich.

54–62 ‖ Mt 26,57f.69–75; Mk 14,53f.66–72; Joh 18,12–18.25–27 • 61: 22,34.

Die Verspottung durch die Wächter: 22,63–65

63 Die Wächter trieben ihren Spott mit Jesus. Sie schlugen ihn, 64 verhüllten ihm das Gesicht und fragten ihn: Du bist doch ein Prophet! Sag uns: Wer hat dich geschlagen? 65 Und noch mit vielen anderen Lästerungen verhöhnten sie ihn.

63–65 ‖ Mt 26,67; Mk 14,65.

Das Verhör vor dem Hohen Rat: 22,66–71

66 Als es Tag wurde, versammelten sich die Ältesten des Volkes, die Hohenpriester und die Schriftgelehrten, also der Hohe Rat, und sie ließen Jesus vorführen. 67 Sie sagten zu ihm: Wenn du der Messias bist, dann sag es uns! Er antwortete ihnen: Auch wenn ich es euch sage – ihr glaubt mir ja doch nicht; 68 und wenn ich euch etwas frage, antwortet ihr nicht. 69 Von nun an wird *der Menschensohn zur Rechten des allmächtigen Gottes sitzen.* 70 Da sagten alle: Du bist also der Sohn Gottes. Er antwortete ihnen: Ihr sagt es – ich bin es. 71 Da riefen sie: Was brauchen wir noch Zeugenaussagen? Wir haben es selbst aus seinem eigenen Mund gehört.

66–71 ‖ Mt 27,1; 26,57.63–65; Mk 15,1; 14,53.61–64; Joh 18,19–24 • 67: 9,20; Joh 10,24 • 69: Dan 7,13; Ps 110,1.

22,43f Diese zwei Verse fehlen bei wichtigen Textzeugen; sie sind vermutlich nicht ursprünglich.

Die Auslieferung an Pilatus: 23,1–5

23 Daraufhin erhob sich die ganze Versammlung und man führte Jesus zu Pilatus. 2 Dort brachten sie ihre Anklage gegen ihn vor; sie sagten: Wir haben festgestellt, dass dieser Mensch unser Volk verführt, es davon abhält, dem Kaiser Steuer zu zahlen, und behauptet, er sei der Messias und König. 3 Pilatus fragte ihn: Bist du der König der Juden? Er antwortete ihm: Du sagst es. 4 Da sagte Pilatus zu den Hohenpriestern und zum Volk: Ich finde nicht, dass dieser Mensch eines Verbrechens schuldig ist. 5 Sie aber blieben hartnäckig und sagten: Er wiegelt das Volk auf und verbreitet seine Lehre im ganzen jüdischen Land von Galiläa bis hierher.

1–5 ‖ Mt 27,2.11–14; Mk 15,1–5; Joh 18,28–38.

Die Verspottung durch Herodes: 23,6–12

6 Als Pilatus das hörte, fragte er, ob der Mann ein Galiläer sei. 7 Und als er erfuhr, dass Jesus aus dem Gebiet des Herodes komme, ließ er ihn zu Herodes bringen, der in jenen Tagen ebenfalls in Jerusalem war. 8 Herodes freute sich sehr, als er Jesus sah; schon lange hatte er sich gewünscht, mit ihm zusammenzutreffen, denn er hatte von ihm gehört. Nun hoffte er, ein Wunder von ihm zu sehen. 9 Er stellte ihm viele Fragen, doch Jesus gab ihm keine Antwort. 10 Die Hohenpriester und die Schriftgelehrten, die dabeistanden, erhoben schwere Beschuldigungen gegen ihn. 11 Herodes und seine Soldaten zeigten ihm offen ihre Verachtung. Er trieb seinen Spott mit Jesus, ließ ihm ein Prunkgewand umhängen und schickte ihn so zu Pilatus zurück. 12 An diesem Tag wurden Herodes und Pilatus Freunde; vorher waren sie Feinde gewesen.

8: 9,9 • 11: Mt 27,28; Mk 15,17.

Die Verhandlung vor Pilatus: 23,13–25

13 Pilatus rief die Hohenpriester und die anderen führenden Männer und das Volk zusammen 14 und sagte zu ihnen: Ihr habt mir diesen Menschen hergebracht und behauptet, er wiegle das Volk auf. Ich selbst habe ihn in eurer Gegenwart verhört und habe keine der Anklagen, die ihr gegen diesen Menschen vorgebracht habt, bestätigt gefunden, 15 auch Herodes nicht, denn er hat ihn zu uns zurückgeschickt. Ihr seht also: Er hat nichts getan, worauf die Todesstrafe steht. 16 Daher will ich ihn nur auspeitschen lassen und dann werde ich ihn freilassen.[17] 18 Da schrien sie alle miteinander: Weg mit ihm; lass den Barabbas frei! 19 Dieser Mann war wegen eines Aufruhrs in der Stadt und wegen Mordes ins Gefängnis geworfen worden. 20 Pilatus aber redete wieder auf sie ein, denn er wollte Jesus freilassen. 21 Doch sie schrien: Kreuzige ihn, kreuzige ihn! 22 Zum dritten Mal sagte er zu ihnen: Was für ein Verbrechen hat er denn begangen? Ich habe nichts feststellen können, wofür er den Tod verdient. Daher will ich ihn auspeitschen lassen und dann werde ich ihn freilassen. 23 Sie aber schrien und forderten immer lauter, er solle Jesus kreuzigen lassen, und mit ihrem Geschrei setzten sie sich durch: 24 Pilatus entschied, dass ihre Forderung erfüllt werden solle. 25 Er ließ den Mann frei, der wegen Aufruhr und Mord im Gefängnis saß und den sie gefordert hatten. Jesus aber lieferte er ihnen aus, wie sie es verlangten.

18–25 ‖ Mt 27,20–26; Mk 15,11–15; Joh 18,38–19,1 • 18: Apg 3,13f • 21: Joh 19,15.

Die Kreuzigung: 23,26–43

26 Als sie Jesus hinausführten, ergriffen sie einen Mann aus Zyrene namens Simon, der gerade vom Feld kam. Ihm luden sie das Kreuz auf, damit er es hinter Jesus hertrage. 27 Es folgte eine große Menschenmenge, darunter auch Frauen, die um ihn klagten und weinten. 28 Jesus wandte sich zu ihnen um und sagte: Ihr Frauen von Jerusalem, weint nicht über mich; weint über euch und eure Kinder! 29 Denn es kommen Tage, da wird man sagen: Wohl den Frauen, die unfruchtbar sind, die nicht geboren und nicht gestillt haben. 30 Dann wird man *zu den Bergen sagen: Fallt auf uns!, und zu den Hügeln: Deckt uns zu!* 31 Denn wenn das mit dem grünen Holz geschieht, was wird dann erst mit dem dürren werden?

32 Zusammen mit Jesus wurden auch zwei Verbrecher zur Hinrichtung geführt.

33 Sie kamen zur Schädelhöhe; dort kreuzigten sie ihn und die Verbrecher, den einen rechts von ihm, den andern links. 34 Jesus aber betete: Vater, vergib ihnen, denn sie wissen nicht, was sie tun. Dann *warfen sie das Los und verteilten* seine *Kleider unter sich.* 35 Die Leute standen dabei und *schauten zu;* auch die führenden Männer des Vol-

23,17 Einige Textzeugen fügen hinzu: Zum Fest aber musste er ihnen einen Gefangenen freilassen.

23,34 Der erste Teil des Verses fehlt bei einigen alten Textzeugen.

kes *verlachten* ihn und sagten: Anderen hat
er geholfen, nun soll er sich selbst helfen,
wenn er der erwählte Messias Gottes ist.
36 Auch die Soldaten verspotteten ihn; sie
traten vor ihn hin, reichten ihm Essig 37 und
sagten: Wenn du der König der Juden bist,
dann hilf dir selbst! 38 Über ihm war eine
Tafel angebracht; auf ihr stand: Das ist der
König der Juden. 39 Einer der Verbrecher, die
neben ihm hingen, verhöhnte ihn: Bist du
denn nicht der Messias? Dann hilf dir selbst
und auch uns! 40 Der andere aber wies ihn
zurecht und sagte: Nicht einmal du fürchtest
Gott? Dich hat doch das gleiche Urteil ge-
troffen. 41 Uns geschieht recht, wir erhalten
den Lohn für unsere Taten; dieser aber hat
nichts Unrechtes getan. 42 Dann sagte er:
Jesus, denk an mich, wenn du in dein Reich
kommst. 43 Jesus antwortete ihm: Amen, ich
sage dir: Heute noch wirst du mit mir im Pa-
radies sein.

26–43 ‖ Mt 27,31b–44; Mk 15,20b–32; Joh 19,16b–27.29 • 30: Hos 10,8; Offb 6,16 • 34: Ps 22,19; Joh 19,24 • 35: Ps 22,8.

Der Tod Jesu: 23,44–49

44 Es war etwa um die sechste Stunde, als
eine Finsternis über das ganze Land herein-
brach. Sie dauerte bis zur neunten Stunde.
45 Die Sonne verdunkelte sich. Der Vorhang
im Tempel riss mitten entzwei, 46 und Jesus
rief laut: *Vater, in deine Hände lege ich mei-
nen Geist.* Nach diesen Worten hauchte er
den Geist aus.

47 Als der Hauptmann sah, was geschehen
war, pries er Gott und sagte: Das war wirk-
lich ein gerechter Mensch. 48 Und alle, die zu
diesem Schauspiel herbeigeströmt waren
und sahen, was sich ereignet hatte, schlugen
sich an die Brust und gingen betroffen
weg.

49 Alle seine *Bekannten* aber *standen in
einiger Entfernung* (vom Kreuz), auch die
Frauen, die ihm seit der Zeit in Galiläa nach-
gefolgt waren und die alles mit ansahen.

44–49 ‖ Mt 27,45–56; Mk 15,33–41; Joh 19,28–30 • 46: Ps 31,6 • 49: Ps 38,12; Lk 8,2f.

Das Begräbnis Jesu: 23,50–56

50/51 Damals gehörte zu den Mitgliedern
des Hohen Rates ein Mann namens Josef,
der aus der jüdischen Stadt Arimathäa
stammte. Er wartete auf das Reich Gottes
und hatte dem, was die anderen beschlossen
und taten, nicht zugestimmt, weil er gut und
gerecht war. 52 Er ging zu Pilatus und bat um
den Leichnam Jesu. 53 Und er nahm ihn vom
Kreuz, hüllte ihn in ein Leinentuch und legte
ihn in ein Felsengrab, in dem noch niemand
bestattet worden war. 54 Das war am Rüst-
tag, kurz bevor der Sabbat anbrach. 55 Die
Frauen, die mit Jesus aus Galiläa gekommen
waren, gaben ihm das Geleit und sahen zu,
wie der Leichnam in das Grab gelegt wurde.
56 Dann kehrten sie heim und bereiteten
wohlriechende Öle und Salben zu. Am Sab-
bat aber hielten sie die vom Gesetz vorge-
schriebene Ruhe ein.

50–56 ‖ Mt 27,57–61; Mk 15,42–47; Joh 19,38–42 • 54: Dtn 21,23.

Die Botschaft der Engel im leeren Grab: 24,1–12

24 Am ersten Tag der Woche gingen die
Frauen mit den wohlriechenden Sal-
ben, die sie zubereitet hatten, in aller Frühe
zum Grab. 2 Da sahen sie, dass der Stein vom
Grab weggewälzt war; 3 sie gingen hinein,
aber den Leichnam Jesu, des Herrn, fanden
sie nicht. 4 Während sie ratlos dastanden,
traten zwei Männer in leuchtenden Gewän-
dern zu ihnen. 5 Die Frauen erschraken und
blickten zu Boden. Die Männer aber sagten
zu ihnen: Was sucht ihr den Lebenden bei
den Toten? 6 Er ist nicht hier, sondern er ist
auferstanden. Erinnert euch an das, was er
euch gesagt hat, als er noch in Galiläa war:
7 Der Menschensohn muss den Sündern aus-
geliefert und gekreuzigt werden und am
dritten Tag auferstehen. 8 Da erinnerten sie
sich an seine Worte. 9 Und sie kehrten vom
Grab in die Stadt zurück und berichteten al-
les den Elf und den anderen Jüngern. 10 Es
waren Maria Magdalene, Johanna und Ma-
ria, die Mutter des Jakobus; auch die übrigen
Frauen, die bei ihnen waren, erzählten es
den Aposteln. 11 Doch die Apostel hielten das
alles für Geschwätz und glaubten ihnen
nicht. 12 Petrus aber stand auf und lief zum
Grab. Er beugte sich vor, sah aber nur die
Leinenbinden (dort liegen). Dann ging er
nach Hause, voll Verwunderung über das,
was geschehen war.

1–12 ‖ Mt 28,1–8; Mk 16,1–8; Joh 20,1–13 • 7: 9,22.44; 17,25; 18,32f; • 10: 8,2f; Mk 16,9.

23,42 Einige Textzeugen haben: wenn du in deiner Macht als König kommst.

24,6 Der erste Satz des Verses fehlt bei einigen alten Textzeugen.

24,10 Vgl. die Anmerkung zu Mt 12,46f.

24,12 Dieser Vers fehlt bei einigen alten Textzeugen.

24,13–35 Die Erzählung von den Emmaus-Jüngern ist nur bei Lukas überliefert.

24,13 Sechzig Stadien sind etwa elf Kilometer.

Die Begegnung mit dem Auferstandenen auf dem Weg nach Emmaus: 24,13–35

13 Am gleichen Tag waren zwei von den
Jüngern auf dem Weg in ein Dorf namens
Emmaus, das sechzig Stadien von Jerusalem
entfernt ist. 14 Sie sprachen miteinander
über all das, was sich ereignet hatte. 15 Wäh-
rend sie redeten und ihre Gedanken aus-
tauschten, kam Jesus hinzu und ging mit ih-
nen. 16 Doch sie waren wie mit Blindheit ge-
schlagen, sodass sie ihn nicht erkannten.
17 Er fragte sie: Was sind das für Dinge, über
die ihr auf eurem Weg miteinander redet? Da
blieben sie traurig stehen, 18 und der eine von
ihnen – er hieß Kleopas – antwortete ihm:
Bist du so fremd in Jerusalem, dass du als
einziger nicht weißt, was in diesen Tagen
dort geschehen ist? 19 Er fragte sie: Was
denn? Sie antworteten ihm: Das mit Jesus
aus Nazaret. Er war ein Prophet, mächtig in
Wort und Tat vor Gott und dem ganzen Volk.
20 Doch unsere Hohenpriester und Führer
haben ihn zum Tod verurteilen und ans
Kreuz schlagen lassen. 21 Wir aber hatten ge-
hofft, dass er der sei, der Israel erlösen wer-
de. Und dazu ist heute schon der dritte Tag,
seitdem das alles geschehen ist. 22 Aber nicht
nur das: Auch einige Frauen aus unserem
Kreis haben uns in große Aufregung versetzt.
Sie waren in der Frühe beim Grab, 23 fanden
aber seinen Leichnam nicht. Als sie zurück-
kamen, erzählten sie, es seien ihnen Engel
erschienen und hätten gesagt, er lebe. 24 Ei-
nige von uns gingen dann zum Grab und fan-
den alles so, wie die Frauen gesagt hatten;
ihn selbst aber sahen sie nicht.

25 Da sagte er zu ihnen: Begreift ihr denn
nicht? Wie schwer fällt es euch, alles zu glau-
ben, was die Propheten gesagt haben.
26 Musste nicht der Messias all das erleiden,
um so in seine Herrlichkeit zu gelangen?
27 Und er legte ihnen dar, ausgehend von
Mose und allen Propheten, was in der gesam-
ten Schrift über ihn geschrieben steht. 28 So
erreichten sie das Dorf, zu dem sie unterwegs
waren. Jesus tat, als wolle er weitergehen,
29 aber sie drängten ihn und sagten: Bleib
doch bei uns; denn es wird bald Abend, der
Tag hat sich schon geneigt. Da ging er mit hi-
nein, um bei ihnen zu bleiben. 30 Und als er
mit ihnen bei Tisch war, nahm er das Brot,
sprach den Lobpreis, brach das Brot und gab
es ihnen. 31 Da gingen ihnen die Augen auf
und sie erkannten ihn; dann sahen sie ihn
nicht mehr. 32 Und sie sagten zueinander:
Brannte uns nicht das Herz in der Brust, als
er unterwegs mit uns redete und uns den
Sinn der Schrift erschloss? 33 Noch in der-
selben Stunde brachen sie auf und kehrten
nach Jerusalem zurück und sie fanden die
Elf und die anderen Jünger versammelt.
34 Diese sagten: Der Herr ist wirklich aufer-
standen und ist dem Simon erschienen. 35 Da
erzählten auch sie, was sie unterwegs erlebt
und wie sie ihn erkannt hatten, als er das
Brot brach.

13: Mk 16,12 • 24: Joh 20,3–10 • 34: 1 Kor 15,4f.

Die Erscheinung des Auferstandenen in Jerusalem: 24,36–53

36 Während sie noch darüber redeten, trat
er selbst in ihre Mitte und sagte zu ihnen:
Friede sei mit euch! 37 Sie erschraken und
hatten große Angst, denn sie meinten, einen
Geist zu sehen. 38 Da sagte er zu ihnen: Was
seid ihr so bestürzt? Warum lasst ihr in eu-
rem Herzen solche Zweifel aufkommen?
39 Seht meine Hände und meine Füße an: Ich
bin es selbst. Fasst mich doch an und be-
greift: Kein Geist hat Fleisch und Knochen,
wie ihr es bei mir seht. 40 Bei diesen Worten
zeigte er ihnen seine Hände und Füße. 41 Sie
staunten, konnten es aber vor Freude immer
noch nicht glauben. Da sagte er zu ihnen:
Habt ihr etwas zu essen hier? 42 Sie gaben
ihm ein Stück gebratenen Fisch; 43 er nahm
es und aß es vor ihren Augen.

44 Dann sprach er zu ihnen: Das sind die
Worte, die ich zu euch gesagt habe, als ich
noch bei euch war: Alles muss in Erfüllung
gehen, was im Gesetz des Mose, bei den Pro-
pheten und in den Psalmen über mich gesagt
ist. 45 Darauf öffnete er ihnen die Augen für
das Verständnis der Schrift. 46 Er sagte zu ih-
nen: So steht es in der Schrift: Der Messias
wird leiden und am dritten Tag von den To-
ten auferstehen, 47 und in seinem Namen
wird man allen Völkern, angefangen in Jeru-
salem, verkünden, sie sollen umkehren, da-
mit ihre Sünden vergeben werden. 48 Ihr seid
Zeugen dafür. 49 Und ich werde die Gabe, die
mein Vater verheißen hat, zu euch herabsen-
den. Bleibt in der Stadt, bis ihr mit der Kraft
aus der Höhe erfüllt werdet.

50 Dann führte er sie hinaus in die Nähe
von Betanien. Dort erhob er seine Hände

24,35 Andere Übersetzungsmöglichkeit: wie sie ihn daran erkannten, wie er das Brot brach.

24,36 Die Worte »und sagte zu ihnen: Friede sei mit euch!« fehlen bei einigen alten Textzeugen.

24,40 Dieser Vers fehlt bei einigen alten Textzeugen.

24,50–52 Nach den Angaben des Lukas in Apg 1,3 erfolgte die Himmelfahrt Jesu vierzig Tage nach seiner Auferstehung.

und segnete sie. 51 Und während er sie segne-
te, verließ er sie und wurde zum Himmel em-
porgehoben; 52 sie aber fielen vor ihm nieder.
Dann kehrten sie in großer Freude nach Je-
rusalem zurück. 53 Und sie waren immer im
Tempel und priesen Gott.

36–53 ‖ Mk 16,14–19; Joh 20,19–23 • 36: 1 Kor 15,5 • 37: Mt 14,26 • 41: Joh 21,5.10 • 42: Apg 10,41 • 44: Mt 16,21; Joh 5,39.46 • 45: Joh 20,9 • 48: Apg 1,8 • 50: Apg 1,9f.

Das Evangelium nach Johannes

Das letzte der vier Evangelien wird von der altkirchlichen Überlieferung dem Apostel Johannes, dem Sohn des Fischers Zebedäus und Bruder des Jakobus (Mk 1,19f; 3,17), zugeschrieben. Es hat erst am Ausgang des 1. Jahrhunderts seine jetzige Gestalt gefunden. Träger und Gewährsmann der in ihm bezeugten Überlieferung ist »der Jünger, den Jesus liebte« (vgl. 13,23; 19,26; 20,2; 21,7.20.24). Manche Anzeichen weisen darauf hin, dass dieses Evangelium einen längeren Entstehungsprozess durchlaufen hat.

Das Johannesevangelium unterscheidet sich in Anlage, Auswahl und Darbietung des Stoffes erheblich von den drei früheren (»synoptischen«) Evangelien. Es berichtet wiederholt von Reisen Jesu zu Festen in Jerusalem (2,13; 5,1; 7,2.10; 11,55; 12,12) und erzählt hauptsächlich vom Auftreten Jesu in diesem Zentrum des Judentums. Vom Wirken Jesu in Galiläa bringt es nur eine knappe Auswahl, fügt aber andererseits ein langes Kapitel über einen Aufenthalt in Samarien ein (4,1–42). Doch ist das alles nur der äußere Rahmen für die Selbstoffenbarung Jesu in Wort und »Zeichen«, in der er sich als der von Gott gesandte Sohn, als Licht und Leben der Menschen bezeugt. Die ganze Darstellung soll den Glauben begründen, dass Jesus »der Messias, der Sohn Gottes ist«, durch den die Glaubenden ewiges Leben gewinnen (20,31).

Die großen Linien des Aufbaus sind deutlich erkennbar. Auf den einleitenden Abschnitt (Prolog: 1,1–18), der von Jesu ewigem Sein beim Vater (Präexistenz) zur Menschwerdung (Inkarnation) hinführt, folgt das Zeugnis Johannesi des Täufers und der Bericht über die Berufung der Jünger (1,19–51). Dann beschreibt der Evangelist die Anfänge des Wirkens Jesu auf der Hochzeit in Kana (2,1–11), in Jerusalem (Tempelreinigung 2,13–22; Nikodemusgespräch 3,1–21), Judäa (3,22–36), Samarien (4,1–42) und wieder in Galiläa (4,43–54).

Das Mittelstück (Kap. 5 – 12) dient der Selbstoffenbarung Jesu vor der Welt: in Jerusalem Heilung eines Kranken und Offenbarungsrede als der Sohn, der lebendig macht und richtet (Kap. 5); in Galiläa die große Speisung und Offenbarung als das vom Himmel gekommene Lebensbrot (Kap. 6); auf dem Laubhüttenfest in Jerusalem Gespräche über seine Messianität (Kap. 7), Offenbarung als Licht der Welt, Auseinandersetzung mit dem Judentum, Heilung eines Blindgeborenen (Kap. 8 – 9); weitere Selbstoffenbarung als der wahre Hirt und Führer seiner Herde (Kap. 10); vor dem letzten Pascha Erweckung des Lazarus als Zeichen seiner Macht über Leben und Tod (Kap. 11), Salbung in Betanien, Einzug in Jerusalem, Begegnung mit Griechen und letzte Selbstoffenbarung (Kap. 12).

Vom Wirken in der Welt (vgl. den Rückblick 12,37–50) wird das letzte Zusammensein mit den Jüngern abgehoben (Kap. 13 – 17). Im Rahmen des Abschiedsmahls mit der Fußwaschung (Kap. 13) dienen die Abschiedsreden (Kap. 14 – 16) sowie das große Gebet zum Vater (Kap. 17) der Unterweisung und Zurüstung der Gemeinde für die Zeit nach Jesu Tod, in der der Erhöhte durch den verheißenen Heiligen Geist in der Gemeinde weiterwirkt. Nach diesem Teil (Kap. 13–17), der in den anderen Evangelien keine direkte Entsprechung hat, folgt die

24,51f Die Worte »und wurde zum Himmel emporgehoben, sie aber fielen vor ihm nieder« fehlen bei einigen alten Textzeugen.

Leidensgeschichte mit ausführlicher Darstellung des Prozesses vor Pilatus (Kap. 18 – 19) und der Bericht über das Ostergeschehen (Kap. 20). Kap. 21 ist eine Zufügung der Herausgeber des Evangeliums.

Das Johannesevangelium mit seiner Entfaltung der Selbstoffenbarung Jesu und seinen Aussagen über die Sendung Jesu als Retter der Welt hat auf den Glauben und die Theologie der Kirche in allen Jahrhunderten größten Einfluss gehabt. Klemens von Alexandria hat es das »pneumatische« (geistige) Evangelium genannt.

DER PROLOG: 1,1–18

1 Im Anfang war das Wort, / und das Wort
war bei Gott, / und das Wort war Gott.
2 Im Anfang war es bei Gott.
3 Alles ist durch das Wort geworden / und
ohne das Wort wurde nichts, was geworden
ist.
4 In ihm war das Leben / und das Leben
war das Licht der Menschen.
5 Und das Licht leuchtet in der Finsternis /
und die Finsternis hat es nicht erfasst.
6 Es trat ein Mensch auf, der von Gott gesandt war; sein Name war Johannes.
7 Er
kam als Zeuge, um Zeugnis abzulegen für
das Licht, damit alle durch ihn zum Glauben
kommen.
8 Er war nicht selbst das Licht, er
sollte nur Zeugnis ablegen für das Licht.
9 Das wahre Licht, das jeden Menschen erleuchtet, / kam in die Welt.
10 Er war in der Welt / und die Welt ist
durch ihn geworden, / aber die Welt erkannte ihn nicht.
11 Er kam in sein Eigentum, / aber die Seinen nahmen ihn nicht auf.
12 Allen aber, die ihn aufnahmen, / gab er
Macht, Kinder Gottes zu werden, / allen, die
an seinen Namen glauben,
13 die nicht aus dem Blut, / nicht aus dem
Willen des Fleisches, / nicht aus dem Willen
des Mannes, / sondern aus Gott geboren
sind.
14 Und das Wort ist Fleisch geworden / und
hat unter uns gewohnt / und wir haben
seine Herrlichkeit gesehen, / die Herrlichkeit
des einzigen Sohnes vom Vater, / voll Gnade
und Wahrheit.
15 Johannes legte Zeugnis für ihn ab und
rief: Dieser war es, über den ich gesagt habe:
Er, der nach mir kommt, ist mir voraus, weil
er vor mir war.
16 Aus seiner Fülle haben wir alle empfangen, / Gnade über Gnade.
17 Denn das Gesetz wurde durch Mose gegeben, die Gnade und die Wahrheit kamen
durch Jesus Christus.
18 Niemand hat Gott je
gesehen. Der Einzige, der Gott ist und am
Herzen des Vaters ruht, er hat Kunde gebracht.

4: 5,26; 8,12 • 12: 1 Joh 3,1f; Gal 3,26 • 13: 3,6; 1 Joh 5,18 • 14: 1 Joh 1,1–3 • 15: 1,30; Mt 11,3 • 18: Ex 33,18.20; 1 Joh 4,12.20.

DAS ÖFFENTLICHE WIRKEN JESU: 1,19 – 12,50

Die Kennzeichnung der Person und des Auftrags Jesu – Die Anfänge seines Wirkens: 1,19–4,54

Die Aussage Johannes' des Täufers: 1,19–28

19 Dies ist das Zeugnis des Johannes: Als
die Juden von Jerusalem aus Priester und
Leviten zu ihm sandten mit der Frage: Wer
bist du?,
20 bekannte er und leugnete nicht; er
bekannte: Ich bin nicht der Messias.
21 Sie
fragten ihn: Was bist du dann? Bist du Elija?
Und er sagte: Ich bin es nicht. Bist du der
Prophet? Er antwortete: Nein.
22 Da fragten
sie ihn: Wer bist du? Wir müssen denen, die
uns gesandt haben, Auskunft geben. Was

1,1–18 Der griechische Ausdruck für »das Wort« (ho lógos) hat auch eine Bedeutungsgeschichte in der griechischen Philosophie, knüpft hier aber an den biblischen Schöpfungsbericht (Gen 1: »Gott sprach«) und jüdisch-griechische Gedanken über die »Weisheit« und das »Wort« an, durch die man Gottes Schöpfungstätigkeit verdeutlichte. Das ewige vorweltliche Sein Jesu Christi und seine Beteiligung an der Schöpfung treten auch in anderen urchristlichen Bekenntnissen und Liedern hervor (vgl. 1 Kor 8,6; Phil 2,6; Kol 1,15–20; Eph 1,4; Hebr 1,2f). So vermuten viele Forscher auch hinter dem Prolog des Johannesevangeliums ein urchristliches »Logos-Lied«.

1,3–4 Andere, weniger wahrscheinliche Satzeinteilung: und ohne das Wort wurde nichts. Was geworden ist, das war in ihm Leben.

1,9 Andere Übersetzungsmöglichkeiten: Es (das Wort) war das wahre Licht, das jeden Menschen erleuchtet, kommend in die Welt. Oder: Es (das Wort)

sagst du über dich selbst? [23] Er sagte: Ich bin *die Stimme, die in der Wüste ruft: Ebnet den Weg für den Herrn!*, wie der Prophet Jesaja gesagt hat. [24] Unter den Abgesandten waren auch Pharisäer. [25] Sie fragten Johannes: Warum taufst du dann, wenn du nicht der Messias bist, nicht Elija und nicht der Prophet? [26] Er antwortete ihnen: Ich taufe mit Wasser. Mitten unter euch steht der, den ihr nicht kennt [27] und der nach mir kommt; ich bin es nicht wert, ihm die Schuhe aufzuschnüren. [28] Dies geschah in Betanien, auf der anderen Seite des Jordan, wo Johannes taufte.

19: 1,7.8.15; 5,31–38; 8,14 • 20: 6,14; Mt 17,10–13 • 21: Dtn 18,15.18 • 23: Jes 40,3 G; Mt 3,3; Mk 1,3; Lk 3,4 • 24–28: Mt 3,1–6.11f; Mk 1,1–8; Lk 3,3–6.15–17.

Das Zeugnis des Täufers für Jesus: 1,29–34

[29] Am Tag darauf sah er Jesus auf sich zukommen und sagte: Seht, das Lamm Gottes, das die Sünde der Welt hinwegnimmt. [30] Er ist es, von dem ich gesagt habe: Nach mir kommt ein Mann, der mir voraus ist, weil er vor mir war. [31] Auch ich kannte ihn nicht; aber ich bin gekommen und taufe mit Wasser, um Israel mit ihm bekanntzumachen. [32] Und Johannes bezeugte: Ich sah, dass der Geist vom Himmel herabkam wie eine Taube und auf ihm blieb. [33] Auch ich kannte ihn nicht; aber er, der mich gesandt hat, mit Wasser zu taufen, er hat mir gesagt: Auf wen du den Geist herabkommen siehst und auf wem er bleibt, der ist es, der mit dem Heiligen Geist tauft. [34] Das habe ich gesehen und ich bezeuge: Er ist der Sohn Gottes.

29: Jes 53,7; 1 Joh 3,5 • 30: 1,15 • 32–34: Mt 3,13–17; Mk 1,9–11; Lk 3,21f.

Die ersten Jünger: 1,35–51

[35] Am Tag darauf stand Johannes wieder dort und zwei seiner Jünger standen bei ihm. [36] Als Jesus vorüberging, richtete Johannes seinen Blick auf ihn und sagte: Seht, das Lamm Gottes! [37] Die beiden Jünger hörten, was er sagte, und folgten Jesus. [38] Jesus aber wandte sich um, und als er sah, dass sie ihm folgten, fragte er sie: Was wollt ihr? Sie sagten zu ihm: Rabbi – das heißt übersetzt: Meister –, wo wohnst du? [39] Er antwortete: Kommt und seht! Da gingen sie mit und sahen, wo er wohnte, und blieben jenen Tag bei ihm; es war um die zehnte Stunde. [40] Andreas, der Bruder des Simon Petrus, war einer der beiden, die das Wort des Johannes gehört hatten und Jesus gefolgt waren. [41] Dieser traf zuerst seinen Bruder Simon und sagte zu ihm: Wir haben den Messias gefunden. Messias heißt übersetzt: der Gesalbte (Christus). [42] Er führte ihn zu Jesus. Jesus blickte ihn an und sagte: Du bist Simon, der Sohn des Johannes, du sollst Kephas heißen. Kephas bedeutet: Fels (Petrus).

---

war das wahre Licht, das jeden Menschen erleuchtet, der in die Welt kommt.

1,18 Statt »Der Einzige, der Gott ist und . . .« ist nach anderen Textzeugen zu übersetzen: Der einzige Sohn, der . . .

1,19 Die »Befragung« des Johannes geht von der jüdischen Behörde in Jerusalem aus. Zum »Hohen Rat« (Synedrium) gehörten drei Gruppen: die »Hohenpriester«, das heißt der amtierende Hohepriester und andere Oberpriester, die »Ältesten«, Vertreter des Laienadels, und »Schriftgelehrte«, die vorwiegend aus dem Kreis der Pharisäer stammten.

1,20f Für das hebräische Wort »der Messias« (der Gesalbte) steht im griechischen Text die Übersetzung ho Christós (der Christus), vgl. 1,41 und 4,25. Darunter verstand das damalige Judentum hauptsächlich den verheißenen Spross aus dem Haus David (vgl. 7,42); doch waren die Messias-Erwartungen nicht einheitlich. – Elija war nach 2 Kön 2,11 zum Himmel entrückt worden und man erwartete seine Wiederkunft (vgl. Mal 3,23f; Sir 48,9f; Mk 9,11f). – »der Prophet«: im Anschluss an Dtn 18,15.18 erwartete man für die Endzeit das Auftreten eines dem Mose ähnlichen Propheten (vgl. 6,14; 7,40.52).

1,28 Dieses Betanien wird durch die nähere Bestimmung »jenseits des Jordan« von dem gleichnamigen, am Ölberg gelegenen Ort unterschieden, wo nach Joh 11,1 die Auferweckung des Lazarus und nach 12,1 die Salbung Jesu geschah. Der genaue Ort, an dem Johannes taufte, ist nicht mehr sicher festzustellen.

1,29 »Das Lamm Gottes« (vgl. 1,36) ist eine einmalige, in seiner Herkunft nicht völlig geklärte Christusbezeichnung. Für das in der Offenbarung des Johannes genannte »Lamm«, das geschlachtet worden ist und sieben Hörner und sieben Augen hat (5,6.12), eine herrscherliche Gestalt, wird ein anderer griechischer Ausdruck gebraucht.

1,34 der Sohn Gottes, nach anderen Textzeugen: der Erwählte Gottes.

1,38 Rabbi ist die gebräuchliche Anrede von Lehrern durch ihre Schüler. Obwohl Jesus nicht rabbinisch geschult ist (vgl. 7,15), wird er öfter von seinen Jüngern so angesprochen, aber auch von anderen Leuten (6,25; vgl. 20,16), sogar von dem Schriftgelehrten Nikodemus (3,2).

1,40 Simon Petrus (im Johannesevangelium findet sich meistens diese Doppelbezeichnung) und Andreas gelten auch nach Mk 1,16f als die zuerst berufenen Jünger.

1,42 Zu Simons Beinamen Kephas (Petrus, Fels) vgl. Mt 10,2; 16,18; Mk 3,16; Lk 6,14. Der Vater des Simon wird im Johannesevangelium »Johannes« genannt (vgl. auch 21,15–17), in Mt 16,17 »Jona«. Paulus nennt diesen Hauptjünger fast immer Kephas.

43 Am Tag darauf wollte Jesus nach Gali-
läa aufbrechen; da traf er Philippus. Und Je-
sus sagte zu ihm: Folge mir nach! 44 Philip-
pus war aus Betsaida, dem Heimatort des
Andreas und Petrus. 45 Philippus traf Nata-
naël und sagte zu ihm: Wir haben den gefun-
den, über den Mose im Gesetz und auch die
Propheten geschrieben haben: Jesus aus Na-
zaret, den Sohn Josefs. 46 Da sagte Natanaël
zu ihm: Aus Nazaret? Kann von dort etwas
Gutes kommen? Philippus antwortete:
Komm und sieh! 47 Jesus sah Natanaël auf
sich zukommen und sagte über ihn: Da
kommt ein echter Israelit, ein Mann ohne
Falschheit. 48 Natanaël fragte ihn: Woher
kennst du mich? Jesus antwortete ihm:
Schon bevor dich Philippus rief, habe ich
dich unter dem Feigenbaum gesehen. 49 Na-
tanaël antwortete ihm: Rabbi, du bist der
Sohn Gottes, du bist der König von Israel!
50 Jesus antwortete ihm: Du glaubst, weil ich
dir sagte, dass ich dich unter dem Feigen-
baum sah? Du wirst noch Größeres sehen.
51 Und er sprach zu ihm: Amen, amen, ich
sage euch: Ihr werdet den Himmel geöffnet
und die Engel Gottes auf- und niedersteigen
sehen über dem Menschensohn.

36: 1,29 • 40–51: Mt 4,18–22; Mk 1,16–20; Lk 5,1–11 • 42: Mt 16,18; Mk 3,16; Lk 6,14 • 43: Mt 8,22 • 47: Ps 32,2 • 49: Mt 14,33; 16,16 • 51: Gen 28,12; Mk 14,62.

Die Hochzeit in Kana als Zeichen: 2,1–12

2 Am dritten Tag fand in Kana in Galiläa
eine Hochzeit statt und die Mutter Jesu
war dabei. 2 Auch Jesus und seine Jünger
waren zur Hochzeit eingeladen. 3 Als der
Wein ausging, sagte die Mutter Jesu zu ihm:
Sie haben keinen Wein mehr. 4 Jesus erwi-
derte ihr: Was willst du von mir, Frau? Meine
Stunde ist noch nicht gekommen. 5 Seine
Mutter sagte zu den Dienern: Was er euch
sagt, das tut! 6 Es standen dort sechs steiner-
ne Wasserkrüge, wie es der Reinigungsvor-
schrift der Juden entsprach; jeder fasste un-
gefähr hundert Liter. 7 Jesus sagte zu den
Dienern: Füllt die Krüge mit Wasser! Und
sie füllten sie bis zum Rand. 8 Er sagte zu ih-
nen: Schöpft jetzt und bringt es dem, der für
das Festmahl verantwortlich ist. Sie brach-
ten es ihm. 9 Er kostete das Wasser, das zu
Wein geworden war. Er wusste nicht, woher
der Wein kam; die Diener aber, die das Was-
ser geschöpft hatten, wussten es. Da ließ er
den Bräutigam rufen 10 und sagte zu ihm: Je-
der setzt zuerst den guten Wein vor und erst,
wenn die Gäste zu viel getrunken haben, den
weniger guten. Du jedoch hast den guten
Wein bis jetzt zurückgehalten. 11 So tat Jesus
sein erstes Zeichen, in Kana in Galiläa, und
offenbarte seine Herrlichkeit und seine Jün-
ger glaubten an ihn. 12 Danach zog er mit sei-
ner Mutter, seinen Brüdern und seinen Jün-
gern nach Kafarnaum hinab. Dort blieben
sie einige Zeit.

11: 1,14; 11,40.

Die Vertreibung der Händler aus dem Tempel: 2,13–22

13 Das Paschafest der Juden war nahe und
Jesus zog nach Jerusalem hinauf. 14 Im Tem-
pel fand er die Verkäufer von Rindern, Scha-
fen und Tauben und die Geldwechsler, die
dort saßen. 15 Er machte eine Geißel aus Stri-
cken und trieb sie alle aus dem Tempel hi-
naus, dazu die Schafe und Rinder; das Geld
der Wechsler schüttete er aus und ihre
Tische stieß er um. 16 Zu den Taubenhänd-
lern sagte er: Schafft das hier weg, macht das
Haus meines Vaters nicht zu einer Markt-

1,43–45 Philippus, der noch öfter genannt wird (6,5.7; 12,21f; 14,8f), erscheint auch in den synoptischen Listen der »Zwölf«. Dagegen findet sich der Name Natanaël nur bei Johannes (vgl. auch 21,2). Seine Gleichsetzung mit Bartholomäus, der in den synoptischen Listen hinter Philippus aufgeführt wird, ist fraglich.

1,46 Die kleine Stadt Nazaret wird im Alten Testament und im frühen jüdischen Schrifttum nirgends erwähnt und hat vor der Zeit Jesu keine Rolle gespielt.

1,51 Das Wort spielt auf den Traum Jakobs von der Himmelsleiter an (Gen 28,12).

2,1 Das geschichtliche Kana in Galiläa lag wahrscheinlich 13 Kilometer nördlich von Nazaret, heute nur noch in Ruinen erhalten (Chirbet Kana), während das heutige Kana (Kefr Kenna), 6 Kilometer nordöstlich von Nazaret, erst später als das Kana des Evangeliums angesehen wurde.

2,4 Wörtlich: Was (ist) mir und dir, Frau? (Vgl. Mt 8,29; Mk 1,24; 5,7; Lk 4,34; 8,28).

2,6 Wörtlich: sie fassten je zwei bis drei Metreten. – Eine Metrete sind etwa vierzig Liter.

2,11 Bei Johannes heißen die großen Wunder Jesu »Zeichen«, weil sie die Sendung Jesu durch Gott anzeigen. Man kann sieben zählen: das Weinwunder von Kana, die Heilung des Beamtensohnes (4, 46–54), die Heilung des Kranken am Betesda-Teich (5,1–9), die große Speisung (6,1–15), der Gang Jesu auf dem Wasser (6,16–21, doch nicht ausdrücklich als »Zeichen« genannt), die Heilung des Blinden (9,1–7) und die Auferweckung des Lazarus (Kap. 11).

2,12 Vgl. die Anmerkung zu Mt 12,46f.

2,13–22 Die Tempelreinigung wird im Johannesevangelium schon am Anfang des Wirkens Jesu erzählt. Es ist aber dasselbe Ereignis, das die Synoptiker in die letzten Tage Jesu legen.

halle! 17 Seine Jünger erinnerten sich an das
Wort der Schrift: *Der Eifer für dein Haus
verzehrt mich.* 18 Da stellten ihn die Juden
zur Rede: Welches Zeichen lässt du uns se-
hen als Beweis, dass du dies tun darfst? 19 Je-
sus antwortete ihnen: Reißt diesen Tempel
nieder, in drei Tagen werde ich ihn wieder
aufrichten. 20 Da sagten die Juden: Sechs-
undvierzig Jahre wurde an diesem Tempel
gebaut und du willst ihn in drei Tagen wie-
der aufrichten? 21 Er aber meinte den Tempel
seines Leibes. 22 Als er von den Toten aufer-
standen war, erinnerten sich seine Jünger,
dass er dies gesagt hatte, und sie glaubten
der Schrift und dem Wort, das Jesus gespro-
chen hatte.

13–16: Mt 21,10–17; Mk 11,15–19; Lk 19,45–48 • 17: Ps 69,10 • 18: 4,48; 6,30 • 19: Mt 26,61; 27,40; Mk 14,58; 15,29; Apg 6,14.

Jesus beim Paschafest in Jerusalem: 2,23–25

23 Während er zum Paschafest in Jerusa-
lem war, kamen viele zum Glauben an seinen
Namen, als sie die Zeichen sahen, die er tat.
24 Jesus aber vertraute sich ihnen nicht an,
denn er kannte sie alle 25 und brauchte von
keinem ein Zeugnis über den Menschen;
denn er wusste, was im Menschen ist.

Das Gespräch mit Nikodemus: 3,1–13

3 Es war ein Pharisäer namens Nikode-
mus, ein führender Mann unter den Ju-
den. 2 Der suchte Jesus bei Nacht auf und
sagte zu ihm: Rabbi, wir wissen, du bist ein
Lehrer, der von Gott gekommen ist; denn
niemand kann die Zeichen tun, die du tust,
wenn nicht Gott mit ihm ist. 3 Jesus antwor-
tete ihm: Amen, amen, ich sage dir: Wenn je-
mand nicht von neuem geboren wird, kann
er das Reich Gottes nicht sehen. 4 Nikodemus
entgegnete ihm: Wie kann ein Mensch, der
schon alt ist, geboren werden? Er kann doch
nicht in den Schoß seiner Mutter zurückkeh-
ren und ein zweites Mal geboren werden.
5 Jesus antwortete: Amen, amen, ich sage dir:
Wenn jemand nicht aus Wasser und Geist
geboren wird, kann er nicht in das Reich
Gottes kommen. 6 Was aus dem Fleisch
geboren ist, das ist Fleisch; was aber aus dem
Geist geboren ist, das ist Geist. 7 Wundere
dich nicht, dass ich dir sagte: Ihr müsst von
neuem geboren werden. 8 Der Wind weht, wo
er will; du hörst sein Brausen, weißt aber
nicht, woher er kommt und wohin er geht. So
ist es mit jedem, der aus dem Geist geboren
ist. 9 Nikodemus erwiderte ihm: Wie kann
das geschehen? 10 Jesus antwortete: Du bist
der Lehrer Israels und verstehst das nicht?
11 Amen, amen, ich sage dir: Was wir wissen,
davon reden wir, und was wir gesehen ha-
ben, das bezeugen wir, und doch nehmt ihr
unser Zeugnis nicht an. 12 Wenn ich zu euch
über irdische Dinge gesprochen habe und ihr
nicht glaubt, wie werdet ihr glauben, wenn
ich zu euch über himmlische Dinge spreche?
13 Und niemand ist in den Himmel hinaufge-
stiegen außer dem, der vom Himmel herab-
gestiegen ist: der Menschensohn.

1: 7,50; 19,39 • 5: Ez 11,19; 36,25–27; Röm 8,9 • 6: 1,13; Gen 6,3; Ijob 34,14f • 8: Koh 11,5 • 11: 1 Joh 1,2.

Das Ziel der Sendung Jesu: 3,14–21

14 Und wie Mose die Schlange in der Wüste
erhöht hat, so muss der Menschensohn er-
höht werden, 15 damit jeder, der (an ihn)
glaubt, in ihm das ewige Leben hat. 16 Denn
Gott hat die Welt so sehr geliebt, dass er sei-
nen einzigen Sohn hingab, damit jeder, der
an ihn glaubt, nicht zugrunde geht, sondern
das ewige Leben hat. 17 Denn Gott hat seinen
Sohn nicht in die Welt gesandt, damit er die
Welt richtet, sondern damit die Welt durch
ihn gerettet wird. 18 Wer an ihn glaubt, wird
nicht gerichtet; wer nicht glaubt, ist schon
gerichtet, weil er an den Namen des einzigen
Sohnes Gottes nicht geglaubt hat. 19 Denn
mit dem Gericht verhält es sich so: Das Licht
kam in die Welt, und die Menschen liebten
die Finsternis mehr als das Licht; denn ihre
Taten waren böse. 20 Jeder, der Böses tut,
hasst das Licht und kommt nicht zum Licht,
damit seine Taten nicht aufgedeckt werden.
21 Wer aber die Wahrheit tut, kommt zum
Licht, damit offenbar wird, dass seine Taten
in Gott vollbracht sind.

14: 12,32.34; 19,37; Num 21,8f • 16: 1 Joh 4,9f; Röm 5,8; 8,32 • 17: 12,47f.

3,1 Der Pharisäer und Ratsherr Nikodemus, ein Schriftgelehrter (vgl. 3,10), spielt nur im Johannesevangelium eine Rolle. Nach 7,50f tritt er im Hohen Rat für Jesus ein, nach 19,39 trägt er zur ehrenvollen Bestattung Jesu bei.

3,3 von neuem: der zugrunde liegende griechische Ausdruck bedeutet zugleich »von oben«.

3,8 Für »Wind« und »Geist« steht im griechischen Text das gleiche Wort (pneuma).

3,16 Die Bezeichnung des Sohnes Gottes als des »einzigen«, eigentlich des »einzig-erzeugten«, findet sich nur in den johanneischen Schriften (vgl. 1,14.18; 3,18; 1 Joh 4,9).

3,22f Das Johannes in Änon taufte, wird nur hier erwähnt. Der Ort lag im nördlichen Samarien, südlich von Bet-Schean. Der Name Änon deutet auf ein Quellgebiet. Jesus oder, wie in 4,2 berichtigt wird, seine Jünger tauften in Judäa.

Der Täufer und der Messias: 3,22–36

22 Darauf ging Jesus mit seinen Jüngern
nach Judäa. Dort hielt er sich mit ihnen auf
und taufte. 23 Aber auch Johannes taufte da-
mals, und zwar in Änon bei Salim, weil dort
viel Wasser war; und die Leute kamen und
ließen sich taufen. 24 Johannes war nämlich
noch nicht ins Gefängnis geworfen worden.
25 Da kam es zwischen den Jüngern des Jo-
hannes und einem Juden zum Streit über die
Frage der Reinigung. 26 Sie gingen zu Johan-
nes und sagten zu ihm: Rabbi, der Mann, der
auf der anderen Seite des Jordan bei dir war
und für den du Zeugnis abgelegt hast, der
tauft jetzt, und alle laufen zu ihm. 27 Johan-
nes antwortete: Kein Mensch kann sich et-
was nehmen, wenn es ihm nicht vom Himmel
gegeben ist. 28 Ihr selbst könnt mir bezeugen,
dass ich gesagt habe: Ich bin nicht der Mes-
sias, sondern nur ein Gesandter, der ihm vo-
rausgeht. 29 Wer die Braut hat, ist der Bräu-
tigam; der Freund des Bräutigams aber, der
dabeisteht und ihn hört, freut sich über die
Stimme des Bräutigams. Diese Freude ist
nun für mich Wirklichkeit geworden. 30 Er
muss wachsen, ich aber muss kleiner wer-
den.

31 Er, der von oben kommt, steht über al-
len; wer von der Erde stammt, ist irdisch und
redet irdisch. Er, der aus dem Himmel
kommt, steht über allen. 32 Was er gesehen
und gehört hat, bezeugt er, doch niemand
nimmt sein Zeugnis an. 33 Wer sein Zeugnis
annimmt, beglaubigt, dass Gott wahrhaftig
ist. 34 Denn der, den Gott gesandt hat, ver-
kündet die Worte Gottes; denn er gibt den
Geist unbegrenzt. 35 Der Vater liebt den
Sohn und hat alles in seine Hand gegeben.
36 Wer an den Sohn glaubt, hat das ewige Le-
ben; wer aber dem Sohn nicht gehorcht, wird
das Leben nicht sehen, sondern Gottes Zorn
bleibt auf ihm.

24: Mt 14,3; Mk 6,17 • 27: 19,11 • 31: 3,13; 8,23 • 32: 3,11 •
36: 1 Joh 5,12.

Das Gespräch am Jakobsbrunnen: 4,1–26

4 Jesus erfuhr, dass die Pharisäer gehört
hatten, er gewinne und taufe mehr Jün-
ger als Johannes – 2 allerdings taufte nicht
Jesus selbst, sondern seine Jünger –; 3 da-
raufhin verließ er Judäa und ging wieder
nach Galiläa. 4 Er musste aber den Weg
durch Samarien nehmen. 5 So kam er zu ei-
nem Ort in Samarien, der Sychar hieß und
nahe bei dem Grundstück lag, das Jakob sei-
nem Sohn Josef vermacht hatte. 6 Dort be-
fand sich der Jakobsbrunnen. Jesus war
müde von der Reise und setzte sich daher an
den Brunnen; es war um die sechste Stunde.

7 Da kam eine samaritische Frau, um Was-
ser zu schöpfen. Jesus sagte zu ihr: Gib mir
zu trinken! 8 Seine Jünger waren nämlich in
den Ort gegangen, um etwas zum Essen zu
kaufen. 9 Die samaritische Frau sagte zu
ihm: Wie kannst du als Jude mich, eine Sa-
mariterin, um Wasser bitten? Die Juden ver-
kehren nämlich nicht mit den Samaritern.
10 Jesus antwortete ihr: Wenn du wüsstest,
worin die Gabe Gottes besteht und wer es ist,
der zu dir sagt: Gib mir zu trinken!, dann
hättest du ihn gebeten, und er hätte dir le-
bendiges Wasser gegeben. 11 Sie sagte zu
ihm: Herr, du hast kein Schöpfgefäß, und der
Brunnen ist tief; woher hast du also das le-
bendige Wasser? 12 Bist du etwa größer als
unser Vater Jakob, der uns den Brunnen ge-
geben und selbst daraus getrunken hat, wie
seine Söhne und seine Herden? 13 Jesus ant-
wortete ihr: Wer von diesem Wasser trinkt,
wird wieder Durst bekommen; 14 wer aber
von dem Wasser trinkt, das ich ihm geben
werde, wird niemals mehr Durst haben; viel-
mehr wird das Wasser, das ich ihm gebe, in
ihm zur sprudelnden Quelle werden, deren
Wasser ewiges Leben schenkt. 15 Da sagte die
Frau zu ihm: Herr, gib mir dieses Wasser, da-
mit ich keinen Durst mehr habe und nicht
mehr hierher kommen muss, um Wasser zu
schöpfen. 16 Er sagte zu ihr: Geh, ruf deinen

3,25 einem Juden, nach anderen Textzeugen: einigen Juden.

3,34 Geber des Geistes ist entweder Gott, der seinem Gesandten den Geist in Fülle gibt, oder der Sohn, der den Glaubenden den Geist ohne Maß schenkt. Beide Auffassungen sind möglich und miteinander vereinbar (vgl. 1,33).

4,1 Jesus, nach anderen Textzeugen: Der Herr.

4,4–6 Der kürzeste Weg von Judäa nach Galiläa führte durch die Landschaft Samarien, deren Bewohner zwar auch Verehrer Jahwes waren, aber von den Juden als Abtrünnige angesehen und gemieden wurden (vgl. V. 9). Am Jakobsbrunnen, etwa 1 Kilometer südwestlich von dem Ort Sychar, gabelte sich der Weg nach Westgaliläa und zum See Gennesaret. Vom Jakobsbrunnen, der im Osten liegt, aus gesehen, erhebt sich südwestlich der Berg Garizim, nordwestlich der Ebal.

4,9 Andere Übersetzungsmöglichkeit: Die Juden benutzen nämlich nicht dieselben (Gefäße) wie die Samariter.

4,11f Der noch heute erhaltene Jakobsbrunnen ist 32 Meter tief. Sein Grundwasser fließt immer frisch nach (»lebendiges Wasser«). Im Alten Testament wird dieser Brunnen nicht erwähnt.

Mann und komm wieder her! 17 Die Frau
antwortete: Ich habe keinen Mann. Jesus
sagte zu ihr: Du hast richtig gesagt: Ich habe
keinen Mann. 18 Denn fünf Männer hast du
gehabt und der, den du jetzt hast, ist nicht
dein Mann. Damit hast du die Wahrheit ge-
sagt.
19 Die Frau sagte zu ihm: Herr, ich sehe,
dass du ein Prophet bist. 20 Unsere Väter ha-
ben auf diesem Berg Gott angebetet; ihr aber
sagt, in Jerusalem sei die Stätte, wo man an-
beten muss. 21 Jesus sprach zu ihr: Glaube
mir, Frau, die Stunde kommt, zu der ihr we-
der auf diesem Berg noch in Jerusalem den
Vater anbeten werdet. 22 Ihr betet an, was ihr
nicht kennt, wir beten an, was wir kennen;
denn das Heil kommt von den Juden. 23 Aber
die Stunde kommt und sie ist schon da, zu
der die wahren Beter den Vater anbeten wer-
den im Geist und in der Wahrheit; denn so
will der Vater angebetet werden. 24 Gott ist
Geist und alle, die ihn anbeten, müssen im
Geist und in der Wahrheit anbeten. 25 Die
Frau sagte zu ihm: Ich weiß, dass der Messias
kommt, das ist: der Gesalbte (Christus).
Wenn er kommt, wird er uns alles verkün-
den. 26 Da sagte Jesus zu ihr: Ich bin es, ich,
der mit dir spricht.

3: Mt 4,12; Mk 1,14; Lk 4,14 • 5: Gen 33,18f; 48,22; Jos 24,32 • 8: Lk 9,52f • 14: Sir 24,21; Ps 36,10; Jes 58,11 • 22: 2 Kön 17,29; Jes 2,3 • 25: Dtn 18,18 • 26: 9,37.

Die Aufnahme Jesu bei den Samaritern: 4,27–42

27 Inzwischen waren seine Jünger zurück-
gekommen. Sie wunderten sich, dass er mit
einer Frau sprach, aber keiner sagte: Was
willst du?, oder: Was redest du mit ihr? 28 Da
ließ die Frau ihren Wasserkrug stehen, eilte
in den Ort und sagte zu den Leuten:
29 Kommt her, seht, da ist ein Mann, der mir
alles gesagt hat, was ich getan habe: Ist er
vielleicht der Messias? 30 Da liefen sie hinaus
aus dem Ort und gingen zu Jesus.
31 Währenddessen drängten ihn seine Jün-
ger: Rabbi, iss! 32 Er aber sagte zu ihnen: Ich
lebe von einer Speise, die ihr nicht kennt.
33 Da sagten die Jünger zueinander: Hat ihm
jemand etwas zu essen gebracht? 34 Jesus
sprach zu ihnen: Meine Speise ist es, den
Willen dessen zu tun, der mich gesandt hat,
und sein Werk zu Ende zu führen. 35 Sagt ihr
nicht: Noch vier Monate dauert es bis zur
Ernte? Ich aber sage euch: Blickt umher und
seht, dass die Felder weiß sind, reif zur Ern-
te. 36 Schon empfängt der Schnitter seinen
Lohn und sammelt Frucht für das ewige Le-
ben, so dass sich der Sämann und der
Schnitter gemeinsam freuen. 37 Denn hier
hat das Sprichwort recht: Einer sät und ein
anderer erntet. 38 Ich habe euch gesandt zu
ernten, wofür ihr nicht gearbeitet habt; an-
dere haben gearbeitet und ihr erntet die
Frucht ihrer Arbeit.
39 Viele Samariter aus jenem Ort kamen
zum Glauben an Jesus auf das Wort der Frau
hin, die bezeugt hatte: Er hat mir alles ge-
sagt, was ich getan habe. 40 Als die Samariter
zu ihm kamen, baten sie ihn, bei ihnen zu
bleiben; und er blieb dort zwei Tage. 41 Und
noch viel mehr Leute kamen zum Glauben
an ihn aufgrund seiner eigenen Worte.
42 Und zu der Frau sagten sie: Nicht mehr
aufgrund deiner Aussage glauben wir, son-
dern weil wir ihn selbst gehört haben und
nun wissen: Er ist wirklich der Retter der
Welt.

34: 5,30; 17,4; 19,30; Hebr 10,5–9 • 36: Ps 126,5f; Jes 9,2 • 38: 17,18.20f • 42: 1 Joh 4,14.

Ein Heilungswunder in Galiläa: 4,43–54

43 Nach diesen beiden Tagen ging er von
dort nach Galiläa. 44 Jesus selbst hatte näm-
lich bestätigt: Ein Prophet wird in seiner

4,20 Das Gespräch fand in der Nähe des Berges Garizim statt, auf dem die Samariter Jahwe verehrten (vgl. Dtn 27,4–8). Es war eine alte Streitfrage zwischen Juden und Samaritern, welches der richtige Ort der Gottesverehrung sei. Den Jahwetempel auf dem Garizim ließ Johannes Hyrkanus (vgl. 1 Makk 16) im Jahr 128 v. Chr. zerstören. Der Kult, vor allem das Schlachten von Paschalämmern, wurde aber weitergeführt und ist bis heute lebendig geblieben.

4,25 Auch die Samariter, die nur die Fünf Bücher des Mose als Offenbarungsbuch anerkannten, erwarteten den in Dtn 18,18 verheißenen (messianischen) Propheten (vgl. die Anmerkung zu 1,20f).

4,27 Von einem jüdischen Mann, besonders einem Rabbi, verlangte die Sitte strenge Zurückhaltung gegenüber einer Frau.

4,35 Für die Zeit zwischen Aussaat und Ernte rechnete man im allgemeinen etwa sechs Monate. Die Bemerkung Jesu über die »Ernte« bezieht sich auf die bevorstehende Bekehrung der Samariter (vgl. die VV. 30.39f).

4,44 Zu dem Ausspruch vgl. das Wort, das bei den drei ersten Evangelien im Zusammenhang mit der Ablehnung Jesu in seiner Heimatstadt überliefert wird (Mt 13,57; Mk 6,4; Lk 4,24).

4,46–54 Bei der Fernheilung des todkranken Beamtensohnes in Kafarnaum handelt es sich wahrscheinlich um das gleiche Ereignis wie bei der Heilung des Knechtes des heidnischen Hauptmanns, die in Mt 8,5–13 und Lk 7,1–10 erzählt wird. Die Abweichungen erklären sich aus verschiedener Überlieferung und anderer Erzählabsicht, betreffen aber nicht das Wesentliche.

eigenen Heimat nicht geehrt. 45 Als er nun
nach Galiläa kam, nahmen ihn die Galiläer
auf, weil sie alles gesehen hatten, was er in
Jerusalem während des Festes getan hatte;
denn auch sie waren zum Fest gekommen.
46 Jesus kam wieder nach Kana in Galiläa,
wo er das Wasser in Wein verwandelt hat-
te.

In Kafarnaum lebte ein königlicher Beam-
ter; dessen Sohn war krank. 47 Als er hörte,
dass Jesus von Judäa nach Galiläa gekom-
men war, suchte er ihn auf und bat ihn, he-
rabzukommen und seinen Sohn zu heilen;
denn er lag im Sterben. 48 Da sagte Jesus zu
ihm: Wenn ihr nicht Zeichen und Wunder
seht, glaubt ihr nicht. 49 Der Beamte bat ihn:
Herr, komm herab, ehe mein Kind stirbt.
50 Jesus erwiderte ihm: Geh, dein Sohn lebt!
Der Mann glaubte dem Wort, das Jesus zu
ihm gesagt hatte, und machte sich auf den
Weg. 51 Noch während er unterwegs war, ka-
men ihm seine Diener entgegen und sagten:
Dein Junge lebt. 52 Da fragte er sie genau
nach der Stunde, in der die Besserung einge-
treten war. Sie antworteten: Gestern in der
siebten Stunde ist das Fieber von ihm gewi-
chen. 53 Da erkannte der Vater, dass es genau
zu der Stunde war, als Jesus zu ihm gesagt
hatte: Dein Sohn lebt. Und er wurde gläubig
mit seinem ganzen Haus. 54 So tat Jesus sein
zweites Zeichen, und zwar nachdem er von
Judäa nach Galiläa gekommen war.

44: Mt 13,57; Mk 6,4; Lk 4,24 • 46: 2,1–11; 46b–53: Mt 8,5–13; Lk 7,1–10 • 48: 2,18; 6,26; 12,37; 20,30 • 50: 1 Kön 17,23 • 54: 2,11.

Die Selbstoffenbarung Jesu vor der Welt: 5,1 – 12,50

Die Heilung eines Gelähmten am Sabbat in Jerusalem: 5,1–18

5 Einige Zeit später war ein Fest der Ju-
den und Jesus ging hinauf nach Jerusa-
lem. 2 In Jerusalem gibt es beim Schaftor ei-
nen Teich, zu dem fünf Säulenhallen gehö-
ren; dieser Teich heißt auf Hebräisch Betes-
da. 3 In diesen Hallen lagen viele Kranke,
darunter Blinde, Lahme und Verkrüppelte.
[3b.4] 5 Dort lag auch ein Mann, der schon
achtunddreißig Jahre krank war. 6 Als Jesus
ihn dort liegen sah und erkannte, dass er
schon lange krank war, fragte er ihn: Willst
du gesund werden? 7 Der Kranke antwortete
ihm: Herr, ich habe keinen Menschen, der
mich, sobald das Wasser aufwallt, in den
Teich trägt. Während ich mich hinschleppe,
steigt schon ein anderer vor mir hinein. 8 Da
sagte Jesus zu ihm: Steh auf, nimm deine
Bahre und geh! 9 Sofort wurde der Mann ge-
sund, nahm seine Bahre und ging.

Dieser Tag war aber ein Sabbat. 10 Da sag-
ten die Juden zu dem Geheilten: Es ist Sab-
bat, du darfst deine Bahre nicht tragen. 11 Er
erwiderte: Der Mann, der mich gesund ge-
macht hat, sagte zu mir: Nimm deine Bahre
und geh! 12 Sie fragten ihn: Wer ist das denn,
der zu dir gesagt hat: Nimm deine Bahre und
geh? 13 Der Geheilte wusste aber nicht, wer
es war. Jesus war nämlich weggegangen,
weil sich dort eine große Menschenmenge
angesammelt hatte. 14 Später traf ihn Jesus
im Tempel und sagte zu ihm: Jetzt bist du ge-
sund; sündige nicht mehr, damit dir nicht
noch Schlimmeres zustößt. 15 Der Mann ging
fort und teilte den Juden mit, dass es Jesus
war, der ihn gesund gemacht hatte. 16 Da-
raufhin verfolgten die Juden Jesus, weil er
das an einem Sabbat getan hatte. 17 Jesus
aber entgegnete ihnen: Mein Vater ist noch
immer am Werk und auch ich bin am Werk.
18 Darum waren die Juden noch mehr darauf
aus, ihn zu töten, weil er nicht nur den Sab-
bat brach, sondern auch Gott seinen Vater
nannte und sich damit Gott gleichstellte.

8: Mt 9,6; Mk 2,11; Lk 5,24 • 14: 8,11 • 17: 9,4 • 18: 7,1.25; 10,33.

Jesu Rede über seine Vollmacht: 5,19–47

19 Jesus aber sagte zu ihnen: Amen, amen,
ich sage euch: Der Sohn kann nichts von sich
aus tun, sondern nur, wenn er den Vater et-
was tun sieht. Was nämlich der Vater tut, das
tut in gleicher Weise der Sohn. 20 Denn der
Vater liebt den Sohn und zeigt ihm alles, was
er tut, und noch größere Werke wird er ihm
zeigen, sodass ihr staunen werdet. 21 Denn
wie der Vater die Toten auferweckt und le-
bendig macht, so macht auch der Sohn le-
bendig, wen er will. 22 Auch richtet der Vater
niemand, sondern er hat das Gericht ganz
dem Sohn übertragen, 23 damit alle den Sohn
ehren, wie sie den Vater ehren. Wer den Sohn
nicht ehrt, ehrt auch den Vater nicht, der ihn
gesandt hat. 24 Amen, amen, ich sage euch:

5,2 Nach anderen Textzeugen: Betzata. – Reste der Anlage sind ausgegraben worden.

5,3 Ein Teil der Textzeugen fügt nach »Verkrüppelte« hinzu: die auf die Bewegung des Wassers warteten. 4 Ein Engel des Herrn aber stieg zu bestimmter Zeit in den Teich hinab und brachte das Wasser zum Aufwallen. Wer dann als erster hineinstieg, wurde gesund, an welcher Krankheit er auch litt. – Dies ist wohl ein deutender Zusatz zum ursprünglichen Text.

Wer mein Wort hört und dem glaubt, der
mich gesandt hat, hat das ewige Leben; er
kommt nicht ins Gericht, sondern ist aus
dem Tod ins Leben hinübergegangen.
25 Amen, amen, ich sage euch: Die Stunde
kommt und sie ist schon da, in der die Toten
die Stimme des Sohnes Gottes hören werden;
und alle, die sie hören, werden leben. 26 Denn
wie der Vater das Leben in sich hat, so hat er
auch dem Sohn gegeben, das Leben in sich
zu haben. 27 Und er hat ihm Vollmacht gege-
ben, Gericht zu halten, weil er der Men-
schensohn ist. 28 Wundert euch nicht darü-
ber! Die Stunde kommt, in der alle, die in
den Gräbern sind, seine Stimme hören 29 und
herauskommen werden: Die das Gute getan
haben, werden zum Leben auferstehen, die
das Böse getan haben, zum Gericht. 30 Von
mir selbst aus kann ich nichts tun; ich richte,
wie ich es (vom Vater) höre, und mein Ge-
richt ist gerecht, weil es mir nicht um meinen
Willen geht, sondern um den Willen dessen,
der mich gesandt hat.
31 Wenn ich über mich selbst als Zeuge
aussage, ist mein Zeugnis nicht gültig; 32 ein
anderer ist es, der über mich als Zeuge aus-
sagt, und ich weiß: Das Zeugnis, das er über
mich ablegt, ist gültig. 33 Ihr habt zu Johan-
nes geschickt, und er hat für die Wahrheit
Zeugnis abgelegt. 34 Ich aber nehme von kei-
nem Menschen ein Zeugnis an, sondern ich
sage dies nur, damit ihr gerettet werdet.
35 Jener war die Lampe, die brennt und
leuchtet, und ihr wolltet euch eine Zeit lang
an seinem Licht erfreuen. 36 Ich aber habe
ein gewichtigeres Zeugnis als das des Johan-
nes: Die Werke, die mein Vater mir übertra-
gen hat, damit ich sie zu Ende führe, diese
Werke, die ich vollbringe, legen Zeugnis da-
für ab, dass mich der Vater gesandt hat.
37 Auch der Vater selbst, der mich gesandt
hat, hat über mich Zeugnis abgelegt. Ihr
habt weder seine Stimme gehört noch seine
Gestalt je gesehen, 38 und auch sein Wort
bleibt nicht in euch, weil ihr dem nicht
glaubt, den er gesandt hat. 39 Ihr erforscht
die Schriften, weil ihr meint, in ihnen das
ewige Leben zu haben; gerade sie legen
Zeugnis über mich ab. 40 Und doch wollt ihr
nicht zu mir kommen, um das Leben zu ha-
ben. 41 Meine Ehre empfange ich nicht von
Menschen. 42 Ich habe erkannt, dass ihr die
Liebe zu Gott nicht in euch habt. 43 Ich bin
im Namen meines Vaters gekommen und
doch lehnt ihr mich ab. Wenn aber ein ande-
rer in seinem eigenen Namen kommt, dann
werdet ihr ihn anerkennen. 44 Wie könnt ihr
zum Glauben kommen, wenn ihr eure Ehre
voneinander empfangt, nicht aber die Ehre
sucht, die von dem einen Gott kommt?
45 Denkt nicht, dass ich euch beim Vater an-
klagen werde; Mose klagt euch an, auf den
ihr eure Hoffnung gesetzt habt. 46 Wenn ihr
Mose glauben würdet, müsstet ihr auch mir
glauben; denn über mich hat er geschrieben.
47 Wenn ihr aber seinen Schriften nicht
glaubt, wie könnt ihr dann meinen Worten
glauben?

20: 3,35; 14,12 • 21: 1 Sam 2,6; 2 Kön 5,7 • 22: 5,27 • 24: 3,18 •
26: Mt 11,27 • 27: Dan 7,13f • 28f: Dan 12,2; Mt 16,27 • 30: 4,34;
6,38 • 31: 8,13f • 33: 1,19–34; 18,37 • 35: 1,8 • 36: 10,25 • 41:
1 Thess 2,6.

Die wunderbare Speisung einer Volksmenge am See von Tiberias: 6,1–15

6 Danach ging Jesus an das andere Ufer
des Sees von Galiläa, der auch See von
Tiberias heißt. 2 Eine große Menschenmenge
folgte ihm, weil sie die Zeichen sahen, die er
an den Kranken tat. 3 Jesus stieg auf den
Berg und setzte sich dort mit seinen Jüngern
nieder. 4 Das Pascha, das Fest der Juden, war
nahe. 5 Als Jesus aufblickte und sah, dass so
viele Menschen zu ihm kamen, fragte er Phi-
lippus: Wo sollen wir Brot kaufen, damit die-
se Leute zu essen haben? 6 Das sagte er aber
nur, um ihn auf die Probe zu stellen; denn er
selbst wusste, was er tun wollte. 7 Philippus
antwortete ihm: Brot für zweihundert De-
nare reicht nicht aus, wenn jeder von ihnen
auch nur ein kleines Stück bekommen soll.
8 Einer seiner Jünger, Andreas, der Bruder
des Simon Petrus, sagte zu ihm: 9 Hier ist ein
kleiner Junge, der hat fünf Gerstenbrote und
zwei Fische; doch was ist das für so viele!
10 Jesus sagte: Lasst die Leute sich setzen! Es
gab dort nämlich viel Gras. Da setzten sie
sich; es waren etwa fünftausend Männer.
11 Dann nahm Jesus die Brote, sprach das
Dankgebet und teilte an die Leute aus, so
viel sie wollten; ebenso machte er es mit den
Fischen. 12 Als die Menge satt war, sagte er
zu seinen Jüngern: Sammelt die übrig geblie-
benen Brotstücke, damit nichts verdirbt.
13 Sie sammelten und füllten zwölf Körbe

6,1 Der See Gennesaret heißt hier und in 21,1 auch See von Tiberias. Diese Stadt, von Herodes Antipas zwischen 17 und 22 n. Chr. gegründet und zur Hauptstadt von Galiläa erhoben, wird sonst im Neuen Testament nicht genannt und ist offenbar von Jesus nicht betreten worden. – Das »andere Ufer« ist das wenig bevölkerte Ostufer.

6,4 An diesem Paschafest scheint Jesus nicht nach Jerusalem gegangen, sondern in Galiläa geblieben zu sein.

6,9 Die »Gerstenbrote« (so nur bei Johannes) erinnern an das Brotwunder des Propheten Elischa (2 Kön 4,42–44).

mit den Stücken, die von den fünf Gersten-
broten nach dem Essen übrig waren. 14 Als
die Menschen das Zeichen sahen, das er ge-
tan hatte, sagten sie: Das ist wirklich der
Prophet, der in die Welt kommen soll. 15 Da
erkannte Jesus, dass sie kommen würden,
um ihn in ihre Gewalt zu bringen und zum
König zu machen. Daher zog er sich wieder
auf den Berg zurück, er allein.

1–13 ‖ Mt 14,13–21; Mk 6,31–44; Lk 9,10–17 • 1–13: Mt 15,32–39;
Mk 8,1–10 • 4: 11,55 • 9: 2 Kön 4,42f • 14: Dtn 18,15.18.

Der Gang Jesu auf dem Wasser: 6,16–21

16 Als es aber spät geworden war, gingen
seine Jünger zum See hinab, 17 bestiegen ein
Boot und fuhren über den See, auf Kafar-
naum zu. Es war schon dunkel geworden,
und Jesus war noch nicht zu ihnen gekom-
men. 18 Da wurde der See durch einen hefti-
gen Sturm aufgewühlt. 19 Als sie etwa fünf-
undzwanzig oder dreißig Stadien gefahren
waren, sahen sie, wie Jesus über den See
ging und sich dem Boot näherte; und sie
fürchteten sich. 20 Er aber rief ihnen zu: Ich
bin es; fürchtet euch nicht! 21 Sie wollten ihn
zu sich in das Boot nehmen, aber schon war
das Boot am Ufer, das sie erreichen woll-
ten.

16–21 ‖ Mt 14,22–33; Mk 6,45–52.

Die Rede über das Himmelsbrot in der Synagoge von Kafarnaum: 6,22–59

22 Am nächsten Tag sah die Menge, die am
anderen Ufer des Sees geblieben war, dass
nur noch ein Boot dort lag, und sie erfuhren,
dass Jesus nicht mit seinen Jüngern ins Boot
gestiegen war, sondern dass die Jünger allein
abgefahren waren. 23 Von Tiberias her ka-
men andere Boote in die Nähe des Ortes, wo
sie nach dem Dankgebet des Herrn das Brot
gegessen hatten. 24 Als die Leute sahen, dass
weder Jesus noch seine Jünger dort waren,
stiegen sie in die Boote, fuhren nach Kafar-
naum und suchten Jesus. 25 Als sie ihn am
anderen Ufer des Sees fanden, fragten sie
ihn: Rabbi, wann bist du hierher gekommen?
26 Jesus antwortete ihnen: Amen, amen, ich
sage euch: Ihr sucht mich nicht, weil ihr Zei-
chen gesehen habt, sondern weil ihr von den
Broten gegessen habt und satt geworden
seid. 27 Müht euch nicht ab für die Speise, die
verdirbt, sondern für die Speise, die für das
ewige Leben bleibt und die der Menschen-
sohn euch geben wird. Denn ihn hat Gott, der
Vater, mit seinem Siegel beglaubigt. 28 Da
fragten sie ihn: Was müssen wir tun, um die
Werke Gottes zu vollbringen? 29 Jesus ant-
wortete ihnen: Das ist das Werk Gottes, dass
ihr an den glaubt, den er gesandt hat. 30 Sie
entgegneten ihm: Welches Zeichen tust du,
damit wir es sehen und dir glauben? Was tust
du? 31 Unsere Väter haben das Manna in der
Wüste gegessen, wie es in der Schrift heißt:
Brot vom Himmel gab er ihnen zu essen.

32 Jesus sagte zu ihnen: Amen, amen, ich
sage euch: Nicht Mose hat euch das Brot vom
Himmel gegeben, sondern mein Vater gibt
euch das wahre Brot vom Himmel. 33 Denn
das Brot, das Gott gibt, kommt vom Himmel
herab und gibt der Welt das Leben. 34 Da ba-
ten sie ihn: Herr, gib uns immer dieses Brot!
35 Jesus antwortete ihnen: Ich bin das Brot
des Lebens; wer zu mir kommt, wird nie
mehr hungern, und wer an mich glaubt, wird
nie mehr Durst haben.

36 Aber ich habe euch gesagt: Ihr habt
(mich) gesehen und doch glaubt ihr nicht.
37 Alles, was der Vater mir gibt, wird zu mir
kommen, und wer zu mir kommt, den werde
ich nicht abweisen; 38 denn ich bin nicht vom
Himmel herabgekommen, um meinen Willen
zu tun, sondern den Willen dessen, der mich
gesandt hat. 39 Es ist aber der Wille dessen,
der mich gesandt hat, dass ich keinen von
denen, die er mir gegeben hat, zugrunde ge-
hen lasse, sondern dass ich sie auferwecke
am Letzten Tag. 40 Denn es ist der Wille mei-
nes Vaters, dass alle, die den Sohn sehen und
an ihn glauben, das ewige Leben haben und
dass ich sie auferwecke am Letzten Tag.
41 Da murrten die Juden gegen ihn, weil er
gesagt hatte: Ich bin das Brot, das vom Him-
mel herabgekommen ist. 42 Und sie sagten:
Ist das nicht Jesus, der Sohn Josefs, dessen
Vater und Mutter wir kennen? Wie kann er
jetzt sagen: Ich bin vom Himmel herabge-
kommen? 43 Jesus sagte zu ihnen: Murrt
nicht! 44 Niemand kann zu mir kommen,
wenn nicht der Vater, der mich gesandt hat,
ihn zu mir führt; und ich werde ihn auferwe-
cken am Letzten Tag. 45 Bei den Propheten
heißt es: *Und alle werden Schüler Gottes*

6,14 Zu »der Prophet« vgl. die Anmerkung zu 1,20f.

6,19 Fünfundzwanzig oder dreißig Stadien sind etwa fünf Kilometer.

6,22–25 Die am Ostufer zurückgebliebene Menge erreicht mit anderen Booten das am nordwestlichen Ufer des Sees gelegene Kafarnaum, auf das die Jünger zugesteuert hatten (6,17). In der dortigen Synagoge (6,59) hält Jesus dann die große Offenbarungsrede über das Brot im Himmel.

6,35 Die Selbstoffenbarung Jesu (»Ich bin . . .«) wird 6,48 wieder aufgenommen und weitergeführt.

sein. Jeder, der auf den Vater hört und seine
Lehre annimmt, wird zu mir kommen.
46 Niemand hat den Vater gesehen außer
dem, der von Gott ist; nur er hat den Vater
gesehen. 47 Amen, amen, ich sage euch: Wer
glaubt, hat das ewige Leben.

48 Ich bin das Brot des Lebens. 49 Eure Vä-
ter haben in der Wüste das Manna gegessen
und sind gestorben. 50 So aber ist es mit dem
Brot, das vom Himmel herabkommt: Wenn
jemand davon isst, wird er nicht sterben.
51 Ich bin das lebendige Brot, das vom Him-
mel herabgekommen ist. Wer von diesem
Brot isst, wird in Ewigkeit leben. Das Brot,
das ich geben werde, ist mein Fleisch, (ich
gebe es hin) für das Leben der Welt.

52 Da stritten sich die Juden und sagten:
Wie kann er uns sein Fleisch zu essen geben?
53 Jesus sagte zu ihnen: Amen, amen, das sage
ich euch: Wenn ihr das Fleisch des Men-
schensohnes nicht esst und sein Blut nicht
trinkt, habt ihr das Leben nicht in euch.
54 Wer mein Fleisch isst und mein Blut trinkt,
hat das ewige Leben, und ich werde ihn auf-
erwecken am Letzten Tag. 55 Denn mein
Fleisch ist wirklich eine Speise und mein
Blut ist wirklich ein Trank. 56 Wer mein
Fleisch isst und mein Blut trinkt, der bleibt
in mir und ich bleibe in ihm. 57 Wie mich der
lebendige Vater gesandt hat und wie ich
durch den Vater lebe, so wird jeder, der mich
isst, durch mich leben. 58 Dies ist das Brot,
das vom Himmel herabgekommen ist. Mit
ihm ist es nicht wie mit dem Brot, das die Vä-
ter gegessen haben; sie sind gestorben. Wer
aber dieses Brot isst, wird leben in Ewigkeit.
59 Diese Worte sprach Jesus, als er in der
Synagoge von Kafarnaum lehrte.

30: Mt 16,1–4; Mk 8,11–13 • 31: Ps 78,24; Ex 16,4 • 35: Sir 24,21 • 37: 4,34; 5,30; Mt 26,39; Mk 14,36; Lk 22,42 • 42: Mt 13,54–57; Mk 6,1–6; Lk 4,16–30 • 45: Jes 54,13; Jer 31,33f • 46: 1,18 • 51: 1,14 • 57: 5,26.

Die Spaltung unter den Jüngern: 6,60–71

60 Viele seiner Jünger, die ihm zuhörten,
sagten: Was er sagt, ist unerträglich. Wer
kann das anhören? 61 Jesus erkannte, dass
seine Jünger darüber murrten, und fragte
sie: Daran nehmt ihr Anstoß? 62 Was werdet
ihr sagen, wenn ihr den Menschensohn hi-
naufsteigen seht, dorthin, wo er vorher war?
63 Der Geist ist es, der lebendig macht; das
Fleisch nützt nichts. Die Worte, die ich zu
euch gesprochen habe, sind Geist und sind
Leben. 64 Aber es gibt unter euch einige, die
nicht glauben. Jesus wusste nämlich von An-
fang an, welche es waren, die nicht glaubten,
und wer ihn verraten würde. 65 Und er sagte:
Deshalb habe ich zu euch gesagt: Niemand
kann zu mir kommen, wenn es ihm nicht vom
Vater gegeben ist.

66 Daraufhin zogen sich viele Jünger zu-
rück und wanderten nicht mehr mit ihm um-
her. 67 Da fragte Jesus die Zwölf: Wollt auch
ihr weggehen? 68 Simon Petrus antwortete
ihm: Herr, zu wem sollen wir gehen? Du hast
Worte des ewigen Lebens. 69 Wir sind zum
Glauben gekommen und haben erkannt: Du
bist der Heilige Gottes. 70 Jesus erwiderte:
Habe ich nicht euch, die Zwölf, erwählt?
Und doch ist einer von euch ein Teufel. 71 Er
sprach von Judas, dem Sohn des Simon Iska-
riot; denn dieser sollte ihn verraten: einer
der Zwölf.

64: 7,46 • 68–69: Mt 16,16; Mk 8,29; Lk 9,20 • 70–71: 13,18; Mt 26,14–16; Mk 14,10f; Lk 22,3–6.

Die Selbstoffenbarung Jesu beim Laubhüttenfest in Jerusalem: 7,1–52

Jesu Flucht vor der Öffentlichkeit: 7,1–13

7 Danach zog Jesus in Galiläa umher;
denn er wollte sich nicht in Judäa auf-
halten, weil die Juden darauf aus waren, ihn
zu töten. 2 Das Laubhüttenfest der Juden
war nahe. 3 Da sagten seine Brüder zu ihm:
Geh von hier fort und zieh nach Judäa, damit
auch deine Jünger die Werke sehen, die du
vollbringst. 4 Denn niemand wirkt im Ver-
borgenen, wenn er öffentlich bekannt sein
möchte. Wenn du dies tust, zeig dich der
Welt! 5 Auch seine Brüder glaubten nämlich
nicht an ihn. 6 Jesus sagte zu ihnen: Meine
Zeit ist noch nicht gekommen, für euch aber
ist immer die rechte Zeit. 7 Euch kann die
Welt nicht hassen, mich aber hasst sie, weil
ich bezeuge, dass ihre Taten böse sind. 8 Geht
ihr nur hinauf zum Fest; ich gehe nicht zu
diesem Fest hinauf, weil meine Zeit noch
nicht erfüllt ist. 9 Das sagte er zu ihnen und
er blieb in Galiläa. 10 Als aber seine Brüder
zum Fest hinaufgegangen waren, zog auch er
hinauf, jedoch nicht öffentlich, sondern
heimlich. 11 Die Juden suchten beim Fest
nach ihm und sagten: Wo ist er? 12 Und in der
Volksmenge wurde viel über ihn hin und her
geredet. Die einen sagten: Er ist ein guter

7,2 Das Laubhüttenfest ist neben dem Pascha- und dem Pfingstfest das dritte große jüdische Wallfahrtsfest. Es fand zur Zeit der Wein-, Obst- und Olivenernte statt. Während der Festwoche wohnten die Juden in eigens dafür errichteten Laubhütten (vgl. Lev 23,33–43; Dtn 16,13–15; besonders zu beachten ist Lev 23,42f).

7,3–5 Vgl. die Anmerkung zu Mt 12,46f.

Mensch. Andere sagten: Nein, er führt das Volk in die Irre. 13 Aber niemand redete öffentlich über ihn, denn man fürchtete sich vor den Juden.

1: Mt 17,22; Mk 9,30 • 5: Mk 3,21 • 6: 2,4; 7,30; 8,20; Mt 26,18; Lk 4,13; 21,8; Apg 1,7 • 7: 15,18f.

Jesu Auftreten im Tempel: 7,14–24

14 Schon war die Hälfte der Festwoche vorüber, da ging Jesus zum Tempel hinauf und lehrte. 15 Die Juden wunderten sich und sagten: Wie kann der die Schrift verstehen, ohne dafür ausgebildet zu sein? 16 Darauf antwortete ihnen Jesus: Meine Lehre stammt nicht von mir, sondern von dem, der mich gesandt hat. 17 Wer bereit ist, den Willen Gottes zu tun, wird erkennen, ob diese Lehre von Gott stammt oder ob ich in meinem eigenen Namen spreche. 18 Wer im eigenen Namen spricht, sucht seine eigene Ehre; wer aber die Ehre dessen sucht, der ihn gesandt hat, der ist glaubwürdig und in ihm ist keine Falschheit. 19 Hat Mose euch nicht das Gesetz gegeben? Aber keiner von euch befolgt das Gesetz. Warum wollt ihr mich töten? 20 Die Menge antwortete: Du bist wohl von einem Dämon besessen – wer will dich denn töten? 21 Jesus entgegnete ihnen: Ich habe nur ein einziges Werk vollbracht, und ihr alle wundert euch darüber. 22 Mose hat euch die Beschneidung gegeben – sie stammt freilich nicht von Mose, sondern von den Vätern –, und ihr beschneidet einen Menschen auch am Sabbat. 23 Wenn ein Mensch am Sabbat die Beschneidung empfangen darf, damit das Gesetz des Mose nicht missachtet wird, warum zürnt ihr mir, weil ich am Sabbat einen Menschen als Ganzen gesund gemacht habe? 24 Urteilt nicht nach dem Augenschein, sondern urteilt gerecht!

15: Mt 13,54; Mk 6,2; Lk 4,16–30 • 18: 8,50 • 20: Mk 3,21f; Mt 10,25; 12,24; Lk 11,15.

Mutmaßungen des Volkes über Jesus: 7,25–36

25 Da sagten einige Leute aus Jerusalem: Ist das nicht der, den sie töten wollen? 26 Und doch redet er in aller Öffentlichkeit und man lässt ihn gewähren. Sollte der Hohe Rat wirklich erkannt haben, dass er der Messias ist? 27 Aber von dem hier wissen wir, woher er stammt; wenn jedoch der Messias kommt, weiß niemand, woher er stammt. 28 Während Jesus im Tempel lehrte, rief er: Ihr kennt mich und wisst, woher ich bin; aber ich bin nicht in meinem eigenen Namen gekommen, sondern er, der mich gesandt hat, bürgt für die Wahrheit. Ihr kennt ihn nur nicht. 29 Ich kenne ihn, weil ich von ihm komme und weil er mich gesandt hat. 30 Da wollten sie ihn festnehmen; aber keiner wagte ihn anzufassen, denn seine Stunde war noch nicht gekommen.

31 Aus der Menge kamen viele Leute zum Glauben an ihn; sie sagten: Wird der Messias, wenn er kommt, mehr Zeichen tun, als dieser getan hat? 32 Die Pharisäer hörten, was die Leute heimlich über ihn redeten. Da schickten die Hohenpriester und die Pharisäer Gerichtsdiener aus, um ihn festnehmen zu lassen. 33 Jesus aber sagte: Ich bin nur noch kurze Zeit bei euch; dann gehe ich fort, zu dem, der mich gesandt hat. 34 Ihr werdet mich suchen und ihr werdet mich nicht finden; denn wo ich bin, dorthin könnt ihr nicht gelangen. 35 Da sagten die Juden zueinander: Wohin will er denn gehen, dass wir ihn nicht mehr finden können? Will er in die Diaspora zu den Griechen gehen und die Griechen lehren? 36 Was bedeutet es, wenn er gesagt hat: Ihr werdet mich suchen, aber nicht finden; denn wo ich bin, dorthin könnt ihr nicht gelangen?

25: 5,18 • 27: 6,42 • 28: 8,55 • 29: 6,46 • 33: 8,21.

Der Streit im Hohen Rat um Jesus: 7,37–52

37 Am letzten Tag des Festes, dem großen Tag, stellte sich Jesus hin und rief: Wer Durst hat, komme zu mir, und es trinke, 38 wer an mich glaubt. Wie die Schrift sagt: Aus seinem Inneren werden Ströme von lebendigem Wasser fließen. 39 Damit meinte er den Geist, den alle empfangen sollten, die an ihn glauben; denn der Geist war noch nicht gegeben,

---

7,13 Der Ausdruck »die Juden« bezieht sich hier wie in 1,19; 2,18; 5,10 u. ö. auf die jüdischen Behörden.

7,21 Mit dem »einen Werk« ist die Heilung des Mannes am Betesda-Teich (5,1–9) gemeint.

7,27 Es gab die Vorstellung, dass der Messias bei seinem Auftreten zunächst unerkannt bleibt, bis Elija kommt und ihn dem Volk bekannt macht. Zum Anstoß an Jesu »bekannter« Herkunft vgl. 6,42.

7,37 Der siebte (»große«) Tag des Festes war durch den Ritus des Wasserschöpfens ausgezeichnet: Die Priester schöpften Wasser aus der Quelle Schiloach und zogen damit siebenmal um den Altar. An diesen Ritus scheint Jesus mit seinem Ruf anzuknüpfen. Vgl. die Anmerkung zu 8,12.

7,37f Andere Übersetzungsmöglichkeit: Wer Durst hat, komme zu mir und trinke. 38 Wer an mich glaubt, von dem sagt die Schrift, dass aus seinem Innern Ströme lebendigen Wassers fließen werden.

7,38 Es ist nicht klar, welche Schriftstelle hier gemeint ist; vgl. Ez 47,1; Sach 14,8.

weil Jesus noch nicht verherrlicht war. 40 Ei-
nige aus dem Volk sagten, als sie diese Worte
hörten: Er ist wahrhaftig der Prophet. 41 An-
dere sagten: Er ist der Messias. Wieder ande-
re sagten: Kommt denn der Messias aus Ga-
liläa? 42 Sagt nicht die Schrift: Der Messias
kommt aus dem Geschlecht Davids und aus
dem Dorf *Betlehem,* wo David lebte? 43 So
entstand seinetwegen eine Spaltung in der
Menge. 44 Einige von ihnen wollten ihn fest-
nehmen; aber keiner wagte ihn anzufassen.
45 Als die Gerichtsdiener zu den Hohen-
priestern und den Pharisäern zurückkamen,
fragten diese: Warum habt ihr ihn nicht her-
gebracht? 46 Die Gerichtsdiener antworteten:
Noch nie hat ein Mensch so gesprochen. 47 Da
entgegneten ihnen die Pharisäer: Habt auch
ihr euch in die Irre führen lassen? 48 Ist etwa
einer vom Hohen Rat oder von den Pharisä-
ern zum Glauben an ihn gekommen? 49 Die-
ses Volk jedoch, das vom Gesetz nichts
versteht, verflucht ist es. 50 Nikodemus aber,
einer aus ihren eigenen Reihen, der früher
einmal Jesus aufgesucht hatte, sagte zu
ihnen: 51 Verurteilt etwa unser Gesetz einen
Menschen, bevor man ihn verhört und fest-
gestellt hat, was er tut? 52 Sie erwiderten
ihm: Bist du vielleicht auch aus Galiläa? Lies
doch nach: Der Prophet kommt nicht aus
Galiläa.

41: Dtn 18,15.18 • 42: 2 Sam 7,12–16; Mi 5,1; Mt 2,5; 22,42; Röm 1,3; 2 Tim 2,8 • 44: 7,30 • 50: 3,1 • 51: Dtn 1,16f; 17,2–5.

[Jesus und die Ehebrecherin: 7,53 – 8,11

53 Dann gingen alle nach Hause.
8 Jesus aber ging zum Ölberg. 2 Am frü-
hen Morgen begab er sich wieder in den
Tempel. Alles Volk kam zu ihm. Er setzte
sich und lehrte es. 3 Da brachten die Schrift-
gelehrten und die Pharisäer eine Frau, die
beim Ehebruch ertappt worden war. Sie
stellten sie in die Mitte 4 und sagten zu ihm:
Meister, diese Frau wurde beim Ehebruch
auf frischer Tat ertappt. 5 Mose hat uns im
Gesetz vorgeschrieben, solche Frauen zu
steinigen. Nun, was sagst du? 6 Mit dieser
Frage wollten sie ihn auf die Probe stellen,
um einen Grund zu haben, ihn zu verklagen.
Jesus aber bückte sich und schrieb mit dem
Finger auf die Erde. 7 Als sie hartnäckig wei-
terfragten, richtete er sich auf und sagte zu
ihnen: Wer von euch ohne Sünde ist, werfe
als Erster einen Stein auf sie. 8 Und er bückte
sich wieder und schrieb auf die Erde. 9 Als
sie seine Antwort gehört hatten, ging einer
nach dem anderen fort, zuerst die Ältesten.
Jesus blieb allein zurück mit der Frau, die
noch in der Mitte stand. 10 Er richtete sich
auf und sagte zu ihr: Frau, wo sind sie ge-
blieben? Hat dich keiner verurteilt? 11 Sie
antwortete: Keiner, Herr. Da sagte Jesus zu
ihr: Auch ich verurteile dich nicht. Geh und
sündige von jetzt an nicht mehr!]

2: Lk 21,38 • 5: Dtn 22,22–24 • 6: Jer 17,13 • 7: Dtn 17,7; Mt 7,1; Lk 6,37.

Streitgespräche Jesu mit den Juden: 8,12–59

Jesu Selbstzeugnis: 8,12–20

12 Als Jesus ein andermal zu ihnen redete,
sagte er: Ich bin das Licht der Welt. Wer mir
nachfolgt, wird nicht in der Finsternis um-
hergehen, sondern wird das Licht des Lebens
haben. 13 Da sagten die Pharisäer zu ihm: Du
legst über dich selbst Zeugnis ab; dein Zeug-
nis ist nicht gültig. 14 Jesus erwiderte ihnen:
Auch wenn ich über mich selbst Zeugnis ab-
lege, ist mein Zeugnis gültig. Denn ich weiß,
woher ich gekommen bin und wohin ich
gehe. Ihr aber wisst nicht, woher ich komme
und wohin ich gehe. 15 Ihr urteilt, wie Men-
schen urteilen, ich urteile über keinen.
16 Wenn ich aber urteile, ist mein Urteil gül-
tig; denn ich urteile nicht allein, sondern ich
und der Vater, der mich gesandt hat. 17 Auch
in eurem Gesetz heißt es: Erst das Zeugnis
von zwei Menschen ist gültig. 18 Ich bin es,
der über mich Zeugnis ablegt, und auch der
Vater, der mich gesandt hat, legt über mich
Zeugnis ab. 19 Da fragten sie ihn: Wo ist dein
Vater? Jesus antwortete: Ihr kennt weder
mich noch meinen Vater; würdet ihr mich
kennen, dann würdet ihr auch meinen Vater

7,46 Andere Textzeugen haben: Noch nie hat ein Mensch so gesprochen, wie dieser Mensch spricht.

7,49 Hinter dem Fluch über das »gesetzesunkundige Volk« steht ein rabbinischer Ausdruck, der eine Geringschätzung für alle Juden bekundet, die sich nicht an die weitgehenden, von den Gesetzeslehrern eingeschärften Vorschriften hielten.

7,50 Zu Nikodemus vgl. die Anmerkung zu 3,1.

7,52 Der Prophet, nach anderen Textzeugen: Ein Prophet.

7,53 – 8,11 Dieses Stück gehört nicht zum ursprünglichen Bestand des Johannesevangeliums; die besten Textzeugen überliefern es nicht. Die Erzählung stellt aber wohl eine alte Überlieferung dar und gehört inhaltlich zum Evangelium.

8,12 Das Wort vom Licht knüpft möglicherweise an einen Festbrauch an (vgl. die Anmerkung zu 7,37): Am siebten Tag des Laubhüttenfestes wurden im Frauenvorhof des Tempels vier große Leuchter aufgestellt, die ihr Licht über ganz Jerusalem verbreiten sollten.

kennen. 20 Diese Worte sagte er, als er im Tempel bei der Schatzkammer lehrte. Aber niemand nahm ihn fest; denn seine Stunde war noch nicht gekommen.

13: 5,31f • 15: 7,24 • 16: 5,30; 8,29 • 17: Dtn 17,6; 19,15 • 19: 7,28; 14,7; 15,21 • 20: 2,4; 7,30; 13,1.

Die Herkunft und Bestimmung Jesu: 8,12–29

21 Ein andermal sagte Jesus zu ihnen: Ich gehe fort und ihr werdet mich suchen und ihr werdet in eurer Sünde sterben. Wohin ich gehe, dorthin könnt ihr nicht gelangen. 22 Da sagten die Juden: Will er sich etwa umbringen? Warum sagt er sonst: Wohin ich gehe, dorthin könnt ihr nicht gelangen? 23 Er sagte zu ihnen: Ihr stammt von unten, ich stamme von oben; ihr seid aus dieser Welt, ich bin nicht aus dieser Welt. 24 Ich habe euch gesagt: Ihr werdet in euren Sünden sterben; denn wenn ihr nicht glaubt, dass ich es bin, werdet ihr in euren Sünden sterben. 25 Da fragten sie ihn: Wer bist du denn? Jesus antwortete: Warum rede ich überhaupt noch mit euch? 26 Ich hätte noch viel über euch zu sagen und viel zu richten, aber er, der mich gesandt hat, bürgt für die Wahrheit, und was ich von ihm gehört habe, das sage ich der Welt. 27 Sie verstanden nicht, dass er damit den Vater meinte. 28 Da sagte Jesus zu ihnen: Wenn ihr den Menschensohn erhöht habt, dann werdet ihr erkennen, dass Ich es bin. Ihr werdet erkennen, dass ich nichts im eigenen Namen tue, sondern nur das sage, was mich der Vater gelehrt hat. 29 Und er, der mich gesandt hat, ist bei mir; er hat mich nicht allein gelassen, weil ich immer das tue, was ihm gefällt.

21: 7,33f; 13,33 • 23: 3,13.31; 17,14–16 • 24: Jes 43,11; Joh 13,19 • 28: 3,14; 12,32; 14,24 • 29: 16,5.

Die wahren Kinder Abrahams: 8,30–47

30 Als Jesus das sagte, kamen viele zum Glauben an ihn. 31 Da sagte er zu den Juden, die an ihn glaubten: Wenn ihr in meinem Wort bleibt, seid ihr wirklich meine Jünger. 32 Dann werdet ihr die Wahrheit erkennen und die Wahrheit wird euch befreien. 33 Sie erwiderten ihm: Wir sind Nachkommen Abrahams und sind noch nie Sklaven gewesen. Wie kannst du sagen: Ihr werdet frei werden? 34 Jesus antwortete ihnen: Amen, amen, das sage ich euch: Wer die Sünde tut, ist Sklave der Sünde. 35 Der Sklave aber bleibt nicht für immer im Haus; nur der Sohn bleibt für immer im Haus. 36 Wenn euch also der Sohn befreit, dann seid ihr wirklich frei.

37 Ich weiß, dass ihr Nachkommen Abrahams seid. Aber ihr wollt mich töten, weil mein Wort in euch keine Aufnahme findet. 38 Ich sage, was ich beim Vater gesehen habe, und ihr tut, was ihr von eurem Vater gehört habt. 39 Sie antworteten ihm: Unser Vater ist Abraham. Jesus sagte zu ihnen: Wenn ihr Kinder Abrahams wärt, würdet ihr so handeln wie Abraham. 40 Jetzt aber wollt ihr mich töten, einen Menschen, der euch die Wahrheit verkündet hat, die Wahrheit, die ich von Gott gehört habe. So hat Abraham nicht gehandelt. 41 Ihr vollbringt die Werke eures Vaters. Sie entgegneten ihm: Wir stammen nicht aus einem Ehebruch, sondern wir haben nur den einen Vater: Gott. 42 Jesus sagte zu ihnen: Wenn Gott euer Vater wäre, würdet ihr mich lieben; denn von Gott bin ich ausgegangen und gekommen. Ich bin nicht in meinem eigenen Namen gekommen, sondern er hat mich gesandt. 43 Warum versteht ihr nicht, was ich sage? Weil ihr nicht imstande seid, mein Wort zu hören. 44 Ihr habt den Teufel zum Vater und ihr wollt das tun, wonach es euren Vater verlangt. Er war ein Mörder von Anfang an. Und er steht nicht in der Wahrheit; denn es ist keine Wahrheit in ihm. Wenn er lügt, sagt er das, was aus ihm selbst kommt; denn er ist ein Lügner und ist der Vater der Lüge. 45 Mir aber glaubt ihr nicht, weil ich die Wahrheit sage. 46 Wer von euch kann mir eine Sünde nachweisen? Wenn ich die Wahrheit sage, warum glaubt ihr mir nicht? 47 Wer aus Gott ist, hört die Worte Gottes; ihr hört sie deshalb nicht, weil ihr nicht aus Gott seid.

30: 10,42; 12,11 • 31: 14,21–23 • 34: 1 Joh 3,8 • 42: 1 Joh 5,1 • 44: 1 Joh 3,8–15 • 46: 1 Joh 3,5 • 47: 1 Joh 4,6.

Jesus und Abraham: 8,48–59

48 Da antworteten ihm die Juden: Sagen wir nicht mit Recht: Du bist ein Samariter und von einem Dämon besessen? 49 Jesus erwiderte: Ich bin von keinem Dämon besessen, sondern ich ehre meinen Vater; ihr aber schmäht mich. 50 Ich bin nicht auf meine

8,20 Die Schatzkammer, die auch in Mk 12,41.43; Lk 21,1 erwähnt wird, lag im Frauenvorhof.

8,25 Der Sinn des griechischen Textes ist hier nicht sicher zu ermitteln.

8,48 In der Bezeichnung Jesu als »Samariter« steckt wohl der Vorwurf, dass Jesus Gott nicht wahrhaft verehrt (vgl. die Anmerkung zu 4,4–6). Zum Vorwurf der Besessenheit vgl. auch 7,20; 10,20.

Ehre bedacht; doch es gibt einen, der darauf
bedacht ist und der richtet. 51 Amen, amen,
ich sage euch: Wenn jemand an meinem Wort
festhält, wird er auf ewig den Tod nicht
schauen. 52 Da sagten die Juden zu ihm: Jetzt
wissen wir, dass du von einem Dämon beses-
sen bist. Abraham und die Propheten sind
gestorben, du aber sagst: Wenn jemand an
meinem Wort festhält, wird er auf ewig den
Tod nicht erleiden. 53 Bist du etwa größer als
unser Vater Abraham? Er ist gestorben und
die Propheten sind gestorben. Für wen gibst
du dich aus? 54 Jesus antwortete: Wenn ich
mich selbst ehre, so gilt meine Ehre nichts.
Mein Vater ist es, der mich ehrt, er, von dem
ihr sagt: Er ist unser Gott. 55 Doch ihr habt
ihn nicht erkannt. Ich aber kenne ihn, und
wenn ich sagen würde: Ich kenne ihn nicht,
so wäre ich ein Lügner wie ihr. Aber ich ken-
ne ihn und halte an seinem Wort fest. 56 Euer
Vater Abraham jubelte, weil er meinen Tag
sehen sollte. Er sah ihn und freute sich. 57 Die
Juden entgegneten: Du bist noch keine fünf-
zig Jahre alt und willst Abraham gesehen
haben? 58 Jesus erwiderte ihnen: Amen,
amen, ich sage euch: Noch ehe Abraham
wurde, bin ich. 59 Da hoben sie Steine auf,
um sie auf ihn zu werfen. Jesus aber verbarg
sich und verließ den Tempel.

48: 7,20 • 50: 7,18 • 53: 4,12 • 56: Gen 17,17 • 59: 10,31.39; 11,8.

Die Heilung eines Blinden und der Streit der Juden: 9,1–42

Die Heilung eines Blinden: 9,1–12

9 Unterwegs sah Jesus einen Mann, der
seit seiner Geburt blind war. 2 Da frag-
ten ihn seine Jünger: Rabbi, wer hat gesün-
digt? Er selbst? Oder haben seine Eltern ge-
sündigt, sodass er blind geboren wurde? 3 Je-
sus antwortete: Weder er noch seine Eltern
haben gesündigt, sondern das Wirken Gottes
soll an ihm offenbar werden. 4 Wir müssen,
solange es Tag ist, die Werke dessen voll-
bringen, der mich gesandt hat; es kommt die
Nacht, in der niemand mehr etwas tun kann.
5 Solange ich in der Welt bin, bin ich das
Licht der Welt. 6 Als er dies gesagt hatte,
spuckte er auf die Erde; dann machte er mit
dem Speichel einen Teig, strich ihn dem
Blinden auf die Augen 7 und sagte zu ihm:
Geh und wasch dich in dem Teich Schiloach!
Schiloach heißt übersetzt: Der Gesandte.
Der Mann ging fort und wusch sich. Und als
er zurückkam, konnte er sehen.
8 Die Nachbarn und andere, die ihn früher
als Bettler gesehen hatten, sagten: Ist das
nicht der Mann, der dasaß und bettelte? 9 Ei-
nige sagten: Er ist es. Andere meinten: Nein,
er sieht ihm nur ähnlich. Er selbst aber sagte:
Ich bin es. 10 Da fragten sie ihn: Wie sind dei-
ne Augen geöffnet worden? 11 Er antwortete:
Der Mann, der Jesus heißt, machte einen
Teig, bestrich damit meine Augen und sagte
zu mir: Geh zum Schiloach und wasch dich!
Ich ging hin, wusch mich und konnte wieder
sehen. 12 Sie fragten ihn: Wo ist er? Er sagte:
Ich weiß es nicht.

5: 8,12 • 7: 2 Kön 5,10; Jes 8,6.

Das Eingreifen der Pharisäer: 9,13–34

13 Da brachten sie den Mann, der blind ge-
wesen war, zu den Pharisäern. 14 Es war aber
Sabbat an dem Tag, als Jesus den Teig ge-
macht und ihm die Augen geöffnet hatte.
15 Auch die Pharisäer fragten ihn, wie er se-
hend geworden sei. Der Mann antwortete ih-
nen: Er legte mir einen Teig auf die Augen;
dann wusch ich mich und jetzt kann ich se-
hen. 16 Einige der Pharisäer meinten: Dieser
Mensch kann nicht von Gott sein, weil er den
Sabbat nicht hält. Andere aber sagten: Wie
kann ein Sünder solche Zeichen tun? So ent-
stand eine Spaltung unter ihnen. 17 Da frag-
ten sie den Blinden noch einmal: Was sagst
du selbst über ihn? Er hat doch deine Augen
geöffnet. Der Mann antwortete: Er ist ein
Prophet.
18 Die Juden aber wollten nicht glauben,
dass er blind gewesen und sehend geworden
war. Daher riefen sie die Eltern des Geheil-
ten 19 und fragten sie: Ist das euer Sohn, von
dem ihr behauptet, dass er blind geboren
wurde? Wie kommt es, dass er jetzt sehen
kann? 20 Seine Eltern antworteten: Wir wis-
sen, dass er unser Sohn ist und dass er blind
geboren wurde. 21 Wie es kommt, dass er jetzt
sehen kann, das wissen wir nicht. Und wer
seine Augen geöffnet hat, das wissen wir
auch nicht. Fragt doch ihn selbst, er ist alt
genug und kann selbst für sich sprechen.
22 Das sagten seine Eltern, weil sie sich vor

8,57 »Fünfzig« ist als eine runde Zahl zu verstehen, nicht als Angabe über das Lebensalter Jesu.

8,59 Auf Gotteslästerung stand die Strafe der Steinigung (Lev 24,11–16; 1 Kön 21,10.13). Der Vorwurf der Gotteslästerung taucht auch noch später auf: 10,31–33; vgl. 11,8; 19,7.

9,7 Der Name Schiloach wird vom Evangelisten auf Jesus, den »Gesandten«, gedeutet, durch den der Blinde geheilt wird.

9,22 Der Ausschluss aus der Synagoge, der vom zeitlich begrenzten Synagogenbann zu unterscheiden ist, wird auch in 12,42 und 16,2 erwähnt.

den Juden fürchteten; denn die Juden hatten
schon beschlossen, jeden, der ihn als den
Messias bekenne, aus der Synagoge auszu-
stoßen. 23 Deswegen sagten seine Eltern: Er
ist alt genug, fragt doch ihn selbst.
24 Da riefen die Pharisäer den Mann, der
blind gewesen war, zum zweiten Mal und
sagten zu ihm: Gib Gott die Ehre! Wir wis-
sen, dass dieser Mensch ein Sünder ist. 25 Er
antwortete: Ob er ein Sünder ist, weiß ich
nicht. Nur das eine weiß ich, dass ich blind
war und jetzt sehen kann. 26 Sie fragten ihn:
Was hat er mit dir gemacht? Wie hat er deine
Augen geöffnet? 27 Er antwortete ihnen: Ich
habe es euch bereits gesagt, aber ihr habt
nicht gehört. Warum wollt ihr es noch ein-
mal hören? Wollt auch ihr seine Jünger wer-
den? 28 Da beschimpften sie ihn: Du bist ein
Jünger dieses Menschen; wir aber sind Jün-
ger des Mose. 29 Wir wissen, dass zu Mose
Gott gesprochen hat; aber von dem da wissen
wir nicht, woher er kommt. 30 Der Mann ant-
wortete ihnen: Darin liegt ja das Erstaunli-
che, dass ihr nicht wisst, woher er kommt;
dabei hat er doch meine Augen geöffnet.
31 Wir wissen, dass Gott einen Sünder nicht
erhört; wer aber Gott fürchtet und seinen
Willen tut, den erhört er. 32 Noch nie hat man
gehört, dass jemand die Augen eines Blind-
geborenen geöffnet hat. 33 Wenn dieser
Mensch nicht von Gott wäre, dann hätte er
gewiss nichts ausrichten können. 34 Sie ent-
gegneten ihm: Du bist ganz und gar in Sün-
den geboren und du willst uns belehren? Und
sie stießen ihn hinaus.

14: 5,9 • 22: 7,13; 12,42; 16,2 • 24: Jos 7,19; 2 Chr 30,8; Ps 66,2; 68,35; Jes 42,12 • 29: 5,45f • 34: Ps 51,7.

Jesu Selbstoffenbarung vor dem Geheilten: 9,35–41

35 Jesus hörte, dass sie ihn hinausgestoßen
hatten, und als er ihn traf, sagte er zu ihm:
Glaubst du an den Menschensohn? 36 Der
Mann antwortete: Wer ist das, Herr? (Sag es
mir,) damit ich an ihn glaube. 37 Jesus sagte
zu ihm: Du siehst ihn vor dir; er, der mit dir
redet, ist es. 38 Er aber sagte: Ich glaube,
Herr! Und er warf sich vor ihm nieder. 39 Da
sprach Jesus: Um zu richten, bin ich in diese
Welt gekommen: damit die Blinden sehend
und die Sehenden blind werden. 40 Einige
Pharisäer, die bei ihm waren, hörten dies.
Und sie fragten ihn: Sind etwa auch wir
blind? 41 Jesus antwortete ihnen: Wenn ihr
blind wärt, hättet ihr keine Sünde. Jetzt aber
sagt ihr: Wir sehen. Darum bleibt eure
Sünde.

Die Bildworte vom Hirten und von den Schafen: 10,1–39

Der gute Hirt als Gegenbild zu Dieben und Räubern: 10,1–10

10 Amen, amen, das sage ich euch: Wer
in den Schafstall nicht durch die Tür
hineingeht, sondern anderswo einsteigt, der
ist ein Dieb und ein Räuber. 2 Wer aber durch
die Tür hineingeht, ist der Hirt der Schafe.
3 Ihm öffnet der Türhüter und die Schafe hö-
ren auf seine Stimme; er ruft die Schafe, die
ihm gehören, einzeln beim Namen und führt
sie hinaus. 4 Wenn er alle seine Schafe hi-
nausgetrieben hat, geht er ihnen voraus, und
die Schafe folgen ihm; denn sie kennen seine
Stimme. 5 Einem Fremden aber werden sie
nicht folgen, sondern sie werden vor ihm
fliehen, weil sie die Stimme des Fremden
nicht kennen. 6 Dieses Gleichnis erzählte ih-
nen Jesus; aber sie verstanden nicht den Sinn
dessen, was er ihnen gesagt hatte.
7 Weiter sagte Jesus zu ihnen: Amen, amen,
ich sage euch: Ich bin die Tür zu den
Schafen. 8 Alle, die vor mir kamen, sind Die-
be und Räuber; aber die Schafe haben nicht
auf sie gehört. 9 Ich bin die Tür; wer durch
mich hineingeht, wird gerettet werden; er
wird ein- und ausgehen und Weide finden.
10 Der Dieb kommt nur, um zu stehlen, zu
schlachten und zu vernichten; ich bin ge-
kommen, damit sie das Leben haben und es
in Fülle haben.

6: 16,25 • 7: Ps 118,20 • 8: Jer 23,1f • 9: Jes 49,9f; Ez 34,12–15.

Der gute Hirt als Gegenbild zum Tagelöhner: 10,11–21

11 Ich bin der gute Hirt. Der gute Hirt gibt
sein Leben hin für die Schafe. 12 Der be-
zahlte Knecht aber, der nicht Hirt ist und
dem die Schafe nicht gehören, lässt die
Schafe im Stich und flieht, wenn er den Wolf
kommen sieht; und der Wolf reißt sie und
jagt sie auseinander. Er flieht, 13 weil er nur
ein bezahlter Knecht ist und ihm an den
Schafen nichts liegt. 14 Ich bin der gute Hirt;
ich kenne die Meinen und die Meinen kennen
mich, 15 wie mich der Vater kennt und ich
den Vater kenne; und ich gebe mein Leben
hin für die Schafe. 16 Ich habe noch andere
Schafe, die nicht aus diesem Stall sind; auch
sie muss ich führen und sie werden auf meine
Stimme hören; dann wird es nur eine Herde
geben und einen Hirten. 17 Deshalb liebt
mich der Vater, weil ich mein Leben hingebe,

um es wieder zu nehmen. 18 Niemand entreißt es mir, sondern ich gebe es aus freiem Willen hin. Ich habe Macht, es hinzugeben, und ich habe Macht, es wieder zu nehmen. Diesen Auftrag habe ich von meinem Vater empfangen.

19 Wegen dieser Rede kam es unter den Juden erneut zu einer Spaltung. 20 Viele von ihnen sagten: Er ist von einem Dämon besessen und redet im Wahn. Warum hört ihr ihm zu? 21 Andere sagten: So redet kein Besessener. Kann ein Dämon die Augen von Blinden öffnen?

11: Ez 34,11–22; Mt 18,12–14; Lk 15,3–7 • 15: Mt 11,25–27; Lk 10,21f • 17: 3,35 • 18: 13,3 • 20: 7,20; 8,48.52; Mk 3,22.30.

Das Streitgespräch beim Tempelweihfest: 10,22–39

22 Um diese Zeit fand in Jerusalem das Tempelweihfest statt. Es war Winter, 23 und Jesus ging im Tempel in der Halle Salomos auf und ab. 24 Da umringten ihn die Juden und fragten ihn: Wie lange noch willst du uns hinhalten? Wenn du der Messias bist, sag es uns offen! 25 Jesus antwortete ihnen: Ich habe es euch gesagt, aber ihr glaubt nicht. Die Werke, die ich im Namen meines Vaters vollbringe, legen Zeugnis für mich ab; 26 ihr aber glaubt nicht, weil ihr nicht zu meinen Schafen gehört. 27 Meine Schafe hören auf meine Stimme; ich kenne sie und sie folgen mir. 28 Ich gebe ihnen ewiges Leben. Sie werden niemals zugrunde gehen und niemand wird sie meiner Hand entreißen. 29 Mein Vater, der sie mir gab, ist größer als alle und niemand kann sie der Hand meines Vaters entreißen. 30 Ich und der Vater sind eins. 31 Da hoben die Juden wiederum Steine auf, um ihn zu steinigen. 32 Jesus hielt ihnen entgegen: Viele gute Werke habe ich im Auftrag des Vaters vor euren Augen getan. Für welches dieser Werke wollt ihr mich steinigen? 33 Die Juden antworteten ihm: Wir steinigen dich nicht wegen eines guten Werkes, sondern wegen Gotteslästerung; denn du bist nur ein Mensch und machst dich selbst zu Gott. 34 Jesus erwiderte ihnen: Heißt es nicht in eurem Gesetz: *Ich habe gesagt: Ihr seid Götter?* 35 Wenn er jene Menschen Götter genannt hat, an die das Wort Gottes ergangen ist, und wenn die Schrift nicht aufgehoben werden kann, 36 dürft ihr dann von dem, den der Vater geheiligt und in die Welt gesandt hat, sagen: Du lästerst Gott – weil ich gesagt habe: Ich bin Gottes Sohn? 37 Wenn ich nicht die Werke meines Vaters vollbringe, dann glaubt mir nicht. 38 Aber wenn ich sie vollbringe, dann glaubt wenigstens den Werken, wenn ihr mir nicht glaubt. Dann werdet ihr erkennen und einsehen, dass in mir der Vater ist und ich im Vater bin. 39 Wieder wollten sie ihn festnehmen; er aber entzog sich ihrem Zugriff.

25: 5,36f • 28: 6,39; 17,12 • 31: 8,59 • 34: Ps 82,6 • 38: 14,10f; 17,21 • 39: 8,59.

Die Auferweckung des Lazarus und ihre Folgen: 10,40–11,57

Jesus im Gebiet östlich des Jordan: 10,40–42

40 Dann ging Jesus wieder weg auf die andere Seite des Jordan, an den Ort, wo Johannes zuerst getauft hatte; und dort blieb er. 41 Viele kamen zu ihm. Sie sagten: Johannes hat kein Zeichen getan; aber alles, was Johannes über diesen Mann gesagt hat, ist wahr. 42 Und viele kamen dort zum Glauben an ihn.

40: 1,28.

Die Nachricht vom Tod des Lazarus: 11,1–16

11 Ein Mann war krank, Lazarus aus Betanien, dem Dorf, in dem Maria und ihre Schwester Marta wohnten. 2 Maria

10,22 Das Tempelweihfest wurde zur Erinnerung an die Reinigung des Tempels und die Errichtung eines neuen Altars nach der Entweihung durch den syrischen König Antiochus IV. (175–164 v. Chr.) gefeiert. Im Jahr 165 v. Chr. führte Judas Makkabäus diese Tempelweihe durch und ordnete an, das Fest jährlich acht Tage lang zu feiern. Der Festtermin war der 25. Kislew (im Dezember).

10,23 die »Halle Salomos« war eine Säulenhalle an der östlichen Begrenzungsmauer des Tempels, angeblich schon von König Salomo erbaut. Sie diente später auch den ersten Christen in Jerusalem als Versammlungsort (Apg 5,12). Im Winter bot sie Schutz vor den rauen östlichen Winden.

10,29 Nach anderen Textzeugen: Was mein Vater mir gegeben hat, ist größer als alles, und niemand kann es der Hand meines Vaters entreißen.

10,34 Das Zitat aus Ps 82,6 dient einem Schriftbeweis, der sich nur an den Wortlaut der Schriftstelle hält, ohne Rücksicht auf den Zusammenhang, aus dem das Wort stammt. Als »Götter« werden im Ps 82 ungerechte Richter angesprochen.

11,1 Zum Namen Lazarus vgl. die Anmerkung zu Lk 16,20. – Betanien, 15 Stadien (etwa 3 Kilometer) von Jerusalem entfernt (vgl. 11,18), liegt am östlichen Abhang des Ölbergs.

11,2 Diese Maria (vgl. 12,3) ist zu unterscheiden von der Sünderin (Lk 7,37f) und von Maria aus Magdala. Es handelt sich um drei verschiedene Personen.

ist die, die den Herrn mit Öl gesalbt und seine Füße mit ihrem Haar abgetrocknet hat; deren Bruder Lazarus war krank. 3 Daher sandten die Schwestern Jesus die Nachricht: Herr, dein Freund ist krank. 4 Als Jesus das hörte, sagte er: Diese Krankheit wird nicht zum Tod führen, sondern dient der Verherrlichung Gottes: Durch sie soll der Sohn Gottes verherrlicht werden. 5 Denn Jesus liebte Marta, ihre Schwester und Lazarus. 6 Als er hörte, dass Lazarus krank war, blieb er noch zwei Tage an dem Ort, wo er sich aufhielt.

7 Danach sagte er zu den Jüngern: Lasst uns wieder nach Judäa gehen. 8 Die Jünger entgegneten ihm: Rabbi, eben noch wollten dich die Juden steinigen und du gehst wieder dorthin? 9 Jesus antwortete: Hat der Tag nicht zwölf Stunden? Wenn jemand am Tag umhergeht, stößt er nicht an, weil er das Licht dieser Welt sieht; 10 wenn aber jemand in der Nacht umhergeht, stößt er an, weil das Licht nicht in ihm ist. 11 So sprach er. Dann sagte er zu ihnen: Lazarus, unser Freund, schläft; aber ich gehe hin, um ihn aufzuwecken. 12 Da sagten die Jünger zu ihm: Herr, wenn er schläft, dann wird er gesund werden. 13 Jesus hatte aber von seinem Tod gesprochen, während sie meinten, er spreche von dem gewöhnlichen Schlaf. 14 Darauf sagte ihnen Jesus unverhüllt: Lazarus ist gestorben. 15 Und ich freue mich für euch, dass ich nicht dort war; denn ich will, dass ihr glaubt. Doch wir wollen zu ihm gehen. 16 Da sagte Thomas, genannt Didymus (Zwilling), zu den anderen Jüngern: Dann lasst uns mit ihm gehen, um mit ihm zu sterben.

1: Lk 10,38–42 • 8: 8,59; 10,31 • 16: 14,5–8; 20,24–29.

Die Auferweckung des Lazarus als Zeichen:
11,17–44

17 Als Jesus ankam, fand er Lazarus schon vier Tage im Grab liegen. 18 Betanien war nahe bei Jerusalem, etwa fünfzehn Stadien entfernt. 19 Viele Juden waren zu Marta und Maria gekommen, um sie wegen ihres Bruders zu trösten. 20 Als Marta hörte, dass Jesus komme, ging sie ihm entgegen, Maria aber blieb im Haus. 21 Marta sagte zu Jesus: Herr, wärst du hier gewesen, dann wäre mein Bruder nicht gestorben. 22 Aber auch jetzt weiß ich: Alles, worum du Gott bittest, wird Gott dir geben. 23 Jesus sagte zu ihr: Dein Bruder wird auferstehen. 24 Marta sagte zu ihm: Ich weiß, dass er auferstehen wird bei der Auferstehung am Letzten Tag. 25 Jesus erwiderte ihr: Ich bin die Auferstehung und das Leben. Wer an mich glaubt, wird leben, auch wenn er stirbt, 26 und jeder, der lebt und an mich glaubt, wird auf ewig nicht sterben. Glaubst du das? 27 Marta antwortete ihm: Ja, Herr, ich glaube, dass du der Messias bist, der Sohn Gottes, der in die Welt kommen soll.

28 Nach diesen Worten ging sie weg, rief heimlich ihre Schwester Maria und sagte zu ihr: Der Meister ist da und lässt dich rufen. 29 Als Maria das hörte, stand sie sofort auf und ging zu ihm. 30 Denn Jesus war noch nicht in das Dorf gekommen; er war noch dort, wo ihn Marta getroffen hatte. 31 Die Juden, die bei Maria im Haus waren und sie trösteten, sahen, dass sie plötzlich aufstand und hinausging. Da folgten sie ihr, weil sie meinten, sie gehe zum Grab, um dort zu weinen. 32 Als Maria dorthin kam, wo Jesus war, und ihn sah, fiel sie ihm zu Füßen und sagte zu ihm: Herr, wärst du hier gewesen, dann wäre mein Bruder nicht gestorben. 33 Als Jesus sah, wie sie weinte und wie auch die Juden weinten, die mit ihr gekommen waren, war er im Innersten erregt und erschüttert. 34 Er sagte: Wo habt ihr ihn bestattet? Sie antworteten ihm: Herr, komm und sieh! 35 Da weinte Jesus. 36 Die Juden sagten: Seht, wie lieb er ihn hatte! 37 Einige aber sagten: Wenn er dem Blinden die Augen geöffnet hat, hätte er dann nicht auch verhindern können, dass dieser hier starb? 38 Da wurde Jesus wiederum innerlich erregt und er ging zum Grab. Es war eine Höhle, die mit einem Stein verschlossen war.

39 Jesus sagte: Nehmt den Stein weg! Marta, die Schwester des Verstorbenen, entgegnete ihm: Herr, er riecht aber schon, denn es ist bereits der vierte Tag. 40 Jesus sagte zu ihr: Habe ich dir nicht gesagt: Wenn du glaubst, wirst du die Herrlichkeit Gottes sehen? 41 Da nahmen sie den Stein weg. Jesus aber erhob seine Augen und sprach: Vater, ich danke dir, dass du mich erhört hast. 42 Ich wusste, dass du mich immer erhörst; aber wegen der Menge, die um mich herum steht, habe ich es gesagt; denn sie sollen glauben, dass du mich gesandt hast. 43 Nachdem er dies gesagt hatte, rief er mit lauter Stimme: Lazarus, komm heraus! 44 Da kam der Verstorbene heraus; seine Füße und Hände waren mit Binden umwickelt, und sein Gesicht war mit einem Schweißtuch verhüllt. Jesus sagte zu ihnen: Löst ihm die Binden und lasst ihn weggehen!

25: 5,21.26 • 27: 20,31; 6,69; Mt 16,16 • 37: 9,1–41 • 41: 12,27f; 17,1 • 42: 17,8.21.23.25 • 44: 19,40.

11,18 15 Stadien sind etwa 3 Kilometer.

fangen und riefen: *Hosanna! / Gesegnet sei er, der kommt im Namen des Herrn,* / der König Israels!

[14] Jesus fand einen jungen Esel und setzte sich darauf – wie es in der Schrift heißt: [15] *Fürchte dich nicht, Tochter Zion! Siehe, dein König kommt; er sitzt auf dem Fohlen einer Eselin.* [16] Das alles verstanden seine Jünger zunächst nicht; als Jesus aber verherrlicht war, da wurde ihnen bewusst, dass es so über ihn in der Schrift stand und dass man so an ihm gehandelt hatte. [17] Die Leute, die bei Jesus gewesen waren, als er Lazarus aus dem Grab rief und von den Toten auferweckte, legten Zeugnis für ihn ab. [18] Ebendeshalb war die Menge ihm entgegengezogen: weil sie gehört hatte, er habe dieses Zeichen getan. [19] Die Pharisäer aber sagten zueinander: Ihr seht, dass ihr nichts ausrichtet; alle Welt läuft ihm nach.

12–19 ‖ Mt 21,1–9; Mk 11,1–10; Lk 19,28–38 • 13: Ps 118,25f • 15: Jes 40,9; Sach 9,9.

Die letzte öffentliche Rede Jesu – Die Stunde der Entscheidung: 12,20–36

[20] Auch einige Griechen waren anwesend – sie gehörten zu den Pilgern, die beim Fest Gott anbeten wollten. [21] Sie traten an Philippus heran, der aus Betsaida in Galiläa stammte, und sagten zu ihm: Herr, wir möchten Jesus sehen. [22] Philippus ging und sagte es Andreas; Andreas und Philippus gingen und sagten es Jesus. [23] Jesus aber antwortete ihnen: Die Stunde ist gekommen, dass der Menschensohn verherrlicht wird. [24] Amen, amen, ich sage euch: Wenn das Weizenkorn nicht in die Erde fällt und stirbt, bleibt es allein; wenn es aber stirbt, bringt es reiche Frucht. [25] Wer an seinem Leben hängt, verliert es; wer aber sein Leben in dieser Welt gering achtet, wird es bewahren bis ins ewige Leben. [26] Wenn einer mir dienen will, folge er mir nach; und wo ich bin, dort wird auch mein Diener sein. Wenn einer mir dient, wird der Vater ihn ehren.

[27] Jetzt ist meine Seele erschüttert. Was soll ich sagen: Vater, rette mich aus dieser Stunde? Aber deshalb bin ich in diese Stunde gekommen. [28] Vater, verherrliche deinen Namen! Da kam eine Stimme vom Himmel: Ich habe ihn schon verherrlicht und werde ihn wieder verherrlichen. [29] Die Menge, die dabeistand und das hörte, sagte: Es hat gedonnert. Andere sagten: Ein Engel hat zu ihm geredet. [30] Jesus antwortete und sagte: Nicht mir galt diese Stimme, sondern euch. [31] Jetzt wird Gericht gehalten über diese Welt; jetzt wird der Herrscher dieser Welt hinausgeworfen werden. [32] Und ich, wenn ich über die Erde erhöht bin, werde alle zu mir ziehen. [33] Das sagte er, um anzudeuten, auf welche Weise er sterben werde. [34] Die Menge jedoch hielt ihm entgegen: Wir haben aus dem Gesetz gehört, dass der Messias bis in Ewigkeit bleiben wird. Wie kannst du sagen, der Menschensohn müsse erhöht werden? Wer ist dieser Menschensohn? [35] Da sagte Jesus zu ihnen: Nur noch kurze Zeit ist das Licht bei euch. Geht euren Weg, solange ihr das Licht habt, damit euch nicht die Finsternis überrascht. Wer in der Finsternis geht, weiß nicht, wohin er gerät. [36] Solange ihr das Licht bei euch habt, glaubt an das Licht, damit ihr Söhne des Lichts werdet. Dies sagte Jesus. Und er ging fort und verbarg sich vor ihnen.

21: 1,44 • 23: 7,30; 8,20; 13,1; 17,1 • 25: Mt 10,39; 16,25; Mk 8,35; Lk 9,24; 17,33 • 27: Mt 26,36–46; Mk 14,32–42; Lk 22,40–46 • 28: 17,1 • 31: 16,11 • 32: 3,14; 8,28 • 34: Jes 9,6; Ez 37,25; Ps 89,37; Lk 1,33.

Jesu Urteil über den Unglauben der Juden: 12,37–43

[37] Obwohl Jesus so viele Zeichen vor ihren Augen getan hatte, glaubten sie nicht an ihn. [38] So sollte sich das Wort erfüllen, das der Prophet Jesaja gesprochen hat: *Herr, wer hat unserer Botschaft geglaubt? Und der Arm des Herrn – wem wurde* seine Macht *offenbar?* [39] Denn sie konnten nicht glauben, weil Jesaja an einer anderen Stelle gesagt hat: [40] *Er hat ihre Augen blind gemacht und ihr Herz hart, damit sie mit ihren Augen nicht sehen und mit ihrem Herzen nicht zur Einsicht kommen, damit sie sich nicht bekehren und ich sie nicht heile.* [41] Das sagte Jesaja, weil er Jesu Herrlichkeit gesehen hatte; über ihn nämlich hat er gesprochen. [42] Dennoch kamen sogar von den führenden Männern viele zum Glauben an ihn; aber wegen der

12,20 »Griechen« sind hier Nichtjuden, die für den jüdischen Gottesglauben gewonnen worden waren und teilweise die mosaischen Verpflichtungen erfüllten (»Gottesfürchtige«).

12,31 »Der Herrscher dieser Welt« (14,30; 16,11) ist der Widersacher Gottes und der Gegenspieler Christi; durch den Tod Jesu wird seine Macht vernichtet.

12,32 Hinweis auf die Erhöhung Jesu am Kreuz (V. 33) und zugleich auf seine Erhöhung im himmlischen Bereich.

12,38 Dieses Zitat aus Jesaja wird im Neuen Testament auf die christliche Verkündigung bezogen; vgl. Röm 10,16.

Der Tötungsbeschluß des Hohen Rates – Das prophetische Wort des Hohenpriesters: 11,45–53

45 Viele der Juden, die zu Maria gekommen
waren und gesehen hatten, was Jesus getan
hatte, kamen zum Glauben an ihn. 46 Aber ei-
nige von ihnen gingen zu den Pharisäern und
berichteten ihnen, was er getan hatte. 47 Da
beriefen die Hohenpriester und die Pharisäer
eine Versammlung des Hohen Rates ein. Sie
sagten: Was sollen wir tun? Dieser Mensch
tut viele Zeichen. 48 Wenn wir ihn gewähren
lassen, werden alle an ihn glauben. Dann
werden die Römer kommen und uns die hei-
lige Stätte und das Volk nehmen. 49 Einer
von ihnen, Kajaphas, der Hohepriester jenes
Jahres, sagte zu ihnen: Ihr versteht über-
haupt nichts. 50 Ihr bedenkt nicht, dass es
besser für euch ist, wenn ein einziger Mensch
für das Volk stirbt, als wenn das ganze Volk
zugrunde geht. 51 Das sagte er nicht aus sich
selbst; sondern weil er der Hohepriester je-
nes Jahres war, sagte er aus prophetischer
Eingebung, dass Jesus für das Volk sterben
werde. 52 Aber er sollte nicht nur für das
Volk sterben, sondern auch, um die ver-
sprengten Kinder Gottes wieder zu sammeln.
53 Von diesem Tag an waren sie entschlossen,
ihn zu töten.

47–53: Mt 26,3–5; Mk 14,1f; Lk 22,1f • 50: 2 Sam 20,14–22; Jona 1,8–16 • 52: 10,11.15f.

Erneute Flucht Jesu: 11,54–57

54 Jesus bewegte sich von nun an nicht
mehr öffentlich unter den Juden, sondern
zog sich von dort in die Gegend nahe der
Wüste zurück, an einen Ort namens Efraim.
Dort blieb er mit seinen Jüngern. 55 Das
Paschafest der Juden war nahe und viele zo-
gen schon vor dem Paschafest aus dem gan-
zen Land nach Jerusalem hinauf, um sich zu
heiligen. 56 Sie fragten nach Jesus und sagten
zueinander, während sie im Tempel zusam-
menstanden: Was meint ihr? Er wird wohl
kaum zum Fest kommen. 57 Die Hohenpries-
ter und die Pharisäer hatten nämlich, um ihn
festnehmen zu können, angeordnet: Wenn
jemand weiß, wo er sich aufhält, soll er es
melden.

55: Num 9,6–13; 2 Chr 30,15–19; Joh 18,28.

Jesus auf dem Weg zum letzten Osterfest in Jerusalem: 12,1–50

Die Salbung in Betanien: 12,1–11

12 Sechs Tage vor dem Paschafest kam
Jesus nach Betanien, wo Lazarus
war, den er von den Toten auferweckt hatte.
2 Dort bereiteten sie ihm ein Mahl; Marta
bediente und Lazarus war unter denen, die
mit Jesus bei Tisch waren. 3 Da nahm Maria
ein Pfund echtes, kostbares Nardenöl, salbte
Jesus die Füße und trocknete sie mit ihrem
Haar. Das Haus wurde vom Duft des Öls er-
füllt. 4 Doch einer von seinen Jüngern, Judas
Iskariot, der ihn später verriet, sagte: 5 Wa-
rum hat man dieses Öl nicht für dreihundert
Denare verkauft und den Erlös den Armen
gegeben? 6 Das sagte er aber nicht, weil er ein
Herz für die Armen gehabt hätte, sondern
weil er ein Dieb war; er hatte nämlich die
Kasse und veruntreute die Einkünfte. 7 Jesus
erwiderte: Lass sie, damit sie es für den Tag
meines Begräbnisses tue. 8 Die Armen habt
ihr immer bei euch, mich aber habt ihr nicht
immer bei euch.

9 Viele Juden hatten erfahren, dass Jesus
dort war, und sie kamen, jedoch nicht nur
um Jesu willen, sondern auch um Lazarus zu
sehen, den er von den Toten auferweckt hat-
te. 10 Die Hohenpriester aber beschlossen,
auch Lazarus zu töten, 11 weil viele Juden
seinetwegen hingingen und an Jesus glaub-
ten.

1–8 ‖ Mt 26,6–13; Mk 14,3–9 • 6: 13,29 • 8: Dtn 15,11.

Der Einzug in Jerusalem: 12,12–19

12 Am Tag darauf hörte die Volksmenge,
die sich zum Fest eingefunden hatte, Jesus
komme nach Jerusalem. 13 Da nahmen sie
Palmzweige, zogen hinaus, um ihn zu emp-

11,46 Vgl. die Anmerkung zu Mk 2,16 über die Pharisäer.

11,48 Die heilige Stätte ist der Tempel.

11,49 Zu Kajaphas vgl. die Anmerkung zu Mt 26,57.

11,51 Für den Evangelisten ist der Hohepriester jenes bedeutsamen Jahres das Werkzeug Gottes, das eine tiefere Wahrheit verkünden muss.

11,54 Wahrscheinlich handelt es sich um das Efraim, das etwa einen Tagesmarsch von Jerusalem entfernt abseits von der Straße nach Norden lag.

11,55 »Sich heiligen« bezieht sich auf die Teilnahme an den Reinigungsbräuchen beim Paschafest.

12,1 Zum Paschafest vgl. die Anmerkung zu Mk 14,1.

12,3 ein Pfund: etwa 320 Gramm.

12,7 Jesus sieht in der Salbung durch Maria eine Ehrung, die sie im Hinblick auf seinen Tod seinem Leib im voraus erweist.

Rembrandt van Rijn (1606–1669)
Das Mahl in Emmaus, 1648
Holz, 68 × 65 cm
Musée de Louvre, Paris
Foto: Peter Willi, Artothek, Peissenberg

Pharisäer bekannten sie es nicht offen, um
nicht aus der Synagoge ausgestoßen zu werden.
43 Denn sie liebten das Ansehen bei den
Menschen mehr als das Ansehen bei Gott.

38: Jes 53,1 G • 40: Jes 6,9f; Mt 13,13; Mk 4,12; Lk 8,10 • 41: Jes 6,1–4 • 42: 3,1; 7,50f; 9,22; 16,2; 19,38f.

Aufforderung zur Entscheidung zwischen Glauben und Unglauben: 12,44–50

44 Jesus aber rief aus: Wer an mich glaubt,
glaubt nicht an mich, sondern an den, der
mich gesandt hat,
45 und wer mich sieht,
sieht den, der mich gesandt hat.
46 Ich bin das
Licht, das in die Welt gekommen ist, damit
jeder, der an mich glaubt, nicht in der Finsternis bleibt.
47 Wer meine Worte nur hört
und sie nicht befolgt, den richte nicht ich;
denn ich bin nicht gekommen, um die Welt
zu richten, sondern um sie zu retten.
48 Wer
mich verachtet und meine Worte nicht annimmt,
der hat schon seinen Richter: Das
Wort, das ich gesprochen habe, wird ihn
richten am Letzten Tag.
49 Denn was ich gesagt habe,
habe ich nicht aus mir selbst, sondern der Vater,
der mich gesandt hat, hat mir
aufgetragen, was ich sagen und reden soll.
50 Und ich weiß, dass sein Auftrag ewiges Leben ist.
Was ich also sage, sage ich so, wie es
mir der Vater gesagt hat.

44f: 5,36; 6,57; 11,42; 17,8.21.23.25 • 46: 1,9; 8,12; 9,5 • 47: 3,17 • 50: 3,17; 17,3; Dtn 32,47f.

DER ABSCHIED JESU VON SEINEN JÜNGERN: 13,1 – 17,26

Das Abschiedsmahl: 13,1–14,31

Die Fußwaschung: 13,1–20

13 Es war vor dem Paschafest. Jesus
wusste, dass seine Stunde gekommen
war, um aus dieser Welt zum Vater hinüberzugehen.
Da er die Seinen, die in der Welt
waren, liebte, erwies er ihnen seine Liebe bis
zur Vollendung.
2 Es fand ein Mahl statt, und
der Teufel hatte Judas, dem Sohn des Simon
Iskariot, schon ins Herz gegeben, ihn zu verraten und auszuliefern.
3 Jesus, der wusste,
dass ihm der Vater alles in die Hand gegeben
hatte und dass er von Gott gekommen war
und zu Gott zurückkehrte,
4 stand vom Mahl
auf, legte sein Gewand ab und umgürtete
sich mit einem Leinentuch.
5 Dann goss er
Wasser in eine Schüssel und begann, den
Jüngern die Füße zu waschen und mit dem
Leinentuch abzutrocknen, mit dem er umgürtet war.
6 Als er zu Simon Petrus kam,
sagte dieser zu ihm: Du, Herr, willst mir die
Füße waschen?
7 Jesus antwortete ihm: Was
ich tue, verstehst du jetzt noch nicht; doch
später wirst du es begreifen.
8 Petrus entgegnete ihm: Niemals sollst du mir die Füße waschen!
Jesus erwiderte ihm: Wenn ich dich
nicht wasche, hast du keinen Anteil an mir.
9 Da sagte Simon Petrus zu ihm: Herr, dann
nicht nur meine Füße, sondern auch die Hände und das Haupt.
10 Jesus sagte zu ihm: Wer
vom Bad kommt, ist ganz rein und braucht
sich nur noch die Füße zu waschen. Auch ihr
seid rein, aber nicht alle.
11 Er wusste nämlich, wer ihn verraten würde; darum sagte er:
Ihr seid nicht alle rein.

12 Als er ihnen die Füße gewaschen, sein
Gewand wieder angelegt und Platz genommen hatte,
sagte er zu ihnen: Begreift ihr,
was ich an euch getan habe?
13 Ihr sagt zu mir
Meister und Herr und ihr nennt mich mit
Recht so; denn ich bin es.
14 Wenn nun ich,
der Herr und Meister, euch die Füße gewaschen habe,
dann müsst auch ihr einander
die Füße waschen.
15 Ich habe euch ein Beispiel gegeben,
damit auch ihr so handelt, wie
ich an euch gehandelt habe.
16 Amen, amen,
ich sage euch: Der Sklave ist nicht größer als
sein Herr und der Abgesandte ist nicht größer als der,
der ihn gesandt hat.
17 Selig seid
ihr, wenn ihr das wisst und danach handelt.

12,46 »In der Finsternis bleiben« heißt: unter dem Zorn Gottes bleiben (vgl. 3,36).

13,1 bis zur Vollendung: Der Ausdruck im griechischen Text kann sowohl »bis zuletzt« als auch »bis zum äußersten« bedeuten.

13,2 In Judas ist die Macht des Satans am Werk (vgl. 6,70f; 13,27).

13,5 Jemandem die Füße zu waschen, gehörte zu den Aufgaben der Sklaven.

13,10 Nach anderen Textzeugen: Wer gebadet ist, braucht sich nicht zu waschen, sondern ist ganz rein. – Bei der kürzeren Lesart meint »gebadet« in einem übertragenen Sinn: Wer durch die Fußwaschung Jesu in das dadurch versinnbildete Kreuzgeschehen hineingenommen ist (wie die Jünger), bedarf keiner Reinigung mehr, sondern ist ganz rein. Bei der längeren Lesart oben im Text (»außer die Füße«) ist vielleicht an die Taufe gedacht.

18 Ich sage das nicht von euch allen. Ich weiß wohl, welche ich erwählt habe, aber das Schriftwort muss sich erfüllen: *Einer, der mein Brot aß, hat mich hintergangen.* 19 Ich sage es euch schon jetzt, ehe es geschieht, damit ihr, wenn es geschehen ist, glaubt: Ich bin es. 20 Amen, amen, ich sage euch: Wer einen aufnimmt, den ich sende, nimmt mich auf; wer aber mich aufnimmt, nimmt den auf, der mich gesandt hat.

1: 7,30; 8,20; 12,23 • 2: Mt 26,14–16; Mk 14,10f; Lk 22,3–6 • 14: Mt 20,28; Mk 10,45; Lk 22,26f • 16: Mt 10,24; Lk 6,40 • 18: Ps 41,10; Mt 26,21; Mk 14,18; Lk 22,21 • 20: Mt 10,40; Lk 10,16.

Jesu Hinweis auf den Verräter: 13,21–30

21 Nach diesen Worten war Jesus im Innersten erschüttert und bekräftigte: Amen, amen, das sage ich euch: Einer von euch wird mich verraten. 22 Die Jünger blickten sich ratlos an, weil sie nicht wussten, wen er meinte. 23 Einer von den Jüngern lag an der Seite Jesu; es war der, den Jesus liebte. 24 Simon Petrus nickte ihm zu, er solle fragen, von wem Jesus spreche. 25 Da lehnte sich dieser zurück an die Brust Jesu und fragte ihn: Herr, wer ist es? 26 Jesus antwortete: Der ist es, dem ich den Bissen Brot, den ich eintauche, geben werde. Dann tauchte er das Brot ein, nahm es und gab es Judas, dem Sohn des Simon Iskariot. 27 Als Judas den Bissen Brot genommen hatte, fuhr der Satan in ihn. Jesus sagte zu ihm: Was du tun willst, das tu bald! 28 Aber keiner der Anwesenden verstand, warum er ihm das sagte. 29 Weil Judas die Kasse hatte, meinten einige, Jesus wolle ihm sagen: Kaufe, was wir zum Fest brauchen!, oder Jesus trage ihm auf, den Armen etwas zu geben. 30 Als Judas den Bissen Brot genommen hatte, ging er sofort hinaus. Es war aber Nacht.

21–30 || Mt 26,21–25; Mk 14,18–21; Lk 22,21–23 • 23: 19,26f; 20,3–10; 21,7.20–24 • 27: Lk 22,3.

Das neue Gebot: 13,31–35

31 Als Judas hinausgegangen war, sagte Jesus: Jetzt ist der Menschensohn verherrlicht und Gott ist in ihm verherrlicht. 32 Wenn Gott in ihm verherrlicht ist, wird auch Gott ihn in sich verherrlichen, und er wird ihn bald verherrlichen. 33 Meine Kinder, ich bin nur noch kurze Zeit bei euch. Ihr werdet mich suchen, und was ich den Juden gesagt habe, sage ich jetzt auch euch: Wohin ich gehe, dorthin könnt ihr nicht gelangen. 34 Ein neues Gebot gebe ich euch: Liebt einander! Wie ich euch geliebt habe, so sollt auch ihr einander lieben. 35 Daran werden alle erkennen, dass ihr meine Jünger seid: wenn ihr einander liebt.

31: 7,39; 12,16.23.28; 17,1.4f • 33: 7,33; 8,21 • 34: 1 Joh 2,7–11; 4,7–21.

Jesu Wort an Petrus: 13,36–38

36 Simon Petrus sagte zu ihm: Herr, wohin willst du gehen? Jesus antwortete: Wohin ich gehe, dorthin kannst du mir jetzt nicht folgen. Du wirst mir aber später folgen. 37 Petrus sagte zu ihm: Herr, warum kann ich dir jetzt nicht folgen? Mein Leben will ich für dich hingeben. 38 Jesus entgegnete: Du willst für mich dein Leben hingeben? Amen, amen, das sage ich dir: Noch bevor der Hahn kräht, wirst du mich dreimal verleugnen.

36: 21,18f • 37–38 || Mt 26,33–35; Mk 14,29–31; Lk 22,31–34.

Das Gespräch über den Weg zum Vater: 14,1–14

14 Euer Herz lasse sich nicht verwirren. Glaubt an Gott und glaubt an mich! 2 Im Haus meines Vaters gibt es viele Wohnungen. Wenn es nicht so wäre, hätte ich euch dann gesagt: Ich gehe, um einen Platz für euch vorzubereiten? 3 Wenn ich gegangen bin und einen Platz für euch vorbereitet habe, komme ich wieder und werde euch zu mir holen, damit auch ihr dort seid, wo ich bin. 4 Und wohin ich gehe – den Weg dorthin kennt ihr. 5 Thomas sagte zu ihm: Herr, wir wissen nicht, wohin du gehst. Wie sollen wir dann den Weg kennen? 6 Jesus sagte zu ihm: Ich bin der Weg und die Wahrheit und das Leben; niemand kommt zum Vater außer durch mich. 7 Wenn ihr mich erkannt habt, werdet ihr auch meinen Vater erkennen. Schon jetzt kennt ihr ihn und habt ihn gesehen. 8 Philippus sagte zu ihm: Herr, zeig uns

---

13,18 Wörtlich: Einer ... hat gegen mich seine Ferse erhoben.
13,26–30 Es handelt sich hier nicht um die Eucharistie, sondern um einen Bissen der Vorkost.
13,31 Jetzt: die Stunde, in der Jesus durch den Tod am Kreuz verherrlicht wird; diese Stunde wird durch den Weggang des Verräters eingeleitet.
13,34 Das »neue« Gebot, die Bruderliebe nach dem Vorbild der Liebe Jesu bis zum Tod, überbietet das alttestamentliche Gesetz (vgl. Lev 19,18). Die Erfüllung dieses Gebots wird zum kennzeichnenden Merkmal der Jünger Jesu.
13,36 Verhüllter Hinweis auf den Tod des Petrus (21,18f).
14,7 Nach anderen Textzeugen: Wenn ihr mich erkannt hättet, würdet ihr auch meinen Vater erkennen.

den Vater; das genügt uns. 9 Jesus antwortete ihm: Schon so lange bin ich bei euch und du hast mich nicht erkannt, Philippus? Wer mich gesehen hat, hat den Vater gesehen. Wie kannst du sagen: Zeig uns den Vater? 10 Glaubst du nicht, dass ich im Vater bin und dass der Vater in mir ist? Die Worte, die ich zu euch sage, habe ich nicht aus mir selbst. Der Vater, der in mir bleibt, vollbringt seine Werke. 11 Glaubt mir doch, dass ich im Vater bin und dass der Vater in mir ist; wenn nicht, glaubt wenigstens aufgrund der Werke! 12 Amen, amen, ich sage euch: Wer an mich glaubt, wird die Werke, die ich vollbringe, auch vollbringen und er wird noch größere vollbringen, denn ich gehe zum Vater. 13 Alles, um was ihr in meinem Namen bittet, werde ich tun, damit der Vater im Sohn verherrlicht wird. 14 Wenn ihr mich um etwas in meinem Namen bittet, werde ich es tun.

2: 12,26; 13,33; 1 Thess 4,16f; 2 Kor 5,1 • 5: 11,16; 20,24 • 6: Mt 11,27; Lk 10,22 • 9: 17,21 • 11: 10,38 • 13–14: 15,7.16; 16,24f; Mt 7,7–11; Mk 11,24; Lk 11,9–13.

Trostworte an die Jünger: 14,15–31

15 Wenn ihr mich liebt, werdet ihr meine Gebote halten. 16 Und ich werde den Vater bitten und er wird euch einen anderen Beistand geben, der für immer bei euch bleiben soll. 17 Es ist der Geist der Wahrheit, den die Welt nicht empfangen kann, weil sie ihn nicht sieht und nicht kennt. Ihr aber kennt ihn, weil er bei euch bleibt und in euch sein wird. 18 Ich werde euch nicht als Waisen zurücklassen, sondern ich komme wieder zu euch. 19 Nur noch kurze Zeit, und die Welt sieht mich nicht mehr; ihr aber seht mich, weil ich lebe und weil auch ihr leben werdet. 20 An jenem Tag werdet ihr erkennen: Ich bin in meinem Vater, ihr seid in mir und ich bin in euch. 21 Wer meine Gebote hat und sie hält, der ist es, der mich liebt; wer mich aber liebt, wird von meinem Vater geliebt werden und auch ich werde ihn lieben und mich ihm offenbaren. 22 Judas – nicht der Judas Iskariot – fragte ihn: Herr, warum willst du dich nur uns offenbaren und nicht der Welt? 23 Jesus antwortete ihm: Wenn jemand mich liebt, wird er an meinem Wort festhalten; mein Vater wird ihn lieben und wir werden zu ihm kommen und bei ihm wohnen. 24 Wer mich nicht liebt, hält an meinen Worten nicht fest. Und das Wort, das ihr hört, stammt nicht von mir, sondern vom Vater, der mich gesandt hat.

25 Das habe ich zu euch gesagt, während ich noch bei euch bin. 26 Der Beistand aber, der Heilige Geist, den der Vater in meinem Namen senden wird, der wird euch alles lehren und euch an alles erinnern, was ich euch gesagt habe. 27 Frieden hinterlasse ich euch, meinen Frieden gebe ich euch; nicht einen Frieden, wie die Welt ihn gibt, gebe ich euch. Euer Herz beunruhige sich nicht und verzage nicht. 28 Ihr habt gehört, dass ich zu euch sagte: Ich gehe fort und komme wieder zu euch zurück. Wenn ihr mich lieb hättet, würdet ihr euch freuen, dass ich zum Vater gehe; denn der Vater ist größer als ich. 29 Jetzt schon habe ich es euch gesagt, bevor es geschieht, damit ihr, wenn es geschieht, zum Glauben kommt. 30 Ich werde nicht mehr viel zu euch sagen; denn es kommt der Herrscher der Welt. Über mich hat er keine Macht, 31 aber die Welt soll erkennen, dass ich den Vater liebe und so handle, wie es mir der Vater aufgetragen hat. Steht auf, wir wollen weggehen von hier.

16: 14,26; 15,26; 16,7–14 • 17: 20,22 • 20: 10,38 • 23–24: 1 Joh 3,23f • 26: 14,16; 15,26; 16,7–14 • 27: 20,19.21 • 30–31: 12,31; Mk 14,41f; Lk 4,6.13; 22,3.31.40.46.

Weitere Reden Jesu zu seinen Jüngern: 15,1–16,33

Die Bildrede vom Fruchtbringen: 15,1–17

15 Ich bin der wahre Weinstock und mein Vater ist der Winzer. 2 Jede Rebe an mir, die keine Frucht bringt, schneidet er ab und jede Rebe, die Frucht bringt, reinigt er, damit sie mehr Frucht bringt. 3 Ihr seid schon rein durch das Wort, das ich zu euch gesagt habe. 4 Bleibt in mir, dann bleibe

14,16 Der »Beistand« (14,26; 15,26; 16,7–14) ist der Heilige Geist, der als Person vom Vater und vom Sohn unterschieden wird.
14,22 Judas, nach Lk 6,16 und Apg 1,13 »der (Sohn) des Jakobus«. In Mk 3,18 und Mt 10,3 steht statt dessen Thaddäus.
14,26 Der »Beistand« wird vom Vater nach dem Weggang Jesu gesandt; er wird bei den Jüngern die Stelle Jesu einnehmen.
14,27 »Frieden« ist das Heil (Jes 52,7; Ez 37,26), das Jesus nach seiner Auferstehung den Jüngern für die folgende Zeit gibt und das die »Welt« nicht geben kann.
14,28 größer als ich: weil vom Vater alles ausgeht und zum Ziel geführt wird, auch die Sendung des Sohnes und seine Verherrlichung.
14,30 »Herrscher der Welt« (vgl. 12,31) ist der Satan, der sich der Menschen als Werkzeuge bedient.
15,1 Joh 14,31 wird erst 18,1 wieder aufgenommen. Zunächst werden die Abschiedsreden in Kap. 15 und 16 fortgesetzt und durch das Abschiedsgebet des Herrn in Kap. 17 abgeschlossen.

ich in euch. Wie die Rebe aus sich keine
Frucht bringen kann, sondern nur, wenn sie
am Weinstock bleibt, so könnt auch ihr keine
Frucht bringen, wenn ihr nicht in mir bleibt.
5 Ich bin der Weinstock, ihr seid die Reben.
Wer in mir bleibt und in wem ich bleibe, der
bringt reiche Frucht; denn getrennt von mir
könnt ihr nichts vollbringen. 6 Wer nicht in
mir bleibt, wird wie die Rebe weggeworfen
und er verdorrt. Man sammelt die Reben,
wirft sie ins Feuer und sie verbrennen.
7 Wenn ihr in mir bleibt und wenn meine
Worte in euch bleiben, dann bittet um alles,
was ihr wollt: Ihr werdet es erhalten. 8 Mein
Vater wird dadurch verherrlicht, dass ihr
reiche Frucht bringt und meine Jünger wer-
det.

9 Wie mich der Vater geliebt hat, so habe
auch ich euch geliebt. Bleibt in meiner Lie-
be! 10 Wenn ihr meine Gebote haltet, werdet
ihr in meiner Liebe bleiben, so wie ich die
Gebote meines Vaters gehalten habe und in
seiner Liebe bleibe. 11 Dies habe ich euch ge-
sagt, damit meine Freude in euch ist und da-
mit eure Freude vollkommen wird. 12 Das ist
mein Gebot: Liebt einander, so wie ich euch
geliebt habe. 13 Es gibt keine größere Liebe,
als wenn einer sein Leben für seine Freunde
hingibt. 14 Ihr seid meine Freunde, wenn ihr
tut, was ich euch auftrage. 15 Ich nenne euch
nicht mehr Knechte; denn der Knecht weiß
nicht, was sein Herr tut. Vielmehr habe ich
euch Freunde genannt; denn ich habe euch
alles mitgeteilt, was ich von meinem Vater
gehört habe. 16 Nicht ihr habt mich erwählt,
sondern ich habe euch erwählt und dazu be-
stimmt, dass ihr euch aufmacht und Frucht
bringt und dass eure Frucht bleibt. Dann
wird euch der Vater alles geben, um was ihr
ihn in meinem Namen bittet. 17 Dies trage ich
euch auf: Liebt einander!

1f: Jes 5,1; Jer 2,21; Ps 80,9–18; Sir 24,17 • 3: 13,10 • 6: Ez 15,2–6 • 7: 14,13; 15,16; Mt 7,7–11; Mk 11,24; Lk 11,9–13 • 9: 1 Joh 3,16; 4,7–9.19 • 11: 16,22–24; 17,13 • 12: 13,34 • 13: 1 Joh 3,16 • 15: 17,26 • 16: 13,18.

Der Hass der Welt gegen die Jünger:
15,18 – 16,4a

18 Wenn die Welt euch hasst, dann wisst,
dass sie mich schon vor euch gehasst hat.
19 Wenn ihr von der Welt stammen würdet,
würde die Welt euch als ihr Eigentum lieben.
Aber weil ihr nicht von der Welt stammt,
sondern weil ich euch aus der Welt erwählt
habe, darum hasst euch die Welt. 20 Denkt an
das Wort, das ich euch gesagt habe: Der
Sklave ist nicht größer als sein Herr. Wenn
sie mich verfolgt haben, werden sie auch
euch verfolgen; wenn sie an meinem Wort
festgehalten haben, werden sie auch an eu-
rem Wort festhalten. 21 Das alles werden sie
euch um meines Namens willen antun; denn
sie kennen den nicht, der mich gesandt hat.
22 Wenn ich nicht gekommen wäre und nicht
zu ihnen gesprochen hätte, wären sie ohne
Sünde; jetzt aber haben sie keine Entschul-
digung für ihre Sünde. 23 Wer mich hasst,
hasst auch meinen Vater. 24 Wenn ich bei ih-
nen nicht die Werke vollbracht hätte, die
kein anderer vollbracht hat, wären sie ohne
Sünde. Jetzt aber haben sie (die Werke) gese-
hen und doch hassen sie mich und meinen
Vater. 25 Aber das Wort sollte sich erfüllen,
das in ihrem Gesetz steht: *Ohne Grund ha-
ben sie mich gehasst.* 26 Wenn aber der Bei-
stand kommt, den ich euch vom Vater aus
senden werde, der Geist der Wahrheit, der
vom Vater ausgeht, dann wird er Zeugnis für
mich ablegen. 27 Und auch ihr sollt Zeugnis
ablegen, weil ihr von Anfang an bei mir seid.

16 Das habe ich euch gesagt, damit ihr
keinen Anstoß nehmt. 2 Sie werden
euch aus der Synagoge ausstoßen, ja es
kommt die Stunde, in der jeder, der euch tö-
tet, meint, Gott einen heiligen Dienst zu leis-
ten. 3 Das werden sie tun, weil sie weder den
Vater noch mich erkannt haben. 4a Ich habe
es euch gesagt, damit ihr, wenn deren Stunde
kommt, euch an meine Worte erinnert.

15,18: Mt 10,22; Mk 13,13; Lk 21,17 • 20: 13,16; Mt 10,24; Lk 6,40 • 24: 9,41 • 25: Ps 35,19; 69,5 • 26: 14,16.26; 16,7–14 • 27: Apg 1,8.21f; 5,32 • 16,2: 9,22; 12,42; Mt 10,17; Lk 21,12 • 4a: Lk 22,53.

Der Geist als Beistand und Lehrer:
16,4b–15

4b Das habe ich euch nicht gleich zu An-
fang gesagt; denn ich war ja bei euch. 5 Jetzt
aber gehe ich zu dem, der mich gesandt hat,
und keiner von euch fragt mich: Wohin gehst
du? 6 Vielmehr ist euer Herz von Trauer er-
füllt, weil ich euch das gesagt habe. 7 Doch
ich sage euch die Wahrheit: Es ist gut für
euch, dass ich fortgehe. Denn wenn ich nicht
fortgehe, wird der Beistand nicht zu euch
kommen; gehe ich aber, so werde ich ihn zu
euch senden. 8 Und wenn er kommt, wird er
die Welt überführen (und aufdecken), was
Sünde, Gerechtigkeit und Gericht ist; 9 Sün-
de: dass sie nicht an mich glauben; 10 Gerech-
tigkeit: dass ich zum Vater gehe und ihr mich
nicht mehr seht; 11 Gericht: dass der Herr-

15,26 Über die Sendung des Geistes durch den Vater in die Welt vgl. 14,16.26.

scher dieser Welt gerichtet ist. 12 Noch vieles
habe ich euch zu sagen, aber ihr könnt es
jetzt nicht tragen. 13 Wenn aber jener kommt,
der Geist der Wahrheit, wird er euch in die
ganze Wahrheit führen. Denn er wird nicht
aus sich selbst heraus reden, sondern er wird
sagen, was er hört, und euch verkünden, was
kommen wird. 14 Er wird mich verherrlichen;
denn er wird von dem, was mein ist, nehmen
und es euch verkünden. 15 Alles, was der Va-
ter hat, ist mein; darum habe ich gesagt: Er
nimmt von dem, was mein ist, und wird es
euch verkünden.

5: 13,36; 14,2f • 7: 14,16.26; 15,26 • 11: 12,31; 14,30 • 13: 20,22.

Der Schmerz der Trennung – Die Freude des Wiedersehens: 16,16–24

16 Noch kurze Zeit, dann seht ihr mich
nicht mehr, und wieder eine kurze Zeit, dann
werdet ihr mich sehen. 17 Da sagten einige
von seinen Jüngern zueinander: Was meint
er damit, wenn er zu uns sagt: Noch kurze
Zeit, dann seht ihr mich nicht mehr, und
wieder eine kurze Zeit, dann werdet ihr mich
sehen? Und was bedeutet: Ich gehe zum Va-
ter? 18 Sie sagten: Was heißt das: eine kurze
Zeit? Wir wissen nicht, wovon er redet. 19 Je-
sus erkannte, dass sie ihn fragen wollten,
und sagte zu ihnen: Ihr macht euch Gedan-
ken darüber, dass ich euch gesagt habe:
Noch kurze Zeit, dann seht ihr mich nicht
mehr, und wieder eine kurze Zeit, dann wer-
det ihr mich sehen. 20 Amen, amen, ich sage
euch: Ihr werdet weinen und klagen, aber die
Welt wird sich freuen; ihr werdet beküm-
mert sein, aber euer Kummer wird sich in
Freude verwandeln. 21 Wenn die Frau gebä-
ren soll, ist sie bekümmert, weil ihre Stunde
da ist; aber wenn sie das Kind geboren hat,
denkt sie nicht mehr an ihre Not über der
Freude, dass ein Mensch zur Welt gekommen
ist. 22 So seid auch ihr jetzt bekümmert, aber
ich werde euch wiedersehen; dann wird euer
Herz sich freuen und niemand nimmt euch
eure Freude.

23 An jenem Tag werdet ihr mich nichts
mehr fragen. Amen, amen, ich sage euch:
Was ihr vom Vater erbitten werdet, das wird
er euch in meinem Namen geben. 24 Bis jetzt
habt ihr noch nichts in meinem Namen erbe-
ten. Bittet und ihr werdet empfangen, damit
eure Freude vollkommen ist.

22: 15,11; 17,13 • 23–24: 14,13; 15,16; Mt 7,7–11; Mk 11,24; Lk 11,9–13.

Bedrängnis und Friede: 16,25–33

25 Dies habe ich in verhüllter Rede zu euch
gesagt; es kommt die Stunde, in der ich nicht
mehr in verhüllter Rede zu euch spreche,
sondern euch offen den Vater verkünden
werde. 26 An jenem Tag werdet ihr in meinem
Namen bitten und ich sage nicht, dass ich
den Vater für euch bitten werde; 27 denn der
Vater selbst liebt euch, weil ihr mich geliebt
und weil ihr geglaubt habt, dass ich von Gott
ausgegangen bin. 28 Vom Vater bin ich aus-
gegangen und in die Welt gekommen; ich
verlasse die Welt wieder und gehe zum Va-
ter.

29 Da sagten seine Jünger: Jetzt redest du
offen und sprichst nicht mehr in Gleichnis-
sen. 30 Jetzt wissen wir, dass du alles weißt
und von niemand gefragt zu werden
brauchst. Darum glauben wir, dass du von
Gott gekommen bist. 31 Jesus erwiderte ih-
nen: Glaubt ihr jetzt? 32 Die Stunde kommt
und sie ist schon da, in der ihr versprengt
werdet, jeder in sein Haus, und mich werdet
ihr allein lassen. Aber ich bin nicht allein,
denn der Vater ist bei mir. 33 Dies habe ich zu
euch gesagt, damit ihr in mir Frieden habt.
In der Welt seid ihr in Bedrängnis; aber habt
Mut: Ich habe die Welt besiegt.

30: 11,42; 17,8 • 32: Sach 13,7; Mt 26,31f; Mk 14,27.

Das Abschiedsgebet des Herrn: 17,1–26

Jesu Rechenschaft vor dem Vater: 17,1–8

17 Dies sagte Jesus. Und er erhob seine
Augen zum Himmel und sprach:
Vater, die Stunde ist da. Verherrliche deinen
Sohn, damit der Sohn dich verherrlicht.
2 Denn du hast ihm Macht über alle Men-
schen gegeben, damit er allen, die du ihm ge-

16,13f »Der Geist der Wahrheit« hat die Fähigkeit, die Gemeinde in die ganze Wahrheit zu führen und ihr das, was auf sie zukommt, verständlich zu machen.

16,16 Verhüllte Ankündigung des Todes Jesu und seiner Auferstehung (s. 7,33; 14,19).

16,20 Es ist die Rede von der Trauer der Jünger über das Leiden und den Tod Jesu und von ihrer Freude über das Wiedersehen mit dem Auferstandenen (20,20).

16,21 Biblisches Bild (Jes 26,17f; 66,7f; Mi 4,9f; Mt 24,8; Mk 13,8) zur Bezeichnung des Wechsels von Angst und Schmerz zur Freude.

17,1–26 Dieser Abschnitt wird das »Hohepriesterliche Gebet« Jesu genannt.

geben hast, ewiges Leben schenkt. 3 Das ist
das ewige Leben: dich, den einzigen wahren
Gott, zu erkennen und Jesus Christus, den du
gesandt hast. 4 Ich habe dich auf der Erde
verherrlicht und das Werk zu Ende geführt,
das du mir aufgetragen hast. 5 Vater, ver-
herrliche du mich jetzt bei dir mit der Herr-
lichkeit, die ich bei dir hatte, bevor die Welt
war.

6 Ich habe deinen Namen den Menschen
offenbart, die du mir aus der Welt gegeben
hast. Sie gehörten dir und du hast sie mir ge-
geben, und sie haben an deinem Wort festge-
halten. 7 Sie haben jetzt erkannt, dass alles,
was du mir gegeben hast, von dir ist. 8 Denn
die Worte, die du mir gegeben hast, gab ich
ihnen und sie haben sie angenommen. Sie
haben wirklich erkannt, dass ich von dir
ausgegangen bin, und sie sind zu dem Glau-
ben gekommen, dass du mich gesandt hast.

1: 7,39; 8,54; 11,4; 12,16.23.28; 13,31f; 14,13; 15,8; 16,14 • 2: 3,15; 5,24; 6,40; 10,10.28 • 3: 1 Joh 5,20; 1 Kor 8,6 • 5: Joh 1,1f; 1 Joh 1,2; Phil 2,6; Hebr 1,3 • 6: 17,26 • 8: 5,36; 6,57; 11,42; 17,25.

Jesu Fürbitte für die Jünger: 17,9–19

9 Für sie bitte ich; nicht für die Welt bitte
ich, sondern für alle, die du mir gegeben
hast; denn sie gehören dir. 10 Alles, was mein
ist, ist dein, und was dein ist, ist mein; in ih-
nen bin ich verherrlicht. 11 Ich bin nicht
mehr in der Welt, aber sie sind in der Welt,
und ich gehe zu dir. Heiliger Vater, bewahre
sie in deinem Namen, den du mir gegeben
hast, damit sie eins sind wie wir. 12 Solange
ich bei ihnen war, bewahrte ich sie in deinem
Namen, den du mir gegeben hast. Und ich
habe sie behütet und keiner von ihnen ging
verloren, außer dem Sohn des Verderbens,
damit sich die Schrift erfüllt. 13 Aber jetzt
gehe ich zu dir. Doch dies rede ich noch in
der Welt, damit sie meine Freude in Fülle in
sich haben. 14 Ich habe ihnen dein Wort gege-
ben und die Welt hat sie gehasst, weil sie
nicht von der Welt sind, wie auch ich nicht
von der Welt bin. 15 Ich bitte nicht, dass du
sie aus der Welt nimmst, sondern dass du sie
vor dem Bösen bewahrst. 16 Sie sind nicht
von der Welt, wie auch ich nicht von der
Welt bin. 17 Heilige sie in der Wahrheit; dein
Wort ist Wahrheit. 18 Wie du mich in die Welt
gesandt hast, so habe auch ich sie in die Welt
gesandt. 19 Und ich heilige mich für sie, da-
mit auch sie in der Wahrheit geheiligt sind.

12: 10,28; Ps 41,10 • 13: 15,11; 16,22 • 14: 15,19 • 15: Mt 6,13; 1 Joh 2,13f.

Jesu Fürbitte für alle Glaubenden: 17,20–26

20 Aber ich bitte nicht nur für diese hier,
sondern auch für alle, die durch ihr Wort an
mich glauben. 21 Alle sollen eins sein: Wie du,
Vater, in mir bist und ich in dir bin, sollen
auch sie in uns sein, damit die Welt glaubt,
dass du mich gesandt hast. 22 Und ich habe
ihnen die Herrlichkeit gegeben, die du mir
gegeben hast; denn sie sollen eins sein, wie
wir eins sind, 23 ich in ihnen und du in mir.
So sollen sie vollendet sein in der Einheit,
damit die Welt erkennt, dass du mich ge-
sandt hast und die Meinen ebenso geliebt
hast wie mich. 24 Vater, ich will, dass alle, die
du mir gegeben hast, dort bei mir sind, wo
ich bin. Sie sollen meine Herrlichkeit sehen,
die du mir gegeben hast, weil du mich schon
geliebt hast vor der Erschaffung der Welt.
25 Gerechter Vater, die Welt hat dich nicht
erkannt, ich aber habe dich erkannt und sie
haben erkannt, dass du mich gesandt hast.
26 Ich habe ihnen deinen Namen bekannt ge-
macht und werde ihn bekannt machen, da-
mit die Liebe, mit der du mich geliebt hast,
in ihnen ist und damit ich in ihnen bin.

21: 10,30 • 24: 12,26; 14,3 • 26: 15,15.

DIE ERHÖHUNG JESU: 18,1 – 20,29

Das Leiden Jesu: 18,1–19,42

Die Verhaftung: 18,1–11

18 Nach diesen Worten ging Jesus mit
seinen Jüngern hinaus, auf die an-
dere Seite des Baches Kidron. Dort war ein
Garten; in den ging er mit seinen Jüngern
hinein. 2 Auch Judas, der Verräter, der ihn
auslieferte, kannte den Ort, weil Jesus dort
oft mit seinen Jüngern zusammengekommen
war. 3 Judas holte die Soldaten und die
Gerichtsdiener der Hohenpriester und der
Pharisäer und sie kamen dorthin mit Fa-

17,9 »Welt« meint die gottfeindliche, alles Heilige ablehnende Menschheit (1,10).

17,12 Der »Sohn des Verderbens« (2 Thess 2,3) ist Judas Iskariot (13,18.27.29).

17,23 Die Welt soll dadurch zum Glauben kommen, dass sie die Einheit und Einigkeit der Christen sieht.

18,1 – 19,42 Der Passionsbericht des vierten Evan-

ckeln, Laternen und Waffen. 4 Jesus, der alles wusste, was mit ihm geschehen sollte, ging hinaus und fragte sie: Wen sucht ihr? 5 Sie antworteten ihm: Jesus von Nazaret. Er sagte zu ihnen: Ich bin es. Auch Judas, der Verräter, stand bei ihnen. 6 Als er zu ihnen sagte: Ich bin es!, wichen sie zurück und stürzten zu Boden. 7 Er fragte sie noch einmal: Wen sucht ihr? Sie sagten: Jesus von Nazaret. 8 Jesus antwortete: Ich habe euch gesagt, dass ich es bin. Wenn ihr mich sucht, dann lasst diese gehen! 9 So sollte sich das Wort erfüllen, das er gesagt hatte: Ich habe keinen von denen verloren, die du mir gegeben hast. 10 Simon Petrus aber, der ein Schwert bei sich hatte, zog es, schlug nach dem Diener des Hohenpriesters und hieb ihm das rechte Ohr ab; der Diener hieß Malchus. 11 Da sagte Jesus zu Petrus: Steck das Schwert in die Scheide! Der Kelch, den mir der Vater gegeben hat – soll ich ihn nicht trinken?

1–2 || Mt 26,30–36; Mk 14,26–32; Lk 22,39 • 3–11 || Mt 26,47–56; Mk 14,43–50; Lk 22,47–53 • 9: 6,39; 10,28; 17,12 • 11: 12,27; Mt 20,22.

Das Verhör vor Hannas und die Verleugnung durch Petrus: 18,12–27

12 Die Soldaten, ihre Befehlshaber und die Gerichtsdiener der Juden nahmen Jesus fest, fesselten ihn 13 und führten ihn zuerst zu Hannas; er war nämlich der Schwiegervater des Kajaphas, der in jenem Jahr Hoherpriester war. 14 Kajaphas aber war es, der den Juden den Rat gegeben hatte: Es ist besser, dass ein einziger Mensch für das Volk stirbt.

15 Simon Petrus und ein anderer Jünger folgten Jesus. Dieser Jünger war mit dem Hohenpriester bekannt und ging mit Jesus in den Hof des hohepriesterlichen Palastes. 16 Petrus aber blieb draußen am Tor stehen. Da kam der andere Jünger, der Bekannte des Hohenpriesters, heraus; er sprach mit der Pförtnerin und führte Petrus hinein. 17 Da sagte die Pförtnerin zu Petrus: Bist du nicht auch einer von den Jüngern dieses Menschen? Er antwortete: Nein. 18 Die Diener und die Knechte hatten sich ein Kohlenfeuer angezündet und standen dabei, um sich zu wärmen; denn es war kalt. Auch Petrus stand bei ihnen und wärmte sich.

19 Der Hohepriester befragte Jesus über seine Jünger und über seine Lehre. 20 Jesus antwortete ihm: Ich habe offen vor aller Welt gesprochen. Ich habe immer in der Synagoge und im Tempel gelehrt, wo alle Juden zusammenkommen. Nichts habe ich im Geheimen gesprochen. 21 Warum fragst du mich? Frag doch die, die mich gehört haben, was ich zu ihnen gesagt habe; sie wissen, was ich geredet habe. 22 Auf diese Antwort hin schlug einer von den Knechten, der dabeistand, Jesus ins Gesicht und sagte: Redest du so mit dem Hohenpriester? 23 Jesus entgegnete ihm: Wenn es nicht recht war, was ich gesagt habe, dann weise es nach; wenn es aber recht war, warum schlägst du mich? 24 Danach schickte ihn Hannas gefesselt zum Hohenpriester Kajaphas.

25 Simon Petrus aber stand (am Feuer) und wärmte sich. Sie sagten zu ihm: Bist nicht auch du einer von seinen Jüngern? Er leugnete und sagte: Nein. 26 Einer von den Dienern des Hohenpriesters, ein Verwandter dessen, dem Petrus das Ohr abgehauen hatte, sagte: Habe ich dich nicht im Garten bei ihm gesehen? 27 Wieder leugnete Petrus und gleich darauf krähte ein Hahn.

13: Lk 3,2; Apg 4,6 • 14: 11,50 • 15–27 || Mt 26,58.69–75; Mk 14,54.66–72; Lk 22,54–62 • 19–24: Mt 26,63–65; 27,1; Mk 14,61–64; 15,1; Lk 22,66–71.

Das Verhör und die Verurteilung durch Pilatus: 18,28 – 19,16a

28 Von Kajaphas brachten sie Jesus zum Prätorium; es war früh am Morgen. Sie selbst gingen nicht in das Gebäude hinein, um nicht unrein zu werden, sondern das Paschalamm essen zu können. 29 Deshalb kam Pilatus zu ihnen heraus und fragte: Welche Anklage erhebt ihr gegen diesen Menschen? 30 Sie antworteten ihm: Wenn er kein Übeltäter wäre, hätten wir ihn dir nicht ausgeliefert. 31 Pilatus sagte zu ihnen: Nehmt ihr ihn

---

gelisten zeigt die Eigenart der johanneischen Theologie. Johannes will im Leidensweg Jesu und seinem Tod am Kreuz die göttliche Hoheit und Würde, seine Erhöhung und Verherrlichung aufleuchten lassen. Die Überlieferungen der drei ersten Evangelien übernimmt er nur teilweise und ordnet sie bei seiner Darstellung der eigenen Absicht unter. Der Kidron ist der Bach im tiefen Taleinschnitt zwischen Jerusalem und dem östlich davon liegenden Ölberg.

18,3 Soldaten, wörtlich: die Abteilung (Kohorte). Damit wird sonst die römische Garnison, die in Jerusalem lag, bezeichnet.

18,13 Zu Hannas vgl. die Anmerkungen zu Mk 14,53–65 und zu Lk 3,1f.

18,15 ein anderer Jünger: vielleicht »der Jünger, den Jesus liebte« (13,23–26; 19,26f; 20,3–10; 21,7. 20 – 23.24).

18,24 Über den Prozess vor dem Gerichtshof der Juden sagt das Johannesevangelium weiter nichts.

18,28 Prätorium: der Amtssitz des römischen Statthalters (Prokurators), wahrscheinlich der Herodes-

doch und richtet ihn nach eurem Gesetz! Die Juden antworteten ihm: Uns ist es nicht gestattet, jemand hinzurichten. 32 So sollte sich das Wort Jesu erfüllen, mit dem er angedeutet hatte, auf welche Weise er sterben werde. 33 Pilatus ging wieder in das Prätorium hinein, ließ Jesus rufen und fragte ihn: Bist du der König der Juden? 34 Jesus antwortete: Sagst du das von dir aus, oder haben es dir andere über mich gesagt? 35 Pilatus entgegnete: Bin ich denn ein Jude? Dein eigenes Volk und die Hohenpriester haben dich an mich ausgeliefert. Was hast du getan? 36 Jesus antwortete: Mein Königtum ist nicht von dieser Welt. Wenn es von dieser Welt wäre, würden meine Leute kämpfen, damit ich den Juden nicht ausgeliefert würde. Aber mein Königtum ist nicht von hier. 37 Pilatus sagte zu ihm: Also bist du doch ein König? Jesus antwortete: Du sagst es, ich bin ein König. Ich bin dazu geboren und dazu in die Welt gekommen, dass ich für die Wahrheit Zeugnis ablege. Jeder, der aus der Wahrheit ist, hört auf meine Stimme. 38 Pilatus sagte zu ihm: Was ist Wahrheit?

Nachdem er das gesagt hatte, ging er wieder zu den Juden hinaus und sagte zu ihnen: Ich finde keinen Grund, ihn zu verurteilen. 39 Ihr seid gewohnt, dass ich euch am Paschafest einen Gefangenen freilasse. Wollt ihr also, dass ich euch den König der Juden freilasse? 40 Da schrien sie wieder: Nicht diesen, sondern Barabbas! Barabbas aber war ein Straßenräuber.

19 Darauf ließ Pilatus Jesus geißeln. 2 Die Soldaten flochten einen Kranz aus Dornen; den setzten sie ihm auf und legten ihm einen purpurroten Mantel um. 3 Sie stellten sich vor ihn hin und sagten: Heil dir, König der Juden! Und sie schlugen ihm ins Gesicht. 4 Pilatus ging wieder hinaus und sagte zu ihnen: Seht, ich bringe ihn zu euch heraus; ihr sollt wissen, dass ich keinen Grund finde, ihn zu verurteilen. 5 Jesus kam heraus; er trug die Dornenkrone und den purpurroten Mantel. Pilatus sagte zu ihnen: Seht, da ist der Mensch! 6 Als die Hohenpriester und ihre Diener ihn sahen, schrien sie: Ans Kreuz mit ihm, ans Kreuz mit ihm! Pilatus sagte zu ihnen: Nehmt ihr ihn und kreuzigt ihn! Denn ich finde keinen Grund, ihn zu verurteilen. 7 Die Juden entgegneten ihm: Wir haben ein Gesetz, und nach diesem Gesetz muss er sterben, weil er sich als Sohn Gottes ausgegeben hat.

8 Als Pilatus das hörte, wurde er noch ängstlicher. 9 Er ging wieder in das Prätorium hinein und fragte Jesus: Woher stammst du? Jesus aber gab ihm keine Antwort. 10 Da sagte Pilatus zu ihm: Du sprichst nicht mit mir? Weißt du nicht, dass ich Macht habe, dich freizulassen, und Macht, dich zu kreuzigen? 11 Jesus antwortete: Du hättest keine Macht über mich, wenn es dir nicht von oben gegeben wäre; darum liegt größere Schuld bei dem, der mich dir ausgeliefert hat. 12 Daraufhin wollte Pilatus ihn freilassen, aber die Juden schrien: Wenn du ihn freilässt, bist du kein Freund des Kaisers; jeder, der sich als König ausgibt, lehnt sich gegen den Kaiser auf. 13 Auf diese Worte hin ließ Pilatus Jesus herausführen und er setzte sich auf den Richterstuhl an dem Platz, der Lithostrotos, auf Hebräisch Gabbata, heißt. 14 Es war am Rüsttag des Paschafestes, ungefähr um die sechste Stunde. Pilatus sagte zu den Juden: Da ist euer König! 15 Sie aber schrien: Weg mit ihm, kreuzige ihn! Pilatus aber sagte zu ihnen: Euren König soll ich kreuzigen? Die Hohenpriester antworteten: Wir haben keinen König außer dem Kaiser. 16a Da lieferte er ihnen Jesus aus, damit er gekreuzigt würde.

18,28–38a ‖ Mt 27,2.11–26; Mk 15,1–15; Lk 23,1–7.13–15 • 32: 3,14; 12,32f • 33: 12,13; 19,15.19–22 • 39–40: Mt 27,15–26; Mk 15,6–15; Lk 23,6–22 • 19,1–7 ‖ Mt 27,27–31; Mk 15,16–20 • 7: 5,18; 10,33–36; Lev 24,16 • 9: 7,28; 8,42 • 14: 19,31.42; Mt 26,17; Mk 14,12; Lk 22,7.

---

palast. Das Betreten eines heidnischen Hauses machte nach jüdischer Anschauung unrein (vgl. Apg 10,28; 11,1 und die Anmerkung zu Mt 8,5–10).

18,29 Zu Pilatus vgl. die Anmerkung zu Mt 27, 11–26.

18,31 Die Römer hatten das Recht über Leben und Tod dem Hohen Rat entzogen (vgl. die Anmerkung zu Mt 27,11–26).

18,40 Zu Barabbas vgl. die Anmerkung zu Mt 27,15–18.

19,1 Im Johannesevangelium wird die Geißelung nicht als Teil der Todesstrafe, sondern als selbständige Bestrafung von Pilatus verhängt. Danach sollte Jesus freigelassen werden. Vgl. die Anmerkung zu Mt 27,26.

19,2f Zur Verspottung Jesu vgl. die Anmerkung zu Mt 27,27–31.

19,11 »der mich dir ausgeliefert hat« meint die jüdischen Führer, besonders Kajaphas (11,51f; 18,14), und Judas Iskariot (6,71; 13,2.11.21; 18,2.5).

19,13 Der Lithóstrotos (»Steinpflaster«) war ein mit Steinplatten und Mosaik ausgelegter Platz, wahrscheinlich innerhalb des Herodespalastes. Gabbata bedeutet »Anhöhe, Erhebung«.

19,14 Vgl. die Anmerkung zu Mk 14,1.

Die Hinrichtung Jesu: 19,16b–30

16b Sie übernahmen Jesus. 17 Er trug sein Kreuz und ging hinaus zur sogenannten Schädelhöhe, die auf Hebräisch Golgota heißt. 18 Dort kreuzigten sie ihn und mit ihm zwei andere, auf jeder Seite einen, in der Mitte Jesus. 19 Pilatus ließ auch ein Schild anfertigen und oben am Kreuz befestigen; die Inschrift lautete: Jesus von Nazaret, der König der Juden. 20 Dieses Schild lasen viele Juden, weil der Platz, wo Jesus gekreuzigt wurde, nahe bei der Stadt lag. Die Inschrift war hebräisch, lateinisch und griechisch abgefasst. 21 Die Hohenpriester der Juden sagten zu Pilatus: Schreib nicht: Der König der Juden, sondern dass er gesagt hat: Ich bin der König der Juden. 22 Pilatus antwortete: Was ich geschrieben habe, habe ich geschrieben.

23 Nachdem die Soldaten Jesus ans Kreuz geschlagen hatten, nahmen sie seine Kleider und machten vier Teile daraus, für jeden Soldaten einen. Sie nahmen auch sein Untergewand, das von oben her ganz durchgewebt und ohne Naht war. 24 Sie sagten zueinander: Wir wollen es nicht zerteilen, sondern darum losen, wem es gehören soll. So sollte sich das Schriftwort erfüllen: *Sie verteilten meine Kleider unter sich und warfen das Los um mein Gewand.* Dies führten die Soldaten aus.

25 Bei dem Kreuz Jesu standen seine Mutter und die Schwester seiner Mutter, Maria, die Frau des Klopas, und Maria von Magdala. 26 Als Jesus seine Mutter sah und bei ihr den Jünger, den er liebte, sagte er zu seiner Mutter: Frau, siehe, dein Sohn! 27 Dann sagte er zu dem Jünger: Siehe, deine Mutter! Und von jener Stunde an nahm sie der Jünger zu sich.

28 Danach, als Jesus wusste, dass nun alles vollbracht war, sagte er, damit sich die Schrift erfüllte: Mich dürstet. 29 Ein Gefäß mit Essig stand da. Sie steckten einen Schwamm mit Essig auf einen Ysopzweig und hielten ihn an seinen Mund. 30 Als Jesus von dem Essig genommen hatte, sprach er: Es ist vollbracht! Und er neigte das Haupt und gab seinen Geist auf.

16b–22 ‖ Mt 27,31.33.37–38; Mk 15,20.22.25–27; Lk 23,33.38 • 20: Hebr 13,12 • 23–24 ‖ Mt 27,35; Mk 15,24; Lk 23,34 • 24: Ps 22,19 • 25–27 ‖ Mt 27,55f; Mk 15,40f; Lk 23,49 • 28–30 ‖ Mt 27,48–50; Mk 15,36f; Lk 23,44–49 • 28f: Ps 22,16; 69,22.

Die Bestattung des Leichnams: 19,31–42

31 Weil Rüsttag war und die Körper während des Sabbats nicht am Kreuz bleiben sollten, baten die Juden Pilatus, man möge den Gekreuzigten die Beine zerschlagen und ihre Leichen dann abnehmen; denn dieser Sabbat war ein großer Feiertag. 32 Also kamen die Soldaten und zerschlugen dem ersten die Beine, dann dem andern, der mit ihm gekreuzigt worden war. 33 Als sie aber zu Jesus kamen und sahen, dass er schon tot war, zerschlugen sie ihm die Beine nicht, 34 sondern einer der Soldaten stieß mit der Lanze in seine Seite, und sogleich floß Blut und Wasser heraus. 35 Und der, der es gesehen hat, hat es bezeugt, und sein Zeugnis ist wahr. Und er weiß, dass er Wahres berichtet, damit auch ihr glaubt. 36 Denn das ist geschehen, damit sich das Schriftwort erfüllte: *Man soll an ihm kein Gebein zerbrechen.* 37 Und ein anderes Schriftwort sagt: *Sie werden auf den blicken, den sie durchbohrt haben.*

38 Josef aus Arimathäa war ein Jünger Jesu, aber aus Furcht vor den Juden nur heimlich. Er bat Pilatus, den Leichnam Jesu abnehmen zu dürfen, und Pilatus erlaubte es. Also kam er und nahm den Leichnam ab. 39 Es kam auch Nikodemus, der früher einmal Jesus bei Nacht aufgesucht hatte. Er brachte eine Mischung aus Myrrhe und Aloe, etwa hundert Pfund. 40 Sie nahmen den Leichnam Jesu und umwickelten ihn mit Leinenbinden, zusammen mit den wohlriechenden Salben, wie es beim jüdischen Begräbnis Sitte ist. 41 An dem Ort, wo man ihn gekreuzigt hatte, war ein Garten, und in dem

19,19 Zum Schild und der Inschrift vgl. die Anmerkung zu Mt 27,37.

19,23 Zur Kreuzigung vgl. die Anmerkung zu Mt 27,26. – Das Untergewand war ein langes Gewand, das unmittelbar auf dem Körper getragen wurde. Zur Verteilung der Kleider vgl. die Anmerkung zu Mt 27,35.

19,29 Essig: saurer Wein oder mit Wasser verdünnter Essig, ein beliebtes Erfrischungsgetränk (vgl. die Anmerkung zu Mt 27,34). – Der Ysop ist eine kleinbuschige Pflanze, deren Zweige man besonders zum Besprengen benutzte.

19,30 gab seinen Geist auf, wörtlich: er übergab den Geist (das pneuma). – Geist (pneuma) ist hier wie Joh 11,33; 13,21 als das Lebensprinzip, die Lebenskraft, die Seele Jesu zu verstehen. Das Verb »übergeben« zeigt an, dass das Sterben Jesu einen Akt der Hingabe Jesu an den Willen des Vaters darstellt. – Zur Todesstunde Jesu vgl. die Anmerkung zu Mt 27,45.

19,31 Die Beine werden zerschlagen, um den Tod der Gekreuzigten sofort herbeizuführen.

19,35 »Der es gesehen hat« ist »der Jünger, den Jesus liebte« (vgl. V. 26).

19,38 Zur Abnahme des Leichnams Jesu vgl. die Anmerkung zu Mk 15,43–45.

19,39 Hundert Pfund sind etwa 32 Kilogramm.

Garten war ein neues Grab, in dem noch niemand bestattet worden war. 42 Wegen des Rüsttages der Juden und weil das Grab in der Nähe lag, setzten sie Jesus dort bei.

31: Ex 12,16; Dtn 21,23 • 35: 21,24 • 36: Ex 12,46; Ps 34,21 • 37: Sach 12,10 • 38–42 ‖ Mt 27,57–60; Mk 15,42–46; Lk 23,50–54 • 39: 3,1–12; 7,50f • 40: 11,44.

Osterberichte: 20,1–31

Die Entdeckung des leeren Grabes: 20,1–10

20 Am ersten Tag der Woche kam Maria von Magdala frühmorgens, als es noch dunkel war, zum Grab und sah, dass der Stein vom Grab weggenommen war. 2 Da lief sie schnell zu Simon Petrus und dem Jünger, den Jesus liebte, und sagte zu ihnen: Man hat den Herrn aus dem Grab weggenommen und wir wissen nicht, wohin man ihn gelegt hat. 3 Da gingen Petrus und der andere Jünger hinaus und kamen zum Grab; 4 sie liefen beide zusammen dorthin, aber weil der andere Jünger schneller war als Petrus, kam er als erster ans Grab. 5 Er beugte sich vor und sah die Leinenbinden liegen, ging aber nicht hinein. 6 Da kam auch Simon Petrus, der ihm gefolgt war, und ging in das Grab hinein. Er sah die Leinenbinden liegen 7 und das Schweißtuch, das auf dem Kopf Jesu gelegen hatte; es lag aber nicht bei den Leinenbinden, sondern zusammengebunden daneben an einer besonderen Stelle. 8 Da ging auch der andere Jünger, der zuerst an das Grab gekommen war, hinein; er sah und glaubte. 9 Denn sie wussten noch nicht aus der Schrift, dass er von den Toten auferstehen musste. 10 Dann kehrten die Jünger wieder nach Hause zurück.

1–10 ‖ Mt 28,1–8; Mk 16,1–8; Lk 24,1–11 • 2: 13,23; 19,26 • 5–6: 19,40 • 8–9: 2,22; Ps 16,8–11; Lk 24,25–27.44–46 • 9: Apg 2,24–31; 13,32–37; 1 Kor 15,4.

Die Erscheinung Jesu vor Maria aus Magdala: 20,11–18

11 Maria aber stand draußen vor dem Grab und weinte. Während sie weinte, beugte sie sich in die Grabkammer hinein. 12 Da sah sie zwei Engel in weißen Gewändern sitzen, den einen dort, wo der Kopf, den anderen dort, wo die Füße des Leichnams Jesu gelegen hatten. 13 Die Engel sagten zu ihr: Frau, warum weinst du? Sie antwortete ihnen: Man hat meinen Herrn weggenommen und ich weiß nicht, wohin man ihn gelegt hat. 14 Als sie das gesagt hatte, wandte sie sich um und sah Jesus dastehen, wusste aber nicht, dass es Jesus war. 15 Jesus sagte zu ihr: Frau, warum weinst du? Wen suchst du? Sie meinte, es sei der Gärtner, und sagte zu ihm: Herr, wenn du ihn weggebracht hast, sag mir, wohin du ihn gelegt hast. Dann will ich ihn holen. 16 Jesus sagte zu ihr: Maria! Da wandte sie sich ihm zu und sagte auf Hebräisch zu ihm: Rabbuni!, das heißt: Meister. 17 Jesus sagte zu ihr: Halte mich nicht fest; denn ich bin noch nicht zum Vater hinaufgegangen. Geh aber zu meinen Brüdern und sag ihnen: Ich gehe hinauf zu meinem Vater und zu eurem Vater, zu meinem Gott und zu eurem Gott. 18 Maria von Magdala ging zu den Jüngern und verkündete ihnen: Ich habe den Herrn gesehen. Und sie richtete aus, was er ihr gesagt hatte.

11–18 ‖ Mt 28,9f; Mk 16,9–11 • 16: Mk 10,51.

Die Beauftragung der Jünger: 20,19–23

19 Am Abend dieses ersten Tages der Woche, als die Jünger aus Furcht vor den Juden die Türen verschlossen hatten, kam Jesus, trat in ihre Mitte und sagte zu ihnen: Friede sei mit euch! 20 Nach diesen Worten zeigte er ihnen seine Hände und seine Seite. Da freuten sich die Jünger, dass sie den Herrn sahen. 21 Jesus sagte noch einmal zu ihnen: Friede sei mit euch! Wie mich der Vater gesandt hat, so sende ich euch. 22 Nachdem er das gesagt hatte, hauchte er sie an und sprach zu ihnen: Empfangt den Heiligen Geist! 23 Wem ihr die Sünden vergebt, dem sind sie vergeben; wem ihr die Vergebung verweigert, dem ist sie verweigert.

19–23 ‖ Mk 16,14–18; Lk 24,36–39 • 22: 14,17.26; 15,26 • 23: Mt 16,19.

Jesus und Thomas: 20,24–29

24 Thomas, genannt Didymus (Zwilling), einer der Zwölf, war nicht bei ihnen, als Jesus kam. 25 Die anderen Jünger sagten zu ihm: Wir haben den Herrn gesehen. Er entgegnete ihnen: Wenn ich nicht die Male der Nägel an seinen Händen sehe und wenn ich meinen Finger nicht in die Male der Nägel

---

20,1 »Der erste Tag der Woche«, der Tag, an dem Jesus auferstanden ist, wurde zum christlichen Sonntag (»Tag des Herrn«; vgl. Offb 1,10).

20,16 Zu »Rabbuni« vgl. Anmerkung zu Mk 10,51.
20,17 »Halte mich nicht fest«: Maria hatte sich vermutlich Jesus zu Füßen geworfen und diese umfasst oder umfassen wollen (vgl. Mt 28,9).

und meine Hand nicht in seine Seite lege,
glaube ich nicht. 26 Acht Tage darauf waren
seine Jünger wieder versammelt und Thomas
war dabei. Die Türen waren verschlossen.
Da kam Jesus, trat in ihre Mitte und sagte:
Friede sei mit euch! 27 Dann sagte er zu
Thomas: Streck deinen Finger aus – hier sind
meine Hände! Streck deine Hand aus und leg
sie in meine Seite und sei nicht ungläubig,
sondern gläubig! 28 Thomas antwortete ihm:
Mein Herr und mein Gott! 29 Jesus sagte zu
ihm: Weil du mich gesehen hast, glaubst
du. Selig sind, die nicht sehen und doch
glauben.

24: 11,16; 14,5; 21,2.

DER EPILOG: 20,30–31

30 Noch viele andere Zeichen, die in diesem
Buch nicht aufgeschrieben sind, hat Jesus
vor den Augen seiner Jünger getan. 31 Diese
aber sind aufgeschrieben, damit ihr glaubt,
dass Jesus der Messias ist, der Sohn Gottes,
und damit ihr durch den Glauben das Leben
habt in seinem Namen.

NACHTRAG ZUM EVANGELIUM: 21,1–25

Die Erscheinung des Auferstandenen am See: 21,1–14

21 Danach offenbarte sich Jesus den
Jüngern noch einmal. Es war am See
von Tiberias und er offenbarte sich in fol-
gender Weise. 2 Simon Petrus, Thomas, ge-
nannt Didymus (Zwilling), Natanaël aus
Kana in Galiläa, die Söhne des Zebedäus
und zwei andere von seinen Jüngern waren
zusammen. 3 Simon Petrus sagte zu ihnen:
Ich gehe fischen. Sie sagten zu ihm: Wir
kommen auch mit. Sie gingen hinaus und
stiegen in das Boot. Aber in dieser Nacht fin
gen sie nichts. 4 Als es schon Morgen wurde,
stand Jesus am Ufer. Doch die Jünger wuss-
ten nicht, dass es Jesus war. 5 Jesus sagte zu
ihnen: Meine Kinder, habt ihr nicht etwas zu
essen? Sie antworteten ihm: Nein. 6 Er aber
sagte zu ihnen: Werft das Netz auf der rech-
ten Seite des Bootes aus und ihr werdet et-
was fangen. Sie warfen das Netz aus und
konnten es nicht wieder einholen, so voller
Fische war es. 7 Da sagte der Jünger, den Je-
sus liebte, zu Petrus: Es ist der Herr! Als Si-
mon Petrus hörte, dass es der Herr sei, gürte-
te er sich das Obergewand um, weil er nackt
war, und sprang in den See. 8 Dann kamen
die anderen Jünger mit dem Boot – sie waren
nämlich nicht weit vom Land entfernt, nur
etwa zweihundert Ellen – und zogen das
Netz mit den Fischen hinter sich her. 9 Als sie
an Land gingen, sahen sie am Boden ein
Kohlenfeuer und darauf Fisch und Brot.
10 Jesus sagte zu ihnen: Bringt von den Fi-
schen, die ihr gerade gefangen habt. 11 Da
ging Simon Petrus und zog das Netz an
Land. Es war mit hundertdreiundfünfzig
großen Fischen gefüllt, und obwohl es so vie-
le waren, zerriss das Netz nicht. 12 Jesus sag-
te zu ihnen: Kommt her und esst! Keiner von
den Jüngern wagte ihn zu fragen: Wer bist
du? Denn sie wussten, dass es der Herr war.
13 Jesus trat heran, nahm das Brot und gab es
ihnen, ebenso den Fisch. 14 Dies war schon
das dritte Mal, dass Jesus sich den Jüngern
offenbarte, seit er von den Toten auferstan-
den war.

2: 11,16; 14,5; 20,24; 1,45f • 5: Lk 24,41 • 6: Lk 5,4–7 • 7: 13,23; 19,26f; 20,2 • 14: 20,19–23.26–29.

Das Wort des Auferstandenen an Petrus: 21,15–23

15 Als sie gegessen hatten, sagte Jesus zu
Simon Petrus: Simon, Sohn des Johannes,

20,30f Ursprünglich Schlusswort des Johannesevangeliums.

21,1–25 Das nachträglich hinzugefügte Kapitel stammt aus dem Schülerkreis des Evangelisten.

21,1 noch einmal: die dritte Erscheinung vor den Jüngern (vgl. 20,19–23.26–29).

21,8 Zweihundert Ellen: etwa 90 bis 100 Meter.

21,11 Die Zahl 153 hat vielleicht symbolische Bedeutung und bezeichnet die große Zahl der Gläubigen aus allen Völkern, die durch die Jünger gewonnen werden (vgl. Mt 4,19; Mk 1,17; Lk 5,10).

liebst du mich mehr als diese? Er antwortete
ihm: Ja, Herr, du weißt, dass ich dich liebe.
Jesus sagte zu ihm: Weide meine Lämmer!
16 Zum zweiten Mal fragte er ihn: Simon,
Sohn des Johannes, liebst du mich? Er ant-
wortete ihm: Ja, Herr, du weißt, dass ich dich
liebe. Jesus sagte zu ihm: Weide meine Scha-
fe! 17 Zum dritten Mal fragte er ihn: Simon,
Sohn des Johannes, liebst du mich? Da wur-
de Petrus traurig, weil Jesus ihn zum dritten
Mal gefragt hatte: Hast du mich lieb? Er gab
ihm zu Antwort: Herr, du weißt alles; du
weißt, dass ich dich lieb habe. Jesus sagte zu
ihm: Weide meine Schafe! 18 Amen, amen,
das sage ich dir: Als du noch jung warst, hast
du dich selbst gegürtet und konntest gehen,
wohin du wolltest. Wenn du aber alt gewor-
den bist, wirst du deine Hände ausstrecken
und ein anderer wird dich gürten und dich
führen, wohin du nicht willst. 19 Das sagte
Jesus, um anzudeuten, durch welchen Tod er
Gott verherrlichen würde. Nach diesen Wor-
ten sagte er zu ihm: Folge mir nach!

20 Petrus wandte sich um und sah, wie der
Jünger, den Jesus liebte, (diesem) folgte. Es
war der Jünger, der sich bei jenem Mahl an
die Brust Jesu gelehnt und ihn gefragt hatte:
Herr, wer ist es, der dich verraten wird?
21 Als Petrus diesen Jünger sah, fragte er Je-
sus: Herr, was wird denn mit ihm? 22 Jesus
antwortete ihm: Wenn ich will, dass er bis zu
meinem Kommen bleibt, was geht das dich
an? Du aber folge mir nach! 23 Da verbreitete
sich unter den Brüdern die Meinung: Jener
Jünger stirbt nicht. Doch Jesus hatte zu Pet-
rus nicht gesagt: Er stirbt nicht, sondern:
Wenn ich will, dass er bis zu meinem Kom-
men bleibt, was geht das dich an?

15: Mt 16,18; Lk 22,31f; 1 Petr 5,4 • 17: 13,36–38; 18,17.25–27 • 19: 11,22; Mt 8,22 • 20: 13,25 • 22: 21,19.

Schlussbemerkung der Herausgeber des Evangeliums: 21,24–25

24 Dieser Jünger ist es, der all das bezeugt
und der es aufgeschrieben hat; und wir wis-
sen, dass sein Zeugnis wahr ist. 25 Es gibt
aber noch vieles andere, was Jesus getan hat.
Wenn man alles aufschreiben wollte, so
könnte, wie ich glaube, die ganze Welt die
Bücher nicht fassen, die man schreiben
müsste.

24: 19,35.

Die Apostelgeschichte

Das Buch trägt in den griechischen Textausgaben seit dem 2. Jahrhundert den Titel »Taten der Apostel«. Es wird in ihm jedoch hauptsächlich von der Tätigkeit der Apostel Petrus und Johannes und von dem missionarischen Wirken des Paulus erzählt, darüber hinaus noch vor allem von Stephanus, Philippus, Barnabas und Jakobus. Als Verfasser gilt der altkirchlichen Tradition Lukas, dem auch das dritte Evangelium zugeschrieben wird (entstanden zwischen 80 und 90 n. Chr.), das er in Apg 1,1 sein »erstes Buch« nennt.

Den unmittelbaren Anlass zur Abfassung des Werkes kennen wir nicht mehr. Lukas berichtet über die Zeit nach Ostern: wie der »Missionsbefehl« Jesu (Lk 24,47; Apg 1,8) von Jerusalem aus »in ganz Judäa und Samarien und bis an die Grenzen der Erde« ausgeführt wurde, wobei »die Grenzen der Erde« mit Rom, der Hauptstadt des römischen Reiches, erreicht sind (28,16–31). Doch wird dabei nicht alles erzählt, sondern nur wichtige Episoden, Einzelereignisse (wie die Ausgießung des Geistes an Pfingsten, die »Bekehrung« des Paulus und das »Apostelkonzil«) werden erwähnt. Breiten Raum in der Schilderung nehmen die »Missionsreisen« ein. Die Apostelgeschichte ist deshalb keine »Geschichte der Urkirche«, sondern eine »Missionschronik«, die den Weg des Evangeliums von den Juden und Samaritern zu den Heiden zeigt. Diese Missionschronik weist drei Teile auf, die geographisch orientiert sind: die Kirche in Jerusalem (1,4 – 8,3), die Kirche in Judäa und Samarien (8,4 – 12,25), die Kirche unter den Völkern (13,1 – 28,31). Ihre »Mitte« bildet die Erzählung über das »Apostelkonzil« (Apg 15), auf dem die mit Paulus und Barnabas in Jerusalem versammelten Apostel und Ältesten die Entscheidung fällen, dass die Heidenchristen sich nicht der Beschneidung und den Weisungen des jüdischen Gesetzes zu unterwerfen haben.

Woher Lukas sein Wissen über das von ihm Erzählte hat, entzieht sich unserer Kenntnis. Es besteht jedoch kein Zweifel, dass er auf Überlieferungen zurückgreifen konnte; deren Umfang und Inhalt sind aber nur schwer zu bestimmen. Sicher ist jedenfalls, dass er die Briefe des Paulus bei der Abfassung der Apostelgeschichte nicht benutzt hat.

Was Lukas seinen Lesern theologisch sagen will, geht vor allem aus den Reden hervor, die in der Apostelgeschichte eine wichtige Rolle spielen: Jetzt ist die Zeit der Kirche und das ist für Lukas die Zeit des Heiligen Geistes, die die Zeit des Alten Bundes abgelöst hat und die Zeit Jesu in die Gegenwart verlängert. Der Heilige Geist lenkt das Leben der Kirche und die Wege der Missionare. Die »Naherwartung« der Wiederkunft Jesu tritt deshalb zurück; jedoch ist Lukas wie die Verfasser der übrigen Schriften des Neuen Testaments überzeugt, dass die Endzeit bereits angebrochen ist. Das Heil, das Christus gebracht hat, wird von den Missionaren nochmals den Juden angeboten, aber bald auch den Heiden. Mit der Ankunft des Paulus in Rom wird endgültig sichtbar, dass das Herz des jüdischen Volkes dem Evangelium gegenüber »verstockt« bleibt und das Heil den Heiden gesandt wird, »und sie werden es hören« (28,28; vgl. auch 13,46f; 18,6). So ist ein Hauptziel der »Geschichtsschreibung« des Lukas in der Apostelgeschichte, die allmähliche Loslösung der Kirche von Israel zu beschreiben. Am Ende stehen sich Kirche und Judentum als zwei voneinander getrennte Größen gegenüber.

DAS VORWORT: 1,1–3

1 Im ersten Buch, lieber Theophilus, habe ich über alles berichtet, was Jesus getan und gelehrt hat, 2 bis zu dem Tag, an dem er (in den Himmel) aufgenommen wurde. Vorher hat er durch den Heiligen Geist den Aposteln, die er sich erwählt hatte, Anweisungen gegeben. 3 Ihnen hat er nach seinem Leiden durch viele Beweise gezeigt, dass er lebt; vierzig Tage hindurch ist er ihnen erschienen und hat vom Reich Gottes gesprochen.

1: Lk 1,1–4 • 2: Lk 24,49; 1 Tim 3,16; Lk 24,44–48; Joh 20,22 • 3: 10,41; 13,31.

DIE KIRCHE IN JERUSALEM: 1,4 – 8,3

Letzte Anweisungen und Belehrungen des Auferstandenen: 1,4–8

4 Beim gemeinsamen Mahl gebot er ihnen: Geht nicht weg von Jerusalem, sondern wartet auf die Verheißung des Vaters, die ihr von mir vernommen habt. 5 Johannes hat mit Wasser getauft, ihr aber werdet schon in wenigen Tagen mit dem Heiligen Geist getauft. 6 Als sie nun beisammen waren, fragten sie ihn: Herr, stellst du in dieser Zeit das Reich für Israel wieder her? 7 Er sagte zu ihnen: Euch steht es nicht zu, Zeiten und Fristen zu erfahren, die der Vater in seiner Macht festgesetzt hat. 8 Aber ihr werdet die Kraft des Heiligen Geistes empfangen, der auf euch herabkommen wird; und ihr werdet meine Zeugen sein in Jerusalem und in ganz Judäa und Samarien und bis an die Grenzen der Erde.

4: Lk 24,49 • 5: 11,16; Mt 3,11 • 8: 2,1–13; 10,39; Mt 28,19; Mk 16,15; Lk 24,47f.

Die Himmelfahrt Jesu: 1,9–11

9 Als er das gesagt hatte, wurde er vor ihren Augen emporgehoben, und eine Wolke nahm ihn auf und entzog ihn ihren Blicken. 10 Während sie unverwandt ihm nach zum Himmel emporschauten, standen plötzlich zwei Männer in weißen Gewändern bei ihnen 11 und sagten: Ihr Männer von Galiläa, was steht ihr da und schaut zum Himmel empor? Dieser Jesus, der von euch ging und in den Himmel aufgenommen wurde, wird ebenso wiederkommen, wie ihr ihn habt zum Himmel hingehen sehen.

9: Mk 16,19; Lk 24,51; 1 Tim 3,16; 1 Petr 3,22 • 11: Offb 1,7.

Betende Gemeinde: 1,12–14

12 Dann kehrten sie vom Ölberg, der nur einen Sabbatweg von Jerusalem entfernt ist, nach Jerusalem zurück. 13 Als sie in die Stadt kamen, gingen sie in das Obergemach hinauf, wo sie nun ständig blieben: Petrus und Johannes, Jakobus und Andreas, Philippus und Thomas, Bartholomäus und Matthäus, Jakobus, der Sohn des Alphäus, und Simon, der Zelot, sowie Judas, der Sohn des Jakobus. 14 Sie alle verharrten dort einmütig im Gebet, zusammen mit den Frauen und mit Maria, der Mutter Jesu, und mit seinen Brüdern.

13: Lk 6,14–16 • 14: Lk 23,49.

Die Wahl des Matthias zum Apostel: 1,15–26

15 In diesen Tagen erhob sich Petrus im Kreis der Brüder – etwa hundertzwanzig waren zusammengekommen – und sagte: 16 Brüder! Es musste sich das Schriftwort erfüllen, das der Heilige Geist durch den Mund Davids im voraus über Judas gesprochen hat. Judas wurde zum Anführer derer, die Jesus gefangen nahmen. 17 Er wurde zu uns gezählt und hatte Anteil am gleichen Dienst.

1,1 Bei dem »ersten Buch« handelt es sich um das Lukasevangelium.

1,2 Andere Übersetzungsmöglichkeit: Vorher hat er den Aposteln, die er sich durch den Heiligen Geist erwählt hatte, Anweisungen gegeben.

1,4 Beim gemeinsamen Mahl, andere Übersetzungsmöglichkeit: Als sie beisammen waren.

1,12 Sabbatweg: etwa 1000 Meter – eine Wegstrecke, die man gehen durfte, ohne das Gebot der Sabbatruhe zu verletzen.

1,13f Die genannten Gruppen und Personen bilden den Kern der Urgemeinde. Mit den »Frauen« sind wohl jene gemeint, die nach Lk 8,2f; 23,49.55f zur Begleitung Jesu gehörten.

1,14 Vgl. die Anmerkung zu Mt 12,46f.

18 Mit dem Lohn für seine Untat kaufte er
sich ein Grundstück. Dann aber stürzte er
vornüber zu Boden, sein Leib barst ausei-
nander und alle Eingeweide fielen heraus.
19 Das wurde allen Einwohnern von Jerusa-
lem bekannt; deshalb nannten sie jenes
Grundstück in ihrer Sprache Hakeldamach,
das heißt Blutacker. 20 Denn es steht im Buch
der Psalmen: *Sein Gehöft soll veröden, nie-
mand soll darin wohnen! und: Sein Amt soll
ein anderer erhalten!* 21 Einer von den Män-
nern, die die ganze Zeit mit uns zusammen
waren, als Jesus, der Herr, bei uns ein und
aus ging, 22 angefangen von der Taufe durch
Johannes bis zu dem Tag, an dem er von uns
ging und (in den Himmel) aufgenommen
wurde, – einer von diesen muss nun zusam-
men mit uns Zeuge seiner Auferstehung sein.
23 Und sie stellten zwei Männer auf: Josef,
genannt Barsabbas, mit dem Beinamen Jus-
tus, und Matthias. 24 Dann beteten sie: Herr,
du kennst die Herzen aller; zeige, wen von
diesen beiden du erwählt hast, 25 diesen
Dienst und dieses Apostelamt zu überneh-
men. Denn Judas hat es verlassen und ist an
den Ort gegangen, der ihm bestimmt war.
26 Dann gaben sie ihnen Lose; das Los fiel auf
Matthias und er wurde den elf Aposteln zu-
gerechnet.

16: Lk 22,47 • 18: Mt 27,3–10 • 20: Ps 69,26; 109,8 • 21: Joh 15,27 • 24: 15,8 • 26: 1 Sam 14,41f; Spr 16,33.

Das Pfingstereignis: 2,1–13

2 Als der Pfingsttag gekommen war, be-
fanden sich alle am gleichen Ort. 2 Da
kam plötzlich vom Himmel her ein Brausen,
wie wenn ein heftiger Sturm daherfährt, und
erfüllte das ganze Haus, in dem sie waren.
3 Und es erschienen ihnen Zungen wie von
Feuer, die sich verteilten; auf jeden von ih-
nen ließ sich eine nieder. 4 Alle wurden mit
dem Heiligen Geist erfüllt und begannen, in
fremden Sprachen zu reden, wie es der Geist
ihnen eingab.
5 In Jerusalem aber wohnten Juden, from-
me Männer aus allen Völkern unter dem
Himmel. 6 Als sich das Getöse erhob, strömte
die Menge zusammen und war ganz bestürzt;
denn jeder hörte sie in seiner Sprache reden.
7 Sie gerieten außer sich vor Staunen und
sagten: Sind das nicht alles Galiläer, die hier
reden? 8 Wieso kann sie jeder von uns in sei-
ner Muttersprache hören: 9 Parther, Meder
und Elamiter, Bewohner von Mesopotamien,
Judäa und Kappadozien, von Pontus und der
Provinz Asien, 10 von Phrygien und Pamphy-
lien, von Ägypten und dem Gebiet Libyens
nach Zyrene hin, auch die Römer, die sich
hier aufhalten, 11 Juden und Proselyten, Kre-
ter und Araber, wir hören sie in unseren
Sprachen Gottes große Taten verkünden.
12 Alle gerieten außer sich und waren ratlos.
Die einen sagten zueinander: Was hat das zu
bedeuten? 13 Andere aber spotteten: Sie sind
vom süßen Wein betrunken.

1: 1,14; Lev 23,15–21 • 3: Lk 3,16 • 4: 4,31; 8,15.17; 10,44; 11,15; 15,8; 19,2.6 • 6: 2,11; 10,46; 19,6; Mk 16,17; 1 Kor 12,10.28.30; 14,1–39 • 12: 1 Kor 14,23.

Die Pfingstpredigt des Petrus: 2,14–36

14 Da trat Petrus auf, zusammen mit den
Elf; er erhob seine Stimme und begann zu re-
den: Ihr Juden und alle Bewohner von Jeru-
salem! Dies sollt ihr wissen, achtet auf meine
Worte! 15 Diese Männer sind nicht betrun-
ken, wie ihr meint; es ist ja erst die dritte
Stunde am Morgen; 16 sondern jetzt ge-
schieht, was durch den Propheten Joël ge-
sagt worden ist:
17 In den letzten Tagen *wird es geschehen, /
so spricht Gott: / Ich werde von meinem
Geist ausgießen / über alles Fleisch. / Eure
Söhne und eure Töchter werden Propheten
sein, / eure jungen Männer werden Visionen
haben, / und eure Alten werden Träume ha-
ben.*
18 *Auch über meine Knechte und Mägde /
werde ich von meinem Geist ausgießen / in
jenen Tagen und sie werden Propheten
sein.*
19 *Ich werde Wunder erscheinen lassen
droben am Himmel / und Zeichen unten auf
der Erde: / Blut und Feuer und qualmenden
Rauch.*
20 *Die Sonne wird sich in Finsternis ver-
wandeln / und der Mond in Blut, / ehe der
Tag des Herrn kommt, / der große und herr-
liche Tag.*
21 *Und es wird geschehen: / Jeder, der den
Namen des Herrn anruft, / wird gerettet.*
22 Israeliten, hört diese Worte: Jesus, den
Nazoräer, den Gott vor euch beglaubigt hat
durch machtvolle Taten, Wunder und Zei-
chen, die er durch ihn in eurer Mitte getan
hat, wie ihr selbst wisst – 23 ihn, der nach Got-
tes beschlossenem Willen und Vorauswissen

2,4 in fremden Sprachen, wörtlich: in anderen Zungen. – Gemeint ist hier ein Reden in anderen Sprachen, das aber zugleich geistgewirktes »Zungenreden« ist; es bestand wohl vor allem in Gebetsrufen; vgl. auch Apg 10,46; 19,6; 1 Kor 12,10; 14,5.

2,22 Zu Nazoräer vgl. die Anmerkung zu Mt 2,23.

2,23 Gesetzlose: Pilatus und die römischen Soldaten.

hingegeben wurde, habt ihr durch die Hand
von Gesetzlosen ans Kreuz geschlagen und
umgebracht. 24 Gott aber hat ihn von den
Wehen des Todes befreit und auferweckt;
denn es war unmöglich, dass er vom Tod
festgehalten wurde. 25 David nämlich sagt
über ihn:

Ich habe den Herrn beständig vor Augen. /
Er steht mir zur Rechten, ich wanke nicht.

26 *Darum freut sich mein Herz / und froh-*
lockt meine Zunge / und auch mein Leib
wird in sicherer Hoffnung ruhen;

27 *denn du gibst mich nicht der Unterwelt*
preis, / noch lässt du deinen Frommen die
Verwesung schauen.

28 *Du zeigst mir die Wege zum Leben, / du*
erfüllst mich mit Freude vor deinem Ange-
sicht.

29 Brüder, ich darf freimütig zu euch über
den Patriarchen David reden: Er starb und
wurde begraben und sein Grabmal ist bei
uns erhalten bis auf den heutigen Tag. 30 Da
er ein Prophet war und wusste, dass Gott
ihm den Eid geschworen hatte, einer von sei-
nen Nachkommen werde auf seinem Thron
sitzen, 31 sagte er vorausschauend über die
Auferstehung des Christus: *Er gibt ihn nicht*
der Unterwelt preis und sein Leib schaut die
Verwesung nicht. 32 Diesen Jesus hat Gott
auferweckt, dafür sind wir alle Zeugen.
33 Nachdem er durch die rechte Hand Gottes
erhöht worden war und vom Vater den ver-
heißenen Heiligen Geist empfangen hatte,
hat er ihn ausgegossen, wie ihr seht und hört.
34 David ist nicht zum Himmel aufgestiegen;
vielmehr sagt er selbst:

Es sprach der Herr zu meinem Herrn: /
Setze dich mir zur Rechten,

35 *und ich lege dir deine Feinde / als Sche-*
mel unter die Füße.

36 Mit Gewissheit erkenne also das ganze
Haus Israel: Gott hat ihn zum Herrn und
Messias gemacht, diesen Jesus, den ihr ge-
kreuzigt habt.

17: Joël 3,1–5 • 19: 5,12 • 21: Röm 10,13 • 22: 10,38; Lk 24,19 • 23: 1 Thess 2,15 • 25: Ps 16,8–11 G • 30: Ps 132,11; 2 Sam 7,12f • 31: 13,35; Ps 16,10 • 34: Ps 110,1.

Erste Bekehrungen: 2,37–42

37 Als sie das hörten, traf es sie mitten ins
Herz, und sie sagten zu Petrus und den übri-
gen Aposteln: Was sollen wir tun, Brüder?
38 Petrus antwortete ihnen: Kehrt um und
jeder von euch lasse sich auf den Namen
Jesu Christi taufen zur Vergebung seiner
Sünden; dann werdet ihr die Gabe des Heili-
gen Geistes empfangen. 39 Denn euch und
euren Kindern gilt die Verheißung und all
denen in der Ferne, die der Herr, unser Gott,
herbeirufen wird. 40 Mit noch vielen anderen
Worten beschwor und ermahnte er sie: Lasst
euch retten aus dieser verdorbenen Genera-
tion! 41 Die nun, die sein Wort annahmen,
ließen sich taufen. An diesem Tag wurden
(ihrer Gemeinschaft) etwa dreitausend Men-
schen hinzugefügt. 42 Sie hielten an der
Lehre der Apostel fest und an der Gemein-
schaft, am Brechen des Brotes und an den
Gebeten.

37: Lk 3,10 • 38: Lk 3,3 • 39: Jes 57,19; Eph 2,17 • 40: Dtn 32,5; Ps 78,8; Lk 9,41; Phil 2,15.

Das Leben der jungen Gemeinde: 2,43–47

43 Alle wurden von Furcht ergriffen; denn
durch die Apostel geschahen viele Wunder
und Zeichen. 44 Und alle, die gläubig gewor-
den waren, bildeten eine Gemeinschaft und
hatten alles gemeinsam. 45 Sie verkauften
Hab und Gut und gaben davon allen, jedem
so viel, wie er nötig hatte. 46 Tag für Tag ver-
harrten sie einmütig im Tempel, brachen in
ihren Häusern das Brot und hielten mitei-
nander Mahl in Freude und Einfalt des Her-
zens. 47 Sie lobten Gott und waren beim gan-
zen Volk beliebt. Und der Herr fügte täglich
ihrer Gemeinschaft die hinzu, die gerettet
werden sollten.

43: 5,12 • 44: 4,32–35 • 46: Lk 24,53.

Die Heilung des Gelähmten im Tempel:
3,1–10

3 Petrus und Johannes gingen um die
neunte Stunde zum Gebet in den Tem-
pel hinauf. 2 Da wurde ein Mann herbeige-
tragen, der von Geburt an gelähmt war. Man
setzte ihn täglich an das Tor des Tempels,
das man die Schöne Pforte nennt; dort sollte
er bei denen, die in den Tempel gingen, um
Almosen betteln. 3 Als er nun Petrus und Jo-
hannes in den Tempel gehen sah, bat er sie
um ein Almosen. 4 Petrus und Johannes
blickten ihn an und Petrus sagte: Sieh uns
an! 5 Da wandte er sich ihnen zu und erwar-
tete, etwas von ihnen zu bekommen. 6 Petrus
aber sagte: Silber und Gold besitze ich nicht.
Doch was ich habe, das gebe ich dir: Im Na-
men Jesu Christi, des Nazoräers, geh umher!
7 Und er fasste ihn an der rechten Hand und
richtete ihn auf. Sogleich kam Kraft in seine

2,42 Die Wendung »Brechen des Brotes« bezeichnet die urchristliche Eucharistiefeier, die zuerst noch mit einem »Liebesmahl« (einer Agápe) verbunden war; vgl. 20,7–12.

Füße und Gelenke; 8 er sprang auf, konnte
stehen und ging umher. Dann ging er mit ih-
nen in den Tempel, lief und sprang umher
und lobte Gott. 9 Alle Leute sahen ihn um-
hergehen und Gott loben. 10 Sie erkannten
ihn als den, der gewöhnlich an der Schönen
Pforte des Tempels saß und bettelte. Und sie
waren voll Verwunderung und Staunen über
das, was mit ihm geschehen war.

2–8: 14,8–10.

Die Rede des Petrus auf dem Tempelplatz:
3,11–26

11 Da er sich Petrus und Johannes an-
schloss, lief das ganze Volk bei ihnen in der
sogenannten Halle Salomos zusammen, au-
ßer sich vor Staunen. 12 Als Petrus das sah,
wandte er sich an das Volk: Israeliten, was
wundert ihr euch darüber? Was starrt ihr uns
an, als hätten wir aus eigener Kraft oder
Frömmigkeit bewirkt, dass dieser gehen
kann? 13 Der Gott Abrahams, Isaaks und Ja-
kobs, der Gott unserer Väter, hat seinen
Knecht Jesus verherrlicht, den ihr verraten
und vor Pilatus verleugnet habt, obwohl die-
ser entschieden hatte, ihn freizulassen. 14 Ihr
aber habt den Heiligen und Gerechten ver-
leugnet und die Freilassung eines Mörders
gefordert. 15 Den Urheber des Lebens habt
ihr getötet, aber Gott hat ihn von den Toten
auferweckt. Dafür sind wir Zeugen. 16 Und
weil er an seinen Namen geglaubt hat, hat
dieser Name den Mann hier, den ihr seht und
kennt, zu Kräften gebracht; der Glaube, der
durch ihn kommt, hat ihm vor euer aller Au-
gen die volle Gesundheit geschenkt. 17 Nun,
Brüder, ich weiß, ihr habt aus Unwissenheit
gehandelt, ebenso wie eure Führer. 18 Gott
aber hat auf diese Weise erfüllt, was er durch
den Mund aller Propheten im voraus verkün-
digt hat: dass sein Messias leiden werde.
19 Also kehrt um und tut Buße, damit eure
Sünden getilgt werden 20 und der Herr Zei-
ten des Aufatmens kommen lässt und Jesus
sendet als den für euch bestimmten Messias.
21 Ihn muss freilich der Himmel aufnehmen
bis zu den Zeiten der Wiederherstellung von
allem, die Gott von jeher durch den Mund
seiner heiligen Propheten verkündet hat.
22 Mose hat gesagt: *Einen Propheten wie
mich wird euch der Herr, euer Gott, aus eu-
ren Brüdern erwecken. Auf ihn sollt ihr hö-
ren in allem, was er zu euch sagt.* 23 *Jeder, der
auf jenen Propheten nicht hört, wird aus
dem Volk ausgemerzt werden.* 24 Und auch
alle Propheten von Samuel an und alle, die
später auftraten, haben diese Tage angekün-
digt. 25 Ihr seid die Söhne der Propheten und
des Bundes, den Gott mit euren Vätern
geschlossen hat, als er zu Abraham sagte:
*Durch deinen Nachkommen sollen alle Ge-
schlechter der Erde Segen erlangen.* 26 Für
euch zuerst hat Gott seinen Knecht erweckt
und gesandt, damit er euch segnet und jeden
von seiner Bosheit abbringt.

11: 5,12; Joh 10,23 • 13: Ex 3,6.15; Jes 52,13; Lk 23,19–25 • 15: 4,10; 5,31; Hebr 2,10 • 17: 13,27; Lk 23,34; Joh 16,3; 1 Tim 1,13 • 18: Lk 18,31 • 19: 2,38; Lk 3,3 • 20: Mt 19,28 • 21: Lk 21,27f • 22: Dtn 18,15.18; Apg 7,37; Joh 1,21; 6,14 • 23: Lev 23,29; Dtn 18,19 • 25: Gen 12,3; 18,18; 22,18; 28,4; Gal 3,8.

Petrus und Johannes vor dem Hohen Rat:
4,1–22

4 Während sie zum Volk redeten, traten
die Priester, der Tempelhauptmann und
die Sadduzäer zu ihnen. 2 Sie waren aufge-
bracht, weil die Apostel das Volk lehrten und
in Jesus die Auferstehung von den Toten ver-
kündeten. 3 Sie nahmen sie fest und hielten
sie bis zum nächsten Morgen in Haft. Es war
nämlich schon Abend. 4 Viele aber, die das
Wort gehört hatten, wurden gläubig; und die
Zahl der Männer stieg auf etwa fünftau-
send.

5 Am anderen Morgen versammelten sich
ihre Führer sowie die Ältesten und die
Schriftgelehrten in Jerusalem, 6 dazu Han-
nas, der Hohepriester, Kajaphas, Johannes,
Alexander und alle, die aus dem Geschlecht
der Hohenpriester stammten. 7 Sie stellten
die beiden in die Mitte und fragten sie: Mit
welcher Kraft oder in wessen Namen habt
ihr das getan? 8 Da sagte Petrus zu ihnen, er-
füllt vom Heiligen Geist: Ihr Führer des Vol-
kes und ihr Ältesten! 9 Wenn wir heute we-
gen einer guten Tat an einem kranken Men-
schen darüber vernommen werden, durch
wen er geheilt worden ist, 10 so sollt ihr alle
und das ganze Volk Israel wissen: im Namen
Jesu Christi, des Nazoräers, den ihr gekreu-
zigt habt und den Gott von den Toten aufer-
weckt hat. Durch ihn steht dieser Mann ge-
sund vor euch. 11 Er (Jesus) ist *der Stein, der
von euch Bauleuten verworfen wurde, der
aber zum Eckstein geworden ist.* 12 Und in
keinem anderen ist das Heil zu finden. Denn

3,14 Der »Mörder« ist Barabbas; vgl. auch Lk 23,19.25.

3,17 Die »Unwissenheit« der Juden besteht darin, dass sie Jesus nicht als Messias erkannten und anerkannten.

4,6 Hannas war von 6 bis 15 n. Chr., Kajaphas von 18 bis 37 n. Chr. Hoherpriester.

es ist uns Menschen kein anderer Name un-
ter dem Himmel gegeben, durch den wir ge-
rettet werden sollen.
13 Als sie den Freimut des Petrus und des
Johannes sahen und merkten, dass es unge-
lehrte und einfache Leute waren, wunderten
sie sich. Sie erkannten sie als Jünger Jesu,
14 sahen aber auch, dass der Geheilte bei ih-
nen stand; so konnten sie nichts dagegen sa-
gen. 15 Sie befahlen ihnen, den Hohen Rat zu
verlassen; dann berieten sie miteinander
16 und sagten: Was sollen wir mit diesen Leu-
ten anfangen? Dass offensichtlich ein Wun-
der durch sie geschehen ist, ist allen Einwoh-
nern von Jerusalem bekannt; wir können es
nicht abstreiten. 17 Damit aber die Sache
nicht weiter im Volk verbreitet wird, wollen
wir ihnen bei Strafe verbieten, je wieder in
diesem Namen zu irgendeinem Menschen zu
sprechen. 18 Und sie riefen sie herein und
verboten ihnen, jemals wieder im Namen
Jesu zu predigen und zu lehren. 19 Doch Pet-
rus und Johannes antworteten ihnen: Ob es
vor Gott recht ist, mehr auf euch zu hören
als auf Gott, das entscheidet selbst. 20 Wir
können unmöglich schweigen über das, was
wir gesehen und gehört haben. 21 Jene aber
drohten ihnen noch mehr und ließen sie
dann gehen; denn sie sahen keine Möglich-
keit, sie zu bestrafen, mit Rücksicht auf das
Volk, da alle Gott wegen des Geschehenen
priesen. 22 Denn der Mann, an dem das Wun-
der der Heilung geschah, war über vierzig
Jahre alt.

2: 23,8 • 6: Lk 3,2 • 7: Lk 20,2 • 11: Ps 118,22; Lk 20,17; Eph 2,20; 1 Petr 2,4–8 • 12: Mt 1,21; 1 Kor 3,11 • 17: 5,28 • 19: 5,29–32.

Gebet der Urgemeinde um Furchtlosigkeit:
4,23–31

23 Nach ihrer Freilassung gingen sie zu den
Ihren und berichteten alles, was die Hohen-
priester und die Ältesten zu ihnen gesagt
hatten. 24 Als sie das hörten, erhoben sie ein-
mütig ihre Stimme zu Gott und sprachen:
Herr, du hast den Himmel, die Erde und das
Meer geschaffen und alles, was dazugehört;
25 du hast durch den Mund unseres Vaters
David, deines Knechtes, durch den Heiligen
Geist gesagt:
Warum toben die Völker, / warum machen
die Nationen vergebliche Pläne?
26 *Die Könige der Erde stehen auf / und die*
Herrscher haben sich verbündet / gegen den
Herrn und seinen Gesalbten.
27 Wahrhaftig, *verbündet haben sich* in
dieser Stadt *gegen* deinen heiligen Knecht
Jesus, *den du gesalbt hast,* Herodes und Pon-
tius Pilatus mit den Heiden und den Stäm-
men Israels, 28 um alles auszuführen, was
deine Hand und dein Wille im voraus be-
stimmt haben. 29 Doch jetzt, Herr, sieh auf
ihre Drohungen und gib deinen Knechten die
Kraft, mit allem Freimut dein Wort zu ver-
künden. 30 Streck deine Hand aus, damit
Heilungen und Zeichen und Wunder gesche-
hen durch den Namen deines heiligen
Knechtes Jesus. 31 Als sie gebetet hatten,
bebte der Ort, an dem sie versammelt waren,
und alle wurden mit dem Heiligen Geist er-
füllt und sie verkündeten freimütig das Wort
Gottes.

24: Ps 146,6; Ex 20,11 • 25: Ps 2,1f • 27: Ps 2,2; Lk 23,12f • 31: 2,44f.

Die Gütergemeinschaft der Urgemeinde:
4,32–37

32 Die Gemeinde der Gläubigen war ein
Herz und eine Seele. Keiner nannte etwas
von dem, was er hatte, sein Eigentum, son-
dern sie hatten alles gemeinsam. 33 Mit gro-
ßer Kraft legten die Apostel Zeugnis ab von
der Auferstehung Jesu, des Herrn, und reiche
Gnade ruhte auf ihnen allen. 34 Es gab auch
keinen unter ihnen, der Not litt. Denn alle,
die Grundstücke oder Häuser besaßen, ver-
kauften ihren Besitz, brachten den Erlös
35 und legten ihn den Aposteln zu Füßen. Je-
dem wurde davon so viel zugeteilt, wie er nö-
tig hatte. 36 Auch Josef, ein Levit aus Zypern,
der von den Aposteln Barnabas, das heißt
übersetzt Sohn des Trostes, genannt wurde,
37 verkaufte einen Acker, der ihm gehörte,
brachte das Geld und legte es den Aposteln
zu Füßen.

33: 2,22–24 • 34: Lk 12,33; Apg 2,44f • 36: 9,27; 11,22.30; 12,25; 13 – 15; 1 Kor 9,6; Gal 2,1.9.13; Kol 4,10.

Der Betrug des Hananias und der Saphira:
5,1–11

5 Ein Mann namens Hananias aber und
seine Frau Saphira verkauften zusam-
men ein Grundstück, 2 und mit Einverständ-

4,27 Der hier erwähnte Herodes ist Herodes Antipas, ein Sohn Herodes' des Großen, der von 4 v. Chr. bis 39 n. Chr. Tetrarch von Galiläa und Peräa war (vgl. die Anmerkung zu Lk 3,1).

4,32–37 Die Gütergemeinschaft der Urgemeinde war freiwillig; sie brachte den Geist der Brüderlichkeit zum Ausdruck.

nis seiner Frau behielt er etwas von dem Er-
lös für sich. Er brachte nur einen Teil und
legte ihn den Aposteln zu Füßen. 3 Da sagte
Petrus: Hananias, warum hat der Satan dein
Herz erfüllt, dass du den Heiligen Geist be-
lügst und von dem Erlös des Grundstücks et-
was für dich behältst? 4 Hätte es nicht dein
Eigentum bleiben können und konntest du
nicht auch nach dem Verkauf frei über den
Erlös verfügen? Warum hast du in deinem
Herzen beschlossen, so etwas zu tun? Du hast
nicht Menschen belogen, sondern Gott. 5 Als
Hananias diese Worte hörte, stürzte er zu
Boden und starb. Und über alle, die es hör-
ten, kam große Furcht. 6 Die jungen Männer
standen auf, hüllten ihn ein, trugen ihn hi-
naus und begruben ihn.
7 Nach etwa drei Stunden kam seine Frau
herein, ohne zu wissen, was geschehen war.
8 Petrus fragte sie: Sag mir, habt ihr das
Grundstück für so viel verkauft? Sie antwor-
tete: Ja, für so viel. 9 Da sagte Petrus zu ihr:
Warum seid ihr übereingekommen, den
Geist des Herrn auf die Probe zu stellen? Sie-
he, die Füße derer, die deinen Mann begra-
ben haben, stehen vor der Tür; auch dich
wird man hinaustragen. 10 Im selben Augen-
blick brach sie vor seinen Füßen zusammen
und starb. Die jungen Männer kamen herein,
fanden sie tot, trugen sie hinaus und begru-
ben sie neben ihrem Mann. 11 Da kam große
Furcht über die ganze Gemeinde und über
alle, die davon hörten.

3: Lk 22,3; Joh 13,2.

Zeichen und Wunder der Apostel: 5,12–16

12 Durch die Hände der Apostel geschahen
viele Zeichen und Wunder im Volk. Alle ka-
men einmütig in der Halle Salomos zusam-
men. 13 Von den übrigen wagte niemand, sich
ihnen anzuschließen; aber das Volk schätzte
sie hoch. 14 Immer mehr wurden im Glauben
zum Herrn geführt, Scharen von Männern
und Frauen. 15 Selbst die Kranken trug man
auf die Straßen hinaus und legte sie auf Bet-
ten und Bahren, damit, wenn Petrus vorü-
berkam, wenigstens sein Schatten auf einen
von ihnen fiel. 16 Auch aus den Nachbarstäd-
ten Jerusalems strömten die Leute zusam-
men und brachten Kranke und von unreinen
Geistern Geplagte mit. Und alle wurden ge-
heilt.

12: 2,43; Röm 15,19; 2 Kor 12,12; Apg 3,11 • 15: 19,12; Mk 6,56 • 16: Lk 4,40f.

Verhaftung und Befreiung der Apostel: 5,17–21a

17 Da erhoben sich voll Eifersucht der Ho-
hepriester und alle, die auf seiner Seite stan-
den, nämlich die Gruppe der Sadduzäer.
18 Sie ließen die Apostel verhaften und in das
öffentliche Gefängnis werfen. 19 Ein Engel
des Herrn aber öffnete nachts die Gefängnis-
tore, führte sie heraus und sagte: 20 Geht, tre-
tet im Tempel auf und verkündet dem Volk
alle Worte dieses Lebens! 21a Sie gehorchten
und gingen bei Tagesanbruch in den Tempel
und lehrten.

17: 4,1–3 • 19: 12,7–10 • 20: 13,26.

Die Apostel vor dem Hohen Rat: 5,21b–42

21b Währenddessen kam der Hohepriester
mit seinen Begleitern. Sie riefen den Hohen
Rat und alle Ältesten der Söhne Israels zu-
sammen; man schickte Boten zum Gefäng-
nis, um die Apostel vorführen zu lassen.
22 Die Diener gingen, fanden sie aber nicht
im Gefängnis. Sie kehrten zurück und mel-
deten: 23 Wir fanden das Gefängnis sorgfältig
verschlossen und die Wachen vor den Toren
stehen; als wir aber öffneten, fanden wir nie-
mand darin. 24 Der Tempelhauptmann und
die Hohenpriester waren ratlos, als sie das
hörten, und wussten nicht, was nun werden
sollte. 25 Da kam jemand und meldete ihnen:
Die Männer, die ihr ins Gefängnis geworfen
habt, stehen im Tempel und lehren das Volk.
26 Da ging der Tempelhauptmann mit seinen
Leuten hin und holte sie, allerdings nicht mit
Gewalt; denn sie fürchteten, vom Volk ge-
steinigt zu werden. 27 Man führte sie herbei
und stellte sie vor den Hohen Rat. Der Hohe-
priester verhörte sie 28 und sagte: Wir haben
euch streng verboten, in diesem Namen zu
lehren; ihr aber habt Jerusalem mit eurer
Lehre erfüllt; ihr wollt das Blut dieses
Menschen über uns bringen. 29 Petrus und
die Apostel antworteten: Man muss Gott
mehr gehorchen als den Menschen. 30 Der
Gott unserer Väter hat Jesus auferweckt, den
ihr ans Holz gehängt und ermordet habt.
31 Ihn hat Gott als Herrscher und Retter an
seine rechte Seite erhoben, um Israel die
Umkehr und Vergebung der Sünden zu
schenken. 32 Zeugen dieser Ereignisse sind
wir und der Heilige Geist, den Gott allen
verliehen hat, die ihm gehorchen. 33 Als sie
das hörten, gerieten sie in Zorn und be-
schlossen, sie zu töten.

5,12 Die Halle Salomos befand sich an der Ostseite des Tempelplatzes (vgl. die Anmerkung zu Joh 10,23).

34 Da erhob sich im Hohen Rat ein Pharisäer namens Gamaliël, ein beim ganzen Volk angesehener Gesetzeslehrer; er ließ die Apostel für kurze Zeit hinausführen. 35 Dann sagte er: Israeliten, überlegt euch gut, was ihr mit diesen Leuten tun wollt. 36 Vor einiger Zeit nämlich trat Theudas auf und behauptete, er sei etwas Besonderes. Ihm schlossen sich etwa vierhundert Männer an. Aber er wurde getötet und sein ganzer Anhang wurde zerstreut und aufgerieben. 37 Nach ihm trat in den Tagen der Volkszählung Judas, der Galiläer, auf; er brachte viel Volk hinter sich und verleitete es zum Aufruhr. Auch er kam um und alle seine Anhänger wurden zerstreut. 38 Darum rate ich euch jetzt: Lasst von diesen Männern ab und gebt sie frei; denn wenn dieses Vorhaben oder dieses Werk von Menschen stammt, wird es zerstört werden; 39 stammt es aber von Gott, so könnt ihr sie nicht vernichten; sonst werdet ihr noch als Kämpfer gegen Gott dastehen. Sie stimmten ihm zu, 40 riefen die Apostel herein und ließen sie auspeitschen; dann verboten sie ihnen, im Namen Jesu zu predigen, und ließen sie frei. 41 Sie aber gingen weg vom Hohen Rat und freuten sich, dass sie gewürdigt worden waren, für seinen Namen Schmach zu erleiden. 42 Und Tag für Tag lehrten sie unermüdlich im Tempel und in den Häusern und verkündeten das Evangelium von Jesus, dem Christus.

26: Lk 20,19 • 28: Mt 27,25 • 29: 4,19 • 30: Dtn 21,22 G; Apg 2,23f • 31: 2,38 • 32: Lk 24,48; Joh 15,26f • 34: 22,3 • 37: Lk 2,2 • 40: 22,19; 4,17 • 41: Lk 6,22f; 1 Petr 4,13 • 42: 2,46; 5,20f.25; 8,35; 19,4f.

Die Wahl der Sieben: 6,1–7

6 In diesen Tagen, als die Zahl der Jünger zunahm, begehrten die Hellenisten gegen die Hebräer auf, weil ihre Witwen bei der täglichen Versorgung übersehen wurden. 2 Da riefen die Zwölf die ganze Schar der Jünger zusammen und erklärten: Es ist nicht recht, dass wir das Wort Gottes vernachlässigen und uns dem Dienst an den Tischen widmen. 3 Brüder, wählt aus eurer Mitte sieben Männer von gutem Ruf und voll Geist und Weisheit; ihnen werden wir diese Aufgabe übertragen. 4 Wir aber wollen beim Gebet und beim Dienst am Wort bleiben. 5 Der Vorschlag fand den Beifall der ganzen Gemeinde, und sie wählten Stephanus, einen Mann, erfüllt vom Glauben und vom Heiligen Geist, ferner Philippus und Prochorus, Nikanor und Timon, Parmenas und Nikolaus, einen Proselyten aus Antiochia. 6 Sie ließen sie vor die Apostel hintreten und diese beteten und legten ihnen die Hände auf. 7 Und das Wort Gottes breitete sich aus und die Zahl der Jünger in Jerusalem wurde immer größer; auch eine große Anzahl von den Priestern nahm gehorsam den Glauben an.

1: 4,34f • 3: 1 Tim 3,7f • 6: 13,3; 14,23; 1 Tim 4,14; 2 Tim 1,6 • 7: 19,20; 4,4.

Die Verhaftung des Stephanus: 6,8–15

8 Stephanus aber, voll Gnade und Kraft, tat Wunder und große Zeichen unter dem Volk. 9 Doch einige von der sogenannten Synagoge der Libertiner und Zyrenäer und Alexandriner und Leute aus Zilizien und der Provinz Asien erhoben sich, um mit Stephanus zu streiten; 10 aber sie konnten der Weisheit und dem Geist, mit dem er sprach, nicht widerstehen. 11 Da stifteten sie Männer zu der Aussage an: Wir haben gehört, wie er gegen Mose und Gott lästerte. 12 Sie hetzten das Volk, die Ältesten und die Schriftgelehrten auf, drangen auf ihn ein, packten ihn und schleppten ihn vor den Hohen Rat. 13 Und sie brachten falsche Zeugen bei, die sagten: Dieser Mensch hört nicht auf, gegen diesen heiligen Ort und das Gesetz zu reden. 14 Wir haben ihn nämlich sagen hören: Dieser Jesus, der Nazoräer, wird diesen Ort zerstören und die Bräuche ändern, die uns Mose überliefert hat. 15 Und als alle, die im Hohen Rat saßen, auf ihn blickten, erschien ihnen sein Gesicht wie das Gesicht eines Engels.

10: Lk 21,15 • 13: Mt 26,59; Mk 14,55 • 14: Mt 26,61; 27,40; Mk 14,58; 15,29; Joh 2,19.

5,34 Es handelt sich um Gamaliël den Älteren, den Lehrer des Apostels Paulus (vgl. 22,3).

5,36f Über Theudas, Judas den Galiläer und die Volkszählung (Zensus) berichtet genauer der zeitgenössische jüdische Geschichtsschreiber Flavius Josephus.

6,1–7 Die Sieben sind nicht »Diakone« im Sinn des späteren kirchlichen Amtes. Philippus wird in 21,8 als »Evangelist« bezeichnet.

6,1 Die »Hellenisten« sind griechisch sprechende, die »Hebräer« aramäisch sprechende Judenchristen.

6,5 Ein »Proselyt« ist ein Heide, der voll zum Judentum übergetreten ist. Davon unterschieden sind die »Gottesfürchtigen«, die sich dem Judentum in lockerer Form angeschlossen haben (vgl. 10,2; 11,18; 13,16.26; 16,14; 17,4.17; 18,7).

6,9 »Libertiner« bezeichnet hier freigelassene jüdische Sklaven.

Die Rede des Stephanus: 7,1–53

7 Der Hohepriester aber fragte: Ist das wahr? 2 Stephanus antwortete: Brüder und Väter, hört mich an! Der Gott der Herrlichkeit erschien unserem Vater Abraham, als er in Mesopotamien lebte, ehe er sich in Haran niederließ, 3 und sagte zu ihm: *Zieh weg aus deinem Land und aus deiner Verwandtschaft und geh in das Land, das ich dir zeigen werde.* 4 Da zog er aus dem Land der Chaldäer fort und ließ sich in Haran nieder. Von dort ließ Gott ihn nach dem Tod seines Vaters in dieses Land übersiedeln, in dem ihr jetzt wohnt. 5 Er hat ihm darin kein Erbteil gegeben, auch nicht einen Fußbreit, doch hat er verheißen, *das Land ihm und seinen Nachkommen* zum Besitz *zu geben,* obwohl er kinderlos war. 6 So sprach Gott: *Seine Nachkommen werden als Fremde in einem Land wohnen, das ihnen nicht gehört; und man wird sie zu Sklaven machen und sie vierhundert Jahre lang hart behandeln.* 7 *Aber auch über das Volk, dem sie als Sklaven dienen, werde ich Gericht halten, sprach Gott, und nachher werden sie ausziehen und mich an diesem Ort verehren.* 8 Und er gab ihm den Bund der Beschneidung. So wurde Abraham der Vater Isaaks und beschnitt ihn am achten Tag, ebenso Isaak den Jakob, und Jakob die zwölf Patriarchen. 9 Die Patriarchen aber *waren eifersüchtig auf Josef und verkauften ihn nach Ägypten; doch Gott war mit ihm.* 10 Er rettete ihn aus allen seinen Nöten, *schenkte ihm Weisheit und die Gunst* des Pharao, des Königs von Ägypten, und *er bestellte ihn zum Herrscher* über Ägypten und *über sein ganzes Haus.* 11 Es kam aber eine Hungersnot über ganz Ägypten und Kanaan und das Elend war groß. Auch unsere Väter hatten keine Nahrung mehr. 12 Als Jakob hörte, dass es in Ägypten Getreide gab, schickte er unsere Väter ein erstes Mal dorthin. 13 Beim zweiten Mal gab Josef sich seinen Brüdern zu erkennen und dem Pharao wurde Josefs Herkunft bekannt. 14 Josef aber ließ seinen Vater Jakob und seine ganze Familie holen: fünfundsiebzig Menschen. 15 So zog Jakob nach Ägypten hinab; und er starb und auch unsere Väter starben. 16 Man brachte sie nach Sichem und bestattete sie in dem Grab, das Abraham von den Söhnen Hamors in Sichem für Silbergeld gekauft hatte.

17 Als aber die Zeit der Verheißung herankam, die Gott dem Abraham zugesagt hatte, vermehrte sich das Volk und breitete sich in Ägypten aus, 18 bis ein anderer über Ägypten König wurde, der von Josef nichts wusste. 19 Er ging gegen unser Volk heimtückisch vor und zwang unsere Väter, ihre Kinder auszusetzen; sie sollten nicht am Leben bleiben. 20 In dieser Zeit wurde Mose geboren und Gott hatte Gefallen an ihm. Drei Monate lang wurde er im Haus seines Vaters aufgezogen; 21 als er aber ausgesetzt wurde, nahm ihn die Tochter des Pharao auf und erzog ihn als ihren Sohn. 22 Und Mose wurde in aller Weisheit der Ägypter ausgebildet und er war mächtig in Wort und Tat. 23 Als er vierzig Jahre alt war, reifte in ihm der Gedanke, nach seinen Brüdern, den Söhnen Israels, zu sehen. 24 Und als er sah, wie einem von ihnen Unrecht geschah, kam er dem Unterdrückten zu Hilfe und rächte ihn, indem er den Ägypter erschlug. 25 Er dachte, seine Brüder würden begreifen, dass Gott ihnen durch seine Hand Rettung bringen wolle; doch sie begriffen es nicht. 26 Am folgenden Tag kam er dazu, wie sie sich stritten; er versuchte, sie auszusöhnen und Frieden zu stiften, und sagte: Männer, ihr seid doch Brüder. Warum tut ihr einander Unrecht? 27 Der Mann aber, der seinem Nächsten Unrecht getan hatte, stieß ihn weg und sagte: *Wer hat dich zum Anführer und Schiedsrichter über uns bestellt?* 28 *Willst du mich etwa umbringen, wie du gestern den Ägypter umgebracht hast?* 29 Daraufhin floh Mose und hielt sich als Fremder in Midian auf; dort wurden ihm zwei Söhne geboren. 30 Als vierzig Jahre vergangen waren, *erschien ihm in der Wüste beim Berg Sinai ein Engel im Feuer eines brennenden Dornbusches.* 31 Als Mose die Erscheinung sah, wunderte er sich darüber. Er ging näher hin, um sie genauer zu betrachten. Da ertönte die Stimme des Herrn: 32 *Ich bin der Gott deiner Väter, der Gott Abrahams, Isaaks und Jakobs. Mose begann zu zittern und wagte nicht hinzusehen.* 33 Da sagte der Herr zu ihm: *Zieh deine Schuhe aus! Denn der Ort, wo du stehst, ist heiliger Boden.* 34 *Ich habe das Elend meines Volkes in Ägypten gesehen und seine Klage gehört. Ich bin herabgestiegen, um sie zu retten. Und jetzt geh, ich sende dich nach Ägypten.* 35 Diesen Mose, den sie verleugnet hatten mit den Worten: *Wer hat dich zum Anführer und Schiedsrichter bestellt?*, ihn hat Gott als Anführer und Befreier gesandt durch die Hand des Engels, der ihm im Dornbusch erschien. 36 Dieser Mose hat sie herausgeführt, indem er Zeichen und Wunder tat in Ägypten und im Roten Meer und in der Wüste, vierzig Jahre lang. 37 Dies ist der Mose, der zu den Söhnen Israels gesagt hat: *Einen Propheten wie mich wird Gott euch aus euren Brüdern erwecken.* 38 Dieser stand bei der Versammlung des Volkes in der Wüste zwischen dem

Engel, der mit ihm auf dem Berg Sinai rede-
te, und unseren Vätern. Er hat Worte des Le-
bens empfangen, um sie uns zu geben.
39 Aber unsere Väter wollten sich ihm nicht
unterordnen; sie wiesen ihn ab und wandten
ihr Herz nach Ägypten zurück. 40 Sie sagten
zu Aaron: *Mach uns Götter, die vor uns her-*
ziehen! Denn dieser Mose, der uns aus Ägyp-
ten herausgeführt hat – wir wissen nicht, was
mit ihm geschehen ist. 41 Und sie fertigten in
jenen Tagen das Standbild eines Kalbes an,
brachten dem Götzen Opfer dar und freuten
sich über das Werk ihrer Hände. 42 Da wand-
te sich Gott ab und überließ sie dem Sternen-
kult, wie es im Buch der Propheten heißt:
Habt ihr mir etwa Schlachtopfer und Gaben
dargebracht während der vierzig Jahre in
der Wüste, ihr vom Haus Israel? 43 *Das Zelt*
des Moloch und den Stern des Gottes Romfa
habt ihr herumgetragen, die Bilder, die ihr
gemacht habt, um sie anzubeten. Darum will
ich euch in die Gebiete jenseits von Babylon
verbannen.
44 Unsere Väter hatten in der Wüste das
Bundeszelt. So hat Gott es angeordnet; er hat
dem Mose befohlen, es nach dem Vorbild zu
errichten, das er geschaut hatte. 45 Und unse-
re Väter haben es übernommen und mitge-
bracht, als sie unter Josua das Land der Hei-
denvölker besetzten, die Gott vor den Augen
unserer Väter vertrieb, bis zu den Tagen Da-
vids. 46 Dieser fand Gnade vor Gott und bat
für das Haus Jakob um ein Zeltheiligtum.
47 Salomo aber baute ihm ein Haus. 48 Doch
der Höchste wohnt nicht in dem, was von
Menschenhand gemacht ist, wie der Prophet
sagt: 49 *Der Himmel ist mein Thron und die*
Erde der Schemel für meine Füße. Was für
ein Haus könnt ihr mir bauen?, spricht der
Herr. Oder welcher Ort kann mir als Ruhe-
stätte dienen? 50 Hat nicht *meine Hand dies*
alles gemacht?
51 Ihr Halsstarrigen, ihr, die ihr euch mit
Herz und Ohr immerzu dem Heiligen Geist
widersetzt, eure Väter schon und nun auch
ihr. 52 Welchen der Propheten haben eure
Väter nicht verfolgt? Sie haben die getötet,
die die Ankunft des Gerechten geweissagt
haben, dessen Verräter und Mörder ihr jetzt
geworden seid, 53 ihr, die ihr durch die An-
ordnung von Engeln das Gesetz empfangen,
es aber nicht gehalten habt.

2: Gen 11,31; 15,7 • 3: Gen 12,1 • 5: Dtn 2,5; Gen 12,7; 13,15; 17,8 • 6: Gen 15,13f • 7: Ex 3,12 • 8: Gen 21,4; 17,10 • 9: Gen 37,11.28; 39,2 • 10: Gen 39,21; 41,37–44; Ps 105,21; Weish 10,14 • 11: Gen 41,54 • 12: Gen 42,2.5 • 13: Gen 45,3.16 • 14: Gen 45,9–11; 46,27; Ex 1,5; Dtn 10,22 • 15: Gen 46,1; 49,33 • 16: Gen 23,16f; 33,19; 50,13 • 17: Ex 1,7–9.22 • 20: Ex 2,2; Hebr 11,23 • 21: Ex 2,3.5.10 • 23: Ex 2,11 • 26: Ex 2,13 • 27: Ex 2,14 G • 29: Ex 2,15.22 • 30: Ex 3,2f • 32: Ex 3,6 • 33: Ex 3,5 • 34: Ex 3,7f.10 • 35: Ex 2,14 G • 36: Ex 7,3.10; 14,21; Num 14,33 • 37: Dtn 18,15; Apg 3,22; Joh 1,21; 6,14 • 38: Ex 19,3; Gal 3,19; Ex 31,18; Dtn 9,10; 2 Kor 3,3 • 40: Ex 32,1 • 41: Ex 32,4.6 • 42: Am 5,25–27 G • 44: Ex 25,40 • 45: Dtn 32,49; Jos 3,14; 18,1 • 46: 2 Sam 7,2; Ps 132,5 • 47: 1 Kön 6,1 • 49: Jes 66,1f • 51: Dtn 9,6 • 52: 2 Chr 36,16; Mt 23,34 • 53: Ex 20,18.21; Dtn 5,2–5; Gal 3,19; Hebr 2,2.

Die Steinigung des Stephanus: 7,54 – 8,1a

54 Als sie das hörten, waren sie aufs Äu-
ßerste über ihn empört und knirschten mit
den Zähnen. 55 Er aber, erfüllt vom Heiligen
Geist, blickte zum Himmel empor, sah die
Herrlichkeit Gottes und Jesus zur Rechten
Gottes stehen 56 und rief: Ich sehe den Him-
mel offen und den Menschensohn zur Rech-
ten Gottes stehen. 57 Da erhoben sie ein lau-
tes Geschrei, hielten sich die Ohren zu,
stürmten gemeinsam auf ihn los, 58 trieben
ihn zur Stadt hinaus und steinigten ihn. Die
Zeugen legten ihre Kleider zu Füßen eines
jungen Mannes nieder, der Saulus hieß. 59 So
steinigten sie Stephanus; er aber betete und
rief: Herr Jesus, nimm meinen Geist auf!
60 Dann sank er in die Knie und schrie laut:
Herr, rechne ihnen diese Sünde nicht an!
Nach diesen Worten starb er.
1a Saulus aber war mit dem Mord einver-
standen.

7,54: 5,33 • 56: Lk 22,69 • 59: Lk 23,46 • 60: Lk 23,34 • 1a: 7,58; 22,20.

Verfolgung und Zerstreuung der Urgemeinde: 8,1b–3

8 1b An jenem Tag brach eine schwere
Verfolgung über die Kirche in Jerusa-
lem herein. Alle wurden in die Gegenden von
Judäa und Samarien zerstreut, mit Ausnah-
me der Apostel. 2 Fromme Männer bestatte-
ten Stephanus und hielten eine große Toten-
klage für ihn. 3 Saulus aber versuchte die
Kirche zu vernichten; er drang in die Häuser
ein, schleppte Männer und Frauen fort und
lieferte sie ins Gefängnis ein.

1b: 11,19 • 3: 9,1; 22,4; 1 Kor 15,9; Gal 1,13.

7,42 Sternenkult, wörtlich: Himmelsheer.
7,51 Wörtlich: Ihr Halsstarrigen und an Herzen und Ohren Unbeschnittenen, ihr widersetzt euch immerzu dem Heiligen Geist.
7,52 Der »Gerechte« ist der Messias.
7,58 Der Apostel Paulus, Jude mit römischem Bürgerrecht (vgl. 16,37), hatte zwei Namen: einen hebräischen (Saul) und einen griechisch-römischen (Paulus).

DIE KIRCHE IN JUDÄA UND SAMARIEN: 8,4 – 12,23

Philippus als Missionar in Samaria: 8,4–13

4 Die Gläubigen, die zerstreut worden waren, zogen umher und verkündeten das Wort. 5 Philippus aber kam in die Hauptstadt Samariens hinab und verkündigte dort Christus. 6 Und die Menge achtete einmütig auf die Worte des Philippus; sie hörten zu und sahen die Wunder, die er tat. 7 Denn aus vielen Besessenen fuhren unter lautem Geschrei die unreinen Geister aus; auch viele Lahme und Krüppel wurden geheilt. 8 So herrschte große Freude in jener Stadt.

9 Ein Mann namens Simon wohnte schon länger in der Stadt; er trieb Zauberei und verwirrte das Volk von Samarien, da er sich als etwas Großes ausgab. 10 Alle hörten auf ihn, Jung und Alt, und sie sagten: Das ist die Kraft Gottes, die man die Große nennt. 11 Und sie schlossen sich ihm an, weil er sie lange Zeit mit seinen Zauberkünsten betörte. 12 Als sie jedoch dem Philippus Glauben schenkten, der das Evangelium vom Reich Gottes und vom Namen Jesu Christi verkündete, ließen sie sich taufen, Männer und Frauen. 13 Auch Simon wurde gläubig, ließ sich taufen und schloss sich dem Philippus an; und als er die großen Zeichen und Wunder sah, geriet er außer sich vor Staunen.

5: 6,5 • 7: Mk 16,17 • 12: 1,3; 19,8; 28,23.31.

Petrus und Johannes in Samarien: 8,14–25

14 Als die Apostel in Jerusalem hörten, dass Samarien das Wort Gottes angenommen hatte, schickten sie Petrus und Johannes dorthin. 15 Diese zogen hinab und beteten für sie, sie möchten den Heiligen Geist empfangen. 16 Denn er war noch auf keinen von ihnen herabgekommen; sie waren nur auf den Namen Jesu, des Herrn, getauft. 17 Dann legten sie ihnen die Hände auf und sie empfingen den Heiligen Geist.

18 Als Simon sah, dass durch die Handauflegung der Apostel der Geist verliehen wurde, brachte er ihnen Geld 19 und sagte: Gebt auch mir diese Macht, damit jeder, dem ich die Hände auflege, den Heiligen Geist empfängt. 20 Petrus aber sagte zu ihm: Dein Silber fahre mit dir ins Verderben, wenn du meinst, die Gabe Gottes lasse sich für Geld kaufen. 21 Du hast weder einen Anteil daran noch ein Recht darauf, denn dein Herz ist nicht aufrichtig vor Gott. 22 Wende dich von deiner Bosheit ab und bitte den Herrn; vielleicht wird dir dein Ansinnen vergeben. 23 Denn ich sehe dich voll bitterer Galle und Bosheit. 24 Da antwortete Simon: Betet ihr für mich zum Herrn, damit mich nichts von dem trifft, was ihr gesagt habt. 25 Nachdem sie so das Wort des Herrn bezeugt und verkündet hatten, machten sie sich auf den Weg zurück nach Jerusalem und verkündeten in vielen Dörfern der Samariter das Evangelium.

17: 2,4; 4,31; 10,44–47; 15,8f; 19,2.6 • 21: Eph 5,5.

Die Taufe des Äthiopiers: 8,26–40

26 Ein Engel des Herrn sagte zu Philippus: Steh auf und zieh nach Süden auf der Straße, die von Jerusalem nach Gaza hinabführt. Sie führt durch eine einsame Gegend. 27 Und er brach auf. Nun war da ein Äthiopier, ein Kämmerer, Hofbeamter der Kandake, der Königin der Äthiopier, der ihren ganzen Schatz verwaltete. Dieser war nach Jerusalem gekommen, um Gott anzubeten, 28 und fuhr jetzt heimwärts. Er saß auf seinem Wagen und las den Propheten Jesaja. 29 Und der Geist sagte zu Philippus: Geh und folge diesem Wagen. 30 Philippus lief hin und hörte ihn den Propheten Jesaja lesen. Da sagte er: Verstehst du auch, was du liest? 31 Jener antwortete: Wie könnte ich es, wenn mich niemand anleitet? Und er bat den Philippus, einzusteigen und neben ihm Platz zu nehmen. 32 Der Abschnitt der Schrift, den er las, lautete:

Wie ein Schaf wurde er zum Schlachten geführt; / und wie ein Lamm, das verstummt, / wenn man es schert, / so tat er seinen Mund nicht auf.

33 *In der Erniedrigung wurde seine Verurteilung aufgehoben. / Seine Nachkommen, wer kann sie zählen? / Denn sein Leben wurde von der Erde fortgenommen.*

34 Der Kämmerer wandte sich an Philippus und sagte: Ich bitte dich, von wem sagt der Prophet das? Von sich selbst oder von einem anderen? 35 Da begann Philippus zu reden und ausgehend von diesem Schriftwort verkündete er ihm das Evangelium von Jesus.

8,10 Die Kraft Gottes, die man die Große nennt: eine heidnische Bezeichnung für göttliche Bevollmächtigung.

8,27 »Kandake« ist Titel der äthiopischen Königin. – »Kämmerer«, wörtlich: »Eunuch«, was entweder im gängigen Sinn (Verschnittener, Entmannter) oder als Titel für einen hohen Beamten zu verstehen ist.

36 Als sie nun weiterzogen, kamen sie zu ei-
ner Wasserstelle. Da sagte der Kämmerer:
Hier ist Wasser. Was steht meiner Taufe
noch im Weg? [37] 38 Er ließ den Wagen halten
und beide, Philippus und der Kämmerer,
stiegen in das Wasser hinab und er taufte
ihn. 39 Als sie aber aus dem Wasser stiegen,
entführte der Geist des Herrn den Philippus.
Der Kämmerer sah ihn nicht mehr und er zog
voll Freude weiter. 40 Den Philippus aber sah
man in Aschdod wieder. Und er wanderte
durch alle Städte und verkündete das Evan-
gelium, bis er nach Cäsarea kam.

31: Joh 16,13 • 32: Jes 53,7 • 33: Jes 53,8 G • 35: 5,42; Lk 24,27 • 36: 10,47 • 39: 1 Kön 18,12 • 40: 21,8.

Die Bekehrung des Saulus: 9,1–22

9 Saulus wütete immer noch mit Drohung
und Mord gegen die Jünger des Herrn.
Er ging zum Hohenpriester 2 und erbat sich
von ihm Briefe an die Synagogen in Damas-
kus, um die Anhänger des (neuen) Weges,
Männer und Frauen, die er dort finde, zu fes-
seln und nach Jerusalem zu bringen. 3 Unter-
wegs aber, als er sich bereits Damaskus nä-
herte, geschah es, dass ihn plötzlich ein Licht
vom Himmel umstrahlte. 4 Er stürzte zu Bo-
den und hörte, wie eine Stimme zu ihm sagte:
Saul, Saul, warum verfolgst du mich? 5 Er
antwortete: Wer bist du, Herr? Dieser sagte:
Ich bin Jesus, den du verfolgst. 6 Steh auf
und geh in die Stadt; dort wird dir gesagt
werden, was du tun sollst. 7 Seine Begleiter
standen sprachlos da; sie hörten zwar die
Stimme, sahen aber niemand. 8 Saulus erhob
sich vom Boden. Als er aber die Augen öff-
nete, sah er nichts. Sie nahmen ihn bei der
Hand und führten ihn nach Damaskus
hinein. 9 Und er war drei Tage blind und er
aß nicht und trank nicht.
10 In Damaskus lebte ein Jünger namens
Hananias. Zu ihm sagte der Herr in einer Vi-
sion: Hananias! Er antwortete: Hier bin ich,
Herr. 11 Der Herr sagte zu ihm: Steh auf und
geh zur sogenannten Geraden Straße und
frag im Haus des Judas nach einem Mann
namens Saulus aus Tarsus. Er betet gerade
12 und hat in einer Vision gesehen, wie ein
Mann namens Hananias hereinkommt und
ihm die Hände auflegt, damit er wieder sieht.
13 Hananias antwortete: Herr, ich habe von
vielen gehört, wie viel Böses dieser Mann
deinen Heiligen in Jerusalem angetan hat.
14 Auch hier hat er Vollmacht von den Ho-
henpriestern, alle zu verhaften, die deinen
Namen anrufen. 15 Der Herr aber sprach zu
ihm: Geh nur! Denn dieser Mann ist mein
auserwähltes Werkzeug: Er soll meinen Na-
men vor Völker und Könige und die Söhne
Israels tragen. 16 Ich werde ihm auch zeigen,
wie viel er für meinen Namen leiden muss.
17 Da ging Hananias hin und trat in das Haus
ein; er legte Saulus die Hände auf und sagte:
Bruder Saul, der Herr hat mich gesandt, Je-
sus, der dir auf dem Weg hierher erschienen
ist; du sollst wieder sehen und mit dem Hei-
ligen Geist erfüllt werden. 18 Sofort fiel es
wie Schuppen von seinen Augen und er sah
wieder; er stand auf und ließ sich taufen.
19 Und nachdem er etwas gegessen hatte,
kam er wieder zu Kräften.
Einige Tage blieb er bei den Jüngern in
Damaskus; 20 und sogleich verkündete er Je-
sus in den Synagogen und sagte: Er ist der
Sohn Gottes. 21 Alle, die es hörten, gerieten
in Aufregung und sagten: Ist das nicht der
Mann, der in Jerusalem alle vernichten woll-
te, die diesen Namen anrufen? Und ist er
nicht auch hierher gekommen, um sie zu fes-
seln und vor die Hohenpriester zu führen?
22 Saulus aber trat um so kraftvoller auf und
brachte die Juden in Damaskus in Verwir-
rung, weil er ihnen bewies, dass Jesus der
Messias ist.

1–22: 22,5–16; 26,12–18 • 1: 8,3; 1 Kor 15,9; Gal 1,13 • 2: 19,9.23; 22,4; 24,14.22 • 3: 1 Kor 9,1; 15,8; Gal 1,16 • 10: 10,17; 16,9 • 11: 21,39 • 14: 1 Kor 1,2; 2 Tim 2,22 • 15: 22,15; Röm 1,5; Gal 2,9; 1 Kor 1,17; 2 Kor 4,7 • 16: Mt 10,22; Lk 21,12f; 2 Kor 11,23–29 • 20: Mt 14,33; 16,16; 27,54; Mk 15,39; Lk 1,32.35; 22,70; Joh 1,49; 11,27 • 22: 18,28.

Die Flucht des Saulus aus Damaskus: 9,23–31

23 So verging einige Zeit; da beschlossen
die Juden, ihn zu töten. 24 Doch ihr Plan wur-
de dem Saulus bekannt. Sie bewachten sogar
Tag und Nacht die Stadttore, um ihn zu be-
seitigen. 25 Aber seine Jünger nahmen ihn
und ließen ihn bei Nacht in einem Korb die
Stadtmauer hinab.
26 Als er nach Jerusalem kam, versuchte er,
sich den Jüngern anzuschließen. Aber alle
fürchteten sich vor ihm und konnten nicht
glauben, dass er ein Jünger war. 27 Barnabas
jedoch nahm sich seiner an und brachte ihn
zu den Aposteln. Er erzählte ihnen, wie Sau-
lus auf dem Weg den Herrn gesehen habe

8,37 Einige Textzeugen fügen hinzu: Da sagte Philippus zu ihm: Wenn du aus ganzem Herzen glaubst, ist es möglich. Er antwortete: Ich glaube, dass Jesus Christus der Sohn Gottes ist.

9,2 »Der Weg« ist in der Apostelgeschichte Bezeichnung für die christliche Lehre.

und dass dieser mit ihm gesprochen habe und wie er in Damaskus mutig und offen im Namen Jesu aufgetreten sei. 28 So ging er bei ihnen in Jerusalem ein und aus, trat unerschrocken im Namen des Herrn auf 29 und führte auch Streitgespräche mit den Hellenisten. Diese aber planten, ihn zu töten. 30 Als die Brüder das merkten, brachten sie ihn nach Cäsarea hinab und schickten ihn von dort nach Tarsus.

31 Die Kirche in ganz Judäa, Galiläa und Samarien hatte nun Frieden; sie wurde gefestigt und lebte in der Furcht vor dem Herrn. Und sie wuchs durch die Hilfe des Heiligen Geistes.

24: 2 Kor 11,32f • 26: Gal 1,18 • 27: 4,36 • 30: 11,25; Gal 1,21.

Die Aufnahme von Heiden in die Kirche: 9,32 – 12,25

Petrus in Lydda und Joppe: 9,32–43

32 Auf einer Reise zu den einzelnen Gemeinden kam Petrus auch zu den Heiligen in Lydda. 33 Dort fand er einen Mann namens Äneas, der seit acht Jahren lahm und bettlägerig war. 34 Petrus sagte zu ihm: Äneas, Jesus Christus heilt dich. Steh auf und richte dir dein Bett! Sogleich stand er auf. 35 Und alle Bewohner von Lydda und der Scharon-Ebene sahen ihn und bekehrten sich zum Herrn.

36 In Joppe lebte eine Jüngerin namens Tabita, das heißt übersetzt: Gazelle. Sie tat viele gute Werke und gab reichlich Almosen. 37 In jenen Tagen aber wurde sie krank und starb. Man wusch sie und bahrte sie im Obergemach auf. 38 Weil aber Lydda nahe bei Joppe liegt und die Jünger hörten, dass Petrus dort war, schickten sie zwei Männer zu ihm und ließen ihn bitten: Komm zu uns, zögere nicht! 39 Da stand Petrus auf und ging mit ihnen. Als er ankam, führten sie ihn in das Obergemach hinauf; alle Witwen traten zu ihm, sie weinten und zeigten ihm die Röcke und Mäntel, die Gazelle gemacht hatte, als sie noch bei ihnen war. 40 Petrus aber schickte alle hinaus, kniete nieder und betete. Dann wandte er sich zu dem Leichnam und sagte: Tabita, steh auf! Da öffnete sie ihre Augen, sah Petrus an und setzte sich auf. 41 Er gab ihr die Hand und ließ sie aufstehen; dann rief er die Heiligen und die Witwen und zeigte ihnen, dass sie wieder lebte. 42 Das wurde in ganz Joppe bekannt und viele kamen zum Glauben an den Herrn. 43 Petrus aber blieb längere Zeit in Joppe bei einem gewissen Simon, einem Gerber.

40: Mk 5,40f • 43: 10,6.

Die Vision des Hauptmanns Kornelius in Cäsarea: 10,1–8

10 In Cäsarea lebte ein Mann namens Kornelius, Hauptmann in der sogenannten Italischen Kohorte; 2 er lebte mit seinem ganzen Haus fromm und gottesfürchtig, gab dem Volk reichlich Almosen und betete beständig zu Gott. 3 Er sah um die neunte Tagesstunde in einer Vision deutlich, wie ein Engel Gottes bei ihm eintrat und zu ihm sagte: Kornelius! 4 Kornelius blickte ihn an und fragte erschrocken: Was ist, Herr? Er sagte zu ihm: Deine Gebete und Almosen sind zu Gott gelangt, und er hat sich an sie erinnert. 5 Schick jetzt einige Männer nach Joppe und lass einen gewissen Simon herbeiholen, der den Beinamen Petrus hat. 6 Er ist zu Gast bei einem Gerber namens Simon, der ein Haus am Meer hat. 7 Als der Engel, der mit ihm sprach, weggegangen war, rief Kornelius zwei seiner Haussklaven und einen frommen Soldaten aus seinem Gefolge. 8 Er erzählte ihnen alles und schickte sie nach Joppe.

6: 9,43.

Die Vision des Petrus in Joppe: 10,9–23a

9 Am folgenden Tag, als jene unterwegs waren und sich der Stadt näherten, stieg Petrus auf das Dach, um zu beten; es war um die sechste Stunde. 10 Da wurde er hungrig und wollte essen. Während man etwas zubereitete, kam eine Verzückung über ihn. 11 Er sah den Himmel offen und eine Schale auf die Erde herabkommen, die aussah wie ein großes Leinentuch, das an den vier Ecken gehalten wurde. 12 Darin lagen alle möglichen Vierfüßler, Kriechtiere der Erde und Vögel des Himmels. 13 Und eine Stimme rief ihm zu: Steh auf, Petrus, schlachte und iss! 14 Petrus aber antwortete: Niemals, Herr! Noch nie habe ich etwas Unheiliges und Unreines gegessen. 15 Da richtete sich die Stimme ein zweites Mal an ihn: Was Gott für rein erklärt, nenne du nicht unrein! 16 Das geschah dreimal, dann wurde die Schale plötzlich in den Himmel hinaufgezogen.

10,1 Cäsarea am Meer war der Sitz des römischen Statthalters und Standort einer römischen Garnison.

17 Petrus war noch ratlos und überlegte, was die Vision, die er gehabt hatte, wohl bedeutete; inzwischen hatten sich die von Kornelius gesandten Männer zum Haus des Simon durchgefragt und standen am Tor. 18 Sie riefen und fragten, ob Simon mit dem Beinamen Petrus hier zu Gast sei. 19 Während Petrus noch über die Vision nachdachte, sagte der Geist zu ihm: Da sind zwei Männer und suchen dich. 20 Steh auf, geh hinunter und zieh ohne Bedenken mit ihnen; denn ich habe sie geschickt. 21 Petrus stieg zu den Männern hinab und sagte: Ich bin der, den ihr sucht. Aus welchem Grund seid ihr hier? 22 Sie antworteten: Der Hauptmann Kornelius, ein gerechter und gottesfürchtiger Mann, der beim ganzen Volk der Juden in gutem Ruf steht, hat von einem heiligen Engel die Weisung erhalten, dich in sein Haus holen zu lassen und zu hören, was du ihm zu sagen hast. 23a Da ließ er sie eintreten und bewirtete sie.

9: 11,5–11 • 14: Lev 11; Ez 4,14 • 15: Mk 7,15.19; Gal 2,12 • 19: 13,2; 15,28.

Die Taufe des Kornelius: 10,23b–48

23b Tags darauf machte sich Petrus mit ihnen auf den Weg und einige Brüder aus Joppe begleiteten ihn. 24 Am folgenden Tag kamen sie nach Cäsarea. Kornelius erwartete sie schon und hatte seine Verwandten und seine nächsten Freunde zusammengerufen. 25 Als nun Petrus ankam, ging ihm Kornelius entgegen und warf sich ehrfürchtig vor ihm nieder. 26 Petrus aber richtete ihn auf und sagte: Steh auf! Auch ich bin nur ein Mensch. 27 Während er sich mit ihm unterhielt, ging er hinein und fand dort viele Menschen versammelt. 28 Da sagte er zu ihnen: Ihr wisst, dass es einem Juden nicht erlaubt ist, mit einem Nichtjuden zu verkehren oder sein Haus zu betreten; mir aber hat Gott gezeigt, dass man keinen Menschen unheilig oder unrein nennen darf. 29 Darum bin ich auch ohne Widerspruch gekommen, als nach mir geschickt wurde. Nun frage ich: Warum habt ihr mich holen lassen?

30 Da sagte Kornelius: Vor vier Tagen um diese Zeit war ich zum Gebet der neunten Stunde in meinem Haus; da stand plötzlich ein Mann in einem leuchtenden Gewand vor mir 31 und sagte: Kornelius, dein Gebet wurde erhört und deine Almosen wurden vor Gott in Erinnerung gebracht. 32 Schick jemand nach Joppe und lass Simon, der den Beinamen Petrus hat, holen; er ist Gast im Haus des Gerbers Simon am Meer. 33 Sofort habe ich nach dir geschickt und es ist gut, dass du gekommen bist. Jetzt sind wir alle hier vor Gott zugegen, um all das anzuhören, was dir vom Herrn aufgetragen worden ist.

34 Da begann Petrus zu reden und sagte: Wahrhaftig, jetzt begreife ich, dass Gott nicht auf die Person sieht, 35 sondern dass ihm in jedem Volk willkommen ist, wer ihn fürchtet und tut, was recht ist. 36 Er hat das Wort den Israeliten gesandt, indem er den Frieden verkündete durch Jesus Christus; dieser ist der Herr aller.

37 Ihr wisst, was im ganzen Land der Juden geschehen ist, angefangen in Galiläa, nach der Taufe, die Johannes verkündet hat: 38 wie Gott Jesus von Nazaret gesalbt hat mit dem Heiligen Geist und mit Kraft, wie dieser umherzog, Gutes tat und alle heilte, die in der Gewalt des Teufels waren; denn Gott war mit ihm. 39 Und wir sind Zeugen für alles, was er im Land der Juden und in Jerusalem getan hat. Ihn haben sie *an den Pfahl gehängt* und getötet. 40 Gott aber hat ihn am dritten Tag auferweckt und hat ihn erscheinen lassen, 41 zwar nicht dem ganzen Volk, wohl aber den von Gott vorherbestimmten Zeugen: uns, die wir mit ihm nach seiner Auferstehung von den Toten gegessen und getrunken haben. 42 Und er hat uns geboten, dem Volk zu verkündigen und zu bezeugen: Das ist der von Gott eingesetzte Richter der Lebenden und der Toten. 43 Von ihm bezeugen alle Propheten, dass jeder, der an ihn glaubt, durch seinen Namen die Vergebung der Sünden empfängt.

44 Noch während Petrus dies sagte, kam der Heilige Geist auf alle herab, die das Wort hörten. 45 Die gläubig gewordenen Juden, die mit Petrus gekommen waren, konnten es nicht fassen, dass auch auf die Heiden die Gabe des Heiligen Geistes ausgegossen wurde. 46 Denn sie hörten sie in Zungen reden und Gott preisen. Petrus aber sagte: 47 Kann jemand denen das Wasser zur Taufe verweigern, die ebenso wie wir den Heiligen Geist empfangen haben? 48 Und er ordnete an, sie im Namen Jesu Christi zu taufen. Danach baten sie ihn, einige Tage zu bleiben.

26: 14,15; Offb 19,10 • 28: 11,3; Gal 2,12 • 34: Dtn 10,17; Röm 2,11.14; 1 Petr 1,17 • 35: Röm 2,14; Joh 9,31; 10,16 • 36: Jes 52,7; 1 Kor 12,3; Phil 1,10f • 37: Lk 4,44 • 38: Jes 61,1; Lk 3,22; 4,18f; Jes 7,14; Mt 1,23 • 39: Dtn 21,22; Gal 3,13 • 40f: 1,3; Mt 20,19; 1 Kor 15,4–7 • 41: Lk 24,41–43 • 42: 17,31; Röm 14,9; 2 Tim 4,1; 1 Petr 4,5 • 43: Jes 53,5f; Jer 31,34; Dan 9,24 • 44: 2,4.

10,46 Zu »Zungen« vgl. die Anmerkung zu 2,4.

Die Rechenschaft des Petrus vor der Gemeinde in Jerusalem: 11,1–18

11 Die Apostel und die Brüder in Judäa erfuhren, dass auch die Heiden das Wort Gottes angenommen hatten. 2 Als nun Petrus nach Jerusalem hinaufkam, hielten ihm die gläubig gewordenen Juden vor: 3 Du hast das Haus von Unbeschnittenen betreten und hast mit ihnen gegessen.

4 Da begann Petrus, ihnen der Reihe nach zu berichten: 5 Ich war in der Stadt Joppe und betete; da hatte ich in einer Verzückung eine Vision: Eine Schale, die aussah wie ein großes Leinentuch, das an den vier Ecken gehalten wurde, senkte sich aus dem Himmel bis zu mir herab. 6 Als ich genauer hinschaute, sah ich darin die Vierfüßler der Erde, die wilden Tiere, die Kriechtiere und die Vögel des Himmels. 7 Ich hörte auch eine Stimme, die zu mir sagte: Steh auf, Petrus, schlachte und iss! 8 Ich antwortete: Niemals, Herr! Noch nie ist etwas Unheiliges oder Unreines in meinen Mund gekommen. 9 Doch zum zweiten Mal kam eine Stimme vom Himmel; sie sagte: Was Gott für rein erklärt hat, nenne du nicht unrein! 10 Das geschah dreimal, dann wurde alles wieder in den Himmel hinaufgezogen. 11 Da standen auf einmal drei Männer vor dem Haus, in dem ich wohnte; sie waren aus Cäsarea zu mir geschickt worden. 12 Der Geist aber sagte mir, ich solle ohne Bedenken mit ihnen gehen. Auch diese sechs Brüder zogen mit mir und wir kamen in das Haus jenes Mannes. 13 Er erzählte uns, wie er in seinem Haus den Engel stehen sah, der zu ihm sagte: Schick jemand nach Joppe und lass Simon, der Petrus genannt wird, holen. 14 Er wird dir Worte sagen, durch die du mit deinem ganzen Haus gerettet werden wirst. 15 Während ich redete, kam der Heilige Geist auf sie herab, wie am Anfang auf uns. 16 Da erinnerte ich mich an das Wort des Herrn: Johannes hat mit Wasser getauft, ihr aber werdet mit dem Heiligen Geist getauft werden. 17 Wenn nun Gott ihnen, nachdem sie zum Glauben an Jesus Christus, den Herrn, gekommen sind, die gleiche Gabe verliehen hat wie uns: wer bin ich, dass ich Gott hindern könnte?

18 Als sie das hörten, beruhigten sie sich, priesen Gott und sagten: Gott hat also auch den Heiden die Umkehr zum Leben geschenkt.

3: 10,28; Gal 2,12 • 15: 2,3f • 16: 1,5; Lk 3,16 • 18: 14,27.

Die Entstehung einer christlichen Gemeinde in Antiochia: 11,19–26

19 Bei der Verfolgung, die wegen Stephanus entstanden war, kamen die Versprengten bis nach Phönizien, Zypern und Antiochia; doch verkündeten sie das Wort nur den Juden. 20 Einige aber von ihnen, die aus Zypern und Zyrene stammten, verkündeten, als sie nach Antiochia kamen, auch den Griechen das Evangelium von Jesus, dem Herrn. 21 Die Hand des Herrn war mit ihnen und viele wurden gläubig und bekehrten sich zum Herrn. 22 Die Nachricht davon kam der Gemeinde von Jerusalem zu Ohren und sie schickten Barnabas nach Antiochia. 23 Als er ankam und die Gnade Gottes sah, freute er sich und ermahnte alle, dem Herrn treu zu bleiben, wie sie es sich vorgenommen hatten. 24 Denn er war ein trefflicher Mann, erfüllt vom Heiligen Geist und von Glauben. So wurde für den Herrn eine beträchtliche Zahl hinzugewonnen. 25 Barnabas aber zog nach Tarsus, um Saulus aufzusuchen. 26 Er fand ihn und nahm ihn nach Antiochia mit. Dort wirkten sie miteinander ein volles Jahr in der Gemeinde und unterrichteten eine große Zahl von Menschen. In Antiochia nannte man die Jünger zum ersten Mal Christen.

19: 8,1–4 • 22: 4,36 • 25: 9,30 • 26: 11,30; 12,25; 13,2; Gal 2,1.13; Apg 26,28; 1 Petr 4,16.

Die Spende der Gemeinde von Antiochia für die Christen in Judäa: 11,27–30

27 In jenen Tagen kamen von Jerusalem Propheten nach Antiochia hinab. 28 Einer von ihnen namens Agabus trat auf und weissagte durch den Geist, eine große Hungersnot werde über die ganze Erde kommen. Sie brach dann unter Klaudius aus. 29 Man beschloss, jeder von den Jüngern solle nach seinem Vermögen den Brüdern in Judäa etwas

11,2 die gläubig gewordenen Juden, wörtlich: die aus der Beschneidung.

11,19 Antiochia in Syrien war die drittgrößte Stadt des römischen Reiches nach Rom und Alexandria; unter der halben Million Einwohner war eine große jüdische Gemeinde.

11,26 Zum ersten Mal im Neuen Testament begegnet hier die Bezeichnung »Christ« (vgl. 26,28; 1 Petr 4,16).

11,27 Gemeint sind hier christliche Propheten, die in der Urkirche eine wichtige Rolle spielten; vgl. z. B. 1 Kor 12,28; 14,3–12; Eph 2,20.

11,28 Kaiser Klaudius regierte von 41–54 n. Chr. Römische Geschichtsschreiber berichten von Hungersnöten während seiner Regierungszeit. Nach 18,2 hat Klaudius die Juden aus Rom ausgewiesen, wahrscheinlich im Jahr 49 n. Chr.

zur Unterstützung senden. 30 Das taten sie auch und schickten ihre Gaben durch Barnabas und Saulus an die Ältesten.

28: 21,10f • 29: Röm 15,26; 1 Kor 16,1; 2 Kor 9,2.12; Gal 2,10.

Die Hinrichtung des Jakobus und die Verhaftung des Petrus: 12,1–5

12 Um jene Zeit ließ der König Herodes einige aus der Gemeinde verhaften und misshandeln. 2 Jakobus, den Bruder des Johannes, ließ er mit dem Schwert hinrichten. 3 Als er sah, dass es den Juden gefiel, ließ er auch Petrus festnehmen. Das geschah in den Tagen der Ungesäuerten Brote. 4 Er nahm ihn also fest und warf ihn ins Gefängnis. Die Bewachung übertrug er vier Abteilungen von je vier Soldaten. Er beabsichtigte, ihn nach dem Paschafest dem Volk vorführen zu lassen. 5 Petrus wurde also im Gefängnis bewacht. Die Gemeinde aber betete inständig für ihn zu Gott.

5: Jak 5,16.

Die wunderbare Befreiung des Petrus: 12,6–19a

6 In der Nacht, ehe Herodes ihn vorführen lassen wollte, schlief Petrus, mit zwei Ketten gefesselt, zwischen zwei Soldaten; vor der Tür aber bewachten Posten den Kerker. 7 Plötzlich trat ein Engel des Herrn ein und ein helles Licht strahlte in den Raum. Er stieß Petrus in die Seite, weckte ihn und sagte: Schnell, steh auf! Da fielen die Ketten von seinen Händen. 8 Der Engel aber sagte zu ihm: Gürte dich und zieh deine Sandalen an! Er tat es. Und der Engel sagte zu ihm: Wirf deinen Mantel um und folge mir! 9 Dann ging er hinaus und Petrus folgte ihm, ohne zu wissen, dass es Wirklichkeit war, was durch den Engel geschah; es kam ihm vor, als habe er eine Vision. 10 Sie gingen an der ersten und an der zweiten Wache vorbei und kamen an das eiserne Tor, das in die Stadt führt; es öffnete sich ihnen von selbst. Sie traten hinaus und gingen eine Gasse weit; und auf einmal verließ ihn der Engel.

11 Da kam Petrus zu sich und sagte: Nun weiß ich wahrhaftig, dass der Herr seinen Engel gesandt und mich der Hand des Herodes entrissen hat und all dem, was das Volk der Juden erhofft hat. 12 Als er sich darüber klar geworden war, ging er zum Haus der Maria, der Mutter des Johannes mit dem Beinamen Markus, wo nicht wenige versammelt waren und beteten. 13 Als er am Außentor klopfte, kam eine Magd namens Rhode, um zu öffnen. 14 Sie erkannte die Stimme des Petrus, doch vor Freude machte sie das Tor nicht auf, sondern lief hinein und berichtete: Petrus steht vor dem Tor. 15 Da sagten sie zu ihr: Du bist nicht bei Sinnen. Doch sie bestand darauf, es sei so. Da sagten sie: Es ist sein Engel. 16 Petrus aber klopfte noch immer. Als sie öffneten und ihn sahen, staunten sie. 17 Er gab ihnen mit der Hand ein Zeichen zu schweigen und erzählte ihnen, wie der Herr ihn aus dem Gefängnis herausgeführt hatte. Er sagte: Berichtet das dem Jakobus und den Brüdern! Dann verließ er sie und ging an einen anderen Ort.

18 Als es Tag wurde, herrschte bei den Soldaten große Aufregung darüber, was wohl mit Petrus geschehen sei. 19a Herodes aber ließ ihn suchen, und da man ihn nicht fand, verhörte er die Wachen und befahl, sie abzuführen.

7: 5,19 • 12: 12,25; 13,5.13; 15,37 • 18: 5,22f.

Der Tod des Herodes Agrippa: 12,19b–23

19b Dann zog Herodes von Judäa nach Cäsarea hinab und blieb dort. 20 Er war über die Bewohner von Tyrus und Sidon sehr aufgebracht. Sie kamen gemeinsam zu ihm, gewannen Blastus, den Kämmerer des Königs, für sich und baten um Frieden, weil sie ihre Nahrung aus dem Land des Königs bezogen. 21 Am festgesetzten Tag nahm Herodes im Königsgewand auf der Tribüne Platz und hielt vor ihnen eine feierliche Ansprache. 22 Das Volk aber schrie: Die Stimme eines Gottes, nicht eines Menschen! 23 Im selben Augenblick schlug ihn ein Engel des Herrn, weil er nicht Gott die Ehre gegeben hatte. Und von Würmern zerfressen, starb er.

Die Rückkehr des Barnabas und des Saulus nach Antiochia: 12,24–25

24 Das Wort des Herrn aber wuchs und breitete sich aus. 25 Nachdem Barnabas und Saulus in Jerusalem ihre Aufgabe erfüllt hatten, kehrten sie zurück; Johannes mit dem Beinamen Markus nahmen sie mit.

24: 6,7.

12,1 Es handelt sich um Herodes Agrippa I., einen Enkel Herodes' des Großen, dem 38 n. Chr. von Kaiser Kaligula die Tetrarchie des Philippus übertragen wurde (vgl. die Anmerkung zu Lk 3,1f) und der von 41–44 König von ganz Palästina war.

12,2 Es ist der Apostel Jakobus, der Ältere.

12,17 Dieser Jakobus ist der in Mk 6,3 erwähnte »Bruder des Herrn«, der nach der Apostelgeschichte (vgl. 15,13–21; 21,18) und dem Galaterbrief (vgl. 1,19; 2,9.12) eine wichtige Rolle in der Urgemeinde von Jerusalem spielte.

DIE KIRCHE UNTER DEN VÖLKERN: 13,1 – 28,31

Die Aussendung des Barnabas und des Saulus: 13,1–3

13 In der Gemeinde von Antiochia gab
es Propheten und Lehrer: Barnabas
und Simeon, genannt Niger, Luzius von
Zyrene, Manaën, ein Jugendgefährte des
Tetrarchen Herodes, und Saulus. 2 Als sie zu
Ehren des Herrn Gottesdienst feierten und
fasteten, sprach der Heilige Geist: Wählt mir
Barnabas und Saulus zu dem Werk aus, zu
dem ich sie mir berufen habe. 3 Da fasteten
und beteten sie, legten ihnen die Hände auf
und ließen sie ziehen.

1: Röm 16,21 • 2: 1 Kor 9,6 • 3: 6,6; 14,23; 1 Tim 4,14; 2 Tim 1,6.

Die erste Missionsreise des Paulus: 13,4–14,28

Von Antiochia über Zypern bis Perge: 13,4–13

4 Vom Heiligen Geist ausgesandt, zogen sie
nach Seleuzia hinab und segelten von da
nach Zypern. 5 Als sie in Salamis angekom-
men waren, verkündeten sie das Wort Gottes
in den Synagogen der Juden. Johannes hat-
ten sie als Helfer bei sich. 6 Sie durchzogen
die ganze Insel bis Paphos. Dort trafen sie ei-
nen Mann namens Barjesus, einen Zauberer
und falschen Propheten, der Jude war 7 und
zum Gefolge des Prokonsuls Sergius Paulus,
eines verständigen Mannes, gehörte. Dieser
ließ Barnabas und Saulus rufen und wünsch-
te, von ihnen das Wort Gottes zu hören.
8 Aber Elymas, der Zauberer – so wird näm-
lich der Name Elymas übersetzt –, trat gegen
sie auf und wollte den Prokonsul vom Glau-
ben abhalten. 9 Saulus, der auch Paulus
heißt, blickte ihn, vom Heiligen Geist erfüllt,
an 10 und sagte: Du elender und gerissener
Betrüger, du Sohn des Teufels, du Feind aller
Gerechtigkeit, willst du nicht endlich aufhö-
ren, die geraden Wege des Herrn zu durch
kreuzen? 11 Jetzt kommt die Hand des Herrn
über dich. Du wirst blind sein und eine Zeit
lang die Sonne nicht mehr sehen. Im selben
Augenblick fiel Finsternis und Dunkel auf
ihn, er tappte umher und suchte jemand, der
ihn an der Hand führte. 12 Als der Prokonsul
das alles sah, wurde er gläubig, denn er war
betroffen von der Lehre des Herrn. 13 Von
Paphos fuhr Paulus mit seinen Begleitern ab
und kam nach Perge in Pamphylien. Johan-
nes aber trennte sich von ihnen und kehrte
nach Jerusalem zurück.

5: 12,12.25 • 13: 13,5.

Das Wirken des Barnabas und des Paulus in Antiochia in Pisidien: 13,14–52

14 Sie selbst wanderten von Perge weiter
und kamen nach Antiochia in Pisidien. Dort
gingen sie am Sabbat in die Synagoge und
setzten sich. 15 Nach der Lesung aus dem Ge-
setz und den Propheten schickten die Syna-
gogenvorsteher zu ihnen und ließen ihnen
sagen: Brüder, wenn ihr ein Wort des Trostes
für das Volk habt, so redet.

16 Da stand Paulus auf, gab mit der Hand
ein Zeichen und sagte: Ihr Israeliten und ihr
Gottesfürchtigen, hört! 17 Der Gott dieses
Volkes Israel hat unsere Väter erwählt und
das Volk in der Fremde erhöht, in Ägypten;
er hat sie *mit hoch erhobenem Arm von dort
herausgeführt* 18 und fast *vierzig Jahre durch
die Wüste getragen.* 19 *Sieben Völker hat er
im Land Kanaan vernichtet und ihr Land ih-
nen zum Besitz gegeben,* 20 für etwa vierhun-
dertfünfzig Jahre. Danach hat er ihnen Rich-
ter gegeben bis zum Propheten Samuel.
21 Dann verlangten sie einen König und Gott
gab ihnen Saul, den Sohn des Kisch, einen
Mann aus dem Stamm Benjamin, für vierzig
Jahre. 22 Nachdem er ihn verworfen hatte,
erhob er David zu ihrem König, von dem er
bezeugte: *Ich habe David, den Sohn des Isai,
als einen Mann nach meinem Herzen gefun-
den, der alles, was ich will, vollbringen wird.*
23 Aus seinem Geschlecht hat Gott dem Volk
Israel, der Verheißung gemäß, Jesus als Ret-
ter geschickt. 24 Vor dessen Auftreten hat Jo-
hannes dem ganzen Volk Israel Umkehr und
Taufe verkündigt. 25 Als Johannes aber sei-
nen Lauf vollendet hatte, sagte er: Ich bin
nicht der, für den ihr mich haltet; aber seht,
nach mir kommt einer, dem die Sandalen
von den Füßen zu lösen ich nicht wert bin.

26 Brüder, ihr Söhne aus Abrahams Ge-
schlecht und ihr Gottesfürchtigen! Uns
wurde das Wort dieses Heils gesandt.
27 Denn die Einwohner von Jerusalem und
ihre Führer haben Jesus nicht erkannt, aber
sie haben die Worte der Propheten, die an je-
dem Sabbat vorgelesen werden, erfüllt und

13,4 Seleuzia war die Hafenstadt von Antiochia.

13,24 Wörtlich: Taufe der Umkehr.

haben ihn verurteilt. 28 Obwohl sie nichts fanden, wofür er den Tod verdient hätte, forderten sie von Pilatus seine Hinrichtung. 29 Als sie alles vollbracht hatten, was in der Schrift über ihn gesagt ist, nahmen sie ihn vom Kreuzesholz und legten ihn ins Grab. 30 Gott aber hat ihn von den Toten auferweckt, 31 und er ist viele Tage hindurch denen erschienen, die mit ihm zusammen von Galiläa nach Jerusalem hinaufgezogen waren und die jetzt vor dem Volk seine Zeugen sind. 32 So verkünden wir euch das Evangelium: Gott hat die Verheißung, die an die Väter ergangen ist, 33 an uns, ihren Kindern, erfüllt, indem er Jesus auferweckt hat, wie es schon im zweiten Psalm heißt: *Mein Sohn bist du, heute habe ich dich gezeugt.* 34 Dass er ihn aber von den Toten auferweckt hat, um ihn nicht mehr zur Verwesung zurückkehren zu lassen, hat er so ausgedrückt: *Ich will euch die Heilsgaben gewähren, die ich David fest zugesagt habe.* 35 Darum sagt er auch an einer anderen Stelle: *Du lässt deinen Frommen nicht die Verwesung schauen.* 36 David aber ist, nachdem er seinen Zeitgenossen gedient hatte, nach Gottes Willen entschlafen und mit seinen Vätern vereint worden. Er hat die Verwesung gesehen; 37 der aber, den Gott auferweckte, hat die Verwesung nicht gesehen. 38 Ihr sollt also wissen, meine Brüder: Durch diesen wird euch die Vergebung der Sünden verkündet, und in allem, worin euch das Gesetz des Mose nicht gerecht machen konnte, 39 wird jeder, der glaubt, durch ihn gerecht gemacht. 40 Gebt also Acht, dass nicht eintrifft, was bei den Propheten gesagt ist: 41 *Schaut hin, ihr Verächter, staunt und erstarrt! Denn ich vollbringe in euren Tagen eine Tat – würde man euch von dieser Tat erzählen, ihr glaubtet es nicht.*

42 Als sie hinausgingen, bat man sie, am nächsten Sabbat über diese Worte zu ihnen zu sprechen. 43 Und als die Versammlung sich aufgelöst hatte, schlossen sich viele Juden und fromme Proselyten Paulus und Barnabas an. Diese redeten mit ihnen und ermahnten sie, der Gnade Gottes treu zu bleiben.

44 Am folgenden Sabbat versammelte sich fast die ganze Stadt, um das Wort des Herrn zu hören. 45 Als die Juden die Scharen sahen, wurden sie eifersüchtig, widersprachen den Worten des Paulus und stießen Lästerungen aus.

46 Paulus und Barnabas aber erklärten freimütig: Euch musste das Wort Gottes zuerst verkündet werden. Da ihr es aber zurückstoßt und euch des ewigen Lebens unwürdig zeigt, wenden wir uns jetzt an die Heiden. 47 Denn so hat uns der Herr aufgetragen:

Ich habe dich zum Licht für die Völker gemacht,
bis an das Ende der Erde sollst du das Heil sein.

48 Als die Heiden das hörten, freuten sie sich und priesen das Wort des Herrn; und alle wurden gläubig, die für das ewige Leben bestimmt waren. 49 Das Wort des Herrn aber verbreitete sich in der ganzen Gegend. 50 Die Juden jedoch hetzten die vornehmen gottesfürchtigen Frauen und die Ersten der Stadt auf, veranlassten eine Verfolgung gegen Paulus und Barnabas und vertrieben sie aus ihrem Gebiet. 51 Diese aber schüttelten gegen sie den Staub von ihren Füßen und zogen nach Ikonion. 52 Und die Jünger waren voll Freude und erfüllt vom Heiligen Geist.

14: 15,21; Lk 4,16f • 17: Ex 6,1.6 • 18: Ex 16,35; Num 14,34; Dtn 1,31; 7,1 • 21: 1 Sam 8,5; 10,21.24 • 22: Ps 89,21; 1 Sam 13,14; Jes 44,28 • 23: 2 Sam 7,12; Jes 11,1 • 24: Lk 3,3 • 25: Lk 3,16 • 27: 3,17; Lk 23,34; Joh 16,3; 1 Tim 1,13 • 28: Lk 23,4.15–25 • 32: Röm 1,4 • 33: Ps 2,7 • 34: Jes 55,3 G • 35: Ps 16,10; Apg 2,27.31 • 38: 10,43; Hebr 9,9; 10,1–4 • 39: Röm 10,4 • 41: Hab 1,5 • 46: 3,26; Mt 10,6; Röm 1,16; Apg 18,6 • 47: Jes 42,6; 49,6 • 49: 2 Thess 3,1 • 50: 14,5.19; 1 Thess 2,15f; 2 Tim 3,11 • 51: Mt 10,14; Lk 9,5.

In Ikonion, Lystra und Derbe: 14,1–20

14 In Ikonion gingen sie ebenfalls in die Synagoge der Juden und redeten in dieser Weise und eine große Zahl von Juden und Griechen wurde gläubig. 2 Die Juden aber, die sich widersetzten, erregten und erbitterten die Heiden gegen die Brüder. 3 Längere Zeit nun blieben sie dort und predigten freimütig im Vertrauen auf den Herrn; er legte Zeugnis ab für das Wort seiner Gnade, indem er durch die Hände der Apostel Zeichen und Wunder geschehen ließ. 4 Doch das Volk in der Stadt spaltete sich; die einen hielten zu den Juden, die andern zu den Aposteln. 5 Als die Apostel merkten, dass die Heiden und die Juden zusammen mit ihren Führern entschlossen waren, sie zu misshandeln und zu steinigen, 6 flohen sie in die Städte von Lykaonien, Lystra und Derbe, und in deren Umgebung. 7 Dort verkündeten sie das Evangelium.

8 In Lystra war ein Mann, der von Geburt an gelähmt war; er saß ohne Kraft in den Füßen da und hatte nie gehen können. 9 Er hörte der Predigt des Paulus zu. Dieser blickte ihm fest ins Auge; und da er sah, dass der Mann darauf vertraute, gerettet zu werden, 10 rief er laut: Steh auf! Stell dich aufrecht auf deine Füße! Da sprang der Mann auf und ging umher. 11 Als die Menge sah,

was Paulus getan hatte, fing sie an zu schreien und rief auf Lykaonisch: Die Götter sind in Menschengestalt zu uns herabgestiegen. 12 Und sie nannten den Barnabas Zeus, den Paulus aber Hermes, weil er der Wortführer war. 13 Der Priester des »Zeus vor der Stadt« brachte Stiere und Kränze an die Tore und wollte zusammen mit der Volksmenge ein Opfer darbringen. 14 Als die Apostel Barnabas und Paulus davon hörten, zerrissen sie ihre Kleider, sprangen unter das Volk und riefen: 15 Männer, was tut ihr? Auch wir sind nur Menschen, von gleicher Art wie ihr; wir bringen euch das Evangelium, damit ihr euch von diesen nichtigen Götzen zu dem lebendigen Gott bekehrt, der *den Himmel, die Erde und das Meer geschaffen hat und alles, was dazugehört.* 16 Er ließ in den vergangenen Zeiten alle Völker ihre Wege gehen. 17 Und doch hat er sich nicht unbezeugt gelassen: Er tat Gutes, gab euch vom Himmel her Regen und fruchtbare Zeiten; mit Nahrung und mit Freude erfüllte er euer Herz. 18 Doch selbst mit diesen Worten konnten sie die Volksmenge kaum davon abbringen, ihnen zu opfern.

19 Von Antiochia und Ikonion aber kamen Juden und überredeten die Volksmenge. Und sie steinigten den Paulus und schleiften ihn zur Stadt hinaus, in der Meinung, er sei tot. 20 Als aber die Jünger ihn umringten, stand er auf und ging in die Stadt. Am anderen Tag zog er mit Barnabas nach Derbe weiter.

2: 13,45 • 5: 13,50; 2 Tim 3,11 • 6: Mt 10,23 • 8–10: 3,1–10 • 15: 10,26; Jak 5,17; Ex 20,11; Ps 146,6; Jes 37,16; Jer 32,17 • 17: 17,24–28; Röm 1,19f • 19: 2 Kor 11,25; 2 Tim 3,11.

Rückkehr nach Syrien: 14,21–28

21 Als sie dieser Stadt das Evangelium verkündet und viele Jünger gewonnen hatten, kehrten sie nach Lystra, Ikonion und Antiochia zurück. 22 Sie sprachen den Jüngern Mut zu und ermahnten sie, treu am Glauben fest zu halten; sie sagten: Durch viele Drangsale müssen wir in das Reich Gottes gelangen. 23 In jeder Gemeinde bestellten sie durch Handauflegung Älteste und empfahlen sie mit Gebet und Fasten dem Herrn, an den sie nun glaubten. 24 Nachdem sie durch Pisidien gezogen waren, kamen sie nach Pamphylien, 25 verkündeten in Perge das Wort und gingen dann nach Attalia hinab. 26 Von dort fuhren sie mit dem Schiff nach Antiochia, wo man sie für das Werk, das sie nun vollbracht hatten, der Gnade Gottes empfohlen hatte. 27 Als sie dort angekommen waren, riefen sie die Gemeinde zusammen und berichteten alles, was Gott mit ihnen zusammen getan und dass er den Heiden die Tür zum Glauben geöffnet hatte. 28 Und sie blieben noch längere Zeit bei den Jüngern.

22: 11,23; 1 Thess 3,2f • 23: 20,28 • 25: 8,4; 10,36.44; 11,19; 16,6 • 26: 13,1f • 27: 1 Kor 16,9.

Das Apostelkonzil in Jerusalem: 15,1–35

Die Streitfrage: 15,1–5

15 Es kamen einige Leute von Judäa herab und lehrten die Brüder: Wenn ihr euch nicht nach dem Brauch des Mose beschneiden lasst, könnt ihr nicht gerettet werden. 2 Nach großer Aufregung und heftigen Auseinandersetzungen zwischen ihnen und Paulus und Barnabas beschloss man, Paulus und Barnabas und einige andere von ihnen sollten wegen dieser Streitfrage zu den Aposteln und den Ältesten nach Jerusalem hinaufgehen. 3 Sie wurden von der Gemeinde feierlich verabschiedet und zogen durch Phönizien und Samarien; dabei berichteten sie den Brüdern von der Bekehrung der Heiden und bereiteten damit allen große Freude. 4 Bei ihrer Ankunft in Jerusalem wurden sie von der Gemeinde und von den Aposteln und den Ältesten empfangen. Sie erzählten alles, was Gott mit ihnen zusammen getan hatte. 5 Da erhoben sich einige aus dem Kreis der Pharisäer, die gläubig geworden waren, und sagten: Man muss sie beschneiden und von ihnen fordern, am Gesetz des Mose fest zu halten.

1: 15,24; Gal 1,7; 5,10 • 2: Gal 2,1.

Die Versammlung der Apostel und der Ältesten mit der Gemeinde: 15,6–21

6 Die Apostel und die Ältesten traten zusammen, um die Frage zu prüfen. 7 Als ein heftiger Streit entstand, erhob sich Petrus und sagte zu ihnen: Brüder, wie ihr wisst, hat Gott schon längst hier bei euch die Entscheidung getroffen, dass die Heiden durch meinen Mund das Wort des Evangeliums hören und zum Glauben gelangen sollen. 8 Und

15,1–35 Zum Bericht des Lukas über das »Apostelkonzil« (vermutlich um 48/49 n. Chr) vgl. Gal 2,1–10. Die Frage, ob die Heidenchristen verpflichtet sind, das jüdische Gesetz zu halten, wurde auf diesem Konzil verneint (vgl. besonders 15,8–11).

Gott, der die Herzen kennt, bestätigte dies,
indem er ihnen ebenso wie uns den Heiligen
Geist gab. 9 Er machte keinerlei Unterschied
zwischen uns und ihnen; denn er hat ihre
Herzen durch den Glauben gereinigt. 10 Wa-
rum stellt ihr also jetzt Gott auf die Probe
und legt den Jüngern ein Joch auf den Na-
cken, das weder unsere Väter noch wir tra-
gen konnten? 11 Wir glauben im Gegenteil,
durch die Gnade Jesu, des Herrn, gerettet zu
werden, auf die gleiche Weise wie jene. 12 Da
schwieg die ganze Versammlung. Und sie
hörten Barnabas und Paulus zu, wie sie er-
zählten, welch große Zeichen und Wunder
Gott durch sie unter den Heiden getan hatte.

13 Als sie geendet hatten, nahm Jakobus
das Wort und sagte: Brüder, hört mich an!
14 Simon hat berichtet, dass Gott selbst zu-
erst eingegriffen hat, um aus den Heiden ein
Volk für seinen Namen zu gewinnen. 15 Da-
mit stimmen die Worte der Propheten über-
ein, die geschrieben haben:

16 *Danach werde ich mich umwenden / und
die zerfallene Hütte Davids wieder aufrich-
ten; / ich werde sie aus ihren Trümmern wie-
der aufrichten / und werde sie wiederher-
stellen,*

17 *damit die übrigen Menschen den Herrn
suchen, / auch alle Völker, / über denen mein
Name ausgerufen ist – / spricht der Herr, der
das ausführt,*

18 was ihm seit Ewigkeit bekannt ist.

19 Darum halte ich es für richtig, den Hei-
den, die sich zu Gott bekehren, keine Lasten
aufzubürden; 20 man weise sie nur an, Verun-
reinigung durch Götzen(opferfleisch) und
Unzucht zu meiden und weder Ersticktes
noch Blut zu essen. 21 Denn Mose hat seit äl-
testen Zeiten in jeder Stadt seine Verkündi-
ger, da er in den Synagogen an jedem Sabbat
verlesen wird.

8: 10,44; 11,15 • 9: 10,34f • 10: Mt 23,4; Gal 3,10; 5,1 • 11: Gal 2,16; Eph 2,4-10 • 13: 21,18; Gal 2,9 • 16: Am 9,11f G; Jer 12,15 • 18: Jes 45,21 • 20: 15,29; 21,25; Lev 18,6–18.

Die Beschlüsse der Versammlung: 15,22–29

22 Da beschlossen die Apostel und die Äl-
testen zusammen mit der ganzen Gemeinde,
Männer aus ihrer Mitte auszuwählen und sie
zusammen mit Paulus und Barnabas nach
Antiochia zu senden, nämlich Judas, ge-
nannt Barsabbas, und Silas, führende Män-
ner unter den Brüdern. 23 Sie gaben ihnen
folgendes Schreiben mit: Die Apostel und die
Ältesten, eure Brüder, grüßen die Brüder aus
dem Heidentum in Antiochia, in Syrien und
Zilizien. 24 Wir haben gehört, dass einige von
uns, denen wir keinen Auftrag erteilt haben,
euch mit ihren Reden beunruhigt und eure
Gemüter erregt haben. 25 Deshalb haben wir
uns geeinigt und beschlossen, Männer aus-
zuwählen und zusammen mit unseren lieben
Brüdern Barnabas und Paulus zu euch zu
schicken, 26 die beide für den Namen Jesu
Christi, unseres Herrn, ihr Leben eingesetzt
haben. 27 Wir haben Judas und Silas ab-
gesandt, die euch das Gleiche auch mündlich
mitteilen sollen. 28 Denn der Heilige Geist
und wir haben beschlossen, euch keine
weitere Last aufzuerlegen als diese notwen-
digen Dinge: 29 Götzenopferfleisch, Blut, Er-
sticktes und Unzucht zu meiden. Wenn ihr
euch davor hütet, handelt ihr richtig. Lebt
wohl!

24: 15,1; Gal 1,7; 5,10 • 28: Mt 23,4; 1 Kor 8,1.

Die Mitteilung der Beschlüsse an die Gemeinde von Antiochia: 15,30–35

30 Man verabschiedete die Abgesandten
und sie zogen hinab nach Antiochia, riefen
die Gemeinde zusammen und übergaben ihr
den Brief. 31 Die Brüder lasen ihn und freu-
ten sich über die Ermunterung. 32 Judas und
Silas, selbst Propheten, sprachen ihnen mit
vielen Worten Mut zu und stärkten sie.
33 Nach einiger Zeit wurden sie von den Brü-
dern in Frieden wieder zu denen entlassen,
die sie abgesandt hatten. [34] 35 Paulus aber
und Barnabas blieben in Antiochia und lehr-
ten und verkündeten mit vielen anderen das
Wort des Herrn.

32: 11,27; 13,1.

Die zweite Missionsreise des Paulus: 15,36 – 18,22

Die Trennung des Paulus von Barnabas: 15,36–41

36 Nach einiger Zeit sagte Paulus zu Bar-
nabas: Wir wollen wieder aufbrechen und se-

15,20.29 »Unzucht« meint hier wahrscheinlich verbotene Verwandtschaftsehen; »Ersticktes« und »Blut« beziehen sich auf den Genuss nicht geschächteter, d.h. beim Schlachten nicht ausgebluteter Tiere. Man nennt diese Anweisung auch »Aposteldekret« oder »Jakobusklauseln«. Sie sollten ein ungestörtes Zusammenleben zwischen Juden- und Heidenchristen in gemischten Gemeinden ermöglichen.

15,34 Einzelne Textzeugen fügen hier ein: Silas aber beschloss dazubleiben; so reiste Judas allein (nach Jerusalem) ab.

hen, wie es den Brüdern in all den Städten geht, in denen wir das Wort des Herrn verkündet haben. 37 Barnabas wollte auch den Johannes, genannt Markus, mitnehmen; 38 doch Paulus bestand darauf, ihn nicht mitzunehmen, weil er sie in Pamphylien im Stich gelassen hatte, nicht mit ihnen gezogen war und an ihrer Arbeit nicht mehr teilgenommen hatte. 39 Es kam zu einer heftigen Auseinandersetzung, so dass sie sich voneinander trennten; Barnabas nahm Markus mit und segelte nach Zypern. 40 Paulus aber wählte sich Silas und reiste ab, nachdem die Brüder ihn der Gnade des Herrn empfohlen hatten. 41 Er zog durch Syrien und Zilizien und stärkte die Gemeinden.

37: 12,12.25 • 38: 13,13; Kol 4,10 • 41: 9,30; 11,25; Gal 1,21.

Paulus in Lykaonien: 16,1–5

16 Er kam auch nach Derbe und nach Lystra. Dort war ein Jünger namens Timotheus, der Sohn einer gläubig gewordenen Jüdin und eines Griechen. 2 Er war Paulus von den Brüdern in Lystra und Ikonion empfohlen worden. 3 Paulus wollte ihn als Begleiter mitnehmen und ließ ihn mit Rücksicht auf die Juden, die in jenen Gegenden wohnten, beschneiden; denn alle wussten, dass sein Vater ein Grieche war. 4 Als sie nun durch die Städte zogen, überbrachten sie ihnen die von den Aposteln und den Ältesten in Jerusalem gefassten Beschlüsse und trugen ihnen auf, sich daran zu halten. 5 So wurden die Gemeinden im Glauben gestärkt und wuchsen von Tag zu Tag.

1: 17,14; Röm 16,21; Phil 2,19; 1 Kor 4,17; 2 Tim 1,5 • 4: 15,23–29.

Durch Kleinasien bis Troas: 16,6–10

6 Weil ihnen aber vom Heiligen Geist verwehrt wurde, das Wort in der Provinz Asien zu verkünden, reisten sie durch Phrygien und das galatische Land. 7 Sie zogen an Mysien entlang und versuchten, Bithynien zu erreichen; doch auch das erlaubte ihnen der Geist Jesu nicht. 8 So durchwanderten sie Mysien und kamen nach Troas hinab. 9 Dort hatte Paulus in der Nacht eine Vision. Ein Mazedonier stand da und bat ihn: Komm herüber nach Mazedonien und hilf uns! 10 Auf diese Vision hin wollten wir sofort nach Mazedonien abfahren; denn wir waren überzeugt, dass uns Gott dazu berufen hatte, dort das Evangelium zu verkünden.

6: 18,23.

Das Wirken des Paulus in Philippi: 16,11–40

11 So brachen wir von Troas auf und fuhren auf dem kürzesten Weg nach Samothrake und am folgenden Tag nach Neapolis. 12 Von dort gingen wir nach Philippi, in eine Stadt im ersten Bezirk von Mazedonien, eine Kolonie. In dieser Stadt hielten wir uns einige Tage auf. 13 Am Sabbat gingen wir durch das Stadttor hinaus an den Fluss, wo wir eine Gebetsstätte vermuteten. Wir setzten uns und sprachen zu den Frauen, die sich eingefunden hatten. 14 Eine Frau namens Lydia, eine Purpurhändlerin aus der Stadt Thyatira, hörte zu; sie war eine Gottesfürchtige und der Herr öffnete ihr das Herz, sodass sie den Worten des Paulus aufmerksam lauschte. 15 Als sie und alle, die zu ihrem Haus gehörten, getauft waren, bat sie: Wenn ihr überzeugt seid, dass ich fest an den Herrn glaube, kommt in mein Haus und bleibt da. Und sie drängte uns.

16 Als wir einmal auf dem Weg zur Gebetsstätte waren, begegnete uns eine Magd, die einen Wahrsagegeist hatte und mit der Wahrsagerei ihren Herren großen Gewinn einbrachte. 17 Sie lief Paulus und uns nach und schrie: Diese Menschen sind Diener des höchsten Gottes; sie verkünden euch den Weg des Heils. 18 Das tat sie viele Tage lang. Da wurde Paulus ärgerlich, wandte sich um und sagte zu dem Geist: Ich befehle dir im Namen Jesu Christi: Verlass diese Frau! Und im gleichen Augenblick verließ er sie.

19 Als aber ihre Herren sahen, dass sie keinen Gewinn mehr erwarten konnten, ergriffen sie Paulus und Silas, schleppten sie auf den Markt vor die Stadtbehörden, 20 führten sie den obersten Beamten vor und sagten: Diese Männer bringen Unruhe in unsere Stadt. Es sind Juden; 21 sie verkünden Sitten und Bräuche, die wir als Römer weder annehmen können noch ausüben dürfen. 22 Da erhob sich das Volk gegen sie und die obersten Beamten ließen ihnen die Kleider vom Leib reißen und befahlen, sie mit Ruten zu schlagen. 23 Sie ließen ihnen viele Schläge

16,1 Vgl. die Anmerkung zu 1 Thess 1,1.

16,6–10 Der Abschnitt schildert einen Vorgang von weltgeschichtlicher Bedeutung: Das Evangelium gelangt nach Europa.

16,12 Philippi war seit 31 v. Chr. römische »Kolonie«, eine Ansiedlung vorwiegend von ausgedienten Soldaten und Beamten. Deshalb bezeichnen sich die Bewohner in 16,21 als »Römer«.

16,14 Zu »Gottesfürchtige« vgl. die Anmerkung zu 6,5.

geben und sie ins Gefängnis bringen; dem Gefängniswärter befahlen sie, sie in sicherem Gewahrsam zu halten. 24 Auf diesen Befehl hin warf er sie in das innere Gefängnis und schloss zur Sicherheit ihre Füße in den Block. 25 Um Mitternacht beteten Paulus und Silas und sangen Loblieder; und die Gefangenen hörten ihnen zu. 26 Plötzlich begann ein gewaltiges Erdbeben, sodass die Grundmauern des Gefängnisses wankten. Mit einem Schlag sprangen die Türen auf und allen fielen die Fesseln ab. 27 Als der Gefängniswärter aufwachte und alle Türen des Gefängnisses offen sah, zog er sein Schwert, um sich zu töten; denn er meinte, die Gefangenen seien entflohen. 28 Da rief Paulus laut: Tu dir nichts an! Wir sind alle noch da. 29 Jener rief nach Licht, stürzte hinein und fiel Paulus und Silas zitternd zu Füßen. 30 Er führte sie hinaus und sagte: Ihr Herren, was muss ich tun, um gerettet zu werden? 31 Sie antworteten: Glaube an Jesus, den Herrn und du wirst gerettet werden, du und dein Haus. 32 Und sie verkündeten ihm und allen in seinem Haus das Wort Gottes. 33 Er nahm sie in jener Nachtstunde bei sich auf, wusch ihre Striemen und ließ sich sogleich mit allen seinen Angehörigen taufen. 34 Dann führte er sie in seine Wohnung hinauf, ließ ihnen den Tisch decken und war mit seinem ganzen Haus voll Freude, weil er zum Glauben an Gott gekommen war.

35 Als es Tag wurde, schickten die obersten Beamten die Amtsdiener und ließen sagen: Lass jene Männer frei! 36 Der Gefängniswärter überbrachte Paulus die Nachricht: Die obersten Beamten haben (die Amtsdiener) hergeschickt und befohlen, euch freizulassen. Geht also, zieht in Frieden! 37 Paulus aber sagte zu ihnen: Sie haben uns ohne Urteil öffentlich auspeitschen lassen, obgleich wir römische Bürger sind, und haben uns ins Gefängnis geworfen. Und jetzt möchten sie uns heimlich fortschicken? Nein! Sie sollen selbst kommen und uns hinausführen. 38 Die Amtsdiener meldeten es den obersten Beamten. Diese erschraken, als sie hörten, es seien römische Bürger. 39 Und sie kamen, um sie zu beschwichtigen, führten sie hinaus und baten sie, die Stadt zu verlassen. 40 Vom Gefängnis aus gingen die beiden zu Lydia. Dort fanden sie die Brüder, sprachen ihnen Mut zu und zogen dann weiter.

17: Mk 1,24–26.34 • 22: 2 Kor 11,25; Phil 1,30; 1 Thess 2,2 • 30: 2,37; Joh 6,28 • 31: 11,14; Joh 6,29 • 37: 22,25.29.

Paulus in Thessalonich und Beröa:
17,1–15

17 Auf dem Weg über Amphipolis und Apollonia kamen sie nach Thessalonich. Dort hatten die Juden eine Synagoge. 2 Nach seiner Gewohnheit ging Paulus zu ihnen und redete an drei Sabbaten zu ihnen, wobei er von den Schriften ausging. 3 Er legte sie ihnen aus und erklärte, dass der Messias leiden und von den Toten auferstehen musste. Und er sagte: Jesus, den ich euch verkünde, ist dieser Messias. 4 Einige von ihnen ließen sich überzeugen und schlossen sich Paulus und Silas an, außerdem eine große Schar gottesfürchtiger Griechen, darunter nicht wenige Frauen aus vornehmen Kreisen.

5 Die Juden wurden eifersüchtig, holten sich einige nichtsnutzige Männer, die sich auf dem Markt herumtrieben, wiegelten mit ihrer Hilfe das Volk auf und brachten die Stadt in Aufruhr. Sie zogen zum Haus des Jason und wollten die beiden vor das Volk führen. 6 Sie fanden sie aber nicht. Daher schleppten sie den Jason und einige Brüder vor die Stadtpräfekten und schrien: Diese Leute, die die ganze Welt in Aufruhr gebracht haben, sind jetzt auch hier, 7 und Jason hat sie aufgenommen. Sie alle verstoßen gegen die Gesetze des Kaisers; denn sie behaupten, ein anderer sei König, nämlich Jesus. 8 So brachten sie die Menge und die Stadtpräfekten, die das hörten, in Erregung. 9 Diese nahmen von Jason und den anderen eine Bürgschaft und ließen sie frei.

10 Die Brüder schickten noch in der Nacht Paulus und Silas weiter nach Beröa. Nach ihrer Ankunft gingen sie in die Synagoge der Juden. 11 Diese waren freundlicher als die in Thessalonich; mit großer Bereitschaft nahmen sie das Wort auf und forschten Tag für Tag in den Schriften nach, ob sich dies wirklich so verhielte. 12 Viele von ihnen wurden gläubig, und ebenso nicht wenige der vornehmen griechischen Frauen und Männer. 13 Als aber die Juden von Thessalonich erfuhren, dass Paulus auch in Beröa das Wort Gottes verkündete, kamen sie dorthin, um das Volk aufzuwiegeln und aufzuhetzen. 14 Da schickten die Brüder Paulus sogleich weg zum Meer hinunter. Silas und Timotheus aber blieben zurück. 15 Die Begleiter des Paulus brachten ihn nach Athen. Mit dem Auftrag an Silas und Timotheus, Paulus

16,37 Paulus besaß von seinem Vater her das römische Bürgerrecht (vgl. 22,25–29).

möglichst rasch nachzukommen, kehrten sie zurück.

1: 1 Thess 2,2 • 3: Lk 24,26f.45f • 5: Röm 16,21 • 7: Lk 23,2; Joh 19,12 • 11: Joh 5,39 • 13: 1 Thess 2,14–16 • 15: 1 Thess 3,1.

Paulus in Athen: 17,16–34

16 Während Paulus in Athen auf sie wartete, erfasste ihn heftiger Zorn; denn er sah die Stadt voll von Götzenbildern. 17 Er redete in der Synagoge mit den Juden und Gottesfürchtigen und auf dem Markt sprach er täglich mit denen, die er gerade antraf. 18 Einige von den epikureischen und stoischen Philosophen diskutierten mit ihm und manche sagten: Was will denn dieser Schwätzer? Andere aber: Es scheint ein Verkünder fremder Gottheiten zu sein. Er verkündete nämlich das Evangelium von Jesus und von der Auferstehung. 19 Sie nahmen ihn mit, führten ihn zum Areopag und fragten: Können wir erfahren, was das für eine neue Lehre ist, die du vorträgst? 20 Du bringst uns recht befremdliche Dinge zu Gehör. Wir wüssten gern, worum es sich handelt. 21 Alle Athener und die Fremden dort taten nichts lieber, als die letzten Neuigkeiten zu erzählen oder zu hören.

22 Da stellte sich Paulus in die Mitte des Areopags und sagte: Athener, nach allem, was ich sehe, seid ihr besonders fromme Menschen. 23 Denn als ich umherging und mir eure Heiligtümer ansah, fand ich auch einen Altar mit der Aufschrift: EINEM UNBEKANNTEN GOTT. Was ihr verehrt, ohne es zu kennen, das verkünde ich euch. 24 Gott, der die Welt erschaffen hat und alles in ihr, er, der Herr über Himmel und Erde, wohnt nicht in Tempeln, die von Menschenhand gemacht sind. 25 Er lässt sich auch nicht von Menschen bedienen, als brauche er etwas: er, der allen das Leben, den Atem und alles gibt. 26 Er hat aus einem einzigen Menschen das ganze Menschengeschlecht erschaffen, damit es die ganze Erde bewohne. Er hat für sie bestimmte Zeiten und die Grenzen ihrer Wohnsitze festgesetzt. 27 Sie sollten Gott suchen, ob sie ihn ertasten und finden könnten; denn keinem von uns ist er fern. 28 Denn in ihm leben wir, bewegen wir uns und sind wir, wie auch einige von euren Dichtern gesagt haben: Wir sind von seiner Art. 29 Da wir also von Gottes Art sind, dürfen wir nicht meinen, das Göttliche sei wie ein goldenes oder silbernes oder steinernes Gebilde menschlicher Kunst und Erfindung. 30 Gott, der über die Zeiten der Unwissenheit hinweggesehen hat, lässt jetzt den Menschen verkünden, dass überall alle umkehren sollen. 31 Denn er hat einen Tag festgesetzt, an dem *er den Erdkreis in Gerechtigkeit richten wird,* durch einen Mann, den er dazu bestimmt und vor allen Menschen dadurch ausgewiesen hat, dass er ihn von den Toten auferweckte.

32 Als sie von der Auferstehung der Toten hörten, spotteten die einen, andere aber sagten: Darüber wollen wir dich ein andermal hören. 33 So ging Paulus aus ihrer Mitte weg. 34 Einige Männer aber schlossen sich ihm an und wurden gläubig, unter ihnen auch Dionysius, der Areopagit, außerdem eine Frau namens Damaris und noch andere mit ihnen.

18: 1 Kor 1,22 • 24–28: Röm 1,19f • 25: Ps 50,10–13 • 26: Dtn 32,8; Ijob 12,23 • 27f: Jes 55,6; Jer 29,12–14; Weish 13,6; Ps 145,18; Jer 23,24; Ps 139; Röm 11,36; 1 Kor 8,6; Kol 1,16f • 31: Ps 96,13; 98,9 • 32: 1 Kor 1,23.

Paulus in Korinth: 18,1–17

18 Hierauf verließ Paulus Athen und ging nach Korinth. 2 Dort traf er einen aus Pontus stammenden Juden namens Aquila, der vor kurzem aus Italien gekommen war, und dessen Frau Priszilla. Klaudius hatte nämlich angeordnet, dass alle Juden Rom verlassen müssten. Diesen beiden schloss er sich an, 3 und da sie das gleiche Handwerk betrieben, blieb er bei ihnen und arbeitete dort. Sie waren Zeltmacher von Beruf. 4 An jedem Sabbat lehrte er in der Synagoge und suchte Juden und Griechen zu überzeugen. 5 Als aber Silas und Timotheus aus Mazedonien eingetroffen waren, widmete sich Paulus ganz der Verkündigung und bezeugte den Juden, dass Jesus der Messias sei. 6 Als sie sich dagegen auflehnten und Lästerungen ausstießen, schüttelte er seine Kleider aus und sagte zu ihnen: Euer Blut komme über euer Haupt! Ich bin daran unschuldig. Von jetzt an werde ich zu den Heiden gehen.

7 Und er ging von da in das Haus eines gewissen Titius Justus hinüber, eines Gottesfürchtigen, dessen Haus an die Synagoge grenzte. 8 Krispus aber, der Synagogenvorsteher, kam mit seinem ganzen Haus zum Glauben an den Herrn; und viele Korinther, die (Paulus) hörten, wurden gläubig und ließen sich taufen. 9 Der Herr aber sagte nachts in einer Vision zu Paulus: Fürchte dich nicht! Rede nur, schweige nicht! 10 Denn ich bin mit dir, niemand wird dir etwas antun. Viel Volk nämlich gehört mir in dieser Stadt. 11 So

17,28 Zitat aus dem griechischen Dichter Aratus (3. Jh. v. Chr.).

blieb Paulus ein Jahr und sechs Monate und lehrte bei ihnen das Wort Gottes.

12 Als aber Gallio Prokonsul von Achaia war, traten die Juden einmütig gegen Paulus auf, brachten ihn vor den Richterstuhl 13 und sagten: Dieser verführt die Menschen zu einer Gottesverehrung, die gegen das Gesetz verstößt. 14 Als Paulus etwas erwidern wollte, sagte Gallio zu den Juden: Läge hier ein Vergehen oder Verbrechen vor, ihr Juden, so würde ich eure Klage ordnungsgemäß behandeln. 15 Streitet ihr jedoch über Lehre und Namen und euer Gesetz, dann seht selber zu! Darüber will ich nicht Richter sein. 16 Und er wies sie vom Richterstuhl weg. 17 Da ergriffen alle den Synagogenvorsteher Sosthenes und verprügelten ihn vor dem Richterstuhl. Gallio aber kümmerte sich nicht darum.

1: 18,18.26 • 2: Röm 16,3; 1 Kor 16,19; 2 Tim 4,19 • 3: 1 Kor 4,12; 9,12 • 6: Mt 27,24f • 8: 1 Kor 1,14 • 9: 1 Kor 2,3; 2 Kor 10,10 • 14: 25,18–20; Joh 18,31 • 17: 1 Kor 1,1.

Die Rückkehr des Paulus über Ephesus nach Antiochia: 18,18–22

18 Paulus blieb noch längere Zeit. Dann verabschiedete er sich von den Brüdern und segelte zusammen mit Priszilla und Aquila nach Syrien ab. In Kenchreä hatte er sich aufgrund eines Gelübdes den Kopf kahl scheren lassen. 19 Sie gelangten nach Ephesus. Dort trennte er sich von den beiden; er selbst ging in die Synagoge und redete zu den Juden. 20 Sie baten ihn, noch länger zu bleiben; aber er wollte nicht, 21 sondern verabschiedete sich und sagte: Ich werde wieder zu euch kommen, wenn Gott es will. So fuhr er von Ephesus ab, 22 landete in Cäsarea, zog (nach Jerusalem) hinauf, begrüßte dort die Gemeinde und ging dann nach Antiochia hinab.

18: Röm 16,1 • 21: Röm 1,10; 1 Kor 4,19; Jak 4,15.

Die dritte Missionsreise des Paulus: 18,23 – 21,17

23 Nachdem er dort einige Zeit geblieben war, zog er weiter, durchwanderte zuerst das galatische Land, dann Phrygien und stärkte alle Jünger.

Die Missionsarbeit des Apollos in Ephesus: 18,24–28

24 Ein Jude namens Apollos kam nach Ephesus. Er stammte aus Alexandria, war redekundig und in der Schrift bewandert. 25 Er war unterwiesen im Weg des Herrn. Er sprach mit glühendem Geist und trug die Lehre von Jesus genau vor; doch kannte er nur die Taufe des Johannes. 26 Er begann, offen in der Synagoge zu sprechen. Priszilla und Aquila hörten ihn, nahmen ihn zu sich und legten ihm den Weg Gottes noch genauer dar. 27 Als er nach Achaia gehen wollte, ermunterten ihn die Brüder dazu und schrieben den Jüngern, sie möchten ihn freundlich aufnehmen. Nach seiner Ankunft wurde er den Gläubigen durch die Gnade eine große Hilfe. 28 Denn mit Nachdruck widerlegte er die Juden, indem er öffentlich aus der Schrift nachwies, dass Jesus der Messias sei.

24: 1 Kor 1,12; 3,4–6 • 25: 19,3f • 28: 9,22; 17,3; 18,5.

Die Begegnung des Paulus mit Johannesjüngern: 19,1–7

19 Während Apollos sich in Korinth aufhielt, durchwanderte Paulus das Hochland und kam nach Ephesus hinab. 2 Er traf einige Jünger und fragte sie: Habt ihr den Heiligen Geist empfangen, als ihr gläubig wurdet? Sie antworteten ihm: Wir haben noch nicht einmal gehört, dass es einen Heiligen Geist gibt. 3 Da fragte er: Mit welcher Taufe seid ihr denn getauft worden? Sie antworteten: Mit der Taufe des Johannes. 4 Paulus sagte: Johannes hat mit der Taufe der Umkehr getauft und das Volk gelehrt, sie sollten an den glauben, der nach ihm komme: an Jesus. 5 Als sie das hörten, ließen sie sich auf den Namen Jesu, des Herrn, taufen. 6 Paulus legte ihnen die Hände auf und der Heilige Geist kam auf sie herab; sie redeten in Zungen und weissagten. 7 Es waren im ganzen ungefähr zwölf Männer.

1: 1 Kor 16,8 • 3: Mt 3,11; Lk 3,16 • 6: 8,17.

18,12 Die Amtszeit des Gallio in Achaia (Griechenland) fiel in die Zeit 51/52 n. Chr. oder 52/53 n. Chr., wie aus der in Delphi gefundenen »Gallio-Inschrift« hervorgeht.

18,18 Es handelt sich dabei um das sogenannte Nasiräatsgelübde (vgl. auch 21,23–26), das auf Num 6,1–21 zurückgeht (vgl. auch 1 Makk 3,49); es war zeitlich begrenzt und wurde durch ein Opfer eingelöst, bei dem das geschorene Haar mitverbrannt wurde.

19,1 Ephesus war seit 133 v. Chr. das Zentrum der römischen Provinz Asien. Der Artemistempel gehörte zu den Sieben »Weltwundern« des Altertums. Die Zauberbücher von Ephesus (vgl. 19,19) waren in der ganzen damaligen Welt bekannt.

19,3 Wörtlich: Auf was seid ihr denn getauft worden? Sie antworteten: Auf die Taufe des Johannes.

19,6 Zu »Zungen« vgl. die Anmerkung zu Apg 2,4.

Das Wirken des Paulus in Ephesus: 19,8–10

8 Er ging in die Synagoge und lehrte drei
Monate lang freimütig und suchte sie vom
Reich Gottes zu überzeugen. 9 Da aber einige
verstockt waren, sich widersetzten und vor
allen Leuten den (neuen) Weg verspotteten,
trennte er sich mit den Jüngern von ihnen
und unterwies sie täglich im Lehrsaal des
Tyrannus. 10 Das geschah zwei Jahre lang;
auf diese Weise hörten alle Bewohner der
Provinz Asien, Juden wie Griechen, das Wort
des Herrn.

9: 18,6; Tit 3,10f; 2 Joh 10.

Die Wundertaten des Paulus in Ephesus: 19,11–20

11 Auch ungewöhnliche Wunder tat Gott
durch die Hand des Paulus. 12 Sogar seine
Schweiß- und Taschentücher nahm man ihm
vom Körper weg und legte sie den Kranken
auf; da wichen die Krankheiten und die bö-
sen Geister fuhren aus. 13 Auch einige der
umherziehenden jüdischen Beschwörer ver-
suchten, den Namen Jesu, des Herrn, über
den von bösen Geistern Besessenen anzuru-
fen, indem sie sagten: Ich beschwöre euch bei
dem Jesus, den Paulus verkündet. 14 Das
taten sieben Söhne eines gewissen Skeuas,
eines jüdischen Oberpriesters. 15 Aber der
böse Geist antwortete ihnen: Jesus kenne ich
und auch Paulus ist mir bekannt. Doch wer
seid ihr? 16 Und der Mensch, in dem der böse
Geist hauste, sprang auf sie los, überwältigte
sie und setzte ihnen so zu, dass sie nackt
und zerschunden aus dem Haus fliehen
mussten.

17 Das wurde allen Juden und Griechen,
die in Ephesus wohnten, bekannt; alle wur-
den von Furcht gepackt und der Name Jesu,
des Herrn, wurde hoch gepriesen. 18 Viele,
die gläubig geworden waren, kamen und be-
kannten offen, was sie (früher) getan hatten.
19 Und nicht wenige, die Zauberei getrieben
hatten, brachten ihre Zauberbücher herbei
und verbrannten sie vor aller Augen. Man
berechnete den Wert der Bücher auf fünfzig-
tausend Silberdrachmen. 20 So wuchs das
Wort des Herrn mit Macht und wurde
stark.

12: 5,15 • 13: Lk 9,49 • 15: Mk 1,34; Lk 4,41 • 17: 5,5.11; 19,27f • 20: 6,7; 12,24.

Der Aufruhr der Silberschmiede: 19,21–40

21 Nach diesen Ereignissen nahm sich
Paulus vor, über Mazedonien und Achaia
nach Jerusalem zu reisen. Er sagte: Wenn ich
dort gewesen bin, muss ich auch Rom sehen.
22 Er sandte zwei seiner Helfer, Timotheus
und Erastus, nach Mazedonien voraus und
blieb selbst noch eine Zeit lang in der Pro-
vinz Asien.

23 Um jene Zeit aber wurde der (neue) Weg
Anlass zu einem schweren Aufruhr. 24 Denn
ein Silberschmied namens Demetrius, der
silberne Artemistempel herstellte und den
Künstlern viel zu verdienen gab, 25 rief diese
und die anderen damit beschäftigten Arbei-
ter zusammen und sagte: Männer, ihr wisst,
dass wir unseren Wohlstand diesem Gewer-
be verdanken. 26 Nun seht und hört ihr, dass
dieser Paulus nicht nur in Ephesus, sondern
fast in der ganzen Provinz Asien viele Leute
verführt und aufgehetzt hat mit seiner Be-
hauptung, die mit Händen gemachten Götter
seien keine Götter. 27 So kommt nicht nur
unser Geschäft in Verruf, sondern auch dem
Heiligtum der großen Göttin Artemis droht
Gefahr, nichts mehr zu gelten, ja sie selbst,
die von der ganzen Provinz Asien und von
der ganzen Welt verehrt wird, wird ihre Ho-
heit verlieren. 28 Als sie das hörten, wurden
sie wütend und schrien: Groß ist die Artemis
von Ephesus! 29 Die ganze Stadt geriet in
Aufruhr; alles stürmte ins Theater und sie
schleppten die Mazedonier Gaius und Ari-
starch, Reisegefährten des Paulus, mit sich.

30 Als aber Paulus in die Volksversamm-
lung gehen wollte, hielten ihn die Jünger zu-
rück. 31 Auch einige hohe Beamte der Pro-
vinz Asien, die mit ihm befreundet waren,
schickten zu ihm und rieten ihm, nicht ins
Theater zu gehen.

32 Dort schrien die einen dies, die andern
das; denn in der Versammlung herrschte ein
großes Durcheinander und die meisten wuss-
ten gar nicht, weshalb man überhaupt zu-
sammengekommen war. 33 Die Juden schick-
ten Alexander nach vorn und aus der Menge
gab man ihm noch Hinweise. Alexander gab
mit der Hand ein Zeichen und wollte vor der
Volksversammlung eine Verteidigungsrede
halten. 34 Doch als sie merkten, dass er ein
Jude war, schrien sie alle fast zwei Stunden
lang wie aus einem Mund: Groß ist die Arte-
mis von Ephesus! 35 Der Stadtschreiber aber
brachte die Menge zur Ruhe und sagte: Män-
ner von Ephesus! Wer wüsste nicht, dass die
Stadt der Epheser die Tempelhüterin der
Großen Artemis und ihres vom Himmel ge-
fallenen Bildes ist? 36 Dies ist unbestreitbar;
ihr müsst also Ruhe bewahren und dürft
nichts Unüberlegtes tun. 37 Ihr habt diese

19,27 von der ganzen Provinz Asien, wörtlich: von ganz Asien.

Männer hergeschleppt, die weder Tempelräuber noch Lästerer unserer Göttin sind. 38 Wenn also Demetrius und seine Zunftgenossen eine Klage gegen irgend jemand haben, so gibt es dafür Gerichtstage und Prokonsuln; dort mögen sie einander verklagen. 39 Wenn ihr aber noch etwas anderes vorzubringen habt, so kann das in der gesetzmäßigen Volksversammlung geklärt werden. 40 Sonst sind wir in Gefahr, dass man uns nach dem heutigen Vorfall des Aufruhrs anklagt, weil kein Grund vorliegt, mit dem wir diesen Volksauflauf rechtfertigen könnten. Nach diesen Worten löste er die Versammlung auf.

21: 23,11; Röm 1,10.13; 15,23–25; 1 Kor 16,6 • 22: Röm 16,21–23 • 23: 2 Kor 1,8 • 26: 17,29 • 28: 1 Kor 15,32; 2 Kor 1,8 • 29: 20,4; 27,2.

Paulus in Mazedonien und Griechenland: 20,1–6

20 Nachdem der Tumult sich gelegt hatte, rief Paulus die Jünger zusammen und sprach ihnen Mut zu. Dann verabschiedete er sich und ging weg, um nach Mazedonien zu reisen. 2 Er zog durch die dortigen Gegenden und sprach oft und eindringlich zu den Jüngern. Dann begab er sich nach Griechenland; 3 dort blieb er drei Monate. Als er mit dem Schiff nach Syrien fahren wollte, planten die Juden einen Anschlag auf ihn. So entschloss er sich, den Rückweg über Mazedonien zu nehmen. 4 Dabei begleiteten ihn Sopater, der Sohn des Pyrrhus, aus Beröa, Aristarch und Sekundus aus Thessalonich, Gaius aus Derbe und Timotheus sowie Tychikus und Trophimus aus der Provinz Asien. 5 Diese reisten voraus und warteten auf uns in Troas. 6 Nach den Tagen der Ungesäuerten Brote segelten wir von Philippi ab und kamen in fünf Tagen zu ihnen nach Troas, wo wir uns sieben Tage aufhielten.

1: 2 Kor 2,13 • 5: 16,8 • 6: 2 Kor 2,12.

Der Abschiedsbesuch des Paulus in Troas: 20,7–12

7 Als wir am ersten Wochentag versammelt waren, um das Brot zu brechen, redete Paulus zu ihnen, denn er wollte am folgenden Tag abreisen; und er dehnte seine Rede bis Mitternacht aus. 8 In dem Obergemach, in dem wir versammelt waren, brannten viele Lampen. 9 Ein junger Mann namens Eutychus saß im offenen Fenster und sank, als die Predigt des Paulus sich länger hinzog, in tiefen Schlaf. Und er fiel im Schlaf aus dem dritten Stock hinunter; als man ihn aufhob, war er tot. 10 Paulus lief hinab, warf sich über ihn, umfasste ihn und sagte: Beunruhigt euch nicht: Er lebt! 11 Dann stieg er wieder hinauf, brach das Brot und aß und redete mit ihnen bis zum Morgengrauen. So verließ er sie. 12 Den jungen Mann aber führten sie lebend von dort weg. Und sie wurden voll Zuversicht.

7: 1 Kor 16,2; Offb 1,10 • 10: 1 Kön 17,21.

Von Troas nach Milet: 20,13–16

13 Wir gingen voraus zum Schiff und fuhren nach Assos, wo wir Paulus an Bord nehmen sollten; so hatte er es angeordnet, weil er selbst zu Fuß gehen wollte. 14 Als er in Assos zu uns stieß, nahmen wir ihn an Bord und erreichten Mitylene. 15 Von dort segelten wir am nächsten Tag ab und kamen bis auf die Höhe von Chios. Am anderen Tag liefen wir Samos an und landeten am folgenden Tag in Milet. 16 Paulus hatte sich entschlossen, an Ephesus vorbeizufahren, um in der Provinz Asien keine Zeit zu verlieren. Denn er hatte es eilig, weil er, wenn möglich, am Pfingstfest in Jerusalem sein wollte.

Die Abschiedsrede des Paulus in Milet: 20,17–38

17 Von Milet aus schickte er jemand nach Ephesus und ließ die Ältesten der Gemeinde zu sich rufen. 18 Als sie bei ihm eingetroffen waren, sagte er: Ihr wisst, wie ich vom ersten Tag an, seit ich die Provinz Asien betreten habe, die ganze Zeit in eurer Mitte war 19 und wie ich dem Herrn in aller Demut diente unter Tränen und vielen Prüfungen, die ich durch die Nachstellungen der Juden erlitten habe, 20 wie ich nichts verschwiegen habe von dem, was heilsam ist. Ich habe es euch verkündigt und habe euch gelehrt, öffentlich und in den Häusern. 21 Ich habe Juden und Griechen beschworen, sich zu Gott zu bekehren und an Jesus Christus, unseren Herrn, zu glauben. 22 Nun ziehe ich, gebunden durch den Geist, nach Jerusalem und ich weiß nicht, was dort mit mir geschehen wird. 23 Nur das bezeugt mir der Heilige Geist von Stadt zu Stadt, dass Fesseln und Drangsale auf mich warten. 24 Aber ich will mit keinem Wort mein Leben wichtig nehmen, wenn ich nur meinen Lauf vollende und den Dienst erfülle, der mir von Jesus, dem Herrn, übertragen wurde: das Evangelium von der Gnade Gottes zu bezeugen. 25 Nun aber weiß ich, dass ihr mich nicht mehr von Angesicht sehen werdet, ihr alle, zu denen ich gekommen

bin und denen ich das Reich verkündet habe. 26 Darum bezeuge ich euch am heutigen Tag: Ich bin unschuldig, wenn einer von euch allen verloren geht. 27 Denn ich habe mich der Pflicht nicht entzogen, euch den ganzen Willen Gottes zu verkünden. 28 Gebt Acht auf euch und auf die ganze Herde, in der euch der Heilige Geist zu Bischöfen bestellt hat, damit ihr als Hirten für die Kirche Gottes sorgt, die er sich durch das Blut seines eigenen Sohnes erworben hat. 29 Ich weiß: Nach meinem Weggang werden reißende Wölfe bei euch eindringen und die Herde nicht schonen. 30 Und selbst aus eurer Mitte werden Männer auftreten, die mit ihren falschen Reden die Jünger auf ihre Seite ziehen. 31 Seid also wachsam und denkt daran, dass ich drei Jahre lang Tag und Nacht nicht aufgehört habe, unter Tränen jeden einzelnen zu ermahnen. 32 Und jetzt vertraue ich euch Gott und dem Wort seiner Gnade an, das die Kraft hat, aufzubauen und das Erbe in der Gemeinschaft der Geheiligten zu verleihen. 33 Silber oder Gold oder Kleider habe ich von keinem verlangt; 34 ihr wisst selbst, dass für meinen Unterhalt und den meiner Begleiter diese Hände hier gearbeitet haben. 35 In allem habe ich euch gezeigt, dass man sich auf diese Weise abmühen und sich der Schwachen annehmen soll, in Erinnerung an die Worte Jesu, des Herrn, der selbst gesagt hat: Geben ist seliger als nehmen.

36 Nach diesen Worten kniete er nieder und betete mit ihnen allen. 37 Und alle brachen in lautes Weinen aus, fielen Paulus um den Hals und küssten ihn; 38 am meisten schmerzte sie sein Wort, sie würden ihn nicht mehr von Angesicht sehen. Dann begleiteten sie ihn zum Schiff.

21: 13,6–40; 14,15; 17,1–4.10–13.16–34; 18,5–11; 19,8–10 • 23: 9,16; 21,4.11 • 24: 21,13; 2 Tim 4,7; Lk 4,18–21 • 25: Lk 9,2; 10,9 • 26: 18,6 • 28: 14,23; 1 Kor 12,28; Eph 4,11; Tit 1,5; 2 Tim 1,6; 1 Tim 4,14–16; 1 Petr 5,2 • 29: Mt 7,15; Lk 10,3; Joh 10,12 • 30: Gal 4,17 • 31: Mk 13,35.37; 2 Kor 2,4; 11,28; 1 Thess 2,11 • 32: 1 Thess 2,13 • 33: Mt 10,8; 1 Kor 9,12; 1 Sam 12,3 • 34: 18,3; 1 Kor 4,12; 9,12; 1 Thess 2,9; 2 Thess 3,7–9 • 36: 21,5 • 37: Röm 16,16; 1 Kor 16,20; 1 Petr 5,14.

Von Milet über Cäsarea nach Jerusalem:
21,1–17

21 Als die Zeit zur Abfahrt gekommen war, trennten wir uns von ihnen, fuhren auf dem kürzesten Weg nach Kos, am anderen Tag nach Rhodos und von dort nach Patara. 2 Hier fanden wir ein Schiff, das nach Phönizien fuhr; wir gingen an Bord und fuhren ab. 3 Als wir Zypern sichteten, ließen wir es zur Linken liegen, segelten nach Syrien und landeten in Tyrus; hier sollte das Schiff seine Ladung löschen. 4 Nachdem wir die Jünger ausfindig gemacht hatten, blieben wir sieben Tage bei ihnen. Auf eine Eingebung des Geistes hin warnten sie Paulus davor, nach Jerusalem zu gehen.

5 Als die Tage um waren, brachen wir zur Weiterreise auf, und alle, auch Frauen und Kinder, begleiteten uns bis vor die Stadt. Am Strand knieten wir nieder, beteten 6 und nahmen Abschied voneinander. Dann gingen wir an Bord; jene aber kehrten nach Hause zurück.

7 So fuhren wir von Tyrus ab und beendeten unsere Seereise in Ptolemaïs. Wir begrüßten die Brüder und blieben einen Tag bei ihnen. 8 Am folgenden Tag kamen wir nach Cäsarea. Wir gingen in das Haus des Evangelisten Philippus, der einer von den Sieben war, und blieben bei ihm. 9 Er hatte vier Töchter, prophetisch begabte Jungfrauen.

10 Wir blieben mehrere Tage. Da kam von Judäa ein Prophet namens Agabus herab 11 und besuchte uns. Er nahm den Gürtel des Paulus, band sich Füße und Hände und sagte: So spricht der Heilige Geist: Den Mann, dem dieser Gürtel gehört, werden die Juden in Jerusalem ebenso fesseln und den Heiden ausliefern. 12 Als wir das hörten, redeten wir ihm zusammen mit den Einheimischen zu, nicht nach Jerusalem hinaufzuziehen. 13 Doch Paulus antwortete: Warum weint ihr und macht mir das Herz schwer? Ich bin bereit, mich in Jerusalem für den Namen Jesu, des Herrn, fesseln zu lassen und sogar zu sterben. 14 Da er sich nicht überreden ließ, gaben wir nach und sagten: Der Wille des Herrn geschehe.

15 Nach diesen Tagen bereiteten wir uns zur Reise vor und zogen hinauf nach Jerusalem. 16 Auch einige Jünger aus Cäsarea begleiteten uns und brachten uns zu einem gewissen Mnason aus Zypern, bei dem wir wohnen sollten; er war ein Jünger aus der Anfangszeit. 17 Als wir nach Jerusalem kamen, wurden wir von den Brüdern freudig empfangen.

4: 20,23 • 5: 20,36 • 8: 8,40 • 9: 2,17 • 10: 11,28 • 11: Röm 15,31.

20,26 Ich bin unschuldig, wenn einer von euch allen verloren geht, wörtlich: Ich bin rein vom Blut aller (vgl. 18,6).

20,28 Die Bezeichnung »Bischof« entspricht an dieser Stelle noch nicht der späteren Verwendung des Titels (vgl. die Anmerkung zu 1 Tim 3,1).

Verhaftung und Gefangenschaft des Paulus: 21,18 – 28,31

Paulus bei Jakobus und das Nasiräatsgelübde: 21,18–26

18 Am folgenden Tag ging Paulus mit uns
zu Jakobus; auch alle Ältesten fanden sich
ein. 19 Er begrüßte sie und berichtete im ein-
zelnen alles, was Gott durch seinen Dienst
unter den Heiden getan hatte. 20 Als sie das
hörten, priesen sie Gott und sagten zu ihm:
Du siehst, Bruder, wie viele Tausende unter
den Juden gläubig geworden sind, und sie
alle sind Eiferer für das Gesetz. 21 Nun hat
man ihnen von dir erzählt: Du lehrst alle un-
ter den Heiden lebenden Juden, von Mose
abzufallen, und forderst sie auf, ihre Kinder
nicht zu beschneiden und sich nicht an die
Bräuche zu halten. 22 Was nun? Sicher wer-
den sie hören, dass du gekommen bist. 23 Tu
also, was wir dir sagen: Bei uns sind vier
Männer, die ein Gelübde auf sich genommen
haben. 24 Nimm sie mit und weihe dich zu-
sammen mit ihnen; trag die Kosten für sie,
damit sie sich das Haar abscheren lassen
können. So wird jeder einsehen, dass an dem,
was man von dir erzählt hat, nichts ist, son-
dern dass auch du das Gesetz genau beach-
test. 25 Über die gläubig gewordenen Heiden
aber haben wir ja einen Beschluss gefasst
und ihnen geschrieben, sie sollten sich vor
Götzenopferfleisch, Blut, Ersticktem und
Unzucht hüten.

26 Da nahm Paulus die Männer mit und
weihte sich am nächsten Tag zusammen mit
ihnen, ging dann in den Tempel und meldete
das Ende der Weihetage an, damit für jeden
von ihnen das Opfer dargebracht werde.

18: 15,13; Gal 1,19 • 21: 18,13; Gal 3,25 • 24: 1 Kor 9,19–23; 10,32f • 25: 15,20.29 • 26: Num 6,1–20; 1 Kor 9,20.

Die Verhaftung des Paulus: 21,27–40

27 Als die sieben Tage zu Ende gingen, sa-
hen ihn die Juden aus der Provinz Asien im
Tempel. Sie brachten das ganze Volk in Auf-
ruhr, ergriffen ihn 28 und schrien: Israeliten!
Kommt zu Hilfe! Das ist der Mensch, der in
aller Welt Lehren verbreitet, die sich gegen
das Volk und das Gesetz und gegen diesen
Ort richten; er hat sogar Griechen in den
Tempel mitgenommen und diesen heiligen
Ort entweiht. 29 Sie hatten nämlich kurz zu-
vor den Epheser Trophimus mit ihm zusam-
men in der Stadt gesehen und meinten, Pau-
lus habe ihn in den Tempel mitgenommen.
30 Da geriet die ganze Stadt in Aufregung
und das Volk lief zusammen. Sie ergriffen
Paulus und zerrten ihn aus dem Tempel und
sofort wurden die Tore geschlossen.

31 Schon wollten sie ihn umbringen, da
brachte man dem Obersten der Kohorte die
Meldung hinauf: Ganz Jerusalem ist in Auf-
ruhr! 32 Er eilte sofort mit Soldaten und
Hauptleuten zu ihnen hinunter. Als sie den
Obersten und die Soldaten sahen, hörten sie
auf, Paulus zu schlagen. 33 Der Oberst trat
hinzu, verhaftete ihn, ließ ihn mit zwei Ket-
ten fesseln und fragte, wer er sei und was er
getan habe. 34 In der Menge schrien die einen
dies, die andern das. Da er bei dem Lärm
nichts Sicheres ermitteln konnte, befahl er,
ihn in die Kaserne zu führen. 35 Als Paulus an
die Freitreppe kam, mussten ihn die Solda-
ten wegen des Andrangs der Menge tragen.
36 Denn das Volk lief hinterher und schrie:
Weg mit ihm!

37 Als man Paulus in die Kaserne bringen
wollte, sagte er zum Obersten: Darf ich ein
Wort mit dir reden? Der antwortete: Du ver-
stehst Griechisch? 38 Dann bist du also nicht
der Ägypter, der vor einiger Zeit die viertau-
send Sikarier aufgewiegelt und in die Wüste
hinausgeführt hat? 39 Paulus antwortete: Ich
bin ein Jude aus Tarsus in Zilizien, Bürger
einer nicht unbedeutenden Stadt. Ich bitte
dich, gestatte mir, zum Volk zu sprechen.
40 Als der Oberst es erlaubte, stellte sich Pau-
lus auf die Freitreppe und gab dem Volk mit
der Hand ein Zeichen. Alles wurde still und
er redete sie in Hebräischer Sprache an:

28: 6,13; 18,13 • 29: 20,4; 2 Tim 4,20 • 33: 20,23; 21,11 • 39: 9,11.

Die Rede des Paulus im Tempelvorhof: 22,1–21

22 Brüder und Väter! Hört, was ich euch
zu meiner Verteidigung zu sagen
habe. 2 Als sie hörten, dass er in Hebräischer
Sprache zu ihnen redete, waren sie noch ru-
higer. Und er sagte: 3 Ich bin ein Jude, gebo-
ren in Tarsus in Zilizien, hier in dieser Stadt
erzogen, zu Füßen Gamaliëls genau nach
dem Gesetz der Väter ausgebildet, ein Eife-
rer für Gott, wie ihr alle es heute seid. 4 Ich

21,25 Vgl. die Anmerkung zu 15,20.
21,28f Heiden in die inneren, den Juden vorbehaltenen Vorhöfe des Tempels mitzunehmen, war bei Todesstrafe verboten.
21,38 »Sikarier« (Dolchmänner) waren jüdische Freiheitskämpfer.

habe den (neuen) Weg bis auf den Tod verfolgt, habe Männer und Frauen gefesselt und in die Gefängnisse eingeliefert. 5 Das bezeugen mir der Hohepriester und der ganze Rat der Ältesten. Von ihnen erhielt ich auch Briefe an die Brüder und zog nach Damaskus, um dort ebenfalls die Anhänger (der neuen Lehre) zu fesseln und zur Bestrafung nach Jerusalem zu bringen. 6 Als ich nun unterwegs war und mich Damaskus näherte, da geschah es, dass mich um die Mittagszeit plötzlich vom Himmel her ein helles Licht umstrahlte. 7 Ich stürzte zu Boden und hörte eine Stimme zu mir sagen: Saul, Saul, warum verfolgst du mich? 8 Ich antwortete: Wer bist du, Herr? Er sagte zu mir: Ich bin Jesus, der Nazoräer, den du verfolgst. 9 Meine Begleiter sahen zwar das Licht, die Stimme dessen aber, der zu mir sprach, hörten sie nicht. 10 Ich sagte: Herr, was soll ich tun? Der Herr antwortete: Steh auf, und geh nach Damaskus, dort wird dir alles gesagt werden, was du nach Gottes Willen tun sollst. 11 Da ich aber vom Glanz jenes Lichtes geblendet war, sodass ich nicht mehr sehen konnte, wurde ich von meinen Begleitern an der Hand geführt und gelangte so nach Damaskus.

12 Ein gewisser Hananias, ein frommer und gesetzestreuer Mann, der bei allen Juden dort in gutem Ruf stand, 13 kam zu mir, trat vor mich und sagte: Bruder Saul, du sollst wieder sehen! Und im gleichen Augenblick konnte ich ihn sehen. 14 Er sagte: Der Gott unserer Väter hat dich dazu erwählt, seinen Willen zu erkennen, den Gerechten zu sehen und die Stimme seines Mundes zu hören; 15 denn du sollst vor allen Menschen sein Zeuge werden für das, was du gesehen und gehört hast. 16 Was zögerst du noch? Steh auf, lass dich taufen und deine Sünden abwaschen und rufe seinen Namen an! 17 Als ich später nach Jerusalem zurückgekehrt war und im Tempel betete, da geriet ich in eine Verzückung. 18 Und ich sah ihn, wie er zu mir sagte: Beeil dich, verlasse sofort Jerusalem; denn sie werden dein Zeugnis über mich nicht annehmen. 19 Da sagte ich: Herr, sie wissen doch, dass ich es war, der deine Gläubigen ins Gefängnis werfen und in den Synagogen auspeitschen ließ. 20 Auch als das Blut deines Zeugen Stephanus vergossen wurde, stand ich dabei; ich stimmte zu und passte auf die Kleider derer auf, die ihn umbrachten. 21 Aber er sagte zu mir: Brich auf, denn ich will dich in die Ferne zu den Heiden senden.

1: 7,2; 13,26 • 3–21: 9,1–29; 26,9–23; 5,34; 2 Kor 11,22; Phil 3,5; Röm 10,2; Gal 1,14 • 4: 8,3 • 17: 9,26; Gal 1,18f • 19: 22,4 • 20: 7,58; 8,1 • 21: 9,15; 13,2; 26,16–18; Röm 1,5; Gal 2,7.

Paulus und der römische Oberst: 22,22–29

22 Bis zu diesem Wort hörten sie ihm zu, dann fingen sie an zu schreien: Weg mit so einem Menschen! Er darf nicht am Leben bleiben. 23 Sie lärmten, zerrissen ihre Kleider und warfen Staub in die Luft. 24 Da befahl der Oberst, ihn in die Kaserne zu führen, und ordnete an, ihn unter Geißelschlägen zu verhören. Auf diese Weise wollte er herausfinden, warum sie derart gegen ihn tobten. 25 Als sie ihn aber für die Geißelung festbanden, sagte Paulus zu dem Hauptmann, der dabeistand: Dürft ihr jemand, der das römische Bürgerrecht besitzt, geißeln, noch dazu ohne Verurteilung?

26 Als der Hauptmann das hörte, ging er zum Obersten, meldete es und sagte: Was hast du vor? Der Mann ist ein Römer. 27 Der Oberst kam zu Paulus und fragte ihn: Sag mir, bist du ein Römer? Er antwortete: Ja. 28 Da antwortete der Oberst: Ich habe für dieses Bürgerrecht ein Vermögen gezahlt. Paulus sagte: Ich bin sogar als Römer geboren. 29 Sofort ließen die, die ihn verhören sollten, von ihm ab. Und der Oberst erschrak, als er erfuhr, dass es ein Römer war, den er hatte fesseln lassen.

22: 1 Kor 4,13 • 25: 16,37; 23,27 • 29: 16,38f.

Paulus vor dem Hohen Rat: 22,30 – 23,11

30 Weil er genau wissen wollte, was die Juden ihm vorwarfen, ließ er ihn am nächsten Tag aus dem Gefängnis holen und befahl, die Hohenpriester und der ganze Hohe Rat sollten sich versammeln. Und er ließ Paulus hinunterführen und ihnen gegenüberstellen.

23 Paulus schaute mit festem Blick auf den Hohen Rat und sagte: Brüder! Bis zum heutigen Tag lebe ich vor Gott mit völlig reinem Gewissen. 2 Der Hohepriester Hananias aber befahl denen, die bei ihm standen, ihn auf den Mund zu schlagen. 3 Da sagte Paulus zu ihm: Dich wird Gott schlagen, du übertünchte Wand! Du sitzt hier, um mich nach dem Gesetz zu richten, und entgegen dem Gesetz befiehlst du, mich zu schlagen? 4 Die Umstehenden sagten: Du wagst es, den Hohenpriester Gottes zu schmähen? 5 Paulus antwortete: Ich wusste nicht, Brüder, dass er der Hohepriester ist. Denn es heißt in der Schrift: *Einen Fürsten deines Volkes sollst du nicht verfluchen.* 6 Da Paulus aber wusste, dass der eine Teil zu den Sadduzäern, der andere zu den Pharisäern gehörte, rief er vor dem Hohen Rat aus: Brüder, ich bin Pharisäer und ein Sohn von Pharisäern; wegen der Hoffnung und wegen der Auferstehung der Toten stehe ich vor Gericht.

7 Als er das sagte, brach ein Streit zwischen den Pharisäern und den Sadduzäern aus, und die Versammlung spaltete sich. 8 Die Sadduzäer behaupten nämlich, es gebe weder eine Auferstehung noch Engel noch Geister, die Pharisäer dagegen bekennen sich zu all dem. 9 Es erhob sich ein lautes Geschrei und einige Schriftgelehrte aus dem Kreis der Pharisäer standen auf und verfochten ihre Ansicht. Sie sagten: Wir finden nichts Schlimmes an diesem Menschen. Vielleicht hat doch ein Geist oder ein Engel zu ihm gesprochen. 10 Als der Streit heftiger wurde, befürchtete der Oberst, sie könnten Paulus zerreißen. Daher ließ er die Wachtruppe herabkommen, ihn mit Gewalt aus ihrer Mitte herausholen und in die Kaserne bringen.

11 In der folgenden Nacht aber trat der Herr zu Paulus und sagte: Hab Mut! Denn so wie du in Jerusalem meine Sache bezeugt hast, sollst du auch in Rom Zeugnis ablegen.

1: 24,16; 2 Kor 1,12 • 3: Mt 23,27; Lev 19,15 • 5: Ex 22,27 • 6: 4,2; 22,3; 26,5 • 8: Lk 20,27; Mt 22,23 • 11: 18,9; 19,21; 27,24; 28,23.31.

Die Verschwörung der Juden gegen Paulus: 23,12–22

12 Nach Tagesanbruch rotteten sich die Juden zusammen und schworen einen heiligen Eid, weder zu essen noch zu trinken, bis sie Paulus getötet hätten. 13 An dieser Verschwörung waren mehr als vierzig Männer beteiligt. 14 Sie gingen zu den Hohenpriestern und den Ältesten und sagten: Wir haben mit einem heiligen Eid geschworen, nichts zu essen, bis wir Paulus getötet haben. 15 Geht also jetzt zusammen mit dem Hohen Rat zum Obersten und bittet ihn, Paulus zu euch herunterzuführen, da ihr den Fall noch genauer untersuchen wollt; wir aber halten uns bereit, um ihn, noch bevor er hierher kommt, umzubringen.

16 Der Neffe des Paulus, der Sohn seiner Schwester, erfuhr jedoch von dem Anschlag. Er ging in die Kaserne und verständigte Paulus. 17 Paulus ließ einen der Hauptleute rufen und sagte: Bring diesen jungen Mann zum Obersten, denn er hat ihm etwas zu melden. 18 Der nahm ihn mit sich, brachte ihn zum Obersten und sagte: Der Gefangene Paulus hat mich gerufen und gebeten, diesen jungen Mann zu dir zu führen, da er dir etwas mitzuteilen habe. 19 Der Oberst fasste ihn bei der Hand, nahm ihn beiseite und fragte: Was hast du mir zu melden? 20 Er antwortete: Die Juden haben verabredet, dich zu bitten, du mögest morgen den Paulus vor den Hohen Rat hinunterführen lassen. Angeblich wollen sie Genaueres über ihn erfahren. 21 Trau ihnen nicht! Denn mehr als vierzig Männer von ihnen lauern ihm auf. Sie haben sich geschworen, weder zu essen noch zu trinken, bis sie ihn umgebracht haben; schon stehen sie bereit und warten auf deine Anordnung. 22 Der Oberst befahl dem jungen Mann: Sag niemand etwas darüber, dass du mir das angezeigt hast. Dann ließ er ihn gehen.

Die Überführung des Paulus nach Cäsarea: 23,23–35

23 Er rief zwei von den Hauptleuten und gab ihnen den Befehl: Haltet von der dritten Stunde der Nacht an zweihundert Soldaten zum Marsch nach Cäsarea bereit, außerdem siebzig Reiter und zweihundert Leichtbewaffnete; 24 auch Tragtiere soll man bereitstellen, Paulus aufsitzen lassen und sicher zum Statthalter Felix bringen. 25 Und er schrieb einen Brief mit folgendem Inhalt: 26 Klaudius Lysias entbietet dem erlauchten Statthalter Felix seinen Gruß! 27 Dieser Mann wurde von den Juden ergriffen und wäre beinahe von ihnen umgebracht worden; da habe ich mit der Wachtruppe eingegriffen und ihn befreit. Ich hatte nämlich erfahren, dass er Römer ist. 28 Und weil ich ermitteln wollte, wessen sie ihn beschuldigen, brachte ich ihn vor ihren Hohen Rat. 29 Ich fand heraus, dass er wegen Streitfragen über ihr Gesetz angeschuldigt wird, dass aber keine Anklage gegen ihn vorliegt, auf die Tod oder Haft steht. 30 Da mir aber angezeigt wurde, gegen den Mann sei ein Anschlag geplant, schicke ich ihn sogleich zu dir; auch habe ich die Kläger angewiesen, ihre Sache gegen ihn bei dir vorzubringen.

31 Die Soldaten übernahmen Paulus, wie ihnen befohlen war, und brachten ihn bei Nacht bis Antipatris. 32 Am anderen Tag ließen sie die Reiter mit ihm weiterziehen und kehrten in die Kaserne zurück. 33 Diese gaben nach ihrer Ankunft in Cäsarea den Brief beim Statthalter ab und führten ihm Paulus vor. 34 Er las (den Brief) und fragte Paulus, aus welcher Provinz er stamme. Als er hörte, er sei aus Zilizien, 35 sagte er: Ich werde dich

23,6 Paulus gibt zu verstehen, dass die christliche Auferstehungshoffnung mit der Erwartung der Pharisäer übereinstimmt.

23,26 Felix war bis etwa 58 n. Chr. Statthalter von Judäa.

vernehmen, sobald deine Ankläger eingetroffen sind. Dann befahl er, ihn im Prätorium des Herodes in Gewahrsam zu halten.

27: 21,33; 22,25 • 28: 22,30 • 29: 18,14f • 35: 22,3.

Paulus vor dem römischen Statthalter Felix: 24,1–27

24 Nach fünf Tagen kam der Hohepriester Hananias mit einigen Ältesten und dem Anwalt Tertullus herab und sie brachten beim Statthalter ihre Klage gegen
Paulus vor. 2 Er wurde herbeigeholt und Tertullus erhob Anklage mit folgenden Worten:
Tiefen Frieden genießen wir durch dich, und
durch deine Umsicht hat sich für dieses Volk
vieles gebessert. 3 Das erkennen wir immer
und überall mit großer Dankbarkeit an, erlauchter Felix. 4 Um dich aber nicht länger
bemühen zu müssen, bitte ich dich, uns in
deiner Milde kurz anzuhören. 5 Wir finden
nämlich, dieser Mann ist eine Pest, ein Unruhestifter bei allen Juden in der Welt und ein
Rädelsführer der Nazoräersekte. 6 Er hat sogar versucht, den Tempel zu entweihen. Wir
haben ihn festgenommen [6b–8a]. 8b Wenn du
ihn verhörst, wirst du selbst alles ermitteln
können, wessen wir ihn anklagen. 9 Und die
Juden unterstützten ihn, indem sie behaupteten, so sei es.

10 Auf einen Wink des Statthalters erwiderte Paulus: Da ich dich seit vielen Jahren
als Richter für dieses Volk kenne, verteidige
ich meine Sache voll Zuversicht. 11 Wie du
feststellen kannst, sind erst zwölf Tage vergangen, seit ich nach Jerusalem hinaufgezogen bin, um Gott anzubeten. 12 Sie haben
mich weder im Tempel noch in den Synagogen noch anderswo in der Stadt dabei angetroffen, dass ich ein Streitgespräch mit jemand geführt oder einen Aufruhr im Volk
erregt hätte. 13 Sie können dir auch nichts
von dem beweisen, was sie mir jetzt vorwerfen. 14 Das allerdings bekenne ich dir: Dem
(neuen) Weg entsprechend, den sie eine Sekte nennen, diene ich dem Gott meiner Väter.
Ich glaube an alles, was im Gesetz und in den
Propheten steht, 15 und ich habe dieselbe
Hoffnung auf Gott, die auch diese hier haben: dass es eine Auferstehung der Gerechten und Ungerechten geben wird. 16 Deshalb
bemühe auch ich mich, vor Gott und den
Menschen immer ein reines Gewissen zu haben. 17 Nach mehreren Jahren bin ich nun zu
meinem Volk gekommen, um Spenden zu
überbringen und zu opfern. 18 Als ich mich
zu diesem Zweck im Tempel hatte weihen
lassen, trafen mich – nicht mit einer Volksmenge und nicht bei einem Tumult – 19 einige
Juden aus der Provinz Asien; sie müssten vor
dir erscheinen und Anklage erheben, wenn
sie etwas gegen mich vorzubringen haben.
20 Oder diese hier sollen doch selbst sagen,
was für ein Vergehen sie herausgefunden haben, als ich vor dem Hohen Rat stand, 21 es
sei denn der eine Satz, den ich in ihrer Mitte
ausgerufen habe: Wegen der Auferstehung
der Toten stehe ich heute vor eurem Gericht.

22 Felix, der den (neuen) Weg genau kannte, vertagte den Fall mit den Worten: Sobald
der Oberst Lysias herabkommt, werde ich
eure Sache entscheiden. 23 Den Hauptmann
wies er an, Paulus weiter in Gewahrsam zu
halten, jedoch in leichter Haft, und niemand
von den Seinen daran zu hindern, für ihn zu
sorgen.

24 Einige Tage darauf erschien Felix mit
seiner Gemahlin Drusilla, einer Jüdin, ließ
Paulus rufen und hörte an, was er ihm über
den Glauben an Christus Jesus berichtete.
25 Als aber die Rede auf Gerechtigkeit, Enthaltsamkeit und das bevorstehende Gericht
kam, erschrak Felix und unterbrach ihn: Für
jetzt kannst du gehen; wenn ich Zeit finde,
werde ich dich wieder rufen. 26 Dabei hoffte
er, von Paulus Geld zu erhalten. Deshalb ließ
er ihn auch häufig kommen und unterhielt
sich mit ihm. 27 Nach zwei Jahren aber
wurde Porzius Festus Nachfolger des Felix;
und weil Felix den Juden einen Gefallen erweisen wollte, ließ er Paulus in der Haft zurück.

5: 17,6 • 11: 21,17 • 14: 9,2 • 15: Dan 12,2; 2 Makk 7,9; Joh 5,28f • 16: 23,1 • 17: Röm 15,25f; Gal 2,10 • 18: 21,27 • 21: 23,6 • 22: 23,26 • 23: 27,3 • 27: 25,9.

Paulus vor dem Statthalter Festus – seine Berufung an den Kaiser: 25,1–12

25 Als Festus in der Provinz eingetroffen war, zog er drei Tage später von
Cäsarea nach Jerusalem hinauf. 2 Da erstatteten die Hohenpriester und die Vornehmsten der Juden bei ihm Anzeige gegen Paulus.
Sie ersuchten ihn, gegen Paulus vorzugehen,
3 und baten ihn um den Gefallen, Paulus
nach Jerusalem bringen zu lassen. Sie wollten ihn nämlich unterwegs aus einem Hin-

---

24,6 Einige Textzeugen fügen ein: … 6b und nach unserem Gesetz richten wollen. 7 Aber der Oberst Lysias kam herzu und entriss ihn mit Gewalt unseren Händen 8a und befahl, dass seine Ankläger zu dir kommen sollen.

24,27 Porzius Festus war von etwa 58 n. Chr. an Statthalter von Judäa.

terhalt heraus ermorden. 4 Festus jedoch
antwortete, Paulus bleibe in Cäsarea in Haft
und er selbst wolle in Kürze abreisen. 5 Die
unter euch, die dafür zuständig sind, sagte
er, können mit hinabkommen, und wenn ge-
gen den Mann etwas vorliegt, sollen sie ge-
gen ihn Anklage erheben.

6 Er hielt sich nicht länger als acht oder
zehn Tage bei ihnen auf, dann reiste er nach
Cäsarea hinab. Am folgenden Tag setzte er
sich auf den Richterstuhl und ließ Paulus
vorführen. 7 Als dieser erschien, umringten
ihn die Juden, die von Jerusalem herabge-
kommen waren, und brachten viele schwere
Beschuldigungen vor, konnten sie aber nicht
beweisen. 8 Paulus verteidigte sich: Ich habe
mich weder gegen das Gesetz der Juden noch
gegen den Tempel noch gegen den Kaiser
vergangen. 9 Festus jedoch wollte den Juden
einen Gefallen erweisen und antwortete dem
Paulus: Willst du nach Jerusalem hinaufge-
hen und dich dort unter meinem Vorsitz die-
ser Sache wegen richten lassen? 10 Paulus
sagte: Ich stehe vor dem Richterstuhl des
Kaisers und da muss ich gerichtet werden.
Den Juden habe ich kein Unrecht getan, wie
auch du sehr wohl weißt. 11 Wenn ich wirk-
lich ein Unrecht begangen und etwas getan
habe, worauf die Todesstrafe steht, weigere
ich mich nicht zu sterben. Wenn aber ihre
Anklage gegen mich unbegründet ist, kann
mich niemand ihnen ausliefern. Ich lege Be-
rufung beim Kaiser ein! 12 Da besprach sich
Festus mit seinen Ratgebern und antwortete:
An den Kaiser hast du appelliert; zum Kaiser
sollst du gehen.

3: 23,15 • 9: 24,27.

Paulus vor dem Statthalter Festus und König Agrippa: 25,13 – 26,32

13 Einige Tage später trafen König Agrip-
pa und Berenike in Cäsarea ein, um Festus
ihre Aufwartung zu machen. 14 Sie blieben
mehrere Tage dort. Da trug Festus dem Kö-
nig den Fall des Paulus vor und sagte: Von
Felix ist ein Mann als Gefangener zurückge-
lassen worden, 15 gegen den die Hohenpries-
ter und die Ältesten der Juden, als ich in Je-
rusalem war, vorstellig wurden. Sie forder-
ten seine Verurteilung, 16 ich aber erwiderte
ihnen, es sei bei den Römern nicht üblich, ei-
nen Menschen auszuliefern, bevor nicht der
Angeklagte den Anklägern gegenüberge-
stellt sei und Gelegenheit erhalten habe, sich
gegen die Anschuldigungen zu verteidigen.
17 Als sie dann zusammen hierher kamen,
setzte ich mich gleich am nächsten Tag auf
den Richterstuhl und ließ den Mann vorfüh-
ren. 18 Bei der Gegenüberstellung brachten
die Kläger keine Anklage wegen solcher Ver-
brechen vor, die ich vermutet hatte; 19 sie
führten nur einige Streitfragen gegen ihn ins
Feld, die ihre Religion und einen gewissen
Jesus betreffen, der gestorben ist, von dem
Paulus aber behauptet, er lebe. 20 Da ich
mich auf die Untersuchung dieser Dinge
nicht verstand, fragte ich, ob er nach Jerusa-
lem gehen wolle, um sich dort deswegen
richten zu lassen. 21 Paulus jedoch legte Be-
rufung ein; er wollte bis zur Entscheidung
der kaiserlichen Majestät in Haft bleiben.
Daher gab ich Befehl, ihn in Haft zu halten,
bis ich ihn zum Kaiser schicken kann. 22 Da
sagte Agrippa zu Festus: Ich würde den
Mann gern selbst hören. Morgen, antwortete
er, sollst du ihn hören.

23 So kamen am folgenden Tag Agrippa
und Berenike mit großem Gepränge und
betraten die Empfangshalle, zusammen mit
den Obersten und den vornehmsten Männern
der Stadt. Auf Befehl des Festus wurde Pau-
lus vorgeführt, 24 und Festus sagte: König
Agrippa und all ihr Männer, die ihr hier bei
uns seid! Da seht ihr den Mann, dessentwe-
gen mich alle Juden in Jerusalem und auch
hier bestürmt haben mit ihrem Geschrei, er
dürfe nicht länger am Leben bleiben. 25 Ich
aber konnte bei ihm nichts feststellen, wo-
rauf die Todesstrafe steht. Da er jedoch
selbst an die kaiserliche Majestät appelliert
hat, habe ich beschlossen, ihn hinzuschi-
cken. 26 Etwas Genaues über ihn weiß ich
meinem Herrn allerdings nicht zu schreiben.
Darum habe ich ihn euch und vor allem dir,
König Agrippa, vorführen lassen, um nach
dem Verhör zu wissen, was ich schreiben
kann. 27 Denn es scheint mir unsinnig, einen
Gefangenen zu schicken, ohne anzugeben,
was man ihm vorwirft.

26 Da sagte Agrippa zu Paulus: Du hast
die Erlaubnis, in eigener Sache zu
reden. Paulus erhob die Hand und sagte zu
seiner Verteidigung: 2 Ich schätze mich
glücklich, König Agrippa, dass ich mich heu-
te vor dir verteidigen darf wegen all der Din-
ge, die mir die Juden vorwerfen, 3 besonders,
da du ein Kenner aller jüdischen Satzungen
und Streitfragen bist. Deshalb bitte ich,
mich geduldig anzuhören.

25,13 Es handelt sich um Herodes Agrippa II., Sohn des Herodes Agrippa I (vgl. die Anmerkung zu 12,1). Er hielt zu den Römern, wurde 50 n. Chr. Tetrarch und 53 n. Chr. König, hatte aber nur sehr beschränkte Rechte. Er war unverheiratet und lebte mit seiner Schwester Berenike zusammen.

4 Das Leben, das ich seit meiner Jugend bei
meinem Volk und in Jerusalem geführt habe,
ist allen Juden von Anfang an bekannt. 5 Ich
bin ihnen von früher her bekannt, und wenn
sie wollen, können sie bezeugen, dass ich
nach der strengsten Richtung unserer Religi-
on gelebt habe, nämlich als Pharisäer. 6 Und
jetzt stehe ich vor Gericht wegen der Hoff-
nung auf die Verheißung, die von Gott an un-
sere Väter ergangen ist. 7 Unser Zwölfstäm-
mevolk hofft, sie zu erlangen, und deshalb
dient es Gott unablässig, bei Tag und Nacht.
Dieser Hoffnung wegen, König, werde ich
von den Juden angeklagt. 8 Warum haltet ihr
es für unglaubhaft, dass Gott Tote aufer-
weckt? 9 Ich selbst meinte, ich müsste den
Namen Jesu, des Nazoräers, heftig bekämp-
fen. 10 Das habe ich in Jerusalem auch getan:
Ich ließ mir von den Hohenpriestern Voll-
macht geben und sperrte viele der Heiligen
ins Gefängnis; und wenn sie hingerichtet
werden sollten, stimmte ich dafür. 11 Und in
allen Synagogen habe ich oft versucht, sie
durch Strafen zur Lästerung zu zwingen; in
maßloser Wut habe ich sie sogar bis in Städte
außerhalb des Landes verfolgt.

12 So zog ich auch mit der Vollmacht und
Erlaubnis der Hohenpriester nach Damas-
kus. 13 Da sah ich unterwegs, König, mitten
am Tag ein Licht, das mich und meine Be-
gleiter vom Himmel her umstrahlte, heller
als die Sonne. 14 Wir alle stürzten zu Boden,
und ich hörte eine Stimme auf Hebräisch zu
mir sagen: Saul, Saul, warum verfolgst du
mich? Es wird dir schwer fallen, gegen den
Stachel auszuschlagen. 15 Ich antwortete:
Wer bist du, Herr? Der Herr sagte: Ich bin Je-
sus, den du verfolgst. 16 Steh auf, stell dich
auf deine Füße! Denn ich bin dir erschienen,
um dich zum Diener und Zeugen dessen zu
erwählen, was du gesehen hast und was ich
dir noch zeigen werde. 17 Ich will dich vor
dem Volk und den Heiden retten, zu denen
ich dich sende, 18 um ihnen die Augen zu öff-
nen. Denn sie sollen sich von der Finsternis
zum Licht und von der Macht des Satans zu
Gott bekehren und sollen durch den Glauben
an mich die Vergebung der Sünden empfan-
gen und mit den Geheiligten am Erbe teilha-
ben.

19 Daher, König Agrippa, habe ich mich
der himmlischen Erscheinung nicht wider-
setzt, 20 sondern zuerst denen in Damaskus
und in Jerusalem, dann im ganzen Land Ju-
däa und bei den Heiden verkündet, sie soll-
ten umkehren, sich Gott zuwenden und der
Umkehr entsprechend handeln. 21 Aus die-
sem Grund haben mich einige Juden im
Tempel ergriffen und versucht, mich umzu-
bringen. 22 Doch ich habe Gottes Hilfe erfah-
ren bis zum heutigen Tag; so stehe ich da als
Zeuge für Groß und Klein und sage nichts
anderes als das, was nach dem Wort der Pro-
pheten und des Mose geschehen soll: 23 dass
der Christus leiden müsse und dass er, als
erster von den Toten auferstanden, dem
Volk und den Heiden ein Licht verkünden
werde.

24 Als er sich mit diesen Worten verteidig-
te, rief Festus laut: Du bist verrückt, Paulus!
Das viele Studieren in den (heiligen) Schrif-
ten treibt dich zum Wahnsinn. 25 Paulus er-
widerte: Ich bin nicht verrückt, erlauchter
Festus; was ich sage, ist wahr und vernünf-
tig. 26 Der König versteht sich auf diese Din-
ge; deshalb spreche ich auch freimütig zu
ihm. Ich bin überzeugt, dass ihm nichts da-
von entgangen ist; das alles hat sich ja nicht
in irgendeinem Winkel zugetragen. 27 König
Agrippa, glaubst du den Propheten? Ich
weiß, du glaubst. 28 Darauf sagte Agrippa zu
Paulus: Fast überredest du mich dazu, mich
als Christ auszugeben. 29 Paulus antwortete:
Ich wünschte mir von Gott, dass früher oder
später nicht nur du, sondern alle, die mich
heute hören, das werden, was ich bin, frei-
lich ohne diese Fesseln.

30 Da erhoben sich der König und der
Statthalter, auch Berenike und alle, die bei
ihnen saßen. 31 Sie zogen sich zurück, be-
sprachen sich miteinander und sagten: Die-
ser Mann tut nichts, worauf Tod oder Haft
steht. 32 Und Agrippa sagte zu Festus: Der
Mann könnte freigelassen werden, wenn er
nicht an den Kaiser appelliert hätte.

25,19: 18,15 • 26,4: Gal 1,14; Phil 3,5f • 5: 23,6 • 6: 28,20 • 9–20: 9,1–29; 22,3–21 • 16: Ez 2,1.3; 2 Kor 12,1; Gal 1,15f • 18: Jes 35,5; 42,7.16; 61,1; Apg 20,32; Kol 1,13 • 21: 21,30f • 23: Lk 24,26.44–47; 1 Kor 15,20; Kol 1,18 • 28: 11,26; 1 Petr 4,16 • 32: 25,11.

Die Abfahrt des gefangenen Apostels nach Rom: 27,1–13

27 Als unsere Abfahrt nach Italien fest-
stand, wurden Paulus und einige an-
dere Gefangene einem Hauptmann der kai-
serlichen Kohorte namens Julius übergeben.
2 Wir bestiegen ein Schiff aus Adramyttium,
das die Orte entlang der Küste Kleinasiens
anlaufen sollte, und fuhren ab; bei uns war
Aristarch, der Mazedonier aus Thessalonich.
3 Am anderen Tag liefen wir in Sidon ein und
Julius, der Paulus wohlwollend behandelte,
erlaubte ihm, zu seinen Freunden zu gehen
und sich versorgen zu lassen. 4 Von dort fuh-
ren wir weiter und umsegelten, weil wir Ge-
genwind hatten, Zypern. 5 Wir fuhren durch
das Meer von Zilizien und Pamphylien und

erreichten Myra in Lyzien. 6 Dort fand der Hauptmann ein alexandrinisches Schiff, das nach Italien fuhr, und er brachte uns an Bord. 7 Viele Tage lang kamen wir nur langsam vorwärts und mit Mühe erreichten wir die Höhe von Knidos. Da uns der Wind nicht herankommen ließ, umsegelten wir Kreta bei Salmone, 8 fuhren unter großer Mühe an Kreta entlang und erreichten einen Ort namens Kalói Liménes, in dessen Nähe die Stadt Lasäa liegt.

9 Da inzwischen längere Zeit vergangen und die Schifffahrt bereits unsicher geworden war – sogar das Fasten war schon vorüber –, warnte Paulus und sagte: 10 Männer, ich sehe, die Fahrt wird mit Gefahr und großem Schaden verbunden sein, nicht nur für die Ladung und das Schiff, sondern auch für unser Leben. 11 Der Hauptmann aber vertraute dem Steuermann und dem Kapitän mehr als den Worten des Paulus. 12 Da der Hafen zum Überwintern ungeeignet war, beschloss die Mehrheit weiterzufahren, um nach Möglichkeit Phönix zu erreichen, einen nach Südwesten und Nordwesten offenen Hafen von Kreta; dort wollten sie überwintern. 13 Als leichter Südwind aufkam, meinten sie, ihr Vorhaben sei schon geglückt; sie lichteten den Anker und fuhren dicht an Kreta entlang.

1: 25,12 • 2: 19,29; 20,4 • 3: 24,23; 28,2.16.

Der Seesturm: 27,14–26

14 Doch kurz darauf brach von der Insel her ein Orkan los, Eurakylon genannt. 15 Das Schiff wurde mitgerissen, und weil es nicht mehr gegen den Wind gedreht werden konnte, gaben wir auf und ließen uns treiben. 16 Während wir unter einer kleinen Insel namens Kauda hinfuhren, konnten wir das Beiboot nur mit Mühe in die Gewalt bekommen. 17 Die Matrosen hoben es hoch, dann sicherten sie das Schiff, indem sie Taue darum herumspannten. Weil sie fürchteten, in die Syrte zu geraten, ließen sie den Treibanker hinab und trieben dahin. 18 Da wir vom Sturm hart bedrängt wurden, erleichterten sie am nächsten Tag das Schiff, 19 und am dritten Tag warfen sie eigenhändig die Schiffsausrüstung über Bord. 20 Mehrere Tage hindurch zeigten sich weder Sonne noch Sterne und der heftige Sturm hielt an. Schließlich schwand uns alle Hoffnung auf Rettung.

21 Niemand wollte mehr essen; da trat Paulus in ihre Mitte und sagte: Männer, man hätte auf mich hören und von Kreta nicht abfahren sollen, dann wären uns dieses Unglück und der Schaden erspart geblieben. 22 Doch jetzt ermahne ich euch: Verliert nicht den Mut! Niemand von euch wird sein Leben verlieren, nur das Schiff wird untergehen. 23 Denn in dieser Nacht ist ein Engel des Gottes, dem ich gehöre und dem ich diene, zu mir gekommen 24 und hat gesagt: Fürchte dich nicht, Paulus! Du musst vor den Kaiser treten. Und Gott hat dir alle geschenkt, die mit dir fahren. 25 Habt also Mut, Männer! Denn ich vertraue auf Gott, dass es so kommen wird, wie mir gesagt worden ist. 26 Wir müssen allerdings an einer Insel stranden.

4: 23,11 • 26: 28,1.

Der Schiffbruch vor Malta: 27,27–44

27 Als wir schon die vierzehnte Nacht auf der Adria trieben, merkten die Matrosen um Mitternacht, dass sich ihnen Land näherte. 28 Sie warfen das Lot hinab und maßen zwanzig Faden; kurz danach loteten sie nochmals und maßen fünfzehn Faden. 29 Aus Furcht, wir könnten auf Klippen laufen, warfen sie vom Heck aus vier Anker und wünschten den Tag herbei. 30 Als aber die Matrosen unter dem Vorwand, sie wollten vom Bug aus Anker auswerfen, vom Schiff zu fliehen versuchten und das Beiboot ins Meer hinunterließen, 31 sagte Paulus zum Hauptmann und zu den Soldaten: Wenn sie nicht auf dem Schiff bleiben, könnt ihr nicht gerettet werden. 32 Da kappten die Soldaten die Taue des Beibootes und ließen es forttreiben. 33 Bis in die Morgendämmerung hinein ermunterte Paulus alle, etwas zu essen, und sagte: Heute ist schon der vierzehnte Tag, dass ihr ausharrt, ohne auch nur die geringste Nahrung zu euch zu nehmen. 34 Deshalb rate ich euch: Esst etwas; das ist gut für eure Rettung. Denn keinem von euch wird auch nur ein Haar von seinem Kopf verloren gehen.

35 Nach diesen Worten nahm er Brot, dankte Gott vor den Augen aller, brach es und begann zu essen. 36 Da fassten alle Mut und aßen ebenfalls. 37 Wir waren im ganzen zweihundertsechsundsiebzig Menschen an Bord. 38 Nachdem sie sich satt gegessen hatten, warfen sie das Getreide ins Meer, um das Schiff zu erleichtern.

27,8 Kalói Liménes, wörtlich: Guthafen. Es handelt sich dabei um eine Bucht an der felsigen Küste bei der Stadt Lasäa, die nach Osten offen war.

27,14 »Eurakýlon« ist der Name eines starken Nordwinds.

27,28 1 Faden = 1 Klafter = 1,85 Meter.

39 Als es nun Tag wurde, entdeckten die
Matrosen eine Bucht mit flachem Strand; auf
ihn wollten sie, wenn möglich, das Schiff
auflaufen lassen; das Land selbst war ihnen
unbekannt. 40 Sie machten die Anker los und
ließen sie im Meer zurück. Zugleich lösten
sie die Haltetaue der Steuerruder, hissten
das Vorsegel und hielten mit dem Wind auf
den Strand zu. 41 Als sie aber auf eine Sand-
bank gerieten, strandeten sie mit dem Schiff;
der Bug bohrte sich ein und saß unbeweglich
fest; das Heck aber begann in der Brandung
zu zerbrechen. 42 Da beschlossen die Solda-
ten, die Gefangenen zu töten, damit keiner
schwimmend entkommen könne. 43 Der
Hauptmann aber wollte Paulus retten und
hinderte sie an ihrem Vorhaben. Er befahl,
dass zuerst alle, die schwimmen konnten,
über Bord springen und an Land gehen soll-
ten, 44 dann die Übrigen, teils auf Planken,
teils auf anderen Schiffstrümmern. So kam
es, dass alle ans Land gerettet wurden.

34: Lk 12,7 • 35: Joh 6,11; Lk 22,19; 1 Tim 4,4 • 41: 2 Kor 11,25.

Die Überwinterung auf Malta: 28,1–10

28 Als wir gerettet waren, erfuhren wir,
dass die Insel Malta heißt. 2 Die Ein-
heimischen waren uns gegenüber unge-
wöhnlich freundlich; sie zündeten ein Feuer
an und holten uns alle zu sich, weil es zu reg-
nen begann und kalt war. 3 Als Paulus einen
Haufen Reisig zusammenraffte und auf das
Feuer legte, fuhr infolge der Hitze eine Viper
heraus und biss sich an seiner Hand fest.
4 Als die Einheimischen das Tier an seiner
Hand hängen sahen, sagten sie zueinander:
Dieser Mensch ist gewiss ein Mörder; die Ra-
chegöttin lässt ihn nicht leben, obwohl er
dem Meer entkommen ist. 5 Er aber schleu-
derte das Tier ins Feuer und erlitt keinen
Schaden. 6 Da erwarteten sie, er werde an-
schwellen oder plötzlich tot umfallen. Als sie
aber eine Zeit lang gewartet hatten und sa-
hen, dass ihm nichts Schlimmes geschah, än-
derten sie ihre Meinung und sagten, er sei ein
Gott.

7 In jener Gegend lagen Landgüter, die
dem Publius, dem Ersten der Insel, gehörten;
er nahm uns auf und bewirtete uns drei Tage
lang freundlich als seine Gäste. 8 Der Vater
des Publius lag gerade mit Fieber und Ruhr
im Bett. Paulus ging zu ihm hinein und bete-
te; dann legte er ihm die Hände auf und heil-
te ihn. 9 Daraufhin kamen auch die anderen
Kranken der Insel herbei und wurden ge-
heilt. 10 Sie erwiesen uns viele Ehren und bei
der Abfahrt gaben sie uns alles mit, was wir
brauchten.

5: Mk 16,18; Lk 10,19 • 6: 14,11.

Von Malta nach Rom: 28,11–15

11 Drei Monate später fuhren wir mit ei-
nem alexandrinischen Schiff ab, das auf der
Insel überwintert hatte und die Dioskuren
als Schiffszeichen trug. 12 Wir liefen in Syra-
kus ein und blieben drei Tage; 13 von dort
fuhren wir die Küste entlang weiter und er-
reichten Rhegion. Nach einem Tag setzte
Südwind ein und so kamen wir in zwei Ta-
gen nach Puteoli. 14 Hier trafen wir Brüder;
sie baten uns, sieben Tage bei ihnen zu blei-
ben. Und so kamen wir nach Rom. 15 Von
dort waren uns die Brüder, die von uns ge-
hört hatten, bis Forum Appii und Tres Ta-
bernae entgegengereist. Als Paulus sie sah,
dankte er Gott und fasste Mut.

Ankunft und Wirken des Völkerapostels in Rom: 28,16–31

16 Nach unserer Ankunft in Rom erhielt
Paulus die Erlaubnis, für sich allein zu woh-
nen, zusammen mit dem Soldaten, der ihn
bewachte. 17 Drei Tage später rief er die füh-
renden Männer der Juden zusammen. Als sie
versammelt waren, sagte er zu ihnen: Brü-
der, obwohl ich mich nicht gegen das Volk
oder die Sitten der Väter vergangen habe,
bin ich von Jerusalem aus als Gefangener
den Römern ausgeliefert worden. 18 Diese
haben mich verhört und wollten mich frei-
lassen, da nichts gegen mich vorlag, worauf
der Tod steht. 19 Weil aber die Juden Ein-
spruch erhoben, war ich gezwungen, Beru-
fung beim Kaiser einzulegen, jedoch nicht,
um mein Volk anzuklagen. 20 Aus diesem
Grund habe ich darum gebeten, euch sehen
und sprechen zu dürfen. Denn um der Hoff-
nung Israels willen trage ich diese Fesseln.
21 Sie antworteten ihm: Wir haben über dich
weder Briefe aus Judäa erhalten, noch ist ei-
ner von den Brüdern gekommen, der uns et-

28,2.4 Die Einheimischen, wörtlich: Die Barbaren. Bei den Griechen Bezeichnung für Menschen, die nicht Griechisch sprachen.

28,7 »Der Erste der Insel« war ein offizieller Titel, der durch Inschriften bestätigt ist.

28,15 »Brüder« sind Christen, nicht Verwandte oder Volksgenossen des Paulus. – Forum Appii ist 64,5 Kilometer, Tres Tabernae 49,5 Kilometer von Rom entfernt.

28,20 Hoffnung Israels: Gemeint ist der Messias.

was Belastendes über dich berichtet oder erzählt hätte. 22 Wir wünschen aber von dir zu hören, was du denkst; denn von dieser Sekte ist uns bekannt, dass sie überall auf Widerspruch stößt.

23 Sie vereinbarten mit ihm einen bestimmten Tag, an dem sie in noch größerer Zahl zu ihm in die Wohnung kamen. Vom Morgen bis in den Abend hinein erklärte und bezeugte er ihnen das Reich Gottes und versuchte, sie vom Gesetz des Mose und von den Propheten aus für Jesus zu gewinnen. 24 Die einen ließen sich durch seine Worte überzeugen, die andern blieben ungläubig. 25 Ohne sich einig geworden zu sein, brachen sie auf, nachdem Paulus noch das eine Wort gesagt hatte: Treffend hat der Heilige Geist durch den Propheten Jesaja zu euren Vätern gesagt:

26 *Geh zu diesem Volk und sag: / Hören sollt ihr, hören, aber nicht verstehen; / sehen sollt ihr, sehen, aber nicht erkennen.*

27 *Denn das Herz dieses Volkes ist hart geworden / und mit ihren Ohren hören sie nur schwer / und ihre Augen halten sie geschlossen, / damit sie mit ihren Augen nicht sehen / und mit ihren Ohren nicht hören, / damit sie mit ihrem Herzen nicht zur Einsicht kommen, / damit sie sich nicht bekehren und ich sie nicht heile.*

28 Darum sollt ihr nun wissen: Den Heiden ist dieses Heil Gottes gesandt worden. Und sie werden hören! [29]

30 Er blieb zwei volle Jahre in seiner Mietwohnung und empfing alle, die zu ihm kamen. 31 Er verkündete das Reich Gottes und trug ungehindert und mit allem Freimut die Lehre über Jesus Christus, den Herrn, vor.

16: 27,3 • 20: 26,6f • 23: 13,16–25; 17,2f.11f; Lk 24,44; Joh 1,45; 5,45f; 1 Petr 1,10–12 • 26: Jes 6,9f G; Mt 13,14; Mk 4,12; Lk 8,10; Joh 12,40 • 28: Ps 67,3; 98,3; Apg 18,6; Lk 3,6 • 31: 1,3; 28,23; Röm 1,15.

28,29 Einzelne Textzeugen fügen hinzu: Als er das gesagt hatte, gingen die Juden weg und stritten noch lange miteinander.

Die Paulinischen Briefe

An der Spitze der Briefsammlung des Neuen Testaments stehen 14 Briefe, die den Namen des Apostels Paulus in der Anschrift tragen oder doch – wie der Brief an die Hebräer – einen Bezug zu Paulus aufweisen. Der Apostel bediente sich auch des Briefes, um auf Glaubensfragen zu antworten, Schwierigkeiten im Gemeindeleben zu lösen, seelsorgliche Anweisungen zu geben und die neubekehrten Christen zu ermahnen, zu trösten und zu stärken. Diese Briefe waren (abgesehen von den Schreiben an Philemon, Timotheus und Titus) dazu bestimmt, in der Gemeindeversammlung vorgelesen zu werden. Sie schenken uns wichtige Einblicke in das Denken des großen Apostels, auch seiner Mitarbeiter, und in das Leben wichtiger urchristlicher Gemeinden seines Missionsgebietes.

Manche Forscher nehmen heute an, dass einige Schreiben dieser Sammlung von Mitarbeitern und Schülern des Apostels verfasst wurden (s. die Einleitungen zu den Briefen an die Epheser und Kolosser, an Timotheus und Titus).

Wichtige Briefe des Apostels wurden schon früh gesammelt. Ein Hinweis auf eine solche Sammlung paulinischer Briefe findet sich bereits im Neuen Testament (2 Petr 3,15: »Das hat euch auch unser geliebter Bruder Paulus mit der ihm verliehenen Weisheit geschrieben; es steht in allen seinen Briefen, in denen er davon spricht. In ihnen ist manches schwer zu verstehen«).

Die heutige Sammlung von Paulusbriefen ist aber unvollständig, da eine Anzahl paulinischer Briefe verloren gegangen ist (vgl. 1 Kor 5,9; 2 Kor 2,3f und Kol 3,16f).

Die einzelnen Briefe dieser Schriftgruppe sind dem Umfang nach angeordnet, die umfangreichsten stehen an der Spitze. Der Hebräerbrief wurde an das Ende gestellt, da er nicht von Paulus selbst stammt, sein Verfasser aber deutlich von paulinischen Gedanken beeinflusst ist.

In der Briefsammlung unterscheidet man noch die Gruppe der Gefangenschaftsbriefe, die Hinweise darauf enthalten, dass Paulus bei deren Abfassung sich in Haft befand (so die Briefe an die Gemeinden in Ephesus, Philippi und Kolossä und an Philemon) – der Apostel befand sich mehrmals in Haft –, und die Briefe an Timotheus und Titus, die Pastoral-(Hirten-)Briefe genannt werden, da sie nicht an Gemeinden, sondern an Gemeindehirten (pastores) gerichtet sind und diesen seelsorgliche Anweisungen geben.

Der Brief an die Römer

Wann die christliche Gemeinde in Rom entstanden ist und wer sie gegründet hat, ist nicht bekannt. Der Brief an die Römer ist das früheste Zeugnis ihrer Existenz und Bedeutung. Paulus schreibt an die römische Gemeinde, kurz bevor er seine Reise nach Jerusalem antritt, bei der er die Kollekte der heidenchristlichen Gemeinden von Mazedonien und Griechenland überbringen will. (Röm 15,25–32; vgl. Apg 20,3ff). Er trat diese Reise zwischen 56 und 58 n. Chr. an. Vermutlich ist der Brief während des vorangehenden dreimonatigen Aufenthalts in Griechenland geschrieben worden (Apg 20,2f), und zwar in Korinth, dem Zentrum seiner Griechenlandmission.

Paulus hatte schon lange die Absicht, in die Hauptstadt Rom zu kommen, um die dortige Gemeinde zu besuchen (Röm 8,1–15). Nach der Tätigkeit im östlichen Teil des römischen Reichs will er in Spanien eine neue Missionsarbeit beginnen; hierfür erwartet er von der römischen Gemeinde Unterstützung (15,14–24).

Mit seinem Brief will er sich, auch weil über ihn mancherlei Nachrichten verbreitet waren, persönlich vorstellen. Er legt deshalb eingehend dar, wie er die Botschaft von Jesus Christus versteht und verkündigt. Der Römerbrief ist eine ausführliche Erklärung dessen, was das »Evangelium Jesu Christi« ist. Deswegen beginnt er mit einem auch römischen Christen vertrauten Bekenntnissatz (Röm 1,3b–4a) und entfaltet diesen mit Hilfe der Lehre von der Rechtfertigung des Sünders (1,16f; 1,18 – 8,39). Er spricht zunächst vom Zorn Gottes über die Sünde der Menschen (1,18 – 3,20). Darauf folgen die zentralen Ausführungen über das rechtfertigende Handeln Gottes und den Glauben des Menschen (3,21 – 5,11). Diese Gedanken werden weiter entfaltet in einem Abschnitt über das neue Leben und die Hoffnung des Christen (5,12 – 8,39). Im Besonderen geht er dann auf die Frage nach der Rettung Israels ein (Kap. 9 – 11), was darauf schließen lässt, dass zur Gemeinde in Rom viele Judenchristen gehörten. Allerdings geht es dem Apostel auch immer wieder um das Heil für die Heiden. Wir müssen also mit einer gemischten Gemeinde rechnen. Im einzelnen kennt Paulus die Situation der römischen Gemeinde nicht genau; nur in dem ermahnenden Schlussteil (12,1 – 15,13) behandelt er eine aktuelle Streitfrage (14,1 – 15,13). Kap. 16 ist ein Nachtrag mit einer Empfehlung, zahlreichen Grüßen und Ermahnungen sowie einem abschließenden Lobpreis (16,25–27).

Der Römerbrief stellt eine Zusammenfassung der Verkündigung und Theologie des Apostels dar. Man hat ihn daher das »Testament des Paulus« genannt. Wegen seines Umfangs wurde er später an den Anfang der Sammlung paulinischer Briefe gestellt.

ANSCHRIFT UND GRUSS: 1,1–7

1 Paulus, Knecht Christi Jesu, berufen
zum Apostel, auserwählt, das Evange-
lium Gottes zu verkündigen, 2 das er durch
seine Propheten im voraus verheißen hat in
den heiligen Schriften: 3 das Evangelium von
seinem Sohn, der dem Fleisch nach geboren
ist als Nachkomme Davids, 4 der dem Geist
der Heiligkeit nach eingesetzt ist als Sohn
Gottes in Macht seit der Auferstehung von
den Toten, das Evangelium von Jesus Chris-
tus, unserem Herrn.
5 Durch ihn haben wir Gnade und Apostel-
amt empfangen, um in seinem Namen alle
Heiden zum Gehorsam des Glaubens zu füh-
ren; 6 zu ihnen gehört auch ihr, die ihr von
Jesus Christus berufen seid.
7 An alle in Rom, die von Gott geliebt sind,
die berufenen Heiligen: Gnade sei mit euch
und Friede von Gott, unserem Vater, und
dem Herrn Jesus Christus.

1: Gal 1,15; Apg 13,2; 26,16f • 3: 9,5; 2 Tim 2,8 • 4: Apg 13,33; 1 Tim 3,16 • 5: 15,15–19; Apg 9,15; Gal 2,7.9.

DANKGEBET – THEMA DES BRIEFES: 1,8–17

8 Zunächst danke ich meinem Gott durch
Jesus Christus für euch alle, weil euer Glau-
be in der ganzen Welt verkündet wird.
9 Denn Gott, den ich im Dienst des Evangeli-
ums von seinem Sohn mit ganzem Herzen
ehre, ist mein Zeuge: Unablässig denke ich
an euch 10 in allen meinen Gebeten und bitte
darum, es möge mir durch Gottes Willen

1,1 Über die Berufung des Paulus zum Apostel vgl. Gal 1,15f; 1 Kor 9,1; 15,8–10; Apg 9,1–22; 22,3–16; 26,4–18.
1,3f Paulus zitiert in VV. 3b.4a einen urchristlichen Bekenntnissatz, der der Gemeinde von Rom offensichtlich bekannt war.
1,4 seit, andere Übersetzungsmöglichkeit: aufgrund.

endlich gelingen, zu euch zu kommen.
11 Denn ich sehne mich danach, euch zu se-
hen; ich möchte euch geistliche Gaben ver-
mitteln, damit ihr dadurch gestärkt werdet,
12 oder besser: damit wir, wenn ich bei euch
bin, miteinander Zuspruch empfangen
durch euren und meinen Glauben. 13 Ihr sollt
wissen, Brüder, dass ich mir schon oft vorge-
nommen habe, zu euch zu kommen, aber bis
heute daran gehindert wurde; denn wie bei
den anderen Heiden soll meine Arbeit auch
bei euch Frucht bringen. 14 Griechen und
Nichtgriechen, Gebildeten und Ungebilde-
ten bin ich verpflichtet; 15 so liegt mir alles
daran, auch euch in Rom das Evangelium zu
verkündigen. 16 Denn ich schäme mich des
Evangeliums nicht: Es ist eine Kraft Gottes,
die jeden rettet, der glaubt, zuerst den Juden,
aber ebenso den Griechen. 17 Denn im Evan-
gelium wird die Gerechtigkeit Gottes offen-
bart aus Glauben zum Glauben, wie es in der
Schrift heißt: *Der aus Glauben Gerechte
wird leben.*

8: 16,19; 1 Thess 1,8 • 9: Phil 1,8 • 10: 15,23; Apg 19,21 • 11: 1 Thess 2,17; 3,10 • 13: 15,22 • 15: Apg 28,30f • 16: 1 Kor 1,18.24; 2,4 • 17: 3,21f; Hab 2,4; Gal 3,11; Hebr 10,38.

DIE RETTUNG DER MENSCHEN: 1,18 – 8,39

Sünde und Verlorenheit: 1,18 – 3,20

Gottes Zorn über die Ungerechtigkeit der Menschen: 1,18–32

18 Der Zorn Gottes wird vom Himmel he-
rab offenbart wider alle Gottlosigkeit und
Ungerechtigkeit der Menschen, die die
Wahrheit durch Ungerechtigkeit niederhal-
ten. 19 Denn was man von Gott erkennen
kann, ist ihnen offenbar; Gott hat es ihnen
offenbart. 20 Seit Erschaffung der Welt wird
seine unsichtbare Wirklichkeit an den Wer-
ken der Schöpfung mit der Vernunft wahr-
genommen, seine ewige Macht und Gottheit.
Daher sind sie unentschuldbar. 21 Denn sie
haben Gott erkannt, ihn aber nicht als Gott
geehrt und ihm nicht gedankt. Sie verfielen
in ihrem Denken der Nichtigkeit und ihr un-
verständiges Herz wurde verfinstert. 22 Sie
behaupteten, weise zu sein, und wurden zu
Toren. 23 Sie vertauschten die Herrlichkeit
des unvergänglichen Gottes mit Bildern, die
einen vergänglichen Menschen und fliegen-
de, vierfüßige und kriechende Tiere darstel-
len. 24 Darum lieferte Gott sie durch die Be-
gierden ihres Herzens der Unreinheit aus,
sodass sie ihren Leib durch ihr eigenes Tun
entehrten. 25 Sie vertauschten die Wahrheit
Gottes mit der Lüge, sie beteten das Ge-
schöpf an und verehrten es anstelle des
Schöpfers – gepriesen ist er in Ewigkeit.
Amen. 26 Darum lieferte Gott sie entehren-
den Leidenschaften aus: Ihre Frauen ver-
tauschten den natürlichen Verkehr mit dem
widernatürlichen; 27 ebenso gaben die Män-
ner den natürlichen Verkehr mit der Frau
auf und entbrannten in Begierde zueinander;
Männer trieben mit Männern Unzucht und
erhielten den ihnen gebührenden Lohn für
ihre Verirrung. 28 Und da sie sich weigerten,
Gott anzuerkennen, lieferte Gott sie einem
verworfenen Denken aus, sodass sie tun, was
sich nicht gehört: 29 Sie sind voll Ungerech-
tigkeit, Schlechtigkeit, Habgier und Bosheit,
voll Neid, Mord, Streit, List und Tücke, sie
verleumden 30 und treiben üble Nachrede, sie
hassen Gott, sind überheblich, hochmütig
und prahlerisch, erfinderisch im Bösen und
ungehorsam gegen die Eltern, 31 sie sind un-
verständig und haltlos, ohne Liebe und Er-
barmen. 32 Sie erkennen, dass Gottes Rechts-
ordnung bestimmt: Wer so handelt, verdient
den Tod. Trotzdem tun sie es nicht nur
selber, sondern stimmen bereitwillig auch
denen zu, die so handeln.

18: 2,5.8f; Jes 66,15 • 19: Apg 14,17; 17,24–28 • 20: Weish 13,1–9; Sir 17,8f • 21: Eph 4,17f • 22: 1 Kor 1,19–21 • 23: Ps 106,20; Dtn 4,15–19; Weish 12,24 • 27: 1 Kor 6,9; Lev 18,22 • 29: Gal 5,19–21; 2 Tim 3,2–5.

1,11f Die zurückhaltende Aussage steht im Zusammenhang mit dem missionarischen Grundsatz des Paulus, der in Röm 15,19–22 und 2 Kor 10,15f erwähnt wird. Dennoch ist die Hauptstadt Rom für ihn von besonderer Bedeutung, weil sie das Zentrum der heidnischen Welt ist.

1,16 Die Vorrangstellung der Juden, die auch in 2,9f und in Kap. 9 – 11 hervorgehoben wird, beruht für Paulus darauf, dass für Israel die Verheißung Gottes nach wie vor gültig ist (vgl. 3,1f).

1,17 Andere Übersetzungsmöglichkeit: Der Gerechte wird aus Glauben leben (d. h.: Der Gerechte wird aufgrund seines Glaubens das Leben haben); vgl. auch die Anmerkung zu Hab 2,4. – Zu »Gerechtigkeit Gottes« vgl. die Anmerkung zu 3,24–26.

1,18 – 2,11 Die »Ungerechtigkeit« der Menschen besteht in der Abkehr von ihrem Schöpfer. Alle Einzelsünden sind Folgen dieser Grundsünde, aus der sich die Menschen nicht selbst freimachen können.

Der Mensch vor Gottes Gericht: 2,1–11

2 Darum bist du unentschuldbar – wer du auch bist, Mensch –, wenn du richtest. Denn worin du den andern richtest, darin verurteilst du dich selber, da du, der Richtende, dasselbe tust. 2 Wir wissen aber, dass Gottes Gericht über alle, die solche Dinge tun, der Wahrheit entspricht. 3 Meinst du etwa, du könntest dem Gericht Gottes entrinnen, wenn du die richtest, die solche Dinge tun, und dasselbe tust wie sie? 4 Verachtest du etwa den Reichtum seiner Güte, Geduld und Langmut? Weißt du nicht, dass Gottes Güte dich zur Umkehr treibt? 5 Weil du aber starrsinnig bist und dein Herz nicht umkehrt, sammelst du Zorn gegen dich für den »Tag des Zornes«, den Tag der Offenbarung von Gottes gerechtem Gericht. 6 *Er wird jedem vergelten, wie es seine Taten verdienen:* 7 denen, die beharrlich Gutes tun und Herrlichkeit, Ehre und Unvergänglichkeit erstreben, gibt er ewiges Leben, 8 denen aber, die selbstsüchtig nicht der Wahrheit, sondern der Ungerechtigkeit gehorchen, widerfährt Zorn und Grimm. 9 Not und Bedrängnis wird jeden Menschen treffen, der das Böse tut, zuerst den Juden, aber ebenso den Griechen; 10 Herrlichkeit, Ehre und Friede werden jedem zuteil, der das Gute tut, zuerst dem Juden, aber ebenso dem Griechen; 11 denn Gott richtet ohne Ansehen der Person.

1: Mt 7,2 • 4: 2 Petr 3,9 • 5: Offb 6,17 • 6: Ps 62,13; Mt 16,27 • 10: 1,16; 3,9 • 11: Apg 10,34; 1 Petr 1,17.

Die Heiden und das Gesetz: 2,12–16

12 Alle, die sündigten, ohne das Gesetz zu haben, werden auch ohne das Gesetz zugrunde gehen und alle, die unter dem Gesetz sündigten, werden durch das Gesetz gerichtet werden. 13 Nicht die sind vor Gott gerecht, die das Gesetz hören, sondern er wird die für gerecht erklären, die das Gesetz tun. 14 Wenn Heiden, die das Gesetz nicht haben, von Natur aus das tun, was im Gesetz gefordert ist, so sind sie, die das Gesetz nicht haben, sich selbst Gesetz. 15 Sie zeigen damit, dass ihnen die Forderung des Gesetzes ins Herz geschrieben ist; ihr Gewissen legt Zeugnis davon ab, ihre Gedanken klagen sich gegenseitig an und verteidigen sich – 16 an jenem Tag, an dem Gott, wie ich es in meinem Evangelium verkündige, das, was im Menschen verborgen ist, durch Jesus Christus richten wird.

12: 3,19 • 13: Mt 7,21; Jak 1,22.25 • 14: Apg 10,35 • 16: 1 Kor 4,5; 2 Kor 5,10.

Die Juden und das Gesetz: 2,17–29

17 Du nennst dich zwar Jude und verlässt dich auf das Gesetz, du rühmst dich deines Gottes, 18 du kennst seinen Willen und du willst, aus dem Gesetz belehrt, beurteilen, worauf es ankommt; 19 du traust dir zu, Führer zu sein für Blinde, Licht für die in der Finsternis, 20 Erzieher der Unverständigen, Lehrer der Unmündigen, einer, für den im Gesetz Erkenntnis und Wahrheit feste Gestalt besitzen. 21 Du belehrst andere Menschen, dich selbst aber belehrst du nicht. Du predigst: Du sollst nicht stehlen!, und stiehlst. 22 Du sagst: Du sollst die Ehe nicht brechen!, und brichst die Ehe. Du verabscheust die Götzenbilder, begehst aber Tempelraub. 23 Du rühmst dich des Gesetzes, entehrst aber Gott durch Übertreten des Gesetzes. 24 Denn in der Schrift steht: *Euretwegen wird unter den Heiden der Name Gottes gelästert.*

25 Die Beschneidung ist nützlich, wenn du das Gesetz befolgst; übertrittst du jedoch das Gesetz, so bist du trotz deiner Beschneidung zum Unbeschnittenen geworden. 26 Wenn aber der Unbeschnittene die Forderungen des Gesetzes beachtet, wird dann nicht sein Unbeschnittensein als Beschneidung angerechnet werden? 27 Der leiblich Unbeschnittene, der das Gesetz erfüllt, wird dich richten, weil du trotz Buchstabe und Beschneidung ein Übertreter des Gesetzes bist. 28 Jude ist nicht, wer es nach außen hin ist, und Beschneidung ist nicht, was sichtbar am Fleisch geschieht, 29 sondern Jude ist, wer es im Verborgenen ist, und Beschneidung ist, was am Herzen durch den Geist, nicht durch den Buchstaben geschieht. Der Ruhm eines solchen Juden kommt nicht von Menschen, sondern von Gott.

17: Phil 3,4–6; Jes 48,1f • 19: Mt 15,14; Lk 6,39 • 21: Mt 23,3f • 24: Jes 52,5 G; Ez 36,20 • 25: 1 Kor 7,19; Gal 5,3 • 26: Gal 5,6 • 28: 9,6 • 29: Dtn 30,6; Phil 3,2f.

2,12–16 Allen Menschen, auch den Heiden, sagt ihr Gewissen, was Gottes Wille ist (vgl. 1,20; 2,9f). Bei »Gesetz« ist in erster Linie, aber nicht ausschließlich, an das alttestamentliche Gesetz gedacht, wie es in den Büchern Genesis bis Deuteronomium aufgezeichnet ist.

2,22 Götterbilder und Kultstätten der Heiden galten den Juden nicht als heilig. Diese Auffassung führte, wie es scheint, gelegentlich zu Übergriffen (»Tempelraub«; vgl. auch Apg 19,37).

2,28f Zum Gegensatz von »Geist« und »Buchstaben« vgl. Röm 7,6; 2 Kor 3,6.

Gottes Treue angesichts der Sünde der Menschen: 3,1–20

3 Was ist nun der Vorzug der Juden, der
Nutzen der Beschneidung? 2 Er ist groß
in jeder Hinsicht. Vor allem: Ihnen sind die
Worte Gottes anvertraut. 3 Wenn jedoch ei-
nige Gott die Treue gebrochen haben, wird
dann etwa ihre Untreue die Treue Gottes
aufheben? 4 Keineswegs! Gott soll sich als
der Wahrhaftige erweisen, *jeder Mensch*
aber als *Lügner* , wie es in der Schrift heißt:
So behältst du Recht mit deinen Worten und
trägst den Sieg davon, wenn man mit dir
rechtet. 5 Wenn aber unsere Ungerechtigkeit
die Gerechtigkeit Gottes bestätigt, was sa-
gen wir dann? Ist Gott – ich frage sehr
menschlich – nicht ungerecht, wenn er sei-
nen Zorn walten lässt? 6 Keineswegs! Denn
wie könnte Gott die Welt sonst richten?
7 Wenn aber die Wahrheit Gottes sich durch
meine Unwahrheit als noch größer erweist
und so Gott verherrlicht wird, warum werde
ich dann als Sünder gerichtet? 8 Gilt am
Ende das, womit man uns verleumdet und
was einige uns in den Mund legen: Lasst uns
Böses tun, damit Gutes entsteht? Diese Leute
werden mit Recht verurteilt.
9 Was heißt das nun? Sind wir als Juden im
Vorteil? Ganz und gar nicht. Denn wir haben
vorher die Anklage erhoben, dass alle, Juden
wie Griechen, unter der Herrschaft der Sün-
de stehen, 10 wie es in der Schrift heißt:
Es gibt keinen, der gerecht ist, / auch nicht
einen;
11 *es gibt keinen Verständigen, / keinen,*
der Gott sucht.
12 *Alle sind abtrünnig geworden, / alle mit-*
einander taugen nichts. / Keiner tut Gutes, /
auch nicht ein Einziger.
13 *Ihre Kehle ist ein offenes Grab, / mit ih-*
rer Zunge betrügen sie; / Schlangengift ist
auf ihren Lippen.
14 *Ihr Mund ist voll Fluch und Gehässig-*
keit.
15 *Schnell sind sie dabei, Blut zu vergie-*
ßen; / 16 *Verderben und Unheil sind auf ihren*
Wegen, / 17 *und den Weg des Friedens kennen*
sie nicht.
18 *Die Gottesfurcht steht ihnen nicht vor*
Augen.
19 Wir wissen aber: Was das Gesetz sagt,
sagt es denen, die unter dem Gesetz leben,
damit jeder Mund verstummt und die ganze
Welt vor Gott schuldig wird. 20 Denn durch
Werke des Gesetzes wird *niemand vor ihm*
gerecht werden; durch das Gesetz kommt es
vielmehr zur Erkenntnis der Sünde.

2: 9,4 • 3: 9,6; 11,1.29 • 4: Ps 116,11; 51,6 G • 5: 9,14 • 7: 6,1 • 9: 1,16; 2,9f; 11,32 • 10: Koh 7,20; Ps 14,1–3 • 13: Ps 5,10 G; 140,4 • 14: Ps 10,7 G • 15: Jes 59,7f; Spr 1,16 • 18: Ps 36,2 • 19: 7,7 • 20: Ps 143,2 G; Gal 2,16; 3,21f.

Gerechtigkeit und neues Leben: 3,21 – 8,39

Das Kreuz Christi als Grund der neuen Gerechtigkeit: 3,21–31

21 Jetzt aber ist unabhängig vom Gesetz
die Gerechtigkeit Gottes offenbart worden,
bezeugt vom Gesetz und von den Propheten:
22 die Gerechtigkeit Gottes aus dem Glauben
an Jesus Christus, offenbart für alle, die
glauben. Denn es gibt keinen Unterschied:
23 Alle haben gesündigt und die Herrlichkeit
Gottes verloren. 24 Ohne es verdient zu ha-
ben, werden sie gerecht, dank seiner Gnade,
durch die Erlösung in Christus Jesus. 25 Ihn
hat Gott dazu bestimmt, Sühne zu leisten
mit seinem Blut, Sühne, wirksam durch
Glauben. So erweist Gott seine Gerechtig-
keit durch die Vergebung der Sünden, die
früher, in der Zeit seiner Geduld, begangen
wurden; 26 er erweist seine Gerechtigkeit in
der gegenwärtigen Zeit, um zu zeigen, dass
er gerecht ist und den gerecht macht, der an
Jesus glaubt.
27 Kann man sich da noch rühmen? Das ist
ausgeschlossen. Durch welches Gesetz?
Durch das der Werke? Nein, durch das Ge-
setz des Glaubens. 28 Denn wir sind der
Überzeugung, dass der Mensch gerecht wird
durch Glauben, unabhängig von Werken des
Gesetzes. 29 Ist denn Gott nur der Gott der
Juden, nicht auch der Heiden? Ja, auch der

3,4 Hinter diesem Gedanken steht die Vorstellung vom Rechtsstreit Gottes mit den Menschen, bei dem sich sein Recht erweisen und durchsetzen wird (z. B. Jes 1,18–20).
3,24–26 Gott hat seine Gerechtigkeit darin gezeigt, dass er durch den Tod Jesu die »Ungerechtigkeit« aller Menschen aufhebt und den Gottlosen »Gerechtigkeit« schenkt (vgl. 4,5). Den VV. 25f liegt wohl ein alter Bekenntnissatz zugrunde. – Leiden und Sterben bewirken nach jüdischer Auffassung Sühne, auch stellvertretende Sühne.
3,27–31 Gesetz und Glaube stehen zueinander in Gegensatz, wenn das Gesetz als Weg zum Heil angesehen wird. Zum Heil kann nach der Offenbarung Gottes in Jesus Christus nur der Glaube führen. Das »Gesetz« wird gleichwohl »aufgerichtet«, das heißt seine Forderung wird erfüllt durch den »Glauben, der in der Liebe wirksam ist« (vgl. Gal 5,6; Röm 13,8–10).

Heiden, 30 da doch gilt: Gott ist »der Eine«. Er wird aufgrund des Glaubens sowohl die Beschnittenen wie die Unbeschnittenen gerecht machen. 31 Setzen wir nun durch den Glauben das Gesetz außer Kraft? Im Gegenteil, wir richten das Gesetz auf.

21: 1,17 • 22: Phil 3,9 • 24: Eph 2,8; Tit 3,7 • 25: Lev 16,12–15 • 27: 8,2 • 28: Gal 2,16 • 29: 10,12; 9,24 • 30: Dtn 6,4; Röm 4,11f • 31: 6,15; Mt 5,17.

Die Anrechnung des Glaubens als Gerechtigkeit: das Beispiel Abrahams: 4,1–25

4 Müssen wir nun nicht fragen: Was hat dann unser leiblicher Stammvater Abraham erlangt? 2 Wenn Abraham aufgrund von Werken Gerechtigkeit erlangt hat, dann hat er zwar Ruhm, aber nicht vor Gott. 3 Denn die Schrift sagt: *Abraham glaubte Gott und das wurde ihm als Gerechtigkeit angerechnet.* 4 Dem, der Werke tut, werden diese nicht aus Gnade angerechnet, sondern er bekommt den Lohn, der ihm zusteht. 5 Dem aber, der keine Werke tut, sondern an den glaubt, der den Gottlosen gerecht macht, dem wird sein Glaube als Gerechtigkeit angerechnet. 6 Auch David preist den Menschen selig, dem Gott Gerechtigkeit unabhängig von Werken anrechnet:

7 *Selig sind die, deren Frevel vergeben / und deren Sünden bedeckt sind.*

8 *Selig ist der Mensch, / dem der Herr die Sünde nicht anrechnet.*

9 Gilt nun diese Seligpreisung nur den Beschnittenen oder auch den Unbeschnittenen? Wir haben gesagt: *Abraham wurde der Glaube als Gerechtigkeit angerechnet.* 10 Wann wurde er ihm angerechnet: als er beschnitten oder als er unbeschnitten war? Nicht als er beschnitten, sondern als er noch unbeschnitten war. 11 Das Zeichen der Beschneidung empfing er zur Besiegelung der Glaubensgerechtigkeit, die ihm als Unbeschnittenem zuteil wurde; also ist er der Vater aller, die als Unbeschnittene glauben und denen daher Gerechtigkeit angerechnet wird, 12 und er ist der Vater jener Beschnittenen, die nicht nur beschnitten sind, sondern auch den Weg des Glaubens gehen, des Glaubens, den unser Vater Abraham schon vor seiner Beschneidung hatte.

13 Denn Abraham und seine Nachkommen erhielten nicht aufgrund des Gesetzes die Verheißung, Erben der Welt zu sein, sondern aufgrund der Glaubensgerechtigkeit. 14 Wenn nämlich jene Erben sind, die das Gesetz haben, dann ist der Glaube entleert und die Verheißung außer Kraft gesetzt. 15 Das Gesetz bewirkt Zorn; wo es aber das Gesetz nicht gibt, da gibt es auch keine Übertretung. 16 Deshalb gilt: »aus Glauben«, damit auch gilt: »aus Gnade«. Nur so bleibt die Verheißung für alle Nachkommen gültig, nicht nur für die, welche das Gesetz haben, sondern auch für die, welche wie Abraham den Glauben haben. 17 Nach dem Schriftwort: *Ich habe dich zum Vater vieler Völker bestimmt,* ist er unser aller Vater vor Gott, dem er geglaubt hat, dem Gott, der die Toten lebendig macht und das, was nicht ist, ins Dasein ruft. 18 Gegen alle Hoffnung hat er voll Hoffnung geglaubt, dass er der Vater vieler Völker werde, nach dem Wort: *So zahlreich werden deine Nachkommen sein.* 19 Ohne im Glauben schwach zu werden, war er, der fast Hundertjährige, sich bewusst, dass sein Leib und auch Saras Mutterschoß erstorben waren. 20 Er zweifelte nicht im Unglauben an der Verheißung Gottes, sondern wurde stark im Glauben und er erwies Gott Ehre, 21 fest davon überzeugt, dass Gott die Macht besitzt zu tun, was er verheißen hat. 22 Darum wurde der Glaube *ihm als Gerechtigkeit angerechnet.*

23 Doch nicht allein um seinetwillen steht in der Schrift, dass der Glaube ihm angerechnet wurde, 24 sondern auch um unseretwillen; er soll auch uns angerechnet werden, die wir an den glauben, der Jesus, unseren Herrn, von den Toten auferweckt hat.

25 Wegen unserer Verfehlungen wurde er hingegeben, / wegen unserer Gerechtmachung wurde er auferweckt.

2: Jak 2,21–24 • 3: Gen 15,6; Gal 3,6; Jak 2,23 • 7: Ps 32,1f • 9: Gen 15,6 • 10–11: Gen 17,10f; Gal 3,7 • 12: Mt 3,9 • 13: Gen 12,7; 18,18; 22,16–18 • 15: 3,20; 5,13; 7,8.10 • 16: Gal 3,7–9 • 17: Gen 17,5; Hebr 11,19 • 18: Gen 15,5 • 19: Gen 17,17; Hebr 11,11 • 21: Gen 18,14; Lk 1,37 • 22: Gen 15,6 • 24: 10,9 • 25: Jes 53,4f.12.

Die Hoffnung der Glaubenden: 5,1–11

5 Gerecht gemacht aus Glauben, haben wir Frieden mit Gott durch Jesus Christus, unseren Herrn. 2 Durch ihn haben wir auch den Zugang zu der Gnade erhalten, in der wir stehen, und rühmen uns unserer Hoffnung auf die Herrlichkeit Gottes. 3 Mehr noch, wir rühmen uns ebenso unserer Bedrängnis; denn wir wissen: Bedrängnis bewirkt Geduld, 4 Geduld aber Bewährung,

4,1–25 Vgl. die Anmerkung zu Jak 2,20–24.

4,25 Paulus zitiert erneut einen ihm vorgegebenen christlichen Bekenntnissatz.

Bewährung Hoffnung. 5 Die Hoffnung aber lässt nicht zugrunde gehen; denn die Liebe Gottes ist ausgegossen in unsere Herzen durch den Heiligen Geist, der uns gegeben ist. 6 Christus ist schon zu der Zeit, da wir noch schwach und gottlos waren, für uns gestorben. 7 Dabei wird nur schwerlich jemand für einen Gerechten sterben; vielleicht wird er jedoch für einen guten Menschen sein Leben wagen. 8 Gott aber hat seine Liebe zu uns darin erwiesen, dass Christus für uns gestorben ist, als wir noch Sünder waren. 9 Nachdem wir jetzt durch sein Blut gerecht gemacht sind, werden wir durch ihn erst recht vor dem Gericht Gottes gerettet werden. 10 Da wir mit Gott versöhnt wurden durch den Tod seines Sohnes, als wir noch (Gottes) Feinde waren, werden wir erst recht, nachdem wir versöhnt sind, gerettet werden durch sein Leben. 11 Mehr noch, wir rühmen uns Gottes durch Jesus Christus, unseren Herrn, durch den wir jetzt schon die Versöhnung empfangen haben.

2: Eph 3,12 • 3: Jak 1,2f; 1 Petr 4,13 • 5: Ps 22,6 • 6: 1 Petr 3,18 • 8: Joh 3,16; 1 Joh 4,10 • 9: 1 Thess 1,10 • 10: 2 Kor 5,18 • 11: 1 Kor 1,30f.

Der alte und der neue Mensch: 5,12–21

12 Durch einen einzigen Menschen kam die Sünde in die Welt und durch die Sünde der Tod und auf diese Weise gelangte der Tod zu allen Menschen, weil alle sündigten. 13 Sünde war schon vor dem Gesetz in der Welt, aber Sünde wird nicht angerechnet, wo es kein Gesetz gibt; 14 dennoch herrschte der Tod von Adam bis Mose auch über die, welche nicht wie Adam durch Übertreten eines Gebots gesündigt hatten; Adam aber ist die Gestalt, die auf den Kommenden hinweist. 15 Doch anders als mit der Übertretung verhält es sich mit der Gnade; sind durch die Übertretung des einen die vielen dem Tod anheim gefallen, so ist erst recht die Gnade Gottes und die Gabe, die durch die Gnadentat des einen Menschen Jesus Christus bewirkt worden ist, den vielen reichlich zuteil geworden. 16 Anders als mit dem, was durch den einen Sünder verursacht wurde, verhält es sich mit dieser Gabe: Das Gericht führt wegen der Übertretung des einen zur Verurteilung, die Gnade führt aus vielen Übertretungen zur Gerechtsprechung. 17 Ist durch die Übertretung des einen der Tod zur Herrschaft gekommen, durch diesen einen, so werden erst recht alle, denen die Gnade und die Gabe der Gerechtigkeit reichlich zuteil wurde, leben und herrschen durch den einen, Jesus Christus. 18 Wie es also durch die Übertretung eines einzigen für alle Menschen zur Verurteilung kam, so wird es auch durch die gerechte Tat eines einzigen für alle Menschen zur Gerechtsprechung kommen, die Leben gibt. 19 Wie durch den Ungehorsam des einen Menschen die vielen zu Sündern wurden, so werden auch durch den Gehorsam des einen die vielen zu Gerechten gemacht werden. 20 Das Gesetz aber ist hinzugekommen, damit die Übertretung mächtiger werde; wo jedoch die Sünde mächtig wurde, da ist die Gnade übergroß geworden. 21 Denn wie die Sünde herrschte und zum Tod führte, so soll auch die Gnade herrschen und durch Gerechtigkeit zu ewigem Leben führen, durch Jesus Christus, unseren Herrn.

12: Gen 2,17; 3,1–19 • 13: 4,15 • 15: 1 Kor 15,21f • 20: 7,7.13; Gal 3,19 • 21: 6,23.

Die Gemeinschaft der Getauften mit Christus: 6,1–14

6 Heißt das nun, dass wir an der Sünde fest halten sollen, damit die Gnade mächtiger werde? 2 Keineswegs! Wie können wir, die wir für die Sünde tot sind, noch in ihr leben? 3 wisst ihr denn nicht, dass wir alle, die wir auf Christus Jesus getauft wurden, auf seinen Tod getauft worden sind? 4 Wir wurden mit ihm begraben durch die Taufe auf den Tod; und wie Christus durch die Herrlichkeit des Vaters von den Toten auferweckt wurde, so sollen auch wir als neue Menschen leben. 5 Wenn wir nämlich ihm gleich geworden sind in seinem Tod, dann werden wir mit ihm auch in seiner Auferstehung vereinigt sein. 6 Wir wissen doch: Unser alter Mensch wurde mitgekreuzigt,

---

5,9 Gericht Gottes, wörtlich: Zorn.

5,12–14 Der Zusammenhang von Sünde und Tod spielt in der alttestamentlich-jüdischen Tradition eine wichtige Rolle. Der Tod ist nicht nur Zeichen für die Vergänglichkeit, sondern auch für das Gericht über die menschliche Sünde (6,23). Sünde wird hier wie sonst in der Bibel als eine überpersönliche Macht verstanden, der sich der einzelne Mensch nicht zu entziehen vermag; dazu trägt er allerdings durch sein Tun selbst bei und ist daher mitverantwortlich.

5,14 Adam, der Gottes Gebot übertreten hat, weist als Gegenbild auf den »Kommenden«, d. h. Christus, hin, der gehorsam Gottes Willen erfüllt.

6,3–11 Dass der Getaufte »mit Christus gestorben« ist, bedeutet, dass er am Tod Jesu teilhat. Er erhält Anteil an dem durch den Tod Jesu bewirkten Heil, hat aber in der Nachfolge Jesu während seines irdischen Lebens das Kreuz auf sich zu nehmen.

6,5 ihm gleich geworden, wörtlich: mit ihm zusammengewachsen.

damit der von der Sünde beherrschte Leib vernichtet werde und wir nicht Sklaven der Sünde bleiben. 7 Denn wer gestorben ist, der ist frei geworden von der Sünde. 8 Sind wir nun mit Christus gestorben, so glauben wir, dass wir auch mit ihm leben werden. 9 Wir wissen, dass Christus, von den Toten auferweckt, nicht mehr stirbt; der Tod hat keine Macht mehr über ihn. 10 Denn durch sein Sterben ist er ein für allemal gestorben für die Sünde, sein Leben aber lebt er für Gott. 11 So sollt auch ihr euch als Menschen begreifen, die für die Sünde tot sind, aber für Gott leben in Christus Jesus.

12 Daher soll die Sünde euren sterblichen Leib nicht mehr beherrschen, und seinen Begierden sollt ihr nicht gehorchen. 13 Stellt eure Glieder nicht der Sünde zur Verfügung als Waffen der Ungerechtigkeit, sondern stellt euch Gott zur Verfügung als Menschen, die vom Tod zum Leben gekommen sind, und stellt eure Glieder als Waffen der Gerechtigkeit in den Dienst Gottes. 14 Die Sünde soll nicht über euch herrschen; denn ihr steht nicht unter dem Gesetz, sondern unter der Gnade.

1: 5,20 • 3: Gal 3,27 • 4: Kol 2,12 • 5: Phil 3,10f; 2 Tim 2,11 • 6: Gal 5,24; 6,14; Eph 4,22f • 9: Apg 2,27; 13,35 • 10: Hebr 9,26; 1 Petr 3,18 • 12: Gen 4,7 • 13: 6,19; 12,1 • 14: Gal 5,18.

Die Freiheit der Christen von der Sünde: 6,15–23

15 Heißt das nun, dass wir sündigen dürfen, weil wir nicht unter dem Gesetz stehen, sondern unter der Gnade? Keineswegs! 16 Ihr wisst doch: Wenn ihr euch als Sklaven zum Gehorsam verpflichtet, dann seid ihr Sklaven dessen, dem ihr gehorchen müsst; ihr seid entweder Sklaven der Sünde, die zum Tod führt, oder des Gehorsams, der zur Gerechtigkeit führt. 17 Gott aber sei Dank; denn ihr wart Sklaven der Sünde, seid jedoch von Herzen der Lehre gehorsam geworden, an die ihr übergeben wurdet. 18 Ihr wurdet aus der Macht der Sünde befreit und seid zu Sklaven der Gerechtigkeit geworden. 19 Wegen eurer Schwachheit rede ich nach Menschenweise: Wie ihr eure Glieder in den Dienst der Unreinheit und der Gesetzlosigkeit gestellt habt, so dass ihr gesetzlos wurdet, so stellt jetzt eure Glieder in den Dienst der Gerechtigkeit, so dass ihr heilig werdet. 20 Denn als ihr Sklaven der Sünde wart, da wart ihr der Gerechtigkeit gegenüber frei. 21 Welchen Gewinn hattet ihr damals? Es waren Dinge, deren ihr euch jetzt schämt; denn sie bringen den Tod. 22 Jetzt, da ihr aus der Macht der Sünde befreit und zu Sklaven Gottes geworden seid, habt ihr einen Gewinn, der zu eurer Heiligung führt und das ewige Leben bringt. 23 Denn der Lohn der Sünde ist der Tod, die Gabe Gottes aber ist das ewige Leben in Christus Jesus, unserem Herrn.

15: 6,1f • 16: 2 Petr 2,19; Joh 8,34–36 • 17: Joh 8,32–36 • 18: 1 Petr 2,24 • 21: 8,6 • 23: 5,12.21; Jak 1,15.

Die Freiheit der Christen vom Gesetz: 7,1–6

7 Wisst ihr denn nicht, Brüder – ich rede doch zu Leuten, die das Gesetz kennen –, dass das Gesetz für einen Menschen nur Geltung hat, solange er lebt? 2 So ist die Ehefrau durch das Gesetz an ihren Mann gebunden, solange er am Leben ist; wenn ihr Mann aber stirbt, ist sie frei von dem Gesetz, das die Frau an den Mann bindet. 3 Wenn sie darum zu Lebzeiten des Mannes einem anderen gehört, wird sie Ehebrecherin genannt; ist aber der Mann gestorben, dann ist sie frei vom Gesetz und wird nicht zur Ehebrecherin, wenn sie einem anderen gehört. 4 Ebenso seid auch ihr, meine Brüder, durch das Sterben Christi tot für das Gesetz, so dass ihr einem anderen gehört, dem, der von den Toten auferweckt wurde; ihm gehören wir, damit wir Gott Frucht bringen. 5 Denn als wir noch dem Fleisch verfallen waren, wirkten sich die Leidenschaften der Sünden, die das Gesetz hervorrief, so in unseren Gliedern aus, dass wir dem Tod Frucht brachten. 6 Jetzt aber sind wir frei geworden von dem Gesetz, an das wir gebunden waren, wir sind tot für das Gesetz und dienen in der neuen Wirklichkeit des Geistes, nicht mehr in der alten des Buchstabens.

2: 1 Kor 7,39 • 4: 6,4 • 5: 6,21 • 6: 6,7; 2 Kor 3,6.

Die Mächte des Unheils: Gesetz, Sünde und Tod: 7,7–25

7 Heißt das nun, dass das Gesetz Sünde ist? Keineswegs! Jedoch habe ich die Sünde nur durch das Gesetz erkannt. Ich hätte ja von

6,17 der Lehre, wörtlich: der Gestalt der Lehre.
7,4 durch das Sterben, wörtlich: durch den Leib (gemeint ist der tote Leib).
7,5 dem Fleisch verfallen, wörtlich: im Fleisch (d. h. ohne Christus).

7,7–13 Auch wenn Sünde und Gesetz miteinander verklammert sind, ist das Gesetz selbst heilig und gut (V. 12). Die Sünde bedient sich des Gesetzes, um Böses hervorzubringen, wird aber durch das Gesetz selbst bloßgestellt.

der Begierde nichts gewusst, wenn nicht das
Gesetz gesagt hätte: *Du sollst nicht begeh-
ren.* 8 Die Sünde erhielt durch das Gebot den
Anstoß und bewirkte in mir alle Begierde,
denn ohne das Gesetz war die Sünde tot.
9 Ich lebte einst ohne das Gesetz; aber als das
Gebot kam, wurde die Sünde lebendig, 10 ich
dagegen starb und musste erfahren, dass die-
ses Gebot, das zum Leben führen sollte, den
Tod bringt. 11 Denn nachdem die Sünde
durch das Gebot den Anstoß erhalten hatte,
täuschte und tötete sie mich durch das Ge-
bot. 12 Das Gesetz ist heilig und das Gebot ist
heilig, gerecht und gut. 13 Ist dann etwa das
Gute mein Tod geworden? Keineswegs! Son-
dern die Sünde verursachte, damit sie als
Sünde offenbar werde, durch das Gute mei-
nen Tod; denn durch das Gebot sollte die
Sünde sich in ihrem ganzen Ausmaß als
Sünde erweisen.

14 Wir wissen, dass das Gesetz selbst vom
Geist bestimmt ist; ich aber bin Fleisch, das
heißt: verkauft an die Sünde. 15 Denn ich be-
greife mein Handeln nicht: Ich tue nicht das,
was ich will, sondern das, was ich hasse.
16 Wenn ich aber das tue, was ich nicht will,
erkenne ich an, dass das Gesetz gut ist.
17 Dann aber bin nicht mehr ich es, der so
handelt, sondern die in mir wohnende Sün-
de. 18 Ich weiß, dass in mir, das heißt in mei-
nem Fleisch, nichts Gutes wohnt; das Wollen
ist bei mir vorhanden, aber ich vermag das
Gute nicht zu verwirklichen. 19 Denn ich tue
nicht das Gute, das ich will, sondern das
Böse, das ich nicht will. 20 Wenn ich aber das
tue, was ich nicht will, dann bin nicht mehr
ich es, der so handelt, sondern die in mir
wohnende Sünde. 21 Ich stoße also auf das
Gesetz, dass in mir das Böse vorhanden ist,
obwohl ich das Gute tun will. 22 Denn in mei-
nem Innern freue ich mich am Gesetz Gottes,
23 ich sehe aber ein anderes Gesetz in meinen
Gliedern, das mit dem Gesetz meiner Ver-
nunft im Streit liegt und mich gefangen hält
im Gesetz der Sünde, von dem meine Glieder
beherrscht werden. 24 Ich unglücklicher
Mensch! Wer wird mich aus diesem dem Tod
verfallenen Leib erretten? 25 Dank sei Gott
durch Jesus Christus, unseren Herrn! Es er-
gibt sich also, dass ich mit meiner Vernunft
dem Gesetz Gottes diene, mit dem Fleisch
aber dem Gesetz der Sünde.

7: 3,20; 5,13; Ex 20,17; Dtn 5,21 • 8: Jak 1,14f • 10: Lev 18,5; Gal 3,12 • 12: 1 Tim 1,8 • 13: 5,20; 1 Kor 15,56 • 14: Ps 51,7 • 15: Gal 5,17 • 18: Gen 6,5; 8,21; Phil 2,13 • 20: Gal 2,20 • 24: 8,10 • 25: 1 Kor 15,57.

Das Leben der Christen im Geist: 8,1–17

8 Jetzt gibt es keine Verurteilung mehr
für die, welche in Christus Jesus sind.
2 Denn das Gesetz des Geistes und des Le-
bens in Christus Jesus hat dich frei gemacht
vom Gesetz der Sünde und des Todes. 3 Weil
das Gesetz, ohnmächtig durch das Fleisch,
nichts vermochte, sandte Gott seinen Sohn
in der Gestalt des Fleisches, das unter der
Macht der Sünde steht, zur Sühne für die
Sünde, um an seinem Fleisch die Sünde zu
verurteilen; 4 dies tat er, damit die Forde-
rung des Gesetzes durch uns erfüllt werde,
die wir nicht nach dem Fleisch, sondern nach
dem Geist leben. 5 Denn alle, die vom Fleisch
bestimmt sind, trachten nach dem, was dem
Fleisch entspricht, alle, die vom Geist be-
stimmt sind, nach dem, was dem Geist ent-
spricht. 6 Das Trachten des Fleisches führt
zum Tod, das Trachten des Geistes aber zu
Leben und Frieden. 7 Denn das Trachten des
Fleisches ist Feindschaft gegen Gott; es un-
terwirft sich nicht dem Gesetz Gottes und
kann es auch nicht. 8 Wer vom Fleisch be-
stimmt ist, kann Gott nicht gefallen. 9 Ihr
aber seid nicht vom Fleisch, sondern vom
Geist bestimmt, da ja der Geist Gottes in
euch wohnt. Wer den Geist Christi nicht hat,
der gehört nicht zu ihm. 10 Wenn Christus in
euch ist, dann ist zwar der Leib tot aufgrund
der Sünde, der Geist aber ist Leben aufgrund
der Gerechtigkeit. 11 Wenn der Geist dessen
in euch wohnt, der Jesus von den Toten auf-
erweckt hat, dann wird er, der Christus Jesus
von den Toten auferweckt hat, auch euren
sterblichen Leib lebendig machen durch sei-
nen Geist, der in euch wohnt.

12 Wir sind also nicht dem Fleisch ver-
pflichtet, Brüder, so dass wir nach dem
Fleisch leben müssten. 13 Wenn ihr nach dem
Fleisch lebt, müsst ihr sterben; wenn ihr aber
durch den Geist die (sündigen) Taten des
Leibes tötet, werdet ihr leben. 14 Denn alle,
die sich vom Geist Gottes leiten lassen, sind
Söhne Gottes. 15 Denn ihr habt nicht einen
Geist empfangen, der euch zu Sklaven
macht, so dass ihr euch immer noch fürchten

7,25 V. 25b fasst die Gedanken der VV. 14–23 nochmals zusammen.

8,1–11 Das Leben »nach dem Geist« ist hier einem Leben »nach dem Fleisch« gegenübergestellt; »Fleisch« bezeichnet in biblischer Überlieferung das Irdische und Vergängliche, das, worauf man sich nicht verlassen darf, wenn man nicht der Sünde verfallen will. Deshalb kann das Wort »Fleisch« auch den Menschen bezeichnen, der von der Sünde beherrscht wird.

8,10 aufgrund der Sünde, andere Übersetzungsmöglichkeit (wegen des Zusammenhangs mit 6,10f): für die Sünde.

8,15 Zu »Abba« vgl. die Anmerkung zu Mk 14,36.

müsstet, sondern ihr habt den Geist empfan-
gen, der euch zu Söhnen macht, den Geist, in
dem wir rufen: Abba, Vater! 16 So bezeugt der
Geist selber unserem Geist, dass wir Kinder
Gottes sind. 17 Sind wir aber Kinder, dann
auch Erben; wir sind Erben Gottes und sind
Miterben Christi, wenn wir mit ihm leiden,
um mit ihm auch verherrlicht zu werden.

1: 10,4 • 2: 2 Kor 3,17 • 3: 2 Kor 5,21; Gal 4,4; Phil 2,7; Hebr 2,17 • 4: Gal 5,16.25 • 6: 6,21 • 7: Jak 4,4 • 9: 1 Kor 3,16 • 10: Gal 2,20; Phil 1,21 • 11: 6,4; 2 Kor 4,14 • 13: Gal 6,8; Eph 4,22–24 • 14: Gal 5,18 • 15: Gal 4,4–6 • 17: Gal 4,7; 2 Tim 2,11f; 1 Petr 4,13; Offb 21,7.

Die Hoffnung auf die Erlösung der Welt:
8,18–30

18 Ich bin überzeugt, dass die Leiden der
gegenwärtigen Zeit nichts bedeuten im Ver-
gleich zu der Herrlichkeit, die an uns offen-
bar werden soll. 19 Denn die ganze Schöp-
fung wartet sehnsüchtig auf das Offenbar-
werden der Söhne Gottes. 20 Die Schöpfung
ist der Vergänglichkeit unterworfen, nicht
aus eigenem Willen, sondern durch den, der
sie unterworfen hat; aber zugleich gab er ihr
Hoffnung: 21 Auch die Schöpfung soll von
der Sklaverei und Verlorenheit befreit wer-
den zur Freiheit und Herrlichkeit der Kinder
Gottes. 22 Denn wir wissen, dass die gesamte
Schöpfung bis zum heutigen Tag seufzt und
in Geburtswehen liegt. 23 Aber auch wir, ob-
wohl wir als Erstlingsgabe den Geist haben,
seufzen in unserem Herzen und warten da-
rauf, dass wir mit der Erlösung unseres Lei-
bes als Söhne offenbar werden. 24 Denn wir
sind gerettet, doch in der Hoffnung. Hoff-
nung aber, die man schon erfüllt sieht, ist
keine Hoffnung. Wie kann man auf etwas
hoffen, das man sieht? 25 Hoffen wir aber auf
das, was wir nicht sehen, dann harren wir
aus in Geduld. 26 So nimmt sich auch der
Geist unserer Schwachheit an. Denn wir
wissen nicht, worum wir in rechter Weise be-
ten sollen; der Geist selber tritt jedoch für
uns ein mit Seufzen, das wir nicht in Worte
fassen können. 27 Und Gott, der die Herzen
erforscht, weiß, was die Absicht des Geistes
ist: Er tritt so, wie Gott es will, für die Heili-
gen ein. 28 Wir wissen, dass Gott bei denen,
die ihn lieben, alles zum Guten führt, bei de-
nen, die nach seinem ewigen Plan berufen
sind; 29 denn alle, die er im voraus erkannt
hat, hat er auch im voraus dazu bestimmt, an
Wesen und Gestalt seines Sohnes teilzuha-
ben, damit dieser der Erstgeborene von vie-
len Brüdern sei. 30 Die aber, die er vorausbe-
stimmt hat, hat er auch berufen, und die er
berufen hat, hat er auch gerecht gemacht; die
er aber gerecht gemacht hat, die hat er auch
verherrlicht.

18: 2 Kor 4,17 • 19: Kol 3,4; 1 Joh 3,2 • 20: Gen 3,17–19 • 21: 2 Petr 3,13 • 23: 2 Kor 5,2–5 • 24: 2 Kor 5,7; Hebr 11,1 • 25: 2 Kor 4,18; Gal 5,5 • 28: Eph 1,11 • 29: Phil 3,21; Kol 1,18 • 30: 2 Thess 2,13f.

Die Gewissheit der Glaubenden: 8,31–39

31 Was ergibt sich nun, wenn wir das alles
bedenken? Ist Gott für uns, wer ist dann ge-
gen uns? 32 Er hat seinen eigenen Sohn nicht
verschont, sondern ihn für uns alle hingege-
ben – wie sollte er uns mit ihm nicht alles
schenken? 33 Wer kann die Auserwählten
Gottes anklagen? Gott ist es, der gerecht
macht. 34 Wer kann sie verurteilen? Christus
Jesus, der gestorben ist, mehr noch: der auf-
erweckt worden ist, sitzt zur Rechten Gottes
und tritt für uns ein. 35 Was kann uns schei-
den von der Liebe Christi? Bedrängnis oder
Not oder Verfolgung, Hunger oder Kälte,
Gefahr oder Schwert? 36 In der Schrift steht:
*Um deinetwillen sind wir den ganzen Tag
dem Tod ausgesetzt; wir werden behandelt
wie Schafe, die man zum Schlachten be-
stimmt hat.* 37 Doch all das überwinden wir
durch den, der uns geliebt hat. 38 Denn ich
bin gewiss: Weder Tod noch Leben, weder
Engel noch Mächte, weder Gegenwärtiges
noch Zukünftiges, weder Gewalten 39 der
Höhe oder Tiefe noch irgendeine andere
Kreatur können uns scheiden von der Liebe
Gottes, die in Christus Jesus ist, unserem
Herrn.

32: Joh 3,16 • 33: Jes 50,8 • 34: 4,25; Hebr 7,25; 1 Joh 2,1 • 36: Ps 44,23 • 37: 1 Joh 5,4 • 38: Eph 1,21; 6,12; Kol 2,15; 1 Petr 3,22.

8,18–39 Die gesamte Schöpfung soll erlöst werden. Die Leiden dieser Zeit können im Blick auf die verheißene Vollendung ertragen werden. Die Glaubenden sind der Not dieser Welt nicht enthoben, aber durch den Geist haben sie jetzt schon das Heil empfangen. Mit diesem Abschnitt wird der erste Hauptteil abgeschlossen.

8,29 an Wesen und Gestalt seines Sohnes teilzuhaben, wörtlich: um dem Bild seines Sohnes gleichgestaltet zu werden. Mit dem Begriff »Bild« ist auf die neue, verklärte Leiblichkeit des auferstandenen Christus Bezug genommen, woran die Geretteten durch den Geist teilbekommen. Im Hintergrund steht der Gedanke der erneuerten Gottebenbildlichkeit (vgl. Gen 1,26f). Zum Gedanken an Christus als Bild Gottes vgl. 2 Kor 4,6; Kol 1,15; Hebr 1,3.

DIE ENDGÜLTIGE RETTUNG ISRAELS: 9,1 – 11,36

Paulus und Israel: 9,1–5

9 Ich sage in Christus die Wahrheit und
lüge nicht und mein Gewissen bezeugt
es mir im Heiligen Geist: 2 Ich bin voll Trau-
er, unablässig leidet mein Herz. 3 Ja, ich
möchte selber verflucht und von Christus ge-
trennt sein um meiner Brüder willen, die der
Abstammung nach mit mir verbunden sind.
4 Sie sind Israeliten; damit haben sie die
Sohnschaft, die Herrlichkeit, die Bundes-
ordnungen, ihnen ist das Gesetz gegeben, der
Gottesdienst und die Verheißungen, 5 sie ha-
ben die Väter und dem Fleisch nach ent-
stammt ihnen der Christus, der über allem
als Gott steht, er ist gepriesen in Ewigkeit.
Amen.

4: Ex 4,22; 40,34f; Röm 3,2; Eph 2,12 • 5: 1,3; 1 Kor 15,28.

Die bleibende Erwählung durch Gott: 9,6–13

6 Es ist aber keineswegs so, dass Gottes
Wort hinfällig geworden ist. Denn nicht alle,
die aus Israel stammen, sind Israel; 7 auch
sind nicht alle, weil sie Nachkommen Abra-
hams sind, deshalb schon seine Kinder, son-
dern es heißt: Nur *die Nachkommen Isaaks
werden deine Nachkommen heißen.* 8 Das be-
deutet: Nicht die Kinder des Fleisches sind
Kinder Gottes, sondern die Kinder der Ver-
heißung werden als Nachkommen aner-
kannt; 9 denn es ist eine Verheißung, wenn
gesagt wird: *In einem Jahr werde ich wieder-
kommen, dann wird Sara einen Sohn haben.*
10 So war es aber nicht nur bei ihr, sondern
auch bei Rebekka: Sie hatte von einem einzi-
gen Mann empfangen, von unserem Vater
Isaak, 11 und ihre Kinder waren noch nicht
geboren und hatten weder Gutes noch Böses
getan; damit aber Gottes freie Wahl und Vor-
herbestimmung gültig bleibe, 12 nicht abhän-
gig von Werken, sondern von ihm, der beruft,
wurde ihr gesagt: *Der Ältere muss dem Jün-
geren dienen;* 13 denn es steht in der Schrift:
Jakob habe ich geliebt, Esau aber gehasst.

6: 3,1–4; 11,29; 2,28 • 7: Gen 21,12; Mt 3,9 • 8: Gal 3,7; 4,28 • 9: Gen 18,10 • 11: 11,5f • 12: Gen 25,23 • 13: Mal 1,2f.

Die Freiheit und das Erbarmen Gottes: 9,14–29

14 Heißt das nun, dass Gott ungerecht han-
delt? Keineswegs! 15 Denn zu Mose sagt er:
*Ich schenke Erbarmen, wem ich will, und er-
weise Gnade, wem ich will.* 16 Also kommt es
nicht auf das Wollen und Streben des Men-
schen an, sondern auf das Erbarmen Gottes.
17 In der Schrift wird zum Pharao gesagt:
*Eben dazu habe ich dich bestimmt, dass ich
an dir meine Macht zeige und dass auf der
ganzen Erde mein Name verkündet wird.*
18 Er erbarmt sich also, wessen er will, und
macht verstockt, wen er will.
19 Nun wirst du einwenden: Wie kann er
dann noch anklagen, wenn niemand seinem
Willen zu widerstehen vermag? 20 Wer bist
du denn, dass du als Mensch mit Gott rech-
ten willst? *Sagt etwa das Werk zu dem, der es
geschaffen hat:* Warum hast du mich so ge-
macht? 21 Ist nicht vielmehr der Töpfer Herr
über den Ton? Kann er nicht aus derselben
Masse ein Gefäß herstellen für Reines, ein
anderes für Unreines? 22 Gott, der seinen
Zorn zeigen und seine Macht erweisen woll-
te, hat die Gefäße des Zorns, die zur Vernich-
tung bestimmt sind, mit großer Langmut
ertragen; 23 und um an den Gefäßen des
Erbarmens, die er zur Herrlichkeit vorherbe-
stimmt hat, den Reichtum seiner Herrlich-

9,1–5 die Bereitschaft des Paulus, selbst verflucht zu sein, des Heils wieder verlustig zu gehen, bringt zum Ausdruck, wie sehr er um die Rettung Israels ringt.

9,4 die Bundesordnungen, wörtlich: die Bundesschlüsse. – Vgl. die Anmerkung zu Eph 2,12.

9,5 Andere Übersetzung: . . . und dem Fleisch nach entstammt ihnen der Christus. Gott, der über allem ist, er ist gepriesen in Ewigkeit. Amen. – In Anlehnung an liturgische Tradition des Judentums dürfte es sich ursprünglich um einen auf Gott selbst bezogenen Lobspruch handeln. Aufgrund von Phil 2,9–11 und Joh 20,28 wurde er in der kirchlichen Tradition schon früh im Sinn der im Text wiedergegebenen Übersetzung verstanden.

9,14–18 Dass es nicht auf das Wollen und Streben des Menschen, sondern auf das Erbarmen Gottes ankommt, besagt nicht, dass menschliches Streben nach Rettung und Heil ohne jede Bedeutung ist. Aber Gott handelt nach anderen Maßstäben als der Mensch.

9,19–24 Bei dem aus der alttestamentlichen Prophetie aufgegriffenen Töpfergleichnis geht es Paulus vor allem um die Langmut Gottes mit den »Gefäßen des Zorns«, die zur Umkehr führen soll (2,4). Es handelt sich also nicht um eine Vorherbestimmung (Prädestination) in dem Sinn, dass ihr der Mensch völlig willenlos ausgesetzt wäre.

9,21 Wörtlich: ein Gefäß herstellen zur Ehre, ein anderes zur Unehre.

keit zu erweisen, 24 hat er uns berufen, nicht
allein aus den Juden, sondern auch aus den
Heiden.
25 So spricht er auch bei Hosea: *Ich werde
als mein Volk berufen, was nicht mein Volk
war, und als Geliebte jene, die nicht geliebt
war.* 26 *Und dort, wo ihnen gesagt wurde: Ihr
seid nicht mein Volk, dort werden sie Söhne
des lebendigen Gottes genannt werden.*
27 Und Jesaja ruft über Israel aus: *Wenn
auch die Israeliten so zahlreich wären wie
der Sand am Meer – nur der Rest wird gerettet
werden.* 28 *Denn der Herr wird handeln,
indem er sein Wort auf der Erde erfüllt und
durchsetzt.*
29 Ebenso hat Jesaja vorhergesagt: *Hätte
nicht der Herr der himmlischen Heere uns
Nachkommenschaft übrig gelassen, wir wären
wie Sodom geworden, wir wären Gomorra
gleich.*

15: Ex 33,19 • 16: Eph 2,8 • 17: Ex 9,16 • 18: 11,30–32; Ex 7,3 • 20: Jes 29,16; 45,9; Weish 12,12 • 21: Jer 18,6; 2 Tim 2,20 • 22: 2,4 • 23: 8,29 • 24: 1,16; 3,29 • 25: Hos 2,25; 1 Petr 2,10 • 26: Hos 2,1 • 27: Jes 10,22f G; Röm 11,5 • 29: Jes 1,9 G.

Israels falscher Eifer für Gott:
9,30 – 10,4

30 Was heißt das nun? Heiden, die die Gerechtigkeit
nicht erstrebten, haben Gerechtigkeit
empfangen, die Gerechtigkeit aus
Glauben. 31 Israel aber, das nach dem Gesetz
der Gerechtigkeit strebte, hat das Gesetz
verfehlt. 32 Warum? Weil es ihm nicht um die
Gerechtigkeit aus Glauben, sondern um die
Gerechtigkeit aus Werken ging. Sie stießen
sich am »Stein des Anstoßes«, 33 wie es in der
Schrift heißt: *Siehe, ich richte in Zion einen
Stein auf, an dem man anstößt, einen Fels, an
dem man zu Fall kommt. Wer an ihn glaubt,
wird nicht zugrunde gehen.*
10 Brüder, ich wünsche von ganzem
Herzen und bete zu Gott, dass sie gerettet
werden. 2 Denn ich bezeuge ihnen,
dass sie Eifer haben für Gott; aber es ist ein
Eifer ohne Erkenntnis. 3 Da sie die Gerechtigkeit
Gottes verkannten und ihre eigene
aufrichten wollten, haben sie sich der Gerechtigkeit
Gottes nicht unterworfen. 4 Denn
Christus ist das Ende des Gesetzes und jeder,
der an ihn glaubt, wird gerecht.

9,30: 10,20 • 31: 10,2f; 11,7 • 32: 1 Kor 1,23 • 33: Jes 8,14; 28,16; Mt 21,42; 1 Petr 2,6–8 • 10,1: 9,1.3 • 2: Apg 22,3 • 4: Gal 3,24.

Die rettende Botschaft für alle: 10,5–15

5 Mose schreibt: *Wer sich an die Gesetzesgerechtigkeit
hält* in seinem Tun, *wird durch
sie leben.* 6 Die Glaubensgerechtigkeit aber
spricht: *Sag nicht in deinem Herzen: Wer
wird in den Himmel hinaufsteigen?* Das hieße:
Christus herabholen. 7 Oder: *Wer wird in
den Abgrund hinabsteigen?* Das hieße: Christus
von den Toten heraufführen. 8 Was also
sagt sie? *Das Wort ist dir nahe, es ist in deinem
Mund und in deinem Herzen.* Gemeint
ist das Wort des Glaubens, das wir verkündigen;
9 denn wenn du mit deinem Mund bekennst:
»Jesus ist der Herr« und in deinem
Herzen glaubst: »Gott hat ihn von den Toten
auferweckt«, so wirst du gerettet werden.
10 Wer mit dem Herzen glaubt und mit dem
Mund bekennt, wird Gerechtigkeit und Heil
erlangen. 11 Denn die Schrift sagt: *Wer an ihn
glaubt, wird nicht zugrunde gehen.* 12 Darin
gibt es keinen Unterschied zwischen Juden
und Griechen. Alle haben denselben Herrn;
aus seinem Reichtum beschenkt er alle, die
ihn anrufen. 13 Denn *jeder, der den Namen
des Herrn anruft, wird gerettet werden.*
14 Wie sollen sie nun den anrufen, an den sie
nicht glauben? Wie sollen sie an den glauben,
von dem sie nichts gehört haben? Wie sollen
sie hören, wenn niemand verkündigt? 15 Wie
soll aber jemand verkündigen, wenn er nicht
gesandt ist? Darum heißt es in der Schrift:
*Wie sind die Freudenboten willkommen, die
Gutes verkündigen!*

5: Lev 18,5; Gal 3,12 • 6: Dtn 9,4; 30,12–14; Ps 107,26; Bar 3,29 • 8: Dtn 30,14 • 9: 1 Kor 12,3 • 11: Jes 28,16; Röm 9,33 • 12: 1,16; Gal 3,28; Kol 3,11 • 13: Joël 3,5 • 15: Jes 52,7.

Israels Ungehorsam: 10,16–21

16 Doch nicht alle sind dem Evangelium
gehorsam geworden. Denn Jesaja sagt: *Herr,
wer hat unserer Botschaft geglaubt?* 17 So
gründet der Glaube in der Botschaft, die Botschaft
im Wort Christi. 18 Aber, so frage ich,
haben sie die Boten etwa nicht gehört? Doch,
sie haben sie gehört; denn *ihre Stimme war
in der ganzen Welt zu hören und ihr Wort bis
an die Enden der Erde.* 19 Hat dann Israel, so
frage ich, die Botschaft nicht verstanden?
Zunächst antwortet Mose: *Ich will euch eifersüchtig
machen auf ein Volk, das kein
Volk ist; auf ein unverständiges Volk will ich
euch zornig machen.*

9,30–33 Dass Israel das Heil verfehlt, hängt damit zusammen, dass es im falschen Vertrauen auf die eigene Frömmigkeit nicht begreift, dass Gott das Heil aus Gnade schenkt.

10,4 Gemeint ist das Gesetz als Heilsweg (vgl. die Anmerkung zu 3,27–31).

[20] Und Jesaja wagt sogar zu sagen: *Ich ließ mich finden von denen, die nicht nach mir suchten; ich offenbarte mich denen, die nicht nach mir fragten.* [21] Über Israel aber sagt er: *Den ganzen Tag habe ich meine Hände ausgestreckt nach einem ungehorsamen und widerspenstigen Volk.*

16: Jes 53,1 • 17: Joh 17,20 • 18: Ps 19,5 • 19: Dtn 32,21 G; Röm 11,11 • 20: Jes 65,1 • 21: Jes 65,2.

Der erwählte »Rest« und das verblendete Volk: 11,1–12

11 Ich frage also: Hat Gott sein Volk verstoßen? Keineswegs! Denn auch ich bin ein Israelit, ein Nachkomme Abrahams, aus dem Stamm Benjamin. [2] *Gott hat sein Volk nicht verstoßen,* das er einst erwählt hat. Oder wisst ihr nicht, was die Schrift von Elija berichtet? Elija führte Klage gegen Israel und sagte: [3] *Herr, sie haben deine Propheten getötet und deine Altäre zerstört. Ich allein bin übrig geblieben, und nun trachten sie auch mir nach dem Leben.* [4] Gott aber antwortete ihm: *Ich habe siebentausend Männer* für mich *übrig gelassen, die ihr Knie nicht vor Baal gebeugt haben.* [5] Ebenso gibt es auch in der gegenwärtigen Zeit einen Rest, der aus Gnade erwählt ist – [6] aus Gnade, nicht mehr aufgrund von Werken; sonst wäre die Gnade nicht mehr Gnade. [7] Das bedeutet: Was Israel erstrebt, hat nicht das ganze Volk, sondern nur der erwählte Rest erlangt; die übrigen wurden verstockt, [8] wie es in der Schrift heißt: *Gott gab ihnen einen Geist der Betäubung, Augen, die nicht sehen, und Ohren, die nicht hören, bis zum heutigen Tag.* [9] Und David sagt: *Ihr Opfertisch werde für sie zur Schlinge und zur Falle, zur Ursache des Sturzes und der Bestrafung.* [10] *Ihre Augen sollen erblinden, sodass sie nichts mehr sehen; ihren Rücken beuge für immer!*

[11] Nun frage ich: Sind sie etwa gestrauchelt, damit sie zu Fall kommen? Keineswegs! Vielmehr kam durch ihr Versagen das Heil zu den Heiden, um sie selbst eifersüchtig zu machen. [12] Wenn aber schon durch ihr Versagen die Welt und durch ihr Verschulden die Heiden reich werden, dann wird das erst recht geschehen, wenn ganz Israel zum Glauben kommt.

1: Phil 3,5; 2 Kor 11,22 • 2: Ps 94,14 • 3: 1 Kön 19,10–14 • 4: 1 Kön 19,18 • 5: 9,27 • 6: 4,4 • 8: Jes 29,10; Dtn 29,3; Mt 13,13; Apg 28,26f • 9: Ps 69,23f G • 11: 10,19.

Das Bild vom Ölbaum: 11,13–24

[13] Euch, den Heiden, sage ich: Gerade als Apostel der Heiden preise ich meinen Dienst, [14] weil ich hoffe, die Angehörigen meines Volkes eifersüchtig zu machen und wenigstens einige von ihnen zu retten. [15] Denn wenn schon ihre Verwerfung für die Welt Versöhnung gebracht hat, dann wird ihre Annahme nichts anderes sein als Leben aus dem Tod. [16] Ist die Erstlingsgabe vom Teig heilig, so ist es auch der ganze Teig; ist die Wurzel heilig, so sind es auch die Zweige. [17] Wenn aber einige Zweige herausgebrochen wurden und wenn du als Zweig vom wilden Ölbaum in den edlen Ölbaum eingepfropft wurdest und damit Anteil erhieltest an der Kraft seiner Wurzel, [18] so erhebe dich nicht über die anderen Zweige. Wenn du es aber tust, sollst du wissen: Nicht du trägst die Wurzel, sondern die Wurzel trägt dich. [19] Nun wirst du sagen: Die Zweige wurden doch herausgebrochen, damit ich eingepfropft werde. [20] Gewiss, sie wurden herausgebrochen, weil sie nicht glaubten. Du aber stehst an ihrer Stelle, weil du glaubst. Sei daher nicht überheblich, sondern fürchte dich! [21] Hat Gott die Zweige, die von Natur zum edlen Baum gehören, nicht verschont, so wird er auch dich nicht verschonen. [22] Erkenne die Güte Gottes und seine Strenge! Die Strenge gegen jene, die gefallen sind, Gottes Güte aber gegen dich, sofern du in seiner Güte bleibst; sonst wirst auch du herausgehauen werden. [23] Ebenso werden auch jene, wenn sie nicht am Unglauben fest halten, wieder eingepfropft werden; denn Gott hat die Macht, sie wieder einzupfropfen. [24] Wenn du aus dem von Natur wilden Ölbaum herausgehauen und gegen die Natur in den edlen Ölbaum eingepfropft wurdest, dann werden erst recht sie als die von Natur zugehörigen Zweige ihrem eigenen Ölbaum wieder eingepfropft werden.

13: 1,5 • 20: 1 Kor 10,12 • 22: Joh 15,2.4.

Die Errettung ganz Israels: 11,25–36

[25] Damit ihr euch nicht auf eigene Einsicht verlasst, Brüder, sollt ihr dieses Geheimnis wissen: Verstockung liegt auf einem Teil Israels, bis die Heiden in voller Zahl das Heil erlangt haben; [26] dann wird ganz Israel gerettet werden, wie es in der Schrift heißt:

Der Retter wird aus Zion kommen, / er wird alle Gottlosigkeit von Jakob entfernen.

[27] *Das ist der Bund, den ich ihnen gewähre, / wenn ich ihre Sünden wegnehme.*

[28] Vom Evangelium her gesehen sind sie Feinde Gottes, und das um euretwillen; von ihrer Erwählung her gesehen sind sie von Gott geliebt, und das um der Väter willen. [29] Denn unwiderruflich sind Gnade und Be-

rufung, die Gott gewährt. 30 Und wie ihr einst Gott ungehorsam wart, jetzt aber infolge ihres Ungehorsams Erbarmen gefunden habt, 31 so sind sie infolge des Erbarmens, das ihr gefunden habt, ungehorsam geworden, damit jetzt auch sie Erbarmen finden. 32 Gott hat alle in den Ungehorsam eingeschlossen, um sich aller zu erbarmen.

33 O Tiefe des Reichtums, der Weisheit und der Erkenntnis Gottes! Wie unergründlich sind seine Entscheidungen, wie unerforschlich seine Wege! 34 Denn *wer hat die Gedanken des Herrn erkannt? Oder wer ist sein Ratgeber gewesen?* 35 *Wer hat ihm etwas gegeben, sodass Gott ihm etwas zurückgeben müsste?* 36 Denn aus ihm und durch ihn und auf ihn hin ist die ganze Schöpfung. Ihm sei Ehre in Ewigkeit! Amen.

25: Lk 21,24 • 26: Jes 59,20f G • 27: Jer 31,33f; Jes 27,9 G • 28: 15,8; 1 Thess 2,15f • 29: 9,6; Num 23,19 • 32: 1,19; Gal 3,22 • 33: Ijob 11,7f; Ps 139,17 • 34: Jes 40,13; 1 Kor 2,16 • 35: Jes 40,14 G; Ijob 41,3 • 36: 1 Kor 8,6; Kol 1,16f.

DAS LEBEN DER GLAUBENDEN: 12,1 – 15,13

Die Gemeinde und ihre Dienste: 12,1–8

12 Angesichts des Erbarmens Gottes ermahne ich euch, meine Brüder, euch selbst als lebendiges und heiliges Opfer darzubringen, das Gott gefällt; das ist für euch der wahre und angemessene Gottesdienst. 2 Gleicht euch nicht dieser Welt an, sondern wandelt euch und erneuert euer Denken, damit ihr prüfen und erkennen könnt, was der Wille Gottes ist: was ihm gefällt, was gut und vollkommen ist.

3 Aufgrund der Gnade, die mir gegeben ist, sage ich einem jeden von euch: Strebt nicht über das hinaus, was euch zukommt, sondern strebt danach, besonnen zu sein, jeder nach dem Maß des Glaubens, das Gott ihm zugeteilt hat. 4 Denn wie wir an dem einen Leib viele Glieder haben, aber nicht alle Glieder denselben Dienst leisten, 5 so sind wir, die vielen, e i n Leib in Christus, als einzelne aber sind wir Glieder, die zueinander gehören. 6 Wir haben unterschiedliche Gaben, je nach der uns verliehenen Gnade. Hat einer die Gabe prophetischer Rede, dann rede er in Übereinstimmung mit dem Glauben; 7 hat einer die Gabe des Dienens, dann diene er. Wer zum Lehren berufen ist, der lehre; 8 wer zum Trösten und Ermahnen berufen ist, der tröste und ermahne. Wer gibt, gebe ohne Hintergedanken; wer Vorsteher ist, setze sich eifrig ein; wer Barmherzigkeit übt, der tue es freudig.

1: 6,13 • 2: Eph 4,17.22f; 1 Thess 5,21 • 3: 2 Kor 10,13 • 4: 1 Kor 12,12.27f; Eph 1,23 • 6–8: 1 Kor 12,4.8–11 • 7: 1 Petr 4,10f • 8: 2 Kor 9,7.

Aufforderungen zu einem Leben aus dem Geist: 12,9–21

9 Eure Liebe sei ohne Heuchelei. Verabscheut das Böse, haltet fest am Guten! 10 Seid einander in brüderlicher Liebe zugetan, übertrefft euch in gegenseitiger Achtung! 11 Lasst nicht nach in eurem Eifer, lasst euch vom Geist entflammen und dient dem Herrn! 12 Seid fröhlich in der Hoffnung, geduldig in der Bedrängnis, beharrlich im Gebet! 13 Helft den Heiligen, wenn sie in Not sind; gewährt jederzeit Gastfreundschaft! 14 Segnet eure Verfolger; segnet sie, verflucht sie nicht! 15 Freut euch mit den Fröhlichen und weint mit den Weinenden! 16 Seid untereinander eines Sinnes; strebt nicht hoch hinaus, sondern bleibt demütig! *Haltet euch nicht selbst für weise!* 17 Vergeltet niemand Böses mit Bösem! *Seid allen Menschen gegenüber auf Gutes bedacht!* 18 Soweit es euch möglich ist, haltet mit allen Menschen Frieden! 19 Rächt euch nicht selber, liebe Brüder, sondern lasst Raum für den Zorn (Gottes); denn in der Schrift steht: *Mein ist die Rache, ich werde vergelten,* spricht der Herr. 20 Vielmehr: *Wenn dein Feind Hunger hat, gib ihm zu essen, wenn er Durst hat, gib ihm zu trinken; tust du das, dann sammelst du glühende Kohlen auf sein Haupt.* 21 Lass dich nicht vom Bösen besiegen, sondern besiege das Böse durch das Gute!

9: 2 Kor 6,6 • 10: Phil 2,3 • 12: 5,2f; Kol 4,2 • 13: 1 Petr 4,9; Hebr 13,2 • 14: Lk 6,27f • 15: 1 Kor 12,26 • 16: 15,5; Phil 2,2f; Spr 3,7 • 17: 1 Thess 5,15; 1 Petr 3,9; Spr 3,4 G • 18: Hebr 12,14 • 19: Dtn 32,35.41 • 20: Spr 25,21f; Mt 5,44.

11,33–36 Hier wird nicht eine Aussage über das geheimnisvolle Wesen Gottes gemacht, sondern über die wunderbaren Wege, auf denen seine Heilsabsicht zum Ziel kommt.

12,1f Mit Kap. 12 beginnt der dritte Teil des Briefs. Er handelt von der rechten Lebensführung der Glaubenden. – Der rechte Gottesdienst verwirklicht sich nicht allein in einer gottesdienstlichen Versammlung, sondern umfasst das ganze Leben.

12,3–8 Zum Bild von der Kirche als Leib Christi vgl. 1 Kor 12, 12–27.

Der Christ und die staatliche Ordnung: 13,1–7

13 Jeder leiste den Trägern der staatlichen Gewalt den schuldigen Gehorsam. Denn es gibt keine staatliche Gewalt, die nicht von Gott stammt; jede ist von Gott eingesetzt. 2 Wer sich daher der staatlichen Gewalt widersetzt, stellt sich gegen die Ordnung Gottes, und wer sich ihm entgegenstellt, wird dem Gericht verfallen. 3 Vor den Trägern der Macht hat sich nicht die gute, sondern die böse Tat zu fürchten; willst du also ohne Furcht vor der staatlichen Gewalt leben, dann tue das Gute, sodass du ihre Anerkennung findest. 4 Sie steht im Dienst Gottes und verlangt, dass du das Gute tust. Wenn du aber Böses tust, fürchte dich! Denn nicht ohne Grund trägt sie das Schwert. Sie steht im Dienst Gottes und vollstreckt das Urteil an dem, der Böses tut. 5 Deshalb ist es notwendig, Gehorsam zu leisten, nicht allein aus Furcht vor der Strafe, sondern vor allem um des Gewissens willen. 6 Das ist auch der Grund, weshalb ihr Steuern zahlt; denn in Gottes Auftrag handeln jene, die Steuern einzuziehen haben. 7 Gebt allen, was ihr ihnen schuldig seid, sei es Steuer oder Zoll, sei es Furcht oder Ehre.

1: 1 Petr 2,13f; Tit 3,1 • 5: 1 Petr 2,19 • 7: Mt 22,21.

Das grundlegende Gebot: 13,8–14

8 Bleibt niemand etwas schuldig; nur die Liebe schuldet ihr einander immer. Wer den andern liebt, hat das Gesetz erfüllt. 9 Denn die Gebote: *Du sollst nicht die Ehe brechen, du sollst nicht töten, du sollst nicht stehlen, du sollst nicht begehren!*, und alle anderen Gebote sind in dem einen Satz zusammengefasst: *Du sollst deinen Nächsten lieben wie dich selbst.* 10 Die Liebe tut dem Nächsten nichts Böses. Also ist die Liebe die Erfüllung des Gesetzes.

11 Bedenkt die gegenwärtige Zeit: Die Stunde ist gekommen, aufzustehen vom Schlaf. Denn jetzt ist das Heil uns näher als zu der Zeit, da wir gläubig wurden. 12 Die Nacht ist vorgerückt, der Tag ist nahe. Darum lasst uns ablegen die Werke der Finsternis und anlegen die Waffen des Lichts. 13 Lasst uns ehrenhaft leben wie am Tag, ohne maßloses Essen und Trinken, ohne Unzucht und Ausschweifung, ohne Streit und Eifersucht. 14 Legt (als neues Gewand) den Herrn Jesus Christus an und sorgt nicht so für euren Leib, dass die Begierden erwachen.

8: Joh 13,34 • 9: Ex 20,13–17; Dtn 5,17–21; Mt 22,39f; Gal 5,14; Lev 19,18 • 10: 1 Kor 13,4 • 11: Eph 5,14.16; 1 Thess 5,5f • 12: Eph 6,11.13; 1 Thess 5,8 • 13: Mt 24,49; Lk 21,34 • 14: Gal 3,27; Eph 4,24.

»Starke« und »Schwache« in der Gemeinde: 14,1–23

14 Nehmt den an, der im Glauben schwach ist, ohne mit ihm über verschiedene Auffassungen zu streiten. 2 Der eine glaubt, alles essen zu dürfen, der Schwache aber isst kein Fleisch. 3 Wer Fleisch isst, verachte den nicht, der es nicht isst; wer kein Fleisch isst, richte den nicht, der es isst. Denn Gott hat ihn angenommen. 4 Wie kannst du den Diener eines anderen richten? Sein Herr entscheidet, ob er steht oder fällt. Er wird aber stehen; denn der Herr bewirkt, dass er steht. 5 Der eine bevorzugt bestimmte Tage, der andere macht keinen Unterschied zwischen den Tagen. Jeder soll aber von seiner Auffassung überzeugt sein. 6 Wer einen bestimmten Tag bevorzugt, tut es zur Ehre des Herrn. Wer Fleisch isst, tut es zur Ehre des Herrn; denn er dankt Gott dabei. Wer kein Fleisch isst, unterlässt es zur Ehre des Herrn, und auch er dankt Gott. 7 Keiner von uns lebt sich selber und keiner stirbt sich selber: 8 Leben wir, so leben wir dem Herrn, sterben wir, so sterben wir dem Herrn. Ob wir leben oder ob wir sterben, wir gehören dem Herrn. 9 Denn Christus ist gestorben und lebendig geworden, um Herr zu sein über Tote und Lebende. 10 Wie kannst also du deinen Bruder richten? Und du, wie kannst du deinen Bruder verachten? Wir werden doch alle vor dem Richterstuhl Gottes stehen. 11 Denn es heißt in der Schrift: *So wahr ich lebe, spricht der Herr, vor mir wird jedes Knie sich beugen und jede Zunge wird Gott preisen.* 12 Also wird jeder von uns vor Gott Rechenschaft über sich selbst ablegen.

13 Daher wollen wir uns nicht mehr gegenseitig richten. Achtet vielmehr darauf, dem Bruder keinen Anstoß zu geben und ihn nicht zu Fall zu bringen. 14 Auf Jesus, unseren Herrn, gründet sich meine feste Über-

---

13,1–7 Zu den Grenzen des hier geforderten Gehorsams gegenüber der staatlichen Gewalt vgl. Offb 13.

14,1–12 In der römischen Gemeinde gab es eine streng asketische Richtung, die die Einhaltung bestimmter Speisevorschriften forderte, offensichtlich in Verbindung mit den jüdischen Reinheitsvorschriften (vgl. die VV. 14 und 20).

14,2 Wörtlich: der Schwache aber isst (nur) Gemüse.

zeugung, dass an sich nichts unrein ist; unrein ist es nur für den, der es als unrein betrachtet. 15 Wenn wegen einer Speise, die du isst, dein Bruder verwirrt und betrübt wird, dann handelst du nicht mehr nach dem Gebot der Liebe. Richte durch deine Speise nicht den zugrunde, für den Christus gestorben ist. 16 Es darf doch euer wahres Gut nicht der Lästerung preisgegeben werden; 17 denn das Reich Gottes ist nicht Essen und Trinken, es ist Gerechtigkeit, Friede und Freude im Heiligen Geist. 18 Und wer Christus so dient, wird von Gott anerkannt und ist bei den Menschen geachtet. 19 Lasst uns also nach dem streben, was zum Frieden und zum Aufbau (der Gemeinde) beiträgt. 20 Reiß nicht wegen einer Speise das Werk Gottes nieder! Alle Dinge sind rein; schlecht ist es jedoch, wenn ein Mensch durch sein Essen dem Bruder Anstoß gibt. 21 Es ist nicht gut, Fleisch zu essen oder Wein zu trinken oder sonst etwas zu tun, wenn dein Bruder daran Anstoß nimmt. 22 Die Überzeugung, die du selbst hast, sollst du vor Gott haben. Wohl dem, der sich nicht zu verurteilen braucht bei dem, was er für recht hält. 23 Wer aber Zweifel hat, wenn er etwas isst, der ist gerichtet, weil er nicht aus der Überzeugung des Glaubens handelt. Alles, was nicht aus Glauben geschieht, ist Sünde.

1–23: 1 Kor 8,1–13 • 1: 15,1; 1 Kor 9,22; • 2: 1 Kor 10,25 • 3: Kol 2,16 • 4: Jak 4,11f • 5: Gal 4,10 • 6: 1 Tim 4,4f • 7: 2 Kor 5,15; Gal 2,19 • 8: 6,11; 1 Thess 5,10 • 9: Apg 10,42 • 10: Mt 7,1; 2 Kor 5,10 • 11: Jes 49,18; 45,23 G; Phil 2,10f • 14: Mt 15,11; Tit 1,15 • 17: Gal 4,20; Mt 6,33 • 19: 12,18; 15,2 • 23: 14,14.

Aufruf zur Einmütigkeit in der Gemeinde: 15,1–13

15 Wir müssen als die Starken die Schwäche derer tragen, die schwach sind, und dürfen nicht für uns selbst leben. 2 Jeder von uns soll Rücksicht auf den Nächsten nehmen, um Gutes zu tun und (die Gemeinde) aufzubauen. 3 Denn auch Christus hat nicht für sich selbst gelebt; in der Schrift heißt es vielmehr: *Die Schmähungen derer, die dich schmähen, haben mich getroffen.* 4 Und alles, was einst geschrieben worden ist, ist zu unserer Belehrung geschrieben, damit wir durch Geduld und durch den Trost der Schrift Hoffnung haben. 5 Der Gott der Geduld und des Trostes schenke euch die Einmütigkeit, die Christus Jesus entspricht, 6 damit ihr Gott, den Vater unseres Herrn Jesus Christus, einträchtig und mit einem Munde preist.

7 Darum nehmt einander an, wie auch Christus uns angenommen hat, zur Ehre Gottes. 8 Denn, das sage ich, Christus ist um der Wahrhaftigkeit Gottes willen Diener der Beschnittenen geworden, damit die Verheißungen an die Väter bestätigt werden. 9 Die Heiden aber rühmen Gott um seines Erbarmens willen; es steht ja in der Schrift:

Darum will ich dich bekennen unter den Heiden / und deinem Namen lobsingen.

10 An anderer Stelle heißt es:

Ihr Heiden, freut euch mit seinem Volk!

11 Und es heißt auch:

Lobt den Herrn, alle Heiden, / preisen sollen ihn alle Völker.

12 Und Jesaja sagt:

Kommen wird der Spross aus der Wurzel Isais; / er wird sich erheben, / um über die Heiden zu herrschen. / Auf ihn werden die Heiden hoffen.

13 Der Gott der Hoffnung aber erfülle euch mit aller Freude und mit allem Frieden im Glauben, damit ihr reich werdet an Hoffnung in der Kraft des Heiligen Geistes.

1: 14,1f • 2: 14,19 • 3: Ps 69,10 • 4: 1 Kor 10,11; 2 Tim 3,16 • 5: 12,16; Phil 2,2; 4,2 • 7: 14,1 • 8: 11,29f; Mt 15,24 • 9: Ps 18,50 • 10: Dtn 32,43 G • 11: Ps 117,1 • 12: Jes 11,1.10 G; Offb 5,5 • 13: 5,1f.

DER SCHLUSS DES BRIEFES: 15,14 – 16,27

Die Reisepläne des Paulus: 15,14–29

14 Meine Brüder, ich bin fest davon überzeugt, dass ihr viel Gutes tut, dass ihr reiche Erkenntnis besitzt und selbst imstande seid, einander zurechtzuweisen. 15 Um euch aber einiges in Erinnerung zu rufen, habe ich euch einen teilweise sehr deutlichen Brief geschrieben. Ich tat es kraft der Gnade, die mir von Gott gegeben ist, 16 damit ich als Diener Christi Jesu für die Heiden wirke und

---

15,7–13 Was für das Zusammenleben der Starken und der Schwachen in Rom gilt (vgl. 14,1 – 15,6), gilt ebenso für die Zusammengehörigkeit der Juden- und Heidenchristen in der einen Kirche.

15,14–16 Nochmaliger Hinweis auf die Absicht des Briefs.

15,17–24 Bei seinen Reiseplänen erwähnt Paulus Jerusalem und Illyrien (entspricht etwa dem heutigen Jugoslawien) als Grenzpunkte seines bisheri-

das Evangelium Gottes wie ein Priester ver-
walte; denn die Heiden sollen eine Opfergabe
werden, die Gott gefällt, geheiligt im Heili-
gen Geist.
17 In Christus Jesus kann ich mich also vor
Gott rühmen. 18 Denn ich wage nur von dem
zu reden, was Christus, um die Heiden zum
Gehorsam zu führen, durch mich in Wort
und Tat bewirkt hat, 19 in der Kraft von Zei-
chen und Wundern, in der Kraft des Geistes
Gottes. So habe ich von Jerusalem aus in
weitem Umkreis bis nach Illyrien überallhin
das Evangelium Christi gebracht. 20 Dabei
habe ich darauf geachtet, das Evangelium
nicht dort zu verkündigen, wo der Name
Christi schon bekannt gemacht war, um
nicht auf einem fremden Fundament zu bau-
en; 21 denn es heißt in der Schrift:
Sehen werden die, denen nichts über ihn
verkündet wurde, / und die werden verste-
hen, die nichts gehört haben.
22 Das ist es auch, was mich immer wieder
gehindert hat, zu euch zu kommen. 23 Jetzt
aber habe ich in diesen Gegenden kein neues
Arbeitsfeld mehr. Außerdem habe ich mich
seit vielen Jahren danach gesehnt, zu euch zu
kommen, 24 wenn ich einmal nach Spanien
reise; auf dem Weg dorthin hoffe ich euch zu
sehen und dann von euch für die Weiterreise
ausgerüstet zu werden, nachdem ich mich
einige Zeit an euch erfreut habe. 25 Doch
jetzt gehe ich zuerst nach Jerusalem, um den
Heiligen einen Dienst zu erweisen. 26 Denn
Mazedonien und Achaia haben eine Samm-
lung beschlossen für die Armen unter den
Heiligen in Jerusalem. 27 Sie haben das be-
schlossen, weil sie ihre Schuldner sind. Denn
wenn die Heiden an ihren geistlichen Gütern
Anteil erhalten haben, so sind sie auch
verpflichtet, ihnen mit irdischen Gütern zu
dienen. 28 Wenn ich diese Aufgabe erfüllt
und ihnen den Ertrag der Sammlung ord-
nungsgemäß übergeben habe, will ich euch
besuchen und dann nach Spanien weiterrei-
sen. 29 Ich weiß aber, wenn ich zu euch kom-
me, werde ich mit der Fülle des Segens
Christi kommen.

14: Phil 1,9 • 15: 1,5 • 16: 11,13 • 18: 2 Kor 3,5 • 19: 2 Kor 12,12 • 21: Jes 52,15 • 22: 1,13 • 23: 1,10f • 25: Apg 19,21; 24,17 • 26: Apg 11,29; 1 Kor 16,1; 2 Kor 9,2.12 • 27: 1 Kor 9,11 • 29: 1,11.

Aufforderung zur Fürbitte:
15,30–33

30 Ich bitte euch, meine Brüder, im Namen
Jesu Christi, unseres Herrn, und bei der Lie-
be des Geistes: Steht mir bei, und betet für
mich zu Gott, 31 dass ich vor den Ungläubi-
gen in Judäa gerettet werde, dass mein
Dienst in Jerusalem von den Heiligen dank-
bar aufgenommen wird 32 und dass ich, wenn
es Gottes Wille ist, voll Freude zu euch kom-
men kann, um mit euch eine Zeit der Ruhe zu
verbringen.
33 Der Gott des Friedens sei mit euch allen!
Amen.

30: 2 Kor 1,11; Phil 1,27; Eph 6,18f • 31: Apg 21,10f • 32: 1,10 • 33: 16,20; 1 Thess 5,23; 2 Thess 3,16.

Grüße und Ermahnungen:
16,1–24

16 Ich empfehle euch unsere Schwester
Phöbe, die Dienerin der Gemeinde
von Kenchreä: 2 Nehmt sie im Namen des
Herrn auf, wie es Heilige tun sollen, und
steht ihr in jeder Sache bei, in der sie euch
braucht; sie selbst hat vielen, darunter auch
mir, geholfen. 3 Grüßt Priska und Aquila,
meine Mitarbeiter in Christus Jesus, 4 die für
mich ihr eigenes Leben aufs Spiel gesetzt ha-
ben; nicht allein ich, sondern alle Gemeinden
der Heiden sind ihnen dankbar. 5 Grüßt auch
die Gemeinde, die sich in ihrem Haus ver-
sammelt. Grüßt meinen lieben Epänetus, der
die Erstlingsgabe der Provinz Asien für
Christus ist. 6 Grüßt Maria, die für euch viel
Mühe auf sich genommen hat. 7 Grüßt An-
dronikus und Junias, die zu meinem Volk ge-
hören und mit mir zusammen im Gefängnis
waren; sie sind angesehene Apostel und ha-
ben sich schon vor mir zu Christus bekannt.
8 Grüßt Ampliatus, mit dem ich im Herrn
verbunden bin. 9 Grüßt Urbanus, unseren
Mitarbeiter in Christus, und meinen lieben
Stachys. 10 Grüßt Apelles, der sich in Chris-
tus bewährt hat. Grüßt das ganze Haus des
Aristobul. 11 Grüßt Herodion, der zu meinem
Volk gehört. Grüßt alle aus dem Haus des
Narzissus, die sich zum Herrn bekennen.
12 Grüßt Tryphäna und Tryphosa, die für den
Herrn viel Mühe auf sich nehmen. Grüßt die

gen Wirkens. Damit meint er, dass sich seine missionarische Tätigkeit bis in diese Bereiche hinein ausgewirkt hat, auch wenn er wahrscheinlich nicht selbst dort wirkte.

15,25–33 Zur Kollekte für Jerusalem vgl. 1 Kor 16,1–4; 2 Kor 8 und 9; Gal 2,10.

16,3f Priska und Aquila haben für Paulus offensichtlich mit ihrem eigenen Leben gebürgt, damit er freigelassen werden konnte.

16,4 Gemeinden der Heiden: Es sind Gemeinden gemeint, die sich aus Heidenchristen zusammensetzen.

16,5 Erstlingsgabe der Provinz Asien: Epänetus ist der erste, der in der römischen Provinz Asien den Glauben angenommen hat.

liebe Persis; sie hat für den Herrn große Mühe auf sich genommen. 13 Grüßt Rufus, der vom Herrn auserwählt ist; grüßt seine Mutter, die auch mir zur Mutter geworden ist. 14 Grüßt Asynkritus, Phlegon, Hermes, Patrobas, Hermas und die Brüder, die bei ihnen sind. 15 Grüßt Philologus und Julia, Nereus und seine Schwester, Olympas und alle Heiligen, die bei ihnen sind. 16 Grüßt einander mit dem heiligen Kuss. Es grüßen euch alle Gemeinden Christi.

17 Ich ermahne euch, meine Brüder, auf die Acht zu geben, die im Widerspruch zu der Lehre, die ihr gelernt habt, Spaltung und Verwirrung verursachen: Haltet euch von ihnen fern! 18 Denn diese Leute dienen nicht Christus, unserem Herrn, sondern ihrem Bauch und sie verführen durch ihre schönen und gewandten Reden das Herz der Arglosen. 19 Doch euer Gehorsam ist allen bekannt; daher freue ich mich über euch und wünsche nur, dass ihr verständig bleibt, offen für das Gute, unzugänglich für das Böse. 20 Der Gott des Friedens wird den Satan bald zertreten und unter eure Füße legen. Die Gnade Jesu, unseres Herrn, sei mit euch!

21 Es grüßen euch Timotheus, mein Mitarbeiter, und Luzius, Jason und Sosipater, die zu meinem Volk gehören. 22 Ich, Tertius, der Schreiber dieses Briefes, grüße euch im Namen des Herrn. 23 Es grüßt euch Gaius, der mich und die ganze Gemeinde gastlich aufgenommen hat. Es grüßt euch der Stadtkämmerer Erastus und der Bruder Quartus.

[24 Die Gnade Jesu Christi, unseres Herrn, sei mit euch allen! Amen.]

1: Apg 18,18 • 3: Apg 18,2 • 5: 1 Kor 16,19; Kol 4,15; Phlm 2 • 16: 1 Kor 16,20; 2 Kor 13,12; 1 Thess 5,26; 1 Petr 5,14 • 17: Tit 3,10 • 18: Phil 3,18f; Kol 2,4 • 19: 1,8; 1 Kor 14,20 • 20: 15,33; Gen 3,15 • 21: Apg 16,1f; 13,1; 17,5f; 20,4; Phil 2,19 • 23: 1 Kor 1,14; 2 Tim 4,20; Apg 19,22 • 24: 2 Thess 3,18; 1 Kor 16,23.

Abschließender Lobpreis Gottes: 16,25–27

25 Ehre sei dem, der die Macht hat, euch Kraft zu geben – / gemäß meinem Evangelium und der Botschaft von Jesus Christus, / gemäß der Offenbarung jenes Geheimnisses, / das seit ewigen Zeiten unausgesprochen war,

26 jetzt aber nach dem Willen des ewigen Gottes offenbart / und durch prophetische Schriften kundgemacht wurde, / um alle Heiden zum Gehorsam des Glaubens zu führen.

27 Ihm, dem einen, weisen Gott, / sei Ehre durch Jesus Christus in alle Ewigkeit! Amen.

25: 1 Kor 2,7; Eph 1,9; Kol 1,26 • 26: Eph 3,4f.9; 1 Petr 1,20; Röm 1,5 • 27: 11,36; 1 Tim 1,17.

Der erste Brief an die Korinther

Nach Ausweis der Apostelgeschichte (18,1–18) kam Paulus auf der zweiten Missionsreise im Jahr 50 oder 51 n. Chr. nach Korinth. Die dortige Christengemeinde ist von ihm gegründet. Nach seinem Wegzug blieb er mit der Gemeinde in persönlicher Verbindung. In den beiden erhaltenen Korintherbriefen werden noch andere Schreiben an die Gemeinde erwähnt (vgl. 1 Kor 5,9; 2 Kor 2,4f).

Paulus hat den 1. Korintherbrief zwischen 53 und 55 n. Chr. in Ephesus geschrieben. Den Anlass bildeten Fragen, die in der jungen Christengemeinde aufgetreten waren. Der Apostel erhielt davon Kenntnis durch »die Leute der Chloë« (1,11) und durch eine schriftliche Anfrage, die ihm wahrscheinlich von einer Abordnung der Gemeinde überbracht wurde (7,1; 16,17).

16,22 In diesem Briefschluss ist ausnahmsweise auch der Schreiber, dem Paulus den Brief diktiert hat, mit Namen genannt.

16,24 Fehlt bei zahlreichen alten Textzeugen und ist wohl späterer Zusatz.

16,25–27 Der abschließende Lobpreis entspricht in seiner Form jüdischer Tradition.

Die »Leute der Chloë« berichteten von Spaltungen, die das Weiterbestehen der Gemeinde gefährdeten (1,12–17). Sie erzählten von einem schweren Fall von Blutschande (5,1–13), von Streitigkeiten der Christen vor heidnischen Richtern (6,1–11) und von sexuellen Verfehlungen (6,12–20). Ausführlich erörtert werden Fragen über Ehe und Ehelosigkeit (7,1–40), den Genuss von Götzenopferfleisch (8,1 – 11,1) und die Ordnung in der gottesdienstlichen Versammlung (11,2 – 14,40); nachdrücklich wendet sich Paulus gegen Missstände beim Herrenmahl (11,17–34). Das 15. Kapitel hat die Auferweckung Christi und der Christen zum Thema. Das abschließende Kapitel 16 enthält persönliche Mitteilungen und eine ausführliche Grußliste.

Der 1. Korintherbrief gibt Einblick in das Leben und in die Probleme einer jungen heidenchristlichen Gemeinde. Aus der Stellungnahme des Paulus wird vor allem sichtbar, was für Glauben und Leben der Christen maßgebend ist: das Kreuz (1,18 – 2,5) und die Auferweckung Christi (15,1–28), das Wirken des Geistes Gottes (2,10–16; 12,1–31), die Ordnung der Gemeinde (3,5 – 4,21; 12,27–30; 16,15–18) und der rechte Gebrauch der Geistesgaben (12,1–11.27–31; 14,1–40). Wie kein anderer Brief zeigt dieses Schreiben, in welcher Weise Paulus sich als Gemeindegründer den Fragen einer jungen Gemeinde stellt und wie stark seine Entscheidungen von Christus, dem Gekreuzigten und Auferstandenen, her bestimmt sind.

ANSCHRIFT UND GRUSS: 1,1–3

1 Paulus, durch Gottes Willen berufener Apostel Christi Jesu, und der Bruder Sosthenes 2 an die Kirche Gottes, die in Korinth ist, – an die Geheiligten in Christus Jesus, berufen als Heilige mit allen, die den Namen Jesu Christi, unseres Herrn, überall anrufen, bei ihnen und bei uns. 3 Gnade sei mit euch und Friede von Gott, unserem Vater, und dem Herrn Jesus Christus.

1: Röm 1,1; Apg 18,17 • 2: 6,11.

DANK AN GOTT: 1,4–9

4 Ich danke Gott jederzeit euretwegen für die Gnade Gottes, die euch in Christus Jesus geschenkt wurde, 5 dass ihr an allem reich geworden seid in ihm, an aller Rede und aller Erkenntnis. 6 Denn das Zeugnis über Christus wurde bei euch gefestigt, 7 sodass euch keine Gnadengabe fehlt, während ihr auf die Offenbarung Jesu Christi, unseres Herrn, wartet. 8 Er wird euch auch festigen bis ans Ende, sodass ihr schuldlos dasteht am Tag Jesu, unseres Herrn.

9 Treu ist Gott, durch den ihr berufen worden seid zur Gemeinschaft mit seinem Sohn Jesus Christus, unserem Herrn.

5: 2 Kor 8,7 • 6: Apg 18,5 • 7: 2 Thess 1,7 • 8: Phil 1,6.10; 1 Thess 3,13 • 9: 10,13.

DIE SPALTUNGEN IN DER GEMEINDE: 1,10 – 4,21

Mahnung zur Einheit: 1,10–17

10 Ich ermahne euch aber, Brüder, im Namen Jesu Christi, unseres Herrn: Seid alle einmütig und duldet keine Spaltungen unter euch; seid ganz eines Sinnes und einer Meinung. 11 Es wurde mir nämlich, meine Brüder, von den Leuten der Chloë berichtet, dass es Zank und Streit unter euch gibt. 12 Ich meine damit, dass jeder von euch etwas anderes sagt: Ich halte zu Paulus – ich zu Apol-

1,2 Andere Übersetzungsmöglichkeiten: . . . mit allen, die überall den Namen unseres Herrn Jesus Christus, ihres und unseres Herrn, anrufen. Oder (wenn man diesen Satzteil als Fortführung der Anschrift versteht): . . . an die Gemeinde Gottes in Korinth . . . und an alle, die überall den Namen unseres Herrn Jesus Christus anrufen.

1,8 Gemeint ist die Wiederkunft Christi in Herrlichkeit zum Gericht und zur Vollendung der Welt (vgl. 15,23–28).

1,12 Apollos war wie Paulus ein erfolgreicher Missionar (vgl. 3,4–9; 4,6; Apg 18,24–28).

los – ich zu Kephas – ich zu Christus. [13] Ist denn Christus zerteilt? Wurde etwa Paulus für euch gekreuzigt? Oder seid ihr auf den Namen des Paulus getauft worden? [14] Ich danke Gott, dass ich niemand von euch getauft habe, außer Krispus und Gaius, [15] sodass keiner sagen kann, ihr seiet auf meinen Namen getauft worden. [16] Ich habe allerdings auch die Familie des Stephanas getauft. Ob ich sonst noch jemand getauft habe, weiß ich nicht mehr. [17] Denn Christus hat mich nicht gesandt zu taufen, sondern das Evangelium zu verkünden, aber nicht mit gewandten und klugen Worten, damit das Kreuz Christi nicht um seine Kraft gebracht wird.

10: 11,18; Röm 15,5 • 12: 3,3f; Apg 18,24 • 14: Apg 18,8; Röm 16,23 • 16: 16,15.17 • 17: Apg 9,15.

Die Botschaft vom Kreuz: 1,18–31

[18] Denn das Wort vom Kreuz ist denen, die verloren gehen, Torheit; uns aber, die gerettet werden, ist es Gottes Kraft. [19] Es heißt nämlich in der Schrift:

Ich lasse die Weisheit der Weisen vergehen / und die Klugheit der Klugen verschwinden.

[20] *Wo ist ein Weiser? Wo ein Schriftgelehrter?* Wo ein Wortführer in dieser Welt? Hat Gott nicht die Weisheit der Welt als Torheit entlarvt? [21] Denn da die Welt angesichts der Weisheit Gottes auf dem Weg ihrer Weisheit Gott nicht erkannte, beschloss Gott, alle, die glauben, durch die Torheit der Verkündigung zu retten. [22] Die Juden fordern Zeichen, die Griechen suchen Weisheit. [23] Wir dagegen verkündigen Christus als den Gekreuzigten: für Juden ein empörendes Ärgernis, für Heiden eine Torheit, [24] für die Berufenen aber, Juden wie Griechen, Christus, Gottes Kraft und Gottes Weisheit. [25] Denn das Törichte an Gott ist weiser als die Menschen und das Schwache an Gott ist stärker als die Menschen. [26] Seht doch auf eure Berufung, Brüder! Da sind nicht viele Weise im irdischen Sinn, nicht viele Mächtige, nicht viele Vornehme, [27] sondern das Törichte in der Welt hat Gott erwählt, um die Weisen zuschanden zu machen, und das Schwache in der Welt hat Gott erwählt, um das Starke zuschanden zu machen. [28] Und das Niedrige in der Welt und das Verachtete hat Gott erwählt: das, was nichts ist, um das, was etwas ist, zu vernichten, [29] damit kein Mensch sich rühmen kann vor Gott. [30] Von ihm her seid ihr in Christus Jesus, den Gott für uns zur Weisheit gemacht hat, zur Gerechtigkeit, Heiligung und Erlösung. [31] *Wer sich* also *rühmen will, der rühme sich* des Herrn; so heißt es schon in der Schrift.

18: 1,23f; Röm 1,16 • 19: Jes 29,14; Ps 33,10 • 20: Jes 19,12; 33,18 G; 44,25; 1 Kor 3,19 • 21: Mt 11,25 • 22: Mt 12,38 par; Joh 2,18; Apg 17,18–21 • 23: 2,2.14; 1,18; 2,5; Kol 2,3 • 25: 2 Kor 13,4 • 27: Jak 2,5 • 29: Röm 3,27; Eph 2,9 • 31: Jer 9,22f; 2 Kor 10,17.

Paulus, Verkünder der Weisheit Gottes: 2,1 – 3,4

2 Als ich zu euch kam, Brüder, kam ich nicht, um glänzende Reden oder gelehrte Weisheit vorzutragen, sondern um euch das Zeugnis Gottes zu verkündigen. [2] Denn ich hatte mich entschlossen, bei euch nichts zu wissen außer Jesus Christus, und zwar als den Gekreuzigten. [3] Zudem kam ich in Schwäche und in Furcht, zitternd und bebend zu euch. [4] Meine Botschaft und Verkündigung war nicht Überredung durch gewandte und kluge Worte, sondern war mit dem Erweis von Geist und Kraft verbunden, [5] damit sich euer Glaube nicht auf Menschenweisheit stützte, sondern auf die Kraft Gottes.

[6] Und doch verkündigen wir Weisheit unter den Vollkommenen, aber nicht Weisheit dieser Welt oder der Machthaber dieser Welt, die einst entmachtet werden. [7] Vielmehr verkündigen wir das Geheimnis der verborgenen Weisheit Gottes, die Gott vor allen Zeiten vorausbestimmt hat zu unserer Verherrlichung. [8] Keiner der Machthaber dieser Welt hat sie erkannt; denn hätten sie die Weisheit Gottes erkannt, so hätten sie den Herrn der Herrlichkeit nicht gekreuzigt. [9] Nein, wir verkündigen, wie es in der Schrift heißt, was *kein Auge gesehen und kein Ohr gehört hat,* was keinem Menschen in den Sinn gekommen ist: das Große, das Gott denen bereitet hat, die ihn lieben.

[10] Denn uns hat es Gott enthüllt durch den Geist. Der Geist ergründet nämlich alles, auch die Tiefen Gottes. [11] Wer von den Menschen kennt den Menschen, wenn nicht der

---

1,14 Zu Krispus vgl. Apg 18,8; zu Gaius vgl. Röm 16,23.
1,16 Zu Stephanas vgl. 16,15.17.
1,26 im irdischen Sinn, wörtlich: dem Fleisch nach.
2,1 Anstelle von »Zeugnis Gottes« haben andere Textzeugen: Geheimnis Gottes. Gemeint ist das Evangelium vom gekreuzigten Christus.
2,6 Machthaber dieser Welt: menschliche Autoritäten und dämonische Mächte (vgl. 1 Kor 15,24f).
2,9 Dieses »Schriftzitat« ist als Ganzes im Alten Testament nicht zu finden.

Geist des Menschen, der in ihm ist? So erkennt auch keiner Gott – nur der Geist Gottes. 12 Wir aber haben nicht den Geist der Welt empfangen, sondern den Geist, der aus Gott stammt, damit wir das erkennen, was uns von Gott geschenkt worden ist. 13 Davon reden wir auch, nicht mit Worten, wie menschliche Weisheit sie lehrt, sondern wie der Geist sie lehrt, indem wir den Geisterfüllten das Wirken des Geistes deuten. 14 Der irdisch gesinnte Mensch aber lässt sich nicht auf das ein, was vom Geist Gottes kommt. Torheit ist es für ihn, und er kann es nicht verstehen, weil es nur mit Hilfe des Geistes beurteilt werden kann. 15 Der geisterfüllte Mensch urteilt über alles, ihn aber vermag niemand zu beurteilen. 16 Denn *wer begreift den Geist des Herrn? Wer kann ihn belehren?* Wir aber haben den Geist Christi.

3 Vor euch, Brüder, konnte ich aber nicht wie vor Geisterfüllten reden; ihr wart noch irdisch eingestellt, unmündige Kinder in Christus. 2 Milch gab ich euch zu trinken statt fester Speise; denn diese konntet ihr noch nicht vertragen. Ihr könnt es aber auch jetzt noch nicht; 3 denn ihr seid immer noch irdisch eingestellt. Oder seid ihr nicht irdisch eingestellt, handelt ihr nicht sehr menschlich, wenn Eifersucht und Streit unter euch herrschen? 4 Denn wenn einer sagt: Ich halte zu Paulus!, ein anderer: Ich zu Apollos!, seid ihr da nicht Menschen?

2,1: 1,17 • 2: Gal 6,14 • 3: Apg 18,9; 2 Kor 10,10 • 4: 1 Thess 1,5 • 5: 1,18.24 • 7: Röm 16,25; Kol 1,26 • 9: Jes 64,3; Jer 3,16; Sir 1,10 • 10: Dan 2,22 • 12: Röm 8,15 • 14: 1,23 • 16: Jes 40,13 G; Röm 11,34; 8,9 • 3,2: 1 Petr 2,2 • 3: 1,11f; 11,18; Gal 5,19f.

Die Verantwortung des Apostels und seiner Mitarbeiter: 3,5 – 4,16

5 Was ist denn Apollos? Und was ist Paulus? Ihr seid durch sie zum Glauben gekommen. Sie sind also Diener, jeder, wie der Herr es ihm gegeben hat: 6 Ich habe gepflanzt, Apollos hat begossen, Gott aber ließ wachsen. 7 So ist weder der etwas, der pflanzt, noch der, der begießt, sondern nur Gott, der wachsen lässt. 8 Wer pflanzt und wer begießt: Beide arbeiten am gleichen Werk, jeder aber erhält seinen besonderen Lohn, je nach der Mühe, die er aufgewendet hat. 9 Denn wir sind Gottes Mitarbeiter; ihr seid Gottes Ackerfeld, Gottes Bau.

10 Der Gnade Gottes entsprechend, die mir geschenkt wurde, habe ich wie ein guter Baumeister den Grund gelegt; ein anderer baut darauf weiter. Aber jeder soll darauf achten, wie er weiterbaut. 11 Denn einen anderen Grund kann niemand legen als den, der gelegt ist: Jesus Christus. 12 Ob aber jemand auf dem Grund mit Gold, Silber, kostbaren Steinen, mit Holz, Heu oder Stroh weiterbaut: 13 das Werk eines jeden wird offenbar werden; jener Tag wird es sichtbar machen, weil es im Feuer offenbart wird. Das Feuer wird prüfen, was das Werk eines jeden taugt. 14 Hält das stand, was er aufgebaut hat, so empfängt er Lohn. 15 Brennt es nieder, dann muss er den Verlust tragen. Er selbst aber wird gerettet werden, doch so wie durch Feuer hindurch.

16 Wisst ihr nicht, dass ihr Gottes Tempel seid und der Geist Gottes in euch wohnt? 17 Wer den Tempel Gottes verdirbt, den wird Gott verderben. Denn Gottes Tempel ist heilig, und der seid ihr.

18 Keiner täusche sich selbst. Wenn einer unter euch meint, er sei weise in dieser Welt, dann werde er töricht, um weise zu werden. 19 Denn die Weisheit dieser Welt ist Torheit vor Gott. In der Schrift steht nämlich: *Er fängt die Weisen in ihrer eigenen List.* 20 Und an einer anderen Stelle: *Der Herr kennt die Gedanken der Weisen; er weiß, sie sind nichtig.* 21 Daher soll sich niemand eines Menschen rühmen. Denn alles gehört euch; 22 Paulus, Apollos, Kephas, Welt, Leben, Tod, Gegenwart und Zukunft: alles gehört euch; 23 ihr aber gehört Christus und Christus gehört Gott.

4 Als Diener Christi soll man uns betrachten und als Verwalter von Geheimnissen Gottes. 2 Von Verwaltern aber verlangt man, dass sie sich treu erweisen. 3 Mir macht es allerdings nichts aus, wenn ihr oder ein menschliches Gericht mich zur Verantwortung zieht; ich urteile auch nicht über mich selbst. 4 Ich bin mir zwar keiner Schuld bewusst, doch bin ich dadurch noch nicht gerecht gesprochen; der Herr ist es, der

2,13 Andere Übersetzungsmöglichkeiten: indem wir Wirkungen des Geistes mit geistgewirkten Worten wiedergeben; oder: indem wir Wirkungen des Geistes miteinander vergleichen.

2,14 Der irdisch gesinnte Mensch, wörtlich: Der psychische Mensch. Dieser urteilt über Gott und sein Handeln mit einem nicht vom Geist Gottes erleuchteten Denken. Zum abwertenden Gebrauch von »psychisch« vgl. Jak 3,15; Jud 19; auch 1 Kor 15,44.46 (»psychischer Leib«, d. h. sterblicher Leib).

2,15 Vgl. die Anmerkung zu 1 Kor 12,10.

3,16 Vgl. 6,19, wo nicht die Gemeinde als ganze, sondern der einzelne Christ als »Tempel des Heiligen Geistes« bezeichnet wird.

mich zur Rechenschaft zieht. 5 Richtet also nicht vor der Zeit; wartet, bis der Herr kommt, der das im Dunkeln Verborgene ans Licht bringen und die Absichten der Herzen aufdecken wird. Dann wird jeder sein Lob von Gott erhalten.

6 Brüder, ich habe das auf mich und Apollos bezogen, und zwar euretwegen, damit ihr an uns lernt, dass der Grundsatz gilt: »Nicht über das hinaus, was in der Schrift steht«, dass also keiner zugunsten des einen und zum Nachteil des andern sich wichtig machen darf. 7 Denn wer räumt dir einen Vorrang ein? Und was hast du, das du nicht empfangen hättest? Wenn du es aber empfangen hast, warum rühmst du dich, als hättest du es nicht empfangen? 8 Ihr seid schon satt, ihr seid schon reich geworden, ohne uns seid ihr zur Herrschaft gelangt. Wäret ihr doch nur zur Herrschaft gelangt! Dann könnten auch wir mit euch zusammen herrschen.

9 Ich glaube nämlich, Gott hat uns Apostel auf den letzten Platz gestellt, wie Todgeweihte; denn wir sind zum Schauspiel geworden für die Welt, für Engel und Menschen. 10 Wir stehen als Toren da um Christi willen, ihr dagegen seid kluge Leute in Christus. Wir sind schwach, ihr seid stark; ihr seid angesehen, wir sind verachtet. 11 Bis zur Stunde hungern und dürsten wir, gehen in Lumpen, werden mit Fäusten geschlagen und sind heimatlos. 12 Wir plagen uns ab und arbeiten mit eigenen Händen; wir werden beschimpft und segnen; wir werden verfolgt und halten stand; 13 wir werden geschmäht und trösten. Wir sind sozusagen der Abschaum der Welt geworden, verstoßen von allen bis heute.

14 Nicht um euch bloßzustellen, schreibe ich das, sondern um euch als meine geliebten Kinder zu ermahnen. 15 Hättet ihr nämlich auch ungezählte Erzieher in Christus, so doch nicht viele Väter. Denn in Christus Jesus bin ich durch das Evangelium euer Vater geworden. 16 Darum ermahne ich euch: Haltet euch an mein Vorbild!

3,5: 1,12 • 9: Mt 13,3–9; Eph 2,20 • 10: 15,10; Röm 15,20 • 11: Eph 2,20; 1 Petr 2,4–6; Apg 4,11f • 13: 4,5; 2 Thess 1,7f • 15: Jud 23 • 16: 6,19; 2 Kor 6,16; Eph 2,21f • 18: 4,10 • 19: Ijob 5,13; 1 Kor 1,20; Röm 1,22 • 20: Ps 94,11 G • 22: 1,12; Röm 8,38 • 4,1: 3,5; Kol 1,25f; 1 Petr 4,10 • 2: Lk 12,42 • 3: 9,3 • 5: Röm 2,16 • 6: Röm 12,3 • 8: Offb 3,21 • 9: 2 Kor 4,11 • 11: 2 Kor 11,27 • 12: 9,12; Apg 18,3; 20,33f • 13: Apg 22,22 • 15: Gal 4,19; Phil 2,22; Phlm 10 • 16: 11,1; Phil 4,9.

Ankündigung eines baldigen Besuches: 4,17–21

17 Eben deswegen schicke ich Timotheus zu euch, mein geliebtes und treues Kind im Herrn. Er wird euch erinnern an meine Weisungen, wie ich sie als Diener Christi Jesu überall in allen Gemeinden gebe. 18 In der Annahme, dass ich nicht selber zu euch komme, haben sich zwar einige wichtig gemacht. 19 Ich werde aber bald zu euch kommen, wenn der Herr will. Dann werde ich diese Wichtigtuer nicht auf ihre Worte prüfen, sondern auf ihre Kraft. 20 Denn nicht in Worten erweist sich die Herrschaft Gottes, sondern in der Kraft. 21 Was zieht ihr vor: Soll ich mit dem Stock zu euch kommen oder mit Liebe und im Geist der Sanftmut?

17: 16,10; Apg 16,1; 19,22 • 19: 16,5–7; 2 Kor 13,1–10 • 20: 2,4 • 21: 2 Kor 13,10.

MISSSTÄNDE IN DER GEMEINDE: 5,1 – 6,20

Ein Fall von Blutschande: 5,1–13

5 Übrigens hört man von Unzucht unter euch, und zwar von Unzucht, wie sie nicht einmal unter den Heiden vorkommt, dass nämlich einer mit der Frau seines Vaters lebt. 2 Und da macht ihr euch noch wichtig, statt traurig zu werden und den aus eurer Mitte zu stoßen, der so etwas getan hat. 3 Was mich angeht, so habe ich – leiblich zwar abwesend, geistig aber anwesend – mein Urteil über den, der sich so vergangen hat, schon jetzt gefällt, als ob ich persönlich anwesend wäre: 4 Im Namen Jesu, unseres Herrn, wollen wir uns versammeln, ihr und mein Geist, und zusammen mit der Kraft Jesu, unseres Herrn, 5 diesen Menschen dem Satan übergeben zum Verderben seines Fleisches, damit sein Geist am Tag des Herrn gerettet wird.

6 Zu Unrecht rühmt ihr euch. Wisst ihr nicht, dass ein wenig Sauerteig den ganzen Teig durchsäuert? 7 Schafft den alten Sauer-

4,6 Paulus zitiert hier vermutlich einen in Korinth bekannten Auslegungsgrundsatz.
4,8a Die Aussage ist ironisch gemeint.
4,15 Zur Vorstellung geistlicher Vaterschaft vgl. Gal 4,19; Phlm 10; 1 Petr 1,23.
5,1 Vgl. dazu Lev 18,7f; 20,11; Dtn 27,20; auch das römische Recht stellte dieses Vergehen unter Strafe.
5,5 Der Sünder schändet die Heiligkeit der Gemeinde; er soll daher ausgeschlossen werden.

teig weg, damit ihr neuer Teig seid. Ihr seid
ja schon ungesäuertes Brot; denn als unser
Paschalamm ist Christus geopfert worden.
8 Lasst uns also das Fest nicht mit dem alten
Sauerteig feiern, nicht mit dem Sauerteig
der Bosheit und Schlechtigkeit, sondern mit
den ungesäuerten Broten der Aufrichtigkeit
und Wahrheit.
9 Ich habe euch in meinem Brief ermahnt,
dass ihr nichts mit Unzüchtigen zu schaffen
haben sollt. 10 Gemeint waren damit nicht
alle Unzüchtigen dieser Welt oder alle Hab-
gierigen und Räuber und Götzendiener;
sonst müsstet ihr ja aus der Welt auswan-
dern. 11 In Wirklichkeit meinte ich damit:
Habt nichts zu schaffen mit einem, der sich
Bruder nennt und dennoch Unzucht treibt,
habgierig ist, Götzen verehrt, lästert, trinkt
oder raubt; mit einem solchen Menschen
sollt ihr nicht einmal zusammen essen. 12 Ich
will also nicht Außenstehende richten – ihr
richtet ja auch nur solche, die zu euch ge-
hören –, 13 die Außenstehenden wird Gott
richten. *Schafft den Übeltäter weg aus eurer
Mitte!*

1: Lev 18,7f; 20,11; Dtn 27,20 • 3: Kol 2,5 • 4: Mt 18,20 • 5: 1 Tim 1,20; 1 Petr 4,6 • 6: Gal 5,9 • 7: Ex 12,15.19; 13,7; 1 Petr 1,19; Ex 12,21 • 8: Ex 12,15–20 • 9: 2 Petr 2,2.14.19; Jud 23 • 10: 1 Tim 6,3–10; 1 Joh 5,19 • 11: 6,9f; 2 Thess 3,6; Kol 4,5 • 13: Dtn 17,7; 19,19.

Rechtshändel unter Christen: 6,1–11

6 Wagt es einer von euch, der mit einem
anderen einen Rechtsstreit hat, vor das
Gericht der Ungerechten zu gehen statt zu
den Heiligen? 2 Wisst ihr denn nicht, dass die
Heiligen die Welt richten werden? Und wenn
durch euch die Welt gerichtet wird, seid ihr
dann nicht zuständig, einen Rechtsstreit
über Kleinigkeiten zu schlichten? 3 Wisst ihr
nicht, dass wir über Engel richten werden?
Also erst recht über Alltägliches. 4 Wie könnt
ihr dann jene, die im Urteil der Gemeinde
nichts gelten, als Richter einsetzen, wenn ihr
einen Rechtsstreit über Alltägliches auszu-
tragen habt? 5 Ich sage das, damit ihr euch
schämt. Gibt es denn unter euch wirklich
keinen, der die Gabe hat, zwischen Brüdern
zu schlichten? 6 Stattdessen zieht ein Bruder
den andern vor Gericht, und zwar vor Un-
gläubige. 7 Ist es nicht überhaupt schon ein
Versagen, dass ihr miteinander Prozesse
führt? Warum leidet ihr nicht lieber Un-
recht? Warum lasst ihr euch nicht lieber aus-
rauben? 8 Nein, ihr selber begeht Unrecht
und Raub, und zwar an Brüdern. 9 Wisst ihr
denn nicht, dass Ungerechte das Reich Got-
tes nicht erben werden? Täuscht euch nicht!
Weder Unzüchtige noch Götzendiener, we-
der Ehebrecher noch Lustknaben, noch Kna-
benschänder, 10 noch Diebe, noch Habgieri-
ge, keine Trinker, keine Lästerer, keine
Räuber werden das Reich Gottes erben.
11 Und solche gab es unter euch. Aber ihr seid
rein gewaschen, seid geheiligt, seid gerecht
geworden im Namen Jesu Christi, des Herrn,
und im Geist unseres Gottes.

2: Dan 7,22; Lk 22,30; Offb 20,4 • 3: 2 Petr 2,4; Jud 6 • 5: 4,14 • 7: Mt 5,39f; 1 Thess 5,15; 1 Petr 3,9 • 9: 15,50; Gal 5,19–21; Eph 5,5; Offb 21,8; 22,15 • 11: Röm 6,6–11; Tit 3,4–7; 1 Petr 3,21; 1 Joh 2,12; Hebr 9,14; 10,22.

Unzucht und christliche Freiheit: 6,12–20

12 »Alles ist mir erlaubt« – aber nicht alles
nützt mir. Alles ist mir erlaubt, aber nichts
soll Macht haben über mich. 13 Die Speisen
sind für den Bauch da und der Bauch für die
Speisen; Gott wird beide vernichten. Der
Leib ist aber nicht für die Unzucht da, son-
dern für den Herrn, und der Herr für den
Leib. 14 Gott hat den Herrn auferweckt; er
wird durch seine Macht auch uns auferwe-
cken. 15 Wisst ihr nicht, dass eure Leiber
Glieder Christi sind? Darf ich nun die Glie-
der Christi nehmen und zu Gliedern einer
Dirne machen? Auf keinen Fall! 16 Oder
wisst ihr nicht: Wer sich an eine Dirne bin-
det, ist e i n Leib mit ihr? Denn es heißt: *Die
zwei werden e i n Fleisch sein.* 17 Wer sich
dagegen an den Herrn bindet, ist e i n Geist
mit ihm. 18 Hütet euch vor der Unzucht! Jede

5,9 Der hier erwähnte Brief ist vermutlich verloren gegangen; Fragmente dieses Briefs könnten in den 1. Korintherbrief aufgenommen worden sein.

6,1 Die Nichtchristen werden hier als »Ungerechte« bezeichnet, die Christen als »Heilige« (vgl. z. B. 1,2).

6,2 Paulus vertritt die Auffassung, dass die Christen als Glieder Christi an dessen richterlicher Tätigkeit beim Endgericht teilhaben werden (vgl. 6,15; 12,27).

6,4 die im Urteil der Gemeinde nichts gelten: die Nichtchristen.

6,11 rein gewaschen . . .: Ein Hinweis auf die Taufe (vgl. Eph 5,26; Tit 3,3–7; Hebr 10,22; 1 Petr 1,2; 3,21).

6,12 Alles ist (mir) erlaubt: vermutlich ein Schlagwort, das in der Gemeinde von Korinth zu hören war (vgl. 10,23).

6,20 Sklaven konnten gegen Lösegeld freigekauft werden. Hier wird der Tod Christi als Kaufpreis verstanden, durch den die Christen aus der Knechtschaft der Sünde befreit wurden (vgl. 7,23; Gal 3,13; 1 Petr 1,18f).

andere Sünde, die der Mensch tut, bleibt au-
ßerhalb des Leibes. Wer aber Unzucht treibt,
versündigt sich gegen den eigenen Leib.
[19] Oder wisst ihr nicht, dass euer Leib ein
Tempel des Heiligen Geistes ist, der in euch
wohnt und den ihr von Gott habt? Ihr gehört
nicht euch selbst; [20] denn um einen teuren
Preis seid ihr erkauft worden. Verherrlicht
also Gott in eurem Leib!

12: 10,23 • 13: Mt 15,17; 1 Thess 4,3–5 • 14: 15,20f; Röm 8,11; 2 Kor 4,14 • 15: 12,12.27; Röm 12,5 • 16: Gen 2,24 • 17: 2 Kor 3,17 • 19: 3,16; Röm 8,11.15 • 20: 7,23; 1 Petr 1,18f.

DIE STANDESORDNUNG IN DER GEMEINDE: 7,1–40

Die christliche Ehe: 7,1–7

7 Nun zu den Anfragen eures Briefes! »Es
ist gut für den Mann, keine Frau zu be-
rühren«. [2] Wegen der Gefahr der Unzucht
soll aber jeder seine Frau haben und jede soll
ihren Mann haben. [3] Der Mann soll seine
Pflicht gegenüber der Frau erfüllen und
ebenso die Frau gegenüber dem Mann.
[4] Nicht die Frau verfügt über ihren Leib,
sondern der Mann. Ebenso verfügt nicht der
Mann über seinen Leib, sondern die Frau.
[5] Entzieht euch einander nicht, außer im ge-
genseitigen Einverständnis und nur eine Zeit
lang, um für das Gebet frei zu sein. Dann
kommt wieder zusammen, damit euch der
Satan nicht in Versuchung führt, wenn ihr
euch nicht enthalten könnt. [6] Das sage ich als
Zugeständnis, nicht als Gebot. [7] Ich wünsch-
te, alle Menschen wären (unverheiratet) wie
ich. Doch jeder hat seine Gnadengabe von
Gott, der eine so, der andere so.

1: Mt 19,10; 1 Tim 4,3 • 2: 1 Thess 4,3f • 3: Eph 5,21–29 • 7: Mt 19,12.

Ehe mit Heiden – Ehescheidung: 7,8–16

[8] Den Unverheirateten und den Witwen
sage ich: Es ist gut, wenn sie so bleiben wie
ich. [9] Wenn sie aber nicht enthaltsam leben
können, sollen sie heiraten. Es ist besser zu
heiraten, als sich in Begierde zu verzehren.
[10] Den Verheirateten gebiete nicht ich, son-
dern der Herr: Die Frau soll sich vom Mann
nicht trennen [11] – wenn sie sich aber trennt,
so bleibe sie unverheiratet oder versöhne
sich wieder mit dem Mann – und der Mann
darf die Frau nicht verstoßen.
[12] Den Übrigen sage ich, nicht der Herr:
Wenn ein Bruder eine ungläubige Frau hat
und sie willigt ein, weiter mit ihm zusam-
menzuleben, soll er sie nicht verstoßen.
[13] Auch eine Frau soll ihren ungläubigen
Mann nicht verstoßen, wenn er einwilligt,
weiter mit ihr zusammenzuleben. [14] Denn
der ungläubige Mann ist durch die Frau ge-
heiligt und die ungläubige Frau ist durch ih-
ren gläubigen Mann geheiligt. Sonst wären
eure Kinder unrein; sie sind aber heilig.
[15] Wenn aber der Ungläubige sich trennen
will, soll er es tun. Der Bruder oder die
Schwester ist in solchen Fällen nicht wie ein
Sklave gebunden; zu einem Leben in Frieden
hat Gott euch berufen. [16] Woher weißt du
denn, Frau, ob du den Mann retten kannst?
Oder woher weißt du, Mann, ob du die Frau
retten kannst?

9: 1 Tim 5,14 • 10: Mt 5,32; 19,4–6 • 16: 1 Petr 3,1f.

Gottes Ruf und der Stand der Berufenen: 7,17–24

[17] Im Übrigen soll jeder so leben, wie der
Herr es ihm zugemessen, wie Gottes Ruf ihn
getroffen hat. Das ist meine Weisung für alle
Gemeinden. [18] Wenn einer als Beschnittener
berufen wurde, soll er beschnitten bleiben.
Wenn einer als Unbeschnittener berufen
wurde, soll er sich nicht beschneiden lassen.
[19] Es kommt nicht darauf an, beschnitten
oder unbeschnitten zu sein, sondern darauf,
die Gebote Gottes zu halten. [20] Jeder soll in
dem Stand bleiben, in dem ihn der Ruf Got-
tes getroffen hat. [21] Wenn du als Sklave be-
rufen wurdest, soll dich das nicht bedrücken;

7,1 Es handelt sich hier wohl um ein Zitat aus dem Brief der Korinther an Paulus.

7,11 Vgl. Dtn 24,1–4 und die Erklärung dieser Stelle durch Jesus in Mt 19,8f.

7,14 durch ihren gläubigen Mann, wörtlich: durch den Bruder.

7,15f Man kann die Stelle auch so verstehen, dass Paulus es für wünschenswert hält, wenn sich der gläubige Teil jede erdenkliche Mühe gibt, die Ehe mit dem ungläubigen Partner fortzusetzen. In diesem Sinn lässt sich übersetzen: Gott hat euch aber zu einem gemeinsamen Leben gerufen. [16] Vielleicht vermagst du, Frau, deinen Mann zu retten; vielleicht vermagst du, Mann, deine Frau zu retten.

7,21 Der griechische Wortlaut des Verses und der Zusammenhang des Abschnitts empfehlen diese Übersetzung. Es gibt aber auch Gründe für das Verständnis: Ergreif lieber die Gelegenheit (frei zu werden).

auch wenn du frei werden kannst, lebe lieber als Sklave weiter. 22 Denn wer im Herrn als Sklave berufen wurde, ist Freigelassener des Herrn. Ebenso ist einer, der als Freier berufen wurde, Sklave Christi. 23 Um einen teuren Preis seid ihr erkauft worden. Macht euch nicht zu Sklaven von Menschen! 24 Brüder, jeder soll vor Gott in dem Stand bleiben, in dem ihn der Ruf Gottes getroffen hat.

17: 7,20.24 • 18: Gal 5,1f • 19: Gal 5,6; 6,15; Röm 2,25f • 21: Eph 6,5f; Phlm 16 • 23: 6,20.

Ehe und Jungfräulichkeit: 7,25–38

25 Was die Frage der Ehelosigkeit angeht, so habe ich kein Gebot vom Herrn. Ich gebe euch nur einen Rat als einer, den der Herr durch sein Erbarmen vertrauenswürdig gemacht hat. 26 Ich meine, es ist gut wegen der bevorstehenden Not, ja, es ist gut für den Menschen, so zu sein. 27 Bist du an eine Frau gebunden, suche dich nicht zu lösen; bist du ohne Frau, dann suche keine. 28 Heiratest du aber, so sündigst du nicht; und heiratet eine Jungfrau, sündigt auch sie nicht. Freilich werden solche Leute irdischen Nöten nicht entgehen; ich aber möchte sie euch ersparen. 29 Denn ich sage euch, Brüder: Die Zeit ist kurz. Daher soll, wer eine Frau hat, sich in Zukunft so verhalten, als habe er keine, 30 wer weint, als weine er nicht, wer sich freut, als freue er sich nicht, wer kauft, als würde er nicht Eigentümer, 31 wer sich die Welt zunutze macht, als nutze er sie nicht; denn die Gestalt dieser Welt vergeht.

32 Ich wünschte aber, ihr wäret ohne Sorgen. Der Unverheiratete sorgt sich um die Sache des Herrn; er will dem Herrn gefallen. 33 Der Verheiratete sorgt sich um die Dinge der Welt; er will seiner Frau gefallen. 34 So ist er geteilt. Die unverheiratete Frau aber und die Jungfrau sorgen sich um die Sache des Herrn, um heilig zu sein an Leib und Geist. Die Verheiratete sorgt sich um die Dinge der Welt; sie will ihrem Mann gefallen. 35 Das sage ich zu eurem Nutzen: nicht um euch eine Fessel anzulegen, vielmehr, damit ihr in rechter Weise und ungestört immer dem Herrn dienen könnt.

36 Wer sich gegenüber seiner Jungfrau ungehörig zu verhalten glaubt, wenn sein Verlangen nach ihr zu stark ist, der soll tun, wozu es ihn drängt, wenn es so sein muss; er sündigt nicht; sie sollen heiraten. 37 Wer aber in seinem Herzen fest bleibt, weil er sich in der Gewalt hat und seinem Trieb nicht ausgeliefert ist, wer also in seinem Herzen entschlossen ist, seine Jungfrau unberührt zu lassen, der handelt richtig. 38 Wer seine Jungfrau heiratet, handelt also richtig; doch wer sie nicht heiratet, handelt besser.

25: Mt 19,12; 2 Kor 8,10 • 26: 7,29; 10,11 • 29: Röm 13,11; 1 Petr 4,7; 1 Joh 2,16f • 33: Lk 14,20.

Wiederverheiratung nach dem Tod des Mannes: 7,39–40

39 Eine Frau ist gebunden, solange ihr Mann lebt; wenn aber der Mann gestorben ist, ist sie frei zu heiraten, wen sie will; nur geschehe es im Herrn. 40 Glücklicher aber ist sie zu preisen, wenn sie nach meinem Rat unverheiratet bleibt – und ich denke, dass auch ich den Geist Gottes habe.

39: Röm 7,2.

HEIDNISCHE OPFER, CHRISTLICHE SAKRAMENTE, CHRISTLICHER GOTTESDIENST: 8,1 – 11,34

Die Freiheit des Christen: 8,1–13

8 Nun zur Frage des Götzenopferfleisches. Gewiss, wir alle haben Erkenntnis. Doch die Erkenntnis macht aufgeblasen, die Liebe dagegen baut auf. 2 Wenn einer meint, er sei zur Erkenntnis gelangt, hat er noch nicht so erkannt, wie man erkennen muss. 3 Wer aber Gott liebt, der ist von ihm erkannt. 4 Was nun das Essen von Götzenopferfleisch angeht, so wissen wir, dass es keine Götzen gibt in der Welt und keinen Gott außer dem einen. 5 Und selbst wenn es im

---

7,26 Die »bevorstehende Not« ist die dem Ende vorausgehende Notzeit (vgl. Mk 13,14–20).

7,36–38 Diese Übersetzung der VV. 36–38 setzt christliche Verlobte voraus, die angesichts der Erwartung des nahen Weltendes nicht heiraten (vgl. 7,25–35), oder christliche Jungfrauen, die aus Liebe zu Christus auf die Ehe verzichten und zum Schutz gegen Zudringlichkeiten bei einem ebenfalls unverheirateten Christen leben.

8,1 macht aufgeblasen: Paulus richtet sich gegen eine selbstherrliche, also falsche »Erkenntnis«. – »Aufbauen« meint hier (wie 10,23; 14,3–5.12.17.26) alles, was das brüderliche Einvernehmen unter den Gliedern der Gemeinde fördert.

Himmel oder auf der Erde sogenannte Götter
gibt – und solche Götter und Herren gibt es
viele –, 6 so haben doch wir nur einen Gott,
den Vater. Von ihm stammt alles und wir le-
ben auf ihn hin. Und einer ist der Herr: Jesus
Christus. Durch ihn ist alles, und wir sind
durch ihn.
7 Aber nicht alle haben die Erkenntnis. Ei-
nige, die von ihren Götzen nicht loskommen,
essen das Fleisch noch als Götzenopfer-
fleisch und so wird ihr schwaches Gewis-
sen befleckt. 8 Zwar kann uns keine Speise
vor Gottes Gericht bringen. Wenn wir nicht
essen, verlieren wir nichts, und wenn wir es-
sen, gewinnen wir nichts. 9 Doch gebt Acht,
dass diese eure Freiheit nicht den Schwa-
chen zum Anstoß wird. 10 Wenn nämlich ei-
ner dich, der du Erkenntnis hast, im Götzen-
tempel beim Mahl sieht, wird dann nicht sein
Gewissen, da er schwach ist, verleitet, auch
Götzenopferfleisch zu essen? 11 Der Schwa-
che geht an deiner »Erkenntnis« zugrunde,
er, dein Bruder, für den Christus gestorben
ist. 12 Wenn ihr euch auf diese Weise gegen
eure Brüder versündigt und ihr schwaches
Gewissen verletzt, versündigt ihr euch gegen
Christus. 13 Wenn darum eine Speise meinem
Bruder zum Anstoß wird, will ich überhaupt
kein Fleisch mehr essen, um meinem Bruder
keinen Anstoß zu geben.

1–13: Röm 14,1–23; Apg 15,29 • 2: Gal 6,3 • 3: 13,12; Gal 4,9 • 4: 10,19f • 6: Röm 11,36; Kol 1,16f • 7: 10,27f • 9: Gal 5,13.

Das Beispiel des Apostels: 9,1–27

9 Bin ich nicht frei? Bin ich nicht ein
Apostel? Habe ich nicht Jesus, unseren
Herrn, gesehen? Seid ihr nicht mein Werk im
Herrn? 2 Wenn ich für andere kein Apostel
bin, bin ich es doch für euch. Ihr seid ja im
Herrn das Siegel meines Apostelamtes. 3 Das
aber ist meine Rechtfertigung vor denen, die
abfällig über mich urteilen: 4 Haben wir
nicht das Recht, zu essen und zu trinken?
5 Haben wir nicht das Recht, eine gläubige
Frau mitzunehmen, wie die übrigen Apostel
und die Brüder des Herrn und wie Kephas?
6 Sollen nur ich und Barnabas auf das Recht
verzichten, nicht zu arbeiten? 7 Wer leistet
denn Kriegsdienst und bezahlt sich selber
den Sold? Wer pflanzt einen Weinberg und
isst nicht von seinem Ertrag? Oder wer wei-
det eine Herde und trinkt nicht von der
Milch der Herde? 8 Sage ich das nur aus
menschlicher Einsicht? Sagt das nicht auch
das Gesetz? 9 Im Gesetz des Mose steht doch:
*Du sollst dem Ochsen zum Dreschen keinen
Maulkorb anlegen.* Liegt denn Gott etwas an
den Ochsen? 10 Sagt er das nicht offensicht-
lich unseretwegen? Ja, unseretwegen wurde
es geschrieben. Denn der Pflüger wie der
Drescher sollen ihre Arbeit in der Erwartung
tun, ihren Teil zu erhalten. 11 Wenn wir für
euch die Geistesgaben gesät haben, ist es
dann zu viel, wenn wir von euch irdische Ga-
ben ernten? 12 Wenn andere an dem, was
euch gehört, teilhaben dürfen, dann erst
recht wir. Aber wir haben von diesem Recht
keinen Gebrauch gemacht. Vielmehr ertra-
gen wir alles, um dem Evangelium Christi
kein Hindernis in den Weg zu legen. 13 Wisst
ihr nicht, dass alle, die im Heiligtum Dienst
tun, vom Heiligtum leben, und dass alle, die
am Altar Dienst tun, vom Altar ihren Anteil
erhalten? 14 So hat auch der Herr denen, die
das Evangelium verkündigen, geboten, vom
Evangelium zu leben. 15 Ich aber habe all das
nicht in Anspruch genommen. Ich schreibe
dies auch nicht, damit es in meinem Fall so
geschieht. Lieber wollte ich sterben, als dass
mir jemand diesen Ruhm entreißt. 16 Wenn
ich nämlich das Evangelium verkünde, kann
ich mich deswegen nicht rühmen; denn ein
Zwang liegt auf mir. Weh mir, wenn ich das
Evangelium nicht verkünde! 17 Wäre es mein
freier Entschluss, so erhielte ich Lohn. Wenn
es mir aber nicht freisteht, so ist es ein Auf-
trag, der mir anvertraut wurde. 18 Was ist
nun mein Lohn? Dass ich das Evangelium
unentgeltlich verkünde und so auf mein
Recht verzichte.
19 Da ich also von niemand abhängig war,
habe ich mich für alle zum Sklaven gemacht,
um möglichst viele zu gewinnen. 20 Den Ju-
den bin ich ein Jude geworden, um Juden zu
gewinnen; denen, die unter dem Gesetz ste-
hen, bin ich, obgleich ich nicht unter dem
Gesetz stehe, einer unter dem Gesetz gewor-
den, um die zu gewinnen, die unter dem
Gesetz stehen. 21 Den Gesetzlosen war ich
sozusagen ein Gesetzloser – nicht als ein
Gesetzloser vor Gott, sondern gebunden an
das Gesetz Christi –, um die Gesetzlosen zu
gewinnen. 22 Den Schwachen wurde ich ein

9,1 Paulus weiß sich durch die Erscheinung des Auferstandenen vor Damaskus zum Apostel berufen und bevollmächtigt (vgl. Apg 9,3–6; 1 Kor 15,8–10; Gal 1,15f).

9,5 Wörtlich: Haben wir nicht das Recht, eine Schwester als Frau mitzunehmen (vgl. auch die Anmerkung zu Mt 12,46f).

9,12 Paulus verzichtet aus freien Stücken auf das Recht, das ihm als Apostel zusteht. Das wird ihm in Korinth als Zeichen mangelnder apostolischer Vollmacht ausgelegt (vgl. 2 Kor 11,7–12).

Schwacher, um die Schwachen zu gewinnen. Allen bin ich alles geworden, um auf jeden Fall einige zu retten. [23] Alles aber tue ich um des Evangeliums willen, um an seiner Verheißung teilzuhaben.

[24] Wisst ihr nicht, dass die Läufer im Stadion zwar alle laufen, aber dass nur einer den Siegespreis gewinnt? Lauft so, dass ihr ihn gewinnt. [25] Jeder Wettkämpfer lebt aber völlig enthaltsam; jene tun dies, um einen vergänglichen, wir aber, um einen unvergänglichen Siegeskranz zu gewinnen. [26] Darum laufe ich nicht wie einer, der ziellos läuft, und kämpfe mit der Faust nicht wie einer, der in die Luft schlägt; [27] vielmehr züchtige und unterwerfe ich meinen Leib, damit ich nicht anderen predige und selbst verworfen werde.

1: 15,8f; Gal 5,1.13 • 2: 4,15 • 3: 4,3f • 4: 9,14 • 5: Mt 8,14 • 6: Apg 13,2 • 7: 2 Thess 3,9; 2 Tim 2,4.6 • 9: Dtn 25,4; 1 Tim 5,18 • 11: Röm 15,27 • 12: 2 Kor 11,7–9; Apg 20,33f • 13: Num 18,8.21; Dtn 18,1–3 • 14: Mt 10,10; Gal 6,6 • 19: 10,33; Mt 20,26f • 20: Apg 16,3; 21,20–26; Gal 4,12 • 21: Gal 6,2 • 22: Röm 15,1; 2 Kor 11,29 • 25: Phil 3,14; 2 Tim 2,4f; 4,7f; 1 Petr 5,4 • 27: Röm 13,14.

Israels Geschichte als Warnung: 10,1–13

10 Ihr sollt wissen, Brüder, dass unsere Väter alle unter der Wolke waren, alle durch das Meer zogen [2] und alle auf Mose getauft wurden in der Wolke und im Meer. [3] Alle aßen auch die gleiche gottgeschenkte Speise [4] und alle tranken den gleichen gottgeschenkten Trank; denn sie tranken aus dem Leben spendenden Felsen, der mit ihnen zog. Und dieser Fels war Christus. [5] Gott aber hatte an den meisten von ihnen kein Gefallen; denn er ließ sie in der Wüste umkommen. [6] Das aber geschah als warnendes Beispiel für uns: damit wir uns nicht von der Gier nach dem Bösen beherrschen lassen, wie jene sich von der Gier beherrschen ließen. [7] Werdet nicht Götzendiener wie einige von ihnen; denn es steht in der Schrift: *Das Volk setzte sich zum Essen und Trinken; dann standen sie auf, um sich zu vergnügen.* [8] Lasst uns nicht Unzucht treiben, wie einige von ihnen Unzucht trieben. Damals kamen an einem einzigen Tag dreiundzwanzigtausend Menschen um. [9] Wir wollen auch nicht den Herrn auf die Probe stellen, wie es einige von ihnen taten, die dann von Schlangen getötet wurden. [10] Murrt auch nicht, wie einige von ihnen murrten; sie wurden vom Verderber umgebracht. [11] Das aber geschah an ihnen, damit es uns als Beispiel dient; uns zur Warnung wurde es aufgeschrieben, uns, die das Ende der Zeiten erreicht hat. [12] Wer also zu stehen meint, der gebe Acht, dass er nicht fällt. [13] Noch ist keine Versuchung über euch gekommen, die den Menschen überfordert. Gott ist treu; er wird nicht zulassen, dass ihr über eure Kraft hinaus versucht werdet. Er wird euch in der Versuchung einen Ausweg schaffen, sodass ihr sie bestehen könnt.

1: Ex 13,21; 14,22; Ps 78,13f; Röm 1,13 • 3: Ex 16,4.35; Ps 78,24f • 4: Ex 17,6; Num 20,7–11; Ps 78,15f • 5: Num 14,16 • 6: Num 11,4.34 • 7: Ex 32,6 • 8: Num 25,1.9 • 9: Num 21,5f • 10: Ex 16,2f; Num 14,2.36f; 17,6–14 • 11: 7,29; Röm 15,4; 1 Petr 4,7 • 12: Röm 11,20 • 13: 1,8f; 2 Thess 3,3; Jak 1,13f.

Über Götzendienst und Götzenopfermahl: 10,14 – 11,1

[14] Darum, liebe Brüder, meidet den Götzendienst! [15] Ich rede doch zu verständigen Menschen; urteilt selbst über das, was ich sage. [16] Ist der Kelch des Segens, über den wir den Segen sprechen, nicht Teilhabe am Blut Christi? Ist das Brot, das wir brechen, nicht Teilhabe am Leib Christi? [17] Ein Brot ist es. Darum sind wir viele ein Leib; denn wir alle haben teil an dem einen Brot. [18] Schaut auf das irdische Israel: Haben die, welche von den Opfern essen, nicht teil am Altar? [19] Was meine ich damit? Ist denn Götzenopferfleisch wirklich etwas? Oder ist ein Götze wirklich etwas? [20] Nein, aber was man dort opfert, *opfert man* nicht Gott, sondern *den Dämonen. Ich will jedoch nicht, dass ihr euch mit Dämonen einlasst.* [21] Ihr könnt nicht den Kelch des Herrn trinken und den Kelch der Dämonen. Ihr könnt nicht Gäste sein am *Tisch des Herrn* und am Tisch der Dämonen. [22] Oder wollen wir *die Eifersucht des Herrn wecken*? Sind wir stärker als er?

[23] »Alles ist erlaubt« – aber nicht alles nützt. »Alles ist erlaubt« – aber nicht alles baut auf. [24] Denkt dabei nicht an euch selbst, sondern an die anderen. [25] Alles, was auf dem Fleischmarkt verkauft wird, das esst, ohne aus Gewissenhaftigkeit nachzuforschen. [26] Denn *dem Herrn gehört die Erde und was*

9,23 an seiner Verheißung, wörtlich: an ihm (nämlich: dem Evangelium) teilzuhaben, d. h. an dem vom Evangelium zugesagten Heil.

10,2 »auf Mose getauft werden« ist hier in Entsprechung zum Getauftwerden »auf Christus« formuliert; es gibt keine derartige jüdische Praxis.

10,3f Paulus geht hier von der Vorstellung aus, dass Christus, der ewige Gottessohn, dem Volk Israel auf seiner Wüstenwanderung als Führer vorauszog und es durch seine göttliche Wundermacht am Leben erhielt. Weil dieses Leben auch mit der Wasserspende aus dem Felsen verbunden war, nennt er Christus den Leben spendenden (»pneumatischen«) Felsen.

10,23 Vgl. die Anmerkung zu 6,12.

sie erfüllt. 27 Wenn ein Ungläubiger euch ein-
lädt und ihr hingehen möchtet, dann esst,
was euch vorgesetzt wird, ohne aus Gewis-
sensgründen nachzuforschen. 28 Wenn euch
aber jemand darauf hinweist: Das ist Opfer-
fleisch!, dann esst nicht davon, mit Rück-
sicht auf den, der euch aufmerksam macht,
und auf das Gewissen; 29 ich meine das Ge-
wissen des anderen, nicht das eigene; denn
(an sich gilt): Warum soll meine Freiheit vom
Gewissensurteil eines anderen abhängig
sein? 30 Wenn ich in Dankbarkeit mitesse,
soll ich dann getadelt werden, dass ich etwas
esse, wofür ich Dank sage? 31 Ob ihr also esst
oder trinkt oder etwas anderes tut: Tut alles
zur Verherrlichung Gottes! 32 Gebt weder
Juden noch Griechen, noch der Kirche Got-
tes Anlass zu einem Vorwurf! 33 Auch ich su-
che allen in allem entgegenzukommen; ich
suche nicht meinen Nutzen, sondern den
Nutzen aller, damit sie gerettet werden.
1 Nehmt mich zum Vorbild, wie ich Christus
zum Vorbild nehme.

14: 1 Joh 5,21 • 16: 11,24f • 17: Apg 2,42; 1 Kor 12,27; Röm 12,5 • 18: Lev 7,6.15f; Dtn 18,1–4 • 19: 8,4 • 20: Ps 106,37 • 21: 2 Kor 6,15f; Mal 1,7.12 • 22: Dtn 32,21 • 23: 6,12 • 24: Röm 15,2; Phil 2,4 • 25: Röm 14,2–10 • 26: Ps 24,1 • 28: 8,7 • 30: Röm 14,6; 1 Tim 4,3f • 31: Kol 3,17 • 32: Röm 14,13 • 11,1: 4,16; Phil 3,17; 4,9.

Über das Verhalten der Frau im Gottesdienst: 11,2–16

11 2 Ich lobe euch, dass ihr in allem an
mich denkt und an den Überliefe-
rungen festhaltet, wie ich sie euch übergeben
habe. 3 Ihr sollt aber wissen, dass Christus
das Haupt des Mannes ist, der Mann das
Haupt der Frau und Gott das Haupt Christi.
4 Wenn ein Mann betet oder prophetisch re-
det und dabei sein Haupt bedeckt hat, ent-
ehrt er sein Haupt. 5 Eine Frau aber entehrt
ihr Haupt, wenn sie betet oder prophetisch
redet und dabei ihr Haupt nicht verhüllt. Sie
unterscheidet sich dann in keiner Weise von
einer Geschorenen. 6 Wenn eine Frau kein
Kopftuch trägt, soll sie sich doch gleich die
Haare abschneiden lassen. Ist es aber für
eine Frau eine Schande, sich die Haare ab-
schneiden oder sich kahl scheren zu lassen,
dann soll sie sich auch verhüllen. 7 Der Mann
darf sein Haupt nicht verhüllen, weil er Ab-
bild und Abglanz Gottes ist; die Frau aber ist
der Abglanz des Mannes. 8 Denn der Mann
stammt nicht von der Frau, sondern die Frau
vom Mann. 9 Der Mann wurde auch nicht für
die Frau geschaffen, sondern die Frau für
den Mann. 10 Deswegen soll die Frau mit
Rücksicht auf die Engel das Zeichen ihrer
Vollmacht auf dem Kopf tragen. 11 Doch im
Herrn gibt es weder die Frau ohne den Mann
noch den Mann ohne die Frau. 12 Denn wie
die Frau vom Mann stammt, so kommt der
Mann durch die Frau zur Welt; alles aber
stammt von Gott.

13 Urteilt selber! Gehört es sich, dass eine
Frau unverhüllt zu Gott betet? 14 Lehrt euch
nicht schon die Natur, dass es für den Mann
eine Schande, 15 für die Frau aber eine Ehre
ist, lange Haare zu tragen? Denn der Frau ist
das Haar als Hülle gegeben. 16 Wenn aber ei-
ner meint, er müsse darüber streiten: Wir
und auch die Gemeinden Gottes kennen ei-
nen solchen Brauch nicht.

2: 2 Thess 2,15 • 3: 3,23; Gen 3,16; Eph 5,23 • 7: Gen 1,27 • 8: Gen 2,22f; 1 Tim 2,13 • 9: Gen 2,18; 6,2.

Die rechte Feier des Herrenmahls: 11,17–34

17 Wenn ich schon Anweisungen gebe: Das
kann ich nicht loben, dass ihr nicht mehr zu
eurem Nutzen, sondern zu eurem Schaden
zusammenkommt. 18 Zunächst höre ich, dass
es Spaltungen unter euch gibt, wenn ihr
als Gemeinde zusammenkommt; zum Teil
glaube ich das auch. 19 Denn es muss Partei-
ungen geben unter euch; nur so wird sicht-
bar, wer unter euch treu und zuverlässig ist.
20 Was ihr bei euren Zusammenkünften tut,
ist keine Feier des Herrenmahls mehr;
21 denn jeder verzehrt sogleich seine eigenen
Speisen, und dann hungert der eine, wäh-
rend der andere schon betrunken ist.
22 Könnt ihr denn nicht zu Hause essen und
trinken? Oder verachtet ihr die Kirche Got-
tes? Wollt ihr jene demütigen, die nichts
haben? Was soll ich dazu sagen? Soll ich euch
etwa loben? In diesem Fall kann ich euch
nicht loben.

23 Denn ich habe vom Herrn empfangen,
was ich euch dann überliefert habe: Jesus,
der Herr, nahm in der Nacht, in der er ausge-

11,10 Es galt damals unter Juden wie Judenchristen als unanständig, wenn eine Frau ihr Haar offen trug. Deswegen war es Vorschrift für sie, ein Kopftuch zu tragen, wenn sie ausging. Durch die judenchristlichen Missionare der Frühzeit fand dieser Brauch auch Eingang in die heidenchristlichen Gemeinden, wenigstens für den Gottesdienst. Paulus bestand auf dieser Verhüllung umso mehr, als er der Frau hier das geisterfüllte laute Beten und prophetische Reden gestattete (vgl. 11,5). So wurde das Kopftuch auch ein Zeichen ihrer Vollmacht, vor der Gemeinde charismatisch aufzutreten.

liefert wurde, Brot, [24] sprach das Dankgebet, brach das Brot und sagte: Das ist mein Leib für euch. Tut dies zu meinem Gedächtnis! [25] Ebenso nahm er nach dem Mahl den Kelch und sprach: Dieser Kelch ist der *Neue Bund* in meinem Blut. Tut dies, sooft ihr daraus trinkt, zu meinem Gedächtnis!

[26] Denn sooft ihr von diesem Brot esst und aus dem Kelch trinkt, verkündet ihr den Tod des Herrn, bis er kommt. [27] Wer also unwürdig von dem Brot isst und aus dem Kelch des Herrn trinkt, macht sich schuldig am Leib und am Blut des Herrn. [28] Jeder soll sich selbst prüfen; erst dann soll er von dem Brot essen und aus dem Kelch trinken. [29] Denn wer davon isst und trinkt, ohne zu bedenken, dass es der Leib des Herrn ist, der zieht sich das Gericht zu, indem er isst und trinkt. [30] Deswegen sind unter euch viele schwach und krank und nicht wenige sind schon entschlafen. [31] Gingen wir mit uns selbst ins Gericht, dann würden wir nicht gerichtet. [32] Doch wenn wir jetzt vom Herrn gerichtet werden, dann ist es eine Zurechtweisung, damit wir nicht zusammen mit der Welt verdammt werden. [33] Wenn ihr also zum Mahl zusammenkommt, meine Brüder, wartet aufeinander! [34] Wer Hunger hat, soll zu Hause essen; sonst wird euch die Zusammenkunft zum Gericht. Weitere Anordnungen werde ich treffen, wenn ich komme.

18: 1,10–12; 3,3f • 22: Jak 2,5f • 23: 15,3; Mt 26,26–28; Mk 14,22–24; Lk 22,19f • 25: Jer 31,31; Lk 22,20 • 26: Mt 26,29; Mk 14,25; Lk 22,16–18 • 31: Hebr 12,5f • 34: 16,5.

DIE GEISTESGABEN UND DAS LEBEN DER CHRISTEN: 12,1 – 14,40

Der eine Geist und die vielen Gaben: 12,1–11

12 Auch über die Gaben des Geistes möchte ich euch nicht in Unkenntnis lassen, meine Brüder. [2] Als ihr noch Heiden wart, zog es euch, wie ihr wisst, mit unwiderstehlicher Gewalt zu den stummen Götzen. [3] Darum erkläre ich euch: Keiner, der aus dem Geist Gottes redet, sagt: Jesus sei verflucht! Und keiner kann sagen: Jesus ist der Herr!, wenn er nicht aus dem Heiligen Geist redet.

[4] Es gibt verschiedene Gnadengaben, aber nur den einen Geist. [5] Es gibt verschiedene Dienste, aber nur den einen Herrn. [6] Es gibt verschiedene Kräfte, die wirken, aber nur den einen Gott: Er bewirkt alles in allen. [7] Jedem aber wird die Offenbarung des Geistes geschenkt, damit sie anderen nützt. [8] Dem einen wird vom Geist die Gabe geschenkt, Weisheit mitzuteilen, dem andern durch den gleichen Geist die Gabe, Erkenntnis zu vermitteln, [9] dem dritten im gleichen Geist Glaubenskraft, einem andern – immer in dem einen Geist – die Gabe, Krankheiten zu heilen, [10] einem andern Wunderkräfte, einem andern prophetisches Reden, einem andern die Fähigkeit, die Geister zu unterscheiden, wieder einem andern verschiedene Arten von Zungenrede, einem andern schließlich die Gabe, sie zu deuten. [11] Das alles bewirkt ein und derselbe Geist; einem jeden teilt er seine besondere Gabe zu, wie er will.

1: 14,1 • 2: Gal 4,8 • 3: 1 Joh 4,2f; Röm 10,9 • 4: Röm 12,6; Eph 4,4 • 6: 8,6; Eph 4,6 • 7: 14,26 • 11: 7,7; Röm 12,3; Eph 4,7–12; 1 Petr 4,10.

Der eine Leib und die vielen Glieder: 12,12–31a

[12] Denn wie der Leib eine Einheit ist, doch viele Glieder hat, alle Glieder des Leibes aber, obgleich es viele sind, einen einzigen Leib bilden: So ist es auch mit Christus. [13] Durch den einen Geist wurden wir in der Taufe alle in einen einzigen Leib aufgenommen, Juden und Griechen, Sklaven und Freie; und alle wurden wir mit dem einen Geist getränkt. [14] Auch der Leib besteht nicht nur aus einem Glied, sondern aus vielen Gliedern. [15] Wenn der Fuß sagt: Ich bin keine Hand, ich gehöre nicht zum Leib!, so

---

11,24 Manche Textzeugen haben, dem späteren liturgischen Gebrauch entsprechend, eine erweiterte Fassung: Das ist mein Leib, der für euch hingegeben wird (oder: gebrochen wird).

11,27 Paulus meint das in V. 21 und V. 22 erwähnte lieblose Verhalten der Korinther.

12,10 Das »prophetische Reden«, meint ein Reden aufgrund göttlicher Eingebung, das in verständlicher Form die christliche Botschaft auf die Nöte und Aufgaben der Gemeinde anwendet. – Zur »Unterscheidung der Geister« vgl. 2,10–15; 14,29.32; 1 Thess 5,21. – Beim »Zungenreden« handelt es sich um ein meist unverständliches Stammeln zum Lob Gottes, bei dem der Mensch vom Geist Gottes ergriffen ist. Für die Deutung des Zungenredens war eine eigene »Gnadengabe« (griechisch: Charisma) erforderlich (vgl. Apg 2,4; 10,46; 19,6).

gehört er doch zum Leib. 16 Und wenn das
Ohr sagt: Ich bin kein Auge, ich gehöre nicht
zum Leib!, so gehört es doch zum Leib.
17 Wenn der ganze Leib nur Auge wäre, wo
bliebe dann das Gehör? Wenn er nur Gehör
wäre, wo bliebe dann der Geruchssinn?
18 Nun aber hat Gott jedes einzelne Glied so
in den Leib eingefügt, wie es seiner Absicht
entsprach. 19 Wären alle zusammen nur ein
Glied, wo bliebe dann der Leib? 20 So aber
gibt es viele Glieder und doch nur einen
Leib. 21 Das Auge kann nicht zur Hand sagen: Ich bin nicht auf dich angewiesen. Der
Kopf kann nicht zu den Füßen sagen: Ich
brauche euch nicht. 22 Im Gegenteil, gerade
die schwächer scheinenden Glieder des Leibes sind unentbehrlich. 23 Denen, die wir für
weniger edel ansehen, erweisen wir umso
mehr Ehre und unseren weniger anständigen
Gliedern begegnen wir mit mehr Anstand,
24 während die anständigen das nicht nötig
haben. Gott aber hat den Leib so zusammengefügt, dass er dem geringsten Glied mehr
Ehre zukommen ließ, 25 damit im Leib kein
Zwiespalt entstehe, sondern alle Glieder einträchtig füreinander sorgen. 26 Wenn darum
ein Glied leidet, leiden alle Glieder mit;
wenn ein Glied geehrt wird, freuen sich alle
anderen mit ihm. 27 Ihr aber seid der Leib
Christi und jeder Einzelne ist ein Glied an
ihm.

28 So hat Gott in der Kirche die einen als
Apostel eingesetzt, die andern als Propheten,
die dritten als Lehrer; ferner verlieh er die
Kraft, Wunder zu tun, sodann die Gaben,
Krankheiten zu heilen, zu helfen, zu leiten,
endlich die verschiedenen Arten von Zungenrede. 29 Sind etwa alle Apostel, alle Propheten, alle Lehrer? Haben alle die Kraft,
Wunder zu tun? 30 Besitzen alle die Gabe,
Krankheiten zu heilen? Reden alle in Zungen? Können alle solches Reden auslegen?
31a Strebt aber nach den höheren Gnadengaben!

12: 10,17; Röm 12,4f • 13: Gal 3,28 • 26: Röm 12,15 • 27: Röm 12,5; Eph 5,30 • 28: 12,8–10; Eph 4,11f • 31a: 14,1.

Die höheren Gnadengaben – das Hohelied der Liebe: 12,31b – 13,13

31b Ich zeige euch jetzt noch einen anderen
Weg, einen, der alles übersteigt:

13 Wenn ich in den Sprachen der Menschen und Engel redete, / hätte aber
die Liebe nicht, / wäre ich dröhnendes Erz
oder eine lärmende Pauke.

2 Und wenn ich prophetisch reden könnte /
und alle Geheimnisse wüsste / und alle Erkenntnis hätte; / wenn ich alle Glaubenskraft besäße / und Berge damit versetzen
könnte, / hätte aber die Liebe nicht, / wäre
ich nichts.

3 Und wenn ich meine ganze Habe verschenkte / und wenn ich meinen Leib dem
Feuer übergäbe, / hätte aber die Liebe
nicht, / nützte es mir nichts.

4 Die Liebe ist langmütig, / die Liebe ist
gütig. / Sie ereifert sich nicht, / sie prahlt
nicht, / sie bläht sich nicht auf.

5 Sie handelt nicht ungehörig, / sucht nicht
ihren Vorteil, / lässt sich nicht zum Zorn reizen, / trägt das Böse nicht nach.

6 Sie freut sich nicht über das Unrecht, /
sondern freut sich an der Wahrheit.

7 Sie erträgt alles, / glaubt alles, / hofft
alles, / hält allem stand.

8 Die Liebe hört niemals auf. / Prophetisches Reden hat ein Ende, / Zungenrede verstummt, / Erkenntnis vergeht.

9 Denn Stückwerk ist unser Erkennen, /
Stückwerk unser prophetisches Reden;

10 wenn aber das Vollendete kommt, vergeht alles Stückwerk.

11 Als ich ein Kind war, / redete ich wie ein
Kind, / dachte wie ein Kind / und urteilte wie
ein Kind.

Als ich ein Mann wurde, / legte ich ab, was
Kind an mir war.

12 Jetzt schauen wir in einen Spiegel / und
sehen nur rätselhafte Umrisse, / dann aber
schauen wir von Angesicht zu Angesicht.

Jetzt erkenne ich unvollkommen, / dann
aber werde ich durch und durch erkennen, /
so wie ich auch durch und durch erkannt
worden bin.

13 Für jetzt bleiben Glaube, Hoffnung, Liebe, diese drei; / doch am größten unter ihnen
ist die Liebe.

1: 14,6–8 • 2: 14,3.5; Mt 7,22; 17,20; 21,22; Mk 11,23 • 3: Mt 19,21 • 4: Röm 13,8–10 • 6: Röm 12,9 • 7: Spr 10,12 • 13: Hebr 10,22–24; Kol 3,14.

Über die Charismen der Prophetie und der Zungenrede: 14,1–25

14 Jagt der Liebe nach! Strebt aber
auch nach den Geistesgaben, vor allem nach der prophetischen Rede! 2 Denn
wer in Zungen redet, redet nicht zu Menschen, sondern zu Gott; keiner versteht ihn:
Im Geist redet er geheimnisvolle Dinge.
3 Wer aber prophetisch redet, redet zu Menschen: Er baut auf, ermutigt, spendet Trost.

14,3 Vgl. die Anmerkung zu 8,1.

14,4 Vgl. die Anmerkung zu 12,10.

4 Wer in Zungen redet, erbaut sich selbst;
wer aber prophetisch redet, baut die Ge-
meinde auf. 5 Ich wünschte, ihr alle würdet
in Zungen reden, weit mehr aber, ihr würdet
prophetisch reden. Der Prophet steht höher
als der, der in Zungen redet, es sei denn, die-
ser legt sein Reden aus; dann baut auch er
die Gemeinde auf.

6 Was nützt es euch, Brüder, wenn ich
komme und in Zungen vor euch rede, euch
aber keine Offenbarung, keine Erkenntnis,
keine Weissagung, keine Lehre bringe?
7 Wenn leblose Musikinstrumente, eine Flöte
oder eine Harfe, nicht deutlich unterschiede-
ne Töne hervorbringen, wie soll man dann
erkennen, was auf der Flöte oder auf der
Harfe gespielt wird? 8 Und wenn die Trom-
pete unklare Töne hervorbringt, wer wird
dann zu den Waffen greifen? 9 So ist es auch
mit euch, wenn ihr in Zungen redet, aber
kein verständliches Wort hervorbringt. Wer
soll dann das Gesprochene verstehen? Ihr re-
det nur in den Wind.

10 Es gibt wer weiß wie viele Sprachen in
der Welt und nichts ist ohne Sprache.
11 Wenn ich nun den Sinn der Laute nicht
kenne, bin ich für den Sprecher ein Fremder,
wie der Sprecher für mich. 12 So ist es auch
mit euch. Da ihr nach Geistesgaben strebt,
gebt euch Mühe, dass ihr damit vor allem
zum Aufbau der Gemeinde beitragt. 13 Des-
wegen soll einer, der in Zungen redet, darum
beten, dass er es auch auslegen kann. 14 Denn
wenn ich nur in Zungen bete, betet zwar
mein Geist, aber mein Verstand bleibt un-
fruchtbar. 15 Was folgt daraus? Ich will nicht
nur im Geist beten, sondern auch mit dem
Verstand. Ich will nicht nur im Geist Gott
preisen, sondern auch mit dem Verstand.
16 Wenn du nur im Geist den Lobpreis
sprichst und ein Unkundiger anwesend ist,
so kann er zu deinem Dankgebet das Amen
nicht sagen; denn er versteht nicht, was du
sagst. 17 Dein Dankgebet mag noch so gut
sein, der andere hat keinen Nutzen davon.
18 Ich danke Gott, dass ich mehr als ihr alle
in Zungen rede. 19 Doch vor der Gemeinde
will ich lieber fünf Worte mit Verstand re-
den, um auch andere zu unterweisen, als
zehntausend Worte in Zungen stammeln.

20 Seid doch nicht Kinder an Einsicht,
Brüder! Seid Unmündige an Bosheit, an Ein-
sicht aber seid reife Menschen! 21 Im Gesetz
steht: *Durch Leute, die anders und in ande-
ren Sprachen reden, werde ich zu diesem
Volk sprechen;* aber auch so *werden sie nicht*
auf mich *hören,* spricht der Herr. 22 So ist
Zungenreden ein Zeichen nicht für die Gläu-
bigen, sondern für die Ungläubigen, prophe-
tisches Reden aber ein Zeichen nicht für die
Ungläubigen, sondern für die Glaubenden.
23 Wenn also die ganze Gemeinde sich ver-
sammelt und alle in Zungen reden und es
kommen Unkundige oder Ungläubige hinzu,
werden sie dann nicht sagen: Ihr seid ver-
rückt! 24 Wenn aber alle prophetisch reden
und ein Ungläubiger oder Unkundiger
kommt herein, dann wird ihm von allen ins
Gewissen geredet und er fühlt sich von allen
ins Verhör genommen; 25 was in seinem Her-
zen verborgen ist, wird aufgedeckt. Und so
wird er sich niederwerfen, Gott *anbeten* und
ausrufen: *Wahrhaftig, Gott ist bei euch!*

1: 12,10 • 5: Num 11,29 • 16: 2 Kor 1,20; 1 Chr 16,36; Neh 8,6 • 20: Röm 16,19; Eph 4,14 • 21: Jes 28,11f • 23: Apg 2,12f • 25: Jes 45,14; Sach 8,23.

Die rechte Einheit und Ordnung im Gottesdienst: 14,26–40

26 Was soll also geschehen, Brüder? Wenn
ihr zusammenkommt, trägt jeder etwas bei:
einer einen Psalm, ein anderer eine Lehre,
der dritte eine Offenbarung; einer redet in
Zungen und ein anderer deutet es. Alles ge-
schehe so, dass es aufbaut. 27 Wenn man in
Zungen reden will, so sollen es nur zwei tun,
höchstens drei, und zwar einer nach dem an-
dern; dann soll einer es auslegen. 28 Wenn
aber niemand es auslegen kann, soll auch
keiner vor der Gemeinde so reden. Er soll es
für sich selber tun und vor Gott. 29 Auch zwei
oder drei Propheten sollen zu Wort kommen;
die anderen sollen urteilen. 30 Wenn aber
noch einem andern Anwesenden eine Offen-
barung zuteil wird, soll der erste schweigen;
31 einer nach dem andern könnt ihr alle pro-
phetisch reden. So lernen alle etwas und alle
werden ermutigt. 32 Die Äußerung propheti-
scher Eingebungen ist nämlich dem Willen
der Propheten unterworfen. 33 Denn Gott ist
nicht ein Gott der Unordnung, sondern ein
Gott des Friedens.

Wie es in allen Gemeinden der Heiligen
üblich ist, 34 sollen die Frauen in der Ver-
sammlung schweigen; es ist ihnen nicht ge-
stattet zu reden. Sie sollen sich unterordnen,
wie auch das Gesetz es fordert. 35 Wenn sie
etwas wissen wollen, dann sollen sie zu
Hause ihre Männer fragen; denn es gehört

14,32 Wörtlich: Die Geister der Propheten sind den Propheten unterworfen.

14,34 Diese Anordnung steht in Spannung zu dem in 11,5 Gesagten; jedoch in Einklang mit 1 Tim 2,11f (auch VV. 13–15). Vgl. auch die Anmerkung zu 11,10.

sich nicht für eine Frau, vor der Gemeinde zu reden. [36] Ist etwa das Gotteswort von euch ausgegangen? Ist es etwa nur zu euch gekommen?

[37] Wenn einer meint, Prophet zu sein oder geisterfüllt, soll er in dem, was ich euch schreibe, ein Gebot des Herrn erkennen. [38] Wer das nicht anerkennt, wird nicht anerkannt. [39] Strebt also nach der Prophetengabe, meine Brüder, und hindert niemand daran, in Zungen zu reden. [40] Doch alles soll in Anstand und Ordnung geschehen.

26: 12,8–10; Eph 4,12 • 29: 1 Thess 5,19–21 • 33: Röm 15,33 • 34: 11,16; Gen 3,16; 1 Tim 2,11f • 35: Eph 5,22 • 39: 14,1.5 • 40: Kol 2,5.

DIE AUFERWECKUNG CHRISTI UND DER CHRISTEN: 15,1–58

Die Auferweckung Christi und das Heil: 15,1–34

15 Ich erinnere euch, Brüder, an das Evangelium, das ich euch verkündet habe. Ihr habt es angenommen; es ist der Grund, auf dem ihr steht. [2] Durch dieses Evangelium werdet ihr gerettet, wenn ihr an dem Wortlaut festhaltet, den ich euch verkündet habe. Oder habt ihr den Glauben vielleicht unüberlegt angenommen?

[3] Denn vor allem habe ich euch überliefert, was auch ich empfangen habe:

Christus ist für unsere Sünden gestorben, / gemäß der Schrift,

[4] und ist begraben worden. / Er ist am dritten Tag auferweckt worden, / gemäß der Schrift,

[5] und erschien dem Kephas, dann den Zwölf.

[6] Danach erschien er mehr als fünfhundert Brüdern zugleich; die meisten von ihnen sind noch am Leben, einige sind entschlafen. [7] Danach erschien er dem Jakobus, dann allen Aposteln. [8] Als Letztem von allen erschien er auch mir, dem Unerwarteten, der »Missgeburt«. [9] Denn ich bin der geringste von den Aposteln; ich bin nicht wert, Apostel genannt zu werden, weil ich die Kirche Gottes verfolgt habe. [10] Doch durch Gottes Gnade bin ich, was ich bin, und sein gnädiges Handeln an mir ist nicht ohne Wirkung geblieben. Mehr als sie alle habe ich mich abgemüht – nicht ich, sondern die Gnade Gottes zusammen mit mir. [11] Ob nun ich verkündige oder die anderen: das ist unsere Botschaft, und das ist der Glaube, den ihr angenommen habt.

[12] Wenn aber verkündigt wird, dass Christus von den Toten auferweckt worden ist, wie können dann einige von euch sagen: Eine Auferstehung der Toten gibt es nicht? [13] Wenn es keine Auferstehung der Toten gibt, ist auch Christus nicht auferweckt worden. [14] Ist aber Christus nicht auferweckt worden, dann ist unsere Verkündigung leer und euer Glaube sinnlos. [15] Wir werden dann auch als falsche Zeugen Gottes entlarvt, weil wir im Widerspruch zu Gott das Zeugnis abgelegt haben: Er hat Christus auferweckt. Er hat ihn eben nicht auferweckt, wenn Tote nicht auferweckt werden. [16] Denn wenn Tote nicht auferweckt werden, ist auch Christus nicht auferweckt worden. [17] Wenn aber Christus nicht auferweckt worden ist, dann ist euer Glaube nutzlos und ihr seid immer noch in euren Sünden; [18] und auch die in Christus Entschlafenen sind dann verloren. [19] Wenn wir unsere Hoffnung nur in diesem Leben auf Christus gesetzt haben, sind wir erbärmlicher daran als alle anderen Menschen.

[20] Nun aber ist Christus von den Toten auferweckt worden als der Erste der Entschlafenen. [21] Da nämlich durch einen Menschen der Tod gekommen ist, kommt durch einen Menschen auch die Auferstehung der Toten. [22] Denn wie in Adam alle sterben, so werden in Christus alle lebendig gemacht werden.

15,1–5 Paulus weist hier auf die urchristliche Glaubensformel hin, die er selbst übernommen hat und die in knapper Form all das enthält, was er in seinen Briefen »das Evangelium« nennt, die Botschaft vom Heil. Diese Glaubensformel gilt es auch dem Wortlaut nach festzuhalten, damit das Glaubensgut unverfälscht bewahrt wird (vgl. 15,3.11).

15,12–14 Anstelle der in den VV. 12–14 dreimal begegnenden Übersetzung: »ist (nicht) auferweckt worden« kann auch übersetzt werden: »ist (nicht) auferstanden«. Die erste Fassung ist deswegen vorzuziehen, weil in Kap. 15 mehrmals das Handeln Gottes an dem toten Jesus wie auch an den verstorbenen Gläubigen hervorgehoben wird (vgl. 15,15.51f).

23 Es gibt aber eine bestimmte Reihenfolge:
Erster ist Christus; dann folgen, wenn Chris-
tus kommt, alle, die zu ihm gehören. 24 Da-
nach kommt das Ende, wenn er jede Macht,
Gewalt und Kraft vernichtet hat und seine
Herrschaft Gott, dem Vater, übergibt.
25 Denn er muss herrschen, bis Gott *ihm* alle
Feinde unter die Füße gelegt hat. 26 Der letz-
te Feind, der entmachtet wird, ist der Tod.
27 Sonst hätte er *ihm* nicht *alles zu Füßen ge-
legt.* Wenn es aber heißt, alles sei unterwor-
fen, ist offenbar der ausgenommen, der ihm
alles unterwirft. 28 Wenn ihm dann alles un-
terworfen ist, wird auch er, der Sohn, sich
dem unterwerfen, der ihm alles unterworfen
hat, damit Gott herrscht über alles und in al-
lem.

29 Wie kämen sonst einige dazu, sich für
die Toten taufen zu lassen? Wenn Tote gar
nicht auferweckt werden, warum lässt man
sich dann taufen für sie? 30 Warum setzen
dann auch wir uns stündlich der Gefahr aus?
31 Täglich sehe ich dem Tod ins Auge, so
wahr ihr, Brüder, mein Ruhm seid, den ich in
Christus Jesus, unserem Herrn, empfangen
habe. 32 Was habe ich dann davon, dass ich in
Ephesus, wie man so sagt, mit wilden Tieren
gekämpft habe? Wenn Tote nicht auferweckt
werden, dann *lasst uns essen und trinken;
denn morgen sind wir tot.* 33 Lasst euch nicht
irreführen! Schlechter Umgang verdirbt
gute Sitten. 34 Werdet nüchtern, wie es sich
gehört, und sündigt nicht! Einige Leute wis-
sen nichts von Gott; ich sage das, damit ihr
euch schämt.

1: Gal 1,11 • 3: 11,23; Jes 53,4f; Röm 4,25; 1 Petr 2,24 • 4: Hos 6,2 • 5: Lk 24,34.36 • 8: 9,1; Apg 9,3–5 • 9: Apg 8,1–3; 9,1–3; Gal 1,13; 1 Tim 1,15; Eph 3,8 • 10: 3,10; 2 Kor 11,23; 1 Tim 1,14 • 11: 3,5 • 12: 2 Tim 2,18 • 18: 1 Thess 4,14 • 20: Apg 26,23; Kol 1,18 • 21: Gen 3,17–19; Röm 5,12.18 • 23: 1 Thess 4,15f • 25: Ps 110,1 • 26: Offb 20,14; 21,4 • 27: Ps 8,7; Hebr 2,8 • 28: 8,6; Röm 11,36 • 30: Röm 8,36 • 31: 2 Kor 4,10f • 32: Jes 22,13; Apg 19,29f; 20,3; 2 Kor 1,8 • 34: 6,5; 1 Thess 5,6–8.

Die Vollendung des Heils bei der Auferstehung: 15,35–58

35 Nun könnte einer fragen: Wie werden
die Toten auferweckt, was für einen Leib
werden sie haben? 36 Was für eine törichte
Frage! Auch das, was du säst, wird nicht le-
bendig, wenn es nicht stirbt. 37 Und was du
säst, hat noch nicht die Gestalt, die entste-
hen wird; es ist nur ein nacktes Samenkorn,
zum Beispiel ein Weizenkorn oder ein ande-
res. 38 Gott gibt ihm die Gestalt, die er vorge-
sehen hat, jedem Samen eine andere. 39 Auch
die Lebewesen haben nicht alle die gleiche
Gestalt. Die Gestalt der Menschen ist anders
als die der Haustiere, die Gestalt der Vögel
anders als die der Fische. 40 Auch gibt es
Himmelskörper und irdische Körper. Die
Schönheit der Himmelskörper ist anders als
die der irdischen Körper. 41 Der Glanz der
Sonne ist anders als der Glanz des Mondes,
anders als der Glanz der Sterne; denn auch
die Gestirne unterscheiden sich durch ihren
Glanz.

42 So ist es auch mit der Auferstehung der
Toten. Was gesät wird, ist verweslich, was
auferweckt wird, unverweslich. 43 Was gesät
wird, ist armselig, was auferweckt wird,
herrlich. Was gesät wird, ist schwach, was
auferweckt wird, ist stark. 44 Gesät wird ein
irdischer Leib, auferweckt ein überirdischer
Leib. Wenn es einen irdischen Leib gibt, gibt
es auch einen überirdischen. 45 So steht es
auch in der Schrift: Adam, der Erste *Mensch,
wurde ein* irdisches *Lebewesen.* Der Letzte
Adam wurde lebendig machender Geist.
46 Aber zuerst kommt nicht das Überirdische;
zuerst kommt das Irdische, dann das Überir-
dische. 47 Der Erste *Mensch* stammt *von der
Erde* und ist *Erde;* der Zweite Mensch
stammt vom Himmel. 48 Wie der von der Erde
irdisch war, so sind es auch seine Nachfah-
ren. Und wie der vom Himmel himmlisch ist,
so sind es auch seine Nachfahren. 49 Wie wir
nach dem Bild des Irdischen gestaltet wur-
den, so werden wir auch nach dem Bild des
Himmlischen gestaltet werden. 50 Damit will
ich sagen, Brüder: Fleisch und Blut können
das Reich Gottes nicht erben; das Vergängli-
che erbt nicht das Unvergängliche.

51 Seht, ich enthülle euch ein Geheimnis:
Wir werden nicht alle entschlafen, aber wir
werden alle verwandelt werden – 52 plötzlich,
in einem Augenblick, beim letzten Posau-
nenschall. Die Posaune wird erschallen, die
Toten werden zur Unvergänglichkeit aufer-
weckt, wir aber werden verwandelt werden.

15,28 Wörtlich: damit Gott alles in allem sei.
15,29 Anspielung auf die in Korinth gelegentlich vollzogene stellvertretende Taufe zugunsten ungetauft Verstorbener.
15,33 Schlechter Umgang ...: Geflügeltes Wort, das auf den griechischen Dichter Menander (4. Jh. v. Chr.) zurückgeht.
15,44 ein überirdischer Leib, wörtlich: ein pneumatischer (»geistlicher«) Leib.
15,45 Wörtlich: Adam, der Erste Mensch, wurde ein lebendiges Wesen (vgl. Gen 2,7; 3,19).
15,48 Wörtlich: Wie der Irdische, so auch die Irdischen, und wie der Himmlische, so auch die Himmlischen.
15,51 Die Erwartung, bei der Wiederkunft Christi noch am Leben zu sein, drückt Paulus auch 1 Thess 4,15.17 aus. Ohne einen Umwandlungsprozess ist aber Unsterblichkeit nicht zu erlangen.

53 Denn dieses Vergängliche muss sich mit Unvergänglichkeit bekleiden und dieses Sterbliche mit Unsterblichkeit. 54 Wenn sich aber dieses Vergängliche mit Unvergänglichkeit bekleidet und dieses Sterbliche mit Unsterblichkeit, dann erfüllt sich das Wort der Schrift:

Verschlungen ist der Tod vom Sieg.

55 *Tod, wo ist dein Sieg? / Tod, wo ist dein Stachel?*

56 Der Stachel des Todes aber ist die Sünde, die Kraft der Sünde ist das Gesetz. 57 Gott aber sei Dank, der uns den Sieg geschenkt hat durch Jesus Christus, unseren Herrn. 58 Daher, geliebte Brüder, seid standhaft und unerschütterlich, nehmt immer eifriger am Werk des Herrn teil und denkt daran, dass im Herrn eure Mühe nicht vergeblich ist.

37: Joh 12,24 • 38: Gen 1,11 • 43: Phil 3,20f; Kol 3,4 • 45: Gen 2,7 • 47: Gen 2,7 • 49: Gen 5,3; Röm 8,29 • 50: Joh 3,5f • 51: 1 Thess 4,15–17 • 52: Mt 24,31 • 53: 2 Kor 5,4 • 54: Jes 25,8 • 55: Hos 13,14 G • 56: Röm 5,12f; 7,7–9.13 • 57: Röm 7,25 • 58: 16,13.

DER SCHLUSS DES BRIEFES: 16,1–24

Die Sammlung für Jerusalem: 16,1–4

16 Was die Geldsammlung für die Heiligen angeht, sollt auch ihr euch an das halten, was ich für die Gemeinden Galatiens angeordnet habe. 2 Jeder soll immer am ersten Tag der Woche etwas zurücklegen und so zusammensparen, was er kann. Dann sind keine Sammlungen mehr nötig, wenn ich komme. 3 Nach meiner Ankunft werde ich eure Vertrauensleute mit Briefen nach Jerusalem schicken, damit sie eure Liebesgabe überbringen. 4 Ist es der Mühe wert, dass ich selbst hinreise, dann sollen sie mit mir reisen.

1: Apg 11,29; Röm 15,26; 2 Kor 8,4; 9,1; Gal 2,10 • 2: Apg 20,7; Offb 1,10 • 3: 2 Kor 8,16-19.

Die Pläne des Apostels: 16,5–12

5 Ich werde zu euch kommen, wenn ich durch Mazedonien gereist bin. In Mazedonien will ich nämlich nicht bleiben, 6 aber, wenn es möglich ist, bei euch, vielleicht sogar den ganzen Winter. Wenn ich dann weiterreise, könnt ihr mir das Geleit geben. 7 Ich möchte euch diesmal nicht nur auf der Durchreise sehen; ich hoffe, einige Zeit bei euch bleiben zu können, wenn der Herr es zulässt.

8 In Ephesus will ich bis Pfingsten bleiben. 9 Denn weit und wirksam ist mir hier eine Tür geöffnet worden; doch auch an Gegnern fehlt es nicht.

10 Wenn Timotheus kommt, achtet darauf, dass ihr ihn nicht entmutigt; denn er arbeitet im Dienst des Herrn wie ich. 11 Keiner soll ihn gering schätzen. Verabschiedet ihn dann in Frieden, damit er zu mir zurückkehrt; ich warte auf ihn mit den Brüdern.

12 Was den Bruder Apollos angeht, so habe ich ihn dringend gebeten, er möge mit den Brüdern zu euch reisen, aber er wollte auf keinen Fall jetzt gehen. Er wird kommen, wenn er eine günstige Gelegenheit findet.

5: Apg 19,21; 20,2f; 2 Kor 1,16 • 8: Apg19,1.10 • 9: Apg 14,27 • 10: 4,17; Phil 2,19f • 11: 1 Tim 4,12 • 12: 3,5f.

Letzte Mahnungen und Grüße: 16,13–24

13 Seid wachsam, steht fest im Glauben, *seid mutig, seid stark!* 14 Alles, was ihr tut, geschehe in Liebe.

15 Ich habe noch eine Bitte, Brüder. Ihr kennt das Haus des Stephanas: Sie sind die erste Frucht Achaias und haben sich in den Dienst der Heiligen gestellt. 16 Ordnet euch ihnen unter, ebenso ihren Helfern und Mitarbeitern! 17 Es freut mich, dass Stephanas, Fortunatus und Achaikus zu mir gekommen sind; sie sind mir ein Ersatz für euch, da ihr

---

16,1 Von der Kollekte für die Gemeinde von Jerusalem ist auch die Rede in Röm 15,25–28; 2 Kor 8 – 9; Gal 2,10; vgl. Apg 11,27–30.

16,17 Die Genannten sind vermutlich die Überbringer des in 7,1 erwähnten Briefs der Gemeinde von Korinth an Paulus; vgl. die Einleitung zum 1. Korintherbrief.

nicht hier sein könnt. 18 Sie haben mich und
euch erfreut und aufgerichtet. Verweigert
solchen Männern eure Anerkennung nicht!
19 Es grüßen euch die Gemeinden in der
Provinz Asien. Aquila und Priska und ihre
Hausgemeinde senden euch viele Grüße im
Herrn. 20 Es grüßen euch alle Brüder. Grüßt
einander mit dem heiligen Kuss!
21 Den Gruß schreibe ich, Paulus, eigen-
händig.
22 Wer den Herrn nicht liebt, sei verflucht!
Marána tha – Unser Herr, komm!
23 Die Gnade Jesu, des Herrn, sei mit
euch!
24 Meine Liebe ist mit euch allen in Chris-
tus Jesus.

13: 15,58; Eph 6,10; Ps 31,25 G; Jos 1,7 • 14: Kol 3,14 • 15: 1,16; Röm 16,5 • 18: 1 Thess 5,12f • 19: Offb 1,4.11; Apg 18,2 • 20: Röm 16,16 • 21: 2 Thess 3,17; Kol 4,18 • 22: Gal 1,8f • 23: Röm 16,24.

Der zweite Brief an die Korinther

Seit der Abfassung des 1. Korintherbriefs nahm das Verhältnis des Apostels Paulus zur korinthischen Gemeinde einen wechselvollen Verlauf. Gegner drangen in die Gemeinde ein, die die Autorität des Apostels untergruben. Dieser sah sich veranlasst, von Ephesus aus einen Besuch in Korinth zu machen (2,5; 7,12). Bei dieser Gelegenheit kam es zu einem schweren Zwischenfall, der für Paulus eine Demütigung bedeutete. Bei seiner Abreise stellte er einen baldigen Besuch in Aussicht (1,15f), schrieb aber dann stattdessen von Ephesus aus in »großer Bedrängnis und Herzensnot« einen Brief (2,4). Titus überbrachte diesen der Gemeinde; währenddessen wartete Paulus mit Spannung das Ergebnis der Mission seines Schülers ab und reiste ihm schließlich über Troas nach Mazedonien entgegen (2,13). Dort erhielt er von Titus gute Nachricht aus Korinth (7,6–16), die die Wiederversöhnung mit der Gemeinde einleitete.

Der 2. Korintherbrief ist von dieser wechselvollen Geschichte bestimmt. Im Wesentlichen geht es um drei Themen: Zuerst spricht Paulus von seinem Apostelamt, indem er die Gemeinde als sein apostolisches Werk darstellt (Kap. 1 – 7); zweitens ruft er die Gemeinde auf, sich an der Kollekte für die Armen in Jerusalem zu beteiligen (Kap. 8 – 9), und drittens setzt er sich in leidenschaftlicher Form mit seinen Gegnern auseinander, wobei er uns wichtige Einblicke in sein von Mühe und Kampf erfülltes Apostelleben gewährt (Kap. 10 – 13).

Von den Briefen des Paulus gibt der 2. Korintherbrief die bedeutsamsten Aufschlüsse über sein apostolisches Selbstverständnis. Außerdem enthält er wichtige Aussagen über die Beziehung von Amt und Gemeinde.

ANSCHRIFT UND GRUSS: 1,1–2

1 Paulus, durch Gottes Willen Apostel
Christi Jesu, und der Bruder Timotheus
an die Kirche Gottes, die in Korinth ist, und
an alle Heiligen in ganz Achaia. 2 Gnade sei
mit euch und Friede von Gott, unserem Va-
ter, und dem Herrn Jesus Christus.

1: 1 Kor 1,1f; 16,10; Phil 1,1.

16,19 Zu Aquila und Priska vgl. Apg 18,2 und Röm 16,3f.

16,22 Gebetsruf aus dem Gottesdienst der Urgemeinde, die auf die Wiederkunft Christi wartet (vgl. Offb 22,20).

VON LEIDEN UND TROST DES APOSTELS: 1,3–11

3 Gepriesen sei der Gott und Vater Jesu
Christi, unseres Herrn, der Vater des Erbar-
mens und der Gott allen Trostes. 4 Er tröstet
uns in all unserer Not, damit auch wir die
Kraft haben, alle zu trösten, die in Not sind,
durch den Trost, mit dem auch wir von Gott
getröstet werden. 5 Wie uns nämlich die Lei-
den Christi überreich zuteil geworden sind,
so wird uns durch Christus auch überreicher
Trost zuteil. 6 Sind wir aber in Not, so ist es
zu eurem Trost und Heil, und werden wir ge-
tröstet, so geschieht auch das zu eurem
Trost; er wird wirksam, wenn ihr geduldig
die gleichen Leiden ertragt, die auch wir er-
tragen. 7 Unsere Hoffnung für euch ist uner-
schütterlich; wir sind sicher, dass ihr mit uns
nicht nur an den Leiden teilhabt, sondern
auch am Trost.

8 Wir wollen euch die Not nicht verschwei-
gen, Brüder, die in der Provinz Asien über
uns kam und uns über alles Maß bedrückte;
unsere Kraft war erschöpft, so sehr, dass wir
am Leben verzweifelten. 9 Aber wir haben
unser Todesurteil hingenommen, weil wir
unser Vertrauen nicht auf uns selbst setzen
wollten, sondern auf Gott, der die Toten auf-
erweckt. 10 Er hat uns aus dieser großen To-
desnot errettet und rettet uns noch; auf ihm
ruht unsere Hoffnung, dass er uns auch in
Zukunft retten wird. 11 Helft aber auch ihr,
indem ihr für uns betet, damit viele Men-
schen in unserem Namen Dank sagen für die
Gnade, die uns geschenkt wurde.

3: Eph 1,3; 1 Petr 1,3; Röm 15,5 • 4: 7,6 • 5: 4,10f; Kol 1,24 • 6: 4,12.15 • 8: Apg 19,23; 1 Kor 15,32 • 9: Röm 4,17 • 11: Röm 15,30; 2 Kor 4,15.

KLÄRUNG VON MISSVERSTÄNDNISSEN: 1,12 – 2,11

Die Zuverlässigkeit des Apostels: 1,12–14

12 Denn das ist unser Ruhm – und dafür
zeugt auch unser Gewissen –, dass wir in die-
ser Welt, vor allem euch gegenüber, in der
Aufrichtigkeit und Lauterkeit, wie Gott sie
schenkt, gehandelt haben, nicht aufgrund
menschlicher Weisheit, sondern aufgrund
göttlicher Gnade. 13 Und wenn wir euch
schreiben, meinen wir nichts anderes, als
was ihr lest und versteht; ich hoffe, ihr wer-
det noch ganz verstehen, 14 was wir meinen
und was ihr zum Teil schon verstanden habt,
nämlich dass ihr am Tag Jesu, unseres Herrn,
auf uns stolz sein dürft, so wie wir auf
euch.

12: 2,17; Apg 23,1; 1 Kor 2,13 • 14: 3,2f; Phil 2,16.

Die Änderung des Reiseplans: 1,15 – 2,4

15 In dieser Zuversicht wollte ich zunächst
zu euch kommen, damit ihr ein zweites Mal
Gnade erfahren hättet. 16 Von euch wollte
ich dann nach Mazedonien reisen und von
Mazedonien zu euch zurückkommen, um von
euch nach Judäa geleitet zu werden. 17 War
dieser Entschluss etwa leichtsinnig? Plane
ich, wie manche Menschen planen, sodass
mein Ja auch ein Nein sein kann? 18 Gott ist
treu, er bürgt dafür, dass unser Wort euch
gegenüber nicht Ja und Nein zugleich ist.
19 Denn Gottes Sohn Jesus Christus, der euch
durch uns verkündigt wurde – durch mich,
Silvanus und Timotheus –, ist nicht als Ja
und Nein zugleich gekommen; in ihm ist das
Ja verwirklicht. 20 Er ist das Ja zu allem, was
Gott verheißen hat. Darum rufen wir durch
ihn zu Gottes Lobpreis auch das Amen.
21 Gott aber, der uns und euch in der Treue
zu Christus festigt und der uns alle gesalbt
hat, 22 er ist es auch, der uns sein Siegel auf-
gedrückt und als ersten Anteil (am verheiße-
nen Heil) den Geist in unser Herz gegeben
hat.

23 Ich rufe aber Gott zum Zeugen an und
schwöre bei meinem Leben, dass ich nur, um
euch zu schonen, nicht mehr nach Korinth
gekommen bin. 24 Wir wollen ja nicht Herren
über euren Glauben sein, sondern wir sind

1,8 Bezieht sich vermutlich auf eine Gefangenschaft in Ephesus (vgl. 1 Kor 15,32; Apg 19,23–40; 2 Kor 11,23–33).

1,22 Eine Anspielung auf die Taufe; vom Geist als »erstem Anteil« (wörtlich: »Angeld«, erste Rate einer Auszahlung) ist auch in 5,5 und Eph 1,14 die Rede.

Helfer zu eurer Freude; denn im Glauben
seid ihr fest verwurzelt.

2 Ich entschloss mich also, nicht noch
einmal zu euch zu kommen und euch zu
betrüben. 2 Wenn ich euch nämlich betrübe,
wer wird mich dann erfreuen? Etwa der, den
ich selbst betrübt habe? 3 Und so schrieb ich,
statt selber zu kommen, einen Brief, um
nicht von denen betrübt zu werden, die mich
erfreuen sollten; und ich bin sicher, dass
meine Freude auch die Freude von euch al-
len ist. 4 Ich schrieb euch aus großer Be-
drängnis und Herzensnot, unter vielen Trä-
nen, nicht um euch zu betrüben, nein, um
euch meine übergroße Liebe spüren zu las-
sen.

1–15: Röm 15,29 • 16: 1 Kor 16,5f • 17: Jak 5,12; Mt 5,37 • 18: 1 Kor 1,9 • 19: 1 Thess 1,1; Apg 18,5 • 20: Offb 3,14; 1 Kor 14,16 • 21: 1 Joh 2,27 • 22: 5,5; Eph 1,13f • 23: Röm 1,9; 2 Kor 12,20f • 24: 4,5; 1 Petr 5,3 • 2,1: 12,21; 1 Kor 4,21 • 3: 13,10 • 4: 7,8; Apg 20,31.

Mahnung zur Milde: 2,5–11

5 Wenn aber einer Betrübnis verursacht
hat, hat er nicht mich betrübt, sondern mehr
oder weniger – um nicht zu übertreiben –
euch alle. 6 Die Strafe, die dem Schuldigen
von der Mehrheit auferlegt wurde, soll genü-
gen. 7 Jetzt sollt ihr lieber verzeihen und
trösten, damit der Mann nicht von allzu gro-
ßer Traurigkeit überwältigt wird. 8 Darum
bitte ich euch, ihm gegenüber Liebe walten
zu lassen. 9 Gerade deswegen habe ich euch
ja auch geschrieben, weil ich wissen wollte,
ob ihr wirklich in allen Stücken gehorsam
seid. 10 Wem ihr aber verzeiht, dem verzeihe
auch ich. Denn auch ich habe, wenn hier et-
was zu verzeihen war, im Angesicht Christi
um euretwillen verziehen, 11 damit wir nicht
vom Satan überlistet werden; wir kennen
seine Absichten nur zu gut.

6: 7,11f • 7: Kol 3,13.

HERRLICHKEIT UND NOT DES APOSTELDIENSTES: 2,12 – 5,10

Das Wirken des Apostels als Siegeszug Christi: 2,12–17

12 Als ich dann nach Troas kam, um das
Evangelium Christi zu verkünden, und mir
der Herr eine Tür öffnete, 13 hatte mein Geist
dennoch keine Ruhe, weil ich meinen Bruder
Titus nicht fand. So nahm ich Abschied und
reiste nach Mazedonien.

14 Dank sei Gott, der uns stets im Sieges-
zug Christi mitführt und durch uns den Duft
der Erkenntnis Christi an allen Orten ver-
breitet. 15 Denn wir sind Christi Wohlgeruch
für Gott unter denen, die gerettet werden,
wie unter denen, die verloren gehen. 16 Den
einen sind wir Todesgeruch, der Tod bringt;
den anderen Lebensduft, der Leben verheißt.
Wer aber ist dazu fähig? 17 Wir sind jeden-
falls nicht wie die vielen anderen, die mit
dem Wort Gottes ein Geschäft machen. Wir
verkünden es aufrichtig und in Christus, von
Gott her und vor Gott.

12: Apg 20,6; 1 Kor 16,9 • 13: 7,5 • 15: 1 Kor 1,18 • 16: 3,5f • 17: 4,2; Phil 1,15–17.

Der Apostel und sein Dienst an der Gemeinde: 3,1–3

3 Fangen wir schon wieder an, uns selbst
zu empfehlen? Oder brauchen wir – wie
gewisse Leute – Empfehlungsschreiben an
euch oder von euch? 2 Unser Empfehlungs-
schreiben seid ihr; es ist eingeschrieben in
unser Herz und alle Menschen können es le-
sen und verstehen. 3 Unverkennbar seid ihr
ein Brief Christi, ausgefertigt durch unseren
Dienst, *geschrieben* nicht mit Tinte, sondern
mit dem Geist des lebendigen Gottes, nicht
auf Tafeln aus Stein, sondern – wie *auf Ta-
feln – in Herzen von Fleisch.*

1: 5,12; 10,12 • 2: 1 Kor 9,1f • 3: Ex 24,12; 34,1; Ez 11,19; 36,26; Jer 31,33.

Dienst am Buchstaben und Dienst im Geist: 3,4 – 4,6

4 Wir haben durch Christus so großes Ver-
trauen zu Gott. 5 Doch sind wir dazu nicht
von uns aus fähig, als ob wir uns selbst etwas

2,4 Zum sog. »Tränenbrief« vgl. die Einleitung zum 2. Korintherbrief.

2,5 Paulus war offenbar von einem Gemeindemitglied gedemütigt worden.

2,13 Der Gedankengang dieses Verses wird in 7,5 fortgeführt.

zuschreiben könnten; unsere Befähigung
stammt vielmehr von Gott. 6 Er hat uns fähig
gemacht, Diener des Neuen Bundes zu sein,
nicht des Buchstabens, sondern des Geistes.
Denn der Buchstabe tötet, der Geist aber
macht lebendig. 7 Wenn aber schon der
Dienst, der zum Tod führt und dessen Buch-
staben in Stein gemeißelt waren, so herrlich
war, dass die Israeliten das Gesicht des Mose
nicht anschauen konnten, weil es eine Herr-
lichkeit ausstrahlte, die doch vergänglich
war, 8 wie sollte da der Dienst des Geistes
nicht viel herrlicher sein? 9 Wenn schon der
Dienst, der zur Verurteilung führt, herrlich
war, so wird der Dienst, der zur Gerechtig-
keit führt, noch viel herrlicher sein. 10 Ei-
gentlich kann von Herrlichkeit in jenem Fall
gar nicht die Rede sein, wo das Verherrlichte
vor der größeren Herrlichkeit verblasst.
11 Wenn nämlich schon das Vergängliche in
Herrlichkeit erschien: die Herrlichkeit des
Bleibenden wird es überstrahlen.

12 Weil wir eine solche Hoffnung haben,
treten wir mit großem Freimut auf, 13 nicht
wie *Mose, der über sein Gesicht eine Hülle
legte,* damit die Israeliten das Verblassen des
Glanzes nicht sahen. 14 Doch ihr Denken
wurde verhärtet. Bis zum heutigen Tag liegt
die gleiche Hülle auf dem Alten Bund, wenn
daraus vorgelesen wird, und es bleibt ver-
hüllt, dass er in Christus ein Ende nimmt.
15 Bis heute liegt die Hülle auf ihrem Herzen,
wenn Mose vorgelesen wird. 16 Sobald sich
aber einer dem Herrn zuwendet, *wird die
Hülle entfernt.* 17 Der Herr aber ist der Geist,
und wo der Geist des Herrn wirkt, da ist
Freiheit. 18 Wir alle spiegeln mit enthülltem
Angesicht die *Herrlichkeit des Herrn wider*
und werden so in sein eigenes Bild verwan-
delt, von Herrlichkeit zu Herrlichkeit, durch
den Geist des Herrn.

4 Daher erlahmt unser Eifer nicht in dem
Dienst, der uns durch Gottes Erbarmen
übertragen wurde. 2 Wir haben uns von aller
schimpflichen Arglist losgesagt; wir handeln
nicht hinterhältig und verfälschen das Wort
Gottes nicht, sondern lehren offen die Wahr-
heit. So empfehlen wir uns vor dem Ange-
sicht Gottes jedem menschlichen Gewissen.
3 Wenn unser Evangelium dennoch verhüllt
ist, ist es nur denen verhüllt, die verloren ge-
hen; 4 denn der Gott dieser Weltzeit hat das
Denken der Ungläubigen verblendet. So
strahlt ihnen der Glanz der Heilsbotschaft
nicht auf, der Botschaft von der Herrlichkeit
Christi, der Gottes Ebenbild ist. 5 Wir ver-
kündigen nämlich nicht uns selbst, sondern
Jesus Christus als den Herrn, uns aber als
eure Knechte um Jesu willen. 6 Denn Gott,
der sprach: Aus Finsternis soll Licht auf-
leuchten!, er ist in unseren Herzen aufge-
leuchtet, damit wir erleuchtet werden zur
Erkenntnis des göttlichen Glanzes auf dem
Antlitz Christi.

3,5: 2,16; Phil 2,13 • 6: Röm 7,6; 1 Kor 11,25 • 7: Ex 34,29f • 10: Ex 34,29–35 • 13: Ex 34,33.35 • 14: Jes 6,10; Röm 11,25; 10,4 • 16: Ex 34,34; Röm 11,23.26 • 17: Röm 8,2; 1 Kor 6,17 • 18: Röm 8,29; 1 Kor 13,12; Ex 16,7.10; 24,17 • 4,2: 2,17; 1 Thess 2,5 • 3: 1 Kor 1,18 • 4: Eph 2,2; Kol 1,15; Hebr 1,3 • 6: Gen 1,3; 2 Kor 3,18; 1 Petr 2,9.

Die Leidensgemeinschaft des Apostels mit Christus: 4,7–18

7 Diesen Schatz tragen wir in zerbrechli-
chen Gefäßen; so wird deutlich, dass das
Übermaß der Kraft von Gott und nicht von
uns kommt. 8 Von allen Seiten werden wir in
die Enge getrieben und finden doch noch
Raum; wir wissen weder aus noch ein und
verzweifeln dennoch nicht; 9 wir werden ge-
hetzt und sind doch nicht verlassen; wir wer-
den niedergestreckt und doch nicht vernich-
tet. 10 Wohin wir auch kommen, immer tra-
gen wir das Todesleiden Jesu an unserem
Leib, damit auch das Leben Jesu an unserem
Leib sichtbar wird. 11 Denn immer werden
wir, obgleich wir leben, um Jesu willen dem
Tod ausgeliefert, damit auch das Leben Jesu
an unserem sterblichen Fleisch offenbar
wird. 12 So erweist an uns der Tod, an euch
aber das Leben seine Macht. 13 Doch haben
wir den gleichen Geist des Glaubens, von
dem es in der Schrift heißt: *Ich habe ge-
glaubt, darum habe ich geredet.* Auch wir
glauben und darum reden wir. 14 Denn wir
wissen, dass der, welcher Jesus, den Herrn,
auferweckt hat, auch uns mit Jesus auferwe-
cken und uns zusammen mit euch (vor sein
Angesicht) stellen wird. 15 Alles tun wir eu-
retwegen, damit immer mehr Menschen auf-
grund der überreich gewordenen Gnade den
Dank vervielfachen, Gott zur Ehre.

16 Darum werden wir nicht müde; wenn
auch unser äußerer Mensch aufgerieben

3,7 Als Mose vom Berg Sinai herabstieg, strahlte nach Ex 34,29f sein Gesicht die Herrlichkeit Gottes wider, der mit ihm gesprochen hatte. Dieser vergängliche Glanz wird für Paulus zum Bild der Vergänglichkeit, die den Alten Bund im Vergleich mit dem Neuen kennzeichnet.

4,4 der Gott dieser Weltzeit: der Teufel (vgl. 1 Kor 2,6.8; Eph 2,2; Joh 12,31; 14,30; 16,11).

wird, der innere wird Tag für Tag erneuert.
17 Denn die kleine Last unserer gegenwärti-
gen Not schafft uns in maßlosem Übermaß
ein ewiges Gewicht an Herrlichkeit, 18 uns,
die wir nicht auf das Sichtbare starren, son-
dern nach dem Unsichtbaren ausblicken;
denn das Sichtbare ist vergänglich, das Un-
sichtbare ist ewig.

8: 1,8f; 1 Kor 4,10–13 • 10: Röm 6,8 • 11: Röm 8,36 • 13: Ps 116,10 G • 14: Röm 8,11; 1 Kor 6,14 • 15: 1,11 • 17: Röm 8,17f; 1 Petr 1,6f • 18: Röm 8,24f; Hebr 11,1.

Die Hoffnung des Apostels: 5,1–10

5 Wir wissen: Wenn unser irdisches Zelt
abgebrochen wird, dann haben wir eine
Wohnung von Gott, ein nicht von Menschen-
hand errichtetes ewiges Haus im Himmel.
2 Im gegenwärtigen Zustand seufzen wir und
sehnen uns danach, mit dem himmlischen
Haus überkleidet zu werden. 3 So bekleidet,
werden wir nicht nackt erscheinen. 4 Solange
wir nämlich in diesem Zelt leben, seufzen
wir unter schwerem Druck, weil wir nicht
entkleidet, sondern überkleidet werden
möchten, damit so das Sterbliche vom Le-
ben verschlungen werde. 5 Gott aber, der
uns gerade dazu fähig gemacht hat, er hat
uns auch als ersten Anteil den Geist gege-
ben. 6 Wir sind also immer zuversichtlich,
auch wenn wir wissen, dass wir fern vom
Herrn in der Fremde leben, solange wir in
diesem Leib zu Hause sind; 7 denn als Glau-
bende gehen wir unseren Weg, nicht als
Schauende. 8 Weil wir aber zuversichtlich
sind, ziehen wir es vor, aus dem Leib auszu-
wandern und daheim beim Herrn zu sein.
9 Deswegen suchen wir unsere Ehre darin,
ihm zu gefallen, ob wir daheim oder in der
Fremde sind. 10 Denn wir alle müssen vor
dem Richterstuhl Christi offenbar werden,
damit jeder seinen Lohn empfängt für das
Gute oder Böse, das er im irdischen Leben
getan hat.

1: 2 Petr 1,13f • 2: Röm 8,23 • 4: 1 Kor 15,53 • 5: 1,22; Eph 1,13f • 6: Hebr 13,14 • 7: Röm 8,24; 1 Petr 1,8 • 8: Phil 1,23 • 10: Röm 14,10; 1 Kor 4,5.

DIE BEWÄHRUNG DES APOSTELS IN SEINEM DIENST: 5,11 – 6,10

Der Dienst der Versöhnung: 5,11–21

11 So versuchen wir, erfüllt von Ehrfurcht
vor dem Herrn, Menschen zu gewinnen; Gott
aber kennt uns durch und durch. Ich hoffe,
dass auch euer Urteil über mich sich zur vol-
len Wahrheit durchgerungen hat. 12 Damit
wollen wir uns nicht wieder vor euch rüh-
men, sondern wir geben euch Gelegenheit,
rühmend auf uns hinzuweisen, damit ihr de-
nen entgegentreten könnt, die sich nur rüh-
men, um ihr Gesicht zu wahren, ihr Herz
aber nicht zeigen dürfen. 13 Wenn wir näm-
lich von Sinnen waren, so geschah es für
Gott; wenn wir besonnen sind, geschieht es
für euch. 14 Denn die Liebe Christi drängt
uns, da wir erkannt haben: Einer ist für alle
gestorben, also sind alle gestorben. 15 Er ist
aber für alle gestorben, damit die Lebenden
nicht mehr für sich leben, sondern für den,
der für sie starb und auferweckt wurde.
16 Also schätzen wir von jetzt an niemand
mehr nur nach menschlichen Maßstäben
ein; auch wenn wir früher Christus nach
menschlichen Maßstäben eingeschätzt ha-
ben, jetzt schätzen wir ihn nicht mehr so ein.
17 Wenn also jemand in Christus ist, dann ist
er eine neue Schöpfung: Das Alte ist vergan-
gen, Neues ist geworden. 18 Aber das alles
kommt von Gott, der uns durch Christus mit
sich versöhnt und uns den Dienst der Ver-
söhnung aufgetragen hat. 19 Ja, Gott war es,
der in Christus die Welt mit sich versöhnt
hat, indem er den Menschen ihre Verfehlun-
gen nicht anrechnete und uns das Wort von
der Versöhnung (zur Verkündigung) anver-
traute. 20 Wir sind also Gesandte an Christi

5,1–10 Paulus vergleicht den Leib mit einem Zelt, einer Wohnung, einem Haus oder einem Kleid; er erwartet eine Verwandlung (ein Überkleidet-Werden) des irdischen Leibes in den Auferstehungsleib, den Gott im Himmel bereithält (vgl. 1 Kor 15,44). »Nacktsein« (V. 3) ist ein Zustand, bei dem der Mensch nach seinem Tod als Seele ohne Leib existiert.

5,16 Wörtlich: Also kennen wir von jetzt an niemand mehr dem Fleisch nach; auch wenn wir früher Christus dem Fleisch nach gekannt haben, jetzt kennen wir ihn nicht mehr so. – Vgl. die Anmerkung zu 10,2.

statt, und Gott ist es, der durch uns mahnt.
Wir bitten an Christi statt: Lasst euch mit
Gott versöhnen! 21 Er hat den, der keine
Sünde kannte, für uns zur Sünde gemacht,
damit wir in ihm Gerechtigkeit Gottes wür-
den.

11: 4,2 • 12: 3,1f; 10,12f • 14: Röm 6,3f; 7,4; 8,31f • 15: Röm 14,7f; Gal 2,20 • 16: Röm 1,3; 9,5 • 17: Röm 6,4; Gal 6,15; Offb 21,5 • 18: Röm 5,10 • 19: Röm 3,24f; Kol 1,19f • 20: Mt 10,40; Lk 10,16 • 21: Röm 8,3f; Gal 3,13; 1 Petr 2,24.

Die Herrlichkeit der apostolischen Leiden: 6,1–10

6 Als Mitarbeiter Gottes ermahnen wir
euch, dass ihr seine Gnade nicht verge-
bens empfangt. 2 Denn es heißt:
*Zur Zeit der Gnade erhöre ich dich, / am Tag
der Rettung helfe ich dir.*
Jetzt ist sie da, *die Zeit der Gnade;* jetzt ist er
da, *der Tag der Rettung.* 3 Niemand geben
wir auch nur den geringsten Anstoß, damit
unser Dienst nicht getadelt werden kann.
4 In allem erweisen wir uns als Gottes Die-
ner: durch große Standhaftigkeit, in Be-
drängnis, in Not, in Angst, 5 unter Schlägen,
in Gefängnissen, in Zeiten der Unruhe, unter
der Last der Arbeit, in durchwachten Näch-
ten, durch Fasten, 6 durch lautere Gesin-
nung, durch Erkenntnis, durch Langmut,
durch Güte, durch den Heiligen Geist, durch
ungeheuchelte Liebe, 7 durch das Wort der
Wahrheit, in der Kraft Gottes, mit den Waf-
fen der Gerechtigkeit in der Rechten und in
der Linken, 8 bei Ehrung und Schmähung,
bei übler Nachrede und bei Lob. Wir gelten
als Betrüger und sind doch wahrhaftig; 9 wir
werden verkannt und doch anerkannt; wir
sind wie Sterbende und seht: wir leben; wir
werden gezüchtigt und doch nicht getötet;
10 uns wird Leid zugefügt und doch sind wir
jederzeit fröhlich; wir sind arm und machen
doch viele reich; wir haben nichts und haben
doch alles.

2: Jes 49,8 • 4–10: 4,8–10; 11,23–29; 1 Kor 4,11–13 • 6: Gal 5,22f • 7: Röm 13,12 • 9: Ps 118,17f • 10: 8,9; Phil 4,12f.

DIE AUSSÖHNUNG MIT DEN KORINTHERN: 6,11 – 7,16

Werbung und Mahnung: 6,11 – 7,4

11 Unser Mund hat sich für euch aufgetan,
Korinther, unser Herz ist weit geworden.
12 In uns ist es nicht zu eng für euch; eng ist es
in eurem Herzen. 13 Lasst doch als Antwort
darauf – ich rede wie zu meinen Kindern –
auch euer Herz weit aufgehen!
14 Beugt euch nicht mit Ungläubigen unter
das gleiche Joch! Was haben denn Gerech-
tigkeit und Gesetzwidrigkeit miteinander zu
tun? Was haben Licht und Finsternis ge-
meinsam? 15 Was für ein Einklang herrscht
zwischen Christus und Beliar? Was hat ein
Gläubiger mit einem Ungläubigen gemein-
sam? 16 Wie verträgt sich der Tempel Gottes
mit Götzenbildern? Wir sind doch der Tem-
pel des lebendigen Gottes; denn Gott hat ge-
sprochen:
*Ich will unter ihnen wohnen und mit ihnen
gehen. / Ich werde ihr Gott sein / und sie
werden mein Volk sein.*
17 *Zieht darum weg aus ihrer Mitte* / und
sondert euch ab, spricht der Herr, / *und fasst
nichts Unreines an. / Dann will ich euch auf-
nehmen*
18 und euer *Vater sein / und* ihr sollt *meine
Söhne und Töchter sein, / spricht der Herr, /
der Herrscher über die ganze Schöpfung.*
7 Das sind die Verheißungen, die wir ha-
ben, liebe Brüder. Reinigen wir uns also
von aller Unreinheit des Leibes und des
Geistes und streben wir in Gottesfurcht nach
vollkommener Heiligung.
2 Gebt uns doch Raum in eurem Herzen!
Niemand haben wir geschädigt, niemand zu-
grunde gerichtet, niemand übervorteilt. 3 Ich
sage das nicht, um euch zu verurteilen; denn
eben habe ich gesagt, dass ihr in unserem
Herzen wohnt, verbunden mit uns zum Le-
ben und zum Sterben. 4 Ich habe großes Ver-
trauen zu euch; ich bin sehr stolz auf euch.
Trotz all unserer Not bin ich von Trost er-
füllt und ströme über von Freude.

6,11: Ps 119,32 • 14: Dtn 22,10; Eph 5,7.11 • 15: 1 Kor 10,21 • 16: Lev 26,11f; Jer 31,33; 32,38; Ez 37,27; 1 Kor 3,16 • 17: Jes 52,11; Jer 51,45; Offb 18,4; Zef 3,20 G • 18: 2 Sam 7,14; Jer 31,9; Jes 43,6; Am 3,13 G • 7,1: 1 Joh 3,3 • 2: 12,17 • 3: 6,11f.9.

5,21 Dieser Aussage liegt der Gedanke der Stellvertretung zugrunde.

6,14 – 7,1 Der Abschnitt unterbricht den Zusammenhang und ist eine kleine Mahnrede gegen das in die Gemeinde eindringende Heidentum.

6,15 Beliar ist eine im damaligen Judentum gebräuchliche Bezeichnung für den Teufel.

Die Sendung des Titus: 7,5–16

5 Als wir nach Mazedonien gekommen waren, fanden wir in unserer Schwachheit keine Ruhe. Überall bedrängten uns Schwierigkeiten: von außen Widerspruch und Anfeindung, im Innern Angst und Furcht. 6 Aber Gott, der die Niedergeschlagenen aufrichtet, hat auch uns aufgerichtet, und zwar durch die Ankunft des Titus – 7 nicht nur durch seine Ankunft, sondern auch durch den Trost, den er bei euch erfahren hatte. Er erzählte uns von eurer Sehnsucht, eurer Klage, eurem Eifer für mich, sodass ich mich noch mehr freute. 8 Dass ich euch aber mit meinem Brief traurig gemacht habe, tut mir nicht Leid. Wenn es mir auch eine Weile Leid tat – ich sehe ja, dass dieser Brief euch, wenn auch nur für kurze Zeit, traurig gemacht hat –: 9 jetzt freue ich mich, nicht weil ihr traurig geworden seid, sondern weil die Traurigkeit euch zur Sinnesänderung geführt hat. Denn es war eine gottgewollte Traurigkeit; so ist euch durch uns kein Nachteil erwachsen. 10 Die gottgewollte Traurigkeit verursacht nämlich Sinnesänderung zum Heil, die nicht bereut zu werden braucht; die weltliche Traurigkeit aber führt zum Tod. 11 Wie groß war doch der Eifer, zu dem euch diese gottgewollte Traurigkeit geführt hat, wie aufrichtig eure Entschuldigung, euer Unwille, eure Furcht, eure Sehnsucht, wie wirksam eure Anstrengung und am Ende die Bestrafung! In jeder Hinsicht hat es sich gezeigt, dass ihr in dieser Sache unschuldig seid. 12 Wenn ich euch also geschrieben habe, so tat ich es nicht, um den zu treffen, der Unrecht getan hatte, auch nicht, um dem Recht zu verschaffen, der Unrecht erlitten hatte, sondern ich tat es, damit euer Eifer für uns sichtbar werde vor euch und vor Gott. 13 Deswegen sind wir jetzt getröstet.

Wir wurden aber nicht nur getröstet, sondern darüber hinaus erfreut durch die Freude des Titus, dessen Geist neue Kraft gefunden hat durch euch alle. 14 Wenn ich euch vor ihm gerühmt hatte, so brauchte ich mich jetzt nicht zu schämen. Im Gegenteil, unser Lob vor Titus erwies sich als volle Wahrheit, wie auch alles Wahrheit ist, was wir euch verkündigt haben. 15 Er ist euch von Herzen zugetan, wenn er daran denkt, wie ihr euch alle gehorsam gezeigt und ihn mit Furcht und Zittern aufgenommen habt. 16 Ich freue mich, dass ich in jeder Hinsicht auf euch vertrauen kann.

5: 2,13; 4,8 • 6: 1,3f • 7: 1 Thess 3,6f • 8: 2,4 • 11: 2,6f • 12: 2,9 • 15: Phil 2,12.

AUFRUF ZUR SAMMLUNG FÜR JERUSALEM: 8,1–24

Das Vorbild der Christen Mazedoniens: 8,1–5

8 Brüder, wir wollen euch jetzt von der Gnade erzählen, die Gott den Gemeinden Mazedoniens erwiesen hat. 2 Während sie durch große Not geprüft wurden, verwandelten sich ihre übergroße Freude und ihre tiefe Armut in den Reichtum ihres selbstlosen Gebens. 3 Ich bezeuge, dass sie nach Kräften und sogar über ihre Kräfte spendeten, ganz von sich aus, 4 indem sie sich geradezu aufdrängten und uns um die Gunst baten, zur Hilfeleistung für die Heiligen beitragen zu dürfen. 5 Und über unsere Erwartung hinaus haben sie sich eingesetzt, zunächst für den Herrn, aber auch für uns, wie es Gottes Wille war.

1: 9,1f; Röm 15,26 • 3: Apg 11,29.

Der Abschluss der Sammlung in Korinth: 8,6–15

6 Daraufhin ermutigten wir Titus, dieses Liebeswerk, das er früher bei euch begonnen hatte, nun auch zu vollenden. 7 Wie ihr aber an allem reich seid, an Glauben, Rede und Erkenntnis, an jedem Eifer und an der Liebe, die wir in euch begründet haben, so sollt ihr euch auch an diesem Liebeswerk mit reichlichen Spenden beteiligen. 8 Ich meine das nicht als strenge Weisung, aber ich gebe euch Gelegenheit, angesichts des Eifers anderer auch eure Liebe als echt zu erweisen. 9 Denn ihr wisst, was Jesus Christus, unser Herr, in seiner Liebe getan hat: Er, der reich war, wurde euretwegen arm, um euch durch seine Armut reich zu machen. 10 Ich gebe euch nur einen Rat, der euch helfen soll; ihr

7,5 Hier nimmt der Brief den in 2,13 verlassenen Gedankengang wieder auf.

habt ja schon voriges Jahr angefangen, etwas zu unternehmen, und zwar aus eigenem Entschluss. 11 Jetzt sollt ihr das Begonnene zu Ende führen, damit das Ergebnis dem guten Willen entspricht – je nach eurem Besitz. 12 Wenn nämlich der gute Wille da ist, dann ist jeder willkommen mit dem, was er hat, und man fragt nicht nach dem, was er nicht hat. 13 Denn es geht nicht darum, dass ihr in Not geratet, indem ihr anderen helft; es geht um einen Ausgleich. 14 Im Augenblick soll euer Überfluss ihrem Mangel abhelfen, damit auch ihr Überfluss einmal eurem Mangel abhilft. So soll ein Ausgleich entstehen, 15 wie es in der Schrift heißt: *Wer viel gesammelt hatte, hatte nicht zu viel, und wer wenig, hatte nicht zu wenig.*

6: 12,18 • 7: 1 Kor 1,5; 1 Kor 16,1–3 • 9: Phil 2,6f • 10: 9,2 • 12: Spr 3,27f • 15: Ex 16,18.

Der Eifer und die Selbstlosigkeit der Mitarbeiter: 8,16–24

16 Dank sei Gott, der den gleichen Eifer für euch auch Titus ins Herz gelegt hat. 17 Denn Titus war mit meinem Vorschlag einverstanden und sein Eifer war so groß, dass er aus eigenem Entschluss gleich zu euch abreiste. 18 Zusammen mit ihm haben wir den Bruder geschickt, der wegen seiner Verkündigung des Evangeliums in allen Gemeinden Anerkennung findet 19 und außerdem von den Gemeinden dazu bestimmt wurde, unser Reisegefährte zu sein, wenn wir diese Liebesgabe zur Ehre des Herrn und als Zeichen unseres guten Willens überbringen. 20 Denn angesichts der großen Spende, die von uns überbracht werden soll, möchten wir vermeiden, dass man uns verdächtigt. 21 Es liegt uns nämlich daran, dass alles *einwandfrei zugeht,* nicht nur *vor dem Herrn, sondern auch vor den Menschen.* 22 Wir haben aber mit den beiden noch einen weiteren Bruder geschickt, dessen Eifer wir vielfach und bei vielen Gelegenheiten feststellen konnten und der sich in diesem Fall noch eifriger zeigt, weil er viel von euch erwartet.

23 Was nun Titus angeht: Er ist mein Gefährte und mein Mitarbeiter, der für euch tätig ist; unsere anderen Brüder aber sind Abgesandte der Gemeinden und ein Abglanz Christi. 24 Legt also ihnen gegenüber und damit vor den Gemeinden das Zeugnis eurer Liebe ab und zeigt, dass wir euch zu Recht gerühmt haben.

18: 12,18 • 21: Spr 3,4 G • 24: 7,14f.

ERNEUTER AUFRUF ZUR SAMMLUNG FÜR JERUSALEM: 9,1–15

Empfehlung der Beauftragten: 9,1–5

9 Eigentlich ist es unnötig, euch über das Hilfswerk für die Heiligen zu schreiben. 2 Denn ich kenne euren guten Willen und rühme euch vor den Mazedoniern, indem ich ihnen sage: Achaia ist seit einem Jahr gerüstet. Und euer Eifer hat viele andere angespornt. 3 Trotzdem habe ich die Brüder zu euch geschickt; denn unser Lob für euch könnte in dieser Hinsicht verfrüht gewesen sein. Ihr solltet also jetzt wirklich, wie ich sagte, gerüstet sein. 4 Wenn nämlich Mazedonier mit mir kämen und euch noch nicht gerüstet fänden, dann könnte es geschehen, dass wir uns wegen dieser unserer Erwartung zu schämen hätten – um nicht zu sagen, ihr hättet euch zu schämen. 5 Ich hielt es also für notwendig, die Brüder zu bitten, sie möchten vorausreisen und eure in Aussicht gestellte Spende schon jetzt einsammeln, damit sie dann verfügbar ist, und zwar als großzügige Spende, nicht als Gabe des Geizes.

1: 8,4 • 2: 8,11 • 3: 8,22.24.

Der Segen des Hilfswerks: 9,6–15

6 Denkt daran: Wer kärglich sät, wird auch kärglich ernten; wer reichlich sät, wird reichlich ernten. 7 Jeder gebe, wie er es sich in seinem Herzen vorgenommen hat, nicht verdrossen und nicht unter Zwang; denn Gott liebt *einen fröhlichen Geber.* 8 In seiner Macht kann Gott alle Gaben über euch ausschütten, sodass euch allezeit in allem alles Nötige ausreichend zur Verfügung steht und ihr noch genug habt, um allen Gutes zu tun, 9 wie es in der Schrift heißt:

8,18 Der hier erwähnte Bruder ist uns nicht bekannt. Nach alter Überlieferung soll es Lukas gewesen sein.

8,22 Wer dieser Bruder war, lässt sich nicht bestimmen.

9,5 als großzügige Spende, wörtlich: als Segen.

*Reichlich gibt er den Armen; / seine Ge-
rechtigkeit hat Bestand für immer.*
10 Gott, der *Samen gibt für die Aussaat und
Brot zur Nahrung,* wird auch euch das Saat-
gut geben und die Saat aufgehen lassen; er
wird *die Früchte eurer Gerechtigkeit wach-
sen lassen.* 11 In allem werdet ihr reich genug
sein, um selbstlos schenken zu können; und
wenn wir diese Gabe überbringen, wird sie
Dank an Gott hervorrufen. 12 Denn euer
Dienst und eure Opfergabe füllen nicht nur
die leeren Hände der Heiligen, sondern wer-
den weiterwirken als vielfältiger Dank an
Gott. 13 Vom Zeugnis eines solchen Dienstes
bewegt, werden sie Gott dafür preisen, dass
ihr euch gehorsam zum Evangelium Christi
bekannt und dass ihr ihnen und allen selbst-
los geholfen habt. 14 In ihrem Gebet für euch
werden sie sich angesichts der übergroßen
Gnade, die Gott euch geschenkt hat, eng mit
euch verbunden fühlen. 15 Dank sei Gott für
sein unfassbares Geschenk.

6: Spr 11,24 • 7: Spr 22,9 G • 9: Ps 112,9 • 10: Jes 55,10; Hos 10,12 G • 11: 4,15; 8,7 • 12: 8,14.

ZURÜCKWEISUNG VON ANGRIFFEN GEGEN DEN APOSTEL: 10,1–18

Die Vorwürfe der Gegner: 10,1–11

10 Ich, Paulus, der ja im persönlichen
Umgang mit euch so unterwürfig,
aus der Ferne aber so unerschrocken sein
soll, ich ermahne euch angesichts der
Freundlichkeit und Güte Christi 2 und bitte
euch: Zwingt mich nicht, bei meinem Kom-
men so unerschrocken und fest aufzutreten,
wie ich es gegen gewisse Leute zu tun geden-
ke, die meinen, wir verhalten uns wie Men-
schen dieser Welt. 3 Wir leben zwar in dieser
Welt, kämpfen aber nicht mit den Waffen
dieser Welt. 4 Die Waffen, die wir bei unse-
rem Feldzug einsetzen, sind nicht irdisch,
aber sie haben durch Gott die Macht, Fes-
tungen zu schleifen; mit ihnen reißen wir
5 alle hohen Gedankengebäude nieder, die
sich gegen die Erkenntnis Gottes auftürmen.
Wir nehmen alles Denken gefangen, sodass
es Christus gehorcht; 6 wir sind entschlossen,
alle Ungehorsamen zu strafen, sobald ihr
wirklich gehorsam geworden seid.
7 Schaut auf das, was vor Augen liegt.
Wenn jemand überzeugt ist, Christus zu ge-
hören, dann soll er doch auch bedenken, dass
nicht nur er, sondern auch wir Christus ge-
hören. 8 Und wenn ich etwas mehr auf unsere
Vollmacht poche, werde ich mich nicht zu
scheuen brauchen. Der Herr hat sie mir al-
lerdings verliehen, damit ich bei euch auf-
baue, nicht damit ich niederreiße; 9 ich
möchte nicht den Anschein erwecken, als
wollte ich euch durch meine Briefe ein-
schüchtern.
10 Ja, die Briefe, wird gesagt, die sind
wuchtig und voll Kraft, aber sein persönli-
ches Auftreten ist matt und seine Worte sind
armselig. 11 Wer so redet, der soll sich mer-
ken: Wie wir durch das geschriebene Wort
aus der Ferne wirken, so können wir auch in
eurer Gegenwart tatkräftig auftreten.

1: 10,10; 11,6; 1 Kor 2,3 • 2: 1 Kor 4,21; 2 Kor 1,17 • 4: Röm 13,12; Eph 6,11–13 • 5: Jes 2,12–17 • 7: 1 Kor 1,12 • 8: 12,6; 13,10 • 10: 10,1; 11,6 • 11: 13,2.

Die Überzeugung des Apostels: 10,12–18

12 Wir sind allerdings nicht so vermessen,
uns gleichzustellen oder zu vergleichen mit
gewissen Leuten, die sich selbst anpreisen.
In ihrem Unverstand messen sie sich an sich
selbst und vergleichen sich mit sich selbst.
13 Wir dagegen wollen uns nicht maßlos rüh-
men, sondern jenen Maßstab anlegen, den
uns Gott zugeteilt hat, dass wir nämlich bis
zu euch gelangt sind. 14 Wir überschreiten
also nicht unser Maß, wie wir es tun würden,
wenn wir nicht bis zu euch gelangt wären;
denn wir sind wirklich als Erste mit dem
Evangelium Christi bis zu euch gekommen.
15 Wir rühmen uns also nicht maßlos und mit
fremden Leistungen; aber wir haben die
Hoffnung, wenn euer Glaube stärker wird,
vor euren Augen über das uns (bisher) ge-
setzte Maß weit hinauszuwachsen 16 und die
Heilsbotschaft über eure Grenzen hinauszu-
tragen. Nach einem fremden Maßstab und
auf einem Feld, das schon bestellt ist, wollen
wir keinen Ruhm ernten.
17 *Wer sich also rühmen will, der rühme
sich* des Herrn. 18 Denn nicht, wer sich selbst
empfiehlt, ist anerkannt, sondern der, den
der Herr empfiehlt.

12: 3,1 • 13: Röm 12,3 • 15: Röm 15,20.24 • 17: Jer 9,22f; 1 Kor 1,31 • 18: 1 Kor 4,5.

10,2f Wörtlich: die meinen, wir wandeln nach dem Fleisch. Im Fleisch nämlich wandelnd ziehen wir nicht nach dem Fleisch zu Felde. – Der Begriff »Fleisch« kommt im griechischen Text von 10,2–4 wiederholt vor (vgl. die Anmerkung zu Röm 8,1–11).

DIE LEISTUNG DES APOSTELS: 11,1 – 12,13

Die Selbstlosigkeit des Apostels: 11,1–15

11 Lasst euch doch ein wenig Unverstand von mir gefallen! Aber das tut ihr ja. 2 Denn ich liebe euch mit der Eifersucht Gottes; ich habe euch einem einzigen Mann verlobt, um euch als reine Jungfrau zu Christus zu führen. 3 Ich fürchte aber, wie die Schlange einst durch ihre Falschheit Eva täuschte, könntet auch ihr in euren Gedanken von der aufrichtigen und reinen Hingabe an Christus abkommen. 4 Ihr nehmt es ja offenbar hin, wenn irgendeiner daherkommt und einen anderen Jesus verkündigt, als wir verkündigt haben, wenn ihr einen anderen Geist empfangt, als ihr empfangen habt, oder ein anderes Evangelium, als ihr angenommen habt. 5 Ich denke doch, ich stehe den Überaposteln keineswegs nach. 6 Im Reden mag ich ein Stümper sein, aber nicht in der Erkenntnis; wir haben sie euch in keiner Weise und in keinem Fall vorenthalten. 7 Oder habe ich einen Fehler gemacht, als ich, um euch zu erhöhen, mich selbst erniedrigte und euch das Evangelium Gottes verkündete, ohne etwas dafür zu nehmen? 8 Andere Gemeinden habe ich ausgeplündert und Geld von ihnen genommen, um euch dienen zu können. 9 Aber als ich zu euch kam und in Schwierigkeiten geriet, bin ich niemand zur Last gefallen; was ich zu wenig hatte, ergänzten die Brüder, die aus Mazedonien kamen. Ich habe also darauf Wert gelegt, euch in keiner Weise zur Last zu fallen, und werde auch weiterhin darauf Wert legen. 10 So gewiss die Wahrheit Christi in mir ist: diesen Ruhm wird mir im Gebiet von Achaia niemand nehmen. 11 Warum? Liebe ich euch etwa nicht? Gott weiß es. 12 Was ich aber tue, werde ich auch in Zukunft tun: Ich werde denen die Gelegenheit nehmen, die nur die Gelegenheit suchen, sich Achtung zu verschaffen, um so dazustehen wie wir. 13 Denn diese Leute sind Lügenapostel, unehrliche Arbeiter; sie tarnen sich freilich als Apostel Christi. 14 Kein Wunder, denn auch der Satan tarnt sich als Engel des Lichts. 15 Es ist also nicht erstaunlich, wenn sich auch seine Handlanger als Diener der Gerechtigkeit tarnen. Ihr Ende wird ihren Taten entsprechen.

1: 11,16–18 • 2: Eph 5,26f • 3: Gen 3,4.13 • 4: Gal 1,6–9 • 5: 11,13; 12,11 • 6: 10,10; 1 Kor 2,1f.13 • 7: 1 Kor 9,12f • 8: Phil 4,10.15 • 9: 12,13 • 10: 1 Kor 9,15 • 12: 2,17; Phil 3,2 • 13: Offb 2,2 • 15: Phil 3,19; 2 Tim 4,14.

Die »Narrenrede«: 11,16 – 12,13

Die Leiden und Mühen des Apostels: 11,16–33

16 Noch einmal sage ich: Keiner soll mich für einen Narren halten. Tut ihr es aber doch, dann lasst mich auch als Narren gewähren, damit auch ich ein wenig prahlen kann. 17 Was ich hier sage, sage ich nicht im Sinn des Herrn, sondern sozusagen als Narr im falschen Stolz des Prahlers. 18 Da viele Menschen im Sinn dieser Welt prahlen, will auch ich einmal prahlen. 19 Ihr lasst euch die Narren ja gern gefallen, ihr klugen Leute. 20 Denn ihr nehmt es hin, wenn euch jemand versklavt, ausbeutet und in seine Gewalt bringt, wenn jemand anmaßend auftritt und euch ins Gesicht schlägt. 21 Zu meiner Schande muss ich gestehen: Dazu bin ich allerdings zu schwach gewesen.

Womit aber jemand prahlt – ich rede jetzt als Narr –, damit kann auch ich prahlen. 22 Sie sind Hebräer – ich auch. Sie sind Israeliten – ich auch. Sie sind Nachkommen Abrahams – ich auch. 23 Sie sind Diener Christi – jetzt rede ich ganz unvernünftig –, ich noch mehr: Ich ertrug mehr Mühsal, war häufiger im Gefängnis, wurde mehr geschlagen, war oft in Todesgefahr. 24 Fünfmal erhielt ich von Juden die neununddreißig Hiebe; 25 dreimal wurde ich ausgepeitscht, einmal gesteinigt, dreimal erlitt ich Schiffbruch, eine Nacht und einen Tag trieb ich auf hoher See. 26 Ich war oft auf Reisen, gefährdet durch Flüsse, gefährdet durch Räuber, gefährdet durch

11,1–12,13 Paulus sieht sich gezwungen, auf seine Leistungen hinzuweisen, um seinen Gegnern entgegenzutreten, die ihn verächtlich zu machen suchen. Da dieses Eigenlob Paulus widerstrebt, greift er zur Ironie und zur Form der sog. »Narrenrede« (vgl. 11,16).

11,24 Nach Dtn 25,3 waren vierzig Schläge das Höchstmaß einer vom Richter verhängten Züchtigung. Um diese Zahl auf keinen Fall zu überschreiten, pflegte man nur neununddreißig Schläge zu geben.

das eigene Volk, gefährdet durch Heiden, gefährdet in der Stadt, gefährdet in der Wüste, gefährdet auf dem Meer, gefährdet durch falsche Brüder. 27 Ich erduldete Mühsal und Plage, durchwachte viele Nächte, ertrug Hunger und Durst, häufiges Fasten, Kälte und Blöße. 28 Um von allem andern zu schweigen, weise ich noch auf den täglichen Andrang zu mir und die Sorge für alle Gemeinden hin. 29 Wer leidet unter seiner Schwachheit, ohne dass ich mit ihm leide? Wer kommt zu Fall, ohne dass ich von Sorge verzehrt werde? 30 Wenn schon geprahlt sein muss, will ich mit meiner Schwachheit prahlen. 31 Gott, der Vater Jesu, des Herrn, er, der gepriesen ist in Ewigkeit, weiß, dass ich nicht lüge. 32 In Damaskus ließ der Statthalter des Königs Aretas die Stadt der Damaszener bewachen, um mich festzunehmen. 33 Aber durch ein Fenster wurde ich in einem Korb die Stadtmauer hinuntergelassen und so entkam ich ihm.

16: 11,1; 12,6 • 18: Phil 3,4 • 19: 1 Kor 4,10 • 22: Apg 22,3; Röm 11,1; Phil 3,5 • 23: 1 Kor 4,1; 15,10 • 24: Dtn 25,3 • 25: Apg 16,22; 14,19; 27,41–43 • 27: 6,4f; 1 Kor 4,11; 1 Thess 2,9 • 28: Apg 20,31 • 29: 1 Kor 9,22 • 30: 12,5.9f • 32: Apg 9,24f.

Begnadung und Schwachheit des Apostels:
12,1–13

12 Ich muss mich ja rühmen; zwar nützt es nichts, trotzdem will ich jetzt von Erscheinungen und Offenbarungen sprechen, die mir der Herr geschenkt hat. 2 Ich kenne jemand, einen Diener Christi, der vor vierzehn Jahren bis in den dritten Himmel entrückt wurde; ich weiß allerdings nicht, ob es mit dem Leib oder ohne den Leib geschah, nur Gott weiß es. 3/4 Und ich weiß, dass dieser Mensch in das Paradies entrückt wurde; ob es mit dem Leib oder ohne den Leib geschah, weiß ich nicht, nur Gott weiß es. Er hörte unsagbare Worte, die ein Mensch nicht aussprechen kann. 5 Diesen Mann will ich rühmen; was mich selbst angeht, will ich mich nicht rühmen, höchstens meiner Schwachheit. 6 Wenn ich mich dennoch rühmen wollte, wäre ich zwar kein Narr, sondern würde die Wahrheit sagen. Aber ich verzichte darauf; denn jeder soll mich nur nach dem beurteilen, was er an mir sieht oder aus meinem Mund hört. 7 Damit ich mich wegen der einzigartigen Offenbarungen nicht überhebe, wurde mir ein Stachel ins Fleisch gestoßen: ein Bote Satans, der mich mit Fäusten schlagen soll, damit ich mich nicht überhebe. 8 Dreimal habe ich den Herrn angefleht, dass dieser Bote Satans von mir ablasse. 9 Er aber antwortete mir: Meine Gnade genügt dir; denn sie erweist ihre Kraft in der Schwachheit. Viel lieber also will ich mich meiner Schwachheit rühmen, damit die Kraft Christi auf mich herabkommt. 10 Deswegen bejahe ich meine Ohnmacht, alle Misshandlungen und Nöte, Verfolgungen und Ängste, die ich für Christus ertrage; denn wenn ich schwach bin, dann bin ich stark.

11 Jetzt bin ich wirklich ein Narr geworden; ihr habt mich dazu gezwungen. Eigentlich sollte ich von euch gerühmt werden; denn in nichts bin ich hinter den Überaposteln zurückgeblieben, obgleich ich nichts bin. 12 Das, woran man den Apostel erkennt, wurde mit großer Ausdauer unter euch vollbracht: Zeichen, Wunder und machtvolle Taten. 13 Worin seid ihr denn im Vergleich mit den übrigen Gemeinden zu kurz gekommen? Höchstens darin, dass gerade ich euch nicht zur Last gefallen bin. Dann verzeiht mir bitte dieses Unrecht!

1: Apg 26,16; Gal 2,2 • 5: 11,30 • 6: 10,8 • 7: Num 33,55; Ez 28,24 • 8: Mt 26,44 • 9: Jes 40,29; Phil 4,13 • 10: 6,9f • 11: 11,1.5.16 • 12: Apg 5,12; Röm 15,19 • 13: 11,7–9.

ANKUNDIGUNG EINES NEUEN BESUCHES: 12,14 – 13,10

Die Sorgen und Ziele des Apostels:
12,14–18

14 Schon zum dritten Mal will ich jetzt zu euch kommen und ich werde euch nicht zur Last fallen; ich suche ja nicht euer Geld, sondern euch. Denn nicht die Kinder sollen für die Eltern sparen, sondern die Eltern für die Kinder. 15 Ich aber will sehr gern alles aufwenden und mich für euch aufreiben. Wenn ich euch so sehr liebe, soll ich deswegen weniger Liebe empfangen? 16 Nun gut! Eine schwere Last habe ich euch zwar nicht zugemutet; aber habe ich euch vielleicht mit Verschlagenheit und List in mein Netz gelockt?

12,2–4 Den bildhaften Ausdruck von der Entrückung »in den dritten Himmel« (V. 2) oder »ins Paradies« (V. 4) übernimmt Paulus aus zeitgenössischen Jenseitsvorstellungen.

12,7 Paulus spricht wohl von einer Krankheit, die sein Wirken beeinträchtigte (vgl. Gal 4,13f). Näheres wissen wir darüber nicht.

12,12 Das, woran man den Apostel erkennt, wörtlich: Die Zeichen des Apostels.

17 Habe ich euch vielleicht durch einen, den
ich zu euch sandte, übervorteilt? 18 Ja, ich
habe Titus gebeten, euch zu besuchen, und
den Bruder mit ihm gesandt. Hat Titus euch
etwa übervorteilt? Haben wir nicht beide im
gleichen Geist gehandelt? Sind wir nicht in
den gleichen Spuren gegangen?

14: 13,1 • 15: Phil 2,17; 1 Thess 2,8 • 17: 7,2 • 18: 8,16–18.

Befürchtungen und Besorgnisse: 12,19–21

19 Gewiss denkt ihr schon lange, dass wir
uns vor euch nur herausreden wollen. Aber
wir reden in Christus, vor dem Angesicht
Gottes. Und alles, liebe Brüder, geschieht,
um eure Gemeinde aufzubauen. 20 Denn ich
fürchte, dass ich euch bei meinem Kommen
nicht so finde, wie ich euch zu finden wün-
sche, und dass ihr mich so findet, wie ihr
mich nicht zu finden wünscht. Ich fürchte,
dass es zu Streit, Eifersucht, Zornesausbrü-
chen, Ehrgeiz, Verleumdungen, übler Nach-
rede, Überheblichkeit, allgemeiner Verwir-
rung kommt; 21 dass mein Gott, wenn ich
wiederkomme, mich noch einmal vor euch
demütigt; dass ich Grund haben werde, trau-
rig zu sein über viele, die schon früher Sün-
der waren und sich trotz ihrer Unreinheit,
Unzucht und Ausschweifung noch nicht zur
Umkehr entschlossen haben.

19: 2,17 • 20: 10,2 • 21: 13,2.

Seelsorge aus apostolischer Vollmacht:
13,1–10

13 Das ist das dritte Mal, dass ich zu
euch komme. *Durch die Aussage von*
zwei oder drei Zeugen wird jede Sache ent-
schieden. 2 Denen, die sich früher verfehlt
haben, und allen Übrigen sage ich jetzt aus
der Ferne dasselbe, was ich schon bei mei-
nem zweiten Aufenthalt angekündigt habe:
Wenn ich komme, werde ich keine Nachsicht
mehr üben. 3 Denn ihr verlangt einen Beweis
dafür, dass durch mich Christus spricht, der
nicht in seiner Schwachheit, sondern in sei-
ner Kraft unter euch wirkt. 4 Zwar wurde er
in seiner Schwachheit gekreuzigt, aber er
lebt aus Gottes Kraft. Auch wir sind schwach
in ihm, aber wir werden zusammen mit ihm
vor euren Augen aus Gottes Kraft leben.
5 Fragt euch selbst, ob ihr im Glauben seid,
prüft euch selbst! Erfahrt ihr nicht an euch
selbst, dass Christus Jesus in euch ist? Sonst
hättet ihr ja (als Gläubige) schon versagt.
6 Ich hoffe aber, ihr werdet erkennen, dass
wir nicht versagt haben. 7 Doch flehen wir zu
Gott, dass ihr nichts Böses tut, nicht, damit
wir gerechtfertigt erscheinen, sondern nur,
damit ihr das Gute tut, wir aber wie Versa-
ger dastehen. 8 Denn wir können unsere
Kraft nicht gegen die Wahrheit einsetzen,
nur für die Wahrheit. 9 So ist es uns eine
Freude, wenn wir schwach dastehen, ihr
aber euch als stark erweist. Das ist es, was
wir erflehen: eure vollständige Erneuerung.
10 Deswegen schreibe ich das alles aus der
Ferne, um nicht, wenn ich zu euch komme,
Strenge gebrauchen zu müssen kraft der
Vollmacht, die der Herr mir zum Aufbauen,
nicht zum Niederreißen gegeben hat.

1: 12,14; Dtn 19,15; Mt 18,16; 1 Tim 5,19 • 2: 12,21 • 3: Röm 15,18f • 4: 1 Kor 1,24f.27 • 5: 1 Kor 11,28; Röm 8,9f • 10: 2,3; 10,4.8.11.

SCHLUSSWORT UND SEGENSWUNSCH: 13,11–13

11 Im Übrigen, liebe Brüder, freut euch,
kehrt zur Ordnung zurück, lasst euch ermah-
nen, seid eines Sinnes und lebt in Frieden!
Dann wird der Gott der Liebe und des Frie-
dens mit euch sein. 12 Grüßt einander mit
dem heiligen Kuss! Es grüßen euch alle Hei-
ligen. 13 Die Gnade Jesu Christi, des Herrn,
die Liebe Gottes und die Gemeinschaft des
Heiligen Geistes sei mit euch allen!

11: Phil 4,4; Röm 12,16; 15,5.33; Phil 2,2 • 12: Röm 16,16; 1 Kor 16,20; 1 Thess 5,26 • 13: Gal 6,18; Joh 14,16; Röm 8,26f.

12,18 Zu »Bruder« vgl. die Anmerkung zu 8,18.22.

Der Brief an die Galater

Paulus ist nach Apg 16,6; 18,23 auf seinen Missionsreisen zweimal in das »galatische Land« gekommen, was durch Gal 4,13 bestätigt wird, wo er ausdrücklich auf den ersten Aufenthalt verweist. Die Gründung der Gemeinden in Galatien (zur Bevölkerung und geographischen Lage vgl. Anmerkung zu 1,2) fällt in die Zeit der beginnenden selbstständigen Missionsarbeit nach der Trennung von Barnabas, vermutlich in das Jahr 50 n. Chr. (Apg 15,39 – 18,23).

Einige Jahre später sind die galatischen Gemeinden von Irrlehrern aufgesucht und beeinflusst worden. Paulus befindet sich inzwischen in Ephesus (vgl. Apg 19,1 – 20,1) und schreibt von dort aus zwischen 53 und 55 n. Chr. seinen Brief. Die Irrlehrer vertreten nach den wenigen Hinweisen, die dem Galaterbrief zu entnehmen sind, eine Lehre, die aus jüdischer, christlicher und heidnischer Tradition zusammengesetzt ist, verstehen sich selbst aber als Judenchristen und verlangen von den ehemaligen Heiden, dass sie sich ebenfalls beschneiden lassen und das alttestamentliche Gesetz als zum Heil notwendig anerkennen (vgl. 4,8–10.16–20; 5,1–12; 6,11–16).

Paulus sieht darin eine Verfälschung der christlichen Botschaft, er kann diese Lehre nicht als »Evangelium« anerkennen (1,6–9). Er erinnert an seine eigene Bekehrung und Einsetzung zum Apostel der Heiden, an seine Unabhängigkeit von den Vertretern der judenchristlichen Mission (1,10–24), an die Anerkennung seiner gesetzesfreien Mission unter den Heiden beim Apostelkonzil und an die Auseinandersetzung mit Petrus und Barnabas in Antiochia (2,1–21). Danach legt er dar, wie Verheißung und Gesetz, Glaube und »Werke des Gesetzes« sich zueinander verhalten, und warnt vor einem Abfall vom wahren Glauben (3,1 – 5,12). Im Schlussteil bringt der Apostel allgemeine Ermahnungen (sog. Paränese), wie wir sie auch aus anderen Paulusbriefen kennen (z. B. Röm Kap. 12 und 13). Doch kommt er in dem eigenhändig geschriebenen Schlusswort wieder auf die besondere Situation in Galatien zurück.

Paulus hat mit seinem Brief offensichtlich Erfolg gehabt, sonst wäre das Schreiben kaum erhalten geblieben. Auch zeigt 1 Kor 16,1, dass er weiterhin mit den galatischen Christen in Verbindung stand. Der Brief gibt Einblick in Gefährdungen der jungen Gemeinden und zeigt, ähnlich dem Römerbrief, was Paulus unter dem Evangelium von Jesus Christus versteht; insbesondere geht er dabei auf das Verhältnis von Rechtfertigung und Glaube ein.

ANSCHRIFT UND GRUSS 1,1–5

1 Paulus, zum Apostel berufen, nicht von
Menschen oder durch einen Menschen,
sondern durch Jesus Christus und durch
Gott, den Vater, der ihn von den Toten auferweckt hat,
2 und alle Brüder, die bei mir sind,
an die Gemeinden in Galatien:
3 Gnade sei

1,1 nicht von Menschen oder durch einen Menschen: d. h. weder von einer Gemeinde beauftragt (vgl. »Abgesandte« Phil 2,25; 2 Kor 8,23) noch durch Vermittlung eines Propheten eingesetzt (vgl. 1 Tim 1,18; 4,14).
1,2 Gemeint ist die Landschaft im Innern Kleinasiens, nicht die gleichnamige römische Provinz, die auch noch das Gebiet des südlicher gelegenen Pisidien und Teile von Lykaonien umfasste (vgl. Apg 13,14 – 14,25); nur die Bewohner der von Kelten besiedelten Landschaft können mit »Galater« (3,1) angesprochen werden.
1,3f Der Gruß ist erweitert durch einen aus der urchristlichen Überlieferung stammenden Bekenntnissatz.

mit euch und Friede von Gott, unserem Va-
ter, und dem Herrn Jesus Christus, 4 der sich
für unsere Sünden hingegeben hat, um uns
aus der gegenwärtigen bösen Welt zu befrei-
en, nach dem Willen unseres Gottes und Va-
ters. 5 Ihm sei Ehre in alle Ewigkeit. Amen.

1: 1,11f; Röm 1,1 • 2: 1 Kor 16,1 • 4: 2,20; Eph 5,2; 1 Tim 2,6; 1 Joh 5,19 • 5: Röm 16,27; 2 Tim 4,18.

DER ANLASS DES BRIEFES: 1,6–9

6 Ich bin erstaunt, dass ihr euch so schnell
von dem abwendet, der euch durch die Gna-
de Christi berufen hat, und dass ihr euch ei-
nem anderen Evangelium zuwendet. 7 Doch
es gibt kein anderes Evangelium, es gibt
nur einige Leute, die euch verwirren und die
das Evangelium Christi verfälschen wollen.
8 Wer euch aber ein anderes Evangelium ver-
kündigt, als wir euch verkündigt haben, der
sei verflucht, auch wenn wir selbst es wären
oder ein Engel vom Himmel. 9 Was ich gesagt
habe, das sage ich noch einmal: Wer euch ein
anderes Evangelium verkündigt, als ihr an-
genommen habt, der sei verflucht.

6: 5,8 • 7: 2 Kor 11,4; Gal 5,10; Apg 15,1.24 • 8: 1 Kor 16,22.

DAS APOSTELAMT DES PAULUS: 1,10 – 2,10

Die Berufung zum Apostel: 1,10–24

10 Geht es mir denn um die Zustimmung
der Menschen, oder geht es mir um Gott? Su-
che ich etwa Menschen zu gefallen? Wollte
ich noch den Menschen gefallen, dann wäre
ich kein Knecht Christi. 11 Ich erkläre euch,
Brüder: Das Evangelium, das ich verkündigt
habe, stammt nicht von Menschen; 12 ich
habe es ja nicht von einem Menschen über-
nommen oder gelernt, sondern durch die
Offenbarung Jesu Christi empfangen. 13 Ihr
habt doch gehört, wie ich früher als gesetzes-
treuer Jude gelebt habe, und wisst, wie maß-
los ich die Kirche Gottes verfolgte und zu
vernichten suchte. 14 In der Treue zum jüdi-
schen Gesetz übertraf ich die meisten Alters-
genossen in meinem Volk und mit dem größ-
ten Eifer setzte ich mich für die Überliefe-
rungen meiner Väter ein. 15 Als aber Gott,
der mich *schon im Mutterleib* auserwählt
und durch seine Gnade berufen hat, mir in
seiner Güte 16 seinen Sohn offenbarte, damit
ich ihn unter den Heiden verkündige, da zog
ich keinen Menschen zu Rate; 17 ich ging
auch nicht sogleich nach Jerusalem hinauf
zu denen, die vor mir Apostel waren, sondern
zog nach Arabien und kehrte dann wieder
nach Damaskus zurück. 18 Drei Jahre später
ging ich nach Jerusalem hinauf, um Kephas
kennen zu lernen, und blieb fünfzehn Tage
bei ihm. 19 Von den anderen Aposteln habe
ich keinen gesehen, nur Jakobus, den Bruder
des Herrn. 20 Was ich euch hier schreibe –
Gott weiß, dass ich nicht lüge. 21 Danach
ging ich in das Gebiet von Syrien und Zili-
zien. 22 Den Gemeinden Christi in Judäa aber
blieb ich persönlich unbekannt, 23 sie hörten
nur: Er, der uns einst verfolgte, verkündigt
jetzt den Glauben, den er früher vernichten
wollte. 24 Und sie lobten Gott um meinet-
willen.

10: 1 Thess 2,4 • 11: 1,1 • 13: Phil 3,5; Apg 8,3; 9,1; 1 Kor 15,9 • 14: Apg 26,4f • 15: Jes 49,1 • 16: Röm 1,5; 1 Kor 15,10; Apg 9,3–5 • 18: Apg 9,26–28; Joh 1,42 • 19: 2,9; Mt 13,55 • 20: Röm 9,1.

1,6–9 Anstelle des sonst üblichen Dankgebets beginnt Paulus diesen Brief mit einer Warnung und Drohung.

1,12 Dies schließt die Bindung an urchristliche Bekenntnistradition nicht aus (vgl. die Anmerkung zu 1,3f).

1,16 Wörtlich: da zog ich nicht Fleisch und Blut zu Rate.

1,17 Zur Bekehrung bei Damaskus vgl. Apg 9,1–22; 22,3–16; 26,4–18. »Arabien« ist Bezeichnung des damaligen Nabatäerreiches, zu dem zeitweise auch Damaskus gehörte, wo Paulus wohl zuerst missioniert hat.

1,18f Neben Petrus, aramäisch Kepha(s), spielte in nachösterlicher Zeit Jakobus, der »Bruder des Herrn«, eine wichtige Rolle in der Jerusalemer Gemeinde (vgl. 2,9), deren Leitung er später übernahm (Apg 12,17). Vgl. die Anmerkung zu Mt 12,46f.

1,21 Nach Apg 9,30 wirkte Paulus zuerst im Umkreis seiner Heimatstadt Tarsus in Zilizien (vgl. Apg 22,3) und wurde dann von Barnabas in das Missionszentrum der »Hellenisten« (vgl. Apg 6,1 – 8,3; 11,19–21), die Großstadt Antiochia am Orontes, geholt (Apg 11,25f).

Das Apostelkonzil in Jerusalem: 2,1–10

2 Vierzehn Jahre später ging ich wieder
nach Jerusalem hinauf, zusammen mit
Barnabas; ich nahm auch Titus mit. 2 Ich
ging hinauf aufgrund einer Offenbarung,
legte der Gemeinde und im besonderen den
»Angesehenen« das Evangelium vor, das ich
unter den Heiden verkündige; ich wollte si-
cher sein, dass ich nicht vergeblich laufe oder
gelaufen bin. 3 Doch nicht einmal mein Be-
gleiter Titus, der Grieche ist, wurde gezwun-
gen, sich beschneiden zu lassen. 4 Denn was
die falschen Brüder betrifft, jene Eindring-
linge, die sich eingeschlichen hatten, um die
Freiheit, die wir in Christus Jesus haben,
argwöhnisch zu beobachten und uns zu Skla-
ven zu machen, 5 so haben wir uns keinen
Augenblick unterworfen; wir haben ihnen
nicht nachgegeben, damit euch die Wahrheit
des Evangeliums erhalten bleibe. 6 Aber
auch von denen, die Ansehen genießen – was
sie früher waren, kümmert mich nicht, Gott
schaut nicht auf die Person –, auch von den
»Angesehenen« wurde mir nichts auferlegt.
7 Im Gegenteil, sie sahen, dass mir das Evan-
gelium für die Unbeschnittenen anvertraut
ist wie dem Petrus für die Beschnittenen –
8 denn Gott, der Petrus die Kraft zum Apos-
teldienst unter den Beschnittenen gegeben
hat, gab sie mir zum Dienst unter den Hei-
den – 9 und sie erkannten die Gnade, die mir
verliehen ist. Deshalb gaben Jakobus, Ke-
phas und Johannes, die als die »Säulen« An-
sehen genießen, mir und Barnabas die Hand
zum Zeichen der Gemeinschaft: Wir sollten
zu den Heiden gehen, sie zu den Beschnitte-
nen. 10 Nur sollten wir an ihre Armen den-
ken; und das zu tun, habe ich mich eifrig be-
müht.

1: Apg 15,2 • 2: Phil 2,16 • 4: 5,1 • 6: Dtn 10,17; Röm 2,11 • 7: 1,15f; Apg 22,21; Röm 1,5 • 10: Apg 11,29f; 1 Kor 16,1–4; 2 Kor 8,9.

DIE GERECHTIGKEIT AUS DEM GLAUBEN: 2,11 – 4,7

Gesetzesgehorsam oder Glaube: 2,11–21

11 Als Kephas aber nach Antiochia gekom-
men war, bin ich ihm offen entgegengetre-
ten, weil er sich ins Unrecht gesetzt hatte.
12 Bevor nämlich Leute aus dem Kreis um
Jakobus eintrafen, pflegte er zusammen mit
den Heiden zu essen. Nach ihrer Ankunft
aber zog er sich von den Heiden zurück und
trennte sich von ihnen, weil er die Beschnit-
tenen fürchtete. 13 Ebenso unaufrichtig wie
er verhielten sich die anderen Juden, sodass
auch Barnabas durch ihre Heuchelei ver-
führt wurde. 14 Als ich aber sah, dass sie von
der Wahrheit des Evangeliums abwichen,
sagte ich zu Kephas in Gegenwart aller:
Wenn du als Jude nach Art der Heiden und
nicht nach Art der Juden lebst, wie kannst du
dann die Heiden zwingen, wie Juden zu le-
ben? 15 Wir sind zwar von Geburt Juden und
nicht Sünder wie die Heiden. 16 Weil wir aber

2,1 Die vierzehn Jahre sind im Anschluss an die drei Jahre vom 1,18 zu berechnen; da in solchen Fällen oft nicht das volle Kalenderjahr gezählt wird, handelt es sich um etwa 15 bis 16 Jahre nach der Bekehrung.

2,2 Nach Apg 15,2 reiste Paulus im Auftrag der Gemeinde von Antiochia nach Jerusalem. Das schließt die in Gal 2,2 genannte persönliche Offenbarung nicht aus. – Die »Angesehenen« sind dieselben Männer wie die in V. 9 erwähnten »Säulen« (des Tempels Gottes; vgl. 1 Kor 3,16), das heißt die Verantwortlichen der Jerusalemer Gemeinde.

2,4f Unter »falschen Brüdern« versteht Paulus Judenchristen, die eine extrem gesetzestreue Haltung einnehmen.

2,6–9 Mit dem Handschlag als Zeichen der Gemeinschaft wird das Apostelamt des Paulus anerkannt; damit bestätigen die judenchristlichen Verantwortlichen der Urgemeinde zugleich das Recht des Paulus, bei den Heiden zu missionieren, ohne sie auf das jüdische Gesetz zu verpflichten.

2,10 Die Kollekte als einmalige Dankesspende der heidenchristlichen Gemeinden spielt bei Paulus eine wichtige Rolle (vgl. Röm 15,25–28; 1 Kor 16,1f; 2 Kor 8 und 9).

2,11–13 Mit dem Apostelkonzil, von dem in 2,1–10 berichtet wird (vgl. Apg 15,1–35), war die Freiheit der Heidenchristen vom jüdischen Gesetz anerkannt; doch waren dadurch die Fragen der Tischgemeinschaft von Juden- und Heidenchristen noch nicht geregelt. Das führte zu Verwicklungen, als Petrus nach Antiochia kam. Die anfänglich freie Haltung des Petrus wurde nicht von allen Judenchristen gebilligt; daraufhin gaben Petrus, Barnabas und andere die Tischgemeinschaft mit den Heidenchristen auf, was von Paulus als »Heuchelei« bezeichnet wird.

2,12–14 »Heide« bezeichnet hier den Heidenchristen, »Jude« den Judenchristen.

erkannt haben, dass der Mensch nicht durch Werke des Gesetzes gerecht wird, sondern durch den Glauben an Jesus Christus, sind auch wir dazu gekommen, an Christus Jesus zu glauben, damit wir gerecht werden durch den Glauben an Christus und nicht durch Werke des Gesetzes; denn durch Werke des Gesetzes *wird niemand gerecht.* 17 Wenn nun auch wir, die wir in Christus gerecht zu werden suchen, als Sünder gelten, ist dann Christus etwa Diener der Sünde? Das ist unmöglich! 18 Wenn ich allerdings das, was ich niedergerissen habe, wieder aufbaue, dann stelle ich mich selbst als Übertreter hin. 19 Ich aber bin durch das Gesetz dem Gesetz gestorben, damit ich für Gott lebe. Ich bin mit Christus gekreuzigt worden; 20 nicht mehr ich lebe, sondern Christus lebt in mir. Soweit ich aber jetzt noch in dieser Welt lebe, lebe ich im Glauben an den Sohn Gottes, der mich geliebt und sich für mich hingegeben hat. 21 Ich missachte die Gnade Gottes in keiner Weise; denn käme die Gerechtigkeit durch das Gesetz, so wäre Christus vergeblich gestorben.

11: Joh 1,42 • 12: Apg 10,15.28; 11,3 • 16: 3,11; Röm 3,20.28; 4,5; 11,6; Ps 143,2 G • 19: Röm 6,10; 7,6; Gal 6,14 • 20: Röm 8,9f; Kol 3,4; Gal 1,4.

Aufruf an die Galater: 3,1–5

3 Ihr unvernünftigen Galater, wer hat euch verblendet? Ist euch Jesus Christus nicht deutlich als der Gekreuzigte vor Augen gestellt worden? 2 Dies eine möchte ich von euch erfahren: Habt ihr den Geist durch die Werke des Gesetzes oder durch die Botschaft des Glaubens empfangen? 3 Seid ihr so unvernünftig? Am Anfang habt ihr auf den Geist vertraut und jetzt erwartet ihr vom Fleisch die Vollendung. 4 Habt ihr denn so Großes vergeblich erfahren? Sollte es wirklich vergeblich gewesen sein? 5 Warum gibt euch denn Gott den Geist und bewirkt Wundertaten unter euch? Weil ihr das Gesetz befolgt oder weil ihr die Botschaft des Glaubens angenommen habt?

1: 5,7 • 2: 2,16.

Abrahams Glaube und die Verheißung des Segens: 3,6–18

6 Von Abraham wird gesagt: *Er glaubte Gott, und das wurde ihm als Gerechtigkeit angerechnet.* 7 Daran erkennt ihr, dass nur die, die glauben, Abrahams Söhne sind. 8 Und da die Schrift vorhersah, dass Gott die Heiden aufgrund des Glaubens gerecht macht, hat sie dem Abraham im Voraus verkündet: *Durch dich sollen alle Völker Segen erlangen.* 9 Also gehören alle, die glauben, zu dem glaubenden Abraham und werden wie er gesegnet. 10 Alle aber, die nach dem Gesetz leben, stehen unter dem Fluch. Denn in der Schrift heißt es: *Verflucht ist jeder, der sich nicht an alles hält, was zu tun das Buch des Gesetzes vorschreibt.* 11 Dass durch das Gesetz niemand vor Gott gerecht wird, ist offenkundig; denn: *Der aus Glauben Gerechte wird leben.* 12 Das Gesetz aber hat nichts mit dem Glauben zu tun, sondern es gilt: *Wer die Gebote erfüllt, wird durch sie leben.* 13 Christus hat uns vom Fluch des Gesetzes freigekauft, indem er für uns zum Fluch geworden ist; denn es steht in der Schrift: *Verflucht ist jeder, der am Pfahl hängt.* 14 Jesus Christus hat uns freigekauft, damit den Heiden durch ihn der Segen Abrahams zuteil wird und wir so aufgrund des Glaubens den verheißenen Geist empfangen.

15 Brüder, ich nehme einen Vergleich aus dem menschlichen Leben: Niemand setzt das rechtsgültig festgelegte Testament eines Menschen außer Kraft oder versieht es mit einem Zusatz. 16 Abraham und seinem Nachkommen wurden die Verheißungen zugesprochen. Es heißt nicht: »und den Nachkommen«, als wären viele gemeint, sondern es wird nur von einem gesprochen: *und deinem Nachkommen;* das aber ist Christus. 17 Damit meine ich: Das Testament, dem Gott einst Gültigkeit verliehen hat, wird durch das vierhundertdreißig Jahre später erlassene Gesetz nicht ungültig, sodass die Verheißung aufgehoben wäre. 18 Würde sich das Erbe nämlich aus dem Gesetz herleiten, dann eben nicht mehr aus der Verheißung. Gott hat aber durch die Verheißung Abraham Gnade erwiesen.

6: Gen 15,6; Röm 4,3 • 7: Röm 4,11f • 8: Gen 12,3; 18,18; Apg 3,25 • 9: Röm 4,16 • 10: Dtn 27,26; Jak 2,10 • 11: 2,16; Hab 2,4; Röm 1,17 • 12: Lev 18,5; Röm 10,5 • 13: Röm 8,3; 2 Kor 5,21; Dtn 21,23 • 14: Jes 44,3; Joël 3,1f • 15: Hebr 9,16 • 16: Gen 22,17 • 17: Ex 12,40 • 18: Röm 4,13; 11,6.

3,3 Zum Gegensatzpaar »Fleisch« und »Geist« vgl. die Anmerkung zu Röm 8,1–11.

3,6–14 Der Apostel verweist wie in Röm 4 auf Abraham, um deutlich zu machen, dass wahre Gerechtigkeit nicht vom Gesetz abhängt, sondern vom Glauben.

3,11 Vgl. Röm 1,17 und die dortige Anmerkung.

3,15–18 Der Abraham verheißene Nachkomme ist Christus; durch ihn werden alle Glaubenden zu Nachkommen Abrahams und Söhnen Gottes (vgl. 3,26.29).

Die heilsgeschichtliche Stellung des Gesetzes: 3,19–25

[19] Warum gibt es dann das Gesetz? Wegen
der Übertretungen wurde es hinzugefügt, bis
der Nachkomme käme, dem die Verheißung
gilt. Es wurde durch Engel erlassen und
durch einen Mittler bekannt gegeben. [20] Ei-
nen Mittler gibt es jedoch nicht, wo nur einer
handelt; Gott aber ist »der Eine«. [21] Hebt also
das Gesetz die Verheißungen auf? Keines-
wegs! Wäre ein Gesetz gegeben worden, das
die Kraft hat, lebendig zu machen, dann
käme in der Tat die Gerechtigkeit aus dem
Gesetz; [22] stattdessen hat die Schrift alles
der Sünde unterworfen, damit durch den
Glauben an Jesus Christus die Verheißung
sich an denen erfüllt, die glauben. [23] Ehe der
Glaube kam, waren wir im Gefängnis des
Gesetzes, festgehalten bis zu der Zeit, da der
Glaube offenbart werden sollte. [24] So hat das
Gesetz uns in Zucht gehalten bis zum Kom-
men Christi, damit wir durch den Glauben
gerecht gemacht werden. [25] Nachdem aber
der Glaube gekommen ist, stehen wir nicht
mehr unter dieser Zucht.

19: Röm 5,20; 7,7.13; Hebr 2,2; Apg 7,38.53 • 20: Dtn 6,4 • 21: Röm 8,2–4 • 22: Röm 3,9; 11,32 • 23: 4,3 • 24: Röm 10,4.

Glaube und Gottessohnschaft: 3,26 – 4,7

[26] Ihr seid alle durch den Glauben Söhne
Gottes in Christus Jesus. [27] Denn ihr alle, die
ihr auf Christus getauft seid, habt Christus
(als Gewand) angelegt. [28] Es gibt nicht mehr
Juden und Griechen, nicht Sklaven und
Freie, nicht Mann und Frau; denn ihr alle
seid »einer« in Christus Jesus. [29] Wenn ihr
aber zu Christus gehört, dann seid ihr Abra-
hams Nachkommen, Erben kraft der Verhei-
ßung.

4 Ich will damit sagen: Solange der Erbe
unmündig ist, unterscheidet er sich in
keiner Hinsicht von einem Sklaven, obwohl
er Herr ist über alles; [2] er steht unter Vor-
mundschaft, und sein Erbe wird verwaltet
bis zu der Zeit, die sein Vater festgesetzt hat.
[3] So waren auch wir, solange wir unmündig
waren, Sklaven der Elementarmächte dieser
Welt. [4] Als aber die Zeit erfüllt war, sandte
Gott seinen Sohn, geboren von einer Frau
und dem Gesetz unterstellt, [5] damit er die
freikaufe, die unter dem Gesetz stehen, und
damit wir die Sohnschaft erlangen. [6] Weil ihr
aber Söhne seid, sandte Gott den Geist sei-
nes Sohnes in unser Herz, den Geist, der ruft:
Abba, Vater. [7] Daher bist du nicht mehr
Sklave, sondern Sohn; bist du aber Sohn,
dann auch Erbe, Erbe durch Gott.

3,26: 4,5.7; Röm 8,17 • 27: Röm 13,14 • 28: Röm 10,12; 1 Kor 12,13; Kol 3,11 • 29: 3,7.14.18; Röm 9,7 • 4,3: 3,23; Kol 2,20 • 4: Mk 1,15 • 5: 3,13 • 6: 3,26; Röm 8,15 • 7: 3,29; Röm 8,16f.

DIE FREIHEIT DES CHRISTEN: 4,8 – 6,10

Warnung vor Rückfall in die alte Knechtschaft: 4,8–20

[8] Einst, als ihr Gott noch nicht kanntet,
wart ihr Sklaven der Götter, die in Wirklich-
keit keine sind. [9] Wie aber könnt ihr jetzt, da
ihr Gott erkannt habt, vielmehr von Gott er-
kannt worden seid, wieder zu den schwachen
und armseligen Elementarmächten zurück-
kehren? Warum wollt ihr von neuem ihre
Sklaven werden? [10] Warum achtet ihr so

3,19f Einer zeitgenössischen jüdischen Tradition zufolge wurde das Gesetz durch (viele) Engel erlassen und dem (einen) »Mittler«, Mose, übergeben, der es dem Volk Israel weitergab. Diese Art der Vermittlung weist nach Paulus darauf hin, dass der erste Bund und die erste Offenbarung gegenüber der endgültigen Offenbarung durch Jesus Christus nur untergeordnete, vorläufige Bedeutung haben.
3,21–25 Vom »Gefängnis des Gesetzes« spricht Paulus, weil die Menschen ihre Sünden aufgrund der Vorschriften des Gesetzes erkennen und daher für sie haftbar gemacht werden konnten.
3,26f Wer glaubt und getauft wird, gehört zu Christus und ist in seinen »Leib«, die Gemeinschaft aller Glaubenden, eingegliedert (vgl. 1 Kor 12,13). Das wird hier mit dem Bild des Gewandes ausgedrückt.
3,28f Dass alle in Christus »einer« sind, heißt, dass alle Christen eine Einheit bilden, und auch, dass sie vor Gott gleich sind.
4,3 Die Vorstellung von den »Elementarmächten« geht zurück auf die antike Lehre von den vier Elementen, die alles Irdische bedingen und bestimmen. In späterer Zeit ging man davon aus, dass diese Elemente von göttlichen Wesen beherrscht werden (vgl. VV. 8f).
4,6 Zu »Abba« vgl. die Anmerkung zu Mk 14,36.

ängstlich auf Tage, Monate, bestimmte Zeiten und Jahre? 11 Ich fürchte, ich habe mich vergeblich um euch bemüht.

12 Ich bitte euch, Brüder: Werdet wie ich, denn auch ich bin geworden wie ihr. Ihr habt mir nichts zuleide getan. 13 Ihr wisst, dass ich krank und schwach war, als ich euch zum ersten Mal das Evangelium verkündigte; 14 ihr aber habt auf meine Schwäche, die für euch eine Versuchung war, nicht mit Verachtung und Abscheu geantwortet, sondern mich wie einen Engel Gottes aufgenommen, wie Christus Jesus. 15 Wo ist eure Begeisterung geblieben? Ich kann euch bezeugen: Wäre es möglich gewesen, ihr hättet euch die Augen ausgerissen, um sie mir zu geben. 16 Bin ich also euer Feind geworden, weil ich euch die Wahrheit sage? 17 Jene Leute bemühen sich um euch nicht in guter Absicht; sie wollen euch abtrünnig machen, damit ihr euch dann um sie bemüht. 18 Gut wäre es, wenn ihr euch zu jeder Zeit in guter Absicht um mich bemühen würdet und nicht nur dann, wenn ich bei euch bin, 19 bei euch, meinen Kindern, für die ich von neuem Geburtswehen erleide, bis Christus in euch Gestalt annimmt. 20 Ich wollte, ich könnte jetzt bei euch sein und in anderer Weise mit euch reden; denn euer Verhalten macht mich ratlos.

8: 1 Kor 8,4; 12,2 • 9: 1 Thess 4,5; Kol 2,20; Gal 3,29; Röm 8,16f • 17: 1,7; 6,12; Apg 20,30 • 19: 1 Kor 4,15.

Das Zeugnis der Schrift: 4,21–31

21 Ihr, die ihr euch dem Gesetz unterstellen wollt, habt ihr denn nicht gehört, was im Gesetz steht? 22 In der Schrift wird gesagt, dass Abraham zwei Söhne hatte, einen von der Sklavin, den andern von der Freien. 23 Der Sohn der Sklavin wurde auf natürliche Weise gezeugt, der Sohn der Freien aufgrund der Verheißung. 24 Darin liegt ein tieferer Sinn: Diese Frauen bedeuten die beiden Testamente. Das eine Testament stammt vom Berg Sinai und bringt Sklaven zur Welt; das ist Hagar – 25 denn Hagar ist Bezeichnung für den Berg Sinai in Arabien – und ihr entspricht das gegenwärtige Jerusalem, das mit seinen Kindern in der Knechtschaft lebt. 26 Das himmlische Jerusalem aber ist frei, und dieses Jerusalem ist unsere Mutter. 27 Denn es steht in der Schrift:

Freu dich, du Unfruchtbare, die nie geboren hat, / brich in Jubel aus und jauchze, die du nie in Wehen lagst! / Denn viele Kinder hat die Einsame, / mehr als die Vermählte.

28 Ihr aber, Brüder, seid Kinder der Verheißung wie Isaak. 29 Doch wie damals der Sohn, der auf natürliche Weise gezeugt war, den verfolgte, der kraft des Geistes gezeugt war, so geschieht es auch jetzt. 30 In der Schrift aber heißt es: *Verstoß die Sklavin und ihren Sohn! Denn nicht der Sohn der Sklavin soll Erbe sein, sondern der Sohn der Freien.* 31 Daraus folgt also, meine Brüder, dass wir nicht Kinder der Sklavin sind, sondern Kinder der Freien.

22: Gen 16,15; 21,2f • 23: Gen 17,16; Röm 4,19f; 9,7–9 • 24: Ex 19,20 • 25: Gen 16,1 • 26: Hebr 12,22; Offb 21,2 • 27: Jes 54,1 • 30: Gen 21,10.

Freiheit oder Knechtschaft: 5,1–12

5 Zur Freiheit hat uns Christus befreit. Bleibt daher fest und lasst euch nicht von neuem das Joch der Knechtschaft auflegen! 2 Hört, was ich, Paulus, euch sage: Wenn ihr euch beschneiden lasst, wird Christus euch nichts nützen. 3 Ich versichere noch einmal jedem, der sich beschneiden lässt: Er ist verpflichtet, das ganze Gesetz zu halten. 4 Wenn ihr also durch das Gesetz gerecht werden wollt, dann habt ihr mit Christus nichts mehr zu tun; ihr seid aus der Gnade herausgefallen. 5 Wir aber erwarten die erhoffte Gerechtigkeit kraft des Geistes und aufgrund des Glaubens. 6 Denn in Christus Jesus kommt es nicht darauf an, beschnitten oder unbeschnitten zu sein, sondern darauf, den Glauben zu haben, der in der Liebe wirksam ist. 7 Ihr wart auf dem richtigen Weg. Wer hat euch gehindert, weiter der Wahrheit

---

4,12–15 Paulus nimmt auf sein erstes missionarisches Wirken in Galatien Bezug, von dem in Apg 16,6 nichts Näheres berichtet wird. Er erinnert an eine Erkrankung während dieses Aufenthaltes; über die Art der Krankheit lässt sich aus der bildhaften Aussage von V. 15 nichts entnehmen.

4,17–20 Über die Irrlehrer, die die Gemeinden in Galatien verführt haben, erfahren wir nicht viel. Eindeutig ist, dass sie die Heidenchristen zur Einhaltung des jüdischen Gesetzes und zur Beschneidung verpflichten wollten (vgl. 2,1–21 und 5,2–12). In diesen Zusammenhang gehört auch die in V. 10 erwähnte religiöse Verehrung der »Elementarmächte«.

4,21–31 In einer sog. allegorischen Auslegung des Bibeltextes deutet Paulus die Söhne der beiden Frauen Abrahams auf den alten und den neuen Bund.

4,29 Wörtlich: Doch wie damals der Sohn, der nach dem Fleisch gezeugt war, den verfolgte, der nach dem Geist gezeugt war, so geschieht es auch jetzt.

5,2–12 Vgl. die Anmerkung zu 4,17–20.

zu folgen? 8 Was man auch gesagt hat, um euch zu überreden: es kommt nicht von dem, der euch berufen hat. 9 Ein wenig Sauerteig durchsäuert den ganzen Teig. 10 Doch im Glauben an den Herrn bin ich fest davon überzeugt, dass ihr keine andere Lehre annehmen werdet. Wer euch verwirrt, der wird das Urteil Gottes zu tragen haben, wer es auch sei. 11 Man behauptet sogar, dass ich selbst noch die Beschneidung verkündige. Warum, meine Brüder, werde ich dann verfolgt? Damit wäre ja das Ärgernis des Kreuzes beseitigt. 12 Diese Leute, die Unruhe bei euch stiften, sollen sich doch gleich entmannen lassen.

1: 2,4; 4,5.9; Joh 8,32.36 • 2: 2,21 • 3: 3,10; Röm 2,25; Jak 2,10 • 5: Röm 8,23.25 • 6: 3,28; 6,15; 1 Kor 7,19 • 8: 1,6 • 9: 1 Kor 5,6 • 10: 1,7 • 11: 6,12.14; 1 Kor 1,23.

Die Liebe als Frucht des Geistes: 5,13–26

13 Ihr seid zur Freiheit berufen, Brüder. Nur nehmt die Freiheit nicht zum Vorwand für das Fleisch, sondern dient einander in Liebe! 14 Denn das ganze Gesetz ist in dem einen Wort zusammengefasst: *Du sollst deinen Nächsten lieben wie dich selbst!* 15 Wenn ihr einander beißt und verschlingt, dann gebt Acht, dass ihr euch nicht gegenseitig umbringt. 16 Darum sage ich: Lasst euch vom Geist leiten, dann werdet ihr das Begehren des Fleisches nicht erfüllen. 17 Denn das Begehren des Fleisches richtet sich gegen den Geist, das Begehren des Geistes aber gegen das Fleisch; beide stehen sich als Feinde gegenüber, sodass ihr nicht imstande seid, das zu tun, was ihr wollt. 18 Wenn ihr euch aber vom Geist führen lasst, dann steht ihr nicht unter dem Gesetz.

19 Die Werke des Fleisches sind deutlich erkennbar: Unzucht, Unsittlichkeit, ausschweifendes Leben, 20 Götzendienst, Zauberei, Feindschaften, Streit, Eifersucht, Jähzorn, Eigennutz, Spaltungen, Parteiungen, 21 Neid und Missgunst, Trink- und Essgelage und Ähnliches mehr. Ich wiederhole, was ich euch schon früher gesagt habe: Wer so etwas tut, wird das Reich Gottes nicht erben. 22 Die Frucht des Geistes aber ist Liebe, Freude, Friede, Langmut, Freundlichkeit, Güte, Treue, 23 Sanftmut und Selbstbeherrschung; dem allem widerspricht das Gesetz nicht. 24 Alle, die zu Christus Jesus gehören, haben das Fleisch und damit ihre Leidenschaften und Begierden gekreuzigt. 25 Wenn wir aus dem Geist leben, dann wollen wir dem Geist auch folgen. 26 Wir wollen nicht prahlen, nicht miteinander streiten und einander nichts nachtragen.

13: 1 Kor 8,9; 1 Petr 2,16 • 14: Röm 13,9; Lev 19,18; Mt 22,39f • 16: 5,25; Röm 8,5 • 17: Röm 7,15.23; 8,6 • 18: Röm 6,14; 8,14 • 19: 2 Kor 12,10; 1 Kor 1,10f • 20: 1 Kor 6,9f; Kol 3,5f; Offb 22,15 • 22: Eph 5,9; 2 Kor 6,6 • 23: 2 Petr 1,6; 1 Tim 1,9 • 24: 2,19; Röm 6,6; 8,9 • 25: 5,16; Röm 8,4f • 26: Phil 2,3.

Das Gesetz Christi: 6,1–10

6 Wenn einer sich zu einer Verfehlung hinreißen lässt, meine Brüder, so sollt ihr, die ihr vom Geist erfüllt seid, ihn im Geist der Sanftmut wieder auf den rechten Weg bringen. Doch gib Acht, dass du nicht selbst in Versuchung gerätst. 2 Einer trage des anderen Last; so werdet ihr das Gesetz Christi erfüllen. 3 Wer sich einbildet, etwas zu sein, obwohl er nichts ist, der betrügt sich. 4 Jeder prüfe sein eigenes Tun. Dann wird er sich nur im Blick auf sich selbst rühmen können, nicht aber im Vergleich mit anderen. 5 Denn jeder wird seine eigene Bürde zu tragen haben.

6 Wer im Evangelium unterrichtet wird, lasse seinen Lehrer an allem teilhaben, was er besitzt. 7 Täuscht euch nicht: Gott lässt keinen Spott mit sich treiben; was der Mensch sät, wird er ernten. 8 Wer im Vertrauen auf das Fleisch sät, wird vom Fleisch Verderben ernten; wer aber im Vertrauen auf den Geist sät, wird vom Geist ewiges Leben ernten. 9 Lasst uns nicht müde werden, das Gute zu tun; denn wenn wir darin nicht nachlassen, werden wir ernten, sobald die Zeit dafür gekommen ist. 10 Deshalb wollen wir, solange wir noch Zeit haben, allen Menschen Gutes tun, besonders aber denen, die mit uns im Glauben verbunden sind.

1: Mt 18,15; Jak 5,19; 1 Kor 10,12 • 2: Kol 3,13; Röm 8,2; 1 Kor 9,21 • 3f: 1 Kor 8,2; 2 Kor 12,11 • 5: Röm 14,12 • 6: 1 Kor 9,11.14 • 8: Röm 8,6.13 • 9: 2 Thess 3,13; Hebr 12,1.3.

5,11 Nach Apg 16,1–3 hat Paulus Timotheus nur deswegen beschneiden lassen, weil dieser der Sohn einer jüdischen Mutter, also Judenchrist war. Für die Heidenchristen lehnte er die Beschneidung und die Verpflichtung auf das Gesetz ab.

5,15 In den galatischen Gemeinden hat es offensichtlich infolge des Wirkens der Irrlehrer harte Auseinandersetzungen gegeben.

5,19–21.22–26 Paulus bringt hier einen sog. »Laster-« und einen »Tugendkatalog«, vgl. z. B. Röm 1,29–31; 1 Kor 6,9f.

6,2 Das »Gesetz Christi« ist das von Christus her verstandene Gesetz, das erfüllt wird im »Glauben, der in der Liebe wirksam ist« (5,6b; vgl. 5,14).

6,6 Vgl. den Grundsatz Röm 15,27b.

SCHLUSSWORT UND SEGENSWUNSCH: 6,11–18

11 Seht, ich schreibe euch jetzt mit eigener
Hand; das ist meine Schrift. 12 Jene Leute,
die in der Welt nach Anerkennung streben,
nötigen euch nur deshalb zur Beschneidung,
damit sie wegen des Kreuzes Christi nicht
verfolgt werden. 13 Denn obwohl sie be-
schnitten sind, halten sie nicht einmal selber
das Gesetz; dennoch dringen sie auf eure Be-
schneidung, um sich dessen zu rühmen, was
an eurem Fleisch geschehen soll. 14 Ich aber
will mich allein des Kreuzes Jesu Christi, un-
seres Herrn, rühmen, durch das mir die Welt
gekreuzigt ist und ich der Welt. 15 Denn es
kommt nicht darauf an, ob einer beschnitten
oder unbeschnitten ist, sondern darauf, dass
er neue Schöpfung ist. 16 Friede und Erbar-
men komme über alle, die sich von diesem
Grundsatz leiten lassen, und über das Israel
Gottes.

17 In Zukunft soll mir niemand mehr sol-
che Schwierigkeiten bereiten. Denn ich trage
die Zeichen Jesu an meinem Leib.

18 Die Gnade Jesu Christi, unseres Herrn,
sei mit eurem Geist, meine Brüder. Amen.

11: 1 Kor 16,21 • 12: 5,2.11 • 14: 2,19; 1 Kor 2,2 • 15: 5,6; 1 Kor 7,19; 2 Kor 5,17 • 16: Ps 125,4f • 17: 2 Kor 4,10 • 18: Phil 4,23; 2 Tim 4,22; Phlm 25.

Der Brief an die Epheser

Beim Epheserbrief handelt es sich wohl um einen Rundbrief, da die Erwähnung von »Ephesus« (1,1) in zahlreichen Handschriften fehlt. Die Empfänger sind sehr wahrscheinlich die Christen Kleinasiens oder eines noch größeren Gebiets. Als Abfassungsort kommt Ephesus in Frage.

Das Schreiben ist zwar wie ein Brief gestaltet, stellt aber nach Stil und Inhalt eher eine feierliche Predigt dar. Lob Gottes (1,3) und Fürbitte (1,16; 3,1.14) kennzeichnen den ersten Teil, der mit einem liturgischen Lobpreis abschließt (3,21). Manche Forscher nehmen daher an, dass dieses Schreiben von einem Paulusschüler verfasst wurde, der im Namen des Apostels schrieb.

Ein bestimmter Anlass für die Entstehung des Schreibens ist nicht erkennbar. Das zentrale Thema des Briefs ist die Kirche, und zwar die weltweite Kirche, deren Haupt Christus ist. Inhaltlich wird dieses Thema in den Kapiteln 1 – 3 entfaltet. Gott hat die Kirche durch Christus schon vor der Erschaffung der Welt erwählt und als sein Volk zusammengerufen (Kap. 1). Durch die Taufe sind die Gläubigen der Macht der Finsternis entrissen und mit Christus verbunden worden (2,1–10). In der Kirche ist ein neues Menschengeschlecht entstanden, in dem die alte Feindschaft zwischen Juden und Heiden überwunden wurde, weil Christus Frieden

---

6,12–16 Das Judentum war im römischen Reich als Minderheitenreligion anerkannt; eine als jüdisch gekennzeichnete christliche Gemeinde wäre also vor staatlichen Eingriffen geschützt gewesen. Demgegenüber betont der Apostel die Kreuzesnachfolge.

6,13 Das, was nach Wunsch der Irrlehrer am Fleisch geschehen soll, ist, wie aus dem Zusammenhang hervorgeht, der Vollzug der Beschneidung.

6,17 Die »Zeichen Jesu«, die Paulus an seinem Leib trägt, sind Narben von Misshandlungen, die er im Dienst des Evangeliums erlitten hat (vgl. 2 Kor 11,22–31). Er versteht sie als Teilhabe am Tod Jesu (vgl. Röm 6,3; 2 Kor 4,10).

gestiftet hat (2,11–22). Werkzeug Gottes für den Bau der Völkerkirche war der Apostel Paulus (Kap. 3). Im zweiten Teil werden sittliche Folgerungen gezogen. Vor allem gilt es, die Einheit zu wahren und alle Dienste in der Kirche zu aktivieren (4,1–16). Als Getaufte haben die Christen den alten, der Sünde verfallenen Menschen zu überwinden und ein neues Leben zu verwirklichen, das durch Christus erleuchtet ist (4,17 – 5,20). Das neue Leben hat sich vor allem in Ehe und Familie auszuwirken (5,21 – 6,9). Das Bild vom Streiter Christi schließt die Mahnung ab (6,10–20).

Der Epheserbrief enthält die bedeutendsten theologischen Aussagen im Neuen Testament über die Kirche.

ANSCHRIFT UND GRUSS: 1,1–2

1 Paulus, durch den Willen Gottes Apostel
Christi Jesu, an die Heiligen in Ephesus,
die an Christus Jesus glauben. 2 Gnade sei
mit euch und Friede von Gott, unserem Vater, und dem Herrn Jesus Christus.

1: Kol 1,1f.

GOTTES HEILSPLAN: 1,3 – 2,22

Loblied auf den Heilsplan Gottes: 1,3–14

3 Gepriesen sei der Gott und Vater unseres Herrn Jesus Christus: / Er hat uns mit allem Segen seines Geistes gesegnet / durch unsere Gemeinschaft mit Christus im Himmel.

4 Denn in ihm hat er uns erwählt vor der Erschaffung der Welt, / damit wir heilig und untadelig leben vor Gott;

5 er hat uns aus Liebe im Voraus dazu bestimmt, / seine Söhne zu werden durch Jesus Christus / und nach seinem gnädigen Willen zu ihm zu gelangen,

6 zum Lob seiner herrlichen Gnade. / Er hat sie uns geschenkt in seinem geliebten Sohn;

7 durch sein Blut haben wir die Erlösung, / die Vergebung der Sünden nach dem Reichtum seiner Gnade.

8 Durch sie hat er uns mit aller Weisheit und Einsicht reich beschenkt

9 und hat uns das Geheimnis seines Willens kundgetan, / wie er es gnädig im Voraus bestimmt hat:

10 Er hat beschlossen, die Fülle der Zeiten heraufzuführen, / in Christus alles zu vereinen, alles, was im Himmel und auf Erden ist.

11 Durch ihn sind wir auch als Erben vorherbestimmt und eingesetzt / nach dem Plan dessen, der alles so verwirklicht, / wie er es in seinem Willen beschließt;

12 wir sind zum Lob seiner Herrlichkeit bestimmt, / die wir schon früher auf Christus gehofft haben.

13 Durch ihn habt auch ihr das Wort der Wahrheit gehört, das Evangelium von eurer Rettung; / durch ihn habt ihr das Siegel des verheißenen Heiligen Geistes empfangen, als ihr den Glauben annahmt.

14 Der Geist ist der erste Anteil des Erbes, / das wir erhalten sollen, / der Erlösung, durch die wir Gottes Eigentum werden, / zum Lob seiner Herrlichkeit.

3: 2 Kor 1,3 • 7: Kol 1,14 • 10: Kol 1,20 • 14: 2 Kor 1,22.

Gebet um Erkenntnis der Hoheit Christi: 1,15–23

15/16 Darum höre ich nicht auf, für euch zu danken, wenn ich in meinen Gebeten an euch denke; denn ich habe von eurem Glau-

1,1 in Ephesus: fehlt bei zahlreichen Textzeugen; vgl. die Einleitung.

1,3 Die Gemeinschaft mit Christus (vgl. 1,13f) wurde durch die Taufe begründet.

1,9f Der Verfasser spricht von einem »Geheimnis«, weil der Heilsplan, der durch Christus verwirklicht wurde, vorher nicht bekannt war; auch jetzt kennen ihn nur die Glaubenden (vgl. die Anmerkung zu 3,3–6).

1,12 Mit denen, die »schon früher auf Christus gehofft haben«, sind wohl die Judenchristen gemeint.

ben an Jesus, den Herrn, und von eurer Liebe
zu allen Heiligen gehört. 17 Der Gott Jesu
Christi, unseres Herrn, der Vater der Herr-
lichkeit, gebe euch den Geist der Weisheit
und Offenbarung, damit ihr ihn erkennt.
18 Er erleuchte die Augen eures Herzens, da-
mit ihr versteht, zu welcher Hoffnung ihr
durch ihn berufen seid, welchen Reichtum
die Herrlichkeit seines Erbes den Heiligen
schenkt 19 und wie überragend groß seine
Macht sich an uns, den Gläubigen, erweist
durch das Wirken seiner Kraft und Stärke.
20 Er hat sie an Christus erwiesen, den er von
den Toten auferweckt und im Himmel auf
den Platz *zu seiner Rechten* erhoben hat,
21 hoch über alle Fürsten und Gewalten,
Mächte und Herrschaften und über jeden
Namen, der nicht nur in dieser Welt, sondern
auch in der zukünftigen genannt wird. 22 *Al-
les hat er ihm zu Füßen gelegt* und ihn, der
als Haupt alles überragt, über die Kirche ge-
setzt. 23 Sie ist sein Leib und wird von ihm
erfüllt, der das All ganz und gar beherrscht.

15/16: Kol 1,3f.9 • 20: Ps 110,1 • 21: Kol 1,16 • 22: Ps 8,7; Hebr 8,6; Kol 1,18.

Vom Tod zum Leben: 2,1–10

2 Ihr wart tot infolge eurer Verfehlungen
und Sünden. 2 Ihr wart einst darin ge-
fangen, wie es der Art dieser Welt entspricht,
unter der Herrschaft jenes Geistes, der im
Bereich der Lüfte regiert und jetzt noch in
den Ungehorsamen wirksam ist. 3 Zu ihnen
gehörten auch wir alle einmal, als wir noch
von den Begierden unseres Fleisches be-
herrscht wurden. Wir folgten dem, was das
Fleisch und der böse Sinn uns eingaben, und
waren von Natur aus Kinder des Zorns wie
die anderen. 4/5 Gott aber, der voll Erbarmen
ist, hat uns, die wir infolge unserer Sünden
tot waren, in seiner großen Liebe, mit der er
uns geliebt hat, zusammen mit Christus wie-
der lebendig gemacht. Aus Gnade seid ihr
gerettet. 6 Er hat uns mit Christus Jesus auf-
erweckt und uns zusammen mit ihm einen
Platz im Himmel gegeben. 7 Dadurch, dass er
in Christus Jesus gütig an uns handelte,
wollte er den kommenden Zeiten den über-
fließenden Reichtum seiner Gnade zeigen.
8 Denn aus Gnade seid ihr durch den Glau-
ben gerettet, nicht aus eigener Kraft – Gott
hat es geschenkt –, 9 nicht aufgrund eurer
Werke, damit keiner sich rühmen kann.
10 Seine Geschöpfe sind wir, in Christus Je-
sus dazu geschaffen, in unserem Leben die
guten Werke zu tun, die Gott für uns im Vo-
raus bereitet hat.

1: Kol 2,13 • 6: Kol 3,1 • 9: 1 Kor 1,29.

**Die Einheit von Juden und Heiden
in Christus:** 2,11–22

11 Erinnert euch also, dass ihr einst Heiden
wart und von denen, die äußerlich beschnit-
ten sind, Unbeschnittene genannt wurdet.
12 Damals wart ihr von Christus getrennt,
der Gemeinde Israels fremd und von dem
Bund der Verheißung ausgeschlossen; ihr
hattet keine Hoffnung und lebtet ohne Gott
in der Welt. 13 Jetzt aber seid ihr, die ihr einst
in der Ferne wart, durch Christus Jesus,
nämlich durch sein Blut, in die Nähe gekom-
men. 14 Denn er ist unser Friede. Er vereinig-
te die beiden Teile (Juden und Heiden) und
riss durch sein Sterben die trennende Wand
der Feindschaft nieder. 15 Er hob das Gesetz
samt seinen Geboten und Forderungen auf,
um die zwei in seiner Person zu dem einen
neuen Menschen zu machen. Er stiftete Frie-
den 16 und versöhnte die beiden durch das
Kreuz mit Gott in einem einzigen Leib. Er
hat in seiner Person die Feindschaft getötet.
17 Er kam und verkündete den *Frieden:* euch,
den Fernen, und uns, *den Nahen.* 18 Durch
ihn haben wir beide in dem einen Geist Zu-
gang zum Vater. 19 Ihr seid also jetzt nicht
mehr Fremde ohne Bürgerrecht, sondern
Mitbürger der Heiligen und Hausgenossen
Gottes. 20 Ihr seid auf das Fundament der
Apostel und Propheten gebaut; der Schluss-
stein ist Christus Jesus selbst. 21 Durch ihn
wird der ganze Bau zusammengehalten und
wächst zu einem heiligen Tempel im Herrn.
22 Durch ihn werdet auch ihr im Geist zu ei-
ner Wohnung Gottes erbaut.

13: 2,17 • 14: Kol 1,20.22 • 17: Jes 57,19; Lk 2,14 • 21: 1 Petr 2,5.

1,23 Wörtlich: Sie ist sein Leib, die Fülle dessen, der alles in allem erfüllt.

2,6 die durch die Taufe gewonnene Verbindung mit Christus, dem erhöhten Herrn, wird so geschildert, als ob sie bereits vollendete Wirklichkeit wäre.

2,12 von dem Bund, wörtlich: von den Bündnissen. – Gemeint sind die Bundesschlüsse Gottes mit Abraham, Mose usw.; vgl. Röm 9,4.

2,14 Er vereinigte die beiden Teile, wörtlich: Er machte die beiden zu einem.

2,15f »Die zwei« und »die beiden« bezeichnen die Juden und die Heiden. Die Spaltung der Menschheit in verschiedene Gruppen wurde innerhalb der Kirche aufgehoben.

2,20 Schlussstein, andere Übersetzungsmöglichkeit: Eckstein. Das Bild von den Aposteln und (urchristlichen) Propheten als dem Fundament weist auf den apostolischen Ursprung und Charakter der Kirche hin.

DER APOSTEL UND DIE GEMEINDE: 3,1–21

Paulus, Apostel für die Heiden: 3,1–13

3 Deshalb (bete) ich, Paulus, für euch, die
Heiden. Euch kommt es zugute, dass ich
der Gefangene Christi Jesu bin. [2] Ihr habt
doch gehört, welches Amt die Gnade Gottes
mir für euch verliehen hat. [3] Durch eine Of-
fenbarung wurde mir das Geheimnis mitge-
teilt, das ich soeben kurz beschrieben habe.
[4] Wenn ihr das lest, könnt ihr sehen, wel-
che Einsicht in das Geheimnis Christi mir
gegeben ist. [5] Den Menschen früherer Gene-
rationen war es nicht bekannt; jetzt aber ist
es seinen heiligen Aposteln und Propheten
durch den Geist offenbart worden: [6] dass
nämlich die Heiden Miterben sind, zu dem-
selben Leib gehören und an derselben Ver-
heißung in Christus Jesus teilhaben durch
das Evangelium. [7] Ihm diene ich dank der
Gnade, die mir durch Gottes mächtiges Wir-
ken geschenkt wurde. [8] Mir, dem Geringsten
unter allen Heiligen, wurde diese Gnade ge-
schenkt: Ich soll den Heiden als Evangelium
den unergründlichen Reichtum Christi ver-
kündigen [9] und enthüllen, wie jenes Geheim-
nis Wirklichkeit geworden ist, das von Ewig-
keit her in Gott, dem Schöpfer des Alls, ver-
borgen war. [10] So sollen jetzt die Fürsten und
Gewalten des himmlischen Bereichs durch
die Kirche Kenntnis erhalten von der vielfäl-
tigen Weisheit Gottes, [11] nach seinem ewigen
Plan, den er durch Christus Jesus, unseren
Herrn, ausgeführt hat. [12] In ihm haben wir
den freien Zugang durch das Vertrauen, das
der Glaube an ihn schenkt. [13] Deshalb bitte
ich euch, nicht wegen der Leiden zu verza-
gen, die ich für euch ertrage, denn sie sind
euer Ruhm.

1: 4,1; Phil 1,7; Kol 4,18; Phlm 1,9 • 3: 1,9f • 7: Kol 1,25 • 8: 1 Kor 15,9; Gal 1,16.

Fürbitte für die Kirche: 3,14–21

[14] Daher beuge ich meine Knie vor dem
Vater, [15] nach dessen Namen jedes Ge-
schlecht im Himmel und auf der Erde be-
nannt wird, [16] und bitte, er möge euch auf-
grund des Reichtums seiner Herrlichkeit
schenken, dass ihr in eurem Innern durch
seinen Geist an Kraft und Stärke zunehmt.
[17] Durch den Glauben wohne Christus in eu-
rem Herzen. In der Liebe verwurzelt und auf
sie gegründet, [18] sollt ihr zusammen mit allen
Heiligen dazu fähig sein, die Länge und
Breite, die Höhe und Tiefe zu ermessen
[19] und die Liebe Christi zu verstehen, die alle
Erkenntnis übersteigt. So werdet ihr mehr
und mehr von der ganzen Fülle Gottes er-
füllt. [20] Er aber, der durch die Macht, die in
uns wirkt, unendlich viel mehr tun kann, als
wir erbitten oder uns ausdenken können,
[21] er werde verherrlicht durch die Kirche
und durch Christus Jesus in allen Generatio-
nen, für ewige Zeiten. Amen.

20f: Röm 16,25–27.

VERSCHIEDENE MAHNUNGEN: 4,1 – 6,20

Aufruf zur Einheit: 4,1–6

4 Ich, der ich um des Herrn willen im Ge-
fängnis bin, ermahne euch, ein Leben
zu führen, das des Rufes würdig ist, der an
euch erging. [2] Seid demütig, friedfertig und
geduldig, ertragt einander in Liebe [3] und be-
müht euch, die Einheit des Geistes zu wah-
ren durch den Frieden, der euch zusammen-
hält. [4] E i n Leib und e i n Geist, wie euch
durch eure Berufung auch e i n e gemeinsa-
me Hoffnung gegeben ist; [5] e i n Herr, e i n
Glaube, e i n e Taufe, [6] e i n Gott und Vater
aller, der über allem und durch alles und in
allem ist.

2: Kol 3,12 • 4: Röm 12,5; 1 Kor 12,12f.

Die Gnadengaben zum Aufbau der Kirche: 4,7–16

[7] Aber jeder von uns empfing die Gnade in
dem Maß, wie Christus sie ihm geschenkt

3,3–6 Das jetzt offenbar gewordene »Geheimnis« ist der Beschluss Gottes, alle Völker, und nicht nur Israel, zu retten.

3,10 Anspielung auf überirdische Mächte (vgl. 1,21).

3,15 jedes Geschlecht, wörtlich: jede Vaterschaft. Im Griechischen ein Wortspiel, das im Deutschen nicht wiederzugeben ist.

hat. 8 Deshalb heißt es: *Er stieg hinauf zur Höhe und erbeutete Gefangene,* er gab den *Menschen Geschenke.* 9 Wenn er aber *hinaufstieg, was bedeutet dies anderes, als dass er auch zur Erde herabstieg?* 10 Derselbe, der herabstieg, ist auch hinaufgestiegen bis zum höchsten Himmel, um das All zu beherrschen. 11 Und er gab den einen das Apostelamt, andere setzte er als Propheten ein, andere als Evangelisten, andere als Hirten und Lehrer, 12 um die Heiligen für die Erfüllung ihres Dienstes zu rüsten, für den Aufbau des Leibes Christi. 13 So sollen wir alle zur Einheit im Glauben und in der Erkenntnis des Sohnes Gottes gelangen, damit wir zum vollkommenen Menschen werden und Christus in seiner vollendeten Gestalt darstellen. 14 Wir sollen nicht mehr unmündige Kinder sein, ein Spiel der Wellen, hin und her getrieben von jedem Widerstreit der Meinungen, dem Betrug der Menschen ausgeliefert, der Verschlagenheit, die in die Irre führt. 15 Wir wollen uns, von der Liebe geleitet, an die Wahrheit halten und in allem wachsen, bis wir ihn erreicht haben. Er, Christus, ist das Haupt. 16 Durch ihn wird der ganze Leib zusammengefügt und gefestigt in jedem einzelnen Gelenk. Jedes trägt mit der Kraft, die ihm zugemessen ist. So wächst der Leib und wird in Liebe aufgebaut.

8: Ps 68,19 • 11: 1 Kor 12,28 • 13: Kol 1,28 • 14: Jak 1,6 • 15: 1 Kor 11,3; Kol 2,19.

Der alte und der neue Mensch: 4,17–24

17 Ich sage es euch und beschwöre euch im Herrn: Lebt nicht mehr wie die Heiden in ihrem nichtigen Denken! 18 Ihr Sinn ist verfinstert. Sie sind dem Leben, das Gott schenkt, entfremdet durch die Unwissenheit, in der sie befangen sind, und durch die Verhärtung ihres Herzens. 19 Haltlos wie sie sind, geben sie sich der Ausschweifung hin, um voll Gier jede Art von Gemeinheit zu begehen. 20 Das aber entspricht nicht dem, was ihr von Christus gelernt habt. 21 Ihr habt doch von ihm gehört und seid unterrichtet worden in der Wahrheit, die Jesus ist. 22 Legt den alten Menschen ab, der in Verblendung und Begierde zugrunde geht, ändert euer früheres Leben 23 und erneuert euren Geist und Sinn! 24 Zieht den neuen Menschen an, der *nach dem Bild Gottes* geschaffen ist in wahrer Gerechtigkeit und Heiligkeit.

22: Kol 3,9 • 24: Gen 1,26; Kol 3,10.

Die Pflichten gegen den Nächsten: 4,25 – 5,2

25 Legt deshalb die Lüge ab und *redet untereinander die Wahrheit;* denn wir sind als Glieder miteinander verbunden. 26 *Lasst euch durch den Zorn nicht zur Sünde hinreißen!* Die Sonne soll über eurem Zorn nicht untergehen. 27 Gebt dem Teufel keinen Raum! 28 Der Dieb soll nicht mehr stehlen, sondern arbeiten und sich mit seinen Händen etwas verdienen, damit er den Notleidenden davon geben kann. 29 Über eure Lippen komme kein böses Wort, sondern nur ein gutes, das den, der es braucht, stärkt und dem, der es hört, Nutzen bringt. 30 Beleidigt nicht den Heiligen Geist Gottes, dessen Siegel ihr tragt für den Tag der Erlösung. 31 Jede Art von Bitterkeit, Wut, Zorn, Geschrei und Lästerung und alles Böse verbannt aus eurer Mitte! 32 Seid gütig zueinander, seid barmherzig, vergebt einander, weil auch Gott euch durch Christus vergeben hat.

5 Ahmt Gott nach als seine geliebten Kinder 2 und liebt einander, weil auch Christus uns geliebt und sich für uns hingegeben hat als Gabe und als Opfer, das Gott gefällt.

4,25: Sach 8,16 • 26: Ps 4,5 G • 31: Kol 3,8.

Aus der Finsternis zum Licht: 5,3–20

3 Von Unzucht aber und Schamlosigkeit jeder Art oder von Habgier soll bei euch, wie es

---

4,8f Christus, der Gottessohn, der vom Himmel herabstieg, überwand und entmachtete bei seiner Himmelfahrt die bedrohlichen überirdischen Mächte, die den Zugang zu Gott versperrten. – »Gefangene«: die von Christus überwundenen Mächte.

4,11 Mit »Evangelisten« sind Missionare, mit »Hirten« Gemeindeleiter gemeint.

4,12 Jeder »Heilige«, das heißt jeder Christ, hat seine Aufgabe in der Kirche.

4,13 Die »vollendete Gestalt« Christi wird erst in der durch die Einheit der Glaubenden vollendeten Kirche sichtbar.

4,15f Das hier verwendete Bild vom Leib setzt die Vorstellungen der antiken Medizin voraus. Danach wurde der Leib vom Haupt her versorgt, und die Gelenke besorgten die Verbindung zwischen dem Haupt und den Gliedern. Mit den »Gelenken« sind wohl die in V. 11 genannten Ämter gemeint.

4,21 In der geschichtlichen Person Jesu ist die Wahrheit Gottes erschienen.

4,24 Die in der Schöpfung begründete Würde des Menschen als des Abbildes Gottes wird durch die Taufe wiederhergestellt und vollendet. Zu »Zieht ... an« vgl. die Anmerkung zu Gal 3,26f.

5,2 Wörtlich: als Gabe und Opfer für Gott zum wohlriechenden Duft.

sich für Heilige gehört, nicht einmal die Rede
sein. 4 Auch Sittenlosigkeit und albernes
oder zweideutiges Geschwätz schickt sich
nicht für euch, sondern Dankbarkeit. 5 Denn
das sollt ihr wissen: Kein unzüchtiger,
schamloser oder habgieriger Mensch – das
heißt kein Götzendiener – erhält ein Erbteil
im Reich Christi und Gottes. 6 Niemand täu-
sche euch mit leeren Worten: All das zieht
auf die Ungehorsamen den Zorn Gottes he-
rab. 7 Habt darum nichts mit ihnen gemein!
8 Denn einst wart ihr Finsternis, jetzt aber
seid ihr durch den Herrn Licht geworden.
Lebt als Kinder des Lichts! 9 Das Licht
bringt lauter Güte, Gerechtigkeit und Wahr-
heit hervor. 10 Prüft, was dem Herrn gefällt,
11 und habt nichts gemein mit den Werken
der Finsternis, die keine Frucht bringen,
sondern deckt sie auf! 12 Denn man muss sich
schämen, von dem, was sie heimlich tun,
auch nur zu reden. 13 Alles, was aufgedeckt
ist, wird vom Licht erleuchtet. 14 Alles Er-
leuchtete aber ist Licht. Deshalb heißt es:

Wach auf, du Schläfer, / und steh auf von
den Toten / und Christus wird dein Licht
sein.

15 Achtet also sorgfältig darauf, wie ihr
euer Leben führt, nicht töricht, sondern
klug. 16 Nutzt die Zeit; denn diese Tage sind
böse. 17 Darum seid nicht unverständig, son-
dern begreift, was der Wille des Herrn ist.
18 Berauscht euch nicht mit Wein – das macht
zügellos –, sondern lasst euch vom Geist er-
füllen! 19 Lasst in eurer Mitte Psalmen, Hym-
nen und Lieder erklingen, wie der Geist sie
eingibt. Singt und jubelt aus vollem Herzen
zum Lob des Herrn! 20 Sagt Gott, dem Vater,
jederzeit Dank für alles im Namen Jesu
Christi, unseres Herrn!

3: Mt 15,19 • 5: 1 Kor 6,9f • 9: Gal 5,22 • 14: Jes 60,1–3 • 18: Spr 23,31 G • 19: Ps 33,2f; Kol 3,16.

Über die christliche Familienordnung: 5,21 – 6,9

21 Einer ordne sich dem andern unter in
der gemeinsamen Ehrfurcht vor Christus.
22 Ihr Frauen, ordnet euch euren Männern
unter wie dem Herrn (Christus); 23 denn der
Mann ist das Haupt der Frau, wie auch
Christus das Haupt der Kirche ist; er hat sie
gerettet, denn sie ist sein Leib. 24 Wie aber
die Kirche sich Christus unterordnet, sollen
sich die Frauen in allem den Männern unter-
ordnen. 25 Ihr Männer, liebt eure Frauen, wie
Christus die Kirche geliebt und sich für sie
hingegeben hat, 26 um sie im Wasser und
durch das Wort rein und heilig zu machen.
27 So will er die Kirche herrlich vor sich er-
scheinen lassen, ohne Flecken, Falten oder
andere Fehler; heilig soll sie sein und makel-
los. 28 Darum sind die Männer verpflichtet,
ihre Frauen so zu lieben wie ihren eigenen
Leib. Wer seine Frau liebt, liebt sich selbst.
29 Keiner hat je seinen eigenen Leib gehasst,
sondern er nährt und pflegt ihn, wie auch
Christus die Kirche. 30 Denn wir sind Glieder
seines Leibes. 31 *Darum wird der Mann Vater
und Mutter verlassen und sich an seine Frau
binden und die zwei werden ein Fleisch sein.*
32 Dies ist ein tiefes Geheimnis; ich beziehe
es auf Christus und die Kirche. 33 Was euch
angeht, so liebe jeder von euch seine Frau
wie sich selbst, die Frau aber ehre den
Mann.

6 Ihr Kinder, gehorcht euren Eltern, wie
es vor dem Herrn recht ist. 2 *Ehre dei-
nen Vater und deine Mutter:* Das ist ein
Hauptgebot und ihm folgt die Verheißung:
3 *damit es dir gut geht und du lange lebst auf
der Erde.* 4 Ihr Väter, reizt eure Kinder nicht
zum Zorn, sondern erzieht sie in der Zucht
und Weisung des Herrn! 5 Ihr Sklaven, ge-
horcht euren irdischen Herren mit Furcht
und Zittern und mit aufrichtigem Herzen,
als wäre es Christus. 6 Arbeitet nicht nur, um
euch bei den Menschen einzuschmeicheln
und ihnen zu gefallen, sondern erfüllt als
Sklaven Christi von Herzen den Willen Got-
tes! 7 Dient freudig, als dientet ihr dem
Herrn und nicht den Menschen. 8 Denn ihr
wisst, dass jeder, der etwas Gutes tut, es vom
Herrn zurückerhalten wird, ob er ein Sklave
ist oder ein freier Mann. 9 Ihr Herren, han-
delt in gleicher Weise gegen eure Sklaven!
Droht ihnen nicht! Denn ihr wisst, dass ihr
im Himmel einen gemeinsamen Herrn habt.
Bei ihm gibt es kein Ansehen der Person.

5,21 – 6,9: Kol 3,18 – 4,1 • 23: 1 Kor 11,3 • 25: 1 Tim 2,6 • 30: Röm 12,5 • 31: Gen 2,24 • 6,2: Ex 20,12 • 3: Dtn 5,16 • 5: 1 Tim 6,1f; Tit 2,9f; 1 Petr 2,18.

Aufruf zum Kampf: 6,10–20

10 Und schließlich: Werdet stark durch die
Kraft und Macht des Herrn! 11 Zieht die Rüs-
tung Gottes an, damit ihr den listigen An-
schlägen des Teufels widerstehen könnt.

5,14 Das zitierte kleine Lied stammt vermutlich aus der urchristlichen Taufliturgie.
5,26 Anspielung auf die Taufe.
5,32 Geheimnis: das liebevolle Verhältnis Christi zu seiner Kirche, dem das Verhältnis des Mannes zur Frau in der Ehe entspricht.

12 Denn wir haben nicht gegen Menschen
aus Fleisch und Blut zu kämpfen, sondern
gegen die Fürsten und Gewalten, gegen die
Beherrscher dieser finsteren Welt, gegen die
bösen Geister des himmlischen Bereichs.
13 Darum legt die Rüstung Gottes an, damit
ihr am Tag des Unheils standhalten, al-
les vollbringen und den Kampf bestehen
könnt.
14 Seid also standhaft: Gürtet euch mit
Wahrheit, zieht *als Panzer die Gerechtigkeit*
an 15 und als Schuhe die Bereitschaft, für das
Evangelium vom Frieden zu kämpfen. 16 Vor
allem greift zum Schild des Glaubens! Mit
ihm könnt ihr alle feurigen Geschosse des
Bösen auslöschen. 17 Nehmt den Helm des
Heils und das Schwert des Geistes, das ist
das Wort Gottes. 18 Hört nicht auf, zu beten
und zu flehen! Betet jederzeit im Geist; seid
wachsam, harrt aus und bittet für alle Heili-
gen, 19 auch für mich: dass Gott mir das rech-
te Wort schenkt, wenn es darauf ankommt,
mit Freimut das Geheimnis des Evangeliums
zu verkünden, 20 als dessen Gesandter ich im
Gefängnis bin. Bittet, dass ich in seiner
Kraft freimütig zu reden vermag, wie es
meine Pflicht ist.

SCHLUSSWORT UND SEGENSWUNSCH: 6,21–24

21 Damit auch ihr erfahrt, wie es mir geht
und was ich tue, wird euch Tychikus, der ge-
liebte Bruder und treue Helfer im Dienst des
Herrn, alles berichten. 22 Ich schicke ihn ei-
gens zu euch, damit ihr alles über uns erfahrt
und damit er euch Mut zuspricht.
23 Friede sei mit den Brüdern, Liebe und
Glaube von Gott, dem Vater, und Jesus
Christus, dem Herrn. 24 Gnade und unver-
gängliches Leben sei mit allen, die Jesus
Christus, unseren Herrn, lieben!

21: Kol 4,7f.

Der Brief an die Philipper

Paulus gründete die Gemeinde von Philippi (Ostmazedonien) als erste christliche Gemeinde auf europäischem Boden bei seiner zweiten Missionsreise um das Jahr 50. Die Gemeinde wuchs ihm besonders ans Herz. Nur von ihr ließ er sich unterstützen, auch finanziell. Den Brief an die Philipper schrieb er im Gefängnis, wahrscheinlich in Ephesus, um 55 n. Chr. Die Auffassung, der Brief sei erst in der römischen Gefangenschaft des Apostels abgefasst worden, ist heute weithin aufgegeben. Zwar erfahren wir aus der Apostelgeschichte nichts über eine Gefangenschaft in Ephesus, aber Andeutungen in den Briefen des Apostels Paulus lassen darauf schließen (1 Kor 15,32; vor allem 2 Kor 1,8–10; vgl. auch 2 Kor 11,22–33). Den Anlass des Briefs bildete der Wunsch der Christen in Philippi, von ihrem Apostel, der im Gefängnis saß, Näheres über sein Schicksal zu erfahren, sowie eine Geldspende, die sie durch Epaphroditus überbringen ließen. Auch das Eindringen von Irrlehren bewog Paulus zur Abfassung dieses Schreibens.

Nach Dank und Fürbitte (1,3–11) spricht Paulus von seinem Schicksal. Er tut dies so, dass er sein Los mit dem des Evangeliums verknüpft (1,12–26). Er mahnt zur Einheit und stellt in einem hymnischen Text der Gemeinde den Weg Christi, des Gottessohnes und erhöhten Herrn, vor Augen. An ihm hat sie durch den Glauben Anteil gewonnen (1,27 – 2,18). Sodann spricht er über seine persönlichen Pläne (2,19–30). Im 3. Kapitel nimmt er mit außerordentlich scharfen Worten Stellung gegen christliche Wanderprediger, die Irrlehren verbreiten, und weist auf die Gefahr hin, die dadurch der Kirche droht. Abschließend wendet er sich an einzelne Gemeindeglieder, die ihm Sorge bereiten, und bedankt sich für die empfangene Gabe (Kap. 4).

Der besondere Wert des Briefs liegt darin, dass er uns Einblick verschafft in das persönliche Wollen und Denken des Menschen und Christen Paulus. Der bekannteste und wichtigste Text ist das Christuslied in 2,6–11. Theologisch bedeutsam ist daneben die Erwartung des Paulus im Hinblick auf sein Ergehen nach dem Tod (1,19–26) und auf seine Gemeinschaft mit Christus (3,7–21).

ANSCHRIFT UND GRUSS: 1,1–2

1 Paulus und Timotheus, Knechte Christi
Jesu, an alle Heiligen in Christus Jesus,
die in Philippi sind, mit ihren Bischöfen und
Diakonen. 2 Gnade sei mit euch und Friede
von Gott, unserem Vater, und dem Herrn Jesus Christus.

1: 2 Kor 1,1 • 2: Röm 1,7f.

DER APOSTEL UND SEIN EVANGELIUM: 1,3–26

Dank und Fürbitte: 1,3–11

3 Ich danke meinem Gott jedes Mal, wenn
ich an euch denke; 4 immer, wenn ich für
euch alle bete, tue ich es mit Freude 5 und
danke Gott dafür, dass ihr euch gemeinsam
für das Evangelium eingesetzt habt vom ersten Tag an bis jetzt. 6 Ich vertraue darauf,
dass er, der bei euch das gute Werk begonnen
hat, es auch vollenden wird bis zum Tag
Christi Jesu. 7 Es ist nur recht, dass ich so
über euch alle denke, weil ich euch ins Herz
geschlossen habe. Denn ihr alle habt Anteil
an der Gnade, die mir durch meine Gefangenschaft und die Verteidigung und Bekräftigung des Evangeliums gewährt ist. 8 Gott
ist mein Zeuge, wie ich mich nach euch allen
sehne mit der herzlichen Liebe, die Christus
Jesus zu euch hat. 9 Und ich bete darum, dass
eure Liebe immer noch reicher an Einsicht
und Verständnis wird, 10 damit ihr beurteilen könnt, worauf es ankommt. Dann werdet
ihr rein und ohne Tadel sein für den Tag
Christi, 11 reich an der Frucht der Gerechtigkeit, die Jesus Christus gibt, zur Ehre und
zum Lob Gottes.

8: Röm 1,9.

Paulus, Verkünder der Frohen Botschaft: 1,12–26

12 Ihr sollt wissen, Brüder, dass alles, was
mir zugestoßen ist, die Verbreitung des
Evangeliums gefördert hat. 13 Denn im ganzen Prätorium und bei allen Übrigen ist offenbar geworden, dass ich um Christi willen
im Gefängnis bin. 14 Und die meisten der
Brüder sind durch meine Gefangenschaft zuversichtlich geworden im Glauben an den
Herrn und wagen umso kühner, das Wort
Gottes furchtlos zu sagen. 15 Einige verkündigen Christus zwar aus Neid und Streitsucht, andere aber in guter Absicht. 16 Die
einen predigen Christus aus Liebe, weil sie
wissen, dass ich zur Verteidigung des Evangeliums bestimmt bin, 17 die andern aus Ehrgeiz, nicht in redlicher Gesinnung; sie möchten die Last meiner Ketten noch schwerer
machen. 18 Aber was liegt daran? Auf jede
Weise, ob in unlauterer oder lauterer Absicht, wird Christus verkündigt und darüber
freue ich mich.

Aber ich werde mich auch in Zukunft
freuen. 19 Denn ich weiß: *Das wird zu meiner Rettung führen* durch euer Gebet und durch
die Hilfe des Geistes Jesu Christi. 20 Darauf
warte und hoffe ich, dass ich in keiner Hinsicht beschämt werde, dass vielmehr Christus in aller Öffentlichkeit – wie immer, so
auch jetzt – durch meinen Leib verherrlicht
wird, ob ich lebe oder sterbe. 21 Denn für
mich ist Christus das Leben und Sterben Gewinn. 22 Wenn ich aber weiterleben soll, bedeutet das für mich fruchtbare Arbeit. Was
soll ich wählen? Ich weiß es nicht. 23 Es zieht
mich nach beiden Seiten: Ich sehne mich
danach, aufzubrechen und bei Christus zu

1,1 Die »Bischöfe« und »Diakone« sind Männer, die innerhalb der Gemeinde wichtige Dienste übernommen haben. Sie treten als Kollegium auf; ihre Stellung und ihre Aufgabe entsprechen noch nicht den Ämtern, die später mit diesen Titeln bezeichnet werden.

1,13 Das »Prätorium« ist der Sitz des römischen Statthalters und Ort des Gefängnisses für Paulus.

1,17f In der christlichen Gemeinde des Ortes, wo Paulus gefangen sitzt, haben sich einige aus Furcht von ihm distanziert.

1,23 aufbrechen: Umschreibung für »sterben«.

sein – um wie viel besser wäre das! 24 Aber
euretwegen ist es notwendiger, dass ich am
Leben bleibe. 25 Im Vertrauen darauf weiß
ich, dass ich bleiben und bei euch allen aus-
harren werde, um euch im Glauben zu för-
dern und zu erfreuen, 26 damit ihr euch in
Christus Jesus umso mehr meiner rühmen
könnt, wenn ich wieder zu euch komme.

19: Ijob 13,16 G • 23: 2 Kor 5,8.

VERSCHIEDENE MAHNUNGEN: 1,27 – 2,18

Aufruf zur Eintracht: 1,27 – 2,4

27 Vor allem: Lebt als Gemeinde so, wie es
dem Evangelium Christi entspricht. Ob ich
komme und euch sehe oder ob ich fern bin,
ich möchte hören, dass ihr in dem einen
Geist feststeht, einmütig für den Glauben an
das Evangelium kämpft 28 und euch in kei-
nem Fall von euren Gegnern einschüchtern
lasst. Das wird für sie ein Zeichen dafür sein,
dass sie verloren sind und ihr gerettet wer-
det, ein Zeichen, das von Gott kommt.
29 Denn euch wurde die Gnade zuteil, für
Christus da zu sein, also nicht nur an ihn zu
glauben, sondern auch seinetwegen zu lei-
den. 30 Denn ihr habt den gleichen Kampf zu
bestehen, den ihr früher an mir gesehen habt
und von dem ihr auch jetzt hört.

2 Wenn es also Ermahnung in Christus
gibt, Zuspruch aus Liebe, eine Gemein-
schaft des Geistes, herzliche Zuneigung und
Erbarmen, 2 dann macht meine Freude da-
durch vollkommen, dass ihr eines Sinnes
seid, einander in Liebe verbunden, einmütig
und einträchtig, 3 dass ihr nichts aus Ehrgeiz
und nichts aus Prahlerei tut. Sondern in
Demut schätze einer den andern höher ein
als sich selbst. 4 Jeder achte nicht nur auf
das eigene Wohl, sondern auch auf das der
anderen.

Das Beispiel Christi: 2,5–11

5 Seid untereinander so gesinnt, wie es
dem Leben in Christus Jesus entspricht:
6 Er war Gott gleich, / hielt aber nicht da-
ran fest, wie Gott zu sein,
7 sondern er entäußerte sich / und wurde
wie ein Sklave / und den Menschen gleich. /
Sein Leben war das eines Menschen;
8 er erniedrigte sich / und war gehorsam
bis zum Tod, / bis zum Tod am Kreuz.
9 Darum hat ihn Gott über alle erhöht /
und ihm den Namen verliehen, / der größer
ist als alle Namen,
10 damit alle im Himmel, auf der Erde und
unter der Erde / ihre *Knie beugen* vor dem
Namen Jesu
11 *und jeder Mund bekennt:* / „Jesus Chris-
tus ist der Herr“ – / zur Ehre Gottes, des
Vaters.

10: Jes 45,23.

Die Sorge des Apostels um das Heil der Gemeinde: 2,12–18

12 Darum, liebe Brüder – ihr wart ja immer
gehorsam, nicht nur in meiner Gegenwart,
sondern noch viel mehr jetzt in meiner Ab-
wesenheit –: müht euch mit Furcht und Zit-
tern um euer Heil! 13 Denn Gott ist es, der in
euch das Wollen und das Vollbringen be-
wirkt, noch über euren guten Willen hinaus.
14 Tut alles ohne Murren und Bedenken,
15 damit ihr rein und ohne Tadel seid, *Kinder
Gottes ohne Makel* mitten in einer *verdorbe-
nen und verwirrten Generation,* unter der ihr
als Lichter in der Welt leuchtet. 16 Haltet fest
am Wort des Lebens, mir zum Ruhm für den
Tag Christi, damit ich nicht vergeblich ge-
laufen bin oder mich *umsonst abgemüht
habe.* 17 Wenn auch mein Leben dargebracht
wird zusammen mit dem Opfer und Gottes-
dienst eures Glaubens, freue ich mich den-
noch und ich freue mich mit euch allen.
18 Ebenso sollt auch ihr euch freuen; freut
euch mit mir!

15: Dtn 32,5 • 16: Jes 65,23 G; 49,4 • 18: 3,1.

DIE PLÄNE DES APOSTELS: 2,19–30

19 Ich hoffe aber im Vertrauen auf Jesus,
den Herrn, dass ich Timotheus bald zu euch
schicken kann, damit auch ich ermutigt wer-
de, wenn ich erfahre, wie es um euch steht.
20 Ich habe keinen Gleichgesinnten, der so
aufrichtig um eure Sache besorgt ist; 21 denn

2,6–11 Paulus greift hier einen Hymnus auf, in dem der Weg Christi von seinem vorzeitlichen Sein über seine Menschwerdung und seinen Tod bis zur Erhöhung und Einsetzung zum Herrscher des Alls beschrieben wird. Der im Lied betonte Gehorsam Jesu wird der Gemeinde als Vorbild gegenseitigen Dienens vor Augen gestellt.

alle suchen ihren Vorteil, nicht die Sache
Jesu Christi. 22 Ihr wisst ja, wie er sich be-
währt hat: Wie ein Kind dem Vater – so hat
er mit mir zusammen dem Evangelium ge-
dient. 23 Ihn also hoffe ich schicken zu kön-
nen, sobald ich meine Lage übersehe. 24 Doch
ich habe die Zuversicht im Herrn, dass auch
ich bald kommen kann.

25 Ich hielt es aber für notwendig, Ep-
aphroditus, meinen Bruder, Mitarbeiter und
Mitstreiter, euren Abgesandten und Helfer
in meiner Not, zu euch zu schicken. 26 Er
sehnte sich danach, euch alle wieder zu se-
hen, und war beunruhigt, weil ihr gehört hat-
tet, dass er krank geworden war. 27 Er war
tatsächlich so krank, dass er dem Tod nahe
war. Aber Gott hatte Erbarmen mit ihm, und
nicht nur mit ihm, sondern auch mit mir, da-
mit ich nicht vom Kummer überwältigt wür-
de. 28 Umso mehr beeile ich mich, ihn zu
schicken, damit ihr euch wieder freut, wenn
ihr ihn seht, und auch ich weniger Kummer
habe. 29 Nehmt ihn also im Herrn mit aller
Freude auf und haltet Menschen wie ihn in
Ehren, 30 denn wegen seiner Arbeit für Chris-
tus kam er dem Tod nahe. Er hat sein Leben
aufs Spiel gesetzt, um zu vollenden, was an
eurem Dienst für mich noch gefehlt hat.

19: Apg 16,1.

DAS LEBEN DES CHRISTEN – DAS VORBILD DES APOSTELS: 3,1 – 4,9

Standhaftigkeit im Glauben: 3,1–6

3 Vor allem, meine Brüder, freut euch im
Herrn! Euch immer das Gleiche zu
schreiben wird mir nicht lästig, euch aber
macht es sicher. 2 Gebt Acht auf diese Hun-
de, gebt Acht auf die falschen Lehrer, gebt
Acht auf die Verschnittenen! 3 Denn die Be-
schnittenen sind wir, die wir im Geist Gottes
dienen und uns in Christus Jesus rühmen
und nicht auf irdische Vorzüge vertrauen,
4 obwohl ich mein Vertrauen auch auf irdi-
sche Vorzüge setzen könnte. Wenn ein ande-
rer meint, er könne auf irdische Vorzüge ver-
trauen, so könnte ich es noch mehr. 5 Ich
wurde am achten Tag beschnitten, bin aus
dem Volk Israel, vom Stamm Benjamin, ein
Hebräer von Hebräern, lebte als Pharisäer
nach dem Gesetz, 6 verfolgte voll Eifer die
Kirche und war untadelig in der Gerechtig-
keit, wie sie das Gesetz vorschreibt.

1: 2,18; 4,4 • 4f: 2 Kor 11,18.22.

Sehnsucht nach voller Gemeinschaft mit Christus: 3,7–21

7 Doch was mir damals ein Gewinn war,
das habe ich um Christi Willen als Verlust
erkannt. 8 Ja noch mehr: ich sehe alles als
Verlust an, weil die Erkenntnis Christi Jesu,
meines Herrn, alles übertrifft. Seinetwegen
habe ich alles aufgegeben und halte es für
Unrat, um Christus zu gewinnen 9 und in ihm
zu sein. Nicht meine eigene Gerechtigkeit
suche ich, die aus dem Gesetz hervorgeht,
sondern jene, die durch den Glauben an
Christus kommt, die Gerechtigkeit, die Gott
aufgrund des Glaubens schenkt. 10 Christus
will ich erkennen und die Macht seiner Auf-
erstehung und die Gemeinschaft mit seinen
Leiden; sein Tod soll mich prägen. 11 So hoffe
ich, auch zur Auferstehung von den Toten zu
gelangen.

12 Nicht dass ich es schon erreicht hätte
oder dass ich schon vollendet wäre. Aber ich
strebe danach, es zu ergreifen, weil auch ich
von Christus Jesus ergriffen worden bin.
13 Brüder, ich bilde mir nicht ein, dass ich es
schon ergriffen hätte. Eines aber tue ich: Ich
vergesse, was hinter mir liegt, und strecke
mich nach dem aus, was vor mir ist. 14 Das
Ziel vor Augen, jage ich nach dem Sieges-
preis: der himmlischen Berufung, die Gott
uns in Christus Jesus schenkt.

15 Das wollen wir bedenken, wir Vollkom-
menen. Und wenn ihr anders über etwas
denkt, wird Gott euch auch das offenbaren.
16 Nur müssen wir festhalten, was wir er-
reicht haben.

17 Ahmt auch ihr mich nach, Brüder, und
achtet auf jene, die nach dem Vorbild leben,
das ihr an uns habt. 18 Denn viele – von denen
ich oft zu euch gesprochen habe, doch jetzt
unter Tränen spreche – leben als Feinde des
Kreuzes Christi. 19 Ihr Ende ist das Verder-
ben, ihr Gott der Bauch; ihr Ruhm besteht in
ihrer Schande; Irdisches haben sie im Sinn.
20 Unsere Heimat aber ist im Himmel. Von
dorther erwarten wir auch Jesus Christus,
den Herrn, als Retter, 21 der unseren armseli-

3,2 die falschen Lehrer, wörtlich: die schlechten Arbeiter. – »Verschnitten« bedeutet so viel wie »kastriert«; ironische Anspielung auf die Beschneidung (vgl. Gal 5,12).

gen Leib verwandeln wird in die Gestalt seines verherrlichten Leibes, in der Kraft, mit der er sich alles unterwerfen kann.

9: Röm 1,17; 3,21 • 10: Röm 6,3–5 • 17: 1 Kor 11,1 • 19: Röm 16,18 • 20: Hebr 12,22.

Christliche Grundhaltungen: 4,1–9

4 Darum, meine geliebten Brüder, nach
denen ich mich sehne, meine Freude
und mein Ehrenkranz, steht fest in der Ge-
meinschaft mit dem Herrn, liebe Brüder.
2 Ich ermahne Evodia und ich ermahne Syn-
tyche, einmütig zu sein im Herrn. 3 Ja, ich
bitte auch dich, treuer Gefährte, nimm dich
ihrer an! Sie haben mit mir für das Evange-
lium gekämpft, zusammen mit Klemens und
meinen anderen Mitarbeitern. Ihre Namen
stehen im *Buch des Lebens*.
4 Freut euch im Herrn zu jeder Zeit! Noch
einmal sage ich: Freut euch! 5 Eure Güte
werde allen Menschen bekannt. Der Herr ist
nahe. 6 Sorgt euch um nichts, sondern bringt
in jeder Lage betend und flehend eure Bitten
mit Dank vor Gott! 7 Und der Friede Gottes,
der alles Verstehen übersteigt, wird eure
Herzen und eure Gedanken in der Gemein-
schaft mit Christus Jesus bewahren.
8 Schließlich, Brüder: Was immer wahrhaft,
edel, recht, was lauter, liebenswert, anspre-
chend ist, was Tugend heißt und lobenswert
ist, darauf seid bedacht! 9 Was ihr gelernt
und angenommen, gehört und an mir gese-
hen habt, das tut! Und der Gott des Friedens
wird mit euch sein.

3: Ps 69,29; Offb 3,5 • 4: 3,1 • 5: 1 Kor 7,29; 1 Petr 4,7 • 9: Röm 15,33.

DANK DES APOSTELS: 4,10–20

10 Ich habe mich im Herrn besonders ge-
freut, dass ihr eure Sorge für mich wieder
einmal entfalten konntet. Ihr hattet schon
daran gedacht, aber es fehlte euch die Gele-
genheit dazu. 11 Ich sage das nicht, weil ich
etwa Mangel leide. Denn ich habe gelernt,
mich in jeder Lage zurechtzufinden: 12 Ich
weiß Entbehrungen zu ertragen, ich kann im
Überfluss leben. In jedes und alles bin ich ein-
geweiht: in Sattsein und Hungern, Überfluss
und Entbehrung. 13 Alles vermag ich durch
ihn, der mir Kraft gibt. 14 Trotzdem habt ihr
recht daran getan, an meiner Bedrängnis
teilzunehmen. 15 Ihr wisst selbst, ihr Philip-
per, dass ich beim Beginn der Verkündigung
des Evangeliums, als ich aus Mazedonien
aufbrach, mit keiner Gemeinde durch Geben
und Nehmen verbunden war außer mit euch
16 und dass ihr mir in Thessalonich und auch
sonst das eine und andere Mal etwas ge-
schickt habt, um mir zu helfen. 17 Es geht mir
nicht um die Gabe, es geht mir um den Ge-
winn, der euch mit Zinsen gutgeschrieben
wird. 18 Ich habe alles empfangen und habe
jetzt mehr als genug. Mir fehlt nichts mehr,
seit ich von Epaphroditus eure Gaben er-
hielt, ein schönes Opfer, eine angenehme Op-
fergabe, die Gott gefällt. 19 Mein Gott aber
wird euch durch Christus Jesus alles, was ihr
nötig habt, aus dem Reichtum seiner Herr-
lichkeit schenken. 20 Unserem Gott und Va-
ter sei die Ehre in alle Ewigkeit! Amen.

20: Röm 16,27.

DER SCHLUSS DES BRIEFES: GRÜSSE UND SEGENSWÜNSCHE: 4,21–23

21 Grüßt jeden Heiligen in Christus Jesus!
Es grüßen euch die Brüder, die bei mir sind.
22 Es grüßen euch alle Heiligen, besonders
die aus dem Haus des Kaisers. 23 Die Gnade
Jesu Christi, des Herrn, sei mit eurem
Geist!

4,3 treuer Gefährte: im griechischen Text steht Syzygos, was auch männlicher Eigenname sein könnte.

4,18 ein schönes Opfer, wörtlich: einen wohlriechenden Duft.

Der Brief an die Kolosser

Kolossä war eine Stadt im westlichen Teil Kleinasiens (Phrygien), am Oberlauf des Flusses Lykos. In diesem Gebiet missionierte nicht Paulus, sondern in seinem Auftrag Epaphras, der im Brief lobend erwähnt wird (1,7f; 4,12f). Paulus ist der Gemeinde persönlich nicht bekannt (2,1). Der gedankliche Abstand zu den älteren Paulusbriefen macht es wahrscheinlich, dass der Brief spät, entweder in der Gefangenschaft des Apostels in Cäsarea (Apg 23,33 – 26,32) um 57–59 oder in Rom nach 59–60 n. Chr. (Apg 28,16–31), abgefasst wurde. Manche Forscher halten den Brief für das Schreiben eines Paulusschülers. Den Anlass des Schreibens bildete eine in die Gemeinde eingedrungene Irrlehre, die eine merkwürdige Frömmigkeit in Verbindung mit Schicksalsglauben und Verehrung von Gestirnen vertrat, den Christusglauben jedoch bestehen ließ. Durch den Brief soll die Gemeinde zu der durch Epaphras vermittelten apostolischen Lehre zurückgeführt werden.

Nach Dank und Fürbitte (1,3–11) erinnert der Apostel die Gemeinde mit einem Christuslied (1,12–20) an das verpflichtende Bekenntnis. Die Gedanken des Liedes werden auf die Gemeinde bezogen (1,21–23) und im Hinblick auf den Apostel und auf Christus vertieft (1,24 – 2,7). Es schließt sich die Warnung vor den Irrlehrern an, in der die Kolosser an die Gaben erinnert werden, die sie in der Taufe empfangen haben (2,8–23). Ein weiterer Teil enthält Ermahnungen für Getaufte (3,1–17), Belehrungen in Form einer »Haustafel«, die sich an die verschiedenen Stände richten (3,18 – 4,1), und Weisungen für die gesamte Gemeinde (4,2–6). Eine lange Liste von Grüßen und einzelnen persönlichen Anweisungen beendet das Schreiben (4,7–18).

Für den Glauben der Kirche gewann der Brief Bedeutung wegen seiner Aussagen über Christus, die im Christuslied zusammengefasst sind.

ANSCHRIFT UND GRUSS: 1,1–2

1 Paulus, durch den Willen Gottes Apos-
tel Christi Jesu, und der Bruder Timo-
theus 2 an die heiligen Brüder in Kolossä, die
an Christus glauben. Gnade sei mit euch und
Friede von Gott, unserem Vater.

1: Eph 1,1 • 2: Röm 1,7.

GOTTES HEILSPLAN: 1,3–23

Dank für die Gemeinde: 1,3–8

3 Wir danken Gott, dem Vater Jesu Christi,
unseres Herrn, jedes Mal, wenn wir für euch
beten. 4 Denn wir haben von eurem Glauben
an Christus Jesus gehört und von der Liebe,
die ihr zu allen Heiligen habt, 5 weil im Him-
mel die Erfüllung eurer Hoffnung für euch
bereitliegt. Schon früher habt ihr davon ge-
hört durch das wahre Wort des Evangeliums,
6 das zu euch gelangt ist. Wie in der ganzen
Welt, so trägt es auch bei euch Frucht und
wächst seit dem Tag, an dem ihr den Ruf der
göttlichen Gnade vernommen und in Wahr-
heit erkannt habt. 7 So habt ihr es von
Epaphras, unserem geliebten Mitarbeiter,
gelernt. Er ist an unserer Stelle ein treuer
Diener Christi 8 und er hat uns auch von der
Liebe berichtet, die der Geist in euch be-
wirkt hat.

3: Eph 1,15f • 7: Phlm 23.

Fürbitte für die Gemeinde: 1,9–11

9 Seit dem Tag, an dem wir davon erfahren
haben, hören wir nicht auf, inständig für
euch zu beten, dass ihr in aller Weisheit und
Einsicht, die der Geist schenkt, den Willen

1,7 Epaphras hatte als Missionar das Evangelium nach Kolossä gebracht.

des Herrn ganz erkennt. 10 Denn ihr sollt ein
Leben führen, das des Herrn würdig ist und
in allem sein Gefallen findet. Ihr sollt Frucht
bringen in jeder Art von guten Werken und
wachsen in der Erkenntnis Gottes. 11 Er gebe
euch in der Macht seiner Herrlichkeit viel
Kraft, damit ihr in allem Geduld und Aus-
dauer habt.

9: Eph 1,15–17.

Loblied auf Christus, das Ebenbild Gottes: 1,12–20

12 Dankt dem Vater mit Freude! Er hat
euch fähig gemacht, Anteil zu haben am Los
der Heiligen, die im Licht sind.
13 Er hat uns der Macht der Finsternis ent-
rissen und aufgenommen in das Reich seines
geliebten Sohnes. 14 Durch ihn haben wir die
Erlösung, die Vergebung der Sünden.
15 Er ist das Ebenbild des unsichtbaren
Gottes, / der Erstgeborene der ganzen
Schöpfung.
16 Denn in ihm wurde alles erschaffen / im
Himmel und auf Erden, / das Sichtbare und
das Unsichtbare, / Throne und Herrschaften,
Mächte und Gewalten; / alles ist durch ihn
und auf ihn hin geschaffen.
17 Er ist vor aller Schöpfung, / in ihm hat
alles Bestand.
18 Er ist das Haupt des Leibes, / der Leib
aber ist die Kirche. / Er ist der Ursprung, /
der Erstgeborene der Toten; / so hat er in al-
lem den Vorrang.
19 Denn Gott wollte mit seiner ganzen Fül-
le in ihm wohnen, / 20 um durch ihn alles zu
versöhnen.
Alles im Himmel und auf Erden wollte er
zu Christus führen, / der Friede gestiftet hat
am Kreuz durch sein Blut.

14: Eph 1,7 • 15: 2 Kor 4,4 • 16: Eph 1,21 • 18: Eph 1,22f • 20: Eph 1,10.

Aufruf an die Gemeinde: 1,21–23

21 Auch ihr standet ihm einst fremd und
feindlich gegenüber; denn euer Sinn trieb
euch zu bösen Taten. 22 Jetzt aber hat er euch
durch den Tod seines sterblichen Leibes ver-
söhnt, um euch heilig, untadelig und schuld-
los vor sich treten zu lassen. 23 Doch müsst
ihr unerschütterlich und unbeugsam am
Glauben festhalten und dürft euch nicht von
der Hoffnung abbringen lassen, die euch das
Evangelium schenkt. In der ganzen Schöp-
fung unter dem Himmel wurde das Evange-
lium verkündet; ihr habt es gehört, und ich,
Paulus, diene ihm.

21: Eph 2,14–16.

DER APOSTEL UND DIE GEMEINDE: 1,24 – 2,23

Diener der Kirche für alle Menschen: 1,24–29

24 Jetzt freue ich mich in den Leiden, die
ich für euch ertrage. Für den Leib Christi,
die Kirche, ergänze ich in meinem irdischen
Leben das, was an den Leiden Christi noch
fehlt. 25 Ich diene der Kirche durch das Amt,
das Gott mir übertragen hat, damit ich euch
das Wort Gottes in seiner Fülle verkündige,
26 jenes Geheimnis, das seit ewigen Zeiten
und Generationen verborgen war. Jetzt wur-
de es seinen Heiligen offenbart; 27 Gott woll-
te ihnen zeigen, wie reich und herrlich dieses
Geheimnis unter den Völkern ist: Christus ist
unter euch, er ist die Hoffnung auf Herrlich-
keit. 28 Ihn verkündigen wir; wir ermahnen
jeden Menschen und belehren jeden mit aller
Weisheit, um dadurch alle in der Gemein-
schaft mit Christus vollkommen zu machen.
29 Dafür kämpfe ich unter vielen Mühen;
denn seine Kraft wirkt mit großer Macht in
mir.

26: Röm 16,25f; 1 Kor 2,7; Eph 3,3.9 • 28: Eph 4,13.

Der Glaube der Gemeinde: 2,1–7

2 Ihr sollt wissen, was für einen schweren
Kampf ich für euch und für die Gläubi-
gen in Laodizea zu bestehen habe, auch für
alle anderen, die mich persönlich nie gesehen
haben. 2 Dadurch sollen sie getröstet werden;
sie sollen in Liebe zusammenhalten, um die
tiefe und reiche Einsicht zu erlangen und das
göttliche Geheimnis zu erkennen, das Chris-
tus ist. 3 In ihm sind alle Schätze der Weis-
heit und Erkenntnis verborgen. 4 Das sage

1,12 Mit den »Heiligen« sind hier wahrscheinlich die Engel gemeint.

1,15–20 Ein Hymnus, der Christus als den Mittler der Schöpfung und Erlösung preist. Der Hymnus wurde von Paulus vermutlich aus der frühchristlichen Liturgie übernommen.

1,24 Die Leiden, die der Apostel in Ausübung seines Amtes zu ertragen hat, werden im Blick auf den Tod Jesu als stellvertretender Dienst für die Kirche gedeutet.

ich, damit euch niemand durch Überredungskünste täuscht. 5 Auch wenn ich fern von euch weile, bin ich im Geist bei euch. Mit Freude sehe ich, wie fest und geordnet euer Glaube an Christus ist. 6 Ihr habt Christus Jesus als Herrn angenommen. Darum lebt auch in ihm! 7 Bleibt in ihm verwurzelt und auf ihn gegründet und haltet an dem Glauben fest, in dem ihr unterrichtet wurdet. Hört nicht auf zu danken!

3: Jes 45,3; Spr 2,2f • 7: Eph 2,20; 3,17.

Warnung vor Irrlehrern: 2,8–23

8 Gebt Acht, dass euch niemand mit seiner Philosophie und falschen Lehre verführt, die sich nur auf menschliche Überlieferung stützen und sich auf die Elementarmächte der Welt, nicht auf Christus berufen. 9 Denn in ihm allein wohnt wirklich die ganze Fülle Gottes. 10 Durch ihn seid auch ihr davon erfüllt; denn er ist das Haupt aller Mächte und Gewalten. 11 In ihm habt ihr eine Beschneidung empfangen, die man nicht mit Händen vornimmt, nämlich die Beschneidung, die Christus gegeben hat. Wer sie empfängt, sagt sich los von seinem vergänglichen Körper. 12 Mit Christus wurdet ihr in der Taufe begraben, mit ihm auch auferweckt, durch den Glauben an die Kraft Gottes, der ihn von den Toten auferweckt hat. 13 Ihr wart tot infolge eurer Sünden, und euer Leib war unbeschnitten; Gott aber hat euch mit Christus zusammen lebendig gemacht und uns alle Sünden vergeben. 14 Er hat den Schuldschein, der gegen uns sprach, durchgestrichen und seine Forderungen, die uns anklagten, aufgehoben. Er hat ihn dadurch getilgt, dass er ihn an das Kreuz geheftet hat. 15 Die Fürsten und Gewalten hat er entwaffnet und öffentlich zur Schau gestellt; durch Christus hat er über sie triumphiert.

16 Darum soll euch niemand verurteilen wegen Speise und Trank oder wegen eines Festes, ob Neumond oder Sabbat. 17 Das alles ist nur ein Schatten von dem, was kommen wird, die Wirklichkeit aber ist Christus. 18 Niemand soll euch verachten, der sich in scheinbarer Demut auf die Verehrung beruft, die er den Engeln erweist, der mit Visionen prahlt und sich ohne Grund nach weltlicher Art wichtig macht. 19 Er hält sich nicht an das Haupt, von dem aus der ganze Leib durch Gelenke und Bänder versorgt und zusammengehalten wird und durch Gottes Wirken wächst. 20 Wenn ihr mit Christus gestorben seid und euch von den Elementen der Welt losgesagt habt, warum lasst ihr euch dann, als würdet ihr noch in der Welt leben, vorschreiben: 21 Berühre das nicht, iss nicht davon, fass das nicht an! 22 Das alles wird verbraucht und dadurch vernichtet. *Menschliche Satzungen und Lehren* sind es. 23 Man sagt zwar, in ihnen liege Weisheit, es sei ein besonderer Kult, ein Zeichen von Demut, seinen Körper zu kasteien. Doch es bringt keine Ehre ein, sondern befriedigt nur die irdische Eitelkeit.

12: Röm 6,4 • 13: Eph 2,1.5 • 15: Eph 1,21 • 17: Hebr 8,5; 10,1 • 19: Eph 2,22; 4,16 • 22: Jes 29,13 G.

WORTE DER MAHNUNG AN DIE GETAUFTEN: 3,1 – 4,6

Der alte und der neue Mensch: 3,1–17

3 Ihr seid mit Christus auferweckt; darum strebt nach dem, was im Himmel ist, wo Christus *zur Rechten Gottes sitzt.* 2 Richtet euren Sinn auf das Himmlische und nicht auf das Irdische! 3 Denn ihr seid gestorben und euer Leben ist mit Christus verborgen in Gott. 4 Wenn Christus, unser Leben, offenbar wird, dann werdet auch ihr mit ihm offenbar werden in Herrlichkeit.

5 Darum tötet, was irdisch an euch ist: die Unzucht, die Schamlosigkeit, die Leidenschaft, die bösen Begierden und die Habsucht, die ein Götzendienst ist. 6 All das zieht den Zorn Gottes nach sich. 7 Früher seid auch ihr darin gefangen gewesen und habt euer Leben davon beherrschen lassen. 8 Jetzt aber sollt ihr das alles ablegen: Zorn, Wut und Bosheit; auch Lästerungen und Zoten sollen nicht mehr über eure Lippen kommen. 9 Belügt einander nicht; denn ihr habt den alten Menschen mit seinen Taten abgelegt

2,8 Die Verehrung und Anerkennung der »Elementarmächte« wurde von manchen Irrlehrern gefordert (vgl. die Anmerkung zu Gal 4,3).

2,11 Die Beschneidung, die Christus gegeben hat: Umschreibung für die Taufe. Der Satz richtet sich vermutlich gegen Irrlehrer, die verlangten, dass man sich auch körperlich beschneiden lasse.

2,16–18 Zur Verehrung der Gestirne, wie sie die Irrlehrer forderten, gehörte die Beachtung verschiedener anderer Vorschriften, z.B. die Einhaltung von Speisegeboten und heiligen Zeiten.

3,6 Nach anderen Textzeugen: Wegen all dem kommt der Zorn Gottes über die Ungehorsamen; vgl. Eph 5,6.

[10] und seid zu einem neuen Menschen gewor-
den, der nach dem Bild seines Schöpfers er-
neuert wird, um ihn zu erkennen. [11] Wo das
geschieht, gibt es nicht mehr Griechen oder
Juden, Beschnittene oder Unbeschnittene,
Fremde, Skythen, Sklaven oder Freie, son-
dern Christus ist alles und in allen. [12] Ihr seid
von Gott geliebt, seid seine auserwählten
Heiligen. Darum bekleidet euch mit aufrich-
tigem Erbarmen, mit Güte, Demut, Milde,
Geduld! [13] Ertragt euch gegenseitig und ver-
gebt einander, wenn einer dem andern etwas
vorzuwerfen hat. Wie der Herr euch verge-
ben hat, so vergebt auch ihr! [14] Vor allem
aber liebt einander, denn die Liebe ist das
Band, das alles zusammenhält und vollkom-
men macht. [15] In eurem Herzen herrsche der
Friede Christi; dazu seid ihr berufen als
Glieder des einen Leibes. Seid dankbar!
[16] Das Wort Christi wohne mit seinem gan-
zen Reichtum bei euch. Belehrt und ermahnt
einander in aller Weisheit! Singt Gott in
eurem Herzen Psalmen, Hymnen und Lieder,
wie sie der Geist eingibt, denn ihr seid
in Gottes Gnade. [17] Alles, was ihr in
Worten und Werken tut, geschehe im Namen
Jesu, des Herrn. Durch ihn dankt Gott, dem
Vater!

1: Eph 2,6; Ps 110,1 • 5: Mt 15,19; Röm 1,29f; Gal 5,19f • 8: Eph 4,31 • 9: Eph 4,22–24 • 10: Gen 1,26f • 11: Gal 3,28 • 12: Eph 4,32 • 14: Eph 4,3f • 15: Röm 12,5 • 16: Eph 5,19.

Christliche Hausordnung: 3,18 – 4,1

[18] Ihr Frauen, ordnet euch euren Männern
unter, wie es sich im Herrn geziemt. [19] Ihr
Männer, liebt eure Frauen und seid nicht
aufgebracht gegen sie! [20] Ihr Kinder, ge-
horcht euren Eltern in allem; denn so ist es
gut und recht im Herrn. [21] Ihr Väter, schüch-
tert eure Kinder nicht ein, damit sie nicht
mutlos werden. [22] Ihr Sklaven, gehorcht eu-
ren irdischen Herren in allem! Arbeitet nicht
nur, um euch bei den Menschen einzu-
schmeicheln und ihnen zu gefallen, sondern
fürchtet den Herrn mit aufrichtigem Herzen!
[23] Tut eure Arbeit gern, als wäre sie für den
Herrn und nicht für Menschen; [24] ihr wisst,
dass ihr vom Herrn euer Erbe als Lohn emp-
fangen werdet. Dient Christus, dem Herrn!
[25] Wer Unrecht tut, wird dafür seine Strafe
erhalten, ohne Ansehen der Person.

4 Ihr Herren, gebt den Sklaven, was recht
und billig ist; ihr wisst, dass auch ihr im
Himmel einen Herrn habt.

3,18 – 4,1: Eph 5,22 – 6,9; 1 Petr 2,18 – 3,7 • 3,25: Röm 2,11.

Mahnungen an alle: 4,2–6

[2] Lasst nicht nach im Beten; seid dabei
wachsam und dankbar! [3] Betet auch für uns,
damit Gott uns eine Tür öffnet für das Wort
und wir das Geheimnis Christi predigen
können, für das ich im Gefängnis bin; [4] betet,
dass ich es wieder offenbaren und verkündi-
gen kann, wie es meine Pflicht ist. [5] Seid
weise im Umgang mit den Außenstehenden,
nutzt die Zeit! [6] Eure Worte seien immer
freundlich, doch mit Salz gewürzt; denn ihr
müsst jedem in der rechten Weise antworten
können.

DER SCHLUSS DES BRIEFES: PERSÖNLICHE MITTEILUNGEN UND GRÜSSE: 4,7–18

[7] Wie es mir geht, wird euch der geliebte
Bruder Tychikus ausführlich berichten. Er
ist mein treuer Helfer und dient mit mir dem
Herrn. [8] Ich schicke ihn eigens zu euch, da-
mit ihr alles über uns erfahrt und damit er
euch Mut zuspricht. [9] Er kommt mit Onesi-
mus, dem treuen und geliebten Bruder, der ja
einer von euch ist. Sie werden euch über al-
les berichten, was hier vor sich geht.

[10] Es grüßt euch Aristarch, der mit mir im
Gefängnis ist, und Markus, der Vetter des
Barnabas. Seinetwegen habt ihr schon An-
weisungen erhalten. Wenn er zu euch
kommt, nehmt ihn auf! [11] Auch Jesus, ge-
nannt Justus, grüßt euch. Von den Juden
sind sie die Einzigen, die mit mir für das
Reich Gottes arbeiten; durch sie bin ich
getröstet worden. [12] Es grüßt euch euer
Epaphras, der Knecht Christi Jesu. Immer
kämpft er für euch im Gebet, dass ihr voll-
kommen werdet und ganz durchdrungen
seid vom Willen Gottes. [13] Ich bezeuge, dass
er sich große Mühe gibt um euch und um die
Gläubigen in Laodizea und Hiërapolis.
[14] Auch der Arzt Lukas, unser lieber Freund,
und Demas grüßen euch. [15] Grüßt die Brüder

4,9 Onesimus ist der in Phlm 10–12 erwähnte Sklave des Philemon.

4,13 Hiërapolis ist eine phrygische Stadt nördlich von Kolossä.

4,15 Nach anderen Textzeugen: auch Nymphas und die Gemeinde in seinem Haus.

in Laodizea, auch Nympha und die Gemein-
de in ihrem Haus. 16 Wenn der Brief bei euch
vorgelesen worden ist, sorgt dafür, dass er
auch in der Gemeinde von Laodizea bekannt
wird, und den Brief an die Laodizener lest
auch bei euch vor! 17 Sagt dem Archippus:
Achte darauf, dass du den Dienst erfüllst,
den du im Auftrag des Herrn übernommen
hast.
18 Den Gruß schreibe ich, Paulus, eigen-
händig. Denkt an meine Fesseln! Die Gnade
sei mit euch!

7: Eph 6,21f • 9: Phlm 10 • 12: 1,7 • 14: 2 Tim 4,11 • 18: 1 Kor 16,21; Eph 3,1.

Der erste Brief an die Thessalonicher

Der erste Brief an die Gemeinde von Thessalonich ist der älteste der uns erhaltenen Paulusbriefe. Paulus hatte auf seiner zweiten Missionsreise zusammen mit Timotheus die Gemeinde von Thessalonich um das Jahr 50 n.Chr gegründet, musste aber nach kurzem Wirken die Stadt verlassen (vgl. Apg 17,1–9). Von Athen aus schickte er Timotheus nach Thessalonich zurück, um sich über den Stand der jungen Gemeinde zu unterrichten. In Korinth (Apg 18,1–6) traf er mit Timotheus wieder zusammen und schrieb den uns vorliegenden Brief.

Der 1. Thessalonicherbrief ist ein echt seelsorgliches Schreiben, das seine Existenz einer bestimmten Situation des Apostels und der Gemeinde verdankt. Der erste Teil (1,2 – 3,13) blickt voll Dank zurück auf die Gründung der Gemeinde und die inzwischen vergangene Zeit. Der zweite Teil (4,1 – 5,22) enthält apostolische Mahnungen und Belehrungen: Aufforderung zur Heiligung des Lebens (4,1–12), Auskunft über die Hoffnung der Christen (4,13–18), Mahnung zur Wachsamkeit angesichts der zeitlich nicht bestimmbaren Ankunft des Herrn (5,1–11), Anweisungen für das Gemeindeleben (5,12–22).

Die Bedeutung des Briefs liegt in den Aussagen über die Missionspredigt vor Heiden (1,2–10), über das Wort Gottes (2,13), die Heiligung des Lebens (4,1–12) und die Erwartung der Wiederkunft Christi (4,13 – 5,10).

ANSCHRIFT UND GRUSS: 1,1

1 Paulus, Silvanus und Timotheus an die
Gemeinde von Thessalonich, die in
Gott, dem Vater, und in Jesus Christus, dem
Herrn, ist: Gnade sei mit euch und Friede.

1: 2 Thess 1,1.

DER APOSTEL UND DIE GEMEINDE: 1,2 – 3,13

Die Thessalonicher – ein Vorbild für die Heidenchristen: 1,2–10

2 Wir danken Gott für euch alle, sooft wir
in unseren Gebeten an euch denken; 3 unab-
lässig erinnern wir uns vor Gott, unserem
Vater, an das Werk eures Glaubens, an die
Opferbereitschaft eurer Liebe und an die
Standhaftigkeit eurer Hoffnung auf Jesus

4,16 Der Brief an die Gemeinde von Laodizea ist verloren gegangen.
1,1 Thessalonich (Thessaloniki) war in römischer Zeit Hauptstadt der Provinz Mazedonien. Wegen ihrer günstigen Lage an der Rom mit Byzanz verbindenden Fernstraße »Via Egnatia« war sie ein bedeutender Handelsplatz. – Silvanus (latinisierte Form des Namens Silas) stammte aus der Jerusalemer Urgemeinde. Er kam nach Antiochia, von wo Paulus ihn auf die zweite Missionsreise mitnahm (Apg 15,40). – Timotheus, Sohn eines heidnischen Vaters und einer judenchristlichen Mutter mit Namen Eunike, wohl schon auf der ersten Missionsreise von Paulus zum Glauben bekehrt, begleitete den Apostel von Lystra an auf seiner zweiten Reise (vgl. Apg 16,1–3; 2 Tim 1,5).
1,3 Zur Dreiheit Glaube – Hoffnung – Liebe vgl. 5,8; 1 Kor 13,13; Eph 1,16–18; Kol 1,4f; Hebr 10,22–24.

Christus, unseren Herrn. 4 Wir wissen, von Gott geliebte Brüder, dass ihr erwählt seid. 5 Denn wir haben euch das Evangelium nicht nur mit Worten verkündet, sondern auch mit Macht und mit dem Heiligen Geist und mit voller Gewissheit; ihr wisst selbst, wie wir bei euch aufgetreten sind, um euch zu gewinnen. 6 Und ihr seid unserem Beispiel gefolgt und dem des Herrn; ihr habt das Wort trotz großer Bedrängnis mit der Freude aufgenommen, die der Heilige Geist gibt. 7 So wurdet ihr ein Vorbild für alle Gläubigen in Mazedonien und in Achaia. 8 Von euch aus ist das Wort des Herrn aber nicht nur nach Mazedonien und Achaia gedrungen, sondern überall ist euer Glaube an Gott bekannt geworden, sodass wir darüber nichts mehr zu sagen brauchen. 9 Denn man erzählt sich überall, welche Aufnahme wir bei euch gefunden haben und wie ihr euch von den Götzen zu Gott bekehrt habt, um dem lebendigen und wahren Gott zu dienen 10 und seinen Sohn vom Himmel her zu erwarten, Jesus, den er von den Toten auferweckt hat und der uns dem kommenden Gericht Gottes entreißt.

2: 2 Thess 1,3 • 4: 2 Thess 2,13 • 7: Phil 3,17 • 9: Apg 14,15; Joh 17,3 • 10: Apg 17,31; Tit 2,13.

Rückblick auf das erste Wirken des Apostels: 2,1–12

2 Ihr wisst selbst, Brüder, dass wir nicht vergebens zu euch gekommen sind. 2 Wir hatten vorher in Philippi viel zu leiden und wurden misshandelt, wie ihr wißt; dennoch haben wir im Vertrauen auf unseren Gott das Evangelium Gottes trotz harter Kämpfe freimütig und furchtlos bei euch verkündet. 3 Denn wir predigen nicht, um euch irrezuführen, in schmutziger Weise auszunutzen oder zu betrügen, 4 sondern wir tun es, weil Gott uns geprüft und uns das Evangelium anvertraut hat, nicht also um den Menschen, sondern um Gott zu gefallen, der unsere *Herzen prüft.* 5 Nie haben wir mit unseren Worten zu schmeicheln versucht, das wisst ihr, und nie haben wir aus versteckter Habgier gehandelt, dafür ist Gott Zeuge. 6 Wir haben auch keine Ehre bei den Menschen gesucht, weder bei euch noch bei anderen, 7 obwohl wir als Apostel Christi unser Ansehen hätten geltend machen können. Im Gegenteil, wir sind euch freundlich begegnet: Wie eine Mutter für ihre Kinder sorgt, 8 so waren wir euch zugetan und wollten euch nicht nur am Evangelium Gottes teilhaben lassen, sondern auch an unserem eigenen Leben; denn ihr wart uns sehr lieb geworden. 9 Ihr erinnert euch, Brüder, wie wir uns gemüht und geplagt haben. Bei Tag und Nacht haben wir gearbeitet, um keinem von euch zur Last zu fallen, und haben euch so das Evangelium Gottes verkündet. 10 Ihr seid Zeugen, und auch Gott ist Zeuge, wie gottgefällig, gerecht und untadelig wir uns euch, den Gläubigen, gegenüber verhalten haben. 11 Ihr wisst auch, dass wir, wie ein Vater seine Kinder, jeden Einzelnen von euch 12 ermahnt, ermutigt und beschworen haben zu leben, wie es Gottes würdig ist, der euch zu seinem Reich und zu seiner Herrlichkeit beruft.

4: Jer 11,20 • 9: Apg 20,34; 1 Kor 4,12; 9,12–18 • 11: 1 Kor 4,15 • 12: Eph 4,1; Phil 1,27; 2 Thess 1,5; 1 Petr 5,10.

Die Aufnahme des Evangeliums durch die Gemeinde: 2,13–16

13 Darum danken wir Gott unablässig dafür, dass ihr das Wort Gottes, das ihr durch unsere Verkündigung empfangen habt, nicht als Menschenwort, sondern – was es in Wahrheit ist – als Gottes Wort angenommen habt; und jetzt ist es in euch, den Gläubigen, wirksam. 14 Denn, Brüder, ihr seid den Gemeinden Gottes in Judäa gleich geworden, die sich zu Christus Jesus bekennen. Ihr habt von euren Mitbürgern das Gleiche erlitten wie jene von den Juden. 15 Diese haben sogar Jesus, den Herrn, und die Propheten getötet; auch uns haben sie verfolgt. Sie missfallen Gott und sind Feinde aller Menschen; 16 sie hindern uns daran, den Heiden das Evangelium zu verkünden und ihnen so das Heil zu bringen. Dadurch *machen sie* unablässig *das Maß ihrer Sünden voll.* Aber der ganze Zorn ist schon über sie gekommen.

13: Hebr 4,2; Gal 1,11f; 2 Thess 2,13f • 15: Mt 23,31f; Apg 2,23; 7,52; Röm 11,28 • 16: Mt 23,13; Gen 15,16; Dan 8,23.

Der verhinderte Besuch: 2,17–20

17 Für kurze Zeit, Brüder, sind wir verwaist, weil ihr uns fern seid, den Augen fern,

---

1,6 Die Bedrängnis war durch die von Juden angezettelte Verfolgung verursacht (vgl. Apg 17,5–9).

1,10 dem kommenden Gericht Gottes, wörtlich: dem kommenden Zorn.

2,3–12 Paulus spielt wohl auf die Verdächtigungen an, die vonseiten seiner Feinde gegen ihn ausgestreut werden.

2,9 Paulus arbeitete als Zeltmacher oder Zelttuchweber, um der Gemeinde nicht zur Last zu fallen (vgl. Apg 18,3).

2,15f Die Schärfe der Anklage gegen die Juden erklärt sich daraus, dass sie in allen Gemeinden die Missionsarbeit des Apostels zu stören versuchten.

nicht dem Herzen; deshalb haben wir uns in größter Sehnsucht umso eifriger bemüht, euch wieder zu sehen. [18] Ja, wir hatten uns fest vorgenommen, zu euch zu kommen, und das wollte ich, Paulus, schon einige Male; aber der Satan hat uns daran gehindert. [19] Denn wer ist unsere Hoffnung, unsere Freude, der Kranz unseres Ruhmes vor Jesus, unserem Herrn, wenn er kommen wird? Nicht etwa auch ihr? [20] Ja, ihr seid unsere Ehre und Freude.

Die Entsendung des Timotheus: 3,1–5

3 Darum hielten wir es nicht länger aus; wir beschlossen, allein in Athen zurückzubleiben, [2] und schickten Timotheus, unseren Bruder und Gottes Mitarbeiter am Evangelium Christi, um euch zu stärken und in eurem Glauben aufzurichten, [3] damit keiner wankt in diesen Bedrängnissen. Ihr wisst selbst: Für sie sind wir bestimmt. [4] Denn als wir noch bei euch waren, haben wir euch vorausgesagt, dass wir in Bedrängnis geraten werden; und so ist es, wie ihr wisst, auch eingetroffen. [5] Darum ertrug ich es auch nicht länger; ich schickte Timotheus, um über euren Glauben Gewissheit zu erhalten und zu erfahren, ob nicht der Versucher euch in Versuchung geführt hat und unsere Mühe vergeblich war.

1: Apg 17,14f • 3: 2 Tim 3,12; 2 Thess 1,4.

Die Freude des Apostels über den Stand der Gemeinde: 3,6–10

[6] Inzwischen ist aber Timotheus von euch zu uns zurückgekommen und hat uns gute Nachricht von eurem Glauben und eurer Liebe gebracht; er hat uns auch berichtet, dass ihr uns stets in guter Erinnerung bewahrt und euch danach sehnt, uns zu sehen, wie auch wir euch sehen möchten. [7] Darum, Brüder, wurden wir beim Gedanken an euch in all unserer Not und Bedrängnis durch euren Glauben getröstet; [8] jetzt leben wir auf, weil ihr fest in der Gemeinschaft mit dem Herrn steht. [9] Wie können wir Gott euretwegen genug danken für all die Freude, die uns um euretwillen vor unserem Gott erfüllt? [10] Bei Tag und Nacht bitten wir inständig darum, euch wieder zu sehen und an eurem Glauben zu ergänzen, was ihm noch fehlt.

6: Apg 18,5 • 7: 2 Thess 1,4.

Segenswunsch des Apostels: 3,11–13

[11] Gott, unser Vater, und Jesus, unser Herr, mögen unsere Schritte zu euch lenken. [12] Euch aber lasse der Herr wachsen und reich werden in der Liebe zueinander und zu allen, wie auch wir euch lieben, [13] damit euer Herz gefestigt wird und ihr ohne Tadel seid, geheiligt vor Gott, unserem Vater, wenn Jesus, unser Herr, mit allen seinen Heiligen kommt.

13: 5,23; 2 Thess 1,7.10.

WEISUNGEN FÜR DAS CHRISTLICHE LEBEN: 4,1 – 5,22

Aufforderung zur Heiligung des Lebens: 4,1–12

4 Im Übrigen, Brüder, bitten und ermahnen wir euch im Namen Jesu, des Herrn: Ihr habt von uns gelernt, wie ihr leben müsst, um Gott zu gefallen, und ihr lebt auch so; werdet darin noch vollkommener! [2] Ihr wisst ja, welche Ermahnungen wir euch im Auftrag Jesu, des Herrn, gegeben haben. [3] Das ist es, was Gott will: eure Heiligung. Das bedeutet, dass ihr die Unzucht meidet, [4] dass jeder von euch lernt, mit seiner Frau in heiliger und achtungsvoller Weise zu verkehren, [5] nicht in leidenschaftlicher Begierde wie *die Heiden, die Gott nicht kennen,* [6] und dass keiner seine Rechte überschreitet und seinen Bruder bei Geschäften betrügt, denn all das rächt der Herr, wie wir euch schon früher gesagt und bezeugt haben. [7] Denn Gott hat uns nicht dazu berufen, unrein zu leben, sondern

3,1–5 Die von den Juden geschürten Feindseligkeiten und Verfolgungen haben offenbar auch nach dem Weggang des Apostels noch angehalten (vgl. 2,14). In ihnen erfüllte sich die Vorhersage des Herrn (vgl. Mt 10,17f; 24,9).
3,11 Erst auf der dritten Missionsreise konnte Paulus die Gemeinde wieder sehen (vgl. Apg 19,21; 20,1–4).
3,13 Unter den »Heiligen« sind hier Engel zu verstehen (vgl. Sach 14,5; Kol 1,12; Eph 2,19; Mt 25,31).
4,4 Andere Übersetzungsmöglichkeit: dass jeder von euch seinen Leib in heiliger und ehrbarer Weise bewahrt. – Das hier im Griechischen verwendete Wort »Gefäß« (skenos) kann in übertragener Bedeutung sowohl den Leib des Menschen als auch (in rabbinischer Ausdrucksweise) die Ehefrau bezeichnen.
4,6 Andere Übersetzungsmöglichkeit: und dass keiner sich gegen seinen Bruder in der betreffenden Sache Übergriffe erlaubt. – In diesem Fall wäre vom Ehebruch die Rede.

heilig zu sein. 8 Wer das verwirft, der verwirft also nicht Menschen, sondern Gott, der euch *seinen* Heiligen *Geist schenkt.*

9 Über die Bruderliebe brauche ich euch nicht zu schreiben; Gott selbst hat euch schon gelehrt, einander zu lieben; 10 und danach handelt ihr auch an allen Brüdern in ganz Mazedonien. Wir ermuntern euch aber, Brüder, darin noch vollkommener zu werden. 11 Setzt eure Ehre darein, ruhig zu leben, euch um die eigenen Aufgaben zu kümmern und mit euren Händen zu arbeiten, wie wir euch aufgetragen haben. 12 So sollt ihr vor denen, die nicht zu euch gehören, ein rechtschaffenes Leben führen und auf niemand angewiesen sein.

5: Jer 10,25; Ps 79,6 • 6: Ps 94,1 • 7: 2 Thess 2,13f • 8: Ez 36,27; 37,14.

Die Hoffnung der Christen: 4,13–18

13 Brüder, wir wollen euch über die Verstorbenen nicht in Unkenntnis lassen, damit ihr nicht trauert wie die anderen, die keine Hoffnung haben. 14 Wenn Jesus – und das ist unser Glaube – gestorben und auferstanden ist, dann wird Gott durch Jesus auch die Verstorbenen zusammen mit ihm zur Herrlichkeit führen. 15 Denn dies sagen wir euch nach einem Wort des Herrn: Wir, die Lebenden, die noch übrig sind, wenn der Herr kommt, werden den Verstorbenen nichts voraushaben. 16 Denn der Herr selbst wird vom Himmel herabkommen, wenn der Befehl ergeht, der Erzengel ruft und die Posaune Gottes erschallt. Zuerst werden die in Christus Verstorbenen auferstehen; 17 dann werden wir, die Lebenden, die noch übrig sind, zugleich mit ihnen auf den Wolken in die Luft entrückt, dem Herrn entgegen. Dann werden wir immer beim Herrn sein. 18 Tröstet also einander mit diesen Worten!

13–17: 2 Thess 2,1–12 • 14: 1 Kor 15,3f.20f • 15: 1 Kor 15,23.51f; Joh 17,24.

Aufforderung zur Bereitschaft für den Tag des Herrn: 5,1–11

5 Über Zeit und Stunde, Brüder, brauche ich euch nicht zu schreiben. 2 Ihr selbst wisst genau, dass der Tag des Herrn kommt wie ein Dieb in der Nacht. 3 Während die Menschen sagen: Friede und Sicherheit!, kommt plötzlich Verderben über sie wie die Wehen über eine schwangere Frau, und es gibt kein Entrinnen. 4 Ihr aber, Brüder, lebt nicht im Finstern, sodass euch der Tag nicht wie ein Dieb überraschen kann. 5 Ihr alle seid Söhne des Lichts und Söhne des Tages. Wir gehören nicht der Nacht und nicht der Finsternis. 6 Darum wollen wir nicht schlafen wie die anderen, sondern wach und nüchtern sein. 7 Denn wer schläft, schläft bei Nacht, und wer sich betrinkt, betrinkt sich bei Nacht. 8 Wir aber, die dem Tag gehören, wollen nüchtern sein und uns rüsten mit *dem Panzer* des Glaubens und der Liebe und mit *dem Helm* der Hoffnung auf *das Heil.* 9 Denn Gott hat uns nicht für das Gericht seines Zorns bestimmt, sondern dafür, dass wir durch Jesus Christus, unseren Herrn, das Heil erlangen. 10 Er ist für uns gestorben, damit wir vereint mit ihm leben, ob wir nun wachen oder schlafen. 11 Darum tröstet und ermahnt einander und einer richte den andern auf, wie ihr es schon tut.

2: Mt 24,43; Lk 12,39; 2 Petr 3,10; Offb 3,3; 16,15 • 3: Mt 24,38f; Lk 21,34f • 6: Röm 13,11f • 8: Jes 59,17; Weish 5,18f; Eph 6,14–17 • 9: 2 Thess 2,14 • 10: 4,14; Röm 14,8f.

Anweisungen für das Gemeindeleben: 5,12–22

12 Wir bitten euch, Brüder: Erkennt die unter euch an, die sich solche Mühe geben, euch im Namen des Herrn zu leiten und zum Rechten anzuhalten. 13 Achtet sie hoch und liebt sie wegen ihres Wirkens! Haltet Frieden untereinander!

14 Wir ermahnen euch, Brüder: Weist die zurecht, die ein unordentliches Leben führen, ermutigt die Ängstlichen, nehmt euch der Schwachen an, seid geduldig mit allen! 15 Seht zu, dass keiner dem andern Böses mit Bösem vergilt, sondern bemüht euch immer, einander und allen Gutes zu tun.

16 Freut euch zu jeder Zeit!

17 Betet ohne Unterlass!

18 Dankt für alles; denn das will Gott von euch, / die ihr Christus Jesus gehört.

4,11f Die an die Müßiggänger gerichtete Mahnung wird in 2 Thess 3,6–12 wieder aufgenommen.

4,12 vor denen, die nicht zu euch gehören, wörtlich: vor den Außenstehenden (vgl. 1 Kor 5,12f).

4,13 Wie der Zusammenhang 4,13–18 zeigt, entsprang die Sorge der Thessalonicher um ihre Toten nicht einem Zweifel an der Auferstehung überhaupt, sondern der Ungewissheit, ob die bereits Verstorbenen ebenfalls am nahe erwarteten Tag des Herrn teilnehmen würden.

4,14 Andere Übersetzungsmöglichkeit: dann wird Gott auch die im Glauben an Jesus Verstorbenen zusammen mit ihm zur Herrlichkeit führen; vgl. 4,16: die in Christus Verstorbenen.

4,15–17 Aus diesen Versen spricht die starke Hoffnung des Paulus und der Gemeinde, die Ankunft des Herrn noch zu erleben (vgl. 5,1f; 2 Thess 1,1–12; 1 Kor 15,51f).

5,10 »Wachen« und »schlafen« beziehen sich hier nicht auf das sittliche Verhalten wie im V. 6, sondern auf »leben« und »gestorben sein«.

19 Löscht den Geist nicht aus!
20 Verachtet prophetisches Reden nicht!
21 Prüft alles und behaltet das Gute!
22 Meidet das Böse in jeder Gestalt!

13: 1 Kor16,15f • 15: Spr 20,22; Röm 12,17; 1 Petr 3,9 • 17: Lk 18,1; Röm 12,12; Eph 6,18; Kol 4,2 • 21: 1 Joh 4,1 • 22: Ijob 1,1.8; 2,3.

DER SCHLUSS DES BRIEFES: SEGEN UND GRUSS: 5,23–28

23 Der Gott des Friedens heilige euch ganz und gar und bewahre euren Geist, eure Seele und euren Leib unversehrt, damit ihr ohne Tadel seid, wenn Jesus Christus, unser Herr, kommt. 24 Gott, der euch beruft, ist treu; er wird es tun.

25 Brüder, betet auch für uns!

26 Grüßt alle Brüder mit dem heiligen Kuss!

27 Ich beschwöre euch beim Herrn, diesen Brief allen Brüdern vorzulesen.

28 Die Gnade Jesu Christi, unseres Herrn, sei mit euch!

24: 1 Kor 1,9; 2 Thess 3,3 • 25: 2 Thess 3,1 • 26: Röm 16,16 • 27: Kol 4,16.

Der zweite Brief an die Thessalonicher

Anlass für den Brief ist das Auftreten von Irrlehrern in der Gemeinde. Diese haben die Gemeinde in große Verwirrung gebracht mit der Behauptung, dass der Tag der Wiederkunft Christi schon da sei (2,2). Der Brief warnt die Thessalonicher vor diesen Schwärmern und belehrt sie über die Geschehnisse, die nach dem Plan Gottes dem Ende vorausgehen müssen. Dabei werden in starkem Maß Vorstellungen aufgegriffen, die im zeitgenössischen Judentum verbreitet waren.

Der Brief hat folgenden Aufbau: Paulus dankt für den guten Zustand der Gemeinde, weist auf das gerechte Gericht Gottes hin und bittet um die Vollendung der Thessalonicher in allem Guten (1,1–12). Vor dem Ende der Welt wird es zum großen Abfall von Gott kommen und der »Sohn des Verderbens, der Widersacher« (Antichrist) wird auftreten, der jetzt noch »zurückgehalten«, bei der Wiederkunft Christi aber vernichtet wird (2,1–12). Paulus ermahnt zum treuen Festhalten an den Überlieferungen und weist einzelne Gemeindemitglieder zurecht, die sich, offenkundig durch die Irrlehrer verführt, weigern, der täglichen Arbeit nachzugehen (2,13 – 3,15). Der Brief schließt mit dem üblichen Segensgruß (3,16–18).

Die Bedeutung des Briefs ist vor allem darin zu sehen, dass er angesichts der sich verzögernden Wiederkunft Christi dazu auffordert, im Glauben nicht nachzulassen (vgl. 2 Petr), und vor schwärmerischer Endzeiterwartung warnt.

ANSCHRIFT UND GRUSS: 1,1–2

1 Paulus, Silvanus und Timotheus an die Gemeinde von Thessalonich, die in Gott, unserem Vater, und in Jesus Christus, dem Herrn, ist: 2 Gnade sei mit euch und Friede von Gott, dem Vater, und dem Herrn Jesus Christus.

1: 1 Thess 1,1 • 2: Röm 1,7.

DIE SORGE DES APOSTELS UM DIE GEMEINDE: 1,3–12

Die Bedrängnis der Thessalonicher und das gerechte Gericht Gottes: 1,3–10

3 Wir müssen Gott euretwegen immer danken, Brüder, wie es recht ist, denn euer Glaube wächst und die gegenseitige Liebe nimmt bei euch allen zu. 4 Wir können in den Gemeinden Gottes mit Stolz auf euch hinweisen, weil ihr im Glauben standhaft bleibt bei aller Verfolgung und Bedrängnis, die ihr zu ertragen habt. 5 Dies ist ein Anzeichen des gerechten Gerichtes Gottes; ihr sollt ja des Reiches Gottes teilhaftig werden, für das ihr leidet. 6 Denn es entspricht der Gerechtigkeit Gottes, denen mit Bedrängnis zu vergelten, die euch bedrängen, 7 euch aber, den Bedrängten, zusammen mit uns Ruhe zu schenken, wenn Jesus, der Herr, sich vom Himmel her offenbart mit seinen mächtigen Engeln 8 in lodernden Feuer. Dann *übt er Vergeltung* an denen, die Gott nicht kennen und dem Evangelium Jesu, unseres Herrn, nicht gehorchen. 9 *Fern vom Angesicht des Herrn und von seiner Macht und Herrlichkeit* müssen sie sein, mit ewigem Verderben werden sie bestraft, 10 wenn er an jenem Tag kommt, um inmitten seiner Heiligen gefeiert und im Kreis aller derer bewundert zu werden, die den Glauben angenommen haben; auch bei euch hat ja unser Zeugnis Glauben gefunden.

3: 1 Thess 1,2 • 4: Mk 4,17 • 5–10: Röm 2,6–11 • 5: Phil 1,28 • 7: 1 Thess 3,13; 4,16 • 8: Ex 3,2; Jes 66,4.15; Jer 10,25; Ps 79,6 • 9: Jes 2,10.19.21 • 10: Jes 2,11.17; Ps 89,8.

Fürbitte des Apostels: 1,11–12

11 Darum beten wir auch immer für euch, dass unser Gott euch eurer Berufung würdig mache und in seiner Macht allen Willen zum Guten und jedes Werk des Glaubens vollende. 12 So soll der Name Jesu, unseres Herrn, in euch verherrlicht werden und ihr in ihm, durch die Gnade unseres Gottes und Herrn Jesus Christus.

12: Jes 24,15; Mal 1,11.

DIE CHRISTLICHE HOFFNUNG UND DER TAG DES HERRN: 2,1–17

Die Zeichen der Endzeit: 2,1–12

2 Brüder, wir schreiben euch über die Ankunft Jesu Christi, unseres Herrn, und unsere Vereinigung mit ihm und bitten euch: 2 Lasst euch nicht so schnell aus der Fassung bringen und in Schrecken jagen, wenn in einem prophetischen Wort oder einer Rede oder in einem Brief, der angeblich von uns stammt, behauptet wird, der Tag des Herrn sei schon da. 3 Lasst euch durch niemand und auf keine Weise täuschen! Denn zuerst muss der Abfall von Gott kommen und der Mensch der Gesetzwidrigkeit erscheinen, der Sohn des Verderbens, 4 der Widersacher, der sich über alles, was Gott oder Heiligtum heißt, so sehr erhebt, dass er sich sogar in den Tempel Gottes setzt und sich als Gott ausgibt. 5 Erinnert ihr euch nicht, dass ich euch dies schon gesagt habe, als ich bei euch war? 6 Ihr wisst auch, was ihn jetzt noch zurückhält, damit er erst zur festgesetzten Zeit offenbar wird. 7 Denn die geheime Macht der Gesetzwidrigkeit ist schon am Werk; nur muss erst der beseitigt werden, der sie bis jetzt noch zurückhält. 8 Dann wird der gesetzwidrige Mensch allen sichtbar werden. Jesus, der Herr, wird ihn *durch den Hauch seines Mundes töten* und durch seine Ankunft und Erscheinung vernichten. 9 Der Gesetzwidrige aber wird, wenn er kommt, die Kraft des Satans haben.

1,12 Andere Übersetzungsmöglichkeit: durch die Gnade unseres Gottes und des Herrn Jesus Christus.

2,2 Ob Paulus auf einen wirklich gefälschten Brief anspielt oder nur mit der Möglichkeit einer solchen Fälschung rechnet, ist offen; in jedem Fall wird so die Betonung der eigenhändigen Unterschrift als Echtheitszeichen seiner Briefe in 3,17 begreiflich.

2,4 Die Wendung »sich in den Tempel Gottes setzen« ist wohl bildhafter Ausdruck dafür, dass der Antichrist Gott verdrängen und sich an seine Stelle setzen will.

2,6f was ihn jetzt noch zurückhält: gemeint ist entweder das Zeugnis derer, die an Christus glauben, oder die staatliche Ordnung des Römerreichs (vgl. Röm 13,1–7).

2,7 Hinter der »geheimen Macht der Gesetzwidrigkeit«, die schon am Werk ist, steht der Satan, dessen Kraft auch in dem erst später erscheinenden Antichrist wirksam sein wird.

Er wird mit großer Macht auftreten und trügerische Zeichen und Wunder tun. 10 Er wird alle, die verloren gehen, betrügen und zur Ungerechtigkeit verführen; sie gehen verloren, weil sie sich der Liebe zur Wahrheit verschlossen haben, durch die sie gerettet werden sollten. 11 Darum lässt Gott sie der Macht des Irrtums verfallen, sodass sie der Lüge glauben; 12 denn alle müssen gerichtet werden, die nicht der Wahrheit geglaubt, sondern die Ungerechtigkeit geliebt haben.

1–12: 1 Thess 4,13–17 • 2: 2,15; 3,17 • 3: 1 Tim 4,1; 1 Joh 2,18; 4,3 • 4: Dan 11,36; Ez 28,2 • 8: Jes 11,4; Ijob 4,9; Offb 19,15 • 9: Mt 24,24 • 11: Röm 1,28; 2 Tim 4,4.

Ermutigung der Gläubigen: 2,13–15

13 Wir müssen Gott zu jeder Zeit euretwegen danken, vom Herrn geliebte Brüder, weil Gott euch als Erstlingsgabe dazu auserwählt hat, aufgrund der Heiligung durch den Geist und aufgrund eures Glaubens an die Wahrheit gerettet zu werden. 14 Dazu hat er euch durch unser Evangelium berufen; ihr sollt nämlich die Herrlichkeit Jesu Christi, unseres Herrn, erlangen. 15 Seid also standhaft, Brüder, und haltet an den Überlieferungen fest, in denen wir euch unterwiesen haben, sei es mündlich, sei es durch einen Brief.

13: 1 Thess 1,2; 2,13; Dtn 33,12 • 14: 1 Thess 4,7; 5,9 • 15: 1 Kor 11,2; 2 Thess 3,6.

Segenswunsch des Apostels: 2,16–17

16 Jesus Christus aber, unser Herr, und Gott, unser Vater, der uns seine Liebe zugewandt und uns in seiner Gnade ewigen Trost und sichere Hoffnung geschenkt hat, 17 tröste euch und gebe euch Kraft zu jedem guten Werk und Wort.

16f: 1 Thess 3,11–13.

ANWEISUNGEN AN DIE GEMEINDE: 3,1–15

Bitte um das Gebet der Gemeinde: 3,1–5

3 Im Übrigen, Brüder, betet für uns, damit das Wort des Herrn sich ausbreitet und verherrlicht wird, ebenso wie bei euch. 2 Betet auch darum, dass wir vor den bösen und schlechten Menschen gerettet werden; denn nicht alle nehmen den Glauben an. 3 Aber der Herr ist treu; er wird euch Kraft geben und euch vor dem Bösen bewahren. 4 Wir vertrauen im Herrn auf euch, dass ihr jetzt und auch in Zukunft tut, was wir anordnen. 5 Der Herr richte euer Herz darauf, dass ihr Gott liebt und unbeirrt auf Christus wartet.

1: Kol 4,3; 1 Thess 5,25 • 3: 1 Kor 10,13; 1 Thess 5,24.

Zurechtweisung der Müßiggänger: 3,6–12

6 Im Namen Jesu Christi, des Herrn, gebieten wir euch, Brüder: Haltet euch von jedem Bruder fern, der ein unordentliches Leben führt und sich nicht an die Überlieferung hält, die ihr von uns empfangen habt. 7 Ihr selbst wisst, wie man uns nachahmen soll. Wir haben bei euch kein unordentliches Leben geführt 8 und bei niemand unser Brot umsonst gegessen; wir haben uns gemüht und geplagt, Tag und Nacht haben wir gearbeitet, um keinem von euch zur Last zu fallen. 9 Nicht als hätten wir keinen Anspruch auf Unterhalt; wir wollten euch aber ein Beispiel geben, damit ihr uns nachahmen könnt. 10 Denn als wir bei euch waren, haben wir euch die Regel eingeprägt: Wer nicht arbeiten will, soll auch nicht essen. 11 Wir hören aber, dass einige von euch ein unordentliches Leben führen und alles Mögliche treiben, nur nicht arbeiten. 12 Wir ermahnen sie und gebieten ihnen im Namen Jesu Christi, des Herrn, in Ruhe ihrer Arbeit nachzugehen und ihr selbst verdientes Brot zu essen.

6: 1 Thess 5,14 • 7: 1 Kor 11,1 • 8: 1 Kor 4,12; 1 Thess 2,9 • 9: Mt 10,10; 1 Kor 9,16.14; Phil 3,17 • 12: 1 Thess 4,11.

Mahnung an alle: 3,13–15

13 Ihr aber, Brüder, werdet nicht müde, Gutes zu tun. 14 Wenn jemand auf unsere Mahnung in diesem Brief nicht hört, dann merkt ihn euch und meidet den Umgang mit ihm, damit er sich schämt; 15 doch seht ihn nicht als Feind an, sondern weist ihn als euren Bruder zurecht!

14: 1 Kor 5,9.11 • 15: Mt 18,15–17.

2,13 als Erstlingsgabe, nach anderen Textzeugen: von Anfang an.

3,5 Andere Übersetzungsmöglichkeit: Der Herr lenke euer Herz zur Liebe Gottes und zur Geduld Christi.

DER SCHLUSS DES BRIEFES: 3,16–18

16 Der Herr des Friedens aber schenke euch den Frieden zu jeder Zeit und auf jede Weise. Der Herr sei mit euch allen. 17 Den Gruß schreibe ich, Paulus, eigenhändig. Das ist mein Zeichen in jedem Brief; so schreibe ich. 18 Die Gnade Jesu Christi, unseres Herrn, sei mit euch allen!

16: Röm 15,33 • 17: 1 Kor 16,21 • 18: Röm 16,24.

Die Pastoralbriefe

Der 1. und 2. Timotheusbrief und der Titusbrief werden als »Pastoralbriefe« bezeichnet. Sie sind nicht an Gemeinden gerichtet, sondern an die Hirten (lateinisch: pastores), die Vorsteher der Gemeinden. Sie enthalten Anweisungen des kurz vor dem Tod stehenden Apostels zur Ordnung und Leitung der Gemeinden.

Diese Briefe heben sich nach Form und Inhalt von den übrigen Paulusbriefen ab und bilden eine eigene Gruppe. Die bekämpften Gegner sind nicht mehr Judenchristen, die das gesetzesfreie Evangelium des Paulus ablehnen (vgl. den Galaterbrief), sondern Vertreter einer jüdisch gefärbten »Gnosis«, einer sogenannten »Erkenntnis« (vgl. 1 Tim 6,20) über Gott und die Welt und die Erlösung, die für die frühe Kirche eine ernste Bedrohung darstellte. Der Gedanke an eine baldige Wiederkunft Christi ist in den Hintergrund getreten. Die Kirche und der einzelne Christ haben sich für eine längere Zeit auf das Leben in der Welt einzustellen. Die kirchlichen Ämter, die in der Zeit des Paulus erst ansatzweise vorhanden waren, beginnen feste Formen anzunehmen: Es gibt Vorsteher (Bischöfe), Älteste (Presbyter) und Diakone. In dieser neuen Situation geben die Pastoralbriefe Richtlinien und Anweisungen für die Amtsträger.

Aus diesen Gründen nimmt die neuere Forschung an, dass die Pastoralbriefe nicht unmittelbar von Paulus stammen. Der Verfasser der drei Briefe, wer immer er sein mag, ist jedoch überzeugt, im Sinn und in der Autorität des Apostels Paulus zu schreiben und dessen Lehre für seine Zeit verbindlich darzulegen.

Der erste Brief an Timotheus

Timotheus, in der Apostelgeschichte und in den Paulusbriefen oft genannt, war der Sohn eines heidnischen Vaters und einer christlichen Mutter (Apg 16,1–3). Etwa seit dem Jahr 50 n. Chr. ist er Mitarbeiter des Paulus; auch während der in Phil 2,19–22 erwähnten Gefangenschaft war er bei ihm. Nach 1 Tim 1,3 ist er der Beauftragte des Apostels für die Kirche von Ephesus. Im 1. und 2. Timotheusbrief erhält er Richtlinien für die Ausübung des kirchlichen Amtes und die persönliche Lebensführung.

3,17 Zur eigenhändigen Unterschrift vgl. 1 Kor 16,21; Gal 6,11; Kol 4,18; Phlm 19 und die Anmerkung zu 2 Thess 2,2.

Nach dem Briefeingang (1,1–2) werden im ersten Teil des Schreibens (Kap. 1) grundlegende Fragen behandelt: Bekämpfung der Irrlehre, Verantwortung des Lehrers in der Gemeinde (1,3–7); Bedeutung des Gesetzes im Licht des Evangeliums (1,8–11); Berufung des Paulus zum Dienst für das Evangelium (1,12–17); abschließend eine Mahnung an Timotheus zu verantwortungsbewusster Ausführung (1,18–20). Im zweiten Teil (2,1 – 6,19) stehen zuerst Anweisungen für den Gottesdienst (2,1–15). Dann werden die Bedingungen für die Übernahme kirchlicher Ämter aufgezählt (Kap. 3). Es folgen: Mahnungen zum Kampf gegen Irrlehrer (4,1–11), Anweisungen für die Lebensführung des Timotheus (4,12 – 5,2). Der Abschnitt 5,3 – 6,2a handelt von verschiedenen Ständen in der Gemeinde (Witwen, Älteste, Sklaven). Kap. 6 wendet sich nochmals gegen die Irrlehrer, warnt vor Habgier und mahnt Timotheus zum unermüdlichen Kampf für den überlieferten Glauben (6,2b–21).

ANSCHRIFT UND GRUSS: 1,1–2

1 Paulus, Apostel Christi Jesu durch den
Auftrag Gottes, unseres Retters, und
Christi Jesu, unserer Hoffnung, 2 an Timo-
theus, seinen echten Sohn durch den Glau-
ben. Gnade, Erbarmen und Friede von Gott,
dem Vater, und Christus Jesus, unserem
Herrn.

1: 2,3; 4,10; Tit 1,3; 2,10; 3,4.

GRUNDLEGENDE AUSSAGEN: 1,3–20

Die Aufgabe der Glaubensunterweisung: 1,3–7

3 Bei meiner Abreise nach Mazedonien
habe ich dich gebeten, in Ephesus zu bleiben,
damit du bestimmten Leuten verbietest, fal-
sche Lehren zu verbreiten 4 und sich mit
Fabeleien und endlosen Geschlechterreihen
abzugeben, die nur Streitfragen mit sich
bringen, statt dem Heilsplan Gottes zu die-
nen, der sich im Glauben verwirklicht. 5 Das
Ziel der Unterweisung ist Liebe aus reinem
Herzen, gutem Gewissen und ungeheuchel-
tem Glauben. 6 Davon sind aber manche
abgekommen und haben sich leerem Ge-
schwätz zugewandt. 7 Sie wollen Gesetzes-
lehrer sein, verstehen aber nichts von dem,
was sie sagen und worüber sie so sicher ur-
teilen.

3: Apg 20,1 • 4: 4,7; Tit 1,14 • 5: Gal 5,14.

Die Bedeutung des Gesetzes: 1,8–11

8 Wir wissen: Das Gesetz ist gut, wenn man
es im Sinn des Gesetzes anwendet 9 und be-
denkt, dass das Gesetz nicht für den Gerech-
ten bestimmt ist, sondern für Gesetzlose und
Ungehorsame, für Gottlose und Sünder, für
Menschen ohne Glauben und Ehrfurcht, für
solche, die Vater oder Mutter töten, für Mör-
der, 10 Unzüchtige, Knabenschänder, Men-
schenhändler, für Leute, die lügen und
Meineide schwören und all das tun, was ge-
gen die gesunde Lehre verstößt. 11 So lehrt
das Evangelium von der Herrlichkeit des se-
ligen Gottes, das mir anvertraut ist.

8: Röm 7,12.16 • 10: 4,6; 6,3.

Dank für die Berufung zum Apostel: 1,12–17

12 Ich danke dem, der mir Kraft gegeben
hat: Christus Jesus, unserem Herrn. Er hat
mich für treu gehalten und in seinen Dienst
genommen, 13 obwohl ich ihn früher lästerte,
verfolgte und verhöhnte. Aber ich habe Er-
barmen gefunden, denn ich wusste in mei-
nem Unglauben nicht, was ich tat. 14 So
übergroß war die Gnade unseres Herrn, die
mir in Christus Jesus den Glauben und die
Liebe schenkte. 15 Das Wort ist glaubwürdig
und wert, dass man es beherzigt: Christus Je-
sus ist in die Welt gekommen, um die Sünder
zu retten. Von ihnen bin ich der Erste.
16 Aber ich habe Erbarmen gefunden, damit
Christus Jesus an mir als Erstem seine ganze
Langmut beweisen konnte, zum Vorbild für
alle, die in Zukunft an ihn glauben, um das
ewige Leben zu erlangen. 17 Dem König der

1,4 Auf »Geschlechterreihen«, Stammbäume und große Namen des Alten Testaments stützen die gnostischen Irrlehrer ihre Auskünfte über die jenseitige Welt (vgl. die Einleitung zu den Pastoralbriefen).

1,10 »Gesunde Lehre«, im Gegensatz zu der als Krankheit gekennzeichneten Irrlehre (6,4), ist die nicht durch häretische Spekulationen und Irrtümer verdorbene reine Lehre der Apostel.

Ewigkeit, dem unvergänglichen, unsichtbaren, einzigen Gott, sei Ehre und Herrlichkeit in alle Ewigkeit. Amen.

13f: 1 Kor 15,9f; Gal 1,13–16 • 15: Lk 19,10 • 16: 1 Kor 15,10; Eph 3,1.7–9; Kol 1,24f • 17: Röm 16,27; Offb 4,11; 7,12.

Die Verantwortung des Timotheus: 1,18–20

18 Diese Ermahnung lege ich dir ans Herz,
mein Sohn Timotheus, im Gedanken an die
prophetischen Worte, die einst über dich gesprochen wurden; durch diese Worte gestärkt, kämpfe den guten Kampf, 19 gläubig
und mit reinem Gewissen. Schon manche haben die Stimme ihres Gewissens missachtet
und haben im Glauben Schiffbruch erlitten,
20 darunter Hymenäus und Alexander, die
ich dem Satan übergeben habe, damit sie
durch diese Strafe lernen, Gott nicht mehr
zu lästern.

18: 4,14 • 20: 2 Tim 2,17; 4,14; 1 Kor 5,5.

DIE RECHTE ORDNUNG IN DEN GEMEINDEN: 2,1 – 6,19

Gebet für alle Menschen: 2,1–7

2 Vor allem fordere ich zu Bitten und Gebeten, zu Fürbitte und Danksagung auf,
und zwar für alle Menschen, 2 für die Herrscher und für alle, die Macht ausüben, damit
wir in aller Frömmigkeit und Rechtschaffenheit ungestört und ruhig leben können. 3 Das
ist recht und gefällt Gott, unserem Retter;
4 er will, dass alle Menschen gerettet werden
und zur Erkenntnis der Wahrheit gelangen.
5 Denn:
Einer ist Gott, / Einer auch Mittler zwischen Gott und den Menschen: / der Mensch Christus Jesus,
6 der sich als Lösegeld hingegeben hat für alle, / ein Zeugnis zur vorherbestimmten Zeit,
7 als dessen Verkünder und Apostel ich eingesetzt wurde – ich sage die Wahrheit und lüge nicht –, als Lehrer der Heiden im Glauben und in der Wahrheit.

3: 1,1; 4,10; Tit 1,3; 2,10; 3,4 • 6: Mt 20,28; Mk 10,45; Gal 1,4; Tit 2,14 • 7: Gal 2,7; Eph 3,1; Kol 1,25–29.

Männer und Frauen: 2,8–15

8 Ich will, dass die Männer überall beim Gebet ihre Hände in Reinheit erheben, frei von
Zorn und Streit. 9 Auch sollen die Frauen
sich anständig, bescheiden und zurückhaltend kleiden; nicht Haartracht, Gold, Perlen
oder kostbare Kleider seien ihr Schmuck,
10 sondern gute Werke; so gehört es sich für
Frauen, die gottesfürchtig sein wollen.
11 Eine Frau soll sich still und in aller Unterordnung belehren lassen. 12 Dass eine Frau
lehrt, erlaube ich nicht, auch nicht, dass sie
über ihren Mann herrscht; sie soll sich still
verhalten. 13 Denn zuerst wurde Adam erschaffen, danach Eva. 14 Und nicht Adam
wurde verführt, sondern die Frau ließ sich
verführen und übertrat das Gebot. 15 Sie
wird aber dadurch gerettet werden, dass sie
Kinder zur Welt bringt, wenn sie in Glaube,
Liebe und Heiligkeit ein besonnenes Leben
führt.

8: 1 Petr 3,7 • 9: 1 Petr 3,1–4 • 11: 1 Kor 14,33–35 • 13: Gen 2,7.22 • 14: Gen 3,13.

Der Bischof: 3,1–7

3 Das Wort ist glaubwürdig: Wer das Amt eines Bischofs anstrebt, der strebt nach
einer großen Aufgabe. 2 Deshalb soll der
Bischof ein Mann ohne Tadel sein, nur einmal verheiratet, nüchtern, besonnen, von
würdiger Haltung, gastfreundlich, fähig zu
lehren; 3 er sei kein Trinker und kein gewalttätiger Mensch, sondern rücksichtsvoll; er
sei nicht streitsüchtig und nicht geldgierig.
4 Er soll ein guter Familienvater sein und seine Kinder zu Gehorsam und allem Anstand
erziehen. 5 Wer seinem eigenen Hauswesen
nicht vorstehen kann, wie soll der für die
Kirche Gottes sorgen? 6 Er darf kein Neubekehrter sein, sonst könnte er hochmütig werden und dem Gericht des Teufels verfallen.
7 Er muss auch bei den Außenstehenden einen guten Ruf haben, damit er nicht in üble
Nachrede kommt und in die Falle des Teufels
gerät.

1–7: Tit 1,6f • 2: 1 Petr 5,3.

1,18 Die Einsetzung in das kirchliche Amt geschah durch prophetisches Wort (Zuspruch, Weisung) und Handauflegung; vgl. 1 Tim 4,14; Apg 13,1–3.

2,15 Was hier über die Rolle der Frau gesagt ist, entspricht überlieferter jüdischer Denkweise; es richtet sich aber auch gegen gnostische Irrlehrer, die das Heiraten verbieten wollten (1 Tim 4,3).

3,1 Mit dem Ausdruck »Bischof« wurde in dieser Frühzeit das kirchliche Vorsteheramt bezeichnet. Aus Tit 1,6f ergibt sich, dass die Grenze zwischen den »Ältesten« und dem »Bischof« noch fließend war.

3,2 nur einmal verheiratet, wörtlich: Mann einer einzigen Frau. Nach der nahe liegenden Auslegung dieser Stelle sind Männer, die nach dem Tod ihrer ersten Frau wieder geheiratet haben, vom Bischofsamt ausgeschlossen.

Die Diakone: 3,8–13

8 Ebenso sollen die Diakone sein: achtbar,
nicht doppelzüngig, nicht dem Wein ergeben
und nicht gewinnsüchtig; 9 sie sollen mit rei-
nem Gewissen am Geheimnis des Glaubens
festhalten. 10 Auch sie soll man vorher prü-
fen, und nur wenn sie unbescholten sind,
sollen sie ihren Dienst ausüben. 11 Ebenso
sollen die Frauen ehrbar sein, nicht verleum-
derisch, sondern nüchtern und in allem zu-
verlässig. 12 Die Diakone sollen nur einmal
verheiratet sein und ihren Kindern und ihrer
Familie gut vorstehen. 13 Denn wer seinen
Dienst gut versieht, erlangt einen hohen
Rang und große Zuversicht im Glauben an
Christus Jesus.

Die Kirche, Fundament der Wahrheit Gottes: 3,14–16

14 Ich schreibe dir das alles, obwohl ich
hoffe, schon bald zu dir zu kommen. 15 Falls
ich aber länger ausbleibe, sollst du wissen,
wie man sich im Hauswesen Gottes verhal-
ten muss, das heißt in der Kirche des leben-
digen Gottes, die die Säule und das Funda-
ment der Wahrheit ist. 16 Wahrhaftig, das
Geheimnis unseres Glaubens ist groß:

Er wurde offenbart im Fleisch, / gerecht-
fertigt durch den Geist,
geschaut von den Engeln, / verkündet un-
ter den Heiden,
geglaubt in der Welt, / aufgenommen in
die Herrlichkeit.

Falsche Haltungen: 4,1–5

4 Der Geist sagt ausdrücklich: In späte-
ren Zeiten werden manche vom Glau-
ben abfallen; sie werden sich betrügerischen
Geistern und den Lehren von Dämonen zu-
wenden, 2 getäuscht von heuchlerischen
Lügnern, deren Gewissen gebrandmarkt ist.
3 Sie verbieten die Heirat und fordern den
Verzicht auf bestimmte Speisen, die Gott
doch dazu geschaffen hat, dass die, die zum
Glauben und zur Erkenntnis der Wahrheit
gelangt sind, sie mit Danksagung zu sich
nehmen. 4 Denn alles, was Gott geschaffen
hat, ist gut und nichts ist verwerflich, wenn
es mit Dank genossen wird; 5 es wird gehei-
ligt durch Gottes Wort und durch das Ge-
bet.

1: 2 Tim 3,1; 2 Petr 3,3; 1 Joh 2,18 • 3: 1 Kor 7,1; Kol 2,21 • 4: Gen 1,31.

Die rechte Wertordnung: 4,6–11

6 Dies trage den Brüdern vor, dann wirst
du ein guter Diener Christi Jesu sein, erzo-
gen in den Worten des Glaubens und der gu-
ten Lehre, der du gefolgt bist. 7 Gottlose Alt-
weiberfabeln weise zurück! Übe dich in der
Frömmigkeit! 8 Denn körperliche Übung
nützt nur wenig, die Frömmigkeit aber ist
nützlich zu allem: Ihr ist das gegenwärtige
und das zukünftige Leben verheißen. 9 Die-
ses Wort ist glaubwürdig und wert, dass man
es beherzigt. 10 Dafür arbeiten und kämpfen
wir, denn wir haben unsere Hoffnung auf
den lebendigen Gott gesetzt, den Retter aller
Menschen, besonders der Gläubigen. 11 Das
sollst du anordnen und lehren.

6: 1,10; 6,3; 2 Tim 4,3; Tit 1,9 • 7: 1,4; Tit 1,14 • 10: 1,1; 2,3; Tit 1,3; 2,10; 3,4.

Anweisungen für Timotheus: 4,12 – 5,2

12 Niemand soll dich wegen deiner Jugend
gering schätzen. Sei den Gläubigen ein Vor-
bild in deinen Worten, in deinem Lebens-
wandel, in der Liebe, im Glauben, in der Lau-
terkeit. 13 Lies ihnen eifrig (aus der Schrift)
vor, ermahne und belehre sie, bis ich komme.
14 Vernachlässige die Gnade nicht, die in dir
ist und die dir verliehen wurde, als dir die
Ältesten aufgrund prophetischer Worte ge-
meinsam die Hände auflegten. 15 Dafür sollst
du sorgen, darin sollst du leben, damit allen
deine Fortschritte offenbar werden. 16 Achte
auf dich selbst und auf die Lehre; halte da-
ran fest! Wenn du das tust, rettest du dich
und alle, die auf dich hören.

5 Einen älteren Mann sollst du nicht grob
behandeln, sondern ihm zureden wie ei-
nem Vater. Mit jüngeren Männern rede wie
mit Brüdern, 2 mit älteren Frauen wie mit
Müttern, mit jüngeren wie mit Schwestern,
in aller Zurückhaltung.

4,14: 2 Tim 1,6; Apg 14,23.

3,12 Vgl. die Anmerkung zu 3,2.
3,16 Hier wie in 2,5f; 6,15f und 2 Tim 2,11–13 zitiert der Verfasser geprägte Traditionen; an dieser Stelle einen kleinen Hymnus.
4,1–5 Gegen gnostische Irrlehren (vgl. die Einleitung zu den Pastoralbriefen) wird die Lehre von der einen und einzigen guten Schöpfung des einen Gottes bekräftigt.
4,3–5 Mit Danksagung (V. 3), Dank (V. 4) und Gebet (V. 5) ist wohl das Tischgebet gemeint.
4,13 Schrift meint hier das Alte Testament.
4,14 Wichtiger Hinweis auf die Einsetzung in das kirchliche Amt durch Handauflegung; vgl. die Anmerkung zu 1,18.

Stand und Aufgabe der Witwen: 5,3–16

3 Ehre die Witwen, wenn sie wirklich Witwen sind. 4 Hat eine Witwe aber Kinder oder Enkel, dann sollen diese lernen, zuerst selbst ihren Angehörigen Ehrfurcht zu erweisen und dankbar für ihre Mutter oder Großmutter zu sorgen; denn das gefällt Gott. 5 Eine Frau aber, die wirklich eine Witwe ist und allein steht, setzt ihre Hoffnung auf Gott und betet beharrlich und inständig bei Tag und Nacht. 6 Wenn eine jedoch ein ausschweifendes Leben führt, ist sie schon bei Lebzeiten tot. 7 Das sollst du ihnen einprägen; dann wird man ihnen nichts vorwerfen können. 8 Wer aber für seine Verwandten, besonders für die eigenen Hausgenossen, nicht sorgt, der verleugnet damit den Glauben und ist schlimmer als ein Ungläubiger.

9 Eine Frau soll nur dann in die Liste der Witwen aufgenommen werden, wenn sie mindestens sechzig Jahre alt ist, nur einmal verheiratet war, 10 wenn bekannt ist, dass sie Gutes getan hat, wenn sie Kinder aufgezogen hat, gastfreundlich gewesen ist und den Heiligen die Füße gewaschen hat, wenn sie denen, die in Not waren, geholfen hat und überhaupt bemüht war, Gutes zu tun. 11 Jüngere Witwen weise ab; denn wenn die Leidenschaft sie Christus entfremdet, wollen sie heiraten 12 und ziehen sich den Vorwurf zu, ihrem Versprechen (das sie Christus gegeben haben) untreu geworden zu sein. 13 Außerdem werden sie faul und gewöhnen sich daran, von Haus zu Haus zu laufen. Aber nicht nur faul werden sie, sondern auch geschwätzig; sie mischen sich in alles und reden über Dinge, die sie nichts angehen. 14 Deshalb will ich, dass jüngere Witwen heiraten, Kinder zur Welt bringen, den Haushalt versorgen und dem Gegner keinen Anlass zu übler Nachrede geben. 15 Einige haben sich schon abgewandt und sind dem Satan gefolgt. 16 Wenn eine gläubige Frau Witwen in ihrem Haus hat, soll sie für sie sorgen. Die Gemeinde soll nicht belastet werden, damit sie sich um die kümmern kann, die wirklich Witwen sind.

Über die Ältesten: 5,17–22

17 Älteste, die das Amt des Vorstehers gut versehen, verdienen doppelte Anerkennung, besonders solche, die sich mit ganzer Kraft dem Wort und der Lehre widmen. 18 Denn die Schrift sagt: *Du sollst dem Ochsen zum Dreschen keinen Maulkorb anlegen,* und: Wer arbeitet, hat ein Recht auf seinen Lohn.

19 Nimm gegen einen Ältesten keine Klage an, außer *wenn zwei oder drei Zeugen sie bekräftigen.* 20 Wenn sich einer verfehlt, so weise ihn in Gegenwart aller zurecht, damit auch die anderen sich fürchten. 21 Ich beschwöre dich bei Gott, bei Christus Jesus und bei den auserwählten Engeln: Befolge dies alles ohne Vorurteil und vermeide jede Bevorzugung! 22 Lege keinem vorschnell die Hände auf und mach dich nicht mitschuldig an fremden Sünden; bewahre dich rein!

17: 1 Petr 5,1–5 • 18: Dtn 25,4; Mt 10,10; Lk 10,7; 1 Kor 9,12–14 • 19: Dtn 19,15; Mt 18,16.

Verschiedene Mahnungen: 5,23–25

23 Trink nicht nur Wasser, sondern nimm auch etwas Wein, mit Rücksicht auf deinen Magen und deine häufigen Krankheiten.

24 Die Sünden mancher Leute liegen offen zutage, sie laufen ihnen gleichsam voraus zum Gericht; bei anderen kommen sie erst hinterher. 25 Ebenso liegen die guten Werke offen zutage, und wenn sie noch nicht offenkundig sind, können sie doch nicht verborgen bleiben.

Wort an die Sklaven: 6,1–2a

6 Alle, die das Joch der Sklaverei zu tragen haben, sollen ihren Herren alle Ehre erweisen, damit der Name Gottes und die Lehre nicht in Verruf kommen. 2a Wer aber einen gläubigen Herrn hat, achte ihn nicht deshalb für geringer, weil er sein Bruder ist, sondern diene ihm noch eifriger; denn sein Herr ist gläubig und von Gott geliebt und bemüht sich, Gutes zu tun.

1: Tit 2,9f; 1 Petr 2,18.

Warnung vor Irrlehre und Habsucht: 6,2b–10

2b So sollst du lehren, dazu sollst du ermahnen. 3 Wer aber etwas anderes lehrt und sich nicht an die gesunden Worte Jesu Chris-

5,9 Vgl. die Anmerkung zu 3,2.
5,12 ihrem Versprechen untreu geworden zu sein, wörtlich: ihre erste Treue gebrochen zu haben.
5,17 Über die Amtsträger in der Kirche vgl. die Anmerkung zu 3,1.

5,22 Der Vers wird verschieden gedeutet: Handauflegung bei der Einsetzung in das kirchliche Amt (Ordination); Aufnahme von Taufanwärtern; Wiederaufnahme reuiger Sünder. Die erste Auffassung ist die wahrscheinlichste.

Der zweite Brief an Timotheus

Der 2. Timotheusbrief ist persönlicher gehalten als der 1. Timotheus- und der Titusbrief und bezieht sich auf die Amts- und Lebensführung des Timotheus. Paulus weist auf sein eigenes Vorbild als das eines christlichen Zeugen hin, der für die Botschaft sein Leben einsetzt. Die Hinweise des Paulus auf seine Lage werden oft als Beweise für die Echtheit des Briefs angeführt. Die neuere Forschung neigt zu der Annahme, dass in diesen persönlichen Notizen zuverlässige mündliche Nachrichten über die Spätzeit des Apostels Paulus verwendet worden sind. Der Brief hat den Charakter eines Testaments.

Das Schreiben beginnt mit einem einleitenden Gruß (1,1–2). Nach einem Dankgebet (1,3–5) wird Timotheus ermutigt, unerschrocken für das Evangelium einzutreten (1,6–18). Der nächste Abschnitt setzt ein mit dem Hinweis auf den Sinn der Leiden und Verfolgungen (2,1–13). Es folgen Anweisungen für das Verhalten gegenüber den Irrlehrern (2,14– 26), eine Schilderung der Sittenlosigkeit der Menschen in der Endzeit (3,1–9) und demgegenüber eine Beschreibung der guten Lebensführung eines kirchlichen Amtsträgers (3,10–17). Im abschließenden 4. Kapitel ermahnt Paulus den Timotheus zu unerschrockener Erfüllung seines Dienstes als Verkünder des Evangeliums (4,1–8). Angeschlossen sind Mitteilungen und Aufträge (4,9–18) sowie persönliche Grüße und Segenswünsche (4,19–22).

ANSCHRIFT UND GRUSS: 1,1–2

1 Paulus, durch den Willen Gottes zum
Apostel Christi Jesu berufen, um das
Leben in Christus Jesus, das uns verheißen
ist, zu verkündigen, 2 an Timotheus, seinen
geliebten Sohn: Gnade, Erbarmen und Friede von Gott, dem Vater, und Christus Jesus, unserem Herrn.

WORT DER ERMUTIGUNG AN TIMOTHEUS: 1,3–18

Dankgebet des Apostels: 1,3–5

3 Ich danke Gott, dem ich wie schon meine
Vorfahren mit reinem Gewissen diene – ich
danke ihm bei Tag und Nacht in meinen Gebeten, in denen ich unablässig an dich denke.
4 Wenn ich mich an deine Tränen erinnere,
habe ich Sehnsucht, dich zu sehen, um mich
wieder von Herzen freuen zu können; 5 denn
ich denke an deinen aufrichtigen Glauben, der schon in deiner Großmutter Loïs und in deiner Mutter Eunike lebendig war und der nun, wie ich weiß, auch in dir lebt.

5: Apg 16,1f.

Aufforderung an Timotheus: 1,6–14

6 Darum rufe ich dir ins Gedächtnis: Entfache die Gnade Gottes wieder, die dir durch
die Auflegung meiner Hände zuteil geworden ist.
7 Denn Gott hat uns nicht einen Geist
der Verzagtheit gegeben, sondern den Geist der Kraft, der Liebe und der Besonnenheit.
8 Schäme dich also nicht, dich zu unserem
Herrn zu bekennen; schäme dich auch meiner nicht, der ich seinetwegen im Gefängnis bin, sondern leide mit mir für das Evangelium. Gott gibt dazu die Kraft:
9 Er hat uns
gerettet; mit einem heiligen Ruf hat er uns gerufen, nicht aufgrund unserer Werke, sondern aus eigenem Entschluss und aus Gnade, die uns schon vor ewigen Zeiten in Christus Jesus geschenkt wurde;
10 jetzt aber wurde
sie durch das Erscheinen unseres Retters Christus Jesus offenbart. Er hat dem Tod die Macht genommen und uns das Licht des unvergänglichen Lebens gebracht durch das

1,10 Der Titel »Retter« (Heiland) wird in den Pastoralbriefen sowohl auf Gott wie auf Christus angewandt (vgl. 1 Tim 1,1).

Evangelium, 11 als dessen Verkünder, Apostel und Lehrer ich eingesetzt bin. 12 Darum muss ich auch dies alles erdulden; aber ich schäme mich nicht, denn ich weiß, wem ich Glauben geschenkt habe, und ich bin überzeugt, dass er die Macht hat, das mir anvertraute Gut bis zu jenem Tag zu bewahren. 13 Halte dich an die gesunde Lehre, die du von mir gehört hast; nimm sie dir zum Vorbild und bleibe beim Glauben und bei der Liebe, die uns in Christus Jesus geschenkt ist. 14 Bewahre das dir anvertraute kostbare Gut durch die Kraft des Heiligen Geistes, der in uns wohnt.

6: 1 Tim 4,14; Apg 14,23 • 8: Röm 1,16 • 9: Tit 3,5 • 10: Tit 1,4; 2,13; 3,6; 2 Petr 1,1.11 • 13: 4,3; 1 Tim 1,10; 4,6; 6,3; Tit 1,9; 2,1.10.

Das Verhalten der Gegner und der Freunde des Paulus: 1,15–18

15 Du weißt, dass sich alle in der Provinz Asien von mir abgewandt haben, auch Phygelus und Hermogenes. 16 Der Familie des Onesiphorus schenke der Herr sein Erbarmen, denn Onesiphorus hat mich oft getröstet und hat sich meiner Ketten nicht geschämt; 17 als er nach Rom kam, suchte er unermüdlich nach mir, bis er mich fand. 18 Der Herr gebe ihm, dass er beim Herrn Erbarmen findet an jenem Tag. Seine treuen Dienste in Ephesus kennst du selbst am besten.

SEELSORGLICHE ANWEISUNGEN FÜR TIMOTHEUS: 2,1 – 4,8

Selbstloser Dienst für Christus: 2,1–13

2 Du, mein Sohn, sei stark in der Gnade, die dir in Christus Jesus geschenkt ist. 2 Was du vor vielen Zeugen von mir gehört hast, das vertrau zuverlässigen Menschen an, die fähig sind, auch andere zu lehren. 3 Leide mit mir als guter Soldat Christi Jesu. 4 Keiner, der in den Krieg zieht, lässt sich in Alltagsgeschäfte verwickeln, denn er will, dass sein Heerführer mit ihm zufrieden ist. 5 Und wer an einem Wettkampf teilnimmt, erhält den Siegeskranz nur, wenn er nach den Regeln kämpft. 6 Der Bauer, der die ganze Arbeit tut, soll als Erster seinen Teil von der Ernte erhalten. 7 Überleg dir, was ich sage. Dann wird der Herr dir in allem das rechte Verständnis geben.

8 Denk daran, dass Jesus Christus, der Nachkomme Davids, von den Toten auferstanden ist; so lautet mein Evangelium, 9 für das ich zu leiden habe und sogar wie ein Verbrecher gefesselt bin; aber das Wort Gottes ist nicht gefesselt. 10 Das alles erdulde ich um der Auserwählten willen, damit auch sie das Heil in Christus Jesus und die ewige Herrlichkeit erlangen. 11 Das Wort ist glaubwürdig:

Wenn wir mit Christus gestorben sind, / werden wir auch mit ihm leben;
12 wenn wir standhaft bleiben, / werden wir auch mit ihm herrschen;
wenn wir ihn verleugnen, / wird auch er uns verleugnen.
13 Wenn wir untreu sind, / bleibt er doch treu, / denn er kann sich selbst nicht verleugnen.

6: 1 Kor 9,7.10 • 8: Röm 1,3; 1 Kor 15,4 • 10: Kol 1,24 • 11: Röm 6,8 • 12: Mt 10,33 • 13: Röm 3,3f.

Das rechte Verhalten gegenüber den Irrlehrern: 2,14–26

14 Ruf ihnen das ins Gedächtnis und beschwöre sie bei Gott, sich nicht um Worte zu streiten; das ist unnütz und führt die Zuhörer nur ins Verderben. 15 Bemüh dich darum, dich vor Gott zu bewahren als ein Arbeiter, der sich nicht zu schämen braucht, als ein Mann, der offen und klar die wahre Lehre vertritt. 16 Gottlosem Geschwätz geh aus dem Weg; solche Menschen geraten immer tiefer in die Gottlosigkeit 17 und ihre Lehre wird um sich fressen wie ein Krebsgeschwür. Zu ihnen gehören Hymenäus und Philetus, 18 die von der Wahrheit abgeirrt sind und be-

1,12.14 Das »anvertraute (kostbare) Gut« ist der wahre Glaube und die rechte Lehre, deren unversehrte Weitergabe eine Hauptpflicht des kirchlichen Amtsträgers ist.

2,2 Vgl. die Anmerkung zu 1,12.

2,11–13 Zur Begründung seiner Aussagen in den VV. 9–10 zitiert der Verfasser hier ein urchristliches Bekenntnislied; vgl. die Anmerkung zu 1 Tim 3,16.

2,18 Von ihrer materiefeindlichen Einstellung her haben die Gnostiker kein Interesse an einer leiblichen Auferstehung; sie verstehen die Auferstehung also geistig und behaupten, durch den Besitz der »Erkenntnis« seien sie bereits vom Tod auferstanden.

haupten, die Auferstehung sei schon gesche-
hen. So zerstören sie bei manchen den Glau-
ben. 19 Aber das feste Fundament, das Gott
gelegt hat, kann nicht erschüttert werden. Es
trägt als Siegel die Inschrift: *Der Herr kennt*
die Seinen, und: Wer den Namen des Herrn
nennt, meide das Unrecht. 20 In einem großen
Haus gibt es nicht nur Gefäße aus Gold und
Silber, sondern auch aus Holz und Ton – die
einen für Reines, die anderen für Unreines.
21 Wer sich nun von all dem rein hält, gleicht
einem Gefäß für Reines; er ist geheiligt, für
den Herrn brauchbar, zu jedem guten Werk
tauglich.
22 Flieh vor den Begierden der Jugend;
strebe unermüdlich nach Gerechtigkeit,
Glauben, Liebe und Frieden, zusammen mit
all denen, die den Herrn aus reinem Herzen
anrufen. 23 Lass dich nicht auf törichte und
unsinnige Auseinandersetzungen ein; du
weißt, dass sie nur zu Streit führen. 24 Ein
Knecht des Herrn soll nicht streiten, sondern
zu allen freundlich sein, ein geschickter und
geduldiger Lehrer, 25 der auch die mit Güte
zurechtweist, die sich hartnäckig widerset-
zen. Vielleicht schenkt Gott ihnen dann die
Umkehr, damit sie die Wahrheit erkennen,
26 wieder zur Besinnung kommen und aus
dem Netz des Teufels befreit werden, der sie
eingefangen und sich gefügig gemacht hat.

16: 1 Tim 4,7; Tit 1,14 • 17: 1 Tim 1,20 • 18: 1 Kor 15,12 • 19: Num 16,5 G; Jes 26,13 • 22: 1 Tim 6,11.

Die Situation der Menschen in der Endzeit: 3,1–9

3 Das sollst du wissen: In den letzten Ta-
gen werden schwere Zeiten anbrechen.
2 Die Menschen werden selbstsüchtig sein,
habgierig, prahlerisch, überheblich, bösar-
tig, ungehorsam gegen die Eltern, undank-
bar, ohne Ehrfurcht, 3 lieblos, unversöhnlich,
verleumderisch, unbeherrscht, rücksichts-
los, roh, 4 heimtückisch, verwegen, hoch-
mütig, mehr dem Vergnügen als Gott zuge-
wandt. 5 Den Schein der Frömmigkeit wer-
den sie wahren, doch die Kraft der Frömmig-
keit werden sie verleugnen. Wende dich von
diesen Menschen ab. 6 Zu ihnen gehören die
Leute, die sich in die Häuser einschleichen
und dort gewisse Frauen auf ihre Seite zie-
hen, die von Sünden beherrscht und von
Begierden aller Art umgetrieben werden,
7 Frauen, die immer lernen und die doch nie
zur Erkenntnis der Wahrheit gelangen kön-
nen. 8 Wie sich Jannes und Jambres dem
Mose widersetzt haben, so widersetzen sich
auch diese Leute der Wahrheit; ihr Denken
ist verdorben, ihr Glaube bewährt sich nicht.
9 Doch sie werden wenig Erfolg haben, denn
ihr Unverstand wird allen offenkundig wer-
den, wie es auch bei jenen geschehen ist.

1: 1 Tim 4,1 • 5: Tit 1,16 • 6: 2 Petr 2,14 • 7: 1 Tim 2,4; Tit 1,1.

Die Aufgabe des Timotheus: 3,10–17

10 Du aber bist mir gefolgt in der Lehre, im
Leben und Streben, im Glauben, in der
Langmut, der Liebe und der Ausdauer, 11 in
den Verfolgungen und Leiden, denen ich in
Antiochia, Ikonion und Lystra ausgesetzt
war. Welche Verfolgungen habe ich erdul-
det! Und aus allen hat der Herr mich erret-
tet. 12 So werden alle, die in der Gemein-
schaft mit Christus Jesus ein frommes Leben
führen wollen, verfolgt werden. 13 Böse Men-
schen und Schwindler dagegen werden im-
mer mehr in das Böse hineingeraten; sie sind
betrogene Betrüger. 14 Du aber bleibe bei
dem, was du gelernt und wovon du dich
überzeugt hast. Du weißt, von wem du es ge-
lernt hast; 15 denn du kennst von Kindheit an
die heiligen Schriften, die dir Weisheit ver-
leihen können, damit du durch den Glauben
an Christus Jesus gerettet wirst. 16 Jede von
Gott eingegebene Schrift ist auch nützlich
zur Belehrung, zur Widerlegung, zur Besse-
rung, zur Erziehung in der Gerechtigkeit;
17 so wird der Mensch Gottes zu jedem guten
Werk bereit und gerüstet sein.

11: Apg 13,50; 14,5.19; 2 Kor 11,22–33; Eph 3,1; Kol 1,24 • 14: 2 Petr 1,20; Jud 3.

Aufruf zu unerschrockenem Einsatz: 4,1–8

4 Ich beschwöre dich bei Gott und bei
Christus Jesus, dem kommenden Rich-
ter der Lebenden und der Toten, bei seinem
Erscheinen und bei seinem Reich: 2 Ver-
künde das Wort, tritt dafür ein, ob man es
hören will oder nicht; weise zurecht, tadle,
ermahne, in unermüdlicher und geduldiger

3,1 Diese »letzten Tage« sind für Timotheus bereits gegenwärtige Wirklichkeit.

3,8 Jannes und Jambres sind in der jüdischen Überlieferung die Namen der ägyptischen Zauberer, die nach Ex 7,8–12 Mose und Aaron Widerstand geleistet haben.

3,16 Andere Übersetzungsmöglichkeiten: Die ganze von Gott eingegebene Schrift; oder: Jedes von Gott eingegebene Schriftwort.

4,1–8 In diesem Abschnitt wird der Charakter des Briefs als eines Abschiedsbriefs und einer letztwilligen Verfügung besonders deutlich; vgl. die Abschiedsrede des Paulus in Milet an die Presbyter von Ephesus (Apg 20,18–35).

Belehrung. 3 Denn es wird eine Zeit kommen,
in der man die gesunde Lehre nicht erträgt,
sondern sich nach eigenen Wünschen immer
neue Lehrer sucht, die den Ohren schmei-
cheln; 4 und man wird der Wahrheit nicht
mehr Gehör schenken, sondern sich Fabe-
leien zuwenden. 5 Du aber sei in allem nüch-
tern, ertrage das Leiden, verkünde das Evan-
gelium, erfülle treu deinen Dienst! 6 Denn
ich werde nunmehr geopfert, und die Zeit
meines Aufbruchs ist nahe. 7 Ich habe den
guten Kampf gekämpft, den Lauf vollendet,
die Treue gehalten. 8 Schon jetzt liegt für
mich der Kranz der Gerechtigkeit bereit, den
mir der Herr, der gerechte Richter, an jenem
Tag geben wird, aber nicht nur mir, sondern
allen, die sehnsüchtig auf sein Erscheinen
warten.

1: 2 Petr 1,12; Jud 17 • 3: 1 Tim 4,1; 1,10; 4,6; 6,3; Tit 1,9; 2,1.10 • 4: 1 Tim 1,4 • 6: Phil 2,17 • 7: 1 Tim 6,12; Phil 3,14; 2 Petr 1,14.

PERSÖNLICHE MITTEILUNGEN UND AUFTRÄGE: 4,9–18

9 Beeil dich, komm bald zu mir! 10 Demas
hat mich aus Liebe zu dieser Welt verlassen
und ist nach Thessalonich gegangen; Kres-
zenz ging nach Galatien, Titus nach Dalma-
tien. 11 Nur Lukas ist noch bei mir. Bring
Markus mit, denn er wird mir ein guter Hel-
fer sein. 12 Tychikus habe ich nach Ephesus
geschickt. 13 Wenn du kommst, bring den
Mantel mit, den ich in Troas bei Karpus ge-
lassen habe, auch die Bücher, vor allem die
Pergamente. 14 Alexander, der Schmied, hat
mir viel Böses getan; *der Herr wird ihm
vergelten, wie es seine Taten verdienen.*
15 Nimm auch du dich vor ihm in Acht, denn
er hat unsere Lehre heftig bekämpft.

16 Bei meiner ersten Verteidigung ist nie-
mand für mich eingetreten; alle haben mich
im Stich gelassen. Möge es ihnen nicht ange-
rechnet werden.

17 Aber der Herr stand mir zur Seite und
gab mir Kraft, damit durch mich die Ver-
kündigung vollendet wird und alle Heiden
sie hören; und so wurde ich dem *Rachen des
Löwen entrissen.* 18 Der Herr wird mich al-
lem Bösen entreißen, er wird mich retten und
in sein himmlisches Reich führen. Ihm sei die
Ehre in alle Ewigkeit. Amen.

12: Eph 6,21 • 14: 1 Tim 1,20; Ps 62,13; 28,4 • 16: Phil 1,15–18 • 17: Ps 22,22; Dan 6,21.28.

DER SCHLUSS DES BRIEFES: GRÜSSE UND SEGENSWÜNSCHE: 4,19–22

19 Grüße Priska und Aquila und die Fami-
lie des Onesiphorus! 20 Erastus blieb in Ko-
rinth, Trophimus musste ich krank in Milet
zurücklassen. 21 Beeil dich, komm noch vor
dem Winter! Es grüßen dich Eubulus, Pu-
dens, Linus, Klaudia und alle Brüder.

22 Der Herr sei mit deinem Geist! Die
Gnade sei mit euch!

Der Brief an Titus

Titus gehörte neben Timotheus zu den engsten Mitarbeitern des Apostels Paulus, wie vor allem der Galater- und der 2. Korintherbrief zeigen (Gal 2,3; 2 Kor 2,13; 7,6.13; 8,6.16.23; 12,18). Nach Tit 1,5 übertrug ihm Paulus die Verantwortung für die Kirche von Kreta. Nach alter Überlieferung soll er bis zu seinem Lebensende als Bischof dieser Insel gewirkt haben.

4,7 die Treue gehalten, andere Übersetzungsmöglichkeit: den Glauben bewahrt.

4,8 Der Tag der Wiederkunft Christi ist, wenn auch nicht mehr als unmittelbar bevorstehend gedacht, doch der alles entscheidende Tag.

4,13 Die nicht näher bezeichneten Bücher waren wohl auf Papyrus geschrieben; bei den Pergamenten handelt es sich wahrscheinlich um Schriftrollen mit Texten des Alten Testaments.

4,16 Es ist nicht sicher, ob mit der »ersten Verteidigung« auf eine frühere Gefangenschaft angespielt ist oder nur auf ein früheres Verhör.

Der Brief an Titus hat amtlichen Charakter; das Persönliche tritt zurück. Nach dem Eingangsgruß (1,1–4) werden zunächst die Aufgaben des Titus in Kreta genannt: Er soll geeignete Vorsteher für die Christengemeinden einsetzen (1,5–9) und die Irrlehre bekämpfen (1,10–16). Dann wird er ermahnt, in Übereinstimmung mit der »gesunden Lehre« die einzelnen Stände an ihre Pflichten zu erinnern (2,1–10). Es gilt, der in Jesus Christus sichtbar gewordenen Gnade Gottes zu entsprechen (2,11–15). Anschließend werden unter Hinweis auf die Taufe grundlegende Pflichten im politischen und mitmenschlichen Bereich genannt (3,1–8). Es folgt eine erneute Warnung vor Irrlehrern (3,9–11). Persönliche Aufträge, Segenswünsche und Grüße beschließen den Brief (3,12–15).

BEKENNTNIS, ANSCHRIFT UND GRUSS: 1,1–4

1 Paulus, Knecht Gottes und Apostel Jesu Christi, berufen, um die Auserwählten Gottes zum Glauben und zur Erkenntnis der wahren Gottesverehrung zu führen, 2 in der Hoffnung auf das ewige Leben, das der wahrhaftige Gott schon vor ewigen Zeiten verheißen hat; 3 jetzt aber hat er zur vorherbestimmten Zeit sein Wort offenbart in der Verkündigung, die mir durch den Auftrag Gottes, unseres Retters, anvertraut ist. 4 An Titus, seinen echten Sohn aufgrund des gemeinsamen Glaubens: Gnade und Friede von Gott, dem Vater, und Christus Jesus, unserem Retter.

1: 1 Tim 2,4; 2 Tim 3,7 • 3: 1 Tim 2,6; 6,15; Tit 2,10; 4,10; 1 Tim 1,1; 2,3; 3,4 • 4: 2,13; 3,6; 2 Tim 1,10; 2 Petr 1,1.11; 3,18.

DIE AUFGABEN DES TITUS: 1,5 – 3,11

Einsetzung geeigneter Vorsteher: 1,5–9

5 Ich habe dich in Kreta deswegen zurückgelassen, damit du das, was noch zu tun ist, zu Ende führst und in den einzelnen Städten Älteste einsetzt, wie ich dir aufgetragen habe.

6 Ein Ältester soll unbescholten und nur einmal verheiratet sein. Seine Kinder sollen gläubig sein; man soll ihnen nicht nachsagen können, sie seien liederlich und ungehorsam. 7 Denn ein Bischof muss unbescholten sein, weil er das Haus Gottes verwaltet; er darf nicht überheblich und jähzornig sein, kein Trinker, nicht gewalttätig oder habgierig. 8 Er soll vielmehr das Gute lieben, er soll gastfreundlich sein, besonnen, gerecht, fromm und beherrscht. 9 Er muss ein Mann sein, der sich an das wahre Wort der Lehre hält; dann kann er mit der gesunden Lehre die Gemeinde ermahnen und die Gegner widerlegen.

5: Apg 14,23; 1 Tim 3,2–4 • 6: Apg 20,17.28; 1 Petr 5,2f • 9: 2,1.10; 1 Tim 1,10; 4,6; 6,3; 2 Tim 1,13; 4,3.

Bekämpfung der Irrlehrer: 1,10–16

10 Denn es gibt viele Ungehorsame, Schwätzer und Schwindler, besonders unter denen, die aus dem Judentum kommen. 11 Diese Menschen muss man zum Schweigen bringen, denn aus übler Gewinnsucht zerstören sie ganze Familien mit ihren falschen Lehren. 12 Einer von ihnen hat als ihr eigener Prophet gesagt: Alle Kreter sind Lügner und faule Bäuche, gefährliche Tiere. 13 Das ist ein wahres Wort. Darum weise sie streng zurecht, damit ihr Glaube wieder gesund wird 14 und sie sich nicht mehr an jüdische Fabeleien halten und an Gebote von Menschen, die sich von der Wahrheit abwenden. 15 Für die Reinen ist alles rein; für die Unreinen und Ungläubigen aber ist nichts rein, sogar ihr Denken und ihr Gewissen sind unrein. 16 Sie beteuern, Gott zu kennen, durch ihr Tun aber verleugnen sie ihn; es sind abscheuliche und unbelehrbare Menschen, die zu nichts Gutem taugen.

14: 1 Tim 1,4; 4,7; 2 Tim 2,16 • 15: Mt 15,11; Mk 7,15 • 16: 2 Tim 3,5.

1,6f Zu »Ältester« und »Bischof« vgl. die Anmerkung zu 1 Tim 3,1. – Zu »nur einmal verheiratet« vgl. die Anmerkung zu 1 Tim 3,2.

1,12 Das zitierte Wort des »Propheten« ist im Griechischen ein Hexameter, der dem Dichterphilosophen Epimenides (6. Jh. v. Chr.) zugeschrieben wird.

1,13 Das ist ein wahres Wort, wörtlich: Dieses Zeugnis ist wahr.

Anweisungen für einzelne Stände: 2,1–10

2 Du aber verkünde, was der gesunden
Lehre entspricht. 2 Die älteren Männer
sollen nüchtern sein, achtbar, besonnen,
stark im Glauben, in der Liebe, in der Aus-
dauer. 3 Ebenso seien die älteren Frauen
würdevoll in ihrem Verhalten, nicht ver-
leumderisch und nicht trunksüchtig; sie
müssen fähig sein, das Gute zu lehren, 4 da-
mit sie die jungen Frauen dazu anhalten
können, ihre Männer und Kinder zu lieben,
5 besonnen zu sein, ehrbar, häuslich, gütig
und ihren Männern gehorsam, damit das
Wort Gottes nicht in Verruf kommt.
6 Ebenso ermahne die jüngeren Männer, in
allen Dingen besonnen zu sein. 7 Gib selbst
ein Beispiel durch gute Werke. Lehre die
Wahrheit unverfälscht und mit Würde, 8 mit
gesunden, unanfechtbaren Worten; so wird
der Gegner beschämt und kann nichts
Schlechtes über uns sagen.
9 Die Sklaven sollen ihren Herren gehor-
chen, ihnen in allem gefällig sein, nicht wi-
dersprechen, 10 nichts veruntreuen; sie sollen
zuverlässig und treu sein, damit sie in allem
der Lehre Gottes, unseres Retters, Ehre
machen.

1: 1,9; 2,10; 1 Tim 1,10; 4,6; 6,3; 2 Tim 1,13; 4,3 • 3: 1 Petr 3,1–5 • 6: 1 Joh 2,13f • 7f: 2 Petr 3,15f • 9f: 1 Tim 6,1f; 1 Petr 2,18 • 10: 1,3; 3,4; 1 Tim 1,1; 2,3; 4,10.

Gnade und christliches Leben: 2,11–15

11 Denn die Gnade Gottes ist erschienen,
um alle Menschen zu retten. 12 Sie erzieht
uns dazu, uns von der Gottlosigkeit und den
irdischen Begierden loszusagen und beson-
nen, gerecht und fromm in dieser Welt zu le-
ben, 13 während wir auf die selige Erfüllung
unserer Hoffnung warten: auf das Erschei-
nen der Herrlichkeit unseres großen Gottes
und Retters Christus Jesus. 14 Er hat sich für
uns hingegeben, um uns *von aller Schuld zu
erlösen und sich ein reines Volk zu schaffen,
das ihm als sein besonderes Eigentum gehört*
und voll Eifer danach strebt, das Gute zu
tun. 15 So sollst du mit allem Nachdruck leh-
ren, ermahnen und zurechtweisen. Niemand
soll dich gering achten.

11: 3,4 • 13: 1,4 • 14: Ez 37,23; Ps 130,8; Ex 19,5; Dtn 14,2.

Die Pflichten der Getauften im sozialen Bereich: 3,1–8

3 Erinnere sie daran, sich den Herrschern
und Machthabern unterzuordnen und
ihnen zu gehorchen. Sie sollen immer bereit
sein, Gutes zu tun, 2 sollen niemand schmä-
hen, nicht streitsüchtig sein, sondern freund-
lich und gütig zu allen Menschen. 3 Denn
auch wir waren früher unverständig und un-
gehorsam; wir gingen in die Irre, waren
Sklaven aller möglichen Begierden und Lei-
denschaften, lebten in Bosheit und Neid, wa-
ren verhasst und hassten einander. 4 Als aber
die Güte und Menschenliebe Gottes, unseres
Retters, erschien, 5 hat er uns gerettet – nicht
weil wir Werke vollbracht hätten, die uns ge-
recht machen können, sondern aufgrund sei-
nes Erbarmens – durch das Bad der Wieder-
geburt und der Erneuerung im Heiligen
Geist. 6 Ihn hat er in reichem Maß über uns
ausgegossen durch Jesus Christus, unseren
Retter, 7 damit wir durch seine Gnade ge-
recht gemacht werden und das ewige Leben
erben, das wir erhoffen.
8 Dieses Wort ist glaubwürdig, und ich
will, dass du dafür eintrittst, damit alle, die
zum Glauben an Gott gekommen sind, sich
nach Kräften bemühen, das Gute zu tun. So
ist es gut und für alle Menschen nützlich.

1: Röm 13,1–7; 1 Petr 2,13–17 • 4: 2,11; 1,3 • 5: Joh 3,3–8; Röm 3,20; Gal 2,16; Eph 2,8f; 5,26; 2 Tim 1,9 • 6: 1,4.

Erneute Warnung vor Irrlehrern: 3,9–11

9 Lass dich nicht ein auf törichte Aus-
einandersetzungen und Erörterungen über
Geschlechterreihen, auf Streit und Gezänk
über das Gesetz; sie sind nutzlos und vergeb-
lich. 10 Wenn du einen Sektierer einmal und
ein zweites Mal ermahnt hast, so meide ihn.
11 Du weißt, ein solcher Mensch ist auf dem
verkehrten Weg; er sündigt und spricht sich
selbst das Urteil.

9: 1 Tim 1,4 • 10: Mt 18,15–17.

2,2 stark im Glauben, wörtlich: gesund im Glauben.
2,11–14 Hier und in 3,3–7 werden Formulierungen aus der urchristlichen Taufliturgie aufgenommen.
2,11 Als Beginn einer liturgischen Lesung wird folgende Fassung vorgeschlagen: Erschienen ist die Gnade Gottes.
2,13 Andere Übersetzungsmöglichkeit: der Herrlichkeit des großen Gottes und unseres Retters Christus Jesus.

DER SCHLUSS DES BRIEFES: PERSÖNLICHE MITTEILUNGEN UND GRÜSSE: 3,12–15

12 Sobald ich Artemas oder Tychikus zu dir
schicke, komm rasch zu mir nach Nikopolis;
denn ich habe mich entschlossen, dort den
Winter zu verbringen. 13 Den gesetzeskundi-
gen Zenas und den Apollos statte für die
Weiterreise gut aus, damit ihnen nichts fehlt.
14 Auch unsere Leute sollen lernen, nach
Kräften Gutes zu tun, wo es nötig ist, damit
ihr Leben nicht ohne Frucht bleibt.
15 Es grüßen dich alle, die bei mir sind.
Grüße alle, die uns durch den Glauben in
Liebe verbunden sind. Die Gnade sei mit
euch allen!

12: 2 Tim 4,12.

Der Brief an Philemon

Der kleine Brief hat einen ganz persönlichen Anlass. Der Sklave Onesimus war seinem Herrn Philemon entlaufen, der in Kolossä wohnte. Er kam auf seiner Flucht zu Paulus, der im Gefängnis saß, vermutlich in Ephesus. Paulus gewann Onesimus für den christlichen Glauben und Onesimus war ihm in mancherlei Hinsicht nützlich (vgl. VV. 11 und 20). Der Apostel schickte den Sklaven zu Philemon zurück, dessen Haus einer christlichen Gemeinde als Versammlungsort diente. Der Brief, geschrieben um 55 n. Chr., sollte Philemon bewegen, dem Sklaven Onesimus zu verzeihen und ihn als christlichen Bruder aufzunehmen. Die Bedeutung des Briefs liegt darin, dass er einen Beitrag zur Lösung des bedrückenden Sklavenproblems in der christlichen Gemeinde darstellt. Gleichzeitig ist er als persönliches Dokument des Menschen Paulus von hohem Wert.

ANSCHRIFT UND GRUSS: 1–3

1 Paulus, Gefangener Christi Jesu, und der
Bruder Timotheus an unseren geliebten Mit-
arbeiter Philemon, 2 an die Schwester Aphia,
an Archippus, unseren Mitstreiter, und an
die Gemeinde in deinem Haus: 3 Gnade sei
mit euch und Friede von Gott, unserem Va-
ter, und dem Herrn Jesus Christus.

2: Kol 4,17 • 3: Röm 1,7.

DANKGEBET DES APOSTELS: 4–7

4 Ich danke meinem Gott jedes Mal, wenn
ich in meinen Gebeten an dich denke. 5 Denn
ich höre von deinem Glauben an Jesus, den
Herrn, und von deiner Liebe zu allen Heili-
gen. 6 Ich wünsche, dass unser gemeinsamer
Glaube in dir wirkt und du all das Gute in
uns erkennst, das auf Christus gerichtet ist.
7 Es hat mir viel Freude und Trost bereitet,
dass durch dich, Bruder, und durch deine
Liebe die Heiligen ermutigt worden sind.

FÜRSPRACHE DES ONESIMUS: 8–20

8 Obwohl ich durch Christus volle Freiheit
habe, dir zu befehlen, was du tun sollst, 9 zie-
he ich es um der Liebe willen vor, dich zu
bitten. Ich, Paulus, ein alter Mann, der jetzt
für Christus Jesus im Kerker liegt, 10 ich
bitte dich für mein Kind Onesimus, dem ich

im Gefängnis zum Vater geworden bin.
11 Früher konntest du ihn zu nichts gebrau-
chen, doch jetzt ist er dir und mir recht nütz-
lich. 12 Ich schicke ihn zu dir zurück, ihn, das
bedeutet mein eigenes Herz. 13 Ich würde ihn
gern bei mir behalten, damit er mir an deiner
Stelle dient, solange ich um des Evangeliums
willen im Gefängnis bin. 14 Aber ohne deine
Zustimmung wollte ich nichts tun. Deine
gute Tat soll nicht erzwungen, sondern frei-
willig sein. 15 Denn vielleicht wurde er nur
deshalb eine Weile von dir getrennt, damit
du ihn für ewig zurückerhälst, 16 nicht mehr
als Sklaven, sondern als weit mehr: als ge-
liebten Bruder. Das ist er jedenfalls für mich,
um wie viel mehr dann für dich, als Mensch
und auch vor dem Herrn. 17 Wenn du dich
mir verbunden fühlst, dann nimm ihn also
auf wie mich selbst! 18 Wenn er dich aber ge-
schädigt hat oder dir etwas schuldet, setz das
auf meine Rechnung! 19 Ich, Paulus, schreibe
mit eigener Hand: Ich werde es bezahlen –
um nicht davon zu reden, dass du dich selbst
mir schuldest. 20 Ja, Bruder, um des Herrn
willen möchte ich von dir einen Nutzen ha-
ben. Erfreue mein Herz; wir gehören beide
zu Christus.

10: 1 Kor 4,15; Kol 4,9 • 16: 1 Kor 7,22 • 19: 1 Kor 16,21.

GRÜSSE UND SEGEN: 21–25

21 Ich schreibe dir im Vertrauen auf deinen
Gehorsam und weiß, dass du noch mehr tun
wirst, als ich gesagt habe. 22 Bereite zugleich
eine Unterkunft für mich vor! Denn ich hof-
fe, dass ich euch durch eure Gebete wieder-
geschenkt werde.
23 Es grüßen dich Epaphras, der mit mir
um Christi Jesu willen im Gefängnis ist,
24 sowie Markus, Aristarch, Demas und Lu-
kas, meine Mitarbeiter. 25 Die Gnade Jesu
Christi, des Herrn, sei mit eurem Geist!

23: Kol 4,7–14 • 25: Gal 6,18.

Der Brief an die Hebräer

In den ältesten Handschriften trägt der Brief die Überschrift »An die Hebräer«, das heißt an Judenchristen. Eine Verfasserangabe fehlt, ebenso die Angabe der Adressaten. Da das Schreiben paulinischen Einfluss aufweist (siehe auch den Hinweis auf Timotheus 13,23), wurde früher vermutet, es stamme, wenn nicht von Paulus selbst, von einem Mitarbeiter des Paulus, etwa von Barnabas oder von Apollos (Apg 13,1 – 15,35; 18,24 – 19,1; 1 Kor 1,12; 3,4). Dies lässt sich jedoch nicht nachweisen. Wegen des ausgezeichneten griechischen Stils, der eingehenden Kenntnis des Alten Testaments und der jüdisch beeinflussten Denk- und Darstellungsweise ist als Verfasser ein griechisch gebildeter Judenchrist anzunehmen, der von paulinischen Gedanken beeinflusst ist.

Der Brief ist am frühesten in Rom durch den 1. Klemensbrief (abgefasst um 97 n. Chr.) bezeugt; die Notiz 13,24 (»Es grüßen euch die Brüder aus Italien«) verweist ebenfalls eher auf Rom als auf Kleinasien als Entstehungsort. Da der Verfasser auf die apostolische Zeit zurückblickt (13,7: »Schaut auf das Ende des Lebens eurer Vorsteher«), zugleich auf eine bevorstehende Verfolgung hinweist – Kaiser Domitian (81–96 n. Chr.) ließ die Christen im ganzen Römischen Reich verfolgen –, sind als Zeit der Abfassung etwa die Jahre 85–95 n. Chr. anzunehmen.

Das Schreiben weist folgende Gliederung auf: Gottes abschließende Offenbarung durch den Sohn (1,1 – 4,13); Jesus Christus, der vollkommene und endgültige Hohepriester des Vol-

---

16 als Mensch und auch vor dem Herrn, wörtlich: im Fleisch und im Herrn.

20 Vermutlich ein Wortspiel mit dem Namen »Onesimus«, das heißt »der Nützliche«.

kes Gottes, der durch seinen Tod volle Sühne bewirkt, den Neuen Bund heraufgeführt und den Zugang zu Gott geöffnet hat (4,14 – 10,18); das wandernde Gottesvolk auf dem Weg zu der von Gott geschenkten Ruhe (11,1 – 12,3); abschließende Ermahnungen an müde gewordene Christen (12,4 – 13,19); Grüße und Segenswünsche (13,20–25).

Für seine Darlegungen schöpfte der Verfasser aus dem griechischen Alten Testament (Septuaginta) sowie aus jüdischen und christlichen Überlieferungen. So schuf er ein seelsorgliches »Mahnschreiben« (13,22) an Christen, die in Gefahr sind, vom Glauben abzufallen. Ihnen zeigt er, dass Jesus ebenso wie alle Großen des Volkes Gottes für seine Überzeugung auch zu leiden hatte und dass sich erst im Leiden die Kraft des Glaubens und der Hoffnung bewährt. Wie Jesus Christus kann auch der Christ nur durch Leiden in das Reich Gottes gelangen. Im Mittelpunkt steht die Aussage über Jesus als den allein würdigen Hohenpriester nach der Art des Priesterkönigs Melchisedek (vgl. die Anmerkung zu 7,1–28). Jesus hat durch das Opfer seines Lebens eine umfassende Erlösung bewirkt und tritt vor Gott als Fürsprecher für die Kirche ein. In ihm ist das alttestamentliche Priestertum an sein Ziel und Ende gelangt.

Das Schreiben bietet Einblick in den Reichtum christlichen Denkens und Lebens am Ende des ersten christlichen Jahrhunderts. Von besonderem Gewicht ist die Mahnung, Jesus Christus auch in Widrigkeiten unbedingt treu zu bleiben.

DER SOHN ALS ERFÜLLUNG DER VERHEISSUNGEN GOTTES: 1,1 – 4,13

Der Sohn und die Engel: 1,1–14

1 Viele Male und auf vielerlei Weise hat Gott einst zu den Vätern gesprochen durch die Propheten; 2 in dieser Endzeit aber hat er zu uns gesprochen durch den Sohn, den er zum Erben des Alls eingesetzt und durch den er auch die Welt erschaffen hat; 3 er ist der Abglanz seiner Herrlichkeit und das Abbild seines Wesens; er trägt das All durch sein machtvolles Wort, hat die Reinigung von den Sünden bewirkt und *sich* dann *zur Rechten* der Majestät in der Höhe *gesetzt;* 4 er ist um so viel erhabener geworden als die Engel, wie der Name, den er geerbt hat, ihren Namen überragt. 5 Denn zu welchem Engel hat er jemals gesagt:

Mein Sohn bist du, / heute habe ich dich gezeugt,

und weiter:

Ich will für ihn Vater sein, / und er wird für mich Sohn sein ?

6 Wenn er aber den Erstgeborenen wieder in die Welt einführt, sagt er:

Alle Engel Gottes sollen sich vor ihm niederwerfen.

7 Und von den Engeln sagt er:

Er macht seine Engel zu Winden / und seine Diener zu Feuerflammen;

8 von dem Sohn aber:

Dein Thron, o Gott, steht für immer und ewig,

und:

Das Zepter seiner Herrschaft ist ein gerechtes Zepter.

9 *Du liebst das Recht und hasst das Unrecht, / darum, o Gott, hat dein Gott dich gesalbt / mit dem Öl der Freude wie keinen deiner Gefährten.*

10 Und:

Du, Herr, hast vorzeiten der Erde Grund gelegt, / die Himmel sind das Werk deiner Hände.

11 *Sie werden vergehen, du aber bleibst; / sie alle veralten wie ein Gewand;*

12 *du rollst sie zusammen wie einen Mantel / und wie ein Gewand werden sie gewechselt.*

Du aber bleibst, der du bist, / und deine Jahre enden nie.

13 Zu welchem Engel hat er jemals gesagt:

Setze dich mir zur Rechten, / und ich lege dir deine Feinde als Schemel unter die Füße?

14 Sind sie nicht alle nur dienende Geister, ausgesandt, um denen zu helfen, die das Heil erben sollen?

3: 2 Kor 3,18; Kol 1,15; Joh 1,3; Kol 1,17; Ps 110,1 • 4: Phil 2,9 • 5: Ps 2,7; 2 Sam 7,14 • 6: Dtn 32,43 G; Ps 97,7 G • 7: Ps 104,4 G • 8: Ps 45,7f G • 10: Ps 102,26–28 • 13: Ps 110,1.

1,1 – 2,18 Das kunstvoll gestaltete Vorwort (1,1–4) und die anschließenden Zitate aus dem Alten Testament legen dar, dass Jesus als der Sohn Gottes die Engel an Bedeutung weit übertrifft; daher ist auch der von ihm gestiftete Bund dem Alten Bund, der nach jüdischer Auffassung durch Engel vermittelt wurde (vgl. Apg 7,53; Gal 3,19: über das Gesetz), weit überlegen.

Gottes Zeugnis für den Sohn: 2,1–4

2 Darum müssen wir umso aufmerksamer auf das achten, was wir gehört haben, damit wir nicht vom Weg abkommen. 2 Denn wenn schon das durch Engel verkündete Wort rechtskräftig war und jede Übertretung und jeder Ungehorsam die gerechte Vergeltung fand, 3 wie sollen dann wir entrinnen, wenn wir uns um ein so erhabenes Heil nicht kümmern, das zuerst durch den Herrn verkündet und uns von den Ohrenzeugen bestätigt wurde? 4 Auch Gott selbst hat dies bezeugt durch Zeichen und Wunder, durch machtvolle Taten aller Art und Gaben des Heiligen Geistes, nach seinem Willen.

4: 2 Kor 12,12.

Die Erniedrigung und Erhöhung des Sohnes: 2,5–18

5 Denn nicht Engeln hat er die zukünftige Welt unterworfen, von der wir reden, 6 vielmehr (dem Sohn, darum) heißt es an einer Stelle ausdrücklich:

Was ist der Mensch, dass du an ihn denkst, / oder der Menschensohn, dass du dich seiner annimmst?

7 *Du hast ihn nur für kurze Zeit unter die Engel erniedrigt. / Du hast ihn mit Herrlichkeit und Ehre gekrönt,* 8 *alles hast du ihm zu Füßen gelegt.*

Denn als er ihm alles zu Füßen legte, hat er nichts von der Unterwerfung ausgenommen. Jetzt sehen wir noch nicht *alles ihm zu Füßen gelegt;* 9 aber den, der *nur für kurze Zeit unter die Engel erniedrigt war,* Jesus, ihn sehen wir um seines Todesleidens willen *mit Herrlichkeit und Ehre gekrönt;* es war nämlich Gottes gnädiger Wille, dass er für alle den Tod erlitt. 10 Denn es war angemessen, dass Gott, für den und durch den das All ist und der viele Söhne zur Herrlichkeit führen wollte, den Urheber ihres Heils durch Leiden vollendete.

11 Denn er, der heiligt, und sie, die geheiligt werden, stammen alle von Einem ab; darum scheut er sich nicht, sie *Brüder* zu nennen 12 und zu sagen:

Ich will deinen Namen meinen Brüdern verkünden, / inmitten der Gemeinde dich preisen;

13 und ferner:

Ich will auf ihn mein Vertrauen setzen;

und:

Seht, ich und die Kinder, die Gott mir geschenkt hat.

14 Da nun *die Kinder* Menschen von Fleisch und Blut sind, hat auch er in gleicher Weise Fleisch und Blut angenommen, um durch seinen Tod den zu entmachten, der die Gewalt über den Tod hat, nämlich den Teufel, 15 und um die zu befreien, die durch die Furcht vor dem Tod ihr Leben lang der Knechtschaft verfallen waren. 16 Denn er nimmt sich keineswegs der Engel an, sondern *der Nachkommen Abrahams nimmt er sich an.* 17 Darum musste er in allem *seinen Brüdern* gleich sein, um ein barmherziger und treuer Hoherpriester vor Gott zu sein und die Sünden des Volkes zu sühnen. 18 Denn da er selbst in Versuchung geführt wurde und gelitten hat, kann er denen helfen, die in Versuchung geführt werden.

6–8: Ps 8,5–7 G • 10: Apg 3,15 • 12: Ps 22,23 • 13: Jes 8,17; 2 Sam 22,3; Jes 8,18 G • 16: Jes 41,8f G • 17: Ps 22,23 • 18: 4,15; Mt 4,1–11; Lk 4,1–13.

Der Sohn und Mose: 3,1–6

3 Darum, heilige Brüder, die ihr an der himmlischen Berufung teilhabt, schaut auf den Apostel und Hohenpriester, dem unser Bekenntnis gilt: auf Jesus, 2 der – wie auch *Mose in* Gottes *Haus* – dem *treu* ist, der ihn eingesetzt hat. 3 Denn er hat größere Herrlichkeit empfangen als Mose, so wie der, der ein Haus baut, größeren Ruhm genießt als das Haus. 4 Denn jedes Haus wird von jemand erbaut; der aber, der alles erbaut hat, ist Gott. 5 *Mose* war *in Gottes ganzem Haus treu* als *Diener,* zum Zeugnis der künftigen Offenbarungen; 6 Christus aber ist *treu* als Sohn, der über das *Haus* Gottes gesetzt ist; *sein Haus* aber sind wir, wenn wir an der Zuversicht und an dem stolzen Bewusstsein festhalten, das unsere Hoffnung uns verleiht.

2: Num 12,7 G • 5: Num 12,7 G.

Gottes Wort als Gericht: 3,7–19

7 Darum beherzigt, was der Heilige Geist sagt:

Heute, wenn ihr seine Stimme hört, / 8 *verhärtet euer Herz nicht wie beim Aufruhr, / wie in der Wüste am Tag der Versuchung.*

9 *Dort haben eure Väter mich versucht, / sie haben mich auf die Probe gestellt / und hatten doch meine Taten gesehen, /* 10 *vierzig Jahre lang.*

3,1–5 Jesus überragt auch den Mittler des Alten Bundes, Mose, kraft seines Wesens. – »Haus« ist Bild für das Volk Gottes.

3,7 – 4,13 Der Abschnitt verdeutlicht den Zweck des Schreibens: Christen, die in Gefahr sind, vom Glauben abzufallen, zur Treue aufzurufen (vgl. 5,11 – 6,8).

Darum war mir diese Generation zuwi-
der / und ich sagte: Immer geht ihr Herz in
die Irre. / Sie erkannten meine Wege nicht.
11 *Darum habe ich in meinem Zorn ge-*
schworen: / Sie sollen nicht in das Land mei-
ner Ruhe kommen.
12 Gebt Acht, Brüder, dass keiner von euch
ein böses, ungläubiges Herz hat, dass keiner
vom lebendigen Gott abfällt, 13 sondern er-
mahnt einander jeden Tag, solange es noch
heißt: *Heute,* damit niemand von euch durch
den Betrug der Sünde verhärtet wird; 14 denn
an Christus haben wir nur Anteil, wenn wir
bis zum Ende an der Zuversicht festhalten,
die wir am Anfang hatten.
15 Wenn es heißt:
Heute, wenn ihr seine Stimme hört, / ver-
härtet euer Herz nicht wie beim Aufruhr –
16 wer waren denn jene, die *hörten* und *sich*
auflehnten? Waren es nicht alle, die unter
Mose aus Ägypten ausgezogen waren? 17 Wer
war ihm vierzig Jahre lang zuwider? Nicht
etwa die Sünder, deren *Leichen in der Wüste*
liegen blieben? 18 Wem hat er geschworen, *sie*
sollen nicht in das Land seiner Ruhe kom-
men, wenn nicht den Ungehorsamen? 19 Und
wir sehen, dass sie wegen ihres Unglaubens
nicht hineinkommen konnten.

7–11: Ps 95,7–11 • 15: Ps 95,7f • 17: Num 14,29.

Gottes Wort als Verheißung:
4,1–13

4 Darum lasst uns ernsthaft besorgt sein,
dass keiner von euch zurückbleibt, so-
lange die Verheißung, *in das Land seiner*
Ruhe zu kommen, noch gilt. 2 Denn uns ist
die gleiche Freudenbotschaft verkündet wor-
den wie jenen; doch hat ihnen das Wort, das
sie hörten, nichts genützt, weil es sich nicht
durch den Glauben mit den Hörern verband.
3 Denn wir, die wir gläubig geworden sind,
kommen in das Land der Ruhe, wie er gesagt
hat:
Darum habe ich in meinem Zorn geschwo-
ren: / Sie sollen nicht in das Land meiner
Ruhe kommen.
Zwar waren die Werke seit der Erschaf-
fung der Welt vollendet; 4 denn vom siebten
Tag heißt es an einer Stelle: *Und Gott ruhte*
am siebten Tag aus von all seinen Werken;
5 hier aber heißt es:
Sie sollen nicht in das Land meiner Ruhe
kommen.
6 Da es nun dabei bleibt, dass einige hi-
neinkommen, die aber, die früher die Freu-
denbotschaft empfangen haben, wegen ihres
Ungehorsams *nicht hineingekommen sind,*
7 setzt er aufs Neue einen Tag fest, nämlich:
Heute, indem er durch David, wie schon ge-
sagt, nach so langer Zeit spricht:
Heute, wenn ihr seine Stimme hört, / ver-
härtet euer Herz nicht!
8 Denn hätte schon Josua sie in das Land
der Ruhe geführt, so wäre nicht von einem
anderen, späteren Tag die Rede. 9 Also ist
dem Volk Gottes eine Sabbatruhe vorbehal-
ten. 10 Denn wer *in das Land seiner Ruhe ge-*
kommen ist, der ruht auch selbst von seinen
Werken aus, wie Gott von den seinigen.
11 Bemühen wir uns also, *in jenes Land der*
Ruhe zu kommen, damit niemand aufgrund
des gleichen Ungehorsams zu Fall kommt.
12 Denn lebendig ist das Wort Gottes,
kraftvoll und schärfer als jedes zweischnei-
dige Schwert; es dringt durch bis zur Schei-
dung von Seele und Geist, von Gelenk und
Mark; es richtet über die Regungen und Ge-
danken des Herzens; 13 vor ihm bleibt kein
Geschöpf verborgen, sondern alles liegt
nackt und bloß vor den Augen dessen, dem
wir Rechenschaft schulden.

1: Ps 95,11 • 3: Ps 95,11 • 4: Gen 2,2 G • 5: Ps 95,11 • 7: Ps 95,7f • 10: Ps 95,11; Gen 2,2 G • 12: Weish 18,15f.

CHRISTUS, DER WAHRE UND ENDGÜLTIGE HOHEPRIESTER DES NEUEN BUNDES: 4,14 – 10,18

Das Amt des Hohenpriesters: 4,14 – 5,10

14 Da wir nun einen erhabenen Hohenpries-
ter haben, der die Himmel durchschritten
hat, Jesus, den Sohn Gottes, lasst uns an dem
Bekenntnis festhalten. 15 Wir haben ja nicht
einen Hohenpriester, der nicht mitfühlen

3,17 Wörtlich: deren Leiber ... hinfielen.
4,2 die Freudenbotschaft, wörtlich: das Evangelium.
4,11 Wörtlich: damit niemand ... hinfällt (vgl. 3,17).

4,14 – 5,10 Jesus wird hier als Hoherpriester und sein Wirken als priesterlicher Dienst der Versöhnung beschrieben. Als alttestamentliches Vorbild wird der vorisraelitische Priesterkönig von Jerusalem, Melchisedek, genannt (vgl. Gen 14,17–20; Ps 110,4; Hebr 7, 1–24).

könnte mit unserer Schwäche, sondern ei-
nen, der in allem wie wir in Versuchung ge-
führt worden ist, aber nicht gesündigt hat.
16 Lasst uns also voll Zuversicht hingehen
zum Thron der Gnade, damit wir Erbarmen
und Gnade finden und so Hilfe erlangen zur
rechten Zeit.

5 Denn jeder Hohepriester wird aus den
Menschen ausgewählt und für die Men-
schen eingesetzt zum Dienst vor Gott, um
Gaben und Opfer für die Sünden darzubrin-
gen. 2 Er ist fähig, für die Unwissenden und
Irrenden Verständnis aufzubringen, da auch
er der Schwachheit unterworfen ist; 3 des-
halb muss er für sich selbst ebenso wie für
das Volk Sündopfer darbringen. 4 Und kei-
ner nimmt sich eigenmächtig diese Würde,
sondern er wird von Gott berufen, so wie Aa-
ron.

5 So hat auch Christus sich nicht selbst die
Würde eines Hohenpriesters verliehen, son-
dern der, der zu ihm gesprochen hat:
*Mein Sohn bist du. / Heute habe ich dich
gezeugt,*
6 wie er auch an anderer Stelle sagt:
*Du bist Priester auf ewig / nach der Ord-
nung Melchisedeks.*

7 Als er auf Erden lebte, hat er mit lautem
Schreien und unter Tränen Gebete und Bit-
ten vor den gebracht, der ihn aus dem Tod
retten konnte, und er ist erhört und aus sei-
ner Angst befreit worden. 8 Obwohl er der
Sohn war, hat er durch Leiden den Gehor-
sam gelernt; 9 zur Vollendung gelangt, ist er
für alle, die ihm gehorchen, der Urheber des
ewigen Heils geworden 10 und wurde von
Gott angeredet als »Hoherpriester *nach der
Ordnung Melchisedeks*«.

4,15: Mt 4,1–11 • 16:10,22 • 5,3: Lev 9,7 • 5: Ps 2,7 • 6: Ps 110,4 • 7: Mt 26,37f; Mk 14,33f • 8: Phil 2,8 • 9: Jes 45,17 G • 10: Ps 110,4.

Die schwache Gemeinde:
5,11 – 6,12

11 Darüber hätten wir noch viel zu sagen;
es ist aber schwer verständlich zu machen,
da ihr schwerhörig geworden seid. 12 Denn
obwohl ihr der Zeit nach schon Lehrer sein
müsstet, braucht ihr von neuem einen, der
euch die Anfangsgründe der Lehre von der
Offenbarung Gottes beibringt; Milch habt
ihr nötig, nicht feste Speise. 13 Denn jeder,
der noch mit Milch genährt wird, ist unfähig,
richtiges Reden zu verstehen; er ist ja ein un-
mündiges Kind; 14 feste Speise aber ist für
Erwachsene, deren Sinne durch Gewöhnung
geübt sind, Gut und Böse zu unterscheiden.

6 Darum wollen wir beiseite lassen, was
man zuerst von Christus verkünden
muss, und uns dem Vollkommeneren zuwen-
den; wir wollen nicht noch einmal den
Grund legen mit der Belehrung über die Ab-
kehr von toten Werken, über den Glauben an
Gott, 2 über die Taufen, die Handauflegung,
die Auferstehung der Toten und das ewige
Gericht; 3 das wollen wir dann tun, wenn
Gott es will. 4 Denn es ist unmöglich, Men-
schen, die einmal erleuchtet worden sind, die
von der himmlischen Gabe genossen und An-
teil am Heiligen Geist empfangen haben,
5 die das gute Wort Gottes und die Kräfte der
zukünftigen Welt kennen gelernt haben,
6 dann aber abgefallen sind, erneut zur Um-
kehr zu bringen; denn sie schlagen jetzt den
Sohn Gottes noch einmal ans Kreuz und ma-
chen ihn zum Gespött. 7 Wenn ein Boden den
häufig herabströmenden Regen trinkt und
denen, für die er bebaut wird, nützliche Ge-
wächse hervorbringt, empfängt er Segen von
Gott; 8 trägt er aber *Dornen und Disteln,* so
ist er nutzlos und vom Fluch bedroht; sein
Ende ist die Vernichtung durch Feuer.

9 Bei euch aber, liebe Brüder, sind wir
trotz des Gesagten vom Besseren überzeugt
und davon, dass ihr am Heil teilhabt. 10 Denn
Gott ist nicht so ungerecht, euer Tun zu ver-
gessen und die Liebe, die ihr seinem Namen
bewiesen habt, indem ihr den Heiligen ge-
dient habt und noch dient. 11 Wir wünschen
aber, dass jeder von euch im Blick auf den
Reichtum unserer Hoffnung bis zum Ende
den gleichen Eifer zeigt, 12 damit ihr nicht
müde werdet, sondern Nachahmer derer
seid, die aufgrund ihres Glaubens und ihrer
Ausdauer Erben der Verheißungen sind.

5,12–14: 1 Kor 3,1–3 • 6,7: Gen 1,11f • 8: Gen 3,17f.

5,7 Als er auf Erden lebte, wörtlich: In den Tagen seines Fleisches. – und er ist . . . befreit worden: andere Übersetzungsmöglichkeit: und er ist seiner Gottesfurcht wegen erhört worden.
5,11–6,6 Der Abschnitt weist auf die zweistufige Glaubensunterweisung der Kirche zu jener Zeit und auf die Sakramente der Taufe und der Eucharistie hin.
5,13 richtiges Reden, andere Übersetzungsmöglichkeit: die rechte Lehre.
6,1 tote Werke: alles Tun, das nicht vom Glauben bestimmt ist. – Belehrung über den Glauben an Gott: Hinweis auf die Bekehrung von Heiden.
6,2 Die Taufe scheint mit einer Handauflegung verbunden gewesen zu sein.
6,4 erleuchtet: wohl Umschreibung der Wirkung der Taufe. – Mit dem Genuss der himmlischen Gabe ist vielleicht die Eucharistie gemeint.
6,4–6 Zur Aussage, für Christen, die vom Glauben abfallen, sei keine Umkehr möglich, vgl. 10,26–31.
6,5 kennen gelernt haben, wörtlich: genossen haben.

Die zuverlässige Verheißung: 6,13–20

13 Als Gott dem Abraham die Verheißung
gab, *schwor er bei sich selbst,* da er bei
keinem Höheren schwören konnte, 14 und
sprach: *Fürwahr, ich will dir Segen schenken in Fülle und deine Nachkommen überaus
zahlreich machen.* 15 So erlangte Abraham
durch seine Ausdauer das Verheißene.
16 Menschen nämlich schwören bei dem Höheren; der Eid dient ihnen zur Bekräftigung
und schließt jeden weiteren Einwand aus;
17 deshalb hat Gott, weil er den Erben der
Verheißung ausdrücklich zeigen wollte, wie
unabänderlich sein Entschluss ist, sich mit
einem Eid verbürgt. 18 So sollten wir durch
zwei unwiderrufliche Taten, bei denen Gott
unmöglich täuschen konnte, einen kräftigen
Ansporn haben, wir, die wir unsere Zuflucht
dazu genommen haben, die dargebotene
Hoffnung zu ergreifen. 19 In ihr haben wir einen sicheren und festen Anker der Seele, der
hineinreicht *in das Innere hinter dem Vorhang;* 20 dorthin ist Jesus für uns als unser
Vorläufer hineingegangen, er, der *nach der
Ordnung Melchisedeks* Hoher*priester* ist *auf
ewig.*

13: Gen 22,16 • 14: Gen 22,17 • 19: Lev 16,2.12 • 20: Ps 110,4.

Christus und die Priester des Alten Bundes: 7,1 – 8,13

Melchisedek und die Leviten: 7,1–10

7 Dieser *Melchisedek, König von Salem
und Priester des höchsten Gottes;* er,
der *dem Abraham, als dieser nach dem Sieg
über die Könige zurückkam, entgegenging
und ihn segnete* 2 und welchem Abraham *den
Zehnten von allem* gab; er, dessen Name
»König der Gerechtigkeit« bedeutet und der
auch *König von Salem* ist, das heißt »König
des Friedens«; 3 er, der ohne Vater, ohne
Mutter und ohne Stammbaum ist, ohne Anfang seiner Tage und ohne Ende seines Lebens, ein Abbild des Sohnes Gottes: dieser
Melchisedek bleibt *Priester für immer.*

4 Seht doch, wie groß der ist, dem selbst
Abraham, der Patriarch, *den Zehnten* vom
Besten der Beute *gab!* 5 Zwar haben auch die
von den Söhnen Levis, die das Priesteramt
übernehmen, den Auftrag, den gesetzmäßigen Zehnten vom Volk zu erheben, das heißt
von ihren Brüdern, obwohl auch diese aus
Abraham hervorgegangen sind; 6 jener aber,
der seinen Stammbaum nicht von ihnen herleitet, hat von Abraham *den Zehnten* genommen und den Träger der Verheißungen *gesegnet.* 7 Zweifellos wird aber immer der Geringere von einem Höheren gesegnet. 8 Und
in dem einen Fall nehmen den Zehnten
sterbliche Menschen, im andern aber einer,
von dem bezeugt wird, dass er lebt. 9 Und in
Abraham hat sozusagen auch Levi, der den
Zehnten nimmt, den Zehnten entrichtet;
10 denn er war noch im Leib seines Stammvaters, als *Melchisedek ihm entgegenging.*

1: Gen 14,17–20 • 3: Ps 110,4 • 4: Gen 14,20 • 5: Num 18,21 • 10: Gen 14,17.

Christus und die Leviten: 7,11–24

11 Wäre nun die Vollendung durch das levitische Priestertum gekommen – das Volk
hat ja darüber gesetzliche Bestimmungen erhalten –, warum musste dann noch ein anderer *Priester nach der Ordnung Melchisedeks*
eingesetzt werden und warum wurde er
nicht nach der Ordnung Aarons benannt?
12 Denn sobald das Priestertum geändert
wird, ändert sich notwendig auch das Gesetz. 13 Der nämlich, von dem das gesagt
wird, gehört einem anderen Stamm an, von
dem keiner Zutritt zum Altar hat; 14 es ist ja
bekannt, dass unser Herr dem Stamm Juda
entsprossen ist, und diesem hat Mose keine
Priestersatzungen gegeben.

15 Das ist noch viel offenkundiger, wenn
nach dem Vorbild Melchisedeks ein anderer
Priester eingesetzt wird, 16 der nicht, wie das
Gesetz es fordert, aufgrund leiblicher Abstammung Priester geworden ist, sondern
durch die Kraft unzerstörbaren Lebens.
17 Denn es wird bezeugt:
Du bist Priester auf ewig / nach der Ordnung Melchisedeks.

6,19 Im Heiligen Zelt wie auch im Tempelgebäude waren das Heilige und das Allerheiligste durch einen Vorhang getrennt. Nur einmal im Jahr, am Versöhnungstag, durfte der Hohepriester mit dem Blut von Opfertieren das Allerheiligste betreten, um den Sühneritus vorzunehmen durch die Besprengung des vergoldeten Deckels der Bundeslade mit Opferblut (vgl. Hebr 9,1–10; Lev 16). Das Allerheiligste ist für den Hebräerbrief Bild für den Ort, an dem Gott wohnt. – Der Anker ist Symbol für die christliche Hoffnung.

7,1–28 Dem levitischen Priestertum wird das Priestertum des Melchisedek gegenübergestellt. Melchisedek ist aufgrund seines Namens, der Anerkennung durch Abraham, durch seine geheimnisvolle Herkunft und durch sein Opfer – Brot und Wein – Vorbild für Jesus Christus. Nach 7,16 lebt Melchisedek bei Gott. Zum Opfer des Melchisedek im Unterschied zum Opfer der levitischen Priesterordnung vgl. 7,11–24; 9,7f; 10,1–9.

18 Das frühere Gebot wird nämlich aufgehoben, weil es schwach und nutzlos war – 19 denn das Gesetz hat nicht zur Vollendung geführt –, und eine bessere Hoffnung wird eingeführt, durch die wir Gott nahe kommen. 20 Das geschieht nicht ohne Eid; jene anderen sind ohne Eid Priester geworden, 21 dieser aber durch einen Eid dessen, der zu ihm sprach:

Der Herr hat geschworen und nie wird es ihn reuen: / Du bist Priester auf ewig.

22 So ist Jesus auch zum Bürgen eines besseren Bundes geworden.

23 Auch folgten dort viele Priester aufeinander, weil der Tod sie hinderte zu bleiben; 24 er aber hat, weil er *auf ewig* bleibt, ein unvergängliches Priestertum.

11: Ps 110,4 • 17: Ps 110,4 • 21: Ps 110,4 • 24: Ps 110,4.

Christus, der vollkommene Priester: 7,25–28

25 Darum kann er auch die, die durch ihn vor Gott hintreten, für immer retten; denn er lebt allezeit, um für sie einzutreten. 26 Ein solcher Hoherpriester war für uns in der Tat notwendig: einer, der heilig ist, unschuldig, makellos, abgesondert von den Sündern und erhöht über die Himmel; 27 einer, der es nicht Tag für Tag nötig hat, wie die Hohenpriester zuerst für die eigenen Sünden Opfer darzubringen und dann für die des Volkes; denn das hat er ein für allemal getan, als er sich selbst dargebracht hat. 28 Das Gesetz nämlich macht Menschen zu Hohenpriestern, die der Schwachheit unterworfen sind; das Wort des Eides aber, der später als das Gesetz kam, setzt *den Sohn* ein, der *auf ewig* vollendet ist.

27: Lev 16,6.15 • 28: Ps 2,7; 110,4.

Christus, der Mittler des Neuen Bundes: 8,1–13

8 Die Hauptsache dessen aber, was wir sagen wollen, ist: Wir haben einen Hohenpriester, der sich *zur Rechten* des Thrones der Majestät im Himmel *gesetzt hat,* 2 als Diener des Heiligtums und *des* wahren *Zeltes, das der Herr selbst aufgeschlagen hat,* nicht etwa ein Mensch. 3 Denn jeder Hohepriester wird eingesetzt, um Gaben und Opfer darzubringen; deshalb muss auch unser Hoherpriester etwas haben, was er darbringen kann. 4 Wäre er nun auf Erden, so wäre er nicht einmal Priester, da es hier schon Priester gibt, die nach dem Gesetz die Gaben darbringen. 5 Sie dienen einem Abbild und Schatten der himmlischen Dinge, nach der Anweisung, die Mose erhielt, als er daranging, das Zelt zu errichten: *Sieh zu,* heißt es, *dass du alles nach dem Urbild ausführst, das dir auf dem Berg gezeigt wurde.* 6 Jetzt aber ist ihm ein um so erhabenerer Priesterdienst übertragen worden, weil er auch Mittler eines besseren Bundes ist, der auf bessere Verheißungen gegründet ist.

7 Wäre nämlich jener erste Bund ohne Tadel, so würde man nicht einen zweiten an seine Stelle zu setzen suchen.

8 Denn er tadelt sie, wenn er sagt: *Seht, es werden Tage kommen – spricht der Herr –, in denen ich mit dem Haus Israel und dem Haus Juda einen neuen Bund schließen werde,* 9 *nicht wie der Bund war, den ich mit ihren Vätern geschlossen habe, als ich sie bei der Hand nahm, um sie aus Ägypten herauszuführen. Sie sind nicht bei meinem Bund geblieben und darum habe ich mich auch nicht mehr um sie gekümmert – spricht der Herr.* 10 *Das wird der Bund sein, den ich nach diesen Tagen mit dem Haus Israel schließe – spricht der Herr: Ich lege meine Gesetze in ihr Inneres hinein und schreibe sie ihnen in ihr Herz. Ich werde ihr Gott sein und sie werden mein Volk sein.* 11 *Keiner wird mehr seinen Mitbürger und keiner seinen Bruder belehren und sagen: Erkenne den Herrn! Denn sie alle, Klein und Groß, werden mich erkennen.* 12 *Denn ich verzeihe ihnen ihre Schuld und an ihre Sünden denke ich nicht mehr.*

13 Indem er von einem *neuen Bund* spricht, hat er den ersten für veraltet erklärt. Was aber veraltet und überlebt ist, das ist dem Untergang nahe.

1: Ps 110,1 • 2: Num 24,6 G • 5: Kol 2,17; Ex 25,40 • 8–12: Jer 31,31–34 G.

Christus und die Opfer des Alten Bundes: 9,1 – 10,18

Der Opferdienst des Alten Bundes: 9,1–10

9 Der erste Bund hatte gottesdienstliche Vorschriften und ein irdisches Heiligtum. 2 Es wurde nämlich ein erstes Zelt errichtet, in dem sich der Leuchter, der Tisch und die heiligen Brote befanden; dieses Zelt wurde das Heilige genannt. 3 Hinter dem zweiten Vorhang aber war ein Zelt, das sogenannte Allerheiligste, 4 mit dem goldenen

8,2.5 Das wahre Heiligtum ist dort, wo der Auferstandene bei Gott, seinem Vater, ist.

9,4 Nach Ex 30,6–8 stand der Rauchopferaltar im »Heiligen« (vgl. die Anmerkung zu 6,19); hier liegt beim Verfasser des Hebräerbriefes also ein Missverständnis vor.

Rauchopferaltar und der ganz mit Gold
überzogenen Bundeslade; darin waren ein
goldener Krug mit dem Manna, der Stab Aa-
rons, der Triebe angesetzt hatte, und die
Bundestafeln; 5 über ihr waren die Kerubim
der Herrlichkeit, die die Sühneplatte über-
schatteten. Doch es ist nicht möglich, darü-
ber jetzt im Einzelnen zu reden.
6 So also ist das alles aufgebaut. In das ers-
te Zelt gehen die Priester das ganze Jahr hi-
nein, um die heiligen Dienste zu verrichten.
7 In das zweite Zelt aber geht nur einmal im
Jahr der Hohepriester allein hinein, und
zwar mit dem Blut, das er für sich und für die
Vergehen des Volkes darbringt. 8 Dadurch
deutet der Heilige Geist an, dass der Weg in
das Heiligtum noch nicht sichtbar geworden
ist, solange das erste Zelt Bestand hat. 9 Das
ist ein Sinnbild, das auf die gegenwärtige
Zeit hinweist; denn es werden Gaben und
Opfer dargebracht, die das Gewissen des Op-
fernden nicht zur Vollkommenheit führen
können; 10 es handelt sich nur um Speisen
und Getränke und allerlei Waschungen,
äußerliche Vorschriften, die bis zu der Zeit
einer besseren Ordnung auferlegt worden
sind.

1f: Ex 25,23.30f • 3: Ex 26,33 • 4: Ex 16,33; Num 17,25 • 7: Ex 30,10.

Das einmalige Opfer Christi: 9,11–28

11 Christus aber ist gekommen als Hoher-
priester der künftigen Güter; und durch das
erhabenere und vollkommenere Zelt, das
nicht von Menschenhand gemacht, das heißt
nicht von dieser Welt ist, 12 ist er ein für alle-
mal in das Heiligtum hineingegangen, nicht
mit dem Blut von Böcken und jungen Stie-
ren, sondern mit seinem eigenen Blut, und so
hat er eine ewige Erlösung bewirkt. 13 Denn
wenn schon das Blut von Böcken und Stieren
und die Asche einer Kuh die Unreinen, die
damit besprengt werden, so heiligt, dass sie
leiblich rein werden, 14 wie viel mehr wird
das Blut Christi, der sich selbst kraft ewigen
Geistes Gott als makelloses Opfer darge-
bracht hat, unser Gewissen von toten Wer-
ken reinigen, damit wir dem lebendigen Gott
dienen.
15 Und darum ist er der Mittler eines neuen
Bundes; sein Tod hat die Erlösung von den
im ersten Bund begangenen Übertretungen
bewirkt, damit die Berufenen das verheißene
ewige Erbe erhalten. 16 Wo nämlich ein Tes-
tament vorliegt, muss der Tod des Erblassers
nachgewiesen werden; 17 denn ein Testament
wird erst im Todesfall rechtskräftig und gilt
nicht, solange der Erblasser noch lebt. 18 Da-
her ist auch der erste Bund mit Blut in Kraft
gesetzt worden. 19 Nachdem Mose jedes Ge-
bot dem Gesetz gemäß dem ganzen Volk vor-
gelesen hatte, nahm er das Blut der jungen
Stiere und der Böcke, dazu Wasser, rote
Wolle und Ysop, besprengte das Buch selbst
und das ganze Volk 20 und sagte: *Das ist das
Blut des Bundes, den Gott für euch einge-
setzt hat.* 21 Dann besprengte er auch das
Zelt und alle gottesdienstlichen Geräte auf
gleiche Weise mit dem Blut. 22 Fast alles wird
nach dem Gesetz mit Blut gereinigt, und
ohne dass Blut vergossen wird, gibt es keine
Vergebung.
23 Durch solche Mittel müssen also die Ab-
bilder der himmlischen Dinge gereinigt wer-
den; die himmlischen Dinge selbst aber er-
fordern wirksamere Opfer. 24 Denn Christus
ist nicht in ein von Menschenhand errichte-
tes Heiligtum hineingegangen, in ein Abbild
des wirklichen, sondern in den Himmel
selbst, um jetzt für uns vor Gottes Angesicht
zu erscheinen; 25 auch nicht, um sich selbst
viele Male zu opfern, (denn er ist nicht) wie
der Hohepriester, der jedes Jahr mit frem-
dem Blut in das Heiligtum hineingeht;
26 sonst hätte er viele Male seit der Erschaf-
fung der Welt leiden müssen. Jetzt aber ist er
am Ende der Zeiten ein einziges Mal erschie-
nen, um durch sein Opfer die Sünde zu til-
gen. 27 Und wie es dem Menschen bestimmt
ist, ein einziges Mal zu sterben, worauf dann
das Gericht folgt, 28 so wurde auch Christus
ein einziges Mal geopfert, um *die Sünden
vieler hinwegzunehmen;* beim zweiten Mal
wird er nicht wegen der Sünde erscheinen,
sondern um die zu retten, die ihn erwarten.

11: 4,14 • 13: Num 19,9.17 • 15: 7,22 • 19: Ex 24,3–8; Lev 14,4; Num 19,6 • 20: Ex 24,8 • 22: Lev 17,11 • 28: Jes 53,12.

Die endgültige Versöhnung mit Gott: 10,1–18

10 Denn das Gesetz enthält nur einen
Schatten der künftigen Güter, nicht
die Gestalt der Dinge selbst; darum kann es
durch die immer gleichen, alljährlich darge-

9,14 Nach Num 19 war zur Herstellung des Reinigungswassers die Asche einer roten Jungkuh erforderlich. Mit diesem Wasser wurden alle besprengt, die sich durch Berührung von Leichen verunreinigt hatten. Daneben galt das Blut von Opfertieren als Entsühnungsmittel (vgl. Lev 16).

9,16 »Testament« und »Bund« werden im griechischen Text durch dasselbe Wort ausgedrückt.

9,18–22 Zu den alttestamentlichen Vorschriften vgl. Ex 24; Lev 5; 14 – 16; Num 19; auch Ex 40.

10,1 Gesetz: Bezeichnung für die Heilsordnung des Alten Bundes.

brachten Opfer die, die vor Gott treten, nie-
mals für immer zur Vollendung führen.
2 Hätte man nicht aufgehört zu opfern, wenn
die Opfernden ein für allemal gereinigt und
sich keiner Sünde mehr bewusst gewesen
wären? 3 Aber durch diese Opfer wird alljähr-
lich nur an die Sünden erinnert, 4 denn das
Blut von Stieren und Böcken kann unmög-
lich Sünden wegnehmen. 5 Darum spricht
Christus bei seinem Eintritt in die Welt:
Schlacht- und Speiseopfer hast du nicht
gefordert, / doch einen Leib hast du mir ge-
schaffen; / 6 *an Brand- und Sündopfern hast*
du kein Gefallen.
7 *Da sagte ich: Ja, ich komme – / so steht es*
über mich in der Schriftrolle –, / um deinen
Willen, Gott, zu tun.
8 Zunächst sagt er: *Schlacht- und Speise-*
opfer, Brand- und Sündopfer forderst du
nicht, du hast daran kein Gefallen, obgleich
sie doch nach dem Gesetz dargebracht wer-
den; 9 dann aber hat er gesagt: *Ja, ich kom-*
me, um deinen Willen zu tun. So hebt Chris-
tus das Erste auf, um das Zweite in Kraft zu
setzen. 10 Aufgrund dieses Willens sind wir
durch die Opfergabe des Leibes Jesu Christi
ein für alle Mal geheiligt.
11 Jeder Priester steht Tag für Tag da, ver-
sieht seinen Dienst und bringt viele Male die
gleichen Opfer dar, die doch niemals Sünden
wegnehmen können. 12 Dieser aber hat nur
ein einziges Opfer für die Sünden darge-
bracht und *sich dann für immer zur Rechten*
Gottes gesetzt; 13 seitdem wartet er, *bis seine*
Feinde ihm als Schemel unter die Füße ge-
legt werden. 14 Denn durch ein einziges Op-
fer hat er die, die geheiligt werden, für im-
mer zur Vollendung geführt. 15 Das bezeugt
uns auch der Heilige Geist; denn zuerst sagt
er:
16 *Das wird der Bund sein, den ich nach*
diesen Tagen mit ihnen schließe – / spricht
der Herr:
Ich lege meine Gesetze in ihr Herz / und
schreibe sie in ihr Inneres;
17 dann aber:
An ihre Sünden und Übertretungen denke
ich nicht mehr.
18 Wo aber die Sünden vergeben sind, da
gibt es kein Sündopfer mehr.

1: 8,5 • 5–7: Ps 40,7–9 G • 10: 2,11; 9,28 • 12: Ps 110,1 • 16: Jer 31,33 G • 17: Jer 31,34 G.

DER WEG DES GLAUBENS: 10,19 – 13,19

Das unwandelbare Bekenntnis: 10,19–25

19 Wir haben also die Zuversicht, Brüder,
durch das Blut Jesu in das Heiligtum einzu-
treten. 20 Er hat uns den neuen und lebendi-
gen Weg erschlossen durch den Vorhang hin-
durch, das heißt durch sein Fleisch. 21 Da wir
einen Hohenpriester haben, der über das
Haus Gottes gestellt ist, 22 lasst uns mit auf-
richtigem Herzen und in voller Gewissheit
des Glaubens hintreten, das Herz durch Be-
sprengung gereinigt vom schlechten Gewis-
sen und den Leib gewaschen mit reinem
Wasser. 23 Lasst uns an dem unwandelbaren
Bekenntnis der Hoffnung festhalten, denn
er, der die Verheißung gegeben hat, ist treu.
24 Lasst uns aufeinander achten und uns zur
Liebe und zu guten Taten anspornen.
25 Lasst uns nicht unseren Zusammenkünf-
ten fernbleiben, wie es einigen zur Gewohn-
heit geworden ist, sondern ermuntert einan-
der, und das umso mehr, als ihr seht, dass der
Tag naht.

21: Sach 6,11f; Hebr 3,6 • 22: 9,14.

Warnung vor dem Abfall: 10,26–31

26 Denn wenn wir vorsätzlich sündigen,
nachdem wir die Erkenntnis der Wahrheit
empfangen haben, gibt es für diese Sünden
kein Opfer mehr, 27 sondern nur die Erwar-
tung des furchtbaren Gerichts und ein *wü-*
tendes Feuer, das die Gegner verzehren wird.
28 Wer das Gesetz des Mose verwirft, *muss*
ohne Erbarmen auf die Aussage von zwei
oder drei Zeugen hin sterben. 29 Meint ihr
nicht, dass eine noch viel härtere Strafe der
verdient, der den Sohn Gottes mit Füßen ge-
treten, *das Blut des Bundes,* durch das er ge-
heiligt wurde, verachtet und den Geist der
Gnade geschmäht hat? 30 Wir kennen doch
den, der gesagt hat: *Mein ist die Rache, ich*

10,5–7 Ps 40,7–9, Danklied eines aus Not erretteten Frommen, erhält durch den Bezug auf Jesus Christus einen neuen Sinn. Nach frühchristlicher Auffassung weisen die Psalmen auch auf Jesus hin.

10,28 Nach Dtn 17,2–7 stand auf Abfall von Gott und Verführung zum Götzendienst der Tod durch Steinigung.

werde vergelten, und ferner: *Der Herr wird*
sein Volk richten. 31 Es ist furchtbar, in die
Hände des lebendigen Gottes zu fallen.

26: 6,4–8 • 27: Jes 26,11 • 28: Dtn 17,6 • 29: Ex 24,8 • 30: Dtn 32,35f.

Mahnung zur Ausdauer: 10,32–39

32 Erinnert euch an die früheren Tage, als
ihr nach eurer Erleuchtung manchen harten
Leidenskampf bestanden habt: 33 Ihr seid
vor aller Welt beschimpft und gequält wor-
den, oder ihr seid mitbetroffen gewesen vom
Geschick derer, denen es so erging; 34 denn
ihr habt mit den Gefangenen gelitten und
auch den Raub eures Vermögens freudig hin-
genommen, da ihr wusstet, dass ihr einen
besseren Besitz habt, der euch bleibt.
35 Werft also eure Zuversicht nicht weg, die
großen Lohn mit sich bringt. 36 Was ihr
braucht, ist Ausdauer, damit ihr den Willen
Gottes erfüllen könnt und so das verheißene
Gut erlangt.

37 Denn nur noch *eine kurze Zeit, / dann*
wird der kommen, der kommen soll, / und er
bleibt nicht aus.

38 *Mein Gerechter aber wird durch den*
Glauben leben; / doch wenn er zurück-
weicht, / habe ich kein Gefallen an ihm.

39 Wir aber gehören nicht zu denen, die
zurückweichen und verloren gehen, sondern
zu denen, die glauben und das Leben gewin-
nen.

34: 13,3 • 37: Jes 26,20; Hab 2,3 G • 38: Hab 2,4 G.

Der Glaube der Väter: 11,1 – 12,3

Die Urväter: 11,1–7

11 Glaube aber ist: Feststehen in dem,
was man erhofft, Überzeugtsein von
Dingen, die man nicht sieht.

2 Aufgrund dieses Glaubens haben die Al-
ten ein ruhmvolles Zeugnis erhalten.

3 Aufgrund des Glaubens erkennen wir,
dass die Welt durch Gottes Wort erschaffen
worden und dass so aus Unsichtbarem das
Sichtbare entstanden ist.

4 Aufgrund des Glaubens brachte Abel
Gott ein besseres Opfer dar als Kain; durch
diesen Glauben erhielt er das Zeugnis, dass
er gerecht war, da Gott es bei seinen Opfer-
gaben bezeugte, und durch den Glauben re-
det Abel noch, obwohl er tot ist.

5 Aufgrund des Glaubens wurde Henoch
entrückt und musste nicht sterben; *er wurde*
nicht mehr gefunden, weil Gott ihn entrückt
hatte; vor der Entrückung erhielt er das
Zeugnis, dass er *Gott gefiel.* 6 Ohne Glauben
aber ist es unmöglich, (Gott) *zu gefallen;*
denn wer zu Gott kommen will, muss glau-
ben, dass er ist und dass er denen, die ihn
suchen, ihren Lohn geben wird.

7 Aufgrund des Glaubens wurde Noach
das offenbart, was noch nicht sichtbar war,
und er baute in frommem Gehorsam eine Ar-
che zur Rettung seiner Familie; durch seinen
Glauben sprach er der Welt das Urteil und
wurde Erbe der Gerechtigkeit, die aus dem
Glauben kommt.

4: Gen 4,4 • 5: Gen 5,24 G • 7: Gen 6,13–22; 7,1.

Die Patriarchen: 11,8–22

8 Aufgrund des Glaubens gehorchte Abra-
ham dem Ruf, *wegzuziehen* in ein Land, das
er zum Erbe erhalten sollte; und *er zog weg,*
ohne zu wissen, wohin er kommen würde.

9 Aufgrund des Glaubens *hielt er sich als*
Fremder im verheißenen *Land* wie in einem
fremden Land *auf* und wohnte mit Isaak und
Jakob, den Miterben derselben Verheißung,
in Zelten; 10 denn er erwartete die Stadt mit
den festen Grundmauern, die Gott selbst ge-
plant und gebaut hat.

11 Aufgrund des Glaubens empfing selbst
Sara die Kraft, trotz ihres Alters noch Mut-
ter zu werden; denn sie hielt den für treu, der
die Verheißung gegeben hatte. 12 So stammen
denn auch von einem einzigen Menschen,
dessen Kraft bereits erstorben war, viele ab:
zahlreich wie die Sterne am Himmel und der
Sand am Meeresstrand, den man nicht zäh-
len kann.

13 Voll Glauben sind diese alle gestorben,
ohne das Verheißene erlangt zu haben; nur
von fern haben sie es geschaut und gegrüßt
und haben bekannt, dass sie Fremde und
Gäste auf Erden sind. 14 Mit diesen Worten
geben sie zu erkennen, dass sie eine Heimat

10,38 Vgl. Röm 1,17 und die dortige Anmerkung.

11,11–40: Auch die Gerechten und Frommen der vorchristlichen Zeit waren Glaubende und gehören daher zum einen Volk Gottes.

11,1 Andere Übersetzungsmöglichkeit: Der Glaube aber ist die Grundlage dessen, was man erhofft, und die Gewissheit über Dinge, die man nicht sieht.

11,3 Andere Übersetzungsmöglichkeit: und dass das Sichtbare nicht aus der Welt der Erscheinungen entstanden ist.

11,11 Textüberlieferung unsicher; möglich ist auch: Aufgrund des Glaubens empfing er auch trotz seines Alters zusammen mit Sara die Kraft zur Zeugung; denn er hielt . . .

suchen. 15 Hätten sie dabei an die Heimat ge-
dacht, aus der sie weggezogen waren, so
wäre ihnen Zeit geblieben zurückzukehren;
16 nun aber streben sie nach einer besseren
Heimat, nämlich der himmlischen. Darum
schämt sich Gott ihrer nicht, er schämt sich
nicht, ihr Gott genannt zu werden; denn er
hat für sie eine Stadt vorbereitet.
17 Aufgrund des Glaubens *brachte Abra-
ham den Isaak dar, als er auf die Probe ge-
stellt wurde,* und gab den *einzigen Sohn*
dahin, er, der die Verheißungen empfangen
hatte 18 und zu dem gesagt worden war:
Durch Isaak wirst du Nachkommen haben.
19 Er verließ sich darauf, dass Gott sogar die
Macht hat, Tote zum Leben zu erwecken; da-
rum erhielt er Isaak auch zurück. Das ist ein
Sinnbild.
20 Aufgrund des Glaubens segnete Isaak
Jakob und Esau im Hinblick auf das Kom-
mende.
21 Aufgrund des Glaubens segnete Jakob
sterbend jeden der Söhne Josefs und *neigte
sich über das obere Ende seines Stabes.*
22 Aufgrund des Glaubens dachte Josef vor
seinem Tod an den Auszug der Israeliten und
traf Anordnungen wegen seiner Gebeine.

8: Gen 12,1.4 • 9: Gen 26,3 • 11: Gen 17,19; 21,2 • 12: Gen 22,17; Ex 32,13; Gen 15,5 • 13: Ps 39,13; 119,19 • 17: Gen 22,1f • 18: Gen 21,12 G • 19: Gen 22,1–18 • 20: Gen 27,28f.39f • 21: Gen 47,31 G • 22: Gen 50,24.

Weitere Zeugen des Glaubens: 11,23 – 12,3

23 Aufgrund des Glaubens *wurde Mose*
nach seiner Geburt *drei Monate lang* von sei-
nen Eltern *verborgen, weil sie sahen, dass es
ein schönes Kind war,* und weil sie sich vor
dem Befehl des Königs nicht fürchteten.
24 Aufgrund des Glaubens weigerte sich
Mose, als er herangewachsen war, Sohn ei-
ner Tochter des Pharao genannt zu werden;
25 lieber wollte er sich zusammen mit dem
Volk Gottes misshandeln lassen, als flüchti-
gen Genuss von der Sünde zu haben; 26 er
hielt *die Schmach des Messias* für einen grö-
ßeren Reichtum als die Schätze Ägyptens;
denn er dachte an den künftigen Lohn.
27 Aufgrund des Glaubens verließ er Ägyp-
ten, ohne Furcht vor dem Zorn des Königs; er
hielt standhaft aus, als sähe er den Unsicht-
baren.
28 Aufgrund des Glaubens vollzog er *das
Pascha* und *bestrich die Türpfosten mit Blut,*
damit *der Vernichter* ihre Erstgeborenen
nicht anrührte.
29 Aufgrund des Glaubens zogen sie durch
das Rote Meer wie über trockenes Land; als
die Ägypter das Gleiche versuchten, wurden
sie vom Meer verschlungen.
30 Aufgrund des Glaubens geschah es, dass
die Mauern von Jericho einstürzten, nachdem
man sieben Tage um sie herumgezogen war.
31 Aufgrund des Glaubens kam die Dirne
Rahab nicht zusammen mit den Ungehorsa-
men um; denn sie hatte die Kundschafter in
Frieden aufgenommen.
32 Und was soll ich noch aufzählen? Die
Zeit würde mir nicht reichen, wollte ich von
Gideon reden, von Barak, Simson, Jiftach,
David und von Samuel und den Propheten;
33 sie haben aufgrund des Glaubens König-
reiche besiegt, Gerechtigkeit geübt, Verhei-
ßungen erlangt, Löwen den Rachen gestopft,
34 Feuersglut gelöscht; sie sind scharfen
Schwertern entgangen; sie sind stark gewor-
den, als sie schwach waren; sie sind im Krieg
zu Helden geworden und haben feindliche
Heere in die Flucht geschlagen. 35 Frauen ha-
ben ihre Toten durch Auferstehung zurück-
erhalten. Einige nahmen die Freilassung
nicht an und ließen sich foltern, um eine bes-
sere Auferstehung zu erlangen. 36 Andere
haben Spott und Schläge erduldet, ja sogar
Ketten und Kerker. 37 Gesteinigt wurden sie,
verbrannt, zersägt, mit dem Schwert umge-
bracht; sie zogen in Schafspelzen und Zie-
genfellen umher, Not leidend, bedrängt,
misshandelt. 38 Sie, deren die Welt nicht wert
war, irrten umher in Wüsten und Gebirgen,
in den Höhlen und Schluchten des Landes.
39 Doch sie alle, die aufgrund des Glaubens
(von Gott) besonders anerkannt wurden, ha-
ben das Verheißene nicht erlangt, 40 weil
Gott erst für uns etwas Besseres vorgesehen
hatte; denn sie sollten nicht ohne uns voll-
endet werden.

12 Da uns eine solche Wolke von Zeugen
umgibt, wollen auch wir alle Last
und die Fesseln der Sünde abwerfen. Lasst
uns mit Ausdauer in dem Wettkampf laufen,
der uns aufgetragen ist, 2 und dabei auf Jesus
blicken, den Urheber und Vollender des

11,21 So nach dem griechischen Text; nach dem hebräischen: neigte sich über das Kopfende seines Bettes.

11,35 Gedacht ist wohl an die Erweckung des Sohns der Witwe von Sarepta durch den Propheten Elija (vgl. 1 Kön 17,17–24) und des Sohns einer Frau aus Schunem durch den Propheten Elischa (vgl. 2 Kön 4,18–37).

11,37 verbrannt, viele alte Textzeugen haben: erprobt (durch Folter?).

11,39 (von Gott) besonders anerkannt wurden, andere Übersetzungsmöglichkeit: (von der Schrift) ein rühmliches Zeugnis erhielten.

Glaubens; er hat angesichts der vor ihm lie-
genden Freude das Kreuz auf sich genom-
men, ohne auf die Schande zu achten, und
sich zur Rechten von Gottes Thron *gesetzt.*
3 Denkt an den, der von den Sündern solchen
Widerstand gegen sich erduldet hat; dann
werdet ihr nicht ermatten und den Mut nicht
verlieren.

11,23: Ex 2,2 • 24: Ex 2,11f • 26: Ps 69,10; 89,51f; Hebr 12,2; 13,13 • 27: Ex 2,15 • 28: Ex 12,11.13.22f • 29: Ex 14,21–31 • 30: Jos 6,1–21 • 31: Jos 2,11f; 6,17.22–25 • 33: Dan 6,23 • 34: Dan 3,23–25 • 35: 2 Makk 6,18 – 7,42 • 37: 2 Chr 24,21 • 38: 1 Sam 13,61 • 12,1: 1 Kor 9,24 • 2: 2,10; Ps 110,1.

Abschließende Mahnungen: 12,4 – 13,19

Die Züchtigung als Zeichen väterlicher Liebe: 12,4–13

4 Ihr habt im Kampf gegen die Sünde noch
nicht bis aufs Blut Widerstand geleistet
5 und ihr habt die Mahnung vergessen, die
euch als Söhne anredet:
Mein Sohn, verachte nicht die Zucht des
Herrn, / verzage nicht, wenn er dich zurecht-
weist.
6 *Denn wen der Herr liebt, den züchtigt*
er; / er schlägt mit der Rute jeden Sohn, den
er gern hat.
7 Haltet aus, wenn ihr gezüchtigt werdet.
Gott behandelt euch wie Söhne. Denn wo ist
ein Sohn, den sein Vater nicht züchtigt?
8 Würdet ihr nicht gezüchtigt, wie es doch
bisher allen ergangen ist, dann wäret ihr
nicht wirklich seine Kinder, ihr wäret nicht
seine Söhne. 9 Ferner: An unseren leiblichen
Vätern hatten wir harte Erzieher und wir
achteten sie. Sollen wir uns dann nicht erst
recht dem Vater der Geister unterwerfen
und so das Leben haben? 10 Jene haben uns
für kurze Zeit nach ihrem Gutdünken in
Zucht genommen; er aber tut es zu unserem
Besten, damit wir Anteil an seiner Heiligkeit
gewinnen. 11 Jede Züchtigung scheint zwar
für den Augenblick nicht Freude zu bringen,
sondern Schmerz; später aber schenkt sie
denen, die durch diese Schule gegangen sind,
als Frucht den Frieden und die Gerechtig-
keit.
12 Darum *macht die erschlafften Hände*
wieder stark und die wankenden Knie wie-
der fest 13 und *ebnet die Wege für eure Füße,*
damit die lahmen Glieder nicht ausgerenkt,
sondern geheilt werden.

5: Spr 3,11f G • 7: Ps 73,14f • 9: Num 16,22; 27,16 • 12: Jes 35,3; Ijob 4,3f • 13: Spr 4,26 G.

Warnung vor Leichtfertigkeit: 12,14–17

14 *Strebt voll Eifer nach Frieden* mit allen
und nach der Heiligung, ohne die keiner den
Herrn sehen wird. 15 Seht zu, dass niemand
die Gnade Gottes verscherzt, *dass keine bit-*
tere Wurzel wächst und Schaden stiftet und
durch sie alle vergiftet werden, 16 dass keiner
unzüchtig ist oder gottlos wie *Esau,* der für
eine einzige Mahlzeit sein *Erstgeburtsrecht*
verkaufte. 17 Ihr wisst auch, dass er verwor-
fen wurde, als er später den Segen erben
wollte; denn er fand keinen Weg zur Umkehr,
obgleich er unter Tränen danach suchte.

14: Ps 34,15 • 15: Dtn 29,17 G • 16: Gen 25,33f • 17: Gen 27,30–40.

Die rechte Furcht vor Gott: 12,18–29

18 Denn ihr seid nicht zu einem sichtbaren,
lodernden Feuer hingetreten, zu dunklen
Wolken, zu Finsternis und Sturmwind,
19 *zum Klang der Posaunen und zum Schall*
der Worte, bei denen die Hörer flehten, diese
Stimme solle nicht weiter zu ihnen reden;
20 denn sie ertrugen nicht den Befehl: Sogar
ein Tier, das den Berg berührt, soll gesteinigt
werden. 21 Ja, so furchtbar war die Erschei-
nung, dass Mose rief: Ich bin voll Angst und
Schrecken. 22 Ihr seid vielmehr zum Berg
Zion hingetreten, zur Stadt des lebendigen
Gottes, dem himmlischen Jerusalem, zu Tau-
senden von Engeln, zu einer festlichen Ver-
sammlung 23 und zur Gemeinschaft der Erst-
geborenen, die im Himmel verzeichnet sind;
zu Gott, dem Richter aller, zu den Geistern
der schon vollendeten Gerechten, 24 zum
Mittler eines neuen Bundes, Jesus, und zum
Blut der Besprengung, das mächtiger ruft als
das Blut Abels.

12,8 Wörtlich: dann wäret ihr uneheliche Kinder, ihr wäret nicht (eheliche) Söhne.

12,12f Die Mahnung setzt das Bild vom wandernden Gottesvolk voraus, das unterwegs ist in »die Stadt mit den festen Grundmauern, die Gott selbst geplant und gebaut hat« (11,10).

12,15 alle, wörtlich: die vielen.

12,18–21 Der Text erinnert an die Umstände beim Abschluss des Ersten Bundes am Sinai (vgl. Ex 19; 20,18–21; Dtn 5,22–27; 9,9–25).

12,22f Jerusalem und vor allem der Berg Zion, auf dem der Tempel stand, waren von Gott auserwählt als Stätten seiner besonderen Gegenwart. Für die Christen sind Jerusalem und Zion Bezeichnungen für das neue Volk Gottes, die Kirche (vgl. Gal 4,25f; Offb 3,12; 21,2). Die Aufnahme in die Gemeinschaft der Erstgeborenen geschieht durch die Taufe.

12,24 Blut der Besprengung: Dem alttestamentlichen Opferblut (vgl. Ex 24,8; Hebr 9,15–22) entspricht im Neuen Bund das Blut Christi.

25 Gebt Acht, dass ihr den nicht ablehnt,
der redet. Jene haben ihn abgelehnt, als er
auf Erden seine Gebote verkündete, und sind
(dem Gericht) nicht entronnen; wie viel we-
niger dann wir, wenn wir uns von dem ab-
wenden, der jetzt vom Himmel her spricht.
26 Seine Stimme hat damals die Erde er-
schüttert, jetzt aber hat er verheißen: *Noch
einmal lasse ich es beben,* aber nicht nur *die
Erde* erschüttere ich, sondern auch *den Him-
mel.* 27 Dieses *Noch einmal* weist auf die Um-
wandlung dessen hin, das, weil es erschaffen
ist, erschüttert wird, damit das Unerschüt-
terliche bleibt. 28 Darum wollen wir dankbar
sein, weil wir ein unerschütterliches Reich
empfangen, und wollen Gott so dienen, wie
es ihm gefällt, in ehrfürchtiger Scheu;
29 denn unser *Gott ist verzehrendes Feuer.*

18f: Ex 19,16–19; Dtn 4,11 • 19: Ex 20,19 • 20: Ex 19,13 • 21: Dtn 9,19 • 22: Gal 4,26 • 24: 9,15; Gen 4,10 • 26: Hag 2,6 G • 29: Dtn 4,24; Jes 33,14.

Aufruf zu echtem christlichem Leben:
13,1–19

13 Die Bruderliebe soll bleiben. 2 Ver-
gesst die Gastfreundschaft nicht;
denn durch sie haben einige, ohne es zu ah-
nen, Engel beherbergt. 3 Denkt an die Gefan-
genen, als wäret ihr mitgefangen; denkt an
die Misshandelten, denn auch ihr lebt noch
in eurem irdischen Leib. 4 Die Ehe soll von
allen in Ehren gehalten werden und das Ehe-
bett bleibe unbefleckt; denn Unzüchtige und
Ehebrecher wird Gott richten. 5 Euer Leben
sei frei von Habgier; seid zufrieden mit dem,
was ihr habt; denn Gott hat versprochen: *Ich
lasse dich nicht fallen und verlasse dich
nicht.* 6 Darum dürfen wir zuversichtlich
sagen:

*Der Herr ist mein Helfer, ich fürchte mich
nicht. / Was können Menschen mir antun?*

7 Denkt an eure Vorsteher, die euch das
Wort Gottes verkündet haben; schaut auf
das Ende ihres Lebens, und ahmt ihren
Glauben nach! 8 Jesus Christus ist derselbe
gestern, heute und in Ewigkeit. 9 Lasst euch
nicht durch mancherlei fremde Lehren irre-
führen; denn es ist gut, das Herz durch Gna-
de zu stärken und nicht dadurch, dass man
nach Speisevorschriften lebt, die noch kei-
nem genützt haben.

10 Wir haben einen Altar, von dem die
nicht essen dürfen, die dem Zelt dienen.
11 Denn die Körper der Tiere, *deren Blut* vom
Hohenpriester *zur Sühnung der Sünde in das
Heiligtum gebracht wird, werden außerhalb
des Lagers verbrannt.* 12 Deshalb hat auch
Jesus, um durch sein eigenes Blut das Volk
zu heiligen, außerhalb des Tores gelitten.
13 Lasst uns also zu ihm *vor das Lager hi-
nausziehen* und seine Schmach auf uns neh-
men. 14 Denn wir haben hier keine Stadt, die
bestehen bleibt, sondern wir suchen die
künftige.

15 Durch ihn also lasst uns *Gott* allezeit *das
Opfer des Lobes darbringen,* nämlich *die
Frucht der Lippen,* die seinen Namen prei-
sen. 16 Vergesst nicht, Gutes zu tun und mit
anderen zu teilen; denn an solchen Opfern
hat Gott Gefallen. 17 Gehorcht euren Vorste-
hern und ordnet euch ihnen unter, denn sie
wachen über euch und müssen Rechenschaft
darüber ablegen; sie sollen das mit Freude
tun können, nicht mit Seufzen, denn das
wäre zu eurem Schaden. 18 Betet für uns!
Zwar sind wir überzeugt, ein gutes Gewissen
zu haben, weil wir in allem recht zu leben su-
chen; 19 umso dringender aber bitte ich um
euer Gebet, damit ich euch recht bald zu-
rückgegeben werde.

2: Gen 18,3; 19,2f • 3: 10,34 • 4: 1 Kor 5,11; 7,2–4; Eph 5,5 • 5: 1 Tim 6,3–10; Dtn 31,6.8; Jos 1,5 • 6: Ps 118,6 G • 9: Kol 2,21; 1 Tim 1,6f; 4,3; 2 Tim 2,14–16; Hebr 9,10 • 11: Lev 16,27 • 12: Mt 27,33; Joh 19,17 • 15: Ps 50,14.23; Hos 14,3 • 17: Apg 20,28–31; 1 Kor 16,16; 1 Petr 5,5 • 18: Röm 15,30 • 19: Apg 12,5; Röm 15,30.

13,2 Der Hinweis auf Engel bezieht sich wohl auf die Berichte entsprechender Vorgänge im Alten Testament (vgl. Gen 18: Abraham und Sara; Gen 19,1–22; Lot; Ri 13: Manoach; Tob 5 – 12: Tobias).
13,7 auf das Ende, wörtlich: auf den Ertrag. – Mit »Vorsteher« sind hier die christlichen Gemeindeleiter und Seelsorger bezeichnet (vgl. 13,17.24).
13,10 »Zelt« im Sinn von Bundeszelt meint die alte gottesdienstliche Ordnung des Judentums (vgl. Hebr 8,5; 9,2–6.8.21).
13,11–14 Nach Lev 16,27 mussten der Sündopferstier und der Sündopferbock, deren Blut zur Entsühnung diente, außerhalb des Lagers verbrannt werden. Die Hinrichtung Jesu erfolgte »außerhalb des Tors« (vgl. Joh 19,20; Mt 21,39), um die Heilige Stadt nicht zu verunreinigen (vgl. Joh 19,31). Die Aussage spielt auf die Schmach des Kreuzestodes an und auf die Tatsache, dass die Christen sowohl von den Juden als auch von den Heiden aus deren Gemeinschaft ausgestoßen wurden.
13,15 Mit »Lobopfer«, »Frucht der Lippen« ist der christliche Gottesdienst gemeint.

DER SCHLUSS DES BRIEFES: SEGENSWÜNSCHE UND GRÜSSE: 13,20–25

20 Der Gott des Friedens aber, der Jesus, unseren Herrn, *den* erhabenen *Hirten seiner Schafe,* von den Toten *heraufgeführt hat durch das Blut eines ewigen Bundes,* 21 er mache euch tüchtig in allem Guten, damit ihr seinen Willen tut. Er bewirke in uns, was ihm gefällt, durch Jesus Christus, dem die Ehre sei in alle Ewigkeit. Amen.

22 Schließlich bitte ich euch, Brüder, nehmt diese Mahnrede bereitwillig an; ich habe euch ja nur kurz geschrieben. 23 Wisst, dass unser Bruder Timotheus freigelassen worden ist; sobald er kommt, werde ich mit ihm zusammen euch besuchen. 24 Grüßt alle eure Vorsteher und alle Heiligen! Es grüßen euch die Brüder aus Italien.

25 Die Gnade sei mit euch allen!

20: Jes 63,11; Sach 9,11; 1 Petr 5,4; Jes 55,3 • 21: Röm 16,27.

13,23 freigelassen worden ist, andere Übersetzungsmöglichkeit: abreisen konnte. – Wo sich der Paulusmitarbeiter Timotheus aufhielt, lässt sich nicht feststellen.
13,24 Als »Heilige« sind hier die Christen bezeichnet. – Aus der Erwähnung der »Brüder aus Italien« lässt sich nicht eindeutig erschließen, ob der Brief in Italien, das heißt in Rom, verfasst oder von außerhalb Italiens an christliche Gemeinden in Italien geschrieben worden ist.

Die Katholischen Briefe

Die sieben Briefe, die dem Hebräerbrief folgen, werden seit alter Zeit »Katholische Briefe« genannt, weil sie nicht an bestimmte einzelne Gemeinden adressiert sind, sondern sich an einen größeren Leserkreis richten. »Katholisch« ist in diesem Zusammenhang im Sinn von »universal, allgemein« gebraucht.

Der Brief des Jakobus

Der Verfasser dieses Briefs ist nach der Anschrift Jakobus, der »Knecht Gottes und Jesu Christi, des Herrn« (1,1). Damit kann nicht der Apostel Jakobus, der Sohn des Zebedäus, oder der andere Apostel Jakobus, der Sohn des Alphäus (Mk 3,17; Apg 1,13), gemeint sein, da in der Anschrift der Aposteltitel fehlt. Mit dem Verfasser, den die Anschrift nennt, ist offensichtlich Jakobus, der »Bruder des Herrn«, gemeint, der in Mk 6,3 erwähnt wird (Jakobus, »der Kleine«, Mk 15,40). Er gehörte nach der Auferstehung Jesu zum Kern der Urgemeinde in Jerusalem (vgl. Apg 1,14; 1 Kor 15,7; Gal 1,19; 2,9). Nach dem Weggang des Petrus (Apg 12,17) wurde Jakobus, der gesetzestreue und angesehene Judenchrist, Leiter dieser Gemeinde (Apg 21,17f). Er erlitt im Jahr 62 n. Chr. den Märtyrertod.

Als Empfänger sind »die zwölf Stämme, die in der Zerstreuung leben«, genannt. Damit können die judenchristlichen Gemeinden in Palästina und anderen Ländern gemeint sein. Doch könnte der Ausdruck »die zwölf Stämme« auch eine symbolische Bezeichnung der ganzen Christenheit sein, die in dieser Welt wie in der Diaspora (»Zerstreuung« 1,1) lebt. Der Einfluss jüdischer Denk- und Redeweise ist in dem Brief jedenfalls deutlich erkennbar.

Wenn Jakobus, der »Bruder des Herrn«, diesen Brief verfasst hat, muss er spätestens im Jahr 62 geschrieben sein. Nach anderer Auffassung ist dieses in gutem Griechisch abgefasste Schreiben erst gegen Ende des 1. Jahrhunderts entstanden, und zwar in Kreisen, die sich auf Jakobus berufen konnten.

Der Jakobusbrief ist trotz des briefartigen Anfangs (1,1) kein eigentlicher Brief. Er hat auch keinen systematischen Aufbau. Es geht nicht um die Entfaltung oder Verteidigung von Lehren, sondern um die Mahnung zu einer tatkräftigen Verwirklichung des Evangeliums (mit Anklängen an die Bergpredigt). Die einzelnen Abschnitte sind nur lose miteinander verbunden. Grundlage ist der Glaube an Jesus Christus, den Herrn der Herrlichkeit, den kommenden Richter (2,1; 5,7–11). Der Glaube ist Gabe Gottes, er lebt vom Hören auf das Wort und macht den Menschen zum wahren Gottesdienst fähig: zur tätigen Liebe gegenüber den Armen (1,19–27; 2,1–13).

Über das Verhältnis von Glauben und Werken handelt ausführlich der Abschnitt 2,14–26. Während Paulus in Röm 3,28 sagt, der Mensch werde durch Glauben gerecht, unabhängig von den »Werken des Gesetzes«, betont Jakobus, »dass der Mensch aufgrund seiner Werke gerecht wird, nicht durch den Glauben allein« (2,24). Doch stehen die Aussagen des Jakobusbriefs nicht in wirklichem Gegensatz zur Lehre des Paulus. Paulus spricht von »Werken des Gesetzes«, Jakobus aber meint die Taten der Nächstenliebe, ohne die auch für Paulus der Glaube nichtig wäre (vgl. Gal 5,6).

Vom Inhalt des Briefs sind ferner zu nennen die Mahnungen zum Ausharren in Prüfungen, zum Gebet, die Warnung vor Lehrstreitigkeiten, vor einer Weisheit, die nicht von Gott kommt, und allgemein »vor jeder Befleckung durch die Welt«. Wichtig ist die Erwähnung der Krankensalbung in 5,14f (vgl. Mk 6,13).

ANSCHRIFT UND GRUSS: 1,1

1 Jakobus, Knecht Gottes und Jesu Christi, des Herrn, grüßt die zwölf Stämme, die in der
Zerstreuung leben.
1: 1 Petr 1,1.

SINN UND WESEN DER VERSUCHUNG: 1,2–18

2 Seid voll Freude, meine Brüder, wenn ihr
in mancherlei Versuchungen geratet. 3 Ihr
wisst, dass die Prüfung eures Glaubens Aus-
dauer bewirkt. 4 Die Ausdauer aber soll zu
einem vollendeten Werk führen; denn so
werdet ihr vollendet und untadelig sein, es
wird euch nichts mehr fehlen. 5 Fehlt es aber
einem von euch an Weisheit, dann soll er sie
von Gott erbitten; Gott wird sie ihm geben,
denn er gibt allen gern und macht niemand
einen Vorwurf. 6 Wer bittet, soll aber voll
Glauben bitten und nicht zweifeln; denn wer
zweifelt, ist wie eine Welle, die vom Wind im
Meer hin und her getrieben wird. 7 Ein sol-
cher Mensch bilde sich nicht ein, dass er vom
Herrn etwas erhalten wird: 8 Er ist ein Mann
mit zwei Seelen, unbeständig auf all seinen
Wegen.

9 Der Bruder, der in niederem Stand lebt,
rühme sich seiner hohen Würde, 10 der Rei-
che aber seiner Niedrigkeit; denn *er wird da-
hinschwinden wie die Blume im Gras.* 11 Die
Sonne geht auf und ihre Hitze versengt das
Gras; die Blume verwelkt und ihre Pracht
vergeht. So wird auch der Reiche vergehen
mit allem, was er unternimmt.

12 Glücklich der Mann, der in der Versu-
chung standhält. Denn wenn er sich bewährt,
wird er den Kranz des Lebens erhalten, der
denen verheißen ist, die Gott lieben. 13 Kei-
ner, der in Versuchung gerät, soll sagen: Ich
werde von Gott in Versuchung geführt. Denn
Gott kann nicht in die Versuchung kommen,
Böses zu tun, und er führt auch selbst nie-
mand in Versuchung. 14 Jeder wird von sei-
ner eigenen Begierde, die ihn lockt und
fängt, in Versuchung geführt. 15 Wenn die
Begierde dann schwanger geworden ist,
bringt sie die Sünde zur Welt; ist die Sünde
reif geworden, bringt sie den Tod hervor.

16 Lasst euch nicht irreführen, meine ge-
liebten Brüder; 17 jede gute Gabe und jedes
vollkommene Geschenk kommt von oben,
vom Vater der Gestirne, bei dem es keine
Veränderung und keine Verfinsterung gibt.

18 Aus freiem Willen hat er uns durch das
Wort der Wahrheit geboren, damit wir
gleichsam die Erstlingsfrucht seiner Schöp-
fung seien.

3: 1 Petr 1,7 • 6: Mt 7,7; 21,21 • 10: Jes 40,6f; 1 Petr 1,24 • 12: Weish 5,16; 1 Petr 5,4; Offb 2,10 • 13: Sir 15,11f • 17: Mt 7,11 • 18: 1 Petr 1,23.

ERMAHNUNGEN UND WARNUNGEN: 1,19 – 5,12

Der rechte Hörer des Wortes: 1,19–27

19 Denkt daran, meine geliebten Brüder:
Jeder Mensch soll schnell bereit sein zu hö-
ren, aber zurückhaltend im Reden und nicht
schnell zum Zorn bereit; 20 denn im Zorn tut
der Mensch nicht das, was vor Gott recht ist.
21 Darum legt alles Schmutzige und Böse ab,
seid sanftmütig und nehmt euch das Wort zu
Herzen, das in euch eingepflanzt worden ist
und das die Macht hat, euch zu retten.

22 Hört das Wort nicht nur an, sondern
handelt danach; sonst betrügt ihr euch
selbst. 23 Wer das Wort nur hört, aber nicht
danach handelt, ist wie ein Mensch, der sein
eigenes Gesicht im Spiegel betrachtet: 24 Er
betrachtet sich, geht weg und schon hat er
vergessen, wie er aussah. 25 Wer sich aber in
das vollkommene Gesetz der Freiheit ver-
tieft und an ihm festhält, wer es nicht nur
hört, um es wieder zu vergessen, sondern da-
nach handelt, der wird durch sein Tun selig
sein.

26 Wer meint, er diene Gott, aber seine
Zunge nicht im Zaum hält, der betrügt sich

1,1 die zwölf Stämme: vgl. die Einleitung zum Jakobusbrief.

1,17 Vater der Gestirne, wörtlich: Vater der Lichter; der Ausdruck bezeichnet Gott als den Schöpfer der Gestirne.

1,18 Wort der Wahrheit: das Wort des Evangeliums mit seiner Christusbotschaft und seiner sittlichen Forderung.

selbst und sein Gottesdienst ist wertlos.
27 Ein reiner und makelloser Dienst vor Gott,
dem Vater, besteht darin: für Waisen und
Witwen zu sorgen, wenn sie in Not sind, und
sich vor jeder Befleckung durch die Welt zu
bewahren.

19: Sir 5,11 • 21: 1 Petr 2,1 • 23: Mt 7,24.26 • 25: Ps 19,8; Röm 8,2.

Verhalten gegenüber Reichen und Armen: 2,1–13

2 Meine Brüder, haltet den Glauben an
unseren Herrn Jesus Christus, den
Herrn der Herrlichkeit, frei von jedem Anse-
hen der Person. 2 Wenn in eure Versammlung
ein Mann mit goldenen Ringen und prächti-
ger Kleidung kommt, und zugleich kommt
ein Armer in schmutziger Kleidung, 3 und ihr
blickt auf den Mann in der prächtigen Klei-
dung und sagt: Setz dich hier auf den guten
Platz!, und zu dem Armen sagt ihr: Du
kannst dort stehen!, oder: Setz dich zu mei-
nen Füßen! – 4 macht ihr dann nicht unter-
einander Unterschiede und fällt Urteile auf-
grund verwerflicher Überlegungen? 5 Hört,
meine geliebten Brüder: Hat Gott nicht die
Armen in der Welt auserwählt, um sie durch
den Glauben reich und zu Erben des König-
reichs zu machen, das er denen verheißen
hat, die ihn lieben? 6 Ihr aber verachtet den
Armen. Sind es nicht die Reichen, die euch
unterdrücken und euch vor die Gerichte
schleppen? 7 Sind nicht sie es, die den hohen
Namen lästern, der über euch ausgerufen
worden ist? 8 Wenn ihr dagegen nach dem
Wort der Schrift: *Du sollst deinen Nächsten
lieben wie dich selbst!* das königliche Gesetz
erfüllt, dann handelt ihr recht. 9 Wenn ihr
aber nach dem Ansehen der Person urteilt,
begeht ihr eine Sünde und aus dem Gesetz
selbst wird offenbar, dass ihr es übertreten
habt. 10 Wer das ganze Gesetz hält und nur
gegen ein einziges Gebot verstößt, der hat
sich gegen alle verfehlt. 11 Denn er, der ge-
sagt hat: *Du sollst nicht die Ehe brechen!*,
hat auch gesagt: *Du sollst nicht töten!* Wenn
du nicht die Ehe brichst, aber tötest, hast du
das Gesetz übertreten. 12 Darum redet und
handelt wie Menschen, die nach dem Gesetz
der Freiheit gerichtet werden. 13 Denn das
Gericht ist erbarmungslos gegen den, der
kein Erbarmen gezeigt hat. Barmherzigkeit
aber triumphiert über das Gericht.

5: Mt 5,3f; 1 Kor 1,26f • 8: Lev 19,18 • 11: Ex 20,13f.

Glaube und Tat: 2,14–26

14 Meine Brüder, was nützt es, wenn einer
sagt, er habe Glauben, aber es fehlen die
Werke? Kann etwa der Glaube ihn retten?
15 Wenn ein Bruder oder eine Schwester ohne
Kleidung ist und ohne das tägliche Brot
16 und einer von euch zu ihnen sagt: Geht in
Frieden, wärmt und sättigt euch!, ihr gebt
ihnen aber nicht, was sie zum Leben brau-
chen – was nützt das? 17 So ist auch der Glau-
be für sich allein tot, wenn er nicht Werke
vorzuweisen hat. 18 Nun könnte einer sagen:
Du hast Glauben und ich kann Werke vor-
weisen; zeig mir deinen Glauben ohne die
Werke und ich zeige dir meinen Glauben
aufgrund der Werke. 19 Du glaubst: Es gibt
nur den einen Gott. Damit hast du Recht; das
glauben auch die Dämonen und sie zittern.
20 Willst du also einsehen, du unvernünftiger
Mensch, dass der Glaube ohne Werke nutzlos
ist? 21 Wurde unser Vater Abraham nicht
aufgrund seiner Werke als gerecht aner-
kannt? Denn er hat *seinen Sohn Isaak als
Opfer auf den Altar gelegt.* 22 Du siehst, dass
bei ihm der Glaube und die Werke zusam-
menwirkten und dass erst durch die Werke
der Glaube vollendet wurde. 23 So hat sich
das Wort der Schrift erfüllt: *Abraham glaub-
te Gott, und das wurde ihm als Gerechtigkeit
angerechnet,* und er wurde *Freund Gottes*
genannt. 24 Ihr seht, dass der Mensch auf-
grund seiner Werke gerecht wird, nicht
durch den Glauben allein. 25 Wurde nicht
ebenso auch die Dirne Rahab durch ihre
Werke als gerecht anerkannt, weil sie die Bo-
ten bei sich aufnahm und dann auf einem an-
deren Weg entkommen ließ? 26 Denn wie der
Körper ohne den Geist tot ist, so ist auch der
Glaube tot ohne Werke.

19: Dtn 6,4 • 21: Röm 4,1–25; Gen 22,9 • 23: Gen 15,6; Jes 41,8.

2,4 Andere Übersetzungsmöglichkeit: macht ihr dann nicht in eurem Innern Unterschiede und ...

2,7 Der hohe (wörtlich: schöne) Name ist der Name Jesu. Zur Taufe im Namen Jesu vgl. Apg 2,38; 8,16.

2,14–26 Vgl. die Einleitung zum Jakobusbrief.

2,18 Möglicherweise beginnt in V. 18b die Entgegnung auf den Einwand von 18a und man könnte übersetzen: Nun wird einer sagen: Du hast den Glauben und ich habe die Werke. – Dann zeig mir doch deinen Glauben ohne die Werke und ich ...

2,20–24: Jakobus bringt wie die jüdische Tradition Gen 15,6 in Zusammenhang mit der Opferung Isaaks (Gen 22). Demgegenüber versteht sie Paulus in ihrem ursprünglichen Zusammenhang mit der Verheißung in Gen 15,5, Abraham werde der Vater vieler Völker sein (vgl. Röm 4 und Gal 3). Jakobus wendet sich in diesem ganzen Abschnitt gegen eine mögliche Missdeutung der paulinischen Lehre.

Die Macht der Zunge: 3,1–12

3 Nicht so viele von euch sollen Lehrer
werden, meine Brüder. Ihr wisst, dass
wir im Gericht strenger beurteilt werden.
2 Denn wir alle verfehlen uns in vielen Din-
gen. Wer sich in seinen Worten nicht ver-
fehlt, ist ein vollkommener Mann und kann
auch seinen Körper völlig im Zaum halten.
3 Wenn wir den Pferden den Zaum anlegen,
damit sie uns gehorchen, lenken wir damit
das ganze Tier. 4 Oder denkt an die Schiffe:
Sie sind groß und werden von starken Win-
den getrieben und doch lenkt sie der Steuer-
mann mit einem ganz kleinen Steuer, wohin
er will. 5 So ist auch die Zunge nur ein klei-
nes Körperglied und rühmt sich doch großer
Dinge. Und wie klein kann ein Feuer sein,
das einen großen Wald in Brand steckt.
6 Auch die Zunge ist ein Feuer, eine Welt voll
Ungerechtigkeit. Die Zunge ist der Teil, der
den ganzen Menschen verdirbt und das Rad
des Lebens in Brand setzt; sie selbst aber ist
von der Hölle in Brand gesetzt. 7 Denn jede
Art von Tieren, auf dem Land und in der
Luft, was am Boden kriecht und was im
Meer schwimmt, lässt sich zähmen und ist
vom Menschen auch gezähmt worden; 8 doch
die Zunge kann kein Mensch zähmen, dieses
ruhelose Übel, voll von tödlichem Gift. 9 Mit
ihr preisen wir den Herrn und Vater und mit
ihr verfluchen wir die Menschen, die *als Ab-
bild Gottes* erschaffen sind. 10 Aus ein und
demselben Mund kommen Segen und Fluch.
Meine Brüder, so darf es nicht sein. 11 Läßt
etwa eine Quelle aus derselben Öffnung sü-
ßes und bitteres Wasser hervorsprudeln?
12 Kann denn, meine Brüder, ein Feigenbaum
Oliven tragen oder ein Weinstock Feigen?
So kann auch eine salzige Quelle kein Süß-
wasser hervorbringen.

9: Gen 1,26f.

Die Weisheit von oben: 3,13–18

13 Wer von euch ist weise und verständig?
Er soll in weiser Bescheidenheit die Taten
eines rechtschaffenen Lebens vorweisen.
14 Wenn aber euer Herz voll ist von bitterer
Eifersucht und von Ehrgeiz, dann prahlt
nicht und verfälscht nicht die Wahrheit!
15 Das ist nicht die Weisheit, die von oben
kommt, sondern eine irdische, eigennützige,
teuflische Weisheit. 16 Wo nämlich Eifer-
sucht und Ehrgeiz herrschen, da gibt es Un-
ordnung und böse Taten jeder Art. 17 Doch
die Weisheit von oben ist erstens heilig, so-
dann friedlich, freundlich, gehorsam, voll
Erbarmen und reich an guten Früchten, sie
ist unparteiisch, sie heuchelt nicht. 18 Wo
Frieden herrscht, wird (von Gott) für die
Menschen, die Frieden stiften, die Saat der
Gerechtigkeit ausgestreut.

15: 1,5.17 • 18: Hebr 12,11.

Warnung vor Zwietracht und Weltsinn: 4,1–12

4 Woher kommen die Kriege bei euch,
woher die Streitigkeiten? Doch nur vom
Kampf der Leidenschaften in eurem Innern.
2 Ihr begehrt und erhaltet doch nichts. Ihr
mordet und seid eifersüchtig und könnt den-
noch nichts erreichen. Ihr streitet und führt
Krieg. Ihr erhaltet nichts, weil ihr nicht bit-
tet. 3 Ihr bittet und empfangt doch nichts,
weil ihr in böser Absicht bittet, um es in
eurer Leidenschaft zu verschwenden. 4 Ihr
Ehebrecher, wisst ihr nicht, dass Freund-
schaft mit der Welt Feindschaft mit Gott ist?
Wer also ein Freund der Welt sein will, der
wird zum Feind Gottes. 5 Oder meint ihr, die
Schrift sage ohne Grund: Eifersüchtig sehnt
er sich nach dem Geist, den er in uns wohnen
ließ. 6 Doch er gibt noch größere Gnade; da-
rum heißt es auch: *Gott tritt den Stolzen ent-
gegen, den Demütigen aber schenkt er seine
Gnade.* 7 Ordnet euch also Gott unter, leistet
dem Teufel Widerstand; dann wird er vor
euch fliehen. 8 Sucht die Nähe Gottes; dann
wird er sich euch nähern. Reinigt die Hände,
ihr Sünder, läutert euer Herz, ihr Menschen
mit zwei Seelen! 9 Klagt und trauert und
weint! Euer Lachen verwandle sich in Trau-
er, eure Freude in Betrübnis. 10 Demütigt
euch vor dem Herrn; dann wird er euch er-
höhen.
11 Verleumdet einander nicht, Brüder! Wer
seinen Bruder verleumdet oder seinen Bru-
der verurteilt, verleumdet das Gesetz und
verurteilt das Gesetz; wenn du aber das Ge-
setz verurteilst, handelst du nicht nach dem
Gesetz, sondern bist sein Richter. 12 Nur ei-

3,6 Mit »Rad des Lebens« (oder: »Kreis des Werdens«) ist wohl der ganze Lauf des Lebens und der Umkreis der menschlichen Existenz gemeint.

3,18 Wörtlich: Frucht der Gerechtigkeit wird in Frieden gesät für die (oder: von denen), die Frieden schaffen. Die Deutung dieses Verses ist unsicher.

4,4 »Ehebrecher« kann hier im übertragenen Sinn gebraucht sein. Auch im Alten Testament haben die Propheten (z. B. Hos 2 – 3) den Abfall von Gott als »Ehebruch« gebrandmarkt.

4,5 Die Herkunft des Zitats ist unbekannt. Der Sinn ist vermutlich: Gott, der dem Menschen seinen Geist eingehaucht hat (Gen 2,7), macht diesem Geist gegenüber seinen Anspruch geltend. – Andere Übersetzungsmöglichkeit: Neidisch zeigt der Geist, den er in uns wohnen ließ, sein Verlangen.

ner ist der Gesetzgeber und Richter: er, der
die Macht hat, zu retten und zu verderben.
Wer aber bist du, dass du über deinen
Nächsten richtest?

6: Spr 3,34 G; 1 Petr 5,5 • 7: 1 Petr 5,8f • 9: Lk 6,25 • 10: 1 Petr 5,6.

Warnung vor Selbstsicherheit: 4,13–17

13 Ihr aber, die ihr sagt: Heute oder morgen
werden wir in diese oder jene Stadt reisen,
dort werden wir ein Jahr bleiben, Handel
treiben und Gewinne machen –, 14 ihr wisst
doch nicht, was morgen mit eurem Leben
sein wird. Rauch seid ihr, den man eine
Weile sieht; dann verschwindet er. 15 Ihr soll-
tet lieber sagen: Wenn der Herr will, werden
wir noch leben und dies oder jenes tun.
16 Nun aber prahlt ihr voll Übermut; doch all
dieses Prahlen ist schlecht. 17 Wer also das
Gute tun kann und es nicht tut, der sün-
digt.

Warnung an die hartherzigen Reichen: 5,1–6

5 Ihr aber, ihr Reichen, weint nur und
klagt über das Elend, das euch treffen
wird. 2 Euer Reichtum verfault und eure
Kleider werden von Motten zerfressen.
3 Euer Gold und Silber verrostet; ihr Rost
wird als Zeuge gegen euch auftreten und
euer Fleisch verzehren wie Feuer. Noch in
den letzten Tagen sammelt ihr Schätze.
4 Aber der Lohn der Arbeiter, die eure Felder
abgemäht haben, der Lohn, den ihr ihnen
vorenthalten habt, schreit zum Himmel; die
Klagerufe derer, die eure Ernte eingebracht
haben, dringen zu den Ohren des Herrn der
himmlischen Heere. 5 Ihr habt auf Erden ein
üppiges und ausschweifendes Leben geführt
und noch am Schlachttag habt ihr euer Herz
gemästet. 6 Ihr habt den Gerechten verurteilt
und umgebracht, er aber leistete euch keinen
Widerstand.

2f: Mt 6,19 • 5: Jer 12,3; 25,34.

Mahnung zur Ausdauer: 5,7–11

7 Darum, Brüder, haltet geduldig aus bis
zur Ankunft des Herrn! Auch der Bauer war-
tet auf die kostbare Frucht der Erde, er war-
tet geduldig, bis im Herbst und im Frühjahr
der Regen fällt. 8 Ebenso geduldig sollt auch
ihr sein. Macht euer Herz stark, denn die An-
kunft des Herrn steht nahe bevor. 9 Klagt
nicht übereinander, Brüder, damit ihr nicht
gerichtet werdet. Seht, der Richter steht
schon vor der Tür. 10 Brüder, im Leiden und
in der Geduld nehmt euch die Propheten
zum Vorbild, die im Namen des Herrn ge-
sprochen haben. 11 Wer geduldig alles ertra-
gen hat, den preisen wir glücklich. Ihr habt
von der Ausdauer des Ijob gehört und das
Ende gesehen, das der Herr herbeigeführt
hat. Denn der Herr ist voll Erbarmen und
Mitleid.

9: Mt 7,1f; Mk 13,29 • 11: Ijob 42,10–17; Ps 103,8; 116,5.

Warnung vor dem Schwören: 5,12

12 Vor allem, meine Brüder, schwört nicht,
weder beim Himmel noch bei der Erde noch
irgendeinen anderen Eid. Euer Ja soll ein Ja
sein und euer Nein ein Nein, damit ihr nicht
dem Gericht verfallt.

12: Mt 5,34–37.

DIE MACHT DES VERTRAUENSVOLLEN GEBETS: 5,13–18

13 Ist einer von euch bedrückt? Dann soll er
beten. Ist einer fröhlich? Dann soll er ein
Loblied singen. 14 Ist einer von euch krank?
Dann rufe er die Ältesten der Gemeinde zu
sich; sie sollen Gebete über ihn sprechen und
ihn im Namen des Herrn mit Öl salben.
15 Das gläubige Gebet wird den Kranken ret-
ten und der Herr wird ihn aufrichten; wenn
er Sünden begangen hat, werden sie ihm ver-
geben. 16 Darum bekennt einander eure Sün-
den und betet füreinander, damit ihr gehei-
ligt werdet. Viel vermag das inständige Ge-
bet eines Gerechten. 17 Elija war ein Mensch
wie wir; er betete inständig, es solle nicht
regnen, und es regnete drei Jahre und sechs
Monate nicht auf der Erde. 18 Und er betete
wieder; da gab der Himmel Regen und die
Erde brachte ihre Früchte hervor.

17f: 1 Kön 17 – 18; Lk 4,25.

5,10 Die alttestamentlichen Propheten gelten nicht nur als Künder und Mahner, sondern auch als große Dulder und Märtyrer (vgl. Mt 5,12; Apg 7,52; Hebr 11,32–38).

5,14 Gebete über ihn sprechen, wörtlich: über ihn beten.

DIE VERANTWORTUNG FÜR DEN GEFÄHRDETEN BRUDER: 5,19–20

19 Meine Brüder, wenn einer bei euch von
der Wahrheit abirrt und jemand ihn zur Um-
kehr bewegt, 20 dann sollt ihr wissen: Wer
einen Sünder, der auf Irrwegen ist, zur Umkehr bewegt, der rettet ihn vor dem Tod und *deckt* viele *Sünden zu.*

20: Spr 10,12; 1 Petr 4,8.

Der erste Brief des Petrus

Der Verfasser dieses Briefs ist nach 1,1 der Apostel Petrus. Er spricht zu den Ältesten der Gemeinde als »Mit-Ältester« und »Zeuge der Leiden Christi« (5,1). Er schreibt seinen Brief aus Babylon (5,13), womit nur Rom gemeint sein kann, »durch den Bruder Silvanus«. Bei ihm befindet sich auch Markus (5,12–13); damit ist wohl Johannes Markus gemeint, den Petrus von Jerusalem her kannte (Apg 12,12). Silvanus, auch Silas genannt, war ein angesehener Mann in der Gemeinde von Jerusalem und gehörte zu der Abordnung, die von dort nach Antiochia geschickt wurde (Apg 15,22). Er war ein urchristlicher Prophet (Apg 15,32). Paulus nahm ihn als Begleiter bei der zweiten Missionsreise mit (Apg 15,40; vgl. 18,5).

Nach altkirchlicher Überlieferung wurde der 1. Petrusbrief kurz vor dem Tod des Apostels (64 oder 67 n. Chr.) unter Kaiser Nero geschrieben. Gegen eine Verfasserschaft des Petrus erheben sich zwar einige Bedenken aufgrund des guten griechischen Stils und der vielen Gemeinsamkeiten zwischen dem 1. Petrusbrief und den Paulusbriefen; auch kann zur Zeit Neros noch nicht gesagt werden, dass die Christen in der ganzen Welt verfolgt werden (5,9). Die Einwände gegen die Verfasserschaft des Petrus verlieren zum Teil aber an Gewicht, wenn Silvanus nicht nur der Schreiber war, dem Petrus diktierte, sondern dessen »Sekretär«, der mit einer gewissen Selbstständigkeit im Auftrag des Petrus schrieb. Eine sichere Entscheidung ist nicht möglich.

Der Brief richtet sich »an die Auserwählten, die als Fremde in Pontus, Galatien, Kappadozien, in der Provinz Asien und Bithynien in der Zerstreuung leben« (1,1), also an Gemeinden im nördlichen und westlichen Kleinasien. Die Empfänger des Briefs sind vorwiegend Heidenchristen; sie leben »in der Zerstreuung«, weil sie als Christen in der Welt fremd und heimatlos sind (vgl. 1,17). Das Fremdsein der »Auserwählten« in der Welt tritt in einer Zeit der Verfolgung stärker ins Bewusstsein. Umso notwendiger ist es für die Christen, ihre besondere Stellung und ihre Sendung in Staat und Gesellschaft zu begreifen (vgl. 2,11 – 4,11). Diese Weisungen schöpfen aus einer bereits gefestigten christlichen Überlieferung.

Der Brief will (vgl. 5,12) die Empfänger ermahnen, dem Glauben treu zu bleiben, und ihnen bezeugen, dass sie als Getaufte dazu berufen sind, am Leidensweg Jesu und dann auch an seiner Herrlichkeit teilzuhaben. Auf Taufe und Kreuz wird immer wieder hingewiesen, sodass manche Ausleger vermuten, dem Brief liege, vor allem in dem Abschnitt 1,3 – 4,11, eine urchristliche Taufansprache zugrunde.

ANSCHRIFT UND GRUSS: 1,1–2

1 Petrus, Apostel Jesu Christi, an die Aus-
erwählten, die als Fremde in Pontus,
Galatien, Kappadozien, der Provinz Asien
und Bithynien in der Zerstreuung leben,
2 von Gott, dem Vater, von jeher ausersehen
und durch den Geist geheiligt, um Jesus
Christus gehorsam zu sein und mit seinem
Blut besprengt zu werden. Gnade sei mit
euch und Friede in Fülle.

1: Jak 1,1 • 2: Hebr 12,24.

ZIEL UND WEG DES GLAUBENS: 1,3 – 2,10

Das Ziel des Glaubens: 1,3–12

3 Gepriesen sei der Gott und Vater unseres
Herrn Jesus Christus: Er hat uns in seinem
großen Erbarmen neu geboren, damit wir
durch die Auferstehung Jesu Christi von den
Toten eine lebendige Hoffnung haben 4 und
das unzerstörbare, makellose und unver-
gängliche Erbe empfangen, das im Himmel
für euch aufbewahrt ist. 5 Gottes Macht be-
hütet euch durch den Glauben, damit ihr das
Heil erlangt, das am Ende der Zeit offenbart
werden soll. 6 Deshalb seid ihr voll Freude,
obwohl ihr jetzt vielleicht kurze Zeit unter
mancherlei Prüfungen leiden müsst. 7 Da-
durch soll sich euer Glaube bewähren und es
wird sich zeigen, dass er wertvoller ist als
Gold, das im Feuer geprüft wurde und doch
vergänglich ist. So wird (eurem Glauben)
Lob, Herrlichkeit und Ehre zuteil bei der Of-
fenbarung Jesu Christi. 8 Ihn habt ihr nicht
gesehen und dennoch liebt ihr ihn; ihr seht
ihn auch jetzt nicht; aber ihr glaubt an ihn
und jubelt in unsagbarer, von himmlischer
Herrlichkeit verklärter Freude, 9 da ihr das
Ziel des Glaubens erreichen werdet: euer
Heil. 10 Nach diesem Heil haben die Prophe-
ten gesucht und geforscht und sie haben über
die Gnade geweissagt, die für euch bestimmt
ist. 11 Sie haben nachgeforscht, auf welche
Zeit und welche Umstände der in ihnen wir-
kende Geist Christi hindeute, der die Leiden
Christi und die darauf folgende Herrlichkeit
im Voraus bezeugte. 12 Den Propheten wurde
offenbart, dass sie damit nicht sich selbst,
sondern euch dienten; und jetzt ist euch dies
alles von denen verkündet worden, die euch
in der Kraft des vom Himmel gesandten Hei-
ligen Geistes das Evangelium gebracht ha-
ben. Das alles zu sehen ist sogar das Verlan-
gen der Engel.

3: Eph 1,3 • 6f: Jak 1,2–4 • 11: Dan 12,6–13; Ps 22; Jes 53; Hab 2,3.

Der Weg zum Glauben: 1,13–25

13 Deshalb umgürtet euch und macht euch
bereit! Seid nüchtern und setzt eure Hoff-
nung ganz auf die Gnade, die euch bei der
Offenbarung Jesu Christi geschenkt wird.
14 Seid gehorsame Kinder und lasst euch
nicht mehr von euren Begierden treiben wie
früher, in der Zeit eurer Unwissenheit.
15 Wie er, der euch berufen hat, heilig ist, so
soll auch euer ganzes Leben heilig werden.
16 Denn es heißt in der Schrift: *Seid heilig,*
denn ich bin heilig. 17 Und wenn ihr den als
Vater anruft, der jeden ohne Ansehen der
Person nach seinem Tun beurteilt, dann
führt auch, solange ihr in der Fremde seid,
ein Leben in Gottesfurcht. 18 Ihr wisst, dass
ihr aus eurer sinnlosen, von den Vätern
ererbten Lebensweise nicht um einen ver-
gänglichen Preis *losgekauft* wurdet, *nicht*
um Silber oder Gold, 19 sondern mit dem
kostbaren Blut Christi, des Lammes ohne
Fehl und Makel. 20 Er war schon vor der Er-
schaffung der Welt dazu ausersehen und eu-
retwegen ist er am Ende der Zeiten erschie-
nen. 21 Durch ihn seid ihr zum Glauben an
Gott gekommen, der ihn von den Toten auf-
erweckt und ihm die Herrlichkeit gegeben
hat, sodass ihr an Gott glauben und auf ihn
hoffen könnt. 22 Der Wahrheit gehorsam, habt

1,1 in der Zerstreuung: vgl. die Einleitung zum Jakobusbrief und zum 1. Petrusbrief.

1,5 Das »Ende der Zeit« hat mit dem Kommen Jesu begonnen (vgl. V. 20); es wird sich vollenden bei der »Offenbarung Jesu Christi« (1,7.13), bei seiner Wiederkunft am Ende der Tage.

1,13 umgürtet euch, wörtlich: umgürtet die Lenden eures Geistes.

1,14 »Unwissenheit« bezeichnet die vorchristliche Daseinsweise der Adressaten (vgl. Apg 17,30).

1,18–21 In diesem Abschnitt sind Wendungen der urchristlichen Bekenntnisüberlieferung aufgenommen. – V. 18 zeigt, dass der Brief vorwiegend an Heidenchristen gerichtet ist; zu Judenchristen könnte der Verfasser so nicht reden (vgl. auch 4,3).

ihr euer Herz rein gemacht für eine aufrichtige Bruderliebe; darum hört nicht auf, einander von Herzen zu lieben. 23 Ihr seid neu geboren worden, nicht aus vergänglichem, sondern aus unvergänglichem Samen: aus Gottes Wort, das lebt und das bleibt. 24 Denn *alles Sterbliche ist wie Gras / und all seine Schönheit ist wie die Blume im Gras.*

Das Gras verdorrt und die Blume verwelkt; / 25 doch das Wort des Herrn bleibt in Ewigkeit.

Dieses *Wort* ist das Evangelium, das euch verkündet worden ist.

14: Eph 4,17–22 • 16: Lev 19,2 • 17: Mt 6,9; Lk 11,2; Gal 4,6; Röm 8,15; Mt 5,48; Lk 6,36 • 18: Jes 52,3 • 19: Joh 1,36; Offb 5,6.9 • 24: Jes 40,6–8 G.

Jesus Christus, der lebendige Stein: 2,1–10

2 Legt also alle Bosheit ab, alle Falschheit und Heuchelei, allen Neid und alle Verleumdung. 2 Verlangt, gleichsam als neugeborene Kinder, nach der unverfälschten, geistigen Milch, damit ihr durch sie heranwachst und das Heil erlangt. 3 Denn ihr habt *erfahren, wie gütig der Herr ist.* 4 Kommt zu ihm, dem lebendigen *Stein,* der von den Menschen verworfen, aber von Gott *auserwählt und geehrt* worden ist. 5 Lasst euch als lebendige Steine zu einem geistigen Haus aufbauen, zu einer heiligen Priesterschaft, um durch Jesus Christus geistige Opfer darzubringen, die Gott gefallen. 6 Denn es heißt in der Schrift:

Seht her, ich lege in Zion einen auserwählten Stein, / einen Eckstein, den ich in Ehren halte; / wer an ihn glaubt, der geht nicht zugrunde.

7 Euch, die ihr glaubt, gilt diese Ehre. Für jene aber, die nicht glauben, ist dieser *Stein, den die Bauleute verworfen haben, zum Eckstein geworden,* 8 *zum Stein, an den man anstößt, und zum Felsen, an dem man zu Fall kommt.* Sie stoßen sich an ihm, weil sie dem Wort nicht gehorchen; doch dazu sind sie bestimmt. 9 Ihr aber seid *ein auserwähltes Geschlecht, eine königliche Priesterschaft, ein heiliger Stamm, ein Volk, das sein besonderes Eigentum wurde, damit ihr die großen Taten dessen verkündet,* der euch aus der Finsternis in sein wunderbares Licht gerufen hat. 10 Einst wart ihr *nicht sein Volk,* jetzt aber seid ihr *Gottes Volk;* einst gab es für euch *kein Erbarmen,* jetzt aber habt ihr *Erbarmen gefunden.*

3: Ps 34,9 • 4: Jes 28,16 G • 6: Jes 28,16 G • 7: Ps 118,22; Apg 4,11; Jes 8,14 • 9: Ex 19,5f G; 23,22 G; Jes 43,20f • 10: Hos 1,6.9; 2,3.25.

CHRISTLICHES LEBEN IN FAMILIE UND GESELLSCHAFT: 2,11 – 4,11

Der Christ im Staat: 2,11–17

11 Liebe Brüder, da ihr Fremde und Gäste seid in dieser Welt, ermahne ich euch: Gebt den irdischen Begierden nicht nach, die gegen die Seele kämpfen. 12 Führt unter den Heiden ein rechtschaffenes Leben, damit sie, die euch jetzt als Übeltäter verleumden, durch eure guten Taten zur Einsicht kommen und Gott preisen am Tag der Heimsuchung.

13 Unterwerft euch um des Herrn willen jeder menschlichen Ordnung: dem Kaiser, weil er über allen steht, 14 den Statthaltern, weil sie von ihm entsandt sind, um die zu bestrafen, die Böses tun, und die auszuzeichnen, die Gutes tun. 15 Denn es ist der Wille Gottes, dass ihr durch eure guten Taten die Unwissenheit unverständiger Menschen zum Schweigen bringt. 16 Handelt als Freie, aber nicht als solche, die die Freiheit als Deckmantel für das Böse nehmen, sondern wie Knechte Gottes. 17 Erweist allen Menschen Ehre, liebt die Brüder, fürchtet Gott und ehrt den Kaiser!

11: Ps 39,13; 119,19 • 13–17: Röm 13,1–7; Tit 3,1 • 17: Spr 24,21; Röm 12,10.

Die Sklaven in der Nachfolge Christi: 2,18–25

18 Ihr Sklaven, ordnet euch in aller Ehrfurcht euren Herren unter, nicht nur den guten und freundlichen, sondern auch den launenhaften. 19 Denn es ist eine Gnade, wenn jemand deswegen Kränkungen erträgt und zu Unrecht leidet, weil er sich in seinem Gewissen nach Gott richtet. 20 Ist es vielleicht

1,23 Hier und in 2,2 werden die Leser an ihre Taufe erinnert.

2,9 Der Vers ist die grundlegende neutestamentliche Stelle über das Priestertum aller Gläubigen.

2,12 Tag der Heimsuchung: Tag der Gnade, der Bekehrung (Lk 1,68; 19,44); auch: Tag des Gerichts (Jes 10,3).

2,13 jeder menschlichen Ordnung, wörtlich: jedem menschlichen Geschöpf.

etwas Besonderes, wenn ihr wegen einer
Verfehlung Schläge erduldet? Wenn ihr aber
recht handelt und trotzdem Leiden erduldet,
das ist eine Gnade in den Augen Gottes.
21 Dazu seid ihr berufen worden; denn
auch Christus hat für euch gelitten und euch
ein Beispiel gegeben, damit ihr seinen Spu-
ren folgt.
22 *Er hat keine Sünde begangen / und in
seinem Mund war kein trügerisches Wort.*
23 Er wurde geschmäht, schmähte aber
nicht; / er litt, drohte aber nicht, / sondern
überließ seine Sache dem gerechten Rich-
ter.
24 Er hat unsere Sünden mit seinem Leib
auf das Holz des Kreuzes getragen, damit
wir tot seien für die Sünden und für die Ge-
rechtigkeit leben. *Durch seine Wunden seid
ihr geheilt.* 25 Denn ihr hattet euch *verirrt
wie Schafe,* jetzt aber seid ihr heimgekehrt
zum Hirten und Bischof eurer Seelen.

18: Kol 3,22f; Tit 2,9f • 21: Mk 8,34; Lk 9,23; Mt 10,25; Phil 2,5 • 22: Jes 53,9 • 24: Jes 53,11f • 24–25: Jes 53,5f.

Frauen und Männer in der Ehe: 3,1–7

3 Ebenso sollt ihr Frauen euch euren
Männern unterordnen, damit auch sie,
falls sie dem Wort (des Evangeliums) nicht
gehorchen, durch das Leben ihrer Frauen
ohne Worte gewonnen werden, 2 wenn sie
sehen, wie ehrfürchtig und rein ihr lebt.
3 Nicht auf äußeren Schmuck sollt ihr Wert
legen, auf Haartracht, Gold und prächtige
Kleider, 4 sondern was im Herzen verborgen
ist, das sei euer unvergänglicher Schmuck:
ein sanftes und ruhiges Wesen. Das ist wert-
voll in Gottes Augen. 5 So haben sich einst
auch die heiligen Frauen geschmückt, die
ihre Hoffnung auf Gott setzten: Sie ordneten
sich ihren Männern unter. 6 Sara gehorchte
Abraham und nannte ihn ihren Herrn. Ihre
Kinder seid ihr geworden, wenn ihr recht
handelt und euch vor keiner Einschüchte-
rung fürchtet.
7 Ebenso sollt ihr Männer im Umgang mit
euren Frauen rücksichtsvoll sein, denn sie
sind der schwächere Teil; ehrt sie, denn auch
sie sind Erben der Gnade des Lebens. So
wird euren Gebeten nichts mehr im Weg ste-
hen.

1: Tit 2,3–5 • 6: Gen 18,12; Spr 3,25 • 7: Eph 5,25.28.

Aufruf zur Eintracht: 3,8–12

8 Endlich aber: seid alle eines Sinnes, voll
Mitgefühl und brüderlicher Liebe, seid
barmherzig und demütig! 9 Vergeltet nicht
Böses mit Bösem noch Kränkung mit Krän-
kung! Stattdessen segnet; denn ihr seid dazu
berufen, Segen zu erlangen. 10 Es heißt näm-
lich:
*Wer das Leben liebt / und gute Tage zu se-
hen wünscht,*
*der bewahre seine Zunge vor Bösem / und
seine Lippen vor falscher Rede.*
11 *Er meide das Böse und tue das Gute; / er
suche Frieden und jage ihm nach.*
12 Denn *die Augen des Herrn blicken auf
die Gerechten / und seine Ohren hören ihr
Flehen; / aber das Antlitz des Herrn richtet
sich gegen die Bösen.*

8: Röm 12,5; Eph 4,2f • 10–12: Ps 34,13–17.

Rechtes Verhalten in der Welt: 3,13 – 4,11

13 Und wer wird euch Böses zufügen, wenn
ihr euch voll Eifer um das Gute bemüht?
14 Aber auch wenn ihr um der Gerechtigkeit
willen leiden müsst, seid ihr selig zu preisen.
*Fürchtet euch nicht vor ihnen und lasst euch
nicht erschrecken,* 15 sondern *haltet* in eurem
Herzen Christus, *den Herrn, heilig!* Seid
stets bereit, jedem Rede und Antwort zu ste-
hen, der nach der Hoffnung fragt, die euch
erfüllt; 16 aber antwortet bescheiden und
ehrfürchtig, denn ihr habt ein reines Gewis-
sen. Dann werden die, die euch beschimpfen,
weil ihr in (der Gemeinschaft mit) Christus
ein rechtschaffenes Leben führt, sich wegen
ihrer Verleumdungen schämen müssen. 17 Es
ist besser, für gute Taten zu leiden, wenn es
Gottes Wille ist, als für böse.
18 Denn auch Christus ist der Sünden we-
gen ein einziges Mal gestorben, er, der Ge-
rechte, für die Ungerechten, um euch zu Gott
hinzuführen; dem Fleisch nach wurde er ge-
tötet, dem Geist nach lebendig gemacht. 19 So

2,22–25 Der Verfasser greift hier auf ein urchristliches Bekenntnis zurück (vgl. 1,18–21), das in Anlehnung an Jes 53 formuliert ist.

2,24 Wörtlich: auf das Holz hinaufgetragen; vgl. Apg 5,30; Gal 3,13.

2,25 Christus wird als Hirt und Bischof bezeichnet; das Wort für »Bischof« (Hüter) ist in der Kirche früh zum Amtstitel geworden; vgl. die Anmerkung zu 1 Tim 3,1.

3,1–7 Vgl 1 Kor 7,12–16; die Ehe gehört zur Schöpfungsordnung; sie wird durch die Erlösung nicht aufgehoben, sondern geheiligt.

3,18.22 Erneut wird urchristliche Bekenntnisüberlieferung zitiert (vgl. 1,18–21; 2,22–25).

3,19–20 Die Überlieferung, dass Christus in das Reich des Todes hinabgestiegen sei und dort gepredigt habe, erscheint im Neuen Testament nur hier.

ist er auch zu den Geistern gegangen, die im
Gefängnis waren, und hat ihnen gepredigt.
20 Diese waren einst ungehorsam, als Gott in
den Tagen Noachs geduldig wartete, wäh-
rend die Arche gebaut wurde; in ihr wurden
nur wenige, nämlich acht Menschen, durch
das Wasser gerettet. 21 Dem entspricht die
Taufe, die jetzt euch rettet. Sie dient nicht
dazu, den Körper von Schmutz zu reinigen,
sondern sie ist eine Bitte an Gott um ein rei-
nes Gewissen aufgrund der Auferstehung
Jesu Christi, 22 der in den Himmel gegangen
ist; dort ist er zur Rechten Gottes und Engel,
Gewalten und Mächte sind ihm unterwor-
fen.
4 Da Christus im Fleisch gelitten hat,
wappnet auch ihr euch mit diesem Ge-
danken: Wer im Fleisch gelitten hat, für den
hat die Sünde ein Ende. 2 Darum richtet
euch, solange ihr noch auf Erden lebt, nicht
mehr nach den menschlichen Begierden,
sondern nach dem Willen Gottes! 3 Denn
lange genug habt ihr in der vergangenen Zeit
das heidnische Treiben mitgemacht und
habt ein ausschweifendes Leben voller Be-
gierden geführt, habt getrunken, geprasst,
gezecht und unerlaubten Götzenkult getrie-
ben. 4 Jetzt erregt es ihren Unwillen und sie
lästern, weil ihr euch nicht mehr in diesen
Strudel der Leidenschaften hineinreißen
lasst. 5 Aber sie werden vor dem Rechen-
schaft ablegen müssen, der schon bereit-
steht, um die Lebenden und die Toten zu
richten. 6 Denn auch Toten ist das Evange-
lium dazu verkündet worden, dass sie wie
Menschen gerichtet werden im Fleisch, aber
wie Gott das Leben haben im Geist.
7 Das Ende aller Dinge ist nahe. Seid also
besonnen und nüchtern und betet! 8 Vor al-
lem haltet fest an der Liebe zueinander; denn
die Liebe deckt viele *Sünden zu.* 9 Seid un-
tereinander gastfreundlich, ohne zu murren.
10 Dient einander als gute Verwalter der viel-
fältigen Gnade Gottes, jeder mit der Gabe,
die er empfangen hat. 11 Wer redet, der rede
mit den Worten, die Gott ihm gibt; wer dient,
der diene aus der Kraft, die Gott verleiht. So
wird in allem Gott verherrlicht durch Jesus
Christus. Sein ist die Herrlichkeit und die
Macht in alle Ewigkeit. Amen.

3,14: Mt 5,10f; Jes 8,12f • 18: Röm 6,10; Eph 2,18; Hebr 9,27f; 10,10; Röm 1,4 • 20: Gen 6,8 – 7,7; 2 Petr 2,4f • 22: Eph 1,20f • 4,1: Röm 6,10; Gal 5,24 • 3: Eph 2,2f; Tit 3,3 • 5: Apg 10,42; 2 Tim 4,1 • 7: Röm 13,11f; 1 Kor 7,29 • 8: Spr 10,12; Jak 5,20 • 10: Röm 12,6–8; 1 Kor 12,11 • 11: Jud 25.

ABSCHLIESSENDE MAHNUNGEN: 4,12 – 5,11

Ausdauer in der Prüfung: 4,12–19

12 Liebe Brüder, lasst euch durch die Feu-
ersglut, die zu eurer Prüfung über euch ge-
kommen ist, nicht verwirren, als ob euch et-
was Ungewöhnliches zustoße. 13 Stattdessen
freut euch, dass ihr Anteil an den Leiden
Christi habt; denn so könnt ihr auch bei der
Offenbarung seiner Herrlichkeit voll Freude
jubeln. 14 Wenn ihr wegen des Namens
Christi beschimpft werdet, seid ihr selig zu
preisen; denn der Geist der Herrlichkeit, *der
Geist Gottes, ruht* auf euch. 15 Wenn einer
von euch leiden muss, soll es nicht deswegen
sein, weil er ein Mörder oder ein Dieb ist,
weil er Böses tut oder sich in fremde Angele-
genheiten einmischt. 16 Wenn er aber leidet,
weil er Christ ist, dann soll er sich nicht
schämen, sondern Gott verherrlichen, indem
er sich zu diesem Namen bekennt. 17 Denn
jetzt ist die Zeit, in der das Gericht beim
Haus Gottes beginnt; wenn es aber bei uns
anfängt, wie wird dann das Ende derer sein,
die dem Evangelium Gottes nicht gehor-
chen? 18 Und *wenn der Gerechte kaum geret-
tet wird, wo wird man dann die Frevler und
Sünder finden?* 19 Darum sollen alle, die nach
dem Willen Gottes leiden müssen, Gutes tun
und dadurch ihr Leben dem treuen Schöpfer
anbefehlen.

13: Apg 5,41 • 14: Mt 5,11f; Jes 11,2 • 18: Spr 11,31 G.

Hirt und Herde: 5,1–11

5 Eure Ältesten ermahne ich, da ich ein
Ältester bin wie sie und ein Zeuge der
Leiden Christi und auch an der Herrlichkeit
teilhaben soll, die sich offenbaren wird:
2 Sorgt als Hirten für die euch anvertraute
Herde Gottes, nicht aus Zwang, sondern
freiwillig, wie Gott es will; auch nicht aus
Gewinnsucht, sondern aus Neigung; 3 seid

4,7 Das »Ende aller Dinge« und das Ziel der Geschichte ist die Offenbarung der Herrlichkeit Gottes am Tag Christi (vgl. die Anmerkung zu 1,5).

4,16 Die Bezeichnung »Christ« kommt im Neuen Testament sonst nur noch in Apg 11,26 und 26,28 vor. Sie ist den an Christus Glaubenden wohl von Nichtchristen beigelegt worden.

5,1 Eure Ältesten: die Vorsteher der Gemeinde.

5,3 eurer Gemeinden, wörtlich: eurer Anteile.

nicht Beherrscher eurer Gemeinden, sondern Vorbilder für die Herde! 4 Wenn dann der oberste Hirt erscheint, werdet ihr den nie verwelkenden Kranz der Herrlichkeit empfangen.

5 Sodann, ihr Jüngeren: ordnet euch den Ältesten unter! Alle aber begegnet einander in Demut! Denn *Gott tritt den Stolzen entgegen, den Demütigen aber schenkt er seine Gnade.* 6 Beugt euch also in Demut unter die mächtige Hand Gottes, damit er euch erhöht, wenn die Zeit gekommen ist. 7 *Werft* alle *eure Sorge auf ihn,* denn er kümmert sich um euch. 8 Seid nüchtern und wachsam! Euer Widersacher, der Teufel, geht wie ein brüllender Löwe umher und sucht, wen er verschlingen kann. 9 Leistet ihm Widerstand in der Kraft des Glaubens! Wisst, dass eure Brüder in der ganzen Welt die gleichen Leiden ertragen müssen! 10 Der Gott aller Gnade aber, der euch in (der Gemeinschaft mit) Christus zu seiner ewigen Herrlichkeit berufen hat, wird euch, die ihr kurze Zeit leiden müsst, wieder aufrichten, stärken, kräftigen und auf festen Grund stellen. 11 Sein ist die Macht in Ewigkeit. Amen.

2: Apg 20,28 • 3: Phil 3,17; Tit 2,7 • 5: Spr 3,34 G; Jak 4,6 • 7: Ps 55,23 • 8: Ps 22,14 • 9: Jak 4,7 • 10: 1 Thess 2,12.

DER SCHLUSS DES BRIEFES: GRÜSSE UND SEGENSWUNSCH: 5,12–14

12 Durch den Bruder Silvanus, den ich für treu halte, habe ich euch kurz geschrieben; ich habe euch ermahnt und habe bezeugt, dass dies die wahre Gnade Gottes ist, in der ihr stehen sollt. 13 Es grüßen euch die Mitauserwählten in Babylon und mein Sohn Markus. 14 Grüßt einander mit dem Kuss der Liebe! Friede sei mit euch allen, die ihr in (der Gemeinschaft mit) Christus seid.

12: Apg 15,22; 16,19; 17,4; 18,5; 2 Kor 1,19; 1 Thess 1,1; 2 Thess 1,1 • 13: Apg 12,12.25; 15,37.39; Kol 4,10; 2 Tim 4,11; Phlm 24.

Der zweite Brief des Petrus

Der 2. Petrusbrief richtet sich an alle, die an Christus glauben (1,1), genauer gesagt, an die Adressaten des 1. Petrusbriefs (vgl. 2 Petr 3,1), bei denen er auch Briefe des Paulus als bekannt voraussetzt (3,15f). Im zweiten Kapitel lehnt er sich an Ausführungen des Judasbriefs an. Deshalb wird oft angenommen, das Schreiben sei erst nach dem Tod des Apostels entstanden. Es ist in der Form eines Briefs abgefasst, wie die Anschrift zeigt (1,1f); auch einige persönliche Äußerungen entsprechen dem Briefcharakter. Es fehlt aber ein Briefschluss; das Schreiben endet mit einem Lobpreis auf Christus (3,18; vgl. 1 Petr 4,11). Nach Inhalt und Form will es als Testament des Apostels verstanden sein (1,12–15).

Der 2. Petrusbrief will die Leser im Glauben und in der Hoffnung stärken und sie vor falschen Lehrern warnen. Diese spotten über den Glauben an die Wiederkunft des Herrn (3,4) und leugnen seine göttliche Herrlichkeit (2,1.10). Entsprechend ist ihre Lebensweise (vgl. Kap. 2). Das Schreiben verteidigt demgegenüber nachdrücklich die Erwartung der Wiederkunft Christi und erinnert an die Herrlichkeit Jesu, die bei der Verklärung sichtbar wurde (1,16–18). Wichtig sind die Aussagen über die heiligen Schriften und ihre richtige Auslegung (1,19–21).

5,5 Wörtlich: Alle aber bekleidet euch (im Umgang) miteinander mit Demut.
5,12f Silvanus und Markus: vgl. die Einleitung zum 1. Petrusbrief. – Das heidnische Rom gilt dem Verfasser als das neue »Babylon«.
5,13 die Mitauserwählten, wörtlich: die mitauserwählte (Gemeinde).

ANSCHRIFT UND GRUSS: 1,1–2

1 Simon Petrus, Knecht und Apostel Jesu
Christi, an alle, die durch die Gerech-
tigkeit unseres Gottes und Retters Jesus
Christus den gleichen kostbaren Glauben er-
langt haben wie wir. [2] Gnade sei mit euch
und Friede in Fülle durch die Erkenntnis
Gottes und Jesu, unseres Herrn.

1: 1 Petr 1,1 • 2: Jud 2.

DIE ÜBERLIEFERTE WAHRHEIT: 1,3–21

Glaube und Leben: 1,3–11

[3] Alles, was für unser Leben und unsere
Frömmigkeit gut ist, hat seine göttliche
Macht uns geschenkt; sie hat uns den erken-
nen lassen, der uns durch seine Herrlichkeit
und Kraft berufen hat. [4] Durch sie wurden
uns die kostbaren und überaus großen Ver-
heißungen geschenkt, damit ihr der verderb-
lichen Begierde, die in der Welt herrscht,
entflieht und an der göttlichen Natur Anteil
erhaltet. [5] Darum setzt allen Eifer daran, mit
eurem Glauben die Tugend zu verbinden,
mit der Tugend die Erkenntnis, [6] mit der Er-
kenntnis die Selbstbeherrschung, mit der
Selbstbeherrschung die Ausdauer, mit der
Ausdauer die Frömmigkeit, [7] mit der Fröm-
migkeit die Brüderlichkeit und mit der Brü-
derlichkeit die Liebe. [8] Wenn dies alles bei
euch vorhanden ist und wächst, dann nimmt
es euch die Trägheit und Unfruchtbarkeit,
sodass ihr Jesus Christus, unseren Herrn, im-
mer tiefer erkennt. [9] Wem dies aber fehlt, der
ist blind und kurzsichtig; er hat vergessen,
dass er gereinigt worden ist von seinen frü-
heren Sünden. [10] Deshalb, meine Brüder, be-
müht euch noch mehr darum, dass eure Be-
rufung und Erwählung Bestand hat. Wenn
ihr das tut, werdet ihr niemals scheitern.
[11] Dann wird euch in reichem Maß gewährt,
in das ewige Reich unseres Herrn und Ret-
ters Jesus Christus einzutreten.

3: Eph 1,3; Tit 1,2f; Joh 17,3 • 4: Eph 1,18f • 5: 1 Tim 6,3; Tit 2,11–13 • 7: 1 Joh 3,17f • 11: 2 Tim 4,18; Tit 2,13.

Das Zeugnis der Propheten und der Apostel: 1,12–21

[12] Darum will ich euch immer an das alles
erinnern, obwohl ihr es schon wisst und in
der Wahrheit gefestigt seid, die ihr empfan-
gen habt. [13] Ich halte es nämlich für richtig,
euch daran zu erinnern, solange ich noch in
diesem Zelt lebe, und euch dadurch wach zu
halten; [14] denn ich weiß, dass mein Zelt bald
abgebrochen wird, wie mir auch Jesus Chris-
tus, unser Herr, offenbart hat. [15] Ich will aber
dafür sorgen, dass ihr auch nach meinem
Tod euch jederzeit daran erinnern könnt.
[16] Denn wir sind nicht irgendwelchen klug
ausgedachten Geschichten gefolgt, als wir
euch die machtvolle Ankunft Jesu Christi,
unseres Herrn, verkündeten, sondern wir
waren Augenzeugen seiner Macht und Grö-
ße. [17] Er hat von Gott, dem Vater, Ehre und
Herrlichkeit empfangen; denn er hörte die
Stimme der erhabenen Herrlichkeit, die zu
ihm sprach: Das ist mein geliebter Sohn, an
dem ich Gefallen gefunden habe. [18] Diese
Stimme, die vom Himmel kam, haben wir ge-
hört, als wir mit ihm auf dem heiligen Berg
waren. [19] Dadurch ist das Wort der Prophe-
ten für uns noch sicherer geworden und ihr
tut gut daran, es zu beachten; denn es ist ein
Licht, das an einem finsteren Ort scheint, bis
der Tag anbricht und der Morgenstern auf-
geht in eurem Herzen. [20] Bedenkt dabei vor
allem dies: Keine Weissagung der Schrift
darf eigenmächtig ausgelegt werden; [21] denn
niemals wurde eine Weissagung ausgespro-
chen, weil ein Mensch es wollte, sondern vom
Heiligen Geist getrieben haben Menschen im
Auftrag Gottes geredet.

12: Jud 5 • 13: Joh 21,18f; 2 Kor 5,1; 2 Tim 4,5 • 17: Mt 17,5; Mk 9,7; Lk 9,35 • 19: Röm 13,12 • 21: 2 Tim 3,16; 1 Petr 1,11.

1,1 Andere Übersetzungsmöglichkeit: unseres Gottes und des Retters Jesus Christus.

1,4 Es sind die Verheißungen gemeint, die sich auf den Tag Christi beziehen; vgl. 3,4.9.

1,18 wir: Petrus, Jakobus und Johannes, die Zeugen der Verklärung Jesu (Mt 17,1).

WARNUNG VOR IRRLEHRERN: 2,1–22

Das Auftreten falscher Lehrer: 2,1–3

2 Es gab aber auch falsche Propheten im Volk; so wird es auch bei euch falsche Lehrer geben. Sie werden verderbliche Irrlehren verbreiten und den Herrscher, der sie freigekauft hat, verleugnen; doch dadurch werden sie sich selbst bald ins Verderben stürzen. 2 Bei ihren Ausschweifungen werden sie viele Anhänger finden und ihretwegen wird der Weg der Wahrheit in Verruf kommen. 3 In ihrer Habgier werden sie euch mit verlogenen Worten zu kaufen versuchen; aber das Gericht über sie bereitet sich schon seit langem vor und das Verderben, das ihnen droht, schläft nicht.

1–22: Jud 3–16.

Das drohende Gericht über die Irrlehrer: 2,4–10a

4 Gott hat auch die Engel, die gesündigt haben, nicht verschont, sondern sie in die finsteren Höhlen der Unterwelt verstoßen und hält sie dort eingeschlossen bis zum Gericht. 5 Er hat auch die frühere Welt nicht verschont, nur Noach, den Verkünder der Gerechtigkeit, hat er zusammen mit sieben anderen als achten bewahrt, als er die Flut über die Welt der Gottlosen brachte. 6 Auch die Städte Sodom und Gomorra hat er eingeäschert und zum Untergang verurteilt, als ein Beispiel für alle Gottlosen in späteren Zeiten. 7 Den gerechten Lot aber, der unter dem ausschweifenden Leben der Gottesverächter litt, hat er gerettet; 8 denn dieser Gerechte, der mitten unter ihnen wohnte, musste Tag für Tag ihr gesetzwidriges Tun sehen und hören, und das quälte den gerechten Mann Tag für Tag. 9 Der Herr kann die Frommen aus der Prüfung retten; bei den Ungerechten aber kann er warten, um sie am Tag des Gerichts zu bestrafen, 10a besonders die, die sich von der schmutzigen Begierde ihres Körpers beherrschen lassen und die Macht des Herrn verachten.

4: Jud 6; 1 Petr 3,19f • 6: Gen 19,24f; Jud 7 • 7: Gen 19,1–16.

Der Weg der Irrlehrer: 2,10b–22

10b Diese frechen und anmaßenden Menschen schrecken nicht davor zurück, die überirdischen Mächte zu lästern, 11 während die Engel, die ihnen an Stärke und Macht überlegen sind, beim Herrn nicht über sie urteilen und lästern. 12 Diese Menschen aber sind wie unvernünftige Tiere, die von Natur aus dazu geboren sind, gefangen zu werden und umzukommen. Sie lästern über Dinge, die sie nicht verstehen; doch sie werden umkommen, wie die Tiere umkommen, 13 und als Lohn für ihr Unrecht werden sie Unrecht erleiden. Sie halten es für ein Vergnügen, bei Tag ein üppiges Leben zu führen; ein schmutziger Schandfleck sind sie, wenn sie in ihrer trügerischen Genusssucht mit euch prassen und schwelgen. 14 Sie haben nur Augen für die Ehebrecherin und sind unersättlich in der Sünde. Sie locken haltlose Menschen an, deren Sinn nicht gefestigt ist; ihr Herz ist in der Habgier geübt, sie sind Kinder des Fluches. 15 Sie haben den geraden Weg verlassen und sind in die Irre gegangen. Sie folgten dem Weg Bileams, des Sohnes Bosors; ihm ging es nur um den Lohn für sein Unrecht, 16 aber er wurde wegen seines Vergehens zurechtgewiesen: Ein stummes Lasttier redete mit menschlicher Stimme und verhinderte das wahnwitzige Vorhaben des Propheten. 17 Diese Menschen sind Quellen ohne Wasser, sie sind Wolken, die der Sturm vor sich herjagt; für sie ist die dunkelste Finsternis bestimmt. 18 Sie führen geschwollene und nichts sagende Reden; sie lassen sich von ihren fleischlichen Begierden treiben und locken mit ihren Ausschweifungen die Menschen an, die sich eben erst von denen getrennt haben, die im Irrtum leben. 19 Freiheit versprechen sie ihnen und sind doch selbst Sklaven des Verderbens; denn von wem jemand überwältigt worden ist, dessen Sklave ist er. 20 Sie waren dem Schmutz der Welt entronnen, weil sie den Herrn und Retter Jesus Christus erkannt hatten; wenn sie sich aber von neuem davon fangen und überwältigen lassen, dann steht es mit ihnen am Ende schlimmer als vorher. 21 Es wäre besser für sie, den Weg der Gerechtigkeit gar nicht erkannt zu haben, als ihn erkannt zu haben und sich danach wieder von dem heiligen Gebot abzuwenden,

---

2,1–22 Zu den Irrlehrern vgl. die Einleitung zum 2. Petrusbrief.

2,4 Es handelt sich um die Engel, von denen in Gen 6,1–4 die Rede ist; vgl. Jud 6.

2,10b die überirdischen Mächte, wörtlich: die Herrlichkeiten.

2,15 Nach Num 22,5 hieß der Vater Bileams »Beor«; so auch hier nach einigen Textzeugen.

das ihnen überliefert worden ist. 22 Auf sie
trifft das wahre Sprichwort zu: *Der Hund
kehrt zurück zu dem, was er erbrochen hat,*
und: Die gewaschene Sau wälzt sich wieder
im Dreck.

16: Num 22,28f • 20: Mt 12,45 • 22: Spr 26,11.

DAS ERWARTETE KOMMEN CHRISTI: 3,1–16

Die Gewissheit der Ankunft: 3,1–7

3 Das ist schon der zweite Brief, den ich
euch schreibe, liebe Brüder. In beiden
will ich eure klare Einsicht wachrufen und
euch erinnern: 2 Denkt an die Worte, die von
den heiligen Propheten im Voraus verkündet
worden sind, und an das Gebot des Herrn
und Retters, das eure Apostel euch überlie-
fert haben. 3 Vor allem sollt ihr eines wissen:
Am Ende der Tage werden Spötter kommen,
die sich nur von ihren Begierden leiten las-
sen und höhnisch sagen: 4 Wo bleibt denn
seine verheißene Ankunft? Seit die Väter
entschlafen sind, ist alles geblieben, wie es
seit Anfang der Schöpfung war. 5 Wer das
behauptet, übersieht, dass es einst einen
Himmel gab und eine Erde, die durch das
Wort Gottes aus Wasser entstand und durch
das Wasser Bestand hatte. 6 Durch beides
ging die damalige Welt zugrunde, als sie vom
Wasser überflutet wurde. 7 Der jetzige Him-
mel aber und die jetzige Erde sind durch
dasselbe Wort für das Feuer aufgespart wor-
den. Sie werden bewahrt bis zum Tag des
Gerichts, an dem die Gottlosen zugrunde
gehen.

1: 1 Petr 1,1 • 2: Jud 17 • 3: Jud 18 • 5: Gen 1,3–31 • Gen 7,10–24.

Die Verzögerung der Ankunft: 3,8–13

8 Das eine aber, liebe Brüder, dürft ihr
nicht übersehen: dass beim Herrn ein Tag
wie tausend Jahre und tausend Jahre wie ein
Tag sind. 9 Der Herr zögert nicht mit der Er-
füllung der Verheißung, wie einige meinen,
die von Verzögerung reden; er ist nur gedul-
dig mit euch, weil er nicht will, dass jemand
zugrunde geht, sondern dass alle sich bekeh-
ren. 10 Der Tag des Herrn wird aber kommen
wie ein Dieb. Dann wird der Himmel pras-
selnd vergehen, die Elemente werden ver-
brannt und aufgelöst, die Erde und alles, was
auf ihr ist, werden (nicht mehr) gefunden.
11 Wenn sich das alles in dieser Weise auflöst:
wie heilig und fromm müsst ihr dann leben,
12 den Tag Gottes erwarten und seine An-
kunft beschleunigen! An jenem Tag wird
sich der Himmel im Feuer auflösen und die
Elemente werden im Brand zerschmelzen.
13 Dann erwarten wir, seiner Verheißung ge-
mäß, *einen neuen Himmel* und *eine neue
Erde,* in denen die Gerechtigkeit wohnt.

8: Ps 90,4 • 9: 1 Tim 2,4 • 10: Mt 24,43: 1 Thess 5,2 • 13: Jes 65,17; 66,22; Offb 21,1.

Das Zeugnis der Paulusbriefe: 3,14–16

14 Weil ihr das erwartet, liebe Brüder, be-
müht euch darum, von ihm ohne Makel und
Fehler und in Frieden angetroffen zu wer-
den. 15 Seid überzeugt, dass die Geduld unse-
res Herrn eure Rettung ist. Das hat euch
auch unser geliebter Bruder Paulus mit der
ihm geschenkten Weisheit geschrieben; 16 es
steht in allen seinen Briefen, in denen er da-
von spricht. In ihnen ist manches schwer zu
verstehen und die Unwissenden, die noch
nicht gefestigt sind, verdrehen diese Stellen
ebenso wie die übrigen Schriften zu ihrem
eigenen Verderben.

DER SCHLUSS DES BRIEFES: WUNSCH UND LOBPREIS: 3,17–18

17 Ihr aber, liebe Brüder, sollt das im Vo-
raus wissen und Acht geben, dass ihr euch
nicht von dem Irrtum der Gottesverächter
mitreißen lasst, euren Halt verliert und zu
Fall kommt. 18 Wachset in der Gnade und Er-
kenntnis unseres Herrn und Retters Jesus
Christus! Ihm gebührt die Herrlichkeit, jetzt
und bis zum Tag der Ewigkeit. Amen.

18: Jud 25; 1 Petr 4,11.

2,22 Die Herkunft des zweiten Sprichwortes ist unbekannt.

3,1 der zweite Brief: Anspielung auf den 1. Petrusbrief.

3,4 Die Väter: die Christen der ersten Generation.

3,10 die Erde und alles, was auf ihr ist, wörtlich: die Erde und die Werke auf ihr. – Die eingeklammerten Worte »nicht mehr« finden sich nur bei wenigen Textzeugen, sind aber für den Sinn des Satzes notwendig.

3,16 Die Paulusbriefe werden hier bereits zu den Heiligen Schriften gerechnet. Mit den »übrigen Schriften« sind wahrscheinlich die Schriften des Alten Testaments gemeint; es können aber auch urchristliche Schriften sein.

Der erste Brief des Johannes

Dieses Schreiben wendet sich wahrscheinlich an einen örtlich begrenzten Kreis christlicher Gemeinden und ist wohl gegen Ende des 1. Jahrhunderts abgefasst. Nach Stil und Gedankengut ist der 1. Johannesbrief mit dem Johannesevangelium nah verwandt.

Der Verfasser rechnet sich zu einer Gruppe christlicher Lehrer (vgl. »wir« in 1,1–4 u. ö.), die im Kampf gegen Irrlehrer (vgl. 2,18; 4,1) das »von Anfang an« Verkündigte (2,7.24; 3,11) einschärfen wollen.

Das Schreiben mahnt zum Glauben an Jesus, den Christus und Sohn Gottes, und zur Bruderliebe. Es ist kunstvoll gegliedert und hat folgenden Aufbau: Vorrede (1,1–4); Gemeinschaft mit Gott durch ein Leben im Licht, das heißt durch Einhalten der Gebote (1,5 – 2,17); Abwehr der »Antichriste« und Festhalten am wahren Bekenntnis zu Christus (2,18–27); Gotteskindschaft und Erfüllung der Gerechtigkeit in tätiger Bruderliebe (2,28 – 3,24); Unterscheidung der Geister und Verwirklichung des Glaubens in der Liebe (4,1–21); der wahre Glaube als Sieg über die Welt und als Weg zum Leben (5,1–12); Abschluss: Sünde und ewiges Leben (5,13–21).

Der 1. Johannesbrief ist ein wichtiges Zeugnis für den wahren Glauben an Jesus Christus als Gottessohn und weist auf bleibende Grundlagen des christlichen Lebens hin (Bruderliebe, Überwindung der Sünde).

VORREDE: DAS WORT DES LEBENS: 1,1–4

1 Was von Anfang an war, was wir gehört
haben, was wir mit unseren Augen gesehen, was wir geschaut und was unsere Hände
angefasst haben, das verkünden wir: das
Wort des Lebens. 2 Denn das Leben wurde
offenbart; wir haben gesehen und bezeugen
und verkünden euch das ewige Leben, das
beim Vater war und uns offenbart wurde.
3 Was wir gesehen und gehört haben, das
verkünden wir auch euch, damit auch ihr
Gemeinschaft mit uns habt. Wir aber haben
Gemeinschaft mit dem Vater und mit seinem
Sohn Jesus Christus. 4 Wir schreiben dies,
damit unsere Freude vollkommen ist.

1: Joh 1,1–5.14 • 3: 1,7; Joh 17,20f; 1 Kor 1,9 • 4: Joh 15,11; 16,20.22.24; 17,13; Joh 12.

DAS LEBEN IN DER GEMEINSCHAFT MIT GOTT: 1,5 – 2,17

Das Wesen Gottes: 1,5–7

5 Das ist die Botschaft, die wir von ihm gehört haben und euch verkünden: Gott ist
Licht und keine Finsternis ist in ihm. 6 Wenn
wir sagen, dass wir Gemeinschaft mit ihm
haben, und doch in der Finsternis leben, lügen wir und tun nicht die Wahrheit. 7 Wenn
wir aber im Licht leben, wie er im Licht ist,
haben wir Gemeinschaft miteinander und
das Blut seines Sohnes Jesus reinigt uns von
aller Sünde.

5: 3,11; Dan 2,22; Joh 8,12; Jak 1,17 • 6: 2,4.11; Joh 3,20f • 7: Joh 8,12; 12,35f; Hebr 9,14.22.

1,1–4 Die Vorrede ist mit dem Anfang des Evangeliums verwandt und setzt diesen wohl voraus. Die Zeugen des Mensch gewordenen Wortes (»Wort des Lebens«) sprechen als Verkündiger; sie wollen die Briefempfänger zu einer tieferen Gemeinschaft mit dem Vater und seinem Sohn Jesus Christus führen.

1,1 das Wort des Lebens, wörtlich: vom Wort des Lebens sprechen wir.

Christ und Sünde: 1,8 – 2,2

8 Wenn wir sagen, dass wir keine Sünde haben, führen wir uns selbst in die Irre und die Wahrheit ist nicht in uns. 9 Wenn wir unsere Sünden bekennen, ist er treu und gerecht; er vergibt uns die Sünden und reinigt uns von allem Unrecht. 10 Wenn wir sagen, dass wir nicht gesündigt haben, machen wir ihn zum Lügner und sein Wort ist nicht in uns.

2 Meine Kinder, ich schreibe euch dies, damit ihr nicht sündigt. Wenn aber einer sündigt, haben wir einen Beistand beim Vater: Jesus Christus, den Gerechten. 2 Er ist die Sühne für unsere Sünden, aber nicht nur für unsere Sünden, sondern auch für die der ganzen Welt.

1,9: Ex 34,6f; Dtn 32,4 • 10: Spr 28,13 • 2,1: Joh 14,16f; 15,26; 17,12; Röm 8,34; Hebr 7,25 • 2: 4,10.

Wahre Gotteserkenntnis: 2,3–6

3 Wenn wir seine Gebote halten, erkennen wir, dass wir ihn erkannt haben. 4 Wer sagt: Ich habe ihn erkannt!, aber seine Gebote nicht hält, ist ein Lügner und die Wahrheit ist nicht in ihm. 5 Wer sich aber an sein Wort hält, in dem ist die Gottesliebe wahrhaft vollendet. Wir erkennen daran, dass wir in ihm sind. 6 Wer sagt, dass er in ihm bleibt, muss auch leben, wie er gelebt hat.

4: 1,6 • 5: 5,3; Joh 14,21.23 • 6: Joh 13,41f.

Das neue Gebot: 2,7–11

7 Liebe Brüder, ich schreibe euch kein neues Gebot, sondern ein altes Gebot, das ihr von Anfang an hattet. Das alte Gebot ist das Wort, das ihr gehört habt. 8 Und doch schreibe ich euch ein neues Gebot, etwas, das in ihm und in euch verwirklicht ist; denn die Finsternis geht vorüber und schon leuchtet das wahre Licht. 9 Wer sagt, er sei im Licht, aber seinen Bruder hasst, ist noch in der Finsternis. 10 Wer seinen Bruder liebt, bleibt im Licht; da gibt es für ihn kein Straucheln. 11 Wer aber seinen Bruder hasst, ist in der Finsternis. Er geht in der Finsternis und weiß nicht, wohin er geht; denn die Finsternis hat seine Augen blind gemacht.

8: Joh 13,34; Röm 13,12 • 9: 4,20 • 10: Joh 11,9 • 11: Joh 11,10; 12,35.

Christ und Welt: 2,12–17

12 Ich schreibe euch, ihr Kinder, dass euch durch seinen Namen die Sünden vergeben sind. 13 Ich schreibe euch, ihr Väter, dass ihr den erkannt habt, der von Anfang an ist. Ich schreibe euch, ihr jungen Männer, dass ihr den Bösen besiegt habt. 14 Ich schreibe euch, ihr Kinder, dass ihr den Vater erkannt habt. Ich schreibe euch, ihr Väter, dass ihr den erkannt habt, der von Anfang an ist. Ich schreibe euch, ihr jungen Männer, dass ihr stark seid, dass das Wort Gottes in euch bleibt und dass ihr den Bösen besiegt habt.

15 Liebt nicht die Welt und was in der Welt ist! Wer die Welt liebt, hat die Liebe zum Vater nicht. 16 Denn alles, was in der Welt ist, die Begierde des Fleisches, die Begierde der Augen und das Prahlen mit dem Besitz, ist nicht vom Vater, sondern von der Welt. 17 Die Welt und ihre Begierde vergeht; wer aber den Willen Gottes tut, bleibt in Ewigkeit.

15: Joh 5,42 • 16: Spr 27,20.

DIE BEWÄHRUNG DES GLAUBENS: 2,18 – 3,24

Das Auftreten von Irrlehrern: 2,18–27

18 Meine Kinder, es ist die letzte Stunde. Ihr habt gehört, dass der Antichrist kommt, und jetzt sind viele Antichriste gekommen. Daran erkennen wir, dass es die letzte Stunde ist. 19 Sie sind aus unserer Mitte gekommen, aber sie gehörten nicht zu uns; denn wenn sie zu uns gehört hätten, wären sie bei uns geblieben. Es sollte aber offenbar werden, dass sie alle nicht zu uns gehörten. 20 Ihr habt die Salbung von dem, der heilig ist, und ihr

---

1,8–2,2 Das Thema »Christ und Sünde« durchzieht das ganze Schreiben (vgl. 3,4–9; 3,19–21; 5,3f; 5,16–18).

2,1 Das griechische Wort für »Beistand« (paráklетos) ist das gleiche, das im Johannesevangelium für den verheißenen Geist verwendet wird. Während Jesus Christus der Beistand beim Vater ist, wird der Heilige Geist als Paraklet der irdischen Gemeinde gesandt (vgl. Joh 14,16f; 15,26; 16,7).

2,7f Das alte und neue Gebot ist das Liebesgebot.

2,16 Die hier genannten »Begierden« sind nicht als erschöpfende Darstellung des Bösen in der Welt zu verstehen, sondern als charakteristische Beispiele.

2,18f Man erwartete vor dem Erscheinen Christi das Auftreten des Antichrists (»Gegenchristus«). Hier werden die aus der Gemeinde selbst hervorgegangenen Irrlehrer als »Antichriste« bezeichnet (vgl. auch 2,22; 4,3; 2 Joh 7).

2,20 Andere Lesart: und ihr wisst alles. – Mit der »Salbung« ist der Heilige Geist oder das vom Geist eingegebene Wort gemeint (vgl. 2,27).

alle wisst es. 21 Ich schreibe euch nicht, dass
ihr die Wahrheit nicht wisst, sondern ich
schreibe euch, dass ihr sie wisst und dass
keine Lüge von der Wahrheit stammt.
22 Wer ist der Lügner – wenn nicht der, der
leugnet, dass Jesus der Christus ist? Das ist
der Antichrist: wer den Vater und den Sohn
leugnet. 23 Wer leugnet, dass Jesus der Sohn
ist, hat auch den Vater nicht; wer bekennt,
dass er der Sohn ist, hat auch den Vater.
24 Für euch gilt: Was ihr von Anfang an ge-
hört habt, soll in euch bleiben; wenn das,
was ihr von Anfang an gehört habt, in euch
bleibt, dann bleibt ihr im Sohn und im Vater.
25 Und seine Verheißung an uns ist das ewige
Leben.
26 Dies habe ich euch über die geschrieben,
die euch in die Irre führen. 27 Für euch aber
gilt: Die Salbung, die ihr von ihm empfangen
habt, bleibt in euch und ihr braucht euch von
niemand belehren zu lassen. Alles, was seine
Salbung euch lehrt, ist wahr und keine Lüge.
Bleibt in ihm, wie es euch seine Salbung ge-
lehrt hat.

18: 1 Tim 4,1; 2 Thess 2,3f • 20: 2,27; 2 Kor 1,21 • 23: 4,15; Joh 5,23; 12,44f; 14,6f • 25: Joh 5,24; 6,40; 17,2 • 27: Joh 14,26; 16,13.

Mahnung zur Treue: 2,28–29

28 Und jetzt, meine Kinder, bleibt in ihm,
damit wir, wenn er erscheint, die Zuversicht
haben und bei seinem Kommen nicht zu un-
serer Schande von ihm gerichtet werden.
29 Wenn ihr wisst, dass er gerecht ist, erkennt
auch, dass jeder, der die Gerechtigkeit tut,
von Gott stammt.

Das Geschenk der Kindschaft Gottes:
3,1–10

3 Seht, wie groß die Liebe ist, die der Va-
ter uns geschenkt hat: Wir heißen Kin-
der Gottes und wir sind es. Die Welt erkennt
uns nicht, weil sie ihn nicht erkannt hat.
2 Liebe Brüder, jetzt sind wir Kinder Gottes.
Aber was wir sein werden, ist noch nicht of-
fenbar geworden. Wir wissen, dass wir ihm
ähnlich sein werden, wenn er offenbar wird;
denn wir werden ihn sehen, wie er ist. 3 Je-
der, der dies von ihm erhofft, heiligt sich, so
wie Er heilig ist. 4 Jeder, der die Sünde tut,
handelt gesetzwidrig; denn Sünde ist Ge-
setzwidrigkeit. 5 Ihr wisst, dass er erschienen
ist, um die Sünde wegzunehmen, und er
selbst ist ohne Sünde. 6 Jeder, der in ihm
bleibt, sündigt nicht. Jeder, der sündigt, hat
ihn nicht gesehen und ihn nicht erkannt.
7 Meine Kinder, lasst euch von niemand in
die Irre führen! Wer die Gerechtigkeit tut, ist
gerecht, wie Er gerecht ist. 8 Wer die Sünde
tut, stammt vom Teufel; denn der Teufel sün-
digt von Anfang an. Der Sohn Gottes aber
ist erschienen, um die Werke des Teufels zu
zerstören. 9 Jeder, der von Gott stammt, tut
keine Sünde, weil Gottes Same in ihm bleibt.
Er kann nicht sündigen, weil er von Gott
stammt. 10 Daran kann man die Kinder Got-
tes und die Kinder des Teufels erkennen: Je-
der, der die Gerechtigkeit nicht tut und sei-
nen Bruder nicht liebt, ist nicht aus Gott.

1: Joh 1,12f; Röm 8,14–17; Eph 1,5 • 2: Kol 3,4; 1 Kor 13,12 • 5: Joh 1,29; Hebr 7,26 • 8: 3,12; Gen 3,15; Joh 8,34.44.

Aufruf zur Bruderliebe: 3,11–18

11 Denn das ist die Botschaft, die ihr von
Anfang an gehört habt: Wir sollen einander
lieben 12 und nicht wie Kain handeln, der von
dem Bösen stammte und seinen Bruder er-
schlug. Warum hat er ihn erschlagen? Weil
seine Taten böse, die Taten seines Bruders
aber gerecht waren.
13 Wundert euch nicht, meine Brüder,
wenn die Welt euch hasst. 14 Wir wissen, dass
wir aus dem Tod in das Leben hinübergegan-
gen sind, weil wir die Brüder lieben. Wer
nicht liebt, bleibt im Tod. 15 Jeder, der seinen
Bruder hasst, ist ein Mörder und ihr wisst:
Kein Mörder hat ewiges Leben, das in ihm
bleibt. 16 Daran haben wir die Liebe erkannt,
dass Er sein Leben für uns hingegeben hat.
So müssen auch wir für die Brüder das Le-
ben hingeben. 17 Wenn jemand Vermögen hat
und sein Herz vor dem Bruder verschließt,
den er in Not sieht, wie kann die Gottesliebe
in ihm bleiben? 18 Meine Kinder, wir wollen
nicht mit Wort und Zunge lieben, sondern in
Tat und Wahrheit.

11: 1,5; 2,7; Joh 13,34 • 12: Gen 4,8 • 13: Joh 15,18–21 • 14: Joh 5,24; 11,26 • 15: Mt 5,21–26; Joh 8,44 • 16: Joh 13,1; 15,12f • 17: 4,20; Jak 2,15f • 18: Jak 1,25; 2,12.15–17.

2,21 Andere Übersetzungsmöglichkeit: Ich schreibe euch nicht, weil ihr die Wahrheit nicht kennt, sondern ich schreibe euch, weil ihr sie kennt und wisst, dass keine Lüge von der Wahrheit stammt.

2,28 Die johanneische Gemeinde erwartet die Ankunft Christi in Herrlichkeit (die »Parusie«), doch nicht voll Furcht, sondern voll Hoffnung (vgl. 3,2f; 4,17f).

3,3 Er: gemeint ist Christus, das große Beispiel der Heiligung.

3,9 Mit »Gottes Same« ist der Heilige Geist als göttliches Lebensprinzip gemeint (vgl. Joh 3,6).

Die Zuversicht der Kinder Gottes: 3,19–24

19 Daran werden wir erkennen, dass wir
aus der Wahrheit sind, und werden unser
Herz in seiner Gegenwart beruhigen. 20 Denn
wenn das Herz uns auch verurteilt – Gott ist
größer als unser Herz und er weiß alles.
21 Liebe Brüder, wenn das Herz uns aber
nicht verurteilt, haben wir gegenüber Gott
Zuversicht; 22 alles, was wir erbitten, emp-
fangen wir von ihm, weil wir seine Gebote
halten und tun, was ihm gefällt. 23 Und das
ist sein Gebot: Wir sollen an den Namen sei-
nes Sohnes Jesus Christus glauben und ei-
nander lieben, wie es seinem Gebot ent-
spricht. 24 Wer seine Gebote hält, bleibt in
Gott und Gott in ihm. Und dass er in uns
bleibt, erkennen wir an dem Geist, den er
uns gegeben hat.

22: Joh 14,13f; 15,7; 16,23f.26 • 23: Joh 13,34; 15,12.17 • 24: Joh 14,21–23.

DER GLAUBE ALS WEG ZUM LEBEN: 4,1 – 5,12

Über die Unterscheidung der Geister: 4,1–6

4 Liebe Brüder, traut nicht jedem Geist,
sondern prüft die Geister, ob sie aus
Gott sind; denn viele falsche Propheten sind
in die Welt hinausgezogen. 2 Daran erkennt
ihr den Geist Gottes: Jeder Geist, der be-
kennt, Jesus Christus sei im Fleisch gekom-
men, ist aus Gott. 3 Und jeder Geist, der Je-
sus nicht bekennt, ist nicht aus Gott. Das ist
der Geist des Antichrists, über den ihr gehört
habt, dass er kommt. Jetzt ist er schon in der
Welt.
4 Ihr aber, meine Kinder, seid aus Gott und
habt sie besiegt; denn Er, der in euch ist, ist
größer als jener, der in der Welt ist. 5 Sie sind
aus der Welt; deshalb sprechen sie, wie die
Welt spricht, und die Welt hört auf sie. 6 Wir
aber sind aus Gott. Wer Gott erkennt, hört
auf uns; wer nicht aus Gott ist, hört nicht auf
uns. Daran erkennen wir den Geist der
Wahrheit und den Geist des Irrtums.

1: 1 Kor 12,10; 1 Thess 5,21 • 2: 1 Kor 12,3 • 3: 2,18.22; 2 Joh 7 • 6: Joh 8,47; 14,17; Joh 15,26; 16,13.

Die Vollendung des Glaubens in der Liebe: 4,7–16a

7 Liebe Brüder, wir wollen einander lieben;
denn die Liebe ist aus Gott und jeder, der
liebt, stammt von Gott und erkennt Gott.
8 Wer nicht liebt, hat Gott nicht erkannt;
denn Gott ist die Liebe. 9 Die Liebe Gottes
wurde unter uns dadurch offenbart, dass
Gott seinen einzigen Sohn in die Welt ge-
sandt hat, damit wir durch ihn leben. 10 Nicht
darin besteht die Liebe, dass wir Gott geliebt
haben, sondern dass er uns geliebt und seinen
Sohn als Sühne für unsere Sünden gesandt
hat. 11 Liebe Brüder, wenn Gott uns so geliebt
hat, müssen auch wir einander lieben. 12 Nie-
mand hat Gott je geschaut; wenn wir einan-
der lieben, bleibt Gott in uns und seine Liebe
ist in uns vollendet. 13 Daran erkennen wir,
dass wir in ihm bleiben und er in uns bleibt:
Er hat uns von seinem Geist gegeben. 14 Wir
haben gesehen und bezeugen, dass der Vater
den Sohn gesandt hat als den Retter der
Welt. 15 Wer bekennt, dass Jesus der Sohn
Gottes ist, in dem bleibt Gott und er bleibt in
Gott. 16a Wir haben die Liebe, die Gott zu uns
hat, erkannt und gläubig angenommen.

7: 4,16 • 9: Joh 3,16; Röm 3,25; 5,8 • 12: Joh 1,18; 5,37; 6,46 • 14: Joh 4,42.

Furcht und Liebe: 4,16b–21

16b Gott ist die Liebe, und wer in der Liebe
bleibt, bleibt in Gott und Gott bleibt in ihm.
17 Darin ist unter uns die Liebe vollendet,
dass wir am Tag des Gerichts Zuversicht ha-
ben. Denn wie er, so sind auch wir in dieser
Welt. 18 Furcht gibt es in der Liebe nicht,
sondern die vollkommene Liebe vertreibt die
Furcht. Denn die Furcht rechnet mit Strafe
und wer sich fürchtet, dessen Liebe ist nicht
vollendet.
19 Wir wollen lieben, weil er uns zuerst ge-
liebt hat. 20 Wenn jemand sagt: Ich liebe
Gott!, aber seinen Bruder hasst, ist er ein
Lügner. Denn wer seinen Bruder nicht liebt,
den er sieht, kann Gott nicht lieben, den er
nicht sieht. 21 Und dieses Gebot haben wir
von ihm: Wer Gott liebt, soll auch seinen
Bruder lieben.

19: 4,9f • 21: Mt 22,37–40; Joh 14,15.21; 15,17.

3,19 »Aus der Wahrheit sein« bedeutet: zu Gott gehören (vgl. Joh 18,37).

3,20 Der von seinem Gewissen verurteilte Christ weiß, dass er auf das göttliche Erbarmen hoffen kann.

4,4 habt sie besiegt: gemeint sind die, die Jesus nicht auch als echten Menschen bekennen.

Der Glaube als Sieg über die Welt: 5,1–8

5 Jeder, der glaubt, dass Jesus der Christus ist, stammt von Gott und jeder, der den Vater liebt, liebt auch den, der von ihm stammt. 2 Wir erkennen, dass wir die Kinder Gottes lieben, wenn wir Gott lieben und seine Gebote erfüllen.

3 Denn die Liebe zu Gott besteht darin, dass wir seine Gebote halten. Seine Gebote sind nicht schwer. 4 Denn alles, was von Gott stammt, besiegt die Welt. Und das ist der Sieg, der die Welt besiegt hat: unser Glaube. 5 Wer sonst besiegt die Welt, außer dem, der glaubt, dass Jesus der Sohn Gottes ist? 6 Dieser ist es, der durch Wasser und Blut gekommen ist: Jesus Christus. Er ist nicht nur im Wasser gekommen, sondern im Wasser und im Blut. Und der Geist ist es, der Zeugnis ablegt; denn der Geist ist die Wahrheit. 7 Drei sind es, die Zeugnis ablegen: 8 der Geist, das Wasser und das Blut; und diese drei sind eins.

1: 4,15; Joh 1,12; 3,3 • 4: 2,14 • 6: Joh 19,34; 1,33; 14,26.

Das Zeugnis Gottes: 5,9–12

9 Wenn wir von Menschen ein Zeugnis annehmen, so ist das Zeugnis Gottes gewichtiger; denn das ist das Zeugnis Gottes: Er hat Zeugnis abgelegt für seinen Sohn. 10 Wer an den Sohn Gottes glaubt, trägt das Zeugnis in sich. Wer Gott nicht glaubt, macht ihn zum Lügner, weil er nicht an das Zeugnis glaubt, das Gott für seinen Sohn abgelegt hat. 11 Und das Zeugnis besteht darin, dass Gott uns das ewige Leben gegeben hat; und dieses Leben ist in seinem Sohn. 12 Wer den Sohn hat, hat das Leben; wer den Sohn Gottes nicht hat, hat das Leben nicht.

9: Joh 5,32.36f • 10: Joh 8,44 • 11: Joh 1,4; 5,21.24.26.

SCHLUSSMAHNUNG: SÜNDE UND EWIGES LEBEN: 5,13–21

13 Dies schreibe ich euch, damit ihr wisst, dass ihr das ewige Leben habt; denn ihr glaubt an den Namen des Sohnes Gottes. 14 Wir haben ihm gegenüber die Zuversicht, dass er uns hört, wenn wir etwas erbitten, das seinem Willen entspricht. 15 Wenn wir wissen, dass er uns bei allem hört, was wir erbitten, dann wissen wir auch, dass er unsere Bitten schon erfüllt hat. 16 Wer sieht, dass sein Bruder eine Sünde begeht, die nicht zum Tod führt, soll (für ihn) bitten; und Gott wird ihm Leben geben, allen, deren Sünde nicht zum Tod führt. Denn es gibt Sünde, die zum Tod führt. Von ihr spreche ich nicht, wenn ich sage, dass er bitten soll. 17 Jedes Unrecht ist Sünde; aber es gibt Sünde, die nicht zum Tod führt. 18 Wir wissen: Wer von Gott stammt, sündigt nicht, sondern der von Gott Gezeugte bewahrt ihn und der Böse tastet ihn nicht an. 19 Wir wissen: Wir sind aus Gott, aber die ganze Welt steht unter der Macht des Bösen. 20 Wir wissen aber: Der Sohn Gottes ist gekommen und er hat uns Einsicht geschenkt, damit wir (Gott) den Wahren erkennen. Und wir sind in diesem Wahren, in seinem Sohn Jesus Christus. Er ist der wahre Gott und das ewige Leben. 21 Meine Kinder, hütet euch vor den Götzen!

13: Joh 20,31 • 14: Joh 14,13f • 16: Joh 15,22–24; Mt 12,31; Hebr 6,4–6; 10,26–29 • 18: 3,6.9; Joh 1,13.18 • 19: Joh 8,17; 12,31; 14,30 • 20: Joh 17,3; 20,28.

5,6 Blut und Wasser flossen aus der durchbohrten Seite Jesu (Joh 19,34). »Wasser« ist bildhafter Hinweis auf die Taufe Jesu im Jordan (vgl. Joh 1,31f), »Blut» auf den Opfertod Jesu am Kreuz (vgl. Joh 19,34).
5,7f Hier ist bei vielen Textzeugen das sog. Comma Johanneum eingefügt, das nicht zum ursprünglichen Text gehört: (... die Zeugnis ablegen) im Himmel: der Vater, das Wort und der Heilige Geist und diese drei sind eins. Und drei sind es, die Zeugnis geben auf Erden: (der Geist ...)
Die drei Elemente (Geist, Wasser, Blut) sind drei Zeugen, die zeichenhaft hinweisen auf die Sakramente der Taufe und Eucharistie und auf den Geist als die in ihnen wirksame Kraft.
5,16 Die »Sünde zum Tod« ist wahrscheinlich eine Handlungsweise, die volle Lebensgemeinschaft mit Gott, Christus und dem Bruder zerstört.
5,17 Nach anderen Textzeugen: Sünde, die zum Tod führt.
5,18 der von Gott Gezeugte, das heißt: Jesus Christus (Joh 1,13.18). – Andere Übersetzungsmöglichkeit: Wir wissen: Jeder, der von Gott stammt, sündigt nicht, sondern wer von Gott stammt, den bewahrt er, und der Böse tastet ihn nicht an.

Der zweite Brief des Johannes

Der 2. Johannesbrief entspricht in der Anlage antiken Briefen, die gewöhnlich den Umfang eines Papyrusblattes hatten (vgl. 3 Joh). Der Verfasser stellt sich als »der Alte« oder »der Älteste« vor und weist damit auf seine Autorität hin. Über seine Person wissen wir nichts Sicheres. Nach dem einleitenden Gruß (VV. 1–3) mahnt er zunächst zu christlicher Lebensführung entsprechend dem Liebesgebot (VV. 4–6), warnt vor Irrlehrern und gibt die Anweisung, ihnen keine Aufnahme und Gemeinschaft zu gewähren (VV. 7–11). Dann kündigt er seinen baldigen Besuch an und schließt mit Grüßen der Gemeinde, in der er sich befindet (VV. 12–13).

Nach Stil und Inhalt steht das Schreiben dem 1. Johannesbrief nahe (Liebesgebot, Irrlehren über Christus). Durch die eigentümliche Bezeichnung des Absenders ist er mit dem 3. Johannesbrief verbunden; beide sind wohl demselben Verfasser zuzuweisen. Im Unterschied zum 3. Johannesbrief ist der zweite (vgl. VV. 1 und 13) ein Gemeindebrief.

Der Brief gibt Einblick in christliches Denken um 100 n. Chr. und zeigt, wie sich die Kirche damals gegen umherziehende Irrlehrer verteidigt. Obwohl das Liebesgebot stark betont ist, wird eine scharfe Trennungslinie zu den »Verführern« gezogen.

ANSCHRIFT UND GRUSS: 1–3

1 Der Älteste an die von Gott auserwählte
Herrin und an ihre Kinder, die ich in Wahr-
heit liebe; aber nicht nur ich, sondern auch
alle, die die Wahrheit erkannt haben, lieben
sie 2 aufgrund der Wahrheit, die in uns
bleibt. Und sie wird mit uns sein in Ewigkeit.
3 Gnade wird mit uns sein, Erbarmen und
Friede von Gott, dem Vater, und von Jesus
Christus, dem Sohn des Vaters, in Wahrheit
und Liebe.

1: 3 Joh 3 • 2: Joh 14,17.

LEBEN IN DER WAHRHEIT: 4–6

4 Ich habe mich sehr gefreut, unter deinen
Kindern solche zu finden, die in der Wahr-
heit leben, gemäß dem Gebot, das wir vom
Vater empfangen haben. 5 Und so bitte ich
dich, Herrin, nicht als wollte ich dir ein neu-
es Gebot schreiben, sondern nur das, das wir
von Anfang an hatten: dass wir einander lie-
ben sollen. 6 Denn die Liebe besteht darin,
dass wir nach seinen Geboten leben. Das
Gebot, das ihr von Anfang an gehört habt,
lautet: Ihr sollt in der Liebe leben.

4: 3 Joh 3 • 5: 1 Joh 2,7–11 • 6: Joh 14,21; 1 Joh 5,3.

ABWEISUNG VON IRRLEHRERN: 7–11

7 Viele Verführer sind in die Welt hinaus-
gegangen; sie bekennen nicht, dass Jesus
Christus im Fleisch gekommen ist. Das ist
der Verführer und der Antichrist. 8 Achtet
auf euch, damit ihr nicht preisgebt, was wir
erarbeitet haben, sondern damit ihr den vol-
len Lohn empfangt. 9 Jeder, der darüber
hinausgeht und nicht in der Lehre Christi
bleibt, hat Gott nicht. Wer aber in der Lehre
bleibt, hat den Vater und den Sohn.

---

1 »Der Älteste« ist Ehrentitel einer damals offenbar bekannten und unverwechselbaren Persönlichkeit. »Auserwählte Herrin« ist Bezeichnung für eine unbekannte Einzelgemeinde. »Kinder« sind die Mitglieder der angesprochenen Gemeinde (vgl. V. 13).

9 Über die Lehre Christi geht der hinaus, der die Grenzen der apostolischen Unterweisung überschreitet.

10 Wenn jemand zu euch kommt und nicht
diese Lehre mitbringt, dann nehmt ihn nicht
in euer Haus auf, sondern verweigert ihm
den Gruß. 11 Denn wer ihm den Gruß bietet,
macht sich mitschuldig an seinen bösen Ta-
ten.

7: 1 Joh 2,18.22; 4,2f • 9: 1 Joh 2,23f.

SCHLUSSGRÜSSE: 12–13

12 Vieles hätte ich euch noch zu schreiben;
ich will es aber nicht mit Papier und Tinte
tun, sondern hoffe, selbst zu euch zu kom-
men und persönlich mit euch zu sprechen,
damit unsere Freude vollkommen wird. 13 Es
grüßen dich die Kinder deiner auserwählten
Schwester.

12: 3 Joh 13f.

Der dritte Brief des Johannes

Der 3. Johannesbrief ist wie der zweite von dem »Alten« oder »Ältesten« verfasst. Es ist ein persönlicher Brief an einen sonst unbekannten Gaius, der zu einem mit dem Absender verbundenen Freundeskreis gehört (vgl. V. 15). Drei Anliegen kommen darin zur Sprache: die Unterstützung von Wandermissionaren (VV. 2–8), die Zurückweisung eines herrschsüchtigen Gemeindeleiters namens Diotrephes, der die Bemühungen des Briefschreibers hindert und Christen aus der Gemeinde ausschließt (VV. 9–10), sowie eine Empfehlung für einen gewissen Demetrius (VV. 11–12). Der Briefschluss (VV. 13–15) gleicht dem des 2. Johannesbriefs.

Die Gemeinde, in der sich der Empfänger befindet, kann kaum dieselbe wie die Empfängerin des 2. Johannesbriefs sein. Von Irrlehrern ist keine Rede. Wegen des gleichen Verfassers muss dieser Brief etwa aus der gleichen Zeit wie der 2. Johannesbrief stammen (Ende des 1. Jahrhunderts).

Der 3. Johannesbrief ist wertvoll für die Kenntnis damaliger Gemeindeverhältnisse: Es gibt noch keine feste kirchliche Verfassung, aber lebendige Gemeindezellen, Wandermissionare und den Einfluss eines über die Ortsgemeinden hinaus wirkenden Mannes.

ANSCHRIFT UND GRUSS: 1–4

1 Der Älteste an den geliebten Gaius, den
ich in Wahrheit liebe.
2 Lieber Bruder, ich wünsche dir in jeder
Hinsicht Wohlergehen und Gesundheit, so
wie es deiner Seele wohlergeht. 3 Denn ich
habe mich sehr gefreut, als Brüder kamen,
die für deine Treue zur Wahrheit Zeugnis
ablegten und berichteten, wie du in der
Wahrheit lebst. 4 Ich habe keine größere
Freude, als zu hören, dass meine Kinder in
der Wahrheit leben.

1: 2 Joh 1.

---

13 Die »Kinder deiner auserwählten Schwester« sind die Mitglieder der Christengemeinde, in der sich der Verfasser des Briefs befindet (vgl. V. 1).

1 »Der Älteste« ist der gleiche Verfasser wie der in 2 Joh 1 genannte. Gaius ist wahrscheinlich ein führendes Mitglied einer Gemeinde, deren Vorsteher Diotrephes mit dem Verfasser des Briefs im Streit lag (vgl. VV. 9f).

UNTERSTÜTZUNG VON MISSIONAREN: 5–8

5 Lieber Bruder, du handelst treu in allem,
was du an den Brüdern, sogar an fremden
Brüdern tust. 6 Sie haben vor der Gemeinde
für deine Liebe Zeugnis abgelegt. Du wirst
gut daran tun, wenn du sie für ihre Reise so
ausrüstest, wie es Gottes würdig ist. 7 Denn
für seinen Namen sind sie ausgezogen und
haben von den Heiden nichts angenommen.
8 Darum sind wir verpflichtet, solche Män-
ner aufzunehmen, damit auch wir zu Mitar-
beitern für die Wahrheit werden.

ZURECHTWEISUNG DES DIOTREPHES: 9–10

9 Ich habe der Gemeinde geschrieben.
Aber Diotrephes, der unter ihnen der Erste
sein will, erkennt uns nicht an. 10 Deshalb
werde ich, wenn ich komme, an sein Tun und
Treiben erinnern. Mit bösen Worten hetzt er
gegen uns und gibt sich damit noch nicht zu-
frieden; sondern er selbst nimmt die Brüder
nicht auf und hindert alle daran, die es tun
wollen, und schließt diese aus der Gemeinde
aus.

EMPFEHLUNG DES DEMETRIUS: 11–12

11 Lieber Bruder, ahme nicht das Böse
nach, sondern das Gute! Wer das Gute tut,
ist aus Gott; wer aber das Böse tut, hat Gott
nicht gesehen. 12 Für Demetrius legen alle
und die Wahrheit selbst Zeugnis ab; auch
wir legen für ihn Zeugnis ab und du weißt,
dass unser Zeugnis wahr ist.

11: 1 Joh 2,3; 3,6.10 • 12: Joh 19,35; 21,24.

SCHLUSSGRÜSSE: 13–15

13 Vieles hätte ich dir noch zu schreiben;
ich will es aber nicht mit Tinte und Feder
tun. 14 Ich hoffe, dich bald zu sehen; dann
werden wir persönlich miteinander spre-
chen. 15 Friede sei mit dir! Es grüßen dich die
Freunde. Grüße die Freunde, jeden einzel-
nen!

13f: 2 Joh 12.

Der Brief des Judas

Der Verfasser stellt sich in V. 1 als »Judas, Bruder des Jakobus« vor. Er beruft sich auf Jakobus, weil dieser eine bei den Empfängern des Briefs angesehene Persönlichkeit ist. Mit Judas kann also nur der »Bruder des Herrn« gemeint sein, der in Mt 13,55 und Mk 6,3 neben Jakobus und weiteren Brüdern Jesu genannt wird.

---

5 Die »fremden Brüder« sind offenbar durchreisende Prediger (Missionare), die in die Gemeinde kamen.

9f Über den Gemeindevorsteher Diotrephes ist sonst nichts bekannt.

12 Über die Person des Demetrius wissen wir nichts Näheres.

Der Judasbrief ist sicher vor dem 2. Petrusbrief geschrieben, da dieser ihn in Kap. 2 benützt. Er will vor Irrlehrern warnen, die den Glauben gefährden und die Gemeinde spalten. Den falschen Lehrern wird Gottlosigkeit, ausschweifendes Leben, Leugnung der alleinigen Herrschaft Christi und Missachtung der Engel vorgeworfen (VV. 3–4.8– 16.19). Diese Angaben reichen nicht aus, um auf eine bestimmte Irrlehre zu schließen.

Der Aufbau des Briefs ist einfach. Im ersten Teil (VV. 3–16) droht Judas den falschen Lehrern das Gericht Gottes an. Er verweist auf warnende Beispiele im Alten Testament und beruft sich auch auf außerbiblische jüdische Überlieferungen (»Buch des Henoch« in den VV. 7 und 14, »Himmelfahrt des Mose« in V. 9). Der zweite Teil (VV. 17– 23) wendet sich an die treu gebliebenen Christen. Sie sollen festhalten am Glauben und am Gebet, an der Liebe und an der Hoffnung und sie sollen sich der Brüder annehmen, die in Gefahr sind.

ANSCHRIFT UND GRUSS: 1–2

1 Judas, Knecht Jesu Christi, Bruder des
Jakobus, an die Berufenen, die von Gott,
dem Vater, geliebt und für Jesus Christus be-
stimmt und bewahrt sind. 2 Erbarmen, Frie-
den und Liebe seien mit euch in Fülle.

1: Jak 1,1 • 2: 2 Petr 1,2.

WARNUNG VOR IRRLEHRERN: 3–16

Das Auftreten falscher Lehrer: 3–4

3 Liebe Brüder, da es mich sehr drängt,
euch über unsere gemeinsame Rettung zu
schreiben, halte ich es für notwendig, euch
mit diesem Brief zu ermahnen: Kämpft für
den überlieferten Glauben, der den Heiligen
ein für allemal anvertraut ist. 4 Denn es
haben sich einige Leute eingeschlichen, die
schon seit langem für das Gericht vorge-
merkt sind: gottlose Menschen, die die Gna-
de unseres Gottes dazu missbrauchen, ein
zügelloses Leben zu führen, und die Jesus
Christus, unseren einzigen Herrscher und
Herrn, verleugnen.

3–16: 2 Petr 2,1–22 • 3: 1 Tim 1,18 • 4: Gal 2,4.

Das drohende Gericht über die Irrlehrer: 5–7

5 Zwar wisst ihr alles ein für allemal; aber
ich will euch dennoch daran erinnern: Ob-
wohl der Herr das Volk aus Ägypten gerettet
hatte, hat er später alle vernichtet, die nicht
glaubten. 6 Die Engel, die ihren hohen Rang
missachtet und ihren Wohnsitz verlassen ha-
ben, hat er mit ewigen Fesseln in der Finster-
nis eingeschlossen, um sie am großen Tag zu
richten. 7 Auch Sodom und Gomorra und
ihre Nachbarstädte sind ein Beispiel: In ähn-
licher Weise wie jene trieben sie Unzucht
und wollten mit Wesen anderer Art verkeh-
ren; daher werden sie mit ewigem Feuer
bestraft.

5: 2 Petr 1,12 • 6: Gen 6,1–4 • 7: Henochbuch 6,1–7; 10,4–6; Gen 19,4–11.23–25.

Der Weg der Irrlehrer: 8–16

8 Genauso beflecken sich auch diese Träu-
mer, sie missachten die Macht des Herrn und
lästern die überirdischen Mächte. 9 Als der
Erzengel Michael mit dem Teufel rechtete
und über den Leichnam des Mose stritt, wag-
te er nicht, den Teufel zu lästern und zu
verurteilen, sondern sagte: *Der Herr weise
dich in die Schranken.* 10 Diese jedoch läs-
tern über alles, was sie nicht kennen; was
sie aber wie die unvernünftigen Tiere von
Natur aus verstehen, daran gehen sie zu-
grunde. 11 Weh ihnen! Sie sind den Weg
Kains gegangen, aus Habgier sind sie dem

---

3 Die »Heiligen« sind die Christen, die »Berufenen« von V. 1; vgl. Röm 1,6f.

7 Die sündigen Städte wollten ähnlich »wie jene«, d. h. die in V. 6 genannten Engel, »mit Wesen anderer Art verkehren«, wörtlich: sie liefen anderem Fleisch nach.

8 die überirdischen Mächte, wörtlich: die Herrlichkeiten.

9 Der Verfasser bezieht sich hier auf eine außerbiblische jüdische Überlieferung, die er möglicherweise in der Schrift über die »Himmelfahrt des Mose« vorgefunden hat; von dieser Schrift sind nur noch Teile erhalten.

Irrtum Bileams verfallen, der Aufruhr Ko-
rachs hat sie ins Verderben gestürzt. 12 Diese
Menschen sind ein Schandfleck bei eurem
Liebesmahl, an dem sie ohne Scheu teilneh-
men und es sich gut gehen lassen; sie sind
Hirten, die eine Weide für sich selber suchen.
Wasserlose Wolken sind sie, von den Winden
dahingetrieben; Bäume, die im Herbst keine
Frucht tragen, zweimal verdorrt und ent-
wurzelt; 13 wilde Meereswogen, die ihre eige-
ne Schande ans Land spülen; Sterne, die kei-
ne feste Bahn haben; ihnen ist auf ewig die
dunkelste Finsternis bestimmt. 14 Auch ih-
nen gilt, was schon Henoch, der siebte nach
Adam, geweissagt hat: »Seht, der Herr
kommt mit seinen heiligen Zehntausenden,
15 um über alle Gericht zu halten und alle
Gottlosen zu bestrafen wegen all ihrer gott-
losen Taten, die sie verübt haben, und wegen
all der frechen Reden, die die gottlosen Sün-
der gegen ihn geführt haben.« 16 Sie sind
Nörgler, immer unzufrieden mit ihrem Ge-
schick; sie lassen sich von ihren Begierden
leiten; sie nehmen große Worte in den Mund
und schmeicheln den Menschen aus Eigen-
nutz.

9: Sach 3,2 • 11: Gen 4,3–8; Num 22 – 24; 16 • 14: Henochbuch 1,9.

ERMAHNUNG ZUR TREUE UND ZUR SORGE UM GEFÄHRDETE MITCHRISTEN: 17–23

17 Ihr aber, liebe Brüder, denkt an die Wor-
te, die von den Aposteln Jesu Christi, unseres
Herrn, im Voraus verkündet worden sind,
18 als sie euch sagten: Am Ende der Zeit wird
es Spötter geben, die sich von ihren gottlosen
Begierden leiten lassen. 19 Sie werden die
Einheit zerstören, denn es sind irdisch ge-
sinnte Menschen, die den Geist nicht besit-
zen.
20 Ihr aber, liebe Brüder, gründet euch auf
euren hochheiligen Glauben, und baut da-
rauf weiter, betet in der Kraft des Heiligen
Geistes, 21 haltet fest an der Liebe Gottes und
wartet auf das Erbarmen Jesu Christi, unse-
res Herrn, der euch das ewige Leben schenkt.
22 Erbarmt euch derer, die zweifeln; 23 rettet
sie, entreißt sie dem Feuer! Der anderen aber
erbarmt euch voll Furcht; verabscheut sogar
das Gewand eines Menschen, der der Sünde
verfallen ist.

17: 2 Petr 3,2 • 18: 2 Petr 3,3 • 20: Kol 2,7 • 23: Am 4,11; Sach 3,2.

BRIEFSCHLUSS: 24–25

24 Dem einen Gott aber, der die Macht hat,
euch vor jedem Fehltritt zu bewahren und
euch untadelig und voll Freude vor seine
Herrlichkeit treten zu lassen, 25 ihm, der uns
durch Jesus Christus, unseren Herrn, rettet,
gebührt die Herrlichkeit, Hoheit, Macht und
Gewalt vor aller Zeit und jetzt und für alle
Zeiten. Amen.

24: Röm 16,27 • 25: 2 Petr 3,18.

Die Offenbarung des Johannes

Das letzte Buch des Neuen Testaments heißt »Offenbarung« oder »Apokalypse« (griechisch: apokálypsis, Enthüllung). Der Titel stammt vom Verfasser selbst (1,1).

Apokalypsen gab es schon in alttestamentlicher Zeit. Das bekannteste Beispiel ist das Buch Daniel (Kap. 7 – 12), das zur Zeit der Religionsverfolgung durch den Syrerkönig Antiochus IV. Epiphanes (167–164 v. Chr.) geschrieben wurde, um die Israeliten zum treuen Festhalten am Bundesgott und seinem Gesetz aufzurufen. Eine ähnliche Situation führte zur Abfassung der neutestamentlichen Apokalypse, die gegen Ende der Regierungszeit des römischen Kaisers Domitian (81–96 n. Chr.) geschrieben wurde.

Der Verfasser rechnet damit, dass der Zwang zur göttlichen Verehrung des Kaisers in nächster Zukunft zu einer schweren Verfolgung der Kirche führen wird. Domitian verlangte, als »Herr und Gott« angeredet zu werden. In der römischen Provinz Asien wurde der Kaiserkult schon seit langem mit besonderem Eifer betrieben. Sieben Gemeinden dieser Provinz, die zugleich die ganze Kirche repräsentieren, sind denn auch die unmittelbaren Adressaten des Buches (1,4.11).

Der uns nicht näher bekannte Verfasser nennt sich schlicht »Knecht Johannes«; er muss aber eine Persönlichkeit von hoher Autorität gewesen sein. Seine gründliche Kenntnis des Alten Testaments und der außerbiblischen jüdischen Offenbarungsschriften (Apokalypsen) weisen auf judenchristliche Herkunft hin. Er ist der Erste, der eine selbstständige christliche Apokalypse verfasst hat. Den Auftrag dazu hat er nach seinen eigenen Worten in einer Vision (Schau) vom himmlischen Christus erhalten (1,10–20).

Auf die einleitende Vision folgen zuerst die sog. Sendschreiben, in denen sich der himmlische Christus anerkennend, tadelnd und mahnend an die sieben Gemeinden wendet (Kap. 2 – 3). Der ungleich längere Hauptteil (4,1 – 22,15) beginnt mit der großen Vision vom thronenden Gott im Kreis des himmlischen Hofstaates.

Die Offenbarung geschieht, wie in vorchristlichen apokalyptischen Schriften, auch in der christlichen Apokalypse durch »Visionen« und »Auditionen« (Schauen und Hören von himmlischen Botschaften). Wie seine Vorgänger bedient sich auch Johannes nicht nur der gewöhnlichen, ohne weiteres verständlichen Sprache, sondern er verwendet vor allem Bilder, Symbole und allegorische Szenen. Und wie dort ist auch hier das Hauptthema der bevorstehende Triumph der Herrschaft Gottes. Trotz dieser Gemeinsamkeiten ist die Apokalypse des Johannes aber eine echt christliche Schrift mit alttestamentlich-jüdischen Zeugnissen. Der endgültige Sieg Gottes, der für die vorchristlichen »Apokalyptiker« noch reine Zukunft ist, hat mit der Auferstehung Jesu bereits begonnen. Ziel der Geschichte kann demnach nur noch die Vollendung und volle Offenbarung dieses Sieges sein. Der prophetische Verfasser will im Blick auf die beginnende Auseinandersetzung zwischen Christuskult und Kaiserkult die noch ausstehenden Ereignisse der Endzeit mit den Ausdrucksmitteln einer Apokalypse veranschaulichen.

Die Offenbarung des Johannes will nicht den Gang der Welt- und Kirchengeschichte voraussagen. Ebenso wenig ist es ihre Absicht, das mit der baldigen Wiederkunft Christi verbundene Geschehen in seinem Ablauf genau zu beschreiben. Mit ihren zahlreichen, dem heutigen Leser weithin fremden Bildern will sie vielmehr bedeutsame Wahrheiten über das Schicksal der Kirche und der ungläubigen Menschheit verkünden, um in den Christen die Bereitschaft zum Martyrium zu stärken. Als Zeugnis des unerschütterlichen Glaubens an den Sieg Christi und seiner Getreuen ist diese einzige prophetische Schrift des Neuen Testaments das große Trost- und Mahnbuch der Kirche geworden.

VORWORT: 1,1–3

1 Offenbarung Jesu Christi, die Gott ihm
gegeben hat, damit er seinen Knechten
zeigt, *was* bald *geschehen muss;* und er hat es
durch seinen Engel, den er sandte, seinem
Knecht Johannes gezeigt. 2 Dieser hat das
Wort Gottes und das Zeugnis Jesu Christi
bezeugt: alles, was er geschaut hat. 3 Selig,
wer diese prophetischen Worte vorliest und
wer sie hört und wer sich an das hält, was geschrieben ist; denn die Zeit ist nahe.

1: Dan 2,28f • 3: 14,13; 16,15; 19,9; 20,6; 22,7.14.

BRIEFLICHE EINLEITUNG: 1,4–8

4 Johannes an die sieben Gemeinden in der
Provinz Asien: Gnade sei mit euch und Friede von *Ihm, der ist* und der war und der
kommt, und von den sieben Geistern vor seinem Thron 5 und von Jesus Christus; er ist
der treue Zeuge, der Erstgeborene der Toten,
der Herrscher über die Könige der Erde. Er
liebt uns und hat uns *von unseren Sünden*

1,4 »Sieben« ist die symbolische Zahl der Ganzheit und Vollkommenheit. »Die sieben Gemeinden in der Provinz Asien« vertreten also die Gesamtkirche.

erlöst durch sein Blut; 6 er hat uns zu Köni-
gen gemacht und zu *Priestern* vor Gott, sei-
nem Vater. Ihm sei die Herrlichkeit und die
Macht in alle Ewigkeit. Amen.
7 *Siehe, er kommt mit den Wolken,* und je-
des Auge wird ihn *sehen,* auch alle, *die ihn*
durchbohrt haben; und alle Völker der Erde
werden seinetwegen jammern und klagen.
Ja, amen. 8 Ich bin das Alpha und das Ome-
ga, spricht Gott, der Herr, *der ist* und der
war und der kommt, der Herrscher über die
ganze Schöpfung.

4: 1 Kor 16,19; Ex 3,14 G • 5: Ps 89,38.28; 130,8 • 6: 5,10; Ex 19,6; Jes 61,6 • 7: Dan 7,13; Sach 12,10 • 8: Ex 3,14 G.

DIE SENDSCHREIBEN AN DIE SIEBEN GEMEINDEN: 1,9 – 3,22

Die Beauftragung des Johannes: 1,9–20

9 Ich, euer Bruder Johannes, der wie ihr
bedrängt ist, der mit euch an der Königs-
herrschaft teilhat und mit euch in Jesus
standhaft ausharrt, ich war auf der Insel
Patmos um des Wortes Gottes willen und des
Zeugnisses für Jesus.
10 Am Tag des Herrn wurde ich vom Geist
ergriffen und hörte hinter mir eine Stimme,
laut wie eine Posaune. 11 Sie sprach: Schreib
das, was du siehst, in ein Buch und schick es
an die sieben Gemeinden: nach Ephesus,
nach Smyrna, nach Pergamon, nach Thyati-
ra, nach Sardes, nach Philadelphia und nach
Laodizea.
12 Da wandte ich mich um, weil ich sehen
wollte, wer zu mir sprach. Als ich mich um-
wandte, sah ich sieben goldene Leuchter
13 und mitten unter den Leuchtern einen, der
wie ein Mensch aussah; *er* war *bekleidet mit*
einem Gewand, das bis auf die Füße reichte,
und um die Brust trug er *einen Gürtel aus*
Gold.
14 Sein Haupt und *seine Haare* waren *weiß*
wie weiße Wolle, leuchtend weiß wie Schnee,
und seine *Augen wie Feuerflammen;* 15 *seine*
Beine glänzten wie Golderz, das im Schmelz-
ofen glüht, und *seine Stimme* war *wie das*
Rauschen von Wassermassen.
16 In seiner Rechten hielt er sieben Sterne
und aus seinem Mund kam ein scharfes,
zweischneidiges Schwert und sein Gesicht
leuchtete wie die machtvoll strahlende
Sonne.
17 Als ich ihn sah, fiel ich wie tot vor seinen
Füßen nieder. Er aber legte seine rechte
Hand auf mich und sagte: *Fürchte dich*
nicht! Ich bin der Erste und der Letzte 18 und
der Lebendige. Ich war tot, doch nun lebe ich
in alle Ewigkeit, und ich habe die Schlüssel
zum Tod und zur Unterwelt.
19 Schreib auf, was du gesehen hast: was
ist und *was* danach *geschehen* wird.
20 Der geheimnisvolle Sinn der sieben
Sterne, die du auf meiner rechten Hand gese-
hen hast, und der sieben goldenen Leuchter
ist: Die sieben Sterne sind die Engel der sie-
ben Gemeinden und die sieben Leuchter sind
die sieben Gemeinden.

10: Apg 20,7; 1 Kor 16,2 • 11: 1 Kor 16,19; Offb 2,1–7.8–11.12–17.18–29; 3,1–6.7–13.14–22 • 13: Dan 7,13; Ez 9,2.11 G; Dan 10,5 • 14: Dan 7,9; 10,6 • 15: Ez 1,24; 43,2 • 16: 2,1; Ri 5,31 • 17: Jes 44,2.6; Offb 2,8; 22,13 • 18: Hos 13,14 • 19: Dan 2,29.

An die Gemeinde in Ephesus: 2,1–7

2 An den Engel der Gemeinde in Ephesus
schreibe: So spricht Er, der die sieben
Sterne in seiner Rechten hält und mitten un-
ter den sieben goldenen Leuchtern einher-
geht:
2 Ich kenne deine Werke und deine Mühe
und dein Ausharren; ich weiß: Du kannst die
Bösen nicht ertragen, du hast die auf die
Probe gestellt, die sich Apostel nennen und
es nicht sind, und hast sie als Lügner er-
kannt.
3 Du hast ausgeharrt und um meines Na-
mens willen Schweres ertragen und bist
nicht müde geworden.
4 Ich werfe dir aber vor, dass du deine erste
Liebe verlassen hast.
5 Bedenke, aus welcher Höhe du gefallen
bist. Kehr zurück zu deinen ersten Werken!
Wenn du nicht umkehrst, werde ich kommen
und deinen Leuchter von seiner Stelle weg-
rücken. 6 Doch für dich spricht: Du verab-

1,8 Alpha ist der erste, Omega der letzte Buchstabe des griechischen Alphabets: Gott umfasst alle Bereiche der Wirklichkeit.

1,10–20 Die Vision von der Beauftragung des Johannes ist das erste Beispiel apokalyptischer Bildsprache in der Offenbarung.

1,13 ein Mensch, wörtlich: ein Menschensohn.

1,20 Zu »Engel der sieben Gemeinden« vgl. die Anmerkung zu 2,1.

2,1 Die Engel der einzelnen Gemeinden (vgl. auch 2,8.12.18; 3,1.7.14) sind deren Schutzengel und Wächter. Der Engel und die Gemeinde werden zusammen mit »du« angesprochen, weil der Engel das Tun und Lassen der Gemeinde vor Gott mitverantworten muss.

2,6 Die Nikolaiten waren Irrlehrer, die wahrscheinlich behaupteten, Kompromisse mit der Denk- und Lebensweise der heidnischen Umwelt,

scheust das Treiben der Nikolaiten, das auch ich verabscheue. 7 Wer Ohren hat, der höre, was der Geist den Gemeinden sagt: Wer siegt, dem werde ich zu essen geben *vom Baum des Lebens,* der *im Paradies Gottes* steht.

1: 1,16 • 2: 2 Kor 11,13 • 4: 1 Tim 5,12 • 7: 2,11.17.29; 3,6.13.22; Mt 11,15; Gen 2,9; Ez 31,8; Offb 22,2.14.19.

An die Gemeinde in Smyrna: 2,8–11

8 An den Engel der Gemeinde in Smyrna schreibe: So spricht Er, *der Erste und der Letzte,* der tot war und wieder lebendig wurde:

9 Ich kenne deine Bedrängnis und deine Armut; und doch bist du reich. Und ich weiß, dass du von solchen geschmäht wirst, die sich als Juden ausgeben; sie sind es aber nicht, sondern sind eine Synagoge des Satans.

10 Fürchte dich nicht vor dem, was du noch erleiden musst. Der Teufel wird einige von euch ins Gefängnis werfen, um euch *auf die Probe zu stellen,* und ihr werdet in Bedrängnis sein, *zehn Tage lang.* Sei treu bis in den Tod; dann werde ich dir den Kranz des Lebens geben.

11 Wer Ohren hat, der höre, was der Geist den Gemeinden sagt: Wer siegt, dem kann der zweite Tod nichts anhaben.

8: Jes 44,6; Offb 1,17 • 9: 3,9 • 10: Dan 1,12.14; Jak 1,12 • 11: 2,7.

An die Gemeinde in Pergamon: 2,12–17

12 An den Engel der Gemeinde in Pergamon schreibe: So spricht Er, der das scharfe, zweischneidige Schwert trägt:

13 Ich weiß, wo du wohnst; es ist dort, wo der Thron des Satans steht. Und doch hältst du an meinem Namen fest und hast den Glauben an mich nicht verleugnet, auch nicht in den Tagen, als Antipas, mein treuer Zeuge, bei euch getötet wurde, dort, wo der Satan wohnt.

14 Aber ich habe etwas gegen dich: Bei dir gibt es Leute, die an der Lehre Bileams festhalten; Bileam lehrte Balak, er solle *die Israeliten dazu verführen, Fleisch zu essen, das den Götzen geweiht war, und Unzucht zu treiben.*

15 So gibt es auch bei dir Leute, die in gleicher Weise an der Lehre der Nikolaiten festhalten.

16 Kehr nun um! Sonst komme ich bald und werde sie mit dem Schwert aus meinem Mund bekämpfen.

17 Wer Ohren hat, der höre, was der Geist den Gemeinden sagt: Wer siegt, dem werde ich von dem verborgenen Manna geben. Ich werde ihm einen weißen Stein geben und auf dem Stein steht *ein neuer Name,* den nur der kennt, der ihn empfängt.

14: Num 31,16; 25,1f G • 17: 2,7; Ps 78,24; Jes 62,2.

An die Gemeinde in Thyatira: 2,18–29

18 An den Engel der Gemeinde in Thyatira schreibe: So spricht der Sohn Gottes, *der Augen* hat *wie Feuerflammen und Beine wie Golderz:*

19 Ich kenne deine Werke, deine Liebe und deinen Glauben, dein Dienen und Ausharren und ich weiß, dass du in letzter Zeit mehr getan hast als am Anfang.

20 Aber ich werfe dir vor, dass du das Weib Isebel gewähren lässt; sie gibt sich als Prophetin aus und lehrt meine Knechte und *verführt sie, Unzucht zu treiben und Fleisch zu essen, das den Götzen geweiht ist.*

21 Ich habe ihr Zeit gelassen umzukehren; sie aber will nicht umkehren und von ihrer Unzucht ablassen.

22 Darum werfe ich sie auf das Krankenbett und alle, die mit ihr Ehebruch treiben, bringe ich in große Bedrängnis, wenn sie sich nicht abkehren vom Treiben dieses Weibes.

23 Ihre Kinder werde ich töten, der Tod wird sie treffen und alle Gemeinden werden erkennen, dass ich es bin, der *Herz und Nieren prüft,* und ich werde *jedem* von euch *vergelten, wie es seine Taten verdienen.*

24 Aber euch Übrigen in Thyatira, denen, die dieser Lehre nicht folgen und die »Tiefen

---

besonders die Teilnahme am Kaiserkult, seien rein äußerliche Dinge, die das Wesentliche des Christseins nicht berühren.

2,9 Johannes betont stärker als Paulus, dass nur die christliche Gemeinde »das Israel Gottes« (Gal 6,16) ist. Die Juden, die Jesus als den Messias ablehnen und die Christen anfeinden, sind nicht mehr »Gemeinde Gottes« (Num 16,3 u. ö.), sondern »Synagoge« (= Gemeinde) des Satans.

2,14 Der heidnische Seher Bileam (Num 25,1–6; 31,16) galt im damaligen Judentum als erstes Beispiel eines Irrlehrers. – Lehre Bileams: gemeint ist die in den folgenden Versen genannte Lehre der Nikolaiten (vgl. die Anmerkung zu 2,6).

2,20 Isebel, die heidnische Frau des israelitischen Königs Ahab, verführte ihren Mann und Teile des Volkes zur Verehrung des Götzen Baal (1 Kön 16,29–34; 18,13.19). Hier bezeichnet »Isebel« eine Prophetin, die in der Gemeinde von Thyatira die Irrlehre der Nikolaiten oder ähnliche Ideen verbreitete.

2,24 Tiefen des Satans: wahrscheinlich vertraten die Irrlehrer die Auffassung, man müsse sich auf das Geheimnis des Bösen einlassen, um es entlarven und entmachten zu können.

des Satans«, wie sie es nennen, nicht erkannt
haben, euch sage ich:
Ich lege euch keine andere Last auf.
25 Aber was ihr habt, das haltet fest, bis ich
komme.
26 Wer siegt und bis zum Ende an den Wer-
ken festhält, die ich gebiete, dem werde ich
Macht *über die Völker geben.* 27 *Er wird über*
sie herrschen mit eisernem Zepter und sie
zerschlagen wie Tongeschirr; 28 (und ich
werde ihm diese Macht geben,) wie auch ich
sie von meinem Vater empfangen habe, und
ich werde ihm den Morgenstern geben.
29 Wer Ohren hat, der höre, was der Geist
den Gemeinden sagt.

18: Dan 10,5f • 20: Num 31,16; 25,1f G • 23: Ps 7,10; Jer 11,20; Ps 62,13; Spr 24,12 • 26–27: Ps 2,8f G • 29: 2,7.

An die Gemeinde in Sardes: 3,1–6

3 An den Engel der Gemeinde in Sardes
schreibe: So spricht Er, der die sieben
Geister Gottes und die sieben Sterne hat: Ich
kenne deine Werke. Dem Namen nach lebst
du, aber du bist tot. 2 Werde wach und stärke,
was noch übrig ist, was schon im Sterben lag.
Ich habe gefunden, dass deine Taten in den
Augen meines Gottes nicht vollwertig sind.
3 Denk also daran, wie du die Lehre emp-
fangen und gehört hast. Halte daran fest und
kehr um! Wenn du aber nicht aufwachst,
werde ich kommen wie ein Dieb und du wirst
bestimmt nicht wissen, zu welcher Stunde
ich komme.
4 Du hast aber einige Leute in Sardes, die
ihre Kleider nicht befleckt haben; sie werden
mit mir in weißen Gewändern gehen, denn
sie sind es wert.
5 Wer siegt, wird ebenso mit weißen Ge-
wändern bekleidet werden. Nie *werde ich*
seinen Namen *aus dem Buch des Lebens*
streichen, sondern ich werde mich vor mei-
nem Vater und vor seinen Engeln zu ihm be-
kennen.
6 Wer Ohren hat, der höre, was der Geist
den Gemeinden sagt.

5: Ex 32,32f; Ps 69,29; Dan 12,1; Offb 13,8; 17,8; 20,12.15; 21,27 • 6: 2,7.

An die Gemeinde in Philadelphia: 3,7–13

7 An den Engel der Gemeinde in Philadel-
phia schreibe: So spricht der Heilige, der
Wahrhaftige,
der *den Schlüssel Davids* hat, / *der öffnet,*
sodass niemand mehr schließen kann, / der
schließt, sodass niemand mehr öffnen
kann:
8 Ich kenne deine Werke, und ich habe vor
dir eine Tür geöffnet, die niemand mehr
schließen kann. Du hast nur geringe Kraft,
und dennoch hast du an meinem Wort fest-
gehalten und meinen Namen nicht verleug-
net.
9 Leute aus der Synagoge des Satans, die
sich als Juden ausgeben, es aber nicht sind,
sondern Lügner – ich werde bewirken, dass
sie *kommen und sich dir zu Füßen werfen*
und erkennen, dass ich dir meine Liebe zuge-
wandt habe.
10 Du hast dich an mein Gebot gehalten,
standhaft zu bleiben; daher werde auch ich
zu dir halten und dich bewahren vor der
Stunde der Versuchung, die über die ganze
Erde kommen soll, um die Bewohner der
Erde auf die Probe zu stellen.
11 Ich komme bald. Halte fest, was du hast,
damit kein anderer deinen Kranz be-
kommt.
12 Wer siegt, den werde ich zu einer Säule
im Tempel meines Gottes machen und er
wird immer darin bleiben. Und ich werde
auf ihn den Namen meines Gottes schreiben
und *den Namen der Stadt* meines Gottes, des
neuen Jerusalem, das aus dem Himmel he-
rabkommt von meinem Gott, und ich werde
auf ihn auch meinen *neuen Namen* schrei-
ben.
13 Wer Ohren hat, der höre, was der Geist
den Gemeinden sagt.

7: Jes 22,22 • 9: 2,9; Jes 60,14; 43,4 • 12: Ez 48,35; Jes 62,2 • 13: 2,7.

An die Gemeinde in Laodizea: 3,14–22

14 An den Engel der Gemeinde in Laodizea
schreibe: So spricht Er, der »Amen« heißt,
der treue und zuverlässige Zeuge, der An-
fang *der Schöpfung* Gottes:
15 Ich kenne deine Werke. Du bist weder
kalt noch heiß. Wärest du doch kalt oder
heiß!
16 Weil du aber lau bist, weder heiß noch
kalt, will ich dich aus meinem Mund aus-
speien.
17 Du behauptest: *Ich bin reich und wohl-*
habend und nichts fehlt mir. Du weißt aber
nicht, dass gerade du elend und erbärmlich
bist, arm, blind und nackt.
18 Darum rate ich dir: Kaufe von mir Gold,

3,9 Wahrscheinlich ist gemeint, die Gegner aus dem Judentum werden bei der Wiederkunft Christi erkennen, dass die Erwählung Israels (Jes 43,4) in der Gemeinde des Messias Jesus zur Erfüllung gekommen ist.

3,10 Die »Bewohner der Erde« sind in der Offenbarung immer die Gegner Christi und seiner Kirche.

das im Feuer geläutert ist, damit du reich wirst; und kaufe von mir weiße Kleider und zieh sie an, damit du nicht nackt dastehst und dich schämen musst; und kaufe Salbe für deine Augen, damit du sehen kannst.

19 *Wen ich liebe,* den weise ich zurecht und nehme ihn in Zucht. Mach also Ernst und kehr um!

20 Ich stehe vor der Tür und klopfe an. Wer meine Stimme hört und die Tür öffnet, bei dem werde ich eintreten und wir werden Mahl halten, ich mit ihm und er mit mir.

21 Wer siegt, der darf mit mir auf meinem Thron sitzen, so wie auch ich gesiegt habe und mich mit meinem Vater auf seinen Thron gesetzt habe.

22 Wer Ohren hat, der höre, was der Geist den Gemeinden sagt.

14: Ps 89,38; Spr 14,5 • 15: Spr 8,22 G • 17: Hos 12,9 • 19: Spr 3,12 • 21: Mt 19,28; 25,31; Lk 22,30; 1 Kor 4,8 • 22: 2,7.

DIE EINLEITENDE HIMMELSVISION: 4,1 – 5,14

Die Huldigung vor dem Thron Gottes: 4,1–11

4 Danach sah ich: Eine Tür war geöffnet am Himmel; und die Stimme, die vorher zu mir gesprochen hatte und die wie eine Posaune klang, sagte: *Komm herauf* und ich werde dir zeigen, *was dann geschehen muss.* 2 Sogleich wurde ich vom Geist ergriffen. Und ich sah: Ein Thron stand im Himmel; *auf dem Thron* saß einer, 3 der wie ein Jaspis und ein Karneol aussah. Und *über dem Thron wölbte sich ein Regenbogen,* der wie ein Smaragd *aussah.*

4 Und rings um den Thron standen vierundzwanzig Throne und auf den Thronen saßen vierundzwanzig Älteste in weißen Gewändern und mit goldenen Kränzen auf dem Haupt.

5 Von dem Thron gingen *Blitze, Stimmen und Donner* aus. Und sieben lodernde Fackeln brannten vor dem Thron; das sind die sieben Geister Gottes.

6 Und vor dem Thron war etwas wie ein gläsernes Meer, gleich Kristall.

Und in der Mitte, rings um den Thron, waren *vier Lebewesen voller Augen,* vorn und hinten.

7 Das erste Lebewesen glich *einem Löwen,* das zweite *einem Stier,* das dritte sah aus wie *ein Mensch,* das vierte glich *einem* fliegenden *Adler.*

8 Und jedes der vier Lebewesen hatte *sechs Flügel,* außen und innen *voller Augen.* Sie ruhen nicht, bei Tag und Nacht, und rufen:

Heilig, heilig, heilig / ist der Herr, der Gott, der Herrscher über die ganze Schöpfung; / er war und *er ist* und er kommt.

9 Und wenn die Lebewesen dem, *der auf dem Thron sitzt und in alle Ewigkeit lebt,* Herrlichkeit und Ehre und Dank erweisen, 10 dann werfen sich die vierundzwanzig Ältesten vor dem, *der auf dem Thron sitzt,* nieder und beten ihn an, *der in alle Ewigkeit lebt.* Und sie legen ihre goldenen Kränze vor seinem Thron nieder und sprechen:

11 Würdig bist du, unser Herr und Gott, / Herrlichkeit zu empfangen und Ehre und Macht.

Denn du bist es, der die Welt erschaffen hat, / durch deinen Willen war sie und wurde sie erschaffen.

1: Ex 19,16.24; Dan 2,29 • 2: Jes 6,1; Ez 1,26–28 • 5: Ex 19,16 G; Sach 4,2; Ez 1,3 • 6: Ez 1,22; 1,5.18 • 7: Ez 1,10 • 8: Jes 6,2; Ez 1,18 G; Jes 6,3; Ex 3,14 G • 9: Jes 6,1; Dan 6,27; 12,7.

Das versiegelte Buch und das Lamm: 5,1–14

5 Und ich sah auf der rechten Hand dessen, *der auf dem Thron saß, eine Buchrolle; sie* war *innen und außen beschrieben* und mit sieben Siegeln versiegelt. 2 Und ich sah: Ein gewaltiger Engel rief mit lauter Stimme: Wer ist würdig, die Buchrolle zu

---

4,1–11 Die Schilderung des himmlischen Hofstaates und seiner Liturgie bringt die Macht und Herrlichkeit Gottes, des Herrn der Welt und der Geschichte, zum Ausdruck.

4,4–8 Die »vierundzwanzig Ältesten« sind hohe Engel, die in Anlehnung an alttestamentliche Vorstellungen eine Art Thronrat Gottes bilden. Die »sieben Geister« sind Engel, die Gott als Boten dienen. Bei den »vier Wesen« (vgl. Ez 1,4–21; Jes 6,2f) handelt es sich um Engel, die als Wächter beim Thron Gottes stehen.

4,6 Das »gläserne Meer« symbolisiert das Firmament des Himmels; was besagt, dass Gott jenseits der Schöpfung thront.

5,1–11 In der Buchrolle (vgl. Ez 2,9f) sind die von Gott vorherbestimmten Ereignisse der Endzeit aufgezeichnet. Der auferstandene Christus wird die sieben Siegel des Buches lösen und dadurch das Geschehen der Endzeit in Gang setzen. Wie die Visionen von den sieben Siegeln (6,1 – 8,1) sind auch die Visionen von den sieben Posaunen (8,2 – 11,19) und die darauf folgenden Ereignisse (ab Kap. 12) als Inhalt der versiegelten Buchrolle gedacht.

öffnen und ihre Siegel zu lösen? 3 Aber nie-
mand im Himmel, auf der Erde und unter der
Erde konnte das Buch öffnen und es lesen.
4 Da weinte ich sehr, weil niemand für wür-
dig befunden wurde, das Buch zu öffnen und
es zu lesen.
5 Da sagte einer von den Ältesten zu mir:
Weine nicht! Gesiegt hat *der Löwe* aus dem
Stamm *Juda, der Spross aus der Wurzel* Da-
vids; er kann das Buch und seine sieben Sie-
gel öffnen.
6 Und ich sah: Zwischen dem Thron und
den vier Lebewesen und mitten unter den
Ältesten stand *ein Lamm;* es sah aus wie *ge-
schlachtet* und hatte sieben Hörner und *sie-
ben Augen;* die Augen sind die sieben Geister
Gottes, die *über die ganze Erde* ausgesandt
sind.
7 Das Lamm trat heran und empfing das
Buch aus der rechten Hand dessen, *der auf
dem Thron saß.*
8 Als es das Buch empfangen hatte, fielen
die vier Lebewesen und die vierundzwanzig
Ältesten vor dem Lamm nieder; alle trugen
Harfen und goldene Schalen voll von *Räu-
cherwerk;* das sind *die Gebete* der Heiligen.
9 Und sie sangen ein *neues Lied:*

Würdig bist du, / das Buch zu nehmen und
seine Siegel zu öffnen;
denn du wurdest geschlachtet / und hast
mit deinem Blut / Menschen für Gott erwor-
ben / aus allen Stämmen und Sprachen, / aus
allen Nationen und Völkern
10 und du hast sie für unsern Gott / zu Kö-
nigen und *Priestern* gemacht; / und sie wer-
den auf der Erde herrschen.

11 Ich sah und ich hörte die Stimme von
vielen Engeln rings um den Thron und um
die Lebewesen und die Ältesten; die Zahl der
Engel war *zehntausendmal zehntausend und
tausendmal tausend.* 12 Sie riefen mit lauter
Stimme:

Würdig ist *das Lamm, das geschlachtet
wurde,* / Macht zu empfangen, Reichtum und
Weisheit, / Kraft und Ehre, Herrlichkeit und
Lob.

13 Und alle Geschöpfe im Himmel und auf
der Erde, unter der Erde und auf dem Meer,
alles, was in der Welt ist, hörte ich spre-
chen:

Ihm, *der auf dem Thron sitzt,* und dem
Lamm / gebühren Lob und Ehre und Herr-
lichkeit und Kraft in alle Ewigkeit.

14 Und die vier Lebewesen sprachen:
Amen. Und die vierundzwanzig Ältesten fie-
len nieder und beteten an.

1: Jes 6,1; Ez 2,9f; Jes 29,11 • 5: Gen 49,9; Jes 11,10 • 6: Jes 53,7; Sach 4,10 • 7: Jes 6,1 • 8: Ps 141,2 • 9: Ps 33,3 • 10: 1,6; Ex 19,6; Jes 61,6 • 11: Dan 7,10 • 12: Jes 53,7 • 13: Jes 6,1.

DIE SIEBEN SIEGEL UND DIE SIEBEN POSAUNEN: 6,1 – 11,19

Die ersten sechs Siegel: 6,1–17

6 Dann sah ich: Das Lamm öffnete das
erste der sieben Siegel; und ich hörte
das erste der vier Lebewesen wie mit Don-
nerstimme rufen: Komm! 2 Da sah ich *ein
weißes Pferd*; und der, der auf ihm saß, hatte
einen Bogen. Ein Kranz wurde ihm gegeben
und als Sieger zog er aus, um zu siegen.
3 Als das Lamm das zweite Siegel öffnete,
hörte ich das zweite Lebewesen rufen:
Komm! 4 Da erschien ein anderes *Pferd;* das
war *feuerrot.* Und der, der auf ihm saß, wur-
de ermächtigt, der Erde den Frieden zu neh-
men, damit die Menschen sich gegenseitig
abschlachteten. Und es wurde ihm ein großes
Schwert gegeben.
5 Als das Lamm das dritte Siegel öffnete,
hörte ich das dritte Lebewesen rufen:
Komm! Da sah ich *ein schwarzes Pferd;* und
der, der auf ihm saß, hielt in der Hand eine
Waage. 6 Inmitten der vier Lebewesen hörte
ich etwas wie eine Stimme sagen: Ein Maß
Weizen für einen Denar und drei Maß Gerste
für einen Denar. Aber dem Öl und dem Wein
füge keinen Schaden zu!
7 Als das Lamm das vierte Siegel öffnete,
hörte ich die Stimme des vierten Lebewesens
rufen: Komm! 8 Da sah ich ein fahles Pferd;
und der, der auf ihm saß, heißt *»der Tod«;*
und die *Unterwelt* zog hinter ihm her. Und
ihnen wurde die Macht gegeben über ein
Viertel der Erde, Macht, zu töten *durch
Schwert, Hunger* und Tod und durch die
Tiere der Erde.
9 Als das Lamm das fünfte Siegel öffnete,
sah ich unter dem Altar die Seelen aller, die
hingeschlachtet worden waren wegen des
Wortes Gottes und wegen des Zeugnisses,
das sie abgelegt hatten. 10 Sie riefen mit lau-
ter Stimme: *Wie lange* zögerst du noch, Herr,
du Heiliger und Wahrhaftiger, *Gericht zu
halten und unser Blut* an den Bewohnern der

6,1–8 Die vier Reiter (vgl. Sach 1,7–15; 6,1–8) sind bildhafte Hinweise auf die sog. messianischen Wehen: Völkerkrieg, Bürgerkrieg, Teuerung und Hungersnot, Pest und Massensterben.

Erde *zu rächen?* 11 Da wurde jedem von ih-
nen ein weißes Gewand gegeben; und ihnen
wurde gesagt, sie sollten noch kurze Zeit
warten, bis die volle Zahl erreicht sei durch
den Tod ihrer Mitknechte und Brüder, die
noch sterben müssten wie sie.
12 Und ich sah: Das Lamm öffnete das
sechste Siegel. Da entstand ein gewaltiges
Beben. *Die Sonne wurde schwarz wie ein*
Trauergewand und *der* ganze *Mond wurde*
wie Blut.
13 *Die Sterne des Himmels fielen herab* auf
die Erde, *wie wenn ein Feigenbaum* seine
Früchte *abwirft,* wenn ein heftiger Sturm ihn
schüttelt. 14 *Der Himmel* verschwand *wie*
eine Buchrolle, die man zusammenrollt, und
alle Berge und Inseln wurden von ihrer Stel-
le weggerückt. 15 *Und die Könige der Erde,*
die Großen und die Heerführer, die Reichen
und die Mächtigen, alle Sklaven und alle
Freien *verbargen sich in den Höhlen und Fel-*
sen der Berge. 16 *Sie sagten zu den Bergen*
und Felsen: Fallt auf uns und verbergt uns
vor dem Blick dessen, *der auf dem Thron*
sitzt, und vor dem Zorn des Lammes; 17 denn
der große Tag ihres *Zorns ist gekommen. Wer*
kann da bestehen?

2: Sach 1,8; 6,3.6 • 4: Sach 1,8; 6,2 • 5: Sach 6,2.6 • 8: Hos 13,14; Jer 14,12; 15,3; Ez 5,12.17; 14,21 • 10: Sach 1,12; Ps 79,5; Dtn 32,43; 2 Kön 9,7 • 12: Jes 13,10; 50,3 G; Ez 32,8; Joël 3,4 • 13: Jes 34,4 G • 14: Jes 34,4 • 15: Ps 2,2; Jes 24,21; 2,10.19 • 16: Hos 10,8; Jes 6,1 • 17: Joël 2,11; Nah 1,6; Röm 2,5.

Die Bezeichnung der Knechte Gottes:
7,1–17

7 Danach sah ich: Vier Engel standen *an*
den vier Ecken der Erde. Sie hielten *die*
vier Winde der Erde fest, damit der Wind
weder über das Land noch über das Meer
wehte, noch gegen irgendeinen Baum.
2 Dann sah ich vom Osten her einen anderen
Engel emporsteigen; er hatte das Siegel des
lebendigen Gottes und rief den vier Engeln,
denen die Macht gegeben war, dem Land
und dem Meer Schaden zuzufügen, mit lau-
ter Stimme zu: 3 Fügt dem Land, dem Meer
und den Bäumen keinen Schaden zu, bis wir
den Knechten unseres Gottes das Siegel auf
die Stirn gedrückt haben.
4 Und ich erfuhr die Zahl derer, die mit
dem Siegel gekennzeichnet waren. Es waren
hundertvierundvierzigtausend aus allen
Stämmen der Söhne Israels, die das Siegel
trugen:
5 Aus dem Stamm Juda trugen zwölftau-
send das Siegel, / aus dem Stamm Ruben
zwölftausend, / aus dem Stamm Gad zwölf-
tausend,
6 aus dem Stamm Ascher zwölftausend, /
aus dem Stamm Naftali zwölftausend, / aus
dem Stamm Manasse zwölftausend,
7 aus dem Stamm Simeon zwölftausend, /
aus dem Stamm Levi zwölftausend, / aus
dem Stamm Issachar zwölftausend,
8 aus dem Stamm Sebulon zwölftausend, /
aus dem Stamm Josef zwölftausend, / aus
dem Stamm Benjamin trugen zwölftausend
das Siegel.
9 Danach sah ich: eine große Schar *aus al-*
len Nationen und Stämmen, *Völkern und*
Sprachen; niemand konnte sie zählen. Sie
standen in weißen Gewändern vor dem
Thron und vor dem Lamm und trugen Palm-
zweige in den Händen. 10 Sie riefen mit lau-
ter Stimme: Die Rettung kommt von unse-
rem Gott, *der auf dem Thron sitzt,* und von
dem Lamm.
11 Und alle Engel standen rings um den
Thron, um die Ältesten und die vier Lebewe-
sen. Sie warfen sich vor dem Thron nieder,
beteten Gott an 12 und sprachen:
Amen, Lob und Herrlichkeit, / Weisheit
und Dank, / Ehre und Macht und Stärke /
unserem Gott in alle Ewigkeit. Amen.
13 Da fragte mich einer der Ältesten: Wer
sind diese, die weiße Gewänder tragen, und
woher sind sie gekommen? 14 Ich erwiderte
ihm: Mein Herr, das musst du wissen. Und er
sagte zu mir: Es sind die, die aus der großen
Bedrängnis kommen; sie haben *ihre Gewän-*
der gewaschen und *im Blut* des Lammes
weiß gemacht. 15 Deshalb stehen sie vor dem
Thron Gottes und dienen ihm bei Tag und
Nacht in seinem Tempel, und der, *der auf*
dem Thron sitzt, wird sein Zelt über ihnen
aufschlagen. 16 *Sie werden keinen Hunger*
und keinen Durst mehr *leiden und weder*
Sonnenglut noch irgendeine sengende Hitze
wird auf ihnen lasten. 17 Denn das Lamm in
der Mitte vor dem Thron *wird sie weiden und*
zu den Quellen führen, aus denen das Wasser
des Lebens strömt, und Gott wird alle Trä-
nen von ihren Augen *abwischen.*

1: Ez 7,2; 37,9 • 3: Ez 9,4.6 • 10: Jes 6,1 • 14: Dan 12,1; Gen 49,11 • 15: Jes 6,1 • 16: Jes 49,10 • 17: Ez 34,23; Ps 23,2; Jer 2,13; Jes 25,8.

7,4–17 Zwölf ist die Zahl der Stämme Israels, Tausend die Zahl der Fülle. Die Zahl 144 000 (12 mal 12 mal 1000) symbolisiert die Gesamtheit derer, die gerettet werden. Ihre »Versiegelung« besagt, dass Gott ihre Zahl im Voraus kennt. In V. 9 werden die Erlösten ausdrücklich als eine unzählbar große Schar aus allen Völkern bezeichnet (vgl. Dan 12,1; Mk 13,10).

Das siebte Siegel und die sieben Engel: 8,1–5

8 Als das Lamm das siebte Siegel öffnete, trat im Himmel Stille ein, etwa eine halbe Stunde lang.

2 Und ich sah: Sieben Engel standen vor Gott; ihnen wurden sieben Posaunen gegeben. 3 Und ein anderer Engel kam und trat mit einer goldenen Räucherpfanne an den Altar; ihm wurde viel *Weihrauch* gegeben, den er auf dem goldenen Altar vor dem Thron verbrennen sollte, um so die Gebete aller Heiligen vor Gott zu bringen. 4 Aus der Hand des Engels stieg *der Weihrauch* mit den Gebeten der Heiligen zu Gott empor.

5 *Dann nahm* der Engel *die Räucherpfanne, füllte sie mit glühenden Kohlen, die er vom Altar nahm,* und warf sie auf die Erde; da begann es zu *donnern und* zu dröhnen, *zu blitzen* und zu beben.

3: Ps 141,2 • 5: Lev 16,12; Ex 19,16 G.

Die ersten vier Posaunen: 8,6–13

6 Dann machten sich die sieben Engel bereit, die sieben Posaunen zu blasen.

7 Der erste Engel blies seine Posaune. Da fielen Hagel und Feuer, die mit Blut vermischt waren, auf das Land. Es verbrannte ein Drittel des Landes, ein Drittel der Bäume und alles grüne Gras.

8 Der zweite Engel blies seine Posaune. Da wurde etwas, das einem großen *brennenden Berg* glich, ins Meer geworfen. Ein Drittel des Meeres wurde zu *Blut.* 9 Und ein Drittel der Geschöpfe, die im Meer leben, kam um und ein Drittel der Schiffe wurde vernichtet.

10 Der dritte Engel blies seine Posaune. Da fiel ein großer Stern vom Himmel; er loderte wie eine Fackel und fiel auf ein Drittel der Flüsse und auf die Quellen. 11 Der Name des Sterns ist »Wermut«. Ein Drittel des Wassers wurde bitter und viele Menschen starben durch das Wasser, weil es bitter geworden war.

12 Der vierte Engel blies seine Posaune. Da wurde ein Drittel der Sonne und ein Drittel des Mondes und ein Drittel der Sterne getroffen, sodass sie ein Drittel ihrer Leuchtkraft verloren und der Tag um ein Drittel dunkler wurde und ebenso die Nacht.

13 Und ich sah und hörte: Ein Adler flog hoch am Himmel und rief mit lauter Stimme: Wehe! Wehe! Wehe den Bewohnern der Erde! Noch drei Engel werden ihre Posaunen blasen.

7: Ex 9,23–25; Ez 38,22; Joël 3,3 • 8: Jer 51,25 G; Ex 7,20f • 10: Jes 14,12.

Die fünfte Posaune: 9,1–12

9 Der fünfte Engel blies seine Posaune. Da sah ich einen Stern, der vom Himmel auf die Erde gefallen war; ihm wurde der Schlüssel zu dem Schacht gegeben, der in den Abgrund führt. 2 Und er öffnete den Schacht des Abgrunds. Da *stieg Rauch* aus dem Schacht auf, *wie aus einem* großen *Ofen,* und *Sonne* und Luft *wurden verfinstert* durch den Rauch aus dem Schacht.

3 Aus dem Rauch kamen *Heuschrecken über die Erde* und ihnen wurde Kraft gegeben, wie sie Skorpione auf der Erde haben. 4 Es wurde ihnen gesagt, sie sollten *dem Gras auf der Erde, den grünen Pflanzen und den Bäumen* keinen Schaden zufügen, sondern nur den Menschen, die das Siegel Gottes nicht *auf der Stirn* haben. 5 Es wurde ihnen befohlen, die Menschen nicht zu töten, sondern nur zu quälen, fünf Monate lang. Und der Schmerz, den sie zufügen, ist so stark, wie wenn ein Skorpion einen Menschen sticht.

6 In jenen Tagen *werden* die Menschen *den Tod suchen,* aber nicht finden; sie werden sterben wollen, aber der Tod wird vor ihnen fliehen. 7 Und die Heuschrecken *sehen aus wie Rosse, die zur Schlacht gerüstet sind;* auf

8,2 – 9,21 Die in den sieben Posaunenvisionen beschriebenen Vorgänge sind die Antwort auf die Gebete der Heiligen (8,3), d. h. die Bitten der Christen um das Gericht über die Verfolger (vgl. 6,10). Die Schilderung der Gerichtsvorgänge ist weithin der Überlieferung von den ägyptischen Plagen nachgebildet (Ex 7–11; Ez 7–10). Die Heimsuchungen haben kosmische Ausmaße, bewegen die ungläubige Menschheit aber nicht zur Umkehr (9,20f).

8,3b Wörtlich: ihm wurde viel Weihrauch gegeben, damit er ihn zusammen mit den Gebeten aller Heiligen auf dem goldenen Altar vor dem Thron darbringe.

8,13 Die vier ersten Posaunenvisionen (8,6–12) bilden wie die vier ersten Siegelvisionen eine Gruppe. Die letzten drei Posaunenvisionen, als »die drei Wehe« bezeichnet (9,12; 11,14), sind durch den Weheruf des Adlers von dieser Gruppe abgehoben.

9,1–21 Die Heimsuchungen der ersten vier Posaunenvisionen treffen nicht unmittelbar die Menschen, sondern Bereiche der Natur. In der fünften und sechsten sind dämonische Mächte am Werk, die die ungläubigen Menschen quälen (9,1–12) und ein Drittel von ihnen töten (9,13–21).

9,1f Der »Abgrund« ist nicht der Aufenthaltsort der Toten (die Scheol, der Hades), sondern das ebenfalls unter der Erde gedachte Gefängnis, in dem nach jüdischer Vorstellung die gefallenen Engel auf ihre endgültige Bestrafung warten. Aus diesem Abgrund lässt ein Engel (»ein Stern«) ein dämonisches Heuschreckenheer (vgl. Ex 10,12–20; Joël 1,6f.15; 2,1–11) heraufsteigen.

ihren Köpfen tragen sie etwas, das gold
schimmernden Kränzen gleicht, und ihre
Gesichter sind wie Gesichter von Menschen,
8 ihr Haar ist wie Frauenhaar, ihr Gebiss wie
ein Löwengebiss, 9 ihre Brust wie ein eiserner
Panzer; und das Rauschen ihrer Flügel ist
wie *das Dröhnen von Wagen*, von vielen Pfer-
den, *die sich in die Schlacht stürzen.* 10 Sie
haben Schwänze und Stacheln wie Skorpio-
ne und in ihren Schwänzen ist die Kraft, mit
der sie den Menschen schaden, fünf Monate
lang. 11 Sie haben als König über sich den
Engel des Abgrunds; er heißt auf hebräisch
Abaddon, auf griechisch Apollyon.

12 Das erste »Wehe« ist vorüber. Noch
zweimal wird das »Wehe« kommen.

1: 12,4; Mt 24,29; Mk 13,25 • 2: Ex 19,18; Gen 19,28; Joël 2,10 • 3: Ex 10,12 • 4: Ex 10,15; Ez 9,4 • 6: Ijob 3,21 • 7: Joël 2,4f • 8: Joël 1,6 • 9: Joël 2,5.

Die sechste Posaune: 9,13–21

13 Der sechste Engel blies seine Posaune:
Da hörte ich eine Stimme, die von den vier
Hörnern des goldenen Altars her kam, der
vor Gott steht. 14 Die Stimme sagte zu dem
sechsten Engel, der die Posaune hält: Binde
die vier Engel los, die *am großen Strom, am*
Eufrat, gefesselt sind. 15 Da wurden die vier
Engel losgebunden, die auf Jahr und Monat,
auf Tag und Stunde bereitstanden, um ein
Drittel der Menschheit zu töten.

16 Und die Zahl der Reiter dieses Heeres
war vieltausendmal tausend; diese Zahl hör-
te ich.

17 Und so sahen die Pferde und die Reiter
in der Vision aus: Sie trugen feuerrote,
rauchblaue und schwefelgelbe Panzer. Die
Köpfe der Pferde glichen Löwenköpfen und
aus ihren Mäulern schlug Feuer, Rauch und
Schwefel. 18 Ein Drittel der Menschen wurde
durch diese drei Plagen getötet, durch Feuer,
Rauch und Schwefel, die aus ihren Mäulern
hervorkamen. 19 Denn die tödliche Macht der
Pferde war in ihren Mäulern und in ihren
Schwänzen. Ihre Schwänze glichen Schlan-
gen, die Köpfe haben, mit denen sie Schaden
zufügen können.

20 Aber die übrigen Menschen, die nicht
durch diese Plagen umgekommen waren,
wandten sich nicht ab *von den Machwerken*
ihrer Hände: Sie hörten nicht auf, sich nie-
derzuwerfen vor ihren *Dämonen*, vor ihren
Götzen aus Gold, Silber, Erz, Stein und Holz,
den Götzen, *die weder sehen, noch hören,*
noch gehen können. 21 Sie ließen nicht ab von
Mord und Zauberei, von Unzucht und Dieb-
stahl.

14: Gen 15,18 • 17: Dan 8,1f • 20: Jes 17,8; 2,8.20; Ps 106,37; Dan 5,4.23; Ps 115,4–7; 135,15–17.

Die Engel und das kleine Buch: 10,1–11

10 Und ich sah: Ein anderer gewaltiger
Engel kam aus dem Himmel herab;
er war von einer Wolke umhüllt und der Re-
genbogen stand über seinem Haupt. Sein Ge-
sicht war wie die Sonne und seine Beine wa-
ren wie Feuersäulen. 2 In der Hand hielt er
ein kleines, aufgeschlagenes Buch. Er setzte
seinen rechten Fuß auf das Meer, den linken
auf das Land 3 und rief laut, so wie *ein Löwe*
brüllt. Nachdem er gerufen hatte, erhoben
die sieben Donner ihre Stimme. 4 Als die sie-
ben Donner gesprochen hatten, wollte ich es
aufschreiben. Da hörte ich eine Stimme vom
Himmel her rufen: *Halte geheim,* was die sie-
ben Donner gesprochen haben; schreib es
nicht auf! 5 Und der Engel, den ich auf dem
Meer und auf dem Land stehen sah, *erhob*
seine rechte Hand zum Himmel. 6 *Er schwor*
bei dem, der in alle Ewigkeit lebt, der den
Himmel geschaffen hat und was darin ist, *die*
Erde und was darauf ist und das Meer und
was darin ist: Es wird keine Zeit mehr blei-
ben, 7 denn in den Tagen, wenn der siebte
Engel seine Stimme erhebt und seine Posau-
ne bläst, wird auch das Geheimnis Gottes
vollendet sein; so hatte er es seinen Knech-
ten, den Propheten, verkündet.

8 Und die Stimme aus dem Himmel, die ich

9,11 Die Namen Abaddon und Apollyon bedeuten beide »Verderber«; Apollyon ist vielleicht eine Anspielung auf den heidnischen Gott Apollon.

9,14f Die vier Strafengel stehen am Eufrat bereit, um ein gewaltiges Heer dämonischer Krieger loszulassen (vgl. besonders Ez 38,14–16). Der Eufrat ist für jüdisches Denken die ideelle Ostgrenze des verheißenen Landes. Der Einfall des feindlichen Heeres vom Osten her ist vielleicht eine Anspielung auf den Ansturm der von den Römern gefürchteten Partherheere.

9,16 Wörtlich: 20 000 Myriaden. 1 Myriade = 10 000. Die Gesamtzahl von 200 Millionen ist als Symbol unermesslicher Größe gemeint.

10,1 – 11,14 Die sechste Posaunenvision (9,13–21) wird durch zwei Zwischenstücke erweitert: die erneute Beauftragung des Sehers (10,1–11; vgl. 1,10–20) und die Szenen von der Messung des Tempels und von den zwei Zeugen (11,1–14).

10,8–10 Ezechiels Bild von der Buchrolle (2,8 – 3,3) wird erneut aufgenommen und weitergeführt. Die Buchrolle schmeckt zuerst süß (wie in Ez 3,3), dann aber verursacht sie bitteres Aufstoßen. Die Botschaft ist »süß«, weil sie Gottes Wort ist (Ps 19,11; 119,103), zugleich aber bitter, weil sie das Gericht ankündigt. Nach anderer Auffassung bilden den Inhalt des kleinen Buches (11,1–14) die geschilderten Szenen, deren Botschaft für die Gläubigen beglückend und schmerzlich zugleich ist.

gehört hatte, sprach noch einmal zu mir: Geh, nimm das Buch, das der Engel, der auf dem Meer und auf dem Land steht, aufgeschlagen in der Hand hält. [9] Und ich ging zu dem Engel und bat ihn, mir das kleine *Buch* zu geben. *Er sagte zu mir:* Nimm und *iss* es! In deinem Magen wird es bitter sein, in deinem Mund aber *süß wie Honig.* [10] Da nahm ich das kleine *Buch* aus der Hand des Engels *und aß es. In meinem Mund war es süß wie Honig.* Als ich es aber gegessen hatte, wurde mein Magen bitter. [11] Und mir wurde gesagt: Du musst noch einmal weissagen über viele *Völker und Nationen mit ihren Sprachen* und Königen.

3: Am 3,8 • 4: Dan 12,4.9 • 5–6: Dan 12,7; Gen 14,22.19; Neh 9,6 • 9: Ez 2,8; 3,1–3 • 11: Jer 1,10; Dan 3,4; 7,14.

Die Vermessung des Tempels: 11,1–2

11 Dann wurde mir ein Messstab gegeben, der aussah wie ein Stock, und mir wurde gesagt: Geh, miss den Tempel Gottes und den Altar und zähle alle, die dort anbeten! [2] Den Hof, der außerhalb des Tempels liegt, lass aus und miss ihn nicht; denn er ist *den Heiden* überlassen. Sie werden die heilige Stadt *zertreten,* zweiundvierzig Monate lang.

1: Ez 40,3 • 2: Sach 12,3 G; Jes 63,18.

Das Zeugnis der beiden Propheten: 11,3–14

[3] Und ich will meinen zwei Zeugen auftragen, im Bußgewand aufzutreten und prophetisch zu reden, zwölfhundertsechzig Tage lang. [4] Sie sind *die zwei Ölbäume und* die zwei *Leuchter,* die *vor dem Herrn der Erde stehen.* [5] Wenn ihnen jemand Schaden zufügen will, *schlägt Feuer* aus ihrem *Mund* und *verzehrt* ihre Feinde; so muss jeder sterben, der ihnen schaden will. [6] Sie haben Macht, den Himmel zu verschließen, damit *kein Regen fällt* in den Tagen ihres Wirkens als Propheten. Sie haben auch Macht, *das Wasser in Blut zu verwandeln* und die Erde *zu schlagen mit allen möglichen Plagen,* sooft sie wollen. [7] Wenn sie ihren Auftrag als Zeugen erfüllt haben, *wird* sie *das Tier,* das aus dem Abgrund *heraufsteigt, bekämpfen, besiegen* und töten. [8] Und ihre Leichen bleiben auf der Straße der großen Stadt liegen. Diese Stadt heißt, geistlich verstanden: Sodom und Ägypten; dort wurde auch ihr Herr gekreuzigt. [9] Menschen aus allen Völkern und Stämmen, Sprachen und Nationen werden ihre Leichen dort sehen, dreieinhalb Tage lang; sie werden nicht zulassen, dass die Leichen begraben werden. [10] Und die Bewohner der Erde freuen sich darüber, beglückwünschen sich und schicken sich gegenseitig Geschenke; denn die beiden Propheten hatten die Bewohner der Erde gequält. [11] Aber nach den dreieinhalb Tagen *kam* von Gott her wieder *Lebensgeist in sie und sie standen auf. Da überfiel alle,* die sie sahen, *große Angst.* [12] Und sie hörten eine laute Stimme vom Himmel her rufen: *Kommt herauf! Vor* den Augen ihrer Feinde *stiegen sie* in der Wolke *zum Himmel hinauf.* [13] In diesem Augenblick *entstand ein gewaltiges Erdbeben.* Ein Zehntel der Stadt *stürzte ein* und siebentausend Menschen kamen durch das Erdbeben um. Die Überlebenden wurden vom Entsetzen gepackt und gaben dem Gott des Himmels die Ehre. [14] Das zweite »Wehe« ist vorüber, das dritte »Wehe« kommt bald.

4: Sach 4,3.11–14 • 5: 2 Kön 1,10; 2 Sam 22,9 • 6: 1 Kön 17,1; Ex 7,17; 1 Sam 4,8 • 7: Dan 7,3.7.21 • 11: Ez 37,5.10; Gen 15,12 • 12: Ex 19,24; 2 Kön 2,11 • 13: Ez 38,19f.

Die siebte Posaune: 11,15–19

[15] Der siebte Engel blies seine Posaune. Da ertönten laute Stimmen im Himmel, die riefen:

Nun gehört die Herrschaft über die Welt / unserem *Herrn und seinem Gesalbten;* / und sie werden herrschen in alle Ewigkeit.

[16] Und die vierundzwanzig Ältesten, die vor Gott auf ihren Thronen sitzen, warfen

---

11,1f Dass der Tempel vermessen und die Anbetenden gezählt werden, bedeutet, dass in der Verfolgung der Endzeit die christliche Gemeinde unter dem besonderen Schutz Gottes stehen wird.

11,2 42 Monate entsprechen den in Dan 7,25 genannten dreieinhalb Jahren (»eine Zeit und zwei Zeiten und eine halbe Zeit«). Dreieinhalb als die Hälfte von sieben bedeutet Unglück. Dreieinhalb Jahre (Offb 12,14) = zweiundvierzig Monate (11,2; 13,5) = zwölfhundertsechzig Tage (11,3; 12,6) ist daher symbolische Bezeichnung für die Dauer der endzeitlichen Verfolgung.

11,3–13 Die zwei prophetischen Zeugen sind nach vorherrschender Auffassung die Repräsentanten der christlichen Gemeinde, die ihren Glauben bis zum Tod bezeugen muss. Nach anderer Auffassung sind damit Mose und Elija gemeint, die als Propheten der Endzeit die Juden für Christus gewinnen werden; in diesem Fall ist unter »der großen Stadt« Jerusalem zu verstehen (vgl. die Anmerkung zu 11,8).

11,7 »Das Tier, das aus dem Abgrund heraufsteigt«, versinnbildet dieselbe »antichristliche« Weltmacht wie das »Tier aus dem Meer« in 13,1 (vgl. die dortige Anmerkung).

11,8 Die große Stadt: das irdische Jerusalem und überhaupt jeder Ort, an dem Christen für ihren Glauben den Tod erleiden.

sich nieder, beteten Gott an 17 und spra-
chen:
Wir danken dir, Herr, / Gott und Herr-
scher über die ganze Schöpfung, / der du bist
und der du warst;
denn du hast deine große Macht in An-
spruch genommen / und *die Herrschaft ange-
treten.*
18 Die Völker gerieten in Zorn. / Da kam
dein *Zorn* und die Zeit, die Toten zu rich-
ten:
die Zeit, deine Knechte zu belohnen, / die
Propheten und die Heiligen
und *alle, die* deinen Namen *fürchten, / die
Kleinen und die Großen,* / die Zeit, alle zu
verderben, die die Erde verderben.
19 Der Tempel Gottes im Himmel wurde
geöffnet und *in* seinem *Tempel* wurde *die
Lade* seines *Bundes* sichtbar: Da begann es
zu *blitzen,* zu dröhnen *und zu donnern,* es
gab ein Beben und *schweren Hagel.*

15: Ps 2,2; Dan 7,14.27; Sach 14,9 • 17: Ex 3,14 G; Ps 99,1 • 18: Ps 2,1.5; Ps 115,13 • 19: 1 Kön 8,1.6; Ex 19,16; 9,24.

DER KAMPF DES SATANS GEGEN DAS VOLK GOTTES: 12,1 – 14,5

Die Frau und der Drache: 12,1–6

12 Dann erschien ein großes Zeichen am
Himmel: eine Frau, mit der Sonne
bekleidet; der Mond war unter ihren Füßen
und ein Kranz von zwölf Sternen auf ihrem
Haupt. 2 Sie war schwanger und schrie vor
Schmerz in ihren Geburtswehen.
3 Ein anderes Zeichen erschien am Him-
mel: ein Drache, groß und feuerrot, mit sie-
ben Köpfen und *zehn Hörnern* und mit sie-
ben Diademen auf seinen Köpfen. 4 Sein
Schwanz fegte ein Drittel *der Sterne vom
Himmel* und *warf* sie *auf die Erde herab.*
Der Drache stand vor der Frau, die gebä-
ren sollte; er wollte ihr Kind verschlingen,
sobald es geboren war. 5 Und *sie gebar* ein
Kind, *einen Sohn,* der über alle Völker *mit
eisernem Zepter herrschen wird.* Und ihr
Kind wurde zu Gott und zu seinem Thron
entrückt. 6 Die Frau aber floh in die Wüste,
wo Gott ihr einen Zufluchtsort geschaffen
hatte; dort wird man sie mit Nahrung versor-
gen, zwölfhundertsechzig Tage lang.

2: Jes 66,7; Mi 4,10 • 3: Dan 7,7 • 4: Dan 8,10; Offb 9,1; Mi 5,2 • 5: Jes 66,7; Ps 2,9 G.

Der Sturz des Drachen: 12,7–12

7 Da entbrannte im Himmel ein Kampf;
Michael und seine Engel erhoben sich, um
mit dem Drachen *zu kämpfen.* Der Drache
und seine Engel kämpften, 8 aber sie konnten
sich nicht halten und sie verloren ihren Platz
im Himmel. 9 Er wurde gestürzt, der große
Drache, die alte *Schlange,* die *Teufel* oder
Satan heißt und die ganze Welt verführt; der
Drache wurde auf die Erde gestürzt und mit
ihm wurden seine Engel hinabgeworfen.
10 Da hörte ich eine laute Stimme im Himmel
rufen:
Jetzt ist er da, der rettende Sieg, / die
Macht und die Herrschaft unseres Gottes /
und die Vollmacht seines Gesalbten;
denn gestürzt wurde der Ankläger unserer
Brüder, / der sie bei Tag und bei Nacht / vor
unserem Gott verklagte.
11 Sie haben ihn besiegt durch das Blut des
Lammes / und durch ihr Wort und Zeugnis;
sie hielten ihr Leben nicht fest, / bis hinein
in den Tod.
12 Darum *jubelt, ihr Himmel* / und alle, die
darin wohnen.
Weh aber euch, Land und Meer! / Denn
der Teufel ist zu euch hinabgekommen;
seine Wut ist groß, / weil er weiß, dass ihm
nur noch eine kurze Frist bleibt.

7: Dan 10,13.20 • 8: Dan 2,35 • 9: Gen 3,1.14; Sach 3,1; Ijob 1,6 • 12: Jes 44,23.

Der Kampf des Drachen gegen die Frau: 12,13–18

13 Als der Drache erkannte, dass er auf die
Erde gestürzt war, verfolgte er die Frau, die
den Sohn geboren hatte. 14 Aber der Frau
wurden die beiden Flügel des großen Adlers
gegeben, damit sie in die Wüste an ihren Ort

11,19 Das Sichtbarwerden der »himmlischen Bundeslade« verweist auf die Gegenwart Gottes in der vollendeten Gemeinde der Endzeit (Kap. 21 – 22). Die genannten Naturereignisse sind traditionelle Begleitzeichen des Erscheinens Gottes.

12,1–6 Wie der Drache in 12,3, nach 12,9 der Teufel, so ist auch die Frau eine symbolische Gestalt, Sinnbild des Gottesvolkes des Alten und Neuen Bundes. Das Bild von der Geburt eines Sohnes und von dessen Herrschaft über die Völker steht in der Tradition messianischer Deutung prophetischer Texte (Jes 7,14; 66,7). – Die Schilderung des Kampfes des Drachen gegen die Frau wird in V. 13 fortgesetzt.

12,13–17 Da der Teufel die Kirche als Ganze nicht vernichten kann, versucht er, einzelne ihrer Mitglieder (»Nachkommen«, V. 17) zu Fall zu bringen.

fliegen konnte. Dort ist sie vor der Schlange
sicher und wird *eine Zeit und zwei Zeiten*
und eine halbe Zeit lang ernährt. 15 Die
Schlange spie einen Strom von Wasser aus
ihrem Rachen hinter der Frau her, damit sie
von den Fluten fortgerissen werde. 16 Aber
die Erde kam der Frau zu Hilfe; sie öffnete
sich und verschlang den Strom, den der Dra-
che aus seinem Rachen gespien hatte. 17 Da
geriet der Drache in Zorn über die Frau und
er ging fort, um Krieg zu führen mit ihren
übrigen Nachkommen, die den Geboten Got-
tes gehorchen und an dem Zeugnis für Jesus
festhalten. 18 Und der Drache trat an den
Strand des Meeres.

14: Dan 7,25; 12,7.

Die beiden Tiere: 13,1–18

13 Und ich sah: *Ein Tier stieg aus dem*
Meer, mit zehn Hörnern und sieben
Köpfen. Auf seinen Hörnern trug es zehn
Diademe und auf seinen Köpfen Namen, die
eine Gotteslästerung waren. 2 *Das Tier,* das
ich sah, *glich einem Panther;* seine Füße wa-
ren wie die Tatzen *eines Bären* und sein
Maul wie das Maul *eines Löwen.* Und der
Drache hatte ihm seine Gewalt übergeben,
seinen Thron und seine große Macht. 3 Einer
seiner Köpfe sah aus wie tödlich verwundet;
aber die tödliche Wunde wurde geheilt. Und
die ganze Erde sah dem Tier staunend nach.
4 Die Menschen warfen sich vor dem Dra-
chen nieder, weil er seine Macht dem Tier ge-
geben hatte; und sie beteten das Tier an und
sagten: Wer ist dem Tier gleich und wer kann
den Kampf mit ihm aufnehmen?
5 Und es wurde ermächtigt, mit seinem
Maul anmaßende Worte und Lästerungen
auszusprechen; es wurde ihm Macht gege-
ben, dies zweiundvierzig Monate zu tun.
6 Das Tier öffnete sein Maul, um Gott und
seinen Namen zu lästern, seine Wohnung
und alle, die im Himmel wohnen. 7 Und es
wurde ihm erlaubt, *mit den Heiligen zu*
kämpfen und sie zu besiegen. Es wurde ihm
auch Macht gegeben über alle Stämme, Völ-
ker, Sprachen und Nationen. 8 Alle Bewoh-
ner der Erde fallen nieder vor ihm: alle, de-
ren Name nicht seit der Erschaffung der
Welt *eingetragen ist ins Lebensbuch* des
Lammes, das geschlachtet wurde.
9 Wenn einer Ohren hat, so höre er. 10 *Wer*
zur Gefangenschaft bestimmt ist, geht *in die*
Gefangenschaft. Wer mit dem Schwert getö-
tet werden soll, wird *mit dem Schwert* getö-
tet. Hier muss sich die Standhaftigkeit und
die Glaubenstreue der Heiligen bewähren.
11 Und ich sah: Ein anderes Tier stieg aus
der Erde herauf. Es hatte zwei Hörner wie
ein Lamm, aber es redete wie ein Drache.
12 Die ganze Macht des ersten Tieres übte es
vor dessen Augen aus. Es brachte die Erde
und ihre Bewohner dazu, das erste Tier an-
zubeten, dessen tödliche Wunde geheilt war.
13 Es tat große Zeichen; sogar Feuer ließ es
vor den Augen der Menschen vom Himmel
auf die Erde fallen. 14 Es verwirrte die Be-
wohner der Erde durch die Wunderzeichen,
die es im Auftrag des Tieres tat; es befahl den
Bewohnern der Erde, ein Standbild zu er-
richten zu Ehren des Tieres, das mit dem
Schwert erschlagen worden war und doch
wieder zum Leben kam. 15 Es wurde ihm
Macht gegeben, dem Standbild des Tieres
Lebensgeist zu verleihen, sodass es auch
sprechen konnte und bewirkte, dass alle ge-
tötet wurden, *die das Standbild* des Tieres
nicht anbeteten. 16 Die Kleinen und die Gro-
ßen, die Reichen und die Armen, die Freien
und die Sklaven, alle zwang es, auf ihrer
rechten Hand oder ihrer Stirn ein Kennzei-
chen anzubringen. 17 Kaufen oder verkaufen
konnte nur, wer das Kennzeichen trug: den
Namen des Tieres oder die Zahl seines Na-
mens. 18 Hier braucht man Kenntnis. Wer
Verstand hat, berechne den Zahlenwert des
Tieres. Denn es ist die Zahl eines Menschen-

13,1f Zur Bekämpfung der Christen bedient sich der Drache des aus dem Meer aufsteigenden Tieres. Die Hörner, Diademe usw. sind Symbole seiner Macht (vgl. Dan 7). Die Namen auf seinen sieben Köpfen sind Titel der römischen Kaiser (Hinweis auf den Kaiserkult).

13,3 Die sieben Köpfe des Tieres werden in 17,9 ausdrücklich auf sieben »Könige«, das heißt auf römische Kaiser, gedeutet. Mit dem erschlagenen Tier, das »wieder zum Leben kam« (V. 14), ist Kaiser Domitian (81–96 n. Chr.), der »wiedererstandene Nero« (54–68 n. Chr.), gemeint. Zu dieser Deutung könnte auch 666 als Zahl des Namens des Tieres passen (vgl. 13,18).

13,7 erlaubt, wörtlich: gegeben.

13,11–17 Schon das Alte Testament kennt zwei Tierungeheuer, den Leviatan im Meer und den Behemot auf dem festen Land (vgl. Jes 27,1; Ps 74,14; 104,26; Ijob 3,8; 40,15–32); sie stellen sinnbildlich die ungeordnete, gottwidrige Schöpfung dar (das Chaos). In Offb ist das aus dem Land aufsteigende Tier der Beauftragte des Tieres aus dem Meer. Es wird als »falscher Prophet« gekennzeichnet (16,13; 19,20; 20,10; vgl. Mk 13,22; 2 Thess 2,9f).

13,18 Im Griechischen und Hebräischen dienen die Buchstaben auch als Ziffern. Man kann also den Zahlenwert der Buchstaben eines Namens zusammenzählen. Auf wen der Zahlenwert 666 sich bezieht, ist nicht sicher; möglicherweise auf Kaiser Nero (vgl. die Anmerkung zu 13,3).

namens; seine Zahl ist sechshundertsechsundsechzig.

1: Dan 7,3.7 • 2: Dan 7,4–6 • 5: Dan 7,8.25 • 7: Dan 7,21 • 8: Dan 12,1; Ps 69,29; Jes 53,7; Offb 3,5 • 10: Jer 15,2; 43,11 • 15: Dan 3,5f.

Das Lamm und sein Gefolge: 14,1–5

14 Und ich sah: Das Lamm stand auf dem Berg Zion und bei ihm waren hundertvierundvierzigtausend; *auf ihrer Stirn* trugen sie seinen Namen und den Namen seines Vaters. 2 Dann hörte ich eine Stimme vom Himmel her, *die dem Rauschen von Wassermassen* und dem Rollen eines gewaltigen Donners *glich*. Die Stimme, die ich hörte, war wie der Klang der Harfe, die ein Harfenspieler schlägt. 3 Und sie sangen ein neues Lied vor dem Thron und vor den vier Lebewesen und vor den Ältesten. Aber niemand konnte das Lied singen lernen außer den hundertvierundvierzigtausend, die freigekauft und von der Erde weggenommen worden sind. 4 Sie sind es, die sich nicht mit Weibern befleckt haben; denn sie sind jungfräulich. Sie folgen dem Lamm, wohin es geht. Sie allein unter allen Menschen sind freigekauft als Erstlingsgabe für Gott und das Lamm. 5 Denn in ihrem Mund fand sich keinerlei Lüge. Sie sind ohne Makel.

1: Ez 9,4 • 2: Ez 1,24; 43,2 • 3: Ps 33,3; Jes 42,10 • 5: Jes 53,9; Zef 3,13.

DAS GERICHT: 14,6 – 20,15

Die Ankündigung des Gerichts: 14,6–13

6 Dann sah ich: Ein anderer Engel flog hoch am Himmel. Er hatte den Bewohnern der Erde ein ewiges Evangelium zu verkünden, allen Nationen, Stämmen, Sprachen und Völkern. 7 Er rief mit lauter Stimme: Fürchtet Gott und erweist ihm die Ehre! Denn die Stunde seines Gerichts ist gekommen. Betet ihn an, *der den Himmel und die Erde, das Meer* und die Wasserquellen *geschaffen hat*.

8 Ein anderer Engel, ein zweiter, folgte und rief: *Gefallen, gefallen ist Babylon, die Große, die alle Völker betrunken gemacht hat mit dem Zornwein* ihrer Hurerei.

9 Ein anderer Engel, ein dritter, folgte ihnen und rief mit lauter Stimme: Wer das Tier und sein Standbild anbetet und wer das Kennzeichen auf seiner Stirn oder seiner Hand annimmt, 10 der muss *den Wein des Zornes* Gottes trinken, der unverdünnt *im Becher seines Zorns gemischt ist*. Und er wird mit *Feuer und Schwefel* gequält vor den Augen der heiligen Engel und des Lammes. 11 *Der Rauch* von ihrer Peinigung *steigt auf in alle Ewigkeit* und alle, die das Tier und sein Standbild anbeten und die seinen Namen als Kennzeichen annehmen, werden bei Tag und Nacht keine Ruhe haben. 12 Hier muss sich die Standhaftigkeit der Heiligen bewähren, die an den Geboten Gottes und an der Treue zu Jesus festhalten. 13 Und ich hörte eine Stimme vom Himmel her rufen: Schreibe! Selig die Toten, die im Herrn sterben, von jetzt an; ja, spricht der Geist, sie sollen ausruhen von ihren Mühen; denn ihre Werke begleiten sie.

7: Ex 20,11 • 8: Jes 21,9; Dan 4,27; Jer 51,7f • 10: Jes 51,17.22; Ps 75,9 G; Jer 25,15; Gen 19,24 • 11: Jes 34,9f • 13: 1,3.

Die Stunde der Ernte: 14,14–20

14 Dann sah ich eine weiße Wolke. Auf der *Wolke* thronte einer, der *wie ein Menschensohn aussah*. Er trug einen goldenen Kranz auf dem Haupt und eine scharfe Sichel in der Hand. 15 Und ein anderer Engel kam aus dem Tempel und rief dem, der auf der Wolke saß, mit lauter Stimme zu: *Schick deine Sichel aus* und ernte! Denn die Zeit zu ernten ist gekommen: *Die Frucht* der Erde *ist reif* geworden. 16 Und der, der auf der Wolke saß, schleuderte seine Sichel über die Erde und die Erde wurde abgeerntet.

17 Und ein anderer Engel trat aus dem himmlischen Tempel. Auch er hatte eine scharfe Sichel. 18 Vom Altar her kam noch

---

14,1–5 Die Christen, die in der Verfolgung dem Lamm die Treue gehalten haben, werden aus den Katastrophen der Endzeit gerettet. Zur Zahl »hundertvierundvierzigtausend« vgl. die Anmerkung zu 7,4–17. In V. 4 wird auf alttestamentliche Bildsprache zurückgegriffen; vgl. die Anmerkungen zu 12,1–6 und 21,9f.

14,8 Babylon war für die Juden der Inbegriff weltlicher Macht und Gottlosigkeit, später wurde es apokalyptischer Deckname für Rom (vgl. 1 Petr 5,13).

14,13 Andere Übersetzungsmöglichkeit: ... im Herrn sterben. Von jetzt an – ja, spricht der Geist – sollen sie ausruhen von ihren Mühen.

14,14–20 Auf die Ankündigung des Gerichts (14,6–13) folgt die Vision vom Gericht haltenden Menschensohn. Die Bilder (Ernte, Weinlese) stammen aus dem Alten Testament (vgl. Joël 4,12f).

ein anderer Engel, der die Macht über das
Feuer hatte. Dem, der die scharfe Sichel
trug, rief er mit lauter Stimme zu: *Schick*
deine scharfe *Sichel aus* und ernte die Trau-
ben vom Weinstock der Erde! Seine Beeren
sind reif geworden. 19 Da schleuderte der En-
gel seine Sichel auf die Erde, erntete den
Weinstock der Erde ab und warf die Trauben
in die große Kelter des Zornes Gottes. 20 *Die*
Kelter wurde draußen vor der Stadt *getreten*
und Blut strömte aus der Kelter; es stieg an,
bis an die Zügel der Pferde, eintausend-
sechshundert Stadien weit.

14: Dan 7,13 • 15: Joël 4,13 • 18: Joël 4,13 • 20: Joël 4,13; Jes 63,3.

Die Ankündigung der sieben letzten Plagen: 15,1–8

15 Dann sah ich ein anderes Zeichen am
Himmel, groß und wunderbar. Ich
sah sieben Engel mit sieben Plagen, den sie-
ben letzten; denn in ihnen erreicht der Zorn
Gottes sein Ende. 2 Dann sah ich etwas, das
einem gläsernen Meer glich und mit Feuer
durchsetzt war. Und die Sieger über das
Tier, über sein Standbild und über die Zahl
seines Namens standen auf dem gläsernen
Meer und trugen die Harfen Gottes. 3 Sie
sangen das Lied des Mose, des Knechtes Got-
tes, und das Lied zu Ehren des Lammes:

Groß und *wunderbar sind deine Taten,* /
Herr, Gott und Herrscher über die ganze
Schöpfung.

Gerecht und zuverlässig sind deine Wege, /
du König der Völker.

4 Wer wird dich nicht fürchten, Herr, / wer
wird *deinen Namen* nicht *preisen?*

Denn du allein bist *heilig:* / *Alle Völker*
kommen und beten dich an; / denn deine ge-
rechten Taten sind offenbar geworden.

5 Danach sah ich: Es öffnete sich der
himmlische Tempel, *das Zelt des Zeugnisses*
im Himmel. 6 Und die *sieben* Engel mit den
sieben Plagen traten heraus; sie waren in rei-
nes, glänzendes *Leinen gekleidet* und *trugen*
um ihre Brust *einen Gürtel aus Gold.* 7 Und
eines der vier Lebewesen reichte den sieben
Engeln sieben goldene Schalen; sie waren
gefüllt mit dem Zorn des Gottes, der in alle
Ewigkeit lebt. 8 *Und der Tempel füllte sich*
mit dem Rauch der Herrlichkeit und Macht
Gottes. Niemand *konnte den Tempel betre-*
ten, bis die *sieben Plagen* aus der Hand der
sieben Engel zu ihrem Ende gekommen
waren.

1: Lev 26,21 G • 3: Ex 15,1; 14,31; 15,11; Ps 92,5f; 111,2; 139,14; Dtn 32,4 • 4: Ps 145,17; 99,3; 86,9 • 5: Ex 40,34 G • 6: Lev 26,21 G; Dan 10,5; Ez 9,2.11 G • 8: Ex 40,34f; 1 Kön 8,10; Jes 6,4; Lev 26,21.

Die sieben Engel mit den Schalen des Zorns: 16,1–21

16 Dann hörte ich, wie eine laute
Stimme aus dem Tempel den sieben
Engeln zurief: Geht und *gießt* die sieben
Schalen *mit dem Zorn* Gottes *über die*
Erde!

2 Der erste ging und goss seine Schale über
das Land. *Da bildete sich ein böses und*
schlimmes Geschwür an den Menschen, die
das Kennzeichen des Tieres trugen und sein
Standbild anbeteten.

3 Der zweite Engel goss seine Schale über
das Meer. Da *wurde es zu Blut,* das aussah
wie das Blut eines Toten; und alle Lebewesen
im Meer *starben.*

4 Der dritte goss seine Schale über *die*
Flüsse und Quellen. *Da wurde* alles *zu Blut.*
5 Und ich hörte den Engel, der die Macht
über das Wasser hat, sagen: *Gerecht bist du,*
der du bist und der du warst, du *Heiliger;*
denn damit hast du ein gerechtes Urteil ge-
fällt. 6 *Sie haben das Blut* von Heiligen und
Propheten *vergossen;* deshalb hast du ihnen
Blut zu trinken gegeben, so haben sie es ver-
dient. 7 Und ich hörte eine Stimme vom
Brandopferaltar her sagen: Ja, *Herr,* Gott
und Herrscher über die ganze Schöpfung.
Wahr und *gerecht sind deine* Gerichts-
urteile.

8 Der vierte Engel goss seine Schale über
die Sonne. Da wurde ihr Macht gegeben, mit

14,20 Als ein Vielfaches der symbolischen Zahl der Erde (Vier) symbolisiert die Zahl 1600 (4 mal 4 mal 100) die ganze Erde. – »Stadion« ist ein griechisches Längenmaß, etwa 185 bis 200 Meter.

15,1 – 16,21 Zwischen die voraufgehende Gerichtsvision und die nachfolgenden Gerichtsschilderungen (17,1 – 20,15) schiebt Johannes eine dritte Reihe endzeitlicher Heimsuchungen ein: die sieben letzten Plagen.

15,1–8 Die sieben Engel mit den Schalen werden im Rahmen einer liturgischen Szene vorgestellt, wie zuvor auch die Engel mit den Posaunen (vgl. 8,2–6). – Das in V. 3 genannte Lied des Mose (Ex 15) feierte den Sieg über den Pharao; hier ist es auf den endzeitlichen Sieg bezogen, daher zugleich als »Lied des Lammes« bezeichnet.

15,3 König der Völker, nach anderen Textzeugen: König aller Zeiten. – Christus, das Lamm, ist der neue Mose (vgl. Apg 3,22–26).

16,1–21 Die Visionen von sieben Schalen erinnern an die ägyptischen Plagen und andere Überlieferungen. Auch diese noch schlimmeren Katastrophen bewegen die Menschen nicht zur Umkehr. Die drei letzten dieser Visionen beziehen sich im Besonderen auf die römische Weltmacht.

ihrem Feuer die Menschen zu verbrennen.
9 Und die Menschen verbrannten in der gro-
ßen Hitze. Dennoch verfluchten sie den Na-
men Gottes, der die Macht über diese Plagen
hat. Sie bekehrten sich nicht dazu, ihm die
Ehre zu geben.
10 Der fünfte Engel goss seine Schale über
den Thron des Tieres. *Da kam Finsternis*
über das Reich des Tieres und die Menschen
zerbissen sich vor Angst und Schmerz die
Zunge. 11 Dennoch verfluchten sie den Gott
des Himmels wegen ihrer Schmerzen und ih-
rer Geschwüre; und sie ließen nicht ab von
ihrem Treiben.
12 Der sechste Engel goss seine Schale über
den großen Strom, den Eufrat. Da trocknete
sein *Wasser aus,* sodass den Königen des
Ostens der Weg offen stand. 13 Dann sah ich
aus dem Maul des Drachen und aus dem
Maul des Tieres und aus dem Maul des fal-
schen Propheten drei unreine Geister her-
vorkommen, die wie Frösche aussahen. 14 Es
sind Dämonengeister, die Wunderzeichen
tun; sie schwärmten aus zu den Königen der
ganzen Erde, um sie zusammenzuholen für
den Krieg am großen Tag Gottes, des Herr-
schers über die ganze Schöpfung.
15 Siehe, ich komme wie ein Dieb. Selig,
wer wach bleibt und sein Gewand anbehält,
damit er nicht nackt gehen muss und man
seine Blöße sieht.
16 Die Geister führten die Könige an dem
Ort zusammen, der auf hebräisch Harmage-
don heißt.
17 Und der siebte Engel goss seine Schale
über die Luft. Da kam eine laute *Stimme aus*
dem Tempel, die vom Thron her rief: Es ist
geschehen. 18 Und es folgten *Blitze,* Stimmen
und Donner; es entstand ein gewaltiges Erd-
beben, *wie noch keines gewesen war,* seit-
dem es Menschen auf der Erde gibt. So ge-
waltig war dieses Beben. 19 Die große Stadt
brach in drei Teile auseinander und die
Städte der Völker stürzten ein. Gott hatte
sich an *Babylon, die Große,* erinnert und
reichte ihr *den Becher mit dem Wein seines*
rächenden Zornes.
20 Alle Inseln verschwanden und es gab
keine Berge mehr. 21 Und *gewaltige Hagel-*
brocken, zentnerschwer, stürzten vom Him-
mel auf die Menschen herab. Dennoch ver-
fluchten die Menschen Gott wegen dieser
Hagelplage; denn die Plage war über die Ma-
ßen groß.

1: Jes 66,6; Zef 3,8 • 2: Dtn 28,35; Ex 9,9f • 3: Ex 7,17f • 4: Ex 7,19 • 5: Ps 119,137; Ex 3,14 G; Dtn 32,4 G • 6: Ps 79,3; Jes 49,26 G • 7: Ps 19,10 • 10: Ex 10,21f • 12: Gen 15,18; Dtn 1,7; Jer 50,38; Jes 41,2.25 • 14: Ex 8,3 • 15: 1,3; Mt 24,37–44; Lk 12,35–40 • 17: Jes 66,6 • 18: Ex 19,16; Dan 12,1 • 19: Dan 4,27; Jes 51,17.22; Jer 25,15 • 21: Ex 9,22–26.

Die Hure Babylon: 17,1–18

17 Dann kam einer der sieben Engel,
welche die sieben Schalen trugen,
und sagte zu mir: Komm, ich zeige dir das
Strafgericht über die große Hure, die an *den*
vielen Gewässern sitzt. 2 Denn mit ihr haben
die Könige der Erde Unzucht getrieben und
vom Wein ihrer Hurerei wurden die Bewoh-
ner der Erde betrunken. 3 Der Geist ergriff
mich und der Engel entrückte mich in die
Wüste. Dort sah ich eine Frau auf einem
scharlachroten *Tier* sitzen, das über und
über mit gotteslästerlichen Namen beschrie-
ben war und sieben Köpfe und *zehn Hörner*
hatte. 4 Die Frau war in Purpur und Schar-
lach gekleidet und mit Gold, Edelsteinen
und Perlen geschmückt. Sie hielt einen *gol-*
denen Becher in der Hand, der mit dem ab-
scheulichen Schmutz ihrer Hurerei gefüllt
war. 5 Auf ihrer Stirn stand ein Name, ein ge-
heimnisvoller Name: *Babylon, die Große,* die
Mutter der Huren und aller Abscheulichkei-
ten der Erde. 6 Und ich sah, dass die Frau be-
trunken war vom Blut der Heiligen und vom
Blut der Zeugen Jesu.
Beim Anblick der Frau ergriff mich großes
Erstaunen. 7 Der Engel aber sagte zu mir:

16,10 Thron des Tieres: Symbol der Macht des in Rom residierenden Kaisers.

16,12–16 Diese Vision scheint zwei verschiedene Vorstellungen miteinander zu verbinden: die Erwartung des Einbruchs der Partherkönige in das Römerreich (V. 12) und die alttestamentliche Erwartung eines großen Ansturms der Heidenvölker auf Israel (VV. 13–16).

16,16 Harmagedon: wahrscheinlich ein apokalyptischer Symbol- und Geheimname, keine geographische Bezeichnung. Er ist wohl durch die Verknüpfung von hebräisch »har« = Berg (»hoher Berg«, vgl. Jes 14,13) mit dem Ortsnamen »Megiddo« (Sach 12,11) entstanden.

17,1 – 20,15 In mehreren Szenen (17,1 – 19,21; 20,4–15) wird das Endgericht über die im Vorausgehenden geschilderten feindlichen Mächte dargestellt.

17,1–6 Mit der »großen Hure« und »Babylon« ist die Weltmacht Rom gemeint. Das Tier, auf dem die Hure reitet (V. 3), ist das römische Kaisertum (vgl. die Anmerkung zu 13,1–3). – »Hurerei«, im Alten Testament Bild für Götzendienst und Abfall von Gott, meint hier Verführung zum römischen Kaiserkult.

17,7–8 Dieses Tier, das war und jetzt nicht ist und wieder da sein wird (V. 8), ist das schon im Kapitel 13 geschilderte Tier (vgl. die Anmerkungen zu 13,1–3).

Warum bist du erstaunt? Ich will dir das Ge-
heimnis der Frau enthüllen und das Geheim-
nis des Tieres mit den sieben Köpfen und
zehn Hörnern, auf dem sie sitzt. 8 *Das Tier,*
das du gesehen hast, war einmal und ist jetzt
nicht; es wird aber aus dem Abgrund *herauf-
steigen* und dann ins Verderben gehen. Stau-
nen werden die Bewohner der Erde, deren
Namen seit der Erschaffung der Welt nicht
im Buch des Lebens verzeichnet sind. Sie
werden bei dem Anblick des Tieres staunen;
denn es war einmal und ist jetzt nicht, wird
aber wieder da sein. 9 Hier braucht man Ver-
stand und Kenntnis.

Die sieben Köpfe bedeuten die sieben Ber-
ge, auf denen die Frau sitzt. Sie bedeuten
auch sieben Könige. 10 Fünf sind bereits ge-
fallen. Einer ist jetzt da, einer ist noch nicht
gekommen; wenn er dann kommt, darf er nur
kurze Zeit bleiben. 11 Das Tier aber, das war
und jetzt nicht ist, bedeutet einen achten Kö-
nig und ist doch einer von den sieben und
wird ins Verderben gehen. 12 *Die zehn Hör-
ner,* die du gesehen hast, *bedeuten zehn Kö-
nige,* die noch nicht zur Herrschaft gekom-
men sind; sie werden aber königliche Macht
für eine einzige Stunde erhalten, zusammen
mit dem Tier. 13 Sie sind eines Sinnes und
übertragen ihre Macht und Gewalt dem Tier.
14 Sie werden mit dem Lamm Krieg führen,
aber das Lamm wird sie besiegen. Denn es
ist *der Herr der Herren* und der König *der
Könige.* Bei ihm sind die Berufenen, Auser-
wählten und Treuen.

15 Und er sagte zu mir: Du hast *die Gewäs-
ser* gesehen, an denen die Hure sitzt; sie be-
deuten Völker und Menschenmassen, *Natio-
nen und Sprachen.* 16 Du hast die zehn Hör-
ner und das Tier gesehen; sie werden die
Hure hassen, ihr alles wegnehmen, bis sie
nackt ist, werden ihr Fleisch fressen und sie
im Feuer verbrennen. 17 Denn Gott lenkt ihr
Herz so, dass sie seinen Plan ausführen: Sie
sollen einmütig handeln und ihre Herrschaft
dem Tier übertragen, bis die Worte Gottes
erfüllt sind. 18 Die Frau aber, die du gesehen
hast, ist die große Stadt, die die Herrschaft
hat über *die Könige der Erde.*

1: Jer 51,13 • 2: Jes 23,17; Ez 27,33; Jer 25,15f • 3: Dan 7,7 • 4: Jer 51,7 • 5: Dan 4,27 • 8: Dan 7,3; Ex 32,32f; Ps 69,29; Dan 12,1; Offb 3,5 • 12: Dan 7,24 • 14: Dtn 10,17; Dan 2,47; 1 Tim 6,15 • 15: Jer 51,13; Dan 3,4 • 18: Ps 2,2.

Die Ankündigung von Babylons Sturz:
18,1–8

18 Danach sah ich einen anderen Engel
aus dem Himmel herabsteigen; er
hatte große Macht *und die Erde leuchtete auf
von seiner Herrlichkeit.* 2 Und er rief mit ge-
waltiger Stimme: *Gefallen, gefallen ist Baby-
lon, die Große!* Zur Wohnung von Dämonen
ist sie geworden, zur Behausung aller unrei-
nen Geister und zum Schlupfwinkel aller
unreinen und abscheulichen Vögel. 3 Denn
vom Zornwein ihrer Unzucht *haben* alle
*Völker getrunken und die Könige der Erde
haben mit ihr Unzucht getrieben.* Durch die
Fülle ihres Wohlstands sind die Kaufleute
der Erde reich geworden.

4 Dann hörte ich eine andere Stimme vom
Himmel her rufen: Verlass die Stadt, mein
Volk, damit du nicht mitschuldig wirst an
ihren Sünden und von ihren Plagen mitge-
troffen wirst. 5 *Denn ihre* Sünden *haben sich
bis zum Himmel aufgetürmt* und Gott hat
ihre Schandtaten nicht vergessen. 6 Zahlt ihr
mit gleicher Münze heim, gebt ihr doppelt
zurück, was sie getan hat. Mischt ihr den Be-
cher, den sie gemischt hat, doppelt so stark.
7 Im gleichen Maß, wie sie in Prunk und Lu-
xus lebte, lasst sie Qual und Trauer erfahren.
Sie dachte bei sich: Ich throne als Königin,
ich bin keine Witwe und werde keine Trauer
kennen. 8 Deshalb *werden an einem einzigen
Tag* die Plagen über sie *kommen,* die für sie
bestimmt sind: Tod, Trauer und Hunger.
Und sie wird im Feuer verbrennen; denn
stark ist der Herr, der Gott, der sie gerichtet
hat.

1: Ez 43,2 • 2: Jes 21,9; Dan 4,27; Jes 13,21; 34,11; Jer 50,39 • 3: Jer 51,7; Jes 23,17; Ez 27,33 • 4: Jes 48,20; 2 Kor 6,17 • 5: Jer 51,9 • 6: Jer 50,15.29; Ps 137,8 • 7: Jes 47,7f • 8: Jes 47,9; Jer 50,34.

17,9–11 Die sieben Köpfe des Tieres werden sowohl auf die sieben Hügel Roms als auch auf die sieben »Könige« (römische Kaiser) gedeutet. Das Hauptinteresse gilt einem bestimmten Inhaber des römischen Kaisertums: dem achten Kaiser, der »einer von den sieben« ist und ins Verderben geht (V. 11), d. h. dem als wiedererstandener Nero angesehenen Kaiser Domitian.

17,12–18 Das Horn ist Symbol der Kraft. Bei den zehn Königen ist entweder an Verbündete Roms oder an die öfter genannten »Könige der Erde« (vgl. 1,5; 6,15; 16,14; 19,19; Ps 2,2, auch Dan 7,24 G) gedacht (zehn ist die Zahl der Vollkommenheit). Die Gerichtsvorgänge werden unter sachlichen, nicht unter zeitlichen Gesichtspunkten geschildert, und zwar nach alttestamentlichen Vorlagen (vgl. Ez 16,15–41; 23,11–35).

18,1–3 Das bereits 14,8 angekündigte Gericht über Babylon wird nun Wirklichkeit. Zur Schilderung des Gerichts über gottfeindliche Städte im Alten Testament vgl. Jes 47,10 G (Babylon), Jes 23,15–17 (Tyrus) und Nah 3,4 (Ninive).

18,8 »An einem einzigen Tag« ist wie »in einer einzigen Stunde« (VV. 10.17.19) symbolischer Ausdruck für das plötzliche Eintreffen des Gerichts.

Die Klage über den Untergang Babylons: 18,9–24

9 *Die Könige der Erde, die mit ihr gehurt* und in Luxus gelebt *haben, werden über sie weinen und klagen,* wenn sie den Rauch der brennenden Stadt sehen. 10 Sie bleiben in der Ferne stehen aus Angst vor ihrer Qual und sagen: Wehe! Wehe, du *große* Stadt *Babylon, du mächtige Stadt!* In einer einzigen Stunde ist das Gericht über dich gekommen.

11 Auch die *Kaufleute* der Erde *weinen und klagen* um sie, weil niemand mehr ihre Ware kauft: 12 Gold und Silber, Edelsteine und Perlen, feines Leinen, Purpur, Seide und Scharlach, wohlriechende Hölzer aller Art und alle möglichen Geräte aus Elfenbein, kostbarem Edelholz, Bronze, Eisen und Marmor; 13 auch Zimt und Balsam, Räucherwerk, Salböl und Weihrauch, Wein und Öl, feinstes Mehl und Weizen, Rinder und Schafe, Pferde und Wagen und sogar Menschen mit Leib und Seele.

14 Auch die Früchte, nach denen dein Herz begehrte, sind dir genommen. Und alles, was prächtig und glänzend war, hast du verloren; nie mehr wird man es finden. 15 Die *Kaufleute,* die durch den Handel mit dieser Stadt reich geworden sind, werden aus Angst vor ihrer Qual in der Ferne stehen und sie werden *weinen und klagen:* 16 Wehe! Wehe, du große Stadt, bekleidet mit feinem Leinen, mit Purpur und Scharlach, geschmückt mit Gold, Edelsteinen und Perlen. 17 In einer einzigen Stunde ist dieser ganze Reichtum dahin.

Alle Kapitäne und Schiffsreisenden, *die Matrosen und alle, die* ihren Unterhalt *auf See* verdienen, machten schon in der Ferne Halt, 18 als sie den Rauch der brennenden Stadt sahen, und sie riefen: *Wer* konnte sich mit der großen Stadt *messen?* 19 *Und sie streuten sich Staub auf den Kopf, sie schrien, weinten und klagten:* Wehe! Wehe, du große Stadt, die mit ihren Schätzen alle reich gemacht hat, die Schiffe auf dem Meer haben. In einer einzigen Stunde ist sie verwüstet worden. 20 *Freu dich* über ihren Untergang, *du Himmel* – und auch ihr, Heilige, Apostel und Propheten, freut euch! Denn *Gott hat* euch an ihr *gerächt.*

21 Dann hob ein gewaltiger Engel einen *Stein* auf, so groß wie ein Mühlstein; *er warf ihn* ins Meer und rief: So wird *Babylon, die große Stadt,* mit *Wucht hinabgeworfen werden und man wird sie nicht mehr finden.* 22 Die Musik von Harfenspielern und Sängern, von Flötenspielern und Trompetern hört man nicht mehr in dir. Einen kundigen Handwerker gibt es nicht mehr in dir. *Das Geräusch des Mühlsteins* hört man nicht mehr in dir. 23 *Das Licht der Lampe* scheint nicht mehr in dir. *Die Stimme von Braut und Bräutigam* hört man nicht mehr in dir. Deine *Kaufleute waren die Großen der Erde, deine Zauberei* verführte alle Völker. 24 Aber in ihr war das Blut von Propheten und Heiligen und von allen, die auf der Erde hingeschlachtet worden sind.

9: Ez 27,31–33; Jes 23,17 • 10: Dan 4,27; Ez 26,17 • 11: Ez 27,31.36 • 13: Ez 27,13 • 15: Ez 27,31.36 • 17: Ez 27,27–34 • 19: Ez 26,19 • 20: Jes 44,23; Dtn 32,43 G • 21: Jer 51,63f; Dan 4,27; Ez 26,21 • 22: Jes 24,8; Ez 26,13; Jer 25,10 • 23: Jes 23,8; 47,9; Nah 3,4 • 24: Jer 51,49.

Jubel im Himmel: 19,1–10

19 Danach hörte ich etwas wie den lauten Ruf einer großen Schar im Himmel:

Halleluja! / Das Heil und die Herrlichkeit und die Macht / ist bei unserm Gott.

2 *Seine Urteile sind wahr und gerecht.* / Er hat die große Hure gerichtet, / die mit ihrer Unzucht die Erde verdorben hat.

Er hat Rache genommen für das Blut seiner *Knechte,* / das an ihren Händen klebte.

3 Noch einmal riefen sie:

Halleluja! / *Der Rauch der Stadt steigt auf* in alle Ewigkeit.

4 Und die vierundzwanzig Ältesten und die vier Lebewesen fielen nieder vor Gott, *der auf dem Thron sitzt,* beteten ihn an und riefen:

Amen, halleluja!

5 Und eine Stimme kam vom Thron her:

Preist unsern Gott, *all* seine *Knechte / und alle, die ihn fürchten, Kleine und Große!*

6 Da hörte ich etwas wie den Ruf einer großen Schar und *wie das Rauschen gewaltiger Wassermassen* und wie das Rollen mächtiger Donner:

Halleluja! / *Denn König geworden ist der*

18,9–19 Die Klagen »der Könige der Erde«, der Kaufleute und der Seefahrer über die verödete Stadt haben ihr Vorbild in Ez 26,15 – 27,36.

18,21–23 Das symbolische Geschehen verweist auf die Endgültigkeit des vollzogenen Gerichts.

19,1–9 Die Triumphlieder der Himmelsbewohner (vgl. 18,20) preisen das gerechte Gericht über die Feinde Gottes (»die große Hure«) und das künftige Heil des Gottesvolkes. Das Heil wird unter dem Bild einer Hochzeit dargestellt (vgl. Mt 22,1–3; Mk 2,19; Joh 3,29; 2 Kor 11,2).

Herr, unser Gott, / der Herrscher über die
ganze Schöpfung.
7 *Wir wollen uns freuen und jubeln* / und
ihm die Ehre erweisen.
Denn gekommen ist die Hochzeit des Lam-
mes / und seine Frau hat sich bereit ge-
macht.
8 Sie durfte sich kleiden in strahlend rei-
nes Leinen. / Das Leinen bedeutet die ge-
rechten Taten der Heiligen.
9 Jemand sagte zu mir: Schreib auf: Selig,
wer zum Hochzeitsmahl des Lammes einge-
laden ist. Dann sagte er zu mir: Das sind
zuverlässige Worte, es sind Worte Gottes.
10 Und ich fiel ihm zu Füßen, um ihn anzube-
ten. Er aber sagte zu mir: Tu das nicht! Ich
bin ein Knecht wie du und deine Brüder, die
das Zeugnis Jesu festhalten. Gott bete an!
Das Zeugnis Jesu ist der Geist prophetischer
Rede.

2: Ps 19,10; 2 Kön 9,7 • 3: Jes 34,10 • 4: Jes 6,1 • 5: Ps 134,1; 115,13 • 6: Ez 1,24; 43,2; Ps 93,1; Dan 7,14 • 7: Ps 118,24 • 8: Ps 45,14f • 9: 1,3 • 10: 22,9.

Sieg über das Tier und seinen Propheten: 19,11–21

11 Dann sah ich *den Himmel offen,* und sie-
he, da war ein weißes Pferd, und der, der auf
ihm saß, heißt »Der Treue und Wahrhaftige«;
gerecht richtet er und führt er Krieg. 12 *Seine*
Augen waren wie *Feuerflammen* und auf
dem Haupt trug er viele Diademe; und auf
ihm stand ein Name, den er allein kennt.
13 Bekleidet war er mit einem blutgetränkten
Gewand; und sein Name heißt »Das Wort
Gottes«. 14 Die Heere des Himmels folgten
ihm auf weißen Pferden; sie waren in reines,
weißes Leinen gekleidet. 15 *Aus seinem Mund*
kam *ein scharfes Schwert;* mit ihm wird er
die Völker schlagen. *Und er herrscht über sie*
mit eisernem Zepter, und er tritt die Kelter
des Weines, des rächenden Zornes Gottes,
des Herrschers über die ganze Schöpfung.
16 Auf seinem Gewand und auf seiner Hüfte
trägt er den Namen: »König *der Könige* und
Herr der Herren«.
17 Dann sah ich einen Engel, der in der
Sonne stand. Er rief mit lauter Stimme allen
Vögeln zu, die hoch am Himmel flogen:
Kommt her! Versammelt euch zum großen
Mahl Gottes. 18 *Fresst Fleisch* von Königen,
von Heerführern und *von Helden,* Fleisch
von Pferden und ihren *Reitern,* Fleisch von
allen, von Freien und Sklaven, von Großen
und Kleinen!
19 Dann sah ich das Tier und die *Könige*
der Erde und ihre Heere versammelt, um mit
dem Reiter und seinem Heer Krieg zu führen.
20 Aber das Tier wurde gepackt und mit ihm
der falsche Prophet; er hatte vor seinen
Augen Zeichen getan und dadurch alle ver-
führt, die das Kennzeichen des Tieres ange-
nommen und sein Standbild angebetet hat-
ten. Bei lebendigem Leib wurden beide in
den See von brennendem Schwefel gewor-
fen. 21 Die Übrigen wurden getötet mit dem
Schwert, das aus dem Mund des Reiters kam;
und *alle Vögel fraßen sich satt an* ihrem
Fleisch.

11: Ez 1,1; Ps 96,13 • 12: Dan 10,6 • 13: Jes 63,1f • 15: Jes 11,4; 49,2; Ps 2,9 G; Jes 63,3 • 16: Dan 2,47; Dtn 10,17 • 17: Ez 39,4.17–20 • 19: Ps 2,2 • 20: Dan 7,11; Jes 30,33 • 21: Ez 39,17.20.

Die Tausendjährige Herrschaft: 20,1–6

20 Dann sah ich einen Engel vom Him-
mel herabsteigen; auf seiner Hand
trug er den Schlüssel zum Abgrund und eine
schwere Kette. 2 Er überwältigte den Dra-
chen, die alte *Schlange* – das ist *der Teufel*
oder *der Satan* –, und er fesselte ihn für tau-
send Jahre. 3 Er warf ihn in den Abgrund,
verschloss diesen und drückte ein Siegel
darauf, damit der Drache die Völker nicht
mehr verführen konnte, bis die tausend Jah-
re vollendet sind. Danach muss er für kurze
Zeit freigelassen werden.
4 *Dann sah ich Throne;* und denen, die da-
rauf *Platz nahmen, wurde das Gericht über-*
tragen. Ich sah die Seelen aller, die enthaup-
tet worden waren, weil sie an dem Zeugnis
Jesu und am Wort Gottes festgehalten hat-

19,11–21 Die Vision vom Endkampf zwischen dem in die Macht Gottes eingesetzten Christus, dem Reiter auf dem weißen Pferd, und den gottfeindlichen Mächten schildert das endgültige Gericht über das Tier und den Lügenpropheten.

19,13 Das Blut, mit dem das Gewand Christi getränkt ist, ist das im Endkampf vergossene Blut der Feinde Gottes. Der Name »Das Wort Gottes« verweist auf die durchschlagende Kraft des ausgesprochenen Wortes, des Willens Gottes (vgl. V. 15; 2 Thess 2,8); dieser Name steht in Beziehung zur Bezeichnung Christi als »das Wort« in Joh 1,1–14.

19,20 Der brennende Schwefelsee ist Bild für den Ort ewiger Peinigung. Dieser Ort wurde im Judentum »Gehenna« (Hölle) genannt (vgl. Dtn 32,22; Mt 11,23; 23,33; Lk 12,5; 2 Petr 2,4).

20,1 Zu »Abgrund« vgl. die Anmerkung zu 9,1f.

20,2f Ob die zeitliche Befristung der Fesselung des Satans (vgl. Jes 24,21f) auf tausend Jahre als Hinweis auf einen Zeitabschnitt oder als Zeichen für die Einschränkung der Macht Satans zu deuten ist, lässt sich nicht eindeutig entscheiden. Jedenfalls aber ist die Zeitangabe selbst nicht wörtlich zu verstehen.

20,4–6: Die Deutung dieser Vision bereitete seit je besondere Schwierigkeiten. Nach wörtlichem Verständnis würden der himmlische Christus und die bis zum Tod getreuen Christen tausend Jahre auf

Rembrandt van Rijn (1606–1669)
Paulus im Gefängnis
Öl / Eichenholz, 72,8 × 60,3 cm
Staatsgalerie, Stuttgart
Foto: Artothek, Peissenberg

ten. Sie hatten das Tier und sein Standbild nicht angebetet und sie hatten das Kennzeichen nicht auf ihrer Stirn und auf ihrer Hand anbringen lassen. Sie gelangten zum Leben und zur Herrschaft mit Christus für tausend Jahre. 5 Die übrigen Toten kamen nicht zum Leben, bis die tausend Jahre vollendet waren. Das ist die erste Auferstehung. 6 Selig und heilig, wer an der ersten Auferstehung teilhat. Über solche hat der zweite Tod keine Gewalt. Sie werden *Priester Gottes* und Christi sein und tausend Jahre mit ihm herrschen.

2: Gen 3,1; Sach 3,1; Ijob 1,6 • 4: Dan 7,9.22 G; 1 Kor 6,2 • 6: 1,3; Jes 61,6.

Der endgültige Sieg über den Satan: 20,7–10

7 Wenn die tausend Jahre vollendet sind, wird der Satan aus seinem Gefängnis freigelassen werden. 8 Er wird ausziehen, um die Völker an den vier Ecken der Erde, den Gog und den Magog, zu verführen und sie zusammenzuholen für den Kampf; sie sind so zahlreich wie die Sandkörner am Meer. 9 Sie schwärmten aus über *die weite Erde* und umzingelten das Lager der Heiligen und Gottes geliebte Stadt. Aber *Feuer fiel vom Himmel und verzehrte sie.* 10 Und der Teufel, ihr Verführer, wurde in den See von *brennendem Schwefel* geworfen, wo auch das Tier und der falsche Prophet sind. Tag und Nacht werden sie gequält, in alle Ewigkeit.

8: Ez 38,6; Jes 11,12; Ez 7,2; 38,2 • 9: Hab 1,6 G; Ps 87,2; 2 Kön 1,10; Ez 39,6 • 10: Ez 38,22.

Das Gericht über alle Toten: 20,11–15

11 Dann *sah ich einen* großen weißen *Thron* und den, der auf ihm *saß; vor seinem Anblick flohen Erde* und Himmel und es *gab keinen Platz mehr für sie.* 12 Ich sah die Toten vor dem Thron stehen, die Großen und die Kleinen. Und *Bücher wurden aufgeschlagen;* auch *das Buch des Lebens* wurde aufgeschlagen. Die Toten wurden *nach ihren Werken* gerichtet, nach dem, was in den Büchern aufgeschrieben war. 13 Und das Meer gab die Toten heraus, die in ihm waren; und *der Tod* und *die Unterwelt* gaben ihre Toten heraus, die in ihnen waren. Sie wurden gerichtet, jeder *nach seinen Werken.* 14 *Der Tod* und *die Unterwelt* aber wurden in den Feuersee geworfen. Das ist der zweite Tod: der Feuersee. 15 Wer nicht im *Buch des Lebens verzeichnet war,* wurde in den Feuersee geworfen.

11: Jes 6,1; Ps 114,3.7; Dan 2,35 G • 12: Dan 7,10; Ps 69,29; Offb 3,5; Ps 28,4 • 13: Hos 13,14; Ps 28,4 • 14: Hos 13,14; Jes 25,8 G; 1 Kor 15,26 • 15: Ex 32,32f; Dan 12,1; Ps 69,29; Offb 3,5.

DIE NEUE WELT GOTTES: 21,1 – 22,5

Gottes Wohnen unter den Menschen: 21,1–8

21 Dann sah ich *einen neuen Himmel und eine neue Erde;* denn der erste Himmel und die erste Erde sind vergangen, auch das Meer ist nicht mehr. 2 Ich sah *die heilige Stadt,* das neue *Jerusalem,* von Gott her aus dem Himmel herabkommen; sie war bereit *wie eine Braut,* die sich für ihren Mann *geschmückt hat.* 3 Da hörte ich eine laute Stimme vom Thron her rufen: *Seht, die Wohnung* Gottes unter den Menschen! *Er wird in ihrer Mitte wohnen, und sie werden sein Volk sein; und er, Gott, wird bei ihnen sein.* 4 *Er wird alle Tränen von ihren Augen abwischen:* Der Tod wird nicht mehr sein, keine *Trauer,* keine *Klage,* keine Mühsal. Denn was früher war, ist vergangen.

dieser Erde herrschen (vgl. 5,10). Möglicherweise aber will Offb nur den besonderen jenseitigen Lohn hervorheben, der den Märtyrern zuteil werden soll (vgl. Dan 7,9.22.27 G). Jedenfalls hat der Verfasser die Märtyrer nicht in das allgemeine Gericht einbezogen, von dem er in den VV. 11–15 berichtet (vgl. 6,9–11).

20,7–10 Die Abfolge der Visionen 20,4–6 und 20,7–10 ist wohl durch Ez 33 – 37 und 38 – 39 veranlasst. Dort folgt auf die Darstellung des messianischen Reiches der Ansturm der Heere des Fürsten Gog aus dem Land Magog. In Offb sind die Namen Gog und Magog symbolische Bezeichnungen für alle heidnischen Völker. – Jerusalem ist Sinnbild der Kirche. – Zum Schwefelsee vgl. die Anmerkung zu 19,20.

20,11–15 Die letzte Gerichtsvision handelt vom Gericht über die (»übrigen«) Toten. Sie erreicht ihren Höhepunkt in der Vernichtung der als Person vorgestellten Todesmacht (V. 14).

21,1 Das Verschwinden der Erde und des Himmels (vgl. 20,11) und das Kommen »eines neuen Himmels und einer neuen Erde« (Jes 65,17; 66,12) sind Hinweis auf die völlig andersartigen Bedingungen des Daseins der Erlösten.

21,3 Nach anderen Textzeugen: sie werden seine Völker sein.

21,2–4 In der Schilderung des seligen Lebens gehen die Bilder ineinander über: »das neue Jerusalem« – »die Braut« – »die Wohnung Gottes unter den Menschen«.

5 *Er, der auf dem Thron saß,* sprach: *Seht,*
ich mache alles *neu.* Und er sagte: Schreib es
auf, denn diese Worte sind zuverlässig und
wahr. 6 Er sagte zu mir: Sie sind in Erfüllung
gegangen. Ich bin das Alpha und das Omega,
der Anfang und das Ende. *Wer durstig ist,*
den werde ich umsonst aus der Quelle trin-
ken lassen, aus der *das Wasser des Lebens*
strömt. 7 Wer siegt, wird dies als Anteil er-
halten: *Ich werde sein Gott sein und er wird*
mein Sohn sein. 8 Aber die Feiglinge und
Treulosen, die Befleckten, die Mörder und
Unzüchtigen, die Zauberer, Götzendiener
und alle Lügner – ihr Los wird der See *von*
brennendem Schwefel sein. Dies ist der
zweite Tod.

1: Jes 65,17; 66,22 • 2: Jes 52,1; Gal 4,26; Hebr 12,22; Jes 61,10 • 3: Lev 26,11f; Ez 37,27; Sach 2,14; Jes 8,8 • 4: Jes 25,8; 1 Kor 15,26; Jes 35,10 • 5: Jes 6,1; 43,19 G; 2 Kor 5,17 • 6: Jes 55,1; Sach 14,8 • 7: Röm 8,17; 2 Sam 7,14 • 8: 22,15; Mt 15,19; Ez 38,22.

Das neue Jerusalem: 21,9 – 22,5

9 Und es kam einer von den sieben Engeln,
die die sieben Schalen mit den *sieben* letzten
Plagen getragen hatten. Er sagte zu mir:
Komm, ich will dir die Braut zeigen, die Frau
des Lammes. 10 *Da entrückte er mich* in der
Verzückung *auf einen* großen, *hohen Berg*
und zeigte mir *die heilige Stadt Jerusalem,*
wie sie von Gott her aus dem Himmel herab-
kam, 11 erfüllt von der Herrlichkeit Gottes.
Sie glänzte wie ein kostbarer Edelstein, wie
ein kristallklarer Jaspis. 12 *Die Stadt* hat eine
große und hohe Mauer mit zwölf *Toren* und
zwölf Engeln darauf. Auf die Tore sind Na-
men geschrieben: *die Namen der zwölf Stäm-*
me der Söhne Israels. 13 *Im Osten hat die*
Stadt drei Tore und im Norden drei Tore und
im Süden drei Tore und im Westen drei Tore.
14 Die Mauer der Stadt hat zwölf Grundstei-
ne; auf ihnen stehen die zwölf Namen der
zwölf Apostel des Lammes.

15 Und der Engel, der zu mir sprach, hatte
einen goldenen *Messstab,* mit dem die Stadt,
ihre Tore und ihre Mauer gemessen wurden.
16 Die Stadt war *viereckig* angelegt und
ebenso lang wie breit. Er maß die Stadt mit
dem Messstab; ihre Länge, Breite und Höhe
sind gleich: zwölftausend Stadien. 17 *Und er*
maß ihre Mauer; sie ist hundertvierundvier-
zig Ellen hoch nach Menschenmaß, das der
Engel benutzt hatte. 18 Ihre Mauer ist aus
Jaspis gebaut und die Stadt ist aus reinem
Gold, wie aus reinem Glas. 19 *Die Grundstei-*
ne der Stadtmauer sind mit *edlen Steinen*
aller Art geschmückt; der erste Grundstein
ist ein Jaspis, der zweite ein Saphir, der drit-
te ein Chalzedon, der vierte ein Smaragd,
20 der fünfte ein Sardonyx, der sechste ein
Sardion, der siebte ein Chrysolith, der achte
ein Beryll, der neunte ein Topas, der zehnte
ein Chrysopras, der elfte ein Hyazinth, der
zwölfte ein Amethyst. 21 Die zwölf Tore sind
zwölf Perlen; jedes der Tore besteht aus einer
einzigen Perle. Die Straße der Stadt ist aus
reinem Gold, wie aus klarem Glas.

22 Einen Tempel sah ich nicht in der Stadt.
Denn der Herr, ihr Gott, der Herrscher über
die ganze Schöpfung, ist ihr Tempel, er und
das Lamm. 23 Die Stadt braucht *weder Son-*
ne noch Mond, die ihr *leuchten.* Denn *die*
Herrlichkeit Gottes erleuchtet sie und ihre
Leuchte ist das Lamm. 24 *Die Völker werden*
in diesem *Licht einhergehen und die Könige*
der Erde werden *ihre Pracht* in die Stadt
bringen. 25 Ihre *Tore werden den ganzen Tag*
nicht geschlossen – Nacht wird es dort nicht
mehr geben. 26 *Und man wird die Pracht* und
die Kostbarkeiten *der Völker* in die Stadt
bringen. 27 *Aber nichts Unreines wird hinein-*
kommen, keiner, der Gräuel verübt und lügt.
Nur die, *die im Lebensbuch* des Lammes *ein-*
getragen sind, werden eingelassen.

22 Und er zeigte mir einen *Strom, das*
Wasser des Lebens, klar wie Kristall;
er geht vom Thron Gottes und des Lammes
aus. 2 Zwischen der Straße der Stadt und
dem Strom, hüben und drüben, stehen Bäu-
me des Lebens. Zwölfmal tragen sie Früchte,
jeden Monat einmal; und die Blätter der
Bäume dienen zur Heilung der Völker. 3 Es
wird nichts mehr geben, was der Fluch Got-
tes trifft. Der Thron Gottes und des Lammes
wird in der Stadt stehen und seine Knechte
werden ihm dienen. 4 Sie werden sein *Ange-*
sicht schauen und sein Name ist auf ihre
Stirn geschrieben. 5 Es wird keine Nacht
mehr geben und sie brauchen weder das
Licht einer Lampe noch das Licht der Sonne.
Denn der Herr, ihr Gott, wird über ihnen
leuchten und sie werden herrschen *in alle*
Ewigkeit.

21,9: Lev 26,21 G • 10: Ez 40,2; Jes 52,1 • 11: Jes 60,1f • 12: Ez 48,31; Ex 28,21 • 13: Ez 48,31–35 • 15: Ez 40,3.5 • 16: Ez 43,16 • 17: Ez 40,5 • 18: Jes 54,11f • 19f: Ez 28,13 G • 23: Jes 60,1.19 • 24: Jes 60,3.11; Ps 72,10 • 25: Sach 14,7 • 27: Jes 52,1; 4,3; Dan 12,1; Ps 69,29; Offb 3,5 • 22,1: Gen 2,10; Sach 14,8 • 2: Ez 47,12; Gen 2,9 • 3: Sach 14,11 • 4: Ps 17,15 • 5: Jes 60,19; Dan 7,18.27.

21,5–8 Wie in 1,8 spricht Gott hier selbst; seine Worte bestätigen die Aussage des Sehers.

21,9f Auch hier werden »die Braut, die Frau des Lammes« (Gegenbild der großen Hure) und »die heilige Stadt Jerusalem« (Gegenbild Babylons) miteinander gleichgesetzt.

ZEUGNIS UND ABSCHLIESSENDE MAHNUNG DES SEHERS: 22,6–21

6 Und der Engel sagte zu mir: Diese Worte
sind zuverlässig und wahr. Gott, der Herr
über den Geist der Propheten, hat seinen En-
gel gesandt, um seinen Knechten zu zeigen,
was bald *geschehen muss.*
7 *Siehe, ich komme* bald. Selig, wer an den
prophetischen Worten dieses Buches fest-
hält.
8 Ich, Johannes, habe dies gehört und gese-
hen. Und als ich es hörte und sah, fiel ich
dem Engel, der mir dies gezeigt hatte, zu Fü-
ßen, um ihn anzubeten. 9 Da sagte er zu mir:
Tu das nicht! Ich bin nur ein Knecht wie du
und deine Brüder, die Propheten, und wie
alle, die sich an die Worte dieses Buches hal-
ten. Gott bete an!
10 Und er sagte zu mir: *Versiegle* dieses
Buch mit seinen prophetischen *Worten*
nicht! Denn die Zeit ist nahe. 11 *Wer Unrecht*
tut, tue weiter Unrecht, der Unreine bleibe
unrein, der Gerechte handle weiter gerecht
und der Heilige strebe weiter nach Heilig-
keit. 12 *Siehe, ich komme* bald und *mit mir*
bringe ich den *Lohn und ich werde jedem ge-*
ben, was seinem Werk entspricht. 13 *Ich bin*
das Alpha und das Omega, *der Erste und der*
Letzte, der Anfang und das Ende. 14 Selig,
wer sein Gewand wäscht: Er hat Anteil am
Baum des Lebens, und er wird durch die Tore
in die Stadt eintreten können. 15 Draußen
bleiben die »Hunde« und die Zauberer, die
Unzüchtigen und die Mörder, die Götzendie-
ner und jeder, der die Lüge liebt und tut.
16 Ich, Jesus, habe meinen Engel gesandt
als Zeugen für das, was die Gemeinden be-
trifft. Ich bin die Wurzel und der Stamm
Davids, der strahlende Morgenstern.
17 Der Geist und die Braut aber sagen:
Komm! Wer hört, der rufe: Komm! *Wer durs-*
tig ist, der komme. Wer will, empfange *um-*
sonst das Wasser des Lebens.
18 Ich bezeuge jedem, der die propheti-
schen Worte dieses Buches hört: Wer *etwas*
hinzufügt, dem wird Gott die Plagen zufü-
gen, *von denen in diesem Buch geschrieben*
steht. 19 *Und* wer *etwas wegnimmt von* den
prophetischen Worten dieses Buches, dem
wird Gott seinen Anteil *am Baum des Lebens*
und an der heiligen Stadt wegnehmen, von
denen in diesem Buch geschrieben steht.
20 Er, der dies bezeugt, spricht: Ja, ich
komme bald. –
Amen. Komm, Herr Jesus!
21 Die Gnade des Herrn Jesus sei mit al-
len!

6: Dan 2,28 • 7: Sach 2,14; Offb 1,3; 22,12.20 • 9: 19,10 • 10: Dan 12,4.9 • 11: Dan 12,10 • 12: Sach 2,14; Jes 40,10 G; Ps 28,4 • 13: Jes 44,6; Offb 1,17 • 14: 1,3; Gen 2,9; 3,22 • 15: 21,8; Mt 15,19 • 16: Jes 11,1.10; Num 24,17 • 17: Jes 55,1; Sach 14,8 • 18: Dtn 4,2; 13,1; 29,20 • 19: Dtn 4,2; Gen 2,9; 3,22 • 20: 3,11; 22,7.12; 1 Kor 16,22 • 21: Hebr 13,25.

ANHANG

I. NAMEN, ABKÜRZUNGEN UND PARALLELÜBERLIEFERUNGEN

1. Allgemeine Abkürzungen

A	Anmerkung
AT	Altes Testament
atl.	alttestamentlich
ca.	circa = ungefähr
d. h.	das heißt
EÜ	Einheitsübersetzung
f	folgender Vers
G	griechische Übersetzung der Septuaginta, entstanden zwischen ca. 250–100 v. Chr.
H	hebräischer Text
Jh.	(Jhd.) Jahrhundert
korr.	korrigiert
NT	Neues Testament
ntl.	neutestamentlich
Par.	Parallele
Parr.	Parallelen
par.	parallele Stellen
S	Syrische Übersetzung (Peschitta)
s.	siehe
sog.	so genannt (-e, –er, –es)
u. a.	unter anderem
usw.	und so weiter
vgl.	vergleiche
V.	(VV.) Vers(e)
Vg	Vulgata
z. B.	zum Beispiel
z. T.	zum Teil
( )	erklärender Zusatz der Übersetzer
[ ]	unechter Text bzw. alte Zusätze
‖	Parallelüberlieferung
ẹ	der Laut kann beim Gesang ausfallen (im Psalter)

2. Namen und Abkürzungen der biblischen Bücher

Altes Testament

Gen	Das Buch Genesis
Ex	Das Buch Exodus
Lev	Das Buch Levitikus
Num	Das Buch Numeri
Dtn	Das Buch Deuteronomium
Jos	Das Buch Josua
Ri	Das Buch der Richter
Rut	Das Buch Rut
1 Sam	Das erste Buch Samuel
2 Sam	Das zweite Buch Samuel
1 Kön	Das erste Buch der Könige
2 Kön	Das zweite Buch der Könige
1 Chr	Das erste Buch der Chronik
2 Chr	Das zweite Buch der Chronik
Esra	Das Buch Esra
Neh	Das Buch Nehemia
Tob	Das Buch Tobit
Jdt	Das Buch Judit
Est	Das Buch Ester
1 Makk	Das erste Buch der Makkabäer
2 Makk	Das zweite Buch der Makkabäer
Ijob	Das Buch Ijob
Ps	Die Psalmen
Spr	Das Buch der Sprichwörter
Koh	Das Buch Kohelet
Hld	Das Hohelied
Weish	Das Buch der Weisheit
Sir	Das Buch Jesus Sirach
Jes	Das Buch Jesaja
Jer	Das Buch Jeremia
Klgl	Die Klagelieder
Bar	Das Buch Baruch
Ez	Das Buch Ezechiel
Dan	Das Buch Daniel
Hos	Das Buch Hosea
Joël	Das Buch Joël
Am	Das Buch Amos
Obd	Das Buch Obadja
Jona	Das Buch Jona
Mi	Das Buch Micha
Nah	Das Buch Nahum
Hab	Das Buch Habakuk
Zef	Das Buch Zefanja
Hag	Das Buch Haggai
Sach	Das Buch Sacharja
Mal	Das Buch Maleachi

Neues Testament

Mt	Das Evangelium nach Matthäus
Mk	Das Evangelium nach Markus
Lk	Das Evangelium nach Lukas
Joh	Das Evangelium nach Johannes
Apg	Die Apostelgeschichte
Röm	Der Brief an die Römer
1 Kor	Der erste Brief an die Korinther
2 Kor	Der zweite Brief an die Korinther
Gal	Der Brief an die Galater
Eph	Der Brief an die Epheser
Phil	Der Brief an die Philipper
Kol	Der Brief an die Kolosser
1 Thess	Der erste Brief an die Thessalonicher
2 Thess	Der zweite Brief an die Thessalonicher
1 Tim	Der erste Brief an Timotheus

2 Tim	Der zweite Brief an Timotheus
Tit	Der Brief an Titus
Phlm	Der Brief an Philemon
Hebr	Der Brief an die Hebräer
Jak	Der Brief des Jakobus
1 Petr	Der erste Brief des Petrus
2 Petr	Der zweite Brief des Petrus
1 Joh	Der erste Brief des Johannes
2 Joh	Der zweite Brief des Johannes
3 Joh	Der dritte Brief des Johannes
Jud	Der Brief des Judas
Offb	Die Offenbarung des Johannes

3. *Parallelüberlieferungen*

In dieser Ausgabe werden jeweils am Ende eines Textabschnittes Hinweise auf Parallelüberlieferungen und auf verwandte Texte oder auch auf Einzelworte angeführt.

Hinter der Stellenangabe und einem ‖ werden die Texte aus dem Alten oder dem Neuen Testament angegeben, die auch der sprachlichen Form nach derselben Überlieferungsgruppe zugehören.

Hinter der Stellenangabe ohne das Parallelzeichen ‖ werden Stellen aus dem Alten und Neuen Testament angeführt, an denen sich inhaltlich, zum Teil auch formal, gleichartige oder verwandte Texte finden (sog. Sachparallelen). Im Neuen Testament finden sich daneben Hinweise auf die Texte, die entweder als wörtliche Zitate (diese sind je kursiv gesetzt) oder als Anspielungen dem Alten Testament entnommen sind oder dieses frei zitieren.

Die einzelnen Verweisgruppen sind durch das Zeichen • voneinander getrennt.

Durch diese Verweise lässt sich der Prozess des Wachsens und der Ausgestaltung der biblischen Überlieferung leichter erfassen; zugleich tritt die innere Einheit und die gedankliche, stilistische und sprachliche Vielfalt der biblischen Schriften, vor allem jener des Neuen Testaments, deutlich hervor.

II. DIE TEXTVORLAGEN DER EINHEITSÜBERSETZUNG

A. DER TEXT DES ALTEN TESTAMENTS

1. *Der hebräische Text*

Der Einheitsübersetzung liegt für die hebräisch überlieferten Schriften der hebräische Text des Alten Testaments zugrunde, der sog. Masoretische Text. Er geht in seiner heutigen Fassung im Wesentlichen auf die sorgfältige Arbeit jüdischer Gelehrter, der sog. Masoreten, zurück. Sie bemühten sich zwischen dem 6. und 10. Jahrhundert n. Chr. um die Wiederherstellung und Sicherung der ältesten Textfassung der Bücher des Alten Testaments. Um 100 n. Chr. lag der hebräische Konsonantentext in Palästina vor; er entspricht im Wesentlichen dem Text, der schon 100 v. Chr. verbreitet war. Weil die Juden, wie andere semitische Völker, nur die Konsonanten (Mitlaute) schrieben, die Vokale (Selbstlaute) aber nur sehr ungenau andeuteten, schufen die Masoreten zwischen 600 und 900 n. Chr. mit Hilfe von Strichen und Punkten über und unter den Konsonantenbuchstaben Vokalzeichen. Diesen »vokalisierten« oder »punktierten« Text nennt man den masoretischen Text. Die wissenschaftliche Forschung der Textüberlieferungen und neuere Funde von vormasoretischen Handschriften, besonders von Qumran, haben zur kritischen Sichtung und Verbesserung dieses Textes beigetragen.

2. *Der griechische Text*

Die gesamte hebräische Bibel wurde für die Griechisch sprechenden Juden Ägyptens und des Mittelmerraumes zwischen 250 und 100 v. Chr. von unbekannten Juden in Alexandria ins Griechische übersetzt und so im Gottesdienst der jüdischen Gemeinde von Alexandria verwendet. Diese Übersetzung soll nach der Überlieferung in siebzig Tagen von siebzig Männern verfertigt worden sein; darum erhielt sie den Namen: »(die Übersetzung der) Siebzig« oder einfach »Septuaginta« (LXX). Sie wird in der Einheitsübersetzung durch den Buchstaben G, d.h. Griechischer Text, gekennzeichnet. In diese griechische Übersetzung wurden auch die sog. deuterokanonischen Bücher aufgenommen (s. Einleitung in das Alte Testament).

Im 2. Jahrhundert n. Chr. entstanden weitere griechische Übersetzungen, vor allem die des Aquila, des Symmachus und des Theodotion, die bisweilen auch in der Einheitsübersetzung berücksichtigt werden.

3. *Die lateinischen Übersetzungen*

Schon ab 150 n. Chr. entstehen in Nordafrika und Südfrankreich lateinische Übersetzungen, die man Vetus Latina (die Altlateinische) nennt. Diese Texte sind heute nur noch z. T. erhalten. Ab 390 n. Chr. schuf der hl. Hieronymus im Auftrag von Papst Damasus I. eine Übersetzung des Alten Testaments aus dem Hebräischen, da die früheren Übersetzungen aus der Septuaginta sehr fehlerhaft waren. Seine Übersetzung erhielt später den Namen Vulgata (Vg), d. h. die allgemein Verbreitete (Übersetzung). Sie gewann in der katholischen Kirche große Bedeutung in Gottesdienst und Theologie und wurde vom Konzil von Trient 1546 als authentisch erklärt (vgl. auch unten, B. 2).

4. *Andere alte Textfassungen und Übersetzungen*

Für das Bemühen, die älteste Fassung des hebräischen bzw. griechischen Textes des Alten Testaments festzustellen, sind außerdem folgende alte Texte und Übersetzungen wichtig: der Samaritanische Pentateuch, die aramäischen Übersetzungen (Targume) sowie die Übersetzung ins Syrische (Peschitta, abgekürzt S). Diese Übersetzungen haben den hebräischen Text zur Grundlage; andere alte Übersetzungen (z. B. die altlateinische, die koptische, die äthiopische, die armenische, die gotische) geben die Septuaginta wieder.

5. *Aramäische Teile des Alten Testaments*

Das Aramäische ist eine mit dem Hebräischen eng verwandte semitische Sprache. Seit der Zeit der Perserherrschaft (ab 540 v. Chr.) wird das Hebräische als Umgangssprache im jüdischen Volk vom Aramäischen allmählich verdrängt. Zur Zeit Jesu sprach das Volk in Palästina Aramäisch. In aramäischem Urtext sind folgende Teile des Alten Testaments abgefasst: Jer 10,11; Esra 4,8 – 6,18; 7,12–26; Dan 2,4 – 7,28.

B. DER TEXT DES NEUEN TESTAMENTS

1. *Der griechische Text*

Die Schriften des Neuen Testaments wurden von Anfang an sehr oft abgeschrieben. Kein Buch der Alten Welt ist so gut bezeugt durch frühe Abschriften wie das Neue Testament. Leider kam es aber im Verlauf der Überlieferung zu vielen Veränderungen der ursprünglichen Texte, sowohl durch Hör- und Lesefehler bei Diktat und Nachschrift, als auch durch absichtliche Veränderungen stilistischer und inhaltlicher Art. Heute wird die Zahl der Textvarianten, d. h. der Textverschiedenheiten, unter den verschiedenen Handschriften des Neuen Testaments auf rund 200 000 geschätzt. Meist handelt es sich dabei um stilistische Abweichungen, nur in verhältnismäßig wenigen Fällen um Sinnvarianten.

Schon in den ersten christlichen Jahrhunderten setzten aber Bestrebungen ein, die ursprünglichen Textfassungen wiederherzustellen und zu sichern. Durch eine große Zahl von Textzeugnissen seit dem 2. Jahrhundert n. Chr. und durch die gründliche Erforschung der verwickelten Geschichte der Textüberlieferung, ist der griechische Text des Neuen Testaments heute wissenschaftlich vollauf gesichert. Der Text der wissenschaftlichen Ausgaben entspricht jener Textform, die zu einem großen Teil um die Mitte des 2. Jahrhunderts bestand.

Die Einheitsübersetzung setzt die Ergebnisse der wissenschaftlichen Erforschung des Textes voraus und weist dort, wo wichtige, voneinander abweichende Textzeugnisse vorliegen, auf diese hin. Da die Textausgaben des Neuen Testaments nach dem Aufkommen des Buchdrucks in Verse eingeteilt wurden, der damalige griechische Text aber wissenschaftlich noch nicht voll gesichert war, finden sich in dieser Übersetzung auch Hinweise auf Verse, die nicht zum Urtext gehörten und daher lediglich in den Fußnoten abgedruckt werden.

2. *Die altlateinischen Übersetzungen und die Vulgata*

Schon seit dem 2. Jahrhundert kam es zu Übersetzungen ins Syrische, Koptische und Lateinische. Diese Übersetzungen sind wichtig für die Erforschung des ursprünglichen griechischen Textes. Frühe lateinische Übersetzungen entstanden zuerst in Nordafrika und in Südfrankreich, dann in Italien. Diese wurden Altlateinische Übersetzungen (Vetus latina) genannt.

Papst Damasus I. gab 382 dem damaligen bedeutendsten Bibelgelehrten der lateinischen Kirche, Hieronymus, den Auftrag, einen einheitlichen, zuverlässigen Text der lateinischen Übersetzung zu schaffen. 384

legte Hieronymus eine überarbeitete Fassung der Evangelien vor. Ob er auch die übrigen Schriften des Neuen Testaments ähnlich überarbeitet hat oder ob andere dies taten, ist bis heute nicht geklärt. Die lateinische Übersetzung, die unter Papst Damasus in Rom gebraucht wurde (später Vulgata, d.h. die allgemein Verbreitete genannt), gewann im lateinischsprachigen Westen vorherrschende Bedeutung. Dazu trug der Rückgang der griechischen Sprachkenntnisse und die Trennung zwischen West- und Ostkirche maßgeblich bei.

Als die Reformatoren des 16. Jahrhunderts im Anschluss an die Humanisten wieder auf den griechischen Text zurückgriffen, erklärte das Konzil von Trient 1546 die »altehrwürdige, allgemeine (lateinische) Übersetzung, die durch so lange Jahrhunderte im Gebrauch der Kirche erprobt ist« als »authentisch«, d.h. für den kirchlichen Gebrauch maßgebend. Diese Übersetzung enthält zahlreiche Textvarianten gegenüber dem griechischen Originaltext, sodass die katholische Kirche heute sowohl für theologische Forschungen und Verlautbarungen wie auch für die Liturgie auf den griechischen Text zurückgreift.

Im Anschluss an das Zweite Vatikanische Konzil wurde im Auftrag der katholischen Kirche eine Nova Vulgata geschaffen, welche die Vulgataübersetzung des Alten und des Neuen Testaments anhand des hebräischen und griechischen Grundtextes überprüfte und auch stilistisch überarbeitete. Papst Johannes Paul II. hat sie am 15. April 1979 veröffentlicht und bestimmt, die Neue Vulgata solle überall dort verwendet werden, wo die Kirche biblische Texte in lateinischer Sprache gebraucht (z.B. römische Liturgie).

3. Der Text der Einheitsübersetzung

Das Zweite Vatikanische Konzil erlaubte den Gebrauch der Muttersprache in der Liturgie und beschloss, die Schriftlesung reicher und mannigfaltiger auszugestalten. Zugleich empfahl es, neue Bibelübersetzungen aus den Ursprachen zu schaffen, wo möglich gemeinsam mit den nichtkatholischen Christen. Deswegen fußt die Einheitsübersetzung auf den hebräischen und aramäischen (Altes Testament) und auf den griechischen (deuterokanonische Bücher des Alten Testaments, Neues Testament) Grundtexten und hat die Vulgataübersetzung nicht in besonderer Weise berücksichtigt.

III. DIE ZÄHLUNG UND ÜBERSETZUNG DER PSALMEN

Die Zählung der Psalmen weicht in den hebräischen Handschriften von der Zählung in den griechischen und lateinischen (G und Vg) Handschriften ab. Da die Einheitsübersetzung den hebräischen Text zugrunde legt, folgt sie auch der hebräischen Zählung. So ergibt sich folgende Ordnung:

Ps 1–9:	Zählung gleich
Ps 10–113:	hebräische Zählung geht um 1 voraus
Ps 114–115:	entspricht dem griechischen Ps 113
Ps 116:	hebräische Zählung entspricht den griechischen Psalmen 114 und 115
Ps 117–146:	hebräische Zählung geht um 1 voraus
Ps 147:	hebräische Zählung entspricht den griechischen Psalmen 146 und 147
Ps 148–150:	Zählung gleich.

IV. DIE ÖKUMENISCHEN TEILE

Im Auftrag des Rates der Evangelischen Kirche in Deutschland und des Evangelischen Bibelwerks in der Bundesrepublik Deutschland wirkten evangelische Fachleute der Bibel, der Liturgik, der Kirchenmusik und der deutschen Sprache gleichberechtigt an der Übersetzung der Psalmen und des Neuen Testaments mit.

An der Übersetzung der übrigen Teile des Alten Testaments waren auf Einladung der katholischen Auftraggeber auch evangelische Fachleute der früheren Württembergischen Bibelanstalt in Stuttgart und der Evangelischen Michaelsbruderschaft beteiligt. Doch wurden diese Teile von der Evangelischen Kirche in Deutschland nicht ausdrücklich als ökumenisch verbindlich anerkannt.

V. MASSE, GEWICHTE UND MÜNZEN

Maße, Gewichte und Münzen werden heute nach mathematisch festgelegten Einheiten errechnet, die in einem Bezugssystem zueinander stehen. In der Frühzeit stützten sich die sozialen Gemeinschaften auf Festlegungen, die ihren Vergleichspunkt in der konkreten Erfahrung hatten. So wurden zum Beispiel Längenmaße nach Arm und Hand, Flächen nach der Zeit, die man brauchte, sie zu bearbeiten (Tagwerk) oder nach der benötigten Saatmenge bestimmt, Entfernungen nach der Zeit, die man braucht, um sie zurückzulegen (Tagesmarsch).

Bei Maßen und Gewichten wird im Alten Testament zwischen königlichen und gewöhnlichen Einheiten unterschieden; eine königliche Elle etwa ist größer als eine gewöhnliche. Es ließ sich bisher nicht klären, ob die Bezeichnung »königlich« sich auf die Festsetzung der Wertgarantie (Eichmaß) durch den König bezieht oder auf Abgaben und Steuern, die nach dieser Bemessung zu leisten waren.

Die hier in Frage kommenden Begriffe bezeichnen in verschiedenen Perioden des Alten Testaments unterschiedliche Größen, je nach dem Herkunftsort (Babylonien, Ägypten, Griechenland, Rom, Ortsgegebenheiten) der einzelnen Zählsysteme. Diese verschiedenen Systeme wurden teilweise auch gleichzeitig benutzt. Die einzelnen Maßeinheiten entsprachen jedoch bei den einzelnen Völkerschaften des Vorderen Orients und der Mittelmeerwelt in etwa einander. Eine Übertragung in die heutigen Zahlen- und Maßsysteme ergibt nur Annäherungswerte.

1. Maße

a) Längenmaße

Elle (Gen 6,15; Mt 6,27):
gemessen von der Spitze des Ellbogens bis zur Spitze des Mittelfingers

Spanne (Ex 28,16):
der Abstand von der Daumen- bis zur Kleinfingerspitze der gespreizten Hand

Handbreite (Ex 25,25):
gemessen an der Fingerwurzel

Finger (Jer 52,21):
Daumenbreite

Es ergibt sich folgendes *Verhältnisschema* (zu lesen 1 Elle = 2 Spannen usw.):

				königlich	gewöhnlich
Elle	1			52,5 cm	45,8 cm
Spanne	2	1		26,9 cm	22,9 cm
Handbreite	6	3	1	8,7 cm	7,6 cm
Finger	24	12	4	2,2 cm	1,9 cm

b) Wegmaße

Tagesmarsch (Num 11,31): ca. 40 km

Meile (Mt 5,41):
römische Bezeichnung, 1 000 Doppelschritte, etwa 8 Stadien; ca. 1,5 km

Stadion (Mehrzahl: Stadien; Makk 11,5; Lk 24,13):
griechische Bezeichnung, ca. 185–200 m

Faden (Apg 27,28):
$1/_{100}$ Stadion: ca. 1,85 m

Schritt (2 Sam 6,13):
$1/_{200}$ Stadion: ca. 92 cm

Fuß (Dtn 2,5; Apg 7,5):
$1/_{600}$ Stadion: ca. 30,8 cm

Elle (Gen 6,15; Mt 6,27):
45,8 cm

Bogenschuss (Gen 21,16):
?

c) Hohlmaße

Für Trockenes

Hómer (Lev 27,16):
10 Efa: ca. 400 l

Letech (s. Anmerkung zu Hos 3,2):
5 Efa: ca. 200 l

Efa (Ex 16,36):
ca. 40 l

Sea (2 Kön 7,1; Mt 13,13):
$1/_3$ Efa: ca. 13 l

Gomer (Ex 16,36):
$1/_{10}$ Efa: ca. 4 l

Zehntel (Ex 29,40):
$1/_{10}$ Efa: ca. 4 l

Kab (2 Kön 6,25):
$1/_{18}$ Efa: ca. 2,2 l

Für Flüssigkeiten
Kor (1 Kön 5,2; Lk 16,7):
10 Bat: ca. 400 l
Bat (1 Kön 7,26; Lk 16,6):
ca. 40 l
Metrete (Joh 2,6):
1 Bat: ca. 40 l
Hin (Ex 29,40):
1/6 Bat, ca. 6,5 l
Log (Lev 14,10):
1/72 Bat: ca. 0,5 l

2. *Gewichte und Münzen*

Schon in der Frühzeit erkannte man den Eigenwert edler und seltener Metalle; sie sind als Tauschobjekt begehrt und für Handel und Stadtkultur leicht verwendbar (vgl. die »Viehwährung« der Nomadenkultur). Metalle wog man mit Steingewichten auf einfachen Waagen. Die Metallwährung bildet das Zwischenglied zwischen dem Tauschhandel und der Geldwirtschaft. Das Verhältnis Gold–Silber war etwa 1:13. Gold- und Silberstücke wurden in Barren, als Schmuck (mit Gewichtsstempel) und vom 7. Jahrhundert an als geprägte Münzen gebraucht. Das Wort Silber wurde zur Bezeichnung für Geld schlechthin (vgl. das französische »argent«). Die ersten uns überhaupt bekannten Münzen wurden um das Jahr 630 v.Chr. in Lydien (heute West-Türkei) aus Weißgold (Elektrum) verfertigt. Im Alten Testament werden Münzen erst in nachexilischen Texten erwähnt. Die älteste auf dem kanaanäischen Boden gefundene Münze ist eine griechische Tetradrachme (Mitte des 6. Jahrhunderts). Als älteste jüdische Münze ist ein Halbschekel aus dem 5. Jahrhundert bekannt.

a) Gewichte

Talent (Ex 38,25; Mt 18,24):
3600 Schekel: ca. 41 kg
Das Talent war keine Münze, sondern die Bezeichnung für eine festgelegte Recheneinheit: 6000 Drachmen (vgl. Dutzend).
Mine (Ez 45,12; Lk 19,13):
60 Schekel: ca. 685 g
Auch die Mine war keine Münze, vgl. zu Talent; ihr Wert entsprach 100 Drachmen.
Pfund (litra, Joh 12,3; 19,39):
320 g
Kesita (Jos 24,32; vgl. Gen 23,15):
4 Silberschekel: ca. 46 g
Schekel bzw. *Silberschekel*
(Ex 38,24; Ez 45,12): 11,5 g. Von hebr. *schakal*, wiegen, bezahlen: Gewicht, das zur Grundeinheit des Gewichtssystems wurde; es kann unterteilt werden in Drittel-, Halb- und Viertelschekel (vgl. die Doppeldrachme).
Halbschekel (Lk 15,8, vgl. Doppeldrachme):
6 g
Gera (Num 3,47):
ca. 0,6 g

Es ergibt sich etwa folgendes *Verhältnisschema* (zu lesen: 1 Talent = 60 Minen usw.):

Talent	1		
Mine	60	1	
Schekel	3600	60	1
Gera	72000	1200	20

b) Altorientalische Währungen

In engem Zusammenhang mit der wechselreichen politischen Geschichte ist auch die Münzgeschichte Palästinas sehr lebhaft gewesen. Als Währung, die seit 538 in den persischen Provinzen Palästinas in Umlauf war, sind im Alten Testament erwähnt: Golddariken (1 Chr 29,7; Esra 2,69; 8,27; Neh 7,69–71) und Silberschekel (Neh 5,15), wobei die Goldmünzen von der persischen Zentralmacht, die Silbermünzen von der Provinzregierung geprägt waren. Daneben waren auch die Währungen anderer Staaten gültige Zahlungsmittel. Die Hafenstadt Tyrus begann schon etwa 450 v.Chr. eigene Münzen (Statér) zu prägen. Diese Währung phönizischen Standards galt bis 331; in diesem Jahr führte Alexander der Große in seinem Reich eine einigermaßen einheitliche Währung ein, u.a. Tetradrachmen und Doppeldrachmen attischen Standards. Nach einem Dreivierteljahrhundert ptolemäischer und einem Dreivierteljahrhundert seleuzidischer Prägung lieferte Tyrus ab 125 v.Chr. wieder Tetradrachmen, Doppeldrachmen und Drachmen phönizischen Standards (Schekel, Halbschekel, Viertel-Silberschekel) mit einem sehr stabilen Feingehalt, im Gegensatz zu den seleuzidischen (Syrien) und ptolemäischen (Ägypten) Währungen, die laufend weniger Eigenwert haben (der Metallfeingehalt ist Mitte des 1. Jahrhunderts v.Chr. bis auf 30 Prozent des ursprünglichen Werts abgesunken). Daher galt die tyrische Währung als einzig gültiges Tempelsteuerzahlmittel. Nach 1 Makk 15,6 wurde dem Makkabäer Simeon (143–135) das Münzrecht zugestanden. Die makkabäische Währung ist durchwegs aus Bronze und ohne Wertangabe. Die Römer, Herrscher in Palästina seit 64 v.Chr., führten ihre Reichsmünzen (Denar, As, Quadrans) und verschiedene Provinzialmünzen (Münzstätten Antiochia, Alexandria) ein.

c) Griechische Währung

Mine (Ez 45,12; Lk 19,13):
25 Silberschekel bzw. Tetradrachmen, 100 Drachmen

Tetradrachme (Mt 17,27):
auch Statér genannt; eine Silbermünze im Wert eines Schekels (Mt 16,15, EÜ: Silberstück)

Doppeldrachme (Mt 17,24):
Silbermünze im Wert eines Halbschekels

Drachme (Lk 15,8):
Silbermünze im Wert eines Viertelschekels, gleich 6 Oboloi; entspricht einem Denar

Obolos:
Bronzemünze, gleich 8 Chalkoi

Chalkos (Mt 10,9):
Bronzemünze, gleich $^1/_{48}$ Drachme

Lepton (Mk 12,42):
Bronzemünze, $^1/_{144}$ Drachme

d) Römische Währung

Golddenar (vgl. Mt 10,9):
25 Silberdenare

Silberdenar (Mt 18,28):
gleich einem Viertel-Silberschekel, unter Kaiser Nero (63 n. Chr.) einer Drachme gleichgestellt; römische Sold- und Steuermünze; entsprach dem Taglohn (s. Mt 20,2)

As (Mt 10,29):
Bronzemünze, entspricht $^1/_{16}$ Denar

Quadrans (Mt 5,26):
Bronzemünze, entspricht $^1/_{64}$ Denar

VI. KALENDER UND FESTTAGE

1. Zeit

Monate:	Kanaanäische Bezeichnung	Babylonische Bezeichnung
März/April (1)	Abib	Nisan
April/Mai (2)	Siw	(Ijjar)
Mai/Juni(3)		Siwan
Juni/Juli (4)		(Tammus)
Juli/August (5)		(Ab)
August/ September (6)		Elul
September/ Oktober (7)	Etanim	(Tischri)
Oktober/ November (8)	Bul	(Marcheschwan)
November/ Dezember (9)		Kislew
Dezember/ Januar (10)		Tebet
Januar/ Februar (11)		Schebat
Februar/März (12)		Adar

Die in Klammer stehenden Bezeichnungen finden sich nicht in der Bibel.

Der Tag dauerte von Sonnenuntergang zu Sonnenuntergang. Das galt auch für den Sabbat (7. Tag = Freitagabend bis Samstagabend). Der Lichttag wurde in zwölf Stunden eingeteilt, von Sonnenaufgang gerechnet bis Sonnenuntergang. Die Nacht wurde zunächst in drei, dann unter römischem Einfluss in vier Nachtwachen (zu je »drei« Stunden) eingeteilt.

Der Monat wurde von Neumond an gerechnet und bestand aus neunundzwanzig oder dreißig Tagen.

Das Jahr war ein Mondjahr zu 353 bis 355 Tagen, das man etwa jedes dritte Jahr durch Einschub eines Schaltmonats auf das Sonnenjahr abstimmte. Bis zum Babylonischen Exil begann das bürgerliche und das kultische Jahr mit dem Monat Nisan, das wirtschaftliche Jahr mit dem Monat Tischri. Nach dem Exil wurde das bürgerliche Jahr dem wirtschaftlichen angeglichen.

Zur Zeit Jesu galten auch römische Monatsnamen (s. die deutschen Monatsnamen, die sich aus den römischen entwickelten). Daneben kannte man auch mazedonische Bezeichnungen, von denen aber nur drei im Alten Testament erwähnt sind: Dystros (Februar/März), Xanthikos (März/April) und Dioskoros (ein Schaltmonat).

2. Biblische Feste und Festzeiten

Die Feste im Allgemeinen haben sich aus drei Grundmotiven entwickelt, nämlich aus der Erinnerung:

1. an die ständige Wiederkehr der Ereignisse in der Natur (Ernte, Schafschur);

2. an bedeutsame Ereignisse im Familienleben (Entwöhnung des Kindes, Hochzeit) und

3. an geschichtliche Ereignisse im Leben des Volkes.

Mit der Zeit verbanden sich bei einigen Festen einige verschiedene Motive (vgl. Pascha, Laubhüttenfest).

Zu den biblischen Festen und Festzeiten gehören:
Sabbat (letzter Tag jeder Woche); vgl. Lev 23,3.
Neumond (erster Tag jedes Monats); vgl. Num 28,11.
Neujahrsfest (erster Tag jedes Jahres); vgl. Lev 23,23–25.
Das *Pascha* (am 14. und 15. Nisan, Frühlingsvollmond); vgl. Ex 12,1–14; Lev 23,4–8.
Das *Fest der Ungesäuerten Brote* (Anfang der Gerstenernte, anschließend an das Pascha); vgl. Ex 12,15–20.
Das *Wochen- oder Pfingstfest* (Weizenernte, fünfzig Tage nach dem Fest der Ungesäuerten Brote); vgl. Lev 23,15–22.
Der *Versöhnungstag* (fünf Tage vor dem Laubhüttenfest); vgl. Lev 16,2–34; 23,26–32.
Das *Laubhüttenfest* (Ende der Oliven- und Weinernte, vom 15. bis 22. Tischri); vgl. Lev 23,33–36.39–43.
Das *Tempelweihfest* (Erinnerung an die Weihe des Tempels 164 v. Chr.; Woche vom 25. Kislew); vgl. 1 Makk 4,36–59.
Das *Purimfest* (am 14. und 15. Adar); vgl. Est 9,20–32.
Das *Sabbatjahr* (alle sieben Jahre); vgl. Lev 25,2–7.
Das *Jubeljahr* (alle neunundvierzig Jahre); vgl. Lev 25,8–31.

VII. AUSGEWÄHLTE NAMEN UND BEGRIFFE

(s. A = siehe die Anmerkung zu; s. Einl.: = siehe die Einleitung zu).

Aaron – Ex 4,14 – 12,50; 16,2–10; 17,10.12; 24,1–14; 28,1 – 30,30; 32,1–6.21–25; 35,19; 39; Lev 1,5 – 2,10; 6,9 – 10,19; 13,1f; 16,1–25; 21,1 – 22,18; Num 1,3.17.44; 3,1 – 4,48; 8,2–22; 12,1–11; 13,26; 14,2–26; 16,3 bis 20,29; 26,59–64; 33,1–39; Dtn 9,20; 10,6; 32,50; Lk 1,5; Apg 7,40; Hebr 5,4; 7,11; 9,4.
Abba – Mk 14,36; Röm 8,15; Gal 4,6.
Abel – Gen 4,2–11; Mt 23,35; Lk 11,51; Hebr 11,4; 12,24.
Abendmahl – Mt 26,20–29; 14,17–25; Lk 22,14–20; 24,30; Joh 6,48–51; 21,13; Apg 1,4; 2,42.46; 10,41; 20,7.11; 1 Kor 10,16–21; 11,23–29; vgl. Eucharistie.
Abendopfer – Num 28,3–8; Esra 9,5.
Abib – s. Anhang VI.1.
Abigajil – 1 Sam 25,2–42; 27,3; 30,5; 2 Sam 2,2; 3,3; 1 Chr 3,1.
Abihu – Ex 6,23; 24,1.9; 28,1; Lev 10,1; Num 3,2.4; 26,60f; 1 Chr 5,29; 24,1f.
Abija (König) – 1 Kön 15,1–8; 2 Chr 13,1–23.
Abija (Priester) – 1 Chr 24,10; Lk 1,5.
Abimelech (König von Gerar) – Gen 20f; 26,1–26.
Abimelech (von Sichem) – Ri 8,31; 9,1–57; 10,1.
Abinadab – 1. 1 Sam 16,8; 17,13; 2. 2 Sam 6,3.
Abiram – Num 16,1–35; 26,9; Dtn 11,6; Ps 106,17; Sir 45,18.
Abischag – 1 Kön 1,3.15; 2,17.21f.
Abischai – 1 Sam 26,6–9; 2 Sam 2,18.24; 3,30; 10,10.14; 16,9.11; 18,2.5; 19,22; 20,6.10; 21,17; 23,18; 1 Chr 2,16; 11,20; 18,12.
Abjatar – 1 Sam 22,20–23; 23,6.9; 30,7; 2 Sam 8,17; 15,24–36; 17,15; 20,25; 1 Kön 1,25; 2,22–35; 4,4; 1 Chr 15,11; 18,16; 27,34; s. A Mk 2,26.
Abner – 1 Sam 14,50f; 17,55; 20,25; 26,5–16; 2 Sam 2,8 – 4,12; 1 Kön 2,5.32; 1 Chr 26,28.
Abram/Abraham – Gen 11,26 – 25,11; 2 Chr 20,7; 1 Makk 2,52; 2 Makk 1,2; Ps 105,6.42; Weish 10,5; Sir 44,19–22; Jes 41,8; Röm 4,3–22; Gal 3,6–18; Hebr 11,8–17; Jak 2,21–23.
Abschalom – 2 Sam 3,3; 13,1 – 19,11; 20,6; 1 Kön 1,6; 2,28; 1 Chr 3,2; Ps 3,1.
Achaia – Apg 18,12.27; 19,21; Röm 15,26; 1 Kor 16,15; 2 Kor 1,1; 9,2; 11,10; 1 Thess 1,7f.
Achan – Jos 7,1–26; 22,20; 1 Chr 2,7.
Achior – Jdt 5,5–22; 6,1–21; 11,9; 14,6.
Achisch – 1 Sam 21,11–15; 27,2–12; 28,1f; 29,2–10.
Achor-Tal – s. A Hos 2,17.
Adam – Gen 2,25; 3,8–12.17–20; 4,1–25; 5,1–5; Weish 10,1f; s. A Gen 4,25; Lk 3,38; Röm 5,14; 1 Kor 15,22.45; 1 Tim 2,13f; Jud 14.
Adar – s. Anhang VI.1.
Adonija – 2 Sam 3,4; 1 Kön 1,5–53; 2,13–25; 1 Chr 3,2.
Adoption – s. A Gen 30,3.
Agabus – Apg 11,27f; 21,10f.
Agrippa I. – s. A Apg 12,1.
Agrippa II. – s. A Apg 25,13.
Ägypten – Gen 12,10 – 13,1; 39,1 – 50,26; Ex 1,1–14,31; 2 Kön 18,21–24; Tob 8,3; Jdt 5,12; Ps 78,51; 81,6; 105,27–38; Jes 19,1 – 20,6; Jer 46,2–26; Ez 29,1 – 32,32; Mt 2,13–19; Apg 2,10; 7,9–40; 13,17; Hebr 3,16; 8,9; 11,26f; Jud 5; Offb 11,8.
Ahab – 1 Kön 16,28–30.33; 17,1; 18,1–46; 19,1; 20,2 – 22,40; 2 Kön 1,1; 3,1.5; 8,16–18; 9,7–9; 10,1.18; 21,3; 2 Chr 18,1–19; 21,6.13; 22,2–8;

3,31; 4,5; 10,33.35; 14,44; Dtn 10,3.5.8; 31,9.25f; Jos 3,3 – 4,18; 6,4–13; 7,6; 8,33; Ri 20,27; 1 Sam 3,3; 4,3 – 7,2; 2 Sam 6,2–17; 7,2; 11,11; 15,24f.29; 1 Kön 2,26; 3,15; 8,1–9; 1 Chr 13,3–14; 15,1 – 16,37; 17,1; 22,19; 28,2.18; 2 Chr 1,4; 5,2–10; 6,11.41; 35,3; 2 Makk 2,4f; Ps 132,8; Jer 3,16; Hebr 9,4; Offb 11,19; vgl. Lade.

Bundesurkunde – Ex 30,6.26.36; 31,18; 32,15; 40,20; Num 9,15.

Cäsarea am Meer – Apg 8,40; 9,30; 10,1.24; 11,11; 12,19; 18,22; 21,8.16; 23,23.33; 25,1.4.6.13.

Cäsarea Philippi – Mt 16,13; Mk 8,27.

Chaldäer – s. A Dan 2,2; s. Einl. Hab.

Charisma – wörtlich: Gnadengabe (von charis, Gnade); besondere gnadenhafte Befähigung zum christlichen Leben und zum Aufbau der christlichen Gemeinden; Röm 1,11; 6,23; 11,29; 12,6; 1 Kor 1,7; 7,7; 12,4.9. 28–31; 2 Kor 1,11; 1 Tim 4,14; 2 Tim 1,6; 1 Petr 4,10.

Chiliasmus – von chilioi, Tausend; Erwartung eines Tausendjährigen Reiches Christi auf der Erde, dessen Kommen einige Schriftausleger aus Offb 20,1–6 herauslasen.

Chorazin – Mt 11,21; Lk 10,13.

Christ – gr. christianos, d. h. einer, der an Jesus als den Christos (den Gesalbten), den Messias, glaubt; s. A Apg 11,26; Gal 3,28f; 1 Petr 4,16.

Christus – gr. Christos; s. Messias.

Chronik – s. Einl. Chr.

Chronistisches Geschichtswerk – s. Einl. Esra und Neh.

Comma Johanneum – s. A 1 Joh 5,7f.

Dagon – s. A 1 Sam 5,2.

Dämonen – böse Geister, die nach jüdischem Volksglauben besonders schwere Leiden bei Menschen verursachen und sie ihrer Freiheit berauben. Tob 6,15–17; 8,3; Mt 7,22; 10,8; 11,18; 12,24–28; 17,18; Mk 1,34.39; 3,15.22; 6,13; 7,26–30; 9,38; 16,9.17; Lk 4,33.35.41; 7,33; 8,2.27–38; 9,1.42.49; 10,17; 11,14–20; 13,32; Joh 7,20; 8,48–52; 10,20f; 1 Kor 10,20f; 1 Tim 4,1; Jak 2,19; Offb 9,20; 16,14; 18,2.

Damaskus – 2 Sam 8,5f; 1 Kön 11,23–25; 2 Kön 14,28; 16,9; Jes 17,1–3; Jer 49,23–27; Am 1,3–5; Apg 9,2–23.27; 22,5–16; 26,12–20; 2 Kor 11,32; Gal 1,17.

Dan (Stadt) – Gen 14,14; Ri 20,1; 1 Kön 4,25; 12,29f; 15,20; Am 8,14.

Dan, Daniter – Gen 30,6; 35,25; 46,23; 49,16f; Dtn 33,22; Jos 19,40.47f; 21,5.23; Ri 1,34; 5,17.

Daniel – 1 Makk 2,60; Ez 14,14.20; 28,3; Dan; Mt 24,15.

Dank, danken – Lev 7,12–15; 1 Chr 16,4.8.17.34f.41; 2 Chr 7,3.6; Esra 3,11; Neh 12,24; Ps 26,7; 28,7; 35,18; 50,14; 52,11; 100,4; 105,1; 106,1; 107,1.8.15.21.31; 118,21; 145,10; Jes 12,4; 51,3; Jer 30,18f; Dan 2,23; Jona 2,9; Mt 11,25; 15,36; 26,27; Mk 8,6; 14,23; Lk 2,38; 10,21; 17,9.16; 18,11; 22,17–19; Joh 6,11.23; 11,41; Apg 27,35; 28,15; Röm 1,8.21; 6,17; 7,25; 14,6; 16,4; 1 Kor 1,4.14; 10,30; 11,24; 14,16–18; 15,57; 2 Kor 1,11; 2,14; 4,15; 8,16; 9,11.15; Eph 1,16; 5,4.20; Phil 1,3.5; 4,6; Kol 1,3.12; 2,7; 3,15–17; 4,2; 1 Thess 1,2; 2,13; 3,9; 5,18; 2 Thess 1,3; 2,13; 1 Tim 1,12; 2,1; 4,3f; 2 Tim 1,3; Phlm 4; Offb 4,9; 7,12; 11,17.

Darius – Esra 4,24; 5,5–7; 6,1.12–15; Neh 12,22; Dan 6,1–29; 9,1.

Datan – Num 16,1–35; 26,9; Dtn 11,6; Ps 106,17; Sir 45,18.

David – Rut 4,17.22; 1 Sam 16,12 – 1 Kön 2,12; 2,24.26.33.44; Ps 78,70; 89,4.21.36.50; 122,5; 132,1.10f.17; 144,10; Jes 7,2.13; 9,6; 16,5; 22,9.22; 29,1; 37,35; 55,3; Jer 13,13; 17,25; 21,12; 22,2.4.30; 23,5; Ez 34,34; Mt 1,1.6.17.20; 9,27; 12,3.23; 15,22; 20,30f; 21,9.15; 22,42–45; Mk 2,25; 10,47f; 11,10; 12,35.37; Lk 1,27.32.69; 2,4.11; 3,31; 6,3; 18,38f; 20,41–44; Joh 7,42; Apg 1,16; 2,25.29.34; 4,25; 7,45; 13,22.34.36; 15,16; Röm 1,3; 4,6; 11,9; 2 Tim 2,8; Hebr 4,7; 11,32; Offb 3,7; 5,5; 22,16.

Davidssohn – ein jüdischer Titel des Messias, der nach 2 Sam 7,12–16; 1 Chr 17,10–14 ein Nachkomme und Nachfolger des Königs David (1000–961 v. Chr.) sein sollte (vgl. dazu Mt 12,23; 15,22; 22,41–46 par. u. ö.).

Debora – Ri 4f.

Deckplatte (über der Bundeslade) – Ex 25,17–22; 26,34; 30,6; 31,7; 35,12; 37,6–9; 39,35; 40,20; Lev 16,2.13–15; Num 7,89.

Dedan – Gen 10,7; 25,3; 1 Chr 1,9.32; Ez 25,13; 27,20; 38,13.

Dekalog – Ex 20,1–17; Dtn 5,6–21.

Dekapolis – wörtlich »Zehnstadt«; Mt 4,25; Mk 5,20; 7,31.

Demas – Kol 4,14; 2 Tim 4,10; Phlm 24.

Demetrius – 1. Apg 19,24.38; 2. 3 Joh 12.

Demut – 1 Sam 2,7; Ijob 5,11; Ps 147,6; Ez 17,24; Mt 11,29; 18,4; 23,12; Lk 1,48.52; 3,5; 14,11; 18,14; Apg 20,19; Röm 12,16; 2 Kor 10,1; 11,7; 12,21; Eph 4,2; Phil 2,3.8; Kol 2,18.23; 3,12; Jak 1,9f; 4,6.10; 1 Petr 3,8.

Derbe – Apg 14,6.20; 16,1.

Deuterojesaja – s. Einl. Jes.

deuterokanonisch – s. Einl. »Das Alte Testament«.

Deuteronomistisches Geschichtswerk – s. Einl. Dtn.

Diakon – von gr. diákonos, Diener; Phil 1,1; 1 Tim 3,8.12; s. A Apg 6,1–7; Phil 1,1.

15,7.11–32; Joh 3,16.24; 10,1–18; 11,30f; Röm 1,6f; 2,4; 3,24; 9,32; 10,3f; 11,30–32; 12,1; 2 Kor 1,3; 4,1; Eph 2,4–7; Phil 2,27; Hebr 8,12; Jak 5,11; 1 Petr 1,3; 2,9; 1 Joh 4,7–16; (der Eine) Dtn 6,4; 32,39; Jes 44,6; 45,5f.14.21; Mk 12,29; Joh 17,3; Röm 3,30; 1 Kor 8,4.6; Eph 4,6; 1 Tim 1,17; 2,5; Jud 25; (der Ewige) Gen 21,33; Ex 15,18; Dtn 33,27; Ps 90,2; Sir 18,1; 39,20; 42,21; Jes 40,28; Bar 4,22; Joh 5,26; Röm 1,23; 9,6; 16,26; Eph 1,4f; 1 Tim 1,17; 6,16; Hebr 1,10–12; 2 Petr 3,8; Offb 1,8.17; (des Friedens) Ri 6,24; Jes 9,6; Röm 15,33; 16,20; 2 Kor 13,11; Phil 4,9; 1 Thess 5,23; Hebr 13,20; (der Gerechte) Dtn 10,18; 32,4; Tob 3,2; Ijob 34,12; Ps 11,7; 103,6; 119, 137–144.149.156; 140,13; 146,7; Spr 29,26; Weish 12,15f; Jes 30,18; 51,8; Dan 3,27f; Mt 10,41; 20,4; Joh 5,30; 17,25; Röm 1,17; 3,5.21f.25f; 10,3; 2 Kor 5,21; 2 Petr 1,1; Offb 16,5.7; 19,2; (der Heilige) Ex 15,11; Lev 11,44f; 19,2; Jos 24,19; 1 Sam 2,2; Ps 89,36; 99,2f; Jes 5,16; 6,3; 40,25; Ez 38,16.23; Am 4,2; Mt 5,48; 6,9; Lk 1,49; Joh 17,11; Röm 7,11f; 1 Thess 4,3; Hebr 12,10; Jak 1,13; 1 Petr 1,15f; 1 Joh 3,3; Offb 3,7; 4,8; 6,10; 15,4; 16,5; (der Herrlichkeit) Ex 16,10; 24,16f; 40,34f; Num 14,10.21f; 1 Sam 15,29; 1 Chr 16,24; 2 Chr 5,14; Ps 19,2; 24,8–10; 106,20; Jes 48,11; 60,19; Joh 11,4.40; Apg 7,2.55; Röm 3,23; 5,2; 15,7; 1 Kor 10,31; 2 Kor 4,6.15; Hebr 1,3; Offb 15,8; 21,11.23; (der Höchste) Gen 14,19; Num 24,16; 2 Sam 22,14; Mk 5,7; Apg 16,17; Hebr 7,1; (Israels) Ex 24,10; 34,23; Num 16,19; Mt 15,31; Lk 1,68; Apg 13,17; (der Lebendige) Dtn 5,26; Jos 3,10; Jer 10,10; Dan 6,21.26; Mt 26,63; Joh 5,26; Apg 14,15; Röm 9,26; 1 Thess 1,9; 1 Tim 3,15; Hebr 3,12; 9,14; 10,31; 12,22; Offb 7,2; (der Liebende) Dtn 7,7–13; 1 Kön 3,6; 2 Chr 7,3; Ps 21,7; 26,3; 33,5; 36,6–10; 136,1–3; Jes 54,8.10; Klgl 3,22; Hos 2,21f; Joh 3,16; Röm 5,8; 8,39; 2 Kor 13,11.14; 1 Joh 4,7–12.16; Jud 21; (der Richter) Ps 7,12; 9,8f; 50,4; Weish 6,5; Jes 3,13f; 33,2; Jer 11,20; Röm 2,2.16; 3,6; Gal 5,10; 2 Tim 4,1; Hebr 6,2; 10,30; 11,23; Jak 3,1; 1 Petr 4,5; 2 Petr 2,3; Jud 4; Offb 20,11–15; (der Schöpfer) Gen 1,1 2,25; 2 Makk 7,28; Ijob 33,4; 38,2 – 39,30; Ps 8,4; 104,1–30; 139,13; Spr 8,22–31; Koh 12,1; Jes 40,28; 45,18; Jer 10,12; Mk 13,19; Apg 14,15–17; 17,24–29; Röm 1,25; 1 Kor 8,6; 11,9; Eph 3,9; Kol 1,16; 1 Tim 4,3f; Hebr 1,2; 11,3; Offb 4,11; 10,6; (der Vater) Mt 5,16.45.48; 6,1–32; 7,11; 10,20.29; 13,43; 18,14; 23,9; Mk 11,25f; Lk 6,36; 12,30.32; Joh 8,41; 1 Kor 1,3; 8,6; 2 Kor 1,2; 6,18; Gal 1,3; Eph 1,2; 4,6; Phil 1,2; 4,20; Kol 1,2; 1 Thess 1,3; 3,11.13; 2 Thess 1,1; 2,16; Phlm 3; (der Gott und Vater Jesu Christi) Mt 3,17; 7,21; 10,32f; 11,25–27; 12,50; 15,13; 16,17; 18,10. 19.35; 20,23; 25,34; 26,29.53; 28,19; Mk 8,38; 13,32; 14,32; Lk 2,49; 22,29; 23,34.46; 24,49; Joh 1,14.18; 2,16; 3,35; 4,21–23; 5,17–45; 6,27–65; 8,18f.27f.49.54; 10,15–37; 11,41; 12,26–28.49f; 13,1.3; 14,2–31; 15,1–26; 16,3–32; 17,1–25; 20,17.20; Apg 1,4.7; Röm 6,4; 15,6; 1 Kor 8,6; 15,24; 2 Kor 1,3; 11,31; Gal 1,1; Eph 3,14; 5,20; 6,23; Phil 2,11; Kol 1,3; 3,17; 1 Thess 1,1; 2 Thess 2,1; 1 Tim 1,2; Tit 1,4; Hebr 1,5; Jak 1,27; 3,9; 1 Petr 1,2f; 2 Petr 1,17; 1 Joh 1,2f; 2,1.14–16.22–24; 3,1; 4,14; 2 Joh 3f.9; Jud 1; Offb 1,6; 2,28; 3,5.21; 14,1.

Gottesdienst, Gottesverehrung – Gen 22,5; 24,26f; Ex 24,1; 32,7f; 34,13f; 1 Sam 1,3.19; 2 Sam 12,20; 2 Kön 17,37f; 19,37; 1 Chr 16,29; 2 Chr 32,12; Neh 9,6–8; Ps 5,8; 66,1–4; 81,10; 95,6f; 96,9; 99,5; Jes 2,8; 27,13; Jer 7,2; Dan 3,28; Sach 14,16f; Mt 15,8f; Mk 11,15–19; Joh 4,20–24; 9,38; 12,20; Apg 2,46f; 7,7.42f; 8,27; 10,25; 17,23; 18,13; 19,27; 20,7–11; 21,18–26; 24,11.14; 26,7; 27,33; Röm 1,25; 12,1; 1 Kor 10,14; 11,17–34; 14,25; Phil 3,3; Kol 2,18; Hebr 8,1–6; 9,11–28; 13,10–13; 11,21; 12,28; 1 Petr 2,9f; Offb 4,10; 5,12–14; 7,11f; 11,1.16; 13,4.8.12.15; 14,7; 15,4; 16,2; 19,4.10.20; 20,4; 22,8f.

Gottesfurcht – Gen 20,11; 42,18; Ex 3,6; 18,21; Lev 19,14; 25,17; Dtn 6,13; 10,12.20; 1 Sam 12,14.24; 2 Kön 17,36; 2 Chr 6,31.33; 26,5; Neh 1,11; Ijob 1,1.8f; 2,3; 4,6; 28,28; Ps 36,2; 112,1; Spr 1,7; 8,13; 9,10; 10,27; Koh 3,14; Sir 1,11; 2,15–17; Jes 8,13; Mt 10,28; 28,8; Lk 1,12; 2,9f; 18,4; 23,40; Apg 9,31; Röm 3,18; 2 Kor 5,11; 7,1; Phil 2,12; 1 Petr 1,17; 2,17; Offb 15,4; 19,5; vgl. Angst.

Gottesknechtstexte – Jes 42,1–7; 49,1–9; 50,4–9; 52,13 – 53,12; s. Einl. Jes.

Gottesreich – bei Mt Himmelreich genannt. Nicht räumliche, sondern zeitbezogene Bezeichnung für die Herrschaft Gottes und Christi; s. Reich Gottes.

Gottessöhne – s. A Gen 6,1–4; Ijob 1,6

Götzen, Götzenbilder – Gen 31,19–35; Lev 19,4; 26,1–30; Dtn 7,5; 12,3; 29,17; 32,21; 2 Sam 5,21; 1 Kön 15,12; 2 Kön 17,12.15; 2 Chr 33,7.15; Ps 96,5; 115,4; Jes 40,19; 44,17; 48,5; 57,13; Weish 13,10 – 15,19; Jer 10,5; Bar 6,3–72; Ez 30,13; 36,25; Hos 4,17; 14,6.8; Apg 7,41; 15,20.29; 17,16; 21,25; Röm 2,22; 1 Kor 8,1.4.7.10; 10,14.19; 12,2; 2 Kor 6,16; 1 Thess 1,9; 1 Joh 5,21; Offb 2,14.20; 9,20.

Grab – Gen 50,5f; 1 Sam 10,1f; 13,5f; 2 Sam 21,12–14; 2 Kön 23,16–18; Jes 65,1–4; Jer 8,1f; Mt 23,27.29; 27,52f; Mk 5,2f.5; 6,29; 15,46; 16,2f.5.8; Lk 11,44.47; 23,55; 24,2.6.12.22.24; Joh 5,28; 11,17.31.38; 12,17; 19,41f; 20,1–11; Apg 2,29; 7,16; 13,29; Offb 11,9.

Gräuel – s. A Dtn 7,25f; 1 Makk 1,54; s. A Mt 24,15.

Esra 3,3–6; Neh 10,33–37; 12,43; 2 Makk 1,21–23; 12,45; Ijob 42,8; Ps 4,6; 40,7; 50,7–15; 51,18–21; 141,2; Spr 21,3; Sir 34,21–24; 35, 1–15; 50,13–19; Jes 66,3.20; Jer 6,20; 7,21f; Ez 46,1–15.20; Hos 6,6; Am 4,5; Mi 6,6f; Mal 1,10–14; 2,13; 3,3f; Mt 5,23f; 8,4; 9,13; 12,7; Mk 1,44; 12,33; Lk 2,24; 5,14; 13,1; Apg 7,41f; 14,13.18; 15,29; 21,25; 24,17; Röm 12,1; 15,16; 1 Kor 8,1–13; 9,13; 10,20.28; 2 Kor 9,5; Eph 5,2; Phil 2,17; 4,18; 2 Tim 4,6; Hebr 5,1.3; 7,27; 8,3f; 9,1–28; 10,1–18.26; 11,4.17; 13,15f; Jak 2,21; 1 Petr 2,5; s. A Hebr 6,19; 13,11–14.

Otniël (Sohn des Kenas) – Jos 15,17; Ri 1,13; 3,9.11; 1 Chr 4,13; 27,15.

Paddan-Aram – Gen 25,20; 28,2.5–7; 31,18; 35,9.26; 46,15; 48,7; vgl. Mesopotamien.

Palästina – wörtlich: das Land der Philister (s. A 1 Makk 3,24). Es ist begrenzt im Westen durch das Mittelmeer, im Osten durch die Syrische Wüste, im Norden durch den mittleren Libanon, im Süden durch die Wüste Sinai. Zunächst bezog sich diese Bezeichnung auf den Westteil der römischen Provinz Syrien (»das palästinische Syrien«), seit 139 n. Chr. wurde sie als neuer Name der Provinz Judäa von den Römern verwendet.

Pamphylien – Apg 2,10; 13,13; 14,24; 15,38; 27,5.

Paradies – s. Eden. Das Neue Testament bezeichnet mit Paradies den jenseitigen Bereich, wo sich die Seligen aufhalten; vgl. Lk 23,43; 2 Kor 12,4; Offb 2,7.

Paraklet – gr. »Anwalt, Beistand, Fürsprecher«. Dieser Name bezeichnet bei Joh (14,16.26; 15,26; 16,7) den Heiligen Geist, in 1 Joh (2,1) Jesus Christus selber.

Parusie – gr. »Ankunft (Christi in Herrlichkeit)«; s. A 1 Joh 2,28.

Pascha – Ex 12,1 – 13,16; 34,25; Lev 23,5; Num 9,2–14; 28,16; 33,3; Dtn 16,1f.5f; Jos 5,10f; 2 Kön 23,21f; 2 Chr 30,1f.5.18; 35,1–19; Esra 6,19–21; Ez 45,21; Mt 26,2.17–19; Mk 14,1.12.14.16; Lk 2,41; 22,1.7f.11.13.15; Joh 2,13.23; 6,4; 11,55; 12,1; 13,1; 18,28.39; 19,14; Apg 12,4; 1 Kor 5,7; Hebr 11,28; s. A Mk 14,1; Joh 6,4.

Patriarch – aus dem Griechischen: »Stammvater einer Sippe«. Die Bibel bezeichnet so die Stammväter Israels Abraham, Isaak und Jakob sowie dessen Söhne; im weiteren Sinn gehört auch Noach dazu.

Paulus (Saulus) – Apg 7,58; 8,1.3; 9,1.8.11.22.24; 11,25.30; 12,25; 13,1 – 28,31; Röm 1,1; 1 Kor 1,1.12f; 3,4f.22; 16,21; 2 Kor 1,1; 10,1; 11,16 – 12,13; Gal 1,1 – 2,10; 5,2; Eph 1,1; 3,1; Phil 1,1; Kol 1,1.23; 4,18; 1 Thess 1,1; 2,18; 2 Thess 1,1; 3,17; 1 Tim 1,1; 2 Tim 1,1; Tit 1,1; Phlm 1.9.19; 2 Petr 3,15.

Pegor – Num 23,28; 25,3.5.18; 31,16; Jos 22,17; Ps 106,28.

Pekach – 2 Kön 15,25.27–32.37; 16,1.5; 2 Chr 28,6; Jes 7,1.

Pekachja – 2 Kön 15,22–26.

Peleter – s. A 1 Kön 1,38.

Pentateuch – s. Einl. »Die fünf Bücher des Mose«.

Penuël – Gen 32,31f; Ri 8,8f.17; 1 Kön 12,25.

Peräa – aus dem Griechischen: »Das Jenseitige«; das Gebiet jenseits des Jordan; ein breiter Landstreifen östlich des Jordan, zwischen Dekapolis im Norden und dem Nabatäerreich im Südosten. Vgl. Mt 4,25; 19,1; Mk 10,1; Joh 10,40.

Pergamon – Offb 1,11; 2,12.

Perge – Apg 13,13f; 14,25.

Perisiter – Gen 13,7; 15,20; 34,30; Ex 3,8.17; 23,23; 33,2; 34,11; Dtn 7,1; 20,17; Jos 3,10; 9,1; 11,3; 12,8; 17,15; 24,11; Ri 1,4f; 3,5; 1 Kön 9,20; 2 Chr 8,7; Esra 9,1; Neh 9,8; Jdt 5,16.

Perser, Persien – 2 Chr 36,20; Esra 4,9; 5,6; 6,6; 9,9; Est 1,3.19; 8,12; 1 Makk 3,31.37; 6,1.5.56; 2 Makk 1,13; 9,1.21; Ez 27,10; 38,5; Dan 5,28.

Petrus (Simon, Kephas) – Mt 4,18; 8,14; 10,2; 14,28f; 15,15; 16,16.18.22f; 17,1.4.24; 18,21; 19,27; 26,33.35.37.40.58.69.73.75; Mk 1,16.29f; 3,16; 5,37; 8,29.32f; 9,2.5; 10,28; 11,21; 13,3; 14,29.33.37.54.66f.70.72; 16,7; Lk 5,8; 6,14; 8,45.51; 9,20.28.32f; 12,41; 18,28; 22,8.34. 54f.58.60f; 24,12; Joh 1,40.42.44; 6,8.68; 13,6.8f.24.36f; 18,10f.15–18.25–27; 20,2–6; 21,2f.7.11.15.17.20f; Apg 1,13.15; 2,14.37f; 3,1.3f.6.11f; 4,8.13.19; 5,3.8f.15.29; 8,14.20; 9,32.34.38–40; 10,5.9.13f.17–19.21.25f.32.34. 44–46; 11,2.4.7.13; 12,3.5–7.11.14.16.18; 15,7; 1 Kor 1,12; 3,22; 9,5; 15,5; Gal 1,18; 2,7–9.11.14; 1 Petr 1,1; 2 Petr 1,1.

Pfingstfest – Ex 23,16; 34,22; Lev 23,15–22; Num 28,26; Dtn 16,9–12; Tob 2,1; 2 Makk 12,32; s. Anhang VI. 2. Das christliche Pfingstfest nimmt Bezug auf die Ausgießung des Heiligen Geistes über die Jünger Jesu am fünfzigsten Tag nach dessen Auferstehung in Jerusalem; vgl. Apg 2,1–4; 20,16; 1 Kor 16,8.

Pharao – ägypt. »das große Haus«; Titel altägyptischer Herrscher. Nach dem Neuen Testament ist der Pharao im Auftrag Gottes Schutzherr Josefs (Apg 7,10), dann aber auch Verfolger Israels (Röm 9,17). Gen 41,1–55; 47,1–26; Ex 1,8–22; 5,1 – 14,31; 15,19.

Pharisäer – Mt 3,7; 5,20; 7,29; 9,11.14.34; 12,2.14.24.38; 15,1.12; 16,1.6.11f; 18,3; 21,45; 22,15.34.41; 23,2.13–15.26; 27,62; Mk 2,16.18.24; 3,6; 7,1.3.5; 8,11.15; 9,11; 10,2; 12,13; Lk 5,17.21.30.33; 6,2.7; 7,30.36–39; 11,37–39.

Sirach – Sir Prol.; 50,27; 51,30; s. Einl. Sir.
Sisera – Ri 4,2–22; 5,20.26.28.30; 1 Sam 12,9; Ps 83,10.
Siw – s. Anhang VI. 1.
Siwan – s. Anhang VI. 1.
Sklave – Gen 15,3; 21,10–13; 47,21.25; Ex 12,44; 21,2–11.20f.26f.32; Lev 25,42.44–54; Dtn 15,12–18; 16,12; 24,7; Ps 105,17; Spr 29,19.21; Sir 7,20f; 33,25–33; Jer 34,8–16; Mt 10,24f; 20,27; Mk 10,44; Lk 16,13; 17,7–10; Joh 8,34f; 13,16; 15,20; Röm 6,16–22; 1 Kor 7,21–23; 12,13; Gal 3,28; 4,1.7; Eph 6,5–9; Phil 2,7; Kol 3,11.22–24; 4,1; 1 Tim 6,1f; Tit 2,9f; Phlm 16; 2 Petr 2,19; Offb 6,15; 13,16; 19,18; s. auch Freiheit.
Skorpione – s. A 1 Kön 12,11.
Skythen – 2 Makk 4,47; 7,4; Kol 3,11.
Smyrna – Offb 1,11; 2,8.
Sodom – Gen 10,19; 13,10.12f; 14,2–21; 18,16 – 19,29; Dtn 29,22; 32,32; Jes 1,9f; 3,9; 13,9; Jer 23,14; Klgl 4,6; Am 4,11; Mt 10,15; Lk 17,29; Röm 9,29; Jud 7; Offb 11,8.
Sohn (Söhne) Gottes – Gen 6,2–4; Ex 4,22; Dtn 32,5; Ijob 1,6; 2,1; 38,7; Ps 2,7; 73,15; 82,6; Weish 2,18; 18,13; Jer 3,19; 31,9.20; Hos 2,1; 11,1; Mt 5,9.45; Lk 6,35; Röm 8,14.19; 9,26; Gal 3,26; s. Jesus Christus.
Sosthenes – Apg 18,17; 1 Kor 1,1.
Speiseopfer – Lev 2,1–16; 6,7–16; s. A 1 Kön 18,29.
Spruchquelle, Redequelle – s. Einl. Mt.
Stab – Ex 4,17; 7,17; 9,23; 10,13; 14,16; 17,5; 2 Kön 4,29.31; Jes 10,26.
Stadttor – s. A Gen 23,10; Spr 22,22; Am 5,10.12.15; Sach 8,16.
Stamm – Gen 49,1–28; Num 1,4–49; 36,2–12; Ri 21,1–5; Ps 105,37–45; 122,4; Jes 49,6; 63,17; Offb 5,9; 7,4–8; s. A Ex 6,14f; Num 1,2.
Statthalter – ein Beauftragter, dem die Obergewalt über eine Region oder eine Provinz anvertraut wurde. Darunter kann man im römischen Reich einen Legaten (z. B. Quirinius, Lk 2,2), Prokonsul, Prokurator oder Präfekten verstehen. Mt 10,18; 27,2.11.14f.21.27; 28,14; Mk 13,9; Lk 3,1; 20,20; 21,12; Apg 23,24.26.33; 24,1.10; 26,30; 1 Petr 2,14.
Steinigung – Ex 17,4; Lev 24,14; Num 14,10; 15,35f; 2 Chr 24,20–22; Mt 21,35; 23,37; Lk 13,34; Joh 8,5; 10,31–33; 11,8; Apg 5,26; 7,58f; 14,5.19; 2 Kor 11,25; Hebr 11,37; 12,20.
Steinmal – s. A 1 Kön 14,23.
Stephanas – 1 Kor 1,16; 16,15.17.
Stephanus – Apg 6,5; 6,8 – 8,2; 11,19; 22,20.
Steuer – 2 Chr 24,5–14; Neh 5,4; Est 2,18; Mt 17,25; 22,17.19; Mk 12,14; Lk 20,22; 23,2; Röm 13,6f; vgl. Zöllner.
Steuerlisten – s. A Mt 22,15–22; Lk 2,1–3.
Stier – s. A Ex 32,1–35; Dtn 33,17.
Stierbilder – s. A 2 Chr 11,15; Hos 8,5f.
Stoiker – Anhänger der Lehre des Philosophen Zeno (336–264 v. Chr.), nach der die Welt durch göttliche Vernunft geordnet wird. Weise ist, wer leidenschaftslos einwilligt in das Schicksal; zur Begegnung des Paulus mit Stoikern s. Apg 17,18.
Strafe – Gen 3,14–24; 4,11–13; Ex 34,7; Lev 20,1–27; 26,16–38; Num 12,11; 16,30–35; Jos 23,15f; 2 Sam 7,14; 12,10–14; 2 Makk 6,14f; Ps 39,12; 64,6–9; 69,25–29; 94,10; Spr 1,26–32; Weish 3,10.12; 4,20; 5,14; 11,5–16; 12,2–14.20–27; Sir 16,6–13; 21,10; Jes 1,5–9; 9,7–20; 10,12; 13,11; 24,21f; Jer 2,19; 6,1–15; 10,24; 13,1–14; 15,6–9; 30,14; 44,13f; 51,1–14.27–40.47; Bar 2,2–5; Ez 7,1–27; Hos 8,13; 9,9; 11,9; Am 1,2 – 2,3; 3,9 – 4,3; 5,16–20; 9,1–6; Mi 6,13–16; Zef 1,2–13; Sach 10,3; Mt 24,51; 25,46; Lk 12,46; Apg 4,21; 22,5; 26,11; Röm 13,4f; 2 Kor 2,6; 6,9; 7,11; 10,6; 2 Thess 1,9; Hebr 10,29; 12,5; 1 Petr 2,14; 2 Petr 2,9; 1 Joh 4,18; Jud 7; Offb 19,20f; 20,10.12–15.
Streit – Gen 13,7f; 26,20–22; 45,24; Ex 21,18; Lev 24,10; Spr 13,10; 15,18; 17,14.19; 19,13; 22,10; Sir 27,15; 28,8–12; Apg 7,26; Röm 13,13; 1 Kor 1,11; 2 Kor 12,20; 1 Tim 2,8; 3,3; 2 Tim 2,23f; Tit 3,2.9.
Sühne – Ex 29,36; 30,10; 32,30; Lev 1,4; 4,20; 8,34; 9,7; 10,17; 12,7; 14,18; 15,15; 16,10; 17,11; 23,28; Num 5,8; 6,11; 8,12; 15,25; 17,12; 25,13; 28,22; 29,5; 31,50; 35,33; Dtn 32,43; 2 Sam 21,3; 2 Chr 29,24; Neh 10,34; Lk 18,13; Joh 3,14–17; 19,33–37; Röm 3,25; Hebr 2,17; 1 Joh 2,2; 4,10.
Sühneplatte – Ex 25,17–22; Lev 16,14; Röm 3,25; Hebr 9,5.
Sühnopfer – s. A Lev 17,1–16.
Sünde, Sündenvergebung – Gen 4,7; 18,20; 39,9; 42,22; 50,17; Ex 10,17; 30,10; 32,21.30–34; 34,7.9; Lev 16,30; Dtn 9,21.27; 1 Sam 12,23; 14,34; 15,23–25; 2 Sam 12,13; 1 Kön 8,33–36; 14,16; 2 Chr 6,24–30; 2 Makk 6,14f; Ps 1,1–6; 19,13f; 25,7.11.18; 38,5; 40,13; 51,3–16; Spr 14,34; 20,9; Koh 8,10–12.14; Weish 1,4; Sir 7,8; 10,13; 15,11–20; 21,1f; 25,19; Jes 3,9; 53.5.11f; 59,2–20; Jer 5,25; 16,10; 17,1–4; Ez 3,20f; 33,10f; Am 5,12; Mt 1,21; 3,6; 9,2.5f.10f.13; 11,19; 12,31; 18,15.21; 26,28.45; 27,4; Mk 1,4f; 2,5.7.9f.15–17; 3,28f; 8,38; 14,41; Lk 1,77; 3,3; 5,8–32; 6,32–34; 7,34.37.39.47–49; 11,4; 13,2; 15,1–10.18–21; 17,3f; 18,13; 19,7; 24,7.47; Joh 1,29; 5,14; 8,11.21.24.34.46; 9,2f.16.24f.31.34.41; 15,22.24; 16,8f; 19,11; 20,23; Apg 2,38; 3,19; 5,31; 7,60; 10,43; 13,38; 22,16; 25,8; 26,18; Röm 2,12; 3,7.9.20.23.25; 4,7f; 5,8.12–14.16.19–21; 6,1f.6f.10–23; 7,5–14.17.20.23.25; 8,2f.10; 11,27; 14,23; 1 Kor 6,18; 7,28.36; 8,12; 15,3.17.34.56; 2 Kor 5,21; Gal 1,4; 2,15.17; 3,22; Eph 2,1; 4,26; Kol 1,14; 1 Thess 2,16; 2 Thess 2,3; 1 Tim 1,9.15; 5,20.22.24; 2 Tim 3,6; Tit 3,11; Hebr 1,3;

VIII. ZEITTAFEL ZUR GESCHICHTE DES ALTEN UND NEUEN BUNDES

Daten des Altertums können nur annäherungsweise bestimmt werden. In anderen Tabellen wird man deshalb bisweilen stark abweichende Zeitangaben finden.

Außerbiblische Daten	*Biblische Daten*
Vor 12 000 v. Chr. Die Altsteinzeit (Paläolithikum). Funde von Menschenknochen in Galiläa und am Karmel	
12 000 – 8000 Die Mittlere Steinzeit (Mesolithikum). Erste Spuren von Ackerbau und Viehzucht	
8000–4000 Die Jungsteinzeit (Neolithikum). Gründung der ersten bekannten Stadt um 7000 (Jericho). Erste Keramikerzeugnisse um 5000	
4000–3200 Die Kupferzeit (Chalkolithikum). Entdeckung der Töpferscheibe. Erste Verwendung des Metalls	3760 v. Chr. Schöpfung der Welt nach der jüdischen Zeitrechnung.
3200–2200 Die Frühbronzezeit. In Süd-Mesopotamien entsteht die erste Schrift (Sumerer). Erste Staaten: In Babylonien Sumerer, dann Akkader; in Ägypten sog. Altes Reich (Pyramiden, Aufkommen des Handels)	
2200–1550 Die Mittlere Bronzezeit. Palästina beherrscht durch Ägypten	
21. Jh. In Mesopotamien Gesetzessammlungen von Ur-Nammu, Lipit-Ischtar und aus Eschnunna	
Jerusalem, Aschkelon, Sichem, Bet-Schean und andere Orte erwähnt in ägyptischen Texten des 20. und 19. Jh. 1792–1750 Hammurapi (oder: Hammurabi) von Babel. Zerstörung von Mari	In der Patriarchenerzählung (Gen 11,50 bis 50,26) gleichen verschiedene Gesetze und Bräuche den Rechtsbräuchen, die in altorientalischen Rechtsurkunden bezeugt sind. Um diese Zeit (zwischen 2000–1400) kommen die Patriarchen von Mesopotamien und aus dem Ostjordanland nach Kanaan (nähere Zeitbestimmung ist nicht möglich)
1750–1550 Ägypten von den Hyksos beherrscht (Sammelbezeichnung für verschiedene Völker: Horiter, Amoriter u. a.). Hauptstadt Tanis (bibl. Zoan)	Die größte Stadt in Kanaan ist Hazor (vgl. Jos 11)
1740–1200 Reich der Hetiter (von Anatolien bis – zeitweise – nach Kanaan)	
1550–1200 Die Spätbronzezeit	
Um 1550 Vertreibung der Hyksos aus Ägypten	Kanaan unter ägyptischer Kontrolle

Außerbiblische Daten	*Biblische Daten*
Um 1468 Nach der Schlacht bei Megiddo dehnt Ägypten seine Herrschaft bis zum Eufrat aus	
1417–1379 In Ägypten herrscht Amenophis III.	Nach 1400 Die «Söhne Jakobs» in Ägypten (Gen 37 - Ex 11)
1379–1362 In Ägypten herrscht Amenophis IV. (Echnaton). Amarnabriefe: u.a. Korrespondenz der kanaanäischen Herrscher, in akkadischer Sprache, mit dem Hof der beiden Pharaonen	
1304–1237 Ramses II. in Ägypten	Um 1250 Exodus (Auszug) der Israeliten aus Ägypten, Mose (Ex 12–14)
	Um 1230 Ansiedlung der Hebräer unter Josua in Palästina (Jos 1–12)
Um 1200 Zerfall des Hetiterreiches	
1200–900 Eisenzeit I	
Um 1190 Ansiedlung der Philister in Kanaan. Niedergang Ugarits. Ende der Mykenischen Kultur. Aramäer in Ost-Syrien	1200–1020 Richterzeit (Ri)
	1020–1000 Saul, erster König Israels (1 Sam 9 – 31)
	1000–961 Regierungszeit Davids (2 Sam 2 – 1 Kön 2)
	961–931 Salomo (1 Kön 2 – 11); Tempelbau in Jerusalem
	931 Zerfall des salomonischen Reiches in zwei Teile: Israel, d.h. Nordreich, und Juda, d.h. Südreich (1 Kön 12,1–19)
945–924 Schischak herrscht in Ägypten	931–914 Rehabeam König von Juda (1 Kön 14,21–31)
	924 Palästinafeldzug des Pharao Schischak (1 Kön 14,25f)
	931–910 Jerobeam I. König von Israel (1 Kön 12,20 – 14,20)
	914–912 Abija von Juda (1 Kön 15,1–8)
	911–871 Asa von Juda (1 Kön 15,9–24)
	909 Nadab von Israel (1 Kön 15,25–32)
	909–886 Bascha von Israel (1 Kön 15,33 – 16,7)
2 900–550 Eisenzeit II	885 Ela von Israel (1 Kön 16,8 14)
	885 Simiri von Israel (1 Kön 16, 15 20)
	885–874 Omri von Israel (1 Kön 16,21–28)
Vor 875 Ben-Hadad I., König der Aramäer in Damaskus	885–881 Kämpfe um die Herrschaft zwischen Omri und Tibni (1 Kön 16,21f)
859–824 Salmanassar III. in Assur	873–853 Ahab von Israel (1 Kön 16,29 – 22,40). Die Propheten Elija und Elischa
Vor 841 Ben-Hadad II. in Damaskus	854 In der Schlacht bei Karkar kämpft Ahab als Verbündeter der Aramäer von Damaskus gegen die Assyrer
Um 850 Mescha, König von Moab	871–848 Joschafat von Juda (1 Kön 22,41–51)

Außerbiblische Daten	*Biblische Daten*
	853–852 Ahasja von Israel (1 Kön 22,52 – 2 Kön 1,17)
	852–841 Joram von Israel (2 Kön 3)
	848–841 Joram von Juda (2 Kön 8, 16–24)
	841 Ahasja von Juda (2 Kön 8, 25–29)
	841–813 Jehu von Israel (2 Kön 9f)
	840 Jehu zahlt Tribut an Salmanassar III.
	840–835 Atalja von Juda (2 Kön 11)
	835–796 Joasch von Juda (2 Kön 12)
810–782 Adad-Nirari III. in Assur	813–797 Joahas von Israel (2 Kön 13,1–9)
	797–782 Joasch von Israel (2 Kön 13,10 – 14,16)
	796–767 Amazja von Juda (2 Kön 14,1–22)
Vor 797 Hasaël in Damaskus	
753 Gründung Roms	782–747 Jerobeam II. von Israel (2 Kön 14,23–29)
	767–739 Asarja (Usija) von Juda (2 Kön 15,1–7). Die Propheten Amos und Hosea
	747 Secharja von Israel (2 Kön 15,8–12)
	747 Schallum von Israel (2 Kön 15,13–15)
745–727 Tiglat-Pilset III. in Assur und Babel (hier unter dem Namen Pul)	747–742 Menahem von Israel (2 Kön 15,14–22)
	742–740 Pekachja von Israel (2 Kön 15,23–26)
740–730 Rezin, Usurpator in Damaskus	740–731 Pekach von Israel (2 Kön 15,27–31)
	739–734 Jotam von Juda (2 Kön 15,32–38) Die Propheten Jesaja und Micha
	734–728 Ahas von Juda (2 Kön 16) Syrisch-efraimitischer Krieg
727–722 Salmanassar V. in Assur und Babel	731–722 Hoschea von Israel (2 Kön 17,1–7)
722–705 Sargon II. König in Assur, seit 710 auch von Babel	722 Eroberung Samarias und Untergang des Nordreiches (2 Kön 17)
	728–699 Hiskija von Juda (2 Kön 18 – 20)
721–710 Merodach-Baladan II. König von Babel	
705–681 Sanherib in Assur und Babel. 689 Zerstörung Babels. Ninive Hauptstadt des neuassyrischen Reiches	699–643 Manasse (2 Kön 21,1–18)
690–664 Tirhaka in Ägypten	
681–669 Asarhaddon von Assur erobert Ägypten: Wiederaufbau Babels	
669–627 Assurbanipal in Assur und Babel, berühmt durch seine große Bibliothek. In der Folgezeit langsamer Zerfall des Reiches	642–641 Amon (2 Kön 21,19–26)
	641–609 Joschija (2 Kön 22,1 – 23,30). Die Propheten Jeremia, Nahum, Habakuk (?) und Zefanja

Außerbiblische Daten	*Biblische Daten*
625–605 Nabopolassar wird König in Babel; 614 erobert er mit Hilfe der Meder die Stadt Assur, 612 Ninive. Ende des neuassyrischen Reiches	609 Joahas (2 Kön 23,31–35)
610–595 Necho II. in Ägypten. Unterliegt 605 bei Karkemisch den Babyloniern	
605–562 Nebukadnezzar in Babylonien	609–598 Jojakim (2 Kön 23,36 – 24,7) 597 Jojachin (2 Kön 24,8–17) 597–586 Zidkija (2 Kön 24,18 – 25,7) 586 Eroberung Jerusalems und Untergang des Südreiches Juda (2 Kön 25,8–26)
556–539 Nabonid in Babylonien	586–538 Babylonische Verbannung = Babylonisches Exil (2 Chr 36,17–23). Die Propheten Ezechiel, Obadja, Deuterojesaja
550–545 Belschazzar Mitregent in Babel	
550–330 Persische Zeit	
538–530 Kyrus von Persien erobert Babel und gründet das persischeWeltreich (Aufstieg zur Macht seit 559) unter der Dynastie der Achämeniden	538 Edikt des Kyrus (Esra 1,1–4)
530–522 Kambyses von Persien; erobert 525 Ägypten	
522–486 Darius I. von Persien. Teilt das persische Reich in 29 Satrapien ein	um 525 Serubbabel, Statthalter von Juda (Esra 3,2.8). Die Propheten Haggai und Sacharja
510 Rom wird Republik	
486–465 Xerxes I.	
480 Schlacht bei den Thermopylen. Kriege Persiens mit Athen	
465–423 Artaxerxes I.	458–428 Esra (?) Der Prophet Maleachi 445–425 Nehemia, Statthalter von Juda
423–404 Darius II.	
404–359 Artaxerxes II.	398 Esra (?)
336–331 Darius III., besiegt 333 bei Issus und 331 bei Arbela durch Alexander d. Großen. Niedergang des persischen Reiches	
330–64 Hellenistische Zeit	
323 Tod Alexanders des Großen	
323–305 Kämpfe der Diadochen um die Nachfolge Alexanders	
323 Ptolemäus wird Satrap von Ägypten, Seleukus Satrap von Babel	
312 Beginn der seleuzidischen Zeitrechnung	
305–283 Ptolemäus I. König von Ägypten	
305–281 Seleukus I. König von Babylon	
320–198 Ständiger Kampf zwischen Ptolemäern und Seleuziden um Palästina	

Außerbiblische Daten	*Biblische Daten*
285–246 Ptolemäus II. in Ägypten	Um 250 Beginn der griechischen Übersetzung der Bibel (Septuaginta)
261–246 Antiochus II. in Syrien	
221–203 Ptolemäus IV. in Ägypten	
223–187 Antiochus III. in Syrien	
198 Schlacht bei Paneas; Syrien und Palästina endgültig unter der Herrschaft der Seleuziden	
187–175 Seleukus IV. Philopator	Vor 170 Onias III., Hoherpriester (2 Makk 3,1 – 4,38)
175–164 Antiochus IV. Epiphanes	167 Aufstand der Makkabäer (1/2 Makk)
	167–166 Mattatias (1 Makk 2)
	166–161 Judas (1 Makk 3,1 – 9,22)
164–162 Antiochus V. Eupator; sein Vormund Lysias	
162–150 Demetrius I. Soter	161–143 Jonatan (1 Makk 9,23 – 12,52). Hoherpriester Alkimus, seit 153 Jonatan
150–145 Alexander Balas	
149–146 Dritter punischer Krieg und Zerstörung Karthagos. Griechenland römische Provinz	
145–140 und 129–125 Demetrius II. Nikator	143–135 Simeon (1 Makk 12,53 – 16,17), seit 141 unabhängiger Herrscher, von Rom anerkannt
145 Antiochus VI. Dionysos kämpft gegen Demetrius II. mit Unterstützung seines Vormunds Tryphon	
141–139 Tryphon tritt die Nachfolge des auf seinen Befehlhingerichteten Antiochus VI. an	
139–129 Antiochus VII. Sidetes	134–104 Johannes Hyrkanus I. (1 Makk 16), Hoherpriester und Ethnarch
133 Tod des Tiberius Gracchus	
125–96 Antiochus VIII.	103–76 Alexander Jannäus. Entstehung der starken religiös-politischen Gruppierungen (Essener, Pharisäer, Sadduzäer)
83–69 Tigranes I., der Armenier, erobert Syrien, wird jedoch durch die Römer verdrängt; kurze Regierung des Antiochus XII. Asiaticus	
82–79 Diktatur Sullas in Rom	76–67 Salome Alexandra
70–19 Vergil, röm. Dichter	
66 Pompeius, römischer Befehlshaber im Osten	
64 Syrien römische Provinz	(67)63–40 Johannes Hyrkanus II. Ihm wurde Antipater, ein Sohn des Strategen von Idumäa gleichen Namens, als Hausverwalter durch Julius Cäsar aufgezwungen
64 v. Chr. – 330 n. Chr. Römische Zeit	

Außerbiblische Daten	*Biblische Daten*
51–30 Kleopatra VII., Königin in Ägypten	40–37 Mattatias Antigonus II., der letzte König der makkabäischen Dynastie
47–44 Julius Cäsar	
41–30 Marcus Antonius	(40)37–4 v. Chr. Herodes I., der Große (bzw. der Ältere), Sohn des Antipater, König über Judäa, Galiläa, Samarien, Idumäa und Peräa
31 v. Chr. – 14 n. Chr. Oktavianus Augustus, Kaiser von Rom	
13 v. Chr. – 45/50 n. Chr. Philo von Alexandria, jüdischer Religionsphilosoph	
	7/6 v. Chr. Geburt Jesu (erste Volkszählung, Zensus des Quirinius? S. Lk 2,2)
6–4 v. Chr. Quintilius Varus, Statthalter von Syrien	
5 v. Chr. – 65 n. Chr. Seneka	
	4 v. Chr. Tod des Herodes und Verteilung seines Reiches unter die Söhne Archelaus (Ethnarch von Judäa, Idumäa und Samarien), Antipas (bis 39 n. Chr. Tetrarch von Galiläa und Peräa) und Philippus (bis 34 n. Chr. Tetrarch von Nordtransjordanien)
1 v. Chr. Germanien wird römische Provinz	
6/7 n. Chr. Quirinius, Statthalter von Syrien	6 n. Chr. Archelaus wird entthront; Judäa, Idumäa und Samarien werden römische Provinz. Volkszählung, Zensus des Quirinius. Zusammenschluss der sog. Zeloten; Unruhen unter Judas dem Galiläer
	6–15 n. Chr. Hannas, Hoherpriester
14–37 Tiberius, Kaiser von Rom	
	17–22 Gründung von Tiberias durch Herodes Antipas
	18–37 Josef Kajaphas, Hoherpriester
	26–36 Pontius Pilatus, römischer Prokurator in Judäa
	27/28–29 öffentliches Wirken Johannes' des Täufers
	27/28 Taufe Jesu
	29 Enthauptung des Täufers
	30? Kreuzigung Jesu (7. April/ 14. Nisan)
	um 33 Märtyrertod des Stephanus
	33/35 Bekehrung des Paulus
37 Geburt des jüdischen Historikers Flavius Josephus	
39 Petronius, Legat von Syrien	
41–54 Klaudius, Kaiser von Rom	41–44 Herodes Agrippa I., König von ganz Palästina
	42 Hinrichtung des Apostels Jakobus des Älteren

Außerbiblische Daten	*Biblische Daten*
43–120 Der Philosoph Plutarch	
	um 48/49 Apostelkonzil in Jerusalem
49 Klaudius weist die Juden (und Judenchristen) aus Rom aus	
50 Herodes, König von Chalkis	50–100 Herodes Agrippa II., Ethnarch, seit 53 König über Nordpalästina
50–130 Der Philosoph Epiktet	
	50/1–52/3 Paulus zum ersten Mal in Korinth
51/52 oder 52/53 Gallio, Prokonsul von Achaia/Korinth	
	53/4–55/6 Paulus in Ephesus
54 Ermordung des Kaisers Klaudius	
54–68 Nero, Kaiser von Rom	
55–120 Der Historiker Tacitus	
	56–58 Paulus erneut in Korinth
	58 Reise des Paulus nach Jerusalem
	58/59 Paulus in Haft in Jerusalem und Cäsarea
	bis 59 Felix, Prokurator von Judäa
	59–60 Porzius Festus, Prokurator von Judäa
	60/61 Fahrt des Paulus nach Rom
61–114 Plinius der Jüngere	61/62 Gefangenschaft des Paulus in Rom
	62 Ermordung des Hohenpriesters Jonatan
	62/3 Hannas II., Sohn des Hannas I., Hoherpriester, lässt Jakobus, »den Bruder des Herrn«, hinrichten
64 Brand Roms. Christenverfolgung unter Nero	63/4 oder 65/67 Reise des Apostels Paulus nach Osten (Pastoralbriefe) und nach Westen (Spanien)?
	64 oder 67 Hinrichtung des Petrus und des Paulus in Rom
	66 Florus, Prokurator von Judäa
	66–70 Aufstand der Zeloten in Palästina. Einführung des Tempelopfers für den Kaiser. Flucht der Christen aus Jerusalem nach Pella in Ostjordanien
68 Selbstmord Neros	
68 Zerstörung von Qumran	
69–79 Vespasian, Kaiser von Rom	
70 Geburt des röm. Biographen Suetonius	70 Eroberung Jerusalems durch Titus und Zerstörung des Tempels
70–80 Bau des Kolosseums in Rom	70–80 Judenchristen aus Palästina kommen nach Ephesus, unter ihnen der Presbyter Johannes (?)
73 Judäa wird römische Provinz	
79–81 Kaiser Titus	

Außerbiblische Daten	*Biblische Daten*
79 Ausbruch des Vesuv	
81–96 Domitian, Kaiser von Rom	
um 90 Verfolgung von Philosophen, Gelehrten, Christen in Rom und im Osten des Reiches	
96–98 Nerva, Kaiser von Rom	
98–117 Trajan, Kaiser von Rom	
um 100 Die »Synode« von Jamnia: Ausschluss der Judenchristen aus der Synagoge	
111 Kaiser Trajan erklärt das Christentum für illegal (Edikt des Trajan)	
117–138 Hadrian, Kaiser von Rom	
132–135 Zweiter jüdischer Aufstand unter Ben Kosiba (Bar Kochba). Völlige Zerstörung Jerusalems. Vertreibung der Juden aus Judäa. Jerusalem wird als heidnische Stadt neu aufgebaut: Colonia Aelia Capitolina mit einem Jupitertempel	

IX. KARTEN

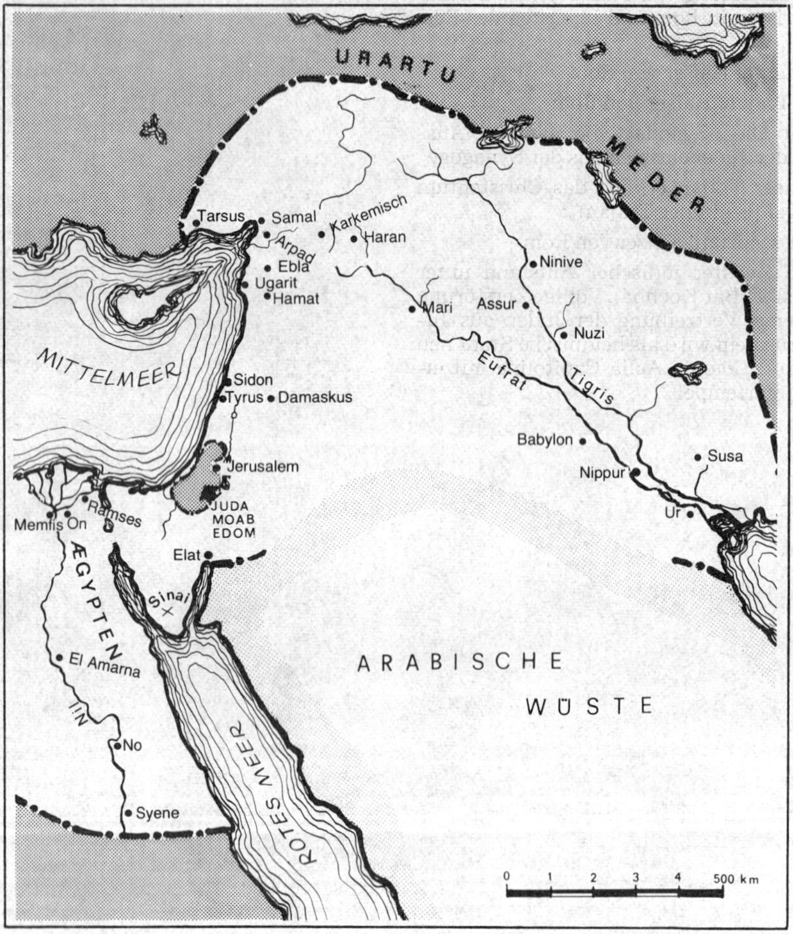

Karte 1: Der Nahe Osten

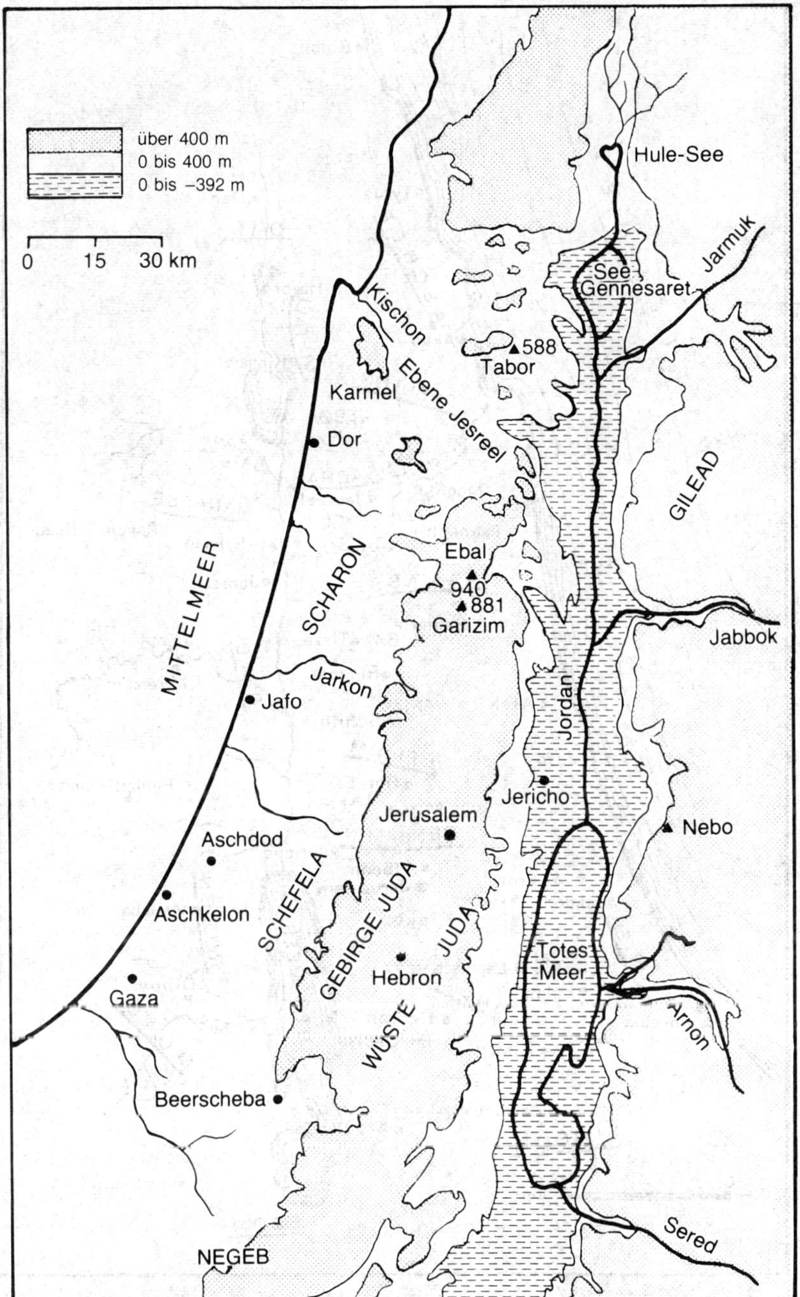

Karte 2: Physikalische Karte Palästinas

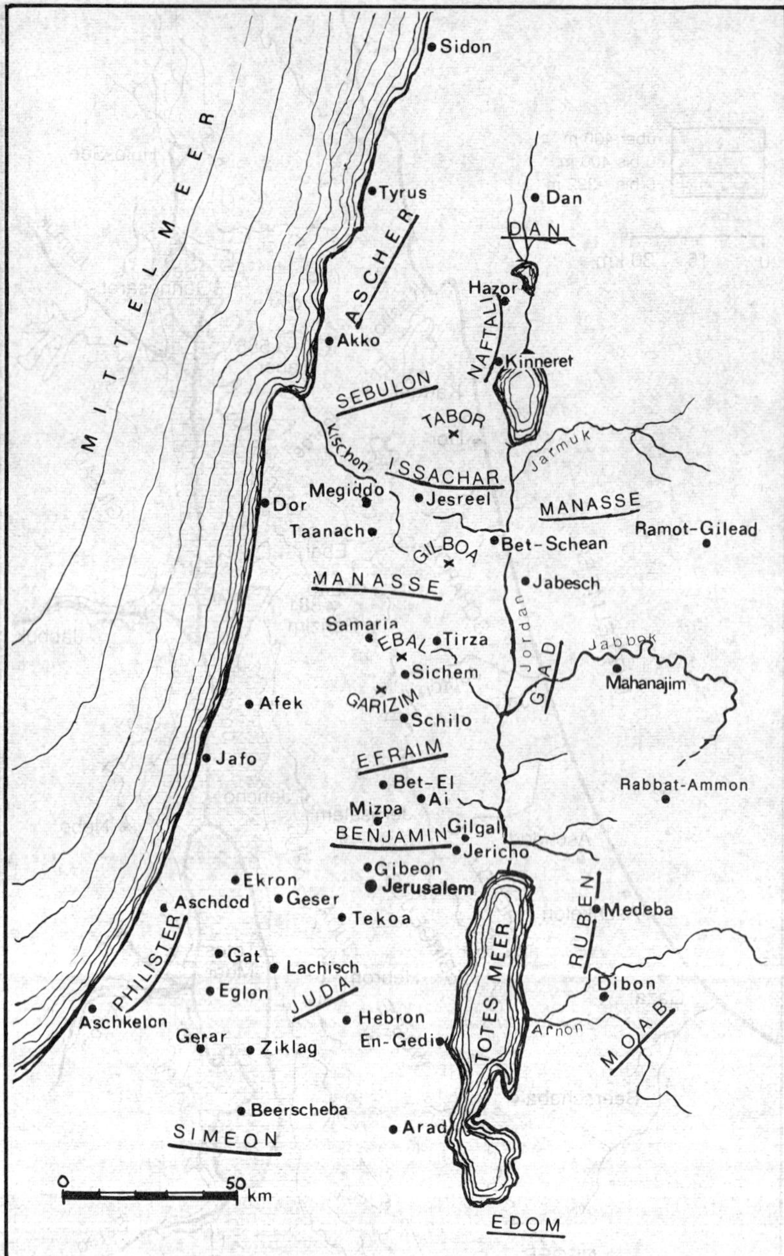

Karte 3: Siedlungsgebiete der israelitischen Stämme

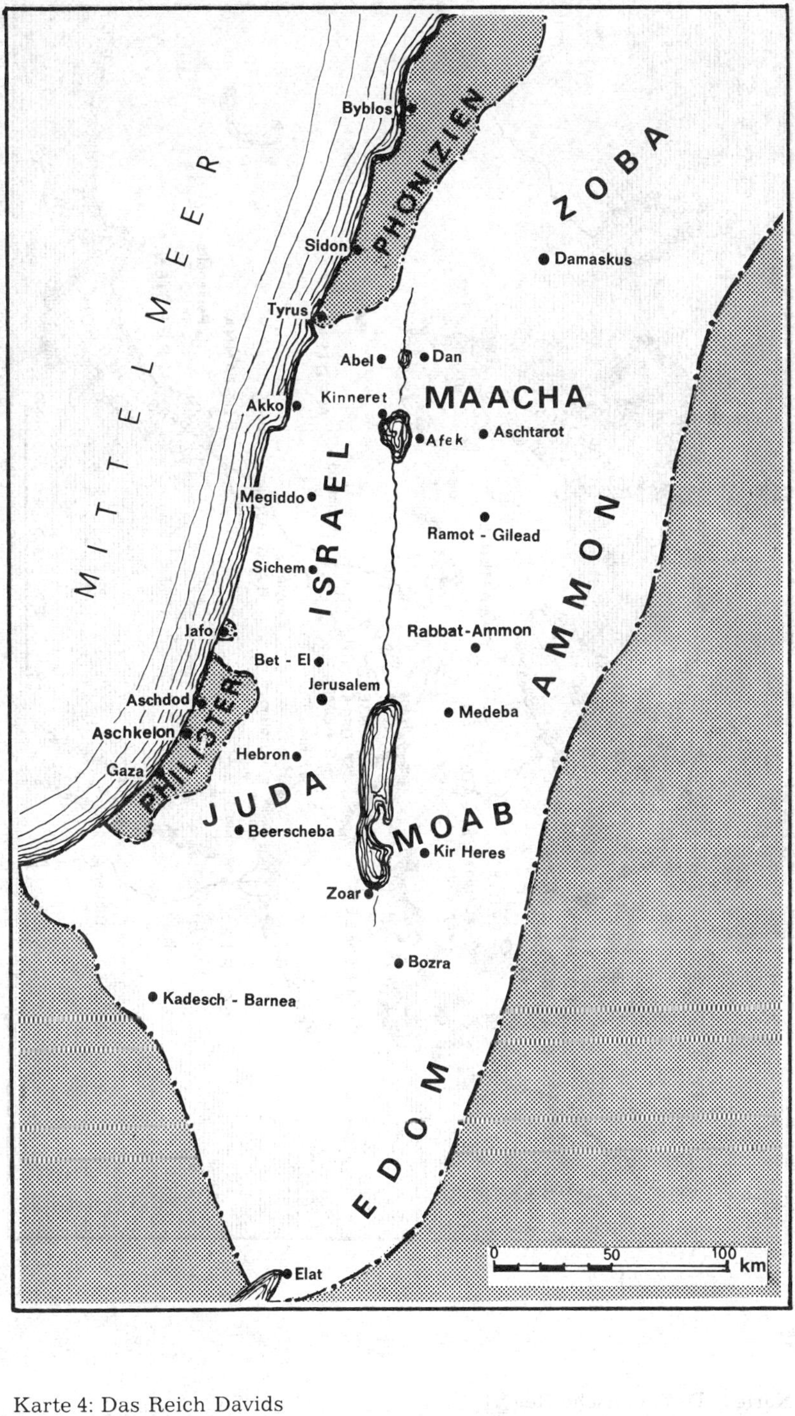

Karte 4: Das Reich Davids

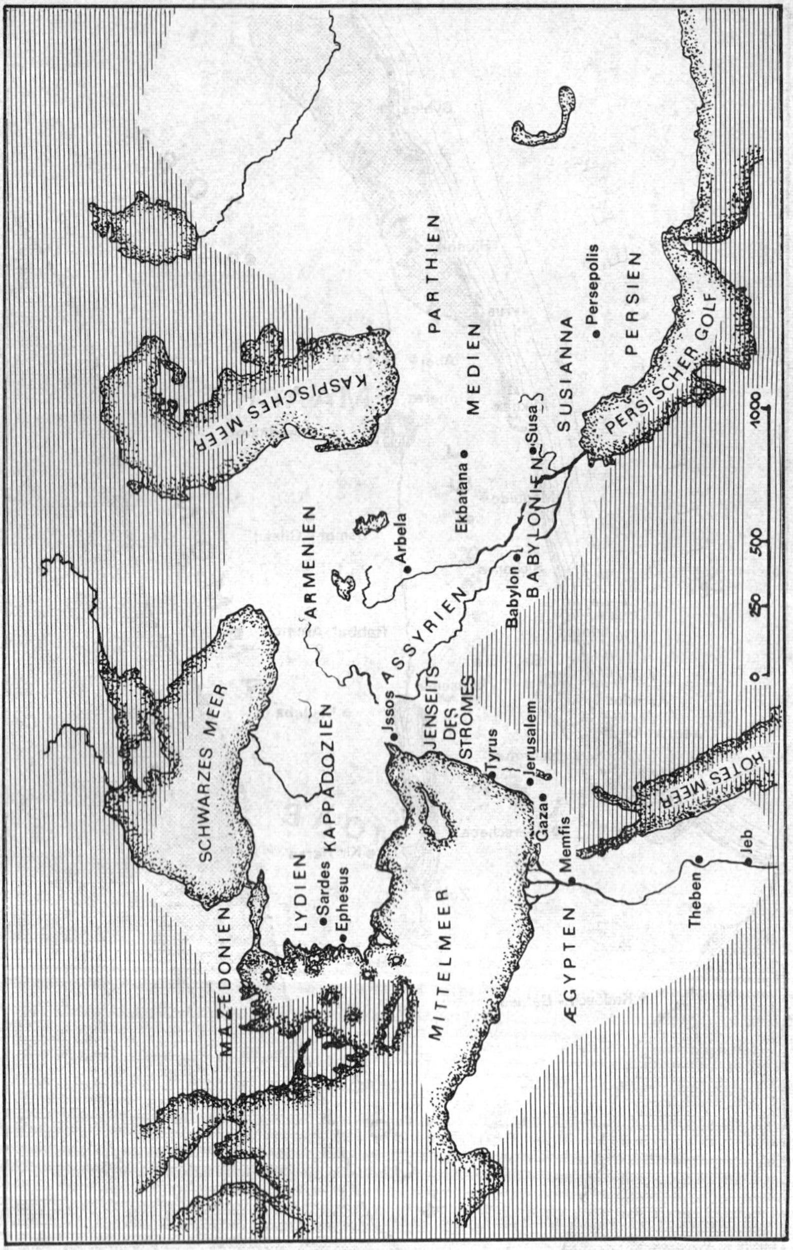

Karte 5: Das persische Reich

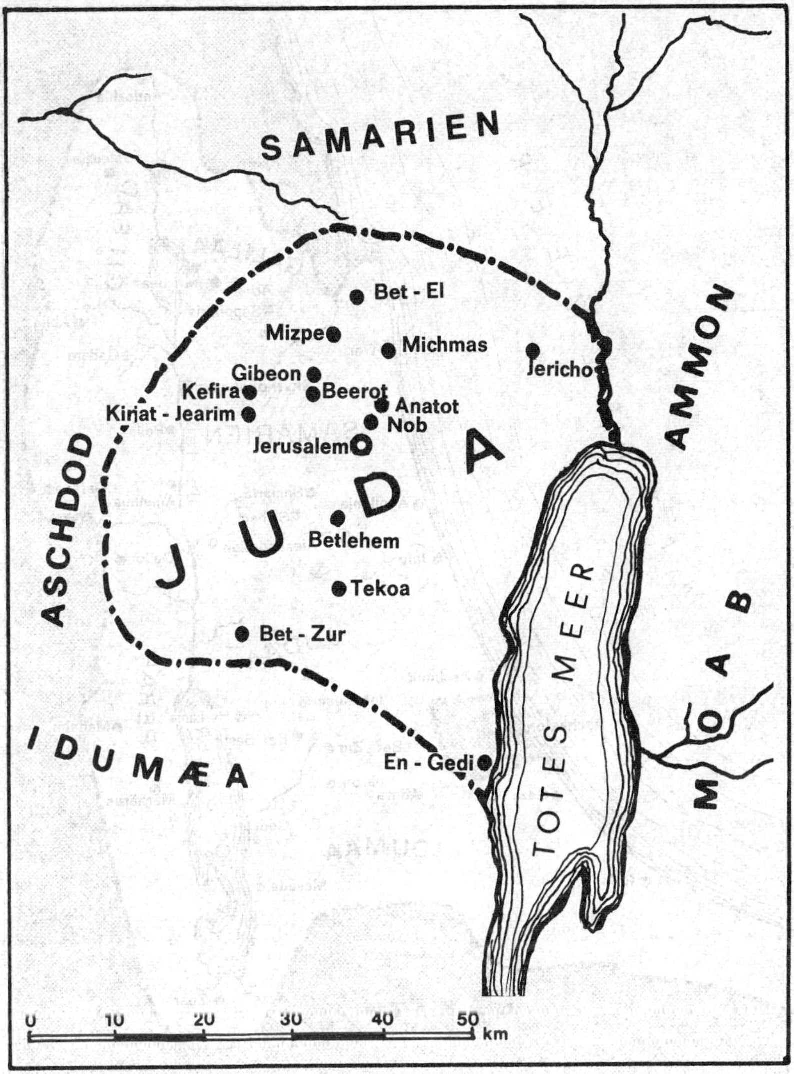

Karte 6: Juda in persischer Zeit

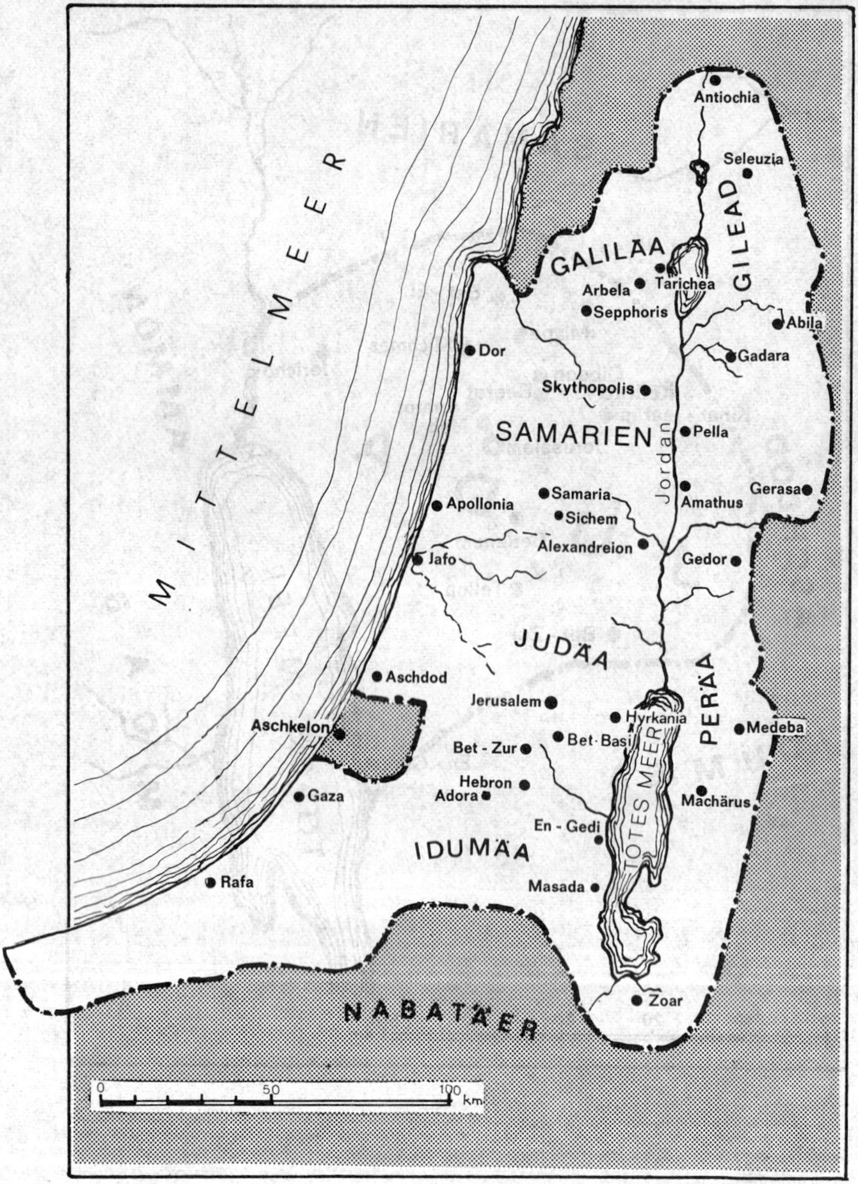

Karte 7: Der jüdische Staat in der Makkabäer-Zeit

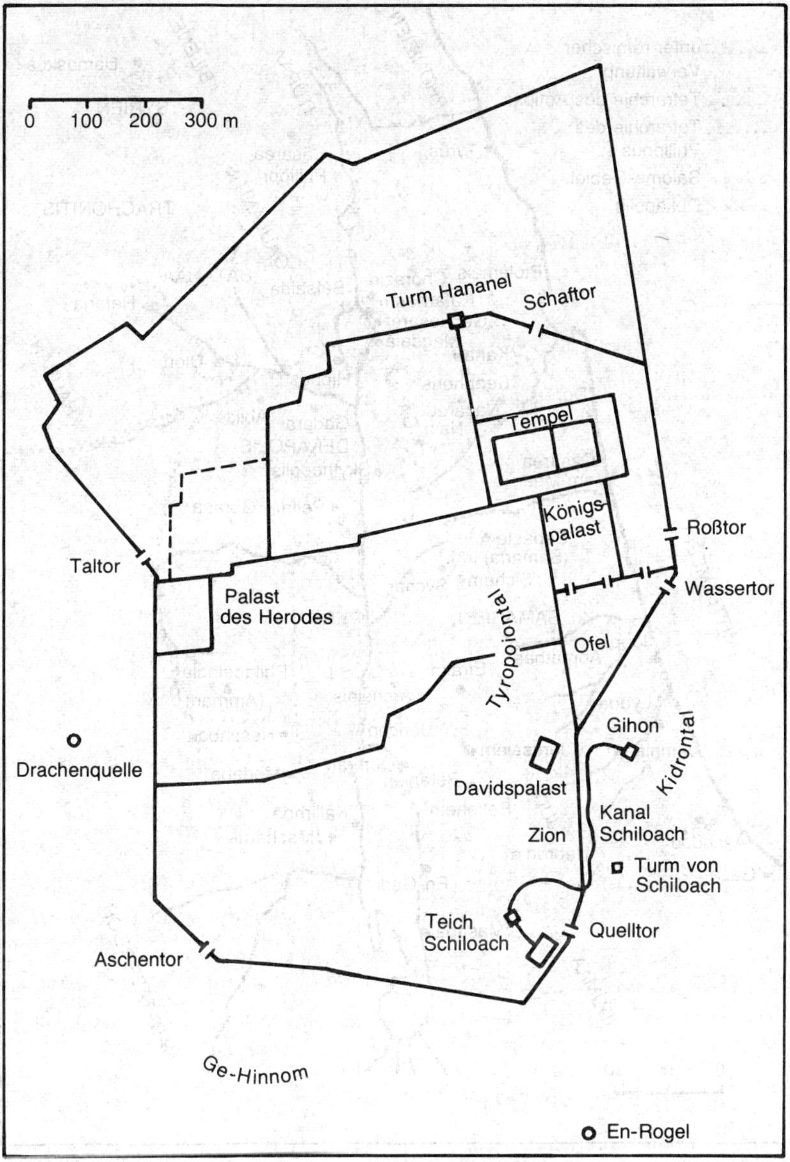

Karte 8: Jerusalem im Alten Testament

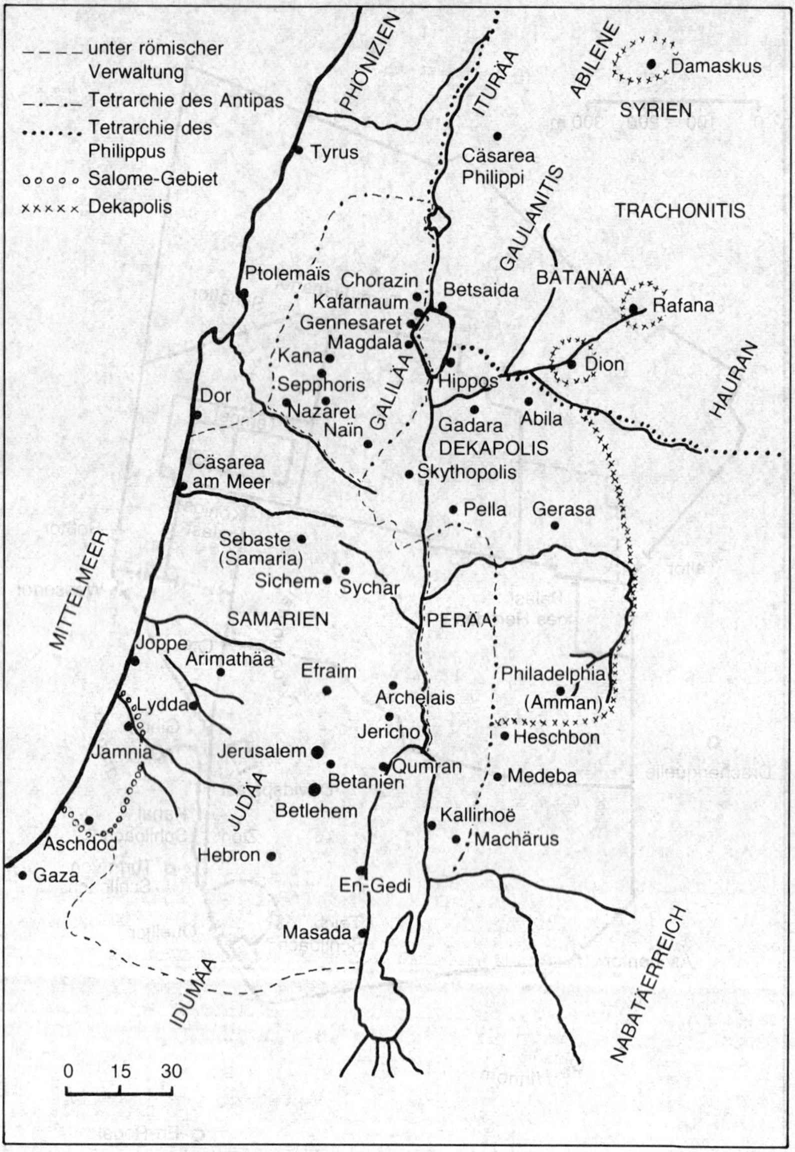

Karte 9: Palästina zu Beginn des 1. Jahrhunderts n. Chr.

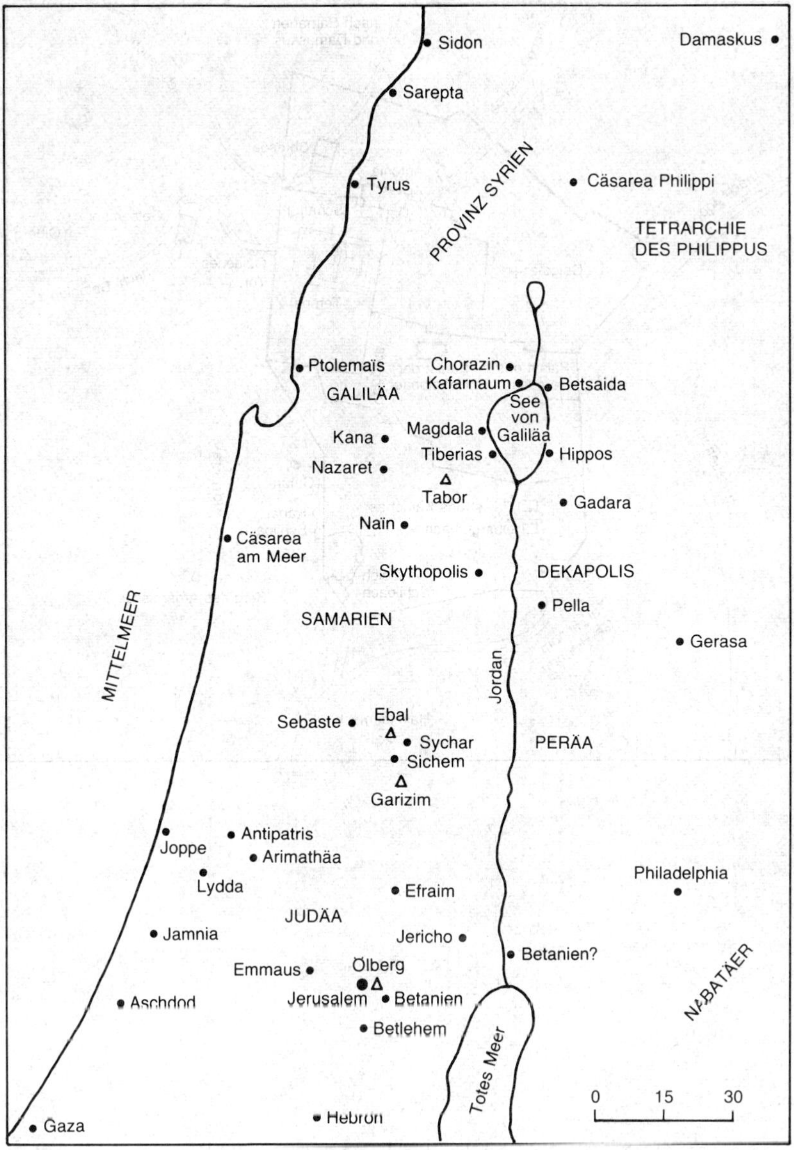

Karte 10: Palästina zur Zeit des Neuen Testaments

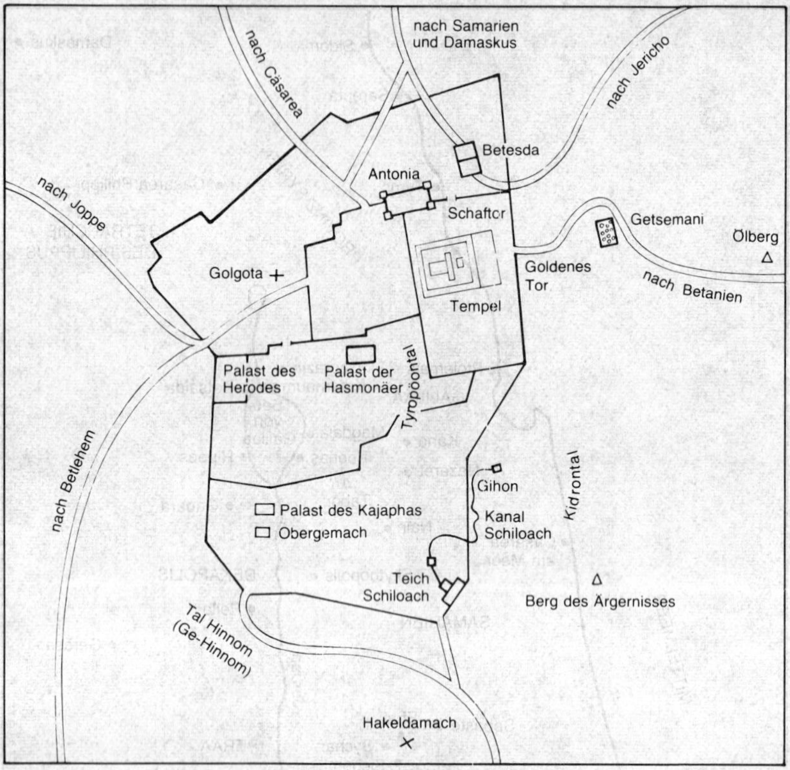

Karte 11: Jerusalem in neutestamentlicher Zeit

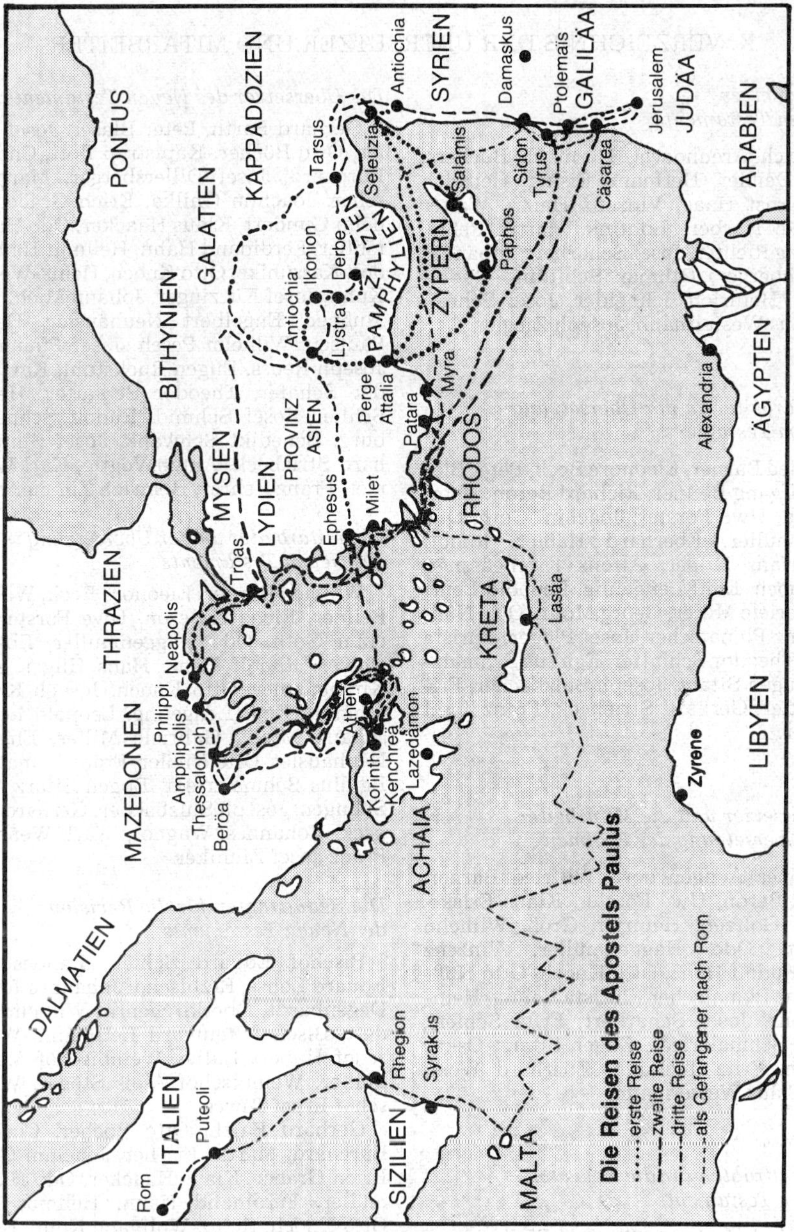

Karte 12: Die Reisen des Apostels Paulus

X. VERZEICHNIS DER ÜBERSETZER UND MITARBEITER

Die Übersetzer des Alten Testaments

Heinrich Arenhoevel, Hermann Bückers, Alfons Deißler, Hermann Eising, Heinrich Groß, Ernst Haag, Vinzenz Hamp, Walter Kornfeld, Norbert Lohfink, Martin Rehm, Wolfgang Richter, Josef Scharbert, Johannes Schildenberger, Othmar Schilling, Rudolf Schmid, Heinrich Schneider, Josef Schreiner, Claus Westermann, Joseph Ziegler.

Die Mitarbeiter an der Übersetzung des Alten Testaments

Wilfried Barner, Eleonore Beck, Peter Bläser, Wolfgang Beilner, Richard Beron, Heinrich Böll, Uwe Förster, Joachim Goth, Odo Haggenmüller, Eberhard Haßler, Rudolf Henz, Hans Hilger, Alfons Kirchgässner, Otto Knoch, Emil Lengeling, Leopold Lentner, Gabriele Miller, Georg Molin, Otto Nüßler, Franz Planatscher, Josef Plöger, Christa Reinig, Theodor Schlatter, Egidius Schmalzriedt, Eugen Sitarz, Joseph Sulzbacher, Fridolin Stier, Gerhard Striebeck, Franz Josef Zinniker.

Die Übersetzer und die Mitarbeiter an der Übersetzung der Psalmen

Johannes Aengenvoort, Wilfried Barner, Richard Beron, Uwe Förster, Klaus Fricke, Herbert Goltzen, Heinrich Groß, Wilhelm Gundert, Odo Haggenmüller, Vinzenz Hamp, Rudolf Henz, Otto Knoch, Otto Nüßler, Franz Planatscher, Christa Reinig, Heinrich Rohr, Josef Scharbert, Fritz Schieri, Egidius Schmalzriedt, Eugen Sitarz, Oskar Söhngen, Fritz Tschirch, Eberhard Weismann, Claus Westermann.

Die Beauftragten für die Revision des Alten Testaments

Weihbischof Josef Plöger, Weihbischof Klaus Dick, Bischof Reinhard Lettmann, Weihbischof Manfred Müller.

Heinrich Groß, Ernst Haag, Odo Haggenmüller, Otto Knoch, Josef Scharbert, Josef Schreiner, Eugen Sitarz.

Die Übersetzer des Neuen Testaments

Gerhard Barth, Peter Bläser, Josef Blinzler, Otto Böcher, Kapistran Bott, Christoph Burchard, Josef Dillersberger, Martin Fischer, Joachim Gnilka, Erich Gräßer, Wilhelm Gundert, Klaus Haacker, Odo Haggenmüller, Ferdinand Hahn, Hellmut Haug, Rudolf Kassühlke, Otto Knoch, Heinz-Wolfgang Kuhn, Josef Kürzinger, Johann Michl, Franz Mußner, Engelbert Neuhäusler, Henning Paulsen, Wilhelm Pesch, Josef Pfammatter, Joseph Reuss, Eugen Ruckstuhl, Karl Theodor Schäfer, Theodor Schlatter, Heinrich Schlier, Josef Schmid, Rudolf Schnackenburg, Benedikt Schwank, Josef Sint, Gerhard Striebeck, Anton Vögtle, Karl Wennemer, Franz Zehrer, Heinrich Zimmermann.

Die Mitarbeiter an der Übersetzung des Neuen Testaments

Wilfried Barner, Eleonore Beck, Wolfgang Beilner, Richard Beron, Uwe Förster, Joachim Goth, Odo Haggenmüller, Eberhard Haßler, Rudolf Henz, Hans Hilger, Alfons Kirchgässner, Otto Knoch, Joseph Kopperschmidt, Emil Lengeling, Leopold Lentner, Johann Michl, Gabriele Miller, Engelbert Neuhäusler, Otto Nüßler, Franz Planatscher, Egidius Schmalzriedt, Eugen Sitarz, Oskar Söhngen, Joseph Sulzbacher, Gerhard Striebeck, Johannes Wagner, Karl Wennemer, Franz Josef Zinniker.

Die Beauftragten für die Revision des Neuen Testaments

Bischof Eduard Schick, Landesbischof Eduard Lohse, Erzbischof Johannes Joachim Degenhardt, Oberkirchenrat Wilhelm Gundert, Bischof Reinhard Lettmann, Weihbischof Hubert Luthe, Weihbischof Manfred Müller, Weihbischof Alois Stöger, Weihbischof Ernst Tewes.

Gerhard Barth, Otto Böcher, Christoph Burchard, Martin Fischer, Joachim Gnilka, Erich Gräßer, Klaus Haacker, Odo Haggenmüller, Ferdinand Hahn, Hellmut Haug, Otto Knoch, Heinz-Wolfgang Kuhn, Egidius Schmalzriedt, Eugen Sitarz, Karl Wennemer.

Geschäftsführung

Otto Knoch